淮安市志

1978—2008

（上册）

淮安市地方志编纂委员会　编

HUAIAN SHI ZHI

方志出版社

图书在版编目（CIP）数据

淮安市志. 1978—2008 / 淮安市地方志编纂委员会编. -- 北京：方志出版社，2020.10
ISBN 978-7-5144-3932-8

Ⅰ. ①淮… Ⅱ. ①淮… Ⅲ. ①淮安－地方志－1978－2008 Ⅳ. ① K295.33

中国版本图书馆 CIP 数据核字（2019）第 270581 号

淮安市志（1978—2008）

编　　者：淮安市地方志编纂委员会
责任编辑：陈　菁　刘　珊　董　琳
出 版 者：方志出版社
　　　　　地址　北京市朝阳区潘家园东里 9 号（国家方志馆 4 层）
　　　　　邮编　100021
　　　　　网址　http://www.zgfzcb.cn
发　　行：方志出版社图书经销中心
　　　　　电话（010）67110500
经　　销：各地新华书店
印　　刷：南京凯德印刷有限公司
开　　本：889 × 1194　　1/16
印　　张：163.75
字　　数：4708 千字
版　　次：2020 年 10 月第 1 版　　2020 年 10 月第 1 次印刷
印　　数：0001–4000 套
ISBN 978-7-5144-3932-8　　定价：1800.00 元（全三册）

淮安市志编纂委员会人员名单

（2005—2020年）

《淮安市志（1978—2008）》编纂人员

总　　纂　荀德麟　周　平

副 总 纂　刘功昭　马国顺　方宏伟　王信波

编　　辑　（以姓氏笔画为序）

方宏伟　王信波　毛立发　刘功昭　刘志平　李　想　杜　涛　周　平

周永达　陈晓明　荀德麟　徐和平

图片编辑　方宏伟

校对人员　王　娇　王若霜　汪　洁　李静华

编务人员　王桂芳　罗　志　孙　虎

①　20世纪70年代的里运河中洲岛　　市城建档案馆　供

②　20世纪90年代的里运河中洲岛　　市档案馆　供

③　2017年的里运河中洲岛　　陈光晰　摄

①　淮海广场忠字塔（1979年）　市档案馆　供

②　淮海广场（1982年）　顾树青　摄

③　淮海广场（2004年）　陈光晰　摄

④　淮海广场（2016年）　顾树青　摄

⑤　淮海广场（2018年）　陈光晰　摄

2

3

4

①

②

① 水渡口广场（2011年） 顾树青 摄

② 水渡口广场（2002年） 顾树青 摄

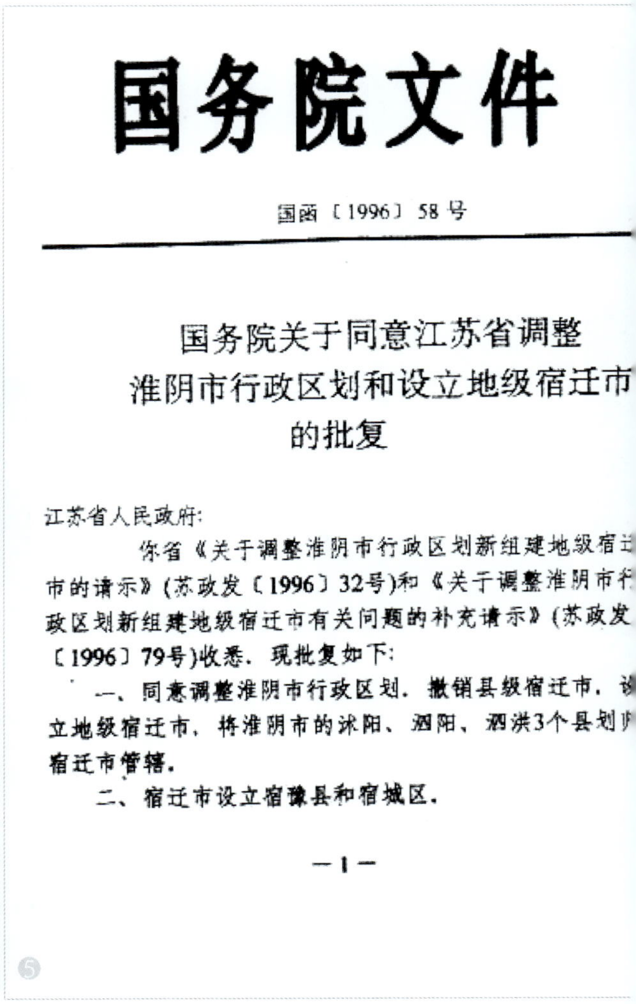

国务院文件

国函〔1996〕58号

国务院关于同意江苏省调整
淮阴市行政区划和设立地级宿迁市
的批复

江苏省人民政府：

你省《关于调整淮阴市行政区划新组建地级宿迁市的请示》（苏政发〔1996〕32号）和《关于调整淮阴市行政区划新组建地级宿迁市有关问题的补充请示》（苏政发〔1996〕79号）收悉。现批复如下：

一、同意调整淮阴市行政区划。撤销县级宿迁市，设立地级宿迁市，将淮阴市的沭阳、泗阳、泗洪3个县划归宿迁市管辖。

二、宿迁市设立宿豫县和宿城区。

—1—

① 1984年11月，中共淮阴市第一次代表大会召开 市档案馆 供

② ③1985年12月，淮阴市人大常委会通过决定，以月季为市花、雪松为市树 李 剑 摄

④ 1991年，江淮流域发生特大洪水，全市人民共同抗击洪灾 市档案馆 供

⑤ 1996年，淮阴市行政区划调整，分设地级宿迁市，灌南县划归连云港市 市档案馆 供

①

1997年7月，淮阴市在周恩来纪念馆举办庆祝香港回归盛典　顾树青　摄

1998年3月，“百年丰碑”——纪念周恩来诞辰100周年中央电视台心连心艺术团大型文艺演出现场　市档案馆　供

1998年，首届中国龙年盱眙龙虾节开幕　市档案馆　供

2002年，淮安市被授予“淮扬菜之乡”称号　市档案馆　供

2001年，淮阴市更名为淮安市庆祝大会现场　顾树青　摄

②

③

④

⑤

中国（淮安）优质稻米博览交易会
CHINA'S HIGH QUALITY RICE FAIR·HUAIAN
开幕式
主办单位：

③

① 2002年，淮安市举办首届淮扬菜美食文化节　市档案馆　供

② 2003年，中国（淮安）优质稻米博览交易会开幕式现场　陈光晰　摄

③ 2004年，中国（淮安）专利技术展暨科技洽谈会现场　陈光晰　摄

④ 2003 年，淮安市首次获得“全国双拥模范城”称号　市档案馆　供

⑤ 2007年，淮安市获得“国家卫生城市”称号　市档案馆　供

④

⑤

①

②

④

① 2003 年，全民抗击“非典”（严重急性呼吸综合征） 顾树青 摄

② 2005年，第四届江苏省园艺博览会在淮安市举办 市档案馆 供

③ 2005年3月29日，京沪高速公路淮阴段发生特大液氯泄露事故，图为救援现场 市档案馆 供

④ 2006年，“运河之都”全国学术研讨会在淮安市召开 李 剑 摄

⑤ 2005 年，淮安市获得“中国优秀旅游城市”称号 陈雪影 摄

⑥ 2008年，淮安市获得“国家园林城市”称号 市档案馆 供

⑦ 2008年，中国古都学会授予淮安市“运河之都”称号 市志办 供

⑧ 2013年，淮安市被评为“全国科技进步先进市” 市档案馆 供

你发财 我发展
善创业环境
博士后科研工作站
①

ZHB
国家环境保护模范城市
②

科学技术厅
国家高新技术创业服务中心
国·淮安
③

④

① 2008年，省、部共建的国家级淮安留学人员创业园暨3家博士后科研工作站揭牌 市档案馆 供

② 2010年，淮安市获得“国家环境保护模范城市”称号 市档案馆 供

③ 2010年，淮安市国家高新技术创业服务中心揭牌 市档案馆 供

④ 2015年，淮安市在新四军刘老庄连纪念园举办抗战胜利70周年纪念活动 陈光晰 摄

①

②

③

① ② 2016年10月，淮安市洪泽区、清江浦区分别挂牌成立 谭 鑫 摄

③ 2018年，淮安市举行纪念周恩来诞辰120周年活动 曹 政 摄

④ 2017年，第十二届台商论坛在淮安市举办 淮安经济技术开发区管委会 供

⑤ 2017年，国际智力运动联盟智力运动精英赛在淮安市举行，国际智力运动联盟学院在淮安市成立 市体育局 供

⑥ 2018年4月，中国（淮安）国际食品博览会在淮安市举办。会上，淮安市获得“中国食品名城”称号 市贸促会 供

中國·淮安
Huai'an China
THE 12TH TAIWAN ENTREPRENEURS FORUM
第十二屆臺商論壇
2017·08

④

2017国际智力运动联盟智力运动精英赛
2017 IMSA Elite Mind Games
闭幕式
Closing Ceremony
世界智聚淮安

⑤

2018中国(淮安)国际食品博览会
2018 CHINA (HUAI'AN) INTERNATIONAL FOOD EXPO
香悦食博 醉美淮安

⑥

国家AAAAA级旅游景区——周恩来故里

2015年10月，周恩来故里旅游景区成为国家AAAAA级旅游景区。周恩来故里旅游景区主要包括周恩来纪念馆、周恩来故居、驸马巷历史街区和河下古镇

①

③

① 周恩来故居（2014年） 周恩来故居管理处 供

② 河下古镇（2014年） 淮安区旅游局 供

③ 周恩来纪念馆（2018年） 陈光晰 摄

国家AAAA级旅游景区——盱眙铁山寺国家森林公园

① 铁山寺国家森林公园内吊桥（2010年）
盱眙县旅游局　供

② 铁山寺国家森林公园一隅（2017年）
陈光晰　摄

国家 AAAA 级旅游景区——盱眙第一山国家森林公园

① 第一山国家森林公园景区（2011年）　　王　萍　摄

② 第一山国家森林公园牌坊（2011年）　　孙中元　摄

国家AAAA级旅游景区——盱眙黄花塘新四军军部纪念馆

① 黄花塘新四军军部纪念馆（2006年） 纪念馆 供

② 新四军文化艺术馆（2010年） 纪念馆 供

国家 AAAA 级旅游景区——古淮河文化生态景区

① 古淮河文化生态景区（2010年） 景区管委会 供

② 白鹭湖公园（2008年） 景区管委会 供

国家AAAA级旅游景区——中国漕运博物馆

中国漕运博物馆（2010年）　　漕运博物馆管理处　供

国家AAAA级旅游景区——淮安市博物馆

淮安市博物馆（2007年）　　市博物馆　供

国家AAAA级旅游景区——吴承恩故居

① 故居大门（2007年） 吴承恩故居管理处 供

② 吴承恩塑像（2007年） 吴承恩故居管理处 供

国家AAAA级旅游景区——里运河文化长廊

① 里运河文化长廊景色（2018年） 陈光晰 摄

② 里运河文化长廊夜景（2016年） 陈光晰 摄

国家 AAAA 级旅游景区——新四军刘老庄连纪念园

① 刘老庄八十二烈士陵园正门（2012年） 纪念园 供

② 八十二烈士纪念馆（2012年） 纪念园 供

国家AAAA级旅游景区——洪泽湖古堰景区

① 渔人湾码头（2013年）　洪泽区旅游局　供

② 水釜城（2013年）　洪泽区旅游局　供

国家AAAA级旅游景区——涟水五岛湖景区

① 能仁寺（2008年） 涟水县旅游局 供

② 五岛湖景色（2011年） 孙迎祥 摄

国家 AAAA 级旅游景区——金湖荷花荡景区

① 荷花荡景区廊桥（2013年） 张国华 摄

② 荷花荡景区栈桥（2011年） 陈义宝 摄

③ 今世缘公司鸟瞰（2016年） 今世缘公司 供

国家AAAA级旅游景区——涟水今世缘公司旅游景区

清江浦城区远眺（2017年）

陈光晰　摄

1

2

3

① 文庙古建筑风貌区（2017年） 陈光晰 摄

② 生态文旅区一隅（2018年） 田 苗 摄

③ 生态文旅区夜景（2018年） 陈光晰 摄

①

②

③

④

① 清浦区一隅（2013年） 顾树青 摄

② 大运河文化广场（2001年） 顾树青 摄

③ 黄河广场（2008年） 宗 俊 摄

④ 翔宇南道一隅（2018年） 陈光晰 摄

①

②

① 钵池山公园（2014年） 李荣清 摄

② 楚秀园（2012年） 唐佳兰 摄

①

②

① 2005年，宿淮高速公路通车典礼现场 陈光晰 摄

② 2013年，金马高速通车，淮安市实现“县县通高速” 李成宏 摄

③ 淮安市高速西互通立交（2016年） 陈光晰 摄

①

③

②

① 1998年，新淮铁路通车，淮安市结束无铁路历史　　顾树青　摄

② 2004年，淮安市开通铁路客运　　陈光晰　摄

③ 2007年，淮安新火车站建成启用　　吕　剑　摄

①

②

① 2010年9月，淮安涟水机场实现首航 市档案馆 供

② 淮安涟水机场外景（2018年） 陈光晰 摄

①

②

① 大运河畔的淮安南港码头（1982年） 市档案馆 供

② 淮安新港二期码头（2018年） 陈光晰 摄

③ 获全国建设工程“鲁班奖”的淮安三线船闸（2013年） 市交通运输局 供

④ 淮阴船闸（2017年） 陈光晰 摄

① 20世纪80年代的宁徐公路淮河大桥 市档案馆 供

② 一桥跨五河的淮安大桥（2016年） 陈光晰 摄

③ 淮河入江水道金湖大桥（2016年） 市交通运输局 供

④ 亚洲最大的水上立交——淮河入海水道与京杭大运河立交（2018年） 陈光晰 摄

3

①

②

3

① 20世纪80年代田头劳作场景 市档案馆 供

② 清江市奶牛厂一隅（1982年） 市档案馆 供

③ 20世纪80年代金湖县售粮现场 市档案馆 供

④ 市农科所工厂化育苗间（2010年） 市农科所 供

⑤ 20世纪90年代开着农机收割庄稼的农民 姜 燕 摄

5

淮安市农作物新品种新技术
示范基地

① 淮安黑猪生态发酵养殖系统（2003年） 市档案馆 供

② 休闲农场一角（2013年） 市档案馆 供

③ 市农作物新品种新技术示范基地（2014年） 市农委 供

④ 高效环保的秸秆打捆农机作业现场（2014年） 市档案馆 供

①	市现代渔业科技示范园养鱼厂（2015年）	市农委　供
②	市农科院育苗间（2016年）	市农科院　供
③	淮扬菜集团数字化农业种植养殖基地（2016年）	陈光晰　摄
④	“淮安大米”柴米河优质稻米生产基地（2017年）	张振平　摄
⑤	白马湖农场机械插秧现场（2017年）	陈光晰　摄
⑥	江苏淮安蝴蝶兰博览园（2017年）	陈光晰　摄
⑦	江苏淮香食用菌有限公司种植间（2017年）	市农委　供

④

⑤

⑦

⑥

①

②

⑤

⑦

⑥

① 清江钢铁厂第一台3吨电炉投产（1978年） 市档案馆 供

② 清江罐头厂包装车间（1979年） 顾树青 摄

③ 淮阴光华化学厂厂貌（1980年） 市档案馆 供

④ 清江棉纺织厂生产车间（1982年） 市档案馆 供

⑤ 清江日化厂包装车间（1982年） 市档案馆 供

⑥ 清江印染厂召开扩大企业自主权经营奖励兑现大会（1982年） 市档案馆 供

⑦ 清江无线电厂召开电力载波机鉴定会（1985年） 市档案馆 供

⑧ 清江钢铁厂和清江焦化厂合并成立淮阴市冶金工业公司（1986年） 市档案馆 供

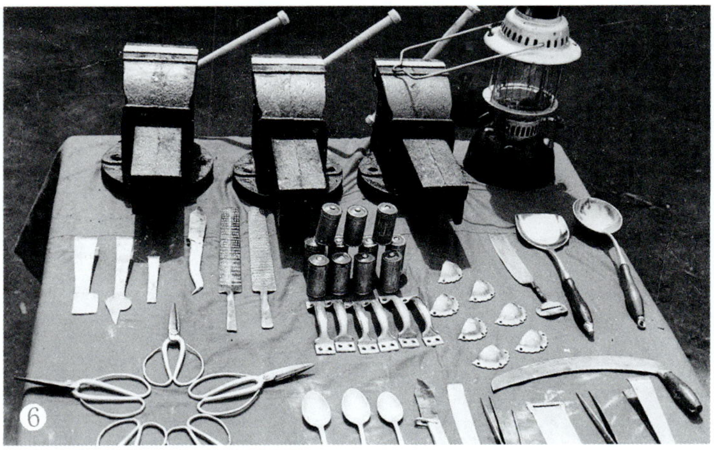

① 20世纪80年代淮阴卷烟厂生产车间　　淮阴卷烟厂　供

② 淮海印刷厂铅印车间（1988年）　　顾树青　摄

③ 20世纪80年代大众牙刷厂生产车间　　市档案馆　供

④ 20世纪80年代的清江炼油厂常压装置　　市档案馆　供

⑤ 20世纪90年代的淮阴卷烟厂　　淮阴卷烟厂　供

⑥ 20世纪90年代淮阴五金制造厂的部分产品　　市档案馆　供

⑦ 清江拖拉机厂生产的江苏504拖拉机大批出厂（1989年）　　顾树青　摄

⑧ 20世纪90年代高沟酒厂的酒甑　　市档案馆　供

① 清江石化公司外景（2005年）

② 淮安威灵电机制造公司生产车间（2005年

③ 淮安海螺水泥公司厂区（2005年）

④ 华能淮阴电厂（2005年）

⑤ 获国家建设工程“鲁班奖”的淮阴卷烟厂

⑥ 金象大功率减速机工作场景（2005年）

陈光晰　摄

陈光晰　摄

海螺公司　供

华能电厂　供

)　　淮阴卷烟厂　供

市档案馆　供

① 2006年，富士康科技集团与淮安市人民政府签约　市档案馆　供

② 江苏韩泰轮胎公司厂区（2008年）　市档案馆　供

③ 江苏康乃馨织造公司在广交会上的展位（2008年）　市档案馆　供

④ 淮钢公司新厂区（2008年）　市档案馆　供

⑤ 江苏爱特福集团成为中国最大的消毒剂生产、研发基地（2010年）　市档案馆　供

⑥ 淮安双汇食品有限公司生产线（2011年）　市档案馆　供

⑦ 江苏天淮钢管有限公司的环形加热炉（2012年）　市档案馆　供

②

CANASIN
江苏康乃馨织造有限公司
JIANGSU CANASIN WEAVING CO.,LTD
14.2J06-07
THE LEADING BRAND OF HOTEL TEXTILE
CANASIN

③

⑤

⑥

⑦

富士康科技集团

①	淮安旺旺食品有限公司生产车间（2009年）	市档案馆　供
②	苏北地区首个清洁能源生产企业——江苏国信淮安燃气发电有限公司（2012年）	市档案馆　供
③	富士康淮安科技城（2013年）	淮安经济技术开发区管委会　供
④	中国化工集团江苏安邦电化有限公司（2013年)	安邦电化公司　供
⑤	2014年7月，江苏今世缘酒业股份有限公司在沪市主板上市，为淮安市首家	今世缘公司　供
⑥	2015年12月，井神股份在沪市主板上市。图为井神公司厂区	井神公司　供
⑦	实联化工江苏有限公司厂区（2016年）	陈光晰　摄

⑥

⑦

①

②

③

① 全球最大的人造草坪生产基地——江苏共创人造草坪有限公司厂区（2016年） 陈光晰 摄

② 淮安澳洋顺昌光电技术有限公司生产车间（2016年） 陈光晰 摄

③ 江苏理士电池有限公司生产车间（2016年） 陈光晰 摄

④ 实联长宜淮安科技有限公司生产车间（2016年） 陈光晰 摄

⑤ 江苏敏安汽车有限公司生产线（2016年） 陈光晰 摄

⑥ 达方电子淮安有限公司生产车间（2016年） 陈光晰 摄

① 胜利饭店厨师厨艺大比武（1979年） 市档案馆 供

② 农民进城购春联（1980年） 顾树青 摄

③ 东大街百货公司（1980年） 顾树青 摄

④ 清江市女子浴室工作人员接残疾人洗澡场景（1982年） 市档案馆 供

⑤ 淮海菜场复秤处（1982年） 市档案馆 供

⑥ 清江市百货大楼布匹柜台（1982年） 市档案馆 供

⑦ 淮阴百货分公司样品馆（1982年） 市档案馆 供

①

②

③

④

⑤

① 20世纪80年代中期的淮阴市农村农贸市场 市档案馆 供

② 20世纪80年代的蔬菜批发市场 市档案馆 供

③ 市区农贸市场（1989年） 顾树青 摄

④ 炸米花（1989年） 顾树青 摄

⑤ 街头理发师（1998年） 顾树青 摄

⑥ 炸茶馓（2001年） 顾树青 摄

⑦ 烧龙虾（2002年） 顾树青 摄

⑧ 始建于1983年的汇通市场，曾是苏北地区面积最大、经营品种齐全、辐射范围较广的小商品集散地 市档案馆 供

①

②

①　汇通商城（2006年）　　　　　　陈光晰　摄

②　中央百货新亚商城（2006年）　　陈光晰　摄

③　前进路菜场（2006年）　　　　　市档案馆　供

④　中央国际新亚广场（2014年）　　市档案馆　供

① 金马广场（2008年） 市档案馆 供

② 淮安万达广场（2013年） 市档案馆 供

③ 御码头美食街（2016年） 陈光晰 摄

②

③

一切听从党安排
党叫干啥就
一颗红心
两种准备
正确对待
自己前途
招生考试之前

馄饨面条

学雷锋做好事

1981年清江市职工业余文艺

⑦

8

① 20世纪70年代末恢复高考后，淮阴中学考区宣传专栏 顾树青 摄

② 1979年，淮海影剧院建成 市档案馆 供

③ 清江市路边的早点摊（1980年） 市档案馆 供

④ 1980年，清江中学学生开展“学雷锋做好事”活动 市档案馆 供

⑤ 1981年，清江市举办职工业余文艺会演 市档案馆 供

⑥ 1982年11月，省运会在清江市举行 市档案馆 供

⑦ 街头义务修车摊（1982年） 市档案馆 供

⑧ 1982年，清江市物价检查员在检查早点质量和价格 市档案馆 供

⑨ 1986年，淮阴市市区出现出租车 顾树青 摄

⑨

①

②

③

④

① 1988年，市区路口首次设置红绿灯　　顾树青　摄

② 1989年，市体育馆落成　　顾树青　摄

③ 2003年，淮安市取消户口性质。图为新旧户口簿样本　　市档案馆　供

④ 21世纪初新建的工人文化宫和工人电影院　　市档案馆　供

⑤ 2003年，举办淮安市首届民间艺术节　　市档案馆　供

⑥ 田头用上小灵通（2005年）　　市档案馆　供

⑦ 2007年，淮安市“行风热线”6周年特别节目　　市档案馆　供

⑧ 2007年，淮安市阳光信访综合服务管理系统正式全面启用　　市档案馆　供

①	2008年，淮安广播电视中心演播大厅启用	市档案馆　供
②	洪泽湖渔鼓表演（2008年）	叶首卫　摄
③	送文化进渔村（2009年）	潘铸亚　摄
④	淮安戏曲馆戏曲演出（2012年）	仲　丽　摄

②

③

安市淮剧艺术传承演唱会
④

① 村民参加基层民主政治（2011年）

② 市民晨练（2013年）

③ 淮安市在全省率先获得中国城市管理进步奖（2

④ 清河区获得“全国和谐社区建设示范城区（市）”

市档案馆　供

荀德强　摄

市档案馆　供

年）　市档案馆　供

⑤　农村健身点（2013年）　陈玉梅　摄

⑥　清江浦庙会（2014年）　李宇舟　摄

⑦　2013年10月，淮安市举行“阳光纪检”点击亿次特别活动　市档案馆　供

① 2014年，江苏省第十八届运动会在淮安市闭幕 王　鑫　摄

② 农民体验现代信息产品（2014年） 市档案馆　供

③ 低收入有保障（2014年） 市档案馆　供

④ 2015年，淮安市建成1740个城乡综合便民服务点 市人社局　供

①

2

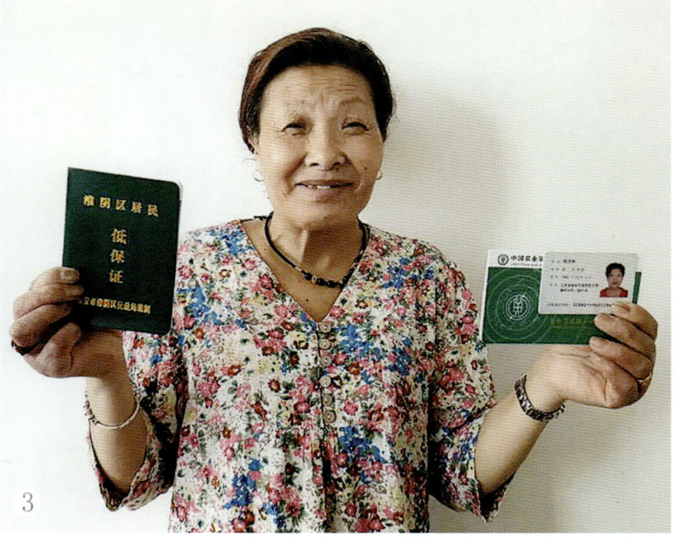

3

4

① 淮安市新“四馆”（图书馆、文化馆、美术馆、规划馆）（2016年）陈光晰　摄
② 淮安大剧院（2016年）　陈光晰　摄
③ 淮安市政务服务中心大厅（2017年）　市档案馆　供
④ 淮安市体育中心（2018年）　陈光晰　摄

① 古运河畔美丽乡村（2016年） 陈光晰 摄
② 淮阴区袁集乡桂塘村（2008年） 市档案馆 供

序

淮安市位于苏北地区中心、古淮河与大运河交汇处，境内地势平衍，河渠成网，洪泽湖、白马湖、高邮湖、宝应湖等众多湖泊镶嵌其间，是一座飘浮在水上的城市。淮安，作为国家历史文化名城、一代伟人周恩来的故乡，名贤辈出，文化积淀异常深厚。淮安，作为夏、商、周三代以来的水陆交通枢纽，在大运河全线贯通以后，其枢纽地位进一步凸显。明清时期，更由于黄、淮、运河交汇，漕运总督、河道总督的驻节，成为全国漕运指挥中心、漕船制造中心、漕粮转输中心、黄淮运河道治理中心、淮北食盐集散中心，成为繁华竞逐的“运河之都”。晚清民国时期，由于地理、政治、军事等诸多原因，淮安一度严重衰颓。

中华人民共和国成立以后，尤其是中共十一届三中全会召开后，历届市委、市政府始终坚持发展这个硬道理，带领广大干群以敢为人先的精神，在全省率先进行农村改革，继而推进城市改革，不断扩大对外开放，攻坚克难，开拓奋进。经过数十年的持续努力，古老的“运河之都”重新焕发出青春的活力，成为崭新的通江达海、帆樯云集、流量空前的水运枢纽，多条高速盘绕、多条铁路纵横的陆运枢纽，并拥有开通国内外30多条航线的涟水机场。气势磅礴的立体大交通、大流通，带动一、二、三产业以史无前例的速度和规模迅猛发展，经济综合实力呈几何级数增长，城市化率由最初的5%提高到接近60%，中心城市呈现强大的集聚和辐射能力，广大乡村则由最初的解决温饱问题到如今的农村现代化初具规模。人民的衣食住行用，全市的东西南北中，处处展现出沧桑巨变。位于江淮之间的苏北重要中心城市淮安，正以意气风发的时代风貌重新崛起！

伟大的时代、腾飞的名城、光辉的足迹，无不召唤着生动的彩笔、形象的巨绘来描述这一非凡的时空。《淮安市志（1978—2008）》在多年的期待和召唤声中终于问世。《淮安市志（1978—2008）》的主体内容记述1978—2008年淮安市城乡各行各业凤凰涅槃式的发展历程。全书凡470余万字，堪称洋洋大观、空前巨制。

“殷鉴不远，在夏后之世。”习近平总书记教导我们，要用历史教育人民，用文化熏陶人民，用精神鼓舞人民，用经验引领人民，进一步激发广大人民群众的无穷智慧和伟大创造力，推动经济社会实现又快又好发展。这也是我们编纂本志的初心。志书其功用在“存史、资政、育人”，我们热切地希望全市广大干部和人民群众认真阅读这部志书，牢记习近平总书记“把周总理的家乡建设好，很有象征意义”的殷殷嘱托，在习近平新时代中国特色社会主义思想指引下，进一步明确淮安今后的发展思路、发展方略和主要着力点，以更加矫健的步伐，推动全市物质文明、精神文明、生态文明、社会文明的协调发展，为实现淮安人民的美好愿景和中华民族的伟大梦想而共同奋斗！

淮安市地方志编纂委员会

2019年4月

凡 例

一、本志以马克思列宁主义、毛泽东思想、邓小平理论、“三个代表”重要思想、科学发展观、习近平新时代中国特色社会主义思想为指导，坚持辩证唯物主义和历史唯物主义的立场、观点和方法，全面系统地记述1978—2008年淮安市自然、政治、经济、文化、社会的历史与现状，充分反映改革开放和社会主义现代化建设的历程，力求思想性、科学性、资料性的统一，为存史、资政、育人服务。

二、本志为完整记述改革开放的历史，上限定为1978年，下限为2008年，人物延至2015年，书前彩页延至2018年，正文中随文图片不下延。为保证完整性，时限内对前志有部分复载。1983年撤销淮阴地区，成立淮阴市。1996年，淮阴市分设为地级淮阴、宿迁两市。2001年，淮阴市更名为淮安市。记述范围以淮安市域为准。

三、本志采用史略、记、志、传、图、照、表、录等体裁，志首设《史略》《大事记》，展示概貌；志为主体，计39卷，每卷卷首一般设无题序，下设章、节、目3个层次，少数至子目；照片集中于志首，部分随文设置；志末设《专记》，记述正文难以完整记载的重大、具有地方特色的历史事件。《附录》辑存重要文献及2009—2015年大事记。

四、本志为反映时代特点，设立《国土资源》《邮政与信息化建设》《开放开发》《精神文明建设》等卷；对于经济体制、政治体制和社会事业改革，在《中共淮安市地方组织》《淮安市人民政府》等卷中，从不同层面有相对集中的记述，而重点在各相关卷中详述。为反映淮安地方特色，设立《淮扬菜之乡》《大运河遗产》2卷。

五、本志坚持“生不立传”的原则，立传者以断限内人物为主，前志未收录或记述太简者适当补收或升格，排列以卒年为序；简介人物亦为已故者；人物表录为革命烈士、受到全国表彰的模范人物与先进工作者、淮安籍省部级以上领导干部。

六、本志纪年，中华人民共和国成立前的用历史年号纪年，括注公元纪年；中华人民共和国成立以后用公元纪年。

七、行政区划、机构、职官、地名等，均用历史正称，用简称者，在首次出现时注明。

八、本志所用数据，以统计部门为准；如统计部门缺，则使用相关部门提供的数据。1996年淮、宿分市以前，以各部门剥离数据为准，无剥离数据的则使用当时数据。

总目录

上 册

中 册

下　册

目 录

（上册）

史 略

大 事 记

第一卷　地　理

第二卷　国土资源

第三卷　环境保护

第四卷　人　口

第五卷　城市建设

第六卷　建筑业　房地产业

第七卷　交　通

第八卷　水　利

第九卷　邮政与信息化建设

第十卷　开放开发

第十一卷　中共淮安市地方组织

第十二卷　淮安市人民代表大会

第十三卷　淮安市人民政府

史略

·淮安市志·（1978—2008）

引 言

淮安市位于淮河中下游地区，地处江苏省北部中心区域，位于北纬32°43′00″～34°06′00″、东经118°12′00″～119°36′30″，东接盐城市，南毗扬州市和安徽省滁州市，西邻宿迁市，北连连云港市。其下辖清河、清浦、淮阴、楚州4个区，涟水、洪泽、盱眙、金湖4个县，东西最大直线距离132公里，南北最大直线距离150公里，总面积10072平方公里。2008年年末，全市户籍人口近540万人。京杭大运河、淮沭新河、苏北灌溉总渠、淮河入江水道和入海水道、废黄河、盐河、淮河干流在境内纵贯横穿，襟带洪泽湖、白马湖、高宝湖。全境属黄淮平原和江淮平原区，西倚皖东丘陵，地形西高东低，河湖水域面积占总面积的30.37%。境内不仅蕴藏着多种具有较高开采价值的非金属矿产，而且气候温和湿润，适宜多种农作物生长。

淮安市城区中心位于北纬34°01′与东经119°05′的交叉点上。西越二河，临近洪泽湖，南界淮河入海水道，密近白马湖，东跨京沪高速公路，北含新（沂）长（兴）铁路。京杭大运河绕城段、里运河、古淮河、淮北盐河穿城而过，是典型的水上城市。2008年，城市建成区面积155平方公里，城区常住人口140万人。淮安市作为国家历史文化名城，古老的水陆交通枢纽，城区有古泗水入淮处大清口、小清口与古邗沟入淮处末口，分布着从春秋至明清的古城堡遗址10多处，在大运河发展史上具有非常重要的地位，是著名的“运河之都”。

夏、商、周时期，市境为淮夷、徐夷聚居地。春秋战国时期，先后属吴、越、楚国。秦时分属泗水郡和东海郡。西汉大体属临淮郡。东汉分属下邳国和广陵郡。魏晋南北朝时期，处于南北对峙的前沿，建置紊乱，隶属多变。据《南齐书·州郡志》记载：武帝永明七年（489），割直渎、破釜塘以东淮阴镇下流杂一百户置淮安县，隶属于东平郡。淮安之名始见。

隋、唐、五代、北宋时期，市境内大抵淮北属泗州，淮南属楚州。宋、金对峙时期，淮北隶属多变，而淮南多属楚州。宋绍定元年（1228），撤楚州，升山阳县为淮安军，旋改淮安军为淮安州。元、明、清三朝，先后设淮安路、淮安府。民国3年（1914）撤淮安府，以府名为原山阳县名。旋置道，市境属淮扬道。民国16年（1927）撤道，民国21年（1932）设行政督察区，市境大部属淮阴行政督察区。抗日战争和解放战争时期，政区多变。民国37年（1948）12月全境解放后，成立淮阴专区。经1955年3月、1971年4月调整，今辖境始全属淮阴专区。1983年，淮阴专区改为淮阴市。1987年，淮安县更名为淮安市，隶省辖淮阴市。1996年8月，灌南县划归连云港市管辖，宿迁、泗阳、沭阳、泗洪4个县（市）从淮阴市析出，成立省辖宿迁市。2001年2月，淮阴市更名为淮安市，原县级淮安市撤市建楚州区。

淮安市的地理环境，是漫长的自然力和人类活动共同作用的结果。早在新生代第三纪，市境西部丘岗地区还是海滨陆地，是古脊椎动物的乐园。又经过不止一次的沧桑巨变，到距今1万年至1.5万年的全新世早期，淮安大地在最近一次海浸以后，海岸线推进到今涟水县城一线。涟水县东北部五港，则是12世纪黄河夺淮以后陆续淤垫成陆地的。

古淮安地处淮、泗水尾闾，境内古湖泊多由滨海泻湖演变而成，主要有涟水西北境、沂沭水下游的硕项湖，位于今楚州区、宝应县、建湖县境古射水下游的射阳湖，以及洪泽凹陷区的小湖群等。古淮河由今安徽省五河县迤逦入境，经盱眙县城西，东北流至龟山，斜穿洪泽凹陷区，达淮阴区码头镇西，又东北流经清江浦与王营镇之间，转而东南流，经楚州区城北东北流，经涟水县城南，又东北流入海。古泗水由今徐州市睢宁县古邳镇东南流，大体沿今宿迁、泗阳、淮阴区境内的废黄河东南流，至淮阴区码头镇北古泗口入淮河。古淮河、古泗水都是感潮河流，潮水上涨极限可分别达盱眙、宿迁以上。

最初作为人类活动舞台的古淮安大地，不仅地势低平，河流密布，而且土壤肥沃，草木丰盛，是宜渔猎、宜农牧的地方。淮安曲折而生动的发展史，就是在这样的舞台上拉开帷幕，渐次演进的。

第一章　古代的淮安（上）

第一节　石器时代

一、下草湾和青莲岗的人类足迹

1954年6月，中国科学院古脊椎动物和古人类研究所在今盱眙县和泗洪县交界处的怀洪新河下草湾引河东岸，发现一段人类股骨化石。经过研究分析，此股骨属晚期智人——新人，距今约4万年，其体质形态十分接近现代人。1981年春，考古工作者在下草湾附近的火石岭，找到一处与下草湾新人同时期的细石器文化遗址，出土有刮削器、尖状器等石器。这时期的社会形态属于母系氏族公社，妇女是氏族公社共产制家庭的主人，负责管理公共家务和氏族部落的事务。大约距今六七千年前，在今楚州区的青莲岗、盱眙县的范家岗、淮安市区的钵池山等地，居住着一批氏族部落。其居住的房屋主要为长方形和圆形的地面建筑，低矮简陋。住地附近有氏族公共墓地。

青莲岗时期，淮安境内出现种植稻谷的原始农业，还有畜牧饲养业。狩猎与采集依然占据重要的地位。人们把石头磨制成光滑的石斧、石锛、石犁、石刀，把兽骨制作成各种打猎工具和生活用具，如骨镖、骨刺、骨针、骨槌等。学会烧制多种陶器，有的红陶钵内壁还绘有彩色图案。婚姻形态是族外对偶婚制，夫与妻属于两个不同的母系氏族，父亲与子女也分属于两个氏族，而母亲与其子女、兄弟与姊妹则是同一个氏族。当时生产力水平相当低，构成财物的物品也少，随葬器物有少量的陶器和石器，出现男女合葬墓，婚姻形态相对稳定。这种文化类型，因1951年在青莲岗首次发现，所以被命名为“青莲岗文化”。它是江淮地区母系氏族社会繁荣阶段文化的典型代表。

二、大汶口文化与龙山文化类型

延至距今5000年左右，淮安境内的母系氏族社会开始解体，演变到父系氏族阶段。在今洪泽县的共和、盱眙县的管镇、涟水县的笪巷等地，都出土父系氏族村落遗址。大村落附近往往还分散着一些小村落。人们改进生产工具，发展农业，同时发展畜牧业。饲养的家畜有牛、羊、猪、狗等。出土的陶器种类繁多，质地坚硬细密，器形规则，表明制陶技术有较大的进步。还出现夫妻合葬墓，男性居中，女性处于一侧，随葬品也多偏置于男方。这种文化形态，与大汶口中晚期文化颇为相近。

大约距今4000～5000年，淮安境内的先民进入龙山文化时期。同期的文化遗址遍布全市，而以盱眙县的范家岗及涟水县的杨庄遗址比较突出。出土的器物表明，农业生产有进一步发展。陶器普遍采用轮制，器壁厚薄均匀，造型美观，以黑陶为主。墓葬的等级差别显著，大多数墓圹狭小，无随葬品，有的随葬品只有三五件，而少数大墓却有大量的随葬品，说明氏族成员内部出现贫富悬殊。

第二节　夏商周及春秋战国时期

一、淮夷与徐国

夏商周时期，淮安是淮夷、徐戎的活动范围。淮夷是聚居在淮河中下游地区的一个土著民族，属于东夷大部族。今金湖县的时墩、磨脐墩，盱眙县的六郎墩、大墩子、潘墩，涟水县的杨庄遗址等，都发现这一时期的文化遗存。徐国是夏代初年伯益后裔的嬴姓封国之一。伯益佐禹治水有功。夏朝建立，封伯益次子若木于徐。徐国封域在淮水、泗水之间一带，是淮夷的方国部落的诸侯之长。夏朝末年，徐君费昌反对夏桀的暴政，后成为商汤的卿士，商汤又“封费子之庶子于淮、泗之间徐地，以奉伯益之祀，复命为伯，使主淮夷”[①]。

从诸多的徐文化遗址得知，徐人创造发达的农牧渔猎业。种植的农作物有稻、麦、粟等，并开始饲养狗、牛、马、羊、猪等家畜。农牧渔猎工具用料有石器、骨器、铜器等。制陶业也比较兴旺，陶器种类繁多，还创造彩陶，其图案多为水波纹、鱼网纹、贝壳纹等。纺织业颇为发达。金文中有“淮夷旧我帛贿人”，说明这一带的丝织业在当时远近闻名。二十世纪八九十年代，在金湖、盱眙、洪泽等地，陆续出土大量的郢爰、蚁鼻钱和“郢爰”金板，说明徐国商贸业亦很兴旺。徐文化中最引人注目的是青铜器。从1991年以前出土的近20件有铭徐器来看，不仅种类繁多，而且技艺高超。其中，青铜乐器音色优美，造型独特，纹饰繁复，堪称同时代的最高技艺。

商朝统治时期，徐君与商王关系密切。周朝初期，武庚叛乱，徐与奄、蒲姑、淮夷等17国也联合反周，被周公旦击败。西周中期以后，徐的势力逐渐强盛，成为九夷盟主，徐君诞在周穆王时先被“赐命为伯”，继则自行僭号称徐偃王，率领淮夷等东方夷人反周，打到黄河附近。徐偃王以“好行仁义”著称，一度称雄江淮，史载他“处汉（水）东，地方五百里，行仁义，割地而朝者三十有六国”[②]。当时，周穆王正在西北各地巡狩，征犬戎、西戎，得知徐偃王反叛，立即联合楚国、六国等讨伐徐，“偃王仁而无权，不忍斗其人，故致于败。乃北走彭城武原县东山下，百姓随之者以万数，因名其山为徐山。”[③]徐国又臣服于周天子。后复封徐偃王之子宗于徐。周厉王、周宣王时，徐国再度崛起，曾进兵中原。宣王三十九年（前789），西周对淮夷、徐国用兵，征伐失败，损失惨重。

① 《太平寰宇记》卷16《河南道》。

② 《韩非子》第49篇《五蠹》。

③ 《后汉书》卷85《东夷列传》。

"宣王既亡南国之师，乃料民于太原。"[①]后徐国又臣服于周王朝。

春秋时期，随着南方楚国、吴国的强盛，以及北方齐、鲁等大国势力的南下，夹于中间的徐国逐渐由盛而衰。周敬王八年（前512），阖庐夺得吴国王位，吴王僚的儿子掩余和烛庸分别从徐、钟吾逃往楚国，阖庐借机对徐、钟吾用兵。徐君章禹坚守都城（顾炎武认为，此时的徐国都城，就是沉沦的泗州城），阖庐令军士堰蓄淮河，"防山以水之"[②]，以水灌徐城，徐君章禹仓皇弃城西逃楚国，国遂亡。

二、丰于交通灌溉之利

在人工运河开凿以前，运载大批量的货物，从长江流域进入政治中心所在地的黄河中游地区，必须由江入海，由淮河入海口溯淮水、泗水而上。由泗水而上可入齐鲁，由淮水及其支流涡水、颍水而上可直入中原。因此，《尚书·禹贡》述九州贡道：扬州贡道是"沿于江海，达于淮泗"，徐州贡道则是"浮于淮泗，达于河。"显然，二州贡道以淮、泗水交汇处的泗口为转轴。

周敬王三十四年（前486），吴王夫差开邗沟，沟通江、淮，然后经由泗水北上争霸。邗沟的开凿，大大缩短长江、淮河之间的水上航程。邗沟入淮处末口（《水经注》又称山阳口）位于今楚州区河下镇。

春秋战国时期，江淮之间还有一条重要的陆上交通干道——善道。这条干道大致从今南京江北岸至天长汊涧、盱眙旧铺、穆店以达古善道（今盱眙县城北），然后过淮河经今泗洪半城、青阳等地北上。盱城向东南还有一条经东阳城（今盱眙东阳乡）达扬州的辅线。诸侯国常在这一线会盟、争战。如周襄王七年（前645），"楚人败徐于娄林"。[③]周灵王四年（前568），"鲁仲孙蔑、卫孙林父会吴于善道。"[④]周景王十九年（前526），"徐子及郯人、莒人会齐侯，盟于蒲隧，赂以甲父之鼎。"[⑤]1982年，在盱眙穆店出土著名的陈璋圆壶（燕王室重器）。1985年，在盱眙县旧铺出土吴季札会盟的篆书铭文铜匜。

商周时期，淮安境属青州。《周礼》载："青州薮曰孟诸，川曰淮泗，浸曰沂沭。"浸，《辞源》解释为"引以灌溉之水"。又据《淮系年表》记载，古徐国的蒲姑陂（在今宿迁市泗洪县境），是淮河流域最早的灌溉设施之一。商周时期，淮安不仅扼交通要津，而且富灌溉之利。《淮系年表》称，古淮河中下游地区，"交通灌溉之利甲于全国"[⑥]。

三、泗口与末口城镇的兴起

在以自然河道作为交通主动脉的上古时代，作为舟楫必经之地的泗口一带，居民比较集中，城镇率先产生。邗沟开凿以后，末口聚落兴起。泗口、末口集于一地，使今淮安地区成为长江、黄河两大流域之间最重要的水运枢纽，从而奠定城市繁荣的地域基础。

秦统一后实行郡县制，设有淮阴县，县治设于古淮阴城，以城居"淮水右（南）岸"[⑦]得名。《水

① 《史记》卷4《周本纪》。
② 《左传·昭公三十年》。
③ 《左传·僖公十五年》。
④ 《左传·襄公五年》。
⑤ 《左传·昭公十六年》。
⑥ 《淮系年表·序言》。
⑦ 《淮系年表·序言》。

经注》载：淮水“又东北至下邳淮阴县西，泗水从西北来流往之。淮、泗之会，即角城也。左右两川翼夹，二水决入之所，所谓泗口也。……又东径淮阴县故城北，北临淮水，汉高帝六年，封韩信为侯国。……城东有两冢，西者，即漂母冢也。”①从这段记载可知，郦道元记述时的淮阴城与淮阴故城是两座城，同在淮水右岸，而淮阴城在南，淮阴故城在北。在南的淮阴城乃东晋北中郎将荀羡所筑，在北的淮阴故城即为秦淮阴县城。今淮阴区码头镇北有一个古城遗址，当地人称为“甘罗城”。明正德《淮安府志》载：“甘罗城在旧淮阴治北，或云即淮阴故城。今属清河界，去码头巡检司一里许。相传秦甘罗筑。雨后，常土中得小钱，篆文，不可识。”②2008年1月10—22日，淮安市博物馆考古部在甘罗城遗址考古探查结果证明，所谓甘罗城，乃春秋时期古城，城墙遗址长1420多米。③与清光绪《清河县志》记载的甘罗城周“四百二十七丈”的长度大体吻合。甘罗城无疑即秦淮阴县城，它始筑于春秋时期。

与淮阴故城隔淮相对的泗口何时开始筑城？历史无详载。《史记·吴王濞列传》载：在平定吴楚七国之乱的战役中，周亚夫“使轻兵绝淮泗口，塞吴饷道”④。即用轻骑兵袭夺并控制淮泗口，断其粮饷通道，结果大获全胜。淮泗口即泗口。如果泗口无城，以少量的轻骑兵袭夺也无法控制，泗口有城可知。魏黄初五年（224），文帝曹丕兴兵伐吴，“幸广陵泗口”⑤，也是莅临泗口城。

关于吴邗沟入淮处末口形成聚落的时间，据《淮系年表》等书记载：因为邗沟水位高，淮河水位低，所以邗沟通航伊始，末口就设有北辰堰。往来舟船至此，必须卸货空船盘剥过坝。盘坝是一项技术活，须专职技工方能进行。因此，末口北辰堰一带聚落的出现，与吴邗沟的通航大体同时。今楚州区河下镇古称北辰镇，即位于古北辰堰下。在考古发掘中，这里出土春秋时期的器物。

淮阴城、泗口镇和北辰镇，各据冲要，同为南达长江、北达河济、西出中原之绾毂，三位一体，缺一不可，而淮阴故城居中策应，襟带二口，并西控长淮。1978年，在淮阴故城以东数里的高庄战国墓中，出土大型铜饰马车，从其制作之精美分析，墓主人生前地位很高，应为王侯。2004年，淮安运河村战国墓的规制也非常大，出土的木雕鼓车证明，这里不仅向来是军事要塞，同时可知这一带在春秋战国时期就是舟车通达的重要都会，也是江淮河海文化廊道的重要节点。

第三节　秦汉时期

一、秦末淮境的反秦起义

战国之初，越国灭吴，楚国乘机“广地至泗上”，占有今淮安市境内的淮北之地。经过一段时间的争斗，楚国又灭掉越国和鲁国，市境全属楚国。周赧王十四年（前301），齐国联合秦国击败楚国，齐又占有淮北。周赧王三十一年（前284），楚又取齐淮北。此后，直至秦灭楚前，市境皆为楚国所有，且为楚国郢都居民播迁之地。

① 《水经注》卷30《淮水》。

② 正德《淮安府志》卷14。

③ 刘显谋、张志军《淮安市淮阴区甘罗城遗址钻探报告》（淮安市博物馆未刊稿）。

④ 《史记》卷106《吴王濞列传》。

⑤ 《三国志》卷14《魏书·刘晔传》。

秦统一后，由于滥用民力，不顾人民死活，不仅激化社会阶级矛盾，也激起以楚国为代表的原六国贵族势力的强烈不满，故当时在故楚地流传着“楚虽三户，亡秦必楚”的民谣，并最终在楚地首先点燃反秦起义的烈火。淮安境域作为楚遗民重要聚居地，揭竿而起响应陈胜者尤为突出。秦二世元年（前209），徐县（县治没入洪泽湖中）人丁疾聚众起义，并率领起义军围攻东海。东阳人陈婴也揭竿而起。陈婴原是东阳县令史，为人信谨，有能力，有威望。东阳少年杀死县令响应陈胜起义，立陈婴为长，迅速聚众2万人，又要推立陈婴为王。陈母对陈婴说：“自我作你家妇，从未闻你家先代出过贵人。现在暴得大名，不吉利，不如附属他人，事成可以封侯，事败也容易隐匿。”陈婴谨遵母训，对拥戴者说：“现在下相（今宿迁）人项梁已在吴中起义，并率兵过江。项氏世世为将，在楚国非常有名，我等现在要举大事，非以他为将不可。我们依靠名族，一定会灭亡暴秦！”遂将所部归属项梁。陈胜死后，项梁在淮北民间找到当牧童的楚怀王孙子熊心立为怀王，陈婴被封为楚国上柱国，辅佐怀王，定都于盱眙（3个月后迁都彭城）。后项羽逐杀义帝，陈婴愤而归汉，并成为汉开国功臣，被封为安侯，都棠邑（今南京市六合区境）。

此外，著名的大军事家韩信，也是在项梁义军打到淮上之际，仗剑从戎，投奔项梁起义军的。

二、秦汉时期的经济政治状况

秦汉时期，特别是汉朝的承平之世，今淮安地区优越的自然条件得以较好的利用。西汉初期，吴王刘濞曾利用淮扬水利条件，发展灌溉农业，高邮湖、洪泽湖地区，是其重要的垦殖区。汉宣帝时，“夺（厉）王射陂草田以赋贫民。”[①]说明流经今洪泽湖区的射水（今盱眙维桥河）已被拦蓄为陂塘灌溉农田。东汉章和（87—88）年间，广陵太守马棱“兴复湖陂，溉田二万顷”[②]。时射陂一带属广陵郡，为马棱复兴的灌区之一。建安初年，广陵太守陈登“筑高家堰三十里，名捍淮堰，并立陂塘”[③]。得防洪灌溉之利，使得“粳稻丰饶”[④]。

这一时期，生产力水平有了提高，铁制农具和牛耕得以广泛使用，造成秦汉时期淮安农业经济的繁荣。司马迁在《史记·货殖列传》中曾形象地描述道：“（百姓）饭稻羹鱼，或火耕而水耨，果隋蠃蛤，不待贾而足，地埶饶食，无饥馑之患。”[⑤]颇有鱼米之乡的景象。

关于这一时期的工商业，从《史记·淮阴侯列传》中可知：秦代的“淮阴市”商业繁荣，商业是居民的主要谋生手段。家住淮阴的韩信微时，就因为“不能治生商贾”，而落得从人乞食。“淮阴市”中有一群妇女专门从事丝絮的漂洗加工，还有专门从事屠宰的场所。此外，在数以百计的秦汉村落遗址中，还有不少制陶、冶铁、织布、酿酒等方面的实物或图案，在一些古城址和古屯区，还出土该时期大量货币，有的一处就出土数百公斤。这些都说明当时手工作坊和商业的繁荣。

正因为如此，这一带王族地主、官僚地主和豪强地主众多。在涟水县三里墩、洪泽县岔河等汉墓群中，出土非常丰富的器物和画像石，不仅显示墓主人具有较高的地位，拥有充盈的财富，还反映墓主人生前穷奢极欲、荒淫无耻的生活。

东汉后期，豪强地主势力膨胀，农民纷纷破产。在黄巾起义之前的40多年间，江淮一带就发生过多次农民起义，并波及今淮安市境。永和三年（138）夏，九江郡蔡伯领导的农民起义军一度

---

① 《汉书》卷63《广陵厉王传》。

② 《后汉书》卷24《马棱传》。

③ 《淮系年表》淮系历史分图一注。

④ 《三国志》卷7《魏书七》。

⑤ 《史记》卷129《货殖列传》。

占领东阳、海西等11座城邑。广陵张婴领导的起义军活跃于徐、扬二州之境，前后达十几年。本初元年（146）秋，庐江农民军攻打盱眙城。黄巾起义以后，包括淮安的“八州之人莫不响应”。黄巾起义军被镇压后，广陵太守陈登还曾招抚“海贼”薛州之族万余户。紧接着便是军阀混战，陶谦、吕布、刘备、袁术、曹操等都曾在淮安采取过军事行动。初平四年（193）由于董卓之乱，洛阳等地流民东徙。曹操至，“坑杀男女数十万口于泗水，水为不流”，徐县、下相等地“鸡犬尽绝，邑无行人。”①

三、从大云山汉墓群看西汉时期的淮安

大云山汉墓位于盱眙县大云山顶部，是西汉江都王刘非及其夫人的夫妻同冢异穴合葬墓，总面积达25万平方米，是一座规模宏大的陵园建筑群。墓园内发现大墓3座、武器坑2座、车马坑1座，以及各种等级的陪葬墓13座。1号墓虽曾不止一次被盗，但仍幸存大量文物发现有黄肠题凑、金缕玉衣和玉棺。随葬的实用兵器大多精美，种类有戟、矛、剑、铍、锥、弩机、箭镞、铁铤、铠甲等。墓中还出土种类繁多的精美青铜器、玉器、陶器、漆木器等，礼器、乐器、生活器具应有尽有，几乎把墓主人生前奢华精致的生活原封不动地搬入地下宫殿中。其中，一个箭箙中有300支箭，品种多达15种，透视出墓主人对兵器的钟爱。2号墓中也发现黄肠题凑、金缕玉衣和玉棺，墓主可能是1号墓墓主的夫人。此外，位于陵园内东南区域的7号坑，坑内木椁保存基本完好，可能是1号墓墓主的晚辈。位于陵园北墙与西墙外的3号坑、6号坑内，出土大量明器类铁戟、铁剑、铜弩机、箭镞、箭箙、盾牌等各类兵器，其中有一件铜铍尤为罕见。铍是一种两面带刃，形状似剑，装有长柄的长兵器。铍身上黑色卷云纹清晰可见，但手触上去却很光滑。这种暗花纹装饰，是吴越青铜兵器铸造中特有的绝技，尚无法完全复制。

因为墓中出土“江都”字样的封泥和印章，考古专家由此断定墓主人为江都王刘非。刘非在平定吴楚七国叛乱时立有战功，由汝南王徙封江都王，在位27年去世。刘非墓为何建于大云山？根据推测，当时江都王的都城或行都，很可能是在大云山以南2公里处的东阳故城。此前，东阳不仅曾是东阳郡的郡治，而且是战功赫赫的同姓王——荆王刘贾的王都。这里密近重要交通枢纽泗口，与淮河下游的滨淮重镇盱眙、淮阴呈犄角之势。而且这里为广袤平衍、一直延伸至黄海边的江淮平原，鱼盐耕作之利丰腴，更方便发展经济，聚敛财富。

四、秦汉时期的文化和汉末三国的人文现象

秦汉时期，淮安地区农业经济的繁荣和贵族富户的众多，成就文化的昌盛，形成人文蔚起的局面。《淮阴县娑罗树碑记》所称“江津通津，淮楚巨防”，“胜引飞辔，商旅接舻”，“七发枚乘之丘，三杰楚王之窟”。“七发枚乘”指汉赋大家枚乘，与司马相如并称“枚马”。他的代表作《七发》，不仅寓意深博，气势恢宏，辞藻典丽，而且是枚乘首创的汉赋形式，被后世人称为“七体”。其子枚皋，文思敏捷，可倚马作露布，“倚马可待”一词即源出于此。其他代表作家还有“建安七子”之一的陈琳。陈琳善作章、表、书、记，任曹操侍从官，军国书檄多出自他与阮瑀之手。陈琳也善为诗赋，所作《饮马长城窟行》，反映人民疾苦，读之催人泪下。

俗话说“乱世出英雄”，汉晋百年间，今淮安地区产生10多位出将入相、彪炳史册的历史名人。如下邳淮浦县（涟水县）陈氏家族的陈球。他幼习儒学，精于律法，汉灵帝时官至太尉、永乐少府，因谋诛宦官不慎事泄，被下狱迫害而死。其子陈瑀为吴郡太守，陈琮为汝阳太守，侄儿

① 《资治通鉴》卷61。

陈珪为沛王相，一门显赫。陈登也是淮浦陈氏。陈登，字元龙，陈球侄孙、沛王相陈珪之子。陈登受祖、父辈薰陶，“少有扶世济民之志，博览载籍，雅有文艺，旧典文章，莫不贯通。”[①]建安二年（197），陈登为广陵（治射阳）太守，助曹操击杀吕布，加封伏波将军，两次打败孙策北上的军队。建安五年（200）迁东城太守，广陵郡吏民都拔郡跟随。陈登调离广陵后，广陵很快为孙权占据。后来曹操征吴，每临江长叹，恨不早用陈登之计。

东汉末年，射阳县还出现臧旻、臧洪父子。臧旻为扬州刺史，镇压会稽许昭的数万起义军。后为中郎将戍边，上书申述睦邻的意义，并受命出使匈奴，为著名良吏。臧洪，字子源，董卓进京乱政，臧洪与一批刺史、太守大会酸枣，并被推为盟主。后见知于袁绍，为东郡太守。建安元年（198），曹操围张超于雍丘，臧洪闻讯，徒跣号泣，向袁绍求救不果。张超在城破时自刎，臧洪愤而不与袁绍通和。袁绍怒而攻击臧洪，历年不下。后城被袁绍攻破，城中却无一人叛逃，男女七八千人相枕而死。袁绍抓到臧洪，劝降不成，将其斩杀。当时在场的臧洪同乡、东郡丞陈容站起来，抗声说：“将军举大事，而专诛忠义，岂合天意？今日宁与臧洪同日死，不与将军同日生！”[②]也被推出斩首。

时淮安境域还有广陵郡海西（今涟水县北境）徐氏家族。徐淑，字伯进，幼年随父在京城求学，饱读儒家经典，永和元年（136）被举为茂才，迁琅琊都尉，官至度辽将军，是一位出色的边防守将。徐淑之子徐璆，字孟玉，博学多才，初任广陵太守，升任荆州刺史。后死于太常任上。徐璆的族人徐宣，为曹操门下督，魏文帝即位后，徐宣历任御史中丞、城门校尉、司隶校尉、散骑常侍，迁尚书。魏明帝封为津阳亭侯，领中军，迁左仆射，后加侍中、光禄大夫。明帝诏书中称他为“柱石臣”。

东阳陈矫父子也位极人臣。陈矫，字季弼，魏明帝时，官至司徒。其子陈本、陈骞，皆一时名人高官。

淮阴县人步骘，字子山，东汉末年避乱江东，种瓜自给，后任孙吴骠骑将军，领冀州牧，代陆逊抚荆州、冀州，与西蜀20年相安无事。后代陆逊为丞相，人称“种瓜丞相”。

第四节　魏晋南北朝时期

一、南北对峙的前沿重镇

在魏晋南北朝360多年中，今淮安市境几乎都处于战争和对峙的前沿。随着双方力量的消长和战场上的成败利钝，淮安时而属南，时而属北，时而以淮河为界分属南北。淮河南屏大江，北蔽中原。因此，沿淮的合肥、寿阳、盱眙、淮阴和角城（今泗阳县和淮阴区交界处的三岔、李口附近），都是军事重镇，5个军事重镇有3个在市境内。盱眙城位于淮河中游，众山环峙，临淮守险，上接寿阳、合肥，下邻淮阴，北上可抄近遮断泗水，南下可直达建康对岸江边。淮阴城北对泗口，“东接山阳，南通江表，兼近江都、海西之资，西有盱眙、寿阳之镇”，实为“淮南之源本也”[③]。角城位于古泗水尾闾的分岔处，分岔以下分别叫大清河、小清河，大清河为主流和主航道，其入淮处叫

① 《三国志》卷7《魏书七》。

② 乾隆《淮安府志》卷22《人物·忠烈》。

③ 《魏书》卷54《高闾传》。

大清口，也叫淮泗口、泗口；小清河入淮处则叫小清口。角城控扼泗水，紧滨淮河，翼夹二川。当时，南入长江必经邗沟，北伐中原必由泗水，加之原淮河两岸地区土壤肥沃，水利条件好，宜稻宜麦，有垦殖之利。因此淮阴和角城更是“南必得而后进取有资，北必得而后饷运无阻”[①]的要塞之地。

角城于东晋时筑。《水经注》载：淮、泗之会，即角城也。东晋时于此设立角城县，属淮阳郡，郡县同治。刘宋沿袭，齐、梁时为国戍。《齐书·高帝纪》有角城戍主李安民。《魏书·高祖纪》称，萧道成曾为角城戍主。《后汉书·郡国志》云，角城东临泗水，南近淮水，自晋至隋，迄为重镇。

魏晋南北朝时期，除原有的甘罗城、泗口城、山阳城以外，在泗口地区新构筑的城堡，淮南尚有甘罗城南侧、东晋北中郎将荀羡筑的淮阴城。清光绪《清河县志》载：“晋永和五年，北中郎将荀羡北讨鲜卑，以淮阴旧镇，地形都要，乃营立城池，似城创于此时。”[②]淮北尚有南朝陈大将吴明彻所筑的吴城。民国《泗阳县志》载：“陈吴明彻筑，有东西二城相向，中隔二里。宋高宗南渡，置县，三年，罢为镇，城废。约当今淮阴吴家集相近。”[③]还有陈大将樊毅筑的樊毅城等。《陈书·樊毅传》载：陈太建十年（578），“及吕梁丧师，诏以毅为大都督，进号平北将军，率众渡淮，对清口筑城，与周人相抗。霖雨城坏，毅全军自拔。”[④]而《隋书·杨素传》则载：“陈将樊毅筑城于泗口，素击走之，夷毅所筑。”[⑤]说法虽异，而记载实为一事。

二、对峙时期的重大战事

这一时期，在三大重镇及其附近发生的战事数以百起，其中较著名的有东晋、前秦淮阴之战，北魏、刘宋盱眙之战，北周、陈泗水之战等。

东晋太元三年（378），前秦派俱难、彭超率步骑7万人进攻淮阴、盱眙。东晋大将谢玄腹背受敌，暂时退守广陵。次年五月，俱难、彭超又挥师东向，以主力6万人攻晋将田洛于三阿（今金湖县境）。东晋京城震恐，增派水陆部队出援。谢玄亦自广陵救援三阿，与在白马塘打援的前秦将领都颜遭遇。斩杀都颜后，谢玄又挥师对三阿实施反包围。俱难、彭超败走盱眙。谢玄与田洛乘胜追击，率兵5万人围攻盱眙，并大败前秦军于君川，迫俱难等弃守盱眙，退守淮阴。谢玄命何谦之夜焚浮桥。前秦将领邵保战死，俱难、彭超仅以身免，退到淮河以北。

南朝刘宋元嘉二十七年（450），魏太武帝拓跋焘自广陵北返，以数十万兵力攻打盱眙，辅国将军臧质与盱眙太守沈璞一起率领不到4000名将士，坚守孤城。北魏连月强攻，死伤染病过半，也未攻下盱眙城，遂于次年春被迫退兵。刘宋军保卫盱眙城的胜利，是历史上以少胜多的著名战例。

北周建德七年（578），陈大将吴明彻攻周吕梁得手，又攻徐州，拦蓄泗水准备灌徐州城。周命大将王轨驰援。王轨秘密派兵于泗口遍打木桩，以铁索贯穿车轮横截水流，断敌船路。吴明彻忙破堰撤退。王轨在泗口的伏兵四起，吴明彻及其将士全部被俘。此后，淮境全为北周占领。

---

① 乾隆《淮安府志》卷1《舆图》。

② 咸丰《清河县志》卷22《古迹》。

③ 民国《泗阳县志》卷8《古迹》。

④ 《陈书》卷31《樊毅传》。

⑤ 《隋书》卷48《杨素传》。

三、梁、魏征战与浮山堰

浮山堰位于今安徽嘉山、江苏泗洪县的淮河浮山峡内，系梁武帝天监十三年（514），为水攻北魏所占寿阳（今安徽省寿县）而构筑的拦淮高坝。

当时，梁武帝为战胜北魏，采纳魏降人王足之计，令大将康绚筑此堰。“假（康）绚节、都督淮上诸军事，并护堰作役人及战士，有众二十万，于钟离南起浮山，北抵巉石，依岸筑土，合脊于中流。……十五年四月，堰成，其长九里，下阔一百四十丈，上广四十五丈，高二十丈，深十九丈五尺……水之所及，夹淮方数百里地。魏寿阳城戍稍徙顿八公山。此南居人散就冈垄。”[①]

梁朝为筑浮山堰付出重大代价：从徐、扬二州征发民夫，每4户出一人；花费几千万斤铁器；砍伐数百里内的树做成建坝木笼；施工中死人无数。天监十五年（516）秋，淮水暴涨，堰堤冲决，“其声如雷，闻三百里，缘淮城戍村落十余万口皆漂入海。”[②]浮山堰以下的沿淮地区，是屯垦的重点地区，而且沿淮城镇较多，其重要城镇有盱眙、临淮、破釜（洪泽镇）、淮阴、泗口、北辰、山阳、涟水等，其损失之惨重，可以想见。

四、石鳖屯田和侨置郡县

魏晋南北朝时期，今淮安地区经常出现“江淮之间，赤地千里”的景象。但是作战双方仍利用这里优越的自然条件，积极利用战争间隙，屯田积谷。三国魏正始初（约240—241），大将邓艾为了对抗吴国，修白水塘，立8斗门，置屯兵49所，开垦水田12000顷。还修筑石鳖城，用以积谷护屯。

石鳖城位于三角村（今洪泽县新集）、衡阳阜一线，这里有一条古道，嘉庆《山阳县志》称其“向为边兵横趋大仪之路”。石鳖城是屯田积谷的中心。屯区的范围（加上营房、场地、道路等），约850平方公里，大致相当于今楚州区新河及白马湖、宝应湖以西，新三河两岸，苏北灌溉总渠以南的地域。洪泽县、金湖县考古调查也表明，汉魏晋文化遗址遗存非常丰富。洪泽县挖掘汉、魏、晋遗址11处，几乎覆盖该县的整个湖东地区，出土器物有各种遗存陶器，还有兵器、陶窑，以及大量的两汉钱币。这些都显示出军队驻扎在此屯田的痕迹。

西晋永嘉年间（307—313），因中原大乱，今市境内居民纷纷避地江南，散居武进、常熟等地，同时，中原士族大量向江淮地区迁移，今淮安一带是首先到达的地区。东晋名将祖逖，就曾“率亲党数百家避地淮泗”[③]。永嘉以后，又陆续有过多次较大的迁移，如东晋永和九年（353），姚襄徙屯盱眙。南朝宋明帝时，宋失淮北，又有大量流民移居江淮之间。由于流民南迁太多，曾在江淮地区侨置许多北方州郡，以为安置。整个魏晋南北朝时期，在淮阴、盱眙、山阳等地，侨置过徐、青、幽、冀、并、南兖、北兖等州和东平、阳平等郡，以及一批侨置县。

这些移民以垦种无主荒地为生，其中大部分是由官府任命的移民官吏集中组织屯垦，称为“民屯”。此外，由邓艾开辟的“军屯”似断还续。西晋建兴元年（313），琅琊王司马睿命祖逖率众北伐。祖逖到了淮阴，一面铸造兵器，在石鳖城一带屯田积谷，一面招募和训练军队，而后出泗口北上。东晋永和八年（352）起，北中郎将、驸马都尉荀羡先后镇守淮阴、下邳。他在石鳖等地大兴屯田，以为北伐之资，“公私利之”。永和九年（353），东晋殷浩派遣大将刘启、王彬讨伐姚襄，

① 《梁书》卷18《康绚传》。

② 《资治通鉴》卷148。

③ 《晋书》卷62《祖逖传》。

被姚襄击败。于是，姚襄率部“鼓行济淮，招掠流人，众至七万，分置守宰，劝课农桑。”[①]

萧齐时，齐将周山图出于战略考虑，上书奏请于石鳖城立阳平郡。故齐、梁时，仍称“阳平石鳖，田稻丰饶”。北齐天保五年（554），北齐一度占有淮南地。乾明初，谷价昂贵，尚书左丞苏珍芝又建议修石鳖等屯，结果每年收获数十万石，“自是淮南军防廪粮充足。”[②]陈太建五年（573），陈大将吴明彻北伐，收复淮南各郡，得到阳平石鳖的粮食，解决军粮不足的问题。同时又抚慰安置流民，就近耕种于石鳖等屯，使军饷民食得到可靠的保障。

五、宋齐东海郡与鲍氏兄妹文学家

南朝刘宋时期，涟口（今涟水县城）是与泗口相当的淮河下游战略要地，同时又是集散淮盐的经济重地，朝廷置东海郡于此，领襄贲（治涟口）、赣榆2县。萧齐建元（479—482）初，置北东海郡，领襄贲等5县，属侨置冀州。该时期著名文学家鲍照、鲍令晖兄妹就出生于这片沃土。

鲍照，南朝宋文学家，字明远，祖籍东海郡（治今涟水），久居建康。家世贫贱。曾为刘义庆侍郎。后任临海王刘子顼前军参军。刘子顼作乱，鲍照为乱兵所杀，墓在湖北黄梅县。鲍照长于乐府诗，其七言诗对唐代诗歌的发展起到很重要的作用，对李白、杜甫等影响很大。同时，他也是著名的散文家、辞赋家，是“元嘉三大家”之一。著有《鲍参军集》。

其妹鲍令晖，是南朝宋、齐两代唯一留下著作的女文学家。著有《香茗赋集》，已散佚。

第二章　古代的淮安（中）

第一节　隋唐时期

一、大运河的疏凿和隋末农民起义

隋唐五代时期，政治统一的时间较长。安定的环境，使经济得以持续发展和重新繁荣。其间，大运河对今淮安市境的繁荣产生巨大的作用。然而在当时，劳民最甚、影响最大的，也是大运河的开凿。

隋大业元年（605），征发河南、淮北诸郡百余万人开挖通济渠，自洛阳至泗州，连接谷、洛、黄、汴诸水，以达淮水，在泗州汴河口入淮。接着又征发淮南民工10余万人将邗沟改道取直。汴河口和末口之间，是由约100公里的淮河连接的。依此计算，隋大运河在今淮安市境总长约150公里。开河标准很高，“渠广四十步（20丈），旁皆筑御道，树以柳”[③]。在修河时，“丁男不供，始役妇人”。且劳动条件差、强度大，大量民工死在工地上。隋朝用来载运民工死尸的车子“相望

① 《晋书》卷116《载记》。

② 《隋书》卷24《食货志》。

③ 《隋书》卷3《炀帝纪》。

于道”。

大运河沿线又修筑40多所豪华宏丽的离宫别馆。位于今盱眙第一山的都梁宫，即是其中之一。它周回约1公里，有宫殿三重，长廊环回，还有亭台楼阁、流泉曲水等胜迹佳处。此后，隋炀帝曾3次南巡，由于徭役、供应等等，使包括楚州、泗州的运河沿线人民不堪其扰。

隋炀帝的好大喜功，横征暴敛，给人民带来巨大灾难，终于导致大规模的农民起义。大业七年（611），东海彭孝才起义，活动于淮北地区。紧接着杜伏威义军由山东南下江淮之间，孟让义军也进入境内，楚州、泗州人民纷纷参加起义队伍。杜伏威义军在江淮之间，多次击败隋王朝的部队，并曾攻占、焚毁安宜县城（今金湖县境）。孟让义军曾占据盱眙都梁宫，队伍发展到10余万人，后因轻敌被隋将王世充击溃退走。这几支起义军有力地打击隋王朝的统治，成为推翻隋王朝的重要力量。

然而，疏凿大运河的历史功绩自不可没。唐诗人皮日休《汴河怀古》诗对此评价比较公允："尽道隋亡为此河，至今千里赖通波。若无水殿龙舟事，共禹论功不较多。"①

二、唐代的水利建设与生产的发展

唐初，为了发展生产，复苏经济，巩固其统治，着力改善生产条件。破釜塘在隋炀帝时更名为洪泽浦。隋末，洪泽浦和白水塘均受到破坏，唐初均得以修复。武后证圣元年（695），为扩大灌溉面积，又在白水塘以北"开置羡塘，与白水塘合"。后又于羡塘以北开置茶陂。从陂塘的分布范围看，唐代白水塘地区屯垦的面积，远比魏晋南北朝时期大。唐穆宗时，在白水塘东岸"凿诸泾，筑萧家闸"②。先后开挖有棠梨泾、青州泾、徐州泾、太府泾、竹子泾等较大的灌溉渠道，以便于屯垦。据考证：青州泾即青州涧，中华人民共和国成立初期还在使用；竹子泾则是今草泽河的前身，历1300年还在发挥作用。这一时期，在科学用水方面有了长足的进步。为了节约用水，确保漕运和灌溉用水，唐元和年间（806—812），在运河西岸开挖一系列泄水塘，名归水澳，使水得以重复利用。此间，在今洪泽周桥附近创置的萧家闸，据《天下郡国利病书》载：其作用是"蓄水以灌堰西之田，西畴水足，再徐灌东田，乃因势以行水而为之利也"。这种轮灌法，不仅节约用水，更重要的是，使低田和高田同样可以得到灌溉。这是水利技术的重要进步。

唐初，白水塘地区为民屯。上元年间（760—761），实行官屯。朝廷在楚州设置淮南营田副使和营田判官，专司其事，以加强对官屯田的管理。据《唐楚州使院石柱题名记》可知，白水塘地区的官屯，起码在唐末农民起义爆发之初，还在继续着。其后废弛，南唐时多听由民间垦种。

唐代，泗州涟水县与楚州山阳县的海盐生产进一步发展，所产盐曾远供京城长安。纺织业也比较发达，贡品有赀布、苎布等。

三、淮水东南第一州——楚州

隋统一后，置楚州，初以淮阴县城为治所，旋改以山阳县城为治所。楚州系以战国时期境域属楚国而得名。唐武德四年（621），于淮南置东、西楚州，分别治山阳、盱眙。旋撤并西楚州，东楚州改称楚州，治山阳县城。

大运河的贯通，对运河沿线城市的繁荣壮大，起到某种意义上的决定性作用。由于经济重心的南移和国家政权运转的需要，唐代南漕北运的数量不断增加。至唐代宗、德宗时期，"每年从江

① 皮日休《汴河怀古》,《全唐诗》卷615。

② 《淮系年表》淮系历史分图一注。

南、湖南、浙东、浙西、淮南等道都运米一百一十万石。”[1]楚州、泗州是漕船的必经之所和停泊之地。漕粮施行逐级转运之法，两个州城均设有漕粮中转仓，“江船之入，至此而止，无留滞也；汴船之出，至此而发，无覆溺也”，即所谓“江不入汴，汴不入河”[2]。楚州城、泗州城因此成为南漕北运的重要枢纽。淮北盐船也多由涟水至楚州散运各地。其他商船千帆相接，四时不断。

唐代的楚州城，不仅驻有楚州刺史、山阳县令，而且有淮南营田副使以及管理漕运、盐运的官员驻节。这些官员的公署主要集中于今楚州区中心。今楚州漕运总督署遗址就是唐宋时期的楚州刺史署所在地，其中巨型古井即为该时期文化遗存。楚州城古寺观很多，城西北有始建于东晋大兴二年（319）的龙兴寺，建于隋代的文通寺（即千佛寺），建于唐咸通十五年（874）的地藏寺，唐时创建的太清观；城西南侧有唐开元五年（717）创建的开元寺；城东有道教紫霄宫等。[3]

龙兴寺、开元寺、紫霄宫前均有庙市，商品贸易很兴旺。草市、鱼市也熙熙攘攘。楚州作为重要的海港城市，吸引新罗、大食、波斯等国的商人远涉重洋到此贸易。城里有波斯人开的“波斯店”，“波斯商人从东非、东南亚运来宝石、珊瑚、玛瑙、香料、药品及动植物，用来交换中国的丝、纸、大黄等物品。”[4]到了夜晚，城边的运河里，众多的过往船只“连樯月下泊”，准备在此过北辰堰；城内则“千灯夜市喧”[5]。很多达官显贵“缇骑朱旗入楚城”[6]。他们前呼后拥，招摇过市，宴饮游乐，诗酒唱酬，为楚州城的升平景象增添色彩。楚州城以其繁华，被白居易称为“淮水东南第一州”[7]。当时开元寺、东岳庙、宴花楼等处，都是文人雅集之所。唐代楚州人赵嘏《楚州宴花楼》诗云：“门外烟横载酒船，谢公携客醉华筵。寻花偶坐将军树，饮酒方重刺史天。”由此可见当年驻节楚州的将军、刺史们纵情声色、附庸风雅之一斑。大诗人李白、白居易、刘禹锡等在楚州，都有歌吟唱酬之作。

楚州城北末口北辰堰附近，有新罗人集中居住的新罗坊。侨居楚州的新罗人主要职业是造船、航海、修造船只。楚州的新罗坊规模很大，是沿海一带新罗人的社会中心。楚州向东不远就可通海，当年的海岸线就在滨海、盐城一带范公堤；向西与泗、汴、颍、涡等河相连，可以直抵中原、西上长安；向南可经运河通往苏州、杭州、明州，与那儿的阿拉伯、波斯商人交往。楚州是这一带的交通枢纽，是一个商业中心、运输中心。而新罗侨民区也是以楚州为中心向海州、胶州、如皋等地散开的。楚州新罗坊还拥有一批可供雇用航海的船只，“日本国朝贡使皆从此间上船，过海回国”。日本高僧圆仁法师由楚州回国，就是雇用新罗人的海船，一次就从新罗坊租了九条船，并雇佣新罗“谙海路者六十余人”[8]。

四、地位稍逊的淮阴与泗口

隋唐时期，与楚州城的繁华相比，淮阴城与泗口镇的地位明显下降。首先反映在建置上：隋开皇元年（581）置楚州，治所在淮阴故城，开皇十二年（592）即移治山阳县。隋大业初，首次将

① 陆贽《翰苑集》卷18《请减京东水运收脚价于缘边州镇储蓄军粮事宜状》。

② 《漕运通志》卷9《漕议略》。

③ 同治《重修山阳县志》卷2《建置》。

④ 房仲甫、李二和《中国水运史》，新华出版社，2003年。

⑤ 卢纶《送吉中孚校书归楚州旧山》，《全唐诗》卷276。

⑥ 刘禹锡《送李中丞赴楚州》，《全唐诗》卷359。

⑦ 白居易《楚州赠郭使君》，《全唐诗》卷448。

⑧ 圆仁《入唐求法巡礼行记》卷4。

淮阴县并入山阳县。唐初复置淮阴县，武德七年（624）再次并入山阳县。历43年，至乾封二年（667），复置淮阴县。[⑨]这两次合并和分置，反映楚州城已取代淮阴故城，成为区域性的经济政治文化中心。

然而，唐代的淮阴城依然比较繁华，城内外楼台栉比，城下帆樯如林。唐诗中有不少这方面的生动描写。刘禹锡《淮阴行》写道："簇簇淮阴市，竹楼缘岸上。好日起樯竿，乌飞惊五两。"[⑩]这一簇簇竹楼，都是在城外沿淮河岸而建，主要是经营餐饮、旅馆和日用百货的，因为这里东南到楚州、西南到古洪泽镇都是约30公里，距北侧隔淮相对的泗口镇5公里，再向北到泗水边的渔沟镇20公里，分别有半日至一日的航程，是漕船、盐船、官船、商船的必经之途，更是停泊的重要站点，所以商贸繁荣。时淮阴设有主要用于接待往来官员的水驿馆。陈羽《宿淮阴作》云："秋灯点点淮阴市，楚客联樯宿淮水。夜深风起鱼鳖腥，韩信祠前明月里。"[⑪]沿岸楼台与舟船上的"点点秋灯"，映照在韩信祠一带的淮水里，构成一幅淮阴秋夜图。项斯《夜宿淮阴》载："灯影半临水，筝声多在船。"[⑫]不仅有壮观的景色，更有缠绵的声色！这肯定是达官、豪商的船。温庭筠则写道："酒酣夜别淮阴市，月照高楼一曲歌"[⑬]，大概是乘明月当空、晚潮来时夜行的。透过这些充满朦胧美的诗句，仿佛听到歌女们婉转哀艳的吟唱。

隋大运河贯通后，淮阴、徐州间的泗水航道依然作为辅线航道，所谓"汴水流，泗水流，流到瓜洲古渡头"，就反映汴水航道与泗水航道并用的历史。刘禹锡《淮阴行》："隔浦望行船，头昂尾𫄸𫄸。无奈晚来时，清淮春浪软。"与淮阴隔浦相望泗口的行船，也是乘着晚潮来时，溯清（泗水）淮（淮水）而上的。张祜《宿淮阴水馆》写道："五更离浦棹，一夜隔淮砧。"则是乘早潮离开淮阴的，在投宿淮阴的月夜中，不断听到从北岸泗口镇传来的砧杵声。薛能《清河泛舟》诗云："都人层立似山丘，坐啸将军拥棹游。绕郭烟波浮泗水，一船丝竹载凉州。城中睹望皆丹雘，旗里惊飞尽白鸥。儒将不须夸郄縠，未闻诗句解风流。"[⑭]该诗是写一位镇守泗口城的儒雅将军，在清河（泗水）上组织的一次赛舟活动。其时观者如堵，层层山立；一条条赛艇破浪争先，人声鼎沸；而一艘环绕而行的豪华大船上，儒雅的将军及其随从的文人雅士，正在哀婉的丝竹声中吟诗唱酬呢！泗口的繁华于此可见一斑。

泗水沿岸还有一条重要的陆路，泗口则是这条古老的干线通道上的一个主要节点，呈现"商旅辐辏其途"的盛况。该时期泗口设有榷卡，对过往商船贾客收取榷税。

五、漕运要津泗州、盱眙与淮北盐集散中心涟水

隋大运河洛阳至淮河的河段，称为通济渠，亦称汴河，系在盱眙城对岸入淮河，入淮处称为汴河口或淮口。大运河的贯通与唐代水运量的骤增，促进汴河口城市以及对岸盱眙城的迅速发展。

唐武德四年（621），在淮北置泗州，治宿豫（今泗阳县郑楼古城山）。由于汴河口地位的凸显，武后长安四年（704），割徐城县南界两乡，于沙垫淮口置临淮县，隶泗州，县治淮口（汴河口）。唐开元二十三年（735），由于宿豫城毁于沂、沭、泗洪水，将泗州州治迁址于汴河口临淮县城。从

⑨ 光绪《清河县志》卷2《沿革》。
⑩ 刘禹锡《淮阴行》，《全唐诗》卷364。
⑪ 陈羽《宿淮阴作》，《全唐诗》卷348。
⑫ 项斯《夜宿淮阴》，《全唐诗》卷554。
⑬ 温庭筠《赠少年》，《全唐诗》卷579。
⑭ 薛能《清河泛舟》，《全唐诗》卷559。

此，汴河口的临淮县城亦称泗州城。

唐代的泗州城是“江船不入汴、汴船不入河”的漕运中枢，这一特殊地位促使它的快速繁荣。时泗州城颇为繁华壮观，“端衢四达，廨宇双峙，双阙云耸，琼台中天。”[①]南来北往的豪商巨贾则“多游利于此”。边塞甚至外域的“越商胡贾”都前来经营。泗州、盱眙还设有大型的中转仓，闽越和江淮地区漕粮及其贡品，多到此卸货回程。泗州还设有淮口盐铁院，由中央派出的盐铁官掌管江淮海地区的盐铁经营，防止奸商从中渔利。隔淮相对的盱眙是一个依山面水、风景秀丽的城市，更是骚人墨客题诗咏叹、尽显文采风流的佳处。“何因不归去？淮上对秋山。”从侧面反映泗州、盱眙繁华竞逐、风光旖旎的独特魅力。

涟水，大致到南北朝初期，就已经成为淮北海盐集散中心。南朝梁中大通元年（529），靠鱼盐之利成为大富豪，时任青、冀二州刺史的羊侃，“涟口置酒，有客张儒才者，醉于船中，失火延烧七十余艘，所燔金帛不可胜数，侃闻之，都不挂意，命酒不辍。”[②]这七十余艘船，多为盐船。

延至唐代，淮北海盐生产进一步发展，涟水以其资源和地理环境的优势，成为全国四大盐场之一，也是海、楚、泗州的海盐生产、囤积、运销管理中心。为了适应行政管理的需要，唐武德四年（621），置涟州，治涟水县城。旋降为县，改隶泗州。唐垂拱四年（688），开凿北起海州，中经今灌南、涟水等地的运盐河（时名新漕渠、官河），淮北盐经由运盐河入淮河和大运河，然后转运各地，供给官民食用。淮北盐运大兴，涟水遂富甲一方。唐诗人高适《题涟水樊氏水亭》吟道：“煮盐沧海曲，种稻长淮边。四时常晏如，百口无饥年。”其富裕逸乐实在令人艳羡。

六、战乱对楚、泗二州的影响

安史之乱时，“乱兵不及江淮”。唐肃宗以后，淮上军阀割据，有的公开反叛朝廷，“其民始罹荼毒矣”。盱眙、淮阴、泗口、涟水、楚州、泗州等地，都受到过军阀的破坏。

唐咸通九年（868），庞勋戍卒起义，围攻泗州达7个月之久。其间，义军攻陷盱眙都梁城，占据淮口，截断漕运路线；又南破滁、和二州，北陷沭阳，直逼海州、宿州，唐王朝震恐，派3万人进援泗州，结果被义军全歼。后义军受挫，方撤围而去。唐广明元年（880），黄巢义军由采石矶北上，经盱眙一带，没有逗留，对市境影响不大。

七、唐代的楚州诗人

唐代楚州的文化，亦以诗歌为特色。知名的诗人有吉中孚、赵嘏、刘采春等。

吉中孚，楚州山阳县人。他能文善诗，与诗人卢纶、钱起、司空曙等齐名，为“大历十才子”之一。吉中孚少年出游，爱鄱阳湖风光，于是客居鄱阳。初为道士，大约到35岁还俗。后到长安拜见宰相，被推荐给皇上，备受奖掖，遂步入仕途。曾任校书和户部侍郎。后因双亲老迈，弃官归乡，孝养父母。吉中孚的诗文，同时代人评价很高。卢纶赞他“侍郎文章宗，杰出淮楚灵”。《新唐书·艺文志》著录其诗一卷。吉中孚的妻子张夫人，也会写诗。

赵嘏，字承祐，楚州山阳县人。会昌二年（842）入长安，举乡贡进士。大中初年（847）入仕，为渭南县尉。唐宣宗听闻赵嘏能诗，曾问宰相：“赵嘏诗人，曾为好官否？可取其诗来。”读赵嘏诗，见其咏秦诗“徒知六国随斤斧，莫有群儒定是非”句，很不高兴。所以赵嘏仕途不得意。赵嘏是晚唐著名诗人，长于七律，其《长安秋望》中“残星几点雁横塞，长笛一声人倚楼”句，为杜牧所

① 吕周任《泗州大水记》,《全唐文》卷41。

② 《梁书》卷39《羊侃传》。

赞赏，因此被人艳称为“赵倚楼”，“一日名动京师，三日传满天下”。有《渭南诗集》传世。

刘采春，淮阴人，伶工之妻。《全唐诗》收录她的6首《望夫曲》，每首四句，明白如话，通俗易懂，如“不喜秦淮水，生憎江上船。载儿夫婿去，经岁又经年。”短短20字，却生动地再现少妇思念远游丈夫的迫切心情。大诗人元稹赞赏她：“言词雅措风流足，举止低徊秀媚多”“选词能唱《望夫歌》”。当时，“采春一唱是曲，闺妇、行人莫不涟泣”。繁华与哀艳往往是绾结在一起的。

八、僧伽与泗州普照王寺

唐代，楚、泗二州的佛教文化颇有特色。寺庙以僧伽和尚创建的泗州普照王寺最为著名，香火久盛不衰，举国闻名。僧伽坐化前，中宗即封他为“国师”，并敕泗州寺为“普照王寺”，还“敕恩度弟子三人，慧岸、慧俨、木叉各赐衣盂，令嗣香火”。据《宋高僧传》载，坐化后，“帝惨悼黯然”“敕有司给绢三百匹，俾归葬淮上，令群官祖送，士庶填阁”。长庆二年（822），皇帝加封僧伽为“证圣大师”。五代时，“天下凡造精庐，必立（僧）伽真相，榜曰大圣僧伽和尚”。

大诗人李白赞扬僧伽“戒得长天秋月明，心如世上青莲色。意清净，机棱棱，亦不减，亦不增，瓶里千年舍利骨，手中万岁猢狲藤。嗟予落魄江淮久，罕遇真僧说空有。一言忏尽波罗彝，再礼浑除犯轻垢”。另，“李北海邕、胡著作浩各为碑颂德。”[①]

泗州寺庙的香火隆盛，与古泗州是交通咽喉密切相关。往来舟楫必登塔拜祭，慷慨解囊，敬香施财，不惜重资，并相沿成俗。“越商胡贾脱身罪，珪璧满盘宁计资。清淮无波平如席，欹柱倾扶半天赤。”[②]当年施舍之豪，香火之盛，都能从这诗句中想象出来。黄河夺淮后淮域水灾渐盛，人们对泗州大圣的礼拜就更勤了。

第二节　五代北宋时期

一、五代时期的军事纷争

五代时，今淮安市境内有过几次军事纷争，其中以后周显德五年（958）的楚州之战最残酷。显德四年（957）冬，周世宗挥师东下，命赵匡胤率领精锐数千为先锋，在淮阴城附近与南唐濠泗楚海水陆都应援使陈承昭交战，南唐兵大败。赵匡胤追至楚州城北，陈承昭被擒投降。

同年十二月，周世宗亲率大军至楚州，州城水陆两路均防守严密。南唐守将张彦卿、郑昭业督率将士死守，后周军队攻了40天未见效果。“世宗亲督兵以洞屋穴城而焚之，城坏。”[③]张彦卿、郑昭业战死，余众由南门突围而出，被设伏于南门外的后周将领王审琦部包围击杀，“斩数千级，系五千余人”[④]。城破后，周世宗下令屠城，城中老幼被杀戮殆尽。这是楚州历史上第一次被屠城。

---

① 《宋高僧传》卷18《僧伽传》。

② 韩愈《送僧澄观》，《全唐诗》卷342。

③ 同治《重修山阳县志》卷20《杂记》。

④ 《宋史》卷250《王审琦传》。

二、北宋沿淮复线运河的开凿

隋开大运河，楚州和泗州之间系利用自然河道淮河连接的，而泗州以下，特别是洪泽洼地区，淮水宽阔，白居易诗云："淮水东南阔，无风渡亦难。"皇甫冉题《洪泽馆》诗："底事洪泽壁，空留黄绢词。年年淮水上，行客不胜悲。"都反映行旅在这一带航行的艰难和危险，而此段河道中的山阳湾段，由于泗水的汇入，水流尤为迅急，更被往来舟楫视为畏途。

北宋时期，年漕运量高达600万石以上，创中国古代漕运之最。由于漕运量的增加，过往舟楫增多，每年在楚、泗二州之间的淮河险途上损失的舟船，也猛增到170艘左右。因此，沿淮河右岸开凿的复线运河亦随之诞生。从雍熙元年（984）到元丰七年（1084）的100年中，复线运河分期施工，陆续完竣通航，"免风涛覆溺之患"。避淮工程终获成功。

当时，楚、泗二州之间的淮河右岸，依次排列着淮阴、洪泽、龟山等较有名的城镇，复线运河的开凿，就是以淮阴、洪泽、龟山三大城镇为分野，分期分段完成的。首先开凿的是楚州到淮阴的沙河运河。据《宋史·河渠志》载："楚州北山阳湾尤迅急，多有沉溺之患。雍熙中转运使刘蟠议开沙河以避淮水之险，未克而受代。乔维岳继之，开河自楚州至淮阴凡六十里，舟行便之。"《宋史·乔维岳传》载："又建安北至淮澨总五堰，运舟所至，十经上下，重载者皆卸粮而过，舟时坏失粮，纲卒缘此为奸，潜有侵盗。维岳始命创二斗门于西河第三堰，二门相距逾五十步，覆以厦屋，设悬门积水，候潮平乃泄之。建横桥，岸上筑土累石，以牢其址。自是弊尽革，而运舟往来无滞矣。"因沙河在淮扬运河之西，故称"西河"。为延缓河床比降，保证河道水位，沙河上设置二斗门，成为现代船闸的前身。

继沙河运河之后开凿的是淮阴至洪泽镇的洪泽新河，又称洪泽渠。据《宋史·河渠志》及有关人物传记载，开洪泽渠由马仲甫首倡，许元实施，皮公弼复浚。开河时间在皇祐元年至六年（1049—1054）之间，开河长度为约30公里。

最后开凿的是洪泽镇至龟山镇的龟山运河。《宋史·河渠志》载："（元丰六年正月）发运使罗拯复欲自洪泽而上凿龟山里河以达于淮，帝深然之。会发运使蒋之奇入对，建言：'上有清汴，下有洪泽，而风浪之险止百里，淮迩岁溺公私之载不可计，凡诸道转输，涉湖行江已数千里，而覆败于此百里间，良为可惜，宜自龟山蛇浦下属洪泽，凿左肋为复河，取淮为源，不置堰闸，可免风涛覆溺之患。'帝遣都水监丞陈佑甫经度。佑甫言：'往年田棐任淮南提刑，尝言开河之利，其后淮阴至洪泽竟开新河，独洪泽以上未克兴役。今既不用闸蓄水，惟随淮面高下开深河底，引淮通流，形势为便，但工费浩大。'帝曰：'费虽大，利亦博矣。'佑甫曰：'异时淮中岁失百七十艘，若捐数年所损之费，足济此役。'帝曰：'损费尚小，如人命何！'乃调夫十万开治。"遂于"六年正月戊辰开龟山运河，二月乙未告成，长五十七里，阔十五丈，深一丈五尺"。"既成，命（蒋）之奇撰记，刻石龟山。"

三、北宋时期的农业经济

北宋前期，沭水宣泄不畅，位于其下游的沭阳、涟水等县水患频仍。至和元年（1054），沈括任沭阳主簿，"疏沭水，为百渠九堰"，使7000顷积潦洼地变成能排能灌的上等良田。熙宁九年（1076），又由朝廷统一部署，在今淮安市境内兴修白马塘、渡塘沟、龙兴浦、青州涧等水利设施。在今涟水县境内，唐代开凿的运盐河也得到大规模的疏浚，使之畅通无阻。河成后，哲宗皇帝赐名"通涟河"。通涟河不仅运盐，还便利灌溉。

此间，由于社会安定和政府采取一些鼓励扶持垦殖的政策，大量的无主荒田得到垦种。大中祥符元年（1008）以后，又从福建引进耐旱早熟、适应性强的占城稻加以推广。这对稻米实现稳产高产起了重要作用。“黄柑紫蟹见江海，红稻白鱼饱儿女。”这时期的淮境依然是鱼米之乡。

四、北宋时期的工商业与新城镇的产生

北宋时期，今淮安市境至沿海是重要的食盐产地，其中涟水海口场平均年销盐11.5万余石（宋代1石约合59公斤）。这些盐供销到徐、光、泗、寿州以及江南的苏、杭、湖、常、润州与江阴军。这些地区多利用运送漕粮的回空船，到淮北盐集散地涟水运回食盐。贩私盐屡禁不止。有些大盐枭甚至搞武装贩运，强行闯关过卡。熙宁年间（1068—1077），苏轼经过淮上，被政敌诬以贩私盐而险遭朝廷惩处。

楚、泗等州的酿酒业也得到发展，酿制曲酒已经出现，当时有大酒、小酒之分。一般乡镇都有经营酿制业的“酒户”。天禧初，小酒户被下令停废。此后，酿制业主要被一些大户控制，并受到税收政策的保护。丝、麻编织亦较发达，生产的绢、绫、苎布和孔雀布作为贡赋，每年都有规定的上缴额。元丰年间（1078—1085），楚、泗二州每年各需上贡绢10匹。

工商业的发展呼唤城镇的崛起。这期间，不仅原有的城镇持续繁荣，而且产生未见载于前史的新城镇，如地处交通枢纽泗口附近的十八里河镇，位于沙河与洪泽新河交汇处的磨盘口镇，位于龟山运河南口的龟山镇，位于楚州城以南楚扬运河边的上游镇等，这些城镇都地处交通要道。还有区域性交易市场，如白马湖附近的吕良镇、岔河集，也大致是在这时期兴起的。

五、北宋时期的文化

北宋时期，文化得到进一步发展。特别是府、州、县学普遍建立，受教育者增多。佛教、道教进一步传播，寺庙宫观众多，涟水能仁寺，楚州龙兴寺、开元寺、天庆观，洪泽太平兴国观、龟山寺，都是盛享时名的寺观。泗州普照王寺还是宋代的五大名刹之一，香火之盛甲于江淮。建筑、书画、雕塑艺术较前有所发展。特别值得一提的是泗州僧伽塔和盱眙第一山题刻。僧伽塔系宋雍熙年间奉诏重修，耗资巨大，塔高300尺（宋代1尺约合今31.68厘米），矗入云天，为往来商旅登临胜境。盱眙第一山本名南山，由北宋书法家米芾大书“第一山”三字而得名。“第一山”三个大字，“纵逸飞动，大有一夫当关之势”。第一山至今尚存宋元题刻40多块，其中苏轼、黄庭坚、米芾、蔡京等大家题刻尤为珍贵。这时期的文化名人有徐积、张耒、卫朴、杨介、廉布等。

徐积，楚州山阳人，以道义、文学显于东南，自少至老，日作一诗，诗文通俗流畅，且能反映民生疾苦，与苏轼等相友善。

张耒，淮阴人，著名诗人，“苏门四学士”之一。其作品最丰于关心民瘼的内容，风格平易自然，不事雕饰，苏轼称赞他的诗“汪洋淡泊，有一唱三叹之声”。

卫朴，山阳人，著名盲人天文历算家。主修《奉元历》，颇近于今阳历。

杨介，盱眙人，张耒外甥，宋代著名医家。他绘编的《存真环中图》，对中国古代的人体解剖学作出了一定贡献。著有《四时伤寒总病论》。

廉布，山阳人，学画于苏轼，善画山水，尤工于枯木竹石松柏。其子廉孚，也善于作画。

第三节　南宋金元时期

一、宋金时期的南北战争及其影响

北宋末年，波及今淮安市境的宋江起义烽火刚刚平息，紧接着，金兵又大举南下，北宋灭亡。楚、泗二州遂成为南宋与金元对峙的前沿，再度受到兵火的长期荼毒。从宋高宗建炎初到宋金“绍兴和议”订立，十多年中，几乎无岁没有战事。此后，“隆兴和议”与“嘉定和议”前，也都有一定规模的战事。其中较有影响的有赵立保卫楚州之战、魏胜淮阴抗金之战等。尤以赵立保卫楚州之战最为惨酷壮烈。

金兵在占领海州、泗州、淮阳军等州、军后，从建炎三年（1129）冬开始，几次攻楚州不克。次年五月，金兀术又想借道楚州北上，遭到楚州守将赵立的严正拒绝。兀术大怒，以重兵强攻，并断宋兵粮道。城内无粮，军民以树皮充饥，击退金兵无数次进攻。在一次城头督战中，赵立不幸被敌“飞杀”击杀。后其部将程括仍率部奋战。城破后，全体军民扶伤巷战，“虽妇人女子，亦挽贼俱溺于水，”[①]几乎全部罹难。这是楚州历史上的第二次屠城。

宋代尤袤《淮民谣》诗写道：“东府买舟船，西府买器械。问侬欲何为？团结山水寨。”反映楚州、泗州一带人民结寨自保的情况。更有组织义军，给侵略者以沉重打击的。绍兴三十一年（1161），金兵将南侵，宿迁人魏胜聚义士300人渡过淮河，攻取淮北重镇涟水、海州。人民纷纷参战，义军迅速壮大。金兵5次进攻，企图夺回海州，最后一次集中20万兵力，都被魏胜和协同作战的官军挫败。后魏胜在淮阴抗金之战中，因敌众援绝，撤退时中箭落马而死。

长期的宋金战争，使楚州、泗州一带人民毙逃殆尽，十不遗一。楚州保卫战之后不久的绍兴六年（1136），韩世忠驻节楚州时，楚州城及其周围地区成为无人区，田园荒芜，屋舍尽被破坏。幸好有几万从淮阳军（今邳县）志愿跟随来的老百姓，在韩世忠及其夫人梁红玉的统一安置下落了户，楚州才又炊烟渐稠。其他滨淮重镇，也有类似遭遇。

经过战乱的农村也是一片凄凉。绍兴中，淮南老百姓多避乱逃散，淮南营田副使王实一次就“括闲田三万顷，给六军耕种”。尤袤《淮民谣》：“淮南丧乱后，安集亦未久。死者积如麻，生者能几口！荒村日西斜，破屋两三家。”戴复古《淮村兵后》：“几处败垣围故井，向来一一是人家。”这些都是兵燹后农村景象的生动写照。在淮北泗水沿线，甚至出现文天祥所咏叹的“清野百年久”的长期萧条。

二、宋金议和与边境贸易

苟且偷安的南宋王朝无意组织积极抵抗，以收复失地，洗雪国耻，只想以民脂民膏来讨好北方强敌，宁息边衅。

绍兴十一年（1141），宋高宗在战场捷报频传的情况下，与臭名昭著的奸相秦桧一拍即合，强令退兵议和，罢免抗金名将韩世忠、岳飞等人，并对岳飞等横加陷害，与金人签订“绍兴和议”：宋对金奉表称臣，金册封宋主为皇帝；宋每年向金贡银25万两、绢25万匹；宋、金领土东以淮水、西以大散关为界等等。后宋孝宗时，“隆兴和议”成，改为银20万两、绢20万匹。开禧北伐失败后，

① 《宋史》卷448《赵立传》。

又议和，增加为银、绢各30万。

为按时交纳岁贡，宋在盱眙宝积山建立岁币库，储放每年送往金国的岁币。按规定，每年春季都要派大臣担任“岁币使”，负责把岁币送到淮河对岸的泗州向金人交纳。交纳完毕，援例在盱眙第一山记名刻石。绍兴年间，岁币使郑汝谐在第一山刻石题诗道：“忍耻包羞事北庭，奚奴得意管逢迎。燕山有石无人勒，却向都梁记姓名。”抒发心中的愤慨和无奈。

当然，每次和议后，宋、金两国都照例开放边界，开展边境贸易。绍兴十一年（1141）“绍兴和议”成立后，南宋在盱眙、金国在泗州，先后设置榷场，开展边贸活动。一旦兵戎相见，照例关闭边界。隆兴二年（1164）“隆兴和议”后，金国在泗州、涟水，南宋在楚州、盱眙等地分别设置榷场。这些榷场，都是官营的，经营者必须向官府交纳关税。

为了保护国家的关税收入，严禁私下交易或偷渡逃税。绍兴十二年（1142），宋廷曾下诏两淮漕臣，“严禁私渡过淮之人稍有透漏”。绍兴二十九年（1159），金主完颜亮下令撤除两国边境其他各榷场，只保留泗州榷场，每五日一次开场；南宋旋即也撤除其他榷场，只留盱眙榷场。金国于泗州榷场增场屋200间，宋亦于盱眙增置如金国泗州，并创渡淮需持官发木牌例，这种木牌又叫“关子牌”。对商旅逾期不归者，则以私渡论处。

但是，由于边境贸易的暴利驱使，一些商贩仍旧贿赂官府，私渡过淮。装载“茶货钱宝”的商船，原先是“自楚州差人坐押至洪泽（镇）止，行运河便可稽考。今乃以固水为名，于淮阴县列小舟不下千余只，一才车船入淮，经过北岸直入清河，无所不往，所失朝廷课利不可数计”①。乾道元年（1165），宋廷派出3名官员，专门查禁由高邮到两淮和盱眙的私渡船只。但是屡禁不止，特别是住在楚州和盱眙一带的当地商贩、船民，渡淮如履平地，称私自渡淮贸易为“骑淮”。一段时间，宋廷决定发展骑兵，战马腾贵，盱眙、楚州的私贩者便“骑淮”贩马。“沿边恶少多以平市买马为名，越境作过，谓之‘骑淮’，又谓之‘跳河’，往往出境偷马，时致喧闹。”②

三、南宋后期的战乱

南宋后期，以李全兵乱对今淮安市境的影响最大。李全是金国潍州北海人。开禧北伐时，曾聚众数千起义，配合宋军进攻涟水。不久，与红袄军领袖杨安儿的妹妹杨妙真结为夫妇，成为红袄军首领。

宋嘉定十一年（1218），李全夫妇投宋，累以战功升至招信军节度使、京东路总管，但受到淮东安抚制置使兼知楚州许国的竭力压制。后李全在青州被蒙古兵包围，宋朝想趁机除掉李全势力，未能得逞。李全被迫投降蒙古。宋廷以淮上兵乱不断，降楚州为淮安军。李全自青州断指而还楚州，用重金募集兵员，大造舟船；派遣军士潜入京城，纵火焚烧御前军器库；又分兵攻通州、泰州，袭击盐城；又要挟朝廷增拨五千人的钱粮，朝廷只好听从，遣饷不绝。

绍定四年（1231）正月，李全在扬州被宋将赵葵、赵范击败杀死，楚州被攻克。不久，楚州周边五城皆破，红袄军退向淮北。此次兵乱持续十余年，市境备受蹂躏，而以楚州、涟水为最甚。

不久，市境又遭到蒙古军队铁蹄的践踏，楚、泗二州再度成为“兵马走廊”。

四、元代运河改道和洪泽屯田

元朝建都大都（北京）以后，对隋、唐、宋时期的大运河进行重大的改道，由邗沟向北，重新取

① 《宋会要辑稿》186册《兵二十九》。

② 《宋会要辑稿》186册《兵二十九》。

泗水航道。至元二十六年（1289），郭守敬开凿会通河；至元二十八年（1291），又开凿通惠河，从而奠定大运河呈“一”字形的走向和基本线路，淮北运河恢复由清口北上之路。时泗水已被黄河所夺，故清口至徐州的淮北运河，与其说是行于泗水中，更不如说是行于黄河中。

元代大运河改道后，北宋时期疏凿的楚州至龟山的沿淮复线运河渐废。洪泽湖地区又大兴屯田。《元史·昂吉尔传》载：至元九年（1272），“加明盛将军、信阳军万户。时两淮兵革之余，荆榛蔽野，昂吉儿请立屯田，以给军饷……未几，宣慰使燕公楠复以为言。帝乃遣数千人，即芍陂、洪泽试之，果如昂吉儿所言，乃以二万兵屯之，岁得米数十万斛。”至元二十二年（1285），江浙左丞郑温以新附汉军15000人“于淮安路云山白水塘立屯田”。时洪泽设有南北三屯，设3个屯田万户府，至元三十一年（1294）合并为一个，称“洪泽屯田万户府”。洪泽屯的立屯场所，在淮安路白水塘、黄家疃等处，共有屯兵15994人，屯垦耕地23.53万公顷，合35300余顷，约相当于邓艾开白水塘屯田12000顷的3倍。屯垦范围遍及今洪泽湖东、北、东南及部分湖区。《元史·百官志》有立屯于“安河、桃源”的记载。安河、桃源在淮河左岸，今洪泽湖北部，当为洪泽三屯中的北屯。其他两屯应是在淮河右岸，今湖东和东南地区，包括清浦区、洪泽县全部、金湖县大部、盱眙县东北部地势低平区。有资料表明，时盱眙有屯军衙署。《淮系年表》载：至元二十五年（1288），“江淮行省言……有洪泽、芍陂屯田两所，宜增置淮东、西两道劝农营田司，督使耕之。从之。”劝农营田司主要是管理民间屯田的。可见，在洪泽湖区，除军屯外，还有大量的民屯。民屯田亩，似不在353万多亩军屯田之内，如加上民屯，面积当更大。

五、黄河水患波及淮北

黄河夺淮所带来的频繁水灾，是这时期淮境由盛转衰的一个重要原因。宋以前，黄河决溢入淮，大抵在今安徽境内，“自西汉以来，淮数为河所侵，多在泗（州）、凤（阳）以上，颍（上）、亳、怀远之间”。入淮的次数并不多，且大都是旋决旋塞。在北宋160多年中，黄河决溢由泗入淮10次，“河势虽南，然旋决旋塞，东流入海之道如故也。”[1]建炎二年（1128），宋将杜充于李固渡西决黄河入清河，以水代兵，以阻金兵。决水由泗入淮。此后的65年间，黄河入泗入淮8次，平均每8年一次，频率比北宋时加快一倍。金明昌五年（1194），黄河从阳武决口，至徐州附近分为二支，其南支由汴入泗入淮，这就确定黄河南下夺淮的局面。元至元（1264—1294）中，河溢阳武，南夺涡水、泗水，河水大半入淮。

早在北宋年间，黄河决溢夺泗，洪峰所至，就曾出现“狂涛一瞬卷千家”的悲剧。由于泗水为黄河所夺，逼迫汇流入泗的沂水、沭水改道漫流，酿成灾害。到元代，水患在淮北进一步加剧，不仅阻滞农业生产的复苏和发展，而且吞没泗水沿岸的一些著名城镇，如晋置宿豫县、唐初置泗州、宋置宿迁县的宿预古城以及西汉至元朝一直为重镇的大清口城，都是在这期间先后被黄河洪水冲圮、吞没的。然而，淮北运河恢复由清口北上之路后，已被黄河所夺的泗水成为淮北运河的一部分，故沿线城市仍如百足之虫，死而不僵，如小清口城、宿迁城，主要是这期间兴起的。

六、元朝末年的淮境战乱

元朝末年，农民起义的烽烟四起，淮安路成为红巾军最早占领的地区之一，战事尤为频繁。早在至正十三年（1353），元淮南行省平章政事达世帖睦迩即在淮南淮北等处招募壮丁，并总领汉军、蒙古军守御漕运中枢、长淮重镇淮安。次年六月，彭早住、赵均用率淮北红巾军先后攻克盱

① 《淮系年表·叙例》。

眙、泗州。元军溃败后，元刑部尚书阿鲁又募兵讨伐泗州，被彭早住部将领薛显击败。

至正十六年（1356），元镇南王孛罗普化、淮东廉访使褚不华等镇守淮安，赵均用与彭早住自泗州来攻，褚不华派刘甲守韩信城，相为犄角，刘甲屡战皆胜。总兵与褚不华失和，将刘甲调离，韩信城遂失陷，淮安城成为孤立的据点。加上褚不华与其他将领有矛盾，援兵观望不前，守城元军遂陷入粮尽援绝之境。“城中饿者倒地即被人食之，草木螺蛤鱼蛙燕鸟及靴皮鞍鞯革箱败弓皆吃尽，父子夫妇老幼更相食，撤屋为薪，人多露处。”①同年十月，淮安城被义军攻破，褚不华则被义军脔割，孛罗普化亦被杀。时淮安仅剩“面张”“裱王”“槐树李”等7家，几乎是一座空城。

嗣后，赵均用称永义王，彭早住称鲁淮王。至正十九年（1359），赵均用兵败北走山东，依附毛贵，淮安一带遂被张士诚占领。至正二十六年（1366），徐达、常遇春完全攻克徐州以南张士诚辖境。攻淮安时，张士诚将领史文炳弃城而走，梅思祖出城迎降。时“江淮多流移之人，并安东、海宁（即海州）、沭阳、赣榆等州县俱废，其壮者已尽为兵，老幼无所归依”，所至十室九空，满目凄凉。

七、南宋与元代的文化

宋元之际的大画家龚开是淮阴人，其绘画题材广泛，技法全面，描法粗放洒脱，开明清写意画的先河。擅长画马，画墨鬼等。其传世作品有《瘦马图》《高马小儿图》《钟馗嫁妹图》《中山出游图》等，画作多暗含讽喻。所以，龚开也称得上是中国讽刺画、漫画的先驱画家。

元代山阳人汤垕，是书画鉴赏家和理论家，所著《画鉴》一书，为著名的绘画理论著作。

元代的淮安是淮安路所在地，是苏北、鲁南的政治经济文化中心，也是文人墨客的聚居之所。关汉卿沿大运河南下，在淮安逗留，在民间采集到窦娥的感人故事，创作出伟大的戏剧名作《窦娥冤》。元朝重视佛教，重建被金人拆毁的泗州宝塔。塔成，命翰林学士、大书法家赵孟頫撰书碑记，碑今存盱眙第一山。

元朝末年，施耐庵、罗贯中师徒寄寓淮安，他们在西门内的土地祠里完成中国古典小说名著《水浒传》的创作，罗贯中《三国演义》的创作也基本是在淮安完成的。施耐庵终老并安葬于淮安，数十年后，才由他的孙子把墓迁回东台老家。

第三章　古代的淮安（下）

第一节　明朝前期与中期

一、明朝前中期的淮安大移民

元至正二十六年（1366），朱元璋占领淮河两岸的大片地域。同年，置淮安府，领海、泗、安

① 《元史》卷194《褚不华传》。

东三州，山阳、清河、沭阳、盐城、桃源、赣榆、天长、盱眙八县。旋又以泗州、盱眙、天长改隶凤阳府；降安东州为县，仍隶淮安府，以邳州、睢宁、宿迁县改隶淮安府。时淮安府共辖二州九县。

战乱使淮安及其周围地区人口逃毙殆尽，亟待移民充实。同时，江南地区的地主阶级人士有很多依附张士诚。故明朝初年，政治上的一项重要措施，就是进行强制性的大规模移民。洪武三年（1370），迁苏、松、杭、嘉、湖诸府之民4000余户至临濠垦田。又移江南民14万户于凤阳府。泗州、盱眙为交通要道，经明末大乱，人口锐减，时均属凤阳府，故迁移的14万户中，有相当一部分安置于泗州和盱眙。这就是淮安民间传说中的“红巾赶散”，亦称“洪武赶散”。如涟水、淮阴望族朱姓，就是明洪武年间整族整族地“奉旨”迁来的。其中一族坐的是包铁头大船，后人在涟水、淮阴“九朱”中以“铁船头朱”加以区别。涟水孙氏、张氏，以及金湖等地70%左右的居民，其先人也多为洪武年间从江南地区迁来的。据族谱不完全统计，金湖的朱氏、郑氏、柏氏、徐氏、张氏、邹氏、赵氏等，均为元明时期由外地落户入籍。此外，元明时期的淮安设有淮安卫、大河卫、泗州卫，3卫有兵弁万余名，故属于卫籍者当不少于4万人；清江督造船厂有造船工匠近6000名，属于匠籍者应不少于2万人。这部分人口，绝大多数属于移民。明中叶，实行“中盐法”，晋、徽商到淮业盐，并就地定居繁衍。涟水望族程氏，“先世本歙人也，明季始迁安东”。高沟的汪、郑、徐、程、吴等姓氏，其先也是安徽歙县人，也是因经商就地卜居的。淮安河下镇则是著名的徽商、晋商聚居地。

这些移民与淮安土著居民一起，共同生产，共同生活，相互婚配，对淮安地区经济文化的发展作出重要的贡献。

二、全国漕运指挥中心的确立

漕运是事关“国脉”的要务。明永乐中，于漕运咽喉之地淮安设漕运总兵官，正二品衔。首任漕运总兵官、平江伯陈瑄于永乐二年（1403）到淮安上任。“凡湖广、江西、浙江、江南之粮艘，衔尾而至山阳，经漕督盘查，以次出运河。虽山东、河南粮艘不经此地，亦皆遥禀戒约，故漕政通乎七省，而山阳实咽喉要地也。”①

景泰二年（1451），以漕运不继，始以副都御史王竑为总督漕运兼巡抚淮、扬、庐、凤四府及徐、和、滁三州，驻节淮安，与总兵官同理漕务，称为文、武二院。“其职有统领者，有分理者，有兼掌者，有专任者，有暂委者。下至一闸一坝，各有官守，若枝之附根，若纲之挈目，上下供职咸有法，黜陟惟允。其都御史则兼巡抚，总兵则兼镇守，参将则协同总兵官。”②

每年年初，漕运都御史巡视扬州，经理瓜洲至淮安的漕船过闸事宜，总兵官到徐州督管漕船过百步洪、徐州洪等，理漕参政管押赴京。所谓“督催有御史、郎中，押运有参政，监兑、理刑、管洪、管厂（造船厂）、管闸有主事，驻山阳、清河”③。其后，参将、郎中、御史及催趱、主事五员奉裁，惟留漕运理刑，刑部主事一员专驻山阳。

明成祖朱棣为什么要将全国漕运指挥中心设立在淮安？《漕运通志》有一段委婉的陈述：“而治必于淮者，盖淮，左江、右河，东控海道，北接兖、豫，西接两都而诸陵咸在。况淮古称难治，故曰淮夷。国初，驸马都尉黄宝尝镇守于斯，至今不改辙焉。故京操十二荣，军有十二万，漕有十二

① 光绪《淮安府志》卷8《漕运》。

② 《漕运通志》卷3《漕职表》。

③ 光绪《淮安府志》卷8《漕运》。

总，军亦有十二万。中外相援，兵食相资，祖宗之微意，岂无所谓哉？”[①]

明永乐间，陈瑄改革漕政，推行“支运”制度，即在淮安、徐州、临清、德州等运河沿线重镇，各建转搬仓，接纳指定地区民船送来的漕粮，然后分别派官军承运到指定地点。宣德六年（1431），实行兑运，“令民运至淮安、瓜洲，兑与卫所，官军运载至北，给与路费耗米”。成化七年（1471），又有改兑之议。

就漕运数量而言，一般每年400万石，最高达640多万石。加上耗米、脚米等名目，实际上大致要高出近一倍。

三、清江浦河的开凿与漕船厂的设立

宋乔维岳所开沙河，至元末已是河床淤塞，闸坝湮废。陈瑄总理漕运之初，往来船只均是至淮安新城盘五坝入淮。漕船由新城东门外东北的仁、义二坝入淮，官民商船由西门外西北的礼、智、信三坝入淮。过坝时，重载船必须把货物剥卸下来，将空船拖过坝，再把货物装上。入淮后逆水而上，至清口入黄河。这一段水流迅急，每船往往需上百个纤夫拉，故“逾淮达清河，劳费甚巨”。为了“免过坝及风涛之险”，于永乐十三年（1415），循宋乔维岳所开沙河故道，自淮安城西管家湖凿渠，引湖水由鸭陈口入淮，这条漕河被命名为“清江浦”。为了节制水位，还在清江浦上建了移风、清江、福兴、新庄四道闸。次年，又在管家湖口以下建板闸。

明代大运河全线重新通航后，需要大量的内河漕船，于是在清江浦办起全国最大的内河漕船厂——清江督造船厂。该厂系由陈瑄首创。永乐七年（1409），淮安、临清肇建清江、卫河二厂，“大约造于清江者视卫河多十之七。”[②]宣德年间，“议造江西、湖广、浙江、江南直隶各总浅船俱归原卫，惟南京、镇江、江北直隶诸卫隶于清江。”[③]到嘉靖三年（1524），工部题准，卫河总运船俱归清江厂团造。

对于清江船厂的设置，明代席书的《漕船志》作了阐述和分析：“芜湖、仪真，群商四会，百木交集，船厂不设于二处而设于清江，何也？缘永乐初江南粮饷民送于淮，官军运船俱于淮安常盈仓转输，此厂之所由建也。况长淮分天下之中，北达河泗，南通大江，西接汝蔡，东近沧溟，乃江淮之要津，漕渠之喉吻。船厂之建，非但便于转输，实我国家一统之吁谟、万世之长计也。”[④]

清江漕船厂位于山阳、清河二县之间，陈瑄在清江浦河沿岸“查闲旷之地建盖厂房，令各卫所官旗鳞次而居，以为造船之所。其地南枕运河，淮水萦回，钵池环拱，肆烟津树，映带帆樯，亦淮南之形胜也”[⑤]。船厂下设京卫、卫河、中都、直隶四个大厂。船厂总长23里，大约在今板闸以西到韩城以东的运河一线，有工匠牙役商人近万人。造船总厂约在今清江闸南侧。总厂之东是京卫厂和卫河厂，西面是直隶厂和中都厂。其下按卫所建制设有分船厂。其中，京卫厂有34厂，涉及南京亲军卫、南京五军都督府所辖大部分卫所；中都厂有12厂，涉及中都留守司及所提辖卫所；直隶厂有18厂，基本以南直隶相关卫所设置；卫河厂有18厂，涉及南直隶卫所的有通州左卫、通州右卫、淮安卫、大河卫，而直隶厂、卫河厂下辖都有大河厂、淮安厂，总计有82个分船厂。另外，清江漕船厂还辖有京卫厂、直隶厂、中都厂三处草场，“逐年差拨官军依时打草，苫盖修补”厂房。

---

① 《漕运通志》卷3《漕职表》。
② 《漕船志》卷1《建置》。
③ 《漕船志》卷1《建置》。
④ 《漕船志》卷1《建置》。
⑤ 《漕船志》卷1《建置》。

永乐十三年（1415）设置督理清江船厂官员时，设置工部厂、工部分司，隶属于漕运衙门。嘉靖六年（1527）后，卫河提举司并入清江提举司。明天顺以后，始定天下船数为11775艘。其中每年在清江浦打造的内河漕船和遮洋浅船有600余艘，漕船大约使用周期十年，也就是说，有6000余艘漕船承造于清江浦，占全部漕船的一半以上。淮安因此成为全国的漕船制造中心。

四、“天下粮仓”清江浦

陈瑄在建立清江督造船厂的同时，又在清江浦河南岸设立漕粮中转仓——淮安常盈仓。据明王臣《重修常盈仓记》：“淮之清江浦有常盈仓，肇于恭襄陈侯，盖仿唐刘晏置仓江淮之遗意也。”又，胡瓘《常盈仓周垣记》载：“仓俯临大淮，厫凡八十有一，联基广凡二百七十八步有奇，袤凡四百九十八步有奇，周凡一千五百五十四步有奇。……周垣则屹如城墉，色且积铁然，盖水次诸仓所未有者。”[①]其仓房皆“坚基广厚，倍于常制”[②]。

清江浦常盈仓在今城南体育场至仓门口一带。该仓自从明永乐中陈瑄创建后，弘治年间曾经大规模重修，隆庆六年（1572）都御史王宗沐再次重建。淮安常盈仓，是四大中转仓的第一站，中转任务最重，可一次性接纳一百五十万石漕粮，是全国漕粮转输中心，淮安因此被称为“天下粮仓”。

为了便于对漕运咽喉清口的巡察，陈瑄在今清江浦水门桥南侧的厅门口地方建起漕运巡府，平时他不住在淮安老城的漕运总兵官署内，而是住在清江浦的漕运巡府内。所以，陈瑄逝世后，纪念他的陈公祠（陈潘二公祠前身）不是建于淮安老城，而是建于清江浦。

随着常盈仓的使用、造船厂的投产、漕运巡府及其许多属官与办事机构的驻节，清江浦遂变得热闹非凡：江西、湖广、浙江的粮船到此卸粮以入转搬仓，其他路过的粮船到此停泊稽延，运粮官军在此辗转忙碌，造船的工匠牙役、官佐兵弁在此食役卜居，往来的商贾在此招摇过市，争相渔利，往日的“闲旷之地”，很快便成为“侨民宿贾，巨室鳞次”的通商大埠。“清江浦”也因此成为这一通埠的名称，而清江浦河则与淮扬运河一起，被称为“里运河”。

即使经过明末清初的军事政治大动乱，清江浦作为交通枢纽、军事要冲，仍“居人数万家，夹河二十里”[③]。到清乾隆年间，清江浦达于鼎盛，乾隆四十年（1775），人口50余万人。因古末口而兴起的淮安城，其地位在很大程度上被清江浦所取代。

五、淮安榷关的设置

位于板闸的淮安榷关之设始于明代，起初只有商税，没有“船钞”。永乐十四年（1416），设户部钞关于淮安城西北厢的板闸。又允许工部分司设卡抽分，以弥补清江督造船厂造船经费的不足；允许户部分司淮安转搬仓征收储粮税。工部抽分和户部储粮的税卡均设在清江浦。

至宣德四年（1429），因“钞法”年年不能完成预定的征收计划，实行改革。淮关“船钞量船之大小修广而差其额，谓之‘船料’。凡本色钞三百万余贯、钱六百余万文，折色船料正余银二万二千七百余两。此淮榷改钞为银之始末也”[④]。成化元年（1465），淮安钞关被裁撤，七年（1471）复设。嘉靖四十一年（1562），经奏准，淮关自当年始，将超额征收的银两全部上交充

---

① 《漕运通志》卷10《漕文略》。

② 谈迁《北游录》卷1。

③ 谈迁《北游录》卷1。

④ 光绪《淮安府志》卷8《漕运》。

公帑。

榷关官员，初差御史及户部官员监收，后多有更迭。弘治六年（1493）专差南京户部委派一位官员监收，每年更换一次，以免积久弊生。“淮关自此始有定员可考也。”[①]淮关岁征额，在天启三年（1623）以前，基本未变，为23000两。

清顺治年间（1638—1661），淮关监督满族、汉族各一员。“自顺治六年起，监督之外，必遣笔帖式一员，以为之佐，其权亚于榷使。至康熙间，其制犹存。”[②]乾隆四年（1739），淮关监督准泰奏请“笔帖式”二员来关帮办。乾隆三十九年（1774）又增设巡检一员，以加强护税。护税武装，于雍正三年（1725）拨千总一员带兵守护淮关金库。船至关前，必须先完税，经检验后，方能开闸放行。

清顺治三年（1646），正税23000两，而将饷银减半征收，为27000余两，两项合计为50000多两。顺治八年（1651）又增加到58300两。康熙二十五年（1686），“因办铜不敷，加银一万七百六十九两凑买铜斤，岁额遂为六万九千六十九两”。后又陆续增加到“十一万九千五百二十三两有奇”[③]。

户部储粮税缘于明永乐间漕粮都以民运。永乐十三年（1415）设淮安常盈仓于清江浦，岁储江南漕粮70万余石，后罢转运之制，淮仓所储米麦无几，专给江北庐、凤、淮、扬四府运军行、月等粮。

工部抽分厂关由工部都水司官一员督理。凡竹木钉铁油麻等造船物资，实行三十税一，每年12万两左右。后因课额不敷所用，兼税船只、货物，还为兼济河工经费，而增收“由闸”“石价”“梁头”“扣利”“折夫”等名目，年额共51225两。

淮关还辖宿迁关、庙湾口，通计正额银254363两，加上报解盈余银，每年364363两。

六、淮北食盐集散中心——淮安河下

河下镇位于明清时期的淮安府城新城之西、联城西北。这里地处古邗沟入淮处，是北辰镇的一部分。金明昌五年（1194）黄河夺淮以后，屡罹水患，加之元明之际兵戎扰攘，遂致墟落苍凉。明永乐十三年（1415），平江伯陈瑄开清江浦河，导淮安城西管家湖（亦称西湖）水至鸭陈口入淮，运道改经淮安城西。河下居管家湖嘴，处黄、运之间，加之地势卑下，遂由此得名。

河下逼近淮安府城，五坝为民船、商船云集之地。特别是清江督造船厂设立后，河下作为造船物资集散地，“船厂抽分复萃于是，钉、铁、绳、篷，百货骈集”[④]，遂一扫苍凉景象，河湖洲渚之间，日渐滋繁。今河下有钉铁巷、打铜巷、竹巷、绳巷等街巷名称，皆是当时历史的真实写照。

明初，盐政采用“开中法”，令商人输粮于边，粮入仓后，发给凭证（盐引），到各转运使司指定的盐场支盐并运售到指定地点。盐引，即以盐若干斤为一“引”，每引纳税若干。销盐之地称“引地”，甲引地的盐妄入乙引地销售者为占销，占销者按律与售私盐同罪。明弘治年间（1488—1505），山阳人、户部尚书叶淇奏改开中之法，实施运司纳银制度，即召商开中引盐，纳银与盐运使司，类解户部太仓以备应用。此后，因商人只需在运司所在地纳银，就可中盐，故“耕稼积粟无所用，遂辍业而归”。不但两淮赴边屯垦的商人退归南方，而且全国最重要的西北垦区的土著商人也迁至两淮。明代，淮北盐场发明滩晒制盐法，这种方法与煎盐相比，花工少，成本低，产量高，

① 《续纂淮关统志》卷8《题名》。

② 《续纂淮关统志》卷8《题名》。

③ 光绪《淮安府志》卷8《漕运》。

④ 康熙《山阳县志》序。

盐质好，使淮盐在盐业生产上迅速独占鳌头。淮北分司署由涟水迁至河下，淮北“产盐地在海州，掣盐场在山阳”，河下遂为淮北盐斤必经之地，“淮北商人环居萃处，天下盐利淮为上”。“郡城著姓，自山西、河南、新安来业鹾者，有杜、阎、何、李、程、周若而姓……”这些侨民宿贾的聚居，使河下迅速形成“东襟新城，西控板闸，南带运河，北倚河北，舟车杂沓，夙称要冲，沟渠外环，波流中贯，纵横衢路，东西广约五六里，南北袤约二里”的闹市名区。[①]

明初，在扬州设两淮盐运使司，下辖通州、泰州、淮北三分司，淮北分司署驻涟水城，淮北掣验所在涟水城南淮河岸边的支家河口。故一时“百万盐筴辐辏”。明中叶以后，黄河全流夺淮入海，涟水等地日益频繁地受到洪水的威胁。弘治、正德年间多次因河岸崩塌，而使掣验所圮毁。因此，淮北盐运分司署迁移到河下，而淮北批验盐引所改驻河下大绳巷，负责护盐的淮北巡检则移驻乌沙河。随着鹾务机构的迁移，更多的淮北运商卜居河下，但不少人则因祖先产业所在，仍然占籍安东。还有的盐商从扬州迁居淮安河下，如程量越一支。程氏由歙迁淮者凡数支，业鹾者有13家，皆极豪富。徽商曹氏也有相当大的实力，河下曹家山就是该家族的产业。

明代诗人丘浚在弘治年间《过山阳县》吟道：“十里朱旗两岸舟，夜深歌舞几时休。扬州千载繁华景，移在西湖嘴上头。”西湖嘴即指河下，今河下的南北向大街，还叫湖嘴大街。

七、淮安的军防建设与嘉靖间的抗倭斗争

淮安作为黄淮运交汇处咽喉重镇，也是军队驻防的重点城市。明代淮安不仅驻有淮安卫、大河卫，还有督漕总兵官所率相当数量的护漕兵丁。同时，还有民壮组织。淮安府各县民壮，少则200余人，多达580人。各县民壮都有专门的训练场地，每年都要进行集训。开始时分为三班，“一班在官守城，二班归农”。后来“归农者极少”，多成为长年服役，不仅守城，还充当捕快和吹手侍从等。

同时，统治者还不惜耗费巨大的财力物力，营造区域性中心城堡——淮安城。“铁打淮安城”分为旧城、新城、夹城（亦称联城），俗称“淮安三城”。三城之兴，各有起始，而旧城最早。旧城始筑于东晋安帝义熙年间，唐、宋时代屡有修治。宋孝宗时，陈敏重加修葺，金国的使臣过淮，见雉堞坚新，称为“银铸城”。元至正年间，江淮间兵乱，守臣因土城之旧，稍加补筑。明王朝建立之初，增修，包砌砖石，并在四周修建城楼敌台。明初增修的旧城周回11里，东西径、南北径都是525丈，基本是正方形，城高30尺。有5座城门，东曰观风门，南曰迎远门，西曰望云门，北曰朝宗门，西南稍北有门曰清风门。后清风门堵闭，4门名称亦更改：东曰瞻岱门，南曰迎薰门，西曰庆成门，北曰承恩门。四门皆有子城，城上有城楼，又有角楼3座、窝铺53座，还有3座水门。嗣后，明正德、嘉靖、隆庆、万历年间均有规模不等的修治。

淮安新城在旧城北一里多，“高二丈八尺，围七里零二十丈，东西径三百二十六丈，南北径三百三十四丈，为门五：东曰望洋，西曰览运，南曰迎薰，北曰拱极，小北门曰戴辰。门各有楼，惟小北门无。东西有子城，角楼四，南北水门二，窝铺四十八座，雉堞一千二百座。”[②]新城就是古北辰镇地。南宋时曾在这里筑城。元至正二十五年（1365），张士诚部将史文炳守淮安时筑土城。明洪武十年（1377），淮安卫指挥时禹取宝应废城砖石包修。明永乐至万历中，先后四次修治。新城有藏军洞。据旧志记载：“藏军洞在新城东门外。”又云：“新城东门楼下有地洞，深不可量，周环丈余，乃创城时建，从地下直达柳浦湾，去城三十里。万历末年，农人浚菊花沟，见砖壁，毁之

① 《淮安河下志》卷1《疆域》。

② 光绪《淮安府志》卷3《城池》。

不穷，即地上量度之，直至新城东门下，始知为藏军洞也。”[①]此洞在明嘉靖年间抗倭时，曾藏兵设伏于内，对倭寇实施有效夹击，并取得抗倭斗争的决定性胜利。

淮安夹城连接新、旧二城，东城墙长256丈3尺，西城墙长225丈5尺。有4座城门、城楼和4座水门。联城本为运道经临之地，粮船屯集之所。明嘉靖三十九年（1560），倭寇犯境，漕运都御史章焕奏准建造。明万历二十三年（1595），先后加筑、修新。

明嘉靖年间，今淮安市境内一度受到倭寇的严重骚扰。嘉靖三十四年（1555）五月，一伙倭寇由山东日照登陆，流劫赣榆、沭阳、桃源，一直到清河县码头镇，才被军民全歼。嘉靖三十六年（1557），倭寇由通州流劫到扬州，然后分两路北上，一路沿运河突犯淮安，掠民船40余只后遁去。一路侵入盱眙城，攻泗州未克，分众攻入清河县治小清口，焚掠东下，侵扰山阳、安东。嘉靖三十八年（1559）夏，盘踞庙湾的倭寇数千人进犯淮安城，巡抚李遂率官兵及民练在姚家荡大败倭寇。倭患基本平息。

在抗倭斗争中，状元、淮安河下人沈坤组织的民练发挥重大作用，被称为“状元兵”。巡抚李遂荐其“才兼经略，功收御侮”[②]。今楚州区顺河镇姚家荡的埋倭墩，就是“状元兵”和官兵一起全歼倭寇的遗迹。

第二节　明朝后期与明清之际

一、黄河全流夺淮后的严峻形势

黄河全流夺淮以后，河床迅速淤高，堤防遂频频溃决，特别是位于清口以下的清河（今淮阴区）、安东（今涟水县）、山阳（今楚州区）和里下河地区，经常成为黄河洪水的肆虐之所。以安东县为例，从明弘治七年（1494）黄河全流夺淮至清咸丰五年（1855）黄河北徙的361年中，发生以水灾为主的各种自然灾害多达210年，有的灾情之严重程度，几令人不忍卒读。光绪《安东县志》载：万历三年（1575）六月，“霖雨不止，风霾大作，河淮并涨，千里共成一湖，居民结筏浮箔，采芦心草根为食。”万历四年（1576）八月初一日，“河决、海啸，居民逃散，始有废县之议。五、六、七年皆大水，田与海连，百里无烟，舟行城市，复议废县。”后县虽未废，但黄河夺淮前可与江南鱼米之乡相媲美的名区，已被黄河水患折磨得气息奄奄。昔日的肥美田壤，几乎全变为“雨天水汪汪，晴天白茫茫，旱天飞沙扬”的斥卤之地。清康熙间江苏巡抚田雯吟道：“斗大安东县，孤城数尺高。是田皆斥卤，有地但蓬蒿。”

黄河全流夺淮以后，由于“黄强淮弱”，每黄、淮并涨，淮不敌黄，淮水宣泄不畅，遂潴积于淮阴、盱泗之间的洪泽凹陷区，使洪泽湖的范围大大扩展，由原先的淮是淮、湖是湖，变成横跨淮河两岸、汇合诸多积水洼地而成一片的巨浸。同时，黄河还每每倒灌入洪泽湖，湖底淤垫日高，洪泽湖大堤也因之越筑越高，洪泽湖遂成为著名的“悬湖”。“倒了高家堰，淮扬二府不见面。”洪泽湖高屋建瓴的形势，对里运河堤和整个里下河地区构成严重的威胁。明隆庆以前，洪泽湖还很少决溢。隆庆三年（1569），黄、淮暴溢，横决高家堰，从此，淮南里下河地区出现连续水灾。“隆庆而

① 同治《重修山阳县志》卷19《古迹》。

② 《淮安河下志》卷9《人物》。

前下河为乐园，隆庆而后下河为阱府，陵谷未迁而风景顿异。”①

在此期间，朝臣们在治黄治运上，主要有“分黄”和“束水攻沙，蓄清刷黄”两种方案。分黄论者以清口以下河床日高，人力难浚，主张在清口上下另开新河，分黄东北流经安东五港（今涟水五港）一带入海。万历年间试行，结果导致清口以上运道淤浅，漕运受阻，且对淮北地区危害太大。如，五港口即淤为平陆。“束水攻沙，蓄清刷黄”的方案，即束窄徐州至淮安清口间的黄河河槽，加筑洪泽湖大堤，提高湖内水位，以冲刷清口以下淤垫的泥沙，黄、淮洪水得以畅出云梯关。清口以下河床不淤高，运道也就不致淤浅。于是，“蓄清、刷黄、济运三策，毕萃于淮安清口一隅。”②

二、高家堰的修筑与清口水利枢纽的建立

洪泽湖作为著名的“悬湖”，是“蓄清刷黄”治河方针的产物。洪泽湖的存在，完全依赖于湖东侧的洪泽湖大堤——高家堰，也就是说，没有高家堰就没有洪泽湖。

洪泽湖大堤南起今盱眙县马庄乡张大庄，北经高良涧至淮阴区码头镇，全长67.25公里。旧名高家堰。洪泽湖大堤作为人工修筑的堤防，有着悠久的历史和形成过程。汉建安五年（200），广陵太守陈登筑高家堰三十里，名捍淮堰（大堤北段），为大堤修筑之始。后曹魏邓艾修白水塘屯田。唐证圣二年（695），在白水塘北开置羡塘屯田，其堤坝大致都在今洪泽湖大堤堤身的南段和中段。元代筑塘屯垦，规模扩大。明、清两朝，不断修筑、加固大堤。

明万历以前，高家堰虽也时有修筑，但工程规模都比较小。明永乐八年（1410）五月，工部奏请修筑淮安府淮河堤岸。永乐十三年（1415），平江伯陈瑄大修高家堰，主要用于防洪。隆庆四年（1570），高家堰大溃，里下河大面积受灾。隆庆五年（1571），王宗沐总督漕运兼巡抚凤阳，淮安父老向他哭诉：淮安城西高家堰溃决得不到修治，长此下去，不仅淮安、扬州二府民生不保，就是漕运运道也难免其害。王宗沐命淮安知府陈文烛拨军饷银12000两修筑洪泽湖大堤。工程北起武家墩，南至石家庄，长5400丈（约合17.28公里），高不下1丈，顶宽5丈，底宽15丈。在大涧口等重要决口地段，除下埽筑断外，还筑有月堤或戗堤以资保护。

万历三年至六年（1575—1578），黄河在崔镇决口，淮河决高家堰，造成清口及崔镇以下黄河淤塞，淮河全部从高家堰东漫，里运河两岸连年水患，运道梗阻。万历六年（1578），潘季驯第三次出任总理河漕后，提出“束水攻沙”“束清刷黄”的治理方针。他束窄借黄济运的淮徐间的黄河河槽，使之不被淤淀。堵塞高家堰决口，提高水位，逼淮河越过“门限沙”，专出清口刷沙。堵复其他所有决口，修筑宿迁归仁集以东50余里长的归仁堤，不使黄河决入洪泽湖，且将归仁堤拦蓄的清水减泄入洪泽湖，以利于水位的提高。筑断分黄的草湾河新河，使黄、淮之水专出云梯关。加筑洪泽湖大堤，并开始修筑石工、板工堤，以增强其抗洪能力。筑断朱家口，使淮水专出故道，加强对清口以下河床的冲刷力。迁通济闸于甘罗城南，防止黄河之水内灌，淤塞里运河。其中修筑高家堰工程最为关键，潘季驯及南河郎中张誉等住在工地督工。该工程北起武家墩，南至越城，总长10878丈，合34.81公里。其堤身断面为底宽15丈、8丈、6丈不等，顶宽6丈、2丈不等，高度1丈2尺。另外，堤段都栽柳树。

万历八年（1580）三月，工科给事中尹瑾阅视河工后，上疏建议在低洼堤段包砌石工，得到批准。这次石工北起武家墩南1013丈处，南端在高良涧北3842丈处，约9.6公里，计划4年完工，实

① 陈应芳《敬止集·论水患疏》。

② 《清史稿·河渠志二·运河》。

际只用2年半，从万历八年（1580）十月至十一年（1583）三月。由于工程提前一年半完成，节省银钱19000两。在施工过程中，泗州乡官常三省上告反对，潘季驯力争，才得以继续修筑，并最终完成。

万历十九年（1591）十一月，潘季驯上疏要求把武家墩至高良涧之间临水面全部换成石工。但朝中有一派是洪泽湖以西地区人士，以保祖陵为名，阻止施工，造成这项工程无法实施。

经过潘季驯的治理，清口枢纽初具规模，漕运得以畅通。“束水攻沙，蓄清刷黄”的治理方针为后世所效法，产生久远的影响。

三、明清之际的淮上战乱

明末清初，淮安府一带又经历一场断续的历时10年的动乱。崇祯九年（1636）秋，上百万农民起义军进入盱眙县境，攻入县城。次年正月，张献忠联合罗汝才、马守应、刘国能等，自湖北襄阳东下，与江北农民起义军革里眼、左金玉等会合，在攻陷六合、天长等县后，再次攻克盱眙。

崇祯十七年（1644）春末，随着北京城破，崇祯皇帝自缢，朱明各路藩王皆如惊弓之鸟，纷纷沿运河经清江浦、山阳等地仓皇南逃；兵匪则更肆行无忌，焚杀淫掠之事时有发生。当年四月末，李自成起义军董学礼部占领宿迁等地，准备进而渡过淮河；驻节淮安的漕督路振飞、巡抚王燮积极训练水师，加强军事侦察，组织卫漕部队和“义勇”将起义军击败，使李自成部未能跨过淮河。

稍后，明总兵刘泽清率一批骄兵悍将驻守淮安府城，为建造总兵府和军营而大兴工役，甚至“坏诸生祠及民舍以为用”[①]。又大肆增加田赋，利用淮关关卡增收各种名目的税赋，造成商旅裹足，使得极不景气的末世市场雪上加霜。其所部将士更恣肆扰掠，搞得民怨沸腾。顺治元年（1644）五月，风闻清军南下，刘泽清日夜搜索民船，而后乘船从涧河至庙湾浮海而遁。

其间，明督师史可法在淮北白洋河和黄河一线，率领将士坚决抵抗清军，一度击败清军，收复宿迁城。后因刘泽清投降，清豫亲王多铎率部攻占泗州、盱眙，史可法被迫退守扬州。

稍后，淮安府的厉豫、海州南境的李二和尚、山阳张华山等纷纷聚众千人至数千人起义，打击清兵。厉豫曾率义军围攻淮安城，后兵败不知所终。

清顺治二年（1645）五月，淮安守将柏永馥投降清朝，淮安失守。自此，淮安归属清朝。

第三节　清朝前期

一、清朝前期的漕运与淮安

清初，在淮安设总督漕运部院兼巡抚事。顺治四年（1647），设满洲侍郎一员，与总漕同驻淮安，名为总理。顺治十八年（1661），在凤阳另设巡抚，总漕专管漕政，而将总理撤回，刑部理刑亦裁撤。总漕一般由从一品大员担任。惟漕储道至康熙四年（1665）才裁撤。而各省则有督粮道，皆遥相隶属。还有监兑、押运府佐等官。雍正中期，设巡视南漕御史二员驻山阳，后又以一员驻山阳，一员驻济宁。

在漕运模式上，也沿袭明制，用旗丁长运。“长运者，令瓜、淮兑运军船往各州县水次领兑，民

① 光绪《淮安府志》卷40《杂记二》。

加过江脚耗，视远近为差。”[①]然积久弊生。“漕政首禁浮收，而浮收之原由于旗丁之索加帮费；旗丁之索费，又由于沿途公用，及通仓胥役、催趱员弁索费于旗丁。故历届兑漕，州县有协济之款，积久视为应得，更思逐渐加增，以倡率停兑为挟制之端，以勒措通关，为刁难之具。水手出入淮境，不虎而鼠，首尾帖然，及到江南，则玩易官府，欺凌民船，霸道横行，莫敢正视，旗丁之爪牙也。卫官在淮，奉法惟谨，不率则漕督褫其章服而扑之，及到江南，挑米色，促兑期，互为狼狈，又旗丁之羽翼也。此辈既托词多取于州县，州县亦必藉口浮取于小民，加五加三，风筛雨耗……此在民之害也。”[②]

江南各省漕船到淮时间，一般都是在农历十一月以后和第二年三月以前。届时各地漕船每20船结为一帮，在押运同知、通判，以及帮长千总、帮办武举等带领下，云集于淮安，待漕运总督亲自盘查，发给签条后，方得过清江浦四道闸入淮入黄。

清代，清江督造船厂依然承担漕船修造任务，然而，明代四个大厂的名称多有改动，管理体制也有调整。其中，京卫厂更名为江宁厂，中都厂更名为凤阳厂，卫河厂更名为山东厂，直隶厂保持原名。江宁厂和山东厂在清江浦以东，设东河船政同知管理；凤阳厂和直隶厂在清江浦以西，设西河船政同知管理。后来，东河船政厅又由扬州府同知兼任，西河船政厅则由淮安府同知兼任。清代，清江督造船厂额定承造浅底漕船560.25艘，承造遮洋海船55艘。大致到乾隆末年，清江督造船厂被裁撤。

淮安常盈仓在明隆庆六年（1572）由都御史王宗沐重建后，中间多次维修。到清代依然是重要的漕粮中转仓。

二、黄淮运河道治理中心的确立

明末清初的政治军事动乱，使得最难治理的黄、淮、运河交汇处的清口地区呈现百孔千疮的景象：黄河在徐州以下频繁决溢，冲毁村落，湮废田园；高家堰决口多达34处，每逢汛期，里下河地区民众一夕数惊；清江浦河四道闸启闭失控，天妃闸上下水落差高达六七尺，漕运之艰阻如行蜀道。

清康熙十六年（1677），靳辅升任河道总督。他继承和发展明代潘季驯的治河方略，仍以淮安清口为关键，实施“蓄清刷黄济运”之策。

清初，河道总督署设于山东济宁，而治理中心却在800里外的淮安清口，往返极为不便。为此，靳辅以明代的清江浦户部分司署作为“总河行馆”，日常就在这里办公。后历任河道总督无一例外地驻节于清江浦的“总河行馆”。雍正年间又成为南河总督署，直至咸丰十年（1860）南河总督裁撤。清江浦做了183年的黄淮运河道治理中心。

靳辅在任期间，加筑高家堰土石工堤，并“帮修坦坡，为久远卫堤之计”。又挑浚清口以下淤浅黄河河道，并在清江浦以下的正河两旁各开一条引河，以所挑之土筑正河河堤。改变运口，迂曲河身，防黄倒灌。康熙二十六年（1687），在黄河北岸兴挑中运河，引骆马湖水济运，结束元、明以来清口以北利用黄河通漕的局面，使这段运道免受黄河的直接影响；又兴挑盐河（即下中河）分泄黄河洪水。康熙三十一年（1692），靳辅卒于任上。“竟辅之身，两河无水患者十年。”

其间，康熙皇帝六次南巡，每次都到淮安视察河务，曾躬历清河、杨庄、武墩、高堰、高良涧、蒋坝、归仁堤等处，实地指点谋划，正确决策，并处理渎职河官，对黄淮运的治理也至关重要。

---

① 光绪《淮安府志》卷8《漕运》。

② 黄钧宰《金壶浪墨》卷1。

靳辅以后的历任河道总督，大抵都遵循潘季驯、靳辅的治河治漕方针，然而时过境迁，河道淤浅之势难以改变，“蓄清刷黄济运”也越来越难见成效。

三、杨庄镇的兴起

康熙三十八年（1699），因黄淮交涨决溢，中运河河堤多处被洪水冲决，遂以中运河北堤为南堤，另筑北堤，挑河建闸，称为新中河。新中河比较浅窄，纳水少而不便航行。次年，总河张鹏翮在三义坝附近把新旧中河沟通为一，从而改变中运河河浅岸狭的状况。然运口仍在仲庄。

康熙四十二年（1701），皇帝第三次南巡，指示废闭仲庄运口，把中河口东移到仲庄闸东五六公里的杨庄。“由是漕、盐两利。”①

随着运口东移杨庄，盐河口也东移到杨庄以北的花家庄，并建盐闸。杨庄遂与其附近的已经湮没的泗口的地位相类似，成为漕运和盐运的必经孔道，其繁兴亦由此肇始。时杨庄只是一个以杨姓为主的小村落，仅10余户居民。自运口移此之后，南漕400余万石，千樯万轴，此为襟喉。清廷遂设中河主簿、清安汛千总等职官驻节于此。“游手觅食者，既日以滋多，远地大商，亦闻而走集。”②

清代，杨庄镇有江西客商集资修建的江西会馆，可见客商之众多。还有专祀河神的大王庙。清康熙、乾隆皇帝南巡，都在此视察河务，指示机宜，题诗留赠，曾立碑刻康熙诗两首、乾隆诗七八首。故杨庄镇是漕运的产物，与淮上其他集镇之兴于人力大异其趣。嘉庆、道光年间，杨庄烟火尚繁，沿堤有数里之市，聚居有千户之民。

四、南船北马和九省通衢

由于黄河夺淮等原因，清江浦以北的运河不仅迂缓难行，而且危险很大，断缆沉舟的事经常发生。故商人行旅和三品以下的官员凡由南而北，一般都是到清江浦石码头舍舟登陆，到王家营换乘车马；由北而南者，则至王家营弃车马渡黄河，至石码头登舟扬帆。这样速度既快，且较安全。故石码头和王家营为“南船北马”的交会点。

石码头在清江大闸北堍——河北大街的拐弯处，向北直达黄河越堤（今市区健康路），最初于雍正六年（1728）建石路18丈长。交通冲要地位促进石码头的繁荣。旧时，石码头一带，骡马车行、旅馆饭店密布。若值会试之年，“南尽岭外，西则豫章，百道并发，朝於上京，而此为交衢”。隔黄河相对的王家营有“日出千车”③的盛况。石码头因而被盛誉为“九省通衢”。

在黄河北徙前，横亘于清江浦和王家营之间的黄河水流异常湍急，经常船翻人亡，如果遇到一种叫“黄河驹”的奇异巨浪，就谁也别想侥幸活下来。“故幸而获济，则籍籍告语，共相欢慰。”④

清代，设于王家营的清口驿被定为“一等极冲”，有递马75匹，马夫75名，抄牌、羽书、传牌、兽医4人，水、旱夫300人；驿舍宽敞，可容百人。还驻有分管好多所驿站的“淮塘”塘官。王家营作为交通咽喉，旅店林立，若值秋闱会试，平时做其他营生的居民也纷纷把住宅改为临时旅店，以牟取暴利，“旬日之入，可与大贾抗。”⑤

① 《清史稿·河渠二·运河》。
② 《淮阴风土记》第四章。
③ 《王家营志》卷3《职业 交通》。
④ 《王家营志》卷3《职业 交通》。
⑤ 《王家营志》卷3《职业 交通》。

与旅店并盛为伍的是车骡厂。自清真寺以南直至黄河堤，是轿车厂，有100多家，“大者推南严北严，南鲍北鲍，南于北于，东汤西汤，富盛并雄一时。”[①]此外，还有48家大车厂、七八家骡厂。这些车骡厂皆有镖师，武艺高强，驰名北道，保证旅客安全。其中以东汤业主汤六括最为著名。这些车骡厂经常到扬州一带招揽旅客，最远的可以把客人护送到迪化（今乌鲁木齐）。

王家营以北的驿路，起于旧黄河缕堤，经渔沟等地北上。因皇帝巡游曾走过这条路，故又称御路。此路一直通到北京，又叫通京大道，是行旅云集、踵趾杂沓的交通干道。清初顾炎武《王家营》诗中有“行人日夜驰，此是长安道”的诗句，可以想见当日景象。名曰通京大道，实则路况很差，“每暴雨至，水弥漫不辨辙迹，禾苗冒没，旅人农夫交病。”[②]晴天的路也不好走，遇到有风天气，则“飞沙蔽天，鲠喉迷目”[③]。土质松散的道路经千百辆车轮的反复辗转，坑坑洼洼，颠簸倾侧，也足以松人筋骨，更常有杀人越货的强盗出没路衢。

五、古代水利奇观高家堰

明末清初，水利失修，高家堰水毁决口严重。康熙十六年（1677），靳辅任河道总督后，对高家堰进行全面整修、加固，并在潘季驯的基础上接筑石工。先是修整被风浪卸塌的石工2297丈，动摇未卸者也全面进行整修。堵塞高家堰各决口，其南北共有石工、板工决口34处，冲沟9处，周桥以北总决口宽达981丈，周桥以南翟坝九河决口共宽1323丈2尺，堵口先后用4年时间。接筑周桥以南至翟坝土堤25里、武家墩以北土堤18里，并筑堰前坦坡。

据《河防杂谈》载，康熙十六年至十八年（1677—1679）八月，靳辅修高家堰长15644.6丈（约合50.06公里）。康熙三十九年（1700），大修小黄庄至周桥石工墙，又修古沟到六坝段，并拆旧墙砌高。临湖面水深处用桩埽，出水后改用丁埽，坚土压顶挡浪。武家墩北为石工头，再向北为砖工墙。

为了防止洪泽湖大堤决口，靳辅在大堤上兴建武家墩、高良涧、古沟、茆家圩、夏家桥、唐埂北、唐埂中、唐埂南8座减水坝，另在武家墩、小黄庄、周桥3处各建一座排水涵洞，总泄水能力达1000“方”，构成洪泽湖水库泄洪系统。

雍正七年至九年（1729—1731），朝廷连年拨巨款，加修险要石工，并改条石丁顺间隔相砌，以高堰墙高为标准，墙顶一律做平。雍正八年（1730），大筑石工墙。时大堤全线石墙修建完固，北起码头镇石工头，南至蒋坝镇，堤顶真高17米，全长120里，堤工共长16000余丈，约合60.1公里。加高后，相应的子堰堰顶高程为16.07米，顶宽9～15丈，底宽近20丈。蒋坝以南，地形较高，土质坚硬，未建石工墙。后也陆续接筑。乾隆十六年（1751），皇帝首次南巡，视察高家堰，指示将剩下的土堤全部加砌石工。同年，大堤全线石工修筑完固，前后共历时170余年。

六、水漫泗州城与众多古城镇的沦没

泗州城城址高程只有海拔6.5米，城北又紧滨淮河，四周平坦且卑下略同，这种地势十分不利于防洪。早在明代以前，泗州城遭受水灾的事已是史不绝书。但是，泗州城真正开始感觉到沉沦的严重威胁，是在明中叶黄河全流夺淮以后。而最后注定它沉沦命运的，则是潘季驯“蓄清刷黄济运”治漕治河方针的实施。明万历四年（1576）七月，一场不算很大的淮河洪汛，即造成如下险

---

① 《王家营志》卷3《职业 交通》。

② 乾隆《清河县志》卷5。

③ 《王家营志》卷6《杂记 叙传》。

情："达旦登城俯瞰，四顾汪洋，城内生灵如坐井中。"[①]此后，泗州城外防洪堤加高加固的频率明显加快。

万历八年（1580），总河潘季驯开始修筑高家堰石工，加筑高家堰土堤，洪泽湖水位遂逐渐抬高。本来就低洼易灾的泗州城，水灾自然加重。明常三省《上北京各衙门水患议》说："泗州城内，原有城河，春夏则容蓄雨水，秋冬则开关泄放。近因淮涨势高，关不可开，而内积水。去年，淮复冲城，南门不守，而外水入，雨水交攻，暑雨且甚，遂致城内水深数尺，街巷舟筏通行，房舍倾颓，军民转徙。其艰难穷困，不可殚述。"[②]到明朝末年，城内积水已是终年不消。为此，曾"填塞大小街道二十一道，以防水患"。

明末清初，高家堰不修，蒋坝一带的天然减水坝越减越低，加上高家堰频繁决口，堵闭不及时，泗州城在行将灭顶之际，又得以苟延残喘。但由于黄河不时决入洪泽湖，加速湖底的淤垫抬高，又为泗州城的沉沦埋下伏笔。清康熙十六年（1677），靳辅出任河道总督，雷厉风行地继续实施潘季驯"蓄清刷黄济运"的方针。他一上任，就对高家堰进行堵决加固，到康熙十九年（1680），堵决加固工程告一段落。正是在靳辅筑堤期间，泗州城出现很少有过的险象：康熙十八年（1679），"大水，城内水深丈余"。官民已无法立足。紧接着，第二年夏，黄、淮并涨，黄河又冲决归仁堤，直灌洪泽湖，湖水猛涨一二尺，原先就已险象环生的泗州城外防洪堤，终于被猛涨的洪水撕开，并分别从城的西北、东北冲开决口，城内顿时"水深数丈"。官民大部分在这之前转入盱眙城，少数在洪水入城时，转移到防洪堤上，只有个别老弱恋家者被无情的洪水所吞噬。

在泗州城之前或稍后湮没的洪泽湖区古城镇还有：泗州城以北、龟山运河口的龟山镇，洪泽新河与龟山运河交汇处的洪泽镇，龟山镇与洪泽镇中间的渎头镇，洪泽湖西北的安河镇，以及著名的甘罗城和小清口城，等等。

第四节　清朝中期

一、小清口的湮废与清河县的迁治

清江浦在有明一代，受辖于山阳县，有山阳主簿驻节于此，负责这里的治农、河务事宜，并有行政管理之责。清朝前期，清江浦的隶属关系仍未改变。

宋、元以来的清河县治所，因水患威胁，几经变迁。南宋末年，县治在大清口西北，称大河口镇。元泰定中，黄河决溢，城廓倾圮，遂迁治于河南岸的甘罗城。旋再迁小清口西北（今淮阴区旧县村）。明末天下大乱，再迁甘罗城。清初复迁旧县。康熙年间，由于中运河屡次决口流淤，县治日益卑下，"垒土为堤，官署仓库，从上视若阱，岁水大至，公私忧慑"。[③]遂又有迁治之议。乾隆二十五年（1760），江苏巡抚陈宏谋上疏，申请移清河县治于清江浦。他在奏疏中阐述几点理由：水势的威胁已经危及吏民的安全，势在必迁；清河县跨黄、淮二河，大部地区都受水患威胁，无其他可迁之地；清江浦紧靠山阳、清河二县交界处，又是南河总督驻节之地，是较理想的县治之所；清口驿是最重要的驿站之一，向来设于小清口县城中，往来必须绕道山阳县王家营，"缓急莫应"，

① 《泗虹合志》卷16。

② 《泗虹合志》卷16。

③ 咸丰《清河县志》卷3《建置》。

如果移清河县治于清江浦，把清江浦及王家营等地划归清河，迁驿站于王家营，则“清河无绕道拨马之苦，山阳无隔远往返之烦”[①]；清江官商云集，五方杂处，有知县驻节，“足以镇抚弹压”，于吏治大有益。

清廷批准陈宏谋的呈请。乾隆二十六年（1761），正式“分地界，计田赋，立寺舍，拨驿马，壹切事宜，定著为令”[②]。办理完移交手续，清江浦正式归于清河县，并成为县城。

二、黄河对淮安地理的大肆改造

清口的淤垫、黄河河床的升高，迫使高家堰和黄河河堤随之不断加筑，导致黄河水患越来越频繁地肆虐。清江浦东郊的大口子，就是乾隆三十九年（1774）黄河大决于老坝口形成的。悬湖洪泽湖更是黄河与淮河的共同产物。“倒了高家堰，淮扬二府不见面”，洪泽湖高屋建瓴的形势，对里下河地区一直成为严重威胁。

黄河的频繁决溢，使今淮安地区原先优越的生产条件，几乎全部丧失。首先是顺流畅出的排灌水系尽被破坏。在淮河以北，由于黄河夺淮，使沂水、泗水失去原来流路，在宿、沭一带迂回交浸，逐渐潴积成骆马湖、黄墩湖等年轻湖泊。在骆马湖以下互相串夺漫流，下注后来疏凿的六塘河。沭河下游则潴积成扎埠、平墩、青伊湖等串联湖泊洼地，从蔷薇河、临洪河分流入海。沂、沭、泗水的新流路又往往成为泛滥的黄河的溢洪道，于是硕项湖、桑墟湖逐渐淤成平陆。原泗水左岸的睢水、潼水，也被迫多次改道，漫流于泗、宿等县境，下泄洪泽湖。

在淮河以南，由于清口以下河道受阻，加之“黄强淮弱”，淮河只能在高家堰一线另谋出路。明末清初，就曾一度由高家堰南端奔泻入江，后被堵复。咸丰元年（1851），淮河洪水再次冲破蒋家坝大堤夺路入江，从此固定由三河经扬州入江的流路。而早在明中叶以前，洪泽湖东部垦区的灌溉渠系就已遭到破坏，加之实行“蓄清刷黄”之策，故明中叶以后，就不见这一地区有屯垦的记载了。

黄河的频繁决口，还使大片的沃野被流沙礓砾掩埋下去，使淮北地区水稻濒于绝迹。由于许多河流排水不畅，还使大片土地盐碱化，成为草茅不生的赤地。位于黄淮尾闾的安东县（今涟水县），甚至被朝廷动议撤县。[③]直到20世纪50年代初统计，今淮安市境内尚有盐碱地33.35余万公顷，约占耕地总面积的40%。

三、河道治理及河工之弊

设署于清江浦的江南河道总督，辖有四道、二十四厅、二十四营。河督署“规模之大，县城无两”。河督不仅地位在巡抚之上，而且是个“肥缺”。国库每年拨给南河河工的修防银达450万两之巨，决口漫溢时还另有支拨。按理，这么多的经费足以保证河道不出大问题，“费帑金十之三二，可以保安澜，十用四三，足以书上考矣。其余三百万，除各厅浮销之外，则供给院道、应酬戚友、馈送京员过客，降至丞簿、千把总、胥吏兵丁，凡有职事于河工者，皆取给焉。”[④]然而，河工大小吏员还不以此为满足，得寸进尺，肆意降低工程标准，中饱私囊。“筑堤则削滨增顶，挑河则垫岸贴腮，买料则虚堆假垛。即大吏临工查验，奉行故事，势不能亲发其藏。”以至沿为积习，“上

① 咸丰《清河县志》卷3《建置》。

② 咸丰《清河县志》卷3《建置》。

③ 卜永升《议废县获留记略》，雍正《安东县志》卷13《艺文志》。

④ 黄钧宰《金壶浪墨》卷1。

下欺蔽，瘠公肥私，而河工不败不止矣。”[①]乾隆三十九年（1774）堵老坝口黄河决口时，河督吴嗣爵亲自登门，请著名的堵决专家郭大昌帮助。要给郭大昌拨银50万两，限期50天。最后郭大昌只用20天，花费10.2万两，就把决口堵好。

南河大小吏员贪污来的巨款，一是用于贿赂上司，笼络爪牙。“新点翰林，有携朝贵一纸书谒河帅者，万金可立至；举人、拔贡，有携京员一纸书谒库道者，千金可立至。”[②]河道各厅、汛豢养大批幕僚，却终年无所事事。“有为宾主数年，迄未识面者。”然而却于发薪之外，“夏馈冰金，冬馈炭金，佳节馈节敬，每逾旬月，必馈宴席。幕友有为棋博樗蒲之戏者，得赴账房领费。”每到汛期，照例派幕僚一人到工地督察三五天后，上司必有重酬。二是将贪污来的巨款肆意挥霍。“凡饮食衣服车马玩好之类，莫不斗奇竞巧，务极奢侈。”譬如宴席，仅猪肉就有50多种吃法。每次为做一盘“腰眉”肉，就要杀几十头猪，这些猪取下腰眉后，全部扔入厕所；一盘鹅掌要宰上百只鹅，取下鹅掌后，整鹅也都扔掉；吃驼峰，每次要杀三四只骆驼；吃鱼羹，每次要几十条大而鲜活的鲤鱼……河工每次摆宴，至少三天三夜，所以都是“酒阑人倦，各自引去，从未有终席者”。各厅署内，无一天不演戏，“自黎明至夜分，虽观剧无人，而演者自若也”[③]。道光年间，南河总督衙署内还发生过所谓“十二红”的故事。当时一河工大员有很多姬妾，最受宠的有三个，凡文武员弁要想得到肥差，都要通过各种关节，“展转贿赂，力能达诸宠姬之前，为之说项”，才能如愿。民间称乘运为红，背运为黑，而其中有12个人能打通这个关节并得到大量好处，故称“十二红”。山阳文人黄钧宰以此为题材，编写一出《十二红》的戏。后来，剧本被一个遭南河总督解雇的幕僚托词借去，要挟河督，声言要将此剧拿到京城上演，结果从南河总督处敲诈200两银，而后逃之夭夭。

这些靠河流饱腹的贪官污吏，使“脂膏流行于街衢”，曾一度造成清江浦脂粉式的繁荣。清代郭瑗《淮阴竹枝词》云：“三汛防河桃伏秋，清江占得小扬州。长街也作繁歌吹，一斗黄金一浪头。”在这骄奢淫逸的背后，是洪水浮尸、村落化冢的凄凉景象。

四、农业的衰落和土地兼并的加剧

黄河夺淮造成水灾连年，而水灾之后，往往踵接旱灾。水旱田荒，杂草丛生，又成为蝗虫的孳生地，造成严重的蝗灾。正如袁枚所咏：“入境蝗如旱晚潮”“水荒犹有稻，蝗荒将无粱”。[④]可见危害程度，有时比水灾更严重。而位于黄淮尾闾的安东县更是重灾连年，清道光十二年（1832）大灾，入冬，“盗起，千百为群……居民好为备竞，卖牛种买刀。小村八九家，刀必浮其人数。日出陈刀于门。刀诡异百状，光霍霍照人。薄暮，子妇藏密，壮者谨守望，连村相应有声。其被劫，虽巨室大家，下至贫不举火，靡择也。盗之系于狱者，至不能容趾，则外系，减其食十日，期必死，然狱中率不见减少。虽且尽，道路有死人，乡人醵钱为藴具；后益多，则径移之；卒乃不复移。天寒风壮，死者或坐、或卧，倔强蹲，蹲墟里间，野犬聚而咋之甘，乃渐噬生人，有被其害者。民食尽则菜，菜尽则草，草立尽，遂有父子、夫妇而甘心者矣。……而其后疠疫复大作，死者空村。”[⑤]频繁的水、旱、蝗灾，致使农业连年失收，故在明朝中后期就有“淮贫”之说。尽管如此，人民还得承担苛重的赋税徭役，耕地被洪流冲毁或沉入水底，还得“望空纳赋”。同时，因市境地处交通要道，

① 黄钧宰《金壶浪墨》卷1。

② 薛福成《庸庵笔记》卷3。

③ 薛福成《庸庵笔记》卷3。

④ 袁枚《小仓山房诗文集》卷3《沭阳杂兴》《捕蝗曲》。

⑤ 鲁一同《通甫类稿》卷3《安东岁灾记叙》。

差役之重也远甚于其他地区。明代的清河县,"每遇差使频急,多到一月四五千差",远远超过每年额定的3600差之数。"灾困差累",致使大批民众"相率泥门而逃"[1]。人民的大量逃亡,使生产丧失连续性,又加剧农业生产的萧条。

同时,一些豪强、官僚、僧侣乘机大规模兼并土地,使富者愈富,贫者愈贫。安东县盐河东有嵇、朱、薛、贾,盐河西有乔、王、吴、马,这些都是有田数百顷乃至上千顷的大地主,吴姓大地主从县北境到位于南缘的县城,中间只经过纪集时,不是走在自家的田地上。安东县城的胡公雅,东胡集原先就是他家的客庄。安东有首民谣:"嵇、朱、薛、贾,乔、王、吴、马,不及涟城胡公雅。"可见其财力之雄厚。

山阳县东30里的刘家圩,为恶霸地主刘鼎来的庄园,四周有水圩、树圩、土圩,出入口有吊桥,宛如《水浒传》里的祝家庄。刘鼎来家有533.33公顷土地,周围数十个大大小小的村庄里有500多家原先有土地的农民,都被迫出卖土地,并降为他的佃户。可以说,这500多家,每一家都有被刘鼎来高利贷盘剥或巧取豪夺的血泪史。对这些农户来说,土地兼并的人害,远胜过黄河决溢的水灾。

五、特色鲜明的手工业

由于农业的衰微,清中期淮安的手工业相对落后,但却有其鲜明特色。官营手工业主要是以造内河漕船为主的造船业。清江船厂沿清江浦运河南分布,东近板闸,西至韩信城,长23里。这里集中沿海沿江很多州县的各种工匠约6000人,加上牙商人役,共有近万人。据《漕船志》载:从弘治三年(1490)到嘉靖二十三年(1544),清江船厂共造漕船27332艘,其中最高年份造678艘。此外,每年还承造50多艘遮洋海船,郑和下西洋的大海船,有的也是清江船厂所造。清江船厂造船的工艺水平很高,每只船需多少材料、多少工时,都有精密计算。到万历年以后,已经知道用铁钉妨碍指南针导航的准确性,改用质地坚硬的铁力木或竹钉。为了保证船身坚固,还在木板拼合处用一种叫"蛇皮内膏"的粘合剂浸钉钉船。清初,清江船厂年生产量在560艘左右,与明代相当。由于黄淮经常泛滥,运道梗阻,造船物料往往不能按时运达,清江船厂于乾隆末年逐步裁撤。

宋元时,境内海盐生产尚有莞渎、涟水等场。由于黄河夺淮,海岸线迅速向东推进,使这几个场终因"海远卤淡"而陆续停闭。

民间手工业主要有酿酒、榨油等。明正德以前,淮酒就很有名,以山阳县为最,有酒坊100多家,每年需耗粮几十万石。正德年间,山阳县酒醋杂税每年达白银1776锭多,占淮安府二州九县同类税总额的44%。有秫酒、曲酒二类,有"苦蒿""金盘露""珍珠""状元红"等品名和品牌。"正德以前,淮酒有名,土人以此致富。后官吏百计诛求,业此者贫到刺骨,而酿法几绝。"[2]嘉靖时,淮安知府陈文烛下令减少酒税,酿酒业才重新振兴。淮北各地酿酒业遂陆续起步,至清中叶,高沟大曲酒已名播大江南北。淮北盛产大豆,榨油业颇发达。豆油、豆饼在清道光以前大量转贩江南各地,"获利为厚,榷关亦以此为巨款"。淮安还是仿古鎏金铜器的著名产地。生产的仿古小鼎炉、香鸮等物,做工细腻,可以乱真。明代高濂《燕闲清赏笺》载:"淮安铸法,古鎏金器皿有小鼎炉、香鸮等物,做旧颇工,人不易识,摩弄之功,亦非时日计也。"到了清代,淮安仍是仿古铜器的著名产地。这些仿古鎏金铜器的购买者主要是以盐商为代表的众多豪商,他们不仅自己收藏或做

① 嘉靖《清河县志》卷1《徭役》。

② 光绪《淮安府志》卷2《疆域》。

家庭摆设，还用来馈赠南来北往的达官显贵。

淮安的制革也很有名，特别是制鼓。据说，明代官府、宫廷用的鼓，多为淮安所造。淮安产的鼓，“紧绷密钉，晴雨同声”，质量确实过硬。此外，王营生产的轿车、大车质地坚固，造型美观，纹饰典雅，驰名北道。

苇编、蒲编、柳编是传统手工业，普通乡民利用农闲制作，生产种类多，范围广。淮上织苇为屋向来有名，堪称特色。明清时期，苇编、蒲编、柳编发达，规模很大。因当时河务、漕务、盐务殷繁，芦席、折子、蒲包、柳筐等不仅用量大，而且使用周期短，从而在淮安城乡形成一大批以编织为生之户。后都随着河、漕、盐务的变迁而衰微。

纺织业兴起较迟。清乾隆间，“山阳令金秉祚、知府赵酉，皆尝劝谕土人，以植桑、种棉、纺织为务，并为之募师制具，设立程度以诱之，而民莫应。”[①]金秉祚曾雇请江南纺织高手20名到淮传授纺织技术。后又经山阳令姚德彰、清河令万青选设局推广，依然收效甚微。至晚清时，始渐形推开。

明清时期的民间手工业，多为工商一体化的小生产，商品生产者同时也是销售者。生产的区域性比较明显。酿酒等业已按照工序实行内部分工，形成发酵、制曲、酿造等各精一道工序的技术构成。生产规模较大的酒坊，出现产销分离，具备资本主义手工工场的基本特色。

六、食盐运销与盐政改革

明清时期，食盐多由官商垄断经营。淮北盐经由盐河南下，运至王营以东草湾坝，用盐车盘坝渡过黄河，经永丰坝入淮南小盐河，而达河下淮北盐运分司，经收税改捆，入运河或南下入长江西运，或由乌沙河入洪泽湖溯淮而上，以达各运销口岸。

经营淮北盐的众商，利用垄断经营的特权，在各食盐销售口岸肆意抬高价格，牟取暴利。清中叶以后，官商将盐价愈抬愈高，造成食盐严重滞销，盐场上盐坨如山，任由风筛雨耗，而广大贫苦百姓却因买不起盐而苦于淡食。国家税收连年完不成计划。

道光十一年（1831），两江总督陶澍率先在淮北实行盐政改革，打破官商对食盐的垄断经营，一时商情踊跃。淮安河下盐商的财路大受影响。又规定盐斤只能由盐河运到王营西坝栈积，再由岸商运到各地销售。西坝在短时间内即建起22家盐栈，淮北盐集散中心转移到西坝。清政府又在此设立税卡，驻扎缉私官兵，有效地控制盐税。从道光十二年到二十七年（1832—1847）的16年间，西坝盐栈计缴纳正税及代交淮南“悬课”等1350余万两。正如旧志所说，“西坝区区数里之地，管钥噤喉岂不重矣”！西坝因而“闾阎相接，日以繁浩”，设置盐栈之处，每亩地价高达好几万钱。

七、城市的畸形繁荣

明清时期，尽管处于全面萧条的广大农村包围之中，但是由于扼河、漕、盐、榷、驿的机杼，淮安仍进入鼎盛时期，呈现畸形的脂粉式的繁荣，与扬州、苏州、杭州并称运河沿线的“四大都市”。其中，淮安府治山阳县城及其卫星镇的繁盛主要倚赖于漕、盐、榷。漕运为封建王朝命脉之所系，故明清总漕地位很高，与封疆大吏相埒。淮城是总漕机关所在地，俨如省会。这里驻有大批理漕官吏和卫漕兵丁，漕船到达这里，要接受总漕的盘查。驻在这里的淮北盐运分司，是有名的“肥缺”。官盐商的豪富更无与伦比，他们利用垄断经营聚敛的数以千万、万万计的财富，在河下营造

---

① 光绪《淮安府志》卷2《疆域》。

第宅、园林，以致区区河下“高堂曲榭，第宅连云”，园林则达70多座。他们“出则仆从如烟，骏马飞舆，互相矜尚”[①]，入则华筵连宵，歌吹竞艳，挥霍无度，展示其富甲一郡之豪奢。

淮安还设有道、府、县衙门，卫星镇板闸驻有淮安榷关监督及其大小属吏，向往来商船收取关税。而商贾也因淮安驻有众多的肥官豪商在这里盘桓，淮安遂成为商贾云集、市场繁荣的著名商业都会和三教九流的喧嚣之地。城内城外，店肆酒楼鳞次栉比，“市不以夜息”，并形成以经营奢侈品和高档消费品为特色的商业，烟馆和妓院众多的肮脏的服务业，融南北口味于一炉的餐饮业。此外，钱庄业、编织业、搬运业等派生行业，共同构成该时期淮安城市的基本特色。

清江浦北阻黄淮，南下江浙，为“南船北马”的交会点，被称为“九省通衢”。交通枢纽的重要地位是其繁华的重要因素。清江浦的繁华更缘于河务、漕运。明代在清江浦设有工部分司和户部分司，有全国最大的漕船厂，有漕粮转搬仓。清初设有总河行馆，雍正七年（1729）改为南河总督署，还先后设有其他官衙不下二三十个。

总河的地位与总漕相当，要论“油水”，则胜过总漕。清廷每年拨给南河的修防费用多达四五百万两，遇有大水决溢，还另拨专款。如此巨款，其实“河取其三，官取其七”。因此，河工大小吏员，衣、食、住、行、用、娱，极豪奢之能事。他们挥霍淫逸，曾一度造成都市的繁华。“街市之繁，食货之富，五方辐辏，肩摩毂击，甚盛也。曲廊高厦，食客盈门，细縠丰毛，山希海馔，扬扬然意气自得也。青楼绮阁之中，鬓云朝飞，眉目夜朗，悲管清瑟，华烛通宵，一旦之内，不知其几十百家也。梨园丽质，贡媚于后堂，琳管缁派，抗颜为上客，长袖利履，飒沓如云，不自觉其错杂而不伦也。”[②]可见总河驻节对清江浦脂粉式繁荣的影响之大。清乾隆四十年（1775），清江浦人口达54万，比同时的汉口、南京的人口还多。它不仅是一方之重镇，更是全国之名城。

八、淮关的贪渎舞弊之风

清郭瑗《淮阴竹枝词》生动地刻画出位于板闸的淮关在冬天的霜晨开关放船的场景：“百子堂前湾复湾，天妃闸下浪如山。篙师鳞次踏霜立，小吏披裘放早关。”负责开关的最下层小吏都穿着如此豪华，由此可见当时淮关的腐败程度。

至清中叶，淮安榷关官吏贪黩，管理混乱，远近闻名。黄钧宰在《金壶七墨》中记的一件事很典型：“淮关额税二十万，而岁征于商者，莫知其数，自监督左右，下至环关而居者，靡衣鲜食，咸取给焉。钧宰归自清江，早关未放，时方严寒，舟子商人，股栗以待。久之，众拥一少年盛服至，次第报验讫，则官舫华仆，持柬讨关，少年皆颔之。最后至一破舟，载货浮于所报，少年怒，嗾从者诘之，鞭笞交下，豕牵其人而去。或问：‘少年官乎？’舟子曰：‘噫嘻远哉！老于车者识轮轴，老于舟者知舵木，是人姓名曰老谷，关督司阍妻弟之仆也’。”[③]淮关监督看门人的妻弟之仆，竟能如此作威作福，遑论其他！

九、水手罗教、青帮与淮安

明清两代，漕运进入全盛时期。江苏、浙江承担漕粮大半，因此，江、浙两省的运河码头成为漕运水手聚集的场所。明朝廷对漕运军丁供给菲薄，主要靠政策的允许在漕船上夹载一定数量的“土宜”（土特产）沿途贩卖来解决生活费用不足等问题，从而成为罗教、漕帮产生的制度基础。

① 黄钧宰《金壶浪墨》卷1。

② 黄钧宰《金壶浪墨》卷1。

③ 黄钧宰《金壶浪墨》卷1。

明正德年间，担任过漕军的山东即墨人罗清创立罗教，漕军是其第一批教徒，水手罗教由此而生。

延至明末清初，各水次的罗教庵堂成为漕运水手生可托身、死有归宿的最佳场所，入教水手趋之若鹜，教门兴旺。清乾隆三十三年（1768），朝廷取缔水手罗教，入教者改为秘密的帮会方式继续活动，原来的翁、钱、潘三庵势力，形成三个派别。至嘉、道年间，各帮派控制的水手不下四五万人，沿途纤夫尚不在此数。他们各自控制漕船，向官府索求工钱，相互间也不断发生利益冲突。

道光二年（1822），江苏大量裁减漕运人员，大量失业的水手仍滞留在漕运码头，各种冲突与仇杀此伏彼起。咸丰二年（1852），清廷全面实行海运，数以万计的运河漕运水手、舵工、纤夫逐渐聚集到两淮盐场一带，组织青帮，开始贩私盐、行劫掠的生涯，一部分则尾随海运漕船到上海，继续从事漕粮搬运，成为上海青帮的先驱。青帮，又称安清帮、潘门、三番。早期青帮主要以水手罗教中的潘派演化而成。后来，破产农民、失业手工业者、流氓无产者和不少被裁革的兵勇也纷纷涌入，甚至还有少数地主士绅、运河沿线的捕快、衙役人等参加进来，形成一个庞杂而严密的秘密社会集团。

淮安位于黄、淮、运河交汇地域，是漕运总督、河道总督的驻节之地，是运军、水手最大的聚集地，因而也是早期的水手罗教的重要传播点，更是后来的安清帮孕育之地。在淮安地区有一种说法：因为最初是由安东（今涟水）、清河（今淮阴）两县的潘派势力为主而形成的帮派，所以叫“安清帮”，又称“三番”。直至民国年间，这两个县还有安清帮帮会成员万余之众。

十、明清时期的文化

城市的繁华，造成人文荟萃的局面，从而把淮安的封建文化推向顶峰。这首先表现在教育的兴旺。除府学、县学外，还办起不少书院、义学、社学。仅淮安、清江浦两地，就有书院近20所。较著名的有丽正、奎文、勺湖、射阳、崇实、袁江等。这些书院大都由具相当影响的鸿儒硕彦、学者名流任教，课士谨严有法度，从而造就大批人才。明清两朝，仅山阳（今楚州区）一县就有进士200余人，举人700余人。河下弹丸之地，不仅举人、进士众多，而且出了状元、榜眼、探花。“河下三鼎甲”①一直被传为佳话。

在文学艺术方面，产生《西游记》的作者吴承恩。吴承恩，河下人。少时即以文鸣于淮上，可仕途多舛，60多岁才谋得长兴县丞，两年后辞职，潜心创作并完成一部长篇神怪小说《西游记》。书中写的“神魔皆有性情，精魅亦通世故”②。“幻中有真，乃为传神阿堵”③让人们在会心一笑之中，获得无尽的审美愉悦。他所塑造的孙悟空形象，闪烁着民主主义的思想光辉。此外，山阳人瞿佑所著文言小说集《剪灯新话》，在小说史上也有很高地位。

同时，封建士大夫所崇尚的文艺形式堪称兴盛。文人士子诗文往还，结社唱酬，相互切磋，蔚然成风。故淮安有“诗城”之誉。若值国运衰微、江山易主之时，则以名节相砥砺。明末清初，以遗民相许的诗人张养重、靳应升、阎修龄等创立的“望社”，就是这样的组织。几个创始人都拒绝接受清廷的征聘，始终没有出仕。张养重在诗歌创作上成就较大，诗境含蓄悲凉，寄意深远，多隐亡国之痛。但后期的望社成员，却终于耐不住寂寞，应征的应征，赴考的赴考，且多身披紫蟒。至于承平之时，则多吟咏风月，感慨人生，如曲江楼文士聚会的唱酬诗集之中，尽管充斥着标榜一时

① 《淮安河下志》卷13。

② 鲁迅《中国小说史略》。

③ 睡乡居士《二刻拍案惊奇·序》。

的"曲江十才子"的佳作，但也多跳不出吟咏风月的窠臼。

在清中叶后期，则有斥性灵、讥格调诸说的文艺理论家和诗人潘德舆。与他往还的郭仪霄、张际亮、魏源、龚自珍等皆一时名士。潘德舆，山阳车桥人。中解元后屡困科场，遂潜心著述。他以《诗经》为根本，强调诗歌的教化作用。著有《养一斋诗话》《养一斋诗文集》《作诗本经》等。他的诗论，把"乾嘉诗坛的不良习气，已经湔洗净尽"，从而成为清中叶著名的文艺理论家。

在清代考据之风的推动下，淮安产生乾嘉学派的先驱、著名经学大师阎若璩，以及训诂学家张弨、朴学大师吴玉搢、任瑗等。阎若璩，号潜邱居士，河下人。其《古文尚书疏证》8卷，震聋发聩，一锤定音。梁启超评价说："百诗的《古文尚书疏证》，不能不认为近三百年学术解放之第一功臣。"[①]清代学者张穆评价说："念国朝儒学，亭林之大，潜邱之精，皆无与伦比，而潜邱尤北方学者之大师。"[②]吴玉搢，山阳县人，著有《别雅订》《说文引经考》《金石存》等，其中《别雅订》收入《四库全书》。任瑗，山阳县人，著有《朱子文类》《正经说》《阳明传心录辨》等。

在书画音乐艺术方面，有清代"扬州八怪"之一的花鸟画家边寿民，以及释雪庄、薛怀、何予之、张增、鲁长泰等。雪庄之黄山山水，薛怀之芦雁，鲁长泰之画鸡，均当世有名。书法家有周木斋的膀书，万承纪、万青选、万立钰一门三世的篆书，都擅时名，为收藏者所珍。道光二十四年（1844），淮安府城大修，"城楼门额每字逾丈，每书阔八九寸，皆请木斋书之。今所旋榜是也。木斋得狼胡笔，大如斗，竿长六尺馀，铺巨纸于地上，倾靛青汁蘸笔，右手把笔，左手托持，奋笔书之，淋漓飞舞。"[③]万氏最擅长铁线篆，镇江焦山定慧寺山门壁"横海大航"巨型篆书，即为万承纪所书。还有著名的音乐理论家孙长源，著有《琴旨补正》《琴谱拙存》等四种琴学著作，有一定的影响。总漕、总河、豪商的聚居，吸引昆曲高手、徽班名优纷纷到此献艺，从而造成淮安戏曲的繁荣。

医学方面，在明清时期形成较有影响的山阳医派。山阳医派传承有序，与时俱进，名医众多，医著繁富，其最杰出的代表人物是被誉为中医四大经典之一《温病条辨》的作者吴瑭（鞠通）。《温病条辨》以三焦辨证为主干，前后贯穿，释解温病全过程辨治，同时参以张仲景六经辨证、刘河间温热病机、叶天士卫气营血辨证及吴又可《温疫论》诸说，析理至微，而治之有方。该书于嘉庆三年（1798）完成刊行后，有多家评注本，或编为歌诀普及本。今中医温病学教材，多取其说。在中医养生学方面，安东（今涟水县）程得龄的《人寿金鉴》在嘉庆年间问世后，立即风靡四海，多次再版。《清史稿》将其作为重要书目收录。

水利工程学方面，著名水利学家与水利工程专家潘季驯、靳辅、陈潢、郭大昌等，都以淮安为重点地区进行成功的创造与探索。如"束水攻沙""蓄清刷黄济运"的治黄治运方略的实施，"之"字形河道的创建，筑坝固堤、堵决技术的提高等。乾隆年间的治水专家郭大昌，其堵决技术无出其右。

数学方面，有《开方释例》的作者、数学家骆腾凤，还有天文数学家与天文史专家汪椿等。

---

① 梁启超《中国近三百年学术史》。

② 张穆《阎潜邱先生年谱》。

③ 王锡祺《山阳诗征续编》中。

第四章　近代的淮安

第一节　晚清时期

一、太平军、捻军在淮境的斗争

晚清时期，今淮安市境受到太平军和捻军武装斗争的激荡。咸丰六年（1856）春，以垦种山地为主的盱眙“棚民”在刘万源、葛高培等领导下起义，在高家坂、涧溪等地重创清军。[①]咸丰九年（1859）五月，陈玉成率太平军一部由扬州出发，攻克天长，兵分三路进围并攻克盱眙城，杀死知县许垣等千余人。后因战略需要主动撤出。同年九月，捻军龚得树部为策应太平军，再度攻占盱眙，逼走清军张德胜、胜保部。[②]

咸丰十年（1860）二月，捻军名将李大喜、张宗禹率主力2万人占领桃源县城，旋挥师南下，横扫在湖滩小桥阻击的清军，直扑王家营，攻取苏北重镇清江浦。[③]在清江浦禹王台一起看戏的南河总督庚长、漕运总督联英和淮关监督等仓惶逃逸。“漕督、榷使疾还署，河帅仅以身免，日暮亦至郡城，呼于庆成之门（旧城西门），门者不纳，虑其冒也，面而后入之。未几，榷使继至，呼于北门，门者曰：‘城无商，不须榷也。’遂去。贼既焚掠清江，南至湖嘴。漕督欲行，行李辎重自署前至于南门。”被山阳知县顾思尧令士绅们锁闭城门，坚不放行，而怏怏作罢。[④]

在逃离清江浦之际，被命令留下率军抵抗的淮海道吴葆晋、副将舒祥及一大批土豪劣绅，均被捻军杀死。接着，捻军以清江浦为中心，在周围几县的数百里范围内流动作战，屡败前来攻击的清军。13天后，捻军在达到补充军饷的目的后，主动西撤。

捻军的这次大规模军事行动，杀烧抢掠也很严重，清江浦、板闸等地的官署，如南河总督署被焚烧只剩下荷芳书院，清河县署、丰济仓、清口驿、淮关署等也无一幸免，豪门大宅、书香门第、商号钱庄亦都被洗劫，不少无辜被杀，妇女被侮辱。清江浦、王家营、河下、板闸自此一蹶不振。

咸丰十一年（1861）三月，太平军准备强渡金沟河，消灭盘踞高宝湖西的数万民团武装，遭到清军水师的堵截。清廷调锐旅陈国瑞部设下金沟大营，以阻扼太平军。同时，派精兵绕道截断太平军退路，前后夹击，四面包抄。太平军伤亡过半，余部退据天长。同年冬，太平军将领康天燕率军数万人再次进攻金沟河畔的陈国瑞大营。陈国瑞令郭宝昌固守大营以吸引太平军主力，令民团数千人执旗以为疑兵，令黄国龙率精兵埋伏于小坝口附近，自率精兵二百，换上太平军装束偷袭太平军龙岗老营。此役使数万太平军将士大部战死，只有少数随康天燕突围。金沟、卞塘、黎城、

---

① 《盱眙县志稿》卷16《兵事》。

② 《盱眙县志稿》卷16《兵事》。

③ 光绪丙子《清河县志》卷26《杂记》。

④ 黄钧宰《金壶遁墨》卷3。

龙岗一带，尸横遍野。今金沟河中段还有六座大坟，称为“六丘坟”，就是当年当地民众掩埋太平军将士的合葬墓。

二、晚清的河漕总督

咸丰五年（1855），黄河北徙，运道也梗塞不通，致“停止河运者十数年”，漕粮绝大部分转由海运。随着运河漕运能力的下降乃至丧失，主要为治河而设的南河总督，失去其存在价值。咸丰十一年（1861），清廷正式裁撤南河总督，同时把驻节淮安老城的漕督移驻清江浦原南河总督衙署内，并明令漕督兼管河务，称为河漕总督。

同治十一年（1872）以后，江南漕粮由上海轮船招商局承包，经由海运，运河的地位遂一落千丈。但是，清政府仍迟迟不愿废止河运。虽运河浅阻，“运米无多，而相沿不改者，所以备外海或有不虞，犹可恃此一线，以为内地转输之路也”。所以，河漕总督直到光绪三十年（1904）才裁撤。在河漕总督执掌合并的44年中，任河漕总督者共28人，《清河县志·仕迹》中载有7人。其“政绩”主要是倡教兴学，“建丰济仓，置水旱田”之类。至于河道修防之事，只在《水利》中零星提及，如光绪十三年（1887），黄河在郑州决口，两江总督曾国荃、河漕总督卢士杰“虑黄河下注，会奏自里河运口汛通湖，引河之陈家集迤西，开河八百七十丈，尾接吴城七堡旧黄河”。这条河即是今淮阴区码头镇附近的窑河。光绪十七年（1891），又开顺清河通漕。

清政府迟迟不裁撤河漕总督的另一个重要原因是为了防止和镇压农民起义。总督都统率有相当数量的军队，战时还有组织练勇之责。第一个驻节清江浦的河漕总督吴棠在任期间，为攻击捻军、太平军，“乃厚集兵力，时其训练，扼要分守”，并传檄凤、颍、淮、徐、滁、泗、宿、海八府州县，坚城镇、筑圩砦以困阻义军。吴棠的继任者张之万，“政务宽大，而严于治军，筑六塘河长圩防捻，捻首赖文光穷蹙南窜，追至扬州擒之。”[①]这两位总督都因积极纠集力量围堵起义军有功而升官晋级。

光绪三十年（1904），河漕总督被改为江淮巡抚。同年又改为江北提督。原来的河漕总督衙门也相应变成江北提督府。

三、黄河北徙与两淮的衰落

清咸丰五年（1855），黄河北徙，原夺泗夺淮的河道废弃，废黄河遂由此得名。黄河北徙后，水工修防任务大大减轻，漕粮转由海运，而漕运式微。随着交通地位的下降，淮安运河沿线城市渐形衰落。19世纪末，由于近代邮电事业的兴起，往昔繁剧的驿传也随之销声匿迹。宣统三年（1911）津浦铁路通车以后，淮安“南船北马”的地位一朝丧失，衰落的速率逐步加快。清江浦人口骤减到不足10万人。市面也明显冷落，原先城内外鳞次栉比的旅馆饭店，一批一批地倒闭，连号称“九省通衢”的石码头一带，旅馆饭店也寥落可数。

咸丰二年（1852），因黄河在丰县决口，黄河断流，运河浅阻，淮关年额短收20余万两，奏准减半征收。又由于太平军攻下南京，商旅大受影响，从咸丰三年至六年（1853—1856），均减免八成。咸丰十年（1860），捻军攻陷清江浦等处，南北舟楫不通，此后皆减免七成。“黄河迁徙，冀、豫之物不能南来，一也；漕艘不行，湖广江汉之产未能运京，二也；礼字河（老三河之一）不闭，东省、皖境之货绕越而去，三也；闽、越、江、浙之财半附轮船转运他处，间有过淮应榷货物，又挟

① 续纂《清河县志》卷9《张之万传》。

'洋票'而免，四也；胥吏多方苛索，商民畏缩不前，搜捕愈严，偷漏愈甚，五也。"①因此，同治五年（1866）又减免九成。

黄河已经北徙，然而造成的灾害性地形却挥之不去，徐淮平原和里下河平原的灾荒不断。光绪三十二年（1906）夏秋大水，市境内黄河故道以北地区尽成泽国，夏粮秋粮颗粒无收，安、海、沭、赣等地60万灾民麇集清江浦，等待赈济。清江浦北侧废黄河滩上，东起铁心坝以东，西至八面佛以西，宽约七八里，南起土圩根，北至杨庄，长约20里，密密层层，都是难民棚子。当局恐激起民变，派出经验丰富又勤政廉洁的官绅如王叔相、倪嘉福等苦心经营，设厂放粥。尽管如此，病死饿死冻死的难民仍不少于3万人。直到次年春末，当局才发给途中食粮，将灾民遣送回家，赈济工作至新麦登场后方止。

四、近代实业的起步与受挫

尽管衰于交通地位的下降，淮安近代实业的起步，却是从发展近代交通运输业开始的。清政府对开办实业，压于内而惠于外，故经营者多挂外商旗号。首先经营里运河航线的，是由某道员及商人创办的立生洋行，挂英商旗号，于光绪二十三年（1897）六月开航清江浦至镇江的火轮班船。到达清江浦的班船，在中洲南岸停靠，旅客上下船均在轮埠路边的码头。此后几年间，争相在这条线上航行的有四维、和丰、顺昌和记、永兴利、宝运、义昌、福运、戴生昌、泰昌等轮船公司，分别挂英、美、法、日等国商人旗号，共有轮船三四十艘。轮埠路一度在熙攘热闹中充满硝烟。

光绪三十一年（1905）以后，由于戴生昌轮船局、招商内河轮船公司与日商大东会社相勾结，很快造成三大公司共同垄断这一航线的局面。辛亥革命后，三家共同垄断的局面被打破，出现新的激烈竞争。比里运河略晚，中运河航线清江浦至窑湾段也被招商内河轮船公司开辟。淮河正阳关至清江浦航线，则由冯煦等创办的利淮河工小轮公司疏浚通航，然旋废。盐河轮船航运，迟至民国初年才起始。

19世纪末，清廷就曾筹议清江浦至北京修铁路之事，并计划以清江浦为交汇点，再北修至海州，南铺到瓜洲。筑路经费由江苏铁路公司招国内商人入股，集资远远不足，遂有"订借奥德洋款之议"。后清廷一再追查，遂不敢再提借外债筑路。到宣统三年（1911），清江浦至西坝、杨庄的铁路勉强竣工通车，主要用于运盐。因铁路两端始终未能与干线通连，使用率很低。不久，黄河铁桥到杨庄的支线被拆除。清江浦至西坝的一段，也仅因运盐而苟延到北洋政府垮台之时。

淮安的近代工业，也发端于19世纪末。光绪二十四年（1898），邓佐廷于王家营创办境内第一家近代工业企业——南洋广机利公司，有织机200张，"大募山东流民，教之纺织。"②当时，"过王营者必闻机杼声，言王营物产者必言土布。"③然而在洋布的挤压下，销路不畅，加之邓佐廷病逝后资金短绌，因此到光绪三十四年（1908）左右就倒闭了。

光绪三十二年（1906），在清江浦开设赐福斋帽庄、恒泰和广货庄、中法药房的南京商人刘少甫，约同陈子英到上海招集股份，到清江浦创设面粉厂。上海南市商会会长、金融资本家顾馨一愿在清江浦投资办厂，遂有大丰盈记面粉厂的创办。顾氏委刘少甫为经理，厂址在清江浦西门外里运河南岸，先招工建造机器大楼一幢，同年冬天开机生产。初用石磨，每日产量有限。至宣统二年（1910），以英国人海底深为工程师，改装机器磨粉机，用30寸英磨4盘、28寸花旗磨8盘，每

① 光绪《淮安府志》卷8《漕运》。
② 《王家营志》卷3《职业 交通》。
③ 《淮阴风土记》第五章《大河区》。

昼夜可磨麦800石(斛),行销两淮、宝应、高邮、镇江、上海等埠,其品质为大江南北之冠,在参加南京的南洋劝业会竞赛时,被评为第二名。辛亥革命时,因兵乱匪劫,该厂损失奇重,因此停产。1913年始恢复生产。

五、“西学东渐”和辛亥光复

清朝末年,欧美科学的澎湃东来,促成科举制度的废除和新式学校的兴起。淮安最早的一批新式学校,如江北师范学堂、江北农林学堂、淮安府中学堂等,都于清末创办。第一个翻译出版法国资产阶级启蒙思想家孟德斯鸠的《论法的精神》的张相文,出任江北师范学堂教务长,使清江浦一度成为宣传资产阶级民主与法制思想的最早阵地之一。在反对封建礼教、解放妇女方面也作出不少努力。光绪三十二年(1906)前后,清江浦的知识妇女唐治英、唐治平、李芃等组织“天足会”,为谋求妇女解放而呼号。资产阶级民主革命分子还在驻清江浦新军中秘密传播革命思想,为淮安各地响应辛亥武昌起义打下思想基础。

淮境的辛亥光复,以驻清江浦的北洋新军第十三混成协(以下简称“十三协”)广大中下层官兵起义为先导。十三协共有6500余人,建营房于北圩门外黄河滩上。十三协内部早有革命分子活动。在武昌起义的推动下,广大中下层官兵的革命情绪骤增。宣统三年(1911)11月4日夜,工程、辎重两营在赵云鹏、龚振鹏的鼓动和带领下率先起义,围攻城内道台衙署,因人少力单,不克而退。次日,又联络马、步、炮等营同时响应。11月6日,经城内有关人士奔走协商,清河县令邵承灏始令悬起白旗,大开城门欢迎起义部队。淮扬道尹奭良则先期化装出城南门遁去。

首倡者赵云鹏和龚振鹏,限于资望与能力,能发动而不能控制。故群龙无首的军队入城后不免有自由行动。地痞流氓引诱勾结,乘机伙同抢劫,衙署府库和较富的商民无一幸免,仅江北提督署库存银就有26万余两被洗劫一空。溃兵腰缠既满,遂有只身散走者,因此而丧命的也不少。有三四百人在兴中会会员陈兴之的劝阻下,重新编组,返回清江浦继续革命。不料到清江浦后,陈兴之即被诱杀,部队亦被缴械遣散。

兵变后的清江浦处于无政府状态,绅商遂互商成立保安公所维持秩序,由闻漱泉、王斗符、李更生等负责,但间有行不通处。因于11月12日召开光复大会,公举陆军参议官蒋雁行为江北都督,杨慕时为江北民政长,邵承灏为清河县民政长、闻溥为清河县民事长,“抚剿兼施,而乡甲耆老相约集团互保,诛锄不法。”[①]同时,传檄山阳及附近淮、扬、徐、海各县,召集官绅赴清江浦开会。山阳县令姚荣泽抗命未赴,山阳士绅遂举周实及顾震福、于述祖、丁乃嘉、潘际炎五人赴会议事。

在两江师范学堂读书的山阳县人周实,悉武昌起义,遂回淮与阮式共谋光复事。11月14日,山阳县在旧漕督署召开光复大会,与会者5000余人,首由周实演说光复理由,次由阮式演说,有“姚荣泽避不到会,即为反对光复之行为”等语。姚荣泽遂与诸劣绅定计,以议事为名,将周实骗至淮安府学内袭杀。同时,派人将阮式捕至,刳腹剖胸。姚荣泽自知罪大,开库取银,与诸凶手一同潜逃。潜逃至南通被扣,转解上海,次年被判死刑。后改为终身禁锢。

蒋雁行攫取都督之职不久,苏北民主革命志士韩恢、臧在新组成一大队学生军,约定分攻清江浦军政、民政两署。韩恢部一举攻下民政署,臧在新却在蒋雁行不支之际议和。适值南北和议成,臧、韩遂撤兵江南。

---

① 续纂《清河县志》卷16《杂记》。

六、晚清时期的文化

晚清时期的淮安文化，被深深地烙上时代的印记。

这时期的诗文，都程度不同地反映在封建末世、内忧外患交织之际，广大爱国知识分子忧国忧民、慷慨悲愤、用世报国的情怀。道咸时期的著名诗人、古文家鲁一同，是其中杰出的代表，后期则有南社诗人周实等。鲁一同，字通甫，世居安东，山阳籍。与林则徐、曾国藩、黄爵滋、龚自珍等相友善。其诗气象雄阔浩荡，鸦片战争时期写的《三公篇》《有感》《重有感》等，魄力沉雄，苍凉盘郁，有"嗣响杜陵"之誉。其文不拘门派，得阳刚之美。有《通甫诗存》《通甫类稿》等。周实，字实丹，山阳人。南社诗人，后又在家乡创办"淮南社"，鼓吹革命，被淮上文士奉为归依。其诗意气激昂，有哀兵排奡之势。有《白门悲秋集》《无尽庵遗集》等。

戏曲创作则有黄钧宰。黄钧宰，山阳人，有《比玉楼传奇四种》。所著《金壶七墨》，为笔记中的名篇。其代表性剧作《十二红》，取材当时的南河总督衙门，入木三分地揭露吏治的腐败，在当时具有振聋发聩的作用。

小说创作以刘鹗的《老残游记》最著名，是晚清的四大谴责小说之一。着重抨击那些名为清官、实即酷吏的虐民行为。刘鹗，字铁云，丹徒籍，家于淮安，死后亦葬于淮安。

这时期还产生两个著名的女性弹词作家。邱心如，淮安人，长篇弹词《笔生花》的作者。《笔生花》渗透着作者可贵的抗争精神，在艺术上也独树一帜。郑振铎评价说："和《再生缘》的后半部比较起来，邱心如的写作技巧和情绪要较梁德绳高明得多了。"汪蘪，字藕裳，盱眙人。所作《子虚记》，着意叙述忠臣孝子的典型文玉邻和具有叛逆性格的巾帼英雄赵湘仙的故事。其思想性和艺术性可以和《再生缘》相比。

戏曲表演，因为有河漕总督、西坝盐商和淮上豪门的沉湎声色而保持不衰。京剧通天教主王瑶卿的父亲王彩琳，京剧艺术大师周信芳的父母、师父原先都在清江浦演戏。周信芳不仅生于清江浦，而且最初也是在清江浦接受京剧启蒙教育的。光绪年间，清江浦的远香、安澜、长春、普庆等戏班都先后擅时名。陈吉泰、吴容义等武生名角技艺超群，为时人所倾倒。

甲骨文研究方面，刘鹗和罗振玉作出开创性的贡献。刘鹗以一部《铁云藏龟》成为中国从事甲骨文研究的第一人。他正确释读34字，对甲骨文的首创性见解，对后来的甲骨文研究具有普遍的指导意义。罗振玉，淮安人，著有《殷墟书契前编》《殷墟书契菁华》《铁云藏龟之余》《殷墟书契后编》《殷墟书契续编》等。他共释读571个字，且大都正确。

经史研究方面，仍大体秉承乾嘉学派的考据训诂，阐释义理，其中成就最突出的是丁晏。丁晏，山阳人。丁晏能绍承阎若璩之学，从正故训入手而释义理，有阐释《诗》《书》《礼》《易》等著作40余种，是晚清颇有影响的学者。《清史稿》有传。鲁一同的方志学著作也颇有影响，纂修的咸丰《邳州志》和《清河县志》，不仅体例创新，考订审慎，钩玄精当，而且语言简洁，行文雅健，文采斐然，为方志名作。

传统医学仍代有人才。石寿棠、刘金方、韩达哉先后领其风骚。石寿棠，安东人，于咸丰二年（1852）著成《医原》，阐发疾病的根本原理，见解独到，多发古人所未发，对后世医学有很大影响。又著有《温病合编》，对中医温病学有新的发挥。韩达哉，淮安人。光绪十九年（1893）考授太医院院士，历任翰林官医局提调、禁烟公所检察员等职。所著《医学摘瑜》，在医学界有较大影响。西医则在19世纪末通过美国基督教教会医院——清江浦的仁慈医院传入，并迅速显示出其独特优势。在扫除封建意识方面，发挥过一定的作用。

近代的淮安，还因为盛行灯谜，廋词名家辈出，有"谜都"之称。清嘉、道以后，产生一批被称为诗文学术“绪馀”的隐语制作专家。先后成立隐语社、淮山隐社、虎社等谜语制作、展示团体，自清道咸之际至全面抗战前夕，历时近百年。制谜名家徐嘉、段朝端均为山阳县人。光绪三年（1877），徐嘉与段朝端等组建隐语社，次年合刊《隐语鲭腴》。范冕，清江浦人，有《范氏隐书》10卷。顾震福，山阳人，北平女子高等师范学校教授。幼时受徐、段、何（绮）等先贤影响，爱好隐语，曾入上海萍社，为北平射虎社、隐秀社主将，又为家乡淮山谜社、虎社发起人，淮安谜集的整理出版者。其谜语“汇为《跬园谜稿》（2000余则），又搜罗故友作品别为一集，名曰《凡民谜存》《商旧社友谜存》，都四千余则，先后刊行”[①]。顾氏一生参加谜社之多，制作谜语之富，无人望其项背，有谜界“顾虎头”之誉。

第二节　北洋政府时期

一、北洋军阀统治下的淮安

淮安光复后，蒋雁行并不满足于巧获的江北都督的高位，复谋建立江北省，未能如愿，后调离。民国3年（1914）置淮扬道，道尹衙门设在清江浦。军事方面，先后置江北护军使、淮扬镇守使，均置署清江浦。军阀多飞扬跋扈，拥兵自重，故凡事多护军使、镇守使定夺。

在这些军阀中，以马玉仁的军容风纪最坏，驻扎时间也最长。马玉仁系盐城人，原为盐匪，后受清廷招安编入缉私武装。民国2年（1913），因镇压二次革命有功，先后被袁世凯任命为扬州游击统领、江苏第一混成旅旅长兼淮扬镇守使，接替刘之洁。刘之洁是冯国璋的外甥，坚不交印。清江浦人久闻马玉仁的臭名，也不愿他的部队进驻清江浦，即以商会会长闻溥为首，联名呈请挡驾。马玉仁只身前往拜会闻溥，以利相诱，始得就职。

淮境土瘠民贫，穷极之民铤而走险，啸聚山泽者很多。他们往往与帮派会党相结合，遍地蔓延，以致大股千余人，小股十数人数十人不等。全境不下百余股。他们或落草结寨，以洪泽湖、骆马湖、黄墩湖、青伊湖等为渊薮；或勾结劣绅，以地主庄园为荫庇。土匪劫掠钱财，对豪绅富户威胁尤大，故地主豪绅家都筑圩练勇，以对付前来劫掠的土匪。因此，悍匪往往以出面倡导办练剿匪的地主为主要攻击目标，企图置之死地而威慑其他地主，有的地主家甚至被杀绝。土匪们不仅杀人越货，抓人拉牛，甚至于光天化日之下，围攻商户繁多的集镇。黎城、众兴、渔沟等都曾被土匪攻掠过，损失惨重。

马玉仁驻淮安期间，剿匪安民徒有虚名，其部属甚至有人暗中与匪首勾结，常常名为剿匪，实则按线索向良民劫掠勒索。民众见到马玉仁军队比遇到土匪还害怕。马玉仁军驻清江浦9年，每逢赴省或发饷，必向淮阴商会借款，常欠约在万元左右。其亲属多横行不法。其士兵还常常贩卖烟土，牟取暴利。乱抓夫差，胜过强梁。

北洋军阀统治时期，淮境农工商等实业有所发展。例如，开办农事试验场，推广农业良种及良种禽畜等。开办淮阴第四工场、增新祥蛋厂等。修筑公路，开通部分主干道的汽车；疏浚里运河，以利运输。文化教育事业亦有较大发展。以淮阴、淮安、泗阳、涟水、宿迁、沭阳6个县为例，民国元年（1912）仅有初等教育学校80余所，到民国10年（1921）就增加到500所，10年中提高6倍。为提高全民素质，一般县里还设有民众教育馆，负责扫盲教育和文化娱乐等开启民智的工

① 张瑜《跬园谜刊三种序》，《中国谜书集成》，人民日报出版社，1997年。

作。然而，由于民众素质普遍起点太低，工作量太大，而人员配备又很少，所以收效甚微。

二、五四运动和五卅运动时的淮安

在五四运动中，市境内学、商、工、绅、军、警、政各界都卷入运动，仅千人以上的集会就有五六次。抵制日货的斗争则遍及淮属各县。民国8年（1919）5月18日，淮安县各界为山东问题交涉失败，于公共体育场召开国民大会，到会五六千人。会议决定组织演讲团，劝购国货，编印日刊报告外交消息，调查和抵制日货，并将各界人士送来的日货当众焚毁。会后举行示威游行。并打电话给各报馆，争取舆论支持。6月3日后，声援运动再次掀起高潮。6月13日，清江浦、淮安县城等地为声援"六三"运动酝酿罢市，举行清江、西坝等地工人和市民参加的2万多人的大游行。群众自发抵制、焚毁日货。淮阴省立第六师范、第三农校、六师附小、绳武高等小学和淮安省立第九中学成立五校联合会，制定会章，并决定出版会刊《爱国报》，发表《淮阴学生联合会宣言》，号召淮阴学生联合起来，群策群力，办教育，兴实业，开通民智，尽快使国家振兴起来。

民国14年（1925）五卅惨案发生后，群众性的反帝爱国运动迅速席卷而来。各界纷纷成立后援会、宣传演讲团等，举行集会游行，宣传演讲，发表通电，募捐援沪，查禁英、日货等。6月5日，淮阴省立第六师范全体学生电告北京、上海，请求严正对付。省立第三农校也通电声援。6月7日举行游行，次日成立上海惨案后援会。中旬，著名共产党人恽代英在淮阴西坝讲演，号召各界支援上海工人的斗争。6月17日，淮阴县各界在丰济仓召开万人国民大会，会后游行。7月1日，在清江浦召开规模空前的江北市民大会。来自各县的与会代表共数万人齐集赞化宫前门广场，听取上海工商学联合会代表的报告、讲演，并举行大游行。声援运动至此达到高潮。全境人民特别是知识界进一步觉醒，其中一部分人开始接触和宣传马列主义。如陈治平等组织的"读书会"，学习马克思列宁著作和李大钊、陈独秀等人著作，宣传苏联十月革命，为中共淮阴地区党组织的诞生奠定初步的思想基础。

三、北伐战争之际的淮境战事

民国16年（1927）5月，国民革命军第一路军由镇江渡江进攻扬州，连连告捷，并乘胜北上，追击孙传芳的直鲁军。北伐战争在淮安境内分两个阶段。

自5月26日国民革命军进入淮境起，至同年8月中旬撤至长江南岸。在孙传芳退往宿迁的同时，国民革命军第二路军以第二纵队向淮安前进，拟切断孙传芳部队的退路；以第三纵队主力直趋宿迁，拟截击孙传芳残部。6月5日，第一路军21师陈诚部攻克淮安，第17军2师杜起云部攻克涟水，孙传芳军队向海州等地溃退。同日，第二路军第一纵队又以主力渡过运河，向泗阳、海州方面追击，第二纵队第17师于淮阴附近与孙传芳军队遭遇，经奋勇攻击，一举攻占淮阴。孙传芳残部经涟水、新安镇逃窜郯城、海州。第一、二路军分头向北急进。6月26日，蒋介石命各部停止北伐，对直鲁军采取守势，同时转移主力，准备溯江而上，西征武汉。不久，直鲁军大举反攻。8月3日，国民革命军奉令撤退。8月17日，北伐部队各部撤至长江南岸，直鲁军复进据淮安各地。

9月初，孙传芳军队在龙潭会战失败，节节败退。9月5日，国民革命军左纵队占领扬州后，以主力向淮安追击前进。9月11日，18军与直鲁军在淮安县城郊遭遇，不多时，直鲁军被击退入淮安城，旋被18军包围歼灭。9月12日，18军一部追近淮阴城东门和北门，与直鲁军激战7小时，直鲁军一部向宿迁、蒋坝方向奔逃，余皆被俘。9月14日，到达涟水的北伐军与直鲁军方永昌部骑兵团接战，经过奋击，直鲁军向海州退去。9月17日后，由于北伐部队被抽调"西征"，双方一度处于相持状态。当年11月，国民革命军回师北征。12月，北伐在淮安的战事结束。

第三节 土地革命时期

一、中共党组织的诞生和横沟寺起义

民国15年（1926），淮安县人陈治平在上海加入中国共产党后，回到淮安北乡和涟水东南乡串联进步青年组织“读书会”，学习理论，宣传革命。次年四五月间，又与杨克等以国民党江苏省特派员的身份，到淮组织农民协会。同年八九月间，中共江苏省委派陈治平、赵步坤分别前往淮安、淮阴2县，秘密建党。

当年9月中旬，陈治平介绍赵心权、厉冰心入党，遂建立以横沟寺为中心的中共淮安特别支部，陈治平任支书。不久，涟水、淮阴、泗阳3个县相继成立一个纯知识分子支部，支书分别为张际高、朱曦、孙耀宗。党组织开始逐步开展农民运动，在运动中发展党员，准备组织农民暴动。淮安率先成立以陈治平为书记的中共淮安县委。同年12月中旬，在省委特派员何孟雄等人指导下，成立以陈治平为书记的中共淮阴特委，下辖淮安、淮阴、涟水、泗阳4个县党组织。嗣后，以孙耀宗为书记的泗阳县委，厉冰心为书记的涟水县委，朱曦为书记的淮阴县委相继成立。

中共淮安特支成立以后，在淮安北乡组织几十个农民协会、御匪联庄会和农民自卫队，维护农民利益和社会治安，并逐步引导他们进行抗租、抗税、抗债斗争。民国15年（1926）12月，在钦工举行万人武装示威大会，四乡八村前来赶集的人也云集一起。陈治平、赵心权先后发表讲话。激愤的群众当场撕碎青天白日旗，烧毁二角亩捐的奖券。这次大会是一次大检阅，但也过早地暴露革命斗争的实力。

民国17年（1928）2月10日，在全国性的起义接近尾声的情况下，中共淮阴特委和淮安县委在横沟寺一带组织声势浩大的农民武装起义。陈治平、赵心权分别为正、副总指挥，参加的有两三千人。队伍首先冲进大董庄，击毙团总董毓璠等。接着又到贾庄等地，收缴弹药，烧地契，分粮食。2月12日，淮安县常备队前来围剿，起义农民坚持斗争，打退敌人几次进攻。战斗中，县委委员谷大涛不幸中弹身亡。独立中队队长章学廉受伤后，被地主武装打死。

起义失败后，中共淮阴特委和淮安县委决定，已暴露身份的人员暂时转移到涟水继续活动，未暴露的由陈伯扬领导，在原地坚持斗争。

二、盲目起义的惨痛代价

横沟寺起义后，淮阴地区的革命力量经过两年多的发展，又壮大起来，各种形式的斗争持续不断。在农村，发动农民进行“三抗”斗争和春季借粮斗争；在学校，发动学生闹学潮，如涟水中学和省立第三农校驱赶反动教员，淮阴中学师范部学生反对校长王德林、拒绝接受校长李鉴清的斗争等。但是，当时中共党组织执行的是一条左倾机会主义的路线，民国19年（1930）上半年，中共江苏省委要求各地党组织以起义夺取政权。该年以涟水为中心的八一起义及其他起义，正是在这种情况下举行的。

当年7月中旬，淮盐土地革命行动委员会成立，领导淮盐6县武装起义，并组建红军独立师，万金培任行动委员会书记兼独立师政委，韩训瑞任师长。涟水县是起义的中心，全县分为城区、金城区、大程集区、五港区、西区等区，分头行动。共有1000多人参加起义，收取枪支300余支。8月1日，全县起义后，国民党涟水县政府派出的警备队在各地地主武装的配合下疯狂进行镇压，到8月4日，全县起义即告失败。中共涟水县委书记吴长来、委员张雨霖等33名共产党员被捕，大部分被杀害。宋振鼎、孙汉文策动的西坝缉私营士兵起义，由于涟水起义的失败，亦以失败告终。

在土地革命后期的斗争中，以李桂五领导的盱眙红军游击队的斗争声势最大、也最壮烈。民国21年（1932）春，李桂五领导盱眙西高庙一带农民，由借粮、抗租发展到夺取地方民团武装。到当年四五月间，红军游击队发展到700多人，拥有长短枪420多支，盱眙西南部很多地方建立工会、贫农会、妇女会、童子团等革命组织。同年5月，被正式改编为徐海蚌地区中国工农红军游击队，武飞、李桂五分别任正、副司令员，队伍发展到2000多人。

南京国民政府大为震惊，7月间，调集武装14000多人进行"围剿"。李桂五指挥部队英勇战斗，几次打退敌人的进攻，但由于敌我力量悬殊太大，部队遭到很大伤亡。为了保存革命力量，李桂五奉命于8月20日夜，率领队伍向洪泽湖方向突围。行至淮河蛤瓢滩时，遭敌人包围。李桂五在突围中不幸被捕，于8月30日被杀害于西高庙，年仅27岁。

八一起义失败后，中共江苏省委决定恢复党、团组织，建立淮盐中心县委，由万金培任书记，继续组织起义。旋即在涟水县大东、淮阴县大兴庄等地起义，但都迅速失败。民国21年（1932）秋，陈治平在中共河南省委书记任上被捕叛变后，给苏北地区乃至整个江苏的中共党组织造成极为严重的破坏。民国24年（1935）2月，中共淮盐特委在涟水梁锅镇召开最后一次特委会。次日，特委书记赵心权被捕，其他委员或被捕，或叛变自首，或离家出走。至此，淮盐特委遭到彻底破坏。

三、国民政府导淮与剿匪

民国18年（1929），国民政府成立导淮委员会，首先恢复并增设一批水文站，旋又组织查勘队，由总工程师李仪祉亲自率领查勘。民国19年（1930）5月，邀请国内外专家，研究制定导淮工程计划。

淮河入海水道上起洪泽湖，经张福河、废黄河至套子口入海，全长近200公里。第一段工程是开挖全长31公里的张福河，民国22年（1933）1月开工，同年7月竣工。由于经费太少，河底仅挖宽到32米。第二段工程从淮阴县杨庄至海口，长167公里。原计划将河底拓宽至120米，深7米，后由于施工困难，经费被挪用，将河底宽减至35米，堤距减到230米，泄洪量为500立方米/秒。在杨庄建活动坝一座，以控制泄洪量，并可调节运河水位。该坝长60米，5孔，民国24年（1935）冬开工，民国26年（1937）6月竣工。

此外，建设三河闸活动坝。该坝是排泄淮水、调节洪泽湖水位的关键工程，设计长750米，60孔，坝墩上建公路桥。民国25年（1936）8月开工，次年年底土方工程完成一半，因日军进犯盱眙而停工。在里运河和中运河上修建邵伯、高邮、淮阴、刘老涧4座船闸，到民国23年（1934）年底，4座船闸全部竣工。其中，淮阴船闸的建成，不仅彻底改变了中、里运河交界处的运道迂缓艰险的局面，还缩短12公里的水程。为了输导沂沭泗洪水，配合导淮工程，民国23年（1934）春，江苏省政府筹款举办六塘河、沂沭河尾闾疏浚工程和洪泽湖大堤培修工程。

在整个导淮工程中，由于征工的不合理，经费层层克扣，贪污中饱和种种不合理待遇，多次激化成武力冲突及罢工事件。民国23年（1934）12月，在中共地下党员的支持参与下，爆发淮阴、泗阳数千民工的大暴动，杀死导淮征工委员岳宽田。国民党以"刀匪聚众闹事"为名，派3个团兵力前往镇压，枪杀百余名群众，逮捕数百人。国民政府生怕激起更大规模的民变，答应废除"增租三成"的命令，并不再搜捕刀会会员，斗争始告缓解。

民国24年（1935）二三月间，王德溥调任淮阴行政督察区专员。时淮阴地区土匪总数约有四五千人。王德溥在摸清匪情后，制定鼓励检举、厉行连坐、奖励自新、严惩首恶、宽假胁从、严防诬陷、重赏通缉等一系列措施。并将全境分为3个清剿区，分别由省保安处贾蕴山、杨蔚2个团及新5师仇子康团承担。匪众闻讯，遂化整为零，就地分散潜伏，匪首则避风上海租界。王德溥一面积极进行军事清剿，一面派人到上海侦缉匪首，很快在上海捕回横行苏、鲁、豫、皖交界一带达20余年的匪首张志高。张匪在现身说法后被枪决，在社会上震撼很大，后范小猴、蒲二大褂、魏友三等纷纷落网。这次剿匪，总计捕毙著匪近300人，捕获匪徒及通、窝匪各犯2400余人，有为匪嫌疑者自新1900余人，社会秩序遽然安定。

剿匪结束后，王德溥又受命负责淮河入海水道疏浚。采取增调民夫、分段负责、严密组织、昼夜施工、厉行赏罚等措施，并令各县长、区长、乡镇长及保甲长均驻工地，工程进度明显加快。至民国25年（1936）4月底，杨庄至套子口的工程即告完竣。

第四节　抗日战争时期

一、民众抗日运动和苏北抗日同盟会

卢沟桥事变后，淮境内民众的抗日激情迅速高涨。淮安县葛葆桢等举办的抗日画展，许邦仪、俞臻等办的墙报、周刊，淮阴县胡绍祖、周太和等组织的抗日救亡宣传队等，都异常活跃。影响最大的是苏北抗日同盟会的活动。

民国26年（1937）11月，宋振鼎接受武汉八路军办事处的指示，回到家乡清江浦，迅速向淮阴、淮安、涟水、泗阳等地的一大批抗日青年开展宣传，并酝酿筹建抗日群众团体。次年2月19日，苏北抗日同盟会在清江浦举行成立大会。会议通过《苏北抗日同盟会章程》，产生理事25人，常务理事7人，宋振鼎为理事长，谢冰岩为秘书长，吴觉、李干成等为常务理事。淮阴、涟水、淮安、泗阳各县的抗盟分会也相继成立。盐城、阜宁、灌云、东海、宝应、泰兴、东台、南通、海门、启东等县也相继建立抗盟组织，江南的江阴、安徽的泗县和苏北抗盟建立联系，组织范围达17个县。苏北抗盟建立之初，做了大量的宣传、组织、武装民众的工作。淮阴、沭阳、东海等县组织数万之众的抗日自卫队、模范队，骨干队伍一度发展到数百条枪，并进行军事政治训练，从事抗日保家活动。此外，苏北抗盟还先后在涟水、淮阴等地举办几期干部培训班，并派100多人到57军万毅团学兵队受训，为苏北地区的抗日斗争培养一批干部。

民国27年（1938）3月，国民政府江苏省政府主席韩德勤首先将支持抗盟的国民党淮阴县长撤职，并下令逮捕夏仲芳和张一平、通缉吴觉等抗盟骨干；胁迫参加抗盟的国民党员登报申明退出；严禁翻印和传播延安报刊和文件。同年10月，以苏北抗盟不符合《江苏省民众组织条例》为借口，宣布予以取缔。苏北抗盟被迫解散，但其骨干分子的活动一刻也未停。他们一面秘密收集枪支弹药，一面继续四出寻找共产党组织，希望得到中国共产党的直接领导。

二、社会的动荡混乱和江苏临时省会

民国26年（1937）初冬，国民政府江苏省政府主席韩德勤带着部队和省政府官员，由镇江、扬州向苏北腹地重镇清江浦转移，清江浦成为临时省会，呈现兵多、官多和茶楼、酒馆、妓院多的“五多”气象。

民国27年（1938）1月上旬，密近津浦路的盱眙县最先受到日军的蹂躏。1月3日，日军一个中队闯进盱眙县城，国民党广西军黄赤忱连会同王养吾领导的民练，与日军交战，因战斗不利退出。日军遂挨户搜杀、淫掠，近2000人死于非命。1月8日，黄赤忱连与王养吾民练再次同日军拼杀，不久因黄赤忱牺牲被迫撤退。日军放火焚毁盱眙城，于1月13日退走。

同年4月，日军华中派遣军分两路向苏北腹地推进。韩德勤部一触即溃，致敌11天内连陷兴化、盐城、阜宁等县城，对徐州形成大包围的态势。清江作为临时省会，在1938年春天遭日军机群空袭，北门附近一地下掩体被炸塌，掩藏的老小80余人无一幸免。

民国28年（1939）2月，韩德勤还未听到日军进攻清江浦的枪炮声，就率领数万部队撤离，辗转撤退到兴化。同年3月初，日军于一日之中连占淮阴、淮安、涟水3座县城。至此，淮属地区的主要城镇和交通线几乎全部被日军占领。

同年6月，韩德勤部奉顾祝同收复涟水之命，指挥33师翁达旅承担该项任务。攻击部队从东门攻入，日伪军夺门而逃。33师进城后，部分人员乘机抢掠，军心涣散，加之日军淮阴、新安镇增援之敌赶到，反攻入城，并占据制高点封锁扫射，33师乱作一团，少数未及撤逃的，几乎全部丧命。此后，33师被民众嘲谑为“三十三溜”。

三、中共地方组织的重建和敌后抗日根据地的开辟

从民国27年（1938）年底到次年年初，中共苏皖特委根据山东分局的指示，曾派遣3批干部，深入苏北各地重建和发展共产党组织，领导苏北人民的抗日救亡斗争。

根据中共中央的指示，民国27年（1938）12月，中共山东分局和山东纵队派钟辉、梁海波、李浩然等组建八路军山东纵队陇海南进游击支队，并于随后挺进徐、淮、海敌后。民国28年（1939）3月，淮阴全面沦陷后，在中共淮属中心县委领导下，淮阴、涟水等县分别建立淮阴县抗日义勇队、涟水县抗日义勇队、涟水县民众抗日独立营等抗日武装。同年4月5日，涟水抗日义勇队在鲁渡伏击战大败日军。同年6月，淮阴、涟水及淮安县部分抗日武装，在涟水县成集汇合，成立南进支队第八团。后来，涟水县一个区队和部分已经改造的地主武装又合编为南进支队第九团。第八、第九两团合并成立南进支队第三梯队（亦称淮河大队），吴觉任梯队长，万众一任政委。淮河大队在淮涟地区打击日伪，赢得人民的拥戴。

民国28年（1939）5月，中共山东分局决定成立苏皖区党委，加强和统一领导苏皖边区的工作。同年9月，正式撤销皖东北特委和苏皖特委，成立苏皖区党委。苏皖区党委调整充实苏北各级党组织，在邳、睢、铜地区建立第一地委；原海属中心县委改建为第二地委；原淮属中心县委改为第三地委。第三地委建立后，又派出力量向盐阜地区发展。中共苏北地方党组织的重建和巩固，为苏北敌后抗日根据地的建立与抗日武装的发展壮大，提供坚强的组织保证。

民国29年（1940）3月，新四军在刘少奇亲自部署下，胜利地进行半塔保卫战，为建立淮南敌后抗日根据地创造良好的条件。同年5月，新四军江北指挥部成立后，即成立挺进纵队进入津浦路东。部队以盱眙县古城为中心，向周围各县分散开展游击活动，帮助建立党组织。不久，罗炳辉率新四军第五支队进入路东。6月，黄克诚率领八路军第三三四旅1.2万人，与彭雪枫领导的新四军第六支队在涡阳新兴集会师。新四军开辟洪泽湖北岸、东岸地区，成立淮泗、淮宝县级政权。8月，罗炳辉部队突破韩德勤的三河防线，与黄克诚部共同开辟淮宝根据地，使淮南抗日民主根据地更加巩固。

黄克诚部进入皖东北后，被改编为八路军第五纵队。民国29年（1940）8月，第五纵队强渡运河，迅速扫除六塘河两岸的顽军和土匪武装。同年9月8—17日，日军两次采取分进合击的战

术，进犯高沟、杨口地区，被第五纵队彭明治支队击溃，敌死伤100余人，敌酋松本亦毙命。10月初，第五纵队主力又突破国民党军的盐河防线，奋力东进南下，策应新四军黄桥战役，于10月10日在白驹狮子口与新四军江北指挥部会师，完成开辟苏北根据地的战略任务。

第五纵队主力进入苏北地区后，帮助地方迅速建立各县抗日民主政权。民国29年（1940）9月中旬，中共苏皖区党委机关进入淮海区，直接领导淮海区工作。不久，苏皖区党委撤销，成立淮海区党委，原皖东北地区成立淮北区党委；撤销中共第二、第三地委；成立以杨纯为书记的盐阜地委，随军前往盐阜区；淮海区专员公署成立，专员先为吴法宪，后由区党委书记金明代理。淮安、涟东抗日民主政权相继成立。

苏北抗日根据地建立后，广泛地开展统一战线、反奸肃特剿匪、减租减息等工作，组织民兵维护地方治安，使根据地逐步巩固。

四、吴运铎和新四军二师兵工厂

民国30年（1941）秋，新四军军部决定各师组建军工部，以便分散进行军工生产，支援前方作战。二师的子弹厂、三师的“马厂造”遂应运而生。其中吴运铎奉命创办的二师军工厂成绩尤为卓著，事迹更可歌可泣。

当年秋天，吴运铎奉命到达淮南敌后，在高邮县金沟区平安乡小朱庄（今金湖县金南乡马塘村）负责新建一个子弹厂，要求年产60万发步枪子弹。当时，除第三师军工部分配的8名技工和借用农户两间草屋作为厂房外，其余一无所有。困难并没有把吴运铎压倒，没有钢铁，他就发动收集废钢烂铁，还组织打捞队，把国民政府丢弃在三河里准备用来造闸的钢材捞上来；没有图纸，就自己设计；没有急需的设备、机械，就土法上马，“蚂蚁啃骨头”，自己制造。他先后被炸掉4个指头，左眼被炸瞎，左腿膝盖、脸部被炸伤。然而没有等伤口痊愈，就以惊人的毅力战胜伤痛，回到生产第一线。他以对党对革命的无限忠诚、以常人难以想象的钢铁意志和献身精神，战胜一个个困难，创造一个个奇迹，为新四军军工生产建立、为抗日战争的胜利作出贡献。中华人民共和国成立后，他根据自己的经历，写成著名的自传小说《把一切献给党》。他被誉为“中国的保尔·柯察金”。

五、新安旅行团的抗日救亡活动

新安旅行团（以下简称“新旅”）最初由淮安县新安小学的一批革命师生组成。这所小学系陶行知于民国18年（1929）6月创办，并兼任校长。次年4月，其学生汪达之接任校长。

“九一八”事变后，淮安抗日救亡运动蓬勃兴起。汪达之为对学生进行一次爱国主义教育，于民国22年（1933）10月，将7名学生组成新安儿童旅行团，外出旅行。他们经镇江到上海，参观工厂，访问工人棚户区，考察租界，凭吊“一二八”战场，到沪江、光华、大厦等几所大学发表演讲。此次旅行共54天，陶行知热情赋诗赞道：“一群小光棍，点点有七根。小的十二岁，大的未结婚。没有先生带，父母也不在。谁说小孩小？划分新时代。”

民国24年（1935）8月1日，中共中央《为抗日救国告全体同胞书》发表后，在陶行知和上海进步人士支持下，汪达之以新安小学的学生为主力组成新安旅行团，走上宣传团结抗日的征程。同年10月10日，新旅从淮安出发，最初团员为14人，年龄小的12岁，大的20岁。他们脚穿草鞋，肩扛行李，携带宣传工具，奔赴全国各地，唤起民众抗日救亡。到卢沟桥事变发生时，他们已经旅行10多个省、市。民国28年（1939）冬，新旅建立中共支部。

民国30年（1941）5月，新旅在转战宁夏、甘肃、湖北、湖南、广西、贵州等省后，大部分团员到达苏北盐城新四军军部所在地。这时，新旅共有团员50多人。在苏北，新旅展开大规模的儿童工作。他们组织儿童团、少先队，开办儿童干部训练班，支军支前，演出文艺节目，出版抗战刊物。民国34年（1945）9月，新旅回到淮安，参加解放淮城的战斗。

六、艰苦卓绝的三角斗争

民国32年（1943）春季以前，今淮安市境内人民抗日斗争历程中，一直存在着中国共产党领导的抗日军民，韩德勤等代表的国民党顽固派势力，以及日伪军这三方面力量错综复杂的斗争。

新四军首先要以主要精力抗击日伪军，并为此付出一次次重大代价。譬如，民国30年（1941）4月26日拂晓，从涟水县城出发的200多名日军和500多名伪军，突然包围驻淮安县大胡庄的新四军第3师第8旅第24团第二连。二连指战员连续打退敌人三次冲锋。敌人施放毒气，并利用烟雾发起冲锋。二连指战员用刺刀、大刀、枪托和敌人进行肉搏，打退敌人第四次冲锋。敌人又放火烧屋，二连指战员在烈焰中反复冲杀，共毙伤日伪军100余人。终因众寡悬殊，副营长巩殿坤、连长晋志云以下82人牺牲，只有1名重伤员幸存。

第二次反共高潮被打退后，苏北的国民党顽固派仍叫嚣要“完成皖变未竟之功”，妄图围歼新四军，摧毁苏北根据地。民国30年（1941）7月下旬，韩德勤乘日军进犯盐城之机，袭击益林一带中共后方机关和医院。又令王光夏部占据泗阳程道口，企图以程道口为中心，控制运河两岸，切断苏北、淮北两根据地的通道，策应皖北国民党军东进。为粉粹国民党计划，当年10月，新四军集中第三、第四、第二师各一部和军独立旅，在代军长陈毅指挥下，发起程道口战役，共毙、伤、俘1400余人。此役对巩固苏北抗日根据地，稳定新四军在华中敌后抗战的战略布局，有着极大的影响。

民国31年（1942）冬，日伪军在“扫荡”淮海区失败后，又于次年春季集中兵力“扫荡”盐阜区，想包抄新四军军部，但是新四军军部已经巧妙地转移到盱眙县黄花塘。

民国32年（1943）春，日军在盐阜地区集中3个师团的兵力，向国民党韩德勤的主力实施合围。韩德勤部队被敌击溃并被围困在车桥、曹甸地区。新四军第三师不计前嫌，以民族大义为重，毅然出兵解围，并给予粮草、经费方面的支援，博得社会各阶层舆论的赞扬和韩德勤部广大士兵的感激。

但是，韩德勤写的感谢信墨迹未干，就根据蒋介石的密电，率部西移，进占新四军第四师驻地，与正由淮北津浦路西向路东进军的王仲廉部，东西夹击彭雪枫部于洪泽湖畔。又于当年3月14日亲率主力偷渡运河，侵入淮北根据地中心地区山子头一带，杀害根据地抗日干部和群众。3月18日，在陈毅的部署下，新四军发起山子头自卫反击战，歼韩部主力2000多人，并生俘韩德勤。3月25日，本着“有理、有利、有节”的精神，将韩德勤教育释放。韩德勤率残部西走皖北。淮境内三角斗争的复杂局面大为缓解。

七、根据地的各项建设

从民国31年（1942）年底到民国33年（1944）春，抗日民主根据地反“扫荡”、反蚕食、反伪化的斗争异常艰苦。为此，抗日部队利用战斗间隙，发动群众实行减租减息。淮海地区在民国32年（1943）夏秋两季，共减租粮食2500万公斤，使83000多佃户得益，雇工增加工资粮215万公斤。同时，开展大生产运动，“自己动手，丰衣足食”。仅淮阴县一年就增加纺车850架，做到土布基本自给。抗日民主政府还千方百计赈济春荒，增加春耕贷款，搞好粮食生产，保证根据地军民衣、食、用的供给。在冬春时节动员人民搞水利，金湖的农抗河、洪泽的人字头大坝，都是有代表性的水利建设工程。

各根据地政府制定保护经济的多项法令法规及具体政策、实施办法。如统一税率、税目，开办银行，发行钞票或流通券，限制粮食、棉花出口的贸易管制等，以保证根据地起码的生活物资供应。同时，努力搞好政权建设。各县都建立“三三制”的区、乡政权，并成立行政区和县两级参议会，搞好统战工作。在中心区，废除保甲制，实行代表制、村长制，并建立健全各种行政工作制度。成立地方法院，进行法制建设的尝试。

由于战乱，淮境的教育文化事业处于自流状态。各抗日根据地创建后，民主政府即努力恢复各级学校，兴办新校，鼓励私人办学，并创办江淮大学、华中建设大学等高等院校。到民国32年（1943）春，淮海区有中学9所、小学100余所。同时，革新教材，使之适应抗战教育的需要。各根据地都办有报纸、刊物，著名的《淮海报》《淮南大众》等报刊都是这时期创办的。抗日的版报、墙头报、墙头画则随处可见。各级各种剧团、文艺宣传队异常活跃，以群众喜闻乐见的京剧、淮剧、淮海戏、打鼓说书、秧歌舞、荡花船等多种形式演出，揭露敌人，教育人民，极大地鼓舞抗日军民的斗争热情。结合农村扫盲学习文化知识，开展群众性的冬学运动。1943年冬，仅淮北根据地就有冬学1万余所。

根据地的武装建设进一步加强。县有大队或总队，区有中队，各乡有模范班、联防队、游击小组，以机动灵活的游击战术扰乱敌人，有效地保卫根据地。王凤山“土炮大队”就是这时期涌现出来的一支优秀的群众武装。为了壮大主力部队，苏北各地多次发动群众性参军运动，民国32年（1943）冬的一个月中，淮海区就动员2200人参军，很多地方出现妻送夫、母送子和兄弟竞相参军的动人情景。

八、新四军军部在黄花塘时期

民国32年（1943）1月，新四军军部由盐阜区转移到淮南根据地盱眙县黄花塘。黄花塘地区不仅成为淮南津浦路东的中心区，而且成为华中敌后根据地的指挥中心。新四军代军长陈毅、代政委饶漱石、副军长张云逸、参谋长赖传珠以及中共华中局组织部长曾山等领导人都驻在这里办公。

新四军军部驻黄花塘期间，正值抗日战争由相持阶段转入局部反攻阶段之际。在军部的领导和部署下，各部队连续粉碎日伪军“扫荡”“伪化”和“蚕食”，挫败国民党顽固派军队的进攻。民国33年（1944）3月，苏中发动的车桥战役，揭开苏中、苏北地区局部反攻的序幕。次年春，新四军展开全面反攻，至当年八九月间，基本肃清长江以北、津浦路以东、陇海路以南的日伪军，淮北、苏北、淮南、苏中四大解放区连成一片。

其间，还组织大生产运动。民国32年（1943）春，黄花塘地区发生严重灾荒。为帮助当地群众度过灾荒，军部号召部队干部每天节约二三两粮食，救济灾民。此后，华中局和军部发出《关于大生产运动的指示》，决定把开展大生产运动作为根据地建设的中心工作。军部机关带头开荒种粮，向农民借一些土地种菜，做到蔬菜自给有余，粮食部分解决。还办起饲养场，喂猪，养家禽，开办油坊、豆腐坊，改善部队生活。经过一年努力，部队物质生活有明显改善。民国33年（1944）年初，军部机关干部不仅做到食油、蔬菜自给，而且每人每月还能吃到猪肉1斤，其他肉类半斤，牙刷、牙膏、毛巾等生活用品基本自给，从而大大减轻民众的负担。此外，开展军政训练运动。从民国33年（1944）冬开始，领导和开展军政大训练运动。同时，各部队和各地区还组织民兵和自卫队的扩大、整组和训练。

新四军军部在黄花塘地区共两年零八个月。在军部的领导下，新四军愈战愈强，为顺利进行战略反攻、争取抗战最后胜利创造条件。主力部队发展到21.5万人，地方部队发展到9.7万人。收复大片国土，解放区扩大26.8万平方公里，占华中敌后总面积的92%，人口达到4346万人，占华中敌后总人口的61%，建立165个抗日民主政权。同时，与黄花塘地区人民建立深厚情谊，扩大党和人民军队在群众中的影响。

九、刘老庄战斗

在淮海区军民粉碎日伪大“扫荡”的斗争中，新四军第三师第七旅第十九团第二营第四连同日军血战于淮阴县刘老庄，谱写一曲气壮山河的史诗。

民国32年（1943）2月，日军对盐阜区发动大规模的战略“扫荡”。在苏北抗日军民的沉重打击下，日军被迫于3月中旬向淮海、苏中、淮北撤退。日军第十七师团在向淮海区撤退中，沿途继续“扫荡”，寻歼新四军主力。3月16日，该部队在淮阴北部，分11路合击驻梁岔的新四军第三师第十九团第二营，第二营迅即灵活转移，跳出包围。3月17日，日军追至老张集附近与第二营打响战斗，激战半天，第二营第四连撤退至刘老庄宿营。

3月18日拂晓，从淮阴城开出的日军十七师团的三个步兵大队、一个骑兵大队扫荡淮阴以北抗日根据地。退守刘老庄的四连82名指战员立刻进入交通壕抵抗。敌人迅速完成几重包围，在发起多次冲锋无效后，便集中上百门炮火轰击交通壕。从拂晓到黄昏，四连一直坚持12个小时，最后全部牺牲。敌人巡视战场时，没有发现一支完整的短枪、步枪、机枪，全部枪支折断、炸碎，弹药耗尽，手榴弹掷光。

战后，新四军第七旅旅部为了表彰82名烈士忠勇殉国的革命英雄主义精神，命名第四连为“刘老庄连”。朱德总司令在《论解放区战场》中，称赞他们是人民军队“英雄主义的最高表现”。陈毅代军长则称之为“惊天地而泣鬼神的壮举”。淮海区行署主任李一氓为公墓题写楹联：“由陕西到苏北，敌后英名传八路；从拂晓达黄昏，全连苦战殉刘庄。”

十、车桥战役和敌后抗战新局面

在抗日战争由战略相持向局部反攻转变的重要时刻，新四军第一师在以车桥为中心的淮（安）宝（应）以东地区发动著名的车桥战役。

车桥镇距淮安县东南30余公里，位于淮安、泾口、泾河、曹甸之间，是敌伪军分割苏中、淮北、淮南抗日根据地的重要据点。车桥据点四周筑有大土圩子，东西长2华里多，南北宽约1华里半，高1丈5尺至2丈。外壕约宽1丈5尺，水深七八尺。南和西南有2道土圩，东南有3道土圩，为伪军大队部驻地，西有小圩子。沿大、小土圩的碉堡计有53座，并有暗堡封锁地面。共驻日军40余人、伪军600余人。车桥镇四周均系旱地，西南1华里处为日军飞机场。

民国33年（1944）2月，新四军第一师和苏中军区司令部研究决定，发动以夺取车桥地区为目标的攻势作战。3月4日，各参战部队迅速行动，占领阵地。3月5日凌晨，战斗打响。担任主攻任务的第三旅第七团多路突击，猛扑核心据点车桥镇。第三连一举突进围墙，碉堡守敌以猛烈火力阻拦，战士陈福田架起云梯，只身飞上3丈多高的碉堡，用十字镐镢开堡顶，塞进手榴弹，炸毁碉堡。第七团向纵深发展，占领街道。经过激烈的白刃格斗，到下午3时，歼灭南北土圩内的伪军，摧毁碉堡50余个。傍晚，第七团向日军驻守的碉堡猛烈开火，同时进行火线喊话，加强政治攻势，围困日军碉堡。

担任打援任务的第一团及泰县独立团在车桥西北卢家滩一带阻击日军。当第一批增援日军240余人进入卢家滩伏击阵地时，阻击部队猛烈开火，迫使日军进入预设雷区，援敌死伤惨重。以后，对逐次增援的日军数百人分别予以阻击，迫其猬集于韩庄。晚20时许，新四军攻入韩庄，与敌短兵相接，毙敌60多人。其余援敌近200人乘黑夜绕开正面阵地，徒步涉草荡，企图继续向车桥推进。新四军阻击部队于小马庄围歼该敌，发起火攻，将日军大部烧死，12名日军束手就擒。车桥战役计歼日军三泽大佐以下400余人，其中生俘24人，歼伪军500余人。

高沟、杨口是淮海区的大市镇和军事要区，共驻有日伪武装2000多人。日伪以此为依托，形成近40平方公里的伪化区域，是嵌在淮海根据地中心的一颗“钉子”。民国33年（1944）4月19—25日，新四军十旅四支队和七旅二十团等部由钟伟指挥，连续攻克高沟、杨口等14个据点，全歼守敌伪军一个旅和一个大队，计2500余人。毙伤出援日军140余人，并缴获大量军事物资。高杨战役后，日伪东海至淮阴公路及盐河交通线，直接暴露在新四军三师的攻击矛头之下，日伪军心更加动摇，伪军反正日益增多。日伪军陷入处处被动挨打的境地。

十一、全面反攻和两淮战役

民国33年（1944）以后，淮境的日伪军逐步陷入形将灭顶的泥潭：伪化区越来越缩小，很多地方已缩小到城圈、镇圩附近；机动优势因全境的各条公路上布满30米一堑、50米一壕的交通沟，而无从发挥，仅剩下部分运河和一两条公路可勉强维持通行。由此带来的是给养不济、军械不足。伪军在“红黑点运动”等政治攻势下，不断瓦解，逃跑、投诚者与日俱增。悲观失望的日伪军官兵，只能困守交通沿线的几座重点城镇，作困兽之斗。

民国34年（1945）8月9日，毛泽东发表《对日寇的最后一战》，宣告抗日战争进入全面反攻阶段。淮境抗日民主根据地广大军民遂以前所未有的凌厉攻势，开展对日军的最后决战。8月16日，盱眙城日军西逃，伪军100多人投降，盱眙城解放。8月22日，涟水日军向新浦窜逃，涟东独立团进驻涟城。

日军宣布无条件投降后，蒋介石为篡夺胜利果实，采取与日伪合流的政策，利用伪军为其固守大城市和交通要道。因此，盘踞淮阴城的伪军潘干臣第28师有恃无恐，无视新四军的通牒，妄图负隅顽抗。9月6日，新四军三师及地方武装完成对淮阴城的包围。是日下午14时，各部队向城内守敌发起总攻。在南门担任主攻任务的师特务团战斗最为激烈，尖刀班第一批倒下，第二批又冲上去；第一架云梯炸断，第二架又立即竖起。刚爬上城垛的班长徐佳标，双手被伪军军刀齐腕砍断，而他的附近就是喷着火舌的暗堡。徐佳标艰难地用双肘爬向暗堡，猛扑过去，用双臂紧紧地夹住敌人的机枪口。战士们呐喊着冲向城墙，登上云梯，跃上城楼。

首先攻入城内的是东门的28团，指战员们像潮水一样从被炸开的城墙缺口涌进城去，与守敌展开激烈的巷战。一营二连在连长张昌义的带领下，直向伪28师师部冲去，当场击毙正在电话里大发雷霆的伪少将师长潘干臣。此间，西门、北门的攻击部队也都攻入城中，将敌分割包围，逐处歼灭，整个战斗只用90分钟。此役计毙潘干臣以下官兵292人，俘伪少将参谋长刘绍坤以下8325人。新四军营长宋传海、副营长张培英以下指战员189人牺牲，590人受伤。

当淮阴战斗进行时，各县地方武装已将淮安城严密包围。9月22日，攻击淮安城的战役打响。攻城部队先后从东南、东北方向突破，迅即向纵深穿插，分别进行围歼。当日上午10时，城内守敌大部被歼，残部依托镇淮楼和楚王殿顽抗，到中午12时30分，终被剿灭。此役全歼伪军6000余人，伪旅长吴漱泉被当场击毙。新四军及地方武装共伤亡900余人。

两淮战役及以后诸战斗的胜利，使苏北、苏中、淮北、淮南解放区进一步联成一片。

第五节　解放战争时期

一、华中解放区的心脏

民国34年（1945）9月19日，中共中央发出关于“向北发展，向南防御”的指示后，华中主力次第北移。同时，随着苏北、苏中、淮北、淮南四解放区的联成一片，形成南界长江，北枕陇海铁路，东临黄海，西至涡河、裕溪口一线的广大解放区域，含53个旧县域，其中江苏32个、安徽18个、河南3个，总面积5万多平方公里，人口约3000万人。位于四大解放区结合部的淮阴、淮安，成为整个华中解放区的中心。原华中领导骨干和军事主力北移山东和东北地区以后，为了更好地坚持、巩固、建设华中解放区，用人民自卫战争击破国民党的内战阴谋，争取和平民主的实现，中共中央决定统一华中解放区的党政军领导机构。

同年10月25日，中共中央华中分局和华中军区在淮安成立。华中分局以邓子恢、谭震林为正、副书记，张鼎丞、曾山、粟裕、刘晓等人为常委，下辖淮南区党委和8个地委。盐阜地委改称五地委，曹荻秋、万金培分别为正、副书记；淮海地委改称六地委，万众一、吴觉分别为正、副书记；淮北路东为七地委，赖毅、刘玉柱分别为正、副书记；淮南路东为三地委，书记由李世农兼。华中军区以张鼎丞为司令员，邓子恢为政委，粟裕、张爱萍为副司令员，谭震林为副政委兼政治部主任。下辖苏中军区、淮南军区及第五、六、七、八军分区。

同年10月29日，四大解放区参议会负责人、行政领导以及地方士绅代表举行联席会议，讨论决定统一四大解放区行政机构，成立苏皖边区政府。会议推荐李一氓为主席，刘瑞龙、季方、韦悫、方毅为副主席。边区政府下辖8个行政区70个县（市），清江市为边区政府首府和直辖市。

二、解放区的各项建设

为了安定社会秩序，华中分局和苏皖边区政府在全边区开展声势浩大的惩奸反特运动，镇压一批罪恶昭彰、民愤极大的汉奸、特务。如淮阴和淮安的大汉奸周公望、沙贵章、高必发、李玉书等，或被正法，或被判无期徒刑。民国35年（1946）年初，又结合审查公民权，张贴红、绿、黄、白、黑五色榜，进一步打击和孤立敌伪和其他反共反人民的势力。苏皖边区政府公安总局还颁布20多条法律条令、禁令等，对造谣惑众、捣乱金融、聚众滋事、无故鸣枪、吸毒贩毒、聚赌盗窃、抢劫勒索者，坚决依法究办，有效地促进社会的安定和风气的清明。

苏皖边区政府以改善民生为主旨，在新解放区开展减租减息增资运动，在老解放区则贯彻查减。通过没收汉奸、豪绅、恶霸地主的土地，允许一般地主以土地清偿所欠农民在清算租息、清算霸占、清算负担及其他无理剥削中的债务，使许多农民得以直接从地主手中取得土地。遵照中共中央“五四指示”精神，先在淮安县石塘区鹅钱乡搞土地改革试点，然后向全边区推开。在短短几个月时间里，全边区就有1500万农民获得土地。

民国34年（1945），在8个行政区中，有6个行政区遭受严重的水灾、蝗灾。次年春，边区各级政府动员尽可能多的财力物力，发放灾款、灾粮、救灾公债，举办平粜，组织以工代赈等。第六行政区还开展义赈运动，调动社会积谷，减轻救灾压力。

为了发展生产，搞活经济，边区政府停止使用法币和白银，以华中银行发行的华中币作为唯一通货。发动群众修复桥梁276座，长短公路49条，形成以两淮为中心，纵横全边区50余县的公路网；运河等航道上的河坝全被拆除，有的河床还拓宽扒深；架设长途电话线2500里以上，开通邮路7700余里，可与山东、冀中、晋冀鲁豫等解放区通邮。发放农工商业贷款，为吸引民间资金，把部分公营工厂改为公私合营工厂。由政府组织进出口，解决供销问题。这些措施，为生产发展创造了种种有利条件。农村纺织业发展极快，城市工业也迅速恢复，还兴建一批日用品工厂，基本实现生产自给。商业更趋活跃。清江市有商店与固定小摊1457家，资本总数有540余万元（抗币），平均每月营业额为550余万元。

此外，发展文化、教育、卫生等各项事业。在边区政府的倡导下，成立华中文化协会、文艺协会、新闻协会、社会科学协会、自然科学协会、教育联合会、诗歌协会、美术协会等。各行政区、各县市都成立了文工团和地方戏剧团，巡回演出。在清江市出版的报刊有《华中通讯》《新华日报（华中版）》《清江工人报》《生活》《民主建设》《江淮文化》《华中少年》《大众文艺》等十五六种。新书店印刷厂承印的书籍有60余种，近30万册。在两淮开办的大学和专科学校有华中建设大学、雪枫军政大学、苏皖教育学院、苏北工专、华中医科学校、华中医务职业学校、华中新闻专科学校、华中牧畜医学校、财经干部学校等。清江市原来只有一所像样的医院，边区政府成立后，发展到5所，其中苏北国际和平医院规模最大，有250张钢丝床。卫生行政部门医务人员巡回医疗，开展防疫治病工作。

三、从反战自卫到战略撤退

全面内战爆发后，国民党调动15万大军从南通和安徽来安两个方向向华中解放区腹地推进。华中野战军主力部队一面在运动中歼灭敌人有生力量，一面根据整体战略部署，掩护党政机关循序撤退。民国35年（1946）9月19日，国民党集中4个师兵力进攻淮阴，华中野战军在歼敌5000余人后主动撤离，同月21日又主动撤出淮安城。此后，组织严密的广大敌后战场。

涟水城位于废黄河和盐河之间，是联系华中、山东两个解放区的枢纽。华中野战军撤出两淮后，陆续集结于淮涟地区。此时，敌五大主力之一的整编第74师正踌躇满志，吹嘘“苏北战斗已成尾声”。10月19日，国民党将领张灵甫率整编第74师和整编第28师第192旅4个旅3万余兵力，攻向涟水。历经14天反复博战，国民党战略企图未能得逞。11月1日，张灵甫率部撤回淮阴，第一次涟水保卫战胜利结束。华中野战军亦付出重大代价，计伤亡6000余人，深受苏北军民爱戴的第十纵队司令员谢祥军在指挥战斗中牺牲。

12月3日，国民党整编第74师、第28师第192旅和桂系第七军一个旅，再度侵犯涟水城，华中野战军第六师、淮南第六旅激战14个昼夜，歼灭国民党军队4000余人。12月16日，华中野战军主动撤出涟水城。

陈毅对涟水保卫战作出高度评价：“我们第一次涟水保卫战，是为了掩护伤病员、家属及大批后方机关等撤退，我们伤亡6000人，把敌人打退了，使敌人侵占推迟了一个月时间；第二次保卫涟水，是为了争取侧翼主要战线的展开，敌人疑为我们主力在那里，拼命追攻，我们伤亡4000人，却造成宿北大捷，消灭敌人一个军。”①

四、坚持洪泽湖武装斗争

民国35年（1946）8月底，华中野战军主力撤出淮北，七分区进入敌后坚持阶段。11月下旬，国民党军队占领淮北中心区青阳镇、半城、金锁、洋河等地，七分区党政机关及家属被迫撤至成子

① 中共涟水县委党史办公室编《涟水保卫战》，江苏人民出版社，1989年。

湖边界集、山子头、唐莫圩狭小地带。11月24—25日，在第九纵队接应下，七分区党政机关及分区武装主力4个团撤到运河以东六分区境内。洪泽湖周边陆地全部被国民党占领，拥挤在湖上的各类人员2000余人，互不隶属，人员混杂，船少人多，加之天气寒冷，形势十分严峻。

为了加强领导，确定斗争行动方针，留在洪泽湖上的第七地委敌工部长姚克，洪泽县委书记王化东及县长谢楠、泗南县委书记洪沛等在罗嘴会商，决定长期坚持洪泽湖武装斗争方针，并组织中共洪泽湖临时工委，推姚克为书记，王化东、洪沛、谢楠为委员。工委成立后，立即精简疏散老弱和非战斗人员，留下的500余精干人员统一组编武装，成立军事指挥部，任命魏存平为指挥，刘凯顺为副指挥，编成4个连，每连约有190人。

当年12月上旬的一天早晨，驻临淮头的国民党军队一个营强迫渔民撑船，分两路向湖上扑来。临时工委事先已获情报，90条钢板划子早在外河口摆好阵势。此次战斗，国民党死伤数十人，损失10余条小船，仓皇逃去。此后，再不敢轻易进湖。

军事“围剿”失败，国民党军队便用毒辣手段迫害陆上家属，以动摇湖上指战员坚持的决心。洪泽湖工委和军事指挥部采取针锋相对的办法，对内加强思想教育，严惩动摇分子，对外主动出击，镇压顽固反动分子，打击敌人嚣张气焰，缴获枪械弹药食品，改善军需。

民国36年（1947）1月26日，洪泽湖工委4位负责人在洪泽湖西岸和淮北挺进支队负责人会面，长达58天的洪泽湖艰苦坚持斗争胜利结束。

五、从敌后坚持到全境解放

民国36年（1947）1月9日，驻沭阳城的华中野战军主力主动撤离，国民党74师进占。至此，第六行政区各县城及交通干线上的主要集镇均为国民党占领。中共华中分局在部署主力和党政干部撤退的同时，决定将第7纵队留在苏中，第10纵队留在苏北，担任敌后坚持任务。到民国37年（1948）7月，已恢复11个县政权。杨效春率领的淮南支队进入金湖小河东地区，逐步把游击战争扩大到盱眙、来安等地，并一度收复盱眙、凤阳、嘉山等县。

在敌后坚持的各级党政组织，积极组织生产，确保前线需要，并做好补充兵员等工作。仅淮安县自民国35年（1946）7月至民国37年（1948）11月，就有2678人参军。各县的独立团、县总队也不断发展壮大，积极配合主力作战。在淮海战役中，全境人民掀起轰轰烈烈的支前热潮。据不完全统计，民国37年（1948）3—12月，为支援淮海战役和大军南下，淮属各县参加修路群众达10万人次，修成公路13条，共750多公里，修桥梁46座。第六行政区前后共动员35万名民工，组成担架队、大车队、小车队，运输粮草弹药，护送伤员，直接或间接地配合主力部队作战。实际负担支前的民工约占总人口的13.5%，占淮海战役整个支前民工数的23%。战役进入决战阶段以后，适逢连日雨雪纷飞，天寒地冻，蛛网式的壕沟被大雪覆盖。在恶劣的气候条件下，中共党员干部纷纷站到第一线，与民工一起冒枪林弹雨，忍风雪饥寒，胜利地完成支前任务，涌现一大批支前模范人物。淮阴县女担架队员李兰贞，获得“特等功臣”的称号。她4次参加常备民工，与男工一样抬伤员，运粮草，每夜行军八九十里，休息时还忙着烧水做饭，帮助伤员洗衣服。

民国37年（1948），全境的国民党地方政权所控制的地盘，仅有30%左右，越靠近北部的县份，控制的地盘越小，甚至只能困守几座孤立据点。至同年8月底，第六行政区范围内的城镇，除陇海铁路上的北新安镇、新浦、海州外，仅剩淮阴城没有解放。同时，淮北、淮南地区也大部收复。

随着淮海战役的深入发展，据守两淮的国民党部队军心严重动摇。民国37年（1948）12月1日夜，驻淮阴城的国民党杀害革命干群40余人，并烧掠仁慈医院。第二天，驻守王营、杨庄和淮阴城的国民党部队沿运河南逃。第六军分区二团当日进驻淮阴城。次日拂晓，六分区主力向南追击逃敌。上午8时，在淮阴城东南山芋行与企图重占淮阴之敌遭遇。在六分区主力顽强抗击下，国民党撤至板闸、河下一线。接着板闸之敌又被六分区主力逐出。12月9日，驻守淮安城的国民党军队也弃城南逃，淮安城遂告解放。12月12日，盱眙县城收复。至此，淮属地区全部解放。

第五章　现当代的淮安（上）

第一节　经济恢复和第一个五年计划时期

一、镇压反革命

民国37年（1948）年底，今淮安市全境解放，国民党遗留下的一批残余势力继续进行各种破坏活动。1949年下半年至1950年上半年，全境武装匪特和反动会道门组织武装暴动21起，妄图颠覆人民政权，并杀害干部群众125人，制造诸如"毛人水怪"等各种谣言，严重危害社会治安，破坏工农业生产。

根据上级的部署，中共淮阴地委于1950年下半年在全境开展大张旗鼓的镇压反革命运动。经过发动群众、组织公安人员赴外地追捕，历时3年时间，捕获反革命分子7774人。一些反革命组织被瓦解，其暴动复辟的阴谋被粉碎，巩固新生的人民政权，保卫抗美援朝和土地改革运动，保卫经济恢复工作的顺利进行和人民生命财产的安全，稳定社会秩序。

二、土地改革运动

中华人民共和国成立前，淮境老解放区根据中共中央"五四指示"精神，进行土地改革。《中华人民共和国土地改革法》公布后，根据中共苏北区党委的统一部署，1950年6月，中共淮阴地委组织土改工作队，进行土地改革的典型试验。随后，又陆续抽调区乡干部参加，组织1300余人的土改工作团，新恢复区每乡5人，老区每乡3人（发土地证）。地委成立土地改革委员会，县委由县委书记或副书记负责。

土地改革运动分4期：第一期新安县8个区，第二期邳睢、睢宁2个县，第三期运河沿线的宿迁、泗阳、淮阴3个县，第四期运东各县。各县的运动由典型试验到逐步推开。至1951年年底，老区393个乡、新恢复区864个乡、新区160个乡，共计1417个乡，全部结束土改。53.98万户贫雇农分得土地25万公顷，消灭封建剥削制度，解放农村生产力。

三、其他民主改革

同土地改革和镇压反革命相配合，还进行一系列民主改革。首先在工商交通企业实行民主改革。淮阴是苏北腹地的水陆交通枢纽，水上民船特别多，水上封建把头势力相当大，仅清江浦一地就有"黄牛"船行40家。他们垄断货源，进行中间剥削，剥削额高达运费的20%～50%。在苏北航务局的具体领导下，广大船民纷纷参加木船协会，借以摆脱"黄牛"船行的控制，使"黄牛"

船行逐步丧失剥削对象，无法生存。到1951年年底，“黄牛”船行全部绝迹。

1950年5月，中央人民政府颁布《中华人民共和国婚姻法》（以下简称《婚姻法》）以后，淮阴专区掀起学习宣传的热潮。各县都成立贯彻婚姻法运动委员会，负责宣传贯彻《婚姻法》，并结合婚姻案件的处理，推动运动的发展，推进全境妇女解放。

此间，还厉行取缔旧社会遗留的卖淫嫖娼、贩毒吸毒、聚众赌博等各种丑恶现象。1949年，淮阴解放不久，人民政权采取一系列限制、查禁妓院和蓄娼的措施，使妓院老板主动关门或转业，同时，对妓女进行教育，促其改恶从良。至1950年7月，全境妓院全部停止营业。此后，重点查禁暗娼卖淫事件，至1951年上半年，取缔妓院工作基本结束。

1948年12月，1949年2月、3月，1950年9月，六地委（淮阴地委）、专署和公安处，先后4次颁布禁令、通令，禁止贩毒、吸毒、种毒、制毒，取得显著成效。

1951年7月，中共淮阴地委、淮阴专署再次发布通告，开展禁毒肃毒运动，至1952年10月结束。共查获贩毒、制毒、运毒、吸毒，以及烟毒馆主等烟毒犯1570人（清江市184人），收缴鸦片1600两、烟土料10333两、毒具638件，处死烟毒首犯6人，判处无期徒刑186人，监管26人，自首登记者689人。

四、抗美援朝运动

1950年10月，中共淮阴地委作出部署，要求各级党委全面发动，采取多种形式，开展抗美援朝宣传教育。各县（市）都成立抗美援朝支会，推动运动发展。地委宣传部印发宣传材料4万余份，中国人民志愿军归国代表团到淮阴作报告11场，赴朝慰问团到淮阴传达29场。“抗美援朝，保家卫国”的口号家喻户晓。市境70%以上的人参加反美和平签名运动。广大青年踊跃报名参加中国人民志愿军，1951年先后两批、批准16863名青年参加中国人民志愿军。到1951年8月，共捐款72亿元（1万元旧人民币折1元新人民币）购买飞机大炮，支援朝鲜战争，其中清江市捐献26亿元，认购“清江”号战斗机1架、大炮1门。各条战线努力生产，厉行节约，以实际行动支援战争，也为恢复和发展国民经济以及各项社会改革起到巨大的推动作用。

五、开展战胜严重灾荒斗争

淮阴专区是著名的“洪水走廊”，又是全国重点蝗区之一，水旱蝗灾害尤为严重。淮境解放初期，几乎年年灾荒。抗灾救荒一度是淮阴专区各级领导倾注精力最多的重要工作。1950年，全境连续救灾12个月，共发放救济粮2225万公斤，发放救济衣物50余万件，共组织57.5万人以工代赈，大搞水利。此外，地委、专署每年都要发动群众开展生产自救，如大种瓜菜、纺纱织布、榨油、做粉丝、磨豆腐、捞鱼摸虾、编织芦席蒲包折子等，还开展劝募等社会互济活动。1950年，清江搬运工会仅4个月就献粮1万公斤。灾情较重的淮阴县，县委、县政府要求各区乡，不但要坚决保证不饿死和不冻死一个人，还要不荒掉一亩田。为减轻财政负担，紧缩行政经费，搞好救灾工作，还对机关进行精简整编，全境共精减2828人。结合土地改革，联系反拔田倒租，倒回粮食用来救灾。

六、交通、工商业的恢复和发展

抗日战争和解放战争时期，淮阴的水陆交通受到很大破坏。解放战争后期，随着全境的解放和支援淮海战役、渡江战役的需要，境内水陆交通干线得以粗略修复。然而远远不能适应国民经济恢复和发展的需要。从1950年开始，在进行大规模水利建设的同时，对境内的205、204国道，徐淮、淮扬、淮高灌等省道及区际、县际交通干线，陆续进行扩宽、垫高，并先后将淮扬公路加铺碎砖路面。至1952年年底，全境修复公路650公里，其中能通汽车的公路526公里。到1955年，晴雨通车公路超过100公里。其间，成立苏北汽车运输公司淮阴分公司、新华运输公司、淮阴商车联营处等，形成集团运输能力。

在水路治理方面，1952年、1955年，苏北航务局在京杭运河淮阴、淮安等地段和盐河王营等地段进行大规模的清障，战争年代遗留的水下障碍物得以清除，保证正常通航。期间，还开辟苏北灌溉总渠、怀洪新河等新航道，增强通航能力，保证大量生产生活救灾物资的运输。

淮阴城第二次解放时，只剩下几家手工作坊。1949年，将抗日战争中创办的随军工厂，光华化学厂、华新烟厂、大众牙刷厂迁到城里，合计不足500名工人。时全境只有75家全民和集体企业、19家私营企业。淮境工业就是在这样薄弱的基础上发展的。

1957年以前，主要是扩大已有的国营企业的生产能力，并努力创办新厂。如，1950年5月，光华化学厂动力车间建成发电，装机容量100千瓦。到1956年7月，又将光华化学厂动力车间扩建为地方国营清江电厂，扩容至750千瓦，以满足工业和城市照明用电。商业流通方面，努力发展壮大国营商业和合作社商业，使之成为流通的主渠道。

七、“三反”“五反”运动

1951年12月，中共淮阴地委召开地专直属机关干部大会，传达中共中央《关于实行精兵简政、增产节约、反对贪污、反对浪费和反对官僚主义的决定》，成立地专机关增产节约运动委员会。1952年1月，地、县机关“三反”运动全面展开。采取发动群众，坦白交待，重点检查三者结合的方法进行。当时贪污1000万至1亿元（旧人民币）的为“小老虎”，贪污1亿元以上的为“大老虎”。运动至1952年6月结束，定案处理贪污1000万元以上的114名贪污犯，教育挽救一批失足者。对铺张浪费、官僚主义、家长制作风和部分干部的骄气开展批评帮助，促进作风的转变。

1952年2月，中共淮阴地委贯彻中共中央《关于在城市限期展开大规模的坚决彻底的“五反”斗争的指示》，在各县城，依靠工人阶级、团结守法的资产阶级及其他市民，向违法的资产阶级开展反行贿、反偷税漏税、反偷工减料、反盗骗国家财产、反盗窃国家经济情报斗争，打击投机商。清江市私营工商业户中，守法户1217户，占参加运动总户数的62.3%；基本守法户523户，占26.7%；半守法户194户，占10%；严重违法户19户，不到总数的1%。核定全市工商业者在3年中偷税漏税、盗窃国家财产114万余元。1952年6月底，运动结束。

八、波澜壮阔的治水斗争

由于长期战争的破坏和“洪水走廊”的地位，使淮阴专区农业严重萧条。以降水不算最丰富最集中的1949年夏为例，沂、沭、泗水又泛滥成灾，全区被淹农田61.8万公顷，减收夏粮3.1亿公斤，淹倒房屋25万多间，淹死大牲畜2000多头，250万名灾民靠人民政府救济为生，240万名灾民断炊逃荒。

为了恢复和发展生产，巩固新生的政权，解放战争的硝烟还未停息，中共中央即指示苏北区党委搞好徐淮地区救灾治水。在苏北区党委直接领导下，1949年秋，中共淮阴地委、淮阴专署全面部署动员“导沂整沭”工作。采取束堤漫滩的行洪方法，经过4个冬春的连续奋战，相继完成144公里长的新沂河两岸大堤、新沂河头的嶂山切岭、骆马湖拦蓄控制等工程，使历史上随地漫流的沂、沭、泗洪水归槽，沂沭河流域500万名人民、66.67多万公顷农田摆脱洪水灾害。

苏北灌溉总渠工程从1951年冬开始，奋战85天，一条泄洪800立方米/秒的大型排灌渠道胜利竣工，为淮河洪水增辟一条入海出路。从1952年10月起，用10个月的时间，建成气势恢宏的三河闸。此间和之后，还改建和加固洪泽湖大堤，新建部分沿海挡潮闸，疏浚一批骨干排涝河道，为保障人民生命财产、开展经济建设构筑基本的外围屏障。

在大规模的水利建设中，淮阴专区各级党政组织和广大人民群众，仍憋着革命战争年代的那么一股劲，以建设新生活的高度热情，奋力拼搏。为了抓好导沂整沭工作，中共淮阴地委、淮阴专署和淮阴军分区均由淮阴城搬迁到贴近工地的沭阳县城，以便于就近指挥。为了完成土方任务，先后动员10多个县55万名民工冒着雨雪严寒，完成一个又一个险工难工，涌现出王大锹等一大批治水英雄。在三河闸施工中，上万名民工冒着10级大风，在水中组成三道人墙挡浪，保证大坝合龙。

淮阴专区的治水斗争得到全国各地的支援。仅第一批导沂整沭工程，国家就调拨以工代赈的大米1500万公斤，并将渡江战役中剩余的军粮全部调作救灾治水之用。新沂河、三河闸、苏北灌溉总渠等工地上，集中上海、南京等地土木工程专业的众多技术人员和治理黄河的一大批老水工，并得到苏联专家等国际友人的支持。上海有关工厂为了保证建闸闸门的如期制成，内蒙古、黑龙江等地的林场为了保证施工木料的如期采伐，都加班加点，忘我工作。

大规模的水利建设工程，发挥显著的工程效益。三河闸在1954年超设计排洪10700立方米/秒的情况下，巍然不动，为保卫里下河地区上千万人民生命财产的安全发挥重要作用。1957年，新沂河超设计行洪7000立方米/秒，安然无恙，使淮北人民百年来驯服沂、沭、泗洪水的愿望终于成为现实。

九、治蝗等恢复发展农业措施的落实

淮阴专区荒田、荒滩多，湖荡洼地多，是全国重点蝗区之一。淮境解放之初，中共淮阴地委、淮阴专署成立灭蝗指挥部，建立蝗虫防治站、蝗情监测站，各县、区、乡层层建立治蝗指挥机构，领导广大群众灭蝗。1951—1952年，每年都动员30多万人参加灭蝗。1950年夏秋之际，国家为淮阴专区提供硫酸铜、亚砒酸苏以及2.5吨“六六六”粉用于治蝗，这是江苏地区最早用于治蝗的化学农药。1951年6月，国家派出2架飞机支援洪泽湖西岸地区灭蝗，这是中国首次使用飞机治虫。后又在泗洪、洪泽、泗阳、金湖等县修建治蝗专用机场，以便于大面积的飞机治蝗。中国科学院的专家教授等亲临淮阴进行治蝗技术的指导，培训蝗情侦察员。此外，还对荒滩进行有计划开垦和蓄水垦殖，铲除蝗虫孳生地，有效地控制蝗情。

淮阴专署多次发布保护耕牛的训令，对耕牛的繁殖推广发挥重要作用。1950年10月，建立苏北淮阴种猪场，作为繁育推广生猪良种的基地。同年，设立淮阴种子管理站，负责农作物良种的引进、推广和繁育。1953年，淮阴杂谷试验场育成“淮杂一号”玉米良种并在全区推广，之后又研究成功山芋温床育苗的技术。

期间，推进互助合作运动和爱国丰产运动，涌现出崔玉霞、杨庆贵等全国先进互助组，以及受到国家农业部表彰的爱国丰产模范朱方仁等，对农业生产起到很好的推动作用。

十、粮食统购统销的实行和过渡时期总路线的宣传

1953年11月6日，中共淮阴地委召开会议，传达贯彻省委《关于粮食计划收购工作草案》，深入宣传粮食统购统销的意义、政策。当月下旬，各县进行试点，取得经验，全面推开。在运动中批判资产阶级思想，打击奸商的屯积居奇、捣乱市场的不法行为。对有余粮户鼓励交售爱国粮。在开始实行统购统销的一两年中，有余粮的农民惜售思想比较严重，少数地方发生强迫命令的错误。各级组织不断总结经验，并普遍实行定购定销，工作逐步制度化。

同月中下旬，各县分别召开千人以上干部扩大会议，传达贯彻中共江苏省委扩大会议精神，学习中国共产党在过渡时期的总路线，明确社会主义“一化三改造”（即实现国家工业化，实行对农业、手工业、资本主义工商业的社会主义改造）的方向和道路。次月下旬，淮阴地委机关和各县区乡干部深入学习《关于党在过渡时期总路线的学习和宣传提纲》，并向群众进行广泛的宣传教育。

十一、农业、手工业、资本主义工商业的社会主义改造

1951年12月《中共中央关于农业生产互助合作的决议（草案）》下达后，淮阴专区农村开展互助合作运动，当时以办互助组为主，并在一些地方试办以土地入股、土劳分红为特点的初级农业生产合作社。至1952年年底，全境组织起来的农户占总农户数的35%。1953年年初，各地普遍试办初级社，至6月底，全境组织起来的农户占总农户数的46.4%。1954年年初，淮阴地委根据中共中央《关于发展农业生产合作社的决议》，提出“书记动手，全党办社”，根据自愿互利的原则，做好巩固和发展工作。1955年7月，毛泽东在《关于农业合作化问题》的报告中，提出“全面规划，加强领导”的方针，淮阴地委举办800多人的干部训练班，各县召开三级干部会，全区掀起农业合作化高潮。1956年年初，毛泽东对涟水县前进农业社的劳动管理经验作出批示，进一步推动全区农业合作化运动。至1956年年底，全境入社农户占总农户数的97.2%，完成农业社会主义改造任务。

1955年，中共中央决定把私营工商业的社会主义改造由加工订货、经销代销的初级形式推进到全行业公私合营国家资本主义的高级形式。1956年1月3日，中共淮阴地委召开县区乡镇党员干部扩大会议，通过《淮阴专区1956年资本主义工商业改造工作初步规划》，要求各县在1956年内完成对私营工商业、手工业、交通运输业改造的任务。1月19—23日，清江市有50多个私营工业全部实行公私合营。3277户私营商业中，有19个行业、403户实行公私合营，成立13个公私合营商店；5户并入国营公司；1232户组织起45个合作商店，1603户组织14个合作小组，43户成为经代销店。被改造的商店占总数的91.07%。私营运输业的18辆汽车全部并入国营运输公司。清江市资本主义工商业的社会主义改造基本完成。与此同时，各县也基本上完成对资本主义工商业的社会主义改造。到1956年春，全境90%以上的城镇手工业者加入手工业合作社。

十二、国民经济恢复和第一个五年计划时期的建设成就

中华人民共和国成立后，淮阴专区经过8年的努力，不仅使国民经济得到全面恢复，而且得到全面发展，超历史最高水平，超额完成第一个五年计划，提前跨入第二个五年计划。

在三年经济恢复时期，淮阴专区各级党政组织的重点任务是医治战争创伤，治水治蝗，整顿社会经济秩序，恢复生产，抗灾救灾，增加供给，平抑物价。至1952年，取得显著成效，工农业总产值72956.26万元（1980年不变价，下同），比1949年增长29.5%。其中农业总产值67900万元，比1949年增长14000万元；粮食总产量为10.85亿公斤，比1949年增加4.65亿公斤；工业总产值4900万元，比1949年增加2700万元；社会商品零售总额9439万元，比1949年增长64.4%。当年财政收入2783万元，完成固定资产投资2455万元。

至第一个五年计划末的1957年，全境工农业总产值达97308.85万元，比1952年增长33.37%，其中工业总产值增长102%，农业总产值增长25.87%，社会商品零售总额20626万元，比1952年增加118.52%，财政收入增至4096万元，完成固定资产投资3726万元。这时期，基本上建成抗御洪水的外围屏障，结束淮、沂、沭、泗洪水肆意蹂躏的历史。工业上，通过建立公私合营企

业和新办一批国营企业，初步形成“围绕农业办工业，办好工业促农业”的工业发展路子。

第二节 “左”倾冒进和经济调整时期

一、全党整风和反右派斗争

1957年5月15日，根据中共中央《关于整风运动的指示》和中共江苏省委《关于开展整风运动的计划》，中共淮阴地委在地专机关全体党员干部中开展“反对官僚主义、宗派主义和主观主义”的整风运动，宣布《地委机关整风运动计划》，成立中共淮阴地委整风领导小组，并向各县发出指示。地、县机关干部学习毛泽东《关于正确处理人民内部矛盾的问题》等文件，县、市委分别召开民主党派负责人和无党派人士座谈会，征求对党委工作的意见，号召民主党派帮助党委整风。

同年6月8日，中共中央发出《关于组织力量准备反击右派分子进攻的指示》，整风运动中断。随后，根据统一部署，淮阴专区和全国各地一样，开展反右派斗争并运用原来不主张的“大鸣”“大放”“大字报”“大辩论”的方法，运动的主题亦由正确处理人民内部矛盾转向对敌斗争。由于当时对阶级斗争和右派进攻的形势作出过分严重的估计，结果反右派斗争被严重扩大化。全专区共有1000余人被错定为右派分子，造成严重的损失和不良影响。

二、“大跃进”和人民公社的兴起

1958年5月下旬，中共淮阴地委发出《关于学习和宣传中共八大二次会议报告和决议的通知》，要求在全专区范围内大张旗鼓地开展学习宣传和贯彻执行社会主义建设总路线，掀起工农业生产和各项工作大跃进的高潮。

同年7月上旬，召开县委书记会议，提出“卫星田”亩产山芋2.5万公斤以上，玉米2500公斤以上，水稻2500公斤以上，棉花籽棉1500公斤以上，花生1000公斤以上，大豆500公斤以上的高指标。许多地方还层层加码，浮夸风、瞎指挥风愈演愈烈。与粮食生产相呼应，畜牧业、副业生产也提出很多不切实际的高指标，诸如社社办“万头猪场”，队队办“千头猪场”等等。7月27日，召开各县（市）分管工业的书记与县（市）委经济工作部部长会议，传达省委《关于加速钢铁工业生产的指示》，布置全专区“大炼钢铁”，要求突击建炉1850个。在“大炼钢铁”的同时，又提出“全民办工业”“全民办交通”等涉及各行各业的全民性“大跃进”。

8月中旬，各县、市先后召开以改革工具为中心的大办工业誓师大会，参加会议的有社长和社队工匠代表，均在千人以上。大会号召全党全民总动员，掀起大搞工具改革、大办工业的新高潮。在层层号召和推动下，几乎社社都建起炼钢炼铁的土高炉；城镇中原有的工厂进行大规模扩建、增容、升格。一大批合作社、合作小组或临时组织起来的“五匠”，一夕之间挂出牌子，变为轻工、化工、制药、纺织、机械等专业工厂。为了解决能源不足的问题，大部分县还开始筹办电厂。

与此同时，文教卫体等各项社会事业也不顾主客观条件，搞“大跃进”。以教育为例，不仅学前教育、初等教育、普通中等教育猛然膨胀，而且中等专业技术教育、农职业教育、高等教育和成人教育都大跳大跃。“大跃进”以前，全专区只有幼儿园几十所，不足100个班级。“大跃进”开始后，猛增到3890所、4525个班。小学平均每县增加20%左右。中学也大发展，全专区有中学210所、892个班，实现社社有中学。为了解决小学和幼儿教育师资的严重缺口，全专区在原来4所师范学校的基础上，又增办7所，扩展122个班。同时大办中等专业学校，先后办起21所，其中卫生学校10所。农业职业中学也呈猛增之势，仅农业中学就办起423所。还开办高等院校9所，其中农业大学4所。由于学校的猛然膨胀，各级各类学校普遍师资严重不足，加之师生多投入全民炼钢运动和各种勤工俭学活动，教学工作基本停顿，教学质量下降。

1958年8月，中共中央通过《关于在农村建立人民公社的决议》，淮阴专区迅速掀起大办人民公社的热潮，仅半个月时间，就将全专区261个乡改并为259个人民公社，实现“人民公社化”。

“一大二公”（人民公社规模大及公有程度高）造成“一平二调”（平均主义、无偿调拨），“共产”风随之刮起，不仅生产资料归人民公社所有，实行统一经营管理，还提倡“生活集体化”，大办居民点，大办公共食堂，推行供给制，“吃饭不要钱，劳动不计酬”，鼓吹“放开肚皮吃饭，鼓足干劲生产”。经过几个月的折腾，经济上遭受巨大损失，生产力受到摧残，人民生活陷入困境。1958年计划粮食总产量42.5亿公斤，实际上只有13.35亿公斤，比1957年减少1.15亿公斤，省委不得不调给淮阴专区4500万公斤粮食。

三、“大跃进”中的河网化、旱改水和部分基础设施建设

淮阴专区的平原坡地占总面积的71.6%，在平原坡地区搞梯级河网建设，是实现耕作制度改革的关键。梯级河网建设的最初试点时间是在1957年冬。1958年7月起，又在涟水县王集搞“高标准河网化”。1958年冬，在“大跃进”的高潮中，梯级河网全面推开，提出“大干一冬春，实现河网化”的口号，全专区大地上，群众性农田水利建设的壮观场面到处可见，人数最多时达160万人。至1959年，建成2万公顷以上大型灌区6个，666.67公顷以上灌区16个。由于设计标准过高，实施无方，不少工程有渠无闸，有大中沟无小沟，或灌得上排不出。

1962年以后，水利部门总结梯级河网正反两方面的经验，提出“高标准布局，低标准分期实施，当年工程当年收益”的实施原则，并及时总结推广各地的新经验，使河网化建设得以顺利发展。通过连续三年的努力，洪泽湖滩地营造矿柱林数万亩，黄河故道果林带建成。全专区“三荒”造林6.28万公顷，种植果树1.27万公顷，比1957年增加近10倍。农田林网也有很大发展。但是林木保护措施不配套，加之连年春荒缺火草，树苗被偷伐严重，形成“今年栽，明年长，后年进锅膛”的状况。

淮北地区的大规模旱改水，始于1957年。旱改水使全专区4.67万公顷原先秋不保收的湖荡洼地不仅有了收成，而且成为当年的高产田块。然而，由于改制的步子过大、过快、过高、过急，有些地方不顾主客观条件，盲目扩种水稻。至1960年，全专区种植水稻达18.3万公顷。但是，栽插面积大，实收面积小。还有些地方旱谷和水稻插花种植，形成水包旱或旱包水；或因茬口、品种不适应，产量较低；有的则因土壤肥力严重不足，收成很少，挫伤农民旱改水的积极性。因此，不少地方大面积回旱，甚至毁渠还田。尽管如此，水稻高产稳产却在淮北大部分农村的干群中获得程度不同的认同。

“大跃进”中，还掀起“全民办交通”的热潮。为了筹集铺筑路面的石子，各级党政组织发动男女老少刨砂礓、拾碎砖、砸石子，甚至拆古城墙铺路，“大打筑路的人民战争”。全专区共新筑有可以晴雨通车的公路1400多公里，修筑简易公路890余公里。由于片面地追求进度，加之筑路材料不足，质量普遍较低。此间，还对大运河进行局部改线，切滩挖浅，使通航能力大大提高。

在城市规划和建设方面，1958年，清江市区按50万人口的规模进行规划，将王营镇、小营、棉花庄、丁集、板闸、杨庄、武墩均作为卫星城市考虑。功能分区为：小引河以西为冶金工业区，小引河以东为机械工业区；里运河南岸光华化学厂以西为纺织工业区、化学工业区；城区东南，沿里

运河南岸辟食品工业区和造纸工业区；其北岸作仓库用地及轻工业区，以方便公路、水路、铁路联运。淮海路、清扬路、宝塔路、河北路、韩城路等为主干道，宽度规划为50～70米；石码头路、南北门路、东西大街等规划宽度30～50米。市中心北移至水门桥北堍。

1958年的城市总体规划，在后来数十年的实践中证明是基本合理的。在“大跃进”的年代，还进行部分实施，如开辟淮海南北路的一些主要路段，铺筑淮海东西路的泥结石子路面，将人民路拓宽到7～20米。还兴建大运河桥、水门桥、王营废黄河大桥等等。

总之，这时期，在河网化建设、旱改水、城市基础设施建设方面，有不顾主客观条件，急躁冒进的问题存在，但是也有筚路蓝缕、肇始奠基之功。

四、困难时期的到来和探索中的调整

由于“左”倾错误的影响，加上自然灾害和苏联政府撕毁合同，淮阴专区和全国一样，转入困难时期。1959年春，中共中央开始纠正“左”倾错误，淮阴专区及时贯彻落实，公社权力下放，实行三级管理，以大队为基本核算单位，强调分配上承认差别，使生产队小分配成为基本核算单位外的补充部分，并扩大社员自留田面积，实行清账退赔及民主选举干部等。这些政策都深入人心。但是1959年夏，中央庐山会议以后，“左”倾错误又有抬头。1960年上半年，农民生活极端困难，不少人生浮肿病，少数地方还饿死人。地县下派大批干部，与群众同甘共苦，带领群众生产救灾。同年11月，中共中央下达《关于农村人民公社当前政策问题的紧急指示》，淮阴地委立即贯彻，纠正“一平二调”，实行算账退赔。1961年，又贯彻《农村人民公社工作条例（草案）》，划小公社规模，实行“三级所有，队为基础”，以生产队为基本核算单位，大队对生产队实行包产、包工、包本、超产奖励，实行按劳分配，调动农民的生产积极性。但是，由于农村生产力元气大伤，加上自然灾害频繁，农业连年减产，1963年的大面积水灾，使全专区粮食总产量只有8.3亿公斤，降到1949年的水平。淮阴专区困难时期实际上长达5年之久。1964年以后，农业生产才逐步得到恢复和发展。

工业的初步调整始于1961年9月以后，首先是把工业生产和基本建设的指标降下来。按照《国营工业企业工作条例（草案）》（即“工业七十条”）的精神，整顿企业秩序。国营企业一系列必要的规章制度得以恢复和建立，对于工业的调整、巩固、充实、提高发挥积极作用。

文化领域也进行调整，科技、教育、文化部门中出现的生产劳动过多、社会活动过多的现象大有好转，业务工作中的浮夸风和瞎指挥明显收敛。

1962年5月，中共中央政治局常委扩大会议以后，调整的力度加大。包括：缩短工业战线，压缩基本建设规模，精简职工，压缩城市人口；进一步从人力、物力、财力各方面加强和支援农业战线，加强农村基层的领导力量等。当时淮阴专区有工业企业159家，通过关、停、并、转，压缩到124家。企业职工亦由22490人精简到14432人。全专区非农业人口，则由1960年的473292人压缩到1962年的391501人，1963年又压缩到376223人。为了精兵简政，充实基层，地专党政群机关48个部门合并为25个，人员由原来的611人减少到211人。地直企事业单位原有干部3434人，减少913人。同年7月，“大跃进”中开办的淮阴工专、医专、师专，以及几所农业大学及大部分中等专业技术学校停办，普通中学也有适当压缩。

在农村，1961年10月，进行以生产队为基本核算单位的试点，到1962年3月，基本核算单位调整结束。全专区3791个生产大队实行生产队核算的3735个，占98.5%。核算单位改变后，生产队建立多种形式的劳动组，推行小段包工，包工到组、到户、到人，实行定额管理和评工记分。同时建立“三基本”制度，即社员基本投工投肥制度和基本口粮挂钩的管理制度。划给社员每人

1～2分自留地和每户2分饲料地，扶持社员发展家庭副业。这些方法和制度的推行，使社员关心集体，积极添置农具和饲养牲畜，促进农业生产的发展。

五、"四清""五反"运动

中共八届十中全会后，中共中央决定在城乡发动一次普遍的社会主义教育运动。1963年5月、8月、11月，淮阴地委组织社教工作队在淮安县十里大队，涟水县同兴人民公社、高沟人民公社进行以"四清"（清理账目、清理仓库、清理财物、清理工分）为主要内容的社会主义教育运动试点。1964年11月起，分批分期在涟水、灌南、灌云、淮阴、淮安5个县展开。由省、地、县三级抽调干部，并吸收一部分社会知识青年共1万多人组成社教工作团。省、地、县委领导亲自蹲点，以点带面地进行，直到"文化大革命"进入夺权斗争时才中止。

"四清"运动中，把农村阶级斗争形势看得过于严重，把基层干部作风问题提高到"和平演变""两面政权"上来进行批判斗争，伤害一大批干部。农村家庭副业生产被指责为"资本主义倾向""资本主义尾巴"，伤害一大批群众。更为严重的是，在二期社教试点的涟水高沟公社，所酿成的"高沟事件"，把绝大部分生产大队的党支部书记错误地认定为"反党反人民反社会主义的反革命复辟"，并对涟水县委个别领导、高沟公社党政负责人及部分党员干部作组织处理，使之蒙受不白之冤。

在进行系统社教的县机关和城镇、清江市的全民所有制工业、财贸系统，同时开展"五反"（反对贪污盗窃、反对投机倒把、反对铺张浪费、反对分散主义、反对官僚主义）运动。淮阴地委就领导作风问题向省委作出《关于淮阴地区近两年工作的检查报告》，省委、华东局批转《检查报告》。华东局批示：要求各省（市）委、地委、县委在"五反"运动领导干部"洗澡""下楼"、整改的阶段中，根据自己的具体情况对工作中存在的问题，认真地进行一次检查，使"五反"运动更深入一步，把工作做得更好。各县委也相继做了检查。没有开展系统社教的县，在县委、公社党委领导下，开展"面上社教"，以正面教育为主，基本解决干部"四不清"的问题。

六、调整任务的胜利完成和十年建设的成就

1963—1965年，淮阴专区对国民经济继续进行调整，做了一些经济体制改革的试验。如在工业、交通、商业部门试办托拉斯，先后办起中国烟草公司淮阴分公司、江苏省汽车运输公司淮阴分公司等。劳动制度和教育制度的改革试验，于1964年推广固定工和临时工并行的劳动制度，在一些单位试验半工半读、半农半读制度。各县纷纷办起耕读小学。

1964年下半年，根据毛泽东提出的"备战备荒为人民"的口号，适当增加粮棉油的储备，并降低国家积累比例，减少农村粮油征购数额，使积累和消费的关系趋于协调，促进工农业生产的恢复和发展。1964年，全专区粮食总产量13.01亿公斤，工业总产值2.57亿元（按1990年不变价，下同）。其中，粮食总产量超过1958年以来的任何一年，工业总产值超过历史最高水平。

1965年5月，淮阴地委、专署制定《淮阴专区"三五"期间农业发展规划设想》，总的口号是：以水、肥、林为核心，种、管等各项措施跟上，全面发展，综合治理，并突出绿肥，培养地力和突击治山治水，继续贯彻"五改"的精神（改靠天为靠人、改用地为养用结合、改杂种劣种为良种纯种、改稀植为合理密植、改耕作粗放为精耕细作）。5月13—24日，淮阴地委召开扩大会议，提出"三年打基础，'三五'达纲要"的奋斗目标，并讨论落实。然而，这一规划旋即被"文化大革命"的浊流所冲毁。

1957—1966年，社会主义建设虽然遭到严重挫折和曲折，仍然取得重要成就。10年中，淮阴

专区的工业总产值由14901万元增加到45450万元，增长205%；粮食总产量由1453979吨增加到1643127吨，是丰收的1957年的1.13倍；社会商品零售总额是1958年的1.67倍，其中居民和社会集团消费品零售总额是1958年的1.3倍。此外，文化、教育、卫生方面也有较大的发展。

第三节 “文化大革命”时期

一、“文化大革命”的开始和动乱局面的形成

1966年5月底，中共淮阴地委召开县（市）委书记碰头会，传达贯彻中共中央关于开展社会主义文化大革命的通知（即“五一六通知”）。同年6月2日，根据江苏省委指示，淮阴地委向各县（市）委、公社党委发出《关于动员广大干部、群众积极参加社会主义文化大革命的通知》，要求各县（市）、公社召开声讨“黑帮分子”大会。至6月中旬，全地区403个公社，有382个公社召开声讨“黑帮分子”大会，参加人数有30万之多，张贴大字报4万多张。

此间，根据全国各地大城市的做法，淮阴地委及所辖各县（市）委分别向各县（市）中学和中等技术学校派出工作组，指导学校的“文化大革命”运动。各学校学生纷纷起来“造反”，广大教师普遍遭到大字报攻击，大多数学校停课。1966年6月19日，中共淮阴地委“文化革命领导小组”成立。7月上旬，淮阴专区各县（市）委均成立“文化革命领导小组”。加之北京、南京等地学生到淮阴串联，全专区的青年学生纷纷建立“红卫兵”组织，起来“造反”，由学校冲向社会。8月8日，淮阴中学造反组织一大批学生到中共清江市委、市人大大门口静坐，抗议市委阻碍革命运动。8月16日，中共淮阴地委“文化革命领导小组”决定撤回进驻各中学和中等技术学校的工作组。嗣后，无政府主义的狂涛愈演愈烈，不仅学生，工人、农民、机关干部也相继起来“造反”，开展破“四旧”“横扫一切牛鬼蛇神”，用“大鸣、大放、大字报、大辩论”等形式，大批“反动学术权威”，大揪“走资本主义道路”的当权派，挖所谓“叛徒”“特务”。对这些形形色色的“牛鬼蛇神”，不仅口诛笔伐，还批斗、游街，甚至肆无忌惮地进行人身侮辱和殴打。许多领导干部、学校教师和社会上的“地富反坏右”分子受到打击迫害，教育秩序和党政机关的工作秩序被搞乱。

为了学习外地特别是北京的“革命经验”，从1966年8月中旬开始，陆续有学生代表到北京去接受毛泽东的接见。9月，各学校的“红卫兵”开始大串联，“停课闹革命”。淮阴专区相继成立“革命学生和革命教职工代表赴京参观领导小组”，负责办理各县（市）师生赴京事宜；成立淮阴专区文化革命接待站，接待群众到访和各地串联的“红卫兵”。同时，“红卫兵”开始对派驻学校的文化大革命工作组“镇压学生运动的路线错误”进行清算。10月16日，淮阴地委召开各县文革小组组长会议，要求各地对开展“文化革命”的单位普遍进行检查，尤其是对被工作组打成“小黑帮”“反革命”“右派”的老师、学生等，都应上门赔礼道歉，给予平反；各县的档案要彻底清理，属于黑材料的要统统烧掉。嗣后，一场声势浩大的批判“资产阶级反动路线”的风暴席卷全专区，“踢开党委闹革命”成为广泛流行的口号，各级党政机关动辄受到围攻，党政领导干部受到批斗，机关工作普遍陷于瘫痪、半瘫痪状态，党的基层组织活动和党员的组织生活陷于停顿。批判“刘邓资产阶级反动路线”的高潮在全专区掀起。当年12月，在林彪、江青的干预下，中共中央发出在工业交通系统和在农村进行“文化大革命”的两个文件，改变运动只限于文教部门和党政机关的原定部署，许多工厂和农村的各级领导纷纷受到冲击，大批工人和少数农民离开生产岗位，生产秩序陷于混乱。

二、“打倒一切”的全面内乱

上海“一月风暴”后，淮阴专区的各级党政领导干部受到更猛烈的批斗。1月22日，清江市81个造反派团体计3万多人，在城南体育场联合举行“粉碎资产阶级反动路线新反扑誓师大会”。会上，批判中共清江市委的主要领导人。1月29日，中国人民解放军6408部队和淮阴军分区根据中央军委的命令，派出8560人，进驻已经陷入一片混乱的淮阴专区各行政、企事业单位，实行“支左、支工、支农、军管、军训”（即“三支两军”）。2月初，全面夺权的风暴席卷全区，各县（市）造反派先后夺取当地县（市）党、政、财大权。全专区各地陷入全面的无政府状态。

各地的造反派围绕夺权、掌权的问题，形成互相对立的两派或几个大的造反组织。根据“革命群众组织的负责人、人民解放军当地驻军的代表、革命领导干部”组成的“三结合”领导班子的统一要求，一些造反派组织各自选择几个领导干部作为“三结合”的对象，力争由自己一派为核心实行“大联合”，以此夺权、掌权。许多造反派寸步不让，争夺激烈。在各个造反组织之间发生许多纠纷和冲突，甚至酿成残酷的武斗。特别是1967年6月以后，武斗日趋严重，大大小小的武斗各县都有。同年7月6日、17日、21日，盱眙县两大造反组织先后发生3次武斗，一次比一次规模大，死伤若干。频繁的武斗造成严重破坏，如8月15日晚，淮阴县及清江市造反派以砸淮阴县机关“老保组织”为由，冲进淮阴县委大院，抢砸县级机关18个单位。几乎每个中等学校的教材、教具、图书、门窗等都受到较严重的损失，一些工厂和企事业单位因武斗而损失惨重，停产、停工、停航。清江市和淮阴、金湖、淮安、洪泽等县均发生抢劫人民武装部或解放军枪支弹药的事件。还有一些造反派在一些人的煽动下，冲击档案馆室。淮阴地委机要档案室就被一些造反派以检查“黑材料”为借口，先后两次被砸开，抢走各级各类文件2000余份。1967年8月，谢富治提出“砸烂公、检、法”以后，全专区许多公检法干部受到迫害。公检法机关瘫痪，并被造反派帮派势力所接管。

各地党政机关被夺权以后，淮阴专区成立由造反派占多数的“淮阴专区临时生产委员会”“淮阴专区临时生产监督委员会”，旋即被撤销，成立“淮阴军分区生产办公室”，各县（市）人民武装部也先后成立生产办公室，分别负责全专区及各县（市）工农业生产方面的领导工作。为制止学校造反派组织之间的武斗升级，又组织工人、解放军指战员组成的“毛泽东思想宣传队”进驻学校、领导学校，恢复学校教学秩序，“复课闹革命”。1968年3月以后，各县（市）和地区的革命委员会陆续成立。至此，局势趋于稳定。淮阴专区革命委员会于1968年5月22日成立，有委员75人，其中军人和群众造反组织的代表占大多数。清江市革命委员会于1968年8月22日成立。专区和各县（市）革命委员会主任都是军代表。革命委员会对党、政、财、文实行一元化领导。军队干部在当时极其复杂的情况下执行“三支两军”的任务，做了大量工作，对缓和紧张局势，维护社会秩序、生产秩序，减少动乱造成的损失起到积极作用。但是，在总的“左”倾方针影响下，工作中也产生许多缺点错误，带来消极后果。加之革委会内部一些好兴风作浪的或观点相互对立的造反派头头的存在，许多革委会经常处于纷争和动荡之中，难以正常行使办事议事职能。

三、贯彻“左”倾方针的“斗、批、改”

革命委员会成立以后，迅即开展“斗争、批判、改革”工作。1969年2月，淮阴专区革命委员会在《关于当前全区斗批改情况汇报》中说：“本区清理阶级队伍自1968年至今年元月底，已揪出各类阶级敌人635382人，其中叛徒2813人、特务5888人、走资派544人、阶级异己分子1876人、蜕化变质分子734人、其他坏分子15045人。”1970年3月，专区及各县（市）革命委员会又遵照上级要求，部署“清查五一六反革命阴谋集团”，使许多干部群众遭到残酷迫害。

整党建党是“斗、批、改”阶段的一项重要任务。在整党建党中，要求党组织按照毛泽东提出的“五十字建党纲领”进行“吐故纳新”。其结果是一部分合乎条件的中共党员不能恢复组织生活或被错误地开除党籍，而接纳的新党员则有一部分不合乎党员条件，造成的后遗症严重、久远。尽管如此，通过整党建党，重新建立各级地方党组织，恢复大多数党员的组织生活。1969年5月7—17日，淮阴专区党员代表大会召开。

自“文化大革命”开始后，高等学校停止招生长达4年之久。1970年开始部分高校的招生试点，进行所谓“教育改革”，“实行群众推荐、领导批准和学校复审相结合”的办法，招收“工农兵学员”。小学教育压缩为5年，初高中教育压缩为4年，各地农村还纷纷办起完全小学、“戴帽”初中班。工、农、兵走上讲台，学工、学农、学军、大批判、政治课和各种政治活动占去相当一部分学习时间；业务、文化课程大量减少，教学质量严重下降；走“后门”上学成风。这种“教育改革”，贻误一代青少年的教育和成长，后果极为严重。

由于大学不招生，工厂不招工，商业和服务行业处于停滞状态，城市初、高中毕业生既不能升学，也无法分配工作。1968年12月，全国掀起知识青年上山下乡的高潮。据同年年底统计，淮阴专区共动员当地和接收南京及外省、市初高中、大中专毕业生102723人插队落户。同时，根据精简机构、下放科室人员、压缩城镇人口的精神，进行大规模的干部下放和城镇居民下放。1968年10月，淮阴专区地、县（市）开始把党校改成“五七干校”，作为地、县（市）干部的劳动场所。同年11月，专区首批干部下放农村劳动，地专机关三分之一的干部下放至灌南县新集公社劳动。专区商业局全体干部去“五七干校”劳动，只留一人在革委会帮助工作。部分县级机关首批下放的人数为淮安县520人、涟水县500人、淮阴县400人。至同年年底，还动员城镇居民3186户计12046人到农村安家落户。1969年，淮阴专区安置南京下放干部7000人、家属1.4万人，安置专区机关下放干部1000人；清江市下放干部1250人，上山下乡的初高中毕业生8000人。1970—1972年，安置插队知识青年10191人，其中淮阴地区2919人。

知识青年到农村的第一年由国家供应粮、油、煤，每人每月发给8元生活补贴，第二年参加生产队分配。1968—1975年，国家共拨给淮阴地区知识青年安置经费1.244亿元，建房39673间，不仅国家支付的经费很惊人，而且知识青年的家长和部分地区的农民也为此加重负担。

四、国民经济在动乱中的起伏及随后的调整

1966年下半年，动乱主要集中在文教部门和党政机关。1966年年底，动乱扩展到工业交通企业之后，给经济建设带来严重的灾难。在全面夺权中，经济工作的指挥、调度和管理系统陷于瘫痪或半瘫痪状态，使国民经济的运行失去控制。企业内部行之有效的规章制度，都被当作修正主义的“管、卡、压”而遭到践踏。企业管理混乱，产品质量下降，成本上升，劳动纪律松弛，工伤事故增多。加上许多工人离开岗位，交通运输阻塞，物资供应困难，协作关系中断，使厂矿企业生产受到很大影响。以1968年与1966年相比，全专区12个县（市）中有5个县（市）为负增长，其中盱眙县1968年全民工业总产值仅为1966年的55%，洪泽县为1966年的72.8%。就全专区而论，1968年全民工业总产值仅比1966年增长4%，年度增长率仅为2%，远远低于正常年份的平均增长率。农业上，因动乱的影响不太直接，仍属比较正常，1967年粮食总产量16.09亿公斤，略低于1966年，而1968年为16.59亿公斤，又略高于1966年。

1969年以后，随着形势的稳定和宏观调控的恢复和加强，以及1958年建立的一批工厂经过整顿后陆续正式投产，纺织、化工等行业也新建一批工厂，使国民经济明显回升、发展。农业总产

量方面，1969年为17.44亿公斤，1970年为19.9亿公斤，均创历史最高水平。工业总产值方面，1969年为5.62亿元，1970年为7.32亿元，分别比1966年增长23.75%和61.6%。1970年，经济发展基本上完成第三个五年计划原定的主要指标，但是，粮食和经济作物的生产不能满足工业发展和人口增长的需要，基建规模偏大、项目过多、积累率过高等一系列矛盾暴露出来。1966年，全专区总人口646.3万人，1970年为742.7万人，粮食总产量虽增长20%以上，但由于人口增长过快，人均产粮仅增加13公斤多。全专区工业企业，1966年为570家，其中全民所有制企业187家、集体所有制企业383家；至1970年，总数为729家，其中全民所有制和集体所有制企业分别为220家和509家。财政收入，1970年比1966年翻了一番多，然而1971年的经济建设仍然盲目地继续追求"四五"计划纲要中规定的高指标，基建规模进一步扩大。至1971年年底，全专区工业企业猛增到1167家，其中全民企业326家，比1970年净增106家，集体企业841家，比1970年净增332家。

1972—1973年，根据中央的精神，对国民经济进行调整，如压缩基建规模，精简职工人数，加强劳动工资管理，进一步把发展农业放在国民经济的首位等等。经过近两年的调整，虽然没有从根本上解决问题，但经济形势明显好转，发展速度加快。1973年，全地区工业总产值12.54亿元，农业总产值29.89亿元，分别比1972年增长17.7%和8%，实现收支基本平衡。

五、1975年的全面整顿及其挫折

1972—1973年的经济调整和纠正"左"倾错误的努力，因江青反革命集团的干扰破坏而被打断。中共第十次代表大会以后，江青反革命集团借"批林批孔"大作文章，制造新的动乱，国民经济重新遭到破坏，工业生产一度出现滑坡，各方面工作重新陷入混乱状态。

1975年，邓小平主持中共中央和国务院的日常工作以后，实行全面整顿。经过几个月的整顿，经济形势日益好转。1975年1—6月，清江市完成工业总产值比1974年同期增长12.3%。当年全地区工农业总产值47.69亿元（1990年不变价，下同），比1974年增长13.2%，其中工业总产值增长19%。商业、财贸、文教、科技等方面的整顿，也都有明显的成效。

1975年年底，所谓"反击右倾翻案风"运动开始。全面整顿中提出的许多正确政策和措施被否定，一批坚决执行政策的领导干部遭受打击，在整顿中被撤职或调离的造反派头头又被重新起用。12个县（市）层层成立民兵指挥部和民兵执勤小分队，滥抓乱关无辜群众，使全地区再度陷于混乱。

1976年1月中下旬，周恩来逝世后，全地区各地干部群众怀着无限悲痛的心情，以各种形式举行悼念活动。当年清明节前后，淮安、清江、淮阴、涟水、洪泽等地数十万名青少年和干部群众，纷纷集中到周恩来故居，举行悼念周恩来和抗议江青反革命集团的活动。清江市淮海广场也先后聚集数万名悼念的人群。

六、"农业学大寨"和"工业学大庆"运动

1965年12月22日，淮阴地委向各县委、公社党委发出关于《学大寨精神，走大寨之路，尽快改变淮阴地区低而不稳的生产面貌》的指示。指出："要实现三破三立，即破无所作为，立雄心壮志；破依赖思想，立自力更生；破怕苦畏难，立艰苦创业，以争取明年取得更大丰收！"在"文化大革命"初期，淮阴军分区生产办公室主持生产工作，1967年11月召开的农村政治工作会议上曾作出《关于在全区开展农业学大寨群众运动的决议》。淮阴专区革委会成立之后，召开全专区农业学大寨经验交流会，学大寨的先进单位涟水县大飞大队、淮安县建淮大队等分别在会上作典型介

绍。1971年，中共淮阴地委恢复工作后，为纠正“农业学大寨”运动中一些极“左”的做法，发出贯彻《中共中央关于农村人民公社分配问题的指示》，明确提出要坚持“各尽所能，按劳分配”的原则，不能生搬硬套大寨的劳动管理办法，强调农业必须全面发展，不许把党的政策允许的多种经营当作资本主义去批。地委还组织“农业学大寨”工作队，指导“学大寨”运动。1975年9月，全国“农业学大寨”会议后，淮阴地区掀起普及大寨县运动，一直持续到中共十一届三中全会召开。“学大寨”运动强调学习大寨人艰苦奋斗精神，对鼓舞干群斗志，夺取农业好收成起到一定的促进作用。但是另一方面，学习大寨平均主义的分配方法和强调以阶级斗争为纲，大批资本主义，遏制多种经营和社员家庭副业生产的发展。

“工业学大庆”运动在全地区工业交通战线持续十几年。在计划经济体制下，以开展学大庆运动来提倡奉献精神，推动社会主义劳动竞赛，创建更多的大庆式企业，对生产发展有一定促进作用。

七、“文化大革命”中的经济建设

“文化大革命”中，淮阴地区在经济建设方面，比较突出的仍是水利建设。主要成就有：动员淮阴、六合、扬州三地的20余万名民工，完成淮河入江水道开拓和一系列附属建筑物的配套；建成江淮水北调系统工程中的7个抽水站；兴建部分引水上岗工程，灌区建设也得到扩展和完善。此外，进行六塘河等骨干排涝河道的浚治、调尾，洪泽湖大堤、新沂河大堤的加固，分准入沂工程的续建等，为农业的稳步发展创造必不可少的先决条件。

为防止连续旱涝的袭击，1970年开始，转到以改土治水为中心、防涝防渍为重点的农田基本建设上来，实行山、水、田综合治理，大、中、小结合，沟、渠、路、林、桥、涵、闸统一规划，全面配套。全地区修筑圩堤7754公里，开挖大、中、小沟6万余条，兴建中小型建筑物15万座，平整土地43.33万公顷，改良盐碱地23.33多万公顷，治理低洼易涝耕地56.67万公顷，建成高产稳产农田32.87万公顷，有效灌溉面积72.8万公顷，占耕地面积的86%。涟水县黄营公社大飞大队从1968年开始，坚持“小突击，大会战，专业队，常年干”，4年挖土99万立方米，把“锅底洼，死碱窝”变成高标准的高产稳产良田，成为全省基层农田水利建设的一面红旗。

水利建设特别是农田水利的大发展，促进旱改水面积的扩大和整个农业耕作制度的改革。1965年，全专区水稻播种面积14.09万公顷，1976年达39.36万公顷，翻了一番多。从1972年起，淮阴终于摘掉吃国家返销供应粮的帽子，由差进变为向国家作贡献。到1973年，全地区农业总产值、林牧副渔产值、粮食总产量、人均占有粮食均陆续回升到历史最高水平。但由于片面强调“以粮为纲”，多种经营发展受到阻碍。1976年，粮食与经济作物产值之比还不足3∶1，粮食作物与经济作物播种面积之比仅19∶1。10年中，全地区平均每年增产粮1.5亿公斤，而农村人均收入平均每年仅增1.32元。

在工业生产方面，由于“文化大革命”前上马的一批工厂投产，“文化大革命”中新建一批，全省又组织苏南部分城市援建一批，故淮阴地区的工业生产所展示的有关数据，发展速度不慢。10年中，工业总产值平均年递增14.15%。

电力工业，1967年，全专区发电装机容量为35263千瓦，年发电量11305万千瓦时。20世纪70年代初，陆续兴建一批小水电站，淮阴电厂扩建两台2.5万千瓦机组。至1977年，全地区发电装机容量为11.5万千瓦，年发电量57471万千瓦时。

轻纺工业，陆续新建清江印染厂和清江合成纤维厂等，纺织工业产值年增长率14%。市区和各县相继建成一批塑料厂、食品厂、工艺美术厂等。一批轻工企业转产电子产品。电子工业行业为淮阴地区“文化大革命”中的新兴工业。1966年，始有电子工业企业。在全国大办电子工业的推动和南京等城市的支援下，到1970年，全专区电子工业企业增至10家。1974年，又有一些部属企业对口支援。至1976年，全地区有近20家电子工业企业，产品销路也很好。

因为淮阴是“围绕农业办工业”，所以“文化大革命”中大办“小化肥厂”，陆续兴建12个小氮肥生产厂点，实现每县（市）都有一个化肥厂。1977年，全行业有化学、医药工业企业60多家，完成工业总产值1.5亿元，实现利税1500万元。以农机为特色的机械工业发展较快。1969年后，市区和各县相继复建、新建、改建、分建和扩建一批企业，特别是农机行业，建成清江拖拉机厂，生产出中国第一代自行设计的中型拖拉机——东风-50型拖拉机。1973年4月起，江苏省组织全省性的拖拉机生产大会战，清江拖拉机厂的装备水平和生产能力大大提高。同时，为淮阴地区培植一批机械工业企业，使机械工业成为淮阴地区的支柱产业之一。

“文化大革命”开始后，作为淮阴财税支柱产业的烟酒工业也产生变化。供销社办的卷烟企业和个体卷烟户相继停业，淮阴卷烟厂独家经营，分片销售，生产量持续增长。酿酒行业也新办几家企业，生产规模扩大。1976年，全地区生产饮料酒18502吨、卷烟120304箱，均比1966年有显著增长。但是，生产的发展基本上取决于计划，并未发掘自身发展的潜能与活力。

第六章　现当代的淮安（下）

第一节　从粉碎江青反革命集团到中共十二大前夕

一、揭批江青反革命集团和全面拨乱反正

1976年10月，粉碎江青反革命集团的消息传来，淮阴地区广大民众欢欣鼓舞。淮阴各地600多万名军民纷纷上街游行，庆祝粉碎江青反革命集团的胜利。当年11月以后，掀起揭发批判江青反革命集团的高潮，弄清篡党夺权的帮派体系。全地区查出重点对象50人，挖掉地区和一些县（市）、单位不安定的根子，去掉不团结的消极因素，清查大搞打砸抢的首恶分子及受江青反革命集团支持、怂恿、包庇的10种犯罪分子，基本摧毁帮派体系，使机关单位思想、作风、机构能够适应加快“四个现代化”建设的形势。至1978年年底，清查工作基本结束。

同时，加强对科技工作的领导，一批被撤销的科研机构陆续重建，科技人员职称评定工作恢复，知识和知识分子重新受到重视。涌现一批新的科技成果，淮阴地区农科所、淮阴“五七”农大的单倍体育种，地区农科所的淮85山芋，地区种猪场的新淮猪等，都提前培育成功。教育秩序初步恢复，1977年秋，大中专院校招生制度改革，实行统一考试、择优录取的办法，改变上大学靠关系、“走后门”的不正之风。加强师范院校建设，加快对师资的培养，为全地区教育事业的快速发展奠定基础。文艺战线初步松绑，呈现生动活泼的局面，仅1977年上半年，全地区就创作戏剧剧本56个。美术、摄影、音乐、舞蹈、曲艺也涌现大量新作。

中共十一届三中全会前夕，全地区上下普遍开展真理标准问题的大讨论，打破“左”倾错误

的思想禁区，促进思想解放。中共十一届三中全会以后，淮阴地委发出通知，要求各级党委组织党员干部学习中共十一届三中全会文件，批判“两个凡是”的错误方针，停止使用“以阶级斗争为纲”的口号，全面纠正“文化大革命”中和以前“左”的错误，健全党规党纪和民主集中制，加强社会主义民主与法制观念。按照实事求是、有错必纠的原则，1979年1月25日，中共淮阴地委召开平反大会，为杜文白等17人彻底平反，恢复名誉。此后，全地区各地开展大规模的平反冤假错案工作。

1979年2月，各县（市）陆续召开三级干部会议。至2月底，全地区有9万名党员干部参加冬训，学习中央工作会议和中共十一届三中全会精神。稍后，又对广大干部群众进行坚持四项基本原则的宣传教育，增强坚持社会主义制度的信心和决心，解决工作重点转移的思想认识问题，研究落实中共在农村的各项改革措施，调动农村干部群众的生产积极性。

在此期间，落实知识分子政策、干部政策和统战政策等，调整各种社会关系。1978年5—11月，淮阴地区有1226人被摘掉“右派分子”帽子，占总数的100%。1979—1981年，全地区在“文化大革命”中被立案审查的脱产干部4522人，全部复查结案；被立案审查的基层不脱产干部、党员31508人，复查31457人。1982年6月，淮阴地委发出通知，要求各级党委检查一次知识分子工作，解决存在问题，调动广大知识分子的积极性。

此外，根据中共中央文件精神，1979年2月，对全地区32332名地主、富农、反革命分子、坏分子、右派分子进行复核评议，其中31177人摘掉帽子，930人因错划而予以纠正。对117880名地富子女重新划成分，为1635名小商小贩小手工业者改正成分，为“高沟事件”平反，落实洪泽湖地区1946年疏散隐蔽人员政策，落实起义投诚人员和去台人员亲属政策等。

1981年6月，中共十一届六中全会作出彻底否定“文化大革命”的决定。1981年7月，淮阴地委、各县委组织党员干部学习中共十一届六中全会通过的《关于建国以来党的若干历史问题的决议》，并在人民群众中进行广泛的宣传教育。同时，进一步平反冤假错案。到1982年年底，全地区平反冤假错案工作基本结束，调整各种社会关系，调动各方面的积极性。

二、农村经济体制改革的巨大成效和城市改革的启动

1979年6月，淮阴地委着手纠正经济工作中的“左”倾错误。同年9月，学习《中共中央关于加强农业发展若干问题的决定》，并提出贯彻意见。

1980年1月，中共淮阴地委召开三级干部会议，布置县、公社进行联产责任制试点工作。同年10月，根据中央75号文件精神，全面实行农业联产承包责任制，颁布《关于进一步落实和完善农业生产责任制的意见》。到1981年年底，完成落实的生产队占总数的88.4%。当年11月，新华社报道：“淮阴地区推行联产责任制，农业获得全面大丰收，粮食总产量40亿公斤，提前4年实现1985年农业生产指标”。至1982年年底，全地区51875个生产队，有97.5%实行大包干，在全省率先建立起家庭联产承包责任制。

农业生产的迅猛发展，为工业生产发展的提供有利条件。工业以为农服务为主，农村经济迅速好转，增加对农机、化肥、农药等产品的需求；经过拨乱反正，企业的生产秩序、规章制度迅速恢复，职工情绪高涨。

在这一背景下，城市经济体制改革从扩大企业自主权开始，后又陆续进行企业经营责任制和所有制结构等方面的改革。1979年4月，淮阴地委决定把清江化肥厂、清江棉纺厂、清江印染厂、洋河酒厂作为扩大企业自主权试点单位，初步改变企业只按国家指令性的计划生产，开始关心市场需求、产品销路，使生产迅速发展，利润大幅增长。1981年11月，淮阴地委贯彻国务院有关文

件精神，要求各工业企业以提高社会经济效益为目的，实行责权利紧密结合、“亏损包干，超亏不补，减亏留用”的办法。

1979年起，对商业流通领域采取一系列改革措施：允许个体商贩和农民长途贩运，减少计划商品品种；调整批发体系，建立贸易中心和批发市场；调整商业所有制结构，发展多种经济形式，采用多种购销方式，开辟多条流通渠道，即“一少三多”的改革，加快城乡商品流转，初步缓和一些突出的供需矛盾。

其间，加大对政治违纪和其他违纪案件的查处力度。1982年，全地区受到党纪政纪处分的党员干部821人，其中开除党籍121人，留党察看172人，撤职101人，严重警告、警告427人。健康坚强的领导核心，保证改革的顺利推进。

第二节　改革开放的全面展开

一、市管县体制、乡镇制度的确立与精神文明建设

1982年9月，中共第十二次代表大会以后，以经济体制改革为主的城乡改革在淮阴地区全面展开。

1983年3月，江苏省实行市管县体制，裁撤淮阴地区，成立省辖淮阴市，下辖清河、清浦2个区，淮安、淮阴、涟水、洪泽、盱眙、金湖、宿迁、泗洪、泗阳、沭阳、灌南11个县，灌云县划归连云港市。

1984年，根据中共中央、国务院《关于实行政社分开建立乡政府的通知》精神，建立乡（镇）政府作为基层政权，同时成立村民委员会作为群众性自治组织。到当年年底，淮阴市全市成立286个乡人民政府，组织生产、服务的职能又回到各级政府机关。农村人民公社制度不复存在。

1985年，对“文化大革命”时期造反起家的人、帮派思想严重的人、打砸抢分子“三种人”，125人作出严肃处理，近1000人通过核查。期间，在群众中开展“五讲四美三热爱”（讲文明、讲礼貌、讲卫生、讲秩序、讲道德；心灵美、语言美、行为美、环境美；热爱祖国、热爱社会主义、热爱中国共产党）活动。开展文明村镇、文明单位创建活动。1987年，金湖县淮建乡村村创建文明村的经验，被中宣部、中央书记处农村政策研究室向全国宣传推广。在1989年秋冬和1990年，全市开展民主评议党员活动，评出优秀党员21355人、不合格党员3518人。1990年3月，开展党员干部学周总理、青少年学新安旅行团、各行各业学先进的“三学”活动。同时，开展“扫黄打非”斗争，对挖出来的犯罪分子和团伙从重惩处，净化印刷书刊发行市场，遏制腐朽思想、社会丑恶现象的蔓延。

二、农村经济体制改革的继续推进

家庭承包经营责任制的全面推行，促进农业和农村经济的迅速发展。1982年，全地区粮食总产480.88万吨，居全省第一。1983年，全市粮食总产提高到529.5万吨，成为全国两个粮食总产超过百亿斤的地区之一，成为名副其实的苏北粮仓。

1984年，淮阴市委、市政府批转市农委《关于完善土地承包制度的几点意见》，将土地承包期延长到15年以上；农民开发荒山、荒滩、荒地、荒水，承包期为30～50年，可请雇工，可跨地区承包，农业税改为货币计征。这些措施进一步推动农村经济的发展，1984年和1978年相比，全市

粮、棉、油总产分别增长81.8%、80%、167%，农民人均纯收入增加6倍。

1987年以后，随着人口变化和经济发展，土地承包方式存在的问题愈加突出，各地坚持“大稳定、小调整”的原则，探索“四标连环承包”“两田制”“三田制”等土地承包方式，促进家庭联产承包责任制的完善和经济的发展。其后，市委、市政府又倡导发展家庭经济，为农民解放思想，拓宽思路，快致富、快积累找到一条适合市情的路子。

随着农业和农村经济的迅速发展，小生产与大市场的矛盾日益突出，迫切需要处理好二者之间的关系，搞好社会化服务。1987年4月，市委、市政府在淮阴县袁集乡进行首批农村合作经济试点。到1989年，全市各乡镇普遍建立农经、农技、水利、农电、畜牧兽医、多种经营等服务站和农业技术学校，农业服务体系逐步形成并日趋完善，农业社会化服务程度不断提高。市政府还集中资金加强全市统一供种体系建设，绝大多数乡镇达到统一供种标准，逐步形成以乡服务站为依托，村服务队为主体的新格局，促进农村统分结合、双层经营体制的完善和农村经济的振兴。

1983年以后，淮阴市委、市政府把发展乡镇企业作为振兴农村经济的必由之路。1984年，恢复和发展一批户办、联户办企业。1987年，全市乡办、村办企业11421个，职工39.13万人。在原有的乡镇企业中全面推行“一包三改”，即实行经营承包责任制，改企业领导干部委任制为选聘制，改工人固定制为合同制，改固定工资为浮动工资。1987年，又全面推行承包、租赁经营的改革形式，使乡镇企业在政企分开、自主经营的环境中迅速发展。1988年年底，全市乡镇集体工业完成总产值9.9亿元，比1983年增长3.3倍；乡村工业当年实现利润4017万元，实现税金3494万元，分别比1983年增长148.3%和267.4%。

1988年，淮阴市组织实施黄淮海平原农业综合开发，以改造中低产田为重点，以增产粮棉油为主要目标，调整农村产品结构，发展多种经营，促进农业的发展。1991年下半年和1994年，开始第二、三期黄淮海平原农业综合开发。三期农业综合开发总投资3.27亿元，改造中低产田21.35万公顷，开垦荒地0.78万公顷，改良土壤3.21万公顷，新增粮食生产能力39.1万吨，油料2.46万吨，棉花0.43万吨，增加农业总产值12.78亿元，受益人口333.93万人，项目区人均年收入比非项目区增加250元以上。

三、城市经济体制改革的开展和初步成效

1978—1983年，淮阴地区工业发展相对平稳，工业总产值年递增率为11.73%。

1984年10月《中共中央关于经济体制改革的决定》颁发后，经济体制改革的重点由农村转向城市。1985年1月8—11日，市委、市政府召开全市经济体制改革工作会议。决定围绕简政放权、搞活企业等环节，搞好各方面的配套改革，分别从计划、物资、劳动工资、企业技术改造、工业品价格管理、信贷等6个方面对企业简政放权，把宏观调控体系由直接调控为主向间接调控为主过渡。在全市87家改革试点企业进行领导体制、分配形式、经营方式的改革探索。1987年，按照所有权与经营权“两权分离”的原则，对全市大中型企业普遍推行多种形式的经营责任制，对小型企业试行租赁承包经营，促进政企分开，推动国有企业逐步走向市场。至1987年年底，全市县属以上企业有581家实行承包经营，占企业总数的61.54%；实行租赁经营34家，实行厂长经理负责制778家，实行厂长经理任期目标责任制619家，分配制度实行工效挂钩59家，实行计件工资214家，多数企业实行30%左右的基本工资与奖金捆在一起浮动的分配办法。

1985年以后，开展商业流通体制改革，加快培育市场体系。调整商业批发体系，将原省属公司管理的淮阴市二级站下放到淮阴市商业局管理。1985年，随着国家计划收购产品的大量减少，工业自销产品范围和规模迅速扩大，成立淮阴市工业品贸易中心。此后，普通商品和部分计划商

品都可以在批发市场和贸易中心自由购销。小型零售商业、饮食服务业推行承包或租赁经营，恢复一批连家店、夫妻店。大型商业企业实行承包经营。供销合作事业改官办为民办，完善承包责任制，使之成为农村综合服务中心。

经济体制改革为全市工商企业带来生机和活力，而逐步形成的"双轨制"则推出卖方市场，企业的生产潜力得以释放。1984—1988年，全市工业进入第一次高速增长，年递增率达到19.41%。期间，计划管理、价格管理改革循序展开。然而，计划内与计划外的价格"双轨制"所带来的负面影响也由此产生。

四、科技、教育体制改革

1985年，淮阴市委、市政府颁发《关于科学技术体制改革的实施意见》。1987年4月，对扩大科研机构自主权作出进一步规定，进一步调动科研机构服务经济发展的积极性。至1988年年底，全市14个主要科研单位中有二分之一以上部分或全部实现经费自给，有近百项科技成果进入生产领域。有6个县成立农业科技推广中心，291个乡设农技站，4000多个村配备专职农技员，通过技术服务、承包、示范，活跃在农业生产第一线。淮阴农科所研发的"水稻节磷施肥技术"在4.2万公顷稻田应用。淮阴技术市场应运而生，仅1988年上半年，淮阴市技术交易额就达120万元。

1985年7月，淮阴市委颁发《贯彻"中共中央关于教育体制改革的决定"的意见》，其主要内容是下放教育管理权限，实行"分级办学、分级管理"。在1985年暑假前，全市301个乡镇的中小学都划归乡镇办。稍后，全面推行县、乡、村三级办学，实行县、乡两级统筹管理新体制。各类学校推行校长负责制、教师聘任制和岗位责任制。发展职业技术教育，严格执行"先培训，后就业"的原则，鼓励经济部门自办、支持教育部门和乡镇企业办好职业技术教育。1986年，职业中学首次超额完成招生计划。至1989年，全市有职业中学30所，另有48所普通中学开办职业班，职中与普中的招生比例为1∶1.2。

此外，根据基层中小学教师数量不足、素质较差的状况，加大培训师资力度，仅1985年一年，受训教师就达11950人次。在不太长的时间内，初步解决九年制义务教育师资短缺的问题。

五、1989—1991年的治理整顿

1984—1988年，经济飞速发展，计划经济向市场经济过渡中的通货膨胀、秩序混乱，能源、交通等基础设施落后所产生的制约影响越来越显现出来；国有银行加快向商业银行转轨，企业资金紧缺矛盾更加尖锐，依靠资金投入来支撑高速增长的条件不复存在；全国性的重复建设，带来无序竞争和大量产品过剩，形成买方市场，全市一部分企业开工不足甚至停产。加之1988年夏实行的价格改革"闯关"，诱发全国性的商品抢购风潮等，影响社会稳定。

为扭转严峻的经济形势，根据中共中央和省委的统一部署，淮阴市开展一系列整顿活动。至1989年7月，全市撤销、停建、缓建固定资产投资项目106项，总投资1.93亿元；消费基金和集团购买力均比1988年同期大幅度下降。同时，开展财税物价大检查，清理出市直党政机关经商办企业24家，各县（市、区）清理出116家。

1989年春夏之交发生在北京的风波也波及淮阴，大中专院校部分学生组织游行、请愿。淮阴市委稳妥地应对和处理，各学校较快地恢复正常秩序。

1989年年底，根据中共中央、省委的部署，全市开始第二阶段的治理整顿，即调整经济结构，提高经济效益。1990年，农业、能源、交通建设投资比1989年上升10%。继续整顿经济秩序，至1991年8月，全市列入清理范围的1318家公司，撤销314家，合并34家，取消资格110家，保留

860家，初步解决公司政企不分、官商不分、转手倒卖、牟取暴利等问题，净化市场环境。开展工业企业扭亏增盈及“质量品种效益年”活动。1991年，预算内工业企业扭亏34.5%。

1989—1991年的“治理整顿”，制止经济过热，抑制通货膨胀，但也使企业效益急速下滑，部分企业陷入困境。3年中，全市工业年均递增速度仅为0.88%。市委、市政府在加强企业管理，挖掘内部潜力的同时，调整工业结构，兼并一批亏损企业，加大扶持力度，保护一大批骨干企业，为改革的健康、深入发展创造必要条件。至1991年10月，企业产品销售回升，经济效益总量逐步好转。

1991年夏，全市人民战胜百年一遇的特大洪水，取得抗洪救灾的胜利。

第三节　改革开放和现代化建设的新阶段

一、改革开放进入新阶段和市域行政区划的调整

1992年，邓小平南方谈话以后，特别是同年10月中共十四大确立建设社会主义市场经济体制的目标，淮阴市的改革开放和现代化建设进入新的发展阶段。市委、市政府以转换国有企业经营机制，把企业推向市场作为中心环节，加快财税、金融等领域的改革步伐，推进市场体系建设。同时，调整农业产业结构，发展专业户、专业村、基地乡镇的发展战略，农业产业化经营水平不断提高。

鉴于淮阴市区规模较小，辐射带动能力不强，辖县又较多，1996年8月，根据国务院的文件精神，淮阴市的行政区域进行调整，原属淮阴市的宿迁、沭阳、泗阳、泗洪4个市（县）划出，成立省辖宿迁市；灌南县划归连云港市。区划调整后的淮阴市辖清河、清浦2区，淮阴、淮安、涟水、洪泽、盱眙、金湖6县（市）。

1997年9月，中共十五大和十五届一中全会提出，用三年时间，通过改革、改组、改造和加强管理，使大多数国有大中型企业摆脱困境，初步建立起现代企业制度。根据这一要求，淮阴市以建立现代企业制度为重点的改革全面展开。

二、从转换企业经营机制到启动产权制度改革

1992年，淮阴市委、市政府颁布《关于大中型企业综合改革试点暂行方案》《关于在流通企业进行“四放开”改革试点的意见》，对12家大中型企业和5家流通企业进行以“从改革领导体制入手，抓企业内部配套改革，从完善承包制入手，抓企业内部配套改革，从完善承包制入手，把企业推向市场”为主要内容的综合改革试点。在取得初步经验后，把试点范围扩大到全市79家大中型企业和骨干企业，继而又发展到358家企业。有339家流通企业实行“四放开”。

从1993年开始，进一步深化企业改革，进行以产权制度为突破口的改革，出台《关于进一步深化企业改革的意见》《关于试行“公有民营”的意见》《关于国有企业改制成民营企业试点的工作意见》等20多个文件。在市百货站基础上改制组建的中华一剪梅集团，成为全省首家公有民营企业。1994年又颁布《关于产权制度改革工作的意见（试行）》等6个文件，在全省率先大范围推行企业产权制度改革，创造改革、改组、改造、改善管理“四改联动”的新鲜做法。1995年，按照“规范、完善、发展、深化”的原则，进行“抓住大型骨干企业，改制改组上规模，放开中小企业，促

进企业产权流动与重组”的深化改革。有632家小型国有（集团）企业完成先售后股改制，涉及职工3.5万人，资产近7亿元。组建企业集团31个，其中省级集团12个，有10家被列为省级现代企业制度试点企业。1996年，全市围绕“抓大放小攻难配套”的总体思路，坚持因地制宜，因企制宜，实施组建集团、先售后股、破产、兼并、出售、租赁、托管、股份制等13种改革形式，实施改革的企业2448家，占乡以上独立核算企业的78%。

中共十五大以后，加快推进企业改革工作，从实际出发，不断调整和完善所有制结构。1997年10月，出台《关于企业改制方案的实施意见》，提出因企制宜，采取多种形式，分类指导，使企业改制工作能够取得实效。乡镇企业主要以拍卖、转让为主，市县属企业突出经营层控股，加快资金流动与重组。至2000年，全市有3685家企业完成改制，改制面98%，县属以上企业改制面92.2%，大中型企业改制面80%。4家大中型企业建立现代企业制度。然而，在改制中，部分企业也存在程度不同的国有、集体资产流失现象。

1999年，全市在改制中下岗的职工4.8万人，其中2.15万人实现再就业。2000年，有1.18万人实现再就业。结存下岗职工全部进入再就业服务中心，签订基本生活保障协议2.08万份。国有企业改革得以顺利推进。

其间，1998年，市委、市政府提出并启动实施“两化一招”发展战略，即以招商引资为突破口，推动全市工业化和城市化发展。

三、推进市场体系建设

1992年12月，中共淮阴市委二届六次扩大会议以后，发展新亚商城、供销商城、清江商场、东方大厦、南方大厦、都天商城等一批大中型商场，引进时代、苏果、新亚、清江、天天等一批大型超市，壮大汇通市场、昆仑纺织城、淮阴食品城、苏北市场群、清江蔬菜批发市场、涟水果品批发市场、盱眙山城市场等一批市场。

在构筑大市场、促进大流通方面，淮阴市一方面不断地深化国有、集体商业体制改革，另一方面也在深化对多种经济成份的认识，不断发掘多种经济成份在繁荣市场、搞活流通中的巨大能量。从1983年兴建第一个小商品市场——汇通市场开始，到2000年年底，全市又建成各类市场400多个，总建筑面积200余万平方米，比1978年增加230多倍。

其间，私营个体经济得到较快发展。到2000年年底，全市有个体工商户15.02万家，是1978年的83倍；有私营企业6325家，而1978年为零。从业人员40万人，总注册资金超过23.3亿元，其中超过100万元的个体私营大户307家。引进连锁超市等现代流通业态，以及麦当劳、肯德基、大娘水饺等知名快餐，便利消费，活跃市场。2000年，全市实现社会消费品零售总额103亿元，比1995翻了一番多。一个跨地区、跨部门、跨所有制的大市场、大流通形成，推动经济的日益繁荣，城市功能的不断完善。

为了保证企业改革和市场体系建设的顺利发展，在财税制度改革方面，1994年实行分税制，市、县两级分设国税局和地税局，促进不同所有制企业的竞争发展。在价格管理改革方面，农副产品全部实行市场供应，价格由市场调节，农副产品票证制度废止；大部分生产资料价格由“双轨制”变为单轨的市场价格，从而确立市场价格在价格体系中的主体地位。在金融体制改革方面，进一步强化竞争机制，外汇、证券、参股投资等新型业务得到不断拓展。1993年10月，淮阴证券营业部开业。此后，南方证券有限公司淮阴营业部、淮阴市财政证券有限公司先后开市。市政府出台一系列文件，规范房地产市场，加强房地产开发、管理。

在社会保障服务体系建设方面，市区从1992年7月1日、辖县从1994年7月1日开始实行住房公积金制度，1993年开始出售公有住房，1994年建设第一批经济适用住房。1996—2000年，按照“老房老办法，新房新制度”的总体思路，逐步推行住房分配货币化，陆续发放住房补贴，开放住房二级市场，加大公房出售力度，归集住房公积金，加大住宅建设投资。2000年，全市有1263名职工领取购房补贴1414.79万元；二级市场住房上市成交1583套、10.55万平方米；出售公房11.69万平方米，计4253万元；归集公积金1.65亿元；为1538户发放购房贷款6439万元；城镇住房竣工面积136.8万平方米。市区荷花池、和平路、承德路成为房地产开发重点和热点，富丽花园、富春花园成为新型小区样板。物业管理也纳入市场化轨道。

四、第二产业的发展成就

1991年以后，通过一系列深化改革的措施，淮阴市工商业发展取得令人瞩目的成就。整个工业经济的增长方式有根本转变，运行质量也明显提高。工业由20世纪80年代的速度效益型转变为90年代中后期的管理效益型；经济增长由大起大落转变为持续稳定协调发展；企业运行由生产经营型逐步转变为资本经营型；产品结构调整由单纯地适应市场转变为积极地开发市场，并逐步引进现代营销机制，扩大市场份额。1996年，全市工业实现利税13.4亿元，1997年达15.4亿元，实现产销效同步增长。2000年，规模以上工业企业完成销售212.7亿元、利税21.89亿元。建筑业发展较快，实现增加值23.4亿元。

技改力度不断加大。到2000年，累计投入200多亿元，促进企业升级和产品更新换代。淮阴烟厂、淮阴钢铁厂、金凤集团、宏丽集团、清江石化厂、清江胶鞋厂、清江电机厂、洪泽县元明粉厂、清江电化厂等通过大规模投入，迅速成为现代化产业。淮阴正大饲料公司、韩泰轮胎公司等现代企业，成为淮阴工业经济重要的新亮点。

到2000年，全市工业占整个国内生产总值的比重由1978年的22.2%提高到30.3%。各类市场总成交额103亿元，是1978年总成交额的80倍。全市完成国内生产总值291亿元，其中第一产业增加值87亿元，第二产业增加值116亿元，第三产业增加值88亿元。人均国内生产总值5763元。第一、二、三次产业比例为29.7∶40∶30.3，产业构成首次由“二一三”型转变为“二三一”型。财政状况根本好转。20世纪80年代还是财政倒挂，到1996年消除当年赤字，实现财政收支基本平衡。2000年，全市财政收入25.76亿元，实现5年翻一番，比1978年增长10.7倍；城镇居民人均可支配收入6117元，在岗职工人均工资7978元。

五、不断扩大的对外开放

随着经济体制改革的不断深入，对外开放也不断扩大，开放型经济逐步成为全市经济重要的增长点。1997年，全市出口总值1.7亿美元，比1978年增长7.7倍。2000年，全市出口总值增加到2.5亿美元，是1978年的11.7倍。从1987年出现第一家中外合资企业起，10年间全市利用外资呈现大跨度的飞跃。到1997年，全市有“三资”企业272家，实际利用外资0.81亿美元。2000年，新批外资企业25家，实际利用外资9000万美元。

从1991年开始，淮阴市对外经济合作有了重要突破。1993年，市水利局参与国际竞争，在贝宁和毛里塔尼亚承包两项农田水利工程，合同金额3493万美元。此后，又在10多个国家和地区承包工程，并在美国、南非、埃及等6个国家兴办海外企业，为淮阴外向型经济的发展开辟新的天地。2000年，全市完成外经营业额7488万美元，年末有在外经营人员5507人；对内招商引进项目734个，到位资金20亿元。

1992年淮阴经济开发区、1995年淮阴外向型农业综合开发区分别被省政府批准为省级开发区。到2000年，淮阴经济开发区有6平方公里范围实现“五通一平”，进区项目530多个；实现工业总产值19亿元，工业增加值3.5亿元，财政收入突破1亿元。淮阴外向型农业综合开发区逐步成为农副产品龙头加工基地、农业出口创汇基地、高新技术示范基地。

六、农业产业结构调整和产业化经营

1992年起，淮阴市调整农业产业结构，推进农业产业化经营。全市以实施多种经营骨干工程为突破口，在稳定粮油棉生产的前提下，重点组织实施林、桑、果、渔、菜“五个百万亩工程”，以发展多种经营为主体，为农业规模经营打下基础。1995年开始，市委、市政府又按照“一乡一业、一村一品”和区域化、专业化、集约化生产的要求，作出发展专业村、专业户和基地乡镇的“两专一基”（专业户、专业村和基地村镇）战略决策，确立“两专一基”在农村经济发展中的主体地位，促进大调整、大区域、大规模、大群体格局的形成。

1997年，全市以加快发展市场农业为契机，农业产业化经营进入起步实施阶段。市委、市政府制定淮阴市农业产业化经营的总体方案，确立稳定发展粮油基础产业，发展蔬菜、生猪、水产、家禽、林果五大主导产业。全市形成多个农业经济特色片，建设一批龙头加工企业和加工小区，兴办许多专业市场，并开拓外埠市场，在上海、深圳、南京、苏州等大中城市抢占阵地，建设市场，建立销售窗口50多个。广大农村直销大户、运销实体应运而生，初步形成市场牵龙头、龙头带基地、基地连农户的农业产业化新型运作机制。

到2000年，全市实现农业增加值88.09亿元，增长6.6%，农业产业化经营水平有新的提高，五大主导产业和多种经营比重分别提高到55.5%和67.2%；各类流通合作经济组织和农民经纪人营销农产品60亿元，占农产品总商品值的47.5%。劳务输出收入占农民人均纯收入的22.6%，有50万名在外地的打工者。农民人均纯收入3302元，农村基本实现瓦房楼房化。

其间，乡镇企业通过改制，得到迅速发展。到2000年，全市乡镇企业产值达到农村经济总产值的三分之一，为乡镇财政状况的好转、乡村基础设施的改善，为全市在2000年实现以乡为单位基本达小康，作出重要贡献。

七、基础设施建设的大踏步前进

城市经济体制改革开始以后，市委、市政府一方面对全市工商企业进行循序渐进的改革，一方面筹集资金，对交通、能源、通信及其重点企业进行较大规模的投入和改造，初步打破制约社会经济发展的“瓶颈”，改善发展的外部环境。

继1985年全市集资扩建淮阴电厂之后，1991—1993年，投资12亿元，完成华能淮阴电厂一期工程，全市发电装机总容量60万千瓦，基本解决电力供应长期短缺的问题。

从1989年开始，淮阴市先后投资15.5亿元，用于现代化通信事业建设。改革邮电投入体制，首次利用瑞典政府300万美元贷款，引进先进通信设备。1996年，开通国际互联网淮阴节点，建成市区综合数字业务网和光纤接入骨干网，初步形成集语言、数据、图像于一体的多媒体通信网络。2000年，全市电信业务总量完成4.23亿元，邮电通信业增长速度连续10年超过国内生产总值增长速度。邮政业务从机械化、自动化发展到电子化。全市局用交换机扩容21.5万门，拥有交换机容量86.41万门，电话用户54.71万户；移动电话新增用户15.44万户，总数23.01万户；计算机网络用户3.09万户。其他如无线寻呼、IC卡公用电话、邮政快递、邮政储蓄等都快速发展。建成淮镇扬、淮盐、淮徐、淮连、宁淮5条直埋式光缆干线，总长度910波长公里。淮阴电信事业从全省落后状态发展成为苏北电信现代化枢纽中心。

交通建设方面，1996年，宁淮一级公路建成通车。1997年3月，江苏省第一条地方铁路——（新）沂淮（阴）铁路正式通车。到2000年年底，全市建成高速公路114公里，一级公路237公里，同三、京沪、宁徐等高速公路交汇于市境，并基本实现县乡通油路、村村通公路。以京杭大运河为主干的水运航道货畅其流。淮阴市初步确立区域交通枢纽的地位。

城市建设日新月异，小城镇建设迈出较快步伐，城市化进程达到新的水平。“三淮一体”战略以主干道路建设、供水设施一体化为开篇全面实施，市区人口65万人，市区的主干道路全面进行拓宽改造，形成“五纵七横”的基本骨架。淮海路、健康路等街道美化亮化工程迅速推进和扩大，建成樱花园等城市花园，现代化生活小区快速发展，各种生活服务设施和文化旅游设施成倍增加，展现现代化城市的全新面貌。

八、社会事业的改革和发展

普及九年制义务教育、扫除青少年文盲工作取得重大成效。淮阴市曾是全省文盲较多的地区，至1995年，全市所属县、市、区分四批通过省政府高标准扫盲验收和国家教委教育验收。1996年后，高中阶段教育发展迅速。到2000年，入学率比“八五”计划末提高34.6个百分点。高等教育实现历史性突破，建成淮阴师范学院和淮阴工学院两所本科院校，新建炎黄大学等一批民办学校，成人教育、职业技术教育稳步发展，初步形成多层次、多形式、多元化的办学格局。

加快科技体制改革，培育科技市场，加强科研开发，加大科技成果推广力度。2000年，全市获市以上科技进步奖93项，组织实施省以上星火、火炬计划35项，申报省以上科研项目73项。科技进步在工农业生产中的贡献份额逐年提高。

社会事业投入逐年加大，建成市广播电视中心、博物馆新馆、妇女儿童活动中心、职工活动中心等一批标志性工程。文化事业迅速发展，产生京剧表演艺术家宋长荣、诗人赵恺、书法家戚庆隆等一些有影响的文学艺术家。群众性文体活动初步形成风气，人民生活消费观念进一步转变和更新。

第四节　全面建设小康社会的新时期

一、“两个率先”的目标和“苏北重要中心城市”的发展战略

从2001年开始，淮安市进入全面建设小康社会、加快推进社会主义现代化的新阶段。2001年2月，省辖淮阴市更名为淮安市，原县级淮安市撤市建楚州区，原淮阴县撤县建淮阴区。同年8月，中共淮安市第四次代表大会召开。决定全面加强和改进党的建设，号召广大干群倡导和弘扬“团结、创新、实干、自强”的淮安精神，按照经济增长快于全省平均速度，快于“九五”计划期间平均速度，经济效益增长快于速度增长的要求，确保“十五”计划目标的全面实现。

之后，市委、市政府在全市范围内对投资的软环境进行集中治理，并清理一批行政审批项目。2002年4月，在全市开展历时半年的“解放思想、加快发展”大讨论，用思想的大解放、观念的大更新，促进改革的大突破、环境的大改善、经济和社会的大发展。

中共十六大以后，按照省委在全国“率先全面建成小康社会，率先基本实现现代化”的整体部署，2003年7月，中共淮安市委四届五次全体扩大会议上提出淮安市全面建设小康社会的总体要

求：围绕建成小康社会的四大类18项指标，充分发挥自身优势，努力加快建设进程，确保到2016年，全市总体上全面建成"惠及全体人民"的小康社会。

2008年，省委、省政府进一步加大对苏北地区的扶持力度，提出将淮安打造成为辐射周边地区2000万人口的苏北腹地重要中心城市的战略，为淮安加快发展开放型经济创造极为有利的条件。同年6月，市委、市政府制定"构筑大交通、培育大产业、发展大流通、繁荣大文化、开发大旅游"发展战略，推动全市"两个率先"如期实现。

二、企业改制重组的稳步推进

2000年，省政府颁布3号文件，明确提出理顺劳动关系和进行产权制度改革。2001年，市委、市政府颁布53号文件，以"四到位一保障"为主要内容的改革办法全面推开，即企业资产处置到位、理顺劳动关系到位、土地资产处置到位、转换机制到位，建立覆盖全社会的劳动保障体系。2003年下半年，根据中央新一轮的宏观调控政策和"五大统筹"的要求，市委、市政府把2004年定为"改革攻坚年"，积极稳妥地推进各项改革，国有企业的改革进一步深化。到2005年，市属国有集体企业完成改制205家，改制面95%。全市商业、物资、供销、粮食五大流通系统的企业改制面100%。2008年，基本完成市属重点企业的改制工作。

培育内生机制，深化国有企业产权制度改革。在市属国有企业中开展以产权制度改革为突破口，以国有资本置换和职工身份置换为主导形式的企业改制工作。通过兼并重组、破产关闭、资产租赁、改制退位、资产转让、股份合作等多种形式，在改革中调整和优化经济结构，培育内生机制，积极引入民营资本、外资参与国有企业改革；将国有企业改革与招商引资相结合，与结构调整相结合；通过实行政府置换土地、企业置换产权、职工置换身份等手段，实现国有企业产权改革的顺利推进，建立健全社会保障体系，妥善分流安置广大职工。市政府先后牵头指导清棉集团、宏丽集团、光华化学厂、新华印刷厂、九二五厂、淮阴饲料厂（淮阴正大中方股东）、轻工大厦、淮安水晶厂、淮阴机械实业公司（市洗涤剂厂）、天士力帝益药业、清江电机厂、双穗鞋业、化工研究所等市大中型骨干企业和军工企业改制。按照"产权清晰、职责明确、政企分开、管理科学"的现代企业制度要求，企业在改制中从股权设置到内部机制的转换，均在改制方案中得到体现，企业基本建立股东会、董事会、监事会、经理层，各负其责、相互制衡、相互协调的法人治理结构；建立竞聘上岗、能上能下的用人制度，择优录用、能进能出的用工制度，有效激励、能增能减的分配制度；建立比较科学、基本适应市场经济要求的管理决策制度。国有企业改革基本实现"资产增值、企业增效、国家增税、职工增收"的目标。

实施增量改制，促进跨地区重组企业。以企业加快发展和做大做强为最终目标，引进战略投资，推进市属重点骨干企业实施战略性重组，促进清江化肥总厂与华尔润集团、淮化公司与中化集团、清江电机与广东美的集团、东方清棉公司与香港百隆集团、金凤集团与浙江伊美集团、淮安被单厂与浙江维科公司、宏丽集团与苏州方圆集团等重大重组项目完成。

坚持有序退出，淘汰落后企业。坚持企业改制与新型工业化道路相结合，对资不抵债、浪费资源、污染严重的企业坚决实行破产关闭。全市争取清江化肥厂、淮阴光华化学厂、清拖集团、清印集团、滨淮机械厂纳入国家政策性破产计划，分别为清江化肥厂、淮阴光华化学厂核销不良贷款1.6亿元和7066万元；宏丽集团、清江轴承集团、市三叶树橡胶制品公司依法破产；银河无线电总厂关闭；九二五厂列入国家军工企业债转股计划。

在企业改制过程中，企业原有的一些不良资产和非经营性资产得到核销和剥离，优化企业的资产质量，抛掉企业的历史包袱，减轻企业的社会包袱。

三、工业投入的加大和竞争能力的增强

2001年后，淮安市工业坚持“扩总量、打基础、增后劲”的发展思路，集聚一切条件，加大投入，新上项目，工业投资实现历史性的突破，投入增幅、总量均有显著提高。全市完成工业投资442.3亿元，占全市固定资产投资的38%；年均增幅30%，高于全市固定资产投资9个百分点。2005年，投入总量超过150亿元，当年增幅48%。2006年后，全市工业以大企业为支撑，以大项目为突破，以大招商为手段，全面推进新型工业化进程，投资强度更大、速度更快，当年工业投资突破200亿元，2007年为353亿元。

全市投资千万元项目数连续翻番，大项目不断增多，投资集中度不断提高，由1996—2000年期间的100多个发展到2005年底的1931个；3000万元以上项目，由2001年的14个增加到2007年的402个；亿元以上项目，由4个增加到2007年的130个；10亿元以上项目，从2001—2005年的3个，增加到2007年的13个。

建设一批有影响的重大工业项目，对工业经济的发展和财政收入的增长起到强有力的支撑作用。2003年，淮钢集团投资12.6亿元建设“十五”计划技改工程，是当时全市工业发展史上最大的项目。2005年，涟水锦纶化纤公司锦纶6帘子布项目，实现县（区）项目超亿元的突破。2007年，淮钢集团投资14.47亿元的特钢大棒材项目投产，形成300万吨特钢的生产能力。同年，引进富士康项目，实现引进世界500强企业的突破。通过招商引资，振达钢管、凡力钢管等一批规模较大的钢管生产线建成投产，优化钢铁产品结构。以江苏韩泰轮胎公司、安邦电化集团、清江石化集团、华尔润化工集团、洪化集团为代表的龙头企业不断加大投入，分别实施1000万条子午轮胎、20万吨柴油加氢、2万吨六氯环戊二烯、2万吨环氧氯丙烷、30万吨纯碱、10万吨浓硝酸、5万吨一硝基甲苯等项目；淮安华尔润化工集团30万吨纯碱项目在2004年建成投产，成为全国最大的联碱单套生产装置。井神盐业集团、安邦电化集团、淮海盐化工集团等企业实施盐硝改造，壮大规模，提高资源利用率，为全国新盐都的建设打下基础。金石集团的“西气东输”用井口装置、金象减速机公司大型减速机生产线、清拖集团的易地改造、威灵电机公司的激串电机生产线、宝利嘉公司20万纱锭等项目具有较强的竞争优势，成为工业发展的支撑。机械行业引进一批先进的数控设备、加工中心及检验检测设备，优化产品结构，大大提高企业的竞争能力。

从2008年开始，在加大工业投入的同时，推进电子信息、特钢、盐化工新材料三大主导产业，全市开工建设10亿元以上工业项目16个，富士康（淮安）科技城二期工程、达方电子公司一期工程项目竣工投产。全市初步形成以省级企业技术中心为核心、市级企业技术中心为骨干、企业级技术中心为基础的产学研相结合的技术创新体系。其中，省级中心7家，行业级中心1家，市级中心73家，还有100多家企业研发机构在市经贸委备案。全市共创“中国名牌产品”3个，“中国驰名商标”3件，有效期内的省级名牌产品36个，省著名商标55件，市名牌166个，市知名商标190件。

其间，市委、市政府为推进民营经济的发展，于2006年组建淮安市中小企业发展服务中心，构建融资担保平台、信息服务平台、技术创新支持平台、创业辅导平台、管理咨询平台、人才培训平台、法律援助平台和合作交流平台，促进民营经济和中小企业又好又快地发展，形成横跨第一、二、三产业，机电、仪表、化工、轻工、冶金、建材、食品（农产品加工）、纺织等10多个大行业，近40个工业门类的体系。

四、商贸流通领域的活力显著增强

2001年以后，淮安市社会商品零售总额年平均增幅超过10%，人均拥有商业营业面积0.8平方米。江苏中央新亚兼并重组后，实现规模和效益同步增长，2005年销售突破5亿元，2006年利润突破1000万元，2007年实现利税3500万元。到2008年年底，全市有各类商品交易市场280个，其中年交易额超亿元的大型骨干市场15个。

连锁经营、特许经营等现代流通方式发展迅速，连锁超市、大型超市、专业店、专卖店等都有较快的发展。传统的百货商店、食杂店也在探索新的经营方式。2008年，全市连锁销售额占全社会消费品零售总额的22%，比2002年提高9个百分点。以市商联超市有限公司为代表的当地连锁企业实现快速扩张，开办直营店、加盟店36个。通过招商引资引进的江苏时代超市、苏宁电器、五星电器、上海农工商超市、上海家得利超市、易初莲花超市、金鹰国际购物中心、乐天玛特、万千百货、南京雨润、万达购物广场等一批外地大型商贸企业分支公司先后落户淮安市，成为商贸流通业新的增长点。

此外，从2002年起，通过连续举办淮扬菜美食文化节，扩大淮安美食的影响，促进餐饮业的发展。2008年，全市餐饮业零售额43.1亿元，是1978年的392倍。社会消费品零售总额由2002年的10%，提高到2008年的13%。盱眙县从2000年起，举办每年一届的龙虾节，被评为中国十大节庆活动。小龙虾办成大产业，带动旅游业的跨越式发展，大大提升盱眙的知名度和美誉度。

五、综合实力连年跨上新台阶

2001年开始，围绕富民强市的奋斗目标，淮安市在改革中加快新型工业化进程，全面推进小康社会建设，经济社会发展全面提速。到2005年，全市完成地区生产总值561.81亿元，其中第一产业增加值117.84亿元，第二产业增加值255.75亿元，第三产业增加值188.22亿元，人均生产总值10683元，比2000年翻了一番。财政总收入75.56亿元，是2000年的近3倍。

2006年开始，围绕建设苏北重要中心城市的发展定位，推进“五大建设”（构筑大交通，培育大产业，发展大流通，繁荣大文化，开发大旅游）。到2008年，全市实现地区生产总值915.83亿元，其中，第一产业增加值142.01亿元，第二产业增加值453.25亿元，第三产业增加值320.57亿元。全年财政总收入170.51亿元。

六、“四城同创”与城乡基础设施建设的成就

自2002年起，淮安市陆续提出创建国家卫生城市、国家环境保护模范城市、国家园林城市和江苏省文明城市的“四城同创”奋斗目标。市委、市政府坚持以人为本，牢固树立创建为民的指导思想，以创建“四城”为着力点，在推动城市做大做强的同时，不断推动做优做美，大大提升城市管理水平和城市品味。在全市上下共同努力下，淮安市创建“四城”工作稳步推进。2005年，获“江苏省文明城市”称号；2007年5月，被命名为“国家卫生城市”；2008年年底，又获得“国家园林城市”称号，“国家环境保护模范城市”通过专家组的验收。淮安创造的“亲民理念，和谐城管”的城市管理经验在全国推广。

2007年年底，淮安市委、市政府又提出创建健康城市和国家最佳人居环境城市、国家生态城市、全国文明城市等创建新“四城”的目标，在实现老“四城”创建目标的基础上，开展系统化、高水平、综合性创建。

2006年后，进一步围绕“苏北重要中心城市”的战略定位，以创建“四城”为着力点，按照“东

进南连、三城融合、五区联动”发展战略，聚焦“一河、三区、四园”八大功能区，进一步加大投入，加快建设，优化布局，完善功能，建成一大批重点工程，提高城市品味。到2008年年末，中心城市建成区面积增加到120平方公里，人口增加到120万人，城市化水平提高到50.8%。

期间，万达广场、妇女儿童活动中心、新亚国际广场等建成运行，淮海中心商业区、水渡口中央商务区功能进一步增强，里运河文化长廊、大运河与古淮河风光带建设初具规模，白马湖生态环境整治工程全面启动。新建、改建15个公园，免费开放市区所有公园，新增绿地1354公顷，污水处理率超过80%，改造旧城面积120万平方米，发放公积金贷款35亿元。城市舒适度大大提高。

七、改革开放与开发区建设的新突破

2001—2005年，全市招商引资累计到账资金306亿元，注册外资实际到账资金5.8亿美元，完成进出口总额25.2亿美元，对外经贸营业额6.6亿美元。其中，2005年合同引资额242.1亿元，实际到位资金125.2亿元，新签约项目中，3000万元以上项目200个，超亿元项目40个。市经济开发区由小到大，县区工业园区从无到有，全市开发区、园区累计开发面积65.25平方公里，进区项目累计1442个，吸纳就业人员9.4万人。2005年，淮安经济开发区建成区面积25平方公里，完成工业增加值14.5亿元，完成工业技改投入16.1亿元，同比增长37%；财政收入3.35亿元，增长25%；新签约项目84个，实际到位资金13.5亿元；实现企业自营出口额2.85亿元。盱眙、楚州、洪泽、金湖4个县（区）工业园区被批准为江苏省重点工业园区；省级淮安经济开发区在全省75个开发区中的综合排名由2001年的第68位上升至第32位。一批乡镇工业集中区初具雏形。

至2008年年末，招商引资取得更加丰硕的成果，累计引进5000万元以上内资项目1108个；新批外资项目760个，累计新批台资企业600余家，台资占实际利用外资一半以上，台资集聚新高地加速形成。创成中国淮安出口加工区、中国留学人员创业园、台湾农民创业园。省级以上开发区累计完成基础设施投入161.8亿元，新开发面积138平方公里，入驻企业4874家。通过改制，成功打造2个资产超过百亿元的融资平台，发行27亿元企业债券，引进交通银行、浦发银行、苏南农商行到淮安设点。构建担保、再担保体系，全面推开农村小额贷款公司试点和农业保险。

八、社会保障体系的提标扩面和其他社会事业的发展

随着经济的持续稳步发展，各项社会事业获得相应发展，人民生活水平显著提高。2005年，城镇居民人均可支配收入9115元，农民人均纯收入4000元，人均储蓄余额比2000年翻了一番。农村劳动力就业结构发生重大变化，劳动力转移总量120万人，接近农村总人口的三分之一。农村全面取消农业税和“两工”（农村义务工和劳动积累工），对农民种植水稻、使用良种和购置农机具进行财政补贴；基本消除草危房；农村新型合作医疗覆盖面88.4%；农村自来水普及率95%以上。扶贫助困工程取得新进展，城镇新增就业13.4万人，下岗职工再就业8万人；累计办理廉租房租金补贴698户，安置解困房908户；城镇养老、医疗、失业、工伤生育保险覆盖面分别为88%、85%、96%、85%；城乡低保覆盖面扩大到12.3万人。物价总水平涨幅控制在4%以内。

2005年后，居民收入稳步增长，群众幸福感和满意度进一步提高。2008年，全市城镇居民人均可支配收入14007.12元，农民人均纯收入5657元。新增就业12万人，城镇登记失业率控制在3%以内，被征地农民就业率保持在80%以上。城乡低保提高标准扩大覆盖面，惠及19.51万人；46万农民在扶贫中脱贫；城镇养老、失业、医疗保险覆盖面分别为90%、98%、90%。新型农村养老保险、新型农村合作医疗基本实现全覆盖，获首批“中国爱心城市”称号。在苏北地区率先为

80周岁以上老人发放尊老金，实行市区65周岁以上老人免费乘坐公交车。

2001—2005年，全市投资70亿元改善办学条件，新建46所民办中小学，新增3所高职院校。投资7亿元，建立健全公共卫生体系和突发公共卫生事件应急机制。建成3个国家级生态示范县区、1个省级自然保护区。建成全国双拥模范城、中国优秀旅游城市，成功举办全国稻米博览会、科技洽谈会等特色节会。2006年后，进一步加大公共财政投入，统筹社会事业发展，公共服务能力进一步增强。到2008年，全市拥有各类专业技术人才27.7万人，累计开发新产品2195个，专利授权量3282件，市高新技术创新中心建成国家级孵化器。义务教育实现学费全免、硬件建设全达标、绩效工资全兑现，入学率基本保持100%。新创三星级以上普通高中、职业学校17所，新增省市级优质幼儿园112所。普及高中教育。南京林业大学到淮安市合作办学，高教园区在校生增至7万人。清河区、金湖县实现教育现代化。新创三甲综合（专科）医院3所，城乡社区卫生服务实现全覆盖、标准化，建成百万群众“15分钟健康服务圈”，新改建农村无害化卫生户厕42万座。建成运河博物馆群。实现乡镇文化站全达标、“农家书屋”和农民体育健身工程全覆盖、有线电视村村通，主要公共文化设施人均面积超过全省水平。

·淮安市志·（1978—2008）

大事记

1978年

1979年

1980年

1981年

1982年

1983年

1984年

1985年

1986年

1987年

1988年

1989年

1990年

1991年

1992年

1993年

1994年

1995年

1996年

1997年

1998年

1999年

2000年

2001年

2002年

2003年

2004年

2005年

2006年

2007年

2008年

1978年

1月 淮阴地委书记、地区革委会主任方振调任徐州市委书记，苏州地委副书记丁铁调任淮阴地委书记、地区革委会主任。

3月下旬 清江化工研究所获全国科学大会奖状（先进集体）。

同月 清江市博物馆在城南人民公社小河大队高庄发现一座战国大墓，出土珍贵文物200余件。

4月上旬 淮阴地委在清江市召开大会，传达贯彻全国科学大会精神，讨论淮阴地区科技发展规划（草案），表彰一批先进集体和先进个人。

5月 淮阴地区遭遇春旱，严重受旱农田46.67万公顷。地委组织全地区7500余名干部深入社队，带领140万名抗旱工作人员日夜奋战，旱情得以缓解。同年6月，淮河断流，洪泽湖干涸，全地区突击打井1780眼。

△ 江苏省委在金湖县召开发展副业生产现场会议，《人民日报》等各大媒体报道金湖禽蛋生产经验。

7月17日 省文化厅、财政厅联合拨款3万元维修苏皖边区政府旧址。

7月25日 淮阴地区开展沂南会战工程，建设商品粮基地。范围包括沭阳、灌南、涟水3个县26个公社的10.33万公顷耕地。

△ 撤销淮阴地区革命委员会，成立淮阴地区行政公署，行署专员为丁铁。所属各县（市）亦先后撤销革命委员会，恢复县（市）人民政府。

9月 秋季广交会上，淮安无线电厂与香港高立公司签订来料加工协议，引进国外先进的绕线设备和测试仪器，价值70万元港币，是全地区第一家“三来一补”企业。

△ 淮阴电子工业学校成立。

10月 淮阴地区、清江市分别成立环境保护办公室，同时成立环境监测站。

秋 全地区种植薄荷1.6万公顷，外贸收购原油1465吨，产值3516万元，居江苏省首位。

11月25日 全长1508.3米的盱眙淮河大桥建成通车，是当时国内最长的油管、公路两用桥。该桥于1976年动工兴建。

是年 淮阴地区恢复和建立职工代表大会制度和各级工会组织。次年3月，恢复江苏省总工会淮阴地区办事处。

△ 江苏省地质勘探公司三队在淮安钦工26号钻井中首次发现岩盐。

1979年

1月 淮海影剧院落成，建筑面积4100平方米，座席1700个，为全地区第一家双层看台影剧院。

2月14日 淮阴地区采煤指挥部撤销，成立淮阴地区矿务局。

3月5日 周恩来故居正式开放。

5月24日 江苏省最长的一条高压输电线路——22万伏淮（阴）泰（州）线路建成，全长175公里。

春 盱眙县古城人民公社一些贫困队开展农业生产责任制试点。

6月9日 淮阴地区建成中央人民广播电台第一套节目转播台，当年8月17日正式转播。

△ 淮阴行署统计局成立，计委统计科同时被撤销。

△ 淮阴供销学校复建。

6—9月 淮阴地区及各县（市）成立农业银行分支机构。

7月5日 淮阴地区五七农业大学改为江苏省淮阴地区农业学校，设农学、植保、畜牧兽医3个专业。

8月6日 江苏广播电视大学淮阴地区分校成立。

10月29日 清江市文联恢复工作。

11月10日 淮阴地区开始第二次土地普查工作，至1985年结束。

是年 清江拖拉机厂生产东风-50中型轮式拖拉机3500台，次年被省政府命名为“大庆式”企业。

△ 全地区下放的城镇居民、职工2.6万户、10.88万人回城安置。

1980年

3月 淮沭公路小营至丁集段7.5公里动工改建一级公路，1984年12月完工，为全地区首段一级公路。

6月 林业部副部长雍文涛、中国林业科学院副院长陶东岱等到淮阴地区考察杨树生产。

9月 全省最高的186米电视发射塔在清江市城南人民公社建成。次年4月，淮阴电视转播台开播。

△ 中国民主建国会清江市小组成立，为全地区第一个民主党派组织。1983年9月，民建淮阴市支部成立。

△ 联合国粮农组织渔业考察组到洪泽湖考察。同年10月，联合国世界粮食计划署决定就开发洪泽湖渔业资源项目向洪泽县提供援助，包括改善沿湖5个公社8000户渔民的经济条件。1982年11月5日，中国和世界粮食计划署签订援助洪泽湖渔业资源开发工程的协议。包括挖鱼池、栽种水草、建渔民医院楼和渔民子弟教学楼、修公路、建渔民新村、通电等17个工程项目。整个工程到1986年年底结束，总投资为3507万元。

12月17日 全地区第二次蚕桑工作会议召开，提出把淮阴地区建成丝绸之乡的奋斗目标。此后2年，全地区共栽桑1.05万公顷，桑园种植面积2.05万公顷，居全省之首。

冬 淮阴地区京剧团在北京吉祥戏院、中南海演出《红娘》等剧。次年，宋长荣主演的《红娘》由中央新闻纪录电影制片厂拍摄成彩色舞台纪录片。

是年 全地区恢复律师制度，首批配备律师6名。

1981年

3月上旬 全地区采取统一行动，严肃查处反对四项基本原则、违反宪法和法律的非法刊物和非法组织。

△ 淮阴行署统计局举办电子计算机应用学习班，有14个单位派员参加学习，为全地区第一个计算机学习班。

3月31日　国务院副总理万里考察徐州至淮阴段京杭大运河，指示"充分利用水运，继续整治京杭运河，分流北煤南运，减轻津浦铁路压力"。

同月　全地区进行首次森林病虫害普查。

△　地委书记丁铁不再兼任行署专员，扬州行署专员何仁华调任淮阴行署专员。

4月20日　淮阴地委党史资料征集领导小组成立，下设办公室。

5月6日　淮阴地委老干部局成立。

同月　洪泽县水产研究所开始对洪泽湖资源进行全面调查，至1984年1月结束，完成13篇专题调查报告，为洪泽湖渔业资源的合理利用和增殖提供科学依据。

△　清江等市（县）进行技术职称评定试点。

7月17日　淮阴地区农业广播学校成立，各县成立相应机构。

8月28日　淮阴行署水产局成立，同年11月1日正式办公。

9月26日　淮阴行署广播事业局成立。

10月　江苏省人民警察学校清江班设立。

11月　淮阴地区进出口管理办公室成立，与计委合署办公。

是年　江苏省第一地质队在盱眙县境内发现凹凸棒石黏土矿。

△　淮阴地区水稻栽培全面应用"三茬"（早、中、晚茬）、"三秧"（露地秧、薄膜秧、温室秧）、"三稻"（杂交、中粳、中籼）、"三苗"（小、中、大苗）配套技术，水稻茬口和品种布局逐步趋向合理。

△　全地区撤并小学"戴帽中学"，紧缩高中，形成片设完中、公社办初中、大队办小学的格局。

△　明祖陵修复工程动工。至次年6月，修复明祖陵石刻41座。

1982年

1月9日　淮阴地区经济协作办公室成立。

1月下旬　淮阴地区农村以公社和集镇为中心，建立公安派出所，设置司法助理员；县以上建立法律顾问处和公证处。

2月2日　淮阴地区绿化委员会成立。

2月10日　盱眙县穆店人民公社马湖大队出土一件错金银梅花饰虬龙套铜壶，壶内藏有先秦黄金铸币36件。

3月　淮阴地区13个县（市）进行水面定权发证工作，至当年年底基本结束。

5月22日　清江商场开业，建筑面积1.1万平方米，为全地区第一个大型综合商场。

5月27日　白马湖渔业生产管理委员会成立。

6月　清江市区建成全地区第一座钢架玻璃结构的丙级体育馆。

7月1日　全地区开始进行第三次全国人口普查。经过普查，全地区有总人口879.4万人，其中文盲、半文盲319万人，青壮年中文盲、半文盲为77万人。

8月　淮阴地区台湾同胞联谊小组成立。1987年9月，淮阴市台湾同胞联谊会成立。

9月　全地区各县（市）进行教育结构改革试点，部分中学附设职业班。

10月20日　淮阴地委、行署印发《关于计划生育若干问题的暂行规定》。次月9日，淮阴地区计划生育委员会成立。

同月　为纪念吴承恩逝世400周年，全国首次《西游记》学术讨论会在淮安县举行。吴承恩故居完成复建。

11月11日 京杭运河补水工程全面开工，对淮阴以北7座抽水站进行改建扩建，1983年5月竣工。

11月15日 京杭运河淮扬段中埂切除工程开工。按底宽70米、河底高程2米的二级航道标准施工，12月底竣工。

12月 清江市汽车修理厂成为交通部“中国公路客挂车”定点生产厂，改名为淮阴汽车改装厂。

是年 淮阴地区防疫部门首次开展地氟病的调查和防治。

△ 盱眙县法律顾问处在全地区率先担任企事业单位法律顾问。至1987年，全市各法律顾问处共为345个企事业单位担任法律顾问。

△ 全地区粮食总产量480.88万吨，居江苏省第一。

1983年

2月 淮阴地委发文推广涟水县麻垛公社对社办企业全面推行家庭联产承包责任制的做法和经验。

3月1日 江苏省实行市管县新体制，撤销淮阴地区，清江市更名为淮阴市，升为省辖市。辖清河、清浦2个区，淮阴、淮安、涟水、洪泽、金湖、盱眙、泗洪、泗阳、宿迁、沭阳、灌南11个县；原辖灌云县划归连云港市。市主要领导分别为中共淮阴市委书记丁铁，市人大常委会主任丁铁（兼），市长高德正，市政协主席张景良。

3月24日 涟水县被列为国家商品粮基地建设试点县。1985年，该县获“全国商品粮基地县”称号。

同月 淮阴市实行“全额比例包干”的财政体制，省政府明确淮阴市财政收入留成比例为60.33%，上解比例为39.67%。

△ 中国国民党革命委员会江苏省委直属淮阴市小组成立。次年8月，民革淮阴市委员会成立。

△ 中国人民保险公司淮阴市支公司成立，次年改称为淮阴分公司。

春 淮阴市开始推广棉花地膜覆盖栽培，当年应用面积1213.3公顷。

4月20日 市委、市政府印发《关于政社分设工作的意见》，按原公社、大队、生产队的行政区划，建立相应的乡、村、村民小组。

4月30日 淮阴体育学校恢复，校址设在市重点业余体校，学制3年。1986年，改名为淮阴体育运动学校。

5月11日 苏北地区最大的通信枢纽工程——淮阴邮电通信大楼开工，1985年12月竣工。

5月12日 市委机关报《淮海报》复刊。

5月19—24日 淮阴市第一届人民代表大会第一次会议召开。会议选举产生淮阴市第一届人民代表大会常务委员会，选举丁铁为市人大常委会主任。任命高德正为市长，尚云为市中级人民法院院长，王东辉为市人民检察院检察长。

5月20—28日 政协淮阴市第一届委员会第一次会议召开。会议选举产生政协淮阴市第一届委员会常务委员会，推选张景良为市政协主席。

6月3日 中国人民武装警察部队淮阴市支队成立。

7月18—22日 涟水、淮阴、沭阳、宿迁等7个县遭受特大暴雨，共倒塌房屋22.3万间，死亡33人，受伤280人，损失粮食572.6万公斤，受灾农田31.27万公顷，冲毁桥梁、涵洞、堤坝650座。受大水围困被迫转移安置的灾民达38万多人。市、县党政领导组织并带领230.9万人抗洪抢险。

7月21日 淮阴市审计局成立。

8月25日 根据中央部署，淮阴市开始严厉打击严重刑事犯罪活动。

9月 淮阴市国营工业、交通、物资、供销、城市公用企业实行利改税。

△ 中国民主同盟江苏省委淮阴市直属支部成立。1986年1月，民盟淮阴市委员会成立。

12月22日 市工商局印发《关于尽快建立各级经济合同仲裁委员会的意见》。至1984年，市和各县（区）工商局经济合同仲裁委员会相继成立。

同月 全市乡村集体3333.33公顷果园全部实行家庭联产承包责任制。

△ 中国民主促进会淮阴市支部成立。1985年1月，民进淮阴市委员会成立。

△ 金湖县成为全省第一个户产5吨粮、人产1吨粮、人售半吨商品粮的县。

是年 淮阴市首次向日本出口低芥酸油菜籽1040吨。

△ 淮阴市人民政府蔬菜办公室成立，市、区两级成立蔬菜公司，乡成立蔬菜办公室。1988年5月，成立市蔬菜局。

△ 淮阴市城乡建设环境保护局成立。

△ 洪泽县举办首届水上运动会，被中央电视台录像播放。

1984年

1月5—8日 淮阴市召开首次农村思想政治工作讨论会，解决广大农民坚信党在农村的各项新的经济政策，敢于勤劳致富、带头致富的问题。

同月 全市棉布实行免票供应。

△ 淮阴市在淮安县进行乡镇干部选聘合同制试点。当年6月，在全市乡镇干部中逐步推行聘用制。至1987年，全市选聘乡镇干部1927人。

4月2日 全市启动开展大规模文物普查工作。

△ 九三学社江苏省委淮阴市直属小组成立。同年12月，九三学社淮阴市委员会成立。

5月14日 淮阴涤纶长丝厂开工建设，一期工程于1986年12月15日竣工投产。

同月 书画收藏家徐伯璞向市图书馆捐献中国近现代47位书画名人的书法、美术作品93件。

6月14日 市委、市政府提出扩大企业自主权、搞活经济的八点意见。

8月5日 盱眙县洪山乡新湖村12岁少女赵小瘦为抢救2名落水儿童英勇献身，被县委、县政府授予“舍己救人小英雄”称号。

同月 中共淮阴市委书记丁铁调离淮阴市，江苏省副省长李绥章兼任淮阴市委书记。

△ 中国银行淮阴支行成立。

9月 淮阴市首次在盱眙县仇集乡、河桥乡用飞机播种红三叶、白三叶牧草1000公顷。

10月1日 江苏省第一家城市集体性质金融机构——清河城市金融服务社成立。

10月25日 淮阴市人才交流服务中心成立，隶属于市人事局。

10月29—30日 中共中央总书记胡耀邦在淮阴市考察，并瞻仰周恩来故居。

同月 市政府把发展果树生产列为振兴经济的重要项目。至1988年，全市果树种植面积增加到2.89万公顷。

11月1日 淮阴市越闸水利工地5米深处挖掘出纳玛象门齿、臼齿各1枚及部分下颌首。

11月7—10日 中共淮阴市第一次代表大会召开。会议选举产生中共淮阴市第一届委员会和纪律检查委员会，李绥章任市委书记，余耀中任市纪委书记。

11月15日 京杭运河淮泗段航道疏浚工程开工，全市动员10万名民工，按二级航道标准施工。

同月 市长高德正调离淮阴市，市委副书记徐燕任代市长。

△ 淮阴市首次派员赴意大利考察杨树生产。

△ 撤销市城乡建设环境保护局，分别设立市城乡建设局、市环境保护局。

12月8日 中国工商银行淮阴市支行成立；人民银行淮阴市支行更名为人民银行淮阴分行。

12月11日 市委、市政府成立洪泽湖综合开发领导小组。经过近半年考察调查，制定《洪泽湖综合开发规划（初稿）》。

12月 全市8473名知识分子干部家属31477人由农业户口转为非农业户口。

是年 全市有乡镇企业8146家，职工27万人，完成总产值9.22亿元。全市组办、户办、联户办企业发展到4万多家，完成年总产值1.63亿元。

△ 淮阴市开展“遵纪守法光荣户”创评活动，评出“遵纪守法光荣户”43.93万户。

△ 淮阴市、县两级税务部门从财政局内划出单设，其中市区设清河、清浦、直属3个税务分局。

△ 清江拖拉机厂生产的四轮驱动拖拉机获澳大利亚国际田间日比赛第一名。

1985年

1月8日 市委印发《向全体公民进行法律常识教育的五年规划》。次年，全市开始实施第一个五年普法教育规划。

1月10日 淮阴市农业设施考察团赴日本大阪，对钢架大棚温室及农业技术指导、农产品流通进行实地考察。

1月17日 市纪委发出通知，要求各县（区）纪委严肃认真检查清理党政机关和党政干部经商办企业的问题。

1月21—23日 淮阴市第一次工会代表大会召开。

同月 淮阴市与上海市静安区签订友好城市协议。

△ 涟水县大东乡建立司法办公室。至1987年年底，全市所有乡镇建立起司法办公室。

△ 淮阴市改革中小学管理体制，实行分级办学、分级管理。

年初 淮阴县武墩乡、和平乡，淮安县盐河乡、黄码乡4个乡划归清浦区。

3月21日 淮阴职业大学改为淮阴工业专科学校，暑假后正式招生。

同月 市老龄委员会成立。

4月14日 电子工业部部长江泽民到淮安县瞻仰周恩来故居，考察淮安无线电元件厂。

4月20—23日 淮阴市召开首次人才交流大会，用人单位选用350人，达成科技协作项目协议20项。

4月下旬 盱眙县旧铺乡王庄村出土刻铭铜匜。

同月 淮阴市取消粮食统购，实行合同定购，超出定购品种的粮食议价收购，随行就市。

5月1日 淮阴人民广播电台恢复自办节目。

5月10日至7月3日 淮阴市第一届体育运动会举行。

6月1日 由淮阴市农业局、淮安县农业局等编制的《杂交稻汕优二号温室两段大苗千斤栽培模式》《杂交稻汕优二号高产栽培模式（两段大苗栽培）》《淮麦11号千斤栽培模式》被列为江苏省首批地方标准。

6月13日 市委、市政府印发《关于扶持乡镇企业发展的若干决定》，提出乡办、村办、组办、户办、联户办“五个层次一起上”的乡镇企业发展方针。

7月27日 淮阴拖拉机汽车工业联营公司成立。该公司以清江拖拉机制造厂为主体，主要厂家有清江齿轮厂、淮阴机械厂、淮阴市驾驶室厂、淮阴市汽车配件厂等。

8月21日 清江钢铁厂与清江焦化厂合并成立淮阴市冶金工业公司。

△ 共青团淮阴市第一次代表大会召开。

8月26—27日 淮阴市哲学社会科学联合会成立并召开第一届代表大会。

8月28日 市物资贸易中心获批成立。

9月10日 淮阴市庆祝第一个教师节，市政府向40名省优秀教育工作者和25名“教育世家”代表颁发奖状与光荣匾。

同月 清江拖拉机厂实行分厂制，将12个车间建成10家分厂。此后，分厂制在全市工业企业推行。

△ 市政府组织82个市直单位和82个乡镇结成挂钩对子，加强对乡镇企业的扶持。

10月 淮阴画院成立。

11月1日 淮阴市举行纪念苏皖边区政府成立40周年活动。同日，苏皖边区政府旧址纪念馆对外开放。

11月22日 市政府决定成立洪泽湖管理局、洪泽湖渔政管理总站、洪泽湖水上公安分局、洪泽湖开发总公司。

11月23—30日 市委书记李绥章、市长徐燕率淮阴市农业考察团40人，对苏、鲁、皖3省5市（地区）6县多种经营和乡镇工业进行实地考察。

同月 中国农工民主党淮阴市支部成立。次年8月，农工民主党淮阴市委员会成立。

12月5日 淮阴市工商业联合会成立并召开第一届会员代表大会。

12月7日 市人大常委会第十四次会议通过决议，以雪松为市树、月季为市花。

12月10日 市委、市政府颁发《关于科学技术体制改革的实施意见》，提出改革科技人员管理体制，增强企业技术吸收和开放能力，改革农业科技体制，扩大科研单位自主权，做好技术贸易市场，科技经费实行合同制。

△ 洪泽湖区行政区划调整，洪泽湖水域分由洪泽、淮阴、泗洪、泗阳、盱眙5个县管辖。

12月 市政府印发《淮阴市、县、乡农技推广机构开展经营服务的试行办法》。

△ 全市303个乡镇、场圃全部通电。

是年 市区淮海路供电局路口、水门桥路口、健康路口首次实行交通指示灯自动管理。

1986年

1月5日 淮阴电视台制作的第一部电视剧《世上的路》开拍。

1月8日 全市各界隆重集会，纪念周恩来逝世10周年。

1月26—28日 金湖县横桥乡朱桥村出土汉五铢钱和唐宋钱币20余种近500公斤、银器数件。

同月　淮阴市钟表配件厂与香港和高计时有限公司达成协议，成立淮阴和高计时有限公司，生产石英钟和计算器等，为全市第一家内地与香港合资企业。后由于经营状况不佳，1991年1月撤并。

△　全市清理各级非常设机构，撤销653个非常设机构。

2月1日　经国务院批准，淮阴市被正式列为对外开放地区。

同月　市体育馆落成，为乙级体育馆。

△　淮阴市对厂长（经理）调离开始实行审计公证制度。

3月中旬　淮阴市市志编纂委员会办公室成立，为市政府直属事业单位。

4月1日　即日起到7月31日，以市区、县城和城郊接合部、农村主要集镇、交通沿线地区、边沿接合部和治安问题多的乡村为重点，严厉打击刑事犯罪活动。

4月5日　淮阴市外事办公室成立。

同月　220千伏武（墩）淮（阴）线工程竣工投运，为淮阴供电局首次承建的220千伏线路。

5月1日　市区电视卫星地面接收站建成。

△　淮阴市工人电影院落成并正式开放。

5月7日　盱眙县山城农贸市场建成开业。该市场占地面积3.56万平方米，时为全省最大的农贸市场。

5月8—13日　淮阴市一届人大五次会议在淮海影剧院举行。会议通过《淮阴市“七五”计划（草案）》等，选举李登先为市人大常委会主任。

5月29日　淮阴市首次大型科技市场在市体育馆开幕。

同月　金湖县、涟水县被林业部授予“全国平原绿化先进县”称号。

6月　淮阴西郊热电厂建成投产。

△　清江胶鞋厂坡跟彩色女靴获化工部全国胶鞋新产品优秀设计奖。

7月14日　《淮阴市国营企业厂长（经理）任期目标责任制试行办法》试行。年内，清江金属容器厂在全市第一家签订厂长任期目标责任制协议书。

同月　全国业余体校手球赛在淮安县举行，淮阴市女子手球队获得冠军。

8月7日　清江罐头厂等13家出口创汇生产企业和3家经贸直属企业受到省政府表彰。

8月23日　淮阴盐矿淮安朱桥东淮一号井正式开钻。次年2月15日，朱桥盐矿第一对盐井首采成功。

同月　市内电话实现自动接转。

9月　淮阴交通职业专科学校成立，校址设在淮阴县小营。1990年9月，更名为淮阴工业专科学校交通分部。

10月13日　淮阴市社会劳动保险处成立，隶属于市劳动局。

10月下旬　盱眙县维桥乡车棚村范家岗发现新石器时代遗址，出土一批黑陶器等。

同月　市区水门桥拓宽工程竣工。拓宽后的桥面分快慢车道，总宽度为33.2米。

12月8日　淮安县被公布为国家历史文化名城。

12月15日　淮阴市消费者协会成立。

12月16—17日　英国前首相卡拉汉在全国政协副主席费孝通等陪同下到淮阴市考察。

同月　淮阴市延安电影院落成，次年元旦投入使用。

△　全市改革乡卫生院管理体制。至次年年底，268个乡卫生院实行县乡分级管理体制。

是年 淮阴市粮食总产量583.65万吨，居全国地市级单位粮食总产量第一。

△ 全市扫除文盲24万人，13个县（区）基本达到省级标准。

△ 淮阴市各县均成立中医院和卫生学校。

1987年

1月1日 中共淮阴市委机关报《淮海报》更名为《淮阴日报》。

1月20日 淮阴电视台正式成立，并播出自办节目。

2月3日 位于淮安县茭陵乡大胡村的大胡庄战斗烈士纪念碑落成。

2月6日 市企业改革领导小组成立，在全市推行厂长负责制。

2月18日 清江罐头食品厂生产的“梅林”牌青豆罐头获1986年度国家质量银质奖。

△ 淮阴市蔬菜良种推广联合体开业，为全省首家。

2月中旬 市第二人民医院被卫生部授予“全国卫生文明先进集体”称号。

△ 清江轴承厂生产的204、207两个型号轴承，获国家机械工业委员会“优质产品”称号。

3月3日 市电镀中心厂财产抵押招标揭晓，以何国健为代表的清江拖拉机厂热处理分厂中标，全市第一个通过法律程序认可的厂长产生。

△ 市政府印发《关于鼓励发展蚕桑生产的若干规定》。次年3月19日，印发《关于进一步鼓励发展蚕桑生产的若干规定》。1989年3月10日，印发《关于继续鼓励发展蚕桑生产的规定》。全市蚕桑生产大幅度发展。至1990年年末，桑蚕收种量突破50万张，生产蚕茧29万担。

3月29日 清江工具厂与上海工具厂签订为期10年的合资联营协议。

4月1日 金湖县电线电缆厂生产的铜芯塑料聚氯乙烯绝缘电线，经中国电工产品论证委员会论证合格，为全国乡镇企业生产电线产品首获国家认证。

△ 中国丝绸进出口公司江苏省淮阴支公司成立。

4月2日 淮阴市气象台被国家气象局批准为江苏省境内的3个国家基准站之一。

4月18日 淮安县被命名为“全国体育先进县”。

4月23日 淮阴市地质矿产管理处成立。

同月 淮阴市区发放第一批居民身份证。

5月20日 淮阴市与陕西省宝鸡市结为友好城市。

同月 全市整党工作结束，共处分党员1014人。

6月2日 副省长李绥章不再兼任淮阴市委书记，市委副书记、常务副市长黄冰接任市委书记。

6月3日 淮阴市金融市场开业。

6月12日 金湖县、淮阴县被列为国家重点商品粮基地县。

6月下旬 淮阴市建成建筑面积931.25平方米的低温低湿地下种子仓库1座，时为全国最大的地下种子仓库，可贮存农作物良种60万公斤，良种活力达5年以上。

7月11日 淮安县溪河乡朱周村农民组成的游泳队在江苏省首届农民游泳比赛中获10枚金牌。次月，由该游泳队12名男女队员组成的江苏省代表队在第一届全国农民游泳比赛中，获得男、女团体总分第二名，获奖牌26枚。

7月19日 淮阴市开始在全市企业中全面推行经济承包责任制。

7月下旬 市委、市政府提出贯彻落实粮食定购，供应平价化肥、柴油，发放预购定金“三挂钩”政策的意见。

8月8日 淮阴市文化市场管理委员会成立。

8月16日 盱眙县被批准为全国商品牛基地县。

9月13日 清江拖拉机厂生产的江苏-50型拖拉机被定为国优产品，清江拖拉机厂成为全国3个生产优等品拖拉机的厂家之一。

9月16日 淮安无线电元件厂被授予“全国工业普查先进单位”称号。

9月24日 市政府公布周恩来童年读书处等29处市级文物保护单位名单。

9月30日 淮阴进出口商品检验局成立。

同月 淮阴化工技工学校和无锡航校淮阴分校开办。

10月9—10日 淮阴、盐城、南通3市地方铁路协调会第一次会议召开，讨论淮阴至南通段地方铁路筹建问题，并成立淮、盐、通3市协调委员会。

同月 淮阴市召开移风易俗建设精神文明村会议，推广金湖等地婚丧喜庆服务队的经验。

11月4日 清江车辆厂“开拓”牌6马力三轮运输车在全国首届农用三轮车可靠性越野赛上获第二名。

11月24日 全市统战政策落实工作结束，立案查处案件10017件，结案10002件。

同月 洪泽水貂饲养场与省畜产进出口分公司及市、县外贸部门联营，成立江苏外贸洪泽水貂良种场。

△ 淮阴市完成第二次土壤普查，编绘市级1∶20万成果图10张、1∶50万农业资源图集1本，编写《淮阴市土种志》《淮阴市土壤志》。

△ 刘鹗故居修复完成并正式开放。

△ 淮阴市诗词协会成立。《淮海诗苑》创刊。

12月11日 市区居民实行猪肉凭票定量供应。

12月12日 全市第一家由乡办、村办、联户办企业和个人综合筹资建立的金融服务社——清浦区城南乡金融服务社正式开业。

12月17日 淮阴市土地管理局成立。

12月中旬 京杭运河续建工程两淮段水下疏浚工程全面开工，次年4月31日竣工。至此，404公里长的苏北运河全部达到二级或三级航道标准。

12月26日 经国务院批准，淮安县撤县建市。

12月30日 淮阴市监察局成立。

同月 市区淮海西路拓宽工程竣工，自淮海广场至西园广场，长近2200米，宽46米，分快、慢车道和人行道。市区健康东路由石码头路北端延伸至水渡口广场，长1548.8米，路幅10米。

△ 清河区文化馆舞厅对外开放，为全市第一家营业性舞厅。

△ 全市开始对县区以上1085家工厂进行污染源调查，历时3年，至1989年完成。

△ 淮阴县被国家列为山羊板皮生产基地县。

1988年

1月1日 即日起，淮阴市集资1亿元，兴建地方合资电厂杨庄电厂。次年8月，该项目经国务院批准，装机容量40万千瓦。1990年6月1日，举行开工典礼。

1月3—9日 政协淮阴市第二届委员会第一次会议召开，选举张景良为市政协主席。

1月4—9日 淮阴市第二届人民代表大会第一次会议召开，李登先当选为市人大常委会主任。大会任命徐燕为市长，尚云为市中级人民法院院长，王东辉为市人民检察院检察长。

1月13日 周恩来故居被公布为第三批全国重点文物保护单位。

同月 经过2年综合开发，洪泽湖区首次实现水产品人工养殖量超过大湖捕捞量，水产品总产量比1985年翻了一番。

年初 淮阴市举行首次哲学社会科学优秀成果评奖，对1985年8月1日至1987年12月31日社科申报成果进行评奖，评出一等奖3项、二等奖16项、三等奖51项。

2月28日 市政府发出《关于洪泽湖封湖禁渔的通告》，时限90天。自此，洪泽湖春季禁渔3个月成为制度。

3月1日 淮阴市部分科技人员依据技术、管理、经营方面的特长，自愿集资100万元，办起一家综合型实业公司。

3月5日 周恩来纪念馆奠基。1992年1月6日建成开放。

△ 淮阴市举行周恩来童年读书处开放仪式。

3月9日 市区北京路一期工程开工，分快、慢车道和人行道，宽43米。当年8月15日，北京北路快车道提前建成通车。

3月31日 淮阴市与法国韦尼雪市结为友好城市。

4月12日 市区分区规划基本完成。东南分区为食品工业基地，西南分区为化学工业和纺织工业区，东北分区为对外交通窗口，西北分区为行政机关、教育科研、机械工业、商业中心及住宅区，王营分区为轻纺、丝绸和制糖工业基地。

4月15日 国内第一辆电动微型轿车在淮阴市电器厂诞生。该车长3.2米，宽1.2米，高1.35米，时速30公里，可乘坐4人，一次充电行程100公里。

4月19—20日 美国基督教福音派领袖、著名布道家葛培理夫妇到淮阴市参观访问。葛培理夫人1920年生于淮阴，父亲钟爱华是传教士、黑热病专家，曾任清江仁慈医院院长。

4月24日 淮阴市与陕西省咸阳市签订友好城市协议。

5月19日 淮阴市盐化总公司成立。

5月23日 市经济代表团在深圳举行淮阴市港澳同胞联谊洽谈会。会上，港澳淮阴同乡会成立。

5月24日 在解放军航空摄影队支持下，淮阴市分3条线完成淮阴市区、淮阴县王营镇和小营镇、县级淮安市市区3个点的市容航拍和城市建设录像。

6月17日 中共中央书记处书记芮杏文到淮阴市进行为期3天的调查研究。

6月18日 淮安无线电元件厂通过国家二级企业考评，成为国内“中周、电感”行业第一家达到国家级企业标准的企业。

7月 在全国名优拖拉机拉力赛上，清江拖拉机厂参赛的江苏-50拖拉机和江苏-120拖拉机分别获得“最佳奖”和“优胜奖”。

9月18日 京杭运河淮阴一号桥开工，为中国第一座桥型为钢混组合梁独塔斜拉式的桥梁。1993年7月1日建成通车。

9月24日 淮阴市人民对外友好协会成立。

10月21日 林业部授予洪泽县、县级淮安市、淮阴县“全国平原绿化先进单位”称号。

11月8日 市政府决定在全市范围内开展城镇国有土地使用权申报登记工作。

11月9日 由洪泽县水产研究所承担的国家星火计划项目“高密度自流水养鱼”通过验收。

11月10日　意大利共产党财政、行政代表团到淮阴市访问。

11月15日　市话扩容2000门正式投产运行。

12月6日　京杭运河江苏省交通厅苏北航务管理处在淮阴市成立。

12月8日　江苏国际经济技术合作公司向苏丹杰哈·阿卜杜勒纺织公司提供技术服务项目，由淮阴市纺织工业公司承接，为淮阴市第一个对外承包的项目。

同月　全市进行税收、财务、物价大检查，查出各种违纪金额3467万余元。

是年　市政府向省政府首次承包出口创汇指标，创汇基数为6340万美元，收汇基数为5997万美元。

△　市区解放西路拓宽工程竣工。该工程自1986年开始，路幅36米，分快、慢车道和人行道。

△　江苏高沟酒厂获“国家二级企业”称号。

△　淮阴县、涟水县被列为国家商品猪基地。

1989年

1月20日　市纪委在全市统一设置代号为“50”的“廉政信箱”。

1月27日　市环保局召开会议，根据相关企业上年度环保指标完成情况兑现奖惩，淮阴皮革厂等19家企业被罚款。

同月　在全国第五届评酒会上，39度高沟特曲被评为国家优质酒，获银质奖章。

2月12日　市政府决定每年拨款20万元，各县（市、区）根据实际情况每年资助5万~10万元，用于降氟改水工作。

2月16日　淮阴市首批工人技师聘任制试点工作在清江拖拉机厂等12家全民所有制企业开展。

3月　在1988年冬春水利建设中，涟水、沭阳、淮安分获全省县级第一、二、三名。

△　金湖计量仪表厂生产的TBS-2型精密数字压力表通过鉴定，填补该领域空白。

4月4日　市委决定在全市开展以保持党政机关和党员领导干部廉洁为重点的党风党纪大检查。

4月7日　淮阴市与江西省南昌市签订友好城市协议。

4月8—9日　中央国土开发检查组到淮阴市检查黄淮海农业开发工作。

4月18日　中外合资企业江苏果葡糖有限公司成立，总投资2950万美元，主要产品有淀粉、淀粉糖及其延伸产品，为淮阴市规模最大的中外合资企业。

△　市委发出《关于清理党员干部违反规定建私房的通知》，决定对党政机关和企事业单位党员干部在市区（郊）、县城（郊）和乡镇集镇上营建的私房进行一次全面清理。至1990年8月，查出党员干部建私房7687处，各县（市、区）处理998处，20人受到党纪政纪处分。

4月20日　全国政协副主席钱正英到淮阴市考察水利设施，并向地方政府征求南水北调的意见。

同月　淮阴市对外经济贸易委员会成立。

△　清江轴承厂获机械电子工业部和国家商检局联合颁发的《出口机电产品质量许可证》，是全市第一家获此证书的企业。

5月20日　市委召开市级机关部委办局负责人会议，收看国务院总理李鹏、国家主席杨尚昆

19日晚在中央和北京市党政军干部会议上讲话的电视实况。市委统战部和市政协召开民主党派、工商联和台联负责人座谈会，与会者对讲话表示拥护。淮阴市各大、中专学校也及时组织师生收看，恢复正常教学秩序。

6月1日 淮阴市关心下一代协会在市青少年宫成立。1993年4月1日，淮阴市关心下一代工作委员会成立。

6月19日 市政府法制局成立。

6月22日 市老年大学成立。当年9月招收学员230人，开设有书法、绘画、诗词欣赏与写作、古典文学、中国历史、老年卫生保健等课程。

7月15日 中国国际技术合作公司淮阴分公司成立，开展对外承包工程、劳务输出和部分商品的进出口经营等业务。

7月23日 在首届北京国际博览会上，高沟酒厂的39度高沟大曲、淮阴教育学院的玉米健壮素获银牌，淮阴农科所的畜禽血发酵技术和多元素复合肥获铜牌。

同月 市清理固定资产投资领导小组协同市计委、市经委发出联合通知，宣布撤销、停建、缓建固定资产投资项目106项，减少总投资额1.93亿元。

△ 金湖县257个行政村全部通电，在全市各县中率先实现村村通电目标。

△ 淮阴市首次派遣果林技术人员赴日本参观、研修果树栽培技术。

8月5日 国务院批准淮阴市兴建杨庄电厂（后改名为华能淮阴电厂）。1990年6月1日，举行开工典礼。1994年12月28日，一期工程竣工，为2×20万千瓦燃煤发电工程。1996年4月28日，江苏华能淮阴发电有限公司成立。

8月15日 全市第一家同西欧国家合资创办的企业——淮阴盖克斯工具制造有限公司成立。

8月17日 淮阴画院戚庆隆书法作品、楷书中堂刘勰《文心雕龙·情采》，获全国第四届书展一等奖。

8月20日 纵贯洪泽湖西线航道的25座航标全线接通，结束西线不能夜航的历史。

8月29—30日 世界银行考察团对淮安翻水站等进行考察。计划在淮阴市投放贷款3000万美元，用于改善农田基础设施，建立高产稳产粮棉生产基地。

9月19日 涟水县被评为全国水利建设先进县。

10月1日 市楚秀园建成开放。该公园于1981年开始建设。

10月26日 淮阴市二届人大常委会第十二次会议同意徐燕辞去市长职务，任命姜立宽为代市长。

11月5—8日 中共淮阴市第二次代表大会召开。会议选举产生中共淮阴市第二届委员会和纪律检查委员会，黄冰为市委书记，刘学东为市纪委书记。

11月7日 市委、市政府联合发出《关于开展全民国土观念教育的通知》，决定从12月10日至1990年1月10日为“国土观念教育月”。

11月上旬 淮阴市蚕种冷库与省丝绸公司联合创造的“蚕种短期冷藏接触高温冲击浸酸”方法，填补中国蚕种业空白。

12月1日 淮阴化工研究所研制的聚酰胺复合纤维通过化学工业部鉴定，该复合纤维属国内首创。

12月29日 由清江电机厂和南京航空学院联合研制的SDR132-8/6开关磁阻调速电动机通过省级鉴定，为国内通过鉴定的功率最大的开关磁阻电动机。

同月 淮阴市建筑安装工程总公司被建设部批准为国家一级建筑施工企业。

是年 洪泽、盱眙、金湖、淮安等县（市）实现水产万吨目标，跨入全国淡水渔业重点县行列。

1990年

1月2日 洪泽湖区首次发现一群在滩涂栖息越冬的丹顶鹤。

1月7日 淮阴市化工机械厂研制的大粒破碎机通过专家评审，填补国内空白。

1月11日 金湖县拖拉机配件厂和上海华元干燥技术工程公司联合开发研制的KSB空心浆干燥机通过鉴定，填补国内新型干燥机械的空白。

1月11—13日 中共中央政治局常委、组织部部长宋平一行到淮阴市考察。

1月31日 淮阴市党政机关经办及县属以上公司撤并任务基本完成，查处公司违法违纪案件234起，给予党纪、政纪处分21人，逮捕、判刑13人。

△ 市政府发布《淮阴市矿产资源管理实施办法》。

2月6日 淮阴市第一人民医院成功为一名锐器致心脏穿透伤、大出血、生命垂危病人实施心脏修补术，为全市第一例心脏外科急诊手术。

2月7日 诗人赵恺、京剧表演艺术家宋长荣、书法家戚庆隆获江苏省首届文学艺术奖。

2月14日 淮阴市消灭全市中小学危房，实现“一无两有”（校校无危房，班班有教室、学生人人有桌凳）。

2月23日 清江电机厂与中国机械进出口公司江苏省公司结成合营伙伴，成立工贸合营清江电机厂，成为全省电机行业第一家工贸合营企业。

3月3日 淮阴军分区召开学习“活雷锋”张子祥动员大会，作出《关于学习张子祥，争当无私奉献好军人好民兵的决定》。同月12日，市委、市政府召开学习动员大会，作出《关于在全市开展学习“新时代的活雷锋”张子祥同志的决定》。

3月16日 涟水县人民法院公开开庭审理农民朱某父子控诉淮阴市公安局治安行政处罚裁决不当一案。经过庭审，裁定撤销淮阴市公安局的裁决。此为全国首例公安机关在行政诉讼中败诉案件。

3月23日 盱眙县铁山寺自然保护区建立。保护区占地面积2180公顷，有鸳鸯、河麂及鸟类10目23科51种，乔木、灌木树种64科234种。

4月5—8日 淮阴市举办1990年春季商品、物资、技术交易会，成交额6.36亿元，销售地方产品4.9亿元。此为淮阴市历史上规模最大的一次综合性交易会。

4月14日 淮阴冶金工业公司采用楔模轧技术轧制出轴类产品，成为华东地区唯一楔模轧大型轴类件的特种轧钢厂。

5月9日 淮阴市获1990年度全省水利建设先进单位“大禹杯”奖章，实现此项荣誉“四连冠”。

5月15日 中国农科院与淮阴市农科所共同研究培育出显性核不育八倍体小黑麦、显性核不育六倍体小黑麦和显性核不育硬粒小麦，系国内首创，在育种应用和理论上有重要价值。

△ 清江齿轮厂为意大利生产的直齿锥齿轮首批1.5万件由上海港外运出口，为淮阴市农机配件首次打入欧洲市场。

6月15日 中国人民解放军总后勤部在清浦区黄码乡建成年产15万吨真空制盐厂并正式投产。

6月16日 金湖县化肥厂被化工部列为国家二级企业，为苏北地区小氮肥生产行业第一家企业。

6月29—30日 中共中央政治局常委、中央政法委书记乔石考察淮阴市及涟水县。

△ 市委、市政府召开政法工作会议，部署全市集中开展“严打”斗争。市公安局、检察院、法院发布《关于敦促违法犯罪分子投案自首的通知》。同年7月18—19日，全市“严打”指挥部组织统一搜捕行动，抓获各类犯罪嫌疑人数百人，摧毁犯罪团伙17个，破获各类刑事案件382起。

8月7日 民国锌制印刷版《洪泽湖全图》在清浦区城南乡柴米村被发现，比例尺为1∶50万。

9月1日 淮阴市政府决定实行农村劳动力进城临时务工许可证制度。

9月10日 8时30分，亚运会火炬传递交接仪式在市体育馆广场举行。

10月1日 市委、市政府决定，是月起至1991年5月底，对全市社会团体开展清理整顿和复查登记。

10月10日 淮阴市与陕西省汉中行署签订友好城市协议。

10月15日 淮阴供电局参加建设的50万伏徐（州）江（都）输变电工程获1990年度国家优质工程质量银质奖。

10月23日 淮安运东水电站并网发电。该站装有10台机组，总发电量2000千瓦。

11月3日 美国、英国、德国、荷兰、瑞典等国家和中国香港地区友好团体一行11人，到淮阴市参观考察并检查验收有关资助项目。

11月15日 10集电视连续剧《淮阴侯韩信》在淮阴市开机拍摄。该剧于1991年11月在中央电视台播出。

12月3日 淮安市无线电元件厂被电子工业部表彰为全国彩电国产化先进单位。

12月22日 盱眙县东阳乡大云山发现一座汉代古墓，出土漆器、瓷器、铜器等文物100多件。

12月底 金湖计量仪器厂设计制造的YBS-S系列交直流两用精密数字压力表通过鉴定，结束靠进口压力表检定国内仪表的状况。

1991年

1月6日 淮安造船厂为新加坡建造的59米长驳船建成下水，载重量2000吨级，是淮阴市建造的首艘大型船。次年5月，由淮安造船厂承建的苏北地区最大吨位3000吨级甲板驳船出口新加坡。

1月9日 清江无线电厂研制的ZDD-28型电力载波机通过鉴定，其技术性能居国内先进水平并达到20世纪80年代初的国际水平，可替代进口产品。

2月12日 金湖县被授予“全国造林绿化先进单位”称号。

4月1—4日 淮阴市1991年春季商品物资交易会举行。18个省、直辖市、自治区4500多名代表参会，实现成交额9.15亿元，其中当地产品7.32亿元。

4月3—27日 全市进行农民负担百村调查活动，400余名机关干部参加调研。

4月15日 是日结束的第二届北京国际博览会上，淮阴市参展的科技成果获金奖7个、银奖9个、铜奖6个，现场签订技术经济合同1300多万元。

4月21—29日 淮阴市电话程控设备陆续开通。长途电话线路增加1000条，市内电话增加容量1万门，市区电话号码数从5位上升为6位，可直接拨打世界上180多个国家和地区的电话。

4月29日 中央军委委员、总后勤部部长赵南起考察淮海盐化厂工地。

5月11—12日 市政府召开纠正行业不正之风、治理“三乱”（乱摊派、乱收费、乱罚款）工作会议。至当年年底，全市查出乱收费、乱罚款、乱摊派违纪金额989万元。

5月30日 江苏省水文地质工程地质勘察院编制完成《淮阴市区地下水资源评估报告》。

6月13—19日 连降暴雨致盱眙境内淮河水位猛涨，该县159座中小型水库普遍溢洪，多处沿淮河圩堤被冲决，冲走小麦350多万公斤，淹没农田1067公顷，倒塌民房5012间，淹死5人。

7月10日 由于淮河流域连降暴雨，凌晨2时，按照国家和省防汛指挥部的紧急通知，淮沭河开始泄洪，流量达700立方米/秒。当月17日6时，泄洪量达1200立方米/秒。这是淮沭河开挖以来第一次行洪。贯彻省委、省政府“分淮入沂”决定，淮阴市在南起淮阴闸、北至沭阳闸70多公里长的淮沭河沿岸投入民工10.2万人，抢修险工险段77处，确保洪水安全通过。

8月18日 中共中央政治局委员、国务委员、国务院救灾防病领导小组组长李铁映赶到盱眙县灾区，了解救灾防病情况和灾区学校重建情况，对救灾防病工作作出指示。

9月11日 淮安、涟水、盱眙3个县（市）被列入1990年全国前100名的产粮大县。

9月18—19日 淮阴市区和各县（市）集中进行搜捕行动，抓获各类犯罪嫌疑人472人，其中“三逃”（批捕在逃、负案在逃、劳改劳教在逃）人员124人，流窜犯28人，现行作案275人。

9月29日 全长17.31公里的两淮一级公路通车。

10月6日 由广西电影制片厂摄制的影片《周恩来》在县级淮安市举行首映式。

10月11—12日 洪泽县第一次土地利用现状详查结果通过省成果验收和专家鉴定。该县是江苏省第一个省级土地详查试点县。

11月2日 在第六届全国发明展览会上，淮阴市农学会研制的甘薯膨大素获金奖，淮安兽药厂研制的饲料防霉剂“霉克星”获银奖，市果树研究所研制的红甜素获铜奖。

11月7日 在“七五”全国星火计划成果博览会上，淮阴市选送的17个星火计划成果项目获奖，金、银奖总数居全省第2位。

11月15日 淮阴市与福建省厦门市结为友好城市。

11月26日 江苏省最大的人造水晶工程——银河无线电总厂年产50吨人造水晶工程通过专家审定。

11月28日 淮河入江水道加固工程全线展开。1993年6月，工程通过水平利部淮委、省水利厅验收。

11月29日 淮阴市与海南省海口市结为友好城市。

12月12日 许祖元任中共淮阴市委书记，黄冰调南通工作。

12月14日 市区健康新村被建设部列入“八五”计划期间全国第三批城市住宅小区建设试点。

12月23日 淮阴市首批“社教”（社会主义教育）工作队员207人分赴11个县（市）31个乡镇开展工作。

是年 市区王营废黄河复线大桥建成。

1992年

1月6日 周恩来纪念馆举行落成典礼。中共中央政治局委员、国务委员李铁映为纪念馆落成剪彩。

1月22日 全省最大的长途光纤通信工程——淮阴至扬州、淮阴至连云港、淮阴至徐州光纤通信工程竣工并通过验收。

1月30日 全省第一家引进台资的私营企业——淮阴苏益电器有限公司成立。

2月10—11日 国务委员、国家科委主任宋健到淮阴市考察，要求淮阴市加快改革开放步伐，依靠科技和人才发展支柱产业和乡镇企业，改变革命老区面貌。

2月18日 国家治淮重点工程三河闸加固工程全面开工。至1997年7月，该工程与洪泽湖大堤防浪林更新工程一起通过国家和省有关部门的验收。

2月28日 市委、市政府动员部署全市荐贤举能活动。至当年3月31日，考查任用各级领导2451人，有一技之长的117名专门人才调整到位，5000余人充实到各级后备干部队伍中。

3月1日 清江电机厂与埃及达沃特公司签订协议，帮助其兴建电机厂，为淮阴市首次向国外输出成套设备和技术。

△ 清江商场、淮阴供销大厦、淮海大厦、市轻工大厦实施经营、价格、分配、用工“四放开”改革方案，拉开全市流通企业“四放开”改革序幕。

3月11日 日本关西日中朋友会访华团参加周恩来纪念馆樱花林首植活动。次年2月，该团体再次在周恩来纪念馆栽植樱花树300株。

3月20—23日 淮阴市第二届人民代表大会第五次会议举行。大会通过关于“科教兴市”的议案决议。

3月25—28日 淮阴1992年经贸洽谈暨海内外人士联谊会在深圳举行。洽谈总成交额2.66亿元，引进外资总额6743万美元，合同外贸额3464万美元。

4月8日 全省最大的副食品超级市场——淮阴市友谊公司超级市场开业。

4月11日 淮阴汽车改装厂举行全员劳动合同书签约暨全员风险抵押金缴纳仪式，为全市企业第一家。

4月12日 淮阴市与安徽省淮南市缔结为友好城市。

4月15—19日 华东石油地质局地质研究大队在洪泽县进行的中国首次深层无水芒硝试采获得成功。

5月10日 江苏省第一所希望小学在盱眙县仁集乡举行奠基仪式。

5月16日 市委、市政府召开全市工业企业扩大改革试点会议，确定63家工业企业为扩大改革试点单位。

6月1—2日 全市工业结构调整工作会议召开。

7月1日 淮阴市自来水公司城南水厂首期工程竣工。该工程日供水量5万立方米，缓解市区的供水矛盾。

7月8日 全市旱情严重。至是日，淮河断流1个月，洪泽湖平均水位10.47米，全市66.67万公顷秋熟作物全部受旱，水产业遭受特大灾难，200多万名城乡居民生活用水受到严重威胁。市委、市政府提出保生活、保发电、保航运、保大局，动员全市人民奋力抗旱。

8月1日 新型气体脱硫、脱碳溶剂——聚乙二醇二甲醚在清江石油化工厂试车投产成功，填补国内空白。

8月4日 苏北地区最大的污水治理工程——淮阴市四季青污水处理厂一期工程通过专家验收。该工程日处理污水能力3.5万吨。

8月8日 淮阴市经济开发区管理委员会成立。市经济开发区位于市区东郊，占地面积22平方公里，首期开发面积6.3平方公里，启动区面积1平方公里。

8月24日 淮阴市与厄瓜多尔共和国昆卡市结为友好城市。

10月3日 全市规模最大、年产量达5万吨的特白面粉生产车间在新丰面粉厂投产。

10月9日 全市首家中美合资房地产开发公司——江苏泛亚房地产开发有限公司成立。

10月22日 全市首家以开发商业网点为主的淮港合资企业——淮阴宝兴房地产开发有限公司成立。

10月28日 淮阴市对外经济贸易（集团）总公司成立，并获经贸部授予的进出口自营权。

11月6日 淮阴市人才市场举行开业典礼。

11月10日 淮阴市盐务管理局成立。

△ 淮阴市街道办企业中首家“三资”企业——淮阴兴达鞋业有限公司成立。

12月5日 宁连一级公路马坝至武墩段举行通车典礼。该工程于1987年11月开工兴建。

12月16日 淮台合资淮阴川元电子有限公司成立，第一批产品——1000万个超小型陶瓷电容器的质量全部达到国际检测标准，填补国内空白。

12月19日 李崇年图书馆奠基典礼在淮阴工业专科学校举行。该馆是淮阴旅台同胞葛宗蕙根据其夫李崇年的遗愿，捐资25万美元兴建。次年12月16日，图书馆举行开馆典礼。

△ 市政府召开全市国合商业（即国有商业和供销社企业）零售企业全面推开“双层经营、柜台承包”动员大会。

1993年

1月8日 东方大厦购物中心开业。该购物中心是淮阴市营业面积最大、经营范围最广的综合性零售网点，经营品种达2.5万余种。

1月12—14日 淮阴市普降暴雪，雨雪量普遍在30毫米以上。

1月31日 全国人大常委会副委员长彭冲到淮阴市考察。

2月12—16日 淮阴市经济代表团到黑龙江省黑河地区参观考察，并就联合办砖瓦厂有关事宜进行商谈。淮阴市与黑河地区结为友好城市。

2月14—15日 全市农村工作会议召开，确定把发展多种经营作为农村产业结构调整的着力点和突破口，推动计划农业向市场农业转变，加快农民奔小康的步伐。

2月23日 市委、市政府宣布从当年起市直机关行政经费实行包干。

2月27日 中共淮阴市纪委和淮阴市监察局合署办公。

3月5—14日 淮阴市首次组团参加在上海市举行的1993年中国华东进出口商品交易会。签订16个外销合同，完成出口成交额453万美元，与口岸公司签订供货合同4000万元人民币。

3月6—11日 政协淮阴市第三届委员会第一次会议召开，选举刘学东为市政协主席。

3月8—13日 淮阴市第三届人民代表大会第一次会议召开。

3月18日 淮阴县举行八十二烈士抗日殉国50周年大会暨新落成的八十二烈士纪念碑揭碑仪式。

4月1日 全市粮食油料收购价格及定量、定（统）销价格放开。为保护农民种粮积极性，对1993年粮食实行保护价收购。

4月9日 淮阴市人民警察授衔仪式在淮海影剧院举行，1200余名公、检、法干警参加授衔仪式。

4月18日 宁连一级公路淮阴段二期工程开工。该工程包括马坝至泥沛、武墩至丁集、谢庄至灌南段三部分，全长114公里，设计时速100公里。至1996年12月18日，工程全部完工，宁连一级公路全线通车。

4月28日 淮阴市供销社(集团)总公司成立。

5月8日 淮阴市社会福利院暨康复中心在市区东郊建成。

5月12—14日 淮阴1993年经贸洽谈会在深圳举行。外贸成交额2136万美元,洽谈合资项目210个,项目总投资2.97亿美元,协议外资1.12亿美元,签订海外办企业合同13个。

5月17日 淮阴市区移动通信基站开通。

7月20日 淮阴市冶金工业公司首次试炼成功优质钢60Si2Mn,填补苏北地区不能生产优质钢的空白。

8月1日 淮阴市流通领域第一家股份制试点企业——楚天宾馆有限公司正式挂牌。

8月8日 江苏省股份制试点单位清江商场股份有限公司正式挂牌。

8月15日 《淮海晚报》第一期试刊问世,10月1日正式创刊,此为淮阴市第一张晚报。

9月14日 淮阴市选手崔文华代表江苏队以总分395公斤的成绩,6次刷新亚洲举重纪录,并获得该级别的全运会金牌。

9月16—18日 中共中央政治局委员、书记处书记、中纪委书记尉健行到淮阴市考察,听取淮阴市关于加快改革开放和经济发展、开展反腐败斗争等方面情况汇报,并参观周恩来故居和周恩来纪念馆。

9月21日 淮阴市行政学院在市委党校成立。

9月23日 淮阴机械总厂"中液"牌CBN-G300系列高压齿轮泵在马来西亚吉隆坡举行的1993年国际工业技术贸易展览会上,获最高奖"金虎奖"。

10月1日 淮阴证券业务部异地交易上海股票首日,淮阴市股民成交85笔,交易额22万余元。

10月20日 世界银行官员检查淮阴市利用世界银行贷款加强灌溉农业项目建设情况。

10月21日 淮阴市与云南省西双版纳傣族自治州结为友好城市。

10月27日 市政府印发《股份制企业试点实施办法(试行)》。

10月28日 淮阴市首次举行小型商业企业拍卖活动,拍卖的12家小型商业企业成交6家、7个网点,成交总额184.6万元。

10月31日 零时,涟水程控电话分别割接开通。至此,淮阴市县城以上电话全部实现交换程控化。

11月16日 淮阴市与内蒙古自治区呼和浩特市结为友好城市。

11月22日 淮阴市棉毛纺织厂生产的"小象"牌高级衍缝防蛀羊毛被在全国新科技新产品博览会上获羊毛被类产品唯一的金奖。

12月7日 淮阴市旅游局成立。

12月13—17日 中共中央政治局候补委员、书记处书记温家宝考察淮安、洪泽、金湖、盱眙等6个县(市)的农业生产及水利设施状况。

12月15日 淮阴供销大厦成为全市首家年销售额过亿元的零售商场。

1994年

1月11日 淮阴市被省政府和省军区命名为江苏省"双拥模范城"。

2月3日 淮阴市举行首届杰出青年、优秀青年、优秀青年业务员命名表彰大会。

2月5日 淮阴市部署工资改革。此次工资改革,机关工作人员实行职级工资制,事业单位实行体现各自不同类型、不同行业特点的工资制度。

2月27—28日 中共中央组织部部长吕枫到淮阴市考察。

4月6日 由淮阴市水建公司与淮阴市水机公司负责施工的怀洪新河江苏段第一期工程开工。

4月6—8日 淮阴市先后在深圳、广州举办经贸洽谈会、联谊会。共签订和批准各类投资合作协议175项，协议利用外资1.2亿美元；全市外贸供货成交4.03亿元人民币，自营出口成交746.05万美元；签订3个境外办企业项目，外派劳务752人。

4月23—25日 全国政协副主席孙孚凌考察洪泽县、涟水县，并瞻仰周恩来故居和周恩来纪念馆。

5月5日 即日起，淮阴市在市级机关及市直教育系统试行市级公费医疗改革，实行定额包干，划到个人，自主择医，超支分担，自费封顶，节约归己（一半）。

5月16日 淮阴市见义勇为基金会成立。

5月18—19日 国务院总理李鹏到淮阴市考察，和省、市、镇、村、组干部一起座谈加强农业生产、调整农业结构、提高农民生活水平等问题，并瞻仰周恩来故居和周恩来纪念馆。

5月23日 淮阴市经济广播电台开播。

5月24日 国际、国内计算机联机检索系统淮阴终端正式开通。

6月3日 市委、市政府公布市级机关行政经费管理新办法。新办法坚持事权与财政相统一，进一步划小机关核算单位，预算指标分解到单位，实行分级管理、分灶吃饭。

6月17日 市政府开始对清江罐头厂等10家市直困难企业采取扶持措施，在陈贷付息、债务偿还、税金上缴、原材料供应等方面给予优惠政策，帮助其扭转局面、摆脱困境。

7月20日 淮河上游蚌埠闸下泄近2亿立方米污水，污染物浓度高、毒性大，淮河水超过五类水质标准，使盱眙县沿河近20万名群众生活和身体健康受到严重威胁，全县工农业生产损失惨重。同年8月11日，南京军区第十五分部突击架设15公里的引水管道，支援盱眙抗击污染；8月16日，市政府紧急调拨19辆运水车抵达盱眙，帮助灾区人民运送生活用水。

8月26日 洪泽湖避风港建成。该避风港有效停泊面积1.5万平方米，可容纳100吨级船舶100艘。原国务委员、国防部部长张爱萍为避风港题名。

8月28日 上海淮阴联合化工厂在淮阴县袁集乡投产。该厂由上海焦化总厂延安油脂化工厂与袁集乡联营，总投资近1000万元，生产化工产品癸二酸，年产量1500吨，规模居国内同类企业第二位。

9月15日 淮阴市国家税务局、淮阴市地方税务局成立。

10月10—13日 台湾淮阴考察团一行17人到淮阴市考察，与淮阴市纺织、化工等部门签订13个投资项目协议，总投资额1000万美元。

10月14日 上海市、淮阴市签署合作建设“菜篮子工程”意向书，双方拟在肉禽、水产、蔬菜等方面建立长期、友好、稳定的产销合作关系。同日，由上海市食品（集团）总公司和淮阴肉联厂联合组建的申淮食品有限责任公司成立，为全国食品行业第一家跨地区紧密型联合企业。

10月25—28日 中共淮阴市第三次代表大会举行。会议选举产生中共淮阴市第三届委员会和纪律检查委员会。

10月底 淮阴市1994年金秋十月大型经贸活动结束。全市完成外贸供货5.7亿元人民币，自营出口成交2441.6万美元；新签外资项目128个，总投资3.3亿元，新开业投产40家；新签外经合同额558万美元。

11月30日 淮阴宾馆被评为三星级涉外旅游饭店，为全市首家三星级涉外旅游饭店。

12月7—9日 市委、市政府提出振兴农村经济战略重点：“以抓加工业大户为突破口，放手发展个体私营经济，加速形成加工业专业村组，加快乡镇企业的改制步伐。”

12月9日 市政府表彰邵逸夫等25名对淮阴市各项事业捐赠有功“三胞”（台湾同胞、港澳同胞、海外侨胞）、罗清文等20名勤劳致富“三胞”亲属。

12月15日 清江浦慈云禅寺修复完成，举行开光典礼。

12月28日 新亚商城开业。该商城于是年4月28日破土动工，建筑面积2.01万平方米。

12月底 历时一年多的淮阴市首次第三产业普查工作结束。普查结果表明：全市有从事第三产业的单位33154个，个体户总数87454家，从业人数67万人；三产增加值30.56亿元，占全市国民生产总值24.16%，固定资产净值50.74亿元。

1995年

2月18日 淮阴宏丽集团化纤有限公司在淮阴经济开发区投产。该公司由市民用纺织品总厂、台湾福皇集团、香港派力实业有限公司合资经营，1992年10月成立，产能为年产1万吨涤纶、锦纶产品。

3月7日 《淮阴市志》出版发行。

4月1—2日 中共中央政治局委员、国务院副总理李岚清到淮阴市考察。

5月10日 日本朋友企画有限公司淮阴办事处开业，为第一家外国驻淮阴市办事机构。

5月23日 市委、市政府印发关于乡镇企业推行“先售后股”改制工作的实施意见。

5月27日 省委、省政府决定下拨救灾资金1700万元，建设盱眙县第二水厂。当年12月18日，以龙王山水库为水源的盱眙县第二水厂竣工并投入使用。该工程的建成，彻底解决盱眙县城生活用水污染问题。

6月12日 市长办公会议决定从1996年起，将扶持残疾人经费列入市级财政预算。

6月16日 以国有大型纺织企业清江棉纺织厂为核心，由省内外30多家工商企业以紧密型、半紧密型和松散型组成的江苏清棉集团挂牌成立。

7月6日 淮阴市反贪污贿赂局成立。

7月27日 市委、市政府召开双拥模范城表彰大会。县级淮安市、宿迁市获省级“双拥模范城”称号，盱眙县、金湖县获省级“双拥模范县”称号。

8月22日 特大龙卷风袭击县级淮安市平桥镇，该镇张庙联中6间教室被毁，学生死伤70多人，其中12人重伤、死亡7人。市领导及有关部门负责人赶赴现场，指挥组织救险工作。

9月2日 江苏淮阴钢铁集团有限公司成立。该公司由香港三源国际（集团）投资公司和淮阴市冶金工业公司合资兴办。

9月28日 市区北京北路黄河桥通车。

10月8日 京杭大运河淮阴一号桥码头投入使用。该码头货场面积3.65万平方米，最大靠舶能力1000吨，为市区最大的综合性码头。

10月27日 国家一等一级工程——洪泽湖大堤三河上游拦河坝防洪抗震加固工程竣工，通过淮河水利委员会、省水利厅等单位专家验收，并被评为优良工程。

11月5日 清江拖拉机集团公司向纳米比亚出口26台江苏-504型拖拉机。

11月28日 市区淮海南路至宁连路接线工程开工，全长6.1公里。次年9月28日竣工。

12月9日 淮阴市冶金公司70吨电炉短流炼钢工程竣工投产。该设备投产使公司生产能力达50万吨，成为苏北地区最大的钢铁联合企业。

12月12日 市政府在广州召开驻穗境外机构商务代表联谊会，出席会议的有美国、越南、马来西亚等国领事馆及商务机构的代表共计105人。

1996年

1月17日 市政府出台《淮阴市国有产权交易管理暂行办法》，对国有产权交易的原则，交易机构及职责，交易的范围、方式和程序作出明确规定。

1月18日 市博物馆新馆一期工程开工。当年12月24日完成封顶。

1月25日 中共淮阴市委副书记、纪委书记皇甫贯虹被中共中央纪委、监察部通报表彰。

1月29日 “淮阴外向型农业综合开发区”揭牌。

1月31日 洪泽县乡镇企业管理局被农业部表彰为“八五”计划期间全国乡镇企业科技工作先进单位。

2月底 淮阴市被命名为省级卫生城市。

同月 洪泽县高良涧镇环城村获“全国模范村民委员会”称号。

3月6日 上海—淮阴远程多媒体医院专家会诊系统在市第二人民医院开通，为苏北地区第一家。

3月7日 全省规模最大的茧丝绸集团——淮阴茧丝绸集团成立。

3月8日 盱眙县第一山公园发现日军屠杀中国同胞头颅骨群葬坑，内有头骨、尸骨近200个。

3月28日 淮阴市城市信用联合社开业。

同月 淮阴电视调频发射台被广播电视部和劳动人事部联合授予“全国广播电影电视系统先进集体”称号。

4月1日 古黄河生态民俗园桃花坞一期工程完成，开始对游人开放。

4月13日 市政府在市区十大农贸市场设立蔬菜直销处，350户种菜大户进入市区卖菜。

4月20日 印度尼西亚金鹰集团捐赠200万元帮助淮阴县改造村级小学危房工程开工。至当年6月底，16个乡25所小学危房改造全部完成。

4月28日 涟水县大东镇首次拍卖出让1200平方米国有土地使用权获得成功。

5月1日 淮阴市区电话交换机总容量突破10万门。

5月26日 全省最后一个无电村——盱眙县古桑乡季安村合闸通电。淮阴市暨全省实现村村通电。

同月 县级淮安市被中国科协列入1996—2000年全国50个青少年非社区科普教育示范县。

6月8—11日 全国人大常委会副委员长费孝通在淮阴市考察，建议淮阴市把握交通格局改变良机，重新认识自己的地位，重新认识农业的重要地位，走种植业、养殖业、农产品加工业结合的致富之路。

6月14—18日 在全国科技成果转化对接展示交易会上，淮阴市技术交易额950万元，9项参展成果获重大科技成果奖。

6月下旬 淮阴市第二实验小学挂牌成立。

同月 淮安上丰针织有限公司生产的“霞”牌内衣被评为“1996中国城市市场十佳品牌”。

8月7日 市委、市政府召开市直副处级以上干部大会，传达《国务院关于同意江苏省调整淮阴市行政区划和设立地级宿迁市的批复》。

8月8日 淮阴市区外环线重要工程西安路建成。

8月25日 江苏高沟集团“今世缘”系列酒问世,“今世缘”品牌始创。

9月8日 中保财产保险、人寿保险有限公司淮阴分公司成立。

9月21日 管道煤气穿越里运河输送到清河区北京新村部分居民家中。

9月22—26日 淮阴市组团参加在常州召开的1996年中国专利新技术新产品博览会。全市55家企业参展的82项产品交易额近2000万元、技术交易额180万元,签订各类技术和产品合同50份。22项产品获金奖,7项获创新奖。

9月24—28日 淮阴市组团参加在北京召开的全国星火计划实施10周年暨“八五”农业科技攻关成果博览会,11个项目被评为优秀项目。

10月15日 国家“普九”验收组检查验收淮阴市“普九”工作。淮阴市基本完成普及九年制义务教育任务。

10月31日 淮阴市总工会授予淮阴卷烟厂等23个单位、陈震等12名个人推行事故隐患、危险点控制法“先进集体”“先进个人”称号。该控制法是市总工会首创,受到中华全国总工会肯定。

10月 县级淮安市施河乡被评为全国“亿万农民健身活动”先进乡镇。

11月12日 清江橡胶厂与韩国合资的韩泰轮胎(淮阴)有限公司挂牌营运。

11月14日 淮阴市老区开发促进会成立。

11月18日 金湖县治淮第三期工程通过国家验收。

11月20日 盱眙县明祖陵被公布为第四批全国重点文物保护单位。

11月中旬 考古人员在盱眙县东阳城遗址发掘一座西汉古墓,抢救出土珍贵文物45套74件。

11月27日 宁徐一级公路(半幅)淮阴段134.76公里建成。

同月 周恩来纪念馆和周恩来故居被命名为“全国百家中小学爱国主义教育基地”。

12月1日 淮阴市区第一个大型室内农贸市场——淮海东路菜场开业。

12月3日 淮阴市政府代表团访问白俄罗斯戈梅利市,双方签订缔结友好城市意向书。

12月5日 淮阴市举行首届“五个一工程”奖颁奖仪式。

12月10日 淮阴市房产管理局成立。

12月18日 淮阴市冶金公司改制成为国家股占绝对多数、企业法人和社团法人参股的江苏淮钢集团有限公司。

12月26日 清江石油化工厂经省批准为国有独资公司,改称清江石油化工有限公司。

同月 县级淮安市被国家教委表彰为全国“两基”(基本实施九年义务教育、基本扫除青壮年文盲)先进市。

1997年

1月2日 淮阴市第一人民医院在全省市级医院中第一家实行中午不停诊便民新举措。

1月3日 淮阴市纪委、市监察局发出《关于对市直部分重点企业实行挂牌保护的意见》。首批被保护的企业有淮阴卷烟厂、淮阴冶金工业公司等12家,保护的内容有任何单位和个人不得向企业“乱收费、乱罚款、乱集资、乱摊派”等8条。

1月5日 洪泽县创建省级卫生城市通过考核鉴定,成为全市县级第一家、苏北地区县级第二家省级卫生县城。

2月27日 江苏省淮阴食品工业学校更名为江苏省食品学校。

同月 江苏清江拖拉机集团公司、淮阴电化厂、清江胶鞋厂、江苏清江轴承集团、淮阴市清江印染厂、清江化肥总厂和淮安棉纺织厂7家企业被列入省第二批100家现代企业试点企业。

4月3日 市委、市政府命名黄花塘新四军军部纪念馆、淮阴市博物馆、淮阴市党史陈列馆、洪泽县二十六烈士陵园、关天培祠、淮安车桥烈士陵园6家单位为淮阴市第二批爱国主义教育基地。

4月5日 涟水县郑梁梅育才小学举行奠基仪式。该校由香港实业家郑兆财捐资兴建。当年9月19日，学校举行落成暨开学庆典。

4月11日 国务委员李铁映考察清浦区黄码乡蔬菜基地、淮阴卷烟厂、江苏淮钢集团、淮阴电机股份有限公司等，并瞻仰周恩来纪念馆和周恩来故居。

4月18日 淮阴市第四人民医院挂牌。该院前身为淮阴市传染病医院。

同月 淮阴市仲裁委员会成立。

5月16日 淮阴市举行首届残疾人文艺会演，全市9支代表队70多名残疾人参加演出。

5月23日 中共淮阴市委召开常委扩大会议，决定将市区盐河、废黄河、里运河、大运河两岸建成4个带状公园。

5月29日 淮阴市实验小学举行“江苏省实验小学”“江苏省模范学校”揭牌仪式。

5月30日 《新华日报》头版头条刊发关于盱眙县水冲港乡的长篇通讯《脱贫奔小康的英雄壮歌》，并配发评论员文章《一面艰苦奋斗的旗帜》。

6月3—5日 中共淮阴市委、市政府在淮阴电化厂召开重点企业发展壮大现场会，决定重点盘大金湖爱特福公司等5家乡镇企业。

6月4—8日 全国政协副主席胡绳在淮阴市考察。

6月17—19日 白俄罗斯共和国戈梅利市政府代表团访问淮阴市，双方签署缔结友好城市协议书。

6月18日 淮阴海关正式开关。

6月24日 淮阴师范学院成立。该院是省属高等师范学院，前身为淮阴师范专科学校和淮阴教育学院。

6月30日 盱眙县马庄乡全面完成农村改水任务，全乡2852户农户用上自来水，成为全市农村第一个实现户户通自来水的乡镇。

7月25日 全市2636个行政村全部通上电话，实现村村通电话。

同月 淮阴市中华一剪梅集团鼎大食品有限公司、涟水食品集团、涟水县蔬菜脱水速冻厂、燕海贸工农肉加工总公司（盱眙）、盱眙县速冻蔬菜厂、淮安桐木板厂、金湖县粮油食品总厂7家企业被列入省首批105家贸工农一体化重点龙头企业。

8月1日 淮阴市级公费医疗改革新办法出台，率先在市级机关和教育系统实施。

8月4日 淮阴市区承德路黄河桥竣工。

8月28日 淮阴市区承德路、淮阴县宁连路连接线开通。

同月 淮阴市“辉煌”牌太阳能热水器获第六届中国专利新技术新产品博览会特别金奖，另有多项产品获金奖、银奖和优秀产品奖。

9月20日 淮阴市对涟水县3条公路扶贫项目全部完成，分别是淮高灌11公里大修工程、宁连路高沟连接线工程、方渡大桥工程。

9月28日 淮阴市北大门——淮阴县城区干道改造工程竣工通车。

10月14日 洪泽芒硝矿9号井与5号井地下2200多米深处实现对流连通，为国内第一口芒硝井水平连通。该井可为年产5万吨元明粉企业服务10年。

10月23日 淮阴运动员崔文华在第八届全运会男子举重108公斤级比赛中，以200.5公斤成绩打破200公斤的抓举世界纪录，并以410.5公斤的总成绩获得金牌。

12月9日 盐城—金湖国防公路通车。该公路全长158.7公里，总投资3.1亿元。

1998年

1月5日 周恩来遗物陈列馆竣工并通过省级验收。该馆位于周恩来纪念馆北侧，主要陈列周恩来在中南海西花厅使用过的大部分遗物，占地面积1.1万平方米，建筑面积6200平方米。

1月17日—21日 政协淮阴市第四届委员会第一次会议召开。

1月18—22日 淮阴市第四届人民代表大会第一次会议召开。

2月5日 淮阴市区承德路里运河大桥开工兴建。当年9月竣工。

2月28日 广播电影电视部、中央电视台、江苏省政府联合举办的“百年丰碑”——纪念周恩来诞辰100周年“心连心”大型文艺演出在周恩来纪念馆广场举行。同年3月5日，全市各界隆重集会，纪念周恩来诞辰100周年。

3月5日 14时45分，从新沂发出的一列火车首次驶达淮阴袁北站，结束淮阴市无铁路历史。

5月20日 亚洲最大的制氧生产线——江苏淮钢集团有限公司与美国普莱克斯公司合作建设的真空变压吸咐（VPSA）3067立方米/小时制氧工程通过竣工验收。

5月23—24日 全国人大常委会原副委员长雷洁琼，全国人大常委会副委员长许嘉璐，全国人大常委会委员、民进中央副主席张怀西到淮阴市考察。

5月30日 淮阴市首届少儿文化艺术节开幕。

6月14日 全市国营企业下岗职工再就业洽谈会在淮阴体育馆广场举行。202家私营企业和个体工商大户进场洽谈，为全市国有企业下岗职工提供1500个就业岗位，达成用工意向1174个。

6月20日 涟水妙通塔地宫内清理出包括金棺银椁在内的一批珍贵宋代文物，在海内外引起轰动。2003年3月21日，该批出土文物被审定为国家级文物。

7月27日 淮阴市第三次被省政府、省军区命名为省“双拥模范城”。

7月28日 省委、省政府在淮阴县老张集举行沂淮、宁宿徐、宁靖盐3条高速公路开工典礼。

8月13日 盱眙第一山风景名胜区获批为省级风景名胜区。

8月28日 淮阴市首家民办高校——华中公共关系进修学院成立。

9月6日 苏北地区首家民办高中——淮阴市光明高级中学开学。

9月9—11日 全国人大常委会原副委员长费孝通一行考察洪泽湖围栏养殖带、洪泽元明粉三厂、市区三益电器厂、淮阴县丁集乡白羽王种鸽厂。

9月10日 盱眙铁山寺森林公园升级为省级森林公园。

9月16日 国家重点建设工程——新长铁路开工典礼在县级淮安市城东乡举行。2002年9月30日，新长铁路全线建成通车。

10月8日 洪泽湖区首家专门从事旅游业的企业——洪泽湖水上娱乐有限公司在洪泽县蒋坝镇开业，填补洪泽湖上水上娱乐项目的空白。

10月14日 淮阴市邮电管理体制进行重大改革，原淮阴邮电局撤销，淮阴邮政局、淮阴电信局成立。

10月28日 省委、省政府在县级淮安市城东乡举行淮河入海水道开工典礼。该水道西起洪泽湖二河闸，东至扁担港流入黄海，全长163.5公里。2003年6月，主体工程提前建成并发挥效益。2006年10月，工程全面竣工并通过验收。

△ 涟水县出台《农民技术职称评定暂行办法》，为农民评定职称。

△ 国内第一台数字化地震仪在盱眙地震台安装成功。

同月 本月起，淮阴市区70岁以上老人可免费乘坐公交车。

11月27日 淮阴市土地利用总体规划通过省级评审。全市划定基本农田面积45.22万公顷，农用地面积59.93万公顷，建设用地面积9.9万公顷，其他用地面积30.48万公顷。

1999年

1月3日 《新华日报》头版头条刊登通讯《淮安，实干争光》，报道县级淮安市连续3年国内生产总值、工农业总产值以20%以上的幅度递增，财政收入在消灭历年6000万元赤字的基础上实现3年翻一番。

1月8日 位于淮阴市区废黄河北岸的樱花广场举行落成典礼。同年5月1日，樱花广场旁的樱花园开园。

1月9日 中共中央组织部调研组在涟水县调研1998年实行干部选拔任用公示制的做法、效果。

1月27日 作为“三淮一体”的最先举措，淮阴市公交总公司投入20辆新型公交车，开通至县级淮安市区61路、62路和63路公交路线。

2月8日 “淮阴辉煌的二十年成就展”在市博物馆开展。

2月9日 金湖县黎城镇徐良村农民刘某在自家门口挖水井时发现一座古墓，出土铜镜、青铜剑、陶器等文物20件。经文物管理部门鉴定，属西汉初期珍贵文物。

2月25日 盱眙县人民法院临淮人民法庭庭长戴飞当选“全国十大杰出女法官”。

同月 涟水县郑梁梅高级中学开工兴建。当年9月，学校建成开学。

3月5日 “周恩来民主思想与实践”研讨会在县级淮安市举行。全国各地的学者、专家100余人参加研讨会。

3月8日 淮阴市第一所综合性大学——民办炎黄大学在涟水县举行奠基典礼。该校由涟水籍台胞蒋志平筹资兴建。10月，该校建成并开学。

4月14日 《新华日报》头版头条刊登通讯《淮阴：“配角经济”唱大戏》，报道淮阴市引导、帮助市直骨干企业挂靠国内外实力强大的知名企业求得自身迅速发展和扩张所取得的成绩。

4月29—30日 淮阴市区淮海广场人防工程通过评审验收，被评定为省级优良工程。

5月8日 全市首家私企贷款担保公司——淮阴市民生咨询担保有限公司成立。

5月17日 江苏淮阴华新药业有限公司生产的150箱药品，被选为中国红十字会组织的首批人道主义救援物资之一，启运至南联盟。

6月3日 经国家经贸委批准，淮阴市清江石化有限公司整体划转中国石油化工集团公司，由中石化集团公司对其原料配置、生产销售等进行统一管理。

7月9日 金湖县举行淮河入江水道大桥开工典礼。该桥全长3354.49米，总造价1.04亿元，为全省最长的内河公路大桥。2001年7月，大桥通车。

8月28日 全市家禽产业第一个专业合作社——淮阴志亚养禽合作社成立。次年7月，合作社创始人张志亚当选为“第四届江苏省十大杰出青年农民”。

9月1日 江苏华能淮阴发电有限公司被国家电力公司命名为国家“一流火电企业”。

9月4日 一台由中国一拖清拖集团公司生产的江苏“东方红”牌504型轮式拖拉机，被国家主席江泽民在泰国访问时作为国家礼品赠送给泰国国王普密蓬。

9月11日 淮阴市第一届文化艺术节开幕。

9月20日 国家安居工程——淮阴富丽花园全面竣工。该工程总投资1.8亿元，占地面积12万平方米，建筑面积17.78万平方米，建成住宅1742套。

9月28日 淮阴南方批发市场举行开业典礼。该市场为苏北地区最大的建材直销市场和主要集散地。

10月20日 中共中央政治局委员、国务院副总理吴邦国考察淮江高速公路王兴立交工程工地，并瞻仰周恩来故居和周恩来纪念馆。

10月24—25日 全国政协副主席张思卿瞻仰周恩来纪念馆和周恩来故居，参观周恩来童年读书处，考察淮钢集团、淮阴卷烟厂。

11月6日 由淮阴电化厂、淮阴电化厂农药实验分厂、淮阴市农机化总公司等5家企业联合组建的江苏安邦集团宣告成立。该集团下辖8家子公司，资产总额6亿元，年销售额近7亿元。

11月8日 金湖汽车零部件集团挂牌成立。该集团由金湖汽配厂等9家企业组成，以门泵、前后桥等产品为龙头，是国内最大的门泵专业生产基地和苏北地区最大的前后桥生产基地。

11月21日 淮阴出入境检验检疫局成立。

12月1日 淮阴市区向县级淮安市供水成功。两淮自来水管道正式联网。

12月5日 国家重点工程500千伏淮安上河变电所与徐州、扬州两地3条500千伏线路联网并通电运行。至此，国内最大的输变电工程——山西阳城电厂送电工程在江苏境内基本建成。

12月9日 淮阴市在盱眙县王店乡首次举行“四荒”（荒山、荒水、荒滩、荒地）资源经营权拍卖大会。推出都梁山高科技农业示范园内的7宗22公顷荒地，总成交额34.25万元。

12月28日 淮阴市慈善总会成立。

2000年

1月6日 县级淮安市溪河镇通过验收，成为全市首家省级经济与环境协调发展示范镇。

1月8日 淮阴市第一人民医院为一名35岁的足掌断离患者成功施行再植手术。该手术不仅为全市首创，还填补全省医疗技术上的一项空白。

2月11日 清江拖拉机集团公司研制开发的江苏-55马力系列轮式拖拉机被国家经济贸易委员会评定为国家级新产品。

2月15日 淮阴市撤并34个乡镇。区划调整后，全市有乡镇128个，为中华人民共和国成立后该市第三次大规模乡镇行政区划调整。

2月25日 按照新颁布的《中华人民共和国个人独资企业法》登记的全市第一家个人独资企业——淮阴市清江机电设备厂正式成立。

2月底 苏北地区最大的家禽孵化厂——洪泽湖家禽孵化厂在洪泽县共和乡建成投产。

3月18日 刘老庄八十二烈士陵园、八十二烈士纪念馆揭幕。

4月3日 淮阴国家粮食储备库启用。

4月13—15日 中共中央政治局常委、国务院总理朱镕基在淮阴市考察。与市金融、财税、农业等部门负责人座谈，听取全市经济工作情况汇报；考察市蔬菜研究所、淮安二堡国家粮食储备库；瞻仰周恩来故居和周恩来纪念馆。

4月17日 淮阴市自来水有限公司成立。该公司由原淮阴市自来水总公司与县级淮安市自来水公司重组改制建成。

4月30日 淮阴质量技术监督系统农资产品"打假保优"协查网成立运作，为江苏省首家。

5月26日 淮阴工学院举行成立大会。该学院是由淮阴工业专科学校、江苏省农垦职工大学、淮阴职工大学3所学校合并成立的普通本科院校。

6月8日 金湖职业高级中学被教育部认定为首批国家级重点中等职业学校。

6月9日 淮阴市乡镇企业改制任务基本完成。全市累计完成乡镇企业改制5493家，改制面99.9%，涉及总资产41.34亿元。

6月12—13日 中共中央政治局委员、国务院副总理温家宝考察淮阴市境内的二河大堤和淮河入海水道等重点水利工程，并在淮阴市主持召开苏、皖、鲁、豫4省负责人参加的淮河流域防汛抗旱工作会议。

6月20日 江苏省运河航运有限公司揭牌成立。该公司由江苏省港航集团运河公司改制而成，拥有船舶总吨位12.5万吨，60多个船队长年航行于京杭大运河和长江下游沿线，年货运量300万吨。

6月25—27日 联合国禁止化学武器组织派出核查组，对淮阴电化厂光气等生产设施进行检查，认为中国严格遵守国际禁止化学武器公约。淮阴电化厂是中国被国际禁化武组织唯一指定的核查单位。

7月1日 肯德基淮阴新亚餐厅开业，为全市第一家肯德基连锁餐厅。当年9月1日，麦当劳淮阴清江餐厅开业，为全市第一家麦当劳连锁餐厅。

7月10日 淮阴师范学校、淮安师范学校并入淮阴师范学院举行交接仪式。

7月19日 盱眙县举办"中国龙年盱眙龙虾节"。次年7月，举办第一届中国龙虾节。此后形成惯例，每年举办。2008年开始为中国·盱眙国际龙虾节。

7月30日 紫金山天文台盱眙铁山寺科普园开园。

8月2日 淮阴市电视专题片《山志铭》、戏剧《豆腐宴》、图书《淮阴五十年史》、理论文章《借鉴苏南经验，发展苏北经济》获江苏省第四届（1998—1999年度）精神文明建设"五个一工程"入选作品奖。

8月26日 中国一拖技术中心清拖分中心成立暨揭牌仪式在清拖集团举行，为全市第一家经国家认定的企业技术中心。

8月27日 由无锡中百超市（配销）有限公司投资2000多万元与淮阴新亚集团合作开办的无锡中百超市淮阴店在市区开业。该店营业面积8000多平方米，各类商品2万余种，是全市最大的综合超市。

9月8日 江苏省电信公司淮阴分公司举行揭牌仪式。

9月10日 淮阴市自来水有限公司营业所被授予国家级"文明服务示范窗口单位"称号。

9月19日 清拖集团工程师胡玉军发明的江苏-180B1型水田小四轮拖拉机获国家专利。

10月1日 亚太地区规模最大的元明粉生产企业——中外合资江苏南风元明粉有限责任公司正式投入运行。该公司由西班牙克瑞米达萨公司、山西南风集团和洪泽县合资1.23亿元兴办。

10月9日 淮阴卷烟厂被国家质量技术监督局评定为"2000年全国质量管理先进企业"，副厂长仇方沂获"2000年全国质量管理先进工作者"称号。

10月10日 经省教育厅批准，淮阴市清江中学更名为江苏省清江中学。

10月15日 苏北地区最大的综合批发市场——淮安新世纪商贸城举行开城仪式。该商贸城占地面积13万平方米，总建筑面积1万平方米，设有1600多个摊位、800个精品屋，经营服装鞋帽、五金电器、装饰材料等12个大类2万多种商品。

10月16日 淮阴市区横跨里运河的华兴桥在原红卫桥桥址上重建并开通。

10月25日 盱眙县古桑乡白虎山、桂五镇陶山、王店乡杜梁山小流域综合治理和水土保持生态环境监督管理规范化建设示范县工程通过国家级验收。

11月4日 省委、省政府追认黄在右为中共正式党员、革命烈士。黄在右生前为涟水县大东镇团委副书记，在当年8月31日抗洪救灾中不幸牺牲。

11月7日 全省首个信用村在洪泽县仁和镇金汤村创立。

11月26日 淮阴县举行黄河广场和古黄河绿化风光带竣工典礼。

12月12日 淮阴宾馆升级为全市首家四星级旅游涉外饭店。

2001年

1月2日 华东地区首条以再生纸为原料、生产3.2米超宽幅瓦楞纸生产线，在淮安箱纸板厂投产。

1月3日 淮阴化工机械厂获国家质量技术监督局颁发的A112级三类压力容器制造许可证，成为苏北地区唯一获得该项许可证的厂家。

1月25日 全国政协副主席钱正英到县级淮安市参观考察，瞻仰周恩来纪念馆和周恩来故居。

2月10日 市委、市政府在淮阴工学院举行淮阴市更名淮安市庆祝大会。原县级淮安市改为淮安市楚州区，原淮阴县改为淮安市淮阴区。

2月19日 淮钢集团“铁水热装及其相关新工艺在超高功率电炉上的应用”项目被评为国家科技进步奖二等奖。

3月23日 《新华日报》头版头条刊登通讯《涟水构建教育城》，报道涟水县城各类学校总数逾40所，先后吸纳民间资本4亿多元，相继兴办炎黄大学等多所学校。

3月28日 江苏省首家房地产价格司法鉴定机构——淮安市先河房地产价格司法鉴定所成立。

4月1日 淮阴市第一人民医院心胸外科成功为一名心脏病患者实施心脏不停跳下冠状动脉搭桥手术。该手术为全省首例。

4月19日 国家级重点中专校——江苏省淮阴财经学校举行揭牌仪式。

5月10日 丁解民调任中共淮安市委书记。

5月20—24日 全国人大常委会副委员长、民盟中央主席丁石孙率民盟中央考察团，就农业发展、农村税费改革及农村基础教育情况到淮安市考察调研。

6月13日 《中国共产党淮阴市建设史》举行首发式。该书为全国首部地方党的建设史专著。

6月19—20日 由中央文献研究室第二编研部与淮安周恩来研究会联合举办的全国周恩来党建思想与实践理论研讨会在淮安市召开。

6月28日 淮安市保险业协会成立。

7月1日 “12345”市长公开电话开通，并初步建立市长公开电话网络，有18个单位、13个部门和5个县（区）与市长公开电话实行联网。

7月18日 江苏省首批全省性、综合性保险中介机构——江苏信联保险代理公司成立。该公司总部设在淮安市。

8月23日 淮安市第一家博士后工作站——中国钢铁研究总院博士后科研工作流动站淮钢集团公司博士后工作站挂牌成立。

8月25日 在德国慕尼黑举行的世界杯射击总决赛上，淮安籍运动员邱健以700.1环的总成绩夺得男子气步枪项目冠军。

8月26日 江苏省淮安药品监督管理局成立。

8月28—30日 中共淮安市第四次代表大会召开。会议选举产生中共淮安市第四届委员会和纪律检查委员会。

9月4—6日 中共中央政治局委员、国务院副总理温家宝到山东、江苏考察南水北调东线工程，考察洪泽湖边的二河闸。

10月18日 全市第一家股份制金融机构——淮安市商业银行开业。

11月10日 淮安市经济“110”开通，受理各种经济活动中的投诉举报，接受有关咨询和求助。

11月13日 淮安市培养输送的射击运动员邱未在第九届全运会上，以480.4环的成绩夺得女子汽步枪10米移动靶冠军。

11月15日 淮安市江苏帝益药业有限公司、淮钢集团、洪泽县瑞特电子设备公司、金湖石油机械公司、淮安曌元药业公司、淮安市八方电缆厂、金湖县仪器仪表总厂7家重点企业被认定为江苏省高新技术企业。

11月19日 市文物管理委员会将文物普查中发现的12处名人故居向社会公布并挂牌保护。

11月23日 在第九届全运会上，淮安市培养输送的举重运动员崔文华、自行车运动员李梅芳，分别夺得男子举重105公斤级金牌和公路自行车女子20公里个人计时赛金牌。

11月24日 江苏爱特福集团研制的新产品“老好空气净”通过鉴定，为国内首次采用以茶树油等纯天然中草药制剂为主要原料的天然空气净化剂，填补国内空白。

12月4日 在国家烟草专卖局2001年度全国名优卷烟品牌评比中，淮阴卷烟厂生产的“一品梅”卷烟再次被评为全国名优卷烟，名列全国第7位、江苏省第1位。

12月7日 江苏淮安波尔山羊育种基地在盱眙县观音寺镇建成并投入运营。该基地占地面积12万平方米，是江苏首家良种羊繁育基地。

12月19日 淮安市第二人民医院成为全国首批获“百姓放心医院”称号的276所医院之一，是全市唯一获此称号的医院。

12月22日 金湖县农民企业家——江苏金工集团总经理朱万祥获“全国十佳改革模范新闻人物”称号。

12月27日 《楚州日报》更名为《淮海商报》。

12月28日 淮安市城市管理行政执法局成立。

2002年

1月2日 首届江苏农业博览会暨第二届名特优新农产品展销会在南京闭幕。淮安市销售各类农副产品价值461.3万元;天泉粉丝、凌桥大米、高沟捆蹄等12个品牌的产品被评为“南京市民最满意”产品,占获奖总数的40%。

1月10日 洪泽县供电局被国家电力公司表彰为全国一流的22家县级供电企业之一。

2月12日 在中国粮食行业协会首次公布的国家“放心面”“放心米”“放心油”名单中,淮安市粮食系统有4家企业生产的6个产品榜上有名,位列全省前茅。

3月13日 在上海举行的第12届华东进出口商品交易会上,淮安市有14家进出口企业与外商签订1160万美元订单。

3月19日 淮阴卷烟厂技术中心被国家烟草专卖局认定为中国烟草行业认定企业技术中心。

3月29日至4月1日 全国第三届“周恩来班”“邓颖超班”青少年思想政治工作研讨会在淮安市外国语学校举行。

4月4日 金湖县陈桥镇新桥村青年梁晓军因人工养殖狐狸被评为全国致富明星。

4月26日 淮安市最大的购物中心——时代超级购物中心开业。

5月3日 中共中央政治局委员、中国社会科学院院长李铁映到淮安市考察,并瞻仰周恩来纪念馆和周恩来故居。

5月9日 世界首台高效能太阳热水系统在淮阴辉煌太阳能有限公司问世。

5月26—28日 2002年淮安科技洽谈会举行。签约项目260项,涉及工业、农业、科技、教育、文化等方面。此为淮安市首届科技洽谈会。

6月5日 市委、市政府为全市14个劳务输出诚信中介机构、6个劳务输出基地、12个劳务输出培训基地举行授牌仪式,并对劳务输出成绩突出的5名先进个人进行奖励。

6月19日 淮安新奥燃气有限公司成立。

8月3—4日 全国人大常委会副委员长、民进中央主席许嘉璐等,就可持续发展战略中的水资源保护问题到淮安市调研。

8月6日 淮安市区部分居民开始用上天然气。

8月7日 楚州区旧城改造中发现明清漕运总督部院遗址。2003年3月,漕运总督遗址公园开工建设;同年9月,公园对游客开放。

9月2日 淮安市行政审批服务中心、市软环境建设投诉中心同时挂牌成立。

9月6日 “中国淮安”政府网站开通。

9月10日 中国涟水首届白鹭节开幕。

9月12日 淮安市举行淮扬菜名店授牌仪式。淮安迎宾馆等19家饭店获“淮扬菜名店”称号。

9月24日 修复后的市区东大步行街重新开放。

9月26—30日 2002年中国淮安·淮扬菜美食文化节期间,市委、市政府举行招商引资项目签约大会,签订内外资项目103个,总投资额40.37亿元;中国餐饮协会授予淮安市“淮扬菜之乡”称号;中央电视台“同一首歌”节目组在市区大运河文化广场举行“今世缘”大型文艺晚会。此为淮安市举办的首届淮扬菜美食文化节。之后数年,该美食文化节连续举办。

10月6日 江苏省第一个以个人名字命名的“钱月宝春蕾班”在楚州区季桥镇中心小学揭牌。

△ 韩国釜山亚运会上，淮安籍射击运动员邱耒在女子10米移动靶团体赛中，与另外两名队友合作，以1141环的成绩打破世界纪录并获得金牌；淮安射击队输送培养的运动员邱健在男子50米步枪（3×40）团体赛中，与另外两名队友合作，以3472环的成绩打破世界纪录并夺得金牌。

10月22日 洪泽湖大堤被公布为省级文物保护单位。

10月29日 淮安市林业局成立。

11月8日 淮安市知识产权局挂牌成立。

11月27日 中国“小公民”道德建设计划在淮安市启动。

11月28日 苏北钢材交易市场开业。

12月5—6日 淮安市举办2002年中国（淮安）优质稻米博览交易会，10个产品获金奖。此后，淮安市每年都连续举办该博览会。

12月30日 南水北调东线工程之一的淮阴第二抽水站工程通过验收，投入运行。该工程总投资1.25亿元，2001年3月16日破土动工，2002年5月31日机组投入试运行。

2003年

1月11日 江苏省最大的禽类加工农业产业化龙头企业——洪泽湖食品有限公司开业。

1月15—18日 政协淮安市第五届委员会第一次会议召开，选举产生市政协第五届委员会常务委员会。

1月16—20日 淮安市第五届人民代表大会第一次会议召开，选举产生市五届人大常委委员会，任命市政府市长、副市长。丁解民当选为市人大常委会主任，李继平被任命为市长。

1月末 淮安市商业银行总存款达30.57亿元，首次突破30亿元。

2月16日 淮安市四季青污水处理厂二期工程被中国市政协会批准为2002年度“市政金杯示范工程”。

2月20日 全市城乡用电在全国率先全面实行同网同价。

3月3日 全市4000名志愿者集会纪念开展学习雷锋活动40周年，市志愿者服务团成立。

3月13日 淮安市斑点叉尾鮰鱼片出口美国。该类产品出口在全省尚属首次。

3月21日 江苏南风元明粉有限责任公司生产的“银珠”牌元明粉被评为江苏省名牌产品。

3月26日 淮安市卫生监督所、淮安市疾病预防控制中心揭牌成立。

4月2日 江苏淮安高教园区开工建设。当年9月，淮阴工学院、淮安信息职业技术学院、江苏食品职业技术学院首批3所高校入驻。

4月16日 淮安技师学院揭牌。

4月22日 淮安市政府召开非典型肺炎（以下简称“非典”）预防工作紧急会议。市“非典”防治工作领导小组发出紧急通知，要求各级、各部门、各单位、各街道（社区）、各乡镇（村组）做好“非典”防治工作。

6月9日 淮安市委、市政府命名10家单位为市第三批爱国主义教育基地。

6月30日 盱眙县黄花塘新四军军部纪念馆新馆落成揭幕。盱眙县举行新四军军部暨中共中央华中局进驻黄花塘60周年纪念大会。

7月3日 沿淮省份连降暴雨，淮河首次洪峰进入洪泽湖。上午8时，盱眙1号水位观察站标尺达14.3米。三河闸全开泄洪，流量达4300立方米/秒。至当月10日，楚州、金湖、盱眙、洪泽、淮阴各地险工险段频出险情，抗洪抢险进入决战阶段。当月13日，中共中央政治局常委、国务院总理温家宝，中共中央政治局委员、国务院副总理回良玉等赴金湖入江水道、洪泽湖大堤等地指导抗洪工作。当月15日下午，淮河第二次洪峰前峰进入洪泽湖。解放军某部1200余名官兵冒雨上堤清障。

7月31日 宁连路与淮海南路接线段改造工程完成。该工程全长5.68公里，宽56米，快车道为双向6车道，两侧设有慢车道和人行道（绿化带）。

8月18日 淮安市举行放心早餐示范工程启动仪式。

8月27日 中科院紫金山天文台在盱眙铁山寺公园天文观测站前举行仪式，将编号为4360号的小行星命名为“盱眙星”。

9月17日 江苏京沪高速公路有限公司淮安女子收费站被团中央授予“青年文明号”称号。

9月18日 淮安市区延安东路立交工程通车。

9月22日 京杭大运河淮阴、淮安三线船闸通航。同日，两淮段航道整治工程开工。2008年4月，该工程通过交通部验收。

9月25日 淮安市区翔宇大道、御龙园、清江浦楼、美食城二期工程等一批市重点工程竣工。

10月14日 淮阴区被确定为全省首批新型农村合作医疗试点县（区）。

11月25—27日 国家税务总局在淮安市召开部分地市征管改革座谈会，实地考察学习淮安国税局“流程再造”经验。

11月27日 全国新型农民创业培植工程在洪泽县试点工作全面启动，首批培植的21名优秀青年农民赴有关院校深造学习。

11月28日 全国首家市级林木种苗检测中心落户淮安市。

12月10日 淮安市启动“学科学技术、做现代农民、建文明家园”科普活动。2005年9月8日，科技部在新疆维吾尔自治区乌鲁木齐市召开副省级以上城市全国科普工作年会，淮安市作为大会特邀代表出席，介绍开展“学科学技术、做现代农民、建文明家园”活动的经验和体会。

12月11日 由比利时斯托科特公司、BMI公司和淮安专用汽车制造有限公司共同投资近亿元，首期投资5000万元的江苏安特汽车制造有限公司在淮安经济开发区竣工投产。

2004年

1月1日 在江苏省第五届精神文明建设“五个一工程”总结表彰大会上，淮安市有7项作品分别获“五个一工程奖”和“入选作品奖”。

1月3日 淮安市历史上最大的项目贷款——华能淮阴发电有限公司二期工程项目向市建行贷款10.43亿元举行签字仪式。

1月5日 淮安供电公司团委被团中央授予“全国五四红旗团委”称号。

1月8日 江苏省希望工程“爱心成就未来”助学行动启动仪式暨“迎新、送温暖”活动，在江苏省第一所希望小学——盱眙县希望小学举行。

1月20日 淮安市市长公开电话室被省政府表彰为人民满意的公务员集体。

3月1日 团中央书记处第一书记周强到淮安市考察调研。

3月3日 淮安市召开车桥战役60周年纪念大会。

3月8日 公安部、建设部发布2003年城市道路交通等级评价通报。淮安市申报的国家级优秀管理城市获得通过。

3月19—21日 中共中央组织部调研组到淮安市调研自荐公推竞选清河区、淮阴区区长工作。

3月30日 市区农村信用合作联社成立。

4月20日 淮安市举行希望工程10周年纪念大会暨“百千万”活动启动仪式。

5月2日 中共中央总书记、国家主席胡锦涛到淮安市考察。

5月2—13日 江苏淮钢有限公司董事长何达平作为中国企业家代表团成员，随国务院总理温家宝访问欧盟总部和欧洲五国。

5月10日 淮安市委、市政府召开全民创业总结表彰大会，表彰100名创业之星、100名致富模范。

5月18日 淮安市住房公积金管理中心服务大厅被评为江苏省用户满意服务明星班组，为全省住房公积金管理系统唯一一家。

5月27日 淮安市被省保监局批准为全省唯一试办农业保险试点市。

5月29日 淮安市人民检察院向15名市民颁发人民监督员证书，市检察机关人民监督员制度试点工作启动。

6月8日 淮安市第一个解困房小区——东风花园一期工程竣工。

7月3日 淮安嘉诚化工有限公司董事长、江苏双穗鞋业有限公司总经理石祖嘉获全国“十佳改革模范新闻人物”称号。

7月7日 清浦区清安乡运河村发现战国时期墓葬，是淮安市建市以来最大、最重要的一次考古发现。

△ 盱眙铁山寺国家森林公园、铁山寺国家AAA级旅游区、中科院紫金山天文台盱眙观测基地揭牌。

7月21日 江苏省启动民族民间文化保护工程，淮安市“金湖秧歌”被列入保护名单。

8月1日 淮安市第一人民医院血液科成功为一名白血病合并骨髓纤维化患者施行极高难度的异体骨髓移植，填补淮安市卫生系统一项重大医疗技术空白。

8月12日 共青团淮安市委被团中央授予“全国青年文明号活动优秀组织奖”称号。

8月27日 由市地方志办公室编纂的中国第一部新编湖泊志——《洪泽湖志》举办首发式。

9月5日 淮安市第一头以母黄牛为受体的胚胎移植高产奶牛犊在淮安杰隆牧业有限公司降生。

9月22日 淮安师苑旅行社升格为国际旅行社。2007年1月30日，该旅行社又升格为出境旅行组团社，为全市首家。

10月6日 中国最大的近地天体探测望远镜落户中科院紫金山天文台盱眙观测基地。

10月17日 中国数字畅通网·淮安数据中心成立。

10月28日 淮安市楚州地税局团总支被团中央授予“全国优秀青年学习组织”称号。

11月1—3日 第二届海峡两岸中华传统文化与现代化研讨会在淮安市举行。

11月3日 淮安市历史文化研究会成立。

11月5日 淮安市政府与中华联合财产保险公司签订农业保险联办共保协议，作为全国试点地区的淮安市农业保险试点工作进入全面实施阶段。

11月15日 在首届中国螃蟹文化节上，“洪泽湖”牌大闸蟹被中国渔业协会授予“中国十大名蟹”称号。

11月26日 淮安新港一期工程竣工。

12月15日 淮安市举行有线数字电视开通仪式。

12月22日 “盱眙县凹凸棒石黏土创新能力建设”项目获科技部认可，盱眙县被批准为全国第一批科技工作试点县。

12月28日 二河武墩大桥竣工通车。

12月28—29日 中央农村工作会议上，盱眙县种粮大户杨彪被表彰为全国粮食生产大户。

2005年

1月4日 省委决定：樊金龙任中共淮安市委委员、常委、副书记，提名为市长候选人。同月，市五届人大三次会议召开，樊金龙当选为市长。

1月5日 玛丽斯特普国际组织确定涟水县为“优质和可持续发展的生殖健康服务”国际合作项目试点县。

1月19日 在全省政法工作会议上，淮安市被省委、省政府授予“2000—2004年社会治安综合治理先进市”称号。

3月18日 中石化江苏石油勘探局淮安采输卤工程投产。

3月29日 京沪高速公路淮安段发生一起重大交通事故，液氯泄漏造成公路旁3个乡镇的村民重大伤亡。省、市主要领导紧急部署救援工作并赶赴医院看望受灾群众。

4月10日 中共中央政治局委员、书记处书记、组织部部长贺国强到淮安市调研。

4月19—20日 全国人大常委会委员赵地带领全国人大执法调研组到淮安，就贯彻实施《中华人民共和国村民委员会组织法》，开展民主选举、民主决策、民主管理等方面的情况进行调研。

6月27日 淮安市举办“信访直通车”启动仪式。

8月2日 淮安市对外经济技术合作协会成立。

8月18日 2005年中国洪泽湖水上运动会暨中国洪泽湖旅游文化节在洪泽县举行。此后形成惯例，每年举办。

8月23日 第十届全国运动会“我们万众一心”中国石化杯火炬传递活动淮安市火炬传递起跑仪式在市体育馆广场举行。

9月1日 “辉煌”牌太阳能被评为中国名牌产品。

9月15日 全国政协副主席张思卿率全国政协“南水北调工程中的文物保护”考察团到淮安市考察。

△ 淮安电视台直播车首次开播。

9月20日至10月26日 第四届江苏省园艺博览会在淮安市新建成的钵池山公园举办。

10月8日 吴承恩纪念馆开馆暨40集电视连续剧《吴承恩》启动典礼在楚州区举行。

10月18日 苏北地区最大的冷拔无缝钢管项目——淮安市振达钢管制造有限公司举行投产典礼。

10月30日 中共中央政治局委员、国务院副总理曾培炎瞻仰周恩来故居。

11月1日 周恩来纪念馆通过国家旅游局组织的国家AAAA级旅游景区验收。

11月11—13日 第七届全国价值哲学学术研讨会在淮阴师范学院举行。

11月17—18日 淮安市举办首期全民创业辅导培训班。

11月24日 淮安市被卫生部列为全国实施公共场所卫生监督量化分级管理试点城市，为江苏省唯一被批准试点的城市。

12月1日 宿淮高速公路举行通车典礼。该高速公路于2001年12月7日开工建设。

12月5日 盱眙龙虾节获国际节庆协会（IFEA）评出的中国最具发展潜力的十大节庆活动奖。

12月27日 淮安市被省委、省政府表彰为江苏省文明城市。

12月30日 全国第一座湖泊博物馆——洪泽湖博物馆在洪泽县落成开放。

2006年

1月1日 《淮安市城市医疗救助制度实施办法（试行）》施行。

1月14日 在全国旅游工作会议上，淮安市被评为中国优秀旅游城市。

1月18日 淮安市创建国家环境保护模范城市通过省级调研。

2月18日 淮安市港口管理局成立。

2月21日 江苏省淮安留学人员创业园揭牌。

2月23日 金湖县建县以来最大的基础设施建设工程——331、332省道金宝南线工程开工。

3月5日 淮安市委、市政府举行“三学三做三创建”活动启动仪式，即学楷模恩来、学榜样雷锋、学先进典型，做人民好公仆、做岗位好主人、做社会好公民，创建五好家庭、创建诚信窗口、创建和谐社区。

4月1日 淮安市公安局在全市133个农村乡（镇）派出所设立交通警务室。

4月8日 清江文庙一期工程落成并对外开放。

4月11—12日 全国政协副主席、民进中央常务副主席张怀西考察淮安市社会主义新农村建设情况。

4月20日 洪泽县被命名为国家级生态示范区。

4月21日 中共中央政治局常委、全国政协主席贾庆林到涟水县、楚州区考察调研。

5月1日 淮安“新奥”天然气门站启用，市区居民开始用上从新疆东输的天然气。

5月13—15日 “运河之都——淮安”全国学术研讨会在淮安市召开。会议围绕淮安市“运河之都”的历史定位及运河与城市的关系等展开研讨，明确淮安市的“运河之都”历史定位。

5月16日 周恩来纪念地管理局挂牌成立。

5月17日 江苏移动通信有限责任公司第二呼叫中心在淮安落成并投入使用。

5月17—18日 全国政协副主席陈奎元率领全国政协大运河保护与申遗考察团在淮安市考察清晏园、清江大闸、总督漕运院部遗址。

5月25日 洪泽湖大堤、淮安府衙被公布为第六批全国重点文物保护单位。

5月28日 淮安市全民创业工作在第七届全国创业之星经验交流表彰大会上受到表彰。侯正宇等6人被授予“2006全国创业之星”称号，洪泽县职业教育中心受到嘉奖。

6月3日 淮安市在浙商大会上当选为2006年浙商（省外）最佳投资城市。

6月6日 国家南水北调东线工程重点治污项目——市第二污水处理厂配套管网工程投入使用。

6月18日 淮安市人工增雨指挥中心启用。

6月26日 淮安海关缉私分局挂牌成立。

7月1日 淮安市举行市区首批8万名居民医疗统筹证卡发放仪式。

7月4日 涟水县王嘴村党总支被中共中央组织部授予“全国先进基层党组织”称号。

7月10日 淮安市京剧表演艺术家宋长荣获亚洲杰出艺术家“终身艺术成就奖”。

8月28—30日 中共淮安市第五次代表大会召开。会议选举产生中共淮安市第五届委员会和纪律检查委员会，丁解民、王维凯分别当选市委书记、市纪委书记。

8月29日 淮安市培养输送的运动员吴崇魁在2006年世界赛艇锦标赛上夺得金牌。

9月12—13日 团中央书记处书记张晓兰率员督查淮安市未成年人思想道德建设工作。

9月16日 金湖县西苑社区被全国妇联、公安部、司法部等6个部委联合表彰为全国平安家庭创建活动优秀示范区。

9月25日 宁淮高速公路马武段、淮安北环段两项工程通过交工验收。

9月27日 淮安市举办首届龙舟比赛。

10月26日 江苏国信淮安2×15兆瓦生物质发电项目开工。江苏国信淮安生物质发电有限公司揭牌。

11月2日 淮（安）盐（城）高速公路通车。

11月3—4日 在第二届（2006）中国节庆产业年会上，盱眙龙虾节获“2006年度中国十大节庆”称号。

11月16日 江苏一枝梅·章农书画展在中国国家博物馆开展。

11月19日 总投资约1.3亿元的高速公路淮安南互通连接线北京路大桥工程开工。

11月29日 金秋投资洽谈会暨台商企业苏北经济发展论坛（2008年更名为台商淮安论坛）在淮安市举行，开启淮台经贸交流与合作的新天地。

12月18日 江苏沙钢集团淮钢特钢有限公司揭牌。

△ 淮安市运动员李梅芳、刘欢缘、吴崇魁在第十五届亚洲运动会上分别夺得自行车、柔道、赛艇比赛金牌。

2007年

1月6日 在江苏省“十五”妇女儿童发展规划终期目标检测评价中，淮安市位居苏北五市第一名。

1月20日 淮安市创建国家卫生城市工作通过国家技术考核。

1月24日 淮安新港铁路专用线通车。

2月7日 淮安市农业专家咨询热线“1605566”开通。

2月16日 《淮安市进一步服务外商投资企业十项制度》出台。

2月26日 淮安市公布：从2007年春季学期起，城市义务教育全部免收学杂费。至此，全市所有义务教育阶段学校全部免收学杂费。

3月10日 国家人口计生委农村人口计生服务体系示范点评估委员会考察淮安市“世代服务”计生技术服务体系。

4月14—15日 国务委员唐家璇瞻仰周恩来纪念馆和周恩来故居，考察淮安城区市容市貌。

4月18日 淮安新火车站开通运营。

4月28日 中国妇女健康促进工程淮安服务中心启动运作。

4月29日 淮安市举办“今世缘杯·百万市民与奥运同行”万人自行车环开发区行活动。

5月15日 澳大利亚维多利亚州政府代表团到淮安市访问。

5月18日 淮阴区政府和省盐业集团签订协议，共同开采淮阴地下卤水输往外地制盐。

5月22日　淮安市开通“12319”建设服务热线。

5月26日　市区南昌路暨古黄河大桥举行通车典礼。

6月26日　国家信访局相关负责人调研考察淮安市“阳光信访综合服务系统”使用情况。

6月30日　淮安市专项清理违反国家环境保护法律法规的错误做法和规范性文件。

7月12日　淮安市博物馆改扩建工程竣工并开馆。

8月6日　“全国网络媒体淮安行”大型外宣活动启动。

8月29日　香港访问团到淮安市开展“学习东方之珠、繁荣运河之都”结对交流活动。

9月24日　淮安市成立物管投诉调解工作站，在全省率先建立处理物管投诉长效机制。

9月17日　淮安市无党派知识分子联谊会成立。

9月26日　淮安市规划展示馆对外开放。

9月27日　淮安市与德国萨斯尼茨市、白俄罗斯戈梅利市分别签订缔结国际友好城市协议书和经贸合作意向书。

10月8—9日　“世界杂交水稻之父”袁隆平考察位于盱眙县古桑乡的天津天隆种业江苏试验站。

11月1日　淮安市大运河文化研究中心成立并举行揭牌仪式。

11月8日　富士康淮安科技城首期工程竣工投产。

11月15日　苏皖边区政府旧址纪念馆新陈列馆开馆。

11月20日　国家南水北调东线淮安市截污导流工程开工。

11月23日　全球首部传奇神话立体电视剧《吴承恩与西游记》在吴承恩故居纪念馆封镜。该剧历时7年制作完成。

12月11日　淮安市重点污染源远程自动监控系统建成投运。次年6月30日，全市污染源自动监控系统建成，实现对全市水环境、重点企业排污的全方位、全天候自动监控。

12月20日　省淮海剧团国家一级演员魏佳宁获首届中国戏剧奖·梅花表演奖，成为淮安市首位梅花奖得主。

12月26日　淮安市档案馆晋升为省一级馆（三星级国家综合档案馆）。

2008年

1月3日　淮安市《“党群议事会”构筑农村基层民主新模式》获全省组织工作“十大优秀创新创优成果奖”。

1月8—11日　政协淮安市第六届委员会第一次会议召开。王维凯当选为市政协主席。

1月10—13日　淮安市第六届人民代表大会第一次会议召开。丁解民当选为市人大常委会主任，樊金龙被任命为市长。

1月15日　淮安市召开“学山东做大做强，学淮钢冲刺百亿”座谈会。市领导丁解民、樊金龙与30家重点骨干企业负责人交流到山东考察学习的体会，研究做大做强方略。

1月26日　淮安市再次获得“全省社会治安安全市”“全省社会治安综合治理先进市”称号，所属各县（区）全部被省委、省政府命名为“全省社会治安安全县（区）”，淮阴区被省综治委评为“全省社会治安综合治理先进县（区）”。

1月27—28日　淮安市普降大雪，市政府启动重大气象灾害应急预案。

2月22日　位于淮安经济开发区的江苏淮通物流园开业，全国棉花交易市场指定交割库同时揭牌。

3月5日 淮安市举行纪念周恩来诞辰110周年大会。

3月22日 淮安出口加工区获国务院批准设立。当年7月11日，通过国家九部委联合验收，正式挂牌封关运作。

3月28日 淮安市城南水厂二河管道取水工程竣工并举行通水庆典。

△ 中国邮政储蓄银行淮安市分行成立。

3月29日 省委决定：刘永忠任中共淮安市委委员、常委、书记；免去丁解民中共淮安市委书记、常委、委员职务，丁解民不再担任淮安市人大常委会主任职务；樊金龙不再担任淮安市市长职务，免去樊金龙中共淮安市委副书记、常委、委员职务。

4月25日 全省13个省辖市房管局长联席会议在淮安市召开。与会人员参观浦楼街道物业服务平台，体验"淮安物管"模式。

5月1日 周恩来纪念馆、周恩来故居、苏皖边区政府旧址纪念馆、黄花塘新四军军部纪念馆等一批爱国主义教育基地免费开放。

5月19日 淮安市公安消防、供电、卫生等单位组成的紧急救援队在"5·12"汶川大地震重灾区北川、什邡参加抗震救援。至当月23日中午12点，全市11382名党员自愿缴纳特殊党费297.6万余元支援地震灾区。

△ 淮安市国家知识产权试点城市工作通过验收。

5月29日 淮安市科技强警示范城市建设工作通过公安部、科技部联合专家组考核。当年9日10日，淮安市被命名为"全国科技强警示范城市"。

6月10日 《淮安市全民科学素质行动计划》出台。

6月11日 2008年国家信息技术应用"倍增计划"项目公布，淮安市3个项目入选，数量高于全省平均水平，居苏北五市之首。

6月11—13日 由马达加斯加、冰岛、俄罗斯、英国、新西兰、新加坡、土耳其等国驻华使节组成的外交使节团一行16人对淮安市及盱眙县进行友好访问。

6月17日 楚州区、淮阴区进入环境保护部公布的第六批国家级生态示范区名单。至此，淮安市所有县（区）全部建成国家级生态示范区。

7月15日 淮安市启动为期4个月的全市地下水开采专项整治行动。

8月6日 淮安市成立对口援建四川省绵竹市玉泉镇地震灾区领导小组，启动援建绵竹地震灾区重建工作。

8月11日 淮安市实施农机购置补贴政策。

8月17日 淮安籍运动员邱健夺得北京奥运会射击金牌，成为淮安市历史上第一位奥运冠军。

8月26日 宁宿徐高速公路盱眙南段通车。当月31日，宿淮高速淮安凌桥连接线贯通。

8月29—31日 淮安市创建国家环境保护模范城市工作通过国家级考核验收。

9月22日 淮安市举行淮安历史名人馆、淮安戏曲博物馆、淮安运河楹联馆、大运河名人馆和吴公祠、陈潘二公祠"四馆二祠"集中开馆仪式。

9月24日 第四届中国大运河文化节大运河保护与申遗高峰论坛在淮安市举行。其间，淮安市被中国古都学会授予"运河之都"牌匾；第二届"运河之都"全国学术研讨会在淮安市召开。

9月26日 淮安市农村户用沼气池建设管理集成示范推广项目实施方案通过省科技厅组织的专家论证，正式启动实施。

9月28日 市区楚秀园免费向市民开放。

10月19日 淮安市获2008年中国城市管理进步奖，成为全省第一个获该奖项的城市。

10月20日 由省社科院主办的“苏北腹地重要中心城市建设”高层论坛在淮安市召开。

11月9日 第三届台商淮安论坛举行，提出打造“南有昆山、北有淮安，台资聚集高地、IT产业领地”的目标。淮安台商工业园揭牌。

11月14日 淮安市获中国国际跨国公司研究会、联合国环境规划署联合授予的“环保节能新型示范城市”称号。

11月22日 淮安、连云港两市举行“借港出海、扩大开放、实现共赢”合作座谈会，两市政府签署《关于进一步共建共用连云港口岸的合作协议》。

12月10日 淮安市举行“百企百亿”银企对接仪式，淮阴发电有限公司等100余家企业与工商银行淮安分行等7家商业银行现场签约，达成105.67亿元融资协议。

12月24日 淮安市召开第六次见义勇为表彰大会，表彰近年来涌现出来的58位见义勇为市民。

·淮安市志·（1978—2008）

第一卷 地理

第一章　政　区

第二章　地质　地貌

第三章　气候　物候

第四章　水系　水文

第五章　土壤　植被

第六章　自然资源

第七章　自然灾害

淮安市位于江苏省北部中心位置，地处江淮平原，地势西高东低，西南部为丘陵垅岗，最高处海拔231米，中部和东部为冲积平原。废黄河（自淮阴区杨庄以下为古淮河河道）漫滩为全市南北分水岭。北部沂沭水系大部经由新沂河、灌河入黄海；南部淮河水系潴于洪泽湖，分别经淮河入江水道入长江汇东海，汛期经苏北灌溉总渠、淮河入海水道和淮沭新河分泄入黄海。淮河、洪泽湖为全市工农业生产、居民生活的主要水源。

境内属北亚热带和南暖温带过渡气候带，中国南北地理分界线——淮河横贯境内。以淮河为界，北属南温带鲁淮气候区，南属北亚热带江北气候区，均具季风性、不稳定性、过渡性气候特征。冬季寒冷，夏季湿热，春季温暖，秋季凉爽，四季分明；雨热同季，光热充足，降水较丰，多风调雨顺，也有旱、涝、风、冻等灾害。

境内丘陵及平原区均垦为农田、林地，少许自然植被仅见于湖河。平原表层广布黄河、淮河冲积粉砂，保水性能差，有机质含量低，土质贫瘠。

境内非金属矿藏品种中凹凸棒石黏土、岩盐储量最大。

1978—2008年，境内行政区划进行三次重大调整。1978年至1983年3月，为地管县体制，淮阴地区辖清江市、淮阴县等13个县级行政区。1983年3月，实行市管县体制，设立地级淮阴市，撤销淮阴地区，原辖灌云县划归连云港市，原清江市区以里运河为界划为清河、清浦2个区，淮阴市辖13个县（区）。1987年12月，辖县宿迁、淮安撤县建市，由淮阴市代管。1996年7月，撤销县级宿迁市，设立地级宿迁市，淮阴市所辖沭阳、泗阳、泗洪3个县划归宿迁市管辖，灌南县划归连云港市管辖，淮阴市辖8个县（市、区）。

2001年1月，淮阴市更名为淮安市，同时撤销县级淮安市、淮阴县，设立楚州区、淮阴区。淮安市辖清河、清浦、楚州、淮阴4个区，涟水、洪泽、盱眙、金湖4个县。2008年，各县区下辖92个镇、24个乡、11个街道，141个城市社区居委会、157个农村居委会、1389个村委会。

第一章　政　区

第一节　建　置

秦始皇统一六国，分置郡县。今淮安市的淮南地区属九江郡，设有淮阴、东阳、盱台（音眙）3县。今清河区、清浦区、楚州区、淮阴区的淮南地域及洪泽县大部属淮阴县，以县域在淮河之南得名，治甘罗城（今淮阴区码头镇东北）。今金湖县、洪泽县南部、盱眙县东部属东阳县，治东阳城（今盱眙县马坝镇东南）。今盱眙县大部属盱台县，治今盱眙县城北官滩镇境。今淮安市淮北地区先后属薛郡、东海郡，今淮阴区大部及涟水县属薛郡、东海郡下的淩县。今盱眙县淮河以北6个乡镇属泗水郡徐县。

秦亡后，项羽自立为西楚霸王，市境为其属地。其中淮南地属由九江郡分出的东阳郡，郡治东阳城；淮北地属东海郡、泗水郡。郡下各县境域与秦代一致。

西汉建立时，东阳郡、东海郡均为楚王韩信封地。汉高祖六年（前201），贬楚王韩信为淮阴侯，分楚地为二国：淮南的东阳郡、故鄣郡、吴郡为荆国，以刘贾为荆王；淮北的薛郡、东海郡、彭城郡为楚国，以刘交为楚王。今市境淮南地属荆国，淮北地属楚国。汉高祖十二年（前195），刘濞因平定英布叛乱有功，被封以原荆国地，改称吴国。汉景帝三年（前154），徙平定"七国之乱"有功的汝南王刘非于吴国地，改称江都国。汉武帝元狩二年（前121），江都国被取消，改东阳郡为广陵郡。元狩六年（前117），汉武帝以广陵郡立广陵国，又以沛郡（前203年由泗水郡改）立沛国。时行削地推恩，减少诸王领地，分广陵郡、沛郡、东海郡地置临淮郡。临淮郡地跨淮河南北，淮阴、东阳、盱眙、富陵、射阳、淮浦等县均属之，治徐县。其中富陵县为汉初置，治今洪泽湖中，今洪泽县大部属之；射阳县为新设，一般认为县治在今宝应县射阳湖镇，今楚州区东南属之；淮浦县亦为新设，治今涟水县城西，县域相当于今涟水县。元鼎四年（前113），分东海郡地立泗水国，辖淩、泗阳、于3县，都淩县。泗阳县为元鼎元年（前116）由淩县分设，治今淮阴区三树镇一带，今淮阴区大部属之。元封五年（前106），汉武帝"置刺史部十三州"，临淮郡、泗水国均属徐州刺史部。

王莽新朝时，临淮郡改为淮平郡，淮阴县改为嘉信县，富陵县改为櫂县，盱眙县改为武匡县，淮浦县改为淮敬县。另外，射阳县改为监淮亭，泗阳县改为淮平亭，分属淮阴县、淩县。

东汉时王莽改名的各县全部恢复原名。建武十三年（37），泗水国并入广陵郡。明帝永平十五年（72），改临淮郡为下邳国。东阳、射阳等县改划入广陵郡，治广陵县（今扬州）。时淮阴、淮浦、盱眙、徐县属下邳国，射阳、东阳、平安、淩县属广陵郡。富陵、泗阳两县分别省并于淮阴县、淩县。下邳国、广陵郡均辖于徐州。汉献帝建安二年（197），曹操以陈登为广陵太守，治射阳县匡琦城。建安十一年（206），下邳国除，改为下邳郡。割下邳郡之淮阴、淮浦两县入广陵郡。淮阴、射阳、东阳、淮浦、淩等县均属广陵郡，盱眙县属下邳郡。建安十四年（209）后，撤射阳县并入淮阴县，移广陵郡治于淮阴县城，今淮安市境首次成为郡治所在地。

西晋，广陵郡先治淮阴县，后又治射阳县，今市境大部属之。太康元年（280），分下邳郡设临淮郡，治盱眙县，下辖盱眙、东阳（由广陵郡划属）、徐等县。同年，复设射阳县。

东晋是淮安历史上区划变化巨大的朝代。永嘉之乱后，今淮安市境内的原居民南迁江南，元帝时（317—322），于晋陵郡武进县（今丹阳、常州一带）侨置临淮郡，下辖淮阴、射阳、东阳、淮浦、淩等侨置县。除侨置淮浦县在南齐建武二年（495）裁省外，侨置于江南的临淮郡包括下辖的淮阴、射阳、东阳、淩等侨置县，直到梁天监元年（502）才被撤销，存在180多年。今市境内侨置临淮郡的故地，则属徐州广陵郡，郡治迁回至广陵（今扬州）。自射阳、东阳、淮浦、淩等县侨置江南后，这些县名即在淮安大地上消失；淮阴县的名称直到260多年后的隋开皇年间才在淮安地区重新使用（北齐时淮阴曾一度作为郡名）。其间亦有出现"淮阴""淮阴城""淮阴（旧）镇"等名称，但均非县名。东晋初，淮阴城一度分别为侨置豫州、青州、兖州刺史驻地，东阳城为侨置兖州、青州驻地，盱眙城为侨置兖州驻地。永和八年（352），在甘罗城之南一里许，营造新城，此城址一直用到元代，今称淮阴故城。义熙八年至九年（412—413），东晋政权推行土断政策，分广陵郡于射阳县故地置山阳郡，仍属徐州。山阳郡辖山阳、盐城、东城（治今楚州区复兴镇境）、左乡（治今楚州区博里镇境）4县。设立盱眙郡，辖考城、直渎、阳城3县。太元八年（383）淝水之战前，东晋政权“划长淮以北，大抵弃之”。今淮安市境的淮北地区先后属十六国中后赵、前燕、前秦的下邳郡。淝水之战后，淮北地区为东晋占据。义熙土断时，立淮阳郡，辖角城（治今淮阴区古清口西）、宿预等县。

南朝宋元嘉八年（431），南兖州“始割江淮间为境”，成为实土州，驻广陵（450年后数年一度徙镇盱眙）。今市境淮南地区为南兖州山阳郡（辖山阳、盐城、东城、左乡4县）、盱眙郡（辖阳城、直渎及流寓考城、信都、睢陵共5县）；淮北地区为徐州淮阳郡（辖角城、宿预及流寓晋宁、上党共4县）。泰始二年（466）失淮北绝大部分地方（角城、涟口等地仍为刘宋占据）后，泰始五年（469），于淮阴城侨置兖州（北兖州）。同年，于淮阴城侨置南高平郡，后徙当涂。

南齐建元二年（480），于石鳖城（在今洪泽县与金湖县交界处）侨置阳平郡，辖泰清、永阳、安宜、丰国4县。同年，移北东海郡治涟口（今涟水县），辖襄贲等县，属冀州。建元四年（482），侨置北兖州徙盱眙。永明元年（483），废淮阳郡。永明七年（489），割山阳、盱眙二郡地，将北兖州由侨置州改为实土州，辖东平、阳平两郡（山阳郡、盱眙郡仍属南兖州）。阳平郡，“于山阳、盱眙二界间”割土，由侨置郡改为实土郡。割山阳郡山阳县运河以西300户置寿张县，割盱眙郡直渎县破釜涧以东、淮阴镇下流民户100户置淮安县，两县并属东平郡。北兖州、东平郡、寿张县均驻淮阴城。淮安县的位置约在今洪泽县、清浦区一带，这也是今市境内首次出现“淮安”地名。

南梁时，淮安县撤废，并入寿张县。复设淮阳郡，辖临清、天水、浮阳等县，属治宿豫的东徐州（后东徐州在东魏、南陈、北周时先后改名东楚州、安州、泗州）。侨置于江南的临淮郡包括下辖的淮阴、射阳、东阳、淩等侨置县，在梁天监元年（502），并入当地的实土郡县。侯景之乱（548）时，今淮安地入北朝的东魏。

东魏时，北兖州改名淮州，东平郡改名淮阴郡，寿张县改名怀恩县，怀恩县城（即淮阴城）为淮州及淮阴郡驻地。淮州下辖淮阴、阳平、山阳、盱眙4郡，淮阴郡辖怀恩、富陵（东魏时复置，在今洪泽湖中）、鲁3县，阳平郡辖泰清1县，山阳郡辖山阳、左乡2县，盱眙郡辖盱眙、阳城、直渎3县。改北东海郡为海安郡，仍治涟口（今涟水县），辖襄贲等县，属海州；其后直到北周，郡、县名不改。今淮阴区大部分地方仍属淮阳郡，改临清、天水、浮阳3县置角城县（驻角城），并绥化、吕梁二郡置绥化县（驻淮阳城，今淮阴区境，角城西十八里）。

北齐代东魏后，改阳平郡泰清县为石鳖县，复置安宜县。改淮阳郡角城县为文城县。天保七年（556），并富陵县、鲁县入怀恩县，并左乡县入山阳县。南兖州改名为东广州（后东广州在南陈、北周时又先后改名为南兖州、吴州）。

南陈太建五年（573），北伐北齐成功，占据江淮地区，淮州复名北兖州，淮阴郡复名东平郡，怀恩县复名寿张县。山阳郡、盱眙郡改隶南兖州。仅1个月后，以南兖州之盱眙郡立北谯州。太建七年（575），废北谯州，盱眙郡复隶南兖州。

北周大象元年（580），北周击败南陈。又改北兖州为淮州，东平郡、寿张县名称依旧。改淮阳郡绥化县为淮阳县，改文城县为临清县。

隋代建立后，改淮州为楚州，改东平郡为淮阴郡。开皇三年（583），对行政区划体制进行改革，废除郡一级，只存州、县两级，改变以往州郡越设越多，一个州管两三个郡，一个郡管两三个县的不合理的区划结构。淮阴郡、阳平郡、山阳郡、盱眙郡、淮阳郡、海安郡全部裁撤。同时将原淮阴郡下寿张县改名淮阴县，原阳平郡下石鳖县并入安宜县（治今金湖县东部），原盱眙郡下直渎、阳城等县并入盱眙县，原淮阳郡下临清县并入淮阳县。淮阴县、山阳县、安宜县、盱眙县属楚州（治淮阴县），淮阳县属泗州，涟水县属海州。开皇五年（585），金湖县东部改原海安郡下襄贲县为涟水县，因境内有淮水支流涟水，即《水经注》中的旃水。开皇十二年（592），楚州徙治山阳县。大业初废楚州，同时将淮阴县并入山阳县，山阳、盱眙、安宜等县划属扬州（开皇九年由吴州改名）。大业三年（607），复改州为郡，恢复秦制，扬州改名为江都郡，泗州改名为下邳郡，海州改名为东海郡。

唐武德四年（621），改郡为州，境内设东楚州、沧州、射州、西楚州、涟州、泗州等。东楚州，辖山阳、淮阴（当是臧君相复置）2县；仓州，辖安宜一县；射州，治射阳，辖射阳、安乐、新安3县；西楚州，辖盱眙一县；涟州，治涟水，辖涟水、金城2县；以隋下邳郡为泗州，仍治宿预，辖宿预、徐城、淮阳3县。武德七年（624），废淮阴县，并入山阳县。武德八年（625），改东楚州为楚州，以盱眙县属楚州，下辖山阳、盐城、安宜、盱眙4县。贞观元年（627），废涟州，并金城县入涟水县，改属泗州。乾封二年（666），分山阳县复置淮阴县。总章元年（668），涟水县改属楚州，咸亨五年（674）还属泗州。长安四年（704），割徐城县南界两乡置临淮县，县治设于通济渠入淮口（今盱眙县淮河乡古泗州城）。开元二十三年（735），泗州自宿预县移治临淮县。天宝元年（742），改楚州为淮阴郡，改泗州为临淮郡。乾元元年（760），复为楚州、泗州。建中二年（781），盱眙县改属泗州。楚州属淮南道，泗州属河南道。

南唐时，楚州设有顺化军节度使，泗州设有静淮军节度使，涟水设有雄武军节度使。后周显德四年（957），周世宗柴荣亲征南唐。次年正月，先后攻克泗州、涟水、楚州，今淮安市域全入后周。

北宋乾德元年（963），楚州盱眙县改属泗州。开宝九年（976），以盐城县还隶楚州（南唐时割隶泰州）。太平兴国三年（976），于泗州涟水县置涟水军，辖涟水一县。熙宁五年（1072），废涟水军，涟水县改隶楚州。熙宁十年（1077），泗州临淮县的吴城一带划属楚州淮阴县。元佑二年（1087），复置涟水军。

南宋建炎元年（1127），淮阴县淮北吴城一带分设吴城县。建炎三年（1129），泗州盱眙县升为盱眙军。建炎四年（1130），盱眙军复为盱眙县，隶泗州。于楚州设楚泗承州涟水军镇抚使、淮东安抚制置使、京东河北镇抚大使。绍兴元年（1131），以盐城县隶涟水军。绍兴三年（1133），废吴城县，复以盐城县隶楚州。绍兴五年（1135），并淮阴县入山阳县，废涟水军，涟水县改属楚州。绍兴六年（1136），复设淮阴县。绍兴十一年（1141），以泗州盱眙县隶天长军。绍兴十二年（1142），复升盱眙县为盱眙军，废天长军为天长县，隶盱眙军。金皇统二年（1142），涟水县割入金，属海州。绍兴三十二年（1162），收复涟水县，三月，定涟水县属楚州，数月后又划属海州，十一月又升为涟水军。嘉定七年（1212），淮阴县徙治八里庄（今清浦区新闸村附近）。嘉定十一年（1218），李全附宋，其占据的涟水等地复归宋。金兴定二年（1218），以宿迁县桃园镇（今泗阳县众兴镇城厢社区）置淮滨县，今淮阴区大部属之。金元光二年（1223），淮滨县与宿迁县均废，省入睢宁县。宝庆三年（1227），李全之乱后降楚州为淮安军。同年，盱眙县入于金。绍定元年（1228），涟水县划入宝应州。绍定五年（1232），盱眙复属宋，改为招信军，辖盱眙、天长、招信3县。端平元年（1234），升淮安军为淮安州，改山阳县为淮安县，复升涟水县为涟水军。景定三年（1262），升涟水军为安东州。咸淳年间（1265—1274），淮阴县从八里庄迁回淮阴故城，于八里庄置新城县。咸淳九年（1273），于清河口设清河军，辖清河一县。

元至元十二年（1275），于马逻军寨（今楚州区苏嘴镇马逻村）设山阳县，以迫尚在宋军控制下的淮安城。次年，元攻占淮安州，置淮东安抚司，淮安、山阳两县仍并存。同年，元攻占招信军后置招信军安抚司。至元十四年（1277），淮东安抚司改为淮安路总管府，领淮安、山阳、淮阴、新城、盐城、清河、桃园7县及淮安录事司；招信军安抚司改为招信路总管府，领盱眙、天长、招信、五河4县。录事司直隶于路，为专门管理城市居民行政的独立政区建制。至元十五年（1278），降招信路为临淮府。至元十七年（1280），以临淮府五河县改属泗州，改泗州隶淮安路。至元二十年（1283），并淮安、新城、淮阴3县入山阳县，并招信县入盱眙县。至元二十七年（1290），降临淮府为盱眙县，隶泗州。至元二十九年（1292），改安东州、海宁州隶淮安路。至此，淮安路辖1录事司，山阳、清河、盐城、桃园4县及泗州、海宁州、安东州3州，泗州下辖临淮、虹、五河、盱眙、天长5县，海宁州下辖朐山、沭阳、赣榆3县。元代，今金湖县地属高邮府宝应、高邮2县地。至正二十六年（1366），朱元璋部攻占淮安，改淮安路为淮安府。

明洪武二年（1369），淮安府安东州降为安东县。洪武初，海宁州复名海州，朐山县并入海州，沭阳县由隶属海州改为直属淮安府，桃园县改名为桃源县。洪武十五年（1382），邳州由凤阳府改隶淮安府。此后直至清雍正二年（1724），淮安府领二州九县不改。二州即海州、邳州，九县即山阳、清河、安东、盐城、桃源、沭阳、赣榆、宿迁、睢宁。景泰二年（1451），于淮安设漕运总督，兼巡抚淮安、扬州、凤阳、庐州（今合肥）4府及徐州、滁州、和州3直隶州，故又称漕抚。明代，今金湖县地分属扬州府高邮州、宝应县，盱眙县、泗州属凤阳府。淮安府、扬州府、凤阳府均属南直隶。

清顺治二年（1645），改南直隶为江南省。康熙六年（1667），析江南省为江苏、安徽二省，淮安府属江苏省。雍正二年（1724），淮安府邳州、海州升为直隶州，邳州辖宿迁、睢宁2县，海州辖赣榆、沭阳2县，均划出淮安府。雍正九年（1731），划山阳县东部及盐城县北部新设阜宁县，以原山阳县庙湾城为县城，属淮安府。至此，淮安府辖山阳、清河、安东、盐城、阜宁、桃源6县。乾隆二十五年（1760），江苏省分设江宁、苏州2个布政使司，淮安府属江宁布政使司。乾隆二十六年（1761），割山阳县清江浦镇以及靠近清江浦的10余个乡入清河县，并移清河县城至清江浦。光绪三十年（1904）12月，改漕运总督为江淮巡抚，设立江淮行省，以清江浦为省会，辖原江宁布政使司所属江宁、淮安、扬州、徐州4府，通州、海州2直隶州及海门直隶厅。不及3个月即裁撤。清代，今金湖县地属扬州府宝应县、高邮州，盱眙县属安徽省泗州直隶州。

民国以后，撤销府一级。民国3年（1914），北洋政府改定重名县，山阳县改名淮安县，清河县改名淮阴县，安东县改名涟水县。同年设淮扬道，驻淮阴县城（清江浦），辖淮阴、淮安、涟水、泗阳、阜宁、盐城、宝应、高邮、兴化、东台、江都、仪征、泰县13个县。盱眙县属安徽省淮泗道。1927年，国民革命军北伐占领江苏后，废淮扬道。1932年，国民政府在淮阴设立第7行政督察区，辖淮阴、淮安、涟水、宝应、泗阳、宿迁6县。抗日战争开始后，1937年底至1939年3月，江苏省政府暂驻淮阴。

1945年9月，淮阴第一次解放。同年10月，苏皖边区政府在清江市成立，下辖73个县（市），覆盖53个旧县域，其中江苏32个、安徽18个、河南3个。1946年9月，国民党军队占领淮阴后撤销。1948年12月，两淮第二次解放，清江、淮城合组为两淮市。1949年3月，裁两淮市。同年4月，苏北行政公署（驻泰州市）及淮阴专区成立。淮阴专区辖淮阴、淮宝（原淮安、宝应两县运河以西部分地区，驻岔河镇）、涟水（涟水盐河以西部分，驻高沟镇）、泗阳、沭阳、灌云、宿迁、睢宁、新安（原沭阳、宿迁两县部分地区，驻新安镇）、邳睢（原邳县陇海路南及睢宁县北部地区，驻土山镇）10县。专员公署驻沭阳县。淮安县、涟东县（涟水盐河以东部分，驻大程集）属盐城专区管辖。

1950年，撤销淮宝县，辖地分别并入淮阴、淮安和宝应3县；撤销盐城专区的涟东县，并入淮阴专区的涟水县，涟水县驻地由高沟镇迁至涟城镇；设立县级清江市，淮阴专员公署由沭阳县迁至清江市；苏北行政公署迁至扬州市。1953年1月江苏建省，淮阴专区属江苏省；原新安县改称新沂县，邳睢县政府迁驻运河镇；睢宁、邳睢、新沂3县划归徐州专区。1954年，清江市改为省辖市，仍接受淮阴专署领导；盐城专区所属淮安县划入淮阴专区。同年12月，为减少湖产纠纷，统一洪泽湖管理，原属安徽省宿县专区的泗洪县、滁县专区的盱眙县划入淮阴专区。1956年，由淮阴、泗洪、盱眙3县部分地区合并设置洪泽县（驻高良涧）。1958年，由灌云、涟水2县各一部分地区新设灌南县；撤销淮阴县，并入清江市，并将清江市改名为淮阴市，划归淮阴专署领导。1964年，淮阴市又改为清江市，恢复淮阴县（驻清江市）。1966年，将盱眙县划归六合专区。1970年，淮阴专区改称淮阴地区，行署驻清江市，辖清江市及淮阴、淮安、洪泽、涟水、灌云、灌南、沭阳、宿迁、泗阳、泗洪县1市10县。1971年，原六合地区所属盱眙、金湖2县划入淮阴地区。1975年，淮阴县政府由清江市迁驻王营镇。

1983年，撤销淮阴地区，成立淮阴市，将灌云县划归连云港市管辖。撤销清江市，以里运河为界成立清河、清浦2个区。1987年12月，撤销宿迁县，设立县级宿迁市；撤销淮安县，设立县级淮安市；二者均由地级淮阴市代管。

1996年7月，撤销县级宿迁市，设立地级宿迁市，将淮阴市所属沭阳、泗阳、泗洪3个县划归宿迁市管辖，灌南县划归连云港市管辖。

2001年1月，淮阴市更名为淮安市，同时撤销县级淮安市，设立楚州区，撤销淮阴县，设立淮阴区。至此，淮安市辖清河、清浦、楚州、淮阴4个区，涟水、洪泽、盱眙、金湖4个县。至2008年不变。

第二节　境域　区划

一、境域

淮安市域地处北纬32°43′00″～34°06′00″、东经118°12′00″～119°36′30″。总体呈东北、西南横斜走向。东西最大直线距离132公里，南北最大直线距离150公里，总面积10072平方公里。

市域东与盐城市建湖县、阜宁县、响水县毗连，南与扬州市宝应县、县级高邮市及安徽省县级天长市接壤，西与宿迁市泗洪县、泗阳县及安徽省县级明光市相连，北与宿迁市沭阳县、连云港市灌南县为邻。

二、行政区划

1978年，淮阴地区辖清江市、淮阴县、泗阳县、涟水县、宿迁县、沭阳县、灌云县、淮安县、盱眙县、泗洪县、洪泽县、灌南县、金湖县13个县级行政区。

1983年，撤销淮阴地区，成立省辖淮阴市，灌云县划归连云港市。撤销清江市，市区以里运河为界，南为清浦区，北为清河区，原淮阴县的武墩乡、和平乡和淮安县的盐河乡、黄码乡划归清浦区。淮阴市辖清河、清浦、淮阴、淮安、涟水、灌南、沭阳、泗阳、宿迁、泗洪、洪泽、盱眙、金湖13个县（区）。

1987年，撤销宿迁县、淮安县，设立县级宿迁市、县级淮安市，由淮阴市代管。

1996年7月，设立地级宿迁市，原属淮阴市的县级宿迁市、沭阳县、泗阳县、泗洪县划归宿迁市，灌南县划归连云港市。调整后的淮阴市辖淮阴、涟水、洪泽、盱眙、金湖5个县和清河、清浦2个区，代管县级淮安市。

2001年2月，淮阴市更名为淮安市，同时撤销县级淮安市，设立淮安市楚州区，撤销淮阴县，设立淮安市淮阴区，各以原所辖区域为新设区的行政区域。淮安市辖清河、清浦、楚州、淮阴4个区，涟水、洪泽、盱眙、金湖4个县。

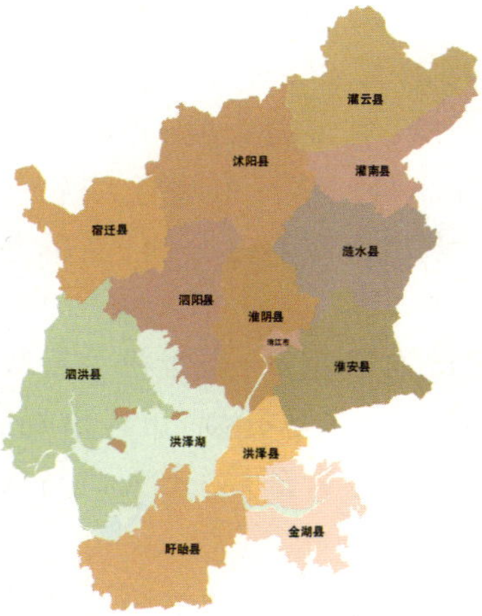

图 1-1　1983 年 3 月前淮阴地区行政区划示意图

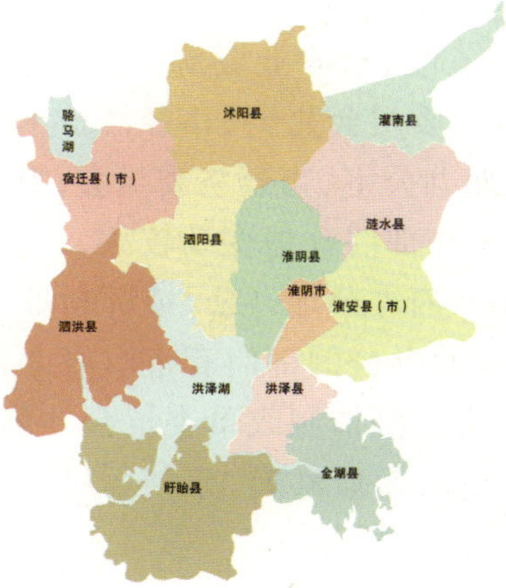

图 1-2　1983 年 3 月至 1996 年 6 月淮阴市行政区划示意图

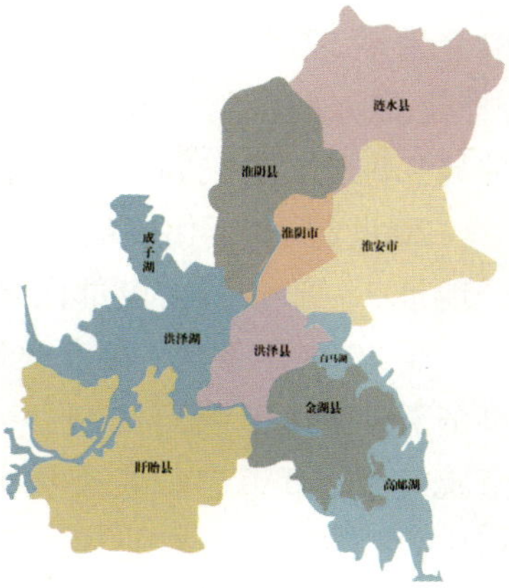

图 1-3　1996 年 7 月至 2001 年 1 月淮阴市行政区划示意图

2002 年 9 月，原属楚州区的徐杨乡划属清河区管辖。

2008 年，淮安市辖清河、清浦、楚州、淮阴 4 个区，涟水、洪泽、盱眙、金湖 4 个县，各县区下辖 92 个镇、24 个乡、11 个街道（办事处），141 个城市社区居委会、157 个农村居委会、1389 个村委会。

第三节　公　署

1983 年淮阴市政府建立之初，政府工作部门多驻健康西路 140 号大院。该处原为淮阴农校校舍，从 1959 年秋起一直为淮阴地委和行署办公地。

1989 年前，在市政府办公地办公的部门有市政府办公室、市政府研究室、市行政事务管理处、法制局、市经济体制改革委员会、市计划委员会、市财政局、市税务局、市卫生局、市人事局、市统计局、市市志编纂委员会办公室、市监察局、市档案局、市宗教事务管理局、市侨务办公室、市计划生育委员会、市体育运动委员会、市老龄委办公室、市农业局、市蔬菜局、市地震办公室、市城市管理办公室、市土地管理局、市矿务局、市信访局。

驻市内其他地方办公的政府工作部门有：市商业局，驻健康西路 78 号，淮海北路与健康西路交叉口以西路北；市文化局，驻健康西路 130 号，市商业局西 200 米处路北；市教育局，驻市政府办公地南斜对面，健康西路 31 号；市交通局，驻大治路 12 号，市广播电视局以西路北；市粮食局，驻淮海北路 77 号，淮阴汽车站以北路东 200 米处；市水利局，驻健康西路北侧 134 号，西邻市科学技术委员会；市公安局、市司法局、市国家安全局，驻健康东路 118 号，楚天宾馆北对面；市民政局、市劳动局，驻健康东路 104 号，公检法大院以东路北约 200 米处；市商检局，驻北京北路 15 号，工商行政管理局对面；市物资局，驻淮海北路 62 号，清江商场北侧；市气象局，驻黄河路 33 号；市农机局，驻健康西路 51 号，市政府办公地以西路南；市烟草专卖局，驻大治路 3 号；市广播电视局，驻大治路 6 号，路北；市标准计量局，驻健康西路 47 号，市政府办公地以西斜对面、路南巷内；市建设委员会，驻水门桥以北路东，淮海北路 11 号；市工商行政管理局，驻市政府办公地以西北京北路14号、市商检局西对面；市科学技术委员会，驻健康西路北侧136号，东邻市水利局；市乡镇企业管理局，驻淮海北路116号6楼；市农业资源开发局，驻大治路21号；市对外贸易管理局（外经委），驻淮海北路27号，市建设委员会北侧；市经济技术协作委员会，驻淮海大厦；市环境保护局、市人民防空办公室、国防工业办公室、市经济委员会，驻西大街116号原清江市政府大院。

20世纪90年代以后，市政府工作部门驻地变动较大，一部分部门搬出市政府办公地，新辟办公地址，一部分新增设部门或在市政府办公地办公，或辟新址办公。

至2008年年底，在市政府办公地办公的部门有市政府办公室、市政府研究室、市级机关行政事务管理局、市政府法制办公室、市经济体制改革委员会办公室、市发展改革委员会、市人事局、市统计局、市市志编纂委员会办公室、市监察局、市档案局、市民族宗教事务管理局、市人口与计划生育委员会、市农业局、市地震局、市物价局。

移驻新址的部门有市财政局，驻健康东路南侧、市民政局对面；市科技局，驻大治路西首北侧；市卫生局，驻和平路东首南侧，市中医院东侧；市体育局，驻淮海北路东侧市体育馆内；市审计局，驻北京路与健康西路交叉口向南100米处；市信访局，驻清河路，市政府大院南100米处；市建设局（原建委），驻北京路与淮海西路交叉口北，北京路东侧；市公安局，驻深圳路22号；市司法局，由原址几经迁移，2008年移驻北京北路88号淮阴工学院院内；市水利局，驻深圳路西口以东约800米处；市环境保护局，驻健康西路西首南侧；市经济贸易委员会，驻健康东路9号（东首路南）；市劳动和社会保障局，驻大治路与清河路交界处西100米处。

新建部门、新辟办公地址的有：市规划局，驻北京路与淮海西路交叉口北250米处，北京路东侧，市建设局北；市招商局，驻淮海北路，清江商场北侧；市人防局，驻延安东路与承德路交叉口东100米处；市盐务局，驻承德北路，丹桂苑东对面；市旅游管理局，驻淮海北路，淮安迎宾馆旁；市城市管理局，驻北京路与淮海西路交叉口北250米处，北京路西侧；市信息产业局，驻勤政路今世缘酒业有限公司楼上；市房产管理局，驻健康东路；市文化广电新闻出版局，驻勤政路原文化局所在地；市对外贸易经济合作局，驻淮海广场东南原外经委所在地；市安全生产监督管理局，驻健康东路67号。

市交通局、市粮食局、市教育局、市畜牧水产局、市农机管理局、市乡镇企业管理局、市农业资源开发局仍在原址办公。

第二章　地质　地貌

第一节　地　质

淮安市位于鲁苏隆起南部、苏北凹陷的西北部。苏北凹陷位于扬子准地台的东北部，系在古生代台缘凹陷（古盆地）枢纽部位发展起来的大型中、新生代沉积盆地，北邻鲁苏隆起，南接苏南隆起，西以郯庐断裂带为界，东部与南黄海凹陷相邻。境内大部为第四系所覆盖，仅南部盱眙县部分地区有基岩出露。

境内地壳经历30余亿年的地质演化，中生代燕山运动奠定该地区地质构造基本格架，喜马拉雅运动期，断裂和凹陷得到进一步继承和发展，伴有火山岩浆喷发，经历沧海桑田，逐步形成现在的地质形态。

一、地层

境内属扬子地层区苏北地层分区，区内基岩出露甚少，自上太古界—下元古界、中元古界、上元古界、古生界、中生界及新生界地层均有不同程度发育。中元古界（东海群）为区内浅变质岩系，构成扬子准地台的基底，震旦系及以后的地层组成盖层，白垩系和第三系为中、新生代内陆盆地沉积，局部有丰富的盐类矿床。

（一）上太古界—下元古界地层

由东海群混合花岗岩及浅色长英质片麻岩等组成，构成相对稳定的胶苏地块，主要分布于淮阴区西北部刘桥—海西（海州—泗阳断裂）一线以西，厚度大于19.3米。

（二）中元古界地层

由锦屏组、云台组及张八岭群组成，地层主要岩性为片岩、变质岩、含磷大理岩、磷灰岩、白云钠长变粒岩、白云石英片岩、千枚状粉砂岩、石英角斑岩及石英角斑质晶屑凝灰岩等，隐伏于淮阴—响水口断裂以北，占据淮阴区大部和涟水县西北部，盱眙县西部淮河两岸也有部分出露。锦屏组厚度161～379米，云台组厚度大于4291米，张八岭群组厚度大于2475米。

（三）上元古界地层

由震旦系黄墟组（原称陡山沱组）、灯影组组成。黄墟组为一套含泥、砂质成分的耐酸盐岩，主要为灰、灰褐色及灰黑色泥质白云岩，底部常含锰白云质灰岩；下部白云岩含较多硅磷质结核和团块，微层理发育；上部白云岩夹燧石层并含燧石条带，顶部有一层黑色炭质页岩。富含生物化石，已知的有微古植物、宏观藻类和后生动物。灯影组为一套以灰色及灰白色为主的碳酸盐岩地层，主要为白云岩，其次为千枚状页岩、粉砂岩、千枚状钙质页岩及厚层状灰岩、泥灰岩等。上元古界地层分布于洪泽老子山—盱眙古桑佛窝断裂隆起带、洪泽—建湖隐伏隆起带及淮阴—响水口断裂北侧、淮阴区王营—涟水陈师一带，盱眙境内有出露，黄墟组厚度大于580米，灯影组厚度大于929米。

（四）古生界地层

包括寒武系、奥陶系、志留系、泥盆系、石炭系及二叠系，分布于洪泽—建湖隐伏隆起带上。寒武系观音台组主要含白云质灰岩、灰岩，视厚度大于549米；炮台山组主要含泥质白云岩、白云质灰岩，大部分厚度87～246米；幕府山组上部为灰岩，下部为灰岩夹炭质页岩、砂岩，视厚度大于111米。奥陶系上统上部为硅质泥岩，下部为钙质泥岩与泥质同灰岩互层，视厚度大于214米；中统为灰岩、泥灰岩，含有水泥灰岩，厚度12～51米；下统上部为灰岩，中部为灰岩夹泥质灰岩，下部为白云质灰岩、白云岩，视厚度大于715米。志留系坟头组主要为石英砂岩、粉砂岩与泥岩相间，厚度大于52米；高家边组主要为钙质粉砂岩夹钙质细砂岩、细砂岩夹粉砂质泥岩和灰岩，含有水泥配料用页岩、陶土资源。泥盆系五通组主要为石英砂岩，含有石英岩、陶瓷土资源，视厚度大于199米。石炭系上统船山组主要为球状㹴灰岩，含有水泥灰岩、熔剂用灰岩资源，视厚度28米；中统黄龙组主要为白云质灰岩，有水泥灰岩、熔剂用灰岩资源；下统为粉砂岩夹泥岩，有陶瓷土、耐火黏土资源。二叠系上统上部为灰岩、页岩，下部为粉细砂岩夹煤线、泥岩，视厚度71～432米，有煤、赤铁矿资源；下统为灰岩地夹硅质页岩，视厚度大于168米。

（五）中生界地层

三叠系、侏罗系及白垩系下统地层境内缺失，仅见白垩系上统浦口组。白垩系上统浦口组主要由富含膏盐的一套以灰色—灰黑色为主色调的碎屑岩组成，厚度大于2594米，其岩性自下而上为灰色砂砾岩与棕或暗咖啡色粉细砂岩互层、膏质泥岩和泥岩与盐岩互层、棕红色泥岩，上部富含石膏、钙芒硝、芒硝、盐岩等，其中纯盐层22层，是淮安盐盆主要含盐、含膏层位。

（六）新生界地层

在境内分布广泛，且沉积厚度大，富含矿产资源。新生界地层自下而上划分为：下第三系泰州组、阜宁组、戴南组、三垛组及上第三系盐城群（东部平原区，西部为下草湾组、方山组）、第四系。境内泰州组地层少见。阜宁组地层分布于淮安大部，其中阜宁组四段是淮安市重要含矿地层，该段地层内蕴藏着淮安市重要矿产石油、岩盐、芒硝及石膏。戴南组普遍含石膏，分布于境内平原地段。三垛组地层主要岩性为棕红色泥岩、粉砂岩，含石膏团块，局部含黑色泥岩及多层玄武岩，顶部以棕红色、暗棕红色、灰色泥岩、粉砂质泥岩夹粉砂岩为主，含石膏，底部以灰色粉砂岩、含钙泥岩、粉砂质泥岩与灰白色细砂岩互层为主，部分为砂岩及砾岩，视厚度1374米，分布于境内平原大部。境内西南部与三垛组相对应的地层系统为下草湾组及方山组。下草湾组主要由钙质砂岩和泥岩组成，底部为灰黄色砂岩或砾岩透镜体，厚度大于308米，下部在淮河以北为浅灰色、灰绿色泥岩和粉砂质泥岩夹含砾砂岩及细砾，淮河以南为灰绿色、灰白灰黑色玄武岩相间，偶夹粉红色、灰白色含砾泥岩；上部为灰黄色、粉红色、灰绿色泥岩及含砾泥质砂岩，局部夹泥灰岩。下草湾组含植物、孢粉、介形类、轮藻类、双壳类、腹足类、鱼类、两栖类、爬行类、鸟类和哺乳类化石。方山组仅分布于盱眙县低山丘陵区，岩性为灰黑色玄武岩夹泥岩，厚度大于172米；盐城组自下而上分为两段，第一段为棕红色、灰绿色泥岩与浅灰色、棕灰白色砂岩和砾岩组成的韵律层，夹有玄武岩；第二段为棕黄色、浅棕灰色黏土和灰白色砂层组成的韵律层，下部为灰白色砂砾岩夹棕色黏土。盐城组主要分布于境内东部平原地段，厚度变化较大，该组地层以成岩性差、颜色杂为特征。第四系以浅灰色细粉砂层与浅棕色、红色黏土层互层为主，其中全新统厚度35米，上更新统厚度22米，中更新统厚度大于12米，下更新统厚度大于22米；有泥岩、铁锰结核、砖瓦黏土等资源。

二、火成岩

境内火成岩包括侵入岩、喷出岩两部分，主要分布于盱眙县境内。侵入岩岩体较小，出露面积一般均为几十至几百平方米，个别较大者达几平方公里，主要分布在老子山—佛窝断褶隆起带内。侵入岩侵入时代分为喜马拉雅期、燕山晚期、燕山早期、澄江期及吕梁期5个侵入期，形成钼、铜、铅、锌、金等诸多矿化点。喜马拉雅期岩相为浅成岩相，主要岩石类型为辉绿岩、玻基橄榄岩；燕山晚期为中—浅成相岩相，主要岩石类型为花岗闪长岩、二长花岗岩、石英闪长斑岩、石英二长斑岩、石英正长斑岩、二长花岗斑岩、闪长岩、闪长玢岩；燕山早期为浅成、中—深成岩相，主要岩石类型为石英闪长斑岩、石英二长斑岩、闪长玢岩、二长花岗斑岩；澄江期主要为浅成岩相，主要岩石类型为变质辉绿岩；吕梁期为深—浅成岩相，主要岩石类型为榴辉岩类、纯橄榄岩类、橄榄岩类、含长辉橄岩类、橄榄辉长岩类。

淮安区域位于苏皖北西向基性喷发带北西带，新生代玄武岩广泛出露于盱眙天明化工厂至穆店一线以南地区。喷出岩旋回喷发特征明显，古新世开始为小规模喷发，形成下第三系数层玄武岩夹层。至中、晚新世，出现2次较大规模的喷发活动，下草湾组玄武岩为第一喷发旋回；第二喷发旋回强烈，形成分布广泛的方山组玄武岩。境内已探明的凹凸棒石黏土和膨润土与玄武岩的喷发活动密切相关。

三、地质构造

淮安市所处的构造部位为扬子准地台东北缘，其中有不同构造体系和不同等级的构造单元，分别有淮阴—灌云古北东向构造带、新华夏系盱眙构造带、华夏系洪泽湖—盐城凹陷、洪泽—建湖隆起、金湖—东台凹陷。在凹陷区内，又有一些次级凹陷和凸起，如洪泽湖凹陷、淮阴凸起、涟水凹陷、涟水—大东凸起、板湖凸起、阜宁凹陷（西南端）、金湖凹陷等。除盱眙构造带有出露外，其余均被第四系所覆盖。

（一）淮阴—灌云古北东向构造带

位于淮阴—响水口断裂（原称盱眙—响水断裂）西北侧，区内范围主要包括淮阴区大部及涟水县的西半部。分布地层主要是中元古界锦屏组及云台组、上元古界震旦系。此构造带内的变质岩系褶劈构造相当发育，片理一致倾向南东，连成一系列规模不等的同斜褶皱，约产生在晚元古代以前，亦称“古北东向构造带”。

（二）盱眙构造带

主要由老子山—佛窝断褶隆起带、十里营—古城断陷带、维桥—上何郢隐伏断褶隆起带组成。这一构造带是在华夏系构造基础上经中生代以来北北东向断裂活动改造而形成，有明显的地垒地堑式构造，属新华夏系构造体系。盱眙构造带内主干断裂构造有淮河—自来桥断裂、渔沟—桂五断裂、马庄—古城断裂、穆店—上何郢断裂以及一系列次一级断层。

（三）洪泽湖—盐城凹陷

西起洪泽湖湖区，向东呈喇叭形展布，北以淮阴—响水口断裂为界，南界为洪泽—建湖隆起的北侧边界断裂。其分布面积较大，包括洪泽、淮阴、楚州、建湖、涟水、射阳及盐城各市县的大部（或部分）地域。在此凹陷内又可划分出10个次一级的凹陷和凸起。其中，洪泽湖凹陷和淮阴凸起位于区内，系芒硝及岩盐矿的重要成矿构造单元。

（四）洪泽湖凹陷

位于洪泽湖湖区，洪泽—建湖隆起的北部边界断裂及淮阴—响水口断裂为其南北界线，东与淮阴凸起相邻，向西延至安徽境内，总面积约3000平方公里。凹陷明显受同沉积断裂构造控制，具边断边沉积、北浅南深的特点，依次出现下第三系自下而上地层为泰州组、阜宁组、戴南组、三垛组。从区域上看，该凹陷西端压覆海韩断裂带，表明它形成较晚。凹陷以内沉积多层膏盐矿层为其特征，已发现洪泽县西顺河及淮阴区赵集芒硝、岩盐矿。

（五）淮阴凸起

位于淮安市区、楚州区境内，南北边界与洪泽湖凹陷相同，其西边界与洪泽湖凹陷相连，东邻涟水凹陷，长轴为北西向，面积约1500平方公里。凸起内发育富含膏盐的上白垩系地层，沉积中心大致位于楚州区范围内，含盐系沉积总厚度大于1800米，已探明的有淮安市谢碾盐矿、楚州区下关盐矿、蒋南盐矿及朱桥盐矿等。上覆地层为第四系，表明淮阴凸起在晚白垩世时，为一富含膏盐的沉积盆地，因受晚白垩世末燕山运动影响而上隆结束沉积。

（六）洪泽—建湖隆起

位于洪泽—建湖一带，均为第四系所掩盖，是横亘在苏北凹陷中部的近东西向弧形隆起构造带，将苏北凹陷分割成北侧的洪泽湖—盐城凹陷，南侧的金湖—东台凹陷。主要由震旦系和古生界组成，纵向断裂发育，致使部分地层断缺而不连续，隆起带上局部（如朱坝镇附近）沉积有白垩系。该构造对晚白垩世及第三纪的沉积有明显的控制作用，其南北两侧边界断裂具有长期活动、边断边沉积的特点，使两侧凹陷区沉积巨厚的上白垩系及第三系地层，尤以南侧的金湖凹陷为甚，第三系沉积厚5000～6000米。

（七）金湖凹陷

位于金湖—东台凹陷西段，北邻建湖隆起，南越金湖县境外，横跨苏皖两省，总面积达5200平方公里以上，区内面积约1000平方公里，其范围包括金湖县全境、盱眙县东部黄花塘—马坝一带以及洪泽县东南部。凹陷内发育上白垩系至第三系地层，其中第三系沉积厚度1000～6000米，以含石油及膏盐类矿产的碎屑岩为主，夹碳酸盐岩地层。该凹陷是一个多中心深凹陷，内部构造相当复杂，断裂构造发育，形成一系列的次凹或小凸起，在三垛组及盐城群中夹有中—基性火山碎屑岩，表明该区燕山晚期—喜马拉雅期构造活动相当剧烈。

（八）淮阴—响水口断裂

原称盱眙—响水断裂，自南西向北东由盱眙县鲍集经泗洪县龙集—淮安市北侧—涟水县义兴—响水县—燕尾港北侧延伸入黄海，走向大致35°～45°，局部50°～60°，倾向南东，倾角约65°向西南延至皖北紫阳附近与郯庐断裂斜交，境内展布长度约150公里。该断裂切穿莫氏面（本区深约32公里），属华夏系（震旦纪—三叠纪形成）超壳型断裂，具有多期活动特点，苏北凹陷的成生发展受其控制。断裂北侧为隆起区，广泛发育中元古界（锦屏组、云台组），局部发育震旦系。南侧为凹陷区，新生界沉积厚度巨大，与北侧古老地层形成鲜明对比。

淮安市中小型断裂分布一览表

表1-1

名称	位置	断面产状	规模（公里）	地质特征
涟水—唐集	涟水县城经大东至唐集	315°～330° ∠40°～45°	38	涟北凹陷的南界断裂，对涟北凹陷的下第三系分布起控制作用。上盘（北西盘）广泛分布三垛组；下盘（南东盘）是浦口组及超复其上的三垛组，断距大于850米
淮河—自来桥断裂	沿淮河向南延伸到自来桥	10°～20° ∠45°～70°	60	推测断裂沿复式背斜育，早期为压性，后期西盘下落，表现为张性断裂
渔沟—桂五断裂	从老子山东侧经洪泽湖边，经官滩集、古桑至西高庙以北	5°～20° ∠60°	60	断裂以西为震旦系，以东为第四系覆盖；震旦系小褶皱发育
庙山—高营断裂	盱眙庙山、欢山、刘山头、圣人山、甘泉山一线，可能延伸至老虎岗	5°～30° ∠70°～85°	11	断层上、下盘均为灯影组灰岩及白云质灰岩，为上盘逆冲的压性断裂；断裂带宽20～100米
老场—团山断裂	位于盱眙断裂带的东侧，老场、石牛山东缘、团山及老军山东侧	10°～20° ∠75°～85°	7	断面舒缓波状，倾向多变，倾角近直立；破碎带50～100米，见无须鎅、糜棱岩、透镜体及硅化蚀变等现象
庙山—刘山头横断层	位于庙山、欢山、大尖山、刘山头一带	290°～320° ∠陡	1～2	断面较平直，陡立，断层带较窄，错距100～200米，呈组发育
山门口—天台山横断层	位于盱眙大尖山—天台山一带	290°～320° ∠陡	2～3	断面较平直，陡立，断层带较窄，错距200米左右，呈组发育

续表1-1

名称	位置	断面产状	规模（公里）	地质特征
老军山—小东山横断层	位于老军山、小东山一线，老子山—佛窝断褶隆起带南段	300°～320°∠陡	3	断面较平直，陡立，断层带较窄，错距200～500米，呈组发育
吉庄—马南断裂	金湖吉庄、港西、永丰，盱眙马坝	300°～340°∠60°～70°	42	切割三垛组，上盘下落的正断层，断距100～200米。断裂为一系列不完整背斜
吕良桥—新街断裂	金湖吕良桥、大杜庄及盱眙新街	280°～290°∠陡	14	隐伏断裂，物探推切割三垛组
涂沟—淮建断裂	金湖涂沟、银集及淮建	270°～310°∠陡	15	隐伏断裂，物探推切割三垛组
唐港—复兴圩农场断裂	唐港—复兴圩农场	90°～100°∠陡	10	隐伏断裂，物探推切割三垛组
老子山—石坝断裂	自安徽嘉山，经石坝、举证河，被老子山—佛窝断褶隆起带切割，延伸至洪泽以东	55°～60°	100	控制凹陷的形成，具多期活动的特征，与淮阴—响水口断裂密切相关
万集—高桥断裂	洪泽万集、盱眙高桥一线	50°～80°∠40°～45°	50	洪泽—建湖隆起带与金湖凹陷的分界，被北西向断裂切割

四、水文地质

淮安市地处淮、沭、沂、泗流域下游，河湖密布，市域西部、南部有洪泽湖、高邮湖，中部有白马湖；京杭大运河、古黄河、淮河入海水道、淮河入江水道、苏北灌溉总渠、盐河、里运河、淮沭新河等贯穿市域，地下水分布广泛。水系以黄河故道为分水岭，北属沂沭泗河流域，南属淮河流域，大运河和淮沭河将这两大水系连成一体。境内的洪泽湖为中国五大淡水湖之一，是淮河的蓄水库，水位11.3米，湖水面积可达2340平方公里，储水量43亿立方米，对淮安市的农田灌溉、城乡居民生活用水和工业生产起到巨大作用。淮河入海水道和苏北灌溉总渠是行洪防汛和苏北农田灌溉的主要水利工程。它们贯穿市域东西，沟通洪泽湖与黄海，保障洪水期淮安市乃至盐城、扬州、连云港城乡居民生命财产安全。大运河又将淮河水系与长江贯通，使得枯水期能实行江水北调工程，为淮安市的水资源利用提供保障。

（一）含水岩组

1.第一含水岩组

即浅层水，含水介质主要为第四系上更新统冲湖积、海积粉细砂层，少量为粉土层，局部含水层变薄，以至尖灭。为孔隙潜水—微承压水含水岩组。潜水含水层岩性主要为全新统冲积亚黏土，厚度4～5米，水位埋深一般为1.7～1.8米，单位涌水量为0.2升/秒·米；微承压含水层岩性主要为上更新统亚砂土及粉砂，厚度为7米左右，水位埋深一般为2.9～4.51米，单位涌水量为0.05～0.2升/秒·米，水质类型为HCO_3-Ca·Mg型或HCO_3-Ca·Na型，矿化度0.46～0.65克/升。第一含水层埋藏浅，上覆隔水层薄，易于接受大气降水、地表水补给，雨期水位明显上升，干旱期水位下降，反应敏感，水位变幅1～2.5米。最高水位期约滞后于最大降水期一个月左右，最低水位正好出现在雨季前夕，补给量超过500吨/日。浅层水径流、排泄条件与地形、地貌及地表岩性密切相关，在西北部黄泛区由于地势相对较高，地表岩性以粉砂及亚砂土为主，颗粒较粗，透水性较好，因而其径流条件尚好，地下水向低洼区排泄或经人工排泄；在东南泻湖平原区，地表岩性以黏土、亚黏土为主，渗透性能差，加之地势低洼、水系发育，地下水径流极差，其排泄主要是垂直蒸发排泄或人工排泄。

2.第二含水岩组

即中层水，为承压水含水岩组，含水介质为第四系中、下更新统河湖相粗中砂、中细砂，顶板埋深50米左右，水位埋深5～11米，含水层厚度一般30～80米，一般单井出水量1000～1500立方米/日，古河道带水量最大可达3000立方米/日，钻孔抽水试验单位涌水量1～4升/秒·米，渗透系数可达8～40米/日，标型井涌水量可达2000～3000立方米/日。该层水量丰富，水质亦佳（矿化度<1克/升，淡水），水质类型HCO_3-Ca·Na型，是区域内良好的供水水源。第二含水层主要靠上游浅埋区的径流补给，与大气降水相关性差，地下水位变幅0.5～2.5米，水位上升亦受降水影响，水位开始回升时间比浅层水迟，一般在雨季后或雨季后期开始回升，当年12月至来年2月达到最大，以后缓慢下降，直到雨季开始回升。

3.第三含水岩组

即深层水，为承压水含水岩组，含水介质为上第三系上新统河湖相含砾石中细砂，泥质含量不均。根据含水介质不同分为上、下两段，上段顶板埋深141.75～148.6米，厚度23.6～26.1米，水位埋深15.72米，单位涌水量1.47升/秒·米，水质类型HCO_3-Ca·Na型，矿化度0.51克/升；下段顶板埋深167.75～193.70米，厚度180.15～195.55米，水位埋深16.05米，单位涌水量1.08升/秒·米。该层水量较丰富，水质优异。改革开放后，随着工业化进程加快，供水开采强度不断大，局部中深层地下水开采水位降落漏斗日愈扩展，水位下降过深，一部分水通过弱含水量向上部越流排泄。

4.第四含水岩组

即底层水，为承压水含水岩组，含水介质为上第三系中新统河流相中粗砂，含砾石，受河流沉积相位影响，河床中心含水层厚度大，边缘较薄，一般厚度30～100米，顶板埋深180～260米，水位埋深1～3米，局部地段自流，开采区段水位下降至15～20米，单井出水量达1000～3000立方米/日，渗透系数15～30米/日，矿化度<0.7克/升，水质类型为HCO_3-Na·Ca。该层水水量稳定，水质特佳，具良好的供水开采价值。

第三、第四含水层主要靠地下水径流补给，水位变化极其缓慢，无暴起暴落现象，水位升降与降水量的变化关系不密切，并有明显的时间滞后效应。一般说来，第三、第四含水层最低水位出现在雨季，而从雨季结束后开始逐步回升。

（二）天然矿泉水

境内地下矿泉水分两类，一类是玄武岩孔隙、裂隙矿泉水，分布于盱眙县南部玄武岩裸露区和东南部隐伏于第四系之下玄武岩分布区，此类矿泉水经评价鉴定的有泥沛矿泉水、桂五“八四库”矿泉水2处；古桑大龙潭泉（流量3518吨/日）也属此类。由于发育于似层状产出的玄武岩裂隙中，加之补给充足，因而水量较大。1990年10月，泥沛矿泉水成井时抽水试验，稳定24小时，静止水头高度14.02米，水位降低至12.31米，涌水量15.3千克/秒，日流水量1324吨，且水质特优，其中偏硅酸含量高达65.9～76.23毫克/升，含钠低（30毫克/升），水质列全省已鉴定矿泉水之首。

另一类是平原区深部砂层矿泉水，分布于涟水县、淮安市区、楚州区、金湖县等地，含水岩性主要为上新统方山组（原称峰山组）或盐城组上部的砂岩，顶板埋深100～200米，少量为第四系砂层，埋深70～150米。已鉴定的矿泉水产地大多位于古河道上，水量丰富，水质也好，其中锶含量在0.26～0.62毫克/升，偏硅酸含量35～56毫克/升，并含锂、溴、碘、锌等多种对人体有益的微量元素。资料显示，淮安市区矿泉水含锌亦高，最高达0.56毫克/升。

此外，隐伏于淮安市区北部呈北东向条带分布的碳酸岩裂隙溶洞水，分布于淮阴区张官荡、棉花庄经区果林场、西坝、清江果园到城南小闸一带，长约45公里，宽3.5公里，含水层岩性为震旦系灰岩、白云岩等，顶板埋深130米，属裂隙溶洞承压水，水量较大，水质也好，可溶性SiO_2含量一般为35.4毫克/升，含锌量为0.24毫克/升，属含锌的偏硅酸矿泉水。

至2008年，全市通过省、部级评审鉴定的饮用天然矿泉水有11处。

2008年淮安市天然矿泉水水源一览表

表1-2

产 地	层位	埋深（米）	允许开采量（立方米/日）	水质类型	锶含量（毫克/升）	偏硅酸含量（毫克/升）
江苏今世缘酒业公司	Q_1	70～150	1900	HCO_3-Na·Ca	0.44	54.86
涟水糕点厂	Q_1	85.5～130	720	HCO_3-Na·Ca	0.51	46.70
涟水石湖水厂	Q_{1-2}	100～125	1200	HCO_3-Na	0.51	36.48
江苏淮海盐化厂	N_2f	154～200	800	HCO_3-Ca·Na	0.62	47.20
淮安中药厂	N_2f	140～200	1200	HCO_3-Na	0.41	53.70
淮安肉联厂	N_2f	152～200	550	HCO_3-Na	0.42	56.08
楚州顺河水厂	Q_1	85.24～136.14	1200	HCO_3-Na·Ca	0.38	54.44
金湖复兴圩农场	Q_1	106～130	1000	HCO_3-Na·Ca	0.26	47.14
金湖林场	N_{1-2}	80.17～111.12	600	HCO_3-Na·Mg·Ca	0.34	47.14
盱眙“八四库”	N_2f	55～62	—	—	0.33	65.90
盱眙泥沛村	N_2f	80～120	1300	HCO_3-Mg·Ca	0.47	76.23

五、工程地质

（一）冲积平原工程地质区

分布在苏北灌溉总渠以北地区及灌溉总渠以南楚州区朱桥、仇桥、复兴、王庄一带。地面标高一般为6～10米，废黄河自然堤较高，一般为14～16米；潜水位埋深一般为3～4米，自然堤区大于5米，除废黄河自然堤呈条状垅岗以外，其他地区地势平坦开阔。岩性主要为灰黄色亚砂土，局部地区见有亚黏土。亚砂土结构松散，孔隙度中等，遇水易崩解，地基承载力每平方厘米1.1～2.5千克；由于粉砂含量较高，潜水而下容易产生流沙；在冲击（突然荷载）作用下，容易产生液化，造成边坡的不稳定，不宜作大型建筑物的天然地基。废黄河自然堤区，其地貌特征是呈条状之岗地，高于地面8～10米。岩性主要为灰黄色粉细砂，结构松散，遇水崩解。饱水时颗粒间的内部联结易形成流沙。

（二）泻湖平原工程地质区

分布在楚州区范集、流均一线以南地区。岩性为浅灰褐色亚黏土，结构较为紧密，含有机质成分较高，潮湿可塑，饱水时易压密，地基承载力每平方厘米1.8～2.5千克。

（三）丘陵岗地工程地质区

分布在盱眙县淮河以东的官滩—城区—佛窝一线，地表岩溶较发育，有溶沟、溶槽、小溶洞等，各类层理面和节理面较发育，力学强度较高，但层间千枚状钙质页岩、粉砂质页岩等力学强度较低，且易风化，工程地质条件较差。

第二节 地 貌

淮安市地处黄淮平原和江淮平原，无崇山峻岭，地势平坦，地形地貌以平原为主，仅市境西南部的盱眙县有丘陵岗地，地势较高。盱眙县仇集镇境内无名山真高231米，为全市最高点；楚州区博里地面真高仅2.3～3.3米，为全市最低点。境内河湖交错，水网纵横，京杭大运河、淮沭新河、苏北灌溉总渠、淮河入江水道、淮河入海水道、古黄河、六塘河、盐河、淮河干流9条河流纵贯横穿，全国五大淡水湖之一的洪泽湖大部分位于市境内，还有白马湖、高邮湖、宝应湖等中小型湖泊镶嵌其间。平原面积占总面积的69.39%，湖泊面积占11.39%，丘陵岗地面积占18.32%，是典型的“平原水乡”。

根据地形成因，可分为三大类型：黄淮冲积平原区，位于苏北灌溉总渠以北，是黄河、淮河及其支流泗水合力冲积而成；江淮湖洼平原，位于苏北灌溉总渠以南，以里运河为界，其西称运西湖平原区，其东称里下河低平原，在淮安市境内以前者为主，包括洪泽湖水域在内；低山丘陵地区，主要分布在市域西南地区，可分为低山丘陵和黄土岗地两种地貌类型。

按照地表物质来源和微地貌特征，淮安市地貌分属徐淮黄泛平原区、里下河浅洼平原区及宁镇扬丘陵岗地区。

一、丘陵、垅岗

境内丘陵、垅岗分布于盱眙县、金湖县境内，属宁镇扬丘陵岗地区。根据地貌特征，可分为丘陵、阶地垅岗两种地貌形态。

丘陵区主要分布于盱眙县境内淮河以东官滩—县城—桂五—王店一线，山势连绵起伏，主要地貌类型有玄武岩台地及剥蚀堆积阶地。玄武岩台地分布于古桑南部、桂五、河桥、仇集、王店等地区，由玄武岩喷发堆积而成，一般山势陡峻，山水相依，高差悬殊，境内最高点即位于此区；剥蚀堆积阶地地貌分布于盱眙县境内淮河东岸及盱眙县东南部旧铺、黄花塘等地，地处水体侵蚀或剥蚀地段，侵蚀或剥蚀物堆积而形成。

垅岗区主要分布于盱眙县城以东地区、金湖县西部三河以南地区，这一地区由于基底向上凸起，形成较高地势。

二、平原

（一）黄泛冲积平原

分布在苏北灌溉总渠以北地区，由黄河夺淮后，河水携带的大量泥沙填积而成。整个黄泛冲积平原地势较高，如长龙蜿蜒于废黄河两侧，宽10～15公里，乃至数十公里，由堤内滩地、决口冲积扇平原和扇缘低洼平原组成，堤内河床一般高于堤外平原3～5米，自然堤是汛期时洪水溢出河床形成的河漫滩，高于堤外平原8～10米。组成自然堤的沉积物颗粒较细，多为粉砂，可随风迁徙。黄河决溢泛滥后泥沙沉积而成决口冲积扇形平原，伸展于黄河大堤两侧，较大的决口扇分布在涟水县城附近和周庄、保滩一带。决口冲积扇形平原往往是互相连续、叠置，延伸于黄河故道两侧，是黄泛平原的主要组成部分。决口扇沉积物的岩性多以土黄色粉质亚砂土为主，含粉砂较高，局部地区见有颜色稍深的腐殖质层。在沟谷中能清楚地看到向河床外侧倾斜的微层理。在远离河道的洼地中心，沉积物颗粒变细，多为亚黏土。扇缘低洼平原又称黄泛低平原，位于决口冲积扇形平原外侧的涟水县五港、石湖镇一带，是地形相对低洼部分，在洪水期往往积水。低洼平原沉积物的颗粒细于冲积扇形平原，多属亚黏土类，粉砂含量明显减少，黏粒增多，同流水的搬运能力有关。

（二）冲湖积平原

由淮河水系堆积作用而成。根据其地貌形态可以分为堤侧斜平原和冲湖积水网平原等。堤侧斜平原分布在淮安市市区以南、大运河以西、苏北灌溉总渠以北地区。地面标高10～14米，微向南倾斜。地面岩性以亚砂土和亚黏土为主。它属于泛滥洼地与古淮河平原的过渡地带。冲湖积水网平原主要由古淮河水系的堆积物组成，分布于苏北灌溉总渠以南的楚州区范集、胡河一带。地表岩性以亚黏土为主，其次是亚砂土，地面标高6～8米，微向东倾斜。平原上河网发达，沟渠纵横。

（三）古泻湖平原

分布在楚州区苏北灌溉总渠以南、洪泽县大部及金湖县东部地区，主要地貌形态有沼泽洼地平原、滨湖堆积平原及水网平原等。沼泽洼地平原分布于楚州区南部地区，地势低洼，水系发育，地面平坦。滨湖堆积平原分布于金湖县境内，位于三河两侧低洼地。水网平原主要分布于洪泽县境内及楚州区西南部部分地区，水系发育，河渠纵横交叉如网，地下水埋深很浅，是易涝地区。

第三章 气候 物候

第一节 气 候

一、气温

淮安市位于中国两大气候带之间，区分亚热带与暖温带的重要地理分界线秦岭—淮河—苏北灌溉总渠横穿市域中部腹地，具有明显的气候过渡性特征，南部盱眙、金湖、洪泽3县属于亚热带江北湿润型气候，淮北各县（区）属于暖温带鲁淮湿润半湿润型气候的南区。又因处在东亚季风区内，使得气候温暖而又较为湿润，四季分明，雨热同季，光照充足，气候资源十分丰富，适宜众多植物、动物繁衍。

同时，也因地处两大气候带之间和季风区内，全市气候年际间稳定性较差、变幅较大，雨涝、干旱等自然灾害较为频繁，灾害程度较重，霜冻、风灾、冰雹等也时有发生。与气候因素息息相关的农、林、牧、渔产等病虫灾害的种类繁杂，南北兼有，且常交替发生。

淮安市气温南高北低，南部金湖、盱眙、洪泽3个县气温高于其他县（区），洪泽湖及其周边是全市暖中心。1978年后，全市气候变暖趋势与全球同步。同时，经济建设快速发展，市区规模日渐扩大，高大建筑物与四通八达的路网日益密集，形成城市特殊的气候下垫面，市区的“城市热岛”效应日趋明显。1981—2005年，年平均气温与中华人民共和国成立初期到1980年年平均气温相比，市区升高0.7℃，各县（区）升高0.2℃～0.3℃。1990—2005年，市区年平均气温又升至15.0℃，年气温最高的年份1994年和1998年的年平均气温达15.7℃。金湖县年平均气温最高的1994年和1998年达16.1℃。

1980—2005年淮安市各地各时间段年平均气温一览表

表1-3　　单位：℃

地域＼时间段	1980—1989	1990—1999	2000—2005
盱眙县	14.4	15.0	15.4
金湖县	14.3	15.2	15.2
洪泽县	14.6	15.2	15.4
楚州区	13.8	14.4	14.9
涟水县	13.8	14.4	14.6
市　区	14.2	15.0	15.0

说明：“市区”包括清河区、清浦区、淮阴区

四季气温升高变暖主要表现在冬季和春季，秋季次之，夏季气温较1978年以前反而略有降低。从变暖幅度看，淮安市区更为突出。1978—2008年，冬季市区气温升高1℃，其余各县（区）在0.4℃～0.8℃；春季市区气温升高约为0.7℃，其余各县（区）在0.4℃～0.5℃；秋季市区气温升高约0.6℃，其余各县（区）在0.1℃～0.4℃。夏季气温较1978年以前以盱眙县下降幅度最大，为0.5℃；涟水县次之，下降0.4℃；市区与金湖县下降幅度最小，为0.1℃；楚州区、洪泽县下降0.3℃。

1978—2005年淮安市部分月份平均气温一览表

表1-4　　单位：℃

地域	1978—2005年				较1978年前变化情况			
	1月	4月	7月	10月	1月	4月	7月	10月
盱眙县	1.4	14.8	27.10	16.6	+0.7	+0.4	−0.5	+0.4
金湖县	1.4	14.7	27.20	16.7	+0.8	+0.5	−0.1	+0.2
洪泽县	1.6	14.7	27.25	16.9	+0.4	+0.5	−0.3	+0.2
楚州区	0.8	13.9	26.60	16.0	+0.4	+0.4	−0.3	+0.1
涟水县	0.9	13.9	26.60	16.0	+0.7	+0.5	−0.4	+0.2
市　区	1.1	14.3	26.80	16.3	+1.0	+0.7	−0.1	+0.6

说明：“市区”包括清河区、清浦区、淮阴区

1978年后，冬季寒冷强度较1978年以前变轻。市区冬季极端最低气温≤-12℃～-15℃的严寒年仅出现过3年；而1951—1977年间严寒年多达11年，其中奇寒年（最低气温≤-15℃）出现过3年。1978年后冬季极端最低气温为-14.1℃（1990年2月1日）；而1978年前的1969年2月6日最低气温低达-21.5℃，为有记录可查者之最。洪泽湖受巨大水体影响，冬季成为全市最暖和的区域，1994年冬季最低气温仅为-4.7℃，是中华人民共和国成立后最为暖和的一个冬季。冬季出现气温最低区域为涟水县和楚州区，涟水县1991年冬季和楚州区1990年冬季出现过-14.3℃极端值。全市冬季极端最低气温低于-15℃的奇寒年，至2008年连续36年未出现过。

1978—2005年淮安市冬季各类寒冷程度出现年数一览表

表1-5

地域	暖冬年>-10℃	常冬年-10～-12℃	严寒年-12.1～-15℃	奇寒年<-15.1℃
盱眙县	18	7	3	0
金湖县	19	7	2	0
洪泽县	25	3	0	0
楚州区	20	6	2	0
涟水县	22	4	2	0
市　区	18	7	3	0

说明："市区"包括清河区、清浦区、淮阴区

1978年后，全市夏季酷暑炎夏日减少明显。1951—1978年，市区夏季最高气温在38℃以上的酷暑年出现过8次，其中1966年8月8日最高气温达39.5℃。1978年后，市区在2003年最高气温出现过38.6℃。从全市看，盱眙低山丘陵区出现酷暑炎夏最多，1978年7月9日出现过40.8℃酷暑日，是中华人民共和国成立后淮安市夏季酷暑超过40℃的唯一极值。

1978—2005年淮安市夏季最高气温≥38℃酷暑年份一览表

表1-6

地域	出现年份	最高值（℃）	最高值出现年份
盱眙县	1978、1983、1988、1994、2003	40.8	1978
金湖县	1978、2003	38.3	2003
洪泽县	1978、1988	39.8	1978
楚州区	—	—	—
涟水县	1978、2003	38.4	1978
市　区	1978、2003	38.6	2003

说明："市区"包括清河区、清浦区、淮阴区

淮安市季风气候特征明显，四季分明，但各季长短不一。冬季相对较长，苏北灌溉总渠以南11月12日前后入冬，直到次年3月31日前后进入春季，冬季约为140天；苏北灌溉总渠以北较渠南入冬偏早1天，进入春季较渠南偏迟2天，冬季约143天。夏季天数较冬季少，但多于春、秋两

季；苏北灌溉总渠以南入夏时间在6月5—7日，直到9月13日前后结束，夏季约为100天；渠北入夏在6月8日前后，直到9月10日进入秋季，夏季在94天左右。秋季全市天数最少，平均60天左右，苏北灌溉总渠以南略少于渠北。春季天数全市均多于秋季，苏北灌溉总渠以南70余天，渠北不足70天。洪泽湖湖区及其周边地区，在洪泽湖巨大水体调节下，气候上四季较各县（区）差异明显，冬季长度与全市差异不大，但夏季较全市偏少约20天，春季较全市偏多10天左右，秋季较全市偏多7～10天。

总体而言，淮安市地处亚热带与暖温带气候过渡带，海洋性气候特征明显，多年平均日照量2224.3小时左右，平均气温14.7℃，年均降水量985.3毫米，由于季际、年际变化突出，干旱洪涝渍害等灾害频繁发生，影响面大，灾情严重。

二、降水

1978年后，淮安市降水较为丰沛，平均年降水量在910～1020毫米。其中，金湖县为1020毫米，为全市最大年降水区域，盱眙县次之，为996毫米，两县较1978年前的20多年平均值增多20～30毫米。涟水县为全市中北部地区多降水区域，平均年降水量为960毫米，多于洪泽县、淮安市区及楚州区，但较1978年前的20多年平均值减少40毫米。市区及洪泽县、楚州区平均年降水量910～920毫米，洪泽县较1978年前的20多年平均值增多10多毫米，市区及楚州区较1978年前的20多年平均值减少近40毫米。日降水量≥0.1毫米的年降水日数平均95～106天，最多年130～145天，最少年70～85天。

1978—2008年淮安市平均年降水量与日降水量≥0.1毫米日数一览表

表1-7

地域	降水量（毫米）	降水日数（日）
盱眙县	996	106
金湖县	1020	105
洪泽县	919	96
楚州区	911	99
涟水县	960	100
市　区	920	95

说明："市区"包括清河区、清浦区、淮阴区

全市正常降水年型降水量在850～1000毫米，降水量年际间差异较显著，全市各区域降水量最多年为最少年3倍左右。盱眙县1991年年降水量多达1757毫米，而1978年仅521毫米；金湖县1987年降水量1728毫米，而1978年仅532毫米；楚州区2003年降水量1467毫米，而2004年仅565毫米；市区2003年降水量1502毫米，而1978年仅552毫米；涟水县2003年降水量1569毫米，而2004年仅474毫米。盱眙县1991年的年降水量为中华人民共和国成立后全市极大值，涟水县2004年的年降水量为中华人民共和国成立后全市极小值。雨水偏多年，盱眙、洪泽2县每2～3年出现1次；市区及楚州区每3～4年出现1次，金湖、涟水2县每3年出现1次；雨水偏少年，

市区、楚州区、涟水县每2～3年出现1次，洪泽、涟水2县每3年出现1次，金湖、盱眙2县3～4年出现1次；雨水正常年，涟水县每5～6年出现1次，洪泽县每5年出现1次，盱眙县及金湖县每4年出现1次。

1978—2008年淮安市降水量最多与次多、最少与次少年份一览表

表1-8　　单位：毫米/年份

地域	最多年	次多年	最少年	次少年
盱眙县	1757/1991	1361/2003	521/1978	605/1994
金湖县	1728/1987	1679/1991	532/1978	593/2004
洪泽县	1474/1991	1341/1998	533/1978	536/2004
楚州区	1467/2003	1431/1991	565/2004	569/1978
涟水县	1569/2003	1439/1991	474/2004	653/1995
市　区	1502/2003	1339/1991	552/1978	572/2004

说明："市区"包括清河区、清浦区、淮阴区

1978—2008年淮安市雨水偏多及偏少年数一览表

表1-9　　单位：年数

地域	偏多	特多	偏少	特少
盱眙县	8	4	4	5
金湖县	6	7	5	3
洪泽县	7	4	5	6
楚州区	4	5	8	5
涟水县	6	6	7	4
市　区	2	6	9	4

说明："市区"包括清河区、清浦区、淮阴区

降水量年内分布不均，冬半年雨水少，夏半年雨水多。1978年后，全市夏半年平均降水量占全年总量的6～7成，其中涟水县、金湖县在630毫米左右，淮安市区、盱眙县接近610毫米，洪泽县、楚州区在580毫米左右。降水最多的年份超过1000毫米；降水量超过800毫米，金湖县出现8次，市区、涟水县出现6次，盱眙县、洪泽县出现5次，楚州区出现4次。全市冬半年降水量较少，仅占全年降水总量的两成多，6个月降水量在200～260毫米，盱眙、金湖2县较多，淮安市区及楚州区、涟水县较少，洪泽县平均223毫米。常年7月是降水量最多月，12月是降水量最少月。总的说，夏半年降水量较多，冬半年降水量相对较少。

1978—2008年淮安市汛期降水量≥800毫米年份及降水量一览表

表1-10

地域	年份	汛期降水量（毫米）	地域	年份	汛期降水量（毫米）
盱眙县	1980	821	楚州区	1991	986
	1986	981		2000	926
	1991	1200		2003	1063
	2003	808		2005	1026
	2005	863	涟水县	1983	940
金湖县	1980	999		1990	951
	1981	807		1998	881
	1987	1080		2000	1134
	1991	1120		2003	1199
	1993	812		2005	986
	1998	902	市　区	1980	845
	2000	822		1990	855
洪泽县	1991	1032		1991	886
	1998	947		2000	967
	2000	847		2003	1092
	2003	803		2005	1027
	2005	944	—		

说明："市区"包括清河区、清浦区、淮阴区

日雨量≥50毫米雨日主要集中在5—9月，全市在这段期间出现的暴雨日占全年总暴雨日95%～98%，盱眙县占的比例最高，为98%；楚州区占的比例最小，为95%。1978—2008年，淮安市区为全市暴雨日出现最多区域，累计出现102个暴雨日，平均每年3～4个；楚州区为全市暴雨日出现最少区域，累计出现78个暴雨日，平均每年2.5～3.0个。日雨量≥100毫米的大暴雨日，亦集中在5—9月，其中尤以主汛期6—8月出现多，楚州区及洪泽县大暴雨日全部集中在6—8月。大暴雨日出现最多区域为涟水县，累计出现22个大暴雨日，如1983年7月中旬后连续出现3个大暴雨日；2000年8月亦出现过3个大暴雨日。大暴雨日出现最少区域为洪泽县及楚州区，累计出现13个，平均2年多才出现1个。

1978年后，全市均出现过日降水量达到特大暴雨的雨日。盱眙县为全市特大暴雨多发生区，出现过5次；金湖县为最少发生区，出现过1次。一日最大降水出现在涟水县，1984年8月出现过日雨量高达244.8毫米的特大暴雨日，为全市近50年来第一极值。究其原因，盱眙县是低山丘陵区，地形地貌比较复杂，夏季强对流性天气比较明显，故为特大暴雨多发区。

1978—2008年淮安市一日极大降水量及出现年月一览表

表1-11

地域	一日极大降水量(毫米)	出现年月
盱眙县	224.5	1981.06
金湖县	195.0	2000.08
洪泽县	193.8	1984.08
楚州区	197.5	2000.08
涟水县	244.8	1984.08
市 区	194.2	2000.06

说明:"市区"包括清河区、清浦区、淮阴区

三、日照

1978年后,淮安市平均年日照总时数在2019～2216小时,平均年日照百分率在46%～50%。从地域分布情况看,涟水县为全市第一高日照区域,平均年日照总时数高达2216小时;洪泽县为苏北灌溉总渠以南地区高日照区域,最高的1978年达2845小时,为中华人民共和国成立后全市第一极高值,日照百分率63%;盱眙县为全市年日照时数最少区域,平均年日照总时数仅为2019小时;市区为全市苏北灌溉总渠以北地区少日照区域,平均年日照总时数为2094小时,较涟水县、楚州区少100多小时,最少的2003年仅1715小时,为全市近50年第一极小值。年日照百分率洪泽县、涟水县及楚州区均为50%,盱眙县为46%,市区及金湖县为47%。

全市日照时数减少,主要由于工农业生产粉尘烟灰排放较多,大气透明度较低,再加上地形地貌状况及复杂下垫面的影响,使冬春雾日增多,影响到日照时数变化。

1978—2008年淮安市各月平均日照百分率一览表

表1-12　　单位:%

月份 地域	1月	2月	3月	4月	5月	6月	7月	8月	9月	10月	11月	12月
盱眙县	40	43	42	47	47	41	43	47	47	50	50	46
金湖县	47	47	43	49	49	41	43	48	49	52	52	50
洪泽县	48	48	45	51	51	45	46	52	53	54	54	52
楚州区	50	50	46	51	52	45	43	50	52	54	54	54
涟水县	50	50	47	43	50	45	43	50	42	55	54	53
市 区	46	47	43	49	49	42	41	47	49	53	53	51

说明:"市区"包括清河区、清浦区、淮阴区

四、风

淮安市盛行偏东风,以东风为主体,北东、东北东、东、东南东、南东5个方位风占所有风向6～7成,但各县(区)略有差异。盱眙县以东北东、东—东南风向出现频率最高,金湖、洪泽2县以东、南南东、南东出现频率最高,市区及楚州区以北东—北北东—东风向出现频率最高,涟水县

以北东—北北东风向最多。全市春季平均风速2.0～4.0米/小时，夏季平均风速1.8～3.5米/小时，秋季平均风速1.5～3.2米/小时，冬季平均风速1.3～4.3米/小时，全年平均风速1.7～4.5米/小时。洪泽湖地区由于水体面积大，风速偏大，楚州区、涟水县偏小。

五、雾

淮安市大雾天多出现在秋冬季节，且往往持续时间长；夏季出现较少，且持续时间大多几个小时。全市以楚州区雾日最多，其中1983年出现96天；洪泽县雾日最少，其中最多年份37天（1999年）；涟水县及市区最多年雾日在50天左右，金湖、盱眙2县最多年雾日在5～58天。雾日最少年份，涟水县2005年仅出现9天，洪泽、金湖2县最少年份在10～12天，淮安市区及盱眙县最少年份17～19天，楚州区最少年份有26天。风速偏大地区洪泽县雾日偏少；而风速偏小地区，雾日偏多。

第二节　物　候

一、自然物候

（一）池塘与河湖结冰

1978年后，池塘初结冰日平均在11月29日。20世纪80年代至90年代初，平均初结冰日在11月25日，1995年后平均初结冰日在12月2—3日。池塘解冻日期一般为3月5—6日。池塘初结冰早的年份1980年、1981年两年在11月3日出现初结冰，初结冰最晚年份为1986年12月2日。20世纪90年代以后，最早初结冰日为1990年11月18日，最晚初结冰日为2005年12月23日，可见随气候变暖，池塘初结冰日在推迟。池塘解冻早的年份为1987年的2月17日，最迟年份为1999年3月22日；解冻在3月下旬初仅有1998年和1999年两年，在3月中旬有5年，在3月上旬有13年，在2月下旬有4年，2月中旬有2年。

河湖结冰平均4年一遇。据洪泽县气象站观测记载，出现河湖结冰的有1979年，初结冰日为1月13日，解冻为次年1月20日；1984年初结冰日为12月24日，解冻日为次年2月3日；1990年初结冰1月31日，解冻日为2月6日；1991年初结冰日为12月28日，解冻日为次年1月15日；1993年年初结冰日为1月17日，解冻日为1月28日；2003年初结冰为1月4日，解冻日为1月14日；2005年年初结冰日为1月1日，解冻日为1月7日。河湖结冰出现的年份多在1月，极少在12月或2月。1月是最冷月，河湖结冰可佐证。河湖结冰受西北强冷气流的影响较大。每当蒙古西伯利亚强冷气流入境，往往带来大风降温天气，受冷高压控制，河湖表面结冰，天气晴朗。

（二）霜

1978—2008年，全市一般初霜日在10月27日至11月4日，金湖县、盱眙县偏迟，涟水县、楚州区偏早；洪泽县因濒临洪泽湖，平均初霜日全市最晚，在11月16日。平均终霜日洪泽县最早，在3月18日；楚州区最晚，在4月11日；盱眙县为3月26日，金湖、涟水2个县及市区在4月3—4日。

1978年后，出现最早初霜日为10月10日，分别出现在1982年（金湖县）和1981年（楚州区）；最晚终霜日为4月27日，分别出现1987年（金湖县）和1986年（楚州区）。由于2000年后气候变暖更为明显，初霜日一般较前推迟，其中盱眙、金湖2个县尤为突出，平均推迟9～11天，其余各县（区）推迟2天；终霜日平均较前提早，其中盱眙、涟水2个县提早近10天，其余各县（区）

提早2天左右。

（三）降雪

1978—2008年，一般初雪日在12月12—17日，市区稍迟，洪泽县稍早；最早初雪日出现在2000年11月11日，最晚初雪日，各县（区）在1月10—22日。平均终雪日在3月7—14日，盱眙、金湖2个县稍早，市区稍迟；最早终雪日全市均在2月4日，最晚终雪日在4月6—21日，金湖、洪泽2个县稍早，市区及市郊稍晚。全市最大积雪深度在市区，1988年2月中下旬，市区积雪深度达35厘米，楚州区达34厘米，洪泽、涟水2个县达30厘米；盱眙县最大积雪深度分别出现在1984年2月上旬末和1988年2月中下旬之交为16厘米；金湖县最大积雪深度达20毫米，出现在1984年2月上旬末。

（四）雷暴

1978年后，雷暴初日最早出现在1月机率最低，苏北灌溉总渠以南3县仅有1年，金湖、盱眙2县为1992年，洪泽县为2002年；苏北灌溉总渠以北各县（区）出现2年，最早的为2000年1月4日；雷暴初日出现在3月机率最高，有10～14年；雷暴初日出现在4月机率偏高，其中金湖县28年中就有10年在4月；全市初雷暴最晚出现在洪泽县，2001年6月17日该县才出现当年第一次雷暴天气。全年雷暴终日多在8—10月，尤以9月几率高；年雷暴终日在12月机率最低，有2年，最晚的1996年12月3日。

二、主要动物物候

大雁初见一般在10月10日，最早9月19日，最迟11月4日；大雁终鸣一般在4月1日，最早3月18日，最晚4月11日。

家燕始见一般在4月5日，最早4月2日，最晚4月11日；家燕终见一般在9月24日，最早9月21日，最迟9月27日。

蛙初鸣一般在4月9日，最早3月29日，最迟5月4日；蛙终鸣一般在10月19日。

蝉终鸣一般在8月28日，最早8月7日，最迟9月22日。

三、主要植物物候

杏树开花一般在3月21日。

柳树展叶一般在3月22日，最早3月12日，最迟为4月1日。

小白杨树展叶一般在4月1日，最早3月25日，最迟4月10日。

榆树芽开放平均在4月2日。

洋槐芽开放一般在4月7日，最早4月3日，最迟4月15日。

桑树芽开放一般在4月15日，最早4月10日，最迟4月19日；桑树展叶一般在4月26日，最早4月23日，最迟4月29日；桑树开始落叶一般在11月28日，最早11月10日，最迟12月10日。

枣树芽开放一般在4月20日，最早4月14日，最迟4月27日；枣树展叶一般在4月25日，最早4月20日，最迟4月29日；枣树开始落叶一般在9月25日，最早9月21日，最迟9月30日。

冬小麦适播期在10月上、中旬，春性品种适播期在10月中、下旬。从12月中旬至次年2月下旬为小麦越冬期，此后至3月上旬为返青期，3月中旬至4月上旬为拔节期，4月下旬为抽穗开花期，5月中旬至6月上旬为灌浆成熟期。

粳稻播种期在4月下旬，籼稻播种期在4月中旬末，杂交稻播种期一般在4月下旬，移栽期在6月下旬末（麦茬地）。分蘖期在6月下旬进入盛期。拔节孕穗期在6月下旬至7月中旬。抽穗扬花期：籼稻在7月下旬到8月上旬，中粳稻和杂交稻在8月中、下旬。9月初为杂交稻安全齐穗期，成熟期在9月底至10月上旬。

春玉米适播期在3月下旬至4月初，拔节孕穗期在6月上、中旬，抽穗开花期在6月下旬，灌浆成熟期在7月中、下旬。夏玉米一般在5月下旬至6月上、中旬播种，拔节孕穗期在7月上、中旬，抽穗开花期在7月中、下旬，灌浆成熟期在8月中、下旬。

油菜播种期在9月下旬，至10月中旬移栽，越冬期在12月中旬至次年2月中旬，现蕾抽苔期一般在3月中、下旬，盛花期在4月中旬，成熟期在5月下旬。

山芋育苗一般从3月中旬至4月上旬，移栽期从5月下旬至6月上旬，收获期一般在10月中旬，最迟在10月末。

花生播种期在5月上、中旬，麦茬花生在6月上旬，出苗期约在播种后10天左右，始花期约在出苗后1个月，结实期在果针入土后10天左右，8月下旬至9月收获。

大豆一般在6月上旬播种，9月底收获。

四、物候谚语

淮安市有许多物候谚语，是人们多年观察的经验总结，多与农事有关。

瑞雪兆丰年。

当冷不冷，牛马不稳。

热在三伏，冷在四九。

“九九歌”：一九、二九不出手，三九、四九冰上走，五九和六九，河边插杨柳，七九河冻开，八九燕子来，九九加一九，耕牛遍地走。天九数过数地九，地九数过麦到口。

清明断雪，谷雨断霜。

三月三（农历），冻得老翁把眼翻。

春天孩儿面，一天变三变。

清明要明，谷雨要雨。

小满三天遍地黄。

芒种前后无青棵。

大旱不过五月十三。

六月初三（农历），小白龙探母。

六月六（农历），湿了龙衣烂蓑衣。

当热不热，五谷不结。

处暑萝，白露菜。

七月半，花一半，荚一半。

要吃大砣蒜，不过八月半。

秋分早，霜降迟，寒露种麦正当时。

秋后的蚂蚱，蹦不了几时。

二、八月，乱穿衣。

正月雷，遍地贼；三月雷，狗喳白米堆。

桑知来年麦，槐知当年秋。

第四章　水系　水文

第一节　水　系

淮安市境内，古淮河穿境而过。古淮河水系，大体上有淮河干流水系、泗水及沂、沭河水系，还有人工运河沟通淮河与黄河及长江水系。历史上由于黄河夺淮改道，导致境内水系变化，逐步形成以横亘中部的黄河（今废黄河）漫滩为分水岭，南为淮河水系，汇于洪泽湖，经淮河入江水道、入海水道、苏北灌溉总渠等泄入长江和黄海；北为沂沭泗水系，汇于灌河，入黄海；废黄河成为独立水系。

一、淮河水系

（一）淮河干流

淮河发源于河南省桐柏山主峰胎簪山，流经河南、安徽，至江苏扬州的三江营入长江，全长1000余公里，总落差196米，平均比降为万分之二。淮河干流过蚌埠、临淮关、五河，东流至浮山入江苏境内，即分为两支，一支自潼河口沿今苏皖边界向东流，至大柳巷折向东北至双沟；另一支自潼河口以下转向东北，经峰山、双沟，与南支会合后，又折向南沿苏皖边界至七里湖口（洪山头）入江苏境内，东北流经盱眙至老子山入洪泽湖，流域面积15.8万平方公里。

（二）淮河入江水道

淮河下游的主要排洪河道，上起洪泽湖东南角三河闸，经三河东南流，经高邮湖、邵伯湖，至三江营汇入长江。明万历年间（1572—1620）至清朝前期，在洪泽湖大堤上建多座泄洪闸，并建仁、义、礼、智、信减水坝，坝下开减水河，分泄部分洪水经运河东里下河入海；又疏浚沟通高邮湖、邵伯湖间的茆塘港，开金湾河经芒稻河泄部分淮河洪水入长江。清初，淮河洪水入江增多，先后增辟归江河道，逐步建成“归江十坝”。清咸丰元年（1851），洪水冲决洪泽湖大堤南端礼字坝，经三河夺路入江，逐步形成淮河入江水道，遂成为排泄淮河洪水的主要通道。中华人民共和国成立后厉行治淮，于1952年在礼字坝遗址建成三河闸。原入江水道迂回曲折，1969年起，又建成入江水道两岸堤防。整治后的淮河入江水道长157.2公里，其中三河闸至施尖入高邮湖长56公里，为上段，在淮安市境内；中段从施尖到邵伯湖六闸，长61公里；下段从六闸经运盐河及金湾河汇入芒稻河，至三江营入长江，长40.2公里。中段、下段在扬州市境内。

（三）苏北灌溉总渠

西起洪泽湖大堤高良涧，经洪泽、清浦、楚州、阜宁、射阳、滨海6个县（区），东至扁担港口入海，全长168公里，其中淮安市境内73.33公里。1951年冬开工建设，次年春完成。同时在总渠北堤外平行开挖排水渠一条，用于排泄总渠北部地区内涝积水。既是淮河排洪入海出路之一，又引洪泽湖水发展废黄河以南地区灌溉，并辅助总渠北部地区排涝，兼有航运、发电等多种功能。沿线建有高良涧进水闸、运东分水闸、阜宁腰闸、六垛挡潮闸，并建有高良涧、运东、阜宁3座水电站等。可灌溉里下河和渠北24万多公顷农田，排洪流量800立方米/秒，1965年最大安全行洪流量达848立方米/秒。

（四）淮河入海水道

西起洪泽湖东侧二河闸，沿苏北灌溉总渠北侧与总渠呈“二河三堤”格局，东至扁担港注入黄海，全长163.5公里，其中淮安市境内长64公里，一期工程设计行洪流量2270立方米/秒。1998年10月开始试挖，2002年12月完成主体工程，2003年6月通过水利部主持的通水验收后仅6天即开始满负荷行洪，2007年7月再次行洪。

（五）张福河

原系黄河夺淮后决堤形成的张福口，后成为淮水入黄和黄水倒灌入洪泽湖的河道。明万历六年（1578），在张福河口筑坝堵塞，以蓄淮水敌黄。清康熙四十二年（1703），开张福河口以泄淮黄之水。此后，直至黄河北徙以前，张福河一直是蓄清刷黄的引河之一。黄河北徙前后，其他引河相继淤塞，唯张福河尚分泄少量淮河洪水。经过晚清、民国和中华人民共和国成立后多次治理，张福河成为上起洪泽湖、下至码头镇、北入二河的分洪、灌溉、通航河道，长28公里。

（六）淮沭新河

人工开挖的具有泄洪、灌溉、航运、发电等综合功能的河道。南起二河闸，向北至杨庄与中、里运河相交，称二河；自淮阴闸经淮阴区、沭阳县入新沂河，称淮沭河；自新沂河向北至黄泥蔷薇河入海，称沭新河。三段总称淮沭新河，全长173公里。淮安市境内长65.8公里，设计分淮入沂流量3000立方米/秒。二河段为淮安市区主要饮用水水源地，开挖于1958年4月至1959年1月。1991年、2003年、2007年先后3次宣泄淮河流域洪水入新沂河。

（七）里运河

古称邗沟，也称淮扬运河，在里下河平原西侧。北起淮阴船闸接中运河，南穿淮安市区（1959年开挖避开市区的绕城段）、宝应、高邮、扬州，至邗江县六圩入江，长168公里。其间穿越许多河道，西接洪泽湖和高宝湖群，东通里下河平原河网。周敬王三十四年（前486），“吴城邗，沟通江、淮”。南端为茱萸湾，北端为淮河山阳湾末口，河道屈曲，穿越湖面，常受风涛之险。汉建安五年（200），陈登裁弯取直，改凿新道，史称邗沟西道。隋大业元年（605），大体沿邗沟西道重开邗沟，至此，里运河的线路基本确定。南宋绍熙五年（1194），筑运河西堤180公里，使运河与高宝湖群分开；明初筑运河东堤，以防河水东泄入里下河平原。清康熙、乾隆年间，先后于运河东堤筑建归海五坝，以保里运河漕运的畅通。

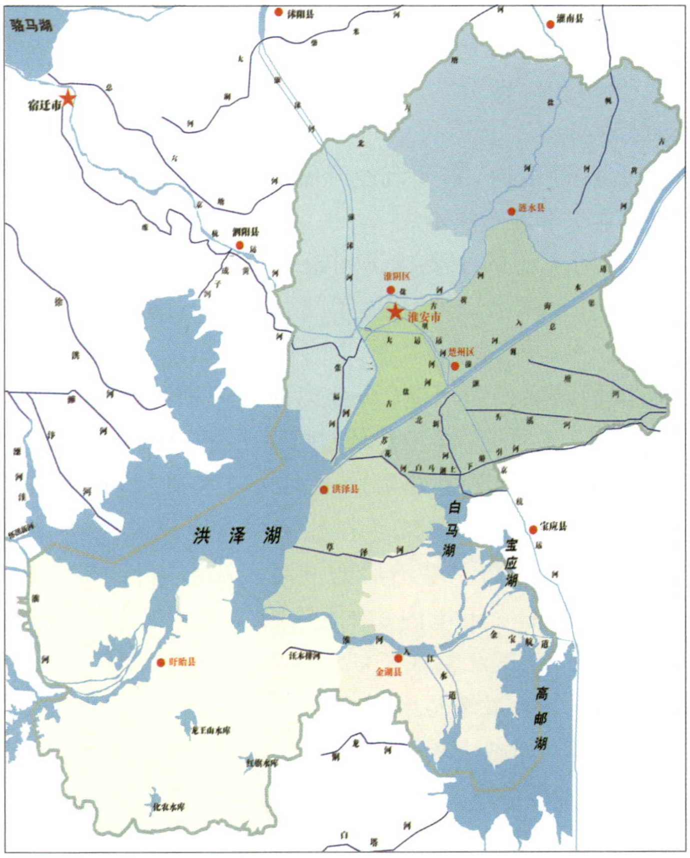

图 1-4　淮安水系图（2008年）

1950年后，陆续对里运河进行全面整治，河道裁弯取直、拓宽浚深，堵归海五坝，加高、培厚岸堤，改建沿线涵闸，修建江都、淮安、淮阴等水利枢纽工程，提高全线通航能力，成为里下河平原防洪屏障。全线为二级航道，河宽120米左右。与里运河沟通的通航河道，除长江、淮河外，尚有苏北灌溉总渠、通扬运河等。此外，里运河还是南水北调东线工程的输水干线。

（八）运东渠南河道

中华人民共和国成立后，经过长期治理，淮河洪水灾害得到控制，不再东溃成灾。淮安市境属里下河地区涝水，经头溪河、岔溪河、塘河、窑头河、白马湖穿运地下涵洞下游引河等入绿草荡，进入射阳河出海。

（九）运西渠南河道

中华人民共和国成立后，加强对洪泽湖的治理，为处理好洪水出路，对里运河以西、洪泽湖大堤以东地区的水系进行调整和治理，形成该地区的独特水系。主要河道自北向南有温山河、新河、永济河、花河、浔河、草泽河、老三河、洪金排涝河、汪木排河、利农河、金宝航道河、东中心河、西中心河等。

（十）渠北河南河道

在苏北灌溉总渠以北，废黄河以南，二河以东地区，因开挖苏北灌溉总渠，将原有水系打乱，给这一地区排水及人民生产生活带来很多困难。该区域被总渠、二河、废黄河所围，四面高水，特别是运西部分，原向南排水系统被总渠切断后，只有兴建穿过新、老运河两座地下排水涵洞，通过古盐河及清安河排除运西渠北涝水，入渠北排水渠排出。在运东渠北新开渠北排水河，投机排水东入总渠，经渠北闸、东沙港闸至滨海县的扁担港出海。渠北排水渠西起楚州区城南杨庙，东至滨海县东沙港闸全长55.6公里，流域面积544平方公里。

二、废黄河水系

废黄河又称淤黄河，或称故黄河，特指位于淮河流域北部的黄河故道。自河南省兰考县北向东南，经安徽省砀山县北，江苏省徐州市北、宿迁市南、泗阳县南、淮安市北，再折向东北方向，过涟水县南，盐城市滨海县北，由大淤尖村废黄河口入黄海，全长728公里，其中江苏境内513.3公里。该故道绝大部分干涸少水，只在淮安市杨庄以东至中山河还有水流。废黄河堤高出两岸地面5～7米不等，成为一道分水岭，把原来完整的一个淮河流域分割成淮河与沂沭泗两个水系。

南宋绍熙五年（1194），黄河主流夺泗夺淮，此后661年间，黄河不仅干扰淮河的秩序，也影响运河漕运。淮安清口以上的黄河河道一度通漕运，称为“河漕”。清咸丰五年（1855）六月，黄河在北岸兰阳铜瓦厢决口改道，夺大清河河道，由山东利津入渤海，形成现今的黄河下游河道。今废黄河经过多年的水系调整，全河已不贯通。淮安清口以下的废黄河，平时主要承担向盐城部分地区输送灌溉水和苏北灌溉总渠以北地区涝水的抽排，遇淮河大洪水，可少量分洪。清口以上由淮阴区吴城镇堡工村起至码头镇的黄河故道只在汛期有一定的排水功能。

三、沂沭泗水系

（一）六塘河

历史上在涟水北、海州南、沭阳东3县毗连处，有宽80公里、长40公里的硕项湖。自黄河夺淮以后，沂、泗洪水在骆马湖调蓄后，经总六塘河及大涧河与沭水均入硕项湖，黄河又常向北溃决泛滥，大量泥沙沉淀湖中，到清康熙二十年（1681），硕项湖基本淤为平陆。河道总督靳辅在湖的南北边缘挖南、北六塘河，开垦硕项湖。两条河在淮阴区徐溜西北接总六塘河。下游分别经武障河和龙沟河汇灌河入海。由于沂、泗洪水来量大，河床小，洪涝矛盾突出，两岸长期遭受严重灾害。1950年5月，在南六塘河与总六塘河连接处打坝截断，南六塘河成为专供淮阴、涟水2个县的排涝干河。

（二）一帆河、唐响河、甸响河

在涟水、灌南盐河以东，废黄河以北，武障河、灌河以南，汇水面积905平方公里。由于过去黄河经常在涟水县境向北决口，造成地形高低起伏较大，又受潮水顶托和倒灌，涝灾频繁。1964年，淮阴专区水利局组织将甸湖镇至响水镇一线以东52平方公里高地雨水由新开的甸响河排入灌河，河口建挡潮闸，称高水河。唐集至响水镇平地开河，称唐响河，长33.3公里，专排甸响河与一帆河之间甸湖荡200平方公里洼地涝水入灌河，称为低水河，在尾端建挡潮闸，为挡潮御卤、蓄淡灌溉、排涝通航综合效益河道。一帆河是利用老河道浚深拓宽，由薛集至响水入灌河，长32.5公里，承担排除一帆河以西、涟中干渠以东653平方公里较高地区涝水。在一帆河尾端建闸，使一帆河成为综合利用的河道。

（三）盐河

亦称淮北盐河、下中河。为唐垂拱四年（688）所开新漕渠，一名官河，原自沂州、密州达海州至涟水县城东三里入淮河。今盐河西南起淮沭河淮阴闸上，经淮阴区王营镇、涟水朱码、灌南县城、灌云县城、连云港市区汇临洪河入海。黄河夺淮后，常经盐河分泄黄河洪水，故除筑堰捍潮蓄水济运外，还加筑遥堤以保护农田。清康熙二十六年（1687），总河靳辅开中河（即中运河），自中河尾向东开河，经清河县北向东，经安东县（涟水）城北，迄于平旺河与漕河相接，名下中河。中河与下中河连接处为双金门大闸，分泄黄河涨水兼利盐运，下中河故亦称盐河。康熙三十六年（1697），黄河于时码决口多处，历时4年才堵闭，盐河淤塞严重。康熙四十二年（1703），中运河入黄口自清河县仲庄移至杨庄，并建盐河闸，盐河改接杨庄盐河闸。以后又多次启放王营减水坝分泄黄河水，致使盐河河床淤淀更加严重。乾隆五十六年（1791）开始，疏浚盐河北张家河，上接杨庄盐河闸，下接南六塘河，在武障河头入盐河，旧盐河筑坝堵闭。改道段盐河只用20年就被淤废，又归旧道。民国10年（1921）8月大水，双金闸倾圮，次年上移重建，并将运河与盐河接头处的钳口坝进行加固。中华人民共和国成立后，开挖新沂河，在灌南县张店北平交穿过盐河，把盐河分为南北两段，在新沂河南、北堤上各建挡洪闸一座，新沂河行洪时关闭挡洪，平时通航。1958—1960年，兴建中运河与盐河沟通的节制闸及船闸，方便船运及送水灌溉。1968—1969年，按通航500吨船队标准，兴建盐河南北套闸，以保安全通航，堵闭原挡洪闸。1969—1979年，先后在新沂河以南，盐河东侧兴建盐东控制工程，即六塘河闸、武障河闸、龙沟河闸、义泽河闸，较好地解决排水、挡潮御卤、蓄淡灌溉、通航等问题。

（四）中运河

京杭大运河中的一段。北起宿迁闸，南至淮阴闸，长89.48公里。中运河从淮阴区蒋集乡竹络坝入境，经蒋集、凌桥、南吴集、码头和杨庄5个乡镇，到杨庄与废黄河、张福河、二河、盐河交汇，经淮阴船闸与里运河衔接。

四、湖泊

（一）洪泽湖

中国第四大淡水湖，其周边为宿迁市泗洪县、宿豫区、泗阳县，淮安市淮阴区、洪泽县、盱眙县。湖底高程10.5米，正常水位12.5米，面积2069平方公里，容积26.6亿立方米。汛期或大水年份水位可高到15.5米，面积扩大到3500平方公里。古称富陵湖，原为浅水小湖群，两汉以后称破釜塘、白水塘，隋称洪泽浦，唐始名洪泽湖。宋建炎二年（1128）后，黄河南徙夺泗水与淮河下游河道入海，淮河失去入海水道，在盱眙以东潴水，原来的小湖扩大为洪泽湖。明万历年间，总河潘季驯厉行“束水攻沙”“蓄清刷黄济运”方略，大筑高家堰，并创筑高家堰石工堤，使洪泽湖水位升高，变成特大型水库。1996年7月后，湖面由淮安市、宿迁市共管，当水域面积为1780平方公里时，淮安市占902平方公里。2008年加固洪泽湖大堤，使防洪标准提高到16米。水位真高11.5米以下为死库容，蓄水13.15亿立方米。湖面深水区主要在淮安市境内。

洪泽湖入湖主要河道有淮河、怀洪新河、新汴河、濉河、徐洪河、老汴河、团结河等，出湖河道主要有淮河入江水道、苏北灌溉总渠、淮河入海水道、淮沭新河、黄河故道（古淮河）、张福河等，主要闸坝有三河闸、高良涧进水闸、二河闸、淮河入海水道渠首闸等。

（二）白马湖

古称马濑，由古代泻湖演变而成。周敬王三十四年（前486）邗沟开凿后，白马湖水域一度为邗沟航道。汉建安年间（196—220），陈登将吴邗沟相对取直，在津湖与白马湖之间开辟马濑河直接沟通，史称邗沟西道。黄河全流夺淮后，黄、淮洪水经常建瓴而下白马湖，湖区民众陆续在湖边和湖中浅滩上筑起高墩居住，还筑起很多防洪圩堤，主要有老三河北堤、同乐大圩、郑家圩、大公圩。汇入白马湖的河流主要有温山河、草泽河、浔河、永济河、花河、新河、老三河等。老三河原为最大的进水河，白马湖隔堤建成以后，三河之水不再流入白马湖。

白马湖分属金湖、宝应、楚州、洪泽4个县（区），面积约114平方公里，湖底高程5.5米，蓄水面积105平方公里，蓄水水位6.5米，灌溉库容9490万立方米，防洪水位8米，防洪库容2.54亿立方米，死水位5.7米，死库容2370万立方米。

（三）高邮湖

由古泻湖演变而成，古名樊梁湖、新开湖，又称珠湖、甓社湖，江苏省第三大湖。跨江苏省高邮市、宝应县、金湖县和安徽省天长市，面积780平方公里，其中金湖县占二分之一。主要入湖河流有白塔河、铜龙河、新白塔河、秦栏河、杨村河、三河淮河入江水核道，等。湖水经多道闸坝泄入邵伯湖。高邮湖东筑有36公里长防洪堤，即大运河西堤，高邮镇南里运河西堤上有高邮船闸，是河湖沟通的枢纽。湖区原有很多小湖泊，黄河夺淮后，洪水滞留其中，诸小湖连片为高邮湖，古樊良镇则于明隆庆以后没入湖中。高邮湖作为淮河入江水道一部分，既是湖又是河，湖底高于里下河平原，历史上经常冲决里运河堤防，给里下河人民带来灾难。1951年后，兴建一系列水利工程，使水患成为历史。一般湖底高程5米，蓄水位5.7米，灌溉库容0.56亿立方米，防洪水位7.5米，防洪库容3.08亿立方米，死水位5.3米，库容0.42亿立方米。

第二节 水 文

一、水位

（一）河湖水位

市内各河湖水位受地形的影响，高低不一。西南部盱眙山丘区（水库）水位正常在30～60米；洪泽湖上游淮河多年平均水位在13米左右；洪泽湖下游淮河入江水道、苏北灌溉总渠（运东闸上游段）、二河、淮沭河、盐河、废黄河水位正常为8～11.5米；白马湖、宝应湖、高邮湖、运河

（淮安闸下游）正常水位为6米左右。

河湖年最高水位与暴雨、洪水等有关。1954年汛期，长江和淮河流域同时发生特大洪水，江淮水位并涨，洪泽湖（蒋坝）出现15.23米的历史高水位。1991年、2003年的淮河特大洪涝，刷新淮河入江水道、淮河等历史水位。

年最低水位，湖、库一般出现在6月初农灌大用水季节，河道一般出现在冬春季枯水期，以12月至次年2月居多。1978年大旱，全市河湖库塘水位普遍下降，洪泽湖水位（蒋坝）降至10.27米，二河闸断流15天，通过抽引江水以维持航运水位和灌溉用水，使一些河道的最低水位高于实际情况。

（二）地下水位

境内地下水可分为松散岩类孔隙水、碳酸盐岩类裂隙溶洞和基岩裂隙水。松散岩类孔隙水分布于平原区，碳酸盐岩类裂隙溶洞和基岩裂隙水主要分布于山丘。平原区浅层地下水深埋一般为1～3米，局部4～5米；深层地下水埋深，II层承压水一般为5～20米，III层承压水一般为10～45米。

浅层地下水的变化与降雨关系密切。汛期降水量大，地下水位会有较大幅度上升，非汛期降水量小，地下水位下降；丰水年平均地下水位要高于枯水年。深层地下水位与降雨关系不大，比较稳定，但在市区及部分县城因过量开采地下水，形成较大面积的地下水漏斗区。

二、流量

全市主要河湖流量，除受境内降雨径流影响，与上游过境水量关系较大。年最大流量一般出现在7—8月，最小流量一般出现在11月至次年1月。每逢大水年份，上游客水压境，洪水流量大，来势猛，持续时间长，往往形成外洪内涝；枯水年份，上游来水量小，有的河道会出现断流或负流（调水）。

淮安市主要河湖水位流量特征值一览表

表1-13

河名	站名	最高		最低		最大	
		水位（米）	发生日期	水位（米）	发生日期	流量（立方米/秒）	发生日期
淮河	盱眙	15.85	2003.07.11	10.33	1966.11.12	—	—
洪泽湖	蒋坝	15.23	1954.08.16	9.68	1966.11.11	—	—
入江水道	三河闸（中渡）	13.45	2003.07.11	6.55	1969.04.22	10700	1954.08.06
	金湖	11.98	2003.07.11	5.24	1961.05.05	—	—
入海水道	二河新闸（下）	12.93	2003.07.18	—	—	1870	2003.07.16
灌溉总渠	高良涧闸（上）	15.24	1954.08.16	8.04	1966.10.23	1020	1975.07.19

续表1-13

河名	站名	最高		最低		最大	
		水位（米）	发生日期	水位（米）	发生日期	流量（立方米/秒）	发生日期
灌溉总渠	运东闸（上）	10.51	1961.06.10	8.42	1988.05.02	848	1965.08.10
废黄河	杨庄闸（上）	13.78	1957.08.18	5.83	1992.07.02	681	1958.08.13
白马湖	三阳	8.16	1991.07.11	5.42	1983.03.22	—	—
二河	二河闸（下）	13.80	1965.08.05	8.57	1966.12.11	3250	2003.07.11
	淮阴闸（上）	13.77	2003.07.17	8.56	1997.06.03	—	—
淮沭河	淮阴闸（下）	13.38	2003.07.14	6.52	2005.01.21	1440	2003.07.11
盐河	盐河闸（下）	10.70	1976.06.30	6.15	1978.07.02	246	1989.06.02
	朱码闸（上）	9.10	2000.09.02	6.12	1961.03.28	—	—
	朱码闸（下）	7.63	1963.05.29	1.28	1981.02.26	325	2000.08.31
北六塘河	杨口	6.34	1983.07.22	1.61	1990.10.02	—	—
南六塘河	二庄	6.26	1983.07.22	1.05	1992.04.03	—	—

（一）地表径流

全市多年平均地表流深约240毫米。空间分布与降水量、蒸发量及下垫面等因素有关，一般山丘区大于平原区，城镇大于乡村，水田（水面）大于旱地。年际变化主要与当地降水量大小有关，不同区域最大年径流量多出现在1991年、2000年、2003年等丰水年，最小年径流量多出现在1966年、1978年等特枯水年，如金湖县1991年年径流量达800万立方米，楚州区1978年年径流量不到10万立方米。年内分配不均衡，汛期5—9月径流量约占全年径流量的95%，多年平均月径流量以7月最大，约占全年径流量的40%，12月地表径流量基本为零。

（二）地下径流

全市多年平均地下径流量约13亿立方米，其中山丘区不足1亿立方米，平原区12亿立方米多，基本为矿化度小于2克/摩尔的淡水。地下径流主要以降雨入渗补给，约占年径流的四分之三以上，河道、湖库、渠系及田间灌溉等渗漏补给，约占四分之一弱。地下径流的地区分布（径流模数），苏北灌溉总渠以北约20万立方米/公里，其他区域在15万～20万立方米/公里，山丘区不到5万立方米/公里。

三、泥沙

淮安市各河湖水体的含沙量有两种来源：当地降雨径流对地面土壤的水力侵蚀、流域上游客水携带而来。当地径流的含沙量大小与形成径流的降雨强度、地面植被、地形及土壤特性有关，根据《江苏省土壤侵蚀遥感调查报告》，淮安市范围基本属于微侵蚀区，侵蚀模数小于每平方公里200吨。客水泥沙与河道流速、流量有关，来水愈大，输沙量就愈大。根据实测资料分析，洪泽湖上游多年平均输沙量约460万吨，下游出湖沙量约为220万吨，平均每年约有240万吨泥沙滞留在洪泽湖，主要淤积在上游河道入湖口附近。淮河（小柳巷）多年平均含沙量约每立方米0.15千克，最大含沙量每立方米1千克，淮河入江水道（三河闸）多年平均含沙量约每立方米0.07千克，最大含沙量每立方米0.48千克。

四、水质

（一）地表水水质

淮安市河湖水体原有较好的天然性状，水质良好。但是随着经济的快速发展，大量的工业废水和居民生活污水的排放以及农业化肥农药的大量使用，对河湖水体造成不同程度的污染。根据水文部门的水质监测资料分析，淮安市地表水水质状况不容乐观。按照国家《地表水环境质量标准》，I类水已不复存在，II类水在不断减少，达III类水以上标准（达标）占60%左右。主要超标污染项目为总磷、氨氮、溶解氧、高锰酸盐指数、五日生化需氧量等。

市内主要河湖水质现状为：苏北淮河II～IV类，以III类水为主；洪泽湖III～V类，以III类水为主；入江水道II～IV类，以III类水为主；苏北灌溉总渠II～III类；二河II～III类；里运河II～V类，以III类水为主，市区大运河桥附近水质较差；古运河V～劣V类，市区段大部分为劣V类；淮沭河II～III类；废黄河II～III类；盐河III～IV类；白马湖III～IV类；高邮湖II～V类，以III～IV类水为主；龙王山水库II～IV类，以III类水为主；纳污河道清安河基本是劣V类，浔河为V类～劣V类，利农河IV～劣V类。经富营养化评价，洪泽湖、高邮湖、白马湖等处于中度富营养化。

（二）地下水水质

受地表水质影响，全市浅层地下水水质也受到不同程度的污染。现状浅层地下水水质在III～V类，主要超标项目为总硬度、氨氮、亚硝酸盐氮、高锰酸盐指数、总砷、酚等；深层地下水质为II类。

第五章　土壤　植被

第一节　土　壤

淮安市土壤分为6个土类、10个亚类、31个土属、97个土种。

一、水稻土类

面积约18.77万公顷，占全市土壤面积的34.31%，主要分布在苏北灌溉总渠以南各县（区）。

有渗育型、潴育型、潜育型3个亚类。

（一）渗育型水稻土

含姜黑土、湖黄土、泥黄土3个土属，主要分布在平原地区，面积8.79万公顷。楚州区分布最广，有4.65万公顷；其他依次为洪泽县有1.91万公顷；金湖县1.56万公顷、清浦区0.62万公顷、盱眙县0.05万公顷。耕地面积8.26万公顷，占该亚类面积的94%，其中一级耕地470.1公顷、二级耕地7222.87公顷、三级耕地22661.53公顷、四级耕地38433.2公顷、五级耕地13844.73公顷。主要为稻麦轮作。该型土质地黏重，耕层厚14.6厘米，亚耕层厚13厘米左右，黏粒含量由耕层的50.46±13.75%向下至底土层增加到60.13±13.48%，都属中度轻黏土。容重1.28～1.44克/立方厘米，孔隙度51.5%～44.4%。田间持水量高，耕层达34.48±9.09%，透水性好，pH值7.45±0.69，有机质含量由耕层的1.79%，向下至底土层逐渐减为0.6%；全氮含量由耕层的0.12%，向下至底土层降至0.05%；全磷含量由耕层的0.09%，向下至底层降至0.05%；耕层速效磷含量百万分之6.85，亚耕层百万分之4.43；耕作层速效钾含量百万分之133。

（二）潴育型水稻土

属重壤—轻黏土，含黏黄土、灰白土、姜乌土、乌土4个土属，分布于海拔3.8～21.6米高平原地区，总面积9.4万公顷。盱眙县分布最广，约2.93万公顷；其他依次为金湖县有2.61万公顷；洪泽县2.32万公顷、楚州区1.22万公顷、清浦区0.32万公顷。耕地面积8.59万公顷，占该亚类面积的91.3%，其中一级耕地0.19万公顷、二级耕地1.69万公顷、三级耕地5.82万公顷、四级耕地0.43万公顷、五级耕地0.46万公顷。主要为稻麦轮作，次为麦、玉米轮作。该型土层深厚，养分含量较高，结构好，是淮安市肥沃土种之一。耕层厚13.6厘米，亚耕层厚12.2厘米左右。比较黏重，黏粒含量约57%，容重为1.31～1.45克/立方厘米，孔隙度50.2%～46.3%，田间持水性较高，由耕层29.71%至底土层递降到27%，有微弱的石灰反应，pH值7.52。有机质含量由耕层1.88%，向下渐减至0.55%；全氮含量高，耕层达0.11%，向下至底土层降为0.04%；全磷含量由耕层0.08%，至底土层降为0.06%；速效磷含量极低，耕层为百万分之5.91，至底土层降为百万分之2.14；耕作层速效钾含量百万分之131。

（三）潜育型水稻土

属重壤—轻黏土，含黑烘土、青泥土2个土属，分布于海拔1.1～8.8米的浅洼平原上。总面积0.58万公顷，其中洪泽县0.21万公顷、楚州区0.14万公顷、金湖县0.14万公顷、盱眙县0.09万公顷。有耕地4777.53公顷，占该亚类面积的94.6%；无一、二级耕地，三级耕地488.07公顷，四级耕地3943.6公顷，五级耕地345.86公顷。该型土养分含量高，质地黏重，耕性差，渍害严重，生产效率低，品级不高，主要为稻麦轮作。耕层厚16.11厘米，亚耕层厚24.7厘米左右，有微弱石灰反应。黏粒含量61%左右，容重1.2克/立方厘米，向底土层增至1.46克/立方厘米，孔隙度由耕层54.2l%向下至底土层减到45%，田间持水性很高，可达38.65%，pH值7.2左右。耕层有机质含量2.95%左右，向下递减。含氮量0.17%，全磷含量0.07%，至底土层降至0.06%；速效磷含量耕层百万分之4.48，底土层百万分之0.79；全钾含量1.4%左右，耕作层速效钾含量百万分之142。

二、潮土类

面积25.94万公顷，占全市土壤总面积47.43%。各县（区）都有分布，其中清河区、淮阴区、涟水县全境皆为潮土，面积分别为0.26万公顷、8.08万公顷、11.18万公顷。此外，其他县区潮土面积分别为清浦区0.77万公顷，楚州区3.43万公顷，洪泽县0.65万公顷，盱眙县0.45万公顷，金湖县1.12万公顷。潮土类有黄潮土、盐碱性潮土2个亚类。

（一）黄潮土

由黄泛冲击母质经地下水影响，旱耕熟化而成的土壤，含飞沙土、沙土、两合土、淤土、堆黑土5个土属。总面积23.25万公顷，其中清河区0.25万公顷，清浦区0.73万公顷，淮阴区6.57万公顷，涟水县10.13万公顷，楚州区3.34万公顷，洪泽县0.65万公顷，盱眙县0.46万公顷，金湖县1.12万公顷。耕层厚约15.9厘米，亚耕层厚约14.6厘米，都有强石灰反应。耕层容重1.29克/立方厘米，田间持水量27.09%，透水性高达6毫米/分，亚耕层透水性差，仅0.73毫米/分。pH值8.33左右，有机质含量0.98%，全氮含量0.072%，全磷含量4%，速效磷含量百万分之4.95。黄潮土分布于黄泛平原上，土层深厚，耕性好，但沙、涝、碱灾害严重，养分含量低，属低产土壤，虽经多年改造，有所改善，但土壤肥力仍很低，土壤品级不高。其利用主要为稻麦轮作，次为麦、玉米轮作。

（二）盐碱性潮土

含碱化土、面碱土、盐碱土3个土属，耕层含有少量盐碱，全有强石灰反应。全市有2.69万公顷，占潮土面积的10.4%。除洪泽、盱眙、金湖3个县外，其他县（区）均有分布，其中淮阴区分布最广，有1.5万公顷；涟水县次之，有1.05万公顷。耕层厚15.1厘米左右，属砂壤—轻壤土，冬季表层有盐霜，质地较轻，黏粒含量23.1%左右，粉砂含量约62%；田间持水量24.78%，孔隙度49.7%，pH值8.69，有机质含量0.71%，向底土层递降至0.29%，全氮含量0.05%，全磷含量0.14%，速效磷含量百万分之4.5，全钾含量1.59%，速效钾含量百万分之560.3；亚耕层厚17.7厘米，容重1.43克/立方厘米，孔隙度46.32%，田间持水量24.3%左右，全磷含量0.14%。盐碱性潮土分布在平原上，土层深厚，耕性好，土壤养分低，含盐碱，生产性能差，品级低。

三、砂礓黑土类

面积2528.07公顷，其中盱眙县1752.67公顷，金湖县775.4公顷。仅砂礓黑土1个亚类，含岗黑土、潮黑土2个土属。分布区地势平坦，潜在养分含量高，是淮安市较肥沃土壤。主要为稻麦轮作，次为麦、玉米轮作。耕层厚11.7厘米左右，亚耕层厚15.1厘米左右，均有弱石灰反应。属重壤土。耕层黏粒含量55.07%，容重1.33克/立方厘米。田间持水量29.8%，pH值7.79，有机质含量1.35%，全磷含量0.08%，速效磷含量百万分之3.6；亚耕层黏粒含量59.77%，容量1.46克/立方厘米，田间持水量28.39%，pH值7.11，有机质含量1.12%，全磷含量0.06%，速效磷含量百万分之2.4，全钾含量1.76%，速效钾含量百万分之150.2。

四、黄棕壤土类

分布于洪泽湖周围地区，境内面积4.4万公顷，占全市土壤面积8.05%。含黄褐土、黏盘黄棕壤2个亚类。

（一）黄褐土

含黄岗土、网白岗土、砾石土、潮黏土、绿黏土5个土属，面积0.31万公顷，其中洪泽县0.19万公顷，盱眙县0.12万公顷。黄褐土耕层厚约17厘米，质地黏重，黏粒含量52%左右，容重1.32克/立方厘米，田间持水量23.92%，属中性土，pH值6.96，有机质含量1.01%，全磷含量0.07%，速效磷含量百万分之5，全钾含量1.69%，速效钾含量百万分之143。该亚类土壤耕层深厚，肥力不高。主要为麦、玉米轮作，次为麦豆轮作。

（二）黏盘黄棕壤

含黄岗土、白岗土2个土属，面积4.09万公顷，其中盱眙县3.94万公顷，金湖县0.15万公顷。耕层厚约13.5厘米，属中壤土，无石灰反应，黏粒含量44%左右，容重1.32克/立方厘米，田间持水量28.19%，pH6.77，有机质含量1.06%，全磷含量0.05%，速效磷含量百万分之5.5，全钾含量1.26%，速效钾含量百万分之115.6。亚耕层厚约13.3厘米，容量1.47克/立方厘米，田间持水量25.12%，pH值7.7，有机质含量0.73%，全磷含量0.05%，速效磷含量百万分之4.1。

五、基性岩土类

仅分布于盱眙县中南部丘陵区，玄武岩是其风化母岩，含基性岩土1个亚类，暗色土、潮暗土、凹凸棒土3个土属。面积4.83万公顷，占全市土壤面积8.84%。有耕地1.24万公顷，无一、二级耕地，三级耕地0.33万公顷，四级耕地0.78万公顷，五级耕地0.13万公顷。该亚类土壤土层薄，地面不平整，生产力不高，主要为麦、玉米轮作，次为稻麦轮作。土层厚约12.9厘米，黏粒含量50%，容重1.26克/立方厘米，田间持水28.12%左右，pH值6.6，有机质含量1.76%，全磷含量0.16%，速效磷含量百万分之5.8。亚耕层厚约16.9厘米，黏粒含量50%，容重1.48克/立方厘米，田间持水量25.5%，pH值7.4，全磷含量0.16%，速效磷含量百万分之4。

六、石灰岩土类

含石灰岩土1个亚类，棕色石灰土、石灰砌淤土2个土属，仅分布于盱眙、洪泽两县的淮河南岸低山丘陵区，面积4986.6公顷，占全市土壤面积0.91%，其中盱眙县4953.53公顷，洪泽县33.07公顷。皆由石灰岩风化而成，石灰反应强烈。虽有机质含量高，但土层薄，有的地区基岩裸露，土壤生产力低。有耕地1932.87公顷，占该类土面积38.76%，农业用地系数低。无一、二级耕地，三级耕地227.33公顷，四级耕地1511.54公顷，五级耕地194公顷。主要为麦、玉米轮作，次为麦、山芋轮作。该类土耕层厚14.3厘米左右，黏粒含量46.26%，容重1.33克/立方厘米，pH值7.3，属中性土—重壤土，有机质含量3.39%，全磷含量0.11%，速效磷含量百万分之5.65；亚耕层厚约27.1厘米，黏粒含量53%，容重1.48克/立方厘米，pH值7.24，有机质含量1.01%，全磷含量0.05%，速效磷含量为百万分之2.17。

第二节 植 被

苏北灌溉总渠以北，以栎类暖温带落叶林为主，其中大面积分布赤松林、杂木，主要树种有刺槐、中国槐、苦楝、臭椿、柳、榆、桑、加拿大白杨、毛白杨、泡桐等；南方亚热带树种有山杨、楝树、刺楸等；果树有李、桃、杏、苹果、梨、枣、葡萄等；灌木有紫穗槐、茶树、野蔷薇、山胡椒；常绿灌木有小叶女贞、刚竹；藤本植物有木通、爬山虎、南蛇藤等；草本有狗尾草、蒲公英、苍耳等；农田植被有水稻、小麦、玉米、棉花、大豆、油菜、花生等作物。

苏北灌溉总渠以南，主要树种有马尾松、赤黑松、国外松、柏类、杉类、杂阔（杂木阔叶）等。由于冬季温度低，少数常绿阔叶树都是人工栽培的耐寒品种，如石楠、女贞、小叶女贞、黄杨等；常见的乔木有麻栎、栓皮栎、板栗、刺楸、乌柏、榔榆、楝、银杏、桃、核桃、淡竹、刚竹等；禾本科有白茅、营草、香茅、野苦草及狗尾草等组成。农田人工植被和苏北灌溉总渠以北基本相同，但稻、麦、油菜面积大。

第六章　自然资源

第一节　土地资源

1978年，淮阴地区土地总面积195.92万公顷，占全省总面积的19%。其中平原地109.72万公顷，占全地区总面积的56%；丘陵岗地29.39万公顷，占全市总面积的15%；湖泊、河流、沟塘、水库水面56.81万公顷，占全市总面积的29%。人均占地0.24公顷，在江苏省人均占地面积最多。全地区耕地面积101.99万公顷。1983年、1996年两次区划调整后，全市土地面积减少到99.5万公顷。2008年，全市土地总面积99.5万公顷。其中农用地67.9万公顷，占全市土地总面积的68.24%；建设用地14.15万公顷，占14.22%；未利用地17.45万公顷，占17.54%。全市有3个一级地类、10个二级地类、48个三级地类，土地面积主要集中在灌溉水田、旱地、农村居民点、湖泊水面、农田水利用地等。（详见第二卷《国土资源》）

第二节　水资源

淮安市水资源，主要有大气降水，淮河、六塘河的过境水，地下水及调用的长江水。

1978—2008年，全市历年平均降水量910～1020毫米，折合水量100亿立方米左右。由降水径流产生的年综合水资源，丰水年保证率20%，平水年保证率50%，枯水年保证率75%，特别枯年保证率95%。受季风影响，降水量的季节分配差别显著，一半左右的降水量集中于6—9月，新产径流排泄多，利用少。其他月份则水量不足。

过境水与市内降水同步，量大而集中，其中淮河过境水320亿立方米，约占年平均过境水95%以上，其余为六塘河、中运河过境水。受降水影响，过境水季节分布不匀，调蓄能力不高，实际利用率较低。

境内地下水储量较为丰富。1978年后，随着工业化进程加快，地下水资源不断减少。

淮安市是江水北调（南水北调）工程沿线重要输水廊道，境内有京杭大运河、苏北灌溉总渠、二河等重要输水干道和洪泽湖重要调蓄水库，有江水北调淮安一、二、三站，淮阴一、二站工程，南水北调淮安四站、淮阴三站、金湖站、洪泽站等大型翻水泵站。同时，淮安市也是江水北调工程的受益区，中华人民共和国成立后发生的1978年、1992年、1994年等多次特大干旱，因为江水北调及南水北调工程的积极运用和效益发挥，有效减轻干旱灾害的影响，改善城市水环境和城乡居民用水质量。1978年，淮阴地区遭遇到历史上罕见持续干旱，同期全省也出现全年连续大旱的特大旱年，洪泽湖最低水位降到10.27米，湖底大部干裂。在省防指的统一领导下，全省自流和翻引长江水量215亿立方米，江水北上直达淮阴，灌溉沿运和淮北大面积农田。1992年汛期，淮阴市发生特大干旱，洪泽湖最低水位10.6米，淮河断流，洪泽湖水位均降至死水位以下，接近干涸。省防指调度江水北调工程引江济淮，整个汛期淮安站翻水16.68亿立方米。同期，淮阴市向连云港送水4.92亿立方米，向徐州送水1.36亿立方米，向盐城送水5.85亿立方米。1994年入汛后，淮阴市遭遇特殊严重旱灾，洪泽湖最低水位10.46米。与此同时，7月下旬淮河上游下泄的2.4亿立方米污水进入洪泽湖，干旱、污染双重灾害。当年6—9月，省防指开启淮安站引江济淮，翻水15.48亿立方米；同时调度扬河滩闸、皂河闸，引沂济淮，引水11.3亿立方米。

此外，1999年干旱，洪泽湖最低水位10.7米，特别是7月初至8月中旬，干旱少雨，全市可用水源基本枯竭。当年1—9月，淮安站、淮阴站引江济淮，淮安站、淮阴站分别翻水30.88亿立方米、18.36亿立方米。

第三节 生物资源

一、野生动物

境内野生动物资源丰富，分布有水生、沼生和陆生野生动物，包括浮游动物、底栖动物、鱼类、两栖类、爬行类、兽类和鸟类7个类群，300多种。以洪泽湖及周边野生动物区为代表，具有南北方过渡的特征，动物种类以古北界种类为主，北方色彩比较浓厚。多样的植被类型为野生动物提供丰富多样的栖息场所，分布有水生、沼生和陆生野生动物，包括国家级保护动物和省级保护动物多种。盱眙铁山寺国家森林公园较为典型，野生动物资源有20多科40多种，各种蛇类13种，昆虫资源有12个目30多科258种，其中大尾凤蝶属国家级保护昆虫。

（一）浮游动物

有35科63属91种，其中原生动物15科18属21种，轮虫9科24属37种，枝角类6科10属19种，桡足类5科11属14种。出现种类最多的科是臂尾轮虫属，多达6种之多。优势种有原生动物的尖顶砂壳虫、间体砂壳虫、钟形虫、降缩虫、累枝虫、急游虫和中华似铃虫；轮虫中的萼花轮虫、台氏合甲轮虫、螺形龟甲轮虫、矩形龟中轮虫、曲腿龟田轮虫、晶囊毛轮虫、刺盖异尾轮虫、奇异句腕轮虫和独角聚花轮虫；枝角类的短尾秀体泾、长肢秀体潘、僧帽涵、长刺溢角突网纹滔，棘体网纹泾、微型裸腹滔，长额象鼻泾、简孤象鼻泾、颈沟基合泾和圆形盘肠泾；桡足类的汤匙华哲水滔、指状许水涵、球状许水潘、中华窄腹水泾、广布中剑水潘和台湾温剑水潘等。

（二）底栖动物

有8纲39科57属76种。其中，环节动物3纲6科7属7种；软体动物2纲11科25属43种；节肢动物3纲22科25属25种，如螺、蜗牛、河蚌、牡蛎、针乌贼、蚬、蛞蝓等。软体动物在底栖动物中占优势，生物量高达97%，其中河蚬又是优势种，占数量的80%以上，占生物量的90%以上。环节动物由多毛纲、寡毛纲和蛭纲组成，如蚯、水蛭等，以寡毛纲占优势；软体动物有腹足纲和瓣思纲两大类；节肢动物有平甲虫、中华绒鳌蟹、河蟹、土蟹、东亚钳蝎、大腹圆蛛、少棘巨蜈蚣、中华地鳖、巨斧螳螂、中华稻蝗、蟋蟀、非洲蝼蛄（俗称土狗子）、蝉（俗名知了）、红娘子、九香虫（俗名臭虫）、钻杆虫、蝇、蚊、复带虻（俗名牛蜢子）、三星龙虱、眼斑芫青（俗称放屁虫）、蜣螂（屎壳螂）、朝鲜黑金龟甲（俗称大头虫）、中华蜜蜂、梨足长黄蜂（俗称麻蜂）、斑蜂、蜻蜓、蝴蝶、稻飞虱、蚜虫、红铃虫、灶马（蟑螂）、蚁（有黄蚁、黑蚁、白蚁，白蚁危害最大）等。优势种有环节动物的苏氏尾鳃蚓，软体动物的河蚬、圆顶鳞皮蚌、背角无齿蚌，节肢动物中的甲壳纲。其中洪泽青虾、克氏原螯虾具备形成品牌的基础，为全省各地水产养殖单位提供野生种质资源。

（三）鱼类

有17科114种，以鲤科为主，另有鳅科、脂科、鲍科、塘鳢科、嫩科等多种名贵鱼类。鲤科共有41种，鳅科鱼类5种，其余各科皆不超过4种。主要经济鱼类有鲤、鲫、银鱼、编、鲢、乌鳢、鳜、赤眼鳟等17种。按垂直分布情况，上层鱼类：两种飘鱼、两种修鲦、鲢，青等；中上层鱼类：四种银鱼、鳙、似编、赤眼鳟、圆尾斗鱼，短颌、镑皱亚科；中下层鱼类：两种鲂鱼、青、草、编、银色颌须鲴及麦穗鱼；底层鱼类：鲤亚科，鲴亚科，鲵科，黑鳍鰊，华盟，棒花鱼；底栖鱼类：花筛、刺鳅、黄鳝、鳗鲡、吻触虎鱼，鳅科、塘鳢科、脂科。

（四）两栖类

有2科4属6种，均为无尾目种类。蟾蜍科为中华大蟾蜍，蛙科5种分别为中国雨蛙、金线蛙、黑斑蛙、泽蛙、饰纹姬蛙。其中，省级保护动物有金线蛙和黑斑蛙。

（五）爬行类

有2目6科13属17种，其中龟鳖目1科4属4种，蜥蜴亚目3科4属4种，蛇亚目2科5属9种。有中华鳖、乌龟、黄缘闭壳龟、黄喉水龟、蜥、多疣壁虎、中国石龙子、北条草蜥、水赤链、大王锦蛇、红点锦蛇、黑眉锦蛇、玉斑锦蛇、棕黑锦蛇、虎斑游蛇、乌梢蛇、蝮蛇、翠青蛇、火赤练、水蛇、黄风蛇、花蛇、乌风蛇等。其中，乌龟、黄喉水龟、黄缘闭壳龟以及赤链蛇、王锦蛇、黑眉锦蛇、翠青蛇、乌梢蛇和短尾蝮蛇等属于江苏省重点保护物种。

（六）鸟类

有194种，隶属14目40科76属。其中，候鸟100种（夏候鸟41种，冬候鸟59种），旅鸟51种，留鸟43种。主要有小辟鸥、苍鹭、白鹭、中白鹭、针尾鸭、鹊鸭、家燕、喜鹊、灰喜鹊、四声杜鹏、翠鸟、蓝翡翠、寿带鸟、鹌鹑、虎纹伯劳、牛头伯劳、红尾伯劳、棕背伯劳、鞭蓉鸟、普通八哥、黄胸鹪鹩、花脸鸭、赤麻鸭、鸳鸯、白额雁、寒鸦、秃鼻乌鸦、小嘴乌鸦、金腰燕、雉鸡、鹬、松鸦、红嘴蓝鹊、黑枕黄鹂、黑鹅、麻雀、大山雀、知耳枭、草枭、山斑鸠、大杜鹃、灰雁、豆雁、鸢鹰、灰鹤、云雀、树鹨、戴菊、绣眼鸟、金翅雀、山树莺、黄雀、灰卷尾、小云雀、白头鹎、灰鹭、牛背鹭、白鹳、绿头鸭、丹顶鹤、白骨顶、红骨顶、红嘴鸥、黑鹳、银鸥、大鸨、戴胜、绿啄木鸟、白翅浮鸥、扇尾沙锥、银喉山雀、白脸山雀、山眉、棕头鸦雀、苇莺、柳莺、短翅树莺、鸬鹚、鹦鹉、小灰山椒鸟、大斑木鸟、黑脸噪鹛等。生态分布主要有以森林鸟类、灌丛鸟类为基本种群的森林、灌丛环境鸟类；以游禽、涉禽为基本种群的水环境鸟类；以麻雀、云雀、小云雀、鹌鹑为主的农田及开阔地鸟类和以家燕、金腰燕、麻雀、喜鹊、灰喜鹊、伯劳为主的居民点鸟类四大类。属国家一级保护的有大鸨、丹顶鹤、白鹳、黑鹳；国家二级保护的有小天鹅、白额雁、鸳鸯、疣鼻天鹅、白鹭及猛禽等23种。省级保护鸟类有鸿雁、灰雁、鹌鹑、黑嘴鸥、鹰头、杜鹃、回声杜鹃、大杜鹃、戴胜、绿啄木鸟、斑啄木鸟、星头啄木鸟、喜鹊、大山雀、银喉长尾山雀、灰喜鹊、画眉等。列入中日候鸟保护协定的有105种，列入中澳候鸟保护协定的有24种。洪泽湖滩地广阔，水草茂盛，食物丰富，人烟稀少，是候鸟越冬栖息的理想场所。由于生态环境有利，每年都有大量的候鸟从西伯利亚、贝加尔湖、黑龙江等地不远几千公里，迁徙到此越冬。每年到此越冬的候鸟，总数量在20万只以上，其中野鸭、雁类最多，约为8万只，骨顶鸡、友鹤3万多只。国家一级保护鸟类的珍禽大鸨，每年10月中旬从中国东北、蒙古、俄罗斯一带到此越冬栖息，数量有500～700只。世界仅存大鸨1000余只，洪泽湖地区曾占到其总数的50%～70%，是中国乃至全世界大鸨最集中的分布地区。洪泽湖留居、旅经或繁殖的鸟类按照生态类群分为陆禽、游禽、鸣禽、猛禽、攀禽和涉禽等。在洪泽湖繁殖的鸟类，包括留鸟和夏候鸟98种，主要有小鹃、池鹭、珠颈斑鸠、火斑鸠、四声杜鹃、大杜鹃、家燕、虎纹伯劳、黑枕黄鹂、黑卷尾、灰喜鹊、大山雀等。迁徙鸟类包括旅鸟和冬候鸟96种，主要有凤头鸊、白鹳、白琵鹭、大天鹅、赤麻鸭、绿翅鸭、针尾鸭、鹤鹬、林鹬、翘嘴鹬、红嘴鸥、黄鹊鸽、树鹨、太平鸟、牛头伯劳、栗胸石儿鹎、白眉地鹎、虎斑地鹎、茅斑蝗莺等。2004年11月，由南京师范大学、河海大学等高等院校的著名鸟类、生物学专家、科研人员共同组成考察组，对洪泽湖湿地保护区的生物种类、数量进行全面调查，现场采集动物、植物、水样和底泥样品，发现几只震旦鸦雀，是全球濒危物种，被列入世界自然资源保护联盟的濒危物种红皮书中。

（七）兽类

有12种，分别隶属于5目8科12属，其中食肉目4种、啮齿目3种、食虫目3种、翼手目1种、兔形目1种。有黄鼬、猪獾、狐狸、刺猬、小灵猫、草兔、黑线姬鼠、褐家鼠和小家鼠等，其中省级保护动物有黄鼬、猪獾、狐狸和小灵猫。

二、野生植物

境内野生植物资源丰富，分布广泛。湖、滩地上水草茂盛，植物资源种类繁多，湖滨区多有水杉、池杉及湖桑等陆生植物分布，在湖湾和一些枯水期为陆地或湿地区，多有芦苇、菰、蒲草、莲、李氏禾等50余种挺水植物分布。水生高等植物有81种，隶属于36科61属。其中，单子叶植物43种，双子叶植物34种，蕨类植物4种。优势种群有芦苇、蒲草、菰、莲、李氏禾、水蓼、喜旱莲子草、苦菜、菱、马来眼子菜、金鱼藻、聚草、菹草、黑藻、苦草等。芡实（鸡头）、菱角、莲藕等水生经济植物随处可见，多见于水质肥沃的池塘、湖荡、静水沟溪及水田中，尤以洪泽湖中大量分布，是当地著名的特产，湖区主要的经济植物之一，有“鸡头菱角半年粮”之说。芦苇群落广布于洪泽湖周边、低洼沼泽地或河流两岸低洼地域或浅水中，面积大小不等。

盱眙铁山寺国家森林公园内野生植物资源丰富，中国种子植物15个分布区类型中，铁山寺占14个类型（仅缺中亚分布区类型）。区内有290多科1000多种植物，有观赏类，如木楠、点地梅、兰花、百合、马兜铃、海棠等200多种；有药用价值类800多种，如绞股蓝、太子参、北沙参、党参、桔梗、牡荆、五加、木通、草珊瑚、百合、泽泻、地黄等，其中北沙参、猕猴桃等在区内属首次发现，北沙参记载在秦岭以北才有分布，在此实属少见；有纤维植物类100多种，如苎麻、荨麻、苦皮等；有可作饲草的400多种，如野燕麦、茅草、莎草、三菱草；有些可作为食用，而且有较高的药用价值，是很好的食疗蔬菜，其中蕨类品种多达14多种。还有390多种藤本植物，其中金毛狗、贯众、凌霄、紫藤等不但有很高的观赏价值，而且有较高的药用价值。

（一）菌、藻、地衣类

境内蓝藻门、绿藻门、裸藻门、硅藻门分布范围大，数量多；黄藻门、金藻门、隐藻门的藻类也有分布。主要品种有念珠藻、水绵、麦角、黑粉菌、灵芝（亦称树舌）、白蘑、银耳、木耳、马勃、白石花、地钱、葫芦藓、卷耳（俗名地皮菜）等。

（二）蕨类

问荆（俗称五节草）、笔管草、瓶尔小草、海金沙、肾蕨、井栏边草、蕨、铁角蕨、渐尖毛蕨、贯众、有柄石苇、槐叶萍（俗名四叶菜）、满江红。

（三）裸子植物类

苏铁（俗名铁树）、银杏、赤松、黑松、马尾松等。

（四）被子植物类

蕺菜（俗名鱼腥草）、三白草、丝穗金栗兰、柳、胡桃、化香树、枫杨、麻栎、槲树、小叶朴、榔榆、构树、枯树、无花果、葎苈、桑、大麻草（俗称拉拉藤）、苎麻、透茎冷水花、百蕊草、马兜铃（俗名葫芦）、金荞木、竹节蓼、大叶扁蓄、举蓼、虎杖（俗名紫金龙）、何首乌、西伯利亚蓼、蓼蓝、齿果酸模（俗名牛脚棵）、羊蹄、藜、土荆芥、小藜（俗名灰条菜）、地肤、猪毛菜（俗称牛尾巴）、牛膝、空心莲子草、莲子草（俗名节节花）、反技苋、青葙（俗名鸡冠菜）、鸡冠花、紫茉莉（俗名拐磨花）、商陆、粟米草、大花马齿苋、黏卷毛耳、石竹、瞿麦、女娄菜、太子参、漆枯草，雀舌草、麦兰菜（俗名灯盏窝）、芡（俗名鸡头米）、萍蓬草、睡莲、金鱼藻、乌头、威灵仙、白头翁、茴茴蒜（俗名野大蒜）、毛茛、石龙黄、东亚唐松草、木通、阔顺、十大功劳、南天竹、木防已（俗名鸡藤子）、玉兰、腊梅、樟树、胡椒、刻叶紫堇、白花菜、芸苔、芥、荠、播娘蒿、菘蓝、无瓣苋菜、风花菜、晚红瓦松、景天、三七、垂盆草、绣球、扯根菜、虎耳草、海桐、牛鼻栓、枫香（俗名路路通）、悬铃木、龙牙草、木瓜、草莓、石榴、翻白草、三叶委陵茶、麦李、樱校、火辣、小果蔷薇、茅梅、地榆（俗名西瓜草）、皂角、合欢、黄芪、紫云草、云实、小叶锦鸡儿、望江南、决朋、紫荆、野百合、黄檀、皂英、野大豆、刺果甘草、米口袋（俗名小槐树）、华东木兰、长武萼鸡眼草、截叶铁扫帚，多花胡枝子、铁马鞭、山豆花、苜蓿、草林犀、含羞草、野葛、鹿藿、洋槐、田菁、苦参、歪头茶、野缸豆、紫藤、酢浆草、老鹳草、野亚麻、蒺藜（小叭狗）、白鲜、竹叶椒、崖椒、野花椒、臭椿、香椿、苦楝、楝树、瓜子金、远志、铁苋菜、山麻杆、泽漆、地锦草、大战、斑地锦、算盘子、密桔草、叶下珠、麻、乌桕、一叶获、地构叶、黄杨、黄连木、盐肤木、冬青构骨、苦皮藤、卫矛、丝棉木、扶芳藤、冬青卫矛（俗名大叶黄杨）、野鸦椿、苦茶戚、无患子（俗名肥珠子）、多花名儿茶、枳、猫乳、长叶冻绿、圆叶鼠李、酸枣、葡萄、白蔹（俗名五爪金龙）、爬山虎、甜麻、南京椴、黄蜀葵、野西瓜苗、黄海棠、赶山鞭（俗名小旱莲）、柽柳（俗名观音柳）、堇菜、紫花地丁、芫花（俗名老鼠花）、木半夏、胡颓子、牛奶子、紫薇（俗名痒痒树）、千曲菜、喜树、八角枫、瓜林、乌菱（俗）、丁香蓼、月见草、五加、中华长春藤、刺楸、骨绿当归、红柴胡、蛇床、胡萝卜、水芹、白花前胡、异叶茴芹、窃衣、破子草、毛、羊蹄、乌饭树、占地梅、狼尾花、泽珍珠菜、轮叶排草、二色补血草（俗名兰草）、妖迁子、白檀、雪柳、连翘、小叶白腊树、女真、小叶女真、百金花、龙胆、杏菜、罗布麻（俗名野菜叶）、络石（俗名爬山虎）、紫花合掌消、白薇（俗名白马尾）、飞来鹤（俗名白首乌）、徐长卿、地梢瓜、变包白前、隔山肖、梓木草、附地菜（俗名豆瓣菜）、白棠子树、海川常山（俗名八角梧桐）、马鞭草、牡荆、藿香、筋骨草、风轮菜、活血丹、夏至草、宝盖草、野芝麻、益母草、錾菜、地笋（俗名地藕）、薄荷、小鱼佩草、石荠、牛至、夏枯草、溪黄草、紫参、丹参、雪见草、耳挖草、半枝莲、韩信草、水苏（天芝麻头）、毛叶曼陀罗、枸杞、酸浆、白荚（白毛藤）、龙葵（俗名乌端端）、柳穿鱼（俗名面条菜）、陌上菜、通泉草、弹刀子菜、地黄、阴行草、婆婆纳、水蔓青、蚊母草、凌霄、楸树、梓树、爵床、透骨草、车前草、猪秧秧（俗名锯镰藤）、蓬子菜、鸡矢麟、茜草（俗名拉拉藤）、六月雪、忍冬（俗名山银花）、接骨木、败酱草、盒子草、括萎、沙参、半边蓬（俗名小鱼肠）、桔梗、牛蒡（俗名万把勾）、黄花嵩、艾苑、狗哇花、东风菜、鬼针草、狼反草（俗名小鬼义）、飞廉、天名精、刺菜（俗名七角菜）、野菊、菊花、茼蒿、蓟、小白酒草、华东蓝刺头、鳢肠、一年蓬、佩兰、泽兰、野马追、三七草、菊芋（俗名洋姜）、大花旋复花、苦荬菜、剪刀股、鸡儿肠（马浪头）、台湾莴苣、六棱菊、大丁草、风尾菊、笔管草、滨雅葱、毛梗豨莶、一枝黄花、续断菊、葡茎苦菜、苦苣菜、兔拿（俗名鬼打伞）、蒲公英、苍耳（俗名草狼）。单子叶植物类有水烛（俗名蒲棒）、黑三棱、泽泻、慈菇、水车前、苦草、茋草、芦竹、黑燕麦、薏苡（俗名小玉米）、狗牙根、马唐、牛筋草、画眉草、白茅、芦苇、大狗尾草、黄北草、菰、香附子（俗名莎浪子）、荸荠（俗名马蹄）、光鳞水蜈蚣、萤、水葱、荆三棱、草蒲、天南星、野芋、掌叶半夏（俗名老鸭早）、大藻（俗名木浮莲）、浮萍、水柴头、鸭跖草（俗名小蝴蝶花）、水竹叶（俗名鸡舌草）、风莲（俗名水葫芦）、鸭舌草、野灯蕊草、直立百部、粉条儿菜、小根蒜（俗名野小蒜）、知母、天门冬、石入柏、宝铎草、紫萼、百合、土麦冬、玉竹、黄精、绵枣儿、薁、牛尾菜、山慈菇、石蒜、薯蓣(俗名山药)、射干、马蔺(俗名旱蒲)、鸢尾。

第四节 森林资源

淮安市境内森林分布属暖温带—亚热带森林群落型区,野生森林资源以盱眙铁山寺国家森林公园为代表,该区域地处大别山余脉玄武岩低山丘陵区,海拔多在100米上下,最高处196.6米,山腰陡峻、岗顶宽平、冲沟平浅、山体连绵,森林资源呈大面积整体分布。由于山体气温偏高,降水量偏多,加之群山环抱,人为影响较小,基本上保留较好的生态环境。境内主要以次生阔叶林为主,配有小面积的人工林,树种资源丰富,呈明显的北暖带向亚热带过渡特征。高等物种有533种,其中有木本植物74科290多种、栽培种60种。主要有黄檀、刺槐、栎类、黄连木、漆树、松类、柏类等,竹类有淡竹、乌哺鸡竹、旱竹和小杆型笋材两用竹等。还有多在苏南地区分布的野核桃、羽叶泡花树、湖北山楂、红脉钓樟、中华石楠、大叶扑等以及庭院绿化观赏树种野生厚壳树、红枝柴胡、凌霄、茶条槭。羽叶泡花树、红脉钓樟、钓耳茶等以长江为界,江北未见记载,境内不但有分布,而且长势良好。上层树种有栎类、刺槐、漆树、松类等;中层树种有黄檀、拐枣、牛鼻栓、大叶朴、椴树等;下层有江浙钓樟、山胡椒等;地层有叶获、花冠木、两面针等。区内还生长着许多化石树种,如木瓜、银杏、雪柳等,经专家鉴定,长达几百年乃至上千年的,依旧枝繁叶茂,长势喜人。1984年,江苏省公布的新纪录有野生漆树(最大胸径18厘米)、毛叶欧李和迎春。

平原地区以梓、椿、茶、榆、楮、柳、楝、杨、枫、棠、杞、松、柏、椒、木瓜、女贞、乌桕、桑、槐等乡土树种为主,野生成片林规模较小,资源有限。

淮安市为经济林木、果树、桑园等主要产区,人工造林以速生树种为主,栽培树种百种以上。除乡土树种外,主栽树种地域间差异不大,主要有杨树、泡桐、水杉、池杉、雪杉、国外松(湿地松、火炬松)、铅笔柏等。改革开放后,全市主要造林树种逐步被速生树种杨树替代。人工经济林中,林带、林风、片林和村庄及四旁植树构成林业资源的主体,以杨树比例最大。庭院和园林及市镇绿化树种有160多种、37个变种,隶属56科109个属。主要有雪松、龙柏、广玉兰、水杉、池杉、柏类、月季、合欢、国槐、女贞、黄杨等。1995年以后,城市绿化树种引种速度加快,金叶女贞、红花檵木、栾树、火棘、红叶小蘖等在城市道路和庭院栽培。2005年后,红叶石楠在城市绿化和绿色通道建设中被广泛应用。

2008年,境内树种有76科431种(品种、变种),林地面积22.05万公顷,其中有林地面积20.09万公顷,森林覆盖率20.24%,林木绿化率21.24%。

图1-5 金湖水上森林(2008年) 陈义宝 摄

第五节　矿产资源

截至2008年，淮安市发现矿产34种（不含亚矿种），其中探明储量的矿产15种，已经开发利用的12种。发现的矿产为：金属矿产有铁、铜、金、铅、锌、钼、锰、含钴铁锰结核8种；非金属矿产有岩盐、芒硝、水泥用石灰岩、玄武岩、白云岩、大理石、石膏、黄砂、瓷（石）土、磷矿、硫铁矿、泥炭、凹凸棒石黏土、海泡石黏土、膨润土、水泥用配料黏土、砖瓦用黏土、高硅黏土、陶粒黏土、陶土、蛋白石、贝壳22种；能源与水气矿产有石油、天然气、矿泉水和地下热水4种。

岩盐分布于洪泽湖凹陷和淮安凹陷中，资源量巨大，开发优势明显，已探明储量1000亿吨，占全省探明储量的60%，估算矿石资源量可达3000亿吨。

芒硝亦分布于洪泽湖凹陷和淮安凹陷中，已探明储量超过20多亿吨，属特大型芒硝矿，远景储量达数十亿吨。淮安芒硝矿是华东地区唯一产地，开采条件好，交通便利，市场需求量大，区位优势明显。

凹凸棒石黏土矿分布于盱眙地区，已知储量占全国探明储量的60%以上。淮安市凹凸棒石黏土系火山沉积矿产，成层产出，品位高，开采条件简单，适合露天规模性开采。

石油主要分布于南部金湖、盱眙和洪泽3县交界地区，除3处为中型矿区外，其余均为小型矿。盱眙县西北部地区石油储量1400多万吨。

水气矿产中天然气开采殆尽。全市经评价的矿泉水有11处。地热已发现和开发的有1处，分布于洪泽县的老子山。

金属矿产中除含钴铁锰结核稍有规模外，其余全部为矿点，没有工业开发价值。

玄武岩中，普通建筑石料玄武岩资源量巨大，有17亿多吨，该资源为苏北中部地区独有，作为建筑石材用途广泛，用量很大。致密状玄武岩可用于高速公路路面铺设，有较好开发潜力。此外，岩棉用和铸石用玄武岩尚未开发。

水泥用石灰岩储量3700多万吨，占全省比例不大，但因淮安为苏北腹地唯一的产地，产品运往周边各地运距短，运输成本低，区位优势明显。

老子山地热是新发现的矿产资源，地处洪泽湖南岸。由于地热既是水资源，又是能源，开发成本低，无污染，开发意义重大。

2008年淮安市矿产资源一览表

表1-14

矿产类别	查明资源储量的矿种		已发现但未查明资源储量的矿种	
	矿种数	矿种名称	矿种数	矿种名称
能源矿产	3	石油、地热、天然气	—	—
金属矿产	1	含钴铁锰结核	7	铁、铜、金、铅、锌、钼、锰
非金属矿产	11	芒硝、岩盐、泥炭、磷矿、白云岩、石灰岩、玄武岩、凹凸棒石黏土、膨润土、砖瓦用黏土、水泥配料黏土	11	硫铁矿、石膏、石棉、瓷（石）土、黄砂、海泡石黏土、高硅黏土、陶粒黏土、陶土、蛋白石、贝壳
水气矿产	1	矿泉水	—	—

第七章 自然灾害

第一节 暴雨洪涝

1979年7月，除淮安县外，淮阴地区降雨均在300毫米以上。降雨主要集中在中下旬，部分县、市遭雨涝之灾。当月15日、16日，涟水县风雨交加，成灾农田1.49万公顷，倒房7419间，砸死1人，伤15人。

1980年，盱眙、金湖、洪泽3县于6月9日入梅，比1979年提早12天，6月雨量300毫米左右，一些城镇降雨量达420毫米。月日照平均每天不足3小时，洪泽湖洪峰6000立方米/秒，白马湖水位涨至7.63米，外洪内涝，严重影响3县小麦收获。淮北各县（市）6月中旬中期入梅，降雨大而集中，总雨量超过400毫米，涟水县佃湖一带成汪洋，松林荡积水近一星期方退。

1983年7月18—22日，全市特大暴雨，涟水、淮阴2县灾情最重，局部过程降雨量500毫米以上。涟水县境内沟满河平，唐集一带平地水深0.5～1.5米，六塘河河堤决口73处，受灾农田数万公顷，倒房砸死9人，伤71人；淮阴县受灾农田3.1万公顷，淹死2人，伤48人，失踪牲畜1000余头，冲毁桥涵600余座；涟水县、淮阴县粮食霉变5000余吨，淮阴县磷肥厂被冲失磷肥600余吨。

1984年8月31日，台风带来特大暴雨，雨量普遍在250毫米左右。淮阴县受灾严重，韩圩雨量371毫米，近4成农田积水，五里乡倒房砸死1人，伤34人，大小牲畜家禽死伤无数，鱼塘漫溢，冲毁桥涵193座。涟水县受灾农田3.7万公顷。

1985年10月9日起至11月上旬，全市连续降雨，内涝成灾，三麦80%晚播20天。和平农场、三河农场等场、圃成为烂稻场；淮阴县、清浦区油菜均重播或改种其他作物。

1987年7—8月，涟水、洪泽2县涝，总降雨量近600毫米。

1989年6月上、中旬，淮南3县连降暴雨，造成烂麦场。

1990年5月，全市雨涝，影响小麦灌浆成熟；当年7月18日、19日，全市普遍降雨200多毫米，受灾5万～7万人，农田受灾20万公顷。

1991年，春、夏连涝，当年入梅早、梅期长、雨量大、灾害重。盱眙县年降水1757毫米，且主要集中在3—9月。洪泽湖水位超警戒水位0.95米，洪泽县直接经济损失1.18亿元。全市转移安置灾民16万多人次，受灾农田2万公顷，绝收4.67万公顷。

1992年春，连阴雨，夏熟作物普遍受涝害。

1996年3月中下旬，低温连阴雨，局地麦苗发黄。

1997年10—11月，阴雨日多，影响越冬作物播种。

1999年10月中旬，连阴雨，影响秋收秋种，秋种推迟近半个月。

2000年，涟水县雨涝灾害，6—8月出现7场暴雨，因灾死亡2人。当年9月、10月多阴雨，影响秋收秋种。

2003年春，阴雨寡照，影响小麦生长，不少田块发生赤霉病。夏季梅雨期长32天，自6月21日入梅，7月22日出梅。梅雨量约500毫米，洪泽湖水位持续上涨，最高水位14.45米（7月15日），超警戒水位0.95米，洪泽县受灾人口17万多人，成灾人口8.5万人，转移安置人口1.6万人，经济损失3亿多元。

2005年7—8月，雨涝灾害重，出现6次暴雨。仅洪泽县万集、蒋坝2个乡镇就有受灾农田1200公顷，直接经济损失54万元。

2006年6—9月，境内出现5次暴雨过程。6月21日至7月21日，多次出现区域性暴雨。7月1、3、21日，全市出现区域性大暴雨，其中楚州区日降水量224.9毫米。暴雨造成城区积水，农田受涝，加重农作物病虫害发生。洪泽县受灾人口22.6万人，成灾人口近5万人，转移安置4483人；损坏房屋3804间，其中倒塌房屋59间，农作物受灾面积2.4万公顷，直接经济损失2亿多元。金湖县受灾人口12万人，因灾死亡1人，转移安置人口3560人，造成直接经济损失1.5亿元，其中农业直接经济损失1.4亿元。

2007年7月，全市有8个暴雨日，盱眙县有3天大暴雨日。7月1—9日，金湖县累计降水量432.2毫米，局部地区因暴雨出现涝情。洪泽县有6天暴雨日，受灾人口54621人，转移安置101人。

2008年6—8月，全市降水量549.4～805.9毫米，汛期出现大到暴雨以上过程4次，大暴雨过程2次，比常年多2～5成。全市受灾人口8.7万人，转移安置172人，农作物受灾面积14582公顷，成灾面积3749公顷，损坏房屋444间，倒塌房屋123间，农业经济损失1.4亿元，直接经济损失1.27亿元。

第二节 干旱

1978年，淮阴地区全年大旱，年降水量除涟水县753毫米，其余各县（市）520～570毫米，洪泽湖水位下降到10.27米。1979年，秋冬连旱，洪泽湖湖底裸露，从高良涧可步行至老子山，淮河断流217天。

1980年，冬旱严重，淮阴地区连续无雨雪48～52天。

1988年，全年干旱，淮河水污染严重，盱眙县人畜饮水极度困难，市政府及省政府、南京军区组织汽车运水给该县灾民饮用。

1989年9月、10月，持续少雨，秋旱严重。

1991年，秋旱接初冬旱，自9月27日起至12月下旬初，连续87天干旱少雨，其中10月滴雨未下，影响秋播。

1992年，出现枯梅雨年，初夏旱严重，6月9日淮河断流，洪泽湖水位每天以5厘米速度下降，7月6日洪泽湖周桥水位仅10.7米。

1994年，汛期不汛，干旱高温天气多，其中7月上旬连续10天在35℃以上，洪泽县最高达37.6℃（7月9日），盱眙县6月29日气温达38.2℃。洪泽湖水位降至10米以下，比死水位低1米多，洪泽湖2万余公顷水产养殖受灾。

1995年，初夏入梅迟，旱情严重，影响田中秧苗活棵。9月中旬至次年2月，秋冬连旱，影响越冬作物播种和苗期生长。洪泽县三麦缺苗近300公顷，有53公顷没有出苗。

1997年，全年偏旱，其中冬旱较重，12月至次年2月降水量较常年偏少5成，影响小麦等越冬作物生长。

1999年，全年偏旱，伏旱严重，多数县(市、区)7月雨量仅在50毫米左右，影响秋熟旱作物生长。

2001年，全年偏旱，洪泽湖处于死水位达101天之久，洪泽至泗洪、蒋坝至老子山断航。

2002年，夏旱接初秋旱，影响水稻灌溉，导致后期粒重下降。

2004年，大旱，涟水县全年降水量仅473.8毫米，为中华人民共和国成立后全市最少降水年，其余各县(区)降水量均少于630毫米。

2006年9月中旬至11月中旬，降水量比常年同期偏少6成，过程降雨量大多在10毫米以下，全市部分地区出现旱情，小麦、油菜等秋播作物播种、出苗及幼苗生长受到影响。

第三节 风灾 雹灾

1978年6月11日下午17时40分左右，洪泽湖上出现龙卷风，风力12级以上，并伴有冰雹，大者如鸡蛋，成河、临淮、半城、老子山遭受重灾。

1981年2月15日，寒潮大风，风力9级以上，持续20多个小时，风雪交加。洪泽湖区计死亡10人，受伤43人，经济损失93万多元。

1982年8月20日上午8时20分，雷雨大风袭击洪泽湖持续1个小时，沉船21只，落水69人，死亡8人，获救61人。

1984年6月4日，洪泽县部分地方遭冰雹大风雨灾。

1985年3月25日和4月3日，两次冷锋过境带来大风，洪泽湖上翻船22只；同年6月5日，雷雨大风，翻船5艘，死亡2人。

1986年7月27日晚20时44分，雷雨大风伴有冰雹，洪泽湖及其周边地区损失严重，洪泽县滨湖9个乡1个场圃734户房屋倒塌，50公顷鱼塘漫溢跑鱼，树木折断1.26万株，电线杆折断43根、高压线杆折断3根，伤3人，家禽损失5000余只；黄集乡80只大鸡笼被风刮走。同年8月10日，雷雨大风，风力9级以上，沉船23条。11月13日、14日，冷锋过境大风，响水县装尿素船7条和建湖县装麦种船2条在洪泽湖沉没，直接经济损失50余万元。

1988年6月20日，洪泽县岔河镇11个村遭大风袭击，东部及南部还有部分地区遭雹灾，损失较重。

1990年5月4日、10日、16日，洪泽县出现3次大风，尤其4日大风损失惨重，洪泽湖上沉船21条，死亡9人，失踪3人。10日、16日，大风造成大片即将成熟三麦倒伏而减产歉收。

1991年4月25日，冷锋过境大风，风力6～7级，阵风8级以上，造成洪泽湖上沉船16条，死6人，失踪1人。

1991年8月23日，雷雨大风，风力7级，洪泽湖沉船6条，拖回港9条，救落水者13人，经济损失近10万元。

1992年6月9日下午16时50分，涟水县朱码、浅集、河网、岔庙、红窑、灰墩、高沟等乡镇遭受大风冰雹灾害，雹块大者如鸡卵，小若黄豆，持续约2分钟，部分玉米、秧苗、棉花受灾。同年7月21日，涟水县小李集、牌坊、徐集、北集4个乡19个村遭受龙卷风、冰雹袭击，毁房250余间，成灾农田1000公顷。

1993年7月10日晨，冰雹大风灾害突发，涟水县自余圩、成集、梁岔向东偏南，经陈师、蒋庵、河网、浅集、时码、小李集，到北集、大东、黄营、东胡集、方渡等15个乡镇遭受袭击，阵风8级以上，局地达10级，伴有阵雨，雹大如鸡卵，整个大风暴雨历时30分钟，砸死耕牛8头，伤12头，砸伤3人，倒房2681间，损坏6000余间，玉米、棉花受灾面积2533公顷。

1994年5月10日晚18时56分至晚19时20分，过境大风袭击涟水县39个乡镇场圃，风力10级，全县2.5万多公顷小麦、1.3万多公顷油菜、4000公顷棉花、347公顷秧田、312个塑料大棚受损，近24万株树木被折断或连根拔起，刮倒或刮断电线杆488根（高压线杆73根），断线3000余处，毁坏配电变压器6台，全县31条供电线路中有29条无法供电，31个乡镇通信中断，倒塌房屋3266间，损坏18935间，死4人，伤11人，禽畜死伤无计，经济损失8200余万元。同年10月20日，冷锋过境西北大风，洪泽湖湖面风力7～8级，沉翻船7条，死亡2人。

1995年2月4日，寒潮大风，洪泽湖湖面风力8级，掀起2～3米高的巨浪，掀翻8条船，落水船员55人全被及时救起，拖回10多个船队，18条挂机船。同年11月7日，冷锋过境大风，风力9级，洪泽湖水面沉船1只。

1999年5月25日，洪泽县万集、仁和降冰雹，最大直径20毫米，持续40分钟，并伴有雷雨大风，风力8～9级，倒伏小麦面积433公顷。

2002年10月5日上午10时40分左右，淮阴区、楚州区及涟水县部分乡镇遭特大冰雹灾害，雹块大者如拳头，持续近20分钟，造成数万公顷成熟农作物（水稻等）严重减产，重灾区宋集、茭陵、苏嘴、钦工几乎绝收，直接经济损失近亿元。

2005年8月10日，洪泽县万集、仁和遭冰雹、大风、雷雨灾害，雹块大者如鸡卵，持续30分钟，直接经济损失384万元。

2006年5月27日中午12时左右，全市各县（区）（除涟水县）均出现8级以上大风天气，金湖县最大风力达18.8米/秒，大风倒伏小麦7453公顷。同年6月8日，盱眙县出现局部雷雨大风，刮断大树，房屋遭损坏，直接损失约336.1万元，间接损失500余万元。

2007年7月3日下午14时30分左右，清浦区盐河镇遭受龙卷风袭击，持续时间约10分钟左右。龙卷风最大风速达9～10级，受灾人数440户、1700余人，直接经济损失约900万元。同年7月30日下午2时45分，盱眙县明祖陵景区遭受龙卷风袭击，狂风横扫景区靠近洪泽湖一侧宽50米、长1000米的范围，造成987株树木损毁，部分房屋被倒塌的树木破坏，直接经济损失150万元。

2008年5月24日，楚州区范集镇遭受风雹袭击，受灾人口1.1万人，房屋倒塌24间、损坏29间，刮倒树木1985株，三麦受灾2733公顷，成灾面积569公顷，其他经济作物126公顷，苗圃苗木47公顷，白马湖农场苗木40公顷，直接经济损失1024万元，其中农业经济损失1011万元。同年6月3日19时50分左右，金湖县降冰雹3～4分钟，冰雹直径约8毫米，黎城、戴楼、金南、塔集、银集、涂沟、前锋、吕良、金北等镇受灾较严重。8月14日中午12时许，强风突袭楚州区溪河、车桥两个乡镇长达40多分钟，全区受灾人口3700人，农作物受灾287公顷，房屋倒塌15户40间，严重损坏160户320间，刮倒大小树木19500株、电线杆110根，死亡家禽3800只，损毁厂房1500平方米，伤1人，转移安置50人，直接经济损失1065万元，其中农业经济损失163.9万元。9月19—20日，金湖县出现雷雨大风天气，受灾面积4022公顷，受伤1人，成灾面积1206公顷，损害房屋193间，倒塌20间，直接经济损失2562万元。是年夏季，第7号热带气旋“海鸥”和第8号台风“凤凰”先后影响淮安市，造成全市大部分地区普遍出现7～8级大风，最大风力19米/秒，普降大到暴雨，局部大暴雨；金湖县受灾较重，水旱农作物受灾面积约2535公顷；涂沟镇高邮湖区损坏围网2733公顷，折断网桩60多万根，网100多吨，鱼蟹大量逃逸；在田作物受损严重，玉米受灾面积267公顷，大豆受灾面积133公顷，棉花受灾面积133公顷，旱作物受灾面积133公顷，倒伏树木1000余株，农业损失600万元，渔业损失5364万元；吕良镇水稻受灾面积1135公顷，水生蔬菜受灾面积33公顷，鱼塘受灾面积7公顷，倒伏树木8376株，倒塌房屋5户9间，损坏房屋2户3间，直接经济损失452万元；金南镇水稻受灾面积67公顷，鱼塘受淹面积364公顷，倒伏树木2000株，直接经济损失564万元。

第四节 严寒冻害

1979年1月13—20日，洪泽湖水面封冻8天，最低气温零下10℃。

1984年12月24—31日，洪泽湖封冻8天，最低气温接近零下10℃。

1987年4月1日，倒春寒，全市范围降雪。当年11月下旬末，强寒潮带来雨雪天气，24小时气温下降16℃，在田大白菜、三麦、油菜遭严重冻害。灾后，全市蔬菜价格贵如肉。

1990年1月31日，洪泽湖大部分封冻，最厚结冰20厘米，当年2月6日始解冻。湖面上近3000条船近7000人被困湖中，断粮断烧，鱼具毁坏严重，直接经济损失近百万元。

1991年12月23日，强寒潮过境，伴有暴雪，积雪深度近20厘米，洪泽湖12月28日开始封冻，至次年1月15日解冻。

1993年1月下旬，严寒低温伴有大雪，给越冬作物、蔬菜造成严重冻害。

1994年3月26日、27日，强冷空气南下，出现严重晚霜冻，给夏熟作物造成不同程度冻害。

2002年12月下旬至次年1月4日，持续低温严寒，洪泽湖水面封冻，部分航道断航，洪泽县地方海事处巡逻艇破冰勉强通航，1月14日解冻复航。

2004年12月底至次年1月7日，受严寒影响，洪泽湖全湖封冻，90余条船700余人被困湖中。

2008年1月中、下旬，出现长时间低温雨雪冰冻，全市受灾人口330人，倒塌民房53户121间，损坏房屋135间，受一级冻害小麦面积3300公顷、油菜面积1200公顷，受冻大棚蔬菜面积13公顷，压塌蔬菜大棚面积0.2公顷，旅客客运长途停开113班次，班车停运600班次，滞留旅客5000余人，直接经济损失130.5万元。

·淮安市志·（1978—2008）

第二卷 国土资源

1978年后，随着经济发展，淮阴地区城乡建设、居民建房、乡镇工业迅速发展，耕地不断被挤占，土地开发与管理工作也随之日益加强。里下河地区、洪泽湖周边土地开发逐步加快。1982年，《淮阴地区规划区内宅基地管理的暂行规定》出台，对城镇居民建房用地实行审批。1985年，淮阴市制定《淮阴市城市总体规划》，出台《淮阴市国家建设征用土地条例实施细则》，对征用土地明确补偿费标准。1987年，淮阴市土地管理局（二级局）成立，土地管理逐步走上法制化轨道。1988年，全市开始城镇国有土地申报登记。1990年，出台《淮阴市土地复垦办法》，实行"谁复垦、谁收益"政策，对土地复垦给予政策鼓励与扶持。1991年，全市开展农村集体土地建设用地使用权登记发证工作，地籍管理逐步走向系统、规范。

1993年，淮阴市开始编制土地利用总体规划，开展基本农田划定，对各类土地使用进行规划管理。是年，市政府对土地使用权拍卖作出规定，并在淮海影剧院举办第一次小型商业企业拍卖活动。1996年，出台《关于加强建设用地管理的若干规定》，建立健全建设用地管理制度，土地补偿费标准再次提高。开展窑业专项治理和非农建设用地清查，对违法用地依法查处。同年，市土地管理局更名为市国土管理局。1997年，全市开始实施以耕地总量动态平衡为目标的土地占补制度。1998年，市政府发布通告，明确市区商业用地、住宅用地、工业用地以及各县（市）的基准地价。

1999年，全市实行统一征地，先后设立征地事务所、土地交易中心（交易所），严格建设项目的规划审查，扭转土地市场乱象。是年起，对国家建设用地征收补偿费，对农村居民、城镇居民建房用地冻结审批，符合建房条件的农户，要在统一规划的居民新村或居民点选址。全市各级国土部门开始建立复垦项目库，向上争取复垦资金，加快土地整理和复垦步伐。

2000年起，全市土地使用权拍卖工作由乡镇向市、县城区推进。2001年，首次以招标形式出让大宗国有土地使用权。《淮安市矿产资源开发利用与保护规划》出台，设立限采、禁采区域，矿山开发与保护工作得到加强；对土地批租情况开展专项清理，减免土地出让金，出让金脱离财政监管体外循环现象得到遏制。是年，市国土资源局成立。2007年，全市耕地保护责任和土地利用的有关约束性指标纳入市、县（区）、乡（镇）三级政府目标考核，全市基本农田"争先达标"工作通过省验收。2008年，全市基本农田保护面积42.12万公顷，保护率85.97%。

第一章　土地利用规划

第一节　总体规划

1993年，淮阴市开始编制土地利用总体规划，规划目标年为2000年，展望年为2010年。1996年10月，规划编制完成，主要内容包括：1997—2010年，建设用地面积总量2.2万公顷，耕地面积减少1.02万公顷，补充耕地面积1.1万公顷，净增耕地面积0.08万公顷，2010年10月31日耕地面积总量49.57万公顷。

1997—2008年淮安市各类用地面积规划一览表

表2-1　　单位：公顷

区域＼类别		总计	耕地	园地	林地	牧草地	居民点及工矿用地	交通用地	水域	未利用土地
合计	现状	1002909.20	494832.10	24419.93	27710.10	14271.7	106344.63	21009.70	304659.43	9661.61
	规划	1002909.20	495667.98	29418.12	50036.07	10565.2	82719.31	23491.27	305592.27	5418.98
盱眙县	现状	245969.51	113583.17	4289.13	17815.49	14271.7	22943.80	6212.77	63241.08	3612.37
	规划	245969.51	114783.22	5246.36	29913.23	10565.2	12905.30	6504.10	63773.10	2279.00
楚州区	现状	155150.85	95217.90	1115.55	707.93	—	18868.75	1556.00	36197.93	1486.79
	规划	155150.85	95551.20	2555.45	1973.49	—	14173.80	2886.33	37350.10	660.48
洪泽县	现状	129168.89	36687.68	3432.07	1897.18	—	8587.36	2668.31	74252.22	1644.07
	规划	129168.89	36874.38	3809.62	2014.50	—	7770.10	2735.10	74552.79	1412.40
涟水县	现状	167747.18	104956.64	4275.67	1769.77	—	20608.07	3209.59	32342.81	584.63
	规划	167747.18	105282.64	5250.88	8355.71	—	14096.84	3103.77	31517.01	140.33
淮阴区	现状	130999.07	75996.36	6207.64	1461.81	—	18092.99	2705.57	25719.81	814.89
	规划	130999.07	76249.76	7228.61	2597.50	—	15765.50	3332.80	25563.40	261.50
金湖县	现状	139386.45	49951.95	4802.47	3643.73	—	10039.76	3701.12	65976.76	1270.66
	规划	139386.45	50437.05	4987.20	4501.30	—	8902.70	4034.50	65995.40	528.30
市区（清河区、清浦区）	现状	34487.25	18438.40	297.40	414.19	—	7203.90	956.34	6928.82	248.20
	规划	34487.25	16489.73	340.00	680.34	—	9105.07	894.67	6840.47	136.97

1997年10月，全市开展以耕地总量动态平衡为目标，以2010年为目标年的市、县、乡三级土地利用总体规划修编工作。是年年底，市、县、乡三级规划全面完成。通过上级评审，全市划定农用地面积59.93万公顷（基本农田面积45.22万公顷），建设用地面积9.9万公顷，其他用地面积30.47万公顷，规划通过土地整理和开发复垦补充耕地1.18万公顷。

2005年，淮安市启动新一轮土地利用总体规划修编工作。新规划中，全市新增建设用地面积1.86万公顷，基本农田面积减少3.07万公顷。

第二节　专项规划

一、淮阴市黄淮海平原土地利用总体规划

1988年4月，根据国家对黄淮海平原开发计划要求，淮阴市编制《淮阴市黄淮海平原土地利用总体规划》。淮阴市黄淮海平原区包括淮阴、涟水、灌南、沭阳、泗阳、宿迁、泗洪、淮安、清河、清浦10个县（市、区），共223个乡、19个镇、63个场，土地总面积147.49万公顷，耕地面积80.46万公顷，分别占全市的75.28%、78.89%。规划分为农业生产用地规划和建设用地规划两部分，后因内容不完整和数据精度等问题，未能完全实施，1996年被《淮阴市土地利用总体规划》代替。

二、城市规划

1985年，淮阴市制定《淮阴市城市总体规划》，城市建设用地规划为：1990年城市用地面积25.7平方公里，人均102.8平方米；2000年城市用地面积34.28平方公里，人均97.9平方米。土地利用区分为工业区、生活居住区、文教区、行政区、商业区、仓储区。

1995年，新一轮《淮阴市城市总体规划》对城市建设用地进行调整，近期为1995—2000年，远期为2001—2010年，远景展望至21世纪中叶。城市规划范围总面积502平方公里。2000年城市用地面积51平方公里，人均102平方米；2010年城市用地面积75平方公里，人均100平方米；远景展望期城市用地面积150平方公里，人均用地101平方米。土地利用区分为清河片区、清浦片区、城东片区、城南片区、王营片区。

三、乡镇村规划

1979年，淮阴地区各地先后成立农房管理办公室，开始着手编制农房建设规划。1981年，境内村镇建设规划编制工作全面展开。1989年，全市实行城乡土地统一管理后，村镇建设用地规划工作得到加强。1990年年底，全市编制乡镇域规划163个，建制镇和乡集镇总体规划及行政村建设规划全部完成。

1996年，重新编制乡镇域建设用地规划，至1997年结束。2002年11月，市国土资源局组织对全市133个乡镇（场圃、办事处）土地利用总体规划进行调整和完善，增加整理和置换用地指标1万公顷。2003年，淮安市乡镇土地利用总体规划全面通过省国土资源厅验收。

四、矿产资源总体规划

2001年，淮安市编制完成《淮安市矿产资源开发利用与保护规划（2001—2010）》，规划分2001—2005年和2006—2010年2个时段，提出“三个优先、一个保持”的矿业发展战略，即优

先发展以芒硝、岩盐开发为重点的盐硝化工工业，以凹凸棒石黏土为主的特种黏土工业和以玄武岩、石灰岩开发为主的建材工业；保持石油勘查与开发力度，维持石化工业的稳定与持续发展。根据淮安市矿产资源的特征、地域分布、开发现状，结合市场需求和经济评价结果等，综合提出优先开发的重点矿种为：芒硝、岩盐、凹凸棒石黏土和玄武岩。通过科学规划、合理开采，最大限度地发挥资源优势，建成具有地方特色的矿业基地，生产具有一定影响的矿产品，将资源优势转换为经济优势，使矿业成为淮安市经济发展的重要支柱产业。规划在全市划定四大矿业基地，分别为：盐硝化工基地，主要包括岩盐开采加工基地、芒硝开采加工基地；凹凸棒石黏土开采加工基地；建材工业基地，主要包括玄武岩开采加工基地、水泥用灰岩开采加工基地；石油勘查开发基地。同时，根据全市露天采矿多集中于盱眙县境内的特点，着重对沿淮河风光带、自然保护区、建城区、军事禁区、地质遗迹点以及观光农业示范区等作出限采、禁采划定，全市设立16个限采、禁采区，其中限采区6个、禁采区10个。

2003年7月起，市国土资源局组织编制《淮安市矿产资源总体规划》，至2004年10月编制完成，并通过省国土资源厅评审验收。淮安市是江苏省矿产资源较为丰富的市之一，非金属矿产在全省乃至全国占有重要的地位。至2003年年底，探明岩盐矿石储量68亿吨（远景储量3000亿吨），无水芒硝矿石储量43亿吨，凹凸棒石黏土储量0.59亿吨。在矿产资源开发过程中，存在资源浪费严重和消耗过快、环境破坏严重、水体受到一定程度污染等问题。《淮安市矿产资源总体规划》结合淮安市生态市建设规划，确立生态矿业的理念和保护重于开发的思想。对岩盐、芒硝、凹土等资源，针对不同情况，提出保护、开发、治理措施；对砖瓦窑业的调整进行科学规划。2008年，《淮安市矿产资源总体规划》在全省首家通过省国土资源厅审查论证。

第二章　土地调查登记

第一节　土地调查

1980年，由淮阴地区农业区划委员会负责，农业区划办公室具体实施，与第二次全国土壤普查工作同步开展土地利用现状调查。1984年9月，调查工作完成，全市农业用地总面积50.66万公顷，非农业用地总面积17.23万公顷。

1984年淮阴市农业用地利用情况概查统计表

表2-2　　单位：公顷

县（区）	农业用地总面积	其中		
		耕地	林园地	牧地
合计	506586.67	465700.00	37840.00	3046.67

续表 2-2

县(区)	农业用地总面积	其中		
		耕地	林园地	牧地
清河区	2240.00	2093.33	126.67	20.00
清浦区	16586.66	16173.33	373.33	40.00
淮阴县	78540.00	74826.67	3713.33	—
涟水县	105753.34	96806.67	8946.67	—
淮安县	91920.00	90086.67	1833.33	—
洪泽县	52833.33	49113.33	3720.00	—
盱眙县	105526.67	85240.00	17300.00	2986.67
金湖县	53186.67	51360.00	1826.67	10.00

1984年淮阴市非农业用地利用情况概查统计表

表 2-3　　　　单位:公顷

县(区)	非农业用地总面积	其中				
		居住地	工矿用地	交通用地	特殊用地	未利用地
合计	172320.00	66906.67	7866.67	57613.33	740.00	39193.33
清河区	1799.99	953.33	593.33	93.33	26.67	133.33
清浦区	4853.33	1606.67	993.33	1653.33	—	600.00
淮阴县	17880.00	8140.00	366.67	8553.33	—	820.00
涟水县	42900.01	11940.00	926.67	23966.67	60.00	6006.67
淮安县	27026.67	12726.67	3286.67	8360.00	100.00	2553.33
洪泽县	13020.00	6800.00	740.00	4126.67	0.00	1353.33
盱眙县	47573.33	17533.33	406.67	4633.33	553.33	24446.67
金湖县	17266.67	7206.67	553.33	6226.67	—	3280.00

1988年,开始进行土地利用现状详查,包括县级土地详查和市级汇总,详查范围北纬32°43′～34°27′,东经117°56′～110°48′。详查方式按照国家《土地利用现状调查技术规程》和江苏省《土地利用现状调查补充规定》的要求,在平原地区应用万分之一像片平面图进行全野外地类调绘和土地权属调查;在山区采用航片,结合地形图进行调绘转绘和土地权属调查。通过详查,形成淮阴市1:25万标准分幅土地利用现状图、淮阴市1:20万土地利用现状图彩色挂图和土地利用现状图的9种派生图件,分别是《淮阴市土地资源附图》《淮阴市在江苏省的地理位置图》《淮阴市政区图》《淮阴市地政图》《淮阴市土壤图》《淮阴市水系图》《淮阴市交通图》《淮阴市土地利用现状图》《淮阴市耕地分布图》。

1991年,淮阴市在清河区城北乡青年新村进行市区地籍调查试点。1993年,在土地利用现状详查基础上,选定金湖县黎城镇进行县城镇地籍调查试点。农村地籍调查主要是利用土地利用现状详查的成果，结合土地权属界线调查而进行。在土地登记中坐标、图号、地号等暂时无法标注，只能达到"权属合法无争议、面积基本准确"的过渡性要求，并以此暂作土地登记发证的依据，规范性的农村地籍调查没有正式开展。

1994年，土地利用现状详查完成，查清淮阴市辖区面积100.29万公顷，其中耕地面积50.09万公顷、园地面积2.27万公顷、林地面积2.67万公顷、牧草地面积1.42万公顷、居民点及工矿用地面积10.55万公顷、交通用地面积2.01万公顷、水域用地面积30.27万公顷、未利用土地面积1.01万公顷。

1994年淮阴市土地利用情况详查一级分类面积汇总表

表2-4　　单位：公顷

土地类型 县（区）	辖区面积	耕地	园地	林地	牧草地	居民点及工矿用地	交通用地	水域	未利用土地
合计	1002909.20	500882.89	22719.67	26712.41	14180.53	105521.69	20084.40	302742.82	10064.79
清河区	4997.58	1758.98	119.39	77.90	—	2088.15	155.71	671.04	126.41
清浦区	29489.67	16811.55	174.30	336.29	—	5016.34	750.05	6266.97	134.17
淮阴县	130999.07	74016.23	8388.21	1445.91	—	17991.92	2546.82	25785.28	824.70
涟水县	167747.18	105415.50	3899.14	1743.32	—	20608.85	3133.11	32239.65	707.61
洪泽县	129168.89	39441.12	1867.68	1895.90	—	8561.75	2607.97	73085.78	1708.69
盱眙县	245969.51	114271.35	3526.88	17865.13	14180.53	22811.62	6017.92	63417.69	3878.39
金湖县	139386.45	53435.51	3761.81	2658.91	—	9729.79	3487.21	65079.73	1233.49
县级淮安市	155150.85	95732.65	982.26	689.05	—	18713.27	1385.61	36196.68	1451.33

1996年5月，市土地管理局在涟水县蒋庵乡进行土地利用现状变更调查试点，完成全乡20个行政村2970个地类图斑、2万多个线状地物数据的分类汇总工作，建立土地统计台账。2003年，针对全市遭遇洪涝灾害毁地严重的情况，市国土资源局及时组织调查，对洪灾毁坏的2666.7公顷农田进行变更，为全市土地后备资源的增加做好准备。2004年，在全市开展存量土地调查摸底工作，统计出全市存量土地面积近1333.33公顷。将可以利用的存量土地数量和分布情况登记造册，引导招商引资项目根据实际需要选择用地。金湖县、楚州区、淮阴区等地加大盘活存量建设用地的力度，涌现出一批"腾笼换鸟"的典型。帮助江苏金象减速机有限公司等27家重点改制企业依法处置国有土地资产，帮助显化土地资产2.5亿元。通过土地储备，收购市煤球厂等8家企业13宗土地，直接向企业注入资金2.01亿元。

2007年，对全市存量建设用地开展专项调查，建立存量建设用地电子图件和台账，并主动引导新上项目优先使用存量和闲置土地，通过征收土地闲置费、限期开发、无偿收回、督促企业按期开工和追加投资等形式盘活利用存量土地。全年盘活利用存量建设用地面积373.33公顷，其中盱眙县盘活利用280公顷，有效缓解土地供需矛盾。2008年，市国土资源局开始第二次土地调查，全市城镇土地调查完成297.2平方公里，占调查总量的53.74%，农村土地外业调查全部完成。

第二节 土地登记

1978年后，农村开始实行家庭联产承包责任制，土地测量和使用权受到重视，淮阴地区各地农村对土地进行大规模清丈和登记。至1983年，全市有23317个生产队全部落实家庭联产承包责任制，清丈登记集体农用地面积39.6万公顷。其时，土地登记处于初始状态，程序和内容尚未完全规范。

1988年11月起，淮阴市开始城镇国有土地申报登记，由土地权利人填写土地登记申请，将其所有的土地情况向土地管理部门报告，条件具备后再进行地籍调查和登记发证；登记内容主要包括土地使用者姓名、土地坐落、面积、用途、权属、权源等。至1989年年末结束。

1989年淮阴市国有土地使用权申报登记汇总表

表2-5 单位：万平方米

县（市、区）	完成申报登记面积	其中			
		城镇	国营场圃	独立工矿	农村乡镇
合计	7559.94	3781.44	917.23	1749.45	1111.82
清河区	1378.99	1376.72	2.27	—	—
清浦区	674.52	346.24	—	—	328.28
淮阴县	455.72	245.74	6.31	84.17	119.50
涟水县	577.51	425.63	87.57	64.31	—
县级淮安市	826.28	475.54	157.74	1.63	191.37
洪泽县	1185.06	298.32	9.74	676.05	200.95
盱眙县	1064.88	190.79	34.39	839.70	—
金湖县	1396.98	422.46	619.21	83.59	271.72

1989年淮阴市城镇国有土地使用权申报登记情况表

表2-6 单位：万平方米

县（市、区）	应申报户数（户）	其中		完成申报户数（户）	其中		申报宗地总数（宗）	申报总面积（万平方米）
		单位	居民		单位	居民		
合计	40585	3670	36915	38844	3408	35436	9679	3781.44
清河区	5430	630	4800	5221	613	4608	854	1376.72
清浦区	4632	417	4215	4248	314	3934	1102	346.24
淮阴县	2734	269	2465	2643	232	2411	818	245.74
涟水县	3081	460	2621	3020	440	2580	778	425.63
县级淮安市	16086	766	15320	15294	728	14566	1998	475.54
洪泽县	3357	602	2755	3308	589	2719	3012	298.32

续表2-6

县（市、区）	应申报户数（户）	其中		完成申报户数（户）	其中		申报宗地总数（宗）	申报总面积（万平方米）
		单位	居民		单位	居民		
盱眙县	3856	235	3621	3739	225	3514	352	190.79
金湖县	1409	291	1118	1371	267	1104	765	422.46

1991年，全市开展农村集体土地建设用地使用权登记发证工作。1994年，完成197.96万宗农村集体土地建设用地的权属调查，发证187.17万本。各县（市）建立集体土地建设用地数据库，初步形成图、表、册较为系统、完整的初始地籍档案。是年，开展全市城镇国有土地使用权权属调查登记，完成67.5平方公里、44722宗地的权属调查，发放《国有土地使用权权属证明书》26171份。1998年起，地籍管理逐步由基础建设走向日常管理。

2000年，市国土资源局制定印发《淮阴市城镇日常地籍管理办法》，加强日常地籍管理。全市开始农村集体土地所有权调查与登记发证，发证率87.2%；开展房改房土地登记发证工作，发证率87.1%；初步建立城镇地籍管理信息系统，金湖县农村地籍信息系统试点通过省级验收。至2001年，全市城镇国有土地初始登记累计发证52774本，发证率87.2%，商品房发证率超过95%，房改房发证率超过90%。数字化地籍管理信息系统实现市区、金湖县、盱眙县联网。

2002年，全市颁发集体土地使用证2163宗，发证覆盖面86.78%；国有土地使用证8939宗，发证覆盖面85.78%。2003年，针对市区居民建房用地在登记发证过程中遇到的违法用地等历史遗留问题，市国土资源局专门开展调查，并经市政府批准，对市区居民在1990年之前违法用地和非法买卖宅基地问题予以罚款补办手续。是年，全市发放国有土地使用权证1.4万本，发证率96.6%；发放集体土地使用权证2342本，发证率87.2%。2004年，对土地登记发证等业务实行一站式服务，一条龙办理。市审批中心国土窗口全年收件近2万件，全部做到受理规范、转办及时。2008年，全市颁发各类土地证书30772宗（件）。

第三章　建设用地管理

第一节　国家建设用地

20世纪80年代初，淮阴市对国家建设用地征用规定：一个项目的所需用地，应根据总体设计一次报批，不得划整为零；分期建设的项目，应分期征地，不得早征迟用；已征2年而不使用的土地，包括多征少用而剩余的土地，除经原批准机关同意延期使用的土地外，政府有权收回统一安排。1988年，全市开始实行建设用地计划管理，制订年度国家建设用地计划，根据计划指标审批办理征用划拨手续。1994年，全市审批国家建设用地289项377公顷。

1996年，市土地管理局印发《关于加强建设用地管理的若干规定》，对建设用地的审批政策、审批程序、审批材料作出明确规定，建立健全对所有建设项目的现场踏勘制度。各地通过现场踏勘，核查建设项目是否符合土地利用总体规划，是否占用基本农田，实际占用土地类型数量、权属、利用现状等有关情况，核减因占用基本农田而调整位置、不合理用地需求的建设项目。剔除区划调整划出的5个县（市），全市累计审批建设用地面积178公顷（耕地111公顷），其中市以上审批128项，用地面积92公顷（耕地62公顷）。市国土局参与华能淮阴电厂二期工程、淮安船闸和淮江高速公路以及50万千伏变电所工程等省、市重点项目论证和评审工作，提出合理用地意见。

1997年，全市各级国土部门在用地审批中严格执行现场踏勘制度，坚决执行冻结一般非农建设项目占用耕地审批的政策规定，对用地单位申报使用非耕地的非农建设项目，坚持深入现场查勘，防止弄虚作假骗取批准，同时盘活企业存量土地，保证冻结条件下经济建设的用地需求。市国土局对合资企业，淮阴师专、淮阴工专和市第二实验小学等教育单位，市委、市政府重点盘大的4家重点乡镇企业，承德路动迁安置等市政基础设施工程，国贸大厦等旧城改造工程及时办理撤组转户和其他用地审批手续。贯彻落实《淮阴市企业改制方案》，推动企业改制工作有序开展，向市改制办报送《改制企业土地资产处置办法》。全市审批国家建设项目227宗，用地120公顷（耕地57公顷）。1998年，全市新批（报批）建设用地1482公顷（耕地1231公顷），其中市以上审批1387公顷（耕地1198公顷），所批耕地项目均为国家重点工程和安居工程，既保证冻结政策落实到位，又保证全市重点建设项目用地需要。

1999年，市政府印发《关于按新〈土地管理法〉要求实行统一征地的通知》，市国土局和部分县国土局成立征地事务所，严格按照法定程序开展统一征地工作。市、县（市、区）两级国土局及时举办培训班，规划、用地等部门人员熟练掌握用地报批程序和要求。根据用途管制要求，各级国土部门严格建设项目的规划审查，对涉及农用地和耕地的，编制农地转用方案和补充耕地方案，保证项目用地顺利审批。是年，全市依法实行统一征地22批次和4个单独选址项目，征地面积140.71公顷，其中耕地105公顷。

2000年，市土地交易大厅建成运行，除清河区、清浦区外的6个县（市）均成立土地交易中心或交易所，市区和涟水县开展土地隐形市场清理整顿，土地市场混乱现象得到扭转。对省、市重点项目用地提供保障，依法统一供地，确保建设项目用地需求。全年统一征地47批次（市区9批次）、242.51公顷（市区44公顷）。2003年，全市上报省120批次，建设用地总面积1983.4公顷，其中农用地转用1605.3公顷、耕地1487.3公顷。同时，向省争取指标，将省下达淮安市的农用地转用指标由400公顷追加到1600公顷。

2004年，全市规范建设用地预审，市国土资源局对40个用地项目进行预审，核减用地规模6.67公顷，有1个项目因不符合土地利用总体规划而重新选址。在农用地转用冻结前，完成宿淮、宁淮、淮盐3条高速公路计1447.9公顷土地的征地材料报省工作。在农用地转用暂停审批期间，梳理全市重点急需建设项目38个，总用地632.21公顷，上报国务院审批。做好淮河流域灾后重建用地报批，争取到报批规费和征地补偿方面的优惠政策。全市上报省审批农用地转用、征用966.67公顷。

2006年，在省下达国家农用地转用计划仅有373公顷的情况下，全市批回各类建设用地面积1927公顷，基本满足经济和社会事业发展合理的用地需求。全面完成土地利用总体规划修编前期工作，完成24个批次的土地利用总体规划局部调整，调整建设用地规划指标2273公顷。加强对用地的全程管理，在预审、报批、供地等多个环节严格把关。出台《淮安市建设项目用地预审办理程序》等4个规范性文件，对新上工业项目用地做到立项、投资强度、注册资金和环评“四到位”。鼓励引导标准厂房建设，淮阴区、楚州区等地建设标准厂房23万平方米。加强建设用地批后监管，实行建设用地批准书和土地使用证分期发放，投资强度规定得到较好落实。盘活存量土地。开展全市存量建设用地调查，各县（区）均建立存量建设用地电子图件，注明存量建设用地的位置、面积和现状。引导新上项目优先使用存量土地，全年盘活利用存量土地315公顷。市经济开发区、涟水县、金湖县等地对闲置土地分别采取限期开发、依法收回和置换等措施，加大处置力度。2007年，全市提供各类建设项目用地4118.93公顷，争取挂钩周转指标349.93公顷。

2008年，全市水利建设用地总面积1.73万公顷，其中水库用地0.63万公顷、水工建筑用地1.1万公顷；交通建设用地总面积7553公顷，其中铁路用地247公顷、公路用地7253公顷、港口码头用地40公顷、管道运输用地13公顷。

第二节　集体建设用地

1978年，淮阴地区对农村集体公益事业建设用地，比照国家建设用地进行管理。社队道路、农田水利等公共事业建设用地，一般由公社（镇）及大队自行规划，自行设计、使用自己的农业用地。社队企业用地，一般都未办征用手续。1987年起，全市对集体建设用地作出规定，乡镇、村、组办企业需要使用土地的，均要办理申请报批手续，任何单位均不得越权审批或未批先用。对砖瓦厂取土用地，规定每2年核定一次，发给取土执照，未经批准，不许乱取土。

1988年起，对乡镇、村集体建设用地实行计划管理，乡镇、村企业建设用地项目必须由县级以上业务主管部门批准。新建砖瓦窑厂由县级以上业务主管部门提出用地计划，经县土地管理局平衡，报县政府批准后再办理用地报批手续；无荒山、坡地、废地等土源保证的地方不得新建砖瓦窑厂；禁止砖瓦窑厂占用耕地，挖田取土。1994年，全市审批集体建设用地176项31公顷。1997年，冻结一般非农建设项目占用耕地审批，全市审批集体建设项目73宗，用地20公顷（其中耕地7公顷）。

1999年，全市各级国土部门严格建设项目的规划审查，清浦区、县级淮安市以中心村建设为突破口，制定村庄改造、盘活村庄存量建设用地的具体方案。当年县级淮安市在淮河入海水道征地拆迁过程中，建成初具规模的中心村6个，节约耕地面积7公顷。

2007年，全市完成8个县（区）108个乡镇的规划局部调整，调整建设用地规划指标1613.33公顷。市国土资源管理局在淮阴区、涟水县、楚州区、清浦区、洪泽县、金湖县、盱眙县7个县（区）开展城乡建设用地增减挂钩试点工作，试点项目区总面积2920公顷，其中拆旧区面积2093.33公顷。

第三节　农民建房用地

1978年，淮阴地区农民建房由本人申请，符合条件的由所在地生产队从集体土地中划给宅基地即可建房，标准一般为333.33平方米以及宅基地周围300平方米左右的自留地、饲料地等。

1980年后，随着农村实行家庭联产承包责任制，农民收入增加，农村开始出现建房热，乱占耕地建房现象较为普遍。1983年起，市土地管理部门对农村建房用地标准作出一定限制，规定人均耕地1333.34平方米以上的乡镇，每户宅基地不得超过200平方米；人均耕地1333.34平方米以下的乡镇，每户宅基地不得超过133.33平方米。

1989年，对农村居民建房用地实行计划指标控制，新批宅基地每户133.33～200平方米，宽度不得超过13.3米。在原宅基上翻建房屋，必须申请确认宅基地使用权。原宅基超过规定标准的，超过部分应退还集体，退还有困难的，可确认为临时用地，不得在上面修建永久性建筑物。1994年起，不符合用地条件的农户，不得办理翻建房屋用地批准手续，无宅基地使用证书的应补办，超标准使用土地的，超标部分应当退出。退出确有困难的作临时用地处理。是年，全市审批农民建房5673户，用地91公顷。

1995年，《淮阴市农民宅基地审批管理暂行规定》出台，明确规定申请宅基地的条件、宅基地用地标准和审批程序，农民宅基地管理走向规范化。1997年，全市审批农民建房1450户，用地面积21.6公顷（其中耕地面积11公顷）。

1999年起，全市基本冻结农村零星宅基地及住房建设批准手续，不再审批农民宅基地，农民新建住房必须到规划的中心村或乡镇所在集镇或县城区购买商品房。2008年，全市农村居民点用地9.17万公顷。

第四节　征地补偿与安置

20世纪80年代后，随着经济发展，淮阴市建设用地不断增加，土地补偿标准也不断提高并规范。1985年《淮阴市国家建设征用土地条例实施细则》和1986年《关于淮阴市国家建设征用土地条例实施细则的补充规定》先后公布实施，根据土地类别明确征用土地补偿费标准。补偿费标准最高的是菜地，每公顷按平均年产值5倍补偿（7.2万～9万元）；粮田补偿费标准一般每公顷1.5万～2.25万元；沟、塘地补偿费标准最少，一般每公顷0.3万元。1990年9月，粮田补偿标准提高到每公顷3.6万～4.95万元，沟、塘地补偿费标准提高到每公顷0.36万～0.45万元。

1996年8月，市政府对土地补偿费标准再次作出调整，菜地补偿费每公顷18万～21.6万元，粮田补偿费标准分别为水田每公顷10.8万～14.4万元、旱田每公顷8.1万～10.8万元，最少的苇塘水沟每公顷提高到1.13万～1.58万元。

2006年，青苗补偿费标准调整为蔬菜类市区每公顷1.5万元，各县（区）每公顷1.2万元；粮食作物补偿费标准为市区每公顷1.35万元，各县（区）每公顷1.05万元；经济作物补偿费标准为市区每公顷1.35万元，各县（区）每公顷1.05万元；水生作物和鱼池补偿费标准为市区每公顷1.2万元，各县（区）每公顷0.9万元。

2006年淮安市土地附属物补偿费标准一览表

表2-7

名称	规格	单位	补偿费标准
沼气池	直径3米以下	元/个	1000
	直径3米以上	元/个	1400

续表2-7

名称	规格	单位	补偿费标准
炉灶	砖砌、单眼	元/个	120
	砖砌、双眼	元/个	180
	砖砌、三眼	元/个	220
水井	手压井	元/眼	150
	砖砌	元/个	900
	水泥管直径40厘米以下 水泥管直径40厘米以上	元/米	30 50
猪牛羊舍	砖砌	元/平方米	40
	土墙	元/平方米	8
	简易	元/平方米	5
粪坑	缸式	元/个	40
	砖砌	元/平方米	30
院墙	土壁	元/平方米	8
	乱砖	元/平方米	15
	整砖	元/平方米	30
厕所	砖砌、有顶盖	元/平方米	50
	砖砌、无顶盖	元/平方米	30
	简易	元/平方米	15
打谷场	水泥地面	元/平方米	30
迁坟	单棺	元	240
	双棺	元	300
	拾骨	元	120
蔬菜大棚	竹木骨架、塑料薄膜	元/平方米	4
	钢架、塑料薄膜	元/平方米	7
花卉、果树大棚	钢架结构	元/平方米	14
水泥涵管	直径30厘米以下	元/米	10
	直径30～60厘米以下	元/米	20
	直径60厘米以上	元/米	40

说明：1.电力、广播、通信杆线、有线电视及相关设施，按有关部门规定执行；
2.水产养殖、特种养殖设施能迁移的，给付迁移费，不能迁移的，按实际情况给予合理补偿；
3.自建道路、电灌站、排涝站及其他农田水利设施，根据实际情况给予合理补偿

2006年淮安市被征地农民基本生活保障标准一览表

表2-8

地区	年龄段	保障标准(元/月)	
		养老金	生活补助费
市区	第二年龄段(女16～45周岁,男16～50周岁)	—	120
	第三年龄段(女45～55周岁,男50～60周岁)	—	100
	第四年龄段(女55周岁以上,男60周岁以上)	140	—
县(区)	第二年龄段(女16～45周岁,男16～50周岁)	—	100
	第三年龄段(女45～55周岁,男50～60周岁)	—	80
	第四年龄段(女55周岁以上,男60周岁以上)	120	—

2007年,依法办理撤组转户,对部分县(区)城郊接合部人均耕地面积67平方米以下的村民小组,依法提请市政府予以撤组转户。全年将2114.67公顷集体土地依法转为国有土地。

2008年,市国土局严格执行预存征地补偿款制度,凡征用市区、县城、乡镇规划区范围内农民集体所有土地的,全部实行征地、补偿、保障"三同步"办理,各年龄段保障标准分别比2007年度提高20%～50%不等。全市被征地农民应参保人数12573人,淮安经济开发区、盱眙县、洪泽县、金湖县等县(区)参加社会保障安置2569人,占应参保人数的20%。其中,领取养老保险金的368人,领取金额73.9万元;领取生活补助费2201人,领取金额274.88万元。

第四章　土地市场

第一节　土地等级

一、农用土地分等定级

1979年,淮阴地区开始进行第二次土壤普查,对农用土地进行等级评定。以肥力、环境、条件、作物产量水平为测评因素,以农田基本建设、有机质、耕层质地、障碍层次、耕层厚度、盐分情况、酸碱度为评级项目,根据各项目对土壤肥力和作物产量的影响程度确定评级指数,最后将各单项指数累计,确定等级。1985年,土壤普查结束,全市土壤分为5个等级,一级、二级土壤分别属优等田、上等田,肥力最高,高产稳产;三级、四级土壤分别属中等田、下等田;五级土壤属低产田。

1986年淮阴市土壤评级情况一览表

表2-9 单位：公顷

县（区） \ 级别 / 指标	全国级别	一级		二级		三级
	江苏级别	一级	二级	三级	四级	五级
	产量批标	＞600公斤	＞550公斤	＞500公斤	＞450公斤	＞400公斤
	命名	优等田	上等田	中等田	下等田	低等田
清河区	2092.73	72.07	224.73	429.80	1196.46	169.67
清浦区	16172.40	308.73	2776.93	6054.74	3767.60	3264.40
淮阴县	74829.27	—	946.80	8859.80	41096.27	23926.40
涟水县	96807.93	20.20	10279.20	31952.33	43211.13	11345.07
淮安县	90088.60	660.00	8270.73	26453.60	38418.87	16285.40
洪泽县	49111.07	—	196.47	6433.53	34824.67	7656.40
盱眙县	85241.00	—	—	11933.33	61488.47	11819.20
金湖县	51361.60	771.73	3949.67	15177.27	29159.20	2303.73
合计	465704.60	1832.73	26644.53	107294.40	253162.67	76770.27

二、城镇土地分等定级

1989年8月，淮阴市人民政府颁布《关于市区征收城镇土地使用税有关问题的通知》，首次将市区土地分为3个等级。1994年5月，淮阴市着手土地定级估价的准备工作。1995年6月，正式开始全市城镇土地评等定级，主要成果有土地级别薄膜图、土地级别彩图、商服繁华影响度作用分值图、道路通达度作用分值图、对外交通便利度作用分值图等，并运用该次成果将淮阴市区划分为5个级别，将县级淮安市城区、洪泽县城区、金湖县城区、涟水县城区分为4个级别，将淮阴县城区、盱眙县城区分为3个级别。

1996年，在市、县两级城镇土地评等定级的基础上，又对除清河区2个乡以外7个县（市、区）的113个乡和47个建制镇的集镇土地进行分等定级，一般划为三等。2003年8月，按照商业、住宅、工业等不同用途，对不同级别的土地和土地条件相当的地域进行土地评等定级，将商业用地划分为8个等级，住宅用地划分为6个等级，工业用地划分为5个等级。

2008年淮安市市区商业用地土地级别分布范围一览表

表2-10

土地级别	地块编号	分布范围	主要用地单位
一	1-1 清河区	健康路—淮海北路东侧—桑园路—交通路—淮海东路北侧—承德北路—淮海东路南侧—交通路—淮海南路东侧—里运河—淮海南路西侧—上海东路—人民北路—淮海西路南侧—清河路西侧—淮海西路北侧—电机路西侧—淮海北路西侧—健康路	清江中学、城中变电所、清江商场、天宇信用社、淮安电信局、粮干校、师院附小、供销大厦、新亚商城等

续表2-10

土地级别	地块编号	分布范围	主要用地单位
一	1-2 清浦区	里运河—淮海南路东侧—东大街北侧—环城东路东侧—东大街南侧—淮海南路东侧—环城西路—人民南路西侧—里运河	市实验小学、清浦区检察院、乐园小区、清浦区建设局、清浦区国土局等
二	2-1 清河区	废黄河—淮海北路东侧—大同路—承德北路东侧—健康东路北侧—圩北路—淮海东路北侧—市委党校东侧—淮海东路南侧—承德北路东侧—里运河—清河路西侧—健康西路南侧—北京北路东侧—健康西路北侧—淮海北路西侧—废黄河	市政府、市博物馆、淮安海关、市种子公司、市信访局、市科技局、市教育局、师院附中、建业小区、市交通局、市广电局、繁荣新村、市特殊教育学校、淮安迎宾馆、市一附小、水利干部学校、市法院、市司法局、市民政局、市财政局、八二医院、淮安长途汽车站、市体校、淮阴师范学校、丹桂园、香溢曙光小区、清江变压器厂、市国税直属分局、和平新村、市六中、淮海花园、中行淮安分行、淮海路小学、市消防大队、淮安瑞洁公司、有机化工厂、永宁小学等
三	3-1 清河区 淮安经济开发区	废黄河—沈阳路东侧—健康东路南侧—圩北路—淮海东路北侧—市中医院西侧—市中医院南侧—翔宇大道西侧—三淮大酒店北侧—翔宇大道东侧—深圳路南侧—里运河—清河路西侧—上海西路南侧—西安路—新军营路—外国语学校西侧—废黄河	市外国语实验小学、市疾病控制中心、财会干部学校、淮安工商局、市气象局、树人中学、市商检局、市农科所、益兴名流花园、清河中学、市审计局、市劳动局、天晴集团清河制药厂、淮阴工学院、市图书馆、清河公安分局、北京新村、清河区政府、清河市政总公司、市规划局、市建设局、轴承厂、淮阴化校、车辆厂、汇丰园、市委党校、市检察院、八二新村、黄河新村、健康新村、淮阴商校、三淮大酒店、市五中、市机电公司等
	3-2 清浦区	里运河—承德路东侧—解放东路北侧—淮海南路东侧—前进路北侧—淮海南路西侧—新民西路南侧—清浦路西侧—解放西路南侧—北京南路西侧—里运河	淮阴卷烟厂、城西小学、淮阴发电厂、荷花池小区、市妇幼保健院、清浦区卫生局、清浦区经委、清浦中学、市总工会、市供电局、淮钢医院、市测绘勘察研究院、新民新村、金伦汇锦园、市玩具总厂、市二中、文庙新天地、市烟草专卖局、楚秀园等
	3-3 楚州区	东长街—镇淮楼路南侧—西长街—镇淮楼路北侧—上坂街东侧—镇淮楼路北侧—东长街	镇淮楼等
四	4-1 清河区 清浦区 淮安经济开发区	废黄河—南昌路东侧—和平路南侧—翔宇大道东侧—珠海路—铁路—海口路南侧—里运河—石桥路东侧—解放东路南侧—承德南路东侧—前进东路南侧—淮海南路东侧—京杭大运河—淮海南路西侧—前进西路南侧—解放西路南侧—北京南路西侧—里运河—西安路—御西路—韩侯大道—淮海西路—废黄河	浦粮大酒店、市一中、华新药业有限公司、富康园、清浦区劳动局、清浦区交通局、汽车南站、市地税清浦分局、市燃气总公司、富春花园、石桥小学、浦东花园、市三中、热电公司、市中医院、水渡新村、城建中专、东湖豪庭、深圳小区、市交巡警支队、水月山庄、一剪梅集团、市审批中心、市职教中心、温馨花园、市公安局、世袭领地、市水利局、东方曼哈顿、钵池小区、好美居置业公司、龙门之都、南方市场、龙马小区、世袭雅园、威海小区、图书发行站、开发区管委会、市国税局、中山学校、市交警支队三大队、淮安军分区、消防支队、市水文局、江苏韩泰轮胎公司、淮安汽车东站、高新技术创业江苏中心、玫瑰园小区等

续表2-10

土地级别	地块编号	分布范围	主要用地单位
四	4-2 淮阴区	区工商局—淮海北路东侧—长江西路北侧—塘扬路西侧—长江西路南侧—淮海北路东侧—北京东路北侧—承德北路东侧—废黄河北侧—承德北路西侧—北京东路南侧—淮海北路东侧—废黄河—北京北路西侧—灰场路南侧—区司法局东侧—灰场路北侧—北京北路西侧—区财政局南侧—北京北路东侧—灰场路北侧—淮海北路西侧—长江西路南侧—邮政局东侧—长江西路北侧—香港路西侧—瓜果批发市场南侧—香港路东侧—长江西路北侧—淮海北路西侧—区工商局	淮阴区司法局、新年华酒店、江淮人家、淮阴区公安局、淮阴区运管所、淮阴医院、淮州中学、开明中学、淮阴卫校、市一院、市四院、富豪花园、淮阴区自来水公司、农工商超市、淮阴区地税局、淮阴区商业银行、工行淮阴区支行、建行淮阴区支行、农行淮阴区支行、淮阴区卫生局、淮阴区教育局、淮阴区检察院、淮阴区国税局、东升花园、教师公寓、三民小区、淮阴区电信局、淮阴区房产局、广大家具城、淮阴国土局、淮阴区劳动局等
	4-3 楚州区	翔宇大道—东门大街南侧—东长街东侧—镇淮楼东路南侧—南门大街东侧—更楼东西街—南门大街西侧—镇淮楼西路南侧—西长街东侧—楚州区政府北侧—西长街西侧—友谊路—北大街西侧—友谊路北侧—北大街东侧—东门大街北侧—翔宇大道	楚州区政府、楚州区交通局、中国银行楚州区支行、楚州区财政局等
五	5-1 清河区 清浦区 淮安经济开发区	新长铁路—海口路南侧—里运河—宁连一级公路—京杭大运河—化肥路—里运河—西安南路—御西路—韩侯大道—废黄河—新长铁路	华尔润集团、安邦集团、清江石化公司、淮钢宾馆、淮钢集团有限公司、市八中、西郊变电所、化工机械厂、化工新村、清浦小学、农垦医院、金英中学、市一院分院、四季青村、污水处理厂、解放新村、造漆厂、润泽中学、市水上公安分局、市棉毛纺织有限公司、市被单厂、印染厂、大桥新村、前进小区、苏食肉品公司、日月星城、清浦法院、浦东实验学校、东方花园、淮中新校区、新淮中花园、书香华庭、东风小学、东风花园、新新家园、市第四人民医院、钵池山公园等
	5-2 淮阴区	新长铁路—沈阳路东侧—淮河路南侧—淮海北路东侧—广达汽贸南侧—淮海北路西侧—新长铁路	台州商城、江苏一变电力装备公司等
	5-3 淮阴区	承德北路东侧—盐河北侧—塘扬路东侧—纬一路北侧—承德北路东侧	淮阴区城管执法大队、王营镇二中、淮阴区政府、中邦涂料公司等
	5-4 淮阴区	淮海北路东侧—长江西路北侧—塘扬路西侧—长江西路南侧—淮海北路东侧—北京东路北侧—承德北路东侧—废黄河北侧—承德北路西侧—北京东路南侧—淮海北路东侧—废黄河—北京北路西侧—灰场路南侧—区司法局东侧—灰场路北侧—北京北路西侧—区财政局南侧—北京北路东侧—灰场路北侧—淮海北路西侧—长江西路南侧—北京北路东侧—区水利局西侧—长江西路北侧—香港路西侧—瓜果批发市场南侧—香港路东侧—长江西路北侧—淮海北路西侧—区工商局—淮海北路东侧	淮阴区邮政局、长城宾馆、淮阴区教师进修学校、淮阴区水利局等

续表2-10

土地级别	地块编号	分布范围	主要用地单位
五	5-5 楚州区	长安路—翔宇大道东侧—楚州中学北侧—东长街东侧—镇淮楼东路南侧—南大街东侧—更楼东街—更楼西街—南大街西侧—镇淮楼西路南侧—西长街东侧—楚州区政府北侧—里运河—肖湖—莲花街—北大街西侧—翔宇大道南侧—北大街东侧—长安路	淮安中学、淮安宾馆、苏源宾馆、周恩来纪念馆、楚州区教育局、楚州区审计局、楚州区国土局、楚州区房管局、楚州区计生委、楚州区电影公司、淮安外国语学校、楚州区供电局、楚州区国税局等
六	6-1 清浦区	新长铁路—海口路南侧—里运河—宁连一级公路—枚皋路南侧—淮海南路东侧—枚乘路北侧—淮海南路西侧—明远路南侧—北京南路西侧—京杭大运河—化肥路—里运河—西安路—御西路—韩侯大道—淮海西路—废黄河—新长铁路	天士力帝益药业公司、城南变电所、城南中心小学、城南中学、市医疗器械公司、清浦区政府、苏源汽车销售服务有限公司、清浦医院、怡园小区、月季花园、淮阴工学院、淮安信息职业技术学院、江苏食品职业技术学院、轮窑医院、江苏财经职业技术学院等
	6-2 淮阴区	新长铁路—废黄河—北京北路西侧—灰场路南侧—区司法局东侧—灰场路北侧—北京北路西侧—盐河—孙大泓西侧—长江西路南侧—区职教中心东侧—长江西路北侧—葡萄路西侧—新长铁路	淮阴区建设局、黄河花园、淮海中学、淮阴宾馆、阳光花园、淮阴区供电局、国税公寓、樱花小区、淮阴区规划展示中心、东营生活小区、淮宁中学、淮阴区委党校、芙蓉园小区、淮阴区气象局、苏北建材市场、淮阴师范学院、苏北市场、世纪园林、淮阴区法院、淮阴区人武部、盐河新村、汽车北站、水果批发市场等
	6-3 楚州区	楚州大道东侧—华西路北侧—楚茭公路—翔宇大道东侧—南巽路南侧—堂子巷—月湖东侧—月湖北侧—里运河—华亭路南侧—城西南路东侧—穿运村委南侧—城西南路西侧—华亭路南侧—京杭大运河—华亭路北侧—城西北路西侧—里运河—城西北路东侧—华亭路北侧—里运河—湖嘴街东侧—竹巷街南侧—花巷西侧—翔宇大道南侧—港闸—组东侧河流—翔宇大道北侧—楚州大道东侧	楚州区皮肤病防治院、楚州区地方海事处、楚州区电大、楚州三中、河下派出所、河下影剧院、楚州区邮政局、新安医院、新城别墅园、楚州中学、楚州人民医院、楚州汽车站、新华书店、楚州第四中学、鱼市小学、楚州区科技局、楚州区法院、楚州宾馆等
七	7-1 清河区 清浦区 淮安经济开发区 淮阴区	京沪高速公路—新长铁路—宁连一级公路—枚皋路南侧—淮海南路西侧—明远路南侧—废黄河—北京北路西侧—灰场路南侧—区司法局东侧—灰场路北侧—北京北路西侧—区财政局南侧—北京北路东侧—灰场路北侧—淮海北路西侧—盐河—孙大泓西侧—长江西路南侧—区职教中心东侧—长江西路北侧—葡萄路西侧—新长铁路—废黄河—京沪高速公路	越河小学、市九中、水产养殖场、铁路货场、华而润集团、安邦集团、江苏淮钢集团(新区)、清江石化公司、运南小学、城南小区、城南水厂等
	7-2 楚州区	铁云路东侧—华西路南侧—翔宇大道东侧—华亭路北侧—城西北路西侧—里运河—城西北路东侧—华亭路北侧—里运河—运河街西侧—竹巷街南侧—花巷西侧—翔宇大道南侧—宁连一级公路—翔宇大道北侧—怀恩路西侧—山阳大道南侧—怀恩路东侧—汪延珍路南侧—楚茭公路北侧—铁云路东侧	楚州区气象局、城东卫生院、城东变电所、楚州区交巡警大队、淮安市建筑职工学校、楚州工商局、鱼市派出所、盛世豪庭等

续表2-10

土地级别	地块编号	分布范围	主要用地单位
八	8-1 淮阴区 清浦区 楚州区	估价范围以内的其他地块	新渡中学、万香日化公司、佳阳塑料手套厂、淮阴区职教中心（电大）、阳光中学、锦阳花园、明远纸业公司、众兴不锈钢公司、洋鑫艺术护栏公司、祥和针织制衣公司、南方成套电器公司、新星洁具公司、关城小区、神工机械公司、淮阴农业学校等

2008年淮安市市区住宅用地土地级别分布范围一览表

表2-11

土地级别	地块编号	分布范围	主要用地单位
一	1-1 清河区 清浦区	沈阳路—健康东路—和平路—承德南路—里运河—楚秀园南侧—新民东路—淮海南路—环城西路—里运河—人民北路—上海路—清河路—大治路—北京北路—废黄河—淮海北路—交通路—淮阴师范学院东侧—承德北路—健康东路北侧—沈阳路	市政府、市疾病控制中心、市农科所、淮安商检局、益兴名流花园、淮安海关、市博物馆、市信访局、市科技局、市种子公司、市审计局、市劳动局、市教育局、师院附中、建业小区、市交通局、市广电局、繁荣新村、清江中学、市特殊教育学校、城中变电所、师院附小、清江商场、淮安电信局、新亚商城、粮干校、淮海路小学、市消防支队、市供销大厦、中行淮安分行、淮海花园、香溢曙光小区、丹桂苑、市检察院、健康新村、市三中、市委党校、和平新村、市六中、荷花池小区、清浦区检察院、市实验小学、乐园小区、清浦区建设局、清浦区国土局、锦江花园、市二中、清浦中学、文庙新天地、烟草专卖局、楚秀园、清晏园等
二	2-1 清河区 清浦区	沈阳路—健康东路—和平路—承德南路—里运河—三淮大酒店东侧—翔宇大道—珠海路韩泰北路—厦门路—里运河—深圳路—天津路—延安东路—延安西路—北京路—淮海西路—西安路—废黄河—沈阳路	淮安迎宾馆、市一附小、市法院、市司法局、市民政局、八二新村、八二医院、黄河新村、市财政局、淮安长途汽车站、淮阴师范学院、市体校、市外国语实验小学、淮安工商局、市气象局、树人中学、清河中学、淮阴工学院、市图书馆、清河公安分局、北京新村、清河区政府、市规划局、市建设局、汇丰园、市第十中学、永宁中学、城西小学、市一中、市妇幼保健院、清浦区卫生局、清浦区经委、清浦区劳动局、市一院分院、四季青村、解放新村、富康园、润泽中学、清浦区交通局、市供电局、汽车南站、淮钢医院、浦粮大酒店、大桥新村、金伦汇锦园、新民新村、市燃气总公司、前进小区、石桥小学、浦东花园、富春花园、日月星城、浦东实验学校、东方花园、淮中解放路校区、新淮中花园、书香华庭、市五中、东湖豪庭、国联娱乐城、水月山庄、深圳小区、职教中心、温馨花园、世袭领地、市公安局、钵池小区、龙马小区、世袭雅园、威海小区等
三	3-1 清河区 清浦区 淮安经济开发区	合肥路—珠海路—新长铁路—宁连一级公路—里运河—深圳路—天津路—延安东路—延安西路—北京南路—京杭大运河—化肥路—里运河—西安路—废黄河—合肥路	淮阴化校、翔宇中学、淮钢宾馆、市八中、西郊变电所、化工新村、清浦小学、农垦医院、清棉医院、金英中学、市中医院、水渡新村、城建中专、钵池山公园、淮阴商校、三淮大酒店、钵池山公园、中山学校、淮安军分区、消防支队、龙门之都、好美居置业公司、江苏韩泰轮胎公司、淮安汽车东站、武警支队、玫瑰园小区、新区实验学校、汽贸城等

续表2-11

土地级别	地块编号	分布范围	主要用地单位
三	3-2 淮阴区	新长铁路—废黄河—北京北路西侧—长江西路—长江东路—承德北路—北京东路—新长铁路	淮阴区国土分局、淮阴区劳动局、新年华酒店、鑫源宾馆、富豪花园、淮阴区财政局、江淮人家、淮阴医院、淮阴区公安局、淮阴卫校、市一院、市四院、淮阴区自来水公司、苏北市场、淮阴区电信局、盐河花园、淮州中学、开明中学、三民小区、工行淮阴区支行、建行淮阴区支行、农行淮阴区支行、淮阴区地税局、农工商超市、黄河花园、淮阴区建设局、淮阴区医药公司、淮阴区卫生局、淮阴宾馆、淮海中学、淮阴区教育局、阳光花园、东升花园、淮阴区供电局、教师公寓、国税公寓、东营生活小区、樱花小区、淮阴区规划展示中心、淮宁中学、御花园等
	3-3 楚州区	东长街东侧—镇淮楼东路南侧—东长街—大鱼市口东—西街—西长街—楚州区政府北侧—太清观街—西门大街—西长街西侧—友谊路—北大街—东门大街北侧—东长街东侧	楚州区财政局、楚州区交通局、楚州区电影公司、中国银行楚州区支行、楚州区科技局、新华书店、区法院、楚州中学等
四	4-1 清河区 清浦区 淮安经济开发区	合肥路—珠海路—新长铁路—宁连一级公路—枚皋路—北京南路—京杭大运河—化肥路—里运河—西安路—御西路—韩侯大道—废黄河—合肥路	富丽花园、市环保局、市标准计量局、市第三人民医院、市污水处理厂、市水上公安分局、城南中心小学、城南中学、清浦区政府、延安路小学、清浦医院、怡园小区、月季花园、淮阴工学院、轮窑医院、淮安信息职业技术学院、江苏食品职业技术学院、江苏财经职业技术学院、新新家园、东风小学、东风花园、市第四人民医院等
	4-2 淮阴区	新长铁路—废黄河—孙大泓—新长铁路南侧—香港路—新长铁路	锦阳花园、淮阴区司法局、芙蓉园小区、淮阴区委党校、淮阴区水利局、淮阴区教师进修学校、长城宾馆、淮阴区邮政局、广大家具城、淮安汽车北站、瓜果批发市场、苏北建材市场、淮阴区气象局、台州商城、淮阴区房产局、淮阴区工商局、淮阴区法院、淮阴区政府、盐河新村、王营镇二中、小营广场等
	4-3 楚州区	铁云路东侧—华西路—气象局东侧—关大街北侧—翔宇大道东侧—南巽路—堂子巷—里运河—花巷西侧—翔宇大道南侧—新闸一组南侧河流—吴承恩大道—怀恩路—山阳大道南侧—铁云路东侧	楚州区政府、淮安中学、淮安宾馆、楚州三中、河下派出所、河下影剧院、楚州区邮政局、新安医院、新城别墅园、苏源宾馆、周恩来纪念馆、楚州区教育局、楚州区国土局、楚州区房管局、楚州区审计局、楚州区供电局、楚州人民医院、楚州汽车站、楚州第四中学、鱼市小学、楚州宾馆等
五	5-1 清河区 清浦区 淮安经济开发区	京杭高速公路—新长铁路—宁连一级公路—废黄河—京杭高速公路	市九中、水产养殖场、铁路货场、运南小学、城南水厂、城南小区、关城小区、黄元小区、黄元小学、仁和医院、电镀小区、南方花园、城东花园、徐杨小区、徐杨食品站等

续表2-11

土地级别	地块编号	分布范围	主要用地单位
五	5-2 楚州区	铁云路东侧—华西路—楚荧公路东侧道路—翔宇大道东侧—里运河—花巷西侧—翔宇大道南侧—新闸一组南侧河流—吴承恩大道—怀恩路—山阳大道南侧—铁云路东侧	鱼市派出所、楚州工商局、淮安市建筑职工学校、楚州交巡警大队、楚州区国税局、楚州外国语学校、盛世豪庭、城东变电所、楚州区气象局等
六	6-1 楚州区 淮阴区	估价范围以内的其他地块	淮阴农业学校、楚州电大、华亭村委、楚州地方海事处、楚州区皮肤病防治院、越河小学、阳光中学、淮阴区职教中心（电大）、淮阴师院、新渡中学、城东卫生院等

2008年淮安市市区工业用地土地级别分布范围一览表

表2-12

土地级别	地块编号	分布范围	主要用地单位
一	1-1 清浦区	城西路—延安西路—淮三路—京杭大运河—里运河—里运河—城西路	安邦集团、华尔润集团、清江石化公司、淮钢宾馆、淮钢集团有限公司、市八中、西郊变电所、化工机械厂、农垦医院、污水处理厂等
	1-2 淮安经济开发区	新长铁路—板闸干渠北侧—翔宇大道—珠海路—合肥路—韩泰北路—大口路—新长铁路	市机电厂、一剪梅集团、市职教中心、苏源亚飞公司、曼哈顿公司、顺德制衣厂、金桥集团、华新纸品厂、江苏宏丽集团、开发区管委会、消防支队、飞耀集团、宇泉科技公司、省印刷物资公司、大成建筑公司、龙门之都、汇康生物公司、正兴机械公司、江苏韩泰轮胎公司、天成消防门窗公司、石油储备安装公司、物本生物公司、华威饲料公司、安洁制衣公司、清江拖拉机厂、南方市场、明欣机械公司、天宇机械公司、金海螺纺织公司、大圣塑钢公司、安特汽车制造公司、福特斯纺织公司、淮安汽车东站、长峰钢铁厂、武警支队、泰恩达染织公司、高新技术创新中心、科宇科技公司、信宜金康药业集团、通威集团、宏伟模具公司、劲风塑胶公司、沂州水泥厂、亚享服饰公司、北京中科公司、淮安热电公司、机电汽贸公司、汉邦科技公司、同润三益公司、中涟新型建材公司、莱斯特公司、贝斯特外国语学校、华众塑钢厂、淮安市金海螺纺织有限公司（度假村）、汽贸城等
二	2-1 清浦区	西安路—枚乘路—韩侯大道—京杭大运河—西安路	江苏淮钢集团（新区）、淮燃电器公司、福田创业园、弘达鞋业公司、海天科技公司、诚意药业公司、足安鞋业公司、明远纸业公司、众兴不锈钢公司、洋鑫艺术护栏公司、祥和针织制衣公司、南方成套电器厂、新星洁具公司等
	2-2 淮阴区	新长铁路—盐河—承德北路—新长铁路	江苏一变公司、埃西尔电机公司、蓝星医疗公司、苏源钢结构公司、淮安箱包厂、辉煌太阳能公司、杰怡电器公司、世纪园林公司、英佩尔制衣公司、宏宇鞋帽厂、勤源服饰公司、海普瑞生物公司、利达机械公司、中邦涂料公司、污水处理厂、王营新港区、民生实业公司、华宙电子公司、天山钢材厂、江苏洪泽湖啤酒厂、鼎元科技公司、海通木业公司、宁波工业园、淮安民康油脂公司、淮安新丰面粉厂等
	2-3 楚州区	里运河—华亭路—城西北路—友谊路—淮阴农业学校东侧—里运河	楚州电大、楚州地方海事局、楚州区皮肤病防治院等

续表 2-12

土地级别	地块编号	分布范围	主要用地单位
三	3-1 清河区 清浦区 淮安经济开发区	京沪高速公路—顺德路南侧—新长铁路—宁连一级公路—京杭大运河—废黄河—宁连一级公路—深圳路—飞耀路—废黄河—京沪高速公路	天晴集团清江制药厂、轴承厂、车辆厂、清江变压器厂、热电公司、有机化工厂、淮安瑞洁公司、中兴食品厂、粉煤炭开发公司、船舶制造有限公司、清棉集团、淮阴卷烟厂、淮阴发电厂、市玩具总厂、造漆厂、华新药业有限公司、市棉毛纺织有限公司、市被单厂、印染厂、天士力帝益药业公司、苏食肉品公司、省农垦运输公司、市燃气总公司等
四	4-1 清河区	西安路—里运河—建康西路—淮海西路—西安路	水产养殖场、铁路货场、华尔润集团、安邦集团、洗涤用品厂等
	4-2 清河区	飞耀路—深圳路—宁连路—废黄河—飞耀路	蒋庄、武庄、杨湾等
	4-3 淮阴区	西安路—盐河—淮涟三干渠—长江西路—西安路	沈庄、罗庄、张枪楼等
	4-4 楚州区	宁连一级公路—新长铁路—顺德路南侧河流—宁连一级公路	城东卫生院、楚州区气象局、城东变电所、无线电元件厂等
五	5-1 楚州区 淮阴区	估价范围以内的其他地块	植物油厂、广达汽贸公司、佳阳塑胶手套厂、万香日化公司等

第二节　土地价格

1978年，淮阴地区土地征用一般以划拨形式，没有土地买卖和土地估价。随着土地使用制度改革，逐步允许国有土地使用权按一定价格进行出让和转让。1992年，《淮阴市国有土地使用权出让和转让暂行办法》出台。1995年，全市完成市区、各县（市、区）城区所在镇的基准地价评定工作。1996年，完成163个乡镇基准地价评定工作，初步建立全市基准地价体系。1998年5月，市政府发布《关于公布市区土地基准地价的通告》，明确市区商业用地、住宅用地、工业用地以及各县（市）的基准地价。

2003年8月，市区地价成果更新工作正式启动，2004年9月更新成果通过省级验收。此次定级估价范围面积351.53平方公里。成果主要有：完成市区土地用途级别划分，其中综合用地7个级别、商业用地8个级别、住宅用地6个级别、工业用地5个级别；编绘综合土地级别彩图和商业用地、住宅用地及工业用地级别彩图；编制市区2000—2003年商业、住宅和工业用地地价指数；测算不同用途、不同级别的基准地价，包括市区商业、住宅和工业用地级别基准地价，商业用地路线基准地价和住宅、工业用地区片基准地价；确定宗地地价修正系数表和因素条件说明表；编绘商业、住宅和工业用地级别基准地价图，商业路线地价图，住宅、工业区地价图和样品地价图；编撰市区土地定级与基准地价更新成果工作报告和技术报告。

2005年，市政府发布《关于淮安市市区基准地价的通告》，更新市区基准地价。此后至2008年，每年都会根据经济社会发展情况对基准地价进行更新调整。

2008年淮安市市区商业用地区段基准地价一览表

表2-13

区段编号	设定容积率（%）	设定开发程度	区段基准地价	
			元/平方米	万元/亩
01001S	0.9	五通一平	2050	136.67
01002S	0.9	五通一平	2660	177.33
01003S	0.9	五通一平	2110	140.67
01004S	0.9	五通一平	2710	180.67
01005S	1.0	六通一平	3550	236.67
01006S	1.6	六通一平	7930	528.67
01007S	1.0	六通一平	3920	261.33
01008S	1.0	六通一平	4180	278.67
01009S	1.0	五通一平	3130	208.67
01010S	1.4	六通一平	4360	290.67
01011S	1.0	六通一平	3970	264.67
01012S	1.0	五通一平	3870	258.00
01013S	0.8	五通一平	2280	152.00
01014S	0.9	五通一平	3040	202.67
01015S	0.8	五通一平	1510	100.67
01016S	0.8	四通一平	1000	66.67
02001S	0.9	六通一平	1750	116.67
02002S	0.8	五通一平	800	53.33
02003S	0.8	四通一平	680	45.33
02004S	1.0	六通一平	1660	110.67
02005S	1.0	六通一平	1900	126.67
02006S	0.9	五通一平	1160	77.33
02007S	1.0	六通一平	4170	278.00
02008S	1.0	六通一平	5490	366.00
02009S	0.9	六通一平	2810	187.33
02010S	0.9	六通一平	1890	126.00
02011S	1.0	五通一平	1520	101.33
02012S	0.9	五通一平	1000	66.67
02013S	0.9	六通一平	2370	158.00
02014S	1.0	六通一平	1740	116.00
02015S	1.0	六通一平	2020	134.67
02016S	0.8	六通一平	1690	112.67

续表2-13

区段编号	设定容积率（%）	设定开发程度	区段基准地价	
			元/平方米	万元/亩
02017S	0.9	六通一平	1610	107.33
03001S	1.1	六通一平	2120	141.33
03002S	1.0	六通一平	2090	139.33
03003S	0.8	五通一平	810	54.00
04001S	0.9	五通一平	810	54.00
04002S	0.8	五通一平	1150	76.67
04003S	1.0	五通一平	1350	90.00
04004S	1.1	五通一平	2400	160.00
04005S	0.8	五通一平	2050	136.67
04006S	1.1	五通一平	2020	134.67
04007S	1.3	五通一平	2750	183.33
04008S	0.9	五通一平	1300	86.67
04009S	0.9	五通一平	1300	86.67
04010S	1.0	五通一平	1790	119.33
04011S	1.1	五通一平	2200	146.67
05001S	0.8	四通一平	610	40.67
05002S	0.8	五通一平	690	46.00
05003S	0.9	五通一平	1180	78.67
05004S	0.8	五通一平	770	51.33
05005S	0.8	五通一平	730	48.67
05006S	0.9	五通一平	1230	82.00
05007S	0.9	五通一平	1550	103.33
05008S	1.0	五通一平	1940	129.33
05009S	1.0	五通一平	1660	110.67
05010S	0.9	五通一平	1040	69.33
05011S	1.1	五通一平	2420	161.33
05012S	1.2	五通一平	3270	218.00
05013S	1.0	五通一平	2030	135.33
05014S	1.0	五通一平	1270	84.67
05015S	0.9	五通一平	1380	92.00
05016S	0.8	四通一平	650	43.33
05017S	0.8	五通一平	860	57.33

说明："六通"即开发地块达到通路、通上水、通下水、通电、通信、通燃气，"五通"即通路、通上水、通下水、通电、通信，"四通"即通路、通水、通电、通信，"一平"即土地平整

2008年淮安市市区住宅用地区段基准地价一览表

表2-14

区段编号	设定容积率（%）	设定开发程度	区段基准地价	
			元/平方米	万元/亩
01001J	1.4	五通一平	1190	79.33
01002J	1.5	五通一平	1800	120.00
01003J	1.4	五通一平	1500	100.00
01004J	1.6	六通一平	2380	158.67
01005J	1.6	六通一平	2190	146.00
01006J	1.6	六通一平	2100	140.00
01007J	1.8	六通一平	2710	180.67
01008J	1.6	五通一平	2300	153.33
01009J	1.5	五通一平	1280	85.33
01010J	1.2	四通一平	800	53.33
02001J	1.3	六通一平	1390	92.67
02002J	0.9	四通一平	650	43.33
02003J	1.4	六通一平	1720	114.67
02004J	1.6	五通一平	1190	79.33
02005J	1.5	六通一平	2480	165.33
02006J	1.4	六通一平	2200	146.67
02007J	1.3	六通一平	1860	124.00
02008J	1.5	六通一平	1290	86.00
02009J	0.9	四通一平	590	39.33
03001J	1.2	六通一平	1500	100.00
03002J	1.0	六通一平	1000	66.67
03003J	0.9	四通一平	600	40.00
04001J	1.0	四通一平	540	36.00
04002J	1.1	五通一平	900	60.00
04003J	1.3	五通一平	1400	93.33
05001J	1.0	四通一平	650	43.33
05002J	0.8	四通一平	550	36.67
05003J	1.0	五通一平	760	50.67
05004J	1.2	五通一平	750	50.00
05005J	1.0	五通一平	600	40.00
05006J	1.3	五通一平	1000	66.67
05007J	1.3	五通一平	1100	73.33
05008J	1.4	五通一平	1300	86.67
05009J	1.2	五通一平	850	56.67
05010J	1.0	五通一平	630	42.00

2008年淮安市市区工业用地区段基准地价一览表

表2-15

区段编号	设定开发程度	区段基准地价	
		元/平方米	万元/亩
01001G	五通一平	280	18.67
01002G	五通一平	270	18.00
01003G	五通一平	340	22.67
02001G	六通一平	460	30.67
02002G	五通一平	350	23.33
02003G	五通一平	320	21.33
02004G	五通一平	320	21.33
02005G	五通一平	320	21.33
03001G	六通一平	480	32.00
03002G	五通一平	270	18.00
04001G	五通一平	230	15.33
04002G	五通一平	290	19.33
04003G	五通一平	370	24.67
04004G	五通一平	220	14.67
04005G	五通一平	240	16.00
05001G	五通一平	370	24.67
05002G	五通一平	250	16.67
05003G	五通一平	280	18.67

第三节　土地市场

一、一级市场

（一）协议出让

1992年，随着土地使用制度改革，淮阴市开始实行国有土地使用权出让制。1993年3月，北京北路西侧2242平方米临街地段的国有土地使用权以协议方式出让给南京航空四站，使用年限50年，出让金30.04万元，为全市第一宗国有土地使用权出让。此后，淮阴市协议出让土地日渐增多。至1997年，市区国有土地使用权累计出让总面积40.79万平方米，累计收取出让金1.78亿元。

1993—1997年淮阴市市区国有土地使用权协议出让汇总表

表2-16

年份	出让面积（平方米）	宗地数（块）	出让金（万元）
1993	172739.70	5	1140.36
1994	24960.52	9	1247.20

续表2-16

年份	出让面积（平方米）	宗地数（块）	出让金（万元）
1995	57501.51	7	1519.57
1996	41437.75	12	1170.86
1997	111240.70	21	12675.04

（二）拍卖与招投标

1992年9月，淮阴市首次在市经济开发区推出10宗66.67公顷土地进行招投标出让。因受投资环境和投资条件的制约，该批土地之后大多仍是通过协议方式进行出让。1993年，市政府对土地使用权拍卖作出规定，对首次小型商业企业拍卖给予一定优惠，免收土地出让金。是年10月，市政府在淮海影剧院举办第一次小型商业企业拍卖活动，对清河区商业系统小型企业的12宗地块共8848平方米的国有土地使用权进行拍卖。11月，洪泽县土地管理局代表县政府征用万集乡政府南侧万集村二组480平方米集体土地，采取拍卖方式，由25户个体经商户公平竞拍。最终该地块作为商业经营用地出让给10户个体工商户，成交地价13.57万元，这是全市首次小城镇国有土地使用权拍卖。12月，市政府组织第二次小型商业企业拍卖活动，清浦区10宗地块共1.25万平方米土地参与此次活动。1995年，全市出让土地218宗，面积34.67万平方米。

1996年，市委、市政府作出“兴城镇，建市场，搞加工，三位一体发展个体私营经济”战略决策，市政府办转发市土地管理局《关于加强小城镇土地拍卖工作的意见》。县级淮安市车桥镇土地拍卖现场会获得成功，实收出让金190万元，在全市范围内产生广泛影响。各县（市）国土管理局在33个乡镇开展小宗地拍卖，最高价每平方米18元。全市筹措近200万元小城镇基础设施建设和市场建设资金，并以此吸引以个体私营大户为投资主体的约2亿元小城镇建设资金。1997年，全市继续推进小城镇土地拍卖，涟水县拍卖县城土地410.42平方米，平均地价2834元/平方米，宗地最高价3834.72元/平方米，创全市土地拍卖最高纪录。县级淮安市拍卖城区困难企业针织厂闲置土地，筹集企业急需的技改资金，在全市引起广泛影响。各县（市）国土局在56个乡镇开展包括拍卖形式在内的土地出让，总收入1546.68万元。全市出让土地715宗52.62万平方米。1998年，全市在57个乡镇集镇开展土地拍卖工作，拍卖地块697宗，计3.27万平方米，收取出让金2261.77万元。县级淮安市车桥镇创5000元/平方米宗地拍卖最高价。1999年，各县（市）国土局在29个乡镇开展36次土地拍卖，拍卖地块485宗，面积2.83万平方米，成交地价1577.8万元。

2000年，全市土地使用权拍卖工作由乡镇向市、县城区推进。当年9月，市国土局首次拍卖位于市新民东路的895.5平方米土地使用权，分15宗进行拍卖，经多轮竞价，最终成交总价67.69万元，平均成交价每平方米755元，最高地价每平方米1000元。是年，全市办理土地出让手续402宗，出让面积74.4万平方米，合同出让金总额3.33亿元。其中，市区出让土地40宗，出让土地面积27.48万平方米，合同出让金总额2.11亿元。12月，市国土局首次举行市城区土地使用权招标，位于市轮埠路的8626平方米土地使用权由中房集团淮阴公司中标，中标价366万元，平均地价每平方米424.3元。

2001年，市政府制定《关于加强城市国有土地资产管理的实施办法》，对土地资产的集中管理、土地供应的程序、政府土地储备、土地收益管理、招商引资优惠政策等作出明确规定。年内，首次以招标形式出让大宗国有土地使用权，市国土局分别在7月和10月分2次向社会公开招标出让国有土地使用权，合计出让土地27.63万平方米，成交出让金2.04亿元，高出底价223.35万元。其中，招标出让的市农科所土地比原拟协议转让价格溢价951.09万元。全市土地出让金合同收入8.91亿元。2002年，全市城镇建设用地供应从行政划拨、协议出让向招标拍卖、挂牌等市场配置方式转变，对房地产开发等经营性用地一律实行招标、拍卖、挂牌等方式出让供地。全年市区以招标、拍卖、挂牌方式公开出让土地14宗86公顷，实现合同出让金6亿多元。全市所有县（区）建立土地收购储备中心，全面开展土地储备工作，全市有储备土地48宗计226.6公顷。通过土地资产运作，实行“一个渠道进水，一个池子蓄水，一个龙头放水”，既为建设集聚资金，又增强政府调控能力，土地资源和土地资产管理逐步走上“总量控制、市场配置、规范管理”的轨道。是年7月，市国土资源局将位于淮海东路以北，交通路、新亚商城东侧，规划师院路以南，承德路以西的清拖集团北厂区20.29公顷土地使用权挂牌出让，曙光房地产开发有限公司以2.56亿元的价格中标。此为市区开展土地使用权出让后，出让单宗面积最大，也是政府一次获得合同出让金最多的地块。

2003年，市国土资源局探索市区土地出让由毛地向净地的转变，对房地产开发等经营性用地实行净地挂牌出让。在市区举行12宗国有土地使用权净地挂牌出让活动，公开挂牌出让土地额5.57亿元。全市通过各种方式有偿出让土地合同价款26.44亿元，其中市本级11亿元。2004年，全市有偿供地实现出让金19.79亿元，其中市本级有偿供地实现出让金12.62亿元。市国土资源局推出18宗土地进行招标、拍卖、挂牌出让，合同价款9.54亿元。征收土地契税4600万元。

2005年，楚州区、淮阴区纳入市土地市场统一管理。全市挂牌出让203宗，成交价18.25亿元，其中市区（含淮阴区、楚州区）挂牌出让51宗，成交价12.15亿元。征收土地契税4323万元。追缴出让金5300万元，占应追缴总额的74.8%。帮助15家重点改制企业依法处置土地，显化土地资产1.39亿元。2006年，市政府印发《关于进一步加强市区国有土地资产管理的意见》，全面加强市区国有土地资产的管理。强化土地招商工作，分别在杭州、福州、厦门等地举办出让土地推介会，提高淮安土地市场知名度，全市经营性土地出让金总额57.96亿元。其中，市区挂牌出让国有土地使用权80宗，总成交土地面积456公顷，总成交价41.26亿元。征收土地契税1.39亿元，土地契税首次过亿元。对24宗改制企业土地实施挂牌出让，成交总额4.38亿元。

2007年，《淮安市工业用地招标拍卖挂牌出让实施意见》出台，明确当年批准的农用地转用计划，凡是用于工业项目用地的，一律实行招标拍卖挂牌出让，全市挂牌出让工业项目用地52宗189.87公顷，成交金额2.62亿元。市国土部门先后在上海、东莞、福建等地开展土地出让宣传推介和土地招商活动，提高淮安土地市场的知名度和竞争力。全年全市出让经营性土地185宗663.62公顷，获取土地出让金91.03亿元。其中，市区出让2宗414.17公顷，获取土地出让金总额64.56亿元。严格执行经营性用地容积率管理规定，追缴提高容积率项目出让金3200多万元；办理土地融资约6亿元。

2008年，全市获省批准建设用地面积1518.93公顷，超出省下达计划1165.6公顷；调整建设用地规划指标2026.67公顷；挂牌出让经营性用地211宗621.07公顷，合同出让金总额72.1亿元，其中市区99宗379公顷，合同出让金总额53.55亿元；全市挂牌出让工业用地271宗835.2公顷，合同出让金总额13.68亿元。

二、二级市场

1996年，市人行、市土地管理局联合制定《淮阴市国有土地使用权抵押管理暂行办法》，全市国有土地使用权抵押管理得到规范。

1999年，市国土局对出租和改变用途的划拨土地收取年租金，组成4个征收小组，以市区为重点，逐街逐户开展宣传和征收工作，清理登记1300宗14.6万平方米土地，征收年租金60多万元。2000年，全市收取年租金125万元，其中市区64万元。2003年，市区通过土地抵押贷款为城建项目融资9.69亿元。

三、土地储备

2000年，市土地交易大厅建成运行，全市除清河区、清浦区外的6个县（区）均成立土地交易中心或交易所；土地储备工作在市区和大多数县（区）开始起步，市地产开发中心全年储备土地6.36万平方米，其中征地储备5.13万平方米，收购储备1.23万平方米。做好省市重点项目用地保障，依法统一供地，确保建设项目用地需求。全年统一征地47个批次，其中市区9个批次；征地242.51公顷，其中市区44公顷。

2003年，市、县国土资源部门全程参与企业改革，根据“一企一策”的指导思想，帮助企业选择最佳的土地资源处置方式。通过土地出让、转让、置换等形式解决改制成本问题，促进国企改革和发展。仅市国土局就为67家改制企业办理供地手续，显化土地资产3.7亿元，帮助安置职工15726人。通过土地储备收购改制企业土地17宗25.47公顷，直接支付改制企业1.08亿元。

2006年，查核违法用地227宗，收回土地45公顷，充实土地储备。

2007年，土地储备发挥主渠道作用，市土地储备中心新增储备土地163.07公顷，实现土地经营净收益2亿元。

2008年，全市新增储备土地35.5公顷，为城市建设融资6.27亿元。

第五章　开发与保护

第一节　土地开发与复垦

1978年后，淮阴地区农田治理逐步由治水兴垦转向以改土治水为中心、防涝防渍为重点的农田基本建设上来，实行山、水、田综合治理，大、中、小结合，沟、渠、路、林、桥、涵、闸统一规划，全面配套。1981年起，里下河地区土地开发步伐加快，开发内容主要是通过兴修水利，新建桥、涵、闸、排灌站等，将未利用地开发为宜耕地。全市坚持实施种绿肥、扩水稻、沤杂肥、搞秸杆还田等综合措施，改善土壤结构，治理盐碱地。涟水县农业系统承担农业部绿肥改土、沃土计划，经过数年种植、研究试验，绿肥改土取得重大成就，粮食产量有较大提高。

1982年11月，中国与世界粮食计划署签订协议，世界粮食计划署以粮油等实物援助洪泽湖渔业开发（简称“2633”工程），总投资2062.9万美元，工程包括挖鱼池、种水草、建渔民医院楼、建渔民子弟教学楼、修公路、建渔民新村、通电等17个项目。1983年，农牧渔业部在涟水县召开绿肥现场会。1984年，涟水县农业局“绿肥改土增产技术”获农牧渔业部科技进步二等奖。是年，全市绿肥面积41.2万公顷，占全市耕地面积的一半；水稻面积47万公顷，占全市耕地面积的46%。1986年，国家计划委员会将洪泽湖综合开发列入国家“七五”计划，新建育苗池200公顷、成鱼池667公顷，年鱼产量3252吨。

1989年，淮阴市开始实施土地复垦开发管理，当年复垦土地147公顷。1990年，全市实行“谁复垦、谁收益”政策，5年内不上缴土地承包费，不安排粮食定购任务，免缴农业税，不承担公差勤务，对复垦成耕地的优先安排一定数量的紧缺农用生产资料等。在复垦经费上，采取“土地管理部门拿一点、乡村集体筹一点、银行贷一点”的办法解决，并重点扶持规模较大的复垦项目。在复垦形式上，有集体复垦、联户复垦、分户复垦、招标复垦、股份复垦等。1991年，淮阴市遭遇大规模洪涝灾害，农田水利工程损毁严重，境内农田水利建设加强防洪保安，加固圩堤，抢修水毁工程。1992年，涟水县开始综合开发废黄河滩地，实施“三百”工程，即在县境内长78公里废黄河堆堤上开发建设百里果园，在内滩营造百里经济林带，在外滩开挖百里鱼塘。

1994年，全市复垦土地2339公顷，其中耕地596公顷、桑园62公顷、果园739公顷、鱼塘811公顷。1996年，全市复垦开发土地1508公顷，其中建成耕地517公顷；开辟0.53万公顷以上灌区57个，其中2万公顷以上大型灌区12个。涟水县先后投入资金800万元，劳动力3万多个，完成土方460万立方米，新拓果树2133.3公顷，新栽成片林666.67公顷，新挖和整修鱼塘400公顷。1997年，全市结合墓葬用地专项治理，做好平坟还田等复垦工作。全市复垦土地567公顷，其中耕地467公顷。

1998年，全市累计投入资金4.66亿元，完成土石方7.19亿立方米，兴建小沟及以上配套建筑物48万座，改造中低产田16万公顷，改善灌溉面积19万公顷，建成以防渗渠道为主的高标准农田7333公顷。洪泽湖沿湖洼地累计开发面积3.35万公顷，其中可灌溉耕地面积2.93万公顷，开挖鱼池2840公顷，兴建鱼种繁育基地4个，占地面积107公顷。全市各级国土部门确定5个复垦项目上报省立项并获得批准。洪泽县朱坝土地管理所与汲湖村共同投资，联合复垦荒废地60公顷。市国土局土地管理事务所与金湖县横桥乡政府达成协议，联合开发荒地70公顷，取得33公顷开发后土地的20年使用权。是年，全市复垦土地933公顷，其中建成耕地700公顷。

1999年，全市各级国土部门建立由279个项目组成的省级复垦项目库，总面积4682公顷。筛选申报3个复垦项目报省立项，争取专项资金375万元，其中省级资金279万元，市级配套资金675万元。抓好零散废地复垦，市国土局研究制定零散荒地拍卖政策措施和操作办法；洪泽县各乡镇开展公墓试点和平坟还田工作；盱眙县王店镇、金湖县白马湖乡率先开展零散荒地经营权拍卖工作，在全市产生较大影响。县级淮安市国土局把复垦开发荒废地和意杨产业化有机结合，投资30万元征用4.67公顷荒地，栽植70万株意杨苗。市国土局与金湖县横桥乡签订68公顷复垦协议；一次性支付盱眙县兴隆乡政府30万元，获得开发66.67公顷荒滩的使用权和30年的经营权。是年，全市完成复垦开发面积551公顷，其中耕地422公顷。2000年，市国土局建立由91个项目组成的占补平衡项目库，库容557公顷；有1个项目申报部级立项，4个项目申报省级立项。通过开展易地复垦争取复垦资金，向省国土资源厅调剂易地开垦耕地指标53.33公顷，争取资金176万元；与苏州市签订易地开垦耕地333.33公顷的协议，争取复垦资金1150万元。全市开发复垦耕地800公顷，其中建成耕地364公顷。

2001年，市国土局坚持依法审批土地，严格控制各项非农建设占用耕地。全市审批用地49个批次，总面积296.85公顷，其中耕地207.76公顷。严格执行占用耕地补偿制度，对没有条件开垦或开垦的耕地不符合要求的，按规定收取耕地开垦费，专项用于开垦新的耕地。年内，全市收取耕地开垦费862.25万元。建立耕地占补平衡项目库，开展土地后备资源开发复垦，全市筛选158个土地复垦项目进入项目库，形成国家、省、市、县、乡5级复垦项目体系。盱眙县王店乡2098公顷土地整理项目、金湖县滩涂开发公司的463公顷河滩地保护性开发项目被列为国土资源部投资项目，争取资金4313万元。盱眙县淮河乡等5个项目被列为省级土地开发复垦项目，争取资金250万元。与省国土资源厅及苏南地区的市、县联系，调剂易地耕地占补平衡指标，向苏南地区调剂指标92公顷，筹集复垦开发资金415.25万元。这些资金投入有关乡镇，专项用于土地后备资源的复垦开发，调动县、乡开发复垦土地后备资源的积极性。是年，全市开发复垦土地800公顷，净增耕地464公顷。

2002年，全市开发复垦整理土地1817.6公顷，建成耕地813.33公顷，上报省国土资源厅审批占用耕地739.47公顷，建设占用耕地734.67公顷，占补相抵净增耕地73.87公顷，实现耕地总量动态平衡有余。全市筛选148个项目进入土地复垦项目库，面积6473.7公顷。向苏南地区的市、县调剂易地开垦指标367.25公顷，争取复垦补助资金1836.7万元；争取申报国家、省级复垦开发项目，全市有1个项目获部立项（盱眙县庙山山区876.26公顷土地整理项目），2个项目获省立项（盱眙县八仙台荒废地开发项目和楚州区流均镇沿荡村土地开发项目）。

2003年，针对全市建设用地量大幅增长的势头，加大土地复垦开发整理力度，增加有效耕地面积，全市经省国土资源厅审定有159个项目列入年度耕地占补平衡项目库，新增耕地总量1866.7公顷。申请国土资源部立项，争取土地开发整理资金4480万元。其中，盱眙县王店乡土地整理项目面积1000公顷，投资1500万元；洪泽县岔河镇沿湖土地整理面积1381.8公顷，投资1680万元；金湖县三河滩地保护性开发面积464公顷，投资1300万元。3个项目总面积2845.8公顷，新增耕地815公顷。

2004年，全市占补平衡项目库入库项目183个，申报部、省投资土地整理项目5个，争取国土资源部下拨无偿土地开发复垦整理资金7921万元，省财政厅、省国土资源厅下拨2555万元。完成土地复垦开发整理面积3333.33公顷，新增耕地面积2066.67公顷，实现全市耕地总量动态平衡有余。2005年，完成土地复垦开发整理3580公顷，新增耕地面积指标2326.67公顷。申报7个国家投资土地整理项目和3个省级投资土地整理项目，争取到国家、省投资1.03亿元。

2007年，全市开展土地复垦开发整理建设质量年活动，严格执行项目法人制、招投标制、工程监理制、合同制、公告制等制度，项目单体工程合格率100%，优秀工程占20%以上。全市有135个开发复垦项目通过省验收，确认新增耕地1364.7公顷，折抵建设占用耕地，实现全市耕地占补平衡有余。争取省以上土地整理项目14个，开发整理总规模1.51万公顷，新增耕地1243公顷，争取省以上无偿资金1.44亿元。建成2008年耕地占补平衡项目库，入库项目103个。

2008年，争取省以上无偿投资1.93亿元；使用省国土资源厅返还的2007年度新增建设用地有偿使用费5795万元；安排市级2007年度开发整理重点项目10个，项目区总规模3794.8公顷，新增耕地191.73公顷。加强耕地占补平衡项目库管理，全市入库102个项目，建设规模1153.7公顷，其中99个项目通过省、市级验收。

第二节　基本农田保护

一、保护面积

1993年12月，《江苏省基本农田保护条例》出台，淮阴市开始划定基本农田工作。1994年6月，完成农田保护区指标初步分解。1995年1月，省政府在《江苏省基本农田保护面积表》中，下达淮阴市一、二级基本农田保护区指标分别为93.27万公顷和14.43万公顷，耕地保护率99.6%。

1996年行政区划调整后，淮阴市基本农田减为一级保护农田45.07万公顷，二级保护农田8.11万公顷。

1996年，针对滞后的乡镇域规划和已划定的基本农田保护区在规划目标年和选址定位上的矛盾，市政府相应调整原下达给有关县（市、区）的基本农田划定面积指标。全市实际划定一级基本农田45.14万公顷，完成省下达任务的100.15%，划定二级基本农田9万公顷，其中耕地2.74万公顷，完成省下达任务的111.8%。

1998年，基本农田保护区不再分一、二级，以原一级基本农田保护区为基本农田保护区，全市基本农田保护区面积调整为45.22万公顷，共计10103片、37971块，保护率92.2%。

2005年，《淮安市土地利用总体规划（2006—2020）》出台，全市基本农田保护面积调整为42.12万公顷，保护率85.97%。至2008年，没有变化。

二、保护措施

1994年起，全市实施基本农田保护工作，编制基本农田保护区规划，划定基本农田保护区，绘制土地利用现状图和基本农田保护规划图，制定基本农田保护规划制度、基本农田保护区制度、基本农田保护责任制度、占用基本农田审批制度、基本农田占补平衡制度、基本农田保护监督检查制度、禁止破坏和闲置荒芜基本农田制度、基本农田地力建设和环境保护制度等。1995年，全市举办各类培训班800多期，参训人员5000多人次。各地开始研究制定基本农田保护的管理制度和措施，以文件形式印发基本农田保护办法或管理意见。市政府与各县（市、区）政府签订基本农田保护责任书，各县（市、区）与所属乡镇分别签订基本农田保护责任书，市、县（市、区）、乡镇建立三级保护网络，乡、村田块普遍设立保护标志牌，注明保护面积、管理措施、责任人等。1996年起，全市建立耕地动态报告制度，实行耕地保护各级政府负责制。同年，《淮阴市基本农田保护办法》出台，全市基本农田保护纳入依法管理轨道，各县（市、区）均制定基本农田保护办法并施行。1999年起，以耕地总量动态平衡有余为目标，强化用地审批管理，对基本农田保护区进行经常性检查，明确责任，健全制度，从源头上防止违法用地事件发生。2003年，全市推广金湖县闵桥镇开展的基本农田保护试点工作经验，做到"以图管理、以桩定界、依法处理、公众参与"，建立县、乡、村、组、户的管理网络，责任到人，定位到地，点面结合，形成室内有资料、田块有标志、管理有制度、监督有专人的基本农田管护局面。

2004年，全市开展基本农田保护大检查，全面完成基本农田保护基础性工作。建立完善基本农田保护规章制度；摸清全市基本农田家底和质量，绘制出基本农田保护区现状图；完成基本农田图上定位和实地定牌定桩，全市树立地块保护标志牌465块；县、乡、村三级签订基本农田保护责任状1653份，向近百万户农户颁发基本农田保护责任书。全面建立基本农田保护台账，形成图件、数据、文字、制度等系列化成果。2006年，市政府印发《淮安市县级政府耕地保护责任目标考核办法》，明确县（区）长为第一责任人，对在各自行政区域内的耕地保有量和基本农田面积、土地利用总体规划和年度计划执行情况负总责，不仅对审批的用地负责，而且对所有实际发生的用地负责。全市开展基本农田保护"争先达标"活动，全市达标率67%。洪泽县被明确为全省7个省级基本农田保护示范区之一。建成2006年度耕地占补平衡项目库，项目区总面积3600公顷，新增耕地面积1453公顷，折抵建设占用1047公顷耕地，实现耕地占补平衡有余。申报洪泽县仁和镇、三河镇，涟水县方渡乡3个国家级土地整理项目和涟水县小李集乡、洪泽县老子山镇2个省级土地整理项目，争取到国家、省无偿资金1.08亿元。

2007年，市政府与各县（区）政府签订土地管理目标责任状，将耕地保护责任和土地利用的有关约束性指标纳入市、县（区）、乡（镇）三级政府目标考核，分解下达县级政府耕地保有量和基本农田保护面积，明确各级政府主要负责人对各自行政区域内的耕地保有量和基本农田保护面积负总责。严格执行基本农田管护制度，全市基本农田“争先达标”工作通过省验收。至2008年，全市基本农田保护情况良好，标志牌、界桩完好，未发生基本农田被破坏、侵占、闲置荒芜等情况。

第三节　地质矿产开发与保护

2001年起，淮安市国土资源局负责全市地质矿产保护管理。是年，对105家矿山企业采矿许可证进行延续变更登记，注销不具备生产条件的企业采矿许可证28个，彻底关闭盱眙县禁采区内所有采石企业。市政府出台《淮安市地质灾害防治管理办法》，编制《淮安市汛期地质灾害防治预案》，并对盱眙县地质灾害易发地区进行有效监控。在盱眙县进行试点，对其四大矿区的30个采矿点进行公开拍卖，成交16个，总价417万元，总成交资源量377万吨。2002年7月，省国土资源厅在盱眙县召开全省采矿权拍卖现场会，当场拍卖6个采矿权。市国土资源局总结推广盱眙县试点做法，扩大采矿权有偿出让的范围，全年拍卖采矿权60多个，收取采矿权有偿出让金近800万元。

2003年5月18日，全省首次探矿权挂牌出让在盱眙县举行，挂牌出让的7个单元区块分别位于盱眙县仇集乡和古桑乡境内，矿区总面积2.88平方公里。竞买企业有8家，在挂牌报价截止后，仍有2个以上竞买人要求再报价，根据《江苏省探矿权挂牌出让暂行办法》规定，决定进行现场竞价。1～7号区块分别以49万元、198.2万元、168万元、81.2万元、65.8万元、90.6万元、68.8万元被竞得。其中2号区块从10.68万元的底价竞价到198.2万元成交；3号区块从5.03万元底价竞价到168万元成交。全市从砖瓦黏土市场化配置入手，推动矿业权使用制度改革。全年新发、换发采矿权许可证32个，其中通过招标、拍卖、挂牌方式取得采矿权的有12个。盱眙县举行首次凹土资源的探矿权挂牌出让，成交额722万元，为评估价的14倍。是年，境内新增芒硝矿储量7660万吨，新增岩盐矿储量近3亿吨；累计探明芒硝储量近2亿吨，岩盐储量35亿吨。2004年，推进砖瓦用黏土采矿权市场建设，全市出让采矿权6宗，出让价款近100万元。结合企业改制，评估采矿权2宗，确认价款860万元。开展矿产资源管理秩序治理整顿，全市持有采矿权许可证的矿山企业由2003年的264个下降到191个，芒硝、岩盐等矿种初步实现规模化、集约化生产。

2006年，制定《淮安市地质灾害防治规划》和年度地质灾害防治预案，实施汛期值班、险情巡查和灾情速报制度，加强重点地域、重点时段地质灾害防治管理。全面实现砂石、黏土采矿权市场化配置，招拍挂牌出让采矿权70宗，成交额90万元。对清浦区电站、张扬两块段芒硝矿探矿权进行挂牌出让，在全省乃至全国率先进行芒硝矿探矿权市场配置。全市未发生一起地质灾害事故。在清浦区和楚州区的谢碾、下关、朱桥矿区开展盐类采空区地面沉陷监测深标建设，预防地面沉陷地质灾害的发生。争取国家矿山环境专项治理资金和省地勘补助资金340万元，启动江苏首个国家级矿山公园——盱眙县象山矿山公园建设。2007年，淮安市整顿和规范矿产资源开发秩序，通过省政府检查验收。楚州区朱桥盐矿、清浦区卤水厂和淮阴区赵集盐矿实现重组合并。全市开山采石企业数量由54家减至29家。全市范围内100余座土立窑全部被拆除，拆除不符合保留条件的轮窑35座，拆除窑体面积333.33公顷。落实矿产资源储量动态监管和开山采石矿山监理工作制度，督促全市盐类矿山再生产井安装电子流量仪计量装置，规范开山采石行为。地质灾害防治工作得到加强，编制《淮安市2007年度地质灾害防治方案》，及时封闭121省道盱眙山口门路段，有效防止山体坍塌。完成清浦区、楚州区的谢碾、下关、朱桥3个盐矿采空区地面沉陷监测深标项目建设，建设两口基岩深标约800米钻井和埋设32个地面标。加强禁采区管理，全市划定禁采区140.16平方公里。加强矿山环境整治，投资2057万元启动盱眙县象山建材矿山公园二期工程建设。

2008年，全市有矿山企业155家，按经济类型可分为7大类。其中，国有矿山企业12家、集体矿山企业50家、股份合作矿山企业2家、联营企业2家、有限责任公司矿山企业11家、股份有限公司矿山企业3家、私营矿山企业75家，矿业从业人数11992人。累计投资31.61亿元，其中当年投资3.87亿元。生产矿石总量1423.26万吨，年产量前五种矿产分别为岩盐、砖瓦用黏土、芒硝、建设用玄武岩、建设石料用灰岩。矿山企业工业总产值23.76亿元，矿产品销售收入居前五位的分别为岩盐、芒硝、砖瓦用黏土、建筑用玄武岩、凹凸棒石黏土。从地区分布来看，盱眙县、淮阴区、楚州区、清浦区、洪泽县是矿业开发较为集中的地区。资源综合利用产值1.98亿元。新增岩盐4.45亿吨、无水芒硝近3800万吨。地热资源勘查取得新进展，洪泽县蒋坝镇地热1号井井口水温44℃，日出水量700立方米。全市有列入整合的轮窑36座，全部注销采矿许可证，停止取土制坯；整合关闭开山采石企业34家，仅保留开山采石企业20家，开山采石矿山较2007年减少63%。淮阴区赵集镇盐矿被江苏省盐业公司整体收购，省国土资源厅重新核发采矿许可证；清浦区卤水厂完成储量核查和采矿权评估，报省国土资源厅申请采矿权转让登记；楚州区朱桥盐矿报请省国土资源厅注销到期采矿许可证，停止开采。加大矿山储量动态监管力度。严格盐类矿山生产井流量仪数据记录和季度报表上报工作，规范14家岩盐芒硝矿山台账制度。编制《淮安市砖瓦用粘土资源储量动态监测表》，对砖瓦黏土实行动态监管。编制《2008年度淮安市矿产资源年报》，建立矿山矿产资源储量动态监管档案。编制《淮安市地质灾害防治方案》，地质灾害防治工作得以加强。完成盐矿2个基岩标和34个地面标的初始工程测量数据建库工作。完成盱眙县象山废弃矿山地质环境整治等项目建设。

第六章　管理与监察

第一节　管理机构

1983年3月，淮阴市城乡建设环境保护局成立，负责土地管理事务。1985年3月，淮阴市城市规划办公室成立，负责城市规划和土地征用工作。同年12月，市农业局设农村土地管理办公室，负责城市规划区外的农村土地管理工作。

1987年12月，淮阴市土地管理局（二级局）成立，为淮阴市人民政府直属机构，归口市政府办公室管理，内设建设用地管理科、法规监察科、地政地籍管理科；同时撤销市农业局农村土地管理办公室。1989年8月，市土地管理局升格为一级局。1992年10月，设土地管理局淮阴经济开发区分局。1993年2月，市土地管理局增设秘书科。

1996年，淮阴市土地管理局更名为淮阴市国土管理局，为市政府工作机构，设办公室、计划财务科、地政地籍科、建设用地管理科、土地利用规划科、法规监察科6个职能科室，另设监察室；直属单位有土地交易中心、勘测事务所。2000年，清河区、清浦区、淮阴经济开发区土地实行垂直管理体制。

2001年12月，市级党政机关机构改革，撤销市国土管理局、地质矿产局，成立淮安市国土资源局，新划入原市住房和城乡建设委员会测绘管理职能和原市计划委员会制定国土规划与土地利用总体规划有关职能（地下水资源行政管理职能交给市水利局）。市国土资源局内设办公室、财务处、规划科技处、耕地保护处（挂“土地利用处”牌子）、测绘地籍管理处、地质矿产处、法规监察处7个处室和清河区、清浦区、经济开发区3个分局机关，行政编制36人，行政附属编制4人。

2004年，省以下国土资源局实行垂直管理，县国土资源局党委和行政领导由市国土资源局党委任命，市、县国土资源局设置党委和纪委，淮阴区、楚州区设立国土资源分局。2005年，全市国土资源系统原有人员1012人，经严格考试、考核，重新核定编制704人，实际定编、定岗682人，其中执法监察机构101人、国土资源所581人，空编22人，分流安置330人。2007年，全市建成11个基层国土资源服务中心，楚州区按区域新建6个基层国土资源服务中心。

2008年，淮安市国土资源局内设办公室、组织人事处、财务处、规划科技处、耕地保护处、土地利用管理处、测绘管理处、地籍处、行政许可处、地质矿产处、法规监察处11个职能处室，另设纪检监察室，下辖清河区、清浦区、淮安经济开发区、淮阴区、楚州区、工业园区6个分局和涟水县、洪泽县、金湖县、盱眙县4个县级国土资源局，以及土地储备中心、征地开发中心、国土资源信息中心、土地交易中心、国土资源监察支队、地质矿产勘查院、土地估价所7个直属事业单位。

第二节　法规宣传

1986年，《中华人民共和国土地管理法》（以下简称《土地管理法》）颁布后，淮阴市每年定期开展宣传活动，在交通路口、街道等公众场所悬挂标语，在报纸、电台、电视节目中进行宣传。1991年6月25日是第一个“全国土地日”，全市开展多元化的宣传活动，在《淮阴日报》上发表《大地作证》专文，在市电视台《淮阴新闻》栏目连续4天播放有关土地管理工作的新闻，市人大、市政府领导发表讲话、文章进行宣传。各县（市、区）在电视、广播、影院、报纸上均有宣传，并利用横幅、咨询点、宣传车、建筑物上标语等方式进行宣传。1995年5月25日至6月25日，全市围绕“土地与法制”主题，开展“耕地保护宣传月”暨“6·25”全国土地日宣传活动。市土地管理局印发4000份《宣传提纲》和500份《致全市人民的公开信》，广为散发，市人大、市政府领导分别发表讲话和纪念文章。6月25日，《新华日报》头版载文介绍淮阴市耕地保护工作的成绩和做法。

1996年6月25日是《土地管理法》颁布实施10周年纪念日暨第6个全国土地日。市委、市人大、市政府有关领导分别为土地管理题词赠言、发表署名文章和广播电视讲话。市人大、市政府联合召开庆祝座谈会。市土地管理局在当日《淮阴日报》整版宣传全市10年来土地管理工作成绩，印发5100余份《致全市人民公开信》。县级淮安市车桥镇、洪泽县仁和镇开展耕地保护签名活动，金湖县开展团员青年土地管理知识竞赛等。1997年，市委、市政府印发《关于进一步加强土地管理和耕地保护工作的通知》。全市国土部门结合“土地与国家——爱护我们的家园”全国土地日宣传主题，开展刷新标语、法规咨询等宣传活动；订阅、分发、张贴国家土地管理局《学习参考资料》、国家土地管理局和省土地管理局宣传画、国家土地管理局《关于停止审批非农建设占用耕地的通告》《中国土地报》及“全国土地日”特刊等宣传材料1.5万余份（册）；向市、县（市、区）四套班子，市、县（市、区）各部门，各乡镇党政领导寄送市国土管理局策划印制的“全国土地日”明信片5000余张。

1999年，全市将《土地管理法》作为重点内容纳入中共党员冬训。在“全国土地日”宣传中，市政府主要负责人发表电视讲话和署名文章，宣传解读土地法内容。2000年，金湖县把土地管理法律法规列入中共党员冬训专题，把监察部、国土资源部《关于国家工作人员违反土地管理规定行为行政处罚暂行办法》作为“双思”教育内容之一，在全县科级干部中学习。2002年，市政府出台《淮安市统一征地实施办法（试行）》，全市国土资源系统组织开展“全国土地日”“世界地球日”和“全国法制日”等宣传活动，开展“送法到农村”等多种形式的国情、国策和国法宣传，强化全社会资源保护意识和国土资源部门依法行政意识。2004年，做好行政许可事项清理，开展行政许可法学习培训活动，举办培训班7期，全系统参训率100%。2008年，抓好国土资源法制建设，按规定完成“世界地球日”“全国土地日”“全国法制日”“行政执法服务月”等主题宣传活动。

第三节　执法监察

1995年4月中旬至5月中下旬，市、县土地管理局会同监察部门，采取乡（镇）自查上报、县级普查把关、市级抽查复核的办法，开展非农业建设用地清理检查，查清全市1993年、1994年的非农业建设用地、违法用地、抛荒撂荒情况，全市两年有违法用地242件，面积161公顷。其中，涉及乡村企业194件，违法占地129公顷；抛荒撂荒30件，面积33公顷。针对清查中发现的问题，市、县（市、区）土地管理局区别不同情况，作出没收、拆除建筑物或限期补办手续、勒令停办、限期停工、收回土地、恢复耕种等处理。洪泽县土地管理局查处江苏油田三河基地所在地2起违法用地案件，在县法院的配合下，对三宏涂料厂非法占地案件作出没收非法建筑物并处罚款处理。涟水县保滩镇十堡村未经任何批准占地8.7公顷建轮窑违法用地行为得到纠正，所占土地及时恢复耕种。1995年8月，对淮阴海关筹建处、市远东开发实业公司、市建安总公司第六建筑公司在市经济开发区内的3宗土地使用权因建设位置调整无需使用，或签订出让合同2年后仍未支付全部出让金以及划拨2年后仍未按批准用途开工建设，造成土地长期荒芜闲置的行为，市政府依法作出注销征用土地批准通知书和解除国有土地使用权出让合同，收回土地使用权的处理决定。

1996年，全市开展窑业用地专项治理活动，按照“丈量细致、现状真实、数据准确、材料齐全”原则，准确摸清全市窑业用地情况。全市有各类窑厂2423座（轮窑186座），占地面积1833公顷（耕地733公顷），取土面积1133公顷（耕地500公顷）；未经批准的窑厂1682座，占窑厂总数的69%，占地937公顷，占总用地面积的53%，取土面积640公顷，占总取土面积50%；在186座轮窑中，有土源的103座；有50%以上窑厂处于停产半停产状态。经过治理，全市拆除小土窑657座，占小土窑总数的29.4%，拆除复垦144公顷，占小土窑占地总数的44.5%；拆除轮窑2座（占地23公顷），停产3座（占地面积30公顷），转产4座（占地面积251公顷），复垦8座（面积66公顷）。

1997年，全市开展非农建设用地清查，摸清各类非农建设用地数量和闲置土地数量。1991年1月1日至1997年4月14日，全市非农建设用地42147宗（违法用地占12.25%），用地面积

3680.36公顷（违法用地占29.89%），其中占用耕地2695.67公顷（违法用地占32.63%）。具体来说，国家建设用地4011宗（违法用地占9.79%），用地2704.03公顷（违法用地占27.85%），其中耕地2160.64公顷（违法用地占30.56%）；集体建设用地995宗（违法用地占33.07%），用地314.83公顷（违法用地占64.56%），其中耕地188.64公顷（违法用地占60.78%）；农村建房37141宗（违法用地占11.95%），用地661.5公顷（违法用地占16.19%），其中耕地346.39公顷（违法用地占14.09%）。全市闲置土地242宗，占地面积29.53公顷。至当年年底，全市依法补办手续4904件，涉及面积978.11公顷，收缴规费348.12万元。是年，市各级国土管理部门对1996年开展的窑业用地专项治理和1993年以后违法用地审报处理工作进行扫尾，配合民政部门开展墓葬用地专项治理。结合非农建设用地清查，加大土地执法的处罚力度，对市区承德路、团结小区违法用地清查处理，对房地产开发用地清查中发现的违法用地进行处理，依法执行嘉盛房地产开发公司等非法占地案。对违法占用基本农田案件，坚持发现一起，查处一起。全市有违法占用基本农田案件9宗，占地1公顷，其中7宗被及时制止。

1998年，对非农建设用地清查工作进行查漏补缺，补办手续11宗，面积103公顷，其中耕地66公顷；上报少补办45宗，面积516公顷，其中耕地478公顷。1999年，加强巡回监察和信访工作，对发现的10多起违法占用基本农田案件及时进行制止。涟水县综合房地产开发公司以建经济适用房为名，征用南园乡国有果园地2.69公顷，非法改变用途建小别墅0.68公顷，另外少批多占1.11公顷，群众反映强烈。市、县国土部门深入当地了解情况，依法进行处罚，并责令其补办用地手续。同时，各地还结合实际，有计划地开展专项执法活动。查处非法转让、联合开发等违法用地行为29起。开展土立窑清理工作，拆除土立窑60余座，规范窑业用地管理秩序。加强非法转让土地清理，市、县、乡三级政府均成立清理工作领导小组，市政府专门制定清理方案、印发通告。各县（市、区）国土部门抽调专门人员，分组作业，边清理边查处。是年，全市清理违法用地3200宗（单位825宗），处理670宗，收缴规费380多万元。2000年，全面开展创建土地执法模范县活动，金湖县有90%的乡镇达到土地执法模范乡镇标准，通过省政府的验收；全市查处483起土地违法案件（市区32起）。

2001年，市、县（区）政府成立土地批租专项治理领导小组，下设办公室，对1999年1月1日至2001年6月30日的土地批租情况开展专项清理，全面查清土地批租情况。在2年半时间内，全市供地756宗（市本级138宗），面积504.43公顷（市本级178.64公顷）。其中，划拨供地180.72公顷（市本级15.17公顷），出让供地238.23公顷（市本级80.13公顷），租赁供地4.95公顷（市本级2.81公顷），作价入股80.53公顷（均为市本级）。在用地总量中，新增建设用地183.56公顷，利用存量建设用地324.89公顷，工业用地151.52公顷（市本级97.85公顷），商业用地54.39公顷（市本级12.67公顷），房地产开发用地141.41公顷（市本级54.04公顷）；党政机关、公益事业、基础设施用地61.14公顷（市本级14.08公顷）。全市合同出让总额3.05亿元，实际到账8794.4万元。在土地批租过程中，减免土地出让金问题比较突出，全市2年半共擅自减免出让金2800万元；招标拍卖供地比例较低，出让金体外循环游离于财政监督管理之外；非法转让划拨土地比较严重，有的开发商以建解困房、安居房、经济适用房为名获得国有划拨土地使用权，变相开展商品房开发。全市发现非法转让土地、改变土地用途和未批先用等违法违规用地111宗，涉及面积40公顷，当年调查处理61宗，涉及面积4.68公顷。依法收回市区闲置土地使用权19宗33.33公顷。立案处理党员干部16人，追缴违法违纪金额33万元；追缴欠缴土地出让金210万元。

2002年，加强矿产资源开发管理，全市关闭采石企业157家，查处无证开采146起，查处越界开采15起，对25家矿山企业进行整顿，有13家整顿不合格被关闭，注销采矿许可证136个，收取罚没款35万元。加大土地权属纠纷调处力度，调处权属纠纷案件3676起。加强土地执法监察动态巡查，立案查处违法用地案件170件，涉及土地面积22.55公顷，其中市国土局直接立案查处违法用地行为16宗，当年处理结案14宗。查处土地批租方面违法违纪案件，追缴由领导个人签批减免的土地出让金3535.35万元，其中市级领导个人签批减免的出让金追缴到位2478.33万元，占应追缴额的97.23%。对市区闲置土地依法回收，收回市区33宗35.47公顷国有土地使用权。2003年，全市查处各类土地违法案件464件，涉及土地面积524.6公顷，处理有关违法用地责任人5人。治理整顿土地市场秩序，推广盱眙县将工业项目向县级工业园区集聚的做法，对乡镇园区进行整合。全市原有各类园区92个，占地面积4815.51公顷。整合后，各类园区减至10个。其中，省级园区2个、市级园区1个、县级园区7个，实际用地面积1269.73公顷。集中整治砖瓦窑业，拆除窑体176个，关停砖瓦企业10家，复垦成耕地163.3公顷。开展创建土地执法模范县、乡（镇）活动，全市117个乡（镇）中有100个乡（镇）达标，达标率为85%，有17个乡（镇）受到市政府表彰。

2004年，全市完成土地占用、土地审批、耕地占补平衡、新增建设用地土地有偿使用费征收使用、征地补偿安置、经营性土地招拍挂6项清理整顿任务，通过省验收。撤销各地擅自设立的园区73个，对保留、拟保留的8个开发（园）区，按规定两次核减规划面积，由原1.03万公顷核减到4000公顷。全市立案查处巡查发现违法用地331宗，涉及面积726.67公顷，处罚到位324宗，涉及土地面积706.67公顷，结案率98%；处罚款5688万元，罚款到位率97%；处理相关责任人50人（正科级干部8人、副科级干部23人）；移送公安机关查处3宗；申请法院强制拆除8宗，涉及土地面积69.95公顷。依法查处无证和越界采矿3起，注销采矿许可证66个。

2005年，强化行政复议和应诉工作，应诉复议案件3件、诉讼案件21件，维持率100%。在全市开展拉网式清查活动，立案查处巡查发现违法用地77宗，涉及土地面积135.93公顷，其中耕地131公顷；结案74宗，结案率96%。罚没款923万元，处理相关责任人12人。加大矿山年检力度，全市200家矿山企业年检率100%，年检中有18家矿山企业被责令限期整改。全市矿山企业共补征各种规费18万元，罚没款10万元，刑事处罚1人。开展违法用地完善手续申报工作，全市上报省国土资源厅200宗计431.82公顷用地，均通过审批。

2006年，协调土地权属纠纷213宗；整顿和规范矿产资源开发秩序，全市100座土、立窑全部拆除，33座轮窑全部关闭，拆除10座，拆除窑体面积3万多平方米。对193家矿山企业实施年检，全市征收矿补费485.15万元。规范行政审批事项。全年办理复议案件12件，应诉案件21件，维持率100%。立案查处各类违法用地227宗，结案212宗，收回土地面积45公顷，收缴罚没款982万元，依法追究党纪、政纪责任108人，移送司法机关追究刑事责任1人。

2007年，加强对经营性用地的批后监管，全年追缴土地出让金2.19亿元，调处土地权属争议12起。加强土地执法监察，研究出台《淮安市国土资源执法监察责任制》，建立市、县（区）、乡（镇）三级全员执法监察责任制。在全市开展查处土地违法违规案件专项行动、土地执法百日行动、国有土地使用权出让专项清理行动等。全年立案查处各类违法用地131宗，涉及土地面积325.07公顷，其中耕地294.29公顷，收回土地面积77.24公顷，罚没款553.83万元，追究有关违法用地责任人30人。

2008年，加强对经营性用地的批后监管，对市区增加容积率的7宗经营性用地，补缴土地出让金3655.56万元。编制土地权属争议应急处理预案，全年有效调解、处理土地权属争议17起。全市各级国土资源部门实行全员执法监察责任制，形成纵向到底、横向到边的执法监察格局。按照“预防为主，防查结合”原则，建立健全市、县（区）、乡（镇）三级土地执法动态巡查机制和土地执法挂钩联系制度，与检察机关建立预防和制止破坏土地、矿产资源渎职等职务犯罪联席会议制度，严肃查处国土资源违法违规案件，查处各类违法用地案件127宗369.4公顷，处理违法用地有关责任人39人。

·淮安市志·（1978—2008）

第三卷　环境保护

第一章　环境保护机构

第二章　环境质量

第三章　环境监测

第四章　环境治理

第五章　生态保护与建设

1978年起，淮阴地区及所辖县（市）陆续成立环境保护管理机构及环境保护监测机构，负责境内环境保护和监测。

1985年6月，全市首次开展污染源调查，查明污染源状况、污染排放情况及主要污染物。此后，开始进行有针对性的环境整治。1986—1990年，全市环境综合指数无明显变化。

1991—1995年，淮阴市把水污染防治、大气污染物排放、固体废弃物存放等环境保护项目纳入国民经济和社会发展中长期规划和“五年计划”。开展环保教育和“中华环保世纪行”活动，大中专学校和中小学开设环保知识宣传教育课，增强人民环保意识。全市大气为轻污染，大气污染综合指数较前5年稍有下降，其中1994年和1995年有明显好转。1996年起，全市关停和取缔110余家污染严重的小企业。

2000年，市区主要污染源单位淮阴发电厂、淮钢集团、清江化肥总厂等10家企业产生的固体废弃物基本做到妥善处理。当年5月，市政府划定秸秆禁烧区。全市各地采用秸秆还田、秸秆发电、秸秆沼气、秸秆食用菌、秸秆制板、秸秆编织、秸秆饲料等方式，解决秸秆禁烧后的出路问题。该项工作在国家和省内领先，市区总悬浮颗粒物下降明显。是年，市区及各县（市）二氧化硫、氮氧化物年日均浓度均达到国家环境空气质量二级标准。

2002年起，淮安市开展创建国家环境保护模范城市活动。2003年，市政府印发《淮安市淮河流域水污染防治“十五”实施计划》，加大监测和管理力度。工业废水达标率稳定在95%以上。工业废水排放量控制在0.6亿～1.2亿吨，化学需氧量排放在0.7万～2万吨。四季青污水处理厂主干管网建设由14公里增加到25公里，污水收纳由原4.7万吨/日增加到6.5万吨/日。2005年，市内淮河流域4个省以上控制断面水质基本达到国家地表水Ⅲ类标准，其中饮用水源集中取水口一级保护区达到国家地表水Ⅱ类标准。

2006年起，开展环境综合治理，实施“蓝天、绿水、文明、卫生”环境工程，开展生态示范区建设，加大创建国家环境保护模范城市和江苏省文明城市力度，启动污染整治生态建设工程，采取先进技术监测和管理固体废弃物，市区烟尘控制区面积96.44平方公里，覆盖率100%。集中整治饮用水源污染和隐患，整治重污染工业园区环境问题和建设项目环境违法问题。开展整治违法排污企业、保障群众健康环保专项行动，当年空气质量达到国家环境保护模范城市考核要求。2008年，淮安市实施里运河北岸、城南、钵池等截污工程，完成总投资2.77亿元。当年排放工业废水9512万吨，工业废气154.44亿标准立方米，二氧化硫4.4万吨。全市固体废弃物综合利用率达99.99%。涟水县、金湖县被列为江苏省秸秆禁烧综合利用示范县。

第一章　环境保护机构

第一节　行政管理机构

1978年，淮阴地区及所属县（市）均建立环境保护办公室，分别归口地区和各县（市）计划委员会、基本建设委员会领导。1983年3月，淮阴地区环境保护办公室、基本建设局和清江市环境保护局、基本建设局合并，成立淮阴市城乡建设环境保护局，内设环境保护管理科。

1984年7月，淮阴市环境保护局成立，内设综合计划科、环境管理科。1986年7月，市环境保护局内设机构调整为城市环保科、农村环保科和综合计划科。1989年1月，市环境保护局内设机构调整为综合计划科、环境治理科、监督管理科、政秘科。1994年，撤销环境治理科，设立大自然保护科。

2001年2月，淮阴市环境保护局更名为淮安市环境保护局，内设办公室、计划财务与审计处、环境法制与宣传教育处、科技处、污染控制处、开发建设环境管理处、自然生态保护处。至2008年，市环境保护局机构设置未变。

第二节　环境监测机构

1978年10月，清江市环境保护科研监测所成立，属市环境保护办公室领导，内设现场组和检验组。1979年2月，淮阴地区环境保护监测站成立，内设政秘科、综合科、现场监测科与检验科。

1983年4月，清江市环境保护科研监测所和淮阴地区环境保护监测站合并，成立淮阴市环境保护监测站，隶属于淮阴市城乡建设环境保护局，内设政秘科、综合科、现场监测科与检验科。1984年7月，淮阴市环境保护监测站内部机构调整为政秘科、综合科、水室、气室。1986年，增设监督监测室。1988年，内设机构调整为办公室、综合室、环境监测室、污染源监督监测室、仪器分析室。1992年，内设机构调整为办公室、综合计划室、大气环境监测室、水环境监测室、仪器分析室、科研评价室、技术管理室。1993年，增设生物监测室。

1995年，洪泽湖环境监测中心站成立，与淮阴市环境保护监测站合署办公。同年3月，市环境保护监测站通过市级计量认证。1997年，内设机构调整为办公室、业务技术室、大气环境监测室、水环境监测室、生物监测室、仪器分析室、科研评价室。1998年，更名为淮阴市环境保护监测中心站。1999年，首批通过省环境保护厅标准化监测站验收。2000年，增挂“淮阴市无公害食品检测中心”牌子，从事农产品及农产品原料产地环境质量的评价、检测与分析。

2001年2月，淮阴市环境监测中心站更名为淮安市环境监测中心站。2002年，被省环保厅确定为江苏省环境监测苏北分中心，履行苏北四市的饮用水源巡测、重点源抽查、市界断面监测等工作职责。2002年11月，通过国家环境监测实验室认可。2003年，增设环境信息中心。2005年，增挂"淮安市环境信息中心"牌子。2006年，增设辐射监测室。至2008年，市环境监测中心站机构设置未变。

第三节　其他环保机构

1987年6月，淮阴市排污收费管理站成立，为市环境保护局下属副科级单位。1988年1月，淮阴市环境保护宣教中心成立，为科级事业单位。1988年10月，淮阴市环境科学研究所成立，核定事业编制5人，隶属于市环境保护监测站。1989年11月，市环境科学研究所从市环境保护监测站划出单列，为市环保局下属科级事业单位。1990年11月，淮阴市环境工程监督管理站成立。同年，淮阴市环保公司成立。淮阴市排污收费站更名为淮阴市环境监理站。1995年2月，淮阴市环境保护培训中心和淮阴市环境工程监督管理站成立，均为市环保局下属科级全民事业单位。1995年5月，市环境监理站更名为淮阴市环境监理总站。1997年3月，淮阴市环境科学研究所实验工厂改制，成立淮阴辉煌太阳能有限公司。1997年4月，淮阴市环境工程设计室成立，为市环保局下属科级事业单位。1998年3月，市环境监理站更名为淮阴市环境监理支队，升格为副处级单位。1999年4月，市环境监理支队内设办公室、业务指导科和排污收费征收科、监理一大队和二大队。2008年，市环保局成立固废和安全辐射中心。

第二章　环境质量

第一节　大气环境质量

一、市区大气环境质量

1979年，淮阴市区开始进行二氧化硫定点监测，日平均值为0.042毫克/立方米。1986—1990年，日平均值为0.055毫克/立方米，接近国家环境空气质量二级（以下简称"国家二级标准"）年日均0.060毫克/立方米的标准。氮氧化物5年日平均值为0.029毫克/立方米。总悬浮微粒5年日平均值为0.375毫克/立方米，超过国家二级标准的42.21%。1986年、1987年、1988年，灰尘自然沉降量超标率为零，1989年超标率8.3%，1990年超标率猛增至41.7%。5年间，市区灰尘是最大的污染物，其次是气体污染物。在气体污染物中，燃煤产生的二氧化硫是仅次于灰尘的第二个大气污染物，主要原因是市区很多工厂和电厂生产均用煤作为燃料。

1991—1995年，市区大气中二氧化硫平均浓度为0.023毫克/标准立方米，低于国家二级标准。1991年、1993年年日均浓度基本持平，日均浓度超标率最高的1993年为1.7%，1994年、1995年有较大下降；5年平均浓度超标率0.7%。氮氧化物5年平均浓度0.031毫克/标准立方米，低于国家二级标准，1992年日均浓度远高于其他年度日均浓度值；1991年、1992年的日均值超标率分别为1.4%、9%，其他年份无超标；5年日均浓度超标率为2.1%。总悬浮微粒5年平均浓度为0.345毫克/标准立方米，超过国家二级标准，是影响市区大气质量的主要因素；1994年日均最大0.408毫克/标准立方米，超标0.36倍；5年日均浓度超标率43.6%。根据市区1991—1995年大气污染综合指数分析，市区大气质量为轻污染，较前5年大气污染综合指数2.68稍有下降。1992年大气质量最差，1993年大气质量稍好，1994年、1995年有明显好转。5年间，影响大气质量的污染物主要是总悬浮颗粒物、降尘、氮氧化物和二氧化硫，其中氮氧化物由前5年排名第4位上升为第3位，二氧化硫则降到第4位，主要原因是氮氧化物的最大污染源汽车的数量大幅度上升。

1996—2000年，市区二氧化硫年均值范围为0.012～0.016毫克/标准立方米，均达到国家二级标准。5年中，除1998年、1999年浓度略低外，其他各年基本持平；5年平均值为0.014毫克/标准立方米，较前5年下降39.1%。总悬浮颗粒物5年日均浓度值未达到国家二级标准，呈V型变化趋势，1998年浓度最高为0.632毫克/标准立方米。5年平均值为0.287毫克/标准立方米，较前5年下降16.8%，特别是2000年比1999年下降11.4%。主要原因是2000年电力行业生产负荷不足，用煤量下降较多；低硫份煤开始普遍使用，烧结工段粉尘完成治理。淮钢集团粉尘排放量由之前4700吨左右下降至678.4吨。

2001—2005年，市区二氧化硫年平均值范围为0.016～0.03毫克/立方米，均达到国家二级标准，除2003年、2004年浓度略低外，其余年份基本持平，5年平均值为0.036毫克/立方米。二氧化氮5年的年平均值范围为0.026～0.1毫克/立方米，均未达到国家环境安全质量二级标准。2004年浓度较低，2001年、2002年浓度较高。可吸入颗粒物5年的年平均值范围为0.103～0.164毫克/立方米，均未达到国家二级标准，但呈现明显下降趋势，2001年浓度最高为0.164毫克/立方米，是影响市区环境空气质量的主要污染物。5年的降尘年平均值范围为3.9～13.3吨/平方公里·月，仅2001年未达到国家二级标准，主要原因是当年市区城市道路大规模改造。硫酸盐化速率5年的年平均值范围为0.24～0.44毫克/百平方厘米·碱片·日，仅2002年达标，并呈现出前期低后期高的趋势。因2004年华能淮阴电厂二期扩建工程、淮阴电厂2台5.5千瓦热电联产项目以及一些化工企业投产，废气排放量增加。

2006年，因发电用煤量及机动车数量增加，市区空气中二氧化硫和氮氧化物含量上升，市区二氧化硫年均值为0.051毫克/立方米，达到国家二级标准；监测浓度范围为0.007～0.368毫克/立方米，超标63点次。二氧化氮年均值为0.031毫克/立方米，优于国家二级标准；监测浓度范围为0.004～0.19毫克/立方米，日均值有8次超标。市区可吸入颗粒物和降尘下降。因创建国家环境保护模范城市、国家卫生城市和国家园林城市，城市绿化面积增加，强化烟尘控制区达标建设，加强施工管理等，控制二次扬尘，可吸入颗粒物年均值为0.098毫克/立方米，达到国家环境空气质量二级标准，监测浓度范围为0.049～0.36毫克/立方米。降尘平均值为9.3吨/平方公里·月，监测浓度范围为3.9～13吨/平方公里·月。硫酸盐化速率年平均值为0.42毫克/百平方厘米·碱片，超标0.68倍，监测浓度范围为0.1～0.89毫克/百平方厘米·碱片，一次性监测值年超标率为28.3%。

2007年，市区空气质量达到国家二级标准。全年监测365天，其中318天空气质量良好。市区二氧化硫年均值为0.052毫克/立方米，达到国家二级标准，二氧化硫监测浓度范围为0.001～0.477毫克/立方米。二氧化氮年均值为0.028毫克/立方米，优于国家二级标准；监测浓度范围为0.001～0.155毫克/立方米。市内暂定淮阴区监测站为市区清洁对照点。市区降尘年平均值为9.9吨/平方公里·月，监测浓度范围为3.73～15.8吨/平方公里·月，达到国家二级标准。硫酸盐化速率年平均值为0.367毫克/百平方厘米·碱片，超标0.47倍，监测浓度范围为0.06～0.87毫克/百平方厘米·碱片，一次性监测值年超标率为66.7%。可吸入颗粒物年均值为0.098毫克/立方米，达到国家二级标准，监测浓度范围为0.002～0.543毫克/立方米。全年市区环境空气主要污染物浓度较高值出现在1月，污染综合指数最低在8月。

2008年，淮安市加大秸秆禁烧力度，加强对排放废气的全市重点污染源监督监测，确保脱硫装置运行和使用低硫煤，对超标排放的企业加强整治。提高绿化率、集中供热率，搬迁污染较重的企业，改善道路状况，分流车辆，主要道路采取洒水措施。市区环境空气质量优于2007年，二氧化硫浓度明显下降，二氧化氮基本持平，可吸入颗粒物稍有下降。全年环境空气质量监测366天，其中339天空气质量良好。二氧化硫年均值为0.037毫克/立方米，达到国家二级标准，监测浓度范围0.003～0.278毫克/立方米。二氧化氮年均值0.027毫克/立方米，优于国家二级标准，监测浓度范围0.001～0.2毫克/立方米。可吸入颗粒物年均值0.082毫克/立方米，达到国家二级标准，监测浓度范围0.003～0.502毫克/立方米。市区降尘平均值8.36吨/平方公里·月，监测浓度范围2.28～15.5吨/平方公里·月。市区硫酸盐化速率年均值0.2毫克/百平方厘米·碱片，达到国家二级标准，监测浓度范围0.09～0.54毫克/百平方厘米·碱片，一次性监测值年超标率1.7%。

二、酸雨

1984年，淮阴市开始酸雨监测。监测结果显示，全市属酸性降水区域。1986—1990年，市区历年出现酸雨次数分别为6次、2次、5次、3次、1次，酸雨平均发生率为4.34%；全市酸雨平均发生率为9.21%，主要分布在盱眙县、金湖县、涟水县等地，极值在金湖县，达20.53%，洪泽县未出现酸雨。

1992年，市区出现酸雨2次，降水成分中，硫酸根含量最高，其次为钙离子。

1996—2000年，市区获取降水样品285个，其中酸雨样品11个，2000年酸雨发生率最高，为6.25%，1998年最低，为0。

2006年，市区无酸雨发生，盱眙县和金湖县出现酸雨，分别为4次、2次，酸雨率分别为14.3%和4%。2007年，市区无酸雨发生，盱眙县出现4次酸雨，酸雨率为7.69%，其他县无酸雨发生。2008年，市区无酸雨发生，盱眙县出现4次酸雨，酸雨率为14.8%，其他县无酸雨发生。

第二节　水体质量

一、地表水质量

1986年起，淮阴市对全市地表水质量进行正常监测。

（一）淮河淮安段

1986—1990年，淮河淮阴段水环境质量属轻污染级。主要污染物为氨氮、石油类，无明显变化。污染物主要来源为大柳巷断面以上安徽省的污染，以及位于盱眙县打石山和淮河大桥断面之间县内污染。

1991—1995年，淮河盱眙段水质较差。其中，1991年、1992年污染呈上升趋势；1993年水质有所好转；1994年水质最差，其污染物主要来源是大柳巷断面以上河南省、安徽省的工业废水和生活污水。因水质污染，导致淮河鱼虾、贝类全部死亡，并造成盱眙县自来水厂饮用水供应一度中断。1995年，水质又有好转。在主要污染指标中，高锰酸盐指数及砷、氰化物上升趋势显著，较前5年上升20%。

1996—2000年，淮河盱眙段总体水质有明显好转，主要污染物挥发性酚下降明显，高锰酸盐指数、石油类和亚硝酸盐氮也有下降趋势，但淮河上游安徽省、河南省等地污水突发性下泄，仍会造成污染。2000年7月1—12日，安徽省蚌埠闸下泄1.4亿立方米污水，造成淮河盱眙段淮河大桥断面高锰酸盐指数和氨氮分别为12毫克/升、17毫克/升，分别超标1倍和33倍，水质劣于地表水水域环境Ⅴ类，造成全市沿淮河乡镇直接经济损失9000万元。

2001—2005年，淮河盱眙段污染指数和主要污染物浓度略有下降，水质略有好转。

2006年，淮河盱眙段肖嘴断面水质为Ⅳ类，不符合水功能区划要求。其主要超标项目为石油类、氨氮、化学需氧量、高锰酸盐指数和五日生化需氧量。

2007年，淮河盱眙段肖嘴断面水质为Ⅳ类，氨氮平均值超标，超标率16.7%，另有总磷和粪大肠菌群出现一次性监测值超标。

2008年，淮河整体水质为优。全年水质达Ⅲ类比例为61.1%，主要超标项目为氨氮、粪大肠菌群和化学需氧量。

（二）京杭大运河淮安段

1986—1990年，京杭大运河淮阴段水环境质量属轻污染级，主要污染物为氨氮。

1991年、1992年，京杭大运河淮阴段污染下降，主要超标项目为石油类、高锰酸盐指数、五日生化需氧量，属化学性有机污染。1991—1995年，总体水质良好，水环境质量属清洁级。

1996—2000年，京杭大运河淮阴段水质达到Ⅳ类水质标准，各断面“三水期”（丰水、枯水、平水）平均值和一次性监测值均未出现超标现象，主要污染物挥发性酚下降明显。

2001—2003年，京杭大运河淮安段各类污染物年均值均未超标，水质整体达到Ⅳ类标准。2004年，五叉河断面氨氮出现超标，超标率8.3%，主要超标项目为五日生化需氧量、氨氮、高锰酸盐指数和挥发酚。2005年，楚州区平桥断面水质达到Ⅲ类水质标准，水质良好。市区五叉河口、大运河桥和板闸3个断面水质均达到Ⅳ类水质标准，3个断面五日生化需氧量指标超标率分别为75%、100%和100%，3个断面氨氮超标率分别为25%、42%、25%。

2006—2008年，京杭大运河市区段和楚州段水质为优，符合Ⅲ类水质标准要求。影响水质的主要超标项目为高锰酸盐指数、化学需氧量、五日生化需氧量、氨氮、氟化物和石油类。

（三）里运河

1986—1987年，里运河水质属轻污染级。1988—1990年，属中污染级。主要污染物为氨氮。形成污染的主要原因是在淮阴市区断面接纳化工、食品、制药、机械等行业工业废水及居民生活、流动船舶等生活污水。

1991—1992年，水质较好，属清澈级。1993—1995年，水质较差，属轻污染级。

1996—2000年，市区人口迅速增加，第三产业发展较快，城市生活污水排放量剧增，生活污水污染比重超过80%。里运河引河口断面水质丰水期达Ⅴ类水质标准，枯、平水期低于Ⅴ类水质标准，总体水质低于Ⅴ类水质标准。

2001—2005年，里运河引河口断面水质低于Ⅴ类水质标准。该断面占河段污染负荷比为51.4%，影响水质的主要超标项目为五日生化需氧量、溶解氧、氨氮、高锰酸盐指数、挥发性酚、化学需氧量。

2006年，里运河引河口、东风造纸厂2个断面水质均低于Ⅴ类水质标准。超标项目为五日生化需氧量、高锰酸盐指数、氨氮、总磷、溶解氧和粪大肠菌群，超标率分别为100%、100%、83.5%、100%、50%和25%。该河段不符合水功能区划要求。

2007年，里运河引河口、东风造纸厂2个断面水质达到Ⅳ类水质标准。超标项目为五日生化需氧量和总磷，超标率分别为83.3%、100%，年均值超标为0.3倍和0.33倍。该河段不符合水功能区划要求。

2008年，建设里运河截污导流工程，水质有所改善，引河口总体水质为轻污染，水质达到Ⅳ类水质标准。

（四）清安河

清安河作为纳污河道，沿途接纳市区大部分工业和生活废水，加之上游及沿途无天然补给水源，河道污染极为严重。

1986—1990年，清安河水质属极严重污染级。5年间，炼油厂、淮海南路桥、淮安农校、朱家庄渡槽等断面一次监测值超标率均为100%。其污染特征是化学性有机物和化学性无机物复合污染。

1991—1992年，清安河污染呈上升趋势。1993年，因排污大户东风造纸厂部分停产，印染厂废水进行治理，清江石化厂一半车间停产，污染呈下降趋势。1994—1995年，因东风造纸厂全面恢复生产，清安河污染又呈上升趋势。1991—1995年，清安河的总体水质很差，属严重污染。

1996—2000年，对清安河进行综合治理，总体水质有所改善，但各断面水质均低于Ⅴ类水质标准。五日生化需氧量和高锰酸盐指数一次监测值超标率均为100%。

2001—2008年，清安河水质均低于Ⅴ类水质标准。影响水质的主要超标项目为氨氮、五日生化需氧量、化学需氧量、高锰酸盐指数等。

（五）盐河淮安段

盐河补给水源为洪泽湖，沿途接纳淮阴区、涟水县的工业废水。

1986—1990年，盐河水环境质量属轻污染级。5年间，仅1987年水质属清洁级，其余年份属轻污染级。其污染类型属化学性有机污染，污染物依次为氨氮、亚硝酸盐氮、化学需氧量、石油类、五日生化需氧量。

1991—1995年，盐河高锰酸盐指数、六价铬的相关系数均大于临界值，水质属轻污染级，其中1992年污染较重。

1996—2000年，盐河总体达到Ⅳ类水质标准。全河段年均值超标的项目为非离子氨和石油类，分别超标3.83倍和3.6倍，超标率分别为58.3%和77.8%。全河综合污染数最大值为淮阴县磷肥厂断面，其余各断面综合污染指数变化不大。

2001—2003年，盐河全河段水质年均值均未超Ⅳ类水质标准。2004年，5个监测断面水质均符合水功能区划要求。2005年，盐河淮阴区段和涟水县段6个断面均达到Ⅲ类水质标准。五日生化需氧量和化学需氧量一次性监测均为17%。

2006年，盐河华能淮阴杨庄发电厂、淮阴新渡和涟水时码3个断面均达到Ⅳ类水质标准。影响水质的主要污染物为化学需氧量、石油类、高锰酸盐指数、氟化物、五日生化需氧量和氨氮。

2007年，盐河淮阴区段和涟水县段6个断面均达到Ⅳ类水质标准，影响水质的主要污染物为石油类、化学需氧量、高锰酸盐指数、氨氮、氟化物和五日生化需氧量。

2008年，盐河水质达到Ⅲ类水质标准，达到水功能区划的要求。影响水质的主要污染物为高锰酸盐指数、化学需氧量、五日生化需氧量、氨氮、氟化物和石油类。盐河上游华能淮阴杨庄发电厂断面综合污染指数最低，其他5个断面综合污染指数基本持平。

（六）苏北灌溉总渠淮安段

1986—1990年，苏北灌溉总渠淮阴段水质属轻污染级。其中，1986年、1988年属清洁级，其他3年均属轻污染级。主要污染物是石油类和化学需氧量，80%的污染物是化学性有机污染。

1991—1995年，苏北灌溉总渠淮阴段总体水质较好，大部分为清洁级，仅1992年、1993年为轻污染级。1994—1995年，综合污染呈下降趋势，亚硝酸盐氮呈上升趋势，砷下降明显。

1996—2000年，苏北灌溉总渠淮阴段主要污染物石油类下降趋势明显，水质得到改善。3个断面监测水质达到Ⅲ类水质标准，主要污染物为非离子氨、总汞、石油类和高锰酸盐指数，污染类型以氨氮类与有机类复合式污染为主。

2001—2002年，苏北灌溉总渠淮安段苏嘴断面水质总汞略超Ⅲ类水质标准，其他断面均达到水功能区划Ⅲ类水质标准。2003年，苏嘴断面氨氮出现超标，超标率16.7%；三堡断面总汞超标率100%，闸北渠断面石油类超标，超标率41.7%。2004年，苏嘴断面水质达到Ⅳ类水质标准，其余3个断面符合水功能区划要求。2005年，苏北灌溉总渠淮安段水质良好，符合水功能区划要求。影响水质的主要指标为硫化物、化学需氧量、汞、高锰酸盐指数、石油类、氟化物和氨氮。2006—2007年，4个监测断面水质均达到Ⅲ类水质标准，各监测项目一次性监测值均达Ⅲ类水质标准。

2008年，苏北灌溉总渠淮安段总体水质为优，达到功能区划要求。水泥厂断面主要污染物为化学需氧量和石油类，三堡断面主要污染物为化学需氧量和高锰酸盐指数，闸北断面主要污染物为化学需氧量和高锰酸盐指数，苏嘴断面主要污染物为化学需氧量和高锰酸盐指数。

（七）淮河入江水道淮安段

1986—1989年，淮河入江水道淮安段水质属轻污染级。1990年，水质属重污染级，主要污染物为氨氮，其污染具有明显的化学性有机污染特征。

1991—1995年，淮河入江水道淮安段总体水质为中污染和重污染。其中，1991年、1993年、1994年为重污染，其余2年为中污染。

1996—2000年，淮河入江水道淮安段总体水质得到明显改善，主要污染物石油类和挥发性酚平均浓度下降明显。

2004年，金湖县三河水文站、渡口管理所和塔集3个断面均符合水功能区划要求。2005年，上述3个断面水质均达到Ⅲ类水质标准。影响水质的主要指标为化学需氧量、高锰酸盐指数、氟化物、石油类、五日生化需氧量和挥发性酚等。2006年、2007年，淮河入江水道金湖渡口管理所和塔集2个断面水质均达到Ⅲ类水质标准，符合水功能区划要求。

2008年，淮河入江水道淮安段总体水质为优，达到Ⅲ类水质标准。影响水质的主要污染物为高锰酸盐指数、化学需氧量、石油类、氟化物、五日生化需氧量和氨氮。

（八）洪泽湖

1986—1990年，洪泽湖有3年水环境质量属清洁级，即1986年、1987年、1989年，1988年、1990年属轻污染级。主要污染物为总氮和总磷。

1991—1995年，洪泽湖总体水质为轻污染和中污染。在主要污染指标中，非离子氨、总氮、总磷比较高。1996年，高锰酸盐指数和五日生化需氧量出现最高值，随后逐步下降。1997—2000年，洪泽湖总体水质有所改善。2001—2003年，洪泽湖总体水质较好，达到Ⅲ类水质标准。

2004年，洪泽湖总体水质达到V类水质标准，总氮和总磷均值都超Ⅲ类水质标准1倍。2005年，洪泽湖各测点水质均低于V类水质标准，主要超标项目仍为总氮和总磷。

2006年、2007年，洪泽湖各测点除总氮、总磷不符合Ⅲ类水质标准外，其他项目均在Ⅲ类水质标准范围内。

2008年，洪泽湖总体水质低于Ⅴ类水质标准，超标项目仍为总氮和总磷，其他项目均达到地表水Ⅲ类水质标准。根据《湖泊富营养化评价方法及分级技术规定》，洪泽湖综合营养状态指数为56.2，水质处于轻度富营养化状态。

二、地下水水质

1986—1990年，淮阴市地下水的主要污染物分为3层。第一含水层中，矿化度、氯化物、砷汞、铁、细菌、大肠菌群7个项目超标，其中主要污染物为矿化度、氯化物、大肠菌群，矿化度、氯化物5年平均值均超标。此外，1986年汞超标，1987年铁超标，1988年枯水期细菌超标，1988年丰水期砷超标。第二含水层中，主要污染物为氨氮和砷。第三含水层中的16个评价项目均低于国家标准，无一超标。3个含水层的污染类型各异。第一层是沉积环境和埋藏条件造成的污染；第二层是生活垃圾和生活污水的渗透和工业污水的排放造成的污染；第三层因埋藏在百米以下，污水很难渗透到含水层。因此，这一时期淮阴市地下水属于点源污染形式之一。

1991—1995年，市区地下潜水污染达极差级别，主要污染物项目中，氯化物、总硬度、氨氮质量类别最差。1991—1993年潜水水质为较差，1994—1995年为极差。1992年浅层承压水水质类别为较高，其他4年为较差。5年间，深层承压水水质均在良好以上，其中1992—1993年达到优良级别。

1996—2000年，市区地下潜层水水质类别为极差。2000年，由于主要污染物总硬度大幅下降，水质明显好转，上升为较差类别。1996年、1997年和1999年，市区浅层承压水水质类别为较差，1998年、2000年水质类别为极差，主要污染物为氨氮和总砷。5年间，市区深层承压水水质类别均为良好。

2001—2002年，全市3种类型地下水质量类别为承压水良好级、岩溶水较差级、潜层水良好级。潜层地下水主要污染物为氨氮。2003—2004年，共设置6个监测点，分别为清河区（潜层水）、电子学校（岩溶水）、磷肥厂（承压水）、清拖新村（承压水）、大众塑料厂（承压水）、禽兔厂（承压水）。监测结果为承压水属良好级，岩溶水属良好级，潜层水属较差级。2005年，全市地下水监测项目增至182项。市区和淮阴区地下水中氨氮和挥发性酚指标均为Ⅲ类，其他指标分别为I类、II类。主要污染物为氨氮和挥发性酚。

2006—2007年，市区地下潜层水、承压水均属良好级，主要污染物为氨氮和总硬度。

2008年，市区各监测点监测潜水型井水，市区水质处于良好级。水体中主要污染物为氨氮和高锰酸盐指数。

三、饮用水源水质

1989年，市环保监测站对北京路水厂水源地废黄河开始监测。监测项目年均值出现超标的有氨氮和大肠菌群。一次监测值出现超标的有溶解氧、氨氮、亚硝酸盐氮、挥发性酚和粪大肠菌群。

1992年年末，市区城南水厂一期工程竣工投用，水源地为二河。1995年，全市7个城镇的8个地表水水源地均未达到国家生活饮用水卫生标准和世界卫生组织推荐值标准。地表水水源地水质以废黄河为最好，淮河入江水道次之，淮河最差。

1996—1999年，全市饮用水源地水质得到改善，特别是盱眙县水厂水源地水质改善较明显。市区北京路水厂水质监测指标中的高锰酸盐指数和非离子氨下降趋势比较明显。2000年，市区2个饮用水源地和盱眙县饮用水源地水质达标，其他县饮用水源大多数项目也都符合《地面水环境质量标准》中Ⅱ类水质标准。年均值出现超标的项目主要是高锰酸盐指数、非离子氨和挥发性酚。影响全市饮用水源水质的主要污染物依次为非离子氨、挥发性酚、高锰酸盐指数和五日生化需氧量，其他项目对水质影响不大。

2001年，市区饮用水源地水质各项指标年监测均值达标率为94.4%，一次性监测值达标率为94.9%，超标项目为粪大肠菌群。水质污染指数均值为0.23，主要污染物为高锰酸盐指数、非离子氨、五日生化需氧量和氟化物。2002年，市区饮用水源地水质年监测均值、一次性监测值达标率均为100%。2003年，市区城南水厂二河取水口、北京路水厂废黄河取水口年均值均达Ⅲ类水质标准，铁超标均为37.5%。主要污染物为铁、高锰酸盐指数、化学需氧量、五日生化需氧量、总磷。

2004—2005年，全市饮用水水源地和各取水口水质均达到Ⅲ类水质标准，无超标现象。

2006—2008年，全市各饮用水源地水质均达到Ⅲ类水质标准，水质均为优良，达标率100%。

第三节　声环境质量

20世纪70年代末，随着淮阴地区工业的发展，工厂机器设备运行噪声逐渐成为影响声环境质量的主要因素。20世纪90年代后，随着机动车辆的急剧增加、城市建设及第三产业的兴起，由建筑施工、文化娱乐、集市贸易、商店营业等产生的施工噪声、生活噪声、交易噪声、道路交通噪声成为全市声环境质量的主要污染源。

一、市区区域声环境质量

1978年，淮阴地区开始进行城市噪声监测，主要是对市民反映的工业点进行针对性监测。1989年后，淮阴市将城市区域噪声列入常规环境监测项目。市区声环境质量监测逐渐有了较全面、定量化结果。是年，首次完成对市区区域环境噪声质量状况监测，全年平均等效声级为59分贝。噪声污染最严重的是交通干线两侧，其次是工业集中区，居民文教区的声级最低。1990年，市区区域环境噪声平均等效声级为59.1分贝，完成各县（市）区域环境噪声质量状况监测。

1991—1995年，市区区域环境噪声平均等效声级为60分贝，较1986—1990年上升0.95分贝。其中，等效声级在55分贝以下安静区域、较安静区域声级覆盖面积为9平方公里，覆盖人口为8.9万人，占总人口数的32%；65分贝以上的吵闹区域声级覆盖面积为7.5平方公里，覆盖人口为7.4万人，占总人口数的27%。

1996—2000年，淮阴市的区域环境噪声监测扩大区域，并进行网格优化布点，每年10月昼间普测一次。2000年，市区区域环境噪声等效声级为58.2分贝，全市区域环境噪声等效声级均小于60分贝，55分贝以下覆盖人口比例达49%。各类功能区噪声均有超标现象，1类区超标地区最多，4类区超标量最大，3类区超标少。

2001—2005年，淮安市区区域环境噪声等效声级为55.6分贝，较2000年下降2.6分贝，区域环境噪声状况逐步好转。

2006年，淮阴区、楚州区区域环境噪声纳入市区范围监测，市区区域环境噪声等效声级为55.3分贝，与2005年度基本持平，属轻度污染。

2007年，市区区域环境噪声等效声级继续下降为54.2分贝，区域环境噪声质量得到改善。

2008年，市区区域环境噪声等效声级为54.8分贝，较2007年略有上升，市区区域环境噪声质量等级为较好级。

二、市区道路交通声环境质量

1986年，淮阴市开始监测市区道路交通噪声。1986—1990年，市区道路交通噪声污染较严重，除1988年、1989年低于国家标准外，其余3年均超出国家标准，其中1986年超出国家标准3.7分贝。道路交通噪声污染严重的测点有淮海西路（轴承厂）测点、北京路（溜冰场）测点、淮扬路（小瓶厂）测点，其主要原因是道路狭窄、人车混行、汽车鸣号几率过高、声音反射无法扩散。

1991—1994年，市区交通噪声有所下降，噪声等效声级为67.8～69.5分贝，低于国家标准。1995年，由于机动车辆大幅增加，市区交通噪声呈上升趋势，道路交通噪声监测合格率42%，超标率58%。噪声等效声级为71.3分贝。

1996—2000年，淮阴市拓宽改造市区干道，建设外环道路，实施机动车分流、限流，全面实施禁鸣、限速，市区在车流量逐年增加的情况下，道路交通噪声污染状况得到有效控制，噪声等效声级由1996年的72.2分贝下降至2000年的69.6分贝。

2001—2005年，市区机动车流量较1996—2000年增长48.4%，但随着道路交通条件改善和管理力度加大，道路交通噪声明显下降。市区交通噪声等效声级由2001年68分贝下降到2005年66.3分贝，超标路段由2000年的47.2%下降到2005年的10.7%，市区的道路交通噪声污染得到有效控制。

2006年，淮阴区、楚州区纳入市区交通噪声监测，市区监测点位由56个增至76个，平均等效声级为67.1分贝，达到国家标准。2007年，市区道路交通噪声等效声级较2006年下降0.2分贝。

2008年，市区道路交通噪声等效声级继续保持下降趋势，为66.7分贝，较2007年下降0.2分贝，达到国家标准。

1986—2008年淮安市市区道路交通噪声监测结果统计表

表3-1

年度	测点数（个）	测量路长（公里）	平均路宽（米）	平均车流量（辆/小时）	等效声级均值（分贝）
1986	23	21.85	26.85	352	73.7
1987	26	27.97	23.22	305	70.1
1988	27	28.22	23.75	332	67.2
1989	30	30.15	24.15	310	68.2
1990	30	29.72	7.72	313	71.6
1991	39	35.80	22.70	377	67.8
1992	39	35.80	22.70	290	69.4
1993	39	35.80	25.50	417	68.0
1994	38	34.30	26.10	465	69.5
1995	38	34.50	26.30	524	71.3
1996	56	48.05	25.90	535	72.2
1997	56	48.05	25.90	495	69.2
1998	56	48.05	25.90	665	70.3
1999	56	48.05	25.90	775	69.7

续表3-1

年度	测点数（个）	测量路长（公里）	平均路宽（米）	平均车流量（辆/小时）	等效声级均值（分贝）
2000	56	48.05	25.90	931	69.6
2001	56	48.10	26.00	849	68.0
2002	54	45.50	27.40	946	68.1
2003	56	48.10	26.40	1008	68.4
2004	56	48.10	26.40	1049	67.9
2005	46	67.50	27.70	972	66.3
2006	76	123.80	29.10	696	67.1
2007	76	123.80	29.10	1000	66.9
2008	150	244.10	29.30	1062	66.7

第四节　废水废气污染

一、废水污染

1985年6月至1987年2月，对全市13个县（区）工业污染源进行调查，有934家工厂排放工业废水，年排放量1.39亿吨，排放污染物11.81万吨。主要污染物有悬浮物、酚、砷、氰化物、价铬、汞、氯、石油类有机化合物、硫化物等，市境各条河流均不同程度受到污染。废水和废水中污染物排放区域以京杭大运河沿线的县（区）为主。

1987—1990年，全市累计排放废水污染物悬浮物4.37万吨，化学需氧量5.49万吨。

1991—1995年，全市年均排放工业废水1.2亿吨，各类水污染物10.1万吨，其中化学需氧量为5.79万吨。

1996—2000年，淮河污染治理取得成效，全市年均排放工业废水7106万吨，废水污染物1.81万吨，其中化学需氧量9840吨、悬浮物7568吨。

2001—2005年，全市年均排放工业废水量7426万吨，其中工业废水达标量7155万吨，工业废水污染物排放量15362吨，其中化学需氧量9351吨、氨氮752吨。

2006年，全市城市污水排放量5649.12万吨，其中生活污水排放量3942万吨。

2007年，全市城市污水排放量6609.16万吨，其中生活污水排放量4161万吨。

2008年，全市城市污水排放量8713.94万吨，其中生活污水排放量4927万吨。

二、废气污染

1985年6月至1987年2月，对全市13个县（区）工业污染源进行调查，全市工业排放废气量189.72亿标准立方米，工业年排放废气污染物189.72万吨。市区废气主要污染物排放量为二氧化硫2万吨、烟尘1.58万吨，较1986年分别上升33.3%和6.8%。

1991—1995年，全市年均排放工业废气污染物3.1万吨，其中燃烧废气污染物2.86万吨。在各种废气污染物中，二氧化硫1.93万吨，烟尘1.16万吨。

2000年，全市排放废气污染物3.85万吨，其中燃烧工艺废气排放污染物0.56万吨。在各种废气污染物中，二氧化硫0.25万吨，烟（粉）尘1.28万吨。

2005年，全市工业废气排放740.05亿标准立方米，其中燃烧废气排放451.89亿标准立方米、生产工艺废气排放288.15亿标准立方米。与2000年工业废气排放总量269.3亿标准立方米相比，全市工业废气排放量增长1.75倍。工业废气排放的主要污染物为二氧化硫、烟尘、二氧化氮和粉尘，排放量分别为4.99万吨、2.67万吨、1.4万吨、1.06万吨。全市排放废气污染物10.15万吨，燃烧废气排放污染物7.11万吨。

2006年，全市排放废气523.5亿标准立方米，排放各类污染物7.62万吨，其中燃烧废气排放7.45万吨、工艺废气排放0.17万吨。等标污染负荷为42.9万吨，其中燃烧废气41.88万吨、工艺废气1.02万吨。全市用煤量比2005年增加60多万吨，烟尘和二氧化硫排放量分别增加965吨和1183吨，市区二氧化硫排放量上升的主要原因是用煤量增加；工艺废气污染物排放量和等标污染负荷变化不大。

2007年，全市耗煤638.94万吨，燃烧废气排放量630.3亿标准立方米，二氧化硫排放量4.37万吨，烟尘排放量1万吨。全市排放废气669.6亿标准立方米，排放各类污染物5.57万吨，其中燃烧废气排放5.37万吨、工艺废气排放0.2吨。等标污染负荷33.59万吨，其中燃烧废气32.46万吨、工艺废气1.13万吨。排放废气各类污染物等标污染负荷总量32.46万吨，其中二氧化硫29.11万吨、烟尘3.35万吨。主要污染物为二氧化硫。

2008年，全市工业企业用煤750.3万吨，其中燃烧用煤639.2万吨，排放废气1547.4亿标准立方米。排放各类污染物7.01万吨，其中二氧化硫排放量3.97万吨、烟尘排放量1.88万吨。等标污染负荷为37.6万吨，其中燃烧废气32.74万吨、工艺废气4.86万吨。燃烧耗煤主要大户为华能淮阴发电有限公司、淮阴发电厂、安邦电化集团、江苏井神盐业有限公司、中电洪泽热电有限公司、华尔润公司、开发区热电公司，占全市煤耗总量的82.3%。市区主要污染源分布在西南化工区。淮钢集团由于使用煤炭焦化生产煤气，工艺废气排放量占全市工艺废气总排放量的71.3%。工艺废气排放行业主要为建材、冶金行业，分别占等标污染负荷总量的54.5%和35.3%。盱眙县因有多家水泥企业，工艺废气的污染负荷排名全市第一。

第三章　环境监测

第一节　大气环境监测

1979年，清江市区开始大气环境监测，监测项目为二氧化硫，采用五日平均法，即每年监测4次，每次5天。设置8个监测点位，分别为地区气象台、安涉桥、忠字塔、市车辆厂、市妇幼保健院、城南医院、清江市农药厂、清江市罐头厂。1980年，大气监测点位调整为5个，分别为地区气象台、清江市农药厂、水门桥、清江印染厂、第五中学。监测项目为二氧化硫、氮氧化物。

1983年，由淮阴市监测站对大气进行监测，监测点位不变，监测项目增加颗粒物和降尘。其中，降尘每月监测1次，点位比大气监测点多一个南站测点。1984年7月，大气监测点位调整为6个，分别为小市口、淮阴电子学校、淮阴新华印刷厂、城南公园、市农药厂、钵池乡；降尘监测点位为6个，分别为小市口、市人民银行、市农药厂、市种子公司、城南公园、钵池乡。监测项目不变。1985年，钵池乡降尘监测点取消，其他点位不变。1987年，钵池乡大气监测点调整为市建工学校对照点，其他点位无变化。

1992年，淮阴市大气监测点进行重新调整，调整后设置监测点6个，并增测硫酸盐化速率项目。大气、降尘有4个监测点，分别是市制革厂、市电化厂、老干部俱乐部、市建工学校清洁对照点；硫酸盐化速率有6个监测点，市制革厂、市电化厂、老干部俱乐部、市建工学校、清河医院、市委东大院。1993年，开始采用大气连续监测方法。其中，二氧化硫、氮氧化物隔日采样，每次连续采样24小时，每月监测14～16天；总悬浮微粒隔双日采样，每次24小时连续采样，每月监测5～6天；硫酸盐化速率每月30±2天采样。

1996—1999年，市区大气监测点位调整为市电化厂、富华服装公司、市委老干部局和淮阴城乡建设职工中等专业学校4个点。2000年，市区建成空气自动监测系统，点位设置为富华服装公司、市化纤厂、市监测中心站3个点，项目调整成二氧化硫、二氧化氮、可吸入颗粒物；大气降尘点位设置与自动站点位一致。硫酸盐化速率设5个监测点，分别是富华服装公司、市化纤厂、市监测中心站、清河医院、市委东大院。

2001—2005年，市区大气监测使用自动监测法，监测点位是富华服装公司、市化纤厂和市环境监测中心站。市区环境空气综合污染指数呈勺子型变化趋势。2001年环境空气质量最差，2003年环境空气质量最好。对市区环境空气质量影响最大的污染物为可吸入颗粒物，其污染负荷系数为60%；其次为二氧化硫，其污染负荷系数从1996—2000年的10%上升到28.5%；二氧化氮的污染负荷系数从1996—2000年的25%下降到11.5%。

1986—2005年淮安市市区环境空气污染监测情况表

表3-2

年度	二氧化硫		氮氧化物		总悬浮颗粒物		降尘		硫酸盐氧化速率	
	年（日）均值（毫克/立方米）	超标率（%）	年（日）均值（毫克/立方米）	超标率（%）	年（日）均值（毫克/立方米）	超标率（%）	年（日）均值（毫克/立方米）	超标率（%）	年（日）均值（毫克/立方米）	超标率（%）
1986	0.039	1.27	0.015	1.25	1.495	65.00	—	—	—	—
1987	0.081	10.40	0.029	0	0.295	30.01	—	—	—	—
1988	0.070	4.76	0.017	0	0.482	56.52	—	—	—	—
1989	0.092	13.08	0.043	3.49	0.361	46.91	—	—	—	—
1990	0.047	—	0.023	2.90	0.301	32.90	—	—	—	—
1991	0.030	1.40	0.038	1.40	0.293	42.70	10.89	21.2	—	—
1992	0.030	—	0.050	9.00	0.319	34.00	13.96	36.6	—	—
1993	0.032	1.70	0.024	—	0.354	47.50	10.30	22.9	2.04	100
1994	0.009	—	0.023	—	0.408	49.40	8.13	18.8	1.38	84.5

续表 3-2

年度	二氧化硫		氮氧化物		总悬浮颗粒物		降尘		硫酸盐氧化速率	
	年（日）均值（毫克/立方米）	超标率（%）	年（日）均值（毫克/立方米）	超标率（%）	年（日）均值（毫克/立方米）	超标率（%）	年（日）均值（毫克/立方米）	超标率（%）	年（日）均值（毫克/立方米）	超标率（%）
1995	0.016	0.40	0.022	—	0.349	44.40	8.15	27.1	1.54	95.8
1996	0.016	0.60	0.022	—	0.303	36.00	9.01	18.8	1.73	97.2
1997	0.015	—	0.024	0.70	0.310	33.70	7.80	8.3	0.99	100
1998	0.012	—	0.032	2.20	0.362	42.70	6.61	8.3	0.97	84.3
1999	0.013	—	0.032	—	0.245	42.70	9.32	22.9	0.75	90.3
2000	0.016	0.30	0.031	0.40	0.215	19.80	9.45	27.1	0.36	44.4
2001	0.037	0.19	0.026	—	0.164	45.10	13.30	34.9	0.26	16.2
2002	0.042	1.14	0.025	—	0.140	36.10	6.20	2.8	0.24	6.0
2003	0.027	0.18	0.016	—	0.111	21.00	3.90	—	0.41	23.3
2004	0.032	—	0.014	—	0.110	0.20	5.30	—	0.44	16.7
2005	0.042	1.87	0.018	0.10	0.107	19.00	6.20	—	0.40	6.7

2006—2008年，市区大气监测点位为富华服装公司、市化纤厂、市环境监测站、清河医院、市委东大院、楚州区监测站、楚州气象台、楚州助剂厂、淮阴区监测站、淮阴区邮局10个点。采用空气自动监测方法，监测项目有二氧化硫、二氧化氮、可吸入颗粒物、一氧化碳、臭氧、降尘、硫酸盐化速率。2006年，市区环境空气质量较2005年有所改善，达到国家二级标准。首要污染物可吸入颗粒物浓度小于0.1毫克/立方米，但二氧化硫、二氧化氮和降尘略有上升，二氧化硫年均值接近国家二级标准（0.06毫克/立方米）。2007年，市区富华服装公司监测点综合污染指数最高，为2.66，其他监测点指数相差较小；富华服装公司、市化纤厂、市监测站污染分担率分别为24%、21%、20%。2008年，市区各监测点污染指数相差不大，富华服装公司、市化纤厂、市监测站污染分担率分别为18%、21%、18%。首要污染物可吸入颗粒物浓度小于0.1毫克/立方米。市区环境空气质量与2007年相比，二氧化硫浓度明显下降，二氧化氮基本持平，可吸入颗粒物稍有下降。

2008年淮安市市区环境空气质量监测结果统计表

表 3-3

测点名称	项目	样品数	范围	均值	超标数	超标率（%）
淮阴城乡建设职工中等专业学校	降水（pH）（1）	31	6.04～6.76	6.35	—	—
富华服装公司	降水（pH）（1）	31	6.00～6.75	5.87	—	—
	降尘（1）	12	2.58～5.55	3.67	—	—
	硫酸盐化速率（2）	12	0.12～0.34	0.21	—	—

续表3-3

测点名称	项目	样品数	范围	均值	超标数	超标率（%）
市化纤厂	降尘（1）	12	2.69～5.34	3.52	—	—
	硫酸盐化速率（2）	12	0.18～0.33	0.24	—	—
市监测站	降水（pH）（1）	31	5.96～6.88	6.40	—	—
	降尘（1）	12	2.28～4.35	3.05	—	—
	硫酸盐化逗率（2）	12	0.17～0.54	0.26	1	8.3
清河医院	硫酸盐化速率（2）	12	0.10～0.22	0.16	—	—
市委东大院	硫酸盐化速率（2）	12	0.09～0.18	0.12	—	—
楚州区监测站	降水（pH）（1）	46	5.81～6.28	6.07	—	—
	降尘（1）	12	9.90～14.90	13.20	—	—
楚州气象站	降水（pH）（1）	46	5.85～6.31	6.05	—	—
	降尘（1）	12	9.20～15.20	12.70	2	16.7
楚州助剂厂	降尘（1）	12	10.70～15.50	13.50	3	20.0
淮阴区监测站	降水（pH）（1）	44	6.67～7.02	6.93	—	—
	降尘（1）	12	7.20～9.70	8.17	—	—
淮阴区邮局	降尘（1）	12	7.90～10.80	9.05	—	—
市区平均	降水（pH）（1）	229	5.81～7.02	6.28	—	—
	降尘（1）	96	2.28～15.50	8.36	5	5.2
	硫酸盐化速率（2）	60	0.09～0.54	0.20	1	1.7

说明：1.项目列“1”代表单位为吨/平方公里·月；
2.项目列“2”代表单位为毫克/百平方厘米·碱片

第二节　水环境监测

一、地表水监测

1978年，淮阴地区对地表水开展监测，监测河流为大运河、里运河，设监测断面8个，分析项目20项，监测频率为每年枯、丰水期各1次。1983年，淮阴市环境监测站成立，监测河流为大运河、里运河、清安河、环内城河与大口子，监测频率不变。1985年，清安河水质改为每双月测1次。1987年，对大运河水质改为每单月测1次，所辖县（市）环境监测站地表水监测工作全面开展。1988年下半年起，对里运河、清安河水质改为每单月测1次。1992年，对大口子作为湖泊进行监测。1994年起，对大运河水质每单月测1次，国控、城考等断面改为每月测1次。1996年，增测洪泽湖湖泊水质，点位设置14个，分析项目21项，监测频次每双月1次，逢单月监测。1997年，监测河流为大运河、淮河、淮河入江水道、盐河、苏北灌溉总渠、排水渠、废黄河，分析项目17项，监测频次为每单月1次。1988年起，对洪泽湖国控点位每月监测1次。2001年，取消对大口子水质监测，对大运河、里运河、清安河、淮河、淮河入江水道、盐河、苏北灌溉总渠、排水渠、废黄河等10条主要河流和洪泽湖等湖泊水环境监测进行断面、测点设置。按照规范要求及优化认证，共设置河流水质主要监测断面35个，其中国控断面3个；设置湖泊监测点位10个，其中国控监测点位7个。河流水质监测频次为国控断面每月监测1次，省控断面和湖泊为隔月监测，一年6次。至2008年年末，监测河流未发生变化，监测断面及名称少有变动，监测项目有所增加。

1978—2008年淮安市中心站地表水监测变化情况一览表

表3-4

河湖名称	年份	断面名称	测点数(个)	频次
大运河	1978—1987	化肥厂、五叉河、肉联厂、淮安交叉口	8	每年枯、丰水期各1次，1987年后每单月测1次
	1988—1994	五叉河、肉联厂、板闸	9	
	1994—2004	五叉河口、大运河桥、板闸	9	每单月测1次，国控、城考等断面每月1次
	2004—2008	五叉河口、大运河桥、板闸、平桥	1	每单月测1次，国控、城考等断面每月1次
里运河	1978—1986	引河口、东风造纸厂、大闸口	6	每双月测1次，1988年下半年改每单月测1次
	1987—1988	东风造纸厂、板闸	6	
	1989—2000	引河口、东风造纸厂、板闸、	7	每单月测1次
	2001—2008	引河口、东风造纸厂	4	每单月测1次
清安河	1983—1984	钢铁厂、农药厂、炼油厂、淮海南路桥、朱家庄、淮安农校、清安河口	8	每年枯、丰水期各1次
	1985—1997	炼油厂、朱家庄、淮安农校、清安河口、纱2、文2	6	每双月测1次，1988年下半年改每单月测1次
	1998—2000	炼油厂、朱家庄、淮安农校、纱2、文2	5	每单月测1次
	2001—2008	淮安农校	1	每单月测1次
环内城河	1983	红旗制盒厂、环城河口、高家巷泵站、人民医院桥东、淮中教学楼西、粮食局桥东、保健院桥东、政协桥东、公园转弯处、环城河转弯处、西水关、电厂小闸	12	每年枯、丰水期各1次
	1986—1989	环2、环6、内6	3	每年枯、丰水期各1次
废黄河	1997—2000	双庄、立新瓦厂、活动坝	6	每单月测1次
	2001—2008	活动坝、立新瓦厂	4	
二河	1989—2008	武敦乡	3	每单月测1次
淮河	2003—2008	老山乡	3	每年12次
洪泽湖	1996	蒋坝镇、成河乡东、成河乡西、成河乡中、成河乡北、临淮乡、老山乡、高良涧镇、龙集乡北、濉河口、徐洪河左、徐洪河口、徐洪河右、老汴河口	14	每单月测1次

续表3-4

河湖名称	年份	断面名称	测点数（个）	频次
洪泽湖	1998—2008	蒋坝镇、成河乡东、成河乡北、龙集乡北、成河乡西、成河乡中、临淮乡、老山乡、濉河口（2002年后，濉河口不具备监测条件）、高良涧镇	10	每单月测1次，其中国控点位每月测1次
大口子	1983—1985	大口子东、大口子西、大口子南、大口子北、大口子进、大口子出	7	每年枯、丰水期各1次
	1985	大口子进、大口子中、大口子出	3	每单月测1次
	1986	取消大口子地表水监测，1992年作为湖泊进行监测，至2001年取消监测	—	—

二、地下水监测

1979年，清江市对市区地下水开展监测，有测井90口，监测项目15项，1年1次。1981年，监测频次改为上、下半年各1次。1982年，清江市区有测井57口，监测项目22项，监测频次不变。此后，测井数继续减少，监测项目有所增加。1983年，市区有测井22口，监测项目23项，监测频次不变。1988年，市区有测井13口，监测项目与频次不变。1991年，所辖各县（市）全部开展地下水监测。1995年，市区有测井10口，监测项目24项，监测频次不变。1996年，所辖6县（市）有监测井27口，监测项目17～22项。2000年，市区有测井8口，监测项目26项，监测频次不变。2004年，楚州区地下水监测全部取消。2005年，市区有测井2口，监测项目与频次不变。2008年，市区有测井3口，项目28项，监测频次不变。淮阴区地下水监测全部取消。剩余4个县的地下水测井总数12口，监测项目20～24项，监测频次不变。

三、饮用水源监测

详见本卷第二章《环境质量》第二节《水体质量》第三目“饮用水源水质”。

第三节　声环境监测

一、区域环境噪声监测

1989—1990年，淮阴市首次完成市区区域环境噪声监测。按照相关规定，设置监测点位101个，按城市区域环境噪声区划标准分为居民文教区、一类混合区、二类混合区、工业集中区、交通干线两侧5个功能区域，对其进行监测、统计和分析。2年间噪声等效声级情况基本相同。

1990年，淮阴市完成对市辖各县（市）区域环境噪声监测。各县（市）区域环境噪声普遍较高，盱眙县和淮阴县最高，分别为62分贝和60.2分贝。

1991—1995年，市区区域环境噪声监测的平均等效声级与1986—1990年相比上升0.95分贝。

1996—2000年，市区区域环境噪声监测扩大区域，并进行网格优化布点，主城区监测点位由101个增至133个，各县（市）也根据情况作出调整，每年10月昼间普测1次。全市区域环境噪声均小于60分贝。

2006年，楚州区、淮阴区纳入市区监测范围，市区区域有环境噪声监测点位237个，网格为500米×500米。各县区域环境噪声测点设置根据县城区面积大小划分不同网格，涟水县网格为300米×300米，洪泽县网格为125米×125米，盱眙县网格为200米×200米，金湖县网格为400米×400米。是年，市区区域环境噪声等效声级为55.3分贝，与2005年度基本持平。全市城镇区域环境噪声昼间等效声级分布在50.6～59.4分贝，区域环境噪声昼间等效声级最高值为涟水县，最低值为金湖县。

2007年，市区区域环境噪声等效声级54.2分贝，较2006年下降1.1分贝，区域环境噪声质量得到改善。全市城镇区域环境噪声昼间等效声级在52.9～55.9分贝，区域环境噪声等效声级最高值为涟水县，最低值为金湖县。

2008年，市区区域环境噪声等效声级为54.8分贝，与2007年相比无明显变化，市区区域环境噪声质量等级为较好级。全市城镇区域环境噪声昼间等效声级分布在52.3～57.2分贝，区域环境噪声等效声级最高值为涟水县、最低值为金湖县。与2007年相比，涟水县和洪泽县区域环境噪声等效声级有所上升，区域环境噪声质量等级为轻度污染级，其他县无明显变化。

二、道路交通噪声监测

1986年，淮阴市开始道路交通噪声监测。1986—1990年，市区有交通噪声监测点30个，平均路宽24米，平均车流量313辆/小时。

2007年，市区有道路交通噪声监测点76个，测量总长度123.8公里，平均路宽29.1米，平均车流量998辆/小时，噪声等效声级66.9分贝，达到国家标准。

2008年，市区有道路交通噪声监测点150个，测量道路总长度244.1公里，平均路宽29.3米，平均车流量1062辆/小时，噪声等效声级66.7分贝。

第四节　土壤污染监测

1990年，淮阴市对土壤污染的监测始于课题和论文研讨。1998年，“淮阴市绿色食品基地调查及污染对策研究”课题中，开始对土壤中有机氯农药、有机磷农药以及重金属进行分析。

2006年，全国开展土壤调查工作。淮安市按照国家土壤环境质量调查总体要求，设152个监测点位，其中大面积水域内有5个、陆域范围内有147个。以武墩生活垃圾处理场为重点区域开展周边调查，有监测点位12个。监测项目为无机污染物16项、稀土总量、六六六、滴滴涕、多氯联苯、多环芳烃、石油烃总量。

2008年，淮安市为土壤污染重点调查区域，分典型污染场地和自然生态保护区两大类。按照国家土壤环境质量调查总体要求，对全市4种污染类型62个场地进行调查，其中城郊蔬菜基地20个、大型交通干线两侧20个、重污染企业及周边地区10个、油田及周边地区12个。调查洪泽湖东郊湿地自然保护区（省级）、江苏涟水涟漪湖黄嘴白鹭省级自然保护区（省级）、陡湖湿地自然保护区（地市级）、金湖县湿地自然保护区（地市级）4个市内地市级以上自然保护区26个土壤样品的污染状况。

第五节　辐射环境监测

2007年起，淮安市开展辐射环境质量监测。设置淮河流域水质监测点位1个，南水北调水质监测点位2个，监测频次1次/年。设瞬时γ辐射空气吸收剂量率监测点位13个，监测频次1次/年。开展国控点2个点位累积剂量监测，监测频次1次/年。设氡浓度监测点位1个，监测频次1次/年。设气溶胶辐射监测点位1个，监测频次2次/年，气溶胶由市监测站负责采样，省监测站负责分析并报送数据。设土壤辐射监测点位3个，监测频次1次/年，由市监测站负责采样，省监测站负责监测并报送数据。设电磁辐射监测点位5个，监测频次1次/年。

第四章　环境治理

第一节　大气污染综合治理

1990年，淮阴市区累计排放工业废气701833万标准立方米，其中燃烧废气排放量619416万标准立方米，经过净化的废气609675万标准立方米。

2003年，全市规划建成烟尘控制区75平方公里，烟控区覆盖率100%。通过实施污染物总量控制、排污许可等措施，降低烟尘污染物排放总量。对市区机动车尾气进行监测和管理。通过专项整治，市区摩托车由17万辆减少至4万余辆，淘汰报废污染严重的摩托车近13万辆。同时，开展以机动车引擎免拆清洗为主要治理手段的机动车尾气净化工作，从主城区扩展到县（区），机动车尾气达标率达到1993年以后最好水平。

2004—2005年，全市建成烟尘控制区179.14平方公里，覆盖率100%。大幅增加道路洒水和冲扫频次，市区大气环境质量保持较好水平，2005年中有307天空气污染指数小于100。

2006年，全市重点工业烟尘排放量27783.06万吨，排放达标量27783.06万吨，排放达标率100%；重点工业二氧化硫排放量47332.91万吨，排放达标量47332.91万吨，排放达标率100%。重点工业粉尘排放量6071.13万吨，排放达标量6071.13万吨，排放达标率100%。全市推广清洁能源使用，发展集中供热，终端能源消耗总量677.69万吨标准煤，其中使用清洁能源476.07万吨，清洁能源使用率70%。全市生活终端能源消耗总量53.48万吨标准煤，其中使用清洁能源11.96万吨，清洁能源使用率78%。因空气中烟尘减少，市区环境空气质量继续提高，5个大气自动站可吸收颗粒物浓度0.098毫克/标准立方米，二氧化硫浓度0.05毫克/标准立方米，二氧化氮浓度0.03毫克/标准立方米。全年326天空气污染指数小于100。

2007年，全市重点工业烟尘排放量19627.54万吨，排放达标量19627.54万吨，排放达标率

100%，排放量较2006年大幅下降；重点工业二氧化硫排放量43996.76万吨，排放达标量43996.76万吨，排放达标率100%；重点工业粉尘排放量9373.08万吨，排放达标量9373.08万吨，排放达标率100%。全市继续推广清洁能源使用，发展集中供热，终端能源消耗总量759万吨标准煤，其中使用清洁能源546万吨，清洁能源使用率71.94%；生活终端能源消耗总量61.32万吨标准煤，其中使用清洁能源50.74万吨，清洁能源使用率82.75%。市区环境空气质量持续提升，5个大气自动站可吸入颗粒物浓度0.098毫克/标准立方米，二氧化硫浓度0.052毫克/标准立方米，二氧化氮浓度0.028毫克/标准立方米。全年319天空气污染指数小于等于100。

图3-1 淮安市“全国污染源普查入户调查”启动仪式（2008年）
市环保局 供

2008年，全市重点工业烟尘排放量18826.31万吨，排放达标量18826.31万吨，重点工业烟尘排放达标率100%；重点工业二氧化硫排放量42729.87吨，排放达标量42729.87吨，排放达标率100%；重点工业粉尘排放量8608.11吨，排放达标量8608.11吨，排放达标率100%。全市终端能源消耗总量824.09万吨标准煤，其中使用清洁能源653.03万吨，清洁能源使用率79.24%；生活终端能源消耗总量68.79万吨标准煤，其中使用清洁能源60.28万吨，清洁能源使用率87.63%。环境空气质量继续提升，5个大气自动站可吸入颗粒物浓度0.082毫克/标准立方米，二氧化硫浓度0.037毫克/标准立方米，二氧化氮浓度0.027毫克/标准立方米。全年343天空气污染指数小于等于100。

第二节 水污染综合治理

1986—1990年，全市排放工业废水11733.5万吨。经过处理的废水2928.5万吨，处理率24.96%；达标排放的废水2170.6万吨，达标率18.5%。其中，市区排放工业废水3421万吨，经过处理排放的废水381.8万吨（不包括300万吨处理后循环使用的废水），达标排放的废水320.9万吨。

1996年，淮阴市对淮河流域重污染企业进行限期治理，关闭24家年产量在5000吨以下的小造纸厂和土炼油、电镀、染料等小型企业（车间）。

1997年，全市72家淮河流域重点污染企业中，有56家企业实现达标排放，经批准延期到1998年3月底验收的调试企业5家，另有11家企业处在关、停、并、转、搬迁状态。

2003年，淮安市投资1.48亿元，完成淮河入海水道南水偏泓工程，实现清安河、苏北灌溉总渠、排水渠水体的清污分流；投资3.38亿元，完成里运河截污、清安河导流工程；投资2.7亿元，完成清安河中上游、内城河、环城河、文渠河的综合治理工程。

2004年，淮安市投资4.52亿元，建成淮阴、楚州、金湖、盱眙等县（区）污水处理厂，全市功能区的水质达标率提高至79.6%，较2003年上升9.26个百分点；饮用水源地水质达标率100%，较2003年提高0.99个百分点。

2005年，淮安市分步实施里运河、文渠河、大运河主要河道综合治理。投入1.23亿元，配套建设市污水处理厂管网，全市城区生活污水处理率77.69%。关闭淮龙包装材料厂等6家污染严重的工业企业，对金莲纸业公司稻草制浆生产线勒令停改；对不能稳定达标排放的洪泽东盾人造板有限公司等11家企业下达限期治理决定；对全市114家重点污染源和500家一般污染源发放水污染物排放许可证。通过治理，里运河水体高锰酸盐指数和五日生化需氧量明显下降，京杭大运河水体水质主要指标达到Ⅲ类水质标准，盐河全河段各类污染物年均值达到Ⅳ类水质标准。

2006年，淮安市加强工业企业废水达标排放工作，加大监管力度。全市重点工业废水排放量5282.07万吨，排放达标量5282.07万吨，重点小工业企业废水排放达标率100%。市域内城南水厂、北京路水厂和淮阴区水厂3个饮用水源地取水量5963.38万吨，达标取水量5963.38万吨，水质达标率100%。全年城市污水排放总量5649.12万吨，其中生活污水排放总量3942万吨，生活污水集中处理量3062.63万吨，较2005年有明显增加。

2007年，淮安市重点工业废水排放量5703.32万吨，排放达标量5703.32万吨，重点工业企业废水排放达标率100%。市域内城南水厂、北京路水厂和淮阴区水厂3个饮用水源地取水量6294.96万吨，达标取水量6294.96万吨，水质达标率100%。地表水的考核对象为废黄河、里运河、大运河、清安河和盐河，考核断面水质总达标率均为100%。全年城市污水排放总量6609.16万吨，其中生活污水排放总量4161万吨，生活污水集中处理量3452.7万吨，城市生活污水处理率82.98%。

2008年，淮安市重点工业废水排放量8207.06万吨，排放达标量8207.06万吨，重点工业企业废水排放达标率100%。市域内城南水厂、北京路水厂和淮阴区水厂3个饮用水源地取水量7508万吨，达标取水量7508万吨，水质达标率100%。全市地表水所有考核断面水质总达标率100%。全市城市污水排放总量8713.94万吨，其中生活污水排放总量4927.5万吨，生活污水集中处理量4340.3万吨，城市生活污水处理率88.08%。

第三节　噪声污染综合治理

2003年，淮安市环境监察支队实现与公安“110”联动，实行环保“110”夜间值班制度，出警942次。全年市区区域环境噪声等效声级平均值为68.4分贝。2004年，全市完善交通网络，改善道路质量，区域环境噪声等效声级年均值为56.6分贝，交道干线噪声平均值为67.7分贝。2005年，治理超标噪声源500多个，整体搬迁噪声污染严重的企业6家，创建“安静小区”21个，年均噪声值54.6分贝，市交通干线噪声均值66.7分贝，噪声达标区面积56平方公里，覆盖率超60%。

2006年，市域环境噪声均值55.3分贝，与2005年持平，主要得益于对“五小行业”（小食品经营加工单位、小美容美发店、小宾馆、小浴室、小歌舞厅）等效声级的整治。交通干线噪声年均值67.1分贝，较2005年略有上升。2007年、2008年，市区区域环境噪声等效声级平均值分别为54.2分贝、54.8分贝，交通干线噪声平均值均为66.9分贝。

第四节　固体废弃物处置

1978年，淮阴地区的固体废弃物大多数堆放在废塘、废沟和城郊空旷处。天干无雨即放火焚烧，如遇大雨即随水而去。

1986—1990年，市区年均堆积固体废弃物44.41万吨，污染源单位主要是淮阴发电厂、清江石化厂、清江磷肥厂和苏淮化工厂等。1988—1990年，全市6284家乡镇工业企业产生固体废弃物37.04万吨，主要为煤渣和酒糟，综合利用率高达99.7%。但少量的冶炼废渣、化工废渣及小铁合金废渣等未被综合利用。

1991—1995年，市区年均堆积工业固体废弃物32.06万吨，污染源单位主要是华能淮阴电厂、淮阴发电厂、市冶金公司等。

1995—2000年，市区年均堆积工业固体废弃物38.8万吨，污染源单位主要有淮阴发电厂、淮钢集团、清江化肥总厂等10家企业。

2001年，市区堆积工业固体废弃物91.5万吨，污染源主要是电力、冶金、化工等行业企业。工业固体废弃物逐年增加，每年的综合利用率显著上升。2003年，市区处置危险废弃物1500吨，其中医疗废弃物322吨。

2006年，全市各工业企业产生固体废弃物258.77万吨，处置工业固体废弃物0.09万吨，综合利用工业固体废弃物258.41万吨，工业固体废弃物处置利用率99.9%。规范处置危险废弃物，全市工业危险废弃物产生量3281吨，综合利用2419吨，在固废中心集中焚烧处理862吨。市区所有医疗废弃物均进入固废中心集中焚烧处理，全年处理医疗废弃物740.7吨，市区危险废弃物集中处置率100%。是年，城市生活垃圾产生总量26.2万吨，其中无害化处理23.5万吨，生活垃圾无害化处理率89.69%。市政府投入8000余万元，建设王元生活垃圾处理厂一期工程，为华东地区第一座按照国家2005年新标准建成的垃圾处理厂。

2007年，全市各工业企业产生固体废弃物207.97万吨，处置工业固体废弃物0.13万吨，综合利用工业固体废弃物207.67万吨，工业固体废弃物处置利用率99.92%。全市工业危险废物产生量1392吨，均在固废中心集中焚烧处理；市区所有医疗废弃物均进入固废中心集中焚烧处理，全市处理医疗废弃物895.45吨，市区危险废弃物集中处置率100%。城市生活垃圾产生总量27.74万吨，其中无害化处理24.2万吨，生活垃圾无害化处理率87.23%。

2008年，全市各工业企业产生固体废弃物330.51万吨，处置工业固体废弃物0.52万吨，综合利用工业固体废弃物330万吨，工业固体废弃物处置利用率99.92%。全市工业危险废弃物产生量0.52万吨，均在固废中心集中焚烧后安全填埋；市区所有医疗废弃物均进入固废中心集中焚烧后填埋处理，全年处理医疗废弃物684.07吨，市区危险废弃物集中处置率100%。城市生活垃圾产生总量29.2万吨，其中无害化处理25.15万吨，生活垃圾无害化处理率86.13%。

第五节　环境整治专项行动

一、排污企业专项整治

2003年，淮安市环境保护局开展环境整治专项行动，专项整治的重点为：违反《建设项目环境保护管理条例》、未依法进行环境影响评价和实行“三同时”（同时设计、同时施工、同时投产使用）、严重影响人民群众身体健康的建设项目；死灰复燃的“十五小”（15种重污染小企业）、“新五小”（小水泥、小火电、小炼油、小煤矿、小钢铁）企业；技术落后，二次污染严重，直接危害人民群众身体健康的废五金电器、电线电缆和电机加工利用企业；排放有毒有害污染物行业集中、严重危害人民群众身体健康的地区。

2004年，淮安市排污企业专项整治的对象主要是水源污染、烟尘污染、居民区噪声污染以及干扰、阻碍环境执法的“土政策”。

2005—2008年，全市专项整治违法排污影响水源安全的污染和隐患，对水污染防治设计未建成、未经验收或者验收不合格即投入生产使用的建设项目，责令停止生产使用。

二、锅炉专项整治

淮安市的大气污染主要表现为煤烟型污染，其主要来源为工业企业用锅炉和洗浴业用锅炉。工业用锅炉一般规模较大，内部有整套除尘、脱硫设施，管理上比较规范。

2003年，市环保局建成烟气黑度在线自动监控系统。该系统在市电信公司大楼楼顶上安装监控点，对半径5公里范围内的所有烟气黑度进行摄像，并利用智能图像处理与控制软件自动独立完成图像编辑，通过图像分析及林格曼黑度识别，确定烟尘是否超标，并将超标数据上传、警告和记录。

2007年，为配合创建国家环境保护模范城，淮安市在市区范围内开展锅整治工作，对禁烧区范围内的388台锅炉进行拆除。其中，淮阴区拆除87台，楚州区拆除78台，清河区拆除89台，清浦区拆除104台，淮安经济开发区拆除30台。

至2008年年末，全市小锅炉的污染问题得到根治。

三、秸秆禁烧和综合利用

2000年，淮阴市政府发布《关于划定秸秆禁烧区的通告》，涉及新淮铁路沿线淮阴区的4个乡镇，宁连公路沿线盱眙县、金湖县、洪泽县、清浦区、淮阴经济开发区、淮阴区和涟水县的22个乡镇，宁徐公路沿线盱眙县的6个乡镇，淮盐公路沿线县级淮安市的6个乡镇，淮江公路沿线县级淮安市的4个乡镇。同时，要求各地在人口集中区、各级自然保护区和文物保护单位及其他人文遗址、林场、油库、通信设施等周边地区划定禁止露天焚烧秸秆的区域。

2001年，市环保局、市农业局和市农机局联合发布《关于进一步划定全市秸秆禁烧区的通告》。2004年，市环保局召开夏收期间防止群众燃烧秸秆工作会议。市环保局、市农业局和市农机局联合转发省环保厅、省农业厅和省农机局要求各地做好秸秆禁烧工作的通知。2007年，市政府划定高污染燃料禁烧区，将秸秆纳入禁烧范围。是年，建成涟水县义兴镇王嘴村秸秆气化站。2008年，市政府发布通告，在全市范围内全面禁烧秸秆，通告印发11万份，张贴到集镇、村委会、村民小组、农民集中居住点。是年5月21日，召开全市秸秆禁烧和综合利用工作视频会议，20多个市直和县（区）部门负责人、116个秸秆禁烧工作督查组组长、8个执法检查组组长参加会议，秸秆禁烧工作全面展开。

2008年，江苏国信淮安生物质发电有限公司2台秸秆发电机组全部投产，年消耗秸秆量25万吨。中电洪泽生物质发电有限公司建成1台15兆瓦机组秸秆发电厂，年消耗秸秆量10万吨。全年水稻秸秆全量机械还田面积2.87万公顷，占全市水稻种植面积的10.2%；麦秸秆全量机械还田面积1.53万公顷，占全市小麦种植面积的5.2%。全市在7个县（区）23个村示范推广秸秆沼气池3338处，初步组建14处沼气农民合作组织（协会）。建成凌桥米业有限公司秸秆气化站。全市有秸秆食用菌353.33公顷。江苏鼎元科技发展有限公司年产人造板5万立方米，消耗周边地区农民稻（麦）草6万余吨。

第五章　生态保护与建设

至2008年年末，淮安市建成省级自然保护区2个、市级自然保护区5个、县级自然保护区1个，初步形成保护类型比较齐全、分布比较合理的自然保护区保护体系。6个县（区）建成国家级生态示范区，建成省级生态村4个、市级环境优美乡镇12个、市级生态村22个，有25个村通过省环境综合整治试点验收。

第一节　自然保护区

一、省级自然保护区

（一）江苏涟水涟漪湖黄嘴白鹭省级自然保护区

2002年8月，江苏省政府批准成立涟水涟漪湖黄嘴白鹭省级自然保护区。该保护区位于涟水县涟城镇五岛公园以及相连水域和城郊废黄河沿线的林区水域，保护区总面积3433公顷，其中核心区面积100公顷、缓冲区面积3333公顷。该自然保护区内鸟类资源丰富，有鸟类资源16目33科15种。其中，有国家一级保护鸟类丹顶鹤，国家二级保护鸟类黄嘴白鹭、大天鹅、小天鹅等10种；有江苏省重点保护鸟类小䴙䴘鸟、鸿雁等17种；有中日候鸟保护协定中规定保护的鸟类绿鹭等62种；有中澳候鸟保护协定中规定保护的鸟类牛背鹭等9种。鸟类种群数量近20万只。保护区内森林覆盖率超80%，有林木树种137种，植物资源多样，形成乔、灌、草立体模式，特别是废黄河地区的“三百工程”（百里生态林、百里果林、百里鱼塘），距离涟漪湖仅2.5公里，水资源充足，其良好的林木、湿地生态系统为鸟类提供优越的隐蔽栖息场所和丰富的食物源。保护区主体位于涟水县域内，人鸟和谐相处，形成独特的生态景观。

（二）江苏淮安洪泽湖东部湿地省级自然保护区

2006年6月，江苏省政府批准建立淮安洪泽湖东部湿地省级自然保护区，保护区面积540平方公里。该省级自然保护区范围包含3个市级自然保护区，分别为淮阴区洪泽湖北岸市级湿地自然保护区、洪泽湖大堤市级湿地自然保护区、洪泽湖东部湿地市级自然保护区。

二、市级自然保护区

（一）陡湖湿地市级自然保护区

2003年，淮安市政府批准建设陡湖湿地市级自然保护区。该保护区为典型的草泊型湖泊，面积4100公顷，其中核心区面积500公顷、缓冲区面积1000公顷、实验区面积2600公顷。保护对象为特种多样性湿地动植物群落，有水生植物15科26种、浮游动物43属，特别是湿地珍稀动物，如国家一级保护鸟类大鸨、丹顶鹤、白鹳、黑鹳；湿地芦苇荡、沿岸林地等珍稀动物栖息地，是鱼类育种、育肥、繁殖保护地。保护区内水质良好，常年保持在II类水质标准以上，生物多样性得到妥善保护。

（二）金湖县湿地市级自然保护区

该保护区包括金湖县境内的三河、宝应湖、高邮湖等水域。2002年，建成县级重要功能保护区，总面积50910公顷。2003年10月，淮安市政府将其批准为市级自然保护区。该保护区主要保护对象为湿地生态系统和珍稀鸟类。

（三）淮阴区洪泽湖北岸市级湿地自然保护区

2003年9月，淮安市政府批准建立淮阴区洪泽湖北岸市级湿地自然保护区。保护区面积3700公顷，其中核心区面积700公顷。保护区水域、滩涂广阔，生态系统保存完好，生物多样性丰富，有30种国家重点保护鸟类。

（四）洪泽湖大堤市级湿地自然保护区

2003年9月，淮安市政府批准建设洪泽湖大堤市级湿地自然保护区。保护区沿洪泽湖大堤而建，面积1万公顷，其中核心区面积1155公顷。

（五）洪泽湖东部湿地市级自然保护区

2004年11月，淮安市政府批准建立洪泽湖东部湿地市级自然保护区。该保护区系国家林业局2003年批准建立的湿地保护示范工程，项目规划投资1000万元，主要对洪泽湖东部湿地的水体生态环境进行综合治理。保护区总面积3万公顷（含洪泽湖大堤湿地市级自然保护区的1万公顷），其中核心区老子山面积1万公顷。保护区基本包括洪泽县境内的全部洪泽湖湿地资源，便于统一保护。

图3-2　洪泽湖东部湿地（2007年）　　市环保局　供

三、县级自然保护区

盱眙县铁山寺县级自然保护区位于盱眙县城西南，1990年设立，总面积3573公顷，其中核心区面积530公顷。

第二节　洪泽湖生态功能区

洪泽湖位于淮安市西南部，是中国五大淡水湖之一，也是淮河流域最大的抗洪蓄水湖泊，具有蓄洪、灌溉、航运、水产养殖、饮用等多种功能。水位12.5米时，湖泊面积2065平方公里，储水量31亿立方米，对淮安市的农田灌溉、城乡居民生活和工业生产起着巨大作用。洪泽湖是国内极为重要的、具有代表性的内陆湿地，是珍稀濒危鸟类的"生命转运站"。

2002年，淮安市与中国科学院南京地理与湖泊研究所共同编制《淮安市洪泽湖湿地自然保护区建设规划》。2003年9月，市政府批准建立第一批洪泽湖市级湿地自然保护区，洪泽县洪泽湖大堤、盱眙县陡湖、淮阴区洪泽湖北岸3个保护区总面积分别为1万公顷、4100公顷、3700公顷。市政府成立以分管副市长为主任、各有关部门参加的淮安市洪泽湖湿地自然保护区协调委员会。2004年，批准建立洪泽湖东部湿地市级自然保护区，保护区总面积3万公顷，其中核心区老子山面积1万公顷。2006年6月，省政府批准建立江苏淮安洪泽湖东部湿地省级自然保护区。

2008年1月，淮安市环保局牵头，联合宿迁市环保局和江苏省洪泽湖渔业管理委员会办公室，正式启动洪泽湖渔业环境保护行动，重点开展全面监控外来污染、周边农业资源、养殖业、涉污单位和渔业船舶等污染集中整治等。是年6月，淮安市人大常委会对洪泽湖生态环境资源保护工作进行现场视察。9月，市环保局、市检察院、市建设局、市水利局、省洪泽湖渔管办集中开展洪泽湖沿湖涉污单位环保检查，查处一批环境违法企业。

至2008年年末，湖区有国家一级保护鸟类大鸨、丹顶鹤、白鹳、黑鹳和中华秋沙鸭5种，国家二级保护动物大天鹅、小天鹅、白额雁等26种，省重点保护动物80多种。另外，还有藻类165种、水生植物81种以及浮游动物91种等。

第三节　生态示范区

2000年6月，淮阴市被国家环保总局确定为第五批全国生态示范区建设试点地区。是年12月，印发《淮阴市生态示范区创建工作方案》，成立以市长为组长、有关部门负责人参加的8人创建工作领导小组，办公室设在市环保局，创建工作进入实施阶段。

2001年10月，盱眙县生态示范区建设通过国家验收。该县重点实施小流域综合治理、自然保护区建设、生态恢复、绿色食品生产基地建设、高效无污染水产品养殖、优化农业产业结构、意杨产业化、生态旅游、减污增效和城镇环境综合整治十大生态建设工程。

2003年8月，金湖县生态示范区建设通过国家验收。该县重点实施绿色食品生产基地建设、有机食品生产基地建设、稻田养殖、意杨产业化、防洪减灾、湖泊河流水质保护、生态工业建设、农副产品深加工综合利用、农村能源综合利用和荷花荡生态旅游10项生态建设工程。是年11月，南京大学编制的《淮安市生态示范区建设规划》通过省环保厅组织的专家评审。由于国家提出不再验收地级市生态示范区，专家组提议在该规划基础上继续编制《淮安市生态市建设规划》。12月，市政府办公室转发市环保局《关于开展创建生态示范区、环境优美乡镇和生态村活动的意见》。

2005年7月，洪泽县生态示范区建设通过国家验收。该县重点实施无公害绿色食品生产基地建设、有机食品生产基地建设、优质苗种繁育中心建设、意杨产业化、现代化苗鹅孵化场、农副产品深加工、湿地保护、土地复垦、湖泊河流水质保护和生态教育十大生态建设工程。

2006年12月，涟水县生态示范区建设通过国家验收。该县重点实施生态农业建设、生态林业建设、生态工业建设、自然保护区建设、生态人居环境建设和城乡环境综合整治等6大类29项生态建设工程，取得较好的经济、环境和社会效益。

2008年5月，环境保护部发文，将淮安市淮阴区、楚州区在内的69个地区命名为全国第六批国家生态示范区。至此，淮安市除清河区、清浦区不作要求外，6个县（区）全部建成国家级生态示范区。

第四节　生态建设与管理

20世纪80年代，淮阴市开始重视生态保护和建设，加大野生动物和自然保护区的保护和管理力度，野生动物保护进入常态化、规范化。

1986年，全市进行首次鸟类普查。1992年，全市开展蛇类资源普查。2000年，市政府发布《关于加强野生动物保护和管理的通告》，要求全市各级政府加强鸟类资源保护管理。

2000年起，各地出现许多爱鸟救鸟的先进典型。金湖县、涟水县救助大天鹅，清河区救助金雕，楚州区救助黄嘴白鹭。根据每年都有大量候鸟（包括日本、澳大利亚等国的候鸟）到淮阴市越冬的情况，市政府办和市林业部门多次印发关于加强湿地保护和做好野生动物疫源疫病监测工作的通知，加大野生动物疫源疫情监测工作力度。洪泽县累计退耕、退渔、平塘还湖近1500公顷，向洪泽湖投放鱼苗3亿多尾，改善洪泽湖区生态环境。投资1900万元建成渔家花园，动员长年居住在湖心滩头的渔民定居到陆地。恢复南北总长37公里的洪泽湖大堤原始生态，建设森林旅游风景区和鸟类栖息区，居住在堤岸的居民全部搬迁至新建的惠民家园。彻底根治工业污染源，限期关闭沿湖的电镀厂、染化厂、造纸厂。新增湿地植物群落2000公顷，植树100万株，建成永久禁渔区1000公顷，在鸟类保护区建起瞭望塔、观鸟台，有效改善洪泽湖东部湿地环境，各种鸟类逐年增多，逐渐恢复湖区水生资源。

2001年，淮安市和涟水县两级政府累计投资400多万元，对涟水县夕照山鸟类自然保护区实施“活水工程”，疏竣清理下游河道，使湖中水质变清，实现人退鸟进，保护鸟类栖息地。

2003年，盱眙县铁山寺国家森林公园管理委员会成立。2005年，市政府出台《关于加强湿地保护管理的通知》。是年5月，市政府办公室发布《关于加强生物物种资源保护和管理的通知》。在全市建立生物物种资源保护利用管理联席会议制度，由市环保部门牵头，市林业、建设、农业、卫生、教育以及工商、海关、质监等相关部门参与。科学制定全市生物物种资源保护利用规划。市环保局、市林业局会同有关部门和高等院校，开展全市生物物种资源调查，对重点保护的珍贵稀有生物物种和具有重要经济价值或潜在用途的野生动植物进行编目。在保护区管理基础上，加强野生动植物物种资源及其原生环境、栽培植物野生近缘种、家畜家禽近缘种的就地保护和生物物种资源收集库（圃）、植物园、动物园、野生动物园、种源繁育中心（基地）建设，做好生物物种资源迁地保护和保存；建设一批离体保护设施和生物物种资源基因核心库。

2004年1月，洪泽湖东部湿地保护与恢复工程项目动工。该项目包括洪泽县7个乡镇和1个国营场圃，总面积3万公顷，其中水面面积2万公顷。总投资1016万元，其中国家投入资金508万元、地方配套资金508万元。项目总体布局以淮河入湖口区域的滩地和水面为中心，加上滨岸植被带构成核心保护区，以周边污染控制区的滩地及陆域为外围准保护区。在洪泽湖东部湿地兴建以乔木为主的植物群落面积2000公顷、截污带面积580公顷、鸟类栖息地面积600公顷，恢复与重建水生植物群落面积2000公顷；改造河道廊道植被面积200公顷，建设禁渔区面积1000公顷，建设管护站、鸟类观测点、鸟类环志站面积220平方米，警备用房面积100平方米，湿地宣教中心面积500平方米；建设瞭望塔4座、观鸟台6个、管护码头3个，建立浅滩湿地生态保护区，浅滩附近相关水域设立禁渔区；在出入湖区的主要通道设立警务站；在沿途主要的入湖水道建设芦苇截污带。以淮河入湖口区域的滩地为中心，建设以乔木为主的植物群落，建设滩地湿地恢复区。在主要出湖水道建设护岸生态林，并在湖区内适当地段促进水生植被与湿生植被恢复。购置保护、科研、宣传等配套设施，保护湿地自然景观和天然生物资源及湿地生态系统的生态功能，促进生态环境改善。该项目于2007年6月竣工。2008年5月，通过江苏省林业局组织的专家组验收。

2005年起，市林业部门开展野生动物疫源疫病监测工作。在全市建立野生动物疫源疫病监测网络监测信息报告制度，全面启动监测体系。全市建立1个国家级、4个省级、20个市级野生动物疫源疫病监测点。在市林业站建立省级野生动物疫源疫病监测点，盱眙县成为全国首批118个国家级野生动物重大疫源疫病监测点之一。各县（区）林业部门分管领导为监测负责人，发现野生动物不正常死亡现象，即采取样本检验，并将现场记录及检测情况及时上报，确保疫情不迟报、不谎报、不漏报、不错报。

2008年，淮安市野生动物救护中心在市动物园建成，设立门诊室、手术室、药房、标本室，配备基本手术器械和救护装备；订制83种兽类、鸟类、爬行类、昆虫类等动物标本。在全市组织开展打击危害鸟类的违法犯罪行为，对鸟类栖息地、集贸市场、驯养繁殖场等野生动物及其制品交易场所，以及非法加工、经营、利用野生动物的餐饮场所进行检查。全年检查野生动物经营场所12处，检查野生动物活动区域25处，查处非法贩卖和猎杀野生动物案件194起，放生青蛙、蛤蟆、鸟类12.4万只。是年，淮阴区检察院配合林业部门查处非法猎捕中华大蟾蜍案61件83人，被猎捕的9万余只中华大蟾蜍回归大自然。市林业局以“繁荣生态文化、建设生态文明”为爱鸟周主题，在城区主要街道和里运河堤两侧的法桐、杨树、柳树等行道树上悬挂鸟笼260个。洪泽县湿地办公室在洪泽湖大堤、二河闸、二河农场、老子山镇、老子山林场等地树立固定的野生动物保护和湿地保护告示牌和宣传牌60块。

第五节　农村生态环境保护

一、化肥、农药合理施用

2008年，淮安市常规农作物病虫草害综合防治面积200万公顷，高毒高残留农药使用比例降至10%以下；实行测土配方施肥，建立测土配方施肥面积126.67万公顷，配方肥施用面积10.33万公顷，肥料利用率提高3%～5%，缓解肥料不合理施用带来的环境污染。

1985—2008年部分年份淮安市化肥农药使用情况表

表3-5　　单位：吨

年份	化肥（折纯）	农药
1985	329367	—
1990	447900	—
1995	544627	7713
1997	279098	4705
1998	285101	4917
1999	292029	5023
2000	298629	5310
2001	306348	5255
2002	302202	4870
2003	308139	5284
2004	313156	6432
2005	327750	6796
2006	327112	6886
2007	333214	7311
2008	343191	6944

二、畜禽粪便污染控制和资源化

2008年，淮安市畜禽养殖场产生粪便6000吨，经处理后大多数卖给饲料场作为家禽饲料或作为农家有机肥进行综合利用，未发现无序排放现象。畜禽养殖场年产生污水2万吨，主要来自养殖场地面冲洗水。这些污水大多数经简单处理，主要用于浇花和绿化。是年，全市建成规模畜禽养殖场小型沼气工程74处。

三、农村卫生改厕和垃圾收运

至2008年年末，全市新增农村无害化卫生厕所114949座（不含新建房配套改厕和沼气“一池三改”）。盱眙县初步形成“组保洁、村收集、镇转运、县处理”的农村垃圾收运体系框架格局，其余各县（区）农村也开展建立垃圾收运体系的试点工作。全市建成垃圾中转站29座，其中压缩式垃圾中转站27座，配备保洁车辆1600余辆，运输车辆1326辆，有农村垃圾收集点4200多个，保洁人员1830人。

四、农村户用沼气池建设

20世纪70年代，淮阴地区开始农村沼气建设。2001年，涟水县争取到第一批农业部农村小型公益设施农村沼气项目资金，拉开新时期淮安市农村沼气建设步伐。是年5月，全国人大常委会副委员长丁石孙率农业农村考察团考察淮安市农村沼气建设情况。2002年7月底，涟水县获农业部首批“全国生态家园富民工程示范县”称号，为省内唯一。是年10月，江苏省农村能源环保工作会议在淮安市召开，涟水县提出“工业抓招商，农业抓沼气”工作方针。2003年，市政府印发

《关于大力发展农村沼气推进生态农业建设的意见》，明确市财政每年列支100万元沼气专项资金用于农村沼气建设补助。同年6月，全市农村沼气推广现场会在涟水县召开。9月，市农业局印发《淮安市农村沼气建设实施办法》，对全市沼气建设实行规范化管理。

2004年7月，涟水县被农业部列为生态家园富民示范县。是年，淮安市实施“一带、二县、十乡、万户”计划，建设宁连路沿线百里沼气示范带，建成涟水、金湖2个高标准沼气示范县，蒋庵、涟城等10个沼气示范乡镇以及1万户沼气示范户。2006年，淮安市被农业部列为全国首批4个生态家园富民行动示范市创建单位之一。

2008年7月，试点推广秸秆沼气，在全市7个县（区）23个村示范推广秸秆沼气池3338处，组建14个沼气农民合作组织（协会），开辟秸秆利用新途径，示范引导全市秸秆综合利用工作，推广成效全省领先。至2008年年末，全市累计建设沼气户9.7万户，建设沼气服务网点33处。

第六节　生态市创建

2004年8月，由南京大学在《淮安市生态示范区建设规划》基础上编制的《淮安市生态市建设规划》通过省环保厅组织的专家评审。该规划将淮安市生态市建设总体战略定位为“名人故里、运河之都、淮扬美食、生态家园”。规划年限分为近期（2003—2005年，建成一批生态示范区域和生态示范工程）、中期（2006—2010年，全市建成国家级生态示范区）、远期（2011—2020年，全面完成生态市建设）。

2005年3月，淮安市第五届人民代表人会常务委员会审议并通过《淮安市生态市建设规划》。是年12月，市第四次党代会第三次会议提出在创建国家环保模范城市基础上，全面启动生态城市建设。

2006年3月，市委、市政府召开生态市建设暨环境保护工作会议，提出到年内确保国家环境保护模范城市创建通过省级验收，2016年全面建成生态市。同月，市政府办公室印发《2006年度淮安市生态市建设工作目标》，分解落实生态市建设任务，列出八大类41个重点工程。同年12月，淮安市国家环保模范城市创建工作通过国家级技术评估。2006—2007年，金湖县、洪泽县、盱眙县、涟水县先后编制完成生态县建设规划，并通过江苏省环保厅组织的专家评审。

2007年3月，市政府成立生态市建设工作领导小组，研究确定26个重点工程。2008年2月，在全市环境保护会议上，提出要在2012年基本建成生态市。当年每个县（区）都建成1～2个国家环境优美乡镇。

图 3-3　淮安市开展环保宣传活动（2007 年）　　市环保局　供

·淮安市志·（1978—2008）

第四卷　人口

1978年，淮阴地区总人口910.25万人，城市化率6.36%。改革开放初期，全地区处于育龄妇女生育高峰期，人口增长较快。至1982年，年均出生人口超过15万人，出生率超16‰，人口密度443人/平方公里，人口年龄中位数21.96岁，65岁及以上人口占总人口的4.72%，每10万人拥有大学生225人，自然增长率超10‰。是时，全地区深入贯彻“晚、稀、少”计划生育政策，严格控制多胎生育，提倡“一对夫妇只生一个孩子”，推行晚婚晚育、优生优育，控制人口数量，提高人口素质，人口增长速度得到初步控制。1985年，淮阴市人口出生率下降到10.98‰，自然增长率下降到5.9‰。

1987年，淮阴市总人口926.49万人，受育龄妇女生育高峰影响，全市人口增长又进入高峰期。到1990年，人口出生率上升到19.03‰，自然增长率上升到13.93‰。1992年起，随着计划生育政策的深入贯彻落实，经济社会的快速发展，人们的生育观念也发生变化，优生优育、少生少育成为社会主基调，人口增长速度显著放缓。1994年，人口出生率下降到10.5‰，自然增长率下降到4.94‰。

1996年行政区划调整后，淮阴市人口规模减少过半。至1996年年末，全市总人口（常住人口）489.63万人。1999年，全市人口出生率下降到8.93‰，自然增长率下降到4.47‰。2000年，全市人口密度500人/平方公里，人口年龄中位数30.78岁，65岁及以上人口占总人口的7.42%，每10万人拥有大学生2242人。

2004年后，随着计划生育政策对二胎的相对放松，全市人口自然增长逐步趋向平稳。2008年，全市总人口536.91万人，人口密度533人/平方公里，城市化率41.4%。计划生育、优生优育服务网络从城市一直延伸到乡村，城乡“世代服务”体系覆盖率97%。

第一章　人口状况

第一节　人口总量

1978年年末，淮阴地区总人口910.25万人。1982年全国人口普查时，淮阴地区总人口873.4万人（普查时，因计划生育压力，基层有瞒报现象），年末为964.18万人。其时，全面贯彻“一对夫妻只生一个孩子”计划生育政策，人口增长得到初步控制。

1983年年末，淮阴市总人口887.81万人。1987年，全市总人口增加到926.49万人。1991年，全市总人口突破千万，达1004.21万人。1995年，全市总人口增加到1030.32万人。

1996年年末，因行政区划调整，淮阴市总人口（常住人口）减少至489.63万人。1997年，全市总人口495万人。2000年第五次全国人口普查时，全市总人口503.82万人，年末增加到510.27万人。2005年，全市总人口527.77万人。2008年，全市总人口536.91万人。

1978—2008年，全市人口（剔除区划调整数据）年均增长0.97%。增长最快的年份是1986年，比1985年增长3.41%；增长最慢的年份是2007年，比2006年增长0.23%。

1978—2008年淮安市人口情况一览表

表4-1　　单位：万人

年份	人口数	年份	人口数	年份	人口数
1978	910.25	1989	958.02	2000	510.27
1979	927.34	1990	988.56	2001	514.38
1980	935.62	1991	1004.21	2002	517.68
1981	949.72	1992	1011.50	2003	519.92
1982	964.18	1993	1017.11	2004	524.06
1983	887.81	1994	1021.16	2005	527.77
1984	895.62	1995	1030.32	2006	532.77
1985	903.80	1996	489.63	2007	534.00
1986	913.14	1997	495.00	2008	536.91
1987	926.49	1998	498.98	—	
1988	939.88	1999	502.48		

第二节　人口分布与密度

受地形、水域面积等因素影响，境内各县（区）人口分布不平衡，洪泽、盱眙、金湖3个县人口较少，人口密度较低。1982年第三次全国人口普查时，淮阴地区人口密度每平方公里443人，全省最低。市区人口密度每平方公里2466人，辖县每平方公里433人。其中，淮安县最高，每平方公里在600人以上；洪泽、盱眙、金湖3个县较低，每平方公里均在260人以下，其他各县每平方公里在300～570人。总人口超过百万的县有淮安县（111.77万人）；总人口在50万人至100万人之间的有淮阴、涟水2个县；低于50万人的有洪泽、盱眙与金湖3个县，金湖县人口最少，仅32.58万人。

1982年第三次全国人口普查时淮阴地区人口分布与密度情况表

表4-2

地区	土地面积（平方公里）	人口数（人）	人口密度（人/平方公里）
合计	19699	8733961	443.4
市区	100	246617	2466.2

续表 4-2

地区	土地面积（平方公里）	人口数（人）	人口密度（人/平方公里）
淮阴县	1391	762864	548.4
灌南县	1083	543878	502.2
沭阳县	2293	1293659	564.2
宿迁县	1743	919499	527.5
泗阳县	1533	926439	604.3
涟水县	1660	836262	503.8
泗洪县	2716	899521	331.2
淮安县	1681	1117697	664.9
洪泽县	2351	400004	170.1
盱眙县	1805	461752	255.8
金湖县	1343	325769	242.6

说明：第三次全国人口普查结果公布时，灌云县已划归连云港市，故该表缺灌云县

1990年第四次全国人口普查时，全市人口密度每平方公里506.59人。市辖区人口密度最大，每平方公里1272.61人。下辖县（市）中，每平方公里600人以上的有淮阴县、灌南县、沭阳县、泗阳县、县级宿迁市和县级淮安市，其中县级淮安市人口密度最大，每平方公里726.1人；每平方公里低于400人的有泗洪、洪泽、盱眙和金湖4个县，其中洪泽县最低，每平方公里164.7人。总人口超过100万人的县（市）有沭阳县、泗阳县、县级宿迁市与县级淮安市，最多的是沭阳县，有150.27万人；总人口低于40万人的有洪泽、金湖2个县，金湖县最少，仅34.52万人。

1990年第四次全国人口普查时淮阴市人口分布与密度情况一览表

表 4-3

地区	人口数（人）	人口密度（人/平方公里）
总计	9902913	506.59
市区	441595	1272.61
淮阴县	778912	623.13
灌南县	641790	616.51
沭阳县	1502712	653.92
泗阳县	1058647	703.89
涟水县	953345	571.55
泗洪县	917998	397.06
洪泽县	358892	164.70
盱眙县	694322	297.48

续表 4-3

地区	人口数（人）	人口密度 （人/平方公里）
金湖县	345191	264.11
县级宿迁市	1076793	616.01
县级淮安市	1132716	726.10

2000年第五次全国人口普查时，全市人口密度每平方公里500人，人口密度最大的是清河区，每平方公里4878人；其次是清浦区，每平方公里1035人；每平方公里600～800人的有县级淮安市、淮阴县和涟水县；每平方公里低于300人的有洪泽、盱眙和金湖3个县，其中洪泽县最低，每平方公里262人。总人口超过100万人的县（区）有县级淮安市和涟水县，县级淮安市人口最多，有120.07万人；总人口低于40万人的有清河区、清浦区、洪泽县与金湖县，其中清河区人口最少，仅24.88万人。

2000年第五次全国人口普查时淮阴市人口分布与密度情况一览表

表 4-4

地区	人口数（人）	人口密度 （人/平方公里）
总计	5038131	500
清河区	248794	4878
清浦区	306258	1035
淮阴县	838184	663
县级淮安市	1200679	770
涟水县	1003294	601
洪泽县	365146	262
盱眙县	712399	286
金湖县	363377	270

第三节　人口变动

一、自然变动

1978—1982年，受20世纪50年代大量出生人口进入生育期影响，淮阴地区人口出生率进入高峰期，其中1979年最高，出生率17.67‰，自然增长率11.77‰。

1983—1986年，淮阴市计划生育、晚婚晚育政策初见成效，人口增长进入低谷期，其中1985年最低，出生率10.98‰，自然增长率5.9‰。

1987—1991年，受进入生育期人口大量增加影响，人口出生率呈爆发式上升态势，其中1990年人口出生率19.03‰，自然增长率13.93‰，自然净增人口137694人。

1992年起，婚育高峰得到平抑，多孩率明显降低；综合避孕率有所提高，避孕措施构成趋向合理；群众生育观念发生转变，独生子女队伍壮大，独生子女率明显提高。除个别年份外，大部分年份人口出生率都在12‰以下，自然增长率都在7‰以下。2003年，人口出生率8.06‰，自然增长率3.38‰。此后，随着计划生育政策对二胎的相对放松，淮安市人口自然增长逐步趋向平稳。2008年，全市人口出生率12.69‰，自然增长率6.54‰。

1978—2008年淮安市人口自然变动情况一览表

表4-5

年份	总人口（人）	出生				死亡				自然增长	
		人数（人）			出生率（‰）	人数（人）			死亡率（‰）	人数（人）	增长率（‰）
		合计	男	女		合计	男	女			
1978	9102500	169761	—	—	18.65	55980	—	—	6.15	113781	12.50
1979	9273414	163815	—	—	17.67	54644	—	—	5.89	109171	11.77
1980	9356183	147623	—	—	15.78	55139	—	—	5.89	92484	9.88
1981	9497216	162673	—	—	17.13	52949	—	—	5.58	109724	11.55
1982	9641837	152880	—	—	15.86	53233	—	—	5.52	99647	10.33
1983	8878149	115229	62650	52579	12.98	48840	25814	23026	5.50	66389	7.48
1984	8956229	106135	58661	47474	11.85	48328	25559	22769	5.40	57807	6.45
1985	9037995	99219	55062	44157	10.98	45929	24479	21450	5.08	53290	5.90
1986	9131414	112894	62564	50330	12.36	46041	25048	20993	5.04	66853	7.32
1987	9264884	141182	76722	64460	15.24	47601	25864	21737	5.14	93581	10.10
1988	9398798	135046	73434	61612	14.37	47951	26094	21857	5.10	87095	9.27
1989	9580239	170211	91333	78878	17.77	47255	26026	21229	4.93	122956	12.83
1990	9885562	188162	100281	87881	19.03	50468	27594	22874	5.11	137694	13.93
1991	10042109	186324	102831	83493	18.55	52863	28583	24280	5.26	133461	13.29
1992	10115030	129648	72992	56656	12.82	55943	30018	25925	5.53	73705	7.29
1993	10171084	108089	60619	47470	10.63	55610	29988	25622	5.47	52479	5.16
1994	10211616	107242	60443	46799	10.50	56786	30882	25904	5.56	50456	4.94
1995	10303215	114528	63756	50772	11.12	52611	28787	23824	5.11	61917	6.01
1996	4896300	103044	57861	45183	10.62	47623	25876	21747	4.91	55421	5.71
1997	4949981	58218	31728	26490	11.76	24934	13733	11201	5.04	33284	6.72
1998	4989813	57345	31378	25967	11.49	26440	14538	11902	5.30	30905	6.19
1999	5024838	44867	24247	20620	8.93	22422	12445	9977	4.46	22445	4.47
2000	5102650	68993	35936	33057	13.52	31630	17038	14592	6.20	37363	7.32
2001	5143832	44390	23470	20920	8.63	19648	10732	8916	3.82	24742	4.81
2002	5176843	43582	23099	20483	8.42	19913	10865	9048	3.85	23669	4.57
2003	5199230	41892	22129	19763	8.06	24316	13310	11006	4.68	17576	3.38

续表 4-5

年份	总人口（人）	出生				死亡				自然增长	
		人数（人）			出生率（‰）	人数（人）			死亡率（‰）	人数（人）	增长率（‰）
		合计	男	女		合计	男	女			
2004	5240609	59628	31203	28425	11.38	27889	14946	12943	5.32	31739	6.06
2005	5277678	52850	27841	25009	10.01	18056	9992	8064	3.42	34794	6.59
2006	5327656	61983	33382	28601	11.63	21259	11903	9356	3.99	40724	7.64
2007	5339960	61310	33625	27685	11.48	54266	29148	25118	10.16	7044	1.32
2008	5369136	68139	36507	31632	12.69	33034	18349	14685	6.15	35105	6.54

说明：户籍管理制度改革后，在农村地区，一些居民户口意识淡薄，家人死亡多不主动到公安机关注销户口，导致历年死亡人数统计出现偏差。2007年和2008年，公安机关结合换发第二代居民身份证开展户口核对，补销大量往年死亡未注销户口，使这两年死亡人数明显多于往年，该两年的实际死亡人数与往年基本平衡

二、机械变动

改革开放后，因下放人员落实政策回城和经济建设需要，迁入、迁出人口都有增加。1980年最高，迁入30.5万人，迁出30.33万人。1983年行政区划调整，灌云县划归连云港市，全市总人口减少。1989年，迁入22.56万人，迁出18.76万人。

1996年行政区划调整后，淮阴市总人口减少，迁入、迁出人口数相应减少。1997年，迁入5.8万人，迁出5.26万人。2000年后，随着交通和工商业发展，省外迁入、迁出人口增长较快。是年，省外迁入0.96万人，迁往省外0.62人。2004年，省外迁入1万人，迁往省外1.05万人。2008年，迁入5.89万人，其中省外迁入1.33万人；迁出7万人，其中迁往省外1.42万人。

1979—2008年淮安市人口迁入、迁出情况一览表

表 4-6　　　　单位：人

年份	迁入		迁出		年份	迁入		迁出	
	省内迁入	省外迁入	迁往省内	迁往省外		省内迁入	省外迁入	迁往省内	迁往省外
1979	214247	—	295509	—	1990	159905	13494	117036	8735
1980	299340	5699	296911	6422	1991	109691	8756	101811	9055
1981	166167	8902	152933	7428	1992	102533	7888	106571	9362
1982	133945	12004	118916	7369	1993	101348	6481	102128	8006
1983	99933	9703	90868	8187	1994	110932	7968	117037	10639
1984	139419	11928	127438	9539	1995	117589	7299	121968	8192
1985	156545	10823	135673	9057	1996	87688	7111	89076	7993
1986	120185	13686	103426	11539	1997	54718	3511	47763	4843
1987	118888	14539	105533	8873	1998	52685	4208	51660	4229
1988	112996	11727	97367	6140	1999	68920	4470	56831	4228
1989	209478	16118	179447	8105	2000	73534	9635	59574	6182

续表 4-6

年份	迁入		迁出		年份	迁入		迁出	
	省内迁入	省外迁入	迁往省内	迁往省外		省内迁入	省外迁入	迁往省内	迁往省外
2001	71315	6136	58629	6112	2005	53192	7820	51654	9353
2002	48015	6134	46621	5816	2006	57675	10520	46406	8308
2003	53224	7801	55819	8101	2007	47514	12043	42844	11703
2004	47935	10031	49009	10542	2008	45654	13273	55790	14175

第二章　人口构成

第一节　性别构成

1978年，淮阴地区有男性人口460.12万人、女性人口450.13万人，男女性别比（女=100）为102.22。此后，除1980年外，男女性别比整体呈逐步上升趋势。1985年，淮阴市人口男女性别比达105.03，1992年突破106，达106.05。1995年达到最高值106.72。1999年回到106以下，为105.8。此后，除个别年份有小幅上升外，整体呈下降趋势。2008年，全市人口性别比降至104.93。

1978—2008年淮安市人口性别构成情况一览表

表 4-7　　单位：人

年份	男	女	性别比（女=100）	年份	男	女	性别比（女=100）
1978	4601214	4501286	102.22	1988	4830968	4567830	105.76
1979	4692689	4580725	102.44	1989	4922472	4656767	105.71
1980	4731870	4624313	102.33	1990	5082841	4802721	105.83
1981	4818443	4678773	102.99	1991	5165421	4876688	105.92
1982	4904164	4737673	103.51	1992	5206082	4908948	106.05
1983	4530493	4347656	104.21	1993	5242034	4929050	106.35
1984	4579046	4377183	104.61	1994	5268879	4942737	106.60
1985	4629879	4408116	105.03	1995	5319177	4984038	106.72
1986	4682003	4449411	105.23	1996	2527050	2369250	106.66
1987	4762804	4502080	105.79	1997	2550653	2399328	106.31

续表 4-7

年份	男	女	性别比（女=100）	年份	男	女	性别比（女=100）
1998	2575654	2414159	106.69	2004	2690112	2550497	105.47
1999	2583237	2441601	105.80	2005	2706186	2571492	105.24
2000	2618767	2483883	105.43	2006	2734447	2593209	105.45
2001	2644365	2499467	105.80	2007	2740160	2599800	105.40
2002	2664608	2512235	106.07	2008	2749158	2619978	104.93
2003	2670755	2528475	105.63	—			

第二节　年龄构成

1982年第三次全国人口普查时，淮阴地区人口平均年龄26.85岁，较全省平均数低2.18岁；年龄中位数21.96岁，较全省平均数低3.68岁。0～14周岁少年儿童3025345人，占总人口的34.64%；65周岁以上老年人口412527人，占总人口的4.73%。人口年龄结构具有中间型人口多、劳动力系数高、负担系数小的特点，劳动力资源丰富，对发展经济有利。

1990年第四次全国人口普查时，淮阴市人口年龄中位数为24.41岁，0～14周岁少年儿童占总人口的29.11%；65周岁以上老年人占总人口的5.79%。全市人口逐渐向老龄化发展。

2000年第五次全国人口普查时，全市人口年龄中位数为30.78岁，0～14周岁少年儿童占总人口的22.76%；65周岁以上人口占总人口的7.42%。淮阴市初步进入老年社会。

第三、四、五次全国人口普查时淮阴市人口年龄构成情况一览表

表 4-8

年龄段	第三次（1982年）		第四次（1990年）		第五次（2000年）	
	人口数（人）	占总人口比例（%）	人口数（人）	占总人口比例（%）	人口数（人）	占总人口比例（%）
总人口	8733961	100	9902913	100	5038231	100
不满周岁乳儿	185918	2.13	260673	2.63	46416	0.92
学龄前儿童（1～6岁）	1005517	11.51	1214790	12.27	325006	6.45
少年儿童（7～14岁）	2044189	23.41	1407153	14.21	775016	15.38
兵源（男18～22岁）	397898	4.56	615423	6.21	173538	3.44
育龄妇女（15～49岁）	2113232	24.20	2606676	26.32	1424311	28.27
男劳动力（15～59岁）	2504483	28.68	3099401	31.30	1703307	33.81
女劳动力（15～54岁）	2177096	24.93	2718776	27.45	1535465	30.48
男60岁、女55岁以上老人	816758	9.35	1034526	10.45	653021	12.96

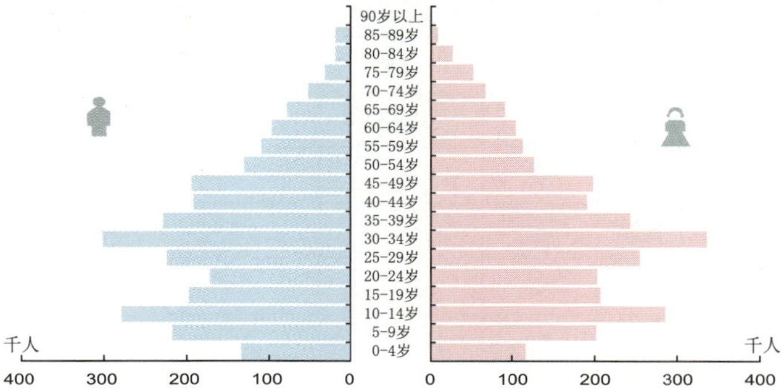

图 4-1　2000 年淮阴市人口年龄金字塔图

2008 年淮安市百岁老人信息一览表

表 4-9

所属县（区）	序号	姓名	性别	年龄（岁）	家庭住址
清河区	1	陈乃华	女	104	淮海广场外贸宿舍
	2	孙树高	男	100	引河路致富巷
清浦区	1	李范氏	女	104	城南乡城南村
	2	陈开美	女	101	黄码乡运南村
	3	朱李氏	女	100	四季青老年公寓
	4	李高氏	女	101	武墩镇
	5	张陈氏	女	100	武墩镇高坝村
	6	陈孙氏	女	103	淮三路
	7	许周氏	女	102	盐河镇
淮安经济开发区	1	孙学美	男	101	徐杨乡兴强村
楚州区	1	陈慎同	男	101	淮城镇瞻岱居委会牌楼巷 7 号
	2	宋徐氏	女	103	淮城镇华庭村谢庄组
	3	孙韩氏	女	104	淮城镇河下居委会都天庙巷 14 号
	4	汪济良	男	101	淮城镇勺湖老西门大街 37 号
	5	赵步前	男	102	淮城镇瞻岱居委会夯轮寺 49 号
	6	潘夏氏	女	100	钦工镇韩赵村大赵组
	7	谷邱氏	女	101	钦工镇士銮村五组
	8	谷支氏	女	100	钦工镇士銮村七组
	9	冯李氏	女	100	宋集乡条沿村条河片 4 组
	10	孙郎氏	女	104	苏嘴镇马逻村 3 组
	11	高孙氏	女	100	茭陵乡高荡村 10 组
	12	段陈氏	女	102	茭陵乡茭陵村 4 组

续表4-9

所属县（区）	序号	姓名	性别	年龄（岁）	家庭住址
楚州区	13	沈胡氏	女	102	茭陵乡六大门村3组
	14	徐氏	女	102	顺和镇徐荡村7组
	15	蒋徐氏	女	102	顺和镇顺西村7组
	16	王丁氏	女	101	席桥镇浦马村4组
	17	牛祁氏	女	102	季桥镇季桥村2组
	18	唐蒋氏	女	100	城东乡花庄村8组
	19	姚王氏	女	100	城东乡新王村2组
	20	于韦氏	女	102	城东乡侯巷村2组
	21	鞠张氏	女	101	城东乡红桥村4组
	22	沈赵氏	女	101	仇桥镇北干村老集组
	23	熊志英	女	100	仇桥镇水晶村
	24	贺金氏	女	104	仇桥镇三里荡村1组
	25	赵长久	男	101	南闸镇戴庄村谢庄组
	26	魏陈氏	女	100	建淮乡盖桥村魏庄组
	27	张时氏	女	101	车桥镇车东村中圩片
	28	韩王氏	女	100	朱桥镇闸南村五庄组
淮阴区	1	丁杨氏	女	100	南吴集镇
	2	丁夏氏	女	102	三树镇周集村6组
	3	陈建英	女	100	老张集乡孙圩村10组
	4	林翠花	女	101	袁集乡袁集村路西组
	5	张献庭	男	103	袁集乡草庙村后圩组
	6	崔银先	男	102	袁集乡辣树村
	7	徐孙氏	女	101	古寨乡新公村1组
	8	叶玉莲	女	101	吴集镇振兴村3组
	9	周高氏	女	100	吴集镇新园村13组
	10	孙赵氏	女	101	王营镇越河村7组
	11	刘桂兰	女	102	王营镇双和村3组
	12	孙高氏	女	101	王营镇长安村9组
	13	王亮友	男	100	王营镇长安村
	14	薛振兰	女	108	王兴镇新兴村5组
	15	孙吴氏	女	108	韩桥乡天河村2组
	16	刘玉英	女	102	韩桥乡兴旺村4组
	17	吴邢氏	女	100	西宋集镇汤集村
	18	徐代氏	女	100	西宋集镇朱庄村9组

续表 4-9

所属县(区)	序号	姓名	性别	年龄(岁)	家庭住址
淮阴区	19	洪张氏	女	102	五里镇北4组
	20	陈翠萍	女	101	凌桥乡三堡村
	21	卢玉芳	女	102	凌桥乡凌桥村3组
	22	支永成	男	102	棉花庄镇联旺村2组
	23	张开华	男	101	渔沟镇淮河村
	24	杜玉芝	女	100	开发区杨井村19组
	25	徐姚氏	女	105	开发区三朱村孙老庄
	26	刘余氏	女	100	刘老庄乡双庄村2组
	27	钱文英	女	100	刘老庄乡双庄村2组
	28	洪朱氏	女	100	刘老庄乡郑河村6组
涟水县	1	张道兰	女	106	东胡集镇胡别村
	2	陈洪才	男	106	涟城镇城东新村
	3	殷陆氏	女	106	五港镇五港村
	4	严高氏	女	104	大东镇
	5	颜树珍	女	104	红窑镇
	6	李葛氏	女	104	红窑镇
	7	陈素兰	女	101	梁岔镇左圩村
	8	孙开娥	女	102	梁岔镇政府院内
	9	邓冬	男	100	梁岔镇左三庄
	10	韩朱氏	女	101	梁岔镇
	11	付友珍	女	101	梁岔镇
	12	左士兰	女	100	梁岔镇北圩村
	13	王杰如	男	102	杨口办事处
	14	朱元梅	女	102	杨口办事处戴洼村
	15	高邓氏	女	103	杨口办事处丁苗村
	16	徐陈氏	女	101	灰墩办事处天鹅村
	17	汤徐氏	女	101	红窑镇金沙村
	18	徐罗氏	女	102	红窑镇小金圩村
	19	金秀兰	女	102	南禄办事处张顾村
	20	殷徐氏	女	103	五港镇五港村
	21	徐马氏	女	100	陈师镇陈师村
	22	丁李氏	女	100	陈师镇陈师村
	23	薛王氏	女	100	时码办事处
	24	朱文忠	男	100	保滩镇喻集村

续表 4-9

所属县（区）	序号	姓名	性别	年龄（岁）	家庭住址
涟水县	25	王吴氏	女	102	前进镇
	26	苏云珍	女	102	余圩办事处李冯村
	27	王永英	女	100	余圩办事处洋河村
	28	严嵇氏	女	103	东湖集镇严黄村
	29	赵树春	女	100	东湖集镇
	30	楚陈氏	女	101	东湖集镇
	31	杨金方	女	100	唐集镇
	32	金庭英	女	101	唐集镇
	33	徐慎清	男	100	浅集办事处浅东村
	34	孟庆美	女	101	浅集办事处金城村
	35	胡洪氏	女	101	浅集办事处梨元村
	36	薛何氏	女	104	大东镇
	37	刘马氏	女	101	大东镇瓦滩村
	38	严陈氏	女	100	大东镇南严村
	39	严姚氏	女	101	大东镇严庄村
	40	韩高氏	女	103	大东镇陈庄村
	41	徐赵氏	女	100	大东镇渔荡村
	42	陈嵇氏	女	100	大东镇
	43	陈陈氏	女	101	徐集乡上营村
	44	孙徐氏	女	101	徐集乡双码村
	45	陆陈氏	女	101	徐集乡上营村
	46	张徐氏	女	100	义兴镇殷渡村
	47	张朱氏	女	100	义兴镇五房村
	48	姜齐氏	女	100	蒋庵办事处蒋老庄村
	49	杨管氏	女	100	蒋庵办事处符庄村
	50	尹夏氏	女	100	蒋庵办事处悦来村
	51	司刘氏	女	100	高沟镇胡尧村
	52	陶昌美	女	100	高沟镇杨桥村
	53	丁岳氏	女	101	北集办事处朱老村
	54	胡刘氏	女	100	灰墩办事处灰墩村
	55	徐玉珍	女	103	灰墩办事处灰墩村
	56	吴氏	女	102	成集镇后荡村
	57	刘云英	女	100	梁岔镇
洪泽县	1	王南祥	男	103	仁和镇金西村

续表4-9

所属县（区）	序号	姓名	性别	年龄（岁）	家庭住址
洪泽县	2	黄别氏	女	101	西顺河镇南街220号
	3	赵蒋氏	女	101	三河镇新堡村
	4	杜赵氏	女	101	朱坝镇墩南村7组
	5	杨兆仁	男	100	黄集镇黄集居委会
	6	王桂英	女	101	万集镇丰收村后蒋组
	7	王郭氏	女	100	高良涧镇益寿东路82栋
	8	王氏	女	100	老子山镇长山村
	9	林金华	女	100	老子山镇兴隆村
金湖县	1	王维珍	女	103	塔集镇陆河村
	2	万伏英	女	101	陈桥镇
	3	涂严氏	女	101	陈桥镇
	4	刘赵氏	女	101	黎城镇建设路
	5	李黄氏	女	101	吕良镇孙集村
	6	唐立英	女	102	金北镇
盱眙县	1	贾王氏	女	100	盱城镇陆沟巷
	2	张翠华	女	102	旧铺镇旧铺村
	3	朱贾氏	女	103	盱城镇林园路8号
	4	韩为胜	男	103	仇集镇凤山村
	5	周华英	女	101	马坝镇东阳村
	6	朱子良	男	104	盱城镇大庆路31号
合计	144人				

第三节　文化程度

1982年第三次全国人口普查时，淮阴地区具有小学以上文化程度人口4770831人，占总人口的54.62%；文盲、半文盲人口2929235人，占总人口的33.54%。每千人拥有大学文化程度人口2.25人，高中文化程度人口47.33人，初中文化程度人口161.24人，小学文化程度人口335.42人，文盲、半文盲人口335.38人。

1990年第四次全国人口普查时，全市有6岁及以上人口8607257人，其中大学（含大专）文化程度人口49572人，占总数的0.57%；中专、高中文化程度人口574418人，占总数的6.67%；初中文化程度人口2257278人，占总数的26.23%；小学文化程度人口3790576人，占总数的44.04%；文盲、半文盲人口1935413人，占总数的22.49%。

2000年第五次全国人口普查时，全市每10万人拥有各种文化程度人数分别为大学（含大专）文化程度2242人，中专、高中文化程度11552人，初中文化程度38421人，小学文化程度34443人。

全市6周岁及以上人口4734541人，其中接受大专及以上教育的有112965人，占总数的2.38%；接受高中、中专教育的有582017人，占总数的12.29%；接受初中教育的有1935717人，占总数的40.88%；接受小学教育的有1735307人，占总数的36.65%。未上学和仅上过扫盲班的有368535人，占总数的7.78%。

2000年第五次全国人口普查时淮阴市6周岁及以上人口文化程度和比重一览表

表4-10

县（区）	6周岁及以上人口数（人）	大专及以上		高中和中专		初中		小学		未上学和扫盲班	
		人口数（人）	比重（%）	人口数（人）	比重（%）	人口数（人）	比重（%）	人口数（人）	比重（%）	人口数（人）	比重（%）
合计	4734541	112965	2.38	582017	12.29	1935717	40.88	1735307	36.65	368535	7.78
清河区	235015	37087	15.78	67376	28.67	71094	30.25	47383	20.16	12075	5.14
清浦区	286089	11773	4.12	45944	16.06	101959	35.64	100549	35.15	25864	9.04
县级淮安市	1125107	13990	1.24	113309	10.07	481497	42.80	436469	38.79	79842	7.10
淮阴县	786272	11994	1.53	79294	10.08	332619	42.30	295222	37.55	67143	8.54
涟水县	944488	11022	1.17	106120	11.24	412614	43.69	352717	37.34	62015	6.57
洪泽县	343812	7132	2.07	43528	12.66	129018	37.53	129808	37.75	34326	9.98
盱眙县	668768	10876	1.63	78285	11.71	273808	40.96	261252	39.06	44547	6.66
金湖县	344990	9091	2.64	48161	13.96	133108	38.58	111907	32.44	42723	12.38

第四节　民族构成

1982年第三次全国人口普查时，淮阴地区有汉、蒙古、回、藏、维吾尔、苗、彝、壮、朝鲜、满、侗、土家、哈尼、傣、黎、畲、高山17个民族。其中，汉族8720518人，占全地区总人口的98.5%；少数民族计13443人，占全地区总人口的1.5%。少数民族以回族人口居多，计13233人，占全地区少数民族人数的98.4%。回族人口较多的县（市）依次为泗阳县5794人、市区2337人、淮阴县1743人，其余各县数百人不等。全地区各县少数民族以泗阳县为最多，计有6个少数民族，共5804人，是江苏省少数民族人口最多的县。至1987年年末，淮阴市新增布朗族、布依族、仡佬族，共有20个民族。少数民族人口增至15338人，占全市总人口的0.16%。

随着改革开放不断深入，人口流动逐渐增加，云、贵、川等少数民族地区婚嫁到淮阴的女性人口增多。到1990年第四次全国人口普查时，全市民族增加到44个，少数民族人口17795人，占总人口的0.18%，其中男性7743人、女性10052人，性别比为70.03。在少数民族人口中，回族人口最多，有14395人；其余人口超过100人的少数民族有苗族550人、彝族439人、哈尼族383人、布依族361人、满族257人、白族213人、壮族179人、傣族163人。回族人口较多的县（市）依次为泗阳县6552人、市区2531人、淮阴县1861人、涟水县1021人，其余各县数百人不等。1996年，因行政区划调整，全市民族减至36个。

2000年第五次全国人口普查时，全市有47个民族，比1990年新增11个民族，分别是纳西族、柯尔克孜族、达斡尔族、羌族、毛南族、锡伯族、阿昌族、俄罗斯族、鄂温克族、裕固族、基诺族。汉族人口5028108人，占总人口的99.8%；少数民族人口10123人，占总人口的0.2%。有11个少数民族人口超过百人，分别是回族（6499人）、苗族（966人）、布依族（507人）、彝族（375人）、白族（276人）、壮族（186人）、满族（165人）、土家族（161人）、侗族（122人）、蒙古族（120人）、哈尼族（115人）。人口数少于5人的少数民族分别是哈萨克族（3人）、高山族（3人）、柯尔克孜族（1人）、达斡尔族（1人）、俄罗斯族（1人）、鄂温克族（2人）、德昂族（2人）、毛南族（1人）、裕固族（1人）、独龙族（4人）、鄂伦春族（3人）、基诺族（1人）。在少数民族人口中，男性3727人，占少数民族人口数的36.82%；女性6396人，占少数民族人口数的63.18%。

2000年第五次全国人口普查时淮阴市少数民族人口情况一览表

表4-11　　单位：人

少数民族	人数			分布县（区）							
	合计	男	女	清河区	清浦区	淮阴县	涟水县	洪泽县	盱眙县	金湖县	县级淮安市
合计	10123	3727	6396	1737	1118	2695	1419	491	813	519	1331
回族	6499	3316	3183	1597	1013	1949	1019	180	328	67	346
苗族	966	69	897	3	11	258	96	55	117	177	249
布依族	507	38	469	2	16	52	35	140	99	86	77
彝族	375	24	351	3	3	86	51	20	53	20	139
白族	276	14	262	1	3	119	13	5	76	6	53
壮族	186	26	160	5	6	33	25	10	41	19	47
满族	165	61	104	46	23	10	19	27	8	13	19
土家族	161	45	116	13	8	30	13	15	14	37	31
侗族	122	8	114	4	—	36	8	8	2	29	35
蒙古族	120	33	87	20	5	10	22	11	8	20	24
哈尼族	115	8	107	—	2	10	27	—	11	4	61
傈僳族	95	1	94	—	1	5	6	—	8	—	75
傣族	68	4	64	—	—	16	8	1	7	4	32
拉祜族	55	1	54	—	—	8	11	3	1	—	32
朝鲜族	48	22	26	17	6	1	11	—	3	6	4
黎族	47	5	42	2	1	13	—	4	2	8	17
瑶族	38	2	36	—	3	7	6	2	3	—	17
佤族	32	2	30	—	—	11	5	—	5	—	11
藏族	30	7	23	2	—	6	12	—	2	—	8
维吾尔族	29	22	7	18	1	2	—	—	2	2	4
布朗族	21	1	20	—	8	3	8	—	—	—	2
京族	18	2	16	—	—	5	—	5	—	8	—

续表 4-11

少数民族	人数			分布县（区）							
	合计	男	女	清河区	清浦区	淮阴县	涟水县	洪泽县	盱眙县	金湖县	县级淮安市
水族	16	3	13	—	—	4	—	1	7	2	2
怒族	13	1	12	—	—	1	—	—	—	—	12
土族	11	—	11	—	1	6	2	—	—	1	1
仡佬族	11	1	10	—	—	5	1	—	—	3	2
纳西族	10	1	9	—	—	—	—	—	2	—	8
阿昌族	9	—	9	—	—	—	6	—	—	—	3
景颇族	8	1	7	—	—	1	1	—	1	2	3
畲族	8	3	5	2	—	—	1	2	—	3	—
普米族	7	1	6	—	—	1	—	1	1	—	4
羌族	6	—	6	—	—	1	4	—	—	—	1
锡伯族	6	2	4	2	3	—	—	1	—	—	—
仫佬族	5	—	5	—	—	—	1	—	—	—	4
独龙族	4	—	4	—	—	—	2	—	—	—	2
哈萨克族	3	—	3	—	—	1	1	—	—	—	1
高山族	3	—	3	—	—	—	—	—	2	1	—
鄂伦春族	3	1	2	—	2	—	1	—	—	—	—
鄂温克族	2	—	2	—	1	1	—	—	—	—	—
德昂族	2	—	2	—	—	—	1	—	—	—	1
柯尔克孜族	1	—	1	—	—	—	—	—	—	—	1
达斡尔族	1	—	1	—	—	—	—	—	—	—	1
俄罗斯族	1	—	1	—	—	1	—	—	—	—	—
毛南族	1	—	1	—	—	—	—	—	—	—	1
裕固族	1	—	1	—	—	—	—	—	—	—	1
基诺族	1	—	1	—	—	—	1	—	—	—	—
其他未识别民族	17	2	15	—	1	3	2	—	10	1	—

说明：表中各少数民族按照人口多少排列

第五节 城乡构成

1978年，淮阴地区有农业人口852.39万人，非农业人口57.86万人，非农业人口占总人口的6.36%。随着城市化进程的加快，农村劳动力的转移，全市非农业人口逐渐增加。1989年，全市非农业人口突破百万，达108.27万人。1996年，因行政区划调整，全市非农业人口82.3万人。

1999年起，淮阴市推进小城镇户籍制度改革，非农业人口出现逐年增长趋势。2000年第五次全国人口普查规定，城镇人口包括县政府所在地的社区人口和城市建设延伸到的村人口，县辖镇政府所在地的村（居）委会人口和城镇建设延伸的村人口。是年年末，全市非农人口117.06万人，占总人口的22.9%。

2003年起，城乡人口不再按农业、非农业人口进行统计，直接按照居住地分为城镇、农村人口。随着城市化战略的实施，城市人口逐年增加，城市化进程加快。2005年，全市有城镇人口198.09万人，农村人口329.68万人，城镇人口比重（城市化率）37.5%。2008年，全市有城镇人口222.28万人，农村人口314.63万人，城镇人口比重（城市化率）41.4%。

1978—2008年部分年份淮安市总人口及城镇人口情况表

表4-12　　单位：万人

年份	总人口	城镇人口	年份	总人口	城镇人口
1978	910.25	57.86	1994	1021.16	123.74
1981	949.72	68.43	1997	495.00	86.25
1984	895.62	88.32	2000	510.27	117.06
1989	958.02	108.27	2005	527.77	198.09
1992	1011.50	118.14	2008	536.91	222.28

第六节　职业构成

1982年第三次全国人口普查时，淮阴地区有在业人口（即15周岁及以上人口中从事一定社会劳动并取得劳动报酬或经营收入的人口）4435989人。其中，农、林、牧、渔业生产人员，占在业人口的81.29%；生产工人、运输工人和有关人员，占在业人口的9.56%。两项合计，占在业人口总数的90.85%，高于全省87.3%的平均水平。在全部在业人口中，脑力劳动者占在业人口的6.22%，体力劳动者占在业人口的93.78%，分别低于全省7.8%和高于全省92.2%的平均水平。不在业人口（15周岁及以上人口中未从事社会劳动的人口）1272627人，占总人口的14.57%。其中，在校学生317725人，占不在业人口的24.97%；待升学6041人，占不在业人口的0.47%；待国家统一分配238人，占不在业人口的0.02%；市镇待业人口14642人，占不在业人口的1.15%；退职退休49004人，占不在业人口的3.85%；家务劳动684302人，占不在业人口的53.77%；其他200675人，占不在业人口的15.77%。

1990年第四次全国人口普查时，淮阴市在业人口5721101人，占人口总数的57.78%，占15岁及以上人口总数的81.49%。全市在业人口中，第一产业4861292人，占在业人口的84.97%；第二产业406802人，占在业人口的7.12%；第三产业453007人，占在业人口的7.91%。在全部在业人口中，脑力劳动者占在业人口的5.87%，体力劳动者占94.13%。不在业人口1299196人，占总人口的13.12%。其中，在校学生297189人，占不在业人口的22.87%；待升学18585人，占不在业人口的1.43%；市镇待业人口30070人，占不在业人口的2.31%；离退休94257人，占不在业人口的7.26%；家务劳动598269人，占不在业人口的46.05%；其他260826人，占不在业人口的20.08%。

随着经济发展与产业结构调整，淮阴市农村富余劳动力向二、三产业转移，第一产业就业人口比例大幅度下降；在第二产业中，建筑业从业人员大量增加；在第三产业中，房地产业等新兴行业就业人口增加较快。不在业人口有所增加，离退休、丧失工作能力的老年人口增加，失业人口增加。2000年第五次全国人口普查时，全市在业人口279183人，占15岁及以上人口的比重为77.32%。全市在业人口中，第一产业199516人，占在业人口的71.46%；第二产业35572人，占在业人口的12.74%；第三产业44099人，占在业人口的15.8%。全市15岁及以上不在业人口81894人，占15岁及以上人口的22.68%。其中，在校学生15973人，占不在业人口的19.51%；家务劳动25738人，占不在业人口的31.43%；离退休11925人，占不在业人口的14.56%；丧失工作能力19074人，占不在业人口的23.29%；失业人口7121人，占不在业人口的8.69%；其他2063人，占不在业人口的2.52%。全市失业率2.49%，失业率较高的是清河区7.83%、清浦区4.59%；失业率较低的是淮阴区1.75%、县级淮安市1.76%。

第三、四、五次全国人口普查时淮阴市在业人口职业分布情况一览表

表4-13

在业状况	第三次（1982年）		第四次（1990年）		第五次（2000年）	
	在业人口（人）	比重（%）	在业人口（人）	比重（%）	在业人口（人）	比重（%）
总计	4435989	100	5721101	100	279183	100
国家机关党群组织企事业单位负责人	49278	1.11	89435	1.56	4155	1.49
专业技术人员	201621	4.55	200168	3.50	12758	4.57
办事人员和有关人员	25234	0.57	46225	0.81	5432	1.95
商业服务业人员	127010	2.86	194973	3.41	22428	8.03
农林牧渔生产人员	3605857	81.28	4678927	81.78	199171	71.34
生产运输设备操作及有关人员	423876	9.56	507929	8.88	35239	12.62
不便分类的其他劳动者	3113	0.07	3444	0.06	—	—

第七节　家庭人口

改革开放后，随着经济社会发展，计划生育政策在淮安市得到全面落实，百姓生活和家庭观念逐渐发生变化，家庭逐步向小户型化发展，境内家庭户稳中有升，家庭人口平均数总体下降。1982年第三次全国人口普查时，淮阴地区总户数186.27万户，平均每户人数4.61人。是年年末，家庭户增加到210.84万户，平均每户减少到4.57人。1983年，灌云县划归连云港市，淮阴市年末家庭户192.66万户。至1987年，平均每户人数多在4.5人以上。1988年后，降至户均4.3人以下。

1990年第四次全国人口普查时，全市有家庭户226.85万户，平均每户人口4.3人。是年年末，家庭户增加到238.33万户，平均每户减少到4.15人。1995年开始，降至户均4人以下。

1990年第四次全国人口普查时淮阴市家庭户规模与结构一览表

表4-14

类别	户数（户）	比重（%）	类别	户数（户）	比重（%）
总计	2268479	100	总计	2268479	100
1人户	93715	4.13	单身户	74362	3.28
2人户	178970	7.89	一对夫妇	97674	4.31
3人户	430102	18.96	二代户	1478470	65.17
4人户	648545	28.59	三代户以上	483238	21.30
5人户	477934	21.07	一代与其他亲属非亲属户	14380	0.64
6人户	230489	10.16	二代与其他亲属非亲属户	60812	2.68
7人户	115070	5.07	三代与其他亲属非亲属户	40190	1.77
8人户及以上	93654	4.13	其他	19353	0.85

1996年行政区划调整后，全市总人口和家庭户减少。1997年，全市有家庭户136.66万户，平均每户3.62人。

2000年第五次全国人口普查时，全市有家庭户131.56万户，平均每户3.75人。是年年末，家庭户增加到144.75万户，平均每户减少到3.53人。

2000年第五次全国人口普查时淮阴市家庭户规模与结构一览表

表4-15

类别	户数（户）	比重（%）	类别	户数（户）	比重（%）
总计	1315573	100	总计	1315573	100
1人户	63339	4.81	一代户	182799	13.90
2人户	157472	11.97	二代户	746422	56.74
3人户	406632	30.91	三代户	364894	27.73
4人户	318934	24.24	四代户	21436	1.63
5人户	231231	17.58	五代及以上户	22	—
6人户	88228	6.71	—		
7人户	30434	2.31			
8人户及以上	19303	1.47			

2001年起，全市户均人口进一步降至3.5人以下。2004年，平均每户3.31人。2008年，全市有家庭户161.19万户，平均每户3.33人。

1979—2008年淮安市家庭人口情况一览表

表4-16

年份	户数（万户）	平均每户人数（人）	年份	户数（万户）	平均每户人数（人）
1979	2013898	4.60	1994	2532901	4.03
1980	2029011	4.61	1995	2595526	3.97
1981	2070381	4.59	1996	1249056	3.92
1982	2108357	4.57	1997	1366644	3.62
1983	1926611	4.61	1998	1395990	3.57
1984	1957825	4.57	1999	1421895	3.53
1985	1987338	4.55	2000	1447465	3.53
1986	2040165	4.48	2001	1491492	3.45
1987	1997931	4.64	2002	1522397	3.40
1988	2261490	4.16	2003	1531950	3.39
1989	2302526	4.16	2004	1583325	3.31
1990	2383293	4.15	2005	1593703	3.31
1991	2437160	4.12	2006	1600958	3.33
1992	2482464	4.07	2007	1599747	3.34
1993	2515395	4.04	2008	1611896	3.33

第八节　婚姻状况

1982年第三次全国人口普查时，淮阴地区有15岁及以上人口5708616人，占总人口的65.4%。其中，男性2889862人，占总人口的50.6%；女性2818754人，占总人口的49.4%，性别比102.5。在15岁及以上人口中，未婚人口1633703人，占总人口的28.6%。其中，男性960676人，占未婚人口总数的58.8%；女性673027人，占未婚人口总数的41.2%，性别比142.7。有配偶人口3614570人，占15岁及以上人口的63.3%。其中，男性1792718人，占有配偶人口的49.6%；女性1821852人，占有配偶人口的50.4%，性别比98.4。丧偶人口434683人，占15岁及以上人口的7.6%。其中，男性117239人，占丧偶人口的27%；女性317444人，占丧偶人口的73%，性别比36.9。离婚人口25660人，占15岁及以上人口的0.4%。其中，男性19229人，占离婚人口的74.9%；女性6431人，占离婚人口的25.1%，性别比299。在法定年龄前结婚的人口（即男性15～21岁、女性15～19岁）有30622人，占总人口的25.3%，其中男性占50.6%、女性占49.4%，性别比102.4。

1990年第四次全国人口普查时，全市有15岁及以上人口7020297人，占总人口的70.89%，其中男性3555691人、女性3464606人，性别比102.63。在15岁及以上人口中，未婚人口1691379人，占24.09%。其中，男性996397人，占未婚人口的58.9%；女性694982人，占未婚人口的41.1%，性别比143.37。有配偶人口4848565人，占15岁及以上人口的69.07%。其中，男性2411039人，占有配偶人口的49.73%；女2437526人，占有配偶人口的50.27%，性别比98.91。丧偶人口455869人，占15岁及以上人口的6.49%。其中，男性129505人，占丧偶人口的28.41%；女性326364人，占丧偶人口的71.59%，性别比39.68。离婚人口24484人，占15岁及以上人口的0.35%。其中，男性18750人，占离婚人口的76.58%；女性5734人，占离婚人口的23.42%，性别比327。

2000年第五次全国人口普查时，全市有15岁及以上人口3891793人，占总人口的77.24%，其中男性1957535人、女性1934258人，性别比101.2。其中，未婚人口占15.65%，有配偶人口占77.37%，离婚者占0.52%，丧偶者占6.46%。

2000年第五次全国人口普查时淮阴市婚姻人口十分之一抽样调查情况一览表

表4-17　　单位：人

项目		总计	清河区	清浦区	淮阴县	涟水县	洪泽县	盱眙县	金湖县	县级淮安市
15岁及以上人口	合计	361077	19464	22645	58350	67281	27088	51156	28349	86744
	男	179795	9715	11258	29209	33527	13334	25617	14021	43114
	女	181282	9749	11387	29141	33754	13754	25539	14328	43630
未婚	小计	56509	4967	3087	9756	11478	3301	7546	3079	13475
	男	34116	2685	1775	5982	7162	1982	4628	1829	8073
	女	22393	2282	1312	3594	4316	1319	2918	1250	5402
初婚有配偶	小计	274069	13389	17792	43626	50070	21588	39407	22699	65498
	男	134916	6629	8886	21463	24381	10565	19468	11256	32268
	女	139153	6760	8906	22163	25689	11023	19939	11443	33230
再婚有配偶	小计	5297	315	396	790	961	377	722	577	1159
	男	2247	172	190	324	367	171	309	258	456
	女	3050	143	206	466	594	206	413	319	703
离婚	小计	1875	158	149	331	370	93	251	134	389
	男	1438	79	89	273	299	75	210	100	313
	女	437	79	60	58	71	18	41	34	76
丧偶	小计	23327	635	1221	4027	4402	1729	3230	1860	6223
	男	7078	150	318	1167	1318	541	1002	578	2004
	女	16249	485	903	2860	3084	1188	2228	1282	4219

第三章 人口控制

第一节 机构 网络

一、市级机构

（一）淮安市人口和计划生育委员会

1973年，淮阴地区计划生育领导小组成立，下设办公室。1982年，淮阴地区计划生育委员会成立。1983年，更名为淮阴市计划生育委员会。1997年，内设计划统计科、宣传教育科、办公室、科技科、法规科、纪检组等部门，编制17人。2001年，更名为淮安市计划生育委员会，内设规划统计处、政策法规处、科学技术处、宣传教育处、纪检监察室、办公室等部门，编制19人。2004年，更名为淮安市人口和计划生育委员会，内设规划统计处、政策法规处、科学技术处、宣传教育处、纪检监察室、办公室，编制19人。2008年，增设流动人口管理处，核定行政编制2人。

（二）淮安市计划生育宣传技术指导所

1984年成立，位于市区健康西路65号，占地面积1000平方米，建筑面积1200平方米，内设办公室、财务科、医务科等部门，编制8人。1990年，核定编制25人。2008年，内设办公室、财务科、医务科等部门，编制20人。

（三）淮安市计划生育药具管理站

原名淮阴市避孕药具管理站，1985年成立，位于市区健康西路65号，占地面积120平方米，建筑面积360平方米，编制3人。主要负责承担全市国家免费提供避孕药具的管理和发放服务工作；实施药具调拨、存储、发放、质量管理以及药具信息统计、业务培训和专项经费核算等工作。1991年，更名为淮阴计划生育药具管理站。2001年，更名为淮安市计划生育药具管理站。2008年，编制增加为4人。

（四）淮安市计划生育协会

1987年，淮阴市计划生育协会成立，各县（区）、乡镇、村组亦相继成立计划生育协会。是年年末，全市有各级各类计划生育协会5916个，会员120万人。2001年，更名为淮安市计划生育协会。2002年，市计划生育协会设办公室。2008年，全市拥有各级各类计划生育协会组织2878个，会员50.8万人。

二、县级机构

1978年，各县设有计划生育办公室，负责全县计划生育管理工作。1983年，各县（区）先后撤销计划生育办公室，成立计划生育委员会。1985年，各县（区）先后成立计划生育指导站。1987年，各县（区）先后成立计划生育协会。2002年起，大部分县在原乡镇计划生育服务站基础上，成立县计划生育指导站乡镇分站，隶属所在乡镇，业务上受县计生委指导。每个分站所需人员由县计生委与相关乡镇协商后从计生系统在编在职人员中调剂，经费渠道不变。2005年，县（区）计划生育委员会先后更名为人口和计划生育委员会，内设规划统计科、政策法规科、科学技术科、宣传教育科、办公室等，编制20～30人。2008年，全市有县（区）人口和计划生育委员会9个，县级计划生育指导站9个，县（区）计划生育协会12个。

三、基层网络

（一）乡镇计划生育办公室和乡镇计划生育服务站

1978年，淮阴地区各公社、镇均配有计划生育助理或干事，负责计划生育管理工作。1984年，各乡镇均配有计划生育助理（干事），并先后成立181个乡镇计划生育办公室（以下简称“计生办”），每个计生办编制3～5人。1996年，乡镇计生办更名为乡镇计划生育服务站。2002年，恢复乡镇计划生育办公室，与乡镇计划生育服务站“站办合一”。至2008年，该体制没有变化。

（二）村级计生网络

1984年，全市各村（居）级组织均配备计划生育副村长、副主任，每村（居）配2～3名联组信息员。1987年，全市有村级计划生育专职干部5082人，组织信息员18002人。2002年“并村联组”后，各县（区）均保留村级计划生育专干。至2008年，没有变化。

第二节　政策法规

一、生育政策

1982年12月20日，中共淮阴地委、淮阴地区行署出台《关于计划生育若干问题的暂行规定》，提倡和实行一对夫妇只生一个孩子，提倡和奖励晚婚晚育（按法定年龄推迟3年以上结婚为晚婚，妇女24周岁以上生育为晚育）。要求城镇一胎率95%以上，农村一胎率90%以上。可生育二胎政策规定：第一个小孩有非遗传性残疾，不能成长为正常劳动力的；丧偶者重新组合的家庭，一方原只有一个孩子，另一方系初婚或未育的；婚后5年未育，抱养一个孩子后，自己又怀孕的。另外，农村中兄弟两个以上只有一个人生育一个孩子，其他兄弟丧失生育条件的；农村中两代均系独生子女（以组织家庭的一方为准），只生一个孩子的。生育二胎，要由本人申请，群众评议，县（市）人民政府批准，根据当地生育计划安排生育。

1996年7月17日，淮阴市《贯彻中共江苏省委、江苏省人民政府关于进一步抓紧抓好计划生育工作的意见的实施意见》规定，凡符合政策规定，要求再生一孩的夫妇，均须由个人申请，群众评议，单位同意，报县级计生委批准，再生一孩的生育证由市统一编号发放。其中，副股长以上干部要求再生一孩以及特殊情况的，必须由县级计生委初审后，报市计生委审批。

1999年3月19日，淮阴市出台《淮阴市计划生育管理办法》，实行结婚证、生育证管理制度。对晚婚晚育政策作适当调整，规定：男女青年都应当自觉实行晚婚（男25周岁，女23周岁）晚育（晚婚后生育），禁止非婚生育和未到法定年龄（男22周岁，女20周岁）的早婚早育。对符合法定婚龄，女方未到晚育年龄要求结婚的新婚夫妇，可与乡镇（街道）、单位签订晚育合同，接受生育计划指导。对符合规定允许再生育一个孩子的，女方达到晚育年龄3年或者再婚家庭女方未育的，在达到晚婚年龄后报批，县（市、区）计划生育委员会批准后，在男女双方所在单位张榜公布1个月，群众无意见后，方可发给再生一孩生育证。副股级以上干部，除按上述程序审核外，还须报淮阴市计划生育委员会复审批准才可发证。再生一孩审批时间分别为县（市、区）每年3月、9月，市每年4月、10月。

2003年8月26日，《淮安市贯彻江苏省人口与计划生育条例实施办法的通知》规定：男女双方依法领取结婚证且均未生育过的，可以自行安排自己的生育时间，取消“一孩生育证”制度。独生子女病残儿医学鉴定，由市计划生育行政部门组织有关医疗专家组成的鉴定小组鉴定，由县（区）计划生育行政部门根据鉴定结论，对照病残儿鉴定标准审批。县（区）计划生育行政部门批准再生育一个孩子的结果，应在批准之日起1个月内报市计划生育行政部门备案。市计划生育行政部门应对审批情况进行监督检查。2005年5月16日，市政府出台《关于规定其他申请再生育一个孩子特殊情形的通知》，对申请再生育一个孩子的特殊情形作出规定：夫妻一方非婚只生育过一个孩子已依法履行义务的，另一方未育的；夫妻婚后生育的两个孩子（其中第二个孩子系经过批准的生育）经鉴定均为非遗传性病残儿，不能成为正常劳动力或将严重影响婚配的；只有一个孩子的农村夫妻，一方只有一个且不能成为正常劳动力或将严重影响婚配的残疾兄弟或者姐妹的；只有一个女孩子的农村夫妻，男方无兄弟只有两个姐妹，且其中一个残疾，不能成为正常劳动力或者严重影响婚配的；只有一个女孩子的农村夫妻，女方兄弟均为残疾，不能成为正常劳动力，严重影响婚配或无生育条件，夫妻共同赡养女方父母和兄弟的（只适用女方姐妹中一人，且其他姐妹无违法生育的）；只有一个女孩子的夫妻，女方为无兄弟的农村居民，一女招婿没有到女方落户，但已承担赡养女方父母义务的（只适用于女方姐妹中一人，且经司法公证）。再婚夫妻原各生育过一个孩子，有以下情形之一的：双方均为丧偶的；一方丧偶，一方孩子由原配偶抚养的；双方原各生育的一个孩子均由原配偶抚养的；一方原生育的一个孩子由原配偶抚养，一方符合《江苏省人口与计划生育条例》第二十二条（一）（二）（七）项或第二十三条（三）（四）（六）项和第二款规定条件的。

二、奖惩政策

1982年12月20日，淮阴地区出台的《关于计划生育若干问题的暂行规定》规定：男女符合晚婚年龄的，增加婚假15天；女方一方符合晚婚年龄的，增加婚假10天。所在单位要优先安排晚婚青年住房。妇女符合晚育年龄，并在产假期间领取独生子女证和落实节育措施的，另增加产假1个月。增加的婚假、产假期间，工资照发，不影响全勤评奖。凡领取独生子女父母光荣证的夫妻，从领证之月起，到其小孩14岁止，每年发给独生子女保健费。农村独生子女可以分配双份自留地。在校学生和徒工不准结婚，否则令其退学、退工。虽达婚龄，但未到晚婚年龄要求领取结婚证者，民政部门要教育说服，宣传响应国家晚婚晚育号召的意义，动员其晚婚。执意结婚者，民政、计划生育部门要与当地或单位一起落实好晚育计划。

1999年3月19日出台的《淮阴市计划生育管理办法》规定，对达到法定婚龄未领取结婚证、生育证生育第一胎的，按其孩子出生前一年度双方收入之和征收计划外生育费。在市区领取独生子女父母光荣证的，其独生子女入托管理费、入园保育费、入学至14周岁的学费以及药费可由父母双方所在单位按规定报销。

2003年8月26日出台的《淮安市贯彻江苏省人口与计划生育条例实施办法的通知》规定，达到条例规定晚婚年龄依法登记结婚的初婚夫妻，婚假增加到13天，双方达到双方享受，一方达到一方享受；符合晚育年龄的夫妻，女方产假增加到4个月，剖腹产或产后结扎产假增加到4.5个月（包括产前假），给予男方护理假10天。职工按上述规定所享受的假期，工资、奖金照发。凡领取独生子女父母光荣证的夫妻，从领证之年起至孩子14周岁止，每年各领取20元以上的独生子女父母奖励金，或者在领证时按标准一次性领取独生子女父母奖励金。持独生子女父母光荣证的职工，在办理退休手续后可按退休前的月工资增发5%退休金。实行基本养老保险新办法计发养老金的，可由所在单位在退休时给予一次性奖励，奖励标准为2000元。独生子女在入托、入园、入学、医疗、安排宅基地等方面享受优惠和照顾。机关、企业事业单位职工的独生子女，其入托入园的管理费，义务教育阶段的学费、药费，由其父母所在单位可以各报销50%。独生子女的儿童统筹医疗费由其父母所在单位解决。

2004年11月16日出台的《淮安市农村独生子女家庭奖励扶助暂行办法的通知》规定，独生子女特困家庭享受一系列优先优惠政策。优先纳入最低生活保障。免除独生子女义务教育阶段的杂费。实行“一费制”缴费办法的学校，小学生免除其中的60元，初中生免除其中的90元。凡参加新型农村合作医疗的，独生子女本人或其父母到定点医院就诊，药费减免5%，检查费、住院费减免10%，减免后费用按当地农村医疗补偿标准结报，对大病报销后仍难支付的给予优先帮扶。独生子女本人或其父母在农村从事个体经营的，免收个体工商户注册登记费和个体工商户管理费。独生子女报考淮安市省、市重点高中，在同等条件下优先录取。“希望工程”优先考虑独生子女；“春蕾计划”中优先为农村失学的独女户发放救助资金，帮助她们完成学业。独生子女家庭在发展生产时凭有效证件，按照信贷条件，可以在农村信用社优先获得5000元以下小额贷款。社会救济、“草改瓦”及饮水改造补助等优先安排，并为他们提供资金、技术、信息等方面的扶持。在组织劳务输出、招工、招考时，独生子女父母及本人优先安排。独生子女家庭在淮安市建房，减免20%城乡居民建房用地管理费。独生子女（18周岁以下）到淮安市定点医疗单位就诊，免收挂号费。独生子女父母在淮安市计划生育服务机构查治生殖系统疾病，基本项目检查费和治疗费减免10%。通知还规定农村独生子女意外死亡、其父母不再生育和收养子女的家庭，给予一次性生活补助费1000元。

2005年1月1日起，淮安市全面推行农村部分计划生育家庭奖励扶助制度，奖励扶助的对象有两类。第一类是年满60周岁，领取独生子女父母光荣证并符合下列条件之一的农村居民：只生育一个孩子的夫妻；未生育而依法收养一个孩子的夫妻；符合江苏省生育政策规定、经批准生育两个孩子，其中一个孩子在未生育子女前死亡后不再生育或收养孩子的夫妻。第二类是只生育一个孩子且孩子已死亡而又未再生育和收养子女、年满50周岁的农村居民；已超过上述规定年龄的，以政策开始执行的实际年龄为起点计算；奖励扶助金的发放标准为每人每月不低于50元，直到亡故为止。奖励扶助金不得抵消其他方面的优惠和补助。

2006年起，淮安市将市属改制企业持独生子女父母光荣证的退休职工一次性奖励纳入改制成本予以落实。对全市农村50～59周岁独生子女父母进行每人每年600元的奖励扶助，所需资金由市、县（区）按6∶4比例承担。2008年起，对独生子女伤残死亡家庭给予救助，其中独生子女死亡家庭每人每月100元，独生子女伤残家庭每人每月80元。

第三节　宣传教育

1978年，淮阴地区利用电视、广播、报刊、集市宣传台等多种形式，向广大群众反复宣传党和国家的计划生育方针、政策以及避孕节育、优生优育科学知识，市、县各级领导在会议上多次宣讲马克思主义人口理论。1979年，全地区印发宣讲材料20余万份、倡议书25万份，宣传中共中央

"提倡一对夫妇只生育一个孩子"的号召。淮安等县对自愿要求绝育的人出光荣榜，戴大红花，敲锣打鼓送到医院，在社会上形成"计划生育光荣"的舆论。1981年，全地区开展以"普及人口理论知识、普及节育知识、普及优生优育知识"为内容的"三普及"宣传教育活动。1982年，全地区开展学习山东省荣城县以"宣传教育为主，避孕节育为主，经常工作为主"为内容的计划生育"三为主"活动。

1984年起，淮阴市针对农村实行家庭联产承包责任制后，计划生育工作出现的新问题，着重在农村开展对当地人口、土地、粮食、收入等算账对比教育，提高农民实行计划生育的自觉性。在第二个计划生育宣传月活动期间，在金湖县召开全市计划生育宣传现场会，推广其"集中宣传与经常性教育相结合，典型宣传与家庭教育相结合"经验。

1986年，全市把计划生育工作纳入精神文明建设总体规划，进行宣传实施。市计划生育委员会创办《淮阴人口报》，每期发行3万份。市宣传、计划生育、文化等部门联合举办计划生育文艺会演。市委、市政府召开计划生育"双先会"，表彰奖励230个先进集体和个人。

1995年，县级淮安市通过"小额资助、直接到人、滚动运作、劳动脱贫"模式，帮助贫困母亲治穷、治愚、治病，实现计划生育与扶贫开发相结合。1998年起，开展"婚育新风进万家活动"，广泛深入宣传科学、文明、进步的婚育观念，倡导恋爱自由、婚姻自主，依法治育、少生优生，优育优教、提高素质，男女平等、尊重女性，提高生殖健康水平，建设幸福文明家庭。继续普及青春期、新婚期、孕产期、避孕期、更年期等保健知识和性病、艾滋病预防知识，提高人们的生殖保健意识和自我保健能力。组织研讨、经验交流、演讲报告、文艺会演、新闻宣传等活动。

2005年，淮安市人口计生委、洪泽县及其他7个单位被表彰为全国"婚育新风进万家"活动先进集体，有6人获"先进个人"称号。2006年7月24日，全市农村50～59周岁计划生育独生女父母奖励扶助金集中发放仪式在楚州区建淮乡举行。

2008年，市人口与计划生育委员会组织开展计划生育文艺宣传月活动10余场次，开展计划生育优质服务宣传月活动30余场次。各县（区）以县级电视、广播、报纸、刊物、专栏、板报等为宣传阵地，广泛开展计划生育、优生优育宣传；春节、国庆、中秋等重大节日期间，组织县、乡、村三级文艺演出团体，编演计划生育宣传节目，以群众喜闻乐见的形式，深入广大农村进行计划生育宣传表演。

第四节　节育措施

1978年，淮阴地区已婚育龄妇女中，落实节育措施85.52万人，占已婚育龄妇女总数的78.85%。1984年后，随着计划生育工作深入发展，各种避孕措施普遍应用于临床，根据育龄妇女不同情况，推广综合避孕措施，提高节育率。是年，全市落实各种节育措施140.1万人次，节育率87.07%，其中市区节育率93.02%。

20世纪80年代以后，随着计划生育政策持久宣传和执行，人们的生育观念逐步发生变化。2001—2005年，全市计划生育率年均92.5%，综合避孕率年均83%，避孕节育和生殖保健服务率年均76%，独生子女率62.71%，计划生育合格村（居）率76%。

2008年，全市已婚育龄妇女中，落实节育措施100.97万人，占已婚育龄妇女总数的92.87%。

1978—2008年淮安市已婚育龄妇女节育情况一览表

表4−18

年份	已婚育龄妇女数(人)	落实节育措施数(人)	节育率(%)
1978	1084639	855192	78.85
1979	1078478	901267	83.57
1980	1133025	963959	85.08
1981	1230268	1020571	82.96
1982	1278620	1103081	86.27
1983	1218388	1076953	88.39
1984	1273068	1112805	87.41
1985	1377351	1224234	88.88
1986	1522939	1333031	87.53
1987	1609047	1400991	87.07
1988	1642688	1477944	89.97
1989	1695113	1513138	89.26
1990	1783905	1593199	89.31
1991	1880742	1691307	89.93
1992	1929685	1754559	90.92
1993	1982812	1827835	92.18
1994	2009201	1862424	92.69
1995	2048398	1915306	93.50
1996	1040396	965804	92.83
1997	1057458	985593	93.20
1998	1064346	987361	92.77
1999	1070408	989800	92.47
2000	1079475	996542	92.32
2001	1075310	993611	92.40
2002	1062749	983278	92.52
2003	1050956	974444	92.72
2004	1050263	977220	93.05
2005	1070914	993122	92.74
2006	1069090	996638	93.22
2007	1072114	995801	92.88
2008	1087256	1009727	92.87

第五节 计生服务

1978年，淮阴地区307个公社（镇）卫生院中，仅有182个卫生院能够施行节育手术。各县卫生系统组织医疗小分队，下乡挨门逐户开展计划生育技术服务，指导帮助育龄妇女采用科学的节育措施。随着计划生育工作普遍开展，节育手术人员紧缺，全地区采用进修、实习、研讨会、技术讲座、训练班等多种形式，加紧培训节育手术人员。1981年，全地区开办女赤脚医生培训班39期，培训近2000人。1983年，卫生部门抽调2039名医务人员组成361个手术队，深入社队施行手术。淮阴、涟水等县定期举办计划生育技术服务人员培训班，培训上千人次。

1984年，市计划生育宣传技术指导所成立。1985年，市避孕药具管理站成立；各县（区）先后成立11个计划生育指导站，站内配备妇科检查床、手术床、高压灭菌器、小型X型光透机等必备简易设备；部分乡镇成立计生服务站。1986年，市计生辅导站对全市各县（区）医疗单位无中专以上学历的453名计划生育技术人员进行考核审批，向357名合格者颁发节育手术人员技术考核合格证，对考核不合格者进行调整、试用、培训。

1987年，淮阴市计划生育协会成立，各县（区）、乡镇、村组相继成立计划生育协会。组织计生服务人员围绕计划生育中的实际困难，为群众提供服务；参与政府计划生育工作，监督政府及其工作人员依法行政，及时了解和向政府反映广大群众对计划生育工作的意见和要求，维护育龄群众合法权益。是年年末，全市医疗机构有1300余名医务人员能做节育手术。全市建立乡镇计划生育服务站181个，服务人员489人，其中69个乡镇服务站、195名技术人员能够施行节育手术。1989年，全市有12个县（市、区）配备计生指导站人员，广泛开展宣传和技术服务，沭阳县、泗阳县、洪泽县、清浦区4个站获评“省先进指导站”。1991年，全市大部分乡镇均成立计划生育服务站，配备妇科检查床等简易设备，开展“双月服务”（每逢双月进行妇检）。

1993年起，全市将计生服务网络建设工作列入各级目标管理内容，加快建立和健全县、乡、村三级计生服务体系。村级计划生育服务室配备技术服务人员1～2人（可由村医生兼管），配备妊娠检查仪、乳胶试验设备、避孕药具柜等，开展计生服务双月查，协助乡服务站发放避孕药具，做好各项节育措施的落实。1995年，全市各级计生服务机构推广节育新技术，提高各种措施落实率、及时率和有效率，各县（区）按照省计生委关于避孕节育全程服务医学监护和生殖保健服务工作精神，选1～2个计划生育基础较好的乡镇进行试点并逐步推开。1997年，全市162个乡镇中，有160个建立计生服务站。其中，当年新建38个，改建42个；有140个乡镇配备扇形B超，占乡镇总数的88%。各地把为育龄妇女查环、查孕和查病有机结合，推动“双月查”向“双月服务”转变。

1998年，全市乡镇服务站建站率100%；市、县两级举办乡镇卫技人员培训60多期，参训3600多人次；县、乡举办村组服务人员培训班1200余期，参训6.8万人次。是年，市卫生局、市计生委开始推行村卫生室与计划生育服务室“二室合一”工作。1999年，全市对符合再生一个孩子的夫妇进行出生缺陷筛选检查服务，要求凡符合照顾再生一个孩子的夫妇，必须在孕前进行出生缺陷筛查。2000年，计划生育术后随访和村级访视服务得到有效开展，全市乡镇计生服务接诊和咨询12.4万人次，查治妇女病11.8万人次，接受各类咨询、培训服务的育龄群众达28万余人次。是年，全市有2254个村实行村级计生、卫生“二室合一”，有155个村建有单独计生服务室。全市250名乡镇卫技服务人员通过省计生委组织的考试，取得上岗证书。

2002年，市计生委在淮阴、楚州、涟水等县（区）开展避孕节育全程服务和生殖保健服务系列工程试点，向农村实行计划生育的育龄夫妻免费提供避孕节育技术服务、生殖健康检查，查环查孕与防病治病有机结合，开展生殖道感染综合防治服务。县级计生指导站与中心乡镇计生服务站、一般乡镇计生服务站的技术人员进行协作，成立技术服务联合体，巡回开展技术服务，实现县乡计生技术服务一体化运行，为已婚育龄妇女提供综合防治服务。2003年，全市建乡镇计划生育中心服务站25个，全部通过省级验收。

2005年，淮安市全面实现独生子女病残儿医学鉴定工作的经常化、规范化和制度化，在审批表中建立病残儿指纹档案，实行统一集中鉴定。是年起，开始“世代服务”体系建设。市计划生育协会举行全市“生育关怀零距离行动”启动仪式，各地计生协会围绕“五关怀”（即关怀计划生育家庭、关怀育龄群众、关怀独生子女、关怀女孩、关怀基层计划生育干部和会员），争取党委、政府及相关部门重视和支持，因地制宜推进生育关怀活动。全市各地关怀帮扶11573户，其中有6115户脱贫致富，受益人数18777人。

2006年，涟水县成为苏北地区第一个“世代服务”试点县。省人口计生委投入25万元，涟水县政府投入80多万元，对原县计生指导站服务楼进行全面改造装修，建成县“世代服务”中心。省人口计生委为其配备一整套新型技术设备（手动负压吸引人流设备、麻醉机等）、抢救监护设备（心电监护仪等）、辅助诊治设备（乳腺诊断仪、B超诊断仪、心电图机等）及其他设备，配备信息化管理设备（计算机、打印机等）和视听宣传教育设备（电视机、DVD播放机、数码摄像机、数码相机等）。

2008年2月，市人口计生委增设流动人口管理处，并在全市人口计划生育服务机构增挂“流动人口服务中心”牌子。市人口计生委在流动人口管理方面主要负责制定流动人口卫生计生服务管理制度，推动建立流动人口计生全国“一盘棋”工作机制；贯彻执行《流动人口计划生育工作条例》和实施办法，推进人口计划生育服务管理责任落实；建立流动人口卫生计生公共服务工作机制，推进流动人口卫生计生基本公共服务均等化；建立流动人口卫生计生信息共享机制，开展流动人口统计、动态监测和研究。是年年末，全市省内流动育龄妇女263770人，其中已婚育龄妇女117021人。跨省流入育龄妇女29067人，其中已婚育龄妇女7833人；跨省流出育龄妇女197433人，其中已婚育龄妇女89380人。

2008年，市计划生育协会在淮阴区、楚州区开展计生保险试点，为12781名计生对象提供保险保障服务。全市建成“世代服务”中心124个，城乡“世代服务”体系覆盖率97%。

第六节　优生优育

一、婚前检查

改革开放初期，淮阴地区对婚前检查无统一要求，与一般健康检查无区别，也没有专门的婚前检查门诊。其时，虽然优生工作的重要性为人们所认识，但受旧习惯影响，婚前检查比例较低。

1986年，市妇幼保健院开设婚前检查门诊，规定凡市区申请结婚的男女双方，均须凭所属单位出具结婚体检介绍信和本人免冠照片，接受婚前体格检查。检查内容有询问家族史、本人病史、常规体格检查、男女生殖器检查等。保健医生根据体检标准，作出可以结婚、暂缓结婚、婚后暂缓生育、不能生育、限制生育或禁止结婚等检查结论。结婚当事人凭婚前检查证明，方能办理结婚登记手续。1987年，市区婚前检查率59.28%，各县婚前检查率68.6%，其中涟水县婚前检查率95%，为全市最高。1990年后，随着优生优育宣传工作的不断深入，人们对婚前检查重要性的认识也逐渐提高，全市婚前检查率逐步上升。到2008年，全市婚前检查基本普及。

二、优生遗传咨询

1978年，境内没有专门开设优生遗传咨询门诊，咨询者多会到医院向妇产科或其他科室医生进行咨询。1984年，市第一人民医院、市妇幼保健院开设计划生育、优生优育遗传咨询门诊，开展婚前保健、遗传病咨询。具体内容有计划生育、择偶婚配、遗传规律、近亲婚配后果、环境和药物因素对胎儿的影响等。全年市区咨询人数500余人次。是年，市妇幼保健院成立遗传室，开展产前诊断。服务项目有外周血检查、细胞培养、绒毛培养、羊水血型鉴定等。发现胎儿有遗传病，即终止妊娠。据市第一人民医院调查统计，该院1984年缺陷婴儿出生人数由1980年的14.86%下降为2.24%。

1985年起，随着各县（区）、乡镇计生服务指导站的建立和计生指导专业技术人员的增加以及人们对优生遗传的重视，进行优生遗传咨询的人越来越多。1987年，市区优生遗传咨询1600余人次，受检人数757例。

2006年，随着人口计生“世代服务”体系建设与完善，优生遗传咨询在县、乡“世代服务”中心普遍开展。2008年，全市各级计生服务指导机构为23.8万名育龄妇女提供优生遗传咨询及生殖健康检查。

三、孕期保健

1978年，淮阴地区孕期保健集中在市区开展，主要进行简单的孕妇健康状况、胎儿健康状况以及胎位情况检查，检查孕妇17785人次，占孕妇总数的19.85%。1981年，在淮安、清江等县（市）进行孕产期保健试点，孕期保健逐步由城市向农村推广。各县（区）医院为怀孕妇女建立孕妇保健卡；孕妇分别于怀孕后第20、24、28、32、39周各接受1次产前常规检查；孕妇有临产先兆，须住院待产；分娩出院后，由保健医生分别于产后的第3、7、14、28天定期进行访视；产后3个月产妇落实避孕节育措施；出生婴儿列入儿童保健等。孕期保健逐步走向规范化，覆盖范围也逐渐扩大到各县乡镇农村。是年，全市建立孕妇保健卡4.6万份，建卡率51.26%。至1987年，全市形成以“早孕诊断、产前检查、住院分娩、产后访视”为内容的孕妇保健管理系统，建卡率80.03%。1997年，全市建立孕妇保健卡4.19万份，建卡率93.45%。

2002年，涟水县被省计生委确定为出生缺陷二级干预项目县。开展出生缺陷二级干预，对怀孕8～20周妇女开展出生缺陷二级干预服务。2005年，涟水县被省人口计生委确定为出生缺陷一级干预项目县，对所有准备怀孕已婚育龄妇女进行孕前TORCH（弓形体、风疹病毒、巨细胞病毒、单纯疱疹病毒及其他病原体如梅毒螺旋体、带状疱疹病毒、微小病毒）筛查，向新婚夫妇发放宣传资料2万余份，介绍TORCH感染发生原因、预防措施及开展孕前TORCH筛查的重要意义，提高新婚夫妇对TORCH筛查的认识。

2008年，全市建立孕妇保健卡5.69万份，建卡率98.86%；开展高危筛查、产前诊断、孕期营养等孕期保健工作7项，检查、筛查孕妇56953人次，查出艾滋病4人、梅毒79人、中重度贫血1924人等，采取干预措施16661人，开具个性化处方治疗2007人，转诊到相关医院治疗105人。

四、妇女及婴幼儿保健

1978年，淮阴地区各级医疗卫生部门有计划地进行妇女儿童预防保健工作，定期为7周岁及以下儿童进行预防接种，主要预防接种百白破混合制剂、卡介苗、脊髓灰质炎活疫苗、麻疹活疫苗等疫苗，市区每年为入托入园儿童进行1～2次健康检查。1985年，金湖、洪泽等县乡村开展婴幼儿系统管理试点，各乡村均实行儿童计划免疫门诊，接种疫苗有百白破混合制剂、卡介苗、脊髓灰质炎活疫苗、麻疹活疫苗、流脑疫苗、乙脑疫苗6种。至1987年，全市儿童预防接种建卡率98.9%。

1990年起，开展妇女病普查普治，各县（区）在深入开展计划生育工作基础上，由点到面，对已婚妇女进行妇科普查，宫颈癌筛查的普查普治成为妇女病防治重点工作。是年，全市各级妇幼保健机构进行儿童预防接种疫苗3327565人次，预防接种建卡率94.5%。1997年，全市儿童预防接种疫苗1320754人次，预防接种建卡率99.7%。2000年，全市预防接种实种儿童542478人，预防接种建卡率99.9%。至2008年，全市妇女保健及妇科普查、婴幼儿保健及健康体检实现全覆盖。

·淮安市志·（1978—2008）

第五卷　城市建设

1978年，淮阴地区行署所在的清江市城区面积18平方公里，由3个街道和3个郊区人民公社及清江果园组成；淮阴县城区王营镇面积5平方公里，由8个居民委员会和3个农业生产大队组成；淮安县城区淮城镇面积不足10平方公里，由8个居民委员会和10个农业生产大队组成。

清江市城区道路以淮海南北路、淮海东西路、两淮路为主要干道，另有10多条次干道；淮阴县城区道路仅有淮海北路、北京东西路、淮涟路3条干道；淮安县城区道路以镇淮楼东西路、南门大街、北门大街为十字中心干道，另有数条次干道。清江市城区有路灯1700多盏，品种单一，分布不均；自来水以地下水为水源，供水普及率不高；清江石化厂建有液化气储配站，每月从南京购入4吨液化石油气，可供应200户使用。

1980年8月，清江市建成第一座地面水厂——北京路水厂，日供水能力2.5万吨，结束市区完全依靠地下水供水的历史。1982年，部分街道改造提升。地区行署投资兴建淮海影剧院、淮阴汽车站等。

1983年，淮阴市成立后，完成城市总体规划编修，确定城市性质为市域中心城市，以轻工、食品为主的工商业城市。

1985—1988年，城市建设加速发展，用于城市建设、维护费用达8000万元。完成以市冶金公司焦化厂富余气为气源的管道煤气一期建设工程，铺设中压管道19.8公里，主要供应清浦区西南片居民用气。清江石化厂催化裂解装置试车成功，年产液化气4000吨。完成北京路水厂两期扩建工程，日供水能力15万吨。新建大型住宅小区北京新村，街道绿化、环卫投资成倍增长。1990年，主城区扩大到30平方公里，形成东南食品工业区、城南纺织工业区、西南化学工业区、淮海东西路两侧机械工业区、西北政治文化区、淮海南北路及老城区商业集中区。城市布局比较合理，总体功能得到提高。

1992年，四季青污水处理厂竣工，日处理能力3.5万吨。1995年，北京南北路全线开通，其中北京北路穿越废黄河和盐河，为城区第二条南北大通道，缓解城区南北交通压力。市区人均公共绿地面积3.4平方米，绿化覆盖率34%。

1996—2000年，累计投入城市基础设施建设资金6亿多元，超过前10年总和。市区形成“四纵五横”（“四纵”：西安路、北京路、淮海路、承德路；“五横”：延安路、前进路、解放路、淮海路、健康路）的道路格局，城南水厂提前实现日供水能力20万吨。1998年，废黄河取水口搬迁，全市供水普及率、水质综合合格率、管网水压合格率均达99%以上。1999年，完成淮阴市区向淮城镇的供水工程，实现“两淮共饮一池水”。市区气化率达90%以上，达到国家卫生城市标准，结束里运河以北无管道煤气的历史。四季青污水处理厂二期工程投入使用，市区污水处理达到二级排放标准。市区路灯亮灯率保持在98%以上。完成纱厂河出水口清淤、越河大塘疏浚、圩河疏浚、承德南路排水、清晏小区污水泵站等工程。完成石塔湖公园改造、古黄河生态民俗园二期、清晏园改造及多条路段绿化改造工程。

2001年，淮阴市更名为淮安市，原县级淮安市更名为楚州区，原淮阴县更名为淮阴区。“三淮一体”、建设苏北重要中心城市的城市发展战略正式启动实施，实现总体规划、基础设施建设一体化。2002年，开始实施创建国家卫生城市、国家园林城市、国家环境保护模范城市和江苏省文明城市的“四城同创”工程，推动城市建设提速，提高管理水平、综合素质。

2001—2005年，全市中心城市建设投入306亿元，建成重点项目1200多个，城市化水平由31%提高到38%，中心城市人口由65万人增加到85万人，建成区面积由60平方公里扩大到85平方公里。中心城市市政基础设施累计投入资金40亿元，新增道路面积541万平方米，超过中华人民共和国成立后50年所建道路面积总和，累计达969万平方米。新建、改造翔宇大道、延安路、天津路、健康路等一大批主次干道，建成翔宇大道立交、长征桥、盐河桥等桥梁工程，主城区“七纵八横”道路网络初步构建。改建巷道1440条；整治清安河、环城河等城区河道，新建、改造30多项城区排水工程，铺设中低压燃气管网150多公里，民用燃气普及率增长到96%；市区自来水分表到户累计装表7万余户，市区供水普及率100%。市区新增路灯2.1万盏，亮灯率长期保持在98%以上；建成全省第一个中水回用工程，完成西安路污水提升泵站、王元垃圾处理厂、粪便处理场等工程，城市污水处理率提高到37.6%。投入20亿元，新增公共绿地面积565万平方米，人均公共绿地面积7.51平方米。市区“天蓝、地绿、水清、景美”的生态目标逐步实现。2003年，新建占地面积120公顷的钵池山公园，成功举办江苏省第四届园博会。

2006—2008年，淮安中心城市建设累计投入855亿元，实施重点项目2100多个，城市化水平提高到43.5%，中心城市人口100万人，建成区面积110平方公里，人均道路面积15.01平方米，人均公共绿地面积10.67平方米，人均住房建筑面积33.84平方米，市区污水处理率80%，民用燃气普及率98%。新建、改造完成枚乘路、天津路、化工路、淮海东路、解放东路、北京路、常盈桥、中国南北地理分界线标志等一大批道桥工程。

至2008年年末，淮安市区道路长度800多公里，各种桥梁110座，主城区“七纵十一横”、楚州区“三纵六横”的道路网络基本建成，内成网、外成环、节点相通的道路体系初步形成。有路灯7万余盏，市区排水管网总长度1516公里，排水设施配套率100%。市区完成住宅建设和房地产开发投资461.48亿元，竣工面积1056万平方米。实现国家卫生城市、国家园林城市、国家环境保护模范城市、江苏省文明城市的“四城同创”目标。淮安市成为一座交通便捷，环境宜人，设施配套，历史文化与现代文明交相辉映的新兴城市。

第一章　城市规划

第一节　城市总体规划

1982年，淮阴地区编制《清江市城市规划（讨论稿）》。1983年，在该规划基础上，编制包括淮阴县城区王营镇在内的《淮阴市城市总体规划》，1984年完成，1985年报省政府获得批准。

该规划近期到1990年，远期到2000年。规划范围包含淮阴城区及周边部分乡镇，总面积143平方公里。规划内容为：到1990年，区内人口42万人，其中城市人口25万人左右，城市建设用地25.7平方公里，人均建设用地面积102.8平方米；到2000年，规划区内人口54万人，其中城区人口35万人左右，城市建设用地面积34.28平方公里，人均建设用地面积97.9平方米。至1995年年底，淮阴市首轮总体规划要求基本实现，公用事业及能源、交通、邮电等基础设施建设取得较大发展，市区各大功能分区布局基本形成，达到规划期末35万人左右的城市人口规模。

1995年，修编《淮阴市城市总体规划（1995—2010）》。1997年，完成规划编制并报省政府批准实施。该规划期限为近期到2000年，远期到2010年。规划范围包括清河区、清浦区，淮阴县王营镇、果林场、袁集乡、杨庄乡、新渡乡、桑种场及淮阴市经济开发区、淮阴市外向型农业综合开发区、淮阴县经济开发区，总面积502平方公里，城市建设用地面积与规划区面积之比接近1∶7。规划主要内容为：到2000年，城市人口50万人，规划城市建设用地50平方公里，人均建设用地100平方米；2010年城市人口70万人，规划城市建设用地70平方公里，人均建设用地100平方米。规划形成以淮海广场周边为核心，以淮海南北路为主轴，规划区内主要向东、向南发展，向西、向北适当发展，采用棋盘式主次干道网络构架与水系结合，形成路环河绕、城随水展、城绿相间，融水、绿、老城、新区于一体，以天然河流和专用绿带走廊将城市分隔成由6个综合片区组成的城市空间结构格局。城市性质为苏北腹部地区中心城市、交通枢纽。

2000年，淮阴市主城区（含清河、清浦城区及王营镇）城市人口54.25万人，建设用地面积46.17平方公里，人口突破该版规划2000年的指标，用地尚未达到规划用地规模。城市道路的新建、改建和扩建基本按规划实施，总体规划路网构架基本形成，城市结构与功能分区较为合理。

2001年，实施“三淮合一”（“三淮”即淮安市区、淮阴区王营镇、楚州区淮城镇）战略，城市空间格局产生重大变化，为适应城市经济社会发展与建设，组织编制《淮安市城市总体规划（2001—2020）》。该版规划年限近期到2005年，中期到2010年，远期到2020年。规划中期人口100万人，城市建设用地95平方公里，人均95平方米；远期人口120万人，城市建设用地126平方公里。规划首次对淮安城市特色进行准确概括：“一个高速圈、两大组团、三条轴线、四水穿城”。“一个高速圈”，即由环绕淮安城的京沪、宁连及徐淮盐高速公路组成的高速公路圈；“两大组团”，指中心城区组团，含清河区、清浦区、淮阴区、淮安经济开发区和古城区组团（楚州区），两组团以生态绿地相连，又分为6个片区，即淮阴片区、中心片区、城东片区、城南片区、古城区的老城片区和新城片区；“三条轴线”，即工业产业轴、文化商务轴、生活休闲轴；“四水穿城”，指盐河、古黄河、里运河、大运河4条河穿城而过。城市性质为国家历史文化名城、江苏省重要的交通枢纽、苏北腹地的中心城市。

在该版规划的指导下，到2005年，淮安市区、淮阴区王营镇、楚州区淮城镇3个相对独立的城区整合为一个大城市，实现“三淮合一”目标。城市空间结构得到优化，市经济开发区和城南新区的建设推动城市由原南北双组团的城市空间结构向多组团的城市空间结构转化，翔宇大道等一批道路、桥梁的建设使主城区和楚州城区一体化程度加强；淮安高教园区、水渡口中央商务区等新区建设提升城市服务功能。

2005年，面对城市化和城市发展的新形势，为确保工业用地适应招商引资的需要，淮安市适时对城市总体规划进行微调，将工业用地向市经济开发区集中，并调整部分工业用地，分别在淮阴区和楚州区乡镇工业集中区规划布置，将工业用地比例由18.5%调整至25%。

2005年规划调整后，淮安市加快城市中心区工业用地改造，城市建设用地“退二进三”（二产退、三产进），对外交通设施和大型市政基础设施建设为城市发展提供支撑，城市环境改善。随着规划的推进实施，也暴露出一些问题，城市规模对城市成长的约束加剧，历史文化名城保护压力明显，空间发展弹性不足，城乡发展二元化突出等。2001年版总体规划虽然经过调整，但还是难以适应新时期城市发展的实际。2007年年末，淮安市开始编制《淮安市城市总体规划（2008—2030）》。

该版总体规划根据淮安市城市发展面临的“五个机遇、一个需要”而编制，即长江三角洲地区区域格局变化的机遇，江苏沿海开发提升为国家战略的机遇，长三角城市空间结构由多层级向扁平网络化转变的机遇，淮安市提升为苏北重要中心城市新定位的机遇，由交通设施优势向综合交通枢纽城市转变的机遇以及由行政体制推动下的“三淮合一”向功能要素支撑下特大城市建设转变的迫切需要。

该版规划年限近期为2008—2015年，中期为2016—2020年，远期为2021—2030年。规划区范围为市区和涟水县陈师镇在宁连高速公路以西、空港部分地区，面积3186平方公里，中心城区空间增长边界670平方公里，其中城市建设用地面积264平方公里。以建设特大市为目标，规划到2015年，中心城区城市人口达145万人，城市建设用地达174平方公里；到2020年，中心城区城市人口达170万人，城市建设用地达204平方公里；到2030年，中心城区城市人口达220万人，城市建设用地达264平方公里。

在空间布局上，规划期内，城市以向东发展为主，适当向南北延伸，控制向西发展，合理进行城市布局，做好产业及重大基础设施统筹。在空间发展模式上，结合河流水系、交通廊道等自然地理条件，在城市多组团的历史传统格局基础上，推动城市组团化发展。通过产业发展轴和特色景观带，将组团串联整合起来，并结合区域发展整体结构，明确城市发展方向，形成“组团发展、轴带整合、生态相连”的空间发展模式。在空间结构上，规划形成“三轴、四带、多组团”的空间结构。“三轴”，即东部新兴产业发展轴、中部城市服务功能轴、西部特色产业发展轴。“四带”，即盐河现代物流产业带、古黄河生态功能带、里运河文化景观带、苏北灌溉总渠田园风光带。“多组团”，即中心组团、楚州组团、淮阴组团、经济开发区组团、清浦组团、黄码组团、南部组团。

同时，规划对增长边界范围内的市政工程设施进行统筹安排，适度超前地进行水资源利用、给水工程、排水工程、供电工程、通信工程、供热工程、燃气工程、环境保护、环卫设施、综合防灾等规划。其中，对淮安市工业园区大部分处于主导风向上的情况，邀请北京市气候中心对淮安市大气环境影响评估进行专题研究，以生态环境保护和人居环境建设为重点，对生态保护和生态调控提出合理的方法与措施。

规划的建设时序是：近期突出重点建设区域和重要公共设施、基础设施建设；中期强调与土地利用规划等相关规划的衔接；远景发展在长远框架下，为城市规划期内的弹性发展提供指导。近期空间发展策略为：向东拓展至京沪轴线，强化发展新兴产业轴；向西优化二河产业带，提升传统特色产业轴和二河生态环境；向南部长三角（核心区）产业延伸，参与功能联动；向北联系东陇海沿线，实现河海联运，借港出海；中部整合多组团的城市空间格局，推进三城融合、五区联动。城市远景发展战略为：拓展东部、完善中部、提升南北、优化西部、组团发展、生态相连。该规划将淮安市的城市性质定义为国家历史文化名城和生态旅游城市，长江三角洲北部地区重要的中心城市、交通枢纽和先进制造业基地。

第二节　分区规划和近期建设规划

一、分区规划

淮安市编制分区规划较迟，也较少。

2002年，编制完成楚州区新区15平方公里分区规划及局部地区控制性规划、淮安新港工业园区10平方公里分区规划及局部地区控制性规划、淮阴新区12平方公里分区规划及局部地区控制性规划、淮安城南新区20平方公里的分区规划。2003年，编制完成淮安经济开发区分区规划。2004年，编制完成淮阴区西片区分区规划及局部地区控制性规划。2005年，编制完成棉花庄（新渡）镇、季桥（城东）镇工业集中区、徐杨片区分区规划，徐杨乡南片工业综合发展区分区规划、北片工业集中区分区规划。2006年，编制完成淮安市盐化工基地分区规划。2007年，编制完成机场周边地区分区规划。2008年，编制完成淮安经济开发区东区分区规划及局部地区控制性规划。

分区规划均按照法定程序论证、公示后，上报市政府审批通过。

二、近期建设规划

淮安市的近期建设规划均与城市总体规划同步编制。近期建设规划的年限一般为5年。1983年编制的《淮阴市城市总体规划》、1995年修编的《淮阴市城市总体规划（1995—2010）》、2001年编制的《淮安市城市总体规划（2001—2020）》均有近期建设规划内容（详见本章第一节《城市总体规划》）。

2005年，市政府印发《淮安市城市总体规划调整》文件，提出近期建设人口规模为总人口100万人，其中主城区（包括淮阴区城区和淮安经济开发区）76万人、楚州城区24万人。近期规划用地控制在97.28平方公里以内，其中主城区77.81平方公里、楚州城区19.47平方公里。主城区近期重点建设东部和北部。以水渡口广场商贸区建设为龙头，提升主城区东部地区服务档次、基础设施和环境景观，带动东部房地产和高新工业区的开发。中心片区近期建设重点是旧城改造，加快中心区工业企业外迁，治理“城中村”。淮安经济开发区开发建设范围内注重内涵式开发，提高开发效益。通过跨过新长铁路的3条城市主干道向东拓展，利用连接京沪高速公路的海口路区位优势，发展以一类工业为主的新工业集中区，并杜绝污染工业进入，同时适当安排配套居住用地。淮阴区近期向东发展，盐河以北主要发展工业，盐河以南主要发展居住区，完善火车北站周围的客货运设施。城南片区完善高教园区和市体育中心的建设，建设城南原农业开发区的工业用地，加强居住用地配套和基础设施投入。楚州城区近期建成楚州区行政中心，引导北部住宅区开发，疏解老城区人口。完善城北工业区，并逐步向东拓展，安排老城工业搬迁；搬迁河西工业用地建设旅游用地。老城内旧城改造循序渐进，推进名城保护工作。

第三节　专项规划

2001年开始，淮安市逐步编制29项城市专项规划，完善全市城乡规划体系，落实上位规划。

2001年，编制第二版《淮安市历史文化名城保护规划》。2002年，编制《淮安市中心片区农贸市场布点规划》。2004年，编制淮安市加油站布点规划、绿地系统规划、供热工程规划、重点地段的美化亮化规划。2005年，编制淮安市物流发展规划、城市公共停车设施规划、“十一五”城镇化专题规划、商业网点布局规划。2006年，编制淮安市消防设施规划、地下空间利用专项规划、城市综合交通专项规划、市区地名专项规划、市区社区服务设施布局、市区中小学布局规划。2007年，编制淮安市医疗卫生设施规划、文化设施规划、体育设施布局规划、建筑高度控制专项规划、排水整合规划、热电联产规划、集中式饮用水源地保护规划、“五线”规划、加油加气站布局规划、楚州城区道路广告规划。2008年，编制城区户外广告规划、城市公共交通发展规划、城区活水工程规划、市区生产力布局规划。

上述专项规划均按照法定程序论证、公示后，上报市政府审批通过。

第四节　详细规划和城市设计

一、控制性详细规划

2002年，淮安市开始编制控制性详细规划（以下简称“控规”）。至2008年，编制完成中心城市控规23项，城市建设用地范围内控规覆盖率100%。

2002年，编制楚州区7平方公里老城区控规、清浦东区控规、楚州新区4平方公里控规、淮安新港工业园区3平方公里控规、淮阴新区3.5平方公里控规。2003年，编制淮安经济开发区丰收河以南地区控规、楚州河西片区控规。2004年，编制淮阴区西片区分区规划及控规、淮安市中心片区控规、城南片区控规。2005年，编制楚州区局部控规（老城南、新城北）、淮阴区中心片区控规。2006年，编制淮安出口加工区控规、淮安经济开发区片区控规、楚州商贸城地区控规、淮安新港工业园区分区规划及控规、冶金工业园分区规划及控规。2007年，编制富士康工业科技城周边地区控规。2008年，编制楚州区铁云路西侧地块控规、淮阴区东部新区控规、淮安经济开发区东区分区规划及局部地区控规、淮阴区政府东侧地区控规。

上述控规均按照法定程序论证、公示后，上报市政府审批通过。

二、修建性详细规划

2002年，淮安市开始对城市主要功能片区、历史文化街区、景观风貌区编制修建性详细规划（以下简称“修建性详规”）。至2008年，完成7项修建性详规。

2002年，编制淮安市高等教育园区启动区修建性详规。

2004年，编制楚州区河下历史街区修建性详规，水渡口广场修建性详规，淮海中心商业区东北区修建性详规，市中心商业区东南、西北、西南片区修建性详规，楚州区驸马巷历史街区修建性详规，都天庙历史文化风貌区修建性详规。

上述修建性详规均按照法定程序论证、公示后，上报市政府审批通过。

三、城市设计

2002年，淮安市开始对城市重要功能片区、重要道路两侧、窗口地段、重要景观片区编制城市设计。

2003年，编制淮安市文庙—慈云寺历史文化风貌区城市设计。2004年，编制淮安市里运河两岸闸口—清隆桥地段城市设计、汽车站周围地段城市设计、淮海南路两侧景观设计、淮海西路两侧商业及居住地段城市设计。2005年，编制城南片区中心区城市设计、水渡口文化展示区及钵池山公园南侧居住新区规划设计、楚州“三湖”（萧湖、勺湖、月湖）地区城市设计、里运河两岸城市设计、水渡口中央商务区城市设计、周恩来纪念馆—淮安府衙周边地区城市设计、周恩来童年读书处周围地区城市设计。2006年，编制楚州城南入口城市设计、楚州新中心区城市设计、淮海北路两侧城市设计、火车北站周边地区城市设计。2007年，编制城南中心片区城市设计、淮阴区行政中心周边地区城市设计、楚州大道两侧城市设计、富士康工业科技城控规及局部地块城市设计。2008年，编制清浦区行政中心周边城市设计。至2008年，完成21项城市设计成果。

第二章　市政建设

第一节　城市道路

一、城市道路网

（一）主城区路网

1978年，清江市城市建成区面积18平方公里，人均道路面积2.4平方米。城市道路网由过境公路兼城市道路的淮海南北路、淮海东路、两淮路以及河北路、河南路、和平路、淮海西路、东西大街、人民路、石码头街、环城路等主次干道及数百条巷道组成。市区主次干道全长52.13公里，其中低等级碎石路面占45.49%，道路设施不配套。主干道淮海南北路、淮海东路为低等级沥青路面，部分道路为碎石路面。许多干道地下无排水管线，如淮海东路依靠路北的大沟自然排水。城市街巷多为石板路、灰砖路，采用两侧铺设明沟排水。

1978—1983年，对淮海南北路分期进行扩建和改造，对淮海东西路、河北路、轮埠路铺设沥青路面，并建设健康东西路、解放西路、工农路、大治路、繁荣路、化工路等主次干道。1985—1988年，市区新建北京路，扩建健康路，续建解放路。1994年，完成解放东路及清隆桥工程，将西南工业区与经济开发区相连。1995年9月，北京南北路全线开通，成为市区第二条南北大通道，缓解城区南北交通压力。1996年8月，建设西安路及西安路大桥。1997年8月，建成承德路一期工程（含黄河桥）。1998年10月，完成承德路二期工程（含里运河桥）。该路北过盐河抵淮阴县盐北东路，南跨里运河，连接市区解放东路，长6.2公里，纵贯市区东部南北，为市区第三条南北大通道，改善市区东部交通环境。

1999年，对淮海南北路的北路进行全线改造，46米宽的道路全部建成沥青混合路面，通信、供电、自来水、煤气等各种管线全部进入地下。至2000年年末，主城区主干道形成“五纵四横”的骨架。以淮海南北路、淮海东西路为内十字轴线，以翔宇大道一段、健康东西路、西安路、解放东西路组成的一环道路轮廓形成。

2001年开始，以“城区东扩、中心东移”为突破口，加快“三淮一体”协调发展战略规划的实施进程。相继完成翔宇大道（原名两淮世纪景观大道）扩建工程，西安路西绕城段道路新建工程和清河路拓宽及桥梁工程。2001年，完成沈阳路桥工程，建成承德南路，加快水渡口中心区的“三路”（沈阳路、和平路、越河路）建设。2002年，新建延安路，改造延伸翔宇大道、化工路、健康路等一大批道路。2006年，采用BT融资模式（政府利用非政府资金来进行非经营性基础设施建设项目的一种融资模式），开工建设南昌路、月影路、银川路、东方路等7个重点项目。至2008年年末，淮安市中心城区形成主干道“七纵十一横”的道路网。“七纵”由西向东为西安路、北京路、淮海南北路、承德路、翔宇大道、南昌路、合肥路；“十一横”由北向南为长江路、北京东西路、黄河路、健康东西路、淮海东西路、解放路、延安路、正大路、明远路、枚乘路、枚皋路。数十条次干道、数百条街巷穿插其间。城市外环主要由翔宇大道、延安路、西安路、长江路组成。主城区道路网形成内成网、外成环、节点相通的道路体系。

（二）淮阴区城区路网

1978年，淮阴县城区有淮海北路、北京东西路、淮涟路3条干道。其中，北京东西路（县检察院—西坝派出所）为泥结碎石路面，淮涟路为沥青路面，宽均为8米。1983年，淮海北路和北京东西路完成改造。1985年年末，城区建成主干道4条，均为沥青路面，总长6800米。建成支干道13条，总长5.9公里，路面宽3.7米，均为石子路面。1986年，建成长江西路（淮海路—营西桥），该路段长1200米，宽44米，为沥青混凝土路面。1993年，拓宽改造长江东路，长1250米，宽44米，为沥青混凝土路面。1994年，新建北京北路，长1700米，宽46米，为沥青混凝土路面。1997—1998年，分期新建承德路，长2000米，宽34米，为沥青混凝土路面。1999年，完成黄河路拓宽改造，长2550米，宽40米，为水泥混凝土路面。2000年，新建西安路（205国道—古黄河），长3200米，宽40米，为水泥混凝土路面。珠江路（淮海路—沈阳路），长1600米，宽40米，为水泥混凝土路面。2000年年末，城区主干道形成"四纵三横"格局。"四纵"即北京北路、淮海北路、承德路、西安路，"三横"即黄河东西路、北京东西路、长江东西路。

2001年后，淮阴区成为淮安市中心城区，淮阴区城区道路既自成格局，又与主城区纵向相连，每年新增的城区道路面积均在10万平方米以上。2001年，新建淮海北路北段（长江路—珠江路），长1800米，宽60米，为沥青混凝土路面。2002—2005年，分期新建淮河路（淮海路—新渡），长7800米，宽50米，为沥青混凝土路面；沈阳路（废黄河—宁连路），长6100米，宽40米；南昌路（古黄河—宁连路），总长5800米，宽40米。至2008年年末，淮阴区城区形成"六纵五横"的道路骨架。"六纵"即西安路、北京北路、淮海北路、承德路、沈阳路、南昌路，"五横"即黄河东西路、北京东西路、长江东西路、淮河路、珠江路。淮阴区城区道路总长93公里，总面积206万平方米，人均道路面积12.2平方米。

（三）楚州区城区路网

1978年以前，淮安县城内有12条道路。北门大街、西长街宽17米，镇淮楼东、西路部分路段宽34米，兴文街宽10米，东门大街、西门大街宽26米。

1978年，拆迁南门大街东侧，道路拓宽为34米，中间30米为沥青路面，两侧人行道砖块路面。1984年，将府学路拓宽为10米的水泥路面，南巽路拓宽为40米。1987年，河西的华亭路拓宽至34米，东长街南段由4米拓宽为17米，北门大街拓宽为34米，铺设9米宽的电厂路，泥结石路面。1989年，将原东门大街、西长街北段的沥青路面全部改铺成水泥路面。1990—1991年，为配合周恩来纪念馆建设，新辟永怀路、环湖路，对北门大街、南门大街南段、镇淮楼东路进行再次翻建，由沥青路面改为水泥路面，并拓宽到34米。

1999年，新建关天培路（楚州大道—世纪佳苑），长720米，混凝土路面。2000年，新建府前路（楚涟路—怀恩路），长960米，混凝土路面；改建电厂路（城西北路—大运河），将原泥结石路面改建为混凝土路面，长1210米。至此，城区主干道达28条，城市干道形成"三纵三横"的道路网。

2001年起，楚州区作为淮安市的古城区，城市向北发展，逐步与中心城市连成一体；加快城区内道路新建、扩建及改造，提高城区道路通行能力，加快对外交通快速通道建设，提高城区对外通行能力。2003年，新建永怀东路（经九路—楚州大道），沥青路面，长1230米，宽36米；新建梁红玉路（关天培路—华西路），沥青路面，长2347米，宽30米；改造楚州大道（入海水道—纬一路），将原淮江路混凝土路面改铺成沥青路面，路幅由42米拓宽为44米，全长5170米；新建韩信北路

（东门大街—永怀路），打通韩信路南路至永怀路观景台之间的绿色通道，全长290.17米，宽26米。2007年，新建樱花园路（经八路—经十路），长845米，宽26米；新建梁红玉路向南延伸段（关天培路—237省道），长1300米，为沥青路面。至2008年年末，楚州区形成“三纵六横”的城区干道网。“三纵”为城西干道、北门大街与南门大街、楚州大道与淮江路，“六横”为吴承恩大道、友谊路与永怀路、东西门大街、镇淮楼东西路、南巽路。翔宇大道作为淮安市中心城区与楚州区连接的主干道扩建成宽80米，双向8车道的通衢大道。

（四）淮安经济开发区路网

淮安经济开发区于1992年成立，1993年10月经省政府批准为省级开发区。至2003年，淮安经济开发区的面积由启动时的6.8平方公里发展到22平方公里，西至翔宇大道，东至新长铁路，南至宁连一级公路，北临古黄河。2004年，又扩展高教园区15平方公里和徐杨片区42平方公里。高教园区西至淮海南路，南至宁连路，北至大运河，东、南至宁连一级公路；徐杨片区位于宁连一级公路东，南至茭陵抽水站引河，东至237省道，北至废黄河。先期开发的翔宇大道东侧（原钵池山、机场大队）称为建成区，道路网建设全部完成，干道形成“四纵五横”格局，纵向为南昌路、韩泰路、合肥路、南京路，横向为深圳路、厦门路、迎宾大道、汕头路、三亚路。高教园区形成“四纵四横”的道路循环网，纵向为承德南路、淮海南路、天津路、通甫路，横向为正大路、枚乘路、枚皋路、明远路。2005—2008年，集中建设徐杨片区，形成“五纵五横”主干道网，纵向为广州路、飞耀路、康马路、徐阳中心路、苏州街，横向为深圳东路、青岛东路、迎宾大道、汕头东路、徐杨街。

二、城市干道

1978年，清江市主次干道全长52.13公里，以东西向道路居多，南北向干道仅淮海南北路、两淮路，且兼过境公路，交通通行能力差。

淮阴县城区仅有淮海路、北京东西路、淮涟路3条主干道。淮安县以镇淮楼为中心，有镇淮楼东西路、东西门大街、北门大街、南门大街等干道，道路狭窄，路面等级低。

1979年至20世纪90年代，对老的城市干道扩宽（扩建）、延伸，提高道路等级。90年代中期至2008年，随着城市化进程加快，城市面积扩大，以新建城市干道为主，提高建设标准，完善道路配套设施，高标准建设道路排水、管线（供水、供电、通信、燃气等）、快车道、慢车道、人行道绿化带等，城市干道的通行能力大大提高。

（一）淮海南北路

淮海南北路由清江市大运河桥至淮阴县小营，长6.7公里，“大跃进”时期建成。其中，大运河

图5-1　淮海北路（1980年）　　顾树青　摄

图5-2　淮海北路（2008年）　　顾树青　摄

桥至水门桥段为淮海南路，水门桥以北为淮海北路。1978年，该路除承担贯通南北的城市道路功能，也承担贯穿城市外部交通的过境公路功能。

1978年，淮海南北路（黄河桥—大运河桥）清江市区段整体改扩建设工程（1976年开工）继续建设，路段长6公里，确定路宽为46米。因财力限制，部分标段工程建设没有能够一步到位，采用控制路幅，部分路段人行道、慢车道暂建成绿化，1983年年底竣工。

1985年，淮阴县对该路黄河桥至小营段进行改造拓宽，路宽由10米拓宽至46米，路长仍为700米。

1995年3月，对淮海南路进行改造。绿化隔离带除雪松、法桐保留外，其余铺上道板作为自行车停车场地。

1997年，再次对该道路进行改造，并延伸至长江路。路段长1500米，宽46米。

1999—2000年，淮海南北路再次拓宽改造，废除道路中间绿化隔离带，提高机动车道通行能力，路面全部铺设成高等级沥青路面。

2000年，淮阴县又将淮海北路由长江路延伸至珠江路，路段长1800米，宽60米。

2003年1月，开工建设淮海南路接线段，起于京杭运河淮安二号桥南首，止于宁连公路淮安南门立交北段匝道起点。按城市主干道标准进行改建，长5680米，路基宽50米，快车道宽23.5米，为沥青混凝土路面，当年7月建成通车。

2008年，淮海北路水门桥至黄河桥段（含淮海广场）实施景观提升工程。全路3万多米杆线全部入地下管线，拔除地上电信、供电等立杆30多根。淮海南北路由原来的6700米延伸到15780米，路宽由原来的10米拓宽到46～60米，路面等级大为提升。该道路南部连接宁连一级公路，跨越大运河、里运河、古黄河、盐河，北连珠江路，直达淮安火车站，成为淮安中心城区一条内十字的南北通衢干道。

（二）翔宇大道

翔宇大道，曾用名两淮路、清扬路、世纪大道。1978年，是城市东部的郊区公路，从水渡口至礼字坝，道路长11.9公里，宽6.5米，为砂石路面（水渡口鞋帽厂段1公里为沥青路面）。1978年后，该道路几经修建、扩宽、延伸，路名也几经变更。

翔宇大道建设过程分为两个阶段。第一阶段为原道路扩建改造，第二阶段为道路向北、向东延伸。1986年，拓宽水渡口至鞋帽厂段1013米道路，拓宽后为17米宽混凝土路面。1993年6月，该段加铺沥青路面。

1998年，对水渡口广场至市经济开发区段进行改造，路长700米，两侧铺设人行道板，道板宽

图5-3　两淮路（1998年）　　顾树青　摄

图5-4　翔宇大道（2007年）　　市住建局　供

度大部分为2×5米，人行道外砌筑围墙。

1999年，改路名为世纪景观大道。为适应“三淮一体”发展战略，淮阴市政府将该路的扩建改造列入重要城建项目，分3期进行改造，随后又实施路面改建工程。

一期工程即水渡口广场至板闸立交段。道路长度6700米，建设红线宽80米，两侧慢车道路宽20米。工程北段1公里道路，2000年7月中旬开工建设，当年10月底东半幅建成通车，11月底西半幅完成排水工程及道路基础，2001年4月西半幅建成通车。一期南段工程于2000年5月开工建设，2002年6月通过交工验收。

2001年，实施翔宇大道向北延伸工程，对水渡口广场至沈阳路段进行改造，路长870米，宽40米。新建废黄河—北京东路段，长1500米，宽40米。

二期工程即板闸至礼字坝段。全长5198米，按城市主干道标准改造，路基宽55.5～61.5米，快车道宽23.5米，沥青混凝土路面。2003年4月4日开工，当年9月23日主体建成通车，当年11月30日全面建成通车。

2003年，继续实施翔宇大道北延工程。新建淮阴区长江东路—珠江路段，总长1560米，宽40米，混凝土路面。

三期工程即翔宇大道礼字坝平交至楚涟路段。全长1188米，路基宽62.5米，行车道宽23.5米，按城市快速路标准改造。2004年5月18日开工建设，当年10月31日全面建成通车。是年，开工新建翔宇大道淮阴区北京东路—长江东路段，总长1000米，宽40米，沥青路面。2005年竣工。

2006年，实施翔宇大道路面续建工程。按一级公路标准，全长12098米。主要是老路快车道病害处理和沥青混凝土上面层加铺，当年5月开工，9月10日完成原二、三期工程6.5公里路段全部工程。

2007年起，实施翔宇大道楚州区向东延伸工程，即翔宇大道四期、五期工程。

四期工程即古末口至铁云路段，起于楚州大道（楚涟璐）与翔宇大道二期工程终点处，向东与经九路、经十路、经十一路平交后至终点与铁云路相接。路线长1959米，2007年8月10日开工，2008年3月5日完工。

2008年，实施翔宇大道五期建设工程，起点接翔宇大道四期终点，并与铁云路形成交叉，向东延伸，先后与经十三路、经十四路交叉，终点与新建237省道交叉，路线长1770米。按城市主干道二级标准设计，路基宽55.5米。2008年年末，翔宇大道长21.75公里，宽80米，局部40～55米。该道路北端在淮阴区境内与237省道相接，南端到楚州区礼字坝，然后向东延伸4.9公里与237省道相连接。

（三）迎宾大道

迎宾大道（海口路）位于淮安经济开发区，东连京沪高速路淮安入口处，是淮安市通向京沪高速的城市快速干道。向西通过跨翔宇大道高架桥与清浦区、淮安高教园区相连接。迎宾大道于1999年10月开工建设，工程建设分为两个部分。跨新长铁路大桥以西南京路至翔宇大道路段长2150米，红线宽50米，混合车道宽25米，两边各12.5米绿化带，路面为沥青混凝土面层，2000年年底建成。南京路以东（跨新长铁路大桥）至京沪高速公路淮安入口处，长7690米，宽50米，其中主干道中间绿化带宽8米，两侧行车道各宽10.5米，坡带绿化宽各11米，主干道坡下两侧铺设辅道各宽7.5米，2000年建成。

（四）楚州大道

楚州大道北起楚州区古末口，南至淮河入海水道北堤，为贯穿南北、连接楚州新老城区的城市主干道。全长5.17公里，按一级公路城市道路标准改造，路基全宽44米。2008年2月开始建设，当年年底主体工程竣工通车。

（五）淮海东、西路

淮海东路东起水渡口广场，西至淮海广场，全长1847米。1978年，为沥青路面，路宽5～7米。1990年起，分两期对淮海东路进行全面扩建。设计路幅宽36米，其中车行道路面宽10.5米，为水泥混凝土路面；非机动车道宽2×6米，为上铺下灌沥青路面；人行道宽2×3.25米，为混凝土预制块铺设；绿化带宽2×2.5米。一期工程淮海广场至石码头路段，1990年3月开工，当年8月10日建成通车。二期工程石码头至水渡口广场路段，1994年5月开工，当年11月全线建成通车。

淮海西路东起淮海广场，西至汰黄堤，全长3587.4米。1978年，淮海广场至市车辆厂段长1193.5米，宽7米，为沥青路面。1980年，车辆厂至北京路段长359.2米，修建北半幅行车道、绿化带、非机动车道及人行道。1984年，省农垦局医院至汰黄堤段长1174.7米，路面加宽至7米，加铺成碎石路面。1985年，北京路至农垦医院段长860米，加铺成宽7米的沥青路面。

1986年，淮海西路全面扩建工程开工，分期分段实施。1986—1987年，一期工程淮海广场至北京路段扩建，路幅宽46米，其中车行道宽14米，非机动车宽2×7米。另淮海广场至中国人民解放军十五分部段因地制宜，设计有市公交公司调度站及停车场。1987年12月竣工并投入使用。1988年3—10月，建设淮海西路与北京路交叉的西园广场。广场中心为直径50米的圆形绿岛，环形车道宽18米。1994年，扩建西园广场至汰黄堤段道路，此为二期工程。其中，西园广场至第三人民医院段长1000米，路幅宽46米，先建14米宽沥青路面行车道，其余暂作绿化用地；第三人民医院至汰黄堤段修建7米宽沥青灌入式路面。2003年，对淮海西路西园广场至健康西路段进行改造，长1951米，宽46米，沥青路面。2004年，对淮海西路淮海广场至西园广场段车行道进行改造，长1506米，宽14米，沥青路面。

（六）解放东、西路

解放东、西路东起翔宇大道，跨越淮海南路、北京南路，西至城西路。淮海南路以东为解放东路，以西为解放西路。路长5447米，宽36米。其中，车行道宽10米，除交叉口外均为22厘米厚的水泥路面，绿化带宽2×2米；非机动车道宽2×6米，为沥青路面，人行道宽2×5米。

1978年，解放东路仅有淮阴供电局至煤气公司段于1965年建成的碎石路面，长930米，宽7米。1993年9月28日开工扩建解放东路，终点延伸至两淮路（翔宇大道），路长2957米，红线宽36米，1994年9月28日建成通车，同时建设清隆桥。该段路的建成，标志市区外环路全线建成。1998年，对解放东路实施改造，路长2956.3米，宽36米，完成沥青路面面积41388平方米，水泥路路面面积44344平方米，人行道面积29563平方米。

解放西路长2490米，宽7米，沥青路面。1987年起，分三期扩建解放西路，路长2490米，路幅宽36米。首期建设淮海南路至港口路段，1988年第二期建设北京南路至城西路段，1989年第三期建设港口路至北京南路段。

（七）北京南、北路

北京南、北路以里运河上的华兴桥（原名红卫桥）为界，桥南为北京南路，桥北为北京北路。该路位于淮海南北路西边，是市区第二条纵贯南北的大通道。北京南路北起华兴桥，南至延安路，长1094米。北京北路南起华兴桥，北至淮阴区小营西徐淮路，长5780米。1978年，北京南路红卫桥至解放西路段为7米宽碎石路面，于1967—1968年建成。北京北路红卫桥至淮海西路段亦为7米宽碎石路面，1975年建成。1981—1984年，北京南路红卫桥至解放西路段分期加铺成沥青路面。1983年，对北京北路红卫桥至淮海西路段加铺沥青路面。1984年，新建北京北路淮海西路至健康西路段，长1658.4米，宽7米，碎石路面。1985年，建设健康西路到黄河路段，宽7米，

图 5-5　北京路（1990 年）　　市城建档案馆　供

图 5-6　北京路（2005 年）　　宗　俊　摄

碎石路面。

1988年起，分期分段对北京北路进行全线改扩建，路面设计均为46米宽，车行道宽14米。第一期工程于当年开工，扩建淮海西路至健康西路段，长1658.4米。除3个交叉路口为沥青混凝土路面外，其余机动车道均为水泥混凝土路面；非机动车道宽2×7米，为沥青路面；人行道宽2×5米，混凝土预制块铺装；绿化带宽2×4米。机动车道第一次采用二灰碎石基础，道路设计获江苏省道路交通行业优秀设计二等奖。同年10月竣工，获江苏省优质工程奖。同期建设淮海西路与北京北路交叉口的西园广场。第二期工程于1990年8月开工，扩建淮海西路至跃进路段，长1244米，道路按46米宽设计，先扩建机动车道，为宽14米水泥混凝土路面，两侧各16米暂为绿化用地，当年12月竣工通车。1989年起，对北京南路进行扩建，道路拓宽至46米，其中机动车道宽14米、非机动车道宽2×7米，均为沥青路面；绿化带宽2×4米，人行道宽2×5米。当年4—9月，先期扩建大庆路至解放西路段，同期对大庆路至华兴桥段加铺沥青面层。

1993年，扩建北京南路解放西路至延安路段，机动车道铺筑成22厘米厚的水泥路面，1994年春竣工并投入使用。因市涤纶长丝厂出资100万元修路，市建委同意将该路段命名为“长丝路”（淮涤路），但整条道路在城市道路名称中仍称为“北京南路”。

1994年9月，北京北路第三期改扩建工程开工，建设健康西路到小营西段道路，其中废黄河桥以南为水泥混凝土路面，以北为沥青路面。同时建成废黄河桥（全长111米，宽20米，为5跨）和盐河桥（全长122米，宽20米，为5跨）。考虑到废黄河为城市居民的生活饮用水源，道路排水工程采用雨污水分流的方法施工，雨水通过管道排入废黄河，污水通过排污管道向东沿黄河路排入废黄河的下游。第三期工程于1995年9月20日全部竣工。至此，北京南、北路全线贯通，开辟淮阴市城区西部第二条南北方向主要过境干道，结束市区北大门（小营路段）长期交通阻塞、交通事故频发的状况。

2003年，扩建北京北路西园广场至华兴桥段。路长1000米，新建2×7米宽慢车道、2×5米宽人行道。同年，实施北京北路改造工程，南起华兴桥，北至废黄河桥，路长3869.9米，路宽46米。完成沥青路面面积118035.6平方米，水泥路面面积45942.4平方米，人行道面积28717.25平方米。

2004年，北京北路中修，完成沥青路面面积2432平方米。

2005年，北京南北路道板维修，南起延安西路，北至废黄河桥段。完成人行道面积2704平方米，建侧缘石559.9米、树池28个。同年，维修、安装黄河桥护栏150米，修人行道道板面积422平方米。

（八）健康东、西路

健康东、西路位于清河区，以淮海北路为界，东为健康东路，西为健康西路。健康东路西起淮海北路，东至水渡口广场，长2572.8米。健康西路东起淮海北路，西至淮海西路，长3640.78米，宽37米。1978年，健康东路仅有淮海北路石码头段，长1024米，是简易碎石路面。健康西路从淮海北路至附中西围墙路段，长642.11米，为沥青路面。1981—1982年，健康西路延伸至淮阴电子学校。1985年，拓宽健康西路淮海北路至北京路段，长1122米，路幅宽31米，3块板横断面，车行道、非机动车道均为沥青路面。1987年春，新建健康东路石码头街至水渡口广场段，路长1548.8米。道路横断面为3块板，机动车道为沥青路面，先施工灌入式路面，后加铺沥青混凝土面层。同期建设水渡口广场，中心岛采用长轴100米、短轴60米的椭圆形广场，环形道路路面宽18米，为上铺下灌式，沥青混凝土路面厚15厘米。

1992年7月，健康西路向西延伸至北京路中学，长700米。北京路至教育学院段，路面宽10米，两侧各有10米宽绿地，教育学院向西路段宽7米。

1994年，扩建健康东路的淮海北路至石码头段，路宽为31米，3块板横断面，其中机动车道宽10米，22厘米厚的水泥混凝土路面；非机动车道宽2×5米，沥青路面；人行道宽2×4米，铺装预制混凝土板；绿化带宽2×1.5米。

2002年，健康东路淮海北路至翔宇大道段实施改造，路长2209.27米，路宽31米。完成沥青路面面积57326平方米，人行道面积17674平方米。同年3月开始，对健康西路进行改造并向西延伸至淮海西路，路长3640.78米，路宽37米（北京路中学至淮海西路1819米）。当年6月竣工通车。完成沥青路面面积88979平方米，人行道面积29052平方米。

（九）西安南、北路

西安南、北路在北京南、北路西，纵贯清浦、清河、淮阴3个区。以淮钢大桥（运河一号桥）为界，桥南至明远路为西安南路，桥北至徐淮路为西安北路，全长12.5公里。

1991年，投资1000多万元建成运河一号桥（淮钢大桥），但南北接线没有同步建设，迟迟不能发挥作用。1992年9月，市政府决定修建运河一号桥南北接线，桥南接宁连路由市交通局负责，桥北接化工路由市建委负责，当年开工建设。北段路长0.64公里，路幅宽40米。行车道路面宽14米，为沥青混凝土路面，1993年5月工程提前竣工，被省建委评为优质工程。

1995年，为缓解市区西部交通压力，淮阴市决定新建西安路，当年8月12日开工，南起化工路向南接宁连路，北至淮海西路，路长2.5公里，规划红线宽40米，暂征地宽20米，先做14米宽的车行道。同期建设跨里运河复兴桥，1996年8月16日建成通车。

西安路的建设，促进清江石化厂管道煤气过里运河工程建设，结合西安路建设，过河管道附设在复兴桥上，沿线不征地、不拆迁、不破路、不要政府投资，西安路建成后管道煤气通到北京新村一带。

2000年6月，对西安南路里运河桥至淮钢大桥段进行改扩建，路长1535米，宽40米。当年9月25日竣工。完成沥青路面面积12280平方米，水泥路路面面积23025平方米，人行道面积13815平方米。同年，对西安北路里运河至废黄河桥段进行改扩建，路长3642.32米，宽40米。完成沥青路面面积29138.56平方米，水泥路面面积54633.15平方米，人行道面积36994.31平方米。

2000—2004年，建设西安北路废黄河桥至淮阴区长江西路段，长3000米，宽40米，沥青路面。

2004年，对西安南路淮钢大桥至明远路段进行改扩建，路长1431.26米，宽40米，沥青路面。

至此，西安南、北路全线贯通。

（十）承德南、北路

承德南、北路位于淮海南、北路东，纵贯清浦区、清河区、淮阴区，以里运河大闸口桥为界，桥南至枚乘路为承德南路，桥北至淮阴区珠江路为承德北路。

1978年，大闸口至健康东路段为石码头路。1980年，和平路至安涉桥段改建，长309米，宽6米，为沥青路面。1985年，安涉桥至健康东路段改建，长920米，宽7米，沥青路面。1997年，改建石码头路，并更名为承德路。同年4月，承德路一期工程开工。此路段南起河北东路的大闸口，途经淮海东路、健康东路，跨越废黄河，北与淮涟路相接，全长2960米，宽30米，其中车行道宽24米，除河北东路、淮海东路、健康东路的交叉口为沥青路面外，其他路面为24厘米厚的水泥混凝土路面。当年7月竣工，8月28日正式通车。从拆迁到建成用时4个月，是淮阴市道路建设史上一次性投资最多、拆迁规模最大、施工速度最快、工程质量最好的一项工程。

1998—2004年，实施承德路二期工程。该工程由淮阴县段和淮阴市区段组成，淮阴县段由淮涟路向北跨盐河，过盐北东路至珠江路，全长5108米，宽30米，为沥青路面。淮阴市区段由河北东路向南，跨里运河、大运河至枚乘路，全长3894米，宽35米，为沥青路面。

（十一）长江东、西路

长江东、西路是淮阴区北部东西向城区主要干道，以小营广场为界，广场东为长江东路，广场西为长江西路。1986年，新建长江西路淮高路—营西桥段，路段长1200米，宽44米，沥青混凝土路面。1988年，交通部门建设营西桥西延至淮三路段快车道，长2400米，宽11米。1993年，改建长江路自淮高路经小营广场至承德路段，长1250米，宽44米，沥青混凝土路面。1997年，改造长江西路淮高路—营西桥段。后快车道由沥青路面改为混凝土路面，路宽11米；两侧慢车道由泥灰结石路面（部分路段为沥青路面）改为混凝土路面。2000年，实施长江西路营西桥至淮三路段慢车道建设。2001年，建设长江东路承德北路至沈阳路段，长1720米，宽44米，混凝土路面。2004年，续建沈阳路至合肥路段，长1550米，宽44米，混凝土路面。2006年，新建长江西路淮三路至西安路段，长约1800米，沥青路面。至2008年年末，长江东西路东起合肥路，西至西安路，全长6650米，宽44米。

（十二）北京东、西路

1978年，北京东、西路是淮阴县城区中心东西向主要干道，东至县检察院，西至西坝派出所，原称王营东西大街，为泥结碎石路面。1982年，改扩建北京西路西马路至星光桥段，长1288米，宽40米。1983年，改扩建北京东路西马路至营东大沟段，长1180米，宽40米。1997年，续建北京东路营东大沟至承德路段，长714米，宽40米。2001年，改造北京西路星光桥至区政府西宿舍段，长1084米，宽40米。2006年，建设北京东路沈阳路至南昌路段，长1150米，宽40米。2007年，建设北京东路承德路至沈阳路段，长826米，宽40米。至2008年，北京东西路改、扩建工程基本完成，全线长5526米，宽40米。

（十三）镇淮楼西路

镇淮楼西路是楚州区重要历史景点镇淮楼前的一条道路。2002年，该路进行扩建改造，道路全长576.2米，路基全宽34米，路面为水泥混凝土结构。该工程于2002年5月1日开工，当年9月30日完工。

三、街巷

1978年，清江市区有42条街、179条巷，王营镇有16条街、27条巷，淮城镇有15条街、39条巷。清江市街巷主要集中在里运河南北的东西大街、牛行街、十里长街周边。街巷居住环境和出行条件较差，除部分街巷为石板路或水泥路面外，多数街巷为土路面，照明和下水道等也不配套。

1983年淮阴市成立后，里运河以南350余条城区街巷、13.5米以下道路划归清浦区，里运河以北近200条街巷划归清河区。两区加快街巷改造和建设。到1990年，清河区累计投资512万元，修建石码头东后街、前小街、海神庙巷、洪发巷、四曲巷、三元巷、西部巷、水龙局巷等街巷168条，总长度2.74万米。到1997年，市区有附设下水道和有路面的街巷480条，总长58.56公里。

20世纪90年代，开始实施旧城改造。1978年列入政府地名录中的巷道大部分在城市改造中消失。仅东西大街两侧就有数十条街巷消失，里运河北的东西十里长街、石码头街、越河街沿线也有数十条街巷消失。清浦区东大街被改造成步行街，西大街被改造成具有现代建筑气息的商业街。与此同时，市郊大部分农业用地被纳入城市建设，又产生上百条新的巷道。

2002年5月清浦区“双桥巷积水事件”后，市区巷道改造建设力度开始加大。当年，清河、清浦2个区完成72条巷道的道板铺设及排水改造工程。2003年，清浦区改造巷道192条。2004—2006年，改造、建设巷道313条。

至2008年年末，清浦区有巷道689条，长度82027米，总面积201103平方米。其中，长度3.5米以上巷道39条，面积40973平方米；长度3.5米以下巷道650条，面积160130平方米。清河区有巷道602条，总长度67716米，总面积219452平方米。其中，长度3.5米以上巷道74条，面积73221平方米；长度3.5米以下巷道528条，面积146231平方米。

2008年淮安市对外交通连接线城市快速道路情况表

表5-1

路名	起点	止点	长度（米）	宽度（米）	建设时间（年份）
淮海南路与宁连路连接线	大运河桥	宁连路立交	5680	50	2003年1月至7月
西安路与宿淮高速（淮安南）互通连接线	西安路南	宿淮高速南立交	1660	—	2004年9月至2005年11月
黄河西路与宿淮高速西连接线	黄河西路西	宿淮高速西立交	6545	—	2005年12月至2008年12月
宿淮高速淮安南互通连接线	—	—	6430	—	2006年3月至2008年12月（双向六车道城市主干道标准〈含清浦大桥〉）
迎宾大道（海口路）	翔宇大道	南京路	2150	50	1999—2000
	南京路	京沪高速入口	7690	50	2000
华西路（楚州区与京沪高速连接线）	京沪高速	楚州大道	6000	55	2008

2008年淮安市市区主要干道情况表

表5-2

路名	途经区	起点	止点	长度（米）	宽度（米）	建设时间（年份）
翔宇大道（曾用名：两淮路）	楚州区、淮安经济开发区、清河区、淮阴区	水渡口	礼字坝	11890	80	清代（2002年扩建）
		礼字坝	淮江路	2400	44～62	2004

续表 5-2

路名	途经区	起点	止点	长度（米）	宽度（米）	建设时间（年份）
翔宇大道（曾用名：两淮路）	楚州区、淮安经济开发区、清河区、淮阴区	淮江路	铁云路	1959	60	2007—2008
		铁云路	经十五路	1770	55	2008
		水渡口	古黄河	870	40	2001
		古黄河	淮涟路	1150	40	2001
		淮涟路	长江路	1350	40	2003—2004
		长江路	珠江路	1560	40	2003—2004
		珠江路	宁连路	1200	40	—
淮海南北路	清浦区、清河区、淮阴区	水门桥	大运河桥	3500	46	中华人民共和国成立初期（1977—1995年改建，2000年扩建）
		水门桥	古黄河桥	3024	46	中华人民共和国成立初期（1976—1983年改建，1997年扩建）
		古黄河桥	小营	700	46	1959（1985年、1997年2次改造扩建）
		小营	长江路	800	46	1997
		长江路	珠江路	1800	60	2000
北京南北路	清浦区、清河区、淮阴区	里运河桥	延安路	1094	46	1967—1968（1989年、1993年2次扩建）
		里运河桥	健康西路	2967	46	1968（1990年、1994年分段扩建）
		健康西路	长江路	2813	46	1994—1995（其中健康西路—黄河路段建于1985年）
		延安路	枚乘路	2800	46	2004
西安路	清浦区、清河区、淮阴区	明远路	长江西路	12500	40	1995—2004（含里运河、大运河桥、黄河桥、盐河桥）
		化工路	淮海西路	2500	40	1995—1996
		里运河	黄河桥	1535	40	2000（2003年扩建）
		里运河	黄河桥	3642	40	2000（2003年扩建）
		黄河桥	长江西路	3000	40	2000—2004
		运河桥	明远路	1100	40	2004
承德路	淮安经济开发区、清浦区、清河区、淮阴区	大闸口	淮涟路	2960	30	1997
		淮涟路	盐北东路	3200	30	1998
		里运河	解放路	—	—	1997（2001年改造）
		解放路	延安路	—	—	2001
		盐北路	珠江路	1908	34	2002
		正大路	枚乘路	1300	50	2004

续表5-2

路名	途经区	起点	止点	长度（米）	宽度（米）	建设时间（年份）
南昌路	淮阴区、清河区、淮安经济开发区	珠海路	海口路	2000	40	2003—2004（含跃进桥）
		珠海路	和平东路	900	40	2004年11月至2005年4月
		和平东路	黄河东路	2000	40	2005年10月至2006年6月（含古黄河桥）
		黄河东路	长江东路	1200	40	2007年5月至2008年12月
		长江东路	淮河路	1200	40	2004
合肥路	淮安经济开发区、淮阴区	深圳路	盐河	4000	50	2003—2008
漕运东路（河北东路）	清河区	闸口	水门桥	1215	—	1965—1969
漕运西路（河北西路）	清河区	水门桥	红卫桥	1269	36	1972（2003年扩建）
		人民路	北京路	1600	36	2006—2007
健康东路	清河区	淮海北路	石码头街	1024	31	1958（2002年扩建）
		石码头街	水渡口	1549	31	1987（2002年扩建）
健康西路	清河区	淮海北路	北京北路	1122	37	1982—1985（2002年扩建）
		北京北路	北京路中学	700	37	1992（2002年扩建）
		北京路中学	淮海西路	1819	37	2002
淮海东路	清河区	淮海广场	水渡口	1847	46	1970（1990—1994年扩建）
淮海西路	清河区	淮海广场	汰黄堤	3587	46	1970—1985分段建设（1986—1987年扩建）
		西园广场	健康西路	1951	46	2003
		健康西路	淮阴闸	3587	46	2003
解放西路	清浦区	淮海南路	城西路	2490	36	1960（1987—1989年分三期改造）
解放东路	清浦区	淮海南路	翔宇大道	2956	36	1993—1994（淮海南路—煤气公司段建于1965年）
和平路	清河区	承德路	水渡口	1140		1971（2001年改扩建）
延安东路	清浦区	淮海南路	里运河立交	3592	42	部分路段建于1970年（2002年扩建、延伸）
延安西路	清浦区	淮海南路	北京南路	1817	42	1969（2002年改建）
		北京南路	西安路	1283	42	2004
		西安路	华尔润公司	1200	42	2006
水渡口大道（和平东路）	清河区、淮安经济开发区	水渡口	宁连路	4400	40～46	2003—2008
化工路	清浦区	西安路	韩侯大道	1100	30	2004
越秀路	清河区	承德路	翔宇大道	812	36	2007—2008

续表 5-2

路名	途经区	起点	止点	长度（米）	宽度（米）	建设时间（年份）
天津路	清浦区、淮安经济开发区	解放路	枚乘路	3800	40	2006—2008（含大运河桥 928×32 米）
越河路	清河区	圩北路	清隆桥	1940	25	2008 年 1 月至 2008 年 8 月
大同路	清河区	北京路	圩北路	3700	25	2008
		沈阳路	合肥路	3600	25	2008
柯山东西路	淮安经济开发区、清浦区	天津路	韩侯大道	6000	40	2006—2007
中经路	清河区	淮海西路	青年路	600	30	2008
深圳路	淮安经济开发区	翔宇大道	南京路	2800	50	1997
		南京路	宁连路	800	50	2005
		宁连路	城东干道	5740	50	2006
飞耀路	淮安经济开发区	青岛路	深圳路	1126	50	2006
		海口路	徐杨街	2117	50	2006
		海口路	青岛路	560	50	2005—2006
汕头路	淮安经济开发区	翔宇大道	南京路	1653	40	2003—2005
		南京路	汕头安置点	411	40	2004
汕头东路	淮安经济开发区	广州路	康马路	2355	40	2005—2006
		康马路	苏州街	2143	40	2006
		苏州街	237 省道	964	40	2007
康马路	淮安经济开发区	深圳路	海口路	1680	50	2007—2008
		老徐杨街	广州南路	1736	50	2007
厦门路	淮安经济开发区	南京路	南昌路西	2000	50	1997
		南昌路西	翔宇大道	560	50	1999
徐杨街	淮安经济开发区	广州路	苏州街	3800	50	2006
徐杨街延伸	淮安经济开发区	苏州街	城东公路	724	50	2007—2008
珠海路	淮安经济开发区	南昌路	翔宇大道	1300	40	2004—2005
环宇路	淮安经济开发区	翔宇大道	健康东路	1700	25	2006
		和平东路	翔宇大道	849	42	2008 年 8 月至 2009 年 9 月
南京路	淮安经济开发区	深圳路	汕头路	2730	50	2002
		汕头路	花园桥	800	22	2005 年 4 月至 6 月
		花园桥	大连路	1200	22	2007 年 6 月至 11 月
杭州南路	淮安经济开发区	海口路	汕头路	1000	50	2002
		和平东路	大同路	600	40	2007 年 3 月
		和平东路	珠海路	700	40	2008 年 3 月至 12 月

续表5-2

路名	途经区	起点	止点	长度（米）	宽度（米）	建设时间（年份）
青岛路	淮安经济开发区	韩泰路	翔宇大道	1200	30	2003年4月至7月
		广州路	二大沟	800	30	2005
苏州西路	淮安经济开发区	纬一路	厦门路	1000	16	2002
济南路	淮安经济开发区	海口路	大连路	378	18	2002
		和平东路	大同路	600	20	2008
武汉路	淮安经济开发区	深圳路	威海路	340	18	2002
重庆路	淮安经济开发区	厦门路	深圳路	800	24	2008
学府路	淮安经济开发区	明远路	正大路	616	24	2008
济南路	淮安经济开发区	深圳路	南京路	450	18	2004
三亚路	淮安经济开发区	翔宇大道	南京路	1200	45	2005
通港路西段	淮安经济开发区	韩侯大道	淮安新港	1700	—	2005
正大路	淮安经济开发区	淮海南路	天津路	2000	46	2005—2006
		天津路	通甫路	1200	46	2008
大连路	淮安经济开发区	康马路	徐杨中心路	1173	24	2005
大连东路	淮安经济开发区	康马路	飞耀路	1333	24	2007
福州路	淮安经济开发区	广州路	康马路	1870	24	2007
		康马路	苏州街	2200	24	2007
广州路	淮安经济开发区	青岛路	深圳路	1139	30	2006
		K4+360	徐杨中心路	447	20	2007
广州南路	淮安经济开发区	汕头东路	顺德路	2560	30	2007
		顺德路	板闸干渠	2500	30	2006—2007
桂林路	淮安经济开发区	广州路	金华街	2900	24	2006
		金华街	苏州街	378	24	2006
徐杨中心路	淮安经济开发区	青岛路	深圳东路	1344	45	2006
		老徐杨街	茭陵引河	1760	45	2006
重庆街	淮安经济开发区	青岛东路	深圳东路	1176	24	2006—2007
		大连东路	汕头东路	560	24	2007—2008
通甫路	淮安经济开发区	延安东路	大运河	800	42	2007—2008
		大运河	枚皋路	1800	50	2008
明远路	淮安经济开发区	淮海南路	通甫路	2462	50	2004
枚乘路	淮安经济开发区	淮海南路	通甫路	3089	50	2006
		淮海南路	西安路	3000	50	2007—2008

续表5-2

路名	途经区	起点	止点	长度（米）	宽度（米）	建设时间（年份）
枚皋路	淮安经济开发区	淮海南路	天津路	2170	46	2007
北京东路	淮阴区	淮海路	营东大沟	1180	40	1983
		营东大沟	承德路	714	40	1997
		沈阳路	承德路	826	40	2007
		沈阳路	宁连路	1150	40	2006
北京西路	淮阴区	淮海路	星光桥	1288	40	1982
		星光桥	西宿舍	1080	40	2001
长江西路	淮阴区	淮高路	营西桥	1200	44	1985
长江东路	淮阴区	合肥路	沈阳路	1553	44	2004
		沈阳路	承德路	1720	44	2001
		小营广场	承德路	1400	48	1993
香港路	淮阴区	新渡路	长江路	2701	26	1996
黄河东路	淮阴区	淮海路	承德路	1700	40	1999
黄河西路	淮阴区	淮海路	北京北路	840	40	2003
珠江路	淮阴区	淮海路	沈阳路	1200	40	1999
		淮高路	沈阳路	2600	40	2002
		火车站	沈阳路	1635	40	2003
纬一路	淮阴区	承德路	区政府	235	10	2005
淮河路	淮阴区	沈阳路	承德路	1420	50	2002
		沈阳路	南昌路	2040	50	2004
淮河西路	淮阴区	承德路	淮海路	1340	50	2005
香江路	淮阴区	承德路	沈阳路东	1238	25	2005
		承德路	淮海北路	800	25	2006
经十路	淮阴区	松江路	崔大泓	2304	40	2006
曙光路	淮阴区	黄河滨河路	北京东路	1430	34	2006
嫩江东路	淮阴区	沈阳路	宁连路	7126	40	2006
松江路	淮阴区	沈阳路	崔大泓	2924	24	2006
黄河滨河路	淮阴区	沈阳路	南昌路	507	15	2006
钱江东路	淮阴区	沈阳路	淮河东路	2600	25	2006
樱花路	淮阴区	沈阳路	承德路	1020	18	2004
樱花东路	淮阴区	沈阳路	曙光路	800	25	2006
		曙光路	南昌路	704	25	2007
钱江南路	淮阴区	淮河路	纬五路	780	20	2007
鞠通路	淮阴区	长江西路	古黄河	717	25	2007

续表5-2

路名	途经区	起点	止点	长度（米）	宽度（米）	建设时间（年份）
西坝路	淮阴区	黄河西路	北京西路	700	36	2008
镇淮楼东西路	楚州区	楚州大道	人民桥	2197	34	1990—2001
南门大街	楚州区	镇淮楼东西路	工商局	2000	34	2007
韩信南路	楚州区	东西门大街	镇淮楼东西路	335	26	2002—2003
韩信北路	楚州区	永怀路	东西门大街	524	26	2003—2004
东长街	楚州区	永怀路	南巽路	1690	17	2000—2006
西长街	楚州区	友谊东路	跃进路	3172	17	1994—2002
东西门大街	楚州区	楚州大道	肉联厂	1518	26	2002—2003
关天培路	楚州区	楚州大道	梁红玉路	720	34	2004
一品梅路	楚州区	人民桥	黄码大桥	940	34	2002
友谊西路	楚州区	友谊桥	城西北路	485	17	2001
城西南路	楚州区	华新路	香料油厂	458	17	2001
北门大街	楚州区	翔宇大道	东西门大街	2388	34	1997
友谊东路	楚州区	北门大街	友谊桥	695	23	2001
永怀东路	楚州区	经十路	楚州大道	1205	36	2003—2007
竹巷街	楚州区	里运河堤	北门大道	555	17	2002
城河街	楚州区	里运河堤	翔宇大道	733	17	2002—2004
梁红玉路	楚州区	关天培路	华西路	1200	30	2002
跃进路	楚州区	水泥厂	南门大街	715	21	2004
南巽路	楚州区	南门大街	楚州大道	705	34	2007
府前路	楚州区	楚涟路	楚州大道	960	32.2	2001
怀恩路	楚州区	翔宇大道	237省道	2025	34	2003—2004
城西北路	楚州区	一品梅路	河下大桥	1275	34	2005
楚涟路	楚州区	翔宇大道	徐杨街	2025	35	2005
康马路	楚州区	翔宇大道	纬一路	1750	33	2006
梁红玉南路	楚州区	华西路	关天培路	1300	30	2006
纬二路	楚州区	经十九	铁云路	370	40	2006
纬八路	楚州区	经十路	经八路	1783	26	2006
经一路	楚州区	经六路	翔宇大道	476	42	2007
经二路	楚州区	经六路	翔宇大道	705	26	2008
经八路	楚州区	关天培路	纬八路	460	30	2006
楚州大道	楚州区	翔宇大道	工商局	6452	44	2008
纬四路	楚州区	经十路	楚涟路	876	30	2008
纬六路	楚州区	水果批发市场	经一路	1210	24	2007

续表 5-2

路名	途经区	起点	止点	长度（米）	宽度（米）	建设时间（年份）
纬四路西延	楚州区	经九路	怀恩路	1458	30	2006—2007
铁云路	楚州区	纬一路	耳洞河	4400	60	2001—2002
山阳大道	楚州区	铁云路	经23路	6400	40	2004
广州东路	楚州区	楚涟路	经19路	4500	40	2008
城西干道	楚州区	穿运村	河下大桥	3113	32	2003
经九路	楚州区	237省道	华西路	2100	34	2003—2008
环城南路	楚州区	城西干道	淮江路	1800	60	2004—2006
东一环路	楚州区	火车站	环城南路	6000	40	2004—2005
环城西路	楚州区	铁云路	—	8000	40	2004—2005
经十九路	楚州区	楚涟路	广州东路	4000	26	2008
经23路	楚州区	纬一路	纬五路	4000	30	2007—2008
经11路	楚州区	纬一路	纬六路	2000	30	2008
怀恩路北延	楚州区	—	火车站前路	1400	40	2006—2007
淮江路	楚州区	古末口	入海水道	3500	—	2008
府前路西延	楚州区	—	经四路	400	26	2008
新城西长街	楚州区	翔宇大道	莲花东路	400	26	2008
经14路	楚州区	纬7路	耳洞渠	1000	26	2008
纬3路	楚州区	经16路	京沪高速	300	26	2008

1990—2008年淮安市清河区长度3.5米以上后街背巷道路改建情况表

表 5-3

序号	巷道名称	结构	长（米）	宽（米）	面积（平方米）
1	爱民路支巷	混凝土	206.00	4.0	824.00
2	繁荣新村二区	混凝土	249.00	5.0	1245.00
3	飞乐路	混凝土	578.00	4.5	2601.00
4	致南巷	混凝土	189.00	4.0	756.00
5	黄河新村	混凝土	296.40	4.5	1333.80
6	新村一区	混凝土	216.00	5.0	1080.00
7	西安路农垦汽修车门前	混凝土	340.00	4.5	1530.00
8	西安路工业园	混凝土	1300.00	8.0	10400.00
9	西安路淮安净水厂门前	混凝土	580.00	4.0	2320.00
10	北京路十中学校	混凝土	110.00	5.0	550.00
11	北京北路新星摩配	混凝土	800.00	4.0	3200.00
12	北京北路比邻旅社	混凝土	120.00	4.0	480.00

续表5-3

序号	巷道名称	结构	长（米）	宽（米）	面积（平方米）
13	北京北路小五家教	混凝土	610.00	4.0	2440.00
14	引河路质检中心	混凝土	530.00	4.0	2120.00
15	外国语小学门前	混凝土	589.00	5.0	2945.00
16	义顺巷	混凝土	201.30	4.5	905.85
17	引河路西一巷	混凝土	184.80	4.5	831.60
18	机电沟西巷	混凝土	204.00	3.8	775.20
19	绿委门前巷	混凝土	178.00	4.5	801.00
20	布匹市场二区西侧	道板	30.00	4.6	138.00
21	早巷支巷	道板	115.00	3.9	448.50
22	飞乐九巷	混凝土	204.00	4.5	918.00
23	新村二区一巷支一巷	道板	400.00	3.8	1520.00
24	新村二区二巷支二巷	道板	92.00	3.8	349.60
25	繁荣一巷	道板/混凝土	75.75	4.3	325.72
26	飞乐七巷	道板	48.78	4.0	195.12
27	承德路西侧巷道支14巷	混凝土	50.00	4.5	225.00
28	承德路两侧巷道支15巷	混凝土	50.00	4.5	225.00
29	承德路两侧巷道支16巷	混凝土	66.00	4.5	297.00
30	健康东路三条	道板	25.00	6.6	165.00
		道板	16.50	5.4	89.10
31	大厦支巷	混凝土	20.00	4.3	86.00
32	师专路二巷	混凝土	22.00	4.4	95.70
33	随想园南端	混凝土	38.70	4.6	178.02
34	富强东巷两端	混凝土	38.10	4.0	152.40
35	吴启发巷	道板	40.00	3.8	152.00
36	团结小区巷	道板	52.00	4.0	208.00
37	建材门市门前修补	道板	17.90	5.4	96.60
38	繁荣街	混凝土	140.00	3.5	490.00
39	新村一区	混凝土	244.00	3.5	854.00
40	越河路	碎石	805.00	3.5	2817.50
41	海神庙巷	混凝土	564.00	3.5	1974.00
42	青年新村	混凝土	861.50	3.5	3015.50
43	机电沟西巷	混凝土	204.00	3.8	775.20

续表 5-3

序号	巷道名称	结构	长（米）	宽（米）	面积（平方米）
44	爱民三巷	混凝土	234.70	3.5	821.45
45	八二新村二巷	道板	80.00	3.5	280.00
46	八二路东一巷	混凝土	60.00	3.5	210.00
47	八二新村八区	混凝土	100.00	3.5	350.00
48	大王庄东西一巷	混凝土	160.00	3.5	560.00
49	大王庄东西二巷	混凝土	160.00	3.5	560.00
50	大王庄东西三巷	混凝土	160.00	3.5	560.00
51	大王庄东西四巷	混凝土	160.00	3.5	560.00
52	大王庄东西五巷	混凝土	160.00	3.5	560.00
53	大王庄六巷	混凝土	160.00	3.5	560.00
54	大王庄七巷	混凝土	160.00	3.5	560.00
55	八二新村三区南北巷	混凝土	146.40	3.5	512.40
56	八二新村四区南北巷	混凝土	123.10	3.5	430.85
57	八二新村五区南北巷	混凝土	148.60	3.5	520.10
58	大王庄巷道工程	混凝土	202.40	3.5	708.40
59	新村菜场南北路排水工程	混凝土	357.00	3.5	1249.50
60	富强四区 18#	混凝土	162.00	3.5	567.00
61	建设二巷	混凝土	117.50	3.5	411.25
62	革命村中心路	混凝土	300.00	3.5	1050.00
63	二组中心路	混凝土	151.00	3.5	528.50
64	花玉科门前路	混凝土	270.00	3.5	945.00
65	钟表巷	混凝土	65.00	3.5	227.50
66	东平路	混凝土	380.00	3.5	1330.00
67	三四组中心路	混凝土	505.00	3.5	1767.50
68	西安路东西路支十巷	混凝土	495.00	3.5	1732.50
69	五组中心路	混凝土	500.00	3.5	1750.00
70	城管局东巷	混凝土	200.00	3.5	700.00
71	西安路万福巷	混凝土	280.00	3.5	980.00
72	引河路康乐西路	混凝土	180.00	3.5	630.00
73	引河路恒斗印务对面	混凝土	180.00	3.5	630.00
74	健康东路看守站对面	混凝土	400.00	3.5	1400.00
合计			17444.70	3.5	73221.28

1990—2008年淮安市清浦区长度3.5米以上后街背巷道路改造情况表

表5-4

序号	道路名称	长度（米）	宽度（米）	面积（平方米）	水泥路面积（平方米）	沥青路面积（平方米）	人行道（平方米）	下水道（米）	窨井（个）	雨水井（个）
1	石桥南巷	265	4.0	1060.0	1060.00	—	—	293.0	—	—
2	石桥东街	135	3.5	472.5	—	—	472.50	135.0	—	—
3	宝塔2路	230	4.5	1035	—	1035	—	233.0	—	—
4	宝塔3路	123	5.8	—	713.40	—	—	128.0	—	—
5	徐家湖路西巷	112	3.5	392.0	—	392	—	115.0	—	—
6	友联巷一支巷	42	3.7	155.4	—	—	155.40	47.0	—	—
7	槐树巷（1）	82	3.5	287.0	—	—	287.00	84.0	—	—
8	开发门口路	44	5.5	242.0	242.00	—	—	40.0	—	—
9	槐树路南二支巷	30	3.7	111.0	111.00	—	—	30.0	—	—
10	新民西路东一支巷	13	3.5	45.5	45.50	—	—		1	1
11	石桥路	634	3.6	2284.0	2284.00	—	—	347.0	—	—
12	闸口宿舍前巷	120	3.5	420.0	420.00	—	—	155.0	—	—
13	庆南四巷	202	3.5	707.0	707.00	—	—	236.0	—	—
14	港务村楼北巷	33	3.5	115.1	115.05	—	—	50.5	—	—
15	人民小学门前巷	70	4.5	315.0	315.00	—	—	—	—	—
16	友联二支	50	4.0	200.0	200.00	—	—	50.0	—	—
17	清安西路二支	161	3.5	563.5	563.50	—	—	159.6	—	—
18	城西路消防对南侧巷	1200	3.5	4200.0	4200.00	—	—	—	—	—
19	构件厂门前（向阳路）	900	4.0	3600.0	3600.00	—	—	—	—	—
20	清江影都对面（文渠里）	800	4.0	3200.0	3200.00	—	—	—	—	—
21	淮海南路振华鞋帽厂	308	3.5	1078.0	742.00	336	—	—	—	—
22	港口路运河8组	600	3.5	2100.0	2100.00	—	—	—	—	—
23	大庆路电厂南大门	100	3.5	3500.0	—	3500	—	—	—	—
24	淮三路—港口路（南港村）	460	3.5	1610.0	1610.00	—	—	—	—	—
25	北京路—淮三路（四季青新路）	1200	3.5	4200.0	4200.00	—	—	—	—	—
26	开发门口路	44	5.5	242.0	242.00	—	—	40.0	—	—
27	闸口宿舍后巷	32	4.0	128.0	128.00	—	—	—	—	—
28	庆南路—槐树路	202	3.5	707.0	707.00	—	—	—	—	—

续表 5-4

序号	道路名称	长度（米）	宽度（米）	面积（平方米）	水泥路面积（平方米）	沥青路面积（平方米）	人行道（平方米）	下水道（米）	窨井（个）	雨水井（个）
29	新民路—槐树路	230	3.5	805.0	805.00	—	—	—	—	—
30	向阳路东支巷	90	4.0	360.0	360.00	—	—	90.0	—	—
31	石桥西街	200	4.0	800.0	800.00	—	—	200.0	—	—
32	向阳南路	200	3.5	700.0	700.00	—	—	200.0	—	—
33	张雷宅—汤步才宅	180	3.5	630.0	630.00	—	—	180.0	—	—
34	天津路—文渠河	400	3.5	1400.0	1400.00	—	—	400.0	—	—
35	周留宝宅—蔡伦路	150	3.5	525.0	525.00	—	—	150.0	—	—
36	延安路—王殿清宅	380	3.5	1330.0	1330.00	—	—	380.0	—	—
37	东风小学西墙—天津路	450	4.0	1800.0	1800.00	—	—	450.0	—	—
38	宝塔二路	30	4.0	120.0	120.00	—	—	30.0	—	—
合计		10439	146.3	40973.0	34383.00	5263	914.9	4273.6	1	1

1990—2008 年淮安市楚州区长度 3 米以上后街背巷道路改造情况表

表 5-5

道路名称	起点	止点	长（米）	宽（米）	面积（平方米）
龙窝巷	镇淮楼西路	西门大街	360	4.0	1440.0
驸马巷	镇淮楼西路	西门大街	365	4.0	1460.0
局巷	西长街	驸马巷	90	3.0	270.0
大高皮巷	西长街	太清观街	350	3.0	1050.0
小高皮巷	西长街	太清观街	270	3.0	810.0
天主堂巷	西门大街	小高皮街	250	3.0	750.0
草楼巷	西门大街	勺湖公园	320	—	—
文通巷	西门大街	煤球厂	420	—	—
太清观街	镇淮楼西路	西门大街	356	4.0	1424.0
县西街	南门大街	西长街	670	4.0	2680.0
县东街	金华寺巷	南门大街	470	4.0	1880.0
胯下桥南街	兴文街	大鱼市口	260	4.0	1040.0
快下桥北街	兴文街	县西街	350	4.0	1400.0
堂子巷	西长街	里运河	765	4.0	3060.0
小人堂巷	驸马巷	龙窝巷	150	—	—
更楼西街	南门大街	西长街	456	4.0	1824.0
更楼东街	东长街	南门大街	445	4.0	1780.0
豆腐巷	干河	南巽路	815	4.0	3260.0

续表 5-5

道路名称	起点	止点	长（米）	宽（米）	面积（平方米）
岳庙东街	楚港花苑	楚州医院	250	3.0	750.0
岳庙西街	东长街	南门大街	249	4.0	996.0
太平街	—	—	269	—	—
更楼东街	东长街	南门大街	445	4.0	1780.0
罗家街	实验中学	更楼东街	225	—	—
打箔巷	大鱼市口东街	更楼西街	296	—	—
治阁巷	—	—	210	—	—
系马桩巷	南门大街	大麒麟巷	291	3.0	873.0
麻半巷	—	—	517	—	—
古枚里巷	友谊桥	莲花街	359	—	—
大麒麟巷	县东街	府学路	236	—	—
金华寺巷	镇淮楼东路	县东街	202	4.0	808.0
锅铁巷	县东街	府学路	231	4.0	924.0
百姓巷	南边东长街	岳庙东街	325	—	—
竹巷	—	—	346	—	—
大鱼市口东街	东长街	南门大街	—	4.0	—
大鱼市口西街	南门大街	西长街	488	4.0	1952.0
小鱼市口东街	东长街	南门大街	536	4.0	2144.0
小鱼市口西街	南门大街	西长街	488	4.0	1952.0
赛珠巷	文渠	区政府	140	4.0	560.0
打线巷	东长街	楚州大道	190	4.0	760.0
夯轮寺巷	东大门街	镇淮楼东路	350	4.0	1400.0
南进城巷	美食街	楚州中学	463	3.0	1389.0
回龙巷	美食街	打线巷	450	3.0	1350.0
北进城巷	美食街	烈士陵园	322	3.0	966.0
珠市街	六珠居委会	耳洞口	386	3.0	1158.0
大库堂巷	韩信北路	府衙	363	3.0	1089.0
双刀刘巷	北门大街	西长街	310	3.0	930.0
小沧州巷	—	—	301	—	—
范巷	镇淮楼东路	文渠	202	—	—
关帝巷	关天培故里	—	116	2.6	301.6
大香渠巷	镇淮楼西街	大高皮巷	136	—	—
章马桥巷	府市口	名人亭	265	—	—
涧河南街	南门大街	楚州大道	426	4.0	1704.0
涧河北街	南门大街	楚州大道	336	4.0	1344.0

续表 5-5

道路名称	起点	止点	长（米）	宽（米）	面积（平方米）
马福巷	下一铺巷	运河嘉苑	268	—	—
窦娥巷	东长街	北门大街	336	4.0	1344.0
卫巷	南门大街	西长街	723	—	—
下一铺巷	商机厂	马福巷	436	—	—
城河巷	里运河	翔宇大道	437	—	—
打铜巷	吴承恩故居	估衣街	358	—	—
兵马司巷	—	—	91	—	—
牌楼巷	—	—	122	—	—
草桥巷	新安小学	镇淮楼西路	233	—	—

第二节　城市广场

一、广场建设

1978年，清江市区和王营镇、淮城镇仅有淮海广场、小营广场、镇淮楼广场。淮海广场是淮海南北路与淮海东西路十字交叉的环岛形交通建筑，为城市交通的中心枢纽。广场中心有数十米高的“忠字塔”，1969年建成。周边为绿地、花圃。1979年拆除“忠字塔”，广场改为绿地、花圃。1982年再次改建。1997年，淮海广场进行第三次改建，广场中心建筑物为半球形物体，后又在半球造型上加设钢结构的球状造型，球体由8条弧形钢柱支托，寓意全市由8个县（区）组成，被誉为“江淮明珠”。广场的地下建筑为人防工程。

20世纪80年代，淮阴市城区先后建设水渡口广场、西园广场等，既作为交通车辆环岛使用，也成为城市居民休闲、观赏的场所。20世纪90年代，市区又新建一批绿地广场、文化体育广场。2000年后，随着城市化发展战略的实施，市区广场建设进入高潮。

广场用途也逐步多样化。以传统交通枢纽为主体的交通广场逐步发展成集集会、休闲为一体的综合性广场，以生态、园林为主体的绿地广场，以商业购物中心为主体的商业广场等。至2008年，淮安市有城市广场数十座。

2008年淮安市市区部分广场情况表

表 5-6

区域	序号	名称	地点	类别	面积（平方米）	建设时间（年份）
清河区	1	淮海广场	清江商场前	交通广场	3600	1983
	2	水渡口广场	健康东路与淮海东路交叉处	交通广场	5990	1988
	3	西园广场	淮海西路与北京北路交叉口	交通广场	1600	1989
	4	淮萃广场	淮安汽车总站西侧	绿地广场	4200	1992

续表5-6

区域	序号	名称	地点	类别	面积（平方米）	建设时间（年份）
清河区	5	新世纪广场	淮安迎宾馆前	绿地广场	16000	1998
	6	大运河文化广场	漕运东路北侧	综合广场	54400	2002
	7	市民健身广场	淮海北路东侧	体育广场	5900	2001
	8	淮安人民大会堂广场	淮海北路80号	文化广场	1500	1979
清浦区	1	一品梅广场	解放西路与大庆路交叉口西北角	企业文化广场	27800	2003
	2	楚秀园广场	淮海南路楚秀园西门前	园林广场	50000	2004
	3	新民广场	淮海南路动物园前	绿地广场	6000	1998
	4	高教园区中心广场	枚乘路与承德南路交叉口	绿地广场	42000	2007
楚州区	1	周恩来纪念馆广场	桃花垠	主题教育广场	12500	1990
	2	镇淮楼广场	镇淮楼路	综合广场	5400	1997
	3	新世纪广场	北门大街	绿地广场	14000	1998
	4	漕运广场	镇淮楼北	文化广场	60000	2003
	5	古末口广场	楚州区	绿地广场	6000	2005
	6	新汽车站站前广场	楚州区汽车站前	交通广场	16000	2008
淮阴区	1	黄河广场	淮海北路东侧	社区广场	42000	2000
	2	人民广场	长江东路北侧	绿地广场	61000	2004
	3	火车站广场	淮安火车站站前	交通广场	26000	2006
	4	盐河广场	淮海北路	绿地广场	18000	2004
淮安经济开发区	1	开发区行政广场	淮安经济开发区管委会大楼前	行政广场	94680	2003
	2	开发区火车站广场	火车南站前	交通广场	32000	2006

二、广场选介

（一）大运河文化广场

大运河文化广场位于清河区漕运东路北侧，占地面积5.44万平方米，于2002年9月26日建成并投入使用，是淮安市最大的市民广场。广场形态气势宏伟，开敞面向大运河，空间层层展开。大运河边设置亲水大台阶，与广场紧密相连。可容纳2万人的集会广场位于中央，以《碧波帆影》雕塑为视觉焦点。广场北端中心位置高高耸立一座船帆形的主题雕塑，再现历史上大运河淮安段南船北马、水运繁忙的壮丽景观。在主题雕塑两侧辅以8幅石质浮雕，其内容为《夫差末口陈兵图》《磨盘（口）舣舟待潮图》《清江浦（漕）仓（船）厂盛况图》《漕督躬亲盘验图》《康熙码头巡河图》《舟船过大闸艰险图》《通衢古驿晨旅图》《水上立交壮观图》。浮雕前建有大型音乐喷泉，为整个广场增添活力和现代化气息。广场东西两侧竖有16根石刻立柱，每根立柱都雕刻着一位与淮安有关的历史名人。右边的9位是淮安籍的历史名人，依次为韩信、枚乘、鲍照、梁红玉、龚开、吴承恩、阎若璩、关天培、吴鞠通。左边的7位是治河治运历史名人，分别为陈登、乔维岳、陈瑄、潘季驯、靳辅、郭大昌、黎世序。

集会广场周围环抱着休憩廊、民艺廊、文化廊、儿童活动场等，为城市居民提供休闲活动的场地。外围地形逐渐起坡，大片开阔的花带草坡，以疏朗的树林作为整个广场空间的背景。依托广场，居住区结合商业步行街共同开发，形成城市公共中心。

（二）漕运广场

漕运广场位于楚州区镇淮楼北，2004年重建时发现漕运总督署遗址，为省级文物保护单位。遗址保护方案由苏州规划设计院和东南大学编制，总面积3万平方米。总体保护方案分两个部分实施。第一部分为署前广场（即漕运广场）。该广场立意按照“修旧如故”的原则，恢复历史上雄伟的总督署大门及门前相关设施。保留修缮挖掘的古牌坊基础，作为古代淮安漕运历史的重要见证。通过改造，在府衙大门前形成东、西两侧为商城的“仿古街道”。第二部分为漕运总督署遗址公园的核心部分，也是漕运遗址本体保护，即漕运总督大堂、二堂和大观楼遗址。恢复整个漕运总督署中轴线原有地坪标高，并通过遗址中各种挖掘物的复位，体现总督署往日格局。对整个总督署遗址中的大堂、二堂、大观楼遗址的保护，采用下沉式广场的做法。周边围以精美的花岗岩栏杆，里面种植高大乔木，形成空间上流动、视觉上通透、管理上相对封闭的空间。在周边另辟一圈步行道，供人观瞻总督署遗址。

（三）周恩来纪念馆广场

周恩来纪念馆广场位于楚州区城北桃花埂，环绕纪念馆主馆，占地面积1.25万平方米，建于1990年。整个广场由混凝土铺设而成，地面嵌有“井”字形图案，广场四周有草坪、垂柳、碧桃、樱花等花草树木，湖水碧波荡漾。

第三节　桥　梁

一、桥梁建设

淮安市是一座四水穿城的城市。由南向北，京杭大运河、里运河、废黄河、盐河4条主要河流自西向东穿越主城区。其中，京杭大运河、里运河流经清浦区的王庄而折向东南方向，穿越楚州古城区的西部。1978年，4条主要河流上有桥梁8座，中心城区有大小桥梁数十座。除占据南北中轴线的淮海南北路4座桥梁和里运河上北门桥为中型桥梁外，其余桥梁为跨护城河、灌溉渠、排水河（沟）上的小型桥梁，是以砖、石、木为桥墩的石板桥、单跨桥或拱桥。楚州区在里运河上的人民桥、苏北灌溉总渠上的桥梁为中型桥，其他桥是以跨河、渠为主的小型桥。1978—2008年，城市建设中一些排水河流（渠）被地下排水管道代替，排水河流上形成新的道路，这些河流上的小桥也随之消失，如引河桥、安涉桥等。

随着桥梁建设技术不断提升和道路交通实际需要，淮安市的桥梁逐步向大、中型发展。长度增加，跨距加大，许多桥梁的长度达数百米、千米以上。桥梁的结构形式也趋向多样化，如大运河上首座钢索斜拉桥、淮扬路跨淮河入海水道与苏北灌溉总渠上的高架桥、延安东路跨里运河与翔宇大道的立交桥。淮安经济开发区跨京沪高速、新长铁路、宁连公路也建起数座大型桥梁。至2008年，4条主要河流上有桥梁37座，整个城区（扩）建桥梁50座。

1978—2008年淮安市城区新（扩）建桥梁情况表

表5-7　　　　单位：米

序号	桥名	曾用名	所跨河流	连接道路	长度	宽度	建（扩）时间	备注
1	淮钢大桥	—	大运河	西安路	204.00	12.0	1991年	—
2	四季青桥	清浦大桥	大运河	北京路	502.90	35.4	2008年	—
3	运河大桥	淮阴大桥	大运河	淮海路	126.40	32.0	1960年建，1996年扩建	—
4	平江桥	天津路大桥	大运河	天津路	927.80	—	2008年	—
5	河西桥	淮安大桥	大运河	镇淮楼西路	324.00	9.0	1992年	—
6	通甫桥	—	大运河	通甫路	871.90	28.0	2008年	—
7	通港桥	复兴大桥	里运河	西安路	140.00	20.0	1996年	—
8	华兴桥	红卫桥	里运河	北京路	130.00	20.0	1968年建，2000年重建	—
9	水门桥	—	里运河	淮海路	66.00	33.2	1962年建，1985年扩建	—
10	慈云桥	御码头桥	里运河	承德路	75.20	30.0	1998年	—
11	一品梅桥	—	里运河	清河路	130.00	20.0	2001年	—
12	清隆桥	—	里运河	天津路	136.00	20.0	1994年	—
13	八亭桥	—	里运河	延安东路	210.20	36.0	2003年	—
14	越秀桥	—	里运河	越秀路	280.00	28.0	2006年	—
15	河下桥	—	里运河	河下路	50.00	6.0	1975年建	—
16	友谊桥	—	里运河	友谊路	71.60	11.3	1994年	—
17	人民桥	—	里运河	镇淮楼西路	68.00	30.0	1970年建，2007年重建	—
18	常盈桥	—	里运河	—	70.00	8.0	2008年	步行桥
19	长征桥	—	里运河	—	67.00	7.0	2004年	步行桥
20	北门桥	—	里运河	人民路	51.10	15.3	1963年	—
21	若飞桥	大闸桥	里运河	东风路	9.60	12.0	1958年重建	—
22	桃花坞桥	—	废黄河	西安路	185.20	20.0	2000年	—
23	西坝桥	永安桥	废黄河	北京路	105.10	20.0	1995年	—
24	黄河桥	王营桥	废黄河	淮海路	116.60	32.0	1959年建，1991年拓宽	—
25	樱花桥	惠民桥	废黄河	承德路	120.00	20.0	1997年	—
26	渡口桥	—	废黄河	银川路	120.00	20.0	2006年	—
27	永宁桥	—	废黄河	翔宇大道	140.00	20.0	2002年	—
28	永静桥	—	废黄河	南昌路	120.00	20.0	2007年	—
29	南北分界线桥	—	废黄河	—	—	—	2008年开工	步行桥
30	永济桥	—	盐河	西安路	155.40	20.0	2000年	—

续表 5-7

序号	桥名	曾用名	所跨河流	连接道路	长度	宽度	建（扩）时间	备注
31	大泓桥	通济桥	盐河	北京路	116.06	20.0	1995年	—
32	盐河桥	—	盐河	淮海路	155.00	36.0	1958年建，2003年改建	—
33	生济桥	—	盐河	承德路	144.10	20.0	1998年	—
34	平济桥	—	盐河	银川路	120.00	20.0	2006年	—
35	民济桥	—	盐河	翔宇大道	180.80	21.0	2005年	—
36	同济桥	—	盐河	南昌路	334.30	22.5	2008年	—
37	清口北桥	—	盐河	鞠通路（中山路）	164.00	20.0	2006年	—
38	海口路大桥	—	—	海口路	926.80	22.0	2008年开工	跨京沪高速
39	康马路大桥	—	—	康马路	700.90	22.0	2008年开工	跨新长铁路
40	珠海桥	—	机场大沟	珠海路	20.00	10.0	2002年	—
41	纬一桥	—	机场大沟	纬一路	14.00	10.0	2002年	—
42	大寨河桥	—	大寨河	厦门路	11.00	25.0	2002年	—
43	大寨河桥	—	大寨河	青岛路	36.60	8.0	2002年	—
44	大寨河桥	—	大寨河	大连路	13.00	15.0	2002年	—
45	跃进河桥	—	跃进河	南京路	20.00	15.0	2002年	—
46	大寨河桥	—	大寨河	深圳路	13.00	50.0	2004年	—
47	大寨河桥	—	大寨河	汕头路	13.00	30.0	2004年	—
48	文渠河桥	—	文渠河	解放东路	10.00	31.5	1994年	—
49	营西桥	—	孙大泓	淮沭路	26.00	18.0	1984年	汛期排涝河
50	淮河入海水道大桥	—	淮河入海水道	淮江路	2229.00	21.5	2005年	—

二、桥梁选介

（一）水门桥

水门桥横跨里运河，因靠近老淮阴城的水门而得名。

1958年以前，此处是渡口，往来行人靠渡船过河。1958年12月15日，开工建设水门桥。该桥为木便桥，桥宽5米，总长66米，能通行轻型汽车。1959年元旦通车。

1960年3月，在木桥东侧淮海路中心线上重建钢筋混凝土大桥。该桥有3孔，为T型梁结构。桥长66米，宽15米，其中车行道宽9米，人行道宽2×3米，下部为级配块石护砌桥台，中墩为高桩承台，石砌重立式桥墩（所用条石是南门的城墙基石）。1962年10月1日通车。1979年，因抗震需要，墩台上用挡块进行抗震加固。

1985年10月，扩建水门桥。以原桥为主桥，拆去人行道，全部改为车行道，宽14米。主桥东西两侧各架一座宽10米的附桥，其中非机动车道宽7米、人行道宽3米。中孔净宽16.8米，边孔净宽20米。改造后，桥全长66米，宽33.2米，其中机动车行车道宽14米，下部结构为直径1200毫米钢筋混凝土灌注桩双柱式桥墩，混凝土灌柱桩加块石护砌轻型桥台，上部结构为钢筋混凝土T型梁。1986年10月1日通车。

图5-7 水门桥（20世纪80年代） 市档案馆 供

图5-8 水门桥（2006年） 市住建局 供

（二）黄河桥

黄河桥位于淮海北路，跨越废黄河，又名废黄河大桥、王营南大桥。民国25年（1936），在现桥东侧180米处兴建一座木质大桥。1954年，改建为半永久式桥梁，下部构造为钢筋混凝土桩排架墩，上部构造为木梁桥面，桥全长104米，有13孔。后因北岸冲刷严重，中墩亦有几处下沉，成为危桥。按照城市总体规划要求，淮海路主干道的线型要尽量顺直，因此需要修建新桥。

1959年，在原桥位置开工建造黄河桥。该桥下部结构为钢筋混凝土高桩承台双柱式桥墩，桩式轻型桥台；上部结构为5孔，每孔跨径20米，钢筋混凝土T型装配式梁。桥全长116.55米，宽12米，其中车行道宽9米、人行道宽2×1.5米。1960年，因河水水位高而停工，1961年6月建成通车。

20世纪90年代初，该桥成为南北交通的瓶颈，车辆人流拥挤，时常堵车。为缓解交通压力，1991年扩建该桥。在老桥东西两侧各架一座宽10米的非机动车桥。桥梁下部结构为灌注桩排架墩，灌注桩轻型桥台，上部结构为钢筋混凝土预应力T型装配式简支梁。为减少伸缩缝，采用连续桥面新技术。当年5月9日建成通车。

（三）清浦大桥

清浦大桥跨京杭大运河，是宿淮高速公路淮安南互通连接线的枢纽工程。大桥全长502.9米，宽35.4米，其主桥为自锚式悬索桥，主跨长132.5米，边跨为47米现浇预应力混凝土箱梁，塔为“门”式钢筋混凝土框架结构。南北引桥分别为5孔和4孔跨径30米预应力混凝土组合箱梁。2006年11月19日开工建设，2008年12月19日建成通车。该桥形态优美，飞越京杭大运河，是淮安市标志性建筑之一。

（四）淮钢大桥

淮钢大桥是淮安市城区桥梁中首座钢索斜拉桥。该桥是1958年开挖京杭大运河时的规划建设项目，由于资金不足，一直未能付诸实施。随着交通运输量逐年增加，淮海南路上的大运河桥因桥面狭窄，设计标准偏低，经常发生交通堵塞现象。1982年，国家计委确定将淮阴一号桥列为京杭运河续建工程补助性建设项目。1987年2月，淮阴市政府决定兴建淮阴一号桥。该桥位于西安路，市冶金公司与清江石化厂之间，跨越京杭大运河，距淮阴船闸下游3.75公里。桥型为独塔双索面斜拉桥。主墩索塔置于运河南岸，航道上方河跨90米，南岸跨64米，北岸设2孔20米预制

T型梁。全桥长204米，桥面净宽12米，其中行车道7米（机动车双车道），人行道2×2.5米。桥下通航标准按2级航道设计。桥墩、台基础均为直径120厘米钢筋混凝土桩基础。南岸4号墩采用钢筋混凝土V型墩，索塔为倒Y型，两塔柱间在41.5米处以钢筋混凝土横梁连成H型。北岸5号墩为钢筋混凝土壁，北岸引桥为钢筋混凝土三柱式墩、台。南岸1号台为钢筋混凝土箱式桥台，南岸跨主梁下设3列钢结构链杆拉压支座。正桥河跨为钢筋混凝土组合梁桥面结构，南岸跨为就地浇制后张预应力钢筋混凝土双主梁、预制横梁、微弯板组合桥面。1号桥台及索塔段为现浇梁、板式桥面结构。斜拉索采用直径5厘米的高强碳素钢丝束。该桥于1988年9月17日开工，1991年4月30日竣工。

（五）八亭桥

八亭桥位于延安东路与里运河交会处，主桥横跨里运河和翔宇大道与海口路相连，主桥两侧设上、下行匝道桥与翔宇大道相接。主桥面两侧各设置4座亭阁，因此称为八亭桥。全桥长405米，上部结构为五跨一联变截面钢筋混凝土预应力箱梁，下部结构为群柱基础设承台，变截面薄壁墩。工程主桥承台、墩身采用钢板桩围堰施工，施工技术难度较大。主桥全长210.24米，宽36米，其中车行道30米、人行道2×3米，桥面面积7244.64平方米，沥青混凝土铺面。2002年9月8日开工建设。该桥采用斜桥斜做的方法。上部结构为预应力连续梁，下部结构为双排低桩承台接薄墙式，桥墩为薄壁式实体墩，基础为钻孔灌注桩。2003年9月18日竣工。

（六）长征桥

长征桥位于水门桥与北门桥之间，淮安市长征小学北大门东侧，跨里运河而建，桥南接河南路，桥北与漕运西路相连。桥位处里运河水面宽约58米，两岸均为石砌驳岸。

2004年8月10日开工建设，12月10日竣工。该桥为人行桥，桥长67米，宽7米。主桥上部结构为3孔波形钢腹板预应力连续箱梁，中孔跨径30米，两个边跨径各18.5米，箱梁横隔板处设置转向块。主桥两端设8个螺旋人行梯道和地面人行道连接，每个梯道宽3.5米，螺旋内、外侧直径分别为5米、12米；梯道立柱为钢筋混凝土螺旋塔式结构，最外圈立柱直径1.8米，采用1根直径为1.5米的钻孔灌注桩做基础，两侧桩基通过系梁相互连接。下部结构，主墩采用花瓶式薄壁墩，基础采用两根直径为1.2米的钻孔灌注桩，墩柱和桩之间用承台连接；边墩采用方形双柱式桥墩，每根立柱下设置1根直径为1.2米的钻孔灌注桩基础，墩柱和桩之间用墩帽和系梁连接。该桥为国内首座钢腹板箱梁桥，获江苏省建设厅科技进步奖。

（七）南北地理分界桥

南北地理分界桥位于废黄河（即古淮河）上，在淮海北路黄河桥东侧180米处，即1950年修建的木桥桥址。2008年8月，淮安市开工建设南北地理分界线标志园，成为首个建设南北地理标志的城市。该园相当于一个市民广场，以南北地理分界标志雕塑为主体，结合展示馆等配套设施一并建设。其中，标志雕塑"红桥"利用黄河桥老桥墩修建。桥当中的地球状标志物正好位于河道中心线位置，球体由南往北暖冷色调过渡，桥面也由此分为红、蓝两色，寓意地球上的南北气候特征。以河道为界，南北两个广场也被分别命名为淮河广场和黄河广场，种植南北方不同的乔、灌木植物，从桥上穿越可直观感受南北分界的差异。

（八）天津路桥

天津路桥位于清浦区东部，北起延安东路，南至正大路，跨越京杭大运河，是淮安市第三座京杭大运河桥。该桥结构为斜靠式系杆拱桥，桥长653米，桥宽32米，主桥跨径143米，是该类结构桥梁中的全国第一跨桥。该桥是市区对外交通的一条主干道，也是连接城南片区与市中心片区的一条主要通道，缓解市区跨大运河的交通压力。2007年6月开工建设，2008年12月底建成通车。

（九）盐河桥

盐河桥位于淮阴区淮海北路上，跨盐河。原桥始建于1958年，长79.02米，宽8.5米，两侧人行道各宽0.75米。该桥采用桩柱式墩台，木桁架桥面。1964年9月至1965年7月，对原有桥面进行改造，用钢筋混凝土T型梁替换木质桁架。

1982年12月，在老桥东侧距老桥轴线14.5米处建一座新桥，长150米，宽10.5米。主桥上部采用预应力T型梁结构，引桥上部采用普通钢筋混凝土T型梁。1984年建成，与老桥同时使用。

2001—2003年，为满足城区发展和交通需求，拆除1958年的老盐河桥，保留1984年建成的桥梁作为机动车道，在其两侧分别建新桥，作为非机动车道和人行道。2座新桥均长155.04米，宽10.65米，2001年东桥建成，2003年西桥建成。建成后盐河桥总宽36米。2座新桥主桥均采用下承式钢管混凝土系杆拱结构，引桥采用钢筋混凝土T型预制梁，下部结构采用桩柱式墩台。

第四节　路　灯

一、路灯建设

1978年，清江市区有路灯1700多盏，光源均为普通白炽灯；淮阴县城区仅王营南大桥至县第二农业机械厂、王营中学至县物资公司、前进路南首至轮船码头3处有路灯67盏，均为60瓦普通白炽灯，线路总长4公里。

1983年后，随着道路建设，路灯数量有所增加，灯具也有所改善。至1987年，市区有路灯2841盏，其中普通白炽灯1102盏、高压汞灯1179盏、高压钠灯560盏。淮安县城区有路灯100余盏，分布于东门大街、北门大街、南门大街等地段。淮阴县淮海北路与北京北路装上功率110瓦的汞灯，粮食街、新街等18条街、巷均装上功率80瓦的水银灯，共计有路灯521盏，线路长24公里。

20世纪90年代，随着城市化步伐的加快，陆续对城区主次干道上的照明设备进行增加和改善。1992年，淮阴市经济开发区成立，深圳路（翔宇大道—韩泰路）的路灯由市路灯处统一建设，采用高压钠灯。1995—1997年，分期在新建的承德路、北京东路、黄河路等10条道路上安装路灯1586盏，其中1996年改造路灯1000多盏。1998年，县级淮安市城区路灯发展到1800盏。至1999年，市区共有路灯9368盏，大部分为钠灯和汞灯。

2000—2005年，共投入资金4745.44万元，实施新建和改造路灯工程100多项，安装各种类型路灯2万余盏，数码变色管、冷阴极管近万盏，新铺线路500多公里。在路灯布设中，力求配置和周围环境相协调，坚持“一路一景、路美灯美”原则，针对不同路段设计使用不同造型的路灯，用路灯独特功能烘托现代淮安的勃勃生机和繁华景象。2001—2006年，淮阴区分期在新建的淮河路（淮海路—新渡）、珠江路（淮海路—沈阳路）、淮海北路北段（小营广场—珠江路）、沈阳路（古黄河—宁连路）等10条道路安装路灯1146盏。2007—2008年，淮阴区分别安装路灯683盏、341盏。至2008年年底，淮安市城区共有路灯70020盏（亮化灯20866盏），其中主城区有路灯42084盏，淮安经济开发区有路灯12101盏，淮阴区城区有路灯6123盏，楚州城区有路灯9712盏，总功率达到1315.76千瓦。

二、光源与灯具

（一）光源

1978年，路灯多使用40～60瓦（干道）或15～20瓦（街巷）的白炽灯。1985年，在淮海南路和东西大街交叉口安装第二代光源高压汞灯，后来在主要干道都安装高压汞灯。20世纪90年代中期，推广使用第三代光源高压钠灯。20世纪90年代末，城市主次干道全部用上高压汞灯和高压钠灯，大部分街巷也用上汞灯和钠灯。2000年后，随着淮安经济和城市建设的发展，路灯总量加大，为减少维修工作量，推广使用寿命期长、光效好的光源，用节能灯替代部分小功率的高压汞灯，用高光效的高压钠灯和金卤灯取代高压汞灯和普通高压钠灯。同时小范围地安装太阳能路灯进行试点，开始使用进口灯泡。2005年、2006年，分别在河南西路、石化大沟小游园、西园广场游园3处安装太阳能路灯。由于太阳能路灯没有定型产品，技术不成熟，安装成本和维修费用高，省电不省钱，到2008年，城区的太阳能路灯终止使用。

（二）灯具

1978年，路灯灯具有玻璃圆球罩、半圆球罩、船型灯、琵琶灯、防溅灯等，园林和桥梁路灯多用玉兰灯、蘑菇灯、雪松灯等，街巷中多用搪瓷伞形灯罩，灯杆除少数遗留的木质灯杆外，大多数是水泥灯杆。20世纪80年代，功能性灯具兴起，灯具趋于多样化，并具有美化市容环境的功能。主次干道上使用大圆球敞开灯、小圆球敞开灯、可调灯以及仿比利时、法国、美国等国的新型灯具。灯架为45～114厘米的马路弯架。根据路面加宽的情况，将单挑灯更换为双挑海鸥灯，或3头、5头、6头、8头组合灯。灯柱由金属杆取代水泥杆。20世纪90年代，路灯灯具革新迈向现代化，灯具种类由20多种发展到70多种，由于路面加宽，灯架改用高杆金属灯架，灯臂改用流线型。在淮海广场和车站广场装上21米的高杆灯7组，灯具为6头、8头组合灯，提高照明亮度。

2000年后，路灯成为美化市容的重要部分，从灯柱、灯架到灯具均凸显出现代城市的魅力。2002年后，灯具开始选用国内、省内知名品牌和专利产品，灯杆、灯架使用热镀锌材料。2004年开始，在主要干道路灯新建和改造工程中，逐步用进口灯具，如解放西路上的蓝金型灯具。根据不同场地、不同环境装设造型有别、光源不同、外观优美、与照明环境相协调的路灯，包括淮海南北路的五火组合灯、延安东路的大红灯灯笼、西安路的双挑树叶灯、北京北路的燕子灯、南昌路的富贵鸟灯、韩侯大道的富贵鱼灯、里运河亮化的三色泛光灯、延安路立交桥的LED灯等。至2008年，全市使用的灯具品种超过100种。

图5-9　亮化后的淮海路（2008年）　　宗　俊　摄

三、路灯管理

（一）管理机构

1978年，清江市城建局成立路灯管理小组，专门负责路灯维修。淮阴县、淮安县城区路灯管理由县供电局负责。1982年10月，成立清江市路灯管理所，隶属清江市建设局。1983年，成立淮阴市路灯管理所，隶属于市建委。1997年5月，更名为淮阴市路灯管理处。淮安经济开发区城管局亮化管理处作为区域内路灯管理监督考核部门，路灯具体管理及维护工作由专业队伍承包。

2003年3月，楚州区将供电部门负责多年的路灯管理工作移交给新成立的华光路灯管理有限公司。2008年，市区路灯管理机构仍为市路灯管理处，淮阴区路灯管理机构为区供电公司，楚州区路灯管理机构为楚州华光路灯管理有限公司。

（二）路灯控制

1978年，路灯配电靠人工操作，定时停送。1987年，安装自动控制配电盘，由人工控制改为光电控制。1990年，改为光时电脑自动控制，经常延时，若遇到阴雨天气还需人工停送电，路灯信号线如果发生故障，就会影响后面路灯控制箱的正常工作，造成大面积熄灯。2005年，建设城市照明智能化控制系统，控制中心计算机按设定的程序向安装在各个控制点的监控终端发出指令信号来实现遥控、遥测、遥调。2007年，主城区300多个控制点全部建成。

（三）路灯维修

1978年，路灯维修全靠人工攀登。1981年，清江市城建局购置1台可攀18米高的路灯液压高架车。1984年，淮阴市路灯管理所添置小货车1辆。1988年，又增加1辆高架车，加强路灯检查与管理。至2005年，共有高架车2辆、中高架车1辆、工程车1辆、轿车2辆。至2008年年末，负责管理维修的市区路灯达2.4万余盏，主干道路灯分高杆灯、中杆灯、低杆灯，最高的达35米，最低的12米；巷道路灯灯杆最高的达15米，最低的8米。

第五节　城市排水

一、城区排水

1978年，清江市城区排水系统与郊区沟渠相通，城区排水或向郊区沟渠排放，或向城中河流排放，雨污合一。石码头街、牛行街等用砖砌方沟就近排入大沟，东西大街分别向东门口朱公桥和西门桥（西水关）护城河排放；河北路采用横向排放，每隔50米建一条下水道，直接向里运河排水。汰黄堤（今健康路）以北由自然沟排入废黄河；汰黄堤以南、淮海北路以东由城北大沟排入东大口子（今钵池山公园）；淮海北路以西由引河大沟排水入里运河；里运河以南老城区的水由内城河、外城河、圩河，经宝塔桥入文渠流向白马湖。主城区下水道总长31.8公里。淮阴县仅有北京路两侧埋设下水主管道，全长1500米。淮安县城区各主要干道均埋设水泥下水管道，各条主干道路和部分后街背巷排水系统的走向基本定型，整个管网系统为东西、南北方向，相互交叉垂直，雨水、污水均排入文渠河和清安河。

2000年后，随着城市的不断扩展和城市道路的改造、扩建、新建，城市道路排水网也逐步完善。主城区的排水管网主要排泄道路雨水。清浦区城西片化工路经石化大沟和利民洞分别排入清安河和里运河；城西路以东主要经解放西路、纱厂河（今南京路）排入清安河；化工新村、延安路两侧过延安路分别经一毛大沟（今北京南路延安路至清安河）、纱厂河排入清安河；大庆路两侧雨水经大庆路排水管网排入外城河，经文渠河排入清安河；淮海南路以东片，主要以解放路为分水岭，路北排入文渠河，路南经承德路、石桥路、天津路等排入清安河。清河区淮海北路以西主要经淮海西路、大治路经清河路地下方涵排入里运河，淮海北路以东经淮海东路入大口子，健康路以北排入废黄河。淮阴区所有新建的排水工程均按“雨污分流”标准设计施工。2008年，城区污水管网总长69.1公里，覆盖老城区及淮安经济开发区大部分地区，每日承担近2万吨的污水输送任务。排水管网以道路排水为主，就近排入废黄河、盐河。楚州区城区雨水管道总长65公里，污水管道总长44.5公里，排水面积20平方公里。

二、污水处理

1992年，苏北地区第一座日处理能力3.5万吨的淮阴市四季青污水处理厂建成投产，淮阴市城市开始污水集中处理，当时仅能进行污水一级处理。2001年，该厂二期工程建成投产，污水实现二级生化处理，采用AB法工艺（生物吸附—降解），出水达到国家二级排放标准，污水处理规模达6.5万吨/日。二期工程于2000年获全国市政示范工程金杯奖。2006年，清华同方所属的淮安同方水务有限公司以TOT（移交—经营—移交）形式接管运营市四季青污水处理厂。至2008年年底，主城区建成运行污水处理厂2座，分别是四季青污水厂（6.5万吨/日，AB法工艺）和市第二污水处理厂（10万吨/日，一级强化+高效生物滤池工艺），污水处理能力16.5万吨/日。先后建成里运河截污系统、古黄河截污系统、钵池山截污系统，初步构建城市污水截流管网体系。建成主城区污水管网约150公里，检查井3200多口，管道直径400～1900毫米，污水提升泵站8座，城市污水处理率达80%。服务面积约94.64平方公里，基本涵盖清河、清浦、城南、开发区西区、新港盐化园片区。

2004年，淮阴区建成污水处理厂1座，位于沈阳路西侧，日处理污水2万吨，配套管网长10.54公里。为配套污水管网的运行，城区内建起2座污水提升泵站。南昌路污水泵站位于新长铁路北、钱江路南侧、南昌路西侧，泵站占地面积270平方米，日提升污水能力3.3万吨。长江东路污水泵站位于新长铁路东、长江东路南侧，泵站占地面积20平方米，日提升污水能力0.3万吨。

2005年前，楚州区城市排水系统都是雨污合流管道。2006年，开始对新建道路实施雨污分流系统工程。建成污水处理厂1座，位于城东乡刘湾村东侧、耳洞干渠南侧、入海水道北侧。一期工程日处理污水3万吨。

（一）四季青污水处理厂

淮安市四季青污水处理厂始建于1989年，位于北京南路与延安西路交会处东南角、清安河以北的三角地带，地面标高10.5米，占地面积5公顷。一期工程于1992年竣工并投产运行，工程规

图5-10 四季青污水处理厂（2006年） 市住建局 供

模为日处理污水3.5万吨。1999年进行二期改扩建工程，该工程采用AB法二级生化处理工艺，日处理污水6.5万吨。工程总投资8500万元，属国债和丹麦政府贷款项目，并列入省、市“九五”计划。1999年，同期建设厂外污水管网，新铺污水管道8公里，收集系统覆盖市区约42.63平方公里。主要服务范围有新港片区、清河区清河路以西片区、西南化工区、清浦区承德路以西片区、清浦工业园区、城南勤政路以西片区，服务范围14平方公里。厂区主体工程于2000年动工，主要构筑物有进水泵房、曝气沉砂池、前置缺氧池、厌氧池、好氧池、沉淀池、脱水机房。

（二）北京新村污水处理厂

1991年，淮阴市为解决当时最大的住宅小区北京新村生活污水处理问题，建成北京新村污水处理厂。厂区位于北京新村东南角，原为北京新村配套设施，负责北京新村3200余户、1.53万余人生活污水处理排放。2006年3月，北京新村污水处理厂拆除，在原址东北角新建北京新村污水处理提升泵站1座，污水经提升泵站送入第二污水处理厂进行处理。

（三）淮安市第二污水处理厂

图5-11　淮安市第二污水处理厂（2006年）　　宗　俊　摄

淮安市第二污水处理厂属于国家南水北调东线工程和重点流域环境治理项目。里运河穿城而过，经清河区、清浦区、淮安经济开发区10余公里。其中，清河区段有5个较大排污口，日排污水量5.5万吨左右，年总量超过2000万吨。2004年，淮安市在省内率先实施污水处理项目特许经营权转让，将四季青污水处理厂资产以TOT形式出让，对第二污水处理厂采用BOT（建设—经营—转让）形式建设。经过公开招标，同方水务有限公司中标，获得该污水处理项目的经营权，实现融资近2.05亿元。市第二污水处理厂服务人口约40万人，日处理规模10万吨。工艺设计为一级强化处理+曝气生态滤池，主要构筑物有粗格栅、进水泵房、细格栅及旋流沉砂池、高效沉淀池、生态滤池、加药间、鼓气机房、脱水机房、变配电室等。进出水口均设有流量计，并安装有出水水质在线COD检测仪，纳入淮安市环保局污染源监控系统，出水水质稳定，达标排放。市第二污水处理厂配套管网收集系统覆盖市区约50平方公里，有古黄河、里运河、钵池山、开发区、清浦东区、城南6个子系统构成，主要道路有延安东路、前进东路、石桥路、漕运西路、大同路、圩北路、天津路、富春路、新庄路、航运路、东风路、师院路、桑园路、交通路、健康东路、和平东路、环宇路、枚乘东路、正大路、和平大道、杭州路、合肥路、南昌路等路段污水管道。至2008年年末，建成污水管道约80公里，管道直径400～1900毫米，建成北京新村、引河路、圩北路、淮海北路、开发区、天津路污水提升泵站。

（四）淮阴区污水处理厂

2001年9月，淮阴区污水处理厂及配套管网工程获批。2002年，承德路与沈阳路排水工程开工建设，建成淮阴区最早的2条污水管道。2004年8月，淮阴区污水处理厂开工建设，2006年9月工程竣工并试运行，2006年11月正式运营。淮阴区污水处理厂位于沈阳路西侧、长江路南侧，一期工程设计污水处理能力2万吨/日，配套管网10.54公里，主要分布于盐河城区段两岸，将原直接排入盐河的污水截流并送入污水处理厂。至2008年年末，污水处理量由最初的1万吨/日达到2万吨/日，污水处理率达85.7%。

（五）楚州区污水处理厂

2005年，楚州区政府采用BOT模式，由中核瑞（北京）环保有限公司出资新建楚州核瑞污水处理厂，规划处理污水总规模为6万吨/日，分两期建设。厂区位于楚州区城东乡刘湾村东侧、耳洞干渠南侧、入海水道北侧。一期工程污水处理规模为3万吨/日，总投资额4300万元，占地面积3.6公顷。2007年6月调试运行，情况良好。平均处理水量2.6万吨/日，处理率100%。2008年，在东长街新建污水提升泵站1座，主要用于提升永怀路以北片区居民生活污水至污水处理厂净化处理，以及防洪排涝等应急功能。泵站由泵房和配电房组成，总建筑面积310.1平方米，最大提升量3万吨/日。

2008年淮安市主城区污水提升泵站情况表

表5-8

序号	名称	规模（万吨/日）	排向	地址	占地面积（平方米）	建成年份
1	清晏园泵站	1.2	四季青污水厂	文渠河以西、人民南路东侧	200	2001
2	西安路泵站	6	四季青污水厂	里运河以北、西安路西侧	2640	2004
3	圩北路泵站	18	市第二污水厂	里运河以北、越秀桥西侧	2242	2006
4	引河路泵站	8	市第二污水厂	里运河以北、轴承路东侧	1700	2006
5	开发区泵站	6	市第二污水厂	里运河以东、翔宇大道西侧	1300	2007
6	天津路城南泵站	4	市第二污水厂	天津路大运河桥西侧、大运河以南	1500	2007
7	北京新村泵站	1	市第二污水厂	北京新村东南角、清河路西侧	3000	2008
8	淮海北路泵站	1.5	市第二污水厂	古黄河以南、淮海北路以西	298	2008

三、雨水收集

（一）主城区雨水管网

1.淮海路排水设施

淮海路排水设施是市区排水网骨干，分淮海南路、淮海北路、淮海东路、淮海西路段。淮海南路段，自大运河起至水门桥，干管长5.38公里，支管长2.09公里，就近排入内城河、外城河、清安河。淮海北路段，自水门桥起到废黄河桥止，干管长6.07公里，支管长0.91公里。淮海东路段，自淮海广场起至水渡口广场止，干管长3.34公里，支管道长0.56公里。淮海东路交通路以东段，干管入大口子水域；交通路以西段，经交通路入里运河。淮海西路段，自淮海广场起至健康西路止，干管长8.28公里，支管长1.19公里，淮海西路雨水经引河方沟入里运河。西侧汇水面积205.1公顷，淮海西路入引河方沟，排入里运河；健康西路以北，废黄河以南段，经过北京路排入废黄河。东侧汇水面积261.1公顷，淮海东路以北至健康东路以南段，雨水自淮海广场起经交通路入里运河；健康东路以北，废黄河以南段，经八二路、银川路、淮安迎宾馆大沟排入废黄河。淮海中路雨水经东侧慢车道干管入里运河。

2.北京路排水设施

北京路排水设施是市区排水网中的主要干管。北京路排水设施分北京北路、北京南路。北京北路自华兴桥起至永安桥（北京路废黄河桥）止，干管道长9.43公里，支管道长0.5公里。北京南路自延安西路起至华兴桥止。干管道长1.61公里，支管道长0.27公里。

3.交通路排水设施

1979—1980年，建设由城北大沟向南至里运河的交通路下水道（方沟），跨径2.5米，墙高1米，上有圆弧拱，长0.6公里。1984年，续建从城北大沟折向西至淮海北路方沟330米，管径为750～1000毫米的钢筋混凝土管道0.31公里。1996年，淮海东路至河北路段改为直径2000毫米的钢筋混凝土圆管下水道。交通路下水道全长1.24公里，设检查井26口、雨水井65口。

4.解放路排水设施

解放路下水道是市区南部、东西方向的主要排水干管。解放西路下水道从1986年开始建设，至1998年分三期建成。东至淮海南路，西至城西路，干管道长4.46公里，设有检查井151口、雨水井258口。出水口经南京路下水道入清安河。解放东路下水道东起两淮路，西至淮海南路，干管道长5.05公里，设检查井142口、雨水井275口。解放东路出水经过徐家湖路、承德路、文渠河、天津路4条道路雨水管向北流入里运河。解放东路东端在里运河北，直接排入清隆桥雨水泵站。

5.清河路排水设施

清河路排水设施是清河区中西部主排水干管道，服务面积近5平方公里。排水管道从1900年开始建设，至2004年分三期建成。北起健康西路，南至里运河，干管（沟）长2.59公里，设有检查井80口、雨水井130口。

6.西安路排水设施

西安路排水设施是市区西部南北方向排水骨干管道，北起废黄河，南至明远路。干管道长9.16公里，设检查井345口、雨水井459口。西安北路排水出路有3个方向：健康路以北段雨水排入废黄河，健康路至淮海西路间雨水经引河方沟排入里运河，淮海西路以南段雨水经西郊泵站排入里运河。西安南路雨水排入清安河。

7.延安路排水设施

延安路排水设施是市区东西方向主要排水干管，西起西安南路，东至里运河。干管道长16.19公里，设有检查井379口、雨水井626口。延安路分多点就近将雨水排入文渠河、清安河。

（二）淮阴区雨水管网

淮阴区的雨水通过道路排水网收集，按照道路走向分别排入盐河、废黄河。沈阳路排水泵站于2003年建设，泵站地处新长铁路北侧、沈阳路西侧。泵站占地面积50平方米，日排水能力6万吨。淮河东路排水泵站于2004年建设，泵站地处新长铁路西侧、淮河东路北侧。该工程是淮河东路公路铁路立交桥的配套工程，泵站占地面积50平方米，日排水能力6万吨，工程投资80万元。西坝公园排水泵站于2008年建设，泵站地处西坝公园北侧，北京西路南侧。泵站占地面积30平方米，日排水能力0.8万吨。

（三）楚州区雨水管网

楚州区的雨水收集通过城区道路排水网，依照道路走向分别排入文渠河、清安河。

第三章　公用事业

第一节　城市供水

一、概况

1978年，清江市主城区供水主要依靠深井水。清江市自来水厂有深井18口，日供水能力2.3万吨。另外，市区企事业单位有自备井129口。由于深井太多，地下水开采过量，水位普遍下降，出水量受到很大影响。

1980年8月，清江市第一座地表水水厂北京路水厂建成投入使用，一期工程供水能力2.5万吨/日，缓解市区供水不足的压力。

1983年，清江市自来水厂更名为淮阴市自来水公司。随着城市规模的扩大，用水量不断增加，供水不足矛盾突出。淮阴市北京路水厂二期工程实施。1984年7月，日供水5万吨的地面水厂建成供水。1986年，市自来水公司对水厂进行技术改造（水厂三期工程）。1987年7月竣工，新增日供水能力4万吨。至此，北京路水厂日供水能力达11.5万吨。

1989年，淮阴市政府筹建第二水厂。经选址论证，选定在城南乡福田村兴建规模为供水10万吨/日的第二水厂——城南水厂。1990年4月，一期工程日供水5万吨的城南水厂动工，1992年年底竣工试运行。至此，淮安市自来水总供水能力达15万吨/日，市区供水不足矛盾大大缓解。1996年8月，开工建设城南水厂二期工程，1997年6月建成投产，提前实现主城区日供水能力20万吨的目标。主城区用水普及率达99.17%，人均日用水量167.71公升，高层住宅和边远地段的高峰供水压力相应提高，同时关闭全部深水井。

1999年，因县级淮安市城区一直没有地面水厂，居民饮用水主要来自地下深井，导致城市地面下沉。淮阴市政府决定实施由市城南水厂向淮城镇供水工程。同年7月30日铺设供水管道，11月底完成并调试成功，12月1日正式投入运营。

淮阴区（县）的供水水源一直采集废黄河水，自来水厂位于王营镇南大桥西侧150米废黄河北岸。1979年动工，1983年建成。1986年筹建二期工程，1990年建成投产，日供水能力达2.5万吨。1993年，筹建日供水1万吨的三期工程。2002年，对老设备进行改造，日供水能力提高到4万吨。

至2008年年末，淮安市主城区供水管线总长度2559.08公里，用水人口65万人。楚州区供水管网总长度793公里，用水人口22万人。淮阴区供水管网总长度150公里，用水人口16万人。

二、供水水源

（一）地表水源

1. 废黄河

淮安市境内的废黄河以淮阴区杨庄活动坝为界，分上、下游两段，水质属二类水。活动坝上游水量丰富，是自来水理想的取水水源，北京路水厂的取水口就建在活动坝上游。淮阴区供水5万吨/日规模的水厂和涟水县2万吨/日规模的水厂取水口均在活动坝下游河段上。但由于水量限制，不宜建较大规模的水厂。1977年，北京路水厂建厂初期将取水口建在废黄河活动坝上游200米，距北京路水厂4.5公里处。1998年，又将北京路水厂取水口从原址向上游迁移2.7公里。

2. 二河

二河属淮沭新河的一部分，也是洪泽湖下游出湖的主要河道之一。洪泽湖水经南部二河闸、二河、淮沭河、新沂河入黄海。二河闸至杨庄淮阴闸之间长31.5公里。二河闸至武墩段河底宽400～1300米，两堤距900～1500米，武墩至杨庄段河宽250～300米。二河水水质属二类水，是理想的自来水水源。10万吨规模的城南水厂取用二河水作为自来水水源。

（二）地下水源

淮安市地下水分布较广，储量丰富，有较好的补给条件。但由于多年来不断扩大开采，致使地下水位急骤下降，各单井出水量普遍减少，形成较大面积的降落漏斗。市区内地下水可划分为两个类型，即松散岩类空隙水和碳酸岩类裂隙溶洞水。在地面水厂建设前，淮安市主城区打深井147口，全部靠开采地下水资源供水。1997年城南水厂建成投产后，深井全部关闭。

（三）地表水源保护

20世纪80年代初，淮阴县水利局在北京路水厂取水口对岸建一个建材仓库码头，经常停靠船只，危及水源水质。根据水源保护的有关规定，将该仓库码头迁址，并在上游200米处设拦河钢缆，杜绝船只进入取水处。1985年6月30日，市政府制定《淮阴市加强环境保护工作暂行规定》。1990年11月15日，市政府颁布《淮阴市市区饮水水源保护区的规定》。1992年城南水厂建厂初期，取水口建在与水厂一墙之隔的蛇家坝干渠中。蛇家坝干渠为灌溉渠，水源为二河水，水质、水量受农田用水影响，为半封闭水源。干渠两侧农户多，沿岸污染源多。城南水厂多次派人到上游沿岸对农户进行宣传教育，并出资23万元对沿岸的污染进行整治。1995年下半年，对城南水厂一泵房至二河的引水干渠两岸50米以内的厕所、猪舍全部动员搬迁，排放污水的涵洞全部堵塞，改道排放。2005年，为保证水源水质，市政府进行城南水厂取水口迁移的初步可行性研究。2006年，市政府印发《关于加强市区饮用水水源保护区管理的通告》。9月11日，对二河（张福河至二河闸）的28公里河段实行禁航。2007年9月底，完成取水口及一泵房的搬迁工程。城南水厂新的取水口及一泵房在二河王庄段，距水厂7.5公里。

（四）地下水源保护

1983年，市、县政府分别印发通知，加强城镇地下水资源管理，并委托自来水公司实行统一管理。1990年9月，针对一些单位乱凿井的情况，明确规定新井开凿必须报主管部门同意，发给凿井许可证方可施工。凡确需凿井的单位，必须按审批的计量取用，交纳水资源费。

三、供水管理

（一）水质管理

从1985年开始，自来水供应水质实行水源水、出厂水和管网水的三级检测。水源水日检17项、周检10项、月检36项；出厂水日检17项，周检11项，月检34项；管网水25个点，周检11项，月检34项。水质检测实行班组检测、厂级化验室检测、公司水质检测中心检测。班组检测各工序1小时检测浊度，2小时检测色度、耗氧量、臭和味。厂级化验室检测出厂水每半小时余氯，1小时浊度，2小时检测色度、耗氧量、臭和味。

2003年，市自来水公司投资270万元，按照一级化验室要求建立水质检测中心，购进5台进口化验仪器和一批先进的国产设备，使检测项目由原来的40项增加到62项。2004年12月，获得江苏省城市供水企业水质检测实验室一级化验资质。2005年2月，经省质量技术监督局批准，获省级实验室计量认证合格资质。根据国家最新《生活饮用水卫生标准》的要求，修订和完善《淮安市水质管理规定》，其中包括水源水、出厂水、管网水的监督检验规定，新装管网的情况，消毒管理规定，消防栓及管网末梢排污管理规定等。市自来水公司连续多年保持出厂水4项水质指标综合合格率100%、管网水4项水质指标综合合格率99.94%。

2008年，淮安市自来水公司拥有水质检测中心、城南水厂化验室、北京路水厂化验室等水质检测机构，有专职化验员22人。水质检测中心有15人，其中高级工程师2人、工程师3人、助理工程师2人、技术员8人。承担生活用水、水源水、纯净水、净水剂、水处理用石英砂滤料以及其他指标等67项参数检测，仪器配备率100%。

1987—2008年部分年份淮安市区水质检测统计表

表5-9　　单位：%

名称	标准率	年份					
		1987	1992	1997	2002	2005	2008
水质综合合格率	98.0	99.37	99.71	99.93	99.97	99.79	99.98
管网水细菌合格率	98.5	100	100	100	100	100	100
管网水大肠菌合格率	98.5	100	100	100	100	100	100
管网水余氯合格率	98.0	100	100	100	100	100	100
管网水浊度合格率	97.0	97.87	98.84	99.02	99.77	99.70	99.93

（二）水价

1978—1994年，淮阴市（地区）水价分生活用水和工业用水两类。1994年以后，分生活用水、工业用水、经营用水、特种用水4类。历次水价调整，主要根据企业制水成本的构成、动力、原辅材料、人员工资的增幅，以及参照全省同行水价标准，制定方案，报请当地政府物价部门批准执行。2003年以后，淮安市水价调整过程中增加由政府、群众代表、自来水生产厂家代表组成的水价调整听证会环节。

第二节　城市燃气

一、液化石油气

1979年，清江石化厂从南京炼油厂购进液化石油气4吨，仅能供应用户200户。1982年，清江石化厂在生产中收集丙烷（C3）和丁烷（C4）作为液化气，发展部分用户。1986年3月，石化厂催化裂解装置建成投产，年产液化气4000多吨。淮阴市政府决定每月安排2000吨计划供应市区居民，用户发展到1.2万户。1989年10月1日，市区液化气移交市煤气公司经营，用户发展较快，用气量加大，为此从济南、南通等地购进液化气补充。2002—2008年，市燃气公司与新奥燃气集团合资后，液化石油气主要气源由清江石化有限责任公司供应，同时从济南、南通等地购进液化气补充。

1988年7月，市城乡建设局将环卫处在城南乡柴米村的0.67公顷土地无偿调拨给市煤气公司作为液化石油气储罐站建设用地，1989年9月建成。储罐区安装20立方米卧式储罐1只，该罐由市化工医药公司移交；安装100立方米储罐1只。充装间安装ZDG15型液化气循环压缩机2台、YQ15-5型液化石油气泵2台、冷却用深井1眼、手动灌装秤10台、倒残台位10个。后几经扩建，用地增至2.12公顷。1991年，安装100立方米卧罐3只，1992年、1996年又分别增加3只、1只。至此，储罐容积达820立方米。2008年年末，拥有液化石油气钢瓶5万余只。

1989年9月，市煤气公司接收市化工医药公司储罐站3吨、液化气槽车1辆，1994年报废后购进5吨液化气槽车1辆。1991年，接受供销公司移交5吨液化气槽车1辆。1993年，购进10吨液化气槽车1辆。1996年，购进10吨液化气槽车1辆。1997年，购进8吨液化气槽车1辆。至此，该公司具有运输能力38吨，满足市区和外购气的运输需要。该公司还购置5吨加长货车2辆、3吨货车4辆，用于储罐站和供气点钢瓶运输。

至2008年年末，淮安新奥燃气有限公司在市区和淮阴区设有13个供气点，保证主城区和淮阴区广大市民的液化气供应。

2008年淮安市部分燃气供气点分布情况表

表5-10

供气点	位置	存放量	建成时间
淮海路供气点	西大院东大门东南侧	10公斤钢瓶450个 15公斤钢瓶180个	—
环城路供气点	环城西路淮阴中学生活区西侧	10公斤钢瓶450个 15公斤钢瓶180个	—
北京新村供气点	北京新村小区内	10公斤钢瓶600个 15公斤钢瓶180个	—
淮海路东供气点	淮海东路和承德路交叉口西南角	10公斤钢瓶200个 15公斤钢瓶100个	1994年
开发区供气点	—	10公斤钢瓶20个 15公斤钢瓶10个	1996年

1989—2008年淮安市燃气公司（新奥燃气）液化气销售情况一览表

表5-11　　单位：吨

年份	销售量	年份	销售量
1989	459	1996	6594
1990	2135	1997	10152
1991	2247	1998	15263
1992	2383	1999	18241
1993	2427	2000	21750
1994	2725	2001	25876
1995	4113	2002	28630

续表5-11

年份	销售量	年份	销售量
2003	25287	2006	9338
2004	8845	2007	18452
2005	4194	2008	26598

二、人工煤气

1980年，清江市计划筹建管道煤气，并由清江焦化厂组织调查煤气气源情况。1982年，委托北京钢铁设计研究院进行可行性研究，利用清江焦化厂2座红旗70型焦炉的富余气为主气源。1983年，委托北京钢铁设计研究院完成初步设计。设计规模日供气1.8万立方米，供应民用气1万户，每户每日用气1.3立方米，其他5000立方米作为工业用气或节假日高峰用气调节气源。

1984年，淮阴市人工煤气储配站工程由冶金部马鞍山钢铁设计研究院完成施工图设计。储配站建在市区西南化工区，化工路南侧的焦化厂院墙北面，占地面积1.07公顷。主体工程由冶金部十七冶金建设公司施工，1984年1月23日开始建设。站内建有容量2万立方米湿式螺旋升降气柜1只，1986年2月5日建成送气。

1986年5月13日，淮阴市人工煤气管道投入使用，管线由储配站向东沿化工路至城西路向南折向东经延安路供化纤厂生活区用气，向北折向东经解放西路至供电局向南沿淮海南路至印染厂东大门。一期敷设中压管道19.8公里，最大直径400毫米，管质为铸铁管。建高压站11座，覆盖化纤厂职工宿舍、化工新村、纱厂宿舍区、解放西路沿线、市供电局南大院、大桥新村一带居民用户。后又敷设长青路、大庆路、环城路管网，覆盖电厂、自来水厂、市第二人民医院、市供电局、市邮电局等生活区。1994年，又敷设解放东路中压管一线，覆盖市第二人民医院、市供电局部分生活区和新民新村。1996年，利用建设西安路及里运河复兴桥的机会，实施煤气管道过河工程。中压管道沿西安路向北跨越里运河，至淮海西路向东至引河路，向南至齿轮厂宿舍，向北至公路管理处宿舍。沿线有凤凰新村、华能电厂宿舍、繁荣新村、北京新村生活区。至此，中压管道总长60公里，调压站25座。

2001年7月底，完成11公里中压管线敷设安装工程，开始敷设通往北京北路、黄河路、桑园路、和平路、沈阳路、承德南路等各大居民小区管线。当年年末，管线穿越废黄河延伸至淮阴区。在北京新村、七九大院、市委东大院、市委西大院、富淮园、华厦家园、健康新村、市委南大院、富丽花园、安涉桥小区、承德路生活小区、师范学院宿舍区、工学院宿舍区等集中住宅区和淮阴区实施大开发战略。

由于淮阴市的管道煤气利用的是冶金公司焦化厂的焦炉余气，其萘含量和硫含量严重超标，导致用户表具及管道堵塞、腐蚀严重，且市煤气总公司的焦炉煤气储配气柜使用14年，无备用气柜，存在事故隐患。2000年，淮阴市开展液化气混空气管道供气工程项目。液化气掺混气供气工程由液化气厂、中低压管网、户内管道安装等部分组成。混气厂位于西安路花卉园北侧，占地面积1.53公顷，日生产能力4万立方米，可供应10万户居民及工商户用气需要。厂区建筑约2000平方米，站内设备经过招投标后从美国、澳大利亚进口；中低压管网按10万户规模设计。2000年下半年，开工建设液化气混空气站，同时开始建设11公里中压管线安装。具体走向：健康西路—勤政路—健康东路—水渡口，引河路—繁荣路—交通路—淮海东路—水渡口，水渡口—两淮路—

深圳路。制气厂厂区由储罐区、气化混气间、压缩机间、槽车装卸柱、热水炉间、空压机房及配电房等组成。当年12月18日厂区开工建设，2001年9月22日正式运营。至此，管道液化掺混气成功代替人工煤气。2003年10月，由于天然气正式运营，管道液化掺混气终止使用。

三、天然气

（一）气源

2002年8月6日，由新奥江苏投资有限公司与淮安市燃气总公司合资成立淮安新奥燃气有限公司。淮安新奥燃气公司成立后即利用原混气厂作为天然气门站，从盐城气田将天然气压缩后用天然气槽车运输到淮安，通过天然气撬装站减压后，进入管网输送到用户家中。

2005年6月，江苏省发展改革委核准淮安市天然气利用合作项目，淮安市天然气利用工程是国家天然气陕京二线与西气东输联络线工程的配套项目之一。淮安市天然气利用一期工程建设时间为2005—2013年，年供气规模为3099万立方米，可以供应20.2万户居民用户、部分工业用户、商业用户和CNG（压缩天然气）汽车用户。一期工程建设内容为门站储配站、加气母站、加气站3座、次高压管道、输配系统、数据采集和监控系统及检修、维修等后方设施。2005年9月，淮安市天然气利用一期工程天然气门站在清浦区武墩镇建设，2006年建成供气。

至2008年，淮安市区的天然气气源为中石油西气东输陕京二线气源，合同气量为8500万立方米/年。

（二）管网

淮安市天然气门站位于西安路花卉园北侧混气厂内。门站主管线沿西安路向北至延安路交叉口分开，一路向北通往清河区、淮阴区；一路向东往清浦区，经深圳路通往淮安经济开发区，沿翔宇大道通往楚州区。2002年12月，管道从市区经沈阳路黄河桥进入淮阴区。至2008年年末，楚州城区及周边有调压站56座，中压管网20公里（道路），低压管网40公里（小区内）。城区中压管道大部分为钢管，接口是焊接接口。其余区域为PE管，接口是电熔和热熔连接口，跨越交通干道、河流时加套管。低压管道为PE管、镀锌钢管。

2003年10月起，淮安新奥燃气有限公司利用原有煤气管道，将原有管道液化气替换成天然气。2003年10月至2004年年初，完成清河区、清浦区、淮阴区用户置换。2005年6—10月，完成淮安经济开发区、楚州区用户置换。至此，淮安市区管道气用户全部使用上天然气。

至2008年年末，淮安新奥燃气有限公司中压管道累计211.96公里，低压管网累计332.44公里，调压器累计339个。其管线均为PE80燃气管。

（三）调峰储气

2003—2008年，淮安新奥燃气有限公司一直依靠新奥能源物流公司CNG槽车调峰。2008年，淮安新奥燃气有限公司在武墩母站建设2座3500立方米球罐，设计存储能力为10万立方米，调节能力为7万立方米，用作淮安市天然气调峰储气。

（四）加气站

2007年，淮安新奥燃气有限公司分别在武墩门站、化工路新建加气母站和子站，设计日加气能力均为2万立方米。武墩母站位于武墩镇，由武墩门站直接供气至加气站，2007年10月投入运营。化工路站位于化工路，天然气由槽车从武墩门站内经压缩后拖至化工路加气站，2007年10月投入运营。至2008年年末，全市有油气两用出租车621辆，共销售气1114万立方米，相当于标准煤45万吨，减少二氧化碳排放390万公斤。

第四章　旧城改造

第一节　房屋拆迁

1978年，淮阴地区市区旧城改造房屋拆迁主要与城市道路建设有关，而后逐步扩大到城市公用设施建设、城市商业服务业建设、城市住宅建设等方面。2001年，淮阴市更名为淮安市，市委、市政府提出“三淮一体”的城市建设总体规划，提出把淮安市建成为苏北特大城市的目标。以加快旧城改造、拓宽城市道路、加快管网建设、增加绿地面积、改善城市环境以及提升城市居民居住质量为重点，实施旧城区域房屋拆迁工作。城市建设速度加快，市政公用事业快速发展。随着土地使用制度、住房制度改革的深入，住房建设投资与建设方式发生深刻变化，由原来以国家投资为主，发展到国家、单位、个人三者共同投资、合理负担的模式，加快住房建设与消费的社会化、商品化进程，拆迁总量不断增加。1991—2008年，全市实施拆迁项目512个，拆迁面积424.09万平方米。淮安市各级党委、政府重视拆迁户的安置补偿工作，维护拆迁户的合法权益，严格掌握有关政策法规，把安置补偿工作做细做实，保证旧城改造工作平稳、顺利、快速实施。

一、主城区房屋拆迁

1976—1983年，拓宽淮海路，拆迁452户967间房屋，建筑面积1.93万平方米。1982年4月，在整顿市容过程中，无偿拆迁环城路回城下放户搭建的住棚104户，由政府负责将他们安置在西郊新村和黄河新村。1984—1986年，拓宽淮海西路、解放西路、健康路和健康东路，共拆除612户，房屋1523间32430平方米。1985年，市政府进行住宅改造尝试，在河南路北门桥至水门桥段拆除居民的老式房屋17户542平方米，建设1幢6层住宅楼，建筑面积1470平方米，居住24户。此后，清浦区房产公司在淮海南路西大街西南角拆迁3户160平方米，新建6层商业大楼2970平方米。清河区房产公司在上海路和人民路及上海路口东南角两处，拆除旧式民房25户710平方米，新建2幢商业和住宅两用的混合楼建筑面积3200平方米。1986年，因淮海西路扩建，东起淮海广场、西至西园广场拆迁房屋8100平方米；因健康东路扩建拆迁房屋1.23万平方米，征地4.25公顷；因解放西路扩建拆迁房屋9212平方米，征地1.42公顷；因解放西路段延伸拆迁房屋6515平方米，征地3.58公顷。1989年，因淮海东路广场至石码头段道路扩建拆迁房屋近万平方米。1990年，因桑园路拓宽由沿线单位（淮师、体校、二招、纺织局）拆房让出道路红线。

1991年，因北京南路（红卫桥—延安路）建设，拆迁房屋41户，建筑面积6181平方米。其中，公房拆迁4户，建筑面积270平方米；私房拆迁37户，建筑面积5911平方米。

1992年，拆迁项目15个，拆迁126户，建筑面积20468.11平方米。其中，公房拆迁7户，建筑面积440.08平方米；私房拆迁119户，建筑面积14827.73平方米；其他房屋建筑面积5200.3平方米。淮海西路西段西园广场至汰黄堤段，由沿线单位拆房让出道路红线；1号桥接线，拆郊区民房39户，近4000平方米。

1993年，拆迁项目14个，拆迁337户，拆迁总面积44423.01平方米。其中，公房拆迁72户，建筑面积5900.19平方米；私房拆迁265户，建筑面积30201.25平方米；其他房屋拆迁建筑面积8321.57平方米。其中，因解放东路拓宽，共拆房8000平方米。

1994年，拆迁项目9个，拆迁199户，拆迁面积21341平方米。其中，公房拆迁20户，建筑面积1026.74平方米；私房拆迁179户，建筑面积18928.16平方米；其他房屋拆迁建筑面积1386.1平方米。其中，因淮海路东段延伸，拆迁13000多平方米。

1995年，拆迁项目26个，拆迁192户，拆迁面积29074.72平方米。其中，公房拆迁38户，建筑面积2451.14平方米；私房拆迁154户，建筑面积13910.91平方米；其他房屋拆迁建筑面积1730.56平方米，单位自拆迁房屋10982.11平方米。

1996年，拆迁项目36个，拆迁157户，拆迁面积51098.52平方米。其中，公房拆迁41户，面积4597.94平方米；私房拆迁116户，建筑面积12940.83平方米；单位自拆房屋建筑面积33559.75平方米。主要用于两淮路拓宽和水渡口广场扩建。

1997年，拆迁项目25个，拆迁1624户，拆迁面积111776.26平方米。其中，公房拆迁48户，建筑面积16784平方米；私房拆迁1576户，建筑面积94992.26平方米。拆迁量最大的承德路建设工程涉及市、区（县）属33个单位和464户居（村）民，共拆房屋建筑面积45328.26平方米。

1998年，拆迁项目18个，拆迁648户，拆迁面积65609.23平方米，主要用于承德路（清浦段）建设。

1999年，拆迁项目20个，拆迁813户，拆迁面积64547.49平方米。主要用于西安路北段建设。

2000年，拆迁面积16.61万平方米，拆迁户2297户，拆迁项目29个。

2001年，拆迁项目27个，拆迁2083户，拆迁面积19.5万平方米。这一期间，因市政工程拆迁的项目有翔宇大道（废黄河大桥—板闸）、新民东路（淮海路—承德路）、西安路（1号桥—废黄河）、承德路（解放路—淮涟路）、淮海东路综合开发（承德路—水渡口）、北京北路（废黄河大桥—小营）、淮海路美化亮化工程等。

2002年，拆迁项目71个，拆迁8155户，拆迁面积80.5万平方米，主要是大运河广场和一品梅广场建设。

2003年，拆迁项目86个，拆迁6341户，拆迁面积118.8万平方米，主要市政工程为延安东西路（清安村—北京路）改造。

2004年，拆迁项目24个，拆迁701户，拆迁面积10.78万平方米，主要市政工程为延安路改造工程二期（北京南路—西安路）。

2005年，实施勤政路、圩北路、石桥路、河南西路等建设拆迁工程32个，拆迁总面积23.28万平方米，拆迁户数1669户。

2006年，因圩北路二期建设、市会展中心及储备用地等22个项目，拆迁面积约40万平方米，涉及拆迁户数2408户。

2007年，市区实施拆迁项目34个，拆迁房屋面积48万平方米。主要项目有越河小区、大众塑料厂、肉联厂、工人文化宫地块等。其中，年度最大的拆迁项目是越河小区，拆迁房屋面积达20万平方米，涉及拆迁户数2500户左右。

2008年，主城区实施拆迁项目23个，拆迁房屋面积24.28万平方米。主要项目有万达广场、石化新村旧城改造、被单厂地块等。其中，当年度最大的拆迁项目是万达广场项目，拆迁房屋面积达16万平方米，涉及拆迁户778户。

二、淮阴区城区房屋拆迁

1978年，淮阴县城区铺设营东路、营西路（后改为北京东、西路）排水主干道，拆迁11户，470平方米。1986年，新建自来水厂（黄河自来水公司），先后改造前进街、粮食街、新街、糖厂路等共5.9公里沥青和水泥路面，埋设地下排水管道16.03公里，安装路灯521盏。1988年，小营广场建成通车，淮阴县供销商场（3600平方米、4层建筑）建成。1989年，改造淮海北路。1990年12月，县工商银行、保险公司、银河商场等一批公共建筑相继建成使用，同时建设道路、绿化、给排水等基础设施。以上工程都是在旧城改造拆迁后实施的。1991年，实施王营镇中心小学、肠衣加工厂、王杨路3个拆迁项目。1992年，完成自来水厂扩建，西马路综合楼、税务局拆迁。1993年，完成邮电局、酒厂扩建地块拆迁和西马路大沟整治。1994年，因市重点项目北京北路建设，拆迁房屋155户、1.6万平方米。1995年，因糖厂路改造、卫生路改建，拆迁居民96户。1996年，淮阴县历史上第一个商品房开发项目——苏北市场规划实施，当年拆迁36户；县土地局、劳动局综合楼开工，拆迁居民11户。1997年，幸福路、北京路、营东安置小区、盐河裁弯、新港区治理、淮阴卫校东地块综合楼6个项目实施拆迁。1998年，位于小营广场东南侧的三民小区启动拆迁，承德路、北京北路扩建、淮海北路、小营供销社、黄河东路、古黄河护坡、前进街、营东地块等共9个项目实施拆迁，拆迁总户数达到430余户，面积达5.2万平方米。1999年，县城区最大的住宅小区——黄河花园开始滚动开发，老城区东街常乐巷、复兴巷搬迁居民68户。2000年，樱花小区启动建设，拆迁78户。同年，建郸小区、香港路、苏北市场、淮阴师范学院扩建，拆除房屋264户，面积3.5万平方米。

2001年，东方装饰城工程，黄河大厦，黄河广场，淮阴县中学图书馆，市第一人民医院扩建，黄河花园五、六、十六、十七地块工程，黄河风光带，实验小学幼儿园扩建，苏北市场三区批发门面房，阳光小区，淮阴师范学院校园扩建，富豪花园，黄河西路建设共17个项目实施拆迁，涉及搬迁居民910余户，面积超过10万平方米。2002年，完成新街小区、通胜花园、黄河花园九地块商住楼、盐河护岸工程、城中花园、星光苑二期、淮北路广场、迎宾花园二期康怡广场、樱花小区二期、富豪花园二期、区行政办公中心11个地块拆迁，拆迁总户数达710户，拆迁面积8.8万平方米。其中，城中花园、富豪花园二期是旧城改造的2个最大项目，涉及搬迁居民均超过120户。

2003年，完成包括幸福路步行街，苏北市场二期扩建工程，幸福新苑二期工程，建郸小区7号、8号，盐河五期护岸工程，新华园，平安苑，世纪苑小区等11个项目，拆迁总面积9.76万平方米，总户数近900户。

2004年，完成城中花园二期、淮阴师范学院新校区二期、樱花小区二期、阳光小区二期、苏北市场和糖厂路2个储备地、淮阴卫校校区扩建、荷花公园、银川路等9个项目，拆迁面积共23万平方米，1450户相继实施拆迁。2005年，完成集体土地拆迁项目10个，拆除面积6.6万平方米，搬迁社区居民274户。2006年，完成城市重点项目淮阴卫校校园改建，帝景豪庭小区一、二期，中山路（后改为鞠通路），银川路（黄河路—北京东路），府升小区一期，民康油脂地块拆迁。完成9个项目、353户、8.9万平方米集体土地拆迁。2007年，实施盐河南岸污水管网、二布厂、江淮人家东地块、富豪花园四期、移动公司、黄河西路及绿化带、酒厂地块、民康油脂、樱花小区四期、燃料公司10个重点项目拆迁，搬迁老城区居民达980户。2008年，实施樱花小区四期二地块、三期一地块、市一院门（急）诊楼、多瑙河小区二期和淮州中学新校区项目拆迁。

三、楚州区城区房屋拆迁

1978年8月，拆迁南门大街东侧北段，拆除房屋210间，其中私房156间。1986年，拓宽东长街南段，拆除房屋390间，其中私房160间。1988年4月，拓展北门大街北段，拆迁房屋2700间，其中私有房1891间。1989年，拓展原北城门口，建大转盘，拆迁212户，拆房面积11660平方米。1990年，拓展北门大街至礼字坝的主干道，拆迁民房545户，拆房面积41540平方米。1991年，在镇淮楼东路北侧兴建保险公司和物会大厦，拆迁民房125户，拆房面积8750平方米。1996年，拆迁东长街北段，自水港口延伸至友谊路，拆迁民房168户，拆房面积1056平方米。1997年，拆迁西长街北段，自新西门大街延伸至友谊路，拆除民房48户，拆房面积4960平方米。1998年，建设兴文街，拆除民房34户，拆房面积3960平方米。1998年，建设外国语学校，拆除民房80户，拆除面积1056平方米。1999年，拆迁都市花园、友谊路、新城小区地段，拆除民房262户，拆除面积33015平方米。2000年，拆迁回笼小区、河下小区、淮扬美食街等地段，拆除民房306户，拆除面积84345平方米。2001—2008年，拆迁漕运小区楚园一期、明清步行街、河下安置小区、周恩来纪念馆西侧、新安小学周边等地段，共拆除房屋8707户，拆除面积1207408平方米。

第二节　拆迁补偿安置

1978年后，因城市建设的需要，房屋拆迁力度不断加大。全市房屋拆迁主要实行统一收购、统一安置的政策。1981年，清江市人民政府重新修订拆迁安置办法，即城镇居民仍以收购、安置居住为主。1982年，清江市根据《江苏省城市建设用地管理和房屋拆迁安置试行办法》，把房屋拆迁安置工作相对地独立出来与征用地管理并列，成立统建办公室，和房产公司合署办公，拆迁户住房统一建设、统一分配、统一管理。1991年，国务院《城市房屋拆迁管理条例》出台，解决城市拆迁工作中无法可依的问题。1998年5月，市政府出台《淮阴市城市房屋拆迁管理办法》，城市房屋拆迁补偿主要实行宅基地安置，重置价结合成新补偿。1998年6月30日，淮阴市物价局和市建设委员会联合制定《淮阴市区房屋拆迁补偿安置价格标准和其他补助费》。

2001年11月，国务院颁发的《城市房屋拆迁管理条例》正式实施。2004年2月14日，淮安市政府依据上位法规出台《淮安市城市房屋拆迁管理办法》及其配套文件，城市房屋拆迁补偿安置实行市场化评估，对拆迁户的安置也由自拆自建到统一建设安置房或住宅小区安置。2004年，市物价局、市建设局、市房产管理局根据《淮安市城市房屋拆迁管理办法》的有关规定，制定市区房屋拆迁最低补偿补助标准。规定提出，被拆迁人只有一处居住房屋，获得拆迁补偿总额（不含奖励、临时安置补助费、搬迁补助费）低于最低补偿标准的，按最低补偿标准予以补足。

2007年2月15日，市政府出台《淮安市市区集体土地房屋拆迁管理暂行办法》，文件明确淮安市城市规划范围内集体土地上房屋拆迁管理由市人民政府房屋拆迁管理办公室负责。对集体土地上的房屋拆迁仍实行重置价结合成新补偿，安置房同样也是评估重置价。同时，市物价局、市建设局、市房产管理局联合发布《关于淮安市区城市房屋拆迁补偿补助标准的通知》。2008年，市区执行该拆迁补偿补助政策。

第三节　改造建设

1978—1990年，淮阴市（地区）旧城改造的重点是城市道路建设，完成淮海南路、淮海东西路、解放西路、健康东路等城市主干道的拓宽改造和扩建延伸。1985年开始，市政府在清浦区进行住宅改造尝试。1991年，淮阴市政府出台旧城改造政策，提出旧区改建应当遵循加强维护、合理利用、调研布局、逐步改善的原则，统一规划、分期实施，重点是改善交通和居住条件，改善基础设施和公共设施，改善城市环境和市容景观，提高城市的综合功能。当年市政府出台《淮阴市实施〈中华人民共和国城市规划法〉细则》，将旧区范围定为淮海东、西路以南，清扬路以西，五四路、环城南路以北，环城西路、引河以东地区。1993年，华城房地产公司成立，拉开老城区旧城改造的序幕。之后，东大街、人民南路沿街的旧城改造工程、承德路的扩建改造工程相继开工，市区旧城改造由此逐渐推开。

1995年修编的《淮阴市城市总体规划（1995—2010）》中提出旧城改造的原则为“三改善、三提高、一降低”，即改善效能和居住环境，改善基础设施和公共设施，改善城市环境和市容景观；提高城市的综合功能，提高绿化覆盖率，提高建筑容积率；降低建筑密度。2002—2005年，市政府对凤凰新村、化工新村、化工二村等6个旧小区进行出新改造，对市区479个生活大院实施环境卫生综合整治。

2005年编制的《淮安市中心城区更新及旧城改造规划》提出以科学、合理的规划引导淮安的旧城改造，提升城市综合功能，提高土地使用效益。2007年6月22日，淮安市政府出台《关于加快市区旧城及城中村改造工作的意见》，提出用5～6年的时间，有计划、分步骤地完成市区旧城及城中村改造工作，以实现优化城市生活空间、改善城区人居环境、增强城区商业活力、提升城市综合服务功能的目标。市政府成立市区旧城及城中村改造工作领导小组，全面负责市区旧城及城中村改造的规划、组织和协调工作。

淮安市旧城改造实行4种改造形式，即成片开发型、局部开发型、整治改造型、更新保护型。成片开发型是对设施不配套、房屋不成套、危旧房比较集中、没有保留价值房屋的地块实行成片开发；局部开发型是对片区内有部分保留内容，通过周边地块的商业性开发或项目带动推进整个区域内环境的改善和城市功能的提升；整治改造型是片区内房屋建筑基本完好，整体予以保留，对不成套和面积小的房屋予以合理加建拼接，对杆线予以清理整治，对小区予以整体配套、绿化、美化，提升和改善片区内的居住环境；更新保护型是针对楚州区、清浦区范围内历史文化保护街区，实施严格的更新保护。

对中心城区西部的工业用地进行改造和更新，全面推进旧工业区的“退二进三”工作，搬迁原有污染大的工业和仓储用地，对其周围用地功能进行合理调整，全面改善旧工业区的生态环境和景观形象。在旧工业区更新中，结合工业用地搬迁，加强里运河绿化景观带建设，保护和修复沿岸生态环境，形成集聚特色、集聚人气的城市滨河绿带。对于保存完好、具有典型性和代表性的旧工业区，作为工业遗产进行保护和再利用。对于具有建筑体量大、建筑主体结构坚固、空间高大灵活等特点的近现代工业建筑，经过内部改造作为博物馆、展览馆、青少年活动中心等公共建筑进行再利用。同时，部分旧工业厂区整体改造为主题公园，原有的码头、铁路专用线、大型机械等作为公园内的小品，形成独具特色的工业景观，延续城市记忆。

2002—2008年，是淮安市城市建设投资最快的时期，基础建设和配套建设总投入116亿元。1982年，城市绿化面积为8.46公顷，1989年为53.36公顷，2008年为1011公顷。对大运河、里运河沿岸进行综合改造。解决旧城改造与城市历史风貌保护问题，完成东大街、美食一条街、清江浦楼、文庙、苏皖边区政府旧址纪念馆等保护性出新，对城市300余处地块的城中村、棚户区、危旧居民集中居住区进行拆迁改造。

第五章　园林绿化

第一节　园林建设

一、钵池山公园

钵池山公园位于市区的东南侧，紧邻翔宇大道。公园占地面积120公顷，其中水面45.3公顷，由加拿大筑原设计事务所规划设计，市园林投资实业有限公司投资建设，2005年建成。钵池山公园是淮安市最大的综合性公园，也是江苏省第四届园博会会址，国家AAA级旅游景区。

园内主要景点是人造钵池山。山体位于园区东部，占地面积2.6万平方米，最高处38米，是全国最大的人造山体。有大型青铜雕塑老子像，由江苏省美术学院教授吴为山设计，山西宇达集团大型雕塑厂制作，采用中空雕塑创意，里外双层均为雕塑表面，内腹部从上到下选用《道德经》小篆文字。整座雕塑高16米，重达60吨。

2005年9月，江苏省第四届园艺博览会在钵池山公园举办，参加园博会的全省13个城市都在钵池山公园设立造园景点，有南京的“知鱼乐栈”、常州的“云溪竞渡”、苏州的“翠林雅筑”、无锡的“清风杨柳”、淮安的“花堤蕊影”、扬州的“广陵观琼”、镇江的“丛林叠翠”、南通的“夕石唱晚”、宿迁的“竹径通幽”、连云港的“烟雨云港”、泰州的“梅兰情怀”、徐州的“两汉古韵”、盐城的“绿茵青韵”。

公园内其他景点还有月季广场、山子湖、爱莲亭、滨水温室、平湖栈道、月涵轩、金蝶园、花之塔、花堤蕊影、楚风古韵、钓台集锦、三仙岛、乾元正道、镜心池、凤凰丹台、洪福乾坤、丹瀑流云、观音送子、真君飞渡、景会亭、招隐台、桃花涧、履仙台、乾元道观等。

二、楚秀园

楚秀园位于市区淮海南路之东，环城东路东南，承德路正南，圩河之北。该园水陆面积48公顷，原为农业用地。1985年，市政府成立人民公园筹备处。1989年建成后，更名为楚秀园。公园依势设景，因景生境，以水为主体，土山为脉络，组成“五区四湖十八景”。

2004年，淮安市政府投资3000万元对楚秀园进行全面改造。在“雷湖八景“的基础上打造出新的“楚秀八景”，即“竹景箬虚”“千帆报望”“牧笛斜阳”“雷湖夕照”“松楸积雪”“片月涵川”“渔歌断蒲”“桃李环春”。

三、桃花坞

桃花坞景区俗称桃花岛，是淮安市古黄河生态民俗园中的景区之一，占地面积近20公顷。景区栽植各类桃树、梨树近万株，每年三四月份这里都会举办“桃梨风光赏花节”，深受市民的喜爱。

桃花坞景区是以桃、缘文化为主题的公园景区。早在明代，由于洪水泛滥、黄河决口，河水流经淮阴向东入海将这里土地冲成一个岛状，桃花岛由此而形成。1996年正式对外开放。

桃花仙子雕塑是景区的标志性建筑，高3.5米，全身是用中档汉白玉制成，雕塑通体玉白，无一处瑕疵，雕塑的眼睛给人含情脉脉、灵动飘逸的感觉。雕刻者是一位参与过毛主席纪念堂建造的八级雕刻师。

桃花涧位于景区东侧，引古黄河水流入桃花涧，自假山飞瀑而下，置高低叠水坝，潺潺流水，水上搭建木栈道，种植水生鸢尾、蕨菜、菖蒲、睡莲等，400多株碧桃、红叶桃镶于山涧两岸，构成桃源山涧的人造水系景观。

2008年淮安市城区部分公园建设情况表

表5-12

园名	占地面积（公顷）	建成年份	地理位置	特色
动物园	5.1	1982	新民东路	观赏游乐园
勺园	1.2	1987	紧临勺湖园	自然景趣园
萧湖园	23.3	1988	古运河畔河下镇南	自然景趣园
楚秀园	48.0	1989	环城东路东侧圩河之北	综合性公园
月季园	4.9	1991	楚秀园东南部	生态旅游园
樱花园	45.0	1999	古黄河北承德路东	综合性公园
荷花公园	6.8	2004	黄河西路北侧	观赏园
中洲公园	2.0	2004	越闸东	开放性游园
钵池山公园	120.0	2005	水渡口南侧翔宇大道东侧	综合性公园
古黄河生态民俗园	147.0	2005	古黄河南	生态旅游园
古淮河生态园	53.0	2008	市区古淮河段	湿地公园

第二节　城市绿地

一、公园绿地

1978—1982年，淮阴地区城区公园绿地面积只有8.46公顷，1989年发展到53.36公顷。至1997年，全市有公园绿地面积136.5公顷。2000年后，市区城市公园绿地迅猛发展，城市干道两侧拆房破墙建成通衢广场、清香园、西园小游园、清韵园等214处的街头公共绿地。2002年，市区公园绿地面积285.3公顷。2008年，市区公园绿地面积达1011公顷。

1981—2008年淮安市部分城市公园绿地建设情况表

表5-13

序号	名称	地点	区属	类别	面积（公顷）	建设年份
1	勺湖公园	西长街	楚州区	综合公园	11.40	1981
2	关天培祠	镇淮楼东路	楚州区	专类公园	0.06	1982
3	清晏园	人民路	清浦区	专类公园	6.70	1982
4	周恩来童年读书处	漕运西路	清河区	专类公园	0.30	1982
5	韩侯祠	镇淮楼东路	楚州区	专类公园	0.05	1982
6	苏皖边区旧址	淮海南路	清浦区	专类公园	0.73	1984
7	楚秀园	淮海南路	清浦区	综合公园	48.00	1985
8	动物园	新民东路	清浦区	专类公园	5.10	1985
9	刘鹗故居	西长街	楚州区	专类公园	0.08	1985
10	烈士陵园	永怀路	楚州区	专类公园	4.18	1986
11	梁红玉祠	北门大街	楚州区	专类公园	0.10	1987
12	吴承恩故居	河下镇	楚州区	专类公园	0.80	1987
13	萧湖公园	里运河畔	楚州区	综合公园	23.30	1987
14	月季园	新民东路	清浦区	专类公园	4.87	1988
15	周恩来纪念馆	桃花垠	楚州区	专类公园	36.00	1990
16	天香园	繁荣新村	清河区	居住区公园	0.04	1992
17	古黄河生态民俗园	古黄河南岸健康西路以北	清河区	专类公园	147.00	1995
18	石塔湖公园	人民南路	清河区	专类公园	3.61	1996
19	樱花园	承德路黄河桥东北角	淮阴区	综合公园	45.33	1997
20	周恩来故居	驸马巷	楚州区	专类公园	0.34	1997
21	东岳庙	镇淮楼东路	楚州区	专类公园	0.20	2002
22	苏州河风光带一期	苏州河两侧绿地	淮安经济开发区	带状公园	0.28	2002
23	续建古黄河生态民俗园	健康西路西北角	清河区	专类公园	52.40	2003
24	中洲公园	漕运东路东头	清河区	专类公园	2.00	2003
25	钵池山公园一期	和平东路以南、翔宇大道以东、珠海路以北	淮安经济开发区	综合公园	50.33	2004
26	体育公园	北京西路	淮阴区	专类公园	7.80	2004
27	钵池山公园二期	和平东路以南、翔宇大道以东、珠海路以北	清河区	综合公园	70.00	2005
28	柳树湾公园	生态民俗园西侧	清河区	专类公园	68.15	2005
29	水利枢纽风景区	三堡里	楚州区	专类公园	41.85	2005

续表 5-13

序号	名称	地点	区属	类别	面积（公顷）	建设年份
30	白鹭湖公园	黄河南岸	清河区	综合公园	20.00	2007
31	青龙湖国际健身会所	清河新区	清河区	综合公园	16.00	2008
32	西坝公园	北京路	淮阴区	综合公园	8.60	2008

二、道路绿地

1978年，淮阴地区主城区道路绿化较为单一，主干道以法桐、白杨、水杉等为主，次干道植以刺槐、法桐等，数量不多。

1984年后，淮阴市形成由内环、中环、外环道路绿化格局。内环由河南路、环城东路、环城南路、环城西路衔接而成，以水杉、龙柏、女贞为主，配以月季、紫薇等花灌木；中环由健康路、两淮路、解放路、北京路衔接而成，以法桐、女贞、水杉为主，配以常绿球类、花石榴、海棠、木槿和草皮；外环由205国道、小营路、东郊路、两淮路、天津路、城南路衔接而成，以国槐、刺槐、杨柳为主，配以花灌木。淮海南北路突出市树雪松，配红叶李、紫薇、木槿、棕榈、常绿球类及市花月季，淮海东西路以桧柏为骨干树种，广植市花月季。1992年，城区有绿化道路53条，全长49230米，栽植各种乔灌木29825株。其中，主干道12条，长16824米，植树15942株；次干道11条，长11675米，植树3746株；一般道路26条，长15661米，植树6580株；简易道路4条，长5070米，植树3557株。1997年，城区有道路（段）（3.5米以上）68条63.3公里，绿化65条59.1公里，绿化普及率为95.6%。

2001年开始，在创建国家园林城市过程中，不同种类的行道树和景观树种被引进种植，在市区的多条道路，形成一树、一路、一景观的城市面貌。北京南北路、健康东路上种植国槐，北京北路、健康西路、淮海南北路上种植女贞树；珠海路和南昌路上种植国家二级保护植物榉树；延安东西路上分别种植栾树和喜树；在大治路、清河路上，种植南方树种合欢树；翔宇大道和水渡口大道种植的是长寿树种——香樟和银杏；北京南路两侧、明远西路两侧、宁淮高速两侧种植的是观花树种——广玉兰和白玉兰。

至2008年年末，淮安市区有主次干道195条，道路绿化普及率100%，其中主次干道绿化达标道路151条，达标率77.44%。翔宇大道、淮海西路、天津路、枚乘路等道路形成园林路，漕运西路、人民南路等道路形成林荫路，绿化覆盖率达80%以上。健康路、淮海南北路、解放路等经过改造，拆违建绿，破墙透绿，改善城市景观。

图 5-12　漕运路绿化（2006 年）　　宗　俊　摄

三、滨河绿带

京杭大运河、里运河、古黄河、盐河4条河流横穿淮安市区，为淮安打造绿水城市提供得天独厚的条件。1978—1988年，市政府每年组织群众性义务植树，绿化穿城而过的4条河流两岸，大运河沿岸营造320余万株刺槐防护林，黄河故道广植刺槐和柳树，里运河市区段以水杉、柳树、女贞为主要树种，配植其他灌木。在此期间，由于工厂建设，树木保护不力，居民随意砍伐，对河岸的绿化随意侵占，极大地影响河道堤岸绿地的形成。1988年，市政府确定大运河、盐河绿化以防护林为主，黄河故道建成市级风景区，里运河建设滨河绿地，形成古运河风光带。之后，市园林局协调有关部门制定控制和保护措施，并进行专题规划，市绿化委员会督促有关部门和淮阴县（区）逐年实施。至2008年，淮安市区建成里运河滨河绿地、古黄河生态民俗园以及大运河、盐河河堤绿化，形成城市绿化层层屏障，4条滨河绿带与城市中的点（大、中、小公园绿地）、线（街道、河道）、面（单位及居住区）绿化有机结合，并和城市防护林连成一体，体现淮安市的绿化特色。

（一）古黄河风光带

1998年，市园林局在古黄河南岸桃花坞公园以东开展绿化建设工程，至北京北路西坝大桥段，栽植花木40余种3.4万株，铺设草坪面积12万平方米，道路广场铺装面积2.5万平方米，建成绿化面积21.1万平方米。1999年，淮阴县投资365万元，在其北岸东至承德路，西至淮海北路，长1200米，南北宽30～60米，营造绿化面积5万平方米，同时建成风光带护坡1750米。同年，市园林局在其南岸，西起承德路（黄河桥），东至沈阳路，长1000米范围内建设桥头广场、疏林休闲区、河滨乐园景区等。此段工程以绿茵为基调，彩色铺地为特色，绿杨树林为背景，栽植各式地被花卉。2001年，淮阴区投资238万元，在其北岸东至淮海北路，西至北京北路，长900米，宽30～40米范围内营造绿化面积约3.5万平方米，2001年秋季开工，2002年5月底竣工。2002年，淮阴区投资480万元，营造西安路至杨庄闸段的古黄河北岸防护林，长6000米，宽80米，成片栽植经济观赏林。2003年，清河区政府自筹资金200万元，砌筑翔宇大道至济南路段的护坡驳岸，整理周围地形，建成绿化面积10万平方米。2004年，市园林局在其南岸沈阳桥以东地段新建绿地面积5万平方米，补植、换植花草树木，增加绿地水准面积10万平方米。2005年，淮阴区投资1480万元，在古黄河北岸，东至南昌路，西至沈阳路，长1600米，均宽200米范围内补增绿地面积32万平方米，2004年9月底开工，2005年12月底竣工。同年，清河区完成古黄河城东段绿化带建设。2007年，市园林局实施古黄河生态园到北京路的生态改造工程，栽植各类水生植物面积12万平方米、各类乔灌木20多万株、播种花草面积50万平方米。古黄河南岸，东至银川路，西至桃花坞公园，栽有香樟、法桐、国槐、女贞、三角枫、龙柏、广玉兰、白玉兰、桃树、合欢、银杏、榉树、桂花、樱花、琼花、乌桕、石楠球、海桐球、枸骨球、青桐、八角金盘等乔木2204株，灌木599株，草坪54498平方米，有园中路7000平方米，木栈道600平方米，绿化面积101048平方米。至2008年，古黄河滨的主题公园有柳树湾、桃花坞、樱花园、东方母爱公园、古淮河文化景区。

图5-13　古黄河河道绿化带（2006年）　宗　俊　摄

（二）里运河风光带

里运河是京杭大运河的一部分。淮安境内东南起自苏北灌溉总渠，西至淮阴船闸，全长35.8公里。2002年后，按照国家AAAA级旅游景区标准对里运河进行全新设计，里运河东堤建设文化长廊，东起运南闸群，西至码头古镇，全长30公里，沿线历史古迹丰富，文化底蕴深厚，自然生态环境好，景色优美。中洲岛、清江浦楼、运河博物馆、陈潘二公祠、河下古镇、御码头等景点相继建成。2003—2004年，组织实施人民桥至河下大桥段绿化工程，全长2700米，绿化面积7万平方米，工程总投资1400万元。拆除集体、个体码头29处，拆除起吊机械19台、输送机械16台、地磅6台；拆除房屋6133.85平方米，新建块石墙1030米、道路4284平方米，栽植香樟、银杏、桂花、樱花、广玉兰、白玉兰等32种名贵花木13425株。2003年，市水利局和市交通局自筹资金2000万元，完成大闸口至文渠泵站段的里运河护砌、栏杆及绿化工程。淮安经济开发区筹集5500万元，完成清隆桥向南30万平方米的拆迁、绿化、景点建设工程。2004年，市建设局和市园林局筹集3000万元，完成里运河北侧、灰扬路南侧46.67万平方米绿化建设。市水利局和市交通局筹集资金8500万元，完成圩北路至清隆桥段的里运河整治，拆迁临水民居5万平方米，清理淤泥、砌筑护坡、栽植花草树木，建设滨河道路，新增绿地面积15万平方米。2006年，市水利局筹集3000万元，完成里运河主城区段（清河桥至西安桥、华兴桥至中州桥、水门桥至大闸口）综合整治。2008年，楚州区政府筹集3000万元，实施人民桥以南里运河东堤迎水面房屋拆迁，全长2300米，完成护坡砌筑、绿化和道路建设。市水利局、市房管局筹集1.2亿元，完成新港至八亭桥里运河段的迎水居民房屋拆迁、砌筑护坡、建设绿化等；市园林局筹集资金1000万元，完成圩北路至清隆桥里运河段北岸风光带建设。同时，完成北京路至清隆桥段风光带绿化完善工程，栽植乔木400余株，灌木1.2万株。至2008年，里运河沿线100多座码头被拆除，沿岸数万平方米的低矮建筑被搬迁，河道淤泥、废弃船舶全部被清理，里运河岸边香樟、榉树、银杏、杜英、椿树等郁郁葱葱，花草茂盛，滨水栈道，亭台楼阁，碧水蓝天，犹如一幅美丽的画卷。

（三）盐河风光带

2003—2008年，淮阴区投资2354万元，分四期建设盐河风光带7300米，栽植各种乔灌木和花草，绿化面积26.4万平方米，均宽37.5米，防护林10万平方米。

第一期位于盐河北岸，东起淮海北路，西至北京北路，全长1.1公里，平均宽约40米，绿化面积4.4万平方米。工程投资354万元，2003年春季开工，当年年底竣工，由上海上农环境设计公司设计，大连恒益园林公司承建。同年，在杨庄至王营镇的盐河段建造防护林10万平方米。

第二期位于盐河两岸，淮海北路至承德路，全长1500米，平均宽约50米，绿化面积约7.5万平方米（盐河广场面积1.8万平方米）。工程投资684万元，2004年4月初开工，2005年6月竣工，由杭州园林设计研究所设计，秦皇岛恒基装饰绿化有限公司承建。

第三期位于盐河北岸，总长1500米，平均宽度30米，绿化总面积4.5万平方米。工程投资436万元，2006年1月开工，当年10月竣工，由浙江东华园林有限公司设计，杭州申华园林建设工程有限公司承建。

第四期位于盐河北岸，总长约3200米，平均宽度30米，绿化总面积约10万平方米。工程投资880万元，2008年3月10日进场施工，当年9月初竣工，由浙江东华园林有限公司设计，杭州申华园林建设工程有限公司承建。

（四）京杭大运河风光带

2002年，清浦区投资100万元，在清浦区境内大运河段堤防成片栽植经济观赏林，建成绿色通道。同年，楚州区投资1500万元，建设大运河绿色通道，全长1.2万米，两岸绿化宽度80～100

米，新增绿地面积100万平方米。2004年，清浦区在大运河桥西南侧建成一块6万平方米绿地。同年，市交通局融资1.76亿元，开展天津路至韩侯大道西侧段的大运河整治，1月开工，年底竣工。工程全长7500米，砌筑护坡驳岸2.1万米，疏浚土方150万立方米，拆迁房屋2万平方米，整治河堤，铺设道路，栽植树木花卉，铺设草坪，新增绿地约50万平方米。2005年，清浦区在大运河南建成26.67公顷大运河南堤古楚风光带。2004—2007年，在运河两淮段航道整治过程中，按照工程建设与生态环保同步的要求，维护两岸原自然生态景观，两岸原生芦苇等植物较为茂盛的地段，采用生态护坡的形式，保护和提升大运河两岸的自然景观。

四、单位和居住区绿地

1978—1982年，市区只有淮阴发电厂、淮阴中学、老市委大院、光华化学厂、淮阴卷烟厂、市第二人民医院、清江制药厂、清江胶鞋厂、清江罐头厂等单位院内有些绿化，大多是法桐等大乔木，花灌木较少，很少种植草坪。

1983年后，城市绿化步伐加快。1990年，市政府同市建委等23个主管部门签订绿化责任状，各主管部门也同所属单位签订绿化责任状，开展创建绿化达标单位和园林式单位活动。市规划部门按照有关标准控制绿化用地，市绿化行政主管部门到各单位进行业务技术指导，各单位加大绿化资金投入，不断提高绿化景观质量和绿化管理水平，涌现出一批园林式单位。有的单位根据实际情况实施立体绿化，在屋顶建设花园，发展垂直绿化，开拓新的绿化空间。老城区的许多单位主动拆除沿街门面房，建设绿地，破墙透绿，还绿于民。

至2008年，市区有庭院单位269家，绿地面积870.34公顷，有267家达到国家规定的绿化标准，绿化达标率为97%。淮阴中学、淮沭新河管理处、四季青污水处理厂、老坝口小学、清江中学等110个单位被命名为省、市级园林式单位，其中省级37个、市级73个。市区不少单位还租赁盆花、盆景，布置美化办公室内环境，取得良好效果。市区主干道沿街有围墙的单位93家，至2008年年末，完成拆墙透绿的单位90个，拆墙透绿率96.8%。

20世纪90年代，淮阴市开始成片开发建设住宅小区，新建住宅小区的绿化工程与住宅工程同步设计，同步建设，同步验收。至2008年，市区共有居住区72个，绿地面积194.13公顷，其中新淮中花园、新民小区、富丽花园、书香华庭、浦东花园、富春花园等40个居住区被命名为省、市级园林式居住区，其中省级7个、市级33个。在创建国家园林城市过程中，市政府投资1000多万元，对老居住小区北京新村、化工一村、化工二村、繁荣新村等进行综合改造，拆除违章搭建，完善配套设施，设置停车泊位，增加公共绿地，小区环境和绿化水准得到较大提升。

图5-14 街头绿地一角（2007年） 市住建局 供

图5-15 小区绿化（2007年） 宗俊 摄

第六章　城市管理

第一节　管理机构

一、城市管理职能部门

1978—1982年，清江市基本建设委员会主管全市城市管理工作。1983年12月，成立淮阴市城市管理委员会。1994年2月，市政府决定，市爱卫办和市城管办合署办公。1995年10月10日，撤销淮阴市城市管理委员会办公室，明确淮阴市城市管理委员会为市政府直属综合部门，一级局建制。2001年，淮阴市城市管理委员会更名为淮安市城市管理局，挂“淮安市城市管理行政执法局”牌子。2007年7月30日，成立淮安市城市管理委员会，由市长任主任。市城市管理委员会下设办公室，办公室设在市城管局，负责日常工作，市城管局局长兼任办公室主任。

二、城管行政执法机构

1985年7月27日，成立淮阴市城市管理监察大队。1990年，市城市管理监察大队更名为城市建设管理监察大队，隶属于市建设委员会。1995年10月10日，成立淮阴市城市管理督查队。同年，淮阴市城市管理督查队升格为副县级单位，并更名为淮阴市城市管理监察支队，隶属于市城市管理委员会。2001年，撤销市城市管理监察支队、市城建监察支队、市规划管理监察大队及市政公用事业局、市园林局所属监察机构和队伍，成立市城市管理行政执法支队，为副县级事业单位，编制80人，后增至89人。2002年，成立市户外广告及亮化管理处和市渣土管理处。2003年，设立淮安市公安局城市管理治安办公室。2006年，成立淮安市公安局城管分局，正科级建制，为市公安局派出机构，编制20人，内设办公室和案件查处科，撤销淮安市公安局城市管理治安办公室。

第二节　环境卫生

一、环卫职工队伍

1978年，城区环卫及道路清扫由清江市卫生局负责。1980年，清江市环卫处划归城建部门领导，移交职工170人。1983年3月10日，清江市撤销，原环卫队伍和环卫设施分别划入新成立的清河、清浦两区，划分时有环卫职工203人，其中划入清河区102人、清浦区101人。1995年5月1日，淮阴市政府要求对环卫事业实行集中领导、统一管理，成立淮阴市环卫清洁服务公司，将两区环卫合并，直属市建委领导，共有环卫职工395人。2001年年末，淮安市政府进行机构改革，成立市城管局，环卫部门又划入清河、清浦两区。楚州区、淮阴区环卫队伍由各区行政管理部门领导不变。淮安经济开发区环卫部门由开发区管委会领导。在2002年淮安市新的行政体制改革中，各区分别成立城市管理局，环卫部门也随之划入。2004年，淮安市市区总人口76.56万人，环卫从业人员1854人。至2008年年末，淮安市市区共有环卫从业人员2899人，其中在编职工1170人，合同工873人，季节工856人。环卫从业人员中，40岁以上的占总人数80%左右；初中及以下学历的占总人数60%左右。总体上呈现出从业人员年龄偏大、文化素质较低的状况。

二、环卫设施、设备

（一）公厕

1978年，清江市的城区范围较小，属城乡接合型的城市，公厕大多是原私人厕所折价归公后的旱厕，有200多座。清江市市区第一座水冲式公厕建于1984年，是在人民剧场原有旱厕基础上改造的。由于城市建设资金的限制，旱厕改造每年仅能安排数座。1987年，市区有水冲式公厕62座，1997年有水冲式公厕116座。随着城市规模的扩大，原城乡接合部道路不断修筑延伸，各类建筑物大量兴建，公厕的数量也逐年增多。特别是2000年以后，在创建国家卫生城市过程中，公厕建设及档次提升成为创卫工作的硬性指标，市政府在财力上加大投入。至2008年年末，淮安市区共有公共厕所520座，其中一类厕所1座、二类厕所129座、三类厕所390座，平均指标近4.6座/万人，平均设置密度约3.9座/平方公里。

（二）垃圾中转场（站）

1978年，原清江市城区无垃圾中转场。1983—1997年，陆续建设15座垃圾中转场，大多数为吊斗式垃圾中转场，其中6座密闭型集装箱垃圾中转场是1995年创建省级卫生城市时建设的。至2008年年末，中心城区有转运站48座，其中压缩式转运站35座、吊装式转运站13座，总转运规模达到891吨/天，平均每座转运规模19吨/天，总占地面积13005平方米，平均每座占地面积270.9平方米。

2008年淮安市市区垃圾中转场情况表

表5-14

区域	转运站（座）			总转运规模（吨/天）	总占地面积（平方米）
	总计	压缩式	吊装式		
清河区	11	6	5	185	2395
清浦区	12	8	4	181	2610
淮安经济开发区	8	6	2	110	3690
楚州区	9	7	2	175	910
淮阴区	8	8	0	240	3400
合计	48	35	13	891	13005

说明：淮阴区有2座镇转运站

2008年淮安市市区环卫设施、设备基本情况统计表

表5-15

项目 单位	车辆（辆）							人工保洁车（辆）			公共环卫设施			
	垃圾运输车	压缩运输车	扫地车	吸粪车	冲洗车	洒水车	合计	三轮保洁车	平板车	合计	垃圾桶（个）	果壳箱（个）	垃圾房（座）	合计
市环卫	—	—	—	—	5	—	5	—	—	—	—	—	—	—
清河区环卫	13	3	3	13	—	—	32	466	150	616	336	1011	84	1431
清浦区环卫	12	4	3	12	—	—	31	498	154	652	110	1334	19	1463
淮安经济开发区环卫	3	—	2	—	1	1	7	63	15	78	—	126	24	150
淮阴区环卫	7	3	2	1	1	—	14	41	83	124	4	730	50	784
楚州区环卫	9	4	1	7	1	—	22	101	21	122	129	416	2	547
合计	44	14	11	33	8	1	111	1169	423	1592	579	3617	179	4375

（三）生活垃圾处理场

1983年以前，在电厂河西侧四季青大队有1个垃圾堆放场，实行简易堆肥，自然发酵后过筛卖给农村做肥料。1983年，清河区环卫处在机场五队大口子东侧，征用水塘地1.4公顷，同年启用堆放垃圾，后因垃圾浸泡的污水泄到附近鱼塘，造成死鱼，多次发生矛盾，1991年年底停止使用。1983年，清浦环卫处在黄码乡征用低洼地1.53公顷，地块北面和西面是河堤，东面和南面挖土打堆，形成3～4米深坑，同年启用堆放垃圾，至1990年填平覆盖。1987年，东郊果园南侧有大冲沟，因果园需肥料，无偿提供大冲沟堆放垃圾，后因沿途矛盾和污染果木，至1993年停用。黄码二窑厂有挖土后废地5.33公顷，地块成长方形，深4米左右，该地块作为垃圾填埋用，至1995年7月停用。

1994年5月，淮阴市政府邀请省建委和苏州、常州的专家，对垃圾场的选址进行论证，选中清浦区武墩镇普墩村一块地。该场地交通便利，离公路不足500米，距市区中心12公里。后委托无锡市政设计院设计，当年建成场外排水系统、与公路连接的交通道路、垃圾填埋坑、污水处理池、观察检查井。1995年上半年，投资128万元续建，添置2台推土机和喷药泵等。1995年7月1日正式投入使用。随后几年运行中，边挖建垃圾填埋坑，边填埋生活垃圾，并及时将垃圾推平、压实、打药消毒、覆盖土层，对周围环境没有产生影响，空气和地下水都做到无污染。2004年，普墩垃圾场因与当地村民产生矛盾而停止使用。2005年，市政府投入1000万元实施封场工程。

在普墩生活垃圾处理场停止使用的同时，市政府开始新的垃圾场选址工作。2005年3月，位于清浦区盐河乡的王元生活垃圾填埋场开工建设，占地面积27.78公顷，设计日处理生活垃圾能力为1100吨，库容726万立方米，使用年限15年，总投资1.34亿元，采用卫生填埋处理生活垃圾。项目建成后，主要用于主城区人口的生活垃圾消纳处理。工程建设分两期进行，一期工程占地面积17.2公顷，投入建设资金7600万元。填埋库区采用2米HDPE（高密度聚乙烯）膜与黏土复合衬里系统作为主要防渗层，防止垃圾渗沥污水对地下造成污染。2005年12月，市政府以TOT形式与上海环境集团签订王元生活垃圾填埋场特许经营7年的协议，垃圾处理由上海方负责运营。2006年年初，根据创建国家环保模范城市的需要，按照BOT方式投资1200万元，建设垃圾渗沥液预处理工程。工程占地面积8000多平方米，设计日处理垃圾渗沥液能力为240吨，采用矿化垃圾

处理工艺处理渗沥污水，污水通过塔式矿化床二级反应后，达到生活垃圾填埋场污染控制标准中的三级标准。产生的污水通过9公里的压力管道泵送至城市污水管网，最终汇集至市第二污水处理厂与城市生活污水合并处理，做到完全达标排放。王元生活垃圾填埋场于2007年12月被建设部评定为国家一级卫生填埋场。

（四）粪便处理场

1978年，在清安乡南港村建贮粪池350立方米。1987年，在城南乡柴米村建多格式化粪池390立方米。市区产生的干粪大多运到贮粪池。改成水冲式公厕后，这些贮粪池因达不到无害化处理要求而全部停用。1995年后，水冲式公厕清理出来的粪渣统一送到北京新村污水处理厂处理。2004年9月，淮安市建设第一座粪便处理场，位于清浦区北京北路与延安西路交会口以南、四季青污水处理厂西南角。处理场工程建设总投资520万元，其中土建水电安装230余万元，机械设备采购280余万元。工程于2004年9月30日开工建设，2005年5月底竣工，当年9月完成设备联动调试，当年10月交市城管局试运行。2006年3月，粪便处理场投入正常运行，由淮安市环卫事业管理处负责具体管理工作。

三、道路清扫

1983年，清江市被撤销，原清江市环卫人员划分到新成立的清河、清浦两区，道路清扫面积50万平方米。1987年实行“双定”，按照道路清扫面积和等级定人、定经费；一级道路每日清扫2次，每人每日清扫4000平方米；二级道路每日清扫2次，每人每日清扫3000平方米。两区道路清扫面积608944平方米。1995年5月1日，两区环卫收归市建委集中领导，成立淮阴市环卫清洁服务公司，清扫面积为141.6万平方米。随着城市建设的加快，新建、扩建道路不断增加，道路清扫面积也逐年增长。

背街巷道的道路清扫由街道办、居委会组织保洁员清扫。1981年起，清江市政府规定，城区每户居民每月收取0.2元保洁费，工厂企事业单位、大型商店每年也出资一些，用于居委会民办保洁开支。1994年4月25日，淮阴市政府规定从自来水收费中每吨收取0.05元保洁费，由自来水公司代收，由市城管会用于民办保洁开支。每个居委会配2～3名民办保洁员。

至2008年，淮安市清扫保洁主要采取人工清扫为主，机械化清扫为辅。道路清扫保洁一般采用“两扫全保”的清扫方式，即早上普扫一次，中午普扫一次，全天保洁。

2008年淮安市中心城区道路清扫保洁情况统计表

表5-16　　单位：万平方米

地区	道路量	清扫保洁道路量	机扫道路量
清河区	264.0	264.0	32.8
清浦区	332.6	332.6	66.5
淮安经济开发区	588.5	588.5	117.7
楚州区	205.9	205.9	105.3
淮阴区	265.0	265.0	43.2
合计	1656.0	1656.0	365.5

四、生活垃圾清运

1978年，城市的生活垃圾由环卫工人拖着垃圾车摇铃收集，马路上清扫垃圾分段集中，由汽车运去垃圾场。1983—1997年，淮阴市区陆续建设15座垃圾中转站，清扫后生活垃圾由环卫工人用人力垃圾车送到中转站，再由专用垃圾车运送到垃圾场处理。专用垃圾运输车辆逐年增加，垃圾清运全部机械化。2001—2008年，淮安市中心城区的垃圾中转站增加至48座，生活垃圾清运量呈现先增加、后减少、再增加的趋势。2006年生活垃圾清运量为25万吨，2007年为22万吨，2008年为23万吨。由于淮安市创建国家卫生城市，把多年积存的垃圾，城郊接合部垃圾，包括河道里的污泥、树皮以及贫困企业多年未清理的垃圾等均纳入到生活垃圾清运系统。

2004—2008年淮安市市区垃圾清运量一览表

表5-17　　单位：吨

年份 区域	2004	2005	2006	2007	2008
清河区	109625	106392	108376	66083	66204
清浦区	91998	99350	46316	49729	51075
淮安经济开发区	4320	5040	21600	32400	36000
楚州区	40678	40723	35461	37152	38635
淮阴区	35915	37080	37480	37770	38150
合计	282536	288585	249233	223134	230064

五、粪便清运

厕所私有化时，由厕所户主收集后直接卖给农村。私厕归公并改为水冲式公厕后，用吸粪车收集运送到粪场。1995年后，水冲式厕所清理出来粪渣运送到北京新村污水处理厂处理。2005年，淮安市粪便处理场建成，同年10月起试运行，2006年3月正式投入运行，清河、清浦两区的粪便全部运送到该处理场处理。

2000—2008年淮安市市区粪便清运量一览表

表5-18　　单位：万吨

区域 粪便清运量 年份	清河区	清浦区	淮安经济开发区	淮阴区	楚州区
2000	1.40	0.97	0.07	1.25	1.41
2001	1.42	0.99	0.07	1.26	1.34
2002	1.50	1.04	0.08	1.33	1.38
2003	1.56	1.09	0.09	1.40	1.42
2004	1.04	2.08	0.05	1.51	1.91
2005	0.99	2.76	0.06	1.54	2.05
2006	1.02	4.55	0.08	1.60	2.44

续表 5-18

区域 / 粪便清运量 / 年份	清河区	清浦区	淮安经济开发区	淮阴区	楚州区
2007	0.99	9.67	0.10	1.61	2.48
2008	1.05	9.68	0.14	0.75	2.58

六、建筑垃圾管理

1987年前，城市建筑垃圾产生量较少。一般生活小区的少量建筑垃圾与生活垃圾同时运到生活垃圾中转站，一并处理。城市市政道路维护产生的较大量垃圾由市政建设部门直接运送到郊区填埋沟、塘或用于其他道路的路基填垫。随着旧城改造步伐加快，建筑垃圾产生的量也越来越多。1987年，建筑垃圾的清运由市环卫处实行有偿服务，统一管理，每平方米收取建筑垃圾管理费1元，环卫部门设定建筑垃圾收集点，集中转运。20世纪90年代起，房地产业蓬勃兴起，城市道路不断延伸新建，城市建筑垃圾大量产生，建筑垃圾运输过程中的抛洒问题，偷倒、乱倒问题经常发生，加强建筑垃圾管理提上政府的议事日程。1999年9月，淮阴市建筑垃圾管理办公室成立，隶属于市政公用事业局。2001年年末，建筑垃圾管理办公室及其管理职能划到市城管局，并于2002年成立淮安市渣土管理处。至2008年，淮安市城管局建筑垃圾管理职能部门建章立制，加强工地、消纳点和运输线“两点一线”监管，与公安城管分局、公安交警联合开展整治行动，集中查处抛洒滴漏等违规行为。

2002—2008年淮安市市区渣土处置、违章查处情况表

表 5-19

年份 / 项目	2002	2003	2004	2005	2006	2007	2008
渣土处置量（万吨）	20	26	30	32	36	40	45
办理渣土处置手续（件）	459	426	596	623	724	649	314
查处违章（起）	280	448	490	300	23	120	80

第三节　市容整治

20世纪80年代初，由市政府牵头，以街道居委会为单位整治辖区内的脏、乱、差状况。1985年7月，成立淮阴市城市管理监察大队，重点对乱占道路经营的马路市场进行突击整治。如原大闸口周边的废旧品市场，不但占用大片公共场地，并且成为一些不法分子销赃的场所；还有沿里运河两岸占道（包括占用河道）经营的砂石市场，竹制品储运、加工市场。对于这些治理难度大、极易反复且社会影响大的违章违法行为，由政府牵头，组织公安、城建、工商等部门联合行动，强制执行。1990年，市城市管理监察大队更名为城市建设管理监察大队，隶属于市建设委员会。这个时期的市容整治主要围绕创建省级卫生城市，对城市建设和城市管理中出现的各种违章、违法行为予以查处、纠正。

1995年，发动全社会参与市容市貌和市容秩序的管理整治，市区实行路段长制度，由市直各部、委、办、局及部分大中型国有企业分别承包管理一条市区主要道路，从市容秩序、环境卫生和美化绿化等方面按照省级卫生城市的要求加强管理和整治。同年12月，进一步完善路段长责任制，对区管道路实行科级单位路段管理责任制，任命20名科级干部担任17条区管道路的路段长，扩大路段长责任制的覆盖范围。

1996年，市区全面推行生活垃圾袋装化，7个街道办、52个居委会实行垃圾袋装化管理及考核。

1997年1月，市政府重新任命市管14条主要道路的路段长，使路段长责任制进入轮换状态，并得到持续发展。在完成创建省级卫生城市基础上，为继续创建全国卫生城市奠定良好基础。

2001年年底，经国务院法制办批准，在淮安市开展相对集中行政处罚权试点，市区的市容管理整治进入全新阶段。按照市委、市政府提出的创建国家卫生城市决策，由市城管局牵头，市区市容环境整治活动进入常态化。每年结合爱国卫生月活动、重大节庆活动以及创卫各阶段迎检，适时开展市容市貌及城郊接合部综合性整治活动。

在每年开展数次市容综合整治活动基础上，城管部门还根据城市管理中存在的突出问题，开展系列专项治理活动，主要有户外广告专项治理、流动经营治理、违法建设治理、农贸市场整治、犬类治理。

2003年，城市管理部门就市容环境卫生、"门前三包"、社区管理、环卫设施管理、非机动车停放等多方面修订管理标准，推行示范点创建活动。组织对城市市容整治示范点观摩、验收、命名，推动示范点创建活动向纵深发展，提升城市管理品位。

2006年，市城市管理部门对市区"门前三包"达标的60个单位、120户经营户，环卫作业达标的15个示范小区、10座垃圾中转站、26座示范公厕、25条示范道路，市区非机动车停放规范管理达标的10个示范点进行表彰。

2008年，市城市管理部门以"经典规划、精致建设、精细管理"为指导思想，以优化中心城市核心区市容景观、提升城市品质、增强商业活力为目标，将淮海北路打造成苏北地区一流的示范路段。淮海北路的市容环境卫生秩序得到明显改观，道路档次和品位有显著提升。同年11月，省建设厅专家组对淮安市创建示范路段进行考核验收，对所创示范路段予以命名表彰。

第四节　行政执法

1978—1983年，清江市基本建设委员会是全市建设和城市管理的主管部门，在城市管理方面主要抓"三整顿一改善"工作，即整顿市容、整顿环境卫生、整顿交通秩序和改善服务态度。

1985年7月，淮阴市城市管理监察大队成立，1995年更名为城建监察支队，并在市政公用局、园林局、建工局、规划局设立城建监察大队，分别对城市规划、市政公用设施、市容环境卫生、园林绿化、建筑工地实施行政监察，行使行政执法权。

1993—2001年，城市管理行政执法重点是市政公用和市容环境卫生。主要违规行为是城市道路的占用，包括建设型道路占用、挖掘，建筑物乱堆乱放，经营型道路占用，砂石经营、农贸市场外溢占用。市容方面主要违规行为是广告牌匾不规范设置，建筑垃圾、生活垃圾乱堆乱放，城市店容店貌损坏，小广告泛滥等。

2007年9月，第二届全国城市管理经验交流现场会在淮安市举行，推广淮安市"亲民理念，和谐城管”工作经验，全国24个省、自治区、直辖市73个城市，350多名代表会聚淮安，研究探讨城市管理新思路、新方法。该届交流现场会由中国城市科学研究会中小城市分会、中国城市网主办，中共淮安市委、淮安市人民政府承办。大会对包括淮安市城管局在内的14个单位和个人所创造的全国城市管理优秀实践成果给予表彰。

2008年，淮安市“和谐城管”内涵进一步丰富，品牌影响不断增强。省人大代表进行专题视察并给予高度评价，省政府法制办、省建设厅在全省推广该经验，全国有40多个城市组团到淮安学习交流，互联网上有230万人次点击浏览淮安“和谐城管”相关信息，“和谐城管”成为淮安市的品牌和名片。

·淮安市志·（1978—2008）

第六卷　建筑业　房地产业

第一章　建筑业

第二章　房地产业

1978年，淮阴地区国营和集体建筑企业规模较小，综合实力较差。20世纪80年代中后期，淮阴市建筑行业走向市场，突破房建为主的单一格局，向市政、水利、交通、装饰、电力、设计、建筑节能等专业领域发展；拉长产业链，向房地产业、新型建材业、建筑机械、制造业等延伸。同时，建筑施工技术发展较快，大型厂房和公共建筑普遍采用钢筋混凝土结构。20世纪80年代后期，高层建筑开始出现在城市中。淮阴市建安总公司承建的淮海大厦高17层，建筑面积8016平方米，淮阴市二建公司承建的供销大厦高13层，建筑面积1.1万平方米，均为当时的地标建筑。20世纪90年代后，随着高层建筑施工技术的进步，市区建筑向大型化、高层化、装饰化发展。全市建筑工程质量创优水平居苏北地区前列，截至2008年年末，淮安市创成国家级全面质量管理成果72项、省级13项、市级59项。

1996年起，确立1月5日为市"建工日"，每年召开全市建筑业工作会议，市领导出席会议，并作重要部署。实施大建筑业战略、大企业战略、大市场战略，在所有制结构、企业结构、经营结构等方面进行调整。1997年起，市政府对全市100余家建筑企业进行较为彻底的股份制改造。至2007年年末，全市建筑企业改制基本完成，改制面达97%。改制企业逐步建立起现代企业制度，形成以骨干企业为主导，二、三级资质民营企业为主力，总承包、专业承包、劳务承包相配套，设计、施工一条龙，技术装备良好的建筑工业体系，建筑业逐步发展成为淮安市经济支柱产业。1995—2008年，全市累计完成建筑业总产值1871亿元，平均年递增19.3%；完成建筑业增加值504.6亿元，平均年递增19%；完成利税总额89.5亿元，平均年递增15.6%。2008年，完成建筑业总产值375亿元、增加值99亿元、利税18.5亿元，从业人数达27万人，其中25.22万人来自农村，成建制外出施工人数达23万人，全市农民人均纯收入中有17%来自建筑业。全市有建筑资质的企业总数达703家，是1984年首次资质审查时的15倍。其中，一级企业28家，二级企业146家，三级企业405家，涉及房屋建筑、装饰装潢、设备安装、地基基础、市政水利、水电、交通、古建筑、园林绿化、钢结构、消防、建筑节能、建筑智能化、铝合金门窗、商品混凝土等门类。

1981—1990年，淮阴市房地产业开始起步，按照城区规划，结合旧城改造实现集群建设。10年间，建设起繁荣新村、北京新村和市政府自建的10多幢集资楼，累计兴建住宅建筑面积151.83万平方米，人均住房面积增加到6.75平方米。1993年，淮阴市建立住房公积金制度，市区住房制度改革开始实施。20世纪90年代中后期，房地产业加快发展步伐，主要在老城区拆除低矮、陈旧的平房，建造以多层建筑为主的生活小区。2001—2008年，按照"五区联动与旧城改造并举，商品房与保障性住房同进"的思路，淮安市房地产业朝着成片化、多门类、多层次、综合配套、环境舒适的方向发展。至2008年年末，全市房地产开发企业发展到297家。1983—2008年，兴建住宅小区109个，住宅房屋竣工面积2001.17万平方米，人均住房面积达33.2平方米。

1994—2008年，市政府注重建设解困房，逐步解决市区人均住房面积4平方米以下的困难家庭住房；建设安居房，解决市区中低收入家庭的困难户住房；建设政策性商品房，解决因拆迁造成住房困难的居民住房问题；建立廉租住房保障制度，解决市区民政部门确认享受最低生活保障的人均住房面积8平方米以下的城市家庭困难户住房。

全市房地产交易起步于1988年，当年办理交易23起，面积1500平方米。1998年，全市房地产交易量达3200起，面积50万平方米。2005年，开通"网上楼市"和市区商品房销售网上登记系统，当年实现房地产交易面积240万平方米。1988—2008年，全市房地产总交易量达86780起，总面积1273.81万平方米。

第一章　建筑业

第一节　管理机构

1978年，淮阴地区各县（市）均成立基本建设局，领导各地的建筑工程公司。1979年，淮阴地区基本建设局更名为淮阴地区行政公署基本建设委员会。清江市城市建设局内的建筑管理组人员及业务划出，成立清江市建筑安装管理站。1980年9月，清江市建筑安装管理站改称为清江市建筑安装管理处。

1983年3月，成立淮阴市城乡建设环境保护局，内设建工科。原清江市建筑安装管理处改为淮阴市建筑管理处，为市城乡建设环境保护局下属单位，管理全市乡镇集体建筑业出市、出省施工队伍和外地进入市区的施工队伍。

1985年1月，淮阴市城乡建设环境保护局更名为淮阴市城乡建设局，环保局另立。是年2月，成立淮阴市建筑工程质量监督站。是年7月，建工科、建管处与质监站合署办公。

1986年10月，成立淮阴市建设工程标准定额站、淮阴市抗震办公室。是年12月，成立淮阴市建设工程招标投标办公室、淮阴市建筑业管理办公室。连同1985年合署办公的3家单位，共7家单位合在一起办公，统一领导，对全市建筑业实行管理。

1988年9月，原合署办公的7家单位有所调整，建工科、建管处、质监站、招标办4家单位合署办公，其余3家单位合署办公。

1990年4月，定额站更名为淮阴市工程标准定额管理处。是年6月，市城乡建设局更名为淮阴市建设委员会。是年12月，市建委建工科和市建管办、市建管处合署办公，实行“一套班子，三块牌子”，对外统称淮阴市建筑业管理办公室。市招标办、市质监站、市定额处独立，分别为淮阴市建设委员会直属单位。同时，抗震办划出，与淮阴市城市建设设计科技管理办公室合署办公。

1996年9月，成立淮阴市建筑工程管理局，为市建委下属二级局。

1997年9年，成立淮阴市建筑安全监督站、淮阴市建筑行业劳保统筹基金管理中心、淮阴市建筑业外出施工管理处。

1999年，成立淮阴市建筑业发展研究中心。2004年4月，成立淮阴市建筑管理监察大队，撤销建筑业发展研究中心。

至2008年年末，机构、体制无变化。

第二节　建筑施工

一、基础工程

（一）地基工程

1978年后的一段时期，清江市区最高楼层为7～8层，楼房地基增加抗震防震要求，采用地基处理的新方法，如使用钢筋混凝土条形基础、混凝土独立基础等。

20世纪80年代后，随着建筑楼层的增加和交通道路等级的提高，部分天然地基不能满足建设需要，许多软土地基加固技术被采用。1990年后，地基加固施工类型主要有水泥搅拌桩、砂石桩等。水泥搅拌桩施工分湿喷水泥浆和干喷水泥，分别为深层搅拌桩、粉喷桩两种类型。淮建总公司1994年施工的市交通局综合楼工程，采用深层搅拌桩，桩径500毫米，桩长9米，共1040根。该工程是淮阴市第一个深层搅拌桩地基加固工程。此后，随着高层建筑的发展，深基坑不断出现，水泥搅拌桩常常被应用在深基坑支护中，作为深基坑止水帷幕。淮建集团施工的深基坑水泥搅拌桩工程主要有1999年施工的市国土局综合楼基坑支护工程，2001年施工的市汇通商城基坑支护工程，2005年施工的创业大厦基坑支护工程。

砂石桩施工分水冲和干振两种类型。1990年以前，以水冲施工方法为主。淮建总公司1980年承建的淮安县棉纺织厂车间工程，地基软弱，如遇地震作用会引起地基砂土液化。该工程采用振冲碎石桩基础，为淮阴地区首次采用该项技术加固地基。

（二）桩基础

1978年后，淮阴地区建筑楼层向超高层发展，天然地基和经过加固处理的地基满足不了建筑物荷载增加的需要。因此，桩基础被普遍采用，以灌柱桩和预制桩为主。

1978年，涟水县建筑公司承建县化肥厂20吨锅炉房工程，在淮阴地区首次采用混凝土灌注桩基础。2002年，中淮公司在承建的市人民检察院综合楼桩基工程中应用新技术，在钻孔的基础上采用“多支盘挤扩方法”施工，原设计荷载4800千米，经检测达5800千米，大大提高桩基承载力，降低工程造价。该工程被评为江苏省“扬子杯”优质工程。

预制桩主要为方桩，沉柱采用筒式柴油锤锤击方法。1989年，淮建总公司承建的华能淮阴发电厂2×20万兆瓦机组工程桩，桩长35米，断面为0.45×0.45米方桩，混凝土强度等级C40级，有7800多根桩，仅用2个月时间完成预制。

二、主体结构工程

（一）砌体工程

20世纪70年代末，墙体砌筑普遍采用水泥砂浆和混合砂浆。施工方法仍是手工操作，采用制灰板铺灰法，灰缝厚度基本一致，表面清洁，美观大方。

（二）土木、砖木、砖混结构

20世纪70年代后期，土木、砖木结构的房屋，除少数仿古建筑外越来越少，逐渐被砖混结构、框架结构等具有坚固、防水、防火、抗震性能的建筑结构所代替。二十世纪八九十年代，住宅小区大批量建设，砖混结构成为住宅建设的主要结构形式，如北京新村小区、富春花园小区等都采用砖混结构。

（三）框架结构

20世纪80年代初，市内工业厂房及公共建筑普遍采用钢筋混凝土结构，一些多层建筑和大跨度工程则为钢筋混凝土半框架、全框架结构。市区工程使用框架结构早于各县。

（四）预制装配结构

1982年，淮建公司承建的淮阴烟厂过滤咀车间工程，采用预制全装配多层框架结构，梁柱接头全部采用预留钢筋，安装后进行坡口焊接，浇灌接头混凝土后形成整体结构。这种处理梁柱节点方法比预埋铁件连接的整体性强，但施工技术要求高。1990年，淮建总公司承建的县级淮安市电缆厂工程也采用预制装配结构。20世纪90年代后期，预制装配式结构逐步淡出，很少使用。

（五）钢屋架结构

1978年，淮建公司承建的淮海影剧院工程，首次制作28米跨度的梯型钢屋架。在放样、下料、焊接及控制焊接变形等方面积累经验。

1985年，淮建公司承建的市体育馆工程，建筑面积7680平方米，有4000个座席，屋顶采用钢管焊接空心球节点变截面网架，平面尺寸45.12米×45.12米，中心高度3.9米，网架重62.45吨，在地面分三段预制焊接。该网架结构工程为淮阴市首个钢屋架结构。2000年后，钢屋架结构体系在钢结构装配式厂房中大量涌现，配合轻型金属屋面板使用。

（六）大板建筑技术

1978年，随着全省建筑工业化的发展，淮建公司推行大板建筑技术。这种结构将构件工厂预制钢筋混凝土空心墙板和预应力空心大楼板运到工地，组装、焊接建成房屋。市石油化工厂车间、淮建公司第四工程处4层宿舍楼用该技术建成。2000年以后，大板建筑技术未能在全市全面推广。

三、屋面工程

（一）坡屋面

20世纪70年代，淮阴地区民房建筑特别是乡村住宅多用坡屋面。其排水方向一般为双坡，承重结构多采用水泥桁条，上铺木板、油毡、平瓦。

（二）平屋面

二十世纪七八十年代，平屋面形式被人们广泛接受。与坡屋面相比，其主要优点是节约木材，提高预制安装速度，造价低，能有效地利用房屋面积。20世纪90年代后，在淮阴市的住宅工程中，平屋面只是局部采用，主要用于放置太阳能设备，公共建筑采用平屋面形式仍然较多。

（三）柔性防水屋面

境内建筑一般采用“二毡三油一砂”屋面防水施工技术。二十世纪八九十年代，淮阴市又推广使用“三毡四油一砂”屋面防水施工技术，并采用有组织的排水技术。但柔性屋面耐久性差，易老化开裂而造成渗漏。

（四）刚性防水屋面

20世纪70年代后期，淮阴地区房屋一般在刚性防水屋面上架设混凝土预制架空板，以达到隔热保温效果。

（五）聚氨脂涂膜防水屋面

2004年，淮建集团承建的清浦区法院审判综合楼工程使用聚氨脂涂膜防水屋面施工技术。该技术工艺简单，防水涂膜弹性好，抗渗力强，材料无异味，耗材量少，有一定的优越性。

（六）压型钢板屋面和波型瓦屋面

20世纪80年代后，简易的单层或多层工业厂房不断增多，压型钢板屋面和波型瓦屋面使用也较为常见。

（七）网架屋面

20世纪90年代，开始使用聚氨酯涂膜防水材料、SBS性沥青卷材、PVC橡胶卷材等。随着建筑物造型的不断创新和跨度的不断增大，网架屋面越来越多地使用在市内大型公共建筑中。

四、混凝土及钢筋工程

（一）混凝土浇制

20世纪70年代末，市区建立混凝土配合比试验室，用机械对水泥、混凝土等进行物理力学性能测试，进行混凝土配合比试验。20世纪90年代，随着各县（市）建筑工程试验室的相继建成，混凝土配合比逐步由现场计算转为由试验室出具配合比通知单，按照通知单上的配合比组织施工。1994年，淮阴建工集团金达构件公司在原有的混凝土搅拌楼基础上进行技术改造，建立全市第一家商品混凝土搅拌站，年生产能力达10万立方米。2000年，实施二期技术改造，配备混凝土专项试验室，年生产能力提高到30万立方米，取得全省首批五家、全市唯一商品混凝土二级专业承包资质。开发防辐射混凝土、抗渗混凝土、防冻混凝土，并在市各大医院、人防工程、淮钢“十五”技改项目中应用。2005年，进行三期技术改造，设计年生产能力高达120万立方米，成为淮安市规模最大的商品混凝土供应商。此后，相继有中淮、美赞等多家混凝土搅拌站建成。2008年，市区商品混凝土供应能满足工程建设需要。

（二）钢筋加工

20世纪70年代后期，建筑工程专业分工细致，设钢筋制作组，技术相应提高。20世纪80年代以后，各建筑企业均成立集钢筋放样、制作、绑扎于一体的专业化工程队，专门从事钢筋工程。2000年后，钢筋制作作为企业专业劳务资质参与市场竞争，成为劳务类专业公司的必备条件。

（三）预应力钢筋混凝土

钢筋混凝土构件中主要受力钢筋预先施行张拉的混凝土构件分先张和后张。预制厂预制钢筋混凝土构件都采用先张法。20世纪80年代初，淮建公司就掌握全套预应力钢筋混凝土后张法技术，包括高标号混凝土的配制、预留孔道，预应力钢筋的制作、张拉、灌浆等。

（四）高强预应力钢筋混凝土

1990年，开始在现浇混凝土结构中采用高强预应力技术。淮建公司承建的日用化工厂牙膏生产楼工程，现浇钢筋混凝土框架首次采用高强预应力钢筋混凝土，为在全市推广该项技术开创先例。2001—2002年，淮阴建工集团承建的淮阴卷烟厂2幢片烟仓库工程，总建筑面积4万平方米，梁板全部采用无黏结预应力施工工艺，是淮安市采用高强预应力钢筋混凝土工程量最大、工艺最为先进的建筑工程。

（五）特种混凝土

1979年，在淮阴杨庄变电所工程中，配制成以水玻璃为胶结料的耐酸混凝土。之后，又陆续配制不发火花混凝土、防射线混凝土，并在一些工程中应用。1980年建成的淮阴市第一人民医院钴治疗室工程，为防射线混凝土结构。淮建公司1981年承建的泗洪双沟酒厂地下贮酒池，1982年承建的洋河酒厂2000吨地下贮酒池，应用抗渗混凝土技术施工，混凝土抗渗标号达S15～S20；1982年承建的清江商场工程中的箱型基础作为地下营业室及库房，其混凝土抗渗标号也达S15～S20。20世纪80年代，随着平战结合的地下人防工程的出现，地下室、地下通道工程增多，抗渗混凝土的抗渗等级要求越来越高。

（六）模板工程

1978年以后，随着定型组合钢模板成套技术的发展，淮建公司率先从灌云钢模厂购进定型组合钢模，并迅速推广应用到各种现浇和预制结构中。1986年，淮阴市二建公司承建江苏玻璃厂四机无槽工程，与安徽省三建公司联合使用滑模工艺，建成76米高的混凝土烟囱，是淮阴市最先使用滑模工艺技术的企业。2000年后，市境内建筑公司基本上都采用胶合板（11合、9合、7合等）作为模板材料，取得速度快、劳动强度低、房屋整体性好、成本低的效果。

第三节　建筑安装

一、结构吊装

1978年后，淮建公司有机械化施工公司，清江市建筑公司有吊装队，完成大批市区多层及高层建筑的吊装任务，同时还能进行高难度的门式屋架、24米屋架吊装等。

（一）预制混凝土构件吊装

1984年6月，实施西郊热电站锅炉房钢筋混凝土构件吊装，由于其柱长27.45米，重28.4吨，当时没有能满足此高度和重量的吊装设备，于是将10吨悬臂式金属杆起重机改装成杆缆式金属桅杆起重机，另外再使用一台20吨悬臂式桅杆起重机。2台起重机共同进行滑移拖转式起吊，仅用13天时间，完成12根重型柱的吊装。

（二）大跨度屋盖结构吊装

1981年7月，清江商场建设工程中，在22.1米高的5层楼面，吊装6层屋面结构。由于其他起重机无法直接起吊，采用在楼面铺设通长轨道，分嵌楼面荷载，在轨道上运行1台悬臂式桅杆式起重机和1台木挑杆，共同抬吊跨度为21米、重2.18吨的梯形钢屋架。

（三）洗却塔吊装

1997年，淮阴县化肥厂在进行设备改造、维修中，将一台重32吨、高30米、直径2米的洗却塔安装到近1米高的平台上。该塔单体重量及体积较大，采用30吨履带吊和25吨轮胎吊抬吊就位。

（四）钢结构吊装

1999年，实施清江石油化工厂重油催化裂化技改工程，钢结构吊装量约500吨，其中最大钢构件重8吨，最高高度为28.3米，且多种专业交叉作业，采用100吨·米的汽车吊吊装。创下当时市内一次安装钢结构量最高纪录。

二、设备安装

20世纪70年代中期至80年代，境内建筑公司设备安装从一般的民用设备安装向工业设备安装过渡，并能承接中小型的成套工业设备安装。1985年4月，市建工设备安装公司首次外出与苏州工业设备安装公司合作，在苏州承接民用水电、锅炉及工艺管道安装工程。1988年4月，市建工设备安装公司承接泰州热电站3公里供热管道安装及保温工程。1995年，市东辰设备安装公司承接苏州工业园区工业厂房的变配电、照明动力、给排水等设备、管道安装任务。1995年，淮阴二建公司承建几内亚学校公共设施、津巴布韦医疗保健医院、军事学院营房的安装工程。1997年，承建纳米比亚部队营房安装工程。1999年，承接几内亚水厂管网工程。2002年，江苏中淮建设集团公司承接贝宁医院水电设备安装工程等。所建工程均一次性验收合格，运行良好。2006年，市建工设备安装公司承接扬州市宝胜电缆厂和美国EMS公司合资的高低压电器元器件生产线安装工程，按照英国、美国标准进行检查验收，成套生产线试车一次成功。2007年，市建工设备安装公司开始对工程施工采用信息化管理，按阶段采集施工信息，对重要的施工操作规程进行摄像记录，施工全过程采用计算机对工程质量、技术、资料、文件档案进行管理。2008年，淮建集团设立科威特办事处，当年实现出国（境）施工5000多人，完成境外施工合同额1亿美元。

（一）锅炉安装

市建工设备安装公司属淮阴建工集团子公司。1978年5月，首次承建淮阴县化肥厂SHLLO-16/350工业锅炉安装工程，是当时淮阴地区安装队伍自行安装的第一台锅炉。至2008年年末，淮安市建工设备安装公司累计安装、维修各类散装、整装锅炉300余台。

（二）建筑民用设备安装

1979年4月，淮阴建工设备安装公司承担淮安宾馆的水、电、暖、卫、锅炉及工艺设备的安装任务。1983年，承担淮阴宾馆4号楼的水、电、暖、卫、锅炉、空调的安装任务。1987年，承担淮阴宾馆3号楼的给排水、集中空调、照明动力、通信音响、闭路电视、变配电、冷冻机房、室外管道安装任务，质量均为优良，使用情况良好。该公司承接的建筑面积在1.5万平方米以上、技术含量较高的民用设备安装工程有1979年施工的淮海影剧院，1986年施工的淮阴电信大楼、中国人民银行淮阴分行营业楼、淮阴师范专科学校校区群体工程，1988年施工的清江商场等。2000年后，承担的大型、高层建筑民用设备安装工程有淮安市第二人民医院急诊楼和内外科大楼、市老干部活动中心综合楼、市工商局综合楼等。

淮安市东辰设备安装公司属江苏中淮建设集团子公司。1995年，承担市广电大厦的水电、暖卫、消防控制系统、综合布线等工艺设备的安装任务。1997年，承担市供电大厦的水电、暖、卫、消防管道、动力配电等安装任务。1999年，承担市房产大厦和淮州宾馆的高、低压配电及消防管道、喷淋、照明动力、给排水、通信音响、闭路电视、冷冻机房、室外管道的施工安装。2002年，承担市检察院办公楼的配电、照明、动力、给排水、消防报警控制系统、喷淋、综合布线等施工任务。

（三）电梯安装

1979年，淮阴建工设备安装公司为淮阴地区土产公司综合楼安装货用电梯。1990年，与苏州迅达电梯有限公司联营，承担销售、安装、维修电梯业务。1993年，安装市工商银行办公楼电梯，为无级调速的调压调速客梯，在电梯控制和拖动技术上有新的突破。1994年，在新亚商城、供销大厦安装客、货电梯，电脑控制技术在客、货电梯上首次使用。1995年，在淮阴县织布厂电梯改造工程中，该公司率先在淮阴市将老式继电器控制的电梯进行PLC（可编程控制器）电脑控制改造，取得良好的社会效益和经济效益。1996年，安装市国税局办公楼电梯，是新一代调频调压调速电梯（VVVF）在淮阴市的首次使用。1997年，安装市广播电视局办公楼电梯，科技含量高，速度快（1.75米/秒）。1998年，安装市中级人民法院办公楼电梯，采用MICR10分布控制电梯系统。

（四）工业设备安装

1982年，淮阴建工设备安装公司承担淮安县纱厂纱锭工程中的成套通用设备安装工程，包括给排水、采暖、通风除尘、照明、动力、锅炉及热力设备安装。这是该公司首次承担大型厂房综合性安装业务。1984年，承担宿迁啤酒厂生产线设备安装工程。1988年5月，承担涟水县水泥厂扩建工程的给排水、照明动力、变配电安装，验收、调试均达到规范和工艺要求。1989年，首次承担液化气储配站安装工程。1990年，承担清江橡胶厂密炼机设备安装。1991年，承担淮阴电化厂冷冻站设备安装。

1999年，市东辰设备安装公司承担淮阴卷烟厂厂房的室内动力配电、照明、给排水、通风空调、通信、消防管道安装工程，其中所用的风管均为现场制作、现场安装。

2000年，市设备安装公司承接淮安市华尔润有限公司动力电气、化工设备、工艺管道安装任务。2001年，完成淮阴卷烟厂“九五”技改项目生产线配套工程设备安装。2003年，承接台商投资的展德光电科技楼工程的给排水、电气照明、动力净化空调及室内外消防、厂区路灯、高低压配电房、水泵房安装任务。2003年，首次承接淮安市深圳路钢套钢网埋地热力管网工程。

（五）电力变配电安装

20世纪70年代起，淮阴建工设备安装公司负责10千伏安变配电工程中电缆、避雷器、互感器、电力变压器的预试和调试。至20世纪80年代末，承接安装10千伏安变配电工程100多个。20世纪90年代至2008年，该公司先后承接淮安电化厂、清江橡胶厂、淮安正大饲料厂、清江中学、淮阴卷烟厂、淮安联通分公司等10千伏安变配电工程。该公司配备先进的测试仪表和试验装置30多种，满足电力预防性和交接试验要求，做到电力运行无事故。

第四节　装饰装潢

20世纪80年代，随着人民生活水平的提高和建材工业的发展，对房屋装饰的要求也越来越高，一些新的装饰材料和新的施工工艺被采用。20世纪80年代中期是市境内建筑装饰大发展时期，其特点是注重建筑物造型和装饰协调一致，不同风格的建筑选用不同的装饰材料。2000年后，淮安市的建筑装饰装潢逐步向豪华型、环保型、高档次发展。

一、内墙装饰

1978年后，在淮阴地区一般工业与民用建筑中，石灰水刷白被内墙涂料代替。同时，室内墙面滚花、彩色弹涂等装饰新技术在一些工程中开始使用。二十世纪八九十年代，淮阴市各种内墙装饰新材料、新工艺不断出现。一些宾馆、大厦的服务大厅、会议室都采用大理石、花岗岩、铝合金板、铝镁曲板、不锈钢板、镀铜字牌等中高档装饰材料嵌贴墙、柱，会客厅、宾馆客房的内墙均贴各种花纹的墙纸、墙布，喷涂高档乳胶漆，有的做胶合板墙裙。在较高档次的民用住宅中，卧室、客厅用墙纸、高档乳胶漆或硅藻泥饰面，厨房、卫生间墙面多数镶贴瓷砖。顶棚装饰由采用木结构灰板条吊顶发展到用轻钢龙骨吊顶。吊顶材料多为塑料彩板、石膏板、铝塑扣板、铝合金扣板等。

二、外墙装饰

20世纪70年代后期，淮阴地区建筑物外墙装饰出现干粘石粉刷墙技术，与水刷石效果相同，但省时、省工。1978年，清江市建筑公司办公楼工程首次使用干粘石技术粉刷外墙面。20世纪80年代后，出现彩色弹涂外墙新工艺和用玻璃马赛克镶贴外墙面的新技术。20世纪90年代，外墙饰面开始使用各种材质、各种形状的面砖、陶瓷锦砖、大理石、磨光花岗岩、铝合金、玻璃幕墙、镜面不锈钢等高档材料。许多临街商业高层建筑采用大面积玻璃幕墙作为外立面装饰。

三、楼面（地面）装饰

20世纪70年代中后期，营业楼、办公楼地面开始使用水磨石技术。地面涂料如氯偏乳液在办公楼、住宅楼中开始使用。20世纪80年代后期，在住宅楼、办公楼、营业楼、宾馆等建设中，普遍用水磨石、马赛克、釉面砖等装饰楼地面。20世纪90年代后，宾馆大厅、大中型商场、高档写字楼等地面用陶瓷地面砖、镜面大理石、磨光花岗岩等铺贴；高档办公室、会议室地面用硬木拼花地板、镶拼木条地板铺设；民用住宅客厅、卧室地面由用塑料地板铺设发展为用花岗岩、大理石、实木、硬木地板铺设；卫生间、厨房由用马赛克铺贴发展为用各种材质的彩色地面砖铺贴。

四、门窗装饰

20世纪70年代，淮阴地区工业厂房推广应用钢门窗，在民用建筑中出现少量的实腹和空腹钢窗及钢门。20世纪80年代初，装饰效果较好的铝合金门窗在新建的临街多层建筑中开始使用。从20世纪80年代中期，延续到2000年左右，淮安市一般公共建筑和民用住宅普遍使用铝合金窗和钢塑门窗，门窗边缘用有装饰贴面的三合板及各式花木线条镶包，增加美感。沿街门面使用卷帘门。宾馆、办公楼等大厅多使用全玻璃大门和铝合金玻璃门。一些办公楼及住宅小区都安装中空玻璃窗或双层玻璃窗，起到良好的隔音、保温作用。2005—2008年，随着智能化建筑的推广，淮安市住宅小区的楼梯口大门安装电子对讲门铃，有的底层住宅窗口安装红外线防盗装置。

第五节　新型建筑材料推广与应用

一、散装水泥和商品混凝土

1978—1982年，淮阴地区生产散装水泥1.05万吨。1992年，市新型墙体材料厂建成年产5万吨散装水泥的水泥粉磨站1座。

1994年，市建安总公司建设商品混凝土搅拌站，一期工程投资500万元，年生产能力5万立方米，当年供应1.5万立方米。1996年进行技术改革，年生产能力提升至10万立方米，当年供应3万立方米。1997年，市建安总公司再建年生产能力5万立方米商品混凝土搅拌站1座，市中淮公司建设年生产能力22.5万立方米商品混凝土搅拌站。2002年，省建筑科学研究所在淮安市建成江苏淮安美赞建材科技有限公司。随着城市化建设步伐加快，基础设施投入增加，商品混凝土产业得到快速发展。至2008年年末，全市有商品混凝土生产企业33家（37个站），拥有商品混凝土搅拌车700辆、固定泵40台、汽车泵120辆，年生产能力2700万立方米，一次运输能力6000立方米。2008年，全市推广应用商品混凝土234.4万吨。

二、墙材革新与建筑节能

（一）砖瓦窑业整治

1999年，市政府出台《关于限制使用和淘汰落后建材产品的通知》。要求淮阴市区、县级淮安市、淮阴县城区范围内各类建筑（包括围墙、临时建筑）正负零线以上的墙体，从2000年1月1日起禁止使用黏土实心砖，各类建筑的坡屋面禁止使用黏土瓦；涟水、盱眙、金湖、洪泽县城区范围内的各类建筑正负零线以上的墙体，从2001年1月1日起禁止使用黏土实心砖，屋面禁止使用黏土瓦，围墙禁止使用黏土类墙体材料。

2000年12月，市建委对禁用黏土实心砖作进一步明确规定。在建筑行业禁止使用黏土实心砖和黏土瓦的同时，全市开始从源头上整治小土窑和砖瓦生产企业。2002年，市政府颁发砖瓦窑业整治工作的实施意见，明确整治对象、工作措施和具体要求，对开发区内、国道和省道边、土源枯竭及无采矿许可证、取土许可证、安全生产合格证等不符合保留条件的6类砖瓦企业，一律予以关、停、并、转。2003年，市国土资源局出台《关于取缔关闭部分砖瓦窑厂的通知》和《关于进一步加强砖瓦窑业整治工作的通知》，加大对砖瓦窑业整治力度。2004年，市有关部门对7家砖瓦企业违规建窑和违法用地行为进行查处。清浦区巷心建材厂、淮阴区树北砖瓦厂、涟水县保滩砖瓦厂等因违规建窑被罚款，并勒令停产拆除。2006年4月，淮安市明确要求全市48家窑厂分两批全部关停。至2008年年末，全市拆除小土窑约3000座，关停砖瓦企业40家，拆除和关停砖瓦轮窑41座。黏土实心砖产量从1996年的40亿块下降至2008年的3.02亿块。

（二）新型墙体材料和节能产品确认

1998年起，淮阴市实行新型墙体（节能建筑）材料准用证制度。1998年1月，出台《关于淮阴市新型墙体（节能建筑）材料实行准用证制度的实施细则》，规定市内新建、改建、扩建的新型墙体材料生产企业的产品必须在取得准用证后，方可进入建筑市场。2002年12月，出台《关于开展新型墙体材料确认工作的通知》，进一步完善新型墙体材料准用证制度。2005年4月，对新型墙体材料确认工作再次进行修改完善。2007年，制定出台《关于加强建筑节能产品确认工作管理的通知》，规范建筑节能产品的确认工作。至2008年年末，全市为111家企业发放新墙材产品确认证书472个，为33家企业发放节能产品确认证书40个。

（三）建筑节能和绿色施工

1997年12月，市建设局印发《关于进一步加强墙体材料革新与建筑节能工作的意见》，淮阴市居住建筑节能执行50%节能标准进入试点阶段。

1998年7月9日，市区第一幢居住建筑节能50%的试点工程——市健康新村二组团15号楼正式开工。该工程建筑面积3645.11平方米，墙体全部采用混凝土小型空心砌块的6层混合结构。外墙采用240毫米厚三排孔混凝土砌块加墙内外面各15毫米厚珍珠岩保温砂浆，屋面主要为平顶加彩色混凝土瓦坡屋面，少部分外露平屋面采用120毫米厚珍珠岩板作为保温材料，户门采用钢板内加岩棉及空气层复合保温防盗门，北及东、西立面窗采用塑钢中空玻璃窗，南立面窗采用塑钢单层玻璃窗，阳台门采用外12毫米厚红松板材加24毫米厚聚苯乙烯泡沫板加内4毫米厚胶合板制成的复合板门。整幢建筑热工设计和墙体经东南大学检测，均符合《江苏省民用建筑热环境与节能设计标准》要求。

1999年年初，淮阴市举办节能建筑培训班，与市房管系统开发企业签订开展节能建筑的目标责任状。当年市区节能建筑开工面积4.76万平方米。淮建公司11层全框架节能试点楼等项目开工建设。2001—2004年，全市每年有占新墙材建筑竣工面积10%左右的节能建筑竣工。

2005年，市政府出台《关于全面实施建筑节能工作的意见》。规定自2005年7月1日起，在市内新建、改建、扩建的居住建筑中，都必须按《江苏省民用建筑热环境与节能设计标准》中5个强制性条文的要求进行建设（开发）、设计、审图、施工、监理、质监、验收；公用建筑按国家标准《公共建筑节能设计标准》进行建设（开发）、设计、审图、施工、监理、质监、验收。提出市建筑节能的主要节能技术方案、措施，明确相关部门责任，并根据责任制定奖励和处罚措施。

2006年，淮安市公布市、县（区）10个节能示范小区（工程）。华能淮阴电厂三期扩建工程为建筑节能绿色施工试点。该工程严格施工管理，实现环保“三同时”，灰渣100%综合利用，工业废水、生活污水全部回收利用，实现污废水零排放。供电煤耗符合节能环保指标，气机振动、端差、真空、补水率等指标优良，电气、热控保护100%投入。主厂房采用透明采光板带，增加室内自然采光亮度，节约照明能耗。主厂房及建筑框架全部采用节能环保建筑材料。该工程经过质量环保、节能、安全等一系列验收，获评“淮安市建筑工程安全文明标化工地”“全国用户满意绿色施工工地”，其经验在全市推广。是年9月，市建委组织《公共建筑节能设计标准》《民用建筑节能工程施工质量验收规程》《民用建筑节能工程现场热工性能检测标准》《水泥基复合保温砂浆建筑保温系统技术规程》学习班，培训管理、设计、监理、施工等人员240多人。全市开展建筑节能设计标准实施情况专项检查，检查市区在建工程132个，检查建筑面积180万平方米。

2007年3月，市政府出台《关于加强节能工作的意见》，规定县级以上所有新建住宅建筑和公共建筑必须全面执行节能50%的建筑设计标准，并逐步过渡到节能65%的标准，确保节能设计实施到位。2007年12月，市建设局出台《关于加强太阳能热水系统推广应用和管理的通知》，规定全市城镇区域内新建、改建和扩建的宾馆、酒店、商住楼等有热水需求的公共建筑，要统一设计和安装太阳能热水系统，推动太阳能热水系统在全市的大面积应用。

2008年，全面推行建筑节能目标考核制度，建立节能闭合管理机制，开展绿色低能耗、可再生能源利用等7项建筑节能试点示范工作。康城明珠小区为自保温新墙材应用研究试点小区，小区使用普通混凝土复合EPS（聚苯乙烯泡沫）板保温砌块，热工指标达到节能设计标准的要求。恒辉花园小区节能50%试点项目采用节地、节电设计方案，充分利用太阳能，全市首家采用新风循环呼吸系统，不开窗也可以达到室内外空气流通。迎春嘉园为可再生能源利用示范小区，采取节地、节能、节水、节材等措施，利用工业废渣新型墙体材料，多层住宅采用屋顶太阳能集热器一体化应用设计，分散供热水系统，是全市首个开展可再生能源利用示范小区。当年淮安市区和各县城区民用建筑全面实施节能50%的设计标准，市区新墙材建筑竣工面积230万平方米，新型墙材料占总产量比例达88%，发放散装水泥234.4万吨，使用商品混凝土250.9万立方米。至2008年年末，全市累计节能建筑竣工面积1127万平方米，节能建筑占总建筑竣工面积的80%。

第六节　建筑队伍

1978年，淮阴地区有建筑业从业人员5.18万人，其中全民性质企业2211人、集体性质企业9704人。1979年起，乡镇建筑队伍迅速发展，开拓外地建筑市场，在省内各市和出省施工，逐步形成2种建筑劳务输出模式。涟水县保滩乡联合经营模式，施工队伍成建制外出，能承建20层以上的高层建筑；淮阴县韩庄乡单纯提供劳务模式，1984年该乡组织40人赴北京，至1990年发展到2000人。1994年年底，经市政府批准，命名县级淮安市施河乡、建淮乡，淮阴县韩庄乡，涟水县涟城镇、保滩乡为市首批“建筑之乡”。1995年年底，全市有建筑业在册职工7.5万人，农村非成建制建筑工匠约10万人。1996年，市政府将每年的1月5日定为市“建工日”。1998年，印发《淮阴市建筑业1998—2000年发展实施意见》，全市建筑业从业人数发展到24.6万人。2002年，淮安市印发《关于进一步加快建筑业发展的意见》。至2008年年末，全市建筑队伍发展到27万人。

第七节 建筑企业

一、概况

1978年，淮阴地区有资质等级建筑企业15家。1988年，全市有资质等级建筑企业16家。其中，市属建筑企业2家，县属集体建筑企业14家。1989年，由乡镇集体建筑企业上升为县属集体企业的有6家。

1995年，淮阴市有资质等级的建筑企业110家，其中一级企业3家、二级企业14家、三级企业30家、四级企业63家，等外级建筑企业111家。初步形成具有勘察设计、建筑安装、构配件生产、装饰装潢、机械生产和科研教育综合能力，能满足各类工程建设需要的门类齐全、专业配套的产业规模。

2003年，淮安市有资质等级的建筑企业288家。其中，一级企业9家，包括总承包一级企业5家（淮建集团、中淮集团、涟水一建公司、市政总公司、市水利集团）、专业承包一级企业4家（江苏捷达公司、星光照明公司、淮安建机厂、交通设施公司）；二级企业58家，其中总承包二级企业33家、专业承包二级企业25家；三级企业170家，其中总承包三级企业88家、专业承包三级企业82家；劳务企业51家。

2005年，淮安市有资质等级企业324家。其中，一级企业7家，包括总承包一级企业4家、专业承包一级企业3家；二级企业51家，其中总承包二级企业31家、专业承包二级企业20家；三级企业184家，其中总承包三级企业67家、专业承包三级企业117家；劳务企业82家。

2008年，淮安市出台政策，规范建筑企业资质审批工作程序，升级和新申报企业142家。全市有承包企业253家，其中一级企业20家、二级企业62家、三级企业171家；专业承包企业326家，其中一级企业8家、二级企业84家、三级企业234家；劳务企业124家。全市建筑企业总数703家。

二、重点企业简介

（一）江苏淮阴建设工程集团有限公司

该公司前身是1952年成立的清江市建筑工程公司。1955年，与扬州市建筑工程公司合并，设立扬州市建筑工程公司清江工区。1958年，扬州市建筑工程公司清江工区和南京市第二建筑工程公司合并，组建成全民所有制性质的江苏省淮阴地区建筑工程公司。1983年，更名为淮阴市第一建筑工程公司。1985年9月，更名为淮阴市建筑安装工程总公司。2000年11月，经淮阴市人民政府批准，进行产权制度改革，改制为国有控股的淮阴市建设工程集团有限公司。2001年3月，更名为江苏淮阴建设工程集团有限公司。2002年，通过质量、环境和职业健康安全一体化管理体系认证，成为淮安市首家通过“三标一体”认证的企业。2003年12月，经淮安市人民政府批准，进行企业资本国退民进产权制度改革，公司改制为民有民营性质。

20世纪90年代后，该公司在立足本地市场的同时，逐步开拓外埠市场，足迹遍及新疆、甘肃、内蒙古、福建、东北三省、陕西、北京、安徽以及淮安周边地区，承建南京装饰城、南钢体育馆、滁州国际大酒店、滁州邮电综合楼、厦门杏林工商大楼、厦门外国语学校等工程。1995年5月，该公司与中江公司合作，首次走出国门，承建坦桑尼亚教育部大楼，随后又承建赞比亚教学楼、马拉维教学楼、俄罗斯秋林医院等。1999年，获得对外工程承包和劳务经营权以及相关设备材料进出口权。2002年，与中建公司八局合作，承接阿尔及利亚34幢总建筑面积19.6万平方米、造价6000万美元的住宅楼工程。2003年，与沙特莫西达集团合作，在沙特承揽600万美元的工程。2004年，在科威特设立该公司首个海外办事处，在科威特劳务人员常年保持在400人左右。

至2008年年末，该公司总资产13.08亿元，营业额13.35亿元，建筑业增加值2.54亿元，利税总额6892万元。有机械790台（套）。职工总数1168人，技术、经济管理人员872人，有技术职称人员382人，其中高级职称51人、中级职称231人、一级建造师34人、二级建造师44人。

（二）江苏中淮建设集团有限公司

该公司前身是成立于1957年的清江市建筑站。1958年，清江市建筑站与王营镇建筑站合并，组成淮阴市建筑工程公司。1959年1月，成立淮阴市建筑工程公司，为全民所有制性质。1964年，更名为清江市建筑工程公司。1983年，更名为淮阴市第二建筑工程公司，为市属集体企业。2002年3月，实行企业改制，国有股份全部退出，更名为江苏中淮建设集团有限公司，为民有民营性质。

20世纪90年代，该公司在立足淮阴市场的同时，逐步开拓外埠市场，在北京、南京、无锡、苏州、常州、徐州、昆山、厦门等地设分公司，承建新加坡在苏州工业园区的2幢厂房、厦门市嘉华大厦、无锡市江南大学44组团、常州市横林镇北污水处理厂、北京市华洋紫竹小区一期工程等。

1991年，该公司在全市率先走出国门，独立组织、设计、施工几内亚科纳克里水厂工程，造价512万美元。1995年，承建津巴布韦家庭保健项目，造价1100万美元；承建几内亚农村发展项目，造价203万美元。1996年，承建新加坡兀兰镇组屋，造价1929万美元；承建贝宁卫生项目，造价950万美元。1999年，承建巴布亚新几内亚科普城市供水工程，造价800万美元。2000年，承建纳米比亚卡拉斯堡新军事基地项目，造价196万美元。2003年，承建几内亚科纳克里管网及泵站工程，造价839万美元。

2003年，该公司获得对外承包工程经营资格证书，拥有对外经营签约权。2004年9月，通过质量、环境和职业健康安全一体化管理体系认证。

至2008年年末，该公司总资产4.94亿元，营业额10.34亿元，利税总额3258万元。有在册职工1680人，其中技术管理人员326人。有工程、经济、会计、审计类专业技术职称人员368人，其中高级职称35人、中级职称122人。有资质的项目经理165人，其中一、二级项目经理111人，建造师39人。

（三）涟水县建筑工程公司

该公司前身是成立于1949年的涟水县木业和瓦业工会。1951年，合并为县建筑工会。1957年，经涟水县人民委员会批准为涟水县建筑站。1975年1月，更名为江苏省涟水县建筑工程公司，为县属集体所有制施工企业。2007年7月，改制为民营企业。

二十世纪七八十年代，涟水县建筑工程公司几乎承建县内全部工业与民用建筑工程。20世纪90年代初，开始组织大规模出县施工。2002年，取得对外经营签约权，开始组织出国施工。是年，承建阿尔及利亚首都阿尔机场全框架15层建筑，17号、18号住宅楼，建筑面积1.6万平方米，造价110万美元。

至2008年年末，该公司总资产9732.22万元，总营业额59230.16万元，利税总额3909.29万元，建筑业增加值8806.08万元，机械总数1836台（套）。该公司职工总数1200人，其中企业技术、经济管理人员162人，有各类技术职称人员218人；有资质的项目经理55人，其中一、二级项目经理45人；有建造师51人。2008年，实施工程面积285.28万平方米，淮阴商校学生宿舍楼工程被评为淮安市“翔宇杯”优质建设工程。

（四）江苏金建建设集团有限公司

该公司前身是成立于1960年的金湖县建筑工程公司，当时为县属集体所有制企业。2002年9月，实行企业改制，更名为金湖县建筑工程有限公司，为民有民营股份制企业。2005年3月，增加注册资本，扩大生产规模，更名为江苏金建建设集团有限公司。

2005年11月，该公司主项资质升级为国家房屋建筑施工总承包一级资质，同时还拥有起重设备安装工程专业承包三级资质、建筑装饰装修工程二级资质、建筑物非爆破拆除工程二级资质、市政总承包专业二级资质。2005年年末，该公司总资产1.1亿元，总营业额2.88亿元，利税总额889.2万元，建筑业增加值8577万元，有各类机械设备488台（套）。有在册职工2630人，其中工程技术管理人员220人、中高级职称人员136人；有资质的项目经理52人，其中一、二级项目经理32人；有建造师34人。

2006年，该公司通过国际质量管理体系、职业健康安全管理体系、环境管理体系三合一认证，经商务部和省外经贸厅批准，获对外承包工程经营资格证书。开拓外埠市场，创省优工程8项、市优工程97项，所建工程合格率100%，优良品率90%以上。完成施工产值23449.1万元，其中外出施工产值15105万元。2007年，完成施工产值31366.3万元，其中外出施工产值18048万元，完成施工面积524588平方米。

2008年，开拓新疆、宁夏、福建和内蒙古4个市场。银川市的宁景花园小区建筑面积5万平方米，主体工程全部封顶；福建省莆田市的富邦学院1号楼、2号楼，富邦商场，风达小区等工程造价1.2亿元。当年新签合同额3.24亿元；完成施工产值5.63亿元，其中外出施工产值3.5亿元。

（五）江苏文通建设有限公司

该公司前身是1962年成立的淮安县建筑民兵团，属乡镇施工企业。1978年，更名为淮安县建筑安装工程总公司。1987年，更名为淮安市建筑安装工程总公司，属乡镇集体建筑企业联合体。1993年组建集团，更名为淮安市建筑（集团）公司。2001年，更名为淮安市文通建筑（集团）公司。2003年，更名为淮安市文通建筑工程公司。2004年8月，实行企业改制，更名为淮安市文通建筑工程有限公司。2006年1月，企业资质升级，更名为江苏文通建设有限公司。企业资质主项为房屋建筑工程施工总承包一级。

至2008年年末，该公司总资产1.76亿元，总营业额4.87亿元，利税总额3105万元，建筑业增加值19706万元，有各类机械设备575台（套）。有在册职工5128人，其中工程技术管理人员420人、中高级职称人员956人；有资质的项目经理91人，其中一、二级项目经理65人；有建造师65人。该公司建造的力特科技公司厂房、柏承电子公司2号宿舍楼、淮安生物工程学校实训楼被评为淮安市“翔宇杯”优质建设工程。

（六）江苏天成建设工程有限公司

该公司前身是成立于1992年的淮阴市农业开发建筑工程公司，隶属于淮阴市农业资源开发局，为集体所有制企业。2002年8月，实行企业改制，更名为淮安市天成建筑工程有限公司，为股份制民营企业。2004年7月，通过质量、环境和职业健康安全一体化管理体系认证。该公司为房屋建筑工程施工总承包一级资质企业。2006年9月，更名为江苏天成建设工程有限公司。

该公司承建的连云港久和国际新城二期5标段，繁荣社区服务中心综合楼，天成花园1号、2号楼获评淮安市“翔宇杯”优质建设工程；清河区行政服务中心综合楼工程获省“扬子杯”优质工程奖。

至2008年年末，该公司注册资本5188万元，建筑业总产值6.28亿元，利税总额2500万元，建筑业增加值19460万元，有各类机械设备610台（套）。有职工2100人，各类技术管理人员306人，其中高级职称21人、中级职称100人；具有资质的项目经理45人，其中一、二级项目经理35人；建造师35人。

（七）江苏青甫建设工程有限公司

该公司前身为清江市住宅公司第一工程队。1983年，在工程队的基础上成立淮阴市清浦建筑工程公司。1989年12月，撤销清浦区第二建筑工程公司，将其人员及资产划归该公司，企业性质为区属集体所有制。1995年，更名为淮阴市清浦建筑安装工程总公司。2004年12月15日，实行企业改制，更名为江苏青甫建设工程有限公司，为民营性质企业。

2007年2月，经建设部批准为房屋建筑工程施工总承包一级资质企业，填补清浦区建筑业无一级资质的空白。同时具有市政公用施工承包三级资质、建筑装修装饰专业承包三级资质和钢结构工程专业承包三级资质。当年完成建筑业总产值8.3亿元，实现利税275万元。

2008年，该公司在南京、镇江、苏州、无锡、常州、东海、涟水、滁州、沈阳和北京成立10家分公司。有职工3400人，有职称人员331人，其中高级职称12人、中级职称77人；有项目经理66人，其中一级项目经理12人、二级项目经理16人、三级项目经理38人。注册资本金5080万元，固定资产4028万元，流动资金3339万元，有主要机械设备292台。

（八）江苏淮安农垦建设工程有限公司

该公司前身是成立于1979年的江苏省农垦建筑工程公司第三工程处。1987年7月，更名为江苏省农垦淮阴建筑安装总公司，上级主管部门是江苏省农垦局，为国有企业。2001年2月，更名为江苏省农垦淮安建筑安装总公司。2003年1月实行企业改制，更名为江苏淮安农垦建设工程有限公司。具备房屋建筑工程施工总承包二级资质。

1979年公司成立时，总资产为420万元，施工产值800万元，利税总额50万元，劳动生产率0.3万元/人，有机械设备15台（套）。2005年，公司总资产5812万元，总营业额1.2亿元，利税总额616万元，劳动生产率8.6万元/人，建筑业增加值4048万元，有机械设备204台（套），人均装备率达5.26千瓦/人。有职工1280人，各类经济技术管理人员168人，其中，中、高级职称人员108人；有资质的项目经理26人，建造师22人。当年获“江苏省建筑优秀企业”称号。

至2008年年末，该公司总资产4609万元，总营业额1.07亿元，利税总额510万元，劳动生产率11万元/人，建筑业增加值3086万元，有机械设备185台（套）。有职工911人，中、高级职称人员51人，有资质的项目经理13人，建造师14人。

（九）江苏三淮建设工程公司

该公司前身是成立于1950年的淮阴县总工会建筑分会。1956年，更名为淮阴县建筑站，隶属于淮阴县手工业联社。1958年，淮阴县和清江市合并成立淮阴市，县建筑站并入淮阴市建筑工程公司。1962年，淮阴市建筑公司下放所有农村户口的建筑职工。1965年，县人民委员会批准再次组建淮阴县建筑站，属集体企业，由原下放人员和部分人民公社技术骨干计120人组成。1976年4月，更名为淮阴县建筑工程公司，为县属集体所有制企业。2001年6月，更名为江苏三淮建设工程公司，为国有企业性质，隶属于淮阴区建设局。2005年12月，实行企业改制。

1993年，该公司资质升为二级资质施工企业。1995年6月，通过中国土木集团公司上海公司，首次派出装修队伍到以色列，承接哈佐尔汽车总站大面积地面块料面层的铺贴任务。后陆续派队伍前往以色列、阿联酋、利比亚、沙特等国家施工。

2002年，该公司升级为房屋建筑工程施工总承包二级资质企业，另增加水泥预制构件三级资质。2004年10月，通过质量、环境、职业健康安全管理体系认证。

至2008年年末，该公司总资产4210万元，总营业额2.6亿元，利税总额220万元。有职工632

人，企业技术、经济管理人员202人，具有各类技术职称168人，其中，中、高级职称66人；有资质的项目经理82人，其中一、二级项目经理33人，建造师15人。

（十）江苏司南工程有限公司

该公司前身是成立于1995年的淮阴市暖通空调设备工程有限公司。1997年升级为房屋建筑工程施工总承包三级资质，1999年升级为二级资质。2001年3月，更名为江苏司南工程有限公司。2003年，通过质量、环境、职业健康安全管理体系认证。2004年，升级为机电安装工程施工总承包一级资质企业，增项资质为消防设施工程专业承包一级、建筑智能化工程专业承包一级、化工石油设备管道安装二级、环保工程二级以及压力管道GB1级、GB2级，消防施工工程设计甲级，建筑智能化系统集成设计甲级资质。

至2008年年末，该公司总资产1.85亿元，总营业额4.77亿元，利税总额3539万元，建筑业增加值14118万元，劳动生产率20.45万元/人，机械设备总数508台（套），技术装备率1.92万元/人。有从业人员2202人，工程技术及各类经济管理人员824人，其中一级建造师16人。2008年，承建的淮安市妇幼保健院病房楼获省"扬子杯"优质工程奖。

（十一）江苏南国装饰工程有限公司

该公司于1998年成立，属民营企业。下设海南分公司、驻北京办事处。2004年12月，被建设部批准为建筑装饰装修专业承包一级资质，另增项园林古建筑工程施工二级、钢结构工程二级、消防设施工程二级、机电设备安装工程二级、建筑幕墙工程二级资质。2005年，取得建筑装饰专项工程设计甲级、市政公用行业（风景园林）主导工艺乙级、消防设施专项工程设计乙级资质。2005年4月，通过质量、环境、职业健康安全管理体系认证。

至2008年年末，该公司总资产7810万元，总营业额3.1亿元，利税总额3655.85万元，建筑业增加值4684.51万元，有机械设备328台（套），技术装备率2.4万元/人。有职工104人，其中工程技术管理人员58人；有职称的技术管理人员32人，其中中、高级职称15人。

第八节　工程管理

一、质量监督

20世纪70年代后期，淮阴地区各施工企业在工程技术上有很大提高，专业人才增多，相继建立施工技术管理职能部门，检验评定工程质量，严格执行《建筑安装工程质量检验评定标准》。1983年，淮阴市建筑管理处设立材料试验室。

1985年2月，成立淮阴市建设工程质量监督站。各县（市、区）建设工程质量监督站也相继建立，其主要职责是受建设行政主管部门委托，负责本行政区域的建设工程质量监督工作。1986年12月，淮阴市人民政府颁发《淮阴市建筑工程质量管理暂行规定》。规定要严格技术要求，确保工程质量；加强建筑市场管理，严格取缔无证勘察设计和无照施工；加强企业内部质量管理，建立质量保证体系，强化主管部门对工程质量的监督；严格基本建设程序，抓好工程中间检查；查处重大工程质量事故。在实施质量监督中，开展工程质量巡查活动，建立每半年对全市建设工程质量进行一次巡查的制度，对质量管理行为规范、施工质量较好、技术资料齐全的企业给予通报表扬，反之则予以通报批评，严重的给予不良记录，受不良记录处理的企业、个人，在资质年检、诚信、市场准入等方面受到一定的限制。

20世纪90年代初，淮阴市对达到创优规模、体量的工程项目，实施目标管理，落实目标责任，进行跟踪检查、管理，对达标的单位和个人给予表彰、奖励。1991年，市建设系统制定《关于治理房屋渗漏的办法》，2次公布渗漏检查情况，规定新建工程出现“三漏”（管道漏水、屋顶防水层漏水、墙体墙面渗漏）一律不准进行工程验收。1996年，在行业主管部门设立工程质量举报电话，市建设系统制定《淮阴市建筑业“质量兴业”规划》。1997年，全市开展治理劣质工程活动，评出10个最差工程，给予黄牌警告，停工整改。1997年8月26日，市政府召开拆除市电子局职工宿舍楼劣质工程现场会，当场由市建筑工程管理局宣布拆除该劣质工程，并吊销承建单位淮城建筑股份有限责任公司的资质证书。1998年，把优质工程列入招投标加分内容，建立混凝土建筑预制构件准用证制度，召开建筑工程专业施工队伍建设研讨会，制定《淮阴市建筑工程“专业施工队”组建试行办法》。是年，淮阴建工集团和中淮建设集团2家企业首次通过ISO 9002质量体系认证。

2000年，市建设局出台《淮阴市优质工程评选与管理办法》。多次组织企业经理和项目负责人到外地观摩中国建设工程“鲁班奖”工程，学习施工经验、技术措施、管理方法。2000年后，工程质量监督的实施由“核验制”转变为“备案制”，质量监督站不再直接核验工程质量等级，而是向建设行政主管部门提供工程质量监督报告。2002年，全市有43家施工企业通过ISO 9002质量体系认证。2004年，出台《淮安市住宅工程质量通病防治导则》，对设计、施工、检测、原材料等质量进行全面控制，严格执行国家标准、规范、强制性条文。

2005年，全市工程质量监督从业人员有80余人，累计监督建设工程3500多项，建筑面积2500万平方米，监督覆盖率超95%，创建一大批优质精品工程。全市获省“扬子杯”优质工程76项。江苏省建筑工程公司承建的淮安周恩来纪念馆工程和南京大地建设集团承建的淮阴卷烟厂科技楼工程获中国建设工程“鲁班奖”。2006年，淮安市第三人民医院病房楼、淮阴师范学院王营校区图书馆等8项工程获省“扬子杯”优质工程奖。2007年，江苏移动淮安市第二话务中心、淮阴工学院逸夫教学楼等5项工程获省“扬子杯”优质工程奖。2008年，新长铁路淮安火车站、淮安市博物馆改扩建工程等12项工程获省“扬子杯”优质工程奖。

二、安全监督

1980年，国家建筑工程总局修订《安全技术操作规程》，并于当年公布执行，淮阴地区严格按照操作规程办事，控制建筑工程事故发生频率。

1981年，省政府批转省建工局《关于整顿县以下集体建筑企业问题的报告》，淮阴地区贯彻报告中提出的“安全为了生产，生产必须安全”的方针，要求建筑行业“谁负责生产，谁就负责安全，坚决反对和纠正要钱不要命的错误行为”。所有施工单位建立健全安全管理组织和制度，对工人进行安全操作规程教育并考核，无安全设施的单位不得施工，发生安全事故逐级追查责任，严肃处理。全地区安全生产管理取得显著成效。当年清江市建筑工程公司被评为全国安全生产无事故先进单位。1983年，省建工局制定《关于加强建筑安装企业安全施工实施细则》，全市健全建筑企业安全管理组织机构，施工队配备专职安全员，新工人上岗前都经过安全知识教育和操作规程培训。

1986年，由于乡镇建筑队伍发展较快，管理工作跟不上，安全生产问题增多。为实行安全生产统一监督管理，明确市建筑业管理办公室为全市建筑安全监督管理职能部门，对企业安全生产实行政府监督。健全安全管理网络和安全生产规章制度，严格监督，跟踪检查。

1988年，省政府印发《关于安全生产的紧急通知》，省建工局印发《江苏省建筑业安全生产管理的几项规定》。1989年，根据省建工局印发的《关于下达全年安全生产目标管理控制指标的通知》，对县以上施工企业安全生产实施目标管理，下达安全生产控制指标，列入经营承包责任制范围，列入企业经理任期目标责任制，使安全生产指标和企业升级、干部考核任免、职工晋级、评选先进和发放奖金等方面挂钩。

1990年，市建委、市劳动局转发省建工局与省劳动局联合印发的《关于建设工程安全生产监督管理规定》，并结合市情印发《补充规定》，全市建筑业安全监督工作走上制度化、规范化的轨道。1993年，根据建设部颁发的《建筑施工现场安全检查评分标准》和省建工局颁发的《建筑施工现场安全防护规定》，对全市36个重点工地进行检查，检查建筑面积13.13万平方米，评出优良工地1个，合格工地14个，合格率40%，不合格工地22个，其中给予黄牌警告3个。

1996年，市建委出台《淮阴市建筑业企业管理达标考核细则》，在全市一、二级资质企业中实行，并逐步推广。同时开展争创安全生产合格单位和合格班组活动。涟水县率先建立企业安全资质和工地安全认可证制度。1997年，市建工局出台《淮阴市标准化施工现场综合考评试行办法》，在全市开展施工现场标准化活动，向达到标准化工地的项目部发放标牌证书。同年8月，成立淮阴市安全监督站。

1998年，市建委转发建设部、国家工商行政管理局、国家质量技术监督局联合出台的《施工现场安全防护用具及机械设备使用监督管理规定》，全市建设系统加强对施工现场使用的安全防护用具及机械设备使用的监督管理，防止因不合格产品流入施工现场而造成伤亡事故，确保施工安全。是年，贯彻落实《江苏省建筑业企业安全资格管理暂行规定》，开始办理建筑企业安全资格证书，将安全达标、文明施工列入招投标加分内容。1999年，淮阴市建筑业开展"百日安全无事故活动"，在全市开展安全生产大检查，并对检查情况进行通报。当年全市建筑业安全事故频率0.013%，全省事故发生频率最少。

2000年，根据省安委会和省建工局的部署，对市建筑安全生产工作开展专项治理，制定《安全生产专项治理方案》。出台《淮阴市建筑工程文明标化施工考核评审办法（试行）》，实行安全一票否决权制度，在开展文明施工达标的样板工地召开全市建筑工程安全生产文明施工现场会。2001年，全面推行标化工地管理，市区所有新建工程全部实行标化工地管理，不符合条件的禁止开工。全年有达市级标化工地的项目107个，达省级标化工地的项目7个。2002年2月1日起，市区新开工工程一律不准使用毛竹搭设外脚手架，推广钢管脚手架。2003年，全市开展大型机械、临时用电及大型模板支撑体系、深基坑支护等专项治理。开展冬季施工安全及冬季防火工作。加强全市建筑施工重大安全事故报告制度，规范建筑施工重大安全事故快报的信息管理。2004年，针对事故多发类型，开展以施工围墙、房屋拆除、高空堕落、大型起重设备管理为主要内容的专项治理。组织全市5次拉网式安全生产综合大检查，检查在建工程402个（次），建筑面积568万平方米，发出《隐患整改通知书》239份，提出整改意见1188条。贯彻执行《江苏省城市房屋拆除工程施工安全管理规定》，开展4次城市房屋拆除安全专项大检查，对全市拆除房屋队伍进行规范整顿，清理30家无固定办公场所、注册资金低、人员杂乱的企业。

2005年，执行国务院《安全生产许可证条例》，全面实施安全许可证制度，落实企业主体安全责任，开展安全生产综合检查和安全生产专项整治，系统内未发生一起重大安全事故。2006年，落实建设工程事故应急预案，特别是加强建筑施工的安全监管，未发生一起重特大质量安全事故。2007年，加大安全生产监管力度，推进安全生产"一岗双责"责任制，完善安全生产重大事故应急救援预案，建立安全生产长效管理机制。全年检查市区建筑工地58个，发出《整改通知书》66份。检查塔机310台，责令整改17台，限期拆除6台。2008年，淮安市被国家安监总局、全国总工会和中国安全生产协会联合授予生产安全事故隐患排查治理知识竞赛组织奖。

三、定额管理

1979年，淮阴地区全面实行江苏省颁发的《建筑工程预标定额（土建工程）》。1983年，定额工作由淮阴市建筑管理处建工科代管，主要负责施工队伍预标、决算审核。组织编制《淮阴市建筑工程预算定额单位估价表》《淮阴市建筑安装材料预算价格》，于1984年1月1日起执行，同时发布各县执行该估价表工程直接费调整系数。

1986年10月，成立淮阴市工程建设标准定额站。当年编制《江苏省建筑工程综合预算定额（淮阴市常用项目补充定额）》，执行时间和执行办法按市城乡建设局和市建设银行文件执行。该补充定额补充常用项423个子目，其中换算子目312个。1987年9月，成立江苏省工程造价研究会淮阴分会，隶属于市城乡建设局。1989年4月，举行第一次会议，有79名理事，产生常务理事17人。

1990年4月，淮阴市工程建设标准定额站更名为淮阴市工程建设标准定额管理处。当年编制《江苏省建筑工程综合预算定额淮阴市补充定额》，审核决算造价4700万元，核减金额近40万元。组织2次全市工程建设概预算人员资格考试，分土建、安装、市政3个专业进行，有1300多人领取资格证书，做到持证上岗，保证编制工程建设预决标准确性。仲裁处理工程建设造价纠纷20多项，总造价1500多万元。

1991年11月，江苏省工程造价研究会淮阴分会与省工程造价研究会脱钩，直接由市城乡建设局领导，更名为淮阴市工程造价研究会，与淮阴市工程建设标准定额管理处共同创刊《工程造价与建材》，年发行量近4000份。编制淮阴市工程建设预（概）算资料汇编，公布476种地方材料预算价格，调整3种不同结构的调差系数。1993年4月，制定《淮阴市建筑工程造价计价改革办法》。是年9月，淮阴市工程造价研究会更名为淮阴市工程造价管理处。

1995年，按照"控制量、指导价、竞争费"的建设工作造价改革方针，加强宏观调控管理，每月公布材料价格，定期测定材差系数，保护企业权益。

1997年，编制《江苏省建筑工程综合预算定额淮阴市补充定额》。2001年，编制《江苏省建筑工程综合预算定额淮安市补充定额》。2002年，完善造价咨询市场机制，企业施工收费证书年检率达100%。2003年，推广《建设工程工程量清单计价规范》新标准，并于7月1日起在全市范围内实行。印发《淮安市建筑工程发承包计价手册》，加强造价咨询单位管理，计价手册年检率100%。在全省率先开通工程造价信息网。

2004年，市工程造价管理处造价咨询送审工程1290个，送审工程造价25.8亿元，核减1.9亿元。

2005年，市工程造价管理处编制《江苏省建设工程工程量清单计价表淮安市补充计价表》，实施工程量清单计价办法，核定工程类别60个，送审工程963个，送审工程造价10.3亿元，核减造价1.7亿元，核减率17.23%。

2007年，市工程造价管理处加大造价咨询市场监管力度，造价咨询业务总量94.67亿元，核减造价2.23亿元。

2008年，市工程造价管理处创新工程量清单编制质量监管和最高限价浮动幅度指标工作，其经验做法被省造价总站在全省推广。1990—2008年，举办工程造价编审考试9次，1800多人获得江苏省工程造价编审资格证书。

第九节　市场管理

一、资质管理

1984年6月，淮阴市对全市建筑施工企业进行资质审查，分甲、乙、丙3个等级。建筑施工企业开始按审定的资质等级和规定的经营范围从事生产经营活动。

1985年8—9月，对全市建筑施工企业资质进行全面复查，套改定级为一、二、三、四、等外级5个等级。全市建筑施工企业有二级资质2家、三级资质25家、四级资质21家、等外级239家。

1986年，根据建设部颁发的《混凝土建筑构件厂营业管理条例》，审定全市混凝土建筑构件厂资质，其中一级企业2家、二级企业9家、三级企业60家、等外级企业15家。

1989年6月，转发建设部《施工企业资质管理规定》。要求凡从事各种房屋建筑、土木工程、设备安装、管线敷设等活动的施工企业资质归建设行政主管部门管理；对施工企业实行资质年检制度，企业应当向资质审批部门提交企业资质条件的年度资料，经检查，企业达不到原资质标准的，按实际达到的标准重新定级。

1990年，对全市建筑施工企业进行资质年检，有资质等级企业86家，其中一级企业1家、二级企业5家、三级企业30家、四级企业50家、等外级企业213家（级外甲等145家、乙等68家）。是年，建设部对混凝土构件生产企业的预制混凝土空心板和大型屋面板2种产品实施生产许可证制度，全市有125家混凝土构件企业取得建设部颁发的生产许可证。

1992年4月，转发建设部《工程总承包企业资质管理暂行规定》。工程总承包企业按照标准分为3个等级，实行分级审批。每隔2年进行一次资质复查，企业必须在其资质登记的营业范围内总承包。是年7月，为防止“高资质企业、低素质项目班子”现象的发生，市建委转发建设部《施工企业项目经理资质管理试行办法》。项目经理资质分为一、二、三级。项目经理资质认证工作采取培训上岗和考核定级两个阶段进行。项目经理实行持证上岗制度，其承担的工程规模要符合相应的项目经理资质等级。

1993年10月，建设部颁发《混凝土预制构件和商品混凝土生产企业资质管理规定（试行）》，同时取消预制混凝土空心板和大型屋面板的生产许可证制度。针对构成及影响企业资质的人员素质、生产规模及工艺、产品质量、安全生产、经营管理等发生的明显变化，实行企业资质动态管理。

1995年10月，建设部印发《建筑业企业资质管理规定》。1995年，全市有资质等级的企业221家，其中一级企业3家、二级企业14家、三级企业30家、四级企业63家、等外级企业111家。1997年，吊销建设市电子局职工宿舍楼劣质工程的淮城建筑股份有限责任公司资质证书。

2000年2月，根据《江苏省建筑施工企业项目经理资质管理办法》，印发《淮阴市建筑施工企业项目经理动态管理办法》。建立项目经理施工管理个人业绩档案，实行业绩考核记载制度。推行《建筑施工企业项目经理动态管理手册》（以下简称《手册》），对项目经理资质证书持有者进行年检，按照项目经理的职责考核，确定项目经理资质等级升级、降级、取消或调整工程项目管理范围。《手册》作为企业项目经理参加招投标或承包工程必备的资格证书，严格执行一个项目经理在同一时期内只准承担一个工程项目的管理制度。淮阴市在全省最早实行项目经理注册管理，其经验在全省推广。2000年，淮阴市具有资质的项目经理有1477人，其中一级资质68人、二级资质393人、三级资质1016人。

2001年5月，印发《淮安市建筑业企业资质就位工作实施意见》，一级施工总承包、专业承包类企业分三批就位，二级施工总承包、专业承包类企业分五批就位，三级施工总承包、专业承包类、预制构件、商品混凝土、劳务分包企业分六批就位。是年7月，全省建筑业企业开始核发新资质。是年10月，建设部印发《关于批复第一批就位的一级资质建筑业企业的通知》，江苏淮阴建设工程集团有限公司获批房屋建筑工程施工总承包一级、建筑装修装饰工程专业承包一级资质。

2002年2月，淮安市对企业实行信用手册管理办法，用手册记载企业基本情况以及承接工程履约情况。同年6月，江苏淮阴建设工程集团有限公司入选2001年度江苏省建筑业综合实力20强企业。

2003年，在企业资质管理中实行动态管理，年检中不符合条件的企业按标准处理，对连续2年被审为基本合格的企业，作降级处理，被审为不合格的企业，取消企业资质。全市有资质等级的企业288家，其中一级企业9家（总承包5家，专业承包4家），二级企业58家（总承包33家，专业承包25家），三级企业170家（总承包88家，专业承包82家），劳务分包企业51家。在项目经理资质年检中，把规范建筑市场，提高项目经理素质，保证工程质量，促进文明施工作为主要内容，坚持实行项目经理资质动态管理，当年有7人被注销项目经理资格。是年，省建工局印发《江苏省建筑业企业不良行为记分标准》。淮安市采用百分制，从10个方面评价企业行为，优秀企业评价在90分以上，良好企业评价在80～89分，一般企业评价在79分以下。平时记录企业的不良行为，在年审换证时，予以综合评价。

2005年4月，根据《中华人民共和国行政许可法》规定，建筑业企业资质不再进行年检。淮安市对企业资质进行复查，复查结果作为企业资质升级和申请增项资质的参考依据，未参加复查的企业予以公布。资质复查全面采取网络方式进行，不再报送书面材料。2005年，全市有资质的企业324家（系统内），其中一级企业7家（总承包4家，专业承包3家），二级企业51家（总承包31家，专业承包20家），三级企业184家（总承包67家，专业承包117家），劳务分包企业82家。有资质的项目经理3872人，其中一级资质248人、二级资质1165人、三级资质2459人。

2006年，对申请施工总承包和专业承包二级以上资质的企业，采取随时受理、集中审批方式进行。申请建筑业企业增项资质一律使用建筑业企业资质申请表，原建筑业企业资质增项申请表废止。2007年，全市有资质的企业590家，其中一级企业22家、二级125家、三级企业和劳务企业443家。

2008年，全市有资质的企业703家，其中一级企业28家、二级企业146家、三级企业405家、劳务企业124家。当年产值超亿元企业由78家增加到106家。

二、招标投标管理

1983年6月，城乡建设环境保护部颁发《建筑安装工程招标投标办法》，这是中国首个有关招标投标的部门规章，改变由行政手段分配建设任务的老办法，有组织地开展市场竞争。当年市内首次实行建筑工程招标试点的项目是清江钢铁厂1400平方米制氧车间工程，淮阴市第二建筑工程公司中标。该工程提前3个月交付验收使用，工程造价降低9%，质量达到全优标准。招标投标工作自此在全市逐步试行。

1984年9月，国务院出台的《关于改革建筑业和基本建设管理体制若干问题的暂行规定》中提出要推行工程招标承包制。同年11月，城乡建设环境保护部颁发《建设工程招标投标暂行规定》，提出建设工程的招标和投标不受地区、部门限制。建筑市场由封闭型转为开放型，促进企业之间通过竞争而改善经营作风，加强企业管理，提高工程质量，缩短施工周期，降低工程造价。招标投标工作由市建筑管理处负责管理和监督。

1986年10月，成立淮阴市建筑工程招标投标办公室。是年12月，淮阴市颁发《淮阴市建筑工程招标投标暂行办法》，要求各有关部门和单位在工程建设中创造条件推行招标投标。暂行办法规定市区建筑面积在2000平方米以上、构筑物投资在20万元以上，县（区）建筑面积在1000平方米以上、构筑物投资在10万元以上的建设工程一律实行招标投标；不属于上述范围的工程，由建设单位自选施工企业，并到市、县建筑主管部门办理有关手续。

1989年9月，淮阴市印发《批转淮阴市城乡建设局〈关于整顿治理建设市场的意见〉的通知》，对市区招标的范围作出调整：市区凡建筑面积1000平方米以上的建筑物、投资10万元以上的构筑物，必须全部实行招标投标；建筑面积1000平方米以下、投资10万元以下不实行招标的建筑工程，建设单位必须到市建筑管理处办理工程发包申请，在持有施工许可证的承包施工企业中择优选定。对招标工程实行优质优价，合格工程原造价（决算价）不变；市优质工程在原造价基础上增奖2%；省级以上优质工程增奖4%；不合格工程除应修理妥善达到合格后，还要在原造价基础上下降2%。凡奖给施工企业的资金，由建设单位用投资结余、自有资金或其他资金支付。1987—1990年，市区招标工程209个，建筑面积45.15万平方米。1990年，各县属施工企业投标承包工程71个。

1991年，全省加强对所有议标工程的管理，一律要编制标底，并经建设银行审核，在招投标办公室的监督管理下，要有2个以上施工企业参加议标。完善法规建设，加强对投标单位的资质审查和对标底编制单位的管理。对中标工程项目，一律不得重新决标，只作调整和补充决算。当年市区招标工程101个，占新开工程数量的92%。

1992年1月，建设部印发《关于加强建筑市场管理和积极开展招标投标工作的通知》，规定凡符合相应资质条件的施工企业，都应当允许参加投标竞争，不受地区、部门限制。同时加强对评标的监督管理，把工程质量和信誉作为中标的重要条件。加强对标底和合同价格的检查监督，决算价的浮动一般不得超出审定标底的3%。报价以接近标底为优标，防止以单纯的最低价格进行报价与定标，推行按质论价、优质优价的政策。是年10月，司法部印发《招标投标公证程序细则》，淮阴市开始在招标投标活动中实行招标投标公证。1993年，市区招标工程109项，建筑面积25.28万平方米；招标工程标底价1.61亿元，中标价1.59亿元，招标投标工程占应招标工程的90%。1994年，在全市工程建设领域开展反对腐败和反对不正当竞争，推行招标投标制。市建设委员会会同市监察局印发《关于进一步加强工程招标投标工作，深入开展反腐败和不正当竞争的通知》，对竣工和在建工程项目进行清理。

1995年8月，省政府颁布《江苏省建设工程招标投标管理办法》。淮阴市在招投标管理中，严格项目报建审查制度。根据市区建设规模和队伍的施工能力进行任务调控，规定建筑面积4000～6000平方米的建筑工程必须100%公开招标，建筑面积6000平方米以上的建筑工程必须面向市直二级以上企业招标。当年市区招标工程120项，建筑面积36.41万平方米；招标工程底价2.42亿元，中标总价2.38亿元，降低造价330万元，降低率1.37%；招标工程占应招标工程的97%，其中公开招标工程46项，占招标工程的39.17%；中标工期平均比定额工期缩短21%。市招标办被建设部授予“建筑工程反对腐败和反对不正当竞争工作先进单位”称号。

1996年，全省开展工程建设专项治理工作，淮阴市招投标管理部门强化管理职能，提高管理质量和招投标工作的透明度，使全市招投标工作得到健康发展。是年4月，市政府印发《淮阴市建设工程招标投标管理办法》，规定投资总额在50万元以上的工程项目必须通过招标发包选择施工单位。招标方式分为公开招标、邀请招标和协商议标。是年，市建管办组建市外招标办公室。当年在建工程项目606个，应报建项目480个，实报建项目474个，报建率98.75%；应招标投标项目435个，实招标投标项目432个，招投标率99.31%。

1997年，出台《淮阴市建设工程施工招投标实施细则》，建立工程招标评委库，招标内容拓展到市政工程、设备安装，招标范围拓展到市经济开发区和黄码乡。全市6个县（市）全部建立招标有形市场，并全部投入运行。当年工程报建率、招投标率都达100%，全市竞争性招标达80.5%，市区竞争性招标达79.6%。1998年4月，淮阴市招标有形市场（淮阴市建筑工程交易中心）建立并投入运行。

2000年1月，《中华人民共和国招标投标法》颁布并实施。招标方式分为公开招标和邀请招标2种，取消协商议标的招标方式。全市投资50万元以上的建设工程及装饰装潢工程按规定进行招投标，50万元以下的非招标工程全部进入有形市场交易。实行施工合同和廉政合同同时签订的制度。是年6月，建设部颁布《房屋和市政基础设施工程施工招标投标管理办法》。淮安市对监管方式进行调整，将原有的"对招标投标全过程审查、审批、核准"的监管方式调整为"备案管理、过程监督、依法查处违法违规行为"。当年工程报建率、招投标率均达到100%，全市完成报建项目199项，新开工项目181项。2003年5月，建设部要求各地抓好有形建筑市场与招标投标监管机构的脱钩工作。当年全市报建项目296个，招标项目311个，报建率和公开招标率达100%，通过招标节约投资8701万元。

2004年，全市工程报建277项，建筑面积288.9万平方米，招标发包工程标段366个，工程造价15.8亿元，公开招标率达100%，节省投资9031.2万元。2005年，制定和落实《淮安市建设工程招标代理管理办法（暂行）》，推行电子评标。

2006年，强化招标环节监管，全市工程报建425项，投资63.54亿元；发包工程标段404个，工程100%通过招标，节约投资4.26亿元。2007年，全市房屋建筑和市政基础设施工程项目发包登记759项，投资总额48.41亿元，通过招标节约投资3.66亿元。

2008年，市建设工程招投标管理办公室试行电子远程评标工作，实行市、县联动。

三、建设监理

1988年，全国开始试行建设监理制。1996年，建设监理工作进入全面推开阶段。是年12月，淮阴市第一家建设监理企业——淮阴市工程建设监理事务所由市建委批准成立。当年江苏省建委公布全省被建设部批准的首批注册监理工程师名单，淮阴市葛正云、赵琳名列其中。

1997年11月，《中华人民共和国建筑法》颁布，明确规定推行建筑工程监理制度。是年7月，市建设局转发《江苏省工程建设监理招标投标实施办法（试行）》，要求实施监理的工程项目必须实行招标投标，开标、评标、定标活动在招投标管理机构的监督下进行。市工程建设监理事务所获省建委颁发的工程监理乙级资质证书，并通过公开招标，承接县级淮安市500千伏变电所的土建监理工程。

1998年6月，市建委印发《淮阴市工程建设监理招标投标实施办法（试行）》。1999年4月，针对全市监理机构和人员队伍不足，市场不规范，监理覆盖率太低，监理工作质量不高、不适应工程建设需要等情况，市建委印发《关于切实加强工程建设监理，确保工程质量的通知》，提出发展监理队伍，全面推行建设监理制，确保市区监理覆盖率达到80%以上。2000年，全市监理单位发展到20家，从业人员500人，具有监理工程师执业资格的人员60人，总监30人。

2001年8月，建设部颁布《工程监理企业资质管理规定》，资质等级分级审批，分甲、乙、丙3

级。市建设局对工程监理企业资质进行监督管理，实行年检制度，年检结论为合格、基本合格、不合格3种。是年7月，市建设局、市工程建设专项治理领导小组办公室印发《淮安市工程建设招投标暂行办法》，对工程建设监理的招标、投标、开标、评标和中标都作出具体规定。2002年7月，市建设局印发《淮安市工程建设监理管理办法》，对应实行监理的建设工程作出具体规定。2003年，市建设局规定，考核工作每1～2年进行一次，要求信用档案设书面和电子文档两类记录载体，档案中的信用记录分为“优良”和“不良”2类，不良行为按情节严重程度分为A、B、C3种类型，同时按省建设厅制定的《不良行为考核暂行标准》实施。是年，转发《江苏省进一步加强监理人员注册管理工作的通知》，要求监理人员只能在一个监理企业注册并执业，并对监理人员实行注册年审制度。2004年9月，对市区24个项目的监理情况进行全面检查，抽查16个监理企业，其中甲级企业5家、乙级企业8家、丙级企业3家，市内企业9家，外市企业7家。

2005年，建立企业和个人信用档案，主要内容包括业绩、市场违法违规行为及其他不良行为记录等。通过市建设监理网进行整理归档，市建设局全程跟踪管理；加强合同管理，完善合同备案制；设立监理网站，实行信息管理，及时将工程监理管理信息在网上公布；加大对监理违法行为的查处力度，一些违规监理企业被依法清出淮安市场。

2007年，市建设局制定淮安市建设工程监理人员管理考核办法，加强监理人员管理，规范监理人员从业行为。管理考核办法规定，建设工程项目监理实行总监理工程师负责制；监理企业在参加监理投标时应在投标文件中提出拟任项目总监理工程师与项目监理机构成员名单（直接委托监理的工程在监理规划中明确）；中标后（直接委托监理的工程在签订委托监理合同时），企业以任职文件形式组建项目监理机构；任职文件名单应与投标文件、委托监理合同中载明的人员一致（由于项目监理机构人员不符合有关规定，而被责令更换的除外）；城建处依据任职文件给项目监理机构人员核发现场监理人员工作牌；1名监理人员原则上只担任1个工程项目的总监理工程师。

2008年，市建设局印发《淮安市建设工程监理与相关服务费专户存储实施细则的通知》，在全市实行建设工程监理与相关服务费专户存储制度。监理与相关服务收费标准严格按照国家发改委、建设部《建设工程监理与相关服务收费管理规定》执行。

第二章　房地产业

第一节　城市房屋建设

一、房地产开发

（一）开发用地管理

1978—1982年，淮阴地区建房用地实行单一行政划拨制度。国家将土地使用权无偿、无期限提供给用地者，土地使用权不能在使用者之间流转。

1991—2001年，土地供应制度变革，由无偿、无限期、无流动的行政划拨供地转变为有偿、有限期、有流动的出让供地。土地出让主要采取协议方式，该方式是一种准市场配置，不能充分体现市场配置制度的公开、公平、公正。这种准市场配置制度与计划配置制度并存的格局一直持续到2001年。2002—2008年，根据国务院文件精神，淮安市对土地集中统一管理，严格控制新增建设用地供应总量；国有土地使用权逐步以招标、拍卖或者挂牌方式出让。国有土地使用逐步建成市场配置制度，土地资源配置的市场化进程加快。

（二）房地产综合开发管理

1980年，淮阴地区开始实行住房商品化政策，准许私人建房、买房、拥有自己的住宅。不仅新建住宅可以出售，现有住宅也可以出售。1983年，淮阴市开始实施住房制度改革，调整产业结构，下放管理权。1988年，国家首次提出“结合住房制度的改革，发展房地产市场，实行土地使用权的有偿转让”，淮阴市实行土地合法流通（土地使用权可以依法转让），房地产业逐步进入市场化运作。1994年，《中华人民共和国城市房地产管理法》颁布。为加强淮阴市房地产综合开发管理，市建委于5月5日成立淮阴市房地产综合开发领导小组，由其负责制定淮阴市房地产综合开发方面的地方法规、政策、办法，开展开发企业资质管理，参与住宅小区规划和设计方案的评审论证等。至1997年，淮阴市推行小区成片开发和旧城改造，建设住房面积231.96万平方米，其显著特点是由小规模、低标准、分散建设逐步向统建（统一规划、合理布局、配套建设、综合开发）过渡。开发建设的小区有北京新村、化工新村、繁荣新村等，政府自建和集资建楼619幢。

1998年12月，淮阴市开始停止住房实物分配，实行住房分配货币化。1999年，淮阴市以“大幅度降低税费，停止审批小型住宅项目，实行城区购房入户制度”等方式推进空置房消化，对房地产市场进行宏观调控。2001年，按照国务院下发的《商品房销售管理办法》，市政府提出解决商品房在销售过程中发生各种矛盾的政策规定，加强对开发企业的约束和监管。同时依据法律规定，细化《商品房销售合同》，对容易引发矛盾和争议的条文作出具体规定。2002年，市政府制定《市区住宅小区竣工综合验收管理办法》，新建住宅小区竣工后，依据法律法规、标准规范、开发项目批复文件，对住宅小区各单项工程进行检验，对市政公用基础设施和公共配套设施项目进行逐项核验，并对合格项目开出合格证明。2003年以后，房地产业成为淮安市国民经济发展中的重要支柱产业。市政府继续对房地产开发实行“四调控”，即总量调控、功能调控、价格调控和质量调控。在总量安排上，适当放大开发总量，满足需求，保持市场供求的基本平衡。在项目安排上，向城建重点项目倾斜，围绕改善住户供应结构，及时作出调整，保证解困房等实事项目的建设。在建设质量上，规范预销售行为，加强房地产开发项目的跟踪管理。通过宏观调控和强化监管，初步形成公平有序的市场环境。2005年，国务院关于商品房建设的八条规定（简称“国八条”）首次提出要稳定房价，淮安市出台稳定住房价格、促进房地产业健康发展的10条意见，规范市场秩序，遏制投机性炒房，控制投资性购房，鼓励普通商品住房建设，促进楼市健康发展。

2006—2008年，国家出台一系列宏观政策，加强对房地产的调控，淮安市房地产市场承受调控压力。淮安市规范市场秩序，查处房地产交易环节违法违规行为；成立市房地产市场监测分析协调领导小组，建立房地产市场信息统计和发布的联席会议制度。每月统计上报楼市数据，每季度发布房地产市场统计分析报告，加强商品房市场分析和市场监控。

2008年，美国次贷危机演变为全球性金融危机。为确保经济发展，化解金融风险，淮安市及时出台促进房地产市场持续稳定发展的扶持措施。组织银企对接会，印发房地产开发指南，举办房展会，开辟周末看房直通车，调整房屋交付使用办法，加强预售款监管，正确引导舆论宣传等，主动服务市场，拉动市场消费，及时向社会发布市区商品房市场供应状况、价格水平。房地产产值仍有所增加，在全市国民生产总值中的比重也高于2007年。

（三）开发企业管理

1978—1980年，市区住宅建设主要是以政府投资为主，多数以城改办或某项目建设指挥部进行统建，而没有成立房地产开发公司，单位自建后按实物分配给职工居住。

1985年，建设部和国家工商管理总局联合发布《关于加强城市建设综合开发公司资质管理工作的通知》，成为淮阴市最早对开发企业资质管理的依据。1988年，建设部印发《关于对房地产开发、经营企业进行资质审查的通知》。1989年，建设部颁布《全国房地产开发企业升级实施办法（试行）》，中国房屋建设开发公司淮阴公司通过资格审查，被批准为淮阴市房地产市场首家资质开发企业。

1994年，省建委制定《实施〈房地产开发资质管理规定〉细则》，就房地产开发项目、房地产开发经营、房地产开发企业等作出明确规定。

2000年3月，根据建设部《房地产开发企业资质管理规定》，淮阴市对原有房地产开发企业的资质年检材料和新申报的房地产开发企业资质材料进行全面审查。

2000年后，外地资本开始进入淮安市房地产业市场。至2008年年末，全市房地产开发企业发展到297家，其中市区133家；具有二级资质企业121家，三级资质企业176家（主城区66家），平均注册资本金达1200万元。

二、住宅建设

（一）主城区住房建设

1978—1980年，住宅建设基本上是小规模、低标准、分散建设，主要是解决住房的“有无”问题。无统一的规划、布局，建成的住宅组群布局乱，配套不齐。这一时期，建设住宅24万平方米，人均居住房面积从1978年的3.53平方米增加到1980年3.76平方米。

1981—1990年，住宅建设由过去的“填空补缺”“见缝插针”发展到按城区规划集群建设，成片开发。普遍建造多层住宅楼，且由1梯3～4户，发展为1梯2户，少数1梯1户，高层住宅楼开始出现。主城区累计建设住宅建筑面积151.83万平方米，人均居住房面积从3.8平方米增加到6.75平方米。城市住宅紧张情况有所缓解，但统建的住宅区配套设施仍不完善。

1991—2008年，按照“五区联动与旧城改造并举，商品房与保障性住房同进”的思路，淮安市组团式推进旧城改造和五区开发，房地产朝着成片化、多门类、多层次、综合配套、环境舒适的方向发展，户型大都为两室一厅或三室一厅，四室一厅、三室两厅、壁橱、双卫的户型开始增多，智能住宅、环保住宅逐渐出现。至2008年年末，主城区有居住小区100多个，累计建设住宅面积1920.12万平方米，人均住房面积提高到33.2平方米，是1978年的12倍。

（二）楚州区住房建设

楚州区商品住房建设起步于1997年，当时全区仅1家房地产开发公司，即县级淮安市房地产开发公司。20世纪80年代初期到90年代末期，没有规模小区开发，基本是一些沿街的零散楼房建筑。

1997—2000年，城市开发总量不足30万平方米。2000—2005年，房地产开发公司发展到18家，其中二级开发资质企业5家、三级开发资质企业13家。2000年，县级淮安市建起新城小区、名都花园、月湖花园3个住宅小区。至2008年年末，该区有住宅小区20余个，城区人均居住面积达30平方米，有50%左右的城市人口入住商品房。

（三）淮阴区住房建设

1993—1997年，淮阴县城市住宅建设主要为单位集资、合作建房、解困房以及零星建设。1996年，全县有11个单位集资、合作建房2.55万平方米，竣工1.8万平方米。1997年，开工建设解困房1.91万平方米，解困250户。1997年，县政府颁布《关于加强淮阴县城区房地产开发、住宅建设管理的意见》，遵循经济效益、社会效益、环境效益相统一的原则，坚持开辟新区与旧城改造并举。当年4月开工建设前进小区，全年商品房施工面积6.4万平方米，竣工2.9万平方米。1999年5月开工建设黄河花园小区，同年11月开工建设盐河花园小区。2000年起，浙江、福建、苏南地区等外地房地产开发商涌入淮阴县房地产市场，呈现当地企业与外地企业共同竞争的局面，建起大批上规模的大型住宅区，有富豪花园、樱花小区、城中花园、江淮人家、东昇花园、幸福新苑、翠景美墅、法国小城、银河湾、益兴·名人湾、多瑙河·国际公寓、金碧湖畔、威尼斯·城市佳苑、国华·御锦园等44个住宅小区，其中建设规模在5万平方米以上的小区32个，占总数的73%。至2008年年末，累计完成房地产开发施工面积462.11万平方米，竣工面积307.32万平方米，投资100.62亿元。

1983—1997年淮阴市市区新建住宅统计表

表6-1

年份	新建住宅面积（万平方米）	人均居住水平（平方米/人）
1983	8.39	4.70
1984	11.18	—
1985	13.17	6.45
1986	14.05	—
1987	9.68	6.10
1988	8.17	6.60
1989	6.48	6.70
1990	9.65	6.75
1991	9.52	6.80
1992	12.54	7.10
1993	9.95	7.35
1994	16.27	7.80
1995	16.15	8.05
1996	14.65	8.20
1997	28.55	—

1998—2008年淮安市房地产投资及住房建设情况表

表6-2

年份	投资额（亿元）	施工面积（万平方米）	竣工面积（万平方米）	人均住房面积（平方米/人）
1998	7.80	67.50	32.30	—
1999	9.60	75.80	130.00	10.00

续表6-2

年份	投资额（亿元）	施工面积（万平方米）	竣工面积（万平方米）	人均住房面积（平方米/人）
2000	6.30	112.40	58.70	—
2001	11.60	186.00	93.00	21.50
2002	17.30	227.70	138.60	25.60
2003	22.70	241.40	149.70	26.50
2004	27.00	285.00	166.70	28.20
2005	45.00	414.87	206.14	29.60
2006	60.00	641.00	230.00	29.70
2007	116.85	1002.13	327.62	30.32
2008	90.00	800.00	280.00	33.20
合计	414.15	4053.80	1812.76	—

1996—2008年淮安市城区主要商品房小区和商贸市场建设一览表

表6-3

序号	所在区	小区名称	建筑面积(平方米)	建设周期（年）	开发单位	地址
1	市区	深圳小区	30000	1996—1998	淮安市经济开发区房地产开发公司	小康城
2		建业小区	40000	1996—2001	淮安市建工房地产开发有限公司	淮海北路76号
3		汇通商城	46000	2001—2003	淮安市汇通房地产开发有限公司	大治东路
4		比佛利小区	54400	2001—2003	淮安市诚益房地产开发有限公司	珠海路8号
5		中经路住宅楼	1600	2002—	淮安市汇通房地产开发有限公司	中经路
6		乐园步行街	109000	2002—2005	淮安市乐园房地产开发有限公司	淮海北路丰登路南侧
7		浦东花园	209300	2002—2005	淮安市富丽房地产开发有限公司	解放东路
8		淮海花园	214800	2002—2006	淮安市曙光房地产开发有限公司	淮海东路65号
9		世贸购物中心	50000	2003—2004	淮安市中汇房地产开发有限公司	淮海北路61号
10		书香华庭	103775	2003—2005	淮安市富康房地产开发有限公司	延安东路
11		东风花园	127000	2003—2008	淮安市建工房地产开发有限公司	延安东路
12		石钟苑	3500	2004—	淮安市天瑞房地产开发有限公司	北京北路158号
13		新淮中花园	68000	2004—2005	淮安市美佳房地产开发有限公司	解放东路
14		文庙新天地	53220	2004—2005	淮安市巨星房地产开发有限公司	承德南路
15		汇通女人城	24000	2004—2005	淮安市荣大房地产开发有限公司	汇通市场9区
16		利民新村	26500	2004—2005	淮安市清河房地产开发有限公司	青年路南侧
17		供用电综合楼	17000	2004—2005	淮安市苏源房地产开发有限公司	健康东路30号
18		东方曼哈顿公寓	30400	2004—2005	淮安市东方房地产开发有限公司	深圳路11号

续表 6-3

序号	所在区	小区名称	建筑面积(平方米)	建设周期(年)	开发单位	地址
19	市区	瑞福莱花园	40600	2004—2006	淮安市红旗房地产开发有限公司	解放东路57号
20		金伦·汇锦园	85000	2004—2006	淮安市金轮阳光房地产开发有限公司	承德南路101号
21		利苑新村	16000	2004—2006	淮安市利达房地产开发有限公司	上海路6号
22		府景园小区	27800	2004—2006	中房公司淮安房地产开发有限公司	建设路
23		益兴名流花苑	50700	2004—2006	南通益兴房地产开发有限公司淮安分公司	黄河路北侧
24		新港小区	65000	2004—2006	淮安市经济开发区房地产开发公司	淮海西路
25		紫金花苑	82650	2004—2006	希尔盖房地产开发公司	世纪佳苑北侧
26		世袭领地	44700	2004—2006	淮安浩源房地产开发有限公司	珠海路99号
27		加州城	110000	2004—2007	淮安市加州房地产开发有限公司	淮海西路192号
28		金佳园小区	45000	2004—2007	淮安市金大地物业开发有限公司	八二新村
29		水岸名宅	52100	2004—2007	淮安市怡园房地产开发有限公司	承德北路228号
30		日月星城	84000	2004—2008	江苏省苏中置业有限公司	承德南路168号
31		淮海购物广场	102400	2004—2008	淮安市乐园房地产开发有限公司	淮海北路龙凤家具城以南
32		东方丽景	345900	2004—2008	淮安市园林实业公司	和平东路
33		天山华庭	143400	2004—2008	淮安市天山房地产开发有限公司	淮海北路东侧
34		国际商城	177191	2004—2008	国康房地产有限公司	翔宇大道南侧
35		石化新村	11266	2005—2006	淮安市投资房地产开发有限公司	城西路东侧
36		东方明珠小区	20000	2005—2006	淮安市天瑞房地产开发有限公司	珠海路
37		逸景园	15000	2005—2006	淮安市经济开发区房地产开发公司	珠海路
38		亿鑫花园	8033	2005—2006	开发区鑫昊房地产开发有限公司	深圳路6号
39		威海花园	26800	2005—2006	开发区华兴房地产开发有限公司	威海路188号
40		嘉润苑	61513	2005—2007	淮安骅毅置业有限公司	新民东路北侧
41		文苑小区	28800	2005—2007	淮安市乐园房地产开发有限公司	大治路广电局西侧
42		新新家园	247200	2005—2008	淮安市富康房地产开发有限公司	延安东路
43		洪福小区	278000	2005—2008	淮安市富康房地产开发有限公司	水渡口大道与杭州路交会处
44		淮海第一城	125000	2005—2008	淮安市华立曙光置业有限公司	淮海东路
45		月季花园	210000	2005—2008	淮安市苏源房地产开发有限公司	城南大学城明远路北侧
46		世纪佳苑	93916	2006—	实烨房地产开发公司	经九路东侧
47		香格里拉·国际花园	930000	2006—	淮安金创房地产开发有限公司	水渡口大道28号
48		丰球·白鹭湖庄园	695787	2007—	丰球淮安房地产有限公司	和平东路两侧

续表 6-3

序号	所在区	小区名称	建筑面积(平方米)	建设周期（年）	开发单位	地址
49	市区	水韵天成	750000	2008—	江苏省榕兴房地产开发有限公司	圩北路东侧
50		万达广场	750000	2008—	淮安万达广场投资有限公司	水渡口广场
51		亿力·未来城	714614	2008—	江苏省亿力房地产有限责任公司	翔宇大道118号
52		淮安联盛国际广场	208310	2008—	淮安联盛置业发展有限公司	淮海南路105号
53	楚州区	名都花园	45707	1998—2000	海南佳宝淮安公司	南门大街
54		新城别墅园	20050	1998—2000	健康城房产公司	长安路北
55		新城小区	40000	1998—2000	市经济适用房开发公司	东门大街
56		淮扬美食街	31550	1999—2000	八方房产开发公司	东门美食街
57		月湖花园小区	42000	1999—2001	浙江诸暨开发公司	西长街南
58		文化馆综合楼	8100	2000—	文宝房地产公司	镇淮楼南
59		淮隆大厦综合楼	4320	2000—	淮隆大厦有限公司	淮江路边
60		回笼小区	19300	2000—	华亭房地产开发公司	东门大街
61		和平桥商业住宅楼	10000	2000—2001	兴化金鹏公司淮安公司	和平桥附近
62		金花苑商住楼	5050	2000—2001	宏达房产开发公司	镇淮楼东路
63		明珠大厦	8336	2000—2001	明珠房产公司	淮江路边
64		太清观街商住楼	6359	2000—2001	建筑集团公司	太清观街
65		竹巷街小区	68874	2000—2002	楚州区房地产开发公司	竹巷街
66		漕运小区	118000	2000—2003	市经济适用房开发公司	镇淮楼北、东门大街南
67		镇淮小区	24173	2000—2005	楚州房地产开发公司	漕运广场对面
68		乡镇企业园商住楼	7680	2001—2002	江苏省新东南建设有限公司	淮江路东侧
69		兴隆大厦综合楼	9000	2001—2002	淮安市农业开发建筑工程公司	淮江路东侧
70		漕运商城	8150	2002—2003	美佳房地产开发有限公司	漕运广场对面
71		苏嘴大街	32260	2002—2003	鸿基房地产开发有限公司	苏嘴镇政府附近
72		翔宇小区	220605	2003—	新湖房地产开发有限公司	关天培路北侧
73		楚港兴市花苑	64803	2003—2004	市龙港房地产开发公司	镇淮楼东侧
74		明清步行街	43960	2003—2004	远东房地产开发公司	镇淮楼西侧

续表 6-3

序号	所在区	小区名称	建筑面积(平方米)	建设周期(年)	开发单位	地址
75	楚州区	楚园小区别墅园	6800	2003—2004	常州市湖港房地产开发公司	东门大街
76		和平小区	9726	2005—2006	新鹏房地产开发有限公司	西长街北侧
77		新安小区	36047	2005—2006	智思房地产开发公司	新安小学东侧
78		古运小区	11913	2005—2006	淮安健祥房地产开发公司	礼字坝北侧
79		运河佳苑	104591	2005—2007	华通房地产开发有限公司	东长街南侧
80		楚州农副产品批发市场	3192	2007—2008	众联金贸有限公司	翔宇大道68号
81		丰泰·东方康桥	25406	2007—2008	涟水丰泰开发公司	铁云路
82		河下新天地	11981	2007—2008	金源房地产开发公司	城西北路
83		楚州苏果超市	24384	2007—2008	润泰开发公司	韩信北路
84		金陵名府	65091	2007—2008	中央新亚置业有限公司	楚州大道西
85		金莺华庭	16350	2007—2008	金湖国云开发公司	楚州大道东
86		盛世豪庭	133570	2007—2008	制思开发公司	华西北路
87		书香门第	48733	2007—2008	希尔盖开发有限公司	楚州大道西
88		新淮中花苑	36351	2007—2008	九隆置业有限公司	楚州大道东
89		阳光现代城	60368	2007—2008	浙凯房地产开发有限公司	礼字坝北侧
90		一品华庭	32991	2007—2008	龙翔开发有限公司	城西北路72号
91		翡翠城	13927	2007—2008	宝隆置业有限公司	关天培路155号
92		农校教师公寓	11595	2007—2008	恒祎开发公司	淮安农校院内
93	淮阴区	星光苑小区	29399	2000—2003	淮安市怡华房地产开发有限公司	王营镇北京北路西侧
94		康怡广场	7522	2000—2006	淮安市兴淮房地产开发有限公司	长江东路1号
95		樱花小区	410000	2001—	淮安市鑫龙房产有限责任公司	黄河东路南侧、沈阳路西侧
96		阳光小区一期	51500	2001—2003	淮安市飞翔城镇建设开发有限公司	黄河东路南侧、银川路东侧
97		城中花园	92000	2001—2008	淮安市冠万房地产开发有限公司	北京东路57号
98		富豪花园	85672	2002—	淮安市富豪房地产开发有限公司	北京北路与黄河西路交界处
99		东昇花园	80590	2003—	淮安市华发置业有限公司	北京东路北侧
100		承德府	25888	2003—2007	淮安市华阳置业有限公司	北京东路南侧、承德路西侧承德府

续表6-3

序号	所在区	小区名称	建筑面积(平方米)	建设周期（年）	开发单位	地址
101	淮阴区	世纪苑小区	18686	2004—2006	淮安市远洋置业有限公司	北京东路南、淮阴区地税局东侧
102		台州商城	88600	2004—2006	江苏前程房地产开发有限公司	淮海北路与珠江路交会处
103		曙光·翠景美墅	21451	2004—2007	淮安市曙光房地产开发有限公司	沈阳路东、古黄河北
104		东方家园	46500	2005—	淮安盛祥泰房地产发展有限公司	沈阳路西侧
105		南洋花园	28554	2005—	江苏汇丰房产实业有限公司	北京东路北侧，建邺小区西侧
106		江淮人家	80000	2005—	淮安市平安房地产开发有限公司	北京西路93号
107		曙光花园	86599	2005—2007	淮安市曙光房地产开发有限公司	沈阳路东侧、樱花路北侧
108		建邺小区	53880	2005—2008	淮安市江淮房地产开发有限公司	北京东路53号
109		樱花艺墅	12350	2005—2008	淮安市水利房地产开发有限公司	沈阳路西侧樱花路南侧
110		多瑙河·国际公寓	115000	2005—2008	淮安市平安房地产开发有限公司	长江西路南侧、北京北路东侧
111		国华·御锦园	150930	2006—	淮安国华房地产开发有限公司	樱花路北侧、曙光路西侧
112		银河湾花园	202763	2006—	江苏环宇置业有限公司	长江东路南、承德路西
113		苏北大市场商住楼	46925	2006—2007	淮安市温州侨信房地产有限公司	淮海北路盐河桥北侧苏北温州大市场
114		中国·淮安威尼斯	101023	2006—2008	淮安市颐丰置业有限公司	长江西路26号
115		府升小区一期	72780	2006—2008	淮安市万星房地产开发有限公司	长江东路与银川路交会处
116		依云·法国小城	58043	2006—2008	淮安同业房地产开发有限公司	淮海北路东侧、盐河北侧
117		帝景豪庭	147783	2007—	淮安市世邦房地产开发有限公司	北京东路南侧、承德路东侧
118		金碧湖畔	93550	2007—	淮安扬帆房地产开发有限公司	北京东路与承德路交叉处
119		益兴名人湾	213542	2007—	淮安益兴置业有限公司	樱花路南侧、曙光路东侧
120		怡丰苑小区	55984	2007—	淮安市怡华房地产开发有限公司	沈阳路与纬五路交叉口
121		豪景华庭小区	97189	2008—	淮安豪景房地产开发有限公司	北京西路南侧、次一路东侧

三、住宅小区选介

（一）北京新村

位于市区西北片，原淮阴老飞机场遗址处。西靠北京路，东邻引河路。小区南北长700米，东西宽280米，占地面积24.4万平方米，总建筑面积22.1万平方米，其中住宅19.5万平方米，可居住1.32万人，公共建筑2.6万平方米。北京新村以正六边环形主道路将小区分为11个组团，其中住宅楼99幢，楼层以5层为主，并有4层、6层相间，建筑布局以行列式为主。房间间距1∶1.3，通风、采光均良好。外墙以乳白、淡黄、微绿为主色。小区有1梯2户的条形住宅，有1梯4户的点式住宅，也有坡道式住宅。户型上有小厅大卧室，也有大厅小卧室，中套房屋占78%，大套房屋占19.6%，余为2层小楼住宅。小区内公共设施比较齐全，有商业网点、学校、幼儿园、煤气站、医院、公园、文化活动场所、停车房等。由中国房屋建设开发公司淮阴公司于1986年1月开始兴建，是当时苏北地区规模较大的综合性生活小区。

（二）富丽花园

位于市区西北郊，坐落在市古黄河生态民俗园东侧，东边紧邻桃花坞公园，西边紧贴柳树湾公园，占地面积12万平方米。由淮阴市富丽房地产开发公司开发。1997年3月开工，1999年10月竣工。总建筑面积18.78万平方米，以活动中心广场为中心，将小区分为A、B、C、D住宅组团和1个商住楼区，共49幢住宅楼，中心广场周边住宅楼为5层，其他均为6层，可居住居民1742户，基本户型为两室一厅和三室一厅，房屋优良率100%。中心广场建有喷泉、雕塑、凉亭、走廊和健身广场。区内全部管线均为埋地铺设，生活污水进入污水处理厂。小区的平面绿化与立体绿化融为一体，有乔木、花灌木、地皮灌木和各种球类植物等40多个品种，设有绿化带、林荫绿带、小块绿地等，宅前宅后有绿篱，绿化率达37%，是“春有花、夏有阴、秋有果、冬有青”的花园式小区。配套建设有购物中心、百货、理发、修理、干洗、美容、邮政、电信、熟食、粮油、杂品、小吃等商业服务点及社区服务站、幼儿园、文化活动中心、居委会等。富丽花园是国务院房改领导小组批准建设的国家安居工程，是市委、市政府为民办实事项目。小区附近设有公交车辆调度站，通往全市各地的公交车有6条线路。1998年被评为“国优示范”小区，获“全国城市物业管理优秀示范小区”“省文明小区”“省绿色小区”等称号。

（三）富春花园

位于市中心城区东南部，北侧为城市主干道解放东路，西侧为承德路。该小区是市委、市政府为民办实事的经济适用房建设项目，由淮安市富丽房地产开发公司开发，1999年12月开工，2002年5月竣工。占地面积22.67万平方米，总建筑面积32万平方米，住宅楼69幢，以6层为主，局部4～5层。有住宅2616套，基本户型为两室一厅和三室一厅，其面积70～119平方米。少数为四室一厅和四室两厅，建筑面积120～140平方米。小区以占地面积1.73万平方米的活动中心广场为中心，分为6个组团，各组团均建有风格各异的居民休闲活动场地。在中心广场上建有活动中心、旱喷泉、凉亭、假山和小桥流水。配套建设有社区服务大厅、社区卫生服务站、警务室、幼儿园、煤气站、游泳馆、银行、邮政、电信、药店、粮油店、酒店、水果店、照相馆、浴室、理发店等。小区绿化率达到40%，花草树木品种丰富，四季常青，环境优美，成为“绿色小区、园林小区”。小区获“江苏人居环境奖”，获“全国城市物业管理优秀示范小区”“全国文化建设先进社区”等称号。

（四）浦东花园

位于市区解放东路，与富春花园隔路相望，东邻省重点中学淮阴中学高中部。由淮安市富丽房地产开发公司开发，占地面积14.4万平方米，2003年12月开工，2007年8月竣工，总建筑面积24万平方米，分为5个组团，有住宅63幢1651套，住宅楼以6层为主，局部4～5层。建筑外装饰色彩各异，和谐美观，多采用新型建筑材料，提高外墙和窗户保温程度，减低外界噪音干扰。小区有完整的智能化系统，即周界报警、图像监控、电子巡更、车辆管理、室内安防、可视对讲、背景音乐等。在建筑风格、运用新型建筑材料、智能化等方面，领先于全市其他住宅小区。小区配套设施齐全，市政管线完善，全部地埋铺设；配套建设有幼儿园、煤气站、浴室、游泳馆、溜冰馆、银行、邮政、电信、粮油、药店、超市、活动中心、卫生服务站、警务室、干洗店、小吃店等。小区沿主干道栽植香樟树，向阳坡上和各区绿地上栽植桂花、银杏、广玉兰、香椿等，花园内栽植各种花卉和球类植物100多种，绿化率40%。小区建成后，获“全国物业管理优秀示范小区”“省园林式居住小区”等称号。2008年，全国物业管理经验交流现场会到浦东花园小区参观。

（五）书香华庭

位于市区延安东路北侧，南依大运河，北邻江苏省淮阴中学，交通便利。由淮安富康房地产开发有限公司开发建设，是苏北地区首个获得“广厦奖”的住宅小区。2005年建成，占地面积8.87万平方米，建筑面积10.38万平方米，有住房448套，其中多层336套、联排别墅112套。设有游泳馆，羽毛球、乒乓球场地以及健身广场，配有智能化监控装置。小区内有一条小河，辅以亭、桥、假山、雕塑、喷泉和建筑小品，形成小桥流水、绿树成荫的优美环境。

（六）东昇花园

位于北京东路北侧，东临承德路，与淮阴区政府隔河相望，由淮安市华发置业有限公司开发建设。小区总建筑面积8.06万平方米，其中商业面积10520平方米。2004年4月25日开工，2005年9月15日竣工，2005年10月30日交付使用。有28幢楼，其中2幢为9层的小高层、1幢为休闲会所，有住宅657套，商业用房87间。该小区配套设施齐全，除迎宾水道、网球场、假山、会所、幼儿园等，还配备智能化监控系统、小区外围防侵入系统和安保型可视对讲系统。

（七）曙光·翠景美墅

位于古黄河风光带北侧，西临沈阳路，与樱花园一路之隔，由淮安曙光房地产开发有限公司开发建设。总建筑面积2.1万平方米，占地面积3.34万平方米，容积率0.6，2005年8月8日开工建设，2007年6月交付使用。整个小区共34幢楼，其中1幢为会所，住户79户，建筑层数为3层。主要是独栋（11幢，建筑面积352～377平方米）、双拼（18幢，建筑面积270～290平方米）、联排别墅（4幢，建筑面积175～200平方米）。每户享有车库和花园。该小区配套设施齐全，除水、电、燃气、电信、宽带网络外，冬季由热力中心集中供暖气、冬季24小时集中提供热水，另外配备智能化监控系统、小区外围防侵入系统、无线电子巡更系统和安保型别墅可视对讲系统。

（八）国华·御锦园

位于淮阴区樱花路北侧，曙光路西侧。由天山房地产公司开发建设。规划总占地面积10万平方米，建筑面积15万平方米，住宅面积14万平方米，公共建筑面积1万平方米，绿化率35%。小区规划布局合理、空间组织有序、建筑人文景观协调。2008年年底，一期16幢、二期工程10幢楼全部竣工交付，三期8幢楼处于主体施工阶段。小区主干道实行人车分流，花木植被、水景、喷泉、雕塑、绿色长廊相映成辉。实行个性化的智能化管理，有出入门报警及周界防范系统、闭路电视监控系统、可视对讲防盗系统等；有宽带、有线电视、煤气、一期采暖供热、电话系统等管理配套；有车辆管理、安保巡更、背景音乐等系统。

（九）万达广场

位于清河区水渡口广场区域，翔宇大道东侧，和平路北侧，是大连万达集团在江苏重点开发建设的第三代城市综合体项目。属淮安市规划中的中央商务区核心区，地块规划后集聚政务核心、金融核心、商业核心、钵池山公园、古黄河风光等。总建筑面积74.5万平方米。住宅建筑面积40.91万平方米，2007年12月开工；商业建筑面积17万平方米；公寓建筑面积8.7万平方米；酒店及写字楼（万达嘉华酒店）建筑面积8.15万平方米。

（十）香格里拉·国际花园

香格里拉·国际花园占地面积35.89万平方米，总建筑面积（含地下室）93万平方米；总体容积率2.0，绿地率30%，规划住宅面积78万平方米，商业面积5万平方米，项目总投资31亿元。物业类型由高层、小高层、多层、联排住宅及商铺组成，配套工程有农贸市场、购物超市、会所、幼儿园、管道煤气、集中供暖、智能化监控系统等。项目建成后，住宅户数4600户（含别墅），总居住人口逾1.5万人。该项目分三地块、五组团（期），其中2006年6月至2008年12月完成一期A区开发，建筑面积15万平方米，交付使用730户；二、三期项目总建筑面积23万平方米，于2008年12月动工。

（十一）亿力·未来城

亿力·未来城小区占地面积30余万平方米，规划以小高层、高层的高档住宅为主，配套大型商业中心、滨河特色风情街、地下停车库以及大型社区会所和幼儿园等。建成后，该小区总建筑面积86万平方米，居住人口1.6万人，是集居住、商务、休闲、娱乐、健身、教育于一体的大型综合社区。2008年1月，项目一期被建设部列入“国家康居示范工程”实施项目。

第二节 房地产开发企业

1985年，淮阴市同中国房屋建设开发公司挂钩成立中国房屋建设开发公司淮阴公司（以下简称“中房淮阴公司”），专门从事房屋综合开发，为淮阴市首家房地产综合开发企业。20世纪90年代，房地产企业增多，特别是2000年后，房地产综合开发企业剧增。至2008年年末，全市有房地产综合开发企业297家，其中二级企业122家、三级企业175家。在中心城区具有一定影响力、开发量较大的开发企业有118家，建设住宅小区和商贸市场137个。

2008年淮安市市区主要房地产开发公司情况表

表6-4

序号	企业名称	资质等级	成立时间(年份)	地 址	注册资本（万元）	开发建筑面积（万平方米）		代表性小区或其他项目
						住宅面积	非住宅面积	
1	中房集团淮安房地产开发有限公司	暂定二级	1995	大治路与北京北路交叉口	2000	3.00	0.50	瑞景苑
2	淮安富丽房地产开发有限公司	暂定二级	1995	北京北路112号	2000	27.00	1.00	富春花园
3	淮安市鑫龙房产有限责任公司	暂定三级	2000	樱花园北侧	800	34.38	4.77	樱花小区

续表6-4

序号	企业名称	资质等级	成立时间(年份)	地址	注册资本（万元）	开发建筑面积（万平方米）		代表性小区或其他项目
						住宅面积	非住宅面积	
4	淮安市富豪房地产开发有限公司	二级	2001	北京北路	2000	8.57	0.85	富豪花园
5	淮安市飞翔城镇建设开发有限公司	暂定二级	2001	长江东路南侧、规划支路西侧	2000	1.95	0.09	长江路小区
6	江苏平安房地产开发有限公司	暂定二级	2003	北京西路93号	2008	6.96	0.83	江淮人家
7	淮安市颐丰置业有限公司	暂定三级	2004	长江西路26号	2000	1.59	0.55	威尼斯·现代广场
8	江苏省苏中置业有限公司	暂定二级	2005	日月星城16号楼6室	2000	19.00	2.00	日月星城
9	淮安城山房地产开发有限公司	暂定二级	2005	清河区电机路10号	2200	8.70	6.90	金鼎·御庭
10	淮安飞耀房地产开发有限公司	暂定二级	2005	厦门西路6号（淮安经济开发区管委会大楼二楼）	3000	27.36	—	大湖城邦
11	淮安浩源房地产开发有限公司	暂定二级	2005	纬一路50号	2000	—	9.00	浩源汽车博览城
12	淮安华德力置业有限公司	暂定二级	2005	淮海南路157号	2000	33.60	22.40	华德力运河城
13	淮安骅毅置业有限公司	暂定二级	2005	淮海南路159号4层	2200	2.40	—	嘉润苑
14	淮安今创智思房地产开发有限公司	暂定二级	2006	水渡口大道28号	2006	20.00	2.00	香格里拉花园
15	淮安市华立曙光置业有限公司	暂定二级	2005	淮海花园A区26号楼17A、B座	2000	50.00	20.00	淮海第一城
16	淮安市嘉和房地产开发有限公司	暂定二级	2005	引河路3号1幢1室3楼	1000	3.30	0.20	农垦丽景苑
17	淮安市美佳房地产开发有限公司	暂定二级	2005	解放东路88号东方花园B5楼107室	800	7.00	1.00	新淮中花园
18	淮安市天瑞房地产开发有限公司	暂定二级	2005	淮海东路136号	800	22.00	5.00	英伦·玫瑰园
19	淮安倚天置业有限公司	暂定二级	2005	健康西路29号1幢东二楼	2000	30.00	5.00	中天花园
20	淮安中申置业有限公司	暂定二级	2005	解放东路43号	2000	10.00	5.00	清华美墅
21	淮安中央新亚国际购物广场有限公司	暂定二级	2005	淮海东路142号	2000	—	10.00	中央新亚广场

续表6-4

序号	企业名称	资质等级	成立时间(年份)	地址	注册资本(万元)	开发建筑面积(万平方米)		代表性小区或其他项目
						住宅面积	非住宅面积	
22	淮安久事房地产开发有限公司	暂定二级	2005	勤政路12号2楼	2000	9.00	0.52	永和家园
23	新世纪集团(淮安)置业发展有限公司	暂定二级	2005	健康西路51号	2200	7.28	0.60	新世纪豪园
24	淮安新业房地产开发有限公司	暂定二级	2005	明远东路18-1号	2000	10.00	1.00	温州花苑
25	淮安新苑房地产开发有限公司	暂定二级	2005	水门桥小区5幢206室	200	8.00	4.00	新苑逸城
26	淮安富康房地产开发有限公司	暂定三级	2005	淮安市创业大厦1199号	800	5.00	1.00	书香华庭
27	淮安经济开发区房地产开发有限公司	暂定三级	2005	小康城深圳小区	800	6.20	—	天香花园
28	淮安开发控股有限公司	暂定三级	2005	厦门西路6号	800	5.19	—	东城佳园
29	淮安市飞翔城镇建设开发有限公司	暂定三级	2005	长江东路16号	880	1.70	—	十排房花苑
30	淮安市淮海房地产开发有限公司	暂定三级	2005	淮海路29号	900	22.00	2.00	和平新村、大胜广厦
31	淮安市加州房地产开发有限公司	暂定三级	2005	淮海西路192号	800	22.00	1.00	加州城
32	淮安市建工房地产开发有限公司	暂定三级	2005	淮海北路76号	1000	7.50	0.60	东城景苑
33	淮安市巨星房地产开发有限公司	暂定三级	2005	港口路88号	820	—	10.00	文庙新天地
34	淮安市利达房地产开发有限公司	暂定三级	2005	上海路6号	1000	35.00	5.00	利苑新村
35	淮安市清河地产开发有限公司	暂定三级	2005	广州路8号	800	20.00	1.00	华新桥安置小区
36	淮安市荣大房地产开发有限公司	暂定三级	2005	淮安体育运动学校北侧	820	—	1.00	汇通市场9区-久久商城
37	淮安市市级机关房屋开发中心	暂定三级	2005	健康东路116号	800	12.00	0.60	一号生活大院
38	淮安市投资房地产发展有限公司	暂定三级	2005	健康东路98号	810	20.00	2.00	华能小区
39	淮安东方景色家园置业有限公司	暂定三级	2005	前进东路6号地	800	11.00	0.22	东方金色家园

续表6-4

序号	企业名称	资质等级	成立时间(年份)	地址	注册资本（万元）	开发建筑面积（万平方米）		代表性小区或其他项目
						住宅面积	非住宅面积	
40	淮安经济开发区华兴房地产发展有限公司	暂定三级	2005	厦门西路22号	1000	3.10	0.40	威海花园
41	淮安市嘉联置业发展有限公司	暂定三级	2005	健康东路34号	800	10.00	15.00	康城明珠花园
42	淮安市水利房地产开发有限公司	暂定三级	2005	深圳路9号	820	30.00	2.00	大河新城
43	淮安市天龙置业有限公司	暂定三级	2005	淮海北路5号	1000	5.00	1.00	天龙御庭
44	淮安旺旺置业有限公司	暂定三级	2005	淮海东路71号	800	13.00	1.50	旺旺家缘
45	淮安扬帆房地产开发有限公司	暂定二级	2005	北京东路与承德路交叉处	6000	7.40	1.54	金碧湖畔
46	淮安市九天置业有限公司	暂定二级	2005	翔宇北道东侧、金都花园北侧	7000	7.12	0.98	九天·迎春嘉园
47	淮安市世邦房地产开发有限公司	暂定二级	2005	北京东路南侧、承德路东侧	3000	10.92	3.74	帝景豪庭
48	淮安市浙商投资建设有限公司	暂定三级	2005	黄河东路南侧、南昌路东侧	2000	—	3.69	淮安国际农贸城
49	丰球集团（淮安）房地产有限公司	暂定二级	2006	和平东路东方丽景大门东侧三楼	2000	80.00	2.00	丰球·白鹭湖庄园
50	淮安弘康房地产开发有限公司	暂定二级	2006	厦门路6号	2000	—	1.70	弘康兴旺角
51	淮安联盛置业发展有限公司	暂定二级	2006	淮海南路167号三幢3号	2000	20.80	10.30	联盛国际广场
52	淮安美源房地产开发有限公司	暂定二级	2006	健康东路30号	2000	21.10	2.00	月季花园
53	淮安正诚房地产开发有限公司	暂定二级	2006	新民东路1号	3000	9.00	1.00	清江华府
54	淮安中地房地产开发有限公司	暂定二级	2006	健康东路118号	2000	8.00	2.00	东壹区
55	江苏恒辉置业发展有限公司	暂定二级	2006	淮海北路50-1号	2000	20.00	2.00	恒辉花园
56	淮安国华房地产开发有限公司	暂定二级	2006	樱花路北侧、曙光路西侧	3580	14.66	1.75	国华·御景园

续表 6-4

序号	企业名称	资质等级	成立时间(年份)	地 址	注册资本(万元)	开发建筑面积(万平方米)		代表性小区或其他项目
						住宅面积	非住宅面积	
57	江苏环宇置业有限公司	暂定二级	2006	长江东路南、承德路西	4200	16.37	3.60	银河湾
58	淮安益兴置业有限公司	暂定二级	2006	樱花路南侧、曙光路东侧	9000	18.68	1.56	益兴名人湾
59	淮安大田房地产开发有限公司	暂定二级	2007	淮海北路19号	2300	1.60	0.36	苹果国际公寓
60	淮安蓝江房地产开发经营有限公司	暂定二级	2007	淮海东路曙光大厦17A	2000	10.53	0.33	蓝江城市花园
61	淮安郦城房地产开发经营有限公司	暂定二级	2007	清扬路1号	2000	45.00	5.00	郦城国际
62	淮安龙昊置业有限公司	暂定二级	2007	深圳路30号16-3	2800	7.50	—	维多莉雅花苑
63	淮安仕泰隆置业有限公司	暂定二级	2007	厦门路6号812室	2000	—	9.05	仕泰隆国际工业博览城
64	淮安东海房地产开发有限公司	暂定二级	2007	兴业路11号	3000	3.50	0.50	东海畅园
65	淮安市恒和置业有限公司	暂定二级	2007	前进东路北侧1号	2000	4.00	0.36	恒和花园
66	淮安市交通控股有限公司	暂定二级	2007	淮海南路85号	800	5.20	0.50	东城·阳光府邸
67	淮安市科宇高新技术有限公司	暂定二级	2007	海口路9号	800	—	2.70	硅谷国际大厦
68	淮安水泰置业发展有限公司	暂定二级	2007	厦门路6号810室	2000	20.00	1.00	御锦天成花苑
69	淮安中业地产有限公司	暂定二级	2007	樱花路163号	2000	16.00	1.00	爱琴海
70	淮安中茵置业有限公司	暂定二级	2007	枚乘路办事处李集村委会	2000	10.00	0.50	翰林花园
71	江苏栋梁置业有限公司	暂定二级	2007	广州路8号	2000	13.00	1.00	长岛花园
72	江苏府山置业有限公司	暂定二级	2007	淮海南路23号1幢201室	2000	5.00	5.00	府山时代广场
73	江苏华安置业有限公司	暂定二级	2007	海口路9号219室	2000	13.00	1.00	华安新城
74	江苏省榕兴房地产开发有限公司	暂定二级	2007	圩北路东侧	2000	53.00	2.00	水韵天成

续表6-4

序号	企业名称	资质等级	成立时间(年份)	地址	注册资本（万元）	开发建筑面积（万平方米）		代表性小区或其他项目
						住宅面积	非住宅面积	
75	江苏威如房地产有限公司	暂定二级	2007	城南西路29号	2000	30.00	1.00	南门尚城
76	淮安市中信房地产开发有限公司	暂定二级	2007	济南路22号	2000	5.00	0.50	中信·山水名邸
77	淮安市万达广场投资有限公司	暂定二级	2007	万达广场	2000	45.00	30.00	万达广场
78	淮安市中企房地产开发有限公司	暂定三级	2007	西宁路39号	800	10.00	—	怡景美墅
79	淮安新城投资控股有限公司	暂定三级	2007	明远东路18-1号	1000	30.00	2.00	东城阳光公寓
80	淮安市京淮房地产开发有限公司	暂定三级	2007	淮海西路202号49幢4层	1000	5.00	0.50	景绣京淮
81	淮安市锴轩房地产开发有限公司	暂定三级	2007	健康西路37号	800	—	14.00	锴轩大厦
82	淮安中创置业有限公司	暂定三级	2007	厦门路6号314室	820	—	6.79	台州工业园
83	淮安维科置业有限公司	暂定二级	2007	深圳路28号	2000	17.00	0.75	格兰花园
84	江苏省亿力房地产开发有限责任公司	暂定二级	2007	翔宇中道118号亿力未来城2号商铺208	13000	18.00	1.00	亿力·未来城
85	淮安天喜置业有限公司	暂定二级	2007	淮海北路A550号	2000	3.19	0.55	四季花园
86	淮安豪景房地产开发有限公司	暂定二级	2007	北京西路南侧、次一路东侧	3000	8.54	1.13	豪景华庭
87	淮安汇金置业发展有限公司	暂定二级	2008	深圳路1-1号	2000	15.93	0.80	汇金豪庭
88	江苏众城房地产开发有限公司淮安分公司	暂定三级	2008	港口路4号	3000	5.50	0.20	众城城市嘉苑
89	淮安中业地产有限公司	暂定二级	2008	樱花路北侧、曙光路东侧	8000	13.99	0.45	爱琴海

第三节 房地产交易

淮安市房产交易始于1988年。1990年，淮阴市政府出台《淮阴市（市区）房产交易管理办法》。

1991年，市房管处成立房产交易所，后更名为房产交易管理处。1997年，市政府出台《淮阴市城市房地产抵押管理办法》，在房产交易市场中开展房地产抵押业务，当年办理房产抵押48起，面积2.6万平方米。1998年，市政府又出台《淮阴市房产转让管理暂行办法》。淮阴市建立房产交易市场及其管理机构，房产交易行为遵循政策规范，维护房产交易市场的正常秩序。市区房产交易量逐年递增。1998年，全市房地产交易量3200起，面积50万平方米。2000年，全市房地产交易量3749起，面积32.66万平方米。2005年7月30日，开通"网上楼市"和市区商品房销售网上登记备案系统，商品房销售合同网上签约、审批，商品房销售市场信息网上公布。至2008年年末，全市房地产总交易量达86780起，总面积1273.81万平方米。

一、房产买卖

1988年，淮阴市办理房产交易23起，面积1500平方米，成交额19.5万元。1989年，办理房产交易28起，面积1602.3平方米，成交额35.5万元，租赁鉴证121起，查处私自交易158起，补缴房产交易契税1.75万元，产权分割评估20起。

1990年，市政府印发《淮阴市（市区）房产交易管理暂行办法》。当年办理交易45起，面积2282平方米，成交额59.76万元，补缴契税265起，税费4.92万元。1991年，市房管处成立房产交易所，市区房产交易逐步规范化。1991年，办理交易110起，面积7235平方米，成交额167.2万元，办理赠予、交换、分割、租赁鉴证共64起，收缴税费15.64万元。1992年，办理交易233起，面积1.3万平方米，成交额296.96万元，为财政代收缴契税11.07万元。

1997年，办理房产交易1119起，面积22万平方米，成交金额1.72亿元；评估房屋541起，面积25万平方米。办理房产转让1000起，面积18.3万平方米。是年10月，淮阴市举办首届商品房展示会，参展单位18家，成交面积7626平方米，成交金额1430万元。

1998年，淮阴市房产中介事务所成立。市区办理房产转让3200起，面积50万平方米。是年，市政府出台《淮阴市房产转让管理暂行办法》。1999年，市区办理房改房过户350套，建筑面积2.28万平方米，成交量居苏北地区首位。蓬勃发展的住房二级市场，增加住房市场房屋存量，带动住房市场发展，全年市区办理房产转让2436起，面积37.7万平方米，金额3.4亿元。

2000年，市区办理房产交易3749起，面积32.66万平方米。其中，商品房交易1884起，面积19.92万平方米；存量房交易1905起，面积3.87万平方米。是年9月30日，在市房产管理局展示大厅举办淮阴市千禧房产交易展示会，展会场地面积2400平方米，设标准展位25个、异型展位28个。参展单位有市区和淮阴县的46家房屋开发商，展出商品房总面积10万平方米，提供1500多条存量房信息。展会现场成交商品房321套，面积3.81万平方米，金额3872.84万元，参展人数3万多人次。

2001年，市区办理房产转让3758起，面积33.87万平方米，金额3.14亿元。其中，商品房转让1291起，面积13.68万平方米，金额1.46亿元；存量房转让2467起，面积20.19万平方米，金额1.68亿元。

2002年，市区办理房产转让7249起，面积105.15万平方米。其中，房改房上市1400起，面积9.61万平方米；商品房（住宅）转让2049起，面积23.29万平方米；商品房（非住宅）转让203起，面积3.48万平方米。市房产中介事务所经营规模不断扩大，在市区增设5个分店，取得东方花园小区代理销售权。

2003年，市区办理房产转让9252起，面积129.16万平方米。其中，房改房上市1466起，面积10.02万平方米；商品房（住宅）转让2462起，面积27.26万平方米；商品房（非住宅）转让1110

起，面积8.77万平方米。在全省乃至全国率先取消已售公房上市审批手续。市区已购公房上市面积累计达48.05万平方米，占全部已售公房面积的13.5%。

2004年，市区办理房产转让18147起，面积225.83万平方米。其中，房改房上市1627起，面积10.95万平方米；商品房（住宅）转让4051起，面积71.41万平方米；商品房（非住宅）转让2249起，面积14.19万平方米。住房梯次消费格局更加明显，二手房交易火爆，交易面积83万平方米，市场平均价格每平方米1700元。

2005年，全市房屋交易391万平方米，商品房销售面积170.5万平方米，其中商品房住宅销售面积155万平方米。市区实现房屋交易面积240万平方米，其中住房交易面积189万平方米，商品住宅销售面积128.6万平方米，二手住房交易面积60.4万平方米。2005年7月30日，淮安“网上楼市”暨市区商品房销售网上登记备案系统正式开通，实现商品房销售合同网上签约、商品房销售网上审批、商品房销售市场信息实时浏览、商品房市场运行状况网上即时统计以及房地产开发商对自身产品的市场营销网上管理，全市商品房市场管理水平达到国务院指定的全国40个重点城市水平。至2005年年末，入网销售项目44个，入网总套数13364套，面积124万平方米；网上销售套数1394套，面积16.3万平方米；网站总访问量超过500万人次，日均访问量3万余人次。2006年，市区办理房屋转移登记13788起，面积148.62万平方米。淮阴区、金湖县、楚州区分别于5月、8月、12月开通“网上楼市”。2007年，市区办理房产交易11885起，面积134.35万平方米。是年8月，淮安“网上楼市”改版。是年9月，“网上楼市”实现县（区）全覆盖。

2008年，市区办理房产交易11054起，面积104.74万平方米。是年7月，市区正式实施《淮安市房屋登记办法》。当年成立房屋会所，举办13次“看房直通车”活动，覆盖清河、清浦、淮阴、楚州4个区20多个主流供应楼盘。

二、房屋租赁

20世纪80年代以前，直管公房中住宅房屋的租赁，一直按计划经济模式，采取无偿分配的租赁形式，即政府投资建设住宅，服务于社会，单位职工或城镇居民均可根据住房需求提出申请，由单位或街道签署证明，经房管部门审批，获得分配住房租用权，签发公房使用卡，1985年改为公房租用证。“卡”和“证”为租用公房维系租赁关系的合法凭证。承租户每月缴纳少量房租费，房管部门负责维修，为纯福利型的住房制度。

1988年起，政府推行住房制度改革，实行住房商品化，采取多种渠道解决住房问题，房管部门无房源用于分配租赁，只维持原有出租公房的管、收、修等日常业务工作。由于房屋租金太低，不能以租养房，因此在住房制度改革的过程中，不断调整公有住房租金标准，逐渐达到以租养房的目的。1995年，市政府印发《淮阴市深化住房制度改革的决定》，当年11月1日开始执行，公有住房每平方米使用面积月租金提高0.55～0.85元。至2008年年末，公有门面房和办公用房每平方米使用面积月租金分别提高到10元和25元。对离退休人员及配偶、民政部确定的社会救济对象、非在职优抚对象及困难职工户，实行一处住房提租后，按规定进行租金减免。

三、房地产抵押

1997年12月，市政府出台《淮阴市城市房地产抵押管理办法》。当年办理抵押48起，面积2.6万平方米。1998年，市区办理房产抵押233起，抵押金额2亿元。1999年，市区办理房产抵押867起，抵押金额10.44亿元。

2000年，市区办理房产抵押2119起，面积65.70万平方米。其中，住宅抵押2033起，面积58.07万平方米；非住宅抵押86起，面积7.63万平方米。2005年，市区办理房产抵押5124起，面积114.72万平方米。其中，住宅抵押3305起，面积55.7万平方米；非住宅抵押1819起，面积59.02万平方米。

2008年，市区办理房产抵押6631起，面积105.54万平方米。

1988—2008年淮安市主城区房产交易和房地产抵押统计表

表6-5

项目 / 成交量 / 年份	房产交易		房产抵押	
	起数	面积（万平方米）	起数	面积（万平方米）
1988	23	0.15	—	—
1989	28	0.16	—	—
1990	45	0.23	—	—
1991	110	0.72	—	—
1992	233	1.30	—	—
1993	258	1.57	—	—
1994	260	3.00	—	—
1995	186	2.60	—	—
1996	—	—	—	—
1997	1119	22.00	48	2.60
1998	3200	50.00	233	—
1999	2436	37.70	867	—
2000	3749	32.66	2119	65.70
2001	3758	33.87	1290	—
2002	7249	105.15	2406	86.26
2003	9252	129.16	5647	191.59
2004	18147	225.83	5010	129.04
2005	—	240.00	5124	114.72
2006	13788	148.62	7728	111.24
2007	11885	134.35	7667	134.31
2008	11054	104.74	6631	105.54

第四节 物业管理

1997年，市政府出台《淮阴市城镇住宅区物业管理暂行办法》。1997—1999年，市区成立2家国有物管企业。1998年，淮阴市富丽物业管理公司管理的富丽花园小区获“国优示范小区”称号，为全市首家。2000年起，淮阴市扩大物业管理覆盖面。按照分类入轨、递次推进的思路，新建小区超前介入、强行入轨，上规模的旧小区通过整治逐步入轨，有条件的大厦、工业园先行入轨。2004年后，贯彻落实国务院和江苏省物业管理条例及淮安市物业管理实施细则，建立“条块结合，以块为主，纳入社区统一管理”的物业管理体制，小区物业管理水平得到提升。至2008年年末，全市有物业管理企业207家，其中一级企业1家、二级企业家10家、三级企业家（含三级，暂定）196家，为社会提供就业岗位8800多个。全市托管项目309个，托管物业面积3159万平方米，68万多人受益，市区物业覆盖率100%。创建物业管理“国优”小区6个，分别为富丽花园、健康新村、华能小区、富春花园、书香华庭、浦东花园，“省优”小区32个，“市优”小区87个。

1999—2008年淮安市市区物业服务企业等级、数量、从业人员情况表

表6-6

项目 年份	一级企业（家）	二级企业（家）	三级企业（家）	从业人员（人）
1999	—	—	10	300
2000	—	—	27	800
2001	—	—	35	1500
2002	—	—	46	2000
2003	—	—	51	3000
2004	—	—	74	4300
2005	—	2	97	5000
2006	—	2	119	5600
2007	—	1	157	6800
2008	1	10	196	8800

1999—2008年淮安市市区实施物业管理小区数量、服务面积、受益人口统计表

表6-7

项目 年份	物管小区数量（个）	物业服务面积（万平方米）	受益人口（万人）
1999	—	80	2.7
2000	—	170	—

续表6-7

年份＼项目	物管小区数量（个）	物业服务面积（万平方米）	受益人口（万人）
2001	—	230	—
2002	—	350	—
2003	130	450	18
2004	151	900	26
2005	186	1240	31
2006	221	1600	50
2007	278	1980	53
2008	309	3159	68

2001—2006年淮安市政府出资整治旧小区情况表

表6-8

年份	整治的小区名称	整治经费（万元）	小区面积（万平方米）	受益人口（人）	群众满意率（%）
2001	北京新村	4000	29	20000	98
2002	凤凰新村	1000	7	2600	98
2003	前进小区	500	7	2600	95
2004	化工新村	2390	35	21000	98
2005	大桥新村	100	2	1500	95
2006	繁荣新村	300	4	1200	96
	富康园、富淮园、富华园	100	10	3500	98

第五节　房地产管理

一、管理机构

（一）行政管理机构

1978年1月，清江市房地产管理局成立，与市房地产公司实行“一套班子，两块牌子”。淮阴县、淮安县的房地产行政管理机构为县城建局。

1983年，组建淮阴市房地产公司，隶属于市城乡建设环境保护局。1986年7月，淮阴市房地产公司更名为淮阴市房地产管理处。1994年2月，房地产管理处由正科级升格副县级，升格后机构性质、隶属关系、人员编制及经费渠道不变。同年5月，经市建委批准，成立淮阴市房地产综合开发管理办公室，与房地产管理处实行“一套班子，两块牌子”，合署办公。

1996年9月，撤销市房地产管理处，成立市房产管理局，市住房制度改革办公室并入市房产管理局，保留"市住房制度改革办公室"牌子。下辖单位有房产交易管理处、住房基金管理中心、危房鉴定办公室、物业管理处、白蚁防治中心、经济适用房发展中心。2001年，更名为淮安市房产管理局。至2008年年末，机构无变化。

（二）专业管理机构

1.房屋权属登记与交易管理中心

1986年7月，淮阴市房地产管理处挂牌成立，内部设房产产权监理科，负责产权产籍管理等。1991年，成立淮阴市房产交易所，隶属于房管处，人员由房管处内部调剂。1997年4月，淮阴市房产交易管理所更名为淮阴市房产交易管理处，隶属市房产管理局，为正科级全民事业单位。2003年12月，更名为淮安市房屋权属登记与交易管理中心，挂"淮安市房产价格评估所"牌子。

2.房地产测绘事务所

淮安市房地产测绘事务所成立于1995年，前身是市房地产评估测绘事务所，隶属于淮安市房屋权属登记与交易管理中心，性质为国有企业，注册资金500万元，丙级测绘资质。

3.白蚁防治中心

1978年至1984年5月，市区的白蚁防治工作由市房地产公司下属房管科负责。1984年6月，成立淮阴市白蚁防治所，隶属于市房地产公司，工作人员由公司内部人员调剂。1997年4月，更名为淮阴市白蚁防治中心，隶属于市房产管理局。2007年7月，市编委将市白蚁防治中心经费渠道纳入市财政预算，为全额拨款性质，实行管办合一。

4.住房公积金管理中心

1992年，市住房制度改革领导小组办公室更名为淮阴市人民政府住房制度改革办公室，是市政府直属机构。是年，成立淮阴市住房基金管理中心，与市房改办实行"一套班子，两块牌子"。1997年4月，市编委明确淮阴市住房基金管理中心为市房管局下属的副处级全民事业单位，编制15人，经费自收自支。2002年，淮安市住房基金管理中心更名为淮安市住房公积金管理中心，划归市政府直接领导。是年，成立淮安市住房公积金管理委员会，为住房公积金管理的决策部门。

5.房屋安全鉴定中心

1989年，淮阴市房地产管理处内部增设危房鉴定办公室，在全市开展危房鉴定业务，其人员、编制由单位内部调剂。1992年4月25日，更名为淮阴市房地产管理处房屋安全鉴定办公室。1993年6月15日，淮阴市房地产管理处房屋安全鉴定办公室改称为淮阴市房屋安全鉴定办公室，性质、编制、隶属关系不变。是年7月14日，成立淮阴市房屋安全鉴定办公室，为市房管处下属股级全民事业单位。淮阴市房产管理局成立后，房屋安全鉴定办公室升格为隶属于市房管局的科级全民事业单位。2003年11月，更名为淮安市房屋安全鉴定中心。

6.物业管理中心

2003年11月，淮安市物业管理处更名为淮安市物业管理中心，市拆迁安置咨询服务中心并入该中心。2007年，市房管局将市物业管理中心拆分为物业管理中心和物业管理总公司，各行其职。

二、公房管理

（一）政府直管公房

1.直管公房来源

淮阴解放后，人民政府依据政策接管国民政府机关和官员的房屋，根据统计，有1.2万平方米。1958年，市政府对出租的私有房屋实行社会主义改造，计有6.6万平方米。在"文化大革命"

期间，低价收购下放户私房0.88万平方米。由政府拨款统建的住宅计有14.7万平方米。房管部门对破旧房和草房进行翻建、改建和扩建以及拆迁异地新建等。1985年，全市有直管公房24.02万平方米，其中代管房0.46万平方米。

1983年3月，在地市机构改革中，撤销淮阴专区和清江市，成立淮阴市和清河区、清浦区，原直管公房按地域分别由两区房地产公司管理。清浦区域内的直管公房有2463户，房屋7365.5间，建筑面积13.18万平方米，使用面积10.89万平方米。清河区域内直管公房有10.1万平方米。由于落实房产政策，返还"文化大革命"期间低价收购的房屋，旧城改造拆除等诸多因素，直管公房逐年减少。至2008年年末，清浦区房产公司直管公房1.8万平方米，清河区房产公司直管公房1.9万平方米。

2.直管公房修缮

1978年以后，每年从城市维护费中拨给一定的直管公房维修费用，用作房屋维护和翻建。1978年，拨付54万元。1979年，拨付25万元。1980—1985年，每年拨付40万元。

20世纪80年代后期至90年代末，探索房屋维修改革。清浦区、清河区2家房地产公司对直管公房维修实行承包制，小修由房管所负责，自行修缮。大中修和翻建由建筑工程公司承包，实行"管养合一，管修分开"。

3.直管公房租赁

直管公房由房屋管理部门按规定定时收取租金。1979年，针对市区住宅供需矛盾的具体情况，由房管部门制定公房租赁分配办法，重点是无房户、危房户、落实房产政策急需住房户、晚婚户、人均住房2平方米以下的困难户及三代同堂的拥挤户。根据以上分配原则，暂缓供需矛盾，解决部分群众实际居住困难。

（二）单位自管公房

1985年年底，全市单位自管房总建筑面积394.6万平方米，其中住宅用房157.1万平方米。在这些房屋中，有些是淮阴解放时从国民政府机关接收过来的，有些是公私合营中的私产，但主要是各单位历年自建的。

各单位一般没有专门房屋管理机构，大多数由行政科兼管。如清江棉纺织厂，全厂占地面积23.7万平方米，有332幢房屋，总建筑面积13.6万平方米。淮阴市政府行政处下设房管科，负责管理总建筑面积11.9万平方米的房屋。

单位自管房屋住宅一般由该单位的职工居住，租金标准低，房屋维修均由单位自行负责。20世纪80年代后，单位逐渐将住宅出售给职工。至2008年年末，全市无单位自管住宅公房。

三、房地产权属管理

住房实行商品化后，淮安市房地产交易市场得到迅速发展，拥有私人住房的居民人数迅猛增加。市房产主管部门强化房地产权属管理，组织人员依法进行房屋普查，明确房产权属；落实房产政策，解决私房改造中的遗留问题，归还"文化大革命"期间被挤占、没收和低价收购的私房；做好房产登记发证和产籍管理。至2008年年末，全市累计为13.79万户居民登记发证，建立房产档案43.52万卷。

（一）产权管理

1.房屋普查

1979年，为编制"六五"计划，对市区公社房屋进行普查登记，共查3个城区公社、21个居委会，登记各类房屋109.83万平方米。

1984年，根据省建委和省统计局要求，淮阴市政府印发《关于搞好市区、县、镇房屋普查和住宅建设情况的统计工作的通知》，由淮阴市城乡建设局组织领导，淮阴市房地产公司负责具体普查工作，对淮阴市所属城镇房屋进行普查。共查清河区、清浦区和所辖的淮阴、淮安、涟水、灌南、沭阳、泗阳、泗洪、宿迁、洪泽、金湖、盱眙11个县及双沟、高沟、蒋坝3个直属镇，登记各种类型房屋1230万平方米，其中市区388万平方米。整理填写住宅出售情况调查表、维修情况表等15种报表。

1985年，对市区和各县城镇的房屋再次进行普查。普查分为直查、自查和代查3种。私有房屋和直管公房由专业队直查，有条件的部门自己组织人员自查，无能力自查的单位请专业队代查。1985年2月至1986年4月，测量各类房屋25.66万幢，登记15万户城镇居民房屋，建筑面积1737.8万平方米，填写普查表12万张，详细记载房屋建筑面积、使用面积、居住面积、房屋结构、建筑时间、层次、产别、产籍、用途等，淮阴市被评为国家及省普查工作先进单位。

1985年淮阴市市区房屋用途统计表

表6-9　　单位：万平方米

用途 / 面积	工业用房	商业用房	私人用房	教育、科研、医疗	文体娱乐	办公	直管公房	住宅	其他
建筑面积	155.00	35.89	67.71	26.20	5.65	17.24	24.02	244.38	2.02

1985—2008年部分年份淮安市市区人均居住面积表

表6-10　　单位：平方米

年份 / 面积	1985	1990	1993	1996	2000	2002	2005	2007	2008
人均面积	13.07	16.81	18.35	18.85	20.52	25.55	27.89	32.3	33.15

2.房产登记发证

1996年11月，淮阴市房产交易管理处成立，负责市区房屋产权登记发证工作。收件、测绘、面积计算、绘图、审批、编号、权证制作等工作基本上都是以手工方式进行。

1997年，在单机环境下实现由计算机绘图和打印房屋所有权证，代替手工绘图和手工写证。当年核发商品房注册证1371本，面积15万平方米；办理变更登记1599起，面积48.75万平方米。

1998年，引进建设部信息中心城市房产档案管理系统，经过测试版、正式版直到升级版；从小型数据库管理系统到大型数据库管理系统，最终在MS网络平台下用SQL数据库管理系统，完成全市7万份存量档案的录入工作。开发产权产籍管理信息系统，解决档案的现代化管理问题。当年发放各类权属证书2752本。

1999年，研制开发城市产权产籍管理图形库、数据库联动系统，并配备部门级专用服务器和相关网络设备，通过信息交换实现各种不同类型的产权登记。从收件、测绘、绘图、初审、复审、终审、编号、缮证、收费、归档全过程均在计算机网络上进行。该系统功能强大，涵盖过程控制、档案交接、社会服务承诺、收费管理等全部环节，极大提高房产管理水平。对历年房产档案进行彻底的整理装订、计算机录入。市区办理初始登记4191起，面积94.1万平方米。

2000年，市区办理初始登记6108起，面积81.09万平方米。其中，商品房初始登记2914起，面积25.4万平方米。

2002年，在市区开展房屋权属证书换证工作，印发《房地产赠予合同》《房地产交换合同》示范文本，汇编房屋产权产籍管理操作手册；依法对淮阴区、楚州区房产实行委托管理，与各区房产管理局签订《建设行政执法委托书》。盱眙县、洪泽县、淮阴区、楚州区4个县（区）全面使用产权产籍管理信息系统，形成局域网络，并完成数据库的转换。

2003年，按照市政府《关于市区已建房屋遗留问题的处理意见》，解决2600余户无法办理房屋产权证的遗留问题。全年办理初始登记10328起，面积216.19万平方米，其中商品房初始登记6691起，建筑面积48.63万平方米。

2004年，对办理房产权属证件环节进行简化改革，将受理、审核、发证3科合并为办证科，30分钟即可完成一件商品房初始转移登记手续。当年全市完成权属登记面积343万平方米，办理初始登记9023起，面积101.37万平方米，其中商品房初始登记7774起，面积61.78万平方米。

2006年，办结各类登记37558起，面积488.99万平方米。其中，办结商品房初始登记9826套，面积94.84万平方米；办结非商品房初始登记1190起，面积29.47万平方米；办结房屋变更登记371起，面积6.04万平方米；办结房屋他项权登记7728起，面积111.24万平方米；办结房屋转移登记137788起，面积148.62万平方米。

2008年，完成各类房屋登记33509起，面积417.4万平方米。

1997—2008年部分年份淮安市房产登记发证情况表

表6-11

年份	权属登记（本）	面积（万平方米）
1997	1371	15.00
1998	2752	32.00
1999	4191	94.10
2000	6108	81.09
2003	10328	216.19
2004	9023	101.37
2005	31920	399.00
2006	37558	488.99
2007	32463	436.94
2008	33509	417.40

3.落实房产政策

1956—1958年，城市房产处于社会主义改造中，由于“左”的影响，带来一些遗留问题，虽在1965年私房改造复查时进行纠正，但仍存在不少问题，错改的有166户，应划留自主房而未留的17户，代管房33户。“文化大革命”期间，非法挤占没收和低价收购下放户房屋的有278户。合计494户，建筑面积1.7万余平方米。另有改造和接管的宗教房产0.9万多平方米。

1978年后，清江市委、市政府成立落实私房政策领导小组，下设办公室，由房管、侨办、台办、统战部等单位抽调人员集中办公，研究落实各种类型私房政策问题。1985年4月，淮阴市政府批转市城乡建设局《关于落实市区私房政策意见的报告》。至1986年，落实私房政策204户7340平方米。宗教房产退还219间4960平方米，其中基督教会49间860平方米、佛教庙产170间4100平方米。因拆除等原因予以补偿180.5间4310平方米，补偿人民币15.4万元。其中，基督教会22

间430平方米，补偿3.92万元；伊斯兰教会41.5间480平方米，补偿1.25万元；佛教庙产117间3400平方米，补偿10.23万元。

（二）产籍管理

20世纪90年代起，加强房产档案工作。2002年3月，经省、市档案局审评验收，市房产交易管理处档案室达到国家二级档案室标准。2007年，被省、市档案局评为“省特一级标准”，获评“五星级档案室”。至2008年，整理房产档案43.5万卷，涉及13.7万多户，档案库房面积1732平方米。

1.档案室建设

1996年9月，淮阴市房产交易管理处设有档案科，专职管理房产档案。档案室位于市区健康东路创业大厦3～6层，面积1732平方米，备有电脑15台、扫描仪5台、吸尘器4台、空调24台、除尘器4台、密集架172列。

2.档案管理

1997年之前的房产档案管理从接收登记、编号分类、目录编写等均是人工操作。工作效率低，库存档案凌乱，没有整理的档案积压很多。1998年，房产交易管理处对档案进行搜集和整理。2000年，选派专人负责将5.4万多户房产档案全部录入电脑。此后，房产交易权属登记受理、审批、核准、打证、发证、归档均在内部网络上完成。

3.档案利用

2008年，全市有库存房产档案13.7万多户，43.5万多卷，最长时间跨度超60年。2008年，查阅档案43366人次，日均近200人次，最高日超400人次。房产档案为人民法院、律师事务所、政策落实部门等提供服务，在清理产权、解决纠纷、裁决民事案件和推动市政建设、住宅建设、旧城改造、城市规划等方面发挥重要作用。

四、白蚁防治

1978—1985年，淮阴地区（市）重视白蚁灭治工作，广泛发动群众灭治白蚁。1986年起，防治工作主要以防为主，综合治理。1996年，淮阴市物价局、财政局、房产管理局印发《关于贯彻省降低新建房屋白蚁防治费收费标准的通知》，规定新建房屋白蚁防治费（含人工费、材料费、管理费、复查费等）按房屋建筑面积收取，7层以下（含7层、地下室）每平方米2.3元，8层以上（含8层）每平方米0.7元。其中，特殊建筑（仿古建筑，内装修、别墅）收费标准仍按每平方米11.25元收取。1997年10月，市政府印发《淮阴市城市白蚁防治管理办法》，明确新建、改建、扩建、翻建的房屋应当进行白蚁防治。1998年12月，省政府在《关于清理规范商品房建设和交易中行政事业性收费项目的意见》中，将白蚁防治费列为允许收费的36个行政事业性收费项目之一。1999年，建设部颁布《城市房屋白蚁防治管理规定》，有蚁害地区均开展房屋建筑的白蚁预防工作。使用小型压力泵进行药物喷洒，采用较为环保的低毒毒死蜱、拟除虫菊酯类白蚁剂（如联苯菊酯），同时引用国际上最新白蚁防治技术——饵剂诱杀系统。至2006年，全市安装地上型饵剂系统5101套，地下型饵剂系统21099套。2007年，筹集资金近50万元购买分析天平、高速冷冻离心机、气相色谱仪等设备，建立白蚁防治专业实验室。对药物的有效含量、稳定性、悬浮率等指标进行入库检测，从源头上保证药品质量；对新建白蚁防治项目进行土壤残留分析检测，定期抽检，抽检率达5%以上。对市属重点项目、解困房、回迁房、新城区的各大工程，严格按照《房屋白蚁预防土壤化学屏障质量分析方法》定期进行抽检。对一些工期长的项目，建立长期跟踪调查制度，定期回访复查，对施工质量进行监控，有效保证新建工程的白蚁防治质量。

此外，2000年起，淮安市参与全国及国际性项目合作，推广白蚁防治新技术。2006年，获得全球环境基金组织及世界银行28万美元赠款,用于中国白蚁防治氯丹灭蚁灵替代示范项目淮安市示范点的建设。

1995—2008年淮安市市区白蚁防治面积一览表

表6-12　　单位:万平方米

年份	1995	1996	1997	1998	1999	2000	2001	2002	2003	2004	2005	2006	2007	2008
面积	26	30	35	43	45	45	50	85	135	180	197	220	255	305

五、房屋安全鉴定

1989年,淮阴市房地产管理处内设危房鉴定办公室,2003年11月更名为淮安市房屋安全鉴定中心。至2008年年末,房屋安全鉴定总量4460起,总面积135.32万平方米。

楚州区房屋安全鉴定管理所成立于1991年7月,负责办理全区房屋安全鉴定工作。成立之初,只是对城区危险房屋进行鉴定,出具鉴定报告,为建设、规划等部门提供房屋翻建依据。2006年起,加强从业人员岗位培训,坚持按实鉴定,鉴定业务逐步向乡镇拓展。2008年,鉴定房屋504户,鉴定面积2.48万平方米。

1990—2008年淮安市市区房屋安全鉴定统计表

表6-13

年份	鉴定数量(起)	鉴定总面积(平方米)
1990	25	13672
1991	41	98122
1992	47	36547
1993	30	34677
1994	35	30366
1995	112	22582
1996	105	62185
1997	62	47335
1998	92	81327
1999	108	98514
2000	150	96240
2001	497	107310
2002	513	96439
2003	977	84636
2004	296	58820
2005	764	159224
2006	216	80958
2007	250	82007
2008	140	62271
合计	4460	1353232

第六节 住房制度改革

一、房改政策

1992年，淮阴市印发《淮阴市区住房制度改革实施意见》，要求建立住房公积金制度，分步提租发放住房补贴，新租住房交定金，职工买房给优惠，实行住房基金制，多种办法建住房，逐步建立由国家、单位和个人三者相结合的住房机制。

1993年，淮阴市印发《淮阴市区优惠出售公有住房办法》，对符合条件的公有住房以标准价出售给符合条件的居民，一户限购一处，保底限价，售房款实行专户存储。

1994年，淮阴市决定在市区建设解困住房，逐步解决市区人均住房4平方米以下的家庭住房困难。1996年，开始建设安居房，解决市区中低收入家庭的住房困难。1999年，印发《淮阴市区进一步深化城镇住房制度改革的实施意见和淮阴市区停止住房实物分配逐步实行住房分配货币化实施办法》，规定从1998年12月1日起停止住房实物分配，对符合条件的职工，所在单位有条件的，可以按规定给予住房面积补贴和工龄补贴，补贴标准为每平方米225元。1998年12月1日以后参加工作的职工，按其月工资基数的11%逐月发放住房补贴，存入住房公积金管理中心个人住房多项资金账户。1999年8月，印发《淮阴市区已购公有住房上市办法（试行）》，放开已购公有住房上市交易。2002年，印发《淮安市城镇廉租住房管理暂行办法》，在市区建立廉租住房保障制度，解决市区民政部门确认享受最低生活保障、人均住房面积8平方米以下的城市困难户家庭住房问题。2003年，开始建设解困房和政策性商品房，解决因拆迁造成住房困难的居民住房问题。

二、公有住房出售

1993年，淮阴主城区（清河区、清浦区）出售公有住房，每平方米价格280元。1996年，开始实行销售价格和成本衔接，多次调整出售价格。至2002年，公有住房出售价提高至每平方米795元，仍然低于当时的普通商品房市场价。至2008年年末，累计出售住房58728户，建筑面积377.35万平方米，回收资金11.79亿元。

1994—2008年，淮阴区公房累计出售面积55万平方米，购房户8029户，回收资金1.09亿元，出售价格甲类地段为建筑面积每平方米170元、乙类地段为建筑面积每平方米160元。

1993年9月至2008年，楚州区为9040户职工办理公房出售手续，出售面积45.2万平方米，回收房款1.35亿元。

1993—2008年部分年份淮安市市区出售公房情况统计表

表6-14

年份	户数（户）	建筑面积（万平方米）	售房款金额（万元）
1993	18847	126.11	14400.00
1995	5778	38.23	12500.00
1996	1749	12.01	4611.43

续表 6-14

年份	户数（户）	建筑面积（万平方米）	售房款金额（万元）
1997	17100	110.09	44300.00
1998	6392	44.68	25631.92
1999	1251	8.88	5068.08
2000	325	2.19	1031.73
2001	783	5.65	1913.00
2002	325	1.56	512.28
2003	950	5.92	1758.00
2004	2981	13.86	3653.00
2005	975	3.14	1082.45
2006	674	2.51	725.45
2007	293	1.08	315.36
2008	302	1.44	385.50

三、住房补贴

1998年，淮阴市停止住房实物分配，逐步实行住房分配货币化，市区有条件实施货币化分房的单位，普遍实施货币化分房。至2008年年末，市区单位为1998年12月1日前参加工作职工11033人发放购房补贴12205.05万元，补贴面积11.96万平方米；1998年12月1日后新职工逐月发放住房补贴，纳入住房公积金管理。

淮阴区住房补贴分为老职工住房补贴和新职工住房补贴。1998年11月30日之前参加工作的无房和住房面积未达到规定面积标准的职工，购房时实行一次性补贴；1998年12月1日以后参加工作的职工，由所在单位按其月工资基数的8%逐月发放住房补贴，按月计发的补贴存入个人住房专项资金账户，按公积金原则进行管理和使用。

楚州区1998年12月31日起停止住房实物分配，逐步实行住房分配货币化。1999—2008年，为138个单位2655户家庭办理货币化购房补贴手续，补贴面积33.89万平方米，补贴金额7115.5万元。

四、住房公积金管理

1992年，成立淮阴市住房基金管理中心，与市房改办实行“一套班子，两块牌子”，合署办公，负责住房基金的归集、管理、使用。对归集的住房基金实行专户管理，建立城市、单位、个人三级住房基金账户。2002年，淮安市住房基金管理中心更名为淮安市住房公积金管理中心，为市政府管理住房公积金的行政部门。至2008年年末，淮安市住房公积金汇缴额39.7亿元，为2.7万多个购房户发放公积金贷款额25.1亿元。

1992—2008年淮安市主城区住房公积金管理情况统计表

表6-15

年份	住房公积金汇缴额（万元）	覆盖率（%）	住房公积金贷款额（万元）	贷款户数（户）
1992	398.00	—	—	—
1993	736.00	—	—	—
1994	974.00	—	—	—
1995	1394.08	—	—	—
1996	4184.87	45.70	—	—
1997	7352.44	46.12	118.98	37
1998	10500.98	48.74	1674.63	510
1999	13262.52	49.92	4942.85	1618
2000	16442.21	50.12	6483.30	1791
2001	21275.55	53.07	9753.64	2131
2002	28874.90	57.64	18468.69	3354
2003	35401.01	59.82	25822.60	3392
2004	45524.54	61.27	39807.23	4057
2005	54775.16	63.50	40946.52	3878
2006	42973.70	—	47129.10	3266
2007	50372.75	—	26207.03	1830
2008	62612.38	—	29887.98	1775
总计	397055.09	—	251242.55	27639

（一）淮阴区住房公积金管理

1993年12月，成立淮阴县住房基金管理中心，负责住房基金的归集、管理、使用和偿还，对归集的住房基金实行专户管理，建立城市、单位、个人三级住房基金。1994年5月，淮阴县印发《关于住房基金营运管理暂行办法》。

1995年11月，淮阴县建立住房公积金制度，单位和个人住房公积金的缴交率均为5%。1997年7月1日起，单位和个人住房公积金缴存比例分别调整为6%，缴交基数按职工本人上年度月平均工资核定。2001年，归集住房公积金960万元，审批政策性住房贷款150户540万元，累计余额750万元，贷款额度占本期余额的32%。2002年，归集住房公积金1500万元，公积金支取480万元。开展政策性贷款业务，全年发放贷款180户758万元，回收贷款276万元。2003年，开始实行会计电算化，改手工记账为电脑做账，住房基金管理逐步走上规范化道路。是年3月，住房公积金管理机构由区住房基金管理中心移交至淮安市住房公积金管理中心。至2008年年末，归集住房基金5866万元。其中，售房收入基金1095万元，住房维修基金4076万元，其他住房基金695万元。

（二）楚州区住房公积金管理

1995年11月，县级淮安市建立住房公积金制度，由区住房基金管理中心负责住房公积金的归集、管理、使用和偿还。单位和个人住房公积金的缴存比例分别从最初的各5%，逐步调整到2008年的各10%。1999年实现公积金系统管理，住房公积金管理逐步规范化。至2008年年末，楚州区归集住房公积金43392万元，归集余额25854万元；开户缴存单位446个20939人，住房公积金覆盖面56.26%。累计为24264名职工办理提取使用4478万元；为3524户家庭发放贷款27406万元，贷款余额18230万元，贷款运用率70.51%。

五、归集维修基金

主城区公有住房出售后，按售房款的10%建立房改售房维修基金，专户存储，专项使用。2007年起，公房出售后建立的维修基金和市场商品房出售后提取的维修基金，由淮安市物业管理中心统一归集、管理、拨付。至2008年，归集维修基金2.82亿元，为各类房屋维修支出352.77万元。

六、住房保障

1994年，市政府决定在市区建设解困住房，逐步解决市区人均住房4平方米以下的家庭住房困难问题。是年5月，成立淮阴市房屋开发实业公司，隶属于市政府住房制度改革办公室，专门负责市区解困房建设。1995—1996年，建设凤凰新村和红卫桥一、二期解困房工程。同时，帮助市东风造纸厂等20多个企业单位建设解困房，解决人均4平方米以下2200多户特困家庭住房问题。1996年，开始筹建富丽花园。富丽花园是国务院房改领导小组批准建设的国家安居工程，是市委、市政府为民办实事项目，投资1.8亿元。1997年3月开始建设，1999年10月竣工交付使用，占地面积12万平方米，建筑面积18.78万平方米，解困户数1742户。1999年12月建设的富春花园，是市委、市政府为民办实事的经济适用房项目，投资3.5亿元，占地面积22.67万平方米，建筑面积32万平方米。2002年5月，竣工交付使用，解困户数2616户。

2002年1月，市政府印发《淮安市城镇廉租住房管理暂行办法》，规定廉租住房实行租金补贴、实物配租和租金减免3种方案。主要解决城镇居民人均使用面积低于8平方米（含8平方米）的家庭住房困难问题，租金补贴每月每平方米4元。2007年，市政府印发《淮安市城镇廉租住房管理办法》，明确廉租住房的实施形式、资金来源和廉租住房保障范围。

2007年，市政府对保障性住房的经济适用住房作出明确规定。经济适用住房是指在政府政策指导下，以非完全市场价向特定群体供应的各类住房，包括保障性拆迁安置房、共有产权房等。新建的经济适用住房只售不租，按保本微利的原则确定其出售价格，其利润控制在3%以下。保障性拆迁安置房一般低于同区段同期楼盘销售价格的5%～10%。经济适用住房建设采取集中建设和分散建设2种方式，以分散建设为主，分散建设的总量原则上为当年市区商品住宅开发项目建设总规模的10%左右；集中建设的保障性住房项目用地采取限房价、竞地价的方式公开出让。同时，经济适用住房保障对象从低收入住房困难家庭逐步向中等偏下收入住房困难家庭扩展。2007年起，经济适用住房保障对象扩大到人均月收入低于1200元，人均住房建筑面积低于16平方米的家庭。

至2008年，市区（清河区、清浦区、淮安经济开发区）完成保障性住房投资9.59亿元，施工面积164.76万平方米，竣工面积57.38万平方米，竣工套数6419套。其中廉租住房投资0.79亿元，施工面积4.59万平方米，竣工面积4.59万平方米，竣工套数834套；经济适用房投资2.45亿元，施工面积38.17万平方米，竣工面积20.7万平方米，竣工套数2217套；全市拆迁安置房完成投资6.35亿元，施工面积122万平方米，竣工面积32.09万平方米，竣工套数3368套。解决城市中低收入家庭住房困难10916户（廉租住房租赁补贴4414户，实物配租452户，经济适用住房配售2789户，城市拆迁和危旧房改造3261户）。

·淮安市志·（1978—2008）

第七卷 交通

1978年中共十一届三中全会后，淮阴地区各级党委、政府出台一系列支持交通发展、加快交通建设的政策，交通基础设施建设开始提速。1982年，境内京杭大运河航道开始大规模整治，至20世纪90年代整治工程结束，达三级航道标准。1990年1月，新（沂）淮（阴）铁路开工建设，1998年3月全线通车。1996年11月，境内第一条等级最高、线路最长主干公路——宁连一级公路全线通车。1997年7月，境内第一条高速公路——淮江高速公路开始铺筑，2000年12月通车。境内交通运输市场坚持“改革开放、放管结合”，个体运输异军突起，货物联合运输、零担运输业务不断扩大，物流运输业开始起步，集装箱运输、冷藏保鲜等新兴运输方式初步发展，客运出租车市场、“货的”出租车市场、快速客运市场从无到有，初具规模，客运站场初步形成网络；以旅客运输、货物运输、运输车辆维修、搬运装卸和运输服务五类市场组成的交通运输体系逐步形成，并向综合化、配套化、协调化方向发展。交通企业不断深化改革，转换经营机制，经受市场竞争考验。但由于基础薄弱，加之交通投资在国民经济中比重长期偏低，1981—1990年交通固定资产投资额仅占全市固定资产投资额的6.15%，交通基础建设直到“九五”计划时期才开始实现高投入，市区向外辐射的国省干线公路大多等级偏低，市区与各县之间尚未形成快捷连通，公路、水路和铁路3种交通运输方式之间没有实现有效衔接，丰富的水运资源没有被挖掘出来，交通运输整体优势没有得到充分发挥。同时，运输市场机制不完善、不规范，市场发展不充分，交通运输企业发展不平衡，交通行业管理与市场经济发展要求还有差距，管理手段不完善，使行业发展受到一定制约。

2000年后，淮安市提出“建设大城市、苏北争先进”和“率先基本实现交通现代化”的战略目标。2008年6月，提出构筑大交通、培育大产业、发展大流通、繁荣大文化、开发大旅游“五大建设”，其中交通建设列“五大建设”首位。全市加快以高速公路联网工程、干线公路改造工程、乡村公路通达工程、水运航道整治工程和港埠站场配套工程五大工程为核心的交通基础设施建设，实施京杭运河船舶标准化、农村班车通达、客运站建设标准化、交通平安4项交通行业管理工程，交通基础设施建设进入大投入、大发展阶段。

2001—2005年，全市交通基础设施建设累计完成投资111亿元，为1996—2000年投资额的1.7倍。其中，2002年完成交通基础设施建设投资10.6亿元，首次突破10亿元；2003年上升到27.29亿元，突破20亿元；2004年达33.71亿元，突破30亿元。宁宿徐高速公路淮安段通车，开工建设宁淮、宿淮、淮盐3条高速公路。新建和改建一批国省干线公路，总里程933.9公里，比2000年年末增长27.2%；改造国省干线公路372公里，除涟水县以外，市县之间实现一级公路连通，路网结构得到改善。完成投资14亿元，累计改造农村公路3655公里，行政村等级公路通达率达93%，干线公路、农村公路等内部通道逐步联网畅通。淮安火车站开通铁路客运，结束淮安市不通铁路客运的历史。京杭运河两淮段整治工程启动。

2006—2008年，淮安市交通投资额达83.97亿元。宁淮、宿淮、淮盐高速公路和宁宿徐高速公路盱眙南段先后通车，高速公路“三纵两横”主框架形成，淮涟一级公路建成通车，新建农村公路3000余公里。建成淮安新火车站、淮安东港，开工建设淮安汽车新南站、淮安民航机场，京杭运河两淮段整治工程通过国家验收，被交通部评为示范工程，航道等级达到二级。

同时，广泛应用先进的科学技术和管理理念，加强水上交通安全、道路运输市场、公路航道建设养护等监管工作，试点运行安全诚信船舶免于检查制、大型超限车辆全程护送服务等新举措。

至2008年年末，全市公路总里程11064公里，路网密度在全省领先，公路网络完善，被交通部认定为国家公路运输枢纽城市，高速公路里程380公里，在苏北地区率先形成90公里的中心城市高速公路环，实现与周边城市高速公路连通，市与县之间一级公路连通，县与县之间二级以上公路连通，行政村全部通等级以上公路。规范港口岸线和港埠经营管理，逐步形成布局合理、层次分明、功能明确的淮安港口体系，由“水运大市”向“水运强市”迈进。淮安新火车站投入营运，淮安铁路与国家干线铁路联网运营，新长铁路客货运全面开通。公路、铁路、水路运输衔接顺畅，港埠站场集散能力增强，综合运输网络功能得到进一步发挥，淮安市综合交通枢纽地位基本确立。运输经济发展水平不断提升，全市有营业性客运班车1651辆4.08万客位，旅游客车91辆3736客位，出租汽车2003辆10299客位；营业性货运车辆1.37万辆10.4万吨位，营业性货运船舶2466艘65万吨位，呈现出高档化、多极化、重型化发展的趋势。全市县际以上客运班线410条，402辆县际以上客运班车实现公司化经营，市、县际客运班车公司化经营率达72.3%，农村客运班车通达率达99.5%，危货运输车辆公司化经营率达100%。全市三类以上维修企业470家，上海大众、广州本田、润东现代、长安福特等一批品牌4S维修企业先后落户淮安市，有驾校35所，通过培训领证的运输行业从业人员总人数超过4.65万人。

第一章　公　路

1978年，淮阴地区境内公路路基窄、弯道多、半径小、路面薄，多为砂石路面或土路面，桥梁载重负荷低，等外公路所占比重大。1978年后，淮阴地区公路交通逐步发展，开始兴修公路和进行技术改造，加强公路管理和养护，公路技术等级和路况质量有所提高。

1981—1990年，全市完成公路建设投资1.73亿元，占交通基础建设总投资2.45亿元的70.61%，公路建设较以前有所发展。但由于“欠账”太多，到1985年，全市公路密度21公里/百平方公里，低于全省平均水平（23.98公里/平方公里），许多公路是在原乡村道路或圩堤上拓宽加固改建而来，狭窄弯曲，技术等级普遍较低，一、二级公路里程仅占全市公路总里程的10.28%。1991年起，全市交通基础设施建设步伐加快。1991—1995年，完成交通基础设施建设投资30亿元。1996—2000年，完成交通基础设施建设投资65亿元，其中公路投资占90%以上。至2000年，全市主要干线和县道渐次实现黑色化，支线公路通车里程有较大增加，基本实现乡乡通汽车。公路总里程6906.5公里。其中，高速公路114.5公里，一级公路187公里，二级公路776公里，三级公路590公里，四级公路5239公里；国省公路248公里，省道486公里，县道公路1265公里，乡道公路4907公里。全市公路部门管养桥梁704座，总长44814延长米。

2000年后，全市交通基础设施投资持续增长，公路建设投资占其95%以上，路网规模进一步增加，结构进一步改善，路网通达性和骨架公路通行能力大大提高，路网密度在全省处于较高水平，2007年被交通部认定为国家公路运输枢纽城市。2008年，全市公路通车里程11063.94公里。其中，高速公路380公里，一级公路275.35公里，二级公路1372.2公里，三级公路738.49公里，四级公路7031.87公里，等外公路1266.03公里。路网密度达109.85公里/百平方公里、0.71公里/万人。淮安市与周边城市实现高速公路连通，市与县之间一级公路连通，县与县之间二级以上公路连通，行政村全部通等级以上公路。

1979—2008年部分年份淮安市公路情况一览表

表7-1　　　　单位：公里

项目＼年份	1979	1989	1998	2008
公路全长	4013	4003	5724	11064
高速公路	—	—	—	380
一级公路	—	15	209	275
二级公路	178	243	597	1372
三级公路	247	538	382	739
四级公路	2217	2561	4536	7032
等外公路	1371	352	1320	1266
国省干线	1324	1219	664	1139
县公路	1378	1418	1240	2065
乡公路	1252	1071	3820	4533
专用公路	59	20	—	3

2001—2008年淮安市公路里程和路网密度情况表

表7-2

项目＼年份	2001	2002	2003	2004	2005	2006	2007	2008
通车里程（公里）	8971.00	9020.00	9168.00	9570.71	9700.22	9977.82	10087.58	11064.03
路网密度（公里/百平方公里）	88.82	89.31	90.77	94.75	96.00	98.80	100.15	109.85

第一节　干线公路

1978年后，境内干线公路建设经历由接通断头路、进行技术改造，到新建高等级公路、改善路网结构的发展过程。

1979年，江苏省交通局对省内公路有计划地进行技术改造，确定107条县际以上公路为省道干线，规划为二级路标准，全省统一编号。当年公路普查结果显示，淮阴地区境内有国、省道（包括国防公路）24条，全长1374.77公里。其中，重复里程40.12公里、城市道路10.76公里，实际干线公路全长1323.9公里，其中晴雨通车公路1278.41公里。干线公路总里程中，由公路部门养护公路1319公里，已绿化公路1060.1公里。路线技术状况为符合二级公路标准的168.06公里，三级公路245.54公里，四级公路779.1公里，等外公路131.2公里。

1979年淮阴地区干线公路一览表

表7-3

序号	省编号	路线名称	起点	讫点	里程（公里）
1	2	宁淮	盱眙泥沛	市区淮海广场	96.85
2	40	通榆	灌南大埝	灌云南城	64.03
3	62	阜淮	淮安苏嘴	淮安运东闸	33.83
4	65	淮扬	淮阴市区淮海广场	淮安泾河	37.37
5	66	沭淮新	淮阴市区淮海广场	沭阳袁滩	93.42
6	67	淮高灌	淮阴小营	灌云大伊山	80.93
7	68	淮阴—扁担港	淮阴王营	淮安苏嘴	57.58
8	69	泗盱汊	泗洪青阳镇	安徽汊涧	105.52
9	70	盱马金	盱眙	金湖	51.00
10	71	洋洪泗	泗阳洋河	泗洪友谊桥	57.30
11	72	盱明	盱眙	苏皖界大扬	30.67
12	73	宿洪	宿迁	泗洪	55.86
13	74	宿沭灌	宿迁	灌云	116.26
14	75	杨燕	灌云杨集	燕尾港	40.02
15	76	沭陈	沭阳东关	灌南曹舍	82.44
16	77	沭泗	沭阳	泗阳	57.69
17	78	洪金	洪泽徐大湾	金湖	53.40
18	79	灌响	灌南	响水	25.47
19	80	灌秦	灌南	秦庄	13.43
20	81	涟灌	涟水小洋闸	灌南新安镇	43.43
21	82	涟头	涟水南门	佃湖	40.85
22	83	徐淮	宿迁东沙河	淮阴丁集	96.91
23	91	新宿	嶂山闸	宿迁	19.91
24	92	东沭	沭阳小吴场	宿迁三棵树	32.19

境内主要干线扬（州）清（江）、徐（州）淮（阴）、淮（阴）沭（阳）新（沂）、淮（阴）高（沟）灌（云）、淮（阴）涟（水）、沭（阳）涟（水）等公路，大部分为路基宽7～9米、路面宽3.5米的泥结碎石单车道，弯道半径小，桥涵载重为汽-6至汽-10不等。上述公路按二级公路标准，分期分批改造成路基宽12～15米、路面宽7～9米的双车道，加铺渣油路面。到1985年，拓宽路基250公里、路面180公里，改建油路385公里，市区通往所辖县城公路全部铺筑渣油路面。原来弯道较多的徐淮路淮泗段和淮涟路进行较大规模的改线，线型和弯道半径符合二级公路标准；接通盱金线金湖至马坝段19.5公里、淮金线范集至金湖段21.7公里、涟灌线朱码至灰墩段22公里。当年改建宁徐公路淮阴段144.5公里、徐淮路复线三庄至众兴段16.5公里，修复通榆线响水口至杨集段16.5公里。至1985年年末，全市沥青路面584公里，占干线公路里程的44%。

其间，对淮沭新公路、淮扬公路的出口路段按一级公路标准进行改造，其中淮沭新公路小营至丁集段为全市第一条一级公路。

淮沭新公路小营至丁集段，长7.5公里，是淮沭新和徐淮两条干线公路会合进入淮阴市区的复线，原路基宽12米，沥青路面宽7米。按一级路标准改建，路基宽23米，路面宽15米，中间设1.5米宽隔离带，路面结构为28厘米厚的石灰土基层，加铺5厘米厚沥青面层。1980年3月开工建设，1984年竣工，工程总投资192万元。

淮扬公路水渡口至板闸段，长6.7公里，是两淮之间车辆、行人最密集的路段，原为9米宽渣油表处路面。1978年，开始拓宽路基，1982年路基工程竣工。1985年4月，开始铺筑东半幅灰夹石路面底层，1987年完成路面工程。该段路设计标准为一级公路，路基总宽30米，路面设计为2×7.5米的两块板水泥混凝土路面快车道，外加2×5米的慢车道，中间设2米宽隔离带。

由于资金缺口较大，一些主要干线公路迟迟不能改建，至1985年尚有过半干线公路为单车道碎石路面，市区和部分县城出入口“卡脖子”现象严重，经常发生堵塞。20世纪80年代后期，开始统筹安排境内干线公路改建，采取养路费开支、地方集资、贷款等组合形式筹集经费，按照高等级公路技术标准，对老路进行全面改建。到20世纪80年代末期，主要干线公路基本加铺沥青路面，水泥混凝土路面也较多地运用到干线公路新建、改建上。1990年，完成在淮沭线上0.3公里改性沥青、水泥添加剂、骨料等混合料半刚性路面的科研实验路实践应用。

20世纪80年代中期，开始建设淮江公路（S237）淮阴段。该路是江苏省一条重要的纵向省级干道，起点为淮阴水渡口大转盘，经县级淮安、宝应、高邮、江都，止于江都立交转盘，全长156公里。境内路段长35.3公里，其中一级公路14.8公里、二级公路20.5公里。

1987年，开始对淮阴至宿迁的325省道进行改造，至1998年全线改建为二级公路。

1995—1997年，建设盐金国防公路（S331，原S312）淮阴段。该段长45.2公里，起于金湖县城黎城镇，止于金湖与宝应交界处。按二级公路标准设计建设，路基宽15米，路面宽9米，总投资6200万元。1996年，对淮沭新线（205国道）淮阴北段按二级公路标准进行油路改建，该路段长47公里，总投资6778万元。

20世纪90年代中后期，将涟水至盐城段省道（S234，原S309）改建为二级公路，该段长23.3公里，为涟水经淮安至盐城的市际通道。1999—2000年，建设徐淮盐线（S328，原S215）淮阴段。该段长33.8公里，起于淮安运东闸复线大桥，止于苏嘴镇。按二级公路标准改建，总投资1.52亿元。

20世纪90年代，以宁连一级公路建设为代表，淮阴市改建、新建一批一级公路。

原205国道南线宁淮路的武（墩）马（坝）段，行经洪泽湖大堤，弯道多、视线不良，易发行车事故，20世纪80年代后期交通量逐年增加，行车密度超过设计要求，经常拥堵，江苏省决定建设宁连一级公路。宁连一级公路淮阴段184公里，总投资17.6亿元。一期工程武马段长70公里，投资3亿元，1988年10月开工，1992年11月28日通车，比预定计划提前

图7-1　宁连一级公路（2005年）　　陈光晰　摄

一年。二期工程长114公里，投资14.6亿元，1993年5月18日开工。1994年12月18日，马坝至泥沛段12.5公里建成通车。1995年11月18日，淮阴市区绕城段34.5公里建成通车。1996年年末，淮阴北段67公里建成，宁连一级公路淮阴段全线建成通车。由于设计、建设经验不足，加上过多的重车碾压，宁连一级公路武马段在全线通车后不久即出现质量问题。1998年，对该段进行改建，路基宽23米，行车道宽16.5米，总投资约7.5亿元。宁连一级公路是全市第一条主干公路，等级最高、线路最长，具有里程碑意义。从此，全市公路建设进入扩张规模、提高质量的快速发展时期。

1997—1998年，宁徐线（S121，原S105）盱眙—马坝段由二级公路改建为一级公路。该段长24.75公里，水泥混凝土路面，总投资2.4亿元。1999—2001年，建设金（湖）马（坝）一级公路（S331，原S312）。该路长15.45公里，起于宁连公路盐金立交，止于金湖县园林路。一般路段路基宽24米，路面宽17米，沥青混凝土路面，总投资9000万元。

2000年后，全市干线公路建设力度进一步加大。2001—2005年，全市累计完成投资12.25亿元，对9条国省干线公路实施全面改造。2005年年末，全市干线公路养护里程达602.4公里。

2000—2002年，建设涟阜公路涟水段（S329）。该段长9.59公里，二级公路，是涟水至阜宁的市际通道。路基宽12米，路面宽9米，沥青混凝土路面，总投资3500万元。同期，对248省道盱（眙）滁（州）线进行改建。该路为盱眙至安徽滁州的省际通道，长30.6公里。改建为二级公路，路基宽12米，路面宽9米，沥青混凝土路面，总投资5500万元。

2001—2005年，建设宁连一级公路涟水联络线（S329）。该线长9公里，一级公路，是连接涟水县城和宁连公路的主要通道。路基宽28米，沥青混凝土路面，总投资6542万元。

2002—2003年，对235省道（灌南—楚州）楚（州）涟（水）段按照二级公路标准进行改建。该段长29.1公里，路基宽12米，路面宽9米，沥青混凝土路面，投资5100万元。2006—2007年，按照二级公路标准对涟（水）灌（南）段进行改建。该段长35.2公里，路基宽12米，路面宽9米，沥青混凝土路面，投资8915万元。

2002年，对236省道淮安段进行改建。该路始建于20世纪60年代，是淮安县通往山东省郯城县的省际公路，境内长51.8公里，原路为三级公路，路面宽7米、路基宽9～10米，简易沥青路面。此次改建为二级公路，路基宽12～17米，路面宽9～14米，沥青混凝土路面，总投资1.2亿元。2006年12月通过竣工验收。

2004年5月，对237省道楚州市区段、331省道金湖东段和331省道盱眙至苏皖交界段进行改建。237省道楚州市区段长16公里，按照一级公路标准建设，总投资2.15亿元，路基宽26米，路面宽22.5米，沥青混凝土路面，2007年建成通车。331省道金湖东段长31公里，二级公路，为盐金国防公路的一段，起于宝应县与金湖县交界处，止于三里桥与金马线、黎铜线的平面交叉口处，总投资6000万元。改建后，路基宽12～17米，路面宽9～14米，沥青混凝土路面，2004年年底建成通车。331省道盱眙至苏皖交界段长33.856公里，起于盱眙县宁徐一级公路十里营，止于苏皖交界处，1998年改建为二级公路，总投资3500万元。此次按二级公路标准改建，路基宽12米，路面宽9米，沥青混凝土路面，2004年年底建成通车。

2005年，开工建设328省道楚州至洪泽段。该段长52.097公里，起于328省道与237省道交叉处，止于苏北灌溉总渠大桥及其接线。按照二级公路标准建设，路基宽12米，路面宽10.5米，沥青混凝土路面，总投资1.8亿元，2008年12月全线通车。

2006年，开工建设327省道西延段（即淮涟一级公路）。该段长36.889公里，起于市区健康路与翔宇大道相交的水渡口环交处，止于与涟水县城327省道交叉处。按照一级公路标准建设，总投资6.53亿元。路基宽26米，路面宽22.5米，沥青混凝土路面。2008年2月试通车，年底全线通车。至此，淮安市区与全市所有县（区）实现一级公路连通。

同年，开工建设331、332省道金宝南线金湖段。该段长41.06公里，起于金湖县城西出口金马公路，止于与宝应县交界处宝应湖退水闸。按照一级公路标准建设，概算总投资6.14亿元，路基宽24.5米，路面宽21米，沥青混凝土路面。至2008年年底，工程仍在建设。

2008年1月，开工建设237省道淮安段。该段长51.37公里，起于淮阴区丁集联络线四干渠中桥处，止于京沪高速公路宝应北互通泾安连接线。按照一级公路标准建设，概算总投资12.11亿元，路基宽26米，路面宽22.5米，沥青混凝土路面。至2008年年底，工程仍在建设。同年，对325省道淮安段进行改建。该段长15.02公里，起于丁集转盘以东的四干渠桥北头，止于与325省道宿迁段相接处。改建为一级公路，概算总投资4.85亿元。至2008年年底，工程仍在建设。

2000—2008年，淮安市还对地方公路进行大规模改扩建，并建设一批连接线工程，进一步完善内部通道。2000—2001年，建设洪泽至朱坝公路。该路是洪泽县城连接宁连公路的主要通道，一级公路，长5.5公里，路基宽25.5米，行车道宽15米，总投资2715万元。

2005年，开工建设盱眙马坝至东阳公路，该路为二级公路，长5.19公里，总投资800万元，年底主体建成通车。同年开工建设二河武墩大桥西连接线，该路为二级公路，长18.41公里，总投资3660万元，2006年年底建成通车。

2006年，开工建设淮盐高速公路楚州车桥互通连接线，该路为二级公路，长1.42公里，总投资760万元，当年主体建成通车。同年开工建设宁淮高速公路洪泽三河互通连接线，该路为二级公路，长9.75公里，总投资3000万元，2008年建成。

2007年3月，开工建设宿淮高速公路淮安凌桥互通连接线，该路为二级公路，长12.8公里，南起宿淮高速公路淮安凌桥出口，北接省道325线，总投资2600万元，当年8月底建成。同年11月，开工建设淮江公路古末口至入海水道段，该路为一级公路，长5.17公里，工程概算总投资1.56亿元，2008年年底完成主体工程。

2008年，开工建设盱眙县旧铺至铁山寺景区公路，该路为二级公路，长22.29公里，工程概算总投资1.6亿元。

到2008年年底，全市有干线公路14条，其中国道403.27公里、省道735.55公里，计1138.82公里，占全市公路总里程的10.3%，覆盖全市的干线公路网基本形成。

2008年淮安市境内国道情况一览表

表7-4 单位：公里

线路名称	长度	其中			
		重复里程	高速公路	一级公路	二级公路
G2 北京—上海	62.12	—	62.12	—	—
G25 长春—深圳	167.51	—	167.51	—	—
G251 淮安—徐州	56.06	11.40	44.66	—	—
G205 山海关—广州	128.98	—	—	84.97	44.01
合计	414.67	11.40	274.29	84.97	44.01

2008年淮安市境内省道情况一览表

表7-5 单位：公里

线路名称	长度	其中					
		重复里程	高速公路	一级公路	二级公路	三级公路	四级公路
S102 宁连高速	71.93	41.05	9.10	21.78	—	—	—
S18 盐徐高速	33.51	—	33.51	—	—	—	—
S493 宁宿徐高速	63.20	—	63.20	—	—	—	—
S121 宁徐线	72.89	13.10	—	25.56	34.23	—	—
S234 涟水—盐城	23.29	—	—	—	23.29	—	—
S235 灌南—楚州	64.17	—	—	5.19	58.98	—	—
S236 郯城—淮安	51.59	—	—	—	51.59	—	—
S237 淮安—江都	35.33	—	—	14.80	20.53	—	—
S248 盱滁线	30.59	—	—	0.45	30.15	—	—
S325 淮安—宿迁	26.14	—	—	10.00	16.14	—	—
S326 陈港—沭阳	21.35	4.36	—	—	16.99	—	—
S327 八滩—涟水	71.60	1.34	—	35.57	34.70	—	—
S328 扁旦港—洪泽	87.09	1.02	—	—	86.07	—	—
S329 射阳港—涟水	39.28	22.11	—	6.69	10.48	—	—
S331 保护区—明光	115.31	31.29	—	13.42	70.61	—	—
S332 大丰港—金湖	46.13	3.60	—	10.02	7.47	14.29	10.75
合计	853.40	117.85	105.81	143.47	461.23	14.29	10.75

第二节 高速公路

1997年，淮阴市高速公路建设指挥部成立，负责全市高速公路的建设管理。同年，境内第一条高速公路——沂淮江高速公路开始铺筑。该路也是京沪高速公路沂淮江段，北起新沂，南至江都，全长261.5公里，与国道主干线同江至三亚高速公路共线。境内路段北起淮阴县古寨乡，南止县级淮安市平桥镇，长70公里，分为淮江高速公路（长27.86公里）和沂淮高速公路（长42.14公里）。该公路设计全封闭，全立交，双向4车道，行车速度为120公里/小时，路基宽度为28米，行车道宽为4×3.75米，硬路肩宽度为2×3.5米，土路肩宽度为2×0.75米，桥涵设计荷载为汽-超20、挂-120。淮江高速公路于1997年3月开工建设，沂淮高速公路于1998年7月开工建设。2000年12月8日，沂淮江高速公路正式通车。

与沂淮江高速公路通车大体同步，宁连一级公路北段完成高速公路改造并通车，也称淮连高速公路。该段为全封闭，双向4车道，境内北起涟水与灌南交界处，南止淮阴王兴收费站，长47.69公里。

1998年7月，开工建设宁宿徐高速公路淮阴段。该路是江苏省高速公路主骨架中的“纵四”

部分。该段南起盱眙城郊十里营乡，与盱眙至马坝一级公路相接；宁淮高速公路建成通车后，南起盱眙县黄花塘，与宁淮高速公路相接，北至连徐高速和京福高速互通。全长35.5公里，全封闭，双向4车道，总投资9.3亿元。2001年12月建成通车。

2002年8月28日，省政府在淮安市清浦区武墩镇举行宁淮、宿淮、淮盐3条高速公路开工典礼，3条高速公路建设里程超过200公里，拉开淮安高速公路大规模建设的序幕。

图7-2 高速公路楚州枢纽（2007年） 于先云 摄

宁淮高速公路是江苏省高速公路“四纵四横四联”（“四纵”：“纵一”为赣榆至吴江，“纵二”为新沂至无锡，“纵三”为连云港至南京，“纵四”为徐州至宜兴。“四横”：“横一”为徐州至连云港，“横二”为徐州至盐城，“横三”为南京至启东，“横四”为南京至上海。“四联”：“联一”为盐城至广陵，“联二”为扬州至溧阳，“联三”为溧水至太仓，“联四”为无锡至宜兴。）主骨架中“纵三”公路组成部分，是省会南京通往淮安、宿迁、徐州、连云港4市主要通道，沟通京沪、徐宿淮盐和宁宿徐高速公路。淮安段全长112.98公里，分为淮安北环、马武、雍马3段。马武、雍马段采用4车道标准建设，预留6车道，其中苏皖省界至泥沛段为双向6车道一次性实施。淮安北环段采用6车道建设，总投资48.78亿元。2002年8月开工建设，2006年年底建成通车。

宁淮高速公路淮安段有75公里是中弱性膨胀土，膨胀土分布密度和长度在全省高速公路中居第一。在潮湿或雨水情况下，土壤结构易发生变化，严重影响道路压实强度。为保证膨胀土路段路基的铺筑成功，淮安市高速公路建设指挥部探索膨胀土施工工艺。膨胀土施工课题研究小组在马武9标先导段进行现场研究，经过半年现场试验，基本解决干湿法、灰剂量衰减速对比、掺灰碾压工艺等难题，并经多次专家会研讨，形成施工主导意见，指导全线膨胀土路基的施工。在施工中采用打散土壤颗粒、添加石灰等方法先改变土壤性质，再进行压实，从而解决膨胀土施工难题。

宿淮高速公路淮安段是江苏省高速公路主骨架中“横二”公路组成部分。西起淮阴区三树乡，东止楚州区马甸镇，全长56.42公里，双向4车道，其中从淮安西互通至淮安南互通11.2公里，与宁淮高速公路共线，双向6车道，总投资29.52亿元。2002年9月开工建设，2005年12月1日建成通车。

宿淮高速公路获2007年度全国公路交通优质工程一等奖和第八届中国土木工程“詹天佑奖”。宿淮高速公路淮安段桥梁（含匝道）总长24.43公里，桥梁中有1000米以上特大桥5座，超过100米以上的大桥17座，建设难度大。其中，被称为亚洲第一超宽混凝土斜拉桥的淮安大桥建设刷新中国桥梁史上多项纪录，取得6项技术创新成果，分别为：在超厚老黏土中进行超大规模群桩施工；采用先进技术及科学措施，进行特大体积混凝土温控，实现一次性浇筑6000立方米混凝土而没有出现任何温度裂缝的目标；突破中国公路施工规范，对高标号混凝土的施工特性创造性地提出“坍扩度”的新概念；攻克国内工程界难以解决的高标号混凝土易出现裂缝的重大技术难题；有效控制超宽幅混凝土斜拉桥的结构线型；实现国内最宽的前支点挂篮双边箱主梁混凝土悬浇施工。淮安大桥建设对促进江苏乃至全国混凝土桥梁技术的创新与发展具有先导示范作用。

淮盐高速公路是国家重点公路天津至汕尾公路的支线，也是江苏省高速公路主骨架中“横二”公路组成部分。淮安段西起楚州区马甸镇，与宿淮高速公路相接，东止流均镇，全长33.15公里，双向4车道，总投资11.34亿元，2002年12月开工建设，2006年年底建成通车。

淮盐高速公路淮安段地质条件恶劣，土壤含水量大，部分地段甚至达到102%，最深软土厚27米，被视为高速公路建设禁区。市高速公路建设指挥部在专家指导下，先后进行47种481根试桩配比，并经过软基处理专家会、软基处理分析会等研讨，最终形成CFG桩（水泥粉煤灰碎石桩）、真空联合堆载预压多种处理方案，解决软土沉降等问题。

2005年11月，开工建设宁宿徐高速公路盱眙南段。宁宿徐高速公路盱眙南段是江苏省高速公路主骨架中“纵四”公路组成部分，也是江苏省“十五”计划时期高速公路最后开工建设的工程。全线为双向4车道，全封闭、全立交高速公路，全长27.35公里，概算投资10.7亿元。2008年8月26日正式通车。

随着宁宿徐高速公路盱眙南段建成通车，淮安市大规模高速公路建设基本结束，高速公路通车总里程达380.1公里，密度为3.77公里/百平方公里，超过全省平均水平，并由京沪高速淮安绕城段（王兴互通—楚州互通）、宁淮高速淮安绕城段（王兴互通—淮安南互通）、徐盐高速淮安绕城段（淮安西互通—楚州互通）连接形成环绕市区90公里的高速公路环。

2008年淮安市境内高速公路情况一览表

表7-6 单位：公里

线路名称	起点	讫点	长度	其中			路面类型
				重复里程	4车道	6车道	沥青混凝土
京沪高速	与沭阳县交界	与宝应县交界	69.6	—	69.6	—	69.6
宁（淮）连高速	与天长市交界	与灌南县交界	169.3	13.3	63.5	92.5	156.0
宿淮盐高速	与泗阳县交界	与建湖县交界	89.6	—	78.2	11.4	89.6
宁宿徐高速	与宁连高速公路交汇	与泗洪县交界	60.2	—	60.2	—	60.2
盱眙北至盱眙支线	宁宿徐高速盱眙北至盱眙支线		3.0	—	3.0	—	3.0
王兴至淮安支线	宁（淮）连高速王兴枢纽		1.7	—	1.7	—	1.7
合计			393.4	13.3	276.2	103.9	380.1

第三节　县乡公路

淮阴地区境内县乡公路建设长期处于落后状态。1978年，所属13个县（市）有302个公社（镇、场）和82个农（林、牧、渔）场，能晴通雨阻、土路通车的229个公社，有28个公社不通公路。1979年公路普查显示，有县公路71条，长1462.53公里，其中重复里程84.92公里，实际长1377.62公里，能够晴雨通车的1101.27公里。县公路中，等级公路20条，长1051.13公里，其中重复里程48.16公里；等外公路51条，长411.41公里，其中重复里程36.75公里。符合二级公路标准的为9.59公里，三级公路的为1.8公里，四级公路的为913.24公里，等外公路452.99公里（包括等级公路中的等外路段78.34公里)。高级、次高级的为6.14公里，中级的为915.13公里，低级的179.99公里，无路面的为276.36公里。

为解决县乡之间的交通问题，淮阴地区挤出一部分财政经费用于县乡道路铺筑，并采取民办、民办公助的办法，铺筑碎砖石简易路面88条、789公里。到20世纪80年代中期，县乡之间全部达到晴雨通车，部分乡之间连接起来，初步形成干支线相连的公路网络。至1992年，全市305个乡镇全部通公路，通班车乡镇302个。但是受经费制约，全市的县乡道路大多是3.5米宽的单车道砂石路，路面等级低，结构标准差，在全省处于落后位置。

1995年9月，淮阴市召开全市县乡公路建设会议，作出加快发展县乡道路，提高县乡公路等级，逐步实现县乡道路黑色化的决策。按照市政府统一部署，各县掀起建设县乡公路的热潮。淮阴县出台《淮阴县县乡公路建设规划》《淮阴县县乡公路建设资金筹措意见》和《关于进一步加速乡村公路建设的通知》等文件。重点打通以县城为中心向周边区域辐射的4条主要通道，逐步形成县域内县乡道路大循环并沟通县际公路，形成县乡、乡乡公路的循环网络。至1999年年底，淮阴县铺设二、三级沥青路面196公里，改建大小桥梁27座671米、涵洞205道，总投资6500万元，实现县乡道路黑色化目标。1996—1998年，盱眙县组织5次“大会战”，全县有1000万人次参与投工投料，完成土方225万立方米。公路部门组建6支专业施工队伍，并向其他施工单位派驻工程技术人员进行指导。到1998年，6个施工队铺设沥青路面190公里，铺筑基层130多公里，工程量占县乡道路建设的80%。工程总投入2.2亿元，相当于该县前40年道路建设投入总和，其中集体和个人投资达5000多万元。237.5公里道路在原先基础上进行拓宽，等级相应提高一个等次，新建和拓宽涵洞1.5万米，新建和接长各类桥、闸8座，新建和改造下水道13800米，铺设人行道板6.8万平方米，工程建设中动用手扶拖拉机1050万台次，投入义工1200万人次。1999年开始，又采用优势互补的办法，对各乡镇534.6公里的道路进行石子化改造。其他县也加快完成县乡道路黑色化任务。到2000年，全市163个乡镇的县乡公路黑色化率达100%，实现乡乡通油路。

由于县乡道路建设任务重，地方财力有限，投入不足，因此部分线路存在技术标准低，建设质量差的问题。2000年后，随着地方财力逐步增强，提高县乡道路标准和质量提上议事日程，在2003年开始的新一轮农村公路建设中，淮安市提出“县乡公路二级化”的目标。到2008年年底，全市新建设县乡公路703.65公里，其中二级公路695.83公里，县乡公路总里程达2065公里。

第四节　农村公路

1979年公路普查显示，淮阴地区有乡公路150条，全长1274.38公里，其中重复里程22.13公里，实有长度1252.25公里。总里程中等级公路627.29公里，等外公路647.08公里。由公路部门养护的为625.36公里，能晴雨通车的618.65公里。符合四级公路标准的508.44公里，其余743.81公里均为等外公路。

由于交通建设投入有限，干线公路亟待建设，农村公路建设贯彻执行“民需民办，民办公助，民工建勤”的方针，主要依靠县、乡自筹资金，交通部门给予补助，在困难中发展。到2000年，全市2638个行政村实现村村通公路目标。

2003年起，淮安市全面启动新一轮农村公路建设，提出用3～5年时间，实现“县乡公路二级化、乡乡公路三级化、乡村公路四级化”的目标。当年完成投资2.48亿元，建成水泥、沥青路

489.5公里，砂石路529.3公里。

2003—2008年，淮安市完成农村公路建设投资29.66亿元，建成农村公路7391.8公里，比全市1949—2002年建设的等级公路总里程还多。道路等级明显提高，路网结构更加完善。至2008年年末，全市99.5%以上的行政村通上四级以上等级公路，基本实现农村四级公路村村通目标，初步形成四通八达的农村公路网络。

2003—2008年淮安市农村公路建设情况一览表

表7-7

县（区）	里程（公里）	县通乡（公里）	乡通乡（公里）	乡通村（公里）	二级（公里）	三级（公里）	四级（公里）	完成投资（万元）
清河区	77.93	31.49	11.70	33.93	39.55	11.81	26.57	6523
楚州区	1301.47	81.43	89.36	1008.36	81.43	89.40	1130.65	51106
淮阴区	1226.91	132.38	92.72	834.47	135.67	79.70	1011.53	50008
清浦区	244.20	37.86	12.90	178.43	33.09	12.84	198.27	10658
涟水县	1514.76	178.55	40.60	1106.36	173.57	27.90	1313.28	59779
洪泽县	677.63	97.22	47.75	487.36	74.75	47.94	554.94	26667
盱眙县	1670.71	78.53	180.88	1338.56	78.63	182.29	1409.79	63367
金湖县	678.20	66.19	51.10	546.73	79.13	39.42	559.65	28508
总计	7391.80	703.65	527.03	5534.20	695.83	491.30	6204.67	296616

第五节　公路桥梁

1978年，境内公路桥梁等级低，主要干线公路桥梁负荷低，重型车辆不能通过。1979年公路普查显示，全地区干线公路上有桥梁348座，长18530.99米。其中，永久式344座，长18500.79米；半永久式2座，长18.3米；临时式2座，长11.9米；大桥40座，中桥105座，小桥203座（内危桥5座，长87.5米）。县公路上有桥梁285座，长10059.91米。其中，永久式282座，长9934.61米；临时式3座，长125.3米；大桥20座，中桥105座，小桥160座。乡公路上有桥梁162座，长6775米。其中，永久式158座，长6639.32米；临时式4座，长136.3米；大桥13座，中桥59座，小桥90座（内危桥4座，长129.8米）。

1978年后，配合干线公路新建、改建，新建一批大中型公路桥梁，全部为钢筋混凝土结构，桥型有双曲拱、桁架拱、排架拱、T型梁、板梁等，其中百米以上的大桥有宁徐路盱眙淮河大桥、淮泗路渔沟东西偏泓大桥、淮沭路王营盐河桥、淮扬路二堡桥、泗阳史集大桥、沭阳新沂河大桥等，解决当时主要干线公路桥梁负荷低，重型车辆不能通过的难题。

盱眙淮河大桥1976年4月开工，1978年8月竣工，造价1626.38万元。该桥是宁徐公路上跨越淮河的特大型桥梁，鲁沪输油管道亦经此桥穿过淮河，是中华人民共和国成立后建成的第一座最长的公路输油管道两用桥。大桥位于盱眙县城北淮河入洪泽湖的入口处，该处河面宽阔，行洪水道包括主淮河、二淮河、溜子河、扁担河4条河道。其中，二淮河、扁担河靠近主淮河，溜子河距离较远，故大桥分为2座，一座跨主淮河、二淮河、扁担河3条河道，溜子河单设一座桥。两桥之间有2.2公里接线，另外加上大桥东西两端接线，全长5.4公里，有3孔跨径8米的小桥一座，涵洞15道。

桥型结构受油管要求限制，不能建造大跨径，故孔数较多。主淮河为适应通航需要，采用预应力混凝土T型钢构1孔70米主孔、2孔47.5米的过渡孔，其余均为装配式T型梁、空心板梁结构。主桥全长1508.3米，溜子河桥全长414.6米，总长1922.9米。主桥上附设2孔20米拖拉机桥和上桥人行梯各一座。输油管道按双线设计，先铺设南侧一道，北侧设预埋件。油管通过大桥部分，附设钢结构检修桥，长1830米。桥墩为双柱式、三柱式墩，基础除东端岩石层较浅处两座台墩采用扩大基础外，其余均为灌柱桩，共298根，10959米。桥梁技术标准，设计载重为汽-20、挂-100，按地震烈度7度设计。桥面净宽9米，两侧人行道各宽1.5米，总宽12米。主淮河按四级航道设计，最高通航水位为净高7米；溜子河按六级航道设计，最高通航水位4米。

20世纪90年代起，随着宁连一级公路等高等级公路的修建，全市公路桥梁建设进入新的发展阶段，相继建成宁连一级公路三河大桥、苏北灌溉总渠大桥、盐金国防公路淮河入江水道金湖大桥、宁宿徐高速公路盱眙淮河特大桥、宿淮高速公路淮安大桥等一批特大桥、大桥。

宁连一级公路三河大桥，位于宁连一级公路武马段上，长1749米，宽23米，69孔，设计荷载为汽-20。

宁连一级公路苏北灌溉总渠大桥，位于宁连一级公路武马段上，长513.6米，宽23米，24孔，设计荷载为汽-20。

淮河入江水道金湖大桥，位于金湖城东盐金国防公路上，长3354.5米，宽15米，双向4车道，为超二级公路桥。1999年7月开工，2001年7月建成通车。

宁宿徐高速公路盱眙淮河特大桥，全长6053米，宽25.5米，双向4车道，197孔，是当时全省最长的公路桥。设计荷载汽-超20级，挂-120。采用悬浇预应力箱梁工艺等先进技术。工程投资

图7-3 宿淮高速公路淮安大桥（2007年） 于先云 摄

2.7亿元。由江苏省交通工程集团有限公司施工。1998年11月开工，2000年6月竣工。质量评定等级为优良级。

宿淮高速公路淮安大桥，又名五河口特大桥，位于淮安市西郊，是宿淮、宁淮高速公路共用段的一座特大桥，依次跨越京杭运河、盐河、废黄河、二河、淮沭河5条河流。该桥由中交一院设计，2003年3月12日开工，2005年8月20日合龙。淮安大桥全长2062米，工程投资3.2亿元，桥面宽38.6米，双向6车道，是当时国内已建成的同类型桥梁中最宽的一座。主桥为152米+370米+152米三跨预应力混凝土双塔双索面全漂浮体系斜拉桥。主梁为双边箱梁断面，采用C60高标号混凝土材料，共划分为105个节段。主桥标准梁段采用前支点挂篮施工工艺，梁段和边跨21，梁段根据设计要求使用现浇支架施工。索塔呈“H”形，采用钢筋混凝土箱形结构，翻模法施工，塔高为137.1米，设2道横梁，斜拉索集中布置在83.73～145.97米高程之间上塔柱范围内，每塔肢设31对斜拉索，全桥有248根索，单根斜拉索钢绞线34～61根。

淮安大桥创下“两个国内第一、两个国内罕见和一个向禁区挑战”的“221”工程纪录，即浇筑近万立方米的国内第一大承台，完成国内第一宽的高标号混凝土主梁施工，进行国内罕见的数量多、直径大的超长钻孔桩施工，实施国内罕见的复杂地质钻孔桩施工，创造向超宽混凝土梁禁区挑战的奇迹。2008年，淮安大桥获中华人民共和国年度优质产品奖（简称“国家质量奖”）。

在新建桥梁的同时，2001—2005年，淮安市投资1.1亿元，对国省干线公路桥梁进行改造，同时结合大规模农村公路建设，加快县乡道路危桥改造。至2008年年末，全市完成干线公路危桥改造59座。

2008年淮安市特大桥情况表

表7-8　　　　单位：米

<table>
<tr><th>桥梁名称</th><th>所在线路</th><th>所跨地物</th><th>全长</th><th>跨径</th><th>桥面宽度</th></tr>
<tr><td>苏北灌溉总渠大桥</td><td>京沪高速</td><td>苏北灌溉总渠</td><td>1455.50</td><td>1449.0</td><td>24.0</td></tr>
<tr><td>三河大桥</td><td>G205山深线</td><td>三河</td><td>1749.00</td><td>1745.0</td><td>23.0</td></tr>
<tr><td>新长铁路特大桥</td><td>北环高速</td><td>新长铁路</td><td>1039.50</td><td>1032.0</td><td>26.0</td></tr>
<tr><td>淮河特大桥</td><td>宁宿徐高速</td><td>淮河</td><td>6053.00</td><td>6004.0</td><td>25.5</td></tr>
<tr><td>三河航道及南水北调特大桥</td><td rowspan="3">宁连高速</td><td>三河航道</td><td>1161.03</td><td>1149.6</td><td>35.0</td></tr>
<tr><td>洪泽互通主线特大桥</td><td>浔河</td><td>1029.20</td><td>1021.8</td><td>35.0</td></tr>
<tr><td>苏北灌溉总渠及入海水道特大桥</td><td>灌溉总渠</td><td>1960.60</td><td>1901.6</td><td>35.0</td></tr>
<tr><td>淮河大桥</td><td>S121宁徐线</td><td>淮河</td><td>1508.30</td><td>1495.0</td><td>12.5</td></tr>
<tr><td>淮沭新河特大桥</td><td rowspan="6">盐徐高速</td><td>其他</td><td>1019.10</td><td>1015.0</td><td>27.0</td></tr>
<tr><td>淮安大桥</td><td>其他</td><td>2062.00</td><td>2053.0</td><td>34.0</td></tr>
<tr><td>苏北灌溉总渠道特大桥</td><td>苏北灌溉总渠、入海水道</td><td>1758.20</td><td>1625.0</td><td>27.0</td></tr>
<tr><td>京杭运河特大桥</td><td>京杭运河</td><td>1235.00</td><td>771.0</td><td>27.0</td></tr>
<tr><td>西横河特大桥</td><td>西横河</td><td>1957.40</td><td>1950.0</td><td>28.0</td></tr>
<tr><td>二桥村特大桥</td><td>农田</td><td>1107.40</td><td>1100.0</td><td>28.0</td></tr>
</table>

续表7-8

桥梁名称	所在线路	所跨地物	全长	跨径	桥面宽度
射阳湖特大桥	盐徐高速	农田	5701.70	5690.0	28.0
金湖大桥	S331丹宝明线	入江水道	3354.50	3350.0	14.0
铁路立交桥	X304320802席钵线	铁路	1117.20	1102.0	11.0
合计	17座		35268.63	34454.0	—

2008年淮安市互通立交桥情况表

表7-9 单位：米

桥梁名称	所在线路	全长	跨径总长	桥面净宽	桥梁全宽
铁路立交桥	宁连高速	618.20	520.00	23.5	24.5
杨湾立交桥	宁连高速	86.00	80.00	16.0	17.0
马坝西互通立交主线桥	宁连高速	788.20	740.00	31.0	35.0
城南立交桥	宁连高速	219.50	212.00	16.0	17.0
板闸立交桥	宁连高速	51.50	56.00	24.5	25.5
海口立交桥	S237淮江线	406.40	400.00	22.5	26.0
楚5	淮盐高速	43.02	39.00	24.0	27.0
楚17	淮盐高速	917.20	561.00	24.0	27.0
主线跨宁连公路桥	京沪高速	520.10	484.72	3.8	24.0
高沟立交桥	京沪高速	63.50	58.00	22.0	23.0
涟水立交桥	京沪高速	29.90	24.00	22.0	23.0
淮安北特大桥	北环高速	666.06	660.00	24.0	26.0
淮桥17	盐徐高速	992.00	992.00	24.0	27.0
淮桥17-2	盐徐高速	352.00	352.00	24.0	27.0
G205上跨S325桥	S325淮宿线	778.00	770.00	23.0	26.0
B匝道桥	S325淮宿线	1549.00	1542.00	9.5	10.5
A匝道桥	S325淮宿线	907.00	900.00	9.5	10.5
朱坝立交桥	G205山深线	44.70	40.00	17.7	18.0
马坝立交桥	G205山深线	126.00	120.00	18.0	19.0
盐金立交桥	G205山深线	204.50	200.00	18.0	19.0
盱眙互通	宁宿徐高速	76.10	60.00	10.5	13.5
管镇互通	宁宿徐高速	96.10	90.00	10.5	13.5
朱坝立交桥	洪泽高朱线	66.00	53.20	24.5	25.5

第二章 水 路

淮安市水运资源丰富，水上交通开拓较早，曾盛极一时，成为明清时期的“运河之都”。其后因水患、战乱，许多河道或湮没或淤废，航运不振。1978年后，淮安市加大水运建设力度，对航道进行整治、开发、疏浚，新建改建船闸、港口、码头，更新运输装卸工具，促进水运业发展。重点整治京杭运河淮安段，续建一批船闸，对淮河、盐河等航道船闸进行改造。同时，针对全市航道技术状况差，标准低，支线航道多，航道淤浅、狭窄的实际情况，实行“加强管理，全面养护，积极提高”的方针，加强航道养护和文明航道建设。

2000年后，加快船闸建设和航道整治工程，重点对京杭运河、淮河入海通道、盐河等主要航道进行整治、维护和疏浚，对船闸、桥梁进行改造升级，提高航道通行能力。至2008年，境内形成以京杭运河、淮河、盐河为主通道，以金宝线、溪河、张福河、淮沭新河为联络干线的河湖沟通、江海通达、内外联通的水运网络。

第一节 航 道

改革开放初期，淮阴地区尚无力进行大规模的航道建设，等级航道偏少，航道等级偏低。1982年开始，进行运河航道整治，同时规划兴建一批复线船闸。20世纪90年代，疏浚、治理淮河、盐河、张福河等航道，提高通行能力。2000年9月，开工建设京杭运河淮安、淮阴三线船闸。2004年2月，运河两淮段“三改二”（三级航道改建二级航道）工程开工建设，总投资3.2亿元。2007年1月提前完工，4月通过竣工验收。2008年，《淮安市航道网规划》获市政府批复通过。至2008年年底，市境内有大小航道71条，总里程1485.71公里，形成以京杭运河为主干，淮河、盐河为两翼的航道运输网络，航道标准和通过能力显著提高。

2001—2008年淮安市干线航道疏浚工程情况表

表7-10

序号	航道	施工地点	工程金额（万元）	工程量（万立方米）	质量等次	工期
1	盐河	涟水张堆	51.20	4.68	优良	2001年4—7月
2	清水坝	盱眙	87.50	8.19	优良	2002年1—3月
3	洪泽湖南线	马浪岗	44.00	6.18	优良	2003年3—5月
4	盐河	淮阴城区	80.87	4.37	优良	2004年5—8月
5	洪泽湖南线	马浪岗	230.00	30.00	省优质	2005年5—7月

续表 7-10

序号	航道	施工地点	工程金额（万元）	工程量（万立方米）	质量等次	工期
6	洪泽湖南线	马浪岗	288.00	29.80	省优质	2006年5—9月
7	洪泽湖南线	马浪岗	320.00	32.48	省优良	2007年6—9月
8	盐河	涟水大关	40.00	2.50	省优良	2007年9—10月
9	洪泽湖西线	洪泽湖西线	368.00	—	省优质	2008年4—10月

2001—2008年淮安市干线航道驳岸工程情况表

表 7-11

序号	航道	施工地点	工程金额（万元）	工程量（万立方米）	质量等次	工期
1	洪泽湖南线	盱眙城区	188.0	1500.0	省优质	2000年5月至2001年9月
2	盐河	涟水大关	80.1	500.4	省优质	2002年5—11月
3	盐河	淮阴城区	120.0	1000.0	省优质	2003年6—12月
4	盐河	淮阴城区	86.5	1000.0	省优质	2004年10—12月
5	盐河	杨庄船闸上游	405.3	285.0	省优质	2005年6—9月
6	盐河	杨庄船闸下游引航道	320.0	256.0	省优质	2007年5月至2008年10月
7	盐河	淮阴城区	110.0	903.0	省优质	2007年8—12月
8	盐河	淮阴城区	130.0	943.0	省优质	2008年7—10月

一、等级航道

至2008年年末，全市有等级航道21条、509.73公里，仅占航道总里程的34.3%。其中，五级以上（含五级）航道213.85公里，占航道总里程的14.4%；六级航道151.68公里，占航道总里程的10.2%；七级航道144.2公里，占航道总里程的9.7%。

（一）运河航道

京杭运河是国家水运主通道，是中转、集散苏北地区腹地与长江港口的货物和北煤南运的主通道。1978年，境内运河北自宿迁起，南至淮安县泾河，长169公里。1996年行政区划调整后，境内运河里程缩短，北自淮阴区三岔，南至楚州区泾河，长56.08公里。

改革开放初期，境内运河航道等级低，部分航段狭窄，淤积堵塞现象严重。1982年10月，京杭运河苏北段续建工程开工，主要工程有里运河中埂切除，淮泗段疏浚，两淮段水下疏浚，新建淮阴、淮安等6座复线船闸。

里运河中埂切除工程北起淮阴闸下，南迄南运西闸口，工段长19.68公里。1982年11月开工，10余万民工施工39天，挖土方500余万立方米，新挖航道底宽60～70米，达到国家二级航道标准。挖出的土方加固淮阴至界首的护坡大堤。工程完成后，运河年运输能力比原来提高30%以上，同时改善沿河两岸1100平方公里排涝条件，为拓宽清扬路打下基础。

图 7-4　京杭运河两淮段（2007 年）　　市交通运输局　供

运河淮阴至泗阳段长30.2公里，拓宽疏浚前，最大水深3米，宽40米，航道普遍浅窄。该段航道疏浚工程按国家二级航道标准，一次挖足底宽60米，最小通航水深4米，最小弯曲半径800米。工程采用断航人工开挖，淮阴、洪泽、金湖、淮安、涟水、泗阳、泗洪、清浦8个县（区）10万民工参加疏浚。1984年11月15日开工，同年12月28日完工。1985年，泗阳、淮阴两县3000余名民工和技工，继续完成两岸近60公里长的船行护坡齿坎等水下基础工程。至1986年5月上旬，整个淮泗段疏浚、堤身绿化、航道保护、块石护坡等各系统工程全面竣工，并验收交付使用。整个工程完成土方600万立方米，浆干砌块石12万立方米。该项工程竣工大大改善通航条件，提高航道通过能力。

运河两淮段水下疏浚工程上起淮阴船闸，下至淮安船闸，全长24.5公里，按三级航道标准设计，底宽50米，河底高程3.5米。1987年12月中旬实施，1988年5月28日全面竣工，完成水下土方33.33万立方米。

运河两淮段自1988年续建后，至2003年已达不到原有的三级航道标准，局部地段底宽40米左右，水深3米左右。加之航道贯穿市区，两侧工厂林立，码头众多，存在布局零乱、设备陈旧、无序经营、效益低下、污染环境、影响通航等问题，并因管理不到位、装卸工艺简单等原因，抛、洒、滴、漏现象严重，对运河水质构成污染。

2004年2月，淮安市启动运河两淮段整治工程。航道整治里程为22.22公里，按二级航道标准整治，最小航宽90米，最低水深4米，最小弯曲半径800米。根据航道岸坡和护岸现状，全线新建护岸18575.3米，护岸类型为A、B、C三种。A型护岸主要为待闸、待港锚地；城区段主要为B型护岸；农村段为C型护岸或采用生态护坡。项目中新建码头总长3228.49米。全线老驳岸加固880.3米，新建驳岸（含码头岸线）21804米，设置待闸锚地3个、总面积64460平方米，待港锚地

4个、总面积20870平方米。从市清安化工厂至黄码大桥段，采用生态护坡结构型式，长14578米。水上、水下土方量分别为174.8万立方米、429.1万立方米，城区段设混凝土预制块二级护坡。此外，在大运河与里运河交汇处建设水上服务区，主要功能为物资补给、加油加水、船舶维修、污水及垃圾回收、规费缴纳等。2006年，运河两淮段航道整治工程被交通部确定为全国环境友好型航道建设示范工程。2007年4月26日，两淮段整治工程通过交工验收并投入试运行。两淮段航道整治升级后，航道单向通过能力由5000万吨提高到8000万吨。2006年货物通过量为7958万吨，2008年货物通过量达1.06亿吨，船舶航行速度提高近30%，吨公里油耗降低约20%。

（二）淮河航道

境内淮河航道是江苏和全国重要水运航线，也是河南、安徽等省进入长江必由之路，长105.85公里，流经盱眙、洪泽、楚州3个县（区），由2段组成，分别为：洪泽湖南线，自苏皖交界红山头至洪泽高良涧船闸；苏北灌溉总渠，自高良涧船闸至淮安运东船闸，通过运东船闸与大运河沟通，直达长江中下游沿线。航道水深2.2米至3米不等，航道等级除个别航段维护等级为五级以外，其余均为三级。两岸有临河建筑物26座，过河建筑物24座。

1.洪泽湖南线航道

由淮河和洪泽湖区航道组成，自苏皖交界红山头起，顺淮河而下，经马浪岗入洪泽湖至高良涧止，流经盱眙、洪泽两县，长78公里。

该线航道分为两段。东段全线在洪泽湖中，属湖区航道，从马浪岗至高良涧，长32公里。1985年、1987年两次疏浚该航段，达三级航道标准。20世纪90年代后，又经疏浚，至2008年航道标准未变。

西段航道由马浪岗经洪泽老子山、龟山、盱眙县城，至红山头入安徽境，长46公里。该段航道上有3处浅滩，20世纪90年代相继进行疏浚。1992年4—6月，对淮河大桥上游浅滩进行切除，疏浚总长410米。1998年11月至1999年1月，对淮河盱眙溜子河口段航道进行疏浚养护，疏浚长度550米，疏浚后，航道泄洪能力由300立方米/秒提高到850立方米/秒，500吨船舶能够正常航行。1999年7—9月，对盱眙淮河大桥上游1500米处航道南侧的庙台浅滩进行疏浚。

2.苏北灌溉总渠航道

苏北灌溉总渠自洪泽县高良涧，至滨海县扁担港入海，全长168公里，是淮安、盐城两市沟通淮河、京杭运河的水运干道。该航道境内段起自高良涧船闸，讫于淮安运东船闸，长35.5公里，航道顺直，通航条件良好，属三级航道，是河南、安徽两省入江达海的重要通道，也是淮申线水运动脉，通航率高。20世纪80年代后，因高良涧船闸拥挤不堪，于1990年新建高良涧复线船闸。至2008年，航道标准未变。

（三）盐河航道

盐河自淮安市杨庄运河口至连云港墟沟港，流经淮安、连云港两市。淮安段西起京杭运河口，经淮阴区、涟水县，至平安河桥，全长77.57公里，航道水深一般为1.5～2.5米，最浅处仅0.7米。两岸有临河建筑物47座，过河建筑物75座。部分航段达到四级标准，大部分航段在六级以下，沿线有18座桥梁，2座标准较低的船闸（杨庄船闸、朱码船闸）。

盐河是江苏省干线航道网规划连接京杭运河和连申线的一条干线航道，是淮安市以及苏北地区最便捷的出海航道。为发挥盐河航运的优势，适应船舶大型化和货物通过量迅猛增长的趋势，20世纪90年代后航道部门对盐河航道进行综合整治。

1991年，淮河流域爆发洪水，盐河涟水大关护岸和嵇码航段右岸河堤损毁严重。1992年，航道部门在大关叉河口修护坡30米，新建直立护岸150米。1993年、1994年，分两期对嵇码航段进行疏浚，疏浚长度689米，土方1.48万立方米。为防止大关河口水土流失和泥沙淤积，从1992年建成的护岸向北端延伸（沿盐河右岸），新建100米护岸。1995—2000年，又陆续开展大关至朱码段盐河航道系列整治工程，共进行5期护岸工程和相应的疏浚工程，改善涟水城区航道通航条件。其中，1995年实施一期护岸工程，在盐河右岸建设护岸长度1015米，并对盐河付湾航道裁弯疏浚，裁弯长度540米；1996年实施二期护岸工程，盐河两侧向下游延伸，左岸1500米，右岸1000米，并对一期护岸墙前土进行疏浚，疏浚长度1150米；1997年实施三期护岸工程，建设长度1000米，左岸180米，右岸820米，并对二期护岸墙前土进行疏浚，疏浚长度1500米；1998年实施四期护岸工程，建设长度1000米，并对二期护岸和三期护岸墙前土进行疏浚，疏浚长度1900米；1999年对大关至朱码四期护岸墙前土进行疏浚，疏浚长度1000米；2000年实施五期护岸工程，建设陶码大桥下游右岸护崖500米，并对保滩付湾航段进行裁弯，裁弯长度500米。

1998—2000年，分2期对盐河淮阴城区段航道进行整治。该段航道长期未得到有效治理，淤泥深厚，航道变窄，水路不畅，加之开发管理不善，两岸建筑杂乱，沿岸居住环境十分恶劣。通过治理，建成直立式护岸1620米、护坡300米。

2008年，为配合“借港出海”战略的实施，淮安市推进盐河航道整治工程规划建设，打通出海通道。盐河航道整治工程被列为江苏省“十二五”计划时期重点交通工程项目之一。同年3月，省发改委组织召开工程可行性研究报告审查会，盐河航道整治工程进入初步设计阶段。该工程预计工期5年，工程估算投资30.98亿元。建设内容包括整治全线航道，建设杨庄、朱码2座二线船闸，改建桥梁7座。

（四）张福河航道

张福河航道起自洪泽县高良涧，至淮阴区二河口止，全长31.94公里，连接淮河和京杭运河，沟通淮阴区、洪泽县。航道沿河为沙质土，水土保持性差，曾于1976年疏浚，枯水期底宽10米，水深2米。其后多年未疏浚，河滩淤浅，河道变窄，严重影响船舶航行。

20世纪90年代，随着多家大型盐化工企业在此投资开发盐卤资源，该航道成为淮安市矿产资源的一条重要运输通道。1996年，市航道部门疏浚张福河寿堂段浅滩。1997年，疏浚张福河南陈集窑河段浅滩。至2008年，航道条件仍较差，全线尚未达到六级标准，年货运量在350万吨左右，不能满足企业对水上运输的需求。

（五）金宝线

金宝航线由新三河和金宝河组成，上起洪泽湖南线14号标，下至南运西闸的京杭运河口，连接淮河和京杭运河，是安徽、河南等地煤炭、建材运往长三角地区的快捷通道，也是南水北调东线工程输水河道。随着货运量逐年增加，该航线成为京杭运河的分流航道。航线全长84.6公里，淮安段长80.22公里，流经洪泽县、盱眙县和金湖县。其中，上段（至石港船闸）长49.96公里，是淮河入江水道，航道水深大于3米，航宽大于80米，基本满足三级航道标准，沿线蒋坝船闸、石港船闸均为六级标准；下段长34.64公里，航道水深2.5～3米，航宽50米左右，达五级航道标准，该段有南运西船闸1座，为六级标准。金宝线定级等级、维护等级均为六级，两岸有临河建筑物43座，过河建筑物57座，全线有6座桥梁，桥梁和船闸等级较低，制约航道通过能力。2008年，货运量在300万吨左右。

（六）淮沭新河

淮沭新河航道南起洪泽湖东北岸二河闸，北达连云港新浦临洪闸，沟通淮安、宿迁、连云港3市。淮安段（运河口—北六塘河）长35.86公里，沿线有跨河桥梁7座，航道现状等级为六级。淮沭新河也是分淮入沂的一条泄洪通道，有东偏泓、西偏泓2个分支。淮安段西偏泓水深条件较好，为主航道。年货运量约200万吨，主要为沭阳、新沂下行的砂石、木材等。

（七）浔运西线

浔运西线西自浔河套闸闸口，东至宝应县运河口，首尾有浔河套闸和北运西船闸。境内流经洪泽县、楚州区，长39.9公里，航道水深一般为1.5米，最浅处仅0.6米，为七级航道。两岸有临河建筑物11座，过河建筑物51座。年货运量数十万吨。

（八）溪河

溪河是淮安市东南部沟通盐城的一条航道。西起运河口，东至涧河口，流经车桥镇，长41.78公里。在运河口门有二堡船闸1座，六级标准。航道水深1～2.6米。航道定级等级、维护等级均为七级。两岸有临河建筑物16座，过河建筑物129座。年货运量数十万吨。

（九）一号闸接线航道

一号闸接线航道处于洪泽县境内，从高良涧二号闸下游引航道总渠口到洪泽湖南线6号标。航道长7.53公里，水深2.2～2.7米。航道定级等级为三级，南线6号标到一号闸下首维护等级为五级，其余维护等级为三级。

（十）南、北六塘河

南六塘河是涟水县北部沟通盐河的一条重要航道，也是灌河上游的一个分支，流经涟水县高沟镇和灌南县，淮安市境内长19.94公里，2008年航道状况为七级和等外级。受条件限制，货运量小。

北六塘河是淮安、宿迁两市的界河，也是灌河上游的一个分支，淮安市境内长31.34公里，2008年为七级航道。

（十一）清水坝河

清水坝河是淮河的一个支汊，连接盱眙县的矿山，全长7.92公里，沿线基本没有跨河设施。航道年运量超过600万吨，主要运输供应淮安市以及苏中、苏南等地的石料。2008年为六级航道。

2008年淮安市等级航道情况表

表7-12

序号	航道	起讫地点	里程（公里）	航道等级	维护等级
1	淮河	运河—红山头	105.85	三	三
2	新汴河—洪泽湖西线	西线3#标—5#标	6.49	六	六
3	盐河	平安河桥—运河口	77.97	四	六
4	北六塘河	王口—港河	31.34	六	六
5	淮沭新河	六塘河口—运河口	35.86	六	六
6	南六塘河	沈三河—麻垛桥	19.94	七	七
7	苏北灌溉总渠	苏嘴—运河口	34.58	五	五
8	金宝线	宝应湖退水闸—南线14#标	80.22	六	六
9	邮金线	邮8#标—施尖进口标	18.29	六	六
10	张福河	二河口—复线2#标	31.94	六	六
11	浔运西线	运河口—浔河套闸闸首	39.89	七	七
12	溪河	涧河口—运河口	41.78	七	七

续表7-12

序号	航道	起讫地点	里程（公里）	航道等级	维护等级
13	涟东干渠	涟州路桥—大关	2.86	六	六
14	一号闸接线	2#下游总渠口—南线6#标	7.53	三	五
15	清水坝河	公路桥—新船塘	7.92	六	六
16	三河农场河	蒋坝—公路桥	11.92	六	六
17	溜子河	剪草沟—花园嘴	45.84	七	七
18	官滩河	水泥厂—官滩河口	3.62	七	七
19	二淮河	龟山—新船塘	13.82	七	七
20	鲍引河	剪草光线—新河头	32.65	七	七
21	入江水道	施尖进口标—5#标	25.78	七	七

二、等外级航道

淮安市境内航道中，等外级航道占大多数，2008年年底有50条，里程为975.98公里，占航道总里程的65.7%。

2008年淮安市等外级航道情况表

表7-13

序号	航道名称	起讫地点	里程（公里）	维护等级	规划等级
1	大灌河—安丰河	坞家墩—新舍	5.40	等外级	等外级
2	青沟河	涧河口—前行	5.80	等外级	等外级
3	渔滨河	前行—复兴	23.50	等外级	等外级
4	新河	镇湖闸—抽水站	18.80	等外级	等外级
5	大寨河	乌沙河—茭陵	29.00	等外级	等外级
6	涧河	涧河口—石塘	41.30	等外级	等外级
7	下引河	大河口—穿运洞	32.90	等外级	等外级
8	姚河	东横河—陈河	17.30	等外级	等外级
9	塘河	前行—时庄	30.80	等外级	等外级
10	十字河	前行—北涧	30.10	等外级	等外级
11	窑头河	东场庄—苏嘴洞	11.60	等外级	等外级
12	新涧河	东横河—赵舍	8.50	等外级	等外级
13	岔溪河	庄河口—岔溪洞	22.00	等外级	等外级
14	新横河	崔河—陆河涧	3.00	等外级	等外级
15	东横河	前行—姚河口	3.20	等外级	等外级
16	西横河	下引河—塘河	6.30	等外级	等外级
17	车桥通航道	车南—车桥	4.50	等外级	等外级

续表 7-13

序号	航道名称	起讫地点	里程（公里）	维护等级	规划等级
18	泾口通航道	蒋桥—姜陈庄	4.50	等外级	等外级
19	温山河	东闸口—抽水站	20.00	等外级	等外级
20	花河	白马湖—郭桥	8.30	等外级	等外级
21	城堆河	白马湖农场—抽水站	3.30	等外级	等外级
22	平林河	平林—林集	7.10	等外级	等外级
23	北排水渠	苏嘴—运东	37.80	等外级	等外级
24	博里通航道	王庄—南头	3.30	等外级	等外级
25	永陆河	西闸口—永济洞	13.70	等外级	等外级
26	跃进河	运河堆—丁码	6.70	等外级	等外级
27	淮沭新河东偏泓	钱集闸西—淮闸村	34.69	等外级	等外级
28	赵公河	南吴集河滩—洪泽湖口	11.93	等外级	等外级
29	华能电厂专用航道	活动坝—运河口	3.17	等外级	等外级
30	一帆河	郑潭口—张桥	20.81	等外级	等外级
31	唐响河	小林庄桥—唐集镇	13.06	等外级	等外级
32	公兴河	毛河口—朱梨园闸	16.66	等外级	等外级
33	涟中干渠	小花闸—叉河口	2.98	等外级	等外级
34	新张河	二庄河口—金码闸	16.19	等外级	等外级
35	西官河	西官河口—于桥	12.45	等外级	等外级
36	二河	二河闸—复线 1 号标	2.10	等外级	等外级
37	砚临河	砚台船闸—草泽河套闸	13.17	等外级	等外级
38	草泽河	市界—周桥	33.77	等外级	等外级
39	宝积山河	二库—新船塘	3.64	等外级	等外级
40	维桥新河	三河农场—抽水站	5.98	等外级	等外级
41	管镇河	抽水站—鲍引河	4.08	等外级	等外级
42	盱铁河	铁佛—明祖陵	27.76	等外级	等外级
43	冯港河	冯港基地—淮河入口处	0.40	等外级	等外级
44	黄龙河	黄龙港口—淮河入口处	1.04	等外级	等外级
45	磨涧河	文武采石场—新船塘	7.96	等外级	等外级
46	淮胜河	刘圩—淮胜	6.50	等外级	等外级
47	军民河	淮胜—吕良	11.20	等外级	等外级
48	黎农河	卞塘尾闸—5 号标	18.70	等外级	等外级
49	中心河	闵桥闸—五大队	18.50	等外级	等外级
50	金宝北线	淮胜—郭庄	14.30	等外级	等外级

第二节 船 闸

1978年，淮阴地区境内有交通部门管辖的大小船闸10余座，分布在不同的航道。京杭大运河淮阴段航道各船闸属苏北航务管理处管理，杨庄船闸、朱码船闸和高良涧船闸等归市航道处管理。此外，还有蒋坝船闸、砚台船闸、张福河船闸等由地方交通部门和水利部门管理。1978年年底，高良涧船闸改造电动推杆式启闭为液压启闭系统。1981年，闸门的电气控制由原来的分散操作改为集中操作，后又改为集中程序控制，基本上实现自动化，提升工作效率，增加周转量，提高船闸通过量。20世纪80年代起，朱码船闸、杨庄船闸等也进行液压启闭机和电气工程的改造。

1982年后，伴随苏北运河续建工程，在运河上兴建一批复线船闸，淮河航线上也建设高良涧复线船闸，对淮河、盐河航线上船闸进行大修和技术改造。2000年后，为发挥运河的航运效益，实施京杭运河扩容工程，开工建设淮安、淮阴三线船闸。

1978—1996年淮阴市境内主要船闸一览表

表7-14

序号	名称	所在航道	管理单位
1	皂河船闸	运河航道	苏北航务管理处
2	宿迁船闸	运河航道	苏北航务管理处
3	刘老涧船闸	运河航道	苏北航务管理处
4	泗阳船闸	运河航道	苏北航务管理处
5	淮阴船闸	运河航道	苏北航务管理处
6	淮安船闸	运河航道	苏北航务管理处
7	杨庄船闸	盐河航道	市航道管理处
8	朱码船闸	盐河航道	市航道管理处
9	高良涧船闸	苏北灌溉总渠航道	市航道管理处
10	泗洪大柳巷船闸	淮洪新河航道	市航道管理处
11	宿迁井头船闸	徐连运河航道	市航道管理处

一、运河船闸

1978年，淮阴地区京杭运河航线上有淮安、淮阴、泗阳、刘老涧、宿迁、皂河6座船闸，分别建成于二十世纪六七十年代。1982年苏北运河续建工程开工后，在上述6座船闸附近陆续兴建6座复线船闸，以缓解过闸拥挤、时间过长的局面。1996年行政区划调整后，境内运河上仅余淮阴、淮安一线和复线4座船闸。随着经济迅猛发展，苏北地区运河船舶通过量持续快速增长，沿河船闸通过能力不足的矛盾日益突出，严重阻碍京杭运河水运大动脉效益的发挥。2000年，启动京杭运河苏北段船闸扩容工程，开工建设淮阴、淮安三线船闸。至2008年，境内京杭运河上有淮阴一线、淮安一线、淮阴复线、淮安复线、淮阴三线、淮安三线船闸6座。

(一)淮阴船闸

淮阴船闸位于市区西5公里的淮阴区杨庄。一线船闸建成于1961年。闸室长230米,宽20米,槛上水深5米,为圬工重力式结构。闸门为钢质人字门,阀门为钢质平板门。上下闸首均为整体混凝土坞式结构。设计年通过量2100万吨。工程造价890.2万元。

复线船闸位于一线船闸北侧,原址为民国25年(1936)建成的老船闸。1984年11月开工建设,1987年12月建成通航,投资3300万元。闸室长230米,宽23米,槛上水深5米,闸门为人字型,装置液压启闭机,电力操作控制。设计单向通过货运量3000吨。

三线船闸位于一线船闸的南侧,为世界银行贷款建设项目,是京杭运河扩容工程重要组成部分,二级通航建筑物。2000年10月22日,举行开工典礼。2003年3月16日,正式放水。船闸口门宽23米,闸室长260米,槛上水深5米,设计最大通过船舶吨级为2000吨。闸室为钢筋混凝土双铰式结构。上下闸首为钢筋混凝土坞式结构,采用头部短廊道输水。船闸主体结构(上下闸首及闸室)为二级水工建筑物,其余为三级水工建筑物。闸门为钢质平板人字门,阀门采用垂直升降钢质平板门。闸门、阀门均采用液压直推式启闭机。船闸控制系统为集中控制和分散控制两套相互独立、互为备用的集—散型控制模式。由于三线船闸与一线船闸中心距仅105米,是省内粉砂土地基上距离最近的船闸。为此,在一线、三线船闸之间设置防渗墙,确保三线船闸施工安全和施工期间一线船闸的安全。防渗墙采用大直径(55厘米)双排梅花桩布置的水泥土深层搅拌桩,深度达20米,在省内是首次采用。

(二)淮安船闸

淮安船闸位于楚州区淮城镇南,与淮安抽水站、运东节制闸、运东船闸、淮安水利枢纽等共同组成淮安水利交通枢纽。一线船闸建成于1960年。闸室长230米,宽20米,槛上水深5米,为分离式结构。闸门为钢质人字门,阀门为钢质平板门。上下闸首均为整体式结构。设计年通过量2100万吨。

复线船闸位于一线船闸东侧附近,是京杭运河续建工程中8座复线船闸的第一个开建项目。闸室长230米,宽23米,门槛水深5米,闸门为人字型,装置液压启闭机,电力操作控制。1982年10月开工,1986年8月底正式通航。设计单向通过货运量为3000吨,年通过量2100万吨。投资2100万元。

三线船闸位于一线船闸西侧,与一线船闸平行,中心距66.5米,为世界银行贷款建设项目和京杭运河扩容工程重要组成部分。二级通航建筑物,设计年吞吐能力5362万吨。船闸口门宽23米,闸室长260米,槛上水深5米。上、下闸首为钢筋混凝土坞式结构,闸室在国内首次使用永久钢板桩加土锚结构等新技术,被称为“船闸工程新技术应用的博物馆”。2000年9月开工建设,2003年7月交工验收并进行工程质量鉴定,2005年1月通过省发改委组织的竣工验收。淮安三线船闸工程获交通部2005年度水运工程质量奖和江苏省“扬子杯”优质工程奖,2007年1月获中国建筑协会颁发的“鲁班奖”。

二、盐河船闸

境内盐河航道有杨庄、朱码2座船闸,分别建于20世纪50年代末和60年代初。

(一)杨庄船闸

位于市区西郊,建成于1961年5月,连接京杭大运河与盐河。船闸设计年通过能力为300万吨。船闸口门宽10米,闸室尺寸为135米×12米×2.5米,上游引航道长450米,下游引航道长300米。设计通航水位上游最高14米,最低10.5米,警戒水位14.6米。下游通航水位最高9.9米,最低7.5米。上下闸首采用整体空箱结构。上闸首顶部高程为17米，底槛高程8米，闸室及下闸首顶部高程为16米，底槛高程5米。闸门为人字门结构，阀门为直升平板门结构。

1979年，杨庄船闸进行建成以后的第二次大修。1988年，进行第三次大修，项目有：闸阀维修及运转件更换；上下游导航桥改造，闸室肋墙改造，更换爬梯、系船沟、闸室清理；闸阀门除锈喷锌。1997年，进行第四次大修，项目主要有：土建部分进行上下游引航道改造，闸室肋墙改造；闸阀门维修及运转件更换，下游闸门底横梁抬高50厘米；附属设施改造。经过数次大修，船闸运行由人力启闭发展到液压启闭，电气化控制系统初具现代化水平。1997年，又投入200多万元整治下游引航道，新建护岸300米，水下疏浚2万多立方米，并整修闸室道路，进行电缆改造，更换闸室照明设施。

2003年10月，杨庄船闸安装控制与监控两项系统。船闸各项设施完备，闸室内的带缆设施、爬梯完整无缺，上下游引航道护岸建成，靠船设施完备，各项标志牌、警示牌明显，通航条件进一步改善。

2005年，杨庄船闸船舶通过量470.91万吨，比2004年增加50.4万吨，超过年设计通过量300万吨水平，达饱和状态。至2008年，杨庄船闸船舶通过量达829.04万吨，且随着船舶大型化发展，船闸技术状况更不适应发展的需要，航道等级有待提高。

（二）朱码船闸

朱码船闸位于盐河中游涟水县朱码镇境内，也是朱码水利枢纽配套工程之一，与杨庄船闸组成盐河上的梯级船闸，上游经杨庄船闸入大运河，下游经灌南县盐灌船闸入灌河，通达连云港港口。朱码船闸建于1958年，设计年通过能力为300万吨。船闸口门宽10米，闸室尺寸135米×12米×2.5米，上游引航道长450米，下游引航道长300米。船闸最高通航水位9.5米，最低通航水位2.5米；下游最高水位9.5米，最低水位1.5米；船闸过船容积为800吨级。

1979年，朱码船闸进行建成以后的第二次大修。1991年，进行第三次大修，工程历时50天。2000年进行第四次大修。在大修期间，对船闸的液压启闭机及电气系统进行升级改造。2000年4—12月，疏浚下游总长815米的浅滩，坡比为1∶3，航道底高程4.5米。2005年，朱码船闸船舶通过量107.47万吨，2008年增加到130.42万吨。

三、高良涧船闸

高良涧船闸位于洪泽湖东畔，苏北灌溉总渠西渠首，上连淮河干线航道，下经苏北灌溉总渠通黄海，是苏、皖等省水运咽喉。1952年10月兴建，1953年10月建成，总投资100多万元。闸身长100米，宽10米，上游最高水位15.5米、最低水位10.5米，下游最高水位11.5米、最低水位7.5米。闸门启闭初为人力手摇，1963年改为电动启闭，1978年改为液压启闭。1981年，闸门电气控制由分散操作改为集中操作，后又改为集中程序控制，实现自动化。1985年，船闸通过量300多万吨，是1953年的30倍，船闸不堪重负。

1989年8月，交通部批复决定由交通部、苏皖两省交通厅联合投资，兴建高良涧复线船闸，列入当年度计划，总投资6491万元，由江苏省交通工程总公司施工。船闸规模为230米×23米×4米，确保两列1000吨级标准设计船队一次过闸，年设计单向通过能力为1600万吨。1993年12月25日，高良涧复线船闸通过竣工验收，次日试通航，结束淮河航线在高良涧船闸“卡脖子”的历史。1997年12月，复线船闸工程获中国建筑协会颁发的“鲁班奖”，为全国获该奖项的首座船闸建设工程。

1994年3—5月，高良涧船闸进行第四次大修。2004年4—5月，高良涧船闸复线船闸进行大修，6—11月进行电气改造。

高良涧复线船闸设计年通过能力为1600万吨，2003年通过量为1876万吨，2004年猛增到2408万吨，2008年更达3448.06万吨，是设计通过能力的2.16倍，远超饱和状态。

2001—2008年高良涧、杨庄、朱码船闸船舶通过量情况表

表7-15　　单位：万吨

年份	高良涧船闸		杨庄船闸		朱码船闸	
	货吨	总吨	货吨	总吨	货吨	总吨
2001	686.94	1310.37	101.41	177.56	44.88	75.70
2002	1170.65	2136.50	94.21	159.21	48.78	88.21
2003	1022.32	1872.32	109.36	203.32	28.02	59.07
2004	1293.19	2279.17	229.67	419.50	48.11	94.25
2005	1359.61	2500.44	252.15	470.91	57.46	107.47
2006	1262.75	2279.23	253.46	498.39	64.17	104.31
2007	1713.12	3400.82	336.46	662.74	48.53	80.19
2008	1867.16	3448.06	423.1	829.04	84.54	130.42

四、其他中小船闸

（一）运东船闸

运东船闸位于楚州区苏北灌溉总渠与京杭大运河交汇处，是沟通京杭运河与苏北灌溉总渠航运的单级船闸。船闸按四级航道标准设计，通行设计单船为500吨位。闸门为人字钢闸门配推杆式启闭机，闸室为浆砌块石连拱空箱结构，闸首净宽10.4米，闸室净宽12米，长140米。1977年1月开工，当年12月底竣工交付使用，由盐城市水利部门管理。运东船闸的建成，解决盐城市至淮安市以上地区航运船舶须在宝应船闸中转的问题。

（二）二堡船闸

二堡船闸位于楚州区头溪河与京杭大运河交汇处，是沟通里下河地区与京杭大运河间航运的单级船闸。按六级通航标准设计，通行设计单船为60吨位，设计年通航能力100万吨。上闸首净宽8米，下闸首净宽12米，闸室长106米。1978年4月动工，1980年主体工程建成，后因国民经济调整而停止，1983年开始续建配套工程，1985年9月通航，由淮安县水利部门管理。

（三）砚台船闸

砚台船闸位于洪泽县高良涧镇北苏北灌溉总渠右堤2K+300处，沟通苏北灌溉总渠与砚临河，1983年建成，由洪泽县水利部门管理。闸室宽10米，主航道方向长102.5米，次航道方向长20米，闸门宽8米。

（四）蒋坝船闸

蒋坝船闸又称三河船闸，位于洪泽县蒋坝镇南端金宝航线与洪泽湖连接处，也是洪泽湖水利枢纽的重要组成部分。上闸首切洪泽湖大堤入洪泽湖，下闸首经金宝航线、石港船闸、南运西船闸与大运河相连，是沟通洪泽湖与高邮湖及京杭运河之间的主要通道，建于1970年。闸室长100米，宽10米，上下闸首为整体结构，闸室为分离式结构，闸门为钢质人字门，设计通航标准为双线

600吨级船队。归省属水利部门管理。

（五）石港船闸

石港船闸位于金湖县淮河入江水道左堤，上接蒋坝船闸，是连接洪泽湖与大运河的水运枢纽，也是金宝航道的咽喉。闸室长100米，宽10米，航道水深2.5～3米，航宽50米，是安徽、河南等地黄砂、建材运往长三角地区的捷径通道。归属金湖县水利部门管理。

第三节 航　标

1978年起，伴随航道建设，淮阴地区境内航标建设得到发展，航标配布面扩大，航标类型趋于多样，航标配布逐渐合理，航标灯器实现电气化，航标检查维护逐步制度化。

1979年，洪泽湖和其他航道上设立的航标多数以铁质1080型浮鼓代替木质标架。铁质浮鼓经得起风浪、船只冲击，而且定位好。1981年，洪泽湖蒋坝线7只航标改为铁质双船标。此种双船标浮力大、目标大、定位好，灯标系采用半导体发光仪，夜间灯亮，白天自动熄灭，具有节约电能、维护方便的特点。运河沿线的灯标也全部采用半导体闪光仪。1982年5月，航标技术又有新的改进，在洪泽湖马浪岗设置一个固定风力标，以风力发电，供给航标电能，5层层叠式灯桩定位好、灯光射程远，维护方便。1985年10月，在洪泽湖南线设置涵管套式太阳能发电灯桩。

1987—1988年，由江苏省航务局统一计划安排，淮阴市航道部门对航标进行改造，新建、改建航标33座，其中新建航标10座、改建航标23座。到1988年年底，全市有航标140座（不含大运河），其中发光标82座；设标里程390公里，分布在全市12条航线上。

1996年区划调整后，境内航道（不含大运河）航标设标里程、航标数量有所减少，航标维护里程降为318.8公里，设标（维护）总数减为128座。其中，发光标62座，浮标55座，分布于洪泽、盱眙、金湖、涟水4个县11条航线上。洪泽湖航道5条航线上有航标49座，浮标35座。按航标类型，有侧面标90座，左右通航标4座，导航标2座，泛滥标2座，桥涵标5座，鸣笛标14座，横流标6座。

境内大部分的固定发光航标电源为8.5伏太阳能配套的50安培·小时免维护蓄电池。洪泽湖4M双船浮试用太阳能板，效果较好。灯器绝大部分采用南京航标厂的ф155电子白炽灯。2002年，改建航标采用热度锌板外贴反光膜1座，有6座灯器采用冷光源。灯器主要经过电闪仪、电子灯、冷光源阶段，电源主要经过甲电池、锌空电池、免维护蓄电池、酸性蓄电池、碱性蓄电池阶段。

2008年5月底，市航道处对辖区航道发光航标安装航标自动遥测装置，60座发光航标自动遥测装置全部安装到位。采用自动遥测及管理系统，省、市、县（区）三级航标管理人员在全省任何地点都可立即掌握航标灯运行的各种技术参数，航标管理人员每月航标检查次数由4次减少为1次，减轻工作人员劳动强度，减少检查费用。通过计算机自动记录各种参数，航标失常自动报警，形成一个完善的航标运行监督体系。2008年，境内航标正常率99.9%。

第四节　港　口

1978年起，市区和各县港口有所发展。至1987年，市区港口自然岸线长28.5公里，码头长5800多米，有泊位233个，分布在里运河和大运河沿线，各县有淮城港、涟城港、王营港、高良涧港、盱城港、黎城港等18个主要港口。20世纪90年代，淮阴市加快港口规划建设，整合港口资源，适应不断发展壮大的航运业需要。2000年，全市年吞吐量10万吨以上的港口有9个，完成货物吞吐量536万吨，码头泊位194个。全市有7家港口企业，企业规模不断壮大，港口生产量有所增长，有仓库3500平方米，货场101.5万平方米，装卸机械257台，起重机械154台，输送机械50台。20世纪90年代后期起，特别是2000年后，淮阴市取缔非法营运码头，优化港口岸线资源，加强和规范港口岸线和港埠经营管理。2001年，淮安市委托河海大学编制《京杭运河江苏段淮安市岸线利用和港口布局规划报告》。根据该规划，除重点企业的专用码头外，在运河沿线按照不同功能共规划建设4座综合性码头，即淮安新港、淮安南港、淮安东港和楚州港。

2003—2008年，全市港口建设、港口吞吐量呈现快速增长的势头。2003年，根据城市发展总体规划和港口发展要求，淮安市对京杭运河淮安城区段码头进行综合整治，拆除码头97座、泊位219个，岸线总长5936米。2004年起，结合运河两淮段整治工程，对沿线的临时砂石堆场和船厂进行清理，清除砂石堆场30余处，拆除船厂19座，各县（区）也对辖区内主要航道上小码头进行清理。到2008年，全市共整治拆除各类码头187座。2003年起，新建淮安新港、淮安东港、盱眙港、涟水港，扩建楚州新港，进一步提升港口规模化、现代化水平。2006年年底，《淮安港总体规划》编制完成，对港口岸线、港口布局、配套工程布局等作出详细规划与布置，规划将淮安港划分为7个港区，即市区港区、淮阴港区、楚州港区、涟水港区、盱眙港区、洪泽港区和金湖港区，7个港区规划作业区29个，规划主要港口岸线7.48万米。2008年，全市港口建设投资达5500万元，淮安新港、楚州新港投入运行，淮安东港货场和疏港公路、盱眙新港码头、井神盐业货主码头建设取得重要进展，涟水港区盐河码头完成前期工作。至2008年年底，布局合理、层次分明、功能明确的淮安港口群逐步形成，有7个港区，即市区港区（包括淮安南港、淮安新港、淮安东港）、淮阴港区、楚州港区、涟水港区、盱眙港区、洪泽港区、金湖港区，码头泊位378个，码头总长度20778米，分布在京杭大运河、淮河、盐河、苏北灌溉总渠等航道上，最大靠泊能力2000吨，货物吞吐量3606万吨。另有淮钢特钢公司、淮安海螺水泥厂、华能淮阴发电有限公司、清江石化公司等货主专用码头，吞吐量均超过100万吨。

淮安南港位于京杭大运河淮安市区段，淮海南路大桥上游约600米航道左岸，省运河公司南港院内，1962年由交通部投资兴建，拥有岸线长682米，建成后即投入使用。2003年、2004年，分别完成货物吞吐量20.07万吨、46.01万吨。2005年后，累计投资2000多万元进行改扩建，货场面积达10万平方米，先后安装20吨固定吊1台、45吨固定吊2台、40吨轨道吊1台，以及与之相配套的叉车、吊具、高杆灯等辅助设备，并按照现代物流港口的标准，安装计算机控制系统和监控设备。2007年11月2日，该港开通苏北运河首条集装箱运输航线——至南京龙潭港集装箱运输航线，次年开通至扬州港集装箱运输航线。2008年有5个泊位，其中2个2000吨级集装箱泊位，具备5万标准箱的年吞吐能力。

淮安新港位于里运河上游入口处北岸、京杭运河淮阴船闸下游约800米与里运河交汇处，是以装卸煤炭、建材、杂货为主的综合性港口。设计年吞吐能力245万吨，码头岸线长518米，新建1000吨级（兼顾2000吨级）泊位2个、500吨级泊位6个及相应的配套设施。码头设计最大起吊能力32吨，陆域面积18.7万平方米。2003年6月28日开工建设，2004年11月26日主体工程通过交工验收。完成征地24.37公顷，拆迁房屋7511.5平方米，建成码头驳岸510米、待泊锚地315.4米、场内堆场及道路6.6万平方米，安装5吨吊机6台、32吨门式起重机1台、堆场取料机、装船机等设备以及附属房建、电气工程、堆场等。

淮安东港位于淮安市区延安东路，京杭运河二号桥下游2.5公里处。设计年吞吐量162万吨，岸线长947米，新建泊位14个，其中1000吨级（兼顾2000吨级）泊位2个、500吨级泊位12个，仓储场地10万平方米。2004年2月开工建设，2008年年底完工，总投资6500万元。

盱眙港区新港码头位于盱城清水坝，设计年吞吐量400万吨，建设岸线长761米，建设500吨级泊位11个、300吨级泊位2个，货场34600平方米。工程概算总投资7000万元。2007年2月开工建设，2008年年底码头岸线工程全部完工，机械设备安装完毕。

涟水港区盐河码头位于涟水城西盐河引河岸边，设计年吞吐量169万吨，码头总长410米，建设500吨级散杂货泊位3个、300吨级散杂货泊位6个及相关配套设施。工程概算总投资5800万元。2008年9月，完成征地拆迁。

2008年，淮安市有码头161个，其中市区30个；泊位427个（内千吨级以上64个），其中市区114个（内千吨级以上43个）；码头总长度24170米，其中市区8104米；吞吐量3743万吨，其中市区1737.6万吨。

2008年淮安市境内港口码头情况表

表7-16

地区	码头数（个）	泊位数（个）		码头总长度（米）	年吞吐量（万吨）
		总数	其中：千吨级以上		
市区	30	114	43	8104	1737.6
淮阴区	10	22	0	1125	199.8
楚州区	23	57	21	3458	459.8
涟水县	16	22	0	1318	55.9
洪泽县	16	39	0	1919	221.8
盱眙县	54	149	0	7026	997.1
金湖县	12	24	0	1220	71.0
合计	161	427	64	24170	3743.0

第三章　铁路　航空

1978年，淮阴地区境内无铁路和机场。1983年撤地建市后，开始兴建铁路。20世纪90年代，自筹资金建设地方铁路，新淮铁路和新长铁路淮安段的建成，引起区域交通运输革命性的变化，改变交通基础设施结构和以公路、水路运输为主的运输模式。同时开展机场选址工作。2008年，淮安民航机场开工建设，进一步完善淮安综合运输体系，奠定公路、水路、铁路、航空大交通格局的基础。

第一节 铁路建设

一、新淮铁路

1984年，中共淮阴市委、市政府动议兴建沂淮地方铁路，即从东陇海线上的新沂接轨铺设到淮阴的铁路。是年，省党代表大会作出“七五”计划时期筹建苏北地方铁路的决定。但如果单纯等待国家安排，很难排上计划，因此淮阴市委、市政府决定靠自己集资建路，明确“自力更生为主，国家资助为辅”的建路方针和“地方为主，国助为辅，三级集资，两级入股”的建路办法，提出“人民铁路人民建，建好铁路为人民”的口号。“地方为主，国助为辅”，即主要靠地方筹资，请求国家和铁道部在资金和旧轨枕、旧器材上给予一定支持；“三级集资”即省、市、县三级挤出一定的财力投入建设；“两级入股”主要是指乡、村两级将土地征用费和土方劳务费作为股金向铁路建设投资，铁路建成创利后，参加分红。

1984年11月，沂淮地方铁路经济技术论证会在淮阴市召开。经过论证，会议认为拟建中的沂淮地方铁路运量可靠、技术可行、效益明显。1985年4月，江苏省计经委向国家计委、铁道部上报沂淮地方铁路项目建议书。同年10月，国家计委批复同意实施该项目。1985年年底，淮阴市委托黑龙江林业设计院对线路进行初测初设。

1986年10月，江苏省计经委批准沂淮地方铁路立项，年底基本完成线路的初步设计。1987年年初，淮阴市邀请专家对黑龙江林业设计院完成的《沂淮地方铁路可行性研究报告》进行论证。与会专家肯定该报告，并提出沂淮铁路应预留今后向南延伸的接轨条件。其间，铁道部原部长郭维城沿沂淮铁路线实地察看，并到南京向时任江苏省省长顾秀莲提出对苏北铁路建设的意见，对推动沂淮铁路建设起到促进作用。

1990年1月，沂淮铁路在沭阳县破土动工。1993年，更名为新淮铁路。1994年，新沂至沭阳段完成铺轨任务，该段建设标准为国铁三级。此后，沭阳至淮阴段建设进度加快，等级也提高为国铁一级。1998年3月5日周恩来100周年诞辰之际，新沂至淮阴袁北段投建成通车，从新沂发出的第一列火车驶达淮阴，新淮铁路全线通车，结束淮阴无铁路的历史。新淮铁路长103.3公里，共投资3.7亿元。1989—1992年，发行沂淮铁路股票，除企业认购外，从社会募集资金3162万元。

新淮铁路连接西北方向，从山西、河南、山东、徐州运进大量煤炭等物资，淮阴经此铁路向北运输粮食、棉花及工业产品等，大大节约运输成本，有利于工业生产所需资源的供给，促进淮阴经济发展。

二、新长铁路

在新淮铁路建设期间，淮阴、盐城、南通3市筹建淮盐通铁路，完成大量前期工作，后在此基础上进行新长铁路的建设。

1987年10月，淮阴、盐城、南通3市市政府在淮阴市成立淮盐通地方铁路筹建协调委员会

（以下简称“协调委”），启动淮盐通地方铁路筹建工作。1988年1月，协调委第二次会议对铁道部第一、第四勘测设计院和黑龙江林业设计院的《淮盐通地方铁路预可行性研究报告》进行讨论，对线路走向基本取得共识。1988年11月，协调委第三次会议讨论确定淮盐通铁路走向，即起自沂淮线袁北站的东南端（K104），终至南通东站终端。1989年7月，铁道部第一、第四勘测设计院经过初测，完成淮盐通地方铁路初步设计和可行性研究报告。1990年5月30日至6月6日，受协调委委托，中国地方铁路协会派员到现场调研，于6月30日提出《技术咨询评估报告》，建议分段立项、分段审批、分段建设。1991年4月，淮阴、盐城、南通3市市政府向省政府联合报告，请求上报淮盐通地方铁路的可研报告，争取早日批准立项。3市建设铁路的积极性得到国家计委和铁道部的支持，提出合资修建该条铁路。其时宜兴市提出兴建宜兴地方铁路，与沪宁线在无锡石塘湾连通，同苏北铁路规划中从靖江过江后在石塘湾与沪宁线接轨不谋而合，加上宜兴距宜杭线的长兴站仅26公里。经过综合考量，提出修建新沂到长兴的新长铁路方案。

1991年11月，国家计委、铁道部在广州召开合资铁路经验交流会，江苏省计经委及淮阴、盐城、南通3市铁路办负责人均出席会议。会上，江苏省、浙江省和铁道部就合资建设新长铁路取得共识。1992年8月12日，国家计委批准新长铁路立项。

1993年，铁道部和江苏省、浙江省政府上报《关于报送新沂至长兴铁路（含南通铁路）可行性研究报告的函》。同年6月，国家计委批复新长铁路可行性研究报告。线路全长577公里，同时修建海安至南通铁路80公里，建成后线路全长657公里，工程总投资33亿元（按1992年价格水平，不包括长江大桥及两端引线，新淮段仍按原渠道出资），其中袁北至长兴段28.6亿元、海安至南通段4.4亿元，由铁道部和江苏、浙江两省合资建设，按比例各出资三分之一，申报三分之一国家贷款。新长铁路按国铁一级设计，原沂淮线由铁道部第三勘测设计院作变更设计，淮盐通段（原设计按地方铁路一级）初步设计由铁道部第一、第四勘测设计院重新作变更。1993年12月，铁道部和江苏省、浙江省政府联合批复袁北至海安、海安至南通、青阳至长兴的初步设计，新长铁路进入技术设计和施工设计阶段。1997年9月，袁北至海安、海安至南通、藕塘至长兴段通过技术设计审查，海安至藕塘段完成初步设计审查。

1992年，江苏省地方铁路建设领导小组成立。1996年，江苏省政府铁路办公室、省铁路建设总公司成立。为了解决省铁路总公司的注册资金，1995年12月，省政府下达各市集资任务，其中淮阴市集资任务为3200万元。

1998年3月，铁道部、江苏省、浙江省合资组建新长铁路有限责任公司，三方合资建设、联合经营新长铁路。同年9月16日，在淮阴市袁北站举行新长铁路开工典礼，正式宣布全线开工。1999年4月28日，新长铁路在淮阴北站工地举行铺架典礼。同年9月25日，铺架至盐城车站，累计铺轨149公里，其中正线130公里、站线19公里。2000年上半年，铺轨至南通站。2001年9月，长江两岸完成铺轨。过江采用火车轮渡，江北在靖江，江南在江阴设铁路专用轮渡码头。同年铺轨至终点站浙江省长兴县。2002年9月30日，全线基本建成。

新长铁路新沂至袁北段（原新淮铁路）长102.5公里，技术标准偏低，缺少机务、信号、消防等设备设施，成为新长铁路全线的“瓶颈”。2004年，国家发改委立项批准对该路段进行扩能改造，改造工程总投资4.8亿元，当年8月4日开工，2005年3月29日通过验收。该段技改工程计完成90公里新轨、44座桥梁和6座车站等新改建任务。2005年4月1日，新长铁路全线正式贯通。

新长铁路自陇海线新沂站引出，逶迤南行，经过淮安、盐城，到达海安，向东延伸至南通，向南在靖江设轮渡过长江抵江阴，与沪宁铁路相交后，沿太湖西侧，行至宜兴，进入浙江省与宣杭铁路长兴站接轨，沿线经过江苏23个市（县）和浙江省长兴县，全长638.6公里。设计火车时速120公里，建成初期年货运量1500万吨。经国家计委审批，国务院批准，新长铁路又成为东北至长江三角洲地区“陆海铁路通道”5个子项目之一，苏北铁路淮盐通段与全国铁路实现大联网。

新长铁路向南延伸直达长江三角洲，成为贯通沿海的战略大通道、国家级运输通道——京沪运输走廊的重要组成部分，对淮安市构建现代物流体系，拓展发展空间，实现区域经济合作具有重要的战略意义。

三、企业铁路专线

（一）华能淮阴电厂铁路专用线

在新长铁路袁北站出岔至华能淮阴电厂企业站，正线长9公里，总投资2.1亿元。1999年开工，2005年建成。该专线降低华能淮阴电厂运输成本，同时与新港铁路专用线共同构成公路、铁路、水路综合运输网络。

（二）淮安新港铁路专用线

从华能淮阴电厂企业站接轨到淮安新港港区，北接新长铁路，南至京杭大运河和淮安西南工业区，正线长4.75公里，总投资1亿元。2005年9月开工建设，2006年11月通过上海铁路局验收，2007年1月24日通车营运。该专线实现铁路、公路、水路3种运输方式无缝对接。

（三）淮安经济开发区热电有限责任公司铁路专用线

在淮安南站对侧长兴端1道接轨至企业站，运营长度3.1公里。2003年12月2日批准接轨，2005年4月22日开通运营。该专线为淮安经济开发区热电有限责任公司运输煤等所需能源。

2008年淮安市境内铁路主要技术标准表

表7-17

线别	铁路等级	正线数目	限制坡度（‰）	最小线半径（米）	牵引种类	机车类型	牵引质量（吨）	到发线有效长（米）	闭塞类型
新长线	I级	单线	4	一般1000 困难600	内燃， 预留电化	DF4	4000	850，预留1050	半自动
华能淮阴电厂铁路专用线	工企I级	单线	4	400	内燃	DF4	4000	850，预留1050	半自动
淮安新港铁路专用线	工企I级	单线	4	400	内燃	DF4	4000	850，预留1050	半自动
淮安经济开发区热电有限责任公司铁路专用线	工企III级	单线	4	300	内燃	DF4	4000	850	半自动

四、火车站

2002年，新长铁路全线建成，淮安市境内设4个火车站。其中，袁北站为货运站，位于淮阴区境内；淮安站为客货两用站，位于淮安经济开发区；淮安东站（楚州站）为货运站，位于楚州区境内；淮安北站为会让站，位于淮阴区境内。

由于新长铁路建设时资金紧张，站场设计不到位，淮安站的条件很快即不能适应迅速发展的铁路运输需求。根据铁道部和江苏省《关于新建南通至南通东铁路及淮安北站、盐城站、南通站改造工程可行性研究报告的批复》，2006年4月，淮安市开始实施火车站改扩建工程。

淮安新火车站在原淮安北站站址上新建，位于淮海北路与承德北路之间珠江路的北侧。站场全长1600米，设正线1条、预留1条，到发线3条、预留2条，站台2座、预留1座，预留客车技术整备所及机务折返段，无站台柱雨棚采用桁架与网架组合形式单跨跨越站台。站房主体总长181.5米、宽42.8米、高23米，总建筑面积10784.3平方米。建设单位为新长铁路“三站一线”改造建设指挥部，设计单位为铁道第四勘察设计院，站场监理单位为上海华东铁路监理有限公司，站房监理单位为南京苏宁建设监理有限公司，站场施工单位为中铁四局集团公司，站房施工单位为淮阴建工集团。工程总投资1.84亿元。站前广场总建筑面积45740平方米，主广场建筑面积25390平方米，两侧停车场建筑面积20350平方米，其中绿化面积2035平方米。2006年4月，站场改造工程开始施工。2007年4月18日，铁道部和江苏省政府在淮安市新火车站举行开站启用仪式，淮安市新火车站正式启用。

淮安火车站站房主体两层，采用高进低出，总平面呈“一”字形，运用柱廊为基本元素，建筑外轮廓完整、精美。建筑体量高大，敦实厚重，内部空间广阔。工程建设广泛应用新结构、新技术和新材料，提升建筑品位。

淮安新火车站启用后，原淮安站更名为淮安南站，主要作货运站使用，并有5079/5080次（淮安—南通）、5099/5100次（南通—淮安）两对旅客列车继续停靠淮安南站。

到2008年，淮安境内设5个火车站，即淮安站、袁北站、淮安南站、淮安东站、仇桥站，隶属于淮安中心站管辖。其中，袁北站、淮安东站为货运站，淮安站为客运站，淮安南站为客货运站，仇桥站为会让站。

五、新线路规划及筹建

2005年8月，淮安市政府成立市铁路建设领导小组，办公室设在市交通局（以下简称“市铁路办”），负责淮安市铁路规划研究、编制工作，开展宿淮、淮连铁路建设前期工作。

2007年11月，淮安市委托铁道第五勘察设计院修编完成《淮安市中长期铁路规划》。根据该规划，淮安市将于近期建成宿淮、淮连铁路，进行新长铁路电气化改造；远期陆续建成淮扬镇、宁淮、新长铁路复线。到2020年，将形成衔接新沂、连云港、盐城、扬州、南京、宿迁6个方向，新长、宿淮、连淮、淮扬镇、宁淮等铁路交会淮安的“米”字形加环铁路网格局，构筑区域铁路枢纽。在新建干线铁路的同时，还将适时引出支线、专用线，增加干线网运输组织的灵活性、机动性，满足厂矿企业对外运输和对内生产的需要，促进各县（区）协调发展。2008年8月，省铁路办在淮安市组织召开《淮安市中长期铁路规划》评审会。评审专家组认为，规划总规模及运输能力基本满足淮安市中长期发展的需求，建议加强对规划项目功能定位的研究，做好与周边地区的沟通衔接，以提高规划项目的可行性，并进行铁路通道的规划预控和预留，以减少规划实施的难度。

筹建中的宿淮铁路，为铁道部“十一五”计划时期重点地方铁路建设项目，西起京沪铁路符离集车站，途经安徽省宿州市、灵璧县、泗县，江苏省泗洪县、宿迁市、泗阳县，东至淮安市袁北站，与新长铁路接轨。全长203公里，安徽境内111公里，江苏境内92公里（淮安境内长19公里）。该铁路设计线路等级为国铁一级，线路类型为单线，预留电气化，是一条以货运为主，兼顾客运的区域性干线铁路，是淮北地区煤炭外运和皖北、苏北间客货交流的运输通道。2008年7月，新建宿州至淮安铁路可行性研究评估会在淮安市召开。经过现场勘察、听取汇报、研究讨论，专家组一致认为可研报告对客货运量、建设方案、技术标准、主要技术装备、运输组织及线路设计能力、环境保护、节约能源、建设工期、投资估算及资金筹措等方面的研究符合实际、合理可行，适当调整后可报国家发改委审批。宿淮铁路项目的防洪评估、环保评估、用地评估及初步设计等工作同步进行。

筹建中的淮连铁路，起自陇海铁路云台山站，与连盐线共线至灌云东站，向南跨过324省道、沿海高速公路、灌河，经灌南县、涟水县、淮阴区后接入新长铁路淮安站。该路设计等级为国铁一级、单线。全线运营长度141.77公里（另含淮安联络线8.84公里），其中与连盐铁路共线41公里，新建线路100.77公里（淮安境内长65公里）。2007年8月，铁道部在北京召开连云港至盐城（淮安、日照）铁路预可行性研究审查会。与会专家认为，淮连铁路与即将开工建设的宿淮铁路、淮扬铁路和既有的新长铁路一同在淮安市交会，对优化和完善东部地区的铁路运输和路网布局十分重要，建议在进行补充完善后，报国家发改委审核批准。

第二节　铁路运输

1998年3月，新淮铁路通车，新淮铁路公司与铁道部第三工程局联合成立临时运营管理处，负责新淮铁路运输生产。当年完成运输量15万吨，运输收入20万元。

1999年，新淮铁路公司累计完成运输量52万吨，其中新淮段44.31万吨，运送轨排、桥梁建材7.7万吨，实现运输收入800万元。当年12月24日，新淮铁路公司全面接管运输生产，实现自主经营和管理。

2000年，新淮铁路公司完成货物运输量45.28万吨，比1999年增加1.5万吨。其中，完成社会物资运量37.5万吨，比1999年增加8.3万吨；完成新长铁路铺架路料运量4.8万吨，比1999年减少7.5万吨；完成管内砂石运量2.5万吨，与1999年持平。社会物资运量中以煤炭为大宗，为25.96万吨，其他物资为化肥3.45万吨、粮食1.53万吨、木材8775吨、化工原料7225吨、钢材2766吨等。全年实现运输收入706.7万元。

2001年，新淮铁路公司抓住当年公路限载、运河水少的机遇，开拓运输市场，运量实现较大增长，运输收入突破1000万元。累计完成运量81.09万吨，比2000年增长79.09%；实现运输收入1168.90万元，完成货物周转量7127.90万吨公里，均比2000年增长76.4%。

2002年，新淮铁路公司累计完成运量82.04万吨，货物周转量7002.59万吨公里，实现运输收入1222.05万元。

2003年，新淮铁路公司克服“非典”和洪涝灾害影响，保持生产经营有序开展，完成运量77.6万吨，实现运输收入1019万元。

自1998年新长铁路开工建设后，由于历史原因，客观上造成新淮段的独立状态，随着新长铁路建设趋近尾声，统一运输指挥势在必行。2004年，新淮铁路公司与新长铁路公司完成资产整合，新淮铁路公司并入新长铁路公司。新长铁路公司在淮安设立淮安分公司，管辖新沂至庆丰间214公里线路，下辖新沂南、沭阳、泗阳、淮安、阜宁、建湖等站。

2004年7月1日起，新长铁路公司在淮安、南通间开行管内旅客列车，南通开往淮安的为5186次列车，淮安开往南通的是5187次列车。是日9时51分，淮安迎来历史上第一列旅客列车。至当年12月底，淮安分公司管内淮安、阜宁、建湖3站累计发送旅客12.3万人次，实现运输收入161.08万元。淮安至南通旅客列车的开行，结束苏北地区腹地长期没有铁路旅客列车的历史，也标志着新长铁路的运营进入一个新的阶段。

2005年4月1日起，新长铁路全线贯通正式投入运营，并纳入国家铁路网，为津浦、沪宁铁路分流货运。每天从新沂下行分流货车14对，年货运量达1000万吨以上。7月1日起，新长铁路开通4对旅客列车，分别为泰州经北京至哈尔滨的T157/T158次，泰州至兰州的K419/K420次，泰州至成都的K245/K246次，泰州至青岛的K416/K415次。4对列车均为新型空调客车，经停淮安。全年淮安中心站完成运输收入2542.8万元，发送旅客442005人次，完成装车数1830列、卸车数3330列。

图7-5 淮安开通首列旅客列车（2004年） 曹政 摄

2006年，淮安中心站发送货物1024车，重61501吨；到达货物27383车，重1740455吨；货运收入3704万元；发送旅客49万人次，客运收入3007万元。

2007年4月18日，南通至北京的Z51/Z52、至太原的K563/K564开通，经停淮安。当年客货运量、客货运收入大幅增长。全年淮安中心站发送货物3065车，重181843吨；货物到达43917车，重2782407吨；货运收入6268.86万元；发送旅客88.6万人次，客运收入4912万元。

2008年，淮安中心站发送货物2991车，重182177吨；货物到达43595车，重2787903吨；货运收入1164.33万元；发送旅客98.4万人次，客运收入6973.9万元。

2008年淮安火车站旅客列车时刻表

表7-18

车次	发站	到站	到站时间	出发时间	停留时间（分钟）	股道	备注
5080	南通	淮安	20：04	—	—	4	终到
K418	泰州	兰州	20：15	20：21	6	1	—
T156	泰州	哈尔滨	21：09	21：11	2	1	—
Z52	南通	北京	22：20	22：23	3	1	—
K247	成都	扬州	2：28	2：30	2	1	—
Z51	北京	南通	4：25	4：27	2	1	—
T155	哈尔滨	泰州	5：19	5：21	2	1	—
K563	太原	南通	5：37	5：40	3	1	—
5079	淮安	南通	—	8：28	—	4	始发
K417	兰州	泰州	8：56	8：58	2	1	—
5100	南通	淮安	—	—	—	1	终到
5099	淮安	南通	—	14：20	—	1	始发
K414	泰州	四方	14：40	14：45	5	1	—
K413	四方	泰州	15：04	15：12	8	1	—
K248	扬州	成都	15：32	15：40	8	1	—
K564	南通	太原	16：29	16：41	12	1	—

第三节 民用机场筹建

20世纪90年代起，淮阴市开始进行机场建设的前期准备工作。经过争取，淮安民用机场建设纳入全国“十一五”民用机场建设规划。

2005年7月，淮安市委托上海民航新时代机场设计研究院有限公司开展淮安民用机场选址工作，编制机场选址报告。淮安机场选址由此启动，初步选择涟水县保滩、涟水县蒋庵、楚州区钦工、淮阴区五里附近区域作为备选场址。

2006年5月底，中国民用航空总局、中国国际工程咨询公司、中国民用航空华东地区管理局、中国民用航空江苏监管办、济南军区空军司令部、中国航空油料有限责任公司等方面专家、领导对淮安民用机场预可研报告作先期评估，现场踏勘涟水县蒋庵、淮阴区五里两个场址。同年6月，淮安民航机场场址审查会召开。上海民航新时代机场设计院有限公司设计制作的《江苏淮安民用机场工程选址报告》初步通过专家审查。该报告提出涟水县蒋庵和淮阴区五里两个选址都符合国家民航机场建设标准。与会专家认为，蒋庵和五里的机场选址都很好，两个选址的空域、机场净空、地质、气象环保、建设用地以及场址周边可利用的道路、供电、供水、供气等公用设施条件，都符合国家支线民航机场的建设标准和原则。当年8月、12月，济南军区空军司令部、中国民航总局先后审查同意将涟水县城区以西约8公里处（涟水县蒋庵）作为淮安民用机场场址。

2007年8月，江苏省政府向国务院、中央军委上报兴建淮安民用机场请示件。当年10月，淮安民用机场预可研报告通过专家评估。

2008年10月15日，淮安民用机场项目建议书获国务院、中央军委正式批复，标志着淮安民用机场正式立项。同月，淮安民用机场开工奠基仪式在涟水县陈师镇举行。当年11月27日，机场连接线一期工程开工。该路是淮安民用机场进出的主要道路，与淮连高速公路及国省干线共同形成机场对外通道。

淮安民用机场位于市区东北方向涟水县陈师镇境内，距离市中心22公里。该机场为民用支线机场，飞行区指标4C，按照近期满足40万人次的客流量设计，设计机型以B737、A320系列机型为主，兼顾D328、CRJ200、ERJ145等支线飞机。主要建设内容包括：2400×45米的跑道1条，230×18米的垂直联络线1条，4个机位的站坪，4000平方米的航站楼以及各类公用配套设施。机场建设工程新征用地面积151.73公顷。工程概算总投资44633万元。至2008年年底，机场工程在建。

图7-6 淮安民用机场奠基（2008年） 市档案馆 供

第四章　交通运输

1978年后，随着改革开放的深入，淮阴地区交通基础设施不断完善，交通运输市场逐步放开搞活，个体运输业异军突起，形成国营、集体、个体一起上的运输市场格局和多样化的运输方式，运输经济得到空前发展，全市客货运输量持续增长。2008年，全市完成客运量5074.3万人次，客运周转量43.39亿人公里，其中铁路客运量207.8万人次，铁路客运周转量1.68亿人公里；货运量达5557万吨，货运周转量77.3亿吨公里，其中铁路货运量297万吨，铁路货运周转量2.41亿吨公里。

2001—2008年淮安市全社会运输发展情况表

表7-19

年份	客运		货运	
	运量（万人次）	周转量（亿人公里）	货运量（万吨）	周转量（亿吨公里）
2001	2741.9	22.68	3121	43.15
2002	2854.5	23.93	3209	44.43
2003	3081.8	25.39	3335	45.82
2004	3319.7	27.56	3652	50.75
2005	3518.3	29.45	3905	54.32
2006	3827.8	32.24	4187	58.19
2007	4283.0	36.29	4734	67.10
2008	5074.3	43.39	5557	77.30

第一节　运输市场

1978年，淮阴地区运输市场不允许个体经营。1983年，中共中央下发关于农村改革的一号文件《当前农村经济政策的若干问题》，允许农民个人或联户从事运输。当年下半年开始，淮阴市采取措施，扶持农村运输专业户发展，鼓励农民购买车辆从事营业性运输，简化发放运输许可证的手续，下放大型拖拉机的检查权，由县监理部门办理等。盱眙县交通局根据该县运输专业户发展情况，通过调查研究，组织9个自愿结合的个体运输队（1个汽车队、8个手扶拖拉机队），有组织地从事经营。全市农民买车搞运输的逐渐增多，用时仅一年左右全市个体运输业就发展起来。个体运输户的发展，主要原因是国营、集体运输企业的运输能力不能满足乡镇企业和农村经济蓬勃发展所产生的商品流通的需求。其时，全市运输专业户大致有3种情形：集体车、船由个人承包，收入按合同承包定额上交外，结余归自己；自购车、船，产权私有，自搞运输；个人出钱，集体出面，挂靠单位。个体运输的蓬勃发展，使全市运力结构由单一的公有制转变为国营、集体、个体多种经济成分共存的结构。

1984年2月，淮阴市对农民个人、联户购置机动车船和拖拉机经营运输的问题出台具体规定，促进个体运输业的发展。农民运输专业户和联户的车辆大量增加，运输范围逐步扩大，向跨县、跨市和跨省转变，并向经营客运转变。市交通管理部门实施扶持政策，促进个体运输经济的发展，仅保留经省里批准设立的公路检查站，其余全部拆除，加强教育引导，改变以"卡""罚"为主的管理办法，使运输专业户和联户正当运输的车辆顺畅运行。

1984年后，运输政策进一步放宽，缩小计划运输范围，扩大市场调节，个体运输经济得到更快发展，并对国营、集体运输企业造成巨大冲击。运输市场格局发生重大变化，公路、水路运输市场均形成国营、集体和个人共同发展的多层次、多结构、多渠道的运输格局。20世纪80年代末90年代初，集体、个体专业运输户完成的货运量占水运总量40%左右，到20世纪90年代末，超过总运量的一半。公路运输情况也是如此。

图7-7　清浦区黄码乡首家运输专业户开业（1984年）
顾树青　摄

到2000年，全市有道路运输营业户6383户，绝大多数是个体经营户，运输车辆7961辆，其中个体运输户拥有汽车3003辆；公路旅客运输量为2429万人，其中个体运输746万人；公路货物运输量为1328万吨，其中个体运输689万吨。全市个体运输户拥有的船舶达2580艘、226137吨位，分别占全市运输船舶和吨位数的52.6%、46.3%，形成一个大宗、长途物资主要由国营（民营）、集体企业承担，小批量、短途物资主要由个体和联户承担的运输格局。

2000年后，随着大部分国营、集体运输企业相继倒闭、破产、改制，淮安市运输市场格局继续发生变化，个体运输更加活跃。个体运输的发展，虽然繁荣了交通运输市场，但是个体运输业户小而散、抗风险能力差、安全管理不到位、服务质量不高等问题，随着其发展也愈加暴露。2000年起，淮安市根据交通部《道路旅客运输企业经营资质管理规定》，按照"农公线路公交化，县际线路品牌化，省市际线路高速化"和"公车公营，私车联营"的原则，整合经营主体，调整车辆结构，改善运营机制，规范服务标准，进行线路改造。当年首条县际品牌线路——淮涟品牌班线开通。

2002年，开展客运企业经营资质等级评定工作，引导客运企业通过联合、重组等方式，提高企业资质等级，加快集约化、规模化进程。在平等、自主、自愿的前提下，淮安汽车货运总公司、淮安第二汽车运输有限公司、清浦客运公司、涟水县汽车客运总公司、洪泽县鹏程运输有限责任公司、淮安市汽车运输实业总公司、淮安市客车运输总公司和盱眙县公共交通运输公司等客运企业，进行结构调整和资产重组，组建淮安第一汽车运输有限公司，企业经营实力以及集约化、规模化经营水平明显提高。同时，提升车辆档次，调整运力结构，运力配置更趋向合理。

2003年，全市客运业结构调整工作初步完成。经过整合，全市从事班车客运业户（含个体）从2000年的925户减少到173户。全市县际以上线路均由二级企业淮安汽车运输集团、淮安第一汽车运输有限公司经营，超类别经营的线路全部调整到位。全市更新158辆客车，新增高级车辆

73辆，其中市区更新54辆客车、新增高级车辆27辆。全市有19条高速公路客运班线，淮安汽车运输集团8条班线16辆车中有6条班线13辆车为公司化经营；淮安第一汽车运输有限公司11条班线19辆车中有2条班线2辆车实行公司化经营，其余7条班线15辆车为承包经营。全市89条农公班线、1040辆客运车辆中，实行公司化经营和“私车联营、利益共享”经营模式的达95.5%。

2004年，组建淮盱专线公司。淮安市区至盱眙客运班线改造前有26户32辆车运营，其中个体业户22户22辆车，由于经营主体散、车辆档次低、服务质量差，举报投诉不断。淮盱专线公司组建后，提高运输服务质量，打造淮盱专线客运品牌。2005年，淮安至南京客运班线改造取得突破性进展，8月1日，淮宁高速客运有限公司成立。年内，还完成涟水至上海、淮安至连云港客运班线公司化改造。

2006年1月，淮安市淮涟专线客运有限公司成立。为进一步整合市区客运市场，提高客运经营集约化、规模化水平，淮安汽车运输集团有限公司与淮安第一汽车运输有限公司达成的“客货分治”协议开始实施。当年8月，淮安汽车运输集团有限公司抽出部分线路、车辆与淮安第一汽车运输有限公司一分公司和一汽云龙运输有限公司组建淮安市鸿达客运有限公司，顺利完成线路、车辆、人员的转户、安排。当年11月，为整合客运资源，推进客运线路公司化改造，淮安汽车运输集团有限公司完成对云龙运输有限公司的并购。年内，还完成楚州至南京、涟水至南京、淮安至沭阳、洪泽至南京、盱眙至南京等149辆班车的公司化改造。市、县际班车公司化经营率达43.2%。2007年，完成淮安至灌南、扬州等班线的公司化改造。同年，江苏快鹿淮安汽车运输有限公司成立，该公司由江苏快鹿汽车运输股份有限公司控股，淮安汽车运输集团有限公司参股。2008年，完成淮安至泰州、灌云等客运班线公司化改造，全市客运班线公司化改造完成率超70%。

第二节　公路客运

淮安市公路客运以市区为中心，营运线路向四周辐射，并与邻近地区和省、市衔接。1978年，由于经济和社会管理处于封闭状态，交通基础设施落后，公路客运发展落后，线路、班次、车辆都很少。1978年后，随着经济社会的发展、交通基础设施建设步伐的加快，以及人们生活水平的日益提高，全市运力快速增长，客运业有较大发展。1994年，全市有大客车、中巴车、出租车等各种客运车辆1697辆，是1984年的3.4倍；客运线路1119条，比1984年增加834条。1997年，公路旅客运输量2253万人次、周转量15984万人公里，分别是1978年的2倍、6倍。到2000年年底，全市有旅客运输业户1192户，旅客运输从业人员6531人，营运载客汽车3156辆、47865客位，其中客运班车1916辆、41620客位，运力基本满足客运需要，但中高档客车比例不高。其后，运力结构不断优化，中高档客车比例逐年提高，公路客运快速发展。2001—2005年，全市年平均客运量15783万人次，年平均客运周转量334078万人公里。全市高级车辆数从21辆844座发展到304辆9203座；中级车辆从无到有，发展307辆9224座；普通客车则从1895辆40776座减少到1222辆19735座；出租汽车拥有量从1240辆增加到1611辆，年客运量由2033万人次增长到3300万人次。

至2008年年末，淮安市拥有客运车辆3745辆。其中，班车客车1651辆、4.08万客位，出租客车2003辆、10299客位，旅游客车91辆、3736客位；全市中高档客车比例超90%，公路客运量4859万人次、周转量41.7亿人公里，分别是1997年的2.16倍、26.09倍。

一、客运服务机构

20世纪80年代，随着运输市场的放开，为规范运输市场经营行为，遏制争抢运输业务等无序竞争行为，市、县相继成立客运服务机构。本着“政府管、企业办、大家经营”的原则，各客运服务机构将各个点上的各种经济成分的客运车辆，按照自愿原则，让其归点进站参加经营，由市运输管理处审批线路、班次、站点和经营时间。

1986年，淮阴市公路客运服务站成立，为集体性质、独立核算、自负盈亏的经济联合体，服务范围包括安排班次，代售车票，调度车辆，维持秩序以及提供停车场地、驾乘人员食宿、旅客行李寄存等。服务机构将交通管理内容融入服务过程中，对车辆经营实行“三统三定”，即统一管理、统一售票、统一票价票据，定班、定线、定时发车。2000年后，随着客运线路公司化改造的进行，市、县客运服务机构相继被撤销。

二、客运班线

1978年以前，淮阴市区至区内县城、重要乡镇的班线以及与邻近地区的市际班车大部分开通。1978年，淮阴至无锡班线开通。1980年，淮阴至常州、苏州、镇江班线开通。至此，淮阴至苏南地区主要城市的营运班线全部开行。1981年，增开淮阴至镇江班线。是年，还开行淮阴至安徽蚌埠、山东青岛两条跨省客运班线。1982年1月，淮阴至上海班线开通。同年，淮阴至金湖班线开通，至此淮阴至区内各县城班线全部开通。1983年，淮阴至盐城班线开通。1984年，淮阴至安徽芜湖、淮北和山东临沂班线开通。1985年，淮阴至泰州班线开通。是年起至1992年，随着与苏南地区经济、人员往来的日益密切，淮阴至常熟、江阴、张家港（沙洲）、宜兴、丹阳、昆山班线相继开通。1986年，淮阴至徐州、安徽阜阳班线开通。1988年，淮阴至南通班线开通。至此，淮阴至省内各省辖市班线全部开通。此后，除增加一些淮阴至苏南、苏中地区县（市）班线外，重点新开省际班线。1989年，淮阴至山东兖州、潍坊班线开通。1991年，淮阴至北京、济南、宁波班线开通。1992年，新开班线最多，淮阴至天津、汉口、川沙、温岭、嘉兴、绍兴、瑞安、铜陵、当涂、淄博、东营班线开通。1993年，淮阴至武汉、金华、柯桥、烟台、五莲、明光、商丘班线开通。1995—2000年，陆续开通淮阴至石家庄、深圳、宿州、丽水、乍浦、莒县、安庆、日照、太原、沈阳、闵行、固镇、砀山、海盐、海宁、衢州、枣庄、开封、珠海、西安、石狮、杜桥、威海、汕头、厦门、洛阳等班线。

至2000年，全市有客运线路486条，线路里程10.52万公里。其中，跨省线路107条，线路里程5.57万公里；跨地市线路225条，线路里程4.09万公里；市内线路154条，线路里程0.86万公里；县内线路75条，线路里程0.23万公里；一类线路19条，二类线路52条，三类线路160条，四类线路255条。

2000年后，为满足市场需求，在新增线路的同时，对已有线路进行调整改造。2002年，根据交通部《关于贯彻部颁〈道路旅客运输企业经营资质管理规定（试行）〉有关事项的通知》和省交通厅运管局《关于清理客运企业超类别经营线路的通知》精神，淮安市对客运经营业户超类别经营的线路进行调整。共调整班线81条，班次148对，客车123辆，经营业户91户。其中，省际班线2条，班次2对，客车5辆，经营业户1户；市际班线38条，班次74对，客车65辆，经营业户39户；县际班线41条，班次72对，客车53辆，经营业户52户。经过客运线路、班次、车辆、业户的超类别经营资质调整，县际以上长途班线的经营全部由组建后达到二级企业资质的淮安汽车运输集团有限公司承担。

三、客运站

1978年，境内有淮阴汽车运输公司（以下简称“淮汽公司”）旗下汽车客运站157个，其中县以上自办站13个、县以下自办站41个、代办站103个，除建于1977年的淮阴汽车站条件达全国一流外，其他车站条件均很简陋。1979年起，随着通汽车乡镇的增多，代办站数量逐渐增加，境内客运站在布局、设置上有较大发展。1985年，全市汽车站（包括自办站、代办站）达360个，为历史最多。其中，县以上自办站12个、县以下自办站23个、代办站325个。同时，开始兴建一批较大规模的汽车站，淮安（县）汽车站、盱眙汽车站、金湖汽车站、涟水汽车站、洪泽汽车站等规模较大的县级汽车站均建于二十世纪八九十年代，其中淮安（县）汽车站是当时全国最大的县级客货兼营汽车站。1991年，由于代办站减少，淮汽公司客运站数量大幅下降，当年有汽车站173个，其中县以上自办站12个、县以下自办站28个、代办站133个。1995年，淮汽公司汽车站减少至37个，其中县以上自办站2个、县以下自办站3个、代办站32个。

1994年5月，位于淮海南路的淮阴汽车南站投入运营。1995年，位于淮海北路的淮阴县汽车站改为淮阴汽车北站。1998年3月1日，按照市政府的决定，淮阴汽车总站（即原淮阴汽车站）与淮阴汽车南站、淮阴汽车北站统一对社会开放，市区所有营运客车和外地到淮营运客车经市运输管理处资格审验合格后全部进入三站经营，实行统一进站、统一售票、统一管理。三站实行微机联网售票，班车进站配载；进站经营车辆服从车站统一指挥、指定停放、按序发班；三站作业方式进行调整，增设微机审核，对所发班车车次、人数进行审核，打印微机结算单，减少旅客漏乘、误乘，减少手工开具结算凭证的弊端。三站检票口统一使用电子显示屏，提前10分钟显示检票门号将要发班的班次、讫站，同时还宣传一些乘车、候车注意事项。随着乘坐快客班车旅客的不断增多，汽车总站设立快客候车室。

2004年，淮安市开始客运站标准化建设，分为枢纽客运站建设和农村客运站建设两个部分。同年，淮安市农村客运班车通达工程实施。同年起，交通部将农村乡镇客运站建设纳入交通部基本建设规划，并于2005年1月印发《关于落实农村客运站点项目计划加快农村客运站点建设的通知》，对农村客运站点建设工作进行统一部署。是年起，江苏省交通厅每年向各市下达列入交通部乡镇客运站建设计划的建设指标。淮安市召开全市农村客运站建设工作会议，市政府出台《关于加快全市农村客运站建设工作的实施意见》，对农村客运站建设工作实行目标管理，列入年度考核。市交通局编制完成《淮安市农村客运站建设规划（2006—2010年）》，科学合理规划农村客运站点建设；加大农村客运站点基础建设投入，确保把农村客运站建设成优质高效的民心工程。2006年，完成淮安汽车总站标准化改造、楚州汽车客运站建设，启动淮安城南汽车客运站建设，淮安第一汽车运输有限公司的客运资源并入淮汽集团有限公司，原北门桥汽车站专门用于货运业务。2007年，新建城南汽车客运站，作为淮安市公路客运枢纽中心，逐步弱化汽车客运总站的功能。同年，完成盱眙汽车客运站建设。

2008年，按照一级站标准对位于淮阴区的淮安汽车客运北站进行改造，同时按一级站标准开工建设涟水县汽车客运站、金湖县汽车客运站。2008年年底，一批外型新颖、美观，功能设施齐全的农村客运站陆续建成，全市116个乡镇、1412个行政村，建有19个农村等级客运站、230个农村客运候车亭和2542个招呼站牌。全市1412个行政村有1402个行政村开通客运班车，客运班车通达率达99.3%，基本实现“村村通”目标。

（一）淮安汽车总站

淮安汽车总站位于市区淮海北路67号。1975年11月动工建设，占地面积50616平方米，总投资150多万元。1977年10月1日正式投入运营，定名为淮阴汽车站，是当时苏北地区最大的汽车客运中心，设施条件为全国一流。1997年10月，更名为淮阴汽车总站。1999年，被交通部审定为一级汽车客运站。2001年，更名为淮安汽车总站。

车站主体建筑面积8400平方米，站前广场3000平方米。站内设有行包提取和小件寄存处、服务台、传达室、问讯处、广播室等服务设施。售票厅近900平方米，候车室2285平方米，站内停车场17000平方米。站内还建有行政管理办公用房、职工生活用房及食堂、浴室等配套公共设施。

车站运营后，旅客发运量逐年递增。1978年，淮阴汽车站拥有长途营运线路27条，面向农村的短途营运线路70多条。1979年，车站新增21条营运线路，其中包括发往上海、山东、安徽的7条省际线路，日发131个班次，月均运量23万人次。1980年，淮阴汽车站年旅客发运量达366.81万人次。1980年后，客流量呈下降趋势。1985年起，进城务工、经商的农民增多，车站客流量回升并逐年增多，车站发出的农公班车密度也加大。1988年，售票作业由分南北线售票改为多点全线售票。1995年4月1日，车站开始测试使用微机售票系统。系统运行稳定后，车站全部使用微机售票。

1997年，车站候车室北半部分改建为淮汽商城。随着汇通市场的快速发展，车站院内的汽车修理单位搬迁，场地辟为市场班发车区。市场班发车区建立后，日发班次最多时达100余班次。1998年3月1日，车站正式向社会客运车辆开放，经营客运线路108条，日发近400个班次，日均接送旅客约15000人次。

2000年3月，汽车总站开始进行ISO 9002质量体系认证工作，8月通过专家组评审，成为苏北地区首家通过ISO 9002质量体系认证的汽车客运站。2008年1月起，淮安汽车总站与淮安邮政局实现联网售票，覆盖淮安市区及各县、乡镇185个邮政网点，旅客在各个网点均可购买淮安汽车总站发往全国17个省（市）、30个县（区）的车票。

（二）淮安汽车南站

淮安汽车南站是二级汽车客运站，位于市区淮海南路152号。1992年5月由市交通局筹建，1993年12月竣工，总投资约900万元。1994年5月28日，正式投入运营。1998年3月，市交通局将该站委托给淮阴汽车运输总公司管理；10月，市交通局决定该站交由淮汽总公司经营。1999年7月，该站成建制划归淮汽总公司。

该站占地面积约1.24万平方米，站房总建筑面积3500平方米，其中售票厅550平方米、候车厅750平方米，设置8个检票口，停车场面积4800平方米。该站启用后，客运班线、客源、营收均较少，1994年下半年和1995年，先后在淮阴汽车站北大门内侧和桑园路（体育馆西侧）租借场地经营。

1998年年初，该站添置电脑联网售票、电子显示屏等现代化设备。1998年2月，市政府决定淮阴汽车南站自3月1日起向社会客运车辆开放；3月，淮阴汽车运输总公司的部分客运班车进该站配载；7月，淮汽总公司客运二公司迁驻该站，部分班车始由该站始发。2000年后，该站客运班线逐渐增多，淮安市向南发运的客车大部经由该站始发或配载。2001年7月，通过二级汽车客运站验收。

由于汽车南站地处市区淮海南路比较繁华地带，市区交通压力较大，且规模较小，不能满足日益增加的客流需要，淮安市决定择址新建汽车客运南站。2007年5月18日，新汽车南站开工建设。新站址位于清浦区黄码乡吴圩村，靠近淮海南路旁。按一级汽车客运站标准建设，占地面积约7.6公顷，建筑面积2.5万平方米，总投资8146万元。车站设计发送能力为1.7万人次/日，售票大厅面积约1000平方米，设15个售票窗口，候车大厅面积约4000平方米，拥有26个发车门号，场地可以同时停泊100余辆车。客运南站在设计过程中，统筹考虑市区的公交客运，设置多条公交线路的车辆周转站和规范的出租车停靠站，专门辟有社会车辆和非机动车停放区。2008年年底，新客运南站主体建成。

（三）淮安汽车北站

淮安汽车北站是二级汽车客运站，位于市区淮海北路，淮阴区小营广场北侧50米，占地面积2.01公顷，前身为淮阴县汽车站。1983年12月，淮阴联营汽车运输公司建简易候车室80平方米。由于房屋、设施简陋，场地狭窄，难以适应客运量增长的需要。1985年，淮阴县选择新站址，规划征地2公顷，建候车室1500平方米、售票厅500平方米。1987年年初，淮阴县汽车站开工建设，1990年年底竣工。1991年投入运营，全县客运农公班车进站经营。1993年，全县客运农公班车不再在淮阴县汽车站经营。1995年2月，市政府决定撤销淮阴联营汽车运输公司，成立淮阴汽车北站。1997年11月，淮阴汽车北站改造工程完工，新铺设水泥场地5560平方米。当年淮阴汽车北站重新启用，并实现与淮阴汽车总站微机售票系统联网，旅客可以就近购票、上车，大部分班车进入两站配载。

2008年淮安市汽车客运站情况表

表7-20　　单位：平方米

序号	车站名称	等级	建站时间	占地面积	建筑面积	备注
1	淮安汽车客运站	一	1977年	50616	11000	—
2	淮安汽车客运北站	二	1987年	21915	3861	—
3	淮安汽车客运南站	二	1993年	12387	3500	—
4	淮阴赵集客运站	四	2000年	1400	300	—
5	淮阴丁集汽车客运站	四	2005年	3430	650	—
6	淮阴吴城汽车客运站	五	2006年	2000	300	—
7	楚州汽车客运站	一	2006年	67367	12600	—
8	楚州流均汽车客运站	四	2001年	1313	304	2004年改造
9	楚州泾口汽车客运站	四	1998年	1853	361	2004年改造
10	楚州车桥汽车客运站	四	1987年	1995	213	—
11	楚州宋集汽车客运站	四	2000年	2704	217	2004年改造
12	楚州平桥汽车客运站	简易	1979年	116	63	—
13	涟水汽车客运站	二	1989年	29388	10978	—
14	涟水高沟客运站	三	1989年	4019	1254	2004年改造
15	涟水石湖客运站	四	2000年	1420	400	2004年改造
16	涟水前进客运站	简易	2006年	508	136	—
17	涟水五港客运站	简易	2006年	330	247	—
18	涟水灰墩客运站	简易	2006年	600	152	—

续表 7-20

序号	车站名称	等级	建站时间	占地面积	建筑面积	备注
19	洪泽汽车客运站	二	1993年	26670	4996	—
20	洪泽客运南站	简易	1995年	246	55	—
21	洪泽朱坝客运站	简易	2000年	313	215	—
22	金湖汽车客运站	二	1986年	21333	2570	—
23	盱眙县汽车客运站	一	2007年	68000	11000	—
24	盱眙县客运服务站	简易	1990年	10000	1500	—

四、节假日旅客运输

1978年春运，淮阴地区运送旅客63.3万人次。其后，随着搞活、开放政策的实施，旅客运输量显著增加。1982年春运，完成旅客运输量280万人次、9063万人公里，分别比1981年增长14.6%、17.7%。

1984年，全省工业增产、农业丰收，春运运量大，要求高，高峰集中。淮阴汽车分公司投入春运的车辆367辆。经省春运会议平衡，全市增加加班车95对。1985年，随着中共中央一号文件精神的贯彻落实，运输市场进一步放开搞活，春运呈现运量大、运距长、行包多、要求高，节前高峰集中、节后持续时间长等特点，当年淮阴汽车分公司投入春运的车辆为399辆。

1990年，由于国家治理整顿经济，压缩基建项目，清退大批计划外用工，民工流动大幅减少，部分大中专院校学生滞留学校，旅客流量锐减，加之社会车辆增多，运价上调，使客运竞争加剧。当年春运运量比1989年下降10%，周转量也略有下降。

2000年起，随着“五一”“十一”长假的实施，“黄金周”假日出行旅客逐年增加。2000年“五一”黄金周，从当年4月27日客流高峰起，到5月7日止，淮阴汽车运输有限公司运送旅客11.5万人次，组织加班71辆次、旅游包车72辆次。

2001年后，在春节、元旦、“五一”“十一”等节假日旅客运输中，淮安市仍以公路运输方式为主，占到总运输量的95%以上。全市春运发送旅客300万人次/年，以学生、民工居多，主要流向为春节前由苏南地区、南方省市流向淮安，春节后由淮安流向苏南地区、南方省市。

五、旅游客运

2004年以前，淮安市没有旅游运输公司。2004年，淮安交通旅游运输有限公司挂牌成立，投入4辆旅游车开始营运。

2005年，淮安市外桥旅游运输有限公司、淮安新世纪旅游汽车运输有限公司先后成立，旅游车辆增加到56辆1901座。市交通局、市旅游局联合印发《关于规范淮安市旅游业客运用车的通知》，规范旅游用车，提高旅游车辆服务质量。2006年，淮汽集团公司发展16辆旅游客车运力，新世纪旅游运输公司和外桥旅游运输公司也都增加旅游客运车辆。2008年，全市旅游客运车辆发展到95辆、3885客位，基本满足淮安市民旅游出行的需要。

第三节　公路货运

长期以来，境内的公路货运以市区为中心，货物输入大于输出，货物流向以南北对流为主，且北线大于南线，输入的货物中燃料、原材料所占比重大，大量的工业用燃料、原材料由北输入，而向北输出的货物数量较小，故北线下行车辆实载率高、上行车辆空车运行多。改革开放前，由于自然、历史等原因，境内经济基础薄弱，道路交通设施落后，运力严重不足，公路货运量较小。1978年，全地区货运量517万吨，其中公路货运量276万吨，占总量的53.4%。

改革开放初期，境内运力仍然薄弱，货运汽车数量少、吨位小，更多的陆上运输依靠拖拉机、人力车、畜力车。市区从事专业汽车运输的单位主要有淮阴汽车运输公司、淮阴市汽车货运总公司和淮阴第二汽车运输公司。淮阴汽车运输公司下属的省第63汽车队、省第67车队驻淮阴市区，省第662汽车队驻淮安县城。1982年2月，成立淮阴货运站，主营淮阴地区的公路整车、零担及公铁水联运，兼营包装、站内装卸等业务。

淮阴市汽车货运总公司前身为清江市搬运公司，1984年6月更名为淮阴市第一汽车运输公司，1993年7月更名为淮阴市汽车货运总公司，为市属最大的专业汽车货运企业。淮阴市第二汽车运输公司于1976年5月筹建，后逐步发展，业务范围不断扩大，承担市区一批工矿、财贸、商业等企事业单位的产品及原料的运输任务，大部分为出省长途运输，成为具有一定规模的经营型专业化运输企业。其时，淮阴卷烟厂、淮阴发电厂、淮阴外贸公司、淮阴石油分公司、清江纱厂、清江供电局等单位组建自己的汽车队，便于及时组织原料，运销产品。所辖各县县属汽车运输企业完成由附属性质到专业运输的转变，从原属的搬运公司或港务处划出，成立专业汽车队或汽车运输公司。各县筹措资金，逐步添置汽车，提高运输能力，扩大经营范围，由中短途运输向长途运输发展，运输范围从县内到地区内，再到向省内、省外发展。

20世纪80年代起，随着经济搞活、路况条件改善和运力增加，货运量开始增加。1984年，全市货运量大增，总量达804万吨，其中公路货运量391万吨。此后货运量继续走高，1986年货运总量达1914万吨，比1985年增加923万吨，增幅达93%，其中公路货运量957万吨，比1985年增加467万吨，增幅达95%。次年，全市货运总量、公路货运量分别突破2000万吨、1000万吨，分别达2240万吨、1187万吨。

为帮助客户掌握市场信息，组织货源，搞好配载捎运，减少车辆空驶亏载，提高综合经济效益，1989年4月20日，由省内11个市属国营汽车运输公司在淮阴市成立配载联络处，签订相互配载协议，为兄弟单位车辆办理配载货物和联合推行以公路回程运输为主的多种形式的“利空配载”业务。此后，各县（区）也引导成立辖区内的货运配载服务机构。该做法对提高汽车运输业户的经济效益起到一定积极作用，但在开展业务过程中，也出现包揽货源，以行政手段分配货源、垄断市场等弊端。

1992年后，全市经济开始加速发展，道路基础设施日渐完善，全市货运量、货运周转量、公路货运量及货运周转量稳步增长。1999年，全市载货汽车突破万辆，达12362辆，比1998年增加4956辆；全社会货运总量2985万吨，其中公路货运量达1518万吨。

2000年后，淮安市公路运输能力持续增强，货运业务量继续扩大，业务范围也更加广泛，包括公路整车、公路零担、公路快件、公铁联运和集装箱运输等。运输物品上，除了普货运输外，危险品运输能力显著增强。淮安货运网络比较完善，以高速公路、公路干线为骨架，以市、县为中心，内联乡镇，外接铁路、航线，形成四通八达的零担联运网。全市货运站点增多，营运班线增辟。市区有淮汽货运站、淮安联运公司货场2个货运场站，各县（区）有若干货运场站。由于20世纪90年代放开普通货物运输市场，很长时间内淮安市的公路货运业户以个体为主，市场一直是松散型的。2002年起，淮安市加快培育、发展快货和道路运输服务业配载、货代业务。2008年，市区淮海西路的货运信息交易中心初具规模，包括佳捷物流公司、华宇物流公司等全国著名物流连锁企业在内，有近30家运输业户进入中心经营交易。

针对淮安铁路运营能力不断提高，以及燃油价格上涨，运输成本增加，公路货运业务利润下降的状况，各公路货运企业不断寻求解决办法，以扩大业务范围和市场份额。淮安交通汽运公司等货运企业，扩大集装箱"门到门"服务，特别是1吨、10吨集装箱的服务。与江苏天士力帝益药业有限公司、淮安亿唐生物工程有限公司等企业沟通合作，建立良好的货源关系，并借此开辟淮安至天津、上海的公路专线货物运输，拉动附加值大、时效性高的小吨位社会物资运输业务，扩大利润空间。

2008年，全市拥有货运车辆40201辆、177641吨位。其中，载货汽车13735辆、104190吨位，含厢式货车3575辆、16312吨位；其他载货机动车12841辆、8395吨位；轮胎式拖拉机10027辆、9457吨位。有危险品运输车辆655辆9603吨，比2004年增加500余辆。完成公路货运量2981万吨，货物周转量21亿吨公里。

1998—2008年淮安市载货汽车保有量情况表

表7-21

年份	载货汽车		普通载货汽车				专用载货汽车			
	数量（辆）	吨位（吨）	数量（辆）	吨位（吨）	各占载货汽车比例（%）		数量（辆）	吨位（吨）	各占载货汽车比例（%）	
1998	7406	30184	6996	28013	94.46	92.81	410	2171	5.54	7.19
1999	12362	73851	11832	67938	95.71	91.99	530	5913	4.29	8.01
2000	13435	72205	12891	66130	95.95	91.59	544	6075	4.05	8.41
2001	15312	78774	14760	73703	96.39	93.56	552	5071	3.61	6.44
2002	13500	64157	12820	62655	94.96	97.66	680	1502	5.04	2.34
2003	16223	70824	15425	68212	95.08	96.31	798	2612	4.92	3.69
2004	17797	77338	16970	74392	95.35	96.19	827	2946	4.65	3.81
2005	20395	96543	20162	94265	98.86	97.64	233	2278	1.14	2.36
2006	—	—	—	—	—	—	—	—	—	—
2007	—	—	—	—	—	—	—	—	—	—
2008	13735	104190	—	—	—	—	—	—	—	—

1995—2004年淮安市道路货运量、货运周转量情况表

表7-22

年份	货运量			货运周转量		
	全社会（万吨）	道路		全社会（万吨）	道路	
		货运量（万吨）	占比（%）		货运周转量（万吨公里）	占比（%）
1995	3209	1094	34.08	432725	78110	18.05
1996	2710	1082	39.33	396653	68362	17.20
1997	2721	1133	41.64	422419	94490	22.37
1998	2635	1129	42.85	372650	72755	19.52
1999	2985	1518	50.85	393357	94433	24.01
2000	3094	1568	50.68	426100	98200	23.05
2001	3121	1624	52.03	431529	105703	24.50
2002	3209	1688	52.60	444299	111110	25.01
2003	3335	1790	53.67	458246	118674	25.90
2004	3652	1953	53.48	507529	131391	25.89

一、联合运输

1978年，淮阴地区境内货物联合运输有淮阴汽车分公司与南京铁路部门合作的南京至淮阴往返的公路铁路联运。1979年，淮阴汽车分公司筹办跨区跨省的客货联运业务，与有关地区的铁路、公路、水路运输单位合作开展联合运输。部分县也相继开始不同形式的联运业务。是年枯水期，洪泽湖断航。为确保物资供应，淮阴地区交通局在洪泽县建立中转站，进行水陆联合运输，通过水路运送物资到洪泽码头，再通过汽车分送到盱眙县等地，当年转运煤炭4.2万吨、黄砂6000吨、石料1.2万吨、食盐2000吨。是年年底，淮阴地区召开由地区经委、交通、财政、银行、水利、商业、粮食等部门和徐州、新沂、镇江、南京等火车站以及省运河航运公司、南京港务局代表参加的联运工作会议，推动境内联运业务进一步发展。

1980年5月，淮阴地区联合运输指挥部成立，对全地区联运业务进行组织协调和督查，13个县（市）也成立或充实联运指挥机构，进一步开展联运业务。淮阴汽车分公司与省运河航运公司开展公路水路零担联运业务。

1984年5月，淮阴市联运服务公司成立。涟水、淮安、洪泽、盱眙等县也相继成立联运公司，联运业务范围进一步扩大。当年运河断航，联运公司发挥联运优势，组织以陆代水，中转物资99批50930吨。用3个月时间，组织457批、21561吨的水路、铁路、公路联运业务。开辟新的联运渠道，开办浦口、镇江西、徐州北等火车站的公铁、铁公到付联运业务，开办长江高港、省运河公司的公水联运和客班附货联运业务。

1985年，与中洲、南港开展公路水路联运，与浦口火车站、南京火车站开展公铁联运。全市有办理零担联运的站点24个，业务人员85人。负责办理贯通全省10个兄弟市联运业务的淮阴、淮安两站，均办理经由南京西火车站到全国各地的公铁联运业务，11个县亦办理由南京火车西站铁路转公路零担货物扎口到付联运业务。

随着经济体制改革和铁路部门实行承包经营的深入发展，各县货运站与徐州铁路分局等洽

商，在县内设立没有铁路的“火车站”，开辟铁路第二货场，建立公铁联运点，办理整车、零担等联运项目。淮阴货运站与镇江火车南站、徐州火车北站联系开办公铁联运业务。

20世纪80年代后期，个体运输经济快速发展，私营联运公司纷纷成立，联运市场不断开拓。境内货运站场、港口、铁路的建设与整合加快，帮助联运业务不断拓展。特别是20世纪90年代后期，物流业在境内开始兴起，形成一些较大规模的货物集散点，联运业向更高层次发展。

公水联运以及与镇江的铁路联运至1993年结束，其他联运业务至2008年仍正常进行。

二、零担货运

20世纪70年代末起，汽车零担货物运输在境内获得较快发展，并初具规模。1979年，全地区办理零担货运的站点有33个，负责办理贯通全省68个联运站点的零担货运业务。在清江、淮安城两地可办理经由南京火车西站到全国各地的公铁联运业务，其他县也可办理由南京火车站西站铁路转公路零担物资的“扎口到付”联运业务。经营的零担货运线路有20条，其中跨区线路15条、区内线路5条，全长3736公里。每月定期开行的班次有267对，月吞吐量4500吨左右，是年零担货运量达48400吨，实载率80%以上。到1983年年底，淮阴市经营线路43条，其中跨省路线2条、跨区路线26条、区内路线11条，总营运里程达8186公里，其中跨省1943公里、跨区5360公里。每月开班车410对，其中跨省25对、跨区271对、区内114对。组建货运站4个，有营业站点25个，其中县以上12个、乡镇13个。建有联运仓库2794平方米。全年发运量35138吨，到达量24247吨，中转量14140吨。

1984年年初，淮阴汽车分公司抽调7辆货车，金湖站抽调1辆零担货车，成立淮安货运站。淮安货运站成立后，先后经营淮安至南京、南通、徐州等地公路零担货运业务，并开办淮安至镇江等地的公铁联运业务，营运里程达1401公里，零担货运年吞吐能力6000吨以上，进出货物20万件，促进城乡物资交流、商品流通。

境内交通运输部门与其他省市联系，开辟跨省零担货运线路。1983年12月，开辟淮阴至青岛的零担货班车。轻工产品流向大都是由南向北，此前大批货物由山东临沂中转济南、烟台、潍坊等地，积压严重，并存在重复装卸问题。淮阴至青岛零担直达班车开辟后，发青岛的物资改由淮阴中转，减少中间环节，加速货物的周转。

1985年3月，淮阴汽车分公司与北京运输公司十二场联合开行淮阴至北京的公路零担货运班车，全程919公里，每旬逢六双方共同出车，逢十各自返回。此前淮阴与北京之间托运货物，要经火车中转，手续繁琐，最少需要15天才能运到。零担货班开行后，货物在途中时间大为缩短。同年6月1日起，淮阴汽车分公司和山东联运公司济南分公司合作开通淮阴至济南公路零担货运班车。是年，还开通淮阴至杭州、淮阴至烟台、淮阴至济宁等跨省公路零担货运班车。至当年年末，全市有零担班线74条（省际班线16条，总长6584公里），月发班次759对（省际班次122对），大小营业站119个，形成内联县乡镇、外联大动脉（铁路、水运）的零担联运网络，初步实现市市直达、市县（市辖区内）直达。

1986—1989年是淮阴市公路零担货运发展鼎盛时期，零担货运网络四通八达，通达全国主要地区和城市，营运线路78条，营运里程18525公里，月发班次526对。其中，省际线路18条，营运里程822公里，月发班次54对；市际线路50条，营运里程9574公里，月发班次268对；市内10条，营运里程730公里，月发班次204对。

公路零担货运为搞活经济、促进城乡物资交流、满足人民物质文化生活的需求，以及增加公路运输收入发挥过重要作用，但它的运输模式是计划经济大背景下的产物。随着公路货物运输市场的逐步开放，社会运力快速增长，20世纪90年代开始，境内汽车零担货物运量不断下降，运输企业的零担货运业务逐年萎缩。

三、公路集装箱运输

由于长期没有铁路和海港，淮阴地区境内集装箱运输起步较晚，发展也较缓慢。1978年，随着公铁联运的开展，境内公路集装箱运输业务开始起步，但是集装箱数量很少。1984年，淮阴市货运站从铁路部门购买30个1吨集装箱，作为运输周转之用。此后集装箱运输业务逐年扩大，近者运抵省内南京、徐州、扬州、镇江、新沂、盐城等地，远者转达天津、北京、河北、安徽、上海、浙江等省、市。1987年，淮阴市与省内江都、盐城、南通、泰州、大丰等15个市、县联合开展集装箱运输以及部分零担货物运输业务，在全国开辟35条运输线路，设立22个联运网点、100多个代理点。

1986年，随着公铁联运业务发展，增购部分10吨、20吨集装箱用于铁路运输。高峰时，日发送集装箱10多个。1990年，全省公路实行集装箱运输，淮阴汽车分公司购置公路集装箱5个，每个5吨，在淮阴至镇江线路上启用。由于运行成本高等原因，同年12月，公路零担集装箱货物运输业务即被取消。

淮阴市汽车改装厂在1985年设计开发集装箱运输车等产品，为集装箱运输发展创造条件。由于工业化和对外经济发展的需要，淮阴集装箱运输需求量不断增长。20世纪90年代境内铁路建成后，铁路与公路、水运与公路之间的集装箱运输业务量逐年增加，但集装箱运输专业性不强、运输能力不足的问题长期存在。

四、拖拉机运输

1978年，淮阴地区有轮式拖拉机1442辆，其中专业运输中集体运输企业有拖拉机2辆、10个吨位；社办企业拥有拖拉机47辆、173个吨位；其余主要为农用，农闲时兼营运输。全地区集体运输企业中，拖拉机完成货物运输量2.83万吨，周转量94.8万吨公里。

20世纪80年代，对农村运输专业户的生产和发展给予扶持，农民购买拖拉机搞运输的逐渐增加，拖拉机运输在境内得到普遍发展。到1989年，全市有轮式拖拉机58938辆，其中方向盘式拖拉机4322辆、运输用手扶拖拉机54616辆。

20世纪90年代后，由于国家对拖拉机运输政策的调整和农用运输货车的发展，拖拉机运输呈下降趋势。到2000年，全市有轮式拖拉机9157辆，其中营业性拖拉机7285辆。2004年后，由于实施农机购置补贴政策，全市拖拉机保有量有所回升。2008年，全市有轮式拖拉机10027辆、9457吨位。

第四节　水上货运

淮安是平原水网地区，水路四通八达，水运历史悠久，水运在境内的交通格局中一直占据举足轻重的地位。1978年后，境内水上交通基础设施不断改善，开放活跃的运输市场形成，个体运输经济迅猛发展，国营集体水运企业困中求变，水上运输业占据整个运输业的半壁江山。江苏省运河航运公司是境内水上运输的主力，主要经营北煤南运业务，以徐州的邳县和双楼港煤运为主，随着徐州段的运河航运条件改善，大型船队上至徐州、蔺家坝港装煤南运，保证淮阴发电厂、华能淮阴电厂、扬州电厂等火力发电企业用煤需要。个体水上运输业务广泛，既有煤炭、粮食、建材等大宗产品，又有轻工、农林牧副渔等原料和商品。

20世纪80年代，伴随个体水运的发展，水泥船数量不断增加，柴油挂桨机普遍使用。省运河航运公司开始编组大型顶推船队的尝试。1979年5月，省运河公司组成以“江苏851”360马力顶推轮编组的顶推运输船队，在运河苏北段试营运。1980年4月，经过省交通厅技术处、工程局、省航运公司等13个单位专家分析论证，省运河公司确定继续开展顶推运输试验。1982年4月，省运河公司成立顶推船队部，拥有顶推轮3艘、分节驳10艘。1985年5月，由新组建的500马力拖轮拖带千吨甲板驳3艘、500马力推轮顶推千吨分节驳2艘两组船队，从淮阴至双楼港空载航行210公里，又从双楼港满载煤炭至扬州六圩港航行372公里，进行试航，分别对顶推、拖带、重载的船组从船舶性能、港口、航道、桥梁、船闸的适应程度做一系列测试。试航结果反映运河苏北段当时的状况尚不具备千吨级船队正常航行的条件。1992年起，省运河公司先后制造和购买10余艘大型顶推轮，组建顶推船队，船皮吨位从10万吨增加到2000年的16万吨，运力居全省各水运企业之首。

2000年后，淮安市内河船舶向标准化、大型化发展，技术状态好的大吨位、标准化和专业化船舶愈来愈多。2003年12月，江苏省交通厅制定《江苏省京杭运河船型标准化工程实施方案》，明确水泥质船、挂桨机船退出航运市场。2004年1月1日，船舶标准化工程正式实施。到2007年，全市挂桨机船全部退出航运市场。全市累计完成挂桨机船舶拆解、改造、改驳1126艘，其中拆解报废922艘，落舱改造201艘，改为驳船3艘。发放政府补贴资金3332.92万元，其中拆解经费3030.3万元，改造经费300.99万元，改驳经费1.63万元。实施船舶标准化工程，大大提高苏北运河通行能力，有效改善船民生产生活条件。

2001—2008年，淮安市内河船舶数量从5384艘下降到4068艘，而净载重量从58.6万吨增加到97.5万吨，船舶平均吨位从108.8吨提高到239.4吨。运输组织也逐步由以单体小船和小型拖带船队为主，向大型化、专业化的船队运输以及多式联运等运输方式发展。2008年，淮安市拥有内河船舶4068艘，净载重吨97.4万吨。其中，机动船2895艘，净载重吨65.99万吨；驳船1171艘，净载重吨31.38万吨。

2001—2008年淮安市船舶发展情况表

表7-23

船型	年份	2001	2002	2003	2004	2005	2006	2007	2008
总计	艘数	5384	4830	4960	5029	4962	4131	4398	4068
	净载重量（吨位）	585891	605671	722875	771551	967487	906474	997020	973751
	载客量（客位）	3908	3240	1729	3663	6200	9637	5130	7710
	功率（千瓦）	114495	114823	246362	228717	275680	275663	367675	370061
机动船	艘数	3075	2577	2976	3103	2846	2534	2992	2895
	净载重量（吨位）	158846	182964	272570	338202	470955	488346	589038	659935

续表7-23

船型 \ 年份		2001	2002	2003	2004	2005	2006	2007	2008
机动船	载客量（客位）	3460	3215	1704	3638	4850	7443	4125	5952
	功率（千瓦）	114495	114823	246362	228717	275680	275663	367675	370061
驳船	艘数	2309	2253	1984	1926	2116	1597	1406	1173
	净载重量（吨位）	427045	422707	450305	433349	496532	418128	407982	313816
	载客量（客位）	448	25	25	25	1350	2194	1005	1758

水路货运具有运量大、运费低等优点，加上港航设施比较发达，至2008年仍是淮安市境内大运量、低成本、易储藏货物的主要运输方式，在物资运输中发挥重要的作用，在交通综合运输网中的地位不可替代。是年，淮安市完成水运货运量2279万吨，货物周转量53.8亿吨公里，分别占全市货物总运量5260万吨的43.3%、货物周转总量74.9亿吨公里的71.8%。

1995—2004年淮安市水路货运量、货运周转量情况表

表7-24

年份	货运量			货运周转量		
	全社会（万吨）	水路		全社会（万吨公里）	水路	
		货运量（万吨）	占比（%）		货运周转量（万吨公里）	占比（%）
1995	3209	2116	65.94	432725	354615	81.95
1996	2710	1628	60.07	396653	328291	82.77
1997	2721	1588	58.36	422419	327929	77.63
1998	2635	1506	57.15	372650	299895	80.48
1999	2985	1467	49.15	393357	298924	75.99
2000	3094	1526	49.32	426100	327900	76.95
2001	3121	1497	47.97	431529	325826	75.50
2002	3209	1521	47.40	444299	333189	74.99
2003	3335	1545	46.33	458246	339572	74.10
2004	3652	1699	46.52	507529	376138	74.11

第五节　水上客运

1978年，淮阴地区境内水上客运班线集中于运河和淮河航线，其中苏北段运河客运航线北起徐州邳县南至镇江，全长332公里，由1976年组建的江苏省运河航运公司统一经营；沿淮客运班线由泗洪、盱眙、洪泽3个县管辖、经营。运河上有镇（江）清（江）、镇（江）邳（县）客班。是年，增开清江至镇江卧铺夜班，配备两拖两驳分两组对开。客轮为19米拖轮，客驳为4265号、4254号，上舱为卧铺，下舱为座席，卧铺36张，座席203位。当年苏北段运河有4个对开客运班次，即镇邳普班，清镇线快班、普班、夜班，配备客轮10艘、客拖4艘、客驳8艘。当年投入运营的客轮为18艘、3065个客位，达到历史最高水平。

1980年6月1日，镇江到邳县直达快班开航，原清镇快班撤销，增加高邮往返班，清镇线直达客班用5艘客轮运行，套开高邮往返班，各客轮拖带货驳解决随行附货问题。三班共用客轮7艘、客驳4艘、货驳4艘，计2703个客位、卧铺90张。1982年5月16日，淮阴至无锡旅游班开航，淮阴每旬3、6、9日13时发班，无锡每旬1、4、7日20时返回，由于旅客流量小，大多是带货的经商人员，失去旅游班的意义，形成客少货多的局面。

1978年后，运河客运兴旺时有11艘大客轮、6艘小客轮，客运量96.49万人次，客运周转量达7371.98万人公里。随着公路客运的发展，水上客运量从20世纪80年代开始呈下降趋势，至1992年6月1日，省运河航运公司所有运河客班全部停开。

1978年，沿淮沿湖的客运线有洪泽至老子山、洪泽至半城、洪泽至临淮、双沟至五河北店、临淮至泗洪、黄岗至盱眙等。1981年，洪泽县轮船运输公司从扬州购置钢质轮船一艘，150匹马力，193个客位。1983年，增开腰西至盱眙客运航线。1984年，洪泽县轮船运输公司从芜湖购置钢质客轮1艘，装2台80匹马力柴油机，250个客位，为当时沿淮沿湖航线上最大的客轮。1990年后，随着陆上交通条件的改善，沿淮沿湖水上客运逐步萎缩，至2000年后全部停开。

第六节　城市交通

一、城市公交

1978年，市区的城市公交由清江市公共交通公司经营，有营运车辆23辆，营运线路6条：1路，马路头至西马路；2路，水门桥至化肥厂；3路，水门桥至大运河桥；4路，水门桥至飞机场；5路，淮海广场至杨庄；6路，淮海广场至武墩。线路总长度51.5公里，年客运量947.8万人次。淮海广场有4路、5路、2路调度站1座。

1978—1981年，市区城市公交营运线路进行数次调整，但没有新增线路。

1983年撤地建市后，城市公交开始有较大发展。1984—1997年，新开辟11条公交线路。其中1984年1月，开辟市长途汽车站至轮船码头的7路公交汽车。1985年3月，由4路分辟出8路公交汽车，起点站为市长途汽车站，终点站为淮安县汽车站，4路仍从市长途汽车站至飞机场。1985年9月，开辟长途汽车站至清浦区盐河、黄码的9路公共汽车。1986年9月，开辟淮海广场至汽车大修厂的10路公共汽车。1990年9月，开辟楚秀园至北京新村的11路公共汽车。1992年1月，由1路分辟出12路，由楚秀园至淮阴师范学校。1992年12月，开辟长途汽车站至洪泽黄集的13路公共汽车。1995年10月，12路起点站由楚秀园迁至市公交公司。1996年5月，开辟长途汽车站至市肉联厂的15路公共汽车；同年10月，开辟北京新村至市经济开发区2条运营线路，即从北京新村途经健康东路至开发区的18路和从北京新村途经解放东路至开发区的28路。1997年9月，新开楚秀园至小营淮高路停车场的16路公共汽车。

同一时期，适当调整营运线路，并对调度站进行建设和改造。1984年1月，在淮安县建8路调

图 7-8　两淮公交通车（1999 年）　　市档案馆　供

度站1座。1987年，在楚秀园建1路、3路、11路、12路调度站1座。1988年，在北京新村建3路、10路调度站1座。1991年，在小营广场北侧建1路返回调度站1座。1992年，市区橡胶厂北侧建2路返回调度站1座。

此外，1981年、1984年和1991年，市政府分别拨款在西郊村征地0.4公顷、城南乡征地3.2公顷、小营广场征地0.27公顷，建成可停放100台车辆的车场1个、修理车库1600平方米，添置符合一级修理厂标准的各种修车设备。

1999年6月9日，在28路公交线路首次开始推行无人售票公交车。同年，开始实行70岁以上老人、离休干部、三级以上肢体残疾人、盲人以及现役军人免费乘坐公交车，当年办理免费乘车卡4000多张。

到2000年，市区公交线路发展到24条，线路总长308公里，营运车辆342辆，年客运量近5000万人次。

2000年后，伴随淮安市城市化进程加快，城市公交快速发展，公交线路不断延伸，车辆不断增加和更新换代，公交站场（台）突出人性化设计，为市民提供安全舒适的候车环境。

2001年，市公交总公司分批购进92辆豪华标准无人售票车，先后将1路、3路、10路、19路、31路、38路、61路、62路、66路计9条线路改成无人售票。同年4月1日，全市公交汽车正式启用IC卡电子收费系统，全面实行无人售票，淮安市民从此刷卡乘坐公交车，并开始形成“前门上车、后门下车”的习惯。至4月底，市区公交线路全部实行无人售票。全年售出各类卡3.6万张。当年年底，市区公交线路增加到38条，线路总长发展到456公里，营运车辆496辆，客运量突破6000万人次，达6100万人次。

2002年1月，市公交总公司由市城建局划归市交通局进行行业管理。当年10月，经市委、市政府批准，改制为民营股份制企业淮安市公共交通有限公司。

图 7-9　市公交公司新购的公交车投入使用（2007 年）
市档案馆　供

2003年，市区有公交车560余辆、公交线路53条，其中学生专线32条、拥军专线1条，有公交站台1680个，新建高标准公交站亭240个。车辆运转效率提高，主干道每班间隔2～3分钟，次干道每班间隔5～10分钟。

2004年10月，市公交公司投资400余万元的GPS卫星定位系统建成投入运营，淮安公交实现智能化调度。

2006年10月，购置30辆豪华空调大巴投入1路和8路线运营，结束淮安城市公共交通无空调车的历史。同年，淮安市成为经建设部批准的长三角“公交一卡通”试点城市。

2007年8月，淮安市出台《优先发展城市公共交通的实施意见》，确立并实施城市公交优先发展战略。是年，淮安市公交车总数达750辆，城市公交车万人拥有率达10标台。

2008年5月10日，淮安公交一卡通“广惠卡”开通发放。淮安公交公司与南京公用IC卡公司、扬州一卡通公司合作，实现与南京、扬州的互联互通，淮安市民持“广惠卡”在两地乘坐当地公交、地铁、轮渡、出租车，享受当地市民待遇。

至2008年年底，淮安市区公交线路发展到55条，市区空白点基本消除，薄弱线路得到加强，线路总长达820.4公里，营运车辆786辆，日均客运量12220人次。公交站点遍布居民小区、景点、学校、商业网点和人群聚集的公共场所，城区公交站点平均覆盖率超90%。

二、出租汽车

1985年7月，市区成立第一家出租汽车公司——淮阴中北汽车出租公司，拥有44辆进口高级客车，其中轿车25辆，从事市区出租汽车及数条长途客运业务。20世纪90年代初期，淮阴市顺达出租汽车公司、淮阴县荣鑫出租汽车公司相继成立，分别有出租汽车6辆、20辆。在长途汽车站广场从事小型客车出租业务的个体经营者也逐渐增多，但由于出租汽车市场处在起步阶段，行业经济效益平平。1993年，因企业内部经营、管理等问题，淮阴中北汽车出租公司退出淮阴市运输市场。至1996年年初，市区出租汽车公司仍然为顺达出租汽车公司、荣鑫出租汽车公司2家，拥有出租汽车26辆，另有个体出租汽车89辆。

1996年，市政府印发《加快培育和发展运输市场的通知》，市运输管理部门实行客票附加费减半征收的激励机制，引导和鼓励企业发展出租汽车业务。新成立淮汽出租汽车公司（有出租汽车210辆）、公交出租汽车公司（有出租汽车200辆）、一汽出租汽车公司（有出租汽车210辆）、蓝宇出租汽车公司（有出租汽车60辆）、楚州实业出租汽车公司（有出租汽车30辆）、农垦出租汽车公司（有出租汽车30辆）6家出租汽车企业，投放微型面包的士车（以下简称“面的”）740辆，市区出租汽车市场基本形成。1998年，楚州客总出租汽车公司成立，有出租汽车60辆；楚州实业出租汽车公司出租汽车增加到70辆。至1999年上半年，全市有出租汽车企业9家，出租汽车在册数955辆。

到2000年，市区有出租车901辆，其中“面的”884辆。“面的”为城市发展和市民出行作出贡献，但其车型结构、车辆档次不能适应“三淮一体”城市发展和人民生活水平提高的需要。2000年12月，市政府出台《关于“三淮”城区客运出租汽车更新的实施意见》，决定市区“面的”全部在2001年12月前更新车型，更新的车型确定为桑塔纳、富康、捷达3种，明确市区出租汽车实行总量控制原则，经营期限统一为5年。市区9家出租车公司和31户出租车个体户共884辆出租车提前完成更新计划。淘汰的旧车均注销淮安市的车籍和行驶证，以免在市内转卖。更新过程中，促进出租汽车企业重组，强制淘汰部分不规范经营的个体出租汽车经营者，淮安市顺达出租汽车公司并入江苏省农垦运输公司，淮安市荣鑫出租汽车公司并入淮阴区蓝宇出租汽车公司，提高出租汽车市场的集约化程度。至2001年年底更新结束后，市区有出租汽车经营企业7家，出租汽车903辆。其中，淮汽出租汽车公司210辆，一汽出租汽车公司210辆，公交出租汽车公司200辆，农垦出租汽车公司41辆，蓝宇出租汽车公司73辆，楚州客总出租汽车公司60辆，楚州实业出租汽车公司70辆，个体出租汽车39辆。此后数年，市区出租汽车经营企业数、出租汽车拥有数保持不变。同时，各县出租汽车行业也快速发展，全市有出租汽车1611辆。

2007年开始，市区出租汽车再次陆续更新，车型为桑塔纳3000、东风雪铁龙爱丽舍加长版、东风悦达起亚远舰3种。在新一轮出租汽车更新中，市交通部门推行特许经营制度，安装GPS定位系统，增加叫车服务功能。至2008年年底，全市更新出租汽车887辆，占总数的98.2%。

三、三轮车

1978年，三轮车为市区主要客运工具。1980年，市区有人力三轮车100辆左右。20世纪80年代，三轮车数量有所增加，同时由于机动三轮车的出现，人力三轮车数量减少。20世纪90年代，由于城区下岗工人增多及近郊农村富余劳动力进城寻找工作，从事三轮车营运的人数迅速增加，三轮车数量也大幅增加。1997年年底，市区有三轮车4435辆。此后继续保持增长势头，由此带来三轮车运输市场的无序问题。2003年，对市区三轮车市场进行整顿，投放新式三轮车2200辆，市区的三轮车从1.2万多辆缩减到3000辆。组建三轮车公司，设在淮安港务有限公司。到2008年，市区在册三轮车保有量约2000辆。

第五章　交通行政管理

1978年后，随着经济社会发展和交通运输市场经济体制变革，交通行政管理逐步健全和完善，包括公路管理、运输管理、航道管理、海事管理、港口管理和交通安全管理等。全市不断推进交通运输管理体制改革，创新交通管理手段，提高交通运输管理水平和效能。在提高交通运输市场开放度的同时，进一步整顿和规范市场秩序，集中开展客运市场秩序、超限超载运输、水上交通安全、危险化学品（以下简称“危化品”）运输安全等专项整治活动，遏制违章经营行为，规范交通建设、运输市场秩序，保证公路、航道安全畅通。

第一节　公路管理

一、公路管理机构

1978年12月，淮阴地区公路段改为淮阴地区公路管理处，内设政秘科、工程技术科、于财务科、机具材料科、路政管理科。下设桥梁工程队、轮船运输队、机具修理厂等业务部门，隶属省交通厅工程局和地区交通局双重领导。1979年3月，淮阴地区所辖13个县（市）养护工区改为公路管理站，受县（市）交通局和地区公路处双重领导。是年，盱眙大桥建成后，设立淮河大桥公路管理站，直属地区公路处领导。

1983年，淮阴地区公路管理处改为淮阴市公路管理处，撤销清江市公路管理站，成立市区公路管理站，直属公路处领导。1985年7月，淮河大桥公路管理站与盱眙县公路管理站合署办公。1989年1月，淮阴市公路管理处明确为副处级单位，内设办公室、组织人事科、宣传教育科、财务审计科、政策法规科、工程计划科、养护科、收费科、路政科、安全机料科、养路费征收站。

2002年2月，淮安市路政支队成立，与市公路管理处合署办公。2008年，市公路管理处内设办公室、组织人事科、宣传教育科、财务审计科、政策法规科、工程计划科、养护科、收费科（挂“养路费稽查大队”牌子）、安全机料科、养路费征收站，市路政支队内设综合科、财务科、业务科和直属路政大队、宁连公路淮安路政大队。下设淮阴、楚州、涟水、洪泽、金湖、盱眙6个县（区）公路管理站（路政大队），205国道徐溜收费站，237、328省道楚州收费站，234、327省道涟水收费站，236省道大福收费站，盐金公路金湖收费站，宁徐公路盱眙收费站，331省道洪山收费站，市公路管理处直属公路管理站，市高等级公路管理站。

市公路管理处（市路政支队）负责编制市境内国省道公路发展规划，编制养护计划并监督实施；负责组织实施国省道公路新建改建工程招投标、工程管理和竣工验收；负责辖区国省道公路日常小修、大中修及水毁抢修、公路绿化，保持公路畅通；负责国省道路产、路权的保护，实施路政巡查，依法查处违反公路法律法规的行为；负责养路费的征稽和通行收费站的设立、管理及通行费的收取；负责公路科研技术的推广工作。

二、公路养护

1978年以前，境内公路养护以人力为主，养路机械化程度很低，平均每公里不足1马力。养路员工性质多样，劳动报酬不一，有全民所有制性质道工、集体性质固定工，其工资报酬相同，有计划内或计划外的临时工、土地征用工，其工资标准低于固定工。直接从事养路工作的大部分是民工建勤性质的农民代表工，1977年全地区3316名养路员工中，农民代表工有2200人，1979年调整精减后有1044人。农民代表工仅从公路部门得到少量补助，得不到合理的劳动报酬，工作积极性受到影响。据1979年公路普查，全地区干线公路长1374.76公里，公路部门养护里程为1319公里；县道公路长1462.53公里，养护里程为1178.73公里；乡公路长1274.38公里，养护里程为625.36公里。

1979年，为提高养路员工的积极性，保证养路质量，降低养路成本，全地区小修保养开始试行“定、保、奖”制度，主要内容为“四定”（定人员、材料、经费、任务）、“三保”（保路况质量、出勤、安全）、“一奖”（路况提升或保持优良级路、节约经费给奖）。同时按照多劳多得原则，对农民代表工劳动报酬进行改革，按养路定额配备提高生活补助。

1980年后，随着公路建设的加快，境内养路机械发展起来。有油路养护任务的道班逐步配备小型压路机、翻斗车、手扶拖拉机，材料运输和修路滚压逐步实现机械化，改变公路养护的落后状况。1985年起，以“定额经费包干，节约分成”为主要内容的养护经济承包责任制逐步实施，市公路处制定《淮阴市公路养护承包责任制办法》，与各公路站签订承包合同，各站与养路班组签订承包合同，养路班组内实行分项包干，责任到人，按劳取酬。奖金实行超产不封顶，欠产不保底。到1988年上半年，全市公路系统全面推行公路养护经济承包责任制。

20世纪90年代后，高等级公路加快发展，养护机械生产能力持续增强，适时引进综合养护车、多功能挖掘机、装载机等先进养护机械，提高劳动生产率，提升养护质量。公路养护责任制也适时进行调整。1990年，涟水县公路站对全县19个道班、254名养路工人实行以人定段、以路定分、以分定奖的“三定”方法，提高养路工人的积极性，尽管油路老化、砂石路损坏现象严重，好路率却一直没有下降。随后“三定”办法在全市推广。

2000年后，随着公路建设突飞猛进，公路养护任务更加繁重。市公路部门在公路养护中研究应用新材料、新工艺。采用水泥混凝土路面进行快速修补技术、板下压浆和沥青路面冬季修补坑槽，试用TL2000聚合剂对沥青路面网裂处治的新技术，推广应用稀浆封层新工艺，采用沥青混凝土路面就地热再生新技术，使路面防水和抗滑性能明显提高，在大修工程中采用玻纤布抗裂贴及聚酯纤维沥青混凝土，在裂处理中采用路斗士、CAP沥青复原剂及热压缝带等方法，提高养护科技含量。2003年，开始建立和使用公路养护管理系统，使养护管理工作向现代化、信息化迈进。2005年，开始推广运用养护管理系统，完成公路基础数据更新工作。2008年，在公路养护大中修与危桥改造工程实施中，参照高速和干线公路建设工程的管理模式，创新养护工程招投标管理。2008年9月，完成对全市14条国省干线公路的标志、标线、防撞护栏及警示桩的数据档案更新工作。

同时，加强公路养护工作的制度创新，探索公路养护工作长效机制。制定、修订《淮安市养护目标考核办法》《淮安市公路小修保养千分制扣分标准》《淮安市公路大中修工程管理办法》《淮安市绿色通道实施办法》《淮安市干线公路交通量调查站（点）布局调整方案》《淮安市国省干线公路绿色通道工程绿化养护措施》《淮安市县道公路养护检查与经费使用管理办法（暂行）》和《淮安市桥梁养护管理工作制度》等规章制度，促进和规范公路养护工作。创建省级文明样板路，建设绿色通道，巩固完善干线公路路肩、边沟、绿化等工作取得成效，公路好路率逐年上升。2003—2008年，全市国省干线公路好路率由83%提升至91.3%。

三、公路绿化

1978年，江苏省交通、林业部门对公路绿化的标准质量、树种及栽植规格、管理方法、劳动报酬、收益分配、经费投资以及树权和砍伐批准权限等作出明确规定。规定干线公路与县公路由交通部门直接投资栽植，自行管理，林权归交通部门所有。更新砍伐时，省道必须报经省级交通、农林部门批准；县道公路经地区交通、农林部门批准，砍伐的主材和社队采取对半或三七比例分成。公社公路绿化由县统一规划，社队自己出苗，自行栽植管理，林权归社队所有，收益由社队分配，砍伐更新经县革委会批准。专用公路绿化，由专用单位自己负责，林权和收益归专用单位所有，如专用单位无能力绿化，交公路沿线社队绿化和管理，林权和收益归社队所有。1979年，《中华人民共和国森林法（试行）》颁布，促进公路绿化的发展。到1985年，全市公路总里程3932.9公里，其中由公路部门直接养护3354.33公里，绿化里程3012.73公里，占养护里程的90%，基本实现条条都是林荫道。行道树大部分为意杨、关杨和一部分法桐、柳树等品种。

20世纪90年代，随着宁连一级公路等高等级公路的建成，全市及时开展绿色通道建设。2001年，公路绿化栽植乔灌木18.8万株，完成绿色通道建设41公里。到2015年，淮安大部分国省干线公路完成绿色通道建设。2008年3月底，市公路处开始组织实施121省道、236省道、237省道、331省道等干线公路的绿化工程，同年4月底完成，共栽植各类乔木、灌木2.4万余株。

四、路政管理

1978年，淮阴地区公路处成立，设立路政管理科，加强路政管理。各县公路管理站配专职路政人员1人，负责路政管理工作。随着公路事业的发展，各县公路站先后增设路政股（组）。1979年，全地区有专职路政人员49人。市公路管理处路政科和各县公路管理站路政股均配备路政专用车辆，路政人员均配有省交通厅制发的交通安全管理检查证，1980年开始统一着路政服装。路政人员坚持上路巡查，清除障碍，宣传落实有关公路管理的方针、政策和法规，保证公路畅通和行车安全。

1987年，江苏省实行道路交通管理体制改革，陆上交通监理由交通部门移交给公安部门，路政管理上的公路标志等设施也登记造册、移交。同时，清除公路上的打谷晒场等阻碍交通行为的职责也不再属于路政管理范畴。陆上交通监理移交后，路政人员上路检查受到限制，执法管理手段有所削弱。

1987年10月,《中华人民共和国公路管理条例》颁布,全市公路系统履行路政监管职责,拆除公路违章建筑成效显著。宁连公路马武段是当时市内里程最长的高等级公路。该路通车之初,由于没有明确管理单位,致使两侧违章建筑不断增多,乱设道口,填堵边沟,招牌林立,严重侵害路产路权。1993年年初,市政府发布《宁连一级公路马武段路政管理规定》,沿途地方政府配合公路部门,拆除该路段违章建筑,疏通边沟,使路容路貌得到改观,确保道路安全畅通。

1998年1月,《中华人民共和国公路法》实施,全市公路部门重点抓控制红线建筑、整治路容路貌,改变乱搭乱建局面,遏止公路违章建筑蔓延的势头。

2000年,《江苏省公路条例》颁布实施。市公路管理处针对公路两侧建筑控制区管理难度大的特点,推行超前控制,争取土管、城建、规划等相关部门的支持,在有关审批文件中增加路政管理的内容,推行"路政许可先行"制度。2001年,组织两次全市性公路路政执法大检查,拆除公路两侧建筑控制区违章建筑32处、摊点1780个,清理非标悬挂物601块。查处非法挖掘占用公路13处,查处新增道口3处。

此外,2000年后,淮安市先后开展文明样板路创建、道路运输超限超载整治、公路安全保障工程等专项行动,强化路政管理和公路安全设施建设,确保全市公路的安全畅通。

（一）道路运输超限超载整治

20世纪90年代起,随着运输市场竞争失衡,道路超限超载运输现象愈演愈烈,严重损害路产路权,对公路破坏性很大。全市公路破损率逐年上升,公路养护费用逐年增加,同时引发一些交通安全事故。

2000年,交通部《超限运输车辆行驶公路管理规定》颁布实施。2004年6月20日9时起,全国治理车辆超限超载(以下简称"治超")工作正式展开,淮安市交通、公安、质监等部门,在全市范围内联合开展集中治超工作。按照《中华人民共和国道路运输条例》等规定,对货运企业许可、个人从业资质严格审核,加大对非法改型车辆的检查、处罚力度,对于"大吨小标"和其他不符合国标的车辆,不准其进入运输市场,引导货车向多轴化、厢式化、大型化方向发展。同时加强对重点货物集散地、货运站场等区域的巡查监管,制止超装行为,确保超限超载车辆不出厂、不出站。与公安等部门实施联合执法,突出路面执法检查。全市设置3个固定检查组、4个流动检查组。公安部门派人、派车进驻治超点,严厉打击"黄牛"带路、群体冲卡、暴力抗法等行为。加强区域联动,加大对高速公路连接线的检查力度,严格控制进出高速公路的超限超载车辆,解决超限超载车辆绕逃的问题。建立"谁司磅谁负责、谁监督谁负责、谁签字谁负责"的责任机制,杜绝"只处罚、不纠违",解决卸(驳)载监管问题。对"二次装载"的违法行为加大打击力度,在查证属实的情况下,作为新的违章行为从重处罚。

到2008年年底,全市投入交通、公安执法人员1万余人次,查处超限超载车辆8000余辆次,卸(驳)载货物4万余吨。全市超限超载车辆从治超前的70%～80%下降至9%左右,其中严重恶意超限超载的不到5%。

（二）文明样板路创建

2002年,淮安市开始开展文明样板路创建工作,围绕"畅、洁、绿、美、安"的要求,重点加强公路养护、路政管理、收费管理等,构筑通畅、安全、舒适、优美的交通环境。

在公路养护管理方面,对养护改建、大中修工程加强质量管理,使路基、路面、桥涵构造物及其附属设施达到交通部和省颁发的有关设计、施工、监理和养护技术标准、规范的要求,同步实施GBM工程(具有中国特色的公路标准化、美化建设工程)。加大路面巡查力度,经常保持路面整洁、路拱适度、排水通畅、行车舒适，公路养护无差级路，公路路面及慢车道保持平整，无坑槽、拥包、翻浆、沉陷、龟裂、严重破碎、板缝养护差等明显病害。按《公路养护技术规范》要求进行桥梁养护，桥梁附属设施维护及时，构造物保持完好。养护工区或养护管理单位建立完整规范的桥梁档案，推行微机化管理，大中型桥梁在桥梁明显地方标注桥名。高填土的桥头及高路堤段（路基高度超过4米）道路两侧按规范要求设置警示标志和安全墩或护拦。因地制宜地进行沿线公路绿化，公路路树栽植满足行车安全的要求，道路两侧、中央分隔带、互通等绿化用地保持整洁。路树、草坪修剪整齐规范，基本无病虫害。绿化修枝剪草、沥青路面小修、水泥板块修补等日常养护全面实行机械化作业。在公路集镇段设置必要的排水设施，保持排水通畅；公路边饭店、加油站等场地做到"三化一畅"（场地硬化且路面排水通畅、边沟石砌化、隔离带绿化）；集镇段绿化设计兼顾绿化与隔离两种功能。

淮安市路政管理部门保持公路建筑控制区无新的违法建筑物和地面构筑物，无新的公路街道化路段，无马路市场和打谷晒场，无新增违法搭接道口，无违法非公路标志，无违法占用和挖掘公路，无违法穿跨越公路，无路肩边坡种植，无因监管不力而造成施工路段堵车半小时以上现象，公路用地范围内无堆积物。路政管理机构健全规章制度，明确岗位职责，路政巡查、值班、出警等制度完善，公示制度上墙，执法主体、依据、程序、结果、监督等全面公示。票据管理专人负责，严格履行领用、核销手续，实行罚缴分离。

按照《中华人民共和国公路法》和交通部、财政部、国家计委颁布的《关于在公路上设置通行费收费站（点）的规定》要求，设置公路通行费收费站，达到江苏省交通行业文明收费站考核标准和江苏省治理公路"三乱"检查验收标准。收费站收费设施适应公路的技术标准和交通流量，规范整齐，美观实用。收费区、站区保持良好的站容站貌。在收费站进口方向100米处，设置公示牌，公开审批机关、主管部门、收费单位、收费标准、收费用途、收费期限以及监督电话。统一设置限速、限高和超宽车道指示标志。按规定开足收费车道，尽量减少停车交费时间，保证车辆顺利通行，站区内消防器材配备齐全，安全管理措施完善。全面实施计算机收费管理系统，实现电脑打印票据和监控管理。收费站内业统计报表和管理台账统一规范，做到票、卡、账、钱相符。收费人员着装整齐，挂牌上岗，文明执勤，礼貌服务，依法收费，按章处罚，提高工作质量，接受社会监督。

2001—2005年，淮安市累计投资3262万元，创建完成省级文明样板路328.6公里、绿色通道429.8公里，实施GBM工程路段470公里。2007年，省道121线、国道205线、省道331线、省道236线、省道328线、省道248线、省道237线先后创建为省级文明样板路。

（三）公路安全保障工程

2004年，淮安市以公路工程技术规范标准为基本依据，开始实施国省公路安全保障工程，强化工程技术措施，提升公路安全防护和保障能力。当年对辖区国省干线安全情况进行调查摸底，开展隐患排查和整改，加快国省干线危桥改造，完成危桥改造7座。

2005年，淮安市公路安全保障工程进入全面推进实施阶段。按照《江苏省公路安全保障工程实施意见》，淮安市实施安全保障工程的线路主要有5条，计188公里，投入资金1000万元。其中，205国道计21.3公里，地处平原地区，落差小，在部分路段和桥梁两端设置警示装置或提示牌；121省道计60.21公里，在一些急弯、窄桥两端设置必要的安全设施；248省道计30.59公里，列入省级文明样板路创建计划，在两侧增设便道方便群众出行，并设置警示桩，确保行车安全；325省道计26.14公里，根据省公路局计划改建一级公路，先在桥梁、弯道两端增设必要的防护设施和提示牌，一级公路改建时按照"三同步"（同步设计、同步施工、同步验收）的要求一并实施；331省道计49.82公里，马坝至金湖段部分高路堤增加防撞护栏，桥梁、弯道等地段增补安全设施。另有328省道淮安—阜宁段长34公里，实施第二期安全保障工程，在落差较大路段因地制宜设置防撞护栏。

2006—2008年，境内14条国省干线公路均实施公路安全保障工程，基本消灭国省道公路安全技术隐患，公路安全保障设施进一步健全，干线公路指路标志体系得到及时更新，准确率达95%以上。完善急弯、陡坡、连续下坡、视距不良、漫水路、横断面变化、高路堤、沿河（湖、塘）、平面交叉以及其他事故多发点段标志标线和交通安全设施，消灭国省道危桥，逐步改造县道危桥，使国省道路网总体安全品质和安全保障能力大幅提高。按照新一轮县道网规划要求，对全市1700公里县道公路更换、增设里程碑，依照《道路交通标志和标线》（GB5768-1999）规范，新里程碑清晰注明该条路线的编号和起终点名称，标志醒目。

第二节　运输管理

一、运输管理机构

20世纪80年代，运输市场放开后，社会运力发展迅速。1984年5月，为加强运输市场管理工作，成立淮阴市运输管理处，各县成立运输管理所，担负辖区范围内包括水陆运输市场营运管理、运价管理、特殊情况下的指令性计划运输管理、汽车维修行业管理、驾驶员培训管理、出租汽车和城市公交行业管理等。乡镇交管所也逐步建立，配备交管人员。乡镇交管所主要负责宣传贯彻执行交通运输方针、政策，建立健全各种基础台账，保证辖区内水陆运输安全，监督检查运输市场，征收各种交通规费，以及乡村道路、航道的建设、养护和规划发展等。随着交通管理形势的发展，乡镇交管所管理体制和机制的问题和弊端也暴露出来，主要有：管理体制不顺，全市不统一；管理职能逐步退化为单一的以规费征收和运政管理为主；人员定编定岗不明确；政策生存空间狭窄，履行职责难；经费紧张，装备差。

1989年4月，淮阴市汽车维修行业管理处成立。1992年3月，淮阴市机动车驾驶员培训管理处成立，与市运输管理处合署办公。1993年12月，市汽车维修行业管理处与市运输管理处合署办公。2002年8月，市运输管理处与市汽车维修行业管理处、市机动车驾驶员培训管理处合并。

2008年，市运输管理处内设办公室、组织宣传科、法规监察科、财务运价科、客运管理科、货运管理科、港口管理科、汽修管理科、车辆技术科、培训管理科、稽查协调科11个科室，下设运政稽查一大队、二大队、三大队和直属运输管理所。其职责是依据国家、省有关运政管理的法律、法规、规章，对淮安市范围内的水陆运输、机动车维修、机动车驾驶员培训实施行业管理；依法制定淮安市水陆运输、机动车维修、机动车驾驶员培训行业发展规划；依法实施对公路、水路客货运输经营，客、货运输站场经营，班车客运线路，机动车维修经营，机动车综合性能检测站经营，机动车驾驶员培训经营等开、停业行政许可；依法实施对公路、水路客货运输，城市客运，机动车维修，机动车综合性能检测，机动车驾驶员培训市场的监管，对各种违法、违规行为实施行政处罚，维护消费者和经营者的合法权益；负责全市公共突发事件运输保障的组织以及军运、抢险救灾等重点、紧急物资运输的组织工作；负责运输规费的征收、稽查；协同物价部门制定运输价格，并实施对运输价格执行情况的监管。

二、运输市场管理

1978年，淮阴地区交通局印发《拖拉机、机动板车下放各县、市管理发牌照的通知》，规定全地区交通部门在核发地方牌照时，进行检验丈量，合格后核发行驶证；同时对机动板车的制造和改装也作一系列规定，严禁利用汽车发动机拼装机动板车。对拼装车，不核发牌照，机动板车制造限在两吨以下，行驶范围限在淮阴地区，机动板车严禁拖带挂车。

放宽搞活政策实施后，各种经济成分和经营方式兴办交通运输的积极性被调动起来，逐步形成国营、集体和个人共同参与运输经营的格局。但由于配套改革没有及时跟上，宏观调控不力，运输市场出现抢干线、争货源等现象，甚至出现无证经营、抬价、杀价、偷税漏税、欺行霸市等情况，运输秩序较为混乱，运输企业效率和效益下降。

1982年4月开始，淮阴地区在运输市场管理上着重抓计划管理、运价管理和私人车辆管理，把社会运输车辆逐步纳入计划运输的轨道。是年，还着重规范跨区、跨省长途汽车的发证、发照工作，运输混乱的状况得到改善。

1983年夏，淮阴市交通局根据省交通厅的通知，将淮阴市39-60001至39-69999号牌照调整给南京市使用，对原发牌照进行换发，对1981年后没有参加年检的车辆，作自动报废处理；对原发大型汽车牌照，2吨以下（含2吨）底盘改装的旅行车，改发小型汽车牌照。1983年7月，对个体机动车管理又制定具体规定。不少县从1982年下半年起无视有关规定，滥发机动板车牌照633台，甚至对108台部队退役和报废的汽车也发给机动板车牌照。淮阴市交通局于1984年1月27日发布《严格制止滥发机动板车牌照的通知》，对各地自制、改装的机动板车，采取严格限制措施，停止核发牌照，并逐步淘汰；对前驱动转盘式方向的三轮机动板车，在1984年年检时一律收回牌照，注销档案。

1986年2月，《江苏省公路客运营运线路审批暂行规定》颁布，县及县以下交通部门的公路运输企业主要承担县境内的旅客运输，省、市属的公路运输企业主要承担跨县、跨市、跨省的旅客运输，也可承担县境内的公路客运业务；非交通部门、个体运输户的车辆，可根据当地客源流量流向的具体情况，指定在一定范围内经营客运线路。同年5月，《江苏省公路汽车客运站标志牌发放管理暂行规定》《江苏省公路汽车客运票据管理暂行规定》颁发，凡在江苏省境内从事公路汽车营运的客车，均须向交通运输管理部门领取全省统一的公路汽车客运营运标志牌，作为合法经营的通行证件和旅客辨别客车运行起讫点的标志，使用全省统一的公路汽车客运票据。淮阴市贯彻落实上述规定，规范运输企业经营行为。

1987年，根据省交通厅《关于整顿公路客运市场的通知》要求，对全市公路客运市场从开业资格、经营范围、标志牌发放和使用、票据、停靠点5个方面，进行全面清理整顿，对民用汽车运输发展速度有所控制。

1988年，交通运输管理工作重点转到治理交通环境、整顿交通秩序上。对已发给运输许可证的营运性运输车辆进行开业、停业、异地手续、经济行为和作风等方面的审验监督。强化年审工作，发现问题严格按规定依法处理，不符合条件的收回证照。对客运经营范围进行重新分工，规定市客运公司以承担跨省、市客运任务为主，县以下运输企业以承担本辖区范围的客运任务为主，个体客运户原则上以经营本地区短途客运线路为主。

1989年，将证照检验、客运力调控、空运站点布局、票据管理4个方面作为整顿重点，对公路运输经营许可证、营运证进行年审，使"两证"持有率大幅提高，无证、无照经营现象得到有效遏制。加大运力调控力度，凡新增或更新的营运车辆，须经县以上交通部门审核批准后购置，否则不发证、不供油。根据市场供需情况，交通部门编制营运性运力投放总额度，控制营运性运输车辆盲目发展的势头。按客运经营分工规定，对客运线路进行审验，改变过去客车乱停乱放乱收费等现象，实行按统一规定停靠站点、售票和发车运行。此外，还开展打击运输市场制造、使用假客票、假发票等非法行为的行动，全市交通运输市场的整顿工作取得较大的成效。

1994年，开展市区三轮车整治，规范三轮车市场秩序，颁布《淮阴市人民政府关于人力三轮车、平板车发证管理的通告》，建立停放点，实施有序化管理，全市三轮车运输市场秩序大为好转。

1997年，以创建文明行业为目标，加强客运市场管理，进一步规范经营行为，解决城区客车长期乱停乱靠、站外经营的问题。对乡镇交管所实行规范化管理，建立健全各种职责制度。

1999年，加强客运市场整顿，开展“客运市场百日整治”“客运市场专项整治”系列活动，规范客运市场秩序。

2000年后，围绕建立统一开放、竞争有序的运输市场秩序总体要求，淮安市运输管理处引导和扶持交通运输业发展，加大市场检查力度，打击严重扰乱运输市场秩序和严重危害乘客利益的违法经营行为。交通、公安、城管等多部门建立联合执法协调机制，开展系列运输市场秩序整治活动。

市运管处建立领导带班巡查、中层干部值周检查、市县联网稽查机制。2002年起，每天6时到18时对运输市场进行不间断巡查。推进全市运政在线稽查工作，在线稽查覆盖各县（区）。组织开展地区间联合执法行动，市稽查部门之间、市与县稽查部门之间开展联网稽查，逐步建立区域内运输企业信誉信息和执法信息共享平台，形成执法监管合力。加强与海事、航道等部门协作，联合开展水路运输市场大检查活动。加强客运市场秩序管理，推行客运班线经营权使用合同制度，逐步完善运输市场退出机制，对严重违规客运车辆进行停班整顿，甚至解除经营权使用合同。2004年起，推行优化处罚执行方式。2005年，在全省率先开通“96520”运输质量投诉举报服务系统。

市交通部门定期进行运输经济运行分析，发布运输经济信息及货运市场指导价。联合有关部门探索创建“阳光货运”招投标机制，规范大宗货物运输招投标活动。贯彻省政府关于加快水运发展的有关意见，推进运力结构调整，开展钢质挂桨机船拆改工作。鼓励发展低消耗、少污染的专业运输工具，促进专用营运载货汽车、专业化运输船舶运力的增长。实施“江苏快客”服务标准，打造“淮安快客”服务品牌。实施“江苏快货”服务标准，制定城市物流配送绿色通道管理办法和措施，打造“淮安快货”服务品牌。2007年，制定《淮安市道路货运场站建设管理办法》，对重点道路货运站场建设贷款贴息提出具体实施办法，引导企业加快货运站场、物流基地建设。落实省政府办公厅加快道路运输业发展意见中有关农村客运规费减免政策，制定具体实施办法，改善农村客运发展环境。推进农村客运班车通达工程，加大农村客运站点建设力度，发展城市和农村公共客运，完善城乡客运一体化基础工作，优化城乡运输组织方式，加快推进城乡客运一体化进程。2008年6月后，由于成品油价格持续上涨，城市公交、长途客运、农村道路客运、城市出租汽车等行业受到影响，淮安市做好相关政策、措施的宣传和落实，保证行业稳定。

三、汽车维修行业管理

20世纪80年代，随着社会汽车保有量的增加，全市汽车维修行业逐步形成点多面广，国营、集体和个体一起发展的格局。但在发展过程中缺乏宏观规划，没有执行统一的开业标准、技术标准、质量标准和收费标准，发展不平衡现象严重。有的维修厂采取不正当手段经营，用“回扣”等手段诱使驾驶员损公肥私；有的维修厂内部管理混乱，修理质量下降，机务事故上升，影响汽车维修行业的正常发展。

1988年2月，淮阴市政府印发《关于印发〈淮阴市汽车维修行业管理办法（试行）〉的通知》，规范全市汽车维修行业管理。当年3月起，全市开展汽车维修市场整治，对汽车维修企业进行资质审验，关、停、并、转部分资质不够，设备技术薄弱的企业。全市有49家一类、二类维修企业，95家三类专项维修业户经过审批符合相应的开业条件，领取汽车维修许可证。全市汽车维修行业管理基本走上正轨，盲目布点，收费混乱、质量低劣等问题得到一定程度扭转。

1989年，成立市汽车维修行业管理处，加强全市汽车维修行业管理。同年7月，市交通、工商、税务等6个部门联合开展整顿治理汽车维修市场工作，着重解决越级维修、修理质量低劣、乱收费、搞回扣等突出问题。

1991年年初，淮阴市在全省率先实施车辆维修卡制度，将营运车辆二级维护记录及有效期记载在维修卡上，督促车主按期检测、维护车辆，该举措后在全省推广实施。1993年，又在全省率先与工商行政管理部门联合开展汽车维修行业“重合同守信用企业”评比确认活动，淮阴市汽车修理厂等6家企业成为全市首批汽车维修行业“重合同守信用企业”。

1996年，全市有5100余辆营运汽车参加1996年度技术等级评定。借此时机，全面改善客运车辆技术装备状况，提高乘座舒适度和外观整洁度。

1997年起，淮阴市每两年组织开展一次“双优”竞赛活动，加强汽车维修行业管理，提高维修质量，规范企业经营行为。

1999年，组织汽车维修企业技术管理人员、工程技术人员以及大专院校学者、专家自行编写教材。历时3年，编成《汽车维修工上岗培训教材》，通过交通部公路司审定。2002年年初，由吉林出版社出版，在全国发行。

2000年1月，淮阴市汽车维修行业协会成立。是年，对全市汽车维修检测行业进行全面整顿，将“路边店”专项整治和淘汰技术性能不达标营运车辆作为重点。当年4月，由淮阴市汽车维修行业管理处开发的“汽车检测监控网络管理系统”正式投入使用，该系统将检测站与市运管处局域网连接，实现检测数据实时传输和检测结果自动判断。当年9月1日起，市及辖县（区）相继在辖区内检测站建立驻站管理办公室，对检测站实施监督管理。

2002年，楚州、洪泽汽车检测站通过省交通厅验收，淮安市全部完成撤车建站任务，全市有A级检测站2个、B级检测站5个。当年5月，淮安市交通局主持、市运输管理处负责开发的“多站点汽车检测动态管理网络系统”投入运行。该系统利用计算机和网络对二级维护、等级评定检测实行自动化管理，实现车辆技术管理及信息传递的自动化，提高汽车的检测效率和经济效益。

2002年年底至2003年8月，淮安市开展汽车维修市场专项整治活动，打击无证经营，在全省汽车维修市场专项整治活动评比中取得第二名。在同时开展的汽车综合性能检测站专项整治活动中，全市所有检测站一次性通过省交通厅验收，成为全省唯一一次性全部通过验收的地级市。

2003年，市汽车维修协会制定行规行约，通过行业自律，打击恶性竞争。市运管处在全省创新出租轿车二级维护报备制，同时在全省率先实施车辆检测合格率末十位处理机制，对上线检测合格率排名末十位的企业，进行1～3个月整改，提高二级维护质量。

2004年，贯彻实施《江苏省汽车维修企业信誉管理办法》，通过社会公开票选，上海大众汽车淮安销售服务有限公司等9家企业成为市区第一批省级信誉A级企业。

2008年，市汽车维修驾培行业协会从获得2007年度省机动车维修质量服务信誉AA级企业中，选出上海大众汽车淮安销售服务有限公司等12个单位作为行业创建“放心消费”工作试点单位。全市建立起首个汽车维修和驾培行业网络平台，启用机动车维修救援网络，实行24小时救援值班。

四、汽车驾驶培训市场管理

1993年年底，根据国务院规定，淮阴市交通部门接管原公安部门负责的驾驶员培训学校（以下简称“驾校”）和驾驶员培训（以下简称“驾培”）管理职能，着手规范驾校资质和经营行为。

1994年，市运管部门第一次对全市驾校情况进行调查。全市有驾校17家，规模普遍较小，教练车老化，不少为报废车。市公安交警大队将各驾校编为若干个大队，各驾校招生时所收的费用全部上缴市机动车驾驶员培训中心，由其根据各驾校培训情况返还培训费。

1995年，全市开展驾校纳轨管理、颁发驾培许可证工作。是年，市机动车驾驶员培训中心考练场建成，社会驾校纷纷停业。到1996年年底，社会驾校仅剩4家。经市运管处审核，淮海交专驾校、市货运总公司驾训队和淮汽总公司驾校为二类驾校，市技工学校驾校为三类驾校。市交通局与市工商局联合印发《关于机动车驾驶员培训单位必须申领〈营业执照〉的通知》，规范驾培许可证的发放与管理，并与市物价局、市地税局、市财政局联合印发《关于印发〈淮阴市机动车驾驶员培训收费有关规定〉的通知》《关于我市机动车驾驶员培训使用专用发票有关问题的通知》《关于开征驾驶员培训行业管理费的通知》，规范驾校培训收费行为。

1997年，开展营运车驾驶员上岗培训，考核发放营运车驾驶员上岗证。至2000年年底，全市考核发证近1万人，初步建立营运车驾驶员从业资格制度。

2003年，《中华人民共和国道路交通安全法》规定，机动车的驾驶培训，由交通主管部门对驾驶培训学校、驾驶培训班实行资格管理。2004年，实施机动车驾驶培训记录制度，培训记录须经交通、农业（农机）部门核实，存入驾驶员档案。2005年1月1日起，全市在受理驾校学员驾驶证考试申请时，查验和收存驾驶培训记录。淮安市通过审核培训记录，加强对驾校的教学、培训质量的监督，督促执行教学计划、大纲，使用统编教材，确保培训质量。2008年6月，根据省运管局《关于统一规范驾校教学车辆标识的通知》精神，淮安市全面启动驾校教学车辆标识统一工作。当年12月10日，全市32家驾校开通运行驾培智能化管理系统软件，全部通过驾培智能化管理系统运行。

至2008年年底，全市有驾校35家，比2000年增加31家，其中一类驾校1家、二类驾校22家、三类驾校12家；各驾校有教练车696辆，比2000年增加634辆；理论教练员89人、驾驶操作教练员836人，分别比2000年增加71人、755人；教练场地面积38.2万平方米，比2000年增加36.25万平方米；教学设施设备605台（套），比2000年增加562台（套）；年培训能力近5万人次。

五、危险化学品运输监管

淮安市是区域交通枢纽，危险化学品运输监管任务繁重。2001年，全市开展道路化学危险货物运输专项整治工作。通过整治，全市道路危险货物运输业户从69家整合为具有独立法人资格的危货运输企业10家，车辆从230辆减少到207辆。整治后，危化品运输以大中型企业的自备车辆为主，人员、车辆、装备设备都为单位所有，并实行经济独立核算，具有较强抗风险能力和事故赔偿能力。

2002年3月15日，《危险化学品安全管理条例》开始施行。同年5月24日起，淮安市对全市危险化学品运输企业进行拉网式清查，对其经营资质再次进行全面审验，对所有从事危货运输的车船和设施、设备的安全状况逐一检查。有7家道路危货运输企业、6家水路危货运输企业被责令限期整改。

2004年7月1日起，《中华人民共和国道路运输条例》施行，放宽组建公司的危货运输车辆数，进一步开放危险化学品运输市场。淮安市运管部门及时调整工作策略，对全市所有危货运输企业进行安全评估，出具安全评估报告。对新组建的危货运输企业，除法定的审批资料外，还要求企业提供从业人员经劳动部门签发的制式劳动合同关系证明，实行危货运输公司化经营。重点对水路液货危险品运输资质把关，强化市场准入管理，及时掌握船舶买卖和退出市场情况，建立船舶注销档案。会同安监、公安交警和质检部门，对专用罐体危货运输车辆进行全面清查整顿，对车辆载质量与罐体容积载质量不相符的，限期整改；对拒不整改的或整改后车辆、罐体载质量仍不相符的，依法取消其道路危货运输车辆资格。

2005年5月30日至8月底，根据省交通厅《关于实施道路危险货物运输承运人责任保险制度的通知》精神，淮安市对承运人责任险投保情况开展专项检查，全市除报停车辆外的所有危货营运车辆全面投保道路危货运输承运人责任险。运输剧毒危险品车辆投保50万元，小吨位（市区一些加油站的柴油、汽油配送）罐式车辆也按规定投保30万元。当年7月19日，省交通厅下发《关于道路危险货物运输企业建立公司化管理制度有关问题的通知》，要求道路危货运输企业必须建立公司化管理制度。淮安市逐家逐车进行落实，全市道路危货运输企业全部实行公司化经营。

同年，淮安汽车货运总公司122辆危货运输车安装GPS全球卫星定位系统，集定位、数据采集、安全行车为一体，实现对危险品运输车辆的动态监管。随后，全市312辆（剧毒、易燃、易爆）危货运输车辆全部安装GPS全球卫星定位系统。2006年，市交通局建立危险化学品运输信息平台，规范和完善档案管理。

到2008年年底，全市危化品运输中存在的隐患和问题得到彻底整改，危化品运输市场秩序和安全形势好转。

六、“车船外挂”治理

2006年前，淮安市单位或个人拥有的载货汽车和9座以上的客车、船舶，在外省（市、区）登记注册（即“车船外挂”）问题日趋严重，直接影响全市运输市场公平竞争秩序，造成税费流失，给交通安全带来严重隐患，也对交通管理依法行政构成威胁。按照全省统一部署，2006年10月1日至2007年12月31日，淮安市开展外挂车船集中专项治理。

市交通部门落实车船外挂治理工作各项措施，在办理经营许可中贯彻省《关于明确“外挂船舶”回港入籍有关操作问题的通知》和《关于明确“外挂汽车”转入登记有关问题的处理意见》，宣传引导车辆回归。市公路处与市车管部门多次协调，安排专门人员和场地，负责咨询、解释和登记工作。对回归的车主，开辟绿色通道，在登记手续办理等方面提供便利，车船外挂治理工作取得良好成效。截至2007年7月底，全市回归外挂汽车912辆、13699吨，回归船舶362艘、104398吨。

第三节　航道管理

一、航道管理机构

（一）京杭运河江苏省交通厅苏北航务管理处

1976年3月，江苏省运河航闸管理处成立，隶属于江苏省运河公司，管理苏北运河全线航道、沿线10座船闸和2个航道站、1个疏浚队以及运河干线外的一些船闸。后运河干线外的船闸划归地方管理。1988年12月，航闸管理处更名为京杭运河江苏省交通厅苏北航务管理处，归省交通厅直接领导。其主要职责是京杭运河苏北段全线的航道、船闸养护管理、规费征收、行政执法等。下辖10个船闸管理所，负责18个船闸的运行和养护管理，其时市境内有淮安、淮阴、泗阳、刘老涧、宿迁、皂河6个船闸管理所。1996年行政区划调整后，至2008年，市境内有淮安、淮阴2个船闸管理所；有4个航道管理站，负责运河各区段的航道养护和航道管理；有1个工程总队，承担船闸和航道专业性维修养护及改造工程。

（二）淮安市航道管理处

1978年，淮阴地区航道管理机构为淮阴地区航道段。1983年9月，更名为淮阴市航政管理处。1988年10月，更名为淮阴市航道管理处。1989年1月，明确为副处级单位。2001年3月，更名为淮安市航道管理处。2008年，该处内设办公室、政工科、航政法规科、综合计划科、工程养护科、财务审计科和安全科，有直属高良涧、杨庄、朱码3个船闸管理所和市区航道管理站，下辖淮阴、楚州、涟水、洪泽、盱眙、金湖6个县（区）航道管理站。担负境内除京杭运河之外的1405.1公里航道和4座船闸的建设、管理、养护及航养费、过闸费征收任务。

二、航道船闸养护

改革开放初期，受经费等条件制约，淮阴地区航道养护工作不能正常开展。1980年后，淮阴地区航道部门加强航道的清障打捞扫床工作。1980—1988年，扫床2297.74公里，打捞沉石18647.5吨，打捞沉船706艘14262吨，拔除暗桩832根。1988—2003年，打捞无主沉船31艘、2455吨。2008年，全市干支线航道通航保证率分别达97%、90%，船闸优良次率100%，航标正常率超过99%。

第四节　港航监督　地方海事

一、港监、海事管理机构

1978年，淮阴地区和各辖县（市）设有车船监理所，负责对车船检验，机驾人员培训、考核及港航安全进行监督管理。1983年，淮阴市成立后，在原淮阴地区车船监理所基础上成立淮阴市交通监理处，11个县成立交通监理所（站）。

1986年10月，国务院颁发《关于改革道路交通管理体制的通知》，要求在1987年9月30日前将道路交通安全管理成建制移交给各级公安部门管理，水上交通安全管理仍由各级交通部门负责。淮阴市成立水上安全监督处，各县成立水上安全监督所，负责水上交通安全指挥、港航监督、船舶检验等水上交通安全行政管理工作。1987年9月，分别更名为市港航监督处和县港航监督所。机构更名后，原由航道机构负责的部分水上安全工作职责划交港航机构专业管理。港航监督机构执行国家的水上交通安全法规，进行安全宣传教育，指挥水上交通，维护航行秩序，检查监督船舶航行，发布航道通告，督促清除航道障碍，调查处理水上交通事故，按规定办理船舶和船用产品检验，办理船员和船舶电焊工考试，办理船舶等级发证，征收船舶港务费以及对渡口进行安全监督等。

2001年7月，江苏省水监体制改革，原淮安市港航监督处、淮安市船舶检验处分别更名为淮安市地方海事局、淮安市船舶检验局，实行“一套班子，两块牌子”。原楚州区、淮阴区港航监督所分别更名为楚州地方海事处、淮阴地方海事处，直属淮安市地方海事局，原船舶检验业务由淮安市船舶检验局负责。原淮安船闸港航监督站、杨庄港航监督站分别更名为楚州地方海事处淮安船闸海事所、淮阴地方海事处杨庄海事所。

淮安市地方海事机构对辖区内河水上交通安全实施统一监督管理，负责全市水上交通安全监督管理、船员管理、船舶登记、船舶检验、船舶污染防治和航政、水上运政。

二、港航监督管理

港航监督管理包括船舶检验、船员管理、港航安全设施管理。

船舶检验包括船舶制造检验和船舶营运检验。在1983年以前，淮阴地区两个国营轮船公司和几家较大的集体企业船舶以及水运单位40马力以上的机动船由地区车船监理所检验，其余由各县车船监理所检验。1984年开始，市交通监理处陆续购进超声波测厚仪、拖轮拉力仪、回弹仪、转速仪、半导体点温仪等一批船检仪器。20世纪90年代后，应用微机对船舶设计图纸进行审查、批准，检验工作逐步走上正规化、科学化。

船员管理主要是按照国家、省有关船员考试办法和考试大纲的规定，按期对持照的二级轮船船员进行升级考试和年度审验。轮船船员培训以船舶单位自培为主，监理部门帮助指导和进行考核。船员年审以县（市）监理所为主，地区监理部门派员指导。审验范围是持有本辖区签发的40马力以上《中华人民共和国船员证书》者。首先分批组织船员学习安全生产文件、事故通报、港航法规，然后进行业务技术考试和体检，凡合格者在证书上加盖审验合格章，不合格者取消轮船船员资格。

港航安全管理主要是港监部门对各港进出口船舶进行审验、签证。审验内容包括船舶检验证、船员证、航行证等是否齐全、有效，安全设施是否符合规定要求，经审验合格，证件齐全、有效，方予签证放行。

三、水上交通安全监管

（一）渡口渡船管理

淮安市河流多、分布广，渡口较多。2001年，全市在册乡镇渡口有111道。2007年，全市尚有渡口136道、从业渡工328人、渡船185艘。2008年，全市有渡口124道、渡工319人、渡船155艘。

图7-10　淮安市地方海事局开展大运河航道检查（2003年）
市地方海事局　供

2000年起，淮安市加强渡工培训和渡船更新。2001年，全市在册乡镇渡口安全管理考核合格率达93.7%，更新渡船55艘。2002年，《江苏省渡口管理办法》出台，明确各级政府及有关部门对渡口管理的责任。全市贯彻执行《江苏省渡口管理办法》，坚持以落实渡口渡船安全管理责任制为核心，按照“分级管理，包干负责”的原则，分解渡口渡船安全管理工作目标，与各乡镇、各有关部门签订目标责任状，明确各乡镇人民政府和交通、安监、海事等部门的职责。海事部门配合当地政府召开乡镇渡口安全工作专题会议，研究落实针对性措施。加强渡工安全意识教育和技术技能培训，按照《江苏省渡口管理办法》及其他有关规定，对全市渡工开展培训、考试，对考试合格者发给渡工船员证书，严格做到持证上岗。

实施“撤渡建桥”“渡船更新改造”和“渡口达标”三大工程。针对部分渡船技术状况差的情况，开展渡船更新改造工程，多方筹集资金，统一渡船船型和建造标准，对不合格的渡船进行更新改造。从2000年起，各县（区）多渠道筹集资金，推行“撤渡建桥”工程，从根本上消除渡运不安全因素。开展渡口达标和创建安全文明渡口活动，制定《渡口安全管理标准》和《安全文明渡口标准》，提高渡口安全渡运的基本条件。通过“三大工程”，打击农用自备船舶非法载人和私渡行为，消除一批水上交通安全隐患，全市乡镇渡口的安全状况明显改善。

2005年11月开始，全市开展为期2年的渡口渡船安全管理专项整治活动。到2007年年底，全市渡口、渡船安全管理达标合格率达100%，安全文明渡口数量超60%。2008年，全市改造渡口36个，撤渡建桥3座。

2008年淮安市渡口基本情况表

表7-25

县（区）	渡口数（个）	渡工数（人）	渡船数（艘）
淮阴区	21	52	21
楚州区	26	71	44
清浦区	5	10	8
洪泽县	4	9	6
盱眙县	11	22	17
涟水县	39	120	40
金湖县	18	35	19
合计	124	319	155

（二）水上搜救

1978—2000年，全市水上搜救能力逐步加强，搜救制度、预控措施逐步建立和完善。全市水上搜救重点区域在洪泽湖区。加强入湖船舶签证管理，掌握入湖船舶动态，加强应急预控，密切监视气候变化，严格控制入湖船舶，遇有7级以上大风预报实施封湖，确保船舶航行安全。加强现场巡航，遇有6级以上大风，搜救艇立即出航巡航，对易发生事故水域加强搜索，及时将航行中的船舶引入避风港，对遇险船舶实施救助。

2001年后，淮安市加强水上搜救装备建设，加大科技投入。通过实施海巡艇建设，逐步配备专业化的搜救设备，在重点航段和湖区，搜救艇在速度、抗风等级等方面的性能有很大提高。2006年1月，淮安市洪泽湖水上搜救中心成立，整合各方搜救力量和装备，为水上搜救工作提供组织保障。同时，海事部门加强水上交通应急救援管理，制定完善《淮安市水上交通突发事件应急预案》和《洪泽湖区船舶遇险搜救应急预案》《防汛抗台预案》等工作预案。以风力强度为标准，完善封港签证、艇力安排、护航护拖、抢险救生、信息反馈等程序。

2007年10月29日，江苏省首次大型湖区水上搜救综合演习在洪泽湖东岸举行。演习内容包括人命救助、船舶救援、船舶消防、溢油处置，动用各类船艇58艘、直升机1架，总参演人员超过200人，历时80分钟左右，并且首次以电视形式向观众播放。其规格及规模创下全省湖区水上搜救综合演习的多项纪录。演习由江苏省交通厅与淮安市政府联合主办，省地方海事局承办，洪泽县政府、省洪泽湖管委会以及市交通局等10余个单位参加演习。

（三）洪泽湖避风港建设

1978年，境内洪泽湖区有高良涧、蒋坝、九龙湾、夏家桥、周桥5座避风港。20世纪80年代，先后修缮高良涧、蒋坝、周桥避风港。

1992年12月，开工建设马浪岗避风港，因位于洪泽湖南线航道9号标西200米处，也称9号标避风港。该避风港东至洪泽湖大堤约4公里，北距高良涧镇约8公里，为椭圆形，主体工程为长3800米的抛石斜坡挡浪堤，堤顶高程16.5米，有效水域面积1.5万平方米，可容纳100吨级船舶100艘，总投资约450万元。由江苏省交通厅、淮阴市交通局共同投资，江苏省交通规划设计院设计，洪泽县交通局具体实施，洪泽县、沭阳县水利工程队共同施工。1994年7月31日建成投用，总投资300余万元。

2005年9月，开工建设11号标避风港（原16号标避风港）。该避风港位于洪泽湖南线航道11号标段水域，港内水域面积1.6万平方米，距马浪岗避风港约9公里，至蒋坝约11公里，港池可同时容纳100吨级船舶100艘，兼顾考虑200吨级船舶进港避风浪。该工程由省交通厅、市交通局共同投资，河海大学设计院设计，洪泽交通局具体实施，中海工程建设总局中原工程建设分局施工，江苏河海工程建设监理公司监理。2006年年底主体完工，总投资1000多万元。

2008年8月，开工建设洪泽湖高良涧船舶安全停泊区。该船舶安全停泊区位于高良涧复线船闸上游2.5公里处，建成后总有效面积16万平方米，可停靠200吨船舶400艘，工程中标价1433万元。其中，省交通厅补助资金1060万元，地方配套资金373万元。该工程由江苏省路港建设工程有限公司承建，至2008年年底，工程仍在建设。

（四）船舶载运危险货物安全整治

2001年，淮安市地方海事局成立后，依法开展船舶载运危险货物及“百日会战”等安全专项整治工作，强化危险化学品船舶的法定检验，建立危险化学品水运安全事故应急救援体系。

2006年4月至10月底，在全市范围内继续开展船舶载运危险货物安全专项整治活动，整治重点为淮安市辖区油船、散化船等。专项整治期间，海事部门对危货船舶未按规定办理申报手续、未持有有效的安全适航、适装证书和防污染证书、货物未达到安全适运、单证不全或现场核查发现与申报不符、申报人员不具备申报资格等情形的，一律先纠正后查处，并禁止这类船舶进、出港口；对危货船舶申报时隐瞒、谎报危险货物品名性质的，依照国家《危险化学品安全管理条例》和《内河海事行政处罚规定》，责令其立即纠正或限期整改到位，并依法进行从重处罚；对查出存在严重缺陷的船舶立即予以滞留，并书面提出当即或限期整改，同时将船舶检查情况通报给船籍港海事或船检机构；对于存在船体结构、设备配备方面问题的船舶，通过原发证的船检机构对该船舶实施附加检验，合格后再予以放行。跟踪督促港口、码头单位及船舶船主编制安全应急预案，配备应急、防污设备提高事故抢险救援能力，督促载运危险货物的船舶制定保证水上人命、财产安全和防治船舶污染的具体措施，编制应对水上交通事故、危险货物泄漏事故的应急预案以及船舶溢油应急计划等，配备相应的测爆仪、围油栏、消油剂等设备和器材。同时，还对船员进行必要的安全知识和操作技能测试，尤其对油船、散化船船员在设备使用、自救方面的基本知识进行测试，对于实际操作和安全知识口述不合格的船员，按规定重新进行培训。

（五）船舶防污

2006年1月，《中华人民共和国防治船舶污染内河水域环境管理规定》施行后，淮安海事部门把防治船舶污染作为治理运河的重要环节，采取多种方式进行宣传教育，增强船员环保意识，动员船员参与防治船舶污染。同时开展苏北运河船舶污染综合整治，检查加油站、机动船舶，督促船舶污染整改，指导机动船舶装设油水分离器，辖区安装油水分离器机动船舶达100%。对在报港检查和巡航过程中发现有污染隐患的船舶，责令立即消除或限期消除；对存在严重污染隐患而拒不整改的船舶，依据《中华人民共和国防治船舶污染内河水域环境管理规定》的要求，采取责令其临时停航、停止作业，禁止进港、离港，责令驶往指定水域等行政强制措施和行政处罚手段。并加快辖区京杭运河船舶污染综合整治项目建设。2006年，建成5座船舶垃圾收集站、8座油废水回收站。

2007年8月1日起，根据省交通厅、省建设厅、省环保厅有关联合通告精神，航行于苏北运河水域的所有船舶开展船舶垃圾和油废水的日常收集、分类和送交工作。京杭运河淮安段的5座船舶垃圾收集站、8座油废水回收站开始运行，全天候免费接收船舶送交的垃圾和油废水。海事部门在办理船舶签证手续时，查验接收证明，加强对船舶垃圾、油废水送交的监管。对故意向水体排放船舶垃圾或油废水且证据确凿的，依法予以从重处罚。

三、船舶检验

2001年7月，淮安市地方海事局（淮安市船舶检验局）成立，内设船检科。2002年，全市在职验船人员参加国家海事局组织的验船人员适任考试，并取得相应的验船人员适任证书。此后船检业务范围不断扩大，从检验一般拖船和货驳发展到对一级油船、三级油船、油田工作船组、海监艇、50米长江吸砂船进行图纸审查和建造检验。2003年，市船舶检验局通过国家海事局船检机构资质认可。2004年，江苏省船舶检验局在全省设立6个审图分中心，淮安市船舶检验局为其中之一。

2004年，开展京杭运河船型标准化工作，对挂桨机船进行拆解及落舱改造。到2007年年底，全市所有挂桨机船舶拆解完毕。2005年5月开始，开展低质量船舶专项治理活动。2006年，全面实施船舶法定检验质量管理体系，实现船舶检验工作标准化、规范化。2008年3月，在前期完成393艘“外挂船舶”回港工作的基础上，启动新一轮“外挂船舶”回港工作。同年4月，淮安市首次完成排水量9000余吨船舶设计图纸审查，船舶检验工作取得新突破。截至当年6月底，受理“外挂船舶”入籍检验申请276艘，完成“外挂船舶”入籍检验158艘，办结“外挂船舶”入籍登记70艘。

第五节　航道管理

1978年后，淮安市航道部门根据国家、省有关规定和技术标准，对境内航道及航道设施实施管理、养护和建设，审批与通航有关的拦河、跨河、过河、临河等设施的通航标准和技术；根据航道发展需要和通航标准，编制航道发展规划，拟定航道技术等级，组织实施建设、养护计划，对航闸职工进行技术业务培训；负责航道养护费、船舶过闸费等规费的征收、稽查和使用管理；发布内河航道通告，负责航道及航道设施的保护，制止、处罚偷盗、破坏航道设施以及侵占或损坏航道等违法行为。

1988—2003年，打捞无主沉船31艘，总吨位2455吨。

2001—2005年，依法实施行政处罚20041起。2003年，完成第二次全国内河航道普查任务。完成全市7级以上航道临跨过河设施档案建设。

2001年起，坚持巡航制度，开展航道清障扫床、航标维护管理和船闸养护管理工作。至2008年年底，全市干支线航道通航保证率分别超97%、90%，航标正常率达99.9%，船闸通航保证率100%，优良闸次率99.9%。

第六节　港口管理

运河两淮段是运河全线最繁忙的航段，承担煤炭、粮食等国家重要物资的运输任务。1978年后，随着经济快速发展，运河两淮段各类码头日渐增多。至2002年年底，淮安市有100余座码头，布局零乱，设备陈旧，无序经营，影响通航，污染环境。

2003年，为整合港口岸线资源，配合京杭运河两淮段“三改二”（三级航道改建二级航道）工程建设，淮安市决定对运河两淮段码头进行清理整治。同年3月10日至7月31日，拆除各类小码头91座，涉及起吊机械123台、输送机械42台、从业人员1000余人。拆除的91座小码头中，有9座煤码头、4座化学用品和化工原料码头、75座建材码头。码头的经营主体从整治前的68个减少到18个，145辆非法运输车辆被清出码头，新建新港、东港两个码头，续建楚州港，两淮段码头长期分散经营、无序经营甚至非法经营的现象得到根治。2004年2月开始，对两淮段沿线临时砂石堆场和船厂进行再次清理，清除砂石堆场30余处，拆除船厂19座。同时，加强运河岸线、堤防的规划管理，严格控制新建码头，杜绝变相利用岸线从事装卸经营活动。

2006年2月，淮安市港口管理局成立。2008年，开展运河通航环境专项整治，继续对大运河沿线码头进行整治，取缔乱占岸线的浮吊船作业点78处，拟订里运河码头整治方案。各县（区）也对辖区内小码头进行清理整治，全年取缔小码头35座。开展港口基础设施安全隐患排查、危货码头专家会诊等活动，加强对全市码头特别是危货码头监管，实施危险品作业认可，严格执行危货品码头作业申报制度，全市港口未发生一起安全事故。

第七节　交通工程质量监督

1993年8月，成立淮阴市交通工程质量监督站，与淮阴市交通工程管理处实行“一套班子，两块牌子”，负责全市交通道路、桥涵、航道、船闸、港口和站埠等工程的质量监督。1997年5月，市交通工程质量监督站与市交通工程管理处分设。同年6月，市交通工程管理处试验室被指定为淮阴市交通工程质量监督站检测中心，业务上受市工程管理处、质监站双重领导。

市交通工程质量监督站成立后，依据国家有关法规和部颁的现行技术规范、规程和质量检验评定标准，对全市交通建设工程（包括公路、水运工程）质量进行监督管理，同时对设计、施工、监理单位进行行业管理，完善政府监督、社会监理、企业自检三级质量管理体系。2008年，全市交通建设工程质量一直处于良好的受控状态。

第八节　交通规费征收

1978年后，淮阴地区境内开征的交通规费主要有公路养路费、车辆通行费、运输管理费、汽车客票附加费、水陆运输货物附加费、航道养护费、船舶过闸费和船舶港务费等。其中，公路部门主要负责公路养路费和车辆通行费的征收管理，运管部门负责征收的规费有运输管理费、客票附加费、货物附加费和"五小"（小三轮客车、改造三轮机动车、摩托车、手扶拖拉机、三轮摩托车）车辆养路费，航道部门主要负责征收的规费有内河航养费、船舶过闸费，海事部门负责船舶港务费、船检港监费的征收和管理工作。2002年，全市征收上述10种交通规费3.08亿元。2008年，全市征收交通规费约4亿元。

一、公路养路费

境内公路养路费征收始于1980年。是年，根据《江苏省公路养路费征收和使用规定》，淮阴地区公路管理处和各县公路管理站对辖区内领有行车牌照的各类客货汽车、胶轮拖拉机、拖挂车、革新机动车、特种车，按规定费率标准征收养路费。对党政机关、学校、人民团体自用的小轿车、小吉普车，市区的公共汽车、电车，设有固定装置的警备车、消防车、专用清洁车、洒水车、殡葬车、交通监理等车辆，免征养路费。养路费计征费率是：交通运输部门的专业运输车按营运总额的10%计征；企业、事业单位及非营运部门的车辆按核定载重吨位每月每吨70元计征（载客汽车按核定客位每10座换算为1吨）；随车拖带的客货挂车每月每吨按35元计征；拖拉机按发动机每20马力折合1吨计征；手扶拖拉机每月每台按20元计征；畜力车按套计征，单套每月征15元。全市养路费征收工作原由市公路管理处财务科和各县公路管理站财务会计人员负责，1984年起，改由市公路管理处路政科和各县公路站路政管理人员负责。手扶拖拉机和人、畜车养路费由所在县交通局按规定费率征收，专户存储，专款专用。市公路部门负责征收的养路费按照一定比例上缴省交通厅。1984年7月，征收费率调整，按营业额征收的车辆，由原来的10%改为按12%计征，按吨位计征的车辆由原来的每月每吨征70元改为80元。1985年7月1日起，征收费率再次调整，将原来按营业额征收的专业运输车由12%提高到15%；按吨位计征的车辆，由每月每吨征80元提高到105元；二轮、三轮摩托车每辆每季分别征收养路费15元和21元。同时规定，对漏交、迟交应征养路费的车辆以每月1日为起点，每迟交1天加收应征费额1%的滞纳金。

1988年7月1日起，养路费征收费率在1985年基础上提高。原按每吨每月105元征收的车辆提高为每吨每月120元，原按半费每吨每月53元征收的提高为每吨每月60元；不属国家行政、教育经费拨款开支的小轿车、小吉普车，原按每月每辆50元征收的，提高为每月每辆70元；二轮摩托车原按每季度每辆15元征收的，提高为每季度每辆21元；侧三轮摩托车原按每季度每辆21元征收的，提高为每季度每辆27元；革新机动车原按每辆每月80元征收的提高为每辆每月100元；大型平板汽车20吨以下每吨每月60元，20吨以上部分每吨每月30元；2人座的小三轮客车和正三轮摩托车每辆每月分别为15元和50元，手扶拖拉机每台每月30元，从事营运的拖拉机每吨每月60元；畜力车单套、双套、多套每辆每月分别是12元、20元、30元；统缴的运输企业按月营运收入的15%计征。

1990年7月1日，对每月每吨120元计征养路费的社会客运车辆，其养路费调高为每月每吨

220元；按营运收入总额15%计征的专业运输企业中不参加营业性运输的各类客运车辆养路费征收标准不变；将二轮摩托车的征费标准调低为每季度每辆15元。

1992年1月1日，国家《公路养路费征收管理规定》开始施行，养路费按费率和费额两种方式征收。征收费率定为营运收入总额的12%～15%。对实行承包后难以掌握营业收入的，以及专业运输企业内非营运车辆按费额计征。客车比照同类型货车底盘标记的载重吨位计征，无载重吨位的，按最高载客人数每10人座折合1吨位计征；客货两用汽车按载货吨位与载客座位折合吨位合并计征。

1993年10月，《江苏省公路养路费征收管理规定实施细则》发布，后于1997年12月修订，规定征收费率为15%。1994年10月17日，省计划经济委员会、省财政厅、省物价局和省交通厅联合印发《关于统一全省养路费征收方式的通知》，规定具体的费额标准。从事营业性运输的大中型客车，养路费暂按每月每吨180元计征；从事营运性运输的小轿车、小吉普车及10座以下的其他各类机动客车，养路费暂按每月每吨130元计征；从事营业性运输的各类货车，养路费暂按每月每吨120元计征。

1996年，省财政厅、省物价局和省交通厅联合印发《关于调整公路养路费（含高等级公路建设资金）征收标准的通知》，对公路养路费征收标准进行调整。客、货汽车提高到每月每吨200元，社会客运车辆费额标准提高到每月每吨260元；5座以下小轿车、吉普车降至每月每吨120元。2000年8月，省发展计划委、省财政厅、省物价局、省交通厅联合发文，加强公路养路费征稽工作规范管理行为。

二、车辆通行费

1988年，交通部、财政部等部门联合出台《贷款修建高等级公路和大型公路桥梁、隧道收取车辆通行费的规定》，规定利用贷款新建、改建的高等级公路（二级和二级以上）或大型公路桥梁、隧道，需要偿还贷款的，经省、直辖市、自治区人民政府批准，可收取车辆通行费。境内公路收费站的设置，由省交通厅统一布局，政府还贷公路的收费期限，按照用收费偿还贷款、偿还集资款的原则确定，最长不得超过15年。境内公路车辆通行费开征始于1989年。是年，经省政府批准，宁淮路三河闸收费站完成组建并开始收费。

1991年，省财政厅、省物价局和省交通厅联合颁发《江苏省车辆通行费征收管理暂行办法》，收费标准与全省收费公路工程实际负债情况相比偏低。1996年，省财政厅、省物价局和省交通厅联合颁发《关于调整车辆通行费征收标准的通知》，1996年7月1日执行新的征收标准。

1992年，淮阴市完成宁连公路三河大桥收费站组建及建棚工作，收费工作与宁连公路武马段通车同步进行。1994年10月，宁淮路三河闸收费站撤站。

1993年，完成淮江线淮安板闸收费站、淮阴一号桥收费站建设和组建工作。同年7月，板闸站开征。1994年，设立宁徐路盱眙收费站并开通收费。1996年9月，205国道徐溜收费站开征。1997年12月，板闸收费站试点建立收费监控系统。1998年10月，淮阴一号桥收费站撤站。徐溜、盱眙等收费站先后设置收费监控器。1999年3月，盐金公路金湖收费站开征；7月，308省道涟水收费站开征。2000年8月，312省道洪山收费站开征。到2000年年底，涟水、板闸、徐溜、盱眙收费站建成收费管理系统，实现处站联网。到2008年年底，全市有205国道徐溜收费站，237、328省道楚州收费站，234、327省道涟水收费站，236省道大福收费站，盐金公路金湖收费站，宁徐公路盱眙收费站，331省道洪山收费站7个普通公路收费站。

三、运输管理费

1984年起，境内开始征收运输管理费，由市运输管理处代征。境内从事营业性水陆客货运输、搬运装卸、运输服务、汽车维修的企业、单位和个人，都按规定缴纳运管费。征收标准按经营者营业收入计征，最高不超过1%。

此后，由于运输企业逐步转变经营机制，对其客货运输车、船实行不同形式的承包责任制，营运收入难以统计。1994年12月，省财政厅、省物价局和省交通厅联合发文，对运管费按营收和按定额两种计征方法进行整合，凡使用各类车、船从事营业性客、货运输的企业、单位和个人均实行定额计征，其征收标准基本不变。

四、汽车客票附加费

1986年，省政府批准开征汽车客票附加费。征收标准为1～5公里免征；6～20公里每人每票征收0.05元；21～50公里每人每票征收0.1元；51～100公里每人每票征收0.15元；101～150公里每人每票征收0.2元；151公里以上，每人每票征收0.25元。出租、旅游、包车按车辆核定座位，每次每座征收0.25元。

1991年3月，省计划经济委员会、省交通厅、省财政厅和省物价局联合颁发《汽车客票附加费由定额征收改为按人公里征收的实施办法》，规定将汽车客票附加费由定额征收改为按人公里0.01元计征。1992年12月，从每人公里0.01元调整为每人公里0.02元。

1994年，省物价局、省交通厅联合印发《关于汽车客票附加费统一按定额征收的通知》，从当年7月1日起，原来按营收计征的附加费，改为按定额计征，征收标准按每车座每月48元、60元、72元计征。

按照国家发展计划委员会、财政部和交通部联合印发《关于规范公路客货运附加费增加公路建设资金的通知》要求，从1998年7月1日起，汽车客票附加费征收标准在原有每人公里0.02元的基础上再增加0.01元，即按每人公里0.03元计入票价。由客运经营者向旅客收取，运管部门向客运经营者征收，征收标准由每车每座每月48元、60元、72元相应调增为72元、90元、108元。

根据省交通厅、省计划经济委《关于开征水陆运输货物附加费的通知》，1988年7月1日起，境内开征水陆运输货物附加费（简称“货附费”），由运管部门组织实施。其征收标准为：按运费的5%计征；定额计征的，车每吨位每月25元，船每吨位每月2.5元。交通厅对货附费收支管理进行规定，市超收部分，按省、市四六比例分成，核定当年下半年淮阴市货附费包干上交基数为150万元。

1995年1月1日起，淮阴市按照省财政厅、省物价局和省交通厅联合印发的《关于运输货物附加费改按定额计征的通知》，将运输企业按运输收入的5%计征的货附费改定额计征，运输经营者向货主按运费5%计征货附费的规定不变。其征收标准为车每吨位每月25元，船每吨每月2.5元。

五、“五小”车辆养路费

按照省交通厅有关规定，2001年起，境内“五小”（低速货车、三轮汽车、拖拉机、摩托车、四轮农用机动车）车辆养路费委由市、县（区）交通运管部门征收，按县（区）交通特种资金管理，由县级交通部门平衡使用于支线公路和城郊公路养护。2005年，市运输管理处对迟缴“五小”车辆养路费的车主采取加收滞纳金的征收方法。

六、航道养护费

1992年8月4日，交通部、财政部和国家物价局发布《内河航道养护费征收和使用办法》。1994年3月16日，江苏省政府发布《江苏省内河航道养护费征收和使用办法实施细则》，航养费按照下列标准按月或季度计征：县以上交通主管部门专业航运企业的营业性船舶及其承运排筏和其他浮运物体，按其运费收入的8%计征。对难以准确反映运费收入的营业性船舶、非营业性船舶以及排筏和其他浮运物体，按下列标准计征：拖轮、推轮等按每月每千瓦10元计征；客轮按每月每总吨位7元计征；货轮、挂机船等按每月每总吨位12元计征；客、货驳等非机动船按每月每总吨位3.5元计征；排筏和其他浮运物体按其通过江苏省航段里程，每立方米（吨）每公里0.005元计征。

1998年9月3日，省物价局、省财政厅印发《关于降低内河航养费征收标准的通知》，决定航养费统一改按吨位定额征收，具体征收标准为：拖轮、推轮每月千瓦9元，驳轮、客轮每月总吨位3元，货轮每月总吨位10元，挂机船每月总吨位11.5元，排筏等浮游物不再征收航养费。

七、船舶过闸费

1994年7月13日，江苏省政府批准《江苏省船舶过闸费征收和使用办法》。省交通主管部门管辖船闸的船舶过闸费由省交通主管部门航道管理机构负责征收、使用和管理。过闸费征收标准分为京杭运河苏北段船闸收费标准和除京杭运河苏北段以外的船闸收费标准两类。

八、船舶港务费

20世纪80年代中期前，船舶港务费是港口收费项目之一。20世纪80年代后期，港监体制改革，港务监督机构成为独立的行政执法单位，船舶港务费从港口收费调整为行政事业收费。船舶港务费成为港务监督机构向船舶所有人或经营人收取的行政事业规费，专项用于港务监督机构的事业经费，实行“收支两条线”管理。

1993年4月10日，省物价局、省财政厅和省交通厅联合印发《关于调整船舶港务费征收标准的通知》，对船舶港务费征收标准进行调整。调整后的标准为：船舶每进港或出港一次，分别计征进港或出港船舶港务费；货轮、货驳、挂桨机船、客轮、客货轮、车辆渡轮按每总吨，拖轮按每千瓦，排筏及水上浮具按每立方米各0.25元计征。从事港内航行和作业的船舶按每总吨（千瓦、立方米）每月2.4元征收。江苏省交通系统县以上专业运输单位，根据其船舶总吨（千瓦、立方米）各项总数，分别按每总吨（千瓦、立方米）每月1.6元或每季度4.8元计征。

·淮安市志·（1978—2008）

第八卷 水利

淮安市位于淮河流域下游，洪泽湖、白马湖、高邮湖、宝应湖等湖泊镶嵌其间，京杭大运河贯穿南北。全境面积10072平方公里，有80%以上区域在设计洪水位线以下，每年要承泄淮河上中游15.8万平方公里范围内的洪水，是一块漂浮在水上的土地，素有“洪水走廊”之称。历史上，淮安因黄河夺淮，危害达7个世纪，造成水系紊乱，宣泄不畅，水灾连年，水利废弛，形成“大雨大灾、小雨小灾、无雨旱灾”的局面。洪涝旱灾的频繁发生，成为困扰淮安市经济发展、导致贫穷落后的主要原因。

中华人民共和国成立后，淮阴地区掀起兴修水利的高潮，先后加固洪泽湖大堤，开辟苏北灌溉总渠及分淮入沂的淮沭新河，整治淮河入江水道，兴建三河闸、二河闸等大批骨干工程，同时进行梯级河网化建设，推广旱改水。至20世纪60年代末，初步建立起较为坚固的外围防洪屏障和基础灌溉体系。

20世纪70年代，淮阴地区更新治水观念，广泛开展以建设旱涝保收、高产稳产农田为中心的“治水改土”运动。实行山、水、田、林、路综合治理，逐步实现灌溉渠系化、排涝河网化、田块方整化、大地园林化，极大地改善农业生产条件。20世纪80年代，进一步明确水利为农业服务、为国民经济和社会发展服务、为实现经济翻番服务的指导思想。全市围绕商品粮基地建设，加快中低产田改造步伐。至20世纪80年代末，改造中低产田13.33多万公顷，建成旱涝保收农田19.2万公顷，全市旱涝保收农田发展到42.46万公顷。其间，进一步实行分级建设、分级负担、合作兴办的原则，完成淮阴翻水站兴建、京杭运河苏北段淮安境内疏浚等国家重点工程，并完成地方基建项目20余项。同期，依法治水、依法管水工作得到明显加强。水利工程水费征收工作也在20世纪80年代中期逐步展开。

1991年，淮河流域发生特大洪涝灾害，中共中央、国务院作出《关于进一步治理淮河、太湖的决定》，全市迅速掀起以治淮和改造中低产田为中心的又一轮治水高潮。1991—1995年，全面完成淮河入江水道加固、洪泽湖大堤抗震加固、分淮入沂续建等治淮重点工程，累计投资1.4亿元；先后加固二河闸、三河闸、淮北大堤；洪泽湖周边排涝问题得到有效治理；怀洪新河工程正式启动实施；徐洪河影响工程、温山河疏浚、涟中渠道拆建、杨庙抽水站兴建等地方基建项目全面建成；农田水利基本建设则围绕“中低产田改造上规模、灌区改造上水平、泵站改造增效益”指导思想，高起点、高标准开展工程建设。其间，水利工程水费征收全面展开；科技兴水成效显著，有106项科技成果获部、省、市级奖励。

1996—2000年，全市水利建设坚持“防洪保安为主、洪涝旱渍兼治”的治水方针。治淮工程方面，全面实施怀洪新河江苏段河段和影响工程，完成防洪岁修、急办等度汛应急工程231项，除险加固中小水库92座；洪泽湖周边洼地治理方面，完成投资3200万元；淮河入海水道工程方面，1998—1999年完成投资3.9亿元，5年间完成地方基建投资4960万元；农田水利建设方面，全市共投入劳动积累工1.93亿个、资金2.6亿元，改造中低产田7.07万公顷，建成高标准农田水利示范方、示范片51个，面积2.1万公顷。

2000年后，淮安市围绕新农村建设和城市化发展战略，全面建设现代水利。2001—2008年，淮河入海水道工程全线建成，并在淮河流域2003年、2007年2次大洪水中紧急启用，大大减轻淮河洪涝灾害的损失。先后实施以灾后水利重建、淮河入海水道增补完善、行滞洪区安全建设为重点的治淮工程，以淮安四站及输水河道、淮阴三站和淮安城区截污导流工程为重点的南水北调工程，以灌区节水改造、县乡河道疏浚、村庄河塘整治、机电泵站改造、圩区综合治理为重点的农村水利工程，以文渠河及环城河等城区泵站改造、钵池山周边水环境整治为重点的城市水利工程，以一帆河闸、湖洼治理为重点的地方基建工程，以岁修急办、水库除险加固为重点的防汛工程。全市防洪保安能力和水资源保障水平显著提升，水行政执法管理、水利工程管理、水利建设管理明显加强，水利事业单位改制、水利工程管理体制改革、农村水利投入机制改革进一步深化，水利科技得到快速发展。

第一章　河道治理

第一节　淮河治理

淮河全长1000公里，流域面积18.6万平方公里，在淮安市境内长70公里。

1978—1982年，淮阴地区继续实施淮河北堤固堤工程。1984—1985年，淮阴市在盱眙县淮河南岸实施淮河清障工程，完成土方5万多立方米。

2001—2005年，淮安市实施盱眙县淮河北堤加固工程，完成黄岗段复堤3公里，新建块石护坡19.3公里，拆建河洪闸、龙窝涵洞、杨东站涵等病险穿堤建筑物9座，大堤防渗处理长3公里。2004—2007年，实施鲍集圩行洪区安全建设工程，完成改建撤退道路27条，总长度79.82公里。2008年，继续实施盱眙县淮河北堤加固工程，包括盱眙县黄岗引河堤防加固工程和盱城镇老船塘段堤防除险加固工程。黄岗引河堤防加固工程完成黄岗圩复堤3公里，新建黄岗引河迎水面混凝土预制块护坡3公里，拆建泵站2座装机4台共325千瓦，新建小楼排涝涵洞1座。老船塘段堤防除险加固工程完成老船塘至淮河大桥挡土墙2.53公里。累计完成投资2116万元。是年，投资967万元实施淮河“三滩”（腰滩、蛤滩、城根滩）排涝泵站拆建工程。

第二节　淮河入江水道治理

淮河入江水道是淮河下游的主要泄洪河道，上起洪泽湖东南堤上的三河闸，下至扬州市江都的三江营，流经淮安、扬州两市9个县（区），全长157.2公里，在淮安境内长56公里。淮河70%以上洪水由此汇入长江，设计行洪流量1.2万立方米/秒。

1983—1985年、1986—1987年，分2期对三河闸拦河坝按照二级坝标准进行加固，共计完成土方129.4万立方米、混凝土2138万立方米，砌石1.87万立方米、转运块石2.03万立方米，投资612.7万元。

1991年淮河流域发生大水后，国务院治淮治太（治理淮河和太湖）会议决定，淮河入江水道按原定的安全行洪流量1.2万立方米/秒进行加固。1991年11月底，淮河入江水道第四次治理加固工程开工。至1996年10月，完成三河闸至高邮湖口全部工程项目，累计加固堤防48.49公里，修砌块石护坡及挡浪墙85.36公里，加固建筑物32座，修防汛路面59.7公里，漫水公路以上河床清障466.7公顷，全部工程均达到原定安全行洪标准。

图8-1 淮河入江水道治理场景（20世纪90年代） 市水利局 供

2001—2005年，在淮河入江水道加固工程中，淮安境内完成堤防防渗处理10.7公里，块石护坡11.8公里，填塘固基和复堤加固3.7公里，新建及维修防汛路面47公里；完成淮河入江水道金湖大桥、太平排涝站等近20座建筑物的拆建、新建和加固。2008年，实施淮河入江水道沿线影响工程，包括金湖县太平排涝站机电工程、盱眙县坚强排灌站及穿堤涵洞拆建、金湖县利农河二期整治等工程。其中，金湖县太平排涝站机电工程，核定总投资693万元，2008年3月完成机电设备安装及零星土建部分，当年8月通过机泵联动试运行验收并投入使用；盱眙县坚强排涝站及穿堤涵洞拆建工程排涝设计流量3.6立方米/秒，概算投资225万元，2008年5月开工建设，当年9月完成；金湖县利农河二期整治工程疏浚利农河城区段河道4.8公里，两岸新做防护2.5公里，加固西岸堤防4.8公里，工程静态投资1242.98万元，2008年5月完成。

第三节 淮河入海水道工程

图8-2 三河闸（2008年） 三河闸管理处 供

1991年江淮大水后，中共中央、国务院作出《关于进一步治理淮河和太湖的决定》，明确“九五”计划期间建设淮河入海水道。淮河入海水道西起洪泽湖东侧二河闸，沿苏北灌溉总渠北侧与总渠呈“二河三堤”格局，东至盐城市滨海县扁担港注入黄海，全长163.5公里，其中淮安市境内长64公里。工程规划分两期实施，近期工程总投资41.17亿元，其中淮安市境内工程总投资19.5亿元，工程内容主要包括163.5公里行洪河道两岸堤防填筑及泓道开挖，新建二河枢纽、淮安枢纽、淮阜控制、滨海枢纽、海口枢纽各1座，建两岸穿堤建筑物29座、跨河桥梁5座，同时实施渠北排灌处理影响工程以及征地拆迁与移民安置，设计行洪流量2270立方米/秒，强迫泄洪流量2890立方米/秒；远期工程设计行洪流量7000立方米/秒。

淮河入海水道近期工程于1998年10月开始试挖，1999年10月全面开工，2002年12月完成主体工程，2003年6月通过水利部主持的通水验收。2003年7月4日，根据国家防汛抗旱总指挥部、淮河防汛抗旱总指挥部命令，刚刚投入使用6天的淮河入海水道工程于当晚23时48分启动泄洪，至8月6日结束，行洪33天，分泄淮河洪水44亿立方米，有效降低洪泽湖最高水位0.4米，极大减轻淮河入江水道、分淮入沂工程的泄洪压力，避免洪泽湖周边350平方公里范围滞洪淹没损失，直接免灾效益27.68亿元，为2003年淮河流域防汛抗洪斗争取得全面胜利作出重大贡献。

2003年淮河流域大水后，实施淮河入海水道增补完善工程。至2005年年末，淮安境内完成堤防护坡23.3公里、堤防垂直铺塑工程18.8公里、灌浆工程9.3公里；建成楚州城区泵站，流量22.3立方米/秒；建成清安河泵站，流量29立方米/秒。

2007年7月，淮河流域再次发生流域性大洪水。根据国家防汛抗旱总指挥部、淮河防汛抗旱总指挥部命令，淮河入海水道于7月10日中午12时启动泄洪，8月1日17时结束行洪，行洪22天，泄洪36亿立方米，极大地减轻淮河洪涝灾害损失。在大水后的灾后水利重建工程中，加固维修入海水道滩地小型建筑物660座，维修防渗渠道8.5公里。

2006年起，淮河入海水道工程先后实施淮扬路路面降低工程、二河枢纽上游河道疏浚工程、北堤防汛道路及上堤马道硬化工程与水毁修复工程。完成淮扬路跨河路面拆建575米，二河枢纽上游河道疏浚870米，北堤防汛道路硬化42.1公里，圩口闸拆建23座，斗龙渠涵拆建57座；完成圩口闸修复23处，生产桥维修8座，泵站维修23座，涵洞修复249处。2008年，实施渠北排涝影响增容工程。其中，机口增容南站工程于当年3月16日开工，机口增容北站工程于当年3月18日开工。是年，实施淮河入海水道淮安段水毁修复工程，包括淮阜段南隔堤修复、清浦区内北堤脚填塘、淮安枢纽下游滚水坝子堰修复、小型水利工程修复等。2008年9月，全部完成。

图8-3　淮河入海水道工程奠基仪式（1998年）
顾树青　摄

图8-4　淮河入海水道建设场景（2000年）
市水利局　供

第四节 苏北灌溉总渠修治

苏北灌溉总渠是为利用洪泽湖淮河水源，发展废黄河以南地区灌溉，增辟洪泽湖排洪入海出路而开凿。自洪泽湖东岸高良涧起，至黄海之滨扁担港入海，横贯淮安、盐城两市，全长168公里，淮安境内长73.33公里。1978—1984年，对主要险工段进行灌浆处理29.02公里，背水坡帮戗25.36公里，左右堤防增做块石护坡176公里，占两堤总长的56.2%。对高良涧闸按照行洪流量800立方米/秒进行加固处理外，对运东分水闸、六垛南闸和沿线涵洞，也都根据不同要求进行加固、改建。

图 8-5 苏北灌溉总渠护坡工程（2006年） 张亚成 摄

1978—2008年，对苏北灌溉总渠南堤部分堤防进行除险加固、背水坡防渗处理。新建钢筋混凝土结构防浪墙，共3段，长12.5公里；进行南堤背水坡反滤处理工程，共4段，长9.8公里；堤身压密注浆，共11段，长5.9公里；堤身机械垂直铺膜，共9段，长5.7公里；堤身高压定喷，布置在苏嘴涧和盐城市恒河涧、三乡涧、跃进涧两侧，与堤身机械垂直铺膜联结，共长0.35公里。

第五节 淮沭新河治理

淮沭新河是一条人工开挖的具有泄洪、灌溉、航运、发电等综合功能的河道。该河分3段，自二河闸向北至杨庄与中里运河相交，称二河；自淮阴闸经淮阴区、沭阳县入新沂河，称淮沭河；自新沂河向北至黄泥蔷薇河入海，称沭新河。二河—淮沭河全长97.6公里，淮安市境内长65.8公里，设计（分淮入沂）最大分泄淮河洪水流量3000立方米/秒。

二河为淮安市区主要饮用水水源地，于1958年4月至1959年1月开挖。1979年9月，完成其水下工程二河闸上下游水下土方540万立方米。1992年干旱，开挖部分浅滩，挖深1.5～2米不等。

二河东堤自1977年以后多次进行灌浆充填，1980年加做后戗4段，计14.5公里，1993年又做灌浆处理20.2公里，贴坡反滤工程25.2公里。二十世纪七八十年代，陆续翻砌、接高块石护坡19.4公里。1991年以后，完成剩余的11.26公里块石护坡工程。2001—2006年，在分淮入沂续建工程中，完成二河东堤长14.6公里复堤加固和防渗处理。

二河西堤在1976年完成块石护坡21.9公里的基础上，1979年加做5.15公里的三级后戗。1991年实施分淮入沂续建工程后，又对原块石护坡翻砌、接高和整修，并完成剩下的10.9公里块石护坡工程。1997年，二河西堤侯二门险工段被列入洪泽湖大堤加固工程，是年6月底竣工，完成土方30万立方米、石方340立方米。

淮沭河段在1991年大水后，对东、西泓实施大规模清障和堤身除险加固，共完成土方95.8万立方米，并对块石护坡进行全面整修。2001—2005年，完成淮沭河西堤机械垂直铺膜8.15公里、振动沉模防渗1公里和贴坡反滤1公里。2005年10月至2006年3月，实施淮沭河滩地水毁二期工程，加固排涝洞子堰12座及有关附属工程，以解决淮沭河高水位行洪时滩地农田排涝问题。

第六节　废黄河与盐河治理

一、废黄河

废黄河以淮阴区杨庄为界，分为上、下两段。

杨庄以上段在淮安市境内长15.3公里，上游来水量小，主要用于农业灌溉。其下泄河道为连接废黄河与张福河的窑河。1987年年末，淮阴县人民政府对窑河进行整治，按中泓底宽50米、两岸滩面宽各20米、边宽1∶3整理开挖中泓，淮阴、泗阳两县交界处河槽维持现状。当年完成土方210万立方米。

杨庄以下段起于杨庄闸引河口，经淮阴区杨庄镇、王营镇，清河区，楚州区，涟水县城南至石湖镇出境，进入盐城市，在滨海县套子口入海，其中淮安市境内长100公里，是市区、淮阴区和涟水县生活饮用水水源地。这段河道又是泄洪道，最大行洪流量681立方米/秒。1976—1979年，在杨庄闸北侧建成活动坝水电站1座，装机1921千瓦，常年向盐城市响水县、滨海县下送60立方米/秒灌溉用水发电，年发电量700万千瓦小时。1978年，淮安县在茭陵兴建茭陵翻水站，装机12台9600千瓦。1985年，在苏嘴兴建茭陵二站（副站），装机15台3900千瓦，共同抽排苏北灌溉总渠以北涝水入废黄河下泄，结合灌溉；另有其他废黄河沿线乡镇在滩地上兴建小型电灌站7座，装机562千瓦，引水灌溉废黄河滩，并发动群众绿化造林，保持水土，发展粮、果、林、桑等生产。1996—1998年，对市区西北部、废黄河南岸进行绿化改造，建成古黄河生态民俗园。1998年3月至1999年5月，投资3000多万元在废黄河城区段建成占地面积45.4公顷的樱花园。该工程为江苏省水土保持试点工程。整个工程完成土方30余万立方米，栽植以日本樱花为主的花木80余种近9万株，种植草皮4万平方米，兴建各类桥涵23座，建设大小娱乐设施近20项。2001—2005年，对废黄河实施除险加固工程，主要完成市区承德路桥东2公里、淮阴区城区段1.1公里护岸工程，楚州区苏嘴镇刘木庄险工155米，涟水县南门大桥西侧险工200米等项目。在废黄河滩地治理工程中，完成堤岸防护4.95公里，消除部分险工险段；实施楚州区废黄河滩地水源工程，开挖、衬砌输水渠道400米，兴建送水倒虹吸涵洞1座，实施板闸干渠复堤等；实施清河区新建段废黄河护岸工程。2006年后，实施涟水县保滩肖渡、徐集新庄、朱陈苗圃、黄营六堡等废黄河险工段除险加固1公里，投资200万元。

二、盐河

盐河，古名官河，因上接中运河，又称为下中河。该河自盐河闸流经淮阴区、涟水县，至涟水县义兴镇出境，进入连云港市境内。淮安市境内河长78.9公里，是淮阴区、涟水县工农业用水水源，也是淮阴区、涟水县工业、生活尾水通道。1978年11月至1979年1月，按二级航道标准疏浚武障河至龙沟河段淤积河道4.7公里，完成土方96万立方米，缩短盐河航程17公里，恢复盐河全

图 8-6 整治后的盐河城区段（2008 年） 市水利局 供

线通航。1998—2008年，分7期对盐河城区段进行综合整治，修建立式护拦6423米，投资1138万元。

第七节 京杭大运河治理

京杭大运河在淮安市境内长约68公里。1982年，对淮安县至扬州段航道实施中埂切除工程，达到二级航道标准，沿线兴建船闸、抽水站、桥梁及其他配套设施。1984年，对淮安县至泗阳县段航道进行拓浚，使之达到二级航道标准。1984—1988年，对沿线浅窄段航道进行拓浚，使全线达到三级航道标准。

2000—2005年，实施京杭运河两淮段（上起淮阴船闸，下至淮安船闸）整治工程，在全国内河航道中率先实现三级航道升为二级航道。在整治过程中，对沿线的造纸、化工、印染等重污染企业实行关、停、并、转，治污截流，不让污水入运河；对河道拓宽改造；培植芦苇等水生植物，建成全国内河堤岸中唯一的生态护坡，使两淮段成为集水上运输和休闲旅游为一体的绿色人文景观带。处理中、里运河有关险工，对里运河进行清淤疏浚，在岸边栽花种树植草，并合理调度涵闸泵站，使整个主城区河段水体流动变清。2006年后，实施大运河淮海路至黄码大桥两侧道路贯通工程，对中运河左堤及右堤部分堤段块石护坡进行维修，对里运河进行清淤，沿岸实施部分板桩护岸工程，沿线堤防实施移民安置工程。

通过全面整治，淮安市境内京杭大运河成为防洪、灌溉、航运、旅游、水产等综合利用河道，同时又是江水北调，串通洪泽湖、骆马湖，实现江淮和沂沭泗水大调度的输水总干线。

第二章 农田水利

第一节 中低产田改造

1978年，淮阴地区实施以除涝、灌溉、改土为重点的中低产田改造。1986年，制定改造低产田规划。是年，全市每公顷产量低于4500公斤的低产田有25.92万公顷，其中基本没有沟渠的实心田12.54万公顷、易涝易渍田4.72万公顷、盐碱田2.44万公顷、坡耕地6.22万公顷。上述低产田水利条件差，排涝标准小于三年一遇，抗旱标准小于30天，防渍标准是地下水埋藏深度小于0.5米，沟渠建筑物配套率小于40%。至1999年，全市改造中低产田23.95万公顷，其中完全达到标准14.25万公顷，建成高标准农田5.27万公顷，在高等级公路沿线建设示范方79个，面积1.61万公顷。至1999年年底，全市中低产田尚有16.85万公顷。

2000—2005年，全市完成中低产田改造9.86万公顷。其中，2000年，完成中低产田改造2.36万公顷；2001年，完成中低产田改造1.83万公顷；2002年，完成中低产田改造1.61万公顷；2003年，完成中低产田改造1.47万公顷；2004年，完成中低产田改造1.06万公顷；2005年，完成中低产田改造1.53万公顷。其间，盱眙县王店乡杜梁山片，淮阴区棉花庄乡马庄片、古寨乡南片，涟水县南禄乡南片、杨口乡安福片5个片被列入2000年省中低产田示范方建设。至2005年年末，全市中低产田降至10.93万公顷。2006年，完成中低产田改造1.59万公顷。2007年，完成中低产田改造1.47万公顷。2008年，完成中低产田改造0.8万公顷。

1999—2005年淮安市中低产田变化情况统计表

表8-1 单位：万公顷

项目＼年份	1999	2000	2001	2002	2003	2004	2005
中产田	10.61	7.55	6.80	6.69	6.49	6.36	6.18
低产田	6.24	8.49	7.25	5.73	5.48	5.12	4.75
合计	16.85	16.04	14.05	12.42	11.97	11.48	10.93

第二节　县乡河道疏浚

2001—2005年，江苏省实施“碧水工程”，将县乡河道疏浚作为加强农村水利基础设施建设，巩固和提高农村防洪排涝能力，建设高标准旱涝保收基本农田，改善农村水生态环境的工作重点。2002年，淮安市编制《淮安市2003—2007年县乡河道疏浚规划》，计划用5年时间将全市县乡级河道集中疏浚一遍，同时推行长效管理，全面恢复河道良性运行，2003年开始实施。各县（区）按照全面规划、分期实施、先急后缓、集中投入、综合治理、长效管理的原则，将县乡河道疏浚工程作为为民办实事的重点工程之一，组织群众投资投劳。

图 8-7　县乡河道疏浚施工现场（2008年）

市水利局　供

2003—2005年，全市完成县乡河道清淤疏浚499条，总长2377.12公里，土方3810万立方米。其中，县级河道68条577.32公里，土方1525万立方米；乡级河道431条1799.8公里，土方2285万立方米。新建及改造沿线配套建筑物595座。完成投资22397.9万元，其中争取省级投资3944.82万元、市级配套281.14万元。改善灌溉面积9.93万公顷，改善排涝面积20.67万公顷，增加旱涝保收农田10万多公顷，植树265.58万株。

2006年，全市疏浚县乡河道308条1307.7公里，完成土方2210.9万立方米。其中，县级河道32条351.2公里，土方968.9万立方米；乡级河道276条956.5公里，土方1242万立方米。2007年，全市疏浚县乡河道367条1389公里，完成土方2576万立方米。其中，县级河道37条331公里，土方921万立方米，疏浚后的县级河道排涝能力全部达到五年一遇的标准；乡级河道330条1058公里，土方1655万立方米。2008年，全市投入资金1.27亿元，其中省以上补助资金3148万元，完成疏浚县乡河道257条，长度1166公里，土方2357万立方米。其中，县级河道28条322公里，土方881万立方米；乡级河道229条844公里，土方1476万立方米。在疏浚工程中，将疏浚淤泥、拆坝建桥、疏通水系、提高引排能力与整治环境、植树绿化、土地复垦、道路建设以及水土资源综合利用有机结合，充分发挥农村河道疏浚整治的综合效益。

第三节　农村河塘整治与饮水安全工程

一、农村河塘整治

2006年之前，淮安市有农村河道、河塘13200多条（个），总长度5450多公里，总水面0.67万公顷，普遍淤积严重，水草丛生，垃圾成堆，严重影响农村群众生产生活。

2006年，按照省委、省政府统一部署，淮安市制定《淮安市“十一五”村庄河塘疏浚整治工程规划》，开展以清洁家园、清洁田园、清洁水源为主要内容的河塘整治工程建设。当年实施1465个村的村庄河塘整治工程，整治村塘2066面，疏浚河道1549公里，完成土方1082万立方米，占计划任务的125%，全面完成省下达的年度整治任务，通过省级验收。

2007年，全市实施367个村的村庄河塘整治工程，完成土方1261万立方米，占计划任务的112%。复垦面积45.93公顷，植树造林82.4万株，清理垃圾24万立方米，清理杂树110万株，通过省级验收，被评为优秀等级。

2008年，全市投入资金4192万元，其中省以上补助资金2431万元，整治349个村的村庄河塘，累计整治河塘2041个，完成土方1213万立方米，复垦面积42.53公顷，植树造林40万株，新增水产养殖面积500公顷。通过整治，实现“整治一条（面）河（塘），增加一片林地，复垦一片土地，美化一方环境”的综合效益。

二、农村饮水安全工程

至2005年，淮安市有农村饮水不安全人口122.87万人，涉及盱眙、涟水、洪泽、淮阴、楚州、金湖、清浦等县（区）。2008年起，市委、市政府将农村饮水安全工程列入“十大民生工程”，计划用3年时间让全市农村群众喝上安全、放心、健康的水。至2008年年末，总投资10370万元，完成土方385万立方米，铺设管道3438公里，改、扩建水厂53座，26.35万人实现安全用水，其中盱眙县11.4万人、金湖县7.46万人、涟水县7.49万人。

第四节　小型农田水利工程

2005年以前，小型农田水利建设工程由各县（区）负责。2005年起，淮安市组织实施小型农田水利工程建设。当年实施涟水县小型农田水利工程，投入资金674万元，疏浚沟渠43.6公里，加固圩区堤防12.5公里，防渗渠道原土渠回填，结合圩区内平田整地，挖土58.48万立方米；新建混凝土防渗渠道20条，长16.31公里；拆建、改造机电泵站5座7台（套），装机425千瓦；配套各类灌排建筑物137座。当年治理面积801.67公顷，受益人口10236人。

2006年，实施涟水县、金湖县2个项目区小型农田水利工程。涟水县投入资金675万元，疏浚沟渠53.7公里，加固圩区堤防15.1公里，结合区内平田整地，挖土58.48万立方米；新建混凝土防渗渠道5条，长7.6公里；新建、改造机电泵站5座6台（套），装机377千瓦；配套各类灌排建筑物144座。当年治理面积1065.07公顷，受益人口12861人。金湖县投入资金670万元，新开、疏浚渠道及引水河道122.15公里，开挖土方41万立方米；新建、整修混凝土防渗渠道9条、长5.3公里；新建、改造各类配套建筑物75座，其中机电泵站22座28台（套）885.5千瓦。治理面积1253.33公顷。

2007年，实施涟水县、盱眙县小型农田水利工程项目。涟水县投入资金670万元，疏浚沟渠51.7公里，防渗渠道原土渠回填压实10.3公里，结合区内平田整地，挖土54.88万立方米；新建混凝土防渗渠道13条，长10.3公里；新建机电泵站2座2台（套），装机60千瓦，拆建机电泵站1座1台（套），装机55千瓦；配套各类灌排建筑物200座。治理面积638.67公顷，受益人口9312人。盱眙县投入资金684.71万元，拆建、改造泵站8座19台（套），装机1065千瓦；配套各类建筑物

127座；疏浚排涝沟124条，长108.3公里，完成土方55.09万立方米；整修渠道155条，长137.2公里，完成土方17.65万立方米；新建混凝土防渗渠道3条，长2.3公里。同年，金湖、涟水两县列入中央财政小型农田水利工程试点县，共投入资金1345万元，其中中央补助200万元、省财政补助334万元、市财政配套134万元、县乡自筹677万元。完成防渗渠道18条12.9公里，兴建及改造配套建筑物224座。

2008年，实施淮涟、洪金、渠南3个灌区末级渠系改造项目。计划投入资金2521万元，完成投资2529.18万元，完成土方141.8万立方米，混凝土8.5万立方米，浆砌石7.3万立方米。新建渠道38.84公里，新建渠系建筑物889座，新建其他建筑物60处，改造渠道85.8公里、泵站1座、其他建筑物26座。实现新增和改善灌溉面积0.13万公顷，新增、改善除涝面积0.21万公顷，新增节水能力266万立方米。是年，投资2028万元，实施淮阴区、涟水县及盱眙县马坝镇衡西村、淮河镇腰滩村、官滩镇戚洼村、明祖陵镇沙巷村等10个项目区工程，治理面积3286.67公顷，整治渠道193公里，新建改造机电泵站16座。

第五节　井灌　喷灌

一、井灌

1977—1978年，淮阴地区连续2年遭遇干旱，水库见底，河湖断流。1978年，全地区突击打井1780眼用于抗旱，淮阴地区井灌建设进入发展阶段。至1980年，全地区打成机井12.8万眼，灌溉面积5.47万公顷，其中纯井灌2.27万公顷。

1980年，江苏省将井灌建设经费列入中央财政小型农田水利重点县建设项目补助资金中，井灌经费相应减少。1981年后，地区井灌办公室和各县打井机构相继撤销，地区水利局将打井业务并入农水科，各县、社临时打井人员全部精减，每年仅完成省指令的人畜饮水井工程任务。1984年，全市各县转向打人畜饮用水井和工业用水井，并利用打井设备开展打灌注桩业务。随着江水北调，灌溉水源得到改善，成井利用率逐年降低。1990年，全市打井仅8681眼，纯井灌面积0.49万公顷。至1995年年末，全市机井用于灌溉的不足10%，井灌在农田灌溉中的作用逐渐消失。

二、喷灌

20世纪70年代初，淮阴地区水利局在宿迁县丁嘴乡进行喷灌试点，采用冲击喷灌器，试点面积2.5公顷。经过麦田灌水试验，证明喷灌比大田漫灌、畦灌节约用水60%，产量增产3成。1978年，又在淮阴县进行喷灌实验。1990年起，喷灌事业发展较快。1999年，全市喷灌面积1940公顷，其中山丘区50公顷、平原地区1470公顷、圩区420公顷，其中喷灌面积最多的是县级淮安市，为1850公顷，占全市喷灌面积的95%。2000年后，喷

图8-8　田间喷灌系统（2008年）　　市农委　供

灌面积进一扩大。2008年，全市喷灌面积3200公顷，其中山丘区1900公顷、平原地区1200公顷、圩区100公顷，其中喷灌面积最多的是盱眙县，占全市喷灌面积的59.3%。

第三章　灌溉　除涝

第一节　河湖灌区

一、大型灌区

至2008年年末，淮安市有2万公顷以上的大型三等灌区11个，总控制面积5425.5平方公里，耕地面积32.59万公顷，设计灌溉面积30.07万公顷，有效灌溉面积26.42万公顷。

（一）涟东灌区

涟东灌区位于涟水县境内东部，废黄河以北以西，一帆河、古盐河以东，涟中总干渠、涟东二支渠以南。灌区涉及徐集、南集、黄营、唐集、石湖、东湖集、朱码、涟城8个乡镇，总人口32.9万人，其中农业人口约27.54万人。灌区内农作物以水稻、三麦（小麦、大麦、元麦）为主，其他粮食作物有玉米、山芋、大豆等。灌区地势自西南向东北倾斜，地面高程8.5～3.5米。灌区内废黄河沿岸高地滩地为砂土，灌区上部为砂壤土，尾部佃湖荡洼地为淤土、两合土。

涟东灌区由江苏省水利厅于1957年规划。渠首闸建在涟水县城北门，闸2孔，每孔净宽10米，设计流量120立方米/秒。灌区内四干渠首闸于1981年3月、五干渠首闸于1985年10月、三干渠首闸于1985年年末、洪庄节制闸于1997年年末拆除重建。2000年6月，淮阴市水利勘测设计研究院编制《江苏省涟东灌区续建配套与节水改造工程规划报告》，对灌区进行全面规划。该规划通过水利部组织的审查，被列入“十一五”计划期间大型灌区节水改造规划。2001年春，经省水利厅批准，灌区渠首闸由涟水县水建公司拆除重建，设计流量42.5立方米/秒。2008年12月，灌区实施一期节水改造工程。灌区灌溉水源为盐河和拦蓄回归水，通过涟东总干渠经盐河引洪泽湖水灌溉，尾部利用唐响河、佃响河、一帆河及其闸坝拦蓄回归水灌溉。

灌区主要水利工程设施有总干渠1条24公里，干渠7条120.5公里，机电泵站146座187台（套）8456千瓦；有一帆河、唐响河、佃响河等排水河3条99.5公里，古盐河、西官河、伏堆河、二干排水沟、三干排水沟、四干排水沟等干沟6条116.1公里，兴建小沟级以上建筑物6325座。

至2008年年末，灌区总面积5.28万公顷，耕地面积3.29万公顷，设计灌溉面积2.17万公顷，有效灌溉面积2.09万公顷。

（二）涟西灌区

涟西灌区东南以盐河为界，西邻东张河，北至南六塘河。灌区涉及涟水县朱码、岔庙、红窑、义兴、高沟、陈师及连云港市灌南县六塘7个乡镇，总人口29.5万人。农作物主要有水稻、三麦、玉米等，经济作物有棉花、花生、油菜等。灌区属黄泛冲积平原，地势南高北低，地面高程9.5～3.5米，土质以沙土为主，中部有部分轻壤土，黏土不足10%。

涟西灌区于1959年基本建成。灌区水源主要通过盐河引用洪泽湖水，并辅以利用拦蓄回归水灌溉。1978年，灌区在骨干排涝河道公兴河上建4支梯级闸。1982年，涟西灌区干渠以下工程配套建设基本完成，后逐步进行建筑物的配套完善。1983年被列入水利部编制的《全国大型灌区》中。1995年，一干渠首花庄闸拆建为开敞式，2孔净宽3米，设计引水流量由原来的20.2立方米/秒增加到39.02立方米/秒。1998年，在东张河上建成尹荡引水涵洞、东张河陈师梯级闸。2000年6月，灌区被水利部列入“十五”计划期间大型灌区节水改造规划。2001年5月，二干渠傅湾闸更换钢丝网水泥闸门为钢闸门，设计流量46立方米/秒。2004年11月至2008年12月，实施四期节水改造工程。

灌区骨干排涝河道为南六塘河、盐河、公兴河、东张河，淮安市境内总长112.5公里。至2008年年末，灌区有小沟以上建筑物6758座，其中泵站80座124台（套）6359千瓦。灌区总面积4.89万公顷，耕地面积2.72万公顷，设计灌溉面积2.44万公顷，有效灌溉面积2.1万公顷。

（三）淮涟灌区

淮涟灌区位于淮沭河以东，北六塘河以南，盐河以北，西张河以西，北与宿迁市沭阳县、连云港市灌南县接攘，东与涟水县涟西灌区毗邻，涉及淮阴区、涟水县17个乡镇，计有324个行政村，总人口57.22万人，其中农业人口42.1万人。灌区属黄泛冲积平原，呈南高北低、西高东低的平原扇形，地面高程13.5～6米。灌区内沙土占63%，黏土占30%，壤土占7%。主要农作物有水稻、三麦、油菜。

1959年，淮阴区境内的灌区主体工程基本建成。1972年，涟水县境内灌区主体工程基本建成。灌区水源为二河（洪泽湖）。渠首淮涟闸位于淮阴杨庄二河东堤上，共6孔，单孔净宽4米，设计流量110立方米/秒，设计灌溉闸上水位11米、闸下水位10.9米。后陆续兴建一批机电排灌站。1991年，在淮阴区刘老庄乡与老张集乡交界处兴建孙大泓闸。1998年，在民便河下游古寨乡境内兴建蓄水闸，解决一、二干渠尾部水源问题。疏浚四干渠、一干渠、杰勋河、张河等，解决灌区沙土区沟渠淤积严重问题，保证灌溉排涝。

2000年6月，淮涟灌区被水利部列入“十五”计划期间大型灌区节水改造规划。2000—2001年，实施灌区第一期、第二期续建配套与节水改造工程，投入经费2626万元。2003—2004年，组织实施灌区续建配套与节水改造三期工程，实际完成投资688.45万元。2005年4月至2007年5月，实施灌区四期、五期节水改造工程。

至2008年年末，灌区总面积8.6万公顷，耕地面积5.33万公顷，设计灌溉面积5.09万公顷，有效灌溉面积4.26万公顷。

（四）洪金灌区

洪金灌区位于洪泽湖以东，白马湖、宝应湖以西，草泽河以南，淮河入江水道以北，包括洪泽县蒋坝镇、共和乡、三河乡、东双沟乡、万集乡，金湖县陈桥乡、金北乡、吕良镇、前锋乡，江苏油田农场、宝应湖农场和洪泽苗圃12个乡镇、场、圃，计176个行政村

图8-9　洪金灌区水利工程（2005年）　　陈光晰　摄

（站），总人口22.6万人，其中农业人口19.9万人。灌区属淮河冲积平原，地势西高东低，地面高程洪泽湖边11～10.5米，白马湖、宝应湖地区为6.5～6米，土壤以黄黏土、灰黏黄土为主，土质肥沃，适宜种植水稻、三麦、油菜等。

灌溉水源为洪泽湖，前身为1958年兴建的蒋坝灌区。1975年冬至1976年春，实施灌区南干渠、老三河疏浚工程，灌区面积扩大。1989年，实施洪金南、北干渠及洪金排涝河疏浚工程，并对部分干渠建筑物进行拆建、改造。2002年10月至2003年6月，实施洪金灌区续建配套与节水改造一期工程，投资875万元。2003年3月至2006年12月，实施灌区二、三期节水改造工程。

至2008年年末，灌区总面积491.6平方公里，耕地面积2.8万公顷，设计灌溉面积2.39万公顷，有效灌溉面积2.09万公顷，其中自流0.6万公顷，提灌1.49万公顷。

（五）周桥灌区

周桥灌区西起洪泽湖大堤，东至白马湖，北至苏北灌溉总渠，南至草泽河，涉及洪泽县高涧、黄集、朱坝、岔河、东双沟、万集等7个乡镇134个行政村，总人口23万人。农作物以水稻、三麦为主。灌区地势西高东低，地面高程沿洪泽湖东侧为11米左右，东部白马湖附近为6～5.8米。灌区土质以黏土为主，少量为砂质黑土。

灌区主要水源为洪泽湖。渠首涵洞设计流量，当上游洪泽湖水位11米、下游10.8米时，引水流量28立方米/秒。由于洪泽湖控制蓄水位的提高，实际引水流量可达46立方米/秒。

2000年5月，灌区被水利部列为“十五”计划期间大型灌区节水改造规划。2004年2—12月，实施灌区抗旱应急工程，总投资150万元，实际完成投资133.18万元。2008年，实施灌区一、二期节水改造工程。

至2008年年末，灌区总面积3.41万公顷，耕地面积2.43万公顷，设计灌溉面积2.13万公顷，有效灌溉面积2.13万公顷。

（六）渠南灌区

渠南灌区东沿射阳湖与盐城市阜宁、建湖两县接壤，南依白马湖下游引河与扬州市宝应县交界，北邻苏北灌溉总渠，西抵京杭大运河。灌区内有13个乡镇和1个区属水产养殖场，总人口52.1万人。灌区地势西北高，东北低，地面高程7～1.2米。灌区属黄泛冲积平原，砂壤土占98%，其他为黏土。农作物以水稻、三麦为主，另有部分油菜、棉花、蚕桑等经济作物。

灌区水源为京杭大运河和苏北灌溉总渠，江淮水并用。1958年起，建成头闸、涧河、市河、平桥4个灌区，渠首均在里运河和苏北灌溉总渠上。1971—1976年，在里运河东堤上兴建头闸大小地涵、小引江闸、大兴洞、平桥洞，在总渠上兴建复兴洞。1987年沿运河涵洞接长，1992年在总渠南堤上兴建新市河洞，至此渠南灌区主要灌排骨干工程基本形成。灌区内有中沟以上建筑物5478座，固定机电泵站251座255台共12008千瓦，水力发电站4座共595千瓦。

2000年，实施灌区续建配套与节水改造一期工程，总投资1048.61万元。2002年5月至2003年9月，实施灌区续建配套与节水改造二期工程，总投资875万元。2003年12月至2004年4月，实施灌区续建配套与节水改造三期工程，总投资1361.53万元。2007年12月至2008年11月，实施灌区四、五期节水改造工程。

至2008年年末，灌区总面积7.31万公顷，耕地面积4.36万公顷，设计灌溉面积4.27万公顷，有效灌溉面积3.56万公顷。

（七）渠北灌区

渠北灌区位于苏北灌溉总渠以北，里运河以东，废黄河以南，涉及楚州区11个乡镇207个行政村，总人口51.6万人。灌区内主要农作物为水稻、三麦。灌区地势西南、西北高，东南、东北低，地面高程8.4～4.5米，废黄河滩地高程13米左右。

灌区由1957—1959年建的乌沙洞、板闸洞2个灌区和老耳洞灌区合并而成，渠首均在里运河左堤上。3个渠首总设计流量70.7立方米/秒，其中乌沙洞设计流量30立方米/秒，板闸洞设计流量38.7立方米/秒，老耳洞设计流量2立方米/秒。灌区在洪泽湖水源不足情况下，依靠淮安站抽引江水补充水源，实行江淮并用。

至2008年年末，灌区总面积5.07万公顷，耕地面积2.79万公顷，设计灌溉面积2.73万公顷，有效灌溉面积2.27万公顷。

（八）竹络坝灌区

竹络坝灌区位于淮沭河以西，淮泗河以东，中运河以北，总六塘河以南，涉及淮阴区5个乡镇、3个国营场圃，总人口20.74万人。地势由西南向东北倾斜，土质多为沙土、黏土、沙碱土，主要农作物为水稻、三麦。

灌区始建于20世纪50年代后期，渠首为位于中运河大堤上的竹络北闸、豆瓣集进水闸、竹络坝翻水站。1981年，将竹络坝翻水站原直径1.5米的圬工泵更换为46ZLB-125轴流泵，设计流量20立方米/秒。至此，竹络坝灌区淮阴区境的灌溉水源全靠竹络坝翻水站、豆瓣集进水闸翻引淮水解决。建成竹络坝灌区，完成土方3884.6万立方米、石方6.24万立方米，总投资694.86万元。灌区干渠长9公里，支渠5条，长50公里。灌区渠首有闸3座，灌溉站84座、机组94台、2826.8千瓦。主要排涝站有三岔、夏西、夏东、三堡、毛湖等，总装机容量2780千瓦。主要排涝河有渠西河、跃进河、淮泗河等。2006—2008年，灌区共实施三期节水改造工程。

至2008年年末，灌区总面积3.34万公顷，耕地面积2.13万公顷，设计灌溉面积2.13万公顷，有效灌溉面积1.73万顷。

（九）清水坝灌区

清水坝灌区位于盱眙县中部丘陵岗地，北面是滨湖（洪泽湖）区，西南是低山区，地形复杂，地势起伏，高桥河、维桥河、草涧、四桥河、古城河、王店涧贯穿其间，与众多河涧渠道构成灌排体系。灌区涉及盱城、维桥、马坝、穆店、古桑、桂五、王店、旧铺8个乡镇计136个行政村，总人口18.6万人。灌区土质较黏重，耕作层浅，土地肥力差，缺磷尤为严重。主要种植水稻、三麦、油菜等作物。

灌区灌溉水源主要是淮河，且有龙王山、桂五、山洪、化农水库。清水坝电灌站是补水工程，抽提淮河水补给4座水库进行灌溉，水库也通过拦蓄地面径流蓄水灌溉，是“长藤结瓜”式灌溉系统。清水坝电灌站引水设计流量12.6立方米/秒，实际流量7立方米/秒。2008年12月，实施灌区节水改造一期工程，投资3000万元。

至2008年年末，灌区总面积4.25万公顷，耕地面积2.65万公顷，设计灌溉面积2.65万公顷，有效灌溉面积2.12万公顷，实际灌溉面积1.33万公顷。

（十）盱眙东灌区

盱眙东灌区位于盱眙县东部，北临洪泽湖、淮河入江水道，西以高桥河为界，涉及马坝、观音寺、黄花塘3个乡镇94个行政村，总人口13.5万人。灌区土质属黄棕土，主要种植水稻、三麦等作物。灌溉水源为洪泽湖。灌区属淮南山丘区，地形复杂，高差较大。地面高程74～12.5米，最高农田地面高程为53米。汪木排河、马坝大涧、黑泥河、高桥河横穿灌区，与众多沟涧渠道构成灌排体系。2004年2月至2005年11月，实施灌区节水改造一期工程，完成投资2219.37万元。

至2008年年末，灌区总面积4.19万公顷，耕地面积2.05万公顷，设计灌溉面积2.05万公顷，有效灌溉面积2.05万公顷。

（十一）鲍管灌区

鲍管灌区位于盱眙县西北部，北临洪泽湖，南至团结河，西至淮河北堤，东至陡湖、淮河，涉及鲍集、管镇、仁集、兴隆、铁佛5个乡镇91个村，总人口16.02万人。地面高程在44.2～12.5米，地形为中间高，四周低，岗冲交错。中间为高岗地，地形起伏大，沿河湖周边地势平坦低洼。土壤为黄色重黏土，结构紧密，透水性差。

灌区水源为洪泽湖、淮河，正常年份取洪泽湖水，干旱年份姬庄、桥口站由鲍管引河引淮河水灌溉。灌区始建于1978年，建成桥口一、二级站，姬庄一、二、三级站等灌溉泵站，另建排灌站21座，装机67台，计2917千瓦，流量26.25立方米/秒。其中，一级站16座，装机48台，计2472千瓦，流量22.65立方米/秒；二级站5座，装机19台，计445千瓦，流量3.6立方米/秒。

至2008年年末，灌区总面积3万公顷，耕地面积2.02万公顷，设计灌溉面积2.02万公顷，有效灌溉面积2.02万公顷，实际灌溉面积1万公顷。

二、中小型灌区

2008年，淮安市有0.67万～2万公顷灌区3个，分别为涟水县涟中灌区、淮阴区临湖灌区、楚州区运西灌区，属中型四等灌区。3个灌区控制面积3.51万公顷，耕地面积1.53万公顷，设计灌溉面积1.37万公顷，有效灌溉面积1.33万公顷。有0.33万～0.67万公顷灌区3个，分别为蛇家坝灌区、顺河洞灌区、河桥灌区，属中型五等灌区。3个灌区控制面积4.51万公顷，耕地面积1.53万公顷，设计灌溉面积1.37万公顷，有效灌溉面积1.33万公顷。有0.077万～0.33万公顷灌区6个，分别为清浦区三闸灌区，盱眙县官滩灌区、三墩灌区，金湖县官塘灌区、王庄灌区、黎城灌区，设计灌溉面积1.13万公顷，有效灌溉面积1.03万公顷，2008年实际灌溉面积1万公顷。

（一）涟中灌区

灌区位于盐河以东，一帆河、古盐河以西，涟中二支渠以北，新集调度河、港河以南，涉及涟水县朱码、大东、五港、东湖集等乡镇，总人口14.42万人，其中农业人口13.91万人。农作物以水稻、三麦为主，经济作物主要有棉花、花生、浅水藕、油菜等。灌区属黄泛冲积平原，地势自西向东倾斜，地面高程8.5～4.5米。黏土占50%，壤土占8%，沙土占42%。

灌区水源主要通过盐河引用洪泽湖水，并辅以利用拦蓄回归水灌溉。主体工程于1959年基本竣工。渠首闸位于涟水城北2.3公里处盐河上，共3孔，每孔净宽2.6米，设计流量35立方米/秒。1973年，于渠首闸两侧扩建涵洞各1孔，孔径1.5×1.5米，增加流量8.89立方米/秒。1993年11月拆建，1994年4月竣工，闸3孔，每孔净宽3米，设计流量49立方米/秒。该灌区有干渠1条32.4公里，支渠6条63.5公里，斗渠92条240.26公里，农渠1196条633.9公里；大沟8条51.75公里，中沟95条266公里，小沟1018条773.9公里；配套各类建筑物3008座；有机电排灌站85座，装机113台（套），计5488千瓦，初步建成较为完整的防洪、除涝、灌溉、降渍体系。

至2008年年末，灌区总面积2.73万公顷，耕地面积1.71万公顷，设计灌溉面积1.41万公顷，有效灌溉面积1.26万公顷。

（二）临湖灌区

灌区南临洪泽湖，北靠中运河，东临二河，西与宿迁市泗阳县接壤。灌区辖淮阴区5个乡镇、98个行政村，总人口19.3万人。灌区属黄淮冲积平原，大部分为平原区，废黄河沿线地面高亢，地形起伏较大，地势南低北高、西低东高，南部濒湖地带最低，地面高程仅12.5米。北部最高地面高程17.5～8米。灌区内壤土占25%，沙土占5%，黏土占70%。农作物以水稻、小麦为主。灌区主要水源为洪泽湖，通过张福河、赵公河引水灌溉，为分散提水型灌区，有机电排灌站105座，于

1972年建成。1978年，淮阴县水利局又对灌区进行规划。投入资金1310.8万元对灌区水利工程进行续建配套与改造。至2008年，基本形成防洪、排涝、灌溉网络。灌区建成达标圩堤18.8公里，机电站105座，装机175台（套），计7055千瓦，兴建中沟级以上配套建筑物1144座，排灌标准基本上按五年一遇设计，十年一遇校核。

至2008年年末，灌区控制面积3.44万公顷，耕地面积1.4万公顷，设计灌溉面积1.33万公顷，有效灌溉面积1.05万公顷。

（三）运西灌区

灌区位于苏北灌溉总渠以南，京杭大运河以西，南临白马湖，西依宁连高速公路与洪泽县接壤。内有楚州区三堡、林集、南闸、范集和白马湖农场5个乡镇、场，总人口13.5万人。灌区地势西北高，东南低，地面高程8.5～5.8米。灌区内黏土、砂壤土占70%，砂土占30%。农作物以水稻、三麦为主，兼种少量经济作物。灌区水源为苏北灌溉总渠，江淮水并用。原分3个灌区单独设计，即建成于1955年的永济灌区、建成于1958年的新河灌区、建成于1967年的张码灌区。主要取水口为永济洞、新河洞、张码洞，均位于苏北灌溉总渠南堤上。永济洞1孔，孔径1.4×1.4米，设计流量5.61立方米/秒；新河洞2孔，单孔，孔径2.2×2.2米，设计流量22.8立方米/秒；张码洞1孔，孔径1.2×1.2米，设计流量3.88立方米/秒。有中沟以上建筑物2208座，泵站183座，计1688千瓦。

至2008年年末，灌区总面积3.04万公顷，耕地面积1.28万公顷，设计灌溉面积1.23万公顷，有效灌溉面积1.17万公顷。

（四）蛇家坝灌区

灌区北、东以里运河为界，南至古盐河，西至二河，涉及清浦区城南、黄码、盐河3个乡镇，总人口7.6万人。农作物以水稻、三麦为主。

灌区水源为二河。渠首工程蛇家坝洞于1958年建成，位于二河东堤城南乡境内。该洞为钢筋混凝土结构，3孔，单孔，孔径2.4×2.4米，设计流量28立方米/秒，实际引水流量20立方米/秒。1966年在里运河右堤建运南洞，设计引水流量2.7立方米/秒，实际引水流量2立方米/秒。1978年在里运河右堤兴建王庄洞，设计引水流量2立方米/秒，实际引水流量1.5立方米/秒。灌区土方工程、建筑物配套逐年由各受益乡镇组织施工。

至2008年年末，灌区总面积1.16万公顷，耕地面积0.64万公顷，设计灌溉面积0.54万公顷，有效灌溉面积0.54万公顷，实际灌溉面积0.5万公顷。

（五）顺河洞灌区

灌区南至淮河入海水道，西至二河，北与蛇家坝灌区交界。涉及清浦区和平、黄码、盐河3个乡镇。农作物以水稻、三麦为主。

灌区水源为二河。渠首顺河洞于1958年建成，位于二河东堤和平镇境内，为钢筋混凝土结构，2孔，每孔孔径2×2米，设计流量23立方米/秒，实际引水流量15立方米/秒。灌区土方工程、建筑物配套逐年由各受益乡镇组织施工。

至2008年年末，灌区总面积1.25万公顷，耕地面积0.53万公顷，设计灌溉面积0.47万公顷，有效灌溉面积0.43万公顷，实际灌溉面积0.42万公顷。

（六）河桥灌区

灌区位于盱眙县西南山区，淮河南岸，涉及盱眙县河桥镇28个行政村，总人口3.8万人。灌区地形复杂，有岗地、洼地、平原，土质为黏壤土。农作物以水稻、三麦为主。灌区水源为淮河，引河长2.5公里，底宽20米，底高程9米，边坡1∶2。

至2008年年末，灌区总面积1.1万公顷，耕地面积0.36万公顷，设计灌溉面积和有效灌溉面积均为0.36万公顷，实际灌溉面积0.27万公顷。

第二节　山丘区灌溉

1978年后，淮安市在山丘区兴建蓄水工程，以解决农业用水和人畜饮用水，防止水土流失，减轻平原洼地水灾威胁。至2008年，全市山丘区面积占全市总面积的18.32%，主要分布在盱眙县、金湖县。

一、中型水库

至2008年年末，全市有龙王山、红旗、桂五、山洪、化农5座中型水库，均位于盱眙县境内，总兴利库容1.21亿立方米。

（一）龙王山水库

龙王山水库位于盱眙县中部丘陵山区，维桥河中游。集水面积1.97万公顷。设计洪水位33.7米，校核洪水位34.97米，总库容9131万立方米；兴利水位32.5米，兴利库容3748万立方米；汛期限制水位32米。枢纽工程有：均质土坝1座，坝顶长2650米，顶宽6.5米，顶高程37米，最大坝高18米；泄洪闸1座3孔×8米，校核最大下泄流量553立方米/秒；东、西灌溉输水涵洞各1座，设计流量6立方米/秒；电灌站2座，一站装机容量5台775千瓦，设计提水流量2.75立方米/秒，二站装机容量3台495千瓦，设计提水流量1.95立方米/秒；供水泵站1座，设计流量0.6立方米/秒。该水库规划设计效益以防洪、灌溉为主，结合水产养殖，设计灌溉面积0.96万公顷，实际灌溉面积0.67万公顷。

（二）红旗水库

红旗水库位于旧铺镇境内，集水面积0.62万公顷。设计洪水位42.52米，校核洪水位43.49米，总库容4073万立方米；兴利水位41.5米，兴利库容2220万立方米；汛期限制水位41米。枢纽工程有：主坝1座，坝顶长2480米；副坝1座，坝顶长420米；泄洪闸1座4孔×3米，设计流量142立方米/秒；灌溉输水涵洞2座，总放水流量5.3立方米/秒；明渠非常溢洪道1处，设计流量1466立方米/秒。该水库规划设计以防洪、灌溉为主，结合水产养殖等综合效益，设计灌溉面积0.48万公顷，实际灌溉面积0.48万公顷。

（三）桂五水库

桂五水库位于龙王山水库上游。集水面积0.36万公顷，设计洪水位60.73米，校核洪水位61.48米，总库容2620万立方米；兴利水位60米，兴利库容1865万立方米；汛期限制水位59.5米。枢纽工程有均质土坝1座，坝顶长850米，顶宽6米，顶高程63.5米，挡浪墙顶高程63.8米，最大坝高21米；泄洪闸1座5孔×6米，堰顶高程58.7米，设计流量268立方米/秒；输水涵洞1座，2孔，0.75×0.75米钢筋混凝土厢涵，进口底高程52.6米，设计流量5立方米/秒；补水涵洞1座，洞底板高程56.97米，断面2.6×3.5米，设计入库流量6立方米/秒；背水坡第一级平台（高程59米）内输水钢筋混凝土厢涵，底板高程55.4米，断面2.25×2.25米，长720米。该水库规划设计以防洪、灌溉为主，结合水产养殖等综合效益，设计灌溉面积0.57万公顷，实际灌溉面积0.23万公顷。

（四）山洪水库

山洪水库位于维桥河上游桂五镇境内，是龙王山水库上游梯级水库。集水面积0.15万公顷，设计洪水位60.59米，校核洪水位61.2米，总库容1029万立方米；兴利水位60米，兴利库容771万立方米；汛期限制水位60米。枢纽工程有：均质土坝1座，坝顶长1149米，顶宽6米，坝顶及挡浪墙顶高程63.4米，最大坝高18.8米；橡胶坝泄洪闸1座，坝袋高2米，坝袋长（闸室宽度）15米，底板顶高程58米，设计流量140立方米/秒；灌溉输水涵洞1座，直径90厘米钢筋混凝土圆形涵管，涵洞进口底高程52.9米，设计流量3立方米/秒。该水库规划设计以防洪、灌溉为主，结合水产养殖等综合效益，设计及实际灌溉面积均为0.25万公顷。

（五）化农水库

化农水库位于王店乡境内白塔河上游，集水面积0.54万公顷，设计洪水位62.05米，校核洪水位62.92米，总库容4072万立方米；兴利水位62米，兴利库容3452万立方米；汛期限制水位61.5米。枢纽工程有：均质土坝1座长1250米，坝顶宽6米，坝顶及挡浪墙顶高程65.4米；溢洪闸1座，7孔，净宽35米，设计最大流量563立方米/秒；放水涵洞2孔，80×80厘米钢筋混凝土箱涵，设计最大流量6立方米/秒。该水库自1998年开始又称天泉湖，成为铁山寺森林公园景区重要组成部分。1999年，在鱼种池建成一座占地1.33公顷的鲟鱼养殖基地。2000年，建成1座日供水量4000吨的地面水厂，满足王店乡5万人及铁山寺旅游区的生活用水，同时在库区建成1座水上乐园。

二、小型水库

小型水库，根据库容又分为小（1）型和小（2）型两种（库容在100万～1000万立方米为小（1）型，库容在10万～100万立方米为小（2）型）。至2008年年末，全市有小型水库121座，其中新河、洼东、洼西3座小型水库位于金湖县戴楼镇，其余118座小型水库均分布在盱眙县境内。121座小型水库总兴利库容0.72亿立方米。

三、塘坝建设

全市山丘区主要分布在盱眙县，蓄水塘坝也多集中在该县。1978年，经过多年对原有浅塘、废塘的维修改造，开展保土、蓄水、绿化荒山工作，实施等高挖沟、修梯田、筑塘坝，拦蓄当地雨水工程，每个村都有1～2个“当家塘”，并配套中小型水库，通过等高沟连接，形成“长藤结瓜”式能蓄、能引、能提、能调的新的灌溉系统。此后，经过多年运行，塘坝淤积严重。

2005年起，省水利厅实施丘陵山区水源工程补助计划，对基本失去蓄水功能的塘坝进行扩建，同时在缺水严重的地方新建塘坝。该项目主要涉及盱眙县、金湖县，疏浚整治塘坝159面，开挖土方178万立方米。至2008年年末，全市有塘坝5258个，其中盱眙县4738个、金湖县520个，塘坝蓄水能力8471万立方米。

四、引水上岗工程

淮安市境内的引水上岗工程主要分布在盱眙县。1978年，该县引水上岗工程有清水坝电灌站和堆头抽水站。是年，淮阴地区遭遇历史上罕见的持续干旱。是年11月，盱眙县引水上岗工程清水坝电灌站三期工程开工，1980年完成。其中，清水坝引水上岗一、二级站均能抽水12.6立方米/秒，三级站能抽水9.6立方米/秒。另有其他一批引水上岗工程，具有一定规模。

至2008年年年末，经历兴建、扩建、维修、增容等过程，盱眙县形成完整的引水上岗灌溉工程体系。该工程与山丘区水库、塘坝、主要送水干渠串联，形成蓄、引、提、调，“长藤结瓜”式的蓄水、提水灌溉新系统，使山丘区抗旱能力大大提高。

第三节　灌区改造

20世纪70年代，淮阴地区有万亩以上大中型灌区24个。1978—1983年，在柴塘、洪金等灌区进行节水灌溉试验。1985—1988年，连续4年在渠南等灌区进行“计量用水灌溉，按方收水费”试点，并对建筑物进行更新、改造，试点地区建筑物达到标准化，一般可节水25%左右。

20世纪90年代后期，灌区内工程老化失修严重，部分灌区设计渠道断面大，灌溉水利用系数较低，水资源浪费严重，建筑物设计标准不适应水情的变化，灌区下游尾部拦蓄工程配套不足等问题日益突出。1999年，淮涟灌区续建配套与节水改造一期工程被国家计委、水利部列入当年度国债工程实施计划，投资1375万元，2000年3月开工实施。2000年，国家计委、水利部批复该灌区续建配套与节水改造二期工程实施计划。自此，淮阴市灌区节水改造工程拉开序幕，有9个灌区获国家立项。至2008年6月，先后实施淮涟、洪金、渠南、涟西、竹络坝、盱眙东6个灌区25期工程项目，投入资金3亿元，新建改造涵洞414座、桥梁32座、灌排泵站71座，新建防渗渠道112公里。上述灌区改造工程，提高灌区的灌溉保障率和灌溉水利用系数，增加灌溉面积1.8万公顷，改善灌溉面积10.2万公顷，增加除涝面积0.93万公顷，年节水8000万立方米。

第四节　江淮水北调

一、淮水北调

淮水北调、分淮入沂工程——淮沭新河由洪泽湖的二河起，经沭阳，穿过新沂河，至连云港市，全长173公里，设计行洪流量3000立方米/秒，1957年12月动工，中途几经波折，1984年完工。1991年江淮大水，是年12月起至1996年6月，再次续建淮沭新河，完成尾工，总投资7500万元。

自淮水北调以后，淮安市先后兴建乌沙、板闸、淮涟、涟中、涟西、竹络坝、蛇家坝、顺河、三闸等大中型灌区，可灌溉农田28万公顷。同时，向连云港市送水供应港口和工业、民用、军用水源。此外，可以分泄淮河洪水借道新沂河出海；沟通洪泽湖、京杭大运河、连云港水运交通；通过中运河调沂、泗余水经二河入洪泽湖，补充淮水之不足。淮水北调促进淮北地区平田整地和园林化建设，加快大面积旱改水速度，使旱作物灌溉有了较为充裕的水源，促进农业产量大幅度增长，使淮安市成为全国重要的商品粮基地之一。

二、江水北调

江水北调工程利用京杭大运河作为输水干渠，从长江边至骆马湖，分6级提水北上，实施跨流域调水。1961年起实施，至1995年基本形成调水工程系统。长江北岸江都站为第一级，淮安石港站为第二级，淮阴蒋坝站为第三级，泗阳站为第四级，刘老涧站为第五级，皂河站为第六级。输水路程300余公里，水位高程从江边的1.2～1.7米，到骆马湖边的23米。江水北调工程兴建后，较好解决苏北地区水源不足的问题。

2000年后，为缓解北方地区水资源的严重短缺，中共中央、国务院决定实施南水北调工程。

南水北调东线一期工程主要利用江苏省江水北调工程，扩大规模，向北延伸，向山东省供水，设计抽水规模为500立方米/秒，其中过黄河50立方米/秒，向山东半岛供水50立方米/秒。江苏省境内工程分为3个区段，分别为长江—洪泽湖、洪泽湖—骆马湖、骆马湖—南四湖。

南水北调淮安市工程处于第一区段即长江–洪泽湖范围内，规划从长江抽水500立方米，以450立方米/秒入洪泽湖。途经淮安市的输水线路有2条：一条是通过大运河（淮安枢纽以南）与楚州区新河至淮安枢纽，由淮安一、二、三、四站抽水以300立方米/秒入苏北灌溉总渠和大运河、里运河（淮安枢纽以北），再由淮阴一、二、三站抽水以300立方米/秒入二河，经淮阴枢纽控制调节入中运河北送；另一条是通过金宝航道、三河输水，经金湖站、洪泽站抽水以150立方米/秒入洪泽湖。通过洪泽湖调节后，经二河、徐洪河等河道北送。

南水北调东线一期建设工程在淮安境内主要项目有淮阴二站、淮阴三站、淮安四站及输水河道、金湖站、洪泽站、金宝航道扩浚、淮安市区截污导流、洪泽湖抬高蓄水位影响处理工程等。淮阴二站于2000年12月开工建设，2002年年末竣工，设计抽水能力100立方米/秒。淮阴三站、淮安四站于2005年10月开工建设，2站设计平均流量均为100立方米/秒，其中淮阴三站投资2.4亿元，淮安四站及输水河道投资3亿元。至2008年年末，淮阴三站主体工程建成，淮安四站及输水河道建成并通过验收。

南水北调淮安市截污导流工程于2007年11月开工，为南水北调东线截污导流工程的第一个开工项目，包括城区截污干管建设工程、里运河清淤工程和清安河疏浚扩挖工程，计划投资3.43亿元，2008年度累计完成投资2.13亿元。至2008年年末，工程招标设计、招标文件编制、施工图设计及审查等相关前期工作全部完成。

第五节 机电排灌

淮安市低洼圩区面积2587平方公里，占总面积的25.68%。大部分常年靠机电排水，其中灌区有50%以上的面积不能自流，主要靠机电提水灌溉。低山丘陵区面积1893平方公里，占总面积的18.79%，由于地形起伏、水源不足、中小型水库蓄水不能满足灌溉需要，也靠机电提水补给。

20世纪50年代中期，淮阴地区开始兴建机电排灌工程。20世纪60年代后期，为推进旱地改种水稻，全市小型机电排灌站建设迅猛发展。至1980年，平均每年以36750～44100千瓦的速度递增。江水北调和淮水北调工程开展大型翻水站建设，自1974年兴建淮安一站起，相继建成淮阴（杨庄）临时站、石港站、蒋坝站、淮安二站、越闸站、淮阴站、淮安三站。1978年，省和淮阴地区组织山丘区治岗会战，至1980年先后建成桥口、姬庄灌区上岗电力提水站和龙王山水库一级站。1979年在淮安县渠北建成茭陵一站，1986年建成茭陵二站副站。

20世纪90年代，洪泽湖周边机电排灌工程再次兴起建设高潮。1991年淮河流域大水后，国家除加强防洪工程治理外，对滨湖洼地的机电排灌工程也进行“以排为主、排灌结合，治一圩成一圩”的重点安排，资金投入为国家投入三分之一，省、市各配套三分之一。1991—1992年，建设47个站，装机71台3440千瓦，其中新建排灌站37座，装机53台2545千瓦，更新动力设备10座，装机895千瓦。1994年，增建13站，装机1320千瓦。1995年，增建14站，电机947千瓦、柴油机73.5千瓦，连同15座圩区灌溉涵洞等，5年完成投资2831万元。至1995年年末，洪泽湖滨湖洼地建成圩区276处，建站400座，装柴油机7988千瓦、电机36099千瓦。

1996年，国家安排治淮工程项目资金851.59万元，在盱眙县境内新华圩兴建新华排灌站，另新建戴湾排灌站及配套引排涵洞1座，并将吴岗站由机站改电站。在淮阴县境内，新建杨场涵洞1座，拆建杨场电力排灌站，并将王集站设备更新。1997年，安排基本建设项目资金386.7万元，更新洪泽湖周边老圩区机电排灌站设备及改建泵站。1998年和1999年，国家投资614.83万元，主要开展盱眙、淮阴、洪泽3个县圩区内排灌动力增容、老化损坏机泵设备更新改造以及引排涵洞建设等机电排灌站配套工程。

2000—2005年，南水北调东线第一期工程淮阴二站、淮阴三站、淮安四站相继开工实施；在淮河入海水道排灌处理工程中，对原杨庙站、茭陵一站、茭陵二站进行维修改造，新建楚州泵站、清安河泵站；在灌区配套与节水改造工程中，拆建并新建一批机电泵站；在城区水利建设中，对淮安泵站、山阳站等18座排涝泵站进行维修改造；在实施洪泽湖大堤除险加固工程中，对高良涧水电站进行加固，拆建二河闸以北头堡、三堡、四堡、八堡4座小型电灌站。

2006—2008年，在白马湖、宝应湖洼地治理工程中，新（拆）建泵站91座，新建白马湖地区花河排涝泵站；在白马湖防洪整治工程中，对金湖县王家沟站、桃园站、花沟站、白马湖村站、滨湖站5座排涝泵站进行加固；在洪泽湖周边洼地治理应急工程中，新（拆）建排涝泵站5座；在淮河入江水道整治工程中，实施金湖县太平排涝站机电工程、盱眙县坚强排灌站拆建工程；实施淮河入海水道杨庙机口增容工程。

至2008年年末，全市机电泵站保有量319275千瓦，其中电站218977千瓦。低山丘陵区机电泵站保有量22582千瓦，低洼圩区机电泵站保有量148293千瓦，平原地区机电泵站保有量148400千瓦。

第六节　除　涝

1978年后，根据市境内既有湖泊洼地，又有山区丘陵、平原坡地的实际状况，淮安市在除涝方面实施分片分批治理方案。

一、洪泽湖周边洼地

洪泽湖周边盱眙、洪泽、淮阴3个县（区）沿湖地区总面积804.5平方公里。其中，地面高程在15～12.5米的低洼地称为“洪泽湖周边洼地”，长期处于洪泽湖洪水的威胁之下。二十世纪五六十年代，境内先后建成高良涧闸、三河闸控制工程，兴办洪泽湖蓄垦工程。经过多年治理，滨湖地区的防洪、排涝、灌溉、降渍四大工程体系初具规模，排灌标准大为提高。1991年以后，水利部淮河水利委员会和江苏省水利厅决定对洪泽湖周边洼地继续进行治理。按照“先急后缓”的原则，采取“一次规划，分年度实施”的方法安排项目计划。1992—1997年，完成投资3611万元，兴建、更新泵站71座，装机115台5800千瓦，兴建、加固引排涵洞20座，块石护坡6公里，撤退道路3.5公里。2001年，省水利厅下达淮安市洪泽湖、高宝湖周边地区洼地治理工程主体初步设计及标准，工程总投资5454万元，其中省级以上投资4155万元、地方配套1299万元，主要包括河道及堤防加固和建筑物加固、改建两部分。该工程于2001年11月开工，至2002年汛前基本完成，保证汛期安全。2008年，投资3410万元，实施洪泽湖周边洼地治理应急工程，建设内容包括加固堤防13.96公里，新建挡洪堤护坡10.8公里，拆除重建病险涵洞20座，新（拆）建排涝泵站5座。

二、渠北地区

渠北地区指苏北灌溉总渠以北、废黄河以南的狭长地带，西至二河，东至盐城市阜宁县界，总面积835平方公里。京杭大运河贯穿南北，将其分割成运西、运东两片，运西总面积301平方公里，运东总面积534平方公里，分属清浦区和楚州区。淮河入海水道未开挖时，该地区涝水通过苏北灌溉总渠投机排水，同时结合沿线排涝泵站、茭陵一站和二站、杨庙站向总渠、废黄河和大运河抽排涝水。1998年，开工兴建淮河入海水道工程，原有排灌系统被打乱，渠北地区受涝加剧。后经水利部淮河水利委员会批准，在淮河入海水道近期工程总体规划设计中，将渠北排灌影响处理工程列入入海水道工程中实施。该工程按五年一遇的排灌标准进行设计，总投资9593万元。1998年开工，2003年9月建成。2008年，为缓解淮河入海水道行洪期间渠北运西地区因洪致涝问题，投资1442万元，实施渠北排涝影响杨庙临时机口增容工程，设计流量28立方米/秒；拆建柴米西站，设计流量3.95立方米/秒。

三、高宝湖片

高宝湖片位于洪泽湖以东、里运河以西、苏北灌溉总渠以南、高邮湖以北，总控制面积3078平方公里，其中金湖县1408平方公里、洪泽县718平方公里、楚州区286平方公里、盱眙县666平方公里。该片区地形复杂，有局部缓坡丘陵，有湖东江淮平原区，有沿白马湖、宝应湖、高邮湖沿湖洼地圩区。淮河入江水道在区内自西向东，至金湖县石港三河拦河坝向南入高邮湖南排入长江。片内主要排涝河道有温山河、新河、永济河、花河、浔河、草泽河、老三河、洪金排涝河、汪木排河、利农河、金宝航道、东中心河、西中心河等。

该片在白马湖与宝应湖之间有隔堤，建阮桥闸排白马湖水。在黄浦对岸建运西闸，将白马湖水排入里运河。白马湖北端建镇湖闸，可将白马湖北部地区涝水排入白马湖。在白马湖水位高又无法排入里运河或宝应湖的情况下，白马湖涝水可经新河进入淮安抽水站，排水入苏北灌溉总渠。

宝应湖与高邮湖之间有大汕子隔堤，隔堤上建有宝应湖退水闸，当高邮湖水位低时，可伺机将宝应湖涝水排入高邮湖入江。在金宝航道入里运河处建南运西闸，可将宝应湖地区涝水排入里运河转排入长江。当宝应湖地区涝水无法排入高邮湖或里运河时，可利用石港翻水站抽宝应湖地区涝水由淮河入江水道排出。

2001—2005年，高宝湖周边地区湖洼治理工程主要分布在高宝湖、白马湖的西北部和淮河入江水道沿线。高宝湖地区圩口闸按排涝五年一遇、远景十年一遇标准进行除险加固。先后对18座小型涵闸加固、改建，完成浔河口2公里护岸工程、洪泽县共和镇洼地治理和岔河镇桥涵配套工程。2003年灾后重建项目中，实施金湖县黎农河节制闸、利东河节制闸、太平排涝站土建工程等。2007年灾后重建工程中，完成56座小型涵闸、泵站等加固、改建，新建花河排涝泵站，设计流量20立方米/秒，拓浚胜天河河道7公里，新建花河、龙须港、王良河节制闸3座，新（拆）建配套建筑物8座；实施金湖县白马湖防洪整治工程、洪泽县新河整治工程和砚台船闸拆建工程，新建圩堤护坡5.25公里，加固改造王家沟站等5座排涝站，疏浚河道275米，新建灌砌石挡土墙550米。工程总投资1.54亿元。

四、里下河片

里下河片属楚州区，范围为里运河以东、苏北灌溉总渠以南，东至盐城市阜宁县，东南临射阳湖马家荡，南至扬州市宝应县界，总面积731平方公里，北部属平原地区，南部属沿荡地区。

片内河流有头溪河、姚河、涧河、塘河、十字河、渔滨河等骨干河道入马家荡，岔溪河、横排河排水入绿草荡。马家荡为射阳湖北部的残留部分，荡底高程西北部为1～0.8米，东南部为0.9～0.4米。绿草荡在马家荡西，东西狭长。北临流均、泾口、施河3乡镇，南临宝应县。片内河网稠密，东南部原是射阳湖西部洼荡地区，后被围垦。片内有水面积95.1平方公里，占总面积的13.43%，排水向东经射阳河入海。

里下河片除涝降渍主要是治理骨干河道头溪河，对姚河、涧河、塘河、十字河、渔滨河也多次进行治理。下游沿荡圩区主要采取联圩并圩，加高加固圩堤，圩内开深沟，建电力排灌站，以达到排得出、挡得住、降得下、灌得上效果。1995年，该片建有机电排灌站212个，其中电动机站168个、167台（套）、7379千瓦；柴油机站44个、44台（套）、1480千瓦；建有圩口闸或套闸199座。1996—1997年，市水利局将里下河片排涝列入治淮专项洼地治理以工代赈项目，投资90万元，提高圩区排涝能力。

2000—2005年，里下河片实施的治理工程项目较少，规模也较小，仅在2003年淮河大水灾后重建应急工程中安排部分治理项目，包括拆建4座圩口闸、兴建7座进洪闸和7座滚水坝。2008年，实施头溪河下段整治和溪河镇涧河五支大沟排涝泵站工程，总投资4634万元。

五、沂南片

沂南片位于新沂河以南、废黄河以北的淮阴区、涟水县境域，历史上既属黄泛区，又是沂、沭、泗洪水泛滥区。该片大部分为平原坡地，夹有局部洼地，如淮阴区夏家湖、涟水县的甸湖荡等。

该片除涝降渍主要是高低分排，开深加宽排涝干支河，按2米地面高差开展梯级控制，蓄泄兼顾，大、中、小沟，干、支、斗农渠配套，旱作物改水稻，提高排涝标准。平原坡地间的局部洼地圈圩建涵建站，圩内深沟密网，沟渠配套，改旱作物为水稻，达到挡得住、排得出、灌得上、降得下的要求。

1998年，市水利局安排涟水县开建引盐济张工程。疏浚东张河上游段9公里，扩浚悦来村引水河4.5公里，新建东张河补水闸及梯级蓄水闸1座，拆建悦来引水河渠首闸。该工程国家投资246万元，有效解决东张河流域淮阴和涟水两县上下游排涝和灌溉矛盾。

2000—2005年，主要完成淮阴区夏家湖东站改造、夏东自排闸拆建、跃进河调度闸拆建等建筑物工程，疏浚跃进河39.04公里。完成涟水县一帆河闸拆建、涟东总干渠渠首闸拆建、涟东一干渠渠首闸改造等建筑物工程；完成涟东总干渠城区段整治一期工程，两岸共长2.2公里。

2006—2008年，实施涟东总干渠城区段整治二期、三期工程，淮阴区刘老庄乡闸下西站等5座灌溉泵站改造工程。

第四章　防汛防旱

淮安市地处淮河下游，境内洪泽湖承接上中游约15.8万平方公里的流域来水，加上市境地处南北分界，6—7月冷暖气团活动频繁，极易发生旱涝急转。特殊的地理位置和气候特点，导致市域易受洪涝、干旱、台风等自然灾害影响。淮安市的防洪排涝重点是流域性河道行洪安全、中小水库度汛安全、沿湖周边低洼区域易涝以及城区排涝防台压力大等。干旱成灾主要原因是当地降雨少且上游无来水，致使河湖库蓄水严重不足。

1978—2008年淮安市洪涝、干旱灾害受灾面积情况表

表8-2　　单位：万亩

年份	洪涝灾害		干旱灾害	
	受灾面积	成灾面积	受旱面积	受灾面积
1978	—	—	1366.00	320.00
1979	369.83	380.00	1055.75	—
1980	366.01	320.00	149.80	32.00
1981	36.04	5.36	712.76	10.30
1982	281.11	243.58	524.00	26.30
1983	450.02	501.62	—	—
1984	393.39	335.16	—	—
1985	109.36	87.92	—	—
1986	307.63	359.39	—	—
1987	—	—	—	—
1988	—	—	772.37	649.40
1989	—	—	672.51	672.51
1990	503.85	432.29	—	—
1991	624.59	482.81	61.00	—
1992	94.50	52.80	865.20	268.95
1993	624.14	324.47	—	—
1994	9.30	—	982.83	753.47
1995	—	—	481.86	120.88
1996	287.42	150.86	18.50	—
1997	56.92	33.36	155.40	125.70
1998	105.50	34.99	25.00	—
1999	—	—	207.42	64.95
2000	213.60	155.00	387.00	387.00
2001	—	—	265.20	177.00
2002	—	—	229.00	—
2003	447.47	286.80	—	—
2004	—	—	177.15	142.94
2005	95.10	60.93	200.48	160.50
2006	291.38	155.46	62.61	45.00

续表8-2

年份	洪涝灾害		干旱灾害	
	受灾面积	成灾面积	受旱面积	受灾面积
2007	264.70	141.00	75.98	59.35
2008	125.09	14.76	—	—

第一节　组织领导

1978—1983年，淮阴地区每年6—10月均建立临时防汛防旱指挥部，各县（区）建立总队部，各乡镇相应建立防汛抢险组织，在沿湖、沿排洪河道建立以民兵为主的防汛抢险突击队，承担防汛防旱工作职能。1984年起，市防汛防旱指挥部办公室成为常设办事机构，各县（区）亦相继成立防汛防旱办公室。为保证各流域性河湖度汛安全，每年6—10月还设立洪泽湖、淮河入江水道、淮河入海水道、淮沭河、中运河等分指挥部，由市委、市政府领导担任各分指挥部总指挥，相关部门负责人和工程所在县（区）及省属工程管理单位负责人为分指挥部组成人员，加强全市重点河湖防汛防旱工作的领导。根据流域性河湖防汛需要，每到汛期，省防汛指挥部还成立专项工程的联合防汛指挥机构，分别由省防汛指挥部和相关县（区）的负责人任分指挥，负责联防事宜。1987年起，防汛工作实行地方政府行政首长负责制，落实分级管理责任制、防汛人员岗位责任制、防汛工程管理责任制、防汛物资责任制、防汛抢险责任制、防汛清障目标责任制，强化防汛防旱职责。

2000—2008年，全市加强防汛指挥系统建设，完善包括法律法规、组织体系、防汛防旱预案、防汛防旱服务队伍、抢险物资及应急处理程序等方面的机制和措施，强化以行政首长负责制为核心的防汛防旱责任体系。加快防汛信息化建设，引进卫星云图接收系统和软件，建成省、市、县三级2兆光纤联网，防汛防旱指挥决策系统，淮河流域洪水预报系统，水库及城区水雨情遥测系统，龙王山水库群洪水预报调度系统，省、市、县三级视频会商系统等，实现防汛防旱测报现代化，提升全市防汛防旱抗灾能力。

第二节　防汛抗洪

一、1983年暴雨、洪水

1983年7月18—23日，受三号台风影响，域内大范围降雨，暴雨覆盖淮阴县、涟水县、淮安县等地区。处于暴雨中心的涟水县，3日雨量达397.7毫米，7日雨量468.7毫米，为全市1915年有记载以后最大的一次暴雨。全市暴雨产流43.54亿立方米。暴雨之后，很多地方特别是佃湖荡、大涧河和来安洼地，沟满河来，一片汪洋，有些低洼地区积水深度达1.5米以上，大面积农作物漫头，倒塌房屋223320间，损坏房屋89741间，死亡33人，受伤280人，损失粮食510.69万公斤，积水面积37.67万公顷。该次暴雨频率为沂南地区30年一遇，暴雨中心的涟水县为250年一遇，远超全市排涝干支河道及建筑物的设计标准。各控制点水位均大大超过设计水位。

抗涝过程中，淮阴市利用已有水利工程，合理调度涝水。当时洪泽湖水位仅12.65米，且淮河上游无大雨，短时间不可能有洪水入湖，利用中运河及二河尽可能地调沂、泗洪水入洪泽湖，再经淮河入江水道排出。总计调度入洪泽湖水量1.5亿立方米。盐东控制工程各闸在7月18日破例将闸上水位降到1.3米，9天时间共排水9亿多立方米，减轻沂南地区排涝压力。

二、1991年大洪水

1991年3月，淮河流域发生大春汛，洪泽湖水位一度达13.69米。三河闸于3月21日开闸泄洪，历时34天，最大泄洪流量4500立方米/秒，下泄春汛洪水70多亿立方米，为淮河入江水道建成前所未有。当年淮北和江淮之间出现两段梅雨天气，5月21日入梅，7月15日出梅，梅期长达56天，是常年梅雨期的3～4倍。

5月下旬，由于西南暖湿气流强盛，和南下的冷空气相遇，淮北地区首先入梅，出现区域性暴雨和大暴雨。此后冷锋南压，梅雨锋稳定在江淮之间，6月18日，因受北方冷空气的影响，雨区南移。6月28日，由于受切变线和静止锋的影响，梅雨又从淮北开始。7月中旬，因副热带高压势力增强，雨区北移。由于2次梅雨锋都稳定在江淮附近，降雨集中，特别是进入第二段梅雨，淮河流域多次连续暴雨，雨量大，强度高。淮阴地区两段梅雨量500～800毫米。1月至9月，淮安、洪泽、盱眙、金湖等县（市）降雨量在1000毫米以上，最高的盱眙县达1400毫米。因雨量大，历时长，土壤饱和，底水丰沛，产流量大。两段梅雨淮河水系共产水500亿立方米。三河闸从5月31日开始泄洪，7月18日17时最大泄洪流量8900立方米/秒。洪泽湖蒋坝最高水位14.06米。淮沭河建成30多年首次分淮入沂，7月16日行洪流量达1200立方米/秒。全市受灾面积39.3万公顷，房屋倒塌8.2万间，损坏房屋9.5万间，死亡37人，受伤323人，被水围困的村庄4917个、21万户、90万人，152所医院、392所学校、585个商店被淹，造成直接经济损失14.28亿元。

洪涝灾害面前，全市各级防汛指挥机构全力以赴，抢收新沂河滩地2万公顷三麦，保护流域性堤防、湖荡洼地、城市、山丘区水库。市防汛指挥部先后调拨、抢运草包121万个，编织袋78.5万个，铁丝72.5吨，杉木桩2032根，毛竹9000支，柴席11.2万张，芦柴32万公斤，木材100立方米，土工布7212平方米，麻袋30万条，块石4万吨。

三、1996年洪水

1996年汛期降雨主要集中在6—7月。该年入梅早、梅期长、雨量大，6月3日入梅，比常年早15天，7月20日出梅，梅期长47天，与1954年（49天）梅期接近。由于淮河上中游雨量大，7月22日蚌埠闸洪峰流量达6360立方米/秒，入洪泽湖总流量达9017立方米/秒。7月24日，三河闸最大泄洪流量达6780立方米/秒，金湖站水位达11.36米，超过设计8000立方米/秒相应水位0.14米。市委、市政府组织沿线民工昼夜加固险工，在人民解放军的支援下，终于守住堤防。

四、2000年秋汛

2000年8月下旬连续发生强降水过程，由于降水高度集中，致使全市大部分地区出现严重涝情，受灾严重地区分布在清浦区、涟水县涟东、县级淮安市渠北地区以及金湖县、洪泽县等沿湖低洼区域，内涝致使农作物成灾面积10.33万公顷，绝收面积3.51万公顷。

暴雨发生后，市防汛指挥部调度，开足石港、淮安站抢排运西地区涝水，提前降低苏北灌溉总渠、运河水位，照顾市区排涝。全市投入人力56.4万人次、抗灾经费1210万元，排涝面积21万公顷，排除涝水6.17亿立方米。

五、2003年淮河流域大洪水

2003年汛期，淮安市发生仅次于1954年的特大洪涝灾害，当年建成的淮河入海水道建成后不久即投入行洪发挥效益。洪涝夹击致使市境内流域性堤防长时间高水位行洪，各种险情频发。全市河湖堤防等各类水利工程出现渗水、管涌、塌方等险情800余处，其中流域性河道堤防出现较大险情97处，长7035米。全市23座水闸出现闸门损坏漏水、翼墙渗水等险情。盱眙县有33座水库出现大坝渗水、滑坡等险情。洪涝灾害给全市造成直接经济损失48.45亿元，其中农牧渔业直接经济损失32.06亿元。

随着入洪泽湖流量的增加，淮安市及时开启三河闸、二河闸、二河新闸、淮阴闸和高良涧闸，运用淮河入江水道、入海水道、分淮入沂及苏北灌溉总渠排泄淮河洪水。7月4日，盱眙县淮河镇富淮圩圩堤漫水，圩内300多人被洪水围困，在南京军区舟桥部队援助下，盱眙县紧急撤离圩内人员。7月10日、11日，省防汛指挥部下达洪泽湖滞洪区、鲍集圩行洪区及高邮湖周边紧急撤离转移指令，相关县（区）迅速行动，全市转移灾民28.9万人。抗洪最高峰投入军民50余万人/天，投入最大排涝动力33.66万千瓦，清除阻水障碍9517处，抢做土方73.3万立方米，累计投入抗灾资金2.01亿元。

六、2005年自然灾害

2005年，淮安市天气异常多变，遭受干旱、台风、洪涝等自然灾害。具体表现为梅雨前降雨量少，部分地区受旱。至7月初，全市农作物受旱面积10.8万公顷，其中重旱4.21万公顷。7月4日起，江淮之间出现大范围、高强度的降雨过程，全市境内主要湖泊及行洪排涝干河水位全面上涨，加上8月台风影响，受洪、涝、风三重夹击，全市因干旱和洪涝经济总损失6.01亿元，其中因旱损失0.83亿元、因涝损失5.18亿元。

2005年汛期的防汛防旱工作主要分为前期抗旱和后期防洪抗台工作。抗旱主要措施是加强防汛值班，确保各类雨水灾情信息畅通；加强灌溉水源管理，及时对用水困难地区补充水源，确保水稻栽插活棵关键时期用水。防洪抗台主要措施是及时开启三河闸，运用淮河入江水道排泄淮河上游洪水，有效控制洪泽湖水位上涨；预排预降河湖水库水位。

七、2006年强降雨内涝

2006年入梅后，淮安市连续发生大到暴雨，特别是6月29日至7月6日连降暴雨导致旱涝急转。由于连续降雨时间长、强度大、涝水出路不畅，市域大部分地区受灾严重，农田积水最深处达0.8米，城区低洼街道、小区、工厂也多处进水受淹。全市有8个县（区）、106个乡（镇）、11个街道、1034个村、171个居委会受灾。受灾人口137.7万人，农作物成灾面积10.4万公顷，绝收面积6.13万公顷。全市直接经济损失10.79亿元，其中农林牧渔业总损失9.38亿元，水利设施损失0.46亿元。

灾情发生后，清浦区、楚州区和市水利、建设等相关部门调运安装临时机泵，对低洼积水地段突击抽排。省防汛指挥部先后调拨排涝机泵130台（套）到淮安市重灾区支持抗灾。

八、2007年淮河流域洪水

2007年6月下旬起，淮河流域连续降雨，再次发生全流域性大洪水。由于2003年流域性洪水后加大水利工程建设力度，全市防灾减灾能力提升。与2003年淮河大水相比，2007年洪涝灾害程度明显较小，主要体现在工程出险数量和严重程度明显较小、洪涝灾害损失明显减少等。全市受灾人口118万人，农田积水受淹面积28.03万公顷，受灾面积17.65万公顷，成灾面积9.4万公顷，农作物绝收面积3.8万公顷。全市直接经济总损失12.5亿元，其中农林牧渔业直接经济损失11.18亿元。

灾情发生后，全市成立8个防汛抗洪工作督导组。市防汛指挥部及时电请省防汛指挥部调度三河闸开闸泄洪。市各有关单位和清浦、楚州两区防汛指挥部迅速落实各项措施，保证淮河入海水道按时安全分洪。58座超过汛限水位小水库，及时开闸泄洪。省防汛指挥部支持排涝机泵215台（套），市政府紧急批拨经费30万元，购置临时机泵19台（套），用于受灾严重地区排涝。淮河入江水道沿线金湖、洪泽、盱眙3个县按1万立方米/秒行洪，清浦区、楚州区按入海水道2000立方米/秒行洪，组织民力上堤防守。

第三节 抗 旱

一、1978年抗旱

1978年，淮阴地区遭遇历史上罕见的持续干旱，全地区1—6月累计平均降雨量151.8毫米，仅为常年平均雨量的43%，汛期6—9月的降雨量也只有常年同期平均雨量的52.7%。干旱造成库塘干涸，河道断航，灌溉水源严重不足，洪泽湖最低水位降到10.27米，湖底大部干裂，为1917年以后首见。地区防汛防旱指挥部根据水资源的现实情况，把原计划种植40万公顷水稻，调整为27.53万公顷（后因缺水实栽25.77万公顷）。同时抓好计划用水，节约用水，安排好工业、航运和人民生活用水。全市抗旱用机柴油45815吨，用电9643万千瓦小时，投入抗旱经费4461.21万元，投入抗旱劳力140万人。抢栽水稻25.77万公顷，抢种玉米13.43万公顷、山芋17.42万公顷，收成较好。三麦总产6.73亿公斤，较1977年增产38.7%，单产和总产均超过历史最高水平。

二、1992年抗旱

1992年5月中旬至7月上旬，全市平均降雨量仅68毫米，是常年同期降雨量的四分之一，比大旱年的1978年少二分之一，淮河上中游也普遍少雨。6月9日至7月14日，淮河断流35天。至7月11日，汛期入洪泽湖总水量只有32.92亿立方米，为常年同期平均的七分之一。8月11日，洪泽湖出现最低水位10.6米，洪泽湖低于死水位运行74天。全市农作物受旱面积57.67万公顷。旱情发生后，自6月1日起，淮安抽水站共翻水122天，计翻水16.68亿立方米，越闸翻水站6月21日至9月中旬共翻水4.05亿立方米。7月2日，金湖、洪泽两县疏浚洪金洞上游引河，增加引水量。当年全市粮食总产582万吨。

三、1994年抗旱、抗污

1994年6—9月，全市平均降雨量仅303毫米，较1978年大旱少40毫米。7月为需水关键时期，全市平均降雨只有78毫米，为多年平均值的32.1%。持续高温，蒸发量急剧增加，达266.3毫米，干旱指数3.41，水量收支失衡严重。

淮、沂、沭、泗中上游地区普遍干旱少雨，6—9月淮河流域平均降雨量仅384毫米，较多年平均少3成，沂、沭、泗流域平均降雨511毫米，较多年平均少2成。6—9月，淮河断流达38天，全汛期入洪泽湖总水量仅29.2亿立方米，占多年平均的13.7%。8月23日，洪泽湖出现最低水位10.46米，低于死水位1.04米。向淮北送水的二河闸于8月12日被迫关闭，淮北地区用水只能依靠淮安、淮阴翻水站，翻引长江水和骆马湖水补放少量水源。全市各地沟河、塘坝蓄水严重不足，至8月底，全市7210个塘坝有7133个干涸，166座小型水库有153座干涸，5座中型水库总蓄水量只有1600万立方米，不到常年同期蓄水量的八分之一。

7月下旬，淮河中上游下泄污水总量2.4亿立方米，严重危害全市8个县（市、区），使淮阴抗旱工作雪上加霜。经环保部门取样分析，污水中含非离子氨0.96毫克/升，超过Ⅲ类水标准47倍；氨氮9.77毫克/升，超标18.5倍；高锰酸盐指标18.5毫克/升，超标2.1倍；总汞0.00339毫克/升，超标32.9倍。该次水质污染物多，浓度高，毒性大，净化难，又无水源稀释。蚌埠闸于7月31日关闭，形成闸下到洪泽湖100多公里的污染带，长时间滞留在河湖中。全市受旱面积66.67万公顷，其中严重受旱面积38.2万公顷。死亡成片林0.59万公顷，干死新栽果树0.22万公顷。全市干死鱼3200万公斤，死蟹9万公斤。

干旱造成部分地区人畜饮水严重不足。全市有117万人、60万头大牲畜饮水困难，其中盱眙县等地区尤为严重。有22家企业被迫停产，12家企业半停产。全市航运、交通及工业生产尤其是部分乡镇企业受到严重影响。

全市投入抗旱劳力327.5万人次，开挖引水河150公里，大中沟河打坝6000多处，投入抗旱机电泵站4.05万台（套）、57.9万千瓦，抗旱用电9111万千瓦小时，柴油1.55万吨，抗旱经费计1.18亿元。6—9月，淮安站共翻江水15.48亿立方米，淮阴、越闸2站共翻水5.5亿立方米。9月初，骆马湖水量不断增加，省、市防汛指挥部决定于9月7日由皂河闸放水，流量721立方米/秒，经过中运河补给淮水，缓解淮河水系缺水及污染问题。

四、1997年干旱

1997年4—6月，全市平均降雨仅157毫米，较常年少4成，汛期淮河来水47.6亿立方米，不足常年的四分之一。7月4日，洪泽湖出现最低水位10.87米，洪泽湖低于死水位运行23天。全市农作物受旱10.36万公顷。

五、1999年抗旱

1999年，市域受旱时间长，干旱影响大。全市年降雨较常年少25%，汛期降雨比常年少40%，其中5—9月降雨450毫米，常年683毫米。全年淮河断流107天，汛期淮河来水仅20.8亿立方米，洪泽湖低于死水位运行65天，8月28日最低水位10.7米。农作物受旱面积13.8万公顷。

5月下旬，市防汛指挥部发出紧急通知，要求各地加强水源管理、做好水稻栽插工作，动员一切力量保证水稻栽插任务按计划完成；派出调查组到工矿企业了解用水情况，帮助制定落实抗旱措施，解决实际困难。全市投入抗旱人力38.1万人次，投入电动机3265台（套）8.45万千瓦、柴油机10536台（套）12.36万千瓦，共消耗抗旱柴油6897吨、用电2895万千瓦小时。群众自筹投入抗旱总经费3495万元。

六、2000年抗旱

2000年，市域先后遭遇严重干旱和大暴雨袭击，工农业生产和居民生活遭受较大损失。当年5月前全市少雨干旱，至5月底，全市农作物受旱面积25.8万公顷，其中严重受旱12万公顷，仅盱眙县就达5.37万公顷，全市农作物直接经济损失3.91亿元。6月1—3日，全市普降中到大雨，降水109毫米，缓解旱情。全市投入抗旱人力56.8万人，投入各类经费2097万元，减少粮食损失2.6亿吨，总抗旱效益5亿元。

七、2001年特大干旱

2001年，淮安市发生春夏秋特大连旱灾害，夏粮普遍减产1～2成，有4万公顷秋粮减产2成以上，粮食减产约9.79万吨，经济作物损失约1.83亿元，全市农作物直接经济损失2.76亿元。盱眙县丘陵山区、洪泽县洪泽湖区有11.8万人、15.7万头大牲畜饮水困难，其中盱眙丘陵山区有3万人需到3公里外取水饮用。洪泽湖区10万亩网围养殖损失严重，有近5万亩干涸，涟水、盱眙等县有0.33万公顷池塘养殖损失严重，全市水产养殖直接经济损失超过1.1亿元。

10月23日，省防汛指挥部派出抗旱检查组，深入受灾较重的盱眙县实地查看旱情，协调解决问题。市防汛指挥部办公室合理调度有限水源，推广节水措施，会同有关县（区）做好防汛清障工作，保证各类水利工程安全运行。面对水源补给较为紧张的状况，各地还采取蓄、引、提、调等办法，组织发动民力、协调机械，多渠道解决农业及人畜引水水源。市越闸翻水站连续15个昼夜北调江水，共抽水8000万立方米，保证重点厂矿企业及城市居民生活、航运的用水需要。市气象局利用有利时机和空域，实施4次人工增雨作业，发射增雨火箭25枚，增雨3300万立方米，受益面积覆盖全市大部旱区约5000平方公里，旱情得到明显缓解。

抗旱期间，全市投入抗旱人员44.85万人次，抗旱电动机3365台、6.58万千瓦，柴油机18655台、25.93万千瓦。抗旱用电2571万千瓦小时，柴油2600吨，抗旱经费2711.5万元，抗旱面积17.6万公顷，全市总抗旱效益6.9亿元。

第五章　城市水利

2002年起，为适应创建“四城”（国家卫生城市、国家园林城市、国家环境保护模范城市和全国文明城市）和加快建设绿水城市的要求，淮安市投入资金2.75亿元，对市区清安河、里运河、文渠河及环城河、新市河等河道进行综合整治，对城区排涝泵站进行维修改造，建成中洲公园等城市水文化工程，打造人水亲近的水环境，改变河道淤塞、水体污浊、周边环境杂乱的状况，基本实现“河清、岸绿、水畅”的治理目标。

第一节　市区河道整治

一、清安河拓浚工程

清安河流经淮安市清浦区、楚州城区，总长21.86公里，宽2～35米，深5～10米，是两区里运河和大运河之间的唯一排水通道。河道内淤积泥污深一般为1～1.5米，最深处达2米以上，全线排水不畅，晴天恶臭熏人，暴雨污水四溢。

清安河拓浚工程包括清安河淮海路至淮河入海水道穿堤涵洞17公里，其中东风泵站至淮河入海水道穿堤涵洞14.4公里，总投资3000余万元。工程于2002年2月开工，同年6月完成河道疏浚、局部河岸护砌，疏通下游3孔穿运洞，追加沿线100多座桥涵拆建、加固维修及重点城区段人行便道铺筑等工程，里运河与大运河之间排水条件有效改善。2002年汛期，清安河沿线无一起漫溢事件发生，在同级暴雨情况下，沿程水位普降1～1.5米。

二、里运河大闸口越河段疏浚整治工程

里运河城区段是淮安市历史文化的代表和重要象征。因长期缺乏治理，清江大闸口越河段沿线河堤建筑物杂乱无序，河道淤塞，水体污浊，岸线破损严重，对城市水资源可持续利用构成威胁，影响河两岸居民生活环境质量及市容市貌。

2003年4月，里运河大闸口越河段综合整治工程开工，同年8月底完成河道疏浚560米、两岸护岸1132米。土方开挖及回填7万立方米，清淤3.9万立方米，混凝土900立方米，浆砌石约650立方米，碎石130立方米，抛石约300立方米，机械打圆木桩1917根，完成投资400万元。

三、环城河及文渠河一、二期整治工程

文渠河（内城河）、环城河（外城河）为清浦区城区的主要排涝河道，全长6.12公里，流域面积5.08平方公里，承泄老城区及东风片雨涝水，汇入清安河。河道长期淤塞严重，水体污浊，岸线破损无序，严重影响两岸居民生活环境质量及市容市貌。

2003年2—6月，文渠河、环城河综合整治一期工程开始实施，工程范围包括淮阴发电厂北西小闸泵站至宝塔桥泵站计长2.7公里环城河，清晏园西水关至楚秀园五四闸段计长2.15公里文渠河的河道清淤及岸线整治，总投资2000万元（含拆迁）。工程量包括拆迁房屋4500平方米，疏浚河道4.85公里，新增护砌2.5公里，修整护砌4公里，改造桥梁8座，新建河岸护栏2700米，绿化4500平方米。

2004年4—7月，对环城河下段造纸厂桥至清安河口1340米河道进行疏浚、护岸整治。总投资500万元，完成土方2.5万余立方米，清淤1.78万立方米，砌石5231立方米，拆建沿线桥梁5座，安装护栏1345米。

四、文渠河活水闸工程

文渠河流经清晏园内河道长期阻水，全线水流不畅，水质较差。为改善文渠河水质，2004年年末至2005年3月，实施文渠河活水节制闸工程，总投资32万元。

文渠河活水闸位于清晏园西、大庆路桥北侧，可抬高内、外城河源头水位。该工程实施过程中，还对清晏园西墙内近100米河道进行疏浚，打开活水通路。

五、新市河整治工程

新市河位于楚州区境内，承泄楚州区板闸镇乌沙干渠、新一支渠以南、下关以东河道北侧以及城区原新市河两岸雨涝水，为楚州区北部主要排涝河道。河道淤积严重，最深处达2.2米，排涝能力严重不足，水质污染严重，给河道沿线群众的生产生活造成严重影响。

2003年，对新市河上中段进行整治。其中，上段老乌沙洞至头桥长1.1公里，流域面积1.55平方公里；中段头桥至礼字坝长1.83公里，流域面积1.9平方公里。该工程主要建设内容为配合翔

宇大道建设，进行河道清淤1.83公里，新建护岸3.65公里等。2003年5月中旬动工，当年汛期前竣工，总投资853万元。

六、灰场大沟工程

灰场大沟工程为灰场路南侧市政管网接入西郊泵站引河的管网埋设工程，设计埋长240米，配合西郊泵站，负责排除西安路东、北京路西、里运河北、淮海西路南的片区涝水。

2004年12月，该工程正式实施。新铺管涵130米，与煤灰池有管涵相接连。2005年1月底完工，投资34万元。

七、钵池山活水工程

钵池山活水工程包括活水涵洞兴建、清扬大沟疏浚整治、越河大塘清淤抽槽3个主体部分。

工程于2005年4月开工，同年年底竣工。征用鱼塘1.07公顷；越河大塘至大口子河道疏浚约450米，建22米长、2×2米穿堤涵洞1孔，两边岸坡临时木桩防护约900米，土方量5.6万立方米，砌石1890立方米，混凝土0.15万立方米，直接投资140万元。

该工程完成后，引里运河清水对钵池山公园大口子以及下游河道进行换水冲污，钵池山公园及其附近水环境得到极大改善。

八、西郊大沟工程

西郊大沟系西郊泵站引河，主要承泄清河区西安路以东、河堤路以北、北京路以西、淮海西路以南2.67平方公里区域的雨水、工业及生活污水，最终经西郊泵站排出。由于多年缺少治理，河道淤塞，加之沿线居民乱倒乱扔垃圾，甚至侵占河道建房，造成阻水严重，晴天恶臭，每遇暴雨，局部低洼区段即污水漫溢。

2005年，对淤塞最严重的780米河道进行清淤整治，对坍塌坡岸用木桩防护。该工程于5月正式开工，当年8月完工，总投资25万元。

九、红旗河绕道工程

红旗河绕道工程位于清浦区境内，河道起于城南乡小闸村，在黄码乡许庄村境内汇入柴米河，全长10.2公里，为蛇家坝干渠以北、大运河以南16.5平方公里范围内的主要排涝河道。因淮钢集团规模扩大，新厂区向南扩至蛇家坝干渠边，为解决厂区以西地区的排水问题，红旗河在新征生产厂区范围内长约1110米实施绕道。

改道段红旗河全长约2100米，河道两侧采用浆砌石挡土墙，底部为混凝土的矩形河道，河道净宽3.5～4米，上段设计流量7.27立方米/秒，下段设计流量9.47立方米/秒。该工程投资500万元，2005年9月开工，年底完工。

十、文渠河上段整治工程

文渠河位于清浦区老城区，由于生活垃圾倾倒、污水排放等原因造成部分河道淤积严重，引排水不畅，水环境恶化。文渠河上段整治工程于2007年1月开工，当年5月竣工，完成内城河河道清淤1.9公里，外城河河道清淤2.15公里。累计完成投资1200万元。

十一、大寨河北段整治工程

大寨河是清河区、淮安经济开发区主要排涝河道，为钵池山周边地区雨涝水的主要外排出路之一。北段河道淤积严重，无法满足汛期10立方米/秒的排水，成为改建后杨湖电排站排涝瓶颈。同时，河岸脏、乱、差，严重影响周边居民生活环境质量和城市美观。2008年，实施大寨河北段整治工程，总投资200万元。主要项目为830米河道疏浚、挡墙护砌。该工程于当年5月正式开工，6月完成水下工程，9月全面竣工，完成土方3.85万立方米，混凝土1710立方米，砌石1600立方米。该工程实施后，河岸脏、乱、差的状况得以改变，水体水质得到提升，河道排水能力增强，减轻该地区防洪排涝压力。

第二节　城区排涝泵站维修改造

2002年，淮安市组织专业技术人员对城区泵站开展调查，对部分泵站进行应急维修。

2003年，建设西湖泵站。该工程位于新港码头西侧，用于抽排新港工业区的涝水。泵站设计排涝流量3立方米/秒，配3台600ZLB-100轴流泵，配套55千瓦电机3台（套）。泵房、配电房及管理办公用房353平方米。泵站主体部分于2004年6月底完成，其他配套项目于2005年7月完工。总投资198万元。

2004年，淮安城区泵站维修改造工程分布于清浦区、清河区及淮安经济开发区，主要包括东风一站、东风二站、清安、城南、运河、越河、西郊、团结8座泵站泵房改造及管理用房拆建维修、机泵更换、电气设备购置安装等。当年7月底，8座城区泵站维修改造工程全部竣工。投资238万元，完成清淤及人工土方18475立方米，拆除并新建泵房及管理用房353平方米；砌筑管理所围墙291.71米，拆除并修复出水池浆砌石294立方米；修复并新建浆砌石护底、护坡642.5立方米；护底护坡砂石垫层374.9立方米，机泵安装24台（套）；置换变压器4台（套）；置换电气控制柜19台（套）。

2005年，对山阳站、杨湖站、引河站、西小闸站、高家巷站、电厂河站、蔬菜站、宝塔桥站、文渠站和内衣站10座泵站进行维修改造。2006年，启动文渠泵站拆建工程。该站建于20世纪70年代，承担承德南路、楚秀园等片区排水任务。由于长期运行，机电设备老化损坏严重，开机故障频繁，急需整治。该工程位于里运河南岸，楚秀路西侧，泵站设计排涝流量3立方米/秒，配3台轴流泵，配套55千瓦电机3台（套）。该工程于2006年11月开工，次年6月底完成主体工程，9月全面竣工，投资500万元。

2006—2007年，根据城区泵站存在的问题，安排专项经费，对清安、西湖、蔬菜等城区22座排涝泵站进行维修保养，确保汛期正常运行。

2007年，实施高家巷泵站扩建工程。该站位于里运河南岸、承德路西侧，排水范围东至承德南路、南至解放西路、西至人民南路。经过多年运行，泵体老化，加上设计流量偏小，无法满足城区防汛排涝需求。改造扩建工程在原址进行。泵站设计排涝流量4立方米/秒。该工程于2007年1月开工，当年5月具备通水条件，11月底全部完工，投资287万元。

第三节 城市水文化工程

一、中洲公园工程

中洲公园为第二届中国淮安·淮扬菜美食文化节重点景观实施项目，建址于里运河中洲岛上。中洲岛可用占地面积2.37公顷，岛上人口居住密度大，以低收入群体为主；建筑物杂乱无序，破旧房屋密布，环岛周边水环境质量极差；全岛面貌与周边名胜古迹、自然景观极不协调，严重影响两岸居民生活环境质量及城市形象。

中洲岛治理工程于2003年4月开工，是年年底完工，2004年春正式对外开放。全面拆除岛上破旧民居、厂房、仓库等建筑物后，兴建中洲公园，重修清江浦楼，进行全岛绿化等。该工程规划实施绿化面积8600平方米，建筑物面积10186平方米，其中清江浦楼640平方米、文化中心9546平方米，投资5000万元（含拆迁）。

中洲公园建筑景观以仿明、清风格为主，与东长美食街隔水相望。岛首设立的“清江浦”标志，配合大闸口地区若飞桥、御码头、“南船北马”碑文、越河大闸、牛行街以及“五教汇聚”的独特历史文化景观，凸显淮安在运河历史文化中的重要地位和商业旅游价值。

二、河道总督府复建工程

河道总督府是清代全国最高的治水机构，是研究运河、黄河、淮河治理和漕运历史不可多得的文物古迹，位于清浦区人民路和环城西路之间，清晏园南侧。该工程分两期实施，一期工程以灯光球场用地为基地，建设大堂、二堂等7个单体工程及连廊、水电、管线、绿化等配套附属工程，总投资3000万元。2006年8月开工，2007年7月主体工程竣工，2008年6月完成御碑园建设，同年8月正式对外开放。

河道总督府复建后，原散存于清晏园内的几十通清代皇帝御碑集中在新建的御碑园内展示；在大堂、二堂及厢房内陈列展示原河道总督治水相关史料、现代水利工程建设成果以及一些治水功臣铜像及蜡像等，集中反映淮安古今水利建设成就，成为展示淮安水利的一个窗口。

三、古末口、小清口碑亭建设

2007年，淮安市投入30万元，分别在古末口、小清口处修建记事碑亭，用于保护运河文化遗存，挖掘“运河之都”的历史文化内涵。该工程于2007年11月开工，2008年1月竣工。

古末口记事碑亭为砖石结构，屋面、屋脊均用浅色花岗岩石板制作，辅以淮安传统的细缝青砖铺面，与周围建筑物宛若一体。小清口记事碑亭为扇形亭设计，采用富有地方特色的起脊、青砖、立柱造型，配以石板路和园林绿化，供游人休闲，感悟先人治水历史。

四、清晏园改造工程

清晏园位于淮安市区人民南路西侧，环城路北侧，前身为明代户部分司的寄寄亭，扩建于清康熙年间，是苏北地区最具代表性的古典园林之一，也是中国漕运史上唯一保留下来的官宦园林。2008年，淮安市投入30多万元，安装喷泉，增设亮化，拓宽道路，新增绿化，使清晏园更加古朴亮丽。工程于是年9月开工，同年11月完工。

第四节　城市水环境工程

一、樱花园建设工程

樱花园水陆总面积45.33公顷，地处淮安市区东北部，东西毗邻市区主干道承德路和翔宇大道，南枕黄河故道。该工程于1998年3月开工，1999年5月1日正式建成开放。园区由东南大学规划、设计，是集休闲、娱乐和动物科普于一体的现代化公园。总投资4000多万元。园内有花草树木100余种、10万余株，建有樱花、牡丹等专类植物园和大型水上乐园。近10万平方米的草坪覆盖昔日尘沙飞扬的黄河滩地。2002年，樱花园被省水利厅确定为江苏省城市水土保持试点单位。2003年，引资建设苏北野生动物园，展出动物100余种1000余头（只）。2008年前，陆续承办过中国淮安·日本九州民间文艺大联欢、四川自贡灯会展、山东潍坊风筝节等活动。

二、里运河北岸绿化整治工程

里运河北岸绿化整治工程为里运河风光带规划景观工程的一部分，范围为里运河北岸大闸口东至清隆桥一线1.7公里，工程内容包括拆迁迎水坡民居及企业，对迎水面进行绿化综合整治，同时实施护砌、绿化小品、滨河道路等项目，增建绿地4.7万平方米，总投资4000万元（含拆迁2万平方米，其中居民1600户、企业6家）。2004年8月动工，2005年10月竣工。

三、大运河绿化工程

大运河绿化工程于2006年5月动工，当年年底完成大运河桥南岸向东约3000平方米和大运河南港段约3.5万平方米绿化任务，栽植法桐114棵、蜀桧600棵、海桐球652棵、意杨近5000棵，累计投入50余万元。

四、古楚风景区堤防绿化建设

古楚风景区堤防位于翔宇大道西侧，投资20余万元，在里运河堤植树近3000棵。

五、钵池山周边地区水环境整治应急工程

2006年汛期，淮安市遭受特大暴雨袭击，和平东路以北区域的东方丽景小区、洪福小区及附近地块积水严重，部分区域积水1米左右，给当地企业、居民的生产生活造成较大影响。市委、市政府及时启动钵池山周边地区水环境整治应急工程，投资2048万元，工程内容包括开挖洪福河中段、疏浚丰收河、改造山阳站、扩建杨湖站、拆建大寨河闸等六大项目。2007年1月开工，是年6月主体工程完工，2008年4月通过验收投入使用。

六、石塔湖活水工程

石塔湖由于缺乏治理，水体污染严重，气味难闻。为改善湖内水质，增强石塔湖汛期调蓄能力，2008年，淮安市投入20万元实施石塔湖补水工程。工程采用顶管技术沟通里运河与石塔湖，在里运河岸边架设机泵，通过管道向石塔湖输水，有效改善水质。

七、圩河清淤工程

圩河开挖于20世纪90年代，起于楚秀园西门跃龙桥，止于宝塔桥泵站，全长1.4公里，其中有长200多米内径1.2米的地下暗涵从楚秀园和周边居民区地下穿过。圩河的严重淤积，导致其周边地区雨天易淹易涝、晴天污水发黑发臭。2008年，淮安市实施圩河清淤工程，使周边地区排涝和河水黑臭问题得到有效解决。该工程总投资24万元。

第六章　勘测规划设计与施工企业

第一节　水利勘测

一、勘测机构

1978年，淮阴地区有水利测量队，主要从事测量、地质勘探、土工试验等工作。1985年9月，水利测量队更名为淮阴市水利勘测队，主要承接测量、勘探、静力触探、测桩、土工试验、技术咨询等业务。1998年，更名为淮阴市水利工程勘测院。2004年12月改制后，更名为淮安市水利勘测设计院有限公司勘测分公司，主要承担市域范围内水利工程的勘探及测量，兼营交通、电力、工民建等相关行业勘测业务。

二、工程测绘

20世纪90年代末，淮阴市水利勘测机构先后完成涟东、涟中、涟西灌区及淮涟、竹络坝、板闸、洪金、周桥、众兴、乌沙等大中型灌区的渠系定线测量、渠首地形测量，并对洪泽湖大堤进行岁修测量、防震测量。完成苏北灌溉总渠河道包括南北大堤测量，新沂河南北大堤测量，二河、淮沭河平地开河定线及平面、断面测量，新沂河南北偏泓测量、中泓定线测量，古泊善后河疏浚拓宽测量，南北六塘河、岔河新河、西沙河、徐洪河、濉河、汴河、入江水道、渔滨河、废黄河、一帆河、唐响河、佃响河“三河三闸”定线和地形测量，义泽河、武障河、盐河等大中型河道测量，京杭大运河淮阴至淮安改道平地定线测量及宝应至宿迁北窑湾段疏浚拓宽局部改道测量，二河、淮沭河南北偏泓定线、设计、施工测量等。

2000—2005年，市水利勘测机构完成工程测量项目525个，主要以水利系统工程为主。主要项目有淮河入海水道淮安段、怀洪新河、新沂河、沂河、沭河、京杭大运河苏北段、张福河洪泽段、泗洪县奎濉河、文渠河、头溪河、淮河入海水道淮扬路高架桥、二河闸、烧香河闸、淮阴三站、泗洪站、清安河泵站、楚州城区泵站以及金宝航道影响工程、淮安四站配套影响洼地处理工程、洪泽湖周边通湖河道及建筑物工程、鲍集圩行洪区安全建设项目、淮涟灌区续建配套与节水改造工程、洪金灌区续建配套与节水改造工程、涟西灌区续建配套与节水改造工程、洪泽湖陆上地形图修测等。

三、工程勘探

二十世纪七八十年代，市水利勘测机构在完成全市众多水利工程勘探任务的同时，还承接淮阴一号桥、刘老涧复线船闸、淮海盐化厂及清江商场、邮电大楼、供销大厦、淮海大厦等一批市区高大建筑物的地基勘探业务。

2000—2005年，市水利勘测机构完成工程勘探项目1556个，涉及水利、交通、电力、工民建（工业与民用建筑）等多个行业。完成的水利项目主要有一帆河闸、淮河入海水道宁连路大桥、淮河入海水道淮扬路高架桥、中洲公园、淮阴三站、淮安四站影响工程、泗洪站枢纽、金宝航道沿线配套与影响工程、江苏省淮河流域2003年度灾后重建项目等。

2006—2008年，完成勘探、测量项目近1000项（含桩基检测），其中系统外项目占60%左右。实现产值约6000万元。

第二节　规划设计

一、规划设计机构

淮安市水利规划设计机构主要是市水利勘测设计研究院有限公司和市水利规划办公室。

淮安市水利勘测设计院有限公司始创于1963年，具有水利行业甲级设计资质和公路行业（公路）、水运行业（港口、通航建筑）乙级设计资质。2002年1月通过ISO 9001质量管理体系认证，并分别被省计委、省科技厅认定为工程咨询AAA级。该公司注册资金1000万元，业务范围包括勘察测量、规划设计、技术咨询、工程监理、桩基检测等。

淮安市水利规划办公室成立于2003年，主要承担全市中、长期水利规划的编制，全市区域性水利规划的组织、协调和归口管理，相关涉水规划方案的论证、咨询服务及有关水利工程的建设管理等。

二、规划设计发展

1978年，淮阴地区水利规划设计包括防洪工程规划设计、排涝规划设计、灌溉规划设计等。其中，新沂河工程、洪泽湖大堤改造工程、淮河入江水道、“三河三闸”方案、湖西地区内外水分开工程、盐东控制工程、梯级河网化、引水上岗“长藤结瓜”、发展灌溉等规划设计项目，为改革开放初期淮阴地区农业经济和经济社会发展发挥重要作用。

20世纪80年代中后期，水利事业未得到充分重视，水利规划设计成果较少。1991年淮河流域洪涝灾害后，全市重视水利工作，建设一批国家、省级重点水利工程，水利规划设计也产生一批重要成果。

2000年后，随着国家对水利投入的不断增大，水利规划设计任务日益增多。2000年，完成规划设计项目40余项，主要有：淮安市“十五”水利规划和2010年发展纲要，淮河入海水道穿堤建筑物施工图设计，淮河入海水道淮安枢纽配套初设、招标及施工图设计，洪泽湖洼地处理工程初步设计等。其中，清安河整治工程设计获省部级咨询成果优秀奖，淮涟灌区续建配套与节水改造二期工程年度实施方案获省级设计三等奖，车轴河闸加固工程初设、施工图设计获省水利厅科技进步三等奖。

2001年，完成规划设计项目近50项，主要有：南水北调淮安市城市水资源规划、淮涟灌区续建配套与节水改造二期工程项目年度实施方案、淮安市古运河生态环境景观整治工程规划、淮阴区废黄河水土保持工程可行性研究报告、淮河下游防洪骨干工程洪泽湖大堤应急工程初步设计、淮河下游防洪骨干工程分淮入沂应急工程初步设计、淮阴二站施工图设计等。

2002年，完成规划设计项目30余项，主要有：淮安市防洪排涝工程规划、淮安市里运河整治工程可研报告、淮河入海水道宁连公路高架桥工程施工图设计、淮阴第二抽水站工程施工图设计、淮河入海水道渠北排灌处理工程楚州城区排涝站工程扩大初步设计等，其中淮安市城市防洪排涝工程规划获省级优秀奖。

2003年，完成规划设计项目50余项，主要有：南水北调东线一期淮阴三站工程可行性研究报告、淮河入海水道淮安市境内水毁修复工程初步设计、淮安市渠南灌区续建配套与节水改造三期工程施工图设计、洪金灌区续建配套与节水改造三期工程可行性研究报告、鲍集圩行洪区安全建设总体实施方案等，其中洪泽县钱码岛开发项目防洪与河势影响评价报告获省级咨询成果三等奖。

2004年，完成规划设计项目100余项，主要有：淮河入江水道盱眙王塘、戴岗、衡西、龙墩自排涵拆建招标设计和施工设计，分淮入沂中运河堤防穿堤涵洞惠民、四堡、六堡及三岔涵洞拆建工程可行性研究报告，洪泽湖大堤除险加固、里下河洼地治理、里运河整治工程，洪泽站影响工程项目建议书及结合地区排涝项目建议书，淮安市淮河流域2003年灾后重建应急系统工程设计，南水北调东线一期淮阴三站工程初步设计，南水北调东线一期泗洪站工程可行性研究报告，2004年江苏省加快治淮系列工程整治可行性研究报告等。

2005年，完成规划设计项目50余项，主要有：淮安市农村饮水安全总体规划，鲍集圩行洪区安全建设2004年度工程招标与施工图设计，淮安市白马湖、宝应湖洼地治理工程初步设计，南水北调东线一期淮阴第三抽水站工程招标设计，金宝航道配套建筑物工程可行性研究报告，里下河水源调整工程（淮安）可行性研究报告，利用世界银行贷款项目——淮河流域重点平原洼地淮安市渠北里运河整治工程可行性研究报告，南水北调一期工程沿运（淮安段）涵闸堵漏工程可行性研究报告。

2006—2008年，规划设计主要围绕治淮骨干工程、病险涵闸加固、南水北调、城市水利、灌区改造、中小河流治理、农村安全饮水、平原洼地治理、灾后重建等，3年完成规划设计项目近500项，获省、部级优秀勘察设计奖和科技进步奖15项。

第三节 水利施工企业

一、淮阴市水利建设工程总公司

1959年7月，淮阴专署水利局组建工程队，负责淮阴地区水工建筑物施工。1983年，更名为淮阴市水利工程队。1985年年末，更名为淮阴市水利建筑工程处。1988年10月，被省水利厅定为一级水利水电建筑施工企业。在此基础上，1989年9月，成立淮阴市水利水电建筑安装公司。1989年11月，建设部正式批准淮阴市水利水电建筑安装公司为一级全民单位企业。1990年4月，建设部批准其具有单独对境外承包工程资质。1995年，更名为淮阴市水利建设工程总公司。

公司注册资本5000万元，固定资产总额2993.7万元，拥有各类机械设备2313台（套）。主要经营范围为承建各类水利水电建筑安装工程，承担各种建筑物的基础处理工程，承建各类交通及港航工程，承包30层以下、30米跨度以下的房屋建筑，承建高度100米以下的构筑物施工，承担各类大规模的农田整治及河道疏浚工程建设，承担油罐、桥梁、船舶和水工钢结构喷砂除锈和玻璃钢贴衬、喷锌、喷铝等防腐工程。施工主要项目有钱集闸、六塘河船闸、甸响河闸、唐响河闸、一帆河闸、盐河南套闸、盐河北套闸、刘老涧复线船闸、茭陵抽水站、高良涧复线船闸、刘老涧越闸、淮柴河闸、淮阴一号桥、宁通公路广北大桥、CD匝道大桥、两泰官河中桥、古马干河大桥、淮阴西安路里运河桥、怀洪新河窑河大桥、泗阳第二抽水站、怀洪新河张香套闸、淮阴承德路古黄河桥、新沂河海口控制南深泓闸、中浅滩橡胶坝、无锡白屈港节制闸抽水站、南京夏坝船闸、淮江高速公路南干渠大桥、渠南分离式立交桥、常熟望虞河江边船闸、南京长江二桥C2标和ND16标、淮阴承德路里运河桥、通州正场大桥、南京浦珠路七里桥、南京农场河大桥、南通市苏325线新江海河大桥、宁连公路龙池立交桥、苏州望虞河望亭立交工程等。

高良涧复线船闸工程获1997年度中国建筑工程最高奖——鲁班奖，苏州望虞河望亭立交工程获水利部优质工程奖，获省优工程的有京杭运河一号桥、宁连公路龙池立交桥。

2004年年末，与淮阴水利机械工程总公司合并改制。

二、淮阴水利机械工程总公司

1977年1月，治淮委员会拨款50万元，由淮阴地区治淮指挥部在淮安抽水站引河工程建立治淮机械工程队，试用机械挖土方式完成引河土方工程，成为淮河流域苏、鲁、豫、皖四省土方工程采用机械化施工的开端。1985年4月，组建淮阴市水利机械总队，由原淮阴市水利机械工程大队、淮阴市抗旱排涝机动队、淮阴市越闸翻水站等单位合并而成。1993年3月，更名为淮阴市水利机械工程公司。1995年，更名为淮阴市水利机械工程总公司，后又更名为淮阴市水利机械工程有限公司。该公司下辖5家分公司、1个机具管理站，拥有固定资产近亿元，各类大中型机械设备500多台（套）。主要从事公路工程施工、各种大型土石方工程施工。还可承担水利水电建筑、基础工程施工，机场、能源等大中型工程建设，同时还经营水利机械修造、汽车修理、工程机械修理、汽车运输、工程机械配件及建材营销等。

公司于1989年经建设部批准为国家一级资质企业，具有较强的施工力量和丰富的施工经验，获得ISO 9002国际质量体系认证，获得省“水利经济先进单位”、水利部“全国水利系统优秀企业”等称号。2004年年末，与淮阴水利建设工程总公司合并改制。

公司施工主要项目有：新沂河除险加固工程、怀洪新河开挖、安徽省黑茨河拓浚、京杭大运河续建、苏南运河整治、泰州引江河开挖、苏州望虞河拓浚、淮河入海水道工程、南通机场、华能淮阴电厂、淮阴电厂、宁连一级公路（一、二期）、宁徐一级公路、淮江高速公路、两淮路改造、宁徐一级公路盱马段、新长铁路淮阴袁北站工程、洪泽湖大堤侯儿门险工加固工程、怀洪新河峰山大桥、淮阴樱花园工程等。在国外承建工程有索马里费诺力干渠加固工程、毛里塔尼亚四垦区开发工程、坦桑尼亚鲁伏农场、贝宁水坝工程等。

三、江苏淮阴水利建设有限公司

2004年年末，淮阴市水利建设工程总公司与淮阴水利机械工程总公司合并成立江苏淮阴水利建设有限公司，为国家一级资质施工企业。

至2005年，承建工程主要有：淮河入海水道宁连路高架桥工程、淮河入海水道衡河穿堤涵洞、涟水县一帆河闸拆建工程、淮河入海水道淮扬路高架桥工程、淮安新港码头一期工程、通州市洋兴公路九圩港大桥、徐洪河刘集东船闸、国电宿迁电厂码头、海门新江海大桥、宁通公路雍庄立交至六合东立交段养护改善工程、南京江南沿江一级公路、张家港市朝东圩港枢纽工程、常州市横塘河北枢纽工程、海南省陀兴水库除险加固工程、南水北调淮安三站挡洪闸及引河工程、南水北调淮安四站及输水河道工程新河段、赣榆县青口中心渔港扩建A标、芜申线宜兴段航道整治工程改建桥梁工程胡家圩大桥、南水北调淮安四站穿湖段及运西河段施工、广州市南沙开发区公堡涌水闸至小虎一桥外江堤防综合整治工程、广州市流溪河大坳拦河坝除险加固工程、广州市河源市区防洪堤工程东江干流左岸防洪堤一标段工程等。

2006—2008年，承接工程101项，合同额约14亿元。工程专业涉及河道堤防、桥梁、农田整治、土地整理、灌区节水改造、水库除险加固、围海造地、泵站、水闸、港池疏浚、船闸、道路等。具有代表性的项目主要有：淮安市越秀路Ⅰ标段工程、京杭运河湖西航道整治八一大桥工程、通州市海洋滩涂围垦工程（南区）A标、东灶港港池疏浚工程、焦港船闸工程、南水北调东线第一期工程淮安四站输水河道工程新河段工程、沙颍河近期治理工程耿楼枢纽下游引河引航道工程、新沂河整治工程小潮河以东段南Ⅱ标工程、海门市东灶中心渔港外围道路Ⅰ标段工程、广州市番禺路“一村三岛”堤路结合工程（Ⅳ标）、珠海市西区海堤小林联围达标加固工程尖锋山大桥—联合闸堤段应急工程、芜申运河宜兴段航道整治工程12标胡家圩大桥、淮阴区南昌路盐河大桥工程、新沂河整治小潮河以西段北Ⅳ标段工程、张家港朝东圩闸站工程、淮阴三站挡洪闸工程等。

四、其他水利施工企业

2000年至2008年年末，全市有水利施工企业9家，除江苏淮阴水利建设有限公司外，有二级施工企业2家、三级施工企业6家。

（一）淮安市河海水利水电建筑安装工程有限公司

主项资质为水利水电施工总承包二级，增项资质为堤防工程专业二级、土石方工程专业二级、水工金属结构制作安装专业三级、水利水电机电安装专业三级、房屋施工总承包三级。

（二）江苏中禹水利建设有限公司

主项资质为水利水电施工总承包二级，增项资质为土石方工程专业承包二级、堤防工程专业二级、房屋施工总承包三级。

（三）淮安市楚州区水利建筑工程公司

主项资质为水利水电施工总承包三级，增项资质为堤防工程三级。

（四）淮安市清浦区水利建筑安装工程公司

主项资质为水利水电施工总承包三级，增项资质为堤防工程三级。

（五）淮安市淮阴区水利工程队

主项资质为水利水电施工总承包三级，增项资质为堤防工程级三级、水利水电工程机电设备安装三级。

（六）淮安市淮河水利建设工程有限公司

由原涟水县水利建筑安装工程公司改制后重建，主项资质为水利水电施工总承包三级，增项资质为水工金属结构制作安装工程三级。

（七）金湖县水利建筑安装工程队

主项资质为水利水电施工总承包三级，增项资质为堤防工程三级、河湖整治工程三级。

（八）淮安市水利土石方工程处

土石方工程专业承包三级资质。

第七章　工程管理

第一节　河道堤防管理

一、堤防工程养护

淮安市在河道堤防工程管理养护中，坚持整治改造与恢复提高、常年养护维修与除险加固相结合，做到治早、治小、治好。每年汛前，组织技术人员对流域性河道堤防的险工险段、河势变化及沿线涵闸等工程进行一次系统检查。汛期加强河道水情、工情特别是险工险段的防守观察。汛后，各堤防管理单位根据汛期工程运行状况，对险工险段、病涵病闸等工程进行详细检查，及时向省水利厅编报岁修、防汛急办工程计划，并按时完成省水利厅下达的一年一度的岁修、防汛急办工程。1991—1995年，全市完成险工加固土方21万立方米、石方7万立方米，块石护坡长15公里，补浪窝1.9万平方米，灌浆23公里，抛石护岸4.8公里。1996—2008年，加固各类堤防2230公里，完成土石方4.4亿立方米，堤防渗漏处理37.8公里，流域性堤防护坡433.3公里，流域性中小型穿堤建筑物加固（新建）98座，中小型水库除险加固76座。

二、河道清障

1980—1983年，盱眙县对淮河大桥至四山段右侧矿石公司在淮河行洪滩面上的障碍物进行清理，耗资80万元，清理渣石7.15万立方米。1987年6月，金湖县动用大型拖拉机6台耕翻淮河入江水道内大墩岭、二墩岭滩地，清除芦苇277.47公顷。1988年6月，动用大型拖拉机5台耕翻衡阳滩滩地，清除芦苇、杂草259.33公顷。1989年6月，动用大型拖拉机5台耕翻衡阳滩滩地173.33公顷。1990年起，对清除地段进行承包，其中大墩岭段253.33公顷滩地清障任务，由黎城镇、淮建乡2个水利站承包。

1995年，根据国家防汛总指挥部和省政府、省防汛指挥部有关文件和会议精神，加大湖荡清障工作力度。全市投入民力35.6万人次，完成清障土方121.1万立方米，基本完成国家防汛总指挥部和省政府下达的清障任务，湖荡调蓄能力得到恢复。同年10月，洪泽湖清障通过省防汛指挥部、国家防汛总指挥部组织的验收。1997年5—6月，金湖县组织16台（套）75匹履带拖拉机对大墩岭和漫水公路两侧206.67公顷滩地实施耕翻清障，同时组织90人30台（套）弥雾机对大小墩岭漫水公路两侧及西岸高地东侧低洼滩地366.67公顷实施药物灭苇。同年，白马湖、高邮湖、里下河清除各类违章圩子187个，面积0.43万公顷，平毁圩堤36公里。1998年，全市查处河湖违章设障82处，平毁违章圈圩354.37公顷。1999年，洪泽湖周边少数地方违章圈圩有所抬头，市水利局及时组织人员进行督促检查，并予以制止和清除，有效巩固清障成果，提高河湖行蓄滞洪能力。

2000年，采用爆破等强制方式，对洪泽湖、淮河入江水道等流域性河道违章建筑进行依法清除。2004年，结合城区水环境整治，清浦区对柴米河进行河道疏浚及清障，清河区、淮安经济开发区根据实际情况对境内河道进行疏通，清除河道沿线杂草、坝埂。此外，投入资金1.5亿元，对横穿城区的里运河进行综合整治，拆除小码头和违章建筑、护砌边坡、绿化河岸、建设景点，再辅以各种灯光，改善里运河周边环境。

第二节 涵闸泵站管理

1983年，淮阴市进行全市范围的水利工程“三查三定”，即查安全，定标准；查效益，定措施；查综合经营，定发展计划。重点对市境内主要涵闸35座、大型机电站5座、小水电站4座进行查定。查定35座涵闸可维持运用的有32座，急需维护加固的有3座，市水利部门及时制定维修加固计划和应急措施。1989年，开展涵闸泵站普查建档工作。1996年，完成盱眙县仇集丁营蓄水闸工程、涟水县涟西一干渠渠首闸拆建、淮阴县六塘河船闸下闸首修复、清浦区杨庙抽水站续建等工程，完成全市大中型涵闸闸门启闭等级评定，规范化管理水平提高。1997年，完成盱眙县官滩、三墩电灌站增容改造，淮阴县民便河蓄水闸、涟水县一帆河闸闸门更新等工程，全市涵闸工程管理“五化”示范推广工作基本完成。

2001—2005年，兴建改造涵闸399座、灌排泵站36座，维修改造城区排涝泵站18座。2001年3月至2002年，加固高良涧水电站、洪金洞、钱集闸、张福河船闸、板闸渠首以及高宝湖周边地区小型涵闸16座，增建下陈滚水坝等。2002年10月至2004年4月，投资4185万元，完成一帆河闸拆建工程。2003年，投资398万元，拆建龙王山水库泄洪闸；维修改造杨庙站、茭陵一站、茭陵二站，增建团结河闸。2004年，兴建楚州泵站、清安河泵站。2005年11月，完成分淮入沂淮阴闸、柴米闸加固工程。2008年3月，实施杨庙临时机口增容工程等。2006—2008年，兴建改造灌排泵站59座。

第三节 灌区管理

20世纪70年代后期，淮阴地区灌区管理工作以改造和配套灌溉排涝设施为重点，提升灌溉保证率；在灌区内部落实以定员、定岗、定责任、定目标、定奖惩的岗位目标责任制，提高灌区管理水平。

1983年，淮阴市开展水利工程“三查三定”工作，境内11个大型灌区、25个中型灌区均参加查定，填写《水利工程管理状况登记表》和《水利工程登记表》，为管好灌区、用好灌区提供准确依据。20世纪80年代中期，《中华人民共和国水法》《江苏省水利工程管理条例》《淮阴市实施〈江苏省水利工程管理条例〉细则》等相继颁布施行，全市各灌区强化工程保护与管理，各灌区配备1～2名水政监察员，负责灌区管理范围的依法行政、水法纠纷处理等工作，灌区管理逐步规范化。

1985年起，在省水利厅的支持下，先后在盱眙县、淮安县部分灌区开展“计量灌溉、量水到乡、按方收费”的节水试点工作，并逐步在全市灌区推广。1992年，全市累计推广面积34.43万公顷，节水6.1亿立方米，节油789吨，节电75636万千瓦小时。1995年，市水利局配合农业部门推广水稻肥床旱育抛秧等节水、省工、高产技术，水稻节水灌溉10万公顷。其间，全市还开展各种灌溉制度的对比试验，寻求在不同灌溉条件下选择适用的灌溉方式。

1996—2000年，开展水利新科技推广。1996年，全市推广水稻“浅湿调控”灌溉面积6.67万公顷，节水1.5亿立方米，节约成本10%左右，粮食增产6%～8%。1997年，全市水稻“浅湿调控”节水增产灌溉面积12.73万公顷，节水230立方米，增产粮食57万公斤。1998年，全市推广节水灌溉技术面积14.67万公顷。1999年，开展水稻旱种旱管技术推广研究，全市水稻“浅湿调控”灌溉面积20万公顷，取得显著的节水效益。2000年，开展水稻旱种沟畦润灌技术研究，全市推广20万公顷。

2001—2005年，争取立项实施淮涟灌区一、二、三期，渠南灌区一、二、三期，洪金灌区一期，周桥灌区抗旱应急工程，盱眙东灌区一期9期节水改造工程，完成投资8725万元。2006—2008年，组织实施淮涟灌区四、五期，渠南灌区四、五期，洪金灌区二、三期，周桥灌区一、二期，清水坝灌区一期，涟东灌区一期，竹络坝灌区一、二、三期，涟西灌区一、二、三期共16期节水改造工程。重点实施以管理体制、经营机制、水费收交机制、用人机制、分配和工程建设体制为核心的灌区改革工作，逐步建立用水者参与的灌区管理体制。其间，按照循序渐进的原则，选择淮涟灌区、渠南灌区、周桥灌区等10个灌区开展改革试点，为全面推进灌区体制改革提供实践经验。2008年，淮安市有用水者协会162个，管理灌区面积15.33万公顷，受益人口141万人，其中大型灌区建立用水者协会71个，管理灌溉面积8.07万公顷，受益人口89.5万人。

第四节　水库管理

淮安市有中小型水库126座，其中盱眙县123座、金湖县3座。位于盱眙县的5座中型水库分别成立管理所负责水库的日常管理工作，管理所为县属水管单位；其余的121座小型水库分别由乡镇、乡镇水务站及行政村负责管理，其中乡镇管理的17座、乡镇水务站直接管理的55座、行政村管理的19座。所有水库均逐个划定库区范围，并制定严格的运用管理制度和防洪兴利调度计划。

1977—1978年，按照省水利厅《关于严格控制库容500万立方米以上水库蓄水位的通知》和《水库暂行设计标准和保坝标准初步意见》，山洪、桂五、红旗、龙王山4座中型水库完成大坝加高培厚、溢洪闸加固、更换钢闸门等工程，提高水库防洪能力。1979年，市境内5座中型水库再次进行防洪演算，视不同情况实施除险加固。盱眙、金湖两县对县境内小（1）、小（2）型水库开展调查登记和调洪演算，凡汇水面积、库容、坝高不符合设计标准的均降级使用，对部分水库实施除险加固，使之达到设计标准。

1984年，全市开展“三查三定”水利大检查，重点检查5座中型水库，将水库资料整理立卷并建立工程档案，再次制定加强水库管理的规划，并对查出的问题进行处理。1986年后，对全市水库开展普查建档，摸清工程现状，划定工程管理范围，明确管理权限，落实管理工作责任制。1996年，全市完成小水库除险加固工程8项。1997年，盱眙县完成65座病险小水库土方加固工程，全市中型水库大坝安全鉴定、小水库注册登记和水库管理“五化”示范推广工作全部完成。1998年，盱眙县加固水库87座。1999年，全市完成35座水库土方加固和67座水库建筑物维修加固及大坝护坡等212个单项工程，实现水库土方工程全部达标、建筑物工程全部消险。2000年，盱眙县

67座病险水库消险工程通过省防汛指挥部验收。

2003年，投资398万元，完成龙王山水库泄洪闸拆建并建立龙王山水库预报与调度系统，实现汛期5座中型水库洪水预报与调度现代化。是年，完成盱眙县化农水库启闭机更换工程，并在汛期发挥效益。2005年，根据全省中小型水库除险加固的总体安排，初步鉴定全市有病险中小型水库98座，有55座中小型水库被列入全省或国家水库除险加固工程计划。至2008年年末，完成除险加固工程14座，在建并基本完成除险加固工程的23座，完成工程招标并开始施工的10座，完成初步设计批复的8座。

第五节　湖泊管理

淮安市境内有洪泽湖、高邮湖、白马湖、宝应湖以及里下河湖泊湖荡5个省管湖泊。自2006年起，全市加大湖泊管理与保护力度。2008年，成立洪泽湖高邮湖湖泊管理处和白马湖宝应湖及里下河湖泊管理处，分别负责5个湖泊的管理与保护工作。金湖、洪泽、盱眙、淮阴、楚州5个县（区）河湖管理处（所）成立湖泊管理站，具体负责各自境内湖泊管理工作，并落实管理场所，充实湖泊管理人员。是年，淮安市配合省工程勘察院对省管湖泊勘界设桩，完成洪泽湖、高邮湖、白马湖、宝应湖等湖泊勘界定桩工作。各涉湖县（区）水利（务）局及湖泊管理单位利用电视、报纸等新闻媒体，结合设立标语、标牌、散发宣传单等形式宣传《江苏省湖泊保护条例》《江苏省省管湖泊保护规划》等法规。市、县（区）湖泊管理单位落实湖泊管理巡查制度，制定详细的湖泊巡查方案，坚持专项执法检查与日常巡查相结合，依据相关法律法规，协调处理水事纠纷，严肃查处水事案件，严厉打击湖区非法采砂、圈圩等影响防洪安全，破坏湖泊资源的行为。

第六节　水利工程水费征收

淮安市水利工程水费征收工作起步较晚，且发展很不平衡。20世纪70年代，淮阴地区水利工程水费征收工作基本处于停滞状态。20世纪80年代中期，国务院颁布《水利工程水费核订、计收和管理办法》，省政府批转《江苏省水利工程水费收交使用和管理实施办法〈试行〉》，淮阴市和各县（区）政府相继制定水利工程水费征收细则，建立征收水费机构，配备专兼职人员，水利工程水费征收工作逐步开展。1996年1月1日起，施行《江苏省水利工程水费核订计收和管理办法》。2001年1月1日起，水利工程水费由事业性收费转为经营性收费。

一、收费标准

1980年，颁布《淮阴地区征收水费暂行实施方案》。农业水费标准为：水稻，自流灌区0.8元/亩，非自流灌溉需又一次提水的灌区0.2元/亩，社队电灌站直接抽引外河水源的灌区0.2元/亩；旱作物，自流灌区0.2元/亩，非自流灌溉需又一次提水的灌区0.1元/亩；蔬菜，自流灌区0.12元/亩。

1983年，淮阴市印发《坚决贯彻执行省政府批转的〈江苏省水利工程水费收交使用和管理办法〉（试行）的通知》，根据淮阴市情，对自流灌区按亩计征的水稻标准定为1～2元，增加“水库灌区每立方米收费二厘至二厘八”的规定。农业水费统一的征收标准为自流灌区1元/亩，半自流灌区0.8元/亩，提水灌区0.6元/亩，提用回归水0.5元/亩，水库自流0.0025元/立方米，水库提水0.0005元/立方米。各县（区）根据2个文件精神制定实施细则，各自制定农业水费征收标准。

1989年，淮阴市印发《淮阴市水利工程水费核订、计征和使用管理实施办法》。在农业用水方面，规定凡属省水利工程供水范围内的供水水费，水稻按亩计征每亩4元，凡有量水设施的按方收费，每立方米4.2厘钱（0.0042元）；旱谷有灌溉条件的，年灌溉1次以上的每亩1元。凡属提用回归水的水稻按亩计收水费，每亩收费2元，按方收费的每立方米收费2厘钱（0.002元），旱谷有灌溉条件的，年灌溉1次以上的每亩1元。至1990年7月，全市13个县（市、区）相继制定《水利工程水费核订、计征和使用管理实施办法》或实施细则。除盱眙县按方计量征收农业水费外，其他县（市、区）均按亩计征；涟水县在农业水费上，规定自流灌溉与提水灌溉实行不同的收费标准，其余县（市、区）都和市规定的标准相同。

1995年，淮阴市印发《淮阴市水利工程水费核订、计收和使用管理实施办法》。农业用水水费：按亩计收的水稻田每亩8元、旱田每亩2元，凡有量水设施按方收费的，洪泽湖片每立方米0.008元、骆马湖片0.01元、水库片0.016元；经济作物（含棉花、油料、蚕桑、瓜果、经济林、菱、藕、蔬菜、茶叶等）按亩收费，每亩6元；自流灌溉条件较好的农业水费标准可适当提高，幅度不超过50%，由各县（市、区）自定。工业用水水费：消耗水每立方米0.04元，贯流水每立方米0.015元，循环水每立方米0.01元。水力发电用水水费：考虑到全市水力发电大多结合其他用水，按售电价的10%收费。水产用水水费：利用水库库面、湖荡、河沟养殖的每亩2元，由水利工程设施供水从事池塘养殖的每亩12元。城镇生活用水水费：由河、湖、沟、渠向城镇自来水厂等单位提供水源，用于居民生活的，每立方米0.015元（凡用于工矿生产的按工业水费标准执行）；由水库供水，每立方米0.03元。冲污水费：对确需向水库、河道、湖泊排污的，必须经过清污处理，符合排放标准经水行政主管部门核准后，以污水排放量，按工业消耗水计收，每立方米0.04元。工矿企业等有关单位排放的超标污水，使水体严重污染，经采取冲污稀释或抽排处理的，按超标污水排放量每立方米0.1元计收。其他用水水费由各县（市、区）按照供水成本核定的原则自定。至1996年3月，全市各县（市、区）相继制定新实施办法或实施细则。

2000年，江苏省物价局、江苏省水利厅联合下发《关于调整水利工程供水价格的通知》。是年5月，淮阴市物价局、水利局联合印发《关于调整全市水利工程供水价格的通知》，调整全市水价。农业用水价格：农业用水以支渠口门为计量点，凡量水设施完善的按方收费，提水灌区每立方米0.012元，自流灌区每立方米0.018元；量水设施暂不完善的按亩收费，稻麦田每亩12元，旱田每亩3元，经济作物（含棉花、油料、蚕桑、经济林、瓜果、菱、藕、蔬菜、茶叶等）每亩8元。工业用水价格：消耗水每立方米0.09元，贯流水每立方米0.036元，循环水每立方米0.0225元。水力发电用水价格：全市水力发电大多结合其他用水综合利用，按售电价的10%收费。水产用水价格：利用水库库面、湖荡、河沟养殖的，每亩7.5元，由水利设施供水从事池塘养殖的，每亩25元。自来水厂用水（地表水）每立方米0.03元。船闸用水价格另行规定。其他用水价格由各县（市、区）按照供水成本自行核定。此外，水库单独核价。水库系独立的水工程，供水范围明确，各水库管理单位可按供水成本及有关规定，提出调价方案，经县物价部门审核后，报市物价、水利部门核定。农业水价从2000年9月1日起执行，其他用水价格从2000年6月10日起执行。

二、征收办法

1982年以前，淮阴地区农业水费的征收由各县自行组织，核实栽种面积，确定征收任务数。

1982年以后，地区水利局对全市农业水费、工业水费的征收下达指标，明确任务，部署落实。征收中采取以奖为主、奖惩兑现和年终考评的办法，促进水费实收率提高。1990年起，对各县（市、区）上交给市的水费实行部分返回奖励的制度，凡是按时如数上交省、市水费的，均按上交给市里的70%返回，用于水利工程维修及运行管理费。1992年起，明确可提取一定的奖励基金奖励成绩突出的征收人员。

1990年，成立淮阴市水费管理所（后更名为市供排水管理处），负责全市水利工程水费征收。此后，各县（市、区）水利部门也相继设立水费专管机构，配备专管人员。同时，在水利工程水费征收工作中，尝试建立依靠灌区、乡（镇）水利站收取农业水费的自身收费体系。1996年，按新的水费征收办法征收水利工程水费后，各县（市、区）水费征收人员主动上门服务，并与乡（镇）签订水费收交合同。同时提高用水服务质量，及时协调用水矛盾，保障水费及时如数上交。

2000—2008年，对全市各县（区）农业水费征收任务下达指标。其间，全市水费收取呈多元化格局，不再单一的由乡镇政府代收。2002年，涟水县率先实行水费全面自收，由水利部门职工上门收取，在当年6月底前就完成全年水费征收任务的90%。2003年，洪泽县实行由用水户自行到收费大厅交纳水费；淮阴区聘请村级人员上门收取水费，所收取的水费直接上缴到县水利部门；金湖县以取水口为单位，收取水利工程水费。

三、水费管理与使用

1982年，《江苏省水利工程水费收交使用和管理办法〈试行〉》对水利工程水费的管理作出明确规定。1986年，省水利厅、省财政厅、中国农业银行江苏省分行联合下发《江苏省水利工程水费财务管理办法（试行）》，要求加强水费收支的计划管理。其间，全市征收的农业水费的分成为灌区60%、县（市）20%、地（市）12%、省8%。

1992年1月29日，省财政厅、省水利厅联合下发《江苏省水利工程水费财务管理办法》。水费分成比例为：凡省属水利工程供水所收农业水费，省为30%，市为10%，县（市、区）、灌区总计40%（有市、县两级专管机构的灌区，市管理所15%，县管理所25%），乡为10%；工业、城镇、水力发电等用水水费，省为30%、市为20%、县为50%。1996年，实施新的水费办法，水费分成比例为:工业、城镇生活、水力发电等用水水费，省水利厅30%，市水利局20%，县（市、区）水利局50%；农业水费，省水利厅30%，市水利局10%；市属灌区管理的地方，市属灌区管理单位15%；其余水费由县（市、区）水利局统一安排、使用。各级水费管理部门健全水费财务会审、报表编制、岗位职责等制度，妥善合理安排水费的使用，接受财政、审计部门的监督和审计。

2001年，江苏省水利厅颁发《关于水利工程水费由事业性收费转为经营性收费管理的贯彻实施意见》，要求从2001年1月1日起，各地收取的水利工程水费由事业性收费转为经营性收费管理，统一使用税务发票。是年4月，省财政厅、省地方税务局、省水利厅联合发出《关于水利工程水费转为经营性收费后有关税收和专用票据问题的通知》。2001年8月，淮安市发布《淮安市水利工程供水专用发票使用管理暂行办法》，从发票的领购、开具、使用和保管、检查等方面作出详细规定。

此后至2008年，各县（区）收取的水费按比例分成、使用。工业、水力发电、自来水厂用水等水费分成比例为省30%、市20%、县（区）50%。农业水费分成比例为省30%、市10%；市属灌区管理的地方，市属灌区管理单位分成15%，其余水费由县（区）水利局统一安排、使用。各县（区）除按上述规定的比例上交外，另上交各地收取水费的2‰为省管理费。

第八章　水利改革

第一节　水利事业单位改制

2004年9月，淮安市水利勘测设计研究院与淮安市水利工程勘测院合并改制为民有民营企业，新成立淮安市水利勘测设计研究院有限公司。2004年12月，淮安市水利建设工程总公司与淮安市水利机械工程总公司合并改制，淮安市水利资产经营有限公司注入3076.3万元国有股，完成两大公司的改制任务，改制后的企业系国有控股企业。2005年1月，淮安市水利勘测设计研究院有限公司挂牌，设计院和工程勘测院改制全面完成。2006年12月，淮安市水利器材供应站成建制划归淮安市水利资产经营有限公司，作为国有独资企业。至此，市级5家生产经营类水利事业单位改制全部完成。

第二节　水利工程管理体制改革

淮安市境内的水利工程，凡属流域性防洪工程、大型水利枢纽、大型机电排灌站以及与邻市利益相关的水利工程，均由省水利厅管理。省水利厅在淮安市境内设立省洪泽湖水利工程管理处、省灌溉总渠管理处和淮河入海水道工程管理处、省淮沭新河管理处，分别管理三河闸、苏北灌溉总渠、淮河入海水道、淮沭新河工程。受益和影响范围在两个县（区）以上的水利工程，由市水利部门负责管理；受益和影响范围在两个乡镇以上、一个县（区）范围内的水利工程，由县（区）水利部门负责管理；受益在一个乡镇范围内的水利工程，由乡镇水利站负责管理。

2000年以后，开展水利工程管理单位体制改革。2000年，选择洪泽、淮阴两个县（区）的河道堤防管理单位作为试点。2002年，淮阴区被确定为省级改革试点单位。2005年，水管单位体制改革全面展开。改革前，全市有国管水利工程管理单位64个，其中市直属水利工程管理单位6个、县（区）级水利工程管理单位58个；改革后，全市有国管水利工程管理单位57个，其中河道类12个，涵闸类3个，泵站类9个，水库类5个，灌区类20个，电站、船闸类8个。这些水利工程管理单位承担全市9条485公里流域性河道、895公里防洪堤防的管理、维护，3座中型涵闸、5座中型水库的控制运用、维护，城区防汛排涝，32万公顷农田的灌溉用水调度管理和全市经济社会用水的保障及工程维修养护等任务。2007年12月，淮安市水利工程管理体制改革通过省级验收。

第三节　农村水利投入机制改革

1998年6月，在县级淮安市范集乡举行全市农村小型水利工程体制改革试点，该乡一农户以2.71万元取得4条支渠及23座配套建筑物的20年经营管理权。随后，又在盱眙县古桑乡实施多种小型水利工程改制的扩大试点。是年8月，市政府印发《关于实施农村小型水利工程体制改革工作的意见》。同年11月，市委、市政府联合印发《关于进一步加快水利基础设施建设的决定》，推动与规范全市农村小型水利工程体制改革。1999年9月，对涟水县陈师乡所有机电泵站、供水厂及附属水利工程设施实行整体改制，成立由国家股、集体股、个人股组成的陈师乡供水股份有限公司。此后，全市小型农田水利工程改制工作全面推开。在改制过程中主要采用拍卖，承包、租赁，股份合作制3种形式。

至2002年年末，全市完成小型水利工程改制22358处，其中股份制和股份合作制88处、拍卖720处、租赁1083处、竞争承包20439处、其他28处，共回收和吸纳资金6211万元。

第九章　水资源管理

第一节　节约用水管理

2006年，淮安市被确定为首批省级节水型社会建设试点地区。市政府通过宣传引导、抓技术创新、严格督查监管、健全规章制度等方式，提升市民节水意识，规范用水行为，推进创建活动，试点任务达到预期目标，节水型社会建设取得显著成效。

至2008年，出台《淮安市节约用水管理办法》《市政府办公室关于印发淮安市建设项目节水设施管理办法的通知》《关于印发淮安市节能减排和节水技术主要方向及重点推荐项目的通知》，强化依法节水。

第二节　水行政执法

一、水利执法体系

1989年8月，淮阴市下辖的县级淮安市被水利部列为全国水利执法体系建设试点单位，率先建立全市第一支水政监察队伍（兼职）。1990年11月，淮阴市政府批转市水利局《关于水利执法体系建设方案的报告》。该方案出台后，各县（市、区）人民政府相继批转水利部门的执法体系建设方案。至1990年年末，全市市、县、乡三级水利执法体系网络基本形成，水利工作步入依法行政轨道。

1995年6月，省政府发布《江苏省水政监察组织暨工作单程实施细则（试行）》。是年年末，淮阴市水政监察支队成立，并于1996年3月正式挂牌。1996年上半年，淮阴市县级水政监察大队全部成立。至此，全市完成水政监察队伍由兼职向专职化的转变。1996年后，淮阴市水利局7个直属管理单位相继成立支队直属水政监察大队，县（区）水政大队下设若干个水政中队。

二、水事执法巡查

淮安市境内河道、湖泊众多，堤防岸线长，执法巡查是各级水政监察队伍的一项重要工作。2008年，市水政支队建立水事违法行为四级巡防机制，由市水政监察支队、各县（区）水政监察大队、县（区）大队下属水政监察中队、地方水事巡防员组成四级巡（查）防（范）水事违法行为体系，上下联动，分工负责，专群结合，将巡查落到实处。

三、水资源专项执法

2008年起，淮安市开展水资源管理专项执法检查活动，重点查处涉及取水许可、水资源开发利用、水资源节约与保护、水资源费征收等水资源管理方面的水事违法行为，全面规范水资源管理秩序。

四、防汛清障

20世纪90年代后，市境内部分河道、湖泊周边地区的单位和个人盲目开发、侵占水面，削弱河道、湖泊的行洪、蓄洪能力。市、县两级水行政主管部门清除、整治一部分河道湖泊内的违法设障，但是由于受经济利益的驱动，违法设障、侵占河道湖泊现象仍时有发生。

2000年4月，市水利局会同盱眙、洪泽、淮阴、金湖4个县（区）水利（务）局，分别对淮河、洪泽湖、淮河入江水道的4处违法圈圩实施爆破清除，开创全省爆破清障先河。

五、打击河道非法采砂

淮安市境内河道采砂活动主要集中在洪泽湖部分区域、淮河干流部分水域以及北六塘河局部河段。由于尚未实施采砂许可制度，全市河道一律禁止采砂。

六、饮用水源地保护

为保障市区居民饮用水安全，预防水污染突发事件，维护人民群众的身体健康，根据市政府进一步加强饮用水源地保护工作相关要求，2008年4月起，淮安市水政支队及周边县（区）水政大队每日对二河饮用水源地及周边河道进行巡查（双休日、节假日不例外）。重点观测饮用水源地河道水体、水色、水质变化，以及有无其他可能造成水体污染的行为或现象，一旦发现及时制止、查处。多次组织集中清除渔网、渔簖、违章种植执法行动，保证饮用水源地水质安全。

第十章 水利科技

第一节 水利科技工程与技术

一、兴建新型小水电站

20世纪70年代以后，针对全市水利资源的特点，因地制宜地采取多种方式开发水力发电站，境内建有小水电站16座，其中省属7座、市属8座、民营1座，都是平原地区低水头大流量、多机组、小容量的水电站。装机95台，总装机容量18375千瓦，占全省小水电总装机容量的三分之二。2006年，发电6669万千瓦时。2007年，发电7796万千瓦时。2008年，发电8342.57万千瓦时。

二、灌区节水改造工程新技术

二十世纪七八十年代，在涵闸泵站的管理、维修、养护工作中，推广应用“微机电脑水闸测控装置”“闸下冲淤保港”“反拱底板裂缝修补”“浮箱检修插板”等技术措施，保证工程安全，发挥工程效益。

1999年后，全市相继实施淮涟、洪金、渠南、涟西、竹络坝、涟东灌区等8个大中型灌区节水改造工程。在灌区改造中，推广运用一系列新技术。创新与推广灌区规划设计理论，采用现代数学规划理论、大系统试验选优方法开展渠段、渠道、渠系优化设计方法和灌区优化规划理论研究，提出渠段、渠道、渠系优化设计方法和灌区续建配套优化规划理论，并贯穿于灌区续建配套规划设计的全过程；渠道衬砌方案注重生态效果，对砂土区或渗漏严重的骨干渠段进行混凝土衬砌，对黏壤土渠道采用黏壤土压实防渗，以减少混凝土的使用，并为微生物和昆虫、底栖、两栖动物提供饵料和生存环境；以增加水面率或增加圩区机排能力为手段、经济最优目标的圩区水面率研究方法为基础，在传统数学模型中增加生态水位的概念，由此确定圩区水面率，并在洪金、周桥等涉及圩区的大型灌区规划中应用推广。

2000年以后，在淮阴三站建设中，采用灯泡贯流泵机组新技术、新设备，为南水北调其他大型泵站建设提供借鉴。

三、更新、提高勘测设备和技术

20世纪80年代，淮阴地区水利测量队添置常州产DeHos红外测距仪1台、一级米纹尺1根、蔡司010B型经纬仪1台、RED-2L红外测距仪1台、GTS-4全站型测距仪1台。在内业计算、平差计算方面，1980年起，逐步引进fx-140型计算器5台、fx-120型计算器10台、LE-5002可编程序计算器10台、夏普Pe-1500计算机2台、夏普PC-1501计算机1台。勘探试验仪器方面，1980年后，淘汰苏水50型钻机，购进无锡探矿机械厂生产的SH30型钻机3台、轻便静力触探仪1台、滚珠螺杆静力触探仪1台、自动记录显示仪1台、轻便动力触探仪1台。

1990年后，购进GTS-4号全站型测距仪1台、DSOS型水准仪1台，水利测量初步实现测距技术电磁波化和测量平差的电子计算机化。在试验仪器方面，增添电脑打字机、复印机、PC1500计算机、COA-PA386/25M怡光微机，并配上绘图仪。

2000—2008年，重视新技术、新工艺、新装备的引进和运用，装备GPS全球定位系统、全站仪、测距仪、SH-30型钻机、GXY-100型钻机、1000吨以下静载设备等，适应现代化建设勘测的需要。

第二节　水利科技研究

1981—1990年，淮阴市水利系统获得国家、省、市各类科技进步奖35项。其中，“淮阴地区平原坡地梯级河网化的研究”获得1987年淮阴市科技进步特等奖，“涟西灌区回归水测试研究”获得1988年省水利厅科技进步一等奖。

1991—2000年，淮阴市水利系统获得国家、省、市各类科技进步奖66项。其中，“索马里费诺力干渠工程膨胀分散性黏土治理技术和效益”获1991年江苏省科技进步二等奖；“颜倪河闸工程（多功能框架结构联合建筑物）”获1991年省科技进步四等奖；“空腹变截面刚架桥研究”获1991年省水利厅科技进步一等奖；“新沂河沙湾险工处理研究”获1992年省水利厅科技进步一等奖；“（县级）淮安市鼠道排水治渍增产示范工程”获1993年省水利厅科技进步一等奖，该项目1994年又获水利部科技进步三等奖；“丘陵山区灌溉水源综合开发应用技术研究”获1996年江苏省科技进步四等奖、省水利厅科技进步一等奖；“洪泽湖大堤三河上游拦河坝水下粉喷桩加固软淤基技术”获1996年省水利厅科技进步一等奖；“平原地区小水电技术研究及推广”获1996年省水利厅科技进步一等奖；“水稻浅湿调控灌溉技术开发与推广”获1997年江苏省科技进步二等奖；“洪泽湖大堤三河上游拦河坝水下粉喷桩加固软淤基技术”获1997年水利部科技进步三等奖；“淮阴市洪涝旱灾分析及对策研究”获1998年江苏省科技进步三等奖。

2001—2008年，淮安市水利系统获得国家、省、市各类科技进步奖37项。其中，“渠道工程系统优化设计理论与应用研究”获2004年“大禹杯”水利科技进步三等奖；“淮安市防汛防旱信息支撑平台研究与实现”获2005年江苏省科技进步三等奖、省水利厅科技进步二等奖；“基于网络GIS的农村水利建设信息系统开发与应用”获2008年省水利厅科技进步一等奖。

·淮安市志·（1978—2008）

第九卷　邮政与信息化建设

1978年以后，淮安市以经济建设为中心，坚持改革开放，加快邮政通信建设。全市邮政行业改革管理体制，加强经营管理，引进先进技术装备，拓展业务范围，先后恢复、开办报刊零售、集邮、邮政储蓄、邮政贺卡、邮政特快专递、邮政速递物流等业务，不断增强邮政服务能力，邮政业务得到长足发展。2008年，全市邮政系统实现业务总收入19397万元，其中邮务类业务收入占24.1%、速递物流类业务收入占14.39%。

20世纪90年代中期，淮阴市税务、金融等系统和大中型骨干企业率先应用计算机技术开发利用信息资源，开展业务管理，为全面推进信息化建设打下基础。1997年，成立由分管市长任组长，计委、经贸委、科技局、财政局等部门组成的信息化工作领导小组。2007年4月，淮安市信息产业局、淮安市信息化办公室同时成立，并合署办公。各县（区）、部门也落实信息化工作机构，全市形成完整的工作体系。至2008年，全市一、二、三产业和教科文卫体各领域信息化建设与应用进步显著。

伴随着全市信息化事业的加速推进，无线电管理工作围绕通信企业发展，经济结构、产业结构调整，重点规划、配置无线电频谱资源，整顿电波环境，提供良好的服务。无线电通信设备广泛应用于全市各个行业以及社会生活的各个方面。

邮电管理体制先后历经联通公司成立、移动公司分立、寻呼业务剥离、电信业务重组等重大变革，电信企业由邮电局一家演变为电信、移动、联通、网通、卫通、铁通六大运营商公平竞争、共同发展的态势。后经过合并重组，至2008年，淮安市形成电信、移动、联通3家公司竞争的格局。伴随着程控交换、移动通信、互联网等现代高新信息技术的发展，全市通信事业以前所未有的速度实现跨越发展。

通信网络技术伴随通信发展速度，实现超常规的历史性跨越。全市通信能力、设备技术状况发生质的飞跃，长途电信传输网由原来明线为主的模拟网转变为以光缆、数字微波、卫星通信为主的数字网，城乡电话由人工磁石、纵横制、准电子等交换转变为数字程控交换。1990年10月27日、1995年8月20日，市区电话号码分别由5位升至6位、6位升至7位。公众电报逐步退出历史，电话网、数据通信网和广播电视网延伸覆盖到所有乡镇。移动通信经历从无到有，实现从第一代模拟移动通信、第二代GSM（全球移动通信系统）、CDMA（码多分址，即利用码序列相关性实现的多址通信）数字移动通信向2.5代GPRS（通用分组无线服务技术）网络平滑过渡的三大跨越，进入全面发展的数字时代。

至2008年，经过持续的大规模投资建设，淮安市信息化建设和无线电事业进入多层次发展的新阶段。全市综合通信能力迅速增强，网络规模容量、技术层次、服务水平实现跨越式发展。全市形成包括光纤、数字微波、卫星、程控交换、移动通信、数据通信等构成的公用电信网。信息化作为推动全市经济社会发展和变革的重要力量，发挥新的作用。

第一章　邮政机构　设备　网点

第一节　邮政机构

一、淮阴邮电局

图 9-1　淮阴邮电通信大楼（1988 年）　　顾树青　摄

1978年，淮阴地区设淮阴邮电局，归省邮电管理局领导，内设邮件分拣科、转运科、报刊发行科、机要通信科、邮政机械修配厂、营业处等邮政生产机构，下辖淮阴、淮安、涟水、洪泽、盱眙、金湖、灌南、灌云、泗阳、沭阳、宿迁、泗洪12个县邮电局。1979年，实行省邮电管理局与地方党委双重领导，但以邮电系统垂直领导为主的管理体制，加强邮电通信的统一指挥调度。

1983年3月，撤销淮阴地区，实行省管市体制，淮阴邮电局名称未变。同年6月，淮阴邮电局所辖灌云县邮电局划归连云港邮电局领导；原属淮阴县的武墩、和平邮电所，淮安县的盐河、黄码邮电所划归市邮电局直接管理。1984年1月，淮阴邮电局正式接管武墩、和平、盐河、黄码4个邮电所，增设发行投递科、邮运科、郊区通信科、营业科等科室，撤销报刊发行科、营业处。1986年，成立邮票公司。1988年，成立报刊零售公司。

1991年1月，成立储汇科。1992年8月，成立邮政速递公司。1993年，成立邮政设备科，车队更名为邮件运输科。1995年，邮票公司更名为集邮公司，成立邮政储蓄经营部。

1996年11月，因行政区划调整，淮阴邮电局所辖的灌南县邮电局划归连云港邮电局管辖，泗阳、泗洪、沭阳、宿迁4个县（市）邮电局划归新成立的宿迁邮电局管辖。淮阴邮电局下辖淮阴、淮安、涟水、洪泽、盱眙、金湖6个县（市）邮电局。

1997年2月，淮阴邮电局市区广场中心支局更名为淮阴邮电局清河分局，淮阴邮电局西大街中心支局更名为淮阴邮电局清浦分局。

1998年10月，淮阴邮电局分设为淮阴邮政局和淮阴电信局。

二、淮安邮政局

1998年10月，新成立的淮阴邮政局设管理机构7个、生产机构14个、其他机构2个，主管多种经营企业3个，职工总数459人。

1999年2月，成立淮阴通信实业有限责任公司；同年3月，成立报刊零售公司；同年9月，成立函件局，原广告公司隶属于该局，实行“一套班子，两块牌子”。

2000年1月，成立城区分局，撤销清河分局、清浦分局。同年3月，成立储汇分局，撤销储汇科。同年7月，成立邮区中心局，根据《江苏省邮政投递体制改革方案》要求，撤销原邮政发投公司，进行重组，改制成立邮政投递局、报刊发行公司。同年8月，按企业控股、员工参股形式，成立公司化运作的邮政递送有限责任公司。同年12月，成立客户服务中心、营业分局，撤销城区分局、郊区分局。

2001年2月，淮阴邮政局更名为淮安邮政局，原县级淮安市邮政局、淮阴县邮政局相应分别更名为淮安邮政局楚州分局、淮阴分局。同年4月，成立通邮管理办公室、通信设备维护中心，撤销计算机网络中心、设备维护中心。同年8月，成立行业管理执法大队。

2002年，成立淮安邮政局账务中心、物流业务局、大客户部、书报经营公司。2003年12月，成立计算机网络中心、终端设备维护科，撤销通信设备维护中心。2005年12月，成立速递物流局（公司），撤销物流局（公司）。

2008年3月，中国邮政储蓄银行淮安市分行成立，邮储业务和人员从淮安邮政局完全剥离。至2008年年末，其他内设机构没有变化。

第二节　邮政设备

一、运输设备

改革开放初期，淮阴地区邮件运输工具有自行车、摩托车、汽车，以自行车为主。至1985年，淮阴邮电局有摩托车14辆、自行车64辆、邮运汽车13辆。

1990年，淮阴邮电局更换邮运汽车，新增5吨邮车2辆、2吨邮车2辆。至1995年，有邮政通信汽车34辆，其中大吨位汽车9辆、小吨位汽车25辆。1996—1999年，新增大吨位邮运车6辆、其他生产服务用车3辆。1999年9月，对达到规定使用年限和超过规定使用年限车辆全部申请报废。

2001年，新增载重汽车9辆、流动服务邮车6辆。随着邮件业务量增加，2002年、2004年、2005年分别新增4辆、12辆、7辆邮用车。至2008年年末，淮安市邮政通信用车有76辆，其中邮运车18辆、邮政储蓄专用车4辆、速递专用车15辆、投递专用车13辆、物流专用车11辆、其他生产用车11辆、非生产用车4辆，投递用的自行车和电动车89辆。

二、机械设备

1978年，省邮电管理局调拨给淮阴邮电局第一批邮政机械设备，包括1台邮票信封出售机、2台SBR–4型继电器包裹收寄机，在清江市市区西大街营业处投入使用。由于是第一代产品，常出故障。1979年，省邮电管理局再次调拨2台自动信函过戳机，主要用于对进口邮件进行落地过戳。

1982年，清江市市区各支局（所）全部配备继电器包裹收寄机。此后，各县邮政局（所）也陆续配备继电器包裹收寄机。1985年，全市继电器型包裹收寄机全部更换为操作简便的智能型微机包裹收寄机。1986年，市邮电局购进2台皮带传输机，次年又安装1台邮件升降机，解决邮件人工装卸、搬运的问题。1988年，市邮电局新上1台第一代包裹分拣机，该机为直线型，设100个格口，结束包裹分拣“摆地摊”的历史。1989年，市邮电局购置邮袋除尘机2台，改善邮件分拣的卫生环境。

1993年，市邮电局邮件分拣科安装YDX-902型条码登单机3台，杜绝人工抄登时错登和漏登、重登现象。1995年，包裹收寄机增到24台，条码机增到19台，新增过戳机2台。1996年，新增过戳机1台。1997年、1998年，相继更换过戳机4台，第一批过戳机淘汰报废。

1998年，淮阴邮政枢纽楼竣工并投入使用，新安装YFS-C200HG型、设有181个格口的包裹分拣机1台，包裹推挂机1台，转运推挂机1台，实现包裹吊袋、推挂、开拆、分拣、上车、转运整套流水作业，提高邮件处理效率。同年，淮阴邮政局支局所全部实现电子化，所有邮政营业电子化"一台清"，原来的包裹收寄机就此淘汰。

2000年，市邮政局增设报刊分发流水线1套。2004年，增设过戳机1台。至2008年年末，淮安邮政局有包裹分拣机1台、包裹推挂机1台、转运推挂机1台、皮带传输机2台、条码机9台、除尘机2台、过戳机9台、电子秤17台、验钞机25台、点钞机16台、报刊分发流水线1套。

三、计算机设备

1985年，淮阴邮电局首次使用智能型微机包裹收寄机，实现包裹计费、包单打印一次完成。

1990年，淮阴邮电局购置286型微机2台，用于处理报刊发行的收订、汇总、要数、制单下投递段、业务统计等。1992年，广场支局营业厅、西大街营业厅邮政储蓄实现微机存取款。1993年，商业信函全部使用微机处理，有邮件分拣安装YDX-902型条码登单机3台，结束人工抄登历史。同年，邮政储蓄实施计算机技术改造工程（绿卡工程）。至1994年年末，市邮电局所有支局、所邮政储蓄网点均装备微机，并在储汇科设立中心机房。1995年1月，市邮电局13个邮政储蓄网点实现微机联网，实现城区邮政储蓄通存通兑。至1995年年末，市邮电局有微机32台、YDX-902型登单机9台、智能型微机包裹收寄机24台。

1996年，市邮电局4个支局率先实现邮政营业电子化"一台清"。至1998年，所有支局所均实现邮政电子化"一台清"，全部建成电子化局所网点。1999年，在淮阴邮政枢纽楼建立邮政储蓄金融网城市中心机房，负责全市邮政储蓄业务的数据集中存储和业务处理，全市155个邮政储蓄网点实现联网，开通活期通存通兑业务，开办邮政绿卡，并与省邮政中心机房连通，实现省内活期业务通存通兑。同年，在市区支局所、超市、高校校园安装ATM自动取款机18台。

2000年，在淮阴邮政枢纽楼建立邮政综合计算机网城市中心机房，为邮务类业务和内部处理实现信息化奠定基础。2001年，全市6个县（区）邮政局建立综合网汇接点机房，负责当地各计算机系统的接入，与市邮政局中心互联互通。同年，建立淮安邮政"11185"客户服务中心，在邮政综合网的基础上，采用通信技术、计算机技术、数据库处理技术及网点通信技术的集成，将综合网、绿卡网提供的各种业务进行集成和延伸。

2002年，淮安邮政储蓄金融网完成行业银卡系统改造，实现异行银行卡业务。2003年7月1日起，邮储绿卡客户可办理当地跨行取款交易。同年8月，建成邮政储蓄金融网中间业务处理平台，开发邮储应用微机软件程序6项，开展代理保险、代发养老金、代发工资、代收代缴水电费等业务，并在主要支局、所设立3台自动智能缴款机。2004年1月，淮安邮政储蓄金融网完成全国邮政储蓄统一版本工程改造，所有储蓄额数据和账务类处理集中到江苏省邮政中心机房。同年，完成邮区中心局内部生产作业系统，生产作业处理实现信息化。

2005年4月，邮区中心局生产作业系统完成向盱眙、金湖、洪泽、涟水4个县邮政局延伸，4个县邮政局出口总包邮件实现无纸化交接。同年5月，完成全市电子汇兑、邮政储蓄"两网互通"工程。是年，完成全市电子化支局统一版本工程，建成电子化网点161个，其中市局20个，所有业务数据实现集中存储。

至2008年年末，淮安邮政局建成邮政金融信息网，有151个邮政储蓄网点，建成综合计算机网，有161个邮政电子化支局网点；内部生产处理、管理全部实现网络信息化。有计算机336台，其中内部生产用142台、营业窗口用129台、管理用65台；有网络服务器36台，PC机服务器30台，大中小型服务器2台，网络交换机21台，网络路由器62台；有ATM自动取款机16台，邮资机9台，自动缴款机3台；有设置监控系统22套，消防监控系统2套。

第三节　邮政网点

一、局所网点

1978年，清江市市区邮政网点有西大街营业处、东长街邮电所和淮海路邮电所，增设淮海西路邮电所、解放路邮电所、西大街报刊门市部，接收淮阴县划出的钵池乡，设立钵池邮电所和城南邮电所。

1981年，淮阴邮电局增设淮海南路邮电支局，并在西大街开设集邮门市部。同年，将设在长途汽车站售票厅内的报刊、邮票、公用电话网点迁入邮亭内营业，设在车站广场北侧。1982年年末，在北京北路设立北京路邮电所。1983年，设立城西邮电支局。1984年1月，接管原淮阴县的和平、武墩和原淮安县的盐河、黄码4个乡邮电所。1986年1月，设立淮海南路报刊门市部。1987年，广场支局邮电营业厅竣工并对外营业，撤销淮海西路邮电所。

1990年1月，设立广场报刊门市部。1991年，增设北京新村邮电所。1992年，解放路邮电所重建竣工并对外营业，单设报刊零售门市部，和平镇邮电代办所更名为和平邮电支局。1993年，设立东大街邮电所。1994年，设立广场报刊超市，在解放路设立集邮门市部，新建车站邮电所对外营业。1995年，增设新民路邮政储蓄所、健康东路邮电所，东长街支局因拆迁搬至和平路新址，并更名为和平路邮电支局。1996年，在成志中学对面设立成志邮电代办所。

1997年，淮阴市市区邮电局所进行较大调整，淮阴邮电局下设清河、清浦、郊区3个分局，领导辖区内支局所，并重新确定支局所名称。清河分局辖广场、淮海北路、车站、北京路、北京新村、东长街6个邮电支局和健康东路邮电所。清浦分局辖西大街、东大街、淮海南路、城西、解放路、新民路6个邮电支局和成志邮电所。郊区分局辖城南、钵池、盐河、和平、武墩、黄码6个邮电支局。同年，增设凤凰新村、淮海西路、开发区小康城3个邮电代办所，撤销西大街报刊集邮门市部和广场报刊门市部。

1998年，增设运河代办所，在市区较繁华地段陆续安装14个报刊亭。1999年，撤销解放西路报刊门市、车站报刊门市。2000年，因业务量不足，撤销成志、小康城、淮海西路、运河4个邮电代办所，东大街邮电支局因拆迁停业，业务转入和平路支局。同年10月，解放路集邮门市部被撤销，广场营业大厅搬迁到隔壁面朝北的两间门面对外营业。因地方小，集邮业务被撤销，业务转至淮海北路支局，设专柜对外营业。

2001年8月，因翔宇大道建设，钵池邮政支局由原清扬路54号迁至机场路82号。同年9月，新民路邮政所被撤销，业务迁入凤凰新村邮电代办所，同时凤凰新村邮电代办所改为自办局所。是年，为加快邮政报刊亭建设步伐，规范邮政报刊亭管理和经营，市邮政局制定报刊亭经营管理办法和报刊亭经营管理实施意见。当年年底，市区投放58个邮政报刊服务亭，既方便市民，又解决市区部分下岗工人和残疾人就业问题。

2003年12月，楚州区徐杨乡划归淮安经济开发区，徐杨邮政支局划入市邮区中心局管辖。2005年11月，在东大街又重新增设东大街支局，开办邮储和邮政业务。至2008年年末，市区有邮政服务网点20个（其中郊区7个），报刊服务亭75个，邮储网点20个，集邮网点2个。

2008年淮安邮政局所辖支局一览表

表9-1

网点名称	地址	开办业务
淮海南路邮政支局	淮海南路132号	邮政、储蓄兼营电信、集邮
淮海北路邮政支局	淮海北路92号	邮政、储蓄兼营电信、集邮
北京新村邮政支局	北京新村88-4号	邮政、储蓄兼营电信
健康东路邮政支局	健康东路12号	邮政、储蓄兼营电信
凤凰新村邮政支局	凤凰新村16幢10号	邮政、储蓄兼营电信
西大街邮政支局	西大街12号	邮政、储蓄兼营电信
北京路邮政支局	北京北路50号	邮政、储蓄兼营电信
和平路邮政支局	和平路38号	邮政、储蓄兼营电信
解放路邮政支局	解放西路208号	邮政、储蓄兼营电信
东大街邮政支局	东大商汇1号	邮政、储蓄兼营电信
广场邮政支局	淮海北路30-2号	邮政、储蓄兼营电信
城西邮政支局	化工路11号	邮政、储蓄兼营电信
车站邮政支局	淮海北路67号	邮政、储蓄兼营电信
城南邮政支局	城南乡城南西路	邮政、储蓄兼营电信
钵池邮政支局	钵池乡机场路82号	邮政、储蓄兼营电信
和平邮政支局	和平乡和平街146号	邮政、储蓄兼营电信
黄码邮政支局	黄码乡黄码街	邮政、储蓄兼营电信
武墩邮政支局	武墩乡武墩街183号	邮政、储蓄兼营电信
盐河邮政支局	盐河乡盐河街	邮政、储蓄兼营电信
徐杨邮政支局	徐杨乡杨圩街	邮政、储蓄兼营电信

二、邮路

（一）干线邮路

1978年，淮阴邮电局有自办汽车邮路7条，其中淮阴邮电局组开的邮路4条、进口邮路3条。1979年，增开南京邮电局至淮阴邮电局运送《人民日报》复线自办汽车邮路。

1981年，随着经济发展，商品包裹大量涌现，为缓解邮运压力，省邮电管理局调整自办汽车邮路，将镇江邮电局、扬州邮电局分别开往淮阴邮电局的邮路，改为镇江邮电局至淮阴局。将淮阴邮电局3条邮路调整为4条：增开淮阴邮电局至沭阳县邮电局短程邮路；将原淮阴邮电局至连云港邮电局邮路改为淮阴邮电局经高沟、六塘、李集、兴庄、灌云邮路；原淮阴邮电局至响水县邮电局邮路改为淮阴邮电局经涟水、李集、大东、黄营、唐集、石湖、黄圩、小尖、响水邮路，回程由响水经小尖、周集、百绿、新集、五港、涟水、淮阴；淮阴邮电局至泗洪县邮电局邮路不变。邮路调整后总里程没有增加，邮件交换点增加7个，提高沭阳、灌南、涟水3个县局和14个支局所的进出口邮件时效。1984年，又将原镇江邮电局至宝应县邮电局自办汽车邮路延伸至淮阴邮电局。

1993年3月，增开淮阴邮电局到涟水、灌南、沭阳、泗洪方向3条特快邮路。淮阴至县级淮安市、县级宿迁市按规定时间，增开短程邮路与特快邮路衔接，形成淮阴邮区特快专递邮运网络。市邮电局二班邮路正式开通，每天早、中2班邮运汽车往返于辖区县局之间，省邮运管理中心也相应调整邮车发班时间和班次。

1995年10月，淮阴邮电局至金湖县邮电局邮路开通，将盱眙县邮电局邮件在马坝中转，盱眙县邮电局负责短程邮运，回程经马坝镇、洪泽县至淮阴县。1996年，因行政区划调整，淮阴邮电局至泗洪县邮电局和沭阳县邮电局的一班、二班邮路分别停开，移交宿迁邮电局。1998年，至灌南县邮路停开，调整为涟水二班邮路，至灌云邮路调整为高涟班，由市邮政局出发，经淮阴县棉花、大兴、张集和涟水县成集、梁岔、前进、杨口、高沟、灰墩、义兴、五港、时码、涟水县局，返回市邮政局。同年10月，新增市邮政局至淮阴县运北班、运南班2条邮路。同年10月，新增市邮政局至县级淮安市《新华日报》专线邮路。

2004年8月，开通淮安至洪泽、马坝、南京物流专线班邮路。同月，开通淮安至灌南、连云港邮路。是年11月，开通淮安至洪泽、马坝、南京"次晨达"特快专递邮路。2005年1月，开通淮安至宿迁、徐州《人民日报》专趟邮路，由徐州邮政局组开。

2008年淮安市市际、市县邮路一览表

表9-2

序号	路线	往返里程（公里）	班次
1	淮安—洪泽—马坝—六合—南京	444	南京局组开，每日一班
2	淮安—马坝—南京	420	南京局组开，每日一班
3	淮安—南京（当日返回）	412	南京局组开，复线班
4	淮安—宿迁—徐州	520	徐州局组开，每日一班
5	淮安—灌南—连云港	278	连云港局组开，每日一班
6	淮安—宿迁（特快邮件专班）	260	宿迁局组开，每日一班
7	淮安—洪泽—马坝—南京（物流专线）	440	淮安局组开，每日一班
8	淮安—洪泽—马坝—南京（"次晨达"特快专递）	440	淮安局组开，每日一班
9	淮安—洪泽—马坝—金湖—淮安	320	《扬子晚报》专趟，每日一班
10	淮安—城南—武墩—和平—黄集—洪泽—朱坝—双沟—共和—三河—蒋坝—马坝—金湖—洪泽—淮安	332	每日一班
11	黄安—保滩—涟水—徐集—南集—黄营—唐集—石湖—大东—李集—涟水—楚州—淮安	231	涟水一班，每日一班
12	淮安—淮阴—涟水—淮安	112	涟水二班，每日一班
13	淮安—棉花—大兴—张集—成集—梁岔—前进—杨口—高沟—灰墩—义兴—五港—时码—涟水—淮安	203	高涟班，每日一班

续表 9-2

序号	路线	往返里程（公里）	班次
14	淮安—淮阴区—丁集—五里—刘皮—古寨—徐溜—渔沟—北吴集—汤集—宋集—三树—蒋集—袁集—长江路—西马路—淮安	248	运北班，每日一班
15	淮安—报刊零售—二纺厂—杨庄—凌桥—码头—陈集—赵集—韩桥—吴城—淮安	332	运南班，每日一班
16	淮安—钵池—楚州—黄码—盐河—淮安	76	楚州一班，每日一班
17	淮安—城南—武墩—和平—盐河—黄码—楚州—钵池—淮安	112	楚州二班，每日一班
18	淮安—楚州—淮安	40	《新华日报》专趟，每日一班

（二）市内及郊区邮路

市内转趟邮路由市邮电局至市区各支局邮电所，1978年前为每日1班。1978年，根据各地邮车到达淮阴时间进行统筹安排，市内转趟邮路增至每日2趟。早班为中午发班，环形收揽市区邮件。晚班为下午发班，市区收揽后，往淮阴县邮电局接送邮件，晚上返回市邮电局。

1984年1月1日起，市邮电局组开郊区邮路1条，每日2班，早班将邮件送到郊区各支局所，晚班往各支局所收揽邮件，保证郊区进出口邮件的时限。

1998年，位于淮阴经济开发区的淮阴邮政枢纽楼竣工使用，分拣、封发、邮运业务迁至邮政枢纽楼，增开枢纽楼至投递局市内邮路，每日3趟，早晨、中午、下午各1班，同时增开枢纽楼至淮阴日报社邮路，每日3班，均于夜间发班。市内转趟仍为每日2班，发车点由原淮海南路128号（邮政大厦）改为邮政枢纽楼。1999年6月，为确保报刊邮件传递时限，郊区二班转趟邮路延伸至县级淮安市。

2000年，增开邮政枢纽楼至投递局包裹专趟邮路。2005年5月，淮安邮政局被纳入“全夜航”网络。为此，增开一条市内转趟邮路，专门转运市区主要支局所下午3时以前收寄的特快邮件，及时将其赶发“全夜航”班次。

至2008年，有市内转趟邮路9条，总里程369公里；大客户（54个单位）机动车投递邮路3条，总里程180公里；郊区邮路2条因延伸至楚州区，划入长途邮路内。

2008年淮安市市内转趟邮路一览表

表 9-3

序号	路线	往返里程（公里）	班次
1	邮政枢纽楼—报刊零售—长江路—西马路—淮海北路—淮海广场—西大街—淮海南路—邮政枢纽楼	47	市内一趟 每日一班
2	邮政枢纽楼—健康东路—和平路—东大街—淮海广场—西大街—投递局—淮海南路—解放路—城南—凤凰新村—北京新村—北京路—长江路—西马路—淮海北路—汽车总站—邮政枢纽楼	73	市内二趟 每日一班
3	邮政枢纽楼—淮海南路—淮海广场—淮海北路—邮政枢纽楼	25	特快“全夜航”，每日一班
4	邮政枢纽楼—徐杨—邮政枢纽楼	54	每日一班

续表9-3

序号	路线	往返里程（公里）	班次
5	邮政枢纽楼—淮安日报社—投递局—邮政枢纽楼	20	报社一趟
6	邮政枢纽楼—淮安日报社—投递局—邮政枢纽楼	20	报社二趟
7	邮政枢纽楼—淮安日报社—投递局—邮政枢纽楼	20	扬子专趟
8	投递局—邮政枢纽楼—投递局	14	投递一趟
9	投递局—邮政枢纽楼—投递局	14	投递二趟
10	投递局—邮政枢纽楼—投递局	14	投递三趟
11	邮政枢纽楼—投递局—邮政枢纽楼	14	包裹专趟

三、分拣封发

改革开放初期，淮阴邮电局平函分拣封发都是夜间进行，包裹分拣白天进行，均手工操作。严格执行分拣封发规章制度，重点放在封发邮件工序上，邮件下袋前核对袋牌、清单、件数，核对无误后下袋扎口铅封。对特种挂号、保价邮件除进行“三核对”外，必须2人同时封袋。开拆进口邮件时执行双人会同开拆制度，分清责任段落，发现清单、件数不符时，当场回报，当场开发验单。1978年，邮电部为实现信函自动分拣，减轻分拣员工劳动强度，指定上海、江苏、辽宁3个省（市）试行信函邮政编码。由于宣传力度不够，在试行阶段，淮阴地区邮政编码使用率仅65%左右，后暂停实施。

1980年年末，淮阴邮电局使用第一代过戳机，加盖邮件落地戳，减轻分拣人员劳动强度。1982年，制定平函邮件交接验收、开拆、粗细分、捆把，挂号邮件交接验收、开拆、捆把等分拣封发操作6种规定。1984年3月，试行分拣封发体制改革，实行按邮区集中分拣、封发。淮阴邮电局所辖淮阴、涟水、灌南、沭阳、泗阳、宿迁、泗洪7个县邮电局，凡自办邮路沿线各支局所及其周边局所邮件，统一由市邮电局直接封袋。其中，淮阴、涟水、泗阳、灌南、沭阳5个县邮电局的70%支局所由市邮电局直封。市邮电局函件、挂函格眼突破1000个。

1988年，邮电部决定在全国范围内启用邮政编码，由于先前曾经试行，加之宣传力度较大，邮政编码在全市迅速推开，加快邮件分拣速度，减少投递差错。同年8月，淮阴邮电局邮政场地搬迁到淮海南路，改善分拣封发工作条件。是年，淮阴邮电局安装100格口直线包裹分拣机，分拣人员坐在操作台上控制电钮，包裹即可到达指定局位，告别“摆地摊”式分拣作业。

1993年秋，淮阴邮电局分拣封发工作进行改革，安装条码登记机3台，原由人工抄登工序改用电脑扫描，邮件路单规格化，杜绝错抄、误抄，高效、准确完成登单工序。1996年6月，在国家邮政总局组织的对邮件分拣封发执行情况检查中，淮阴邮电局的平函、挂号、快件合格率都在99%以上。1998年10月，淮阴邮政枢纽楼投入使用，同时配备邮袋装卸运输机，总包邮件储存、包裹推挂开拆系统，以及181格口包裹盘式有轨分拣机等大型设备，倒袋、拆袋、装车、包裹分拣全部自动化。1999年4月，根据省邮政局“平信封发要求”，从当月28日起，取消淮阴邮区中心出口平信的封发职责，出口信函集中南京邮政局处理，全市各网点的出口平信邮件分别捆把，加标签注“南京”字样。

2000年8月，平函、挂函和本口台合并，成立函件分拣班，统一管理，加快邮件传递速度。同年10月，全市邮政职工重新进行邮政特殊工种技能鉴定考试，邮政分拣工人均通过考核持证上岗。2001年，先后将原报刊发行局的报刊分发和速递公司的特快分拣划入分拣科，分拣封发全部统一归口。2002年2月，编制《淮安邮区普通邮件封发和发运计划》，当年3月1日起开始执行。其中，平常函件按原规定执行；挂号信函邮区内互寄的封淮安邮政局，本邮区出口的封南京邮政局；包裹达到临时直封标准的必须进行直封，凡达不到临时直封标准的封淮安邮政局。2003年3月，特快分拣和函件分拣合并，优化作业组织。同年2月，分拣科和邮运科合并，成立淮安邮区中心局，实现分拣、封发、邮运一体化。同年7月，南京邮政局对寄到淮安市区和县（区）城的普通邮件实行直封，减少内部处理环节，加快邮件传递速度。2005年4月，中心局生产作业系统投入使用，实现邮件信息网上共享。2005年11月，速递分拣重新划归速递公司。

至2008年年末，淮安邮政局有平函格口109个，挂刷格口109个，挂号格口109个，报刊分拣格口320个，速递分拣格口290个；有181格口包裹分拣机1台。

四、投递

（一）乡村投递

1978年，淮阴邮电局仅有清江市的钵池、城南2条农村投递邮路。1984年1月，淮阴邮电局接收新划入清浦区的原淮安县盐河、黄码和原淮阴县武墩、和平4个乡镇的邮电所，4个乡镇的投递业务一并接受。至此，市邮政局承担清河、清浦两区8个乡镇、95个村、1089个村民小组及2个区属场圃的投递业务。各乡镇每天投递1个班次，设立印章点。各乡镇所在地邮件均由邮电所负责人或内勤人员投递。

2001年6月后，淮安邮政局加强农村邮政投递服务质量管理，根据邮件报刊到达时间制定衔接一致的投递班次，乡镇上的给据邮件、报刊直投到用户；对有信报箱的集镇，平常信件实行插箱投递。2002年，因地处钵池乡内的淮阴经济开发区邮政业务发展较快，将钵池乡的投递划入市内投递，由原来的日投1班改为日投2班。2003年12月，楚州区的徐杨乡划属淮安经济开发区管理，乡邮政支局划归淮安邮区中心局管理，投递工作仍为乡村投递。

至2008年年末，淮安邮政局负责近郊6个乡镇投递工作，有乡村投递段22个，日投递里程1086公里。

（二）市区投递

1978年，淮阴邮电局执行新投递段18个，机动车（红邮三轮）段2个。机动车段主要投递市区及郊区较大的机关、工厂、学校36户。重新划段后，每天2个频次，信件与报刊都能及时地投到收件人和读者用户手中。

1984年10月，根据省邮电局要求，市区内的投递一律改为每日2班，原清安和城北2个近郊乡虽一直划归市内管理，但此前均日投1班，改为日投2班（每乡保留2个路程较远段为乡村邮）。1985年年末，市区设置自行车投递段32个、机动三轮车段2个、直封报刊格眼45个。1987年，市区实行分区投递，清浦、清河两区均设立投递班。清浦投递班由西大街支局管理，设自行车班14个、机动三轮车班1个。清河投递班由广场支局管理，设自行车班16个、机动三轮车班1个。城南、城北两个近郊乡由上述两个支局分别代管。分区投递后，减少无效里程投递段17个，每天2班节约里程210公里。

1994年，市区投递班更新车辆，淘汰机动三轮车辆，改用四轮微型汽车。自20世纪80年代中期开始，市区新的住宅区不断建成，楼房住户增多，为解决楼房住户报刊信件投递问题，开始在住宅小区设立信报箱。到1995年年末，全市共设置信报箱3000个。1996年，投递工作由新成立的投递公司负责。为增强投递竞争力，加快报刊面市速度，投递班组重新组合，成立投递清浦班、清河一班、清河二班，采取分散投递作业。1998年，根据省邮政局关于对城市住宅楼通邮情况进行动态管理的要求，淮阴邮政局对市区住宅楼用邮情况进行摸底调查，并将所有信息录入计算机，做好数据备份。1999年4月，对投递工作进行整顿。执行出归班制度，投递员统一着装、统一出班，投完后当班按时返局，并做好归班后的内部处理工作和交班手续。规范投递清单签收，投递到单位的给据邮件和杂志，由各单位收发人员盖单位收发章，投递到居民的给据邮件，由收件人签收。规范作业频次、投递深度、投递方式，投递员按规定频次（每天2次）投递。投递管理资料、台账、原始记录齐全完整。

2000年10月1日起，市邮政局对城区范围内的进口包裹实行按址投递到户，不收取投递到户费用。同年，实施邮政投递“户箱工程”，进一步拓展投递网的功能，对新建楼房按国家标准设置信报箱及信报箱群，实现“一户一箱”。对具备通邮条件的旧住宅楼，设置收发室、转投点、代收户，实行订报赠箱，为群众用邮提供方便。2001年6月起，根据省邮政局关于加强邮政投递服务质量管理的要求，城区投递不低于2个频次，做到早报早投、晚报当日投，大客户和重要客户优先投递，合理叠加商业信函、邮送广告投递任务，对时间紧、任务重、批量大的组织专门投递。2002年，为适应淮安经济开发区发展需要，营业分局钵池支局投递划入投递局管理，负责淮安经济开发区范围内的投递工作，由原来的乡村投递改为市区投递，每日2班，有2个段道较远的农村邮路仍保留乡村投递，日投1班。2003年抗击“非典”期间，投递局制定应急预案，采取分散投递作业，设清隆桥点、大运河桥点、槐树路点、北京新村点、健康新村点，确保邮件报刊及时传递。2004年，物流业务局与投递局合署办公，隶属于邮政投递局，负责物流递送业务。2005年7月，撤销淮安邮政递送有限责任公司。同年12月，成立速递物流局（公司），撤销物流业务局，原投递局的物流业务划归速递物流局。

至2008年年末，淮安邮政局有市内投递段道42个，其中机动车段3个，负责工厂、学校、企事业单位共54个大客户的邮件投递；自行车投递段39个，投递员67人，日投2班，每天投递里程约1307公里。

第二章　邮政业务

第一节　函件　包件

一、函件

1978年，淮阴邮电局开办函件业务有平信、挂号信、航空函件、明信片、特种挂号信、印刷品、盲文读物、保价函件、邮简、特种挂号信函等。

1981年恢复办理国内邮政回执业务，同年12月开办贺年明信片业务。1985年1月1日起，对工厂、企业等单位交寄的商品广告、产品介绍等，凡附印有通信性质内容的收据、征订单、信息反馈等，以及个人交寄的各种智力测验答卷，均按信函收寄和处理。同年11月15日，开始收寄中国南极长城站的邮件，处理手续按国际邮件规则办理，资费标准为20克以内每件3元，超过20克或其零数每件加收2元，挂号每件0.5元，明信片按信函收寄，封发路由一律发上海互换局经转。1986年7月1日起，实行调整后印刷品准寄范围，凡经出版行政机关批准，印有统一书号证号的书籍、报纸、期刊和教材，均作为印刷品交寄。同年11月，开办邮政快件业务，处理时限要求比挂号信函高，收寄后次日早班发运，邮件进局后次日早班投送。1988年3月起，办理中国台湾地区邮件业务。同年10月25日，银行邮件业务使用新的银行挂号信专用信封。1989年1月1日起，交寄邮政快件使用邮政快件标准信封，废除银行使用的特定标记信封。

1990年7月，取消邮件回执业务。是年7月31日起，平常函件邮资费由每件0.08元调整为0.2元。同年9月底，国家外汇管理局各分支机构间互寄各种外汇额度调拨凭证挂号信函，使用特定标记的专用信封"联局专用信"，寄发联局信件一律使用邮政快件。该项业务量与业务收入逐年增加，1995年完成邮政快件业务量25.5万件。

1991年1月1日起，对各级人民法院按挂号信函邮寄的诉讼文书使用邮政回执业务。当年3月，市邮电局为生产厂家提供宣传产品函件服务，沟通厂家与商家的联系，通过定期预约，上门揽收，提供代印、代填、代封、代发"一条龙"服务，信函业务得到快速发展。同年4月，在邮政特快专递开办条件尚不具备的情况下，接受南京市邮电局委托，开办邮政特快专递业务（EMS）。当年10月，开办礼仪信函业务。

1992年7月1日起，开办国内电子信函业务。1993年7月，成立邮政广告公司，为市内各厂家、商家提供邮送广告业务。1996年，开办中国礼仪信函业务。同年12月，发行平安保险新年祝福明信片，每套10张，售价25元，散装每张售价2.5元，每张保险额为1000元。1997年，发行中国邮政贺年（有奖）明信片和企业拜年卡。

1999年1月，取消邮电公事业务，增加邮政公事业务。同年2月，开办邮送广告业务，每月固定出版2期《中邮专送广告报》；3月，开办回音卡业务；6月，与市旅游局联合制作《中国淮阴》旅游风光明信片6万枚，实现收入8万元；11月，开办保险明信片业务。

2000年，开办人寿保险明信片业务，计10万张，每张定价5元，保额为2000元。是年2月，开办对账单业务，发展市工行、市农行、市建行及市移动公司等客户对账单36万件，增收12.96万元。同年7月，与市委宣传部、团市委、市体委联合开展"办四运、申奥运、颂祖国、爱家乡"青少年诗书画大赛活动，发行一套邮资明信片，实现收入26万元。同年12月，发行企业金卡等各类明信片，全年完成金卡39.5万枚，实现收入75万元。

2001年4月26日起，淮安市所辖清河区、清浦区、楚州区、淮阴区及淮安经济开发区之间互寄邮件执行本埠收费标准。2003年7月，开展"百万工程"邮资封、明信片竞赛活动，有关学校、企业、乡镇实现"一户一片（封）"，全市计60万枚。2004年2月，为企事业单位发行邮资封11万枚。2004年11月，与市公安局联合开发见义勇为基金明信片，发行70万枚。2005年11月，与市文明办合作开发"文明联动"拜年卡项目，全市所有的省、市文明行业首次通过邮政拜年卡展示行业风采。

2008年，全市函件业务收入920万元，同比增长14.6%，高于全省平均增幅8个百分点，列全省第四名；业务量20210.3万件，同比增长20.9%，办理国内平常函件合计1155万件，其中义务兵免费平常函件合计13.65万件，国内给据函件合计79.86万件；国际及中国港澳台地区平常函件合计10.41万件，给据函件合计1084件；邮送广告合计784.91万件；邮政商业信函49.48万件；邮政广告封片制作量199.82万件。

二、包件

1978年，淮阴邮电局开办的包裹业务有普通包裹、保价包裹、快递小包、航空包裹、航空快递小包等。收寄过程中，除严格执行禁限寄的有关规定外，凡适于邮递的物品，不超过规定的重量和尺寸限度，都可作为包裹收寄。1979年7月1日，开办乙类保价包裹业务，凡包裹价值30元以上的个人包裹一律按乙类保价包裹收寄和处理。

1980年8月，进一步放宽收寄商品包裹范围，凡符合准寄范围的商品包裹均可收寄。1981年5月，恢复代收货价业务，对包裹快递小包及保价包裹均可办理代收货价。1984年，对收寄烟草包裹作限量规定：卷烟、雪茄烟每次以10条为限，两种合寄不得超过20条；烟丝、烟叶每次以5公斤为限，两种合寄不得超过10公斤；以上4种烟合寄不得超过15公斤。1986年7月，开办纸质包裹业务。1987年11月1日，开办大件商品包裹业务，每件包裹重量放宽到25公斤。1988年6月，办理寄往中国台湾地区包裹快件业务。同年10月21日起，按邮电部规定，除卷烟厂寄往烟草质量检测中心的卷烟样品可以收寄外，禁止收寄香烟、烟草类包裹。

1989年1月，为防止黄色淫秽录像制品通过邮政包裹渠道传播，凡用户交寄录像带，一律凭县以上广播电视部门的证明交寄，按包裹或快递小包收取资费。同年2月，对收寄烟草包裹作出新的限量规定，卷烟、雪茄烟每次以2条为限。同年4月1日起，凡价值超过30元的手表、怀表、金银手饰制品、珠宝、玉器类物品都必须作甲类保价包裹或甲类保价快递小包交寄。价值在30元以下（含30元）的，可按普通包裹交寄。如寄件人要求保价，可按乙类保价包裹办理。同年9月10日起，对海边防及分散执勤的军队单位间邮寄的录像带，可凭团级以上政治机关的证明收寄。

1990年7月31日，规定除纸质包裹外，其他包裹一律实行保价。1992年后，随着邮政特快专递业务的开办，分流部分包件业务，初期由于包裹资费低于特快专递，影响尚不显著。2000年后，由于物流业发展加快，包件业务下降趋势明显。2003年，开展收寄快包劳动竞赛活动，快包业务取得阶段性增长。2004年6月，组织人员到大专院校和部队，为应届毕业生、部队复员军人上门收寄包裹，取得较好成效，收寄包裹6000多件，实现收入近10万元。

2008年，全市收寄国内包裹业务收入253万元，同比下降9.32%；业务量合计14.49万件，同比下降11.36%，其中收寄快包7.92万件、收寄国际及中国港澳台地区包裹合计651件。

第二节　报刊发行　特快专递

一、报刊发行

1978年，淮阴邮政部门发行报纸664.58万份、杂志31.93万份。

1980年，报刊限额发行有所放宽，淮阴邮电局抓住时机，采取激励政策，报刊流转额当年突破70万元，报刊发行累计突破1100万份。1981年，因报刊业务量增幅较大，及时调整投递道段，确保报刊及时投送到用户，并在西大街、淮阴汽车站增设报刊门市部和报刊零售柜，市区各支局所也兼办报刊零售业务。1983年3月10日，停刊12年的《淮海报》更名为《淮阴日报》复刊，由淮阴邮电局代理发行，日发行量4.8万份。1985年4月，《淮阴广播电视报》创刊，由淮阴邮电局代理发行，年底发行量突破8万份。1986年，淮阴邮电局对报刊零售业务实行全面承包。1987年，代理发行《淮阴劳动报》《淮阴人口报》《淮阴税务报》《淮阴供电报》《淮阴文化报》等。1988年，

《淮阴日报》《淮阴广播电视报》改为自办发行。1989年10月，淮阴日报社恢复与淮阴邮电局邮发关系。

1991年，在中央级“七报一刊”秘书长会议上，淮阴邮电局因多年坚持抓好党报党刊发行工作，中央级党报党刊发行量连续3年稳中有升，被表彰为报刊收订达标单位，被授予优胜奖杯，是全省唯一获此表彰的单位。1993年7月，《淮海晚报》《淮阴经济开发》创刊，由市邮电局代理发行。是年，市文联《崛起》杂志也交由市邮电局代理发行。1999年，开展报刊上门收订，加强投递时限管理，实施“早报早投、晚报晚投”，增设5个报刊投递委托代办点和一个流动售报车，并在郊区局所开办报刊零售业务。同年12月，对2000年发行的《服务导报》《半月谈》《淮阴电视报》，创新实施买断包销。2000年，报刊发行发展私费订阅，制定激励措施，发挥投递员的营销作用，继续组织上门收订，开展订报刊送信箱、礼仪订报、有奖订报等活动。

2001年，开展报刊收订劳动竞赛活动，采取有奖订阅、订报赠报等促销手段，实行窗口收订、上门收订、“185”电话收订等多种服务方式，私费订阅量比2000年增长30.16%，收订流转额比2000年增长8%；更换、新增市区报刊亭59个，对所有报刊亭实行公开竞标承包，通过收取租金，适当提高零售扣率的办法，提高两个渠道的竞争力。2002年，利用邮政网络优势，组织9个收订小组，专门攻大户，发展私费订阅。2003年，开展高效报刊收订竞赛活动，重点发展《扬子晚报》《现代快报》等订户，竞争性报刊订阅流转额73.3万元，同比增长12.3%，新增报刊亭8个，市区报刊亭达70个。2004年，开展收订报刊劳动竞赛活动，推广“私订公助”订阅党报党刊，鼓励党员个人订阅党报党刊。书报刊经营公司参加市图书馆图书采购竞标，取得20万元图书采购订单。新开发16个报刊零售新品种。2005年，采取灵活多变措施，提高邮发报刊市场占有率，重点对大客户进行公关，上门服务，减轻当年《淮安日报》自办发行带来的减收影响。

至2005年年末，全市有报刊发行站16个，报刊发行员51人。发行报刊2400余种，报刊流转额3576.84万元。报刊业务收入1090万元，同比下降7.94%；报纸业务行量4784.6万份，同比下降9.64%，杂志业务行量178.79万份，同比下降18.93%，报刊收入下降主要由于《淮安日报》自办发行影响。

二、特快专递

1986年11月10日，淮阴邮电局开办特快专递业务，业务范围包括国内、国际和中国香港、中国澳门、中国台湾地区。1987年4月1日起，用户拨打“185”服务电话，即有专人专车上门收寄特快专递邮件，立即赶班发运，确保用户时限。1992年8月，成立淮阴邮政速递公司，实行特快专递专人、专车、专门作业组织处理。1997年1月，出台加强专递业务时限管理办法，明确时限内作业组织管理、时限频次及业务处理规定、超时限考核办法。同年2月1日起，开办国内特快代收货款业务，邮政速递人员在投递时，按邮件详情单上标注的收件人应付款金额，代向收件人收款。2000年4月1日起，在全市开办法院传票特快专递业务，收寄范围为民事诉讼的各类文书，使用特快专递完成法律文书的送达，并由邮政部门将“回执联”反馈给法院。本埠（清浦区、清河区、楚州区、淮阴区）邮件每件按12元收费，涟水、洪泽、盱眙、金湖4个县邮件每件按18元收费，超出范围按国家统一交费标准收取。

2001年，开办工行票据专递业务，将工行交寄的会计凭证及相关资料由速递公司指定专人负责收寄、投递。同年6月，开办录取通知书专递业务。当年增加特快邮件9600件，增收19.2万元。是年，明确进口邮件、市区零散特快邮件改由投递局投递，规定每天早6点前和下午1点半前分两个频次交投递局投递特快邮件。2003年1月1日起，开办居民身份证专递业务，特快揽收价格按每件30元、普快揽收价格按每件15元收取，当年增加特快邮件40600件，增加收入64万元。同年2月2日起，开办邮政礼仪专递业务，由邮政局派礼仪专车、礼仪人员，用邮政专递的形式将用户选定的礼品投递给指定的收件人，投送的礼品有鲜花、蛋糕、礼品、礼金、礼仪信函、礼仪贺卡、礼仪汇款和礼仪贺电等。2004年1月15日起，开办“次晨达”邮政特快专递，长三角地区的客户在收寄截止时间前交寄的邮件，保证在次日上午10点前投交给收件人。同年7月14日起，开办EMS代客包装、代客报关和代上保险等一系列综合延伸服务。2005年10月，调整进口特快邮件投递和分拣，11月1日起所有进口市区的特快邮件全部由速递局投递，同时将特快邮件分拣一道划归速递局。

2008年，全市从事速递业专用车辆21辆，有特快企事业单位大客户266户，特快业务收入1054万元，同比增长21.29%。收寄特快业务量42.43万件，同比增长20.81%，收寄国内特快专递信件28.77万件，特快专递物品2.4万件。国际及中国港澳台地区特快专递信件4599万件，特快专递物品1510件。出口中邮快件4997件，特快礼仪7738件。特快收入增幅在全省同行业排第2名。

第三节　邮政金融

一、邮政汇兑

1978年，淮阴地区邮政汇兑业务按汇款种类分为普通汇款、电报汇款，按纳费种类分为航空、烈士遗款、邮电公事、存局候领和附回执汇款等。办理业务时收取邮政汇兑资费等，烈士遗款、邮电公事汇款免收一切资费。

1980年9月起，开办代购物品和代收货价业务。1981年，调整银行与邮局之间的业务分工，邮局亦可办理公对公汇款，汇款金额超过30元的可以收取支票。1982年，普通汇票最高金额每张增至5000元。1988年5月1日起，开办邮政快件汇款业务。

1992年7月1日，邮电部批准淮阴邮电局广场支局为国际邮政汇兑局通兑局，开办国际汇兑业务，可与美国、日本、芬兰、瑞士、意大利、比利时、巴西、韩国、泰国、新加坡等国家通汇通兑，汇费按同种外币3%收取，同时收取钞买汇卖差价3%，每笔汇款最低汇费为5美元。1999年3月1日，邮政资费调整，汇款最低汇费、退改汇费、撤回邮件和更改收件人姓名地址手续费及撤回汇款手续费由1元提高到2元；降低5000元以上高额国内汇款汇费，规定汇费的最高标准为50元，原每笔汇费超过50元的一律按50元计收。同年2月26日，开办邮政礼仪汇款业务，礼仪卡片定义为“吉祥卡”，资费除按普通汇款资费收取外，每笔礼仪汇款另收取1元“吉祥卡”服务费。当年5月11日起，汇往意大利、西班牙、奥地利等国家的汇款币种除美元外，增加欧元。2001年，建成邮政电子汇兑计算机网络系统，开办加急汇款2小时到达和实时汇款3分钟到达汇款业务。

截至2008年，全市邮政汇票业务收入135万元，收寄国内汇票业务量26.32万件，开发汇票金额合计35684.33万元；兑付汇票50.99万件，兑付汇票金额合计6447.45万元；出口国际汇票合计77张，汇票金额合计10.23万美元；进口国际汇票合计200张，汇票金额合计31.17万美元。

二、邮政储蓄

1986年2月起，淮阴邮电局恢复办理邮政储蓄业务。同年4月，首先在西大街营业处设立邮政储蓄专柜，办理邮政储蓄业务，储种、利息均执行银行标准，只受理个人储蓄存款，不办理公款和支票存储业务。银行按邮局缴存的储蓄款额，按月付结邮局代办手续费。同年9月，增设淮海南路邮政储蓄专柜。至1986年年末，储户为1274户，存款余额298.92万元。

1987年1月，淮阴邮电局所辖12个县（市）邮电局陆续开办邮政储蓄业务。同年2月，试办集邮有奖储蓄业务，同时推动邮政储蓄业务和集邮业务发展。同年4月，淮阴邮电局与清江日用化工厂联合推出邮政利民有奖有息储蓄奖券，面额50元，奖券期1年，得奖面50%，每组1万张，发行12组。凡购奖券1张，赠送利民牙膏1支，增加收储额600万元，扩大邮政储蓄的影响。同年11月，广场邮电支局开办活期异地存取储蓄业务，邮局内部以电报传真为存取凭证。1988年4月，开办“定活两便”和大额定期储蓄业务；9月，办理3年期以上整存整取、存本保息保值储蓄业务；12月，开办“住房、彩电有奖有息”储蓄。一系列促储活动的开展，增加收储额500万元。1989年2月，开办集体零存整取储蓄业务。1990年1月，改变邮政储蓄与银行的结算方式，由缴存改为转存，手续费改为利差收入。同年3月8日，开办家庭储备定期返本储蓄业务。至1990年年末，全市邮政储蓄余额达4080万元。

1991年2月，开办大额储蓄业务。以500元起存，多存必须是起存数的倍数，存期为半年、9个月、1年，利率上浮5%。同年9月，开办邮政礼仪储蓄，面额为10元和50元两种，每种配有贺、喜、礼、寿、辰5种图案。同年10月，开办存本取息定期储蓄业务。1992年1月，开办“城乡居民住宅电话”储蓄业务。1995年1月，开办个人定期储蓄存款存单小额抵押贷款业务。1996年4月，停办邮政汇兑款转存邮政储蓄业务。2003年7月，开办邮储绿卡业务，凭卡可跨行办理取款交易。

至2008年，淮安邮储开办活期、活期异地存取、定期定额、整存整取、零存整取、集体零整、有奖有息、存本取息、定活两便、礼仪等储蓄业务，累计发放邮政绿卡36万张，邮政绿卡异地存取交易量113.17万笔、交易金额4.5亿元，邮政储蓄存款期末余额44.84亿元，市场份额占到18.02 %。

三、代理业务（中间业务）

1988年7月，淮阴邮电局开办代销国库券业务，面额为50元、100元，存期3年，年利率10%。1990年7月，各邮储网点代财政部门办理1982—1985年到期国库券还本付息业务。1991年，受淮阴市保险公司委托，代办定期定额返本人身保险业务，成为淮阴邮电局在邮电经营上跨部门、跨系统、横向联合的一次尝试，在全省范围内也属首次。同年12月，开办代缴电话费、寻呼机月租费业务。1992年9月，为支持第七届全国运动会，包销体育奖券。1993年4月，开办“邮电职工个人储蓄性养老”保险业务。1999年12月，开办平安夕阳红养老保险、家庭财产险等业务。2000年9月起，为离退休人员开办代发工资、代发养老金及预存代扣业务。

至2008年，与中国人寿保险、平安保险、太平洋保险等8家保险公司合作，开办邮政代理人寿保险、财产保险等业务；开办代发养老金、代发工资、代理国债、代收代缴水电费等社会公益性业务，为4万余名离退休人员发放养老金，每月代发养老金4000多万元。其中，代理国债累计2000万元，代理保险累计1000万元，中间业务收入累计650万元。

第四节　其他业务

一、集邮

1981年，淮阴邮电局恢复集邮业务。同年10月，在西大街成立集邮门市部，经营纪念邮票、特种邮票、首日封、邮折、集邮用品。1984年7月，淮阴市集邮协会成立。1991年10月，成立邮票公司。1995年5月，邮票公司更名为集邮公司。

（一）地方特色题材邮票邮品

1994年起，市邮政部门收集整理周恩来、周信芳、洪泽湖开发等地方特色题材资料，向邮电部申报，争取列入中华人民共和国邮资票品目录。

1994年10月，向邮电部申报《周信芳百年诞辰》特种邮资明信片。邮电部于1995年1月10日批准发行特种邮资明信片一套4枚，即TP3特种明信片《周信芳京剧艺术》。其中，（4–1）乌龙院，邮票图案面值15分；（4–2）徐策跑城，邮票图案面值15分；（4–3）澶渊之盟，邮票图案面值230分；（4–4）投军别窑，邮票图案面值230分。首发式在淮阴市周信芳故居举行。

1995年2月，向邮电部申报《周恩来故乡》特种邮资明信片。邮电部于1996年1月8日批准发行特种邮资明信片一套4枚，即TP5特种明信片《周恩来故里》。其中，（4–1）周恩来同志故居，邮票图案面值15分；（4–2）周恩来童年读书处，邮票图案面值15分；（4–3）周恩来纪念馆，邮票图案面值230分；（4–4）淮安镇淮楼，邮票图案面值230分。首发式在县级淮安市周恩来故居举行。发行《周恩来专题》邮册5000本，纪念封10000套。

1996年3月，向省邮电管理局、邮电部申报《洪泽湖风光》明信片一套5枚，图案以洪泽湖水产、风光为特点，宣传洪泽湖开发。后省邮电局向邮电部申报改为《江苏风光明信片》，邮电部于1997年7月批准发行《江苏风光明信片》。其中，（10–4）洪泽湖风光，邮票面值15分。

1997年2月，向邮电部申报《周恩来同志诞辰一百周年》邮票、小型张一套。邮电部于1998年3月5日批准发行《周恩来同志诞辰一百周年》一套4枚邮票，选取不同历史时期的照片再现周恩来杰出的军事家、外交家、开国总理和人民公仆的光辉形象。其中，（4–1）军事家，邮票面值50分；（4–2）开国总理，邮票面值50分；（4–3）外交家，邮票面值150分；（4–4）人民公仆，邮票面值150分。同日，首发式在县级淮安市周恩来故居举行。发行专题邮册、小本票各5000本，纪念封5万套。

2002年5月，国家邮政局发行个性化专用票《祝福》系列"如意""鲜花""一帆风顺"图案的邮资图专用邮票，在空白附票上印制用户的个性化内容。同年6月，盱眙县举办第二届中国龙虾节，发行《2002中国龙虾节》个性化专用邮票，《祝福》系列中"如意"图案专用邮票80分，空白附票印有明祖陵、第一山、盱眙龙虾图案，发行个性化邮票折5000个。同年9月，涟水县举办第一届中国涟水白鹭节，发行个性化邮票2000版，并为省淮阴中学制作发行《淮中百年校庆》个性化邮折。同年11月，为淮安市商业银行制作发行《淮安商行》个性化邮折和专题邮册。2003年9月，为市外侨办制作发行《中国历史文化名城——淮安》个性化邮折和专题邮册。

（二）集邮活动

1983年11月，在中国美术馆举办的中华全国邮票展览1983北京展览会上，淮阴市1名集邮爱好者的《世界上第一枚黑便士邮票》获铜奖。

1985年11月，市集邮协会举办"少年儿童邮展"，展出邮票7507枚、贴片788张。1986年10月，举办"振兴中华"主题邮展，展出邮票2009枚、标准框56个、专题30个，首日封、贴片348件。1988年11月，举行第4次邮展和首次邮品拍卖活动，邮展分33个专题，贴片954张，展出邮票4868枚。1989年，举办"庆国庆四十周年"邮票展览，展出专题35个，贴片700多枚，邮票2240枚。1991年10月，举办第5次邮展，展出传统邮集2部、专题邮集17部、邮政用品邮集1部、极限邮集1部、邮戳邮集1部、青少年邮集1部。

1993年6月，在江苏省第四届集邮展览——纪念毛泽东同志诞辰一百周年邮展中，淮阴市1

名集邮爱好者的《文艺复兴以来的欧洲文学》获镀金奖，1名集邮爱好者的《奥运世界》、1名集邮爱好者的《欢乐的儿童时代》、1名集邮爱好者的《世界邮票集萃》、市集邮协会的《淮阴集邮》获铜奖。

1995年7月，市集邮协会举办庆祝抗日战争胜利50周纪念活动，发行纪念封20万枚。1996年起，举办青少年集邮夏令营活动。1997年5月，在江苏省第五届集邮展览暨（江苏风光）邮资明信片首发式上，淮阴市的《欧洲文学现实主义的传统》《十九世纪西欧文学》获得银奖，《新中国初期税票》获镀银奖，《中国航天四十年》《童话的魅力》获铜奖。同年7月，全市邮协举办专题邮展和集邮知识讲座、竞赛等纪念香港回归活动。1999年，全市集邮协会有会员2万多人，青少年集邮爱好者1万多人，集邮业务收入1400万元。此后，全市集邮协会会员人数、集邮业务量均呈下降趋势。

2004年11月，在江苏省第七届集邮展览上，淮安市的《歌德》邮集和《足球》邮集获镀金奖，《中国人民政权早期印花税票（1945-1949）》邮集获银奖。2005年12月，在第十届全国体育集邮展览中，淮安市《足球》邮集以同类邮集的最高分获大银奖。

截至2005年，全市集邮协会有会员2000多人；集邮业务收入401万元，同比下降8.03%，集邮业务量同比下降26.99%。

二、机要通信

1978年，淮阴邮电局专设窗口收寄党政军机关的机要文件等，实行双人专车制，运输传递、投递机要文件。1987年9月，邮电部庆祝机要文件交邮局办30周年之际，淮阴邮电局2名工作人员连续工作15年无差错和事故，获得通信质量奖。

1993年，对机要生产场所进行改造装修，安装电视监控系统，加强生产现场安全保密管理。1995年8月，增开淮阴—金湖邮路一条，加快机要邮件的传递速度。1996年，因行政区划调整，机要通信传递范围也作相应的调整。1998年8月，与宿迁邮政局办理机要业务移交手续。

1999年3月，按国家邮政局文件要求，调整机要文件寄递资费。同年5月，机要科与速递公司合并办公，业务处理形成“机速合一”的模式。同年7月，镇江邮车停开，上行机要邮路改由宁淮干线运输。2001年4月，调整机要封发关系，出口机要邮件直封南京。2005年2月1日起，对机要通信部分业务资费进行调整。是年5月，实行《机要专用封装用品标准》。

至2008年年末，全市有邮政机要通信车辆4辆，生产场地封闭，配有电视监控系统，办理邮政业务总量142.64万件，实现机要邮件安全无事故。

三、邮政物流

2000年9月30日，淮阴邮政局成立淮阴邮政递送有限责任公司，开展物流配送业务。2001年3月，开办物流配送牛奶业务。2002年3月，成立邮政物流业务局，物流业务获得长效业务、核心业务、主业业务地位。2002年4月，建成综合投递平台，开展市区配送、销售一条龙服务。同年6月，开办“利果美”液肥配送业务，全市销售5万多袋，实现收入5万多元。2003年，建成物流业务省内快速物流网。

2005年，发挥邮政局所遍布城乡的优势，加快农村邮政物流业务的发展。当年4月，发展农资分销物流业务。至2005年年末，全市有邮政物流企事业大宗客户98户，在农村开办邮政物流服务“三农”代售化肥、种子等网点38个，物流周转量3622745吨·公里，物流配送量6895吨，分销与邮购8吨，物流收入185万元。

2008年12月，淮安市邮政速递物流公司成立，淮安邮政速递物流事业进入新阶段。

四、邮政信息

1987年2月，淮阴市开办“185”信息业务，用户拨打“185”电话，即可办理速递等揽收业务，根据用户准确地址、单位名称、联系人姓名和电话号码，邮局派员上门收寄特快专递、包裹、信件等邮件，方便人民群众。随着业务迅速发展，2000年8月，成立“185”客服中心，继续办理特快邮件、汇款、邮政编码、资费咨询等业务，还受理订阅报刊、用户投诉等事项，对于服务中存在的问题及时反馈相关部门，采取相应措施，满足用户需求，并对责任人进行考核。2004年7月3日零时起，原邮政客户服务特殊服务号“185”升位为“11185”，建设成为全国“统一接入号码、统一形象标识、统一服务标准”的信息服务平台。

1996年，开办代收电信公司电话费业务。1999年4月，与市联通公司合作，代收联通话费。1999年2月，与市移动公司合作，代收移动话费。2002年，成立大客户服务部，兼办电信业务，代收话费。2003年10月，与市网通公司合作，代收网通话费。是年，为市联通、移动、网通公司合作代理放号电话（注册）共26824户，实现收入57.31万元，代售各类业务IP、神州行和如意通等多种电信充值卡616162张，实现收入48.45万元。2004年10月，成立淮安邮政局电信业务部，负责归口有关电信业务。2005年10月，电信业务部与“11185”客户服务中心合并，成立信息业务局，负责归口有关电信业务和受理用户咨询投诉等业务。

2005年10月，开办邮政短信业务，用户以电子汇兑和邮政储蓄办理业务时，根据需求，发短信给乙方用户存取款等信息。

至2008年年末，市邮政局“11185”业务注册用户累计2464户。代理移动、联通、网通电话放号25466部，代放号收入65.4万元，代售各类磁卡201966张，实现收入56.45万元。其中，话费分成收入2.14万元，票务收入5.92万元，短信业务收入496元；“11185”客户中心受理用户业务咨询10950次、业务揽收9490次，受理投诉及时处理145个。

第三章　信息化建设

第一节　信息化管理

1997年，淮阴市成立由分管副市长任组长，市计委、市经贸委、市科委、市财政局等部门组成的信息化工作领导小组。2002年，淮安市信息化主管部门组织编写《“数字淮安”建设方案及近两年实施意见》，以市政府文件形式印发，确定建设数字城市的总体框架与发展思路，明确目标任务、实施步骤和具体措施。其后，相继制定出台《淮安市政务与公共服务信息化工程建设管理办法》《淮安市党政机关计算机网络与信息安全管理办法》《“中国淮安”政府网站管理办法》等文件，进一步加强信息化特别是电子政务项目的管理。2003年4月，成立由市长担任组长，3名市委常委和1名副市长担任副组长，市委、市政府的主要部、委、办、局领导任小组成员的信息化工作领导小组。市委、市政府每年专题研究一次信息化工作，每两年召开一次全市信息化工作会议。

2004年，制定出台《淮安市党政机关计算机网络与信息安全管理办法》，加强网络信息安全保障。推进网络信任体系建设，健全全市电子安全证书认证体系，普及应用公务员电子证书，保障各项电子政务工程的安全应用。2006年，编制并出台《淮安市信息化“十一五”专项规划》。2007年4月13日，市信息产业局正式组建揭牌，同时市信息化办公室也正式挂牌成立，与市信息产业局合署办公。将原本分散于发改委、经贸委、广电局等部门的产业发展、信息化推进、网络规划管理、无线电管理等相关工作职能全部划入。各县（区）、各部门也均成立或落实信息化工作机构，业务上接受市信息产业局指导，形成较为完整的全市性工作体系。

第二节　电子政务

2002年，淮安市启动电子政务建设。以市委办、市政府办名义出台《关于全面推行办公自动化的通知》《关于建设“中国淮安”政府网站群的通知》《关于加强市级机关政府网站建设运行管理的意见》《淮安市机关电子公文传输管理办法》《淮安市党政机关计算机网络与信息安全管理办法》《淮安市电子印章管理暂行办法》《“中国淮安”政府网站群管理办法》《“中国淮安”门户网站信息维护责任目标分解考核办法》《淮安市电子政务网络管理办法》《淮安市办公自动化应用管理办法》等规范性文件。提出“统一数据中心、统一基础网络、统一应用软件、统一管理机制”的电子政务“大集中”“四统一”建管模式，成为欠发达地区后发赶超、发展电子政务的成功案例，被肯定为“淮安模式”。

截至2008年，淮安市政务信息资源中心（中心机房）、政务外网和政务内网等电子政务基础设施建设完成，高速率、大容量、高性能的联通市级党政机关和各县（区）的专用“信息高速公路”畅通，满足电子政务需要。“中国淮安”政府门户网站的英文版在2007年、2008年连续两届获地市级优秀外文版网站奖。市电子政务平台一期工程的办公自动化、网上审批、视频会议、信息管理、提案议案等系统和功能模块陆续投入使用。市地理信息系统（GIS）公共平台启动建设，完成对市建成区不同范围、不同比例尺的基础地理信息采集；金保、金税、金卡、金财、金盾、金农等金字工程不断推进。办公自动化成为市级机关日常办公的主要模式，实现全过程网上公文处理。市级党政机关、县（区）以及市直重点企事业单位相互之间基本实现公文网上无纸化传输，市级机关内部实现公文无纸化流转和办理。网上审批系统实现并联审批项目的一表式申报、县（区）项目远程申报、审批中心窗口与后方的无缝衔接以及审批过程的公开可监控。地税、国税部门建成运行网上报税系统。淮安市获“全国科技强警示范城市”称号，公安工作信息化取得显著成效，治安监控系统得到普及应用。通过“中国淮安”门户网站，开展软环境万人评议、市民意见建议征集、“常委网谈”“部门在线”等活动。

2008年，通过市电子政务平台收发电子公文22万份，召开视频会议16次。至2008年年末，市级机关各部门、8个县（区）以及重点企事业单位共有234个单位进入市电子政务平台。

第三节　企业信息化

1997年，淮阴邮电局推出淮阴热线网站，为全市第一家网站，也是第一家企业网站。至2008年，市内部分企业拥有自己的独立网站，建立内部局域网，多数企业接入互联网开展贸易活动，江苏沙钢集团淮钢特钢有限公司、江苏安邦电化有限公司、江苏韩泰轮胎有限公司等企业的信息化建设投入累计在1000万元以上。全市一半以上企业建立财务管理信息系统等基础性信息管理系统，46%的企业全部或部分实施制造资源计划（MRPⅡ）、企业资源计划（ERP）等综合性管理信息系统，35%的企业实施计算机辅助设计（CAD）、计算机辅助制造（CAM）、管理信息系统（MIS）、计算机集成制造系统（CIMS）等计算机辅助设计制造系统，16%的企业实施供应链管理（SCM）系统，12%的企业实施客户关系管理（CRM）系统。部分企业通过企业网站开展商务贸易活动，江苏安邦电化有限公司、金湖金卫集团等企业通过阿里巴巴等电子商务平台开展电子商务活动，拓宽销售渠道。

华能淮阴发电有限公司的JSERP（搜索引擎结果页面）系统，功能覆盖电厂发电生产和企业经营管理的各个方面，实现财务管理、生产管理、设备管理、物资管理、燃料管理等事关生产经营各项信息的集成，动态反映生产成本，提高生产数据和生产计划的准确性。江苏沙钢集团淮钢特钢有限公司实施ERP（企业资源计划）系统后，销售交货期保证率达99%以上，产品材料成本降低3%，生产效率提高10%，库存资源占有率下降23%，企业管理费用每年下降100万元。淮汽集团开发网上售票系统，公众可登录集团网站，实现网上查询客运班次和网上购票。

第四节　农村信息化

1998年后，淮阴市信息产业局通过向上争取扶持资金，在各县（区）开展试点工作，将信息技术应用于农业生产全过程，对灌溉、施肥、光照、湿度等进行科学有效控制，以节约生产成本，提高生产效率。举办农民信息技术应用培训，通过专家授课、现场观摩、集中讨论等方式，培训村组带头人、种养大户、农民经纪人、农副产品加工企业负责人。开展农民上网创业培训，提高农民利用互联网技术获取农业科技知识和从事农业生产经营的能力。开展农村信息技术应用致富带头人和推广农村信息技术应用优秀信息员评选工作，组织参加全省农民上网技能大赛，激发农民群众应用信息技术的热情。

2008年，市信息产业局组织的淮安市首期种养大户电子商务培训班在淮安信息职业技术学院开班，全市8个县（区）的76名种养大户参加培训。采取典型示范、理论学习与技能培训相结合，邀请2006年省农村信息化示范典型——楚州区席桥镇的花木大户现场交流，介绍如何利用互联网等电子商务手段寻找信息、网上联系洽谈、网上展示产品。至2008年年末，淮安市农村有线村通率98%，宽带网络实现自然村全覆盖。

第五节　社区信息化

1998年以后，淮阴市各社区陆续建设党员干部现代远程教育网络及网页，创建“和谐社区”，配备电脑、打印机、数码相机等设备，建立包括再就业人员、城市居民医疗保险、社区总支党员、育龄妇女等信息的社区综合信息数据库，实现办公自动化。各级、各部门、各单位依托政府网站，加大政务公开、网上办事和互动交流力度，拉近服务距离，使群众足不出户即可享受有关服务。帮扶救助、劳动保障、卫生计生、文体宣教、城市管理等政府公共服务向社区延伸。

2008年，清河区水渡口街道办事处和富强社区，与电信部门合作，建设“温馨e家”数字化便民服务平台，由“社区e政务”“便民e服务”“温馨e视窗”“市民e课堂”“社区e家店”五大版块组成，通过计算机和网络技术，将区、街道、社区各个层次的社区信息系统加以数字化连接，形成“资源共享、协同服务、便民利民”的社区信息化格局。

第六节　无线电管理

一、无线电发展

1978年，淮阴地区无线电台仅限于军队、邮电、广播、公安等少数几个部门使用，淮阴邮电局设有民用电台，地区广播局有一套电视发射台和一套中波广播节目，用于发送电报、广播、电视信息。

20世纪80年代末到90年代初，淮阴市无线电事业的发展进入第一个高潮期。无线电频率逐渐被人们所认识，无线电台发展迅速。在有线电话还不普及的时代，民用无线对讲机由于具有方便、快捷和可移动的优势，被不少单位使用，市税务局、市卫生局等单位由于工作需要，纷纷申请设置中转台、车载台，为员工配备对讲机。1993年，《中华人民共和国无线电管理条例》出台，同时确立国家、省二级管理体制，将无线电管理机构的职能法规化。淮阴市无线电管理委员会作为江苏省无线电管理委员会的派出机构正式履行职能。

2007年4月，淮安市无线电管理委员会整建制划归市信息产业局。至2008年，淮安市通信业务类型包括微波接力通信系统、无线接入通信系统、公众移动通信系统、集群通信系统、超短波通信系统、无线电数据通信系统、卫星固定业务、水上移动业务、广播业务、气象辅助业务、业余业务等，涉及电信、民航、气象、交通、广电、公安、商场、超市等各行各业。全市有各类无线电发射设备190多万部，各类无线电台站7816部，其中超短波固定台10部，350兆赫集群基站14个，各类超短波移动电台2294部，短波固定电台6部，230兆赫数传电台439部，各类业余电台147部，广播电视电台61部，船舶电台29部，卫星固定地球站5个，微波台站35个，公众网基站4776个，移动、联通、电信3大运营商用户终端数180多万部。

二、台站管理

1993年以后，淮阴市无线电管理部门严格依照《中华人民共和国无线电管理条例》《江苏省无线电管理条例》有关规定，做好无线台站的设置、封存和报废手续办理，并通过媒体及时将相关信息向社会公布。

2007年，淮安市成立无线电台（站）清理登记领导小组及工作小组，召开重点设台单位清理登记工作会议、县（区）主管部门工作会议，举办设台单位负责人和资料录入人员培训班。安排专门人员分片、分系统上门核查，做到人机见面，完成国家新表上报和纸质资料，完成国家新表、省数据库的对应修改，对47家设台单位以及7753部业余电台（站）进行清理登记，换发到期电台执照3个，新设电台101部，增设电台634部，撤销电台27部，报停电台1部，恢复电台1部，收回频点23个，查处9起不明信号，排除1起干扰。

2008年，全市检测无线电发射设备798部，其中检测新设台站设备211部，新设台站检测率100%。通过集中检查、查处不明信号、随机抽查相结合的方式，重点清理整顿违规设置使用调频对讲机、业余电台和水上无线电台站，开展行政执法27次，结案4起，结案率100%，遏制盗用频率、乱设台站、擅自组网、擅自加大发射功率等违法违规行为。对富士康淮安科技城、民航淮安涟水机场、盐化工业园、高教园区、淮钢集团、市会展中心等10个项目开展无线电频率需求调查，为其设台提供服务。是年，全省无线电台（站）数据清理登记工作会议在淮安市召开，淮安市相关工作在会上受到表彰。

三、执法监测

自2001年起，淮安市针对通信市场销售大功率标准无绳电话等假冒伪劣产品以及非法销售和使用公众对讲机等违法活动日益严重的情况，开展集中整顿行动。2002年10月，淮安市集中3天，开展船舶电台岸台水上频率使用情况执法检查和规费征收等。2007年，市信息产业局与广电局密切配合，对全市范围内的调频广播电台进行专项整顿，共计检查23个台站。截至2008年，累计没收大功率无绳电话机32部、公众对讲机26部、电脑2台、手机屏蔽器1部、电台配套电源11个、配件若干，查处擅自设置无线电台案件3起。

市无线电管理部门每年为全国“两会”、淮安·中国淮扬菜美食文化节、中国盱眙龙虾节、洪泽湖水上运动会、金湖荷花节、市科技洽谈会、江苏省二级建造师考试、研究生入学考试、公务员招录考试、高考、中考等重大活动提供无线电技术保障。2008年，在全国研究生考试反无线电作弊监测中，抓获2批5人次的作弊团伙，缴获电脑2台、对讲机4部、作弊耳机1套，为全省第一个监测发现作弊并查获作案工具的单位。

2007—2008年，建成固定监测系统，完成监测机房的改造，建成并运行盱眙县、涟水县、楚州区、淮安涟水机场4座小型监测站，采购2部车载台、8台对讲机、6台监测用便携式及台式电脑，改造无线电科普基地，初步建成固定监测网络。2008年5月12日四川汶川特大地震发生后，加强对地震短波台的电磁环境监测。全年受理和监测排查各类无线电有害干扰20多起。年固定监测6300小时、移动监测400小时，完成小型站监测6000小时、重点频率保障监测3500小时。

第四章 中国电信淮安分公司

第一节 机 构

1998年10月，淮阴电信局从淮阴邮电局分设成立，设有综合办公室、监察审计室、人力资源部、计划财务部、市场经营部、运行维护部、通信建设部、党群工作办公室8个管理机构，设有网管中心、多媒体通信科、交换维护中心、动力维护公司、障碍受理中心、机线维护公司、长途线务站、传输中心、现代通信展示中心、公用电话公司、客户营业科、营业会计科、号线管理科、装机公司、大客户服务科、计算机管理中心、郊区通信科、客户服务中心18个生产机构，以及其他机构3个、多种经营企业6家，有职工587人，辖金湖、盱眙、洪泽、涟水、淮安、淮阴6个县（市）电信局。

2000年5月，电信行业实行政企分开的管理体制。设立中国电信集团江苏电信公司淮阴分公司，原淮阴电信局名称仍保留。同年9月，增设安全保卫部、法律法规事务部、人力资源服务中心，均为管理机构。2001年3月，淮阴电信分公司更名为淮安电信分公司，原县级淮安市电信局更名为楚州区电信局，原淮阴县电信局更名为淮阴区电信局。同年5月，为适应市县（区）一体化管理工作的需要，成立工程科、规划科、账务室。其中，工程科、规划科隶属通信建设部，账务室隶属计划财务部。同年9月，成立互联互通服务部，挂靠市场经营部。同年11月，成立物资管理部；同月，撤销后勤服务中心，成立接入网维护中心，隶属运行维护部。

图9-2 淮安电信分公司大楼（2006年）
淮安电信分公司 供

2002年2月，撤销营销服务科，成立无线市话公司、多媒体经营中心、语音信息公司。是年6月，成立淮安电信实业有限公司。同月，根据薪酬制度改革的要求，按照精简高效的原则，对机构进行调整。公司设有10个管理机构，即综合办公室、监察审计室、计划财务部、市场经营部、运行维护部、通信建设部、人力资源部、法律事务部、安全保卫部、党群工作办公室；设置16个生产机构，即多媒体维护中心、多媒体经营中心、集团客户部、客户服务中心、电信营业科、市话机线科、公用电话公司、无线市话公司、语音信息公司、郊区分局、计算机计费中心、长途线务站、交换传输维护中心、动力维护中心、障碍受理中心、接入网维护中心；撤销通信展示中心、史志档案室、离退休人员服务中心、账务室、计算机管理中心、网管中心、工程科、规划科、物资管理部9个机构，其职责归并相关部门。

2003年4月，成立江苏省电信有限公司淮安分公司，相当于存续公司。同年7月，淮安本地网业务和管理进行流程重组，对前端、后端和支撑部门的机构作出调整。2004年6月，淮安电信实业有限公司并入淮安电信分公司。

至2008年年末，淮安电信分公司设有前端部门机构11个，即ICT业务中心、10000服务中心、号码百事通信息服务中心、公众客户部、政企客户部、开发区分局、计算机中心、计费中心、市场拓展部、公用电话部、清浦分局；设有后端部门机构8个，即线路维护中心、网络部、VIP保障中心、网络维护中心、综合调度中心、客响中心、无线市话中心、网络监控中心；设有管控部门机构10个，即人力资源部、审计室、安全保卫部、资源调配建设中心、计划财务部、监察室、工会办公室、综合管理部、党群工作部、发展规划部。有员工1221人，其中市公司526人。

第二节　网　络

1978年以后，淮安市电信通信网络经历从人工到自动、从模拟到数字，从铁线、铝线、铜线到光纤，从有线到无线，从固定电话到移动电话，从语音到数据、图像等多层次的演变，陆续建有程控交换网、光纤数字传输网、数据通信网、多媒体互联网、无线寻呼网、移动通信网等通信网络，网络规模和容量急剧扩大，网络结构不断优化和调整，网络质量不断提升，新技术、新业务应用层出不穷，为淮安市信息化发展作出贡献。

一、电话交换网

（一）长途电话网

1.主要设备

1983年2月，淮阴市开通CT-58型长途交换机，有中继电路80条。

1992年8月，淮阴邮电局引进AXE-10 2500线长途交换设备。

1993年7月，AXE-10数字程控长途交换机扩容3000线，长途机房增加6个机架。其中，选组级扩容5.5K，共3个机架；中继架1架，包括长途中继系统152个，7号信号中继系统80个；另有2个公共信道信令机架，包括160套收发码及10个7号信令终端。扩容TSM0.5K，增加7号信令中继系统32个，与LS34局之间增加7号信令中继10个，淮阴市长途程控交换机总容量达到6500线。至1994年9月，自动长途电路实开234路端，其中自动去话1177路端、自动来话1168路端。

1994年11月，淮阴市长途人工交换使用JT02系列设备，实开人工长途电路83路端，所辖各县（市）的长途人工交换设备拆除，人工长途交换全部集中到淮阴市人工长途台。淮阴市人工长途交换机与淮阴市各电话局之间的出入中继全部经34分局汇接。当年淮阴市邮电局利用瑞典政府贷款对TS1局进行扩容，在原有长途6500路端基础上扩容3500路端，成为10000路端长途自动局。1996年10月，淮阴市邮电局新建第二个自动长话局TS2，设备型号S-1240，能开通长途电路4000路端。

2005年11月，利用经省电信公司调配的苏州常熟AXE-10212/30型高集成度设备对TS1进行更换改造，容量由10000路端增加到28000路端。

2.网络组织

2000年前，淮阴市有2个长途交换机局。一个设在淮海北路淮海广场通信枢纽楼的第5层，安装有ERICSSON（爱立信）公司生产的AXE-10型长途电话交换设备10000路端，2005年TS1经过更换改造，改建在淮海广场通信枢纽楼的第4层。另一个设在健康东路水渡分局通信楼3楼，设备为上海贝尔S-1240型长途电话交换设备4000路端。

长—市中继通过独立汇接局（MS）转接到每个市话端局，以疏通每个电话用户的长途话务量。长—长中继以双点互联的方式接到省内每个地市长途局，部分外省城市（上海、合肥）采用直达长途中继疏通长途话务，其余全部经过南京进行长途话务转接。

（二）市内电话网

1.主要设备

1979年4月，扩装C-1型供电式总机600门/5席，电话总机容量为1200门。

1980年，经过2次扩容，电话总机容量为2040门。至1982年年末，实际装机用户1643门，实装率为80.5%；市区用户建装小交换机47部，总容量3280门，实装分机1908门，接入邮电局中继线的总机97条。至1985年，淮海北路30号淮海广场通信枢纽大楼建成，新增市内电话2340门，用户小交换机52户。至当年年末，淮海广场通信枢纽大楼开通4000门纵横制交换机自动电话，规划局总容量8000门，淮阴县市话纵横制1000门作为一个分局纳入市话网。1987年，淮阴县王营分局交换机扩容1000门。1988年，淮海广场分局纵横制交换机扩容2000门，容量达到6000门。

1991年4月，淮阴市第一期引进AXE-10数字程控交换机正式投产，改变通信手段落后的状况，是全市通信数字化的起点。1992年8月，淮阴邮电局第二期引进AXE-10程控市话交换设备14000门及2500线长途交换设备。同年9月，引入AXE-10模块局（RSS）2000门，以解决设备严重不足之需。1993年，市话LS又扩容4000门，长途TS1又扩容2500线。1994年7月，市区新建南门市话分局，设备制式为S-1240数字程控交换机，电话容量1.6万门，局号为36#、37#。同月，为贯彻邮电部关于本地电话网维护体制改要求，淮阴邮电局进行程控交换机集中维护管理改革，逐步实现交换、传输设备的集中监控、集中维护、集中管理，提升电信网维护和管理水平，提高全网运行效益。同年10月，淮阴邮电局淮海广场综合楼AXE-10（20G11）系统扩容，在原有容量16000门（局号为33#、32#）的基础上新扩14000门，新增局号为32#、31#。淮海广场分局市话总容量达30000门，进一步扩大、完善市内自动电话网，提升淮阴市的通信现代化水平。1995年8月，淮阴市电话号码由6位升至7位。1999年12月，新建西门子GW1关口局，总容量12000线，负责疏通与移动公司移动电话之间的网间话务。

2000年4月，对LS393、LS394市话分局交换设备及模块局进行扩建，LS393市话分局ISDN同步扩容，增加64个2B+D接口；对北京路市话分局机房扩容4000线爱立信模块；LS394市话分局增加来话显示功能。同年9月，淮阴电信局在开发区分局新建西门子交换设备1套，其中用户10000线，中继系统204个，2B+D端口256个。2003年12月，淮安电信分公司对市区交换设备进行扩容，对郊区13个接入网点的设备进行更新和扩容，共扩容9016线设备，其中严集、汕头、徐扬村以及姚湾均改为模块局。北京路分局扩容2个机架，共2048线S-1240交换设备。2004年2月，根据全省统一安排，在13个分公司各新建1个ZXJ10端局，用于地方部队的专网通信，淮安ZXJ10端局设在市区健康东路1号电信大厦9楼。

2006年6月，软交换（NGN）登陆淮安市，标志着电话业务IP化时代的开始。在淮海广场通信枢纽楼4楼新建1台中继网关TG（UMG8900），初期中继数量为96个2M。2008年，省电信公司控制窄带交换设备的采购，淮安本地网根据设备利用率情况开展网络设备资源的调配工作，当年调配窄带设备近1万线。

2.网络演进

截至1996年10月，淮阴市电话网采用综合汇接局和端局二级网络组织方式。将淮海广场394端局作为综合汇接局，另设有若干个市话端局，各市话端局分别接到394#综合汇接局上。所辖各县（市）也都设有自己的区域综合汇接局（淮阴县492#，县级淮安市591#，金湖县688#，盱眙县821#，洪泽县722#，涟水县232#，泗阳县521#，泗洪县622#，宿迁县421#，沭阳县355#，灌南县822#）和电话端局，各电话端局均分别接到各县的综合汇接局上。

原淮阴市电话网有2个自动长话区号“0517”和“0527”，其中淮阴市区、淮阴县、县级淮安市、金湖县、盱眙县、洪泽县和涟水县的电话用户使用“0517”，泗阳县、泗洪县、宿迁县、沭阳县和灌南县的电话用户使用“0527”。“0517”区号范围内各县的综合汇接局分别与淮阴市区的394#综合汇接局相连接，“0527”区号范围内各县的综合汇接局分别与设在淮阴市区的自动长话局TS1相连接。“0517”区号范围内各县电话用户之间的呼叫均经394#综合汇接局疏通，“0517”区和“0527”区之间及“0527”区内各县电话用户之间的呼叫均经由自动长话局TS1疏通。

1996年1月，将淮阴市邮电局新开通的水渡375#市话局发展为市话综合汇接局，取代TS1汇接功能，淮阴市内形成394#和375#两个市话综合汇接局，采用分区来、去话汇接的方式疏通市内各电话局之间的话务量。当年因行政区划调整，通信网络相应进行调整，淮阴市保留“0517”区号，宿迁市采用“0527”区号。

2003年6月，淮安市新建2个独立综合汇接局，淮安本地网以2个独立综合汇接局为中心，以“来话双路由、去话全覆盖方式”覆盖全市6个县（区）共34个端局，通过2个TS、NGN与长途网接口，通过2个GW与其他运营商接口。全网有EWSD、S1240、AXE10、CC08、ZXJ10、DMS100、5ESS7种交换机型。2005年12月，淮安本地网又引入2个SHLR（业务属性数据寄存器）与2个MS相联。SHLR与2个汇接局各开1个2M信令链路和8条64K信令链路，首选64K信令链路，次选2M信令链路。端局的所有呼叫由汇接局触发上SHLR。

2007年3月，实现SHLR融合PHS（无线市话）。同年8月18日，淮安本地网电话升至8位。2008年，SHLR除与MS开有链路外，还与PHS开有2条2M信令链路；与每个LSTP（低级信令转换节点）各开有2条64K链路；与无锡短信平台开有4条64K链路。SHLR与PHS融合后，小灵通的漫游信令由LSTP转接、短信由SHLR与短信平台链路交互、PHS与SHLR进行交互进行数据查询。

截至2008年年末，在SHLR上实现的业务有集中停复话、网络传真、电子售卡鉴权及权限控制、被叫彩铃、小灵通改号、被叫提醒、同振、公务电话呼叫限制168等字冠、网络传真业务、移机不改号业务、16306福体彩鉴权及权限控制、主叫彩铃、校园网96998优惠，以及一号双机业务、小灵通公话业务、电信公务通业务、公安监控、主叫彩铃、企业总机、跨局虚拟网、公话亲情热线，IVPN业务、协同通信等智能业务。

3.电话接入网设备

淮安接入网点于1997年开始建设并投入使用，主要设备为华为HONET-512，包括设备电源、传输、交换一体化机柜、中兴ZXONU-II的交换接入设备。后期采用程控交换远端模块方式。电话接入网的传输有3种，分别是采用接入网设备内置的SDH（同步数字体系）传输，形成环网保护；部分接入网点的传输设备采用PDH（准同步数字体系），未形成保护环网；后期新建接入网点的传输设备采用外置SDH，形成保护环网。

淮安市ONU（光网络单元）的部署，采用FTTH（光纤到户）建设模式时，ONU在用户放装时配备；采用FTTB（光纤到楼）建设模式时，采用“每单元”模式，规模控制在32户以下，ONU至家庭内信息点的五类线长度控制在90米以内。ONU（光网络单元）设备的安放利用建筑楼内综合布线系统，一般安装在楼内的设备间、楼道或弱电井内。在EPON（以太网无源光网络）技术引入后，综合调度系统、综合告警系统等OSS系统（操作支持系统）可对EPON网络进行性能监测、故障定位及处理，BSS系统（基站子系统）增加相应的业务受理、资源占用和自动开通的功能。

2008年开始，淮安市主要以EPON为主，当年建有EPON接入点121个1936线，主要分布在主城区的别墅区和少数高档小区。

4.交换机

用户交换机 早期，市内大的集团单位均建有自己的用户小交换机，通过模拟或数字中继电路与淮阴电信局的电话网互联，解决客户内部电话通信需求。2000年3月，市政府用户交换机拆除改造为淮阴电信局的一个模块局，拉开集团客户用户交换机拆除改电信虚拟网的序幕。截至2005年，除个别单位跨地区专网外，其他单位的用户交换机基本改造完毕。

用户虚拟网 随着计算机技术、多媒体技术飞速发展，电信网中原有单纯提供话音业务的交换设备远远不能满足用户需求。C&C08数字程控交换机的虚拟小交换机（即CENTREX）综合N-ISDN（窄带综合业务数字网）、IN（智能网）等业务功能，为商业网用户提供综合优质的服务。CENIREX业务是指在市话交换机上将部分用户划分为一个基本用户群，组成虚拟的PABX（小交换机群），并为用户提供PABX的业务功能，同时这些用户还具有一些特有的电信服务功能，适用于厂矿企业、院校、医院、政府机关、集团公司、宾馆、酒店、金融机构等，满足其办公、生产、经营、服务等通信需求。

至2008年，淮安市内许多单位将落后的小交换机进行拆除改造，转而使用电信CENIREX业务，节省建设、维护等方面成本。

商务平台 淮安电信分公司于2002年、2003年分别在水渡口电信大厦9楼、淮海广场电信枢纽楼4楼建成C&C08数字程控商务集团交换机（母局），并在很多单位和区域建设模块局和接入点，满足大客户的通信需求。

2004年1月，华为商务集团用户网交换设备扩容4032线，包括模块局设备SMII3008线、接入设备RIMF02A-U1024线。模块局设备SMII包括新建李集村1504线、淮海广场扩容992线、城西模块局扩容512线。接入设备RIMF02A-U包括奥林大厦256线、淮阴工学院扩容756线。同年7月，为提高淮安商务网华为128模交换机运行的可靠性，对华为2套128模交换机的SM2模块分别增加后门中继。引入后门中继后，星型结构网络演变为网状网络。

5.公用电话

淮安市早期的公用电话由长途代办和很少几部收费的公用电话组成。1988年，在淮阴市长途汽车站安装投币电话。1993年，无人值守公用电话磁卡电话机投入使用。磁卡电话机机械结构复杂，极易出现故障，磁头和读卡器非常容易毁坏。磁式电话卡防伪性能差，缺少完善的集中管理系统，费率更改相当困难，成本较高。1995年，使用扬州电信工业公司生产的公用电话计价器和淮阴师范专科学校生产的计价器，有人值守公用电话实现实时计费。1997年，引入南京康奇电子计价器，开始大规模发展有人值守公用电话。2002年1月，磁卡机更换成IC卡电话机，磁卡机逐步拆除。

2003年9月，为加大公话业务管理力度，全面实现对公话终端的可使用、可控制、可分析、可管理，省电信公司统一新建一套江苏省公话综合分析管理系统，分别设立1个省级分析管理系统中心和13个本地采集点，将省、市两级相关公话管理系统纳入该分析系统进行统一管理。该工程中，淮安新增主机设备通过10/100M以太网电路与DCN（数据通信网络）网络HUB（集线器）相连，接入DCN，实现本系统及与其他系统的连接。是年，江苏省依据每月话务量将13个地市划分为A、B、C类，淮安市月话务量500万～2000万张，与扬州市、常州市等其他4个本地网一起被划为B类地区。纳入管理的省级公话管理系统包括省级IC卡公话管理系统、省级多媒体公话管理系统；本地网公话管理系统包括本地级IC卡公话管理系统、地级多媒体公话管理系统、有人值守公话管理系统、公话超市管理系统、投币公话管理系统等。

2004年，淮安市开始使用998智能公话。

（三）信令网

1994年年初，全国一级干线电话网七号信令网开始建设。淮阴市七号信令网的建设与全国一级干线电话网七号信令网工程相衔接。同年，引入一对DMS-STP低级信令转接点设备（LSTP），分别安装在淮海广场通信楼3楼和水渡口通信楼4楼机房，每一个LSTP（低级信令转接点）的容量为108条信令链路，满足规划至2000年年底的能力需求。

淮阴市七号信令网符合三级组网结构。市（农）话局、TS局、MSC局、特种业务中心以及县级淮安市591MLS局、淮阴县492MLS局、洪泽县722MLS局、盱眙县821MLS局、金湖县688MLS局、涟水县232MLS局、县级宿迁市421MLS局、灌南县822MLS局、沭阳县355MLS局、泗阳县521MLS局、泗洪县622MLS局均作为SP点设A链路接入LSTP对，且淮阴市的LSTP对与南京市的HSTP对设立D链路连通。

1996年，江苏省七号信令网网管系统建成投产，用于对SP、STP和各接点间的信令链路的管理。该网管系统不包含对MUX、DXC的集中管理，对于MUX、DXC的管理仍采用当地设监控终端。省级七号信令网网管系统选用加拿大北方电讯公司的产品。

1998年6月，为保证七号信令网的安全可靠运行，保证全网的集中监控，淮阴市2个LSTP局各配置2509路由器一台，LSTP2（水渡）还配置ASM-40一台，每个LSTP局提供4个RS-232标准I/O接口，其中1个I/O接口作为OM报告口、1个I/O接口作为LOG报告口、2个I/O接口作为操作口使用，省中心通过网络及局新增设备可对LSTP进行实时监控和性能统计分析。

2004年8月，淮安市七号信令网设备三期扩容，解决承载的信令负荷量不断增大问题。

截至2008年，淮安本地网共有1对北电LSTP，与本地网内2万门以上端局、GW、MS、TS、小灵通核心设备和智能平台、SHLR通过A-LINK相连，构成本地七号信令网中准直联网部分；与南京HSTP开设D-LINK，疏通长途网、省智能网信令；有9个端局容量较小（与汇接局分别开设2条F-LINK），除LSTP资源紧张未开通A-LINK外，其他端局都与LSTPA、B各开有2条A-LINK，疏通端局与汇接局间信令，5万门以上端局还与汇接局开设F-LINK作为备用；独立汇接局与关口局、TS、小灵通间均采用A+F信令路由方式。

（四）电话智能网

1.省智能网

1994年，淮阴市采用智能而非语音平台方式开放200业务。设置一个SSP在南京市，省内其余各地市本地网通过各自出本地汇接局经单向去话中继与南京智能平台的业务交换点SSP直接相连。200业务出售卡和对持卡人的售后服务，由业务管理系统（SMS）向省内各本地网放出远程综合服务系统完成。江苏省除南京8套，苏州、无锡、常州各2套外，其余各地市分别设置一套远程综合服务系统。1997年，淮阴市完成SSP建设工作，工程完成后开放ACC、AFP、VPN和WAC业务。

2.本地智能网

2003年，淮安市本地智能网投产。该智能网采用华为智能网平台，建有一个SMCP系统和一个业务交换点SSAP。SMCP与SSAP在同一个机房，该机房内有HUB，SMCP通过该HUB与SSAP

相连。

2005年，新建一套中兴智能网设备。主要由SSP/SIU、SCP/SMP、FSK后台服务器、综合接口机、统一充值接口机、IVPN业务接口机等硬件组成。其中，SSP为中兴ZXIN10交换机，SCP使用两台HPrp3440小型机组成，一主一备，操作系统为HPUNIX，数据库使用SYBASE，外接4个磁盘阵列。

至2008年，淮安本地智能网有中兴智能网设备和华为智能网设备各一套。本地智能网SCP、MS1/SSP位于淮海广场电信枢纽楼，MS2/SSP位于水渡口电信大厦机房。中兴智能网承载的业务主要有36946智能公话业务、本地广域虚拟网业务、小灵通虚拟网业务和11803被叫付费业务；华为智能网主要承载的业务有96998卡号业务、36946智能公话业务和固定预付费业务。此外，本地WAC业务由中兴智能平台实现大小号转换，固话通过端局前插接入码实现，小灵通通过HLR签约实现。

（五）无线市话网

2001年6月，淮安本地网开始无线市话网建设，采用朗讯公司的PHS系统，由5ESS交换机和PHS基站共同组成。同年9月1日，正式在市区范围内开放小灵通业务。

2001年11月到2003年6月底，为全市无线市话网络初步建设阶段，覆盖淮安市区大部分城区和淮阴区城区。基站数450个，信道数2050个，覆盖面积25平方公里，覆盖人口35万人，网络容量26650户（13户/每信道）。

2003年7月1日，淮安市小灵通正式联网开通，基站到达数1252个，信道到达数7432个，覆盖面积128平方公里，覆盖人口80万人，网络容量到达数96616户。小灵通短信等增值业务对外开放，实现市县联网，扩展无线市话网络规模和覆盖面。

2003年8月到12月底，为淮安市无线市话网络优化阶段。当年新增基站533个，基站总数1805个，信道总数10347个，网络容量总数为134511户。

从2004年开始，为淮安市乡镇全覆盖及无线市话网络深度优化阶段。2004年1月底至2004年8月，新增基站1100个，基站总数2905个。信道总数13439个，覆盖面积230平方公里，覆盖人口约150万人。网络容量总数20万户。2004年9月至2005年1月，新建基站1410个，基站总数4315个，信道总数21065，覆盖面积568平方公里，覆盖人口195万人，网络容量总数为24万户。

2005年3月，新建标准型RAIU远端模块6个，新增8信道500MW室外型CS510三洋基站152个，新增信道数1216个，新增ISDN（综合业务数字网）用户板1261块，新增PSC市话出局中继线840条，新增PAIU至PSC中继线1320条，新增超级无绳用户1000个和10万个短信用户。新增基站网管系统超级通讯终端SCT 1台，并将朗讯的基站管理系统升级为CSMS6.0，对全市PHS系统的基站进行管理，简化网络结构，提高系统可靠性，满足市场发展需要，提高网络PHS的容量和网络服务质量。

同年，在淮海广场电信分局5楼无线市话主机房安装无线市话系统交换模块SM2架，新增PSC至市话出局中继线1140条。新建标准型RAIU远端模块2架（分别安装在淮海广场电信枢纽楼5楼无线市话机房和水渡分局电信大楼3楼机房），新增RAIU至PSC中继线2460条。新增8信道500MW室外型CS510三洋基站191个，新增京瓷7信道CS500M基站100个，基站到达数4828个。新增信道数1904个，信道总数26458个。新增ISDN用户板124块。新增5万个短信用户的权限，短信用户数达40万户。

至2005年年底，淮安电信本地网PHS网络经过11次扩容，形成覆盖全市各乡镇的无线市话网络，小灵通网络质量得到很大提高，PHS业务飞速发展。淮安市小灵通在网运行基站数5026个，信道总数25907个，无线市话用户36万户。

此后，淮安电信分公司继续组织实施扩容工程，深度优化网络结构，主要利用20米高塔进行覆盖，并兼顾已覆盖的道路，保证主要道路的覆盖效果。全市新增紧缩CRAIU 20台，新增基站300个，新增信道数1975个，新增用户25675户，增加覆盖面积100平方公里，提高网络通信质量，扩大城区和郊区人口密集区域的覆盖面。

（六）无线寻呼系统

1987年年初，淮阴邮电局开始筹建无线寻呼系统。1987年5月1日，正式开通人工数字寻呼系统。该系统使用的工作频率是152.65兆赫，信号速率为512比特/秒，初期建设1个发射基站，另建有其他设备如寻呼中继机、操作终端各2部，配备2个台席，系统容量为1000户，用户寻呼号码为3位，寻呼台人工接入码为普通5位电话号码。

1993年起，不断进行设备改造和扩容。在开通中文寻呼后，用户号码由3位升至5位，统一采用“126”为业务接入号。1995年2月，淮阴同播区服务范围覆盖淮阴市区及淮阴县、县级淮安市、泗阳县、金湖县、盱眙县、洪泽县、涟水县、泗洪县、县级宿迁市、沭阳县、灌南县，系统总容量10万用户，信道容量为5万用户，人工台设备11套，号码由5位升至7位。淮阴同播区设无线寻呼区域控制中心设备1套，建有12套4频点无线寻呼基站，其中淮阴市局1套，县级淮安市、淮阴县、泗阳县、金湖县、盱眙县、洪泽县、涟水县、泗洪县、县级宿迁市、沭阳县、灌南县各1套。

1996年，实现全省寻呼网络联网，数字中继E1数达到10个，采用6对用户线连至市话汇接局，以给定的连选电话号码方式实现对语音信箱访问。设置24个人工座席，每个坐席通过电话线连至PSTN（公共交换电话网络），提供人工接入服务。寻呼接入号统一采用126（本地人工台）、127（本地自动台）、128（省联网人工台）、129（省联网自动台）。1997年4月，淮阴无线寻呼本地网扩容更新人工台OAP设备1套，系统终端3套，座席17个，总容量50万用户。

1998年7月，邮电寻呼本地网126、127和省网128、129整体制剥离，划归江苏省国信寻呼通信有限公司淮阴分公司（后并入联通公司），电信不再经营寻呼业务。

（七）模拟和GSM移动电话网

1992年年末，淮阴市移动电话网络调测开通，当时只建设1个基站，下挂在徐州MSC（移动交换中心）下。1993年5月，淮阴市移动电话系统正式投入商用。淮阴市移动通信网建有900兆赫蜂窝移动电话2个系统，900兆赫数字移动电话系统1个。900兆赫移动电话A网系统为美国摩托罗拉公司生产的EMX-500型数字程控交换设备和相应的基站设备。A网的MSC安装在淮海北路电信大楼8楼，有280多个无线信道。900兆赫移动电话B网系统为瑞典爱立信公司生产的AXE-10型数字程控交换设备所配置的中央处理机APZ-211C型，其处理能力为BHCA（忙时试呼）150000次/小时。相应的基站设备安装在淮海北路电信大楼8楼，下设34个基站，开放536个无线信道（包括控制信道和话音信道）。900兆赫GSM数字移动电话系统为上海贝尔阿尔卡特移动通信有限公司的产品，该系统于1996年7月开通，开有48个基站，978个无线信道，可容纳27000多个用户。

A网、B网、G网的交换设备（MSC）分别以低呼损直达中继电路与PSTN网内的自动长话局TS1和市话综合汇接局394局及各县城综合汇接局相连通，以实现移动网与公众网的自动联网。B网、G网的MSC设备还与设在南京、无锡等地的TMSC、MSC设有直达中继电路，以实现江苏省内的移动通信联网及与其他城市的自动漫游。

1998年5月，淮阴市邮电局移动通信相关的人员、财务、网络设备及业务与邮电局全面剥离，归属中国移动通信有限公司。

1.第一代模拟移动通信（A、B网）

A网——美国摩托罗拉移动通信系统。1992年12月，淮阴移动通信A网开通，建设1个基站，下挂徐州A网摩托罗拉MSC。1993年11月，移动通信网工程新建1个交换局（设在淮海广场通信楼8楼）、10个基站和改造1个基站，总计110个话音信道。1994年，淮阴市移动通信A网二期扩容，涉及淮阴市及所辖的10个县（市）共建11个基站，淮阴市区建设摩托罗拉公司X-500移动交换机1套，其中市区基站在一期工程1个话音信道的基础上扩48个话音信道；县级淮安市、金湖县、盱眙县、县级宿迁市、泗阳县、沭阳县基站为18个话音信道，涟水县、灌南县、泗洪县、洪泽县基站为8个话音信道。1996年10月，江苏省模拟移动通信A网四期扩容，淮阴市基站无线设备安装单项工程包括3个扩容基站，共配置124个无线话音信道，扩容后可容纳2745个移动用户。1997年12月，江苏省移动通信A网五期扩容淮阴交换区安装基站收发信机架5架，壁挂式配线架2架，模块电源架2架，蓄电池2组，天馈线11套。淮阴市共新建基站2个，增加话音信道46个，话音信道总数达288个。

B网——瑞典爱立信移动通信系统。1995年8月，淮阴移动通信B网开通，为瑞典爱立信公司生产的AXE-10型数字程控交换机及基站设备，移动交换机（MSC）安装在淮海广场通信大楼8楼机房中，初期建设13个基站，1996年2月扩容到121个无线信道，实装用户2000户。1996年10月，淮阴市邮电局在移动通信B网交换机上增加设备，同时新建21个基站，使无线信道数由原来136个增加到536个（包括控制信道和话音信道），可为1.06万户移动用户提供通信服务。1997年11月，江苏省移动通信B网三期扩容淮阴交换区安装基站收发信机架6架、接口架（ERI）2架，共新建基站2个，增加话音信道48个。

2.第二代数字移动通信（G网）

江苏省GSM移动通网3个基站控制器分别设置在南京市、扬州市和淮阴市。淮阴基站控制器控制6个基地站、45个载波、324个话音信道。淮阴900兆赫GSM数字移动电话系统为上海贝尔阿尔卡特移动通信有限公司生产的基站设备，初期建设有1个无线基站控制器BSC，1个基站，8个载频。淮阴GSM数字移动通信网扩容，新建一个移动电话交换中心、扩建1个基站、新建47个基站及附属的电源、传输等配套设备。其中，1996年4月建设移动电话交换设备，BSC及27个基站（1个扩建站，26个新建站）；10月，新建基站21个。1997年12月，江苏省移动通信G网二期扩容，淮阴交换区新建19个基站，扩容19个基站，增加话音信道数387个，累计话音信道数达1003个，淮阴交换区G网覆盖面扩大，用户通话难的矛盾缓解，用户通话质量改善。

（八）CDMA无线网络

2001年6月，淮安市CDMA网络由中国联通公司开始初期的投资建设，采用瑞典爱立信CDMA网络系统，初期建设开通2个基站，下挂扬州BSC，当年网络即投入使用，正式开始商用放号。2001—2005年，随着CDMA用户规模和网络的不断发展，通过4期扩容，站点数达到256个，用户数约5万户。

2007年，中国联通选定采用中兴公司的CDMA系统替换逐步老化的爱立信设备。2008年1月，完成全部256个站点的替换工作，并新建BSC设备2套，其中BSC1汇聚市区、淮阴区、楚州区、涟水县站点，BSC2汇聚洪泽县、金湖县、盱眙县站点。同年10月，联通交割的CDMA网络主要运行在联通环境下，为实现独立自主运营，淮安电信开展核心侧和无线侧网络割接工作。

（九）业务支撑管理系统

1.“112”自动受理与自动测试系统

2000年1月，淮阴市建成本地网“112”自动受理与自动测试系统。本地网只有一个“112”

受理中心，测试部分分散在各个交换局，现场处理部分遍布本地网内的所有测试点和有关查修部门。该系统中心受理部分采用全机备用系统，共有60话路，能满足50万门用户的障碍受理查询。

同年10月，淮阴本地网“112系统”向郊县局延伸，为淮阴电信局112系统二期工程，同时也是全省统一规划建设的“112系统”工程的一部分。完成本地网所有S1240、AXE-10、EWSD、华为接入网、中兴接入网机型接入“112系统”并实现自动测试。本着经济实用的原则，全部采用仿真测试方式，工程完工后，实现全市90%以上交换局（含模块，接入网）自动测试。此外，为改变原来“112系统”只能通过数字寻呼进行派工的局限性，在二期工程中，实现中文寻呼派工功能。

2.动力设备及环境集中监控系统

1998年12月，淮阴电信局动力设备及环境集中监控系统建成投产。该动环监控系统为爱默生公司的产品，采用二级结构，即1个中心（SC）、10个局（SU）。中心建在淮海广场枢纽通信楼2楼，10个端局分别为广场枢纽楼、水渡分局、北京路分局、南门分局、城南分局、钵池模块局、武墩模块局、黄码模块局、和平模块局、盐河模块局，其中5个端局监控量为图象与数据，5个模块局仅有数据，总测点数4504个。后期进行7次扩容与优化，并向县电信局通信机房延伸。

3.计费结算系统

2000年1月，江苏电信PSTN（公共交换电话网络）侧综合接口局计费结算系统工程开始建设。全省13个地级市均新建电信PSTN侧综合接口局，作为各地PSTN与移动、联通等公司网络和话务互联互通的网关局。该接口局对电信PSTN与他网网间的呼叫进行详细话单记录，作为与其他网络运营公司之间结算的依据。

2001年3月，江苏电信本地计费账务系统一期工程开始建设，2002年6月全部完成。该系统覆盖全省13个本地网，每个本地网各有一套计费、账务平台，实现各本地网内长话局、网关局的联机采集，并为用户提供客户化综合账单与灵活、方便、多样的交费和查询方式。

2003年，江苏电信有限公司提出进行本地网计费账务系统扩容与工程建设。该工程通过增加本地计费账务系统主机的CPU、内存增强系统的处理能力，并通过增加硬盘和Cache增加系统的存储力和I/O速度，在各本地网增加1台RP5470作为渠道支持系统的主机，渠道支持系统与本地计费账务系统共用存储设备。当年11月，系统扩容完成并割接上线。

2006年10月，江苏电信有限公司开始规划与设计新版融合计费系统。2008年4月，全省13个本地网全部割接上线。新版融合计费系统在市场营销支撑、客户服务体验、收入保障、业务管控、落实内控制度、数据提供、系统维护与操作等方面有重大提升，并在2008年的C网承接工程中经受住考验，在全集团做到率先承接。新版融合计费系统首次提出“1+13”的概念，并实现全省一体化协同运营。

4.10000号客户服务中心系统

江苏省电信客户服务中心系统于1998年开始建设，2001年13个地级市均建成本地客服中心。淮安客户服务中心采用EXCEL交换机方式，统一开放业务咨询、话费话单查询、业务受理、障碍申告、用户投诉、用户密码管理、用户缴费提醒、主动呼出、外包等业务。

5.电信业务计算机综合管理系统

电信业务计算机综合管理系统又名“97”工程，包含营业受理、客户定单、配线配号、机线资源管理、“114”、号簿、计费、综合管理和查询9个子系统。淮阴邮电局“97”工程从1996年开始前期的技术准备和设计工作，陆续完成“114”查号子系统、建设计费子系统、“112”障碍处理子系统。在省电信局的统一部署下，选用南京邮电学院的营业系统（包括5个子系统：营业受理、客户定单、配线配号、机线资源管理、综合管理和查询），并在1997年10月与南京同创系统集成公司签订主网主机设备供应和集成合同。

淮阴邮电局“97”工程的主机选用2台HPK260小型机，运行HPMC/SERVICEGUARD成为互为备用的服务器族，各子系统都以此为数据库服务器。选用CISCO公司的2台高档交换机CATALYST5000和1台CATALYST1200为中心交换机，选用CISCO公司的高档路由器CISCO7507为主路由器。用FDDI光纤分布式数据处理网络技术连接以上7台主设备，构成水渡分局到淮海广场分局的单/多模物理环形城域100M的核心网。选用7台2501路由器，用E1和64KDDN热备用双路由连接到7507主路由器上，构成到南门分局和到6个县（市）局的支干网。网络建成后，通过合理划分子网和虚网可以连接市局对内服务的所有计算机，及部分县（市）局计算机。

6.BSS系统

在省电信公司统一部署下，由省电信公司企业信息化部、联创公司、淮安电信分公司联合组成项目组，采用省集中模式对淮安市话“97”系统、数据“97”系统进行改造和整合，并于2005年11月11日完成割接上线工作。BSS1.0具体功能包括全省统一的产品服务目录、CRM系统、服务开通系统、施工调度系统、资源管理系统、接口系统及ITSP规定基础架构平台。

7.DCN网

淮阴市DCN网于1994年开始建设，经过多次扩容，DCN网覆盖到所有县（市），部分地区伸至乡镇，于1998年建设完成。在网络层次上分为3级，分别为省到各地市的骨干网络（P-DCN）、各地市本地DAN（L-DNC）以及接入层。2000年11月，淮阴电信局节点在原有2台P-DCNCISC07507路由器上各新增1块155M/POS模块和1块2口100M以太网模块，以及1台网络安全管理PC机。

8.交换COMAS系统

2003年8月11日，淮安电信分公司交换COMAS系统、综合接口局网间话务分析系统工程建成，并通过测试。

9.银行卡电话付费系统

2002年1月，江苏电信银行卡电话付费系统省中心支付网关设备安装工程开始建设，当年投产。在省中心建设一个支付网关平台，作为省电信公司与银行及各业务单位的统一接口。省中心支付网关系统与本地接入系统和本地账务系统都通过省DCN相连。省中心与银行通过DDN专线连接，每家银行采用1条2兆专线，并用1条128千比特每秒 DDN链路作为备份。

二、电信传输网

（一）传输设备

1.长途传输

载波通信 1978年，淮阴地区通信使用SD12-A型明线12路晶体载波机，60路载波机二端，12路载波机12端，3路载波机17端，晶体六路载波机3端。1985年，淮阴市通信使用长途载波机43端，长途交换机32座席，电路384条。1990年，全市明线载波设备达到顶峰。南京3对、徐州（宿迁）2对、徐州（沭阳）1对、扬州（淮安）2对、连云港（灌南）2对、盐城（建湖）2对长途明线（铜线），每对开放3路、12路、高12路载波设备，南京方向有开到超高12路载波设备。1对明线最多开放长途电路40路。同时到下辖13个县（市）均有1对铜线线路，承载着各县（市）的长途出口电路。1993年，随着南京、徐州、扬州、连云港等方向的光缆和光通信设备使用后，明线载波电路逐步改为长途备用电路。1995年，明线载波设备全部退网。

微波通信 1985年前，淮阴市到省（南京）开通24路模拟微波。1988年，从邮电部电信总局买回（ET-49-J）50W无线发射机（包括备用设备），该设备的规定频率为152.650兆赫，接收机为

EX-2076型，安装在淮海广场通信大楼8楼，天线高度为51.5米。1989年春节前，利用南京—扬州段960路模拟微波设备，开通淮阴—盐城960路模拟微波系统。1996年，淮阴—盐城960路模拟微波系统退网。

光通信　1990年，新建淮阴—扬州140兆比特每秒PDH光通信系统，共1920话路。采用武汉邮科院研发生产的140兆比特每秒PDH光通信设备系统，是国内第一条商用的国产140兆比特每秒四次群PDH光通信系统。该系统设有县级淮安市及扬州市宝应县、高邮县、邵伯镇4个中继站。该通信系统的使用，标志着淮阴市进入数字通信时代。

1992年，建设淮阴—徐州、淮阴—连云港140兆比特每秒PDH光通信系统。设备引进的是NOKIA（诺基亚）设备。1993年年初，建设淮阴—南京、淮阴—扬州140兆比特每秒PDH光通信系统。设备引进的是SIEMENS（西门子）设备。1997年，建设淮阴—宿迁140兆比特每秒光通信工程（直达路由由淮阴转接）。

1997年8月，江苏省实施二级干线2.5吉比特每秒SDH光纤数字传输工程，淮阴市SDH光纤数字传输工程是江苏省传输通信网的重要组成部分。该工程用9个2.5吉比特每秒SDH二纤双向复用段保护环及南通至盐城1+12.5吉比特每秒线性保护，将江苏13个省辖市环型联网。设备安装工程与埋式光缆同步进行，光缆采用G652单模长波长光纤光缆，设备采用1550纳米工作波长传输。开通9个2.5吉比特每秒传输系统，苏北环（环1、环2）徐州—淮阴—盐城—连云港—徐州，全程797.13公里、5个数字段。同时配置相应网络管理、公务联络、时钟同步系统。

1999年3月，江苏省二级干线光纤数字传输网二期扩容，建成沿江七市（试验环）、三环系统（一期扩容）两个网络。因地理位置的重要性，淮阴市成为省内干线5个枢纽节点之一，承担苏北地区至苏中地区电路转接功能。1999年，江苏电信波分复用一系统建成投入使用，淮阴至宿迁、南京、扬州、盐城分别开320G，满足IP等大颗粒业务需求。

2004年5月，江苏电信公司新建10G SDH系统工程，满足数据网、电路出租、未来的3G业务对高速率的接口电路的需求。同年8月，江苏电信波分复用二系统新建完工，淮安至宿迁、南京、扬州、盐城、连云港分别开1600G，满足IP网络发展的需求。

2006年，江苏电信波分复用系统一期扩容工程开工建设。该工程增加南京至镇江、常州、无锡、苏州、南通、扬州、淮安、徐州以及盐城共9个市的2.5G波分通道；增加南京TT1-TT2中继波分系统的2.5G波分通道。以上两部分共同构成南京TT2至9个市的2.5G电路，供教育和科研计算机网升级改造工程使用。同年，江苏电信波分三系统建成，淮安分别至宿迁、南京、扬州、盐城开800G，采用中兴M900设备。

同步网　1995年12月，江苏省数字同步网安装二级时钟系统，建设全省11个市的数字时钟同步系统，除南京电信局采用在部网已配设备增加同步信号输出板方式外，其余10个市各配一套同步设备，1个GPS天线。各地市电信局均配备1套网管微机及相应软件，同步设备采用美国TS公司产品。1996年，建成投产二级时钟同步网，重点为第二长途单元的通信设备提供同步信号。

2001年10月，建成的TS1局同步系统的2兆赫输出端口和同步监测端口严重匮乏，为了解决端口紧张的矛盾，对HZ输出端口和同步监测端口进行扩容。

2005年，江苏电信公司对江苏省数字同步网进行扩建，在各个地市的TT1机房新建一套华为时钟设备，原有DCD-519设备作为华为时钟设备的输出端口设备使用。南京TT2新建一套华为时钟设备并对各个地市的TT2同步网系统的时钟定时链路进行调整，形成TT1、TT2两个相对独立的同步网。2006年2月，对TT2同步系统进行扩容。

2.本地传输

1993年6月，淮阴市建成140PDH光通信系统，引进德国西门子公司设备。1995年，市、县电信局建设622M SDH系统。1997年4月，淮阴本地网SDH环网设备安装工程组建2.5GB/S的两纤双向复用倒换两个环状SDH中继传输网络系统。该系统主要包括淮海广场、水渡口、涟水、洪泽、盱眙、金湖、淮阴、淮安、岔河各安装SDH传输设备1套。1999年，新建朗讯2.5G SDH本地网环。

2001年5月，淮安移动互联互通传输工程采用华为公司2500系列产品设备，全网包括移动大厦、电信大楼、开发区电信3个点，采用双纤复用保护环，提供各站点之间的业务。工程使用S16、SDE等STM-16光口，双STM-1电口供STM-1业务。2001年11月，淮安市区星状传输网设备安装工程开工建设。该工程采用OTS-C2OH光端机5套，分别安装在淮海广场电信大楼4楼接入网机房、北京路分局传输机房、南门分局4楼传榆机房、水渡分局传输机房、开发区分局传输机房，OTS-A1205光端机计32套，分别安装在远端节点。设备采用北京格林威通信技术有限公司生产的OTS-C120H和OTS-A1205光传输设备。

2002年5月，淮安电信分公司10G本地传输网设备安装工程竣工。该工程采用朗讯公司的光传输设备组网，分南北2个环，共10个节点。其中，淮海广场及电信大厦跨南北2个环，淮阴区业务需求纳入市区市话环网处理，其余各县（区）电信局均将2个端局纳入环中。

2003年7月，淮安电信分公司实施市区通信机房整治工程，解决各通信机房普遍存在的“三线混敷”问题，将交流线、直流线、信号线进行“三线分开，分槽敷设”。

2004年5月，淮安电信分公司建设10G本地传输网，该环网共分南、北两个环。淮安本地传输网络由6个县（区）局节点、市区的淮海广场和电信大厦2个本地网核心节点组成，本地网承载的业务主要是由各县（区）的两个局分别至淮海广场和电信大厦，县（区）局相互之间无直达业务。本地SDH传输网络由朗讯2.5G南北环、NEC2.5G南北环、朗讯10G南北环组成。同年6月，淮安电信—铁通网间互联通信工程开工建设。根据互联协议，在电信大厦10楼传输机房安装OptiX155/622M设备与铁通公司进行传输互通。同年8月，淮安市话10G传输环网设备安装投产。淮安市市话SDH光纤数字传输网建成2个2.5G传输环网。其中南环路由为电信大厦—广场—城西—南门—开发区—电信大厦，北环路由为电信大厦—广场—北京路—水渡。为适应市区各项电信业务发展的需要，淮安电信分公司新建市话10G两个SDH传输环网。同年9月，为实现淮安公安三级网承载宽带等多种业务的目标，使用155M SDH路由作为市、县间的承载通道，通过2.5G SDH传输设备汇聚全市8个方向的中继电路，汇聚点设在市公安局公安大厦通信机房，各接入点设在县（区）公安局通信机房，通过中国电信的本地SDH传输网络进行通信。同年11月，淮安市区接入网2.5G传输设备安装工程竣工。淮安市区大客户接入点比较多，每个点的业务种类及数量参差不齐，为保证大客户及重要模块局传输网络安全，满足省电信公司对大客户网络优化的要求，淮安电信分公司对市区接入网进行网络优化，分步实施。

2005年3月，淮安本地网10G传输网设备扩容工程竣工。2006年5月，采用10G DWDM系统建设当地骨干城域波分传输环网。县（区）局基本上都有2个局点（淮阴区为1个局点），在网络结构上采用双环平面共13个节点进行当地骨干城域波分组网。2008年，为配合支撑IP城域网优化工作在传输设备方面的需求，完成DWDM城域波分扩容工作。

截至2008年，淮安本地传输网本地南北环1系统建于1996年，使用NEC2500A系列设备组网。本地南北环2系统于1999年建成，采用朗讯ADM16/1设备。本地南北环3系统建于2002年，采用朗讯UNIVERSAL设备，容量10G。

（二）传输线路

1.二级干线

1989年10月，国内唯一具有自主知识产权的武汉邮科院生产的骨架式光缆在县级淮安市—宝应段建成开通，结束淮阴市干线光缆全部依赖进口的状况。

1991年12月，为配合数字程控交换机的引进，淮阴—徐州架空光缆建设开通完成，淮阴境内淮海广场电信大楼为终端站，泗阳县、县级宿迁市为中继站。徐州至淮阴通信光缆为6芯架空光缆，淮阴段全长114.2皮长公里，685.2芯公里。该工程标志着淮阴邮电局干线传输网进入数字光通信时代。

1992年10月，淮阴—连云港架空光缆建设投产，在涟水设立中继站，光缆程式为6芯架空光缆，淮阴段长度为116.5皮长公里，开通140兆比特每秒长途光缆通信系统。1993—1995年，先后建成淮阴至连云港、徐州18芯应急架空光缆、淮阴—南京宁淮14芯架空光缆，扬州—淮阴24芯应急架空光缆，盱眙—泗洪8芯架空光缆，沿途本地网在干线中加芯用于开通本地网传输电路。

1996年7月，因行政区划调整，原隶属淮阴电信分公司维护的在县级宿迁市、泗阳县、泗洪县、沭阳县范围内的二级干线划归地级宿迁市电信线务站维护，原灌南县境内的二级干线光缆划归连云港线务站维护。当年掀起埋式光缆建设热潮。1996—1999年，建设完成淮阴—徐州40芯、淮阴—盐城64芯、淮阴—连云港24芯、淮阴—扬州40芯、淮阴—南京52芯、盱眙—泗洪36芯共6条埋式光缆，其中洪泽、盱眙分公司同沟敷设24芯、18芯光缆。

2008年，建设淮安—徐州、淮安—南京G655高保真光缆，同时淮安—徐州6芯光缆拆除，宁淮架空光缆根据沿途县（区）公司要求下放至县（区）农村中继传输使用。

至2008年年末，淮安二级干线设备总量为918.32皮长公里，开放在干线光缆上的传输系统技术不断进步，从PDH过渡到SDH、DWDM、ASON，设备本身均具有自愈保护功能，同时在徐淮、宁淮等埋式光缆上加装的光开关保护也进一步保证干线系统运行的可靠性。

2.市话线路

架空明线　1984年之前，淮阴市内电话线路中尚有一部分架空明线，主要分布在城郊。至1984年年末，城区的架空明线被地下电缆和架空电缆取代，但在城南、黄码等乡镇尚有部分作为中继开通载波。1989年，明线线路全部被电缆线路替代。

铜缆线路　1984年之前，淮阴电信使用的电缆为铅包纸隔电缆，后期使用红白塑料电缆，由于电缆的性能和结构存在缺陷，不适用大量用户的开通且施工困难。1986年，淮阴市启动电话交换自动化改造工程，新建淮海广场电信枢纽，将原交换从人工交换更换为纵横制。在纵横制割接中开始大量使用全色谱塑料电缆，到1990年原铅包和红白电缆被全色谱电缆取代，用户发展进入大发展阶段。

1994年，随着城市小区楼房、商务楼宇的建设以及市容市貌美化的需要，淮阴电信公司启动线路入户工程，居民小区按一户一线的要求大规模建设户线工程，提高线路覆盖率，方便电话放装和其他业务发展。2001年3月，市区首个以FTTX+LAN组网方式的综合布线户线工程建成并投入使用。同年，利用用户电缆资源，为小灵通基站与基站控制器的信号连接提供便利。当年年末，以ADSL（非对称数字用户线路）技术为宽带接入方式建成使用。2004年，开始使用自承式铜芯双绞下户线，铁芯用户下户平行线退网。2007年，在电缆线路上启动“光进铜退”工作，新建小区全部使用FTTH或FTTB方式。

至2008年年末，淮安市通信电缆规模达到42003.99皮长公里，电缆总对数444.16万对，总计468.61万线对公里，其中主干电缆13347.16皮长公里、总对数180.43万对，配线电缆28656.83皮长公里、总对数263.73万对。

光缆线路 光缆线路分为中继光缆和接入光缆。中继光缆连接本地网中的重要传输节点，担负网络核心部分的传输。淮安（阴）中继光缆全部采用ITU-TG652单模光纤，光缆纤芯容量在光缆网络建设初期根据造价和应用类型不同采用12芯、24芯光缆。随着光纤通信技术发展和网络规模的壮大，光缆纤芯规模发展到48芯、96芯、144芯、288芯。光缆网络结构由以星型为主发展为分层环形网络结构。中继层光缆环用于汇接局到长途局、关口局、端局的中继连接，以及端局到模块局和接入网之间中继连接，并且保证每个局站拥有2条以上不同路由的中继光缆。1994年，广场—北京路、水渡、广场—南门—水渡24芯中继光缆网建成。2006年，开展城区大于3000门的接入网点传输优化，使具备光缆双物理路由的局点比例由优化前的68.7%提高到98.2%。至2008年年末，淮安本地网中继光缆5070.07皮长公里，纤芯长度达122553.82芯公里。

接入光缆网承载公网与用户设备之间的连接。1998年，淮阴市第一条144芯用户光缆环网GS01建成，以淮海广场电信大楼为终端点，中间采用GCO接头盒方式分纤，同时建设的此类网络结构的光缆还有GB01、NS01、NC01等。淮安市第一个光缆交接箱为架空型，在市区解放西路化工研究所门前，容量为288芯，建设于2003年，该交接箱的使用开启接入光缆交接配线的新时期。同年8月，位于北京南路上的世通网吧利用光缆开通10兆数据业务，为淮安市第一家。2006年，为储备移动通信业务所需要的传输资源，在3G的储备站点布放接入光缆，全部按照物理双路由布放，光缆程式为12芯。2007年，在市区重要楼宇和小区全部布放接入光缆和光缆交接箱。2005—2008年，淮安市电信光缆主要建设方式以单个局点为环回的接入光缆环网，先后建设完成BB01-05、GG01-05、SD01、NN01-02、KK01-03、CGS01、XY01-03、HY01-02、TW01等接入光缆环。截至2008年年末，淮安市区接入层光缆9391.53皮长公里。

3.通信管道

1984年以后，淮阴邮电局加快地下管道电缆的建设，并逐步将架空明线和电缆改建为管道电缆。1986年开始自动化改造，淮海南路、淮海东路、淮海西路开始大规模管道建设，淮海南路出局32孔，淮海东西路12孔，时管道材料为水泥管。1988年开始使用塑料管和双壁波纹管。至1992年，淮阴市局局间管道形成以淮海广场电信大楼局为中心，呈辐射状连接到端局及模块局的网络格局。至2008年年末，淮安市管道总规模达到5212.11管程公里，356孔公里。大部分局所的出局管道实现双路由，形成以局所为中心向所有街道、小区延伸敷设的地下管线网络。

三、多媒体通信网

（一）窄带拨号上网

江苏省多媒体通信网包含两个系统，一个系统为中国计算机互联网（163）—江苏接入网（CHINANET-JS），另一个系统为江苏省公用信息网（169）。1996年5月，CHINANET-JS正式对社会开放。1997年8月，江苏省公用信息网正式对社会开放。

1998年8月，淮阴市委、市政府办公自动化局域网接入中国公众多媒体通信网（江苏169）。1999年11月，江苏省公众多媒体通信网由原163网及169网合并而成，覆盖全省13个本地网，淮阴市有1个节点。

2001年1月，江苏省公众多媒体通信网络结构在原省163和169网合并而成的基础上发展为双星型结构。全网分为骨干层和接入层。淮阴市设置接入层，负责与本区域层内接入用户的互连。

（二）宽带城域网

淮安市的宽带城域网始建于2000年12月，试点小区为富淮园小区，核心设备由联创公司提供，型号为CISCO6509。

2001年5月，淮安市宽带ADSL（非对标数字用户线路）网络建成，一期BRAS（宽带接入服务器）设备由NOKIA公司提供，型号为SMS1800，汇聚设备为ALCATEL（阿尔卡特）公司提供的ATM交换机，下挂26台DSLAM设备，全部为ALCATEL7300，分布在全市的各个母局节点。同年12月，为适应业务发展，解决集团用户对数据通信的需求，提供宽带数据连接，淮安电信局新建淮阴中学等6个光纤接入点。

2002年，淮安电信公司对宽带ADSL网络进行扩容，引进华为DSLAMMA5100设备，大大改变原有的ATM网络架构，使得宽带网络由ATM向IP逐渐过渡。此次扩容主要对市区广场、开发区、南门、水渡、北京路5个分局的设备进行扩容，并新增淮海国际大酒店、和平小区、清浦教师公寓、新民新村小区、供电局宿舍5个接入点，共计扩容800线。

2003年4月，淮安宽带ADSL第四期扩容，使用上海贝尔阿尔卡特公司提供的7300ASAM设备，新增6个局点，扩容14个局点，共1668线。2003年12月，淮安市ADSL宽带接入设备第五期扩容，涉及市区及所属6个县（区）。共计95个接入点（局），其中扩容16个接入点，新增87个接入点；扩容1092线，新增5816线，合计为6408线。截至2003年年末，淮安宽带网络出口核心层设备由2台CISCO12012路由器及2台Founary B4000交换机组成。

2004年1月，在淮安市设1台CISCO7206作为PE路由器，通过2条百兆电路分别与163带外网管交换机和新增的CATALYST2950相连，同时与南京和无锡的2台P路由器各通过1条155M POS电路相连。针对MPLS-VPN业务需求越来越多，江苏省电信公司在利用原163骨干网调整下来的3台GSR12000、4台CISCO1507、3台CISCO7206和1台CISCO7513路由器的基础上，新增部分设备组建覆盖全省13个地市网层面的MPLS-VPN业务网络。2004年4月，淮安电信公司启动IP城域网核心层、汇聚层扁平化、路由化改造工作，当年8月完成。淮安IP城域网经过优化，分为核心层、业务控制层以及二层接入网，网络结构比较扁平。通过城域骨干网的大容量、少节点，宽带接入网的广覆盖，减少城域网的级联级数。核心层主要采用中高端路由器组网，业务接入控制层为BAS和SR设备，二层接入网为DSLAM、二层交换机、ATM交换机组成。核心层出口路由器由2台NE80组成，与国家骨干网边缘设备2台GSR12012用4条GE电路连接。出口电路有到南京和无锡2.5G电路共2条。

2005年年初，淮安电信公司启动IP城域网优化改造工程，进行3次BRAS采购，新增华为MA5200G设备10台。通过前期的优化改造，IP城域网网络层次较清晰，逐步形成核心层、普核心层、业务控制层的网络结构。

2006年，IP城域网优化改造工程由江苏省电信公司统一规划、实施。在原有网络的基础上，按照核心网络的扁平化设计原则，针对网上槽位不足、端口不足、带宽不足等问题，对网络结构进行改造和优化，简化网络的结构和管理，对汇聚层网络进行扩容和优化。解决核心NE80到GSR的电路利用率过高问题，由原来的4条电路增加到6条电路，缓解业务快速增长的压力。优化业务控制层。为部署IPTV和QOS，淮安电信公司用MA5200G设备替代MA5200，当年更换金湖县和洪泽县的2台，新增的MA5200G用双GE上行到核心汇聚层设备。全市共安装S8500路由交换机11台，作为接入设备的汇聚。对ALCATEL7300设备进行IP上行改造，共扩容46套IP上行的板卡，并对设备进行割接调整。

2006年，在楚州区、淮阴区和市区开展综合一体化接入设备（宽窄带）试点工作。市区、楚州区、洪泽县均设试点。2007年，中国电信淮安分公司对核心网进行改造，新增4台华为NE80E设备。此次共扩容5200G设备13台，5200G设备达20台。2008年，淮安电信宽带城域网经过优化，总体上呈现比较清晰的层次结构，出口带宽由原来的2×10G增加到4×10G，网络结构扁平化，实现全网路由化，网络层次清晰，其中城域骨干网由核心层和业务接入控制层组成。

（三）无线宽带网（WLAN）

2008年，作为WLAN业务的启动期，主要以加快热点区域的设备布放为主，对市内的重点商务区域、密集办公区域、大型宾馆区域、公众人群消费集中区域等进行重点覆盖。同时，配合做好业务品牌的宣传，以开展形式多样的业务体验为主，缩小用户与业务的接触面。利用小灵通室内覆盖系统资源，加装合路器升级为WLAN接入点。当年淮安市WLAN热点有56个，主要集中在市区和各县（区）电信局大楼及营业厅、政府大楼和交通、市场等部分公共场所。WLAN接入点的交换机设备为联创1924、华为2403交换机、ADSL2+等，AP接入点为H3C等设备。认证方式为PPPOE（基于以太网的点对点通讯协议）。

（四）基础数据网

1.分组交换网

1993年，淮阴市公用分组交换数据网开始建设投产，主要为金融客户提供相关数字数据业务。1997年6月，公用分组交换数据网进行第七期扩容。在淮阴县、洪泽县、金湖县、盱眙县、涟水县等分别安装美国SPRINT公司的TP4944分组交换节点机设备，进一步提高全网的通信能力。经扩容，淮阴市公用分组交换网所有县局节点全部更新为分组交换节点，县到市节点间中继电路调为2条64Kbps（从DDN走），取消原县到市模拟9.6Kbps中继电路。2004年8月，根据省电信局统一规划，进行市计生委的分组业务退网。同年10月，对公众电报分组进行退网。至2005年，全市所有分组业务均实施转、退网。

2.数字数据网（DDN）

1993年9月，新建江苏省数据传输网，与各省DDN网互连。江苏省数字数据网网络结构分为两层，即骨干层与接入层。骨干层节点由省行政区划的13个市局DDN节点机组成。其中，南京局设有A、B、C3台节点机，其余各市局均为1台节点机。骨干设备均为美国DSC公司生产的CP4000节点机。骨干层设南京A和B节点为省际电路出口局节点，开设中继电路至国家骨干网南京DACs（数模转换器）。设苏州节点为区域性省际电路出口局节点，开设中继电路至国家骨干网上海DACs。接入层节点由全省59个县局的59台CP系列节点机组成，县局节点机分别连接至所属市局节点机。

1997年，为提高网络效率和吞吐能力，对DDN骨干网进行清理和调整，增加部分DDN网设备（DTM2 E1端口板）。同时，配合省分组交换网七期扩容工程，为新增省分组交换网节点设备提供中继路由，另增加一部分DDN网设备（DMM4/V.35端口板）。早期网络结构除南京节点为全网汇接节点外，另设苏州和淮阴两个节点作为区域性辅助汇接节点。其中，淮阴节点主要汇接苏北片（包括徐州、连云港、扬州、盐城、宿迁各节点）。是年，将苏北片的辅助汇接节点改为徐州，用来汇接连云港、盐城、宿迁、淮阴各节点。此外，1997年9月，江苏省DDN骨干网网络调整，淮阴市局新增1块E1板（DTM2），用以开设淮阴至南京B节点的中继电路。

2006年，按照省电信公司要求，完成全市基于ATM网的DDN网的网络改造和优化的后续完善工作，改造后的网络更加高效、更加稳定。

3.异步传输模式（ATM）

1998年，江苏省宽带ATM/FR通信网开始建设并且开通运行。1999年起，DDN分组网络不再进行大规模的扩容，中高速数据通信业务分流到宽带网，省电信公司统一建设宽带ATM/FR通信网。至1998年年末，VOD（视频点播）、远程教育、远程医疗、帧中继接入、MPC上网、会议电视等多项业务陆续开通。

2000年6月，淮阴市帧中继/ATM宽带多媒体通信网一期扩容改造，新增1台PP15000ATM核心交换机为省骨干网设备。同时，新增2台北电PP7480 ATM交换机，另将原有省骨干网使用的1台北电PP160 ATM交换机升级为PP7480，3台PP7480交换机都为本地网设备。

2001年10月，淮安市宽带ATM/FR电信网二期扩容，有淮海广场枢纽楼、水渡分局和北京路分局共3个节点。其中，淮海广场枢纽楼节点安装有1台省网Passeon15000 ATM交换机及1台本地网汇接交换机Passlaorv7480（该交换机同时作为本地网业务接入交换机）；水渡分局节点安装有1台本地网汇接交换机Passect7480（该交换机同时作为本地网业务接入交换机）；其余节点均安装1台本地网业务接入交换机Passport7480。

2003年2月，江苏省宽带ATM/FR通信网进行3期扩容，增加南门分局以及6个县（区）各1台PP7480 ATM交换机设备，每台PP7480到SNPP15000均有一条155M中继。

2004年，进行原有用户业务从128K/64K升级为2M业务的网络改造，淮安电信局新增12台MA5100作为用户业务的接入，MA5100就近接入PP7480，并打通通道到原华为ADSL网管上进行管理，节省PP设备的板卡端口资源，拓宽业务的可容性。为适应承载业务需要，增加网络的安全性，开通水渡7480节点到其他9个7480节点的155M中继各1条，以作路由迂回。全网形成以枢纽PP15000与水渡PP7480为中心节点的双星型结构。

2006年，根据DDN转网的需求，将全市所有DDN节点的链路均割接至ATM设备上承载，DDN设备之间不存在中继，均为单点接入，提高DDN整体网络的稳定性。

（五）168声讯增值业务平台

1994年，淮阴市建成168/160平台，采用香港IVS系统，中继线为120线。1997年，改造为新太INAP系统，该系统采用NO.1信令，操作系统为NOVELL4.12，数据库为Betrive，服务器为奔腾266，中继线为180线。

2004年，将INAP平台升级为IPS平台。系统容量为240线，数据库采用大型数据库SYBASE系统，网络协议采用常用的TCP/IP协议，信令采用NO.7，操作系统为Windows 2000 Server。IPS系统更加智能化、方便快捷地实现文本转语音服务，将语音业务与短信、互联网业务相融合，促进声讯业务的发展。

第三节　业　务

1978年后，电信新技术得到广泛推广和应用，淮安市电信的长话、市话、农话等传统业务发展迅速，互联网业务等新业务不断推出。全市（含县局）电信业务总收入由1980年的679万元增长到2008年的7.25亿元。

一、电报

1978年，淮阴邮电局电报计费业务量为15.61万份。1985年4月1日起，按照不同的服务对象和业务性质开办天气电报、水情电报、公益电报、政务电报、新闻电报、普通电报、汇款电报和公共电报8类电报业务，并开放特急、加急、邮送电报3种特别业务。同年，又相继开办用户电报、用户传真电报、公众用户电报、省内市与市之间公众传真业务。1988年，电报计费业务量达27.36万份。1993年以后，电报业务被程控电话、移动电话等业务分流，业务量迅速递减。1995年，电报计费业务量为10.68万份。至2008年，仅有几十份。

（一）公众电报

1970年，清江市电信局电报网点有市区淮海路、东长街、淮海西路、西长街、解放路营业厅5处。1984年年初，淮安县的盐河、黄码和淮阴县的和平、武墩4个邮电支局（所）划归淮阴邮电局。1986年年初，淮阴邮电局办理电报的局（所）有西大街营业处、淮海南路邮电支局、淮海北路邮电所、城西邮电所、东长街邮电所、淮海西路邮电所、盐河邮电所、黄码邮电所、和平代办所、钵池邮电所、武墩支局11个。1987年，增加广场支局、西大支局、城南支局，撤销淮海西路邮电所。1988年，新增北京路、汽车站邮电所。1992年，新增北京新村邮电所。1993年，新增解放路邮电所。1995年，新增健康东路、和平光大邮电所，办理电报业务的局所有18个。

淮阴邮电局在1988年2月1日对全国33个城市开办礼仪电报业务。1993年，开办鲜花礼仪电报业务。1995年，开办蛋糕鲜花礼仪电报业务。

（二）用户电报

1988年，淮阴邮电局按照规定，全面开办用户电报业务。同年，发展电报用户5户。20世纪90年代以后，随着互联网的迅速发展，用户电报业务逐渐被取代。2007年，淮安本地网对18个用户电报客户进行梳理和清退。

（三）传真电报

1985年12月，淮阴邮电局在各电信营业网点开办公众传真电报业务，与省内各市可进行传真通信。同时，淮阴邮电局负责受理用户在普通电话线路上加装传真设备的书面申请，办理用户传真机的装、移、拆机业务及使用手续。

1991年以后，淮阴邮电局程控数字电话交换机系统正式开通，国际长途电话直拨业务开放，用户传真准入门槛降低，传真机发展普及，用户传真业务成为办公自动化的一种手段。办理公众用户传真业务的客户，可使用电信营业窗口的公用传真机办理。

二、长途电话

1978年以前，淮阴地区长途电话业务分为7类，分别为防空情报电话，中央首长电话，紧急调度电话和紧急业务电话，中央各部委首长电话、地方首长电话和国际政务电话，加急军政电话、加急新闻电话、加急业务电话、国际普通电话，军政电话、新闻电话、业务电话、加急普通电话，普通电话。

图9-3　二十世纪七八十年代的淮阴邮电局人工长话接续台
市档案馆　供

1985年4月，邮电部颁发《国内公众长途电话业务规程》，取消首长电话和新闻电话，按照不同服务对象和业务性质，办理的业务种类为代号电话、特种电话、紧急调度电话、政务电话、加急电话、普通电话。按照不同的处理手续，通话种类分为叫号电话、叫人电话、传呼电话。办理的特别业务为预告电话、预约电活。接续顺序分为六类，等候时限为一类立即接续，二类10分钟，三、四类20分钟，五类30分钟，六类60分钟。

1986年，淮阴市开办长途电话快速业务，长途台须在20分钟之内接通。挂发此项电话先拨“173”挂号，如遇对方电话顺畅，持机即可通话，声音清晰，随挂随接。1987年，开办长途自动电话用户可直接挂发全国主要大中城市的长途电话。1990年，开办“116”号查询专用业务线，用户可查询话价、付费手续、计费方法等。1991年，开办“173”特快电话业务。1995年，撤销人工长途台，人工接续的电话种类自行取消。市话、长话全部实现自动接线。1995年年末，淮阴市可直拨日本、美国等180多个国家和地区电话。

1989年前，长话业务量统计以“张”为单位。1990年以后，以“次”为单位。1978年，淮阴地区话务量43.62万张。1995年，淮阴市国内话务量1100万次，国际话务量3.5万次，港、澳、台话务量2.9万次。2008年，淮安市国内长途通话总次数6747.74万次，国际长途通话次数为94573次，港、澳、台长途通话53085次。

1978—2008年淮安市国内长途电话业务量统计表

表9-4　　　　单位：张·次

年份	业务量	年份	业务量	年份	业务量	年份	业务量
1978	436212	1986	823469	1994	8162725	2002	58319787
1979	444894	1987	1016276	1995	11000227	2003	63089636
1980	450270	1988	1215286	1996	11852171	2004	71306109
1981	458340	1989	1106208	1997	18808086	2005	72025661
1982	511720	1990	1339935	1998	48000114	2006	69450773
1983	553679	1991	2470760	1999	37032778	2007	73610507
1984	643220	1992	4621505	2000	48107765	2008	67477370
1985	736069	1993	6726950	2001	4186034	—	

三、市内电话

1978年以前，淮阴地区市内电话长期缓慢发展。至1978年年末，市内电话用户数为1277户。1980年1月，国家城建总局和邮电部联合印发关于城市规划要结合考虑邮电通信建设规划的通知。1985年年末，淮阴市市内电话用户数为2086户。至20世纪80年代末，全市公用电话仅有18部。1991年4月瑞典AXE-10型万门程控交换机开通以后，电话号码由5位升至6位，淮阴市内电话进入快速发展时期。1995年，全市市话用户达到3.9万户，有公共电话836部。2000年，市话用户达到9.96万户。2001年7月，淮安市开办无线市话“小灵通”业务，在网路覆盖的范围内可以随时随地拨打或接听市内电话、国内国际电话和移动电话，同时可以享受短信息、无线接入上网、无线手机上网等业务和服务。该项业务因使用方便、价格低廉受到城乡人民喜爱。至2002年年末，淮安市无线市话“小灵通”业务用户数达到2.1万户。从2003年起，发展公用电话超市。2008年，淮安及所属各县（市）固定电话和无线市话用户总数达到135.14万户。无线市话“小灵通”业务用户数达到34.08万户。随着IC卡电话迅速发展和普及，先后开发校园电话、健康电话以及士兵电话等。淮安电信含所属各县（市）有公用电话6.3万部，公话超市1488个。

四、农村电话

1978年，淮阴地区农村电话通信主要实行地方国营和社办2种经营管理方式，即县到乡镇之间的电话线路和根据电话通信网路组织需要设在乡镇间交换中心的电话总机，划归全民所有，地方国营，由邮电部门管理，实行独立核算。不属于乡镇交换中心的电话总机以及乡镇以下的通信设备，划为集体所用，由乡镇自建、自维、自负盈亏，邮电部门在通信业务技术管理上予以指导和帮助。当年依照省邮电局文件精神，淮阴邮电局对集体农村电话实行统一代管。代管后，其人、财、物仍为集体所有性质。

20世纪90年代末，淮阴市农村电话进入快速发展时期。至2000年，全市农村电话用户增至31.8万户。2001年，增至41.9万户。2001年以后，因统计口径调整，不单独统计农村电话，统一列入固定电话统计。

1978—2001年淮安市农村电话用户数统计表

表9-5　　　　单位：户

年份	用户数	年份	用户数	年份	用户数
1978	—	1986	49	1994	649
1979	—	1987	50	1995	1301
1980	—	1988	54	1996	3807
1981	—	1989	48	1997	6359
1982	—	1990	49	1998	156725
1983	—	1991	50	1999	228626
1984	34	1992	91	2000	318115
1985	44	1993	498	2001	418782

五、无线寻呼与移动通信

（一）无线寻呼

126寻呼为话务员利用人工手段通过寻呼系统间接呼叫的方式。1988年，淮阴市区开通运营126寻呼业务。后各县邮电局相继建台，开办126寻呼业务。

127寻呼是用户通过拨打电话直接与寻呼系统自动连接的呼叫通信方式。它既有直接显示呼叫者电话号码的功能，又具有语音信箱留言等功能。1994年9月，淮阴市无线寻呼扩容工程完成，开通127自动寻呼系统，年底拥有用户3574户。

128、129寻呼业务是在江苏省内联网的通信方式，通过系统可用人工和自动方式连接。除具有全省联网的功能外，还具有省内漫游自动位置登记、传送公共信息、自动修改机主密码、设定定时呼叫等功能。1995年12月8日，淮阴邮电局引进美国

图9-4　二十世纪八九十年代的寻呼机　　市档案局　供

摩托罗拉公司无线寻呼系统，省网50000户，本网5000户，128、129实现全省联网，是当时国内规模最大、性能最先进的一个具有特殊功能的网络系统。

无线寻呼由于技术简单，价格低廉，成本较低且具有方便、快捷和受地形、气象等外界因素影响小的特点，在淮阴市得到快速发展。1988年4月1日，淮阴邮电局开办全市第一家寻呼台。1992年，全市发展用户1842户，1994年用户数达16465户，1995年用户数达28536户。

随着移动通信的崛起，尤其是1995年GSM数字移动电话的开通，在技术上完全涵盖寻呼功能，用户和网络规模急速扩张，无线寻呼业务逐渐萎缩。根据邮电部的统一部署，全国邮电体制进行改革。1998年，淮安邮电局将无线寻呼（含各县）邮电局设备和人员整体剥离，划归江苏省国信寻呼通信有限公司淮安分公司，此后又并入淮安市联通公司。

1988—1998年淮阴市无线寻呼用户数统计表

表9-6　　单位：户

年份	用户数	年份	用户数	年份	用户数	年份	用户数
1988	142	1991	684	1994	16465	1997	94440
1989	292	1992	1482	1995	28536	1998	124248
1990	438	1993	7108	1996	51221	—	

（二）移动通信

1993年，淮阴市开办移动通信模拟（A网）业务，全市建成移动交换网，市区建成交换站，下设11个县级基站、188个信道。至1993年年末，全市发展用户8020户。

1995年，江苏省邮电局建设开通移动B网，缓解A网压力。

1996年8月，淮阴数字移动电话G网开通投产，成为移动通信的主力，之后G网又进行多次扩容，实现全市城乡全覆盖，移动通信步入快速发展轨道。1996年年底B网封网，1997年A网封网，不再放号发展用户。此后，A网、B网用户逐步归入G网。1998年，淮阴市及各县移动公司从邮电局成建制剥离，组建江苏省移动通信公司淮安分公司。2008年10月，中国电信淮安分公司收购淮安联通分公司CDMA网（C网），年底C网用户数达76493户。

1993—1998年淮阴市移动通信用户数统计表

表9-7　　单位：户

年份	用户数	年份	用户数
1993	237	1996	9909
1994	3062	1997	21757
1995	7860	1998	35323

六、基础数据

（一）DDN（数字数据）网业务

淮安电信分公司自推出DDN业务后，发展较快。1999年，用户数达700户。2002年，用户数增至1562户。2006年起，用户数逐年减少。至2008年，用户数为872户，业务收入减少为324万元。

1996—2008年淮安电信分公司DDN用户数统计表

表9-8　　单位：户

年份	用户数	年份	用户数	年份	用户数
1996	13	2001	1458	2006	983
1997	38	2002	1562	2007	946
1998	235	2003	1506	2008	872
1999	700	2004	1506	—	
2000	1059	2005	1519		

（二）帧中继

淮安电信分公司的帧中继业务主要面向银行、证券机构等金融用户，1999年有用户19户，2005年增至78户，2007年发展到101户。

1999—2008年淮安电信分公司帧中继业务用户数统计表

表9-9　　单位：户

年份	用户数	年份	用户数	年份	用户数
1999	19	2003	25	2007	101
2000	22	2004	71	2008	74
2001	23	2005	78	—	
2002	33	2006	78		

（三）ATM业务

淮安市ATM业务种类主要分为永久虚连接、交换虚连接、帧中继承载电路仿真。淮安电信分公司的ATM业务2003年用户端口数为50个端口，2004年猛增到257个，2005年又增加到342个，2006年334个，2007年346个。至2008年，淮安电信分公司ATM业务用户端口数191个，业务收入211.7万元。

（四）分组交换

1996年，淮阴邮电局分组交换业务用户为145户，1999年增长到265户。之后两年，用户数稳定在280户左右。2003年以后，用户数迅速减少。2006年，分组交换业务收入仅为17.3万元。2007年5月，根据省电信公司对分组交换业务的收缩要求，淮安电信分公司对淮阴气象站、盱眙气象局两个用户分组交换业务电路进行替代。2008年，分组交换业务收入11.6万元。

1994—2008年淮安电信分公司分组交换用户数统计表

表9-10　　单位：户

年份	用户数	年份	用户数	年份	用户数
1994	21	1999	265	2004	101
1995	11	2000	288	2005	73
1996	145	2001	281	2006	66
1997	209	2002	268	2007	57
1998	246	2003	235	2008	59

七、互联网

（一）窄带接入

窄带接入是用户通过电话网络拨叫特定号码接入因特网的业务。主要为注册号业务、主叫计费业务、上网卡业务3类。淮阴邮电局于1996年开放窄带接入业务。2000年，用户达到2.4万户。2004年，用户达到4万户。之后，随着宽带接入的推广，窄带业务逐步萎缩。

注册账号业务是中国电信公司为用户提供的一种使用固定账号上网的方式。用户到当地营业厅申请办理该业务，获得上网账号及密码，用户拨叫16300、16388，输入账号和密码，认证后即可获得动态IP地址接入互联网。16300注册具有国际访问权限，16388注册具有国内访问权限。该项业务适用于上网需求量不大的家庭和中小型企业用户。账号可在国内全部、国外部分漫游。淮阴邮电局于1996年5月17日开办163注册账号拨号上网业务。2008年，淮安市注册账号拨号上网业务用户7497户。

主叫计费业务是指用户无需办理任何入网手续，使用公共账号和密码，拨叫上网特服号接入互联网。上网费在主叫电话上收取。淮阴邮电局在1997年开办使用公共账号和密码主叫计费拨号上网业务，采取拨打169，密码169，通过guest（来宾账号）拨号上网，并由此登录门户网站——淮安热线。淮阴电信局于1998年10月将163、169两个平台融合。后中国电信公司使用163窄带接入码，中国网通公司使用169窄带接入码。2008年，淮安电信分公司有主叫计费业务用户1646户。

上网卡业务是用户通过购买上网卡，使用上网卡提供的账号和密码，进行拨号上网。江苏电信公司发行的上网卡分为全省漫游卡（接入号96901）和本地网使用的上网卡（接入号96990）。淮安本地网发行的201和96998电信卡也可以上网。该业务无需开户，采用预付费直接从卡上扣除，可即购、即开、即用，并可在网上查询使用清单、余额与修改密码。适应对象为流动性大，对资费敏感的用户和用于企业的广告宣传卡。

1996—2008年淮安电信分公司窄带接入用户数统计表

表9-11　　单位：户

年份	用户数	年份	用户数	年份	用户数
1996	28	2001	50296	2006	9307
1997	143	2002	66116	2007	10127
1998	995	2003	56174	2008	9143
1999	7115	2004	40373	—	
2000	24044	2005	18130		

（二）专线接入

专线接入是指用户通过DDN、FR/ATM、光纤、数字电路等多种方式接入中国宽带互联网（ChinaNet），并可以获得固定Internet IP地址的一种接入方式。淮阴邮电局于1996年开通该项业务。专线接入业务主要面向网吧等商业用户及中小企业用户。

1996—2008年淮安电信分公司专线接入用户数统计表

表9-12　　单位：户

年份	用户数	年份	用户数	年份	用户数
1996	587	2001	29	2006	8
1997	871	2002	29	2007	8
1998	1448	2003	16	2008	8
1999	23	2004	8	—	
2000	28	2005	8		

（三）宽带接入

淮安市的宽带业务主要有ISDN、LAN、ADSL三种。宽带ISDN业务能够提供高速传输业务的能力，在一段时间内是淮安市宽带接入的主要业务平台，该业务随着ADSL、LAN业务的发展而逐渐萎缩。

LAN采用以太网技术，以信息化小区的形式为用户服务。在中心节点使用高速交换机，为用户提供FTTX（光迁到小区）+LAN（网线到户）的宽带接入。用户只需一台电脑和一块网卡，就可高速接入互联网，接入设备成本低、可靠性好。LAN的虚拟拨号接入业务主要适用于用户集中的小区，LAN专线接入业务适用于商厦、学校、大型企业等用户高速接入互联网。淮安电信分公司于2000年开放该业务。

ADSL（非对称数字用户环路）利用原有的双绞铜线（即普通电话线），以上、下行非对称的传输速率接入互联网。ADSL虚拟拨号接入业务是面向家庭用户、中小企业用户。2001年，淮安电信分公司开通ADSL业务。2008年，淮安电信分公司有ADSL用户139633户。

1999—2008年淮安电信分公司宽带接入用户数统计表

表9-13　　单位：户

年份	ADSL用户数	LAN用户数	ISDN用户数	年份	ADSL用户数	LAN用户数	ISDN用户数
1999	—	—	199	2004	43245	9445	373
2000	—	—	904	2005	62845	23185	298
2001	952	—	1842	2006	69449	5304	193
2002	3840	1175	968	2007	100372	13066	172
2003	15488	3413	454	2008	139633	32172	96

（四）其他业务

1.互联星空

互联星空为互联网应用服务业务，包括平台代收费、宽带套餐、自营应用业务和网络广告等。淮安电信分公司于2003年5月开通互联星空业务。2006年，淮安电信分公司互联星空业务注册用户36.4万户，业务收入47.1万元。2007年，业务收入增加到121万元。2008年，业务收入370万元。

2.互联网数据中心（IDC）

该项业务主要包括主机托管、主机及资源出租、内容分发、系统安全服务以及代理代维服务等。淮安电信分公司于2002年开放该项业务，当年用户数94户，2003年用户数78户，2004年用户数110户，2005年用户数110户，2006年用户数43户，2007年用户数51户。2008年，用户数50户，业务收入82.04万元。

3.基于IP的虚拟专网

该专网业务是利用公用IP网络资源为客户构成一个用户群，进行互相通信的私人网络。接入方式有专线IP-VPN和拨号IP-VPN两大类。淮安电信分公司于2005年开放该业务，年底用户数514户。2008年，用户数1472户，业务收入90.03万元。

八、增值业务

（一）来电显示业务

1999年年末，淮阴电信分公司正式向用户推出来电显示业务。2001年用户数72420户，2002年用户数222828户，2003年用户数430948户，2004年用户数553774户，2005年用户数796600户，2006年用户数894545户，2007年用户数978039户。2008年，淮安电信分公司来电显示业务收入4425.7万元。

（二）声讯业务

淮安电信分公司声讯业务分“160”电话信息服务人工热线和“168”自动电话信息服务，向社会用户提供各类信息。“160”是由专门的接线人员为用户查询如天气预报、供求信息、歌曲点播、考试查询、股市行情、飞机火车汽车信息、社会热点新闻、企业信息、科教农业生活信息等。“168”是自动电话服务系统。用户只要拨打“168”，通过按键选择查询所需信息。“168”平台预先将各方面的信息输入系统，并适时进行动态更新，可全天候为用户服务。用户按通后，可从中听取办事指南、消费指南、法律咨询、体育信息、医疗保健、儿童天地、心理咨询、金融保险、证券行情、人才交流、点歌等信息。

1997—2008年淮安电信分公司声讯业务拨打次数统计表

表9-14　　单位：万次

年份	“160”业务	“168”业务	年份	“160”业务	“168”业务	年份	“160”业务	“168”业务
1997	—	431.7	2001	28.2	296.1	2005	5.4	269.4
1998	20.7	393.2	2002	11.8	796.3	2006	5.5	297.6
1999	25.3	555.1	2003	7.0	775.6	2007	4.5	214.7
2000	17.7	297.2	2004	8.9	664.3	2008	0.8	190.4

（三）短信业务

短信业务是指利用各类终端（如手机、小灵通、家加e话机、智能终端等）发送和接收信息的业务，主要包括点对点短信及SP短信。点对点短信指各类终端之间发送和接收信息业务。SP短信指用户通过各类终端向SP（电信增值服务提供商）定制内容，由SP定期或不定期向终端发送短信的业务。2008年，淮安电信分公司用户短信业务量为17581万条。

2003—2008年淮安电信分公司用户短信业务量统计表

表9-15　　单位：万条

年份	业务量	年份	业务量	年份	业务量
2003	187	2005	11727	2007	17142
2004	212	2006	14135	2008	17581

（四）七彩铃音

七彩铃音是中国电信公司固定电话、手机、小灵通个性化回铃音业务的统一品牌。该业务是由被叫方设置的一种业务。2005年1月，淮安电信分公司正式向用户开放七彩铃音业务，先期让用户免费体验，4月20日起计收费用，年底用户数7.3万户。2006年用户数13.7万户，2007年用户数39.3万户，2008年用户数52.9万户。

（五）新视通

新视通业务是一种集视频、音频和数据于一体的交互式多媒体通信业务，用户可通过专线、ISDN、PSTN或互联网接入到中国电信公司公众视讯网使用该业务，以实现异地间语音、图像和数据等信息传递、沟通与交流。可以是点对点，也可以点对多点视讯会议。淮安电信分公司从2002年5月开放新视通业务。2006年，新视通业务用户数5户。2008年，有新视通业务用户22户。

第五章　中国移动淮安分公司

中国移动淮安分公司由原淮阴邮电局移动通信科及所辖县（市）邮电局相关移动业务部门整合而来。1998年5月，因邮电体制改革，江苏移动整体从邮电剥离，淮阴移动公司成为中国移动通信（香港）公司全资子公司江苏移动公司在淮阴市的分支机构。该公司主营移动通信、移动网络、3G通信等业务。1998年6月，淮阴移动分公司拥有用户总数3万户，年收入6000万元。至2008年年末，淮安移动分公司用户总数170万户，年收入9.63亿元。

第一节　机　构

1998年5月8日，全国邮电体制改革，江苏移动通信有限责任公司淮阴分公司从淮阴邮电局剥离出来，内设办公室、财务部、经营部、工程部、维护部和客户服务部，下辖淮阴、涟水、淮安、洪泽、金湖、盱眙6个县（市）运营部。该公司有员工121人，其中市公司44人。财务独立核算，人、财、物均由江苏移动通信有限责任公司管理。

1999年3月，江苏移动通信有限责任公司淮阴分公司正式在淮阴市工商行政管理局注册登记，成为江苏移动通信有限责任公司在淮阴市的分支机构。同年6月，市公司调整内部机构，设办公室、财务部、经营部、工维部，其中经营部下设二级机构客户服务中心。除淮阴县运营部名称不变外，其他县（市）运营部对外改称分公司。

2001年5月，公司名称变更为江苏移动通信有限责任公司淮安分公司。原县级淮安市分公司更名为楚州分公司，原淮阴县运营部更名为淮阴区分公司。公司有员工136人，其中市公司57人。

2002年，江苏移动淮安分公司办公室、财务部、经营部分别更名为综合部、计划财务部和市场经营部。同年2月，江苏移动淮安分公司搬迁至市区承德路118号移动通信综合楼办公。同年11月，撤销大客户服务中心，成立客户服务部；撤销淮阴区分公司，职能并入市公司相关部门。江苏移动淮安分公司内部机构为综合部、计划财务部、市场经营部、客户服务部、工维部、工程部。下辖涟水、楚州、洪泽、盱眙、金湖5个县（区）分公司。公司有员工144人，其中市公司64人。

图9-5　江苏移动淮安呼叫中心（2006年）

淮安移动分公司　供

2003年，增设人力资源部、客户服务部、网络维护优化中心、市场响应中心、数据业务中心、市区营销中心，原工程部改为工程建设中心。

2004年，公司有员工169人，其中市公司96人。内设综合部、人力资源部、计划财务部、工程维护部（下设工程建设中心、市场响应中心、网络优化中心）、市场经营部（下设市区营销中心、淮阴区营销中心）、客户服务部（下设大客户服务中心、集团数据中心）、楚州分公司、涟水分公司、洪泽分公司、金湖分公司、盱眙分公司。同年，中国铁通集团有限公司淮安分公司成立，下设综合部、市场部、网建部和清河区、清浦区、楚州区、淮阴区分局。

2005年，撤销大客户中心和集团（数据）中心，成立集团（数据）业务部。中国铁通淮安分公司设立涟水、金湖、洪泽分局以及互联网维护中心。

2006年11月29日，公司名称变更为中国移动通信集团江苏有限公司淮安分公司，下属各分支机构及营业厅名称也作相应变更，变更后的各机构和职能保持不变。2007年，市区营销中心、淮阴区营销中心不再为市场经营部的二级机构，单独设立。

2008年，公司有员工179人，其中市公司99人。成立物流采购中心，隶属综合部；成立增值业务中心和农村市场开发中心，隶属市场经营部；成立集团客户服务中心，隶属集团（数据）业务部；成立品质管理部（下设投诉处理中心）；成立基建办，取消工程建设中心。同年5月，中国移动通信集团与中国铁通集团有限公司合并。中国铁通淮安分公司成立移动代维中心，负责移动代维等相关工作。

第二节　网　络

一、第一代移动通信——模拟网（A、B）

模拟网（A、B）同属第一代蜂窝模拟移动电话系统，采用频分多址技术，对无线频率的利用率较低，不易开展数据业务，保密性能差。

1993年5月，淮阴邮电局在市区建成第一座移动通信基站。1993年12月末，淮阴移动通信网（A网）建成开通，覆盖全市11个县（市）。新建摩托罗拉250交换机1台，下设11个基站，188个信道，基站主要分布在市区和县城。当年发展移动电话用户197部。1994年，江苏省统一开通移动通信网B网，设备为爱立信AXE-10交换机。淮阴邮电局新增1台交换机，基站数51座，网络容量得到提高。由于B网站址分布主要与A网基站相同，因此网络覆盖基本没有改善。当年移动电话用户新增1006部，总数1203部。1995年，建成覆盖全市的移动通信A网、B网和覆盖市区的数字移动通信G网，实现与全省联网自动漫游。建成基站29个，信道总数470个，移动电话用户7860户。

1996年，完成G网一期、A网四期和B网紧急扩容工程，新建基站83座，新增信道2088个，全市移动电话放号净增7102部。1997年，完成A网五期扩容工程，至7月底新增移动电话用户数1997部，用户数首次突破1万户。1998年，开通7号信令网，提高接通率；A、B网开通宿迁虚拟交换局，完成G网三期扩容及40多个基站安装调测工程；完成D网首建工作，扩容MSC、新建BSC各一套；新建基站9座，新建信道24个。放装移动电话14951部，其中市公司放装5579部，移动电话用户35308部。1999年，在省移动公司的统一安排下，B网交换机关闭，退出服务。同年10月末，开通中英文短消息、呼叫转移、呼叫等待（保持）等新业务，并对全球通用户免费开放。

2001年12月31日，在中国移动集团公司统一部署下，关闭TACS模拟移动电话网，模拟网停止经营，退出历史舞台。

二、第二代移动通信——GSM数字网

1995年，淮阴市开通第二代移动数字通信GSM/DCS1800网络。GSM系统具有频谱效率高、容量大、安全性好、可联接互联网、可实现全球漫游等特点。

（一）G1、G2、G3工程

由淮阴邮电局承建。先后进行G网1、2、3期扩容工作，1999年G3工程结束，G网规模达到5套BSC（Base Station Controller，基站控制器）、5套TC、94个基站、360个载频、2565个话音信道，可容纳用户58995户。

（二）G4工程

2000年开始，淮阴移动分公司开始独立承建G网扩容和新建基站工作。G4工程从2000年1月5日开工，至2000年9月14日完工，2000年11月29日工程初验。该工程扩容交换机至10.4万户，交换机版本升级至ALM7版，HLR（Home Location Register，归属位置寄存器）版本升至G7.2版，新建基站40个，扩容20个，新增载频232个，新增话音信道1651个。该工程完成后，淮阴业务区共有BSC和TC5套、基站134个、载频592个、话音信道4216个，可容纳用户96968户。

（三）G5工程

G5工程自2000年11月5日开工，2001年6月14日完工，2001年11月29日工程初验。该期工程新建GW/MSC 1套、BSC4套，新建基站31个，扩容基站81个。该工程完工后，交换机容量为1652万户，HLR容量达30万，无线载频1179个。

（四）G6工程

G6工程自2003年2月26日开工建设，2003年11月20日竣工，2003年12月6—7日工程初验。新建1套BSC和1套TC，新建基站27个，改型74个基站，扩容54个基站，新增载频490个，新增话音信道34046个。该工程完成后，主要解决高速公路及主要干线公路覆盖，并有效扩大郊区乡镇覆盖范围。

（五）G7工程

G7工程分为2期，从2002年1月5日开工，当年6月14日完工，当年11月29日工程初验。建成BSC11套、TC9套、GSM900基站305个、载频2288个。该扩容工程完成后，淮安业务区共新建基站19个，新增载频138个，有BSC11套、TC设备9套、GSM900基站324个、载频2426个。

（六）G8工程

G8工程淮安业务区新建基站16个，新增载频134个。该工程完成后，淮安业务区有GSM900基站374个，载频2805个、MSC设备3套、BSC设备12套，TC设备10套。

（七）G9工程

G9工程分为4期，从2004年11月5日开工，2006年5月14日完工，2006年6月29工程初验。新建167个基站，增加1655个载频；新建11套BSC设备和7套TC设备。该工程完成后，淮安业务区ALCATEL设备共有3套MSC、23套BSC和17套TC，有GSM900基站541个、载频4460个，华为、ALCATEL软交换局各1套。

（八）G10工程

G10工程分为2期。其中，交换G10 BSC、TC工程2006年11月5日开工，2007年8月14日完工，2007年10月29日进行工程初验。无线扩容工程2006年11月5日开工，2007年8月14日完工，2007年10月29进行工程初验。新建12套A9130BSC设备，新建4套A925TC设备，新增1套MFS设备；新建240个基站，新增2077个载频，其中GSM900载频总计1877个、DCS1800载频总计200个。

（九）G11工程

G11工程从2006年11月5日开工，2007年8月14日完工，2008年1月29日进行工程初验。新建2套A9130BSC（BSCM15-1/2），扩容14架BSCM（BSCM01-1/2～BSCM14-1/2），新建2套A925TC（TC21-TC22），扩容9套A925TC（TC12-TC20），新建1套A9130MFS03，扩容1套A9130MFS02；新建300个基站，新增2382个载频，其中GSM900载频1878个、DCS1800载频504个；扩容137个DCS1800基站，新增1104个DCS1800载频。

（十）GPRS工程

2002年，淮安业务区无线网络软硬件通过升级，移动网提升到第2.5代移动通信系统。第2.5代移动通信系统为用户提供GPRS（General Packet Radio Service，通用分组无线）服务，可接入国际互联网。

三、移动传输网

在移动公司从电信公司分营之初，移动公司自身没有任何传输资源，所有的电路及中继均租用电信公司的传输资源构成网络。至2008年，淮安移动分公司建成5094公里杆路、3180公里管道、敷设光缆皮长33117公里，建成独立、传输节点365个、共址传输节点187个、核心传输机房4个。淮安本地传输网分骨干层与接入层。

骨干层由南、北环构成。北环工程于2001年10月18日开工建设，2002年5月竣工，2002年5月进行初步验收并投入试运行。北环工程由淮安移动大楼、楚州移动大楼、涟水米厂、淮阴袁集、淮安电信大楼5个骨干节点构成，采用中兴公司生产的ZXSM-150/600/2500设备组网，解决涟水县、淮阴区、楚州区以及淮安市区部分业务接入需求，完成管道光缆敷设26.4公里，新建杆路93.79公里，光缆附挂8.53公里，定向钻408米。形成2.5G环一个共5个节点，155M环一个共8个BTS电路接入。北环工程施工耗资738.75万元。2004年，在淮安移动大楼、楚州移动大楼、涟水新大楼、淮阴袁集各增加一套ZXSM-2500V10.0传输设备，建立第二个骨干北环系统。南环工程于2003年11月28日开工，2004年6月25日竣工，2004年8月6日通过验收。南环工程由淮安移动大楼、楚州移动大楼、洪泽岔河镇、金湖开发区、盱眙五墩、洪泽高涧6个骨干节点构成，采用中兴公司生产的ZXSM-150/600/2500设备组网，解决盱眙县、金湖县、洪泽县以及淮安市区部分业务接入需求。完成3套2.5G SDH设备的安装，12.2公里G.65248芯光缆的布放，64公里G.65224芯光缆的布放。南环工程施工耗资269.78万元。2004年，在淮安移动大楼、楚州移动大楼、金湖新大楼、盱眙综合楼、洪泽新大楼各增加一套ZXSM-2500V10.0传输设备，建立第二个骨干南环系统。

图9-6 淮安移动分公司承德路沟通100店（2006年）
淮安移动分公司 供

2003年，采用中兴ZXSM-150/600/2500新建市区城域网北环：移动大楼—营业厅—电子楼，用于汇聚市区北面的业务接入需求。2004年，采用中兴ZXSM-2500V10.0新建市区城域网南环：移动大楼—四中—开发区，用于汇聚市区南面的业务接入需求。

随着南北骨干网、省干网及农村接入网的建设完成，淮安移动分公司所有新建的基站电路需求均由自建的传输网络接入，网间中继及长途电路也就此由自建的设备提供中继电路，淮安移动分公司自建的传输网基本完成。

自2001年11月起，由省移动公司组织，陆续在全省建设省干线路北环（徐州—宿迁—淮安—宝应线）和省干保护环（南京—淮安—宿迁—徐州线）。省干线路北环工程由江苏移动公司、江苏联通公司、江苏广电公司、南京军区联合建设，淮安处于北环中徐州—宝应段，全程敷设φ40/33mm硅芯塑料管4孔，部分地段加铺PVC管2孔或4孔，途经徐州、睢宁、宿迁、泗阳、淮安、楚州、泾河，全程249.35公里，其中楚州城区敷设6.83公里PVC管道4孔，其余地段敷设硅芯塑料管4孔。DWDM系统采用华为公司生产的波分复用设备，新建32*10Gb/s DWDM系统，初期使用2个波长，第1波长为工作波长，第32波长为保护波长。SDH系统采用华为公司生产的同步数字系列设备，包括在该期工程南环和北环的DWDM系统平台上分别使用第1波长组织1个10Gb/s两纤复用段保护环，同时将第32波长配置为保护波长。省干保护环（南京—淮安—宿迁—徐州线）工程于2003年1月完工，2003年6月通过初步验收。2008年，由省移动公司组织，建设沿宁淮、宁徐高速，自南京经淮安至徐州的第二条省干线路工程。

2003年，淮安新建第一个2.5G局间中继环网，采用中兴ZXSM-2500设备组网，由淮安移动大楼和楚州移动大楼2个节点构成，用于满足BSC、端局和关口局等局间电路调度需求。随着业务的发展，将第二话务中心和淮安移动扩插入中继环A形成四点环，并且新建2.5G SDH局间中继环B用于局间业务的双平面分摊。2007年，淮安移动分公司第一次在淮安移动大楼和楚州移动大楼2个核心机房部署密集型波分M800设备，各配置2块8GE、1块4×2.5G、1口10G光口的OUT，同时提供业务保护，解决核心层的大颗粒业务接入需求。2008年，开始部署3个市到县WDM系统，分别为金洪环、涟水环和盱眙环，均采用中兴M800设备组网，满足各县区的大颗粒业务接入需求。

为解决移动、电信双方关口局及淮安移动GMSC1和GMWC2间的中继传输，淮安移动分公司与淮安电信分公司协商，建设GSM与PSTN两网间互联互传输系统。该传输系统物理路由由淮安移动分公司租用淮安电信分公司光纤，设备由双方共同投资，网管系统由淮安移动分公司投资，互联互通传输工程采用华为公司的2500系列产品设备，全网包括移动大厦、电信大厦、开发区电信3个点。3套设备均采用双纤复用段保护环，提供各站点之间业务。该工程总投资202.98万元，于2001年4月17日开工，至2001年5月18日完工，2001年11月13日通过工程终验。在此之后，分别建立与联通和网通的点对点155M SDH环网，以及与铁通之间的三点155M SDH环网。

四、铁通传输网

（一）交换

2004年2月，淮安铁通公司机房安装ZXJ10模块，按照3000线用户容量进行设计，4号中继模块具备256个2M中继电路。同年5月，在市区淮海北路市粮食局院内建设远端用户单元，容量2400线；9月，在江苏食品学院院内建设远端用户单元，容量2400线；在市区东大街建设远端用户单元，容量960线；11月，在淮安经济开发区建设远端用户单元，容量2400线。

2005年4月，在化工新村建设远端用户单元，容量960线；7月，在淮阴区广电局建设远端用户单元，容量2400线；8月，在运河新村建设远端用户单元，容量为2400线；10月，在楚州区下关建设远端用户单元，容量960线；在北京北路建设远端用户单元，容量为2400线；11月，在楚州板闸建设远端用户单元，容量960线；在淮安经济开发区小康城建设远端用户单元，容量960线；在涟水县湖滨建设远端用户单元，容量为960线；12月，在楚州区城西北路建设远端用户单元，容量240线；在涟水新世纪小区建设远端用户单元，容量960线。

2006年1月，在金湖县沿河路建设金湖路远端用户单元，容量240线；6月，在金湖县城南建设城南远端用户单元，容量240线；10月，在洪泽县北京路建设远端用户单元，容量960线；12月，在淮安经济开发区汕头小区建设远端用户单元，容量960线；在市粮食局远端用户单元容量扩容，容量达到3360线。2007年3月，在淮阴区香港路建设远端用户单元，容量480线。

（二）传输网络

淮安铁通公司于2004年对淮安互联互通（电信、移动、联通）开放SDH互联业务。淮安移动分公司有2台中兴S320，淮安联通分公司有1台中兴S320，淮安电信公司有1台华为OPTIX 155/622（2050）。SDH传输网建于2006年9月，核心设备为中兴S380，共3台，分别是中心局2台、京淮机房1台，承载淮安本地传输业务。

（三）线路

2004年4月，建设淮安至宝应、淮安至宿迁G655高保真光缆。2008年，淮安铁通公司建成承德路—淮海北路、承德路—机场路、机场路—小康城24芯城域网光缆。同年，淮安铁通第一个光缆交接箱在大治路与北京北路门前建成，为落地型，容量288芯。同年10月，利用光缆在汕头小区开通20M数据业务。

（四）互联网

淮安铁通宽带网始建于2004年2月，同年9月完成淮安中心村的IP城域网试点建设。其核心设备由联创公司提供，型号为CISCO7304。2005年6月，淮安宽带ADSL网络建成，BRAS设备由中兴公司提供，型号为UAS2500，汇聚设备为华为公司3026网络交换机，下挂19台DSLAM设备，有港湾公司的H10000和华为公司的MA5100，分布在各个母局节点。2006年6月，淮安铁通公司IP城域网扩容工程完成，分为核心层、汇聚层以及接入层。核心层主要采用中高端路由器组网，汇聚层为BAS设备，接入层为DSLAM、二层交换机组成。核心出口路由器由2台NE40组成，出口有到南京和到苏州GE电路共4条；汇聚层由BAS设备4台MA5200G、5台MA5200F组成；接入层为DSLAM、二层交换机。

第三节　业　务

1998年5月，淮安移动分公司业务自剥离后，全市移动用户数迅速增加。1999年7月，全球通号码升位成功，号码位长由10位升至11位。2000年4月，淮安移动分公司电话客户超10万户。2007年4月，淮安移动分公司电话客户超100万户。至2008年，共有139、138、137、136、135、134、147、150、151、152、157、158、159、178、182、183、184、187等开头的459个号段，用户总数超过150万户。

一、个人移动业务

1998年，淮安移动分公司推出全球通品牌。1999年2月，淮安移动分公司开放移动电话免费客服号码“1860”。同年5月，开放呼叫转移业务、呼叫等待业务；7月，为工商行政管理部门设立12315特服号码；8月，开放神州行储值卡业务。2000年，推出神州行品牌。2000年1月，全面开办移动电话合作营业厅。2002年4月，开始启动全球通客户积分回报活动。开放多方通话业务。同年5月，GPRS业务正式投入商用，WAP手机上网和“随e行”以及“IP直通车”业务也同时开通；9月，推出无线公话、移动梦网业务；10月，彩信（MMS）业务正式商用，彩信用户达到10.5万户；11月，开通亲情号码业务。2003年4月，开通彩票投注业务，为淮安移动分公司推出的第一项移动支付类业务。同年8月，推出手机邮箱业务，包括免费版、标准版、VIP版三档邮箱，该业务于2008年5月更名为139邮箱。是年9月，推出彩铃业务；11月，开通“12580”秘书服务台，为客户提供宾馆、机票信息查询和鲜花预订、订餐服务，逐步扩大到建立“12580”商户联盟，并提供联盟会员服务。是年，推出以年轻客户为目标的M-ZONE（动感地带）品牌。2006年6月，移动客服电话改为“10086”。同年9月，淮安移动通信公司揭牌，淮海西路营业厅开业。2004年9月，开放一卡双号业务，该业务于2008年10月升级为一卡多号业务。2006年9月，推出飞信业务。2007年7月，开通母婴宝业务。2008年6月，开通手机地图业务。至2008年年末，全市有1059家移动合作营业厅；有飞信用户4.5万户；有139邮箱用户1.6万户。

二、集团业务

集团V网业务是中国移动通信公司针对集团客户大量内部通信需求推出的一种专网服务，也称同事网。在不影响集团内客户原有通信方式的基础上，实现集团成员之间五六位短号通话，短号短信，方便集团内部通信联系，降低成员间通话费。2008年5月23日，中国铁通集团有限公司并入中国移动通信集团公司，成为其全资子企业，保持相对独立运营。截至2008年，淮安铁通公司有集团互联网专线用户663户，有集团语音专线用户325户，用于建立专用数据通道环境的集团数据专线用户216户。

2001—2008年淮安移动分公司集团V网（同事网）用户规模数统计表

表9-16　　单位：户

年份	同事网规模数
2001	46259
2002	76144
2003	116029
2004	155914
2005	195799
2006	235684
2007	265569
2008	285414

三、家庭业务

2008年2月，“移动之家”品牌诞生，淮安移动分公司家庭业务开始起步，初步引入桌面电话（又称移动家话）。同年12月，引入铁通宽带资源，移动号码可以办理铁通宽带。至2008年年末，“移动之家”家庭业务发展148部。

四、铁通业务

中国铁通集团有限公司淮安分公司经营业务主要包含普通电话、长途电话、公用电话、数据通信和互联网。淮安铁通分公司固定电话业务包括普通固话和公用电话2种。2004年年末，淮安铁通分公司固话电话用户数为1200户。淮安铁通分公司的互联网接入有专线接入与ADSL接入2种。专线接入主要面向企事业单位提供互联网接入服务，使用光纤接入方式，实现高速上网。2004年互联网专线接入推出后，发展比较缓慢，当年用户发展150户，2006年用户数增至到500户。此外，2004年，淮安铁通分公司推出面向中小企业及家庭的ADSL（非对称数字用户线路）宽带接入和应用一站式解决方案，用户可以选择固定套餐和自由组合套餐内容。铁通宽带ADS接入推出后，发展用户数逐渐增加，当年用户数5000户，2008年用户数达到3万户，业务收入占到总收入的58%。公司至2008年年末，淮安铁通分公司固话电话用户数达6000户；主线业务用户数达800户，业务收入占到总收入的42%。

2004—2008年淮安铁通分公司长途电话通信业务统计表

表9-17

年份	业务量（万张）	国际（万次）	港.澳.台（万次）
2004	10	0.6	0.3
2005	20	1.3	1.0
2006	30	2.1	1.9
2007	40	3.9	2.4
2008	50	5.3	3.1

第六章　中国联通淮安分公司

1997年11月，中国联通江苏分公司决定组建中国联通淮阴分公司筹建处。1998年4月24日，中国联通淮阴分公司正式成立。1999年6月28日，开始试运营。淮阴联通分公司是中国联通在淮阴市设立的分支机构，负责淮阴市境内联通通信网的建设、经营和管理，主要有传输网、计费信息网两大基础网和移动通信网、数据与固定通信网、互联网、无线寻呼网四大业务网，主要经营移动通信业务、数据通信业务、长途通信业务、互联网业务、无线寻呼业务以及技术咨询和服务等。

2000年8月，淮阴联通分公司与江苏国信有限公司淮阴分公司整体融合。全面开展网络建设和优化，移动通信网信号基本实现无缝覆盖。2001年4月，中国联通淮阴分公司与中国联通寻呼淮阴分公司整体融合。2001年5月，中国联通淮阴分公司更名为中国联通有限公司淮安分公司。2002年1月，新时空CDMA/133移动通信网开通并试运行，4月1日正式放号运营。同年3月，通过ISO 9001:2000质量体系认证。2008年11月，淮安联通分公司与中国网络通信集团有限公司淮安分公司整体融合。至2008年年末，淮安联通分公司固定资产7.4亿元，建成本地传输网光缆线路（皮长）70000公里。

第一节　机　构

1997年11月，中国联通江苏分公司组建中国联通淮阴分公司筹建处，负责经营淮阴市行政区域内的长话、市话、无线通信和电信增值业务，挂靠淮阴市经济委员会，由江苏分公司直接管理。

1998年4月，注册成立中国联合通信有限公司淮阴分公司。同年5月11日，中国联通江苏分公司同意正式启用中国联合通信有限公司淮阴分公司名称，中国联合通信有限公司淮阴分公司筹建处的名称同时停止使用。

1999年2月，经中国联通江苏分公司批复同意，淮阴分公司设工程技术部、运行维护部、市场部、财务部和办公室。

2000年8月，淮阴联通分公司与淮阴国信分公司融合，下设15个部门，分别是综合部、人力资源部、财务部、市场营销部、运行维护与互联互通部、移动通信业务部、数据与固定通信业务部、无线寻呼事业部、客服结算与信息系统部、金湖经营部、盱眙经营部、涟水经营部、淮安经营部、洪泽经营部、淮阴县经营部。

2001年4月，中国联通淮阴分公司与中国联通寻呼淮阴分公司融合。同月，成立大客户发展中心。同年12月，成立综合市场部、工程建设部、运行维护部、无线寻呼事业部、计费信息系统部、计划财务部、人力资源部、行政部、党群监察部。是年，在全省率先实施劳务用工社会化管理，同时进行薪酬制度改革，拉开分配档次，实施绩效考核。

2002年3月，淮安联通分公司通过ISO 9001:2000质量认证体系。同年5月，成立数据固定互网部。是年，加大对人事制度、分配制度的改革力度。实施全员竞聘上岗，对中层干部竞聘。对中层以下岗位进行岗位描述与设置，并开展全员竞聘。拉开分配档次，向关键管理岗位和技术岗位倾斜，实行技术津贴制。在全省各分公司中率先对大客户业务员实行“底薪+提成”的薪酬核算体系。

2003年，加快县级分公司机构建设，采取竞聘上岗方式优化县级分公司人员结构。当年8—9月，完成5个县级分公司人员的竞聘工作，选聘产生县级分公司二级机构部门经理4人，分销管理、大客户管理、客服管理、工程技术管理、会计等岗位人员48人，营业员17人。

2004年，优化县分公司机构设置，设综合部、市场部。市场部下设移动业务中心、数据业务中心、集团业务中心、客服中心、清欠小组。

2005年4月，成立信息化部，原计费信息系统部部门职责与人员成建制转入信息化部。同年5月，加强淮安市区市场的开拓与管理，提高市区业务发展水平与市场份额，成立市区经营部，综合市场部原分销中心所有人员成建制划入市区经营部，主要负责公司业务在市区的经营发展。

2007年2月，撤销市场营销部，成立淮安市分公司C网经营部、G网经营部。同年8月，各县（区）分公司撤销营销服务部，成立C网营业部、G网经营部、集团客户中心和客户服务中心，保留综合部。2007年，确立月度考核、季度通报和年终总评相结合的考核办法，建立公司对部门的绩效考核、部门对员工的岗位考核体系。

2008年11月，在市分公司设立前台市场营销部门——市场部、个人客户部、家庭客户部、集团客户部（下设校园市场中心）和客户服务部；后台技术支持部门——网络建设部、运行维护部、信息化支撑中心；职能管理部门——综合部、人力资源部、财务部、计划与物资管理部、党群监察部。在县（区）分公司设立综合部、营销部、集团客户部、客户服务中心、建设维护中心。清河区营销中心和清浦区营销中心设立个人客户部、家庭客户部、集团客户部，开发区营销中心设立集团客户部、渠道中心。市区各区营销中心不设综合部，设综合事务管理员1名（兼职）。

2008年12月，将清河区营销中心、清浦区营销中心、开发区营销中心分别变更为清河区营销分局、清浦区营销分局、开发区营销分局。

第二节　网　络

1998年4月，渔沟基站传输开通，中国联通淮阴市第一个中继站完工。至此，纵贯淮阴市境内的第一条省内军民合建的传输干线全线贯通，全程117杆公里。1998年11月，中国联通江苏省分公司GSM网二期工程项目中的淮阴市工程实现网内开通。该工程新建14个无线基站、BSC1个，和盐城地区共用1个MSC，新建传输线路650皮长公里。1999年6月，中国联通江苏省分公司GSM网三期工程项目淮阴市工程完工。该工程新建16个无线基站、1个BSC、1个MSC、传输线路400皮长公里，实现与电信网络的互联互通。同年12月，UniNet骨干网试验工程完工。

2000年2月，中国联通江苏省分公司GSM网四期工程项目淮阴市工程完工。该工程新建29个无线基站、1个BSC、1个MSC、传输线路300皮长公里。同年10月，UniNte骨干网一期工程完工。同年11月，中国联通江苏省分公司GSM网五期工程项目淮阴市工程完工。该工程新建18个无线基站、一个BSC、传输线路450皮长公里。2001年7月，UniNte骨干网二期工程完工。同年9月，中国联通江苏省分公司GSM网六期工程项目淮安市工程完工。该工程新建63个无线基站、1

个BSC、传输线路450皮长公里。2002年8月，中国联通江苏省分公司GSM网七期工程项目淮安市工程完工。该工程新建59个无线基站、1个BSC、传输线路450皮长公里。2003年5月，中国联通江苏省分公司GSM网八期工程项目淮安市工程完工。该工程新建45个无线基站、1个BSC，传输线路150皮长公里、新建传输管道56沟公里。2004年5月，中国联通江苏省分公司GSM网九期工程项目淮安地区工程完工，新建HLR1个，交换容量达70万户。2005年9月，中国联通江苏省分公司GSM网十期工程项目淮安市工程完工，新建27个无线基站，新建传输线路170皮长公里、新建传输管道39沟公里。

2006年11月，中国联通江苏省分公司GSM网十一期工程项目淮安市工程完工，新建35个无线基站，新建传输线路70皮长公里，新建传输管道20沟公里。2007年7月，中国联通江苏省分公司GSM网十二期工程项目淮安市工程完工，新建31个无线基站，新建传输线路70皮长公里、新建传输管道15沟公里。同年12月，中国联通江苏省分公司GSM网十三期工程项目淮安市工程完工，新建35个无线基站，新建传输线路70皮长公里、新建传输管道20沟公里。

2001年6月，淮安CDMA网络由中国联通公司开始初期投资建设，采用瑞典爱立信CDMA网络系统，初期建设开通2个基站，下挂扬州BSC，当年网络即投入使用，正式开始商用放号。2002年12月，淮安CDMA网络二期工程完工，新建无线基站70个、BSC2个。2003年11月，淮安CDMA网络三期工程完工，新建无线基站90个、CMSC1个。2004年10月，淮安CDMA网络三期二阶段工程开工，当年新建无线基站60个、CMSC1个。2005年10月，淮安CDMA网络三期二阶段工程完工，新建无线基站36个。至此，淮安CDMA网络无线基站达到256个，容量达15万户。

第三节　业　务

自1997年年底成立以后，淮安联通分公司的移动通信业务、数据通信业务、193长途电话业务、互联网等业务迅速发展，公众市场、集团市场、农村市场均取得突破，业务收入快速增长，在淮安市的电信市场份额逐年提升。1999年，实现营业收入845.66万元，固定资产原值达到6786.58万元。2008年，该公司实现营业收入15899.94万元，固定资产原值达到74372.15万元。

一、GSM业务

1999年6月28日，中国联通淮阴分公司开通GSM试运营业务，对外放号。首批GSM业务放号号段为130354000-130354999。当年11月25日，GSM130网上用户突破1万户。2000年2月，开通GSM网“如意行”预付费业务。用户通过预先交纳一定数目的费用或买固定面值的卡（如充值卡）等方式，在系统中建立账户，作为自己的通话费用。同年3月22日，130网上用户突破2万户；6月，130网上用户突破3万户。2002年，淮安联通分公司移动电话用户总数突破20万户，移动市场占有率超过40%，实现业务收入1.24亿元，突破1亿元大关，并首次实现扭亏为盈。

2003年8月，淮安联通分公司淮海广场营业厅及数码通信广场开业，营业面积2000多平方米，集综合业务营业厅、手机大卖场、联通网苑、联通客户俱乐部为一体。2004年，对G网产品进行重新梳理和整合包装，推出“市话王”“长途王”“王中王”套餐，挖掘移动存量市场；对面广量大的新增与低端市场，采取与竞争对手优惠政策相仿和紧跟的策略，确立“基本业务+欢乐组合”业务模式，实现用户发展与业务收入的同步增长。2005年，淮安联通分公司组织开展“如意通”促销、“如意行金卡”和“28接听王”营销竞赛、校园市场促销等有针对性的促销活动，拓展新增市场。

2006年，开展“贺岁卡”、团员卡新春促销、春节新春冲刺、“刮刮乐”促销、“新势力香港迪斯尼大抽奖”“信铃闹新春”等促销活动。2007年，按照省联通公司的统一部署和要求，统一开展“千厅万站”建设，并进行合理布局，渠道建设的数量与质量、管理与服务都取得进步。截至2007年12月，新增营业厅103个，网点总数达到336个，缴费站达到1827个。2008年，重点做好春节市场、返城市场、农机市场、校园市场及养殖、水产、兽医、屠宰等行业市场营销活动。

至2008年年末，淮安联通分公司99%以上的用户为预付费用户，GSM网上用户达到329641户，用户ARPU（每户平均收入）值为68.2元。

二、CDMA业务

2002年3月15日，淮安联通CDMA业务正式放号。当年发展用户19338户，实现业务收入1776万元。

2003年，推广实施“自由133业务”。2004年，采取以“中高端为主，兼顾大众市场”的差异化营销策略和开展灵活多样的促销活动，以王牌套餐、预存话费和存单质押为主要营销手段，挖掘移动中高端存量市场，对大众市场采取用户自购机一次性补贴话费的方式，有效拓展市场。相继开展“C网攻坚战竞赛”“70元免费送手机”“C网手机普及风暴革命”等促销活动，促进C网业务发展。2005年，开展“炫风行动”营销竞赛，通过大众化的资费套餐设计、多样化的终端补贴促销、系统化的渠道组织和指标分配、系列化的宣传促销，促进C网营收增长。2007年，开展“神通王”促销活动，挖掘C网中低端用户市场。当年重点围绕“六到位”（终端到位、渠道到位、宣传到位、奖励到位、人员到位、维修到位）开展营销活动。当年9月，根据国家电信市场改革的统一安排，C网整体交割给中国电信公司。

三、数据通信及互联网业务

2001年开始，淮安联通分公司相继推出IP电话17910、17911业务以及无线公话业务。130手机用户可通过加拨17911使用联通IP业务，固定电话用户可购买IP卡使用联通IP业务，对外来人口集中的区域加强长途营业点及无线公话业务的发展。

2001年3月，在淮安市最大的、拥有5000多个摊位的商品批发市场——汇通市场开通“商务专线通”电话。此后，联通专线电话又拓展到淮安市供电局、华能淮阴发电有限公司、淮钢集团、淮安迎宾馆等当地重点企业。依托联通公司国内骨干网及宽带城域网资源，开通各种通信业务，提供支持多带宽选择，承载语音、数据及多媒体的国内数字电路连接，大容量的电路带宽和高品质的一站式服务，使用户能够灵活快速部署业务网络，或实现局域网和广域网的互联。同年5月开始，向大中型企事业单位、公司、中外合资企业及外商独资企业提供省内和省际的IP电话/传真、电路仿真业务（CES）、ATM、帧中继FR等数据承载业务。同年12月，开通会议电视业务，向用户提供384Kb/s、512Kb/s、786Kb/s、2Mb/s不同速率的会议电视、远程教学等视频服务。2002年，成立由部门经理、技术骨干组成的洽谈小组，深入到大型企业、政府机关、金融、财税、学校等单位推广、洽谈，相继完成高速公路养护工程公司、淮沭新河管理处、市规划局、市人行、市地税局、市国税局、市财政局、市工行等单位的区间电路出租业务。

互联网业务包括165拨号上网服务和宽带专线接入服务方式。拨号用户又分为注册用户和卡用户。在传统业务的基础上，淮安联通分公司相继推出一系列互联网增值服务业务。

四、193长途电话业务

2001年3月，淮安联通分公司推出193长途电话业务，有注册国内（国际）长途直拨业务、193300长途电话卡、专线接入3种服务形式。2002年，以话务台电话营销的方式开展营销，发展注册业务超过5万户，注册业务月收入由年初的不足1万元增长到5万元。

五、无线寻呼业务

2000年9月，淮阴联通分公司与淮阴国信分公司融合。2001年11月，在各县（区）经营部设立专职寻呼业务营销服务人员，并出台“基薪+提成”的薪酬方案，明确责任，加大考核力度，调动寻呼专职人员工作积极性。2002年，寻呼业务发展以实现减亏为目标，重视现金流量，通过开展促销活动，稳定部分在网老用户。2002年4月，推出两网通业务，全年增加寻呼收入194万元。

六、大客户业务

2001年，成立大客户发展中心，在全省各分公司中率先对大客户业务员实行“底薪+提成”的薪酬核算体系。2002年，开展“挖金子”工程，大客户发展中心对所有集团用户进行梳理，分片到人进行多次撒网式的回访挖掘，发展淮钢集团、市供电局、淮安商业银行等一批集团客户。2003年，以企业集团、政府机关、事业单位等大客户集团为重点，为集团客户提供综合业务解决方案，实现淮安供电局、淮钢集团、华通集团、淮安迎宾馆等31个集团单位综合业务接入服务。2007年，新增集团用户4858户，新发展集团用户87家。2008年，新发展集团204家，实现集团业务收入2554万元。

·淮安市志·（1978—2008）

第十卷　开放开发

第一章　利用外资和中国港澳台资

第二章　对外和对中国港澳台贸易

第三章　外经合作

第四章　开发区建设

第五章　出入境检验检疫

第六章　海　关

淮安市的对外开放从对外贸易开始。1978年，淮阴地区外贸公司负责出口产品收购。20世纪80年代初，淮阴地区外贸公司更名为淮阴地区对外贸易局，下设粮油食品、土畜产品、纺织品、轻化机、包装、外运6家进出口支公司。1987年，淮阴市外贸出口商品有15个大类244个品种，外贸出口商品收购总值3.2亿元。

1992年起，改革开放进程加快，淮阴市开放型经济发展势头较好，对外开放程度不断提高，以开放促改革、以开放促发展取得明显成效。是年8月，淮阴市经济开发区成立，次年升格为省级开发区。1995年，全市进出口超1亿美元。淮阴市成立对外开放工作领导小组，把发展开放型经济列为全市各级政府的“一把手”工程，纳入年度目标责任制，加大督查和考核力度。至2000年年底，全市55家企业被外经贸部批准拥有进出口经营权，其中外贸企业12家、生产企业43家。对外经济贸易发展到引进外资、境外投资、对外工程承包和劳务输出，全市开放型经济进入全面发展时期。

2000年后，作为开放型经济的载体，淮安市各类开发园区逐步发展壮大。2005年开始，淮安经济开发区通过成立台商协会、设立台商工业园、兴建淮安台商会所、举办台商淮安论坛等举措，引进中国台湾地区资金。2006年，国家发展和改革委员会清理整顿开发区，淮安市两家省级开发区均通过核准予以保留，淮安外向型农业综合开发区经批准更名为江苏淮安工业园区。是年6月，经省政府批准，洪泽、金湖、盱眙、涟水、淮阴、楚州6个县（区）工业园区升格为省级经济开发区。是年年末，淮安市有省级开发区8家。2007年9月，淮安留学人员创业园被人力资源和社会保障部认定为省部共建国家级淮安留学人员创业园，并正式挂牌运行。2008年，淮安出口加工区获国务院批准设立。

2008年，淮安市进出口总额17.71亿美元，超500万美元的进出口主体有38个。当年利用外资实际到账4.55亿美元。全市累计完成对外经济技术合作营业额13.46亿美元，外派各类劳务16668人次。

第一章　利用外资和中国港澳台资

1978年后，淮安市实际利用外资和中国港澳台资从初期的每年几十万美元，到2008年的4.55亿美元，年增长幅度从一位数到两位数、三位数，特别是2006年、2007年更是连年翻番增长。项目平均规模从初期的几十万美元到2008年的806万美元；新批和增资投资总额1000万美元以上的项目从无到有，至2008年年末达62个。外商投资产业从初期的传统纺织服装、餐饮、农产品加工等，到2008年逐步扩大到信息电子和机械设备等高新技术领域。投资来源地从起初的中国香港、中国台湾地区扩大到日本、韩国、美国、加拿大、英国、法国等30多个国家和地区。外资大项目从江苏韩泰轮胎有限公司1家到2008年的实联化工（江苏）有限公司、富士康电子科技（淮安）

有限公司、敏实集团淮安生产基地、淮安百隆实业有限公司、淮安达方电子有限公司、淮安旺旺食品有限公司等一批重大港台资项目。招商引资方式逐步由综合性、传统式招商向专业化、产业化、区域性、开放式招商转变。自1986年批准设立首家港商投资企业以后，至2008年，全市累计新批外资和中国港澳台资项目1256个，协议注册外资和中国港澳台资35.89亿美元，实际到账外资和中国港澳台资20.49亿美元。

第一节　投资环境建设

图10-1　优化发展软环境（2008年）　　市纪委　供

二十世纪八九十年代，淮阴市加快城市建设，强化投资环境建设，打造开明开放的政策环境、优质高效的政务环境、严明规范的法治环境、诚实守信的市场环境、治安良好的社会环境、健康文明的人文环境，树立“百姓是天、客商为重、企业至上”的公共服务理念。全市形成“重商、亲商、安商、富商”的良好氛围。

2001年起，每年3月开展全市外商投资企业服务月活动，通过调研走访，收集企业建设经营中遇到的问题和意见，一一予以反映或牵头协调解决。2002年，淮安市行政审批服务中心成立，为外来投资项目提供“零距离、全天候、保姆式”服务。市商务局下放外商投资审批事项至审批窗口，投资总额3000万美元以下的外资和港澳台资项目在审批中心窗口批复、出证，实现“一站式”审批。对3000万美元以上的大项目实行“一事一议”，在土地出让价格、建设规费、行政事业性收费等方面给予优惠，降低客商投资成本，增强企业竞争力，促进企业快速发展。建立投诉受理督办、软环境建设评议、投资决策咨询服务、项目建设全程帮办等10项制度，建设服务政府、责任政府和效率政府。各县（区）实行项目帮办制度，引资人即帮办人，负责到底，为客商办理从立项到开设账户的一切项目审批手续，项目建成投产后继续跟踪协调生产经营中遇到的困难和问题，为客商提供高效周到的服务。全市建立从领导到基层、从招商到审批、从引进到服务具有较高素质的专业队伍，为利用外资和中国港澳台资奠定人才基础。

2008年，中共淮安市委、市政府提出“打造苏北台资新高地”战略，全市加快利用台资。围绕重点打造的盐化工、特钢、IT三大千亿元产业及城市基础设施，市商务局收集编制35个重点招商项目，制成中英文版招商项目册，用于全市各类招商活动。至2008年年末，全市8家省级开发区规划面积369.5平方公里，开发面积162.96平方公里，累计完成基础设施投入104.3亿元，完成道路建设499.9公里，水、电、通信等设施配套基本满足进区项目需要，淮安经济开发区和淮安工业园区的配套水平达到“七通一平”（通道路、给水、电力、排水、热力、电信、燃气及土地平整）、局部“九通一平”（通道路、雨水、污水、自来水、天然气、电力、电信、热力、有线电视及土地平整），其他开发区在“五通一平”（通水、通电、道路、通讯、通气及土地平整）基础上局部达到“七通一平”。

第二节　招商活动

一、主题招商

1994年10月，在全市范围内集中开展“金秋十月”招商活动，签约外资和港澳台资项目30多个，总投资1.3亿元。1996年，由淮阴市政府主办、上海市贸促会协办的招商会在上海展览中心举行，来自美国、韩国、新西兰、以色列、巴西等国家驻上海总领事馆的领事或商务助理、美中贸易协会、中国香港贸易发展局、澳大利亚利普国际集团等60多名代表参会，达成投资项目合同、协议和意向20个，投资总额5924万美元，利用外资和港澳台资3344万美元。

2004年8月起，实施“立足东莞、辐射周边、逐步推开”招商策略，全市8个县（区）和淮安经济开发区在珠三角实施集中驻点招商，主动迎接珠三角地区产业重新布局产生的项目转移。举办9轮东莞招商活动及项目集中签约会，共计签约项目221个，总投资44.18亿美元，协议外资和中国港澳台资17.54亿美元，引进鸿海集团、达方电子公司、旺旺置业等大批台资项目。

2005年，贯彻执行中共江苏省委、省政府关于振兴苏北、扶持苏北的决策部署，承接苏南地区产业转移，实施区域优势互补、互利互赢战略。2月1—5日，在苏州9个工业园区分别召开9场“苏州淮安工业园区对接联谊会”。采取驻点招商、小分队上门招商、委托代理招商等多种形式，围绕信息跟踪、项目洽谈、客商邀请等重点环节，定位可能与淮安实现产业转移和对接的重点园区、重点项目，做好南北园区对接工作。

2006年，淮安市举办首届台商论坛。至2008年，连续举办3届台商论坛，成为继“两岸经贸文化论坛”、福建“海峡论坛”之后的第三大两岸交流合作平台和吸引台资集聚的重要媒介，2008年获评“中国十大品牌节庆”。3届台商论坛累计引进知名台资项目近60个，总投资近45亿美元。富士康集团、台玻集团、明基达方电子公司、膳魔师中国家庭制品有限公司等知名台资企业落户淮安。

二、参与经贸洽谈会

1990—2008年，淮安市每年参加由省政府主办、省外经贸厅和南京市承办的“中国南京金秋经贸洽谈会”。全市有关部门和各县（区）参加城市、企业、产品展示，开展招商项目洽谈，参加项目签约。

1994年上半年，参加“深圳经贸洽谈会”，邀请客户500多家，对外发布招商项目300多个，接待客商260多人，签订投资意向项目128个，总投资额2.8亿美元。当年参加张家港、香港、昆明等地的经贸洽谈会。

图10-2　开展招商引资活动（2006年）　　市商务局　供

1997年起，每年9月8—11日组织

各县（区）参加商务部在厦门举办的“中国投资贸易洽谈会”，开展城市推介、项目对接、招商引资等活动。同时，每年在福建泉州、厦门、漳州等地分别举办小型招商说明会。1999年起，组织各县（区）参加10届“江苏国际农业合作洽谈会”，进行农业项目洽谈、签约、市情展示等。

2005—2007年，淮安市组织参加在徐州、连云港、盐城举办的“苏台经贸洽谈会”。2008年9月25日，“苏台经贸洽谈会”在淮安市召开，300多名台商和100多名省内外嘉宾出席会议。

三、节庆招商

2001年起，盱眙县逐年举办盱眙龙虾节，至2008年成功举办8届。坚持“办节为媒、推介为主、招商为实、发展为本”的办节宗旨，将龙虾节推向国际化。2008年，盱眙县利用外资和中国港澳台资较办节前增长2.5倍。

2001年起，金湖县逐年举办金湖荷花节，至2008年成功举办8届。秉持“文化搭台，经贸唱戏”的办节理念，把招商引资贯穿于整个节庆活动的策划中。2008年，金湖荷花节期间签约87个投资项目，投资总额超百亿元。

2002年起，淮安市逐年举办中国淮安·淮扬菜美食文化节，至2008年成功举办7届。依托该会平台，全市开展项目推介暨招商引资签约大会、台商淮安论坛、宁淮挂钩项目签约大会、经济开发区招商项目集中开竣工仪式、城建项目招商推介等系列活动。其中，2008年举行的第七届淮安·中国淮扬菜美食文化节，签约项目191个，固定资产合同引资额421.43亿元，引资额相当于前6届总和。

第三节　外资和中国港澳台资利用

1986—1990年，淮阴市批准外商及中国港澳台商投资企业8家，协议外资和中国港台资1320.4万美元。8家企业均为合资企业，除1家为美国客商、1家为中国台湾客商外，其他均来自中国香港。

1991—1995年，批准外商及中国港澳台商投资企业421家，协议外资和中国港澳台资2.05亿美元，实际到账9108万美元。投资主要来源于中国香港、日本、美国，投资领域以纺织服装、食品加工、印染化工、钢铁等制造业领域为主，酒店服务、房地产开发、城市建设等三产服务业有所涉及。其中，1992年邓小平南方谈话发表后，全市新批外资和中国港澳台资项目数迅速增加。

1996—2002年，批准外资和中国港澳台资项目数、协议或直接利用外资和中国港澳台资有所减少，但每个项目平均金额有较大提高，投资领域也逐步从第二产业发展到第一和第三产业。其中，1998年实际到账外资和中国港澳台资首次突破5000万美元，达6865万美元，主要原因是韩国轮胎株式会社投资的江苏韩泰轮胎有限公司落户淮阴市，实现全市外资大项目的突破。1996—2000年，新批外商及中国港澳台商投资企业127家，协议外资和中国港澳台资1.49亿美元。按照国家新口径（注册外资和中国港澳台资到账）统计，实际到账1.96亿美元；按照老口径（含其他方式利用外资和港澳台资）统计，实际到账4.18亿美元。

2001—2005年，淮安市批准外商及中国港澳台商投资企业292家，协议外资和中国港澳台资7.64亿美元，实际到账4.38亿美元。2001年批准项目24个，协议外资和中国港澳台资9153万美元，实际到账分别为5500万美元（老统计口径）、1804万美元（新统计口径）。淮安诚利达服装有限公司、淮安万香日化有限公司等企业成立。2002年批准项目42个，协议外资和中国港澳台资

5080万美元，实际到账分别为6300万美元（老统计口径）、4705万美元（新统计口径）。淮安展德光电科技有限公司、洪泽大洋化工有限公司、淮安源通制帽有限公司、江苏安特汽车制造有限公司等企业成立。2003年，批准项目66个，协议外资和中国港澳台资1.38亿美元，实际到账突破1亿美元，达10036万美元。淮安市利用外资和中国港澳台资进入快速增长阶段。江苏理士电池有限公司、江苏盈德气体有限公司、江苏淮特钢铁有限公司、江苏淮澳钢铁有限公司、淮安金太阳房地产开发有限公司等企业成立。2004年批准项目57个，协议外资和中国港澳台资1.43亿美元，实际到账1.21亿美元。台湾旺旺集团落户淮安，分别投资旺旺食品、旺旺置业、神旺大酒店等项目，江苏长青轻工制品有限公司、江苏清江电机制造有限公司等企业成立。2005年批准项目103个，协议外资和中国港澳台资3.4亿美元，实际到账6771万美元。江苏省井神盐业有限公司、淮安金鑫球团矿业有限公司、淮安福满多食品有限公司、江苏新海电子制造有限公司等企业成立。

2006年批准项目137个，协议外资和中国港澳台资6.41亿美元，实际到账1.52亿美元。中国台湾鸿海集团落户淮安，投资成立富士康（淮安）科技集团，并设立宏恒胜电子科技（淮安）有限公司、富准精密模具（淮安）有限公司、富誉电子科技（淮安）有限公司。富士康（淮安）科技集团一期投资规模3亿美元，为淮安市首家世界500强投资企业。耐盛皮具（淮安）有限公司、淮安汤始建华管桩有限公司、正雄（淮安）制衣有限公司等企业成立。

2007年批准项目117个，协议外资和中国港澳台资7.27亿美元，实际到账3.53亿美元。台湾明基集团投资成立淮安达方电子有限公司。淮安百隆实业有限公司、江苏施塔德电梯有限公司、淮安首裕置业有限公司等企业成立。

2008年批准项目142个，协议外资和中国港澳台资11.45亿美元，实际到账4.55亿美元。淮安金鹰国际购物中心有限公司成立，成为全市最大的外商投资商贸零售业企业。江苏展旺管业有限公司、井源水务（洪泽）有限公司成立。

1986—2008年淮安市利用外资和中国港澳台资情况表

表10-1

年份	新批项目（个）	协议外资和中国港澳台资（万美元）	实际到账外资和中国港澳台资（万美元）	年份	新批项目（个）	协议外资和中国港澳台资（万美元）	实际到账外资和中国港澳台资（万美元）
1986	1	100.0	35.0	1998	28	5835.0	5635.0/8559.0
1987	1	88.2	34.0	1999	28	1215.0	3639.0/12096.0
1988	1	62.0	87.0	2000	25	1818.0	3404.0/9020.0
1989	3	847.5	320.0	2001	24	9153.0	1804.0/5500.0
1990	2	284.7	360.0	2002	42	5080.0	4705.0/6300.0
1991	6	153.5	125.8	2003	66	13820.0	10036.0
1992	95	3672.0	361.8	2004	57	14331.0	12051.0
1993	162	6726.7	2396.0	2005	103	34003.0	6771.0
1994	126	2917.0	478.9	2006	137	64070.0	15248.0
1995	59	7058.0	3746.0	2007	117	72662.0	35257.0
1996	29	4516.0	2931.0/4002.0	2008	142	114509.0	45465.0
1997	17	1552.0	4020.0/8092.0	—			

说明：1. 有两组数据的，前一个数据为直接利用外资，后一个数据包含其他方式利用外资数据；
2. 2005年起，实际到账外资数据按商务部统计口径为注册外资实际到账额

第四节 外资和中国港澳台资重点项目

1993年，淮阴市批准成立江苏利淮钢铁有限公司，总投资3000万美元，协议外资750万美元，到账外资750万美元，为全市首家超3000万美元的外资企业。

1996年，由韩国轮胎株式会社投资的江苏韩泰轮胎有限公司落户淮阴市，实现全市外资大项目的突破。初期总投资9188万美元，注册资本3123万美元。至2008年年末，该公司总投资4.68亿美元，注册资本1.9亿美元，实现销售收入40亿元，纳税总额2.9亿元，连续4年获评全国外商投资500强企业。

2003年，批准成立金湖县江苏理士电池有限公司，总投资1000万美元，为淮安市县（区）第一个总投资超千万美元项目。至2008年年末，该公司总投资3500万美元，协议外资3411万美元，实际到账2600万美元。

2004年，中国台湾旺旺集团落户淮安市，设立淮安旺旺食品有限公司、淮安旺旺置业有限公司、淮安神旺大酒店有限公司。淮安旺旺食品有限公司总投资300万美元，注册资本210万美元，至2008年年末，总投资9000万美元，协议台资4010万美元。淮安旺旺置业有限公司总投资2980万美元，注册资本1250万美元，2008年总投资增加至4480万美元，协议台资2750万美元，实际到账2750万美元。淮安神旺大酒店有限公司总投资2980万美元，注册资本1500万美元，2008年总投资增加至5198万美元，注册资本增加到4098万美元。2008年，设立淮安神旺房地产有限公司，投资总额2998万美元，注册资本2000万美元。

2006年，中国台湾鸿海集团落户淮安市，成立富士康（淮安）科技集团。至2008年年末，注册富誉电子、富准模具、宏恒胜电子、富盟电子、富星精密组件、鑫矽电子6家台资公司，以及2家内资公司。富誉电子科技（淮安）有限公司初期总投资9800万美元，至2008年年末，总投资增加至39560万美元，注册资本16620万美元。宏恒胜电子科技（淮安）有限公司初期总投资9600万美元，注册资本3300万美元，至2008年年末，总投资增加到29400万美元，协议资金增加至13600万美元，到账资金6600万美元。富准精密模具（淮安）有限公司初期总投资9500万美元，注册资本3300万美元，至2008年年末，总投资增加到29360万美元，协议台资增加到9920万美元，到账台资6620万美元。富盟电子科技（淮安）有限公司总投资4900万美元，协议台资2000万美元，到账台资800万美元。富星精密组件（淮安）有限公司总投资4100万美元，协议台资1800万美元。

2007年，明基集团落户淮安市，成立淮安达方电子有限公司，总投资2500万美元，注册资本1000万美元。至2008年年末，总投资增加到13998万美元，协议台资增加到4900万美元，到账台资4900万美元。是年，百隆实业有限公司落户清河区，总投资9900万美元，协议资金3999万美元，到账资金3999万美元。至2008年年末，总投资增加至12990万美元，协议资金增加至4999万美元。

2008年，批准成立首家大型商贸服务业企业——淮安金鹰国际购物中心有限公司，总投资3395万美元，协议台资429万美元，到账台资429万美元。

1986—2008年，有33个国家外商和中国港澳台地区的客商到淮安市投资，按实际投资额划分投资来源国别和地区，占据前6位的分别是中国香港、中国台湾、新加坡、美国、韩国、欧洲。

6个国家和地区在全市投资项目1121个，投资总额121.87亿美元，协议外资和港澳台资45.74亿美元，实际到账21.93亿美元，分别占总数的89.75%、92.5%、87.17%、87.16%。2008年，实际投资额占据前5位的国家和地区分别是中国台湾（实际到账5.45亿美元，占总额的45.45%），中国香港（实际到账4.73亿美元，占总额的39.63%），美国（实际到账7335万美元，占总额的4.39%）、法国（实际到账2300.4万美元，占总额的1.9%），马来西亚（实际到账1618.54万美元，占总额的1.34%）。这5个国家和地区的实际投资占2008年全市利用外资和中国港澳台资总额的92.71%。

2008年淮安市生产经营“十佳”外资和中国港澳台资企业情况表

表10-2

企业名称	投资总额（万美元）	营业收入（万元）	利润总额（万元）	纳税总额（万元）	进出口（万美元）
江苏韩泰轮胎有限公司	46822.60	428389.41	2982.02	25421.67	47145.69
江苏淮澳钢铁有限公司	3000.00	1875402.85	58493.78	25127.97	5299.83
富誉电子科技（淮安）有限公司	49460.00	352517.82	6497.73	2679.39	130850.00
淮安汤始建华管桩有限公司	2850.00	82060.53	14726.42	5450.25	—
江苏理士电池有限公司	10000.00	102161.27	12995.11	4343.61	8095.42
淮安旺旺食品有限公司	18000.00	75051.45	14233.06	3186.70	1117.06
淮安戴梦特原料有限公司	3019.82	47909.61	6080.69	1382.34	—
富准精密模具（淮安）有限公司	29360.00	29955.55	13693.29	2378.34	7632.00
江苏泰丰针织有限公司	3009.66	7485.75	572.71	332.16	1332.23
淮安同方水务有限公司	4833.04	6078.29	1208.03	371.07	—

1986—2008年淮安市引进外资与中国港澳台资国别和地区结构表

表10-3

国别（地区）		批准外资项目（个）	投资总额（万美元）	协议注册外资（万美元）	注册外资实际到账	
					累计数（万美元）	占比（%）
合计		1644	1313365.20	702535.30	357459.80	100
1	中国香港	671	505012.47	280889.34	151743.10	42.45
2	中国台湾	470	479413.10	251536.20	140058.40	39.18
3	韩国	51	53482.50	22845.70	19539.00	5.47
4	美国	145	76857.20	45501.10	10846.10	3.03
5	新加坡	36	52636.48	25620.88	10430.90	2.92
6	澳大利亚	24	14970.30	6803.50	2083.10	0.60
7	萨摩亚	2	5996.00	4500.00	1880.80	0.50
8	英国	16	5329.44	3755.62	1289.40	0.40
9	日本	38	5360.43	2382.68	1362.60	0.38
10	西班牙	8	3617.70	1277.20	1042.20	0.30
11	其他国家和地区	183	110689.60	57423.08	17184.20	10.62

第二章　对外和对中国港澳台贸易

二十世纪八九十年代，国家对外贸体制实行重大改革，淮阴市外贸发挥资源、劳动力等优势，建立一批出口产品生产基地，推进外贸企业与生产单位的工贸联营，加快培育和壮大出口创汇企业，多渠道、多形式开辟出口供货业务，全市外贸发展活力不断增强，外贸收购逐年增长。1991年，淮阴市开始自营进出口贸易，当年进出口额131万美元。1995年，全市进出口贸易突破1亿美元。至2000年年末，全市有55家企业被外经贸部批准拥有进出口经营权，其中外贸企业12家、生产企业43家。2000年后，全市外贸加速发展，对外贸易主体和进出口规模持续快速扩大。2003年，全市“三资”企业出口规模超过流通外贸企业。2005年，对欧盟出口超过美国，欧盟成为淮安市第一大出口市场。2007年，全市外贸进出口总额14.48亿美元，其中出口9.2亿美元、进口5.28亿美元，增幅位居全省第一。2008年，淮安市与184个国家和地区建立贸易往来。全市拥有进出口经营权的企业超过700家，其中有进出口实绩企业375家、出口超1000万美元企业17家、超500万美元企业38家。全市进出口总额17.71亿美元，其中出口突破10亿美元。

第一节　外贸体制

1980年，淮阴地区对外贸易公司撤销，成立淮阴地区对外贸易局，隶属于江苏省对外贸易局，下辖粮油食品进出口支公司、土畜产进出口支公司、纺织品进出口支公司、轻化机进出口支公司、包装进出口支公司、外运支公司6家公司和金湖、盱眙、洪泽、淮安、涟水、淮阴、泗阳、泗洪、宿迁、沭阳、灌南11家县外贸公司（局）及清江市外贸公司（局）。主要经营粮油食品、土产、畜产、丝绸、服装、纺织、轻工、工艺、化医、设备、机械11大类外贸产品。1983年3月，淮阴地区对外贸易局和清江市对外贸易局撤销，成立淮阴市对外贸易局。设有6家外贸支公司和11家县外贸公司（局）。主要经营粮油食品、土产、畜产、丝绸、服装、纺织、轻工、工艺、化工、医药、设备、机械12大类外贸产品。

1985年，淮阴市丝绸进出口支公司成立。1987年，淮阴市轻工机械进出口支公司拆分为淮阴市轻工业品工艺品进出口支公司和淮阴市五金矿产化工机械设备医药保健品进出口支公司。成立地方性质的淮阴市对外经济贸易公司，组织计划外出口商品和外销转内销产品调节市场。

1988—1990年，国家对外贸体制实行重大改革。由统一管理、统一经营、统负盈亏的外贸体制变为各级政府承包的外贸体制。市政府根据淮阴市对外贸易实际，采取切块承包、省市联营、共负盈亏、风险共担的原则，由市政府向省政府承包上缴国家外汇基数，完不成基数则由地方留成外汇抵交，超基数实行倒三七分成。实行省、市联营经营体制后，联营双方共负盈亏中应由市负责盈亏的部分，同市财政挂钩。3年承包期间，市、县（市、区）外贸公司机构设置、人员编制、劳动工资计划由江苏省外经贸委负责管理。市包装、外运公司则由国家包装、外运总公司管理。

1991年1月1日起，原来由各级政府向国家承包外贸指标，全部改为由享有进出口经营权的企业自负盈亏，平等竞争，取消国家对外贸出口的财政补贴，建立自负盈亏新机制。是年5月，市外经贸系统开始新一轮外贸承包。同年7月，江苏省外经贸委、劳动局在全省经贸系统实行工资总额包干。自此，淮阴市外贸企业开始自主经营、自负盈亏。

1992年，市、县（市、区）外贸公司的机构设置、人员编制、劳资财务等全部由省划归市、县（市、区）管理，其财务与省外经贸委、省外贸专业公司脱钩，纳入同级财政预算管理，市外运、包装公司的人员编制、劳动关系、财务关系仍由省公司垂直管理，市化工进出口公司的人、财、物从市外经贸委管理改为省垂直领导。同年4月，经淮阴市委、市政府批准，茧丝绸业务从外贸分离，淮阴市丝绸进出口支公司划出，组建淮阴市茧丝绸总公司，隶属于市政府。是年，淮阴市外贸集团总公司成立，市外经贸委、集团总公司、对外贸易公司实行“一套班子，三块牌子”。淮阴市对外贸易公司自1992年获得自营进出口权（以下简称“自营权”）后，各外贸公司开始向淮阴市对外贸易公司借权经营（自营权延伸）。1994年，《淮阴市对外贸易公司延伸进出口经营权暂行条例》出台。至1994年年末，自营权延伸至28家公司。1996年，县级外贸公司经外经贸部批准全部获得自营权，结束借权经营。

1994—1995年，淮阴市市属轻工、纺织、经贸、深特、服装、土畜产6家企业进行第一轮股份制改革，职工国有身份不变。1997年，市外经贸委与市外贸集团总公司、市对外贸易公司实行政企分开后，对市属外贸企业进行清理整顿，将亏损严重、运转困难的外贸企业重组改制，成立中贸、华盛、舜杰等国有参股的进出口有限公司，对企业职工的国有身份进行置换。2000—2001年，按照江苏省外经贸厅的统一部署，结合申请进出口经营权，淮阴市外经贸委研究出台《关于进一步深化外贸企业改革的指导性意见》，制定《淮阴市外贸企业改革整体方案》并报市政府批准，分别对市属借用对外贸易公司进出口经营权的企业和6家县级外贸企业进行改制，江苏海隆贸易有限公司、淮阴华盛有限公司、淮阴深特有限公司、淮阴舜杰服装公司、江苏开来有限公司、淮安大唐国际贸易有限公司等企业经改制后获得进出口经营权。至2001年年末，基本完成市级外贸系统企业的国退民进和企业职工国有身份的置换工作。全市政企合一的国有外贸体制宣告结束，实行政企分开、自主经营、自负盈亏的外贸新体制。

2004年7月1日起，中国对外贸易经营者实行备案登记制，淮安市外贸经营主体大幅度增加。至2008年年末，淮安市拥有进出口经营权的企业超过700家，其中有进出口实绩企业375家。

第二节 出口贸易

1978年，淮阴地区出口商品档次低、品种少、数额小。是年，全地区外贸供货额7132万元。

二十世纪八九十年代，国家对外贸体制进行多次重大改革，出口贸易快速发展。1983年，全市对外贸易收购总值1.74亿元。1986年，全市对外贸易收购总值2.76亿元。至1991年，全市对外贸易收购总值9.19亿元，为1978年的12.89倍，年均递增21.73%，出口产品发展至15大类240多个品种。1995年，全市对外贸易收购总值55.36亿元。1996年起，按照《对外贸易经济合作部、国家统计局关于下达〈对外贸易业务统计制度〉的通知》的要求，淮阴市不再统计外贸收购值指标。

1978—1995年淮阴市对外贸易收购总值一览表

表10-4　　单位：亿元

年份	完成实绩	年份	完成实绩
1978	0.71	1987	3.20
1979	1.11	1988	8.33
1980	1.05	1989	—
1981	1.38	1990	8.00
1982	1.53	1991	9.19
1983	1.74	1992	15.00
1984	1.91	1993	22.54
1985	2.37	1994	41.89
1986	2.76	1995	55.36

1998年，针对美国对中国出口龙虾仁提出的反倾销议案，市粮油食品公司参加中国土畜商会组织的应诉，获得龙虾仁产品出口美国的最低关税待遇。至2000年年末，淮阴市与105个国家和地区建立货物贸易关系，较1995年增加48个，其中对欧盟、美国、韩国、日本和中国香港5个国家和地区出口1.06亿美元，占全市出口总额的57.76%。全市有55家企业被外经贸部批准拥有进出口经营权，其中市级外贸企业6家、县级外贸企业6家、生产企业43家，形成市、县外贸企业、自营进出口生产企业和“三资”企业齐头并进、协调发展格局。全市工业制成品出口额占当年出口总额的85%，其中机电产品出口2710万美元，占出口总额的14.8%，较1995年提高约5个百分点。全市出口500万美元以上的产品有15个，出口额1.1亿美元，占全市出口总额的60.11%。

2001—2005年，淮安市累计完成进出口总额22.7亿美元，其中出口总额累计完成15.1亿美元。至2005年年末，全市有进出口实绩的企业213家，其中进出口规模突破千万美元的企业10家，占全市对外贸易比重近70%。大企业对外贸出口的支撑作用逐步显现，江苏韩泰轮胎有限公司、淮安源通制帽有限公司、江苏利淮钢铁有限公司、江苏理士电池有限公司等外资和中国港澳台资出口大户快速发展，成为淮安市外贸出口增长的主要动力，占全市出口总额的53%。出口产品中，工业制成品占比98%以上。进出口市场在巩固欧美、日本、韩国、中国台湾等传统市场的同时，不断拓展东盟、东欧、非洲、拉丁美洲等地区，与世界165个国家和地区建立贸易关系。至2005年年末，加工贸易出口额占全市出口总额的41.7%，居苏北地区首位，机电产品、高新技术产品出口额分别为8440.81万美元、584.82万美元，年均分别递增26.33%和38.66%。

2006—2008年，淮安市对外贸易主体队伍壮大，重大企业支撑作用明显。至2008年，全市有进出口实绩企业375家，其中出口超1000万美元企业17家、超500万美元企业38家，累计出口8.88亿美元，占全市出口总额的74.41%，拉动全市外贸出口增长23.95个百分点。其中，江苏韩泰轮胎有限公司出口3.29亿美元，位居全市出口企业榜首。2008年，全市增加出口实绩企业65家，累计出口4641.56万美元。出口商品结构有所变化，机电、高新技术产品出口增长迅速。橡胶轮胎、机电、纺织服装、鞋帽制品等产品推动全市出口稳步增长，同比分别增长11.48%、48.09%、49.45%和24%。其中，机电产品出口2.99亿美元，占全市出口总额的25%；高新技术产品出口3335.05万美元，占全市出口总额的2.79%。出口品牌创建取得成效，江苏金石集团的“JMP”牌产品被评为2008年度江苏省重点培育和发展的出口名牌，并被列为中国出口名牌候选名单，“康尔馨”“LEOCH”等品牌进入出口品牌培育的后备队伍。推进出口基地建设，加快石油机械、抽纱等产业集聚，培育一批具有自主创新能力和国际竞争力的骨干企业。

2008年前3季度，全市外贸流通企业、生产企业、“三资”企业分别出口2.09亿美元、1.43亿美元和5.59亿美元，同比分别增长21.06%、53%、40.35%。进入第四季度以后，国际金融危机和国家宏观调控对淮安外贸出口的影响开始显现，出口整体下滑，11月、12月全市分别有120家和118家企业当月出口出现负增长。12月，出口超500万美元以上的8家生产企业中有5家同比下降，其中有4家降幅超过50%以上；出口超500万美元以上的15家“三资”企业中有9家同比下降，其中有5家降幅超过45%以上。对欧盟、美国当月出口增幅锐减，12月对美出口首次出现负增长，同比下降1.3%。

1991—2008年淮安市自营出口情况表

表10-5　　单位：亿美元

年份	自营出口额	年份	自营出口额
1991	0.01	2000	1.80
1992	0.04	2001	2.01
1993	0.22	2002	2.06
1994	0.22	2003	2.42
1995	1.11	2004	3.81
1996	1.25	2005	4.77
1997	0.78	2006	6.59
1998	1.01	2007	9.20
1999	1.27	2008	11.94

第三节　进口贸易

1978年以前，淮阴地区进口贸易量极少。1978年后，国家实行对外开放政策，设备引进审批权下放，利用外资、引进技术和设备增多。各行业围绕老企业技术改造、新兴产业开发，增加出口产品，多渠道、高层次、多元化地引进国外先进技术设备。

1982—1987年，全市通过利用补偿贸易、国际租赁、地方留成外汇及自筹外汇、外汇贷款等方式进口技术设备和原材料，累计用汇3197.48万美元，进口技术设备1742台（套）。进口货物主要来自美国、日本、联邦德国和中国香港等10多个国家和地区。至1992年，进口货物均由企业委托有外贸经营权的公司开展。1993年后，实行自营进口，即企业以自身名义报关并办理货物清关。1993—2000年，全市自营进口开始起步，全市进口贸易总额2.28亿美元，进口商品有9个大类140多个品种，主要产品有机电、橡胶、化工产品、纺织原料等，进口来源地有30个国家和地区，遍布亚洲、欧洲、北美洲和大洋洲。其中，1998—2000年，江苏韩泰轮胎有限公司进口额0.76亿美元，占全市3年进口额的48.41%；江苏淮钢集团进口额0.26亿美元，占全市3年进口额的16.56%；市对外贸易公司进口额0.16亿美元，占全市3年进口额的10.19%；华顶鞋业有限公司进口额0.1亿美元，占全市3年进口额的6.36%。3年间，全市进口机电产品0.75亿美元，占全市进口额的47.77%；进口橡胶及制品0.27亿美元，占全市进口额的17.2%；进口有机化工产品0.19亿美元，占全市进口额的12.1%；进口纺织原料0.15亿美元，占全市进口额的9.55%。2000年，全市有进口实绩企业30余家。全年从亚洲进口0.57亿美元，为第一大进口市场，占当年全市进口额的81.43%。

2001—2008年，淮安市自营进口快速发展。进口货物主要以工业原材料和机电设备为主，进口额超100万美元以上的商品有50个，依次为机械电器、车辆及运输设备、钢铁、矿产品、电子器件等。2008年，全市进口额5.77亿美元，进口产品包括12个大类210多个品种，其中矿产品、橡胶及其制品、机电产品为进口前三大类商品，进口额分别为1.93亿美元、1.76亿美元和1.01亿美元；进口主要来源地为亚洲、欧洲、拉丁美洲、北美洲的40多个国家和地区，其中泰国、巴西和澳大利亚是前三大进口来源国，当年进口额分别为1.18亿美元、0.95亿美元和0.59亿美元，占全市进口额的47.14%。有进口企业81家，其中外资企业进口3.44亿美元，占全市进口总额的59.62%；内资生产型企业进口2.11亿美元，占全市进口总额的36.57%；流通型外贸企业进口0.22亿美元，占全市进口总额的3.81%。江苏淮钢集团进口规模最大，全年进口额1.91亿美元，占全市进口额的33.1%；江苏韩泰轮胎有限公司为第二大进口企业，全年进口额1.82亿美元，占全市进口额的31.54%。在各类进口产品中，铁矿砂和橡胶进口增长迅速，较2000年增长17.65倍。2008年第4季度，受国际金融危机影响，全球经济增长放缓，江苏淮钢集团铁矿砂进口减少。在各种贸易方式中，一般贸易进口2.91亿美元，占全市进口额的50.43%；加工贸易进口2.21亿美元，占全市进口额的38.3%。

1991—2008年淮安市自营进口情况表

表10-6　　单位：亿美元

年份	自营进口额	年份	自营进口额
1991	0	2000	0.70
1992	0	2001	0.84
1993	0.02	2002	0.77
1994	0.42	2003	1.34
1995	0	2004	2.60
1996	0.06	2005	2.05
1997	0.21	2006	3.62
1998	0.40	2007	5.28
1999	0.47	2008	5.77

第四节　重点进出口商品

淮安市出口商品最早主要是薄荷原油、蜂蜜、金针菜、鸡蛋、兔肉、脱水蔬菜、龙虾、皮张等农副产品，后来逐渐扩大到服装、鞋、棉织物、药品及中间体、玩具、工农具、机械、香精香料、农药等。2000年后，钢铁及制品、电机、橡胶轮胎、蓄电池、电子信息产品、机械设备、汽车及配件等产品出口发展迅速，且成为全市出口的主要产品。淮安市进口商品不多，主要集中在天然橡胶、合成橡胶、铁矿砂、纺织纱线和织物、塑料、薄荷油等原料以及纺织机械、加工机床、电路设备等生产用设备及配件。

一、农副产品

（一）薄荷原油

1978年，淮阴地区收购薄荷原油871吨。1979年达到最高峰，为1465吨，收购值3516万元，居江苏省首位。外贸部门在技术、资金、设备等方面，均给予种植户支持。但部分种植户未按照国家计划，盲目扩大种植面积。至1979年，全省薄荷原油产量远超国家收购计划和国际市场需求量，生产过剩导致产品积压。为此，国家采取限制发展措施，降低收购价格、降低进口化肥奖售标准、减少调剂良种的费用补贴等，要求按照国家收购计划种植。由于宣传工作不到位，限量、降价等措施挫伤农民的生产积极性。从1980年起，薄荷原油产量逐年下降。1983年全市仅收购168吨，1987年收购290吨，一直未完成国家下达的450吨指标。其产品主要销往日本、美国、罗马尼亚。20世纪90年代后，基本无收购。

（二）蜂蜜

1978年，淮阴地区收购蜂蜜200吨，1979年收购1170吨，1985年收购1520吨，1987年收购1160吨。收购量时高时低的原因主要是产蜜季节性强、时间短、雨水季节和产蜜季节矛盾等，直接影响到蜂蜜的产量。至2008年年末，全市蜂蜜存栏量5461箱，其中盱眙县达5000箱。产品主要出口到美国、日本、韩国。

（三）泡桐原木

1980年，淮阴地区对外贸易公司开始收购泡桐原木，出口日本。出口量一直居全省首位，收购的重点在灌南、沭阳、涟水等县。1981年，出口泡桐原木1545立方米。1984年，出口泡桐原木8000立方米。1987年，出口泡桐原木7670立方米，并出口桐木板材1000立方米，外贸收购额661.6万元人民币，外汇236.75万美元。产品主要销往日本。1996年行政区划调整，泡桐主要产地析出，至2008年无出口。

（四）金针菜

1978年，淮阴地区收购金针菜1200吨。主要销往新加坡、马来西亚等国家和中国香港、中国澳门地区。由于金针菜一直存在内外销的矛盾，即内销量大，且不用加工，价格高于外销；而外贸收购计划无保证，价格不稳定。自1980年后，淮阴市的金针菜出口任务逐渐被其他市代替。1981年、1982年未收购。1983年收购200吨。1984年和1985年收购量均在100吨以下。1986年、1987年未收购。1996年行政区划调整，金针菜主要产地析出，至2008年无出口。

（五）山羊板皮

1978年后，山羊板皮在国际市场极为畅销，外贸部门将山羊板皮列入收购计划，农村开始大量养羊。1978年年底，淮阴地区收购26万多张山羊板皮。1980—1985年，年收购量55万～60万张，主要销往意大利、美国、西班牙、法国、德国、英国、日本、瑞典等国家和中国香港地区。1986年，由于外省市客商涌入收购，加上个体商贩高价抢购，致使当年外贸收购量降至21.58万张，1987年仅为16万张。

（六）黄狼皮

1978年，淮阴地区外贸收购出口黄狼皮8万张，1981年收购11万张。收购量最多的是1986年，为14.3万张，涟水、淮安、淮阴等县收购量均超过万张。主要销往日本、西德、意大利等国家和中国香港地区。

（七）螃蟹

淮安市清水大闸蟹闻名中外，畅销东南亚、日本、美国等国家和中国香港地区。1978—1980年，收购量均接近300吨。此后，外贸年收购量逐渐减少。1981年和1983年均收购近200吨，后来每年在20～30吨。2004年，全市出口螃蟹42吨。2008年，全市出口螃蟹162吨。

（八）鲜鸡蛋

1978—1987年，鲜鸡蛋年均收购量100万公斤，最多的年份是1987年，为300万公斤，最少年份收购量75万公斤。以供应中国港澳地区为主。2000年后，鲜鸡蛋无外贸收购。

（九）兔肉

1978年后，淮阴地区外贸部门将发展菜兔生产、增加冻兔肉出口创汇列入重点出口工作之一，以淮阴、宿迁、沭阳、淮安等县为菜兔饲养基地。1979年收购冻兔284吨，产值179万元。1981年收购217吨，产值136.7万元。1984年收购197吨，产值124万元。由于淮阴市农村无养兔传统，发动户养难度大，且养兔技术性要求高、兔子成活率低，经济效益不高。另外，因活兔收购价格未按时合理调整，影响农民积极性，导致1986年仅收购51.6吨，产值32.5万元。产品主要销往美国、英国、日本等国家和中国香港地区。1987年后，外贸未收购。

（十）龙虾

1990年，淮阴市通过出口供货开始出口淡水小龙虾。1992年，开始自营出口。1996年，美国对原产于中国的淡水小龙虾尾肉进行反倾销调查，征收反倾销税，对淮阴市龙虾出口造成较大影响。龙虾出口主要企业淮阴外贸公司应诉，获得91.5%的最低关税，淡水小龙虾继续向美国出口。1998—1999年，淮阴市分别出口龙虾5969吨、4256吨，创汇2384万美元、1832万美元。2000年，国内小龙虾消费趋热，小龙虾价格升高，同时欧盟开始检查小龙虾氯霉素残留，对龙虾出口产生巨大影响，全市龙虾出口大幅减少，年出口仅2000吨，年出口额不到800万美元。2004—2008年，由于国内龙虾消费市场兴起，龙虾收购价格高涨，出口价格优势逐渐消失，企业动力不足，出口急转直下，出口量减少六成左右，年出口额仅200万～300万美元。龙虾系列产品主要销往美国、新加坡、挪威、比利时、丹麦、瑞典等国家和中国台湾地区。美国是淮安市龙虾出口的第一大市场。

二、工业产品

（一）服装及衣着附件

淮安市出口服装及衣着附件主要是非针织或钩编织物服装、针织或钩编服装、针织帽、皮革服装、织物制手套等。1985—1987年，全市外贸年收购出口300万～500万件（套）。1998年，服装及衣着附件出口额1807万美元。2000年，服装及衣着附件出口额2139万美元。2000—2005年，全市服装及衣着附件出口企业增多，增速加快，年均增长25.2%，其中2005年出口额突破5000万美元。2007年，服装及衣着附件出口额突破1亿美元。2008年，全市服装及衣着附件出口企业有100多家，产品远销欧盟、美国、日本、挪威、加拿大、澳大利亚、中东、智利等100多个国家和地区。

（二）钢材

淮安市钢材出口产品以钢铁棒材和无缝钢管产品等为主。1998年以前，淮阴市没有钢材产品出口。1999年，出口钢材167吨、6.4万美元，主要出口企业为淮阴市外贸公司和县级淮安市外贸公司。2000年，钢铁生产大户江苏淮钢集团开始出口钢材产品，当年出口额26.1万美元。2005年，江苏利淮钢铁有限公司、江苏淮澳钢铁有限公司、淮安振达钢管制造有限公司等企业出口钢材1.7万吨。2008年，全市出口钢材5.6万吨，出口额4854万美元，主要销往韩国、东盟、中东、加拿大、巴西等国家和地区以及中国台湾。

（三）橡胶轮胎

橡胶轮胎是淮安市最大的出口商品之一，主要出口企业是江苏韩泰轮胎有限公司。该公司以加工贸易为主，主要从国外进口天然橡胶、合成橡胶等原材料，加工成品后出口到北美、欧洲、中南美、亚洲等地。1998年开始出口，当年出口2.4万条，出口额74万美元。2000年扩大生产规模，2001年出口153万条，出口额超过5000万美元。2004年，轮胎产品结构调整，产品竞争力增强，当年出口285万条，出口额突破1亿美元。2007年，轮胎出口退税率由原来的13%下调至5%，企业利润空间受到挤压，但当年出口仍保持较快增长，年出口706万条。2008年，受金融危机影响，加上出口退税率仍保持5%，轮胎出口较2007年减少33万条，出口673万条，出口额3.28亿美元，首次突破3亿美元，创淮安市轮胎出口额历史最高纪录。

（四）香精香料

香精香料是淮安市出口增长较快的产品之一，以加工贸易出口为主，主要从印度、印度尼西亚等国家进口原料，加工为成品后出口，主要出口企业有淮阴外贸公司、淮安万邦香料工业有限公司、江苏大华药业有限公司、淮安万康香精香料有限公司、翔升香料（淮安）有限公司，主要出口产品为左/右旋香芹酮、水杨酸系列及其他酯类产品，薄荷脑、薄荷素油、桉叶油、桉叶素、樟脑、冬青油等天然香料、合成香料、香精，主要出口欧盟、美国、中东、东盟、印度等国家和中国香港地区。1998年，全市出口香精香料295吨，出口额190万美元。2000年，出口香精香料773吨，出口额613万美元。2005年，万邦香料、大华药业等企业兴起，香精香料出口加快发展。至2008年，年均增长47%，年出口额突破5000万美元。淮安市香精香料出口重点企业中，淮安万邦香料工业有限公司香芹、茉莉香两种产品的国际市场占有率分别为66.7%和33.3%。

（五）农药及中间体

淮安市农药主要出口企业为江苏安邦电化有限公司。1998年，江苏安邦电化有限公司开始自营出口，当年自营出口额9.14万美元。2000年后，该公司出口快速增长，主要产品有杀虫剂（杀虫单、吡蚜酮、噻嗪酮、硫丹等）、除草剂（草甘膦、醚磺隆等）和植物生长调节剂（乙烯利等）及其化工中间体。产品远销印度、南非、澳大利亚、美国、中东、巴基斯坦、拉美、俄罗斯、东欧等40多个国家和地区。其中，2000—2005年农药及中间体出口快速增长，年均增幅在100%以上。至2008年，淮安市农药及中间体出口继续保持较快增长。

三、工业原材料

淮安市进口的工业原材料主要是铁矿砂，进口企业主要为江苏淮钢集团有限公司。1998年，铁矿砂进口量4.68万吨，进口额128万美元。2004年，进口量108.9万吨，进口额8703万美元。2005—2008年，铁矿砂进口保持高位运行。2006年，进口量142.9万吨，进口额突破1亿美元。2007年，进口量181.5万吨，进口额1.87亿美元。2008年，进口量128.8万吨，进口额1.91亿美元。进口来源地初期主要是澳大利亚、马来西亚、印度、印度尼西亚、沙特阿拉伯等国家和地区，后来逐步扩展到巴西、南非、美国、秘鲁、智利、委内瑞拉、俄罗斯、乌克兰等世界各地。2006年，淮钢集团被江苏沙钢集团有限公司收购。2008年第4季度，沙钢集团内部调整，淮钢集团所需的铁矿砂等原材料由自营进口改为多数从沙钢总部购进，以人民币结算，少批量自营进口。淮安市铁砂矿进口量锐减。

1991—2008年淮安市自营进出口情况汇总表

表10-7　　单位：亿美元

年份	进出口额	年份	进出口额
1991	0.01	2000	2.50
1992	0.04	2001	2.85
1993	0.24	2002	2.83
1994	0.64	2003	3.76
1995	1.11	2004	6.41
1996	1.31	2005	6.82
1997	0.99	2006	10.21
1998	1.41	2007	14.48
1999	1.74	2008	17.71

第三章　外经合作

1985年起，淮阴市开始开展对外经济技术合作。1994年，淮阴国际经济技术合作公司获得外经签约权，成为全市首家拥有外经经营权的企业。1997年和2000年，市水建集团和淮建集团相继获得外经经营权。2001年，江苏中淮建设集团获得外经经营权。2002年，涟水建筑工程公司、淮安市建筑设计院获得外经经营权。外经项目由发展之初的单一援外拓展到对外劳务合作、承揽境外工程和开展境外投资。全市对外工程承包和劳务合作进入新的发展时期，对外承包和劳务合作领域拓宽，合作层次提高。全市利用广播、电视、报纸等媒体宣传外经工作，激发群众出国务工热情，对外劳务输出连续多年以20%左右的速度增长。市委、市政府多次在北京、上海、大连、青岛、南京等地举办外经合作联谊活动，各县（区）也把外经招商作为总体招商的重要方面，拓宽外经合作的渠道。全市对外经济技术合作加强，外经经营主体壮大，合作范围从非洲延伸到亚洲、欧美等30多个国家和地区，合作领域从服务业发展到农业、水利、建工、纺织、渔业、卫生、机电等多个行业。至2008年，全市外经合作累计营业额13.46亿美元。全市拥有外经经营权企业10家，外派劳务中介公司38家。对外工程承包份额持续上升。全市新签承包工程合同额占全市外经合同额的50%以上。

第一节　境外承包工程

淮安市境外承包工程开始主要以建筑业为主，通过“挂靠横联”，采取借权经营，紧密挂靠外经业务好、有对外签约权的“中”字头大公司，实施二、三级承包。1987年，市水利局和中国水利水电对外公司合作承建合同额为349万美元的援建索马里费诺力干渠加固工程，开创淮阴市承揽海外工程的先河。1992年，全市对外承包工程和劳务合作的合同金额1191万美元，完成营业额544万美元。1993年起，对外承包工程规模提升，市水利局从中国江苏国际经济技术合作公司、中国海外工程总公司分别争取并承揽贝宁水渠水坝工程项目及毛里塔尼亚“580”农田整治工程，两项工程总值920万美元，合同额493万美元。1994年，全市签订外经项目20个，完成外经合同额1121万美元；执行外经项目42个，完成营业额760万美元。是年，淮阴的外经项目遍及美国、日本、德国、罗马尼亚、俄罗斯、科威特、也门、苏里南及中国香港、中国台湾、中国澳门等30多个国家和地区，其中以非洲和中东地区为主，其次为东南亚地区。是年，淮阴国际经济技术合作公司获得外经签约权，成为全市首家拥有外经经营权的企业。

1996年，淮阴市在北京举办外经联谊恳谈会，外经贸部合作司、中国对外承包工程商会、中国成套设备进出口总公司、中国海外工程总公司、中国海外经济合作总公司、中建总公司、中土总公司、中原公司、中农公司等28家公司应邀出席。达成意向性外经项目18项，其中市海外工程公司与中原公司洽谈阿尔及利亚科学城30万平方米的房建项目，市水利局与中国海经公司达成近千万元合同额的印度尼西亚小水电站项目意向。1997年，全市新签对外承包工程和劳务合同额3162万美元，完成营业额3011万美元。是年，市水建公司获得外经经营权。

1998年，由市国际公司承揽的合同额1402万美元的新加坡兀兰政府组屋工程交付使用，市水建公司在贝宁的三塘水坝工程完工，市淮建公司获外经签约权。市直外经企业发挥获权优势，累计新承揽海外工程项目7个，合同额2621.7万美元，主要是秘鲁20座桥梁修复工程、贝宁水库、新加坡公寓楼、马拉维中学、赞比亚卫生院、津巴布韦助产士培训中心和几内亚三期水厂；竣工项目2个，合同额436万美元，分别是赞比亚女子学校和纳米比亚兵营项目。2000年，全市实现外经营业额2.65亿美元，发展出一批实力较强的施工企业。

图10-3　建设毛里塔尼亚“580”农田整治工程（1994年）
市档案馆　供

图10-4　建设贝宁共和国水坝溢洪道工程（1994年）
市档案馆　供

图 10-5 参加省水利厅外经项目——索马里费诺力干渠整治工程（2005 年） 陈光晰 摄

2001—2008年，全市累计新签外经合同额8.64亿美元，完成营业额10.7亿美元，年均分别增长13.2%、11.7%，海外工程承揽由分包向独立承包转变。其中，对外承包工程合同额超500万美元的境外工程项目有18个。2003年，江苏中淮建设集团有限公司在几内亚承揽840万美元的科纳克里市区污水管网项目、在沙特承建500万美元的商业大楼项目，市水建集团有限公司与中国电力对外公司共同承揽合同额为1216.8万美元的秘鲁房建项目。2004年，市水建集团有限公司签下莫桑比克1493万美元的复线船闸和756万美元的水利项目。2005年，江苏淮建集团有限公司承揽沙特合同额700万美元的商住楼工程项目。2006年，江苏中淮建设集团承揽620万美元的苏丹绿色大厦项目。2007年，江苏中淮建设集团有限公司在苏丹签下合同额为857万美元的麦洛维大坝项目；涟水建设工程公司在特立尼达和多巴哥承建600万美元的海雾龙高地塔楼项目，该公司还与泰国S.T.A国际股份有限公司签订1385万美元的泰国社保局"1506"项目第二期工程；江苏金建建设集团有限公司在蒙古国承揽合同额为2011万美元的巴音尔斯公司住宅楼项目。2008年，江苏金建建设集团有限公司在安哥拉承揽合同额为1520万美元的海军营房工程，江苏中淮建设集团有限公司在苏丹承揽合同额为512万美元的外交部办公大楼装修工程等。全市新签承包工程合同额占外经合同额的50%以上。

第二节 对外劳务合作

淮安市的对外劳务合作主要是以向外输出劳动力为主。1986年，淮阴市开始有少量外派劳务，主要为电工、瓦木工、厨师和汽车司机等专业技术人员，由省、市外贸系统与有关部门联合组织输出，主要派往沙特、科威特等中东国家。

1996年，市政府在北京外经联谊恳谈会上，通过中国对外承包工程商会，协议外派劳务人员600人。1998年，市水建公司发挥新获外经经营权的优势，与新加坡签订40名劳务人员输出项目。

1991—2000年，全市派出境外劳务10249人，年均递增135.3%，建立以新加坡、中东和非洲为主的境外劳务市场。其间，以外派劳务为主的县（市）级外经合作启动，并逐步成为全市外经合作新的增长点。

2000年后，外派劳务由传统建筑、缝纫工种向护工、技工、研修生等高技能工种转变，主要派往新加坡、阿联酋、沙特、几内亚、秘鲁等国家。2001—2008年，全市累计新派劳务35661人，年均增长48.9%，高技能劳务输出比重11%，主要是厨师、护士、园林工、电子工等，劳务输出由量的扩张转向质的提升；外派市场在新加坡、日本、阿联酋、沙特、卡塔尔等重点市场的基础上，拓展澳大利亚、德国、泰国、蒙古等新兴劳务市场，全市劳务输出地达25个国家和地区。至2008年年底，全市在外劳务人员16668人。

1986—2008年淮安市外经情况表

表10-8

年份	外经营业额（万美元）	年末在外劳务（人次）
1986—1990	654.0	471
1991	48.5	165
1992	544.5	236
1993	1672.3	301
1994	759.8	385
1995	1389.8	439
1996	1332.7	862
1997	3010.6	1729
1998	4134.1	3385
1999	6146.5	4365
2000	7487.9	5507
2001	8544.2	6419
2002	9725.1	7842
2003	11542.0	10046
2004	11030.1	9692
2005	13061.0	10771
2006	15198.0	12099
2007	17611.0	13445
2008	20753.3	16668

第三节　对外经援和境外投资

1987年，淮阴市首次执行重修索马里费诺力干渠的经援任务，后又执行援助坦桑尼亚桑给巴尔医疗队项目。1994年，淮阴海外工程公司完成苏里南农机具经援任务，价值近600万元人民币的援外机电产品发运出境。

20世纪90年代初，淮阴市开始到境外设立小型窗口企业，后逐步发展到在境外设立生产型实体企业，投资主体和经营方式不断拓展。

2000年后，淮安市境外投资加速发展。一些企业开始探索"走出去"的路子，了解境外办企业的相关政策、法规，参加各种境外投资说明会、洽谈会等。2004年，淮安市进出口贸易有限公司在阿联酋成立金鹿自行车有限公司，从事自行车生产和销售。2005年，江苏中淮建设集团有限公司分别在几内亚和苏丹投资60万美元、200万美元设立公司，江苏淮阴建设集团有限公司设立科威特办事处。2007年，金湖石油机械有限公司投资61.5万美元收购美国WDI公司9.5%股权，成为全市首家参与跨国并购的企业。2008年，淮安天勤贸易进出口有限公司、淮安万方国际贸易有限公司分别投资55万美元、5万美元在日本和以色列设立办事处。至2008年年末，全市累计批准设立境外投资企业7家，总投资481.5万美元。

第四章　开发区建设

1988年10月18日，钵池乡党委、政府向淮阴市清河区委、区政府提出兴建钵池经济开发区的报告并提出总体规划和设想。1989年3月，中共淮阴市委、淮阴市人民政府决定在钵池乡兴建经济开发区，明确钵池经济开发区是淮阴市兴办的、多种经济并存的，实行国家、省、市某些特殊政策的经济发展区域。1992年5月，洪泽县成立淮宝经济开发区。1992年8月，淮阴市经济开发区成立。1993年10月，淮阴市经济开发区升格为省级开发区，更名为江苏省淮阴经济开发区。

图10-6　淮安经济开发区一角（2007年）　　淮安经济开发区管委会　供

1995年，江苏淮阴外向型农业综合开发区建立。1999年，涟水县确定涟水工业经济开发区区域范围。2000年起，在全市范围内规划建设26个乡镇工业集中区和民营企业园区。当年县级淮安市施河、金湖县黎城两个工业集中区被农业部命名为"全国乡镇企业示范区"。2001年，江苏省淮阴经济开发区更名为江苏省淮安经济开发区；江苏淮阴外向型农业综合开发区更名为江苏淮安外向型农业综合开发区。全市开始科学规划和高标准建设工业园区，提高园区引资项目聚集度。2001年年末，撤销淮宝经济开发区，设立洪泽县工业园区。江苏淮阴经济开发区启动建设，市政府同意设立盱眙工业园区。2002年，江苏楚州经济开发区启动建设，市政府批准建立金湖工业园区。

2006年起，淮安市开发区建设进入快速发展阶段，淮阴、洪泽、金湖、盱眙、涟水、楚州6家工业园区升格为省级经济开发区，全市有省级开发区8家。淮安经济开发区设立的淮安留学人员创业园先后被认定为省级和国家级留学人员创业园，成为吸引高层次人才到淮安创业的有效平台。2008年，淮安出口加工区获国务院批准设立，并通过国家九部委封关验收，成为国家级经济区域。

第一节　淮安经济开发区

一、规划布局

淮安经济开发区前身为钵池经济开发区，兴建于1989年3月，位于市区东郊钵池乡境内。1992年8月，淮阴市经济开发区成立。1993年10月，升格为省级开发区，更名为江苏省淮阴经济开发区。2001年，更名为江苏省淮安经济开发区。2006年9月，通过国家发展和改革委员会清理核准并予以公告。2007—2008年，淮安经济开发区经批准设立国家级淮安留学人员创业园、淮安出口加工区。至2008年年末，淮安经济开发区有淮安出口加工区、留学人员创业园、高等教育园区、盐碱科技产业园、软件园、台商工业园、韩国工业园、物流园区等特色功能区。辖3个乡、5个办事处，常住人口20万人，管辖区域面积119平方公里。

淮安经济开发区成立之初，面积约6.8平方公里，范围东起大寨河，西至两淮路，南起汕头路，北至丰收河，主要规划发展工业。后随着地域面积扩大，发展定位不断变化，开始制定不同的发展规划。尤其是2001年后，围绕"淮安市新型工业化的先行区、创新发展的先导区、现代服务业的集聚区、可持续发展的示范区和现代化的新城区"的定位和创建国家级开发区的总目标，对原控制性详规进行调整，把建成区调整为以商住为主的新城区，编制徐杨片区综合发展规划，完成出口加工区、高教园区、留学人员创业园、海关通关点、保税仓库、盐化学工业园、淮安台商工业园等特色功能区规划。

（一）西片区

淮安经济开发区西片区即老城区，规划区域位于淮安市中心城区东部，西至翔宇大道，东至新长铁路，南至宁连一级公路，北临废黄河，面积约22平方公里。在发展初期，规划功能定位为以发展高新技术产业为主，生活居住、公共设施相应配套的综合性城市新区。2005年年末，提出战略调整，实施"退二进三"（在产业结构调整中，缩小第二产业，发展第三产业）工程。2006年12月，功能定位调整为"中心城区重要的现代服务中心，高效便捷、配套完善、生态环境优越、独具风貌的现代化新城区"，规划可居住人口25万人。

（二）徐杨片区

该区域位于宁连一级公路东，南至茭陵抽水站引河，东至237省道，北至废黄河，面积约42平方公里，功能定位为“工业物流为主、居住综合配套的工业区，重点发展先进制造业和高新技术产业和现代物流业”。

（三）高教园区

该区域西至淮海南路，南至宁连路，北至大运河，东、南至宁连一级公路，面积约15平方公里，规划人口约13万人，功能定位为“以教育科研功能为主、居住功能为辅、配套设施完善、生态环境优越的大学城”。

图10-7　淮安高教园区一角（2008年）　　淮安高教园区管委会　供

（四）新港片区

该区域位于淮海西路南、西安路西、里运河北，面积约8平方公里，功能定位为“工业园区和仓储流通区，重点发展化工、机械、建材工业”。

（五）南马厂片区

2008年4月划归淮安经济开发区管理，范围为北抵废黄河、南达茭陵一站引河、东到南马厂片区行政界线、西至京沪高速公路，面积约22平方公里。功能定位为“以发展一、二类工业为主，构筑辐射苏北、承南启北、实现区域大贯通的高科技产业集聚地”。

（六）盐化工片区

2008年7月划归淮安经济开发区管理。该区域东至陆集路，南至淮洪路，西至张玉河，北至苏北灌溉总渠，面积约10平方公里。功能定位为“以发挥淮安岩盐资源优势，提升盐化工产业水平，培育千亿元级盐化工新材料产业，打造全国一流、全省领先的盐化工特色产业基地”。

二、基础设施建设

（一）道路建设

1992年12月，深圳路（两淮路向东1000米段）开始建设，为淮阴经济开发区建设的第一条道路。至2000年，先后建设杭州路、厦门路、济南路、韩泰路等，并完成道路绿化。2001年后，建设南京路、南昌路、汕头路、合肥路等。2006年，徐杨片区道路网建设全面铺开。至2008年年末，淮安经济开发区建成市政道路236公里，面积542万平方米，完成投资16.7亿元。西片区路网全部建成，主干道“五纵五横”。“五纵”即翔宇大道、南昌路、韩泰路、合肥路、南京路；“五横”即深圳路、厦门路、迎宾大道、汕头路、三亚路。徐杨片区路网基本建成，主干道也为“五纵五横”。“五纵”即广州路、飞耀路、康马路、徐杨中心路、苏州街；“五横”即深圳东路、青岛东路、迎宾大道、汕头东路、徐杨街。南马厂片区完成南马厂大道及厦门东路（南马厂段）建设。新港片区建设韩侯大道、青年路、通港大道、上海路等8条道路。高教园区建成正大路、枚乘路、枚皋路、学府路、承德路、天津路、通甫路、学苑路等，形成园区道路循环网络。盐化工片区建成洪盐路、台玻大道、淮盐路、盐北路、实联大道、盐南路，形成道路网。

（二）供水、供电、供热、通信设施建设

淮安经济开发区成立后，就开始供水、供电、供热等基础设施配套建设。至1994年年末，建成上、下水管道40601米，供电线路8000米，通信管道线路5652米，架设路灯线路2000米。2003年，淮安经济开发区基础设施建设投入5.39亿元，是前10年投入的总和。完成南昌北路、浦东路、青岛西路、南昌南路地下水道3046米；完成海口路、韩泰南路、深圳东路、珠海路及珠海路新村、马庄村安置点、机场村安置点供水管道9016米，架设南昌路、汕头路、济南路、威海路、苏州路等处路灯近7000米。2008年，淮安经济开发区自来水厂在建，设计日供水能力10万吨。

至2008年年末，铺设自来水管道113公里，累计完成投入4300万元，日供水能力8万吨。架设电力杆线224公里，建有清河变、黄岗变、新宇变3座220千伏变电所，山阳变、徐杨变、学府变等3座110千伏变电所，以及钵池变、移动变2座变电所，供电能力达124万千伏安，累计完成电力投入5.4亿元。铺设供热主管线35.3公里，完成投入1.2亿元，建有热电厂1座，供热能力120吨/小时。铺设燃气管线41公里，完成投入3200万元，日供能力140万立方米。铺设联通、电信、广电、移动等各类通信管线347公里，投入6200万元。

（三）排水与排污

2005年以前，境内排水实行雨污合流。2005年以后，排水实行雨污分流。新建道路雨污水管道与道路同步建设，并逐步对雨污合流区域排水系统进行截污导流改造。2007年，徐杨片区建成污水提升泵站4座、污水处理厂1座，日处理污水能力10万吨，全区范围实现雨污分流。2008年，完成建成区迎宾大道以北区域改造，铺设污水干管6.8公里，建有提升泵站1座。全区累计铺设雨水管道271公里，污水管道147公里。

三、园区发展

淮安经济开发区成立初期，只有零星的几家企业，规模小，技术含量低，第二产业在国民经济中所占份额较小。1993年，全区三次产业增加值占当年地区生产总值的比重为31∶41.4∶27.6，产业结构类型表现为传统的二、一、三型。全年完成固定资产投资1.37亿元，投资主体为淮阴经济开发区自身，自筹资金搞建设，投资企业也以当地企业为主。全区地区生产总值仅0.29亿元，人均地区生产总值2000元左右，财政收入120万元。

此后，加大招商引资力度，工业发展迅速，逐渐在全市扩大开放中发挥龙头作用，在利用外资、进出口贸易中起核心作用。1996年，引进中韩合资企业江苏韩泰轮胎有限公司。固定资产投资额增加，投资规模扩大，投资结构改善，投资主体日趋多元化。1999年，全区自营进出口总额0.38亿美元，其中出口0.11亿美元。2000年，全社会固定资产投资3.6亿元，其中工业投入比重18.5%。2001年，地区生产总值8.4亿元，是1993年的29倍；财政收入9157万元，是1993年的76.3倍。

2008年，淮安市提出打造特钢、电子信息和盐化工新材料三大千亿元产业，其中电子信息和盐化工产业龙头企业在淮安经济开发区境内。是年年末，初步形成以电子、盐化工、机械、食品等为支柱产业的工业体系，工业企业总数500余户，其中规模以上工业企业140余户，实现产品销售收入170.1亿元，利税总额7.2亿元。全区实现地区生产总值56.17亿元，实现财政收入16.37亿元，完成固定资产投资124亿元，其中工业投入占投资总额的58.4%、第三产业投资比重31.2%、基础设施投资比重10.4%。形成以中国台湾地区、中国香港地区以及韩国投资为主，浙江、广东投资为重要组成部分，本地资本和区级资金积极参与的多元化投资格局。

四、项目与产业

淮安经济开发区自成立至1994年年末，累计批准进区项目141个，总投资额14.91亿元。其中，生产型项目49个，总投资7.63亿元；三产项目29个，总投资7.76亿元；开工项目76个，建成投产项目38个。1996年，引进中韩合资企业江苏韩泰轮胎有限公司，投资总额9188万美元，注册资本5488万美元。自2002年起，大型项目纷纷落户区内。是年，引进投资近亿元的安特汽车制造项目。2003年，引进清江电机制造有限公司、天宇机械制造有限公司、清拖农业装备有限公司等一批以制造业为主的重大项目。2004年，引进并建设美的（威灵）电机制造有限公司、世洋包装（淮安）有限公司、江苏亚源制帽有限公司、福满多食品有限公司、长青轻工制品有限公司等项目。

2005年起，在吸引台资、世界500强企业招商上取得突破，引进台湾鸿海集团投资兴建富士康（淮安）科技城项目。该项目于2007年1月开工建设，当年11月竣工投产。2007年，台资项目发展步伐加快。引进世界IT行业100强——台湾明基集团总投资近2亿美元的达方电子项目、台湾最大的家用电器生产商——大同公司投资1500万美元建设科技含量较高的锂电池项目、世界十大浮法玻璃生产企业——台玻集团投资15亿美元建设纯碱和玻璃纤维项目。

至2008年年末，有日本、韩国、欧洲、美国以及中国台湾、中国香港15个国家和地区的客商在淮安经济开发区投资兴业，累计入区企业1626家，有富士康科技城、达方电子、大同公司、台玻集团、韩泰轮胎、康师傅方便面、宏盛箱包、美的电机、红豆纺织、志高空调、劲嘉彩印、大通漆包线、安特汽车等国内外知名品牌企业。建成以富士康（淮安）科技城为代表的港台企业、以江苏韩泰轮胎公司为代表的日韩企业、以安特汽车公司为代表的欧美中小企业和以美的威灵电机公司为代表的民营企业等一批规模企业，初步形成化工、机械、电子等支柱产业。

五、特色园区

（一）淮安出口加工区

2008年3月，淮安出口加工区获国务院批准设立，成为淮安市第一个“国字头”经济区域。淮安出口加工区规划面积1.36平方公里，东至四大沟东岸，西至徐杨中心路，南至海口路，北至深圳路。同年7月，通过中国海关总署、国家发展和改革委员会、财政部、国土资源部、商务部、税务总局、工商总局、质检总局、外汇管理局的联合验收，于同年10月封关运作。淮安出口加工区成为全国首例当年获批、当年通过验收、当年封关运作，且当年实现加工贸易额超1亿美元的出口加工区。至2008年年末，引进富准精密模具、富誉电子科技、宏恒胜电子科技、新加坡多元科技（淮安）公司等IT项目，形成以精密模具、电脑接插件、PCB等产品为主的高科技出口加工基地。

图10-8　淮安出口加工区（2008年）　陈光晰　摄

（二）留学人员创业园

2001年，中国淮安留学人员创业园成立。2006年2月，被批准为省级留学人员创业园。2007年9月，被人力资源和社会保障部认定为省部共建的国家级淮安留学人员创业园。创业园紧邻翔宇大道和里运河，占地面积4.67公顷。至2008年，吸引各类科技型、留学人员创业企业70多家，主要涉及新材料、新能源、生化技术及新医药、电子信息、光机电一体化、节能环保等高新技术产业。园区企业有省级高新产品1项、市级高新产品6项，7家企业被评为市级高新技术企业。

（三）淮安软件园

2008年2月，淮安软件园筹备建设。园区位于承德南路高教园区内，总体规划面积26.67公顷，总投资5亿元。一期项目启动建设5.93公顷，建筑面积3.1万平方米，总投资1.2亿元，可为超过100家的软件服务外包企业提供研发、办公、餐饮、住宿、休闲、娱乐等服务。是年11月，被江苏省科技厅正式批复为省级淮安软件园。软件园引进软件类、服务外包、网络动漫等各类科技企业40多家，其中包括阿里巴巴、搜狐、微软等知名企业。入园企业发展迅速，淮安深蓝软件公司、淮安远景科技发展公司、淮安汉桥软件科技公司、淮安优拓网络服务公司4家企业成功获得软件企业认定，企业成功申报软件产品11个，4家企业获CMMI3（能力成熟度模型集成3级）认证。

图10-9　淮安软件园（2008年）　　淮安软件园管委会　供

（四）高教园区

2002年11月，淮安市高教园区经江苏省政府批准立项，是江苏省教育厅和淮安市政府共建单位。2003年4月开工建设，总体定位为“以教育、科技、文化、体育为主的淮安市首席人文知识性社区”，规划居住人口20万人，在校学生10万人。园区位于京杭大运河南岸，淮海南路以东，宁连公路以北，占地面积19平方公里，是江苏省四大高教园区之一。2007年3月，高教园区被整体划入淮安经济开发区建设、管理。至2008年年末，园区内有淮阴工学院、淮安信息职业技术学院、江苏食品职业技术学院、江苏财经职业技术学院和江苏省淮阴商业学校，在校学生近6万人。

（五）盐化工新区

2006年3月，淮安市盐化工新区启动建设，启动区占地面积8.89平方公里，其中2平方公里由淮安经济开发区建设。2008年7月，经市委、市政府批准，淮安经济开发区负责规划建设面积扩大到10.1平方公里，并行使行政管辖权。是年11月，淮安经济开发区成立盐化工新区管委会。至2008年年末，园区推进基础设施和商住配套建设，打造产业特色鲜明、产业关联度大、专业化协作、配套能力强的特色园区。台玻集团总投资15亿美元、一期投资6亿美元，注册资金4亿美元的实联化工项目落户园区。

第二节　江苏淮安工业园区

一、规划布局

1995年，江苏淮阴外向型农业综合开发区成立，规划核心区面积约6平方公里。1997年，中共淮阴市委、市政府出台意见，规划建设出口加工区。随着发展定位的不断变化，体制上的不断调整，园区坚持“工业化、城市化双轮驱动，产业化、市场化双措并举”的发展战略，对原控制性详规进行调整。2001年，更名为江苏淮安外向型农业综合开发区。2003年，启动建设冶金机械工业园（清浦工业园西安路园区），规划区域北到淮安市城西工业基地，东至清浦新城区，核心区由京杭大运河、西安南路、韩侯大道围合而成，面积约5平方公里。2006年，经国家发改委批准，江苏淮安外向型农业综合开发区更名为江苏淮安工业园区。2008年，批准设立淮安工业园区清浦工业园工业新区，位于淮安市区南郊，规划面积18平方公里，东至西安路、北至通甫路、西至宁连路、南至入海水道，由工业、物流、商住三大版块构成。

二、基础设施建设

园区成立后，不断加大基础设施投入。1995年起，建设正大路、兴淮南北路（淮海南路）、兴淮西路、城南西路等。2003年起，开发建设西安路冶金机械工业园，建成“四纵六横”道路框架，道路总长18公里，实现亮化、绿化、美化，绿化养护面积23万平方米。2008年起，建设工业新区，建成道路总长20.6公里。

与道路建设同步，按雨污分流的原则建设排水管网。污水管网沿北京南路接入四季青污水处理厂。园区内自来水、供电、供热、天然气、通信等管网配套与道路建设同步实施。筹建11万伏变电站1座，建设天然气中压调压站2座。至2008年年末，累计投入基础设施建设资金40.47亿元，基本实现“九通一平”。

三、园区发展

1995年，园区三次产业增加值占地区生产总值的比重为38.1∶33.3∶28.6。全社会固定资产投资9400万元，投资主体是园区自筹，投资企业也以当地企业为主。生产总值2000万元，财政收入900万元，其中一般预算收入600万元。

1997年，中共淮阴市委、市政府出台《关于加快淮阴外向型农业综合开发区建设的实施意见》，批准园区市级经济管理权限，并享受有关优惠政策。1998年，以生产畜禽、水产饲料的淮阴正大饲料有限公司落户。园区固定资产投资规模不断扩大，投资结构改善，投资主体也日趋多元化。2000年后，形成以当地资本和区级资金为重要组成部分，长三角、珠三角地区客商投资参与的多元化投资格局。2001年，园区地区生产总值2.2亿元，财政收入0.32亿元，其中一般预算收入0.2亿元。

2006年6月，淮阴外向型农业综合开发区经国家发展和改革委员会批准更名为江苏淮安工业园区。至2008年年末，园区拥有工业企业83家，其中列统企业60家、高新技术企业8家、出口型企业15家。三次产业增加值占当年地区生产总值的比重为6.8∶64.7∶28.5。累计完成固定资产投资103.89亿元，其中2008年完成投资23.78亿元；地区生产总值6.9亿元；财政收入3.37亿元，其中地方一般预算收入1.95亿元；园区自营进出口总额7000万美元；注册外资企业15家，到账注册外资1.2亿美元；规模以上工业销售收入59.1亿元。园区初步形成医疗医药、高档家纺、传统机械、新型建材四大产业支柱，综合经济实力显著增强。

1995—2008年江苏淮安工业园区地区生产总值及增长情况表

表10-9　　　　单位：亿元

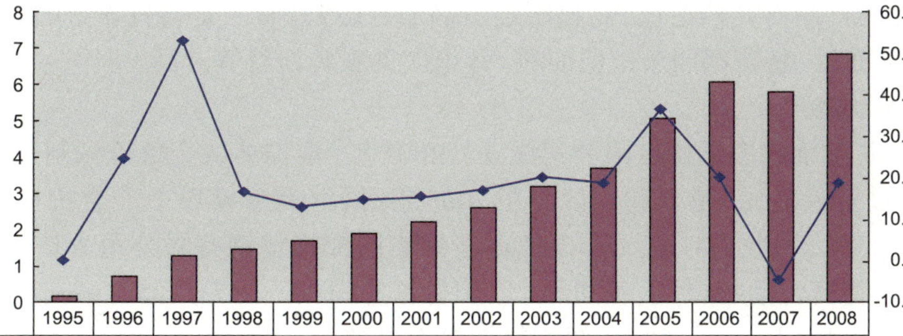

	1995	1996	1997	1998	1999	2000	2001	2002	2003	2004	2005	2006	2007	2008
GDP	0.2	0.8	1.3	1.5	1.7	1.9	2.2	2.6	3.2	3.7	5.1	6.1	5.8	6.9
增幅(%)	0.0	25.0	53.6	16.3	12.7	14.8	15.5	17.0	20.2	18.4	36.7	19.6	-4.9	19.1

四、项目与产业

园区建立之初，仅有几个作坊式小企业，第二产业在经济中所占份额较小。1997年，批准进区项目20个，总投资1.39亿元。1998年，以生产畜禽、水产饲料的淮阴正大饲料有限公司落户。此后，天参饲料、大江水产、正和饲料项目相继建成，上海楚江投资公司投资建设万头生猪养殖繁育基地，养鸡、养鱼、养猪等大户应运而生，兴星肉品（金源肉品）有限公司建成，加之原有的挂面厂、酱醋厂、腐竹厂等企业，初步形成以农产品为主的产业。淮海盐化厂、清浦卤水厂的建设，使园区矿产资源得到综合开发利用。

2001起，随着工业强市战略的实施，园区产业定位随之调整，从农产品加工向以基础设施建设为主的建材产业等转变，园区初步形成建材、纺织、医药以及冶金机械产业格局。至2008年，累计引进5000万元以上项目28个，其中亿元以上项目12个，协议引资额39.7亿元，实际到账资金18.6亿元。有投资亿元以上工业项目5个，分别为天士力生物科技产业园，投资20亿元；维科工业园，投资21亿元；常发精密齿轮公司，投资2.5亿元；淮龙新型建材公司，投资3亿元；淮鑫新型建材公司，投资1.8亿元。

五、特色产业

（一）生物医药产业

1999年，江苏天士力帝益药业有限公司成立。2003年，江苏诚意药业有限公司投资9000多万元在园区进行一期易地技术改造，2004年4月投产。至2008年，园区有规模以上的医疗医药类企业4家，实现销售收入11.6亿元，税收5415万元，分别占园区总额的22.7%和31.85%。4家医疗医药企业全部通过欧盟CE和ISO质量管理体系认证，有省高新技术企业2家，整体通过国家GMP（药品生产质量管理规范）认证。以天士力药业公司为核心的生物医药产业，主要产品有：葡醛内酯、盐酸硫必利及中间体、舒必利、尼可地尔、氟他胺、苯扎贝特；治疗脑胶质瘤的蒂清（二类新药），治疗前列腺癌的氟他胺（二类新药），治疗失眠的右佐匹克隆片（一类新药），治疗过敏性鼻炎（AR）的非索非那定原料及胶囊（二类新药），降血脂新药阿贝他，治疗肝炎药物阿德福韦酯片，治疗高血压的帝益洛；肌苷、鸟苷、腺苷、尿苷、胞苷、利巴韦林、阿昔洛韦、医用带线缝合针、医用手术刀片、钛合金眼科器械、尿袋、保健刀等近百种产品。

（二）现代纺织产业

1999年，淮阴诚利达服装有限公司、淮阴市中天服饰有限公司相继成立。至2008年，园区有规模以上纺织企业15家，实现销售收入4.6亿元，税收2433万元。以淮安维科家纺公司为核心的纺织产业，主要产品有高档毛毯、高档服装、高档纱线等具有一定科技含量的高档家纺，另有各种高档印染服装面料、特宽幅印染家纺面料、针织印染服装面料等产品。

（三）冶金机械产业

2004年，江苏淮钢钢结构有限公司成立。2005年，淮安苏减金象机械制造有限公司在园区征地5.3公顷，投资近亿元，建立新厂区。至2008年，园区有规模以上冶金机械企业12家，实现销售收入19.36亿元，税收2.43亿元。以江苏沙钢集团淮钢特钢有限公司为核心的冶金机械产业，行业涉及各种精密传动机械、石油机械、船用机械等门类。主要产品有减速机、齿轮、转动机械、齿轮泵、输油泵、阀门、门泵、轴承、船用机械等近百种。

第三节　清河新区

一、规划布局

2004年3月，淮安市政府对清河区行政区域进行规划调整，将原楚州区南马厂乡小堆村、高张村等和淮安经济开发区徐杨乡老坝村、三坝村划入清河区，组建京沪路办事处，行政区划面积12.6平方公里。2005年10月，淮安经济开发区清河工业园区成立，清河工业园区西到宁连路，南到深圳路，东到飞耀路，北到古淮河，面积5.98平方公里。2006年2月，根据市政府区划调整，在原清河工业园区的基础上成立由京沪路办事处全境、水渡口街道部分村组成的清河新区。清河新区位于淮安市主城区东侧，距市中心4公里，规划面积13.54平方公里，东至贵阳路，北依古淮河，南与淮安经济开发区接壤，宁连一级公路、新长铁路穿境而过。新区以宁连公路为中轴线，分成东、西两个片区，其中东片区规划面积8.73平方公里，西片区规划面积4.81平方公里。

二、基础设施建设

2006年起，清河新区投资2.6亿元，建设14条总长24.98公里、面积72.72万平方米的道路。主要有徐州街、湖滨路、广州街、白鹭湖路、古河口路、河畔路、珠海东路、青龙湖路、旺旺路、旺旺路东延伸段、三坝街、飞耀路、老坝街等。至2008年年末，全部竣工，与道路建设配套的绿化、路灯、供电、供暖、供气、给排水综合管线均同步完成。

三、项目与产业

园区成立后，引进百隆色纺、顺泰防伪印刷、清淮农家乐、旺旺食品、奥特莱斯购物公园、红星美凯龙等投资3000万元以上项目12个，总投资40亿元，其中外资项目3个，总投资4.51亿美元。至2008年年末，清河新区10多个项目全面竣工。主要有：利安科技项目，占地面积2.8公顷，建筑面积2.1万平方米；安洁医疗项目，占地面积2.2公顷，厂房2.6万平方米，有手术刀片、医用伤针等医疗用品生产线；淮通物流项目，占地面积14公顷，总投资5亿元，总建筑面积17.1万平方米；清新花苑A组团项目，30幢1012套11万平方米；青龙湖国际健身会所，总占地面积约50公顷，总投资2亿元；九州通医药物流项目，一期占地面积2公顷，投资1.2亿元，建设2.6万平方米医药综合楼、分拣中心；新区职业技术培训中心，总投资3200万元，总建筑面积1.33万平方米；淮师附小分校，占地面积5.7公顷，总建筑面积3万平方米，总投资5000万元；清河文化馆，占地面积0.8公顷，总投资1000万元；白鹭湖山庄，总投资5000万元；新区配套工程公交停车场、白鹭湖派出所等，总投资2000万元。当年完成财政收入9894万元，税收3768万元。

第四节　江苏淮阴经济开发区

一、规划布局

2001年3月，淮阴工业园区启动建设。2006年4月，经省政府批准设立江苏淮阴经济开发区。园区南临盐河航道，外接宁连、京沪2条高速公路，4条南北主干道与市区直接对接，并与淮安经济开发区连为一体。新长铁路穿境而过，区内有新长铁路淮安客运枢纽站。2008年，园区辖4个行政村，56个村民小组，总人口3.2万人；区域面积21平方公里，规划面积60平方公里。园区包括淮阴工业园、盐河工业走廊和赵集盐化产业基地。淮阴工业园按照“高品位规划、高标准建设”原则和“生态式园区、花园式工厂”定位，规划面积23平方公里，主要聚集固定资产投资200万美元以上的一、二类工业企业。盐河工业走廊位于城区西北部，依傍盐河航道，主要集聚二、三类工业企业，规划面积15平方公里。赵集盐化产业基地位于洪泽湖畔赵集镇，规划建成精细化工和新材料工业基地。2008年，淮阴经济开发区一期工程6平方公里建成，二期工程9平方公里基础设施完善，三期工程15平方公里详规编制结束，申请报批。

二、基础设施建设

（一）道路建设

2001年，开工建设纬一路、纬二路和长江东路。至2008年年末，累计建成横向长江东路、淮河东路、九江路、珠江路和纵向承德路、淮海北路、沈阳路、南昌路等23条主支道路，形成“十四横九纵”道路主骨架，建设面积157万平方米，投入资金3.1亿元；绿化面积47万平方米，投入资金4597万元，绿化率42.8%。

（二）供水、供电、供气、通信设施建设

2001—2008年，园区累计铺设自来水管网46公里、供电线路50公里、电信线路44.8公里、天然气管道15.9公里、广电线路44.8公里。园区15平方公里基本实现“七通一平”。

（三）污水处理

2006年11月，位于淮阴经济开发区的淮阴污水处理厂投入使用，是国家“南水北调”东线工程和淮河流域水污染治理工程之一。项目设计总规模为4万吨/天，占地面积2.07公顷，总投资3000余万元。配套管网工程为沿盐河两岸铺设的主、支管网，总长10.54公里。至2008年，铺设污水管道51公里。

三、园区发展

2008年，园区实现规模以上工业总产值109.1亿元、销售103.8亿元、利税11.1亿元，开票销售65.1亿元。有列统企业和成长型企业109家，其中销售超亿元企业17家；17家销售超亿元骨干企业合计实现销售收入45.8亿元，入库税金6000万元。全年投入工业技改资金40.1亿元、工业入库税金1.71亿元；培育市级以上新产品20个，其中江苏淮阴辉煌太阳能有限公司的辉煌太阳能品牌被国家工商总局认定为中国驰名商标，万邦香料公司蝴蝶牌香料香精被授予“江苏省名牌产品”称号。

2001—2008年江苏淮阴经济开发区经济发展情况表

表10-10　　单位：万元

年份	规模以上企业产值	规模以上企业销售	规模以上企业税收
2001	5043	5132	981
2002	31023	30452	1573
2003	61523	60458	3489
2004	128721	128704	4791
2005	286540	2876481	6217
2006	430305	451201	8557
2007	687716	701247	17563
2008	1044811	1091264	27167

四、项目与产业

2001年园区成立后，实施招商引资，推进项目建设，壮大园区体量，培植新的经济增长点。至2008年年末，入园项目236个，固定资产投资270亿元。

2001—2008年江苏淮阴经济开发区项目建设情况表

表10-11

年份	当年签约项目（个）	固定资产引资额（万元）	当年竣工项目（个）	当年开工项目（个）	累计引进项目（个）
2001	14	6300	6	7	14
2002	16	8600	10	17	30
2003	19	14700	14	18	49
2004	22	19800	17	20	71
2005	32	48000	27	26	103
2006	50	201000	35	42	153
2007	56	394000	45	50	209
2008	91	834000	64	67	300

五、特色园区

（一）淮阴工业园

淮阴工业园是淮安市重点规划的工业园区，按照“高品位规划、高标准建设”原则和“生态式园区、花园式工厂”定位，规划面积23平方公里，主要聚集固定资产投资200万美元以上的一、二类工业企业。至2008年年末，园区建成区8平方公里，形成“五横四纵”道路主框架，道路面积95万平方米，绿化面积42万平方米，基础设施“七通一平”配套完善。园区北有新长铁路淮安总站、南临国家四级航道盐河，内连承德路、沈阳路、南昌路等城市主干道，外接宁连、京沪、徐宿淮高速公路。园区规划汽摩配件、纺织服装、家用电器、木材加工和综合产业5个功能加工区，产业特色清晰。

（二）盐河工业走廊

盐河工业走廊位于淮安市城区西北部，依傍国家四级航道盐河，主要集聚二、三类工业企业，规划面积15平方公里，与国家大型企业——华能淮阴发电有限公司毗邻，北距新长铁路淮阴北站1000米，水陆交通十分便捷。铁路专用线建成投入使用，适合大用电量、大用水量、大用煤量、大进大出的企业入驻。

（三）赵集盐化产业基地

赵集盐化产业基地位于洪泽湖边赵集镇。利用赵集镇盆地丰富的岩盐、芒硝储备优势，逐步向上下游拉长产业链。以元明粉、真空制盐等产品为基础，发展氯碱深加工，基本建成精细化工和新材料工业基地。上海太平洋集团、山西南风集团连续多年在基地开采经营元明粉。2008年，总投资3.6亿元、年输120万吨原盐的连云港碱厂输卤工程、江苏华尔润集团年产30万吨联碱输卤工程竣工运行，当年元明粉产量位列全国第二。

第五节　江苏楚州经济开发区

一、规划布局

2002年3月，楚州经济开发区启动建设，规划面积6平方公里。是年年末，规划面积扩大至20平方公里。按照“高起点规划、高标准建设、高质量管理”的原则，进行规划编制与功能区域划分，主要设立行政服务配套区、精密机械与配件产业园区、IT产业园区、盐化工产业园区、针纺服装工业区、精细化工区、仓储物流区、建材产业园区等功能区域。2006年4月，获批省级经济开发区。园区位于楚州老城区东郊、新城区规划范围内，东至季桥镇，南临淮河入海水道，西至新城区经十路，北跨新长铁路到席桥镇境内。新长铁路淮安东站、楚州长途汽车站、京沪高速楚州入口均在园区内，交通便捷。

二、基础设施建设

2002年，园区基础设施建设投入2000多万元，完成土方23.6万立方米，铺设道路4.4公里，铺设自来水管道2公里；电信、广电等管线全部入地，雨、污水管道分流，天然气、供热管道预设。此后，逐年加大建设投入力度。至2008年年末，修建主辅干道39条，总长35.5公里，完成基础设施投入10亿多元。建成区基本达到“七通一平”，基础设施基本满足落户企业建设和生产需要。

三、园区发展

2002年3月，园区启动建设。当年7月，开始对外招商。至2008年，引进项目270个，投资总额140.19亿元，其中10亿元以上项目2个、亿元以上项目40个；竣工投产项目195个。形成以江苏井神盐业有限公司、江苏康乃馨织造有限公司、淮安市惠德隆科技有限公司、江苏双环齿轮有限公司、江苏国信生物质发电有限公司、江苏外婆家食品股份有限公司、江苏苏食集团、淮安汤始建华管桩有限公司等企业为龙头的化工、针纺织、汽摩配、农副产品加工、建材等产业集群。2008年，园区有开票销售超500万元企业65家，税收100万元以上企业21家。

2002—2008年江苏楚州经济开发区经济发展情况表

表10-12

年份	投产企业数（家）	开票销售（万元）	入库税收（万元）	财政收入（万元）
2002	17	24193	810	810
2003	31	43988	1470	1470
2004	57	79979	2674	2674
2005	105	145418	4862	4862
2006	161	223721	7480	7480
2007	191	353876	11396	12056
2008	239	610208	17453	18552

四、项目与产业

楚州经济开发区建成后，一批重点企业先后开工建设。2002年，江苏惠民汽车配件制造有限公司成立。该公司是江苏省高新技术企业，国家火炬计划项目承担企业，占地面积6.53公顷，总投资1.5亿元，总建筑面积3万平方米。2005年，意奔玛汽车配件项目落户园区，占地面积15.87公顷，总投资2.7亿元。该项目由浙江温州中国意奔玛集团投资建设，是一家专业生产汽车刹车盘系列产品，集研发、生产、销售于一体的大型汽车配件企业。2008年，江苏康乃馨织造有限公司实现销售2.6亿元、出口1000万美元、税收1400万元。是年，全国专业齿轮生产规模最大的企业、全国摩托车齿轮标准起草单位——浙江玉环传动机械股份有限公司投资建设的双环齿轮项目启动；楚州区农副产品龙头加工企业项目——苏食食品开工建设；浙江梅轮电梯成套设备有限公司和香港国际佳升有限公司联合投资兴建的施塔德电梯项目在建。

第六节　江苏涟水经济开发区

一、规划布局

1999年10月，涟水工业经济开发区成立。2006年4月，获批省级开发区，更名为江苏涟水经济开发区。至2008年，区域范围为东过安东路至朱码镇闸北村向阳组，南至涟中灌溉渠，西过宁涟一级公路至二干河，西北至文俊村与陈师镇寿延村何庄组相毗邻，北过涟麻路至二支河与河网搭界，面积25平方公里。园区成立后，规划以盐河和宁连路连接线为界，整体上划分为东区、西区和化工区3个自然区。以服装纺织和农副产品深加工为主导产业，发展机械电子、新型建材和生物医药等产业项目，形成5大园区，同时辅以配套服务区，开发居住、商业、行政用地、医疗卫生、教育事业用地。后随着园区的发展，又规划设置工业区、中心区、居住区、配套服务区和盐河观光带"四区一带"；突出区中园建设，加快建设上水创业园、薛行化工园，启动建设南京（涟水）工业园，规划发展台湾工业园、电子工业城和大学生创业园等特色园区。

二、基础设施建设

2000年，启动黄河路、淮河路、广陵路建设，完成路基调土。2001年，建设110千伏引北变电所1座；铺设自来水管道。2003年，新铺道路10.9公里；新上10千伏供电线路6条，完成35千伏线路改道；建设地下水厂1座。2004年，投入资金5000万元，完成淮浦路两侧慢车道等道路铺设6.5公里；铺设排水管道12公里，供水管道3公里，架设供电线路3.5公里。2005年，实施基础设施工程38项，投入6000万元。2006年，投入8000万元，实施基础设施工程20项。2007年，实施基础设施工程25项，累计投入3.95亿元。2008年，完成续建红日路西段工程等11条道路建设，疏浚淮浦路沟、祁六沟等东区"一横三纵"、西区"一横两纵"排水沟，新建张码泵站，实施并完成500毫米管径供水管道自沿河底穿越航道，实现"东水西送"，解决西区供水瓶颈。实施总长度3.2公里的主干道弱电管网入地工程建设。

三、园区发展

至2008年年末，园区形成服装纺织、农副产品深加工、机械加工、生物医药、化工、特种化纤、有色金属和信息电子等工业产业。

2001—2008年江苏涟水经济开发区经济发展情况表

表10-13

年份	工业总产值（亿元）	实现销售收入（亿元）	实现税收（万元）	工业固定资产投入（亿元）	基础设施投入（亿元）	用工人数（人）
2001	0.26	0.23	78	0.25	0.30	526
2002	1.30	1.16	286	0.86	0.18	826
2003	2.80	2.56	560	3.85	0.45	5600
2004	7.50	6.10	1682	5.70	0.60	10561
2005	32.70	26.10	1200	8.10	0.80	17526
2006	46.40	40.50	14600	10.10	1.21	20900
2007	63.30	59.10	21000	13.60	1.20	23610
2008	78.80	71.40	24000	28.90	2.10	25371

四、项目与产业

至2008年年末，进区项目148个，其中亿元以上项目28个。服装纺织企业以源通制帽、雪飞制衣、新涟纺织等企业为代表，共19家，实现销售收入7.7亿元，实现税金1243万元。农副产品加工企业以今世缘糖果、华茂食品、惠泰木业等公司为代表，共11家，实现销售收入9234万元，实现税金170万元。特种化纤企业以锦纶化纤公司、鸿鹄化纤公司为代表，共4家，拥有13条生产流水线，年产各类特种化纤4.85万吨，实现销售收入5亿元，实现税金843万元。金属机械加工企业以峰达电工公司、宝怡铜材公司为代表，共21家，拥有36条加工生产线，实现销售收入25.5亿元，实现税金3336万元。信息电子企业以苏杭电子公司、振维电子公司、实全电子公司为代表，共6家，实现销售收入4795万元，实现税金55万元。医药化工企业以涟水制药公司、苏瑞精细化工公司为代表，共10家，实现销售收入3亿元，实现税金678万元。

五、特色产业

2002年，县属企业涟水制药厂在园区设立新厂区，填补高新技术产业的空白。2003年，园区有高新技术产业项目11个，涉及纺织、医药、化工、食品、金属机械等产业。2004年，增加高新技术产业项目6个，投产项目7个，完成工业总产值7.7亿元。2005年，增加高新技术产业项目16个，其中苏杭科技公司、妙通纺织公司投资规模较大。园区高新技术产业项目发展到33个，完成工业总产值19.4亿元，总量占投产企业工业总产值的59%。2006年，进区高新技术产业项目7个，完成工业总产值20.6亿元。2007年，增加高新技术产业项目4个，园区高新技术产业项目增加至44个，其中投产高新技术企业42家，完成工业总产值23.5亿元，总量占投产企业工业总产值的37%。2008年，园区高新技术产业项目增加至49个，其中投产高新技术企业44家，完成工业总产值26.8亿元，总量占投产企业工业总产值的35%。至2008年年末，涟水经济开发区有省级高新技术企业2家（江苏涟水制药有限公司、江苏涟阀阀门有限公司），市级高新技术企业3家；有省级高新技术产品5个（双红灵、盐酸依托必利、更昔洛伟、高压截止阀、高压止回阀），市级高新技术产品4个。

第七节　江苏洪泽经济开发区

一、规划布局

1992年5月，洪泽淮宝经济开发区成立。2002年，洪泽县区域调整，撤销淮宝经济开发区，设立洪泽县工业园区。西至砚临河，东至宁连一级公路，南至县城东五道，北至大寨河，面积约10平方公里。

2006年，洪泽县工业园区被批准为省级经济开发区，并更名为江苏洪泽经济开发区。区域建设面积再次扩大，规划建设电子工业产业、高新科技产业、旅游日化工业产业、化工产业、轻纺产业、盐化工产业、轻工业产业、食品工业、新型建材工业产业9个产业分区。

二、基础设施建设

1992年5月至2006年，区内基础设施建设项目主要为道路、水电等，采取拆建同步的建设方案。2007年，开始建设县城污水处理厂，设计规模为4万吨/天，一期工程规模为2万吨/天。埋设污水管网28公里，并建有1座提升泵站；有接管企业38家，日排水量1.4万～1.5万吨。至2008年年末，累计投入基础设施建设资金10亿多元，建成道路36公里，形成“七纵十横”的道路网络；架设电力杆线60公里，形成20万千瓦的供电能力；埋设50公里供水管网、45公里污水管网、45公里排水管网、5公里燃气管网；架设26公里的供热管网，形成45吨/小时的供热能力；架（埋）

设28公里通讯杆（管）线、10公里有线电视杆（管）线；架设园内路灯618盏；完成绿化面积70万平方米。

三、园区发展

至2008年，进区企业156家，实现销售收入42.86亿元，入库税金1.97亿元。

2002—2008年江苏洪泽经济开发区经济发展情况表

表10-14

年份	进园企业总数（家）	培植列统企业数（家）	累计固定资产投资总额（亿元）	销售额（亿元）	销售超亿元企业（家）	入库税收（亿元）
2002	16	12	1.96	0.70	—	0.04
2003	90	26	4.45	2.80	—	0.11
2004	104	41	9.93	6.50	1	0.25
2005	115	54	15.78	13.60	3	0.56
2006	126	63	21.29	29.00	4	1.56
2007	144	70	33.76	38.96	8	1.82
2008	156	82	44.18	42.86	14	1.97

四、项目与产业

1992年5月至2001年年末，进入区内的工业项目规模较小。2002年起，进区工业项目数量增多、规模增大，发展形势渐好。至2003年年末，进园项目90个，总投资14亿元，固定资产到位资金4.45亿元，实现销售收入2.8亿元，入库税金1100万元。2005年后，随着全县招商引资力度加大，进入园区企业数量大幅增加。至2008年年末，累计引进项目156个，其中投产企业126家，在建项目14个，签约待建项目16个；累计协议固定资产引资额93.06亿元，其中协议固定资产投资超亿元的项目21个，外资项目24个；形成纺织服装、机械电子、化工材料、食品建材等支柱项目。

五、镇村工业集聚园

2008年起，建设洪泽县镇村工业集聚园，始称科技创业园。后为满足镇村工业发展需要，更名为镇村工业集聚园。集聚园位于江苏洪泽经济开发区内，328省道和宁淮高速公路西侧，北面紧邻苏北灌溉总渠，水陆运输便捷。主要承载机械加工、电子、新型材料、现代包装等轻工项目以及市、县主导产业相配套的产业链项目，目标为“创建布局合理、配套齐全、环境优美的现代企业集中区、城乡统筹试验区和基层创业示范区”。集聚园占地面积近100公顷，规划厂区地块108块。其中，5亩类地块20个，10亩类地块48个，15亩类地块14个，20亩类地块8个，其他类型地块18个。各厂区均建设办公、生产、生活及附属用房等设施。

至2008年年末，集聚园区基础设施实现通水（供水、排水、排污）、通路、通电、通热、通天然气、通信、通有线电视、平整土地“七通一平”。落实进园项目38个，其中竣工投产项目12个、安装设备项目15个、在建项目11个。

第八节　江苏盱眙经济开发区

一、规划布局

2001年，盱眙县工业园区成立。2003年，编制控制性详细规划，范围为工六路以北、一环东路以东、牡丹路以西、明陵路以南，面积4.09平方公里。2006年，盱眙县工业园区升格为省级经济开发区，更名为江苏盱眙经济开发区，范围为东至牡丹大道东约150米、南至迎春大道、西至二环路、北至盱马路。2008年，编制控制性详细规划和消防设施规划，总面积约24.15平方公里，范围为东至宁宿徐高速公路、西起洪武大道、南至东方大道、北至盱马路。是年，园区内江苏盱眙凹土科技园被确定为省级特色产业园。

二、基础设施建设

（一）道路

2001年10月，园区开始道路建设。是年年末，建设道路9条，均按混凝土路面施工，总长19.5公里。2005年，建设水泥路12.7公里。区内道路基本联网畅通。2007年，完成道路工程建设总长5200米，投入680万元；铺设路牙石2.4万米，投入48万元。2008年，铺设区内硬质化道路90余公里。至2008年年末，盱眙经济开发区建成道路34条，总长120.23公里，区内"十二纵十二横"主次干道基本实现循环贯通。

（二）配套工程

2003年，园区完成通电、通信、通水、通有线电视工程，铺设人行道10万平方米，建成多功能地沟3.6万米，建过路桥涵72座。架设总长12公里的4条10千伏供电线路。2005年，为92个进区开工企业新建下水道6.5公里，修建区内水库1座。2006年，建成下水道8733米，为112家进区企业建配套下水道。2007年，完成下水道总长14150米，投入420万元；完成供电设施投入420万元、广电投入298万元、电信设施投入820万元；建成垃圾房4座、公厕1座、垃圾中转站1座，投入59万元。2008年，投入1.8亿元铺设总长66余公里的下水道工程；建设垃圾房20余座，建公厕、垃圾中转站等配套设施，完成20条道路、2个景观带和"绿色围墙"工程的绿化任务。绿化面积146万平方米，累计投入2268.1万元，其中景观绿化（龙眼公园）投入100余万元。

三、园区发展

至2008年年末，盱眙经济开发区有进区企业438家，产值100.3亿元，税收19780万元，其中总投资亿元以上项目80个。区内建成投产企业328家、列统企业114家，初步形成凹土开发、钢管轴承、电子电器、服装加工、机械制造五大产业。

2001—2008年江苏盱眙经济开发区企业产值、税收情况表

表10-15

年份	企业累计数（家）	产值（亿元）	税收（万元）
2001	22	10.8	1580
2002	47	16.2	2340

续表10-15

年份	企业累计数（家）	产值（亿元）	税收（万元）
2003	106	22.4	3280
2004	160	30.5	4460
2005	218	41.4	5940
2006	317	56.1	8200
2007	382	65.2	13360
2008	438	100.3	19780

四、特色产业

（一）凹凸棒石黏土加工业

凹凸棒石黏土在盱眙县分布面积较大，储量居全国首位。2001年，在县工业园区南侧开办凹凸棒石黏土加工区，并规定进区项目必须投资在500万元以上，且有较高科技含量。2002年，全省首次凹凸棒石黏土探矿权挂牌出让活动在盱眙县举行。盱眙县推出7个区块的2.38平方公里探矿权全部一次性成交，总成交价721.6万元。是年，县工业园区的凹凸棒石黏土加工企业有3家。其中，江苏省凹土工程技术研究中心为专门进行凹凸棒石黏土研发的科研机构，淮源矿业公司高粘剂、欧佰特黏土公司的脱色剂均为新开发产品。2003年，凹凸棒石黏土加工企业增加至4家。其中，江苏神力特矿业有限公司投资总额2158万元，主要生产干燥剂等系列产品。2004年，有凹凸棒石黏土加工企业7家。2004年年末，江苏澳特邦非金属矿业有限公司投产，总投资2000万元，主要生产凹凸棒石黏土提纯剂、抗盐黏土、吸附白土等产品，产品销往国内、欧洲、东南亚等地。2005年，凹凸棒石黏土加工企业增加至9家。其中，博图凹土高新科技开发有限公司投资总额1200万元，是集科研、生产为一体的凹凸棒石黏土开发企业，以中空玻璃干燥剂为主要产品，年生产能力300吨，产品涉及医药、交通、化工、服装、食品等多个领域。2006年有凹凸棒石黏土加工企业12家，2007年增加至13家。其中，江苏国盛矿业发展有限公司是凹凸棒石黏土规模生产企业之一，以生产脱色剂、活性炭烟煤为主，年生产能力2万吨。

2008年，盱眙县启动中国凹土科技园建设，凹凸棒石黏土加工行业年生产能力超20万吨，主要生产吸附白土、高粘剂、抗盐黏土、干燥剂等，延伸产品主要有分子筛系列产品、超细产品、矿物油脱色剂、液体净化剂、无机凝胶、水处理剂、肥料粘结剂、饲料粘结剂等，产品在国内、国际市场各占50%左右。是年，增加进区企业8家，其中江苏玖川黏土科技发展有限公司以凹凸棒石黏土高科技产品开发应用为主，一期项目投资1.06亿元，研发中心及办公大楼建成使用。至2008年年末，园区有凹凸棒石黏土加工企业21家，引资额19.4亿元，销售收入1.3亿元，入库税收980万元。

（二）机械制造业

2002年，盱眙县鹏胜矿山机械制造厂投产，首期工程用地约3.3公顷，投入资金580万元，主要生产石料制砂机、破摔机、集料整形机等系列产品。2005年，江苏宁力高强度紧固件有限公司投产，专业生产各种规格型号的高强度紧固件，占地面积8.53公顷，注册资金1500万元，年生产能力2.5万吨。2006年园区有机械制造企业33家，2007年增加至43家。其中，淮安美通机械设备有限公司总投资1000万元，主要生产道路养护特种机械车辆，销售收入5000万元，利税1200万元；盱眙华立数控设备有限公司总投资1680万元，主要生产数控电动刀架、数控车床等产品；

盱眙创兴机械制造有限公司总投资2000万元，主要从事特种车辆改装、机床配件加工制造。2008年，进入园区的机械制造企业有5家。其中，淮安国华电力设备有限公司总资产4500万元，年销售8300万元，实现利税2700万元；欧通集团江苏钢业有限公司总投资2.16亿元，主要生产合金铸件及其他不锈钢产品。至2008年年末，园区有机械制造企业48家，实现销售收入4.6亿元，入库税金900万元，主要产品有矿山机械、洗衣机、家用发电机、机床及其配件等。

（三）钢管轴承产业

2002年园区钢管轴承企业仅有1家，2003年增加到4家。其中，江苏金鹏轴承有限公司总投资1.5亿元，主要生产各种型号的机械轴承、家用电器、钢管等产品，生产的深沟球轴承产品70%出口到欧洲、美洲等地区。2004年园区钢管轴承企业增加到10家，2005年增加到16家。江苏凡力钢管有限公司开工建设，总投资3.5亿元，注册资金5000万元，专业生产各种规格的油管、油套管、高压锅炉管、中低档锅炉管，产品主要出口美国、非洲、中东等国家和地区。2006年园区有钢管轴承企业23家，2007年增加到27家。2008年，江苏开来钢管有限公司入驻园区，总投资2.2亿元，主要生产各种型号的无缝钢管；江苏戴维轴承有限公司首期投资1.2亿元，主要生产轴承系列产品。至2008年年底，园区有钢管轴承企业30家，销售收入29.21亿元，税金2630万元，主要产品有大口径无缝钢管、石油油井钢管、深沟球轴承、英制轴承、法兰轴承、非标不锈钢轴承等。

（四）电子电器制造业

2002年园区电子电器制造企业只有1家，2003年增加到10家。其中，江苏诺普电器有限公司占地面积6.7公顷，主要生产洗衣机等家用电器，年生产洗衣机30万台。2004年，园区有电子、电器制造企业15家，2005年增加到23家。2006年有电子、电器制造企业41家，2007年增加到51家。至2008年年末，园区有电子、电器制造企业58家，销售收入17.71亿元，税金4300万元。主要产品有洗衣机、家用发电机、各类打火机、集成电路板元器件插件、高压线路桥架等，部分产品出口日本、韩国、中东、欧洲、东南亚等国家和地区。

（五）纺织服装业

2002年园区有服装企业4家，2003年增加至13家。其中，盱眙丰恒服饰有限公司年产各类服装60万件；盱眙宝隆纺织制衣有限公司投资1200万元，企业生产的服装以出口为主，产品远销东南亚及欧美地区。2004年园区有服装企业28家，2005年增加至30家，2006年增加至41家，2007年增加至47家。其中，江苏丰源服饰有限公司由中国香港商人投资5000万元兴建，建筑面积3万平方米，到位注册资金110万美元；淮安富利华鞋业有限公司总投资3000万元，主要生产各种鞋类、服装、刺绣、橡塑制品等，用工80余人。2008年，园区服装企业增加2家。其中，盱眙天源服装有限公司为阿迪达斯公司在中国的生产基地之一，2008年接受制作北京奥运会中国运动员领奖服任务。至2008年年末，园区有服装企业49家，销售收入8.21亿元，税金2300万元。主要产品有羽绒服饰、床上用品、鞋类、服装、刺绣、橡塑制品、皮带、差别化POY涤纶长丝、仿真丝等产品，部分产品出口到日本、欧洲等国家和地区。

第九节　江苏金湖经济开发区

一、规划布局

2002年，金湖县工业园区成立，规划面积11.66平方公里，东至衡阳路，西至城西干道，南至金宝南线，北至北兴路。园区布局包括3个产业功能区、2个生活配套区、1个物流园区，重点发展机电、汽配、医药三大主导产业。2006年，金湖工业园区升格为省级经济开发区，更名为江苏金湖经济开发区。

2008年，金湖县以同泰大道、理士大道向北延伸为主导线，以金湖二桥和新金湖港建设为纽带，全面规划建设北部工业产业区和仓储物流区。江苏金湖经济开发区位于金湖县城西侧，南至工园路，东至衡阳路，西至84大道，北至健康西路。东接京沪高速，西连宁淮高速、宁连高速和一级公路，盐金国防公路横穿全境，建设中的金宝南线使东西两条高速公路实现对接互通，区内拥有年吞吐量800万吨货运码头和三级航道。

二、基础设施建设

2002年，园区投入基础设施建设资金8000多万元，完成2.5平方公里启动区“五通一平”工程。2003年，投资3300万元，建成数条主次干道。供电设施投资2100万元，供水排水设施投入1390万元，通信设施投资2900万元，场地平整及其他投资3400万元，总计投资1.3亿元。园区发展至4.5平方公里。2004年，“五通一平”面积5.7平方公里，园区主次干道10条，道路总长16945米，面积23.8万平方米，形成“六纵四横”的道路网络。2005年，园区建成道路12条，总长1.76万米，面积24万平方米，形成“六纵六横”的道路网络，绿化面积13万平方米。新铺供水管道5300米；投资240多万元，新铺设排水管道6000米；架设电力线路5500米。2006年，建设道路1.8万米、20平方公里，铺设自来水管道3500米，新建下水管道6000米，架设电力线路7000余米，投资865万元为竣工投产企业开通有线电视和电信宽带网。2007年，新建道路5300米，铺设污水管道3000米、下水管网3000米、自来水管道1000米，所有建成道路完成绿化配套，基础设施投入4282万元。2008年，基础设施建设投入1.1亿元，建成区面积11.6平方公里。至2008年年末，共投入基础设施建设资金12.5亿元，道路网架从中部向南北拓展，建成“八纵十横”18条道路，总面积58万平方米，总长度48公里，建成道路覆盖面积11.7平方公里。建成雨水管道49公里、污水管道16.5公里、自来水管线22.5公里、电力杆线37公里。广电、电信、移动通讯等配套设施完善，基本实现“八通一平”。配套自来水厂1座，筹建第二自来水厂，建成日处理污水能力4万吨的污水处理厂1座。投入绿化资金8000万元，完成绿化面积115.33公顷，其中道路绿化73.33公顷、公园绿化10公顷、厂区绿化32公顷。

三、园区发展

2007年，对园区整体规划进行修编，既与老城区衔接，又与新建金宝南线策应，规划面积20平方公里。对园区北区制定控制性详规，邀请淮安市规划局论证，年内规划修编结束。创办民营工业园，对投资规模在1000万元左右，且与园区相关企业产品相配套的项目，在园区内集中设立民营企业集中区，全年入区企业近20家。2008年，园区所有运营企业实现销售31.94亿元，税收1.52亿元，其中外资企业实现销售额11.4亿元，税收3995万元，出口退税542万元。年产值超亿元的企业有江苏理士科技有限公司、金湖县金石阀业有限公司、金石科技园、江苏神舟车业有限公司4家。

2004—2008年江苏金湖经济开发区工业项目主要经济指标统计表

表10-16　　单位：万元

年度	引资情况			销售收入	税收		
	累计协议资金	累计到位资金	当年到位资金	当年累计	当年累计	国税	地税
2004	144745	51609	20217	39899	1368	1090	278
2005	191497	72243	20634	67846	1843	1247	597
2006	275967	98369	26126	101390	2835	2051	785
2007	571273	149052	50683	179255	5985	4432	1553
2008	805137	199085	50033	319452	15174	9890	5284

四、项目与产业

2002年，21个固定资产投资500万元以上的工业项目在园区开工建设，总投资2.6亿元。2003年，入园项目65个，协议引资额15.7亿元。其中，亿元以上项目3个，0.4亿～1亿元项目5个，年内竣工投产企业30家。2004年，入园项目61个（外资项目9个），协议投资额14.47亿元，到位资金5.16亿元；竣工投产、半投产企业50家，实现销售收入3.99亿元，税收1368万元。初步形成以机械、电子为主导，医药化工、汽车配件、轻工服装、仪表电缆共同发展的产业格局，入园项目由建园初期的中小型、劳动密集型项目为主逐步向大中型、高新技术项目转型。园区聚集带动作用形成，美国、日本、韩国、新加坡等国家和中国港台地区企业纷纷落户，园区注册到账外资在全市领先。2005年，入园企业31家，开工24家，竣工5家，有项目81个，其中竣工投产46个、在建19个、未开工11个、关停5个。竣工和在建项目中，亿元以上项目4个，0.5亿～1亿元项目4个。全年实现销售收入6.79亿元、税收1843万元、出口退税1533万元。2006年，入园项目140个，其中投产项目79个、在建项目39个、未开工项目19个、关停项目3个，全年实现销售收入10.14亿元，实现税收2935万元。2007年，新进项目30个，其中亿元以上项目10个，0.5亿～1亿元项目6个；投产项目3个、在建项目12个、未开工项目15个。2008年，新进项目26个，其中亿元以上项目12个，0.5亿～1亿元项目7个；投产项目3个，在建项目10个，未开工项目13个。协议引资额23.39亿元，固定资产到位资金5亿元，注册资本金3.14亿元。至2008年年末，进入园区项目142个，其中亿元以上项目29个、0.5亿～1亿元项目21个；协议引资额80.5亿元，到位资金19.9亿元，注册资本金15.2亿元；投产项目94个，在建项目29个，未开工项目16个，停产项目3个；外资及中国港澳台资项目24个，协议引资额19.1亿元，到位资金5.9亿元，到账注册资本9977万美元。企业占地面积484.7公顷，有列统企业48家。

五、金湖县科技创业园

2007年6月，在江苏金湖经济开发区内开工建设县科技创业园。创业园位于神华大道南侧、84大道东侧，占地面积13.87公顷，规划入园企业20家左右，拟建厂房55幢，建筑面积15万平方米，固定资产总投资2.5亿元。建成以机械、电子、仪表线缆等产业为主的现代创业园。至2008年年末，科技创业园有入园企业20家，其中11家企业投产、6家企业厂房在建、3家企业主体竣工，总建筑面积8万平方米，固定资产总投资1.2亿元。

第十节　乡镇工业集中区

一、发展概况

2001年，淮安市在全市范围内重点规划建设26个乡镇工业小区和民营企业园区，打造特色产业集群和中小企业集聚地。一些乡镇开始探索工业集中区建设，出现一批基础设施较为完善、产业特色较为明显、市场竞争力较强的乡镇工业集中区。是年，楚州施河、金湖黎城2个工业集中区被农业部命名为“全国乡镇企业示范区”。2002年，盱眙马坝、洪泽高良涧等6个工业集中区被命名为“省级乡镇企业示范区”。2005年，金湖县黎城镇财政收入4000余万元，其中70%来自工业，而工业的70%来自于乡镇工业集中区。2006年，淮安市将乡镇工业集中区建设作为进一步调整优化农村经济结构，推进农村工业化和城镇化进程，早日实现全面小康和新农村建设目标，以及推进全民创业、提升私营企业素质的关键举措。2007年，全市乡镇工业集中区完成基础设施投入3.8亿元，建成标准厂房116万平方米，完成工业项目固定资产投入53.3亿元，区内企业实现工业销售80.6亿元、入库税收1.8亿元，安置劳动力5.5万人。至2008年年末，全市正式启动建设乡镇工业集中区91个，完成固定资产投入89.7亿元，累计完成基础设施投入16.1亿元，建成标准厂房239.8万平方米；进区工业企业1193家，其中列统企业222家，当年实现销售收入110亿元、入库税金2.4亿元，安置劳动力7.9万人。

二、规划布局

2006年以前，淮安市启动建设的乡镇工业集中区没有制定科学完善的发展规划，制约集中区发展。2006年，市委、市政府注重布局规划，要求以县（区）为单位，根据各乡镇资源优势、区位特点、产业基础确立乡镇工业集中区建设的重点，聘请专业机构对集中区的用地、建设、产业布局作出规划。乡镇工业集中区发展规划须报县（区）批准后实施，列入市、县（区）重点培植的乡镇工业集中区发展规划须报市批准后实施。规划一经确定，不得随意变更；确需变更的，须按规定程序进行。乡镇工业集中区规划必须纳入城镇发展总体规划、土地利用总体规划和新农村建设总体布局规划。

同年，涟水县朱码镇对工业集中区进行设计，总体规划4平方公里。依托镇政府所在地小城镇的区位优势、基础设施、服务设施、公益设施、社会事业机构和土地利用开发潜力，向纵深、块状规划发展。突出发展机械加工、轻纺、电子三大优势产业群。淮阴区王营镇工业集中区建设被纳入淮安市城市总体规划。

在乡镇工业集中区规划编制中，各县（区）立足原有工业基础，盘活存量，衔接产业特色，优化产业布局。洪泽县将全县镇工业集中区分为南、北两个区。北部以黄集、朱坝、东双沟、岔河等工业集中区为依托，重点发展化工、新型建材、服装轻纺、食品加工等产业；南部以共和、三河、蒋坝、万集、仁和等工业集中区为依托，重点发展生物工程、电子、机械、木业等产业。涟水县五港镇邀请市、县规划设计部门专家现场勘察，确定选址，编制《五港镇工业集中区发展控制性详细规划》，打造工业长廊，建成经济繁荣带，在振兴北侧以纸业、包装材料、木业为主导产业的老工业基地同时，着重发展南侧新兴工业区，逐步实现南北对接，协调联动。

至2008年年末，全市有102个乡镇规划工业集中区，占乡镇总数的87.9%；启动建设工业集中区的乡镇91个，占乡镇总数的77.6%。

三、园区建设

2001年，市政府出台《关于加快乡镇企业园区建设和培育特色产业的意见》，园区建设加快。是年，全市重点建设的18个乡镇企业园区实现营业收入24.7亿元、税收2.2亿元，进区企业519家，从业人员2万多人。2003年，全市建设乡镇工业小区32个，其中省级以上园区4个，分别是金湖县黎城工业小区、楚州区施河工业小区、盱眙县马坝工业小区、洪泽县城镇工业小区。全市乡镇企业园区有入园企业1057家，完成营业收入53.1亿元。

2006年，淮安市创新投资乡镇工业集中区基础设施建设模式和投资方式，解决基础设施建设资金不足问题。盱眙县淮河镇、金湖县戴楼镇招引置业公司对当地乡镇工业集中区建设标准厂房出租出售，标准厂房建成面积都在2万平方米以上。涟水县涟城镇组织东门、南门、渠北、二塘4个村（社区）在工业集中区投资兴建村级创业园，建成8幢1万平方米标准厂房。

2008年，市财政安排1000万元奖补资金，重点支持100个经济薄弱村在各村乡镇工业集中区或村级创业点建1栋1000平方米标准厂房，每幢厂房补助10万元，再由县（区）财政配套10万元。全市乡镇工业集中区实施规模以上工业项目761个，固定资产投入1000万～3000万元项目193个，3000万元以上项目151个，投资额1亿元以上项目28个。金湖县乡镇工业集中区实施工业项目103个，完成固定资产投入12亿元，其中3000万元以上项目22个，投资额超亿元项目4个。淮阴区王营镇工业集中区实施工业项目22个，完成固定资产投入3.38亿元。

四、乡镇工业集中区选介

（一）金湖县黎城镇工业集中区

2000年，黎城镇工业小区（后统一称为工业集中区）启动建设，生产经营机电、仪表等。2001年，园区实现经营收入4.5亿元，进区企业39家，从业人员3000多人，被农业部授予全国“乡镇企业示范区”称号。2003年，实现营业收入5.1亿元，入园企业69家。2007年3月，黎城镇工业集中区规划建设4个小区，即机械加工区、服装生产区、线缆仪表区和物流商务区，计划接纳入区企业200家，固定资产投资20亿元。至2008年年末，黎城镇工业集中区完成固定资产投入2.6亿元，其中基础设施投入1330万元。新建标准厂房10万平方米，入驻企业38家，其中投资3000万元以上项目12个，实现销售4.1亿元、税收1980万元。

（二）楚州区施河镇工业集中区

2000年，施河镇工业集中区启动建设，依托该镇教学具传统特色产业优势，建设教学具生产、销售基地。2001年，施河镇工业集中区实现经营收入3.05亿元，进区企业125家，从业人员8000多人，被农业部授予全国“乡镇企业示范区”称号。2003年，实现营业收入4.3亿元，入园企业120家。至2008年年末，施河镇工业集中区有教学具生产营业企业150家，其中生产型企业42家、列统企业8家，营销人员近1万人，形成教具、学具、幼儿玩具、体育器材、实验室设备、学校后勤装备、运动场地装备7大类2000多个品种的产品体系，申请国家专利110个，25个系列产品通过国家教育部鉴定，通过ISO 9000、ISO 14000认证企业43家。

（三）盱眙县马坝镇工业集中区

2003年，马坝镇工业集中区启动建设。至2008年年末，有企业52家，固定资产投入6.18亿元，用工3200人。主要企业有都梁电缆、苏源米业、弘基轴承、久泰服饰、恒升箱包等公司，产业涉及粮食加工、机电仪表、轴承机械、服饰玩具等。2008年，马坝镇工业集中区工业企业实现销售收入5.62亿元，税收1045万元。累计建成标准厂房8.4万平方米。

（四）淮阴区王营镇工业集中区

2003年，王营镇工业集中区启动建设。当年完成基础设施建设投入1.5亿元，基本建成“五横一纵”的道路主体框架，面积12万平方米。至2008年年末，王营镇工业集中区落户项目36个，协议投资23亿元。其中，投资1亿元以上企业6家，投资5000万元以上企业7家，3000万元以上企业11家，规模以上企业12家。2008年，园区内企业实现工业销售收入13.1亿元，入库税收1922万元。

第五章　出入境检验检疫

1987年9月，淮阴进出口商品检验局（以下简称“淮阴商检局”）成立。1990年6月，淮阴商检局正式受理淮阴地区所有进出口商品检验业务，同时对进出口产品开展质量监督管理和公证鉴定。1999年11月，江苏出入境检验检疫局设置中华人民共和国淮阴出入境检验检疫局，在原有进出口商品检验职能的基础上，增加出入境动植物检疫、出入境卫生检疫职能。2002年1月，因行政区划调整，更名为中华人民共和国淮安出入境检验检疫局。2003年，淮安出入境检验检疫局与淮安海关建立“大通关”联络协调机制，提高所辖区域进出口贸易通关效率。2004年7月，淮安出入境检验检疫局黄曲霉素检测实验室被国家质检总局指定为对欧黄曲霉素检测实验室，为江苏省唯一。2005年11月，淮安出入境检验检疫局首次签发《曼谷协定》优惠原产地证书。2006年年底，成立淮安出入境检验检疫局宿迁办事处，负责宿迁检验检疫机构的筹建及宿迁地区出入境检验检疫业务。2008年4月，在淮安出口加工区设工作点，现场办理出口加工区相关检验检疫工作。

第一节　商品检验

一、发展概况

1987年，淮阴进出口商品检验局成立后，开展对出口食品生产厂（点）卫生注册和出口厂生产质量许可证考核发放工作。至1988年年末，完成出口食品厂、库注册考核复查企业45家，注册发证26家。出口服装、纺织企业考核复查38家，发放出口企业质量许可证25家。1989年，增加接收报检出口商品12种；完成卫生注册单位15家；经考核验收合格，发放质量许可证的单位14家。1992年8月，淮阴商检局对外受理普惠制签证业务。1993年起，除加强对国家法定商品检验外，还加强对国外反映质量问题较大的表外商品进行检验，当年检验表外商品742批次，金额12929万元。同年，增加开验品种16个。1994年，增加开验商品18种。

1996—2000年，淮阴商检局检验出口商品总值38亿多元，检出不合格商品总值4000多万元，未发生因商检原因外商索赔和退货事件；检验进口商品总值1亿多美元，检出不合格品总值2000余万美元，累计对外出证索赔598万美元；开展涉外资产鉴定评估29批，外商原报价1880.55万美元，经商检鉴定评估仅为1434.33万美元，为国家和企业挽回经济损失446.22万美元；签发普惠制、原产地证书1578份，总金额9822.38万美元，有关企业享受关税减免约533.57万美元；办理就地放行出口商品2810批，总金额12574.66万美元，为外贸企业节省仓储费用近120万美元。

2003年，淮安商检局建立重点企业、重点商品联系点，帮助企业建立安全卫生监控体系，并以抓出口企业卫生注册登记为中心，帮助企业建立质量保证体系。是年年末，全市有26家农产品、食品加工企业通过卫生注册登记，其中有4家水产品企业通过欧盟、美国注册。罐头、脱水蔬菜、花生、花卉、苗木等农产品及其加工品出口额增长。2004年10月，淮安市生产的730台家用发电机经检验合格，出口至阿拉伯联合酋长国；11月，淮安市海隆国际贸易公司生产的冻斑点叉尾鮰鱼片首次出口美国。2005年7月，对淮安市首次出口非洲的矿业机械成套设备进行检验；8月，为淮安市出口马来西亚的2批浮法玻璃签发首批优惠原产地FORME证书（中国、东盟自由贸易区优惠原产地证书）；9月，由淮安市生产的首批六味地黄丸、黄芩等200多个重要配方防潮颗粒出口英国，结束中国作为中医药大国没有中药配方防潮颗粒出口的历史。

2006年，淮安商检局完成卫生注册登记生产企业10家，商品注册登记生产企业6家，签发证书13份、临时证书3家，完成ISO 9000体系审核认证10家、HACCP（危害分析的临界控制点）认证2家。2007年，淮安商检局开展出口食品专项整治活动，清查出口食品加工企业22家，建立健全预警通报、质量追溯应急机制和责任追究制度，形成“四位一体”的责任体系，同时制定《表外产品检验检疫应急预案》。

2008年，淮安商检局开展出口服装、玩具专项整治活动，结合检查和服务，将主要出口国的技术法规、要求打印成册，发放给企业，并对不同企业采取不同的监管方式，提高企业产品质量和管理水平。对木制品及木制家具生产企业开展摸底调查，116家生产企业通过考核并取得注册登记。

1993—2008年淮安市签发普惠制证书及一般产地证书情况表

表10-17

年份	普惠制证书（份）	金额（万美元）	一般产地证书（份）	金额（万美元）
1993	112	457.75	75	310.54
1994	366	991.00	152	643.10
1995	644	1991.34	—	—
1996	683	2218.00	208	1555.00
1997	844	2270.33	158	1240.40
1998	877	3136.60	159	918.11
1999	1140	3529.58	210	1135.98
2000	1583	3451.00	179	1765.00
2001	1851	5080.00	315	1141.00
2002	2278	5039.00	—	—
2003	2555	8340.00	178	568.00
2004	3541	8181.00	304	857.00
2005	3370	8577.00	446	1631.00

续表 10-17

年份	普惠制证书（份）	金额（万美元）	一般产地证书（份）	金额（万美元）
2006	5043	13119.00	735	3115.00
2007	5393	7651.00	954	—
2008	6839	—	—	—

1988—2008 年淮安市出口商品检验情况统计表

表 10-18

年份	批次	金额（万元）	不合格批次	不合格金额（万元）	出口商品增长率（%）		不合格率（%）	
					批次	金额	批次	金额
1988	1149	7081	41	—	—	—	3.57	—
1989	3357	17748	88	420	—	—	2.62	2.37
1990	5123	37036	131	1063	52.61	108.68	2.56	2.86
1991	5081	42461	89	951	-0.80	14.65	1.75	2.23
1992	5261	45977	34	469	3.60	8.30	0.83	1.20
1993	6221	72232	35	310	18.20	57.10	0.56	0.43
1994	6636	100882	51	824	6.70	40.00	0.77	0.82
1995	6414	116494	73	1519	-3.35	15.48	1.14	1.30
1996	6483	118857	87	1572	1.08	11.99	1.40	1.50
1997	5303	98267	46	716	-18.20	-17.30	0.87	0.73
1998	5040	92393	28	427	-4.96	-5.98	0.56	0.46
1999	5377	103722	15	360	6.69	12.28	0.28	0.35
2000	7949	158940	20	541	47.83	53.25	0.39	0.38
2001	7977	20174	2	4	0.35	5.60	0.02	0.02
2002	9106	22488	—	—	14.3	11.60	—	—
2003	11420	27637	—	—	25.7	23.40	—	—
2004	12687	38115	60	141	11.00	37.90	0.47	0.37
2005	12773	38637	—	—	24.31	28.55	—	—
2006	18888	65005	25	69	22.57	38.58	0.13	0.11
2007	20717	71640	75	187	39.20	38.70	0.36	0.26
2008	38787	123221	—	—	87.22	72.00	—	—

说明：1. 1988 年检验自 6 月 15 日起；
　　　2. 2001 年及以后金额单位为万美元

1988—1999 年淮阴市进口商品检验情况统计表

表 10-19

年份	批次	金额（万美元）	不合格批次	不合格金额（万美元）	进口商品增长率（%）		对外索赔	
					批次	金额	出具证书（份）	金额（万美元）
1988	20	360	5	—	—	—	—	—

续表 10-19

年份	批次	金额（万美元）	不合格批次	不合格金额（万美元）	进口商品增长率（%）		对外索赔	
					批次	金额	出具证书（份）	金额（万美元）
1989	91	1325	13	546	355.0	268.00	13	—
1990	47	1285	30	402	-48.3	-3.02	30	—
1991	25	288	14	237	-46.8	-77.58	14	—
1992	49	1133	19	908	96.0	293.40	19	54
1993	46	2300	31	976	-6.1	103.00	29	138
1994	36	3608	27	480	-21.7	56.87	27	158
1995	77	2339	67	129	113.9	-35.17	84	54
1996	106	2021	101	692	37.7	-13.60	76	70
1997	256	1223	251	122	141.5	-39.50	242	54
1998	94	2317	75	54	-63.3	89.45	—	—
1999	70	3199	56	21	-25.5	38.15	—	—

说明：1988 年检验自 6 月 15 日起

2000—2008 年淮安市进口商品检验情况统计表

表 10-20

年份	批次	金额（万美元）	不合格批次	不合格金额（万美元）	进口商品增长率（%）	
					批次	金额
2000	51	1897	17	26	-27.14	-40.77
2001	63	1734	7	176	23.0	-8.50
2002	85	1981	—	—	39.3	29.10
2003	233	6150	16	65	184.2	221.00
2004	658	13514	—	—	182.4	119.70
2005	396	7424	—	—	-21.1	-23.40
2006	580	16687	—	—	25.1	26.62
2007	616	16318	17	3	6.2	-2.21
2008	1177	25451	—	—	91.0	55.97

二、主要出口商品检验

（一）服装

淮安市出口服装生产基本以代加工为主，产品主要有便服、室内服装、羽绒服和皮革服装等，品种有裤、裙、夹克、牛仔童装、休闲衬衫及少量的休闲西服和时装等，产品档次不高，没有自己的品牌。

1988 年，淮阴商检局开始对本地出口服装进行检验，完成首批出口服装生产企业的质量许可证考核发放工作，获证企业基本为市、县级服装厂。根据抽查结果将企业分为甲、乙、丙三类，在商检时采取不同的抽检比例。1990 年，出口服装 234 批，以睡衣、布衬衫和丝绸衬衫为主。

1994年，淮阴商检局对所有法定检验的出口服装进行标识查验，严厉查禁、打击和处罚纺织品非法转口活动。1995年，向出口服装生产企业印发《关于出口服装按国家商检局新〈种类表〉报检的通知》，增加出口服装法定检验编码66个。1996年后，随着国家纺织品服装许可制度放开，淮阴的出口服装企业逐渐增加。

2005年，出口欧美服装配额取消，淮安市出口服装增幅明显。2006年起，对出口服装安全、卫生及反欺诈项目实施抽检。2006年10月，首次检验12.3万套援助马达加斯加的学生校服，检验发现服装质量问题并予以纠正。2008年，开展部分重点产品质量专项整治行动，淮安市132个出口服装生产企业法人签订《出口服装产品质量安全承诺书》。同年，加强对出口美国、欧盟、日本儿童服装上绳带和小部件安全项目检验监管。对168名出口服装生产企业的质量监督员进行培训，保证出口服装的安全。

1990—2008年淮安市出口服装检验情况表

表10-21

年份	批次	数量（万件·套）	金额（万美元）
1990	234	230.3	370.0
1991	188	256.5	440.0
1992	244	250.2	410.0
1993	422	345.0	950.0
1994	528	389.0	1680.0
1995	864	662.6	2650.0
1996	1060	678.2	1664.0
1997	763	498.7	2213.0
1998	527	356.9	1630.0
1999	798	507.2	1790.0
2000	1476	733.9	23019.0
2001	1159	686.2	2562.4
2002	1229	760.9	2522.9
2003	1413	851.6	2598.6
2004	1525	1056.0	3664.0
2005	2324	1572.1	6245.1
2006	3792	2008.3	8626.6
2007	4748	2292.7	11365.0
2008	5961	2583.0	13854.5

（二）玩具

淮安市早期出口的玩具主要是用布、木、草、泥等材料制成的。由于不了解国外产品标准要求，出口玩具产品质量不稳定。1988年，淮阴乐达玩具有限公司出口布绒玩具，营业额100余万美元。1989年，淮阴市商检局配备专职出口玩具检验人员。1990年1月1日，淮阴市开始检验出口玩具。

1993年，按照国家商检局、外经贸部、轻工业部和农业部联合签发的《出口玩具质量许可证管理办法》相关要求，对出口玩具生产企业落实质量许可。1994年，淮阴市有2家玩具生产企业获得江苏省第一批出口玩具质量许可证。1998年起，强化出口玩具安全性能周期检测。

2000年，淮阴商检局采取型式试验与监督检验相结合的方式对出口玩具实施检验监管，监督管理内容主要包括原材料、半成品和成品品质、检测设备状况、现场管理情况和记录。从之前主要对最终产品的检验，扩大到对出口玩具企业生产过程的监管。

2007年、2008年，开展出口玩具专项整治活动。2008年，淮安市有出口玩具生产企业10余家，主要品种有布绒玩具、塑料玩具、木制玩具、玩具乐器、童车等。大多仍是承接来样加工，缺乏自己的品牌，但出口玩具的质量、档次较出口初期有较大提升，出口额也大幅增长，主要出口欧洲、美国、南美、日本、中东和东南亚等国家和地区。

1993—2008年淮安市出口玩具检验情况表

表10-22

年份	批次	金额（万美元）
1993	510	130
1994	491	195
1995	669	248
1996	784	349
1997	431	263
1998	279	317
1999	329	451
2000	442	656
2001	438	609
2002	572	783
2003	605	888
2004	500	820
2005	605	1137
2006	720	1447
2007	988	1968
2008	1240	2866

（三）罐头

20世纪80年代，淮阴市出口罐头主要以低酸罐头为主。1989年7月，中国对美国出口蘑菇罐头发生“蘑菇事件”。淮阴商检局按照统一部署，从源头抓起，对出口罐头产品严加监管。20世纪90年代，出口非低酸罐头产量不断增加，产品以黄桃罐头为主。出口罐头先后有水果、蔬菜、肉和其他4大类20余种，主要品种有午餐肉、红烧扣肉、烤鹅、青豆、青刀豆、蘑菇、芦笋、马蹄、番茄酱、蚕豆、黄桃、梨等。主要出口美国、加拿大、欧共体、日本、澳大利亚、东南亚、中国香港等国家和地区。

1999年“三检合一”后，逐步从注重感官检验向生产过程中监督管理模式转变，加强日常监督管理。2002年，根据出口午餐肉罐头生产实际情况，实施对进厂原料的药物残留监控检测。2003年，加强出口罐头中添加剂的日常监管，核查出口罐头食品生产企业，推广ISO 9001质量认证体系和HACCP质量安全体系。

2005年，继续实施和完善HACCP体系，加强HACCP体系的运用；对罐头中使用的添加剂进行备案，同时对甜蜜素、苏丹红进行监测；加强企业生产用水、杀菌冷却水的监督检查；加强源头管理，各罐头企业陆续建立原料基地，从源头保证产品质量。2005年之后，全市出口罐头数量、总重量出现较大幅度的增加。

1990—1999年淮阴市出口罐头检验情况表

表10-23

年份	数量		年份	数量	
	批次	重量（吨）		批次	重量（吨）
1990	833	4713.94	1995	405	4251.60
1991	844	3872.83	1996	589	5331.27
1992	986	4591.70	1997	643	6731.40
1993	685	4532.81	1998	95	846.42
1994	510	5011.33	1999	108	1226.70

2000—2008年淮安市出口罐头检验情况表

表10-24

年份	批次	重量（吨）	金额（万美元）
2000	151	4825.03	278.25
2001	214	7097.23	409.28
2002	254	7386.43	557.21
2003	360	12240.10	923.35
2004	272	6759.52	435.10
2005	347	9048.61	554.38
2006	440	14083.43	917.47
2007	530	21462.90	1456.25
2008	683	25637.06	1911.99

（四）电机

淮安市是全国电机出口的主要地区之一，主要产品是中小功率电动机，产品出口欧洲、南美、东南亚、中东、澳大利亚等国家和地区。

1987年以前，淮阴市电机产品检验主要由扬州商检局负责，产品比较少。1987年，淮阴商检局成立初期，电机产品主要由外贸公司收购，淮阴商检局作产地预检验，产品主要为清江电机厂的中小马力三相异步电动机，以及涟水电机厂配套出口的大马力电动机。20世纪90年代中期，涟水电机厂产品不再出口，清江电机厂成为淮阴市唯一出口电机企业。1995年以前，清江电机厂出口量（收购货值）稳定在100万美元左右。1996年，突破500万美元，清江电机厂进入全国电机出口十强行列。2004年，美的集团并购清江电机厂，电机产品向高电压、大马力、高效方向转变。是年，淮安威灵电机制造有限公司成立，主要生产洗涤电机。淮安市根据企业发展情况，及时调整检验模式。对淮安清江电机制造有限公司进行分类管理，从批批检验到过程检验，对企业进行扶持引导。2006年，该公司成为淮安市首家机电一类企业。2008年，威灵电机公司洗涤电机首次配套出口，出口量逐渐增加。

2001—2008年淮安市出口电机检验情况表

表10-25

年份	2001	2002	2003	2004	2005	2006	2007	2008
出口金额（万美元）	336	581	909	950	1093	1396	1959	2437

（五）打火机

2004年，宁波新海电子有限公司在盱眙县投资办厂，成立江苏新海电子有限公司，主要生产塑料打火机，分可充气和一次性2种。2006年正式投产，填补淮安打火机生产空白。淮安出入境检验检疫局在工厂建设时就进行跟踪服务，确定江苏新海电子有限公司为"检企"牵手单位，指导企业按照ISO 9000体系运行，重点扶持。2006年出口73万美元，2007年出口141万美元。至2008年，江苏新海电子公司应对严格的欧盟CR标准，突破技术壁垒，研制出多款带CR装置的打火机，先后在美国和欧盟申请专利，产量逐渐增长。淮安市成为中国打火机生产基地之一。2008年，全市打火机出口402万美元。

第二节　动植物检疫

一、发展概况

1998年以前，淮阴市动植物检疫工作由连云港动植物检疫局（所）管辖。1999年11月，淮阴出入境商品检验检疫局成立，增加动植物检疫和卫生检疫职能。

至2008年，全市进出口动植物产品种类和数量大幅增加。通过对进出境动植物及其产品的检验检疫，有效防范危险性有害生物传入或传出。

二、主要出口产品检疫

（一）水产品

水产品是淮安市传统出口产品，以出口产品来源划分，有捕捞水产品、养殖水产品、海捕水产品、海水水产品，生产出口形式主要为冷冻水产。

1984年，国家商检局发布《出口食品厂、库最低卫生要求（试行）》，淮阴洪泽湖绿色食品有限公司等6家企业首批通过卫生注册。

1990年，江苏商检局对出口加工企业实施分等管理。为保证出口水产品质量，淮阴商检局加强厂检员和外贸验收员业务培训，举办培训班近10次，总计500多人次参加。年内，冻河虾开始出口，当年出口4批次72吨。该类产品主要出口至日本、韩国。1992年，对出口日本的水产品进行霍乱普查。1993年，淡水小龙虾及其制品开始出口，全年出口5批98.65吨，主要品种有冻煮淡水龙虾仁和冻煮整肢龙虾。

1994年，美国FDA（食品和药物管理局）检出中国水产品中存在沙门氏菌、昆虫及鲜度不良等问题。1995年起，淮阴商检局实施批批查验，出口美国的水产品量锐减。1996年10月14日，美国解除"自动扣留"禁令，同时解除因涉及海龟保护而实施的进口虾类禁令，出口美国的水产品转为正常。当年年末，根据国家商检局关于出口水产品企业必须建立微生物检验室的规定，淮阴市清理淘汰一批设施陈旧、管理水平差的企业，注册企业从原来的13家减少至9家。

1997年12月18日，美国正式实施HACCP法规，对进口国家实施登记注册制度。淮阴市3家企业通过美国登记注册考核。同年起，欧盟国家加强对进口中国水产品的卫生检查。1999年，欧盟批准中国出口欧盟水产品由二类国家升为一类国家。国家商检局向欧盟提交的136家注册企业名单均获得通过，其中淮阴市有4家。2000年，淮阴市开始严格执行《出境水产品检验检疫工作程序（试行）》，规范出境水产品检验检疫工作。

2001年，发生中国对欧盟出口冻海捕虾仁的氯霉素残留事件。2002年1月，欧盟停止整个中国水产品进口。淮安市要求企业从源头抓起，严格控制原料来源、生产过程，严格执行抽样检测，并暂停对部分欧盟国家（德国、意大利、荷兰、比利时、卢森堡）的出口。此后出口逐步恢复。

2003年，开始生产出口美国的辣粉龙虾。2004年之前，蟹类产品出口较少，归在出口水产品大类统计管理。2004年起，单独列科计算，当年出口螃蟹3批次42吨。至2008年年末，全市累计出口蟹类产品8批次162吨，主要出口韩国。

全市出口水产品主要品种有冻黄颡鱼、冻鳜鱼、冻煮田螺肉、冻煮香螺肉、冻煮蚬肉、冻鱼片（鮰鱼片）、冻螃蟹、冻泥鳅、冻河虾、冻银鱼、冷冻淡水小龙虾及其制品、冷冻金枪鱼鱼柳等。其中，虾是出口量最大的产品，以淡水河虾和小龙虾为主，主要出口日本、韩国、美国、以色列、欧盟等国家及地区。

2001—2008年淮安市出口水产品检疫情况表

表10-26

年份	重量（吨）	金额（万美元）
2001	1455.54	574.31
2002	640.78	233.66
2003	2674.38	1011.42
2004	2137.85	665.68
2005	2366.70	828.08
2006	4496.65	1605.38
2007	1364.87	510.93
2008	2334.62	1138.17
合计	17471.39	6567.63

（二）木制品

淮安市辖区内木制品生产企业产品以胶合板、中密度纤维板、家具、木盒、画框等为主，主要出口至中国台湾及欧盟、美国、日本、沙特等地区和国家。2000年之前，出口批次、金额都很少。2000—2008年，出口12779批次，出口金额38789.65万美元。至2008年年末，有注册木制品企业121家，未在出境木制品中截获有害生物。

2000—2008年淮安市出口木制品检疫情况表

表10-27

年份	批次	金额（万美元）
2000	54	63.23
2001	175	203.68
2002	307	705.47
2003	628	795.58
2004	824	1852.38
2005	935	1740.46
2006	1529	3650.22
2007	3178	9963.82
2008	5149	19814.81
合计	12779	38789.65

（三）竹藤柳草及其制品

淮安市生产的竹制品多用于日用品、包装用品及生活用品，出口草制品主要是草帽。

2002年之前，无出口竹制品报检。2002—2008年，出口328批次，重量2683.96吨，出口金额656.11万美元。主要出口国家为澳大利亚、德国、美国、英国、荷兰等。

2002—2008年淮安市出口竹制品检疫情况表

表10-28

年份	批次	重量（吨）	金额（万美元）
2002	4	8.73	1.31
2003	17	225.84	61.05
2004	28	283.99	77.46
2005	19	150.51	29.74
2006	71	484.33	106.36
2007	95	972.53	243.23
2008	94	558.04	136.96
合计	328	2683.96	656.11

2006年之前，淮安市无草制品报检。2006—2008年，接受草制品报检232批965417个，合计金额223.12万美元。主要出口国家为美国、英国、加拿大等。

2006—2008年淮安市出口草制品检疫情况表

表10-29

年份	批次	数量（个）	金额（万美元）
2006	22	235960	49.67
2007	87	451482	93.16
2008	123	277975	80.28
合计	232	965417	223.11

至2008年年末，淮安市仅有1家竹制品和1家草制品生产企业。

第三节　卫生检疫

一、进出境集装箱卫生检疫

2004年下半年，江苏韩泰轮胎有限公司进口橡胶原料转关淮安，进境集装箱卫生检疫查验业务启动。

2008年10月，淮安出口加工区封关运作，对出口加工区、海关直通监管点开展卫生监督，为2个集装箱储存场地发放卫生许可证。

2004—2008年淮安市进港集装箱卫生检疫情况表

表10-30　　单位：个

年份	卫生检疫查验标箱数	卫生处理标箱数
2004	290	5
2005	2349	1266
2006	3731	3731
2007	4609	4609
2008	4576	4576

2008年淮安市重点企业检验检疫质量许可证情况表

表10-31

序号	企业名称	产品名称	许可证编号
1	江苏清江电机股份有限公司	H63-160Y系列电机	XJ2004112
2	江苏清江电机股份有限公司	H180-315Y系列电机	XJ2004113
3	江苏清江电机股份有限公司	H355Y系列电机	XJ2004114
4	淮安市光明电器制造有限公司	砂轮机	XJ2006279
5	江苏大通机电有限公司	漆包铜圆线系列	XJ2006278
6	江苏清拖农业装备有限公司	轮式拖拉机18-50KW	XJ2008161

续表10-31

序号	企业名称	产品名称	许可证编号
7	江苏西马特数控机械制造有限公司	车床	XJ2008160
8	江苏佳力起重机械制造有限公司	环链电动葫芦0.3-1，1-5，5-25吨	XJ2008322
9	江苏清拖农业装备有限公司	轮式拖拉机江苏50-75KW	XJ2008513
10	江苏清江电机股份有限公司	滚筒洗衣机用单相串励电动机	XJ2008540
11	江苏慧邦控制系统有限公司	聚氯乙烯绝缘电缆	XJ2008542
12	盱眙县精工机械工具制造有限公司	车床（CQ6232G、ϕ320*1000毫米）	XJ2009066
13	江苏理士科技有限公司	固定型阀控密封式铅酸蓄电池（全系列）	XJ2009223
14	江苏西马机床有限公司	圆柱立式钻床	XJ2009250
15	江苏西马机床有限公司	台式车床、轻型车床、精密车床	XJ2009251
16	淮安高美工艺品有限公司	布绒玩具	WJ0202
17	淮安兴明玩具有限公司	布绒玩具	WJ0228
18	淮安远大工艺品制造有限公司	布绒玩具	WJ0569
19	江苏三禾鞋业服饰有限公司	布绒玩具	WJ0375
20	金湖县宏发玩具服饰有限公司	布绒玩具	WJ09030
21	淮安德邦玩具制造有限公司	布绒玩具	WJ09059
22	淮安市隆达玩具制造有限公司	布绒玩具	WJ09088

2008年淮安市出口企业食品卫生注册、登记情况表

表10-32

编号	企业名称	商品范围	登记类别		证号
			注册	登记	
1	盱眙润辰天然食品有限公司	蜂蜜	√		3200-06103
2	江苏曙东粮油食品有限公司	大米		√	3200D16146
3	淮安市天益食品有限公司	盐渍蔬菜	√		3200-21004
4	江苏洪泽湖食品有限公司	淡水冻熟龙虾制品，冻生回鱼制品，裹粉龙虾仁，冻金枪鱼柳	√		3200-02428
5	江苏天士力帝益业药业有限公司	肌醇		√	3200D00210
6	江苏金叶粮油食品有限公司	大米		√	3200D16112
7	江苏金叶粮油食品有限公司	小麦粉		√	3200D00253
8	江苏李龙食品有限公司	果蔬罐头（糖水类水果，清渍类蔬菜，醋渍类蔬菜，盐渍、酱渍蔬菜，调味类蔬菜，干果和坚果类，谷类和豆类）	√		3200-01016
9	淮安东昇食品有限公司	速冻蔬菜	√		3200-08186
10	金湖县恒泰蔬菜食品有限公司	盐渍莲藕	√		3200-21055

续表 10-32

编号	企业名称	商品范围	登记类别		证号
			注册	登记	
11	江苏思达医药科技有限公司	添加剂（L-茶氨酸，R-（+）-硫辛酸钠，6（S）-5-甲基四氢叶酸钙，磷酸胆碱）		√	3200D00331
12	淮阴大地绿色食品发展有限公司	冻海捕鱼，冻银鱼制品，冻鮰鱼制品，冻煮淡水小龙虾制品，冻海蟹	√		3200-02195
13	江苏润通食品有限公司	冻熟淡水龙虾	√		3200-02229
14	江苏天擎食品有限公司	花生		√	3200D00029
15	淮阴大地绿色食品发展有限公司	速冻蔬菜（青豆、青刀豆、绿花菜、白花菜、绿芦笋、胡萝卜、荷兰豆、黑莓）	√		3200-08072
16	淮安华萃农业科技有限公司	保鲜蔬菜（西兰花、结球甘蓝、结球生菜、花椰菜、娃娃菜）		√	3200D00375
17	淮安万邦香料工业有限公司	香芹酮、水杨酸甲酯、水杨酸苄酯		√	3200D00380
18	淮安市天康食品有限公司	脱水蔬菜（胡萝卜、包菜、香葱、菠菜、万年青）	√		3200-08240
19	淮安市伏龙酱菜厂	盐渍蔬菜	√		3200-21007

二、出入境人员检疫

2000年3月，淮阴出入境检验检疫局成立江苏国际旅行卫生保健中心淮安分中心。至2008年年末，开展对淮安、宿迁两市出入境人员的国际旅行健康咨询、健康检查、传染病疫苗预防接种及其他社会委托业务，为卫生检疫行政执法提供技术保障。

2000—2008年淮安市出入境人员检疫情况表

表 10-33　　单位：件

年份	传染病监测体检数	预防接种数
2000	758	670
2001	1189	1160
2002	2417	2122
2003	1743	446
2004	2461	672
2005	4025	2461
2006	4508	1737
2007	5330	1457
2008	7301	1575

2003—2008年淮安市出入境人员疾病检出情况表

表10-34　　单位：例

类别＼年份	2003	2004	2005	2006	2007	2008
HIV抗体阳性	1	1	0	1	0	1
HBsAg阳性	52	73	143	157	197	237
Anti-HCV阳性	0	6	13	12	9	15
梅毒	1	1	15	7	14	24
非传染性疾病	348	512	419	571	714	1274

第四节　实验室建设

1987年，淮阴商检局成立，针对当时出口贸易以农副产品和纺织品为主的状况，先后建立食品实验室和纺织品实验室。1992年4月，食品实验室和纺织品实验室通过全国商检系统华东大区实验室考核，成为全国商检系统二级实验室。检测商品主要是出口薄荷素油、粮油、水产品、纺织品等，检测指标主要是常规理化、微生物指标，年检测200多批次，检测服务对象为淮阴地区的出口商品生产和贸易企业。

2000年1月，淮阴进出口商品检验局食品实验室更名为淮阴出入境检验检疫局食品实验室，并被批准为华东大区注册实验室。2002年2月，更名为淮安出入境检验检疫局农副产品检测实验室，业务范围扩展到农副产品检测。检测指标增加有毒有害元素检测，年检测300多批次，主要服务对象是淮安、宿迁两地的出口商品生产和外贸企业。

2003年，淮安出入境检验检疫局农副产品检测实验室开展首个黄曲霉毒素测试项目。是年，中国农产品出口第一大市场日本实施规模大、要求严的食品安全“肯定列表制度”，实验室检测项目和检测批次猛增。2004年起，淮安出入境检验检疫局农副产品检测实验室按照ISO-IEC17025:2005《检测和校准实验室能力的通用要求》，建立和运行与实验室活动范围相适应的管理体系。当年11月，取得中国合格评定国家认可委员会（CNAS）颁发的实验室认可证书，获得认可检测项目65项，随后又取得国家认证认可监督管理委员会颁发的计量认证证书。同年，被国家质检总局指定为欧盟黄曲霉毒素检测定点实验室。2006年7月，取得农业部授权的无公害农产品检测资质。

2007年7月，更名为淮安出入境检验检疫局综合技术服务中心实验室，并通过CNAS（中国合格评定国家认可委员会）扩项审核，新增检测项目63项，实验室累计获CNAS认可检测项目128项。

2008年9月，发生奶粉三聚氰胺事件后，淮安出入境检验检疫局综合技术服务中心实验室研究三聚氰胺检测方法，于10月初完成三聚氰胺检测方法验证，参加国家认监委组织的三聚氰胺检测能力验证活动，并在能力验证中获满意结果。

至2008年年末，淮安出入境检验检疫局综合技术服务中心实验室建设成为涉及食品及农副产品、生活饮用水、土壤、食品包装用塑料袋、纺织品5个检测领域的综合性检测实验室。主要承担淮安、宿迁两地及江苏省内扬州、宜兴、常州、徐州、南通、连云港、苏州、江阴、常熟、盐城等地进出口法定检验商品的检测任务及全省进出口生产和外经贸企业委托检测业务，年检测6000多批次。涉及农兽药残留、添加剂、重金属、有毒有害元素、毒素、常规理化指标、微生物指标等检测项目近200项，可承担法定检验要求的大部分检测项目，在苏北地区处于领先地位。

第六章　海　关

1995年5月，国务院批准设立淮阴海关。1997年6月18日，淮阴海关开关并正式对外办理业务，主要任务和职责是依照国家法律、法规，监管出入境的运输工具、货物、行李物品和其他物品，征收关税和其他税费，查缉走私，并编制海关统计和办理其他海关业务。内设办公室、综合业务统计科、监管科、监管二科、稽查科、物流监控科和财务装备科7个科室。2001年，淮阴海关更名为淮安海关。2006年6月，经海关总署批准，组建成立淮安海关缉私分局，内设综合科、查私科。2008年7月，设立淮安海关驻淮安出口加工区办事处。淮安海关业务监管区域为淮安市、宿迁市。

第一节　加工贸易管理

1997年，淮阴海关成立之初，即开展加工贸易管理工作，推动海关工作前置、服务企业、培育业务增长点。当年主要对企业界开展"加工贸易"等业务知识宣传和企业走访调研，帮助企业规范化加工贸易。1999年，重点开展加工贸易企业分类管理和银行保证金台账实转（实际转向）。海关人员深入大中型企业走访，向企业宣传加工贸易管理新政策，促进企业加强管理，并享受国家优惠政策。2000年，执行海关总署核定的30种商品和各行业主管部门认定的单耗标准，做到商品、标准名录应收尽收。加强与市外经贸委、中国银行淮阴支行的联系配合，保障加工贸易银行保证金台账实转工作顺利进行。全年接受企业加工贸易合同备案267份，备案金额4311万美元；办理台账实转33笔，收取保证金675.8万元人民币；核销合同206份，核销补税11笔，共计87万元。

2002年，实施业务主办关员负责制、合同报核台账登记制、中期核查制、下厂核销台账登记制等制度，明确监管责任，落实监管措施。坚持双人作业、首办验厂、限制类商品100%下厂核销等监管措施。对辖区内加工贸易商品的单耗情况进行调研，与10家企业签订合作备忘录，探索与加工企业电子联网监管。全年核销补税79万元。2003年，帮助江苏韩泰轮胎有限公司设立备料型保税仓库，提高加工贸易管理质量，完善以企业为单元的加工贸易管理制度，加强单耗审核和核销补税。全年核销补税89万元，核销率接近100%。

2004年，为江苏韩泰轮胎有限公司、江苏淮钢集团、淮安华顶鞋业有限公司等加工贸易大中型企业提供服务，帮助企业转型升级、扩大规模、增加效益，引导私营企业在创业过程中扩大出口。

2007年，完善加工贸易联网监管功能，逐步实现系统数据的自动导入，培育加工贸易联网新的增长点，扩大增量。到期报核率100%，加工贸易企业规范面100%，风险监控面100%，提高加工贸易监管精确度和命中率，化解海关执法风险，促进加工贸易转型升级。全年加工贸易联网进出口金额超过4亿美元，占全部加工贸易进出口总额的68%。2008年，加工贸易联网出口金额占全部加工贸易进出口总额的70%。

第二节　征税和减免税

1997年淮阴海关成立后，引导地方企业享受国家优惠政策。全年审批进口设备减免税67笔，其中“三资”企业特定减免税64笔，技改引进项目减免税3笔，减免税进口货物金额2822.52万美元，减免关税3296.28万元人民币，减免进口环节增值税4175.61万元人民币，累计减免金额7471.89万元人民币。审批江苏韩泰轮胎有限公司进口设备50笔，合同金额1552.3万美元，减免金额4450.1万元人民币；审批江苏淮钢集团进口设备7笔，合同金额583.56万美元，减免金额1830.23万元人民币；审批淮阴卷烟厂技改进口设备3笔，合同金额472.21万美元，减免金额627.3万元人民币。1998年，淮阴海关征收关税及进口环节税227.7万元人民币。

2000年，地方开放型经济发展相对滞后，面对税收形势不利等因素，淮阴海关组织开展税源调研。对纳税相对稳定的企业调查摸底，掌握企业进出口动向，做好转关运输手续办理准备工作；与口岸海关、国家出入境检验检疫局联系配合，使进出口货物通关顺畅；做好必检商品化验工作，掌握三级参考价格动态，加大化验补税、审价补税力度；依法治税，加强监管，杜绝“跑、冒、滴、漏”，确保应收尽收。是年，征收税款1074万元，其中关税428万元、进口环节代征税646万元；一般贸易征税953万元，补税121万元。坚持减免税三级审批制度，落实国家税收优惠政策，防止越权审批；严格审批依据，对不符合免税规定的，一律不予审批；加强对享受减免税进口货物的后续管理，防止企业转移、倒卖减免税货物。审批全市企事业单位减免税申请132票，审批货值2147万美元，减免关税及进口环节增值税5549万元。

2001—2003年，淮安海关征收税额有一定增长，分别为1980万元、1746万元和2657万元。2004年，征收税款增长迅猛，首次突破1亿元，其中关税3764.3万元、进口环节代征税6323.89万元；办理减免业务190笔，审批外商投资企业投资进口设备货值7660万美元，减免税及进口环节增值税1.37亿元人民币。2005年，实际征税额有所下滑，为9000万元。2006年起，开展税源调研、形势分析，挖掘新的增长点，加强减免税审核，保证税收稳步增长。当年征税1.54亿元，为进出口企业减免税收2.23亿元。

2008年，淮安海关提高减免税管理水平，落实国家宏观调控政策和各项税收优惠措施。全年征收税款1.82亿元，为企业进口设备办理减免关税和增值税

图10-10　淮安海关大楼（2005年）　　陈光晰　摄

2.3亿元。加强重点项目和进口设备减免税监控，发现擅自抵押减免税设备事件1起，发现项目执行异常情况2起，均实施有效处理和后续管理。

第三节　进出口货物监管和缉私

1998年，淮阴海关贯彻全国打私工作会议精神，坚决打击走私和依法缉私。重点打击利用货运渠道特别是加工贸易渠道、以“三假”（假海关业务凭证、假海关印章、假冒官员签名）手法和保税仓库进行走私违法活动；加大对汽车、纺织原料、化工原料等重点商品走私打击力度；针对淮阴地处南北交通要道、途经走私车辆多的特点，主动与公安部门联系配合，形成打私合力。全年查获走私案件2起、违规案件11起，走私案件值223万元，罚没收入105万元，均解缴入库。

2000年，立案查处走私案件1起，走私案件案值1.2万元，查处违规案件1起，违规案件罚款3.5万元，上缴罚没收入50万元。

2002年，实行“打防结合，以防为主”举措。健全内部监督约束机制，提升业务一线实际监管能力和综合业务部门业务协调能力，提高办案质量；加强对进出口货物实际监管，规范企业行为，帮助企业建立健全管理制度，鼓励企业申报A类管理，推动淮安市进出口企业走规范经营之路，降低监管风险。全年稽查企业5家，立案查处走私、违规案件6起，案值445万元，上缴罚没收入113万元。2003年，对5家进出口企业实施稽查，发现违法案件1起，立案查处违法行为3起，结案处理1起，查获案件案值1.87亿元，在扣案件担保金800万元，创淮安海关建立以后查获案件案值数最高纪录。海关统计监督工作实现零的突破，追补税款3349.44元。

2004年，利用H2000通关系统及风险管理平台，加强对进出口货物的实际监管。针对淮安市加工贸易货物进出口大幅增长的情况，多次下厂核定单耗，帮助企业建立健全管理制度。成立业务执法检查组，立案查处走私违规案件6起，案值5900万元，涉案税款1267万元，其中结处案件2起，向南京海关缉私局移送案件1起。2006年6月，淮安海关缉私分局挂牌成立。当年立案查办行政违规案件5起，案值4000余万元。

2008年，淮安海关围绕打击走私犯罪，加强对进出口货物监管，加大对辖区进出口企业情况的调研力度，严密监控、全面掌握企业进出口动态。分析研究走私活动情况和新特点，运用刑事和行政执法手段，打防并举，提升货物监管、反走私效能和水平。

1998—2008年淮安市海关业务情况一览表

表10-35

年份	税收		加工贸易		货物监管			缉私		
	征收税款（万元）	减免关税及代征税（亿元）	备案合同（份）	备案金额（亿美元）	处理报关单（份）	监管货运量（万吨）	监管货值（亿美元）	走私案件（起–案值万元）	违规案件（起）	罚没收入（万元）
1998	0.02	0.41	191	0.21	150	0.20	0.01	2–223	11	105
1999	0.09	0.43	269	0.36	199	0.18	0.01	1–100	3	—
2000	0.11	0.55	267	0.43	154	0.19	0.01	1–1.2	1	50

续表10-35

年份	税收		加工贸易		货物监管			缉私		
	征收税款（万元）	减免关税及代征税（亿元）	备案合同（份）	备案金额（亿美元）	处理报关单（份）	监管货运量（万吨）	监管货值（亿美元）	走私案件（起–案值万元）	违规案件（起）	罚没收入（万元）
2001	2038.00	0.10	154	0.32	159	0.21	0.07	—	2	—
2002	1573.00	0.36	129	0.30	242	0.31	0.11	1–73	5	113
2003	2657.00	1.23	161	0.42	683	0.57	0.69	0	2	1188
2004	10088.00	1.37	306	0.79	1314	4.08	1.03	1–3600	5	—
2005	9170.00	1.01	365	1.09	1440	32.00	1.21	—	2	380
2006	15430.00	2.23	415	0.69	1715	25.00	2.27	—	2	93
2007	14869.00	2.60	638	3.20	2526	30.00	2.5	1	4	200
2008	18225.00	2.30	808	2.47	10339	13.00	3.17	—	13	259

·淮安市志·（1978—2008）

第十一卷　中共淮安市地方组织

第一章　党代表大会

第二章　市委机构

第三章　重要决策　发展战略

第四章　纪检监察

第五章　组织工作

第六章　宣传工作

第七章　统一战线工作

第八章　对台工作

第九章　党校工作

第十章　党史工作

第一章　党代表大会

第一节　中国共产党淮阴市第一次代表大会

1984年11月7—10日，中国共产党淮阴市第一次代表大会在市区淮海影剧院召开。出席大会的有正式代表554名，列席代表90名，特邀代表9名。会议听取和审议中共淮阴市委书记李绥章所作的《万众一心，富民兴淮，为实现党的总任务总目标而奋斗》市委工作报告、市纪委书记余耀中所作的《端正党风，严明党纪，支持改革维护改革，为尽快实现党风根本好转，全面振兴淮阴经济而奋斗》纪检工作报告，并通过相应决议。

会议期间，与会代表学习中共中央总书记胡耀邦考察淮阴市时的讲话精神，审议通过市委工作报告和市纪律检查委员会工作报告，选举产生中共淮阴市第一届委员会和中共淮阴市第一届纪律检查委员会，以及出席中共江苏省第七次代表大会的代表。

11月10日，在中共淮阴市第一届委员会第一次全体委员会议和中共淮阴市纪律检查委员会第一届委员会第一次全体委员会议上，分别选举产生中共淮阴市第一届常务委员会和中共淮阴市第一届纪律检查委员会常务委员会。

附：中共淮阴市第一届委员会委员、候补委员名单

（一）委员（40人，按姓氏笔画为序）

丁冠杰	于登和	王元龙	王寿昌	王克焕
王学成	孔祥沛	厉步高	刘学东	刘锦章
刘耀华	苏守儒（女）	李仰珍	李泉源	李挺华
李绥章	李鸿民	杨天培	杨基厚	余耀中
沈西荣	张步甲	张恒顺	陈　敬	陈奎林
罗会友	罗绪业	季祥科	郑　寰	姜立宽
洪淑花（女）	徐　燕（女）	徐志球	唐维新	黄学楷
黄培彬	曹　楷	葛恒文	潘子仪	糜国梁

（二）候补委员（7人，按得票多少为序）

孙华光	吴凤和	周金鸿	许智强	陈　兵（女）
赵益群（女）	宫联泰			

第二节　中国共产党淮阴市第二次代表大会

1989年11月5—8日，中国共产党淮阴市第二次代表大会在市区淮海影剧院召开，出席大会的有正式代表595名。会议听取和审议中共淮阴市委书记黄冰所作的《坚持党的领导，加强党的建设，把富民兴淮事业进一步推向前进》市委工作报告、市纪委书记刘学东所作的《严明党的纪律，维护党的形象，为富民兴淮作出贡献》纪检工作报告，并通过相应决议。大会选举产生中共淮阴市第二届委员会、中共淮阴市第二届纪律检查委员会，并选举产生出席中共江苏省第八次代表大会的代表56名。

11月8日，召开中共淮阴市第二届委员会第一次全体委员会议，选举产生中共淮阴市第二届委员会常委、书记、副书记。

附：中共淮阴市第二届委员会委员、候补委员名单

（一）委员（35人，按姓氏笔画为序）

王东辉	毛季琳	尹　明（女）	朱永钊	朱玉振
伏　虎	刘学东	江佩芳	许智强	苏金必
李国平	李继尧	何寿凯	余耀中	张　凯
张文国	张步甲	张恒顺	张德新	陈　伟
陈从亮	林积松	尚　云	周伦章	柯广坚
赵学凤[1]	姜立宽	姜映梅（女）	奚铁男	郭平扬
黄　冰	黄天汉	黄培彬	黄登仁	葛恒文

（二）候补委员（7人，按得票多少为序）

刘希平（女）	刘耀华	吴淳楼（女）	何承松	陆长苏（女）
唐维新	黄启武			

第三节　中国共产党淮阴市第三次代表大会

1994年10月25—28日，中国共产党淮阴市第三次代表大会在市区淮海影剧院召开，出席大会的有正式代表592名。会议听取和审议时任中共淮阴市委书记所作的《加强党的建设，加快经济发展，为实现淮阴的富裕文明而努力奋斗》市委工作报告、市纪委书记皇甫贯虹所作的《坚持从严治党，深入反腐倡廉，为改革、发展、稳定服务》纪检工作报告，并通过相应决议。大会选举产生中共淮阴市第三届委员会、中共淮阴市第三届纪律检查委员会，并选举产生出席中共江苏省第九次代表大会的代表56名。

10月28日，召开中共淮阴市第三届委员会第一次全体委员会议，选举产生中共淮阴市第三届

① 赵学凤，2002年9月以受贿罪获刑15年，剥夺政治权利5年。下同。

委员会常委、书记、副书记。

附：中共淮阴市第三届委员会委员、候补委员名单

（一）委员（37人，按姓氏笔画为序）

王惠荣	吕胜年	朱玉振	朱永钊	朱慈尧
刘　群	刘学东	刘松玉	许智强	杨基厚
苏守儒（女）	苏金必	李孔惠	李国平	李继业
李继尧	严汉国	何泽华	张　凯	张文国
陈　伟	陈广礼[①]	陈子龙[②]	陈从亮	尚　云
欣立忠[③]	赵少麟[④]	赵尔薰	赵学凤	皇甫贯虹（女）
姜映梅（女）	徐仲林	奚铁男	黄天汉	黄登仁[⑤]
戴国祥	魏前美			

（二）候补委员（7人，按得票多少为序）

花法荣	周　沐	秦正宝	陈发松	陈　芸（女）
刘伯喜	徐　杰			

第四节　中国共产党淮安市第四次代表大会

2001年8月27—30日，中国共产党淮安市第四次代表大会在市区淮海影剧院召开，出席大会的有正式代表475名。会议听取和审议中共淮安市委书记丁解民所作的《全面贯彻“三个代表”重要思想，为加快实现富民强市目标而努力奋斗》市委工作报告、市纪委书记陈美行所作的纪检工作报告，并通过市委《关于坚决反对形式主义和官僚主义，切实转变工作作风的决定》。大会选举产生中共淮安市第四届委员会、中共淮安市第四届纪律检查委员会，并选举产生出席中共江苏省第十次代表大会的代表39名。

8月30日，召开中共淮安市第四届委员会第一次全体委员会议，选举产生中共淮安市第四届委员会常委、书记、副书记。

附：中共淮安市第四届委员会委员、候补委员名单

（一）委员（35人，按姓氏笔画为序）

丁大卫	丁解民	王士高	王友富	王向明
王庆元	叶立生	成迎初	朱慈尧	刘　华

---

① 陈广礼，1997年7月以受贿罪获无期徒刑。下同。

② 陈子龙，2001年6月以受贿罪获刑15年。

③ 欣立忠，2000年12月以受贿罪、巨额财产来源不明罪获刑8年3个月。下同。

④ 赵少麟，2017年5月以单位行贿罪、骗购外汇罪获刑4年。下同。

⑤ 黄登仁，1998年4月以受贿罪获刑15年，剥夺政治权利5年。下同。

刘广忠　　刘友超[1]　　刘文宇　　刘希平（女）　　刘泽源
孙献荣　　苏金必　　李洪天　　吴炳霞（女）　　陆长苏（女）
陈　杰　　陈　贵　　陈从亮　　陈洪玉　　陈美行
林伟明　　周云飞　　郑　宁　　夏心旻　　徐应生
韩　波　　韩海平　　漆冠山　　薛成文　　魏玉龙

（二）候补委员（7人，按得票多少为序）

朱　洁　　刘金山　　朱　锦（女）　　肖本明[2]　　王永和（女）
刘维亚　　李建国

第五节　中国共产党淮安市第五次代表大会

2006年8月27—30日，中国共产党淮安市第五次代表大会在淮安人民大会堂召开，出席大会的有正式代表476名。会议听取和审议中共淮安市委书记丁解民所作的《增创新优势，谋求新跨越——为建设全面小康新淮安而努力奋斗》市委工作报告，市纪委书记王维凯所作的《履行党章赋予职责，深入推进反腐倡廉，为建设全面小康新淮安提供坚强有力的政治保证》纪检工作报告。大会选举产生中共淮安市第五届委员会、中共淮安市第五届纪律检查委员会，并选举产生出席中共江苏省第十一次代表大会的代表39名。

图11-1　中共淮安市第五次代表大会（2006年）
市委办　供

8月31日，召开中共淮安市第五届委员会第一次全体会议。会议选举产生中共淮安市第五届委员会常务委员、书记、副书记，通过中共淮安市第五届纪律检查委员会第一次全体会议关于市纪委书记、副书记、常委选举结果的报告；作出中共淮安市五届市委关于加强先进性建设的承诺和关于加强廉政建设的承诺。

附：中共淮安市第五届委员会委员、候补委员名单

（一）委员（45人，按姓氏笔画为序）

丁解民　　王士高　　王友富　　王兴尧[3]　　王海平[4]

---

① 刘友超，2014年5月以受贿罪获刑12年6个月。下同。

② 肖本明，2017年12月以受贿罪获刑8年。下同。

③ 王兴尧，2018年12月以受贿罪、滥用职权罪获刑7年6个月。下同。

④ 王海平，2018年7月以受贿罪获刑5年。下同。

王维凯	左锁粉	叶立生	史国君	吉文桥
朱小帆	朱维林	仲　波	刘　华	刘友超
刘希平（女）	刘学军	李　森	李卫平①	李洪天
肖本明	肖进方	吴兆方	吴晓丹（女）	陆长苏（女）
陈　贵	陈从亮	陈洪玉	陈家忠②	范学恕
林伟明	单康明	宗兆昱	赵洪权	夏心旻
高雪坤③	唐道伦	葛　莱	蔡敦成④	漆冠山
樊金龙	魏宏庆			

（二）候补委员（8人，按得票多少为序）

朱　锦（女）	刘金山	刘维亚	陶苏淮	朱友冬（女）
张进成	蔡　莉（女）	蒋建亚（女）		

经中共江苏省委批准，淮安市在中共淮安市第五届委员会任期内试行党代表大会代表常任制，建立党代表大会例会制度，每年年末召开一次代表大会。

2007年12月16日，中共淮安市第五次代表大会第二次会议在淮安人民大会堂召开。大会应到代表464名，实到代表439名，符合规定人数。中共淮安市委书记丁解民代表中共淮安市第五届委员会向大会作题为《全面贯彻党的十七大精神，努力建设更高水平小康淮安》市委工作报告。与会代表审议并通过该工作报告。

2008年12月29日，中共淮安市第五次代表大会第三次会议在淮安人民大会堂召开。大会应到代表472名，实到代表448名，符合规定人数。中共淮安市委书记刘永忠代表中共淮安市第五届委员会向大会作题为《坚定信心，迎难而上，奋力开创淮安又好又快发展新局面》市委工作报告。与会代表审议并通过该工作报告。

第二章　市委机构

第一节　领导机构

一、第一次市党代会前领导机构

自1978年12月中共十一届三中全会召开至1983年3月淮阴地区撤地建市，中共淮阴地委领

① 李卫平，2014年12月以受贿罪获刑13年6个月。下同。

② 陈家忠，2009年以受贿罪获刑5年。

③ 高雪坤，2019年6月以受贿罪获刑10年6个月。下同。

④ 蔡敦成，2016年12月以受贿罪获刑6年6个月。下同。

导机构成员由中共江苏省委任免。自1983年3月淮阴市建立至1984年11月中共淮阴市第一次代表大会召开前，中共淮阴市委领导机构成员也由中共江苏省委任免。

中共淮阴地委领导机构成员（1978年12月至1983年2月）

表11-1

职务	姓名	性别	籍贯	任职时间
书记	丁　铁	男	江苏阜宁	1978.12—1983.02
副书记	李登先	男	江苏洪泽	1978.12—1981.03
	张景良	男	江苏涟水	1978.12—1983.02
	徐志球	男	江苏南通	1978.12—1983.02
	李　柏	男	江苏沭阳	1978.12—1979.12
	钱万新	男	江苏盐城	1979.03—1981.01
	路　澈	男	江苏如东	1980.01—1982.03
	何仁华	男	江苏兴化	1981.03—1983.01
常委	李登先	男	江苏洪泽	1978.12—1981.03
	张景良	男	江苏涟水	1978.12—1983.02
	董铁山	男	江苏江都	1978.12—1979.06
常委	王桂林	男	江苏涟水	1978.12—1983.02
	徐志球	男	江苏南通	1978.12—1983.02
	厉步高	男	江苏涟水	1978.12—1983.02
	丁　铁	男	江苏阜宁	1978.12—1983.02
	李　柏	男	江苏沭阳	1978.12—1979.12
	刘少傥	男	山东新泰	1978.12—1979.04
	王积成	男	江苏灌南	1978.12—1980.07
	钱万新	男	江苏盐城	1979.03—1981.01
	万玉华	男	湖北天门	1979.06—1982.02
	路　澈	男	江苏如东	1980.01—1982.03
	李　凯	男	江苏铜山	1980.01—1981.11
	何仁华	男	江苏兴化	1981.03—1983.01
	侍云诗	男	江苏灌云	1981.11—1983.02
	朱晓华	男	江苏涟水	1981.11—1983.02
	侍伊本	男	江苏灌云	1982.03—1983.02

中共淮阴市委领导机构成员（1983年3月至1984年11月）

表11-2

职务	姓名	性别	籍贯	任职时间
书记	丁　铁	男	江苏阜宁	1983.03—1984.08
	李绥章	男	江苏江阴	1984.08—1984.11
副书记	高德正	男	江苏江阴	1983.03—1984.08
	徐志球	男	江苏南通	1983.03—1984.11
	李仰珍	男	江苏宿迁	1983.03—1984.11
	王学成	男	江苏响水	1983.03—1984.11
	徐　燕	女	江苏南通	1983.03—1984.11
常委	丁　铁	男	江苏阜宁	1983.03—1984.08
	高德正	男	江苏江阴	1983.03—1984.08
	徐志球	男	江苏南通	1983.03—1984.11
	李仰珍	男	江苏宿迁	1983.03—1984.11
	王学成	男	江苏响水	1983.03—1984.11
	徐　燕	女	江苏南通	1983.03—1984.11
	朱晓华	男	江苏涟水	1983.03—1984.08
	侍伊本	男	江苏灌云	1983.03—1983.05
常委	侍云诗	男	江苏灌云	1983.03—1984.11
	沈西荣	男	江苏睢宁	1983.05—1984.11
	李绥章	男	江苏江阴	1984.08—1984.11
	李鸿民	男	江苏丰县	1984.08—1984.11
	姜立宽	男	江苏江都	1984.09—1984.11
	余耀中	男	江苏镇江	1984.11

二、第一次市党代会至2008年12月领导机构

1984年11月至2008年12月，淮安市共召开五次中国共产党代表大会，选举产生历届市委会，并由历届市委会一次全会选举产生市委领导机构，届中部分领导机构成员变动由中共江苏省委任免。

中共淮阴市第一届委员会领导机构成员（1984年11月至1989年11月）

表11-3

职务	姓名	性别	籍贯	任职时间
书记	李绥章	男	江苏江阴	1984.11—1987.06
	黄　冰	男	江苏启东	1987.06—1989.11

续表 11-3

职务	姓名	性别	籍贯	任职时间
副书记	徐　燕	女	江苏南通	1984.11—1989.10
	李仰珍	男	江苏宿迁	1984.11—1986.02
	徐志球	男	江苏南通	1984.11—1986.03
	王学成	男	江苏响水	1984.11—1989.04
	侍云诗	男	江苏灌云	1985.08—1989.10
	李登先	男	江苏洪泽	1986.02—1986.05
	李鸿民	男	江苏丰县	1986.03—1989.06
	黄　冰	男	江苏启东	1986.03—1987.06
	余耀中	男	江苏镇江	1989.04—1989.11
常委	王学成	男	江苏响水	1984.11—1989.04
	李仰珍	男	江苏宿迁	1984.11—1986.02
	李鸿民	男	江苏丰县	1984.11—1989.06
	李绶章	男	江苏江阴	1984.11—1987.06
	余耀中	男	江苏镇江	1984.11—1989.11
	沈西荣	男	江苏睢宁	1984.11—1986.01
	姜立宽	男	江苏江都	1984.11—1986.05 1987.08—1989.11
常委	徐　燕	女	江苏南通	1984.11—1989.10
	徐志球	男	江苏南通	1984.11—1986.03
	侍云诗	男	江苏灌云	1985.08—1989.10
	范启云	男	江苏徐州	1986.01—1987.06
	李登先	男	江苏洪泽	1986.02—1986.05
	李向阳	男	江苏张家港	1986.03—1989.07
	黄　冰	男	江苏启东	1986.03—1989.11
	贾寿元	男	江苏滨海	1987.06—1988.06
	李国平	男	江苏武进	1988.06—1989.11
	林积松	男	安徽无为	1988.06—1989.11
	尹　明	女	湖南茶陵	1988.12—1989.11
	刘学东	男	江苏金湖	1989.04—1989.11
	柯广坚	男	江苏海安	1989.07—1989.11
	赵学凤	男	江苏洪泽	1989.09—1989.11

中共淮阴市第二届委员会领导机构成员（1989 年 11 月至 1994 年 10 月）

表 11-4

职务	姓名	性别	籍贯	任职时间
书记	黄　冰	男	江苏启东	1989.11—1994.02
	许祖元	男	江苏江阴	1991.12—1994.09
	赵少麟	男	山西原平	1994.09—1994.10
副书记	姜立宽	男	江苏江都	1989.11—1992.10
	余耀中	男	江苏镇江	1989.11—1991.12
	赵学凤	男	江苏洪泽	1989.11—1994.10
	许祖元	男	江苏江阴	1991.06—1991.12
	刘学东	男	江苏金湖	1991.12—1994.10
	赵少麟	男	山西原平	1992.10—1994.09
常委	黄　冰	男	江苏启东	1989.11—1991.12
	姜立宽	男	江苏江都	1989.11—1992.10
	余耀中	男	江苏镇江	1989.11—1991.12
	赵学凤	男	江苏洪泽	1989.11—1994.10
	刘学东	男	江苏金湖	1989.11—1994.10
常委	李国平	男	江苏武进	1989.11—1994.10
	林积松	男	安徽无为	1989.11—1990.02
	尹　明	女	湖南茶陵	1989.11—1993.09
	柯广坚	男	江苏海安	1989.11—1994.07
	周德兴	男	江苏张家港	1990.12—1992.10
	张文国	男	江苏泰兴	1991.02—1994.10
	许祖元	男	江苏江阴	1991.06—1994.09
	赵少麟	男	山西原平	1992.10—1994.10
	刘松玉	男	山东肥城	1992.10—1994.10
	徐仲林	男	湖北黄冈	1992.12—1994.10
	朱玉振	男	江苏宿迁	1993.02—1994.10
	皇甫贯虹	女	江苏淮阴	1993.07—1994.10

中共淮阴市第三届委员会领导机构成员（1994年10月至2001年8月）

表11－5

职务	姓名	性别	籍贯	任职时间
书记	赵少麟	男	山西原平	1994.10—1997.12
	赵学凤	男	江苏洪泽	1997.12—2001.05
	丁解民	男	江苏靖江	2001.05—2001.08
副书记	赵学凤	男	江苏洪泽	1994.10—1997.12
	刘学东	男	江苏金湖	1994.10—1996.08 1997.12—2000.08
	李国平	男	江苏武进	1994.10—1995.05
	张文国	男	江苏泰州	1995.05—1997.12
	陈从亮	男	江苏泗阳	1996.09—2001.08
	皇甫贯虹	女	江苏淮阴	1996.09—1999.01
	李继尧	男	江苏泗阳	1998.08—2001.08
	王庆元	男	江苏宿迁	1999.08—2001.08
	朱慈尧	男	江苏泗阳	2000.12—2001.08
	丁大卫	男	江苏锡山	2001.01—2001.08
常委	赵少麟	男	山西原平	1994.10—1997.12
	赵学凤	男	江苏洪泽	1994.10—2001.05
	刘学东	男	江苏金湖	1994.10—1996.08 1997.12—2000.08
	李国平	男	江苏武进	1994.10—1995.05
	张文国	男	江苏泰兴	1994.10—1997.12
	刘松玉	男	山东肥城	1994.10—1997.02
	徐仲林	男	湖北黄冈	1994.10—1995.05
	朱玉振	男	江苏宿迁	1994.10—1996.08
	皇甫贯虹	女	江苏淮阴	1994.10—1999.01
	黄天汉	男	江苏南通	1994.10—2000.08
	陈从亮	男	江苏泗阳	1994.10—2001.08
	姜映梅	女	江苏六合	1996.09—1998.01
	李继尧	男	江苏泗阳	1996.09—2001.08
	王庆元	男	江苏宿迁	1996.09—2001.08
	欣立忠	男	江苏金湖	1996.09—1999.11
	刘　璟	男	江苏兴化	1997.02—2000.01
	奚铁男	男	江苏江阴	1997.12—2001.05
	朱慈尧	男	江苏泗阳	1998.08—2001.08
	王向明	男	山东郯城	1998.12—2001.08

续表 11-5

职务	姓名	性别	籍贯	任职时间
常委	黄波生	男	福建惠安	2000.01—2000.12
	刘广忠	男	江苏扬州	2000.11—2001.08
	蒋洪喜	男	江苏淮阴	2000.12—2001.08
	孙献荣	男	安徽萧县	2000.12—2001.08
	丁解民	男	江苏靖江	2001.05—2001.08

中共淮安市第四届委员会领导机构成员（2001 年 9 月至 2006 年 8 月）

表 11-6

职务	姓名	性别	籍贯	任职时间
书记	丁解民	男	江苏靖江	2001.09—2006.08
副书记	陈从亮	男	江苏泗阳	2001.09—2003.02
	王庆元	男	江苏宿迁	2001.09—2003.12
	朱慈尧	男	江苏泗阳	2001.09—2003.06
	丁大卫	男	江苏锡山	2001.09—2002.12
	李继平	男	江苏南京	2002.12—2004.12
	刘广忠	男	江苏扬州	2003.04—2006.07
	王维凯	男	江苏东海	2003.12—2006.08
副书记	樊金龙	男	江苏太仓	2004.12—2006.08
	李　萌	男	安徽泗县	2005.01—2006.02
常委	丁解民	男	江苏靖江	2001.09—2006.08
	陈从亮	男	江苏泗阳	2001.09—2003.02
	王庆元	男	江苏宿迁	2001.09—2003.12
	朱慈尧	男	江苏泗阳	2001.09—2003.06
	丁大卫	男	江苏锡山	2001.09—2002.12
	刘广忠	男	江苏扬州	2001.09—2006.07
	王向明	男	山东郯城	2001.09—2006.08
	孙献荣	男	安徽萧县	2001.09—2004.11
	陈洪玉	男	江苏洪泽	2001.09—2006.08
	陈美行	男	江苏睢宁	2001.09—2003.12
	刘希平	女	江苏涟水	2001.09—2006.08
	李继平	男	江苏南京	2002.12—2004.12
	王友富	男	江苏淮安	2002.12—2006.08
	蒋洪亮	男	江苏宜兴	2003.06—2006.02

续表 11-6

职务	姓名	性别	籍贯	任职时间
常委	王维凯	男	江苏东海	2003.12—2006.08
	李荣荣	女	江苏阜宁	2004.04—2006.07
	邵继忠	男	浙江淳安	2004.11—2005.03
	樊金龙	男	江苏太仓	2004.12—2006.08
	李　萌（挂职）	男	安徽泗县	2005.01—2006.02
	朱小帆	男	江苏靖江	2005.03—2006.08
	李卫平	男	江苏扬中	2006.03—2006.08
	俞　军	男	江苏扬州	2006.07—2006.08
	朱维宁	男	江苏睢宁	2006.07—2006.08
	高雪坤	男	江苏昆山	2006.08

中共淮安市第五届委员会领导机构成员（2006年9月至2008年12月）

表 11-7

职务	姓名	性别	籍贯	任职时间
书记	丁解民	男	江苏靖江	2006.09—2008.03
	刘永忠	男	江苏丹阳	2008.03—2008.12
副书记	樊金龙	男	江苏太仓	2006.09—2008.03
	王维凯	男	江苏东海	2006.09—2008.03
	高雪坤	男	江苏昆山	2008.04—2008.12
	俞　军	男	江苏扬州	2008.04—2008.12
常委	丁解民	男	江苏靖江	2006.09—2008.03
	樊金龙	男	江苏太仓	2006.09—2008.03
	王维凯	男	江苏东海	2006.09—2008.03
	王向明	男	山东郯城	2006.09—2008.12
	俞　军	男	江苏扬州	2006.09—2008.12
	陈洪玉	男	江苏洪泽	2006.09—2008.12
	刘希平	女	江苏涟水	2006.09—2008.12
	王友富	男	江苏淮安	2006.09—2008.12
	朱小帆	男	江苏靖江	2006.09—2008.12
	朱维宁	男	江苏睢宁	2006.09—2008.12
	高雪坤	男	江苏昆山	2006.09—2008.12
	李卫平	男	江苏扬中	2006.09—2008.12
	刘永忠	男	江苏丹阳	2008.03—2008.12
	孙　健	男	江苏常州	2008.03—2008.12

第二节　工作机构

1978年12月，中共淮阴地委下设办公室（与淮阴地区行署办公室合署办公，1981年11月两办分设）、组织部、宣传部、统战部、党校、对台办公室、地直机关党委会7个机构。1979年4月，设立纪律检查组，次年2月更名为纪律检查委员会。1980年1月，地委复设秘书长。同年9月，设立政法委员会。1981年7月，设立党史资料征集委员会，下设办公室，列为地委的工作部门。至1983年3月撤地建市前，中共淮阴地委下设办公室、组织部、宣传部、统战部、纪律检查委员会、机关党委会、对台办公室、党史办公室、政法委员会、党校10个机构。

1983年3月撤地建市后，撤销原地委工作机构，新成立市委各职能部门，中共淮阴市委下设办公室、组织部、宣传部、统战部、政策研究室、政法委员会、机关党委会、党史办公室、党校9个机构。原地委纪律检查委员会撤销后，新成立中共淮阴市纪律检查委员会，不列入市委序列。原地委对台办公室列为统战部的一个部门，当年6月又从统战部划出，机构单列，为二级局建制。1983年5月，《淮海报》复刊，为淮阴市委机关报。1984年11月，将原市政府老干部局列入市委序列，改称为市委老干部局。1985年2月，市农业委员会改为市委农村工作部，列入市委序列；市直机关党委会改称为市级机关党委会。同年，撤销虚设的党史资料征集委员会，党史办公室为市委直属机构。1986年9月，设立市委组织员办公室。1987年1月，《淮海报》更名为《淮阴日报》，仍为市委机关报。是年，中共淮阴市委下设办公室、组织部、组织员办公室、宣传部、统战部、政策研究室、政法委员会、农村工作部、对台办公室、党史办公室、机关党委会、老干部局、党校、淮阴日报社等机构。此外，还有市委与市政府联合设立的信访办公室，归口市委办公室管理的市委保密委员会办公室，均为二级局建制。

1989年9月，市委党史办公室更名为市委党史工作委员会。1991年12月，市委对台办公室更名为市委台湾工作办公室，1995年4月升格为一级局建制。1995年，设立市委扶贫领导小组办公室。同年9月，设立市委机要局，为二级局建制，归口市委办公室管理。1996年，市委党史工作委员会更名为市委党史工作办公室。是年，中共淮阴市委下设办公室、政策研究室、组织部、组织员办公室、宣传部、统战部、农村工作部、政法委员会、市级机关党委会、党史工作办公室、老干部局、台湾工作办公室、扶贫领导小组办公室、党校、淮阴日报社、保密委员会办公室、机要局等机构。

1999年，原属市政府序列的市档案局划归市委序列，升格为一级局建制；市委市级机关委员会更名为市委市级机关工作委员会。2001年6月，市委农村工作部更名为市委农村工作办公室。至2008年12月，中共淮安市委下设工作机构为办公室、研究室、督查室、机要局、保密委员会办公室、组织部、企业工委、组织员办公室、市重点项目建设督查考核办公室、老干部局、宣传部、市精神文明建设指导委员会办公室、讲师团、对外宣传领导小组办公室、统一战线工作部、市社会主义学院、农村工作办公室、政法委员会（市社会治安综合治理委员会办公室）、市级机关工作委员会、市维护稳定工作领导小组办公室、市经济发展软环境建设办公室、台湾工作办公室、市信访局、市档案局、党史工作办公室、党校、淮安日报社、淮海晚报社。

第三章 重要决策 发展战略

第一节 经济体制改革重要决策

1978年中共十一届三中全会后，淮阴地区开始走上改革开放的发展征程。20世纪80年代，根据中共中央和省委决策部署，中共淮阴市委探索农村与城市，农业与工业、服务业的改革方向与发展路径。1992年中共十四大后，明确建立社会主义市场经济的改革目标。中共淮阴市委坚持改革的市场取向，作出一系列重要决策，逐步实现由主要通过行政手段调整生产要素向依靠创新体制机制破解发展难题的转变，走出具有时代特征、地域特点的改革开放路子。

突出农业大市发展特质，致力于推动和深化农村改革，农村生产力得到极大解放。20世纪80年代初，淮阴地区在全省率先全面推行以家庭联产承包为主的农业生产责任制。1981年3月，《人民日报》发表通讯稿《春到上塘》，肯定以上塘镇为代表的淮阴地区农村改革创举。20世纪80年代后期，在逐步稳定和完善以家庭承包经营为基础、统分结合的双层经营体制同时，发展乡镇企业，培育全国闻名的“耿车模式”，在全市推广。20世纪90年代，以农民增收、农业增效为目标，推行非公有制经济和特色规模农业，发展农村家庭经济和“两专一基”（专业户、专业村和基地乡），成为全市农村奔小康的主要措施和经验。2000年后，培育发展农民经济合作组织，推进乡镇工业集中区、村级农民创业点建设，探索新农村建设的现实路径。农村改革不断推进，为全市以县为单位脱贫和基本达小康奠定体制基础。

围绕工业化、城市化发展要求，推进城市各项改革，初步构筑微观经济基础。1984年开始，淮阴市以增强企业活力为中心，推进城市经济体制改革，广泛推行企业承包经营责任制，对企业实行简政放权，进行所有权与经营权分离试点，并对计划、财税、价格、物资等体制进行初步改革，使企业基本摆脱计划经济的束缚，逐步建立自主经营、自负盈亏新机制。1986年，把发展横向经济联合作为深化改革的重点，为地方经济注入活力。1993年，全市经济体制改革进入综合配套、整体推进阶段，在全省率先大范围推行企业产权制度改革，创造改革、改组、改造、改善管理“四改联动”的做法，企业经营机制按照市场经济要求实现彻底转换。2000年后，深化行政提速、国企改制以及其他各项综合配套改革，激活民间创造力，加快淮安市振兴发展。

第二节 “稳农兴工、搞活流通”发展战略

1980—1989年，中共淮阴市委提出和实施以“富民兴淮”为目标的“稳农兴工、搞活流通”发展战略，促进全市农业、工业和商业流通迅速发展，基本解决农民温饱问题，增强工业经济实力，

活跃市场。1989年，实现地区生产总值93.24亿元，比1978年增长3.5倍，年递增率14.7%；人均地区生产总值973元，比1978年增长2.9倍；财政收入16.34亿元，比1978年增长5.4倍；农民人均纯收入610元，比1978年增长6.7倍；城市居民人均生活费收入1243元，比1978年增长4.2倍。

稳定发展农业。推动农村改革，1980年，淮阴地区率先在全省全面推行农业家庭联产承包制，提高农民生产经营积极性，解放农业生产力。改善农业生产条件，20世纪80年代后期起，特别是1991年特大洪涝灾害后，全市加强农田水利设施建设投入，扭转农村改革后一度出现的投入少、吃老本的现象，建成旱涝保收、高产稳产农田53.33万公顷，拥有农机总动力300万千瓦。提高农副产品价格，增加农民收入。1989年，实现农业总产值86.2亿元，比1978年增长1.3倍，年递增率7.9%；粮食总产量580万吨，比1978年增长85%；人均占有粮食685公斤，提供商品粮150万吨，成为全国重点商品粮基地。当年产棉花2.8万吨、油料14.9万吨、蚕茧1.39万吨、水果8.4万吨、存栏猪327万头、水产品13万吨，比1978年分别增长56%、5.4倍、5.6倍、1.5倍、34%和3.8倍。

振兴工业产业。逐年增加城乡工业投入，基本形成食品、轻纺、机械、化工、建材等支柱产业。1989年，淮阴市实现工业总产值130.62亿元，比1978年增长3.9倍，年递增率15.5%，在工农业总产值中的比重由1978年的41.5%上升到60.2%，首次实现工业比重超过农业。1989年，全市有国有工业企业441个，固定资产原值25亿元，实现产值58.89亿元，利税总额6.25亿元，在全市工业经济中发挥主导作用。总结推广县级宿迁市耿车镇"四轮驱动，双轨运行"的经验，1989年，全市乡镇工业实现产值48.56亿元，利税3.9亿元，成为农村支柱产业和工业经济重要组成部分。

发展贸易流通。全市以国有商业为主导，国有、集体、个体共同发展，消费品市场日趋活跃。1989年，全市社会消费品零售总额48.92亿元，比1978年增长4倍，年递增率15.8%。对外贸易迅速发展，出口商品有15类、350多个品种，销往60多个国家和地区。1989年，实现外贸收购总额5.79亿元，比1980年增长4.5倍，年递增率20.8%。

1990—1994年，中共淮阴市委继续坚持"稳农兴工、搞活流通"发展战略。农业在稳定粮食生产的同时，发展多种经营模式。1994年，实现农业总产值122亿元，比1989年增长41.5%，年递增7.1%。其中，多种经营总产值80.8亿元，在农业总产值中的比重为66.2%。经济作物和林牧渔业发展较快，当年产油料29万吨、蚕茧3.1万吨、水果10.4万吨、存栏猪434万头、水产25.3万吨，比1989年分别增长94.6%、1.2倍、24%、32.7%和94.6%。工业上加快发展优势产业、产品和骨干企业，优化结构，扩大规模，提高经济效益。继续扶持在全国具有优势的烟酒生产，对冶金、化纤、茧丝绸、电机、轴承、液压件、玻璃等产业给予扶持，形成新的优势产业。1994年，实现工业产值总额274.8亿元，比1989年增长1.4倍，年递增率19.1%，工业产值在工农业总产值中的比重为69.3%。国有工业产值总额94.5亿元，比1989年增长60.7%，其中85个大中型骨干企业实现产值67.2亿元，利税12.8亿元，分别占全市乡以上工业总产值和利税总额的35.4%和69.1%。乡镇工业总产值132亿元，实现利税14.2亿元，比1989年分别增长1.7倍和2.6倍。1994年，全市村及村以上工业技改投入总额22.5亿元。淮阴卷烟厂生产的卷烟市场抽检合格率97.8%，低焦油"金卡罗曼蒂克"香烟被评为全国名烟，1994年实现利税总额3.6亿元，利税增长率、产品适销率、综合经济效益指数均居江苏同行业之首；市冶金公司、清江棉纺厂、市涤纶长丝厂、江苏玻璃厂成为产值超亿元的优势企业。商业流通趋向活跃，1994年社会消费品零售总额78.69亿元，比1989年增长61%。

第三节 “科教兴市”发展战略

1988年，中共淮阴市委提出“科技兴市”战略。1994年，进一步确立“科教兴市”发展战略。“科教兴市”战略的逐步实施，取得显著成效。

1994年，全市有各类专业技术人员11.8万人，在科研机构、高等院校、独立核算工业企业中，有从事科技活动人员1.4万人，其中科学家和工程师4000人。有县以上国有独立研究与开发机构15个，工业企业办科研机构4个，当年新增民营科技企业12个。全市获省级重大科技成果奖3项，市级科技成果奖66项。受理专利申请80件，授权专利55件。是年，签订技术合同579项，成交金额382万元，技术市场扩大。至当年年底，全市有经省认定的高新技术企业2家，高技术产品4项。全年确认国家级新产品2项、省级新产品27项，高新技术产业化进程加快。

1994年，淮阴市继续发展普通教育事业。当年全市有普通高校在校生5079人，各类中等专业技术学校在校生18419人，职业高中在校生26245人，普通高中在校生44512人，普通初中在校生44万人，小学在校生103万人，小学学龄儿童入学率99.4%。有201个乡镇实施九年义务教育。幼儿教育和弱智、残疾儿童特殊教育有所发展。成人教育办学体制不断改革，办学形式有所创新。是年，全市有成人高校在校生3485人，成人中等专业学校在校生1.15万人，成人中学及成人初等学校在校生5.93万人。全年扫除青年壮年文盲7.53万人。

第四节 “富民强市”发展战略

1978年后，针对淮阴地区经济发展薄弱、速度较慢且农村人口多、农业占比高的市情，历届市委围绕“富民强市”主题，发展经济、扩张总量，在增强综合实力的基础上，优化经济结构，提升经济运行质态，经济发展实现由农业为主导的大农业市向工业为主导的新兴制造业基地和农业大市的转型。

1978—2008年，全市经济结构实现两大转变。三次产业结构经历从“一、二、三”到“二、一、三”再到“二、三、一”的转变，产业之间协调性、互补性和可持续发展功能增强；所有制结构实现由单一公有制向混合所有制的转变，非公有制经济从无到有迅速发展，至2007年年底占地区生产总值的比重超过50%，成为全市最有活力的新经济增长点。综合实力实现连续翻番。2007年，全市实现地区生产总值765.23亿元，是1978年的63.29倍，年均递增率10.7%；财政收入突破百亿元，达到123.4亿元，是1978年的65.65倍，年均递增率15.4%。地区生产总值在1980年的基础上，1985年实现第一个翻番，1997年提前3年实现翻两番，2001—2005年再次实现翻番。全市形成新兴制造业基地、绿色有机农产品基地和生产性服务业基地三大功能基地。培育形成化工、机械、纺织、冶金、烟草五大传统支柱产业，生物工程、节能环保、新材料等高新技术产业蓬勃兴起，盐化工新材料、IT和特钢三大千亿元级产业初具雏形。淮阴卷烟厂、淮钢集团、华能淮阴电厂等一批重点企业综合经济指标名列全国同行业前列。一品梅卷烟、淮钢牌特种钢、今世缘白酒等一批产品名扬全国。2007年，全市实现工业总产值1044.34亿元，是1978年的105倍。高效种植业、规模畜禽业、特色水产业产值分别占种植业、畜禽业、水产业的20.3%、40%、18.8%；全市拥有无公害、绿色、有机农产品认证标志434个，淮安大米、盱眙龙虾等4个农产品获得地理标志证明商标和“中国名牌农产品”称号。全市实现农业总产值242.3亿元，比1978增长80多倍。全市建成淮安国际商城、洪泽湖水产大市场等各类市场391个，规划建设淮海中心商业区、水渡口中央商务区，现代物流、服务外包等生产性服务业迅速发展，旅游业发展取得突破，进入中国优秀旅游城市行列，当年实现全市第三产业增加值266.21亿元，社会消费品零售总额269.4亿元。

同时，历届市委始终将“致富奔小康”作为发展的主要目标，坚持富民优先、民生为重，采取一系列惠民、利民举措，最大限度地改善人民生活、提高生活水平，与人民共享发展成果，全市人民生活实现从贫困到温饱再向小康快速迈进的大幅转变，老百姓的“钱袋子”越来越鼓。全市农民人均纯收入由1978年的128元增长至2007年的5010元。其中，工资性收入占农民人均纯收入的比重逐年增加，取代家庭经营收入成为最主要的部分。2007年，全市城镇居民人均可支配收入为12164元，比1978年增长30.46倍。城镇居民人均居住面积30.3平方米，是1978年的4.32倍。40%的农户住进楼房。生活用品、家用电器不断升级，家用汽车开始迅速进入寻常百姓家。移动电话和互联网拥有量猛增，2007年每百户居民家庭拥有固定电话210.7部，拥有电脑22台。社会保障力度加大，基本建立城镇职工保障体系、城乡最低生活保障制度、住房公积金制度及城镇居民基本医疗保险制度等，社会保障种类和覆盖范围逐步扩大，城市居民用于社会保障的支出不断增加。全市实施以改善民生“十大工程”（就业再就业、社会保障、安居、助残、育才助困、敬老爱老、城乡医保惠民、被征地农民基本生活保障、法律援助、农村饮水安全）为主体的社会保障体系，惠及556万人次。实现全市困难群体和弱势群体“三有四确保”，即有饭吃、有衣穿、有房住，确保困难家庭的子女都能入学、确保考上大学的都能得到资助、确保困难家庭的重大病患者都能得到及时救助、确保有法律诉求的困难群众都能得到法律援助。

第五节　“外向带动”发展战略

20世纪80年代中期开始，中共淮阴市委把扩大对内对外开放作为发展的突破口，逐步确立并实施“外向带动”战略，拓宽对外开放通道，集聚生产要素，提升经济发展的外向度，初步形成全方位、多层次、宽领域的对外开放格局。

1992年，淮阴市被省政府正式批准为对外开放城市并获得自营进出口经营权。1995年，全市出口额首次突破1亿美元。1997年，淮阴海关正式开关。20世纪90年代，引进江苏韩泰轮胎有限公司。2001年开始，实施“举全市之力招商引资”战略。2006年后，富士康科技集团、达方电子股份有限公司、台玻华南玻璃有限公司等一批投资超亿美元项目相继落户。至2007年年末，全市累计引进项目6387个，固定资产合同引资额1504.5亿元，固定资产实际到位资金811.6亿元。有各类外资企业700多家，实际利用外资18亿元。其中，台资企业213家，初步形成“南有昆山、北有淮安”的台商聚集格局。建设淮安经济开发区、县区工业园区、乡镇工业集中区三级招商引资平台，实现在全市动员、全民参与招商的基础上，向集中力量招商的转变。2007年，全市外贸进出口总额从1978年的0.74亿元人民币增长到14.48亿美元，有出口实绩的企业296家，其中出口额超500万美元企业27家。2008年，淮安出口加工区挂牌运行，淮安开放型经济拥有更直接、便捷的对外通道。全市有8个省级开发区，当年新增基础设施投入35亿元，实现业务总收入945亿元。通过实施“外向带动”发展战略，淮安市经济发展水平大幅提升，发展方式实现从单一依靠自我积累向利用国际国内两种资源、两个市场的历史性变化。

第六节　城市化发展战略

1978年后，淮阴地区按照城乡协调、整体推进的要求和“突出建好中心城市、加快发展县城、积极培育中心镇、合理规划中心村”的工作思路，加大城乡规划建设力度。1983年3月“地市合并”，成立新的地级淮阴市，实行市管县体制。1996年8月“淮宿分设”，宿迁、泗阳、沭阳、泗洪4个县（市）从淮阴市分出，成立地级宿迁市，灌南县划归连云港市。淮阴市利用行政区划调整，提升规划建设水平。1998年，淮阴市市区人口有35万人，市区建成面积40平方公里，城市化水平17.69%。同年，江苏省根据全省城镇发展的现状和特点，提出“合理发展大城市，重点培育中小城市，加强建设小城镇”的战略方针，并提出要把淮阴市建成“苏北交通中心枢纽和苏北重要的、重大的经济中心”。为策应这一战略定位，根据全市社会经济发展状况、城市化发展进程及实现经济“两个根本性转变”的需要，中共淮阴市委提出“三淮一体”（将淮阴市城区、县级淮安市城区和淮阴县县城有机连接为一体）城市协调发展战略，并于2000年将城市化列入全市五大发展战略。2001年2月10日，经国务院批准，淮阴市更名为淮安市，原县级淮安市更名为淮安市楚州区，原淮阴县更名为淮安市淮阴区，拉开城市框架，拓展规划建设空间。至2002年年末，市区人口增长至72万人，市内建成区面积增长至64平方公里。2002年，新一届中共淮安市委作出“四城同创”（同时创建全国文明城市、国家卫生城市、国家环保模范城市和国家园林城市）的战略决策。2007年年末，中心城区面积达到95平方公里，中心城区人口增加到95万人，城市化率40.1%。至2008年，淮安市创成国家卫生城市、国家园林城市、国家环保模范城市和江苏省文明城市。在做优做美城市的同时，提升城市管理水平和城市品位，“亲民理念、和谐城管”的城市管理经验在全国推广。

同时，加快县城和中心镇以及新农村建设，形成科学合理、功能优化的“中心城市—中心镇—中心村”城乡空间布局。2007年，全市有4个县发展成为设施良好、服务体系健全、具有较强辐射传递能力的中等城市。初步形成较为完善的市域城镇体系，10个重点中心镇建成规划科学、规模适度、配套齐全、环境优美、富有特色的农村经济文化中心。新农村建设在科学规划、整体布局的基础上稳步推进，全市建成200个农民集中居住点，成为全国首批生态家园富民行动示范市。

以交通建设为重点，推进基础设施四大体系建设。公路、水运、铁路、航空、管道等运输方式配套齐全的现代综合运输体系初具规模，实现市县道路高速化、县乡公路黑色化、乡村公路砂石化，彻底改变改革开放前乡镇道路“晴天一身灰、雨天一身泥”的状况。高速公路总里程380公里，平均密度在全国领先，并在苏北地区率先形成中心城市90公里的高速公路环。1997年，实现铁路通车。2008年，淮安涟水民航机场开工建设。以提高综合承载力为核心的城市基础设施体系逐步完善，城市供水、供电、供气、供热和公交、环卫、绿化及污水处理厂、垃圾无害化处理场等公用设施建设全面推进。防灾减灾体系日趋健全，淮河入海水道、苏北灌溉总渠等大型水利工程的兴建，大大增强全市防灾减灾能力。覆盖全市、通达世界的信息通信基础网络以及业务种类齐全、网点分布广泛的公用电信等网络体系基本建成。

第七节　“社会事业统筹”发展战略

1978年后，在加快推进经济发展的同时，加大社会事业投入，教育、卫生、文化、科技等各项社会事业取得长足发展，与经济发展基本协调同步。

图11-2　第二届海峡两岸中华传统文化与现代化研讨会在淮安市举办（2004年）　市委办　供

教育事业实现“学有所教”。全市基本形成包括普教、职教、成教、高教以及幼儿、师范、特殊教育在内互相配套衔接的教育体系。2007年，全市学前三年幼儿入园率、义务教育巩固率、高中阶段和高等教育毛入学率分别为88.34%、99.96%、91%和34.2%。建成高教园区，相继创办淮安信息职业技术学院、江苏食品职业技术学院和江苏财经职业技术学院3所职业技术学院，有7所普通本、专科高校，在校生近4万人。

卫生事业实现“病有所医”。全市有卫生机构646个，比1978年增长58%，病床11500张，比1978年增长218%。农村卫生形成县医院、乡卫生院、村卫生室3个层次相互贯通的服务网络，建成全国农村初级卫生保健工作先进县1个、省级农村初级卫生保健工作先进县4个、先进乡镇75个，合格乡镇100%。文化体育事业实现“民有所乐”。

文化体育基础设施快速建设。相继新建、改建周恩来纪念馆、周恩来童年读书处、市博物馆、苏皖边区政府旧址纪念馆、淮安戏曲博物馆、淮安名人馆、淮安市运河楹联馆以及市体育馆、游泳馆、市民健身广场、万人体育场等一大批重点文化体育设施，对明祖陵、清江文庙等20多处重点文物古迹进行维修保护，创办淮安文化艺术学校。举办淮扬菜美食文化节等节庆活动，丰富人民群众的文化生活。不断完善全民健身服务体系，至2007年年底，全市建成全国体育先进县2个、国家级体育先进社区2个、省体育先进社区6个、省体育强镇41个。2008年北京奥运会上，淮安籍运动员邱健夺得男子50米步枪冠军，为淮安市赢得第一枚奥运金牌。

科技研发实现快速跃升。科技进步在经济增长中的贡献份额提高，高新技术产业化步伐加快。重点培育盐化工资源利用、石油机械制造、凹凸棒土资源综合利用等科技先导型星火支柱产业，相关技术达到国内领先水平。产、学、研合作能力增强，全市90%以上的重点企业与高校、科研院所建立产学研合作关系。至2008年，连续举办6届淮安科技洽谈会，提高淮安市产业集聚能力和自主创新能力。

第四章　纪检监察

1979年4月，中共淮阴地委在原组织部纪律检查科的基础上新设纪律检查组，隶属地委领导。1980年2月，更名为中共淮阴地委纪律检查委员会。1983年3月，撤销中共淮阴地委纪律检查委员会，成立中共淮阴市纪律检查委员会。1987年12月，淮阴市监察局成立。1993年3月，中共淮阴市纪律检查委员会和淮阴市监察局合署办公，实行"一套班子，两块牌子"，履行中国共产党的纪律检查和政府行政监察职能。市监察局仍属于市政府序列，接受市政府领导。2001年2月，更名为中共淮安市纪律检查委员会和淮安市监察局。至2008年年底，中共淮安市纪委、市监察局核定行政编制102名，内设办公室（监察综合室）、调查研究室（法规室）、宣传教育室、干部管理室、信访室（行政监察举报中心）、案件审理室、执法监察室、纪检监察一室、纪检监察二室、纪检监察三室、党风廉政建设室、效能监察室、纠风室和机关党委。设派驻纪检监察机构57个。对全市基层纪检监察资源进行重组，设立工作室37个，其中农村纪检监察工作室22个、机关纪检监察工作室15个，工作室有编制210个。

第一节　领导机构

1984年11月至2008年12月，中国共产党淮安市历次代表大会召开期间，均选举产生中共淮安市历届纪律检查委员会。在随后召开的中共淮安市纪委历届一次会议上，均选举产生历届市纪委常务委员会。

一、中共淮阴市第一届纪律检查委员会第一次全体会议选举产生的市纪委领导班子

书　　记　余耀中
副 书 记　皇甫贯虹（女）　周效成　周　平
常务委员　王礼端　叶永年　余耀中　李忠善　周　平　周效成　皇甫贯虹（女）　鲍永文

二、中共淮阴市第二届纪律检查委员会第一次全体会议选举产生的市纪委领导班子

书　　记　刘学东
副 书 记　皇甫贯虹（女）　鲍永文
常务委员　刘学东　皇甫贯虹（女）　鲍永文　王泰昌　杨春琛　陈士亭

三、中共淮阴市第三届纪律检查委员会第一次全体会议选举产生的市纪委领导班子

书　　记　皇甫贯虹（女）
副 书 记　郑祥彩　谈明银

常务委员　皇甫贯虹（女）　郑祥彩　谈明银　郭仁山　陈美行　吴全弟　陈志宏

四、中共淮安市第四届纪律检查委员会第一次全体会议选举产生的市纪委领导班子

书　　记　陈美行
副 书 记　李恩峰　王登玉
常务委员　陈美行　李恩峰　王登玉　李达松　江汇源　陈以超　周茂萱（女）

五、中共淮安市第五届纪律检查委员会第一次全体会议选举产生的市纪委领导班子

书　　记　王维凯
副 书 记　王登玉　熊　毅　周茂萱（女）
常务委员　王维凯　王登玉　熊　毅　周茂萱（女）　李达松　陈以超　董　跃
　　　　　范　青　叶　蓓（女）

第二节　宣传教育

一、党性、党风、党纪学习教育

1979年，中共中央《关于党内政治生活的若干准则（草案）》颁布后，按照“教育在先”的方针，淮阴地区用2年时间，集中进行党风党纪教育。

1983年，全市学习贯彻《关于在全党深入开展学党纪抓党风教育的规定》，对广大党员干部进行党风党纪教育。1984年，在全市组织广大党员学习《中共中央关于整党的决定》，30万名党员基本轮训一遍。1988年，开展党政机关干部，特别是领导干部“倡廉反腐”纪律教育活动。1989年4月，市纪委印发《关于切实加强纪律教育的通知》，对党政机关重点开展遵守党的政治纪律教育、民主集中制教育和发扬党的优良传统教育。全市发放通报43期，解剖反面典型62起，召开违纪案例分析会32次。

1990年，在党员干部中进行党的政治纪律和民主集中制教育。1991年4—8月，在全市开展县处级党员干部普纪教育，通过举办党纪基础知识系列讲座，讨论和自学，组织收听、观看录像，书面知识测试等形式开展教育活动，全市333513名党员参加，参学率93%；举办培训班1263期，培训人数55334人次；上党纪课12725场次；全市913名县处级领导干部参加考试，参考率96%，平均得分91.5分。1992年，开展学习邓小平南方谈话和中共十四大精神活动。

1994年，市纪委建立党风党纪录像片片源协作站，有会员单位66家，播放3800余场次，受教育党员干部77万多人次。

1996年，市纪委印发《关于开展世界观人生观价值观主题教育活动的通知》，在全市党员干部中开展以“学好理论，牢记宗旨，遵纪守法，争做贡献”为主题的教育活动，举办主题教育讲座、党课，教育党员干部39万人次；举办专题培训班，培训6万人次；全市34.7万人参加全国党纪政纪条规知识测试，参赛率86.7%。宣传报道工作被中纪委、监察部表彰为新闻报道先进集体。

1997年，开展《中国共产党党员领导干部廉洁从政若干准则（试行）》和《中国共产党纪律处分条例（试行）》学习宣传活动。举办培训班292期，培训党员干部12000多人次。开展“树形象、做表率、创新风”主题教育活动，编发宣讲材料2400余份；市纪委会同市委组织部、市委宣传部开

展“树形象、做表率、创新风”演讲比赛和评选“百名勤政廉政好干部”活动，巡回演讲281场次，教育党员干部15万人次。淮阴市在全省廉政主题演讲比赛中获得组织奖、演讲一等奖、作品二等奖。

2001年8月，全市厅级、县处级和科级党员干部分别参加省、市纪委组织的党纪条规知识测试。开展党政纪律教育活动，全市举办培训班84期，培训党员干部600余人次，播放电教片400部次，受教育党员干部2.2万人次，宣传正面典型26人，剖析反面典型32人。

2003年，开展“两个务必”（务必保持谦虚谨慎、不骄不躁的作风，务必保持艰苦奋斗的作风）主题教育。重点开展“五个一”活动，即以“牢记两个务必，践行三个代表”为题，党员干部开展一次党课学习；组织领导干部到西柏坡、周恩来纪念馆等革命教育基地，开展一次革命传统教育；举办一次全市性“牢记两个务必，践行三个代表”事迹巡回报告会，共9场次，12000余名党员干部受到教育；请离退休老党员、老红军讲一次革命传统教育课；领导干部写一篇心得体会。

2004年，开展《中国共产党党内监督条例（试行）》《中国共产党纪律处分条例》（简称“两个条例”）学习活动。用6个月时间，分4个阶段集中进行学习宣传贯彻。同时围绕“领导干部精通条例”的目标，重点开展中心组学习、县处级干部轮训班、“学条例、话监督”征文比赛等7个活动。

2006年1月，举办淮安市党风廉政建设和反腐败工作成果图片展，展示全市5年中党风廉政建设和反腐败工作的主要内容、基本做法、总体成效和创新成果等。同年8月，组织3000余名领导干部赴连云港市参观江苏省反腐倡廉成果展。2006年11月至2007年2月，举行反腐倡廉大型漫画展，全市有10万余人次参观展出，展览获省纪委宣教工作创新奖。此外，“廉政歌曲全家唱”活动和楚州区纪委创作的多媒体音乐话剧《周恩来与故乡》获省纪委宣教工作专项奖。

2007年4月，淮安市采取领导干部上廉政党课、庭审教育等形式，利用个别党政领导干部严重违纪违法的典型案例，剖析党员干部腐败的思想根源和社会危害，总结教训，教育广大党员干部筑牢拒腐防变的思想道德防线，为全市改革发展和各项事业全面进步提供政治保证。市纪委联合市委组织部、市委宣传部印发《关于在全市开展“3+4廉政教育工程”活动的实施意见》。从源头预防腐败，在“三廉工程”教育的基础上，实施警示促廉、家庭助廉、媒体颂廉、社会尊廉“四廉工程”。

2008年1月，淮安市开通“廉政网际快车”栏目，宣传廉政政策、接受廉政咨询、开展廉政交流。举办纪检监察干部学习中共十七大精神培训班，全市300多名纪检监察干部参加。当年3月，召开廉政谈话会，对新提拔任用的200多名县处级领导干部进行集中廉政谈话。同年4月，开展廉政公益广告创作展评工作，收到影视、广播、平面、漫画4类作品216件，评出一等奖4名、二等奖8名、三等奖20名和优秀奖20名。8—9月，学习《建立健全惩治和预防腐败体系2008-2012年工作规划》，集中举办正处级干部班、副处级干部班、乡镇（街道）党（工）委书记班和纪检监察干部班4个类别6期培训班，近2000名领导干部和纪检监察专职干部参加培训。是年11月，省勤廉标兵巡回报告团到淮安市举行典型事迹报告会。

二、廉政教育与廉政文化建设

1980年3月，中共中央《领导干部廉洁从政准则（试行）》颁布后，淮阴地区开展学习贯彻活动，并集中整治群众反映强烈的用公款请客送礼、特权多占住房、乱迁户口、私自安插人员四种不正之风。

1991年7月，市纪委创办《党风与廉政》杂志，1994年1月更名为《纪与法》。1993年，市纪委在《淮阴日报》开辟《前车之鉴》专栏，对已经查处的典型案例进行曝光，同时开展“学楷模”活动，宣传正面典型176起，曝光通报反面典型252起。

1994年1月，《党风与廉政》杂志更名为《纪与法》。同年3月，市纪委会同市委组织部、市委宣传部开展以“学习邓小平同志建设中国特色社会主义理论、增强党性观念、做清正廉洁模范”为主题的党风廉政宣传教育活动，举办培训班1439期，培训251781人次，全市党员干部受教育面90.3%，8756名党员干部参加省党风廉政百题知识竞赛，其中获一、二、三等奖的67人，占全省获奖数的53.6%，位列全省第一。1995年，举办“淮阴市党风廉政建设先进事迹报告会”。在纪检监察系统开展“树形象、兴淮阴，争当党的忠诚卫士”活动。

1998年，开展党风廉政法律法规知识竞赛活动，全市232532人参赛，其中市厅级干部41人、县处级干部1188人；有6人获中纪委表彰，247人获省纪委表彰。1999年，举办邓小平党风廉政建设和反腐败理论学习班40期，3200人次参加学习。在市博物馆举办反腐倡廉书画摄影展，展出207幅作品。

2002年，市纪委、市监察局联合有关部门，在全市各级领导干部配偶、单位财会人员和领导干部身边工作人员中，深入广泛地开展以争当“廉内助、廉管家、廉助手”为主要内容的“三廉工程”教育活动，得到省纪委主要负责人肯定。市委、市政府把此项活动列入2002年度的“4221”工程（全市国民经济和社会发展40项目标，党建和政治发明、精文明建设20项目标，为全市人民办20件实事，为市区人民办10件实事），作为全市精神文明建设为民办“20件实事”之一。市委印发《关于在全市开展“三廉工程”教育活动的实施意见》，明确市纪委负责对面上工作的部署和协调。剖析通报典型案件23起；组织“三廉”对象参观看守所、监狱，听取犯罪分子现身说法115场次；制作“三廉”警示教育图片展牌69块，组织图片展览170余场次；播放《廉内助与贪内助》等警示教育片1600余部次，受教育人数近3万人次。

2004年下半年，市纪委与有关媒体合作开办“三大栏目”。在《淮安日报》开办《廉政经纬》栏目，主要内容有“案例通讯”“工作动态”“理论研究”等，每两周一期，每期半版。在淮安电视台开办《廉政聚焦》栏目，市纪委负责牵头选题，市电视台负责拍摄制作，每季度播出1～2档。在淮安人民广播电台开办《廉政之声》栏目，主要内容有“行风热线”户内直播、“基层反映”及“工作通讯”等，其中以“行风热线”知名度最高，每期播出时，邀请市有关领导和职能部门负责人担任嘉宾，在直播室接听群众电话，当场解答咨询，受理老百姓投诉。

2005年，市委印发《关于加强廉政文化建设的意见》，开展廉政文化进机关、进社区、进家庭、进学校、进企业、进农村“六进”活动，重点开展党员干部的理想信念教育、公职人员的职业道德教育、企业经营管理者的诚信教育、公民的社会公德和家庭美德教育、未成年人的思想道德教育，使廉洁观念深入人心。建立传统教育基地、反腐倡廉理论教育基地、警示教育基地、舆论宣传教育基地、社会实践教育基地五大教育基地。利用周恩来纪念馆、刘老庄八十二烈士纪念馆、盱眙黄花塘新四军军部纪念馆、车桥战役纪念塔等革命传统教育基地，对党员干部和青年学生进行理想信念和“三观”教育。利用党校加强廉政培训，将党风廉政建设相关内容列入党校培训各级干部的必修课。利用监狱、看守所、法庭等特殊场所，开展直观性教育。利用新闻媒体的“三大栏目”，加强勤政廉政宣传教育。组织机关干部轮流到信访接待中心挂职，通过处理群众信访，提高能力，增强执政为民意识；开展“访贫思廉”活动，组织市、县（区）机关干部深入农户、深入困难家庭，访贫问苦，增进干群感情。同年，开展廉政谈话活动。组织2004年后132位新任县处级领导干部及其配偶同看一部廉政教育片——《廉内助与贪内助》，同读一本廉政书——《忏悔录——9个领导干部违纪违法后的反省》，同写一篇心得体会。

2006年4月，市纪委印发《关于创建廉政文化建设示范点的实施意见》，市级机关纪工委、市教育纪工委等单位按照文件精神并结合各自实际，创建一批本系统廉政文化“六进”示范点。同年7月，市纪委印发《关于进一步推进廉政文化进机关活动的通知》，要求以机关党员干部为重点，健全机制，创新载体，打造特色廉政文化景观，建立教育阵地，建立廉政网页，悬挂廉政格言警句，营造机关廉政氛围。至当年年末，全市将廉政文化景观建设与“文化淮安”“魅力淮安”建设相结合，打造“育廉园”“思廉园”“颂廉园”以及“品廉广场”“廉池”等一批特色廉政文化景观。是年9月，在全省第三届《廉政时空》栏目和各市自制反腐倡廉评片会上，淮安市上报的反映涟水县灰墩办事处王嘴村支部书记王伟章先进事迹的专题片《辞不掉的村官——王伟章》，获一等奖；介绍全市廉政文化景观建设成果的专题片《廉政之花处处开》，获二等奖；剖析原江苏省洪泽湖渔业管理委员会办公室主任刘某滥用职权、大肆受贿案的专题片《沉舟洪泽湖》，获三等奖。

2007年10月，市纪委、市教育局等单位在石塔湖小学举行淮安市《廉政文化进校园读本》发放仪式。当年12月，市纪委公布第二批市级廉政文化示范点，市林业局等38家单位被评定为第二批市级廉政文化示范点。同年，市公路处等6家单位被评为省级廉政文化示范点。

2008年，淮安市在全市开展“制度执行教育月”活动，开展应知应会纪律制度知识测试。上报的党风廉政专题教育栏目《行风热线》获广播类一等奖，《金湖勤廉直通车》获网络类二等奖，楚州区《纪检在线》获电视类三等奖。举行淮安市廉政文化研究中心揭牌暨《中国共产党反腐倡廉建设史论》发行仪式。市地税局等39家单位被评定为第三批市级廉政文化示范点。同年，市地税局等7家单位被评为省级廉政文化示范点。周恩来纪念馆（风范厅）、涟水县“廉池”获省级“廉政教育基地”称号。此外，周恩来纪念馆（风范厅）申报国家级廉政教育基地。市纪委编印发行《廉政文化景观》画册，收录全市廉政文化景观20多处，并将廉政文化景观设计制作成贺年明信片6000张、个性邮票400版。

第三节 制度建设

1979年开始，中共淮阴地委建立健全抓党风责任制和党员监督、民主集中制、民主生活会等有关制度。1980年9月，地委常委会讨论制定《关于执行准则的几项具体规定》，提出要贯彻执行党的路线方针政策，改进领导作风，健全民主生活，模范遵守党纪国法，艰苦奋斗，不搞特殊。地委纪委制定贯彻执行准则的若干规章制度。

1983年地改市后，中共淮阴市委制定一系列关于党风廉政建设的意见、规定。1984年秋，市、县（区）先后制定抓党风责任制。1985年4月，市委制定印发《关于坚决制止和纠正新的不正之风的意见》，提出6个“严禁”，即严禁滥发奖金、补贴和实物；严禁党政机关和党政干部经商办企业；严禁挥霍公款公物，大吃大喝，互赠礼品，游山玩水；严禁乱涨价；严禁发彩票和搞有奖销售；严禁乱摊派、乱收费、乱罚款和乱搞赞助。同年8月和12月，市委办公室印发《关于纠正超标准建房、住房的意见》《关于严禁用公款对市级机关下去的同志请客送礼的通知》。1988年4月，市委印发《关于在改革开放中加强全市党风建设的意见》。同年6月，市委、市政府制定印发《关于党政机关保持廉洁作风的若干规定》；10月，市委作出《关于党政机关保持廉洁的十项规定》。同时，建立健全党内民主生活会、民主评议党员干部、党风联络员、特约监察员以及“两公开一监督”（公开办事制度、公开办事结果、依靠群众监督）等制度。

1989年6月，市委、市政府公布第一批“两公开一监督”制度，内容涉及计划物资分配、党政机关干部建私房审批、市级机关干部下基层工作就餐、企业和个体工商户注册登记和规费收取、农贷发放、计划生育中二孩审批和超生费管理6个方面。同年8月，根据中共中央和省委指示精神，市委、市政府印发《关于在廉政建设中办几件实事的通知》，要求全市各级党委政府严格按规定配备和使用车辆，清理整顿公司，严禁用公款送礼和收受礼品，严禁招工、招干、招生中的不正之风，实行近亲回避制度，严查贪污受贿、弄权勒索、徇情枉法、投机倒把等违法违纪案件。当年9月，市委、市政府公布第二批廉政制度，包括《市级机关购车用车的规定》《关于招工招干招生实行公开的制度》《关于公用住宅建筑分配装修的规定》《关于实行财务收支公开的规定》，并召开全市惩治腐败、廉政建设工作会议，落实上述各项制度。市委、市人大、市政府、市政协领导班子带头施行，集体讨论通过《淮阴市市级领导成员廉政守则》，在住房、用车、禁止子女经商办企业等8个方面提出具体要求。

1993年市纪委、市监察局合署办公以后，全市纪检监察工作结合实际，针对工作中的热点、难点问题，继续制定出台一系列规章制度。市委、市政府、市纪委印发《关于进一步落实县处级以上领导干部廉洁自律工作的几点意见》《关于党政机关厉行节约、制止奢侈浪费行为的规定》《关于进一步健全监督制度、加强干部管理的规定》《市委、市政府领导成员廉洁自律规定》《关于进一步落实禁酒令的通知》。1998年11月，中央颁布实施《关于实行党风廉政建设责任制的规定》。1999年，市委、市政府制定《关于贯彻落实党风廉政建设责任制的实施意见》。

2002年以后，在制度建设过程中，淮安市针对人、财、物等权力运行的重点部位和关键环节，加强制度创新，相继出台一批具有淮安特色的制度。当年11月，中共淮安市委出台《关于加强对县处级党政“一把手”监督管理的若干规定（试行）》。同时，市纪委连续3年开展反腐倡廉制度建设创新奖评比活动，有效调动和激发基层制度创新积极性，出现村站联动勤廉点评会、“四项阳光工程”等一大批具有独创性、可推广性和实效性的反腐倡廉制度，推动全市反腐倡廉制度建设。

2003年，在全市推行廉政责任承诺制度，有550名县处级领导干部作出公开廉政承诺，其中74名“一把手”在市电视台面向全市作出廉政承诺。同年11月，市委、市政府召开全市落实党风廉政建设责任制经验交流大会，总结推广盱眙县“紧贴中心抓落实，责任追究正党风”等经验做法。对述职述廉和责任制检查考核工作进行动员部署，由市四套班子领导带队，对县级领导班子和领导干部“一岗双责”进行检查考核，并总结形成责任制考核“八步工作法”，即年初承诺、年中自查、年底述职述廉、民主测评、个别访谈、重点考核、反馈整改、兑现奖惩。

2004年12月，中共淮安市委《关于建立健全惩治和预防腐败体系的意见》出台后，全市党风廉政建设和反腐败工作迈入新阶段，制度建设被摆到更加重要的位置。全市各级纪检监察机关做到权力运行到哪里制度就约束到哪里，制定出台制度性文件960余件，初步形成广覆盖、立体式、具有地方特色的反腐倡廉制度体系。

2007年年初，市委办、市政府办联合印发《在全市深入开展反腐倡廉制度建设提高年活动的意见》，提出在加大制度创新力度的同时，探索提升制度执行力的有效途径，使制度“从墙上走下来”，让文件变成实际行动。市纪委在全省率先构建统一平台上的反腐倡廉“制度库”，对经清理保留的1300多项制度进行梳理归类，统一编制全市反腐倡廉制度目录，并在淮安廉政网建立“制度库”专栏。制定《关于加强反腐倡廉制度执行力建设的意见》，组织实施制度执行力“一评三书”制度，“一评”即对重点制度执行情况进行自我评估和群众测评，“三书”即重点制度审核书、发生重大案件制度整改通知书、群众测评制度执行不力问责书，以严格的责任追究提高制度执行力。

2008年，按照“预警在先、防范在前”和“最大限度地减少腐败滋生的土壤和条件”“最大限度地减少党员干部犯错误机会”的总体要求，在全国首次将现代企业内部控制理论和金融部门风险管理理念引入反腐倡廉建设具体实践，通过制度确权、科学分权、公开亮权、实时监控，形成以“清理职权—科学分权—排查风险—实时监控—完善制度体系—形成内控机制”为主要程式的源头防腐“淮安模式”，促进部门权力在制度约束下规范、透明、高效运行。内控机制建设先后在市直84个部门、8个县（区）及淮安经济开发区直属206个部门（乡镇、街道）取得阶段性成效。市、县两级290个部门和单位排查出风险源点3326个，涉及重点岗位2835个，制定防控措施5160条。当年12月，省纪委主要负责人在淮安实地调研，称“淮安的经验可学习、可借鉴、可复制、可推广”。吉林、内蒙古、山东等省、自治区41个批次500多人次先后到淮安市学习考察。同年，实施惩防体系建设项目化管理。中共中央《建立健全惩治和预防腐败体系2008-2012年工作规划》和省委相关实施办法颁发后，淮安市纪委、市监察局将现代经济管理中项目化管理的理念和方法，运用到惩防体系建设工作中，通过实施项目化管理和推进，将中央、省委关于教育、制度、监督、改革、纠风、惩处等各个方面的重点工作部署，转化为具体工作项目，初步形成“项目转换—推进落实—体系构建—防治腐败”的反腐倡廉建设工作新模式。按照可量化、可操作、可分解、可考评的“四可”要求，将36个工作要点转换为98项贯穿3年的重点工作项目。市委专门召开全市党风廉政建设工作会议，出台《关于实施惩防体系建设工作项目化管理的意见》，和8个县（区）、93个市直部门主要负责人签订责任书，要求“一把手”履行项目落实的第一责任人的责任。

第四节 执纪执法监察

1978—1983年，中共淮阴地委集中查纠违反政策搞“农转非”，弄虚作假招工复工、调资转干，乘机构改革之机突击调动工作、变换工种等突出问题。1980年，查处1978年7月至1979年年底违反国家关于户口迁移政策的规定，将农业户口转为城市户口的问题。1982年，清理私招乱雇、违规安排工作。全市计划外用工3664人中，私招乱雇的有2712人，其中农村户口1730人，清退643人。1983年，重点查处在机构改革中，突击调动职工、改变工种和工作性质问题。至当年5月底，机构改革中突击调动的480名职工全部退回。

1982年，清江市纪委组织调查组在郊区繁荣大队调查国家干部、职工建私房问题。1983年，经市委讨论，由市纪委牵头，成立领导小组，重点检查13件建房分房方面的典型案件。1984年5月下旬，淮阴市纪委组织26人，重点抽查21个市直（包括2个区）单位。同年6月下旬，组织力量对11个县进行全面检查验收。经过清理，清退房屋面积374.8平方米。

1986年，重点检查清理违反规定“农转非”等问题。

1990年，重点清理党员干部违法违纪建私房。清理出党员、干部违反纪律建私房6569户，对其中有不同程度问题的3414户，市、县两级逐一进行处理，处分党员60人，移送司法机关处理3人。1991年1月，市纪委、市监察局联合召开党风、廉政监督员座谈会，研究部署全市清私房工作大检查。

1993年市纪委、市监察局合署办公后，加强执法监察工作。当年开展制止党政领导干部公款出国（境）旅游专项工作。清理出用公费出国出境旅游37批352人，制止6批42人用公费出国出境旅游。

1996年，建立工程领域招投标有形市场。之后，逐步建立机电设备、药品采购、政府采购、产权交易等有形市场，各自独立运作，并开展专项治理工作。

1998年，集中清理领导干部住房和军地两处住房。全市有652名党员干部通过查纠，补交超面积购房款383万元，清退违规住房314套。

1999年，集中清理党员干部公款配置通讯工具。清理出公费安装住宅电话5386部，全部过户给个人，收回折价款165.7万元；清理出公费配置手持机2380部，全部按规定折价处理到位，有5人受到党政纪处分。

2001年，对全市预算外资金落实“收支两条线”规定情况开展专项检查，处罚24个违规单位。

2002年，压缩和制止变相公费出国（境）旅游和不必要的公务出国（境）团组16批26人次。对双跨团组实行备案制，对拖欠工资的县、乡领导干部出国（境）一律不予审批。

2003年4月，印发《关于清理机关、事业单位、国有企业用公款为干部职工购买商业保险的工作意见》，明确规定清理登记的时间、范围和内容，要求全市各有关单位在一个月内登记上报1993年以后用公款为干部职工购买商业保险的情况。纠正公款违规参加商业保险1400多万元，追缴款项400多万元。当年12月，中纪委、监察部以信息专刊的形式向全国转发淮安市的做法；次年3月，省纪委又摄制专题片在江苏卫视《廉政时空》播出。同年，全面检查全市党政机关新建、装修办公楼情况。清查全市14个党政机关违规新建、装修办公楼，其中停建1个、待建1个、在建2个，建成10个，清退收回土地面积11.78公顷，压缩办公用房建筑面积12754.1平方米，人均办公用房建筑面积减少7.23平方米，削减经费3500万元，返还土地补偿费445.78万元。是年，压缩和制止变相公费出国（境）旅游和不必要的公务出国（境）团组3批7人次。此外，开展住房公积金管理使用情况执法监察。对全市住房公积金管理使用情况进行全面检查，对照有关政策规定对违规使用住房公积金情况进行纠正，并以市政府名义出台文件，对住房公积金使用进行规范。

2004年年初，市纪委会同市建设局、市建工局等部门对建设工地发放农民工工资进行专项检查。当年清理拖欠工程款1亿元，占全部拖欠款的23%；解决农民工工资1000万元，占全部拖欠额的50%。同年5月，开展整顿统一着装工作，对27个部门12161人着装进行清理整顿，保留经国务院批准的8个着装部门7176人着装，有19个部门4985人在规定的时间内取消统一着装。全市收缴各类大盖帽、领章、肩章等标志18486个。同年7月开始，在全市集中开展清理“小金库”工作。以清理整治“小金库”为契机，将清理整顿学会协会、清理机关事业单位账户、清理经营性用房、清理乱收费、查办案件结合起来，达到综合治理的效果。通过清理纠正，自查自纠“小金库”资金1631.07万元，重点检查阶段查处违纪金额2194.08万元，收缴财政金额274.31万元。同年，清理整顿开发区（园区），规范土地批租。撤销未按规定审批设立的工业园区管理机构，核减开发区规划面积，恢复占而未用的土地原用途。全市开发区面积由102.96平方公里核减到40平方公里，对63.6公顷土地进行复垦。此外，在全市范围内开展对党政机关工作人员拖欠公款情况进行专项清理。全市有1127个单位的7672人借用公款，借欠公款总额5678万元，清理党政机关工作人员欠款4789万元，清欠率80.6%。

2005年6月，对全市42个重点部门和8个县（区）的《中华人民共和国行政许可法》实施情况全面督查。取消和调整行政许可项目121项，废止涉及行政许可文件19个，纠正不符合法定条件主体1个，受理行政许可投诉3件，办结3件。当年7月，出台《淮安市市级政府分散采购管理暂行办法》。组织全市财政系统票据库检查，对市辖4县、4区财政局的票据进行摸底检查，组织对23户市直行政事业单位政府非税收入执行“收支两条线”情况的专项检查，查出违规金额989万元，调整账务391万元，收缴资金202万元。是年，加大清欠力度，累计清欠公款5560万元，清欠率97.92%。

2006年2月，市委、市政府决定用3个月的时间开展集中拆除违法建设活动。市纪委开展诫勉谈话8人次，对11名拆违工作不力的党员干部进行处理。同年3月，新建淮安市招投标交易中心，原先分散的建设工程、政府采购、产权交易、机电设备、水利交通、土地拍卖等进场交易，集中监管。改革、创新招投标监管方式，完善招投标统一业务监管系统，自动抽取评委、语音自动通知和ID自动识别门禁一体化系统，视音频全程监控系统，变声询标系统，电子评标系统和远程电子评标系统，企业数据库、网上报名和网上资格审查系统等。全年全市完成政府采购预算资金12.87亿元，节约资金1.64亿元。根据群众举报，对清浦区清安街道办事处违规低价出售拆迁安置房有关问题进行调查。查出清安街道擅自低价出售拆迁安置房64套，清欠补偿资金312.3万元，对2名责任人进行责任追究。开展维护农民工权益专项行动，市纪委会同劳动、建设等部门联合开展“维护农民工合法权益——走进工地”现场活动。现场向农民工发放进城务工维权服务卡320张、教育服务联系卡380份，发放《致农民工朋友一封信》750封、《农民工维权手册》300本。至当年12月，全市清理拖欠工程款5.16亿元。

2008年，加强对抗震救灾资金物资、社保基金、住房公积金、农保资金、农村合作医疗资金以及国债资金等专项资金管理使用情况的监督检查，维护资金安全。成立淮安市南水北调截污导流工程纪检监察工作组，研究制定《淮安市南水北调截污导流工程纪检监察实施方案》，具体明确开展党风廉政教育、监督招标投标活动、监督检查征地拆迁、督查施工质量管理、监督大额资金管理、监督《廉政合同》履行6个方面的工作职责，制定督查工作方案。纠正市经济开发区新港办事处御前村套用建设资金40多万元，截留专项资金3.5万元问题。同年，开展小灵通等通信工具捆绑办公电话清理工作。开展效能监察工作，把在市、县、乡、村联动建设四级便民服务网络作为建设服务型政府、提升行政效能、优化发展软环境的重要举措，各地按照“便民、务实、廉洁、高效”的要求，推进便民服务网络建设，强化管理，规范运行。至2008年年底，全市建成四级便民服务网络，其中市级综合行政服务中心5个，县（区）行政服务中心9个，乡镇（街道）服务中心140个，村（社、居）便民服务室1420个。全年接待群众41万余人次，受理各类事项27.34万件，其中办结26.37万件，办结率96.43%，群众满意度达98%以上。针对企业反映部分收费项目不合理、收费标准偏高、企业负担较重等问题，牵头组织财政、物价、民政等部门对行政事业性收费、中介服务机构及社团组织收费、培训性收费进行清理规范。当年12月底，市政府印发《市政府关于进一步规范涉企收费、控减企业负担的通知》，要求严格执行省政府规定，对涉及到淮安市的58项（取消42项，停收16项）收费项目予以重新公布，对涉及到27家的各类行政事业性收费建议予以取消、暂停征收或降低标准征收，对行业协会、中介组织收费及培训性收费提出明确的规范要求。以2007年收费额为基数，执行国家、省、市规定的202项调整项目后，为企业减负1.62亿元。规范行政处罚自由裁量权，出台《淮安市关于规范行政处罚自由裁量权的若干意见》，全年对10个重点执法部门督促指导规范行政处罚自由裁量权工作，解决疑难问题，推进工作进度。至2008年年底，全市有15个部门基本完成行政处罚自由裁量权标准细化工作。

第五节　领导干部廉洁自律工作

1987年，淮阴市纪委印发《关于严禁铺张浪费、滥发钱物的通知》，要求全市各级纪检机关和纪检干部学习贯彻执行国务院办公厅和省委、省政府办公厅关于严禁铺张浪费、讲排场、摆阔气、滥发钱物的通知精神。市纪委加强检查督促，查处洪泽县水利局擅自动用水利事业经费20多万元盖宿舍办公大楼问题。

1989年后，出台《市委、市人大、市政府、市政协领导成员廉政守则》《关于党政机关保持廉洁的十项规定》《市委关于加强廉政建设的承诺》。建立完善领导干部重大事项报告、提拔干部事前征求纪委意见、对轻微违纪的党员干部进行诫勉谈话、领导干部任期经济责任审计、设立“510”（谐言“我要廉”）廉政账户5项制度。

2001年3月，根据省纪委、省监察厅《关于在全省开设廉政账户的实施办法》的通知精神，全市设立“510”廉政账户。当年落实制止奢侈浪费八项规定，狠刹公款吃喝玩乐歪风，制止违规操办红白喜事248起，停、缓建和制止超标准装修办公楼43栋，压缩取消不必要的会议庆典活动1544个，取消不必要的检查评比395次，制止公费出国（境）旅游179人次，纠正违规购车和超标准购车67辆。同年起，在全市乡科级以上领导干部中开展述廉、评廉、考廉活动。每年年初，制定印发《关于开展述廉、评廉、考廉工作的实施方案》，抓住干部述廉、群众评廉、组织考廉等关键环节，进行述评考。建立全市县处级干部档案，对领导干部重大事项申报、信访件调查材料、诫勉谈话材料、党纪条规学习等廉洁自律情况分类记录。

2002年开始，执行县处级领导干部重大事项申报制度。是年，印发《关于重申严禁使用代币购物券（卡）的紧急通知》，召开各商家负责人会议，签订《禁用代币券（卡）承诺书》，同时组织人员对市区各大商场、超市进行暗访，并对时代超市淮安店变相使用代币券问题进行曝光。

2003年，中纪委《关于坚决刹住用公款大吃大喝歪风的紧急通知》下发后，淮安市在全市范围内深入开展狠刹用公款大吃大喝歪风专项清理工作。通过宣传教育、检查督促、建章立制等方式，查处乡科级以上党员干部26人、清理违纪金额36.9万元。是年，完善述廉、评廉、考廉活动，明确规定述廉、评廉、考廉的内容包括住房、用车、旅游以及落实党风廉政建设责任制等12个方面。

2005年，将述廉、评廉、考廉的内容分为必述、选述和自述三个部分。严查放任、纵容配偶、子女及身边工作人员利用领导干部职权和职务影响经商办企业或从事中介活动谋取非法利益问题，纠正53名副处级以上干部在企业兼职问题；查处党员干部收受礼金礼品17人，查处参与赌博党员干部38人，查处大操大办喜丧事的党员干部7人。2006年，查处党员干部收受礼金礼品5人，查处参与赌博党员干部55人，查处大操大办喜丧事的党员干部13人。2007年，开展八项禁止性规定自查自纠工作，各地、各部门开展专题学习360余场次，参加学习的党员干部3万余人次。2008年，出台《关于建立县处级领导干部廉政档案的暂行办法》，全面采集县处级领导干部的纸质信息和电子信息。

至2008年，“510”廉政账户收到党员干部上交违纪款900余万元。发出廉政通知书22份，对19名群众反映意见较突出的领导干部进行廉政谈话，有26名领导干部因达不到85%的满意率而被调整职务。有368名党员领导干部因违反党风廉政建设责任制有关规定受到责任追究，有47名干部因述职述廉群众测评满意和基本满意率低于85%被诫勉谈话。市委结合述廉评廉考廉结果，表彰先进典型50余人，提拔重用县处级正职干部11人。市纪委接受县处级领导干部重大事项申报和报告362人次。其中，为子女操办婚庆申报117人次，领导干部配偶、子女工作调动申报40人次，到企业兼职报告5人次，调整住房报告35人次，异地交流购房申报46人次。

第六节　纠风工作

1991年，淮阴市在市监察局设立市纠正行业不正之风办公室。1992年纪检、监察合署办公后，该办公室设在党风廉政建设室，主要负责纠正部门和行业不正之风工作。2005年7月，淮安市在市纪委（市监察局）设立纠正部门和行业不正之风室，挂“淮安市人民政府纠正不正之风办公室”牌子，具体负责全市纠风工作。

一、政（行）风热线

2001年4月，淮安市在省内率先开展“行风热线”电台户内直播活动，实现政府与媒体监督的优势互补。同年10月，在全国率先开展“行风热线”户外直播活动，实现从听民声到面对面零距离沟通。

2003年4月，全国首创“行风热线”主题式户外直播活动，如“走进乡村——与农民朋友面对面”“看病与上学”“走进工业新区，关注涉企收费”等主题，达到每期关注一类焦点，解决一批热点问题的成效。

2004年7月，省纪委监察厅、省纠风办在淮安市召开全省“行风热线”现场观摩会，要求全省推广淮安行风热线工作经验。当月，在全国纠风工作会议上，国务院纠风办专门播放淮安市主题式户外直播电视专题片，将淮安市的经验向全国推广。

2008年8月，在全国首创“政（行）风热线”广播电视同步并机直播形式，实现监督资源整合和监督效能提升。

至2008年年底，淮安市举办户内外直播984期，解决咨询投诉13014件，为企业群众办实事8764件，获得省纪委创新项目奖、省十大名牌栏目、省反腐倡廉优秀栏目一等奖。《人民日报》《新华日报》《中国纪检监察报》等媒体作专题报道，内蒙古、广东、江西南昌等76个省、市到淮安市交流。

二、民主评议政风行风

1997年，淮阴市确定行风重点单位25家、机关行风建设参评单位50家，开展行风建设评比活动，建立行风建设档案75个，编印社会服务承诺制手册3000余册，通过抓承诺兑现，促进行风和机关作风好转。当年11月，淮阴市民主评议行风工作经验在全国有关会议上介绍。

2001年，成立市行风评议领导小组办公室，由市纪委牵头，调整和重新聘请50名行风监督员，抽调专门行风评议工作人员1275名，召开各类宣传发动会议690余场次，设立举报箱570个，公开举报电话506部。2004年，在集中纸质评议、寄发评议表评议的基础上，新增电话评议、网上评议方式。

2005年，根据国务院纠风办要求，将电信行业作为重点评议单位，开展市、县两级行风建设重点单位评议，创新开展针对学校、医院、水、电、气等30多个与群众生活密切相关的公共服务行业的个性化评议。公共服务行业评议采取集中评议与日常问卷调查相结合的评议方法，针对各单位不同的服务内容及群众反映强烈的热点问题，设计30余种不同类别的热点评议表，定期组织工作人员、行风监督员走进社区、深入医院、深入服务窗口向直接服务对象发放评议表。2006年，行

图 11-3　政风热线户外直播现场（2004 年）
陈光晰　摄

图 11-4　“行风热线”户外直播现场（2007 年）
市纪委　供

风评议重点为国务院纠风办和省纠风办确定的教育卫生行业，并针对财政、国税、地税、工商等21个部门（行业）的1903个基层站所开展评议。

2007年，印发《基层站所实施细则》，明确具体考核标准、工作规范，15个部门根据行业特点设置分类调查表，市纠风办组织各县（区）纠风办和各行业主管部门对照标准进行量化打分，增强基层站所评议的可操作性。2008年，根据国务院纠风办要求，将评议重点调整为金融和证券行业。将60多个行风建设重点部门分为综合管理、重点执法、公共服务3类，提高评议的客观公正和实效性。集中评议调整为1次，所占分值由50%调整为30%，其余70%为日常考核评议，将行政提速、规范执法、导入ISO 9000质量管理体系、政务公开、参与政风行风热线情况纳入评议，加大明查暗访力度。

2001—2008年，全市发放各类评议表61.8万余份，组织明查暗访5210组（次），发出《暗访实录》131期、《整改综述》76期。2008年，淮安市社会各界对机关作风满意度为97.08%，比2001年提升13.48个百分点，促进各级各部门出台新规章及便民措施等2896项。

三、治理教育乱收费

1995年，全市各级各类学校成立监督小组946个，聘请监督员4321人，签订责任状933份。1998年，结合规范中小学收费行为工作达标县（市、区）检查考核，进行全市普查。

2001年，以市委、市政府名义召开全市规范中小学收费行为工作电视电话会议，组织人员对全市81所中小学进行检查，对检查中发现的问题进行严肃处理，其中2名中学校长被免去职务。

2003年，对出现严重乱收费问题的学校落实领导责任，不仅处理直接责任人，同时追究领导责任；所有学校收费标准一律公开，接受社会及家长监督；公布举报投诉电话，对明令禁止的乱收费、收费不给票或给不规范票、私设“小金库”、挤占挪用教育专项资金等行为，一律给予纪律处分。

2004年，在全市中小学开展“教育收费规范学校”创建活动，实行联席会议制和收费申报备案制、公示制，制定落实《关于对教育乱收费党政纪处分的暂行规定》和《淮安市中小学违规收费责任追究办法》。

2005年，通过查处案件，促进“三限”（政府举办的公办高中在完成本年度招生计划的前提下，可以招收一定数量的择校生，但必须限人数、限分数、限钱数）规定和“一费制”（在严格核定杂费、课本和作业本费标准的基础上，确定一个收费总额，然后一次性统一向学生收取）收费办法的落实。

2008年，开通全市教育乱收费行为公开举报投诉电话“86152833”，实行校长公开承诺制，建立校长接待日制度。

至2008年年底，全市取消、停止执行学校自定收费项目119项，制止向学生摊派、销售商品金额631.4万元，减轻学生负担1530.1万元，查处典型案件206起，纠正乱收费问题188个，清退不合理收费金额1698万元，有64人受到党政纪或组织处理。淮安市在全省教育收费信访投诉量逐年减少。

四、清理规范评比、达标、表彰

2007年，对市本级及各县（区）政府部门开展的评比、达标、表彰项目进行调查摸底和全面清理，初定政府部门拟保留项目269项，拟撤销项目70项。2008年，对市本级及各县（区）党群、人大、政协、法院、检察院等系统开展的评比、达标、表彰项目进行调查摸底和全面清理，全部撤销市本级及各县（区）自行开展的评比、达标、表彰项目。

五、纠正医药购销和医疗服务中的不正之风

1998年，开展医药市场执法监察。全市查处违法违纪案件22件，收缴金额32.4万元，处理人员21人，其中移送司法机关处理6人。

2000年，在全市建立7个药械采购洽谈场所，要求所有药械采购在规定场所内公开进行，并接受监督。全年开展药械采购洽谈20余次，降低200多种药品价格，平均降幅19%，年减轻患者不合理负担500余万元。加大对药价和医疗收费的检查力度，查纠违规金额1800余万元，经济处罚244万元。

2001年，在全市推行药械集中招标采购，对药械采购实行“五统一”，即统一时间、统一地点、统一操作、统一管理、统一监督。当年全市招标采购药品2.48亿元、设备625万元，节约采购成本1509万元，让利患者174万元。

至2008年，全市药品招标总额26.7亿元，设备及医用耗材招标总额2.99亿元，节约采购成本1.8亿元；加强对医药市场的监督检查，取缔非法行医978个，查处违规医药广告161件，给予经济处罚148万元，查处假劣药械1038件，给予经济处罚640万元；查处医药领域违法违纪案件87件，涉及金额427.9万元，处理人员73人，其中移交司法机关处理27人。

六、减轻企业负担

1997年，淮阴市针对企业负担逐年增加的现象，印发制止“三乱”（乱收费、乱摊派、乱罚款）文件，在全市部署减轻企业负担工作。查处6个单位向44家企业乱拉赞助、乱收费问题，追缴并退还企业6.79万元。

1998年，市、县两级纪委将39户国有企业、10户年纳税25万元以上私营企业、35户年营业收入2000万元以上乡镇企业列为重点企业，实行重点保护，聘请减轻企业负担监督员190名、执法监督员150名。实行收费登记制度，纪检、财务、工会、法人代表把关制度，持证收费制度。查处“三乱”案件29起，公开曝光18起，收缴并退还企业“三乱”款205.2万元。加强源头治理，取消不合理收费项目106个，减轻企业负担6143万元。

1999年，对市直企业干部职工拖欠公款进行清收，收欠款5088万元。清理涉及乡镇企业收费项目，取消市、县、乡自行出台的项目85项，降低收费标准9项，年减轻企业负担1195万元。

2000年以后，淮安市开展收费项目清理和监督检查工作，查处违规向企业收费行为。2008年，在执行国家和江苏省为企业减负的政策基础上，对82项收费项目采取取消、暂停征收或降低收费标准，再减轻企业负担8450万元。

至2008年年末，全市取消或降低收费项目1258项，减轻企业负担1.83亿元，查处加重企业负担案件163件，给予党政纪处理67人。

七、治理公路河道“三乱”

1993年起，淮阴市、县（区）纠风办会同公安、交通等部门深入开展明查暗访，治理公路河道“三乱”（乱投站卡、乱收费、乱罚款），撤除违规设立检查站点116个，党政纪处理149人，取消自行设立收费项目25个，帮助新建规章制度2790个，废止不合理规章11个。

淮阴市治理公路河道“三乱”工作经验做法受到省纠风办的肯定。1994年，市纠风办总结的“一手抓监督检查，一手抓制度建设”工作经验被省廉政领导小组转发。1995年5月，省治乱办在淮阴召开治乱工作现场会，总结推广淮阴市工作经验。1996年，淮阴市被省纠风办列为首批国道、省道基本无“三乱”市。

2000年后，市、县（区）纠风办建立长效管理机制，对重点公路、重点河道探索实行动态管理，有效遏制“三乱”现象发生。至2008年，在历年国纠办、省纠办分别组织的公路河道“三乱”行为明查暗访中，淮安市始终保持零记录。

八、控减农民负担

1991年，市纪委深入农村摸底调查，选准减轻农民负担的突破口，处理违纪典型，狠刹农村公款吃喝风。1992年，协助有关部门清理农村财务金额2.36亿元，查处违纪案件274件。

1993年，全市各级纪检监察机关开展减轻农民负担政策贯彻落实情况监督检查，组织1383人检查1146个村，对一些重点村组进行逐户核对合同负担情况，对涉及农民负担的各项文件、规定进行全面清理。全市取消和暂缓执行31项涉及农民负担的项目，人均减少负担19.14元。

1997年，加大控减农民负担检查力度，市纪委印发文件督促各级党委、政府在减轻农民负担中做到“五保证、十不准”。县、乡两级党委、政府层层签订责任状，实行农民负担一票否决制。1999年，会同有关部门专门印发文件，督促各地做到“十不准”，全市取消涉农收费2250万元，精简乡、村、组超编在编人员5856人。

2001年，开展减轻农民负担执法监察，推进农村费改税工作。

2002年起，在全市范围内开展乡村“清财化债”。至当年年底，全市村级债权总额6.57亿元，清收2.6亿元，清收率39.57%；村级债务总额8.23亿元，化解4.1亿元，化解率49.82%；全市乡镇清收债权15.67亿元，清收率62.4%。全市化解债务18.24亿元，化解率64.01%。

2004年，纠正征用土地过程中侵害农民利益的问题，市政府印发《关于进一步做好清理拖欠农民征地补偿费工作的通知》，开展多次督查检查。全市补发拖欠农民征地补偿费2.5亿元，清偿率100%。纠正拖欠和克扣农民工工资问题，研究制定《淮安市建筑劳务工程款和建筑业企业工资支付管理办法》，全年清偿农民工工资2025万元，清偿拖欠工程款2.03亿元。全市降低农民税率3个百分点，农民负担下降36.1%。

2007年，加强农资市场监管，严肃查处制售假劣农资等坑农害农行为，建立维权监督卡和维权热线等制度，初步形成维护农民工权益的长效机制。

2008年，严格控减农民负担，规范“一事一议”筹资筹劳，纠正损害农民利益的突出问题。继续清理拖欠工程款和农民工工资，加强关于“三农”工作重要决策部署贯彻执行情况的监督检查。

至2008年年底，市纪委、市监察局会同有关部门开展农民负担专项检查1757次，核减农民负担或超标准收费52项，减轻农民负担总额3.79亿元，查处损农、伤农、坑农案件191件，追缴违法违纪金额31.34万元，给予281人党政纪处分。

第七节　信访举报

1978年，淮阴地区由于历史遗留问题较多，纪检信访在全省呈现“一大三多”（信访量大、越级信访多、重复信访多、疑难信访多）的特点。为尽快降低信访量，摆脱被动局面，1979年中共淮阴地委纪律检查组成立后，建立来信来访登记制度、催办制度，确定专人负责，定期研究信访，加强与有关部门和单位的密切配合，协同作战，及时查处，努力做到来信来访件件有回音。

1981年，清江市直各局、各公社及设党委的企事业单位都建立负责信访的专门班子，确定一名负责人，有专门的办信办访人员。1982年，经淮阴地委批准，市纪委增设信访科。

1985年，全市开展纪检信访“三定一评”工作，即定组织网络、定目标责任、定制度规范，并开展评比达标活动。市、县纪委把纪检信访工作作为一项基础工作。各县（区）聘请“三老”（老干部、老党员、老族长）做纪检信访联络员，及时为各级领导提供情况，做到小问题不出村，一般问题不出乡。在处理信访中，坚持调查研究，尊重事实，采取自办和联办相结合、加强上下级纪委联系的办法，实事求是地解决信访老户问题。

1988年，妥善解决193个信访老户问题和213件信访积案，信访收接量由1984年的7849件减少到2491件，重复信访占信访总量的比例由18.5%减少到3.6%，越级信访占信访总量的比例由20.3%减少到2.8%。

2005年，市纪委、市监察局按照“与中心工作贴得更紧，与基层群众贴得更近，为群众排忧解难更加有力”的工作思路，在全国率先开通面向农村基层的“信访直通车”，解决基层群众最关心、最直接、最现实的问题。

2007年，按照中纪委要求，开通“12388”统一举报电话，并以通知、公告的形式，通过广播、电视、报纸等宣传媒介传播于众，方便群众举报。

1993—2008年，全市纪检监察机关受理群众来信来访和电话、网络举报103955件。2002—2008年，全市纪检监察机关通过筛选，提供案件线索6960件，经初核立案查处违纪违法案件3404件，有效发挥信访举报的案件线索主渠道作用。

第八节　案件查处

1978—1984年，淮阴市各级纪委的案件查办工作以纠正、平反冤假错案和查处不正之风、打击经济领域中的犯罪活动为工作重点。查处党员干部利用职权，贪占国家、集体资财，违反政策搞“农转非”，弄虚作假建房分房、招工复工、调资转干，动用公款吃喝招待，长期拖欠公款，乘机构改革之机突击调动工作、变换工种、滥发钱物和工作失职、严重不负责任的官僚主义等各类违纪案件5904件，党纪处分2907人，开除党籍569人。其中，1982—1984年，针对改革开放初期经济领域严重犯罪现象易发多发的情况，开展打击严重经济犯罪活动专项斗争，全市立案查处走私贩私、投机诈骗、贪污受贿等各类经济案件554件。

1979年，根据中共中央、省委有关文件精神，把纠正、平反冤假错案，解决“文化大革命”和历史上遗留问题，作为纪检工作拨乱反正的一项突出任务。全地区纪检系统复查复议各类违纪案件3589件，经过复查，对照政策，撤销原处分和改变原处分897件，占复议案件总数的25%，其中恢复党籍112人。同时，对历次政治运动中被错判、错处分的案件进行平反、纠正，落实党的政策。

1985—1989年，全市各级纪检机关贯彻中共十三大关于纪律检查工作要“集中力量管好党纪，协助党委管好党风”的要求，把查处党内违纪案件作为纪检工作的中心环节，加大惩治腐败的力度，严肃查处领导机关、领导干部搞不正之风和违纪案件。

1990—1994年，全市各级纪检监察机关把查案执纪作为从严治党的中心环节，把查处发生在党政机关、司法机关、行政执法机关、经济管理部门“三机关一部门”案件和贪污贿赂、腐化堕落、严重违反财经纪律的大案要案作为重点。加大查办案件力度，集中力量认真查处大案要案，深入调查损害群众利益的违纪案件，坚定不移地惩治腐败。其中，查处发生在“三机关一部门”（党政机关、行政执法机关、司法机关经济管理部门）经济案件1351件。

1995—1997年，全市各级纪检监察机关实行案件检查工作目标责任制，量化办案目标，层层落实责任，集中力量重点突破，加大办案力度。市纪委将办案工作列入县级纪委书记目标责任制百分考核的主要内容，实行领导包案制。

1998—2003年，全市各级纪检监察机关坚持“查清问题，惩治腐败，减少损失，维护稳定，促进发展”的办案方针，加大查案执纪工作力度，以领导机关和领导干部案件作为查处重点，查处一批有影响的大要案件。加大对司法机关违纪案件的查处力度，严厉打击充当黑社会保护伞的腐败分子，立案查处71起司法机关工作人员违法乱纪案件。

2004—2008年，全市各级纪检监察机关坚持有案必查、查必查好的办案方针，创新办案机制，加强组织协调，重点查处领导干部违纪违法案件522件，其中乡科级干部364件、县处级干部35件，挽回经济损失2900余万元。立案查处贪污挪用国有资产、破坏市场经济秩序案件1097件，其中1万元以上621件、10万元以上214件、100万元以上22件。2006年后，开展治理商业贿赂专项工作，查处发生在工程建设、土地出让、产权交易、医药购销、政府采购等领域的商业贿赂案件221件。查处卫生、药监系统少数工作人员收受“红包”、回扣案件166件，查处教育乱收费案件220件，查处农村党员干部违纪违法案件2283件。

1978—2008年，全市立案查处10410件，党政纪处分10053人，其中开除党籍1538人，留党察看679人，撤销党内职务209人，党内警告、严重警告4968人。查处县处级干部108人，乡科级干部1060人。其中，经济类案件4046件，失渎职案件1902件，违反社会管理秩序案件3667件，严重违反社会主义道德行为案件155件。通过查办案件，为国家和集体挽回经济损失9565.9万元。

在查办案件的同时，全市纪检监察机关探索办案工作规律，形成一系列行之有效的经验做法。其中，“统一认识，突破难点，全面推进乡镇办案工作”“统筹协调，合力攻坚，突出抓好县市纪委自办案件”“勇担协调之责，善谋协调之策，着力剖析整顿非正常亏损企业”等经验在全国或全省案件检查会议上作典型发言；“对重大复杂疑难案件实行下查一级”“坚持政策攻心，全力查办县处级干部串案窝案”等做法被《中国纪检监察报》《新华日报》等媒体刊发。

第五章　组织工作

第一节　领导班子和干部队伍建设

一、领导班子“四化”建设

1980年5月，中共中央组织部召开选拔优秀中青年干部座谈会，提出领导班子建设“三位一体”方针，即大胆选拔一大批年富力强、坚持党的路线、有专业知识和本领、有培养前途的干部充实到各级领导班子中；妥善安排一大批年老体弱的同志退居二、三线；调整一些难以胜任现职工作同志。同年7月，中共淮阴地委召开组织工作会议，研究贯彻落实中组部座谈会精神。当时全地区各级领导班子普遍存在年龄偏高、文化水平低、专业知识少的问题。13个县（市）委共有126名常委，平均年龄52.1岁，大学调干生2人、中专或高中文化水平11人，仅占10%。公社党委书记平均年龄46岁，书记、副书记中高中以上文化程度占比23.8%。地直机关部、委、办、局领导干部平均年龄55岁。其中，56岁以上占48.8%，体弱多病者占52.4%；大学文化程度7人，占4%；中等技术学校毕业5人，占3%；初中以下文化程度109人，占65.6%。地委常委11人，平均年龄56.5岁，其中大学文化程度2人。淮阴地委从实际出发制定领导班子建设规划并组织实施，当年有1588名中青年干部在考察基础上被充实到各级领导班子。

1981年7月1日，中共中央总书记胡耀邦在庆祝中国共产党成立60周年大会上正式提出新时期干部“四化”（革命化、知识化、专业化、年轻化）标准。淮阴地委及时召开地区部、委、办、局及县团级单位的党员副局长以上干部会议进行传达、讨论。提出进一步解放思想，加快培养选拔中青年干部的步伐。同年9月上旬，地委批转《关于继续做好选拔培养中青年干部工作的意见》，对1980年的规划作出调整。当年通过县（市）、社直接选举，县（市）政府领导班子平均年龄从54.2岁下降到49.2岁，具有大学文化程度的从3人增加到10人；公社（镇）领导班子平均年龄从45.2岁下降到42.1岁，具有大学文化程度的比例从4.5%提高到5.4%。提拔1名年轻干部任地委常委、行署副专员，1名中青年干部任行署副专员；5名中青年干部任县委书记，5名中青年干部任县委副书记，17名中青年干部任县（市）委常委，36名年轻干部任副县长，50名中青年干部为地区部、委、办、局负责人。

1982年，抓紧培养和选拔优秀中青年干部工作。当年1—5月，全地区选拔754名优秀中青年干部充实各级领导班子，其中进入县（市）领导班子22人，社（镇）领导班子318人，地、县（市）机关和直属单位领导班子355人。对县、社领导班子后备名单进行调整和充实，全地区调整207人（在“文化大革命”中有问题的33人，经济方面有问题的10人，其他方面有问题的164人），充实797人，县（市）领导班子后备名单增加到138名，社（镇）领导班子后备名单增加到1343名。调整县、社和机关、学校、企事业单位领导班子，全地区调整165人，其中属于“文化大革命”中问题的28人、经济上问题的9人、其他方面问题的128人。

1983年，结合撤地建市，中共淮阴市委将一批思想上、政治上同党中央保持一致，事业心强、富有朝气、作风正派、不谋私利、忠诚可靠的优秀干部，充实进各级领导班子。原地区机关副局长以上干部中高中以上文化程度占40.8%，其中大专以上学历占12.9%；原清江市机关副局长以上干部中高中以上文化程度占48.2%，其中大专以上学历占19.3%。撤地建市后，市委常委、正副市长中，大专文化5人，占三分之一；部、委、办、局领导班子中，高中以上文化程度占比提高到64.6%，其中大专以上学历提高到37.3%。市委常委、正副市长平均年龄51.1岁，比原地委常委、正副专员平均年龄下降6.2岁；部、委、办、局负责人平均年龄49.4岁，比原来下降6.5岁，55岁以下的中青年干部占78.9%。1983年第四季度至1984年上半年，全市各县县级领导班子相继调整。市委在县级领导班子的配备上，按照精干原则和“四化”方针，选拔人才，合理配置。调整后的县级领导班子基本上形成梯队年龄结构，完善专业和智能结构，交流一批主要领导干部。市、县两级领导班子人数、平均年龄普遍下降，文化程度有所提高，各方面的搭配趋于合理。

1990年，市委出台《关于进一步做好后备干部工作的意见》。1992年2—3月，在全市范围内开展“荐贤举能”活动，调整充实后备干部队伍。1992—1995年，调整充实一批优秀年轻干部进班子，优化班子的整体素质，增强各级领导班子领导经济和改革开放的整体功能。1995年5月，市委印发《淮阴市培养选拔优秀年轻干部工作规定》。1996年，抓住县（市、区）委和乡镇人大、政府换届契机，加大年轻干部上岗力度。换届后的县（市、区）党政领导成员平均年龄46.16岁，比换届前下降4.1岁，是全省下降最多的。8个县（市、区）党、政班子中，均配备1～2名35岁以下年轻干部，其中一半以上的县（市、区）党、政班子中各有1名，提前一年完成省培养选拔年轻干部的目标。市直单位结合机构改革，选拔41名40岁以下干部进领导班子，其中35岁以下13名，市直部、委、办、局领导班子年龄结构有较大改善。1997年中共十五大召开以后，全市每年都对各级领导班子进行全面考察，培养、选拔优秀干部充实各级领导班子。1997—1998年，利用市、县（市、区）两级人大、政府、政协换届，推荐优秀年轻后备干部上岗。

2000年，市委出台《关于大力推进党政领导班子年轻化的决定》，明确2001—2003年推进全市各级党政领导班子年轻化的目标要求及具体措施。是年，对8个县（区）委、纪委领导班子进行民主测评、民主评议，对147名领导干部进行考察。在此基础上，结合“三讲”（讲学习、讲政治、讲正气）教育中了解的领导班子和领导干部党性党风方面的情况，对县（区）委班子进行调整。调整后的县（区）领导班子结构进一步优化。班子成员平均年龄由43.7岁下降到42.6岁，比1996年换届后班子的平均年龄下降3岁，形成以45岁以下干部为主体、比较合理的梯次年龄结构；大专以上学历的82人，占班子成员总数的97.6%，其中本科以上学历的占58.3%，比1996年换届后高出24.5个百分点；8个县（区）党政班子中均有1名女干部。

二、干部教育培训

1980年，按照中宣部、中组部《关于加强干部教育工作的意见》，适应“四个现代化”建设需要，中共淮阴地委对各级各类干部分期分批进行培训。全地区14所党校、18所干校和干部训练班，培训各级各类干部12345人，占干部总数的17.66%。同时，选送28名优秀中青年干部上大学，抽调65名干部到大专院校进行业务培训。

1987年，淮阴市开展领导干部马克思主义理论正规化教育，对没有大专学历和未经过市级以上党校马列主义理论教育的45周岁以下的市、县（区）机关中副科级以上干部（含乡镇中同级干部）和大中型企业中副科级以上政工干部，系统地开展马克思主义基本理论教育。参加马克思主义理论正规化教育的对象，在1990年以前学完马克思主义哲学、政治经济学、科学社会主义和中国革命史4门课程，各门课程的学业程度均达到大学理工科公共政治课水平。

2002年，淮安市在全国率先实施党政机关县处级领导干部政治理论水平任职资格考试制度。2003年起，市委实施“百千万”干部（百名直属党组织负责人、千名专职党务干部、万名在职党员）教育培训工程，每年都组织开展各种内容丰富、实效性强的专题培训。2004年，制定《淮安市机关干部在职自学指导意见》。举办4期国家高级职业经理资质认证培训班，全市大中型企业的董事长（厂长）、总经理等220多人参加培训。

2005年，举办全市领导干部学习研讨班，1000多名副处级以上领导干部参加。加强干部教育培训长效机制建设，出台实施《干部教育培训积分管理暂行办法》，规范干部教育培训工作，获得中组部、省委组织部的肯定和推介。是年起，定期举办“淮安发展论坛”，邀请清华大学等高等院校的专家教授和国家部委领导到淮安作专题讲座。至2008年，共举办26期专题报告会，有7800余人次听取报告。

2006年起，实施“一把手”培训工程，定期举办“淮安企业前沿”交流研讨活动。2007年，组织首批44名县处级党政“一把手”，赴清华大学参加“经济发展与科学决策”专题培训。2008年，与清华大学联合举办县处级党政“一把手”经济发展与科学决策高级研修班、市重点企业“一把手”企业发展战略与企业家领导力提升高级研修班。

三、干部制度改革

（一）干部交流

1992年起，中共淮阴市委采取市直机关干部下派、下基层，机关、基层年轻干部双向换岗挂职锻炼等方式，开展干部交流工作。1994年，为了给年轻干部经受锻炼、施展才华、创造实绩的舞台，使其在经济建设和改革开放的第一线更快成长和成熟起来，市委作出选调市直机关优秀年轻干部到基层任职锻炼的决定。经过对市直单位符合报名条件的145人考察，确定50名下派人选。其中，15人担任乡镇党委书记，14人担任乡镇长，9人担任乡镇党委副书记，12人到市直企业担任副厂长或厂长助理。1997年，市委出台《关于机关、基层年轻干部换岗挂职锻炼的意见》，全市选派84名年轻干部进行机关、基层双向互派换岗挂职锻炼。自1998年起，定期开展领导干部任职回避交流和换岗交流，对县（市、区）党政“一把手”、纪委书记、组织部部长及公安局长、检察院检察长、法院院长等重要岗位的干部实行避籍交流，同时对县（市、区）和部门领导干部进行换岗交流。1999年，将干部交流与培养结合起来，将优秀年轻干部交流到重点部门、关键岗位进行锻炼，全市有900多名科级以上干部换岗交流。

2003年，组织部门从市机关、企事业单位选派123名优秀年轻干部到乡镇、县（区）工业园区挂职锻炼。2004年，通过轮岗交流调动市直机关中层干部积极性，增强机关活力，对在同一职位任满5年的中层干部进行轮岗交流259人次。当年有80多名机关中层干部进行跨部门交流。

2007年，从机关企事业单位公开选任11名规划管理、经济运行、网络工程等紧缺专业人才到市直机关任中层领导职务。

（二）干部选拔任用

1988年，为改革干部制度，创造优秀人才脱颖而出的条件，淮阴市进行公开选拔市直县处级领导干部的尝试，面向全市公开选拔市体改办主任、市妇联主席、市标准计量局局长、清江中学校长。通过书面考试、撰写论文、任职资格考核、公开答辩等程序，确定任职人选。经市委常委会研究决定提名人选。

2000年起，全市逐步建立和完善干部选拔任用机制。出台《建立领导干部任用公示制实施办法》，完善公示内容、程序等，将拟任职务列入公示内容，对80名拟提拔为县处级干部的人选进行任前公示。全市全面推行领导干部选拔任用公示制度，有9名科级干部因群众意见大被取消任职资格。当年，根据中组部及省委有关精神，市委面向全市公开选拔市委办公室副主任等16个副处级领导职位。按照“公开、平等、竞争、择优”的原则，向社会公开公选职位、资格以及面试、考察人员名单等，特邀20名市人大代表、市政协委员担任公选监督员，接受群众监督。全市有734人报名参加。经过笔试、面试、体检、考察，16名年轻干部脱颖而出，平均年龄35岁，最小的31岁，有15人从科级岗位（其中6人为副科级岗位）走上副处级领导岗位。市委组织部将进入前3名的参选干部，及时纳入后备干部人才库。推进机关中层职位竞争上岗，印发《关于在党政机关全面实行中层领导职位竞争上岗工作的通知》，规定市、县两级党政机关中层领导职位出现空缺，能够形成竞争的，一律通过竞争上岗的办法选配人员。当年全市有232人通过竞争上岗走上机关中层领导岗位。

2002年，全市整体推进干部制度改革，树立“重德才、凭实绩”的选人用人原则，出台《关于加强和改进党政领导干部选拔任用工作的意见》，对干部选拔任用工作进行总体规范。召开全市深化干部制度改革会议，提出“重用10种人，不用10种人”。相继出台干部选拔任用工作责任制、考察预告制、差额考察制、任用党政正职票决制、试用期制等21项配套制度和实施办法，形成紧密衔接的制度体系。公开选拔逐渐成为干部选拔任用的重要方式，党政机关中层干部竞争上岗工作不断推进。市、县（区）公开选拔12批领导干部，其中市直单位副处级领导干部25名、科级干部120名。推行竞争上岗，全市有600多名干部参与竞争，其中195人通过竞争走上中层领导岗位。

2003年，全市推进干部制度改革，实行市委常委会研究任用干部票决制，市委常委会对43名拟提拔任用人选进行票决，特别是对公开选拔拟任用或进入下一程序人选进行差额票决，提高干部选拔任用的民主程度。加大公开选拔力度，面向全省公开招聘10名市管企业高层经营管理者，市、县（区）联动公开选拔领导干部。当年9月，市委研究决定在全市范围内自荐公推清河、淮阴两区区长。经过自荐报名、资格审查、干部大会公开推荐、岗位素质测试、组织考察、市委常委会票决、竞职演讲和投票选举、全委会票决、任前公示、提交人大选举任命等程序，同年11月产生两区代区长人选。这是淮安市历史上第一次公开选拔县处一级政府的正职负责人选。

2004年，全市加大公开选拔、公推公选、公推直选力度。公选的组织实施由市向县（区）拓展，单位性质由机关向企事业拓展，程序由简单向严格拓展，数量由少量向批量拓展，方式由零星向集中拓展。是年，公推公选盱眙县、洪泽县县长人选，市、县（区）联动，公开选拔副处级干部17名、乡科级干部59名，县（区）公开选拔12名正科职领导干部。

2005年，全市采取“双荐双考双选”方式，面向社会公开选聘30名非公企业党务工作者。同年，面向省内外公开招聘14名企业高层经营管理者，其中民营企业10名，加快淮安市企业经营管理者队伍市场化配置的进程。是年，开展公

图 11-5　公推公选洪泽县县长演讲答辩和现场测评（2004年）
市档案馆　供

推直选乡镇党委领导班子成员试点工作。

（三）干部监督管理

1989年1月，中共淮阴市委在县级淮安市进行党政领导干部年度工作考核试点。1990年，党政领导干部年度考核工作在全市推开。同年，出台《关于建立干部谈话制度的意见》。1993—1994年，初步建立领导班子和领导干部实绩考核体系。1996年，改进干部考核方法，除全面考察干部德能勤绩外，把民主评议、民主推荐作为干部考核不可缺少的重要环节。1998年，市委出台《关于对领导干部实行待岗制度的试行意见》。1999年，建立领导干部向党组织回复有关反映问题制度、领导干部任期经济责任审计和干部诫勉谈话制度。1998—1999年，制定《县（市、区）领导干部完成重点项目（工程）实绩记录卡试行办法》《关于建立市直单位领导干部完成重点项目（工程）实绩记录卡的试行办法》，加大对干部实绩的考核力度。至2000年年底，全市有317名领导干部建立实绩考核档案。

2000年，淮阴市开展县处级领导班子和领导干部“三讲”（讲学习、讲政治、讲正气）集中教育。根据中共中央和江苏省委的统一部署，先后于3—5月、7—9月，分2批对县（区）党委、人大、政府、政协、纪委、公检法班子400名领导干部和市直116个单位524名领导干部进行集中教育。在“三讲”教育过程中，收到群众意见16858条，制定整改措施4053条。同年12月，对县（区）“三讲”教育活动进行“回头看”，检查整改措施的落实情况。是年，印发《关于建立党员领导干部回复制度的意见》，要求党员领导干部对群众反映其在执行党的路线方针政策和民主集中制、提拔任用干部、廉洁自律、工作作风、生活作风、团结等9个方面的问题，及时向党组织作出书面回复，回复期限为15天。市委组织部每月牵头召开一次由纪检、监察、检察等单位负责信访或案件查处相关人员参加的联系通报会议，研究确定需要回复的对象和内容。年内，全市有18名党员领导干部对群众反映的有关问题作出书面回复。

2001年，全市全面实行企业法人代表离任审计制度，开展机关事业单位领导干部经济责任审计试点。2002年，市委出台《关于加强和改进县（区）委选拔任用党政干部管理工作的暂行规定》，实行干部选拔任用工作监督员制度。2003年，在全市范围内聘请首批18名干部选拔任用工作监督员，加强社会监督。是年起，市委每年开展一次县处级领导班子、领导干部述职述廉述学考核活动，提高考核的整体效果。

2004年，全市大规模开展谈话谈心活动，听取对领导班子运转情况的评价和当事人升、迁、去、留的想法；完善经济责任审计工作，采取任中审计与离任审计相结合、一般审计与重点审计相结合、定期审计与不定期审计相结合，对22名县处级“一把手”进行经济责任审计，其中任中审计8名；结合述职述廉考核和信访情况，对民主测评优秀、称职率低于70%的17名干部进行谈话，责成4个单位领导班子召开专题民主生活会；对县（区）和市直部门干部选拔任用工作进行全面检查，反馈检查情况，对存在问题进行整改。开展党政干部兼任企业职务清理工作，对在资产经营公司和国有控股参股企业兼职的37名干部，免去所兼企业职务；对在民营企业任职的6名干部，免去党政职务。

2007年，县（区）党政正职、纪委书记、组织部部长、公检法“三长”全部实现异地任职。出台《县（区）党政领导班子换届实绩考核评价实施意见（试行）》，建立领导班子工作实绩综合考核评价指导体系，量化班子实绩得分，并在换届中普遍运用。对37名“一把手”进行审计。其中，任中审计19名，离任审计18名。对任期内没有审计过的19个单位负责人进行任中审计，任期内审计覆盖面100%。同年，开展领导干部首次集中报告个人有关事项工作，全市999名市管干部填写报告表，103人申报规定所列的事项。至2008年，因民主测评优秀、称职率低，有18个班子、25

名处级干部被谈话提醒，5名干部被诫勉谈话。

2008年，对离任的33名单位主要负责人全部出具审计委托书，对任职时间较长的8个单位负责人开展任中经济责任审计。对2007年度“三述”（述职、述廉、述作风）考核中优秀、称职率较低的部分领导干部进行谈话提醒或诫勉谈话，对测评满意率较低的个别领导班子责令召开专题民主生活会进行整改。

第二节　基层党组织建设

1978年，淮阴地区有中国共产党基层党委330个、党总支271个、党支部11277个。其中，农村党总支12个、党支部7848个，工业企业党总支96个、党支部560个。“文化大革命”中遭到破坏的基层党组织建设尚未完全恢复，十几年没有进行改选。

1979年年底，省组织工作会议部署基层党组织改选任务。1980年1月，淮阴地区13个县（市）各选择一个基层支部进行试点，其中企事业单位党支部2个、农村大队党支部11个。同年2月，根据试点的经验和做法，地委决定各县（市）利用1980年和1981年两个冬春农闲季节分三批进行基层支部改选工作。该次支部改选按《中国共产党章程》和《关于党内政治生活的若干准则》，实行差额选举。在进行基层党支部改选同时，全地区进行三个“支部工作条例”（《中国共产党农村支部工作试行条例》《中国共产党工交企业支部工作条例》《中国共产党财贸企业支部工作条例》）的试点和贯彻工作，加强基层组织建设，严格组织生活，纠正党风。1980年10月到1981年10月，全地区309个大队支部进行《中国共产党农村支部工作试行条例》试点。1981年起，全地区进行基层党组织整顿。至当年年底，全地区农村支部改选结束。当年全面贯彻执行《中国共产党工交企业支部工作条例》和《中国共产党财贸企业支部工作条例》。1982年年底，全地区问题较多、必须整顿的28个公社党委，整顿11个；需要整顿的776个大队党支部，整顿295个；全地区企事业单位基层支部改选基本结束。此后，全地区基层支部正常按期改选。

1989年，淮阴市委组织有1000多人参加、历时一个半月的百乡千村党组织建设情况调查，被调查乡（镇）、村分别占全市乡（镇）、村总数的三分之一以上和五分之一以上，形成统计数据1109个、各种材料424份，为加强全市农村基层党组织建设提供基本依据。根据调查情况，市委出台《关于进一步加强农村基层党组织建设工作的实施意见》，对农村基层党组织建设工作提出4个方面19条具体实施意见。召开全市农村基层党组织建设会议，动员全市农村基层党组织和党员进一步带领群众，建设富裕文明新农村，并要求党员正确处理好带头致富与带领群众致富的关系、获得正当的个人收入与无私奉献的关系、发展商品经济与坚持党性原则的关系，及时解决基层党组织和党员队伍建设上出现的带有苗头性、倾向性的问题。在全市农村基层党组织和党员中开展致富共富竞赛活动，全市参加党员1.9万多人。组织企业党组织建设情况调研，印发《关于加强和改进企业党组织工作的意见》，召开全市大中型企业书记、厂长、工会主席座谈会，澄清对企业党组织建设的一些模糊认识。

1990年，全市开展农村基层党组织和党员带领群众致富共富活动，促进基层党组织的各项制度建设和乡村领导班子的思想作风建设。当年“七一”前夕，市委对1989年后农村万名党员带领群众致富共富竞赛活动中涌现出的53个先进党组织和139名优秀党员进行表彰。将整顿后进党组织作为当年农村基层党组织建设的工作重点。全市农村有308个后进支部，占农村支部总数的

6%，其中瘫痪、半瘫痪的269个。通过整顿，76%的后进支部工作有明显起色。指导企业党组织理顺关系、健全制度、配齐队伍、强化基础，开展企业党组织和党员带领职工在“双增双节”（增产节约、增收节支）中争贡献活动。

1994年，全市在基层党组织建设中，坚持分类指导，突出班子建设，选用“能人”步伐加快。乡镇党委换届后结构优化，增加熟悉经济工作的成员，基层党组织适应市场经济、驾驭全局的战斗力普遍增强。在市、县两级抓的“双过硬”（能力和作风都过硬）示范点中，第一次出现亿元村（洪泽县环城村）。全市重点整顿352个后进村和经济薄弱村，面貌都有较大改变。

2000年，加强新经济组织党建工作，拓展基层党组织的活动领域。调研全市新经济组织党建工作情况，印发《关于加强新经济组织党建工作的意见》，要求有3名以上正式党员的新经济组织必须建立党支部；对规模较小、不具备单独建立党支部条件的企业，建立联合党支部或实行挂靠管理；对没有党员的新经济组织，由所在地党委设立党建工作指导员，指导开展党建工作。在全市具备成立党组织条件的新经济组织建立1153个独立的党组织。

2003年，市委成立社区党建与社区建设工作领导小组，召开全市社区党建暨居委会建设工作会议，制定《关于加强城市社区党的建设工作的意见》及《关于组织机关、企事业单位党员参与社区建设的意见》等配套文件。建立和完善农村基层组织建设4项制度，即县（区）委常委、党员副县（区）长农村基层组织建设联系点制度、部门包村制度、乡镇党员领导干部住村入户制度、村干部集中办公和轮流值班制度。在实施过程中，开展农村基层组织建设4项工程，即农村党员“双学双带”工程、村级组织规范化建设工程、村干部素质提升工程、村部建设与改造工程。对全市非公有制企业党组织建设情况进行全面摸底，采取派驻指导员、联合组建等多种措施加强党建工作，扩大党组织覆盖面。

2004年是淮安市“基层组织建设推进年”，市委抓基层党建工作各项目标任务和责任制的落实，分别召开农村、企业、社区3个基层党建工作会议，全面落实“强基工程”。开展“双培双进”活动，选配“双带”（具有带头致富能力和带领群众致富能力）型干部，全市14500多名村干部中，“双带”型干部比例30%。通过公开招考、竞争上岗等途径，对社区干部班子进行调整充实，全市490多名社区干部中，高中以上学历占60%，40岁以下占53%。推行村干部绩效管理制度，为村党组织书记办理养老保险，报酬由县（区）、乡镇统筹，定期发放。开展选拔特别优秀村党组织书记进入乡镇领导班子试点，明确50多名村干部享受副科级经济待遇。在基层党组织推行两推一选、公推公选和公推直选，规范候选人产生、提名方式，扩大党员选择权；落实乡镇政务、村务、厂务、院务、校务公开的各项要求，扩大党员知情权；执行党群议事会制度，扩大普通党员参与村级事务的管理、决策和监督权力；在22个乡镇开展党代表常任制试点，指导建立代表例会、代表评议党委班子成员、代表意见建议质询等制度，扩大党员监督权。制定明星乡镇党委、示范村党组织和党员致富标兵户考核评比办法，召开明星乡镇创建单位党委书记座谈会，组织示范村创建单位党支部书记到先进村观摩学习，帮助理清发展思路。加强农村党员干部科技素质培训示范基地建设，从申报的36家培训单位中，遴选10家作为市级培训示范基地，并召开专题会议集中授牌。深化示范社区创建活动，对社区组织设置、班子建设、活动开展、管理与服务等加强指导、促进规范。分机关、城市、农村、企业党员队伍及基层党组织状况5个专题，对近40项内容进行全面调查，逐一“会诊”软弱涣散的党组织，有针对性地进行整顿，采取群众信任票、党员认格票、支委建议票、党委审查定格的“三票一定”方式，调整党组织主要负责人32名，调整组织设置60个。加强阵地建设，实现170个村部建设改造目标，全市30%的社区办公活动用房面积超过100平方米，40%的社区党建活动室达到标准。完善党组织设置，依托行业、产业协会建立党组织，因企制宜，抓好向非公经济组织选派党建工作指导员、组建党组织工作。开展企业党建情况调查，分门别类建立工作台账。

2005年，举办12期“双带”型村干部培训班、6期社区干部培训班、1期乡镇党务书记和组织委员培训班，培训基层干部5800余人，全市“双带”型村党组织书记占70%，“双带”型村干部占42.7%。出台村干部绩效管理制度，对村党组织书记实行分类管理、分级考核、严格奖惩。加强社区和非公企业党组织建设，实现有党员的地方就有党组织，有党组织的地方就能正常开展活动。实施基层党建“3111示范工程”，培育市级农村基层党建工作示范点30个，社区、新社会组织（社团、中介、民办企业）、非公企业党建工作示范点各10个。推进农村“产业型”党组织组建工作，建立“产业型”党组织268个，有党员4626人。扩大党代表大会常任制试点范围，在所有县（区）和乡镇建立党代表大会常任制。完善“党群议事会”制度，推行“阳光议事六步工作法”（征求意见、议事决策、项目分解、公开承诺、组织实施、考评奖惩六个环节），规范议事程序，全市1455个村全部建立“党群议事会”，并在村级事务中发挥建言献策作用。省委组织部和省民政厅到淮安市开展专题调研，总结推广该市的做法。

2007年，实施非公企业党建工作“登记申报、年检年报”制度，建立完善180个中央、省、市、县（区）委组织部门非公企业党组织组建工作联系点。全市培育30个农村、10个社区、10个新社会组织、10个非公企业党建工作示范点。

2008年，市委出台《关于进一步加强全市农村基层党建工作的意见》，召开全市农村党建工作推进会，对2008—2010年全市农村基层党建工作进行部署。实施“百千万”致富工程，加大对145个康居示范村、2900多名“双带型”优秀村干部、18000多名党员创业标兵户的培育和帮扶力度。优化村级党组织设置，建立2个村级党委、667个党总支，建立党总支的村占村总数的53.7%。选优配强农村基层干部队伍，“政治素质强、发展能力强”的“双强”型村干部比例为44.7%，“双强”型村党组织书记比例为61.2%。在巩固规模以上非公企业100%组建党组织的基础上，加大规模以下非公企业党组织组建力度，至当年年底，全市非公企业党组织组建率达40%。

至2008年年底，淮安市有中国共产党基层组织12962个，其中党委391个、党总支1540个、党支部11031个。3736个建制村中，有党委2个、党总支882个、党支部2852个。4185个非公有经济企业中单独建立党委2个、党总支53个、党支部1080个，建立联合支部374个。

第三节　党员工作

一、党员发展

1978年，淮阴地区有中共党员296281名，其中女党员37732名、35岁以下青年党员116543名、56岁以上老党员35853名。党员受教育程度偏低，大学文化程度4839名，高中文化程度32425名，初中文化程度83786名，小学文化程度118291名，文盲56940名，高中以上文化程度党员仅占12.58%，小学文化程度和文盲党员占59.14%。当年新发展党员7343名。1979年起，全地区在党员发展工作中，重视提高党员素质，注重在知识分子和科技人员中发展党员。1979—1982年，新党员中各类专业技术人员逐年增加，全地区发展党员32886名，其中各类专业技术人员4128名，占14.4%。1985年，全市有中共党员326348名，新发展党员8710名，大学文化程度党员首次突破万人，达10104名，高中以上文化程度党员占21.12%，小学文化程度和文盲党员占比降至46.93%。

1992年以后，全市不断加强发展党员的制度建设，抓好发展新党员入口关，提高党员队伍整体素质。1994年，全市发展新党员10594名，其中生产一线优秀工人、农民和经济科技战线知识分子占70%以上，高中以上文化程度占68.35%，专业技术人员占21.00%，35岁以下占57.49%。

1996年，因行政区划调整，全市党员总数由1995年的400046名减至213159名，其中高中以上文化程度占41.58%；新发展党员7024名，其中高中以上文化程度占75.67%。

2000年，《关于推行发展党员公示制的意见》出台，对列为发展对象的入党积极分子、拟吸收为中共预备党员的发展对象和拟转正的预备党员，实行“三步公示，两级实施”，扩大发展党员工作的群众参与程度，提高发展党员的质量。通过公示，121人被取消发展资格或暂缓发展。全年发展新党员6185名。其中，35岁以下4329名，占70%；高中以上文化程度4933名，占81%；女党员1592名，占20%；生产工作一线人员2496名，占41%。

2002年，市委组织部建立入党积极分子基本素质考试制度。2004年，制定《关于实施发展党员工作五项制度的意见》，在全市全面推行发展党员票决、公示、基本素质测试、预审和责任追究五项制度，保证新发展党员的质量。

2007年，全市新发展党员3991人，其中非公经济组织和新社会阶层346人，党员的知识化、年轻化程度不断提高。2008年，全市新发展党员6803名，其中生产一线人员3100名，学生3311名，35岁以下5816名，大专及以上学历2099名，中专、中技、高中学历4211名，初中以下学历553名。全市党员总数257805名。其中，女党员41656名；35岁以下40452名，36～54岁108585名，55岁以上108768名；大专及以上学历60416名，占23.43%。

二、党员教育管理

1983年，中共十二届二中全会通过《中共中央关于整党的决定》。1984年，淮阴市进行整党工作试点。1985年，在全市全面推开整党工作。全市实际参加党员326486名，占应参加党员的99.99%。

1988年，按照省委部署，全市开展民主评议党员工作试点。1989年，试点范围推广到农村基层党组织。同年7月，市委转发市委组织部《关于在全市开展民主评议党员工作的意见》，全面推开民主评议党员工作，并将其制度化、经常化。至1990年6月底，全市第一轮民主评议党员工作基本结束，参加评议的党支部15743个，党员353613名。从1992年起，遵循“坚持标准、立足教育、区别对待、综合治理”的方针，在每年的民主评议党员工作中，做好对不合格党员的处置工作，保证民主评议党员的质量和效果。

1990—1993年，在全市党员中开展“三基本”（马列主义、毛泽东思想基本理论，党的基本路线，党的基本知识）教育。1995年年初至1997年年底，在全市党员干部中进行建设有中国特色社会主义理论和党章教育，有20.5万名党员参加学习，占党员总数的97%。

2000年，为发挥农村党员在农村产业结构调整中的作用，制定出台《关于加强农产品党员经纪（营销）人队伍建设的意见》，规范对全市农产品党员经纪人的管理、教育培训，全市有党员经纪人近2万名。开展民主评议党员工作，全市有208041名党员参加民主评议，参评率92%以上，其中党员领导干部参评率98%以上。评出优秀党员17592人、合格党员184747人、基本合格党员4785人、不合格党员627人，分别占党员总数的8.6%、89.8%、2.3%和0.3%。对评议出的不合格党员，经过各县（区）委组织部和基层党委的严格审核把关后，进行妥善处理，其中开除党籍55人，除名50人，劝退37人，限期改正530人，取消预备党员资格12人，给予不同党纪处分240人。

2002年，全市433个基层党委、9144个基层党支部（总支）的216740名党员参加民主评议，评出优秀党员13174名、合格党员196883名、基本合格党员5035名、不合格党员1648名。处置不合格党员，808人被限期整改，53人被劝退，175人被除名，612人受到党纪处分。2004年，进一步完善民主评议党员工作。

2005年1月至2006年5月，全市开展保持共产党员先进性教育活动。全市9945个党组织、23万多名党员分三批参加教育活动。在活动中，结合地方实际开展的"学习恩来精神，争做优秀党员"主题实践活动得到中共中央政治局委员、中共书记处书记、中组部部长贺国强的肯定。"万名机关党员拜万家年"活动受到《人民日报》、新华社、中央电视台等6个中央新闻媒体的报道。

2007年，全市落实党的先进性长效机制建设各项措施，加强对贯彻落实中共中央四个长效机制文件和整改提高后续工作的检查，梳理完善全市保持党员先进性长效机制22个方面、42项具体制度规定，初步构建保持党员先进性的制度体系。开展农村党员现代远程教育，完成第一批660个终端站点建设任务。实施"农村党员干部科技素质提升工程"，举办各类科技素质培训班937期，培训农村党员干部4万人次。全市排查外出流动党员15200余名，发放新版活动证14800本，占流动党员总数的97%。

2008年，全市实施党员先锋工程，开展"学习恩来精神，争做优秀党员"主题教育活动，推动"党员示范岗"等活动开展。组织和动员广大党员为支援5·12汶川地震灾区捐赠"特殊党费"1625万元，缴纳"特殊党费"的党员占全市党员总数的72.6%。春节前夕，开展"进万家门、拜万家年"活动，全市23077名党员干部走访2238个基层单位，拜访34472家困难户，送去慰问物品（慰问金）1384万元，帮助群众解决实际问题38014个。培训农村党员干部、入党积极分子4.5万人次，培训新创业人员1.2万人次。制定《关于进一步加强流动党员教育管理工作的意见》，在全市90%以上的乡镇建立流动党员党支部，初步建成覆盖城乡的党员联系和服务网络。全面完成全市1703个乡镇、村（居）的远程教育终端站点建设，依托远程教育网络，开展信息服务、技能传授、远教议事等活动。

第四节　老干部工作

一、落实老干部待遇

淮安市是革命老区，老干部数量较大，老干部工作随着干部制度改革、干部队伍"四化"建设而展开。1981年前，老干部工作由中共淮阴地委组织部干部管理科负责。1981年，随着离休干部人数增加，老干部工作日益繁重，地区行署设立老干部局，各县（市）也建立老干部工作机构。当年全市有离休干部4235人。

（一）老干部政治待遇

1981年9月，淮阴地区老干部局组织地区机关2名顾问、7名离休老干部视察5个县经济文化建设情况，地委转发这一情况汇报，要求形成制度，各县（市）遵照执行。组织老干部参观考察成为落实离休干部政治待遇的重要内容。

1981年起，各县（市）都在党代会、人代会、政协会及有关重大庆典等一些重要会议和重大活动中邀请离退休干部参加。1983年，淮阴市第一次党代会召开前，市委专门召开座谈会，向老干部通报有关情况，并邀请有关地市级老干部参加大会开幕式。此后该项工作成为制度，至2008年一直执行。

各级老干部工作部门坚持老干部学习制度，每月组织老干部集中学习各级党委、政府的重要会议精神，传达阅读重要文件，让老干部及时了解国际国内形势、中共中央和国家的方针政策以及市、县（区）经济社会事业的新进展。加强老干部党支部建设，增强支部活力。根据老干部的身体状况，配强老干部党支部书记。选配年龄相对较轻、身体好、思想觉悟高、热爱支部工作的老干部进支部班子，增强班子活力。结合老干部的实际，建立和完善各项规章制度，确保老干部党员每月至少参加一次组织活动；组织老干部党支部书记参加省、市老干部局组织的培训，加大对老干部党支部工作的指导力度。

此外，每年市、县（区）四套班子领导带领有关部门负责人到老干部家中看望、慰问，送温暖。每逢春节、中秋、国庆、敬老节等节日，全市各地都召开茶话会、座谈会，与老干部共祝节日。对有特殊困难和生病的老干部，随时上门看望。市委老干部局定期开展“三走进”活动，走进老干部家中，慰问患重病、家庭遇到特殊困难的老干部及其家属，送去慰问金；走进病房，看望生病住院的老干部，仔细询问有关情况，并送去慰问金和慰问品；走进改制企事业单位，了解老干部服务管理工作落实情况，帮助他们协调解决实际困难。每年春节前，市委老干部局还联合市委组织部为市直单位每位老干部准备慰问信和富有特色的新春贺卡，由工作人员亲手写上祝福语，寄送给老干部；在除夕和大年初一，用鲜花向地市职老干部和易地安置离休干部恭贺新春佳节。

从2006年敬老节起，市委老干部局联合淮安人民广播电台创办《金色夕阳》老干部工作特别广播节目。该节目设有《要闻博览》《热点关注》《政策之窗》《人物风采》和《往事回眸》等主要栏目。

2008年，为适应老干部进入“双高期”（高年龄、高发病）的实际，市委老干部局将参观考察变为疗养。

（二）老干部生活待遇

20世纪80年代初，淮阴地区经济欠发达，离休人员又多，拖欠离休干部的各项经费较多。1994年，全市拖欠6125名离休干部“两费”（离休费、医疗费）1070万元，部分老干部生活因此受到影响。

1994年，市委办公室、市政府办公室印发《关于进一步加强和做好老干部工作的通知》，规定凡是国家、省、市规定的老干部经费要不折不扣地落实。凡参加社会统筹的企业，其离休干部离休费，由当地劳动部门统筹解决，采取多种途径落实老干部的有关经费。以往拖欠老干部的各种经费，年内要兑现。在医疗制度改革中，离休干部医药费应实报实销。当年5—6月，全市离休干部按同职务人员的平均增资额增加离休费。10—11月，全市机关、事业单位离休干部，按照同职务、同任职年限和同工作年限的在职人员标准进行工资“套改”。企业离休干部，也在下半年调整离休费标准。是年开始，每年7月1日起，市区和各县（市）分别按所在地上年度职工社会平均工资增长率和省规定的增长比例提高离退休人员待遇，建立基本养老金正常调整机制。1994年，市区增长比例为16%。1945年9月2日前参加革命工作的离休干部，从1994年11月起，取消年龄限制，全部享受每月70元的护理费。

1995年3月上旬，市委老干部局调查摸底拖欠老干部经费情况，全市仍拖欠老干部各项经费1773.96万元，其中“工改”没有到位部分1478万元、拖欠医药费78万元。同年4月，市委召开常委会议听取情况汇报，市委、市政府印发《关于认真解决拖欠老干部各项经费的处理意见》。对解决拖欠老干部离退休费问题提出具体要求，划定时间界限；行政事业单位原则上在当年8月底前给予补发，企业单位6月底前补发一半，其余年底前补齐。离休干部离休费和医药费不能按时发给和报销的单位，之后不准搞非生产性建设，不准购买非生产性车辆和添置高档办公用品，否则追究其领导和有关人员的责任。到当年11月底，先后进行3次调查。经过三轮反复督促检查，全市兑现拖欠老干部经费近1000万元。

1997年，市委专门成立离休干部“两费”清欠工作领导小组。当年上半年，解决拖欠离休干部“两费”730多万元，基本完成省下达的阶段性工作任务。是年下半年，解决部分地方和单位拖欠反弹问题，兑现老干部各种经费90多万元。1999年，全市清欠离休干部“两费”630多万元，其中市直单位清欠92万元。

2000年，为解决有关县（市）筹资困难，市委老干部局提请市财政对有关县财政给予必要扶持。经市委同意，从市财政调度300万元结算资金用于扶持清欠，较好地解决涟水、淮安、淮阴、清浦等县（市、区）借款清欠问题。当年9月，市直离休干部医药费实行统筹。市直特困企业清欠离休干部医药费通过市财政拨款按比例扶持，采取“分散筹集、集中报销、分配到人”的办法给老干部报销医药费，全年直接为市直特困企业离休干部审核报销医药费216万元。2001年上半年，各县（区）也陆续建立离休干部医药费县级统筹制度。至当年年底，市直有98%的困难单位离休干部在市财政的帮扶下参加统筹医疗。

2002年，全面建立离休干部离休费、医疗费保障机制。市委组织部、市委老干部局、市财政局、市劳动和社会保障局、市卫生局、市地方税务局联合印发《关于进一步做好离休干部离休费、医药费落实工作的通知》，规定企业离休干部养老保险统筹项目以外的三项经费部分，从当年1月起，由劳动和社会保障部门社会保险经办机构核定，在企业缴纳社会保险费时由地税部门一并征收，与离休费同时发放。取消原《淮阴市市直单位离休干部统筹医疗管理暂行规定》中有关离休干部医药费支出超过缴费标准后由原缴费单位再分担10%的规定。市财政设立“离休干部统筹医疗基金”，报经市政府批准，对市直困难企事业单位上缴离休干部统筹医疗资金实施全部或部分暂借式解决措施，保障困难单位离休干部纳入统筹医疗保障范围。

2003年6月起，市直单位和部分县（区）机关事业单位离休干部离休费等实行社会化发放，绝大多数离休干部的离休费做到按时足额发放，制度规定范围内的医药费实报实销。

2004年，推进企业离休干部专项经费、非全额拨款事业单位离休费、专项经费社会化发放。当年年初，市直离休干部医药费统筹管理工作由卫生部门移交到劳动保障部门。拟定新的市直单位离休干部医药费统筹管理办法，经市政府常务会、市委常委会讨论通过后予以实施。

2005年，开展改制企事业单位离休干部上收管理工作，市直各部门应上收管理的改制企事业单位离休干部374人全部上收到位。全市老干部“两费”实现一分不少、一人不欠，困扰多年的离休老干部“两费”拖欠问题至此解决。发放老干部年终一次性生活补助。

2007年，协调资金218万元，为市直单位的109名已故离休干部配偶办理医保手续，解决其就医困难，各县（区）相继落实。同时，对特困离休干部及其遗属实施帮助。

2008年，继续做好无工作、无固定收入的已故离休干部配偶医疗保险工作。为市直单位10位无工作、无固定收入的已故离休干部遗属办理医疗保险。各县（区）无工作、无固定收入的已故离休干部配偶医疗参保率100%。完善离休干部特殊困难帮助机制，各县（区）普遍建立老干部困难帮助机制。

二、老干部活动中心和老年大学

（一）老干部活动中心

1983年，市直属单位在飞乐路79号、机关路东宿舍六区、机关门诊部隔壁、机关路西宿舍二区等4个地方建立老干部活动室，建筑面积共100多平方米，场地狭小、分散，设施简陋。

1986年，市政府投资180万元在市政府西侧、健康路北兴建占地面积9030平方米、建筑面积3200平方米的淮阴市老干部俱乐部。

随着老干部精神文化需求日益增长，以及老干部人数的不断增加，原有的活动场所难以满足老干部多元化的活动需要。2003年，市委、市政府投资1800万元对老干部活动中心实施改建。当年3月，改建工程开工。2004年3月竣工。新的老干部活动中心占地面积13500平方米，建筑面积10680平方米，设有乒乓球馆、羽毛球馆、歌舞影视厅、体操健身房、门球场、网球场、游泳馆等20余个室内外场馆，是全省最好的老干部活动中心之一。

市老干部局每年举办文艺、体育、诗词、书画、集邮等30多项不同类型的活动，并逐步建立老干部活动团体，成立乒乓球、台球、棋牌、京剧、书画、门球、集邮、诗词等10多个协会，并开展各项活动。活动人数也由中心成立初的300多人增加到2008年的2000多人。2006年，淮安市老干部活动中心被省委老干部局评为先进老干部活动中心。

（二）老年大学

1989年，市老干部局创建市老年大学，有教室3间、办公室2间，面积200多平方米；有教学班4个，教师6名，学员200人。至1994年9月，全市实现县县有老年大学。当年全市参加老年大学学习的离退休干部有2761名。市老年大学开设文史、书画、保健、裁剪、唱歌、舞蹈等课程，有261名老干部，分17个班，其中有18对老年夫妇一同进学堂。1995年下半年招收第四届学员，学制由2年改为3年，在原9个专业基础上增加政治、舞蹈和气功3个专业。1998年，开办石塔湖分校，增加6间教室，面积扩大1200平方米。

2004年后，随着新的老干部活动中心投入使用，办学规模扩大。到2008年，有校舍2400平方米、教室12间，有电脑22台、电子琴42台、古筝31架；开设36个专业、80多个教学班，有学员1680名、教师30名、管理干部9名。教学课程形成电脑、英语、绘画等知识系列，中医养生等保健系列，拳剑扇等健身系列，声乐、器乐、养花、摄影、剪纸等兴趣系列，还成立校艺术团等。1989—2008年，市老年大学共接纳学员12000多人次，1999年获“江苏省优秀老年大学”称号。

三、老干部发挥余热

从事关心下一代工作的离退休干部，每年都要到学校、机关为青少年作报告，捐助孤困失学儿童重返校园。由老干部组成的市扶贫开发协会和市老区开发促进会，为全市农村脱贫达小康做了大量工作。有技术专长和管理经验的老干部从事技术咨询服务，安置在农村的老干部开展种植、养殖等活动。同时，老干部们在调解民事纠纷、创办老年大学（学校）、服务老年人、参与廉政监督、行医治病、编志修史教育后人、参与调查研究、为党委和政府出谋划策、参加社区管理工作等诸多方面发挥余热。

1988年12月，市政协老干部张恒顺在金湖县基地林建设工程中成绩显著，受到省政府嘉奖。1989年9月，淮阴县离休干部姬玉明被省委、省政府评为全省离休干部发挥作用先进个人；1991年12月，又被授予“全国关心下一代工作先进个人”称号。1996年，淮阴县离休干部席名山被司法部授予司法行政二级金星荣誉章。2000年5月，市政协离休干部张景良被评为全国关心下一代优秀工作者。2004年10月，市人大离休干部李登先被中共中央组织部表彰为全国老干部先进个人。2005年6月，市关工委被评为全国关心下一代先进集体。市老促会和各县（区）老促会每年都被中国老促会表彰为老区宣传工作先进单位。在市老干部诗词协会的参与和努力下，2007年，淮安市被中华诗词协会授予“诗词之市”称号。

第六章　宣传工作

第一节　理论教育

1978年后，凡是中共中央重要会议召开，或是大政方针出台后，淮安市都举办领导干部学习班，通过邀请专家学者辅导、开展学习实践调研等形式，提高办学效果。1978年，重点开展马列主义基本理论和经济理论学习。1983年，掀起《邓小平文选》学习热潮。1984年，在全市进行彻底否定"文化大革命"教育。1989年，在全市各个层面深入开展中共十三届四中全会、五中全会和中共中央总书记江泽民国庆讲话精神的宣传教育，有效解除广大干部群众的思想困惑，强化各级领导干部"两手抓"的意识。1991年，组织开展社会主义教育。1994年，开展学习领导干部楷模——孔繁森活动。2005年，组织开展以实践"三个代表"重要思想为主要内容的保持共产党员先进性教育活动。2006年，组织开展《江泽民文选》学习。2008年，组织开展科学发展观学习实践活动。

一、党委中心组学习

通过健全党委中心组学习制度，加强对各级领导干部的教育。1997年，制定《关于加强党委中心学习组规范化建设的意见》。2001年，制定《加强和改进党委（党组）中心组学习的意见》。2006年，制定《关于进一步加强和改进党委（党组）中心组学习秘书工作的意见》。2007年，制定《关于推进全市党委（党组）中心组学习成果转化工作的意见》。

二、基层党员干部教育

严格落实党员教育"三会一课"（定期召开支部党员大会、支委会、党小组会和按时上好党课）制度，以基层党校、企业政校等为固定阵地，运用支部党课、政工培训、理论宣讲等形式，抓好基层党员干部的理论学习。开展农村党员冬训，改革开放初期，主要用中共十一届三中全会、六中全会精神引导广大农村党员干部摆脱"左"的思想束缚，投身农村改革实践。1985年，创办企业党校的经验做法，受到省委肯定，江苏《党的生活》专栏介绍经验做法并配发短评。1986年，制定颁发《淮阴市基层党校工作条例》。1993年，印发《关于进一步搞好新形势下党员教育工作的意见》，对基层党员教育基本方向、基本内容、基本形式进行明确，带动各级党组织思想的解放。至1993年年底，基本解决基层党校空白问题，全市基层党校达到627所。1997年，完成全市党员"双学"（学理论、学党章）三年规划任务。2002年，组织进行"实践三个代表，建设小康淮安"党员干部轮训。到2008年，淮安市基层党校办学率、巩固合格率均名列全省前茅。

三、群众教育

利用农民业余学校和职工学校，加强对广大群众的教育。为培养造就社会主义新型农民，1986年，推广沭阳县南关乡兴办农民业余学校的经验做法，至当年年底，全市建立农民业余学校1392所，举办各类培训班3751期，培训32万多人次。1987年，淮阴市创办农民业余学校的经验在中宣部召开的全国农村思想政治工作座谈会上作介绍。2000年，在全市普遍建立青年农民政治科技学校。2006年，开展新农村建设理论引领工程，编印新农村建设宣讲材料《话说新农村》5000册，用群众喜闻乐见的顺口溜和漫画形式，为农村干部群众提供通俗的学习参考资料。

四、理论平台建设

1988年，淮阴市成立全省第一家市级农村思想政治工作研究会。2001年，建立市委思想政治工作联席会议制度，形成全市8个县（区）、市直11个条线职责明确、条块结合、齐抓共管、覆盖全市的思想政治工作组织网络。2002年后，全市理论平台得到快速发展。市委建成“淮安发展论坛”“淮安宣传论坛”“市民讲坛”等平台。洪泽县“思想解放大讲堂”、楚州区“农民大学堂”、盱眙县“中国龙虾节与盱眙新农村建设高层论坛”等平台也都各具特色，得到广大干部群众喜爱。

第二节　解放思想大讨论

1978年后，淮安市大的思想解放讨论活动有四次。

第一次是在20世纪80年代初期，深入开展真理标准问题大讨论和坚持四项基本原则宣传教育活动，引导全市人民冲破“想富、盼富、不敢富”的桎梏，树立“贫穷不是社会主义”新理念。

第二次是在20世纪90年代初期，深入开展“解放思想、真抓实干，加快步伐奔小康”大讨论，组织全市各级领导干部重点学习贯彻邓小平南方讲话精神，赴苏南地区考察、去盐城学习，引领广大党员干部摆脱姓“社”、姓“资”的思想束缚，在全市掀起全民创业的热潮。

第三次是在2000年之后，组织开展“解决思想、加快发展”大讨论，促进全市上下观念的更新、改革的突破、环境的改善、经济的发展。

第四次是在2007年上半年，开展“解放思想谋跨越，科学发展达小康”大讨论，组织党政代表团赴江苏南通和浙江学习考察，引领全市广大干部群众冲破传统观念束缚，创新发展模式，推动淮安市经济社会真正转入科学发展的轨道。

第三节　舆论宣传

一、重大主题宣传

1978年后，淮阴地区围绕加快发展、科学发展、和谐发展的战略部署，组织开展一系列重大新闻行动。20世纪80年代，电视普及率不高，淮阴市重点发挥广播特色优势，开辟有关专题广播节目，宣传中共中央的基本路线。编发广播讲话材料，交由各广播站广播。仅1988年，就组织编写发展商品经济系列广播讲话30篇。录制大量辅导报告录像带、录音磁带，组织干部群众观看收听。

1990年后，报刊、广播、电视和互联网等大众传媒快速发展，市委宣传部协同市内各大媒体，搞好“大合唱”，打好“总体战”，及时报道市委、市政府经济工作的思路、目标和举措，宣传声势日趋加强。1991年，淮河流域发生特大洪劳灾害，淮阴市灾情严重，市委宣传部靠前指挥，组织协调新闻力量打响抗洪宣传战役，鼓舞全市广大干部群众的抗洪斗志。1997年，重点组织全市各地改善生产条件、突出重点项目、抓“两专一基”、集中成片上水平、科技兴农、加大农业投入等宣传，受到省委宣传部的好评。2002年后，围绕市委、市政府作出的培植工业经济新增长点、招商引资、软环境建设、全民创业、“四城”同创、“十一五”规划等重大部署，组织一系列有声势、有影响的战役性、系列化宣传。

2006年，实施新农村宣传战役，策划组织“百名记者百村行”大型新闻采访活动，在全市开展“新农村光影”网络摄影大赛，组织全市摄影工作者和基层干部群众，用相机反映新农村建设的新人、新事、新面貌。策划和组织纪念中国共产党成立70、80周年，中华人民共和国成立35、40、50周年，抗日战争胜利50、60周年，周恩来诞辰100、110周年等活动。其中，在全国具有重大影响的是纪念周恩来诞辰100、110周年活动。周恩来诞辰100周年，重点推出周恩来生平思想研讨会、铜像揭幕、陈列馆落成、周恩来研究会成立活动，以及相关纪念活动的集中报道；周恩来诞辰110周年，重点推出国务礼品展、“永远的怀念”大型广场文艺演出、国际乒乓球邀请赛等重要宣传活动。做好2002—2008年7届淮扬菜美食文化节新闻宣传。

二、互联网舆论引导

1995年以后，淮阴市委重视互联网新闻宣传，制定出台《关于加强互联网新闻宣传管理的意见》等3个文件。市委宣传部在2005年、2008年分别组建网络处、网络管理中心，具体承担全市

图11-6　中国文联纪念周恩来诞辰110周年演出在淮安市举行（2008年）　　市委宣传部　供

网络宣传管理工作，重点加强对市内新闻网站、校园网站以及新闻网页的监督管理。针对淮安市2005年“3·29”特大氯气泄漏事件，向社会及时通报情况，做到信息公开透明，防止新闻炒作特别是网上新闻炒作。

第四节　宣传教育

一、改革主题宣传教育

1978年，针对一部分人“四个怀疑”思想蔓延的问题，中共淮阴地委中共淮阴地委组织开展“坚持四项基本原则”等宣传教育活动。1985—1990年，在全市深入开展“三学”活动，即在党内开展以增强党性教育为中心的“学全党楷模、做合格党员”活动，在青少年中开展以“三热爱”教育为中心的“学新旅”活动，在各行各业开展以职业理想、职业道德、职业责任教育为基本内容的学先进活动。1987年，在全市深入开展“两个基本点”（坚持四项基本原则、坚持改革开放）教育。1994年，在企业普遍开展以讲形势、讲改革、讲职业道德、讲爱国主义精神、讲创业精神为主要内容的“五讲五知道”系统教育；在大中专院校普遍开展“四谈教育”系列活动，即领导干部谈形势、有关部门谈热点、基层干部谈农村、学生代表谈人生。1997年，以香港回归为契机，开展爱国主义教育及迎庆活动。1998年，组织纪念改革开放20周年活动。2002年，在全市企业职工中开展“抓机遇、迎挑战、做主人、求发展”主题教育。2008年，组织开展“解放思想谋跨越，科学发展达小康”主题教育活动，掀起全市科学发展奔小康的热潮。

二、形势政策宣传教育

1978年后，中共中央、国务院每次重大方针政策出台，市委宣传部都坚持组织讲师团、政策宣传小分队深入企业学校和广大农村，采取时事报告会和标语、黑板报、淮海戏等形式，通过广播、电视、报刊等新闻媒体，把党的方针政策迅速传达到全市广大干部群众心中。1988年，组织全市11万名党员干部参加商品经济知识竞赛。1990年，针对部分群众受北京政治风波和苏联东欧剧变影响，思想出现严重困惑的情况，以“稳定压倒一切”为主题，在全市深入开展形势教育，引导广大干部群众坚信中国共产党的领导，坚定走社会主义道路的信念，举办轮训班70多期，近15000多名科级以上干部参加学习。针对不同时期社会上出现的热点、难点问题，做好解疑释惑、理顺情绪、化解矛盾，坚持有计划地灌输新思想、新观念，引导干部群众正确认识形势，正确理解党和国家的方针政策，把思想统一到市委对形势的分析判断上来，把力量凝聚到贯彻落实市委的各项决策部署上来，激励广大干部群众满怀信心地投身富民兴淮的伟大实践之中。

三、典型示范宣传教育

1978年后，各地、各部门坚持把典型宣传作为思想政治工作的重要着力点，摆在突出位置，注意发现和总结各方面的先进典型，并将宣传“精英”典型与宣传“平民”典型结合起来，推出一大批继承传统美德、体现时代精神的先进集体和先进个人，在社会上产生广泛深远影响。

1997年，组织水冲港精神宣传。反映水冲港人自力更生、脱贫奔小康英雄壮举的文集《大山的脊梁》被省委宣传部列为当年度全省农村党员冬训教材。

2006年，为进一步加强和改进先进典型宣传工作，在总结经验基础上，制定《淮安市先进典型宣传工作管理办法》，促进典型宣传工作科学化、规范化水平的不断提高。

2007年，组织开展“和谐淮安，共建共享”主题教育，着重抓住市区七旬市民吴迎山老人勇救落水儿童的事迹做好因势利导，及时启动《爱心·和谐》征文活动，弘扬正气。同时，组织开展“淮安亲情大使”评选活动，根据专家意见和全市市民的投票情况，选出10位“淮安亲情大使”。

至2008年，全市树立建设社会主义新农村的典型——涟水县王嘴村党支部书记王伟章，创优争先、加快发展的典型——江苏淮钢集团有限公司，招商引资的典型——盱眙县委副书记赵长桂等一批重大典型。

第五节　对外宣传

一、重要外宣活动

1989年，中共淮阴市委宣传部成立对外宣传科。当年邀请中央、省级新闻媒体记者到淮阴市采访和举办新闻笔会，报道淮阴盐矿、淮阴农业和名胜古迹。20世纪90年代，按照“市外就是外”的大外宣思路，整合各种外宣资源，构建“五外联动”外宣格局，全市每年在中央、省及境外媒体发表各类有份量、有质量、有影响的重点稿件千篇以上，激发全市人民抢抓机遇、加快发展建设美好新淮阴的信心，提升淮阴知名度，树立淮阴新形象。2000年后，对外宣传面向全省、走向全国、放眼世界，通过加大整合力度，形成规模效应，开展一系列极具影响力的外宣活动。2001年，淮阴市更名为淮安市，在《人民日报》、《新华日报》、香港《文汇报》、欧洲《侨报》等重大媒体上组织形象展示专版14个。2002年，与中央电视台联合摄制《历史文化名城——淮安》5集城市宣传电视专题片。2003年，邀请中央电视台《走遍中国》栏目组到淮安市拍摄7集外宣电视系列片《走近淮安》。2004年，首次聘请36名淮安籍知名人士担任外宣顾问，发挥淮安籍知名人士服务家乡的突出作用。2004—2005年，连续2年策划“全国大型媒体看淮安采访活动”。2006年，策划组织淮钢集团和新农村带头人涟水县王嘴村党支部书记王伟章等重大典型外宣活动。2007年，策划组织22家中央、省主要媒体记者“聚焦淮安和谐城管”。

二、外宣品制作

20世纪80年代末，中共淮阴市委宣传部主要制作画册、录像带等宣传品。从20世纪90年代开始，外宣品制作渐上档次。1991年，全国组工会议在淮阴市召开，制作淮阴风情录音带；在全市春、秋季交易会期间，制作集全市名特优产品和旅游文化资源于一体的《中国淮阴》图片折页、《漂在水上的土地——淮阴》录像带。1992年，淮阴卷烟厂大运河香烟改造，市委宣传部参与企业宣传品制作。2002年，推出《锦绣淮安》光盘及《淮扬菜传奇》《淮安历史文化丛书》《中国历史文化名城——淮安》邮资明信片等一系列专题外宣品。2004年，制作完成“四个一工程”，即一本宣传画册、一部电视专题片、一张光盘、一套外宣书籍，为市委、市政府领导和各有关方面出访及招商引资提供服务。2006年，策划、制作年度外宣画册——《淮安城市指南》《魅力淮安》《情醉淮安》等外宣品；与运河沿线有关城市共商外宣方案，并组织“运河之旅”新闻采访团到淮安市采访。2008年，与中国教育电视台《文明中华行》栏目合作，拍摄22分钟专题片《美食话淮安》。与人民网、中国新闻网等重点网站合作，开设“中国淮安”专题网站。此外，2000年后，每年都坚持到北京、上海、南京等全国重点城市举办淮安大型摄影图片巡回展、高层经济论坛，宣传展示淮安历史文化、社会风貌、发展成就。

三、特色品牌宣传

淮安是周恩来总理故乡，是“运河之都”，也是淮扬菜发源地之一。在弘扬周恩来精神宣传上，每年坚持在周恩来诞辰日组织集中宣传。2008年周恩来诞辰110周年，开展“周恩来故乡行”大型外宣活动，邀请包括人民日报社、中央电视台、新华社、凤凰卫视等30多家新闻单位近60位记者参与新闻采访活动。各类媒体发稿300余篇，境内外知名中文网站报道活动信息1.4万条（次）。在宣扬运河、湖泽湖水文化上，自2006年以后，重点打造“运河之都”城市名片。2008年，重点打造“美丽洪泽湖”新名片，借助中央电视台《朝闻天下》《中国新闻》和《天气预报》等品牌栏目，推出《淮扬名菜香天下，美丽清纯洪泽湖》5秒钟淮安形象电视片和淮安形象贴片宣传，产生良好的社会效应。

第七章　统一战线工作

1978年后，淮安市统战系统贯彻执行中共中央统一战线各项方针政策，推行爱国主义、社会主义，把握“大团结、大联合”主题，团结统一战线各界人士谋发展、保稳定、促和谐，为全市经济建设、政治建设、文化建设、社会建设作出贡献。

第一节　多党合作和政治协商

1983年后，中共淮阴市委制定出台24份关于政治协商、民主监督和多党合作方面的政策文件，对统一战线建设中的若干重要问题作出量化规定，推动多党合作和政治协商迈入制度化、程序化轨道。

1990年年初，印发《关于贯彻中发〔1989〕14号和苏发〔1990〕7号文件的通知》，就协商制度和协商、座谈内容等方面首次作出说明和规定，并在当年4月印发的《关于印发〈落实中发〔1989〕14号文件的任务职责分解意见〉的通知》中确定“季季谈”工作制度。市委、市政府在重大决策出台、重大工作部署、重要人事调整前召开“季季谈”协商座谈会，广泛征求意见，成为中共淮阴市委与各民主党派沟通思想、交流工作、建言献策的重要平台。

1992年，市政府牵头召开“对口联系”经验交流会，明确邀请民主党派负责人列席政府组成人员会议，接受党外人士监督。政府有关职能部门和民主党派市委相继建立对口联系制度。1997年3月，印发《关于在政府及司法机关工作中进一步加强同民主党派、工商联联系的通知》。同年12月，召开全市特约参政工作座谈会，使特约参政工作进一步规范化。市纪委、市监察局和市软建办邀请民主党派成员担任特邀纪检监察员、行风监督员，参与全市重点部门的行风检查评比。

2007年2月全省统战工作会议召开后，市委常委会及时传达和学习会议精神，并就筹备成立无党派知识分子联谊会等问题进行研究。至2008年，全市有20个政府部门和民主党派、工商联建立联系制度，20个单位聘请特约人员200多人次。每年年末，由市委统战部牵头召开“淮安市统一战线各界人士迎春联欢会”。建立和完善宗教工作领导小组联席会议、大中专院校统战工作联席会议等协调机制，形成党委领导、统战部牵头、各职能单位齐抓共管的良好格局。

第二节　民主党派工作

1999年起，中共淮阴市委统战部为贯彻落实《各民主党派中央关于加强自身建设若干问题座谈会纪要》及《江苏省各民主党派、工商联加强领导班子思想工作研讨会纪要》《江苏省各民主党派、工商联思想工作研讨会纪要》，多次召开各民主党派、工商联组织建设工作研讨会，研究领导班子建设、基层支部建设、组织发展等问题，并形成研讨会纪要，推动各民主党派的自身建设。

2000年，市委统战部协助民主党派开展“1112工程”“自身建设年”“基层组织建设年”“我为党派添光彩”等系列活动，召开自身建设研讨会、制度建设观摩会、机关建设现场会，协助各民主党派出版《20年发展史略》。同年，将民主党派机关业务费由原来的每年7万元增至12万元，另各增拨专项调研经费3万元，为所有民主党派更新工作用车；着重解决民主党派不驻会主、副委的生活待遇问题，担任人大、政协领导职务的民主党派成员和无党派人士应与担任同级职务的党内干部享受同等待遇，不驻会民主党派主委、副主委享受驻会同等待遇。该做法受到省委统战部的肯定，当年获得全省统战工作创新奖。

2006年，淮安市率先在全省完成各民主党派换届工作。换届后，各民主党派主委的平均年龄由上届的61.5岁下降至50.8岁，副主委的平均年龄由上届的50.8岁下降到46.3岁，知识层次和学历层次明显提高。组织党外人士深入学习和贯彻中共十七大精神，支持和推动各民主党派开展政治交接学习教育活动、纪念中共中央发布“五一口号”60周年等活动，取得良好效果。

2008年6月，6个民主党派机关全部搬迁进新办公楼，办公条件得到改善。

第三节　党外干部培养选拔和党外知识分子工作

一、党外人士的政治安排

1987年起，按照中共中央和省委关于市级人大、政协换届工作的具体规定和要求，淮安市逐渐把一大批优秀党外人士充实到省、市人大、政协中。至2008年，市六届政协规模为435人，实际安排委员414人，其中非中共党员委员总人数253人，占61.1%；常委中非中共委员50名，占65.8%；市、县（区）党外副主席均达到50%。2008年，选配党外人士担任市人大副秘书长和市政协专委会副主任。市及8个县（区）的人大常委会副主任和政协的非中共委员安排比例都达到中共中央和省委的文件要求。经过市委统战部和省委统战部的举荐，市政协副主席、农工党淮安市委主委、市第一医院副院长李玉峰被推荐为全国政协委员。淮安市及所辖8个县（区）的政府都配备党外的副市、县（区）长，全市40个政府组成部门中有16个部门配备党外副职，其中市外侨办还实现党外人士担任部门正职的突破。建立副科级以上党外干部人才库，对县处级、科级党外干部情况进行调研，完成科级以下党外干部档案的整理工作。

二、党外代表人士教育培训

1983年起，市委统战部注重发挥社会主义学院培训党外人士的作用。每年定期在中央社会主义学院或江苏省社会主义学院举办党外县处级干部培训班、党外中青年干部培训班、市各民主党派和工商联基层组织负责人培训班等，每期参加培训50人左右。2007年，举办全市党外领导干部培训班，邀请全国知名的专家学者授课，使党外干部进一步了解国际形势，拓展视野和眼界。2008年，举办全市党外干部培训班、无党派代表人士培训班，参训100余人次。召开党外干部话成长经验交流会，交流成长体会、工作成绩，激发和调动党外干部为构建和谐淮安作贡献的积极性。同时，每5年对全市党外干部完成一次轮训，提高党外代表人士的整体素质。2004—2008年，市社会主义学院通过联合办学，举办14期党外干部培训班和12期统战干部培训班，培训统战干部900多人次，培训党外干部1700多人次。

三、党外代表人士后备队伍建设

1984年，市委统战部按照中共中央关于对党外人士统筹兼顾、全面安排的方针，对全市范围内的非党知识分子进行一次全面普查。1988年，起草《关于加强非党知识分子工作的意见》《贯彻省办发16号文件的意见》。根据省委统战部、省委组织部要求，市委统战部对市直属单位256名副科级以上非党干部进行登记，并请民主党派、工商联推荐县处级非党后备干部30名。1990年，市委组织部、市委统战部联合印发《关于抓紧做好举荐任用党外干部工作的通知》，发动各基层党组织、各民主党派、有关人民团体举荐人才，充实非党后备干部名单。1995年9月，召开全市培养选拔党外干部工作会议，并于会后印发《淮阴市1995—1999年培养选拔党外领导干部工作规划》。2001年，印发《关于进一步做好统一战线干部工作的通知》，要求各地、各单位加大党外干部职务安排力度。结合淮安实际，制定《淮安市2001—2005年培养选拔党外领导干部工作规划》。2005年，落实《“十百千”党外人物工程实施意见》，对全市“十百千”党外后备干部进行全面考察。2008年年初，市委转发市委统战部《淮安市统一战线“凝聚力工程”实施意见（试行）》，明确提出要在全市范围内实施“555”党外人物建设工程，即有计划地选拔、任用优秀党外知识分子，培养选拔出5名厅级、50名处级、500名科级党外后备干部，分层次建立党外后备干部队伍，有重点地加强实践锻炼，建设一支政治素质好、年龄和知识结构合理、代表性强、数量充足的党外后备干部队伍。

四、党外知识分子工作

针对新时期党外知识分子工作的特点，对党外高、中级知识分子实行滚动管理。1999年，中共淮阴市委制定出台《2000—2005年党外知识分子代表人物队伍建设工作规划》。2000年，建立大中专院校统战工作联席会议制度。2007年9月，筹备成立淮安市无党派知识分子联谊会，首批发展126名会员，为广大无党派知识分子在科教兴市、人才强市中发挥积极作用提供新的平台和载体。至2008年，召开8次全市大中专院校统战工作会议，推动淮安市文教系统党外知识分子工作。

第八章　对台工作

第一节　对台宣传

淮安市的对台工作是从对台宣传起步的。1978年后，利用对台宣传媒体，组写稿件，加强对去台人员及广大台胞的宣传。在20世纪80年代中期到90年代，市、县台办不仅设有专职对台宣传干部，还在各系统、各行业聘请一些对台宣传通讯员，通过举办通讯员培训班、组织会战等形式，组写大批稿件。高峰时，全市每年有数百篇稿件被报刊、电台采用，起到很好的宣传效果。1986年，市台办采写的专稿《黄河故道今胜昔》被江苏省台办评为对台对外宣传优秀作品一等奖，并入选《全国对台对外报道优秀作品选》。1995年，市台办撰写的《经营大台湾，意在搞台独》刊载于《人民日报》海外版、《团结报》等，并被收入由国台办编印的《两岸关系与和平统一——1995年重要谈话和重要文章选编》。1997年市台办采写的《洒向故乡都是爱》、1998年市台办撰写的《营运中心、好梦难圆》均获得全国对台宣传优秀作品二等奖，其中《营运中心、好梦难圆》一文还获得2003—2004年度全国先进理论实践成果一等奖。

20世纪80年代，市台办有数十篇对台宣传稿件被香港《大公报》刊用。同时，利用台湾地区同乡会刊物，刊登反映家乡变化、建设成就、风光名胜等宣传稿件，较好地向广大台胞进行宣传。通过邀请台湾记者采访，宣传对台方针政策及淮阴的巨大变化。市台办先后接待来自台湾《大地》杂志、《中国时报》、《工商时报》、长乐影视公司、东森电视台、中天电视台等数十位台湾记者到淮阴市采访和拍片，并在台湾《工商时报》刊登《淮阴专版》。

20世纪80年代末，台湾当局开放大陆探亲后，市、县台办在接待中，注意做到顺其自然，不失时机地面对面宣传"和平统一、一国两制"的对台方针政策，宣传介绍家乡的投资环境，使台胞们通过所见所闻，感知家乡的巨大变化。

加强干部、群众对台方针政策宣传教育，形成人人关心对台工作、个个都做祖国统一工作的局面。市台办在《淮海报》《淮海晚报》《淮阴日报》开辟《台湾之窗》《海峡两岸》等专栏，在市、县广播电台（站）开设《祖国统一》专题，宣传对台方针政策及台胞、台属先进事迹，并编印大量简报。在各级党校培训中开设《对台政策与台湾形势》课程，一些县还将对台政策作为中学政治课的内容。举办形势报告会及讲座，宣讲对台方针政策和台湾形势等。1984年年底，市台办制作"祖国统一"大型图片展，在市区和13个县（市）巡回展出，历时3个多月，反响很大，省台办介绍淮阴市的经验。1992年，市台办举办海峡两岸书画展，《人民日报》海外版等报刊以《一笔一画总关情》为题进行刊载报道。1999年，为庆祝澳门回归，举办庆回归、盼统一为主题的"两岸情书画展"，16个省市、自治区的书画家及10名台湾书画家创作几十幅作品，并专程送到淮阴市。

第二节　台胞台属政策

中共十一届三中全会后，中共中央连续下发几个文件要求落实台胞台属政策。1982年年初，通过全面普查，摸清台胞台属底数。对一些案件进行深入调查，对一些因海外关系造成的冤假错案，政治上予以平反昭雪；失掉工作的恢复工作，补发工资；被查抄的房产、财物，予以退还。1982—1987年，市台办落实台胞台属政策1912件，惠及台属10万多户。许多台胞专程给市台办送锦旗、匾额。

1983年前，淮阴地区13个县（市）有15000多名去台人员，加上其第二、三代，去台人员超过10万人。1987年年底，台湾当局开放台胞赴大陆探亲后，市、县台办做好到淮寻根问祖、探亲旅游的台胞工作，帮助其寻找家乡、寻找亲人、安排食宿、购买机（车、船）票等。1988—1990年，每年超过1万人次台胞到淮阴市探亲，市台办为台胞排忧解难办实事每年超过千件（次）。1996年后，台胞探亲进入常态，市、县（区）两级每年接待台胞在1500人次左右。

此外，做好"四有"人士（政治上有地位、社会上有影响、经济上有实力、学术上有造诣）的联络交友工作，凡"四有"人士到淮阴市，各级党政领导都亲自接待，上门看望。

第三节　对台经济工作

一、对台招商引资

20世纪90年代，淮阴市淮台经济合作开始起步。根据"以我为主、对我有利"的原则，选择优势项目对台招商。

1995年，市委印发《淮阴市委、市政府关于进一步加强对台工作的通知》，对吸引台资、投资取向、优惠政策等作出明确规定。市台办编印投资指南，通过各种渠道，向台商邮寄各种优惠政策、项目资料累计超过百万份。热情接待到淮参观、考察的台湾工商界人士，在服务、交往中建立友谊。发挥台办对台商人头熟、路子宽的优势，组织参与政府组织的各类招商活动，邀请客商，寄发资料，介绍项目。加强与苏州昆山、广东东莞等地台办、台协的联系，通过其引荐客商、引荐项目。至2007年年底，全市有台资企业272家，利用台资6.95亿美元。

2008年，举办苏台（淮安）经贸洽谈会。全市新批台资项目45个，总投资3.92亿美元，合同台资金额2.32亿美元，实际到位台资1.41亿美元。新增总投资额在千万美元以上的台资项目16个。邀请并接待台湾岛内和内地台商团组65批400余人次。组织4个团组28人赴台进行经贸考察和交流活动。

二、服务台资企业

在不断加大对台招商引资力度的同时，淮安市、县（区）台办发挥组织、指导、管理、协调职能作用，做好已有台资企业的服务争取引进一个、办好一个，发挥其磁吸作用。贯彻落实《台湾同胞投资保护法》及其实施细则，保护台商合法权益。市台办建立与台资企业挂钩联系制度，帮助其解决困难，促进其健康发展。2006年9月，建立淮安市台湾同胞投资企业协会定期例会制度。做好台商投诉工作，至2007年年底，受理台商投诉431起，解决398起，基本做到各方满意。协调有关部门，提高办事效率，营造“安商、富商、亲商”的和谐投资环境。

第九章　党校工作

第一节　教　学

1978年后，中共淮阴地委党校加强对基层党政领导干部的培训。1979年，轮训干部1130人次。1980年至1983年上半年，举办8期地管干部轮训班，每期两个半月，学习哲学、政治经济学、科学社会主义、党史、党建5门课程，培训干部1280人，占当时地管干部的一半以上；同时，举办短训班9期，培训干部603人；与地委宣传部、团地委、地区妇联联办培训班11期，培训干部1865人。

1983年后，淮阴市委党校在全省范围内较早实现教育正规化，培养具有大专文化水平的基层领导干部，学制2年，学习马列主义基础理论、专业知识和科学文化知识3类近20门课程。1983—1988年，市委党校招生6届，计437名毕业生。同期，举办各种短训班23期。

20世纪90年代，在学历脱产培训任务基本结束后，根据中共中央、省委相关精神和要求，市委党校探索教学改革的新思路，教学内容和课程设置逐步突破“老五门”的旧框架，实现以学习邓小平理论为主线、以社会主义市场经济理论及实务为主体、以研究改革开放和经济建设实际为主导的教学内容新体系，围绕市委、市政府的中心工作，形成夯实理论基础、拓展世界眼光、培养战略思维、加强党性修养的教学布局。1990—2000年，市委党校以主体班次为中心，包括与有关部门的联办班次，每年平均培训轮训领导干部学员1000人次以上。

2000年后，中共中央对党校工作提出新的要求。为适应新形势下主体班教学的需要，市委党校在主体班的教学内容和教学方式上进行多方面探索，形成“三结合”的教学模式，即省内教学与省外教学相结合、课堂教学与实践教学相结合、老师讲学与学员研讨互动相结合。教学活动丰富，将拓展训练、即兴演讲、专题辩论、模拟媒体采访、结构化研究式教学、学员论坛引入主体班课堂。运用项目管理的方法对主体班教学过程进行管理，收到较好的培训效果。2001—2005年，市委党委举办主体班次48期，与其他部门联合举办培训班50余期，培训轮训各级各类党政干部8600多人次。2005—2008年，举办主体班14个、联办班20个，培训轮训各级各类干部4000多人次。

此外，1985年开始，全国党校系统开展大规模函授教育。淮阴市委党校函授教育在招生规模和质量上，都位居全省市级党校前列。1990年，市委党校作为先进典型受邀在中央党校函授学院管理工作会议上作专题经验介绍。1997年，中央党校函授学院《教学与管理》导报刊登中央党校函授学院巡考组的文章，对淮阴市委党校函授教育工作给予表彰。2000年，市委党校在省委党校函授学院学籍工作评比中被评为先进。2005年，中央党校《学习时报》刊登淮安市委党校2篇文章，在党校函授系统产生积极影响。2008年，与南京大学联合举办网络远程教育本科班。

至2008年，淮安市委党校函授教育培训党员干部和各类人才3万余人，其中本科学历1.4万余人、大专学历1.6万余人。有5800余名毕业生担任科级以上职务，有460余名毕业生担任县处级以上职务，有10余名毕业生担任地厅级领导干部职务。

第二节 科 研

淮安市委党校是全省创办学报最早的市级党校之一。1988年，创办校刊《淮阴党校》，后更名为《新淮论坛》，该刊在全省党校系统具有较大影响。市委党校数次修改完善科研工作条例。通过完善相关制度，加大科研奖励力度，调动教研人员积极性。2001—2008年，淮安市委党校在省级以上报刊发表学术论文近500篇，完成调研报告近200篇，在全省13个市级党校中位居前列。在全市第三、四、五、六、七、八次哲学社会科学优秀科研成果评奖中，市委党校获奖数量和档次仅次于淮阴师范学院。2005年，承担8项省委党校立项课题，有2项列为重点。2007年，承担6项省委党校立项课题，其中4项被列为重点课题，在全省市级党校中位列第一。

第三节 党校管理

1983年，淮阴地委党校由清浦区和平镇搬迁至市区，在原清江市委党校旧址上新建市委党校。此后，逐年改善学校的教学和生活设施，至2000年，学校占地面积1.67公顷，校舍建筑面积16540平方米。2007年，市委、市政府投资近亿元，在大学城兴建现代化新校区。新校区占地面积6.67公顷，建筑面积31000平方米。

党校恢复办学后，开始图书资料重建工作。2000年后，不断增加图书馆的经费投入，提高图书馆数字化水平；购买清华同方全文数据库，支持教师开展教学科研工作；建有中央党校远程教学B级站，图书资料局域网建设领先全省党校系统，被评为全省党校系统图书馆现代化管理达标单位。至2008年，市委党校图书馆馆藏图书约8万册，报刊1080种。

此外，在后勤管理方面不断创新，逐步实现后勤服务社会化。在学员公寓和卫生服务等方面引进社会力量，采用市场办法解决后勤服务中长期难以解决的问题，得到广大学员和教职员工的认可。2003年、2007年，2次获得全省党校系统“行政后勤工作先进集体”称号。

第十章 党史工作

1981年年初，中共中央指示各地成立专门机构，征集、整理和研究党的历史。同年4月，淮阴地委发文成立淮阴地区党史资料征集小组。同年6月，地委成立征集小组办公室，开展地方党史资料的征集和整理工作。1983年7月，中共淮阴市委党史资料征集领导小组成立，下设办公室。1984年年底，更名为中共淮阴市委党史资料征集研究委员会，下设办公室。1986年2月，省委明确“将全省各级党史资料征集研究委员会和各级党史办公室合并，改为党史工作委员会，作为同级党委的工作部门”。1989年9月，淮阴市级党史机构合并，成立中共淮阴市委党史工作委员会。1995年，更名为中共淮阴市委党史工作办公室。2001年2月，更名为中共淮安市委党史工作办公室。

第一节　党史资料征集

1981年，淮阴地委党史机构成立后，地方党史资料征集工作全面展开。1982年，在省档案馆查阅淮海区党委（淮海地委）机关报《淮海报》，摘录卡片607张。1984年，征集1941年9月至1944年7月间新四军领导人之一的彭雪枫在泗洪半城与夫人林颖的来往信件，以及苏皖边区政府和华中分局文献资料15万字。

1985年，征集文献资料275件、65万字，其中有抗日战争时期淮北苏皖区党委机关报和中共华中第七地委机关报。同年，征集历史照片95幅，其中曾任淮海军分区副司令员的张克辛捐献20余幅。是年，征集金湖县陈桥乡南堆村村民在清理旧墙基时发现的3枚淮南抗日民主政府的铜质印章，即“津浦路东各县联防办事处之印”“淮南苏皖边区行政公署印”“淮南苏皖边区津浦路东行政专员公署印”。

1986年，征集陈毅、赖传珠、张云逸等新四军首长在新四军黄花塘军部所作报告9篇、电报30余份，吴信泉、赵汇川等老一辈革命家回忆录41篇。是年，征集一套完整的《两淮报》，该报是中共两淮市委机关报，1949年1月5日在清江市创刊，同年3月1日停刊，发刊60期。征集21军军史和62师战史各1本。金湖县委党史办征集抗日战争时期淮南区党委机关报《淮南日报》128期，约100万字。至当年年底，市委党史办公室存第一、二次国内革命战争时期地方党组织文件34件，抗日战争时期文件270件，解放战争时期文件67件；第一、二次国内革命战争时期地方回忆录201篇，抗日战争时期回忆录258篇，解放战争时期回忆录24篇。

1988年，征集曾任中共淮海地委、两淮市委书记的吴觉自传材料3万余字。县级淮安市委党史办复印民主革命时期报刊750期，计110万字；翻阅敌伪档案100多卷，摘录4万多字。涟水县委党史办征集到新四军护照等文物。1989年，征集解放战争时期的《苏北党刊》《淮北通讯》等原件资料，以及新四军三师政治部编印的《先锋杂志》、华中分局宣传部办的《真理杂志》部分复印件。

1990年，征集华中分局重要文件48件以及抗日战争时期华中局《整风报》和淮海区党委《整风报》，计10万余字；抗日战争时期《淮海报》上的重要社论、专题报告、工作总结、经验介绍等；解放战争时期华中军区参谋处编印的《苏北地区敌情介绍》，华野12纵政治部编印的敌51师材料，华野12纵35旅政治部编印的敌75师情况介绍，华中行政办事处公安处编印的《蒋匪两淮党政特调查》，六地委城工部编印的《关于敌工工作问题》。1991年，征集曾任新四军指挥员的张爱萍在淮北地区拍摄的一批历史照片。征集曾任淮海军分区副司令员的张克辛解放战争时期日记1本、淮海军分区第三届军事工作会议记录。为市党史陈列馆布展，向张克辛征集历史照片500

多幅。

2003年，征集1984—2001年中共淮阴市第一次至第四次代表大会资料，以及中共苏北淮阴区第一次党代表会议和中共淮阴地区第一次代表大会的相关资料。2003—2005年，征集市政协原主席张景良撰写的回忆录《对淮阴地区三年“大跃进”的回顾与反思》《对淮阴地区实行家庭联产承包制的回顾与调研》《高沟两次社教运动的回顾与反思》。

2008年，征集中华人民共和国成立后档案资料967件。是年，中共中央办公厅转发《中央组织部、中央党史研究室、中央文献研究室、中央档案馆关于征集领导干部个人留存的党史资料的通知》，全市启动该项征集工作。至当年年底，市委党史工办存有中华人民共和国成立前档案文献资料854件，中华人民共和国成立后档案文献资料974件，编制的卡片1200余张；采访老干部录音磁带70余盘；有中华人民共和国成立前数码历史照片600余张，中华人民共和国成立后数码历史照片200余张。

第二节　党史编研

一、民主革命时期地方党史编研

1984年，编辑出版《淮阴英烈》第一辑，收录38名烈士传略。1985年，结合纪念抗日战争胜利40周年，编撰《淮阴市抗日战争史纪略》《淮阴地区党政军组织序列表》。编辑出版《淮阴英烈》第二辑，收录淮阴地区抗日战争时期牺牲的区委书记以上以及有影响的烈士30人。为纪念华中分局、苏皖边区政府、两淮解放胜利40周年，编辑出版《华中分局》和《苏皖边区政府》专辑，计20万字左右。

1986年11—12月，市委分别在北京、上海、南京召开老干部座谈会，邀请老干部对《淮阴革命斗争史纪略》第三稿、《淮阴地区党政军组织序列表》进行审稿，提出修改意见。1987年，与市民政局合编《淮阴党史人物传》《烈士传》。完成省党史工委布置的《解放战争时期华中六分区斗争概述》《解放战争时期华中七分区斗争概述》两个专题任务。

1988年，出版《淮阴党史资料》两辑，第一辑为解放战争时期专辑，第二辑为淮阴革命斗争大事记专辑。在纪念淮阴解放40周年之际，编印出版《淮阴革命斗争史纪略》。

1989年，《淮阴革命斗争大事记》由上海社会科学院出版发行。该书记述新民主主义革民时期淮安党组织领导革命斗争的重大事件和活动，全书20万字。编辑出版《淮阴解放斗争概述》专辑，全书20万字。编辑出版《淮阴英烈》第三辑，主要选编解放战争时期牺牲的区委书记、区长、地方武装营长、教导员级以上的烈士传44篇、烈士简介112篇，全书15万字。

1990年，编辑出版《淮阴党史资料》两辑（21、22辑合刊）。1991年，与市委宣传部联合编辑出版《光辉的历程——纪念中国共产党成立70周年宣讲材料》，以翔实的史料论述淮阴地方党组织成立以后的光辉历程，全书8万字。

1992年，完成《淮阴人民革命斗争史》（1919—1949）初稿，次年由黑龙江人民出版社公开出版。全书分三编，分别记述第一、二次国内革命战争时期以及抗日战争时期、解放战争时期淮阴人民的革命斗争历史，全书23万字。

1993年，《李一氓在淮阴》由南京出版社出版发行，该书收集李一氓在革命战争年代于淮阴留下的文稿及活动照片、老同志回忆文章，以及市委党史工委撰写的李一氓在淮阴综述、大事记等。该书被列为江苏省革命斗争史系列丛书，计22万字。

1995年，为纪念抗日战争胜利50周年，编辑出版《淮阴抗日故事集》，搜集整理60篇抗日斗争小故事，全书25万字。同年，向省委党史工委编辑的《江苏抗战风云录》供稿16篇。1996年，与省委党史工办联合编撰《苏皖解放区》一书，内容包括综述、历史文献、大事记、人物小传4个部分，附以组织序列表、照片图表等。全书40万字，被列入中共江苏党史资料丛书。是年，按省委、市委安排，征编淮阴市《群英谱》丛书。

2002年，与市民政局、团市委联合编辑出版《热血忠魂——淮安革命烈士传选编》（1927—2002）。该书由市委党史工办具体负责编写，中共党史出版社出版发行。2003年，和省委党史工办联合编辑出版《战地旌旗红——新四军黄花塘军部研究》，计30多万字。

2004年，编辑出版《大地的记忆——纪念车桥战役胜利六十周年》。该书围绕车桥战役的过程、作用、地位，辑录相关史料和专题研究文章35篇，共21万字。与市委宣传部、淮安周恩来邓颖超研究会联合编辑出版《恩来故乡的思念——纪念邓颖超诞辰100周年文集》。该文集收录淮安市关于邓颖超研究的论文和报刊上发表的纪念文章31篇，全书15万字，由中国文史出版社出版发行。

2005年，为纪念抗战胜利60周年，编辑出版《淮安抗战风云录》。全书计20万字，由黑龙江人民出版社出版。与市委宣传部、市关工委联合编辑出版《江苏人民打击日寇英雄事迹·淮安卷》。全书计15万字，由江苏人民出版社出版。2006年，为纪念涟水保卫战胜利60周年，编辑出版《涟城旌旗耀红日》。全书25万字，由黑龙江人民出版社出版。2007年，为纪念淮阴特委成立80周年，编辑出版民主革命时期地方党史资料文集《星火》，全书近30万字。

2008年，为纪念淮安解放60周年，编辑出版《淮安解放风云录》，主要反映淮安各县（区）解放战争时期斗争概述，全书25万字。编辑出版《李干成纪念文集》，全书分图片、传略、文存、回忆与怀念、专题与研究、生平年表6个部分，40万字，98幅图片。同年9月，全市抗日战争时期人口伤亡和财产损失课题调研工作结束。经过两年多的调研，全市1285名调研人员逐一走访"亲身经历、亲耳所闻、亲眼所见"的"三亲"人员16424人，其中75岁以上知情老人16364人，发放、回收各类表格41372份，公证7份，查阅文字档案、文献资料606.8万字、1270卷、747本，复印282页、106份、5万字。调研结果显示，抗日战争时期，全市因战争原因伤亡186807人，其中被杀害、致残、失踪等直接伤亡30176人，被俘捕、灾民、劳工等间接伤亡158431人。社会财产和居民财产损失折合1937年法币2.15亿元。

此外，1987—2008年，市委党史工办撰写、发表民主革命时期党史论文、专题文章120余篇。

二、社会主义革命和建设时期地方党史编研

1986年，根据省党史会议精神，市委党史工作部门开始社会主义时期党史编研工作。1986—1989年，完成中华人民共和国成立后17年、"文化大革命"十年大事记，以及《对资改造专辑》一书的编纂任务。

1990年，编印《1949—1989年淮阴市党史大事记》（征求意见稿）。全书分为《中华人民共和国成立后17年》《"文化大革命"10年》《新时期13年》3册，计29万字。

1992年，修订《1949—1989年淮阴市党史大事记》，计24万字。完成省党史工委下达的三年国民经济恢复时期的3个专题，即《恢复和发展走向振兴——淮阴在经济恢复时期综述》《根治水患、振兴淮阴》《淮阴地区镇压反革命运动》。

1995年，编辑出版《中共淮阴市历史大事记（1949—1989）》，全书22万字。同年，市委下达社会主义时期党史专题征编任务。

1996年，编辑出版《兴淮之路》丛书第一辑。该书汇集全市各部门社会主义时期党史专题征编成果18篇，揭示淮阴市社会主义时期历史进程及经验教训，计18万字。其第二辑、第三辑相继于1997年、1998年编辑出版。

1997年，与市委农工部、市计划委员会联合编写出版《淮阴市小康乡镇巡礼》。该书记述全市35个率先达小康乡镇的奋斗历程，总结其经验，讴歌基层党组织在奔小康中的中坚作用，全书30万字。该书也是党史部门围绕市委、市政府中心工作，“开门办史”的首次尝试。1999年，与市委农工部、市计划委员会联合编写、出版《淮阴市小康乡镇巡礼（续集）》。

2000年，编写出版《中共淮阴、宿迁地方史大事记（1948.12—1996.8）》，由淮阴市委党史工办承担编写任务，宿迁市史志办公室、淮阴市档案局协助提供资料。该书由中国档案出版社出版，全书30万字。

2001年，与市委组织部、市档案局联合编写出版《中国共产党淮阴市建设史（1948.12—2001.2）》，迎接中国共产党成立80周年。该书是反映中国共产党在淮安市全面执政后自身建设的第一部党史著作，也是全国首部地方党建史专著，计32万字，由中共党史出版社公开出版。

2005年，参与省委党史工办组织的《走进大运河》编写工作。该书是一部反映江苏省运河沿岸各市建设新貌党史书籍，市委党史工办承担淮安市部分的组稿任务。

此外，1989—2008年，市委党史工办完成社会主义革命时期其他党史专题文章、论文66篇。

第三节　党史宣传教育

一、纪念活动

1984年9月，在泗洪半城召开彭雪枫逝世40周年纪念大会，并举办彭雪枫图片展览，出版彭雪枫纪念专辑。1985年，与市党史学会、市新四军研究会联合举行抗日战争胜利40周年学术讨论会。1986年，与市党史学会、市新四军研究会联合举行纪念宿北战役、涟水保卫战胜利40周年学术讨论会。到会代表60余人，交流论文19篇。

1988年3月，淮阴市举行纪念周恩来诞辰90周年座谈会，出席会议的市领导及有关方面代表近百人，交流论文10多篇。同年7月，联合市党史学会、淮阴县委举行纪念抗日战争初期淮涟地区重建党组织的重要领导人张芳久牺牲50周年座谈会。

1990年，与市党史学会、泗阳县委在泗阳爱园烈士陵园联合举行纪念淮海抗日民主政权建立50周年学术讨论会，交流学术论文14篇。1992年，与市党史学会、市新四军研究会联合举办纪念黄克诚诞辰90周年座谈会。1995年，举行纪念抗日战争胜利50周年学术讨论会。

1997年，分别举办纪念新四军建军60周年、纪念中共淮阴特委成立70周年、纪念彭雪枫诞辰90周年座谈会。1998年，与市委宣传部、市社科联联合召开纪念周恩来诞辰100周年研讨会。与淮阴师范学院联合召开纪念刘少奇诞辰100周年座谈会。与市委宣传部、市委党校、市教委联合召开纪念中共十一届三中全会20周年理论研讨会。同年12月，以市委名义召开纪念淮阴解放50周年座谈会。2000年，与市党史学会联合召开纪念淮海抗日民主政权建立60周年学术研讨会。2001年，举办纪念建党80周年研讨会。

2002年4月，与宿迁市联合举行纪念淮海行署成立60周年座谈会。同年9月，省委党史工办、淮安市委、省新四军研究会、省老区促进会在淮安市举办黄克诚诞辰100周年暨两淮战役胜利57周年纪念大会，市委党史工办承担会议筹备工作。同年10月，与市党史学会、洪泽县委联合举行座谈会，纪念江淮大学创建60周年。

2003年3月，与淮阴区委联合举办刘老庄八十二烈士殉国60周年纪念大会。同年6月，在盱眙县举行“新四军军部暨华中局进驻黄花塘60周年”纪念大会。同年，召开纪念李一氓百年诞辰座谈会。2004年3月，以市委名义与楚州区委联合召开车桥战役胜利60周年纪念大会。同年4月，与涟水县委在高沟镇召开纪念高杨战役胜利60周年座谈会。2005年9月，举办两淮战役胜利60周年纪念活动，全市各界人士在淮阴攻城阵亡将士纪念亭前集会，举行纪念仪式，市四套班子领导向淮阴攻城阵亡将士纪念碑敬献花篮。同年11月，召开苏皖边区政府成立60周年纪念大会。12月，淮安市委、省委党史工办、省党史学会在淮安市联合举办学术研讨会，纪念中共中央华中分局暨苏皖边区政府成立60周年。

2006年11月，市委与涟水县委在涟水县举行涟水保卫战60周年纪念大会。

2008年2月，为纪念周恩来诞辰110周年，由中共江苏省委、中央文献研究室、中央党史研究室主办，中共淮安市委研究室、市委党史工办、周恩来与邓颖超研究会承办的周恩来生平和思想研讨会在淮安市举行。同年11月，举行李干成诞辰100周年纪念活动。

二、党史宣传

1985年，为配合市级机关第一期整党单位的整党学习，邀请抗日战争时期原淮海军分区副司令员张克辛到淮阴市作革命传统教育报告。为纪念抗日战争胜利50周年，在《淮海报》开辟《抗战史话》栏目，提供稿件40篇；为淮阴人民广播电台《话说淮阴》专题节目提供抗战专题稿件。1988年“七一”前后，与市委宣传部联合举办中共中央党史资料征集委员会原副主任童小鹏摄影展，展出多幅具有重要历史价值的照片，展期历时一个月，使广大干部群众和青少年受到一次革命传统教育。是年12月，在《淮阴日报》开辟《纪念淮阴解放40周年》专栏，并为淮阴人民广播电台《纪念淮阴解放40周年》专题节目提供稿件。1989年，为配合市级机关学习中共十三届四中全会精神，对机关支部委员以上人员宣讲地方党史，同时到淮阴师专、淮阴工专等高校和其他单位举办多场地方党史报告会。

1990年5月，市委决定筹建淮阴地方党史陈列馆，市委党史办负责党史陈列馆的布展。是年，举办全市党史知识竞赛，调动党员干部学习党史的积极性，增加对党的历史、特别是党的优良传统和作风的了解。在全市乡镇干部培训班宣讲地方党史。1991年，为纪念中国共产党成立70周年，在《淮阴日报》开辟《共产党人的真正优势》专栏，发表多篇文章，展现共产党人在战争年代坚持党的三大优良作风的风范。1992年7月，淮阴党史陈列馆开馆，成为全市地方党史教育基地。

1995年，为纪念抗日战争胜利50周年，在《淮阴日报》上开辟《淮阴抗日烽火录》专栏，发表纪念文章35篇。与市委宣传部、市文联联合举办“淮阴人民英勇抗日”历史图片展，与市文化局、市博物馆联合举办“纪念抗日战争胜利50周年图片展”。以市委党校、淮阴师专为基地，开展地方党史宣讲。同时深入基层单位，宣讲淮阴军民抗日斗争事迹。1996年，淮阴党史陈列馆调整版面，补充社会主义时期的党史内容，被市委列为全市青少年爱国主义教育基地。1999年，在淮阴党史陈列馆举办“庆祝澳门回归”图片展。

2001年，为纪念中国共产党成立80周年，在《淮安日报》《淮海晚报》开辟党史专栏，发表文章15篇，介绍地方党史知识。与市委组织部联合举行“淮安市党史、党建史知识竞赛”，举办“光辉的历程——纪念中国共产党成立80周年图片展”，编写《新民主主义革命时期淮安地方党组织的历史简况》，安排人员到市级机关宣讲。举办“淮安市党史工作20年成果展”，展示全市党史工作机构成立后在资料征集、编辑出版、党史研究、党史宣传等方面的工作成果。2002年9月，在《淮安日报》上发表《忆黄克诚同志初到淮海区》《纪念两淮战役胜利57周年》等纪念文章。

2006年，开通淮安党史网站。2007年、2008年，分别与淮海晚报社、淮安日报社联办党史宣传专栏，分别发表党史文章18篇。至2008年，淮安党史网站初步实现党史资料、党史信息的共建共享，促进党史宣传教育方式的现代化、科学化。

·淮安市志·（1978—2008）

第十二卷　淮安市人民代表大会

第一章　市人大代表

第二章　市人民代表大会全体会议

第三章　市人大常委会

第四章　专门委员会

1983年，淮阴市第一届人民代表大会召开。至2008年，先后进行6次人大代表选举，产生6届人民代表大会常务委员会。其间，共举行代表大会27次，常委会会议125次。市人民代表大会及其常务委员会依照宪法、法律的规定，行使宪法和法律赋予的职权，发挥地方国家权力机关的重要作用，使人大工作逐步制度化、规范化和程序化。

第一章　市人大代表

第一节　市人大代表选举及代表构成

一、淮阴市第一届人民代表大会代表

淮阴市第一届人民代表大会第一次会议于1983年5月召开。市第一届人民代表大会代表共746人。其中，工人109人，农民115人，解放军9人，干部184人，知识分子180人，爱国人士135人，归侨侨属5人，其他9人。

按行政区域分：清河区、清浦区计108人，淮阴县52人，灌南县39人，沭阳县85人，宿迁县68人，泗阳县72人，涟水县58人，泗洪县63人，淮安县91人，洪泽县36人，盱眙县39人，金湖县28人。

二、淮阴市第二届人民代表大会代表

淮阴市第二届人民代表大会第一次会议于1988年1月召开。市第二届人民代表大会代表共610人。其中，工人81人，农民91人，解放军5人，干部186人，知识分子136人，爱国人士106人，归侨侨属4人，其他1人。

淮阴市二届人大三次会议出席的代表实有599人。其中，清河区35人，清浦区39人，淮阴区43人，灌南县40人，沭阳县67人，县级宿迁市55人，泗阳县53人，涟水县50人，泗洪县48人，县级淮安市57人，洪泽县32人，盱眙县45人，金湖县30人；解放军5人。

三、淮阴市第三届人民代表大会代表

淮阴市第三届人民代表大会第一次会议于1993年3月召开。市第三届人民代表大会代表共602人。其中，工人103人，农民88人，解放军6人，干部187人，知识分子137人，爱国人士72人，归侨侨属9人。

按行政区域分：清河区34人，清浦区36人，淮阴区46人，灌南县39人，沭阳县67人，县级宿迁市52人，泗阳县52人，涟水县50人，泗洪县46人，县级淮安市62人，洪泽县34人，盱眙县44

人，金湖县34人。

四、淮阴市第四届人民代表大会代表

淮阴市第四届人民代表大会第一次会议于1998年1月召开。市第四届人民代表大会代表共425人。其中，工人67人，农民58人，解放军8人，干部171人，知识分子89人，其他32人。

按行政区域分：清河区42人，清浦区41人，淮阴区58人，涟水县63人，县级淮安市70人，洪泽县45人，盱眙县53人，金湖县45人。

五、淮安市第五届人民代表大会代表

淮安市第五届人民代表大会第一次会议于2003年1月召开。市第五届人民代表大会代表共435人，其中女性代表92人。按行政区域分：清河区42人，清浦区44人，楚州区72人，淮阴区58人，涟水县65人，洪泽县45人，盱眙县56人，金湖县44人。

六、淮安市第六届人民代表大会代表

淮安市第六届人民代表大会第一次会议于2008年1月召开。市第六届人民代表大会代表共433人，其中女性代表103人。按行政区域分：清河区44人，清浦区45人，楚州区75人，淮阴区52人，涟水县64人，洪泽县47人，盱眙县55人，金湖县48人。

附：1978—2008年淮安市历届全国人民代表大会代表名单

（一）第六届全国人民代表大会代表（7人）

吴淑琴（女） 张允武 嵇月香（女） 吴国金 徐志球 李宗瑜 李应运

（二）第七届全国人民代表大会代表（6人）

徐 燕（女） 李应运 王广德 陈森辉 周春勤（女） 魏绍芬（女）

（三）第八届全国人民代表大会代表（7人）

赵少麟 陈森辉 谭中行 郑娟华（女） 张月琴（女） 李先国 周达春

（四）第九届全国人民代表大会代表（5人）

赵学凤 花法荣 张旭升 罗玉玲（女） 薛守琴①（女）

（五）第十届全国人民代表大会代表（4人）

李继平 何达平 王永和（女） 纪凤高

（六）第十一届全国人民代表大会代表（4人）

刘永忠 何达平 孙国庆（女） 樊金龙

1978—2008年淮安市历届江苏省人民代表大会代表名单

（一）江苏省第六届人民代表大会代表（135人）

王 亮	文荫贻	尹 明（女）	刘翠英（女）	祁文杰
孙华光	孙国成	孙燮华	汤从光	李登先
李绶章	张贤士	金友学	周胜利	胡世梅（女）
姚方传	赵延高	高德正	崔 扬	黄和平

① 薛守琴，2006年7月以受贿罪获刑12年。

盛庆藩	程中原	蔡德之	马字清	马毓苓（女）
陈　勇	沈珠伟（女）	罗正江	柏秀祥	葛恒文
蒋苏秀	邓亚军	刘秉衡	刘须勤	刘维臻
李同法	张静藻	郑素珍（女）	宣文甫	梁万顺
傅同珍	王茂晨	石　磊	朱国强	庄德星
陈学俊	黄培彬	王宝善	陈安侠	吴长生
张　静	胡明哲	施恩兰	徐　良	梁兆玉
王祖和	孙开明	杨华兰（女）	张云兰（女）	张永政
祝以信	冯寿增	李　静（女）	罗绪业	周元高
施云英（女）	黄秀楼	曾金沙	薛家勤	田　华
叶荫梅（女）	刘秀冬（女）	朱方谷	李冰清	苏雪元
张仿吾	张荣浩	高梅英（女）	郭正新	徐传昌
袁万彬	田　进	伍发关	林家祥	袁桂琴（女）
戴素英（女）	纪详银	孙桂兰（女）	李坦然	林辉维
唐贯淮	龚明洁	刘永华	刘炳群	孙原玉
陈尚明	吴振东	张开喜	陶宝祥	徐　乾
殷维玉	谢美华（女）	孙风娟（女）	朱长川	杨瑞银
张月宝	盛桂元	季立夫	岳克强	方福均
孔凡民	王茂前	王恒山	江维邦	刘　明
刘和赓	孙　叶	孙家正	曲钦岳	李顺柱
吴维继	杨　玉	杨欣荣	杨景才	张必泰
张字和	周尔辉	侯学焘	侯雨亭	胡奠南
姜其温	郭秀梅（女）	流　静	袁　雪（女）	蒋志伊

（二）江苏省第七届人民代表大会代表（103人）

丁俊连	丁洪奎	马文金	马建保	马毓苓（女）
王　玉	王广德	王成祥	王林云	王茂前
王银龙	王继聿	毛如久	毛季琳	邓亚军（女）
田锦千（女）	丛树铮	白　云	朱　林（女）	朱　泽
朱玉振	朱秀芬（女）	朱宝秀（女）	朱国强	朱植干
任光明	刘立云	刘宝玉	刘维彬	江维邦
安宝琨	许兴华（女）	许智强	孙　平	孙华光
孙家正	杨华兰（女）	贡光治	李　静（女）	李茂云
李坦然	李信鹿	李绶章	李登先	肖焜焘
吴长生	吴长年	吴荣官	吴荣坤	吴培菊
吴维继	何寿凯	邱敦姬（女）	沈珠江	张建（女）
张　凯	张卫东	张云兰（女）	张玉霞（女）	张向东
张学儒	张培昌	张静藻（女）	陆长生	陈尚明
苗秀章	季顺禄	周伯赓	郑祥彩	赵　恺
赵长生	俞敬忠	施达昌	洪礼兰（女）	宫联泰
姜　华	姜立宽	费　旭	姚湘兰（女）	袁立峰

夏少清	徐　良	徐立功	徐传昌	殷文宝
郭平扬	郭正新	郭晓东	唐如浴	萧　兵
黄宝龙	黄培彬	黄登仁	曹继蕴（女）	崔连际
董光霁	蒋书秀（女）	傅同珍	曾正玉	曾金沙
鲍美华（女）	蔡德之	潘　恕		

（三）江苏省第八届人民代表大会代表（103人）

丁洪奎	马　军（女）	马文金	王士高	王凤亮
王年生	王金玉（女）	王实宽	王铁军	尤企林（女）
毛如久	卢万良	叶世勋	白　云	冯加庚
朱玉芹（女）	朱秀芬（女）	朱桂英（女）	朱凌云（女）	刘立云
刘荫鸿	刘精一	许仲林	许智强	孙　超
孙士华（女）	孙永堂（女）	孙华光	孙寿娟（女）	孙茂扬
孙学芝（女）	严汉国	李　静（女）	李　震	李大贤
李孔惠	李国平	李挺华	李继业	杨克侠
杨国忠	杨登芳（女）	吴廷祥	吴应宁	吴明春
吴洪彪	吴梧桐	邱敦姬（女）	何寿凯	汪寅生
沈珠江	宋长荣	张　进（女）	张天民	张元珠（女）
张玉坤	张华贤	张学儒	张保民	张静藻（女）
张赛男（女）	陈广礼	陈卫国	陈必亭	陈同银
陈宏珍（女）	陈保龙	茆国良	金　瑛（女）	周立新
周海珍（女）	赵学凤	赵福庆	胡玉高	胡玲华（女）
胡家林	宫联泰	姚　旭	袁立峰	袁锡琳
徐传琛（女）	徐华强	徐兆美（女）	徐保国	殷文宝
唐善山	陶樟火	黄宝龙	曹　楷	曹志洪
曹康喜	崔学宏	盖茂森	董光霁	蒋喧民
韩建民	程日乾	储　江	鲁祖达	谢玉芳（女）
靳祖训	魏尔康	魏前美		

（四）江苏省第九届人民代表大会代表（47人）

丁洪奎	王年生	卞爱武（女）	刘　华	刘文宇
刘荫鸿	许仲林	孙寿娟（女）	纪凤高	李天麟
李佩忠	李洪根	李梅娟（女）	李慧秋（女）	吴庆华
何达平	汪秀珍（女）	沈开成	沈兰贵（女）	宋长荣
张月芹（女）	张元贵	张秉铎	张积义	张能宝
陈从亮	陈寿松	陈国钧	林伟明	周云飞
郑　宁	赵　鹏	赵少麟	赵学凤	宫联泰
姚义珠（女）	秦进华	徐华强	徐乾仪（女）	黄启武
曹　楷	曹志洪	盖茂林	储　江	薛成文
魏玉龙	魏家骏			

（五）江苏省第十届人民代表大会代表（47人）

丁解民	王向明	王宏民	王肖明	方之焯

尹　超	叶立生	刘　跃	刘加荣	刘建琳（女）
刘泽源	刘学翠（女）	刘维亚	孙　辉（女）	孙　蔚（女）
孙寿娟（女）	孙志超	杨　忠	杨晓东	苏　焰
李佩忠	李梅娟（女）	李慧秋（女）	肖本明	沈开成
张　静	张元贵	张信芳	张桃林	陈则平
陈国钧	范学恕	周玉梅（女）	郑　宁	郑小波
赵洪权	姜　滢	夏心曼	徐乾仪（女）	高昌萍（女）
唐业勤	陶光辉	戚寿余	笪佐理	寇士清
韩海平	裴锡章			

（六）江苏省第十一届人民代表大会代表（47人）

丁解民	王　樱（女）	王亦农	王海平	方之焯
尹　超	石祖嘉	田　敏	冯敏刚	吉子俊
朱维宁	任玉虹（女）	刘泽宇[①]	刘建琳（女）	孙　辉（女）
孙　蔚（女）	杨晓东	李　森	李佩忠	李继平
李梅娟（女）	肖进方	沈开成	张　静	张元贵
张国平	张桃林	陈　琪	陈卫京	范学恕
周玉梅（女）	郑　勇	赵　嫒（女）	姜　滢	贾海茂
顾正中	徐新昱（女）	郭旺珍（女）	高中华	高昌萍（女）
高雪坤	唐　健	唐业勤	葛　莱	童玉祥
蔡　莉（女）	樊金龙			

第二节　重要活动

1984年1月，淮阴市人大常委会委员和部分市人大代表，部分全国人大代表、省人大代表、各县（区）人大负责人等共91人，对淮阴市工农业生产形势、社会主义物质文明和精神文明建设等情况进行视察。视察人员分6个小组，从1月3—9日，视察155个单位。

1987年6月，市人大常委会主任李登先、副主任徐俊带领洪泽湖周边的部分省、市、县人大代表，对洪泽湖综合开发工作进行视察。重点走访洪泽、泗洪、盱眙3个县10多个乡镇，30多个村组和乡镇企业，以及部分渔民、农民家庭。

1988年9月，全国人大代表淮阴市小组视察《中华人民共和国义务教育法》实施情况。代表们听取淮阴市教育局、淮阴县政府、清浦区文教局3个单位负责人关于贯彻实施《义务教育法》的情况汇报，参观淮阴市普教事业发展图片展览，视察淮阴师范专科学校、淮阴县王兴乡王兴中学和中心小学，看望农村教学第一线教职员工和智力障碍儿童教学班，听取乡村干部、师生和农民代表对农村教育转轨、群众集资办学、堵塞流生等方面的意见。

1989年，市人大常委会委员及部分市人大代表视察县级淮安市保护消费者权益情况。代表们深入国营、集体、商业企业，个体工商户，进行为期2天的视察。建议政府各部门增强协作，加

① 刘泽宇，2020年5月以涉嫌受贿被提起公诉。下同。

图 12-1　淮安市人大代表视察活动（2008 年）　市人大　供

强综合治理；国营集体企业禁售假冒伪劣商品，如若发现将追究相关人员责任；国营商业、粮食、供销部门要发挥模范带头作用，承担稳定市场的责任。

1990 年 12 月，市人大常委会城乡建设委员会组织部分市人大常委会委员、市人大代表视察市区绿化、秩序管理、环卫工作，听取清河、清浦两区政府及有关单位的汇报，察看主干道、机关住宅区、宾馆、小街背巷、居民生活区、小饭店等场所，并邀请有关人员座谈。通过视察，建议有关单位继续深入宣传教育，增强全市人民秩序、绿化、环卫意识；推广"三明经验"，组织社会力量，搞好共建工作；理顺市与区、各职能部门之间城市管理关系；抓好重点，以点带面，推广好的典型做法；统一规划，加强管理，定期检查，及时整改。

1994 年 12 月，全国人大代表淮阴小组视察市工商局、市标准计量局、泗阳县、洪泽县，听取工作汇报、召开座谈会，实地察看计量检测手段、各类市场、商场和假冒伪劣商品陈列室，摸清全市打击制售假冒伪劣商品违法行为情况，提出加强有关法律法规宣传贯彻，加大打击制售假冒伪劣商品违法行为力度，实行打假工作对口管理，完善有关法律法规。

2000 年 8 月，市人大常委会副主任黄启武、陈森辉、许智强、刘群和部分市人大代表及市人大机关各委、办、室负责人，对市区"四路一桥"建设情况进行专题视察。通过视察，建议市有关部门做好拆迁安置工作，妥善解决建设中的矛盾；坚持科学规划，提高城市化水平；多方筹资，逐步解决建设资金缺口问题；依法行政，推动有关法律法规的有效实施；创造条件，建设好清河南路。同年 10 月，市人大常委会组织部分市人大代表及市人大财经委，常委会部分委、办、室负责人视察市供电工作。视察组在肯定供电工作的同时，对依法治电、加大执法力度提出以服务"三淮一体"城市发展为中心，加快城乡电网的建设与改造；强化内部管理，提高企业经济效益；加强优质服务，加大行风建设力度；处理好与政府部门的关系，处理好与企业的关系等建议。

2008 年 5 月，市人大常委会组织部分市人大代表，对全市节能减排工作进行调研，多次召开座谈会，先后走访调查相关企业和单位，形成包含多项建设性意见的调研报告。中共淮安市委将该报告及时批转印发。同年 7 月，市人大常委会第五次会议专门听取市政府关于节能减排工作情况的报告，会议作出《关于加强节能减排工作的决定》。该决定得到省人大常委会肯定，省内外多地人大常委会主动与淮安市人大常委会联系交流。市政府为此研究出台节能目标责任评价考核办法、加强污染物减排工作意见以及环保领导责任制等 8 项制度。

第二章　市人民代表大会全体会议

第一节　淮阴市第一届人民代表大会

1983年5月，淮阴市第一届人民代表大会第一次会议召开。会议选举产生市第一届人民代表大会常务委员会主任丁铁，副主任孙燮华、李川、高景唐，委员33人。选举产生市第一届人民政府市长高德正，副市长徐志球、王桂林、张步甲、厉步高、徐俊、李挺华，市中级人民法院院长尚云，市人民检察院检察长王东辉。同时选举产生135名出席江苏省第六届人民代表大会代表。

图12-2　淮阴市一届人大一次会议（1983年）　市档案馆　供

市第一届人大期间，共举行6次代表大会、27次常委会会议，听取和审议市“一府两院”（人民政府、人民法院、人民检察院）和政府有关部门64项工作报告或汇报。市一届人大共作出决议、决定6项。一届人大常委会作出决议、决定17项。其中，比较重要的有《关于市国民经济和社会发展第六个五年计划纲要的决议》《关于市国民经济和社会发展第七个五年计划纲要的决议》《关于严厉打击严重刑事犯罪活动的决议》《关于城市总体规划的决议》《关于市容环境卫生管理暂行规定》《关于“采取得力措施加快财政差补县经济发展”的决议》，以及关于命名雪松为市树、月季为市花的决定。

第二节　淮阴市第二届人民代表大会

1988年1月，淮阴市第二届人民代表大会第一次会议召开。会议选举产生市第二届人民代表大会常务委员会主任李登先，副主任王桂林、李挺华、萧兵，秘书长陆志轩及委员32人。选举产生市第二届人民政府市长徐燕，副市长姜立宽、张恒顺、张步甲、徐乾、黄天汉、奚铁男，市中级人民法院院长尚云，市人民检察院检察长王东辉。同时，选举产生103名出席江苏省第七届人民代表大会代表。

市二届人大期间，共举行5次代表大会、37次常委会会议，听取和审议市“一府两院”和政府有关部门76项工作报告或汇报。市二届人大四次会议审议通过市国民经济和社会发展十年规划和第八个五年计划纲要。专题听取和审议《关于加快沂淮地方铁路建设步伐议案的决议》《关于加快开发淮阴盐矿、振兴淮阴经济议案的决议》等，有效保证各项决议、决定得到较好的落实。

第三节　淮阴市第三届人民代表大会

1993年3月，淮阴市第三届人民代表大会第一次会议召开。会议选举产生市第三届人民代表大会常务委员会主任，副主任、萧兵、黄启武、陈森辉，秘书长陆志轩及委员29人。选举产生市第三届人民政府市长，副市长李国平、徐仲林、黄天汉、奚铁男、苏金必、周迅、姜映梅，市中级人民法院院长尚云，市人民检察院检察长刘群。同时，选举产生103名出席江苏省第八届代表大会代表。

市三届人大期间，共举行5次代表大会、36次常委会会议，听取并审议市“一府两院”和政府有关部门94项工作报告或汇报，并依法作出有关民主和法制建设、国民经济和社会发展等方面重大问题的决议、决定22项。市三届人大第三次会议通过发展规模经济议案的决议，第四次会议作出发展流通和加工业、推动“两专一基”（专业户、专业村和基地村镇）上水平议案的决议。市三届人大常委会多次听取市司法行政部门普法工作情况汇报，作出《关于在全市进一步开展法制宣传教育的决议》和《关于全面开展依法治市的决议》，批准市政府关于全面开展依法治市的规划，为推动淮阴市全面开展依法治市、建设法制淮阴打下基础。

第四节　淮阴市第四届人民代表大会

1998年1月，淮阴市第四届人民代表大会第一次会议召开。会议选举产生市第四届人民代表大会常务委员会主任，副主任黄启武、萧兵、陈森辉、尚云、许智强、陈芸、刘群，秘书长孙中美及委员23人。选举产生市第四届人民政府市长陈从亮，副市长黄天汉、奚铁男、苏金必、朱慈尧、王惠荣、李慧秋、蒋洪喜、顾观成，市中级人民法院院长张礼栋，市人民检察院检察长谢学广。同时，选举产生47名出席江苏省第九届人民代表大会代表。

市四届人大期间，共举行5次代表大会、41次常委会会议，听取并审议市“一府两院”和政府有关部门62项工作报告或汇报。围绕市委重要决策和经济建设中心，围绕人民群众普遍关心的热点、难点问题，行使重大事项决定权，先后作出《关于调整和完善所有制结构，加快企业产权制度改革议案的决议》《关于加快我市小城镇和中心村建设议案的决议》《关于进一步加快我市私营个体经济发展议案的决议》《关于进一步加强招商引资工作议案的决议》和《关于建设大城市议案的决议》等13项重要决议决定。

第五节　淮安市第五届人民代表大会

2003年1月，淮安市第五届人民代表大会第一次会议召开。会议选举产生市第五届人民代表大会常务委员会主任丁解民，副主任范学恕、李继尧、刘群、冯加庚、李慧秋、张礼栋、谢学广，秘书长孙中美及委员24人。选举产生市第五届人民政府市长李继平，副市长王向明、韩波、陈杰、李荣荣、周云飞、陆长苏、朱毅民，市中级人民法院院长刘华，市人民检察院检察长林伟明。同时，选举产生47名出席江苏省第十届人民代表大会代表。

市五届人大期间，共举行5次代表大会、37次常委会会议，听取和审议市"一府两院"和政府有关部门52项工作报告或汇报。围绕全市经济社会发展战略及人民群众普遍关注的重大问题，就围绕"两个率先"（江苏率先在全国实现小康，率先在全国初步实现现代化）推动全民创业活动、创建"四城"（国家卫生城市、国家园林城市、国家环保模范城市、省文明城市）、招商引资、全民创业、经济开发区建设、新农村建设、法治淮安建设、加强审计工作以及对法院、检察院工作实施评议等26项重大事项作出决议决定。

第六节　淮安市第六届人民代表大会

2008年1月，淮安市第六届人民代表大会第一次会议召开。会议选举产生市第六届人民代表大会常务委员会主任丁解民，副主任范学恕、刘泽源、成迎初、刘维亚、李冰，秘书长陶苏淮及委员32人。选举产生市第六届人民政府市长樊金龙，副市长俞军、陆长苏、朱毅民、史国君、戚寿余等，市中级人民法院院长刘华，市人民检察院检察长林伟明。同时，选举产生出47名出席江苏省第十一届人民代表大会的代表。

至2008年12月底，市六届人大共举行1次代表大会、7次常委会会议，听取和审议市"一府两院"15项专项工作报告和汇报。其间，作出关于努力改善民生、加强节能减排工作、淮安市城市总体规划、全市财政预决算等重要决议决定。

第三章　市人大常委会

第一节　组成人员

一、第一届市人大常委会组成人员

1983年5月21日，淮阴市第一届人民代表大会第一次会议选举产生市第一届人民代表大会常务委员会主任、副主任和委员。

主　任：丁　铁

副主任：孙燮华　李　川　高景唐

委　员（33名，以姓氏笔画排序）：

卫德文（女）	王有之	王寿昌	王秀仑	王纯高
王昌全	尹　明（女）	朱应民	朱国强	刘翠英（女）
李成业	李宗瑜（女）	吴淑琴（女）	沈珠伟	宋长荣
张　静（女）	张永政	张贯超	张厚启	张家声
陈汉镇	范迪君（女）	范模正	罗会友	周文忠
段青炉	袁锡琳	晏培扬	徐光通	徐震云
常学仁	崔　扬（女）	谭健民		

1983年7月9日，淮阴市第一届人民代表大会常务委员会第一次会议任命徐震云为市人大常委会秘书长。

1984年9月18日，淮阴市第一届人民代表大会第三次会议补选王桂林为市一届人大常委会副主任，补选荣根焕为委员。

1986年5月13日，淮阴市第一届人民代表大会第五次会议补选李登先为市一届人大常委会主任，徐俊为副主任，补选贾寿元、朱培基、刘秉衡、蔡则谈、许乃皋、叶荫梅（女）、陈兵、吴洪彪、周应储、江维铭为委员。市第一届人大期间，辞去人大常委会组成人员职务的有丁铁、李川、孙燮华、王纯高、张贯超、张厚启、周文忠、段青炉、荣根焕、刘翠英（女）、陈兵。

二、第二届市人大常委会组成人员

1988年1月8日，淮阴市第二届人民代表大会第一次会议选举产生市第二届人民代表大会常务委员会主任、副主任、秘书长和委员。

主　任：李登先

副主任：王桂林　李挺华　萧　兵

秘书长：陆志轩

委　员（32名，以姓氏笔画排序）：

卫德文（女）	王元奎	王昌全	尹　明（女）	石岫云（女）
叶荫梅（女）	乔铃和	朱培基	刘秉衡	江维铭
杨书生	李来才	李建文	吴洪彪	何寿凯
闵抗生	宋长荣	张力生	陈　敬	陈汉镇
林积松	季祥科	岳海兰（女）	赵炳焘	皇甫贯虹（女）
施进民	姜于长	晏培扬	高景唐	蔡则谈
谭中行	魏绍芬（女）			

1989年3月18日，淮阴市第二届人民代表大会第二次会议补选刘松玉、王保祥、刘希平（女）、陆长苏（女）为市二届人大常委会委员。

1990年3月17日，淮阴市第二届人民代表大会第三次会议补选王永彬、朱若是为市二届人大常委会委员。

1991年3月26日，淮阴市第二届人民代表大会第四次会议补选黄启武为市二届人大常委会副主任、补选胡进（女）为委员。

市第二届人大期间，辞去人大常委会委员职务的有王元奎、尹明（女）、林积松、吴洪彪、卫德文（女）、魏绍芬（女）、刘希平（女）、陆长苏（女）。

三、第三届市人大常委会组成人员

1993年3月13日，淮阴市第三届人民代表大会第一次会议选举产生市第三届人民代表大会常务委员会主任、副主任、秘书长和委员。

主　任：赵学凤

副主任：李挺华　萧　兵　黄启武　陈森辉

秘书长：陆志轩

委　员（29名，以姓氏笔画排序）：

王昌全	孔本余	朱　坚	朱若是	朱瑞才
刘兴亚	苏守儒（女）	李来才	杨书生	杨声佩
吴明春	何寿凯	闵抗生	宋长荣	张惠修
陈汉镇	范　露	岳海兰（女）	周　海	皇甫贯虹（女）
施进民	姜于长	秦正宝	陶　涛	黄其沅
曹启瑞	龚一鸣	蒋书秀（女）	蔡则谈	

1994年3月8日，淮阴市第三届人民代表大会第二次会议补选刘璟、陈彪森、黄善模、徐保国为市三届人大常委会委员。

1995年2月19日，淮阴市第三届人民代表大会第三次会议补选尚云、朱永钊、张凯为市三届市三届人大常委会副主任。

1996年2月13日，淮阴市第三届人民代表大会第四次会议补选赵少麟为市三届人大常委会主任、吕胜年为副主任，补选张新民、任光明、叶立生、庄坚为委员。

1997年1月24日，淮阴市第三届人民代表大会第五次会议补选许智强、陈芸为市三届人大常委会副主任，补选朱路本、王泰昌、孙中美为委员。

市第三届人大期间，辞去人大常委会组成人员职务的有赵学凤、岳海兰（女）、刘兴亚、何寿凯、陈汉镇、秦正宝、李挺华、朱永钊、张凯、张新民、杨声佩、范露、王昌全、蒋书秀、皇甫贯虹（女）、吴明春、朱坚。

四、第四届市人大常委会组成人员

1998年1月22日，淮阴市第四届人民代表大会第一次会议选举产生第四届人民代表大会常务委员会主任、副主任、秘书长和委员。

主　任：赵学凤

副主任：黄启武　萧　兵　陈森辉　尚　云　许智强　陈　芸（女）　刘　群

秘书长：孙中美

委　员（23名，以姓氏笔画排序）：

丁武龙	王泰昌	孔本余	古增生	朱　洁
朱路本	任光明	庄　坚	纪凤高	苏守儒（女）
李来才	闵抗生	宋长荣	张惠修	陈则平
陈彪森	顾林青	唐卫民（女）	黄波生	曹启瑞
龚一鸣	蒋润民	熊富珍（女）		

1999年2月12日，淮阴市第四届人民代表大会第二次会议补选冯加庚为市四届人大常委会副主任，补选王炯明、王振彦、叶宗石、刘学生、陈复超、陶述梅（女）为委员。

2000年1月30日，淮阴市第四届人民代表大会第三次会议补选丁俊连、王爱国、杜希权、肖本明、吴炳霞（女）、袁书祥为市四届人大常委会委员。

2001年1月20日，淮阴市第四届人民代表大会第四次会议补选李继尧、奚铁男、高法权为市四届人大常委会副主任，补选朱洁、朱邦德、张卫东、张林杲、邵继忠为委员。

2002年1月31日，淮安市第四届人民代表大会第五次会议补选范学恕为副主任，张彦智、徐明才为委员。

市第四届人大期间，辞去人大常委会组成人员职务的有曹启瑞、庄坚、陈彪森、龚一鸣、王振彦、顾林青、陶述梅（女）、张惠修、黄波生、蒋润民、王爱国、王泰昌、陈复超、闵抗生、萧兵、陈森辉、刘学生、肖本明、丁俊连、李来才、赵学凤、朱邦德。

五、第五届市人大常委会组成人员

2003年1月20日，淮安市第五届人民代表大会第一次会议选举产生市第五届人民代表大会常务委员会主任、副主任、秘书长和委员。

主　任：丁解民

副主任：范学恕　李继尧　刘　群　冯加庚　李慧秋（女）　张礼栋　谢学广

秘书长：孙中美

委　员（24名，以姓氏笔画排序）：

丁武龙	王广西	朱　洁	华　明	江建波
纪凤高	李　忠	李　璘	李恩峰	吴　涟
吴炳霞（女）	宋长荣	张林杲	张济生	邵继忠
唐卫民（女）	黄　跃	蒋同洋	蒋苏娅（女）	管曙光
熊　毅	熊富珍（女）	潘翠华（女）	魏宏庆	

2004年1月15日，淮安市第五届人民代表大会第二次会议补选冯佩生为市五届人大常委会委员。

2005年1月30日，淮安市第五届人民代表大会第三次会议补选周明成、袁和平、葛恒展、蒋建亚（女）为市五届人大常委会委员。

2006年1月14日，淮安市第五届人民代表大会第四次会议补选刘泽源、成迎初为市五届人大常委会副主任。

2007年1月25日，淮安市第五届人民代表大会第五次会议补选梁学军、蔡莉（女）为市五届人大常委会委员。

市第五届人大期间，辞去人大常委会组成人员职务的有李璘、唐卫民（女）、邵继忠、李继尧、冯加庚、华明。

六、第六届市人大常委会组成人员

2008年1月13日，淮安市第六届人民代表大会第一次会议选举产生市第六届人民代表大会常务委员会主任、副主任、秘书长和委员。

主　任：丁解民

副主任：范学恕　刘泽源　成迎初　刘维亚　李冰

秘书长：陶苏淮

委　员（共32名，以姓氏笔画排序）：

王广西	王连兵	毛宗杰	田兆方	冯佩生
朱　锦（女）	朱亚文	江泽清	江建波	李　忠
张　恒（女）	张黎影（女）	陈　灼	周　平	周明成
胡明华	姚中文	袁和平	唐　群	陶述梅（女）
梁学军	葛恒展	董正超	蒋亦平	蒋建亚（女）
程冠东	谢忠谊	蔡　莉（女）	管曙光	熊　毅
潘翠华（女）	薛祝其			

2008年7月18日，淮安市第六届人大常委会第四次会议决定范学恕代理市六届人大常委会主任职务。第六届人大期间，辞去人大党委会组成人员职务的有朱亚文、蔡莉（女）、丁解民。

第二节　市人大常委会会议

淮阴市第一届人大期间共召开27次常委会会议。1985年12月7日，在通过报纸、专栏等方式发动市民开展市花、市树讨论的基础上，市第一届人大常委会第十四次会议讨论决定以雪松为市树，月季为市花。1987年6月8—10日，市第一届人大常委会第二十四次会议审议通过《治安管理处罚条例》《土地管理法》《城市交通管理》和《加快6个财政差补县经济发展》。

淮阴市第二届人大期间共召开37次常委会会议。1988年3月7—10日，市第二届人大常委会举行第二次会议，由市长提名的市政府部门33名县处级领导干部，经常委无记名投票表决，31名被提名人得票超过半数，由市人大常委会主任李登先宣布通过任命；市公安局局长和市教育局局长被提名人得票未过半数，该次会议未予任命。1989年1月17—20日，市第二届人大常委会第七次会议上，副市长徐乾作《关于加强降氟改水工作情况》的汇报，会议通过《关于加强农村降氟改水工作的决议》。1992年9月25—27日，市第二届人大常委会召开第三十二次会议，听取并审议《淮阴市经济开发区规划方案》和《全市发展外向型经济的情况》汇报。

淮阴市第三届人大期间共召开36次常委会会议。1994年5月18—20日，市第三届人大常委会举行第七次会议，听取并审议市政府《关于乡镇企业产权制度改革的议案》《关于加快淮阴市创建省级文明卫生城市的议案》的落实情况，以及《关于〈义务教育法〉实施的情况》《关于今年内消灭无电村的打算和措施的情况》的汇报。1995年9月26日，市第三届人大常委会举行第十九次会议，听取并审议市政府《关于对市三届人大二次会议〈关于发展规模经济（工业）的议案〉的实施情况》《发展"两专一基"情况》的汇报。1997年1月10—11日，市三届人大常委会第二十八次会议召开，会议听取并审议通过市政府《关于〈大力发展流通和加工，推动"两专一基"上水平〉的议案办理情况的报告》。

淮安（阴）市第四届人大期间共召开41次常委会会议。1998年9月14—15日，市第四届人大常委会召开第五次会议，听取并审议市政府关于创建全国卫生城市工作、国有企业下岗职工基本生活保障和再就业工作的汇报。1999年1月18—19日，市第四届人大常委会召开第八次会议，听取并审议市政府《并于"三淮一体"总体规划情况》的汇报。2000年10月30日，市第四届人大常委会召开第十九次主任会议，听取市政府《关于"三淮一体"城市总体规划实施情况的报告》和市人大城建环保委《关于对规划实施情况的调查报告》。2001年2月6日，市第四届人大常委会举行第二十三次会议，通过《关于更改淮阴市及淮安市、淮阴县人大、政府、法院、检察院名称的决定》《关于淮阴市更名后原由淮阴市人民代表大会及其常务委员会选举和任命的干部不再重新选举和任命的决定》。2002年7月25—27日，市第四届人大常委会召开第三十五次会议，通过市人大常委会《关于〈淮安市城市总体规划（2001—2020）〉的审查决议》。

淮安市第五届人大期间共召开36次常委会会议。2005年3月22日，市第五届人大常委会举行第十六次会议，听取并审议市政府关于生态市建设规划情况的汇报，通过市人大常委会《关于〈淮安市生态市建设规划〉的决议》。2007年3月20日，市第五届人大常委会举行第三十一次会议，听取并审议市委常委、副市长王友富所作的市政府《关于落实市五届人大五次会议〈关于加快我市新农村建设的议案〉决议实施计划的报告》。2007年5月18日，市第五届人大常委会举行第三十二次会议，听取并审议市政府《关于钵池山公园及周边地段控制性详规编制及实施情况的报告》。

至2008年年底，淮安市第六届人大共召开7次常委会会议。2008年9月18—19日，市第六届人大常委会举行第五次会议，听取并审议市政府《关于我市现代高效农业发展情况的报告》《关于〈科学技术进步法〉贯彻实施情况的报告》《关于全市公安机关查办经济犯罪情况的报告》。

第三节　市人大常委会主任会议

1983—1993年，淮阴市第一、二届人大常委会按照安排召开主任会议，听取和审议市政府相关事项，并提出意见和建议。

1994年，淮阴市第三届人大常委会共召开5次主任会议，听取和审议市政府关于市区总体规划编制情况的汇报，市中级人民法院对258家特困企业的调查汇报，市人民检察院自1993年以来查处贪污贿赂等犯罪情况的汇报等。对审议中提出的要求办理事项，均以主任会议纪要形式发给有关单位，并要求落实。同年，淮阴市粮价上涨问题突出，引起全市人民关注。针对此问题，市人大常委会召开主任会议，听取市政府关于市场物价情况的汇报，并提出解决物价问题的意见和建议，要求市政府把物价问题，特别是粮价问题当作保持稳定的大事来抓，下力气平抑市场物价。市人大常委会在组织委员和部分代表视察新淮铁路和宁连一级公路淮阴段二期工程建设的基础上，召开主任会议听取汇报，进行审议，推动淮阴市基础设施建设。针对资金缺口问题，建议市政府及有关部门采取多种有效措施，加大资金调度力度，加快工程建设，同时统筹兼顾资金投向，分清主次。1994年6月，市人大常委会主任会议审议并批转市中级人民法院对258家特困企业调查报告，同时对解决特困企业问题提出坚持改革、政府扶持、区别对待、深入开展普法教育4点建议。

1995年，市第三届人大常委会共召开6次主任会议，听取和审议市政府关于蔬菜生产和物价工作的情况汇报，研究如何治理由于淮河上游污染严重而带来的污染问题等。对审议中要求办理的事项，均以主任会议纪要形式发给有关单位，并要求落实，做好跟踪检查反馈。

1997年，市第三届人大常委会召开8次主任会议，听取和审议市政府关于全市农业普查工作、《乡镇企业法》贯彻实施、“两专一基”重点项目发展、市区城管与创建工作、农业结构调整、《中华人民共和国老年人权益保障法》和《中华人民共和国科技进步法》宣传贯彻实施、《中华人民共和国防洪法》贯彻执行等方面情况的汇报。对审议中提出要求办理的事项，均以主任会议纪要形式及时发给有关部门贯彻落实。在审议全市农业普查工作情况时，主任会议认为，淮阴市是农业大市，掌握市情非常关键，要抓好农业普查队伍建设，抓好普查质量。为推动“两专一基”重点项目发展，向市政府提出重点项目要再上规模、龙头企业要增活力、市场流通要着力搞活等建议，促进有关问题的解决。

1998年，市第四届人大常委会共召开6次主任会议，听取和审议市政府关于农副产品加工流通，市外向型农业综合开发区发展，实施素质教育、宗教工作、依法治市工作开展以及《江苏省环境保护条例》《中华人民共和国土地管理法》和《中华人民共和国防洪法》贯彻执行等方面情况的汇报。听取市中级人民法院关于执行工作情况的汇报。对审议中提出要求办理的事项，均以主任会议纪要形式及时发给“一府两院”及有关部门贯彻落实。

1999年，市第四届人大常委会共召开6次主任会议，听取和审议市政府、市中级人民法院、市人民检察院的汇报9个；讨论并原则通过《市人大常委会1999年工作要点》；听取并审议市政府《关于“三五”普法和依法治市工作情况的汇报》《关于学习、宣传、贯彻〈社会力量办学条例〉情况的汇报》《关于农业园区和农业结构调整情况的汇报》；听取和讨论《关于〈淮阴市人大常委会关于市人民政府组成人员和市中级人民法院、市人民检察院负责人列席常务委员会会议的制度（征求意见稿）〉的说明》《淮阴市人大常委会关于开展评议市科委、粮食局、机械局三部门工作的方案（讨论稿）》；听取和审议市中级人民法院、市人民检察院、市公安局《关于学习贯彻〈江苏省各级人民代表大会常务委员会对司法机关个案监督的规定〉情况的汇报》；听取并审议市政府关于《淮阴市农村合作医疗情况汇报》《关于贯彻执行〈土地管理法〉情况的汇报》《关于全市旅游资源开发利用情况的汇报》，并结合实际提出建议和要求；听取市人大常委会教科文卫委员会《关于我市农村合作医疗情况的调查报告》。

2001年，市第四届人大常委会共召开10次主任会议，听取和审议“一府两院”专项工作汇报12个，讨论并原则通过《市人大常委会2001年工作要点》；听取并审议市政府关于《中华人民共和国城市规划法》贯彻执行情况的汇报，要求市政府正视规划滞后问题，加快城市规划和建设，坚持高起点、高品位并体现人文特色，搞好城市规划，加强对规划工作的领导和监督；听取和审议市政府关于《中华人民共和国妇女权益保障法》贯彻情况的汇报；听取并审议市政府关于《江苏省水资源管理条例》贯彻实施情况和关于城市排水防汛工作情况的汇报；专题讨论关于组织开展乡镇财政状况调查的方案，并对调查具体工作作出部署；审议通过《关于讨论、决定重大事项的规定》；听取并审议市政府关于落实市四届人大常委会第二十八次会议审议意见中关于2001年市级财政支出预算具体安排情况和关于开展“打黑除恶”专项斗争情况的汇报，并重点就“打黑除恶”专项斗争工作向市政府提出具体建议和意见。

2005年，市第五届人大常委会共召开6次主任会议，听取和审议“一府两院”专项工作汇报4项，讨论《市人大常委会2005年工作要点（征求意见稿）》等。对市人大常委会主任督办市五届人大三次会议代表建议提出明确要求；听取并审议副市长朱毅民代表市政府所作的关于全市防汛工作情况的汇报，要求市政府加大工程建设力度，进一步完善防汛抢险预案；听取并审议副市长刘友超代表市政府所作的《关于通过信托贷款筹集市城产资产经营有限公司土地开发整理资金议案》的说明，要求市政府强化债务意识，专款专用，封闭运行；听取市政府关于市五届人大三次会议代表建议、批评、意见办理情况的报告；听取并审议市委常委、常务副市长王向明代表市政府所作的关于《中华人民共和国归侨侨眷权益保护法》贯彻实施情况的报告，要求市政府落实好各项侨务政策，推进引资引智工作，健全协调机制，加强侨务工作的组织领导。

2007年，市第五届人大常委会共召开7次主任会议，讨论市五届人大优秀代表、优秀代表建议推选情况，讨论人大工作先进集体、先进个人推选及人大工作表彰会准备情况；听取市财政局

《关于市五届人大五次会议上2007年财政预算安排情况的报告》，并提出修改意见；讨论市人大常委会《2007年工作要点（征求意见稿）》；听取和审议副市长朱毅民所作的《关于农田水利建设管理工作情况的报告》；听取市审计局《关于2006年度本级财政预算执行和其他财政收入情况的审计工作报告》；听取市政府《关于市五届人大五次会议代表建议、批评和意见办理情况的汇报》；听取市财政局关于市级财政预算部分变更情况的汇报，并提出修改意见。

2008年，市第六届人大常委会共召开7次主任会议，讨论市人大常委会《2008年工作要点（征求意见稿）》，并提出修改意见；听取信访工作通报，研究贯彻落实《江苏省各级人大常委会规范性文件备案审查条例》；听取2007年度财政预算执行情况和其他收支情况的审计工作报告；讨论市政府提请将水渡口中央商务区综合路网项目代建资金纳入财政预算的议案；听取市政府关于生态旅游商务中心规划初步方案汇报；听取市政府提请批准将淮安经济开发区道路节点网化工程项目建设资金纳入财政预算议案的汇报；听取代表建议、批评和意见办理情况的汇报。

第四节　人事任免及议案和建议督办

一、人事任免

1983年7月后，市人大人事代表联络委员会根据市人大常委会要求，完善任免工作法律程序和制度，改进人事任免工作。自1999年下半年开始，由市人大常委会部分组成人员和人事代表联络委员会负责人组成市人大常委会人事任命法律知识考核考试小组，对拟任命的市人大常委会工作部门负责人、市政府组成人员、市法院审判人员和检察院检察人员进行法律知识考核考试。考核考试内容包括宪法、地方组织法以及与拟任命人员工作相关的专业法律、法规。至2008年年末，参加考核考试共有35批次210人。

2003年11月起，在常委会会议审议任命事项时，提名人除宣读议案、汇报拟任命人员的基本情况和主要表现外，还要介绍其所在部门民主推荐和政绩考核等情况，提高人事任免工作透明度。在人事任免事项表决之前，安排拟任命人员到会场与市人大常委会组成人员见面，并作供职发言，增进市人大常委会组成人员对拟任命人员的了解。任命事项通过后，当场举行或另外安排专门颁发任命书仪式，由市人大常委会主任向被任命人员颁发任命书，并代表市人大常委会对被任命人员提出要求和希望，被任命人员代表就如何依法履行职责作发言。

二、议案及建议督办

每年的7—8月，市人大常委会均对市交通、规划、财政、水利、民政、建设、经贸、教育等重点部门的办理人大代表议案、建议情况进行重点督查。每年的11—12月，市人大常委会均结合淮安市工作实际，组织省、市人大代表进行集中视察，要求市人大各代表小组开展调研活动，为代表参加即将召开的人民代表大会做好准备，同时引导代表集思广益、精益求精，提出高质量的议案和建议、批评、意见。对人大代表在代表大会会议期间提出的议案和建议、批评、意见实行公示制，各新闻媒体在人民代表大会闭会后的一周内，及时向社会公布经过大会议案组登记、梳理后的代表议案和建议。2007年，市第五届人大五次会议和市第六届人大一次会议闭会后，对代表在2次会议上分别提出的151件和196件议案、建议，及时在媒体上进行公布。提高代表建议办理质量，市人大常委会从所有建议中选择一部分重点建议，明确由常委会主任牵头督办和集体督办，每位主任督办1项重点建议，特别重要的建议由常委会主任会议集体督办，加大代表建议督办力度。2008年，市人大常委会在196件人大代表建议中筛选5件，涉及劳动、教育、住房、体育、民营经济等方面，由市人大常委会主任实行分工负责，跟踪督办。从市第五届人大五次会议上代表提出的151件建议中筛选8件重点建议，其中7件分别由7位副主任牵头督办，另外1件关于河下古镇历史街区保护性开发的建议由主任会议集体督办。

市第一届人大至第四届人大会议期间提出的重要议案有：市第一届人大六次会议《关于采取得力措施加快我市六个财政差补县经济发展的议案》；市第二届人大一次会议《关于要求加快沂淮地方铁路建设步伐的议案》《关于加快开发淮阴盐矿、振兴淮阴经济的议案》；市第二届人大二次会议《关于加强基础建设，夺取农业丰收的议案》《关于实施"菜篮子工程"，加强蔬菜和副食品基地建设的议案》；市三第届人大二次会议《关于加快我市创建省级文明卫生城市步伐的议案》《关于积极推行产权制度改革的议案》；市第三届人大四次会议《关于大力发展规模经济的议案》；市第三届人大五次会议《关于大力发展流通和加工，推动"两专一基"上水平的议案》；市四届人大三次会议《关于进一步加快我市个体私营经济发展的议案》。

第四章　专门委员会

第一节　财政经济委员会

1983年7月，淮阴市第一届人大常委会第一次会议决定设立办公室和法制、财政经济、教育科学文化卫生、城乡建设环境保护4个委员会。1999年2月，市四届人大二次会议决定成立淮阴市第四届人民代表大会财政经济委员会，加强财经审查监督职能。

一、审查监督

1999年年末，市人大财经委对全市财政预算执行情况进行初审时，发现全市8个县级预算单位中有7个县（区）在安排2000年财政预算时都留有缺口，有赤字存在。市人大财经委要求市政府财政部门对所辖各县（区）下年预算安排重新调整，并在年初人民代表大会预算审查报告中，明确要求政府予以更正。

2001年年初，市人大财经委起草《淮安市人民代表大会常务委员会关于加强市级预算审查监督的决定（初稿）》，并经市第四届人大常委会第三十次会议通过。为做好国民经济社会发展计划和财政预算审查工作，每年上半年和人民代表大会期间，市人大财经委与计划、财政、税务、统计等相关部门联系，听取国民经济社会发展计划、预算执行情况汇报，与相关部门负责人分析研究经济社会发展形势。在此基础上，形成关于国民经济社会发展计划和财政预算情况的审查报告，指出经济发展中存在的问题和不足，并提出相关措施和建议。

2004年，市人大财经委在市第五届人大常委会第十次会议上作出《关于加强审计工作监督的决定》，督促政府加强审计工作责任，严格审计执法，支持审计机关依法独立开展审计，并要求审计部门突出审计重点，延伸审计预算单位，加强对预算执行、政府投资、社会公益性资产等审计监督。2004年5月，在全市人大财经工作座谈会上，把如何有效促进下岗职工再就业作为会议议题。是年7月，又对全市下岗职工再就业情况进行调研，起草调查报告，为市人大常委会主任会议审议政府的该项工作提供参考。

2005年，针对下岗职工缺乏技能、再就业比较困难的现状，市人大财经委对全市职业技术培训工作情况进行调研，分析存在的问题和原因，提出建议，得到政府领导和有关部门重视。

2006年5月，市人大财经委在审查批准2005年市级财政决算时，针对行政事业单位国有资产管理混乱问题，建议市政府及有关部门进行整改。有关部门及时研究出台《淮安市行政事业单位国有资产管理暂行办法》。同年9月，市政府又就这一问题的整改情况向市人大常委会作专题汇报。

2007年9月，市人大财经委到财政、税务、审计、劳动部门调查社保资金管理使用情况，提出加强社保资金管理的具体建议。

二、调查研究

农村税费改革后，乡镇财政工作出现一些新问题、新情况。为探索摆脱困境的途径和办法，1999年，市人大财经委开展调研，形成《关于我市乡镇财政收支平衡情况的调研报告》，提出5个方面11条针对性强、具有可操作性的意见和建议，促进市政府进一步重视乡镇财政工作，推动乡镇“一增三减”（增收、减人、减事、减支出）工作开展，促进乡镇财政向好的方向发展。2001年上半年，市人大财经委对全市乡镇财政情况进行调查，从当前和长远两个方面，指出乡镇财政存在问题的严重性，提出4个方面14条建议和意见，形成调查报告。市委全文转发调查报告，要求各地各部门研究贯彻。

2004年，市人大财经委通过对市属企业改制工作情况调研，了解和掌握部分企业改制速度慢及职工安置困难等问题，及时形成调查报告供市人大常委会领导参阅。2006年，协助市人大常委会推进新型工业化战略，通过各种途径了解和督查相关政策措施贯彻落实情况。在市五届人大四次会议上，为推动工业化进程中新增长极的培育，会议作出《关于加快经济开发区和工业园区建设议案的决议》。围绕这一决议的落实，市人大财经委开展调研，组织代表视察和专题审议活动，督促政府重视开发区建设。

2008年，市人大财经委到市外经贸局等有关部门开展全市开放型经济发展情况调研，形成关于加快淮安市开放型经济发展的调研报告。提出加快发展开放型经济的措施和建议，受到市人大常委会领导重视，并以文件形式印发市直有关部门和各县（区）人大常委会。同年8月，市人大财经委和研究室到市直有关部门和部分县（区）及经济开发区调研《劳动合同法》贯彻实施情况。

三、财政监管

2008年下半年，市人大常委会带领财经委及市财政局、市审计局有关负责人赴浙江、广东等地考察学习加强财政监督工作做法，特别是考察嘉兴市和韶关市人大的财政在线监督系统。在不增加较大开支的情况下，强化对部门预算执行的监督功能，既有效地促进各预算单位依法做好部门预算的编制、实施、依法理财、精打细算、节约支出，又支持政府及财政部门依法理财，推动政府打造“玻璃钱柜、阳光财政”的良好形象。

同年，市人大财经委开展政府性资金使用情况绩效评价工作，结合实际情况，建议对涉及民生、促进经济发展等政府性投资重大项目推行绩效预算，开展绩效评价。同时，加强对土地出让金等专项资金的监督和管理，规范专项资金收支，加强财政监督，确保专款专用。

四、工作评议

2006年，市人大常委会开展物价工作评议。评议中，市人大财经委把主要精力放在调查研究、广泛征求群众意见和督促被评部门整改等方面，为正式评议做好准备。先后到县（区）基层，专访相关部门和服务单位，召开不同类型座谈会，向市人大代表发放评议工作问卷调查表。评议活动开始后，针对群众反映的难点问题，要求物价部门把该管的管好，政策规定管理的管住，通过发布准确的市场信息，引导好市场物价走向。市人大常委会集中评议后，对政府及其物价部门提出“让人民群众有较多的知情权，加强与群众生活密切相关商品和服务的价格监管，规范价格执法行政行为”等评议意见。评议活动结束后，加强对评议意见落实和评议整改情况的跟踪监督，推动被评部门和述职对象改进工作，推动政府职能部门更好地依法行政、履行职责。市物价局对群众关注的教育、医疗、房地产等10多个行业进行专项检查，制定和落实物价监控措施，市场监管工作得到明显改善。

五、交流联系

市人大财经委定期到财税、审计等相关部门了解情况，掌握工作进度，把审查监督同相关部门重点工作相结合，增强监督实效性。注重加强与上下级人大联系。每年召开由各县（区）人大分管主任、财经委负责人参加的全市人大财经工作座谈会，研究交流新形势下人大财经工作，加强人大预算审查监督工作。注重加强与人大代表联系，发挥代表监督作用，督促市政府及有关部门办理代表提出的有关财经方面的建议、批评和意见。2008年5月，协助省人大财经委开展价格形势与调控情况的专题调研活动，组织市直有关部门进行座谈，做好各项服务工作。同年6月，参加全省人大财经工作座谈会，与其他市交流经验，查找不足，提出加强计划、预算审查监督的具体意见和建议。

第二节　内务司法委员会

一、司法权监督

1987年1月6—8日，淮阴市第一届人大常委会第二十一次会议听取并审议关于《中华人民共和国民法通则》《中华人民共和国治安管理处罚条例》《中华人民共和国土地管理法》贯彻实施意见的汇报。3月13日，市第一届人大常委会第二十二次会议，通过《关于认真学习、宣传、贯彻全国人大常委会〈关于加强法制教育维护安定团结的决定〉的决议》。

1989年1月17—20日，市第二届人大常委会举行第七次会议，通过《关于设立人大常委会内务委员会的决定》。11月15—18日，市第二届人大常委会举行第十三次会议，通过《关于市人大常委会对市“一府两院”行使监督权的暂行规定（草案）》。

1990年5月22—25日，市第二届人大常委会举行第十六次会议，通过市检察院《关于提请任命13个县（市、区）人民检察院检察长的报告》。

1991年5月14—17日，市第二届人大常委会举行第二十三次会议，听取和审议关于淮阴市第一个五年普法规划的汇报，通过《关于实施法制宣传教育的第二个五年规划的决议》。

1992年5月14—16日，市第二届人大常委会举行第三十次会议，听取并审议市中级人民法院关于贯彻实施《中华人民共和国行政诉讼法》的情况汇报。9月25—27日，市第二届人大常委会第三十二次会议，听取并审议市中级人民法院、市人民检察院关于民事审判工作、经济检察工作情况的汇报。

1993年11月22—24日，市第三届人大常委会第四次会议听取并审议市检察院关于查处大案要案工作情况的汇报。

1994年1月27日，市第三届人大常委会举行第五次会议，听取并审议市中级人民法院关于民事审判工作的情况汇报。7—9月，市人大常委会组织全国、省、市、区四级人大代表约110人，对市及清河、清浦两区公检法机关的执法水平和廉政建设情况进行评议。11月9日，市第三届人大常委会举行第十一次会议，听取并审议市政府关于"二五"普法、依法治村情况的汇报。

1995年9月26日，市第三届人大常委会第十九次会议听取和审议市检察院关于反贪污贿赂工作情况的汇报。下半年，市人大常委会组织对基层乡镇"两所一庭"（公安派出所、法律服务所、基层人民法庭）进行全面检查。

1996年4月30日，市第三届人大常委会召开主任会，听取市公安局负责人受市政府委托作的关于开展查禁取缔邪教组织专项斗争的情况汇报。6月26日，市人大常委会召开主任会议，市公安局、市检察院和市法院负责人分别汇报全市及各自系统严打工作情况汇报。11月，组织对全市各级公安、检察、法院、司法机关和市国家安全局中层以上干部进行一次法律知识考试，并对优胜单位和个人进行表彰奖励，作为推动"三五"普法工作顺利开展的重要措施，取得良好的社会效果。11月14日，市第三届人大常委会举行第二十七次会议，通过市人大常委会《关于开展"三五"普法宣传教育的决议》。

1997年9月，市第三届人大常委会第三十三次会议作出《关于全面开展依法治市的决议》，批准市政府关于《淮阴市全面开展依法治市的规划》。10月18日，市人大常委会召开主任会议，专题听取市政府关于宣传贯彻《中华人民共和国老年人权益保障法》情况的汇报。

1998年年初，制定执法责任制实施方案。1月，市人大常委会召开全市行政执法部门和司法部门建立执法责任制动员大会，对建立执法责任制的指导思想、时间步骤、组织领导都提出明确要求。3月26—27日，市第四届人大常委会举行第一次会议，通过《关于执法过错及错案责任追究监督试行办法》《关于法制委员会更名为内务司法委员会的决定》。4月，主任会议专题听取市政府及有关部门关于普法宣传教育和依法治市工作开展情况的汇报。9月和10月，市人大常委会分别组织全市市、县两级人大机关干部和政府组成人员法律知识考试，并对1996年、1997年组织的司法机关和行政事业单位副股级以上干部法律知识考试中未参考人员进行补考。10月24日，市人大常委会召开主任会议，听取市法院关于法院执行工作情况的汇报。11月18—19日，市第四届人大常委会举行第七次会议，听取并审议市中级人民法院、市人民检察院分别关于"收支两条线"管理情况的汇报，听取市人大常委会关于上述工作的调查报告。

1999年4月28日，市第四届人大常委会召开主任会议，听取市政府关于"三五"普法和依法治市工作进展情况的汇报。5月24—26日，市第四届人大常委会举行第十次会议，听取市中级人民法院、市人民检察院有关工作情况的汇报。会议通过市人大常委会关于市中级人民法院开展依法治院、市人民检察院开展依法治检的决议。8月26日，市人大常委会主任会议听取并审议市中级人民法院、市中级人民检察院和市公安局关于学习贯彻《江苏省各级人民代表大会常务委员会对司法机关个案监督的规定》情况的汇报。11月23—24日，市第四届人大常委会举行第十三次会议，听取有关政法机关关于《中华人民共和国人民警察法》《中华人民共和国国家安全法》《中华人民共和国法官法》《中华人民共和国检察官法》贯彻实施情况的汇报，并通过上述各项工作的审议意见。

2000年5月23日，市第四届人大常委会第二十五次会议通过《淮阴市人民代表大会常务委员会关于实施〈江苏省各级人民代表大会常务委员会对司法机关个案监督的规定〉的办法》。9月12日，市人大常委会召开对市中级人民法院法庭负责人述职评议工作总结会。10月22日，市人大常委会召开主任会议，听取并审议市政府关于开展"打黑除恶"专项斗争情况的汇报。11月20—22日，市第四届人大常委会第三十次会议召开，听取并审议市检察院作的关于反贪污贿赂工作情况的汇报。

2001年5月24日，市第四届人大常委会第二十五次会议审议通过《淮安市人民代表大会常务委员会关于实施〈江苏省各级人民代表大会常务委员会对司法机关个案监督的规定〉的办法》，促进全市司法机关公正司法、严格执法，保障公司、法人和其他组织的合法权益。5月下旬开始，组织部分省、市人大代表对市中级人民法院民事审判庭、经济审判庭和审判监督庭的庭长、副庭长进行为期3个月的述职评议，进一步拓宽地方人大监督途径，使人大对法院工作的监督更具有针对性和权威性。9月15日，市第四届人大常委会举行第二十八次会议，通过市人大常委会关于进一步开展法制宣传教育的决议。

2003年3月，市第五届人大常委会专门听取和审议市政府关于"四五"普法工作情况的汇报。3月22日，市第五届人大常委会举行第九次会议，审议并通过市人大常委会《关于在全市开展评议人民法院、人民检察院工作的决定》和《关于在全市开展评议人民法院、人民检察院工作的方案》。此后至2004年8月，市人大常委会组织人大代表对全市人民法院、人民检察院贯彻执行国家有关法律，依法履行审判、检察职能，加强队伍建设的情况进行评议，法院系统侧重评议民事审判工作，检察系统侧重评议查处职务犯罪工作。

2006年9月22日，市第五届人大常委会举行第二十七次会议，通过市人大常委会关于在全市公民中实施法制宣传教育第五个五年规划的决议；通过市人大常委会关于深入推进法治淮安建设的决议。2006年12月11日，市人大常委会主任会议讨论并原则通过《淮安市人大机关贯彻〈监督法〉若干意见》。2007年1月1日起，《中华人民共和国各级人民代表大会常务委员会监督法》实施。市人大常委会组织机关全体人员学习《监督法》，并召开学习贯彻《监督法》的专题研讨会，举办学习《监督法》培训班。2007年3月，市第五届人大常委会举行第三十一次会议，听取和审议关于市人民检察院法律监督工作情况的报告。2007年7月，市第五届人大常委会举行第三十三次会议，听取和审议关于市中级人民法院民事审判工作情况报告。2008年3月，市人大常委会审议市中级人民法院行政审判工作。2008年9月，市第六届人大常委会第五次会议听取和审议关于全市公安机关查办经济犯罪情况的报告。

1983—2008年，市人大常委会共听取和审议司法机关专项工作报告110多项。

二、执法检查与调研活动

淮安市人大常委会开展执法检查，始于20世纪80年代中期。淮阴市人大常委会将其作为一项重要的监督形式和制度运用并坚持下来。1998年年初，市人大常委会制定执法责任制实施方案。各执法部门建立各自执法责任制实施方案，对依法行政、公正司法工作进行检查。许多行政部门在制定"两错"（错案和执法过错）追究制度后，学习外地经验，并结合自身实际情况，又制定不作为追究制。

从1996年开始，市人大常委会连续3年对《中华人民共和国消费者权益保护法》实施情况进行监督检查，每年都确定检查重点内容。1996年，着重检查垄断性行业经营单位和国有大中型商场贯彻执行《中华人民共和国消费者权益保护法》，维护消费者权益情况。1997年，扩展到不同类型的商店和市场，重点检查制售假冒伪劣商品、物价管理等方面存在的问题。1998年，重点对集贸市场整改措施的落实情况进行检查，确保淮阴市集贸市场健康有序发展。召开全市行政执法部门和司法部门建立执法责任制动员大会，对建立执法责任制的指导思想、时间步骤、组织领导都提出明确要求。

2001年11月，组织有关人员，对全市执法责任制工作进行检查，推动依法治市。2003年，组织妇联、民政等部门进行《中华人民共和国婚姻法》落实情况执法检查，视察《中华人民共和国兵役法》落实情况。2006年11月，组织有关人员对全市贯彻实施《中华人民共和国道路交通安全法》情况进行检查。市人大常委会以文件形式转发执法检查组《关于检查〈道路交通安全法〉贯彻实施情况的报告》，要求市公安局等有关单位认真学习，总结整改。2008年8月，组织部分省、市人大代表视察全市检察机关执法规范化建设情况。

第三节　农村和农业经济委员会

一、执法检查与视察评议

1994年和1999年，市人大农村和农业经济委员会先后2次对《中华人民共和国农业法》和《中华人民共和国农业技术推广法》贯彻实施情况开展调查。在1994年的调查中，发现有些农业科技部门存在着坑农、伤农问题，督促有关部门查处涉及20多个单位经营假种子、假农药的事件。1999年，结合农业结构调整，再次对农业“两法”贯彻实施情况开展调查。建议市政府及有关部门采取措施，解决农业发展和农技推广中存在的突出问题，宣传贯彻农业“两法”，依法解决农技推广经费不足问题，提高农技人员素质，强化农技推广网络建设。形成的调查报告被省人大《人大农业和农村工作》刊物采用。2000年，针对“科技兴农”战略实施情况调查中，所有农口部门和与之有关的科技、财政、人事等16个市直部门以及3个县、5个乡镇存在的突出问题提出建议。为市人大常委会会议专题审议提供第一手资料。调查报告被省人大刊物转发全省。2003年和2005年，先后2次对《中华人民共和国种子法》贯彻执行情况以及农资市场管理工作进行调查，为市人大常委会专题审议做好准备。

1992年和2001年，市人大农经委先后2次对《中华人民共和国渔业法》贯彻实施情况和渔业生产工作进行执法调研。通过调查，提出要高起点编制现代渔业发展规划、高质量实施现代渔业发展项目、高标准建设水产品质量安全体系和加强渔业行政执法等建议，进一步督促推动现代渔业发展。2003年，对全市贯彻执行《中华人民共和国动物防疫法》情况开展调查，并在市第五届人大常委会第五次会议上作调查汇报。

1993年、1998年、1999年和2005年，市人大农经委先后4次在全市范围内开展《中华人民共和国土地管理法》贯彻执行情况调查。在1998年的调查中，发现有一个镇的139座小土窑，都是利用基本农田作土源。随即将相关情况向市人大常委会作出汇报，市人大常委会就此开展专项执法检查，禁止和纠正这一违法行为。市人大农经委又进行跟踪调查，利用一年半的时间，基本拆除这些小土窑，并对土地整理和复垦工作提出建议。

市人大农经委每年都结合防汛工作，开展对《中华人民共和国水法》《中华人民共和国防洪法》等法律法规贯彻执行情况调查。在1998年《中华人民共和国防洪法》贯彻执行情况调查中，发现某县水泥厂向苏北灌溉总渠倾倒大量建筑垃圾以及个别地方列入责任制的防洪工程建设进度缓慢等问题，及时提出建议，并且跟踪监督，直到问题解决。2001年，对《江苏省水资源管理条例》贯彻实施情况开展调查，重点调查地下水开采、使用、管理和水污染防治情况，提出建议和意见，并建议市人大常委会组织人大代表专题视察水资源管理工作。

2004年，市人大农经委对《中华人民共和国森林法》《中华人民共和国气象法》贯彻实施情况分别开展调查。在对《中华人民共和国气象法》贯彻实施情况调查后，建议市政府和气象部门向省政府及有关部门反映，尽快恢复和加强洪泽湖气象设施建设，确保渔民的生产生活安全。此次调查活动，为淮安市争取近1000万元的气象建设资金。

二、重要调研活动

1991年，市人大农经委刚设立不久，就对广大人民群众普遍关心的农村降氟改水和“菜篮子工程”等热点问题开展调研，为市第二届人大第七次会议，提供决策参考，并多次督促政府及有关部门采取措施，加以解决。1992年，结合农村产业结构调整、提高综合生产能力、强化社会化服务功能等情况，到市人大联系点淮阴县，对茧丝绸一条龙建设、蔬菜生产情况开展一系列调研。调研情况及时向市委汇报，并通报市政府，对该县农村经济发展起到推动作用。1993年，重点对国务院出台的关于减轻农民负担有关政策落实情况开展调查。通过调查，建议市政府撤销有关部门出台的《关于村镇房屋所有权登记发证收费及管理的通知》。1995年，对蚕桑、棉花生产开展调研，提出稳定蚕桑、发展棉花的建议，受到市委重视。围绕“菜篮子”问题，到淮阴县丁集镇、清浦区黄码乡等地调研，提出一些建设性意见，为市人大常委会会议审议提供参考。1995年和1996年，围绕贯彻《江苏省基本农田保护条例》和《江苏省村镇建设规划条例》工作，连续2年在全市范围内开展“两区”划定情况调查，为市人大常委会审议政府“两例”贯彻实施情况做准备。提出的对耕地保护、搞好村镇规划建议，得到省人大常委会肯定。1996年，对市委提出的发展“两专一基”，优化农业结构，促进农业产业化，增加农民收入情况进行调研。1998年，围绕乡镇企业改制工作，先后到淮阴、洪泽、金湖等县（区）及有关乡镇进行调查，完成调查报告，供人大常委会审议时参阅。1999年年初，围绕农村土地二轮承包工作，采取市、县两级人大联动的办法，组织开展农村土地二轮承包和中心村规划建设用地百村调查活动，共调查7个县(市、区)、38个乡镇和126个村，座谈走访近400人次，基本摸清全市土地二轮承包和中心村建设用地方面的情况，形成调查报告。市人大常委会根据农经委的调查和审议情况，要求市政府在人大常委会上对市土地二轮承包和中心村建设用地情况进行反馈。市政府出台文件，对全市进一步落实中心村、基层村规划建设用地作出6条具体规定，在一定程度上解决农村中心村规划建设的用地问题。1999年，围绕市委工作中心，对市农业结构调整和农业科技园区建设情况进行调查，重点调查市政府确定的24个农业科技园建设情况，并向市人大常委会主任会议汇报，为审议市政府该方面工作提供参考依据。

2001年，市人大农经委根据市人大常委会会议审议内容，对淮安市农民增收情况进行调查，形成的调查报告被市人大常委会党组报送中共淮安市委，市委书记、市人大常委会主任丁解民给予肯定，并作出批示，市委以文件形式转发。2003年，着重对全市防洪工程建设情况进行调查，建议市人大常委会邀请和组织全国、省、市三级人大代表及省人大农委负责人视察淮安市大水之后的灾情和防洪工程建设情况。省人大常委会根据淮安市人大常委会《关于人大代表视察我市防洪工程及救灾工作情况报告》，专题向省委汇报，引起国家财政部、民政部、发改委等部门和省委、省政府重视，为淮安市灾后重建项目申报和增加投入起到重要作用。同年，市人大农经委重点对全市农村劳务输出情况开展调研，推动农民增收上新台阶。2004年，对全市农技推广服务体系建设情况开展调研，形成的调查报告引起市委重视，市委书记、市人大常委会主任丁解民作出批示，市委以文件形式转发全市各地和有关部门。2005—2006年，对农业产业化和高效农业发展情况进行调研，提出的建议引起市政府重视，并为政府出台相关政策提供决策参考。2006—2007年，分别对农村水利基础设施建设情况和农村中小型水利建设投入和管理工作开展调研，督促推动政府进一步加强和完善该方面工作。2007年，对农机化发展情况和水稻机插秧推广工作开展一系列调查研究，督促推动淮安市农业机械化工作快速发展。2007—2008年，结合《中华人民共和国农民专业合作社法》宣传贯彻，连续2年在全市范围内对农民专业合作组织建设问题开展调研，为市人大常委会专题审议作准备。通过调研提出的一些建议，被省人大常委会开展《农民专业合作社条例》立法时采纳。2008年，根据市人大常委会的审议议题，对全市高效农业发展情况进行调研，形成的调查报告被《江苏农业》刊发。结合市人大机关调研年活动，专题对农村金融改革与发展情况进行调研，形成的调查报告被《江苏农村经济》刊登。

第四节　环境资源城乡建设委员会

一、重要调研活动

1983年，市人大城乡建设环境保护委员会成立后，对淮河流域达标排放工作、生态环境建设、建筑工程质量、旅游资源开发、住宅小区物业管理、生活污水净化沼气池推广工作、“三淮一体”城市协调发展规划实施情况、里运河与古黄河水环境状况、市区公交事业发展、区域供水和农村二次改水、节能减排、民生问题等开展专题调研，推动城乡建设工作开展。

1995年，市人大城建环保委对基础设施建设情况进行调查，历时2个月，分别到市交通局、市邮电局、市供电局、市铁路办等单位了解情况，召开座谈会10余次。通过调查，了解到全市工农业用电得不到保障，信息不灵通，物资难以运输。根据这些情况，市人大城建环保委建议，要加快经济建设，适应市场经济需要，必须加快基础设施建设，除发挥当地力量外，要向上反映淮阴市实际情况，争取省里在政策上、资金上给予扶持，尽快改变淮阴市基础设施落后的状况。

1996—2000年，市人大城建环保委每年都组织开展“环保世纪行”活动，通过组织新闻工作者深入基层一线，感受全市经济社会发展新变化，发现执法好典型、违法差事例。通过开展活动形成舆论监督氛围，增强监督实效，提高全民环境保护意识，推动环境保护法律法规的贯彻执行，促进一批环境污染和生态破坏问题的解决。

1996年5月，市人大城建环保委与市环保局联合对淮河流域污染情况进行实地考察。考察期间，听取水利部淮河水利委员会环保局领导关于淮河流域污染情况介绍，考察淮河干流蚌埠段、阜阳段、淮滨段及大小洪河、泥河、沙颍河等支流污染情况，与上游有关市、县人大和环保部门交流对淮河流域生态环境保护的看法，并走访上游污染严重地区的部分群众。考察结束后，形成书面考察报告，并录制成《淮河的忧思》录像片。此次考察引起省、市有关领导重视，淮阴市在盱眙县设立大柳巷环境监测哨，监测污水入境和过境情况，跟踪监测和报告水质状况，为做好污染事故预防工作提供保障。

1997年，市人大城建环保委研究生态环境建设法治理论，探索依法开展生态环境建设与管理内容、途径、方法，引进占地少、投资省、不耗能、处理效果好的生活污水净化沼气池技术，处理后的污水经环保部门检测符合国家排放标准，减轻淮阴市生活污水处理压力，对市境内水环境质量改善起到积极作用。

1998—1999年，市人大城建环保委先后3次对“三淮一体”规划实施情况进行专题调研，广泛征求社会各界意见，先后3次形成调研报告，市人大常委会3次听取市政府关于“三淮一体”规划实施情况汇报及城建环保委调研情况汇报，推动市区区划调整工作。

2000年，市人大城建环保委对淮阴市旅游资源开发利用情况进行专题调研，提出开发以农业观光、度假、保健为特色的生态环境旅游资源为突破口，加快发展旅游业，把旅游业培育成淮阴市新的经济增长点。2001年，同市环保局对里运河、古黄河城区段水环境状况开展调查，对沿线的工业污染、生活污染、船舶污染以及河流自净能力等情况进行分析研究，并形成调查报告，并在《淮海经济开发》《淮安社会科学》杂志发表。

2002年5月，市人大城建环保委对淮安市城市总体规划修编情况进行调查。其间，听取市规划局有关情况汇报，召开部分人大代表、政协委员及市、区有关部门负责人座谈会6次，并对部分市民进行问卷调查，对城市总体规划提出8个方面修改意见，为市人大常委会审议城市总体规划提供可靠依据。市人大常委会主任会议初审后，市人大城建环保委跟踪调查城市总体规划修编情况，监督有关部门落实主任会议意见，并根据调查情况，对总体规划提出进一步修改意见，为市人大常委会审议并通过城市总体规划打下基础。

2005年，市人大城建环保委对全市中心村建设情况进行调研，重点对涟水县王嘴中心村建设情况进行剖析，全面分析王嘴村的历史情况、中心村建设过程中的成功经验，形成以《中心村建设的希望》为题的调查报告。

2007年，市人大城乡建设环境保护委员会更名为市环境资源城乡建设委员会。

2008年，市人大环资城建委对市区公交事业发展情况进行调研，并在市人大网站、市政府门户网上对网民进行问卷调查，形成专题调研报告。市人大常委会听取和审议市政府有关情况的汇报，并根据调研情况和审议情况，作出关于进一步加快发展市区公交事业的决定。

二、视察评议

1994年淮河特大污染事故发生后，沿河、沿湖人民的工业、农业、渔业生产受到严重影响，40余万人口发生饮水危机，市人大及时组织代表深入淮河、洪泽湖视察，并看望部分受灾群众。视察结束后，将污染情况及时上报全国人大办公厅、省人大办公厅、市人大常委会。

1996年，市人大组织对市环保局局长述职评议。为做好评议相关工作，评议工作组逐一访谈市环保局副科级以上中层干部，并赴各县（区）环保局和相关企业征集意见，同时还征求省环保厅意见，从不同层次了解个人实际工作情况。

1998年3月起，市人大组织“万名公民评城市创卫成效”活动，历时8个月，直接参加群众逾万人，涉及市、县（市、区）人大、政府机关、司法部门和企事业单位。围绕市容、市貌、环境卫生、食品饮食卫生等问题，发出1.6万份调查表和建议表，组成4个调查组，深入大街小巷，明察暗访，提出47条整改意见，督促政府一一落实。推动全市城市卫生管理，由广大市民积极参与，摸索出人大监督与人民群众监督相结合的成功经验。

1999年，市人大组织代表视察淮海北路改造工程，对淮海北路与健康路交叉口建设地下通道问题提出质疑。市政府经过勘察和试验，认为这一决策缺乏科学性，取消建设地下通道项目，减少经济损失。

2006年，市人大组织对市环保局工作进行评议。评议工作组通过听汇报、看现场、查阅资料、走访座谈、实地察看、问卷调查、接听评议热线电话等形式深入调研，广泛听取淮安市各方面意见，同时还征求省环保厅意见。评议工作组在调查基础上，专门召开会议对市环保局工作进行分析研究，最终形成《关于对市环保局工作评议意见的报告》。市人大常委会评议后，又做好跟踪督办工作，及时了解市人大常委会评议意见、评议工作组建议、热线电话反映问题办理情况，对有关问题办理提出意见、建议。到当年年底，热线电话反映的问题得到解决，市人大常委会评议意见和评议工作组建议得到较好贯彻落实。

三、执法检查

市人大环资城建委成立后，根据突出重点、兼顾一般的原则，先后对《中华人民共和国城市房地产管理法》《中华人民共和国环境噪声污染防治法》《中华人民共和国测绘法》《中华人民共和国建筑法》《中华人民共和国环境保护法》《中华人民共和国人民防空法》《中华人民共和国公路法》《江苏省工程建设管理条例》《江苏省环保条例》《江苏省城市绿化管理条例》《住房公积金管理条例》等15部法律法规执行情况进行检查。针对存在的问题，提出一些操作性较强的意见、建议，促进全市增加环保投入，加大治理力度，淮河流域达标排放及“一控双达标”工作开展顺利，取得明显成效。1995年，开展《中华人民共和国矿产资源法》执法检查，探索矿产资源开发利用，发展具有特色的矿产加工业并形成系列产品，发挥淮阴市矿产资源优势，变矿产资源优势为经济优势，逐步形成支柱产业。

1996—2001年，市人大城建环保委每年开展环保执法检查。2000年7月，市人大城建环保委在全市开展环保执法检查的过程中，发现原涟水县政协委员、涟水县华清池浴室业主吴某某，暴力妨害环保执法人员依法执行公务，殴打并致3名环保执法人员轻微伤，遂将此事形成书面材料报有关领导，最终将吴某某抓获归案，并依法进行处理。

第五节　教育科学文化卫生委员会

一、执法检查与视察、评议

1983年，市人大教育科学文化卫生委员会成立。先后对市教育局工作进行评议，听取和审议市人民政府关于药品价格工作、食品安全工作、国家卫生城市长效综合管理工作、大旅游开发等方面工作的报告，听取和审议《中华人民共和国人口与计划生育法》《中华人民共和国文物保护法》《中华人民共和国防震减灾法》《中华人民共和国职业教育法》《中华人民共和国科技进步法》等法律法规贯彻落实情况的汇报。对医疗药品广告、新型农村合作医疗、食品卫生监督体制、计生服务平台、城乡药品市场监管和全民健身等方面情况进行视察和调研，促进全市卫生、教育、科技、文化、旅游等关系人民群众切身利益的民生问题和谐发展。

市人大教科文卫委每年在年初制订工作计划之时，广泛征求意见，集中民意，将当年的热点、难点问题列入工作计划，或提请人大常委会会议审议，或组织视察，或开展调研。2007年5月淮安市成功创建国家卫生城市，之后出现局部地区卫生状况下滑的问题。针对这一状况，市人大教科文卫委根据市人大常委会主任会议意见，从2008年4月下旬起，分别对市、区两级国家卫生城市长效综合管理工作进行调研。通过听取情况介绍、座谈研讨、现场察看、走访基层等形式，就国家卫生城市长效综合管理体制机制的运行状态及健全完善等问题进行深入了解。2008年5月，市第六届人大常委会第三次会议对此进行专门审议。会议认为，应及时出台《关于加强城市长效综合管理的意见》，落实责任，强化措施，完善城市管理功能，改善城市卫生环境，提升城市名片效应，有效巩固创卫成果。

二、重要调研活动

1997年，市人大教科文卫委就淮阴市创建国家卫生城市，多次组织不同规模、不同形式的调研活动。2001年，就医疗保险工作，深入市与部分县（区）医疗保险处等单位进行调研。2003年，深入市、县（区）计生委、所进行调研计划生育工作。2004年，开展《中华人民共和国食品卫生法》《中华人民共和国传染病防治法》《中华人民共和国突发公共卫生事件应急条例》落实情况的检查与调研。2005年，贯彻落实市人大常委会《关于加强创建“四城”工作的决定》，重点就卫生城市、园林城市、文明城市创建进行多次调研。2008年，在调查研究基础上，就群众健康保障、育才兴教方面的问题，提出10多条意见和建议。

第六节　民宗侨台委员会

一、执法检查

2000年，市人大民宗侨台委对《中华人民共和国宗教事务管理条例》和《江苏省实施〈宗教事务管理条例〉办法》的贯彻实施情况进行执法检查。2003年，再次调查《江苏省宗教事务条例》实施情况。

为做好执法检查，市人大常委会在听取有关部门汇报基础上，事先制定方案，组织部分省、市人大代表、常委会组成人员深入乡镇进行检查。检查重点放在依法管理宗教和引导宗教与社会主义社会相适应方面。对违反条例的行为，提出整改意见，督促有关部门纠正落实。把依法加强对宗教事务的管理和“打邪制非”工作列入市人大常委会的重要监督内容，维护社会政治稳定大局。

二、联系联络

市人大民宗侨台委在实际工作中，注意加强与市政协港澳台侨委、市民族宗教局、市台办、市侨办、市侨联等部门的联系。每年召开工作座谈会时，都邀请这些单位参加；各有关部门遇到重大活动时，也主动邀请市人大民宗侨台委参加。1996年4月30日，市人大常委会召开主任会议，听取市民族宗教局负责人受市政府委托作的《关于全市民族宗教活动场所登记工作的情况汇报》。从2000年开始，市人大民宗侨台委每年都与市政协港澳台侨委、市侨联、市侨办共同召开归侨侨眷座谈会。市委、市人大、市政府、市政协领导出席会议，听取归侨侨眷代表们的意见，并了解《中华人民共和国归侨侨眷权益保护法》贯彻落实情况，同时对做好归侨侨眷工作提出具体要求。2005年10月20日，市第五届人大常委会召开第十六次主任会议，听取并审议市政府关于贯彻实施《中华人民共和国归侨侨眷权益保护法》情况的汇报。

三、重要调研活动

1999年，市人大常委会组织力量到全市6个县（区），20多个乡镇，对全市宗教情况及“打邪制非”工作进行调研，为常委会审议提供依据。第四届人大常委会第十七次会议对市宗教工作进行专题审议，对市宗教工作提出明确要求，特别是“打邪制非”工作。在人大督促下，公安、宗教等有关部门采取措施，加大对邪教组织的打击力度。

1983—2008年淮安市人民代表大会部分重要决议、决定一览表

表12-1

序号	时间	重要决议、决定
1	1983年5月24日淮阴市第一届人民代表大会第一次会议通过	关于淮阴市一九八三年国民经济、社会发展计划和一九八三年财政预算的决议
2	1983年5月24日淮阴市第一届人民代表大会第一次会议通过	关于淮阴市国民经济和社会发展第六个五年计划的决议
3	1984年7月7日淮阴市第一届人民代表大会第二次会议通过	关于一九八三年国民经济、社会发展计划执行结果和一九八四年计划的决议
4	1986年5月13日淮阴市第一届人民代表大会第五次会议通过	关于淮阴市国民经济和社会发展第七个五年计划的决议
5	1986年5月13日淮阴市第一届人民代表大会第五次会议通过	关于淮阴市1986年国民经济和社会发展计划的决议
6	1986年5月13日淮阴市第一届人民代表大会第五次会议通过	关于淮阴市1985年财政决算和1986年财政预算的决议
7	1987年4月13日淮阴市第一届人民代表大会第六次会议通过	关于采取得力措施加快我市六个财政差补县经济发展的决议
8	1987年4月13日淮阴市第一届人民代表大会第六次会议通过	关于一九八六年国民经济计划执行结果和一九八七年国民经济和社会发展计划的决议
9	1989年3月18日淮阴市第二届人民代表大会第二次会议通过	关于实施“菜篮子工程”，加强蔬菜和副食品基地建设的决议
10	1989年3月18日淮阴市第二届人民代表大会第二次会议通过	关于加强基础建设，夺取农业丰收议案的决议
11	1990年3月17日淮阴市第二届人民代表大会第三次会议通过	关于一九九〇年国民经济和社会发展计划的决议
12	1991年3月26日淮阴市第二届人民代表大会第四次会议通过	关于淮阴市1991年国民经济和社会发展计划的决议
13	1992年3月23日淮阴市第二届人民代表大会第五次会议通过	关于科教兴市的议案的决议
14	1993年3月13日淮阴市第三届人民代表大会第一次会议通过	关于抓好利税大户，改善我市财政状况议案的决议
15	1994年3月8日淮阴市第三届人民代表大会第二次会议通过	关于加快我市创建省级文明卫生城市步伐的议案的决议
16	1994年3月8日淮阴市第三届人民代表大会第二次会议通过	关于积极推进产权制度改革的议案的决议

续表 12-1

序号	时间	重要决议、决定
17	1995年2月19日淮阴市第三届人民代表大会第三次会议通过	关于淮阴市1994年国民经济社会发展计划执行情况和1995年国民经济社会发展计划的决议
18	1996年2月13日淮阴市第三届人民代表大会第四次会议通过	关于大力发展流通和加工，推动“两专一基”上水平的议案
19	1996年2月13日淮阴市第三届人民代表大会第四次会议通过	关于《政府工作报告》及《淮阴市国民经济和社会发展第九个五年计划和2010年远景目标纲要》的决议
20	1997年1月22日淮阴市第三届人民代表大会第五次会议通过	关于加快发展大中型骨干企业的议案的决议
21	1998年1月22日淮阴市第四届人民代表大会第一次会议通过	关于调整和完善所有制结构、加快企业产权制度改革的议案的决议
22	2000年1月30日淮阴市第四届人民代表大会第三次会议通过	关于进一步加快我市个体私营经济发展议案的决议
23	2001年1月18日淮阴市第四届人民代表大会第四次会议通过	关于进一步加强招商引资工作议案的决议
24	2002年1月30日淮安市第四届人民代表大会第五次会议通过	关于加快建设大城市议案的决议
25	2005年1月30日淮安市第五届人民代表大会第三次会议通过	关于大力实施工业强市战略、全力推进新型工业化进程议案的决议
26	2006年1月14日淮安市第五届人民代表大会第四次会议通过	关于《政府工作报告》的决议
27	2007年1月25日淮安市第五届人民代表大会第五次会议通过	关于加快我市新农村建设的议案的决议
28	2008年1月13日淮安市第六届人民代表大会第一次会议通过	关于努力改善民生，积极推进淮安社会建设的议案的决议

1983—2008年淮安市人大常委会部分重要决议、决定一览表

表 12-2

序号	时间	重要决议、决定
1	1984年3月17日淮阴市第一届人大常委会第四次会议通过	关于原则同意淮阴市城市总体规划的决议
2	1987年3月13日淮阴市第一届人大常委会第二十二次会议通过	关于认真学习、宣传、贯彻全国人大常委会《关于加强法制教育维护安定团结的决定》的决议
3	1987年9月1日淮阴市第一届人大常委会第二十五次会议通过	关于淮阴市第二届人民代表大会代表名额分配方案的决定
4	1987年9月1日淮阴市第一届人大常委会第二十五次会议通过	关于撤销市人大常委会选举工作办公室的决定
5	1988年5月19日淮阴市第二届人大常委会第三次会议通过	关于批准淮阴市1987年财政决算和1988年财政预算草案的决定
6	1989年1月20日淮阴市第二届人大常委会第七次会议通过	关于设立市人大常委会内务委员会的决定

续表 12-2

序号	时间	重要决议、决定
7	1989年1月20日淮阴市第二届人大常委会第七次会议通过	关于加强农村降氟改水工作的决议
8	1989年9月23日淮阴市第二届人大常委会第十一次会议通过	关于县、乡两级人民政府大会代表换届选举的决定
9	1989年9月23日淮阴市第二届人大常委会第十一次会议通过	关于设立淮阴市人大常委会农村经济委员会的决定
10	1992年7月24日淮阴市第二届人大常委会第三十一次会议通过	关于淮阴市第三届人民代表大会和各县（市、区）新的一届人民代表名额和选举问题的决定
11	1992年7月24日淮阴市第二届人大常委会第三十一次会议通过	关于淮阴市县、乡两级人民代表大会换届选举问题的决定
12	1993年9月18日淮阴市第三届人大常委会第三次会议通过	关于市人大常委会内务委员会更名为人事代表联络委员会的决定
13	1994年11月9日淮阴市第三届人大常委会第十一次会议通过	关于成立市人大常委会民族宗教侨务对台工作委员会的决定
14	1996年11月14日淮阴市第三届人大常委会第二十七次会议通过	关于开展"三五"普法宣传教育的决议
15	1997年3月21日淮阴市第三届人大常委会第三十次会议通过	关于批准1996年市级财政决算的决议
16	1997年3月21日淮阴市第三届人大常委会第三十次会议通过	关于进行执法责任制试点工作的决议
17	1997年7月30日淮阴市第三届人大常委会第三十二次会议通过	关于淮阴市第四届人民代表大会代表名额分配和选举问题、关于县（市、区）人民代表大会换届选举问题的决定
18	1997年9月19日淮阴市第三届人大常委会第三十三次会议通过	关于实施依法治市的决议
19	1998年3月27日淮阴市第四届人大常委会第一次会议通过	关于市人大常委会法制委员会更名为内务司法委员会的决定
20	1998年9月15日淮阴市第四届人大常委会第五次会议通过	关于全市乡镇人民代表大会换届选举问题的决定
21	1999年3月26日淮阴市第四届人大常委会第九次会议通过	关于批准1998年市本级财政决算的决议
22	1999年5月26日淮阴市第四届人大常委会第十次会议通过	关于市中级人民法院开展依法治院、市人民检察院开展依法治检的决议
23	2001年2月6日淮安市第四届人大常委会第二十三次会议通过	关于更改原淮阴市及原县级淮安市、淮阴县人大、政府、法院、检察院名称的决定
24	2001年6月6日淮安市第四届人大常委会第二十六次会议通过	关于市政府机构改革后有关人员职务任免的决定
25	2001年9月15日淮安市第四届人大常委会第二十八次会议通过	关于进一步开展法制宣传教育的决议
26	2001年11月22日淮安市第四届人大常委会第三十次会议通过	关于加强市级预算审查监督的决定

续表12-2

序号	时间	重要决议、决定
27	2002年3月26日淮安市第四届人大常委会第三十二次会议通过	关于对淮安工商行政管理局和淮安药品监督管理局工作进行评议的决定
28	2002年4月15日淮安市第四届人大常委会第三十三次会议通过	关于授予曹忠焕、郑兆财等“淮安市荣誉市民”称号的决定
29	2002年5月31日淮安市第四届人大常委会第三十四次会议通过	关于批准淮安市2001年市级财政决算的决议
30	2002年7月27日淮安市第四届人大常委会第三十五次会议通过	关于《淮安市城市总体规划（2001—2020）》的审查决议
31	2002年11月29日淮安市第四届人大常委会第三十八次会议通过	关于2002年市级财政预算变更的决议
32	2003年1月12日淮安市第四届人大常委会第四十一次会议通过	关于授予徐茂、王祝庆等“淮安市荣誉市民”称号的决定
33	2003年7月30日淮安市第五届人大常委会第四次会议通过	关于加强创建“四城”工作的决定
34	2003年11月21日淮安市第五届人大常委会第六次会议通过	关于围绕“两个率先”，推动全民创业的决议
35	2003年12月23日淮安市第五届人大常委会第七次会议通过	关于对城建项目贷款还款资金予以补贴的决定
36	2003年12月23日淮安市第五届人大常委会第七次会议通过	关于授予方运河等同志“淮安市荣誉市民”称号的决定
37	2004年3月22日淮安市第五届人大常委会第九次会议通过	关于在全市开展评议人民法院、人民检察院工作的决定
38	2004年5月29日淮安市第五届人大常委会第十次会议通过	关于加强审计工作监督的决定
39	2004年7月20日淮安市第五届人大常委会第十一次会议通过	关于批准淮安市人民政府对城市资产经营有限公司土地开发整理项目信托贷款提供信用担保的决定
40	2004年11月22日淮安市第五届人大常委会第十三次会议通过	关于2004年市级财政预算变更的决议
41	2004年12月31日淮安市第五届人大常委会第十四次会议通过	关于授予徐辉等“淮安市荣誉市民”称号的决定
42	2005年11月22日淮安市第五届人大常委会第二十次会议通过	关于授予2005年省委驻淮扶贫工作队队员“淮安市荣誉市民”称号的决定
43	2005年12月23日淮安市第五届人大常委会二十一次会议通过	关于批准市人民政府对城市资产经营有限公司土地开发整理项目信托贷款提供信用承诺的决定
44	2006年3月10日淮安市第五届人大常委会第二十三次会议通过	关于授予省派第十六批科技副县长“淮安市荣誉市民”称号的决定
45	2006年5月19日淮安市第五届人大常委会第二十四次会议通过	关于批准淮安市2005年市级财政决算的决议
46	2006年5月19日淮安市第五届人大常委会第二十四次会议通过	关于评议市环保局、物价局工作的决定

续表12-2

序号	时间	重要决议、决定
47	2006年8月18日淮安市第五届人大常委会第二十六次会议通过	关于授予杨政等16位客商“淮安市荣誉市民”称号的决定
48	2006年9月22日淮安市第五届人大常委会第二十七次会议通过	关于深入推进法治淮安建设的决议
49	2006年9月22日淮安市第五届人大常委会第二十七次会议通过	关于在全市公民中实施法制宣传教育第五个五年规划的决议
50	2006年11月21日淮安市第五届人大常委会第二十八次会议通过	关于2006年市级财政预算预算部分变更的决定
51	2006年12月29日淮安市第五届人大常委会第二十九次会议通过	关于授予苏州来淮挂职干部“淮安市荣誉市民”称号的决定
52	2007年3月20日淮安市第五届人大常委会第三十一次会议通过	关于将市人大常委会城乡建设环境保护委员会更名为市人大常委会环境资源城乡建设委员会的决定
53	2007年5月18日淮安市第五届人大常委会第三十二次会议通过	关于淮安市2006年市级财政决算的决议
54	2007年5月18日淮安市第五届人大常委会第三十二次会议通过	关于授予徐承和、崔镇旭“淮安市荣誉市民”称号的决定
55	2007年7月19日淮安市第五届人大常委会第三十三次会议通过	关于授予意大利达涅利公司副总裁阿尔泽塔“淮安市荣誉市民”称号的决定
56	2007年9月20日淮安市第五届人大常委会第三十四次会议通过	关于授予2006—2007年度省委驻淮扶贫工作队队员“淮安市荣誉市民”称号的决定
57	2007年11月23日淮安市第五届人大常委会第三十五次会议通过	关于批准2007年市级财政预算部分变更的决定
58	2007年11月23日淮安市第五届人大常委会第三十五次会议通过	关于授予郭次仪“淮安市荣誉市民”称号的决定
59	2008年5月27日淮安市第六届人大常委会第三次会议通过	关于授予游象富、沈庆芳等“淮安市荣誉市民”称号的决定
60	2008年5月27日淮安市第六届人大常委会第三次会议通过	关于批准市政府将水渡口中央商务区综合路网项目代建资金纳入财政预算的决定
61	2008年7月18日淮安市第六届人大常委会第四次会议通过	关于进一步加强节能减排工作的决定

·淮安市志·（1978—2008）

第十三卷　淮安市人民政府

第一章　组织机构

第二章　重要会议

第三章　施政方式

第四章　施政纪要

第五章　政府事务

第六章　人民来信来访

改革开放后，在中共淮安市委领导下，淮安市人民政府坚持以经济建设为中心，坚持改革开放，建设法治政府、服务政府、责任政府，不断提高行政能力和管理水平，形成行为规范、运转协调、公正透明、廉洁高效的行政管理体制和机制。调整和完善政府机构，推进政府职能、效能和机构设置的科学化、规范化与法制化，完善决策机制，改革行政审批制度，推行政务公开，坚持执政为民。政府工作务实、高效开展，全市政治、经济、社会、文化等各项事业实现跨越发展。

法制工作围绕建设法治政府，严格规范性文件审查，精简行政审批事项，加强行政执法监督，规范行政复议程序，开展信访复查复核，促进政府职能转变和行政体制改革。

市级机关事务管理由集中统一走向多元多样，保障服务体制由传统的封闭式、福利型逐步走向开放式、经营型，职能从以管理为主逐步变为以服务为主，并不断得到加强。

信访工作职能由微观向宏观转变，从被动应对向被动中求主动转变。1996年年底，淮阴市在全省率先提出构建"大信访"格局新思维。2001年后，确立以人为本信访工作观念，采取措施，改革创新，多策并举，全市信访总量大幅下降。

第一章　组织机构

第一节　工作机构

一、1983年市政府初设机构

1983年3月，淮阴市人民政府成立。根据1983年1月国务院《关于江苏省调整行政区划、实现市管县体制的批复》，市政府机构设置以原地区行署工作机构为基础，结合原清江市政府机构设置情况，撤销重叠机构，合并相同机构，加强谋略机构和综合协调、调查研究部门，将可以独立进行经济活动机构转为经济实体。经过调、改、撤、并，市政府设置工作部门31个、二级局6个。

1983年淮阴市人民政府部门设置情况一览表

表13-1

31个工作部门			
1	办公室	2	计划委员会
3	经济委员会	4	科学技术委员会
5	体育运动委员会	6	计划生育委员会
7	农业局	8	多种经营局

续表13-1

31个工作部门			
9	水产局	10	水利局
11	城乡建设环境保护局	12	社队企业管理局
13	交通局	14	财政局
15	税务局	16	商业局
17	工商行政管理局	18	粮食局
19	文化局	20	教育局
21	卫生局	22	广播事业局
23	统计局	24	物价局
25	物资局	26	劳动局
27	人事局（对外保留“机构编制委员会”名称）	28	公安局
29	民政局	30	司法局
31	审计局（增设）		

其他	
1	标准计量局（增设）并入市政府办公室
2	民族宗教事务处并入市委统战部（对外保留名称）
3	侨务办公室并入市委统战部（对外保留名称）
4	电子仪表工业局改为电子仪表工业公司
5	化学工业局改为化学医药工业公司、医药管理局
6	档案处
7	撤销财贸办公室
8	机关事务管理处
9	职工教育办公室
10	经济协作办公室
11	纺织工业局改为纺织、轻纺2个公司
12	轻工业局改为轻工业公司
13	保留对外贸易公司
14	供销合作社联社
15	煤炭工业公司
16	保留气象台（不挂“气象局”牌子）

二、1984年至1996年9月机构变动

1984年5月，设立市人民防空办公室，列为市政府工作部门。同年7月，市城乡建设环境保护局分设为市城乡建设局和市环境保护局。同年11月，成立市国家安全局。市老干部局改为市委老干部局，列为市委工作部门。

1985年2月，设立市经济协作委员会，为市政府工作部门。

1986年，增设市市志编纂委员会办公室（副县级）。市外事办公室单列为市政府工作部门，为二级局。

1987年5月，市档案处更名为市档案局（仍为二级局），后又增设市监察局、市地质矿产管理处（二级局）。同年12月，设立市土地管理局，为市政府直属机构（二级局）。

1989年，撤销市经济体制改革办公室，设立市经济体制改革委员会，为市政府工作部门。同年4月，将原市委、市政府信访办公室更名为市信访局（副县级），列入市政府机构序列，由市委、市政府双重领导。成立市对外经济贸易委员会，为市政府工作部门。市政府外事办公室列为市政府工作部门（一级局）。撤销市蔬菜办公室，设立市蔬菜局（二级局）。同年6月，成立市政府法制局（副县级），为市政府办事机构，由市政府办公室代管。是年8月，市土地管理局升格为一级局，为市政府直属机构。

1990年，市人防办改称市人民防空委员会。

1991年3月，成立市农业资源综合开发利用管理局（一级局），为市政府机构；成立市政府住房制度改革领导小组办公室，为市政府直属机构（一级局）。

1992年11月，设立市盐务管理局，为市政府直属一级局。

1993年7月，设立市人民政府研究室，与市经济研究中心合署办公。

1994年11月，设立市国有资产管理局（副县级），委托市财政局管理。

1995年10月，明确市城管委为市政府直属综合部门（一级局）。

1996年9月，根据省政府要求，市地震办公室改为市地震局，仍为事业单位，不列入政府工作部门。

三、1996年9月至2001年1月机构改革及机构增减

1996年9月，江苏省委、省政府批准《淮阴市党政机构改革方案》，市政府实施第一次机构改革。

更改或规范部分机构名称：市商业局更名为市商贸局，市土地管理局更名为市国土管理局，市农业资源综合开发利用管理局更名为市农业资源开发局。

部分机构撤销、新建、升格或转移职能：撤销市商业贸易办公室，其职能交市政府办；撤销市教育局，组建市教育委员会，职工教育办公室并入，增挂“中共淮阴市委教育工作委员会”牌子；撤销市机械工业公司，组建市机械工业局；撤销市电子工业公司，组建市电子工业局；撤销市轻工业公司，组建市轻工业局；撤销市化工医药工业公司，组建市化工医药局；撤销市经济研究中心，组建市政府研究室；组建市房产管理局，市住房制度改革办公室并入，保留“房改办”牌子；市标准计量局更名为市质量技术监督局，升格为正处级；市信访局、市政府法制局升格为正处级。市科学技术委员会承担的科技干部、专业技术人员职称管理职能转移至市人事局。

部分机构实行合署办公或“一个机构，两块牌子”：市监察局与市纪委合署办公；市政府研究室与市政府办公室合署办公；市机构编制委员会与市人事局合署办公；市政府侨务办公室与市政府外事办公室合署办公，市外事办公室挂“市旅游事业管理局”牌子；市水产局挂“洪泽湖综合开发管理局”牌子。市档案局与市档案馆合并，保留“市档案局”牌子，为市委、市政府直属正处级事业单位，由市委办公室管理。

部分机构转为经济实体：市纺织工业公司转为纺织工业集团总公司，暂保留“市纺织工业局”牌子，行使纺织工业管理职能；市物资局转为市物资集团总公司，暂保留“市物资局”牌子，行使物资行业管理职能；市经济技术协作委员会转为经济实体，其行政管理职能交市计划委员会内设

的相应科室，对外保留“市经济技术协作委员会”牌子。

部分机构定为副处级，转由部门管理：组建市政府对外开放办公室，由市政府办公室管理；组建市规划局、市建筑工程管理局，由市建设委员会管理；市矿产资源管理局更名为市地质矿产局，由市计划委员会管理；市接待处由市政府办公室管理；市国有资产管理局由市财政局管理；市民族宗教事务管理局由市委统战部管理。

部分机构改为事业单位：市级机关事务管理局、市蔬菜局改为市政府直属正处级事业单位；市农业机械化服务公司更名为市农业机械管理局，为市政府直属正处级事业单位。

调整后，市政府组成部门有49个，即市政府办公室、市计划委员会、市经济委员会、市对外经济贸易委员会、市经济体制改革委员会、市教育委员会、市科学技术委员会、市建设委员会、市城市管理委员会、市公安局、市国家安全局、市监察局、市民政局、市司法局、市财政局、市人事局、市劳动局、市交通局、市水利局、市农业局、市多种经营管理局、市水产局、市农业资源开发局、市商贸局、市粮食局、市机械工业局、市电子工业局、市化工医药局、市轻工业局、市文化局、市广播电视局、市卫生局、市体育运动委员会、市计划生育委员会、市审计局、市统计局、市工商行政管理局、市地方税务局、市物价局、市国土管理局、市房产管理局、市环境保护局、市乡镇企业管理局、市盐务管理局、市质量技术监督局、市信访局、市政府法制局、市政府外事办公室、市人民防空办公室。另设部门管理机构7个，即市政府对外开放办公室、市接待处、市国有资产管理局、市规划局、市建筑工程管理局、市地质矿产局、市民族宗教事务管理局。

1997年，新设市仲裁委员会秘书处、市技术改造办公室、市建材工业局、市政公用事业管理局、市园林管理局5个准县级单位。

1998年，新设市无线电管理委员会（2000年明确为准县级）。1998年，新设市进出口商品检验检疫局。后分别划归省无线电管理委员会和省进出口商品检验检疫局管理。

1999年年初，根据国家和省关于地方税务机构和工商管理机构实行双重管理的要求，市地方税务局和市工商行政管理局划归省地方税务局和省工商行政管理局管理。此后，市国家安全局划归省国家安全局管理。

2000年1月，市质量技术监督局划归省质量技术监督局管理。

四、2001年2月至2004年11月机构改革及机构增减

2001年2月，淮阴市更名为淮安市。同年3月，《淮安市机构改革方案》经省委、省政府批准。是年6月，市政府机构作出较大调整和改革，原则是解除政府主管部门与企业的行政隶属关系，加强企业自主权；不再保留工业物资等专业经济部门，改建资产管理公司和企业集团；同时加强和完善对国有资产及其运营的监管；清理并减少政府审批事项，规范政府行政执法行为。

综合经济管理部门调整：市计划委员会更名为市发展计划委员会，市经济委员会更名为市经济贸易委员会，保留市财政局，不再保留市国有资产管理局，其职能并入市财政局。

专业经济管理部门调整：市建设委员会更名为市建设局，市对外经济贸易委员会更名为市对外贸易经济合作局，市规划局由原来的部门管理机构改为政府工作部门，升格为正处级。

不再保留市机械工业局，其原承担的行政管理职能划入市经济贸易委员会，在原机构及所属企业基础上，筹建市机电资产经营公司；不再保留市化工医药局，其原承担的药品监督管理职能交药品监督管理部门，承担的其他经济管理职能划入市经济贸易委员会，在原机构及所属企业基础上，筹建市化工医药资产经营公司；不再保留市纺织工业局，其原承担的行政管理职能划入市经济贸易委员会，在原机构及所属企业基础上，筹建市纺织资产经营公司；不再保留市轻工业局，

其原承担的行政管理职能划入市经济贸易委员会，筹建市轻工总公司，行使原轻工业局所属企业资产管理职能。

不再保留市商贸局，其原承担的行政管理职能划入市经济贸易委员会，筹建市贸易总公司，行使原商贸局所属企业资产管理职能，待条件成熟时组建贸易资产经营公司。不再保留市经济技术协作委员会，其原承担的行政管理职能交市经济贸易委员会，原经协委所属企业交江苏春秋集团经营管理。不再保留市物资局（市物资总会），其原承担的行政管理职能交市经济贸易委员会，原市物资局所属企业由市物资集团总公司管理。不再保留市茧丝绸行业总会，其蚕桑生产管理职能交市农业局，工业生产和流通的管理职能交市经济贸易委员会。市乡镇企业管理局并入市经济贸易委员会，对外挂“市乡镇企业管理局”牌子。不再保留市多种经营局、水产局，组建市林牧渔业发展局。不再保留市建筑工程管理局，其所承担的行政管理职能并入市建设局，在市建设局挂“市建筑工程管理局”牌子。不再保留市住房制度改革办公室，其职能并入市房产管理局。不再保留市建材工业局，其原承担的建材工业管理职能交市经济贸易委员会，有关建筑材料的推广使用管理职能交市建设局。保留市水利局，挂“市水务局”牌子。另保留市交通局、市农业局、市农业资源开发局、市粮食局、市盐务局。

执法监管部门调整：保留市环境保护局、市物价局。市城市管理委员会更名为市城市管理局。

社会管理部门、政务部门和其他机构调整：保留市政府办公室、市民政局、市公安局、市监察局（与市纪律检查委员会合署办公）、市司法局、市人事局（市机构编制委员会办公室与其合署办公）、市文化局（挂“市新闻出版局”“市版权局”牌子）、市卫生局、市计划生育委员会、市审计局、市广播电视局、市统计局、市人民防空办公室。

市教育委员会更名为市教育局，挂“市委教育工作委员会”牌子。市科学技术委员会更名为市科学技术局。市体育运动委员会更名为市体育局。市政府法制局更名为市政府法制办公室。

将市政府外事办公室承担的旅游管理职能划出，组建市旅游局。不再保留市政府外事办公室、侨务办公室，组建市政府外事侨务办公室；同时撤销市政府接待处，其职能并入市政府外事侨务办公室。市级机关行政事务管理局由事业局改为行政机构，列入政府工作部门。在市劳动局基础上组建市劳动和社会保障局，将市政府相关部门社会保险管理职能统一交市劳动和社会保障局。不再保留市国土管理局、市地质矿产局，组建市国土资源局，同时将市级政府相关部门的自然资源规划管理、保护利用的职能划入市国土资源局。不再保留市政府研究室，其职能交市政府办公室，在市政府办公室挂“市政府研究室”牌子。市民族宗教事务管理局由原部门管理机构改为政府工作部门，升格为正处级。组建市经济体制改革委员会，为市政府高层议事协调机构，原市体改委更名为市经济体制改革委员会办公室，为市经济体制改革委员会常设办事机构。撤销市蔬菜局，其职能交市农业局。保留市农业机械管理局，为市政府直属事业单位。

经过调整，市政府共设工作部门40个，即市政府办公室（挂“市政府研究室”牌子）、市监察局（与市纪律检查委员会合署办公，列入政府工作部门，不计入政府机构个数）、市发展计划委员会、市经济贸易委员会（挂市“乡镇企业管理局”牌子）、市教育局（挂“市委教育工作委员会”牌子）、市科学技术局、市公安局、市民政局、市司法局、市财政局、市人事局（市机构编制委员会办公室与其合署办公）、市劳动和社会保障局、市国土资源局、市建设局（挂“市建筑工程管理局”牌子）、市规划局、市城市管理局、市房产管理局、市交通局、市水利局（挂“市水务局”牌子）、市农业局、市对外贸易经济合作局、市文化局（挂“市新闻出版局”“市版权局”牌子）、市卫生局、市计划生育委员会、市审计局、市环境保护局、市广播电视局、市体育局、市统计局、市物价局、市旅游局、市粮食局、市林牧渔业发展局、市农业资源开发局、市盐务局、市市级机关事务管理局、市民族宗教事务管理局、市人民防空办公室、市外事侨务办公室、市政府法制办公室。此外，设议事协调机构常设办事机构1个，即市经济体制改革委员会办公室；事业局1个，即市农业机械管理局。上述市政府工作部门、议事协调机构的常设办事机构和事业局均为正处级。

2001年7月，设立市安全生产监督管理局（二级局），由市经贸委管理。

2001年12月，设立市招商局，明确为市政府直属事业局（正处级）。

2002年7月，成立市行政审批服务中心，为市政府派出机构（正处级）；新设市林业局（副处级）。

2003年12月，市文化局增挂“市文物局”牌子。

2004年6月，市科学技术局增挂“市知识产权局”牌子。

五、2004年12月至2008年机构改革及机构增减

2004年12月，根据省委办公厅、省政府办公厅《关于印发〈淮安市人民政府机构改革方案〉的通知》，市政府机构又一次调整，主要对经济调节体制、流通管理体制、国有资产监督管理体制和食品药品监督管理体制进行调整完善。

组建市政府国有资产监督管理委员会，为市政府直属正处级特设机构，使用行政编制，市政府授权其履行国有资产出资人资格；职能上，将市经济贸易委员会承担的指导国有企业管理、改革、国有资产监督等职能，市委企业工作委员会承担的管理国有企业的职能，市财政局承担的国有资产管理和统计评价职能，市劳动和社会保障局承担的市属企业经营者收入分配政策拟定和工资总额管理职能统一划入，实行管资产与管人管事相结合。市发展计划委员会改组为市发展与改革委员会（挂“市宁淮合作办公室”牌子），同时撤销市经济体制改革委员会办公室，其职能并入市发展与改革委员会。在原市经贸委安全生产监督管理局基础上，组建正处级市安全生产监督管理局，为市政府工作部门。市计划生育委员会更名为市人口与计划生育委员会。市盐务局与市经济贸易委员会合署办公。市卫生局承担的保健品审核职能划入江苏省淮安食品药品监督管理局。

经过上述调整，市政府共设工作部门40个，即市政府办公室（挂“市政府研究室”牌子）、市监察局（与市纪律检查委员会合署办公，列入政府工作部门，不计入政府机构个数）、市发展与改革委员会（挂“市宁淮合作办公室”牌子）、市经济贸易委员会（市盐务局与其合署办公，并挂“市乡镇企业管理局”牌子）、市教育局（市人民政府督导室与其合署，并挂“市委教育工作委员会”牌子）、市科学技术局（挂“市知识产权局”牌子）、市公安局、市民政局、市司法局、市财政局、市人事局（市机构编制委员会办公室与其合署办公）、市劳动和社会保障局、市国土资源局、市建设局（挂“市建筑工程管理局”牌子）、市规划局、市城市管理局（挂“市城市管理行政执法局”牌子）、市房产管理局、市交通局、市水利局（挂“市水务局”牌子）、市农业局、市对外贸易经济合作局、市文化局（挂“市新闻出版局”“市版权局”“市文物局”牌子）、市卫生局、市人口与计划生育委员会、市审计局、市环境保护局、市广播电视局、市体育局、市统计局、市安全生产监督管理局、市物价局、市旅游局、市粮食局、市林牧渔业发展局、市农业资源开发局、市市级机关事务管理局、市民族宗教事务局、市人民防空办公室、市外事侨务办公室、市政府法制办公室。此外，设市政府直属特设机构1个，即市国有资产监督管理委员会。此次机构改革于2005年基本实施到位。

2005年6月，在市发改委挂牌的宁淮合作办公室更名为市区域发展与经济合作办公室；同年12月，成立市招投标管理办公室，为市政府派出行政机构（正处级）；市林业局与市园林管理处合并为市林业局（挂“市园林管理局”牌子），为市政府正处级直属事业局。

2006年4月，市人民防空办公室增挂“市民防局”牌子。同年7月，市林牧渔业发展局更名为市畜牧水产局。

2007年3月，组建市信息产业局。同年5月，市外事侨务办公室增挂“淮安市港澳事务办公室”牌子。

2008年，市文化局与市广播电视局合并组建文化广电新闻出版局，挂“市版权局”“市文物局”牌子；市人民防空办公室改称市民防局。

第二节　议事协调机构和临时机构

一、常态性工作机构

1983年，设市劳动鉴定委员会、防汛抗旱指挥部、绿化委员会、城市管理委员会（1995年明确为市政府工作部门，后改称市城市管理局）、军民共建精神文明领导小组、扶贫工作领导小组、文物管理委员会（后演变为市文物局）、蔬菜办公室（后演变为蔬菜局）、节水办公室（1987年撤销）。1984年，设市城镇规划审议委员会（后成立市规划局）、社会治安综合治理领导小组、交通战备领导小组、地方病防治领导小组、地名委员会、爱国卫生运动委员会、国库券推销委员会（1991年更名为市国库券管理委员会）、人才交流中心领导小组、国防工业办公室（后划归省管理）、经济研究中心、城市群众文化工作委员会。1985年，设市安全生产委员会（后成立市安全生产监督管理局）、高等学校招生委员会、职工技术协作委员会以及市增产节约、增收节支领导小组。1986年，设市退休职工管理委员会、公费医疗管理委员会、保险促进委员会。1987年，设市自学考试指导委员会、无线电管理委员会（1999年改为江苏省无线电管理委员办公室淮阴市管理处）。是年，对市政府及市直部门76个非常设机构进行清理，撤销各类非常设机构41个，其中属于市政府常态性非常设机构的有市社会治安综合治理领导小组、军民共建精神文明领导小组、地方病防治领导小组、城市文化工作委员会、棉花生产办公室、人才交流中心领导小组。

1988年，设市住房制度改革领导小组、社会福利有奖募捐委员会、护林防火指挥部、环境保护委员会、劳动争议仲裁委员会、经济技术和社会发展咨询委员会、出入境领导小组、经济开发区综合开发领导小组。1989年，设市经济体制改革委员会、清理党员干部建私房领导小组、墙体材料改革领导小组、储蓄促进委员会、市家庭经济工作协调领导小组。1990年，设市劳动教养委员会、军事设施保护委员会、保护通信线路安全领导小组、土地权属纠纷仲裁委员会、化学危险品经营许可证发放办公室（2002年撤销）。1991年，设市行政复议委员会、纠正行业不正之风领导小组、重点建设项目领导小组、通信建设领导小组、厂矿企业医疗卫生管理委员会、职工教育委员会（1996年并入市教育委员会）、住房制度改革领导小组办公室（1996年成立市房管局，保留“房改办”牌子，2001年撤销）、市农科教统筹协调领导小组。1992年，设市“双拥”工作领导小组、人事争议仲裁委员会、清产核资工作领导小组、外商投资管理委员会、社会商业管理领导小组、劳务输出工作领导小组、水产工作领导小组。1993年，设市商业贸易办公室（1996年撤销）、土地利用总体规划领导小组、电力设施保护领导小组、治理乱收费工作领导小组、惩治腐败廉政建设领导小组、物价及粮食基金管理领导小组、民兵以劳养武领导小组。

1994年，设市经济技术协作委员会（2001年并入市经济贸易委员会）、内引外联南北挂钩工作领导小组、重点建设项目领导小组办公室（2001年撤销，其职能交市发展计划委员会）、土地定级估价委员会、对外宣传工作领导小组、妇女儿童工作委员会、年鉴编委会、血吸虫病地方病防治领导小组（恢复）、残疾人工作协调委员会、证券委员会、农村社会养老保险基金管理委员会、全民健身工作指导委员会、预算外资金管理领导小组、药品管理工作领导小组（后成立食品药品监督管理局）、基本农田保护领导小组、减轻农民负担工作领导小组。1995年，设市教育费地方附加和教育基金管理委员会、红十字备灾救助基金募捐组织委员会、社会保险基金委员会、发展散装水泥及商品混凝土领导小组、打击拐卖妇女儿童犯罪工作领导小组、农村妇女“双学双比竞赛”活动领导小组。1996年，设市城市居民最低生活保障工作领导小组、生猪屠宰管理工作领导小组、旅游事业委员会（后成立市旅游局）、农村改水工作领导小组、生态农业建设领导小组、发行中国体育彩票领导小组。1997年，设市仲裁委员会秘书处、初级卫生保健委员会、医疗机构监督管理委员会、信息化工作领导小组、科技成果向生产力转化工作领导小组、对外开放工作领导小组、对外开放办公室（2001年撤销）、社会发展评估工作领导小组、产权交易管理委员会、土地利用总体规划编制和修订工作领导小组、科技人才二次开发领导小组、健康教育领导小组、解决困难企业职工生活困难及再就业工作领导小组、履行禁止化学武器公约工作领导小组、“巾帼建功”活动领导小组。1998年，设市个体私营经济工作领导小组、未成年人保护委员会、语言文字工作委员会、建设工程市场管理委员会（后成立市建设工程管理局）、农业机械化工作领导小组、招商引资领导小组、旅游开发工作领导小组、电网建设改造工作领导小组、打击走私综合治理领导小组、利用世界银行贷款领导小组。1999年，设市名牌农产品评审委员会、招商引资领导小组办公室（2001年撤销，同时成立市招商局）、外商投资服务中心；设外经工作协调小组、政府采购工作领导小组、“110”社会服务联合行动协调领导小组。

2000年，设市企业上市工作办公室、土地资产管理委员会、洪泽湖湿地自然保护区协调委员会、白马湖渔业生产委员会、创建金融安全区协调小组。2001年，设市性病艾滋病防治工作领导小组、企业上市工作领导小组、拥军优属拥政爱民工作领导小组办公室、经济体制改革委员会办公室（2001年年底并入市发展与改革委员会）、经济责任审计工作领导小组、整顿和规范市场经济秩序工作领导小组、无公害农产品开发工作领导小组。2002年，设市人民政府行政应诉工作领导小组、知识产权工作领导小组（后成立市知识产权局）、芒硝资源开采和管理领导小组、国防动员委员会交通战备办公室、废旧金属市场管理领导小组、旅游总体规划领导小组、招商项目审批中心（2002年撤销并成立市行政审批服务中心）、诚信淮安建设领导小组、肉菜粮放心工程领导小组。2003年，设市旅游发展委员会、服务业发展领导小组、残疾人康复工作办公室、水资源综合规划领导小组、能源发展工作领导小组、政务公开领导小组、健康教育领导小组、无障碍设施建设领导小组。

2004年，设市促进农业保险发展委员会、全面实行收费公示制度领导小组、亿万农民健身促进行动领导小组、拆除违法建设工作领导小组。2005年，设市住房公积金管理委员会、投资项目管理协调小组、招投标管理办公室（筹）、工业经济发展领导小组；组建市高教园区管理委员会（筹备委员会），设高校毕业生就业工作领导小组、“打假”工作领导小组。2006年，设市艾滋病防治工作委员会、招投标管理办公室、全面推进依法行政工作领导小组、市政公益项目投资评估委员会、保险诚信建设领导小组、全民科学素质工作领导小组、打击“传销”工作领导小组。2007年，设市食品安全委员会、保障性住房工作领导小组、反洗钱工作领导小组、产品质量和食品安全领导小组、节能减排工作领导小组、生态市建设工作领导小组。2008年，设市政府金融工作办公室、市健康促进委员会、住房保障工作领导小组、市主体功能区规划编制工作领导小组、境外人员管理工作协调小组、对外劳务管理工作协调小组、境外劳务纠纷或突发事件协调小组、退役士兵职业技能培训工作领导小组。废旧金属市场管理领导小组更名为再生资源综合利用管理领导小组，电力设施保护领导小组更名为电力保护领导小组，墙体材料改革领导小组更名为墙体材料改革与建筑节能领导小组。设市质量兴市工作领导小组、职业教育领导小组。此外，还有技术改造办公室、劳动竞赛办公室、除“四害”工作领导小组、全民义务献血工作领导小组。

二、年度性工作机构

此类非常态性临时机构因年度性工作而设，或一年一度、应时而设，或任务完成后、工作停止而机构名称保留，应时启动。主要有征兵工作领导小组，春节运输工作领导小组，防治牲畜“五号病”领导小组，“3·15消费者权益保护月”活动领导小组，复员退伍军人和军队离休退休干部安置领导小组，社会科学优秀成果评奖委员会，联合收割机跨区作业工作领导小组（1999年起设立），市区防汛防涝办公室（1987年撤销），税收、财务、物价大检查领导小组（1997年以后未再设立），人口普查领导小组等。

三、突击性工作机构

1983年，设市企业调资办公室、京杭运河疏浚工程指挥部（1987年撤销）、省京杭运河工程淮阴抽水站施工领导小组、饲料工业生产指挥部（1987年撤销）、科研推广领导小组、农村体制改革领导小组（1987年撤销）。

1984年，设《当代淮阴城市建设》编委会（1987年撤销），徐淮10万伏线路淮阴指挥部，淮阴市汽车生产指挥部（1987年撤销），春节运输、破冰扫雪领导小组，两淮路工程领导小组，淮阴市经济管理干部考试办公室（1987年撤销），职工技术协作委员会，农转非领导小组，工业普查领导小组。

1985年，设淮阴发电厂扩建委员会，工资改革领导小组，煤矿下井职工家属落实城镇户口领导小组，清安河整治工作领导小组（1987年撤销），市落实基隆巷同庆街基督教房产政策领导小组，沂淮铁路筹建办公室。

1986年，设征地拆迁领导小组（1987年撤销）、地震工作领导小组、土地资源清查领导小组、企业整顿领导小组（1987年撤销）、推行劳动合同制领导小组、新沂河加固工程指挥部、吴鞠通诞辰150周年纪念活动筹备委员会。

1987年，设企业改革领导小组，盐矿开发领导小组，棉花生产办公室（恢复），市地名、市区地名、地名图籍编纂委员会。

1988年，设市企业改革领导小组、沂淮铁路建设领导小组、清理对外经济合同领导小组、黄淮海平原农业开发领导小组、产业政策研究协调领导小组、发展农业专项资金管理领导小组、食品集团公司协调领导小组、《计量法》实施情况检查领导小组、残疾人联合会筹备领导小组、出口创汇办公室、农业资源开发办公室、机电产品出口办公室、“双清”（清仓利库、清算资金）领导小组，棉花生产办公室更名为棉花烤烟生产办公室、

1989年，设市文化市场检查整顿工作领导小组，车站广场地区整治协调指挥小组，产业产品结构调整领导小组，发展农业专项资金管理领导小组（调整），生猪食品集团领导小组，残疾人五项康复领导小组，进口机电设备普查领导小组，整顿医药市场领导小组，报刊业、书刊发行业清理整顿领导小组，教育五项督导检查领导小组，打击倒汇套汇不法活动领导小组，北京路绿化工程建设领导小组，铁路筹备办公室，治理整顿运输市场办公室，清理整顿公司领导小组。

1990年，设华能淮阴电厂筹集资金领导小组、黄淮海地区农业综合开发领导小组（后更名为

市农业资源综合开发领导小组）、“科技法规宣传年”活动领导小组、防震抗震领导小组、聚氨酯工程指挥部、救灾领导小组、清理整顿社会团体工作领导小组、卫生救护训练领导小组、水利执法体系建设领导小组、引进国外智力领导小组、液化气贮灌厂（站）整顿验收领导小组、优惠商品市场领导小组。沂淮地方铁路筹建办公室更名为淮阴市地方铁路办公室（1993年撤销），淮阴市京杭运河续建工程指挥部更名为省水利重点工程淮阴市指挥部。

1991年，设工业电价清理整顿领导小组，出口商品质量领导小组，“年产三百吨十二内酰胺及尼龙-12中试”攻关项目领导小组，华能淮阴电厂筹集资金领导小组（调整），治理乱收费、乱罚款及各种乱摊派领导小组，电子振兴领导小组，“9010”人防工程建设指挥部，灾民安置领导小组，打击走私及禁毒工作领导小组，工业生产领导小组。

1992年，设以工代赈工作领导小组、吨粮田建设领导小组、产成品清查领导小组、机场筹建领导小组、建设环境噪声达标区领导小组、岗位责任制目标管理领导小组、基层工作领导小组、机关改革领导小组、宁连一级公路建设指挥部、李崇年图书馆筹建领导小组、健康新村建设领导小组。

1993年，设两淮路绿化工程领导小组、防震抗灾领导小组、赴香港深圳举办经贸洽谈会领导小组、年产30万吨钢厂技术改造项目领导小组、交通银行淮阴支行筹备领导小组、土地使用制度改革领导小组、农转非领导小组（调整）、第三产业普查领导小组、房产开发经营单位检查领导小组、小型商业零售企业租赁拍卖工作领导小组、堆沟电厂筹建工作领导小组、“四清一增”工作领导小组、创建卫生城市工作领导小组。

1994年，设市职业技术教育领导小组（调整）、职称改革领导小组（调整）、乡镇企业股份制试点工作领导小组、民兵基层建设试点工作领导小组、乡村综合体制改革领导小组、洪泽湖综合开发治理工作领导小组、“九五”计划和2010年长期规划编制工作领导小组、城市信用合作联社筹备领导小组、城市总体规划领导小组、创建卫生城市工作领导小组（调整）、税务机构分设协调小组、抗灾防病领导小组、行政执法监督管理领导小组、第三产业领导小组、“9010”人防工程建设指挥部（调整）、淮海东路综合开发指挥部、广播电视中心筹建领导小组、怀洪新河工程指挥部。

1995年，设市外语和计算机培训领导小组、扶贫通电工程领导小组、治理乱收费工作领导小组（调整）、清江罐头厂破产工作领导小组、第三次工业普查领导小组、湖荡清障领导小组、职教中心筹建领导小组、电话升位工作领导小组、农副产品收购工作领导小组、海关建设领导小组、汇通市场改扩建工作领导小组、推动特困企业解困工作领导小组、1995年全国劳模和先进工作者表彰大会淮阴筹备委员会、《市民手册》编委会、稻田养殖示范区建设领导小组、淮海广场人防工程建设指挥部、仲裁机构领导小组重新组建、建立现代企业制度试点工作领导小组、宁连公路工程建设领导小组、城市信用合作联社筹建领导小组（调整）、逸夫职业技术教育中心筹建领导小组、“实施沃土计划、提高土地质量年”活动领导小组、农业普查领导小组、查禁非法“制造、贩卖、持有、使用”警服和警用标志领导小组。

1996年，设市高速公路建设领导小组、慈云禅寺二期工程领导小组、4S/400电子同城结算业务工作领导小组、清江再制盐厂破产领导小组、清理核查预算外资金领导小组、星火产业开发带建设项目协调指挥小组、“绿色食品”工作领导小组、“企业管理年”活动领导小组、河蟹养殖基地建设领导小组、教职工住房建设领导小组。设整顿会计工作秩序和税收、财务、物价大检查工作领导小组以及城市合作商业银行筹备领导小组、促进企业优胜劣汰和提高信贷资产质量工作领导小组、《市民手册》编委会（调整）、勘界工作领导小组、加工贸易银行保证金台账制度工作领导小组、出口拖拉机会战领导小组、农村金融体制改革协调领导小组、果葡糖有限公司破产领导小组、取缔和关闭一批重污染企业工作领导小组、长途通信光缆干线工程建设领导小组、“两基”工作领导小组、柴油发电机筹建工作领导小组、矿业秩序治理整顿工作领导小组、市区基本消灭麻风病考核验收领导小组。

1997年，设处理市矿务局遗留问题领导小组、茧丝绸协调小组、电力价格清理整顿领导小组、城市环境综合整治定量考核工作协调小组、国家安居工程领导小组、世界银行加强灌溉农业二期工程项目领导小组、淮阴电机有限公司优化资本结构壮大经济规模工作领导小组、工业结构调整领导小组、贷款证券工作领导小组、清江胶鞋厂兼并钟表配件厂领导小组、碘盐市场专项“打假”工作领导小组、承德路二期工程建设指挥部、市合作商业银行筹备领导小组（调整）、农村金融体制改革协调领导小组（调整）、商业网点建设管理领导小组（调整）、高速公路建设领导小组（调整）、建立现代企业制度试点工作领导小组（调整）、非农业建设用地清查领导小组、南北合作产业转移示范工程领导小组、处理市矿务局遗留问题领导小组（调整）、加工贸易银行保证金台账制度工作领导小组（调整）、“三电”办公室、广播电视光缆传输网建设工作领导小组、贯彻质量振兴纲要工作领导小组、区域卫生规划工作领导小组、整顿废旧金属收购站点领导小组。

1998年，设淮阴淀粉糖厂产权交接领导小组、创建新型小城镇工作领导小组、行政执法责任制领导小组、国家粮食储备库建设领导小组、新长铁路淮阴段建设指挥部、纺织压锭工作领导小组、“绿色食品”开发工作领导小组、消灭无标生产领导小组、21世纪议程领导小组以及污水净化、沼气池推广工作指挥部。设航运公司破产领导小组、第三届老年人运动会筹备委员会、粮食流通体制改革领导小组、控减乡镇企业负担领导小组、清理欠税联合工作小组以及整顿乱集资、乱批设金融机构和乱办金融业务工作领导小组。设清理整顿白酒市场秩序领导小组、创建等级卫生防疫站领导小组、淮阴电信大厦建设领导小组、商业银行筹备工作领导小组（调整）、工业企业扭亏增盈办公室（调整）、蔬菜产业领导小组（调整），建立现代企业制度试点工作领导小组更名为现代企业制度建设领导小组。

1999年，设小型水库除险工程建设领导小组、整顿信托投资公司工作领导小组、清理整顿农村合作基金会工作领导小组、淮安城区供水工程建设指挥部、1999年中国江苏名品新品交易会淮阴组委会、清江电机股份有限公司股票上市工作领导小组、救灾防病工作领导小组、清理非法转让土地工作领导小组、淮河入海水道工程征地拆迁安置办公室、市区人防工程总体规划编制领导小组、职工医疗保险制度改革领导小组、粮食流通体制改革情况执法监察领导小组、医药市场执法监察工作领导小组、会计师（审计）事务所改革工作领导小组、华新药业有限公司接受淮阴淀粉糖厂产权转让领导小组、水稻机械化工作领导小组、民用煤市场管理领导小组（调整）、家电维修行业管理领导小组（调整）、工业结构调整领导小组（调整）、商业银行筹备工作领导小组（调整）。

2000年，设乡镇国库建设领导小组（调整）、淮涟灌区续建配套与节水改造工程建设领导小组、两淮路扩建工程指挥部、“十五”计划编制工作领导小组、社区建设领导小组、农村电网建设与改造工程验收及城乡用电同价方案工作领导小组、江苏省农业综合开发淮阴科技示范园区领导小组、农业标准化工作领导小组、市场建设领导小组、京杭运河三线船闸工程建设领导小组、《会计法》宣传工作领导小组、矿业秩序治理整顿工作领导小组（调整）、医药市场执法监察工作领导小组（调整）、接待国际禁化武组织视察领导小组、整顿信托投资公司工作领导小组（调整）、淮河入海水道宁连路高架桥淮扬路高架桥工程建设领导小组、农村信用社改革试点领导小组、清理整顿经济鉴证类社会中介组织领导小组、打击骗取出口退税协调小组、生态示范区建设领导小组、土地隐形市场及违法用地专项治理工作领导小组、区域网建设与改造工作领导小组、清理整顿城市公共客运交通工作领导小组、清印集团国债技改项目领导小组，社团工作领导小组更名为民间组织管理领导小组。

2001年，设相对集中行政处罚权试点工作协调小组、粮食清仓领导小组、整顿信托投资公司工作领导小组（调整）、学生饮用奶计划推广协调小组、淮阴发电厂热电工程协调小组、国家级优质农产品产业化科技示范园区协调小组、市郊区供电所人员和农村电工招用工作领导小组、蔬菜科技示范园区建设领导小组、国家级土地开发整理项目领导小组、京杭运河三线船闸工程建设领导小组（调整）、城市技术创新领导小组、行政审批制度改革工作领导小组、事业单位人事制度改革领导小组、宁淮挂钩合作领导小组、宁淮合作办公室（2005年更名为区域发展和经济合作办公室）、医药市场执法监察工作领导小组（调整）、工商系统市场管理脱钩工作领导小组。

2002年，设高等教育园区建设领导小组、工业品牌建设工作领导小组、创建平安大道工作领导小组、有机稻标准化示范项目实施领导小组、淮安新港建设领导小组、集贸市场专项整治工作领导小组、大闸口地区建设改造工程指挥部、国有粮食购销企业改革领导小组、保险信用体系建设领导小组、纯碱工程协调服务小组、一帆河闸拆建工程建设指挥部、物资回收利用总公司破产工作领导小组、住房公积金机构调整领导小组、凤凰新村整治改造工程领导小组、市区道路秩序集中整顿工作领导小组、“伯格尔达”现代化心胸医院筹建领导小组、非正规劳动就业组织指导工作小组、清江化肥总厂政策性破产工作领导小组、规范整顿卷烟市场经济秩序工作领导小组、住房公积金项目贷款和单位贷款清理回收领导小组、市区自来水分表到户工作领导小组、东方清棉纺织有限公司国债项目领导小组、涉农价格和收费公示领导小组、财政国库管理制度改革领导小组、第二污水厂建设指挥部、高速公路建设领导小组（调整）、清理整顿城市公共客运交通工作领导小组（调整）、生活污水净化和推广沼气池工作领导小组（调整）、重大疾病防治协调领导小组、实施城市交通畅通工程领导小组（调整）。

2003年，设高等教育园区建设领导小组（调整）、宁连路与淮海南路连接线段改造工程建设领导小组、纯碱项目协调服务小组（调整）、文渠和环城河综合整治工程指挥部、水利工程管理体制改革工作领导小组、肝病防治工作领导小组、地下管线普查工作领导小组、土地市场秩序治理整顿工作领导小组、高速公路建设领导小组（调整）、翔宇大道板闸—礼字坝段改造工程建设领导小组、京杭运河两淮段“三改二”整治工程建设领导小组、重大疾病防治协调领导小组（调整）、工业品牌建设领导小组（调整）、“非典”肺炎防治工作领导小组、国有粮食购销企业改革领导小组（调整）、家化野鸡标准示范区项目实施领导小组、有机稻标准化示范区项目实施领导小组（调整）、市区解困房工作领导小组、市区摩托车专项整治工作领导小组、第二次第三产业普查领导小组、纠正医药购销中不正之风工作领导小组（调整）、煤炭市场整顿管理领导小组（调整）、石油市场清理整顿工作领导小组（调整）、人工影响天气领导小组（调整）、银行卡联网通用联合发展工作领导小组、市区三轮车专项整治工作领导小组、市直物资系统企业改制工作领导小组、毒鼠强专项整治工作领导小组、农村公路建设领导小组、防治重大动物疫病指挥部、私营个体经济“快易通”和“快捷通”贷款试点工作领导小组、污水处理项目领导小组、农村信用合作联社筹备领导小组、县乡河道疏浚工程建设领导小组、淮阴光华化学厂政策性破产工作领导小组、

2004年，设财政供养人员核查工作领导小组、打包处置工商银行不良贷款工作领导小组、淮河灾后水利重建工程建设领导小组、电力错峰领导小组、“电厂送出”工程领导小组、治理车辆超限超载工作领导小组、网吧互联网上网服务营业场所专项整治工作领导小组、体育场地普查领导小组、金融稳定工作协调小组、市自来水有限公司资产及经营权转让项目领导小组、第二届中国国际农产品交易会和第二届江苏名特优农产品（上海）交易会淮安市筹备工作领导小组、国家大型优质商品粮基地建设领导小组、烟草制品零售管理工作领导小组、整顿和规范建筑市场领导小

组、市域供水规划编制领导小组、清理建设领域拖欠工程款和农民工工资领导小组、王元垃圾站卫生填埋场建设领导小组。

2005年，设普通高中课程改革工作领导小组、电厂送出工程领导小组（调整）、京杭运河续建两淮段“三改二”整治工程建设领导小组（调整）、经济开发区“富麦工业园”系列项目建设服务领导小组、专业技术人员职称改革领导小组（调整并更名）、非税收入改革领导小组、换发第二代居民身份证工作领导小组、苏北（淮安）国际商务中心区建设筹备工作领导小组、市经济开发区园区整体联动领导小组、民航机场前期建设领导小组、淮安经济开发区“红豆工业园”项目领导小组、市铁路建设领导小组、农村低收入人口统计调查工作领导小组、南水北调工程建设领导小组及征地拆迁安置协调办公室、金融征信系统建设领导小组、车用乙醇汽油推广工作领导小组、城市居民医疗统筹工作领导小组。

2006年，设市区开发区园区整体联动领导小组（调整）、第一届全民健身运动组织委员会、开发行金融合作领导小组、实施城市交通畅通工程领导小组（调整）以及清棉集团、金凤集团改制工作领导小组。设文化展示区规划建设领导小组、淮安市国家开发银行中小企业融资工作领导小组、清棉集团改制工作领导小组（调整）、盐化产业园区启动规划工作领导小组、里运河渠北洼地治理工程外资项目协调小组、农村新五件实事工作领导小组、银企合作信息网站建设领导小组、文化展示区拆迁稳定协调小组、西气东输淮安段管道保护领导小组、繁荣新村改造工作领导小组、治理车辆超限超载工作领导小组（调整）、江淮纺织有限公司稳定工作领导小组、鸿海集团投资项目服务领导小组、整顿和规范药品市场秩序专项行动领导小组、制定征地区片综合地价工作领导小组、盐化产业园区启动规划工作领导小组协调管理办公室、南北挂钩共建开发区工作领导小组、农村河道疏浚整治工程建设领导小组、民航机场前期工作领导小组（调整）、化工行业专项整治工作领导小组、盐河“五改三”整治工程建设领导小组、农民工工作领导小组、房地产市场监测分析协调领导小组、237省道淮安段工程建设领导小组、淮涟一级公路工程建设协调推进小组、金融稳定工作协调小组（调整）、电网建设领导小组、水库移民后期扶持工作领导小组、农村改厕工作领导小组、淮安经济开发区水厂污水处理厂建设服务领导小组、集中治理外挂汽车船舶领导小组。

2007年，设淮阴刘老庄重点帮扶工作领导小组，白马湖清障、退圩（围）还湖工作领导小组，名牌战略推进工作领导小组。设企业兼并破产协调小组以及清拖集团、清印集团、清棉集团、滨淮机械厂政策性破产工作领导小组。设市烟草管理工作领导小组（调整）、集中整治外挂汽车船舶领导小组（调整）、乡镇工业集中区建设工作领导小组。设宁淮挂钩共建开发区协调委员会、特钢产业物流园区推进工作领导小组、查处土地违法违规违纪案件专项行动领导小组、村企结对帮扶工作领导小组、建设工程质量管理年活动领导小组、市区旧城及城中村改造工作领导小组、第二次全市土地普查领导小组、“12319”建设事业服务热线协调小组、住宅小区创建国家康居工程工作领导小组、省区域灭火救援淮安应急中心建设领导小组（调整）、农村义务教育经费体制改革领导小组、市区饮用水源保护区污染源集中整治工作领导小组、污染源普查领导小组、使用正版软件领导小组（调整）、西安外国语大学淮安国际学院筹建工作领导小组、实施国家知识产权试点城市工作领导小组（调整）。

2008年，设中国最佳人居环境奖城市创建工作领导小组、国家级节水型城市创建工作领导小组、高科技产业发展和企业技术创新领导小组、干线公路建设工程领导小组、粮食增产高效示范片创建工作领导小组、砷污染应急处置工作领导小组、手足口病及肠道病毒感染性疾病防治控制工作领导小组、汶川抗震救灾支援领导小组及其办公室、农村饮用水安全工程领导小组、城市核心区市容景观提升“十二五工程”领导小组、电网建设领导小组（调整）、错峰用电领导小组（更名为有序用电领导小组）、生态商务旅游中心规划建设指挥部、富士康科技城三期及台玻项目报批领导小组、市属企业国有债权管理领导小组、盐河（杨庄—武障河）航道整治工程建设领导小组、地下水开采专项治理工作领导小组、2008苏台（淮安）经贸洽谈会淮安市筹委会办公室、西安外国语大学淮安国际学院筹建工作领导小组（调整）、无证照经营治理工作领导小组、农村小额贷款组织试点工作领导小组、住房公积金专项整治工作领导小组、出生人口性别比高问题专项治理工作领导小组、中心城市建设资金协调领导小组、奶站及规范奶站专项治理工作领导小组、大运河遗产保护和申遗工作领导小组、淮安民用机场工程建设指挥部、贯彻省转变经济发展方式的决定等七个文件工作领导小组、市直事业单位国有资产管理工作领导小组、债券融资工作领导小组、扩大内需促进经济增长领导小组、担保工作领导小组、南水北调截污导流工程建设指挥部、婴幼儿奶粉事件民事赔偿工作领导小组。

第三节　市政府驻外联络处、办事处

1985年起，市政府相继在北京、南京、上海等地设立办事处或联络处。此后，一些部门驻外地办事处也陆续增挂“市政府驻外办事处”的牌子。1993年1月28日，市政府明确，原由经协委代管的北京、南京、上海、广州办事处（联络处）以及由市经贸委代管的深圳联络处，收归市政府直接管理，后又设杭州联络处。2002年，撤销深圳办事处，保留驻北京、上海、南京、广州、杭州5个联络处（办事处）。

1985年12月，设立市政府驻北京联络处，称淮阴市人民政府驻北京联络处，准县级。1991年6月，更名为淮阴市人民政府驻北京办事处，准县级。2001年12月，更名为淮安市人民政府驻北京联络处，准县级。驻北京市北太平庄马甸4号楼江苏驻京办302室。

1985年，成立市政府驻上海联络处，称淮阴市人民政府驻沪经济技术联络处，准县级。1987年8月，改称为江苏省驻沪办事处淮阴联络处，准县级。1991年10月，改为淮阴市人民政府驻上海联络处，准县级。2001年4月，更名为淮安市人民政府驻上海联络处，准县级。驻上海市中山北一路1250号沪办1号楼12室。

1985年12月，设立市政府驻南京办事处，称淮阴市人民政府驻南京经济技术联络处，准县级。2001年3月，更名为淮安市人民政府驻南京办事处，准县级。驻南京市热河南路36号。

1986年2月，设立市政府驻杭州办事处，称淮阴市人民政府驻杭州经济技术联络处，准县级。2001年3月，更名为淮安市人民政府驻杭州办事处，准县级。驻杭州市环城北路57号。

1987年10月，设立市政府驻广州办事处，称淮阴市人民政府驻广州联络处，正科级。1990年，升格为准县级。1992年，改称为淮阴市人民政府驻广州办事处，准县级。2001年，更名为淮安市人民政府驻广州办事处，准县级。驻广州市广园新村景太直街41号。

第四节　政府领导名录

1983年5月，淮阴市第一届人民代表大会选举产生第一届市人民政府。2008年1月，淮安市第六届人民代表大会第一次会议选举产生第六届市人民政府。其间，共有9人相继担任市长，42人先后担任副市长，6人先后担任秘书长。

1983—2008年淮安市历届市长、副市长、秘书长更迭情况表

表13-2

届次	职务	姓名	籍贯	任职时间
第一届 1983.05—1988.01	市　长	高德正 徐　燕（女）	江苏江阴 江苏南通	1983.03—1984.09 1984.09—1988.01
	副市长	徐志球 王桂林 张步甲 厉步高 徐　俊 李挺华 张恒顺 黄　冰 姜立宽 黄天汉 徐　乾	江苏南通 江苏涟水 江苏建湖 江苏涟水 江苏涟水 江苏常州 江苏宿迁 江苏南通 江苏江都 江苏南通 山东济南	1983.03—1986.05 1983.03—1984.08 1983.03—1988.01 1983.03—1986.05 1983.03—1984.08 1983.03—1988.01 1984.08—1988.01 1986.03—1987.06 1986.05—1988.01 1986.05—1988.01 1986.05—1988.01
	秘书长	刘　彬 黄学楷	江苏仪征 江苏仪征	1983.03—1986.02 1986.02—1988.01
第二届 1988.01—1993.03	市长 代市长 市长 代市长	徐　燕（女） 姜立宽 姜立宽 赵少麟	江苏南通 江苏江都 江苏江都 山西原平	1988.01—1989.10 1989.10—1990.03 1990.03—1992.10 1992.10—1993.03
	副市长	张步甲 张恒顺 姜立宽 黄天汉 徐　乾 奚铁男 周　迅（挂职） 李国平 苏金必 徐仲林	江苏建湖 江苏宿迁 江苏江都 江苏南通 山东济南 江苏江阴 江苏无锡 江苏武进 江苏洪泽 湖北黄冈	1988.01—1993.02 1988.01—1991.03 1988.01—1989.10 1988.01—1993.03 1988.01—1993.03 1988.01—1993.03 1992.05—1993.03 1989.10—1993.03 1991.03—1993.03 1992.12—1993.03
	秘书长	黄学楷	江苏仪征	1988.01—1993.03

续表13-2

届次	职务	姓名	籍贯	任职时间
第三届 1993.03—1998.01	市　长	赵少麟	山西原平	1993.01—1995.05
	代市长	赵学凤	江苏洪泽	1995.05—1996.02
	市　长	赵学凤	江苏洪泽	1996.02—1997.12
	代市长	陈从亮	江苏泗阳	1997.12—1998.01
	副市长	黄天汉	江苏南通	1993.03—1998.01
		奚铁男	江苏江阴	1993.03—1998.01
		周迅（挂职）	江苏无锡	1993.03—1994.03
		李国平	江苏武进	1993.03—1994.09
		徐仲林	湖北黄冈	1993.03—1995.05
		苏金必	江苏洪泽	1993.03—1998.01
		姜映梅（女）	江苏六合	1993.03—1996.11
		沈澍东（挂职）		1994.07—1996.09
		朱慈尧	江苏泗阳	1995.09—1996.09
		王惠荣	江苏淮安	1995.09—1998.01
		李慧秋（女）	上　海	1996.03—1998.01
		戎柏林（挂职）	江苏常州	1996.09—1997.11
		顾观成（挂职）	江苏苏州	1996.11—1998.01
		蒋洪喜	江苏淮阴	1998.01—1998.01
	秘书长	黄学楷	江苏仪征	1993.03—1993.05
		赵尔熏	四川成都	1993.05—1998.01
第四届 1998.01—2003.01	市长	陈从亮	江苏泗阳	1998.01—2002.12
	代市长	李继平	江苏南京	2002.12—2003.01
	副市长	黄天汉	江苏南通	1998.01—2000.09
		奚铁男	江苏江阴	1998.01—2001.02
		苏金必	江苏洪泽	1998.01—2003.01
		朱慈尧	江苏泗阳	1998.01—1998.08
		王惠荣	江苏淮安	1998.01—2001.03
		李慧秋（女）	上　海	1998.01—2003.01
		顾观成（挂职）	江苏苏州	1998.01—1999.03
		蒋洪喜	江苏淮阴	1998.01—2000.12
		韩　波	江苏淮安	2000.01—2003.01
		吴洪彪	江苏淮安	2000.12—2001.05
		丁大卫	江苏锡山	2001.02—2002.12
		陈　杰	江苏淮安	2001.07—2003.01
		李荣荣（女）	江苏阜宁	2002.01—2003.01
		王向明	山东郯城	2001.09—2003.01
	秘书长	赵尔熏	四川成都	1998.01—1998.03
		徐应生	江苏宝应	1998.09—2002.12
		漆冠山	江苏沭阳	2002.12—2003.01
第五届 2003.01—2008.01	市　长	李继平	江苏南京	2003.01—2005.01
	代市长	樊金龙	江苏太仓	2005.01—2005.01
	市　长	樊金龙	江苏太仓	2005.01—2008.01
	副市长	王向明	山东郯城	2003.01—2006.08
		李荣荣（女）	江苏阜宁	2003.01—2006.11

续表 13-2

届次	职务	姓名	籍贯	任职时间
第五届 2003.01—2008.01	副市长	韩　波	江苏洪泽	2003.01—2004.09
		陈　杰	江苏淮安	2003.01—2005.06
		周云飞	江苏海门	2003.01—2006.05
		陆长苏（女）	江苏泗洪	2003.01—2008.01
		朱毅民	江苏常熟	2003.01—2008.01
		刘友超	江苏淮安	2004.05—2008.01
		高雪坤	江苏锡山	2005.04—2008.01
		俞　军	江苏扬州	2006.08—2008.01
		王友富	江苏淮安	2006.08—2008.01
		史国君	江苏常州	2006.05—2007.07（挂职）
		史国君	江苏常州	2007.07—2008.01
		左锁粉	江苏金坛	2006.08—2007.03
	市长助理	倪兴余①	江苏靖江	2007.03—2008.01
	秘书长	漆冠山	江苏沭阳	2003.01—2008.01
第六届 2008.01	市　长	樊金龙	江苏太仓	2008.01—2008.04
	代市长	高雪坤	江苏昆山	2008.04—2008.12
	副市长	高雪坤	江苏昆山	2008.01—2008.04
		俞　军	江苏扬州	2008.01—2008.04
		陆长苏（女）	江苏泗洪	2008.01—
		朱毅民	江苏常熟	2008.01—
		刘友超	江苏淮安	2008.01—
		史国君	江苏宜兴	2008.01—
		戚寿余	江苏洪泽	2008.01—
		王向明	山东郯城	2008.04—
		倪兴余	江苏靖江	2008.11—
		陈洪玉	江苏洪泽	2008.12—
	秘书长	漆冠山	江苏沭阳	2008.01—2008.03
		窦立夫	辽宁绥中	2008.03—

第二章　重要会议

第一节　市政府组成人员会议

根据市政府工作规则，市政府组成人员会议也称市政府全体会议，由市长、副市长、秘书长、

① 倪兴余，2018年8月以受贿罪获刑10年6个月。下同。

各委员会主任、各局局长组成。必要时，请市政府各直属机构和单位主要负责人、各县（区）常务副县（区）长、市委各有关部委办负责人、市人大常委会办公室、市政协办公室、市法院、市检察院、各民主党派、工商联、人民团体负责人以及无党派人士列席。市政府组成人员会议由市长或由市长委托负责常务工作的副市长召集和主持。会议的主要任务是：传达贯彻党中央、国务院、省委、省政府和市委的重要指示、决定以及市人民代表大会及其常委会的决议、决定，部署市政府重要工作、通报情况，协调各部门工作，讨论其他需要市政府全体会议讨论的事项。市政府组成人员会议一般每半年召开1次。

1983—2008年，历届市政府共召开全体会议41次。其中，1983—1987年，第一届市人民政府召开全体会议6次；1988—1992年，第二届市人民政府召开全体会议9次；1993—1997年，第三届市人民政府召开全体会议8次；1998—2002年，第四届市人民政府召开全体会议5次；2003—2007年，第五届市人民政府召开全体会议12次；2008年，第六届市人民政府召开全体会议1次。

第二节　市政府常务会议

根据市政府工作规则，市政府常务会议由市长、副市长、秘书长组成，市政府副秘书长列席会议。根据需要安排市政府有关部门、直属机构（单位）以及有关县（区）主要负责人列席。必要时，邀请市委有关部委办局、市人大常委会办公室、市政协办公室、市法院、市检察院及人民团体负责人参加。出席会议的市长、副市长、秘书长应达到应出席会议的一半。市政府常务会议由市长或由市长委托负责常务工作的副市长召集和主持。会议的主要任务是：讨论决定市政府工作中的重大事项以及政府投资项目的建设规划等，讨论通过向市人民代表大会及其常委会的工作报告和议案，讨论通过向省政府报告或请示的重要事项，讨论通过由市政府发布的规范性文件以及其他重要文件，听取市长、副市长和市政府其他部门的重要工作情况汇报，讨论决定市政府各部门和各县（区）政府请示市政府的重要事项，传达和研究贯彻国务院召开的全国性工作会议或省政府召开的全省性工作会议精神、通报和讨论市政府其他事项。市政府常务会议一般每1～2周召开一次。

1983—2008年，历届市政府共召开常务会议419次。其中，1983—1987年，第一届市人民政府召开常务会议72次；1988—1992年，第二届市人民政府召开常务会议89次；1993—1997年，第三届市人民政府召开常务会议118次；1998—2002年，第四届市人民政府召开常务会议68次；2003—2007年，第五届市人民政府召开常务会议64次；2008年，第六届市人民政府召开常务会议8次。

第三节　市长办公会议

根据市政府工作规则，市长办公会议由市长或由市长委托负责常务工作的副市长召集并主持。主要研究、处理市政府日常工作中的重要问题。可根据需要不定期召开。

1983—2008年，历届市政府共召开市长办公会议814次。其中，1983—1987年，第一届市人民政府召开市长办公会议169次；1988—1992年，第二届市人民政府召开市长办公会议133次；1993—1997年，第三届市人民政府召开市长办公会议280次；1998—2002年，第四届市人民政府召开市长办公会议204次；2003—2007年，第五届市人民政府召开市长办公会议13次；2008年，第六届市人民政府召开市长办公会议15次。

第四节 市政府工作会议

根据市政府工作规则，市政府工作会议又称市政府专题会议。主要研究、协调市政府工作中的具体问题，由市长或由市长委托负责常务工作的副市长召集并主持。根据需要不定期召开。

1983—2008年，历届市政府共召开工作会议1166次。其中，1983—1987年，第一届市人民政府召开工作会议54次；1988—1992年，第二届市人民政府召开工作会议49次；1993—1997年，第三届市人民政府召开工作会议69次；1998—2002年，第四届市人民政府召开工作会议198次；2003—2007年，第五届市人民政府召开工作会议701次；2008年，第六届市人民政府召开工作会议95次。

第三章 施政方式

第一节 决策机制

1984年，《淮阴市政府工作报告》要求政府各部门主要领导干部必须发扬实事求是、密切联系群众的优良传统，深入调查研究，按经济规律办事，反对不切实际、不尊重科学的瞎指挥。

1988年8月，《淮阴市人民政府工作规则》出台，强调提高政府工作的透明度，规定“市政府对每个时期人民群众关心的重大问题和社会经济发展中的重要情况，要通过新闻发布会、形势报告会、座谈会、市长同群众对话等形式，定期发布，形成制度”，要“通过各种宣传工具，加强对政务活动的报道，使群众了解情况”。这些制度在实践中不断得到完善。2001年，市政府发布《决策听证暂行办法》。

2005年修订的《淮安市人民政府工作规则》引入全新的现代决策理念，提出建立群众参与、专家咨询和政府决策相结合的决策机制，完善重大决策规则和程序，实行依法决策、科学决策、民主决策。根据《淮安市人民政府工作规则》，市政府决策范围和内容由过去专注于计划、命令、事无巨细、高度集中逐步向着眼经济社会发展大局，抓大放小、重视重大事项和宏观调控转变。主要包括：全市中长期经济社会发展战略的确定和调整，年度国民经济和社会发展计划的确定和调整，年度财政预算的确定和调整，工业、农业、城建、商贸、旅游、科教文卫等重大项目的确定和调整及其资金安排，土地、水文等有限资源的大规模开发利用，涉及生态环境保护、历史文化名城保护等各类重大建设项目的确定和调整，重大改革措施的出台，全市总体规划、分区规划、各类专业规划、大规模城市改造规划或重要街区、路段改造规划的确定和调整，重要街区、路段、道口的绿化、美化、亮化方案以及新改扩建单体建筑物、住宅小区布局、造型设计、色彩等方案的确定和调整，环境功能区划和自然保护区域的确定，对影响环境和危及人身的特定物品和动物采取的禁止或限制性措施，为保护公共安全和公共利益、维护社会治安和社会稳定采取的全市性长期限制措施，涉及全市性需长期限制的交通管制措施，直接关系公共利益的特定行业的市场准入，关系群众切身利益的重要公用事业价格、公共服务价格的确定和调整，重大社会保障、福利措施的制定，市属国有企事业单位的改制与重组，须由市政府决定的奖励和处分决定事项，法律法规规定的以及与群众切身利益密切相关的其他重大事项。上述诸种重大事项，均需由市政府常务会议或市政府全体会议按法定程序讨论决定，方可实施。

2006年，制定印发《淮安市行政听证程序规定》及其《实施细则》，建立与群众利益密切相关事项决策前听取公众意见制度和专家咨询论证制度。2006—2008年，先后成立市区市政公益项目投资评估委员会、招投标专家咨询委员会和市政府法律顾问团。2008年，淮安市《政府工作报告》强调，要“更加注重科学决策，坚持用制度管权、管事、管人，建立健全决策权、执行权、监督权既相互制约又相互协调的权力结构和运行机制，完善重大决策的民主程序，健全社情民意反映机制，完善与群众切身利益相关的重大事项社会公示、听证和专家咨询制度，努力提高政府决策的公开透明度和公众参与度”，决策的民主化和透明度进一步强化。

第二节　行政审批

1990年后，越来越多的境内外投资者到淮阴市投资创业，名目繁多的行政审批程序制约经济发展。淮安市政府及时转变政府职能，改变行政审批程序，简化办事程序，创造良好环境，更好地引进境内外企业和个人，投资兴业，推动经济社会发展。此外，出台土地税收等相关优惠政策，行政措施开始向企业倾斜。

1997年10月，市政府出台文件，公布第一批27项向企业的行政事业性收费项目，对面向企业的行政事业性收费作出规定。2000年，对市政府71个部门原有的902个行政审批项目进行清理，对非政府职能和法律法规明确属于企业自主权或已属于企业行为的审批事项坚决取消。行政审批项目减幅53%，居全省之首，为改革行政审批制度奠定基础。当年2月，成立主要为外商投资项目服务的招商项目审批服务中心，市直26个部门进入，实行“一个窗口受理，一站式办公，一条龙服务”，扎口受理市区和市管的外来投资项目的审批，集中办理审批手续。2001年11月，根据市委全市改革工作会议提出的“改革行政审批制度，切实转变政府职能”的要求，成立市行政审批制度改革工作领导小组。出台《淮安市人民政府关于行政审批制度改革工作的实施意见》，要求对不符合政事和政企分开原则、妨碍市场开放和公平竞争以及实际上难以发挥有效作用的行政审批事项坚决予以取消，用市场机制代替的行政审批事项通过市场机制运作；对于确需保留的行政审批事项，建立健全监督制约机制，做到审批程序严密、审批环节减少、审批效率明显提高，行政审批责任追究制得到严格执行。

2002年，针对招商项目审批服务中心工作，印发《关于明确审批事项责任的通知》，进一步明确服务中心窗口部门职责，规范项目审批工作。当年7月，在招商项目审批服务中心基础上成立淮安市行政审批服务中心。市政府印发《淮安市行政审批服务中心窗口部门设置方案》《淮安市行政审批服务中心管理办法》，明确进入中心的28个部门118个窗口218类审批事项的审批原则、办事制度及联审办法。同年9月2日，行政审批服务中心在市区工农路1号正式挂牌运行。中心为市政府派出正处级行政机构，负责对市级行政审批项目的集中办理进行组织协调、监督管理和指导服务。在运作模式上，实行与经济发展特别是企业生产经营及民生关联度大、审批程序复杂、审批弹性较大、收费较多的主要审批事项能进则进的原则，25个有许可职能的部门、134项许可事项进入中心办理，分别占行政许可主体和市级行政许可事项的45.5%和41.7%。中心对所有项目提供绿色通道服务，实行全天候预约办理、快速办理、特事特办和全程帮办。行政审批制度改革从理论变为实践，并具备科学、规范、公开、透明的工作运行机制。

2003年，连续对市级政府部门实施的各种审批、批准、许可、资质认可、核准、同意、登记、年审、备案、鉴证、注册，以及其他类似的1155项行政许可行为进行三轮全面清理，使审批项目减少到369项，减幅为68%。市级行政审批实体和程序进一步规范，审批环节进一步精简，审批效率进一步提高。

2004年，依法调整或取消行政审批项目321个。2005年，市经贸委、工商、环保、药监、城管、气象、规划、人防、地震、外经贸、质监、公安、房管和国税14个部门授权到审批中心办事窗口，实现“一站式办结”。除踏勘、会审、论证、调查等不宜在中心办理的环节，其余134个许可项目涉及的178个环节授权问题均得到解决。

至2008年，进入审批中心集中办公的部门有39个，其中市级许可部门29个，区级并联许可部门4个，与许可事项并联的服务部门6个。中心设立办事窗口105个，窗口工作人员160人。进入中心的市级审批项目减少为190项。涉及39个市级部门的190个行政审批事项平均承诺时限再压缩30%。

第三节　依法行政

1987年开始，市政府邀请市知名法律人士作为市政府长年法律顾问，增强依法行政意识。每年年初，市政府都印发依法行政工作要点，对全年依法行政工作提出要求，明确年度依法行政工作目标，并建立依法行政工作考评体系，定期对依法行政工作进行考核。加强政府法制机构和队伍建设，明确市政府法制办主任列席政府常务会议，发挥政府法制机构在依法行政方面的参谋、助手和法律顾问作用。1988年，《淮阴市人民政府工作规则》对推进依法行政、依法履行政府职能、实行科学民主决策和加强行政监督等提出具体要求和行为规则。1992年《市政府工作报告》明确指出，要严格依法行政，增强全局观念和法制观念，注重政府工作的规范化建设，坚决纠正和克服以言代法的现象。

1994年，市政府印发《淮阴市行政执法监督管理办法（试行）》，在全市实行行政执法证制度。要求严肃行政执法，保证法律法规的正确实施，对行政执法主体特别是接受委托或授权进行执法的组织进行资格认定和审查，明确政府及其所属部门的执法范围、执法权限和执法责任。1995年，所有行政执法人员持证上岗、依法行政、依法管理，并由市政府常务会议审议确认且公布市级机关行政执法主体、执法依据及执法权限。1997年，制定印发《淮阴市人民政府1997—2000依法治市规划》，提出依法治市工作的指导思想、奋斗目标、基本任务、具体要求、实施步骤和主要措施，提出要使政府管理从主要依靠行政手段向主要依靠法律手段转变，强调政府各部门建立依法行政、依法管理机制，制定执法规范，提高依法行政、依法管理水平，自觉接受社会各方面的监督制约。修改完善《淮阴市行政执法监督管理办法》，对市直150多个部门单位行政处罚主体资格进行认证，公布117个行政处罚实施机构，清理从事行政处罚的临时人员，核发省政府统一制定的行政执法证。

1998年，成立以市长为首的市执法责任制领导小组，并明确各级政府和单位主要负责人为依法行政第一责任人。市政府印发《关于贯彻〈中华人民共和国行政处罚法〉的通知》，在全市依法清理实施行政处罚的主体，结合有关法律、法规，对市级行政执法主体单位及其行政许可项目进行审核清理，建立健全行政处罚的规范化程序和工作制度。1999年，印发《关于进一步推行行政执法责任制工作的通知》和《淮阴市行政执法责任制考评办法》，审定市政府26个部门行政执法实施方案，正式建立行政执法责任制。2000年，市政府出台《进一步搞好依法行政责任制的意见》和《关于实行罚款决定与罚款收缴分离的通知》，进一步规范依法行政工作。制定《申报城市管理行政处罚权相对集中试点方案》，成立市相对集中行政处罚权试点工作领导小组。2001年年底，正式组建统一建制的城管行政执法队伍，市城市管理行政执法局也正式成立，建立“一支队伍，分级管理”的城市管理体制，行政处罚权相对集中试点成功，促进全市城市管理行政执法的法制化、规范化、有序化。

2002年机构改革后，再次对行政执法主体进行资格认定，停止化学危险品管理办公室、酒类市场管理办公室、煤炭管理审查办公室、生猪屠宰管理监督执法大队等多个临时执法机构。2003年，市政府印发《淮安市依法行政工作目标管理意见》，通过考核，确保依法行政措施落到实处。出台《淮安市重大行政处罚备案审查办法》，完善行政执法监督机制。在指导涟水县、金湖县完成城市管理行政处罚权相对集中试点后，通过调研论证，相继对全市8个县（区）城市管理相对集中行政处罚权工作提出指导意见。全市城管系统通过实施相对集中行政处罚权，打造淮安“和谐城管”的品牌。

2006年，市政府出台《关于建设法治淮安，推进依法行政的实施意见》，进一步明确依法行政的指导思想和基本目标、重点工作任务以及推进依法行政的主要措施。印发《淮安市人民政府行政问责暂行办法》，规定问责对象、问责事项、问责程序、问责方式，为全面推进依法行政，强化行政责任，提高行政效率，确保政令畅通，建设效能政府提供规范。印发《淮安市全面推进依法行政执法责任制实施方案》《淮安市行政执法评议考核规定》《淮安市行政执法过错责任追究办法》，对市直部门和单位的执法依据、执法权限、职权分解以及执法流程等进行深入、过细地梳理、审核，并依据市政府文件进行确认。梳理74个市级行政执法主体单位的执法权限和有效行政执法依据，其中法定行政执法机关49个，法律、法规授权组织25个。共梳理出有效执法依据1758部，行政执法权8093项。在媒体进行公布的同时，明确规范各自的“三表、一图、一证”（行政执法依据汇总表、行政执法权统计表、行政执法机关内部职权分解表、行政执法权运行流程图、行政执法主体资格证），促进依法行政和规范执法。

2007年3月，印发《关于公布市级行政许可主体单位行政许可项目的通知》，公布40个行政许可主体单位、230项行政许可项目，并明确其执法依据、执法权限，强化执法责任制，推进依法行政和政务公开，规范执法行为。市政府印发通知，共7个方面、30条创建标准，计划在5年内推动53个行政执法部门有计划、分批次地创建成市级以上依法行政示范单位，进而带动全市依法行政执法单位的创建达标活动。是年年底，经考核验收，淮阴、金湖、洪泽3个县（区），淮阴区丁集镇、涟水县陈师镇2个乡镇，市国家税务局、市交通局、淮安工商行政管理局3个行政执法部门及淮阴地方税务局、金湖工商行政管理局、金湖县质量技术监督局、金湖县地方税务局、洪泽县水利局、洪泽食品药品监督管理局、涟水县公安局、盱眙国家税务局8个县级行政执法部门被省依法行政工作领导小组确认为省级依法行政示范点。

2008年，市政府出台《关于组织开展“开放型依法行政示范点”创建工作的通知》，提出“一切向社会公开，一切让社会监督，一切由社会评判”的创建要求和“首要环节是亮证执法，重点环节是有据执法，核心环节是公开执法，中心环节是文明执法，关键环节是强化监管，最终环节是过错追究”的创建要点，并命名市公安局、市规划局等49个首批“市级依法行政示范单位”。是年8月，召开全市规范行政处罚自由裁量权工作会议，出台《淮安市关于规范行政处罚自由裁量权的若干意见》，要求全市各类执法机关在坚持低限处罚的原则下，按照“分档量化”原则，建立行政处罚自由裁量权基准。督促指导10个重点执法部门规范行政处罚自由裁量权工作，解决疑难问题，推进工作进度。2008年年底，全市有15个部门基本完成行政处罚自由裁量权标准细化工作，其余部门都着手梳理行政执法依据，确定规范项目。

第四节　政务公开与督查

一、政务公开

1987年起，根据中共十三大提出的实行“厂务公开、村务公开、政务公开”要求，淮阴市政府逐步确立公开办事制度原则。1988年8月，出台《淮阴市人民政府工作规则》，规定市政府要通过新闻发布会、形势报告会、座谈会、市长同群众对话等形式，定期发布每个时期人民群众关心的重大问题和社会经济发展中的重要情况，形成制度。政府自觉接受人大及其常委会的法律监督和工作监督，接受政协及各民主党派、工商联及群众团体的民主监督，重要工作向市人大、政协通报。至1989年，市政府先后就计划物资分配、党政干部建私房、干部下基层就餐、企业和个体工商户注册登记收费、农贷发放、二孩审批和超生费管理、招工、招干、招生、政府财务收支等事项公开办理和监督，出台一系列制度，就公开内容、办理程序、有关政策、原则、条件与要求、标准、公开办法、监督渠道等作出明文规定，使事关国计民生和党政干部形象的重大事项全部置于社会、群众和舆论的监督之下，形成“两公开、一监督”制度（公开办事原则、公开办事程序、接受人民群众监督）和“公开、公平、公正”原则。

1998年9月18日，市政府印发《关于推行乡镇政务公开的意见》，在全市乡镇实行政务公开。同时提出建设“阳光政务”，强调政务公开运行。2001年，市政府开通市长公开电话。2001年后，从“关注民生、服务发展”着手，开展“政（行）风热线”活动，有关政府部门和行业主管部门走出去、下基层，现场受理群众投诉和各类咨询，处理或会办相关问题，在电台、电视台同步直播，后发展为在政府门户网站直播。2002年，成立市行政审批服务中心，实行一站式审批，一条龙服务，窗口式办文，阳光下操作。在行政审批服务中心公开行政许可、公共服务等事项，在各服务窗口公布部门分管领导、窗口负责人姓名及联系方式，窗口受理事项的项目名称、法律依据、申请条件、办理程序、承诺时限、收费依据、收费标准以及与受理事项相关信息，设立或调整服务事项的行政决定或公告，本部门制定的与窗口服务有关的办事制度、服务规范、管理制度以及其他应当公开的事项。

2002年后，淮安市建成市政府门户网站"中国淮安"网（www.huaian.gov.cn），推进电子政务，逐步增加网上审批、查询、交费、办证、咨询、投诉、求助等服务项目，加大政务资源开发力度，建成政务动态信息库、政务法规信息库、网上政务大厅和行政权力运行平台、行政监察平台、政府法制监督平台，政务动态、政府部门职能、办事程序等都在网上公布，向社会开放，为公众服务。

2003年，市政务公开工作领导小组成立，并相继推出一系列措施，推行项目公开招投标和建设用地公开挂牌拍卖以及"阳光计生"行动等。2004年，筹备组建招标投标管理办公室和招标投标交易中心，对各类行政事业性收费实行全面公示。2005年，出台《市区政策性商品房安置供应实施办法》《市政府投资项目实行代建制暂行办法》《关于其他申请再生育一个孩子的特殊情形的通知》。2006年，市委、市政府出台《关于进一步深化政务公开工作的意见》，对各类应该公开的行政管理和公共服务事项，除涉及国家秘密和依法受到保护的商业秘密、个人隐私之外，都按照规定的制度和程序以及事前公开、事中公开和事后公开相结合原则，采用方便、快捷的方式，及时如实公开，实行阳光操作，接受群众监督。是年11月，市政府及其部门全面编制《政务公开目录》，并以此为基准，围绕行政决策、执行、监督的程序、方法、结果等事项，适时公开政务并不断拓展公开内容，同时要求学校、医院及水、电、气、公交等公用事业单位及时公布办事程序、办事时限、办事纪律、收费标准和服务承诺等事项。此外，探索通过听证和专家咨询、论证，以及邀请群众参加政府有关会议等形式，对行政决策的过程和结果予以公开。

2007年，市政府制定印发《淮安市招标投标市场管理监督暂行办法》。通过政报、政府公报、政务公开栏，公开办事指南和其他政务，使政府决策和涉及群众切身利益和社会普遍关注的部门工作得以在阳光下运行操作。是年，制定印发《淮安市行政听证程序规定》，使行政听证制度化。2008年，市级政府部门92项职权、市直59个部门3700多项职权全部编制流程并上网公示，出台《进一步简化办事程序，提高服务效能的若干规定》，并在网上受理各类权利事项，单项行政事项平均办结时限缩短至2.1天，逐步形成行政权力网上公开透明运行体系。设立市长电子信箱，市长定期走进政府网站，和网民直接对话，打造"阳光亲民政府"。建立网上信息查收、办复、归档制度，推进政务公开工作。是年，市政府建立新闻发布制度，并设立专职新闻发言人，及时向公众介绍相关情况。

二、政务督查

1983年，淮阴市政府没有设立专门的政务督查机构，由各条线设立科室承担督查任务，围绕克服官僚主义、改进工作作风、提高办事效率、增强同人民群众联系等要求，开展相关督查工作。根据市政府具体工作部署，突出办文和具体事项落实，采取电话催办、上门催办和协调服务等方式，推动落实政府有关工作。

1990年，市政府在办公室专门成立总值班室，负责全市督办查办工作。编印印发《查办督办工作手册》，从拟办、立项到办理、反馈、结案、归档，逐步制定和完善督查工作制度和程序。同年12月，首次召开政府机关查办督办工作会议，对开展政务督查工作提出要求。1993年7月，在市政府办公室成立督查科，督查工作开始步入正轨。1995年，市政府印发《关于进一步加强政务系统督查工作的通知》，明确督查工作的任务、网络建设、制度、方法、自身建设等相关要求。在所属县（市）、区政府办公室和市直部门明确督查工作联络员，督查工作网络初步形成，督查事项立项、督查情况反馈与通报、督查转报、督查例会、督查考核等制度逐步建立。依据市政府全年工作重点、市政府常务会议议定事项、群众关心的热点问题等，细排督查方案，使督查工作更细更实，更加深入。创办《督查专报》,推进督查工作规范化。制定《淮安市督促检查工作暂行规定》,规范和强化政务督查。

2005年9月26日,淮安市在市政府办公室督查处基础上成立市政府督查室。2007年,制定《市政府政务督查工作细则》,规范督查工作范围、程序和纪律,明确督查工作要求、工作网络,增强督查工作的规范性和严肃性。由督查室牵头组织政府系统督查工作,指导政府各部门及县(区)政府督查机构工作,督促检查市政府重大决策和工作部署的贯彻落实情况,督促检查市政府会议议定事项落实情况及市政府主要领导重要指示、批示和交办事项落实情况,组织协调和督促检查省、市人大代表,政协委员建议、提案办理工作以及市政府领导交办的其他事项。

第四章　施政纪要

第一节　经济体制改革

一、农村经济体制改革

(一)家庭联产承包责任制

20世纪70年代末,淮阴地区农村出现多种形式生产责任制。其中,泗洪县上塘人民公社党委支持农民群众要求,在全省率先实行包产到组、包产到劳、包产到户的计酬责任制,人均分配比1976年增加4倍半。1979年春,《人民日报》发表通讯《春到上塘》予以报道。淮阴地区行署重视上塘的成功尝试,在地委支持下,对以上塘为代表的联产承包责任制典型采取保护态度。1983年年初,市政府提出进一步完善包干到户责任制的意见和包干到户责任制试行办法。至1983年年底,全市农村全部实行家庭联产承包责任制,即“大包干”,后统称为“统分结合双层经营责任制”。1984年,全市全面实行“分田到户”和土地分等定级承包,土地全部分给农民承包种植,承包期为15年以上,农田林木随田承包,宅基地、自留地、饲料地一律不动,农民对土地只有使用权,不准买卖,但允许和鼓励土地转包,可跨地区承包、可请雇工。同时,将“大包干”制度扩大到林、牧、副、渔各业,放宽开发型产业政策,鼓励农民对荒地、荒山、荒水、荒滩进行开发性承包,承包期30年到50年。1998年,实施土地承包期延长30年不变的二轮承包改革工作,家庭联产承包责任制进一步完善和巩固。

(二)“政社合一”体制改革

1983年,根据中央实行“政社分设”的决定,市委、市政府印发《关于政社分设工作的意见》。经试点,全市286个人民公社建立286个乡级人民政府和同级人民公社经济管理委员会,实行“政社分设”;5111个生产大队建立村民委员会和生产大队经济管理委员会,45920个生产队均建立村民小组。人民公社经济管理委员会下设经营管理站、农业公司、工业公司和商业公司,管理经济事务。“政社分设”后,由于党、政、企职责不明,党政包办现象严重,人民公社经济管理委员会职能逐步弱化。1985—1986年,各地相继取消人民公社经济管理委员会,各地乡级人民政府在地方社会行政管理职能之外承担起组织生产、发展经济和提供各种服务的职能，人民公社经济管理委员会进而被取消，“政社合一”的农村人民公社组织不复存在。

（三）新经济联合体

随着土地承包制实施和农村经济政策放宽，农村各类新经济联合体大批涌现。1986年，新经济联合体发展到608个，为农村经济发展增加新的活力。1987年，市政府在淮阴县袁集乡开展农村经济合作组织试点，乡成立合作经济联合会，行使“生产服务、管理协调、资金积累”职能；村成立经济联合社，以服务为宗旨，行使“经营指导、管理协调、资金积累”职能。在乡合作经济联合会和村经济联合社的领导和扶持下，各种专业经济合作组织在全市逐步推开。其中，遍及全市各地的农村合作基金会对农村经济带动作用、影响最大。1987年前后，各地相继建立合作基金会，以利息略高于银行的方式吸纳股金和农民存款。1993年，全市各级基金会筹集资金1.9亿元。至1994年年底，全市有258个乡镇建立合作基金会，市和清河、涟水、金湖等8个县（市、区）建立联会，当年筹集资金2.5亿元，累计投放资金3.3亿元。1995年后，由于外部环境恶劣、自身管理不善，农村合作基金会逐步走向衰败，“高息揽储”行为有所收敛。20世纪90年代中期，农村合作基金会演变为基层党政“小金库”，相当一部分地方组织为发展政绩，随意调用基金会资金，坏账不断增多。1999年5月，农村金融机构整顿，农村合作基金会实行只收不贷，基本停止运营，渐而退出农村经济领域。其中，乡村集体借贷的款项绝大部分难以收回，由国家和地方财政每年拿出一定资金，逐年兑付原高额吸纳的股份和集资款。2005年，市政府制定出台《加快发展农民专业合作组织的意见》。全市各级农民专业合作组织农业产业化龙头带动作用明显增强。2006年，发展各类农民合作经济组织836个，吸纳成员12.2万人，其中年营业额1000万元以上合作组织30个；创建省级“四有”（有组织制度、有合作手段、有较大规模、有明显效益）合作经济组织4个，市级“四有”合作经济组织26个。至2008年年底，全市建立各类农民合作组织3093个，其中专业合作社2908个，新增农民合作组织数量居全省第一。

二、企业改制与转换企业机制

1983年，淮阴市政府成立后，根据国家和省有关方针、政策，对各类企业体制和机制进行改革，前后经历放权让利、改革管理方式和体制、改革产权制度、改革劳动关系四个阶段。

（一）第一阶段（1983—1987年）

这一阶段以放权让利改革为重点。1983年，市政府制定简政放权100条规定，全市97家企业先后实行厂长（经理）负责制。1984年10月，市政府正式成立经济体制改革领导小组，印发扩大企业自主权的有关文件以及进一步搞活经济的八点意见，对国营企业进行第二步“利改税”改革，在企业内部推行并完善以承包为中心的多种形式经济责任制，并进行厂长、经理负责制试点。在小型企业实行“一包三改”（经营承包，改干部任免制为选聘制、改工人录用制为合同制、改工资固定制为浮动制）。同年12月，清江电子厂、清江罐头厂、清江橡胶厂、市第二建筑公司实行企业改革。1985年1月，淮阴市颁布文件，分别从计划、物资、技改、劳动、价格、信贷等方面对企业“放权”，制定推行经济责任制若干政策，在企业内部实行厂长负责制，健全内部经济责任制，推行计件工资、超定额计件工资、销售承包责任制和原材料、燃料节约奖制度。至1987年，在全市426家国有企业中，实行厂长（经理）负责制的占79.6%。大中型企业中实行多种形式经济承包责任制的占81.6%，县属以上全民企业有509家实行承包、租赁等形式改革，占总数的83%，75%以上企业实现不同形式浮动工资制，小型国有企业改成集体经营、租赁或个人承包的占2.4%，企业活力大增。

（二）第二阶段（1987—1993年）

这一阶段以改革管理方式和体制为重点。1987年，以“三改一联”（改革产销制度、改革用工制度、改革分配制度，实施横向联合）为重点，对企业实施第一轮承包，推动企业改革向纵深发展。1988—1989年，先后出台《关于试行企业全员资金抵押承包的意见》《实行竞争招标、招聘经营者的规定》等7个文件，并提出企业体制改革的五项要点，即完善企业承包制，建立竞争机制；开展和完善全员风险抵押承包，强化风险机制；改进工效挂钩办法，完善激励机制；以搞活分配为重点，深化企业内部改革，优化分配机制；组建企业集团，推进企业兼并，促进生产要素的优化。1990—1991年，颁布《关于大中型企业综合改革试点暂行方案》《关于在流通企业进行“四放开”改革试点的意见》等文件，推行第二轮承包，选择12家大中型企业和5家流通企业进行试点。重点从改革领导体制入手，抓企业内部配套改革；从完善承包制入手，抓企业经营机制改革；从改革产销机制入手，抓企业销售制度改革，把企业推向市场。两轮承包都以完善企业经营承包制、搞活企业分配制度为重点，把承包制与厂长负责制、厂长任期目标责任制以及企业内部用工、分配制度改革结合起来，实行以规模效益确定工资收入档次的分配制度。一些大中型企业和县属骨干企业分别实行投入产出总承包，为全面推进企业改革打下基础。

在横向联合方面，鼓励打破地区、行业和所有制界限，扩大横向联系，增强企业活力，市政府先后作出16条推动横向联合补充规定和14条税收、利润、奖励、外汇等方面优惠政策，市企业与23个省、市的企业、院校及科研单位建立各种形式经济技术协作关系，签订协议1230项。在市内，以名优产品为龙头，以骨干企业为依托，分别建立和发展拖拉机、汽车、船舶、酿酒、冶金、鞋帽等23家企业群体和经营联合体。市属企业和81个乡镇企业挂钩，扩大城乡联系，全市有210多家县属以上企业加入146个各种形式经济联合体，打破计划体制的框架和格局。企业开始依靠改革找出路，面向市场求发展。通过横向联系，寻求内引外联，推动企业重组、兼并等途径，推动具备产品、技术、资金优势的企业重组和扩展。

（三）第三阶段（1993—2000年）

这一阶段以改革产权制度为重点。1993年起，清江商场实现股份制试点，城乡集体企业和乡镇企业推行股份合作制试点面30%以上，国合商业全面推行以“柜组承包”为主要形式的公有民营改革，以产权制度改革为突破口的企业改制拉开序幕。

1994年年初，市政府与市委印发关于企业改制指导性文件5个。《关于1994企业产权制度改革意见》要求以租赁为主要形式，推进公有民营、公有资产新设企业一律实行股份制，资不抵债企业一律进行拍卖、破产试点。《工业企业实施公有民营办法》要求在不改变企业公有性质的前提下，在中小企业实行所有权与经营权分开，将企业资产整体或分块以有偿形式出租经营。商贸系统按公有民营、股份制、公开拍卖、民有民营、分柜承包双层经营等形式，实施产权制度改革。《关于城乡企业股份合作制的意见》对股份合作制基本原则、适用范围、组建办法、规章制度、资产评估、股权设置、领导体制、收益分配等作出明确规定。《关于企业富余职工疏散安置工作的意见》提出围绕“三改（改制、改组、改造）联动”方针，以公有民营为主要形式，解决产权归属问题，建立产权明晰、责权明确、政企分开、管理科学的现代企业制度。全市选择小型微利、亏损企业，实行以租赁为主要形式的公有民营改革，卖掉12个工商企业和门点。有20家县属以上优势企业兼并21家劣势和亏损企业，重新安置职工5000多人，在全省率先大范围推行企业产权制度改革。到年底，全市有2423家乡办以上企业实行以租赁为主要形式的公有民营改制，占总数的57%，新成立股份制企业111家，实行股份合作制改造的912家，拍卖和出售企业网点121个，有90家优势企业兼并93家劣势企业，有8家县属以上企业依法实施破产。劳动用工、社会保障等方面的配套改革步伐也有所加快，企业干部人事和劳动用工制度出现重大突破，一批懂经营会管理的企业人才脱颖而出，企业内部管理明显增强，经济效益显著提高。

1995年，抓住大型骨干企业，推动改制改组上规模，促进企业产权流动与重组，中小企业实现公有民营、先售后股、拍卖、租赁、联合与托管，一批困难企业实施拍卖、出售、“退二进三”（从第二产业中退出，从事第三产业）和破产重组。1997年，先后出台《淮阴市企业改制方案》和《关于企业改制方案的实施意见》，提出以产权制度改革为突破口，以拍卖出售、股份制和股份合作制为主要形式，放手发展私营企业的指导思想以及突出重点、整体推进，规范操作、保证质量和因企制宜，分类指导等基本原则，企业改制取得实效。

1998年，企业改革力度加大，实施靠大靠外、跨地区、跨行业、跨所有制的资产重组。全市通过资产划转、吸收入股、兼并等形式，新组建企业集团8个，兼并企业34家，盘活资产近5亿元，一批大中型国有企业按照现代企业制度的要求挂牌运作。

1999年，出台《关于加快国有企业产权制度改革若干政策的补充意见》，就职工安置、资产剥离、债务处理、产权出售、审批服务和监督管理明确一系列政策。此后，国有企业改革进一步走向深入，中型国有企业完成公司制改革12家，累计改制面68.3%。中小企业突出产权转让，出售、转让县属企业和各类流通企业126家，出售资产3.5亿元。流通企业改制面76%。到2000年，产权制度改革突出“一股两置换”，即以产权为纽带，实行股份制，通过产权转让，置换企业国有、集体身份，置换职工全民、集体身份。是年，大中型企业改制及建立现代企业制度面均为80%，县属以上中小企业实施公退民进、出售、拍卖、兼并、破产等多种形式改制，改制面92.2%。乡镇企业以民有民营为主产权制度改革基本完成。

（四）第四阶段（2000—2008年）

这一阶段以理顺劳动关系、巩固产权制度改革成果为重点。2000—2001年，开展市属企业改制工作。成立市属企业改制指挥部，组成52个改制工作组，进驻企业指导改制。围绕省有关要求，出台《关于深化国有及国有控股企业改革的若干政策意见》，坚持以“四到位一保障”（产权转让到位、理顺职工劳动关系到位、国有土地处置到位、内部机制转换到位、社会保障真正落实），总揽企业产权制度改革，确保改革更加深入、规范。经过摸索，确立7种可行的改制形式，即国有资本全部退出、一步转民营；国有股减持、规范完善股份制；歇业企业关门走人；开放式改制，跨地区重组；部分理顺劳动关系，减员增收；切块改制、分立重组；依法破产清偿债务。坚持把好“四道关”，即公有资产处置关、方案制定审批关、债权债务落实关、经营层选择关。坚持“三个结合”，即改制和稳定相结合、改制和转制相结合、改制和发展相结合。2001年，完成企业改制110家，其中县属以上企业83家、国有大中型企业4家，累计改制面85.1%。指导15家大中型企业进行规范的股份有限公司改制，完成2家企业组建股份有限公司工作。企业国有股比重由73.67%下降到32.63%，自然人股由16.27%上升到35.66%。经过改制，退出公有资本6.62亿元，理顺劳动关系29936人，占改制企业全部职工的78.6%。市直4家流通企业，国有股退出1745万多元，置换职工953名，募集职工股份200万元。

2003年，市政府出台《关于进一步健全改制单位国有资产管理工作的意见》，规范改制工作。完成市属和县属企业改制91家，置换职工身份39859人，占改制企业全部职工数的78.5%。通过推动开放式改制，有10家企业实行资本、技术、市场、管理联合重组。2004—2005年，结合市属企业改制工作实际，逐步调整、充实、修改、完善改制政策，制定出台《关于明确改制市属企业理顺劳动关系费用资产保全收费标准的通知》等一系列规范改制、加强国有资产管理、维护职工合法权益文件。进一步建立健全中介机构招标、评估结果公示、专家论证、科学决策、进场交易、公开竞价、产权出让收入统一管理等制度，通过土地储备、产权招商、系统调剂、专项基金补助、解困金扶持、陈欠贷款一次性打包、国有资产竞价转让、国有资产剥离保全、分期支付保险金等办法，多渠道、多层次、多形式筹措改制成本3.91亿元，促进改制工作顺利进行。

2004年，核销市属企业不良资产1.13亿元，剥离职工安置费2.23亿元，筹措改制成本3.91亿元。市园林公司、双穗鞋业公司等10家企业实行公开竞价出售，解决职工理顺劳动关系费用。引入民营资本、外资参与国有企业改革，实现政府置换土地、企业置换产权、职工置换身份改革目标。2005年，完成市属企业改制38家。至2007年，完成市属企业改制215家，改制面98.6%，理顺劳动关系8.5万人。

2008年，由纺织、贸易、机电、物资、轻工、化工、春秋集团、茧丝绸8家资产经营（管理）公司和2个部门牵头，通过推进开放式改制，开展与大集团、大公司的联合重组等多种渠道，解决改制成本不足问题，筹措近3亿元资金，完成75家难点重点企业改制工作，理顺职工劳动关系近2万人。是年，全市股份制工业占工业经济的比重为54.9%，多种所有制经济共同发展格局逐步形成。清江电机股份有限公司兼并清江机器制造厂、清江肉联厂产权转交上海食品集团公司、清拖集团加入中国一拖集团、洪泽化工集团与山西南风集团组成全国最大元明粉集团、华新集团兼并淮阴制药厂、淮阴造漆厂划属清江石化有限公司等重大重组取得成功。

三、招商引资

1992年7月，启动市经济开发区规划建设。1993年，经省政府批准，市经济开发区升级为省级开发区，2.2平方公里启动区初具规模。1994年开始，采取“进出并举、内外配合”的形式，开展招商引资。拍摄有关专题片，在国内外报刊全方位宣传淮阴、宣传招商引资，聘请海外招商代表帮助招商。1998年，又发展40个海外代理商，建立起全球对外招商代理网络。派人长驻广州、珠海、苏州、北京等地，定点招商。在组团招商、小分队招商、打工招商、网上招商等多种形式基础上，创新节庆招商等形式，利用节日节庆活动，组织各种招商引资活动。1999年，提出“市外就是外”理念，明确招商引资的方向。是年，市政府成立对内招商引资领导小组。

2000年起，在抓住发达地区产业转移和资本扩张机遇、改善环境、引进内资的同时，瞄准外商和大项目，开展招商引资活动。市直各机关分配任务，投入招商。是年，市政府先后出台《积极合理有效利用外资的若干规定》《关于鼓励外来企业（个人）来淮发展的若干优惠政策》，增强对外来投资的吸引力。出台《招商引资奖励兑现办法》，调动社会各方面招商引资积极性。2001年，召开全市大开放、大招商、大发展动员大会，作出《关于进一步推进大开放、大招商、大发展的决定》，把招商引资作为加快经济发展、实现跨世纪宏伟蓝图的战略选择和必由之路，全党动员、全民动手、全社会参与，形成全员招商、以商招商、品牌招商的新格局。是年，组织1000名市直机关干部外出开展招商引资。招商工作成为全市经济社会发展的大局，运行及管理机制逐步形成并不断健全和强化。此后，连年走出去，在沿海发达地区或国外举办各种经贸洽谈会、投资说明会，招商洽谈会、项目推介会、项目汇报会、集中签约会、招商项目观摩会、科技洽谈会、台商论坛等集中招商活动。

2002年，推出经济开发区和外向型农业综合开发区“零收费”政策，招商引资政策更加优惠。是年，成立招商引资工作领导小组，组建招商局，形成“一把手亲自抓、一套班子协同抓、一支队伍专门抓、全员参与共同抓”的局面。全市根据“以工业项目为主、以大项目为主、以进园区项目为主”的工作导向，瞄准民资密集区、外资密集区，加大招商引资力度。2003年起，连续开展“招商引资企业服务月”活动，各级领导深入招商引资企业，开展调查研究，了解企业发展情况和面

图 13-1　淮安—香港现代服务业招商活动（2007 年）
陈光晰　摄

临的实际困难，有针对性的提供相关服务，创造亲商、安商、扶商、富商氛围，出台《服务外商投资企业十项制度》《建立服务全民创业和民营企业发展长效机制的意见》。持续开展“软环境”治理活动，不断优化服务。全市上下形成“为客商提供101%服务”的理念和承诺。

2005年，在市招商局组建5个内资招商分局，在市外经贸局组建5个外资招商分局，分别面向境内长三角、珠三角、京津和境外大集团、大公司、大企业、上市公司以及世界500强企业，有针对性地开展理性化的专职、专业、定向招商。进一步清理行政收费，简化审批程序，提高办事效率，减少各类检查，降低投资经营成本，建立健全“全过程、全天候、全方位”的亲商服务体系，使政府服务融入企业发展全过程。2006年，引进富士康科技集团以及淮钢资产重组项目，实现全市引进特大项目的历史性突破。当年举办首届台商淮安论坛（时称金秋投资洽谈会暨台商企业—苏北经济发展论坛）。

2008年“两节、两会”（美食节、大运河文化节，台商论坛、科技洽谈会）期间，全市签约5000万元以上项目191个，合同引资额421.43亿元。当年《政府工作报告》提出“发挥富士康优势，拓展新项目合作，引进关联企业，加快产业链延伸，形成产业集群，同时全面拓展与台湾各界的产业招商合作，承办苏台经贸洽谈会，努力建设苏北台资新高地”招商引资战略。是年9月，市政府授予富士康科技集团总经理游象富等6位台商“淮安市荣誉市民”称号，并授予淮安城市“金钥匙”。

2000—2008年淮安市规模以上项目招商引资情况表

表 13-3　　　　金额：亿元

年份	签约项目					接转项目						考核部门招商情况			
	签约项目数	合同引资额	到位资金额	资金到位%	竣工项目数	接转项目数	合同引资额	累计到位额	竣工项目数	在建项目数	开工率%	签约项目数	合同引资额	到位资金额	接转项目数
2000	980	66.0	—	35.3	469	—	—	—	—	—	—	—	—	—	—
2001	311	30.4	15.0	49.0	—	—	—	—	—	—	84.8	—	—	—	—
2002	605	63.0	25.0	—	—	136	28		332	349	92.0	—	—	—	—
2003	882	115.0	47.1	41.0	468	196	26	16.6	148	48	100.0	188	22.1	9.8	46.0
2004	825	161.0	61.2	45.4	—	—	—	—	—	—	—	1146	—	85.4	60.7
2005	—	242.0	125.0	51.6	—	—	—	—	—	—	—	—	—	—	—
2006	—	381.0	198.0	52.0	—	—	—	—	—	—	—	310	200.0	106.0	—

续表 13-3

年份	签约项目					接转项目						考核部门招商情况			
	签约项目数	合同引资额	到位资金额	资金到位%	竣工项目数	接转项目数	合同引资额	累计到位额	竣工项目数	在建项目数	开工率%	签约项目数	合同引资额	到位资金额	接转项目数
2007	1503	521.6	218.5	—	—	516	—	88.3	—	—	—	—	—	—	—
2008	960	830.4	465.1	50.6	—	—	—	—	—	—	—	—	—	—	—

1993—2008年淮安市引进部分外商及台商投资大项目表

表 13-4

年份	引进公司名称		总投资金额
1993	江苏利淮钢铁有限公司		3000万美元
1996	江苏韩泰轮胎有限公司		注册资本3123万美元，总投资9188万美元
2003	理士电池有限公司		3500万美元
2004	台湾旺旺集团	淮安旺旺食品有限公司	300万美元
		淮安旺旺置业有限公司	注册资本1250万美元，总投资4480万美元
		淮安神旺大酒店有限公司	注册资本4098万美元，总投资5198万美元
		淮安神旺房地产有限公司	注册资本2000万美元，投资总额2998万美元
2006	富士康科技集团	富誉电子科技（淮安）有限公司	39560万美元
		宏恒胜电子科技（淮安）有限公司	29400万美元
		富准精密模具（淮安）有限公司	29360万美元
		富盟电子科技（淮安）有限公司	4900万美元
		富星精密组件（淮安）有限公司	4100万美元
2007	淮安达方电子有限公司		2500万美元
	淮安百隆实业有限公司		12990万美元
2008	淮安金鹰国际购物中心有限公司		3395万美元

第二节　“三农”工作

一、农村各项综合配套改革

（一）土地流转制度改革

1991年起，以土地流转制度为重点，探索建立农村土地使用权有偿转让制度。推广盱眙等地试行的“两田制”（按人口划分口粮田、按劳力经营承包田）做法，进一步完善农村土地承包责任制，推行组建农业股份合作企业，鼓励租赁经营或“反租倒包”。至1994年年底，全市有174个乡、

1953个村基本实行"两田制"，有65个乡、700个村部分土地实行"反租倒包"、租赁经营等，5600户农户全部退出土地，5.28万农户只种口粮田，转移农村劳动力10万多人次。1999年，进一步推广实施"反租倒包"等多种形式的土地流转制度改革，促进农业规模化经营。2003年，推广土地承包经营权有序流转，全市流转土地1.27万公顷。2005年，继续完善土地流转制度改革，全市有110个乡镇、1405个村、16442个村民小组完善土地承包和流转规范工作，5259个村集体经济组织对土地承包底册进行补充完善，在洪泽、楚州、淮阴3个县（区）开展土地纠纷仲裁试点工作。

（二）农产品购销体制改革

1979年起，全市大幅度提高粮食收购价格，通过削减粮食征购基数、实行粮食议价收购和放开集贸市场交易等政策措施，淮阴地区调减500万公斤粮食征购基数。到1984年，粮食"定购"改为"议购"，大幅提高粮食收购价，农民收入大增。1985年，取消粮食统购，实行合同定购，定购价格按"倒三七"比例计价即三成按原统购价，七成按原超购价，超出定购品种的粮食随行就市、议价收购。农民有了粮食生产与销售自主权。是年，通过粮管所与农民签订合同，全市落实粮食定购任务15亿公斤，由于市场介入、农民待价惜售、合同签订实际到户率低、缺乏充分协商以及当年粮食减产等多种原因，实际完成11.9亿公斤，占任务数78.6%。1987年，实行粮食定购任务与平价化肥、柴油、粮食预购定金"三挂钩"政策（每卖100斤粮食供应2.5公斤化肥、0.75公斤柴油、预付定金3.5元），同时实行"议转平"（每斤粮食在超购价基础上加价六分四厘），调动农民种粮和卖粮积极性。1994年，调整粮食流通政策，加强粮食市场管理和调控，坚持政府定购，提高国家定购价格。加强粮食基金征收和管理，成立涉农政策性金融机构——农业发展银行，经营农产品收购资金，并成功划转其资产与债务，较好执行按保护价敞开收购农民余粮、国有粮食收储企业实行顺价销售、粮食收购资金实行封闭运行3项政策，全面落实托市收购等政策。2004年3月，国家决定彻底放开粮食购销市场，粮价随行就市，对农民种粮按计税面积实行直接补贴。2004年、2005年，淮安市发放两项粮食直补资金15445万元。2006年后，实现一户一卡，农户凭卡直接领取直补资金。

（三）农业税费改革

2001年起，坚持"多予、少取、放活"方针，逐步落实有关惠农政策。全市组织大量人力，深入乡、村、组，围绕计税面积核定、计税常产量确定、确保农民减负和税改后收支缺口平衡等，开展调查研究，测算、制定和审核相关方案，并在有关单位开展税费改革配套及农业税大厅征收试点。到2002年年底，全市90%乡镇建立农业税征收大厅。是年，落实灾歉减免资金1480万元，农业税社会减免1913.5万元，"先减后征"减免1823万元，并全部落实到户。2003年，执行农林特产税改征农业税规定，较2002年减征税收1258.3元，人均83.2元，农民合同内外减负51.3%；坚持先减后征原则，全额落实农业税灾减款7104万元，90%的农户到农业税大厅纳税，实行税费分离，杜绝搭车收费，保障农民利益。2004年，农业税税率由7%调减到4%，农业税税赋下降42.86%，"一降三补"（降低农业税、粮食直接补贴、良种补贴、农机具购置补贴）政策落实到位，全市少收农业税及其附加1.19亿元，人均减少31.3元。发放农业税灾减款1336万元，发放粮食直补资金7458万元、良种补贴930万元、农机补贴202万元，全面取消"两工"（农村义务工、劳动积累工），实行"一事一议"筹劳。2005年，全市免征农业税1.4亿元，发放良种补贴2154万元、农机补贴100万元、粮食直补资金7987万元。2006年，全面取消农业税及其附加。

（四）乡镇区划调整和并村联组及配套改革

2001年开始，乡村撤、并率分别为27.7%和43.2%，联组率49.8%，精简村组干部29020人，精简率62.8%。乡镇事业单位改革和农村中小学布局调整工作也相继开展。1999年、2001年、

2002年3次清编精简，清退乡镇、学校聘用的临时代课人员。2001—2002年，减少事业单位1043个，分流人员2899人，清退临时人员3290人，每年减少支出3000万元。2002年，印发《关于开展清理村级财务、化解村级债务的实施意见》。2003年，全面开展镇、村“清财化债”（清收债权，化解财务）工作，全市清收村级债务2.6亿元，化解债务4.2亿元，乡镇“清财化债”化债率73%。

二、乡镇企业发展

1984年，市政府推广宿迁县耿车乡“以乡村企业为骨干，乡、村、户、联户办四轮驱动，工、商、建、运、服五业并举，发展乡镇企业”路子（时称“耿车模式”），全市出现户办、联户办乡村企业4万多家，创业人员13.4万人。

1985年，中共中央总书记胡耀邦考察淮阴市，肯定发展“两户企业”的做法。市委、市政府明确提出“乡、村、组、户、联户五轮一起转”发展乡镇企业新思路。同年，市政府作出《关于扶持乡镇企业发展的若干规定》，决定从税收、利润分配、工商管理等方面对乡镇企业予以扶持。同年11月，在13个县（区）26个乡村工业企业进行全面整顿和加强基础管理工作试点，普遍制定劳动定额、物资能源消耗定额、费用定额等制度，形成乡镇企业定额管理体系。此外，以完善内部经营责任制为中心，改革整顿为目的，建立健全各种岗位责任制和规章制度。其间，还推行多种责任制改革。实行利润分成、收入比例分成、利润包干、大包干等多种形式的生产经营责任制。至1987年年底，全市乡村集体企业实行厂长（经理）责任制的有4831家，占49%。实行“一包三改”，即在实行经营承包责任制基础上，改干部委任制为选聘制，改人员固定制为合同制，改固定工资制为浮动工资制。实行招标、租赁承包经营责任制，推动企业内部改革的配套和深化。1986年，全市乡镇企业出现蓬勃发展势头，总产值12.4亿元，比1985年增长49.3%。

1987年，市政府在全市乡镇企业中开展“创明星企业、六好企业”活动，推行现代企业制度，强化内部基础管理和各项专业管理，企业经营素质、业务技术素质和经营管理水平不断提高，乡镇企业实现由生产型向生产经营型的转变。同时，组织市直部门与78个重点乡镇建立挂钩帮扶关系，推动乡镇企业发展。至1987年年底，全市乡镇企业形成建材、食品、纺织、机电、化工五大支柱行业40多个工业门类、2000多种产品，有各级各类企业314956家。当年实现产值38亿元（1980年不变价），实现利润7858万元，上交税金3415万元。全市有135家乡镇企业生产出口创汇产品，出口金额5423万元。到1990年，全市乡镇企业总产值46.8亿元，比1985年增长近4倍，年递增率37.9%。

1993年，在培育乡镇骨干企业的同时，增加投入，抓外引内联、南北挂钩，推进股份制合作，为乡镇企业发展注入新活力，全市乡镇工业产值45.1亿元，利税3.79亿元，占农村社会总产值比重5.2%。有27个乡镇、971家企业与苏南地区挂钩联营，合资兴办企业227家。1994年，又增加技改投入7亿元，落实横联项目859项。1995年，主抓乡镇企业量的扩张和质的提高，完成技改投入13.8亿元，新发展南北挂钩项目607个，乡镇工业实现产值192亿元，利税15亿元。

1997年，全面启动乡镇企业产权制度改革，组织产权交易，拍卖和协议转让乡镇企业219家，成交额1亿元。对乡镇企业生产经营实行突出重点、分类推进，提高运行质量，乡镇企业连续多年保持迅猛发展势头。到2000年，以民有民营为主的乡镇企业产权制度改革基本完成，原有乡镇经营或由乡镇发包经营的传统意义上的乡镇企业通过改制，全部改为民有民营，民营企业蓬勃兴起，持续发展。2001—2006年，全市新增私营企业15851家，新增注册资本182.5亿元。

2007年，全市实施“县有工业园，乡有集中区，村有创业园”的政策，开展30个重点乡镇工业集中区建设。新增私营企业4166家，总量9662家，新增从业人员15.7万人，注册资本400亿元，实现销售收入35.5亿元，利润1.6亿元，税收7400万元。2008年，出台《关于促进中小企业和民营经济加快发展的意见》，明确转变发展方式、加大扶持力度、优化发展环境等方面的20项政策措施。为扶持私营经济发展，乡镇工业集中区新增固定资产投入90亿元，建成标准厂房114万平方米，工业销售收入109亿元。建立村级创业点81个，入驻企业354家，带动1.1万农民就地就近就业。

三、薄弱村帮扶

改革开放后，群众温饱基本解决，并实现由解决温饱向寻求致富转变。1990年，全市农村人均纯收入300元以下的贫困人口由62万人减少到33万人。1991年，因灾减产减收，但是扶贫工作取得成效，45个贫困乡人均增收32元，其中14个特困乡人均增收50元，有11个贫困乡人均收入超过400元。1992年，各地配合省委扶贫工作队，开展扶贫工作，投入资金5767万元，46个贫困乡镇农民人均纯收入增加112元，比全市平均增收额高48元。1993年，市政府向76个贫困乡派出扶贫工作组，各部门都落实帮扶任务和目标，和省委扶贫工作队一起，把帮扶群众脱贫与帮助集体发展富裕结合起来，76个贫困乡农民人均纯收入净增152元，村级集体经济平均收入8000元。1994年，市扶持的31个贫困乡镇中，通电、通路、通电信村增加172个，脱贫户2.3万户。1995年，又有219个村、12.3万农户通过扶贫通电。1998年，省、市重点帮扶49个重点乡镇的农民人均纯收入比1997年增加427元。至2000年，全市实现以乡为单位基本达小康目标。

2001年起，全市列入帮扶的15个经济薄弱乡镇人均国民生产总值4303元，农民人均收入2885元，人均财力7390元，极少数特殊贫困户帮扶纳入农村社会保障。2002年，全市对淮阴、涟水、盱眙3个县（区）14个帮扶乡镇、73个帮扶村投入资金78.92万元，实施帮扶项目252项，帮助群众办实事470件。14个帮扶乡镇农民人均收入3060元，73个帮扶村农民人均收入2810元，高于全市平均涨幅。2004年，争取并投入无偿帮扶资金1.18亿元，实施帮扶项目225个，兴办公益实事607件，投入扶贫小额贷款5462.6万元，扶持21750户贫困农户。2006—2007年，实施“百村万户帮扶工程”，三级联动，整体推进，帮扶责任单位扩大到省、市、县（区）三级248个部门，帮扶5县（区）233个经济薄弱村，累计投入资金2.86亿元，实施扶贫项目1855个，帮助群众办实事2117件。通过扶持，有4500户低收入家庭当年脱贫。

2007年，淮安市创新帮扶模式，实施股份合作、招标承包、经营出租、利润分成、以奖代补、拍卖转让6种经营机制以及多种形式组合的9种帮扶方式，受到国务院扶贫办的肯定。2008年，淮安市推进脱贫攻坚工程，投入2.69亿元，实施各类帮扶项目1152个，帮助群众办实事1376件；16.2万贫困人口实现脱贫，完成省下达任务的134%，353个集体经济空白村平均收入1万元以上；省列223个集体经济薄弱村村平均收入2万元以上；为经济薄弱村新建标准厂房10万平方米，帮扶12万人脱贫。

第三节　城市化建设

20世纪80年代前，淮阴地区主城区是苏北地区比较落后的中等城市。人口只有30多万人，建成区不足18平方公里。城市布局混乱，市容市貌不整，市政公用设施不足，集中表现为行路难、吃水难、购物难。

1985年，淮阴城市规划定位为“市域中心，以食品、轻纺为主的工商城市”。1995年，规划定位为“苏北腹地中心城市，交通枢纽”。2000年后，城市定位为“国家历史文化名城，新兴制造业基地，区域交通枢纽，绿水生态城市，苏北重要的特大型中心城市”。2008年，省政府提出“将淮安打造成为辐射周边2000万人口的苏北腹地重要中心城市”，淮安城市建设进入新的发展时期。

在城市规划具体实施中，从撤地设市到“三淮一体”，再到“三城融合”“建设大城市”的蓝图，凸现“绿水、历史、文化、名人”四大特色的思路以及“扩大规模，完善功能，优化环境，打造特色”的发展目标。新区建设和老区更新并举，城市建设与产业发展同行，旧城改造与保护历史文化古迹结合，经济效益与社会效益、环境效益共同推进，拉开“一个高速圈、两个组团、三条主线、四水穿城”的特大城市发展框架，集中力量打造“一河、三区、四园”八大功能区，初步形成“组团相间、生态相联、文脉相融”的城市形态，城市面貌发生显著变化。至2008年年底，淮安市城市建成区面积增加到100平方公里，人口增加到100万人，城市化率上升到41.6%。先后获“江苏省文明城市”“中国优秀旅游城市”“国家卫生城市”“国家园林城市”称号，通过“国家环保模范城市”考核验收。

第四节　为民办实事

1983年淮阴市刚成立，市政府就提出为市区人民办5件实事、为农民办10件实事的意见。至1984年，完成淮海南路打通拓宽、淮阴电信大楼主体工程、市体育馆地下工程、提高自来水普及率、淮海北路商业网点建设5项市区工程，农村新铺公路和新增通车乡镇、发展建材业、实施“草改瓦”、改善办学条件、推广沼气、兴办敬老院、逐步建立三级卫生网络、兴建浴室、提高井水普及率、建设乡文化中心和村民俱乐部等10项工程也逐步完成。1986年，提出为市区人民和农民各办5件实事，绝大部分完成或超额完成。此后几年持续兴办各种实事，人民群众物质文化生活水平不断提高。

1991年起，市政府将为民办实事写进政府工作报告，列入年度目标考核和督查重点，确保为民办实事的效果。1992年，提出办好33件实事，完成22件，主要有：建成55千伏变电所16座、农户通电率提高到78%、实现市区电话程控化、县县电信自动化、建成农田配套建筑物5000余座、改造中低产田14万公顷、建成旱涝保收田7.67万公顷、扩建校舍304万平方米、全市中小学实现“一无两有”、计划免疫率以县为单位达到85%、新增农村改水受益人口100万人。1993年，完成25个乡镇卫生院改造任务，一批乡镇达到体育先进乡镇标准或省市级先进文化乡镇标准，农村改水受益人口增加18.3万，市区开通有线电视，建成李崇年图书馆。

1994年，淮海东路、解放东路等一批市区主次干道和清隆桥竣工通车。新建县乡公路274公里，新增通车行政村213个。完成农村降氟改水。新增一批普及九年制义务教育乡镇。完成市群艺馆综合楼、慈云寺复建、盱眙第一山摩崖石刻保护等工程。兴建市广播电视中心，市区有线电视入户2万户。完成35千伏钵池变电所建设工程。新增农话自动化点78个。开建市中医院病房楼、第一人民医院外科病房楼。

1995年，北京北路和废黄河桥、盐河桥竣工通车。港口路、河北东路等道路改造完工。建成普墩垃圾无害化处理场。盱眙第二水厂一期工程竣工，10万名县城居民喝上清洁自来水。新增农村改水受益人口20万人。建成市三院病房楼、妇产儿童医院门诊楼。改造乡镇卫生院30个，计划免疫基本达到规定目标，碘缺乏病防治工作进展顺利。实现219个村、12.3万农户扶贫通电目标，超额完成全市通信建设任务，城乡电话号码升至7位。

1996年，新建县乡公路1001公里。市区西安路、淮海南路连接线建成通车。完成跨里运河煤气管道、内城河排水泵站、淮海东路菜场及都天庙商城和市新博物馆主体工程。古黄河生态民俗园（一期）建成开放。市区建成解困房1.5万平方米，解决900户人均居住面积4平方米以下的困难户住房问题。建成教职工住房13万平方米。农村改水新建水厂193座，新增受益人口29.2万人。全市新安排1万名城镇待业人员就业。全市市话、农话交换机净增10.4万门。全市农村提前实现村村通电。建成广播电视中心大楼，市区及淮阴县开通加密电视频道。

1997年，新建混凝土防渗渠道配套的高标准农田示范片773公顷，改造中低产田2.1万公顷。完成承德路一期、城南水厂二期、石塔湖公园、淮海广场人防工程、古黄河绿化风光带二期工程、市区邮政通信枢纽建设和市二院病房楼装饰工程。发展管道煤气、液化气用户1.3万户。基本建立城乡居民最低生活保障制度。农村新建水厂98座，新增受益人口32万人。新建县乡公路729公里，新增通车行政村230个。

1998年，改造中低产田1.13万公顷。城乡居民最低生活保障标准分别达到城镇每人每月110元、农村每人每年700元。提前实现农村通信杆线到行政村目标，完成农、市话程控交换机扩容8.8万门，开通"121"气象自动电话咨询系统。承德路全线通车，樱花园樱花广场、圩河疏浚等防洪排涝工程、人民南路6.1万平方米旧城改造一期工程全面完工。淮海路美化亮化二期工程基本完成。3万平方米安居工程、市区教工新村6万平方米住宅楼及市妇女儿童活动中心主体完工。新建农村水厂92座，新增受益人口28.5万人。新增集镇道路90.6万平方米。新建县乡公路1183公里，新增通柏油路乡镇27个、通砂石路行政村164个。

1999年，改造中低产田3.3万公顷。全市基本实现县乡通柏油路和乡村通砂石路。500千伏淮阴变电所建成投运。完成860个行政村的农村电网改造。市区邮政大厦完成主体工程。程控交换机扩容13万门。建成市区市民健身广场和中心血站采供血大楼。实施圩堤加固和小水库除险工程。完成市区淮海北路、引河路改造、西小闸泵站等防洪排涝设施和樱花园园林绿化工程。完成182所薄弱学校改造和10个乡镇卫生院三项建设任务。启动19个示范中心村建设。新建农村水厂36座，新增受益人口15.66万人。

2000年，改造中低产田2万公顷。淮阴、涟水、盱眙3个县农村安居工程完成草危房改造16235户。建成经济适用房40万平方米，其中教师住房10万平方米。完成市区电信、移动大厦主体工程。完成清浦桥改建、淮海南路改造、清安河整治以及人民南路、解放东路、延安西路排涝工程。完成四季青污水处理厂二期土建工程和淮海南路供水管网改造工程。完成引河南路供水管网改造工程拆迁工作。新建农村水厂45座，完成管网延伸67处，新增受益人口23万人。多渠道筹集下岗职工基本生活保障资金2350万元，按月足额发放市直国有企业进再就业中心下岗职工基本生活费，并为其代缴有关社会保险。征缴养老保险费3.2亿元，基本做到全市退休职工养老保险金、离休人员"两费"（退休费、医疗费）按时足额发放。加强和完善劳动力市场建设，市职业介绍服务中心新业务楼投入使用，开通劳动力市场信息网，实现同城区实时联网和与5个县（市）电话拨号联网。

2001年，建成承德南路、沈阳路等重点工程，完成北京新村和城区路灯改造及巷道、旱厕改造等一批民生工程。开工建设市民广场。市区商品房施工面积140万平方米。淮河入江水道金湖大桥建成通车。淮河入海水道配套工程全面完成。农网改造基本完成，城网改造加快实施。

2002年，完成翔宇大道、健康东西路、淮海南北路、承德路等主次干道改建，新建大运河广场，完成清安河疏浚等工程。改造东大街，新建时代超市淮安店、汇通市场一区。市区新增绿化面积89万平方米。新上"两淮"供水、液化气混空气等大型公用设施工程。养老保险、失业保险、医疗保险、城乡低保等保障制度基本建立。全面完成洪泽湖周边洼地治理工程。

2003年，投资81.6亿元实施城建项目348个。全面落实城乡最低生活保障制度，为2.96万名城市居民、4.2万名农村居民发放最低生活保障金2600万元。开展文明关爱、扶贫帮困活动，农村扶贫投入2400万元，实施扶贫项目207个。建成救灾房近3万间，洪涝灾害倒房户全部有房入住。

2004年，新建和改造农村公路2095公里。完成农村中小学“三新一亮”（新课桌、新板凳、新讲台、电灯亮）工程。市区开通数字电视。残疾人康复中心投入使用。建成30个全民健身点。“生态家园富民行动工程”扩面增效，新增沼气受益农户1.35万户，新增农村改水受益人口51.6万人，改造农村草危房4993户，新型农村合作医疗覆盖面72.1%。培训农村劳动力8.78万人。净增就业2.95万人，城镇养老、失业、医疗三大保险覆盖面分别为98%、97%和79%。低保面扩大到9.5万人，其中城镇低保3.3万人、农村低保6.2万人。资助贫困生6.4万人，安置解困房450户。

2005年，投资82亿元实施城建项目356个，完成和平东路等48项路桥工程，新增道路面积103万平方米。新建农村公路1000公里，实施农村扶贫开发项目772个。新增农村改水受益人口47万人、沼气受益农户1万户。改造农村草危房8594户。农村五保户集中供养率39%，资助困难学生13.6万人，结对扶持残疾人家庭1948户。新增就业13.4万人，下岗职工再就业8万人，城镇养老、医疗、失业、工伤生育保险覆率分别为98%、85%、96%和85%，城乡低保覆盖面扩大到12.3万人。建成各类安置房54万平方米。建成可有效解除留守儿童后顾之忧的农村寄宿制小学46所。建成市第二污水处理厂、王元垃圾处理厂等项目。建成市三院病房楼和40个标准化乡镇卫生院和规范化防保所。建立并落实农村计划生育户奖励帮扶政策。

2006年，完成南昌路、翔宇大道、盐河桥等一批重点工程。整治巷道301条、生活大院251个，新建改建公厕110座，开工建设人防工程7万平方米。启动105个市级、20个省级村庄示范点建设。新建、改建乡村文化站52个。新建、改建农村公路1130公里。“新农合”覆盖面92.2%。农村自来水普及率95%，新增无害化户厕2万座，疏浚农村河道1113公里，整治村庄河塘2066处，新增农村沼气受益户1万户。创建标准化乡镇卫生院76个、标准化卫生服务站220个、示范化农村社区卫生服务中心20个，建成市妇幼保健院母婴大楼，搬迁市传染病医院。农村独女户奖扶政策全面落实。城乡低保对象应保尽保，“4050”人员再就业6012人。资助特困生12.1万人，帮扶困难残疾人家庭1970户，发放廉租房补贴275万元，市区居民医疗统筹惠及8万人。

2007年，投入410亿元建成1700多个城建重点项目。淮安火车站建成运营。盐河航道整治快速推进。建成西气东输天然气门站工程。城市截污导流项目全面启动。义务教育全部免收学杂费，减免费用1.8亿元。完成农村改水和5600户草危房改造任务。有农村卫生户厕22.5万座。“生态家园富民行动工程”受益户8.5万户。新建、改建农村公路6000多公里。“新农合”覆盖面97.1%。城乡低保户实行动态性应保尽保，城镇非职工居民医疗保险参保率90%。

2008年，投入140亿元实施合肥路、金鹰国际购物中心、神旺大酒店、市人防指挥中心、淮海北路景观提升工程等426个重点城建项目。淮安涟水民用机场开工建设。免费开放楚秀园、勺湖公园以及13个博物馆、纪念馆和爱国主义教育基地。城镇净增就业12万人，下岗再就业3.1万人。“新农合”筹资标准提高到每人每年100元，覆盖率在99%以上。建筑企业农民工优先参加工伤保险。市直及城镇职工大病保险与基本医疗保险协同推进。企业女职工生育实现个人零负担。城乡低保和廉租房租金补贴提标扩面全部到位，20万名低保对象和3169户困难户实现应保尽保。新增农村寄宿制学校72所。新创三星级以上普通高中2所、职业学校6所、省市级优质幼儿园77所。改造薄弱乡镇卫生院64所，建成标准化社区卫生服务中心377个，城市社区卫生服务机构普及率100%。

第五章　政府事务

第一节　法制工作

1987年，市政府在办公室设立法制科，后改为市政府法制办公室。1989年，成立市政府法制局，为副处级二级局，负责编制立法计划，并组织实施、起草、审查法规草案，组织清理、编纂法规，检查监督执法情况等。1994年，市政府出台《关于加强政府法制工作的通知》，明确新时期政府法制工作目标，要求做好行政措施起草、制定、解释和清理工作。1996年，市法制局升格为一级局，列入政府序列。

一、规范性文件审核

1987年8月，召开法规性文件清理工作现场会，部署对全市法规性文件进行清理。1988年，出台《关于法规性文件起草程序的规定》，成立规范性文件制定审核领导小组，以《中华人民共和国立法法》为依据，对重要规范性文件制定实行集体审核把关制度。在规范性文件制定审核工作中，重视调查研究和论证，通过召开听证会、论证会、座谈会和基层走访、透过媒体公开征求意见、回访调研等方式，推进规范性文件审核制定工作的公开化、民主化、法制化。历年制定审核的市政府（办）规范性文件及一般政策性文件报省备案，准确率100%。1989年，对全市规范性文件起草、清理、汇编以及执法检查作出部署。1992年，对1989—1991年市级联合或单独印发的涉及治理整顿、改革开放、经济建设等方面的文件，以及1989年以前出台的涉及重大经济政策、有一定影响和制约作用的文件进行清理，废止文件29份，对需做修改的文件部署修改，对有原省级文件为依据且应废止文件，明确在省级文件清理后予以处理。

1994年，清理市政府规范性文件82件，明确继续有效57件，废止5件，部分内容需要修改的10件，初步建立起规范性文件“立、改、废”机制。1995年，对1992—1993年规范性文件进行清理，公布废止（自行失效）15件，修改10件，继续有效57件。

1997年，按照《中华人民共和国行政处罚法》等法规要求，对市政府出台的352份文件进行初审，筛选出涉及行政处罚和相对人权益文件160份，按起草、实施部门进行逐级清理、汇总审核，确定继续有效84件，需要修改36件，应予废止40件。1999年，为做好《中华人民共和国行政复议法》实施准备工作，对1990—1998年制发的470件市政府规范性文件进行清理，修改25件，废止37件。

2001—2002年，组成市政府行政措施清理工作领导小组办公室，遵循法制统一、非歧视、公开透明原则，对市本级1983—2000年制发的15531件文件进行全面清理，筛选出1120件政策措施性文件，经重新审核清理，确定废止678件，修改130件，保留有效302件。

2006年，组织对现行规范性文件以及其他文件在市场准入、财政金融、社会服务、权益保护和政府监管等方面与《国务院关于鼓励支持和引导私营个体经济等非公有制经济发展若干意见》不一致的规定进行清理，并明令予以废止或修改。

2008年，根据《江苏省人民政府关于废止部分规章的决定》，对2001年以后规范性文件审核清理。凡主要内容已被新的法律、法规、规章所代替的文件予以废止，对试用期已过或调整对象已消失、实际上已失效的文件宣布失效。按照市委、市政府要求，对1996年以后市委、市政府、市委办、市政府办的招商引资政策性文件进行全面清理，为全市经济社会发展创造良好环境。

二、行政复议、行政应诉和信访复查

1990年，成立市政府行政复议委员会，市政府法制办逐步受理申请人不服行政机关处罚提出的行政复议申请。1998年，印发《关于加强行政复议工作的通知》，进一步建立健全和完善行政复议工作制度和机制。1999年，通过宣传贯彻《中华人民共和国行政复议法》，行政复议工作得到各级政府重视。出台《关于进一步做好信访复查复核工作的通知》，在全省首先引进信访案件法制审核程序，每一信访件均由法制办进行政策法规把关，再送市政府签发。2007年，先后出台相关文件，建立行政首长参加行政复议和出庭应诉制度、行政机关与人民法院协调会议制度。制定《淮安市重大行政复议案件备案审查办法》等文件，规范行政复议工作。至2008年年底，共受理各类行政复议申请439件，期内审理结案400件，限期结案率100%。

第二节　行政监察

一、行政执法监察

（一）党风廉政监察

1978—2008年，开展清理纠正党政机关和党政干部经商办企业、党政机关新建装修办公楼、行政事业单位国有资产和非税收入清理等专项监察工作。清理纠正党政机关和党政干部经商办企业140个；查清全市14个党政机关违规新建装修办公楼，清退收回土地11.78公顷，压缩办公用房建筑面积12754.1平方米；摸清行政事业单位及其国有资产和非税收入底数，研究制定《淮安市行政事业单位国有资产管理暂行办法》《淮安市行政事业单位资产清查暂行办法》《淮安市行政事业单位资产核实暂行办法》等一系列规章制度，规范监察流程，加强资产监管。

（二）执法监察

1978—2008年，组织实施《中华人民共和国行政许可法》情况监督检查、环保执法监察、土地违法违规处理情况检查以及非法批地、未批先用、批少用多、非法低价出让国有土地使用权专项查处等执法监察行动；清理、调整和规范行政许可实施主体、许可项目和相关文件，受理行政许可投诉。落实省督办的环保案件，集中整治工业园区和重点建设项目环境违法问题和饮用水源地企业排污问题，对未经环评审批的项目由环保部门立案处罚，对违反国家环保法律法规的错误做法和规范性文件进行清理、纠正；督促各级政府和行政主管部门严格贯彻执行环保法规，建立和完善环境保护长效机制。进一步规范土地交易行为，对所有经营性土地使用一律实行“招、拍、挂”流程，纠正一批土地违规出让案件，收回土地使用权，重新组织出让；对新排查出的未批先用、非法转让土地案件全部立案查处，追究有关责任人责任；对一些园区占而未用土地恢复原用途或进行复垦；对省监察厅、省国土资源厅督办、交办案件的查处情况和2005年后查处土地违法

违规案件逐案复核，做到处理人与处理事“两到位”。

（三）热点问题监察

1978—2008年，先后对南水北调截污导流工程、“拆违”、招投标、拖欠和克扣农民工工资、农民征地补偿等热点工作开展专项监察，及时纠正南水北调截污导流工程中的套用重支建设资金、截留专项资金等问题，确保工程资金合规安全使用。对涉及违法建设的党员干部进行查处，使整个拆违工作公开透明，确保无群访和越级上访，无重大伤亡事故发生。构建统一的招投标服务平台，对招投标活动实行集中交易和集中监管，推动招投标交易由分散、隐蔽、无序向集中、公开、规范的转变，遏制招投标活动中腐败行为。开展农民工工资专项检查，研究制定《淮安市建筑劳务工程款和建筑业企业工资支付管理办法》，促进及时、足额发放农民工工资意识的确立和大部分拖欠工资的兑现。对农民征地补偿专项监察中清理出来的征地补偿费拖欠款，督促有关单位通过贷款、拆借以及以保代费等方式全部兑现到位，让被征地农民进入基本生活保障专户。全面清理纠正与国家法律法规口径不一致的征地补偿政策规定，对新发生的征地包含省增拨的经营性用地纯收益，实行封闭运行，确保100%用于征地补偿及清欠。通过清理、规范计划外生育费征收，查纠违规金额。

（四）专项整治

市政府印发《关于进一步规范涉企收费、控减企业负担的通知》，对58项涉企收费进行清理，对涉及27个单位部门的有关行政事业性收费建议予以取消、暂停征收或降低标准征收等，对行业协会、中介组织收费及培训性收费提出明确规范要求，为企业生存发展创造良好环境。2008年，开展用公款购买商业保险监察整治，对用公款为干部职工购买商业保险并获取收益的，机关和财政拨款的事业单位，由财政部门统一清收；生产经营类事业单位和国有企业，由各单位自行纠正。清理、纠正公款违规购买商业保险1400多万元，追缴财政资金400多万元。是年，市政府制定出台《关于在全市开展整顿规范中介机构工作的实施意见》，成立市整顿规范中介机构工作领导小组，召开专题会议，全面整顿和规范各类中介机构，净化经济发展环境。

二、违纪案件查处

1987—2008年，立案查处各类违纪违法案件6143件，政纪处分5247人，其中开除579人、开除留用察看181人、撤职902人、降职34人、降级367人、记大过763人、记过939人、警告1482人。通过查办案件，为国家和集体挽回经济损失2.7亿元。领导干部以权谋私、贪污受贿案件，共查处县处级干部案件82件、科级干部案件713件。严重破坏市场经济秩序的经济案件，查办1万元以上案件778件、10万元以上大案228件、100万元以上要案25件。2006—2008年，开展治理商业贿赂专项工作，共查处发生在政府采购、工程建设、土地出让、产权交易、医药购销等领域的商业贿赂案件221件，查处卫生、药监系统工作人员收受“红包”、回扣案件166件，查处教育乱收费案件220件。

三、行政申诉案件办理

1988—2008年，共收到涉及政纪处分案件的申诉信19件，当事人在信访阶段主动撤诉的9件，监察机关正式受理的10件，均作出维持原处分的决定。10件申诉案件中，1990年以前处理的案件1件，1990—2000年处理的4件，2000年以后处理的5件；贪污案件2件，受贿案件3件，赌博案件1件，嫖娼案件2件，失职案件2件。

四、行政效能监察

2008年2月，在市监察局增设效能监察室，负责全市效能建设工作组织协调和综合指导工作。按照“便民、务实、廉洁、高效”要求，从建设服务型政府、提升行政效能、优化发展环境方面，通过效能监察，推进市、县、乡、村四级便民服务网络建设。市政府出台《关于进一步规范四级便民服务网建设的意见》，明确检查验收标准，编印《淮安市四级便民服务网工作规范》。至当年年底，全市建成5个市级综合行政服务中心、8个县（区）行政服务中心、143个乡镇（街道）140个便民服务中心、1420个村（社、居）便民服务室，受理群众各类生产生活事项。

第三节　外事侨务

一、外事工作

（一）外宾来访

1986年7月，淮阴市人民政府外事办公室成立。当年邀请接待来自10余个国家和地区的外宾49批201人次。1987年，接待英国前首相卡拉汉以及英国《金融时报》记者。1988年，接待美国著名基督教福音派领袖、布道家葛培理一行。接待法国韦尼雪市市长率领的政府代表团、联合国粮食计划署驻京官员。1989年，接待法国韦尼雪市第一副市长率领的经济代表团以及秘鲁市长代表团。至1989年，共接待各类外宾2091人次。

1990年，淮阴市外事办公室制定《外国人来淮接待计划表》。年内，日本关西地区日中朋友会会长原田亲义一行4人到淮阴市访问。

1992年，市友协与关西日中朋友会共同举办“中日友好文艺大联欢”活动，来自日本20多个城市以及在淮阴常驻的外籍专家、工程技术人员100多人与淮阴群众共同活动。

1993年，中共淮阴市委、市政府成立接待处，制定《淮阴市接待处工作意见》《接待工作制度》等系列规章制度，规范接待工作。1990—1993年，接待各类外宾7090人次。外事接待由完成省级以上部门交代的接待任务为主，发展为接待淮阴市邀请和自费到淮阴市外宾为主；外宾组成由官方、友好人士为主，发展为官民并举、经贸界人士为主。

1994年，邀请接待日本团组12批，接待外宾2000多人次。1995年，接待日本经济、文化、教育3个考察团。全年接待外宾7500多人次。

1996年5月，日本生驹市议员代表团访问淮阴市。同年9月，韩国完州郡副郡守率团考察访问淮阴市。

1997年1月，韩国釜山企业家投资考察团对淮阴市进行考察访问。同年6月，白俄罗斯戈梅利市政府代表团访问淮阴市。同年9月，由市外办牵头、市体委及市有关部门与关西日中朋友会共同组织的淮阴市首届“新亚杯”中日友好半程马拉松接力赛在淮阴市举行，日本方面派出3个代表队40余名选手参加。同年11月，韩国完州郡政府代表团对淮阴市进行友好访问。是年，接待韩国、日本、白俄罗斯、澳大利亚等国外宾20个团组200多人次。

1998年3月，接待出席“纪念周恩来百年诞辰暨经贸恳谈会”的14个国家和地区的100多名海外嘉宾。

1999年4月，蒙古国达尔汉市政府代表团一行7人对淮阴市进行友好访问。同年7月，韩国完州郡中学生友好交流团一行10人到淮阴市交流访问7天；日本前桥市经贸考察团到淮阴市考察访问。同年9月，为庆祝中华人民共和国成立50周年，与关西日中朋友会共同组织淮阴市第二届“新亚杯”中日友好半程马拉松接力赛，日本方面派出3支代表队40余名选手参加。同年10月，韩国完州郡企业家代表团到淮阴市访问考察。

2000年6月，白俄罗斯戈梅利市政府代表团到淮阴市友好访问。韩国完州郡议会代表团、政府代表团、女干部代表团访问淮阴市。

2001年3月，罗马尼亚驻沪总领事杨·斯古比耶鲁率团到淮安市考察访问。同年7月，各国驻沪领馆中秘考察团80余人到淮安考察访问。同年9月，与日本鹿儿岛日中交流协会共同举办淮安市第三届“今世缘杯”中日友好半程马拉松接力赛，日方派出4支参赛队；市外侨办和日本关西日中朋友会共同举办“中国淮安·日本九州友好文艺大联欢”活动，近80名日本友人与200名淮安业余文艺爱好者同台演出。

2002年，韩国完州郡政府代表团、完州郡大学生艺术团分别到淮安市访问交流。同年5月，俄罗斯圣彼得堡市科尔宾诺区政府代表团访问淮安市；纳米比亚卡拉斯地区政府代表团到淮安市友好访问。

2003年2月，已故淮安市荣誉市民、关西日中朋友会会长原田亲义的夫人原田津由率友好交流访问团对淮安市进行友好访问。同年3月，日本福岛县会津坂下町国际交流协会代表团访问淮安，双方就教育交流、学生互派达成共识。同年7月，韩国完州郡公务员代表团访问淮安，与市有关部门和单位进行对口交流和洽谈。同年10月，韩国完州郡企业家代表团到淮安市考察经济和友好访问。同年11月，日本安城市经济友好代表团考察访问淮安市。

2005年5月，德国萨斯尼茨市政府代表团到淮安市友好访问。同年6月，几内亚杜布雷卡市政府代表团访问淮安。同年9月，韩国完州郡政府代表团访问淮安市。

2006年，邀请接待韩国、日本、美国、德国、俄罗斯、白俄罗斯、西班牙、阿根廷等国外宾团组20多批300多人次。

2007年，邀请接待澳大利亚、新西兰、韩国、白俄罗斯等20多个国家外宾团组50余批600多人，包括澳大利亚维多利亚州财长团、第四届华侨华人社团联谊大会嘉宾团、新西兰罗托鲁瓦市政府代表团、韩国韩泰轮胎株式会社社长团、白俄罗斯戈梅利市政府代表团等。

2008年，“相聚长三角”海外博士团，重点侨商投资考察团，白俄罗斯戈梅利市政府代表团，波兰普沃茨克市政府代表团，缅甸仰光市政府代表团，德国萨斯尼茨市政府代表团，日本安城市日中友协代表团、生驹市日中友协代表团，美、日、韩兵乓球交流团，外国驻华使节团，联合国儿童基金会考察团等多个团组到淮安市考察访问。全年到访团组30多批400多人次。

（二）重要团组出访

1993年，淮阴市代表团访问厄瓜多尔，与该国昆卡市签订友城协定。

1996年11月，淮阴市经济友好代表团访问白俄罗斯戈梅利市，与该市签订缔结友好城市意向书，签署开展经济、文化、科技等多方面交流的备忘录。

1997年4月，淮阴市代表团访问韩国完州郡，分别在完州郡和汉城市举办“中国淮阴投资说明会”，并与完州郡签署友好合作意向书。同年6月，市经济友好代表团赴美国、澳大利亚考察访问。访美期间，与美国亚柏林达市签署友好合作意向书，在圣地亚哥州和洛杉矶国际会议中心举行投资说明会。访澳期间，在悉尼市和墨尔本市开展友好交流和多次对外招商洽谈活动，达成各种意向和协议10余项，与澳大利亚梅瑞博农市签署发展两市友好关系的意向书。

1999年4月，市政府经济友好代表团赴韩国、日本友好访问，与韩国完州郡签署缔结国际友好城市协议书，在韩国汉城市、日本东京市、日本大阪市等地开展一系列招商推介活动。同年10月，市经贸招商团赴美招商，与美方达成初步合作意向20个。

2000年3月，淮安市经济友好代表团对意大利、德国进行友好访问和经济考察，举办招商说明会、与企业家洽谈，宣介淮阴市招商引资优惠政策，就特种车辆合作生产以及造纸业、家具制造业技术合作等达成意向。其间，代表团与意大利卢卡省政府签订两市（省）友好合作交流意向书。

2001年11月，市政府代表团对白俄罗斯戈梅利市及俄罗斯圣彼得堡市进行经济友好访问。在戈梅利市期间，两市就经贸、体育、教育、文化等领域开展交流与合作达成共识，签署两市合作交流备忘录，出席“第三届借助友城促稳定发展国际会议”，与14个国家48个城市代表进行交流和探讨。在圣彼得堡市期间，与该市科尔宾诺区就经济、教育、文化、体育、城市管理、社会福利等方面签署友好合作协议书。

2003年1月，淮安市代表团赴新加坡招商，引进新加坡鱼尾狮工业园项目。同年8月，赴日本、韩国招商，在韩国完州郡、大田市和日本鹿儿岛县、大阪市、名古屋市等大中城市举办5场投资说明会。同年9月，市经济友好代表团到俄罗斯圣彼得堡市科尔宾诺区和白俄罗斯戈梅利市友好访问，出席戈梅利市建市861周年庆典活动，与圣彼得堡市科尔宾诺区签署两市区缔结友好城市协议书。同年11月，市经济友好代表团到罗马尼亚布泽乌县友好访问，与布泽乌县签订《中国淮安市与罗马尼亚布泽乌县友好合作意向书》。

2004年5月，市外侨办组织厨师团赴古巴、墨西哥进行为期1个月的访问。代表团在古巴、墨西哥举行20多场演示、培训，受到当地社会各界广泛好评。

2006年，组织部分县（区）主要负责人赴东南亚招商，在马来西亚吉隆坡、印尼雅加达、泰国曼谷举办5场淮扬菜展示和招商联谊活动，参会嘉宾300多人。与当地企业家就化工、林木、机械等10多个项目达成合作意向。

2007年3月，淮安代表团赴澳大利亚、新西兰考察招商，促成澳大利亚三农有限公司与盱眙县政府达成江苏盱眙维多利亚三农生态城项目合作意向。

2008年，淮安代表团出访意大利、瑞士，促成意大利达涅利公司与淮钢公司达成无缝钢管项目合作意向。出访澳大利亚，在墨尔本举办第八届中国盱眙龙虾节，实现与国外城市合作举办龙虾节的目标。

（三）出国（境）管理

1988年，江苏省政府将部分出国（境）和邀请来华审批权下放到地级市。淮阴市根据实际情况，制定实施细则，市政府成立因公临时出国（境）会审小组，建立会审制度。当年全市出国（境）40批200人。1989年，出国（境）60批190人。1990—1993年，全市因公出国（境）2513人次，其中从事经济、科技、文化等专业人士占95%。

1994年，淮阴市简化出国（境）人员政审手续，在为因公出国（境）团组提供护照、签证、机票“一条龙”服务的基础上，增加礼品、服装服务。完善《出国（境）手续办理程序》等规章制度，印制《出国组团出访效益考核表》。全年审批因公出国（境）团组145批，535人次。1995年，全市审批办理出国（境）团组224批，809人次。

1996年，淮阴市制定《关于进一步加强涉外管理的若干规定》，规范外事管理。全年办理因公出国（境）953人次。其中，劳务输出19批421人次，经贸团组87批187人次。1998年，出台《关于加强全市外事工作的若干规定》。1999年，制定《淮阴市关于进一步加强因公出国（境）管理工作的通知》，在出国（境）任务初审中，坚持原则，从严把关。

2001年，成立以市外办为主办单位，市政府办、市委组织部、市公安局、市廉政办等9家单位协办的市因公出国（境）党风廉政建设工作领导小组，严格控制出访。2004年3月，经省人民政府研究并报国务院批准，同意授予淮安市临时因公出国（境）任务审批权。2005年，办理因公出国（境）团组156批438人次，为82个团组315人次办理护照签证及港澳通行证手续。同时压缩、精简不必要团组8批32人次。市外侨办推行“一站式”报批、一次性告之、延时服务、24小时预约服务、“AB”岗服务、表格式报批等创新举措，推动淮安因公出国（境）审批工作开展。

2007年，市委组织部制定《关于进一步加强出国（境）人员审查工作意见》，对因公出国（境）审批原则、责任部门及职责分工、审批程序作明确要求。当年共办理因公出国（境）团组253批715人。2008年，办理因公出国（境）145批461人。

1988—2008年淮安市因公出国（境）批次、人次表

表13-5

年份	批次（次）	人次（人）	年份	批次（次）	人次（人）
1988	40	200	1999	255	939
1989	60	190	2000	273	832
1990	47	200	2001	—	—
1991	—	—	2002	217	877
1992	136	399	2003	117	282
1993	127	634	2004	151	403
1994	145	535	2005	156	438
1995	224	809	2006	249	731
1996	—	953	2007	253	715
1997	360	728	2008	145	461
1998	290	910	—		

（四）服务地方经济发展

1994年，韩国轮胎有限公司与市清江橡胶厂开始接触洽谈，市外事部门全程参与数十次谈判、各类项目开工典礼。1996年，韩方到淮阴市参加韩泰轮胎（淮阴）有限公司挂牌庆典，市外办安排接待工作。

1997年，加大出国研修生的培养和选派力度，向国外正式派出出国研修生12人，储备各类研修人才30多人。

1998年，与企业联手建立出国研修生培训基地，向国外正式派出出国研修生13人，储备各类研修人才30多人。

2002年1月，巴布亚新几内亚水利部部长一行到淮安市考察，与市中淮公司洽谈2000万美元的亚行供水项目，市外侨办提供一条龙接待服务，促成项目签约。同年2月，争取到日本政府在江苏省实施“利民工程”项目款约80万元，用于资助淮阴区徐溜中学教学楼建设。该教学楼于当年11月全部竣工，并投入使用。

2002年9月，淮安市举办首届中国淮安·淮扬菜美食文化节，市外侨办承担美食文化节所邀境外宾客全部接待工作。此后，以中国淮安·淮扬菜美食文化节为契机，每年邀请约10批境外友好团组到淮安市参加活动，举办海外华侨华人专场经贸恳谈会，组织淮安市相关企业精心挑选项目进行对口洽谈。

2004年4月，经市外侨办招商引资，由美国澎诺特曼特公司投资300万美元、在市经济开发区征地1.33公顷的宏伟模具公司项目竣工投产。同年6月，经市外侨办争取，日本鹿儿岛县日中友好教职员会捐赠资金302万日元援建的盱眙县桂五镇中心小学教学楼竣工。全年向国外输送赴日研修生18人，储备各类研修人才80多人。

2005年11月，由省外办和苏北5市政府联合举办的苏北国际合作交流大会举行，市外侨办牵头组织有关部门和各县（区）政府90余人参会，签署多项合作协议。

2006年6月，中共淮安市委、市政府在上海举办2场国际交流合作恳谈会，邀请美国、比利时、韩国、德国、英国等近30个国家驻沪总领事、商务领事和其他官员、工商机构代表、外资企业代表近120名嘉宾参加，达成多项合作意向。

2008年，市外办承办“2008相聚长三角——百名海外高层次人才为国服务周”活动。至当年年底，有4个项目在淮安完成企业注册登记。

二、华侨事务

1981年7月，清江市人民政府侨务办公室成立。2001年6月，市外办、市侨办、市接待处合并组建成淮安市外事侨务办公室，为市政府组成部门。2003年9月，市接待处职能及人员编制划出，归口市委办和市政府办。全市有涉侨机构4个，分别为市人大民宗台侨委、市人民政府外事侨务办公室、市政协港澳台侨委员会和市侨联。2008年，全市累计收集60多个国家和地区的7000多名侨领侨商的信息资料，形成较为完善的侨资源网络库。2008年年末，淮安市有归侨10人，海外华侨1.8万人，侨眷10万人。

（一）权益保护

1978年后，淮阴地区落实各项侨务政策。至1987年6月，全市落实各项侨务政策910件。主要有：落实“文化大革命”“三案”和历史老案111件，清理归侨、侨眷档案576人份，对61件有问题的材料作出处理，落实归侨、侨眷知识分子政策83件。其中，户口农转非43户154人，解决夫妻分居9对，解决住房困难27户594平方米，结婚家属子女户口迁城2户7人，调整人员因错处造成使用不合理的2件，落实20世纪60年代初因“海外关系”精简下放人员案件59件。落实侨房住房37户240间3041.28平方米，其中“文化大革命”中被占和低价收购的8户23间344平方米、农村土改房9户57间657平方米、私改房6户23间277.85平方米、历次运动房（含城市）8户34间358平方米、弃留代管房6户103间1404.43平方米。上述房产，共返还原房18户68间809.98平方米，折款归还19户172间2231.3平方米，赔款87420.96元；归还抄家财产36户，赔款6544元。

1991年，《中华人民共和国归侨侨眷权益保护法》开始施行。归侨待遇得到提高，依法认定归侨身份的问题日益突出。市侨办依照法律规定，要求凡申请身份认定的，由本人向侨办提出书面申请，同时提供从国外回来定居的具体证明材料，然后通过组织查阅申请人档案、刚参加工作的原始登记表、“文化大革命”前组织评语等，做好档案笔录，保证归侨身份认定准确。

1998年，市侨务部门宣传贯彻《中华人民共和国归侨侨眷权益保护法》，妥善处理11起侨务信访。2000年，市侨务部门建立归侨侨眷信访回复制度、病困归侨慰问探视制度等。是年，淮阴县归侨子女刘某的工作问题、华侨江某的房产问题都得到较好解决。

2003年起，在争取上级部门资金支持基础上，淮安市每年安排部分经费，建立困难归侨按月定额补助制度，向潘某等9位困难归侨按月发给100～200元生活补助费，解决基本生活问题。

2006年，市政府在全省地级市中率先出台《淮安市归侨侨眷权益保护暂行办法》，涉及归侨侨眷工作就业、困难救助、工资待遇、社会福利、医疗保障、出国手续办理等。惠及归侨侨眷2000余人。2007年，促成淮阴区政府补偿因1958年房屋被拆上访的侨眷朱某3万元。2008年，帮助侨眷卜某、朱某协调办理提前退休事宜。

（二）联谊交往

1981年1月，淮阴地区行政公署召开归侨、侨眷、港澳同胞亲属迎春茶话会，向与会人员致词祝贺新春，宣讲党的侨务政策和对台政策。1983年4—5月，香港《大公报》经理尹任先回乡（清浦区）探亲。同年11月，美籍华人乔治亚州大学物理学教授徐孝华到南京大学讲学，并回淮探亲。1987年5—6月，美籍华人、南密西西比大学终身教授、商学院经济管理系主任李前瑞，到淮阴市讲学、探亲。同年10月，爱国教育家李更生的女儿李崇广到淮阴市探亲，参加在淮阴中学举行的李更生奖学金首发仪式。1988年5月，市政府经济代表团首次在深圳召开淮阴市港澳同胞联谊洽谈会。同年8月，涟水籍美籍华人顾振作夫妇及其弟顾振邦到涟水县商谈经贸合作事宜。

1990年4—5月，香港《大公报》总经理尹任先到淮阴市探亲。同年10月，美国佛罗里达州大学教授、台湾中国文化大学教授、系主任周震欧，美国纽约达西股份有限公司执行副总裁、常务董事徐昌东，美国贸易商周成栋组成的“旅美人士回乡访问团”在淮阴市活动3天。1991年8月，美籍华人顾振明到淮阴市讲学。同年10月，日本大阪华侨江苏同乡会会长刘宗廉率团到淮阴市考察访问。

2000年起，淮安市建立华侨华人回乡接待制度，在对华侨华人团组做好接待基础上，做好联谊交流。2000年，美国中光集团总裁李勇一行6人到淮安洽谈房地产开发等，市侨办与淮汽集团联系，促成双方达成合作开发意向。2002年9月，成立淮安市海外交流协会。市外侨办举办海外华侨华人专场经贸恳谈会，组织市相关企业40余家，与侨领们对口洽谈，达成合作意向20多个。2003年9月，应淮安市政府邀请，海外江苏之友分团一行近50人到淮安考察访问，达成近10个合作意向。2004年9月，举办2004“今世缘杯”海外江苏之友活动，32个国家和地区的270多名华侨华人、港澳同胞参加活动，与淮安市签订合作意向书8个，意向投资额9.2亿元。2005年8月，第13届欧华年会在芬兰首都赫尔辛基召开。淮安市举办投资环境推介会，聘请20位欧洲著名侨领为市经济顾问。

2006年7月，国外华裔青少年“寻根之旅”代表团到淮安市交流考察。2007年6月，出席第四届世界华侨华人社团联谊大会的近百名嘉宾分团到淮安市考察访问。淮安市举办投资环境推介会，组织嘉宾们考察淮安经济开发区和大学城，部分嘉宾与市相关单位就机电产品出口、绵羊油加工出口、保健品开发、华文教师输出等项目达成合作意向。2008年7月，省侨办组织重点侨商投资考察团到淮安市，开展投资考察。

（三）华侨捐赠

1982年，旅日华侨宋胜雄为家乡捐款打一口水井，并陆续捐款捐物累计200多万元，资助农村小学和道路建设等。1986年，华侨顾亚山向家乡涟水县黄营乡捐款1000美元用于购置图书。1987年，美籍华人张绍迁向淮阴县新渡乡益公小学捐赠1.5万元建校舍。1989年，巴西籍华人孙玉清捐资8000美元给淮阴县渔沟乡蒋桥村兴建幼儿园，旅日侨胞方步洲向家乡板闸镇捐款10万元修水泥路1条。1990年，日本奈良华侨总会会长宋希和赠给新安小学乒乓球运动器材1套，方步洲向周恩来纪念馆捐赠50万日元、1万元人民币。

1991年洪灾期间，全市接受华侨捐赠救济款约4500万元。各县（区）零星接受捐赠882万元。1991年，新加坡和尚曹常恒向金湖县捐赠玉佛像3尊、经书80多卷，捐助修庙经费4.5万元。

1992年，旅日侨胞宋胜雄、东京华侨总会副会长陈学全分别向周恩来纪念馆捐10万元人民币、50万日元。1993年，澳大利亚侨胞范伯年捐15万元为家乡涟水县南集乡范荡村建自来水厂，美籍华人王惠明代表丈夫郭宏元向洪泽县人民医院捐赠价值1500美元的电子体温表3套，港胞郑兆财向涟水中学捐30万元建科技楼，并为市妇联下属新星幼儿园捐款10万元。

1994年，旅日侨胞方步洲赠5万元供板闸镇修桥和安装路灯。同年4月，省侨办在淮阴市发起“筑基计划”，港胞朱恩馀捐助180万元，帮助沭阳县实施村级小学危房校舍改造，改建村级小学28所，新建教室168间。1995年，朱恩馀基金会捐赠盱眙县200万元，帮助盱眙县改造小学危房和校舍；香港同胞李孔韦向1995年夏秋遭受龙卷风袭击的淮安平桥张庙联中捐助20万港币新建学校。1996年，印尼金鹰集团陈江和捐赠200万元，帮助淮阴县改造村级25所小学危房。1997年，省侨办引荐美国唐仲英基金捐资10万美元在涟水县开展“筑基计划”工程，改建10所村小学危房，合计60间教室；香港邵逸夫数次捐款千万元，全部用于教育基础设施建设，建有淮阴师范学院和市县重点小学逸夫楼、市职教中心教学楼。是年起，郑兆财投资兴建涟水县郑梁梅学校，后续追加资金，共计9239万元。

2001年，市侨办争取海外捐赠70万元，用于涟水县7所村级小学危房改造。2007年11月，港资企业江苏利淮钢铁有限公司股东向淮安市慈善总会捐赠1350万元。2001—2008年，淮安市接受涉侨捐赠款物10451.92万元，其中教育类9592.96万元、医疗类60万元、赈灾类718.96万元、其他80万元。

（四）服务经济社会发展

1984年11月，市侨办、市侨联组织淮阴、沭阳、盱眙3个县侨务干部赴南京、无锡、镇江、扬州考察侨办、侨联和侨属办企业，市侨务部门开始参与经济工作。至1985年9月，全市11个县（区）利用侨眷海外亲友资金，兴办侨字号集体企业15个，个体及联户企业22个，集资总额47.6万元，投入总资金72.2万元，就业172人，有商业、粮食加工、印刷、摄影、运输、小油坊、小化工、木器、煤基、编织、养殖、花木等10几种简单的生产型行业。1986年4月，经市侨办引荐，香港朱也农、阙世雄与淮阴县塑料一厂签订技术合作意向书。1987年，为鼓励三胞亲属致富，市侨办提出“要从实际出发，量力而行，坚持自愿，积极扶持（服务型），扶而不包（不参与经营），政企分开，两袖清风，不沾三胞亲属经济利益”的原则，指导侨胞利用海外优势，开展致富活动。至1992年，全市有各类侨属企业和专业户200余个，总资金500余万元，就业1000余人，主要行业是花木果园、交通运输、水产畜禽养殖、农机具修理、农副产品加工、木器家具、餐饮服务等。

1994年，市侨办为市政府深圳招商活动、金秋十月全市招商活动、市政府香港招商活动做客商邀请和会务接待服务，3次招商共接待客商近600人次。1995年9月，江苏亚欧大陆经贸恳谈会期间，市侨办及时了解客源，参加各种活动，协助市有关部门做好招商服务。利用省侨办带领26名客商路过淮阴市的机会，向客人介绍市情，邀请其参观开发区，为招商拓宽领域。恳谈会共签订利用外资项目44个，投资总额4134万美元，协议利用外资2450万美元；签订外经项目9个，合同金额540万美元；对外签约人数940人；出口成交3137万美元，进口订货215万美元，进出口合计3352万美元。1996年，发动侨眷利用海外关系，促进高产高效优质创汇农业发展。是年，全市有侨属企业和专业户100余个，投入总资金约200万元，就业约600人，启动资金基本是海外亲友资助。

1997年，市侨办在全市举办4场关于香港回归的专题讲座。在“三胞”亲属中宣传各项侨务政策仍然适用于港澳同胞及其境内眷属，加强对香港同胞的联谊，团结港人。1998年9月，参加“江苏之友海外社团联谊会”，在省侨办引荐下，西班牙华侨朱光然与淮安市就利用西班牙政府低息贷款或无息贷款、引进蔬菜温室育苗设备项目进行洽谈，项目总金额400万美元，双方签订合作意向书；与日本名古屋市中国交流中心理事长杨兆清就生物生长剂合作一事进行洽谈，并接受该药剂的原料、样品和使用说明资料的捐赠。2000年3月，组织全市侨务干部赴汕头开展招商引资活动。2003年，通过服务美籍华人杜海卫，促成美国澎诺特曼特公司投资300万美元，在市经济开发区征地1.33公顷新建厂房，扩建宏伟模具公司项目工程，2004年建成投产。

2005年起，每年邀请数批海外记者到淮安市考察、采风，通过境外主流媒体宣介淮安。香港《大公报》、罗马尼亚《欧洲侨报》、日本《中日新报》等国（境）外主流媒体都用整版篇幅对淮安市进行宣传报道。2006年起，市外侨办每年都在国（境）外媒体刊载专版，宣传和推介淮安。在澳大利亚《星岛日报》、墨尔本《华夏商报》、法国《欧洲时报》、加拿大《环球华报》、巴西《南美侨报》、香港《经济日报》等媒体上对淮安市作近30个整版宣传。同年10月，广泛走访华商企业，争取到44家华商企业、30多位个人会员支持，在全省较早成立淮安市华商企业协会，将全市数百家华商企业凝聚在一起，搭建为侨港资企业服务平台。帮助多家侨资企业疏通当地销售渠道，协助办理进出口资质及海关备案登记、外汇账户设立等手续，协调办理产权证以及解决水污染等难题。同年，促成西班牙瑞安同乡会常务副会长曹启敏与淮阴区政府签订收购淮阴区黄河大厦的投资协议，投资1.8亿元，建设一幢28层集四星级酒店、购物、休闲为一体的多功能商业楼群。

2007年，通过服务旅澳华侨姚永喜，促成澳大利亚三农有限公司与盱眙县签订投资3亿澳元开发建设盱眙维多利亚三农生态城项目协议；促成旅日华侨宋胜雄投资8500万元，将其在上海的纸箱厂全部迁至楚州区，成立淮安大东包装设备有限公司。2008年9月，市政府与省侨办联合举办2008相聚长三角“百名海外高层次人才为国服务周”活动，3位高层次人才获聘淮安市海外经济技术顾问，现场签约项目3个，达成合作意向33个。

三、友好城市

1986年，市外事办公室成立后，淮阴市开始尝试与国外城市建立友好关系。1987年4月，经中共中央对外联络部推荐和联系，由省政府批准，淮阴市与法国罗纳省韦尼雪市建立联系。1988年7月，与韦尼雪市签订友好城市协定，双方达成经济、技术、文化、教育、卫生、体育等方面交流意向。同年，淮阴市与日本安城市建立友好交往城市关系。

1993年，淮阴市与厄瓜多尔昆卡市签订友城协定。两市在经贸、科技、文化、教育、卫生、体育及城建、旅游等方面开展广泛的合作与交流。1995年，县级淮安市与日本西山町（现日本柏崎市）缔结国际友城关系协定，该城也是县级淮安市缔结的第一对国际友城。西山町政府兴建“家乡馆”，展览县级淮安市的工业、农业、旅游等方面音像资料及土特产品。

图13-2　友好城市交往（2007年）　陈光晰　摄

1996年11月，淮阴市与白俄罗斯戈梅利市签订缔结友好城市意向书，签署开展经济、文化、科技等多方面交流备忘录。1997年6月，戈梅利市市政府代表团访问淮阴市，与淮阴市签署建立友好城市关系协议。两市在高等教育、工业技术等方面开展合作与交流。淮阴工学院与设在戈梅利市的白俄罗斯国立交通大学建立友好校际关系，淮阴工学院派3名留学生赴该校学习；市食品学校与白俄罗斯国立经济大学就开设俄语预科班、派遣留学生事宜达成协议。

1998年3月，淮阴市与美国亚柏林达市缔结国际友城协定。双方在文化、教育等方面开展交流与合作，该市兰奇小学与淮阴师范第一附属小学建立友好校际关系。1999年4月，淮阴市与韩国完州郡签署国际友好城市关系协议书，双方在经贸、科技、文化、教育等领域开展交流与合作。是年，县级淮安市与日本贺阳町（现吉备中央町）缔结国际友城关系协定，也是县级淮安市缔结的第二对国际友城。

2000年9月，淮阴市与意大利卢卡省缔结国际友城关系协定。2003年9月，淮安市与俄罗斯圣彼得堡科尔宾诺区签订国际友好城市协定。2007年9月，德国萨斯尼茨市与淮安市建立友好城市关系。同年，淮安市还分别与缅甸仰光市、意大利乌迪内市建立友好交往城市关系。至2008年，淮安市有国际友好城市10家，友好交往城市23家。

1988—2008年淮安市国际友好城市表

表13-6

国别	城市名	结好时间	备注
法国	韦尼雪市	1988.07	2000年中断
厄瓜多尔	昆卡市	1993.04	2006年中断
日本	西山町	1995.10	2005年3月并入柏崎市
白俄罗斯	戈梅利市	1997.06	
美国	亚柏林达市	1998.03	1999年中断
韩国	完州郡	1999.04	
日本	贺阳町	1999.11	2004年10月与加茂川町合并成立吉备中央町
意大利	卢卡省	2000.09	2002年中断
俄罗斯	圣彼得堡科尔宾诺区	2003.09	
德国	萨斯尼茨市	2007.06	

1988—2008年淮安市友好交往城市表

表13-7

国名	城市	交往时间
日本	安城市	1988.08
	生驹市	1995.05
	一宫市	1996.07
	吉松町	1997.07
	前桥市	1999.05
	始良町	2002.08

续表13-7

国名	城市	交往时间
澳大利亚	梅瑞博农市	1997.07
	帕拉马他市	2001.08
新西兰	卡特通市	1997.10
斯里兰卡	尤瓦省	1998.01
赞比亚	基特韦市	1998.07
蒙古国	达尔汗市	1999.02
阿根廷	巴里洛切市	1999.06
越南	海防市	1999.11
德国	罗登堡市	2001.05
纳米比亚	卡拉斯地区	2002.05
罗马尼亚	布泽乌市	2003.12
南非	西兰德地区	2004.06
比利时	罗克兰市	2004.10
西班牙	阿尔吉拉市	2005.03
墨西哥	科里马州特克曼市	2005.05
几内亚	杜布雷卡市	2005.06
泰国	华富里府	2006.06

第四节　机关行政事务管理

20世纪80年代初，原淮阴地区机关总务组改名为行政科。1981年，行政科升为行政管理处（正县级单位）。1984年，行政管理处更名为市级机关事务管理处，为副县级单位。1994年1月，机关事务管理处更名为市级机关事务管理局，仍为二级局。1998年，明确市级机关事务管理局为市政府直属正处级事业单位。2001年12月，市级机关事务管理局由事业局改为行政机构，列入政府工作部门。

一、机关办公区安全保卫

坚持技防与人防相结合，通过围墙红外线报警系统、院内监控系统，实现实时报警显示，做到监控无死角。与院内各成员单位签订治安、消防工作目标管理责任书；建立健全各类应急预案，加强预案演练，提高安保人员应急处置能力；实行安保人员24小时配套值班制度；加强安全检查，排除安全隐患。定期、不定期地组织“四防”工作检查，特别是加强重大节会期间安全工作检查，确保安全稳定。加强门禁管理，确保办公秩序，妥善处置群体性上访事件。

二、机关办公用房建设

20世纪80年代初期，淮阴市政府仅有3幢办公楼，即1961年春建成的建筑面积4300平方米4号办公楼、1976年春建成的建筑面积3600平方米3号办公楼和1980年建成的建筑面积1000平方米档案楼。1983年春，2号楼建成使用，建筑面积4081平方米。1987年5月，1号楼建成使用，建筑面积5130平方米。1993年，建成5号楼，建筑面积1966平方米。1995年，建成保密局楼，上下3层，建筑面积570平方米。2005年，档案局楼加层扩建，建筑面积为4200平方米。2006年，建设关工委楼2层，建筑面积276平方米。此外，2005年以代建制方式，建设新二号楼（含会议中心），2007年12月建成，2008年4月交付使用，建筑面积16000多平方米，其中会议中心3000多平方米，机关办公用房建筑总面积40123平方米。

三、机关办公设施改造及节能工作

完成电力增容及线路改造工程、水增容工程、机关电话虚拟网并网工程，完成各办公楼外墙、楼道、大厅等粉刷维修及道路、路灯、卫生间等基础设施的升级改造，更换各办公楼塑钢窗，实施、维修、新建自行车棚，完成广场、大门、传达室改造工程及拆墙透绿、增加绿化面积、提升绿化档次等工作，完成政府网络工程建设，改善机关办公条件和办公区环境。推进机关节能工作，2005年7月后，出台《关于建设节约型机关的几项具体规定》《淮安市市级机关资源节约考核办法（试行）》，定期对市直101个部门和单位年度资源消耗情况进行考核，将燃煤锅炉供暖改为热力公司集中供暖，加强空调设备的使用、管理、维护和保养，全面推进公共机构及市政府机关节能减排工作。

四、改善市级机关住房条件及生活区面貌

市级机关原有4个生活区，东大院、西大院、南大院、七九大院均建于二十世纪五六十年代，房屋低矮破旧，设施陈旧不全，布局零乱，道路不畅。1997年以后，结合总体规划实施，拆除危旧平房7万多平方米，建成住宅楼面积近20万平方米，建成道路2万多平方米，完成绿化面积8万多平方米。建成休闲广场9个，计2万多平方米，其中南大院休闲广场面积3000平方米、七九大院休闲广场面积3500平方米。建成活动中心2个，面积计1600多平方米，建成南大院、七九大院2个活动室，铺设下水道和给水管线1万多米。累计投入1亿多元。2001年、2007年，由市级机关事务管理部门下属房屋开发中心以市场化运作方式，先后建成位于淮海北路133号的机关北大院，占地总面积5.52万平方米，建筑面积8.2万平方米；位于清河路1号的一号大院，占地面积7.16万平方米，开发总面积12万平方米，其中安置房面积4万平方米。2007年，完成西大院热网改造和东大院管道燃气安装2项工程。

2008年年底，东大院生活区占地面积12.9万平方米，建筑面积13.8万平方米，常住1664户、6500余人；西大院生活区占地面积11万平方米，建筑面积12.9万平方米，常住1129户、4500余人；南大院生活区占地面积1.5万平方米，建筑面积2.26万平方米，常住247户、1110余人；七九大院生活区占地面积2.59万平方米，建筑面积3.2万平方米，常住379户、1700余人。机关生活区由机关服务中心下属的物业管理公司实行物业管理。2008年12月，机关服务中心下属的物业管理公司退出机关东大院生活区的物管工作，由业主委员会自主选择新的社会物业管理公司接管，实现市场化、社会化物业管理。

第六章　人民来信来访

1978年，中共淮阴地委、行署办公室设信访组。1982年7月，信访组更名为信访科。1984年4月，成立淮阴市委、市政府信访办公室，为市政府二级局。至1987年，各县（市、区）均设有信访机构，乡镇等基层单位和部分市直单位也明确分管信访工作的领导，并配备专、兼职信访干部。1989年，按省统一要求，信访办公室更名为信访局，内设综合科、接待科、查办科，列入政府编制序列。

20世纪80年代，信访工作职能是单一的办理来信、接待来访和查办案件，处于微观信访阶段，整个工作处于被动应对状态。20世纪90年代初，在原有职能基础上，增加人民建议征集职能。1995年10月，国务院颁布《中华人民共和国信访条例》，信访工作纳入法制化轨道，法律服务（律师、公证、基层法律服务）介入信访工作，为走信访与法律服务结合之路提供法律依据。

1996年年底，淮阴市在全省率先提出构建“大信访”格局新思维，信访工作职能由微观向宏观转变，从被动应对向被动中求主动转变。同年7月，淮阴市信访局升格成正处级建制的一级局，并成立局党组，列入市政府序列。1997年，淮阴市信访局设立接待科、办信科、查办科、办公室、人民建议征集办公室和纪检组。2001年，市信访局撤销纪检组，并归入市委序列。

2000年后，信访工作职能得到较大丰富，市信访局在原有职能基础上，增加督促检查信访事项处理、研究分析信访情况、开展调查研究、向本级人民政府提出完善政策和改进工作的建议、处理信访突出问题及群体性事件等职能，逐步形成“党委政府统一领导，信访部门统一管理，相关部门各司其职，全社会齐抓共管”大信访工作格局，实现“由被动向主动，由治标向治本，由办理受理向服务管理”转变。全市信访工作从全省后进行列跨入全省先进行列。

第一节　群众来访接待

改革开放后，淮阴地区“文化大革命”中冤假错案逐步得到纠正。仅1978年1—10月，地、县两级就调查处理中央和省地交办的信访案件213件。至1982年，淮阴地区信访组接待群众来访8300多批次，其中反映在“文化大革命”受到迫害要求平反的占来访总数的68.3%，其次为20世纪60年代初下放职工、城镇就地转农人员要求“复工复职、恢复城市户口”，占来访总数的19.8%。这些案件基本得到解决。

1985年5月3日，市委、市政府印发《关于市级机关各部门归口分工接待群众来访的办法》（以下简称《办法》），首次提出“分级负责、归口办理”的接访原则，并结合市级机关机构设置和业务范围，对群众来访所反映的问题，分门别类与相关部门挂钩，归口接待处理。该《办法》是淮阴市制定的第一部关于接访工作的规章制度，为各部门接访工作运行奠定基础。同年10月，中共淮阴市委、市政府印发《关于办理群众来信问题的暂行规定》和《关于接待处理群众来访问题的暂行规定》，对群众来信办理和群众来访接待工作程序、接待方式提出一系列具体要求，并首次提出接访工作要做到“事事有交代、件件有落实”。到1992年，全市信访部门共接待来访群众3万余批次。通过调查处理，大部分集体上访事件得到化解，86.2%的信访问题得到圆满解决。

1993年，市信访局根据对接访信息分析，排出信访工作中出现的重点问题，预测到农民负担问题、亏损企业职工工资问题将成为来访重点，遂将该形势向全市县（市、区）通报，要求各地采取措施，将矛盾化解在萌芽状态。超前化解市华联商厦、华丰针织内衣厂、市经济开发区山阳村等多起将要发生的大规模集体上访问题。此后，市信访局30多次组织人员到市直单位和有关县（市、区）进行专题调研，排查不稳定因素，研究解决问题的办法和措施，为化解集体上访工作打下基础。

1995年，市委、市政府先后发文，就减轻农民负担和加强征地拆迁审核报批做出具体规定；成立企业解困领导小组和具体工作机构，帮助困难企业发展生产，安排好职工生活。各地及有关部门对反映农民负担的来访，坚决按政策办事，做到发生一起、查处一起，保护农民合法权益。

1999年5月，市委、市政府印发《关于处理群众到市委市政府门前上访维护机关办公秩序的意见》，进一步明确上访人行为规范、对各职能部门要求以及对违法违规行为处置原则。同年7月，市委、市政府转发市信访局等部门《关于制止农用机动车辆载人集体进城上访的意见》，要求各地乡镇党委、政府明确责任，坚决把农民集体上访化解、劝阻、稳定在基层，公安、交通等职能部门依法管理、维护交通秩序和社会治安秩序，公安机关依法查处组织煽动闹事的为首人员和严重影响社会治安秩序的直接当事人。同年9月，市委、市人大、市政府联合印发《淮阴市市级机关归口处理信访问题办法》，把“分级负责、归口办理”的信访工作原则进一步具体化，对各级各部门工作责任以及信访人信访行为作出明确规定。当年全市上访总量批次较1998年下降9%，人次下降14%，其中集访批次下降4.4%，人次下降12%。2000年，全市接待群众来访批次和人次较1993年分别下降37.65%和5.6%。

2001年起，全市对企业产权制度进行彻底改革，进一步调整各种利益关系，一些新情况、新问题、新矛盾不断涌现，给信访工作带来新挑战。当年城镇信访量占到信访总量的75.85%，成为主要信访矛盾。群众反映的问题主要有：改制企事业单位职工要求提高补偿标准、解决生活困难或要求办理内退手续问题，困难企业拖欠职工工资、退休养老金和下岗安置问题，征用土地和城市建设方面的问题、企业军转干部要求落实待遇问题，在城市建设与改造过程中征地拆迁标准及补偿等方面的问题。是年开始，淮安市组织开展直播室和直播现场活动，接听群众打进的热线电话，现场接受群众的咨询、投诉，并进行现场解答。同年7月，市委、市政府召开全市信访工作座谈会，指出“办信访”就是为老百姓办难事、办实事、办好事，解决实际问题，要求各级、各部门党政领导每月都要安排时间接待信访群众，做到有访必接、有信必办，并确定每年9月为全市信访集中处理月。同年10月，市委、市政府印发《在全市开展集中处理信访问题活动的通知》，集中处理525件积存的重要信访问题。从市直部门抽调53名县处级领导干部组成13个工作组，分赴全市各县（区）及市直有关部门，对525件信访问题进行督查督办，当年全部办结。

2002年4月起，市委、市政府正式实行市、县、乡三级“党政领导约访接待日制度”，规定市委常委、副市长每月10日、25日面对面接待处理群众上访问题，县（区）党政领导每月4次公开接待，乡（镇、街道）每个工作日都有领导定点接待群众来访。实行“首接负责制”，谁接待，谁负责，谁处理，处理意见直接与群众见面。市委书记带头接访，其他党政领导每人1个月，轮流接待上访群众。

2003年7月起，实行市、县（区）领导定期敞门接待制度，每月10日、25日为市、县（区）领导和重点部门领导接访日，县（区）另外安排2天为领导接待日，接待时间、地点通过新闻媒体向社会公布。每个接访日，市委、市政府都安排5名以上市领导参加接待，以便于解决不同类型的信访问题。领导接待日实行首访接待负责制，谁首先接待处理的信访问题，谁负责督促催办、交办处理，直到问题解决为止。为保证领导接待日工作效果，市直有关部门派出业务负责人参加领导接待日具体工作，现场参与解答处理，解决群众反映的信访问题。各县（区）及市经贸、建设、规划、国土、劳动、民政、交通、房管等重点部门也安排领导在各部门同时接待，做到与市领导信访接待日同步进行，形成纵向到底、横向到边的领导接待日网络。对群众反映的问题当场能解决的，市领导当场解决，一时无法解决的问题给群众作出细致解释，并责成有关部门15天内拿出明确处理意见。当年8月起，实行市委常委下访制度，在楚州、淮阴、涟水等信访量大、信访问题多的县（区）设立11个常委下访接待点，由市委常委带队，农工办、民政、土管、信访等部门负责人及工作人员参加，零距离接触群众，现场解决群众反映的问题，对一些不能现场解决的疑难问题，交职能部门调查处理，限期结案，给群众一个满意的答复。是年，建成市来信来访接待中心，设立5个窗口接待群众来访。制定《接待中心工作流程》《接待中心工作人员守则》，接待工作进一步规范化。

2004年9月，成立淮安市处理信访突出问题及群体性事件联席会议办公室，负责协调处置群众信访中的重大、突出问题。联席会议由市人大、市政协、市委组织部、宣传部、政法委、市信访局以及公检法等26个成员单位组成。按照“属地管理、分级负责、归口办理”原则，针对信访突出问题及群体性事件提出对策建议，同时协调处理跨地区、跨行业的信访突出问题及群体性事件。

2005年上半年，举行“一把手走进直播室”户内直播5期，举办“走进乡村——与农民朋友面对面”等主题式户外直播2期，受理群众咨询投诉371起，办结率、反馈率均为100%。同年6月，市纪委在群众信访较多的淮阴区三树镇举办第一期“信访直通车”开通仪式暨现场公开处理信访活动，在群众家门口宣传党的路线方针政策，接受群众咨询投诉。同年7月，专门召开受理问题交办会，要求对群众反映的问题做到件件有落实、事事有回音。当年9月，市信访局邀请国家信访局接待司工作人员到淮安市下访部分上访老户。此后，被接待信访老户再没有越级上访情况发生。同年，市委、市政府出台《关于进一步规范和完善全市党政领导干部下访活动的意见》，明确市级正处级以上、县级正科级以上干部和乡镇干部均要定期开展下访活动。

2006年11月，市委、市政府制定出台《淮安市重大事项社会稳定风险预测评估化解制度》，要求全市各相关部门、各县（区）在重大事项实施之前、重大改革启动之前，启动稳定风险预测评估化解机制，从源头上减少和化解不稳定因素，保证重大项目、重点工程顺利实施。全市信访部门接访量逐年减少。2006年为1356批次5043人次，2007年为1032批次3716人次，2008年为969批次3244人次。重大节日、活动期间，保持进京上访零登记。

2001—2008年，全市信访部门接待群众来访3万余批次；开展市党政领导信访接待日活动148期，参加活动的市党政领导605人次，共接待群众来访3892批9218人次；“行风热线”受理投诉9000多件，办结率100%，满意率94.6%；共有2704名党政干部定期到联系点下访13930人次，接受基层群众来访、咨询3.6万余人次，发放宣传资料8万余份，为各级党委、政府提供决策建议338条，解决、答复投诉问题8070件。

1978—2008年淮安市接待处理群众来访情况一览表

表13-8

年份	批次(次)	人次(人)	其中集体上访	
			批次(次)	人次(人)
1978	274	—	—	—
1979	3080	—	—	—
1980	1453	—	—	—
1981	992	—	7	42
1982	1055	—	—	—
1983	988	—	—	—
1984	821	9571	32	2500
1985	1152	13338	85	4532
1986	4344	—	107	7521
1987	6119	—	301	10879
1988	5521	14924	269	9101
1989	5008	12510	273	7074
1990	3710	21277	317	17135
1991	3645	32152	408	27979
1992	7437	20979	391	12958
1993	7938	35804	723	22983
1994	7370	36554	657	25423
1995	4272	31300	1106	39316
1996	4704	34453	753	36597
1997	4314	34352	719	29010
1998	4656	32849	694	25561
1999	4236	28382	665	22488
2000	4949	33797	945	27047
2001	5946	47253	1313	39593
2002	8841	32232	1013	19668
2003	7268	26930	1010	17656
2004	2573	10387	93	3685
2005	3455	14921	77	3576
2006	1356	5043	112	3755
2007	1032	3716	79	1979
2008	969	3244	69	1797

第二节　信访查办

一、查办工作

改革开放初期，信访查办工作没有专门科室，由专人负责处理。1979—1989年，全市查处信访案件2260件，办结1031件，平均结案率45.62%，处理上访老户问题1051件，息访1051件，满意率83.02%。

1990年，市信访局开始设立查办科。1999年，制定《淮阴市查办工作实施细则》，对查办工作立案范围、立案程序、案件调查、案件处理、案件结案分41条作出明确要求，并制定与之相配套的一整套规范化表格，确保信访案件处理规范化。至2000年，全市查处信访案件2275件，办结1452件，平均结案率63.82%，处理老户问题488件，息访424件，满意率86.89%。

2001年，市信访局查办科更名为查办处。2005年，出台《关于进一步规范信访查办工作的通知》《关于实行信访案件通案制度的通知》，中央和省、市领导及信访部门交办的信访案件必须在规定的时间内报结或及时上报情况；结案报告上报前经办单位或经办人要填写结案表，分管领导审阅并签署意见；直接交办某领导的信访件，一定要由该领导审阅并签署意见，不得代签；结案报告要有明确处理意见，并与信访人见面；所有信访案件结案时均要形成完整的卷宗；结案报告要一案一报。此外，对通案的范围、通案工作程序、通案工作的要求都作出具体规定。淮安市信访工作实现由“查清事实，提出处理意见”为主到“查清事实，协调处理到位”为主的转变。至2008年，全市查处信访案件937件，办结932件，平均结案率99.47%。其中，2008年立案查处209件，年末办结率100%，超过既定目标10个百分点。

二、老户处理

1982年，处理信访老户案件155起，办结129起。以后随着改革发展和社会变革，信访老户有增加趋势。1985年，查处信访老户案件431起，办结306起。

1989年上半年，全市受理省交办老户67户，其中上访老户11户、信访老户56户；市自立老户22户，其中群众上访老户3户、信访老户19户。市信访局对此逐一讨论，发文各相关县区和部门，把处理老户案件作为一项重点工作来抓，逐一核实，具体落实。对原来已有处理结论的，也重新复查。到当年7月，省交办老户办结51户，占77.3%，有处理意见的6户，占9.1%。市自立的22户中，办结17户，占77.3%。全年处理信访老户案件364起，办结345起。1990年，涟水县对上访老户实行领导包案处理办法，从责任目标、工作要求到包案小组领导、成员的职责等都作出具体明确的规定。

2000年前，有老户1803户，停诉息访的1518户，占老户总数的81.2%。2001年，市委、市政府稳定工作领导小组专门召开会议，要求各地各部门首先对上访老户进行重新排查、分类，逐户过堂，弄清情况，实行领导包案处理责任制。如包案处理信访老户出现反复，仍由原包案处理的领导继续处理，直至停诉息访。各地各部门鼓励上访老户信“访”不如信自己，伸手去“要”不如双手去“干”，通过创业从“信访之路”走上“致富之路”，一批长期上访老户问题得到妥善解决。市信访局配合各县（区）做了大量工作，查处、化解一大批疑难信访问题。清浦区石桥、宝塔桥居民的户口性质问题，是原清江市遗留下来的历史问题。在集中处理老户问题时，市信访局配合清浦区深入基层，摸清底细后，将历史演变过程写出书面材料，向市委常委作专题汇报，解决这些居民户口性质问题，最终使这起老户集体上访彻底停诉息访。和平良种场原系收留华东三省一市流浪人员的农场，撤地建市后交由清浦区管理。这些人员一直为解决生活费等问题而上访。在省信访局、省民政局的支持下，经协调由省出资为良种场建起50间近1000平方米的养老院和门诊所，解决孤寡老人住宿问题和就医问题；省、市、区三级共同出资25.7万元，解决退休人员养老金问题，原上访人员基本息访。

2006年，开展信访老户停诉息访百日活动暨集中整治行动。省交办的36件进京非正常上访、10件信访老户问题，实现100%交办、100%办结、100%稳定在当地，停诉息访率88.9%。在市自排的139件信访老户问题中，办结128件。其中，解决合理诉求27件，"三级终结"（信访事项的办理、不服处理意见的复查、不服复查意见的复核）、"六步工作法"（乡镇初审初定、县级会审、公开听证、申报市级认定、省级终结认定、社会公示）终结53件，司法终结33件。通过解决合理诉求和教育转化，明确表示停诉息访104件，停诉息访率82.7%。对长期无理缠访的个别老户，依据《信访条例》，作出严肃处理。

2007年，盱眙县针对当地上访老户多的实际情况，采取领导负责、部门包干、亲属照管相结合的方法，把上访老户稳定在当地。全市梳理出30名有致富愿望的信访老户，通过筛选项目、帮办手续、政策照顾、资金扶持，成功引导20余名信访老户走上致富之路。该做法得到省委、省政府肯定，省、市电视台进行专题报道，在《领导科学》《江苏信访》和省信访局《信访情况》上介绍经验。

2008年，全市开展集中排查活动6次，排查各类矛盾纠纷和不稳定因素3156件，年底处理到位2859件，其中一次性处理到位2405件、领导包案化解261件、联合会办化解193件、综合化解率90.6%。全年市信访局立案自办信访案件28件，办理省交办和全国人大交办信访案件98件，到期结案率100%。

1979—2008年淮安市信访查办、老户处理情况一览表

表13-9　　单位：件

年份	查办			老户	
	中央、省	市（地）	办结	总量	办结
1979	46	206	207	—	—
1980	—	73	44	—	—
1981	109	—	58	—	—
1982	172	45	105	155	129
1983	138	106	136	260	236
1984	—	—	—	—	—
1985	298	—	197	431	306
1986	317	—	158	—	—
1987	147	—	96	105	65
1988	8	410	313	—	78
1989	185	—	170	364	345

续表13-9

年份	查办			老户	
	中央、省	市（地）	办结	总量	办结
1990	—	479	460	181	177
1991	—	223	201	135	106
1992	—	65	46	38	34
1993	33	154	187	16	16
1994	—	230	228	38	38
1995	52	112	164	—	—
1996	—	90	90	27	27
1997	55	121	55	30	30
1998	54	34	88	15	15
1999	44	25	69	8	8
2000	—	—	—	—	—
2001	—	45	45	46	46
2002	—	—	—	—	—
2003	—	127	122	—	—
2004	74	72	146	—	—
2005	158	—	158	—	—
2006	123	40	163	—	—
2007	97	32	129	—	—
2008	98	28	126	—	—
合计	2208	2673	3961	1800	1656

三、信访案件复查复核

2005年，市政府印发《关于做好信访事项复查复核工作的意见》，明确信访复查、复核案件法制审核工作的具体程序、分工和要求，指导全市信访复查复核案件法制审核工作开展。

2006年起，市各有关部门邀请市政府法制办审核人员一起研究案件，共同拟定意见书。市政府法制办、市信访局定期牵头召开通案会，市建设局、市拆迁办、市国土局、市规划局、市教育局等单位参加，共同解决办案难题，相互交流办案经验，提高办案水平。各地、各部门遵守办案程序规定，认真答复申请人的合法合理诉求，不含糊、不推诿。对需要几个部门联合办理的案件，主办部门权衡分配，确保对口，严格遵守办案时效规定，根据申请日期、交办日期和法制审核时间，计算出本部门实有办案时间。办理案件时重视证据搜集，发现缺少某个相关证据的，及时到基层调查核实补充证据，使信访人心服口服。经审核，维持部门意见占75%，补充、变更占15%，退回部门重新处理10%。当年信访复查16件，复核83件，合计审核案件99件。

2007年，信访复查（核）审核案件153件。其中，复查35件，复核118件。经过最终审核，维持各部门、县（区）政府复查（核）意见114件；补充、变更23件；退回原处理部门重新处理16件。

153件案件经法制审核后，申请人去省上访的12件，省政府对其中5件派员调查，全部否定他们的上访诉求，维持市复查（核）意见，其余7件属违规越级去省。2008年，信访复查（核）案件118件，复查12件，复核106件。经过最终审核，维持各部门、县（区）政府复查（核）意见81件；补充、变更24件；退回原处理部门重新处理13件。经市级复查复核的信访案件，98%以上实现“案结事了”。

四、信访督查督办

改革开放初期，没有具体的信访督查督办制度。主要是领导对某个信访问题作出批示，交由职能部门办理，信访部门不定期地到各县（市）进行检查指导。1979年，地委组织7名相关局长率领42人分成7个信访检查组，到信访问题较多的淮阴、淮安等县进行督促帮助，处理一大批信访难题。1981年，对各县（市）和地直机关进行3次检查督促，解决信访难题12件。

1985年10月，市委、市政府出台《关于办理群众来信问题的暂行规定》和《关于接待处理群众来访问题的暂行规定》，提出建立催办制度，规定凡是转办或交办的来访问题，要定期催办，查询处理情况，保证事事有交代、件件有着落。1990年，对一些按“分级负责，归口办理”交下去的信访案件，经常派员，发函督办，对一些影响较大的信访案件，责任领导前往检查督办。各县（市、区）信访局对交办下去的信访案件，更是经常派员上门督办，保证信访案件的办理速度和质量。

1994年，修订《淮阴市县级信访工作目标管理考评标准与计分办法》，使信访目标管理工作提高到一个新的水平。1996年，市委、市政府印发《关于进一步加强信访工作的意见》，从信访工作的领导、法制宣传、基层信访工作责任制、处理群众集体上访、机构建设、改善信访工作条件、干部队伍建设7个方面提出较为具体的要求。1997年，集体上访县（区）就地化解率70.1%，市信访局集体上访化解率97.5%。2000年，制定《淮阴市办理人民来信工作实施细则》，规定对重要来信的督办催办事项。当年完成省下达的赴京上访下降、去省集访下降和不增加新的信访老户任务。

2001年，全市越级上访多、集体上访多、长期上访多。市委、市政府在畅通信访渠道同时，抓好信访督查督办，确保群众反映的问题及时处理落实。先后印发《淮安市信访工作暂行规定》《淮安市信访工作目标管理考评标准与办法》《淮安市信访工作责任制》《淮安市信访工作责任追究暂行规定》《淮安市信访不稳定因素排查和信访情况分析报送制度》《淮安市信访通报制度》《淮安市集体上访处理反馈制度》《淮安市信访事项集中处理工作规定》《淮安市领导分管工作督查组督查程序的意见》《淮安市矛盾纠纷调处办法》《淮安市信访事项复查复核意见》等。在出台政策规定的同时，制定与之配套的领导责任制度、干部下访制度、责任追究制度、回访制度、“五联单”交办制度、领导包案处理制度、排查交办制度、重大疑难信访问题会办通案制度、党政领导阅批人民来信制度、督查督办制度等。

2005年5月，在信访稳定工作领导小组设立信访督查监察室，作为市纪委派出机构，专门负责对信访工作责任制落实情况进行督查，按照信访工作责任制和党纪政纪有关规定，对各级工作人员在信访工作中的失职、渎职行为进行责任追究。各县（区）相应成立信访督查监察室，专职开展信访督查督办。该做法得到省信访局肯定，在全省进行推广。全市越级上访、集体上访信访量大幅下降。当年全市赴京上访39批72人次，分别比2001年下降52.4%和77%；到省集访6批301人次，分别比2001年下降91.4%、77.7%；到市集访71批2854人次，分别比2001年下降79.3%、81.8%。

2008年，越级集访市内化解率98.9%；赴京上访51批79人次，比2001年下降37.8%和

74.76%；到省上访106批次269人次，比2001年下降75.63%和84.4%；到市集访69批次1797人次，比2001年下降75.59%和81.6%。

第三节　来信办理

1979—1981年，群众来信主要反映“文化大革命”中所受到的不公正待遇，要求平反。该时期地区信访组收到群众来信118294件次，其中1979年来信8735件次，重复来信2908件，重信率33.2%，初信结案率78%以上。1980年，受理来信5483件次，办结率87%。全区组织1400多名机关干部深入基层调查研究，做群众思想工作，处理信访问题10341件。1981年，受理来信4076件次，其中重信1471件，来信总量比1980年下降25.66%。

1985年，淮阴市信访局制定《办理人民来信工作制度》，首次提出“保护来信人的合法民主权利”，并就办信工作程序作出明确规定，办信工作初步走上法制化轨道。重复来信减少，1985年重信率为26.9%，1986年重信率为17.81%。1982—1989年，市信访办受理群众来信107868件次，主要反映农村改革后村民之间的界址纠纷和经济合同纠纷，以及揭发少数干部违法违纪等问题。

1990年，市主要领导阅批来信667件次，各县（市、区）领导阅批来信2058件次。1993年，市主要领导阅批来信450件次，占来信总数的12.7%。1995年起，群众来信中的联名信增多，最多的达数百人联名。市信访局按照市委、市政府“抓好初信处理，防止由信转访”的要求，办理好每一封群众来信。1996年，涟水县城南果园群众联名来信反映该县征地修路问题，并致电省领导声称准备组织群众赴省大规模集访。市信访局和涟水县党政部门迅速组织力量，开展工作，使问题得到及时处置，避免一次大规模越级集体上访。1990—1996年，市信访局受理人民来信26196件次，信件主要反映农民负担过重、困难企业职工生活困难以及城镇建设征地拆迁等问题。

1997年，市信访局成立办信科（与人民建议征集办公室暂合署办公）。办信工作从其他部门中独立出来。随后，各县（市、区）信访局亦相继成立办信科。该时期来信反映问题主要有因企业改制下岗职工安置问题、农民工工资问题、民营企业劳资纠纷以及城市建设中征地拆迁问题。检举控告类来信也占相当的比例，仅1997年，全市就受理此类来信860件，占当年来信总数的39.78%。

2000年2月，市信访局印发《淮阴市办理人民来信工作实施细则》，进一步规范办信工作程序。2003年7月，市委、市政府印发《关于加强领导同志批示信访件办理工作的通知》，加大领导批示案件办理力度。信访部门重点抓住“署名来信、登记转办，联名来信、直接交办，求决来信、协调会办，重要来信、及时呈阅，异常来信、妥善处置”5个工作环节，做到件件有交待、事事有回音。在化解重复来信基础上，引导重复来信老户创业致富。2007年6月，淮安市被确定为国家信访局化解重复来信工作试点单位。

2008年1月起，淮安市在全国率先开展为期半年的重信重访专项治理活动。对2006年、2007年2年重信重访案件逐一进行梳理、交办，实行“一个问题、一名领导、一个方案、一抓到底”处理机制，定责任单位、定责任领导、定办理要求、定办结期限，一批重信重访问题得到妥善解决。市联席办交办的155件疑难重信重访案件有147件得到有效化解，其余8件均为涉法、涉诉和涉及外地案件。同年，市信访局受理来信1951件次，其中重复来信155件，重信率7.9%，总量比2005年增加7.4%。群众信访开始由走访转为写信。通过“阳光信访”系统规避初始重复来信116件，终结重复来信79件。对署名初信，回复率超过省要求的5%以上，有效控制由信转访事件发生。

1979—2008年淮安市处理群众来信情况一览表

表13-10

年份	来信总量（件）	市受理（件）	初信办结率（%）	复信（件）
1979	8735	8725	—	—
1980	5483	5483	—	—
1981	4076	4076	—	—
1982	4547	4547	—	—
1983	5941	5941	—	—
1984	27348	7243	—	—
1985	25430	7558	—	—
1986	9005	9005	—	—
1987	5493	5493	—	—
1988	15593	1229	—	—
1989	14511	4724	—	—
1990	12070	3697	—	—
1991	11382	3335	—	—
1992	12434	4365	—	—
1993	11097	3287	—	—
1994	9070	3276	—	—
1995	5261	5261	—	—
1996	5525	2975	—	—
1997	4361	2162	—	180
1998	2724	1144	100	346
1999	3225	1500	100	60
2000	3235	1047	100	63
2001	3892	1703	100	—
2002	4604	1792	100	31
2003	4103	1528	100	—
2004	2630	2630	100	—
2005	1432	1816	100	—
2006	1800	1800	100	50
2007	5926	1976	100	—
2008	1951	1951	100	—

第四节　市长公开电话

1985年9月，淮阴市政府设立市长联系电话，受理各种社会投诉、意见和建议，建立政府与群众之间的联系渠道。

2001年7月1日，在市长联系电话基础上，淮安市正式开通市长公开电话，主要受理基层单位和人民群众反映的问题、意见、建议和各类紧急突发性事件，同时负责市政府办公室的信访接待工作。在市政府办公室设立“市长公开电话室”（兼市政府总值班室），根据《淮安市市长公开电话工作细则》管理市长公开电话。市长公开电话实行一级受诉（市长公开电话室）、两级管理（市政府办公室及各网络单位）、三级处置（直接处理问题的基层单位）运行模式，对市民投诉、求助和建议等，按照“谁主管、谁负责”原则，及时指令责任部门限时办理，迅速反馈，建立受理、办理、反馈、综合分析、立卷归档等工作流程。群众来电一经受理，即刻进入办话流程。对于一般咨询类来电，直接予以解答；对于一般性求助、投诉、建议与意见，交办有关责任部门办理；对重大、跨部门、影响面广、难度较大问题，以专报形式呈交市有关领导，按领导批示办理。承办单位实行按期办理，认真处理，办后回复，结果反馈。每月综合分析办话情况，编发《办话情况通报》，通报一级网络单位承办事项办理情况。

2002年，一级网络单位由开通时的38家拓展到41家，县（区）办话网络拓展到乡镇和部门，初步形成以市长公开电话为龙头，一级网络单位为主体，二、三级网络纵向到底、横向到边办话体系。2004年3月，一级网络单位纳入市法制办、市体改办、银行等与群众生产生活和维权密切相关的部门和单位，拓展到51家。2005年3月，纳入市财政局、市审计局、市邮电局、市运管处、市保险行业协会等部门和单位，拓展到71家，基本实现市直相关部门和单位全覆盖。同年11月14日，市长公开电话室与市政府总值班室分设。是年，淮安市正式成为全国市长公开电话工作年会会员单位。

2006年4月，市长公开电话统一8个县（区）和淮安市经济开发区公开电话为“12345”。2007年，开通市长热线，并走向制度化。市政府领导每月第一周周一接听群众来话，打造“阳光、亲民”政府，扩大市长公开电话公信度和影响力。与淮安日报社联办《读者热线》，与《淮海晚报》社联办《晚报与“12345”同行》，与淮安广播电台《生活热线》、淮安电视台《今晚10分钟》《城市追踪》等栏目不定期联动，整合行政监督与舆论监督两种资源，推动化解热点难点问题。在内部管理上，按照市政府办公室整体导入ISO 9001质量管理体系要求，对照具体质量目标，抓好流程再造、制度完善等基础工作。2008年7月，一次性通过权威机构审核认证。

2001—2008年，市长公开电话共受理群众来电、来信13.6万多件，综合办结率在98%以上。

2001—2008年淮安市市长公开电话受诉及办理情况一览表

表13-11

年份	来电（件）	交办转量（件）	书面交办（件）	办结率（%）	来信（件）	市长公开信箱（件）	来访人次（人）	现场协调会办次数（次）
2001	6286	—	—	95.8	286	6	562	48
2002	10342	—	—	98.3	405	140	—	643

续表13-11

年份	来电（件）	交办转量（件）	书面交办（件）	办结率（%）	来信（件）	市长公开信箱（件）	来访人次（人）	现场协调会办次数（次）
2003	15138	—	—	97.8	402	366	212	52
2004	13319	9975	3574	98.0	221	76	164	93
2005	14500	—	1962	98.0	108	—	252	95
2006	20070	17900	2172	99.0	87	17	99	22
2007	33562	26743	2050	99.0	66	56	43	9
2008	23040	21613	1534	98.6	75	8	78	12

第五节　人民建议征集

1998年5月前，人民群众建议类来信由市信访局办信处负责办理。1998年5月，根据国务院《信访条例》和《江苏省信访条例》，人民建议征集办公室在市信访局挂牌成立。市委、市政府印发《淮阴市人民建议处理暂行办法》。各县（市、区）信访局均明确人民建议征集工作人员，负责办理人民建议征集。各乡（镇）党政机关均明确信访科员和村（居）信访信息员为人民建议征集员。市直有关部门明确兼职人员办理人民建议征集。全市初步形成“以信访部门为中枢，横向到边，纵向到底”的人民建议征集网络。

1998年，盱眙县马庄乡葛成攀撰写《关于发展绿化业的调查与建议》，得到省、市领导的批示肯定，市委、市政府向各县（市、区）发文，组织发展以黄河故道、河、湖、滩地为主的工业原料基地、种苗基地、栽培基地和加工基地，以沟渠路堤为主的农田防护林网，以盱眙丘陵地区为主的水土保持林和以县级以上公路两侧绿化带为主的绿色通道，构成富有特色的林业格局，成为推动农村经济发展的一项支柱产业。

1999年3月，清河区曹延俊、华杰针对上海路、丰登路城区道路隐患问题，提出修建上海路、丰登路建议，此建议得到采纳并落实。同年4月，盱眙县交管所杨素德撰写《关于乡镇渡口亟待整治的建议》获得全省人民建议一等奖，省长季允石作专门批示，省交通厅向全省发文，并拨专款几千万元，开展渡改桥工作。

2000年起，全市各县（市、区）建立健全人民建议征集接待工作制度，把该项工作列入各级各部门工作日程，经常性围绕经济建设和市委、市政府中心工作开展人民建议征集，并加强督办，做到件件有答复、件件有结果。

2001年，在全市范围内聘请180名人民建议征集信息员，并颁发聘用证书。之后，每隔3年聘用一次人民建议信息员。将人大代表、政协委员、无党派人士、知名人士、外地在淮企业家、高级知识分子、离退休老干部、农民、下岗职工、学生等纳入其中。在市委、市政府人民来访接待大厅等地设立人民建议征集信箱。市委、市政府每3年组织1次总结表彰，评选奖励优秀人民建议。同年，在全市范围内开展“学习周恩来精神，加快新淮安发展”建言献策活动，为期2个月，受理人民建议1384件4102条；在《淮海晚报》开辟《为拉动淮安经济发展献一策》专栏，设立《群言堂》，一个月内征集到有价值的建议240件470条；在淮安电视台架起“连心桥”，在淮安人民广播电台征集

“金点子”，为开展人民建议征集工作营造浓烈氛围。是年9月，淮安电视台杨江淮撰写的《关于举办淮扬菜美食文化节》建议，被市征集办专题编摘上报市委、市政府。市委召集有关部门进行可行性论证后决定，从2002年起，每年9月26日举办淮扬菜美食文化节。是年，北京新村、凤凰新村居民就住宅小区楼房屋顶漏雨严重、管理混乱等问题，向市政府建议尽快维修整理。市征集办将该建议编摘呈报市委、市政府后，得到市委书记丁解民的批示，并责成市建设局设法筹集资金尽快解决。北京新村、凤凰新村得以全面改造，推动淮安市“四城”创建工作开展。

2003年1月，市委、市政府出资13600元，奖励优秀建议人29人。以后市人民建议征集办公室对有价值的重要建议，经筛选整理成专题《摘报》，上报市委、市政府，有85%以上的《摘报》得到市委、市政府主要领导批示和有关部门肯定采纳。2008年，受理建议479件，编写简报39期，领导批示23件，全部按期办结。

1998—2008年淮安市人民建议征集情况一览表

表13-12　　　　单位：件

年份	受理建议	摘报简报	领导批示数
1998	181	8	4
1999	602	12	11
2000	351	16	16
2001	315	24	28
2002	118	32	24
2003	598	45	26
2004	663	44	28
2005	565	60	43
2006	596	32	27
2007	648	40	33
2008	479	39	23
合计	5116	352	263

第六节　阳光信访

2007年，淮安市在全国率先实施“阳光信访”综合服务系统，建立全方位受理投诉、便民查询、主动反馈、监督管理“四位一体”的信访服务新模式。围绕构建一个系统、应用两项高新技术、布局三类终端、依托四大网络、分设五个平台5个环节，搞好信访综合服务工作。构建一个系统，即构建集信访投诉、查询、服务、督办、分析、管理等功能于一体的“阳光信访”综合服务系统；应用两项高新技术，即“星火计划”的语音自动答询技术和“863”计划的TTS文本自动转换语音技术；布局三类终端，即系统查看终端、系统录入终端、触摸屏查询终端；依托四大网络，即依托电子政务网络、电信公众网络、因特网网络和无线通信网络；分设五个平台，即分设市信访局数据平台、县(区)信访局数据平台、市八条信访通道数据平台、市领导阅批人民来信数据平台和市有关单位数据平台。是年6月26日,中央联席办、国家信访局、省信访局等部门领导专程到淮安市调研"阳光信访",肯定淮安市"阳光信访"工作,将淮安市定为全国"网上信访"试点单位。同年7月9日,全省信访工作会议在淮安市召开,全国近20个省、市近百批考察团到淮安市调研、考察"阳光信访"工作经验。

2008年,市信访局将公共管理理念和工具有机结合到信访工作的体制机制中,将2005年开始改革创新的各项制度和方法归结为三个层次、十项制度和五种工具,形成富有自身特色的信访工作体系。全市在市、县、乡三级开通500多个"阳光信访"使用客户端,建成信息共享的工作平台。通过规范、公开办理流程,为信访人、信访部门和新闻媒体的监督提供平台,形成立体监督管理新体系。2007—2008年,全市有136名领导干部和工作人员因信访工作不力,受到诫勉谈话和党政纪处分,其中被免职7人。至2008年年末,录入系统信访事项20016件,95%以上得到及时妥善处理,全市信访工作取得群众信访成本、机关办访成本、全市信访总量明显减少,信访工作效率明显提高的"三减少一提高"成效。经过抽样调查,群众对"阳光信访"满意度和认可度为99.3%。

淮安市志

1978—2008

（中册）

淮安市地方志编纂委员会　编

HUAIAN SHI ZHI

方志出版社

总目录

上　册

中　册

下　册

目　录

（中册）

第十四卷　政协淮安市委员会

第十五卷　民主党派　工商联

第十六卷　群众团体及组织

第十七卷 人力资源与社会保障

第十八卷 民 政

第十九卷　政　法

第二十卷 军 事

第二十一卷 财 税

第二十二卷　综合经济管理

第二十三卷　农业　农村

第二十四卷　工　业

第二十五卷 商贸流通 服务业

第二十六卷 淮扬菜之乡

第二十七卷　旅游业

·淮安市志·（1978—2008）

第十四卷　政协淮安市委员会

第一章　组织机构

第二章　会　议

第三章　专门委员会

第四章　履行职能

第五章　建议案　提案　社情民意

中国人民政治协商会议淮安市委员会（以下简称“政协淮安市委员会”）的前身是中国人民政治协商会议淮阴市委员会，成立于1983年5月。至2008年年底，历经6届，设有7个专门委员会。

政协淮安市委员会根据《中国人民政治协商会议章程》，遵循“长期共存、互相监督、肝胆相照、荣辱与共”的方针，在中共淮安市委领导下，以政协全体委员会议、常务委员会议、主席会议和专门委员会、工作组为活动载体，通过组织视察、专题调研、特约监督、要事建议、提案办理、对口联系等形式，围绕经济建设和社会事业，履行政治协商、民主监督、参政议政职能，共商经济社会发展大计，倾听群众呼声，反映社情民意，推进社会主义民主政治建设，加快淮安市的改革开放和现代化建设进程。

1983—2008年，市政协工作逐步制度化、规范化和程序化。其间，颁布实施的加强政协工作的重要文件有《中共淮阴市委关于成立淮阴市政协筹备委员会的通知》《中共淮阴市委关于转发政协淮阴市委员会实施“政协全国委员会关于政治协商、民主监督、参政议政的规定”的意见的通知》《中共淮安市委关于进一步做好新形势下人民政协工作的意见》等。人民政协在淮安市人民政治生活中的作用逐渐增强。

第一章　组织机构

政协淮安市委员会由淮安市中国共产党、各民主党派、工商联、各人民团体、无党派人士、少数民族和各界人士代表、港澳台同胞及特别邀请人士组成。常设机构为市政协常务委员会。政协全体委员会议闭会期间，由政协常务委员会主持会务。政协常委会休会期间，由主席办公会议处理重要事务。日常事务由办公室、专门委员会和工作组具体承担。至2008年年底，市政协机关内设有办公室、提案委员会、经济科技委员会、学习宣传委员会、社会法制和民族宗教委员会、文史委员会、港澳台侨委员会、文卫体和人资环委员会等机构。

第一节　政协委员

政协淮安市委员会委员以协商推荐的方式产生。主要由淮安市各个领域、各个界别、各民主党派及人民团体中具有代表性和有社会影响的人士组成。首先由各界别协商推荐，交中共淮安市委统战部汇总，经过协商平衡，提出初步人选，经上一届委员会主席会议审议同意后，由常务委员会协商决定。

第一届委员会共有委员330名，分为21个界别：中共22人，占6.67%；民革5人，占1.52%；民建4人，占1.21%；工商联7人，占2.12%；工会11人，占3.33%；共青团6人，占1.82.%；妇联8人，占2.42%；文艺界26人，占7.88%；社会科学界19人，占5.76%；科学技术界38人，占11.52%；农林界31人，占9.39%；教育界36人，占10.91%；医药卫生界38人，占11.52%；体育界8人，占2.42%；新闻出版界5人，占1.52%；少数民族8人，占2.42%；台湾同胞3人，占0.91%；归国华侨3人，占0.91%；宗教界10人，占3.03%；无党派爱国人士5人，占1.52%；特别邀请人士37人，占11.21%。

第二届委员会共有委员407名，分为25个界别：中共49人，占12.04%；民革10人，占2.46%；民盟9人，占2.21%；民建8人，占1.97%；民进9人，占2.21%；农工7人，占1.72%；九三8人，占1.97%；工商联7人，占1.72%；共青团、青年联合会7人，占1.72%；工会5人，占1.23%；妇联7人，占1.72%；文艺界25人，占6.14%；社会科学界38人，占9.34%；科学技术界55人，占13.51%；农林界、教育界36人，占8.85%；体育界6人，占1.47%；新闻出版界5人，占1.23%；医药卫生界28人，占6.88%；农业农村界32人，占7.86%；少数民族5人，占1.23%；归国华侨3人，占0.74%；台湾同胞4人，占0.98%；宗教界9人，占2.21%；特别邀请人士35人，占8.6%。

第三届委员会共有委员415名，分为26个界别：中共55人，占13.25%；民革10人，占2.41%；民盟10人，占2.41%；民建8人，占1.93%；民进9人，占2.17%；农工7人，占1.69%；九三8人，占1.93%；工商联7人，占1.69%；总工会5人，占1.2%；共青团、青年联合会7人，占1.69%；妇联7人，占1.69%；科协3人，占0.72%；文艺界26人，占6.27%；科学技术界43人，占10.36%；社会科学界15人，占3.61%；教育界35人，占8.43%；体育界5人，占1.2%；新闻出版界4人，占0.96%；医药卫生界24人，占5.78%；经济界45人，占10.84%；农林界27人，占6.51%；归国华侨3人，占0.72%；台湾同胞3人，占0.72%；少数民族5人，占1.2%；宗教界7人，占1.69%；特别邀请人士37人，占8.92%。

第四届委员会共有委员361名，分为26个界别：中共52人，占14.4%；民革10人，占2.77%；民盟10人，占2.77%；民建7人，占1.94%；民进9人，占2.49%；农工7人，占1.94%；九三7人，占1.94%；工商联9人，占2.49%；总工会4人，占1.11%；共青团、青年联合会6人，占1.66%；妇联6人，占1.66%；科协3人，占0.83%；归国华侨3人，占0.83%；台湾同胞2人，占0.55%；文艺界19人，占5.26%；科学技术界40人，占11.08%；社会科学界12人，占3.32%；教育界29人，占8.03%；体育界4人，占1.11%；新闻出版界5人，占1.39%；医药卫生界18人，占4.99%；经济界44人，占12.19%；农业农村界22人，占6.09%；少数民族4人，占1.11%；宗教界6人，占1.66%；特邀人士23人，占6.37%。

第五届委员会共有委员为393名，分为27个界别：中共52人，占13.23%；民革11人，占2.8%；民盟11人，占2.8%；民建8人，占2.04%；民进10人，占2.54%；农工8人，占2.04%；九三8人，占2.04%；无党派代表人士11人，占2.8%；工商联12人，占3.05%；总工会8人，占2.04%；共青团、青年联合会6人，占1.53%；妇联6人，占1.53%；科协9人，占2.29%；侨联3人，占0.76%；台联2人，占0.51%；文艺界19人，占4.83%；科学技术界40人，占10.18%；社会科学界14人，占3.56%；教育界29人，占7.38%；体育界4人，占1.02%；新闻出版界5人，占1.27%；医药卫生界18人，占4.58%；经济界45人，占11.45%；农业农村界22人，占5.6%；少数民族4人，占1.02%；宗教界6人，占1.53%；特邀人士22人，占5.6%。

第六届委员会共有委员414名，分为28个界别：中共52人，占12.56%；民革13人，占3.14%；民盟13人，占3.14%；民建12人，占2.9%；民进12人，占2.9%；农工12人，占2.9%；九三12人，占2.9%；无党派代表人士14人，占3.38%；工商联18人，占4.35%；总工会8人，占1.93%；共青团、青年联合会6人，占1.45%；妇联6人，占1.45%；科协8人，占1.93%；侨联3人，占0.72%；台联2人，占0.48%；文艺界18人，占4.35%；科学技术界31人，占7.49%；社会科学界14人，占3.38%；教育界27人，占6.52%；体育界4人，占0.97%；新闻出版界5人，占1.21%；医药卫生界18人，4.35%；经济界40人，占9.66%；农业农村界23人，占5.56%；社会福利和社会保障界6人，占1.45%；少数民族4人，占0.97%；民族宗教界6人，占1.45%；特邀人士27人，占6.52%。

每一届都有委员因工作调动、离退休或不再具有代表性等原因辞职，相应有因工作需要而增补的委员。也有极个别中途亡故或因违法犯罪而被除名的委员。委员的素质和性别结构逐届优化。

第二节　常务委员会

政协淮安市委员会常务委员会由主席、副主席、秘书长和常务委员组成。

一、政协淮阴市第一届委员会常务委员会

政协淮阴市第一届委员会主席、副主席、秘书长一览表

表14-1

职务	姓名	出生年月	籍贯	党派	任职时间
主　席	张景良	1924.05	江苏涟水	中共	1983.05—1988.01
副主席	刘　玲	1918.12	江苏泗阳	中共	1983.05—1986.05
副主席	蔡德之	1917.06	河北迁安	民革	1983.05—1988.01
副主席	王嘉仁	1916.05	安徽黟县	中共	1983.05—1985.12
副主席	周本淳	1921.12	安徽肥西	无党派	1983.05—1988.01
副主席	盛庆藩	1918.06	江苏镇江	无党派	1983.05—1988.01
副主席	余宗范	1906.06	浙江诸暨	九三	1983.05—1988.01
副主席	厉步高	1926.12	江苏涟水	中共	1986.05—1988.01
秘书长	冯嘉玉	1924.02	江苏涟水	中共	1983.05—1986.05
秘书长	糜国梁	1930.12	江苏无锡	中共	1986.05—1988.01

政协淮阴市第一届委员会第1次会议选举产生57名常务委员（按姓氏笔画为序，下同）：

马　骥　马宇清　方　斌　王礼田　王良俊　王洪明　王前增　王嘉仁　冯嘉玉
孙建东　章　全　余宗范　刘　玲　吴自林　吴慕光　吴镇洲　李　亚　李培基
杨西彩　杨秀英（女）　肖益民　陈　照　陈家玲　陈鸿林　张承贵　张景良
侍守民　季家修　周本淳　周名球（女）　周杰士　周达春　范玉红　郑　焱
郑竹如　姚芳传　施穆如　赵　元　赵一群　赵定远　项景熇　倪克俊　徐伯璞
徐品高　秦祖香　郭　震　高景唐　傅晓琴（女）　童谷余　葛维礼　薛立人
韩学礼　管伯涛　蔡德之　盛庆藩　潘子仪　魏嘉陵

政协淮阴市第一届委员会第2～5次会议增选常务委员名单：
方夕茂　李坦然　杨　钦　邵　倜　金学良　赵炳焘　赵　恺　陶志英　韩永森
谭中行　周应储　高士泌　郝增祥　钱云仙（女）　刘　文　倪戒非　吕善庭
俞祝成　朱秀娥（女）　孟杏英（女）　孙　鲁　杨克明　蒋同惠　周　平
葛恒文

二、政协淮阴市第二届委员会常务委员会

政协淮阴市第二届委员会主席、副主席、秘书长一览表

表14-2

职务	姓名	出生年月	籍贯	党派	任职时间
主　席	张景良	1924.05	江苏涟水	中共	1988.01—1993.03
副主席	李鸿民	1931.01	江苏丰县	中共	1988.01—1991.03
副主席	厉步高	1926.12	江苏涟水	中共	1988.01—1993.03
副主席	蔡德之	1917.06	河北迁安	民革	1988.01—1993.03
副主席	季家修	1925.05	江苏南京	民进	1988.01—1993.03
副主席	周本淳	1921.12	安徽肥西	无党派	1988.01—1993.03
副主席	葛恒文	1939.03	江苏沭阳	中共	1989.03—1993.03
副主席	谭中行	1935.01	江苏丹阳	民盟	1989.03—1993.03
副主席	周应储	1932.02	重庆	农工党	1991.03—1993.03
副主席	张恒顺	1932.10	江苏宿迁	中共	1991.03—1993.03
副主席	陈森辉	1938.02	福建泉州	中共	1992.03—1993.03
秘书长	糜国梁	1930.12	江苏无锡	中共	1988.01—1993.03

政协淮阴市第二届委员会第1次会议选举产生69名常务委员：
丁其法　马　骥　孔祥沛　王兆禄　王世铨　王学敏　王洪明　王良俊　尹元林
厉步高　庄其荣　吕善庭　朱秀娥（女）　朱绍良　朱路本　刘　文　刘耀华
孙　鲁　江佩芳　李传仁　李宜鼎　李培基　李鸿民　杨　钦　杨克明
杨秀英（女）　吴自林　吴镇洲　宋心友　肖梅泉　沈培林　邵　倜　陈则平
张　静（女）　张发宝　张仁模　张景良　季家修　罗　珩　周本淳　周达春
周应储　金学良　俞祝成　倪戒非　钱云仙（女）　陶　涛　陶志英　赵定远
赵　恺　赵　琳　赵益群　荀德麟　姜　华　姚芳传　袁锡琳　袁椿荣　秦祖香
顾鸿良　高仕泌　高景唐　龚金良　傅晓琴（女）　葛恒文　葛维礼　翟兆凯
薛华昌　蔡德之　糜国梁
政协淮阴市第二届委员会第2～5次会议增选常务委员名单：
孟杏英（女）　秦正宝　谭中行　朱国桢　王玉琏　张恒顺　陈森辉

三、政协淮阴市第三届委员会常务委员会

政协淮阴市第三届委员会主席、副主席、秘书长一览表

表14-3

职务	姓名	出生年月	籍贯	党派	任职时间
主　席	刘学东	1940.08	江苏金湖	中共	1993.03—1998.01
副主席	张恒顺	1932.10	江苏宿迁	中共	1993.03—1997.03
副主席	徐　乾	1939.01	山东济南	民革	1993.03—1998.03
副主席	季家修	1925.05	江苏南京	民进	1993.03—1996.02
副主席	葛恒文	1939.03	江苏沭阳	中共	1993.03—1998.01
副主席	谭中行	1935.01	江苏丹阳	民盟	1993.03—1998.01
副主席	周应储	1932.02	重庆	农工党	1993.03—1998.01
副主席	黄学楷	1935.09	江苏仪征	中共	1994.03—1998.01
副主席	吴明春	1941.10	江苏灌南	无党派	1994.03—1998.01
副主席	杨基厚	1941.11	江苏高邮	中共	1995.02—1998.01
副主席	高法权	1937.09	江苏淮安	民建	1995.02—1998.01
副主席	赵尔薰	1938.10	四川成都	中共	1996.02—1998.01
副主席	陈子龙	1940	安徽涡阳	中共	1996.02—1997.01
副主席	卜健民	1941.01	江苏镇江	民进	1996.02—1998.01
秘书长	徐汝坤	1937.12	江苏常州	中共	1993.03—1998.01

政协淮阴市第三届委员会第1次会议选举产生61名常务委员：

丁其法　王士爱　王凤智　王世铨　王良俊　王学敏　尹元林　叶立生　冯建廷
成廷铸　庄　坚　庄其荣　朱和平　朱绍良　朱路本　刘伯喜　刘学东　孙建久
李世农　李传仁　李宜鼎　李建文　杨秀英（女）　宋心友　沈长柏　张仁模
张汉川　张发宝　张恒顺　陈则平　陈定立　陈绍岚（女）　邹继华　邵　倜
肖梅泉　季家修　周达春　周应储　周荣根　罗　珩　赵　恺　赵　琳　荀德麟
赵炳焘　侯桑榆　徐　忠　徐　乾　徐汝坤　姜　华　郝增祥　谈震华　袁椿荣
袁锡琳　唐仁华　秦祖香　黄裕猛　葛维礼　葛恒文　薛华昌　谭中行　魏家骏

政协淮阴市第三届委员会第2～5次会议增选常务委员名单：

黄学楷　吴明春　杨基厚　黄波生　谢观素（女）　邵汉琦（女）　赵尔薰
陈子龙　卜健民　陶苏淮　顾允中　马超骏　雍树标　孔本余　贡光治　伍　婉（女）
钱　勇　闵　捷　张崇法　孙荣林　吴荣官　王泰俭　熊富珍（女）

四、政协淮安（淮阴）市第四届委员会常务委员会

政协淮安（淮阴）市第四届委员会主席、副主席、秘书长一览表

表14-4

职务	姓名	出生年月	籍贯	党派	任职时间
主　席	刘学东	1940.08	江苏金湖	中共	1998.01—2003.01
副主席	葛恒文	1939.01	江苏沭阳	中共	1998.01—2003.01
副主席	徐　乾	1939.01	山东济南	民革	1998.01—2003.01
副主席	谭中行	1935.01	江苏丹阳	民盟	1998.01—2003.01
副主席	周应储	1932.02	重庆	农工党	1998.01—2002.01
副主席	吴明春	1941.10	江苏灌南	无党派	1998.01—2003.01
副主席	杨基厚	1941.11	江苏高邮	中共	1998.01—2003.01
副主席	高法权	1937.09	江苏淮安	民建	1998.01—2002.01
副主席	赵尔薰	1938.08	四川成都	中共	1998.01—1999.02
副主席	卜健民	1941.01	江苏镇江	民进	1998.01—2003.01
副主席	花法荣	1943.11	江苏灌南	中共	1999.01—2003.01
副主席	黄天汉	1941.02	江苏南通	中共	1999.01—2003.01
副主席	邵汉琦	1944.11	上海	九三	2000.01—2003.01
副主席	刘学生	1945.01	江苏洪泽	中共	2001.02—2003.01
副主席	曹尔渊	1942.06	江苏南通	农工党	2002.01—2003.01
副主席	王广德	1946.04	江苏淮安	中共	2002.01—2003.01
秘书长	陶苏淮	1955.12	江苏涟水	中共	1998.01—2001.06
秘书长	伏大才	1951.06	江苏金湖	中共	2002.01—2003.01

政协淮阴市第四届委员会第1次会议选举产生63名常务委员：

丁其法　卜健民　马超骏　孔本余　王凤亮　王凤智　王良俊　王泰俭　王素华（女）
王福庭　韦晓梅（女）　叶经文　孙荣林　朱绍良　仲　波　庄其荣　刘　璟
刘伯喜　刘学东　刘秉轩　李　冰　李传仁　李宜鼎　李忠善　陆森林　陈生华
陈定立　陈美行　陈静巧（女）　闵　捷　张仁模　张崇法　张继宗　杨秀英（女）
杨基厚　吴荣官　吴明春　何慧君（女）　金志庚　周应储　周荣根　侯桑榆
赵　恺　赵尔薰　荀德麟　袁锡琳　徐　乾　徐　潼　顾　平　姜　华　康福林
钱　勇　陶书怀　陶述梅（女）　高法权　黄裕猛　舒行嘉　蒋　晶　葛恒文
葛维礼　靖　翔　谭中行　魏家骏

政协淮安（淮阴）市第四届委员会第2～5次会议增补常务委员名单：

黄天汉　花法荣　刘顺生　陈　贵　仲　波　苏　焰　华士善　姚崇义　刘学生
李玉峰　岳晨曦　袁维杰　蒋同洋　王广德　伏大才　王登玉　孙士干　高建霞（女）
曹启瑞　曹尔渊

五、政协淮安市第五届委员会常务委员会

政协淮安市第五届委员会主席、副主席、秘书长一览表

表 14-5

职务	姓名	出生年月	籍贯	党派	任职时间
主　席	陈从亮	1945.07	江苏泗阳	中共	2003.01—2008.01
副主席	花法荣	1943.11	江苏灌南	中共	2003.01—2006.01
副主席	卜健民	1941.01	江苏镇江	民进	2003.01—2008.01
副主席	邵汉琦	1944.11	上海	九三	2003.01—2008.01
副主席	刘学生	1945.01	江苏洪泽	中共	2003.01—2008.01
副主席	王广德	1946.04	江苏淮安	中共	2003.01—2008.01
副主席	魏玉龙	1952.01	江苏泗阳	中共	2003.01—2008.01
副主席	孔本余	1946.10	浙江萧山	民建	2003.01—2008.01
副主席	荀德麟	1950.03	江苏涟水	民盟	2003.01—2008.01
副主席	雍树标	1950.07	江苏淮安	民盟	2003.01—2008.01
副主席	谈明银	1948.06	江苏淮安	中共	2004.02—2008.01
秘书长	伏大才	1951.06	江苏金湖	中共	2003.01—2005.01
秘书长	徐应生	1947.08	江苏宝应	中共	2005.01—2008.01

政协淮安市第五届委员会第1次会议选举产生63名常务委员：

卜健民　孔本余　王广德　王素华（女）　王泰俭　王莉莉（女）　王野云
王登玉　王福庭　韦晓梅（女）　石祖嘉　石景秀　叶经文　田　敏　朱长青（女）
朱绍良　朱爱华　伊大明　伏大才　华龙宝　刘学生　孙士干　杨淮宝　李　冰
李　莹（女）　李玉峰　何慧君（女）　沈　潭　张　强　张文礼　张黎影（女）
陈从亮　花法荣　邵汉琦　岳晨曦　金志庚　金崇敏　郑劲松　荀德麟　赵　云
赵　恺　侯正宇　俞伟男　施慎权　洪焕忠　姜　华　姚崇义　袁维杰　袁锡琳
顾林青　倪苏华（女）　徐乃明　徐冲冲　高岱明（女）　曹启瑞　葛维礼
蒋　晶　程　刚　雍树标　鲁正淮　颜中民　戴继民　魏玉龙

政协淮安市第五届委员会第2～5次会议增选常务委员名单：

谈明银　徐应生　张月芹（女）　张寿山　李业刚　王　樱（女）　卞爱武（女）
朱乐天　张跃峰　陈　彬　周伟丁　郑泽云　唐慧明　崔　敏（女）　韩文军

六、政协淮安市第六届委员会常务委员会

政协淮安市第六届委员会主席、副主席、秘书长一览表

表 14-6

职务	姓名	出生年月	籍贯	党派	始任职时间
主　席	王维凯	1957.01	江苏东海	中共	2008.01
副主席	魏玉龙	1952.01	江苏泗阳	中共	2008.01

续表14-6

职务	姓名	出生年月	籍贯	党派	始任职时间
副主席	荀德麟	1950.03	江苏涟水	民盟	2008.01
副主席	雍树标	1950.07	江苏淮安	民盟	2008.01
副主席	陈　贵	1954.11	江苏淮安	中共	2008.01
副主席	王士高	1955.03	江苏灌南	中共	2008.01
副主席	朱友冬	1954.12	江苏涟水	中共	2008.01
副主席	程　刚	1959.12	江苏涟水	民革	2008.01
副主席	李玉峰	1955.08	江苏淮阴	农工党	2008.01
秘书长	唐慧明	1953.07	江苏泗阳	中共	2008.01

政协淮安市第六届委员会第1次会议选举产生75名常务委员：

卞爱武（女）　王子政　王士高　王红红（女）　王应标　王信淮　王莉莉（女）
王　敏　王野云　王登玉　王维凯　王福庭　邓　政　韦晓梅（女）　石景秀
伊大明　华龙宝　朱友冬（女）　朱长青（女）　朱乐天　朱伊帆　朱爱华
何慧君（女）　吴昌新　张文礼　张月芹（女）　张跃峰　张德顺　李　松
李　倩（女）　李玉峰　李业刚　杨发余　陈　贵　陈　彬　陈伏涛　陈兴红
陈国庆　周伟丁　周武军　季祥猛　岳晨曦　范东庆　范更生　郑劲松　郑泽云
金志庚　侯泉声　俞伟男　姚顺忠　胡　健　赵　云　赵　恺　荀德麟　倪苏华（女）
唐大居　唐慧明　徐冲冲　徐洪云　徐　琏（女）　钱子驹　钱建国　高岱明（女）
崔　敏（女）　蒋　晶　蒋同洋　蒋苏娅（女）　韩文军　程　刚　雍树标
鲁世平　鲁正淮　谭爱国　颜中民　魏玉龙

附：淮安市江苏省政协委员、全国政协委员名单

淮安市第五届江苏省政协委员名单

周达春　周本淳　余宗范　盛庆藩　蔡德之　高景唐　葛维礼　潘子仪　张景良

淮安市第六届江苏省政协委员名单

姜　华　季家修　周本淳　周达春　龚金良　高景唐　葛维礼　周应储　谭中行　葛恒文
张景良　蔡德之

淮安市第七届江苏省政协委员名单

姜　华　季家修　周达春　赵　琳　龚金良　葛维礼　谭中行　周应储　黄学楷　徐　乾
吴明春　刘学东

淮安市第八届江苏省政协委员名单

姜　华　卜健民　丁其法　葛维礼　谭中行　周应储　黄学楷　徐　乾　吴明春　高法权
刘学东　花法荣　邵汉琦

淮安市第九届江苏省政协委员名单

姜　华　卜健民　葛维礼　陈从亮　王广德　邵汉琦　孔本余　荀德麟　雍树标　朱毅民
李玉峰

淮安市第十届江苏省政协委员名单

姜　华　朱毅民　王维凯　陈　贵　程　刚　荀德麟　雍树标　高岱明　周伟丁　徐梅菊　徐冲冲　朱爱华

淮安市第十一届全国政协委员名单

李玉峰

第三节　工作机构

政协淮安市委员会按照实际工作需要，设立专门委员会若干和其他工作机构，各配备主任1名、副主任若干名，人选由常务委员会投票决定。

一、政协淮阴市第一届委员会工作机构

下设办公室、学习委员会、第一工作组委员会、第二工作组委员会、文史资料委员会、祖国统一委员会。

二、政协淮阴市第二届委员会工作机构

下设办公室、提案委员会、学习委员会、经济建设委员会、文教卫体委员会、文史资料委员会、祖国统一委员会。

三、政协淮阴市第三届委员会工作机构

下设办公室、提案委员会、学习宣传委员会、经济科技委员会、文教卫体委员会、文史资料委员会、港澳台侨委员会、社会法制与民族宗教委员会。

四、政协淮安（淮阴）市第四届委员会工作机构

下设办公室、提案委员会、学习宣传委员会、经济科技委员会、文卫体和人资环委员会、文史资料委员会、港澳台侨委员会、社会法制与民族宗教委员会。

五、政协淮安市第五届委员会工作机构

下设办公室、提案委员会、学习宣传委员会、经济科技委员会、文卫体和人资环委员会、文史资料委员会、港澳台侨委员会、社会法制与民族宗教委员会。2006年10月，批准设立研究室。

六、政协淮安市第六届委员会工作机构

下设办公室、研究室、提案委员会、学习宣传委员会、经济科技委员会、文卫体和人资环委员会、文史资料委员会、社会法制与民族宗教委员会、港澳台侨委员会。

第二章　会　议

第一节　市政协成立筹备工作会议

1983年3月25日，淮阴市政协筹备领导小组成立，由张景良、冯嘉玉、蔡德之、潘子仪、杨西彩5人组成，张景良任领导小组组长。

1983年5月10日，召开市政协筹备小组全体成员会议。会议讨论关于成立筹备委员会事宜并提出名单及市政协委员产生原则、方法、人数等事项。5月12日，召开政协淮阴市第一届委员会第一次筹备会议，中共淮阴市委书记丁铁主持会议并讲话。5月15日，召开筹备组扩大会议，协商第一届市政协委员等有关事宜。5月18日，召开政协淮阴市第一届委员会第三次筹备会，讨论并通过潘子仪代表第一届市政协筹备组作的《淮阴市第一届第一次政治协商会议筹备工作报告》；讨论并确定政协淮阴市第一届委员会第一次会议的日程、议程；讨论并通过政协淮阴市第一届委员会第一次会议主席团建议名单、议案审查委员会建议名单、文件起草委员会建议名单及大会秘书长建议名单。

1983年5月20日，淮阴市政协筹备委员会成立，丁铁任主任，王学成、张景良、刘玲、蔡德之、余宗范、周本淳、王嘉仁、盛庆藩为副主任。至此，政协淮阴市第一届委员会成立的各项工作准备就绪。

第二节　市政协委员会全体会议

政协淮安市委员会全体会议是政协委员最集中的参政议政形式。会议主要议程有：选举政协委员会主席、副主席、秘书长、常务委员；听取和审议政协常务委员会工作报告和提案工作报告；列席市人民代表大会会议，听取并讨论市政府工作报告和其他报告，参与对全市重大事务的协商讨论，提出建议和批评；讨论并通过有关决议。每一届政协委员会第一次全体会议由会议选举的主席团主持，自第二次全体会议起，由政协常务委员会主持。1983年5月至2008年12月，政协淮安市委员会共举行26次全体会议。

一、第一届委员会全体会议

政协淮阴市第一届委员会共召开全体委员会议5次。

（一）第一次全体会议

1983年5月20—28日召开，265名委员出席会议。会议听取中共淮阴市委书记丁铁讲话，听取并讨论张景良关于今后工作任务的报告；列席市第一届人民代表大会第一次会议，听取并讨论市政府工作报告和其他报告；采取等额无记名投票的方法，选举张景良为政协淮阴市第一届委员会主席，刘玲、蔡德之、王嘉仁、周本淳、盛庆藩、余宗范为副主席，冯嘉玉为秘书长，马骥等57人为常务委员；审议并通过淮阴市政协一届一次会议关于《同心同德，团结一致，为建设富裕的文明的社会主义新淮阴而共同奋斗》的决议。会议要求做好爱国统一战线和人民政协的各项工作。

（二）第二次全体会议

1984年7月2—9日召开。会议学习、讨论全国人大六届二次会议上的政府工作报告和邓颖超在全国政协六届二次会议上的重要讲话；听取并讨论关于全国政协六届二次会议、省政协五届二次会议精神的传达；听取和讨论市政协主席张景良关于市政协一届委员会《常委会工作报告》，副主席蔡德之关于《市政协一届一次会议以来提案工作情况报告》。列席市人民代表大会一届二次会议，听取和讨论市政府工作报告及其他工作报告。会议通过市政协一届二次会议政治决议，市政协一届二次会议提案审查委员会关于会议期间提案审查情况的报告。会议决定设立处理提案工作的常设机构；增选邵倜等10人为市政协常务委员。

图14-1　政协淮阴市第一届委员会第二次会议场景（1984年）　市档案馆　供

（三）第三次全体会议

1985年5月19—25日召开，273名委员出席会议。会议听取全国政协六届三次会议和省政协五届三次会议精神的传达；听取并审议市政协《常委会工作报告》和《市政协一届二次会议以来提案工作情况报告》；列席市人民代表大会一届三次全体会议，听取和讨论市政府的工作报告及其他工作报告。补选高士泌、周应储、郝增祥为市政协常务委员；通过淮阴市政协一届三次会议决议。会议强调要学习中央有关改革的文件，为外引内联牵线搭桥，抓紧政协委员政策落实，抓好政治学习。会议收到提案296件。

（四）第四次全体会议

1986年5月6—12日召开，302名委员出席会议。会议对全国地方政协工作座谈会议精神以及全国、省政协全委会会议精神进行传达学习和讨论。列席市人民代表大会一届四次全体会议，听取和讨论市政府工作报告、“七五”计划草案的报告及其他工作报告。增选厉步高为副主席，倪戒非等12人为市政协常务委员，选举糜国梁为政协秘书长。讨论并通过淮阴市政协一届四次会议决议。

（五）第五次全体会议

1987年4月3—7日召开，248名委员出席会议。会议听取政府工作情况通报、征求意见。听取全省政协工作会议精神的传达报告，列席市人民代表大会一届五次全体会议，听取和讨论市政府的工作报告及其他工作报告。会议审议并通过《常务委员会工作报告》《市政协一届四次会议以来的提案工作情况报告》。增选周平、葛恒文为市政协常务委员。大会一致通过《中国人民政治协商会议淮阴市第一届委员会第五次会议政治决议》。

二、第二届委员会全体会议

政协淮阴市第二届委员会共召开全体委员会议5次。

（一）第一次全体会议

1988年1月3—9日召开，366名委员出席会议。会议听取一届政协的常委会工作报告、提案工作报告；列席市人民代表大会二届一次全体会议，听取和讨论市政府工作报告及其他工作报告。选举张景良为政协淮阴市二届委员会主席，李鸿民、厉步高、蔡德之、周本淳、季家修为副主席，糜国梁为秘书长，并选举常务委员69名。会议通过政治决议等3个决议。该届委员中的民主党派委员有较大幅度增加，委员平均年龄有所下降，具有大专以上文化程度的委员比例上升，新增政法界委员。

（二）第二次全体会议

1989年3月5—9日召开，314名委员出席会议。会上，中共淮阴市委书记黄冰传达中共江苏省委工作会议精神，李鸿民作常委会工作报告，钱云仙作关于提案工作情况报告。市长徐燕向全体委员通报市政府工作报告征求意见稿。列席市人民代表大会二届二次全体会议，听取和讨论市政府工作报告及其他工作报告。会议通过关于常委会工作报告的决议和提案工作报告的决议，通过政协淮阴市二届二次会议政治决议，并通过《政协淮阴市委员会关于贯彻执行〈政协全国委员会关于政治协商、民主监督的暂行规定〉的实施细则》。增选孟杏英、秦正宝、谭中行为市政协常务委员，增选葛恒文、谭中行为副主席。会议贯彻中共十三届三中全会精神，围绕治理整顿和深化改革献计献策，有35名委员作大会或书面发言。

（三）第三次全体会议

1990年3月11—15日召开，359名委员出席会议。会议组织学习《中共中央关于坚持和完善中国共产党领导的多党合作和政治协商制度的意见》、中共十三届六中全会公报、《中共中央关于加强党同人民群众联系的决定》。听取和审议常委会工作报告、市政协二届二次会议以来提案工作情况的报告；列席市人民代表大会二届三次全体会议，听取和讨论市政府工作报告及其他工作报告。23名委员作大会发言，3名委员作书面发言。会议增选朱国桢、王玉琏为市政协常务委员，通过政协淮阴市二届三次会议决议和提案审查情况的报告。

（四）第四次全体会议

1991年3月20—25日召开，365名委员出席会议。会议听取和审议常委会工作报告、关于二届三次会议以来提案工作情况的报告。列席市人民代表大会二届四次全体会议，听取和讨论市政府工作报告及其他工作报告。有14位委员作大会发言，15位委员作书面发言。会议同意李鸿民辞去市二届政协副主席职务；增选张恒顺、周应储为市二届政协副主席；通过政协淮阴市二届四次会议决议和提案审查情况的报告。

（五）第五次全体会议

1992年3月18—22日召开，331名委员出席会议。会议听取和审议常委会工作报告、关于二届四次会议以来提案工作情况的报告。列席市人民代表大会二届五次全体会议，听取和讨论市政府工作报告及其他工作报告。增选陈森辉为副主席。通过政协淮阴市二届五次会议决议和提案审查情况的报告。会议表彰参政议政先进集体28个、先进个人192名，表彰优秀提案71件。

三、第三届委员会全体会议

政协淮阴市第三届委员会共召开全体委员会议5次。

（一）第一次全体会议

1993年3月6—11日召开，355名委员出席会议。会议听取和审议二届政协常委会工作报告、二届政协提案委员会提案工作报告；列席市人民代表大会三届一次全体会议，听取和讨论市政府工作报告及其他工作报告；学习《中国人民政治协商会议章程》和《全国政协关于政治协商、民主监督的暂行规定》；讨论市政协提案工作暂行规定；围绕全市改革和建设以及进一步做好政协工作先后进行小组讨论、专题座谈和大会发言。会议选举刘学东为政协淮阴市第三届委员会主席，张恒顺、徐乾、季家修、葛恒文、谭中行、周应储为副主席，徐汝坤为秘书长，丁其法等61人为市政协常务委员。会议还通过政协淮阴市三届一次会议决议。

（二）第二次全体会议

1994年3月2—6日召开，359名委员出席会议。会议听取并审议常委会工作报告和三届一次会议以来提案工作报告；列席市人民代表大会三届二次全体会议，听取和讨论市政府工作报告及其他工作报告；学习全国政协历次会议上的讲话。会议围绕全市“两个文明”建设和政协自身工作进行小组讨论、专题座谈和大会发言；增选黄学楷、吴明春为市三届政协副主席；通过政协淮阴市三届二次会议决议。

（三）第三次全体会议

1995年2月14—18日召开，345名委员出席会议。会议听取并审议常委会工作报告、关于三届二次会议以来提案工作情况的报告；列席市人民代表大会三届三次全体会议，听取和讨论市政府工作报告及其他工作报告。会议围绕全市的“两个文明”建设和政协统战工作进行小组讨论、专题座谈和大会发言；增选杨基厚、高法权为副主席，黄波生、谢观素、邵汉琦为常务委员；通过政协淮阴市三届二次会议决议和提案审查情况的报告。会议收到提案328件，立案318件，其中有关经济建设的提案76件、有关城建环保的95件。

（四）第四次全体会议

1996年2月8—11日召开，321名委员出席会议。会议听取并审议常委会工作报告、关于三届三次会议以来提案工作情况的报告。列席市人民代表大会三届四次全体会议，听取和讨论市政府工作报告及其他工作报告。会议期间，学习中共淮阴市委《关于转发政协淮阴市委员会实施〈政协全国委员会关于政治协商、民主监督、参政议政的规定〉的意见的通知》。会议通过小组讨论、专题座谈、大会发言和递交提案等形式，履行政协职能；增选赵尔薰、陈子龙、卜健民为副主席，陶苏淮、顾允中、马超骏、雍树标、孔本余、贡光治、伍婉为市政协常务委员；通过政协淮阴市三届四次会议决议和提案审查情况的报告。

（五）第五次全体会议

1997年1月20—23日召开，305名委员出席会议。会议听取和审议常委会工作报告、关于三届四次会议以来提案工作情况的报告。列席市人民代表大会三届五次全体会议，听取和讨论市政府工作报告及其他工作报告。通过小组讨论、大会发言、专题座谈和提案、建议等形式，参政议政，履行政协职能。会议接受刘学东辞去市三届政协主席、常务委员职务，接受张恒顺、陈子龙辞去市三届政协副主席、常务委员职务，接受袁椿荣、谢观素辞去市三届政协常务委员职务；增选钱勇、闵捷、张崇法、孙荣林、吴荣官、熊富珍、王泰俭7人为常务委员；通过政协淮阴市三届五次会议决议和提案审查情况的报告。

市政协第三届委员会期间，共组织较大规模视察25次，形成书面材料20余份，向市委、市政府提交建议案15份。共征集提案2061件，其中审查立案2032件，结案率100%。

四、第四届委员会全体会议

政协淮安（淮阴）市第四届委员会共召开全体会议5次。

（一）第一次全体会议

1998年1月17—21日召开，315名委员出席会议。会议听取和审议第三届政协常委会工作报告及提案委员会关于第三届政协五年来提案工作情况的报告；列席市第四届人民代表大会第一次全体会议，听取并讨论市政府工作报告和其他有关报告。会议选举产生第四届政协常务委员63名，选举刘学东为政协淮阴市第四届委员会主席，葛恒文、徐乾、谭中行、周应储、吴明春、杨基厚、高法权、赵尔薰、卜健民为副主席，陶苏淮为秘书长；通过政协淮阴市四届一次会议决议和提案审查情况的报告。

（二）第二次全体会议

1999年2月7—11日召开。会议听取并审议常委会工作报告、关于四届一次会议以来提案工作情况的报告；列席市人民代表大会四届二次全体会议，听取并讨论市政府工作报告和其他有关报告；增选黄天汉、花法荣为副主席，刘顺生、陈贵为市政协常务委员；通过政协淮阴市四届二次会议决议。会议期间，收到提案449件，立案447件。

（三）第三次全体会议

2000年1月26—29日召开，356名委员出席会议。会议听取和审议常委会工作报告、关于四届二次会议以来提案工作情况的报告；列席市人民代表大会四届三次全体会议，听取和讨论市政府工作报告和其他有关报告；增选邵汉琦为副主席，王素华、仲波、苏焰、华士善、姚崇义为市政协常务委员；增补丁晓东等22人为政协委员。会议通过政协淮阴市四届三次会议决议。

（四）第四次全体会议

2001年1月14—17日召开，353名委员出席会议。会议听取并审议常委会工作报告和提案工作报告。列席市人民代表大会四届四次全体会议，听取和讨论市政府工作报告及其他工作报告。会议增选刘学生为副主席，增选李玉峰、岳晨曦、袁维杰、蒋同洋为市政协常务委员。会议通过政协淮阴市四届三次会议决议。

（五）第五次全体会议

2002年1月26—29日召开，338名委员出席会议。会议听取并审议常委会工作报告和提案工作报告，增选王广德、曹尔渊为副主席，选举伏大才为市四届政协秘书长，增选王登玉、孙士干、高建霞、曹启瑞为市政协常务委员。列席市人民代表大会四届五次全体会议，听取并讨论市政府工作报告。有16个单位和委员作大会发言或书面发言。中共淮安市委、市政府有关领导和市直有关部门负责人参加组织人事制度改革与党风建设、企业改革与社会保障、农业增效与农民增收、综合治理与社会稳定、招商引资与培育财源、城建城管与美化绿化、文化建设与教育改革7个专题座谈会。会议还对优秀提案和优秀社情民意进行表彰。

五、第五届委员会全体会议

政协淮安市第五届委员会共召开全体会议5次。

（一）第一次全体会议

2003年1月14—18日召开，381名委员出席会议。会议听取并审议常委会作工作报告和提案工作情况的报告。列席市人民代表大会五届一次全体会议，听取和讨论市政府工作报告及其他工作报告。会议期间，组织委员观看淮安市2002年城市规划成果展。市各民主党派、工商联和部分县(区)政协联系小组及委员代表进行大会发言或书面发言。举行农民增收与劳务输出、企业改制与社会保险、招商引资与培植财源、城市建设与环境保护、组织人事制度改革与党风廉政建设、文化建设与教育改革、社会治安综合治理与社会稳定7个座谈会。会议选举产生政协淮安市第五届委员会领导成员，陈从亮当选为主席，花法荣、卜健民、邵汉琦、刘学生、王广德、曹尔渊、魏玉龙、孔本余、荀德麟、雍树标当选为副主席，伏大才当选为秘书长，王素华等63人当选为常务委员。会议通过政协淮安市五届一次会议决议。

（二）第二次全体会议

2004年1月10—14日召开，355名委员出席会议。会议听取并审议常委会工作报告和提案工作报告。会议期间，召开市政协五届七次、八次常委会议，作政协淮安市第五届委员会人事安排情况的说明。举行农业增效与农民增收、国有企业改革与社会保障、全民创业与发展民营经济、城建城管与旅游业开发、人才工作与干部人事制度改革、文化教育与医疗卫生体制改革、党风廉政建设与软环境建设7个座谈会。列席市人民代表大会五届二次会议，听取和讨论市政府工作报告及其他工作报告。会议增补谈明银为政协淮安市第五届委员会副主席。会议通过政协淮安市五届二次会议决议。

（三）第三次全体会议

2005年1月24—28日召开，376名委员出席会议。会议听取并审议常委会工作报告和提案工作报告。作关于政协淮安市第五届委员会人事安排情况的说明。会议期间，举行关于“三农”问题、工业强市与新型工业化、城市建设与服务业发展、社会事业改革与发展、构建和谐社会与创建“平安淮安”5个座谈会。列席市人民代表大会五届三次会议，听取和讨论市政府工作报告及其他工作报告。会议选举徐应生为政协淮安市第五届委员会秘书长，补选李业刚、张月芹、张寿山为政协淮安市第五届委员会常务委员。会议通过政协淮安市五届三次会议决议。

（四）第四次全体会议

2006年1月9—12日召开，408名委员出席会议。会议听取并审议常委会工作报告和提案工作报告。列席市人民代表大会五届四次会议，听取和讨论市政府工作报告及其他工作报告。举行科技进步与推进新型工业化、加快城乡建设与推进城市化、重视“三农”与推进社会主义新农村建设、关注民生与构建和谐社会4个专题座谈会。会议增选王樱、卞爱武、朱乐天、张跃峰、陈彬、周伟丁、郑泽云、唐慧明、崔敏、韩文军10人为市政协常务委员；通过政协淮安市五届四次会议决议。

（五）第五次全体会议

2007年1月21—23日召开，408名委员出席会议。会议听取并审议常委会工作报告及提案工作情况的报告。列席市人民代表大会五届五次会议，听取并讨论市政府工作报告。会议通过政协淮安市五届五次会议决议。

六、第六届委员会全体会议

至2008年年底，政协淮安市第六届委员会只召开第一次全体会议。

2008年1月8—11日召开，应到委员414名，实到委员395人。会议听取并审议常委会工作报告及提案工作情况报告。会议期间，举行科技创新与大力实施工业强市战略、改善民生与推进和谐社会建设、发挥文化事业与推进中心城市建设、发展现代农业与推进社会主义新农村建设4个委员专题座谈会。会议选举王维凯为政协淮安市第六届委员会主席，魏玉龙、荀德麟、雍树标、陈贵、王士高、朱友冬、程刚、李玉峰为副主席，唐慧明为秘书长，王敏等75人为常务委员。大会通过政协淮安市六届一次会议决议。

第三节　市政协常务委员会会议

政协淮安市委员会常务委员会会议的主要职责是：召集并主持除每一届第一次全体会议之外的委员会全体会议；组织实施中国人民政治协商会议章程规定的任务和上级地方委员会所作的决议；执行政协淮安市委员会全体会议的决议；在委员会全体会议闭会期间，审议通过提交中共淮安市委、市政府的重点建议案；任免副秘书长；决定市政协机构的设置和变动，并任免其成员；协商决定该届委员会的参加单位、委员名额和人选的增加与变更，协商决定下一届委员会的参加单位、委员名额和人选。1983年5月至2008年12月，政协淮安市委员会共举行141次常务委员会会议。

一、第一届常务委员会会议

1983年7月至1987年12月，政协淮阴市第一届常务委员会共举行18次会议。主要组织常务委员学习中共中央、江苏省、淮阴市有关文件和会议精神；听取中共淮阴市委、市政府关于全市政治、经济形势和改革进展情况的通报；协商讨论《淮阴市国民经济和社会发展第七个五年计划的建议（草案）》；视察经济建设典型单位；总结政协为经济建设服务开展的活动情况；协商讨论加强政协建设、开创政协工作新局面的举措；决定设立政协各工作组，协商讨论政协有关人事安排；协商讨论第一届政协第二、三、四、五次全体会议议程、常委会工作报告和提案工作报告；协商讨论《关于召开市政协二届一次会议的决定》、第二届政协委员人选和政协二届一次会议主席团、秘书长名单等。

二、第二届常务委员会会议

1988年1月至1993年2月，政协淮阴市第二届常务委员会共举行25次会议。主要组织常务委员学习中共中央、江苏省、淮阴市有关文件和会议精神；听取市委、市政府关于全市经济形势和改革进展、社会治安、党风廉政建设、思想政治工作、农业农村工作情况的通报；协商讨论《淮阴市国民经济和社会发展第八个五年计划的建议（草案）》；开展“三农”情况、宗教发展情况的调研；听取先进事迹报告会，总结政协为经济建设服务开展的活动情况；讨论和通过《政协淮阴市委员会常务委员会工作规则》和《政协淮阴市第二届委员会组织通则》；协商讨论政协有关人事安排；协商讨论第二届政协第二、三、四、五次全体会议议程、常委会工作报告和提案工作报告；协商讨论《关于召开市政协三届一次会议的决定》、第三届政协委员人选和政协三届一次会议主席团、秘书长名单，政协三届一次全体会议议程、常委会工作报告和提案工作报告。

三、第三届常务委员会会议

1993年3月至1997年12月，政协淮阴市第三届常务委员会共举行29次会议。主要组织常务委员学习中共中央、江苏省、淮阴市有关文件和会议精神；听取市委、市政府关于全市政治、经济形势和改革进展情况、宣传思想工作、反腐败斗争情况、创建全国卫生城市工作的通报；视察“三资”企业（在中国境内设立的中外合资经营企业、中外合作经营企业、外商独资经营企业）、高等院校、四个县（市）“两专一基”（专业户、专业村、基地乡镇）工作、市机械总厂、市无线电厂、清江石化厂、清江棉纺织厂；协商讨论《淮阴市国民经济和社会发展第九个五年计划的建议（草案）》；审议通过发展水产、劳务输出、减轻企业负担、持续快速健康发展个体私营经济、加强工业农业科技工作、加快扶贫进程、加强国营场圃工作、加快“两专一基”发展等建议案；总结政协为经济建设服务开展的活动情况；讨论和通过《常委会工作规则》《专门委员会组织通则》《委员视察简则》《秘书长、副秘书长工作规则》《市政协提案工作暂行规定（修订稿）》《市政协贯彻落实〈政协全国委员会关于政治协商、民主监督、参政议政的规定〉的实施意见》；协商讨论政协内部机构调整和有关人事安排；协商讨论第三届政协第二、三、四、五次全体会议议程、常委会工作报告和提案工作报告；协商讨论《关于召开淮阴市政协四届一次会议的决定》、政协四届一次全体会议议程、常委会工作报告和提案工作报告等；协商通过表彰优秀提案的决定。

四、第四届常务委员会会议

1998年1月至2002年12月，政协淮安（淮阴）市第四届常务委员会共举行33次会议。主要组织常务委员学习中共中央、江苏省、淮安（淮阴）市有关文件和会议精神。听取市委、市政府关于全市经济形势和企业改制、依法行政工作、乡镇财政情况、科教兴村、县属工业改革、农村合作经济组织和农民经纪人发展情况、社会力量办学、市区环境保护、全市招商引资情况的通报。协商讨论《淮阴市国民经济和社会发展第十个五年计划的建议（草案）》；审议通过全市工业企业改制问题，进一步贯彻落实关于依法行政工作，进一步搞好乡镇财政工作，进一步搞好科教兴村，关于工业人才问题，县属工业企业改革，社会力量办学，发挥农村合作经济组织和农民经纪人在农业结构调整中作用，进一步加强市区环境保护工作，进一步加强县（区）招商引资工作，进一步加强全市乡镇政务公开等问题的建议案。视察市政府部分实事项目；协商通过淮阴市政协更名为淮安市政协的决定。协商讨论《淮安市2002—2020年城市规划方案》。

讨论和通过市四届政协有关工作规则，协商通过修订市政协提案工作规定；协商讨论政协有关人事安排；协商讨论第四届政协第二、三、四、五次全体会议议程、常委会工作报告和提案工作报告；协商讨论《关于召开市政协五届一次会议的决定》、第五届政协委员人选和政协五届一次会议主席团、秘书长名单，政协五届一次全体会议议程、常委会工作报告和提案工作报告。协商通过政协淮安市委员会关于表彰优秀提案和优秀社情民意的决定。

五、第五届常务委员会会议

2003年1月至2007年12月，政协淮安市第五届常务委员会共举行31次会议。主要组织常务委员学习中共中央、江苏省、淮安市有关文件和会议精神。听取市政府关于经济运行情况，资助特困家庭子女入学工作，农村5件实事，全市农田水利建设，全市工业企业改革与发展情况，金融宏观调控形势及对全市经济金融影响，国有资产管理情况，市政协建议案落实反馈情况，“工业经济突破年”的实施情况，“服务业发展促进年”工作情况，农村沼气建设情况民生帮扶“九大工程”实施情况，交通公路建设和依法管理情况，关于政协提案办理情况的通报。协商讨论《淮安市国民经济和社会发展第十一个五年计划的建议（草案）》；商讨市委《关于进一步做好新形势下人民政协工作的意见（征求意见稿）》。协商通过市政协向市委、市政府提交的进一步做好资助特困家庭子女入学工作；加强全市农田水利建设；及早筹备纪念周恩来诞辰110周年活动；加快改制企业发展；加快工业园区建设和发展等问题的建议案。协商通过市政协第五届委员会履行职能和加强自身建设的有关文件。举行“加快淮安中心城市建设”论坛，举办以关注民生为主题的“构建和谐淮安”论坛。协商讨论政协有关人事安排；协商讨论第五届政协第二、三、四、五次全体会议议程，常委会工作报告和提案工作报告；协商讨论《关于召开市政协六届一次会议的决定》、第六届政协委员人选和政协六届一次会议主席团、秘书长名单，政协六届一次全体会议议程、常委会工作报告和提案工作报告。常务委员会还先后对市城管工作、市行政审批服务工作、市交通公路建设和依法管理工作进行民主评议。

六、第六届常务委员会会议

2008年，政协淮安市第六届常务委员会共举行5次会议。主要组织常务委员学习中共中央、江苏省、淮安市有关文件和会议精神；听取市委、市政府关于全市职业教育发展情况，全市政治、经济形势和改革进展情况，提案办理情况的通报；协商讨论全市职业教育发展情况的调查报告及建议案。协商并原则通过关于进一步做好全市开发“大旅游”工作的建议案；协商讨论关于加强政协建设、开创政协工作新局面的举措；举办“建设文化淮安”政协论坛、“城乡一体化发展”政协论坛；协商讨论政协有关人事安排。

第四节　主席会议

政协淮安市委员会主席会议由主席、副主席、秘书长组成。主要职责和任务是：常务委员会闭会期间，处理常务委员会的重要日常工作；协商讨论关于贯彻中共中央和国家的大政方针和重大决策、措施以及群众普遍关心的重大问题，提出意见和建议；审议以政协名义向党委、人大、政府提出的建议案；审议提交常务委员会的文件；审议各专门委员会的重要视察、考察调研报告、年度工作计划；讨论决定召开常务委员会和其他会议的议题、日程；就党委、人大、政府的重大决策和重要人事进行协商；邀请党委、政府和各部门领导通报情况等。主席根据工作需要安排主席会议时间，并视会议议题情况邀请有关人员列席。

一、第一届主席会议

1983年5月至1987年12月，政协淮阴市第一届委员会主席会议的重要议题有：听取统战政策落实情况的检查汇报，讨论落实胡耀邦指示，开创政协工作新局面；部署对各县（区）统战政策落实情况的检查；研究围绕经济建设开展调查研究等问题；讨论安排对建筑业、中等教育结构改革、台胞侨胞脱贫致富的调查活动；讨论如何为精神文明建设服务的问题；讨论坚持四项基本原则，反对资产阶级自由化等问题；讨论稳定提高农业的调查课题。

二、第二届主席会议

1988年1月至1993年2月，政协淮阴市第二届委员会主席会议的重要议题有：讨论通过市政协之友联谊会章程（草案）和三益实业公司章程（草案）；讨论江苏省祖国统一联谊会有关筹备情况；讨论关于落实排演现代剧《快乐的苦恼》和加强教育经费使用管理的2个建议案；讨论修改《市政协提案工作试行条例（草案）》；讨论市政协统战知识竞赛准备和表彰大会筹备情况，以及政协机关赴泰州等市、县学习委组工作经验的准备情况；传达省政协学习工作座谈会和经济科技委主任座谈会精神；听取市供销社、市农业局、市多管局、市水利局关于1992年工作计划的通报；审议关于发展壮大村级集体经济和发展乡镇企业的2个建议案；讨论关于搞活流通的建议案

（初稿）。

三、第三届主席会议

1993年3月至1997年12月，政协淮阴市第三届委员会主席会议除研究常规性工作外，重要议题有：审议通过政协常委会工作规则等各项制度；讨论水产业和劳务输出2个调查报告及建议案（草案）；审议关于乡镇企业发展情况的调查报告，以及市政协3个专委会更名和工作内容等问题；研究规模经济、个体私营经济发展情况调研的事项；研究“周恩来与人民政协”理论研讨暨政协工作座谈会的筹备事项；听取市政协经科委关于宁连路盱眙至洪泽段沿路经济带建设情况的调查报告；研究近期调查研究题目和办实体等问题；审议市政协调查组关于工业、农业科技问题的2个调查报告和加强全市工业、农业科技工作的建议案（讨论稿）；讨论通过市政协《关于贯彻执行〈政协全国委员会关于政治协商、民主监督、参政议政的规定〉的实施意见》；讨论3个扶贫工作组调查报告及建议案；讨论民主党派季季谈等问题；研究“土地日”视察工作，讨论修改国营场圃调查报告文稿；传达省部分地区行政区划调整动员大会精神；讨论修改市政协调查组关于党政机关干部思想道德建设的调查报告；审议关于“两专一基”调查报告及建议案（讨论稿）；讨论关于创建全国卫生城市的调查报告；听取政协电视宣传片拍摄进度情况汇报。

四、第四届主席会议

1998年1月至2002年12月，政协淮安（淮阴）市第四届委员会主席会议的重要议题有：讨论通过市政协有关工作规则，协商通过主席分工；审议市政协调查组关于工业企业改制情况的调查报告（讨论稿）及建议案（讨论稿）；协商关于市政协社会法制委员会、祖国统一联谊委员会更名为社会法制和民族宗教委员会、港澳台侨委员会事项，审议市政协关于淮发〔1998〕17号文件贯彻落实情况的调查报告；审议并原则通过市政协调查组关于依法行政的调查方案；协商乡镇财政平衡调查方案；协商讨论关于发展与人才问题的调查方案；讨论市政协领导班子“三讲”（讲学习、讲政治、讲正气）教育有关整改方案；视察下岗职工再就业工作；视察“三资”企业外部环境情况；审议市政协关于发挥农村合作经济组织和农民经纪人作用的调查报告、审议社会力量办学调查报告；讨论关于对市直重点单位行风评议的意见；协商讨论淮阴市政协更名为淮安市政协的决定；视察淮阴区工业经济运行情况；视察盱眙马坝镇农村劳动力转移情况，听取市劳动局、涟水县保滩镇、楚州区溪河镇等单位关于劳务输出情况的汇报；协商讨论招商引资工作调查方案；讨论“解放思想、加快发展”大讨论整改意见；听取市政协调研组关于县（区）乡镇政务公开调查情况的汇报；协商讨论关于全市农技推广服务体系建设情况的调研方案、市城管工作民主评议方案。

五、第五届主席会议

2003年1月至2007年12月，政协淮安市第五届委员会主席会议的重要议题有：协商通过市政协向市委、市政府提交的《关于进一步做好资助特困家庭子女入学工作的建议案》；协商通过市五届政协履行职能和加强自身建设的有关文件；传达学习省、市“非典”预防工作电视电话会精神；讨论协商工业企业管理创新调查方案，《淮安政协》编委会组成人员名单，主席跟踪督办提案；市政协成立20周年庆祝活动意见，关于加强行风监督员队伍建设的意见；协商讨论关于全市农村培植龙头企业、推动农业产业结构调整的调查方案（讨论稿）；讨论市政协委员、常委履职情况的考核办法（讨论稿）；听取苏北五市的省政协委员到淮视察接待方案汇报；视察市建设局工作；视察清浦区民营企业发展和工业园区建设情况、视察全市禽流感防治工作；讨论关于加强全市农村小型水利建设的建议案、关于及早筹备纪念周恩来诞辰110周年活动的建议；讨论市政协调查组关于全市国有列统企业改制后发展情况的调查报告；听取市政府关于工业园区建设情况的通报和调研组关于全市工业园区（经济开发区）发展情况的调研事项汇报；视察全市文化产业发展工作；听取市纪委关于全市党风廉政建设情况的通报；商讨全市政协工作会议筹备方案以及对全市农村沼气建设情况的调研方案；学习省委《关于学习贯彻〈中共中央关于加强人民政协工作的意见〉的意见》和省政协《贯彻落实〈中共中央关于加强人民政协工作的意见〉的实施意见》，商讨市委《关于做好新形势下人民政协工作的意见》（征求意见稿）；审议关于“加快淮安中心城市建设”政协论坛筹备工作方案；视察市区社区建设工作；商讨市政协民主评议小组关于民主评议行政审批服务中心工作的报告；协商通过全市政协工作会议精神贯彻落实情况检查方案和“构建和谐淮安”政协论坛方案；协商通过优秀市政协委员评选方案和民主评议交通工作报告。

六、第六届主席会议

2008年，政协淮安市第六届委员会主席会议的重要议题有：协商讨论关于全市职业教育发展情况的调查报告和建议案；协商讨论市政协民主评议环保工作方案；协商通过“建设文化淮安”政协论坛举办方案。

第三章　专门委员会

政协淮安市委员会专门委员会是履行政协各项职能的工作机构。政协淮安市委员会成立以来，随着社会主义民主政治建设的逐步推进，履行政治协商、民主监督、参政议政职能要求也逐步提高，其内部工作机构的设置也随之调整。2008年市政协六届一次会议后，市政协除办公室、研究室以外，下设学习宣传委员会、提案委员会、经济科技委员会、社会法制和民族宗教委员会、文卫体和人资环委员会、港澳台侨委员会和文史资料委员会7个专门委员会。

第一节　学习宣传委员会

1983年，淮阴市政协成立时，成立学习委员会，负责学习、宣传、文教卫体方面的工作。1988年，淮阴市政协二届一次常委会议决定设置5个委员会、办公室和16个工作组。根据工作需要，将原学习委员会分设为学习委员会、文教卫体委员会2个委员会，学习委员会作为单独一个专委会，负责市政协的学习、宣传工作。1998年，第四届市政协又将学习委员会更名为学习宣传委员会。

一、组织学习

组织学习是人民政协的一项重要任务，也是市政协学宣委的一项日常性工作。主要任务是制订学习计划，提供学习资料，安排学习内容，开展学习活动，为中心组、机关和委员学习搞好服务。每次换届后，对新委员进行集中培训，使他们进一步了解人民政协的性质、职能、地位、作用以及委员的权利和义务等政协理论、基本知识。每年组织2～3次委员学习报告会，召开1～2次委员约谈会，不定期召开形势报告会、专题知识讲座和研讨交流等。1996年起，在《淮阴政协》杂志上增加《畅所欲言》《学习园地》等栏目，为委员们交流学习心得、工作经验和建言献策提供新平台。2001年，制定《市政协中心组2001年度理论学习安排》。2004年，召开"建设学习型机关"约谈会。2007年，举办为期2天的中心组读书班，为委员们订购发放《人民政协报》《江苏政协》、省政协编印的《学习资料》、中宣部主管编辑发行的《学习活页文选》等学习资料。2008年，学习贯彻中共淮安市委五届七次全会精神。

二、宣传报道

加强与新闻媒体的联系和合作，做好政协组织的重要会议、调研视察、专题座谈及重大活动的宣传报道工作。2000年全国"两会"期间，在《人民政协报》上刊登一期淮阴专版，以《迈向新世纪的淮阴市》为题，向全国宣传淮阴，提高淮阴的知名度。2001年，在淮安电视台开办《政协视觉》专栏，就社会关心的热点、难点等问题组织委员发表意见，参政议政，其中《市政协为企业科技创新把脉》的报道获省第一届政协好新闻竞赛二等奖。2002年，省政协首次组织新闻采访团到淮安市采访，对淮安市政协就企业改制参政议政成果在《新华日报》、江苏省电视台、"金陵之声"广播电台、江苏新闻网上报道，扩大人民政协的社会政治影响。2004年，起草《关于进一步加强政协新闻宣传工作的意见》，为政协宣传工作的开展创造更加有利的条件。2008年，在《淮安日报》上开辟《政协之声》和《委员风采》专栏，宣传报道市政协组织的重要活动和市政协委员的典型事迹，展示人民政协的参政议政水平和市政协委员风采。

三、参政议政

在专委会委员中开展每人撰写一件提案、反映一条社情民意、参加一次调研视察的"三个一"活动。每年集中组织10余次调研视察活动，撰写10余条提案和社情民意，在市级以上报刊发表多篇专题调研报告，有效促进参政议政水平的提高。2002年，《关于加快制定我市文化产业实施方案》被评为优秀提案，《淮安市肿瘤防治工作亟待加强》的社情民意被评为优秀社情民意。2004年，为贯彻落实《中共中央国务院关于进一步加强未成年人思想道德建设的若干意见》，经过深入调研而形成的报告，在全市省级爱国主义教育基地负责人会议上作介绍，《人民政协报》《江苏政协》进行报道。2007年，《政协委员应积极履行职责》被全国政协编入《把人民政协事业不断推向前进》一书。2008年年底，通过专题调研撰写的《关于市区物业管理情况调研报告》被《淮安通讯》《淮安政协》《江苏政协》等刊物采用。

第二节 提案委员会

政协淮阴市第一届委员会无专门的提案办事机构。1988年，市政协第二届常委会第一次会议决定设立提案工作委员会，提案工作开始逐步走上正轨。1988—2008年，围绕经济建设中心，加强与政协委员的联系，广泛征集提案建议，深入开展调查研究，为地方经济和社会发展做了大量工作。

一、提案征集

市政协一届至六届会议期间，收到意见、建议12395件，立案提案12171件，所有提案均在规定时间内办结。

1988年，出台《政协淮阴市第二届委员会提案工作委员会组织简则》（1988年3月19日提案工作委员会第一次会议通过），为淮阴市最早的关于政协提案工作的制度化文件，明确提出采取多种方式，鼓励和支持委员提案。提案征集方式上，坚持会上与会后结合。除了在全委会场征集提案外，利用常委会议、委员活动日、委组活动、参观考察、个别访谈等，广泛征集提案。仅政协淮阴市二届一次会议，就收到委员提案505件。通过举办情况通报会、专题研讨会、参观考察、调查研究等活动，为委员知情创造条件，提高提案质量。选择一些内容较重要、具有科学性、可行性的提案，进一步调研，向主席会议汇报后，形成建议案。拟订《政协淮阴市委员会提案工作暂行规定》，报主席会议审查修订，由市政协二届十三次常委会议审议通过。市政协四届三次主席会议通过《关于进一步加强提案工作的意见》，并报中共淮阴市委转发。

此外，经市政协第三十五次主席会议研究决定，对二届一次会议以来的委员提案进行评选，评出民革淮阴市委和85名委员所提出的70件提案为优秀提案。1997年，市人大、市政府、市政协联合召开人大代表建议和政协委员提案先进承办单位和先进个人表彰会，评选出优秀提案98件。

二、提案办理

《政协淮阴市第二届委员会提案工作委员会组织简则》对提案办理提出明确要求：审定委员提案，提出处理意见，采取多种形式检查和督促有关方面对委员提案的处理；针对委员提案中的重大问题或群众普遍关心的问题，进行调查研究，向有关方面提出意见和建议；定期向常务委员会报告提案和提案办理情况，政协全体会议期间负责向全体会议报告提案情况和提案处理情况。在每次政协全会后，召开提案交办会，并以市政府办的名义印发专门文件，对提案办理提出明确要求。对提案的答复，要求专门行文，明确承办单位负责人、具体承办人、联系电话和办理计划等。对一些"老大难"问题，进行调查、协调，把提案落到实处。

提案委员会主动与提案承办单位加强沟通协商，建立提案办理网络，及时通报情况，跟踪催办，并做好提案办理的反馈工作。提倡开门办案，通过印发提案选编、会议简报、上门走访、专题协商、发函征询意见等方式，加强同提案人的联系，加强引导、协调，致力于提案的落实、兑现。许多承办单位把办理工作列为目标责任制的内容之一，专门分工，深入调研，办好每一件提案。

市政协三届二十一次主席会议研究决定，实行主席分工跟踪督办重点提案的制度，即每年由提案委员会对会议期间的提案进行筛选，对事关国计民生，有利地方经济社会发展的可行性提案，分别由主席和秘书长跟踪督办。从政协第五届全会起，起草印发《市政协主席跟踪重点提案办理要求》，对督办的组织、办理要求、程序以及督办会的内容、会标和会议宣传等作明确规定。

建成淮安市建议提案管理系统，实现提案全过程无纸化、网络化管理。市政协六届一次全会起，不再受理手书纸质的提案。编印《提案办理情况选编》，向社会各界宣传政协提案工作，展示政协提案成果，对委员提案起到交流和示范作用。开展新委员的业务培训，第六届政协全会期间，举办6场专题讲座，培训委员800多人次。加强对县（区）政协提案委员会的联系和指导，每年召开提案工作座谈会，传达上级精神，交流工作。做好提案的宣传工作，借助淮安电视台《今日观察》栏目平台，进行提案宣传，扩大政协提案的社会影响。

三、提案工作制度化

1988年起，先后制定《市政协提案工作简则》《政协淮阴市委员会提案工作暂行规定》《办理人大代表建议政协委员提案的暂行规定》，推进市政协提案工作制度化、规范化。

1994年8月，制定《淮阴市政协提案委员会办理工作暂行标准》，对提案建议、办理结果划分为5种类型。同年，市政协主席会议审议通过《关于征集办理各党派、工商联、参加政协的人民团体提案试行办法》。1995年，政协淮阴市三届十次常委会审议通过修订后的《政协淮阴市委员会提案工作暂行规定》。1997年4月，市政协主席会议审议通过《关于表彰优秀提案的实施办法》；会同市人大、市政府，联合制定《关于表彰人大代表建议、政协委员提案先进单位和先进个人的实施办法》。同时，逐步建立健全提案审查立案制度，跟踪督办、催办制度和反馈意见处理、立卷归档等配套制度。

2005年12月13日，政协淮安市第五届常务委员会第17次会议通过《提案工作规定》，使提案工作有章可循，为提案工作的科学化提供制度保障。此外，不断探索提案征集办理的新思路，向社会公开征集提案线索。自市政协六届一次全会起，在《淮安日报》上发布向社会公开征集提案线索的公告，当年收到群众提交的提案线索48件（条），其中大部分在委员的提案中得到反映。随着网络的普及，2008年起，通过“淮水安澜”网站公开征集提案线索，在网民中引起较大反响，截至当年年底点击率超过65万次。经过分类整理，提交给委员参考，有60%的建议提案来自网民的意见和建议。

第三节　经济科技委员会

1983年，淮阴市政协成立第一工作组委员会，具体负责经济科技等工作。1988年第二届政协第一次会议以后，为适应以经济建设为中心、搞好参政议政，专门成立经济建设委员会。1993年第三届政协第一次会议以后，成立经济科技委员会，主要从事经济建设、科技领域的调研与参政议政工作。至2008年年底，围绕经济建设，开展调查研究，形成大量有价值的调研报告、提案和社情民意。同时，做好委员约谈，利用科技界委员的人才优势，开展科技咨询活动，服务经济建设。

一、经济科技领域调研

1991年，在工业企业管理问题调查工作中，承担对淮阴电化厂和东风造纸厂的调研，深入企业调查、解剖、分析，提出进一步搞好国营大中型企业的意见和建议，并形成调查报告。因报告切中时弊，受到市委、市政府重视。1993年，开展淡水渔业养殖调研，向市委、市政府提出《关于进一步发展水产生产的建议案》；开展企业负担状况调研，为市委、市政府取消19项企业不合理负担起到积极作用，调研报告在市委政策研究室《调研通讯》和《淮阴日报》刊登；开展乡镇企业调研，调研报告《关键是人才，要害在机制》被市委转发至各乡镇。2001年6月，承担市政协对市属工业企业技术创新情况的专题调研，形成关于推进科技创新、加快工业强市步伐的几点建议，在全委会上作为书面发言。2002年，与市九三学社对农业产业化龙头企业经营情况进行联合调研，调研报告在全委会大会发言；《以信息化带动工业化，加快淮安经济发展》被评为优秀提案。2003年，形成《关于全市工业企业管理制度创新》与《关于加快发展我市农产品加工龙头企业》2篇调研报告；《关于实施五项工程，从源头上制止领导干部经济犯罪》的提案，被市纪律检查委员会全部采用，并写进2003年纪检工作意见。2004年，形成4篇调研报告，其中《坚持科学发展观、加快开放型经济发展》的调研文章，在市政协五届十次常委会上作大会发言，《关于坚持科学发展观、着力推进水产事业发展的几点建议》被选为五届三次全委会大会发言。2005年，该委119名委员提出提案130件，有4件列为主席督办重点提案。2006年，该委有125名委员提出提案126件，其中有2件被市领导批示、3件列为主席督办重点提案。2007年，关于《全市蔬菜产业发展情况的调查报告》，以市委文件转发全市。2008年，关于《淮安市民营经济发展情况调查报告》，得到市委主要领导重视，为市委、市政府出台《民营经济发展20条意见》提出建设性意见；"开发大旅游"成为市委、市政府提出的"五大建设"的战略任务之一。

二、反映社情民意

2001年，撰写4篇社情民意。其中，《关于化解群众集访的几点建议》被市委分管领导批示，并编为市委内参；《关于进一步做好劳务输出工作的建议》被市人民建议征集办公室在《人民建议摘报》第28期刊登。2003年，报送社情民意4篇。其中，《关于加大市区交通秩序整顿力度，保证市区交通顺畅》的建议被市公安部门完全采纳；《关于加快农村改水进程，保障农民身体健康》的建议受到市政府重视，作为市政府5件实事办理。2004年，撰写社情民意4篇。其中，《关于加快淮安火车站广场及配套设施建设的建议》得到市主要领导重视，及时召开协调会，解决有关问题。2005年，上报社情民意15条，其中5条被转发。2006年，上报反映社情民意10条，其中4条市领导作出批示。2007年，该委撰写社情民意8条，有4条引起市委、市政府领导重视并作出批示。

三、服务经济建设

1986年，成立经济技术咨询服务组，面向中小企业、乡镇企业和农村，开展多方面咨询服务，促进各企业的横向经济联合；对新项目和新技术开发提供技术论证，现场解决技术难题，提供技术信息服务，为乡镇企业举办多期技术培训班。

1989年，对淮阴市工业"三废"（废水、废气、固体废弃物）治理和综合利用进行研究，组织政协委员中的工程技术人员会同有关部门，对淮阴石化厂的皂渣和电厂煤灰污染治理、综合利用进行研究，将石化皂渣替代石灰用于公路路面基础建设，经市科委组织专家鉴定通过。对乡镇企业开展技术咨询，提供技术服务，提高乡镇企业技术水平和管理水平。

1991—1992年，开展造纸黑液综合治理的扩大性试验、木质素的提取及延伸利用、蚕蛋白开发利用、工业废渣研制免烧砖等科研活动，推广应用皂化废渣与粉煤灰结合作公路基础材料，取得经济效益近100万元，并拍摄电视资料片宣传推广；推广应用皂化废渣与粉煤灰结合作公路基础材料，在公路建设中大量利用，并获省、市科技成果奖。1996年，组织委员中的工程技术人员对新潮彩印厂基建工程进行监理，使该工程减少开支104.12万元，并提前1个月完成工程任务。

第四节　社会法制和民族宗教委员会

1998年，第四届市政协设立社会法制委员会，后更名为社会法制和民族宗教委员会，主要负责民主法治建设和民族宗教事务方面的调研与参政议政工作。1998—2008年，立足自身工作特点，突出界别特色，围绕中心工作和人民群众关心的重要问题，在加强社会主义法制建设、维护社会稳定、保障改革开放等方面，广泛开展履行职能的各项工作，共完成调查、视察29项次，形成调查报告12份，整理上报社情民意信息13条，参与市委、市政府及有关部门组织的执法检查、行风评议及其他各类座谈会、通报会59次，发挥专委会的职能作用。

一、法制建设专题调研视察与行风评议

围绕全市法制建设、依法治市工作，开展调查研究和视察活动。协助市政协常委会开展关于依法治市、乡镇政务公开工作调查。开展关于实行行政执法责任制、正确认识和化解新时期人民内部矛盾、青少年违法犯罪情况、法律援助工作等18项专题调查，所提建议受到市委、市政府和有关部门的重视和采纳。应邀参与市“三五”普法检查验收工作和“四五”普法工作检查，先后组织委员对《中华人民共和国土地法》《中华人民共和国妇女权益保障法》《中华人民共和国残疾人保障法》《江苏省少数民族权益保障条例》等法律、法规贯彻实施情况进行视察。参与执法检查和行风评议活动，相继参加市委政法委牵头组织的全市执法工作大检查以及其他各种行政执法检查工作。

2000年，负责对卫生、教育、国土、电信等部门和行业进行全面考察评议，提出20多条意见和建议，促进相关部门和行业的行风建设。2003年，配合省政协就“非典”对全市社会生活的影响和城镇职工再就业情况进行调研，为执行相关法规提供针对性措施。2006年，视察全市社区建设工作，提出加快解决城市社区用房问题的建议，市委主要领导召集清河、清浦两区政府和市民政、规划、国土、财政等部门负责人进行专题研究，相关问题得到较好解决。

2003—2007年，组织委员开展各类调研视察活动30余次。围绕《中华人民共和国人口与计划生育法》贯彻实施情况、环境保护执法情况、民营企业职工权益保障等专题开展调研活动。对宗教活动场所管理、法院审判、城市管理、残疾人工作、《中华人民共和国行政许可法》贯彻实施情况、基层调解组织建设、困难群体社会保障、社区建设以及法治淮安建设等进行视察。通过调研视察，对相关工作提出许多有针对性、可操作性的意见和建议。

2008年，组织委员视察全市农村敬老院建设情况和全市贯彻实施《中华人民共和国劳动合同法》情况。围绕全市职业病防治工作进行专题调研。协助省政协在淮安市完成关于人民政协在贯彻落实科学发展观、构建社会主义和谐社会中如何发挥作用的专题调研，协助全国政协在淮安市完成关于法律职业队伍建设的专题调研活动。

二、民族宗教工作

开展关于《江苏省少数民族权益保障条例》《江苏省宗教活动场所管理条例》实施情况的调

查，以及关于宗教界人士发展个体私营经济情况的视察等。开展联谊交友活动，加强与民族宗教界的联系和团结。应邀出席市伊斯兰教协会第三届代表大会、市佛教协会第二届代表大会、市少数民族联谊会第二届代表大会，以及民族宗教界的重大节日活动。2001年上报《关于加大打邪制非工作力度，切实维护社会政治稳定》的社情民意后，市委召开“打邪制非”工作专题会议，在全市进一步部署和加强“打邪制非”工作。

三、组织委员约谈与专项提案

把委员约谈会作为发挥委员主体作用，开展专题协商的有效平台。组织委员围绕“营造良好法治环境，加快民营经济发展”“创建平安淮安”“创新大调解机制与促进社会稳定”“构建和谐社区”“构建和谐社会与加强法治建设”等主题开展约谈活动。约谈会收到委员发言稿件近40篇，委员们围绕约谈主题提出相关意见建议180多条。每次约谈会之后，《淮安日报》的《政协之声》专版都摘登委员们的主要建议，《淮安政协》摘登委员发言。

专委会组成人员带头撰写提案，了解和反映社情民意信息。2003—2007年，专委会组成人员共提交委员提案80多件，并以专委会集体名义提交集体提案10件，上报社情民意信息15条。其中，《关于学校进一步做好预防和控制未成年人违法犯罪工作的建议》《进一步加大民营中小企业安全生产监管力度的建议》等提案被列为市政协主席督办提案，并被选为优秀提案。

2008年，专委会及委员提交11件提案，其中《关于加强职业病防治工作的建议》被市政协列为主席督办的重点提案。驻会委员作为市软环境建设监督员，完成市软环境建设办公室交办的各项任务。参与法治淮安建设工作，参与全市“五五”普法中期检查工作、全市“四级干部”学法竞赛考试监考工作以及“法治县（区）”和“法治合格乡（镇）”建设年度考核工作。在五届市政协的基础上，六届市政协新增工会、共青团、妇联等界别，专委会组成人员的界别构成更加合理。

第五节　文卫体和人资环委员会

1983年政协淮阴市第一届委员会成立时，设置第二工作组委员会，负责文教卫体工作。1988年第二届委员会成立时，更名为文教卫体委员会。1998年第四届委员会设立文卫体和人资环委员会，主要联系全市文化、教育、科技、卫生、医药、体育、人口、资源、环境等部门及有关界别工作。至2008年年末，与专委会各位委员通过通信、电话、座谈会、上门拜访等形式，保持密切联系，调动委员履行职能的积极性。

一、调查研究

1998年，组织调研组完成对全市计划生育工作的调查研究，对市域内个别全省人口重点管理县加强计生工作提出意见和建议。1999年，完成《中华人民共和国母婴保健法》实施情况的调研。2000年，与社会法制和民族宗教委员会合作，对全市依法管理土地和保护耕地情况进行调研，对未经批准占用耕地、非法买卖土地、低价出让土地等违法行为和如何依法管理土地、保护耕地，实施经济、社会可持续发展提出意见和建议。2002年，与民革淮安市委完成农村税费改革后农村基础教育情况的专题调研，形成《应对税费改革的新形势，加强农村基础教育工作》的调研报告。2008年，与市政协办公室、研究室联合组织委员，对全市的职业教育发展情况再次进行调研，写出调研报告与建议案。根据建议案中提出的内容，市政府于当年8月专门召开全市职业教育工作会议，推动淮安市职业教育工作的发展。

与省政协协作调研的课题主要有：与省政协医卫体委员会协作调研完成“整顿规范我省农村医药市场”；与省政协教文委员会协作调研完成“扶持地方戏走出困境”“全省九年义务教育情况的调研”；协助省政协人资环委员会就劳动力资源和劳务输出问题进行基础性调研；配合省政协人资环委员会对洪泽湖保护和利用的情况进行调研，对省河湖的保护和利用提出建议。

二、视察活动

1998年，组织委员就中小学素质教育问题，对贯彻落实国家教委提出的实施素质教育10项措施和省教委提出的素质教育10项基本要求进行实地视察，建议全社会正确地评估教育，摒弃应试教育和“唯分论”的倾向，树立正确的教育观、质量观、人才观，全面贯彻党的教育方针。1999年，组织委员视察市区园林建设，针对存在的问题提出意见和建议。2000年，组织委员视察中小学生减负情况，对不利于素质教育和影响青少年身心健康的社会环境提出意见和改进措施。2001年，组织委员视察汇通文化市场、电子商城等文化市场，对文化市场存在的问题提出意见和建议。2003年，对全市各县（区）落实市委有关文件精神、开展济困助学工作进行调研，该委承担调研报告和建议案的起草、审定并提请专委会审议。同年，完成全市职业教育情况的调研报告和向市委、市政府的建议案。2007年9月，组织委员视察淮安市民营医院，就民营医院的自身定位、经营理念、发展定位和奋斗目标等，提出一系列建设性的意见。2007年12月，组织部分委员视察楚州区范集镇时代服务中心和城东乡计生服务大厅，对楚州区计划生育工作所取得的成绩给予肯定并提出工作建议。

三、反映社情民意

1998年，针对计划生育“双月检”和劳务输出人员要定时返回原籍参加“双月检”的矛盾，上报社情民意，提出合理化建议，市计生委及时采取措施解决矛盾。1999年，就中小学学生书包越背越重、学生刊物摊派混乱等问题写出社情民意，受到市教委的重视。2000年，建议市政府加快制定市体育馆改造方案，使体育馆广场得以改造。2001年，针对民办初中招生不规范情况，建议采取综合素质测试方法进行招生，被市教育局采纳。2002年，关于《应加大医保覆盖面》的社情民意，推动企事业单位的参保问题较快解决。2003年，提出《新上项目和工业小区应把环保关》的社情民意，促进环保型工业项目的引入；“非典”疫情解禁后，及时提出《管好文化娱乐场所的卫生安全，帮助学生过好暑假生活》的建议；《要管好农村医药市场，保障农民健康》的建议得到采纳，全市出台并实施“食品药品放心工程”。2007年6月，提出《关于为刘皮街战斗英烈树碑建亭的建议》，市委批示要求市民政局和淮阴区据实落实；参加市财政局文卫经费预算方案通报会，对文化、教育、卫生方面的经费预算提出相关建议。

第六节　港澳台侨委员会

1983年政协淮阴市第一届委员会成立后，设置对台及侨务工作委员会。1988年第二届委员会成立时，更名为祖国统一联谊委员会。1993年第三届委员会成立时，更名为港澳台侨委员会。

主要通过对台胞、侨胞、港澳同胞的联谊等工作，加深了解，增进友谊，扩大共识，为促进海峡两岸的“三通”（直接通邮、通商、通航）贡献力量，为祖国统一奠定思想基础和政治基础。

一、联谊交友活动

1986年8月，市政协召开一届十三次常委会（扩大）会议，讨论海外统战联谊等工作。1987年7月下旬，市政协、市委统战部联合召开纪念抗日战争爆发50周年座谈会，邀请在淮阴的原国民党起义军官的代表参加座谈会。1991年10月，市政协与民革淮阴市委集会，纪念辛亥革命80周年，观看歌颂孙中山的影片。1997年6月，召开“喜迎香港回归座谈会”，20多位“三胞”（台胞、侨胞、港澳同胞）的亲属代表及抗英民族英雄关天培的后代参加座谈会。1999年8月，召开侨务委员和部分侨属座谈会，对李登辉“两国论”进行谴责批判。同年12月，举行欢迎澳门回归座谈会，“三胞”及其亲属代表30多人参加。2002年9月，举行中秋茶话会。2004年6月中旬，参加黄埔军校成立80周年纪念活动。

二、关心“三胞”亲属生产生活

（一）关心服务“三胞”

每年向台胞、侨胞、港澳同胞的亲属捐赠生产生活用品。20世纪80年代起，先后5次召开市“三胞”亲属勤劳致富经验交流会、现场会、表彰大会等，加快“三胞”奔小康步伐，引导、帮助数百户“三胞”亲属脱贫致富。2008年4月，会同市侨联、市政府外事办公室商讨困难归侨、侨眷救助事宜，起草向市财政局申请批拨困难专项资金报告。

对“三胞”开展调查摸底，做好各项服务工作，帮助多名台胞寻找其失散多年的亲人。1996年8月，深入淮阴师范专科学校，淮阴工业专科学校，市第一、第二人民医院等单位，调查出国留学人员情况。1998年，开展海外新移民调查，及时掌握新“三胞”的动态变化。

（二）视察调研活动

2001年7月，走访调查涟水县炎黄大学、洪泽县森裕汽车休闲服务公司。2003年12月，会同市教育局等部门，对市内民办学校情况进行调查，完成鼓励社会力量办学、促进民办教育发展的调研报告，被选为全委会大会发言材料。2007年1月，视察江苏韩泰轮胎有限公司、富士康淮安科技城项目工地、淮安福满多食品有限公司等。是年9月，完成对台湾农业招商引资调研报告。

（三）宣传“三胞”先进事迹

1990年，《中华人民共和国归侨侨眷权益保护法》颁布后，及时组织“三胞”及其亲属进行学习。1992年，组织编辑出版《淮阴文史资料》港澳台和海外专辑，并编辑出版《淮阴赤子》《淮阴赤子续编》等书，对50多名“三胞”的感人事迹、事业成就进行宣传，进一步激发“三胞”报效家乡的热情。此外，对市政协委员、香港企业家郑兆财在家乡捐资办学的事迹进行报道，在《新华日报》《人民政协报》、中央电视台及省市多家新闻媒体进行宣传。

第七节　文史资料委员会

1983—2008年，市政协文史资料委员会通过发挥“存史、资政、团结、育人”的社会作用，履行自身职能。

一、文史资料征编

1983—2008年，编辑出版文史资料27辑，计近700万字。内容涵盖淮安市古近代、现当代历史，包括政治、军事、经济、社会、文化等各个方面。以“三亲”（亲历、亲见、亲闻）资料为多、历史人物与历史事件为多，兼及历史文献资料的整理与考证等。2005年起，与淮安市历史文化研究会合作，编辑出版6辑历史文化研究资料。2008年起，将零散的文史资料编印成《文史资料活页文选》进行保存，以便运用。在全省政协文史系统属首创。同年7月起，与市历史文化研究会合作创办《淮安历史文化研究》季刊。此外，整理出全市20多万字的文史资料目录，报省政协文史委转报全国政协文史委。

二、参政议政

承担2008年9月由全国政协主办、市政府承办的中国大运河第四届高峰论坛和大运河文化节的方案制定、协调、联络等具体工作任务。先后组织召开韩信研讨会、吴鞠通研讨会、运河文物保护研讨会、淮安运河文化与旅游业发展研讨会，部分成果被市政府或部门、区县采用。文史委每年都有一定数量的提案、社情民意和建议上报。其中，《关于纪念苏皖边区政府成立60周年的建议》得到采纳，省、市财政投入6000万元整修边区政府旧址；《关于河下古镇开发的建议》经市委批示后，市财政拨款3000万元扶持楚州区搞好河下古镇的保护与项目建设；《关于加强清晏园景区保护的建议》经市委、市政府研究，重点加以落实，完成河道总督署等建筑的复建。

三、文史知识宣传

2006年，与淮海晚报社合作，开设《里运河文化巡礼》栏目，连续宣传4个月；与市电视台联合制作《千年运河说淮安》系列专题片，以“沟通交流、开放包容、开拓创新、和谐统一”的运河精神为主线，全面宣传淮安运河文化闪光点，每周1集，共13集，持续播出3个月。2007年，与《淮安日报》合作开设《淮安古今》栏目，与淮海晚报社合作开设《淮安风情》栏目。2008年，在《中国水利》杂志上发表《古清口的变迁》，在《民主》杂志上发表《文化和生态淮安》。开展文史进机关、进学校、进社区活动，向机关、学校、社区赠送文史书籍逾1000册。

四、文史工作创新

2003年起，提出“开门办文史”的工作思路，将文史资料征集的时间扩大到淮安市发展史，征集对象扩大到淮安各界人士，工作要求提高到利用研究成果服务全市科学发展。文史队伍建设创新，建立特聘文史委员制、与市历史文化研究会共同研究制、市县（区）文史工作联动制。文史资料征集出版方法创新，主动与相关单位合作，实现优势互补，节本增效，共同发展。

第四章 履行职能

政协淮安市委员会自1983年成立以来，按照《中国人民政治协商会议章程》要求，在中共淮安市委的领导下，就全市改革、发展、稳定的大政方针以及人民群众普遍关心的重点、热点、难点问题，进行视察、调研活动，定期召开全委会议、常务委员会议、主席会议，根据需要召开各种形式的协商座谈会、研讨会、情况通报会、对口联系会、委员约谈会、专题协商会，以及提案交办会、联办督办会议等，履行政治协商、民主监督、参政议政职能。

第一节 政治协商

一、协商形式

市政协第一届至第六届委员会对全市的大政方针和重要问题在决策之前或在决策执行过程中进行协商，主要有5种形式。会议协商，主要通过全体委员会议、常委会议、主席会议、专委会会议以及委员活动日，对市委、市政府的重要决策、举措进行讨论、协商。列席市人民代表大会，对市政府的工作报告、财政预决算报告、人民法院和检察院的工作报告以及国民经济与社会发展计划等提出意见和建议。召开由各民主党派、工商联、无党派民主人士、人民团体和社会各界人士代表参加的协商座谈会。各专门委员会和地区工作组与相关的职能部门进行专题协商或对口协商。通过提案等提出协商意见和建议。

二、协商内容

市政协第一届委员会共举行全委会议5次、常委会议18次、主席会议50次。围绕市委制定全市“七五”计划的建议，组织委员和有关人士深入调查研究，写出32篇献计献策材料；与县区政协联合召开富民兴淮献计献策会，就全市经济体制改革、调整产业结构、发展能源交通、加速技术进步、加强智力开发以及与人民群众生活密切相关的一些问题，提出意见建议。

市政协第二届委员会共举行全委会议5次、常委会议25次、主席会议49次。针对“八五”计划和2000年目标，围绕经济建设中心，通过组织委员调查研究，召开各个层次的协商会议，发挥政治协商、民主监督的职能作用。5年间，共开展视察调查114次，形成书面材料110份。关于经济建设方面协商的专题主要有治理整顿深化改革、加强工业企业管理和提高经济效益、发展农村经济和调整产业结构、加强农业服务体系建设、减轻农民负担、加强市政建设、发展外向型经济、搞活流通等问题。关于社会主义精神文明和民主法治建设服务方面，常委会议多次对群众关心的党政机关廉政建设、加强思想政治工作、社会治安综合治理等重要问题进行专题协商。提出关于加强北京新村管理、关于减轻中小学生过重的课业负担、关于群众集资办学经费使用与管理问题等建议案，均被采纳。此外，还会同有关方面，对农村村民委员会组织建设、基层法庭情况、打击拐卖妇女儿童犯罪活动、市直7所医院护理队伍状况、农村三级医疗预防保健网络、实施义务教育、农村职业技术教育以及民族宗教问题等进行专题调查。

市政协第三届委员会组织调查视察，履行主要职能。围绕市委、市政府的工作中心，就全市“两个文明”建设中的重点、难点、热点问题，选择50多个专题，通过全委会议、常委会议、主席会议进行协商监督和参政议政，其中组织较大规模的调查视察25次，形成书面材料20余份，向市委、市政府提交建议案15份，建议案受到市委、市政府的重视，对促进决策的民主化、科学化，推动全市改革开放和现代化建设起到较好作用。先后就全市“九五”计划和2010年远景目标、调整结构、深化改革、推进农业产业化进程、加快发展工业等方面问题进行调查研究和专题协商。在推进精神文明和民主法治建设方面，先后就教育、文化、创建卫生城市、思想道德建设、党风廉政建设和社会治安等问题开展协商监督和参政议政。在促进改革开放和社会事业发展方面，先后就贯彻落实市委、市政府文件，科技和医疗体制改革，交通、邮电、市政等基础设施建设问题组织调查视察。先后组织市区委员就新长铁路淮阴段建设、市区人防工程建设、自来水厂进水口改造及二期工程建设、石塔湖公园环境整治、“三胞”捐赠办学等情况进行调查或视察，提出一系列的意见和建议。

市政协第四届委员会按照“协商于决策之前”和“贴紧中心、协商大事”的原则，围绕全市“十五”计划和远景规划，围绕改革开放和经济社会发展中的大政方针、重要问题以及与人民群众息息相关的重要事项进行多层次的协商讨论，建言献策。围绕经济建设、社会发展和党风建设中的突出问题进行专题协商。通过常委会议、主席会议分别就发展非公有制经济、“三农”问题、培植财源、可持续发展、文化建设、教育改革等方面的重要问题，听取市委、市政府领导及有关部门的情况通报，结合视察调研，提出建设性意见。结合贯彻落实中共十五届六中全会精神，从5个方面就党风廉政建设向市委、市政府建言献策。围绕社会关注、群众关心的难点问题进行对口协商。各专委会加强与市委、市政府有关部门的对口联系，针对社会各界和广大群众普遍关注的医改医保、学校收费、人才流动、城乡贫困群体生活保障、下岗职工再就业、法律援助、农村税费改革等新情况、新问题，请市委、市政府分管领导和有关部门负责人参加座谈，听取各界意见，共同协商对策。

市政协第五届委员会运用政协例会和专题对口协商等形式，围绕全市改革开放和经济社会发展中的大政方针、重要事项以及人民群众普遍关心的问题，进行多层次的协商讨论，献计献策。组织好全委会议的广泛协商。注重发挥全委会协商议政的作用，形成会前发动委员深入调研，会中以大会发言、专题协商会和分组讨论等形式提出意见和建议，会后整理报送的协商机制。每年全委会期间，围绕市委、市政府实施的工业强市、科教兴市、推进城市化、招商引资、建设社会主义新农村、构建和谐淮安等方面组织大会发言。注重把协商的重点放在对全市改革发展稳定的深层次矛盾的分析上，对事关全局性、战略性、前瞻性问题的思考上，对党委、政府关注的大事和难题的对策研究上，对群众最关心、最直接、最现实的利益问题的解决上。市政协还在每年的全委会议上，分别围绕“坚持走新型工业化道路与科技创新”“关注民生与构建和谐社会”“淮安历史文化研究与推进城市化”等方面内容，举行24个专题协商座谈会，让广大委员与党政领导面对面交流，共商发展良策。抓好常委会议、主席会议的重点协商。先后举行31次常委会议、49次主席会议，适时选择议题，开展专题协商。召开常委会议，对《淮安市国民经济和社会发展第十一个五年规划纲要（征求意见稿）》进行专题协商，提出的意见与建议被市政府采纳。市政协常委会向市委分别报送关于开展吴承恩诞辰500周年、周恩来诞辰110周年纪念活动的建议案，得到市委主要领导重视。市政协主席会议围绕预防“非典”、禽流感防治、公共卫生应急体系建设、抗洪救灾等专题，开展视察活动，就坚持和完善重大疾病防控体系建设、健全公共卫生信息网络系统、构建快捷完备的突发性公共卫生应急机制、搞好抗洪救灾与防洪重点工程前瞻性规划等方面，进行协商讨论，向市委、市政府提出建议。常委会议和主席会议把情况通报与协商议政有机结合，先后听取全市年度经济工作运行、"4221"（全市国民经济和社会发展40项目标，党建和政治文明、精神文明建设20项目标，为全市人民办20件实事，为市区人民办10件实事）重点工程实施、农村"五件实事"、民生帮扶"九大工程"及党风廉政建设等方面的情况通报，并组织委员协商讨论，提出意见和建议，不少合理化意见和建议都被采纳。"委员约谈"会成为推进政治协商的一大特色品牌。各专门委员会围绕年度工作中心，举办26次"委员约谈"会，参与委员840人次，应邀到会的各有关部门负责人120人次。

2008年，在市政协六届一次会议上，有24个单位和委员作大会发言和书面发言，市政府主要领导逐一批示落实。举行科技创新与实施工业强市战略、改善民生与推进和谐社会建设、发展文化事业与推进中心城市建设、发展现代农业与推进社会主义新农村建设4个专题座谈会。围绕职业教育与淮安产业发展相结合问题，进行深入调研、专题协商，向市委报送《关于加快全市职业教育改革与发展的建议案》，该建议案被市委全文转发。

第二节　民主监督

2005年，市政协采取市、县（区）政协和市各民主党派联动的形式，围绕市委、市政府提出的"创四城"（创建全国卫生城市、全国园林城市、全国环境保护模范城市、江苏省文明城市）总体目标，组织委员集中对城管工作开展民主评议活动。共召开13场次、300多人次参加的座谈会，发放1万份问卷调查表，多次组织委员参加城管值勤与视察。评议小组提出的《关于城市管理治安办公室改为城市管理公安分局》《关于解决城管环卫工人和协管人员养老、医疗保险问题》2个建议案，市政府常务会进行专题研究，并提出具体解决办法和措施，推动城管工作整体水平的提高。

2006年，市政协集中对行政审批服务工作开展民主评议，提出以"精减审批事项、减少审批环节、缩减审批时间和扩大项目集中度、扩大窗口审批权限、扩大并联审批效能"为主要内容的"三减、三扩"措施和"健全组织制度、健全协调制度、完善激励机制"的"三制"建设等整改意见，以及关于进中心的窗口成立审批服务处、实行职能归并的个案建议，都得到市委、市政府的重视。市行政审批服务中心和相关部门经过整改完善，新增11个部门、41个事项进中心，新增职能归并部门5个，精简审批环节20%，进中心事项对外承诺时间由9.4天压缩到6.6天。

2007年，市政协对全市交通建设和依法管理工作进行集中评议。评议小组针对公路网络不够完善、资金筹措压力较大、乡村公路养护主体缺位、交通执法手段刚性不足等问题，提出要科学规划公路建设网络、全面推进农村公路建设、加大公路建管养资金投入、提高公路交通管理水平、健全公路交通联合执法机制和加强交通人才队伍建设等20多条建议和意见。市交通局逐一制定整改措施，开展公路交通管理集中整治活动，推动各项重点交通工程建设。

2008年，为推动淮安市创建全国环境保护模范城市活动的深入开展，市政协对环境保护工作进行专题民主评议。评议小组通过实地视察、召开座谈会、问卷调查等形式，真实、全面、准确地了解和掌握环保工作情况，形成《关于民主评议环保工作的报告》。整个民主评议活动历时近5个月，在社会上引起较大反响。

第三节　参政议政

市政协第一届至第六届委员会围绕全市经济社会发展中具有综合性、全局性、前瞻性的课题，深入调查研究，开展咨询论证，提出意见和建议，并运用包容各界、联系广泛、人才聚集的有利条件，了解和反映社会不同阶层、不同群体的愿望和要求，为全市改革开放和社会主义现代化建设建言献策。

一、调研视察

市政协第一届委员会共进行70多项专题调查，其中包括关于建筑业、饲料工业、砖瓦业、养禽业、内塘养鱼业调查；关于电大、中专、职业中学办学情况调查；关于食品卫生、内河污染问题调查等。调查所提意见和建议受到市委、市政府和有关部门的重视与好评。关于职业中学的调查报告在全市职业技术教育工作会议上交流。关于建筑业调查报告提出的10个方面的建议，有许多在全市修订“七五”计划草案时被采纳。市委以文件形式批转市政协4份专题调查报告。

图14-2　市政协委员视察（2006年）　市政协　供

市政协第二届委员会共开展调研视察活动114次，形成书面材料110份。在开展较大规模、较长时间调查研究的基础上，对全市“八五”计划和十年规划的制定与实施，对治理整顿深化改革、加强工业企业管理和提高经济效益、减轻企业负担、发展农村经济和调整产业结构、加强农业服务体系建设、减轻农民负担、加强市政建设、发展外向型经济、搞活流通等问题提出意见和建议。其中，关于科技兴农、兴办淮阴市“三资”企业、加快沂淮铁路建设、发展壮大村级集体经济、发展乡镇企业、搞活流通6个建议案，部分由市分管领导专门召开会议研究采纳或被有关文件吸收。

市政协第三届委员会选择50多个专题，组织较大规模的调查视察25次，形成书面材料20余份，向市委、市政府提交建议案15份，市委、市政府主要领导对部分建议案作出重要批示。在服务经济建设方面，先后就全市“九五”计划和2010年远景目标、调整结构、深化改革、推进农业产业化进程、加快发展工业等方面问题进行调查研究。在推进精神文明和民主法治建设方面，先后就教育、文化、创建卫生城市、思想道德建设、党风廉政建设和社会治安等问题开展调查视察活动。在促进改革开放和社会事业发展方面，先后就科技和医疗体制改革、交通邮电市政等基础设施建设问题组织调查视察，提出意见和建议。1994年，市政协改进视察形式，把常委会议与专题视察相结合，先视察后开会。组织在县（市、区）的市政协委员进行异地视察，帮助委员互相交流学习，提高参政议政水平。

市政协第四届委员会按照“少而精、深而实”的原则，选准课题，深入调查，细心研究。常委会选取15个、各专委会选取29个与全市“两个文明”建设相关的重要问题和热点问题进行调查研究，形成具有较高参考价值的调查报告和建议案。围绕促进经济建设和可持续发展，先后对企业改制、招商引资、技术创新和人才培养、乡镇财政、科教兴村、发挥农村合作经济组织和农民经纪人作用、发展个体私营经济、城市建设与管理以及市区环境保护等方面问题进行重点调研。围绕推进精神文明建设和民主政治建设，先后就乡镇政务公开、发展高等教育、社会力量办学等问题进行专题调研。在开展调查研究活动的同时，市第四届政协坚持抓住重点、热点问题开展视察活动。市政协主席会议先后对农业增效与农民增收、城镇化建设、农村劳动力转移、国土资源保护、县（区）工业新经济增长点、历史文化名城建设、医疗改革、相关部门和单位行风建设工作开展30多次专题视察活动，各专委会也联合有关部门组织开展40多次专题视察活动，针对存在的问题提出改进建议。

市政协第五届委员会坚持以科学发展观为指导，围绕党委、政府的工作中心和重点，组织各类调研活动48次，形成各种调研报告、建议36份。政协常委会围绕育才助困工程实施情况、国有列统企业改制后发展情况、全市工业园区建设、农产品加工龙头企业发展、农村小型水利建设、农技推广服务体系改革、农村沼气建设等8个重点课题，开展调查研究，形成建议案。各专委会根据自身特点，分别就外向型经济发展、节约水资源与保护水环境、农村社会保障、民营企业技术创新、留学生创业园、法律援助等专题开展调查，形成一批调研报告。创办“淮安政协论坛”，搭建参政议政新舞台。2006年、2007年，先后围绕“加快淮安中心城市建设”和“构建和谐淮安”主题举办政协论坛活动。2次论坛活动分别收到论文41篇、44篇。市政协主席会议先后对城市规划工作、市区交通运输管理、盱眙县抗洪救灾和工业园区建设、法院审判工作、农业综合开发、农村信用社改革等工作进行40多次有针对性的视察活动。各专委会结合自身界别特色，组织委员对相关党政对口部门的工作进行60多次专题视察。视察活动中委员提出的意见和建议得到相关部门的重视和采纳。

市政协第六届委员会围绕全市“五大建设”发展战略，组织部分民主党派和委员进行调研视察活动。2008年，围绕全市职业教育发展情况开展专题调研，形成调研报告和建议案。《关于加快全市职业教育改革与发展的建议案》被市委全文转发，市政府采纳市政协的建议，召开全市首次职业教育工作会议，全面推进全市职业教育工作新发展。市政协主席会议先后对工业经济发展情况、农业农村工作、教育文化等工作进行10多次视察。各专委会结合自身工作特点，开展具有界别特色的调研视察活动20多次。

二、反映社情民意

1994年起，开展反映社情民意信息工作。之后，市政协第三、四、五、六届委员会围绕市委、市政府中心工作，发挥政协组织的特点和优势，把反映社情民意当作履行职能的重要基础、关键环节和经常性工作，在扩大收集渠道、灵活反映方式和促进成果转化方面下功夫，为党委、政府了解民情、集中民智、凝聚民心作出贡献。

为更好地开展反映社情民意工作，1996年，市政协制定《政协淮阴市委员会关于加强了解和反映社情民意工作的意见》，提出“每位常委主动联系5名委员，每位委员主动联系5名群众，委员每人每年至少提一条建议，反映一条信息，提一件提案”的要求。至2008年，共收到社情民意信息800余条，编发《社情民意简报》306期，其中有80余条社情民意信息被省政协采用。向市委、市政府以及有关部门转报、转办社情民意信息510余件，其中200余件被市委、市政府领导批示，400多件得到有关部门答复和办理。

委员们撰写的《饱受污泥浊水之苦，几千居民翘首盼望治理越北大塘》《收购资金紧缺，涟水出现卖粮难》《要尽快解决有线电视信号不强、画面不清晰的问题》《防止农村税费改革后农民负担反弹》《推行清洁生产》《新淮铁路借资款偿还》《大学城师生乘车难》《修建“吴公祠”》《结核病防治》《举办公益性讲座》《学校体育资源对社会开放》《生态公益林建设》《推进服务业连锁经营》《楚州城区供水困难》《清江蔬菜批发市场搬迁》《农村秸秆焚烧》《企业改制遗留问题》《扶持中小企业发展》《村干部离任审计》《稳定生猪生产》等社情民意信息被及时整理、报送，均得到市委、市政府领导重视。市政协采取上门督办、组织委员现场视察等方式，加强跟踪督办，使委员的意见和建议得到很好落实，使群众所关心的问题得以有效解决。

其中，市政协第三届委员会期间反映的《收购资金紧缺，涟水出现卖粮难》的社情民意信息被省政协转发，省委有关领导要求省粮食厅和省农发行予以支持。市政协第四届委员会反映的《建议推广涟水县唐集镇财政管理“阳光操作”做法》《防止农村税费改革后农民负担反弹》《加大“打邪制非”力度，维护和促进社会稳定》等社情民意信息，市委、市政府领导作出批示，要求相关部门研究采纳，解决相关问题，产生很好的社会影响。市政协第五届委员会反映的《组建担保公司，促进民营企业发展》的信息得到市委、市政府领导重视，研究制定具体措施，在市有关职能部门支持下，相继成立数家民营企业贷款担保公司，为全市中小民营企业贷款提供担保，使中小民营企业融资难的问题得以初步解决。关于部分水利设施破损严重，影响其功能发挥的社情民意信息，促成全市中小型水利设施得到一次全面修缮。《关于加大我市交通设施建设的建议》促成市政府协调市有关部门拨款120万元用于城市交通设施建设，使交通设施条件显著改善。《加快土地流转势在必行》信息上报后，得到省领导批示。

第五章　建议案　提案　社情民意

第一节　建议案

一、第一届委员会建议案

1983年，市政协向市委递交《关于检查政协委员落实政策情况的报告》。

1984年，市政协向市委递交《关于落实统战工作房产处理的决定及意见》。

1986年，市委转发市政协关于砖瓦生产、养禽业、内塘养鱼3个调查报告。

1987年，市政协向市委、市政府递交《关于个体食品卫生状况及内城河污染情况的调查报告》《关于当前农村经济形势和执行政策方面几个问题的调查报告》《关于药检所的视察报告》。

二、第二届委员会建议案

政协淮阴市第二届委员会向市委、市政府提交的建议案，包括1988年《关于我市工业“三废”综合治理、利用的调查报告》《关于提高乡镇企业经济效益问题的调查报告》《关于“三胞”亲属勤劳致富情况的调查报告》；1989年《关于发展农业、工业及发展棉花生产的建议》《关于电大、工专联合办学的建议》《关于加强北京新村管理的建议》《关于重视科技兴农的建议》《关于农村家庭经济的调查报告》；1990年《关于减轻病员负担、加强医院内部管理的建议》《关于减轻小学课业负担的提案，关于集资办学的建议》《关于洪泽湖综合开发情况的视察报告》《关于建立法律服务体系、保护家庭经济健康发展的调查》；1991年《关于建设沂淮铁路的建议》《关于“三资”企业的调查》《关于对县乡中医中药状况的调查报告》《关于拐卖妇女儿童犯罪情况的调查报告》《关于春茧收购、蚕桑生产的调查报告》；1992年《关于加快改革开放步伐、大力扶持贫困地区的建议》《关于大力发展乡镇企业的建议》《关于发展和壮大村级集体经济的建议》《关于搞活流通的建议》等。

三、第三届委员会建议案

政协淮阴市第三届委员会向市委、市政府提交建议案15份。主要有：1993年《关于部分企业负担情况的调查报告》；1995年《关于普九情况调查报告》《关于加强我市工业、农业科技工作的建议》；1996年《关于加快脱贫致富的建议》《关于“三资”企业的调查报告》《关于国营农场场圃改革的建议》《关于道德建设、社会公德情况的调查报告》；1997年《关于创建全国卫生城市的调查报告》《关于“两专一基”发展情况的调查》《关于加强职业道德建设的调查》《关于人才与教育发展的调查》等。

四、第四届委员会建议案

政协淮安（淮阴）市第四届委员会向市委、市政府提交的建议案包括：1998年《关于全市计划生育工作的调查报告》《关于实施素质教育的调查报告》；1999年《关于人才是企业兴盛之本的建议案》《关于进一步搞好我市乡镇财政工作的建议案》；2000年《关于加大“国退民进”力度推动县属工业企业改制一步到位的建议案》；2001年《关于切实解决市区环境污染问题的建议案》；2002年《关于进一步加强我市县（区）招商引资工作的建议案》等。

五、第五、六届委员会建议案

2003—2008年，政协淮安市第五、第六届委员会期间，向市委、市政府提交建议案10余件，包括2003年《关于进一步做好资助特困家庭子女入学工作的建议》，2004年《关于进一步推进我市国有列统工业改制企业加快发展的建议》，2005年《关于落实科学发展观走新型工业化道路推动我市工业园区又快又好发展的建议》，2006年《关于大力发展农村沼气的建议》，2008年《关于加快全市职业教育改革与发展的建议》等。

第二节　提　案

1983年5月，政协淮阴市委员会召开一届一次会议。会议期间，由王秋波、秦祖香等22位委员提出的第1号议案《请求配备公社技术员案》，由耿维德、张珍英等13位委员提出的第5号议案《拟请尽快建立淮阴市侨联委员会案》，由刘绵余、赵学礼、赵伯桃、王良俊等11位委员提出的第6号议案《建议成立淮阴市建筑设计院案》均转由市政府办公室办理。市政协一届二次会议期间，由陈志远委员提出的第3号议案《建议将盱眙、宿迁、泗洪和金湖电厂改为地方管理》，转市政府办公室办理；俞祝成委员提出的第4号议案《开展蔬菜害虫生防》，转蔬菜办办理；由仲伟凡委员提出的第20号议案《加强做好粮油征购工作》，转粮食局办理。市政协一届三次会议期间，由徐伯璞委员提出的第1号议案《充实市文物保管委员会》，转由市文化局办理；由黄慧超委员提出的第4号议案《成立科技交流中心》，转由市科委、市科协办理；蒋同文委员提出的第8号议案《关于非教学人员调进学校的提案》，转由市教育局办理。市政协一届四次会议期间，由赵维太委员提出的第161号议案《对市文物单位进行评级保护》，赵维太、杨鹤高委员提出的第100号议案《建立淮阴市旅游中心》，马友容委员提出的第159号议案《在公共场所增设吸烟室》，均转市文化局办理。市政协一届五次会议期间，由陈东森委员提出的第001号议案《剧场的剧目要加强管理，不能让污染人们思想的节目上演》，转市文化局办理；张纪元委员提出的第003号议案《继续支持发展北京路中学》，转市教育局办理；孙洪徐委员提出的第006号议案《建议在清浦区南片纱厂附近搞一个游泳池》，转市体委办理。

市政协第二届委员会会议期间，政协委员提出的《重视妇幼保健工作，解决主治医师宿舍楼》提案被市财政局采纳。经市长办公会议研究，解决市妇幼保健院职工宿舍楼1000平方米，财政补助25万元。尤月白委员提出的《淮阴汽车站北大门要迅速打开》提案，经市长办公会议研究，决定打通淮阴汽车站北大门，由淮阴汽车分公司迅速拿出拆迁和建设方案。陈宜志委员提出的《早日拆除淮海西路电杆邦头线》提案，得到市邮电局的采纳。采取临时紧急措施，拆除慢车道、人行道上妨碍交通安全的拉线；进行淮海西路电缆线转入管道工程施工，并全部拆除慢车道电杆。倪戒非等3位委员提出的《组织力量撰写“家庭经济指南”一书》提案，市委办公室组织力量办理，并正式出版该书。张发宝等委员提出的《解决市链轮厂锻烧炉环境问题》提案，被市环保局采纳，市自行车链轮厂的炉窑改造工程经过厂方及有关部门一年多的努力，通过验收正式使用。

市政协第三届委员会会议期间，王有成等委员提出的《大幅度降低企业亏损面和亏损额尽快提高我市工业企业经济效益》提案，得到市委、市政府重视，专门成立“扭亏为盈办公室”，由分管工业的副市长具体负责，制定1993年扭亏增盈目标，签订责任状，对亏损企业分类排队和指导；调整、整顿和提高部分小企业，参与同大中型企业的联合协作，为大工业配套服务。李泉源等委员提出的《改进市级机关目标考核办法提高机关工作效率》提案，得到市委办公室的采纳，经市四套班子会议讨论同意，市目标管理领导小组印发《淮阴市1997年目标管理日常考核督查办法》，并制定配套的改进措施。民盟淮阴市委陆天浩、吴培菊、朱和平等委员提出的《抓住机遇、尽早组建淮阴师范学院》提案，受到教育部、省政府、市政府高度重视，淮阴师范学院于1997年上半年宣布成立。

市政协第四届委员会会议期间，袁健全委员提出《确保社会治安建立夜晚巡逻制度》提案，市公安局根据当时社会治安状况，进一步完善民警巡逻制度；加强重点部位、重点线路和治安状况不佳、易发案地区的巡逻防范；加强派出所治安联防夜巡工作；以“110”报警服务台建设，增强先期处警能力。杨铭、陆长苏委员的《按照“三淮一体”要求开发建设新的市中心》提案被采纳，市建委按照市领导要求，于当年2月召开“江苏省淮阴市水渡口地区城市意向性设计方案发标会”，2000年9月确定中选方案。张洪珍委员提出的《关于北京新村水表分户设表收费的建议》提案被采纳，于2001年2月开始实行联网收费，用户可以通过2家银行网点就近缴纳水费。

市政协第五届委员会会议期间，民革淮安市委提出《关于推进物业管理规范化的建议》被采纳。市房管局召开全市物业管理工作会议，出台物业管理实施细则，逐步推进招标制度，制定物业收费管理办法，采取措施强化业主自治自律水平。金志良委员提出的《关于弘扬慈善文化构建和谐社会的建议》，被市文化广电新闻出版局采纳。

2008年，市政协六届一次会议期间，杨霞委员《对我市首批成立的国有资产经营有限公司进行整合的建议》、吴广平委员《关于开通我市交通违章网上查询系统的建议》等，都得到相关部门采纳。

1983—2008年淮安市政协历届提案情况统计表

表14-7　　单位：件

届别	年份	收到提案数	立案数
第一届	1983—1987	1430	1430
第二届	1988—1992	2130	2130
第三届	1993—1997	2061	2032
第四届	1998—2002	2405	2335
	1998	471	469
	1999	487	484
	2000	426	406
	2001	495	488
	2002	526	488
第五届	2003—2007	2603	2513
	2003	597	580
	2004	593	579
	2005	539	499
	2006	478	468
	2007	396	387
第六届	2008—2012	1766	1731
	2008	340	330

第三节　社情民意

政协淮安市委员会成立以来，政协委员和各民主党派、工商联报送大量社情民意，为市委、市政府及时了解社情、体察民意，解决人民群众生产生活问题，建设和谐社会作出贡献。1984—2008年，平均每年报送约60条。其中，1997年2月至1998年1月，市政协收到社情民意50多条，编发报送15条；2008年，收到社情民意信息100多条，编报《淮安社情民意》31期，为历年最多。

2006年以后，市政协组织对社情民意的评优活动，激励广大委员了解社情、体察民意。

2006—2008年淮安市政协优秀社情民意篇目表

表14-8

序号	篇目	作者
1	建设特大城市交通安全设施须先行	市政协提案委
2	关于尽快建立改制企业内退人员安置费监管的建议	民盟淮安市委
3	春耕时节农民有“五盼”	金湖县政协
4	中小学商店食品卫生状况亟待重视	淮阴区政协
5	积极举办公益性讲座　大力促进学习型社会	清浦区政协
6	高校园区社会治安状况亟待重视	民进淮安市委
7	动物防疫现状堪忧，体系建设急待加强	市政协经科委
8	关于加强清晏园景区保护的建议	市政协文史委
9	关于加强农村网吧管理的建议	市政协法制委
10	关于取缔市区外埠车辆办证点的建议	民革淮安市委
11	药品管理人命关天	市政协文卫委
12	关于规范汇通市场存车收费的建议	民建淮安市委
13	关于亮化淮海广场地下通道的建议	九三学社淮安市委
14	关于进一步重视蔬菜产业发展的建议	孙玉东
15	关于进一步完善政府采购机制的建议	民建淮安市委
16	关于加强法律服务市场监管的建议	市政协法制委
17	关于加快发展民办养老事业的思考与建议	市政协办公室
18	淮河入江水道抗洪排涝费用不堪重负	金湖县政协
19	应强化市直机关事业单位“两证”申办工作	民进淮安市委
20	关注农村留守老人	九三学社淮安市委
21	社区服务储蓄制值得推广	民盟淮安市委
22	增强市民“创园”意识，提升绿化管理水平	刘传祥
23	关于加强农村合作医疗资金管理的建议	施慎权
24	加强品牌建设，促进经济发展	清浦区政协
25	关于优化韩侯大道穿越淮钢区域方案的建议	市政协港澳台侨委
26	关于尽快解决楚州城区自来水供应问题的建议	楚州区政协
27	支农资金整合过程中的问题亟待解决	九三学社淮安市委
28	国有资产经营公司改制遗留问题应予重视	刘孝武
29	关于取消乡村公路建设配套资金的建议	姚顺忠
30	关于学校体育资源节假日对社会开放的建议	徐冲冲
31	关于加强农民技能培训工作的建议	民进淮安市委
32	“三麦”柴油紧缺　农机嗷嗷待哺	金湖县政协
33	加强林权争议处理　努力维护社会稳定	民盟淮安市委
34	关于加快清江蔬菜市场搬迁扩建的建议	市政协之友联谊会

说明：1～14为2006年表彰，15～24为2007年表彰，25～34为2008年表彰

·淮安市志·（1978—2008）

第十五卷　民主党派　工商联

第一章　中国国民党革命委员会淮安市委员会

第二章　中国民主同盟淮安市委员会

第三章　中国民主建国会淮安市委员会

第四章　中国民主促进会淮安市委员会

第五章　中国农工民主党淮安市委员会

第六章　九三学社淮安市委员会

第七章　淮安市工商业联合会

1978年，淮阴地区没有民主党派组织，只有个别民主党派的个别党员由外地迁入，分散在有关市（县）。1980年4月，中国民主建国会清江市小组成立，为全地区第一个民主党派组织。1983年淮阴市成立后，中国国民党革命委员会、中国民主同盟、中国民主建国会、中国民主促进会、中国农工民主党、九三学社6个民主党派陆续成立淮阴市地方组织。1985年，以原清江市工商联为基础，升格成立淮阴市工商业联合会。

市民主党派、工商联组织成立后，发展成员，壮大队伍，加强自身建设。根据各自特点和优势，利用"双月谈""季季谈"，以及各级政治协商会议、人民代表大会平台，开展政治协商、民主监督活动，履行参政议政职能。发挥成员特长开展各项社会服务，并在促进祖国统一、团结学界、工商界和社会各界人士参与社会主义现代化建设方面作出贡献。

至2008年年末，淮安市6个民主党派共有总支13个、支部126个、成员1980人，淮安市工商联有会员13618个、各行业商会81个。

第一章　中国国民党革命委员会淮安市委员会

第一节　组织机构

1983年3月19日，中国国民党革命委员会（以下简称"民革"）江苏省委直属淮阴市小组成立。同年8月21日，民革淮阴市筹备委员会成立，蔡德之任筹委会主任，下设市直、清河、清浦3个支部和妇女工作组。12月，增设中山支部。

1984年8月24日，民革淮阴市第一次代表大会召开，选举蔡德之为主任委员，王洪明、张文辉为副主任委员，石远香、孙国治、吴剑平、邹恩泉、林勋、苗雨耕为委员，任命石远香为秘书长。1984年9月，增设祖国统一、"四化"服务和文史工作组。1986年4月，增设文卫支部。1986年6月，任命孙洪起为代理秘书长。1987年6月，增补孙洪起为市委委员、副主任委员。1987年8月，增设市直二、王营和中山二支部。

1988年5月27—28日，民革淮阴市第二次代表大会召开，选举蔡德之为主任委员，张文辉、孙洪起、陶涛为副主任委员，陶涛兼任秘书长，石远香、陈大江、陈梅、吴剑平、张超、林勋、施琴玗为委员。1991年3月，石远香辞去市委委员，增补侯桑榆、宓丽芳、杨秋耘为市委委员，任命侯桑榆代理秘书长；王营支部更名为淮阴县支部。

1992年2月28日，民革淮阴市第三次代表大会召开，选举徐乾为主任委员，张文辉、陶涛为副主任委员，马骥、张超、陈梅、陈大江、林勋、杨万辛、杨秋耘、宓丽芳为委员，任命侯桑榆为秘书长。1992年4月，将8个支部撤并为市直、中山、清河区、清浦区、县级淮安市和淮阴县6个支部，将原4个工作组改为委员会，增设参政议政委员会。1995年10月，增补李慧秋为市委委员、副主任委员，李传仁为副主任委员。

1996年8月26—27日，民革淮阴市第四次代表大会召开。选举徐乾为主任委员，李慧秋、李传仁为副主任委员，马骥、马晓峰、王国华、杨万辛、陆军、李清扬、荣亚宁为委员，任命侯桑榆为秘书长。1997年4月，马骥辞去委员。1999年2月，增补石景秀、张处武、王敏为市委委员，同年8月，增补侯桑榆为副主任委员。2000年9月，中山支部更名为市直二支部；12月，任命李清扬为秘书长。2001年2月，民革淮阴市委更名为民革淮安市委，原县级淮安市、淮阴县支部分别更名为楚州区、淮阴区支部；增补程刚为市委委员。

2001年10月22—23日，民革淮安市第五次代表大会召开，选举李慧秋为主任委员，程刚、石景秀为副主任委员，马晓峰、王芸、王敏、王金宽、张处武、陆军、荣亚宁为委员，任命李清扬为秘书长。2003年1月，组建淮阴工学院和开发区支部。2004年12月，增补孙蔚为市委委员。2006年5月，清河区、楚州区支部改建为总支。

2006年12月12—13日，民革淮安市第六次代表大会召开，选举程刚为主任委员，石景秀、孙蔚、王林高为副主任委员，卜穗吟、王芸、王敏、王金宽、张强、张黎影、荣亚宁、徐冲冲为委员，任命李清扬为秘书长。2007年1月，增设社会服务委员会。2008年11月，增补朱晓燕为市委委员。

第二节　自身建设

一、组织建设

1983年以前，淮阴地区有民革党员18人，没有组织活动。随着相关政策的落实，相继返回南京。

1983年年初，境内仅1名民革党员。同年3月，民革江苏省委直属淮阴市学习小组成立。此后，开展发展民革党员工作，相继成立3个支部。

1984年8月，民革淮阴市委成立，有党员41人。1988年5月，下设4个工作组和7个支部，有党员92人。1996年8月，下设5个工作委员会和7个支部，有党员183人。2001年10月，下设6个支部，有党员190人。2006年12月，有党员236人。

至2008年年末，民革淮阴市委下设2个总支、8个支部、7个委员会，有党员251人。其中，女党员83人，具有中高级职称203人。党员中，1人担任十一届江苏省人大常委；1人担任六届淮安市人大常委，1人担任六届淮安市人大代表；2人担任七届淮安市清河区人大代表；2人担任十五届淮安市淮阴区人大常委。2人担任十届江苏省政协委员；17人担任淮安市政协委员，其中1人为副主席，5人为常委；26人担任县（区）政协委员，其中常委8人。

二、思想建设

1983年8月，民革淮阴市委成立后，组织学习民革党章、党史，以及邓小平关于建设社会主义物质文明和精神文明的有关论述。1984年12月，民革第六次全国代表大会以后，及时组织全体党员学习会议精神。1987年10月，中共十三大以后，学习关于社会主义初级阶段的理论。1990年，组织学习和讨论《中共中央关于坚持和完善中国共产党领导的多党合作和政治协商制度的意见》。1997年，中国香港回归、中共十五大召开，民革淮阴市委及时召开专题会议学习讨论。1999年7月，民革淮阴市委和各基层组织召开座谈会，批判李登辉分裂祖国的行为。2002年，中共十六大召开后，组织学习、座谈中共十六大精神。2005年，组织党员学习《中华人民共和国反分裂国家法》、中共中央总书记胡锦涛关于发展两岸关系的“四点意见”及在全国统战工作会议上的讲话精神。2006年，组织学习胡锦涛在全国政协十届四次会议上《牢固树立社会主义荣辱观》的讲话。2007年，组织开展“坚持中国特色社会主义政治发展道路，搞好政治交接”教育活动。2008年，通过组织集中学习胡锦涛“6·25”讲话精神，加深对多党合作制度的理解，提高政治把握能力。

三、制度建设

1989年，民革淮阴市委根据民革中央《关于加强民革自身建设的通知》精神，参照民革江苏省委机关岗位责任制，制定《民革淮阴市委员会机关岗位责任制（草案）》，明确规定主委、副主委、秘书长职责和办公会议制度。1995年11月，贯彻民主集中制，结合实际，制定一套切实可行的制度。2000年，开展“党派自身建设年”活动，制定《民革淮阴市委员会会议制度》《民革淮阴市委员会全体委员会议议事规则》《机关工作人员守则》《机关精神文明公约》《机关公文处理工作细则》等规章制度。2001年年末，制定《加强自身建设五年计划》。2002年，民革淮安市委将建设学习型参政党列为主要议事日程，制定一系列制度。

第三节　参政议政

1990年，在市政协二届三次会议上，民革淮阴市委副主委陶涛作《充分发挥有中国特色的政党制度的重大作用》发言，民革党员陈则平作《坚持社会主义方向，发挥私营经济积极有益的补充作用》的发言，引起有关部门重视。1993年，市政协三届一次会议上，民革淮阴市委作《积极开展经济统战，促进祖国统一大业》大会发言，提出8条建议，得到市政协肯定。1994年，市政协三届二次会议上，民革淮阴市委围绕加速科技成果转化发展的大会发言，得到中共淮阴市委、市政府肯定，建议大部分被采纳。

1998年，市政协四届一次会议上，民革淮阴市委作《抓住机遇积极吸引外资——关于发展我市台资企业的几点建议》大会发言，被市政协主席会议采纳并作为主席建议案。1999年，市政协四届二次会议上，民革淮阴市委作《加强“三外”工作，开创我市开放型经济新局面》大会发言，被中共淮阴市委、市政府采纳并及时组织实施。集体提案《关于开发大口子东湖的建议》得到采纳，中共淮阴市委、市政府邀请南京农业大学对东湖开发进行规划设计。2000年，民革淮阴市委提出《强化小区物业管理，加快北京新村治理改造》提案后，北京新村改建被列入市政府重点工作项目，脏乱差状况得到改善。2001年1月，市政协四届四次会议，民革淮阴市委作《加强文化基础设施建设，确保两个文明协调发展》大会发言，受到中共淮安市委、市政府的重视，被《淮阴日报》摘登。2003年，市政协五届一次会议上，民革淮安市委作《关于推进物业管理规范化的建议》大会发言。

2004年，民革淮安市委主委李慧秋在省人代会上的议案《关于洪泽湖污染问题的建议》被列为省人大常委会主任重点督办的7件议案之一。集体提案《关于开发河下古镇旅游资源的建议》

得到楚州区政府的采纳。2005年，民革淮安市委在市政协五届四次会议上作《推进产业集群，提升园区实力》大会发言，中共淮安市委书记丁解民批示并采纳。《加快发展农业保险，保障农民切身利益》和《采取措施解决失地农民生活保障问题》提案，促成市政府出台《征地补偿和被征地农民基本生活保障实施细则》，提高征地补偿标准。2006年，民革淮安市委副主委石景秀提出的《关于加强饮用水源地及其上游河道环境保护的建议》，被列为市政协一号重点督办提案。3月，中共淮安市委书记丁解民、市长樊金龙等到取水口、水源保护地考察，形成市委常委会第14号办公会议纪要，决定从2006年3月至2007年9月，分近期、中期、远期3个时间段，用一年半时间集中整治水源污染。市政府印发《关于加强市区饮用水源保护区管理和整治污染源的通告》。

2007年，在市政协五届五次会议上，民革淮安市委作《关于加强我市食品卫生安全工作的建议》，获市政协大会发言一等奖，并被有关部门采纳。2008年，在市政协六届一次会议上，民革淮安市委作《正视存在问题，强化服务管理，促进“新农合”健康发展》大会发言，获市政协大会发言一等奖。

第四节 对台工作及海外联谊

1984年8月至1988年5月，淮阴市成立黄埔军校同学会，建立“三胞”（台湾同胞、港澳同胞、海外侨胞）家属、亲属档案47份。1986年11月，民革淮阴市委与市政协、市委统战部联合召开纪念孙中山诞辰120周年座谈会。接待台湾地区原国民党军政要员顾祝同堂兄妹顾祝英、顾祝兰、顾希平等。

1988年5月至1992年2月，民革淮阴市委利用传统佳节邀请“三胞”亲属座谈；在圣诞节、元旦、春节到来之前，鼓励和发动“三胞”亲属向海外亲友寄赠贺卡与信函400多件；促进“三胞”回大陆探亲；利用黄埔同学会开展工作。1991年纪念辛亥革命80周年前夕，民革淮阴市委成立中山书画社，在市博物馆举办大型书画展。同年8月，民革淮阴市委二届三次会议决定，将祖国统一工作组扩建为祖国统一工作委员会。举办台情报告会、研讨会，全体党员深入领会中共中央、国务院对台方针政策。

1992年2月至1996年8月，民革淮阴市委发动党员和所联系人士向海内外发出信函600余件，接待台湾地区原国民党军政界人士和海内外亲朋40多人次。1992年，名誉主任委员蔡德之会同中共淮阴市委统战部负责人赴盐城，为其黄埔军校同学、台湾地区行政机构原负责人郝柏村修建祖坟、祖居，在海内外产生良好影响。民革淮阴市委有10多人次赴台访美，宣传“和平统一、一国两制”方针，介绍家乡投资环境。党员陈明、陈梅两次引荐8位台商到淮阴市洽谈；党员林勋为美国M·A商业集团在淮阴市创办啤酒厂提供协助。

1996年8月至2001年10月，民革淮阴市委开展经济统战，进行涉台调研。向中国台湾地区及海外亲友发出贺卡、信函500余件，接待台属、台胞和海外人士30多人次。国家二级演员、民革党员周正雯多次与在台湾地区被称为“当代梅兰芳”的戏剧学校同学顾正秋联系，并于1999年6月在上海进行文艺交流。2001年，民革淮安市委召开座谈会，接待台湾地区“中国全民民主统一会”顾问张天一等，并加强与黄埔同学二、三代人联系，共同做好推进祖国统一工作。

此后，在继续做好原国民党军政人士工作基础上，逐步向经济、文化、科技、学术等各个领域扩展。2006年11月，两岸实现“三通”，民革淮安市委及时召开座谈会，推进祖国统一工作转型。

同年，主委程刚带领民革调研组赴张家港、昆山等地调研，形成《做好台商服务工作打造台资投资高地》调研报告。

第五节　社会服务

20世纪80年代初，根据“量力而行，讲究实效”原则，面向社会开展办学、咨询服务。1984年起，民革淮阴市委组织党员为老百姓义务诊断、体检，累计服务群众近6000人次。党员陈庆国在江苏省春节迎春晚会上表演的谐剧《有这么一种人》获省业余曲艺调演特别奖，并获创作二等奖。党员许风获全国优秀广播节目三等奖，两次获省广电厅优秀广播节目一等奖。1988年开始，党员靳中人自费编发《乐天诗报》，自编自印10多期，宣传改革开放的伟大成就。

1989年6月，成立淮阴市中山经济技术咨询服务部，通过民革组织关系和党员海内外亲友关系，发挥党员专业技术特长，沟通经济技术流通渠道。为工厂安装调试设备，改造技术，为企事业单位培训技术管理人才，引进技术、资金、设备、人才，为发展同外省、市经济协作和外向型经济提供服务。同年10月，中山经济技术咨询服务部与市科委联合举办外向型经济问题暨出口创汇讲座，培训市（区）37名企业负责人；与清浦医院联合开展中西医结合治疗血栓闭塞性脉管炎的临床应用和理论研究，开办脉管炎专科门诊。党员张文辉、周泽、张超等开展美工设计咨询服务，义务为机关、学校、车站、码头、商店等部门提供布景美工设计、装潢展览等服务。

20世纪90年代，民革淮阴市委开展扶贫济困、助学兴教、咨询服务等，加强海外联络，协助地方和部门引进人才、项目、技术和资金。创办淮阴市中山业余学校，以服务社会为主旨，开办多形式、多层次的补习班、专业班，毕（结）业学员15000多人，多次获省、市嘉奖。1990年，中山业余学校责任校长张文辉出席民革全国办学先进工作会议，被评为“民革全国办学先进工作者”。1991年，在江苏省特大洪涝灾害中，民革淮阴市委捐赠人民币3831.5元、粮票400公斤、油票1公斤以及衣物171件。1993年1月16日，在市各民主党派和工商联为经济建设服务经验交流会上，党员张文辉、陈则平作为先进个人受到表彰。1993年，民革淮阴市委帮助结对挂钩的沭阳县吴集乡争取尿素10吨、经费8.5万元，用于解决老百姓饮用水难题。党员濮永宽将自己一生的积蓄2万元钱全部捐给淮阴县徐溜中心小学，资助品学兼优的贫困学生。1998年特大洪涝灾害中，民革淮阴市党员捐款2万余元，捐赠衣物150件。

2000年以后，民革淮安市委多次被当作社会力量办学典范，加以宣传推广。民革党员参与义诊、咨询、扶贫、捐款、书画展等活动。民革淮安市委与清浦区南港社区建立帮扶关系，市委机关多次上门看望、慰问帮扶户，累计送去慰问金和慰问品2.3万元，为社区创建工作捐款捐物2.8万元。2008年汶川特大地震后，民革淮安市委通过红十字会捐款和缴纳特殊党费形式，捐款2.93万元。

第二章　中国民主同盟淮安市委员会

第一节　组织机构

1983年10月，中国民主同盟（以下简称“民盟”）淮阴市直属支部建立，颜景常任支部主委，邵倜、张纪元、谭中行为委员。1984年7月16日，民盟淮阴市筹备委员会成立，谭中行任主任委员，邵倜、张纪元、唐仁华、仲伟凡为委员。1985年1月，民盟淮阴市第一次代表大会召开，选举谭中行为主任委员，邵倜为副主任委员，张纪元、唐仁华、仲伟凡为委员，下辖高教、科技、清浦、清河4个支部。后高教支部分为师专、教育学院2个支部，又增设医卫支部，以及王营、工专2个直属小组。

1987年11月12日，民盟淮阴市第二次代表大会召开，选举谭中行为主任委员，邵倜为副主任委员，王道津、仲伟凡、陈建中、唐仁华为委员，任命顾鸿良为秘书长。下设组织、宣传、社会服务、文教卫、科技、妇女、“三胞”工作7个处委。后增设设计院支部，体校、文艺、淮中、交专4个小组。

1992年2月26日，民盟淮阴市第三次代表大会召开，选举谭中行为主任委员，邵倜、丁其法为副主任委员，王道津、仲伟凡、吴应宁、陈建中、陈群、唐仁华、黄慧超为委员，任命邵倜兼任秘书长。下设组织、宣传、社会服务、文教卫、科技、妇女、三胞7个处委，下辖宿迁市总支、19个支部、3个直属小组。

1996年8月18—19日，民盟淮阴市第四次代表大会召开，选举谭中行为主任委员，丁其法、雍树标为副主任委员，王应标、王道津、吴应宁、陈群、胡健、倪苏华、秦家香、黄建成为委员，任命丁其法兼任秘书长。工作机构中增设老龄委员会。有23个基层组织。2000年，增补荀德麟为副主任委员。

2001年12月28—29日，民盟淮安市第五次代表大会召开，选举荀德麟为主任委员，张强、倪苏华为副主任委员，王应标、冯真贵、刘家勇、孙茂勤、周维丁、胡健、秦家香、蒋同洋为委员，任命朱伊帆为秘书长。

2006年9月29—30日，民盟淮安市第六次代表大会召开，选举荀德麟为主任委员，倪苏华、周伟丁、蒋同洋、朱伊帆为副主任委员，王应标、冯真贵、孙茂勤、刘海玲、刘家勇、胡健、崔敏、黄富国为委员，任命朱伊帆兼秘书长。

至2008年年末，民盟淮安市委下设办公室、参政议政调研中心、组织处、宣传处、社会服务处、妇女委员会、老龄委员会、青年委员会、“三胞”委员会、教育委员会、文化卫生委员会、科技委员会、经济委员会，辖有淮阴师范学院、淮阴工学院、淮阴区、楚州区4个总支，以及55个基层支部。盟员中，高级职称占12%，中级职称占41%；教育界占48.5%，科技界占13.1%，医卫界占12%，企业界占6.8%，财经、法律界占4%，文化界占3.1%；有82名盟员担任省、市、区人大代表、政协委员。

第二节　自身建设

一、组织建设

1978—1983年，淮阴地区只有5名在外地加入的民盟盟员散处境内，没有民盟组织。

1983年6月，在民盟江苏省委与中共淮阴市委统战部的支持下，首批发展6名新盟员。同年11月，又有11名有影响力的中高级知识分子加入组织。

1984年4月，民盟江苏省委组织宣传工作会议以后，盟员发展力度进一步加大，到1985年1月民盟淮阴市委员会成立时，有盟员39人。至1987年11月民盟淮阴市第二次代表大会召开时，全市有盟员110人。至1992年2月民盟淮阴市第三次代表大会时，盟员总数增加到185人。1996年8月，由于淮阴、宿迁分市，提前举行第四次代表大会，时有基层组织23个、盟员279人。至2001年12月第五次代表大会时，盟员增加到330人。2006年9月第六次代表大会时，有盟员410人。至2008年年末，有基层支部55个，盟员总数454人。

二、学习培训

（一）新盟员培训

从1983年起，民盟淮安市委每年举办一次以学习盟史盟章、中共中央与国务院重要文件为内容的新盟员学习班。至2008年年末，累计举办新盟员学习班26期。其间，邀请民盟中央副主席罗涵先、中央统战部专家、民盟江苏省委与市委统战部、淮阴师范学院、市委党校的相关领导和专家，作关于盟史盟章及新时期统一战线理论、改革开放方针政策等方面的辅导报告。

（二）时政及统战理论教育

对盟组织骨干与广大盟员进行时事政治学习和统战理论教育。1985年10月25—27日的学习大会，组织盟员系统学习盟史、新时期统战理论、淮阴市经济和社会发展战略纲要。1988年，邀请淮阴师专政史系专家在全市盟员大会上作学习中共十三大文件的辅导报告。1991年，以庆祝民盟建盟50周年为契机，开展一系列学习座谈活动。1992年，邀请中共十四大代表、全国劳模刘宝龙作学习中共十四大精神的辅导报告；邀请民盟南通市委专家讲解社会主义市场经济，组织盟员交流学习中共十四大文件精神的体会。1993年12月，组织骨干盟员听取《邓小平文选》辅导报告。1997年，组织盟员听取中央党校专家在盟中央作的中共十五大辅导报告录音。1998年12月18日、20日，分别举办纪念中共十一届三中全会召开20周年座谈会与书画笔会。1999年，邀请市委统战部负责人为盟员作统战理论辅导报告等。2001年，在纪念民盟建盟60周年期间，组织开展多场学习、座谈活动和专题书画展与文艺演出。2002年5月，民盟淮安市委动员部署“解放思想，加快发展”大讨论活动；11月，开展贯彻中共十六大精神的系列活动。2006年6月，民盟江苏省委九届十六次常委会在淮安市召开之际，邀请有关专家为盟组织骨干作时事政治报告。2007年12月8日，邀请民盟江苏省委副主委于琨奇教授为骨干盟员与新盟员近百人作关于《新形势下民主党派面临的历史使命》主题报告，邀请民盟南京市委专家作盟史盟章专题报告。

（三）交流促进

1985年秋，淮阴、徐州、济南、开封、蚌埠、连云港六市民盟市委协商成立苏鲁豫皖四省六市盟务工作经验交流会。1987年9月23日，民盟淮阴市委承办第三次苏鲁豫皖四省六市盟务工作经验交流会。1996年10月11—13日，民盟淮阴市委承办苏鲁豫皖四省十市盟务工作经验交流会。2008年5月28—31日，苏鲁豫皖四省十二市盟务工作经验交流会在安徽省淮北市召开，民盟淮安市委提供论文3篇。至2008年年末，相继参加盟务工作经验交流会22次，提供交流文章40余篇。累计与省内外市级盟组织学习交流10余次。

三、制度建设

1988年年底，民盟淮阴市委制定《民盟淮阴市委员会工作条例》《基层工作意见》，对民盟市委会议制度、财务制度、文件制度、各部门工作职责都作出明确规定，对基层组织工作作出规范化要求。

2001年，制定《民盟淮安市委议事规则》《民盟淮安市委会工作规则》，促进机关工作规范化和程序化。制定《中国民主同盟淮安市委机关制度汇编》，详细规定盟机关学习、工作、会议、办公、财务管理等15个方面的制度。

2002年，创造性地制定并统一印发《基层组织活动记录簿》《盟费收缴情况表》《信息上报记录表》等，作为考核基层组织工作的主要依据。该方法在省盟务工作交流会和苏鲁豫皖十二市盟务工作交流会上作交流。

2003年6月，学习贯彻《民盟江苏省2003—2007年组织发展规划》等4个文件，贯彻《民盟中央关于加强基层组织建设的意见》以及“人才兴盟、人才强盟”方针，注重改善和优化界别结构、知识结构，提高人才层次。

第三节　参政议政

一、政治协商活动

1985—1986年，响应中共淮阴市委“富民兴淮”的号召，提出《关于大力发展养羊业的建议》《控制结核病在我市流行的建议》《解决我市小学体育师资的设想》《关于防治淮阴市主要河湖严重污染的建议》《从粮棉收购看农业的倒倾斜》等建议。

1993年6月，经民盟淮阴市委牵线，民盟中央经济委员会组织经济调查组到淮阴市调查研究，撰写《发达省份的欠发达地区》调查报告，分送中共中央政治局、中共中央书记处、中央军委、全国人大、国务院各负责人和国务院有关部门。

1994年，向省政协提交《兴建盐浚船闸、打通淮阴出海口》提案。省交通厅很快通过《盐浚船闸工程可行性报告》，并争取世界银行贷款。响应民盟中央为实施国家“八七”扶贫攻坚计划而组织的扶贫活动，派出畜牧、水产专家各1名，参加民盟江苏省委组织的赴甘肃扶贫考察组，重点考察甘肃省积石山自治县，提出5项扶贫措施意见，民盟淮阴市委承担其中3项。

1997年，为迎接周恩来诞辰100周年，完成“周恩来与民盟”研究课题，并编写完成《周恩来与民盟》。完成淮阴市小城镇建设调研报告，《城市发展研究》杂志以《苏北地区小城镇建设调查》为题发表该调查报告。同年，在省政协七届五次全会上，《关于增加涟水县中低产田改造面积》《关于支持涟水县引盐济张工作，解决陈师、蒋庵两乡1.7万亩无水实心田的灌溉问题》两个提案引起省政府、省政协及省水利厅重视。7月，省水利厅、省中低产田改造办公室、省政府办公厅农业处、省政协提案委办公室相关负责人到淮阴现场办理这两个提案。

1998年，社情民意《对农村计划生育工作中罚款管理的建议》得到省委、省政府重视，省委书记陈焕友、副书记许仲林、副省长张连珍均作批示，省计生委、监察厅、审计厅于8月25日召开专门会议，决定对江苏省社会抚养费的征收、使用与管理情况进行专项治理。同年，《快速稳定高质推进三淮一体城市发展战略建设》建议，得到中共淮阴市委、市政府采纳与落实；《加强洪泽湖渔业管理，促进湖区渔业发展》建议，得到省政府重视，不久即成立洪泽湖渔业管委会。

2000年，在省政协全委会上提出《关于尽快出台〈江苏省道路运输管理条例〉》的提案，得到省政府重视。省政协提案委、省政府办公厅、省交通厅负责人于6月29日到淮阴市办理此提案。

2001年5月20—24日，民盟中央主席丁石孙率盟中央考察团到淮安市考察调研农村税费改革、农村基础教育情况，形成调研报告。同年，在市防疫站配合下，民盟淮安市委组织对盱眙、涟水、楚州等县（区）部分结核病较重村进行考察调查，并将调查报告《关于进一步加强对结核病防治的力度达到如期控制结核病的调查与建议》以社情民意形式报送给省政协。副省长张连珍作出批示，省卫生厅派专人到淮安市召开座谈会，听取意见。针对历史文化遗产破坏严重的现状，安排专题调查，提出《关于开发河下竹巷街的建议》，中共淮安市委、市政府领导作出批示，市政府、市政府办公室先后发文，要求强化历史文化遗产保护意识。

2003年，《淮安市水产流通调研报告》得到市主要领导批示与采纳落实。2004年，《大力发展农村专业合作经济组织是转变农业服务方式的当务之急》调研报告，中共淮安市委书记丁解民作批示，由市委农工办牵头研究，采纳建议，出台《中共淮安市委、淮安市人民政府关于加快培育和发展农村专业合作组织的意见》。是年年初，高致病性禽流感在亚洲及中国部分地区出现后，民盟淮安市委于2月6日组织盟员深入涟水县杨口办事处和淮阴区丁集镇进行实地走访调查，形成《正视影响，采取措施，减少损失，共度难关》的调查报告。中共淮安市委书记丁解民、副市长朱毅民召集市有关部门负责人，专题听取民盟淮安市委关于禽流感影响情况调研汇报，共同研究对策。

2006—2008年，有影响的调研报告和重要提案有：关于《做强龙虾产业正当时》的调研报告，《关于农民集中居住与环境保护的建议》《农业污染与减控对策建议》《关于进一步提高招商引资工作实效的建议》《关于进一步完善城市社会救助体系的建议》等。截至2008年年末，完成调研报告264篇，提交政协大会发言53篇，多篇大会发言获中共淮安市委、市政府主要领导批示。

二、其他参政议政活动

1986年起，民盟淮阴市委利用"双月谈""季季谈"，向中共淮阴市委、市政府领导提出意见与建议。从1990年起，通过与市直部门对口联系，发挥参政议政作用，先后与市科委、市教育局、市农业局、市城建委、市乡镇企业局、市卫生局、市化工局、市公安局、市交通局等部门建立对口联系。此外，一些盟员担任纪检、教育、公安特约督导员。

从2001年起，民盟淮安市委为每一位盟员政协委员、人大代表、各基层支部建立参政议政实绩档案，加强考核，推动盟员政协委员更好地履行职责。2004年、2005年、2006年在全省信息工作评比中获二等奖，2007年获一等奖。截至2008年年末，共提交集体提案127件，上报社情民意2141条，有483条被中共中央、省、市采用。

第四节 社会服务

一、"三下乡"活动

1985年起，民盟淮阴市委每年都举行送医、送科技、送文化下乡活动。先后赴淮安县朱桥镇，清浦区盐河乡王元村，淮阴县三树乡三树村，涟水县陈师乡小东村、杨口乡，洪泽县黄集乡，淮阴县码头镇、西宋集乡、凌桥乡，淮阴经济开发区徐杨乡等地，为农民义诊、义务讲授农业科技知识、义务文艺演出、写春联等。1985—1988年，累计送医接诊病人4500余人次。1987—1988年，举办4期面向乡镇卫生院的放射学提高班，共有200余人次参加。

二、助学办学、义务教学

1988年，民盟淮阴市委在盟内倡议捐资助学，全市盟员热烈响应，共集资1574元。1988年9月初，开办为期1年的高考补习班，分文、理两科，共招收112名学生。

1996年，民盟江苏省委发动全省盟员捐款，在县级淮安市朱桥镇中心小学设立"春蕾班"，全市盟员捐资1.3万多元，帮助100名失学女童重返校园。此后，民盟淮阴市委多次组织人员到朱桥中心小学，了解女童们学习情况，帮助"春蕾班"解决实际问题。1999年"六一"儿童节前夕，为"春蕾班"师生免费体检。1998年5月18日，民盟淮阴市委创办淮阴市光明高级中学。2002年12月14日，组织部分知名教师到楚州区范集中学进行示范教学活动。2007年，通过民盟淮安市委争取，江苏省"农村教育烛光行动"唯一联系点落在洪泽县黄集中学，建立起"中国民主同盟'农村教育烛光行动'联系点"，3次组织全省盟内优秀骨干教师赴黄集中学指导教学。2008年，民盟淮安市委原主委谭中行通过上海同学会捐资10.4万元，帮助26名贫困高中生完成学业。

三、扶贫、救灾、助残活动

1988年，民盟淮阴市委结合扶贫工作，开办誊印打字社，购置3台打字机、1台誊印机、1台速印机及一些桌椅纸张、原料，雇用农村知识青年，在为本单位服务同时，开展对外业务。

1991年，淮阴市遭受严重水灾。民盟淮阴市委通过组织赈灾书画义卖和义诊活动，募集资金，支援灾区人民重建家园，被中共淮阴市委、市政府授予"抗洪救灾先进集体"称号。1992年1月，将组织义诊所得6000元全部捐赠给受水灾严重的盱眙县维桥乡。

2007年12月14日，开展"慈善一日捐"活动。2008年汶川特大地震后，组织全市盟员捐款，分3次汇缴到淮安市红十字会。一些盟员奔赴抗震救灾第一线，参与灾区医疗护理救援工作。同年5月15日，在全国第17个助残日前，淮安市民盟光明书画院书画家创作40余幅作品现场义卖，得款10万元全部捐给市残联。

四、其他社会活动

1984年，民盟淮阴市支部组织成立之初，由盟员谭中行、马宇清根据中国香港地区和美国探亲经历，在市及各县举办"中国香港之行""美国之行"报告会64场，听众5万余人次。1990年，民盟淮阴市委妇委会和文艺、医卫支部组织人员到市麻风病院慰问演出。2000年9月，民盟淮阴市委成立淮阴市光明书画院，并与江苏国风书画院、淮阴新亚集团联合举办"新亚杯"江苏书画名家作品邀请展。2001年7月24日，举办“风雨同舟”全国书画名家作品邀请展，收到全国29个省、市、自治区210余位书画家作品。

2008年4月3日，民盟淮安市委组织骨干盟员20余人到淮阴区码头镇祭扫漂母墓。向淮阴区建议举办母爱文化节，得到采纳。同年4月11日，邀请全国政协委员、中国工程院院士、英国皇家工程院院士陈清泉到淮安，分别为淮阴工学院、淮阴师范学院师生作题为《工程哲学与高等教育的挑战》学术报告。

第三章　中国民主建国会淮安市委员会

第一节　组织机构

1980年4月，中国民主建国会（以下简称“民建”）清江市小组成立，会员3人，组长高景唐，组员王君实、郭向欣。1983年8月，民建江苏省直属清江支部成立，有会员21人，支部主任高景唐，副主任陈荣春，支部委员王凤智、苏军、邓冠球。

1988年4月，民建淮阴市委员会成立。同月，民建淮阴市委第一次会员大会召开，67名会员全部参加会议。选举产生民建淮阴市第一届委员会。高景唐任主委，赵定远、袁椿荣任副主委，秘书长空缺，王凤智、汪铁根、孔本余、苏隆安、李建文、蒋立英任委员。1991年11月，民建淮阴市一届十六次会议增选高法权为副主委。民建淮阴市第一届委员会期间，有机关支部、清河支部、清浦支部3个基层组织。

1992年8月31日，民建淮阴市第二次代表大会召开，出席会议代表50人。选举产生民建淮阴市第二届委员会，高法权任主委，袁椿荣、孔本余任副主委，袁椿荣兼任秘书长，王凤智、孙荣林、汪铁根、苏隆安、李建文任委员。1995年8月，民建淮阴市二届十六次会议增选孙荣林为副主委。民建淮阴市第二届委员会期间，设机关支部、清河支部、清浦支部、化工支部、电机支部5个基层组织。

1996年9月5日，民建淮阴市第三次代表大会召开，出席会议代表50人，代表全市128名会员。选举产生民建淮阴市第三届委员会，高法权任主委，孔本余、孙荣林任副主委，朱坦英任秘书长，王雨、王凤智、吴培菊、杨布克、高岱明、鲁正淮任委员。民建淮阴市第三届委员会期间，设机关一支部、机关二支部、清河支部、清浦支部、化工支部、电机支部6个基层组织。

2001年9月26—27日，民建淮安市第四次代表大会召开，出席会议代表50人，代表169名会员。选举产生民建淮安市第四届委员会，孔本余任主委，高岱明、鲁正淮任副主委，秘书长空缺，王雨、王凤智、成正坤、孙荣怀、杨布克、胡光任委员。民建淮安市第四届委员会期间，设有机关一支部、机关二支部、清河一支部、清河二支部、清浦一支部、清浦二支部、电机支部、楚州支部8个基层组织。

2006年9月22—23日，民建淮安市第五次代表大会召开，出席会议代表50人，代表全市301

名民建会员。会议选举产生民建淮安市第五届委员会，孔本余任主委，高岱明、鲁正淮、李忠、王野云任副主委，秘书长空缺，王凤智、杨布克、成正坤、胡光、孙荣怀、严夕夏任委员。2008年4月，孔本余不再担任民建市委主委，副主委高岱明主持民建市委工作。

至2008年年末，民建淮安市委员会有4个总支部、19个基层支部、1个会员联系小组，分别为清河区总支、清浦区总支、楚州区总支、市直机关总支，开发区等19个支部，盱眙县会员联系小组。下辖参政议政工作委员会、宣传工作委员会、社会服务工作委员会、青年会员工作委员会、文化工作委员会、妇女工作委员会、老龄工作委员会7个工作委员会。

第二节　自身建设

一、组织建设

1980年3月，民建江苏省委员会主委张敬礼到淮阴地区行署所在地清江市开展组织发展工作，发展会员3人。1980年4月，成立民建清江市小组。1983年，会员21人。1983年8月，民建江苏省委在淮阴市成立民建江苏省直属清江支部。

淮阴市民建组织成立之初，会员以工商业者为主。1986年，开始吸收部分经济界知识分子、经济实体中的厂长及中高级管理人员和工程技术人员。20世纪90年代初，按各党派中央协商分工范围，开始吸收少量有代表性的私营企业主及其他界别知识分子入会。此后，除原工商业者和“三小”（小商贩、小手工业者、小业主）外，会员中主要是经济界知识分子，即从事经济工作人士，包括经济实体中的经理、厂长和中高级经营管理人员、工程技术人员（工程师、经济师、会计师、统计师、政工师等）、民营企业家和部分从事经济研究及经济教育人员、经济界与民建有联系人员及其他人士。

1988年4月民建淮阴市第一次会员大会召开时，全市会员增加至67人。1992年8月民建淮阴市第二次代表大会召开时，全市会员增加至99人。1996年9月民建淮阴市第三次代表大会召开时，全市会员增加至128人。2001年9月民建淮安市第四次代表大会召开时，全市会员增加至169人。2006年8月民建淮安市第五次代表大会召开时，全市会员增加至301人。至2008年年末，民建淮安市委员会有会员345人，会员平均年龄45.7岁，经济界会员占会员总数的82%，有71名会员担任市、区两级人大代表、政协委员，占会员总数的19%。

二、学习培训

自1980年4月成立组织后，民建淮安市委始终坚持将会员思想建设作为自身建设的核心，先后开展“三增强、四热爱”（增强对中国共产党“三个代表”重要思想的认识、增强对社会主义制度优越性的认识、增强中华民族凝聚力，以及热爱中国共产党、热爱祖国、热爱社会主义、热爱人民）学习教育活动、以走中国特色社会主义政治发展道路为主题的政治交流学习教育活动、社会主义核心价值体系学习教育活动等。至2008年年末，民建淮安市委共举办思想建设方面专题培训班14次、座谈会31次、理论研讨会8次，举办新会员培训班20次，在各级媒体发表统战类理论研讨文章46篇。

三、制度建设

民建淮安市委重视制度建设，不断完善市委会及机关工作制度。建立各项会议制度、议事制度和规则；加强参政议政能力建设，建立社情民意信息工作制度，完善参政议政工作机制，先后设立参政议政委员会及各专门委员会和工作小组；建立民建市委中心组和机关工作人员学习制度；建立市委委员、机关工作人员挂钩联系基层支部制度，制定组织发展和后备干部培养、考察、选拔等一系列制度；建设会员之家，建立和完善学习制度、会议制度、岗位责任制等20多项机关工作制度，为开展各项工作提供制度保障。

第三节　参政议政

一、政治协商

民建淮安市委组织成立后，发挥紧密联系经济界特色和优势，带领广大会员围绕各级党委与政府中心工作开展调查研究，建言献策。利用"双月谈""季季谈"等平台，分别就国企改制、工业强市、环境保护、五年规划、科学跨越发展、干部推选等问题，发表意见建议。

二、提案议案

1992年，淮河干流突发污染，水质恶化，严重影响沿河居民正常生活。1993年年初，民建淮阴市委向江苏省政协递交《建议治理淮河、洪泽湖水污染》提案，提出苏、鲁、皖联合根治淮河水质严重污染的建议。民建江苏省委和民建淮阴市委5次到盱眙调研，形成专题报告，引起国务委员宋健重视。1996年，江苏省政府拨专款1900万元帮助盱眙兴建第二水厂。

20世纪90年代，民建淮阴市委关注国企改制等工作，多次在市政协全委会上就国企发展和改革问题进行大会发言，提出《关于工业企业技术创新的思考与建议》《关于加大国企扭亏力度的几点建议》《关于加大国有资产监管力度的建议》《关于进一步扶持中、小型民营企业的建议》等建议。

2000年后，民建淮安市委关注民生和社会文化事业发展，组织广大民建会员开展调研，形成《关于开发淮安大旅游的建议》《对加强和发展市图书馆事业的几点建议》《关爱弱势群体，完善城镇居民最低生活保障体系》《加大食品监督力度，关心市民的嘴巴》等提案。

至2008年年末，民建市委以集体名义和会员个人名义提交省、市两级人大、政府提议案1200余件。其中，《优化法制环境是个私经济发展的根本保证》《与时俱进，加快民营企业发展》《关于规范汇通市场存车收费行为的建议》等提案得到采纳。

三、专题调研

民建淮安市委针对经济和社会发展中一些热点问题，以及党委与政府每个时期中心工作，组织会员深入基层开展调查研究活动，形成调研报告，以专题报告形式呈报中共淮安市委。部分调研报告得到中共淮安市委、市政府主要领导批示，有关建议得到相关部门采纳。支持会员开展非公经济理论研究，牵头开展民营企业经营状况调研。合作创办的5届"淮安市民营经济发展论坛"收到调研报告63篇，形成淮安民建参政议政特色。至2008年，民建市委共开展调研活动80余次，形成的调研报告汇编成册，部分调研报告转化为提议案，拓宽参政议政来源渠道。

四、社情民意信息工作

民建淮安市委每年定期举办社情民意信息培训班，先后邀请民建中央调研部、民建江苏省委调研处、中共淮安市委办信息处有关负责人为会员作辅导讲座，在基层支部明确专人负责社情民意信息工作。每年都有多篇社情民意信息分别被民建中央、民建江苏省委、市政协等有关部门采用，如《采取有效措施，减轻农村中小学校负担，保证苏北地区“两免一补”政策全面落实》被省政协表彰为2006年度优秀社情民意，《关于进一步规范政府采购机制的建议》被市政协表彰为优秀社情民意等。

第四节　社会服务

1997年11月，民建淮阴市委协助民建江苏省委在盱眙县管镇镇兴建的“民建盱眙希望小学”建成。

自2001年起，民建淮安市委通过民建江苏省委“爱民项目组”与爱德基金会联系，引进无偿扶贫资金在涟水县义兴、红窑、浅集、石湖、小李集5个乡镇设立扶贫助学点，帮助200多名家庭贫困学生重返校园，帮助他们完成义务教育阶段学习。援助200多户农村贫困家庭建设沼气池和安装太阳能热水器。截至2008年年末，淮安市民建各级组织共开展社会公益活动80多次，捐款捐物50余万元，形成具有淮安民建特色的社会服务品牌。累计争取无偿扶贫资金100多万元，免费为下岗职工举办制冷专业培训班12期，并与市劳动部门联合进行考核，对考试合格者颁发专业资格证书并推荐就业。

2003年后，民建淮安市委先后开展生育关怀行动、扶贫助学行动、眼保健咨询活动、社区帮扶活动等多项“思源工程”系列扶贫活动。2003—2007年，连续5年举办“淮安市民营经济发展论坛”，联合民营企业家以及从事经济理论研究的专家学者，共同为淮安非公经济发展提供理论支持。2004年，指导和帮助民建会员投资设立淮安信联咨询担保有限公司。

第四章　中国民主促进会淮安市委员会

第一节　组织机构

1983年6月，中国民主促进会（以下简称“民进”）的老会员季家修和钱煦受民进江苏省委委托，开始筹建淮阴民进组织。同年12月15日，民进江苏省直属淮阴支部正式成立，季家修任支部主任，张力生任支部副主任。至当年年末，新发展6人入会。

民进淮阴支部建立后，开展组织发展和巩固工作，吸收符合条件人士入会。至1984年年末，民进淮阴支部会员发展到32人，分4个混合支部活动。会员中，中级或相当于中级职称的有20人，担任市、县（区）人大代表、政协委员的4人，其中市政协常委1人。

1985年1月4日，民进淮阴市委员会成立，选举季家修为主任委员，张力生为副主任委员，薛华昌为秘书长，蒋镇海、余仲勋为委员。

1988年10月，民进淮阴市第二次代表大会召开，选举产生第二届市委会，选举季家修为主任委员，徐乾、张力生、薛华昌为副主任委员。

1991年11月，民进淮阴市第三次代表大会召开，选举产生第三届市委会，选举季家修为主任委员，徐乾、薛华昌为副主任委员，任命薛华昌兼秘书长。

1996年10月，民进淮阴市第四次代表大会召开，选举产生第四届市委会，选举季家修为主任委员，徐乾、薛华昌为副主任委员，任命薛华昌兼秘书长。

2001年8月，民进淮安市第五次代表大会召开，选举产生第五届市委会，选举卜健民为主任委员，熊富珍、朱毅民、王莉莉为副主任委员，任命赵惠林为秘书长。

2006年11月，民进淮安市第六次代表大会召开，选举产生第六届市委会，选举朱毅民为主任委员，王莉莉、田敏、董正超、何慧君为副主任委员，任命赵惠林为秘书长。

第二节　自身建设

一、组织建设

1983年12月，民进淮阴市支部成立时，有会员11人。1985年，民进淮阴市委员会成立之初，发展到32名会员，分属4个支部（小组），中级或相当中级职称的有20人。1985—1987年，民进淮阴师范学院支部、淮阴中学支部、清江中学支部先后成立。至1988年市委会换届时，会员发展到86人，基层组织有7个支部和3个直属小组。会员中具有高级职称的17人、中级职称的40人，担任市、县人大代表的4人，担任省、市、区（县）政协委员的19人。1991年召开第三次代表大会时，会员总数124人。其中，高级职称27人，占会员总数的21.8%；中级职称53人，占会员总数的42.7%。1996年召开第四次代表大会时，有会员154人（不含宿迁市支部）。其中，高级职称33人，占会员总数的21.4%；中级职称72人，占会员总数的46.8%。市委会下设13个支部、3个小组。2001年召开第五次代表大会时，有会员220人。其中，高级职称63人，占会员总数的28.6%；中级职称136人，占会员总数的61.8%。市委会下设1个总支、16个支部、3个小组。2006年召开第六次代表大会时，有会员343人。其中，中、高级职称300人，占会员总数的87.5%；研究生以上学历20人，其中博士1人、博士后1人。

至2008年年末，民进淮安市委有会员370人。高级职称143人，占全员总数的38.6%，其中研究员1人、教授4人、一级演员1人、主任医师1人。本科学历207人、硕士研究生16人、博士生3人、博士后1人。有民进中央委员1人，省政协委员3人（其中常委1人），市人大代表5人，市政协委员27人，区人大常委会副主任1人，区人大代表2人，区政协委员41人（其中副主席1人、常委10人）。

二、思想建设

民进淮阴市委成立后，每年举办一次新会员学习班和基层骨干培训班。每年教师节邀请市教育局负责人作教育工作报告，重阳节组织离退休会员参观市内景点与建设新成就，还利用暑期组织骨干会员、新会员到外地开展会务交流和参观活动。

每年重大节日，均开展联谊会、报告会、庆祝会、知识竞赛、参观等形式多样、丰富多彩的组织活动，并形成制度化。1989年的妇女节，邀请徐州民进会员到淮阴市作报告。1993年，开展“比成果、学经验、争贡献、当先进”演讲会。20世纪90年代的“五四”青年节，邀请民进老前辈和会员中杰出青年代表为青年会员作青年运动史、会史、个人创业先进事迹报告。

2000年后，学习民进江苏省委编发的《政治交接学习教育活动学习资料选编》，学习民进中央主席严隽琪关于政治学习教育活动的报告。参加中共淮安市委举办的闵乃本院士先进事迹报告会。邀请民进省委副主委徐菊英到淮安市作《继承民进传统》专题辅导报告，邀请中共淮安市委统战部有关专家作“新时期统一战线的形势和任务”专题讲座。邀请全国人大代表孙国庆、全国政协委员李玉峰为全体市委委员、基层组织负责人、民进会员中人大代表和政协委员作全国“两会”精神报告，邀请中共江苏省委宣传部专家作关于思想大解放的报告。

至2008年年末，先后4次、组织230多名会员在省社会主义学院举办基层骨干、新会员培训班，开全省市级民主党派到省社会主义学院办班的先河。

三、交流学习

1986年11月5日，连云港市各民主党派组团到民进淮阴市委座谈交流。同年12月13—15日，民进江苏省委在淮阴市召开苏北片四市民进负责人会议，检查、汇报和研讨会务工作。1990年3月5日，徐州民进会员袁成兰应淮阴市政协、市委统战部、民进淮阴市委会等单位邀请，到市妇联、淮阴师专等单位作多场报告。1992年11月19—21日，出席民进江苏省委在扬州召开的全省民进社会服务工作会议。1994年5月，主委季家修参加中共淮阴市委统战部组织的活动，同市各民主党派、工商联负责人赴外地交流学习。2002年4月，主委卜健民与三亚市、珠海市民进组织进行交流。

四、制度建设

1985年，民进淮阴市委成立后，根据民进省委会会议精神，建立会务规章制度。全委会每月召开1次例会；每周召开1次主委碰头会；各委员分别重点联系1～2个支部，并分管支部组织和宣传工作；各支部每月开展1次组织生活，建立先进事迹记载册，年终评选先进支部和先进会员。

1990年，民进淮阴市委建立健全机关规章制度，主要有办公会议制度、学习制度、下基层制度、经营管理制度、文书处理制度、作息请假制度。1999年，在原有制度基础上，重新制定、修改和完善规章制度，如领导层议事规则，领导及机关工作人员分工细则，机关学习、财务、档案、请假、车辆等各类管理制度。

2001年8月，民进淮安市第五次代表大会换届结束，新一届市委会领导班子制定新一届五年工作计划。2002年年初，在2001年五年规划的基础上，制定自身建设五年规划并对原来的制度进行修订，进一步规范市委会领导议事规则，明确人员职责，重新制定车辆管理等制度。

第三节　参政议政

一、政协会议发言与集体提案

1983—2008年，在历次市政协全委会前，民进淮安市委组织成员就社会热点、难点问题开展专题调研，形成调查报告，为大会发言做好准备。先后作《城乡师资力量不合理分布问题急需解决》《关于发展职教的几点建议》《依法治教花大力气推进义务教育》《对我市农村文化工作的思考与建议》《加快农村科教统筹工作，促进加快步伐奔小康》《深化教育改革有效地为生产经营服务》《对改善和加强我市职业技术教育工作的几点建议》《更新观念，改善环境，加快实现市场建设的"两个转变"》《大力发展个体私营经济是淮阴经济跨世纪发展的重要战略抉择》《按"三淮一体"的总体规划发展淮阴市场》《强化小区物业管理，促进我市文明建设》《稳定县中教师队伍是稳定淮安教师队伍的关键》等20余篇针对性、科学性和专业性都很强的大会发言，受到中共淮阴市委、市政府的重视。其中，《关于大力发展个体私营经济是淮阴经济跨世纪发展的重要战略抉择》的建议，被市政协评为优秀调查报告；《稳定县中教师队伍是稳定淮安教师队伍的关键》的大会发言，被《淮安政协》全文登载。由于政府的重视，各有关部门的努力，全市县中骨干教师流失现象得到有效控制。在市政协五届一次会议上，民进淮安市委会所作关于《提高政府组织程度，促进劳务输出产业化》的大会发言，被市政协列为重点发言。至2008年，民进淮安市委共向大会提交集体提案41余件，大多数提案被市政府有关部门采纳实施。

二、提案与建议

民进淮安市委坚持在"两会"前召开会员中的人大代表、政协委员会议，就"两会"议案、提案，动员会员深入调查研究，广泛征求意见。至2008年，会员中的人大代表、提交议案200余件，政协委员提交提案580余件、社情民意10余件，其中省级优秀提案1件、市级优秀集体提案2件、市级优秀个人提案13件，提案大多数被采纳实施。在省政协全委会上，《关于淮河入江水道金湖大桥建设筹资问题》的提案，推动省交通厅拨付1700余万元专项资金用于大桥建设；《关于发挥苏北后发优势》的提案，被省全部采纳，并被省政协评为优秀提案。在市人大四届一次会议上，《关于调整、完善所有制结构，加快企业产权制度改革》的议案被列入决议中，由市政府组织实施。在市政协三届三次全委会上，《关于整顿私人诊所和路边药摊》的提案，受到市政府重视，专门成立淮阴市社会医疗机构整顿和管理委员会，对打击、取缔路边药摊，保障人民群众的身体健康起到一定的促进作用。在市政协四届四次会议上，《加强淮海路人行天桥的交通管理》的提案被作为跟踪督办的重点提案，《关于公交车末班车问题的三点建议》的提案被市公交公司全部采纳，被市政协评为优秀提案。

三、民主监督

2002年7月，在全市各民主党派、工商联参政议政工作经验交流会上，1名民进党员作发言，1名民进党员被评为"特约参政工作先进个人"。至2008年，民进党员在全市范围内接受市、区纪检监察、教育、文化、卫生、公安、交通、城建、土地等20多个部门聘请，担任特约监督员30余人次，履行民主监督职能，参与全市重点部门的行风检查评比工作。

第四节 社会服务

一、办学育人

1985年，民进淮阴市委以民进淮师支部名义，在淮阴县兴办振兴业余学校。当年招收高考补习生100余人、初中文化补习生近60人，该校开办至1988年。在此期间，开办多期少儿英语班、微机培训班、职工文化补习班等，学费低廉。1987年，民进淮阴市委与农工党淮阴市委联合举办1期中老年保健操学习班。1988年暑假，开办3个少儿英语班、1个电子琴班、1期吉他学习班，学员计200余人。

1990年，由民进淮师支部和王营支部创办全市第一家民办全日制高中——淮阴县求实中学。1992年，求实中学办成6个班的全日制高中，被民进中央授予“办学育人成果显著”称号。

民进清中支部配合学校举办圣陶业余补习学校，于1990年、1991年分别招收文、理科各1个班，学员240余人。民进教育学院支部与民盟教育学院支部联合举办高考补习班，招收学员70余人。1992年，民进淮阴市委举办暑假少年艺术之家，招收学员130人。1993年，开办淮进技工学校，2年招收学生近300人，并全部向企业输出。1997年、1998年，由民进淮阴市委牵头，举办淮阴市开明中学、淮阴区开明中学和淮阴市启明中学等全日制初中。

二、讲学支教

1983年，邀请民进中央委员、省委副主委、南京师范大学地理系教授单树模到淮阴市作报告，邀请南京一中教师作讲座。1985年，邀请扬州、常州和徐州民进会员到淮阴市，分别作讲座。1986年，邀请连云港民进会员两次到淮阴市为小学师生作讲座。1987年，邀请南京民进会员到淮阴市介绍电化教学和幻灯片制作使用，推动淮阴市电教活动开展。2003年3月，邀请省高考语文阅卷组组长、金陵中学特级教师到淮安市作高中语文教学和高考方面的报告，省重点中学高中语文教师200余人参加报告会。

民进淮阴市委原主委季家修赴基层中学讲学近10次，赴徐州、连云港讲学各1次；原副主委张力生1987年赴外省讲学一次；民进江苏省淮阴中学支部、清江中学支部会员多次在市内外举办语文、数学等方面的讲座和报告；民进淮师支部会员主动到云南楚雄地区支教1年。

三、咨询服务

1989年4月，成立淮阴民进科技文教咨询服务部。帮助市政府发行磁带1.7万盒，发行《少年智力开发报》484份，发放开明出版社图书400余册。1991年，举办暑假艺术活动之家，400余名小学生参加为期1个多月的毛笔书法、硬笔书法、美术、舞蹈、电子琴学习班。

1997年5月，民进淮阴市委会与江苏民进江海书画会联合举办一期“迎接中国香港回归书画展”，邀请10多位全国著名书画家到淮阴市参加活动，参展作品100余幅，1500多人次参观展览。

四、扶贫济困

在实施再就业工程中，民进淮阴市委开展“百名会员走访百名下岗职工”活动。在活动中，广大会员走家串户，了解下岗职工实际困难，力所能及地为他们解决一些难题。师院附中支部和淮阴区教师进修学校支部主动关心、帮助下岗职工子女解决困难，向学校申请减免29名下岗职工子女学杂费。邀请江苏民进、南京民进文艺界人士到淮安市举办2场“情系下岗职工”文艺义演，与市工商局联合开展“献爱心、送温暖”募捐活动，用于资助下岗职工再就业工程。为下岗职工免费举办1次市场营销培训班。

在民进淮安市委促进下，民进江苏省委在盱眙县创建江苏民进希望小学。创建期间，组织民进王营支部到该校讲学，民进清浦支部为该校捐赠图书，与该校建立友好合作关系。2003年，为使部分失学儿童重返校园，资助贫困学童上学，通过民进淮安市委的争取，南京市和连云港市的2家公司分别在淮阴区老张集乡洪淮小学、盱眙县穆庄乡范楼小学创办2个“春蕾班”，向2所学校60名小学生资助2万元学费和学习用品。

第五章　中国农工民主党淮安市委员会

第一节　组织机构

1985年11月，中国农工民主党（以下简称“农工党”）江苏省直属淮阴支部成立，支部主任周应储、副主任蒯兆鼎。

1986年8月28日，农工党淮阴市委员会成立，选举产生农工党淮阴市第一届委员会，主任委员周应储，副主任委员施进民，秘书长张静，除秘书长外皆是兼职。1989年12月，增选张元珠为副主任委员。市委会下设组织组、宣传组和“三胞”联络工作组，有成员36人、支部6个。

1991年11月，农工党淮阴市第二次代表大会召开，选举产生农工党淮阴市第二届委员会，主任委员周应储，副主任委员施进民、张元珠、曹尔渊，秘书长张静。市委委员有杜原槐、孙平、孙玉林。1992年10月，任命朱爱华为秘书长。市委会下设组织处、宣传处、三胞工作组、社会服务处。有淮阴市第一人民医院支部、淮阴市第二人民医院支部、淮阴市第三人民医院支部、淮阴传染病院支部、淮阴妇幼保健院支部、淮阴市中医院支部、淮阴市医药站支部、淮阴教育学院支部、淮安市（县级）支部、清浦区支部10个支部。

1996年11月，农工党淮阴市第三次代表大会召开，选举产生农工党淮阴市第三届委员会，主任委员周应储，副主任委员张元珠、曹尔渊，秘书长朱爱华。1999年7月，增选朱爱华为副主任委员，仍兼秘书长。2000年9月，曹尔渊接替周应储为主任委员。市委会下设办公室、组织处、宣传处、调研和社会服务处。有支部14个，新增淮阴卫生学校支部、淮阴技工学校支部、淮阴纺织学校支部、机关支部。2001年2月，农工党淮阴市委更名为农工党淮安市委，原县级淮安市支部更名为楚州区支部。

2001年9月，农工党淮安市第四次代表大会召开，选举产生农工党淮安市第四届委员会，主任委员曹尔渊，副主任委员朱爱华、李玉峰、潘翠华，秘书长朱爱华。市委委员有李佩忠、季玉华、冯大千、江宇、周玉华、周武军。市委会下设办公室、组织处、宣传处、调研和社会服务处。基层组织数量不变，淮阴市第一人民医院支部、楚州区支部先后升格为总支委员会。

2006年10月，农工党淮安市第五次代表大会召开，选举产生农工党淮安市第五届委员会，主任委员李玉峰，副主任委员朱爱华、潘翠华、周武军，秘书长朱爱华。市委委员有李佩忠、季玉华、孙悦、徐明、周薇、俞伟男、张文明。

截至2008年年末，农工党淮安市委设有3个工作委员会，有基层总支3个，基层支部14个。全市农工党员325人，其中高级职称104人、中级职称201人，高中级职称占党员总数的93%。成员主要分布在医卫界、教育界，另有从事律师、经济和行政工作等多层次、不同职业的社会各界高中级知识分子。

第二节　自身建设

一、组织建设

1985年之前，淮阴市只有4名农工党成员，都是20世纪50年代参加农工党组织，后来由外地转入淮阴，当时都已退休。在农工党省委和市委统战部指导帮助下，组织发展工作逐步开展。

1985年，农工党江苏省委在淮阴市发展第一批党员。1985年11月，农工党淮阴市省直属支部成立。1986年10月28日，农工党淮阴市委会正式成立，选举产生第一届委员会，主委周应储在成立大会上作工作报告。

截至2008年，农工党淮安市委共召开5次代表大会。其间，中国共产党的统一战线政策得到全面落实，农工党组织和其他民主党派一样，在淮安市政治、经济、文化建设中履行参政议政职能，同时也发展壮大自己。

二、思想建设

农工党淮阴市委建立初期，面对很多新党员、对农工党组织的历史、性质以及工作职能缺乏深入认识等情况，有计划地组织党员全面学习农工党的各项章程，了解农工党历史，增强作为农工党员的荣誉感和历史责任感。经常性召开全体成员大会，传达中国共产党和农工党中央的重大方针政策，对成员进行形势教育和统战政策教育。市委会经常性地举办各种活动，通过多种形式，达到加强教育、统一认识的目的。每逢重大节日，市委会都会适时开展多种活动，寓教于活动之中。

三、制度建设

农工党淮安市委机关坚持每周办公会制度，对一段时间工作及时总结。重要事情由主委办公会决定，遇到突发情况和问题，及时召集市委会议，甚至召开全体成员大会进行商议，最终决定处理意见和方案，实现决策民主化、科学化。市委会机关建立工作汇报制度，明确分工负责制度和基层支部联系制度。1988年3月15日，在市委（扩大）会议上，市委会制定通过《中国农工民主党淮阴市委会工作条例（草案）》，明确工作责任制和岗位责任制，机关工作人员各司其职，工作更加有序化、合理化。市委会工作人员定期下基层联系工作，将了解的情况及时反馈到市委会机关，为制订新的工作计划提供参考和依据。

第三节 参政议政

农工党淮阴市委成立之初，针对农村人口多、农民因病致贫等问题，深入农户访谈，提出调查报告，推动市政府出台《淮阴市农村合作医疗管理办法》，在淮阴市公费医疗向医疗保险制度改革过渡期间，推动全市医保工作开展。

1990年，在市政协大会上作《加强医院内部管理，减轻病员负担》的发言，市卫生局以文件形式将该篇发言印发到市直各医疗卫生单位。

1992年，在洪泽县调研，对洪泽县疟疾发病率高的原因进行分析，撰写的提案《应立即采取有效措施，控制洪泽疟疾疫情》受到市政府重视。市政府对建议基本采纳，并采取5项措施予以落实，从物力、人力、技术多方面对洪泽县给予支持，最终彻底扑灭疫情。

1997年，在市政协全委会上作《建议在我市普遍建立合作医疗制度》的发言，市政府采纳建议，召开全市卫生工作会议，中共淮阴市委提出建立完善农村合作医疗保健制度。1998年，作《关于进一步加快建立农村合作医疗制度的建议》的大会发言，被市政府采纳。市政府当年出台《淮阴市农村合作医疗管理办法》，在全市规范和推进农村合作医疗。

1999年，淮阴县渔沟镇发生两起毁坏意杨事件，农工党淮阴市委前往调查情况，根据调查结果形成关于《制止毁坏意杨苗木，确保意杨产业发展》的信息，登载于市政协《淮阴社情民意》。中共淮阴市委领导要求市多种经营管理局负责处理此事。市多种经营管理局与淮阴县警方2次专门召开会议，研究、部署、组织督查，制止和减少毁坏意杨与其他毁坏案件发生。此条信息被市政协评为1999年度优秀社情民意。

2003年，农工党淮安市委组织"我市城镇化建设情况"和"城镇职工最低生活保障情况"调研活动，调研组先后赴淮阴区赵集镇与王营镇、盱眙县马坝镇、涟水县高沟镇等地开展座谈、调研。2005年6月，邀请市人口与计划生育委员会、市食品与药品监督管理局和市环保局、市卫生局领导参加工作情况交流。2007年11月，农工党淮安市委部分人大代表、政协委员进行为期2天的全市集镇绿化情况调研。调研结束后，向中共淮安市委、市政府提交《关于我市乡镇绿化情况的调研》报告，市长樊金龙对报告作出批示并予以督办。在采纳调研报告内容基础上，市政府出台《关于2008年度集镇绿化工作的实施意见》予以落实。

2008年，农工党淮安市委有全国政协委员1人、省人大代表1人；市人大代表4人、市政协委员15人，其中市政协副主席1人、市人大常委会委员1人、市政协常委3人，有19人担任县区级人大代表和政协委员。10多人担任特邀纪检督察员、特约检察员、人民陪审员以及各类行风监督员，以及省环保厅、市邮政局、市交巡警中队的行风监督员。

第四节 社会服务

农工党淮阴市委成立时设立咨询服务组，开展医药、护理、咨询及办学等方面服务活动，利用农工党员的医卫智力优势，义诊咨询，送医送药。每年各重大节日，开展送医送药义诊活动，免费发放药品，举行“国际科学与和平周”“中国环境与健康知识宣传周”等相关主题活动。开办“市民健康论坛”，邀请专家、学者为市民授课，讲解健康保健知识。市委会开办“急救学习班”，与清河区卫生局合办“在职医务人员业余学习班”，与市医学会联合举办“中西医耳鼻喉科学习班”，为社会培养医务人才。

1991年抗洪救灾期间，淮阴市农工党成员参加各自单位组织的医疗队，奔赴灾区为灾民治病。全体成员捐款支援灾区，开展救灾义诊活动。

1995年，农工党淮阴市委邀请1名美国人在淮阴市第二人民医院开办为期1个月的英语口语讲习班，学员60人。同年，与南京中医药大学联合创办南京中医药大学中医专业自学考试淮阴辅导站。1997年，辅导站完成理论课教学，有40多名学生完成学业。同年，主委周应储带领10余名医生参加市委统战部组织的送医送科技扶贫活动，与市相关单位联合组织医疗专家为涟水县陈师乡老党员、老军属、离退休干部开展医疗服务活动。组织医卫界部分专家，赴农工党省委扶贫点涟水县前进乡为当地群众义诊，赴市委统战部扶贫点清浦区盐河乡送医送药。

在1998年抗洪抢险活动中，农工党淮阴市委机关干部和党员们踊跃参加捐款活动。与市工商局、市个体协会联合举办抗洪救灾义诊捐款活动，接待500多人次诊治和咨询。

2001年，农工党淮安市委组织医疗组赴淮阴区徐溜乡义诊。2003年，农工党党员作为骨干力量，投入淮安市抗击“非典”病毒前线。同年，淮安市遭受百年一遇洪涝灾害，市委会响应中共淮安市委号召，机关干部深入灾区，驻村支援灾区建设。是年起，市委会联络农工党江苏省委、苏州市委和镇江市委在楚州区仇桥镇开展为期3年的“春蕾班”援助计划。

2004年，创建淮安市农工法律援助工作站，先后开展数十次法律援助活动，每年作为委托代理人免费为贫困市民出庭辩护10多次。2005年，京沪高速公路淮安段发生重大液氯泄漏事故，医卫界农工党员投身抢救第一线，救治大批中毒村民和武警消防官兵，其中1名农工党党员被市委、市政府授予一等功。

2006年，农工党中央社会服务部负责人到淮安市，为清浦区清安街道南港社区授牌“构建和谐社会联系点”，为全国第二家挂牌的联系点。同年，农工党淮安市委副主委朱爱华被农工党中央授予“2005—2006年度全国社会服务工作先进个人”称号。

2008年汶川特大地震发生后，淮安市农工党员自发开展献爱心募捐等活动。

第六章　九三学社淮安市委员会

第一节　组织机构

1984年4月，九三学社江苏省工作委员会淮阴市直属小组成立，余宗范和赵炳焘为小组召集人，下辖3个基层组织，土建、农机、水电组为第一组，化工组为第二组，医药高教组为第三组。

1984年12月8日，九三学社淮阴市委员会成立，分别选举余宗范、赵炳焘为社市委主任委员、副主任委员，田春霆、傅晓琴为社市委委员，任命赵炳焘兼任秘书长。1986年4月，增补龚金良为副主任委员，增补容岗、翟兆凯为社市委委员。下设机械化工支社、科技支社、教卫支社及科技咨询服务部。

1988年5月23日，九三学社淮阴市第二次代表大会召开，选举赵炳焘为主任委员，龚金良、翟兆凯为副主任委员，刘锦余、容岗、黄其沅、傅晓琴为市委委员，任命刘锦余为秘书长。下辖8个基层组织，分别为食品直属组、冶金直属组、机械直属组、医卫直属组、电子直属组、师专直属组、化工直属组、工程支社；直属机构3个，分别为组织部、科技咨询部、宣传妇女部。1989年年末，撤销直属组，调整为教育一支社、教育二支社、医卫支社、工程支社、清浦支社、清河支社。

1991年12月3日，九三学社淮阴市第三次代表大会召开，选举赵炳焘为主任委员，龚金良、黄裕猛为副主任委员，古增生、周玉华、黄其沅、马啸为委员，任命黄裕猛兼秘书长。1993年5月，增补魏绍芬为市委委员。1993年6月，周玉华任社市委秘书长。10月，增补朱绍良、舒行嘉为市委委员。1995年7月，增补邵汉琦为市委委员，11月增补为副主任委员。其间，龚金良、魏绍芬、黄其沅分别于1992年12月、1993年7月、1993年8月调离淮阴市并辞去相关职务。下辖教育一支社、教育二支社、三支社、四支社、五支社、六支社、综合支社及4个工作委员会。

1996年10月29日，九三学社淮阴市第四次代表大会召开，选举邵汉琦为主任委员，黄裕猛、王泰俭为副主任委员，周玉华、舒行嘉、古增生、朱绍良、李冰为市委委员，任命周玉华为秘书长。1999年8月，增补朱绍良为副主任委员。2001年4月，由于周玉华调出，增补陈伏涛为市委委员，并被任命为秘书长。下设9个基层组织，分别为机械支社、机关支社、教育一支社、教育二支社、冶金支社、工建支社、电子支社、医卫支社、财经支社及6个工作委员会。不久，将原有9个支社调整为8个支社，分别为教育支社、清拖支社、冶金支社、科技一支社、科技二支社、清河支社、清浦支社、淮安支社。

2001年9月3日，九三学社淮安市第五次代表大会召开，选举邵汉琦为主任委员，朱绍良、王泰俭、李冰为副主任委员，陈伏涛、张德顺、张志超、吴昌新、蒋苏娅为市委委员，任命陈伏涛为秘书长。下设10个基层组织，分别为科技一支社、科技二支社、医卫支社、淮阴师范学院支社、淮阴工学院支社、淮安信息职业技术学院支社、江苏食品职业技术学院支社、清河支社、清浦支社、楚州支社，6个工作委员会未变。

2006年11月14日，九三学社淮安市第六次代表大会召开，选举李冰为主任委员，吴昌新、范更生、陈伏涛为副主任委员，张德顺、蒋苏娅、陈晓湘、陆岗、王樱、徐冉为市委委员，任命陈伏涛兼任秘书长。

截至2008年年末，九三学社淮安市委下设11个支社，6个工作委员会。

第二节　自身建设

一、组织建设

1983年，余宗范受九三学社江苏省工作委员会委托在淮阴市发展社员。至1984年4月，社员发展至10人。同年12月，九三学社江苏省工作委员会淮阴市直属小组成立。是年年末，社员发展至27人，九三学社淮阴市委员会成立。至1988年5月，九三学社淮阴市第二次代表大会召开时，全市社员增加至49人。至1991年12月，九三学社淮阴市第三次代表大会召开时，全市社员增加至78人。至1996年10月，九三学社淮阴市第四次代表大会召开时，全市社员增加至119人。至2001年9月，九三学社淮安市第五次代表大会召开时，全市社员增加至157人。至2006年11月九三学社淮安市第六次代表大会召开时，全市社员增加至209人。至2008年年末，九三学社淮安市委员会共有社员245人，其中具有高级职称168人，占总人数的69%，其他均为中级职称或科级干部。九三学社社员中担任过各级人大代表、政协委员187人次。

二、学习培训

1984年12月九三学社淮阴市委员会成立后，把自身建设列入重要工作日程。学习中国共产党路线方针政策、统战理论、多党合作理论和社章社史，开展“以坚持走中国特色社会主义政治发展道路”为主题的政治交流学习教育活动。至2008年，举办思想建设方面的专题学习班12次、座谈会31次、研讨会10次，举办新社员培训班15次，在各级刊物发表统战类理论研讨文章62篇，购买各种学习资料2000多份。

三、制度建设

2001年，九三学社淮安市第五届委员会成立后，研究制定《自身建设五年工作规划》，就思想建设、组织建设、机关建设、制度建设和参政议政能力建设的工作目标、措施落实、机制保障等作出全面规划。完善社市委议事规则、组织发展工作制度、领导班子廉洁自律制度等36项管理制度。加强领导班子建设，实行集体领导和分工负责制，制定领导班子议事规则、会议制度、工作制度等相应的制度。2005年起，实施对主任委员、副主任委员和秘书长的定期述职考核制度。同年起，开展以“五个一目标、26个子项”为内容的基层组织建设工作达标创建活动，楚州支社、师院支社、信息学院支社等6个支社于2008年前通过达标验收。在此基础上，九三学社淮安市第六届委员会对以往各项规章制度进行全面梳理，完善和制定36项规章制度并印制成册。制定各项工作流程图，为开展工作提供机制保障。2007—2008年，开展“制度建设创新年、完善年”活动，促进制度建设与建立健全参政党工作机制结合。

第三节　参政议政

一、政治协商与提案工作

1978—2008年，九三学社淮安市委参与中共淮安市委举行的各种民主协商活动，在调查研究和广泛征求社内专家学者意见和建议的基础上，建言献策。分别就“十五”计划、“十一五”规划、加快中心城市建设、依靠科技进步实现跨越式发展、党政领导干部推选等问题，发表意见建议，许多意见和建议被采纳。

2005—2008年，九三学社淮安市委提案工作连续4年获社省委表彰。提案涵盖实施科技兴市战略、推进民主政治建设、促进党风廉政建设、国有企业改革、城市规划建设管理、加快城镇化发展步伐、解决“三农”问题、加快社会保障体系建设和保增长、保民生、保稳定等各个方面。《对解决居民生活小区用水难问题的建议》提案获市建设局重视并予以办理，淮安市电视台就办理情况进行跟踪报道；《市区公园应尽快为市民提供免费晨练》提案，促成市政府将一批公园对市民免费开放；《关于优化公交规划，优先发展公共事业》提案，促成市区公交事业被列入十件民生实事。至2008年年末，九三学社淮安市委以集体名义和所属社员提交的省、市两级人大、政协提案议案共1123件，其中省政协提案86件、市政协提案742件，被评为优秀提案65件。

二、专题调研活动

1978—2008年，九三学社淮安市委针对经济社会发展中的问题，开展专题调研活动并形成调研报告。截至2008年年末，九三学社淮安市委开展专题调研活动76次，分别形成调研报告。这些调研报告，有的被评为市优秀调研报告，有的调研报告中对策建议被采纳到中共淮安市委、市政府政策文件中，有的被补充到中共淮安市委、市政府重大决策实施过程中，有的调研报告被中共淮安市委、市政府全文转发。2002—2008年，有14份调研报告得到中共淮安市委主要领导批示。注重整合资源，参加九三学社中央和社省委"九三论坛"征文和参政议政课题招投标活动。2005—2008年，参政议政中标课题6个，其中社中央1个、社省委5个。被社省委"九三论坛"录用稿件9篇。

三、信息工作

1996年后，九三学社淮安市委上报各级各类信息1151条，被各级采用737条，其中3条信息得到社中央领导批示。2002—2008年，连续7年被社省委评为信息工作一等奖。2004年，被社中央表彰为全国参政议政工作先进集体。

第四节　社会服务

2000年起，九三学社淮安市委连续9年到市福利院开展孤残儿童帮扶活动，在组织专家义诊同时，还为他们带去儿童节节日礼物，以及福利院所需的物品，累计金额11万多元。2005年，争取市慈善基金会支持，向市福利院赠送1辆价值近9万元的救护车。

2003—2004年，向上争取资金19万元，为金湖县金北镇董河村新建2个自来水厂，让当地农民吃上干净自来水。

2006年，社市委被社中央表彰为国际科学与和平周活动特别贡献奖。2007年第十九届国际科学与和平周期间，组织省市医卫及教育方面专家20余人，到楚州区开展1场全区英语教师教学辅导、1场X光读片技术指导、1场大型义诊服务、1场乡镇医疗工作调研，近800人接受服务。

截至2008年年末，九三学社淮安市委开展健康咨询、义诊19次，受益7200人次；送科技医卫下乡11次，受益6000人次；资助有关小学教育经费31万元。向省有关部门争取项目经费5万元，为楚州区复兴镇大李村建成100多平方米的卫生室，改善该村农民看病难状况。帮助洪泽县老子山镇寄宿学校15名特困家庭学生完成小学学业。

第七章　淮安市工商业联合会

第一节　组织机构

1984年7月，淮阴市工商业联合会（以下简称“工商联”）筹备委员会成立。主任委员高景唐，委员郭向欣、陈荣春、邓冠球、赵定远、陈学芹、徐力。

1985年12月5日，淮阴市工商联第一届会员代表大会召开，选举高景唐为主任委员，赵定远、蒋元为副主任委员，蒋元兼任秘书长，丁华昌等56人当选为执行执委，其中25人为常委。市工商联同时挂“市总商会”牌子。

1989年12月27日，淮阴市工商联第二届会员代表大会召开，选举产生第二届执行委员会。主任委员暂缺，许遐明、赵定远、陈定立、张均、陈彪森、程锦和、史以年、陈则平、陈同根为副主任委员，马承贵任秘书长。常务委员32人。

1993年5月20日，淮阴市工商联第三届会员代表大会召开，选举产生第三届执行委员会。吴明春任主任委员，程锦和、史以年、陈则平、陈同根、王林云（增补）为副主任委员，程锦和兼任秘书长。常务委员31人。

1997年6月18日，淮阴市工商联第四届会员代表大会召开，选举产生第四届执行委员会。吴明春任会长，张柏林、程锦和、钱建国（增补）、郭仁山、肖太松、赵昂、陈则平、严介和为副会长，张华任秘书长。常务委员27人。

2002年2月5日，淮安市工商联第五届会员代表大会召开，选举产生第五届执行委员会。雍树标为会长，杨长禄、张柏林、钱建国、张华、潘云、郭仁山、王永跃、蒋永贵、陈则平、解建华、黄跃、蔡俊明为副会长，张华兼任秘书长。常务委员32人。

2007年1月7日，淮安市工商联第六届会员代表大会召开，选举产生第六届执行委员会。雍树标任会长，马彦、卞爱武、石祖嘉、许日迎、张久、张华、邹玉海、席雨中、徐新昱、黄跃、蒋永贵、谢爱林、解建华、蔡俊明为副会长，陈则平、张云明、侯泉声、许寿明、郑起平、周海荣为市总商会副会长，张华兼任秘书长。常务委员71人。

第二节　自身建设

一、组织建设

1985年12月，淮阴市工商联召开第一届会员代表大会，有会员1841个。1996年8月，淮阴市行政区划调整后，实有会员3409个。至2000年12月，全市有会员8459个，年平均增长率为

10.7%，其中企业会员1533家、团体会员59家、个人会员6867人，企业会员占会员总数的18.1%。企业会员按照从事业别划分，农业42家、林业7家、畜牧业8家、渔业23家、采掘业58家、食品饮料业60家、纺织服装业86家、皮革制造业10家、家具制造业48家、造纸工业1家、印刷业31家、文体用品业6家、化学工业49家、医药制造业5家、冶炼业23家、机械制造业72家、电子通讯业26家、其他制造业115家、建筑装修业139家、交通运输业9家、房地产业9家、批发零售业213家、贸易业64家、餐饮业131家、旅馆业21家、旅游业1家、娱乐业13家、信息咨询业1家、其他服务业54家、其他行业188家。会员企业中，私营企业1273家，占会员企业总数的83%，占当年全市私营企业总数的20.1%；国有、集体、股份制企业260家，占会员企业总数的17%。

至2008年年末，淮安市工商联有会员13618个，其中企业会员4136家、团体会员98个、个人会员9384名。企业会员按照从事业别划分，农林渔牧业428家、采掘业64家、制造业796家、建筑业167家、交通运输业32家、信息服务和软件业227家、批发零售业835家、住宿和餐饮业472家、房地产业176家、金融业15家、其他服务业357家、其他行业389家。会员企业中，私营企业4063个，占会员企业总数的98.2%；国有、集体、股份制企业73家，占会员企业总数的1.8%。

二、学习培训

1985—1989年，淮阴市工商联主要开展职业技术培训，分别为市信托公司80名新学员进行岗前培训；为30多名社会青年举办珠算讲习班；为驻淮阴部队举办裁剪培训班，培养军地“两用”人才50名；受清浦区财政局委托，举办为期3个月的集体工业会计培训班，结业38人。此外，还举办商品知识讲座和门市会计讲座。

1991年，市工商联加强对非公有制经济代表人士思想教育和党的方针政策、法律法规方面的培训。1996年，在市社会主义学院举办全市非公有制经济代表人士培训班及企业标准化培训班。全市各级工商联先后举办10余期非公有制经济代表人士培训班。1997年，召开非公有制经济代表人士座谈会2次，学习中共十五大报告。1998年3月，邀请市仲裁委秘书长为会员讲解如何运用仲裁维护企业的合法权益。同年6月，举办企业改制形势报告会。同年11月下旬，在市社会主义学院举办1期全市非公有制经济代表人士培训班。推荐4名非公有制经济代表人士到省社会主义学院学习。

1999年，市工商联举办各类培训班22期，参加培训人员1348人次。2000年，全市各级工商联在广大会员中开展“致富思源，富而思进”教育活动。2001年5月12日，邀请上海复旦大学经济学院教授到淮安市举办“新世纪私营个体企业管理理念报告会”。会后，与会员企业联合举办“市场营销战略与企业可持续发展”系统培训班。

至2008年年末，淮安市工商联共召开200多次私营企业主和个体工商联代表座谈会、茶话会等，参加人员2000多人次；邀请20多位有关部门负责人为广大会员讲解中国共产党的方针、政策、社会主义市场经济的法律法规等。推荐10多位非公有制经济代表人士到省社会主义学院学习，推荐1人到中央党校学习，推荐1人参加中国香港国际企业管理研讨班学习。

三、交流促进

1996年4月，由河南省商丘地区总商会发起的苏鲁豫皖市地商会经济协作会成立，淮阴市工商联作为第一批会员单位出席成立大会。

同年6月，市工商联与四川省泸州市商会缔结友好商会；8月，与内蒙古自治区二连浩特市商会缔结友好商会。1997年10月，与山东省济南市商会缔结友好商会。1998年3月，与河北省秦皇岛市商会缔结友好商会。1999年3月，与浙江省温州市商会缔结友好商会。2000年2月，与河北省承德市工商联缔结友好商会。2003年10月，与新疆维吾尔自治区乌鲁木齐市工商联缔结友好商会。

截至2008年年末，淮安市工商联累计与省内外工商联交流数十次。

四、制度建设

1985年至1989年3月，淮阴市工商联制定与完善《淮阴市工商联工作规则》，形成会议制度、文件审批制度、民主集中制度和分工负责制度、思想政治工作制度、接待制度、财务制度、办公制度7项制度，促进机关工作规范化和程序化。

1995年2月、1997年3月，两次修订规章制度，做到工作月月有计划、周周有安排，加强工作的整体性和计划性。

1998年5月，建立市工商联机关工作人员与非公有制经济代表人士联系制度。

2001年3月，印发《关于进一步加强工商联机关工作人员与非公有制经济代表人士联系制度的意见》，要求机关干部每人联系4～5名非公有制经济代表人士和1个县（区）工商联，每年每人与非公有制经济代表人士至少联系4次，市工商联每半年检查一次联系制度的执行情况。

第三节　参政议政

自1984年成立至1989年第二次代表大会召开，在中共淮阴市委、市委统战部历次召开的“季季谈”“双月谈”和每月一次的专职干部例会上，淮阴市工商联就经济体制改革、工商企业改革、廉政建设、治理整顿、产业结构调整、发展能源交通、搞活商品流通、合理使用人才以及与人民群众密切相关的物价等问题提出许多意见和建议。中共淮阴市第二次代表大会召开前夕，市工商联就中共淮阴市委工作报告征求意见稿提出修改意见，得到重视与采纳。

1990年后，市工商联更加重视发挥在参与全市重大问题政治协商等方面的作用。1990年上半年，参加对全市廉政建设、社会治安及杨庄电厂、沂淮铁路、盐矿四大工程的考察活动，并提出意见和建议。1992年，市委统战部、市工商联先后7次召开个体私营企业代表人士座谈会，对全市非公有制经济情况进行深入调查，形成调研报告，对市委、市政府起草印发的《淮阴市关于放手发展个体私营经济的若干规定》起到一定的参考和促进作用。

1999年12月，在淮阴市纪念中发〔1989〕14号文件发表十周年暨市各民主党派、工商联为“两个文明”建设服务经验交流会上，市工商联作题为《围绕经济中心，坚持服务立会》的发言。2001年年初，在政协淮阴市四届四次会议上作《关于加快建立淮阴市私营个体经济贷款担保机构的再建议》发言，成为当年市政协1号提案，促成市政府先后各拿出100万元人民币以股金方式，支持清河、清浦两区成立担保机构。此外，1999—2001年，市工商联先后在市委统战部牵头召开的市各民主党派、工商联自身建设经验交流会或研讨会上作《高举旗帜、弘扬正气、做好工作》《贯彻两个“纪要”精神，搞好工商联自身建设》《贯彻〈纪要〉精神，加强自身建设》《加强机关建设，巩固“三讲”成果，努力开创跨世纪工商联工作新局面》的交流发言。

2002年，与市劳动局、市总工会联手，对市区部分私营个体企业贯彻《劳动法》情况进行调研，形成《维护职工合法权益，促进非公有制经济健康发展》的调研报告，在政协淮安市四届五次会议上作大会发言。当年年末，市工商联继续就此问题跟踪调查，提交《关于重视做好民营企业社保工作的几点建议》的市政协团体提案，提出从加强统计、加强宣传、加强服务3个方面做好民营企业社保工作，被市劳动和社会保障局采纳，该提案被市政协评为优秀提案。

2003年，与市人行联合召开银企座谈会、各商业银行分管行长和信贷科长座谈会，围绕解决“贷款难”“担保难”进行交流探讨，促成市人行于当年6月30日出台《淮安市小型私营企业“快易通”贷款指引》《淮安市个体工商户“快捷通”贷款指引》2个贷款管理办法。

2004年6月24日，在中共淮安市委书记丁解民召集的“季季谈”会议上，市工商联围绕“我市如何走新型工业化道路”主题，发表8条意见，与九三学社市委共同形成《依靠科技进步，插上腾飞翅膀》的调研报告。市委办公室、市政府办公室转发该调研报告。

2005年，市工商联关于民营工业企业实施品牌战略的建议，促成《市政府关于进一步加快推进品牌建设的意见》的出台。

2005—2008年，市工商联在全市人大、政协会议上，共提交议案29件、提案184件，建议13条，其中《淮安市非公有制企业落实科学发展观调研报告》《淮安非公有制企业应对金融危机实现科学发展的建议》《发展行业商会，促进经济社会健康发展》《加强农村党建工作的实践与思考》《围绕中心、突出主题，努力探索推动光彩事业工作再上新台阶》等，得到中共淮安市委、市政府重视。

第四节 社会服务

一、融资服务

1993年8月，成立淮阴市商会互助基金会，制定章程和实施细则。基金取之于会员，用之于会员，互助基金只能在出资的会员中周转使用。由于基金互助会组织机构不健全，加之经验不足，致使投出的10多万元基金有部分款项长时间无法回收而中断运行。

二、职称评定

1994年3月，市工商联与市委统战部、市职称改革领导小组联合印发《关于非公有制企业人员专业技术资格（职称）评定工作的实施意见》。文件规定非公有制企业人员评定专业技术职务任职资格（职称）工作由工商联牵头管理，并负责材料审核和人员推荐。市工商联成立职称改革工作领导小组，由经济科具体负责职称评定的管理、人员推荐、材料审定和申报工作。每年都召开有关私营企业办公室主任会议，布置职称评定工作，采取集中辅导和登门指导相结合的方法，指导有关人员填写申报材料。

三、技改服务

1999年5月，根据省标准局、省工商业联合会印发的《关于加强非公有制企业标准化、质量监督工作的若干意见》，淮阴市工商联与市标准计量局联合印发实施办法。此后，县（市、区）工商联也与技术监督部门联合发文。全市各级工商联主要协助当地技术监督部门在非公有制企业消灭无标生产。帮助一些二次创业生产型企业搞好技术论证等方面的咨询服务工作。1999年，上报淮阴市汇康生物制品有限公司总投资1218万元的硫酸软骨素项目。该项目被确定为全省私营企业23个重点技改项目之一，被列入1999年江苏省第二批重点技术改造项目导向性计划，享受政府贴息贷款。

四、经贸服务

利用工商联组织网络优势，组织会员参加有关商品交易会、经贸洽谈会，帮助会员开拓市场。1991—1993年，市工商联组织县（市、区）会员企业分别参加华东六省一市工商联在济南、合肥、南昌举办的第五、六、七届商品交易会，成交额60万元。1993年6月6日，组织5家会员企业的13名负责人参加在南京举办的"台北国际青年商会大陆经贸洽淡会"。1994年10月，组织60多家企业会员的100多名代表参加在南京举办的"1994海峡两岸经贸洽谈会"。1995年10月，推荐飞达汽车配件公司到北京参加中日经贸洽谈会，成交额800万元。1998年、1999年，组织会员企业连续参加"中国·江苏名品精品新品交易会"，成交额分别为1.45亿元和7412万元。其中，在1998年的交易会上，淮安八方电工集团演示电缆的阻燃特性，得到中共江苏省委书记陈焕友肯定，并在中央电视台播放。2004年10月8日，召开淮安—温州投资洽谈会，40余名温州客商参加会议，达成投资意向7个，签订投资合同3份，引资额5.65亿元。

五、其他社会服务

2003年7月，淮安市遭受特大洪涝灾害，市各级工商联组织全市会员企业参加当地抗洪救灾斗争。同年，在抗击"非典"斗争中，淮安嘉诚化工有限公司、淮阴电动工具有限公司等20多个会员企业捐赠款物折合人民币351万元。2008年汶川特大地震发生后，全市各级工商联、各行业商会、各会员企业举办多场捐赠仪式，累计捐款2474.2万元。

·淮安市志·（1978—2008）

第十六卷　群众团体及组织

第一章　淮安市总工会

第二章　中国共产主义青年团淮安市委员会

第三章　淮安市妇女联合会

第四章　淮安市科学技术协会

第五章　淮安市归国华侨联合会

第六章　淮安市文学艺术界联合会

第七章　淮安市残疾人联合会

第八章　淮安市哲学社会科学界联合会

第九章　淮安市关心下一代工作委员会

·淮安市志·（1978—2008）

第十六卷　群众团体及组织

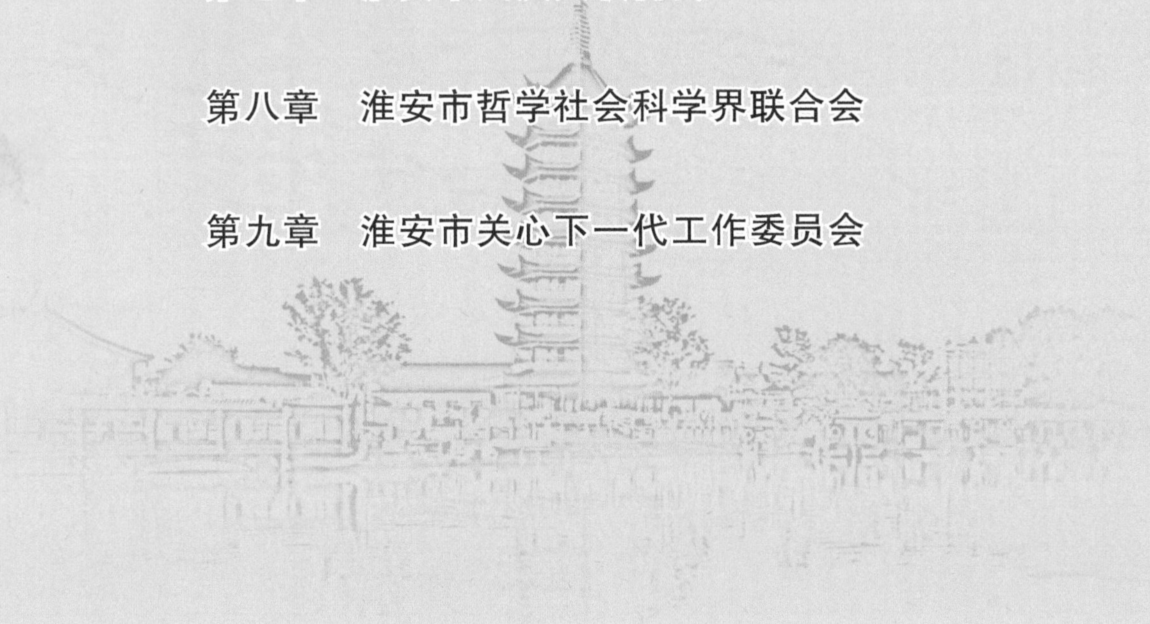

1978年开始，淮阴地区各群众团体组织相继恢复或成立。1983年后，淮阴市先后成立市总工会、台湾同胞联谊会、归国华侨联合会、个体劳动者协会、消费者协会、红十字会、文学艺术界联合会、科学技术协会、哲学社会科学界联合会等。全市各群众团体紧跟改革开放和经济社会文化发展的步伐，加强自身建设，履行自身职责，开展形式多样的工作，团结和带领广大群众，为淮安市经济社会发展、构建和谐社会等作出贡献。

第一章　淮安市总工会

第一节　工会代表大会

1983年3月，淮阴地区工会办事处撤销，淮阴市总工会成立，有基层工会2528个，会员267250人，罗会友任主席，孙建东任副主席。

1985年1月21—23日，淮阴市总工会第一次代表大会召开。选举产生35名委员和9名候补委员、7名常委，罗会友当选主席。

1990年，淮阴市总工会第二次代表大会召开。选举产生35名委员和9名候补委员、7名常委，罗会友当选主席。

1995年，淮阴市总工会第三次代表大会召开。选举产生35名委员和9名候补委员、7名常委，罗会友当选主席。

2000年，淮阴市总工会第四次代表大会召开。出席大会的正式代表350名，列席代表6名，朱洁当选主席。

2005年，淮安市总工会第五次代表大会召开。选举产生47名委员、11名常委，蒋建亚当选主席。

至2008年年末，淮安市总工会下辖8个县（区）和淮安经济开发区总工会，有独立基层工会3429个，入会会员596120名，其中女会员234755名。

图16-1　市总工会第一次代表大会（1985年）市档案馆　供

第二节　组织建设

1983年，随着市县新体制的实行，淮阴市工会组织面临整顿、重建。1984年，在全市开展“整组建家”活动。1986年，淮阴市总工会清浦区办事处实施《清浦区基层工会组织整顿，建设“职工之家”活动检查验收细则》，成为全市“整组建家”首例。1987年，全市掀起争创先进工会小组竞赛活动，新建基层工会组织232个。1988年9月，清江棉纺织厂工会委员会被中华全国总工会授予“模范职工之家”称号。

1990—2000年，全市职工队伍不断壮大，基层工会组织发展迅速，特别是随着经济体制改革的不断深化，新建企业蓬勃发展，工会组织不断向个体私营企业发展。2001年，全市各级工会通过开展“建家”活动和创建合格、示范乡镇工会活动，发挥工会组织在协调劳动关系、促进企业健康发展与社会稳定中的作用。2002年，市总工会会同市委组织部对全市“党工共建”工作进行调研检查，全市有6个乡镇工会被省总工会评为百强示范乡镇工会，46个乡镇工会被省总工会评为合格乡镇工会。2003年，开展建设职工之家和“双爱双评”活动，全市65%的非公企业被评为合格职工之家，有5家基层工会在中国工会第十四次全国代表大会上受到表彰，7个基层单位、3名工会干部被表彰为全省工会干部教育培训工作先进集体和先进个人，7个乡镇工会被评为全省百强示范乡镇工会，34个乡镇工会被评为全省合格乡镇工会。

2005年，在全市范围内开展“工会组建百日行”活动，新发展会员8.6万人，新增工会基层组织2760个，新增独立基层工会678个。2007年，在全省率先推广“星级职工之家”评比活动，评比表彰105家“三星级职工之家”。总结推广金湖县闵桥镇“四个联合”建设职工之家的经验，全市正常生产经营或正常工作单位的独立基层工会“职工之家”建设合格率86%，会员评价机制面87%。

至2008年年末，洪泽县、金湖县、楚州区、涟水县、盱眙县、淮阴区获“江苏省工会工作模范县、区”称号，全市创模工作全部成功。淮安市在全省率先制定出台《基层工会联合会工作暂行办法》，有序规范推进基层工会联合会建设。全市建立基层工会联合会267个，联合基层工会371个，覆盖法人单位10046个。

第三节　主要活动

一、开展劳动竞赛

1983年，淮阴市职工开展“五小智慧杯”竞赛，取得1000多项成果。1984年，有26.5万名职工参加各种形式的劳动竞赛，提出合理化建议69203条，在完成国家计划的基础上，增收节支195.56万元。1987年，全市有25万名职工参加各种形式的劳动竞赛。1986—1989年，淮阴市总工会共表彰立功集体918个，立功个人2217名。

2001年，全市各级工会引导职工投身经济技术创新，开展创新、创造、学知识普及教育和合理化建议“金点子”征集活动。2002年，开展“三创”“三赛”活动，参赛企事业单位342个，参与职工58545人次，增创效益10753万元。2004年，召开工业重大技改工程立功竞赛誓师大会，在全市投资360亿元，在116个工业技改工程项目和近80个亿元公路建设中开展立功竞赛活动。2005年年初，将86个5000万元以上、600个2000万元以上的工业重大技改项目纳入到新一年度的竞赛体系中。2006年，开展"十万职工大练兵、一万职工大比武"技能竞赛和多种形式的合理化建议、技术革新等活动；开展"十大先进操作法""十大操作能手""十大金点子"和"十大创新成果"评选活动。全市有22项操作法以职工姓名命名，480名职工破格晋升技师。

2007—2008年，开展"当好主力军、建功'十一五'、和谐建小康"立功竞赛、全市十大工种职工技能大赛以及多种形式的劳动竞赛、合理化建议、技术革新、发明创造等群众性经济技术创新活动，涌现出技师1147人、高级工4600人。

二、维护职工合法权益

1983年，淮阴市总工会利用企业整顿验收之机，提出企业整顿验收必须由职代会进行自查，验收方案必须交职代会讨论通过。至1984年，全市建立职代会单位447家，其中有64家单位建立三级民主管理制度，民主选举车间主任和班组长。至1985年，全市有1339家企业建立职代会制度，其中集体企业437家。1986年，培训企业党、政、工会干部近200人，全市通过职代会推荐的厂长有60多名。1987年，市总工会法律顾问室成立，负责接待来信来访，参与劳动争议处理。1988—1989年，全市各级工会普遍参与劳动争议处理工作。至1989年年末，全市建立各级劳动争议调解组织1608个。

1990—1999年，全市各级工会通过平等协商集体合同来协调劳动关系，并通过职代会、厂务公开等形式，组织职工参与本单位的民主决策、民主管理和民主监督。2000年，市总工会与市劳动局、市地税局、市财政局对市直141家国有、集体企业以及国有资产控股的公司制企业的工资集体协商工作进行联合会审。2001年7月，市总工会与市劳动和社会保障局、市经贸委会商出台《淮安市关于建立完善集体合同工作监督保障机制的意见》，在集体合同工作中明确建立履约责任、民主评议、联合会审、联合督查、责任追究、考核评比6项监督保障制度。2002年，市委、市政府印发《关于在非公有制企业贯彻〈江苏省企业集体协商和集体合同规定〉的意见》，在全市范围内推行"1+2集体合同制度"，建立集体合同监督保证机制。2003年，以签订单个合同或单项集体协议为重点，全市1346家企业建立工资集体协商机制。2004年，加强对改革改制企事业单位职工代表和工会干部进行劳动法律法规与改制政策培训，培训职工代表近4000人。

2006年，建立三级调解维权网络，成立全省首家市级劳动争议调解中心，建立11个产业、系统工作指导站，成功调解劳动争议案件12起。2007年，建设工会劳动关系协调中心，逐步建立覆盖全市的工会协调劳动关系预警网络。

2008年，在市级劳动争议调解中心的基础上，市总工会和市中院、市司法局等部门联合成立全省首家市级劳动争议调解庭。全年调解劳动争议33起，成功率100%，被省高院、省公安厅、省农林厅、省总工会联合表彰为全省诉调对接工作先进集体。

三、为职工办实事

1983—1986年，淮阴市各级工会对困难职工家庭进行补助，发放困难补助费。1986—1990年，加大扶贫、脱贫力度，帮助困难职工改善生活状况。1991—2000年，坚持开展对下岗职工、特困职工、灾民、特困学生的援助、救济、帮扶脱贫的"送温暖"工程。2001年，建立特困职工档案，为452户特困职工发放特困证。走访慰问各类困难职工1.6万多户，发放慰问金820万元，全市有

1000多名工会干部与困难职工结对帮扶。2002年，加大帮扶困难职工群体的力度，筹集资金30万元，成立淮安市困难职工援助中心，为困难职工办实事。2003年，采取职业培训、下岗职工就业招聘、加强工会职业介绍所建设和运行、选树再就业示范基地及创业带头人等措施，促进下岗失业职工再就业。全市建立市、县（区）工会职介所5个，选树示范基地21个，吸纳安置大量下岗失业人员。

2004年8月，市困难职工帮扶中心正式启动“一站式”服务，接待职工来信来访725起，组织招聘会10余次，提供就业岗位5759个，组织到中心求职4800多人次，帮助1076名下岗职工和其他求职者找到工作岗位，提供小额贷款担保28.5万元，提供特困救助186人次。2005—2007年，完善就业、生活、医疗、教育、住房五大帮扶救助机制，做好工会促进就业、再就业工作。开展送清凉、送温暖、“金秋助学”活动和“三百”工程（百所学校结对帮扶、百名教干教师到相对薄弱学校支教、百名教干教师到优质学校进修）。2008年，开展“关爱农民工，共建共享”竞赛，全市90%以上的企业、14万余名农民工参加。

四、安全生产和劳动权益保护

1983年，市总工会关注安全生产，加强劳动保护，建立健全各级工会劳动保护组织。至1986年年底，全市建立工会劳动保护监督检查委员会619个，群众性劳动保护监督检查网络基本形成。1987年，发动全市职工开展“反违章、查隐患、堵漏洞、保安全”竞赛活动。1989年，召开全市班组安全建设经验交流会，对全市首批验收合格的35个班组进行表彰。1990—1999年，开展安全合格班组创建活动，抓好安全生产教育培训，牵头组织安全生产检查，强化目标管理考核，从源头上规范劳动保护工作。

2000年，在全市开展“安全生产月”活动，组织厂长（经理）安全知识考试、安全生产优秀论文比赛、安全生产检查等活动。2001年，省总工会生产部在淮安市举办工会劳动保护监督检查员培训班，淮安市40名工会干部参加培训。2002年，作为全省唯一省辖市代表参加全国总工会、国家安全生产监督管理局联合召开的全国“安康杯”竞赛研讨会，在会上作交流发言，受到与会代表的肯定。2003年，在全市工矿企事业单位开展创建“安全合格班组”活动，修改印发新的创建条件和验收考核标准和细则。市总工会被评为全国“安康杯”竞赛优秀组织单位。2004—2007年，推行事故隐患和职业危害监控法，开展“安康杯”和创建“安全合格班组”活动。在全省率先成立重点单位职业安全卫生监控协作网络。2008年，开展百家企业、万名职工劳动权益状况调查，推进职工劳动权益保障落实。

五、政治思想教育

1983年3月，组织全市职工群众开展读书活动。1984—1989年，加强“四有”（有理想、有道德、有文化、有纪律）职工队伍建设，组织开展“学楷模、学新旅、学先进”活动，进行职工理论骨干培训，开展“主人翁与改革大家谈”等活动，增强职工主人翁意识，转变职工思想观念。1999—2000年，突出工会特色，采取多种方式，针对职工在生产劳动、日常生活中反映出来的现实思想和认识问题，进行广泛的宣传教育。

2001年，全市开展“弘扬周恩来精神，建好周恩来家乡”和“五一文明岗”“恩来号五一文明岗”评比活动，选出60个“五一文明岗”和10个“恩来号五一文明岗”。2002年，结合“文明岗”“文明职工”评选，贯彻落实《公民道德建设实施纲要》，进一步开展女职工素质自我达标活动。全市女职工5.68万多人次参加素质教育自我达标活动，建立企业、系统工会女职工素质教育基地77个。加强女职工法律法规知识宣传，4.15万余多名女职工参加学法活动。2003年，在全市职工中开展“学习‘三个代表’，力争‘两个率先’”主题教育活动，开展“苏北竞相发展，我们怎么办？”“全市奋勇向前，自己怎么办？”大讨论活动，推动全市职工解放思想、振奋精神，投身“两个率先”的伟大实践。2004—2008年，组织职工开展“争创学习型企业，争做知识型职工，树新时代职工形象”活动，推进职工队伍知识化进程。

第二章　中国共产主义青年团淮安市委员会

第一节　团代表大会

1985年8月21日，共青团淮阴市第一次代表大会召开，大会由14个正式代表团、1个列席代表团组成。吴洪彪当选为共青团淮阴市委第一届委员会书记。

1988年10月29日，共青团淮阴市第二次代表大会召开，出席代表500名。陆长苏当选为共青团淮阴市委第二届委员会书记。

1993年11月9日，共青团淮阴市第三次代表大会召开。选举产生共青团淮阴市第三届委员会委员、候补委员50人。秦正宝当选为共青团淮阴市委第三届委员会书记。

1998年11月29日，共青团淮阴市第四次代表大会召开，出席代表280名，市四套班子领导及市群众团体负责人与市各界青年代表1000余人出席大会。朱洁当选为共青团淮阴市委第四届委员会书记。

2002年9月17—18日，共青团淮安市第五次代表大会召开，出席代表322名。会议听取并审议共青团淮安市第四届委员会工作报告，选举产生共青团淮安市第五届委员会。熊毅当选为共青团淮安市委第五届委员会书记。

2007年11月6—7日，共青团淮安市第六次代表大会召开。陈灼当选为共青团淮安市委第六届委员会书记。

第二节　组织建设

1997年，淮阴市90%以上的共青团基层组织开展“双推”（推荐优秀团员作党的发展对象，推荐优秀青年人才进入更重要的工作岗位）工作。全年推荐优秀团员入党3000多人，经团市委和各级党团组织推荐，全市有100多名团干部被选派到基层或上级机关挂职锻炼。全市农村95%以上的村团支部达到“六有”（有坚强有力的领导班子、有本领过硬的骨干队伍、有严格规范的组织生活、有功能实用的党建基地、有健全完善的制度机制、有群众满意的工作态度）标准，团支部书记

"三位一体"（农村青年星火带头人、村团支部书记、村委会科技副主任）配置比例达到50%，乡镇团干部配备率98%。

2000年，成立中国共产主义青年团淮阴市团校。

2008年，淮安市14～35周岁青年数为1476371人，其中14～28周岁青年数为994452人。全市团员人数316838人，其中申请入党团员49162人、批准入党5977人。全年建团单位3688家、基层团委1043家、团总支612家、团支部9557家、团工委5家。

第三节　主要活动

一、思想文化建设

1994年，共青团淮阴市委与市委党校、省青年管理干部学院和中央党校联合举办7期487人次的理论骨干培训班。联合市委宣传部、市文化局举办"淮阴市首届大中专学生电影节"，全市有2.5万多人次的大中专学生观看12部爱国主义影片，收到影评628篇，有132人次参加爱国主义影片歌曲大奖赛。1995年，全市以爱国主义、集体主义和社会主义教育为主要内容，以爱国主义教育基地、改革开放实践基地和乡土教材为主要载体，对青少年进行思想教育，青少年受教育面85%以上。同年，组织纪念抗日战争胜利50周年纪念会、演讲会、展览会、歌咏比赛1300多场，160多万名青少年参加形式多样的纪念活动。

1997年，全市各级团组织按照团省委的要求，带领广大青年团员学习中共十四届六中全会和中共十五大精神，把高举邓小平理论伟大旗帜、坚持走有中国特色的社会主义道路作为加强全市青少年思想教育的重要内容。全市各级团组织共组织理论报告会、中共十五大文件学习班198期，1万多名干部和团员青年骨干参加学习。当年4月，与徐州、盐城、连云港的团组织联合开展以"爱我中华，迎香港回归"为主题的四市少儿书画展；6月，与市文化局、电视台、市青联联合举办"迎香港回归，盼祖国统一"知识竞赛。全市各级团组织以爱国主义教育基地和乡土教材为主要载体，组织各种纪念会、演讲会、展览会等1000多场次，50多万人次的青少年参加形式多样的教育活动。团市委根据市委、市政府要求，对纪念周恩来诞辰100周年活动进行全面部署。全市大中学校开展"五个一"系列活动，举行周恩来生平事迹报告会、歌咏比赛和演讲比赛，组织到周恩来童年读书处进行义务劳动等活动。

1998年4月，团市委联合市地税局、市电视台举办个人所得税知识竞赛，全市35家直属单位1500多人参加书面竞赛和电视竞赛；7月，与市委组织部联合举办为期4天的"跨世纪团干部培训班"；10月，与消防支队组织消防安全法规知识竞赛；市委宣传部、市教委、团市委等7家单位联合主办纪念周恩来百年诞辰读书征文，收到应征稿件306篇，经评委会评选，评出获奖征文30篇。2000年，重视学习邓小平理论和"双思"教育活动，举办"淮阴青年与新世纪"演讲比赛。完成"三讲"（讲学习、讲政治、讲正气）集中教育任务。其间，召开各种会议17次，征求意见对象268人次，编发《团情快讯》"三讲"教育专版26期。

2001年，团市委以纪念中国共产党成立80周年、"弘扬周恩来精神，建好周恩来家乡"主题活动为契机，开展"致富思源，富而思进"学习教育活动、"永跟党走，誓作栋梁"青少年革命诗歌咏诵比赛。是年，成立市青少年反邪教行动领导小组，市、县两级团委共同举行"校园拒绝邪教"签名活动。2002年，开展"解放思想、加快发展"大讨论活动，并举办演讲比赛。开展共青团成立80

周年纪念活动暨五四表彰大会，印发《关于深入学习宣传贯彻江泽民同志在纪念中国共青团成立80周年大会上重要讲话精神的通知》，举办“太平洋保险杯”团建知识竞赛。2003年，举办首届淮安市大型青年集体婚礼，全市44对新人报名参加，市主要领导赴现场为新人祝福并合影留念。

2004年，团市委组织开展创业计划大赛、大中学生FLASH制作大赛、校园文学大赛、书法绘画摄影大赛、形象代言人大赛、卡拉OK大赛、交谊舞大赛、闭幕式暨颁奖晚会等一系列校园文化活动，全市50余所大中学校、3000多名学生参赛。团市委、市少工委、淮海晚报社联合举办“敬老贺卡设计大赛”，该项活动被评为当年10月全市文明新事。团市委联合市委组织部、市委企业工委、市经贸委、市劳动和社会保障局开展青年科技文化节。2005年，以纪念抗日战争胜利60周年为契机，参与和承办纪念“两淮战役”胜利60周年、苏皖边区政府成立60周年、新安小学建立70周年等活动，开展“青春献祖国”“我为团旗添光彩”“向党员看齐，为团徽增光”等主题活动。

2006年，全市各级团组织在广大青年团员中开展社会主义荣辱观主题教育活动。以纪念中国共产党建党85周年、中国工农红军长征胜利70周年、周恩来总理逝世30周年为契机，团市委、市少工委在全市青少年中广泛开展“我与祖国共奋进，淮安发展我争先”“民族精神代代传”“弘扬恩来精神，争做时代先锋”等主题教育实践活动。同年，团市委联合市委宣传部、市文联举办淮安市首届时尚艺术节和浪漫五月红活动，组织市首届时尚艺术节获奖选手深入社区、学校、工厂、农村演出。团市委与市科协、市计算机学会、市学联联合主办淮安市第二届大学生电脑网络大赛，构建和谐网络文明。

2007年，团市委举办全市团干部、五四红旗团委创建单位负责人、青年文明号负责人、少先队辅导员培训班和庆祝“五四”运动88周年各界青年座谈会，组织学习中共十七大精神，并召开淮安各界青年“学报告，思发展”座谈会。以“五四”运动、“七一”建军节、周恩来诞辰纪念日等为契机，开展纪念周恩来诞辰110周年“进行一次特别献礼，交纳一次特殊团费”主题实践活动，全市募集特殊团费1.7万余元。开展“学楷模，谈责任”主题教育活动。

2008年，全市各级团组织通过学习会、报告会、座谈会、参观走访、朗诵比赛等形式，开展“三个代表”重要思想和中共十七届三中全会精神、团的十六大精神学习活动与解放思想大讨论活动，不断提高青年团员的思想政治素质。

二、“五四”红旗团组织

1995年，共青团江苏省委命名表彰淮阴市1名新长征突击手标兵和10名新长征突击手。同年，在团省委十四届四次全委会上，淮阴市有3个团组织受到表彰。全市有100多名专职团干部被输送到党政领导岗位。

1996年，共青团淮阴市委授予9个团委“红旗团委”称号，授予9名个人“优秀团干部”称号。1997年，表彰先进团组织70个、优秀团干部73名和新长征突击手64名。1998年，举行纪念“五四”运动79周年暨表彰大会，授予30人“淮阴市优秀团干部标兵”称号，授予40人“淮阴市新长征突击手”称号。

2000年，全市有6个基层团委被授予“江苏省‘五四’红旗团委”称号，有2个基层团支部被授予“江苏省六有团支部”称号。2001年，共青团淮安市委获当年度江苏省“五四”红旗团委优秀组织奖，是全省获得该项荣誉的唯一一家地市级团委，全市有6家团委被表彰为江苏省“五四”红旗团委。当年全市集中表彰市级团建工作先进单位25个，“五四”红旗团委26个，“五有”团支部61个，有80人被授予“淮安市优秀团干部”称号，66人被授予“淮安市优秀团员”称号。2003年，开展“三级联创”活动，评选出35个市“五四”红旗团委、60个市“五四”红旗团支部、80名市优秀共青团干部和100名市优秀共青团员。择优申报16个省级“五四”红旗团委创建单位，推荐2个省“五四”红旗团委创建活动组织奖。

2007年，对2000—2005年淮安市34家江苏省“五四”红旗团委创建单位开展复评工作，命名30家市“五四”红旗团委和22家市“五四”红旗团支部，确定26个基层团委为2007年度淮安市“五四”红旗团委创建单位，新申报全国“五四”红旗团委创建单位2家、全国团建先进县1家、江苏省“五四”红旗团委创建单位13家。2008年，表彰市新长征突击手20名、市优秀团干部标兵20名、市优秀共青团干部27名、市优秀共青团员81名。

三、青年志愿行动

1994年，淮阴市各级团组织组织青年志愿者利用节假日开展以学雷锋做好事、拥军优属、助耕包户、卫生突击、春运服务、敬老助残、助教兴学、植树造林等为内容的社区志愿服务活动。

1995年，团市委在学雷锋纪念日期间，组织设立北至淮阴县小营、南至楚秀园的“便民服务十里长街”。全市成立学雷锋青年志愿者服务总队、大队、小队2364个。中央、省、市新闻媒体进行报道。全市有60个青年志愿者先进集体和160名先进个人受到表彰。

1997年，成立工商、水利等5支青年志愿者服务队。当年3月，全市近万名青年志愿者走上街头，开展便民服务。是年，按照市委开展“讲文明、树新风”活动的统一部署，团市委在全市范围内动员、组织广大青年志愿者开展以“讲文明、人人争做表率；树新风，个人从我做起”为主题口号的“百、千、万”青年志愿者行动。组织百名青年志愿者维护交通秩序，护送小学生过马路行动，组织千名青年志愿者集中整治环境行动，组织万人签名活动和万册图书捐赠行动。

1998年3月，在全市开展以“跨世纪我们与雷锋同行”为主题的青年志愿者活动，在北起淮阴县，南至市区供电局的十里长街上，全市近万名青年志愿走上街头学雷锋，开展便民服务。团市委与市交警支队联合成立市大中专学校青年志愿者交通协管服务队，下设淮阴工专等6支分队，利用节假日长期在交通路口参加交通协管，使青年志愿者活动定时、定点、定事，做到制度化、长期化。同年，组织淮阴师院、市供销学校的青年志愿者为1997—1998年全国男排联赛淮阴赛区提供全程服务。

2000年，设计和实施“青年志愿者为‘二老’（老干部、老科技工作者）送温暖义务服务”活动。市、县团委招募近1000名青年志愿者，为500名老干部、老科技工作者提供医疗保健、家电维修等义务服务。组织80名学生志愿者到市老年大学为“二老”开展2次集中服务。

2001年，启动“做注册志愿者，展世纪新形象”工程，在淮安市正式推行注册志愿者制度。组织和推动青年志愿者“走进社区、服务万家”行动，在淮阴工学院举行6000人参加的启动仪式，青年志愿者开展反邪教宣传、电器维修、医疗服务等一系列活动。2002年，组织青年志愿者服务“创四城”（创建全国文明城市、国家卫生城市、国家环保模范城市和国家园林城市）活动，为首届中国淮安·淮扬菜美食节和女篮锦标赛服务；组织志愿者开展“走进事情、服务万家”行动。

2003年，全市新发展注册志愿者5000名。同年3月，开展学习雷锋四十周年纪念活动，以“弘扬雷锋精神，参与志愿服务，促进精神文明”为主题，以“便民服务、敬老助残、扶贫助困、绿色行动”等为内容，组织全市2000余名志愿者开展活动；第二届中国淮安·淮扬菜美食节期间，招募200名志愿者为美食节6个版块提供志愿服务。

2004年，以“服务四城同创”为主题，市县联动，开展“真情帮助你”大型广场集中志愿服务、“情暖乡村”送科技卫生下乡、“寸草春晖”敬老行动、“环保护绿”行动、“光荣属于志愿者”志愿者集中注册、“争做文明小公民”红领巾志愿者集中宣誓等系列活动，全市志愿服务近2万人次。

第三届中国淮安·淮扬菜美食文化节期间，团市委共组织1000名青年志愿者，参与礼仪、咨询、接待、秩序维护等各项服务。

2005年，新注册志愿者5100余名，组织集中行动3次。组织开展文化、卫生、文明礼仪、创建知识“四进社区”活动；开展江苏省第四届园博会及第四届中国淮安·淮扬菜美食节志愿者服务工作，招募形象好、素质高的志愿者130名，开展以导游、咨询、宾馆接待、礼仪等为主要内容的服务工作；开展第10届全国运动会淮安赛区的志愿服务工作，组织40多名志愿者为排球决赛做好服务工作。

2006年，新注册志愿者5100余名。开展“弘扬恩来精神，争做时代先锋”志愿者集中行动，组织市区30多家单位共5000余名青年志愿者，走上街头和社区，向广大群众提供医疗保健、法律咨询、家电维修等服务，服务群众2万多人次；联合市关工委、淮安天视眼镜公司举行“构建和谐社会，丰富暑假生活——天视夏令营”活动；组织实施大学生志愿者苏北计划，激发大学生志愿者参与建设淮安的热情；配合团省委实施江苏省首个援外志愿服务项目——“中国青年志愿者海外服务计划”，选拔招募淮安市1名志愿者赴圭亚那开展为期1年的志愿服务；在12月5日“国际志愿者日”前后，组织全市近400名志愿者，参与“文明交通”“志愿服务进社区”等志愿服务；推荐10名优秀志愿者事迹入选省委宣传部、团省委联合出版的《感动江苏优秀志愿者先进事迹汇编》。

2007年，团市委开展“学习周恩来精神，争做新时代先锋”主题志愿者活动。在全市范围举行“三进两服务”（进广场、进社区、进工业园区，服务企业、服务地方经济发展）志愿服务集中行动，3000余名志愿者参加活动，累计发放传单3万余份，接受百姓咨询1200余人，修理维护电器近200件，接受投诉举报50余起；开展青年摄影家“走村串户，送您全家福”义务摄影活动，组织20位国家级青年摄影师深入淮阴区五里镇涧桥村，为100户贫困家庭免费拍摄1幅全家福照片；联合市交通局成立淮安市首支出租汽车行业青年志愿者服务车队，在全市各界开展“心中的总理像”主题绘画活动，弘扬周恩来精神；开展“和谐春风”系列志愿服务行动。组织“文明交通志愿行动”“青春助残志愿行动”“保护母亲河绿色环保志愿行动”“青春红丝带”行动、“青春红五月——宣传《江苏省志愿服务条例》集中行动”和“三下乡”志愿者活动，全市5000余名志愿者参与。

2008年，新发展志愿者4500名。开展“学习恩来精神，争做时代先锋”主题活动。在周恩来诞辰110周年之际，开展“迎奥运社区广场健身乐”志愿者集中行动，全市近80个团组织的近5000名青年志愿者参加集中行动。开展“青春助残志愿行动”，联合市残联及具有相关资助意向的企事业单位，组织400余名青年志愿者对残疾人进行日常生活、科技教育、就业创业、康复服务等多层面的关爱和援助。开展“3000志愿者热血献灾区”活动，“5·12”汶川特大地震后，组织3000名志愿者为灾区义务献血。开展“助农夏收，保护环境”活动，组织5000名青年志愿者帮助农民收庄稼，并向广大农民宣传秸杆焚烧的危害和环境保护的必要性。组建首支礼仪志愿者服务队，为第四届中国京杭大运河文化节、第七届淮安·中国淮扬菜美食文化节、第三届台资企业苏北经济发展论坛、2008淮安科技洽谈会提供优质服务。成立主城区地震应急志愿者服务队，为淮安市地震应急和防震减灾事业提供服务。

四、青年文明号创建

1994年，团市委确定清江商场、淮阴光华化学厂等18家单位为青年文明示范单位。1995年，团市委与商业、公安、税务、工商、金融、邮电、机械、纺织、交通等部门与行业联合开展争创青年文明号活动，创建省级青年文明号21个、市级青年文明号138个。1996年，命名淮阴市国家税务局直属分局征收股等104个青年集体为1995年度市级青年文明号。

1997年，团市委与市文明办联合印发《关于深入开展青年文明号创建活动的意见》，进一步规范创建活动。是年，淮阴市建行清浦办事处被评为国家级青年文明号。1998年，青年文明号活动取得显著成效。在窗口行业以优质服务为基本内容，以群众监督为基本保障，推进青年文明号服务卡活动。完善青年文明号活动的监督评估机制，在商业网点集中的街道、公共场所公布创建标准，接受群众监督，加强管理。当年3月，召开青年文明号表彰会，新明确和确认一批青年文明号单位。2000年，团市委新命名表彰100个市级青年文明号，重新认定253个市级青年文明号，并产生1999年度国家级青年文明号、省级青年文明号8个。

2001年，淮安市有9个青年集体被评为省级青年文明号，84个青年集体被评为市级青年文明号。2002年，命名洪泽县新华书店中心门市部等104个先进集体为2001年度市级青年文明号；重新认定洪泽县邮政局岔河支局等395个青年集体为2001年度市级青年文明号；取消市宏泰商城超市收银组等12个青年集体“市级青年文明号”称号。2003年，命名71家2002年度市级青年文明号、15家省级青年文明号、2家国家级青年文明号，重新认定466家市级青年文明号。同时，取消31家不合格的青年文明号。

2005年，团市委在各级青年文明号集体中开展以“弘扬先进文化、争做文明先锋、创造一流业绩”为主题的青年文明号文化节活动，与市地税系统联合开展“青年文明号关注留守儿童”主题活动，青年文明号集体为淮阴区码头镇中心小学20名留守儿童送去1000本书籍以及书包、文具、新衣服等物品。全年创建市级青年文明号72个、省级青年文明号12个，市电信公司“10000”号客户服务中心被团中央表彰为全国青年文明号。2006年，组织开展省市级青年文明号集体、创建单位抽查和互查活动，举办市青年文明号创建单位负责人培训班，规范青年文明号的申报、考核、命名和认定等工作。在全市开展“百城万店‘青年文明号’信用示范周”活动，开展“‘青年文明号’走进你身边服务月”及“‘青年文明号’进万家”活动。

2007年，团市委加强青年文明号规范化、制度化建设，完成12家2007年度省级青年文明号的申报工作，联合市委宣传部、市文明办命名表彰130家青年集体为2006年度市级青年文明号。2008年，制定《淮安市市级“青年文明号”复核工作的意见》，通过复核，市级青年文明号中所有不符合创建要求的集体被摘牌或限期整顿，市级青年文明号创建氛围得到净化。

五、希望工程

1994年，淮阴市募集资金470多万元，其中市“希望工程”办公室直接筹资40多万元，争取省直单位支持助教兴学资金300多万元，各类助学物资价值85万元，兴建“希望小学”5所，资助5200多名失学少年儿童重返校园。

1995年，团市委率先在全国推出与邮电部门联合发行有奖明信片50万张，2个月内资金全部回笼，充实市“希望工程”基金。市财政专门拨款2万元充实基金，市四套班子和市直县处级正职领导干部主动资助100名贫困失学少年。市供销大厦、市工商银行、市热电公司和名门家电有限公司等企业及海内外人士继续资助希望工程。全年市、县共募集资金200多万元，资助2200多名失学少年重返校园，兴建希望小学4所。

1997年，团市委联合市农行开展“爱心储蓄”活动，全市储蓄金额1000多万元，获得唯一的江苏省市级“希望工程”建设奖；全市兴建希望小学8所，建立希望书库12个，资助贫困少年1850名。1998年，在市汽配商城、淮阴县丁集乡等地分别举办“希望工程”捐助仪式，争取到市投资公司、市交通局等单位和个人对“希望工程”捐款近15万元。当年7月，开展青年文明号集体资助贫困学生的“百号帮千户”献爱心活动。国家级青年文明号中国建设银行清浦办事处率先结对10名学生。全市100多个青年文明号集体捐助资金7万余元,结对200多名城区特困职工子女。市交通和水利系统青年文明号单位除做好结对资助以外,还捐助部分资金作为希望工程助学基金;金湖爱特福公司总经理个人出资结对11名特困学生。根据团省委统一布置,团市委在8个县(市、区)及淮阴经济开发区进一步开展“百万企业献百元”活动,完成省青年基金会下达的7.5万元的希望工程劝募任务。

2000年,团市委从省青少年发展基金会争取资金34万元,分别在淮阴县三树乡、盱眙县河桥镇、涟水县前进乡援建“希望小学”各1所,资助特困生1065名。2001年,筹集资金30多万元,援建“希望小学”1所,组织企业向全市中小学生捐助价值3万元的眼镜。当年9月,团市委、市希望办与市广电局、淮安日报社、淮海晚报社联合在全市开展城市特困职工子女结对资助活动。同年11月底,团市委牵头举办大型电视文艺晚会,省希望办下拨2.4万元专项活动经费。资助活动共收到捐款28万多元,资助特困生720余名。

2002年,团市委开展“阳光工程”活动,内容包括发行希望工程IP电话卡,开展“爱的呼唤”活动,开展希望工程结对资助活动。全年募集资金100余万元,兴建“希望小学”3所,资助特困生4000余名。

2003年,团市委、市电信公司和市青少年发展基金会联合在市区发行100万元的“希望工程”IP电话卡,筹集资金38万元,资助城市特困职工子女3000多名。当年5月,市级机关干部“希望工程”爱心捐学活动启动仪式举行,市直机关干部和团员青年共捐款12万元;同月,团市委和机关工委又联合举行第二批捐赠仪式,市委办、市政府办等12家单位共捐款5万多元;当年7月,淮安经济开发区、市总工会等单位为“希望工程”捐赠资金14310元。市级机关干部爱心助学活动累计筹集资金315330元,资助特困生300名。盱眙籍爱心人士出资20万元,在盱眙县黄花塘镇杨庄村兴建希望小学1所;市海关捐赠电脑12台,在淮阴区建起全市第一所“希望电脑教室”。

2004年,召开淮安市“希望工程”10周年纪念大会并启动“百千万”行动。在新亚广场举办“希望工程‘六一’助学”晚会,启动千名志愿者爱心劝募行动。通过实施“百千万”行动,共筹资166.7万元,资助特困生2683名,援建“希望小学”1所,其中总额为100万元的“希望工程”石祖嘉助学基金是淮安实施“希望工程”以后设立的第一个基金。

2005年,筹集资金112万余元,资助特困生1731名,援建“希望小学”3所。开展“情系‘希望工程’,爱心成就未来”捐赠活动,捐助资金2万元,资助学生200名;开展“快乐作文”捐赠贫困学子活动,组织500名贫困学生接受著名作文教学专家的授课;举行“真心谢谢您‘希望工程’感恩活动”,组织受助学生写信向资助单位和个人汇报学习、生活情况,拉近捐受双方的感情;举办“构建和谐社会助学贫困儿童”公益晚会,现场筹集资金2万元,并举行一对一资助仪式;筹资10余万元在楚州区茭陵乡金融希望小学设立“希望电脑教室”;举行“关爱弱视儿童,共建和谐社会”捐赠仪式,向市区100名弱视儿童捐赠价值10万元的弱视治疗仪。

2006年,开展“希望工程”志愿者宣传劝募活动,发放倡议书3000多份,与市电视台《新闻观察》栏目合作,拍摄并播放“希望工程”专题片。扩大“希望工程”的筹资规模和资助范围,共筹集资金107万余元,资助贫困大学生和中小学生1043名,争取省青少年发展基金会和江苏嘉诚化工公司各出资10万元,分别在淮阴区刘老庄乡和楚州区苏嘴镇援建1所希望小学。开展“‘希望工程’圆梦大学行动”,募集资金37.5万元,帮助全市123名贫困大学新生解决上学难问题。新建国际商城、意百佳2个“希望工程”助学基金;举办“新亚助我成长”爱心捐赠活动,由中央新亚股份有限公司向市“希望工程”捐赠价值4万元的童装;横河电机(苏州)有限公司对涟水县3所中小学开展捐资助学活动,共募集捐款45696元,用于资助39名特困学生和校舍改造;开展“关爱弱视儿童、共建和谐社会”活动，向市区100名家庭贫困的弱视儿童患者捐赠价值6万元的弱视治疗仪。

2007年，以“青春助困创和谐”为主题，拓展“希望工程”筹资渠道，共筹集资金340余万元，资助大学生526名，资助中小学生600余名，援建“希望小学”6所。争取富士康集团、中国青年基金会捐赠145万元，援建淮阴区鲁黄小学、纪吴小学、张圩小学，涟水县道明小学、花庄小学和洪泽县袁集小学。开展2007年“希望工程”圆梦行动，筹集资金194.4万元，资助贫困大学生500余名。开展春季助学活动，资助特困中小学生495名，发放助学款20余万元。

2008年，市“希望工程”筹集资金225万余元，资助贫困中小学生284名、大学生450名。争取宝洁公司、时代超市公司出资25万元在淮阴区西宋集镇援建“希望小学”1所。当年6月，在淮阴区韩桥乡举行“富士康‘希望小学’”落成仪式，2007年援建的5所富士康“希望小学”有3所投入使用。是年，淮安市“希望小学”学生组队代表江苏省参加全国“希望小学”运动会，获得团体总分第六名的成绩。开展“希望工程”关爱行动。联合光明乳业开展“加油！ 2008——‘希望工程’快乐体育行动”，由光明乳业公司向清河区、清浦区的5所“希望小学”（贫困小学）捐赠价值1万多元的体育用品。联合淮安日报社、淮安广播电视台和市青基会，开展2008年希望工程“圆梦大学”行动，共筹集196万元，以每人4000元的标准发放，让490名困难家庭学生得到资助，实现大学梦想。

六、青年创业致富

1986年，在全省“百万青年兴百业”活动中，淮阴市104个先进集体和致富标兵受到表彰。

1994年，通过开展“致富能手”“青年绿化突出标兵”“淮阴科技致富十大状元”等评比活动，培养800名县级以上农村青年星火带头人。1995年，团市委联合市劳动局、市机械局、市总工会组织机械行业5个工种的技能比赛，150名选手参加决赛，12名选手被推荐参加省级比赛，取得车工第一、木模工第二、总分第三名的成绩；全市命名100名青年岗位能手，有3种产品在第二届全国青年科技成果博览会上获金奖、新星奖。全市培养市级以上农村青年科技兴农带头人132名，金湖、淮安等县（市）被确定为省级科技兴农示范县，43个乡镇被团市委命名为“市级科技兴农示范乡（镇）”，106个村被团中央、团省委和团市委指定为“共青团服务万村脱贫致富奔小康行动”挂钩单位，10名青年农民被市政府授予首届淮阴市农村青年“科技致富十大状元”称号，有23个乡（镇）、村建立青年股份合作体。

1996年，团市委、市经贸委、市劳动局、市人事局授予10人“淮阴市杰出青年岗位能手”称号，授予85人“淮阴市青年岗位能手”称号。1997年，联合市委农工部、市农业局等15家单位评选出首届淮阴市十大杰出青年农民和30名致富能手。1人被评为省农村青年科教兴农带头人标兵，6人被评为省农村青年科教兴农带头人，洪泽团县委、县科委、县农业局、县多管局和盱眙县水冲港乡团委分别获得省培养农村青年科教兴农带头人县、乡级活动组织奖。市电机股份有限公司的1名职工获首届省优秀青年科技创业奖。

1998年，在全市开展创建共青农业产业带活动，并作为青年工作重点。金湖团县委创建的稻田养殖产业带、团市委创建的席桥青年花木销售公司、清浦团区委创建的蔬菜种植产业带获评团省委等部门首批命名的“三争三创”（创建先进党委、创建先进党支部、创建先进党小组，争当先进党员，争当学习型员工、争当岗位能手）示范基地，金湖县还被团省委、省科委、省农林厅等部门评为全省领办科技项目示范县。全年全市创建成市、县两级共青农业产业带27个，其中种植业21个、养殖业6个，种植面积666.67公顷，养殖各种禽畜超百万只，养殖水面接近20公顷。是年，团市委在市青少年宫举办首期下岗青年工人培训班，机械、化工、电子、轻工等系统的54名下岗青年工人接受市场营销技能培训。在江苏省第三届建筑业青工技术竞赛中，代表淮阴市参赛的青工选手在瓦工、泥工、钻木工等5项技能比赛中取得优秀成绩，其中抹灰工比赛取得全省第一名。

2000年，全市新创建市级共青农业科技示范园13个，推广农业科技新项目22个。团市委联合市科委等部门评选产生淮阴市第三届十大杰出青年农民、22名致富能手和28名1999年度市级农村青年科教兴农带头人。有12名青年被评为省青年科教兴农带头人，淮阴县青年农民张志亚被授予“江苏省十大杰出青年农民”称号。有56名青工被评为市级青年岗位能手，其中10名青工被评为市级杰出青年岗位能手。有2人被授予“江苏省优秀青年企业家”称号，有3人获得“江苏省创新创效活动奖”。

2001年，动员农村青年外出务工。在涟水县举办农村青年出国务工事迹报告会，团市委和各县（区）团委设立外出务工热线电话，建立服务外出务工网站，全年输出务工青年8000余人。此外，开展“淮安市十大杰出青年农民”评比活动，培养市级青年大户标兵40名。2002年，继续开展动员农村青年外出务工工作，召开回乡创业青年座谈会、动员农村青年外出务工推进会，举行大型外出务工供需洽谈会。

2003年，全市团组织输出农村青年13279人，新建青年职业介绍所5所，新培养劳务输出带头人18人。联合市科技局、市人事局、市科协等单位共同表彰40名青年岗位能手、10名杰出青年岗位能手。召开全市动员农村青年创业致富工作会议，表彰“十大杰出回乡创业青年”，成立回乡创业青年协会。在涟水县举办大型农村青年劳务输出供需洽谈会，有5390名城乡青年现场与用工单位达成用工意向。

2004年，全市团组织成立青年职业介绍中心6个，举办供需洽谈会5场，输出农村青年1.5万余名，建立劳务输出基地10个，培养劳务输出带头人50名，培训青年5000余人，培养输出经纪人30名。举办创业论坛、宣讲会25场，鼓励和扶持100余名城乡青年创业，有4个工作项目被团省委评为省“创业江苏，青春行动”优秀工作项目。

2005年，团市委评选表彰2004年度淮安市十大杰出创业青年和10名淮安市优秀创业青年标兵。举办淮安青年创业论坛、“从小学创业”主题团队活动、WKB团队拓展培训、创业项目大赛。全年输出农村青年8633人，培训3660人，举办各级各类招聘会5场。团市委被表彰为全国“千校百万”农村青年培训工作先进集体和全国服务农村青年增收成才工作先进集体。在全市旅游、京沪高速公路、淮钢集团等系统和单位开展10多个工种的岗位能手活动，表彰市级青年岗位能手100名。成立淮安市青年创业服务中心，开通淮安市青年创业热线。

2006年，开展全市青年职业技能大赛，命名10名淮安市杰出青年岗位能手、56名淮安市青年岗位能手；与淮安移动分公司联合建立大学生就业见习基地；举办省在淮青联委员联谊活动，组织青联委员参加“长三角扬州青年论坛”；选拔推荐4人为省委宣传部、团省委联合表彰的2006年度江苏省青年创业典型。

2007年，参加“2007年度江苏省青年创业典型”评选活动。淮安市有5名企业青年和2项创业项目获得表彰，有1名企业家当选江苏省十大优秀青年企业家。在全市各行各业青年中组织开展“青年创新创效”“青年岗位能手”“青年技能竞赛”等活动，全市命名表彰年度青年岗位能手50多名。举办“相聚开发区、共谋发展路”青年企业家联谊会和市青年商会会长沙龙活动，编印《青商快讯》，组织市优秀青年企业家参加“江苏省青年企业家合肥经贸考察活动”和“‘一轴两翼’生力军工程——东部产业转移广西行活动”。

2008年，在洪泽县和清浦区开展农村青年劳动力转移就业洽谈会，2场招聘会共有5000余人参与，当场达成意向性协议1200人；联合淮安日报社、市广播电视台开展“中国银行杯”淮安市2008年青年创业计划征集大赛，面向全市大中专院校及社会35周岁以下的青年群体，广泛征集青年创业的“金点子”。

七、绿色文明行动

1986年，共青团淮阴市委在全市范围内开展“黄河故道披绿装”“青年绿化工程”等环保活动。1995年，全市营建乡级以上青少年绿化工程168个，义务植树80多万株，涌现一批省级青少年绿化标兵和青少年绿化先进集体。

2001年，围绕“保护母亲河行动月”，组织淮安市广大团员青年营建“十八岁成人林”“青年世纪林”“五四林”等青少年绿色文明工程。2002年，开展“每人一棵树、单位一片绿”活动，组织团市委机关人员到钵池山公园参加义务植树活动；以“天天环保”为主题，开展“小事做起来，保护母亲河”活动。

2003年，全市团组织以“绿城清水”为主题开展“保护母亲河行动月”活动。举行绿色承诺暨青年纪念林揭牌仪式，发放绿色承诺卡，发送环保短信息，组织青年志愿者上街宣传环保知识。2005年，开展以“扮靓新淮安，绿色迎园博”为主题的青年绿色文明行动和卫生环保青春护绿行动。组织1000余名护绿志愿者走上街头，开展环保护绿、清扫保洁行动和环保护绿知识宣传教育。

2006年，在淮阴师范学院附属小学举行以“争做文明小市民，共建节约新淮安”为主题的青少年绿色文明行动启动仪式，发放2000份环保书签，命名首批淮安市“文明环保小中队”“文明小市民”和“节约之星”。2008年，在“世界水日”当天举行2008年保护母亲河行动暨“迎绿色奥运，建生态淮安”启动仪式，全市近300名青少年参加植树活动，植树400余棵，青少年志愿者共同在“珍爱生命之水，共建生态淮安”环保条幅上签名承诺，在全社会营造保护母亲河的浓厚氛围。

八、维护青少年合法权益

1995年，共青团淮阴市委开展宪法、刑法以及《中华人民共和国婚姻法》《中华人民共和国环境保护法》《中华人民共和国未成年人保护法》《中华人民共和国妇女儿童权益保障法》等法规学习宣传教育工作。全市各地举行18岁成人宣誓仪式。组织未成年人保护法的宣传教育工作通过省级检查，得到省未成年人保护委员会和团省委的肯定。

1998年11月，市政府批准成立淮阴市未成年人保护委员会，办公室设在团市委。2001年，挂牌成立3所市青少年法制教育基地，联合有关部门创建青少年维权岗，其中创建国家级优秀青少年维权岗1个、省级4个。2003年，开展青少年自护掌中宝发放仪式，为全市青少年免费发放2万册精美卡通读本。同时，参加市综治办组织的整治校园周边环境行动。

2005年，团市委、市综治办联合市法院、市检察院、市公安局等部门，在全市范围内继续开展创建优秀“青少年维权岗”活动，命名清浦区人民法院等5家单位为市级“优秀青少年维权岗”。全市各青少年法律维权中心全年受理青少年维权案30件，接待受理青少年来访560人次。

2006年，举办优秀青少年维权岗座谈会，淮安市有3家单位被命名为国家级“优秀青少年维权岗”。开展“送法进校园”“中国少年儿童平安行动”“青少年网络文明行动”“青少年自护教育”“社区青少年远离毒品”等活动，引导广大青少年远离社会丑恶现象，增强自我保护能力，培养良好的道德品质。

2007年，制定出台《2007年预防青少年违法犯罪计划》和《2007年团市委妇女儿童发展规划目标》，印发《共青团淮安市委关于共青团组织积极参与平安建设工作的意见》。联合市建设系统开展省级优秀青少年维权岗创建活动，联合市质监系统、教育部门开展市级维权岗创建活动，市质检所被团省委、省质检局命名为省级示范岗。加强青少年自护教育，开展“送法进校园”“中国少年儿童平安行动”“青少年网络文明行动”“社区青少年远离毒品”等活动；针对新修订的《中华人民共和国未成年人保护法》和《中华人民共和国预防未成年人犯罪法》，组织青少年法制讲座和演讲比赛，全市接受法制教育的青少年达10万人次。

2008年，开展青少年维权活动3例，散发法制宣传资料100余份，解答群众提出的房屋、医保、婚姻家庭和劳动纠纷等法律热点问题60余起。在全市建筑工地悬挂政策公告牌500多块，为青年农民工送去劳动法等维权法律读物600余本。开展“城乡少年手拉手——好书传递万里行”活动，12所中小学的4200余名学生从中受益。

九、乡村青年文化节

1999年，团市委首次举办乡村青年文化节。2005年，联合市文化局，在淮阴区丁集镇举行第七届乡村青年文化节启动仪式。各县（区）组织开展农业科技咨询服务、黄梅戏文化进农家、农村青年体育项目比赛、“激情冬日”大型城乡青年联欢节等特色活动。

2007年，开展“青春奉献新江苏，共建和谐新农村”江苏省暨淮安市第九届乡村青年文化节，联合举办淮安市万人相亲会等具有时代特征、贴近青年生活的文化活动，展示淮安青年精神风貌，打造一批青年文化品牌。

2008年，利用春节前后农村青年相对集中的机会，在全市开展以“新农村、新青年、新风采”为主题的第十届乡村青年文化节，丰富农村青年和群众精神文化生活。在启动仪式上，团市委现场书写和发放1000余幅春联和5000余册农业实用科技手册和书籍。

十、服务经济建设

2000年，团市委促成台湾万基实业有限公司与市机械供销公司签订合资协议，将总投资600万美元的不锈钢拉丝项目引进淮阴经济开发区。2003年，团市委招商引资项目——总投资近1000万元的江苏金太阳家电有限公司清江店正式落户淮安。2005年，引进上海永乐家电项目，固定资产引资额1500万元。2006年，引进常州乐家城市花园酒店和江苏佩佩文具连锁超市有限公司淮安清江店等项目。联合省青商会举办“江苏青年企业家市县行——淮安行”活动，全省各地20多名青年企业家与淮安市创业青年签订结对帮扶、共同发展的意向性协议。

第四节　青年联合会

1986年10月，淮阴市青年联合会第一届委员会第一次会议召开，出台《淮阴市青年联合会章程》。

1994年，团市委、市青年联合会与中共淮阴市委办公室、市政府办公室共同举办“淮阴市首届杰出青年”和“淮阴市百名优秀厂长（经理）”评选活动，以市政府名义表彰15名淮阴市首届杰出青年和100名淮阴市首届优秀青年厂长（经理）。市青联副主席、市首届杰出青年、洋河酒厂副厂长郭永红被授予“全国优秀青年科技标兵”称号，并赴北京参加全国青年跨世纪群英会。

1997年，开展第四届淮阴市杰出青年评选活动。经市青联推荐，市十大杰出青年、市金属材料总公司总经理马贤启参加中国青年企业家代表团出国考察，另有2人分别被评为省十大杰出青年和首届省十大杰出外来务工青年。编辑出版《群星辉映洪泽湖——淮阴市第四届“十杰百优”风采录》。

2002年，通过推荐人选、确立候选人、公示、投票、面试等步骤，评选表彰第七届淮安市十大杰出青年和淮安市优秀青年标兵。2006年，开展第九届淮安市十大杰出青年评选表彰和宣传工作，在《淮安日报》刊登“十杰”事迹，联合市电视台拍摄制作“十杰”专题片，并在淮安新闻综合频道开设《新青年、新奉献》专栏，逐一播出。2008年，开展第十届淮安市十大杰出青年评选表彰工作。

第五节　少年先锋队

1986年，共青团淮阴市委获全省少先队“百花奖”组织奖，获奖稿件数量名列全省之首。当年4月，省少工委在淮阴市召开“百花奖”现场会。1994年，市少先队组织开展“五自”（自学、自理、自护、自强、自律）、手拉手、百花园艺术和启明星科技活动。在省少工委组织的“五自”活动知识技能电视大赛中，淮阴市代表队获得三等奖；在省少儿卡拉OK大赛中，淮阴市有7名选手获奖，市少工委获优秀组织奖；在省少儿书画、摄影作品比赛中，淮阴市有240幅作品参展，其中获省级奖励32幅、国家级奖励18幅，有14幅作品送日本参加第12届亚运会期间举办的中日少儿艺术作品交流。

1995年，召开市第二次少先队代表大会。1名少先队员代表淮阴市出席全国第三次少代会。120名优秀大队辅导员分别受到全国、省、市表彰，128名优秀少先队员被授予“全国、省雏鹰奖章获得者”“江苏好少年”“省十佳少先队员”“市十佳金色少年”“百名优秀少年”称号，16个少先队大队被命名为全国、省雏鹰红旗大队，一批教育行政干部和教师分别受到全国、省少工委的表彰。各地还开展“城乡手拉手、共育文明花”“捐助失学小伙伴”“科技成才手拉手”等活动。

1996年，团市委、市教育局、市少工委命名表彰一批学生为淮阴市十佳金色少年、淮阴市优秀少年，授予1名学生“淮阴市少年英雄”称号。同年4月，淮阴市学生联合会第一次代表大会召开。1998年，表彰淮阴市第四届十佳金色少年10人、淮阴市优秀少先队员42人、淮阴市优秀少先队辅导员标兵10人，命名淮阴市第三批红领巾示范学校9所。举办市首届少儿艺术节。开展市“98‘中保人寿杯’双十佳勤奋少年、优秀少先队员”评选活动。

2000年，在全国第四次少先队代表大会上，淮阴市1名少先队大队辅导员被授予“全国优秀辅导员”称号，另有4名少先队员被全国少工委授予五星雏鹰奖章。2001年，继续深化“中国少年雏鹰行动”“手拉手”活动，开展“新世纪我能行”体验教育活动。同年，组织召开市第三次少先队代表大会。2002年，开展“三下乡”社会实践活动，组织16个校级志愿服务团，160多支志愿者服务小分队分赴全市各地，开展科技扶贫、文化宣传、企业帮扶、医疗服务、法律普及等志愿服务活动。

2003年，表彰49名优秀少先队辅导员、61名优秀少先队员。评选出111名省级三好学生、26名省级优秀学生干部、4名省级优秀学生和15名省级先进学生集体。2005年，在全市中小学校开展以“雏鹰比翼、结伴双飞，同在一片蓝天下，手拉手共同成长”为主题的暑期手拉手活动，丰富

少年儿童的暑期生活，关爱留守儿童健康成长。

2006年，召开淮安市第四次少先队代表大会，选举产生市少工委主任、副主任，聘任市少先队总辅导员，表彰一批淮安市优秀少先队辅导员和少先队员，举办全市少先队辅导员培训班。

第三章　淮安市妇女联合会

第一节　妇女代表大会

1979年2月，淮阴地区204名妇女代表组成代表团出席江苏省妇女第五次代表大会。

1985年2月，淮阴市第一次妇女代表大会召开。出席大会的正式代表511名，特邀代表46名，列席代表5名。会议表彰201名“三八”红旗手、33个“三八”红旗集体、250户“五好家庭”、25个“好娘家”、41位“贴心人”。选举执委66名。陈兵当选市妇联主任，赵益群、孟杏英当选市妇联副主任。1988年9月，刘希平等4名代表出席中国妇女第六次全国代表大会。1989年3月，市级机关第一届妇女代表大会召开，并成立首届妇委会。

1990年1月，淮阴市第二次妇女代表大会召开。出席大会正式代表499人，特邀代表15人。会议表彰市“三八”红旗手105名、市“三八”红旗集体21个和优秀妇女干部54名。选举执委75名。刘希平当选市妇联主任，孟杏英、顾兆玉当选为市妇联副主任。1993年8月，陈芸、李慧秋、苏守儒、张士珍等4人，出席中国妇女第七次全国代表大会。同年11月，淮阴市49名妇女代表出席江苏省妇女第八次代表大会。淮阴市有33名“三八”红旗手、16个“三八”红旗集体、5户“五好家庭标兵”受到表彰。市妇联在会上作《加强自办园建设，促进儿童事业发展》的经验交流。

1995年2月，淮阴市第三次妇女代表大会召开。会议通过《锐意进取，积极奉献，努力开创淮阴市妇联工作新局面》的工作报告。表彰15个“三八”红旗集体和35名“三八”红旗手。会议选举执委59名。苏守儒当选为市妇联主席，陈绍岚、陶述梅、朱长青当选为市妇联副主席。同年8月，淮阴市2名妇女代表赴北京参加第四次世界妇女大会期间举办的“非政府组织妇女论坛”。市妇联主席苏守儒撰写的《流动人口中的妇女问题》参加首场专题讨论发言。1998年9月，淮阴市妇女代表团一行37人赴南京参加江苏省妇女第九次代表大会。淮阴市有17人和7个集体分别获得“省‘三八’红旗手”和“‘三八’红旗集体”称号。

2000年9月，淮阴市第四次妇女代表大会召开。226名妇女代表参加会议。大会以市委、市政府名义表彰40个“三八”红旗集体、100名“三八”红旗手，其中20名“三八”红旗手标兵享受市劳模待遇。会议选举执委35名。吴炳霞当选为市妇联主席，刘湘池、李莹当选为市妇联副主席。2003年8月，吴炳霞、韦晓梅出席中国妇女第九次全国代表大会。

2005年11月，淮安市第五次妇女代表大会召开。260名妇女代表参加大会。大会表彰50个市“三八”红旗集体、90名“三八”红旗手、10名“三八”红旗手标兵、100名优秀妇女工作者、30个优秀妇联组织和100个市级“巾帼示范岗”。会议期间，还举办以“塑造淮安女性新形象”为主题的论坛。会议选举执委35名、常委17名。蔡莉当选为市妇联主席，张月芹、刘海弘、王贻文当选为市妇联副主席。

第二节 机构与组织

1976年10月，淮阴地区妇女联合会办事处改称为江苏省妇女联合会淮阴地区办事处，顾霞任主任。1983年，淮阴地区妇联更名为淮阴市妇联，设生产福利部、儿童少年部、组织宣传部、法律顾问室等工作机构，有专职工作人员15人，下辖淮阴市所属各县、区妇女联合会13个。1997年1月，经中共淮阴市委批准，市妇联党组设纪检组。2001年，淮阴市妇女联合委员会更名为淮安市妇女联合委员会，设办公室、组织联络部、权益部、宣教部、妇女发展部、儿童工作部6个部室。市政府妇女儿童工作委员会办公室设在市妇联。2004年5月，淮安市巾帼家政服务中心揭牌，同时挂牌成立淮安市妇女劳务技能培训基地，归市妇联管理。

至2008年，全市126个乡（镇、街道）、1672个村（社区、居委会）均建立妇联组织；党政机关、科教文卫等事业单位共有妇委会232个。市妇联联合市委组织部建立的市级优秀女性人才库，包括党政管理人才、经营管理人才、专业技术人才3支队伍，共361人。市四套班子中都配备女干部，8个县（区）政府及淮安经济开发区领导班子中女干部配备率100%。全市机关女性干部2000人，占全市干部总数的12.5%；市级机关女性处级干部77人，县处级正职女性干部10人，县处级以上后备干部女性20人。全市有省人大代表38人，其中女性代表9人，占代表总人数的23.7%；省政协委员17人，其中女性委员1人，占委员总数的5.9%；市人大代表434人，其中女性代表107人，占代表总人数的24.6%；市政协委员414人，其中女性委员82人，占委员总数的19.8%；县（区）人大代表1933人，其中女性代表467人，占代表总人数的24.2%；县（区）政协委员1578人，其中女性代表344人，占代表总人数的21.8%。

第三节 主要活动

一、“双学双比”竞赛

1979—1988年，淮阴市陆续开展“银花（棉花）赛”、花边钩绣生产、“星火”科技培训等活动，推动妇女发展家庭经济。1989年，围绕“双学双比”（学文化、学技术，比成绩、比贡献）竞赛活动，突出科教兴农和引导妇女参与农业产业化经营，开展“123科技致富辐射工程”和“三八”丰产竞赛活动。全市100多万名农村妇女参加“双学双比”竞赛活动，参加推广运用新品种、新技术，产生1619个集示范、培训、扶贫为一体的妇女致富龙头项目，带动20万名农村妇女从事贸工农一体化经营。组织农业专家、科技人员与女能手结对8630对，帮助妇女提高运用科技的能力实现增收。2000年后，全市各级妇联在劳务输出过程中，逐渐形成淮安家政、盱眙保姆、洪泽月嫂、涟水编织、淮阴电子等“妇”字号品牌。举办各类技能培训班1562期，培训妇女16.4万人次，帮助12.5万人次农村妇女劳动力实现有序转移、务工致富。2006年，围绕新农村建设目标，淮安市妇联在全省率先启动“三新”（学习新技能、创造新生活、建设新家园）主题活动，以培训带动、载体推动、城乡互动的创新工作方式，为农村妇女发展提供政策、技术、信息等服务，引导推动农村妇女投身创业、转移就业。

二、“巾帼建功”竞赛

1991年，淮阴市在城镇妇女中开展“巾帼建功”竞赛活动，全市参加活动的女职工达8.4万人，争创各级“巾帼示范岗”622个。2000年后，“巾帼建功”活动把推进妇女就业和创业作为1项重要内容，各级妇联成立“下岗女工再就业指导服务中心”“巾帼培训中心”，主动配合有关部门开办各类择业、就业培训，开辟再就业一条街等就业市场，发展第三产业和社区服务事业。免费培训下岗失业妇女6.2万人次，举办女性劳务市场招聘会62场次，安置下岗女工6614人，结对帮扶下岗女工1077人，鼓励帮助11255名妇女创业。

三、家庭文化建设

1984年后，淮阴市妇联举办体育竞赛、演讲比赛、“淮阴新风”图片展览、组建“四自”精神教育讲师团等活动，引导广大妇女树立正确的世界观、人生观、价值观。1986年，为支援“两山”（老山、者阴山）前线，市妇联动员全市妇女为前线战士做鞋垫34606双。开展庆“三八”活动，举办百万妇女健身大展示、广场家庭趣味运动会、“春韵”文艺联欢会、妇女与奥运同行健身操（舞）展示等活动，展示各界妇女的新风采。开展多种形式的“五好家庭”创评活动。结合纪念周恩来诞辰90周年活动，编印《同志·战友·伴侣》宣传手册，为全市“五好文明家庭”创建活动提供好教材。1997年，联合市委宣传部、市文明办印发《淮阴市“五好文明家庭”标准及实施细则》，并召开首届表彰大会。此后，各级妇联以学习型家庭、绿色家庭、健康家庭、平安家庭、廉洁家庭、节水型家庭以及美在万家、“我家的二十年”摄影图片展、“不让毒品进我家”、社会主义荣辱观教育实践活动为载体，不断深化文明家庭创建活动，推动家庭美德建设。至2008年年底，全市“五好文明家庭”创建参评率在85%以上，有市级“五好文明家庭”4000多户、省级及国家级“五好文明家庭”100多户。

图16-2 在少年儿童中开展传统文化主题活动（2008年）
市妇联 供

四、妇女维权

1983年后，淮阴市妇联建立健全妇联干部特邀（人民）陪审员、维护妇女儿童合法权益联席会议、法律援助3项制度，构建咨询投诉、司法保护、普法宣传和妇女帮教四大网络，创立市妇女顾问小组、市婚姻家庭咨询服务站、家庭暴力投诉站和社区、乡镇妇女儿童庇护站、婚姻家庭维权中心、反家庭暴力志愿者服务站等救助机构。全市有77名妇联干部被聘为特邀陪审员、30名妇联干部担任人民陪审员。1991年《中华人民共和国妇女权益保障法》颁布实施后，市妇联编印5万册宣传资料，各级妇联共举办各类法律知识培训班2436期，培训妇女23万余人次。市妇联被省妇联、省司法厅和市委、市政府表彰为普法工作先进集体。2000年以后，开通12条维权热线和“淮安妇女”网上投诉通道，接待信访2000多人次，为妇女群众提供投诉受理、法律帮助、心理疏导等服务，并推动解决涉及家庭暴力、拐卖妇女、侵害劳动权益的案件1200多件。开展“安尔乐杯”“人防杯”“平安保险杯”等法律知识竞赛，全市参赛妇女10多万人次。

五、儿童工作

1986年，淮阴市家庭教育研究会成立，重点开展家庭教育，优生、优育、优教“三优”知识宣传。举办各类知识讲座、咨询服务280多场，收集家教论文960篇。1994年，淮阴市实施以资助贫困儿童重返校园、实现九年义务教育的“春蕾计划”。1996年，动员市妇儿委成员单位资助15万元，在淮阴县刘老庄乡建立全省第一所“春蕾希望小学”和第一个“春蕾女童班”。2002年后，开展“小公民道德建设”实践活动，命名市级小公民道德示范基地20个；制定《淮安市家庭教育“十五”计划》，实施“家庭育人”工程，创办市家长学校总校，组建家教专家讲师团，组织专家开展咨询巡回讲学等，传播现代家庭教育理念，提升家庭教育水平。至2007年年底，全市筹集资金800多万元，建立“春蕾学校”7所、“春蕾班”255个，资助万余名贫困儿童上学。各级妇联关注留守儿童健康成长，多次组织专题调研，开展亲子同乐夏令营活动以及“社会妈妈结对帮扶”活动，取得显著成效。实施“为了孩子的明天”健康援助行动，开展“生命的礼物”爱心救助，成功为全市102名先天性心脏病患儿实施手术，免除费用204万元。实施留守儿童关爱行动，2007年12月，全国农村留守儿童工作现场会在淮安市召开。

图16-3　全国农村留守流动儿童工作经验交流会淮安现场（2007年）
市妇联　供

第四节　妇女儿童规划纲要实施

根据国务院1995年7月颁布的《中国妇女发展纲要》和江苏省1996年颁布的《江苏省妇女儿童发展规划》，淮阴市委、市政府制定并实施《淮阴市妇女儿童发展规划（2001—2005）》。2001年后，江苏省妇儿工委对13个省辖市妇女儿童发展规划20项重点指标进行监测评估，淮安市2001年位于全省第十一位，2002年位于全省第十二位，2003年位于全省第九位，2004年继续保持全省第九位，2008年位于全省第八位；市妇儿活动中心建设、留守儿童食宿条件改善、0～6岁残疾儿童免费康复治疗项目在全省8件实事落实情况排名中分列前3名。

一、女性就业

全市各级政府开发下岗女工再就业岗位，帮助女性寻求就业，女性就业状况不断改善。2004年，市劳动与社会保障局免费再就业培训女性1.3万人次，占免费再就业培训的58%；失业人员中女性比例为47.08%。2001—2005年，全市培育“女职工再就业示范基地（岗）”14个，优先对下岗女工进行转岗就业培训。新兴行业中，女性从业人员比例占35.28%，中高级专业技术人员中女性比例占31.84%。城镇登记失业人员女性比例逐年递减，妇女就业领域不断拓宽。

二、女党员女干部

市各级党组织做好女性中共党员的培养发展工作，女性中共党员队伍不断壮大。2008年，全市共有女性中共党员4.2万人，占中共党员队伍总数的16.2%。当年新发展女性中共党员3184人，所占比例为46.8%。市委、人大、政府、政协领导班子中都配备女干部，8个县（区）及淮安经济开发区政府领导班子中女干部配备率100%。2008年，全市机关女干部0.2万人，占全市干部总数的12.5%；市级机关处级干部女性77人，县处级正职女干部10人，县处级以上后备干部女性20人。

三、婴幼儿童关爱与教育

全市有182所医疗单位通过国家和省级爱婴医院评估，实现全市有接生能力的医院都符合爱婴医院标准的目标，所有县（区）均通过省爱婴县（区）的评估。全市5岁以下儿童死亡率逐年下降，2004年为9.95‰。全市各县新生儿破伤风发病率一直保持低于1‰的县；以乡镇为单位的儿童四苗全程免疫接种率达100%，儿童健康得到进一步保障。

四、妇女教育与培训

全市广大农村妇女参加学文化、学技术，比成绩、比贡献的“双学双比”竞赛活动，95%以上的青壮年妇女通过学习培训，掌握实用技术。全市发展适合女性特点的职业教育和继续教育。至2004年年末，全市有成人中等、高等学校在校学生1.5万人，较2001年增加0.6万人，其中女性学生占总人数的50%；成人识字率由2000年的93.16%上升到99.46%，青壮年识字率上升到99.48%，成人教育保持较高水平，女性接受继续教育的水平大幅度提高。

第四章　淮安市科学技术协会

第一节　组织建设

淮安市科学技术协会（以下简称“市科协”）于1983年6月恢复。恢复之初，只有3名工作人员。同年9月，成立淮阴市科技咨询服务中心，下设办公室，设在市科协，主要职责是为全市企业提供科技咨询、科技服务。1986年，成立淮阴市农函大办公室，主要职责是开展农村实用技术培训。2008年，淮安市科协有行政编制9个、附属编制2个，共10名工作人员，下设三部一室（科学技术普及部、学会部、国际联络部、办公室，其中国际联络部与学会部合署办公）及1个差额拨款事业单位（科技咨询中心，与农函大办公室合署办公），下属自然科学各学（协）会等50个、企业高校科协15个，拥有会员近3万人。

第二节　科普工作

一、农村科普

（一）送科技下乡

市科协采用组织讲师团、举办培训班、发放农业科技资料、版面展览等形式把各种农业实用技术送到农民手中。选派科技人员深入村间田头，手把手地教农民致富技术，解决他们在种养加生产过程中遇到的实际问题。2004年11月，市科协组织相关学会、基层科协的科技人员，深入淮阴区等地的4个乡镇开展以“发展现代农业、建设现代农村、培育现代农民”为主题的“三农”服务月活动。金湖县科协开展农业科技“快餐月”活动，组织农技人员深入11个乡镇的24个村，面对面传授农业新技术、推广新品种。开通“农技110”服务热线，为农民解决生产技术难题。

（二）科普示范基地

2002年，涟水县保滩镇张渡养禽科普示范基地带动周围8个村养禽，涉及农户810户，转移剩余劳动力1100余人，养禽总量150万只，获利1200多万元，该示范基地被省农科教领导小组评为省级先进单位。盱眙县科协根据龙虾养殖产业发展的实际情况，在该县维桥乡建立克氏螯虾养殖示范基地，主要开发龙虾种苗人工繁育与商品虾的养殖，对在全县范围推广龙虾养殖、增加农民收入有着重要意义。

（三）创建全国科普示范县

1998年后，市科协根据中国科协创建全国科普示范县的具体要求，针对示范县标准逐一过堂。成立创建领导小组，健全创建网络，配备创建人员，加强基础设施建设，建立一批科普示范村、示范户。2001年4月，楚州区通过由中国科协华东地区组织的检查验收，在中国科协第六次代表大会上，被首批授予“全国科普示范县区”称号。

（四）农村党员基层干部实用技术培训

市科协与市委组织部一起制定《淮安市农村党员干部科技素质培训工作考核评比办法》，对培训工作的组织领导、培训场所、培训内容、师资力量、扶持政策、经费投入、培训效果等提出明确要求。2004年，淮安市有4名中共党员创业致富典型事迹入选《全国党员基层干部科技素质培训专题经验汇编》。

（五）农业科技咨询热线

2008年，市科协联合市电信公司、市农学会共同建立自动和人工农业科技信息咨询服务平台，由市电信公司为专家配备小灵通，其单位、姓名、所学专业、小灵通号码向社会公布，来自农、林、牧、渔等16个专业的22名专家免费为农民服务。

(六) 百村万户科技富民工程

从2006年开始，市科协与市委组织部、农工部联合制定《关于开展百村万户科技富民工程的实施意见》，在全市选择100个行政村，用3年时间组织市、县两级科协的科技专家深入生产第一线，采取“村会挂钩、专家进大户、大户带小户”的方式，培养一批懂技术、会经营、善管理的农村大户，带动和扶持8000～10000个农户，使其能够掌握农业实用技术，增强市场竞争力，依靠科技增收致富。各县（区）和有关学会也都结合当地（单位）实际，出台具体的实施办法，落实对接村83个，带动农户8599户。

(七) 科普惠农兴村计划

2008年，市科协会同市财政局组织“科普惠农”项目推荐工作。涟水县弘保禽业协会、农村科普带头人陈彬香受到中国科协和财政部表彰，淮安市淮阴凌桥米业协会、金湖县白马湖水产养殖基地受到省科协表彰，获得奖励资金45万元。

二、城市科普

(一) 科普进社区

为创建和谐社区、文明社区、科普特色社区，市科协每年开展科普进社区活动。2007年8—10月，市科协会同市“四城办”、市健康办、美食节组委会等单位联合开展“科普之夏”活动，分别以“美食淮安”“卫生淮安”“健康淮安”为主题，通过图展、发放宣传资料、讲座、咨询、义诊、播放科普录像等形式，在各社区宣传40多场次。

(二) “非典”防治宣传

2003年4月22日，市委、市政府紧急召开防治“非典”工作会议。会议之后，市科协组织人员连夜编写《防治非典型性肺炎》科普宣传材料，并制作12套科普展牌。4月23日，在市政府机关大院、学校、部队、大中型企业进行巡回展览，观看人数达5万人次，使广大人民群众对“非典”的发病机理、传播途径、治疗手段、预防方法等相关知识有深入认识。5月初，市科协购买15万份防治非典型肺炎科普宣传材料，下发到有关社区及各县（区）。

(三) 法制宣传

2002年6月，《中华人民共和国科学技术普及法》（以下简称《科普法》）正式公布施行。市政府于当年12月印发《市政府关于宣传贯彻〈中华人民共和国科学技术普及法〉的通知》。市科协结合淮安实际，研究制定落实《科普法》的具体实施意见；召开有关学会秘书长会议，宣传《科普法》；将《科普法》内容制成科普宣传版面，在机关、工厂、部队、社区进行宣传；以市政府名义印发文件，在全市范围内掀起宣传《科普法》的高潮。

(四) “全国科普日”宣传

每年的9月19日“全国科普日”，市科协都邀请国内著名专家到淮安市进行科普宣传。2006年9月，邀请由原中国航天应用系统总指挥张厚英、著名天文学家李竞、9次深入南北极实地考察的地质学家位梦华等10位科学家组成的科学报告团到淮安市作报告。报告团一行在4个区开展18场科普报告，1万多名中小学生、机关干部聆听报告。

三、青少年科普教育

2006年，市科协联合市教育局、科技局举办淮安市首届青少年科技创新大赛，1000名青少年参加，最终评出一等奖42项、二等奖90项、三等奖180项。江苏省第十七届青少年科技创新大赛上，淮安市获奖41项，其中一等奖5项，市科协获全国青少年科技全新大赛组织奖。此后，市科协每年都举办青少年科技创新大赛。

四、科普宣传周

1989年起，按照中国科协和省科协的要求，将每年5月的第3周确定为科普宣传周，淮安市每年开展科普宣传活动。2004年5月15日，在市博物馆广场举行第十六届科普宣传周开幕式。市科协组织科技、卫生等18家科普联席会议成员单位在市区举办大型广场科普咨询活动，散发各种科普资料3万多份。举办“科技以人为本”大型科普图片展览，展览分“科技以人为本”“飞天圆梦”“生态环境”和“自然之窗”4个专题，展出300块展牌、精美图片1000多幅。展览期间，有近2万人次机关干部、社区居民、中小学生参观展览。

五、科普职称评审

2005年起，在全国率先开展科普职称评审工作，市科协成立科普师中级职称评审工作领导小组，负责对淮安市范围内科普系列初级、中级职称的评审工作。评审采取先考后评的方法，每年9月组织考试，次年对考试合格人员进行考核评审，最后由省、市人事部门发文公布并发放职称证书。

第三节　学会工作

一、科技咨询

1985年，由江苏省科协、淮阴市政府主办，市科协承办的沂淮铁路论证会举行，为沂淮铁路建设提供科学依据，论证结果被有关部门采纳。市供电局科协针对城中变电所变压器地处闹市区，变压器运行设备噪声大，严重干扰附近居民日常生活的情况，组织科技人员进行调研和测试，开展“110KV城中变噪声综合治理科技咨询项目”研究。通过在原设备中增加风机和消音器等设备，改善运行环境，达到环保要求，取得良好的社会效益。市林学会承接“杨树的工业原料林定向培育技术开发”项目，市纺织工程学会承接“空气纺KO纱”项目，市水利学会承接“淮河入江水道高集油田扩建工程防洪与河势影响评估报告”项目等，为企业解决实际问题。

二、自然科学优秀论文评选

1986年起，市科协对科技人员的学术论文进行评比，每两年一次。每次评审，首先通过报纸、电台、网络等媒体对评审活动进行宣传，随后各学会组织本学会论文评审并将评审结果上报市自然科学优秀学术论文评审委员会，最后评出一、二、三等奖。结果公示后，由市政府发文进行表彰奖励。

三、优秀科技工作者评选

1997年起，市科协开展全市优秀科技工作者评选工作，两年一次。评选工作首先由市委、市政府办公室发出通知，各县（区）、部委办局组织初评，再由市评审委员会评审出20名优秀科技工作者，市委、市政府发文进行表彰奖励。

四、学术研讨交流

二十世纪八九十年代，市纺织工程学会组织技术人员对全市纺织产业现状及未来发展规划进行调查研究，形成全市纺织产业发展情况的调研报告。市土建学会举办城市规划专题研讨会，邀请东南大学、同济大学、省建设厅等专家到淮安市讲学。市防痨学会邀请国际防痨和肺病专家到淮安市作学术报告。2003年，市科协组织5篇论文参加“中国农业农村农民问题专家论坛”，组织6篇论文参加“江苏省第七届海峡两岸青年学术交流会”，组织8名科技人员参加“世界工程师大会”，促进全市科技人员学术水平提高。

五、科技活动项目择优资助

2006年起，实施科技活动项目择优资助，即每年从各学会、有关科技人员上报的科技项目中经专家评选出优秀项目，市科协给予一定的资金补助。其中，“中低温向热管开发应用”“出口蔬菜基地”“淮安市农业资源可持续利用及农业循环经济理论与技术”等项目的实施，较好地促进淮安市科技与经济的发展。

六、举办学术年会

2006年10月，市科协召开首届淮安市学术年会，主题为“科技创新与淮安‘十一五’社会经济发展”。邀请中国工程院院士、浙江林学院院长张齐生作主题报告，市林学会、计算机学会、土建学会、药学会、医学会等13个学会开设专题分会场。年会期间，30多位国内知名专家学者和2000多名淮安市科技工作者，围绕“科技创新与淮安‘十一五’社会经济发展”主题，开展学术研讨和交流。2007年，第二届淮安市学术年会邀请全国人大原副委员长周光召作《技术与创新》的专题报告。

七、编印《科技工作者意见和建议》

2003年起，组织淮安市有关专家，围绕全市经济建设的热点、难点问题，从不同的视点和角度发表自己的意见和建议，集中刊载于《科技工作者意见和建议》。

第四节　企业科协工作

一、实施“金桥”工程

市科协、企业科协面向中小企业和农村种养大户，提供各种科技信息与技术服务，各县（区）科协也相继参与。涟水县科协向企业和种养大户收集技术难题和产品销售信息上网发布，同时有针对性的收集新产品信息汇编成《金桥信息》刊物，及时提供给有关单位和种养大户，每月1期，每期2000份。金湖县科协和县电视台联办《金桥工程信息网》栏目，为企业提供最新科技信息。洪泽县科协在企业和高校科研院所之间架设“金桥”，每年为企业和高校科研院所之间促成合作项目近100项，推动地方经济发展。

二、开展“厂会协作”

1987年起，市科协组织有条件的学会、企业科协与企业结对协作，实现优势互补，共同推进企业科技进步，提高企业科技创新能力和经济效益。市林学会与市木材加工业龙头企业盱眙县雅而斯人造板有限公司协作，为企业进行工业原料林设计、栽培技术和病虫害防治技术培训、现场栽培示范等，帮助建立工业原料林基地。该项工作每年协作项目近30个。

第五章　淮安市归国华侨联合会

第一节　归侨侨眷代表大会

淮安市归国华侨联合会（以下简称“市侨联”）是由归侨侨眷组成的人民团体，是淮安市政协的组成单位。1984年成立后，全市归侨侨眷代表大会每5年召开1次。

1984年8月16—18日，淮阴市第一次归侨侨眷代表大会召开。出席大会的正式代表有104人（归侨25人、侨眷55人、留学生眷属24人）。会议选举产生淮阴市侨联第一届委员会，委员21人，主席、副主席2人。黄和平任主席，伍婉任副主席兼秘书长。

1989年12月10—12日，淮阴市第二次归侨侨眷代表大会召开。出席大会的正式代表有105人，代表中有抗日战争时期回国参战的老归侨、有中华人民共和国成立初期回国求学的华侨学生，有旅居世界20多个国家和地区的华侨、侨眷代表。大会选举产生市侨联第二届委员会，委员25人，黄和平当选为主席，伍婉、庄学辉当选为副主席，伍婉兼任秘书长。

1996年1月26—27日，淮阴市第三次归侨侨眷代表大会召开。出席大会的正式代表有150人。会议听取、审议并批准市侨联第二届委员会工作报告，选举产生市侨联第三届委员会，委员25人，伍婉当选为主席，单步友、赵恺当选为副主席，单步友兼任秘书长。

2002年8月13—14日，淮安市第四次归侨侨眷代表大会召开。出席大会的正式代表180人，特邀代表8人。大会选举产生市侨联四届委员会，侯龙春当选市侨联主席，单步友、赵恺当选副主席，单步友兼任秘书长。

2007年12月25—26日，淮安市第五次归侨侨眷代表大会召开。出席会议的正式代表142人，其中归侨11人、华侨1人、侨眷130人。会议听取并审议市侨联第四届委员会工作报告，并作出相应的决议；选举并产生市侨联第五届委员会，表彰一批侨界先进个人和先进集体。市财政局、淮阴区侨联等7个单位被评为侨联工作先进集体，10人被表彰为侨联工作先进个人，20人被评为全市归侨侨眷先进个人。

第二节　组织建设

1982年，淮阴市侨联开始筹建。1984年8月16日，淮阴市侨联正式成立。2001年2月，淮阴市侨联更名为淮安市侨联。

2001年，中国侨联、国务院侨办、法制日报社授予淮安市侨联《中华人民共和国归侨侨眷保护法》知识竞赛组织奖。理论文章《浅议新时期基层侨联干部的基本素质》参加省侨联研讨会，获优秀论文一等奖。2002年，淮安市侨联被省侨联表彰为全省侨联系统先进集体。2004年，侨眷杜海权被国务院侨办、中国侨联评为全国归侨侨眷先进个人。2005年，理论文章《做好新时期侨联建设与经济建设的思考》获中国侨联论文研讨会优秀奖。2006年，淮安市侨联主席单步友被省侨联、省侨办、省人事厅授予"先进工作者"称号。2004年、2006年，市侨联均被中国侨联、中国台联、中国作家协会、人民日报社、中央电视台联合表彰为"世界华文小学生作文大赛"组织奖。2007年，拍摄电视专题片《悠悠寸草心》（又名《情系故土》），获省优秀节目奖。2008年，被省侨联评为抗震救灾先进集体。

2008年，淮安市侨联有市直部门单位、县区基层、海内外侨界委员51人，其中侨联常委25人、特聘名誉主席5人、海外顾问10人、国内顾问6人。市侨联法律顾问委员会成立，成员全部为淮安市法律界侨胞侨眷。

第三节　主要活动

一、海内外侨界联谊

20世纪90年代后，市侨联先后组团赴美国、日本、欧洲、东南亚等国家及中国港澳地区访问。注重侨界和谐"大家庭"建设，组织归侨侨眷开展丰富多彩的活动。2003年5月，组织全市老归侨赴扬州休闲观光。组织侨界人士赴香港访问，拜访香港华侨华人总会、香港江苏同乡会、淮安同乡会和侨友社。2004年，时任市侨联主席的侯龙春任省侨联访问团团长，率全省各市12名侨联工作人员，赴澳门参加华侨华人庆祝澳门回归5周年联谊大会。同年9月，举办市侨联成立20周年纪念活动。2005年8月，开展"一方水土——淮安侨文化"系列宣传活动。在纪念抗日战争胜利60周年之际，组织侨界代表赴南京参观侵华日军南京大屠杀遇难同胞纪念馆，瞻仰淮安籍旅美爱国华侨张纯如铜像。2006年上半年，为庆祝中国侨联成立50周年，开展"征集海内外侨界书画家作品"活动。同年5月，举办"老归侨金婚纪念"活动。2007年11月，应澳大利亚潮州联谊会邀请，随省侨联访问团赴新西兰、澳大利亚访问。市侨联还鼓励和帮助有条件的归侨、侨眷到海外探亲交友，加强联络，畅通民间交流渠道，密切与海外华人的联系。

市侨联每年定期向海外华人华侨寄发会刊《淮安侨声》，宣传淮安的人文地理和经济社会发展情况。《淮安侨声》共发行3.2万份，送发到30多个国家和地区。每逢传统节日，市侨联都向海外新老朋友寄发贺卡、贺电、贺信，祝福平安，加深海外侨胞对祖国和家乡的认同感。1992—2008年，共寄发各类贺卡、贺电、电子邮件1.2万份。

至2008年年底，市侨联累计接待世界各地30多个国家和地区的华侨华人近万人次，与16个国家和地区的海外侨团侨领保持密切联系。

二、服务经济社会发展

市侨联坚持以侨会友，鼓励有条件的侨界人士多为家乡的社会经济发展服务，引进一批重量级项目。金湖宏源国际大酒店有限公司、淮安实烨房地产有限公司、欧华大酒店、淮安宏伟模具制造有限公司、淮安兴明玩具有限公司、龙泰服饰有限公司、东方双语学校、江苏理士电池有限公司等一批知名的侨资、合资企业落户淮安，实际利用侨资超过50亿元。

港胞郑兆财先后向家乡涟水县捐赠1.8亿元人民币。新加坡华人、香港金马集团主席兼总裁冯地通过市侨联，捐资涟水县实施改水工程。市侨联实施“侨心小学”（由海外华侨华人捐建）和“爱心小学”（由台湾同胞捐建）建设计划。2007年，在淮阴区兴建苏北地区第一家爱心小学——维德爱心小学，在涟水县红窑镇兴建1所爱心小学。

市侨联在侨情普查的基础上，为出国人员、海归人士专门建档，引导归国留学人员到淮安市留学生创业园区兴业创业，鼓励引导海外侨胞宣传中国的和平外交政策和构建和谐世界理念，让他们成为促进中国人民与世界各国人民友好交往的“民间大使”。2008年，江苏爱特福药物保健品有限公司、淮安诚利达服装有限公司、淮安正大饲料有限公司被省侨联授予“抗震救灾先进侨资企业”称号。推荐旺旺食品有限公司、淮龙新型建材公司入选第一届江苏省优秀侨资企业；推荐淮安市新奥燃气公司、膳魔师（江苏）家庭制品有限公司、江苏理士电池有限公司、江苏泰丰针织有限公司、洪泽大洋化工有限公司5家侨资企业参评省第二届优秀侨资企业。

三、服务侨界群众

市侨联坚持对侨情动态调查、动态管理，每年调查1～2个县（区）和若干市直部门单位，每届完成一轮全市调查，始终保有最新的侨情档案，随时了解海内外侨情变化和淮安市侨界情况。在侨情调查过程中，市侨联抓紧时机了解侨界思想动态、发展需求及维权需要，摸清其为家乡建设作贡献的意向，有针对性地开展工作。把为侨服务作为工作重点，坚持定期走访和定期下访，确保及时掌握侨情变化和侨界群众的需求。在传统节日，市侨联都为归侨侨眷送去慰问，传递关怀和温暖。为贫困侨户摆脱贫困和创业提供帮助，帮助贫困侨户摆脱贫困。

市侨联依法为侨服务，维护侨界合法权益。成立淮安市侨联法律顾问委员会，为苏北地区第一家涉侨维权组织，主要职责是向归侨侨眷和海外侨胞提供法律咨询服务，为合法权益受到侵害的侨胞提供法律援助。由市侨联联合市人大港澳台侨委员会、市政府侨务办公室、市政协港澳台侨委员会定期召开联席会议，协调全市侨胞和港澳台胞工作。市侨联发挥侨界人士参政议政积极性，鼓励侨界各级人大代表、政协委员提出提案、议案100多件，为归侨侨眷解决住房拆迁、企业改制、出国定居、福利待遇、子女升学和就业等困难和问题130多起，依法维护侨房拆迁补偿、处理侵犯侨界合法权益等案件80多起。

至2008年年末，淮安市有归侨12人，主要来自东南亚地区；侨眷4万人；海外华侨、华人、港澳同胞1.3万人，分布在世界30多个国家和地区。传统集中居住区由东南亚发展至北美、欧洲、非洲等地，新一代海归人士及其眷属成为主体，其中“政治上有影响、经济上有实力、学术上有造诣、社会上有名望”的“四有”人才有近100人。

第六章　淮安市文学艺术界联合会

第一节　组织建设

1978年，淮阴地区文艺工作者参加清江市文学艺术工作者联合会活动。1983年3月，清江市文学艺术工作者联合会随清江市撤销而停止活动。淮阴市文学艺术工作者联合会（以下简称“市文联”）在筹建过程中，相继成立市文学、摄影、戏剧、曲艺、书法、美术和音乐舞蹈工作者协会，制定和通过各协会章程，产生各协会的理事和常务理事，分别由赵恺、顾树青、宋长荣、张韵萍、戚庆隆、吴夕兴、周广乾担任主席，共有市级以上协会会员568人。

1985年6月，市文联第一次代表大会召开。与会正式代表241名，列席代表40人。会议通过市文联章程，选举产生70名市文联委员。召开第一届一次全委会，选举赵恺为市文联主席、孙盛元、宋长荣、王士爱为副主席，周兴和为秘书长。同年9月，成立《崛起》杂志编辑部，为市文联下属全额拨款事业单位。

图16-4　淮阴市文学艺术工作者第一次代表大会（1985年）
市档案馆　供

1993年8月，市文联第二次代表大会召开。会议修改市文联章程，协商通过第二届文联委员77人。选举顾林青为主席，林国章、张庆源、宋长荣、吴夕兴为副主席，聘任赵恺为名誉主席。1993—1994年，先后召开市摄影、曲艺、书法、美术和音乐舞蹈家协会的第二次会员代表大会，选举产生新一届协会理事和主席团，顾树青、华禹谟、吴夕兴、戚庆隆和张庆源分别当选为协会主席；成立市电视艺术家、市民间文艺家协会，孙洪中、马超骏分别当选为协会主席，协会组织进一步健全。

1993年年底至1994年上半年，各县（市、区）相继恢复文联组织。全市基层文联网络初步形成。

1995年，根据市文联章程和第二届委员会组成办法，增补文联委员10人。同年9月，靳全生调任市文联副主席。企业文联建设得到初步发展，清江棉纺织厂成立企业文联，并成为市文联团体会员。此后，市石化厂、华联商厦、洋河酒厂、双沟酒厂建立企业文联或分支协会，文艺工作得到普及与推广。

1996年因行政区划调整，原来所辖的宿迁、泗阳、泗洪、沭阳和灌南5个县（市）文联不再作为淮阴市文联团体会员。同年8月，市文联第二届三次全委会召开。会议增补委员8名，市委宣传部副部长张寿山当选为主席，靳全生为副主席。1998年，市委、市政府印发市文联组织机构编制方案，明确文联工作职责、人员编制、内部机构设置、领导及中层干部职数。2001年2月，淮阴市文联更名为淮安市文联，市各文艺家协会名称作相应变更。县级淮安市文联更名为楚州区文联，淮阴县文联更名为淮阴区文联。

2005年6月，市文联第三次代表大会召开。会议听取并通过工作报告，修改市文联章程；召开三届一次全委会，选举张寿山为主席，刘跃进、张玲玲、吴夕兴、周思民、荣光辉为副主席，聘任宋长荣、赵恺为名誉主席。其中，刘跃进兼任秘书长。2007年7月，市文联第三届三次全委会召开，增补市委宣传部副部长王信淮等为市文联委员，选举王信淮为主席。2008年，明确市文联为参照公务员法管理的人民团体。至当年年底，全市有国家级会员144个、省级会员669个、市级会员2156个。

第二节 重要活动

1985年，淮阴市文联举行“淮阴文艺年奖”评奖活动，1件书法作品获一等奖，8件作品获二等奖，另有11件作品获三等奖，16件作品获鼓励奖。

1986年1月，《崛起》编辑部与双沟酒厂共同设立“双沟杯”小说奖，对在《崛起》刊物上发表的小说进行评奖，分为特别奖、一、二、三等奖4个层次，每年评选1次，每届评出5～7篇。当年10月，市文联在北京中国美术馆举办“淮阴书法、美术、摄影展”。举行“崛起杯”美术摄影大赛。经评选，美术类共评出一等奖2件、二等奖4件、三等奖8件、鼓励奖19件、荣誉奖5件；摄影类共评出一等奖2件、二等奖4件、三等奖8件、入选奖36件。

1987年5月，市文联与市委宣传部、团市委、市文化局、市教育局联合举办淮阴市高等院校、中专校“五四”青年节文艺会演。同年9月，与清江石化厂、扬子晚报社、江苏人民广播电台联合举办“双猫杯”全国书法大奖赛。收到参赛作品4500余件，作品来自全国24个省、市、自治区和部分旅居法国、日本的华侨。评出一等奖9名、二等奖30名、三等奖60名、优秀奖100名。11月，洋河酒厂、淮阴市文联、《江苏音乐》杂志社、中国音乐家协会主办洋河歌会。全国及省内著名作曲家、词作家18人和淮阴部分音乐骨干在洋河酒厂参观、采访与创作，为期8天，共创作词曲各40余首，并在洋河酒厂举行汇报演出。是年，在中央电视台举办的全国青年演员电视大奖赛上，淮阴京剧团演员江其虎获全国最佳演员奖。电视剧《一群小好汉》获中国首届“宋庆龄儿童文学奖”二等奖（一等奖空缺）。

1988年2月，《崛起》杂志第2期出版纪念周恩来诞辰90周年专辑，刊登周恩来在南开大学校刊上发表的文章《射阳忆旧》，著名作家陈白尘、吴强、谢冰岩、袁鹰等发表纪念文章。当年3月，举办纪念周恩来诞辰90周年书画展览和摄影展览。5月，全国当代新诗研讨会在淮阴市举行，全国18个省、市、自治区的著名诗歌评论家和诗人63人出席会议。10月，由市委宣传部、市文化局、市文联和市摄影家协会联合举办的吴印咸摄影工作60年回顾展在清河区文化馆举行，展出摄影作品195幅。是年，书法家戚庆隆的书法作品在全国第四届书法篆刻展评选中获一等奖。

1989年9月，市文联举办庆祝中华人民共和国成立40周年系列活动，表彰对繁荣淮阴文艺事业有特殊贡献的文艺工作者13名，有重大贡献的文艺工作者51名，有显著成绩的文艺工作者76

名；举办淮阴文艺界40周年创作成果回顾展，共展出版面7块、图片资料50余幅；开展《我和淮阴》征文活动，推出著名淮阴籍老作家吴强、陈登科、陈白尘及社会各界人士文章20余篇；联合市文化局等单位举办中华人民共和国成立40周年书画摄影艺术展，展出作品300余幅。同年12月，中国剧协江苏分会、淮阴市文化局、淮阴市文联先后在南京、淮阴、沭阳3地共同举办宋长荣舞台生涯40周年庆贺活动。时任中共中央政治局常委李瑞环亲笔题写“荀艺长荣”表示祝贺勉励。宋长荣和著名京剧表演艺术家刘长瑜等为观众演出11场，并在南京举办2次座谈会。

1990年5月，市文联联合市委宣传部、市文化局举办纪念毛泽东《在延安文艺座谈会上的讲话》发表48周年座谈会，收集论文20篇，编印《学习〈讲话〉繁荣文艺论文集》。10月，承办“纪念周恩来中日书法、美术、摄影艺术作品展”。展出中日友协、日本艺术家及淮阴市艺术家创作的作品200余件。是年，市书协与市台办共同举办“海峡两岸中秋书画展”，展出作品80余幅。1991年9月，联合市委宣传部、市水利局主办抗洪抢险摄影展。展出作品100余幅，巡回在街头、高校和重灾区进行展出，观众超过10万人次。1993年10月，与市委农工部联合举行“名酒之乡”国际书画大奖赛颁奖大会，评出一等奖6名、二等奖40名、三等奖120名。

1994年10月，市文联组织“美丽的洪泽湖”征歌活动，征集歌曲48首，并举行歌会。当年11月，与市委宣传部联合举办“淮阴部分乡镇书画作品展”，展出书画作品90余幅，展示淮阴市改革开放以来农村物质文明和精神文明建设的成果。同年12月，宋长荣到北京中南海参加全国戏曲艺术家座谈会，受到国家领导人接见。是年，与市文化局等单位联合承办纪念京剧艺术大师周信芳诞辰100周年系列活动，举办京剧艺术研讨会、周信芳作品演唱会等活动。

1995年5—8月，市文联与多部门联合举办纪念抗日战争暨反法西斯战争胜利50周年“国税杯”书画百米长卷活动、淮阴市第二届革命歌曲声乐大赛。当年12月，开展淮阴市第二届文学艺术奖评选表彰活动，对1993年1月1日至1994年12月31日期间淮阴市创作的文艺作品进行评选，小品《今晚不谈那个》、戏剧《盗仙草》、舞蹈《丫丫舞》等15件作品获得一等奖。

1997年2月，《崛起》杂志社举办“红绿灯全国新诗大赛”，收到来自全国的新诗6000余篇。同年6月，市文联举办“十万市民迎（香港）回归”广场文艺宣传月大型文艺活动，分别在楚秀园广场、江苏食品学校广场、新亚商城广场举办3场大型文艺晚会，有500余名艺术家和文艺工作者参加演出，观众10多万人次。

1998年，市委、市政府主办的“故乡情——淮阴市纪念周恩来百年诞辰书法美术摄影展”在北京市劳动人民文化宫举行。展览历时近1年，征集作品120幅。展览分4个部分，有党和国家领导人瞻仰周恩来纪念馆、故居的题词复印件、照片，有反映淮阴市人文风情的图片、美术作品，有反映周恩来童年的组画和周恩来童年诗作，有赞颂和缅怀的书法美术作品，表达家乡人民对周恩来总理的不尽思念。中央电视台《新闻联播》栏目以及《人民日报》、《工人日报》、《中国艺术报》等均作报道。当年10月，市文联与市委宣传部、市文化局、市公安局联合举办“辉煌的二十年”广场文化节，在市体育馆广场举办3场广场演出。

1999年8—10月，举办“放歌50年——淮阴市第三届广场文化节”。该文化节列入全市庆祝中华人民共和国成立50周年重点活动，由三大活动组成。举行淮阴市“新亚杯”迎国庆少儿书画大赛暨展览，参赛选手600余人；举办“金秋十月”大型广场综合文艺晚会，全市20个单位300多名演员参加演出；举办“祝你生日快乐”金湖娃艺术团少儿舞蹈专场文艺晚会。该文化节历时一个多月，是淮阴市当时规模最大的一次群众性广场文艺演出。是年，诗人赵恺的长诗《周恩来》获省“五个一工程奖”一等奖。

2000年，组织开展淮阴市第三届文学艺术奖评选活动，对1996—1999年发表、上映、出版的

150余件作品进行评审，评出一等奖5个、二等奖22个、三等奖32个。是年，市文联对《崛起》编辑部进行改革，引入竞争机制，公开选拔执行主编，实行执行主编负责制。同年，《崛起》杂志更名为《短小说》，由综合性刊物向专业性文学刊物转变。通过改革，《短小说》杂志发行量明显增加，刊物质量不断提高，成为淮阴市文艺界的一个品牌。

2001年5月，中国文联千名艺术家万里采风团江苏分团近50名著名文艺家到淮安采风，组织1次书画笔会，在市区、楚州县、洪泽县、金湖县、盱眙县各举办1场文艺演出。2002年5月，组织20多名文艺家赴驻淮安部队慰问，举办"相聚军营——纪念《讲话》发表60周年慰问演出"，与战士们一起演出歌舞、相声、小品、扬州评话、器乐独奏等节目，并向部队官兵赠送书法、美术作品。

2003年3月，淮安市委、市政府、扬子晚报社在南京梅园新村纪念馆联合举办纪念周恩来诞辰105周年"一品梅之春"咏梅笔会。多名江苏省著名书画家和淮安市书画家参加笔会，并创作一批书画作品。同年12月，市委宣传部、市文联举办首期文艺家读书班。此后，每年举办1～2次，成为市文联服务文艺家的一个品牌。

2004年2月，策划承办"纪念邓颖超诞辰100周年书画展"，组织创作反映邓颖超生平的炭晶画和省、市书画家创作的作品110幅。同年9月，策划承办"运河情缘——苏常淮扬书画精品展"，展出运河沿线4座历史文化名城的书画名家作品140幅，并出版画册。2004年，《短小说》杂志进入江苏省"双效期刊"行列。

2005年10月，由江苏省文联、淮安市政府主办，省美术家协会、省书法家协会、淮安市文联、淮安市文化局承办的"章农书画作品展"在江苏省美术馆举行。同年，市委出台《关于进一步加强和改进文联工作的意见》，从组织机构、人员编制、活动经费和办公场所等方面对文联建设提出指导性意见，推动基层文联建设。市文联出台《优秀文艺作品表彰奖励办法（试行）》，该表彰项目每年开展1次。

2006年9月，市文联、市民间文艺家协会举行"十佳民间工艺美术家"授牌仪式暨民间工艺展。授予10位民间艺术工作者"十佳民间工艺美术家"称号，同时举办民间工艺品展。同年11月，张寿山、宋长荣、赵恺赴北京参加全国第八次文代会、第七次作代会。是年，在全国"兰亭奖"书法大展中，淮安市书法家吴自标获提名奖，4人作品入展，综合成绩在全国地级市中位居前列。2007年，宋长荣获美国林肯艺术中心、纽约文化局颁发的亚洲杰出艺人终身艺术成就奖。赵恺出任第四届鲁迅文学奖诗歌奖终审评委。涟水县获中国民间文艺家协会颁发的"中国淮海锣鼓之乡""中国淮海琴书之乡"称号。

2008年3月，举办纪念周恩来诞辰110周年系列文艺活动。市文联与淮安日报社、市作协联合主办"心中的楷模"征文活动，收到征文80余篇，评选出优秀征文30余篇；联合市委宣传部、文化局主办"故乡的思念"纪念周恩来诞辰110周年"一品梅"全国书画名家邀请展；联合市委宣传部、市文化局举办"一品梅"诗歌朗诵会。当年5月，四川汶川特大地震后，市文联组织广大文艺工作者，利用电视、网络、报刊等媒体收集资料，及时创作一批以"抗震救灾、众志成城"为主题的文艺作品，举办"心向汶川"诗歌朗诵会。同年6月，由中共淮安市委宣传部、洪泽县人民政府与中国摄影家协会联合主办，淮安市文联、淮安市摄影家协会承办的"美丽清纯洪泽湖"全国摄影大展举行。同年12月，淮安市纪念改革开放30周年图片展在市博物馆开展。与市委宣传部、市广播电视总台共同主办纪念改革开放30年书法美术展暨"空中看淮安"航拍图片展。由中国散文协会、江苏省作家协会、中共淮安市委宣传部主办，中共淮阴区委、淮阴区人民政府、淮安市文联承办的"漂母杯"全国母爱散文征文大赛举行启动仪式。

第七章　淮安市残疾人联合会

第一节　组织机构

图 16-5　开展助残活动（2008 年）　　市残联　供

1984年8月，淮阴市成立市盲人、聋哑人协会，开始兴办各类社会福利企业，集中安排残疾人就业。1988年，成立淮阴市残疾人事业领导小组。同年，按照“精简、统一、效能”原则，成立淮阴市残疾人联合会（以下简称“市残联”），性质为全额拨款事业单位，二级局建制，由市民政局代管。

1998年，市残联由副处级升格为正处级，单独设置。2001年，更名为淮安市残疾人联合会。有2个科级下属单位，即淮安市残疾人劳动就业服务中心和淮安市博爱康复中心。前者主要为残疾人提供职业培训、职业介绍、求职登记、就业指导等服务，并依据相关法律法规，开展按比例安排残疾人就业工作。后者主要开展学龄前残疾儿童康复工作。至2008年，机构未变。

第二节　残疾人事业宣传与文体工作

一、残疾人事业宣传

伴随残疾人事业的发展，淮安市内电视台、广播电台、报刊等媒体经常宣传报道残疾人生活，弘扬人道主义，倡导理解、尊重、关心、帮助残疾人的社会风尚。每年淮安电视台、淮安广播电台、《淮安日报》、《淮海晚报》宣传报道有关残疾人和残疾人工作的信息100多篇（条）。1999—2002年，淮安电视台在每周日晚间《一周要闻》节目中，开设手语译播，让广大聋哑人了解时事新闻，后因节目调整和其他原因中断。

1991年起，每年5月第3个星期日为“全国助残日”。截至2008年，淮安市共开展18次“助残日”活动。每年按照国务院残疾人工作委员会确定的助残日活动主题，结合当年全市残疾人事业发展重点工作开展活动。分别围绕“宣传残疾人保障法”“一助一送温暖”“走进每一个残疾人家庭”“志愿者助残”“文化助残”“科技助残”“手拉手红领巾助残”等，开展形式多样、内容丰富的宣传活动。市四套班子领导每年在助残日和重要节日期间都要走访慰问残疾人家庭和残疾人比较集中的单位和学校。

结合残疾人事业5年发展纲要完成情况，市委、市政府每5年对扶残助残先进集体和个人、残疾人自强模范及残疾人工作者进行表彰。1995年，表彰金湖县人民政府等扶残助残先进集体16个，扶残助残先进个人54名。2000年，表彰市地税局直属分局等扶残助残先进集体9个，扶残助残先进个人11名、优秀残疾人工作者17名、残疾人自强模范23名。2005年，表彰金湖县人民政府等扶残助残先进集体10个，表彰残疾人自强模范10名、优秀残疾人90名、优秀残疾人工作者10名。

二、残疾人文化生活

市残联定期举办残疾人声乐、器乐、棋牌比赛，开展书法、绘画、摄影、工艺美术作品展和文艺会演等活动。1981年、1983年、1986年3次组织残疾人作品参加省残疾人书法绘画展，参展作品25幅，获奖作品5幅。残疾人洪钟先后在省、市各举办1次个人书法展，展出作品80多幅，其中优秀作品还参加全国书法展，并多次获奖。1987年，盲人姜灵明参加省残疾人歌咏比赛，获得优秀奖，并在1988年淮阴市卡拉OK大奖赛中获一等奖，被市电视台聘为业余歌手。1996—2000年，淮阴市2次参加全省组织的残疾人事业好新闻评选活动，有30篇文章获奖。2次参加省和全国组织的残疾人美术、书法、绘画展，有17件作品获奖。1996年、1998年，2次组织全市残疾人文艺会演。

三、残疾人体育

截至2008年，淮安市共举办4届残疾人运动会。竞赛项目由起初的单项选拔赛扩展到8个大项，参赛人数逐届增多，并设置有男、女运动员项目。1995年9月，举办市第二届残疾人运动。2001年9月，举办市第三届残疾人运动会。运动会设田径（男、女）、游泳（男、女）、乒乓球（男、女）、举重（男、女）、射击（男、女）、羽毛球（男、女）、盲人门球（男）7个大项。各县（区）及市聋哑学校分别组队参赛，参赛运动员181人，裁判人员62人，工作保障人员71人。2005年10月29日至11月1日，举办市第四届残疾人运动会。

1984年，选拔10名运动员参加省第一届残疾人运动会，夺得奖牌11枚。1987年，选拔11名运动员参加省第2届残疾人运动会，夺得奖牌13枚，并有2人破2项省第1届残疾人运动会纪录。1991年，选拔8名运动员参加省第3届残疾人运动会，夺得奖牌8枚（其中金牌1枚、银牌5枚、铜牌2枚），获4～6名的有7人，总分获全省第6名。1995年，选拔18名运动员参加省第4届残疾人运动会的田径、游泳、乒乓球、举重、射击5项比赛，夺得10枚奖牌（其中金牌3枚、银牌3枚、铜牌4枚），获4～6名的有9人。1999年，将参加第4届省残疾人运动会的运动员集中起来进行短期集训后，参加省第5届残疾人运动会的田径、游泳、乒乓球、举重、射击5项比赛，共夺得26枚奖牌（其中金牌6枚、银牌12枚、铜牌8枚）。2002年，选拔68名运动员参加省第6届残疾人运动会，共夺得35枚奖牌（其中金牌10枚、银牌15枚、铜牌10枚），取得历史性成绩，团体总分223.5分，列全省第10名。盱眙县聋哑人谢磊获男子标枪金牌并破全国纪录，被选入省残疾人体育运动队。

2003年8月，全国第6届残疾人运动会在南京举行。淮安市有5名残疾人运动员被选入省代表团参加比赛，获得奖牌8枚（金牌5枚、银牌3枚）。2004年7月，肢残人陈业刚由省组队参加在西安举行的全国残疾人射箭锦标赛，获第2名；8月，淮安市组队参加省残疾人游泳锦标赛，1人获得1项第1名、2项第4名，1人获得1项第3名、2项第4名；10月，金湖县选拔9名智力残疾青少年参加省首届特奥体育锦标赛，获得12枚金牌、8枚银牌和3枚铜牌。2005年1月，盱眙县聋人谢磊由国家组队参加在澳大利亚墨尔本举行的世界聋人奥运会，获得男子标枪第5名（55.46米）、男子铁饼第7名（36.15米）、男子铅球第13名（11.01米）；3月，陈业刚由省组队参加在桂林举行的全国残疾人射箭锦标赛，获男子坐姿射箭第2名；4月，洪泽县聋人王敏、盱眙县聋人谢磊、淮阴区肢残人高东亮由省组队参加在重庆举行的全国残疾人田径锦标赛，王敏获女子5000米第1名（金牌）、1500米和800米2项第2名（银牌），谢磊获男子标枪第1名（金牌），高东亮获男子铅球第4名；9月，陈业刚由国家组队参加在巴西举行的世界残疾人轮椅射箭锦标赛，获坐姿射箭30米、50米两项第1名，获金牌2枚。

2008年，在北京残奥会上，淮安市运动员陈业刚获得男子团体射箭反曲弓公开级银牌和男子个人射箭反曲弓站姿铜牌，实现淮安市在残奥会上零参赛及零奖牌的历史性突破。

第三节　残疾人事业法制建设

一、政策法规制定

1988年，市政府印发淮阴市残疾人就业、保护和扶持社会福利生产的规定。1989年，市政府批准淮阴市残疾人“三项康复”实施方案。1991年，作出在全市宣传贯彻《中华人民共和国残疾人保障法》的决定。同年，制定对农村残疾人贫困户实行优惠和减免的有关规定。1992年，市政府批转《淮阴市残疾人事业“八五”（1991—1995）计划纲要》。1995年，再次制定对残疾人优惠照顾的暂行办法。1996年，市政府批转《淮阴市残疾人事业“九五（1996—2000年）”计划纲要》。1997年，发布《淮阴市按比例安排残疾人就业实施办法》。1998年，制定《关于方便残疾人使用的城市道路和建筑物设计规范的实施意见》。2000年，市政府转发市劳动局等部门《关于进一步做好残疾人就业工作的意见》。2001年，市政府批转《淮安市残疾人事业“十五（2001—2005年）”计划纲要》。2005年，市政府制定残疾人就业保障金征收和管理办法。

根据市政府制定的有关发展残疾人事业的一系列政策、规章，各县（区）、乡镇（街道）普遍制定对残疾人的优惠政策和扶助规定，对残疾人就医、减免学杂费、参加生产劳动、接受社会保障、享受法律服务和法律援助、减免各种社会负担等给予优惠照顾和扶助。

二、执法监督检查

1991年，市政府作出在全市宣传贯彻《中华人民共和国残疾人保障法》的决定。市普法领导小组将残疾人保障法列为“二五”“三五”“四五”普法教育内容之一，并进行终期检查考核。

1996年12月，市政府组织2个检查组，历时10天，抽查8个县（区）16个乡镇（街道），了解各地贯彻落实市政府对残疾人优惠照顾暂行办法的情况。各地都以政府文件的形式制定对残疾人优惠减免的具体措施，使残疾人普遍受益。仅1996年，全市就有13826名残疾人享受减免农业税32.8万元，34793人享受减免乡统筹、村提留179万元，47630人享受减免义务工69.4万个，2052名残疾学生享受减免学杂费14.6万元，46304人免交各类集资款86万元，2623名个体经营者享受减免营业税55.8万元，568名特困残疾学生得到生活补助5.01万元，为345户特困残疾人户兴建住房900间。

1998年5月，市政府召开全市残疾人事业法制建设工作会议，市人大内务司法委、司法局、市政府残工委成员单位负责人、各县（区）政府分管残联工作的副县（区）长、县（区）人大内司委、司法局、残联的负责人出席会议。

市人大办公室和内务司法委分别于1995年5月、1997年5月、1999年4月、2001年4月、2003年10月5次安排市人大领导和部分人大代表组成检查组，对各县（区）贯彻落实《中华人民共和国残疾人保障法》的情况进行执法检查，每次检查3～4个县（区）。检查组除听取各县（区）政府汇报外，还查看资料，深入残疾人家庭，召开残疾人座谈会等，了解各地贯彻落实残疾人保障法、维护残疾人合法权益的实际情况。检查结果通报全市。

三、法律服务和法律援助

1999年，淮阴市成立残疾人法律援助中心，日常工作由市残联组织维权处承担。各县（区）相应成立残疾人法律援助中心（站），委托若干个法律服务机构，为经济困难且合法权益受到侵害的残疾人提供就地、就近、优先、优质、优惠的法律服务和法律援助。全市建立起以市法律援助中心为主体、聘请委托若干律师事务所为骨干、以志愿者服务机构为补充的残疾人法律服务网络。

截至2008年，全市建立市级残疾人法律援助中心1个、县级残疾人法律援助中心（站）8个，聘请或委托律师事务所和其他为残疾人提供法律援助和法律服务的法律服务机构18个。接受各类法律服务机构、各级法律援助中心以及残疾人法律援助组织提供的法律援助和法律服务的残疾人2412人，有效地保障残疾人的合法权益。同时，鼓励引导广大残疾人学法、守法，运用法律武器维护自身合法权益。

第八章　淮安市哲学社会科学界联合会

第一节　组织建设

淮安市哲学社会科学界联合会（以下简称“市社科联”）成立于1985年8月，原名为淮阴市哲学社会科学界联合会，2001年更名为淮安市哲学社会界科学联合会。

1985年，市社科联首届代表大会召开。会议选举孔祥沛为市社科联主席，倪戒非、周本淳、李鹏、步云为副主席，陈建山为秘书长。

1993年，市社科联第二次代表大会召开。会议选举张汉川为市社科联主席，吴涟、鲍永文、王庆元、陈建明、王有成、钱仓水为副主席，孙智平为秘书长。

2005年，市社科联第三次代表大会召开。会议选举陈刚为市社科联主席，马庆伦、张强、韩斌、陈兴红、李加农、赵云为副主席，孙云贵为秘书长。

淮安市社科联机关是淮安市哲学社会科学界联合会的日常办事机构。至2008年，市社科联机关有正科级内部处室科普部1个，正科级下属事业单位淮安市社会科学研究室1个。市社科联机关有行政编制3人，其中专职副主席1人、专职秘书长1人、专职科普部（同时挂“学会部”牌子）主任1人。除在编人员外，还有不驻会副主席8人，分别由市委办、市政府办、市委组织部、市纪委、市委党校、市财政局、淮阴师范学院、淮阴工学院8个单位分管领导担任。此外，市社科联还2次聘请9名特约研究员。

第二节　主要活动

一、社科研究及社科评奖

1987年后，市社科联一直开展社科优秀成果评奖工作，制定《淮安市哲学社会科学优秀成果评奖办法》。该评奖工作每2年举行一次，至2008年，共举行11次评选和表彰活动。

2005年，开展“优秀社科工作者”评选活动，旨在表彰淮安市在哲学社会科学研究领域有突出贡献的专家和相关管理人才。至2008年，共组织评选2届，每届表彰30人。

2007年起，围绕市委、市政府中心工作拟定全市社科类课题研究方案，报市委、市政府主要领导圈定后印发课题研究指南，分别确定资助项目10项左右、不资助项目40项左右，原则上于当年年底完成课题结项。重点研究成果及时上报市领导，供决策参考，主要研究成果在《淮安社会科学》杂志刊发。

二、理论宣讲及普及

至2008年，市社科联系统有近百名理论专家和骨干。每当中共中央和国家重要会议召开、重大活动开展、重大举措出台，市社科联均及时联合市委宣传部，召开各种类型的研讨会、座谈会，组织专家学者撰写解读和阐释文章，同时组织专家队伍深入基层进行理论宣讲和普及。

三、学会管理

2008年，市社科联组织制定《淮安市社科类学会（研究会）管理办法》《全市性社科类学会筹备组建及注销程序》《全市性社科类学会换届及组织机构变更程序》3项制度，对学会的登记、年检、活动开展及注销、变更等具体事项作出明文规定，加强对全市32个社科类学会的管理。市税务学会、市国际税收研究会、市工商学会、市周恩来邓颖超研究会、市农村金融学会等在省内同行中有一定影响，研究成果颇丰。

四、杂志编辑

1985年，市社科联成立伊始，创办市级内刊杂志《淮阴社联》，创刊时为不定期发刊，1988年改为季刊，1991年更名为《淮阴社会科学》，并正式确定为双月刊。2001年，更名为《淮安社会科学》，为全市社科理论界的重要窗口，也是县（区）、乡镇党委中心组学习的重要参考资料。

第九章　淮安市关心下一代工作委员会

第一节　组织队伍建设

一、组织建设

1993年4月，淮阴市关心下一代工作委员会（以下简称“市关工委”）成立。至当年9月底，全市13个县（市、区）先后成立关工委。

市关工委成立之初，张景良任主任，王桂林、厉步高、陈耀、李挺华、陈森辉、姜映梅、刘耀华、朱国桢任副主任，市各部、委、办、局及其离退休老干部为委员。委员会下设办公室，以老干局、团委、妇联负责人和离退休老干部为办公室主任、副主任。至1993年11月，各县（市、区）直属单位成立关工委组织518个，乡镇（街道）成立关工委组织487个，村组、居委会成立关工委组织1699个。

1997年，市关工委领导班子作出调整。市委常委、宣传部部长姜映梅任名誉主任，尚云、朱慈尧、徐乾、陈发松增补为副主任。是年，有市和市级机关关工委组织53个，县（市、区）及其机关关工委组织99个，基层（含乡镇、村、组，街道、居委会，企事业单位、中小学）关工委组织3697个，高校关工委组织3个。

2001年11月，市关工委领导班子组成人员调整。张景良改任名誉主任，刘学东任主任，杨基厚任常务副主任，增补李慧秋、周沐、郑勇、马友骐、刘文、赵学成为副主任。2003年7月，市关工委班子又作出调整，增补葛恒文、陈明辉、李建国、江文源、谈震华为副主任。是年，全市有关工委组织2761个。

2005年，市、县（区）关工委在深入调研的基础上，调整充实乡镇（街道）关工委班子。2006年2月，省委组织部、老干部局、省关工委联合印发《关于进一步加强关工委组织建设和“五老”队伍建设的通知》，对加强关工委队伍建设提出明确要求。当年4月，经市委同意，张林杲任市关工委副主任兼办公室主任。洪泽县、清河区、淮安经济开发区等关工委充实年轻工作人员，进一步加强办事机构力量。

2007年，市关工委协同市工商联、市总商会、市工商局，成立市总商会关心下一代工作委员会，并将关工委组织向民营企业延伸。当年12月，市委组织部、市关工委召开加强“五老”（老党员、老专家、老教师、老战士、老模范）队伍建设协调会。是年，全市有关工委组织2721个。

二、队伍建设

1993年，市、县（市、区）和基层单位成立关工委组织，全市参加关工委活动的老党员、老专家、老教师、老战士、老模范有11413人。其中，各县（市、区）直属单位参加活动的2108人，乡镇（街道）参加活动的2653人，村组、居委会参加活动的6652人。

1997年，全市关心下一代队伍有24464人。其中，市和市级机关784人，县（市、区）及其机关2297人，基层（含乡镇、街道、村组、居委会，企事业单位、中小学）21326人，高校57人。

至2001年年底，全市关心下一代队伍有2.8万人。在各级组织部、人事局、老干局、教育局、司法局等部门的支持下，除动员适宜从事关心下一代工作的“五老”充实到各级关工委组织和家长学校、青年农民政治科技学校兼职教员外，还建立思想道德和法制教育宣讲团、网吧义务监督员队伍等。至2005年年底，全市“五老”队伍增至45339人。

2007年12月，市委组织部、市关工委召开加强“五老”队伍建设联席会议。至2008年，全市“五老”队伍共有6.5万人，形成比较健全的网络组织，形成几支比较固定的思想道德和法制教育宣讲队伍、网吧义务监督队伍、校外教育辅导站队伍、关爱“三失”“留守儿童”队伍。

第二节　阵地建设

一、家长学校

1993年8月，淮阴市关工委召开各县（市、区）关工委主任会议，邀请县级宿迁市关工委介绍开办家长学校经验，布置各地进行试点。1994年12月，市关工委召开家长学校现场会，交流家长学校和各县试点经验，要求各地以点带面普及家长学校。市关工委、市教育局、市妇联联合创办《家长》杂志。至1994年年底，全市有各级各类家长学校6000多所，参加学习的家长上百万人次。

从1995年起，全市实行教育部门主办、妇联协办、关工委协调的家长学校办校机制。1995年11月，市关工委召开经验交流会，总结面上办学情况和经验。1996年7月，中国关工委负责人到淮阴视察工作，为《家长》杂志题词。同年12月，市关工委、市教育局、市妇联联合召开家长学校工作“双先”会，表彰54个先进集体、70名先进个人，总结交流办学经验，进一步解决家长学校的普及与提高问题。1997年12月，市关工委在洪泽县召开第二次家长学校现场会，着重解决如何在普及基础上巩固提高问题。之后又在淮安中学召开家教理论研讨会，研讨中学如何办好家长学校问题。

2001年，针对农村青年外出务工日益增多的实际情况，许多家长学校学习盱眙县大棚小学校做法，开办“爷爷奶奶班”。是年，全市家长学校开办11396所，占中小学、幼儿园总数的80%以上。2004年，市关工委与市教育局组织16所学校的41位名师历时半年，编印幼儿园、小学、初中、高中四册一套教材，解决家长学校教材不规范问题。

2006年10月，市关工委在涟水县召开家长学校工作经验交流暨研讨会。2007年4月，市教育局、市妇联、市关工委印发《优秀家长学校条件》《优秀家长条件》。当年12月，召开全市家长学校表彰会，对85所小学、幼儿园优秀家长学校和102名家长学校优秀教师颁发奖牌和证书。是年，全市基本普及普教系统的家长学校，562所中小学、幼儿园共建家长学校517所。

二、青年农民政治科技学校

1997年5月，淮阴市关工委组织各县（市、区）关工委负责人到盐城市大丰县学习创办青年农民政治科技学校经验，后在盱眙县关工委开展试点。市关工委和盱眙县关工委共同编写8讲近10万字的青年农民政治科技学校政治课教育参考资料。该教材得到中国关工委肯定，并转发各省。

1998年年初，市委批转市关工委《关于在农村青年中广泛深入地开展“讲政治、育新人；学科技、奔小康”活动的报告》，推动各县（区）办学工作。1999年4月，市关工委在盱眙县召开全市青年农民政治科技学校工作会议。盱眙县关工委与观音寺乡关工委在会上介绍办学经验。2000年8月，召开全市农村青年政治科技学校经验交流会，强调各地要力争年内每个乡镇办起青年农民政治科技学校中心校，50%的村办起分校，进一步推动办学工作。2002年春，全市114个乡镇兴办中心校，796村兴办分校，超过总村数的50%，参加学习的青年农民40多万人次。

2001年春，市委宣传部提出以青年农民政治科技学校为基地，开展“文明育农，科技富民”的现代农民教育工程。同年12月底，召开全市青年农民政治科技学校工作表彰会，68个先进集体、54名先进工作者受到表彰。2003年，全市所有乡镇均兴办政治科技学校中心校。

2005年6月，市关工委印发《优秀青年农民政治科技学校条件》。同年9月，与市委宣传部、市教育局联合在金湖县召开全市农科校现场会，并向市委常委会汇报金湖县点上经验和面上需要解决的5个问题。市委非常重视青年农民政治科技学校的建设，不仅印发常委会会议纪要，还印发《关于进一步加强青年农民政治科技学校建设的意见》，要求各乡镇都能办好农科校。是年，在全市推广金湖县青年农民政治科技学校“六有”经验。

2007年6月，市关工委负责人赴淮阴区青年农民政治科技学校总校调研并召开现场会，推广创办农科总校的经验。全市农科校加强对高、初中落榜生的培训工作，帮助20万名青年走上务工岗位。是年，淮安市创办农科校的经验在省关工委举办的关工委领导干部培训班上作介绍。

三、校外教育辅导站

2007年6月，省关工委召开会议，推广南通建设校外教育辅导站的经验。淮安市关工委及时把南通会议精神向市委、市政府领导作书面汇报。根据市领导批示精神，市关工委与市教育局联合印发《关于在基层建设校外辅导站的意见》。经过半年的筹办，各地共动员2000名“五老”担任校外辅导站辅导员，全市21个乡镇（社区）、163个村建起校外教育辅导站，建站总数占全市乡镇社区、村总数的13.4%。

至2008年，全市开办校外教育辅导站700多个。在市财政、土管、房产、规划等部门和清河区委、区政府的支持下，市关工委建成建筑面积6000平方米的市少儿图书馆。

第三节　主要活动

一、思想道德和法制教育

1993年淮阴市关工委成立后，全市通过举办广播讲座、专题座谈会、知识竞赛等多种形式，开展《中华人民共和国未成年人保护法》的宣传。部分地方关工委还运用乡土教材，对青少年进行革命传统教育。1994年，开展“忆历史，讲传统”教育活动。

1995年，为纪念抗日战争胜利50周年，全市关工委组织离退休老干部开展以宣讲抗日战争史为主的各种纪念活动。当年清明节期间，全市有87.5万人参加祭扫烈士墓。同年5—6月，老干部报告团深入大中专、中小学校，宣讲抗日战争史。市、县、乡三级共组建报告团186个，有4000名老干部参加。一部分村把老支书、老党员组织起来加入报告团。市关工委与市教育局、市文化局选编15首抗日歌曲，印发7000份，供全市学生演唱，市、县（市、区）还举行抗日歌曲演唱比赛。市关工委和市党史工办合编《淮阴抗日斗争故事集》，利用大小会议进行宣讲。同时，市关工委和市委宣传部、市教育局联合发出通知，要求在宣讲抗日斗争史的基础上，层层举行纪念抗日战争胜利50周年演讲比赛。全市听讲的大中小学生、青年干部、工人、农民150万人次。

1996年，市各级关工委对青少年普遍进行“忆历史、讲传统、谈使命、话人生”的宣讲活动。全市共组织报告员、宣讲员3937人，宣讲304场，受教育者130万人次。是年，市关工委与团市委邀请曾担任贺龙警卫员的老红军唐健能为市直机关、学校共青团骨干举行一场报告会。全市举行纪念报告会722场，听众30多万人次。全市大中专和中小学校还普遍进行法制教育，参加法制宣讲的报告员1348人，听讲的大中小学生63万人次。

1997年，市关工委围绕“洗雪百年耻辱、喜庆香港回归”主题，组织1635名老干部，宣讲2238场，受教育学生、干部职工111万人次。1998年，各级关工委通过介绍周恩来青少年时代立志报国、刻苦勤奋求学的经历，向广大中小学生进行为振兴中华而发奋读书的爱国主义教育。全市组织188个宣讲团、2770名老干部，共宣讲1866场，受教育中小学生68.4万人次。1999年，全市组织2211名报告员，以“新中国可爱，共产党伟大”为主题，深入学校、机关、工厂企事业单位和农村进行宣讲，共宣讲2900场，受教育学生63.2万人次，机关、企事业青年职工2.6万人次，青年农民13.4万人次。

2000年，市关工委多次召开学习邓小平理论座谈会，并组织报告员赴各大中专院校、中小学宣讲。此外，结合《中华人民共和国预防未成年人犯罪法》颁布，编发宣讲参考材料，并联合市委政法委、教委举办报告员和市直各大中小学法制副校长培训班。当年9月10日至10月10日，在全市范围内开展《中华人民共和国预防未成年人犯罪法》宣传月活动。2001年，编发纪念中国共产党成立80周年宣讲参考资料《辉煌的成就，卓越的领导》，近千人参加宣讲，受教育中小学师生62万人次。

2002年，市关工委配合市教育局，组织部分中小学校长学习、座谈中共中央颁布的《公民道德建设纲要》，并发出《关于在全市中小学生中开展“争做守法好公民”教育活动的通知》。市关工委编发宣讲参考材料《做严格守法公民》，组织“五老”深入学校进行宣讲。各级关工委带领“五老”，参与市委宣传部等单位发起的淮安市“小公民”道德建设计划。2003年春夏，开展中共十六大宣讲活动。市关工委事先专门编印2份宣传材料，供“五老”结合当地实际，向学生和青年农民宣传。有1281名宣讲员参与，宣讲3650场，听众66万多人次。

2004年，在全市学生中开展“一讲三竞赛”活动。“一讲”就是编写有关邓小平丰功伟绩的3份讲稿，供报告员在全市中小学、大中专院校进行宣讲。全市共宣讲1312场次，47.72万人次受到教育。“三竞赛”就是与市教育局、市文联、市广电局、淮安日报社配合，分别在小学、初中、高中生中开展纪念邓小平百年诞辰书画竞赛、演讲竞赛和作文竞赛。小学生的书画作品在市老干部活动中心展览大厅展览。初中生的演讲决赛在市电视台演播大厅进行，全程播放。高中生作文竞赛从100多篇获奖稿中选出28篇，在《淮安日报》陆续刊登。全市有10万多名小学生、5万多名初中生、2万多名高中生参加3项竞赛。

2005年，从清明节开始到11月底，市各级关工委开展纪念抗日战争胜利60周年教育活动。全市组织210个宣讲团，1190人参加宣讲，听讲青少年中小学生43.5万人次。暑假期间，从市到县区，各级关工委与教育局分别联合举办中小学班主任培训班，贯彻落实中共中央、国务院《关于进一步加强和改进未成年人思想道德建设的实施意见》，进一步明确和发挥班主任在未成年人思想道德建设中的骨干作用。

2006年，市关工委与市教育局关工委、市周恩来邓颖超研究会，组织全市研究周恩来的专家花费近半年时间，从周恩来一生光辉事迹中选择12个方面近50个贴近青少年实际的故事，编写

《周恩来故事选编》一书。该书印发10.5万册，免费发送全市中小学。当年9月，市教育局、关工委联合发出《关于认真组织宣讲周恩来故事，深入开展社会主义荣辱观教育活动的通知》。全市各级关工委与教育部门一起，分期分批举办不同类型的培训班。全市共培训周恩来故事宣讲员4300余人。其中，“五老”报告员2300余人，共宣讲4100余场次，受教育学生115万人次，小学三年级以上学生都受到1～2次教育。此外，结合红军长征胜利70周年，全市还开展传承长征精神革命传统教育。市关工委购买《为了母亲的微笑》法制教育碟片，发至各县（区），组织中小学生、家长观看，并组织座谈。仅盱眙县就播放870场次，师生8.3万人次、家长3万人次观看，写出心得体会文章上万篇。

2007年，市关工委与市文明办、市教育局等6个单位联合举办纪念周恩来诞辰110周年诗歌、童谣比赛，讲故事比赛，演讲比赛和作文比赛。同年9月，在淮阴师范学院附中召开全市“周恩来班”创建工作现场会。同年11月，在楚州区召开全市宣讲周恩来故事经验交流会。市关工委在广泛收集案例基础上，以案释法，编写《中小学法制课教材参考》，供全市中小学法制课使用。

2008年5月，市关工委与市委宣传部、市教育局、团市委联合召开“周恩来班”命名大会。命名淮阴中学高三（18）班等46个班级为淮安市2006—2007年度“周恩来班”。各县（区）也分别命名一批“周恩来班”。根据省关工委部署，全市开展“迎奥运、颂改革、建设美好江苏”教育活动。四川汶川特大地震后，开展向抗震英雄少年、优秀少年学习活动。

二、关爱“三失”

关爱“三失”（失学、失业、失足）是关心下一代工作的一项重要工作。1994年，洪泽县关工委开始对特困儿童和学生进行救助。1996年，洪泽县关工委和县妇联、团县委联合发起定向结对资助活动，第一期组织24家县直单位结对资助24名特困学生和儿童，洪泽县固定结对资助213人。1997年，清河区关工委开展区机关干部与孤特困生结对帮扶，至2001年，清河区固定结对46名。至2003年，洪泽县关工委共募集资金80多万元，救助200多名特困儿童和学生。

2003年3月，市关工委专门组织各县（区）关工委负责人赴上海，实地了解劳务市场需求，并与他们建立劳务输出接纳合作关系。仅金湖、盱眙、清浦3个县（区）关工委就帮助输出农村青年1027人。全市扶困助学2605名，帮助外出务工2305名，帮教失足青少年421名。

2005年，全市有“留守儿童”84113人，“五老”与“留守儿童”结对监护的共有4997人，帮助贫困青少年重返校园11749人，培训高、初中落榜生就业11091人，帮教失足、后进青少年733人。2006年，全市募集资金近500万元，市各级关工委直接参与帮扶的贫困生1.4万人，培训青年农民和高、初中落榜生4.3万人，输出务工青年3.3万人。

2007年3月，市委表彰乡镇退休干部孙锦忠12年帮教87名失足青少年转化的先进事迹，号召全市离退休干部向其学习，推动全市对失足青少年的帮教工作。同年8月，市关工委在淮阴区召开全市助学、助业现场会。淮阴区关工委仅用2个月就筹资100多万元，解决1370多名大、中、小学生的入学困难。楚州区发动干部职工每年为关工委捐献资金，建立区关爱基金会。是年，全市关工委开展农村留守儿童情况调查。

2008年，市关工委联合市委政法委对失业青年情况进行调查，并向市委提出8条建议。市委转发《关于失业青年情况的调查与建议》，要求各地结合实际贯彻落实，各级关工委与乡镇劳动部门配合培训无业青年就业1.8万多人。各级关工委发动“五老”对失足青年做好结对帮教工作。全市有1195个帮教小组，帮助1160多名失足青年走上自食其力、发家致富的新路。各级关工委在深入调查掌握“留守儿童”第一手资料后，及时组织“五老”和有爱心妇女担任代理家长。全市

2.3万名“五老”结对帮助2万多名留守儿童。

三、网吧义务监督

2004年，市关工委与市文化局联合印发《关于在全市建立网吧义务监督员队伍的实施意见》，在全省率先组建起“五老”义务监督员队伍。市关工委召开县（区）关工委主任会议，布置对网吧经营情况进行摸底调查。同年6月，市政府召开市区网吧义务监督员发证和网吧专项整治启动仪式。全市600名“五老”义务监督员全部经过培训上岗。

2005年6月，市委、市政府召开网吧义务监督工作表彰大会，47名“五老”义务监督员获先进个人奖，24个单位获优秀组织奖。暑假前后，市关工委配合市文化局、市工商局、市公安局，强化以网吧、游戏机室为主的文化市场监督。

2006年，在省统一部署下，全市开展网吧、游戏机室“百日整治”活动。各县（区）关工委主动配合文化、公安、工商等部门，做好“百日整治”的宣传、组织动员工作。乡镇关工委负责人带头参加义务监督，全市“五老”义务监督员从600多人发展到1700余人。全市取缔黑网吧132家，取缔违纪网吧2家，没收违法赌博机212台，罚款21万多元。金湖县关工委主动配合有关部门，参与“百日整治”行动，取得显著效果，省工商局、省文化厅、省关工委到金湖总结经验，并在全省推广。

2008年年初，市关工委、市文化局根据网吧监督的实际情况，联合制定《淮安市网吧义务监督办法（试行）》，对全市网吧实行分级管理、责任到人。当年1月，召开“五老”网吧义务监督工作表彰暨“文明网吧”授牌大会。60名“五老”被授予“网吧优秀义务监督员”称号，30个集体获网吧监督管理优秀组织奖，36家网吧被授予“文明网吧”称号。至2008年年底，全市“五老”网吧、游戏机义务监督员队伍发展到2338人，监督网吧384个、游戏机400多处。

四、预防和减少青少年犯罪

2004年年初，市关工委、市委政法委联合对全市青少年违法市委犯罪情况进行调研，向市委常委会作汇报，并建言献策，提出一系列建议。市委转发市关工委和市委政法委的调查报告。

2005年，为探索预防和减少青少年犯罪有效途经，市关工委联合市委政法委就未成年人违法犯罪情况进行第二次调研，并向市委常委会作汇报。市委转发关于未成年人违法犯罪情况、成因及其对策建议的调研报告，并根据市关工委的建议，于当年5月专门召开各县（区）分管书记和9个职能部门负责人参加的预防青少年犯罪专题会议。中小学选好配齐配强法制副校长和法制辅导员，加强法制教育。全年全市抓获的违法犯罪人员中未成年人罪犯846人，同比减少3.8%；在校生226名，同比减少59.5%。

2006年，市关工委又联合市委政法委就青少年违法犯罪的高危人群、基本轨迹深入调研，进一步查找部门工作上的不足，并提出10条建议，其中包括建议每季度由市委政法委牵头召开一次有关部门联席会议，每年由市委召开一次预防青少年犯罪专题会议；建议把预防青少年犯罪列入职能部门和县区政府的考核内容。市委转发该调查报告。调查报告还得到省关工委、省综治委的肯定，并被省综治委加按语转发全省。各地、各相关部门贯彻10条建议，加强对青少年特别是未成年人的思想道德、法制教育，在全市学生中开展宣讲周恩来故事活动和“八荣八耻”教育，举办青少年学法知识竞赛和“法在我心中，法伴我成长”征文活动。各有关部门专职人员与“五老”，开展网吧、游戏机室“百日整治”活动。全市各级关工委开展关爱“三失”、争创“三无”（无失学儿童、无失业青年、无失足青少年）活动，全市青少年犯罪呈下降趋势。当年在公安部门抓获的刑事作案人员中，25岁以下2859人，同比下降17.5%；18岁以下1312人，同比下降17.5%；在校生121人，同比下降34.6%。

2007年年初，市关工委联合市委政法委就10条建议的贯彻落实情况作一次调查。根据青少年违法犯罪形势依然比较严峻的实际，提出下决心攻克网吧，提高思想道德、法制教育的针对性、实效性，抓好无业青年的教育管理和就业安置工作，重视"留守儿童"监护，提高家长学校办学质量，开展创建"零犯罪乡镇（街道）、村（社区）、学校"活动6条建议。市委转发该调查报告。同年5月中旬，市关工委深入市一中、淮阴师范学院附中、淮安生物工程高等职业学校调研预防未成年人违法犯罪情况。市关工委以案释法，编写简明实用的中小学法制教育参考教材。当年公安局抓获的刑事作案和法院判决的罪犯中，在校生犯罪同比分别下降62.8%和47.3%。

2008年年初，根据青少年违法犯罪人员中70%是无业青年的情况，市关工委联合市委政法委专门就无业青年状况进行调查，并提出8条具体建议。市委转发《关于无业青年情况的调查与建议》，引起各地、各部门重视。全市各级关工委配合协助有关部门，参与调查、培训、安置等工作。至年底，全市无业青年绝大多数接受过1～2次的技能培训，其中80%以上人员就业或自谋职业、自主创业。同年12月，市关工委与市委政法委、市教育局组成3个组，调研20多所重点学校，召开一次重点学校座谈会，形成《全市在校生违法犯罪情况的调查与建议》。当年，在公安部门抓获的青少年违法犯罪人员中，25岁以下2804人，18岁以下728人，在校生57人。

·淮安市志·（1978—2008）

第十七卷　人力资源与社会保障

第一章　人事管理

第二章　劳动管理

第三章　社会保险

第四章　人事劳动制度改革

1978年后，淮阴地区改革传统的人事劳动与社会保障管理制度，使其向整体性人力资源开发和社会保障转变，政府职能从行政管理向管理服务转变。

20世纪80年代，改革人事制度，实行依法管理和公开监督。明确管理机构和管理人员权限和责任，实行考核、奖惩、升降等制度；自上而下开展各级党政机构改革；启动职称改革工作，实行专业技术职务聘任制；改革过分集中的干部管理体制，下放干部管理权限，建立适应现代化建设的干部管理制度；围绕社会主义建设调配干部，除军队转业军官和普通大、中专毕业生外，通过考试或考核择优录用一批干部；以社会主义现代化建设为中心管理干部流动调配，保证重点，充实基层，加强科研、教育和生产第一线人员力量；采取多种渠道和方法解决干部来源不足、夫妻长期两地分居等问题。实行劳动制度改革，打破传统计划经济体制下国家统包统配就业用工格局，农村劳动力转移处于起步阶段；建立企业职工养老保险、失业保险体系；成立劳动争议仲裁委员会，并设立劳动调解站。

20世纪90年代起，淮阴市举办人才集市，开通淮安人才网，在全市范围内评选有突出贡献的中青年专家；启动人事考试工作，推行公务员制度，面向社会招录公务员，开展各类公务员培训；成立人事争议仲裁委员会，促进机关事业单位人事行政工作规范化、法制化；改革工资制度，建立正常的工资增长机制；推行市、县、乡机构改革，实行定职能、定机构、定人员编制和领导职数的“三定”制度。建立用人单位自主用人、劳动者自主择业、政府促进就业的市场就业机制；鼓励社会办学力量参与再就业培训，构建集培训、就业和服务于一体的综合性平台；建立企业职工和城镇个体劳动者“一体化”的基本养老保险制度，在有下岗职工的国有企业建立再就业服务中心；启动农村社会养老保险和机关事业单位养老保险制度改革，实行职工工伤保险和生育保险；成立市级劳动保障监察机构。

2000年后，淮安市完善人才服务机制，广泛吸收经济社会发展的急需人才，创建淮安留学人员创业园，并成为国家级留学人员创业园；出台文件，为毕业生提供就业创业保障；全面推进事业单位人事制度改革，推行聘用制度和岗位管理制度；改革军队转业军官安置办法，实行“积分选岗”“双向推荐”“竞岗积分”制度，确保安置工作公开、公平、公正；完成市直属社会公益类事业单位综合配套改革，规范事业单位人员补充工作，实行公开招聘，推行乡镇事业单位改革和事业单位分类改革；推进党政机构改革，坚持政企分开，解除政府主管部门与直属企业的隶属关系。实行积极就业政策，扶持重点向就业困难群体倾斜，实现下岗职工基本生活保障与失业保险并轨；实施创业孵化工程，健全创业政策、创业服务、创业培训“三位一体”工作机制，加强职业技能培训；实现企业退休人员社会化管理服务；开始城镇职工基本医疗保险改革，建立医疗保险个人参保通道，实施城市居民医保工程；启动新型农村养老保险制度试点，保障失地农民基本生活；实施“金保工程”（即劳动和社会保障电子政务工程）。

第一章 人事管理

第一节 干部管理

一、干部队伍状况

1978年，淮阴地区干部年报统计工作由各级组织部门负责，当年全地区干部总数75859人。其中，男性62864人、女性12995人；行政机关干部16985人、企事业单位干部58874人；大专以上学历12719人、高中文化27905人、初中文化25816人、小学文化10229人；中共党员38098人、其他37761人；25周岁以下1905人、26～35周岁13921人、36～45周岁31237人、46～60周岁26188人、61周岁以上2608人。

1981年，淮阴地区国家机关干部统计工作移交人事部门。1982年年末，淮阴地区干部总数77520人。1983年实施撤地建市和机构改革，干部总数有所减少，全市干部总数72014人。

此后，干部总数逐年增长。1986年，全市干部总数96521人。其中，男性78776人、女性17745人；行政机关干部25020人、事业单位干部48252人、企业单位干部23249人；大专以上学历23690人、中专学历33398人、高中文化15316人、初中文化24117人；中共党员49483人、团员11250人、民主党派222人、其他35566人；25周岁及以下15115人、26～35周岁19548人、36～45周岁28645人、46～60周岁32394人、61周岁以上819人。

1991年9月，中共中央组织部与人事部明确干部统计工作由各级党委组织部统一领导，各级组织、人事部门分工负责管理。1996年淮阴市行政区划调整，年末全市干部总数从1995年年末的159061人减少到100822人。

2001年，在党政机构改革中，对达到一定工作年限的机关干部实行提前离岗退养等分流政策。当年年末，全市干部总数从2000年年末的107281人减少到103289人。

2003年，全市实行事业单位分类改革，生产经营类事业单位转企改制，部分人员提前退养。2005年年末，全市干部总数（同口径）从2002年年末的99841人减少到92903人。

2008年，政府部门党政人才改由人事部门统计，各级人大、政协、党委、法院、检察院、民主党派、人民团体机关党政人才仍由组织部门统计。

1978—2008年淮安市机关、国有企事业单位干部总量统计表

表17-1　　　　单位：人

年份	干部数	年份	干部数	年份	干部数	年份	干部数
1978	75859	1980	70271	1982	77520	1984	81407
1979	70405	1981	73550	1983	72014	1985	88477

续表 17-1

年份	干部数	年份	干部数	年份	干部数	年份	干部数
1986	96521	1992	144988	1998	107174	2004	93766
1987	107874	1993	154341	1999	104833	2005	92903
1988	114787	1994	157241	2000	107281	2006	93785
1989	125571	1995	159061	2001	103289	2007	92791
1990	132174	1996	100822	2002	99841	2008	92223
1991	148149	1997	106495	2003	96359	—	

二、录用

1978年后，淮阴地区吸收录用干部工作逐步恢复正常。1979年，省委组织部、省人事局、省公安局、省劳动局联合转发中共中央组织部、民政部、国家劳动总局《关于户籍、刑事、治安民警改为干部的通知》，后又通知要求将交警、法警改为干部。1980年，淮阴地区在清江市试点，后在全地区推开，当年批准转干268名。1981年，批准"五警"转干950名。1978—1993年，国家公务员制度实行前，淮阴市干部录用主要是指吸收录用国家干部。根据省人事厅下达的招干指标，面向社会，公开考试，坚持条件，严格审批手续，从不同渠道择优录用一批干部。1981—1992年，共吸收录用干部7134人。

1993年《国家公务员暂行条例》和《国家公务员录用暂行规定》颁布后，淮阴市贯彻法律法规，把好"进口关"，录用工作仍然按照省下达招干指标，面向社会吸收录用国家干部。1993—1996年，共吸收录用干部7270人。

1981—1996年淮阴市吸收录用国家干部情况表

表 17-2

年份	人数（人）	录用人员类型和分布
1981	1007	税务系统244人，银行系统80人，公社财政会计341人，水产专业人员342人
1982	301	税务系统246人，银行系统42人，闲散科技人员13人
1983	134	人民银行84人，农业银行50人
1984	1885	包括工商、物价、税务、人行、统计系统及机关打字员
1985	694	其中闲散科技人员16人
1986	705	"五警"转干199人，六七、六八届中等专业学校毕业生506人
1987	241	党政群机关37人，银行系统204人
1988	178	包括政法、银行系统
1989	317	党政群机关70人，交警转干247人
1990	936	党政群机关155人，银行系统468人，农财税部门40人，乡镇145人，水利系统128人
1991	446	党政群机关108人，银行系统338人
1992	290	党政群机关40人，银行、保险系统218人，交警转干32人

续表 17-2

年份	人数（人）	录用人员类型和分布
1993	1812	以工代警958人，民办转公办教师730人，法院、检察院系统124人
1994	3951	法院、检察院系统220人，民警526人，民转公教师3205人
1995	1408	乡镇农业服务化系统
1996	99	包括法院、检察院、司法局
合计	14424	—

1997年起，公务员考试录用工作由省委组织部和省人事厅在全省范围内统一组织，各省辖市具体实施。淮阴市规范招考程序，严肃考风考纪，从报名、资格审查、笔试、面试、体检、考核等多个环节入手，组织人事部门加强和纪检监察、卫生等部门合作，全方位做好招考工作。把好“三关”，即严格条件，把好资格审核关；严密程序，把好笔试面试关；严格标准，把好体检政审关。做到“五公开”，即政策公开、招考条件公开、招考程序公开、考试成绩公开、录用人员名单公开。在历次招考中，根据苏北地区实际状况制定招考简章，逐步放宽对专业、地域等限制条件，拓宽人才选拔视野。

2006年，淮安市成立以市委副书记为组长，市委组织部、市人事局负责人为副组长的市公务员招录工作领导小组，负责全市公务员招录计划审核、简章制定、报名组织、考试体检、考察审批等。领导小组下设办公室，具体负责处理招录工作中各项事务。2007年11月，《公务员录用规定（试行）》颁布施行，对公务员录用工作作出明确、具体规定，《国家公务员录用暂行规定》同时废止，全市公务员考试录用工作进一步制度化、规范化。

1997—2008年，全市共招录公务员和参照公务员法管理事业单位（依照国家公务员制度管理单位）工作人员3001人。

1997—2008年淮安市招录公务员和参（依）照公务员法管理事业单位工作人员人数统计表

表 17-3　　单位：人

年份	招录人数	年份	招录人数	年份	招录人数
1997	291	2001	184	2005	333
1998	180	2002	279	2006	218
1999	201	2003	351	2007	285
2000	116	2004	280	2008	283

三、调配

1978年后，淮阴地区由人事部门管理干部流动调配。调配原则是保证重点，充实基层，加强科研、教育和生产第一线；采取多种渠道和方法解决干部来源不足、干部夫妻长期两地分居等问题。1984年3月和11月，中共淮阴市委2次印发文件，本着“管少、管好、管活”原则，采取分级管理、层层负责办法，缩小干部管理范围，下放干部管理权限。市直科级事业单位党政正职由各主管单位党组、党委审批。市级机关未成立党组部门的干部暂由市委组织部、市人事局代管。正、副科级干部在市各部委办局院行社、群众团体、市辖区以及市直县级单位之间互相调动，由市区各单位直接联系办理；市区各单位与市属县之间、与外市外地之间，正科级干部流动由市委组织部、副科级干部流动由市人事局办理。一般行政干部、具有大专学历或取得助师以上职称的干部和科技人员在市区各单位之间调动，由各单位直接联系办理；从市区各单位调到市属县的，由各单位直接与县人事局协商办理；从市属县调到市区各单位的，报市人事局审批办理；市区与外地之间，由市区各单位联系后报市人事局审批办理；市属县与外地之间，由各县自己协商办理。驻市区的省属企事业单位（党组织关系在地方的）干部在市区范围内调动的，由各单位直接办理；调往外地的具有助师以上职称的科技人员，报市人事局审批。

1979—1986年，全市在干部调配过程中，解决3976人夫妻两地分居问题。1980—1987年，全市为轻纺、能源、交通、农业、学校等重点部门和单位调配干部15661人。1987年，共调配590人，其中市外调入143人、调出153人、市内调动294人。1988年，全市调配干部632人。1989年，全市调配干部531人，其中市外调入153人、调出110人、市内调动268人。

1990年，为严格控制机关事业单位职工人数和工资总额盲目膨胀，淮阴市开始实行机关、事业单位职工人数和工资总额计划管理，要求各级各部门严格按计划补充人员和增加工资总额，未经批准，各单位不得补充人员和提取工资。当年全市调配干部1031人，其中调入538人、调出493人。1991年2月，人事部制定《干部调配工作规定》。1992年，人事部制定《聘用制干部调动暂行办法》。同年，淮阴市委明确市直单位科级干部选拔、任用、备案的条件、程序等，并进一步下放科级干部调配审批权限。科级以下干部由所在单位管理，正科级干部报市委组织部备案。

1998年4月，市委办公室、市政府办公室联合印发《关于加强市直事业单位人员调动管理的通知》，规定市直事业单位进人原则上冻结；个别确因工作急需的，全额拨款事业单位只能在全额拨款事业单位之间调剂，差额补贴事业单位只能在全额拨款和差额补贴事业单位之间调剂，自收自支事业单位只能在事业单位内部调剂；任何事业单位都不得以任何理由从企业和县（市、区）调进人员。同年7月，市委、市政府出台《关于严格控制全市机关和事业单位进人的通知》，规定全市范围内机关、事业单位调入一律冻结，严禁机关事业单位借用人员和使用临时人员，实现全市总量控制。2001年，市政府印发《关于深化全市事业单位人事制度改革的意见》，进一步推进市直事业单位人事制度改革，优化人才队伍结构。1998—2001年，全市共调配318人次。

2002年5月，市委、市政府印发《关于严格控制全市机关事业单位机构编制和进人的通知》，要求严格按照国家公务员管理的有关规定补充市、县、乡机关工作人员，新增主任科员级以下非领导职务的人员须在省下达的计划内，一律实行面向社会公开招考。同年12月，市委组织部、市人事局出台《淮安市市直事业单位补充工作人员暂行办法》，对市直事业单位招考补充工作人员对象、招考程序、组织领导和免试对象等都作出详细规定。

2004年8月，市委组织部、市人事局印发《关于进一步促进人才流动的意见（试行）》。对国家机关与企事业单位之间人才流动、企事业单位之间人才流动等方面提出指导性意见。是年10月，市委办公室、市政府办公室印发《淮安市引进高层次人才暂行办法》，规定引进人才的流动手续“随到随办、特事特办、专人帮办”，引进的高层次人才可先到岗工作，后办理人事关系接转手续。因到淮安市工作而辞职或被原单位辞退、除名，不能正常办理流动手续的高层次人才，经确认其流动符合国家政策和法律规定，需重新建档的，可重新建档。

2008年9月，市政府印发《关于实施高层次创新创业人才引进工程的意见》，高层次创新创业人才家属需要调入的，按职能分工，由组织、人事部门服务办理。2004—2008年，淮安市通过调配方式共引进高层次人才25名，其中2004年6名、2005年4名、2006年6名、2007年5名、2008年4名。

1987—2008年淮安市干部调配情况表

表17-4 单位：人

年份	干部数	年份	干部数	年份	干部数	年份	干部数
1987	590	1993	232	1999	69	2005	58
1988	632	1994	134	2000	52	2006	81
1989	531	1995	238	2001	85	2007	62
1990	493	1996	98	2002	141	2008	81
1991	1031	1997	340	2003	104	—	
1992	127	1998	112	2004	70		

四、公务员培训

1998年1月，省政府办公厅印发《关于全省开展国家公务员培训工作的意见》。是年5月，淮阴市人事局成立国家公务员培训中心，与市军队转业干部培训中心合署办公，主要职责是负责国家公务员的初任培训、任职培训、专门业务培训和更新知识培训的具体实施工作。2003年11月10日，淮安市军队转业干部培训中心并入淮安市国家公务员培训中心。1998—2008年，全市公务员培训逐步走上经常化、制度化、规范化的轨道，累计培训公务员和参照管理机关工作人员302期32691人次。

（一）初任培训

根据《国家公务员暂行条例》《国家公务员培训暂行规定》和中共江苏省委组织部、省人事厅《关于印发〈江苏省国家公务员和参照管理机关工作人员初任培训实施意见〉的通知》要求，1998年，淮阴市开始开展公务员初任培训。培训内容有建设有中国特色社会主义理论、党性教育、理想信念教育、国情与省情、经济社会发展概况和各级党政组织机构概况、公务员法与公务员制度、公共管理核心内容、公务员通用能力建设、公务员职业道德和行为规范、依法行政及政府法律实务、公务运行基本知识及基本技能、政府公共危机管理、突发事件应对处置等。

2004年，保密知识被列为初任培训课程。当年9月20日，淮安市在全省率先组织新录用国家公务员到全国爱国主义教育示范基地——周恩来纪念馆举行廉洁从政宣誓仪式。2005年，江苏省人事厅发文，要求各市在公务员初任培训时都要组织宣誓仪式。

1998—2008年，淮安市共组织开展公务员初任培训22期，累计参训2870人次。

1998—2008年淮安市公务员初任培训情况表

表17-5

年份	1998	1999	2000	2001	2002	2003	2004	2005	2006	2007	2008
期数（期）	4	2	2	1	1	2	2	3	1	2	2
人数（人）	537	277	213	86	99	227	222	292	264	303	350

（二）专门业务培训和更新知识培训

1999年，中共江苏省委组织部、省人事厅印发《关于印发〈江苏省国家公务员和参照管理机关工作人员专门业务培训、更新知识培训实施意见〉的通知》。2001年，淮安市公务员培训中心开始开展以办公自动化、普通话、法律法规等为主要内容的培训。2006年7月，市委组织部、市人事局印发《关于实施淮安市“5+X”公务员能力培训工程的意见》，在全市范围内启动和实施“5+X”公务员能力培训工程。基本内容为公共服务、公共政策、公共经济、依法行政和创新能力知识5门必修课以及多种选修课，包括《国家公务员通用能力标准框架（试行）》列出的有关内容。计划用5年时间，确保全市科级及以下公务员普遍轮训一遍。

至2008年年末，淮安市举办“5+X”公务员能力培训班34期，培训10439人次；组织开展专门业务和更新知识培训276期，参训29495人次。

2000—2008年淮安市公务员专门业务培训和更新知识培训情况表

表17-6

年份	培训内容	期数（期）	培训人数（人）
2000	公务员更新知识	9	1300
2001	国家公务员更新知识	6	742
2001	办公自动化知识	184	9667
2002	学法用法活动和进行依法行政	8	937
2003	学法用法活动和进行依法行政	6	384
2003	公务员和依照管理单位人员普通话	10	1008
2004	公务员和依照管理单位人员普通话	9	1010
2004	公务员法律法规	9	1065
2006	市级机关“5+X”公务员公共服务能力	14	3413
2007	市级机关“5+X”公务员公共经济知识	9	3455
2007	市级行政机关学习贯彻《行政机关公务员处分条例》情况测试	1	2943
2008	市级机关公务员“5+X”创新能力	11	3571

（三）任职培训

2007年8月，市委组织部、市人事局出台《关于开展市级机关科级公务员任职培训工作的实施意见》，在市级机关启动科级公务员任职培训工作。至2008年年末，组织开展科级公务员任职培训4期，参训326人次。其中，2007年培训2期102人，2008年培训2期224人。

五、考核

1993年以前，全市干部年度考核基本以个人述职、组织评定为主，考核结果运用不广泛。1993年，《国家公务员暂行条例》《国家公务员考核暂行规定》出台。1994年，淮阴市制定《对全市党政群机关工作人员实施年度考核的试行意见》，全市公务员年度考核工作正式实施。公务员年度考核遵循客观公正、民主公开和注重实绩的原则。考核内容包括德、能、勤、绩4个方面，重点考核工作实绩。考核结果分为优秀、称职、不称职3个等次，其中优秀等次一般控制在本部门参加考核总人数的10%～15%，同时合理确定不同职务层次之间优秀等次比例。以岗位职责和年度工作任务目标为基本依据，主要实行领导与群众相结合、平时考核与年度考核相结合、定性考核与定量考核相结合。以主管上级考核为主，一级考核一级。考核程序包括个人总结、民主测评、领导评鉴、审定、反馈和归档总结。把考核结果作为奖惩、辞退以及调整职务、级别和工资依据。各部门成立由部门负责人、部门组织人事干部和经民主推选产生的工作人员代表组成考核领导小组，负责本部门机关工作人员年度考核。

1995年，成立由市委书记担任主任，市委组织部、市人事局、市纪委负责人担任成员的市公务员考核委员会。1996年，全市事业单位工作人员和行政机关工勤人员，按照人事部1995年12月《事业单位工作人员考核暂行规定》进行考核，年度考核结果分为优秀、合格、不合格3个等次。

2000年，根据人事部《关于进一步加强国家公务员考核工作的意见》，机关年度考核增加“基本称职”等次，不再执行“暂缓确定等次，给予3～6个月考验期”原有规定。事业单位考核参照上述做法，增设“基本合格”等次。试行公务员年度考核“优秀”等次人员公示制度，增加考核透明度。

2001年，全市各级机关、事业单位推行《江苏省国家公务员平时考核记实手册》。平时考核采取自我记实和领导审核方法。2002年，试行对不同等次人员执行不同年度考核奖发放标准，基本称职和基本合格等次人员年度考核奖减半发放。2003年，依据岗位责任制和工作目标任务，考核德、能、勤、绩、廉5个方面的内容，重点考核工作实绩。同时，各单位中层以上干部年度考核在一定范围内进行述职和民主测评。2004年，转发省委组织部、省人事厅《关于印发〈江苏省国家公务员和机关工作人员年度考核基本称职、不称职等次确定标准（试行）〉的通知》，对基本称职和不称职等次的具体情形作出详细规定，事业单位工作人员和机关工勤人员参照该标准执行。

2008年1月，《江苏省公务员考核实施办法》正式颁布实施，对公务员考核内容、标准、程序以及相关情形的处理作出具体细致的规定。

2002—2008年淮安市市直机关、事业单位年度考核情况统计表

表17-7 单位：人

年份	机关单位考核人数	考核等次					事业单位考核人数	考核等次				
		优秀	称职	基本称职	不称职	不定等次		优秀	合格	基本合格	不合格	不定等次
2002	5506	585	4738	4	3	176	12737	1532	10875	13	26	291
2003	2725	328	2367	1	1	28	9060	1065	7827	6	1	161
2004	2823	409	2388	0	0	26	5688	684	4932	3	1	68
2005	4114	555	3474	2	3	80	10428	1319	8893	4	10	202
2006	4236	608	3594	1	1	32	11871	1516	10238	2	3	112
2007	3901	782	3067	0	2	50	11235	1557	9579	0	8	91
2008	3997	802	3120	1	0	74	11311	1575	9609	2	8	117

六、奖惩

1981年，淮阴地区恢复干部奖惩工作。1983年3月，淮阴市人事局成立奖惩科。市委、市政府每年都要求各单位根据国务院《关于国家行政机关工作人员奖惩暂行规定》和执行岗位责任制情况进行考核和奖惩。注意奖励勇于进取、敢于创新、具有开拓精神、党风端正、工作勤恳扎实、确有成效的先进人物。奖励标准为先进工作者15元、记功30元、记大功50元，凡给予记功以上受奖励者，由市政府授予个人奖励证书。惩戒工作执行1957年制定的《国务院关于国家行政机关工作人员的奖惩暂行规定》，纪律处分分为警告、记过、记大过、降级、降职、撤职、开除留用察看、开除8种。当年市直机关受奖人数1542人，其中先进工作者1538人、记功1人、升级1人，市政府通令嘉奖2人。

1989年2月，人事部印发《关于国家行政机关工作人员被判处管制、拘役及被判处刑罚宣告缓刑后的工作和工资问题的通知》。要求国家行政机关工作人员（包括事业单位工作人员和专业技术人员）被判处刑罚宣告缓刑的，其职务自然撤销，安排临时工作；国家行政机关工作人员被判处拘役的，期满释放后，经上级主管机关批准收回的，分配适当工作，重新确定职务和工资等级。

1993年，《国家公务员暂行条例》颁布，江苏省政府印发《批转省人事局〈关于加强全省国家行政机关奖励工作综合管理的意见〉的通知》。1995年6月，省人事厅印发《关于执行〈国家公务员暂行条例〉纪律处分种类和解除处分期限问题的通知》，明确处分种类为警告、记过、记大过、降级、撤职、开除，原有的“降职”和“开除留用察看”不再作为行政处分的种类使用。同年7月，省财政厅和省人事厅联合印发《关于调整行政奖励经费标准的通知》，要求国家行政机关工作人员行政奖励经费标准由每人每年8元调整为每人每年12元，按在编实有人数提取。同年8月，省人事厅转发人事部《关于印发〈国家公务员奖励暂行规定〉的通知》，要求对国家公务员的奖励，遵循精神奖励和物质奖励相结合，以精神奖励为主的原则，另外对奖励情形、奖励类别、奖励程序、审批权限以及撤销情形均作出详细规定。

1996年12月，省人事厅转发人事部《关于国家公务员纪律惩戒有关问题的通知》，对《国家公务员暂行条例》有关纪律惩戒规定中难以把握的问题作出详细说明。对违反纪律的国家公务员，根据其错误性质、情节轻重、危害大小，作出区别处理；对行政处分的变更与解除也予以说明。

1998年，省财政厅和省人事厅联合下文，对全省行政奖励经费标准再次进行调整，由每人每年12元调整至20元。1999年11月，淮阴市政府印发《市政府关于印发淮阴市国家行政机关奖励综合管理暂行办法的通知》，明确市、县（市、区）人民政府的人事部门是本级人民政府负责对行政机关奖励工作实施综合管理的职能部门。要求市政府各部门、系统表彰奖励活动的实施方案经市政府批准后，由主办部门与市人事部门联合组成评审领导机构，审定各单位上报奖励表彰的先进集体、先进个人名单。各级领导干部奖励表彰，应该严格标准和条件，严格名额比例，按照民主公开的原则，自下而上逐级评选推荐。其中，以市、县（市、区）政府名义表彰的先进个人，县（处）级和乡（科）级干部分别控制在表彰名额的10%以内；对本机关中层以下干部的表彰应严格控制在本机关在编人数的2%以内。同年12月，省人事厅印发《江苏省国家公务员奖励实施办法》，要求对国家公务员的奖励坚持民主公开、客观公正、奖励及时、运用适当的原则。

2002年、2003年，淮安市2次举行“富民兴淮、建功立业”竞赛活动。活动围绕增加群众收入、增加财政收入、增加就业岗位3个方面展开。评比严格按照规定的条件，面向基层，面向经济工作第一线，并且兼顾不同行业、不同层次。2002年，评出记功集体43个，其中一等功9个、二等功14个、三等功20个；记功个人93名，其中一等功19名、二等功26名、三等功48名。2003年，评出记功集体46个，其中一等功10个、二等功16个、三等功20个；记功个人91名，其中一等功20名、二等功23名、三等功48名。由市委、市政府分别记功，记功集体颁发奖牌，记功个人颁发证书，并给予一定物质奖励，个人一等功享受市级劳模待遇。

2005年1月，市人事局转发省人事厅《关于对国家公务员、事业单位工作人员被判处拘役、有期徒刑宣告缓刑后处理意见的通知》。凡国家公务员（含参照国家公务员制度管理的事业单位工作人员）被判处拘役、有期徒刑宣告缓刑的，其职务自然撤销，并根据《国家公务员暂行条例》和《国家公务员辞职辞退暂行规定》予以辞退。凡事业单位工作人员被判处拘役、有期徒刑宣告缓刑的，如本人与单位已经签订聘用合同的，根据人事部《事业单位试行人员聘用制度有关问题的解释》予以解聘；如本人与单位尚未签订聘用合同的，则根据人事部《全民所有制事业单位辞退专业技术人员和管理人员暂行规定》对其予以辞退。2004年11月11日前，国家公务员、事业单位工作人员在被判处拘役、有期徒刑宣告缓刑期间或期满后对其身份仍未作出处理的，可按上述规定执行。2006年《中华人民共和国公务员法》和2007年《行政机关公务员处分条例》施行后，对处分原则、种类和适用、权限和程序、申诉等都作出明确具体规定，惩戒工作可操作性更强，也更加规范。

2007年，淮安市开展评选“人民满意的公务员”和“人民满意的公务员集体”活动。评选坚持条件公开、事迹公开、群众公认的原则，按照自下而上、层层推荐、严格审核、逐级上报、上级批准的程序进行；坚持面向基层、面向一线，采取“公推公选”和媒体参与相结合的方式，对推荐和表彰对象进行宣传并公示，加强群众和新闻媒体的监督。同年，市委、市政府授予市交通局等10个单位“淮安市人民满意的公务员集体”称号；授予20名个人“淮安市人民满意的公务员”称号（享受市级劳动模范待遇），并给予集体1万元、个人2000元的物质奖励。

2008年4月，淮安市转发《公务员奖励规定》，明确规定公务员奖励原则、条件和种类、权限和程序、实施、监督，公务员奖励工作进一步规范化。

1983—2008年淮安市干部奖励情况统计表

表17-8

年份	表彰集体（个）	表彰个人（人）	年份	表彰集体（个）	表彰个人（人）
1983	157	47	1996	800	1367
1984	97	11	1997	602	903
1985	377	323	1998	844	721
1986	321	277	1999	323	886
1987	376	433	2000	449	500
1988	651	239	2001	332	460
1989	702	567	2002	262	4
1990	963	635	2003	194	222
1991	614	1488	2004	331	485
1992	811	792	2005	395	446
1993	892	627	2006	738	565
1994	933	832	2007	615	475
1995	718	946	2008	502	728

七、人事争议仲裁

1992年2月，淮阴市人事争议仲裁委员会成立。同年11月，市人事局印发《淮阴市人事争议仲裁暂行办法》，规定市人事争议仲裁委员会受理专业技术人员和管理人员因调动、辞职、兼职、停薪留职、借用等与所在单位发生的争议，单位解聘、辞退、除名专业技术人员和管理人员时与个人发生的争议，经政府人事部门批准、招聘专业技术人员和管理人员过程中发生的争议，安排和调整留学回国人员工作中发生的争议以及其他需要仲裁的人事争议。

2000年10月，市人事局重新印发《淮阴市人事争议仲裁暂行办法(试行)》，在仲裁受案范围、申请时效、仲裁程序等方面有变动。规定市人事争议仲裁委员会主要受理国家行政机关与工作人员之间因录用、流动、履行聘任合同发生的争议，事业单位与工作人员之间因辞职、辞退及履行聘任合同或聘用合同等所发生的争议以及依照法律、法规、规章规定可以仲裁的其他人事争议。2001年2月，市人事争议仲裁委员会受理并开庭审理杨某某与市教育委员会因职称评审产生的争议案件。该案件是市人事争议仲裁委员会成立后依法受理并审结的第一起案件。

2005年，人事部和省人事厅提出“重调解，轻裁决”的人事争议处理原则。同年，市人事争议仲裁委员会举办2期全市人事争议仲裁员资格培训班，133人参加培训，其中市直机关参训25人、县(区)参训108人。参训人员全部通过考试，被聘为人事争议兼职仲裁员。2006年3月，市委组织部、市人事局、市总工会联合颁发《关于建立人事争议调解委员会的通知》，督促全市主管部门及较大的事业单位内部建立人事争议调解委员会，负责本部门、本单位的人事争议调解工作。同年12月，市人事局印发《淮安市人事争议处理暂行办法》，在仲裁受案范围、仲裁程序等方面进行适当调整，明确当事人在人事争议协商解决不成时，可以向本单位人事争议调解委员会申请调解。至2008年年末，在市直各部门和事业单位中共建立人事争议调解委员会38个。

1992—2008年，全市收到人事争议仲裁申请53人次，其中受理案件6件，不予受理47件，以裁决方式结案2件，以仲裁调解方式结案4件。

第二节　事业单位管理

一、工作人员录(聘)用

1978年后，随着工作重点转移，各级人事部门围绕社会主义建设调配干部。淮阴地区除军队转业军官和普通类大、中专毕业生外，还根据省人事局下达的招干指标和有关文件规定，通过考试或考核择优录用一批干部。1985年，全市有2000名民办(代课)教师转为公办教师。1986年，全市有2660名民办教师转为公办教师。1988年后，全市事业单位新进人员，除国家政策性安置、按干部人事管理权限由上级任命及涉密岗位等确需使用其他方法选拔任用人员外，其他均实行公开招聘。1993年，全市民办教师转公办教师3205人。1981—1996年，全市事业单位共招收录用干部8000多人。

1996年后，除军队转业军官和普通类大、中专毕业生仍为国家干部外，国家不再下达招干指标，党政机关开始实行公务员制度。2000年1月，市人事局印发《淮阴市事业单位实行聘用制办法(试行)》通知，开始在事业单位实行聘用制。要求事业单位与在职和新进人员签订聘用合同，确立聘用单位和受聘人员的聘用关系，明确双方权利、义务。

2002年5月，淮安市委、市政府印发《关于严格控制全市机关事业单位机构编制和进人的通知》，要求市直事业单位新进人员面向社会公开招考。是年12月，市委组织部、市人事局联合印发《淮安市市直事业单位补充工作人员暂行办法》，规定除政策性安置人员、与用人单位签订就业协议的普通高校本科以上学历应届毕业生、由组织上选调的事业单位主要负责人、事业单位之间同向或顺向流动人员外，财政全额拨款和差额补贴事业单位以及根据政策自收自支事业单位补充工作人员，均要按照公开、平等、竞争原则，通过考试、考核办法择优聘用。

2005年7月，市委组织部、市人事局印发《淮安市市直事业单位公开招聘工作人员实施办法》，对招聘工作职责分工与程序、招聘计划和公告、资格条件与招聘方式、考试、考核与体检、聘用程序、回避、监督和违纪处罚等问题作出详细规定。当年全市招聘事业单位人员701人，其中市直51人、县区650人。2006年，全市招聘事业单位人员969人，其中市直189人、县（区）780人。2007年，全市招聘事业单位人员1226人，其中市直255人、县（区）971人。2008年，淮安市招聘事业单位人员1317人，其中市直270人、县（区）1047人。至2008年年末，全市8万多名事业单位从业人员与所属单位签订聘用合同。

二、事业单位登记管理

1993年8月23日，淮阴市编制委员会印发《开展市直事业单位法人登记发证工作的通知》，要求凡国家、集体和各种社会力量兴办的各类事业单位都要登记。全市事业单位法人登记开始实行，事业单位代码标识制度建设同步推进。核准申请登记和变更登记工作从无到有，并逐步纳入规范化轨道，开展登记事项定期公告、登记档案分类、组卷和登记档案提供利用工作。至1995年年底，市属全民和大集体事业单位办理注册登记360个，注册登记率100%。

2000年，江苏省机构编制委员会办公室印发《关于做好全省事业单位初始登记工作的通知》。同年11月，省编办会同省有关部门转发中编办等15个部门《关于〈事业单位法人证书〉使用问题的通知》，明确事业单位法人证书是事业单位法人资格的合法凭证。要求自2001年4月1日起，事业单位法人在刻制印章、申办社会保险、开办银行账户、申办税务登记及申办有关执照、土地、房产登记、人事调动和工资基金管理以及法律诉讼、公证等事宜时，有关部门应要求其提交全国统一事业单位法人证书。2000年12月，市编办印发《关于做好全市事业单位初始登记工作的通知》，要求全市事业单位初始登记工作于2001年1月1日至3月31日进行，从2001年4月1日起，原江苏省事业单位法人登记证、江苏省事业单位登记证不再使用。至2001年年底，市属事业单位初始登记工作完成，符合登记条件的348家单位均领取全国统一事业单位法人证书，各县（区）初始登记工作也相继开展。

2005年，按照省编办部署，淮安市组织开展事业单位网上登记管理试点工作，登记管理软件由单机版改为网络版。在登记管理数据转换期间，对事业单位重新审核确认，全市核准网上登记事业单位2387家。市编办举办市属事业单位网上登记管理培训班6期，县（区）编办培训登记工作人员2000余人。

2007年5月，国家事业单位登记管理局颁发《事业单位登记管理档案管理办法》。2008年1月，市编办印发《关于转发省编办〈关于开展事业单位登记档案管理工作检查验收的通知〉》，对登记档案管理工作提出新要求，并推广应用新档案目录及制作标准。市、县（区）编办按规定建立专用登记档案室，全市统一定制登记档案装具，按照一户一档要求，对每家事业单位原始登记资料进行全面收集，完善归档。健全管理制度，分别制定登记档案归档制度、档案查阅制度、档案管理人责任制度。是年，组织首期市属事业单位法定代表人培训班，培训54人。

2001—2008年淮安市市属事业单位法人登记情况统计表

表17-9　　　　单位：个

年份	核准设立登记	核准变更登记	核准注销登记	登记单位整体移交	年份	核准设立登记	核准变更登记	核准注销登记	登记单位整体移交
2001	348	58	—	—	2005	278	30	—	—
2002	348	35	—	—	2006	286	24	2	3
2003	376	41	—	—	2007	294	57	3	1
2004	271	56	105	6	2008	326	45	3	—

三、事业单位年检

1994年12月，省机构编制委员会、省人事局印发《关于做好全省事业单位年检工作的通知》。当年淮阴市开始事业单位年检工作。年检主要检查事业单位运行情况，法人资格是否具备；检查经费来源，财政拨款单位是否减轻财政负担，自筹单位经费来源是否合法；检查单位编制使用，财政拨款单位是否减少“吃财政饭”人数，实行自定编制的单位人员编制管理是否规范，人员结构是否合理；检查业务范围，业务项目是否符合规定、合法，社会效益和经济效益否增强。自1994年12月1日开始，采用手工办法对注册登记事业单位进行年检，其中1994—2000年年检对象为持有江苏省事业单位法人登记证事业单位，2001—2004年年检对象为持有全国统一事业单位法人证书事业单位。2005年2月28日，市编办印发《关于开展2004年度全市事业单位年检工作的通知》，原单机版数据经国家事业单位登记管理局转换到事业单位在线系统，全市事业单位年检工作全部实行网上年检。

2001—2008年淮安市市属事业单位年检情况统计表

表17-10　　　　单位：个

年份	应年检数	实际年检数	年份	应年检数	实际年检数
2001	380	380	2005	266	266
2002	348	348	2006	274	274
2003	362	362	2007	294	294
2004	271	271	2008	315	315

第三节　人才管理

一、人才引进

1984年10月，淮阴市人才交流服务中心成立，负责引进专业技术人才、调剂人才余缺、借调人才、招聘人才，打破地区、部门、行业界限，疏通人才交流渠道。当年市人才交流服务中心选定

21个招标项目和23个技术服务项目，开展生产科学技术咨询交流。是年年底，市委、市政府出台《关于贯彻省委（84）30号文件，进一步改革干部人事制度的几点意见》，对用好现有人才，引进人才，促进人才合理流动提出具体要求。全年支持、鼓励1072名大中专毕业生到基层工作。

1985年年初，市政府制定调进各类专业技术人员优惠政策，在《光明日报》《新华日报》等报刊上登载招贤启事。全市急缺各类专业人才7500名，将人才需求信息打印成册，发至全市各单位，寄往省内外人才信息中心。是年4月，淮阴市召开首次人才交流大会。市人才交流服务中心提供1200名引进人才信息，供各单位选择，参加大会的各类专业技术人员4900人次。至当年年末，组织科技人才合理流动925人，完成1652名大中专毕业生工作分配。

1986年，市人才交流服务中心组织科技人才合理流动530人。1987年，从外地引进专业技术人员243人。1989年，市人事局出台《国家不包分配大中专毕业生推荐聘用工作的意见》，在全市县以上机关选调工作人员中实行公开考试办法，将竞争机制引入人事工作。

1991年，全市各级人事部门与34个企业建立联系，各县（区）人才交流中心分4个组对市区的4个联系点企业进行调查研究；对全市14家“三资”企业基本情况，特别是人才管理和需求情况进行调查，为中外合资企业果葡糖有限公司引进急缺专业技术人员6名。

1992年10月，淮阴市人才市场成立。当年市人事局通过调动、招聘、推荐聘用等形式，为市区企事业单位输送技术人才289名。1993年，市人事局建立人才市场集市型和日常型配合的人才开发制度，确定每月25日为人才集市开放日。全年为市区企事业单位输送技术人才222名，其中为重点工程项目引进人才58名，为国营大中型企业引进人才125名，为“三资”（中外合资、中外合作、外商独资）企业输送人才30名，为其他企业引进9人。1994年，通过市人才市场为市冶金公司、市经济广播电台、中大实业公司等13个企事业单位专场招聘82名人才，其中利用人才信息库推荐录用10余人。

1995年，市委办印发《关于贯彻〈加快培育和发展我国人才市场的意见〉的意见》，推动人才市场建设。市人事局在南京、淮阴两地举办2次较大的人才招聘会，240多个用人单位、7000多人次参加招聘活动。1996年5月，市人事局制定《1996年人才工程实施方案》。在全市范围内选择100个单位作为专业技术人才工作联系点，与学校联合培养各类急缺专业技术人才2400名，通过各种途径引进、接收专业技术人才5200名。

1997年6月，市人才服务中心与淮阴有线电视台联合开办《人才市场》专栏。当年7月起，在《淮阴日报》星期刊开办为期2个月的整版《淮阴人才需求市场》专栏，在《淮海晚报》星期刊长期设立《荐才》《求贤》专栏；《淮阴劳动报》《邮电商情》等报纸免费提供招聘、求职信息，淮阴邮电局“1600”信息台招聘热线也长期提供人才市场需求信息，建成有效的人才供求信息网络。1998年5月，实行人才市场周六定期开放制度，形成集市招聘与工作日正常招聘相结合的人才招聘模式。

1999年4月，市人才交流服务中心增挂“淮阴市人才评价中心”牌子。同年12月，成立淮阴市人才市场管理办公室，淮阴市人才交流服务中心增挂“淮阴市农村人才市场”牌子。是月，市人事局印发《淮阴市引进人才实行〈工作寄住证〉的暂行办法》。2000—2001年，先后出台《淮安市关于引进人才引进智力工作的实施意见》《淮安市关于发挥现有人才作用的若干意见》，推进整体性人才资源开发，鼓励人才业余兼职和有偿借用，实行多元化工资分配，重奖有突出贡献的人才。

2002年1月，市委办公室、市政府办公室印发《关于全市人才工程的实施意见》。2003年6月，淮安市人才市场教育分市场设立。2004年4月，市人才市场管理办公室、市毕业生就业指导中心

图 17-1　淮安市人才市场（2005 年）　　市人社局　供

并入市人才服务中心，同时将市人才服务中心更名为市人才中心。同年，出台《淮安市奖励进修研修和出国深造人员暂行办法》，对奖励范围、奖励对象、需要条件、奖励标准作出明确规定。

2005 年 8 月，省人事厅在淮安市组建江苏省苏北毕业生人才市场，市场的日常管理、运行由市人事局负责。省人事厅设立江苏省苏北人才服务职业资格培训基地，基地建设和管理由市人事局负责。同年 12 月，淮安市人才中心增挂“江苏省苏北毕业生人才市场”牌子并升格为副处级单位。当年市人才中心参与科技工程建设，组团赴外招聘 9 次，组团单位 72 家次，引进本科生 2521 名、研究生 202 名，柔性聘用外地副高级职称以上专业人才 256 名。为淮安移动公司、苏北话务公司等企事业单位举办专场招聘 15 场次，为 4 万多名各类人才、2340 家用人单位提供求职和招聘服务，向供电、移动通信、银行、保险、交通等行业和单位派遣人才 1100 余名。举办个企私营、民营经济组织和招商引资企业专场招聘会 3 场，签约 281 人。

2006 年，经江苏省教育委员会同意，成立江南大学淮安市人才中心校外学习中心。印发《淮安市 2006 年毕业生需求信息》《淮安市引进人才智力优惠政策》，向省外高校寄发。市人事局还在《扬子晚报》开办《淮安人才》专版，每周五定期出刊。与南京航空航天大学合作，在淮安市建立南京航空航天大学MBA苏北教育中心；与苏北其他四市共同举办江苏苏北地区五市春季人才大会，淮安会场参会单位 165 余家，进场毕业生 5000 余名。2006 年淮安科技洽谈会期间，组织 6 家大型企事业单位和县（区）人事部门进场招聘人才，围绕技术项目柔性聘用外地各类专家 247 名。举办“2006 中南大学百名硕士淮安行”活动。同年 12 月，市人才中心组团，分 5 路赴东北、西北、华中、山东、安徽开展高层次紧缺人才招聘活动。与黑龙江大学、东北师范大学、江苏大学、中国矿业大学、南京林业大学等 40 所高校签订毕业生就业基地共建协议。全年引进本科生 2100 人，完成任务指标的 105%；硕士研究生 206 人，完成任务指标的 103%。

2007 年，淮安市实施引进人才工程。全年组团赴外招聘 15 次，组团单位 181 家次，引进本科生 2560 人、硕士以上学历人才 351 人。在 2007 年淮安科技洽谈会活动中，外聘副高级职称以上专家（柔性引进智力）277 人。举办江苏省 2007 年网上人才交流大会和 2007 年淮安市春季网上人才交流大会，与省内各市、县和省内外相关高校、区域性人才招聘基地实现网络链接。日点击量超过 1 万人次，收到网上求职人员简历 15000 余份，发展网上会员单位 500 多家。

2008 年，市政府印发《淮安市挂钩实施高层次人才引进工程的意见》及其实施细则。市人事局围绕淮安市三大支柱产业和卫生、教育等主要公共事业发展需要，赴苏南地区及宁波、杭州等地调研。同年 9—10 月，开展淮安市科技洽谈会活动。参与省人才中心牵头组织的苏北鲁南“10+2”和苏北五市“5+1”区域合作，与安徽、山东等省 20 多所职业中专校、高职院校建立协作关系，与安徽省毕业生就业服务中心达成毕业生配送协议，为全市工业园区企业输送 2000 余名员工。

2004—2008年淮安市人才引进情况统计表

表17-11　　单位：人

年份	统计数	本科生	研究生或副高职称以上	年份	统计数	本科生	研究生或副高职称以上
2004	1881	1776	105	2007	2911	2560	351
2005	2723	2521	202	2008	2943	2670	273
2006	2306	2100	206	—			

说明：研究生或副高职称以上人才中含柔性引进人才

1995—2008年淮安市人才资源总量统计表

表17-12　　单位：人

年份	人才数	年份	人才数	年份	人才数	年份	人才数
1995	178627	1999	158608	2003	165179	2007	225852
1996	—	2000	161292	2004	169751	2008	255601
1997	151074	2001	167142	2005	195237	—	
1998	167626	2002	166598	2006	220722		

说明：1. 2005年人才资源总量为测算数；
2. 该表"人才"的口径为：具有中专及以上学历的人员，高中及以下学历具有技术员或相当于技术员以上专业技术职务（资格）的人员

二、留学工作

1996年9月，市人事局转发省人事厅《关于进一步加强非教育系统公派留学工作管理的通知》。针对淮阴市经济欠发达、人才匮乏的实际情况，开始在全市非教育系统开展国家公派留学工作。组织各县（区）、各企事业单位近200名符合条件人员参加省人事厅组织的全国外语水平考试，有10人被列为派出人员。其中，1998年6人，1999年2人，2000年有2人。通过到国外研修，大部分人员成为单位骨干。2006年1月，市人事局向省人事厅提交《关于成立江苏省淮安留学人员创业园的请示》。当年2月，得到省人事厅同意。同年7月，省政府省部共建淮安留学人员创业园申请报人事部。2007年9月，人事部批准与省政府共建中国淮安留学人员创业园。该园是苏北地区首家国家级留学人员创业园。至2008年，该园区吸引12名留学英、美、法、德、新等国的回国人员和高层次科技人才，并同欧美、东南亚、日本、美国200名海外留学人员建立联系。（详见第十卷《开放开发》第四章《开发区建设》第一节《淮安经济开发区》）

三、博士后工作站

2006年，江苏淮钢集团有限公司被人事部批准为国家级博士后科研工作站。同年12月，该科研工作站揭牌。

2008年6月，人力资源和社会保障部批准，江苏天士力帝益药业有限公司、淮安市农业科学研究院、淮安万邦香料工业有限公司设立博士后科研工作站。同年11月，市人事局印发《关于转发省人事厅关于申报省级博士后科研工作站有关事项的通知》。淮安市第一人民医院和江苏今世缘酒业有限公司被省人事厅批准为首批设站单位。中国淮安留学人员创业园管理委员会、江苏淮阴辉煌太阳能有限公司、淮安市第二人民医院被批准为第二批设站单位。

四、人事代理

1991年6月，市委组织部和市人事局印发《关于进一步加强我市流动人员档案管理的通知》，对流动人员人事档案管理的范围、对象、职责权限和服务内容提出具体要求。规定流动人员人事档案按照原人事管理权限，统一由市、县（区）委组织部、人事局或人才交流服务机构管理。其他任何部门、机构不得承担流动人员人事档案管理工作；任何人不得私自保管他人或本人档案。1993年11月，市人事局印发《关于为市区无人事管理机构的单位和流动人员代管人事关系的暂行办法》，保障这些单位和流动人员的根本利益，避免人事争议。

1998年6月，市政府批转《关于淮阴市开展人事代理服务工作的意见》，明确规定人事代理工作的服务范围和对象、服务内容、服务功能、办理办法。同年11月，市委组织部、市人事局出台《关于贯彻〈流动人员人事档案管理暂行规定〉的意见》。在代理方式上，坚持人才个体代理与单位集体代理相结合、代理与多项综合代理相结合、全员代理与部分代理相结合，拓宽工作领域，增加代理数量。全年新办代理人员677人，续办手续284人，人事代理存量1101人，单纯保存档案1500余份。

1999年12月，市人事局出台《关于对待就业和自谋职业毕业生实行人事代理的意见》《关于大中专毕业生见习（试用）期实行人事代理的意见》。待就业和自谋职业大中专毕业生人事代理手续可根据自谋职业或兴办实体的去向，分别在市、县以上（含县）人才流动服务机构办理，不受户口、生源地限制。毕业生就业第一年实行人事代理。毕业生到企事业单位就业在见习期内的，或按《国家公务员暂行条例》规定录用到国家机关就业在试用期内的，其人事关系及档案均由市、县（市、区）政府人事部门所属人才流动服务机构统一管理。

2002年，淮安市人才交流服务中心探索尝试新的人事代理服务方式，首次开展人才派遣业务，向中国移动淮安分公司派遣紧缺人才19名。

2003年4月，《中共淮安市委、淮安市人民政府关于市直管理执法类事业单位改革的实施意见（试行）》和《中共淮安市委、淮安市人民政府关于市直社会公益类事业单位改革的实施意见（试行）》印发，要求依照公务员法管理单位新进工勤人员和其他单位新进人员都要实行人事代理，人事关系委托市人才服务机构管理；有条件的单位可实行全员人事代理。随着事业单位人事制度改革，许多用人单位实施人事代理制度。在实行一年见习期人事代理基础上，对卫生系统、市直教育系统、广电系统等部分新进人员实施长期人事代理。

2008年，开展代理缴纳“四险一金”业务，代缴各类保险1000多万元，参保人数5600余人。人事代理总人数24548名，单位人事代理253家；实有托管档案数4万余份；人才派遣单位数22家，人才派遣数1600余名。

1994—2008年淮安市人事代理情况统计表

表17-13　　单位：人

年份	人数	年份	人数	年份	人数	年份	人数
1994	150	1998	545	2002	1622	2006	3486
1995	142	1999	2054	2003	2784	2007	3291
1996	127	2000	2258	2004	2868	2008	3315
1997	214	2001	2191	2005	3462	—	

第四节　专业技术人员管理

一、职称评定

1979年，淮阴地区重新启动专业技术人员职称评定工作。1983年，全国开始改革职称评定制度，实行专业技术职务聘任制度。1986年，淮阴市职称改革工作启动，市职称改革领导小组成立，办公室设在市科委。当年首先在部分全民事业单位、全民所有制企业、集体所有制企业中试点推行专业技术职务聘任制度。1991年，基本完成职称改革为职称工作正常化做好前期准备。1995年，企业按照生产经营技术需要，自主设置专业技术岗位，择优聘任技术人才。1996年8月，淮阴市职称改革管理职能由科委系统划转至人事部门。同年11月，淮阴市职称改革领导小组更名为淮阴市专业技术人员职称工作领导小组，办公室设在市人事局。

1997年，出台《淮阴市专业技术职称工作规范化管理的意见（试行）》《关于加强职称考试统一管理的通知》。2001年，制定《淮安市专业技术资格评审办法（试行）》。2003年，按照专业技术资格评委会组织办法，对全市各系列评委会重新组建。

自2004年开始，在全市民营经济组织中开展交通工程和建设工程高、中级职称评审和高级经济师评审工作。根据民营经济组织人员特点，研究制定评审办法。2006年开始，增加面试答辩环节，促进民营经济组织职称工作健康发展。2007年，按照专业技术资格评委会组织办法，对全市各系列评委会再次重新组建。同年5月，开展换发职称证书、技术资格证书工作，原淮阴市人事局、淮阴市科委、淮阴市职称改革领导小组等单位或部门发放的各类中、高级职称证书和中、高级专业技术资格证书，统一换发新证，统一专业技术资格证书样式，加强证书使用统一管理，共换发新证11337本。至2008年年末，为民营企业评定高中级职称2000余人。

1997—2008年淮安市专业技术人员总数统计表

表17-14　　　　单位：人

年份	专业技术人员总数	高级	中级	初级
1997	102195	3041	29587	60163
1998	104254	2893	30786	61091
1999	106118	3046	32322	60575
2000	107357	3588	35171	58377
2001	109341	3738	35879	59877
2002	108040	3861	36259	59176
2003	105355	4042	36987	56001
2004	102155	3620	34671	82860
2006	119466	4499	35284	47697
2007	124281	4787	35973	48935
2008	127281	5874	37072	44762

2004—2008年淮安市民营企业职称评审情况统计表

表17-15　　单位：人

年份	建设工程		交通工程	
	中级	高级	中级	高级
2004	563	—	—	—
2005	309	239	—	—
2006	157	74	83	59
2007	188	67	109	26
2008	227	66	60	19

二、专家管理

（一）享受国务院政府特殊津贴专家

1991年，按照中共中央、国务院决定，淮阴市给作出突出贡献的专家、学者、技术人员发放政府特殊津贴。按照一定程序认定享受政府特殊津贴的专家，简称政府特贴专家。当年选出政府特贴专家3人。因符合条件的人选和国家给予的名额较多，1992年、1993年当选人数分别为14人、24人。后国务院提高入选门槛，进行总量控制，当选人数减少。

1995年开始，淮阴市根据人事部《关于进一步做好有突出贡献的中青年科学、技术、管理专家工作的意见》，每年开展一次选拔工作，进一步规范化、制度化。每个选拔年都转发评选文件，并组织相关专家组成评委会，评选出推荐人选，向省人事厅申报。当年选出政府特贴专家3人。

2002年起，每2年（偶数年）选拔一次，经批准享受国务院政府特殊津贴人员，国务院授权人事部颁发政府特殊津贴证书，由国家一次性发给2万元，免征个人所得税。1994年以前享受国务院政府特殊津贴的人员，仍按月发放政府特殊津贴。至2008年，全市有享受国务院政府特殊津贴专家67人。

1991—2008年淮安市享受国务院政府特殊津贴专家情况一览表

表17-16

姓名	工作单位	性别	职称	学历	入选时间
宋长荣	市京剧团	男	一级演员	—	1991
何　坚	市水利勘察设计院	男	高级工程师	中专	1991
金石鸣	清江无线电厂	男	高级工程师	大学	1992
刘志一	市光华化学厂	男	高级工程师	大学	1992
赵　恺	市文联	男	一级作家	中专	1992
任光宪	市机械总厂	男	高级工程师	大学	1992
朱绍良	市电子研究所	男	高级工程师	大学	1992
袁锡林	金湖县工商联	男	高级工程师	大学	1992
单　林	淮阴工学院机械系	男	高级工程师	大学	1992
徐志荣	江苏安邦电化有限公司	男	高级工程师	大学	1992

续表17-16

姓名	工作单位	性别	职称	学历	入选时间
金久勇	金湖输油泵有限公司	男	高级工程师	大学	1992
胡明浙	县级淮安市农技推广中心	男	高级农艺师	中专	1992
沈长柏	淮阴师范学院	男	副教授	大学	1992
薛辉云	涟水县农技推广中心	男	研究员	大学	1992
钱如竹	淮阴师范学院	男	教授	大学	1992
路建端	市水利勘察设计院	男	高级工程师	专科	1992
杨光辉	洪泽县经济贸易委员会	男	高级工程师	大学	1993
颜景昕	淮阴丝绸公司	男	高级工程师	大专	1993
张积义	市人大	男	高级工程师	中专	1993
潘正凡	市建设委员会	男	高级工程师	大学	1993
朱仰石	市园林局	男	高级工程师	大学	1993
何达平	江苏淮钢集团有限公司	男	高级工程师	中专	1993
刘万东	清拖集团公司	男	高级工程师	大学	1993
郑娟华	市贸易局	女	高级兽医师	大学	1993
葛罗庚	市经济贸易委员会	男	高级工程师	大学	1993
王年生	江苏金凤集团	男	高级工程师	大专	1993
颜承崎	市建筑设计研究院	男	高级建筑师	大学	1993
徐寿鸿	市粮油储运公司	男	高级工程师	大学	1993
张景龙	市水产局	男	高级工程师	大学	1993
戚庆隆	淮阴画院	男	一级美术师	中师	1993
周云方	盱眙县人民医院	男	副主任医师	高中	1993
戴安顺	淮阴师范学院	男	教授	大学	1993
钱仓水	淮阴师范学院	男	教授	中师	1993
冯建廷	市第二人民医院	男	主任医师	大学	1993
周应储	市第一人民医院	男	主任医师	大学	1993
陈秉和	市水利重点工程指挥部	男	高级工程师	中专	1993
黄炳生	市农科所	男	副研究员	大学	1993
陈孝华	市农业局土壤肥料工作站	男	研究员	本科	1993
徐　鑫	市淮机总厂	男	高级工程师	本科	1993
杨秀英	市淮海剧团	女	一级演员	—	1993
朱延文	市环保局	男	高级工程师	大学	1994
裴元苓	市第二人民医院	男	主任医师	大专	1994

续表 17-16

姓名	工作单位	性别	职称	学历	入选时间
费泽才	江苏韩泰轮胎有限公司	男	高级工程师	大学	1995
王克孟	市农业局土壤肥料工作站	男	研究员	大学	1995
龚一鸣	市第一人民医院	男	主任医师	大学	1995
傅理琦	市液压机械有限公司	男	高级工程师	大学	1996
郭金刚	金湖县人民医院	男	副主任检验师	中专	1996
吴兴培	市农科院	男	研究员	大学	1996
黄竹芝	市农业局环保站	男	高级农艺师	大学	1997
江瑞龄	省高速公路建设集团公司	男	高级工程师	大学	1997
闵抗生	淮阴师范学院	男	教授	大学	1997
詹佑邦	淮阴师范学院	男	教授	大专	1997
郑国鸣	市第一人民医院	男	主任医师	大学	1998
李少侠	市实验小学	女	中教高级	中专	1998
郭栋儒	市植保植检站	男	高级农艺师	专科	1998
王伟中	市农科院	男	研究员	本科	1999
蒋亦清	江苏安邦电化有限公司	男	高级工程师	本科	1999
韩建淮	江苏淮钢集团有限公司	男	高级工程师	中专	2000
徐建民	市农科院	男	副研究员	本科	2000
薛朝标	市农业局粮作站	男	高级农艺师	硕士	2001
刘　详	江苏淮钢集团有限公司	男	高级工程师	大专	2001
纪凤高	市农科院	男	副研究员	硕士	2002
杨　武	江苏淮钢集团有限公司	男	高级工程师	大学	2002
李玉峰	市第一人民医院	男	主任医师	硕士	2004
顾正中	市农科院	男	副研究员	本科	2004
张凤军	江苏淮钢集团有限公司	男	高级工程师	本科	2006
陈　勇	市第四人民医院	男	主任医师	硕士	2008

（二）江苏省有突出贡献中青年专家

1988年，淮阴市按照省科技干部局《关于加强对有突出贡献中青年专家管理工作的意见》规定，开始评选省有突出贡献中青年专家，每2年（偶数年）选拔一次，获奖专家由省人民政府颁发证书，并发给一次性奖金，奖金免征个人所得税。当年评选出中青年专家2人。1999年，省人事厅印发《江苏省有突出贡献的中青年专家选拔和管理办法》。该文件强调获奖专家所在单位也要给予一定配套奖励，为专家创造良好工作、学习环境，改善专家的生活条件。2000年，全市评选出中青年专家2人。1988—2008年，全市共有34人获省“有突出贡献中青年专家”称号。

1988—2008年淮安市部分江苏省有突出贡献中青年专家情况一览表

表17-17

姓名	工作单位	性别	职称	学历	入选时间
任光宪	市机械总厂	男	高级工程师	大学	1988
马德祥	市建设委员会	男	高级工程师	大学	1988
黄启武	市人大常委会	男	高级农艺师	大学	1990
朱绍良	市电子研究所	男	高级工程师	大学	1992
袁锡林	金湖县工商联	男	高级工程师	大学	1992
单　林	淮阴工学院	男	高级工程师	大学	1992
金久勇	金湖输油泵有限公司	男	高级工程师	大学	1992
葛罗庚	市经济贸易委员会	男	高级工程师	大学	1992
费泽才	江苏韩泰轮胎有限公司	男	高级工程师	大学	1994
王克孟	市农业局土壤肥料工作站	男	研究员	大学	1994
龚一鸣	市第一人民医院	男	主任医师	大学	1994
黄竹芝	市农业局环保站	男	高级农艺师	大学	1994
张玉霞	淮阴中学	女	中教高级	大学	1994
郭栋儒	市植保植检站	男	高级农艺师	大专	1994
朱若是	市人大农村经济委员会	男	高级农艺师	大学	1994
韩文俊	盱眙县畜牧兽医站	男	高级兽医师	大学	1994
安宝琨	洪泽县卫生局	男	主任医师	大学	1994
郑国明	市第一人民医院	男	主任医师	大学	1994
韩建淮	江苏淮钢集团有限公司	男	高级工程师	中专	1996
李玉峰	市第一人民医院	男	主任医师	硕士	1998
蒋亦清	江苏安邦电化有限公司	男	高级工程师	本科	1998
刘　祥	江苏淮钢集团有限公司	男	高级工程师	大专	2000
徐春山	市农业局	男	高级农技师	本科	2002
陈　勇	市第四人民医院	男	副主任医师	硕士	2004
张凤军	江苏淮钢集团有限公司	男	高级工程师	本科	2004
蒋锁俊	市畜牧兽医站	男	高级兽医师	本科	2006
孙苏阳	市农科院	男	研究员	硕士	2008
王忠英	江苏淮钢集团有限公司	男	高级工程师	博士	2008

（三）淮安市有突出贡献中青年专家

1993年，淮阴市科委印发《关于选拔奖励九三年度市级有突出贡献专业技术人员的实施意见》，选拔奖励有突出贡献的专业技术人员，每2年一次，奖励50人。该项工作是市有突出贡献中青年专家选拔工作的前身。1996年机构改革后，该项职能划转至市人事局。1999年，印发《淮阴市有突出贡献中青年专家选拔暂行办法》，规范专家选拔、管理和奖励制度。市有突出贡献中青年专家，每2年（奇数年）选拔一次，每次30名，获得"淮安市有突出贡献中青年专家"称号，由市政府颁发证书，一次性奖励每人5000元。

（四）"十百千"人才培养对象

2002年，根据市委、市政府《关于印发2002年淮安市"4221"工程的通知》，市委办公室、市政府办公室《关于全市人才工程的实施意见》和市委四届二次全体（扩大）会议精神，淮安市将"十百千"人才工程列入为全市人民办20件实事项目。结合全市专业技术人员队伍建设实际情况，市人事局制定《淮安市"十百千人才培养计划"实施意见》。"十百千"人才培养工程目标是，选拔和培养45岁左右不同层次优秀中青年人才1110名。第一层次为10名国家部委、省级学科带头人；第二层次为100名省部门、市级学科带头人；第三层次为1000名市部门、县（区）级学科带头人。第一阶段（2002年）为启动阶段，制定出台相关文件，创造条件，打好基础，搞好启动工作，并推荐选拔部分培养人选，着手培养。第二阶段（2003—2004年）为全面选拔、培养阶段，选拔人选数量争取接近目标，通过重点培养，有部分人选分别接近或达到三个层次的培养目标。第三阶段（2005年起）为全面完成阶段，在总结前两个阶段培养工作基础上，完善各项培养措施，加大培养力度，全面实现各项目标。文件还规定奖励措施：第一层次人选每人每年9600元（科研经费6000元、图书资料经费3600元）；第二层次人选每人每年2000元（含单位配套1200元）；第三层次人选每人每年300元，由所在单位负责。2002—2008年，全市入选"十百千"人才第一层次培养对象15人，第二层次191人，第三层次1440人。

（五）引进外国专家

1992年，淮阴市成立引进国外智力工作领导小组，办公室设在市科学技术委员会。2001年机构改革时，引进国外智力工作领导小组办公室职能划转至市人事局，由科技人员工作处承办此项工作任务，后在该处增挂"市外国专家局"牌子。2004年，淮安市按照国家外国专家局规定程序，为江苏洪泽海珠汽缸套有限公司、江苏金湖输油泵有限公司申报技术管理专家项目。经国家外国专家局批准，成功引进德国专家1名。引进的专家由国家外国专家局报销国际旅费，一般不需要支付外国专家报酬，只需负担专家在服务期间生活费、零用钱或其中一部分，且市财政给予配套资助。同年，根据国家外国专家局《外国文教专家工作条例》，淮安市开始启动引进外国文教专家工作。2006年，为江苏汽车后桥有限公司、淮安市农科院申请引进日本花甲专家，获得中国技术交流中心批准，成功引进专家2名。2007年，再引进日本花甲专家1名。至2008年，共引进外国经济技术管理专家7名、日本花甲专家3名。全市有9所教育机构获得聘请外国文教专家资格认可证书，分别是淮阴师范学院、淮阴工学院、江苏食品职业技术学院、江苏淮阴农业学校、淮安信息职业技术学院、江苏省淮阴中学、江苏省清江中学、淮安外国语学校和江苏省金湖中学。至当年年底，在这些教育机构从事教学工作的外籍教师有42人。

2004—2008年淮安市引进经济技术管理类外国专家情况表

表17-18

年份	项目名称	项目单位	专家国籍	资助类型
2004	满足欧III环保排放高性能汽车气缸套	江苏洪泽海珠汽缸套有限公司	德国	省
	输油泵提前器生产技术革新	江苏金湖输油泵有限公司	德国	省
2005	杨树食叶害虫综合防治技术推广	涟水县林业局	意大利	省
	输油泵提前器生产技术革新	江苏金湖输油泵有限公司	德国	省
2006	盐硝联产环保问题	江苏淮海盐化厂	荷兰	省
	输油泵提前器生产技术革新	江苏金湖输油泵有限公司	德国	省
2007	引进海外资深市场开拓专家	江苏淮阴辉煌太阳能有限公司	新加坡	国家
	输油泵、提前器	江苏金湖输油泵有限公司	德国	省
2008	海外资深市场开拓专家	江苏淮阴辉煌太阳能有限公司	新加坡	国家
	输油泵、提前器	江苏金湖输油泵有限公司	德国	国家
	磁性流体密封技术在机械上的应用	江苏天宇机械有限公司	日本	省
	燃煤锅炉尾气净化矿卤技术改造	江苏井神盐业有限公司	奥地利	省
	盱眙龙虾新品种繁育技术研究及开发	江苏盱眙满江红龙虾产业园有限公司	澳大利亚	省

2006—2007年淮安市引进日本花甲专家项目情况表

表17-19

年份	项目名称	项目单位
2006	汽车后驱动桥	江苏汽车后桥有限公司
	解决保护地蔬菜连作保障问题	淮安市农科院
2007	连作障碍及水稻条纹叶枯病防治技术	淮安市农科院

第五节　军队转业干部与毕业生管理

一、军转干部安置

1978年，淮阴地区军队转业干部安置工作领导小组负责军队转业干部安置工作。至1984年5月，淮阴市先后安置军队转业干部6826人，主要安置在农业、政法和各基层部门。转业干部职务安排，根据工作需要和干部具体条件，参照其在部队所担任职务，分配适当工作，对专业技术干部尽可能按技术专长予以安排。

1978年5月至1984年5月淮阴市接收军队转业干部及家属子女情况统计表

表17-20　　单位：人

时间	转业干部情况					家属子女情况						
	总数	团职	营职	连排职	技干	户数	总数	干部	全民工	大集体工	“四工”	子女
1978.05—1978.12	2148	54	461	1633	0	635	3089	0	205	212	334	2338
1979.01—1979.12	1514	58	298	1158	0	635	2556	27	105	246	187	1991
1981.09—1982.04	1836	116	638	901	181	962	3480	43	92	657	98	2590
1982.06—1982.12	515	31	137	273	74	186	704	16	27	96	175	390
1983.12—1984.05	813	67	316	333	97	347	1713	14	38	281	440	940
合计	6826	326	1850	4298	352	2765	11542	100	467	1492	1234	8249

说明：“四工”指临时工、季节工、亦工亦农、发包工

1984年，淮阴市对1969—1975年复员到地方的2853名军队干部，实施改办转业2807人，未改转业46人，其中13名在农村劳动复员干部，改办转业后都安排工作。给错误处理离队军队干部落实政策，依据军转干部原部队师以上政治机关重新处理决定，对在部队被错误处理人员，给予平反纠正，安排适当工作，恢复离队时级别，改作转业办理11人。是年，淮阴市开始举办军队转业干部培训班，组织上岗前培训。全市接收安置军队转业干部583名，安置率和岗前培训率100%。1985年5月，在全省率先召开首次军队转业干部先进代表大会，表彰104名军队转业干部。

1986年7月，将县（区）人武部改归地方建制，工作人员改为地方编制，全市办理178名人武部干部转业手续。撤销市军队转业干部安置工作领导小组。1987年3月，在全省率先建成军队转业干部培训中心。1985—1987年，改变单一指令性分配和封闭式分配方法。坚持组织分配与本人志愿相结合，看转业干部档案与目测、考核相结合，计划分配与推荐相结合；允许用人单位在政策范围内根据需要选择转业干部；优先分配到有增干指标的部门和单位；家属子女及转业干部本人的安置工作做到需求情况早了解，配偶情况早调查，安置任务早预告，分配方案早安排，住房问题早打算，接待报到早准备。3年中，全市接收安置军队转业干部3816名，其中1985年1068人、1986年1834人、1987年914人。

1991年10月，在第二次全国军转表彰大会上，淮阴市军转办主任汪祖彬被国务院军队转业干部安置工作小组、人事部、总政治部授予“全国先进军转工作者”称号。1998年开始，淮阴市贯彻落实中央裁军战略决策。至2000年，全市接收安置军队转业干部565人。

2001年，军转干部安置实行计划分配和自主择业相结合的方式。担任团级职务或者担任营级职务且军龄满20年军队转业干部，可以选择计划分配或自主择业方式安置。通过广泛收集人才需求信息、开展创业就业知识培训、组织自主择业军转干部专场招聘会、协调落实有关优惠政策等手段，帮助自主择业军转干部实现就业创业。当年起，在市区计划安置营职以下军转干部（含文职和专业技术干部），以“四公开”“四优先”“两尊重”为原则，采取“双向推荐”“竞岗积分”办法，实现“人尽其才、才尽其用”。“四公开”是指政策公开、计划公开、程序公开、结果公开。“四优先”是指政策优先、职务优先、志愿优先、积分优先，即符合政策的优先于不符合政策的（主要指安置地），职务高的优先于职务低的，有志愿的优先于无志愿的，积分高的优先于积分低的；“四个优先”的先后顺序不能颠倒，政策优先于职务，职务优先于志愿，志愿优先于积分。“两尊重”是指尊重军转干部本人志愿、尊重用人单位合理要求。“双向推荐”是指根据军转干部本人志愿

推荐备选岗位，根据用人单位合理要求推荐安置人选。"竞岗积分"是指对少数竞争激烈的热点岗位，根据参与竞争的军转干部服役期间的资历、学历和贡献进行量化积分，按积分高低依次确定人选。这种方式主要适用于一些转业干部竞争不太激烈，且具有一定特殊性的岗位。

2004年开始，淮安市探索积分安置办法，参照市区营职以下干部和专业技术干部积分办法，通过查阅档案，给每个团职干部进行量化积分，以积分高低作为研究定岗的依据，积分情况由组织部门内部掌握，必要时供军转干部查询。2004—2006年，军队体制编制调整改革，裁减员额20万人。在此期间，全市共接收计划安置军转干部581人。通过军转安置办法改革，进一步实行阳光操作。2006年，出台《淮安市军队转业干部安置程序和竞岗积分办法》，制定《淮安市团职军转干部积分选岗安置暂行办法》。至2008年，先后有10多名自主择业军转干部在市军转办和县（区）人事局的帮助下实现就业创业。2001—2008年，淮安市共接收自主择业军转干部75人。

1988—2008年淮安市接收计划分配军转干部人数情况统计表

表17-21　　单位：人

年份	接收总数	市直和区	涟水县	金湖县	盱眙县	洪泽县
1988	367	261	42	20	19	25
1989	193	134	25	15	11	8
1990	144	103	18	10	8	5
1991	128	94	13	7	6	8
1992	100	62	12	6	13	7
1993	182	128	16	16	10	12
1994	170	134	7	10	5	14
1995	132	109	7	5	7	4
1996	155	113	10	7	18	7
1997	130	94	11	7	15	3
1998	146	105	8	14	13	6
1999	214	156	13	16	21	8
2000	205	137	15	11	31	11
2001	101	80	4	7	6	4
2002	52	40	7	3	2	0
2003	70	51	5	4	6	4
2004	173	120	22	7	17	7
2005	206	148	20	10	18	10
2006	202	146	23	10	14	9
2007	127	—	—	—	—	—
2008	112	—	—	—	—	—

2001—2008年淮安市接收分配和自主择业军转干部情况统计表

表17-22　　单位：人

年份	接收总人数						计划安置进党政机关		随调家属
	总计		计划安置		自主择业				
	合计	其中师团职	小计	其中师团职	小计	其中师团职	人数	占计划安置率(%)	
2001	109	20	101	20	8	—	94	93.07	23
2002	66	16	52	16	14	—	47	90.38	15
2003	83	19	70	19	13	—	64	91.43	26
2004	191	30	173	24	18	6	154	89.02	34
2005	212	24	206	24	6	—	191	92.72	62
2006	209	17	202	17	7	—	183	90.59	40
2007	132	20	127	19	5	1	117	92.13	27
2008	116	19	112	19	4	—	106	94.64	24

2001—2008年淮安市接收自主择业军转干部分布情况统计表

表17-23　　单位：人

年份	总数	清河区	清浦区	淮安经济开发区	淮阴区	楚州区	涟水县	金湖县	盱眙县	洪泽县
2001	8	5	1	0	1	0	0	1	0	0
2002	14	3	4	1	1	2	2	0	1	0
2003	13	4	2	2	1	3	0	0	0	1
2004	18	5	1	0	1	6	1	2	0	2
2005	6	2	0	0	0	2	1	1	0	0
2006	7	1	1	0	0	2	0	0	2	1
2007	5	1	0	0	0	0	2	0	2	0
2008	4	1	1	0	0	0	2	0	0	0
合计	75	22	10	3	4	15	8	4	5	4

二、毕业生就业管理

（一）指令性计划分配

1978年，淮阴地区继续实行工农兵大学毕业生分配，1980年分配结束。1981年，大中专毕业生就业工作实行指令性计划分配模式，由人事部门负责国家指令性计划分配和不包分配大中专毕业生的聘用与管理。1983年，省分配淮阴市高等学校毕业生302人、中专毕业生620人。1984年起，除师范院校毕业生由教育部门分配外，其余大、中专毕业生仍由人事部门负责分配。贯彻“统筹安排，合理使用，加强重点，兼顾一般”的方针，一般都分配至第一线，并且有限量地充实到重点单位和技术薄弱部门。是年，淮阴市计划分配大中专毕业生1314名，其中本科学历194名、专科学历142名、中专学历978名。

1985年，部分大中专学校扩大分配自主权，实行供需方直接见面。市人事局全年接收分配大中专毕业生1268名。1986年，接收分配大中专毕业生1652名，实行毕业生定期服务制度，对已分配到外市但志愿到淮阴市工作的毕业生，可不受计划限制。1987年2月，市人事局对全市1982年以后的毕业生进行调查摸底，全年接收毕业生2305名。在毕业生分配去向上，首次向乡镇企业分配毕业生81名，为乡镇工业输送急需的专业技术人才。

1988年，毕业生分配制度有较大改革，引入竞争机制。国家指令性计划人数减少，学校自主分配人数增加，部分学校和用人单位实行供需见面，使得毕业生在分配去向上有较大选择余地。同年5月，淮阴市人事局印发《关于印发〈关于录用国家不包分配大学生支援乡镇企业和农村中学的具体意见〉的通知》。全年接收大中专毕业生2560名。

1984—1988年淮阴市大中专毕业生计划分配情况统计表

表17-24　　单位：人

年份	合计	学历			
		中专	大专	本科	本科以上
1984	1314	978	142	194	0
1985	1268	999	118	151	0
1986	1652	1309	194	149	0
1987	2089	1574	272	243	0
1988	2560	1659	480	415	6

（二）双轨制分配

1989年，毕业生就业工作方式、内容发生较大变化。是年，市人事局出台《国家不包分配大中专毕业生推荐聘用工作的意见》，市人事局召开毕业生分配信息发布会，参加有关部委召开的毕业生分配工作会议，对急缺专业人才进行争取。当年全市接收各类大中专毕业生3022名。1990年，分配工作继续面向基层、面向生产第一线，坚持学用一致、择优分配原则，接收各类毕业生3024名。1991年1月，市人事局印发《淮阴市1991年高校毕业生“双向选择”试行办法》。指出未参加“双选”的高校和中专院校毕业生，由市人事局按省下达的毕业生分配计划统一分配。参加统配毕业生要服从分配，县（市）、区及市直各用人单位不得拒收和退回按计划分配毕业生。同年6月，市计划委员会、市人事局、市劳动局印发《关于国家不包分配的非在职大中专毕业生推荐聘用工作的暂行意见》，明确不包分配毕业生推荐聘用的对象、原则、方法、待遇等。同年8月，市人事局转发省人事局《关于做好我省不包分配毕业生就业的几点具体意见》。当年接收分配大中专毕业生3150人。

1992年，淮阴市人才市场正式开放和运行。当年接收分配大中专毕业生3450人，被分到基层企事业单位的有95%左右。1993年年初，市人事局组织一次较大规模的毕业生与用人单位双选会，会上100多名毕业生与用人单位签订协议书。1994年，市委办印发《关于我市1992年招收的地方职业大中专毕业生就业工作的意见》。是年，开办毕业生就业市场，为毕业生和用人单位创造“双选”机会，经过“双选”签订正式协议319名，达成意向性协议1000多人。对800多名未落实就业单位的大中专毕业生全部接收，由人事部门负责推荐就业。

1989—1994年淮阴市大中专毕业生双轨制就业情况统计表

表17-25　　单位：人

年份	合计	中专	大专、本科及本科以上
1989	3022	1669	1353
1990	3024	1840	1184
1991	3150	1849	1301
1992	3450	1172	2278
1993	3348	1463	1885
1994	3531	2135	1396

（三）双向选择就业

1995年，淮阴市政府转发市人事局、市计委《关于做好1995年毕业生就业工作的意见》，市人事局与市计委、市劳动局等部门联合印发《关于我市非在职地方大中专毕业生推荐就业工作的暂行意见》，针对淮阴市实际情况，实施人才培养就业网络工程，全年为2000名毕业生提供就业服务和推荐指导。是年，接收大中专毕业生3531人。此外，还接收三峡库区移民毕业生104人。

1996年2月，在淮阴市人才市场举办毕业生就业市场。1997年，市委、市人事局、市教委印发《关于非在职成人中专毕业生就业问题的意见》。1999年，市委办、市府办印发《关于加强淮阴市人才招聘广告工作的管理办法》，市人事局出台《关于普通大中专学校毕业生实行见习试聘制度的意见》《关于我市非在职地方大中专毕业生推荐就业工作的暂行意见》《关于加强我市地方大中专毕业生招生及就业管理工作的通知》，明确国家不包分配，加强就业指导，鼓励毕业生走上市场，自谋职业，自主创业。与市电视台合作制作毕业生就业指导片《毕业生，请一路走好》，引导毕业生和用人单位通过市场实现“双向选择”。

2000年，加快毕业生就业制度改革，严格审核，做好毕业生就业报到手续办理。同年7月，召开淮阴市毕业生就业工作会议，加大2001年毕业生供需见面以及高层次毕业生的引进、招聘工作力度。2001年，市人事局出台《关于我市非在职地方大中专毕业生推荐就业工作的意见》，坚持国家不包分配、市场双选就业或自谋职业，坚持面向生源地、面向基层、面向生产第一线就业原则，引进经济建设急缺本科毕业生。2002年，市公安局、人事局出台《关于做好大中专毕业生和流动人才户口迁移工作的通知》。市人才服务中心设立待业毕业生集体户，放宽落户条件，简化户口迁移手续，加强集体户口管理。经市人才服务中心办理毕业生就业、人事代理以及流动手续的各类人才，可将户口投亲靠友落入市区户口或挂靠在市人才服务中心集体户。2003年，市人事局印发《关于做好毕业生就业工作的通知》。抓住高校毕业生资源相对充足的时机，制定优惠政策，做好毕业生招聘工作。开展网上招聘、签约，举办为期10天的网上毕业生就业招聘会。2004年，举办毕业生就业专场洽谈会5场；举办毕业生就业指导讲座8场，2000余人次参加；办理大中专毕业生就业手续3006人次；与11所知名高校共建毕业生实习基地。

2006年，淮安市出台文件，引导和鼓励高校毕业生面向基层就业。市高校毕业生就业工作领导小组办公室牵头组建“淮安市高校毕业生就业指导宣讲团”，引导毕业生树立正确成才观和就业观。同年12月，在淮阴工学院举办“送岗位、进校园”暨5所驻淮安高校2007届毕业生供需洽谈会。2007年，出台《关于进一步做好特困职工家庭城镇最低生活保障家庭和“零就业”家庭大中专院校毕业生推荐工作的通知》。市政府印发《2007年淮安市高校毕业生就业工作重点任务分解方案的通知》，开展高校毕业生就业工作评选表彰活动，依托市大中型企业建立5个“省级高校毕业生见习基地”，221名高校毕业生到乡村基层工作。市、县（区）人事部门采取“三进三出”的方式，即毕业生走进招商引资大企业、用人单位走进校园、相关职能部门走进社区基层，用人单位走出淮安到东北和中西部地区开展人才招聘活动，举办“送岗位进校园”等8场人才招聘会和2期网上人才招聘活动，8次组团赴外地开展招聘活动，为驻淮安高校开展就业指导活动6次。

2008年，淮安市人事局印发《关于进一步做好特困家庭大中专院校毕业生就业推荐工作的通知》，强化城镇困难家庭未就业高校毕业生推荐就业政策。与劳动、工商、税务等部门配合，放宽创业准入领域、经营范围、经营场所和企业注册登记条件、企业冠名的限制，降低创业时企业注册资本限额，在3年内免交登记类、管理类、证照类的各项行政事业性收费，提高增值税按期纳税起征点，对资金困难的高校毕业生还给予不超过5万元的小额担保贷款支持，并由财政给予50%的贴息。引导在校毕业生办理网上注册、手机定制等通讯业务，使更多的学生免费收取由市人事部门人才中心提供的就业信息、招聘会通知、人事人才政策和就业指导等相关服务资讯。通讯平台覆盖淮安市所有普通高校和高职校，用户过万，累计发送短信250多万次。

这一时期，大量小型企业涌现，通过“双选”接收毕业生后大多数都未办理就业手续；大量毕业生跨省、市就业，没有全国、全省联网管理的监管手段；毕业生就业干部身份淡化，很多到企业就业的毕业生直接办理劳动合同，人事部门不能掌握情况。后取消毕业生就业所需的《干部介绍信》，人事部门的毕业生就业管理手段更加弱化。

第六节　工资福利管理

一、工资

1978年12月起，淮阴地区为工作成绩特别突出的职工升级工资，人数为当年11月底固定职工总数的2%。当年淮阴地区全民所有制固定职工211314人，调升级别4388人。1979年，国务院下发《关于职工升级的几项具体规定》，打破工资中的平均主义，提出以劳动态度、技术高低、贡献大小为主要考核标准，给40%的职工升级。淮阴地区属于调资范围的有219778人，给予工资升级的82325人，占46%。中共十一届三中全会以后，随着城市经济体制改革深入，在分配制度改革方面采取一系列重大举措。1979年，淮阴地区由三类工资区调为四类。全地区行政机关、企事业单位给部分干部升级工资，属于调资范围的占46%。

1981年9月至1983年9月，淮阴地区分三类普遍调整工资。1981年，调整基本没有奖金或者奖金很少的中小学教职工、部分卫生人员和体育工作人员工资。全地区中小学教职工计调32056人，月增工资总额235914元；医疗卫生单位计调9812人，月增工资总额55817元；体育工作人员计调146人，月增工资总额1273元。1982年，调整国家机关和事业单位工作人员工资。淮阴地区属于调资范围的行政机关、事业单位和科学、文教、卫生等部门工作人员75391人，升级33464人，占44%。月增工资总额26.1万元，人均7.79元。1983年，调整企业单位职工工资，3万多名企业单位干部工资升级。

1983年开始，淮阴市逐年改革干部工资制度。1983年及以后的高等和中等专业学校毕业学生，到县以下农村乡镇机关及其所属中小学和卫生院等单位工作，从报到之日起即享受定级工资待遇。1984年，凡到淮阴市工作的大中专毕业生可以直接享受定级待遇，中专以上学历干部在县以下农村任何部门工作，均可浮动一级工资。连续在农村工作8年后，浮动工资变成固定工资，并且可以继续向上浮动一级。浮动工资不影响正常调资。当年为2802名在农业第一线工作的农林牧科技人员浮动一级工资。

1985年，大规模工资改革在全国范围内展开。实行由职务工资、基础工资、工龄工资组成的结构工资制。至当年年底，全市约8.3万名国家机关、事业单位干部工资审批兑现。对企业干部工资，以原工资等级为基础，就近套入新拟定企业干部工资标准。1985年工资改革后，军转干部在地方任职高于部队职级的，按地方职级套改工资；在部队职级高于地方的，按部队职级套改工资。是年，淮阴市由四类工资区改为五类工资区。1986年、1987年，进一步处理工资改革中遗留问题和突出矛盾，为工资改革中增资较少、1966年年底前参加工作、行政19～22级人员升级，解决中教五级、卫技十二级及相当级别人员工资问题和市级机关以下科员、副科长、科长级人员进入本职务工资第五档次问题。1987年，淮阴市由五类工资区调为六类工资区。

1987年10月起，中小学和幼儿园教师工资标准（基础工资和职务工资之和）提高10%。1988年10月起，对1957年后从未升过级、仍在职、原4级以上老专家和原行政10级以上老干部，按现行职务工资标准晋升一级工资。1988年10月起，事业单位护士工资标准（基础工资和职务工资之和）提高10%。1989年10月1日起，国家机关、事业单位工作人员普调一级职务工资，并重点解决专业技术人员工资中的突出问题，通过修改执行工资标准，将专业技术人员各职务起点工资标准和最高级工程师工资标准分别提高两个档次；提高研究生、大中专毕业生初期工资和见习期工资待遇，改革大中专毕业生的定级工资办法。适当解决国家机关和事业单位其他人员工资中的一些突出矛盾，对那些任职时间较长、贡献较大、表现较好人员，在普调基础上，适当增加一级工资。

1992年1月起，实行结构工资制的机关、事业单位在职正式工作人员工龄津贴标准从每工作一年0.5元调整为1元。当年3月起，提高国家机关和部分事业单位工作人员奖励工资（奖金）标准（后演变为职务（岗位）津贴），在国家原规定奖励工资（奖金）标准基础上，人均再增加一个半月基本工资。当年4月起，调整专业技术人员职务工资标准。将专业技术人员各职务起点工资标准和最高级工程师工资标准分别提高2个档次。同月，江苏省建立机关单位职工职务岗位津贴（初称奖金）。

1994年2月，淮阴市在全市机关、事业单位实行工资制度改革，新工资制度从1993年10月起执行。全市共审批168812人，其中市直17064人、县（市、区）151748人。市直离退休干部提高待遇1825人，参加离休干部第二步套改552人。（详见本卷第四章《人事劳动制度改革》第四节《工资制度改革》）

1997年7月，调整机关工作人员基础工资标准和级别工资标准，调整事业单位工作人员职务工资标准。1998年1月起，机关工作人员连续5年考核称职晋升一级级别工资。1999年7月，调整机关工作人员基础工资标准，调整事业单位工作人员职务工资标准。1999年10月起，规定长期工作表现较好、工龄30年以上机关科员、事业单位股级干部（含已退休人员），其各项工资待遇比照副主任科员标准执行。2001年1月，调整机关工作人员基础工资标准和级别工资标准，调整事业单位工作人员职务工资标准。同年10月，调整机关、事业单位工作人员职务工资标准。是年，江苏省根据南北经济发展差异，不再调整省里制定的职务（岗位）津贴标准，下放权力给各市、县设立地方津补贴。

2003年，调整机关、事业单位工作人员职务工资标准。2004年1月，向全市机关、事业单位工作人员发放地方性岗位补贴，行政人员最高（正厅）380元，最低（办事员）160元。市直机关工作人员发放考勤奖，标准为每人每月100元，按月发放。2005年4月起，淮安市调整市直机关、事业单位工作人员地方性岗位补贴标准，在2004年标准上翻一番。1995年10月至2005年10月，机关、事业单位工作人员，每连续2年年度考核称职（合格）以上，晋升1个职务工资档次，一共晋升6档职务工资。2005年开始，江苏省在全省范围内调查摸底，并于2007年1月起在省级机关公务员中规范津贴补贴。

2006年，再次实行工资改革。将公务员（含参公管理事业单位人员）基本工资构成调整为职务工资和级别工资2项。建立岗位绩效工资制度。（详见本卷第四章《人事劳动制度改革》第四节《工资制度改革》）

2006年淮安市工资改革前后机关单位增资情况统计表

表17-26

项目	单位数（家）	职工数（人）	工资改革前人均年收入（元）	工资改革后人均年收入（元）	人均月增资额（元）
全市	641	16994	21556.7	25900.7	362.0
市直	85	4495	29776.5	34025.9	354.1
县（区）	396	9266	19506.1	23644.6	344.8
乡（镇）	160	3233	17074.2	21515.8	370.1

2006年淮安市工资改革前后事业单位增资情况统计表

表17-27

项目	单位数（家）	职工数（人）	工资改革前人均年收入（元）	工资改革后人均年收入（元）	人均月增资额（元）
全市	3052	81393	18179.7	22834.9	387.9
市直	317	13385	28026.8	31974.1	328.9
县（区）	1397	32670	17545.0	21974.5	369.1
乡（镇）	1338	35338	15300.3	20267.8	414.0

2007年7月起，对公务员和经批准参照公务员管理的单位在职在编人员规范津贴补贴。市级机关不同部门同职级、同工龄、同职龄人员执行相同津贴补贴标准。其中，在职人员工作性津贴按职级（技术等级）、任职年限和工作年限适当拉开档次，生活性补贴执行同一标准（2000元）；退休人员生活性补贴按职级（技术等级）和工作年限适当拉开档次。津贴补贴所需资金由财政统筹安排。统一发放办法，津贴补贴统一发放至银行卡。市直公务员津贴补贴从2007年7—12月执行30400元标准，从2008年1月起执行38000元标准。全市公务员规范津贴补贴工作至2008年年底结束，16500人列入范围。在规范在职人员津贴补贴同时，向离退休人员发放离退休生活补贴。

二、福利

（一）福利费提取标准和使用管理

1978年，淮阴地区机关党委重建，再次接管机关福利工作。1981年7月，根据全国人事局长会议纪要规定，机关职工福利工作重新移交地区人事局管理。同年，淮阴地区机关福利委员会恢复，由组织部、宣传部、地委办公室、行署办公室、计委、经委、财办、农办、人事局、行政管理处10个部门组成。淮阴地区行政公署转发地区人事局《关于地区机关福利费的使用意见》，明确规定福利费使用原则、范围、标准、审批程序。从当年7月起，按每人每月1.6元标准提取福利费，其中集体统筹提留0.6元、各单位提取1元。集体统筹福利费主要用于儿童统筹医疗和临时慰问伤病员等集体福利事业，各单位提取福利费则主要用于职工个人困难补助。1982年，全地区补助经济有特殊困难的国家机关工作人员1781人，补助金额7.2万元。是年开始，淮阴地区向机关和事业单位工作人员发放每月2元洗理费。1984年，淮阴市发放人均一个月工资的节约奖和每月5元书报费。1987年，机关、事业单位福利费为每人每月2.5元，1992年调整到每人每月4元。2000年，市人事局、市财政局出台文件，福利费标准为每人每月12元，其中机关人员统筹4.5元、单位管理使用7.5元。福利费主要用于解决工作人员及其家庭生活困难和用于集体福利。至2008年，福利费未有变化。

（二）丧葬、抚恤待遇

1983年，劳动人事部印发《关于建国前参加工作的老工人退休待遇通知》。1986年7月起，机关、事业单位工作人员（含离退休人员）因病死亡后，按其病故时10个月工资计发抚恤金；因公牺牲的，按其牺牲时20个月计发。1990年起，机关、事业单位工作人员（含离退休人员）死亡后，丧葬费补助标准为600元，丧事由家庭主办的，丧葬费由死者家属掌握开支，统筹安排，节余归己，超支不补。1993年工资改革后，机关、事业工作人员基本工资、省定基础工资、职务（岗位）津贴、综合补贴，可纳入一次性抚恤金基数。

2004年1月1日起，机关、事业单位中离休干部及符合劳动人事部《关于建国前参加工作的老工人退休待遇的通知》规定的中华人民共和国成立前参加革命工作的老工人，解放战争时期参加革命的，其遗属补助标准为每人每月270元；抗日战争时期参加革命的，其遗属补助标准为每人每月310元；红军时期参加革命，其遗属补助标准为每人每月350元。中华人民共和国成立后参加工作人员（含退休）死亡后，其遗属补助标准为每人每月220元。死者遗属为孤寡一人或因公死亡者，增发每人每月30元。

2007年7月1日起，机关、事业单位中离休干部及符合劳动人事部《关于建国前参加工作的老工人退休待遇的通知》规定的中华人民共和国成立前参加革命工作的老工人，本人于解放战争时期参加革命工作的，其遗属补助标准由每人每月270元提高到470元；本人于抗日战争时期参加革命的，其遗属补助由每人每月310元提高到510元。机关事业单位工作（含退休）人员死亡后，其遗属补助标准由原每人每月220元提高到420元。因公死亡遗属或死者遗属为孤寡一人，每人每月增发50元。

（三）法定假日

1978年起，机关、事业单位每周休息1天。法定假日休息7天，其中元旦1天、春节3天、劳动节1天、国庆节2天。1994年，根据国务院新工时制度，星期日为休息日，每隔一周星期六和星期日为休息日，依此循环，不受月份、年份限制。1995年，国家机关、事业单位实行“双休日”制度，即星期六和星期日为周休息日。1999年，根据国务院修订的《全国年节及纪念日放假办法》，国家机关、事业单位实行统一年节及纪念日放假制度，即元旦放假1天（1月1日），春节放假3天（农历正月初一、二、三），劳动节放假3天（5月1、2、3日），国庆节放假3天（10月1、2、3日）。具体实施中，一般将公休日（星期六、星期日）上移下错与工作日相调整。因此，元旦连续放假3天（1月1—3日），春节、劳动节、国庆节连续放假7天，分别是农历正月初一至初七、5月1—7日、10月1—7日，又称“黄金周”。从2008年起，取消“五一黄金周”，改为放假1天，在中国传统节日清明节、端午节、中秋节各放假1天。

（四）年休假

1986年1月，省政府下发《江苏省国家机关、事业单位工作人员休假制度的规定（试行）》，国家机关、事业单位工作年限满10年工作人员，除享受国家法定的公休节假日外，每年安排一次休假。1991年起，中共江苏省委办公厅、江苏省人民政府办公厅贯彻落实《中共中央、公务员关于职工休假问题的通知》规定，国家机关、事业单位工作人员工作年限满5年不满10年，每年休假7天；工作年限满10年不满20年，每年休假10天；工作年限满20年以上，每年休假14天。工作人员休假期间，工资和福利待遇不变。2008年2月15日，为规范机关、事业单位实施带薪年休假，人事部审议通过《机关事业单位工作人员带薪年休假实施办法》，自公布之日起施行。职工累计工作满1年不满10年的，每年休假5天；满10年不满20年的，每年休假10天；满20年的，每年休假15天。国家规定探亲假、婚丧假、产假假期，不计入年休假假期。按照国家规定经批准执行机关、事业单位工资收入分配制度的其他单位工作人员年休假，参照条例规定执行。

（五）产假

1978年，女职工产假56天，双生或难产产假70天。1981年后，领取独生子女证的产假另增3～4个月。1989年，省政府《关于印发江苏省女职工劳动保护办法的通知》规定，女职工产假90天，其中产前假15天，难产增加产假15天；多胞胎生育，每多生育一个婴儿，增加产假15天。符合晚育条件，可增加晚育假15～30天。教师产假正值寒暑假期间的，产假顺延。产假期间，工资由所在单位正常发放。符合晚婚晚育条件的，女职工生育时，给予配偶护理假10天，不影响工资、奖金。2004年，《江苏省计划生育条例》规定，符合晚育条件，女职工延长产假30天。

（六）病事假

1981年，国家公布《国家机关工作人员病假期间生活待遇的规定》，干部病假在2个月内的发给原工资；超过2个月、工龄满10年的发原工资，不满10年的发原工资的90%；超过6个月，工龄满10年的发原工资的80%，不满10年的发原工资的70%。1998年，省人事厅印发《关于我省机关、事业单位工作人员病假待遇的通知》，规定机关、事业单位工作人员病假在2个月以内，基本工资及地方性补偿工资全额发放。病假超过2个月不满6个月，从第3个月起，工作年限满10年以上，基本工资及地方性补偿工资全额发放。工作年限不满10年的，机关工作人员职务工资、级别工资、职岗津贴（包括公安干警的警衔津贴、特岗津贴）三项之和按90%计发，其他各项全额发放；事业单位工作人员和机关工勤人员职务工资、等级工资、职岗津贴三项之和按90%计发，活工资和机关工勤人员奖金按90%以下比例计发。病假超过6个月，从第7个月起，机关工作人员按工作年限不满10年、满10年不满20年、满20年及其以上，职务工资、级别工资、职岗津贴（包括公安干警的警衔津贴、特岗津贴）三项之和分别按70%、80%、90%计发，其他各项全额发放；事业单位工作人员和机关工勤人员按工作年限不满10年、满10年不满20年、满20年及其以上，职务工资、等级工资、职岗津贴三项之和分别按70%、80%、90%计发，活工资部分和机关工勤人员奖金分别按70%、80%、90%以下比例计发。机关、事业单位工作人员中，获得由人事部与国务院工作部门联合授予“劳动模范”“先进工作者”称号和获得国家、省授予“有突出贡献专家”称号、省级劳模，仍保持荣誉的，病假期间工资全额发放；凡中华人民共和国成立前参加革命工作人员，病假期间工资全额发放。工作人员病假期间待遇低于当地最低生活保障标准，可按最低生活保障标准执行。工作人员病假期间从事有偿收入活动，停发其病假期间全部工资。

（七）婚假、探亲假

1978年，工作人员未婚的探望父母，已婚的探望配偶，每年一次，假期12天。1981年，《国务院关于职工探亲待遇的规定》出台,《江苏省人民政府关于贯彻执行国务院〈关于职工探亲待遇的规定〉的实施细则》规定,工作人员探望配偶,每年给予一方探亲假一次30天。未婚工作人员探望父母,每年给假一次,每次20天,也可根据实际情况,2年给假一次,45天。已婚工作人员探望父母,每4年给假一次,20天。根据实际需要给予路程假。上述假期均包括公休假日和法定节日在内。凡实行休假制度职工,应该在休假期间探亲;如果休假期较短,可由本单位适当安排,补足其探亲假天数。同年,《中华人民共和国婚姻法》实施,工作人员符合法定年龄结婚,婚假1～3天。符合晚婚年龄(男年满25周岁、女年满23周岁)初婚夫妻,延长婚假10天。夫妻双方晚婚,双方享受;一方晚婚,一方享受。工作人员直系亲属(父母、配偶、子女、公婆、岳父母)死亡时,给予1～3天丧假。2004年,《江苏省计划生育条例》规定,对晚婚的,延长婚假10天。夫妻双方晚婚的,双方享受;一方晚婚的,一方享受。对晚育的,给予男方护理假10天。

(八)劳模和优秀公务员健康休养

2003年,淮安市建立优秀公务员健康休养制度。机关中获得省级以上劳模、市级以上“人民满意的公务员”称号,年度考核记三等功以上,连续3年年度考核优秀的公务员,由市委组织部、市财政局、市人事局组织安排5～7天的带薪健康休养,经费纳入财政预算。2008年,该项制度未变。

三、离退休人员待遇

1978年,《国务院关于安置老弱病残干部的暂行办法》规定,中华人民共和国成立前参加革命工作、享受薪金制待遇,按个人标准工资的80%发放退休费;中华人民共和国成立后参加工作、年限满20年,按个人标准工资的75%发放;工作年限满15年不满20年,按个人工资的70%发放;工作年限满10年不满15年,按个人标准工资的60%发放;退休费低于25元按25元发放。当年淮阴地区属该范围的离退休干部8000人,占离退休干部总数的10%,按照“坚持条件、本人自愿、严格手续、安置落实”原则,为安置对象办理手续。同年,《国务院关于工人退休、退职的暂行办法》公布,淮阴地区退职干部生活费按每月标准工资的40%发放,低于20元按20元发放。1982年,为8609名中华人民共和国成立前参加工作,享受供给制待遇退休干部改办离休手续。1983年3月,淮阴市对20世纪50年代(含1960年)退职且退职前连续工作满5年的干部,实行定期补助。抗日战争时期参加工作的,城镇户口每月补助30元,农村户口每月补助25元;解放战争时期参加工作的,城镇户口每月补助25元,农村户口每月补助20元;中华人民共和国成立后参加工作的,城镇户口每月补助20元,农村户口每月补助17元。全地区为2942名20世纪50年代退职干部办理定期补助手续。为972名工龄不满5年、符合条件小乡干部办理享受一年一次性救济补助。至1986年年底,190名干部按照新规定办理退职手续,全地区享受退休生活待遇干部5385人。

1992年1月,调整机关、事业单位离休、退休人员待遇。对已参加1985年工资制度改革的,按本人离退休前实际工龄和调整后标准计算原工龄津贴数额,纳入离退休费基数;未参加1985年工资制度改革的,按本人离退休前实际工龄和每年1元标准增加离退休费基数。

1993年工资改革中,对1993年9月30日前已离休、退休、退职人员,分别按同职务在职人员平均增资额的100%、90%、60%增加离休费、退休费、退职费,退休人员增资不足35元,按35元计发,退职人员增资不足30元,按30元计发。离休人员凡属1937年7月6日前参加工作的正处级及其以下干部、1942年12月31日前参加工作的副处级及其以下干部、1945年9月2日前参加工作的正科级及其以下干部、1949年9月30日前参加工作的副科级及其以下干部,分别比照任职5年以下副市(厅)级、正县(处)级、副县(处)级、正科级“套改”;离休后享受市(厅)级医疗、乘车待遇干部，比照任职5年以下正县（处）级“套改”，职务岗位津贴按套改的职务调整相应标准（不涉及其他有关待遇变动）。

1994年1月，对机关事业单位1993年10月1日以后离退休（职）人员离退休（职）费计发比例作调整。离休人员按本人原基本工资全额计发离休费。机关工作人员退休后，基础工资和工龄工资按本人原标准全额计发，职务工资和级别工资按本人原标准一定比例计发。其中，工作满35年，按88%计发；工作满30年不满35年，按82%计发；工作满20年不满30年，按75%计发；工作满10年不满20年，按60%计发；工作不满10年，按40%计发。事业单位工作人员和机关工勤人员退休后，按本人职务（技术等级）工资和津贴之和（机关技术工人按岗位工资、技术等级工资和奖金3项之和，普通工人按岗位工资和奖金2项之和）一定比例计发。其中，工作满35年，按90%计发；工作满30年不满35年，按85%计发；工作满20年不满30年，按80%计发；工作满10年不满20年，按70%计发；工作不满10年退职，按50%计发。

1998年，县以下乡镇（中心）卫生院中，从事医疗卫生工作男性满30年、女性满25年，且在乡镇医疗卫生单位退休的卫生技术人员，其退休费可补足到本人退休前100%，自1998年11月起执行。男性年满55周岁、女性年满50周岁且工作年限满20年，或工作年限满30年的机关工作人员，个人要求并经组织批准可以提前退休。至法定退休年龄，每提前2年可以上调一个档次职务工资，每提前5年可以增加一级级别工资。在其达到法定退休年龄之前，仍可享受本单位同等条件在职人员住房公积金待遇。

2001年4月，淮安市规定，到2003年年底前工作年限达30年，或男性年满55周岁、女性年满50周岁且工作年限满20年的国家机关公务员，个人申请，经任免机关同意可提前退休；到2003年年底前工作年限达30年，或男性年满55周岁、女性年满50周岁且工作年限满20年的机关工勤人员，也可以提前退休；提前1～2年办理退休手续，可上调一档职务工资、一级级别工资；提前3～4年办理退休手续，可上调二档职务工资、一级级别工资；提前5年以上，可上调三档职务工资、二级级别工资。2002年，对因病退职人员计发比例作调整，连续工龄满10年、不满20年，按60%计发；连续工龄满20年、不满30年，按70%计发；连续工龄满30年，按80%计发。

2004年1月，向离退休人员按月发放地方性生活补贴。离休人员按其离休后享受职级，比照机关同职务、同条件在职人员标准发放；退休人员按退休前职级发放；中华人民共和国成立前参加革命工作的老工人，按每人每月185元标准发放；按《国务院关于安置老弱病残干部的暂行办法》《国务院关于工人退休、退职的暂行办法》文件规定办理退职手续和退职休养农转非知识分子家属，按每人每月70元标准发放；20世纪50年代部分退职人员按每人每月35元发放。2005年4月，调整离退休人员地方性生活补贴标准，具体为2004年标准翻一番。

2006年1月1日起，公务员达到国家规定退休年龄或者完全丧失工作能力的，应当退休。工作年限满30年，以及距国家规定的退休年龄不足5年且工作年限满20年，可以提前退休。7月1日起，对离退休人员同步按照享受现行离退休费标准所对应职务（技术等级）分别增加离退休费。2006年工资改革前退休人员综合补贴标准为未参加1985年工资改革离退休人员每月265.5元，参加1985年工资改革未参加1993年工资改革离退休人员每月243.5元，参加1993年工资改革离退休人员每月165元。2006年7月1日后退休的机关事业单位人员，工作年限满35年，按90%计发；工作年限满30年不满35年，按85%计发；工作年限满20年不满30年，按80%计发；工作年限满10年不满20年，按70%计发；工作年限不满10年的，按50%计发。2007年7月1日起，离休和机关退休人员津补贴项目归并为离退休人员生活性补贴。暂时保留并另行规范改革性补贴，规范奖励性补贴和特殊岗位补贴。

第二章　劳动管理

第一节　就业与再就业

一、就业

1978年，全国实行统包统配就业。同年，淮阴地区将1971年以前在国营农场、林场、牧场、渔场参加常年性生产工作，历史清楚、工作积极、身体健康且户口在“四场”的临时工改为固定工。1979年，为国家机关、企业、事业单位中1971年年底前参加工作的800名临时工办理转正手续，改为固定工，包括全民所有制学校长期代课教师、粮管所助征员、棉花采购站助征员，全民所有制企事业单位内经过劳动部门批准长期计划内临时工、轮换工，1957年以前和1971年以前参加全民所有制企事业单位工作临时工。1980年8月，中共中央和国务院要求改革统包统配就业模式，提出“三结合”就业方针，即在国家统筹规划和指导下，实行劳动部门介绍就业、自愿组织起来就业和自谋职业相结合。

1985年，将1976年以前小煤矿农民轮换工转为固定工。1979—1987年，淮阴市（地区）安置城镇新增劳动力18.99万人就业。1988年，全市城镇在岗职工44.84万人。1992年，全市城镇在岗职工48.29万人，其中国有企业32.67万人、集体所有制企业15.3万人、其他行业3204人。此后，城镇在岗职工长期稳定在50万人左右。1994年，全市输出劳务工58.4万人，5500名待业人员实现就业。

1995年，《中华人民共和国劳动法》正式实施，淮阴市根据效率优先、兼顾公平原则，完善对企业工资总额调控，出台最低工资标准。在劳动力供大于求情况下，扩大就业安置、实施再就业工程和促进农村劳动力转移。全市输出劳动力45.8万人，安置城镇就业18330人。至1995年年底，建成转业训练基地4个，生产自救基地4个。

2000年，淮阴市开始探索社区服务等非正规劳动就业组织，开发就业岗位新路子，并在淮海、清江、闸口等街道组织试点，安置失业人员9360人，促进下岗职工再就业11891人，输出农村劳动力36389人。当年年末，全市城镇登记失业率2.91%。2005年，实施个体经营及灵活就业人员社保补贴政策，并将范围扩大到从事三轮车、出租车营运人员。至当年年末，对9312名自谋职业人员落实社保补贴1163万元。2006年，淮安市出台《关于加强就业再就业工作的意见》等文件，基本搭建完成全市3年再就业政策框架。出台《关于进一步加强街道社区劳动就业和平台建设工作指导意见》，开展创建充分就业社区活动，全市33个社区达到充分就业社区标准。市政府与各县（区）政府签订目标责任状，将乡镇劳动保障机构建设作为年终考核单项内容。乡镇街道劳动保障平台成为就业再就业工作的重要载体。当年全市净增就业4.84万人，城镇登记失业率3.82%，农村劳动力转移7.9万人。

2008年1月，《中华人民共和国就业促进法》正式实施，淮安市全面落实各项就业扶持政策，强化公共服务就业。在全省率先出台《淮安市人民政府关于进一步鼓励自主创业带动就业工作的意见》，将创业扶持服务普惠到城乡大众。实施“创业孵化工程”，形成完备的创业扶持体系，提供创业培训、创业项目论证、开业指导、优惠政策落实、创业贷款融资等“一站式”服务。全年全市新增就业13.24万人，新增农村劳动力转移10.15万人，零就业家庭连续16个月动态为零。

二、再就业服务

20世纪90年代，随着改革深入，产业结构调整，淮阴市城镇失业人员增加，城镇失业率上升。1994年，国家出台《国有企业富余职工安置规定》和《国有企业职工待业保险规定》。淮阴市逐步实行与市场经济相适应的就业制度，就业服务主要对象是国有企业富余人员、失业人员。企业用工由必须“在国家劳动工资计划指标之内”转变为企业可以自主招工。

1998年6月，国家出台《关于切实做好国有企业下岗职工基本生活保障和再就业工作的通知》，要求各地普遍建立再就业服务中心。进入再就业服务中心对象，主要是实行劳动合同制以前参加工作的国有企业正式职工（不含从农村招收的临时合同工），因企业生产经营等原因而下岗、但尚未与企业解除劳动关系、没有在社会上找到其他工作人员。实行劳动合同制以后参加工作且合同期满人员，按照《中华人民共和国劳动法》和国务院有关规定终止劳动关系；合同期未满而下岗，也安排进入再就业服务中心。下岗职工在再就业服务中心期限一般不超过3年；3年期满仍未再就业，应与企业解除劳动关系，按规定享受失业救济或社会救济。健全下岗职工基本社会保障制度，确保下岗职工在再就业服务中心期间基本生活费，原则上可按略高于失业救济标准并按适当比例逐年递减，但最低不得低于失业救济水平。再就业服务中心用于保障下岗职工基本生活和缴纳社会保险费用资金来源，原则上采取“三三制”办法解决，即财政预算安排三分之一、企业负担三分之一、社会筹集（包括从失业保险基金中调剂）三分之一。1998年，全市国有企业改制，富余职工分流，实行“鼓励兼并、规范破产、下岗分流、减员增效、实施再就业工程”政策，在企业内部建立下岗职工再就业中心，确保下岗职工基本生活，促进大批下岗失业人员再就业。当年实现再就业5847人次。1999年、2000年、2001年分别实现再就业7854人次、11034人次、12054人次。

2002年3月，市政府出台《关于推进下岗保障向失业保险和市场就业转变的通知》，总体部署全市企业下岗职工出再就业服务中心工作。同年，实施政府购买就业岗位政策，差额购买800个就业岗位，鼓励企业安置下岗失业人员再就业。当年市区通过购买岗位，实际安置803名下岗失业人员再就业，全市共实现再就业15450人次。

在国有、集体企业改制中，出现一大批年龄偏大、技能单一、生活暂时困难的下岗失业人员。常住市区范围内，有劳动能力和就业愿望，男性50周岁以上、女性40周岁以上且就业困难的下岗失业人员，简称为“4050”人员；双下岗双失业的家庭，称为就业困难家庭。这些人员统称为就业困难人员。2003年1月，市政府鼓励和促进下岗失业人员再就业，下岗失业人员从事个体经营的15大类55项税费予以免除。当年2月，淮安市印发《关于进一步做好下岗失业人员再就业工作的实施意见》。市区建立下岗失业人员小额贷款担保基金，为下岗失业人员自主创业和自谋职业提供小额贷款担保。对从事微利项目的，可享受财政据实全额贴息；对各类服务型企业新增岗位招用“4050”人员，符合社保补贴条件的给予不超过3年社保补贴；凡社会公益性岗位和社区服务性岗位招用“4050”人员，劳动和社会保障部门给予用工单位就业岗位补贴，符合给予社会保险补贴的，同时给予社保补贴。同年6月，淮安市出台《2003年市区城镇“4050”下岗失业人员帮扶工作实施方案》。采取市级和区级分片包干办法，帮扶市区范围内有劳动能力和就业愿望的

“4050”人员，在他们自谋职业和自主创业时，给予必要扶持和援助，落实有关优惠政策；在他们外出打工时，给予必要引导和支持；尽力为他们寻找岗位，帮助其早日实现再就业。成立市区城镇“4050”下岗失业人员帮扶工作领导小组，同时指导城镇就业困难家庭帮扶工作。此后，就业困难人员帮扶工作成为一项常规工作。印发《关于明确市区城镇“4050”下岗失业人员具体帮扶名单的通知》，要求各级帮扶单位建立主要领导亲自抓、分管领导具体抓的领导责任制，抽调专职工作人员负责该项工作。各帮扶单位应及时了解帮扶对象家庭状况、就业愿望和就业意向。采取集体帮扶或对口帮扶的办法，提供不少于3次的就业信息和就业服务，及时组织帮扶人员参加各类专场招聘活动，协调用工单位优先录用；引导帮扶人员参加各类技能培训和创业知识培训，鼓励其自谋职业，鼓励有一技之长的帮扶人员外出打工，实现就业。

至2003年年底，市劳动和社会保障局职业介绍中心累计举办“4050”专场招聘会5场，先后组织286家单位进场招聘，提供岗位近5000个，市区近千名“4050”人员通过劳动力市场实现再就业。市民政局、市信访局、市司法局等部门组织帮扶对象开办服装来料加工厂。市城管局筹集资金制作2个大棚，购买部分餐具，免费提供给帮扶对象开大排档。市妇联利用自身培训基地，举办缝纫、包装培训班，增强帮扶对象再就业能力。市区各级帮扶组织和单位走访慰问帮扶对象7600人次，送就业信息1547条，送帮扶项目156项。帮扶2071名“4050”人实现再就业。

2004年，建立联络员制度、定期走访制度、情况报告制度、会办制度、督促检查制度专项帮扶工作制度。市直13个牵头部门、145个帮扶单位和劳动部门挖掘岗位，创造就业机会。市城管局免费向沿街占道摊主赠送350个便民修理车，新增115个便民放心早餐点，建设新民路和北京路两个小吃广场，解决部分下岗职工就业问题。市职业介绍中心与各区联动，举办“4050”专场招聘会8场。市妇联继续开展缝纫和包装专业培训。当年市区完成帮扶“4050”下岗失业人员再就业1530人，完成帮扶双下岗（双失业）家庭再就业1205户。

2006年，市直11个牵头部门、139个帮扶单位和清河区、清浦区、淮安经济开发区，对市区535名“4050”人员和114户双下岗双失业家庭进行结对挂钩帮扶。当年4月，市政府出台《关于加强再就业工作的意见》，对包括“4050”人员在内持再就业优惠证的就业困难对象，提供相应政策扶持。政府投资开发公益性岗位优先安排就业困难对象，并与其签订1年以上劳动合同的，按实际招用人数，在相应期限内给予社保补贴。社会保险补贴标准按单位应为所招人员缴纳的基本养老、基本医疗、失业、工伤、生育保险计算，期限最长不超过3年。“4050”人员在公益性岗位上工作超过3年的，社会保险期限可相应延长。吸纳就业困难人员就业，并签订1年以上劳动合同的其他各类用人单位（商贸企业、服务型企业除外），按实际招用人数，在相应期限内给予社会保险补贴。补贴标准为单位应为所招人员缴纳基本养老、基本医疗、失业、工伤、生育保险费的50%，其中吸纳“4050”人员的，按单位应为所招人员缴纳基本养老、基本医疗、失业、工伤、生育保险费的100%补贴。持再就业优惠证的就业困难人员灵活就业后，向街道社区申报就业并参加社会保险的，按一定标准给予社会保险补贴，期限最长不超过3年。吸纳“4050”人员，并签订1年以上期限劳动合同的各类用人单位，按实际招用人数，在相应期限内给予岗位补贴，补贴标准每人每月200元，最长不超过3年。当年市区帮扶“4050”人员528人实现再就业，帮扶双下岗双失业家庭113户实现再就业。

2007年8月，市“4050”帮扶工作领导小组办公室制定《市区“零就业”家庭挂钩帮扶就业工作方案》。全市“零就业”家庭一直保持动态为零，“零就业”家庭中高校毕业生100%就业。2008年，制定《2008年市区城镇就业困难人员再就业帮扶工作实施方案》，进一步加大政策保障力度。至当年年底，市区结对帮扶就业困难人员352人。其中，“4050”人员中，215人实现再就业，内退

3人，无劳动能力6人，无再就业要求的7人；121户就业困难家庭中，至少有1人实现再就业的107户，无劳动能力12户，无就业要求2户。

三、劳动服务企业

改革开放初期，淮阴地区就业形势严峻。1981年，国务院颁发文件，要求成立劳动服务公司，起到调节社会劳动力“蓄水池”作用。劳动服务公司负责劳动服务企业认定、管理，管理企业临时用工，开展就业前培训，统筹劳动就业。1982年，淮阴地区成立劳动服务公司，编制8人。此后，各县（市、区）也相继成立劳动服务公司13个。全市劳动服务企业快速发展，吸收大量待业人员。至1992年，劳动服务企业发展到504家，其中商业339家、饮食业23家、服务业26家、生产加工业102家、建筑业14家，安置待业人员107559人。同年，劳动服务公司更名为劳动就业管理处。

1998年，企业改制实行关、停、并、转，劳动服务企业数量逐步减少，安置能力不断减弱。2002年，国家出台新的积极就业政策，劳动服务企业政策虽然保留，但与服务型、商贸型企业安置下岗失业人员政策相比，优惠力度减小，新办劳动服务企业迅速减少。原有劳动服务企业因企业改制等原因，大量撤销、破产、改组，劳动服务企业数量进一步萎缩。2003年，劳动就业管理处更名为劳动就业管理中心。2008年，全市有劳动服务企业3家，从业人员897人。1979—2008年，全市劳动服务企业完成经营总收入22.59亿元，实现利税5.43亿元。

1992—2008年淮安市劳动服务企业发展情况统计表

表17-28

年份	企业数量（家）	从业人数（人）	经营收入（亿元）	利税（亿元）
1992	504	107559	0.65	0.16
1993	514	109238	0.78	0.19
1994	537	109821	0.82	0.19
1995	549	111883	0.99	0.23
1996	572	118241	1.23	0.28
1997	568	110992	1.34	0.31
1998	542	102295	1.72	0.40
1999	432	88721	1.87	0.45
2000	371	66217	1.32	0.31
2001	319	57842	1.37	0.34
2002	263	48258	1.25	0.29
2003	201	39014	1.12	0.27
2004	173	25678	0.98	0.22
2005	135	17395	0.75	0.17
2006	99	9875	0.54	0.12
2007	54	4521	0.28	0.07
2008	3	897	0.17	0.04

四、职业介绍

1978年，淮阴地区实行统包统配就业模式。1980年，改革统包统配就业模式，提出“三结合”就业方针，即在国家统筹规划和指导下，实行劳动部门介绍就业、自愿组织起来就业和自谋职业相结合。但此后很长时间没能建立专业的公益职业介绍机构。

1992年后，淮阴市、县（区）劳动保障部门相继建立具有公共就业服务职能的公益性劳动力中介服务机构。1992年，成立淮阴市劳务市场。1993年，在市劳务市场挂“淮阴市职业介绍所”牌子。1994年9月，淮阴市劳务市场更名为淮阴市职业介绍中心。2000年9月底，市职介中心正式运作，并不断完善服务内容和形式。在对用人单位和求职者提供全天候服务基础上，每周定期举办2次现场招聘会。

在公益性中介发挥作用同时，全市非公益性中介发展迅速，数量一度超过100家。2001年，为转变非公益性中介市场混乱无序格局，规范、引导非公办职业中介机构健康有序发展，劳动保障部门开始规范非公办中介机构开办条件。允许符合条件中介机构试运行，逐步取缔、淘汰非法中介机构，将中介开办纳入行政许可范畴。按照“制度化、专业化、社会化”要求，培育职业中介经纪人、从业人员，推动职业中介机构快速发展。与此同时，职介中心不定期组织困难群体专场招聘活动，有针对性地为不同困难群体提供就业帮助。如“下岗女工招聘专场”“送温暖再就业援助专场”“大龄下岗失业人员再就业专场”“退出营运三轮车工人招聘专场”“政府购买岗位招聘专场”等专题招聘活动。在服务大厅里设有困难群体再就业援助窗口，为困难人员就业求助提供绿色通道。凡属双下岗双失业家庭或就业特别困难者，可以得到一对一职业指导，在7个工作日内帮助推荐就业岗位。至2008年年底，分别为江苏韩泰轮胎有限公司、上海川崎集团健康食品（淮安）有限公司、华尔润化工有限公司等企业举办专场用人洽谈会，还举办近百次“服务全民创业、个私民营经济招聘专场”。各级公共劳动力市场服务大厅全部推行录用备案、退工登记、失业保险等业务“一条龙”服务，发挥公共职介机构在劳动力市场中的主渠道作用。

2008年，淮安市有公益性职介机构9家，有非公益职业中介机构89家，年平均成功介绍职业逾2万人次。至当年年底，市职介中心共举办1064次专场招聘会，进场单位数由2001年的平均每场次10家发展到2008年的每场次46家，成功就业人数呈逐年增长趋势。2002—2008年，市职业介绍中心分别成功介绍职业2557人次、3864人次、4154人次、5248人次、5563人次、5915人次、6392人次。

2008年淮安市公益性职业介绍机构情况表

表17-29

机构名称	成立年份	地址
淮安市职业介绍服务中心	1992	淮安经济开发区韩泰南路16号
清河区职业介绍服务中心	2004	清河区北京北路100号
清浦区职业介绍服务中心	2003	清浦区解放西路2号
淮阴区职业介绍服务中心	1997	淮阴区北京北路514号
楚州区职业介绍服务中心	1993	楚州区镇淮楼东路108号
涟水县职业介绍服务中心	1995	涟水县安东北路
金湖县职业介绍服务中心	1996	金湖县人民南路165号

续表 17-29

机构名称	成立年份	地址
盱眙县职业介绍服务中心	1993	盱眙县淮河东路73号
洪泽县职业介绍服务中心	1989	洪泽县东九街西侧

第二节　职业培训

一、再就业培训

1998年起，淮阴市开展下岗（失业）人员就业技能中、短期培训，促进下岗（失业）人员再就业。整合市直各类培训资源，搭建覆盖广泛的大培训网络，将有意承担再就业培训、教学条件过硬的民办培训机构吸收到再就业培训网络中来，纳入规范化管理轨道，实现市区再就业培训一盘棋。加强县（区）再就业培训整体联动，每年召开全市就业培训工作会议，定期组织培训机构负责人会议、报表工作会议，对县（区）培训机构培训行为进行质量监控，做到教学指导到位、检查验收到位、再就业情况跟踪服务到位。

2004年12月，举办淮安市城乡劳动力就业培训技能大赛，参赛选手1000余人，进一步调动各类培训机构参与再就业培训的积极性，促进再就业培训开展。2008年，再就业培训服务向社区基层延伸，实现街道劳动保障服务所、再就业培训定点单位、市直再就业培训示范基地等多家单位整体联动。至2008年年底，全市有32家定点社会培训机构纳入再就业培训工作网络。其中，市直16家，开展电脑操作、电焊工、电工、厨师、家政服务、制冷、服装加工、烹饪、家政服务、插花、美容、美发等50余个工种培训，年培训下岗失业人员30000人次以上，培训合格率95%以上。社会培训机构培训量占到整个再就业培训比例的70%，培训后再就业率超过60%。

1998—2008年淮安市再就业培训情况统计表

表 17-30　　单位：人

年份	培训人数	培训合格人数	培训后实现就业人数
1998	18256	17906	13950
1999	19725	18998	15706
2000	18618	16789	14589
2001	19651	18786	14689
2002	19884	19032	14890
2003	20246	19256	15602
2004	21202	19886	16293
2005	21792	20956	16356
2006	34690	33385	26078
2007	33028	32704	25612
2008	35515	34638	30968

二、创业培训

2002年起，淮安市把创业培训作为再就业培训重点，在全市范围内开设创业培训课程，鼓励城乡居民通过创业实现就业再就业。2005年6月，将国际劳工组织开发的SIYB（创办和改善你的企业）培训项目引进到淮安市，并逐步在全市推广，开启创业培训全新模式，走在全省前列。2006年，将再就业优惠政策与创业培训结合起来，实行创业指导、优惠证申领、小额贷款、社保补贴、税费减免"一条龙"服务，为有志创业者免费提供政策咨询和项目推介，为初次创业者提供资金援助和跟踪服务，为遇到困难创业者提供专家指导和面对面服务。2007年，市职业培训中心和幽兰都大酒店2个省级创业培训示范基地相继获得批准。就业技能培训和创业培训有机结合，鼓励更多参加技能培训学员自主创业，并给予扶持服务，提高学员培训后创业率、创业成功率，推进创业型城市建设。创业培训成为培训工作主打项目和亮点品牌，培训师资、培训规模、培训层次、后续服务等各项指标均在省内居于前列。2005—2008年，共培训学员9000余人次，其中5000多人创业成功，创业成功率50%以上，带动就业再就业1.2万余人。

至2008年年底，全市共认定市级创业培训基地16家，年培训能力突破5000人。相继组建市创业指导中心、创业指导专家咨询团、创业者协会、创业指导中心网站四大服务平台，各县（区）创业培训、创业服务实体基本建成到位，有SIYB创业培训专职教师91人、国家级创业培训师1人。同年，淮安市率先在省内开辟"创业沙龙"服务，成为继创业者协会之后的又一创业者自助平台。

2002—2008年淮安市创业培训情况统计表

表17-31　　单位：人

年份	创业指导培训	SIYB培训	总计
2002	2310	—	2310
2003	2512	—	2512
2004	2440	—	2440
2005	2308	165	2473
2006	2502	852	3354
2007	2942	1517	4459
2008	2834	3279	6113

三、农村劳动力培训

2002年，淮安市出台《关于进一步做好劳务输出工作的若干意见》，组织开展农村劳动力培训，当年培训农村劳动力5.7万人次。2003年，市委、市政府出台《关于进一步做好有组织成建制劳务输出工作的实施意见》，继续开展农村劳动力培训。当年培训农村劳动力7.3万人次。2004年、2005年，分别培训农村劳动力7.5万人次和8.5万人次。2006年，针对农村劳动力转移新形势，出台《关于进一步加强农村劳动力培训工作的意见》，制定农村劳动力培训规划，实现农村劳动力培训一盘棋，动员全市各级各类教育培训机构参与农村劳动力培训。当年培训农村劳动力7.3万人次。先培训再转移成为全市各地统筹城乡就业的关键措施，农村劳务输出总量扩大，农民致富本领增强，农民货币收入增加。2007年，培训农村劳动力7.9万人次。2008年，培训农村劳动力7.3万人次。

第三节 职业技能开发

一、技工教育

1978年，淮阴地区商业技工学校、江苏石油勘探局技工学校建立。1979年，淮阴地区化工技工学校建立。1980年，清江市技工学校建立。至1982年年末，淮阴地区技工学校毕业生1385人。1984年，淮阴市纺织技工学校建立。此外，还有建立于1977年的江苏省港航集团运河技工学校以及淮阴汽车拖拉机联营公司技工学校。

1997年，盱眙县技工学校成立。1999年，淮阴汽车拖拉机联营公司技工学校停止招生。2004年4月，市纺织技工学校并入淮安市职教中心，淮安市技工学校和淮安市化工技工学校整合，成立淮安职业技师学院。2006年，洪泽县技工学校成立。2008年，淮安职业技师学院经省政府批准为副厅级建制学院。

2008年，淮安市有技工学校6所，在职教职工615人，在校学生9435人，其中高级班学生3212人。全市技工学校招收录取新生3693人，办理技校毕业证书1358本，毕业生就业率98.3%以上。至当年年底，共为企事业单位培养中、高级技术人才37647名。

2008年淮安市技工学校一览表

表17-32

学校	建校时间（年）	地址	主要专业设置	教职工人数		
				合计（人）	本科以上（人）	中级职称以上（人）
江苏石油勘探局高级技校	1978	洪泽县三河镇	焊接、数控加工技术、汽车维修、餐旅服务、石油工程、作采、锅炉	230	103	98
淮安市商业技工学校	1978	楚州区商技校路3号	烹饪、计算机应用、电子电工、机电	79	53	45
淮安职业技师学院	1981	清河区北京北路77号	数控加工技术、机电一体化、机械设备维修、电子电工、电子技术、计算机应用、电子商务、汽车驾驶与维修、化学工艺	229	136	115
淮安市交通技工学校	1994	清浦区港口路14-1号	船舶驾驶与轮机、焊接工艺、电子技术、机电一体化、计算机应用与维护、钳工	37	18	17
盱眙县技工学校	1997	盱眙县武墩南路	计算机应用、数控加工技术、电子电工	16	6	7
洪泽县技工学校	2006	洪泽县人民路27号	电子技术、服装设计与制作、机械加工、焊接技术	24	6	7

1983—2008年淮安市技工学校毕业生人数统计表

表17-33　　单位：人

年份	人数	年份	人数	年份	人数
1983	550	1992	2264	2001	773
1984	299	1993	2656	2002	823
1985	350	1994	3641	2003	766
1986	413	1995	3650	2004	685
1987	691	1996	3198	2005	1538
1988	537	1997	2700	2006	1317
1989	1547	1998	2567	2007	1848
1990	1595	1999	1844	2008	1377
1991	1630	2000	1545	—	

二、技师培养

2004年前，淮安市共有技师30名左右。2004年起，淮安市把加强高技能人才队伍建设作为落实《中共中央国务院关于进一步加强人才工作的决定》的重要内容。实施《淮安市“三年1800”新技师培养计划》，通过社会化考核、技能竞赛、双师型培养、全国统考、劳动模范破格申报等措施，3年培养新技师2232人。江苏淮钢集团有限公司申报为省级高技能人才示范基地，调动企业内部开展劳动技能培训积极性。出台《淮安市高技能人才评选奖励办法》，对有突出贡献的技师、高级技师每三年评选一次（20名），由财政拨出专款，按月给予100～150元的奖励，实行高级技能人才政府津贴制度。举办高等级职工技能大赛，为高技能人才脱颖而出搭建平台。把握淮扬美食文化节契机，通过“今世缘杯”职工技能大赛选拔技师。用足上级给予的优惠政策，推荐劳模申报技师。当年培养技师、高级技师689人。2005年、2006年、2007年分别培养技师、高级技师665人、1272人、1145人。

2008年，国务院决定将高技能人才纳入享受国务院颁发的政府特殊津贴选拔范围。高技能人才享受特殊津贴的津贴标准、经费来源和发放办法，与享受政府特殊津贴专家相同。当年培养技师、高级技师1222人。

三、职业技能鉴定

（一）企业工人技能考核鉴定

1991年起，淮阴市根据劳动部《工人考核条例》，开展工人技术考核工作，由劳动、人事、总工会和经贸委等部门组成市工人技术考核领导小组，领导小组办公室设在市劳动局。1992年，全市首批批准成立市冶金公司、江苏双沟酒厂等12个工人技术考核站，负责各类职业技术学校、就业训练中心毕（结）业生、企业工人转正定级、升级考核等具体考核工作，考培分离模式融入到考核工作中。经过一段时间运行，根据行业、产业发展需要，陆续批准淮阴工学院等15个师资力量雄厚、硬件实施齐全的国家职业技能鉴定所，淘汰江苏双沟酒厂、淮阴市机械总厂等一批不合格鉴定所（站）。

1995年，国务院发布《关于〈中国教育改革和发展纲要〉的实施意见》，强调“在全社会实行

图 17-2　工考烹饪班老师现场示范教学菜肴制作（2007年）
市人社局　供

学历文凭和职业资格证书并重的制度”。市工人技术考核领导小组与市人事部门工考办首次合作，开展机关、事业单位工人培训与考核。1996年，根据省劳动厅部署，结合淮阴市技工学校发展状况，在技工学校毕（结）业生中推行职业技能考核鉴定，实行职业资格证书制度，凡不参加中级职业资格鉴定学生，不颁发技工学校毕业证书。

1997年，劳动部要求在全社会推行国家职业资格证书制度，将负责国家首批50个工种鉴定任务的鉴定站更名为国家职业技能鉴定所。淮阴市加强职业技能鉴定，使职业资格证书推行与劳动就业、工资分配、劳动监察等工作紧密结合起来，市劳动监察部门第一次将国家公布的50个通用职业（工种）就业准入执行情况纳入劳动监察范围。同年，全面提高乡镇企业职工技能水平，职业技能鉴定工作向乡镇延伸，逐步形成市、县（区）联动，各司其职的鉴定模式。1998年，劳动部正式确定国家职业资格证书等级为5个级别。国家职业资格五级、四级、三级分别对应技术等级初、中、高级；二级和一级分别对应技师和高级技师。1999年，颁布《中华人民共和国职业分类大典》，将职业分为8个大类、66个中类、413个小类、1838个细类（职业）。2000年7月，劳动部《招用技术工种从业人员规定》颁布实施，江苏省在国家规定的90个职业（工种）外，又增加5个职业（工种），共计95个职业（工种）实行就业准入。

2001年，市政府办公室转发《关于贯彻执行劳动和社会保障部招用技术工种从业人员规定实施意见的通知》，淮安市加强职业技能培训，推行职业资格证书制度，实行就业准入制度和依法监督培训实体等。组织开展劳动执法大检查，检查98家企业，涉及13000余人。2002年，职业技能鉴定工作被纳入市政府“4221工程”（每年重点实施全市经济和社会发展40项目标，党建和政治文明、精神文明20项目标，为全市人民办20件实事，为市区人民办10件实事）考核体系。首次将职业技能鉴定指标分解到各个县（区）和有关培训鉴定机构，实行目标化管理。

2006年，淮安市组织开展企业技能人才评价工作，在企业逐步建立生产现场能力考核和个人工作业绩评定相结合的人才评价机制。2007年7月，市职业技能鉴定中心成立。2008年，印发《淮安市职业技能鉴定工作规程以及各类管理制度》，对职业技能鉴定各项制度和工作流程进行完善和再造，编制工作用表22种。至2008年年末，试点企业发展到21家，培训企业职工近万人。对鉴定所（站）进行年检，重新颁发职业技能鉴定许可证。建立淮安市职业培训与技能鉴定服务网，各县（区）、鉴定所（站）配置考务管理系统，设立独立制卷室，配备专用计算机用于题库运行，建立财务制度，配备专（兼）职财务人员，统一收费标准。全年举办综合性竞赛、行业（系统）竞赛14个场次，共有5.89万人次职工参加基层选拔赛，9000多人次职工参加市级决赛，涉及全市8县（区）和淮安经济开发区以及全市机关、事业、企业20个行业（系统）121个职业（工种）。121人获得“淮安市五一劳动奖章”和“淮安市技术能手”荣誉证书，276人破格晋升技师职业资格，1531人获得国家高级职业资格证书。至当年年末，全市有鉴定所（站）18个，县（区）工考办9个，考评人员758人，形成市、县（区）“条块结合、以块为主”、劳动行政部门实施行政管理、鉴定中心负责技术管理、鉴定所（站）具体实施管理的模式。1991—2008年，全市有326771人次参加职业技能鉴定，核发职业资格证书289674本。

2008年淮安市职业技能鉴定所（站）一览表

表17-34

鉴定所（站）名称	所属单位	批建时间（年月）	鉴定工种范围
江苏省淮安职业技师学院国家职业技能鉴定所	江苏省淮安职业技师学院	1992.06	车工、钳工、电工、数控车床工、数控铣床工、铣床工、计算机网络管理师、计算机系统操作工、无线电装接工、化学检验工、焊工、汽车驾驶员、汽车维修工
清拖集团国家职业技能鉴定所	清拖集团	1992.06	车工、钳工、电焊工、铸造工等机械工种
淮安市商业技工学校国家职业技能鉴定所	市商业技工学校	1992.06	中式烹调师、中式面点师
江苏省运河技校国家职业技能考核站	江苏省运河技校	1992.06	船舶驾驶员、船舶轮机员
江苏淮钢集团有限公司国家职业技能考核站	江苏淮钢集团有限公司	1992.06	炼钢工、铸钢工等行业工种
淮安市锅炉检验所国家职业技能考核站	淮安市锅炉检验所	1992.06	避雷器装配工、电梯安装维修工、厂内车辆驾驶员、行车工、锅炉装配工、锅炉试压工等有关工种等
市职业培训中心国家职业技能鉴定所	市职业培训中心	1994.03	中式烹调师、中式面点师、美容师、按摩师、电工、商品营业员、锅炉操作工、花卉园艺师、餐厅服务员、客房服务员、美发师、美容师、眼镜验光员、眼镜定配工、服装制作工、计算机系统操作工、无线电装接工、育婴师、医药商品购销员、修脚师、家用电器产品维修工、水环境监测工、污水处理工
淮阴工学院国家职业技能鉴定所	淮阴工学院	1998.06	车工、钳工、电工、测量工、化学分析工、计算机操作工、计算机网络管理师、多媒体作品制作员、无线电调试工、仪器仪表工、焊工、数控车工、数控铣工、食品检验工、汽车维修工、广告设计师、室内装饰设计员、园艺工
淮安生物工程高等职业学校国家职业技能鉴定所	淮安生物工程高等职业学校	1999.05	养殖业、种植业等农业技术若干工种、汽车修理工、汽车修理电工
江苏省食品职业技术学院国家职业技能鉴定所	江苏省食品职业技术学院	1999.05	中式烹调师、餐厅服务员、客房服务员、调酒师、面包生产工、分析化验工、培菌工、发酵工、酿造工、营养配餐师、饲料检验、车工、数控车床工、数控铣床工、钳工、食品检验工、烘焙工
淮安市建筑行业国家职业技能鉴定所	淮安市建设委员会	1999.08	瓦工、抹灰工、木工、钢筋工、架子工、防水工、通风工、工程电气设备安装工、工程安装钳工、电焊工、管道工、安装起重工、工程机械修理工、挖掘机驾驶员、推土铲运机驾驶员、塔式超重机驾驶员、混凝土工、测量工、油漆工
淮安市高级职业技术学校国家职业技能鉴定所	淮安市高级职业技术学校	2000.03	客房服务员、餐厅服务员、数控车床工、数控铣床工、车工、无线电调试工、维修电工、服装设计定制工

续表 17-34

鉴定所（站）名称	所属单位	批建时间（年月）	鉴定工种范围
淮安信息技术职业技术学院国家职业技能鉴定所	淮安信息职业技术学院	2001.09	用户通信终端维修员、无线电调试工、家用电子产品维修工、家用电器产品维修工、音响调音师、数控车床工、计算机维修工、数控铣床工、加工中心操作工、车工、钳工、电工、工具钳工、电切削工、计算机网络管理师、汽车维修工、汽车修理电工、电子仪器仪表装配工
江苏财经职业技术学院国家职业技能鉴定所	江苏财经职业技术学院	2003.06	数控车床工、数控铣床工、电切削工、粮食行业工种
淮阴商业学校国家职业技能鉴定所	淮阴商业学校	2006.12	无线电装接工、计算机系统操员、无线电调试工、多媒体作品制作员、中式烹调师、中式面点师、餐厅服务员、车工、数控车床操作工、砌筑工、测量放线工、维修电工、计算机维修工、数控铣床操作工
金湖县职业技术教育中心国家职业技能鉴定所	金湖县职业技术教育中心	2007.04	计算机网络管理师、计算机（微机）维修工、计算机系统操作员、钳工、车工、数控车床操作工、服装制作工、无线电调试工、无线电装接工、维修电工
楚州职业教育中心国家职业技能鉴定所	楚州职业教育中心	2007.08	计算机网络管理师、计算机（微机）维修工、计算机系统操作员、钳工、车工、数控车床操作工、数控铣床操作工、加工中心操作工、维修电工、无线电调试工、无线电装接工、家用电器产品维修工、化学检验工、营业员
淮安市教育系统国家职业技能鉴定所	淮安市职教研究室	2008.05	计算机（微机）维修工、计算机系统操作员、钳工、车工、数控车床操作工、服装制作工、无线电调试工、无线电装接工、维修电工

1991—2008年淮安市核发职业资格证书情况统计表

表 17-35　　单位：本

年份	初级	中级	高级	合计
1991—1995	33600	22400	3609	59609
1996	7851	5233	482	13566
1997	4981	4486	197	9664
1998	6113	5001	190	11304
1999	5860	4883	129	10872
2000	4717	5374	240	10331
2001	7575	5899	436	13910
2002	5581	9015	693	15289
2003	5657	10262	378	16297
2004	8738	11489	567	20794
2005	7288	14102	1388	22778
2006	6093	16945	1136	24174

续表 17-35

年份	初级	中级	高级	合计
2007	7459	20981	2617	31057
2008	6607	21089	2333	30029
合计	118120	157159	14395	289674

（二）机关、事业单位技术工人等级培训

1996年，淮阴市相继制定出台《淮阴市机关、事业单位工人技术等级岗位考核实施意见》《淮阴市机关、事业单位工人技术等级岗位考核培训暂行办法》等政策性文件，开始实施首轮等级培训考核。首轮考核实行够什么等级报考什么等级的做法，并结合机关、事业单位实际，对男性50周岁以上、女性45周岁以上的老工人采取口试办法考核。1998年，举办一次扫尾班，当年年底首轮培训考核全部结束，有10397人通过考核。此后，机关、事业单位工人技术培训考核工作转入正常升级阶段，没参加首轮考核的工人只能从初级开始申报，不能越级申报考核。

1998年，全市机关、事业单位工考工作转入升级培训考核阶段，首轮升级培训考核共组织汽车驾驶、计算机文字录入（微机打字员）、保管员、中式烹饪、电工、收银员、保卫员、绿化工、泵站运行工、泵站维修工10个工种升级考核，培训考核升级人员1124人。2004年，市人事局出台《淮安市机关事业单位技术工人继续教育实施意见》，规定机关、事业单位技术工人每2年必须参加一次继续教育培训考核。同年7月，市人事局组织首轮继续教育培训考核，开展现代经济知识、现代法律知识、机关事务管理3个课题的轮训。2004—2005年，全市3000余名机关、事业单位技术工人接受轮训。2006—2007年，轮训2300多人。2008年，轮训1500多人。1999—2008年，开展50个工种培训考核，通过9294人。

1999—2008年淮安市机关、事业单位技术工人主要工种培训统计表

表 17-36　　单位：人

工种名称	等级	1999年	2000年	2001年	2002年	2003年	2004年	2005年	2006年	2007年	2008年
收银员	初	13	4	10	10	4	4	13	0	6	8
	中	20	26	51	20	17	20	22	16	4	26
	高	183	107	225	79	80	131	126	135	131	129
电工	初	7	6	6	24	4	3	5	4	3	3
	中	13	8	10	11	6	9	9	12	9	3
	高	30	22	22	34	8	18	20	15	14	37
汽车驾驶员	初	12	15	24	35	17	10	17	5	3	8
	中	28	30	49	20	30	44	30	17	17	13
	高	55	83	92	107	80	98	86	73	88	79
厨师	初	8	1	2	3	2	2	1	0	1	0
	中	13	20	19	6	2	2	6	6	5	1
	高	52	61	58	89	46	49	52	58	40	51

续表17-36

工种名称	等级	1999年	2000年	2001年	2002年	2003年	2004年	2005年	2006年	2007年	2008年
打字员	初	4	6	11	17	10	3	3	4	3	2
	中	22	22	17	13	6	10	12	5	7	5
	高	23	16	22	16	9	23	23	22	14	28
服务员	初	0	3	1	5	1	0	3	0	0	0
	中	18	6	6	6	2	3	1	1	1	0
	高	27	14	25	14	22	18	16	5	6	2
公路养护员	初	10	11	3	9	3	0	0	0	0	1
	中	24	3	12	7	4	4	5	4	0	5
	高	146	115	69	17	6	13	5	4	39	37
园林绿化工	初	4	0	3	5	0	10	5	0	4	0
	中	13	13	10	12	4	66	6	6	20	4
	高	26	8	37	36	51	82	16	17	74	54
锅炉工	初	1	2	2	2	0	0	0	0	1	0
	中	3	7	2	1	1	0	3	1	0	0
	高	3	2	3	4	0	0	5	2	4	2
保管员	初	11	2	14	4	2	3	7	0	5	7
	中	17	14	15	17	4	5	11	9	9	9
	高	79	77	64	53	23	45	63	47	56	44
保卫员	初	3	6	11	6	10	1	0	2	0	0
	中	18	24	30	12	9	7	7	7	1	5
	高	26	23	51	37	16	41	51	23	33	39
泵站运行工	初	4	7	1	2	0	0	1	1	0	0
	中	11	9	6	13	13	1	5	2	0	0
	高	13	13	11	13	17	19	23	15	11	19
环卫工	初	5	2	0	21	4	0	1	0	0	0
	中	5	7	11	23	33	19	16	13	0	1
	高	25	7	12	28	37	28	24	39	44	29
图书管理员	初	0	0	1	1	0	2	0	0	0	0
	中	2	5	1	0	3	1	2	1	0	1
	高	28	9	20	4	0	8	18	7	0	6

（三）机关、事业单位技术工人技术等级考核

1994年1月6日，淮阴市人事局向全市各县（市、区）和市直各主管部门发函，要求从1993年10月1日起，机关、事业单位技术工人考工定级，未经人事部门同意，不得与工资挂钩。同年，市人事局联合市劳动局和市工人技术考核领导小组在全市开展机关、事业单位技术工人考核定级

试点工作，开展驾驶员、电工、厨师3个工种培训考核，共有3175人通过培训考核。1995年，淮阴市机关、事业单位工人技术等级考核办公室成立。全市机关、事业单位工人技术等级考核由人事部门独立实施。市人事局对市工考办成立前机关、事业单位中参加非政府人事部门组织的培训考核，取得高、中、初级技术等级证书的工人进行复核认定。当年复核认定1621人。1996年复核认定83人，1997年复核认定22人。1998年年末，淮阴市人事局对机关、事业单位中非政府人事部门评聘的工人技师进行复核认定，复核认定技师92人。至此，复核认定工作全部结束。

1999年，市人事局2次开展机关、事业单位工人技师评聘试点，第一次开展烹饪、电工和园艺工的技师评聘试点，第二次开展泵站运行工、闸门运行工、灌区工程工、公路养护工、船闸操作工、广播线务工、广播机务工和农艺工评聘试点。经报省工人技术等级岗位培训考核办公室核准，有28名机关、事业单位技术工人被省人事厅授予技师资格证书。此后，该项工作成为常规工作，按年度有序进行，由省工考办统一组织考核。2000年有27人通过考核认定，2001年有37人通过考核认定。2002年，淮安市开展高级技师评聘试点，开展中式烹饪、电工、钳工3个工种选拔报送，5人获得省人事厅颁发的机关、事业单位高级技师资格证书。当年有31人通过考核认定。2003年，有44人通过考核认定。

2004年4月，淮安市人事考试中心和市机关、事业单位工考办合署办公，负责各类专业技术人员职称资格和职业（执业、从业）资格考试，以及机关、事业单位工人技术等级考试以及相关工作。当年有42人通过考核认定，其中5人通过高级技师培训考核。2005年有97人通过考核认定。2006年有57人通过考核认定，其中4人通过高级技师考核。2007年、2008年，分别有78人、84人通过考核认定。

第四节　劳动监察

1978年6月，淮阴地区企事业单位安全生产工作统归地、县（市）劳动部门管理。1980年，淮阴行署和各县（市）人民政府都成立领导小组，在全地区范围内宣传落实国家经委、劳动部等10个部门联合印发的《关于开展“安全月”活动的通知》。当年8月25日，国务院关于严肃处理“渤海二号”钻井船翻沉事故的决定公布后，淮阴地委、行署贯彻国务院决定，对全区2200名司炉工进行安全生产知识教育，建立安全生产岗位责任制。

1981年5月，全地区进行防尘防毒大检查。清江市为接触各种粉尘作业的666名职工体检，发现患有鼻炎、喉炎等疾病的有341人。市磷肥厂患病职工占职工总数66%，市焦化厂患病职工占职工总数65%，市农药厂患病职工占职工总数56%。同年，检查全地区160台老旧锅炉，问题严重的停止使用。1982年，地区劳动局成立焊工考试委员会，培训190人。在固定资产更新和技术改造资金中提取10%～20%用于改善劳动条件，解决一批急需处理问题。当年对42台锅炉进行年检。

1984年，全市开展第五个“安全月”活动，查出事故隐患4986条，落实整改3783条。安排接触5种毒物的工人参加体检、复查，对确诊病人给予照顾或调离。当年，全市在原定编制基础上增加安全监察干部32人，其中市劳动局安全监察科8人。1985年，全市开始实施《淮阴市职工因公伤亡事故罚款办法》《矿工安全生产责任制试行办法》。同年，成立淮阴市劳动保护技术学会、淮阴市安全生产委员会。1986年5月，市政府召开安全生产工作会议，制定安全生产目标。全市建

图 17-3　劳动保障监察员进工厂宣传政策法律法规，提供送法上门服务（2006 年）　市人社局　供

立安全生产管理机构352个，充实专职技术人员920名；82.5%的企业建立劳动保护监督检查委员会。全市基本形成国家监察、行政管理、群众监督相结合的安全生产管理网络。当年因公死亡和重伤人数比1985年下降23%和21%。1987年，市政府修改《淮阴市安全生产、劳动保护目标管理试行办法》。把煤尘、水泥尘等13个危害严重粉尘治理项目列入安全生产考核目标。

1995年4月，淮阴市劳动局设立劳动监察科，负责劳动监察工作。1996年，建立劳动用工年检制度，每年定期对《中华人民共和国劳动法》调整范围内所有用人单位开展劳动用工年检。

1998年3月23日，成立淮阴市劳动监察支队，根据《中华人民共和国劳动法》和《江苏省劳动监察规定》等有关法律法规，负责市直用工单位及受省委托负责部省属驻淮阴市单位劳动监察。各级劳动保障监察机构自成立起，均设立投诉举报信箱，开通投诉举报电话和网上邮箱，坚持24小时值班制度，加强与公安、工商、建设、工会等有关部门的密切配合，形成劳动保障监察“110”互动工作机制。各级劳动保障监察机构把宣传劳动保障法律法规贯穿于执法检查全过程。开展日常巡视检查、专项执法检查、投诉举报专查和劳动保障书面审查等多种方式的检查活动。1998—1999年，市劳动监察支队受理群众投诉举报案件30余件。2000年，受理投诉举报85件，立案查处126件。2001年，受理投诉举报案件169起，接待来电、来访620人次，办理上级交办案件40件。2002年，接待群众来电、来访872人次，受理投诉举报200件，查办非法职业中介54家，为求职者追回不合理费用1万元。2003年，接待来电来访1935人次，受理投诉举报571起，取缔非法职业中介95家，为求职者讨回不合理费用16200元。

2004年12月，国务院《劳动保障监察条例》实施，明确劳动保障监察以审查用人单位按照要求报送书面材料等形式进行。当年全市受理群众举报2167件，立案470件。市劳动监察支队接待来电来访1392次，受理投诉举报220件，立案60件，承办上级交办案件70件，查处非法中介22家，为民工讨回劳动报酬84万元。全市对208个单位使用农民工情况进行检查，涉及拖欠克扣工资3581人，金额712.63万元，执法讨回594.32万元。

2005年9月，省劳动保障厅印发《江苏省劳动保障书面审查实施办法》，要求用人单位定期或不定期报送劳动用工和社会保险方面的书面材料。同年起，淮安市在全市范围内推行企业劳动保障诚信制度，激励企业自觉守法，树立诚实守信的社会形象。实行主办监察员制度和错案责任追究制度，变执法检查为主动服务用人单位，按区域划分，分片落实到每名专职监察员，覆盖所有用人单位。加强网上信息交流，逐步实现网上办理案件、网上报告制度，加强案件办理情况督查。

2007年，根据《江苏省劳动保障监察网格化管理实施意见》，结合淮安市实际情况，在原主办监察员网格化基础上，扩展为在市主城区（清河区、清浦区）推行劳动保障监察网格化管理。以街道为一级网格，在清河区、清浦区11个劳动保障所成立劳动保障监察中队，街道劳动保障所所长为监察中队中队长。以社区为二级网格，根据社区范围大小及用人单位数量多少，以1个或2

个社区为一个二级网格，整合就业、医保、退管协管员资源，选聘一定数量的优秀人才，保证每个二级网格至少配备1名劳动保障监察协理员。劳动保障监察中队在监察大队领导下，对协理员网格化监察进行指导和督促。

2007—2008年，以乡村小砖窑、小煤矿、小矿山、小作坊为重点，在全市范围内组织开展整治非法用工、打击违法犯罪专项行动。市劳动保障、公安、监察、民政、国土、安监等9个专项行动领导小组成员单位展开行动。各县（区）根据当地实际，深入乡村一线，调查摸底，排出检查名单，建立详细台账，逐户检查，做到排查全面彻底，不留死角。全市检查小砖窑200户、小矿山60户、小作坊430户、其他劳动密集型企业659户，涉及劳动者8.13万人，没有发现涉嫌拐骗、使用童工、限制人身自由、强制劳动、虐待伤害以及领导干部和执法人员参与非法生产经营活动等违法犯罪行为。

2008年，在全市范围内推进劳动保障监察网格化建设，全市成立监察中队47个，划分二级网格252个，配备劳动保障监察协理员363人，形成市、县（区）劳动保障监察机构两级执法，支队、大队、中队三级监管的劳动保障监察工作体系。至2008年年末，全市劳动保障监察接待投诉举报12.02万人，受理投诉举报案件8832件，主动监察用人单位43691户，立案7338件，补订劳动合同26.63万份次。追讨工资23501万元，其中农民工工资17818万元。取缔“黑中介”885户，督促缴纳社会保险12.51万人次。

2005—2008年淮安市劳动监察执法情况统计表

表17-37

年份	接待群众来电来访人数（万人）	受理投诉举报案件（件）	立案案件（件）	补签劳动合同（万份）	补发劳动者工资（万元）	其中农民工工资（万元）	社会保险扩面人数（万人）	取缔“黑中介”（个）	主动监察用人单位（户）
2005	1.23	1040	646	4.22	1434	1133.0	1.55	141	4000
2006	1.40	1110	1079	4.07	1253	1115.0	0.98	93	3307
2007	1.50	1528	1599	1.85	4110	3913.4	0.97	86	5646
2008	2.70	1615	1512	3.10	3697	2559.0	2.15	66	5701

说明：“补签劳动合同”为督促用人单位与劳动者补签劳动合同

第五节　劳动争议仲裁

1978年，淮阴地区劳动行政部门为处理劳动争议的机关。企业与职工产生劳动争议先由争议双方协商解决，未能达成协议可向劳动行政部门申请仲裁、调解，法院判决为最后程序，但多数是通过信访和企业调解委员会或主管部门协调解决。1986年7月，国务院发布《国营企业实行劳动合同制暂行规定》《国营企业招用工人暂行规定》《国营企业辞退违纪职工暂行规定》《国营企业职工待业暂行规定》和《国营企业劳动争议处理暂行规定》，劳动制度实行重大改革。国务院5项暂行规定要求加强劳动人事部门组织建设，相应建立劳动争议仲裁机构；劳动合同双方发生劳动争议、被辞退职工对企业辞退处理不服，可以向当地劳动争议仲裁委员会申诉。同年11月，淮阴市劳动局设立劳动争议仲裁科，专职从事劳动争议处理。1987年，按照《国营企业劳动争议处理暂行规定》有关规定，由市劳动、工会和企业主管部门组成市劳动争议仲裁委员会，负责检查、督促、指导全市开展劳动争议仲裁工作。根据市级机关机构编制调整方案，市劳动和社会保障局在劳动争议仲裁科基础上设立劳动争议仲裁处。1987—1993年，为劳动争议案件低发阶段。这一阶段，企业用工制度刚刚转型，用人单位和劳动者之间矛盾尚未显现，劳动争议立案案件平均每年30件左右。

1993年8月1日，《中华人民共和国企业劳动争议处理条例》颁布，首次以法律形式规定劳动争议受理范围、处理原则、处理机构、处理方式和程序等。1995年，《中华人民共和国劳动法》颁布实施，首次以法律形式规定劳动者和用人单位的权利和义务，劳动争议处理更加具体、明确。1993—2000年，全市劳动争议处理案件增加到平均每年80件左右。至2001年年底，全市8个县（区）和淮安经济开发区劳动保障部门都设立劳动争议仲裁机构，配备专职仲裁干部17名，部分乡镇还设立乡镇仲裁办事处。

2004年后，市劳动局、市经贸委和市总工会等部门密切配合，举办企业劳资、工会、调解委员会干部培训班171期，参加学员15439人次。通过广泛宣传，普遍提高企业和劳动者法律意识，规范企业用工行为，引导劳动者依法行使权利、履行义务。2005年9月，市劳动争议仲裁委员会组织专门人员，从市仲裁机构成立后处理的3000余件劳动仲裁案件中遴选100余件典型案例进行汇总分析，编制《劳动争议仲裁案例评析及法律法规选编》，为规范企业用工行为，提高企业劳动管理水平提供理论和实践依据。1993—2005年，全市各级劳动争议仲裁委员会共立案受理劳动争议案件3300余件，涉及劳动者6500多人，结案率在90%以上。此外，各级劳动争议仲裁委员会还以非立案方式处理劳动争议26400余件。

2006年7月，成立由劳动、工会、司法和经贸委等8个部门人员组成的淮安市劳动争议调解指导委员会，在市直设立14个劳动争议调解工作指导站。全年市、县（区）两级劳动争议仲裁委员会处理劳动争议案件3186件。2007年6月，市仲裁机构建立并实施劳动争议联席会议制度，讨论研究重大复杂疑难劳动争议案件处理，探讨争议成因，组织联合调研，开展专项活动。市仲裁机构发挥企业劳资管理人员积极性，强化劳动争议处理三方协调机制，健全完善政府代表、企业代表及职工代表驻会和例会制度，从源头上化解劳动争议，最大程度减少因金融危机、经济下滑而引发的集体劳动争议和群体突发事件。当年10月，成立由劳动、经贸委和总工会等部门联合组成的淮安市三方劳动争议调解服务中心，把调解作为劳动争议处理的首要方式和重要手段。当年11月，市仲裁机构重新设计并完善全市劳动争议处理流程，编制《劳动争议仲裁案件处理流程图》。2007年，市、县（区）两级劳动争议仲裁委员会处理劳动争议案件3966件。

2008年9月，涟水县劳动争议仲裁院挂牌成立。同年11月，淮安市率先在苏北地区建成劳动争议仲裁院，建筑面积600平方米，设大、中、小3个规范仲裁庭，硬件设施和信息管理系统均达到省规定要求，成为具有独立办公场所、独立编制人员、设置4个科室、财政保障经费独立的法人单位。至2008年年末，各县（区）都成立劳动争议调解指导委员会，并设立89个劳动争议调解指导站。市、县（区）两级劳动争议仲裁委员会处理劳动争议案件5596件。其中，案外调解3013件，调解撤诉率71.9%，立案处理2583件，总案件量分别为1995年《中华人民共和国劳动法》颁布实施时和1987年劳动争议仲裁机构成立时的52.6倍和130倍。

第六节　职工工资

1978年，淮阴地区恢复和改进计件、奖励工资制。当年年底，淮阴卷烟厂、江苏双沟酒厂、清江轴承厂等79家单位实行计件和奖励工资制。是年，为全民所有制单位中生产工作成绩优异、贡献较大和提职后表现好且工资特别低的人员升级工资，升级面控制在2%。1979年11月起，给部分职工升级工资，升级面40%。1980年开始，改革企业奖励工资制，实行利润留成和经济责任制，把奖金和企业经济效益联系起来，实行职工奖励基金从利润留成中提取。许多企业根据自身特点，实行多种形式的超产奖和超额计件奖，实行计件工资、包工工资、浮动工资。

1983年，重点调整企业职工工资。调整对象为全民所有制企业1978年前参加工作的固定职工。列入调资范围15.22万人，每月增加工资总额720.83万元。未列入调资范围的县属集体所有制企业也参照进行调资。1984年，对全市企业整顿验收合格单位中有特殊贡献职工按3%比例晋级。实行奖金征税办法，使奖金完全与企业经济效益挂钩，有9家企业实行奖金税。1985年，实行工资套改，全民所有制企业在册职工16万人全部列入工资改革范围，企业职工人均增资15.5元，较1984年增长30.3%。此后工资实现较快增长。1987年，推行承包经营责任制，全市228家预算内企业有180个实行承包，工资总额与上交或实现利税挂钩企业增加47家。1988年，城镇在岗职工年平均工资1453元。1989年，城镇在岗职工年平均工资1622元。

1991年开始，淮阴市完善企业工效挂钩办法，挂钩指标由单项指标改为复合指标。1992年，试行工资总额与经济效益挂钩，实行以税利为主的复合指标挂钩，综合反映企业经济效益。1994年，进一步完善企业职工工资总额与经济效益挂钩制度，实行工效挂钩企业778家，职工24.3万人。推进企业岗位技能工资制度改革试点，至1994年年底，全市168家企业、15.5万职工实行岗位职业技能制度。1995年，全市所有实行工效挂钩企业复合挂钩面达100%。首次出台最低工资标准，市区每人每月175元，县（市）每人每月145元。

2000年，首次由市政府办发文公布全市企业工资指导线，推行企业工资集体协商制度，2次出台配套文件，推动工资决定和制衡机制建立。市直246家企业开展工资集体协商，其中220家企业职工工资有不同程度增加，增幅最低5%，最高17%。全市在岗职工平均工资7844元，居全省第九，增幅10.9%，居全省第五。

2008年，淮安市建立用工登记备案制度和职工名册制度，职工入册入库14.2万人。开展创建“和谐劳动关系工业园区和企业”活动。发布100个工种（职位）劳动力市场工资指导价和淮安市2008年度企业工资指导价。推进工资集体协商和集体合同制度，签订工资专项协议770份，签订行业、区域工资协议142份，覆盖企业2465家。

1978—2008年淮安市非私营单位职工工资统计表

表17-38

年份	职工数（人）	工资总额（万元）	平均工资（元/年）	年份	职工数（人）	工资总额（万元）	平均工资（元/年）
1978	304496	13822	441	1994	493976	176255	3602
1979	293866	14656	490	1995	490096	206799	4239
1980	332627	19180	612	1996	489941	224668	4647
1981	341685	20161	598	1997	492667	244749	4987
1982	351706	21783	628	1998	413024	253277	6132
1983	357464	22696	640	1999	389346	275476	7075
1984	368340	27277	752	2000	379966	303147	7978
1985	390915	34121	899	2001	371379	332349	8949
1986	411190	41755	1041	2002	355363	350203	9855
1987	432734	49812	1180	2003	350186	376841	10761
1988	448451	64022	1453	2004	328775	400183	12171
1989	443634	72397	1622	2005	335063	467960	13966
1990	459895	83218	1842	2006	312085	517763	16590
1991	466693	88205	1904	2007	337629	669805	19838
1992	482927	104092	2188	2008	366339	878960	23993
1993	494450	129877	2665	—			

第三章　社会保险

第一节　养老保险

一、企业职工养老保险

1978年，国务院全面修订1958年颁布的退休办法，妥善安置大量老弱病残职工。1984年开始，国家在部分地区试点，恢复养老保险费用社会统筹制度，还原社会养老保险基本职能。1985年8月，淮阴市印发《关于转发淮阴保险分公司等7单位〈淮阴市社会劳动保险实施办法〉的通知》，在兼顾国家、集体、个人利益原则下，开始实行积累式劳动保险制度。社会劳动保险业务由中国人民保险公司淮阴分公司及所属县支公司办理。

1986年11月，根据国务院《关于发布改革劳动制度四个暂行规定的通知》要求，淮阴市及所辖各县（市）相继成立社会保险机构，配备社会保险工作人员。1987年1月，社会保险机构正式为企业办理劳动合同制工人养老保险业务，开展企业固定职工退休费用统筹调查测算和制定。同年12月，颁布《淮阴市区企业职工退休费用统筹办法（试行）》并组织实施，企业职工养老保险从"企业保险"走向"社会保险"。至1988年年底，全市参加企业基本养老保险职工12.36万人，当年征缴基本养老保险费0.21亿元；支付2.78万名企业离退休人员养老金0.11亿元。

1992年，淮阴市出台固定职工和劳动合同制职工养老保险基金合并调剂使用、按统一比例提取养老保险基金省级统筹方案，完善职工个人缴费制度。按照江苏省要求，结合淮阴市实际，对全民所有制企业，制定14%、16%和17%三个相对统一提取比例；采取分年过渡、逐步统一办法，对市区区属以上集体所有制企业制定20%提取比例。1993年，制定《〈职工养老保险手册使用〉管理办法》，全面推行《职工养老保险手册》发放、记载、审核制度。同年10月，社会保险机构直接向市区企业离休干部和中华人民共和国成立前参加革命工作的退休老工人发放养老金。

1994年7月，《淮阴市市区企业职工基本养老保险制度改革实施办法》颁布，在市区建立适用于各类企业职工和城镇个体劳动者的"一体化"基本养老保险制度，破除企业按所有制性质划分、劳动者按用工性质划分界限，扩大养老保险覆盖面。1995年起，按照江苏省统一要求，企业离退休人员养老金于每年7月1日，随社会平均工资增长按一定比例进行调整。至当年年底，全市参加企业基本养老保险职工27.36万人。当年征缴基本养老保险费1.98亿元，支付6.9万名企业离退休人员养老金1.63亿元。

1996年1月，全市实行社会统筹与个人账户相结合的养老保险制度，为已参加养老保险企业职工建立个人账户。实行个人账户管理办法，个人账户建账规模12%。1998年7月，与国家社会保险制度并轨，个人建账规模调整为11%。

2001年10月，淮安市颁布《关于自由职业者参加养老保险的暂行办法》，企业养老保险开始逐渐覆盖到自由职业者、非正规就业人员、自谋职业者、自主创业人员等灵活就业群体。2003年，启动退休人员社会化管理服务工作，企业职工办理退休手续后，其管理服务工作与原企业相分离，养老金实行社会化发放，人员移交城市街道和社区，实行属地管理。至当年年底，全市参加企业基本养老保险职工32.05万人，当年征缴基本养老保险费4.01亿元，支付8.1万名企业离退休人员当年养老金5.52亿元。

2006年，淮安市开展做实养老保险个人账户调研论证工作；完善城镇个体工商户及灵活就业人员参加养老保险政策，针对自由职业者、下岗失业人员，出台优惠参保缴费措施；进一步打破自由职业者参保身份限制，将城镇职工养老保险制度覆盖范围扩大到市直行政区域内包括农民在内的所有居民；建立解决大龄自由职业者参保难题的"前补后延"办法。2007年，在全省率先创立特困群体助保制度，实施"万人助保"工程，帮助断保大龄下岗人员续缴养老保险费；实施养老金计发办法改革，完善鼓励职工参保缴费激励约束机制；巩固社会化管理服务基础，全面推进街道、社区管理服务工作平台建设。至2008年年底，建立起市、县（区）职工养老保险公共服务设施和服务网络。

2008年，全市征缴企业基本养老保险费16.68亿元；有12.06万人领取养老金，支出14.96亿元；离退休人员养老金标准每月937元。至当年年底，全市累计支付养老金83.12亿元，参保人数45.82万人。

1988—2008年淮安市企业养老保险情况统计表

表17-39

年　份	企业养老基金征缴（亿元）	企业养老基金支出（亿元）	企业参保人数（万人）	领取养老金人数（万人）
1988	0.21	0.11	12.36	1.47
1989	0.25	0.17	17.13	2.18
1990	0.52	0.38	18.95	3.16
1991	0.57	0.37	19.06	3.42
1992	0.77	0.57	23.06	4.51
1993	1.03	0.81	27.12	5.83
1994	1.50	1.17	27.54	6.45
1995	1.98	1.63	27.36	6.90
1996	2.25	2.03	28.00	5.12
1997	2.39	2.37	28.04	5.41
1998	2.62	2.86	27.92	5.78
1999	3.19	3.58	29.33	6.10
2000	3.54	3.78	29.46	6.51
2001	3.57	4.17	30.43	6.97
2002	3.91	5.01	31.66	7.62
2003	4.01	5.52	32.05	8.10
2004	5.65	6.25	33.33	8.84
2005	6.50	7.56	34.76	9.58
2006	9.01	9.49	37.15	10.37
2007	11.51	11.11	40.68	11.21
2008	16.68	14.96	45.82	12.06

二、农村养老保险

1986年10月，民政部试行农村社会养老保险制度。1992年5月21日，根据民政部《县级农村社会养老保险基本方案（试行）》规定，淮阴市政府印发《关于开展农村社会养老保险工作的通知》，在县级淮安市、金湖县、洪泽县等地试点建立农村社会养老保险制度。以保障老年人基本生活为目的，资金以个人缴纳为主、集体补助为辅，国家予以政策扶持；实行社会养老保险与家庭养老相结合；建立农村务农、务工、经商等各类人员一体化的社会养老保险制度。月缴费标准设2元、4元、6元、8元、10元、12元、14元、16元、18元、20元10个档次，供不同地区以及乡镇、村、企业和投保人选择。各业人员缴费档次可以有所区别。缴费标准以及按月缴费或按年缴费，均由县（市、区）政府决定。同年7月，成立淮阴市农村社会养老保险事业管理处。

1994年4月，淮阴市农村社会养老保险基金管理委员会成立，负责指导、监督全市农村养老基金管理、使用，制定养老保险基金管理方面有关规定，审批各县（市、区）农村养老金使用计划，实行保险基金统一管理和调控。1995年1月，市政府颁发《淮阴市农村社会养老保险办法》，使农村社会养老保险有了地方性法规。1996年，全市参保人数60693人，保费收入911.33万元，基金总收入1645.67万元，领取人数430人，保险支出36.7万元，基金支出66.25万元。

2008年，淮安市在金湖县试点新型农村养老保险。个人缴费和集体补助金全部记入个人账户，财政补助记入统筹账户。缴费基数按上年全县农民人均纯收入800元确定，缴费比例按10%执行，有条件农户可多缴费。财政补贴比例8%，农村老人实行养老补贴。各县（区）相继出台新型农村养老保险工作方案。同年，淮安市被征地农民基本生活保障办法实施，16周岁以下未成年人按市区一次性领取5000元、县（区）一次性领取4000元生活补助费标准，不再纳入细则规定的基本生活保障。女性16周岁以上至45周岁，男性16周岁以上至50周岁，从实行基本生活保障当月起，按月领取生活费补助，期限2年，到达养老年龄时，按月领取养老金。女性45周岁以上至55周岁，男性50周岁以上至60周岁人员，从实行基本生活保障当月起，至到达养老年龄时止，按月领取生活费补助；到达养老年龄时，按月领取养老金。女性55周岁以上，男性60周岁以上人员，从实行基本生活保障当月起，按月领取养老金。

至2008年年底，淮安经济开发区、清河区、金湖县、洪泽县和盱眙县等地启动实施被征地农民基本生活保障。全年有3.34万名被征地农民选择参加基本生活保障，当年发放生活补助费和养老金12937万元，参保率55%。当年全市有1.92万人参加农村养老保险，累计积累基金2.03亿元，养老金领取人数2.2万人。

1996—2008年淮安市农村社会养老保险情况统计表

表17-40

年份	参保人数（人）	年末领取人数（人）	基金总收入（万元）	保费收入（万元）	基金总支出（万元）	保险金支出（万元）	累计结余（万元）
1996	60693	430	1645.67	911.33	66.25	36.70	6963.77
1997	84849	1484	2524.52	1621.48	234.11	77.02	9254.18
1998	57170	2071	2043.02	1404.81	376.12	264.01	10921.08
1999	44412	2077	1257.24	713.64	441.97	296.34	11736.35
2000	46066	3303	1034.56	519.82	325.52	151.52	12445.39
2001	16958	6594	757.51	333.71	295.89	171.82	12907.01
2002	11886	8675	623.27	212.92	354.24	163.86	13176.04
2003	9183	9915	576.07	257.82	232.34	177.48	13519.76
2004	8923	11032	496.24	319.14	283.48	265.72	13732.53
2005	5181	12584	512.38	382.97	361.77	326.14	13883.14
2006	5888	11900	837.89	611.77	314.25	292.19	14406.78
2007	6598	13926	1661.44	1480.35	742.84	475.28	15325.31
2008	19200	22000	5785.98	5408.20	852.13	842.57	20259.17

三、机关、事业单位养老保险

1992年以前，机关、事业单位人员与企业职工一样都属于“单位人”范畴，其养老保险由单位负责。1992年12月，淮阴市成立市级机关事业单位养老保险经办机构，市级机关、事业单位养老保险制度改革启动。1994年9月，出台《关于印发〈淮阴市市级机关、事业单位职工养老保险制度改革暂行办法〉的通知》。规定参保范围为市级机关、事业单位，驻淮阴省、部属事业单位以及参照事业单位工资制度执行的淮阴市和部、省属单位。参保对象为全民性质、独立核算的自收自支事业单位和市级机关、其他事业单位的劳动合同制工人、从非在职人员中招收的聘用制干部和县以上劳动部门批准招用的城镇户口临时工。基本养老保险基金提取标准从15%到30%共6档，级差为3%。

1995年，涟水、淮阴、洪泽、金湖、县级淮安市、盱眙等县（市、区）相继出台机关、事业养老保险制度改革政策。1996年1月，淮阴市印发《关于扩大市级机关事业单位养老保险范围的通知》，将参保对象扩大到差额拨款事业单位全体职工，且实行个人缴费，个人缴费比例暂定为1%。

清河区、清浦区、淮安经济开发区分别于1999年11月、2002年7月和2003年11月出台机关、事业单位养老保险政策。由于国家尚无统一的机关、事业单位养老保险政策、法律法规，机关、事业单位养老保险制度改革是自下而上进行的，基本特点是一地一策、一县一策。

2008年，淮安市市、县（区）机关、事业养老保险工作网络建立，参保单位2066个，单位参保率100%；参保人员56462人，人员参保率100%；支付养老金的离退休人员17723人，支付养老金总额3.17亿元，养老金支付结算率100%；征缴养老保险费2.86亿元，征缴率99.78%。历年基金结存2.27亿元。

1994—2008年淮安市机关、事业单位养老保险参保情况统计表

表17-41

年份	参保单位情况			在职参保人员情况			离退休人员情况			征缴养老保险费（万元）	拨付养老保险费（万元）	基金结存（万元）
	应参保单位数（个）	实际参保单位数（个）	单位参保率（%）	应参保人数（人）	实际参保人数（人）	人员参保率（%）	离退休人数（人）	离休人数（人）	退休人数（人）			
1994	208	208	100	8092	7736	95.60	356	91	253	137.71	62.30	—
1995	2287	2157	94.32	53709	48827	90.91	7058	996	6027	3624.22	2657.05	1590
1996	2348	2250	95.83	60955	53491	87.75	8258	1150	7053	6369.76	4872.24	4255
1997	2426	2349	96.83	65969	58076	88.04	9060	1143	7865	7867.30	5967.63	7587
1998	2458	2369	96.38	77557	68014	87.70	10847	1129	9668	10399.60	8817.60	10114
1999	2524	2472	97.94	82528	71768	86.96	11978	1132	10792	12661.58	10868.97	11672
2000	2404	2364	98.34	86252	74904	86.84	12970	1164	11752	13805.41	12764.59	13173
2001	2454	2410	98.21	88719	75423	85.01	14494	1130	13311	15182.51	14919.54	11540
2002	2477	2459	99.27	85695	70941	82.78	15544	1113	14386	16900.40	15860.60	12775
2003	2386	2359	98.87	85653	70512	82.32	16692	1085	15546	21705.56	20612.72	16939
2004	2315	2291	98.96	88339	72198	81.73	17294	1064	16164	10833.80	10619.38	18221
2005	2001	1985	99.20	54792	54396	99.28	13546	762	12784	21207.13	19617.51	19424
2006	1952	1947	99.74	53392	53246	99.73	14202	729	13443	22025.52	20968.84	19906

续表17-41

年份	参保单位情况			在职参保人员情况			离退休人员情况			征缴养老保险费（万元）	拨付养老保险费（万元）	基金结存（万元）
	应参保单位数（个）	实际参保单位数（个）	单位参保率（%）	应参保人数（人）	实际参保人数（人）	人员参保率（%）	离退休人数（人）	离休人数（人）	退休人数（人）			
2007	2033	2031	99.90	61289	61173	99.81	16833	617	16216	29247.93	28882.85	22180
2008	2066	2066	100	56462	56462	100	17723	575	17148	28582.50	31730.13	22703

第二节　医疗保险

一、城市职工、居民医疗保险

1998年，国务院颁布《关于建立城镇职工基本医疗保险制度的决定》，基本上明确新医疗保险制度框架。

2000年1月，淮阴市印发《市政府关于印发淮阴市城镇职工基本医疗保险制度改革实施方案的通知》，主要任务是建立城镇职工基本医疗保险制度。要求城镇所有用人单位及职工都要参加基本医疗保险，实行属地管理；基本医疗保险费由用人单位和职工双方共同负担；基本医疗保险实行社会统筹和个人账户相结合。要求覆盖城镇所有用人单位，包括企业（国有企业、集体企业、外商投资企业、私营企业等）、机关、事业单位、社会团体、民办非企业单位及其职工。当年，实现地税统一征收各项社会保险费，通过检查台账、核对基数等办法，减少统筹基金“跑冒滴漏”现象，收缴率98%。

2001年，淮安市围绕推进机关、企事业单位、部省属单位医疗保险扩面，制定合理扩面计划。实行考核奖惩挂钩制，加大对县（区）督查力度，实行扩面专项月报制度；采取行政手段，加强劳动监察与税务等部门联合执法，依法扩面，经办机构多次上门没有效果的，行使劳动行政监察职能，依法督保；加强调查，降低部分单位参保门槛；上门服务，帮助做好基础数据整理和统计；争取各级政府支持，将参保完成情况纳入年度目标考核。

2002年4月，《淮安市市直困难企业职工住院基本医疗保险暂行办法》和《淮安市市直劳动人事关系代理人员参加医疗保险暂行办法》出台，将困难企业职工、下岗职工等纳入医疗保险范围。通过个人缴费办法，使失业下岗人员享受到医疗待遇。同年起，调高个人账户划拨比例，放宽用药范围，降低自付比例，使参保职工较好享受基本医疗待遇。全市各县（区）全部启动城镇职工基本医疗保险制度。

2003年年末，市政府办公室出台《关于市直困难企业退休人员医疗保险有关事项的通知》，由市财政每年拨专款，逐步将市直困难企业退休职工纳入基本医疗保险。出台病种分值结算办法，全面吸收国际先进的按病种付费办法，同时借鉴“工分制”管理手段，兼顾费用控制和提高医疗服务质量，减少浪费，保证职工基本医疗，减轻个人费用负担。

2005年年末，淮安市出台《市政府关于印发淮安市市区城市居民医疗统筹办法（试行）的通知》。2006年7月1日起，居民开始享受统筹待遇。参保范围涵盖市区未参加基本医疗保险和住院保险的城市居民，初步建立起“财政投入为主体、个人缴费为基础、社会捐赠为补充”筹资和保障机制。同月，淮安市全面实施居民医疗保险。根据市情，建立合理缴费分摊与保障机制。对城市居民各种医疗类型、享受标准及报销手续等进行科学设计，合理制定流程，方便广大居民就医。市、区、街道、社区四级联动，将人员配备到街道社区，负责居民医保宣传咨询、经办业务、费用监控等服务。完善定点卫生服务机构管理办法。设定点社区卫生服务机构60余家，定点网络覆盖市区。采取定点社区首诊制原则和居民自由选择定点（一年一选）办法，并为居民建立个人账户，用于门诊费用支付。在原有医保信息管理系统基础上，建成居民医保信息网络平台，实现职工基本医疗保险信息管理系统有效对接。同年，打造网上医保。通过淮安医保网站，将医保政策规定、岗位职责、业务操作流程、收费标准等在网上公布，提供药品目录、定点医疗机构和零售药店情况查询，并设置有关业务表式下载功能，提供个人账户余额查询服务。当年回复咨询500人次以上。在全国医保系统率先导入ISO 9000质量标准体系。

2008年，淮安市居民医疗保险缴费标准为每人每年200元，居民个人每年缴费60元（低保户20元），其余140元（180元）由市、县（区）两级政府分担。按每人每年50元建立居民个人账户，居民住院符合医保规定费用的按60%～80%比例予以报销。全市有定点医疗机构268家、定点零售药店397家。2004—2008年，5万多名破产和困难企业退休人员通过各级财政补助方式解决基本医疗保险保障问题。至2008年年末，淮安市形成以基本医疗为主体，大病救助、补充保险为辅助的医疗保险体系。

2000—2008年淮安市社会医疗保险情况统计表

表17-42

年份	参保人数（人）	基金收入（万元）	基金支出（万元）	在职人员享受医保（人）	退休人员享受医保（人）
2000	94628	6546	3886	—	—
2001	186873	8205	6277	—	—
2002	269200	16508	12164	219693	49507
2003	304139	21376	18767	233210	70929
2004	342997	26934	23291	255307	87690
2005	396813	32560	27848	279155	117658
2006	440032	40856	35274	307566	132466
2007	479025	52996	46172	337188	141837
2008	558062	73967	57165	402769	155293

二、农村合作医疗保险

2003年，按照国务院办公厅《关于建立新型农村合作医疗制度的意见》和省政府《关于在全省建立新型农村合作医疗制度的实施意见》，淮安市农村合作医疗走上新型农村合作医疗阶段。市政府成立协调领导小组，由市长任组长。建立新型农村合作医疗工作组，由分管副市长任组长，卫生主管部门分管副局长任办公室主任。各县（区）、各乡镇政府也相应成立管理工作委员会和监督委员会。市编委为各县（区）新型农村医疗管理办公室（以下简称“合管办”）核定机构编制和人员编制，人员经费和工作经费列入同级财政预算。乡镇政府也都相应成立“合管办”，乡镇卫生院相应成立新型农村合作医疗内部管理组织。市、县（区）、乡镇三级政府补助资金纳入财政预算，补助资金及时足额到位。在农民自愿参加、自愿缴费基础上，完善筹资程序，保证农民筹资环节公开透明，及时入户，取信于民。是年，确定淮阴区为全省首批试点县（区）。有5个县（区）、90个乡镇实施新型农村合作医疗。全市参合人口208.72万人，参合率57.73%。

2004年，出台《淮安市新型农村合作医疗管理办法》，明确地方财政配套补助政策规定。出台《淮安市农村合作医疗工作考核标准》《关于进一步规范新型农村合作医疗运行管理的通知》《关于调整江苏省新型农村合作医疗基本药物目录的通知》等，支持和促进新型农村合作医疗健康运行和平稳发展。市委、市政府把新型农村合作医疗工作纳入“4221”工程，成为市、县（区）、乡镇三级政府每年的工作目标，层层签订责任状。是年，全市参合人口294.03万人，参合率83.8%。

2005年3月1日开始，以县（区）为单位实行“一证通”，参合农民凭合作医疗证在县（区）范围各定点服务机构通用，无需转诊。全面推行网络化管理，各县（区）建成计算机管理网络，病人就诊实行网络结报、现报现结。建立定点医疗服务机构准入机制和退出机制，以及定点服务机构费用控制机制和优质服务保障机制。2003—2005年，省、市、县（区）三级政府每年都为参合农民人均补助不低于20元，参合农民个人每年缴费10元。是年，各县（区）全部实施新型农村合作医疗，参合人口301.8万，参合率88.4%。全市统一新型农村合作医疗补偿模式，补偿起付线降到3000元以下，封顶线为2万元。参合农民合理医疗费用1万元报销不低于50%，2万元报销不低于60%，医疗费用实际补偿比全市统一为不低于25%。全市共筹集新型农村合作医疗基金11055.23万元，上年结转资金2206.58万元，风险资金结转105.58万元，资金总额13367.39万元。全年共使用8170.27万元，资金使用率73.9%。门诊报销54.76万人次，报销金额593.7万元，平均每人报销17.85元；住院报销9.1万人次，其中5000～10000元1739人，1万元以上557人，报销金额7365.99万元，平均每人报销808.92元。

2006年，全市各县（区）以及淮安经济开发区都开展新农合工作。提高补偿标准，获得万元以上补偿的820人次，有320.57万农民参加新型农村合作医疗，人口覆盖率92.2%。2007年，继续规范农村合作医疗制度，全市补偿封顶提高到3万元，住院回访制度、“一证通”、费用报销计算机联网管理等措施得到全面落实，当年有1362人次获得万元以上补偿，346.18万名农业人口参加新型农村合作医疗，参加率97%。

2008年，淮安市完善农村合作医疗补偿方案，加强定点医疗机构管理，开展省先进“合管办”创建活动。新型农村合作医疗制度在农村普遍建立。全市参合农民受益244.69万元，受益率70.64%；住院实际补偿率37.59%；获得万元以上补偿2970人次，增加1608人。在全市农村万人调查中，“新农合”工作群总满意率98.5%。

第三节　失业保险

失业保险制度起源于1986年，当时称待业保险。1986年7月12日，国务院发布《国有企业职工待业保险暂行规定》，参保者仅限于国有企业职工，缴费基数为基本工资的1%，淮阴市于当年10月1日起实施。失业保险制度刚刚实施时，基金支出范围较广，除发放失业人员失业金（当时称救济金）外，还可支出破产企业符合退休条件职工的退休金，从基金中提取15%转业训练费、10%生产自救费和6%管理费等。失业人员领取失业金期限和标准按其工龄和标准工资

50%～60%核准。当年全市参保18.23万人，参保率90%，缴费总额30万元。

1992年10月，江苏省制定《贯彻省政府〈批转省劳动局关于深化职工待业保险制度改革的意见的通知〉实施细则》，将失业保险参保范围扩大到城镇集体企业、中外合资企业中中方职工、机关事业单位中合同制工人。同时缴费基数作调整，1—6月仍为基本工资的1%，7—12月调整为企业全部职工工资总额的1%。当年全市参保19.82万人，参保率95%，缴费总额306万元。

1993年4月，国务院发布的《国有企业职工待业保险规定》调整基金支出范围，取消发放破产企业职工退休金的规定。失业金发放标准调整为当地民政部门规定社会救济额的120%～150%。当年全市参保24.60万人，参保率96%，缴费总额476万元，45人领取失业保险金，基金支出218万元。1995年10月，市政府印发《贯彻〈江苏省职工失业保险规定〉实施办法》，将失业保险参保范围进一步扩大到股份制企业、股份合作制企业和私营企业城镇职工。失业金发放标准调整为最低工资标准的60%，其他支出范围不变。当年全市参保26.87万人，参保率97%，缴费总额961万元，685人领取失业保险金，基金支出388万元。

1998年1月开始，失业保险覆盖范围扩大到城镇所有类型企业，缴费比率提高到全部工资总额的3%，其中单位缴2%、职工个人缴1%。同时明确企业所用农民工个人不缴费，单位为其缴2%部分，实行国家、集体、个人三方共同负担。同年12月，劳动和社会保障部、财政部、人事部联合印发《关于失业保险基金管理工作有关问题的紧急通知》，失业保险基金支出作出重大调整，严禁再从基金中提取生产自救费和管理费，并严格规范转业训练费的支出范围。当年全市参保28.98万人，参保率90%，缴费总额1852万元，1631人领取失业保险金，基金支出691万元。

1999年1月22日，国务院颁布《失业保险条例》和《社会保险费征缴条例》，将所有事业单位纳入参保范围并规范社会保险费征缴程序，增强社会保险费征缴强制性，明确故意拖欠和拒绝缴费行为的法律责任和处罚措施。改变实施多年的按工龄核定失业保险待遇规定，实行缴费与个人享受待遇挂钩，进一步规范失业保险基金支出范围，杜绝挤占和挪用失业保险基金。当年全市参保42.16万人，参保率98%，缴费总额3450万元，有1565人领取失业保险金，基金支出2021万元。

2000年前，失业保险费由劳动和社会保障部门征缴。2000年7月起，省政府决定失业保险费改由各级地方税务部门征缴。淮阴市社会保险费征缴职能于当年8月移交市地方税务部门。由缴费单位按规定将申报基数报至劳动部门，经核准无误后，形成每月缴费计划，企业缴纳的养老、事业基金实行一票制。2001年，《淮安市失业保险金申领发放暂行办法》出台。

2006年1月1日起，农村劳动者个人缴费满1年后失业的，其失业保险待遇与城镇失业人员同等。同年6月，根据省政府《关于贯彻国务院进一步加强就业再就业工作通知的实施意见》，市政府印发《关于加强就业再就业工作意见》。规定从2006年1月1日起，农村劳动者在城镇就业的，实行城乡统一的失业保险制度，用人单位缴纳基数的2%、个人缴纳1%。2008年，全市参保43.11万人，参保率105%，缴费总额12133.8万元，21267人领取失业保险金，基金支出9620.57万元。

1989—2008年淮安市失业保险情况统计表

表17-43

年份	参保人数（万人）	参保率（%）	缴纳总额（万元）	基金支出数（万元）	领取失业保险金人数（人）
1989	17.40	92.0	161	—	—
1990	17.24	95.0	180	—	—

续表 17-43

年份	参保人数（万人）	参保率（%）	缴纳总额（万元）	基金支出数（万元）	领取失业保险金人数（人）
1991	16.56	94.6	216	—	—
1992	19.82	95.0	306	—	—
1993	24.60	96.0	476	218	45
1994	24.24	95.3	688	—	—
1995	26.87	97.0	961	388	685
1996	28.02	98.0	1115	—	—
1997	26.22	98.5	1016	—	—
1998	28.98	90.0	1852	691	1631
1999	42.16	98.0	3450	2021	1565
2000	40.13	93.5	4368	2771	6647
2001	41.15	95.7	5145	3378	15288
2002	40.21	98.0	6939	5330	30384
2003	40.38	99.0	7046	7737	39210
2004	39.84	97.0	6838	7674	39665
2005	38.90	98.0	7663	7487	32016
2006	38.22	98.0	7174	7500	26326
2007	40.79	102.0	8760	5117	22155
2008	43.11	105.0	12134	9621	21267

第四节　工伤保险

1995年10月，淮阴市启动工伤保险工作。市劳动局成立工伤生育保险科，配备5名工作人员。当年出台暂行办法，企业按职工工资总额0.5%缴纳工伤保险费，职工发生工伤产生医疗费，由工伤基金负担60%，其余由企业负担；工伤死亡职工丧葬费和一次性抚恤金分别按社会平均工资计发5个月和25个月。至当年年底，征缴工伤保险金29万元。

1997年，市区参加工伤保险企业640个，参保职工11.93万人，支付工伤费用92万元。1998年，市区参加工伤保险企业686家，参保职工11.64万人；征收工伤保险基金269万元，支付工伤费用96万元。2000年，市区参保职工25.59万人，征缴保险基金564万元，支出576万元。

2005年，根据《工伤保险条例》《江苏省实施〈工伤保险条例〉办法》文件精神，淮安市出台《关于实施〈工伤保险条例〉有关问题的处理意见》。从当年7月1日起，执行行业差别费率和浮动费率，提高相关工伤待遇。提高1～4级工伤职工退休后待遇，如养老金低于伤残津贴，由工伤基金补足差额；提高丧葬补助金和一次性工亡补助金标准，分别按6个月、60个月上年度职工月平均工资计算，供养抚恤金标准大幅提高。

2006年,《国务院关于解决农民工问题的若干意见》出台。全市开展“平安计划”工作,将农民工参加工伤医疗保险作为一项重点工程推进。结合全市工伤保险实际情况,在广泛调研基础上,出台一系列农民工参加工伤保险专项政策。农民工用人单位因条件限制未能参加其他社会保险的,应当优先参加工伤保险。对用人单位,根据使用农民工的比例实行费率下浮政策,提高用人单位参加工伤保险积极性。当年全市参加工伤保险204795人,征缴保险基金1889万元,支出1274万元。

2008年5月5日,《淮安市建筑业农民工优先参加工伤保险实施办法》出台。该办法规定,由建筑工程管理局所属的淮安市建筑行业劳保统筹机构具体负责组织、引导建筑业农民工以工程项目为单位参加工伤保险,落实农民工参加工伤保险缴费来源、费用划缴和提供出险证明等工作,指导和帮助建筑企业做好社会保障工作。建筑业农民工参加工伤保险实行实名制动态管理。至当年年底,全市工伤保险参保人数290125人,其中农民工参保73168人,约占参保总人数的25%。

2000—2008年淮安市工伤保险情况统计表

表17-44

年份	2000	2001	2002	2003	2004	2005	2006	2007	2008
参保人数(人)	255906	255126	222728	219382	177731	180287	204795	219797	290125
基金收入(万元)	564	641	589	778	798	1300	1889	2638	3562
基金支出(万元)	576	657	698	655	606	918	1274	1484	2681

第五节　生育保险

1995年10月1日,淮阴市实行生育保险制度,维护企业女职工合法权益,保障女职工在生育期间得到必要经济补偿和医疗保健服务。当年内出台暂行办法。生育保险费征收比例为0.5%,待遇支付范围仅包括女职工生产医疗费、生育津贴,并实行定额支付。至当年11月底,征缴生育保险金29万元,向16人支付生育费用3.7万元。1997年,市区参加生育保险企业640个,参保职工11.93万人,支付女职工生育费用277万元。1998年,市区参加生育保险企业686家,参保职工11.64万人;征收生育保险基金269万元,支付生育费用300万元。

2003年1月1日,执行新《淮安市城镇企业职工生育保险办法》,补充和完善生育保险政策。提高缴费比例,将生育保险费提取比例定为企业职工工资总额0.6%～0.8%,最高不得超过1%,其中市区定为0.7%;扩大生育保险待遇范围,将失业女职工以及男职工无工作配偶生育医疗费用也纳入保障范围;提高参保职工待遇,女职工生育期间可享受一次性营养补助金,生育津贴按实际缴费基数计算等。是年,全市生育保险参保人数219382人,征缴保险基金831万元,支付保险费471万元。2006年1月1日起,对政策再次进行调整,规定生育保险所使用药品和诊疗项目参照医保有关规定,同时退休人员符合计划生育取环费用也可从生育基金中支出。是年,全市生育保险参保人数19.43万人,征缴保险基金1238万元,支付保险费536万元。

2008年10月,淮安市在省内率先提出生育医疗费用个人零支付目标。在不增加企业负担,维持0.7%征缴费率前提下,扩大待遇受益范围、增加生育保险诊疗项目和医用材料项目,大幅提升三类待遇报销比例,部分待遇在原有政策基础上翻一番。参保女职工从怀孕第12周起到产后3

个月时间内与生育有关费用均可享受生育保险医疗待遇。首次将新生儿住院医疗费用纳入生育保险支付范围。扩充诊疗项目，增加唐氏综合症、新生儿听力筛查等50余项诊疗项目，增加诊疗项目比例30%以上。提高报销比例，取消政策范围内个人自付项目。发生费用只要符合规定，不论甲类、乙类，都由生育保险基金全额支付，个人不需再负担费用。提高一次性营养补助费标准，女职工一次性营养补助费增加一倍。增加参保女职工失业后报销待遇，增加参保男职工无经济收入配偶生育保险待遇。解决部分女职工失业救济金领取期满后生育待遇享受问题。增加退休人员生育保险待遇，对退休人员流产术、引产术发生医疗费用给予报销。启动健康体检，企业女职工健康体检列入生育保险支付范围。至2008年年末，全市生育保险参保人数237800人，征缴保险基金2229万元，支付生育保险费1151万元。

2000—2008年淮安市生育保险情况统计表

表17-45

年份	2000	2001	2002	2003	2004	2005	2006	2007	2008
参保人数（人）	255906	255126	222728	219382	177699	180255	194345	201626	237800
基金收入（万元）	576	623	573	831	946	1156	1238	1713	2229
基金支出（万元）	602	636	519	471	528	565	536	664	1151

第四章　人事劳动制度改革

第一节　事业单位改革

一、市、县（区）事业单位改革

2002年8月初，淮安市在市、县（区）两级事业单位中开展调研活动。召开座谈会68次，实地调查单位80个，重点剖析单位8个，发放并回收调查问卷8652份。通过调研归纳出事业单位存在的政企职责不清、管理体制不顺、机构设置不合理、人浮于事现象突出、财政负担沉重、用人及分配机制僵化等9大方面问题，并形成调研报告。

2003年4月，市委、市政府召开全市事业单位改革动员电视电话会议并印发《关于深化事业单位改革的意见》。明确全市事业单位改革总的指导思想、目标原则、改革重点、实施步骤及组织领导等主要内容，并将事业单位按其承担主要职能分为3类，即管理执法类、社会公益类、生产经营类，分别制定3种类型事业单位改革实施意见，明确3种类型事业单位改革的主要内容和有关要求。管理执法类事业单位改革重点是理顺关系、规范行为、科学定员、提高效率。社会公益类事业单位改革重点是激发活力、增强竞争力，以市场为取向，其兴办的各类实体和后勤服务机构，一律从主办单位中剥离出来，明确投资主体和产权关系，使之成为真正企业法人，加大机制创新力度，促进经济建设和社会事业协调发展。生产经营类事业单位改革，主要是借鉴企业产权制度改革方法，按照“产权清晰、权责明确、政企分开、管理科学”要求，推进各种形式产权制度改革，实施事业转企，改革产权，推向市场，重新定位。淮安市成立事业单位改革工作领导机构。市纪律检查委员会、市监察局印发《关于严明纪律保证全市事业单位改革顺利进行的通知》，要求各县（区）和各部门严格遵守改革各项纪律，并强化对改革中各项的规定、法律法规以及党政纪执行情况监督检查，确保在改革中令行禁止，政令畅通。

在前期调研基础上，市编办根据各单位承担职责任务的不同进行初步归类，并与主管部门协商、沟通，听取意见和建议，力求与主管部门、事业单位取得共识。经过征求意见和反复论证，最终形成事业单位分类方案。2003年5月，经市事业单位改革领导小组讨论和最后确定，将分类结果通知主管部门及事业单位。经分类，市直408个事业单位中，管理执法类事业单位76个，编制1571名，在职人员1382名；社会公益类事业单位268个，编制11652名，在职人员10745名；生产经营类事业单位64个，编制3323名，在职人员3142名。当年下半年起，市编办采取“撤、并、转、建”办法，推进管办分离、体制机制创新，调整事业单位布局结构。同年10月，市编委会专题研究市直事业单位改革中有关机构编制及经费渠道调整方案，印发《淮安市市直事业单位人员编制机构管理暂行办法》，规定事业单位人员编制一般分为行政管理人员编制、业务技术人员编制和后勤服务人员编制，业务技术人员编制一般不少于编制总数80%；对人员编制50名以下事业单位核定领导职数1～3名；对人员编制50名以上事业单位核定领导职数2～4名；规定编制结构和领导职数确定程序。当年年底，市直管理执法类事业单位改革工作全部完成，2004年上半年进行检查验收。2005年年底，市直社会公益类事业单位改革工作全部完成，2006年上半年进行检查验收。2007年年底，市直生产经营类事业单位改革工作基本完成。

改革后，市直管理执法类事业单位减为64个，减少12个，精简15.8%；编制减为1342名，减少232名，精简14.7%；实有人数减为1273人，减少172人，精简11.9%。市直社会公益类事业单位压缩为207个，减少61个，精简22.8%；编制数重新核定为10956名，减少696名，精简6%；在职人员减为9669人，分流1076人，精简10%。市直64个生产经营类事业单位除6个单位暂缓改制外，58个单位退出事业单位序列，编制数减少3008名，分流人员2961人。

至2007年年底，各县（区）事业单位分类改革工作基本完成。改革前，县（区）管理执法类事业单位386个，编制4238名，在职4397人；社会公益类事业单位887个，编制28253名，在职28493人；生产经营类事业单位144个，编制4804名，在职5227人。改革后，县（区）管理执法类事业单位减少23个，编制减少161名，实有人员减少339名；社会公益类事业单位减少51个，编制减少462名；生产经营类事业单位撤销28个、转企改制62个、暂缓54个，分流人员4833人，其中提前退休571人、身份置换3588人、其他方式安置180人。

二、乡镇事业单位改革

（一）1999年“一增三减”改革

1999年，淮阴市部署乡镇增加财政收入和减人、减事、减支“一增三减”工作，解决乡镇财政收支不平衡问题，控减农民负担，印发《关于成立淮阴市乡镇“一增三减”工作领导小组的通知》。召开全市“一增三减”试点工作会议，在全市10个乡镇开展试点。随后根据省委办公厅、省政府办公厅转发的《省委组织部省人事厅省编办〈关于清理裁减全省乡镇机关事业单位超编人员和由农民负担的各类补贴人员的通知〉的通知》精神，市委、市政府印发《关于乡镇“一增三减”工作的实施意见》，在全市各乡镇开展“一增三减”工作，要求各县（市、区）自行设置的临时机构一律撤销，按省定编制标准下限重新和从紧核定乡镇事业单位编制，分流超编人员，清理临时人员。至1999年年底，全市各乡镇共撤销临时机构536个，核减事业编制1223名，调整分流在编人员3095人，清退临时借用人员17081人。

（二）2001年事业单位改革

2001年3月20日，省委办公厅、省政府办公厅印发《关于乡镇事业单位机构改革及人员分流的意见》，要求按照“统筹协调、政事分开、精简效能、因地制宜”的原则，开展乡镇事业单位（不含中小学和卫生院）机构改革，改革重点是理顺管理体制，调整事业机构，精简人员编制。

按照市委、市政府提出的“先行试点，以点带面，取得经验后，向面上推开”要求，2001年7月，市委组织部、市委农村工作办公室、市人事局、市教育局、市卫生局、市机构编制委员会办公室等部门抽调人员组成乡镇事业单位机构改革及人员分流工作指导组，分2个阶段开展试点工作。试点工作结束后，当年9—10月，市委办公室、市政府办公室印发《关于印发〈淮安市乡镇事业单位机构改革指导意见〉的通知》和《关于印发〈淮安市乡镇事业单位机构改革中竞争上岗及人员分流的指导意见〉的通知》，全面推开乡镇事业单位改革。调整乡镇事业单位机构设置，乡镇自行设置的各类临时机构一律撤销，对原经过批准设置的事业单位进行撤、并、转、脱，压缩机构。综合设置乡镇事业单位，一般为9个（不含中小学、卫生院），规模较大的乡镇最多不超过10个，即农业技术服务站（挂“农机站”牌子）、农村经济服务站（挂“劳动保障服务站”牌子）、乡镇企业服务站（挂“私营个体经济服务站”牌子）、畜牧兽医服务站、文化广播电视服务站、计划生育服务站、村镇建设服务站、水利服务站、国土资源管理站。县（区）部门派驻乡镇的为农服务性事业单位，如农业技术服务站、农村经济服务站、乡镇企业服务站、畜牧兽医服务站、文化广播电视服务站、计划生育服务站、村镇建设服务站，原则上交由乡镇政府管理。少数具有监督检查职能、涉及区域性建设的事业单位，如水利服务站、国土资源管理站，实行双重领导，以主管部门管理为主。按30%比例精简事业编制（包括1999年“一增三减”期间精简的比例）。

改革前，全市117个乡镇有各类事业单位2120个，平均每个乡镇有事业单位20个；改革后，117个乡镇综合设置事业单位1077个，精简49.2%。改革前，全市117个乡镇事业单位核定事业编制10330名，实有13266人，其中在编9976人、临时人员3290人；改革后，重新核定事业编制7226名，减少3104名，精简30.05%；人员精简6189人，其中分流在编人员2899人，3290名临时人员全部清退，实有人员精简46.65%，全市每年减少支出近3000万元。

2002年5月，市委、市政府印发《关于严格控制全市机关事业单位机构编制和进人的通知》，严肃机构编制纪律，加强机构编制和人员管理，巩固改革成果，防止反弹。

第二节　公务员制度改革

1993年，《国家公务员暂行条例》和《国家公务员录用暂行规定》颁布，全国启动公务员制度改革。1994年，淮阴市学习宣传《国家公务员暂行条例》和省人事局《国家公务员制度讲话》，市人事局编印《公务员制度宣传提纲》，组织参加全省公务员制度骨干培训班，将公务员制度学习纳入党政干部培训和军转干部培训，制定《淮阴市党政群机关工作人员实施年度考核的试行意见》。通过组织考试，为法院、检察院增编招干220人；办理录用公安合同制民警手续526人；完成1740名乡镇聘干考试考核；破格录用10名大中型企业领导为国家正式干部。

1995年，《江苏省录用国家公务员实施办法》施行，对录用国家公务员的管理机构、程序及回避、监督与违纪处罚等内容进行细化。淮阴市开展公务员过渡培训试点，培训骨干233人，为行政机关工作人员向公务员过渡探索路子。组织社会各界人士31600人参加全国国家公务员制度知识竞赛，编印参考资料21600份。根据《国家公务员考核暂行规定》，制定机关、事业单位年度考核实施意见，组织实施考核工作。根据《国务院公务员奖励暂行规定》，制定《关于做好市级机关奖励工作的意见》，表彰先进工作者636名。1996年，淮阴市在机构改革基础上，做好公务员过渡工作。参加上级举办的公务员过渡培训班，在市计委、经委、安监、司法、国税、地税、物价等系统举办公务员过渡培训，培训5772人，发给培训证书。

1997年，印发《淮阴市国家行政机关现有工作人员向国家公务员过渡实施办法》《关于结合全市行政机关现有工作人员向国家公务员过渡培训的意见》《关于市级机关非领导职务设置的实施意见》等文件，指导全市国家公务员制度实施。当年8月，组织召开行政机关工作人员向国家公务员过渡动员大会，举办市级机关职位分类骨干培训班。当年9月，举办公务员过渡骨干培训班。当年11月，组织市级机关1700多名工作人员参加国家公务员过渡考试。至1997年年底，完成38家市直机关职位分类审核验收，完成47家单位科级非领导职务批复；组织1930人参加过渡考试，合格率100%，领证率99.5%。1998年，淮阴市全面完成公务员过渡工作。全市除暂缓过渡186人外，5574人过渡为国家公务员。至此，国家公务员制度在淮阴市正式实施。

第三节　劳动用工制度改革

1986年，国务院出台《国营企业实行劳动合同制暂行规定》，江苏省、淮阴市也出台相关文件，允许企业面向社会公开招考所需要的工人。企业在国家劳动工资计划指标内招用常年性工人，都必须签订劳动合同。当年全市全民集体所有制单位有劳动合同制工人29710人。1987年7月，市劳动局印发《关于印发〈淮阴市劳动合同制工人管理若干意见〉的通知》。

1992年7月，国务院颁布《全民所有制工业企业转换经营机制条例》，进一步明确企业和政府关系，明确企业享有的12项经营权。同年，劳动部印发《关于扩大试行全员劳动合同制的通知》，将劳动合同制范围扩展到企业干部、固定工人、劳动合同制工人及其他工人。江苏省人民政府颁发《批转省劳动局、人事局、体改委、计经委、总工会〈关于企业实行全员劳动合同制和综合改革试点工作意见的通知〉》，推行全员劳动合同制。1993年11月，中共十四届三中全会通过《中共中央关于建立社会主义市场经济体制若干问题的决定》，对国有企业改革提出明确目标，即建立与社会化大生产相适应的现代企业制度，全面实行全员劳动合同制度。同年12月，劳动部明确提出在全国各类企业和职工中全面实行劳动合同制，在非国有制企业全面建立规范化的集体谈判制度，并进行行业、地区集体谈判试点。

劳动合同制度实行后，从根本上改变劳动关系行政化管理制度，逐步推动劳动关系管理“从人治到法治”转变。1994年，淮阴市产权制度改革企业、开发区全部企业、中外合资企业，市区省运河公司、清江棉纺织厂、市汽车总公司等大中型企业实行全员劳动合同制。全年鉴证劳动合同4.5万份，鉴证率96%；全市302家企业、9.8万名职工参加全员劳动合同。至当年年底，全市有劳动合同制职工26.5万人，占全部职工的32%。组织对574家企业进行劳动用工大检查，发现有20%的企业在劳动用工、鉴证合同、新工时制度执行上有违法违规行为，有5697名农民工录用未经批准，也未签订劳动合同。通过检查，补签劳动合同600份，续订合同800份。

1995年，《中华人民共和国劳动法》施行，淮阴市开始依法全面实行劳动合同制度。1997年，在基本完成城镇用工单位实行劳动合同基础上，向乡镇企业、私营企业和个体工商家延伸。全市私营企业实行劳动合同制161家1824人，乡镇企业实行劳动合同制328家23304人。全市签订集体劳动合同企业103家，其中市区22家。此外，制定《企事业单位使用农村劳动力分类管理办法》，加大对企业招聘的宏观调控力度。1998年，围绕企业改制，指导用人单位和劳动者依法订立劳动合同，全市共鉴证劳动合同34148份，指导用人单位270个。

1999年起，市劳动和社会保障部门、市总工会、市企业家协会建立市协调劳动关系三方会议制度，建立劳动关系主体双方自主协调、政府依法调整工作格局。2000年，因地制宜，有针对性制定下岗职工出中心、解除劳动关系办法措施，全市有8085名职工与企业解除劳动关系。全市国有及控股、集体、外商投资企业职工签订劳动合同比例96%。2001年，市直国有、集体、改制企业共签订劳动合同88738份，签订率98%；"三资"、私营企业签订劳动合同20733份，签订率86%；市直国有、集体、改制企业签订集体合同244份，签订率82.2%。2003年，全市国有、集体、改制企业劳动合同签订率98.65%，涉及职工30.43万人；"三资"、私营企业劳动合同签订率85.4%，涉及职工3.93万人；国有、集体、改制企业签订集体合同或工资集体协议签订率80.8%，覆盖职工3.5万人。

2004年5月，劳动和社会保障部推行集体合同制度。企业平等协商形式多样，集体合同内容丰富。许多企业通过与本单位工会协商签订集体合同或专项工资集体协商合同。2008年，《中华人民共和国劳动合同法》《中华人民共和国就业促进法》实施，将劳动者自主就业、市场调节就业、政府促进就业的就业方针和规范劳动关系上升到法律层次，就业工作和劳动用工制度走向法制轨道。淮安市建立用工登记备案制度和职工名册制度，职工名册入库人数14.2万人。发布100个工种（职位）劳动力市场工资指导价和淮安市企业工资指导线。签订工资专项协议770份，行业、区域工资协议142分，覆盖企业2465家；签订企业集体合同1692份，涉及企业1112家、职工12.5万人；签订区域性行业性集体合同167份，涉及企业2237家、职工6.9万人。企业劳动合同签订率上升到98.9%，农民工劳动合同签订率达76.7%。同时，劳动合同短期化比例有所降低。淮安市劳动合同制度基本建立，形成用人单位自主用人、劳动者自主择业的市场就业机制。

第四节　工资制度改革

一、1993年工资制度改革

1994年2月，淮阴市在全市机关、事业单位实行工资制度改革，新工资制度从1993年10月起执行。机关工作人员（除工勤人员外）实行职务级别工资制。其工资分为职务工资、级别工资、基础工资和工龄工资，其中职务工资和级别工资是主体。职务工资按工作人员职务高低、责任轻重和工作难易程度确定，每个职务层次设置若干工资档次，工作人员按担任职务确定相应职务工资并随着职务及任职年限变化而变化。级别工资按工作人员资历和能力确定，机关工作人员级别分15级，一个职务对应若干个级别，上下交叉，一个级别设置一个标准。基础工资按大体维持工作人员本人基本生活费用确定，每人每月90元，各职务人员均执行相同基础工资。工龄工资按工作人员工作年限确定，每工作1年每月1元，直至到龄离退休当年止。机关技术工人实行岗位技术等级工资制，其工资由岗位工资、技术等级工资和奖金组成；普通工人实行岗位工资制，其工资由岗位工资和奖金组成。

事业单位实行不同类型工资制度。专业技术人员实行5种不同类型工资制度。第一类是教育、卫生、农业、林业、水利、新闻、广播电影电视、技术监督、环境保护以及图书馆、档案馆等事业单位专业技术人员，根据工作性质接近，其水平、能力、责任和贡献主要通过专业技术职务来体现特点，实行专业技术职务等级工资制，在工资构成上，主要分为专业技术职务工资和津贴。第二类是地质、测绘和交通、海洋、水产等事业单位，根据其在野外或水上作业，具有条件艰苦、流动性大和岗位责任明确等特点，实行专业技术职务岗位工资制，在工资构成上，主要分为专业技术职务工资和岗位津贴。第三类是文化艺术表演团体，根据艺术表演人员成才早、舞台青春期短、新陈代谢快等特点，实行艺术结构工资制，在工资构成上，主要分为艺术职务工资、表演档次津贴、演出场次津贴。第四类是体育运动员，根据竞争性强、淘汰快、在队时间短、退役后要重新分配工作等特点，实行体育津贴、奖金制，在工资构成上，主要分为体育基础津贴、运动员成绩津贴和奖金。第五类是金融单位，根据其职能和金融工作特点，实行行员等级工资制，在工资构成上，主要分为行员等级工资和责任目标津贴。管理人员实行职员职务等级工资制。技术工人实行技术等级工资制，其工资由技术等级工资和岗位津贴组成；普通工人实行等级工资制，其工资由等级工资和津贴组成。事业单位工资构成分为固定部分和活的部分，固定部分体现工作人员水平高低、责任和贡献大小，活的部分体现工作人员实际工作量多少。根据经费来源不同，全额拨款单位执行国家统一工资制度和工资标准，工资构成中固定部分为70%，活的部分为30%；差额拨款单位按照国家制定工资制度和工资标准执行，固定部分为60%，活的部分为40%；自收自支单位根据单位实际情况，活的部分比例可以更高一些。

建立正常增资机制，考核为称职（合格）以上的，每2年可在本职务工资标准内晋升一个工资档次。对事业单位少数考核优秀并作出突出贡献专业技术人员，可提前晋升或越级晋升。工作人员晋升职务时，按晋升职务相应增加工资。机关工作人员连续5年考核称职或连续3年考核优秀的，在本职务对应级别内晋升一个级别。定期调整工资标准，在建立新工资制度同时，对津贴进行整顿。机关、事业单位工作人员年度考核称职（合格）以上，年终发放一次性奖金，奖金额度为本人当年第12月工资（事业单位含津贴部分）。

该次工资改革共审批168812人，其中市直17064人、县（市、区）151748人。市直离退休干部提高待遇1825人，参加离休干部第二步套改552人。

二、2006年工资制度改革

2006年，淮安市再次实行工资制度改革。将公务员（含参公管理事业单位人员）基本工资构成调整为职务工资和级别工资2项。职务工资主要体现公务员工作职责大小，一个职务对应一个工资标准，领导职务和相当职务层次的非领导职务对应不同工资标准。级别工资主要体现公务员工作实绩和资历。公务员级别由15个调整为27个，每一职务层次对应若干级别，每一级别设若干个工资档次。公务员根据所任职务、德才表现、工作实绩和资历确定级别和级别工资档次。调整基本工资正常晋升办法，公务员晋升职务后，执行新任职务工资标准，并按规定晋升级别和增加级别工资。公务员年度考核称职及以上，每5年可在所任职务所对应级别内晋升一个级别，每2年可在所任级别对应工资标准内晋升一个工资档次。公务员级别达到所任职务对应最高级别后，不再晋升级别，在最高级别工资标准内晋升级别工资档次。技术工人仍实行岗位技术等级工资制，基本工资构成由岗位工资、技术工资和奖金调整为岗位工资和技术（职务）等级工资。岗位工资根据工作难易程度和工作质量确定，按初级工、中级工、高级工3个技术等级和技师、高级技师2个技术职务设置，分别设若干工资档次。技术（职务）等级工资根据技术水平高低确定，一个技术等级（职务）对应一个工资标准；普通工人仍实行岗位工资制，基本工资构成由岗位工资和奖金2项调整为岗位工资1项。机关工勤人员年度考核合格及以上，每2年可在对应岗位工资标准内晋升一个工资档次。基本工资改革后，对年度考核为称职（合格）及以上工作人员发放年终一次性奖金，在考核结果确定后兑现，奖金标准为本人当年第12月基本工资。年度考核为基本称职（基本合格）、不称职（不合格）的，不发放年终一次性奖金。实施地区附加津贴，反映地区经济发展水平、物价消费水平等方面差异；完善岗位津贴制度，对特殊岗位工作人员实行岗位津贴制度。

建立事业单位岗位绩效工资制度。岗位绩效工资由岗位工资、薪级工资、绩效工资和津贴补贴组成，其中岗位工资和薪级工资为基本工资。事业单位岗位分为专业技术岗位、管理岗位和工勤技能岗位。专业技术岗位设置13个等级，管理岗位设置10个等级，工勤技能岗位分为技术工岗位和普通工岗位，技术工岗位设置5个等级，普通工岗位不分等级。不同等级岗位对应不同工资标准。工作人员按所聘岗位执行相应岗位工资标准。薪级工资主要体现工作人员工作表现和资历，对专业技术人员和管理人员设置65个薪级，对工人设置40个薪级，一个薪级对应一个工资标准。对不同岗位规定不同起点薪级。工作人员根据工作表现、资历和所聘岗位等因素确定薪级，执行相应薪级工资标准。绩效工资主要体现工作人员业绩和贡献。国家对事业单位绩效工资分配进行总量调控和政策指导。事业单位在核定绩效工资总量内，按照规范程序和要求进行自主分配。事业单位实行绩效工资后，取消年终一次性奖金，将1个月基本工资额度以及地区附加津贴纳入绩效工资。津贴补贴分为艰苦边远地区津贴和特殊岗位津贴补贴。自2006年7月1日起，年度考核结果为合格及以上等次事业单位工作人员，每年增加一级薪级工资，从第二年1月起执行。工作人员岗位变动后，从变动下月起执行新聘岗位工资标准。中小学教师、护士岗位工资和薪级工资标准提高10%。事业单位原工资构成中津贴比例统一按30%计算。单位工资构成中津贴比例高出30%的部分，纳入绩效工资总量，由单位根据本单位制定的绩效工资分配方案统一分配。

工资改革后，部队师团级以下分配到机关的军队转业干部，比照与其军队职务等级相对应的地方同等条件人员确定基本工资，到地方所任职务低于原军队职务的，职务工资执行相应职务层次非领导职务工资标准（在军队担任师团级领导职务的，执行相应职务层次的领导职务工资标准）。按专业技术干部移交的，如到地方所任职务低于原在军队享受相当待遇的职务，比照原在军队享受相当待遇职务相对应地方同等条件人员确定基本工资，职务工资执行相应职务层次非领导职务工资标准。分配到事业单位军队转业干部，比照与其军队职务等级相对应地方同条件人员确定基本工资。按专业技术干部移交的，被聘用到管理岗位的，比照原在军队享受相当待遇的职务相对应地方同条件人员确定基本工资；被聘用到专业技术岗位的，如基本工资低于比照原在军队享受相当待遇职务相对应地方同条件人员确定基本工资，比照原在军队享受相当待遇职务相对应地方同等条件人员确定基本工资。

·淮安市志·（1978—2008）

第十八卷 民 政

1978年，淮阴地区的民政工作主要是开展社会救济，对无劳动能力、无生活来源、无法定赡养人和抚养人的城镇孤寡老人、社会困难户等国家规定的一些特殊救济对象，发给定期定量救济和临时救助。对城市流浪乞讨人员采取收容、救助、遣返和安置等方式予以帮助。社会福利由国家包办，形成封闭型福利事业。安置工作采取政府指令性安置，优抚实行代耕代种模式。恢复街道办事处和居民委员会，街道办事处综合服务功能增强。1979年起，婚姻登记工作逐步恢复并走上正轨。1984年，淮阴市成立殡葬管理所，指导管理全市殡葬工作。

随着改革开放的推进，全市加快基层政权和社区建设，组织村（居）委会换届选举，1989年举行第二届村民委员选举。建立城乡居民最低生活保障制度，不断提高最低生活保障标准。1997年，在全省乃至全国较早建立城乡低保制度，全市8个县（区）全部建立城市最低生活保障制度。逐步形成与市场经济体制相适应的救灾管理体制和运行机制。安置工作转为货币安置，优抚采取发放优抚金形式，提高抚恤金标准，建立抚恤金自然增长机制。专项社会事务管理方式向服务型方式转变，组建市级社会团体登记管理机构，社会团体由民政部门统一注册登记和管理，开展两次社团清理整顿，启动民间组织登记管理工作。制定系列优惠政策，鼓励福利企业发展，福利有奖募捐由行政摊派向群众自愿购买转变。1999年，市慈善总会成立。

2000年后，淮安市建立农村医疗救助和城市医疗救助制度，建立临时生活救助和残疾人生活救助制度，向低保家庭发放物价补贴和过节费，构建较完善的社会救助体系。2003年起，实施就业困难人员帮扶工作。设置救助点，采取流动救助等站内救助与站外救助结合的方式，救助流浪乞讨人员。2005年，成立流浪乞讨人员救助管理工作协调小组，开通救助管理信息系统。2006年，实施农村“五保户关爱工程”，建立保吃、保穿、保医、保住、保葬（孤儿为保教）“五保”供养标准增长机制。出台自然灾害救助应急预案，初步建立全市救灾应急机制。引导、鼓励和扶持社会力量参与兴办社会福利事业，成立市慈善基金会。推进婚姻登记工作的改革、发展、创新，实现婚姻登记集中办理，2008年，全市婚姻登记实现联网在线登记。

第一章　基层政权与自治组织

第一节　基层政权建设

1978年，淮阴地区基层政权是人民公社，实行政社合一体制。公社设党委书记兼革命委员会主任1人，以及副书记、副主任、民政助理、人武部长、妇女主任、共青团书记等若干人。1981年，淮阴地区开始恢复设立街道办事处。当年清江市成立城北、闸北、闸口、清江4个街道办事处。

街道办事处的管辖区域与公安派出所管辖区域相同。街道办事处负责办理市、市辖区有关居民工作事项，指导居民委员会的工作，反映居民意见和要求。街道办事处设主任1人、干事若干人、妇女工作干部1人。街道办事处主任、副主任、干事都由市政府委派。

1983年起，淮阴市结合农村体制改革，推行政社分开，全面进行改社建乡（镇），进一步明确乡（镇）政府及村民委员会性质、地位、组织形式等。乡（镇）人民政府设乡（镇）长1人，副乡（镇）长2～3人，由乡（镇）人民代表大会选举产生。乡（镇）人民政府下设民政、司法、文教、财政、农业、水利、计划生育等助理若干人。乡（镇）人民政府主管行政和经济工作，保证宪法和法律、行政法规贯彻实施，执行上级人民政府和本级人民代表大会的决议，制定全乡镇生产建设规划并组织贯彻实施。同时，将原来生产大队改设为村民委员会，生产队改为村民小组。1983年年底，全市有31个镇、279个乡、5079个村、154个居民委员会、44998个村民小组。

此后，乡镇总数变化不大，但撤乡建镇持续进行。至1993年，淮阴市有乡镇305个，其中镇73个、乡232个。

1999年12月开始，淮阴市集中实施乡镇行政区划调整。第一阶段为1999年年底到2000年年初，第二阶段为2001年1—6月。乡镇行政区划调整涉及洪泽、盱眙、金湖、淮阴、楚州、涟水等7个县（区）的98个乡镇、33个场圃，380万人，区域面积6000余平方公里。调整后，乡镇由163个减少到116个。其中，金湖县撤并11个，撤并率50%；盱眙县撤并11个，撤并率37%；涟水县前后两次撤并14个，撤并率42%。在此次调整中，33个场圃划归邻近乡镇管理。

2001年1月，涟水县义兴镇、灰墩镇合并为义兴镇，被合并的灰墩镇原镇中心集镇地位削弱，集镇建设和商业服务业发展受到影响，给当地群众生活带来一定影响，群众意见很大。同时，原麻垛乡并入前进镇，原乡政府所在地麻垛村群众对该县撤乡并镇工作也有不满，到市政府集访。市委、市政府抽调14名市直机关工作人员组成淮安市驻涟水麻垛调查协调小组。10月9日，调查协调小组进驻涟水麻垛。经过50多天耐心细致的工作，消除群众不满情绪。11月15日，在原麻垛乡成立涟水县经济开发新区。12月，义兴镇灰墩部分也重新分设，成立灰墩办事处。

至2008年年底，全市辖清河、清浦、楚州、淮阴4个区和涟水、洪泽、盱眙、金湖4个县，辖92个镇、24个乡、10个街道（办事处）。

2008年淮安市乡镇街道情况统计表

表18-1　　　　单位：个

类别	合计	乡	镇	街道
全市	126	24	92	10
清河区	6	—	—	6
清浦区	9	2	3	4
楚州区	26	5	21	—
淮阴区	21	7	14	—
淮安经济开发区	3	3	—	—
涟水县	19	2	17	—
洪泽县	12	—	12	—
盱眙县	19	5	14	—
金湖县	11	—	11	—

第二节　群众自治组织

一、村民委员会

1978年，淮阴地区农村基层组织是生产大队，由若干生产队组成，大队革命委员会设主任、会计、妇联主任等职位。此后，在实行联产承包责任制过程中，淮阴市有计划进行建立村民委员会试点，解决农村社会生活管理中出现的“真空”问题。第一届村民委员会组成人员由乡镇人民政府任命。1983年年底，全市有5079个村、154个社区、44998个村民小组。1986年，全市普遍调查、摸底村民委员会人员、财务、地域、产业等情况。1987年年底，全市有村民委员会5079个。

1989年年底，淮阴市举行第二届村民委员会选举。选举前，市政府转发民政部门《做好村民委员会选举工作的意见》，召开专门会议具体部署，举办选举业务示范培训班。市、县（区）、乡（镇）分别成立选举工作领导小组或指导小组；抽调部分干部，采取分片、定点、挂钩方法，指导换届选举；普遍建立乡村联络员制度，联络员负责宣传发动，掌握情况，上下联系和现场指导；各地采取以会代训、办培训班等形式对选举工作人员进行业务培训，市、县培训到乡镇，乡镇培训到村。

1990年9月，全市广泛开展村民自治示范活动，规定村民自治示范活动基本内容、示范单位标准。民主选举、民主决策、民主管理、民主监督等村民自治核心要求，在农村得到逐步落实。

1992年，全市举行第三届村民委员会选举。

1995年年底至1996年年初，全市举行第四届村民委员会选举，首次采取村民联名提名、村党支部和村其他自治组织推荐候选人方式。1996年，因设立地级宿迁市，原属淮阴市的泗洪、泗阳、沭阳等县析出，全市行政村减至2540个。

1998年年底至1999年年初，全市进行第五届村民委员会选举，采取“两个直接”选举办法，即由选民一人一票直接等额提名候选人，按照得票多少确定正式候选人，再由选民对正式候选人直接投票选举。

2001年，全市推行并村联组，行政村由原来2540个减少到1427个，并村率43.2%；村民小组由24005个减少到12043个，联组率49.8%。村干部由44405人精减到16229人，精简率63.5%。每年可减少村级支出3667万元，村平均减支2.5万元，农民人均减负9.1元。并村联组后，村平均人口由原来1528人增加到2690人，村平均计税土地由114.53公顷增加至220.87公顷，有效促进村集体经济增强和农村经济发展。干部整体素质进一步提高，平均年龄下降4.6岁。

2001年、2004年年底，分别举行第六、第七届村民委员会换届选举，仍采取“两个直接”选举方式，一些村还采取“一个直接”即“海选”方式。村民委员会成员设3个职务，即村委会主任、副主任和委员。全部实行差额选举，取消流动票箱，有条件的村按村集中，召开选举大会。较大村设立投票站投票，选举现场设立领票处、秘密写票处、代写处，直接民主选举原则得到充分体现。2004年，淮阴、清浦、洪泽、金湖4个县（区）获江苏省“村民自治示范县（区）”称号。

2006年，开展村民自治模范村、模范镇创建。引入城市社区建设理念，制定村务公开和民主管理工作实施意见，保障农民参与权、知情权、监督权。召开市村务公开领导小组第一次会议，明确职责分工，制定考核办法。完善村规民约，建立干部问事、群众说事、集体议事、及时办事、定期评事制度。涟水县义兴镇王嘴村、洪泽县岔河镇岔河村、盱眙县马坝镇马坝村、金湖县黎城镇黎东村、清浦区城南乡福田庵村及清安街道清安村、楚州区马甸镇卫东村、淮阴区袁集乡桂塘村及西宋集镇洪北村被授予“江苏省民主管理示范村”称号。

2007年，在第八届村委会换届选举中，全市1533个村（社区）有1472个村一次性选举成功，总人口3952160人、选民2755841人，参加投票2568290人。有963个村实现村党支书与村委会主任“一肩挑”，减少村干部职数，减轻农民负担。相应村民代表大会、村民议事会、村民理财小组、民主监督小组及村规民约、建章立制等工作都落实到位，为开展民主决策、民主管理、民主监督奠定基础。同年，淮阴区王营镇、码头镇、棉花庄镇、袁集乡、新渡乡，清浦区黄码乡，楚州区林集乡、上河镇、溪河镇、苏嘴镇、宋集乡、顺河镇，涟水县涟城镇、徐集乡、红窑镇、前进镇、陈师镇、高沟镇、梁岔镇，洪泽县万集镇、高良涧镇、岔河镇，金湖县黎城镇、闵桥镇、吕良镇，盱眙县盱城镇、王店乡、马坝镇、官滩镇、旧铺镇、穆店乡、观音寺镇32个乡镇被命名为淮安市“村民自治模范乡镇”。清浦区盐河镇王元村，淮阴区码头镇仲弓村，楚州区季桥镇车路村、马甸镇十五里桥村，涟水县朱码镇嵇陆村，洪泽县三河镇联堡村，金湖县塔集镇联合村、吕良镇大庄村，盱眙县马坝镇沙坝村9个村被授予“江苏省民主管理示范村”称号。

2008年，清浦区城南乡、盐河镇，淮阴区老张集乡、丁集镇、三树镇、赵集镇、古寨乡，楚州区马甸镇、淮城镇、朱桥镇、季桥镇、三堡乡、施河镇、复兴镇，涟水县岔庙镇、大东镇、南集镇、五港镇、保滩镇、石湖镇、东湖集镇，洪泽县共和镇、三河镇、老子山镇、黄集镇，金湖县黎城镇、金南镇、银集镇、金北镇，盱眙县管镇镇、桂五镇、河桥镇、兴隆镇、淮河镇、铁佛镇、古桑乡等37个乡镇被命名为淮安市“村民自治模范乡镇”。清浦区武墩镇三闸村，淮阴区棉花庄镇军田村、王营镇左庄村，楚州区建淮乡张兴村、南闸镇林南村，涟水县涟城镇南门村，洪泽县岔河镇滨河村，金湖县戴楼镇衡阳村，盱眙县管镇镇崔岗村9个村被授予“江苏省民主管理示范村”称号。是年年底，淮安市有村民委员会1407个。

二、社区居民委员会

1978年，淮阴地区城市和重点集镇设有群众自治组织——居民委员会。1983年，全市有城市居民委员会154个。随着经济社会发展，街道工作重点转移到为经济建设服务、为人民生活服务上来，街道办事处综合服务功能增强。

1987年，全市居民委员会发展到186个。1989年12月，《中华人民共和国城市居民委员会组织法》颁发，淮阴市及时组织实施。1990年，全市开展创建示范居委会活动。1992年，淮阴市建立“两级政府、三级管理”城市管理体制，在市、区两级政府基础上，形成市、区、街道办事处三级纵向管理体制。扩大街道办事处管理权限，发挥街道、居委会在城市管理中的作用。

1998年，将创建示范居委会活动改为创建等级模范居委会活动。分为一级、二级、三级3个等级。一级为市级，二级为区级，三级为街道级，分别由市民政局、区民政局和街道办事处审批、命名。

2001年，淮安市公安部门启动警务工作进社区改革，在民政部门配合下，城乡各社区都设立警务室。依托社区采集各类信息，组织社区力量开展群防群治工作。按实有人口1000户4000人的标准，选派民警到社区工作，在城乡社区实行“一居（村）一室一警”“一居（村）多警”“一警多居（村）”等多种模式。是年5月，在清浦区召开全市社区建设工作现场会，清浦区成为全市首个省级社区建设实验区。

2002年10月，淮安市出台《关于推进城市社区建设的实施意见》《关于加强城市社区居民委员会建设的意见》，就全市社区规模、名称、社区居委会职责、社区居委会组织建设、建立健全社区成员代表会议制度、提高社区居民委员会专职人员工资福利待遇、改善社区工作和办公条件、发挥社区居委会在社区建设中主体作用等提出要求和意见。2003年6月，淮安市成立社区党建与社区建设领导小组，开展社区党建与社区建设工作，组织市直部门和社区结对共建。2003年9月，清河区兴隆社区党支部书记、居委会主任崔素兰获“全国优秀社区工作者”称号。

2004年5月，市政府印发《关于进一步解决社区居委会用房问题的通知》，就社区居委会用房提出政策性意见和措施。2004年6月，召开专题会议，将社区办公经费和社区专职人员工资福利纳入市、区两级财政预算，标准为居委会辖管每百户年补助700元，区财政要高于此标准予以配套补助。社区居委会办公用房面积不少于200平方米。2005年5月，淮安市精神文明建设指导委员会决定在全市开展“文明家园、和谐社区”创建工程。2005年12月，淮安市印发《淮安市社区建设指导员工作制度》，派出首批137名市级机关、市直单位中层以上干部到主城区72个社区担任社区建设工作指导员。市委组织部、市民政局、市财政局联合印发《关于明确市区社区专职工作者工资福利待遇的通知》，对社区专职工作者的范围、编制核定原则、工资福利待遇构成内容及标准等作出明确规定。市委首次表彰支持社区建设“十佳单位”“十佳个人”及30名“优秀社区志愿者”。此后，淮安市每两年一次表彰“社区三十佳”，规定连续3年获得“三十佳”的社区党组织书记、社区工作者可享受副科级经济待遇。

2006年下半年，进行第二届社区居委会换届选举。2006年9月，市委常委办公会议两次讨论协调清河、清浦两区70个社区办公活动用房问题，明确市级财政将每个社区建房补助经费由10万元提高到15万元，社区办公活动用房面积由200平方米提高至300平方米。2006年12月，清河区长西街道河堤路社区、长东街道兴隆社区，清浦区清安街道南港社区，淮阴区王营镇机关社区，淮安经济开发区东湖办事处钵池新村社区，涟水县涟城镇南门社区6个社区被江苏省民政厅授予“江苏省和谐示范社区”称号。2007年10月，淮安市出台《关于实施社区事务申报准入制度的意见》，明确凡属社区职能之外的事务，政府职能部门要求社区落实和完成的，坚决实行“权随责走，费随事转”，为社区减轻负担。

2008年，出台《淮安市社区服务设施布局规划（2007—2020）》《淮安市城乡和谐社区指导标准及评价细则（试行）》。各县（区）也都制定社区建设发展规划。同年5月，派出第二批148名市级机关、市直单位中层以上干部到主城区72个社区担任社区建设工作指导员。同年，清河区长西街道人民路社区、淮海街道车站社区、长东街道越河社区，清浦区清江街道北门社区、清安街道富春花园社区，淮阴区王营镇营北社区，盱眙县盱城镇沙岗社区7个社区被江苏省和谐社区建设领导小组授予“江苏省和谐示范社区”称号。清河区淮海街道淮西社区、长东街道沈阳路社区，清浦区清安街道四季青社区、闸口街道石桥社区，淮阴区王营镇小营社区，楚州区淮城镇楼东社区，洪泽县高良涧镇洪建社区，盱眙县盱城镇五墩社区，金湖县黎城镇西苑社区9个社区被江苏省民政厅授予“江苏省和谐示范社区”称号。全市所有街道（镇）、社区（行政村）都建立人民调解委员会，有基层调解员1.5万多人，2.5万多件各类纠纷案得到妥善处理。

至2008年，全市有城市社区居委会141个。有城市社区居民委员会专职干部783人，平均年龄41岁，其中中共党员304人，共青团员216人；高中以上学历354人，占总人数的45.2%；大专以上学历285人，占总人数的36.4%。有社区志愿者组织1005个、4.5万人。市、区两级财政累计投入1亿多元用于改善社区基础设施。主城区建成1500平方米以上街道级社区服务中心6个，占街道总数的60%；社区居委会办公服务用房面积达到300平方米标准的有69个，达标率67.6%。街道服务中心和社区“两室”（图书阅览室、社区综治警务室）、“两站”（社区服务站、卫生服务站）、“两中心”（社区文体中心、社区教育中心）等基础设施日趋完善。全市城镇社区有服务设施484

个、城镇便民利民服务网点4000余个。其中，县（区）级社区服务中心2个、街道社区服务中心6个、社区服务站141个。有社会捐赠站（点）22个、居家养老服务站26个、社区慈善超市132个。建有社区卫生服务中心（站）145个。有社会劳动保障工作机构139个，为4.5万人提供就业或再就业服务，80个社区达到充分就业社区标准，就业援助和社区岗位开发机制基本建立。普遍建有社区帮扶救助机构，最低生活保障涉19787户、44285人，实现对社区低保人员应保尽保和困难家庭基本援助，初步构筑起以社会救助为基础的社区公共服务体系。

第二章　专项社会事务

第一节　民间组织登记管理

一、民间组织登记

1989年，淮阴市按照国务院《社会团体登记管理条例》《民办非企业单位登记管理暂行条例》，对民办非企业单位予以界定，明确民办非企业单位实施分级登记管理、双重管理体制原则。民办的学校、社区卫生服务中心（站）、研究所、福利院等民办非企业单位均由市民政部门注册登记。1990年，市民政局设置社团登记管理科，各县（市、区）民政部门也对应明确相关工作人员。

1991年起，社会团体注册登记坚持“一业一会、一行一会”原则，优化社会团体结构布局，体现社会团体在相关行业或领域内的代表性。注重落实分级归口登记与双重管理体制，加强与业务主管单位的协调沟通，发挥业务主管单位在民间组织登记工作中的专业优势与职能作用。凡本级民间组织的成立、变更、注销登记审批，需先经所属行业、学科或业务范围内的同级业务主管单位业务审查，得到许可同意后，民政部门再进行登记审批。1998年国务院《社会团体登记管理条例》颁布后，全市用近1年时间，将符合条件的非法人社团变更登记为法人社团。

2000年6月，初步认定市属民办非企业单位361家，其中未办理任何手续的272家。同年7月，成立市民办非企业单位复查登记工作领导小组，负责民办非企业单位复查登记工作的落实与指导。同年12月，洪泽县作为民办非企业单位复查登记工作试点县，率先完成民办非企业单位复查登记任务，全县核准登记民办非企业单位17家。2001年4月，召开民办非企业单位复查登记工作专题会议，介绍洪泽县经验，全面启动全市民办非企业单位复查登记工作。至2001年年底，全市复查登记民办非企业单位129家，完成复查登记任务。当年新登记民办非企业单位6家，全市有民办非企业单位135家。此后，对民办非企业单位实施年检登记。2002年，市民政局社团科更名为民间组织管理处。

至2008年年底，全市依法注册登记社会团体1037家，其中农村专业经济协会252家、社区民间组织152家、市直社团288家；民办非企业单位717家，其中市直民办非企业单位167家。

1991—2008年淮安市社会团体情况统计表

表18-2　　单位：个

年份	登记数	注销数	实有社团数	年份	登记数	注销数	实有社团数
1991	—	675	1132	2000	24	15	397
1992	1	50	1083	2001	30	4	423
1993	—	65	1018	2002	60	—	483
1994	—	106	912	2003	50	2	533
1995	2	16	898	2004	61	7	589
1996	8	20	886	2005	80	3	670
1997	22	584	324	2006	80	13	764
1998	14	1	337	2007	163	24	908
1999	36	—	374	2008	145	18	1037

2001—2008年淮安市民办非企业单位情况统计表

表18-3　　单位：个

年份	登记数	注销数	实有数	年份	登记数	注销数	实有数
2001	6	—	135	2005	82	4	452
2002	100	—	235	2006	110	4	558
2003	65	—	300	2007	101	30	629
2004	80	6	374	2008	89	2	717

二、民间组织管理

1990年，淮阴市成立清理整顿社会团体工作领导小组，开展社会团体调查摸底工作。明确市直227家社会团体归属于37个业务主管单位，多次召开清理整顿工作会议，组织社会团体登记管理机关、业务主管单位、社会团体负责人业务培训。通过接近两年的清理整顿，理顺社会团体与挂靠单位、业务主管部门以及登记管理机关关系，改变过去多头审批、管理混乱状况。1991年11月，清理整顿工作结束，全市1807家社会团体保留注册登记1132家，撤销合并675家，占社会团体总数的37.4%。

1992年，启动社会团体年检工作。社会团体在当年3月底前填写《社会团体年检报告书》及相关年检材料，对自身执行法律法规和有关政策情况、开展业务活动情况、财务管理和经费收支状况、负责人变化、机构设置等情况先行自检，填写年检材料，经业务主管单位审查后，报民政部门检查并审核有关材料。民政部门根据相关规定，结合社团实际状况作出“合格”或“不合格”的年检结论。对年检不合格的社团，限期整改，整改仍不合格的，予以撤销。在年检工作中，会长、副会长、秘书长等负责人发生变动的社团，及时办理备案手续；法定代表人、住所、业务主管单位、业务范围等事项发生变更的，依法办理变更登记，换发登记证书。全市年均变更登记事项近100件。活动不正常、名存实亡以及不按规定接受监督检查的社会团体及时予以注、撤销登记，全市年均注、撤销20家。每年年底，将成立、变更、注撤销登记的社会团体情况在《淮阴日报》上公告。

1997年7月，全市开展第二次社会团体清理整顿，重点对社团章程、财务状况、组织建设、活动情况进行审查，历时半年。内部矛盾严重、不能正常开展活动的社团，限期整改；无经费、无人员、无活动的社团，予以撤销；职能交叉、业务相同相近，重复设置的社团予以合并；未经批准擅自以社团名义开展活动的非法组织明令解散；财务管理混乱，违反财经纪律的社团，依法予以查处，增强社会团体规范化、制度化建设。经过第二次清理整顿，全市撤销社团584个，合并社团2个。

2001年，淮安市开始对民办非公企业进行年检。民办非公企业在当年3月底前填写《民办非企业单位年检报告书》及相关年检材料，对自身遵守法律法规和国家政策情况，登记事项变动及履行登记手续情况，按章程开展活动情况、财务状况、资金来源和使用情况、机构变动和人员聘用情况等先行自检，填写年检材料，经业务主管单位审查出具初审意见后，报民政部门检查并审核有关材料。民政部门根据相关规定，结合民办非企业单位实际情况，作出年检合格、年检基本合格、年检不合格的年检结论。年检基本合格、年检不合格的民办非企业单位，限期3个月予以整改。法定代表人、个体或合伙负责人、住所、业务主管单位、业务范围、开办资金等事项发生变更的，依法办理变更登记，换发登记证书。活动不正常、名存实亡以及连续2年不参加年检或连续2年年检不合格的民办非企业单位，依法予以注、撤销登记，全市年均注销、撤销30家左右。每年年底，将成立、变更、注撤销登记的民办非企业单位情况在《淮安日报》上公告。2005年4月，民政部颁布《民办非企业单位年度检查办法》，民办非企业单位实施一年一度年检制度。

2008年，淮安市社会团体及民办非企业单位年检结果在市民政局网站上公告。全市有各类民间组织1754个，其中社团1037个、民办非企业单位717个；有486家社会科学、自然科学类学会、研究会，217家行业协会、商会及联合会。

第二节　婚姻登记

1978年，淮阴地区婚姻登记工作由各人民公社负责办理。1980年，全地区办理结婚登记31565对，离婚536对。1981年，办理结婚登记40537对，离婚501对。1982年，办理结婚登记57503对，离婚718对。1983年政社分设后，婚姻登记工作由乡（镇）政府民政部门办理。市区成立街道办事处后，婚姻登记由街道办民政部门办理。涉外婚姻登记工作由市民政局民政科直接办理。当年办理结婚登记40059对，离婚396对。1984年，全市办理结婚登记39738对，离婚454对。当年首次办理1对涉外婚姻登记。1985年、1986年分别办理结婚登记46703对、37615对，离婚登记200对、333对。1987年，全市组织县、乡、村、组干部2万余人，对1981—1986年婚姻登记情况进行清理。1988年5月《江苏省〈婚姻登记办法〉实施细则》出台后，全市办理婚姻登记的机关分别是乡（镇）政府和城市街道办事处。

1992年起，在清河区、清浦区试点以县（市、区）为单位婚姻集中登记，抑制乱收费、“搭车收费”情况，减轻当事人负担，维护婚姻当事人合法权益。1996年，乡镇、街道婚姻登记推行办公自动化操作系统。2002年年底，全市有婚姻登记处57处，其中市级1处、县（区）级5处、乡镇级51处，婚姻登记员82人。1992—2002年，全市结婚360187对，离婚5548对，累计建立婚姻档案12335卷。

2003年8月起，婚姻登记进行重大改革，符合条件的婚姻登记当事人，只需凭双方身份证和户口簿，到其中任何一方户口所在地婚姻登记机关即可办理婚姻登记手续。是年，全市办理结婚登记27574对、离婚登记1432对，其中涉外、华侨、港澳台同胞、留学生结婚登记65对、离婚登记3对。

2004年1月1日后，辖区内涉外、华侨、港澳台同胞、留学生婚姻登记工作移交省涉外婚姻中心办理。同年2月，市政府办印发《关于婚姻登记机关设置问题的通知》，明确全市范围内实行婚姻登记县（区）集中办理。同年5月，启用新式婚姻登记证。当年办理结婚登记33486对、离婚登记2762对。是年，清河区民政局婚姻登记处被授予“全国先进婚姻登记机关”“江苏省先进婚姻登记机关”称号。2005年，全市办理结婚登记33554对、离婚登记3334对。

2006年，开展婚姻登记机关规范化建设创建工作，全市8个婚姻登记处规范机构设置、队伍建设、工作环境、内部管理、信息化建设、政务公开、登记程序、行为礼仪、行业自律。清河区民政局婚姻登记处被民政部命名为“全国婚姻登记机关规范化建设窗口单位”。全市补发结婚证498对、离婚证7对，婚姻登记合格率100%。2007年，全市办理结婚登记46012对、离婚登记4542对，补发婚姻登记证1137对。

2008年5月，全市婚姻登记实现实时在线登记，并与全省各婚姻登记机关联网。同年8月8日，全市办理结婚登记972对，创日登记量历史最高纪录。10月，清河区民政局婚姻登记处被民政部验收为“全国婚姻登记规范化建设合格单位”。是年，全市办理结婚登记46340对、离婚登记4783对，补发婚姻登记证2405对。

第三节 殡葬管理

一、殡葬改革

1984年，淮阴市成立殡葬管理所，为科级管理执法类事业单位，经费由财政拨款，执行全额拨款事业单位工资制度，核定编制3人，职能为指导并管理全市殡葬管理工作。1984年，在各县（区）推行火葬，多次发文开会、张贴布告，利用广播、板报、电影映前幻灯等形式宣传殡葬改革。同时，开展扩大耕地活动。1984年，全市扩大耕地面积676.6公顷。1986年，印发《淮阴市殡葬管理实施细则》，明确规定淮安市和外地到淮阴市人员死亡后一律实行火葬。1987年1月，市民政局、市总工会、市妇联、团市委联合转发洪泽、金湖、淮安3个县创建“移风易俗”理事会经验，促进殡葬改革发展。当年全市遗体火化率50%。

1992年，淮阴市有零散坟头60多万座，占地面积2000公顷。这些坟头散见于农田、林地、河渠堤坝和公路两侧，坟墓造型愈来愈豪华，有的建亭立廊，有的建塔设庙，个别墓穴占地面积20余平方米。全市各地民政部门层层发动、引导广大干部群众参与平坟还田活动，营造破除封建迷信、摒弃陈规陋习、树立文明丧葬新风的社会氛围。

1997年1月，江苏省委办公厅、省政府办公厅转发省委宣传部、省民政厅等5个部门联合出台的《关于在全省开展移风易俗、深化殡葬改革、清理墓葬用地工作的意见》。此后，全市连续多年在清明节前后开展“殡葬改革突击月”活动。1997年7月，国务院颁发新《殡葬管理条例》，民政部和省民政厅也出台相应实施办法。各地加大对殡葬管理力度，有步骤实行火葬、改革土葬、节约殡葬用地、革除陋习、提倡文明节俭办丧事；禁止在耕地、林地以及水利设施及交通要道两侧建造坟墓。

2001年12月，印发《淮安市殡葬管理实施细则》，在丧葬活动管理、殡葬设施建设与管理等方面作出详细规定，并对违法行为的具体处罚形式和方法作出说明。2002年，全市火化遗体25317具。2003年起，全市发展经营性公墓和公益性公墓，创新骨灰处理方式，推广花坛葬、草坪葬、树葬、骨灰深埋不留标记等绿色葬法。是年，全市火化遗体29701具。2004年、2005年，全市分别火化遗体27760具、29998具。1997—2005年，全市改造良田、林地2666.67公顷。2006年4月，制定完成《淮安市殡葬事业发展规划》。是年，全市火化遗体29754具。2007年，全市火化遗体30060具。

2008年，国家将清明节列为法定假日。3月26日，市政府印发《关于做好清明节期间文明祭扫安全保障工作的通知》，成立由市民政、公安、城管、工商等部门参加的领导小组，明确各部门工作职责及工作任务，并在民政部门设立清明节工作办公室。4月4—6日，全市有25.93万人次参加祭祀活动，其中清明节当天有12.5万人次参加，市永思园公墓接待近5万人次举行祭祀活动。全年火化遗体30338具。

二、殡仪馆、公墓

1978年，淮阴地区火葬场位于淮海西路北侧，有火化炉3座、建筑面积共384平方米，礼堂147平方米，骨灰存放处1座、建筑面积1000平方米。至1980年，省累计拨款200余万元，在境内先后建起12所火葬场，每县1所。1986年起，境内12所火葬场先后更名为殡仪馆。1997年3月，经省民政厅批复，淮阴县在南陈集乡梨园村三组建设淮阴县第二殡仪馆。1998年，经省民政厅批复，市区建设永思园公墓。2000年1月起，经省民政厅批复，县级淮安市、涟水县、洪泽县、金湖县、盱眙县相继建设紫藤园公墓、城南公墓、越城公墓、十里岗公墓、庙山公墓。2008年年底，全市有殡仪馆11个。其中，国家二级殡仪馆1个（淮安市殡仪馆），国家三级殡仪馆2个（淮阴区第二殡仪馆、金湖县殡仪馆）。全市有经营性公墓6个，公益性公墓755处。

第四节　地名勘界管理

一、地名管理

（一）地名普查

1980年7月，淮阴地区成立地名办公室。1980年10月，在涟水县召开第一次地名普查试点工作会议。第一次地名普查工作全面展开，至1981年年底基本结束。全地区普查地名44632条，填写地名卡片12676张，编写文字概况587份。查出全地区范围内重点公社60个，占社镇总数的18.6%；县内重点大队1231个，占大队总数的12.19%；公社名称与驻地不一致的77个，大队名称不一致的2646个，合计2723个，占社队总数的44.9%。在地名普查过程中，对每条地名的音、形、义、位、类进行规范化、标准化处理；对1∶50000地图上原有34855条地名进行核校，纠正错字错位2455条，删去名存实亡地名2674条，新增地名12451条；纠正含义不妥地名21条，公社更名53个、大队更名1245个、自然村更名323个、自然地理实体更名4个、其他89个，合计更名1735个，占普查地名的3.8%。通过普查，基本查清全地区地名状况，为标准化、法制化管理奠定基础。1982年5月，江苏省地名委员会表彰淮阴地区地名普查工作，涟水县普查成果获省级优秀成果奖。

2008年5月9日至10月30日，淮安市进行第二次地名普查试点工作。涉及市水利、交通、建设、国土等20余个部门，普查范围包括12个大类、42个小类地名，全市普查地名近4万条，形成档案126卷，市和各个县（区）均建立地名数据库。

（二）标志设置与管理

1981年，淮阴地区地名管理工作走上正轨。1984年10月，对13个县（区）20个乡、2个省属农场在地名普查后使用标准地名情况进行调查，发现有未按规范使用标准地名的情况。开展使用标准地名检查评比，要求各级政府文件中使用的地名与《地名录》一致，路、街、巷的牌子、印章和《地名录》一致，车站码头使用的地名与《地名录》一致。历时一年多，未使用标准地名的错误显著减少。

1985年，淮阴市开展地名标志设置试点，乡、村名称和指路牌用钢筋水泥制作，自然村名书写在墙上。后又在盱眙县马坝镇开展搪瓷牌试点。1987年11月，市政府印发《淮阴市地名管理实施办法》，各县制定县级地名管理法规。是年年底，全市建成各类地名标志牌22186块，其中石碑牌1块、木板牌12块、钢筋水泥牌1148块、搪瓷牌6455块，另在墙上加色涂写16362块。

1996年9月，发布《淮阴市地名管理办法》，地名管理工作更加规范有序。1998年5—10月，在境内国道两旁设立行政村名称标牌106块。2001年10月至2002年6月，整顿市区地名和设置地名标志。对市区170条主次道路、88条街、461条巷、16处广场、57个住宅小区、43座桥梁进行调查登记，纠正3个重名。2000—2005年，完成全市城镇道路设标任务，新增道路标牌1260块。2007年，市民政局、规划局联合编制《淮安市城区地名规划》。2008年6月，因原淮阴市、淮安市、淮阴县“三淮合一”以后，地名管理情况有很大变化，市政府研究制定新的《淮安市地名管理办法》。

（三）地名建档编纂

1981年下半年，淮阴地区进行地名资料编辑试点。1982年，淮阴地区组织3次地名资料交流审稿。1983年6月，淮阴市召开地名工作会议，传达省地名档案工作会议精神，全面开展地名建档工作。1984年11月，金湖、盱眙、涟水3个县的地名录获省、市优秀版本奖。1985年，市地名办编辑出版《淮阴市地名工作资料汇编（一）》。至1986年，全市各县均建立地名档案。1986年8月、1987年2月，分别编辑出版《淮阴市标准地名手册》和《淮阴市地名图》。金湖、盱眙等县先后编印全县地名手册和地名图。1991年6月，编辑出版《淮阴市地名手册》。1998年8月，编辑出版《淮阴地名》。2001年2月，因淮阴市更名为淮安市，行政区划调整，地名变动较大，编辑出版《淮安市政区图》。1978—2008年，淮安市共整理归档地名档案199卷。

二、勘界

1996年8月至2000年12月，淮阴市完成1条省界、4条市界、12条县界勘定任务以及3个市际三交点和5个县际三交点勘定。勘定界线近1300公里，在边界线上埋设界碑212块，标绘1∶10000和1∶50000地形图近1800张，正式成果图1004张，整理档案586卷，附图138套，拍摄照片1356张。

2002—2007年，根据民政部及省民政厅安排，淮安市开展第一轮界线联检工作。完成苏皖线淮安—滁州段、淮安—扬州线、淮安—连云港线、淮安—宿迁线、淮安—盐城线共1条省际界线和4条市际界线联合检查，对界桩字迹重新描写，清除界桩周围杂物，并形成联检上报省政府。其间，淮安市进行12条县（区）界线联检。

2004年8月，洪泽县共和镇费坝村与金湖县陈桥镇新桥村因斜沟圩的坡地利用问题引起矛盾。市民政局派员赴现场召集双方干部群众进行协调处理，双方明确保证不发生过激行为，按历史上签订的协议，由双方镇政府协商解决。

2006年和2008年，2次对清河区、楚州区因行政区划调整而引起的行政区域界线变更进行补勘，并形成成果上报省民政厅。

2008年7—10月，在全市开展平安边界创建活动。签订平安边界创建协议书16份，落实界桩维护责任制。边界相邻地方民政部门组织走访活动32次。

三、命名、更名

1982年7月、1982年12月、1983年12月，《清江市地名录》《淮阴县地名录》《淮安县地名录》相继出版，对路街巷命名、更名进行规范化处理。3本地名录收录路64条、街109条（更名29条）、巷281条（更名42条）、桥41座（更名7座）。1985年，命名市区道路2条。1986—1995年，共命名市区道路17条、巷3条。其间，市规划局对淮阴经济开发区9条道路名称进行规划。1996年，命名市区道路4条。1997年，命名市区道路4条。

1998年起，为适应改革开放和城市发展需要，使城市地名更加有序、规范、标准，淮阴市对市区部分地名命名进行通告，当年通告命名道路9条、桥梁10座、住宅小区11个、旅游景点3处。同时规定东西向道路以淮海南北路为界分为相应路名的东西路，南北向道路以里运河（兴淮路以兴淮东、西路）为界分为相应路名的南北路。1999年，命名市区道路4条，引河路更名为清河路，命名住宅小区2个。2000年，为便于城市管理，方便群众生活，同时提高企业知名度，加快经济发展，市政府先后通告命名市区清江电机路、天参路等道路4条、桥梁1座。2001年，淮阴市更名为淮安市，原县级淮安市更名为楚州区、淮阴县更名为淮阴区，命名道路13条、街1条，桥梁3座，住宅小区3个。

2002年，为适应建设大城市战略目标和历史文化名城保护开发需要，市政府通告命名道路6条、桥梁3座、住宅小区10个。另外，命名街3条，更名道路5条，对高教园区6条道路进行规划。2003年，命名道路17条、街3条、巷48条、住宅小区17个。2004年，命名道路2条、巷47条、住宅小区17个。2005年，命名住宅小区9个。除对市区主要道路进行命名公告外，一般不再发布公告，而由市地名委员会研究决定并通知相关单位和人员。2006年，编制淮安市城区地名规划，地名命名、更名更具科学性、前瞻性。当年命名道路3条，住宅小区32个。市政府对水渡口大道命名进行通告。2007年，组织有关专家对洪泽湖大堤等5个重要地名进行论证。命名住宅小区33个。2008年，命名道路76条、街5条、更名道路20条、命名住宅小区49个。

1998—2006年淮安市市区部分地名命名、更名情况一览表

表18-4

年份	名称	地理位置
1998	淮海路	市区南北和东西向主干道。北起淮阴县小营广场，南至淮阴大桥，东起水渡口广场，西至汰黄堆
	西安路	市区西部南北向主干道。北起淮海西路，南至城南路
	延安路	市区东西向主干道。东起京杭大运河，西至市化机厂
	解放路	市区东西向主干道。东起里运河，西至化工新村
	健康路	市区东西向主干道。东起水渡口广场，西至市技术监督局办公楼门前
	北京路	市区南北和东西向主干道。北起盐河，南至延安西路，东起承德路，西至王营镇西侧第二制药厂门前

续表 18-4

年份	名称	地理位置
1998	承德路	市区南北向次干道。北起淮阴县经济开发区，南至解放东路
	城南路	市区南部东西向次干道。东起淮海南路，西至西安路
	兴淮路	淮海南路连接线。北起淮阴大桥，南至宁连路
	淮阴大桥	淮海南北路跨京杭大运河上的桥（原运河大桥）
	淮钢大桥	西安路跨京杭大运河的大桥（原一号桥）
	通济桥	北京南北路上跨盐河上的桥
	水门桥	淮海南北路跨里运河上的桥
	王营桥	淮海南北路跨古黄河上的桥
	小营桥	淮海南北路跨盐河上的桥
	石码头桥	承德路跨里运河上的桥
	惠民桥	承德路跨古黄河上的桥
	通京桥	承德路跨盐河上的桥
	永安桥	北京南北路跨古黄河上的桥
	健康新村	健康东路北侧，淮阴建材总厂东侧
	华城小区	里运河南，淮海南路西侧，西大街以北
	淮航小区	引河路东侧，大治路北侧
	利苑新村	淮海西路南侧，太平西街北巷两侧
	富丽花园	健康西路北侧，农行干校西侧
	富春花园	解放东路和承德路交汇处东南片
	安涉桥小区	淮海东路与承德路交汇处西北片
	水门桥新村	水门桥北首，淮海东路北侧
	建业小区	淮海北路西侧，健康西路南侧
	梦园小区	淮海南路东侧，承德路西侧
	华能小区	淮海西路南侧，引河南路东侧
	古黄河生态民俗园	健康西路北侧，古黄河南岸，西安路西侧
	古黄河绿化风光带	沿古黄河，西起古黄河生态民俗园，东至承德路惠民桥东侧
	石塔湖	市青少年宫对面
1999	清河路	北起健康西路，南至里运河
	富康园	港口路、淮三路与解放西路交汇处南侧
	富华园	市青少年宫西侧，上海路与利苑路交汇处南侧
2000	丰登路	东起淮海北路，西至清河路
	青莲巷	南起大治路，北至健康西路

续表 18-4

年份	名称	地理位置
2000	清江电机路（俗称工农路）	江苏清江电机股份有限公司东侧。北起车站广场北侧，南至淮海西路
	天参路（俗称轮窑路）	淮阴天参饲料厂南侧。东起淮阴盐化厂，西至兴淮北路
	华兴桥	市区北京路跨里运河的桥（俗称红卫桥、清浦大桥）
2002	翔宇大道（原两淮路）	市区东部南北向主干道。北起铁云路（淮安火车北站），南至楚州区城南淮盐线，以樱花桥、板闸立交为界分南、中、北道
	韩侯大道	市区西部南北向主干道。北起淮泗路，南至武墩镇普墩村
	学院路（原西宁路）	北起健康西路，南至淮海西路
	漕运路（原河北路）	西起北京北路，东至承德北路
	军营路（原农科路）	西起桃花坞，东至淮海北路
	钵池山路（原纬一路）	西起翔宇大道（中道），东至济南路
	樱花桥	翔宇大道跨古黄河的桥
	西坝桥	北京路跨盐河的桥
	桃花坞桥	西安路跨古黄河的桥
2003	益兴名流花园	军营路西侧，市委西大园北侧
	时代花园	淮海东路北侧时代购物中心后边。东起交通路，西至水勘院宿舍
	新世纪城市花园	交通路西侧。南起漕运东路，北至淮海东路
	丹桂苑	承德北路222号。南起新新华酒店北侧，北至健康东路
	金佳园小区	八二路西侧。南起市委东大院北侧，北至大同路
	乐园小区	西大街南侧。东起阳光大酒店，西至人民南路东侧
	荷花池花园	人民路2号。南起西大街，北至河南路
	银都商城	东大街东部。东起环城东路，西至庆华商城东侧
	东方花园	解放东路88号，清隆桥西
	锦江花苑	淮海南路东部。南起双桥后巷，北至河南东路
	飞达巷	飞达陶瓷市场至工商局宿舍
	富黄巷	富强东巷至黄河边
	大治东路	淮海北路至银川路
	光明巷	市第三中学东墙外至健康东路
	江淮巷	中元路至淮海东路
	玉莲巷	江淮巷三弄至太阳巷

续表 18-4

年份	名称	地理位置
2003	葵花巷	中元路至太阳巷
	天然巷	中元路至太阳巷
	兴旺巷	太阳巷至淮海东路
	地成巷	梧桐巷至淮海东路
	福元巷	圩北路至税务局东
	江淮巷 1–2 弄	江淮巷至葵花巷
	江淮巷 3–6 弄	圩北路至玉莲路
	中元路	圩北路至健康东路
	太阳巷	圩北路至健康东路
	天然巷 1–5 弄	天然巷至葵花巷
	梧桐巷	天然巷至健康东路
	读书巷	漕运西路至华兴桥
	同心巷	三层街至义顺巷
	永宁巷	海神庙巷至永宁宿舍楼
	和谐巷	上海路至房产宿舍楼
	圩西巷	北京北路至跃进路
	登峰巷	北京北路至清河路
	利苑巷	淮海西路至富华园
	万福巷	中经西路至农垦制药厂
	万福巷 1–11 弄	西宁路至西安路
	涵洞巷	和平北路北侧至城北大沟
	为民巷	和平东路北侧至涵洞二区
	前堆巷	铁牛路东至砖瓦厂宿舍
	后堆巷	铁牛路东至清水湾浴室西
	铁牛路	沈阳路东至水渡新村
	河堆巷	北郊变电所南至水渡新村
	双里巷	翔宇大道东至三组水塘
	东郊新村 1–3 弄	汰黄路南至东郊新村
	拥军新村 1–6 弄	大同路至大修厂宿舍
	拥军新村 7–12 弄	大同路至八二医院
	拥军新村 13 弄	八二路至汽修厂

续表18-4

年份	名称	地理位置
2004	康宁路	东起北京北路，西至西安路
	景泰路	东起北京北路，西至西安路
	河前路	北起古黄河，南至大同东路
	富民巷	北起大同东路，向南折向西，止于承德路
	利民路	北起古黄河，南至大同东路
	大同东路	东起健康东村前三区，西至承德路
	花卉路	北起大同路，南至健康东路
	涵洞东巷	北起东郊二组，南至和平路
	太皇路	东起东郊新村，西至健康东路
	东郊新村4-8巷	北起东郊新村居民区，南至太皇路
	兴业路	东起福州路，西至杭州路
2006	水渡口大道	西起水渡口广场，东至宁连一级公路

第三章　社会优抚

第一节　优待　抚恤

一、优待

1978年，淮阴地区对优待对象主要实行优待劳动日方式，以生产小队为单位，将优待劳动日纳入分配方案，全年换算。1980年，全地区优待60617户，户均129个劳动日，按0.6元1个劳动日计算，折合471万元。1983年后，淮阴市普遍开展扶持优抚对象致富工作，帮助优抚对象发展生产，勤劳致富。1984年，优待金改为一年不少于40元。全市优待标准为40～100元不等，原则是保证优抚对象实际生活水平不低于当地群众一般生活水平。当年全市扶持优抚对象6881户，通过各种渠道筹集资金8.15万元，户均118.43元，年底创总产值965.4万元，户均1403元，3000多户走上致富道路。1984年，《中华人民共和国兵役法》颁布，从法律上确立优抚对象“应当受到社会的尊重，受到国家和人民群众的优待”的原则。1988年，《军人抚恤优待条例》颁布，把对优抚对象各方面的优待要求固定下来。1998年，《中华人民共和国兵役法》修订，规定义务兵家属优待标准不低于当地平均生活水平。

（一）现役义务兵家属优待

1978年，义务兵家属优待主要以物质为主，解决一时生活困难，没有具体统一标准，只是当地视其家庭实际需要而定。1985年，淮阴市对农村义务兵实行优待，优待标准为当地一个整劳动力的70%，以乡统筹解决。1986年，执行省政府规定，对城镇义务兵实行优待，优待金由城镇企业单位负担，县区统筹，按年发放。发放期限为陆军3年，海、空军4年。以上措施调动全市适龄青年应征入伍积极性。1986年，全市适龄青年报名参军率98%，被中央军委定为优秀兵员储备基地。1987年，全市城镇义务兵平均每人每年优待35元，农村义务兵每人每年优待223元，全市优抚总额1242万元。农村义务兵家属优待金由各乡镇每年度一次性发放，乡镇的由各县（市、区）民政局发放。1992—1995年，淮阴经济开发区没有人武部，其征兵和优待金发放均由清河区负责。1996年起，清河区、清浦区、淮阴经济开发区义务兵家属优待金改由市民政局发放，其他县（市、区）不变。

1997年，淮阴市印发《关于建立农村优抚对象优待标准自然增长机制的通知》，规定农村义务兵家属优待金标准不得低于上年度农村人均生活收入的70%，并随着当地人均收入的提高而自然增长。

2002年，原由市民政局发放的清河区、清浦区、淮安经济开发区城镇义务兵家属优待金改由各区发放，其经费由区和市财政各负担50%。2003年，淮安市印发《关于按省定标准发放义务兵家属优待金的通知》，统一规定农村义务兵家属优待金不低于上年度当地农村人均收入的70%，城镇义务兵家属优待金不得低于上年度当地城镇居民人均生活费收入的25%，各县（区）均大幅度提高义务兵家属优待金。当年标准是农村2000～3000元、城镇1136元。2004年取消农业税后，全市各县（区）将农村义务兵家属优待金全部纳入当地财政预算，给予保障。2007年，取消义务兵家属城镇、农村之分，统一按照当地居民人均生活费支出的30%发放。2008年，仍按该办法执行，发放1828万元。

（二）重点优抚对象优待

1978年，对在乡革命伤残军人、复员军人、烈士家属、因公牺牲军人家属、病故军人家属、带病回乡退伍军人等重点优抚对象采取经济救助，缓解其生活困难。1982年，实行生产责任制后，改为优待现金。对优抚对象，每年优待30元以上代耕费。1990年起，淮阴市从农业税中统筹在乡重点优抚对象优待金，标准为100～200元不等，由各地根据经济收入水平自行确定。城镇在职重点优抚对象不发优待金。

1997年，淮阴市印发《关于建立农村优抚对象优待标准自然增长机制的通知》，规定烈士家属、因公牺牲军人家属、病故军人家属优待金标准不低于上一年度当地人均生活收入30%，革命伤残军人、在乡老复员军人优待金标准不低于上年度当地人均生活收入的25%，并随着当地人均生活水平的提高而提高，实行自然增长。同时减免重点优抚对象本人义务工、积累工和村提留、乡统筹费等。

2004年，国家取消农业税，各县（区）及时将通过农业税统筹的在乡重点优抚对象优待金纳入当地财政预算，给予保障。由于在乡重点优抚对象抚恤金、定期生活补助和优待金、立功荣誉金等都已纳入财政预算，造成项目繁多。从2005年起，将在乡重点优抚对象抚恤金、定期生活补助金和优待金、立功荣誉金合并在一起，统一称为重点优抚对象优抚金，统一纳入县（区）财政预算，确保优抚对象优抚金按时、足额发放。2008年，建立优抚对象医疗门诊报销制度，发放门诊补助326万元；对192名申请评、调残人员进行伤情鉴定；开展“关爱工程”活动，向7～10级残疾军人配发轮椅500辆、人力三轮车250辆、电动三轮车25辆；向重点优抚对象发放优抚金1.17亿元。

（三）在乡复员军人定期生活补助

1979年，民政部、财政部印发《关于改进优抚对象定期定量补助工作的规定》，定期定量补助在乡老复员军人，标准是每人每月6元，其经费由当地负责。1994年，在乡复员军人每人每月增加10元补助。1998年，《国务院办公厅关于加强优抚工作的通知》规定，对年老体弱、没有工作、生活困难在乡老复员军人抚恤补助，主要由地方政府负责保障，中央适当给予补助，并逐年提高标准。2004年，中央财政承担在乡复员军人生活补助每人每年522元。2008年，中央财政承担在乡复员军人生活补助标准为抗日战争时入伍的每人每年3072元，解放战争、中华人民共和国成立后入伍的每人每年2568元。

（四）带病回乡退伍军人定期生活补助

带病回乡退伍军人，是指在服役期间患病，尚未达到评定残疾等级条件并有军队医院证明，从部队退伍人员。在改革开放初期，带病回乡退伍军人并没有生活补助，只视为在乡重点优抚对象的一种。随着其他在乡重点优抚对象发放优待金后，也发给较少优待金。之后，开始发放少量生活补助，标准很低，其审批和经费也全由县（区）民政局负责，国家和省、市不负担。2004年新《军人抚恤优待条例》颁布实施后，明确对带病回乡退伍军人给予一定补助，其国家标准为每月不低于100元、不高于十级（因公）残疾军人抚恤金，具体标准由各县（区）自定，国家只下拨少部分经费，大部分仍由县（区）财政支出。2008年，国家补助每年336元。

（五）“两参人员”补助

2007年，国家规定，对1954年11月1日后参加过14次战役或参加过核试验在乡、在城镇没有工作人员给予补助，简称“两参人员”，每人每月100元。

二、抚恤

（一）死亡抚恤

1978年，淮阴地区向牺牲的军人家属发放抚恤金，除一次性抚恤外，平时还给予一定补助。1979年，民政部、财政部制定定期定量补助标准，保障孤、老、病、残烈属和牺牲、病故军人遗属生活。1980年9月，定期补助改为定期抚恤。1985年1月，民政部、财政部发出《关于对革命烈士家属、因公牺牲军人家属、病故军人家属发给定期抚恤金的通知》，无劳动能力或者无固定收入不能维持生活的牺牲、病故军人家属定期定量补助改为定期抚恤金。1988年《军人抚恤优待条例》确定军人抚恤基本原则及发展方向，死亡抚恤逐步走上法制化轨道。对“三属”发放一次性抚恤金，标准为烈士家属40个月工资，因公牺牲军人家属20个月工资，病故军人10个月工资。此后，抚恤金标准有所增长，但其增长幅度不是很大，特别是在20世纪90年代，其增长幅度小于经济增长速度。1997年，市民政局、财政局联合印发《关于调整优抚对象抚恤定补标准及建立自然增长机制的通知》，规定优抚对象抚恤金、定期生活补助按照上一年度当地城镇职工平均工资一定比例进行测算，并实行自然增长。城镇户口烈士家属、因公牺牲军人家属年定期抚恤金为上一年度城镇职工平均工资40%，病故军人家属按35%计发。农村户口烈士家属、因公牺牲军人家属年抚恤金按上一年度城镇职工平均工资35%，病故军人家属按30%计发。如自然增长机制标准高于国家标准，就按自然增长机制标准发放，如低于国家标准就按国家标准发放。由于江苏省经济发展水平高于全国平均水平，“三属”抚恤金自然增长机制标准高于国家标准。2004年，颁发《军人抚恤优待条例》，提高“三属”一次性抚恤金标准，并将“家属”改为“遗属”。一次性抚恤金标准为烈士遗属80个月工资，因公牺牲军人遗属40个月工资，病故军人遗属20个月工资。至2008年，抚恤金标准未变。

（二）残疾军人抚恤

1978年，淮阴地区对残疾军人抚恤金投入不多，提标不快，在乡残疾军人抚恤金标准不高。1982年，换发革命残废人员证书，全地区换发13142人，其中革命残废军人12893人、残废人民警察7人、残废工作人员61人、残废民兵民工181人。1988年，《军人抚恤优待条例》重新规范残疾抚恤。1989年4月，民政部公布《革命伤残军人评定伤残等级条件》和《革命伤残军人评定病残条件》，将伤残军人分为“四等六级”。主要以丧失劳动能力及影响生活能力程度来评定伤残等级，级别设置过粗，残情描述过于简单。残疾军人根据不同的致残性质，享受标准不同残疾抚恤金，因战高于因公，因公高于因病。

1994年，民政部、财政部《关于提高部分优抚对象抚恤补助标准的通知》规定，职工工资高于全国职工平均工资地区，要在全国统一标准基础上制定当地伤残军人生活补助标准，确保革命伤残军人生活。1997年，淮阴市民政局、财政局印发《关于调整优抚对象抚恤补助标准及建立自然增长机制的通知》，建立在乡残疾军人抚恤金自然增长机制。标准是按照上年度城镇职工平均工资确定，各等级依照一定比例测算。如特等因战残疾军人抚恤金标准为上年度全市职工平均工资的100%，其他等级依次箅减。在乡残疾军人自然增长机制标准高于国家标准时，执行自然增长机制标准。

2004年8月1日，国务院、中央军委公布新《军人抚恤优待条例》，现役军人因战、因公致残等级评定标准由重至轻分为1～10级，因病致残分为1～6级，根据残情和因残情造成劳动功能障碍程度以及影响生活依赖程度，评定残疾军人残疾级别。取消“抚恤金”和“保健金”区别，统称为“抚恤金”，同时“革命伤残军人”改称为“残疾军人”。大幅度提高残疾军人抚恤金标准。由于国家连年大幅度提高残疾军人的抚恤金，市残疾军人抚恤金自然增长机制标准已低于国家标准，2007年起，淮安市残疾军人抚恤金全部执行国家标准。

第二节 安 置

一、退役士兵安置

1978年，淮阴地区退伍义务兵按照“从哪里来回哪里去”的原则，由各县（市）接收安置，分城市安置和农村安置。城镇退伍兵回到地方后，给予安排工作，农村退伍兵回原籍。1981年，全地区对城镇退伍义务兵执行“按系统分配任务，包干安置”办法，根据各单位实际情况，合理下达安置任务，尽量做到择优分配，专业对口。1985年5月，国家实行义务兵役制为主体的义务兵与志愿兵相结合、民兵与预备役相结合的兵役制度。1987年，《退伍义务兵安置条例》印发，淮阴市按照条例要求执行。到1988年，全市各县（市、区）均成立军地“两用”人才介绍所。1983—1989年，全市接收安置志愿兵1818人，由市复员退伍军人安置办公室和各县安置办公室分配在行政、企事业单位或大集体单位工作。由市和各县（市、区）复员退伍军人安置办公室分配在行政、企事业单位或大集体单位。

1998年，《中华人民共和国兵役法》颁布，将义务兵服现役期限由3年改为2年，退役士兵安置频率随之加快。1990—1999年，全市各县（区）坚持专业对口和择优分配相结合的安置方式。1991—1999年，全市接收退伍“两用”人才6946人，多层次、多渠道开发使用，2089名退伍军人党员骨干安排到农村基层组织，增强基层组织活力。1988—1999年，全市为因战致残农村籍二、三等残废军人安排工作；因公致残二、三等残废军人给予优待抚恤；带病回乡退伍军人给予定期生活补助。

2000年，在淮阴县尝试退役义务兵货币化安置方式，2001年开始在全市推广。2005年前，志愿兵安置在全市行政、企业事业单位。2005年开始，经市政府研究决定，退役士兵不再安置进行政、事业单位，全部安置进企业。2000—2005年，全市对退伍军地"两用"人才实行因地制宜，就地开发与劳务输出相结合的方式。2006年起，军地"两用"人才开发使用。坚持城乡同步原则，即就地开发使用和组织劳务输出并重。

2008年，经市政府批准，市区退役士兵接收以退役士兵原始档案中的《应征公民政治审查表》和入伍通知书中审批机关为准，按照"从哪里来、回哪里去"原则，由原征集区人民政府（管委会）负责接收安置；因区划调整产生属地变更，由区划调整后所属区政府（管委会）接收安置；原清河区征集的属市经济开发区区域内退役士兵由淮安经济开发区接收安置；符合易地安置条件、要求易地安置退役士兵，需提供有关证明并办理相关手续，由接收区政府（管委会）审核后接收安置。2008年年底，全市实行退役士兵职业技能培训。

2000—2008年，全市坚持指令性安置和按系统包干安置的同时，拓宽双向选择面，增加双向选择数量，采取政府保底安置和自谋职业相结合的安置方式。特等、一等伤残退役义务兵，实行集中供养和分散供养2种方式。需长期治疗和看护的特等、一等伤残志愿兵，患精神病志愿兵在办理移交手续后，送安置地荣誉军人康复医院和精神病医院休养或治疗。

二、军队离退休干部安置

1978年，淮阴地区军队离退休干部安置全部采取分散供养，住房由原部队、房地部门和有关部门共同解决。至1980年，地区民政和组织部门安置126人。1981年，淮阴地区成立军队退休干部安置办公室。1983年7月，国务院办公厅出台《关于军队离休干部移交地方管理问题的通知》，军队离休干部移交地方，由地方民政部门管理。全市成立12个干休所，配备56人，车辆17台，正式开始办理军队离退休干部安置，负责军队离退休干部建房、服务等管理工作。

1986年起，原在部队离职休养的军队干部按批次移交地方接收管理，各干休所全面落实军休干部"两个待遇"（政治待遇和生活待遇），加强军休干部政治理论学习，每月定期组织军休干部学习。落实军休干部生活待遇，及时向军休干部传达有关文件。开展适合军休干部的文体娱乐活动，丰富军休干部文化生活。坚持重大决策征求意见制度，干休所重大决策凡涉及军休干部切身利益，关系干休所长远发展，在决策时都充分征求军休干部管委会意见和建议。全市各干休所均设有会议室、接待室、活动室、棋牌室。注重党组织建设，健全军休干部党支部委员会，改选军休干部管委会，定期检查各项工作落实情况。至1987年，全市干休所建房175套，其中团职干部118套，营职干部以下57套，建筑面积12160平方米，干休所附属用房建筑面积3100平方米。

1989年，市军休所由计划经济体制向社会主义市场经济体制转变。至1995年，完成军队离退休干部建房面积3500平方米，接收安置65名军休干部和25名无军籍职工。发展干休所自身生产经营，采取多层次、多形式经营方式创办经济实体25个，产值859.4万元，创利润157.12万元，推动军休所发展。

1998年，随着接收任务逐渐增加，市区成立军队离退休干部第二休养所。2005年开始，军休干部移交工作从按批次审定移交调整为按年度审定移交，提高移交安置进度。1986—2008年，全市共接收军休人员301人。2008年，有服务对象219人、服务管理人员52人。

第三节　烈士褒扬

一、烈士批准

1982年，淮阴地区有烈士22662人。其中，中共党员5339人；红军时期62人，抗日战争时期5008人，解放战争时期13698人，中华人民共和国成立后2495人。

1996年行政区划调整后，由市申报批准的烈士有：王焕东，男，1901年生，进步群众；王严氏，女，王焕东之妻。1947年12月，夫妻二人在淮安县席桥乡被国民党“还乡团”杀害，1996年8月被省政府批准为烈士。滕旭珍，男，1930年生，战士，1954年9月在台湾被国民党杀害，1996年9月被省政府批准为烈士。于通付，男，1919年生，中共地下党员，1948年8月7日在淮阴县被“还乡团”杀害，1996年9月被省政府批准为烈士。刘兆伦，男，1963年4月生，农民，1994年7月31日在淮阴县北吴集乡为抢救他人财产而牺牲，1996年9月被省政府批准为烈士。孙贵珍，男，1919年生，涟水县人，中共地下党员，1946年2月在涟水县大新集被土匪杀害，1996年9月被省政府批准为烈士。顾敏，男，1919年10月生，洪泽县人，洪泽湖湖东区委书记，1946年12月被国民党杀害，1996年12月被省政府批准为烈士。王士军，男，1968年3月生，淮阴县人，工人，1995年8月3日在清浦区解放新村4号为抢救他人生命被歹徒杀害，1997年12月被省政府批准为烈士。端义早，男，1901年生，涟水县人，中共地下党员，1941年被日军杀害，1997年12月被省政府批准为烈士。周霞，女，1989年11月生，楚州区人，学生，2001年7月1日在楚州区顺河镇为救落水儿童而牺牲，2001年11月被省政府批准为烈士。罗安富，男，1957年生，涟水县人，农民，2001年10月7日在涟水县城南废黄河为救落水儿童而牺牲，2002年4月被省政府批准为烈士。张业胜，男，1987年生，涟水县人，学生，2002年8月8日在涟水县涟城镇为救落水儿童而牺牲，2003年9月被省政府批准为烈士。何国成，男，1952年生，涟水县人，农民，2005年3月在涟水县朱码乡为抢救落水儿童而牺牲，2005年11月4日被省政府批准为烈士。王海杰，男，1988年2月生，涟水县人，农民，2006年2月17日在常州市京杭运河西仓桥河抢救落水群众牺牲，2008年4月29日被省政府批准为烈士。

二、烈士陵园建设

1978年，淮阴地区有县级管理烈士陵园16处，占地面积91公顷，主要纪念建筑物96座；乡级管理烈士陵园35处，占地面积2.93公顷，纪念建筑物47座。比较有名的烈士陵园有刘老庄八十二烈士陵园、马陵烈士陵园、雪枫墓园、涟水保卫战烈士陵园、泗阳县烈士陵园。

1987年，淮阴县刘老庄八十二烈士陵园被列为省级重点烈士纪念建筑物保护单位。1998年，盱眙县烈士陵园新建烈士纪念馆。1999年，淮阴县整修八十二烈士陵园，新建八十二烈士纪念馆。2005年纪念抗战胜利60周年，中央专门下拨80万元，对八十二烈士陵园进行维修改造。2007年，盱眙县投入360万元，对烈士纪念馆全新布展，采用新型声光电技术，烈士陵园全面升级改造。2008年，全市有省级重点烈士纪念建筑物刘老庄八十二烈士陵园1个；县级重点烈士纪念建筑物有楚州区烈士陵园、涟水县烈士陵园、洪泽县烈士陵园、金湖县烈士陵园、盱眙县烈士陵园5个；有乡镇级烈士陵园32个。上述烈士陵园均获得“爱国主义教育基地”称号。全市各级烈士陵园每年接待20多万人次参观祭扫活动。

第四章 社会救助

第一节 最低生活保障

一、农村最低生活保障

1997年，本着“早启动、低标准、广覆盖”原则与思路，淮阴市建立低保制度，农村低保标准为每人每月50元，并由局部试点转入全面实施，成为全省乃至全国较早建立城乡低保制度地区之一。农村居民最低生活保障对象为家庭人均纯收入低于当地最低生活保障线以下的农民。重点保障对象是因残疾、年老体弱、家庭主要劳动力患有重病或死亡和遭遇不可抗拒的自然灾害，造成自身无法维持基本生活，口粮田无法耕种，且无其他经济来源的特困户（优抚对象在享受最低生活保障时，其抚恤补助金不计入家庭收入）。保障范围严格控制，保障面比较狭窄。当年人均年收入600元，农村低保人均年补助金额26.06元。全市当年有农村低保户1.6万人，占全市农业人口的0.3%，仅保障农村最困难家庭。1998年，农村低保标准提高到每人每年700元。

2002年，淮安市在城市低保实现“应保尽保”后，开始在部分县（区）探索农村低保“应保尽保”工作。是年，农村税费改革直接影响农村低保资金来源，不少地区农村低保工作出现萎缩、停滞。2002年5月，淮安市印发《关于进一步建立和完善农村最低生活保障制度的意见》，明确农村低保金原则上由县、乡两级负担，农村低保资金纳入财政预算，制约农村低保发展的资金问题初步得到缓解。2004年9月，淮安市根据《江苏省民政厅、江苏省财政厅关于建立和完善农村居民最低生活保障制度的实施意见》，执行农村低保政策。

2005年，《淮安市农村居民最低生活保障制度实施细则》出台，确定农村居民最低生活保障标准为年人均900元。随着经济社会发展、生活水平提高以及物价指数变动，适时调整标准。同年，省财政根据推定当地标准人均财力状况划分补助档次：人均财力在1.6万元以下的县（市、区）按省确定苏北地区农村最低生活保障标准所需资金90%补助，淮阴区、楚州区、涟水县、洪泽县、盱眙县按90%补助；人均财力在1.6万～1.8万元的县（市、区）按省确定苏北农村最低生活保障标准所需资金70%补助，金湖县按70%补助；省级财政对清浦区实行定补。全市农村最低生活保障基本实现应保尽保。农村低保

图18-1 慰问困难群众（2008年） 市民政局 供

对象实行动态管理，每年审定一次。乡镇政府于每年第一季度依据新保障线标准上报保障对象名单，县（区）民政局于第二季度进行审核，从第三季度起对新核定的保障对象给予保障，发放保障金。保障金原则上每季度发放一次。农村低保对象享受多种优惠政策。免交农业税、农林特产税及附加税。免除义务工和村民“一事一议”办事经费。新建改建住房时，免除城建、土管、财税等部门收取的费用。义务教育杂费由学校按照国家和省规定标准全额免除，代办费由县（区）中小学特困生资助金专户解决50%左右；保障对象属于孤儿的，杂费由学校给予全免，代办费由县（区）中小学特困生资助金专户全额解决；低保对象子女考上公办本科高校的，经审核符合条件的，一次性资助每人4000元，由市、县（区）各解决50%。在县（区）范围内就医，免收门诊诊疗费，患病住院减半收取诊疗费和护理费，床位费、治疗费、大型设备检查费减收20%。从事饮食服务等个体职业者需要健康体检和婚前体检，免收常规体检费。从事个体经营的，由工商部门优先办理营业执照，只收登记费，开业当年管理费、会员费和四项基金等其他费用一律免收；经税务机关批准按有关政策规定享受税收优惠。结婚登记时，民政部门免收婚姻登记费。个人合法权益受到侵害需要法律服务时，司法部门提供法律援助。对农村低保对象进行社会帮扶。实施扶贫工程，采取单位和个人与保障对象“结对子”等多种形式，通过扶志、扶资、扶技等多种措施进行帮扶。帮扶对象不脱贫，帮扶责任单位和责任人不脱钩。

此后，低保保障范围进一步扩大，一般贫困家庭也能享受低保待遇。同时，照顾患白血病、尿毒症、癌症等大病、重病人员家庭，如果该家庭人均年收入低于当地低保标准1.5倍的，可申请低保待遇，患者本人享受，并给予全额补助。优待老年人和残疾人，低保家庭中的老年人、残疾人补助标准上浮15%或20%，低保家庭中的二级以上残疾人实行全额补助。2006年，低保标准调整为每人每年840元。2007年，调整为每人每年1000元。

2008年，低保标准提高到每人每年1320元，同时建立城乡低保标准增长机制，按照当地上年度城市居民人均可支配收入和农民人均纯收入23%的比例，综合确定当年最低生活保障标准。当年人均月补助63元，全市农村低保保障涉7.3万户、15.9万人，占全市农业人口的4.1%，发放保障金1.13亿元，实现应保尽保。

1997—2008年淮安市农村低保情况统计表

表18-5

年份	低保户数（万户）	低保人数（万人）	低保标准（元/年）	补助水平（元/年）	累计资金支出（万元）
1997	0.54	1.61	600	26.06	41.86
1998	0.56	1.58	700	192.85	305.52
1999	0.55	1.54	700	193.90	297.74
2000	0.54	1.46	700	208.00	304.58
2001	0.60	1.64	700	16.74	329.22
2002	0.80	2.18	800	17.31	453.70
2003	1.56	4.22	800	18.13	764.90
2004	2.30	6.20	900	20.00	1186.20
2005	3.60	8.40	900/720	28.80	2823.61
2006	4.80	11.56	840（7月提标）	35.00	4038.00

续表18-5

年份	低保户数（万户）	低保人数（万人）	低保标准（元/年）	补助水平（元/年）	累计资金支出（万元）
2007	5.75	13.10	1000（7月提标）	47.50	6159.00
2008	7.30	15.90	1320（1月提标）	63.00	11329.00

二、城市最低生活保障

1997年，国务院部署全面开展城市低保工作。当年淮阴市8个县（区）全部建立城市最低生活保障制度。保障对象为持有淮阴市非农业户口城市居民，凡共同生活家庭成员人均收入低于当地城市居民最低生活保障标准的，均有权申请享受最低生活保障待遇。城市居民最低生活标准与当地职工最低工资标准和失业保险金标准相衔接。最低生活保障标准以居民家庭人均月收入计算，城市最低生活保障最初标准为每户每月100元。最低生活保障标准原则上每年调整一次，报市政府批准后实施。1999年7月，全市城市低保标准提高到每户每月130元。

2001年12月，出台《淮安市城市居民最低生活保障办法》，城市居民最低生活保障标准按照当地维持城市居民基本生活所必需的衣、食、住费用，并适当考虑水、电、煤（燃气）以及未成年人义务教育费用之后确定。各县（区）城市居民最低生活保障标准由市民政局会同财政、统计、物价等部门制定，报市政府批准后公布执行。城市居民最低生活保障标准需要提高时，由市民政局会同财政、统计、物价等部门制定，报市政府批准后公布执行。城市居民最低生活保障所需资金，由市、县（区）政府列入财政预算，纳入社会救济专项资金。社会组织和个人为城市居民最低生活保障提供的捐赠、资助，全部纳入当地城市居民最低生活保障资金。民政部门在每年10月底前向同级财政部门报送下年度保障金预算草案。经同级财政部门审核后，纳入次年财政预算。4个区所需保障金由市、区财政按比例分级负担。清河区、清浦区按7：3比例，市财政补贴70%，区财政补贴30%；淮阴区、楚州区按4：6比例，市财政补贴40%，区财政补贴60%。财政部门单独设立保障金专户，定期将年度预算安排的保障金转入保障金专户，并通过专户及时足额拨付保障金。民政部门专人管理、专账核算。

城市低保对象享有诸多优惠政策。劳动、人事部门对符合就业条件的保障对象优先安排就业或提供推荐就业服务，用人单位优先录用。工商行政管理部门对从事个体经营的保障对象，简化工商登记手续，优先办理营业执照，只收23元登记费，管理费、会员费和四项基金等其他费用一律免收。保障对象接受义务教育杂费由学校按照国家和省规定标准全额免除，代办费由市、县（区）中小学特困生资助金专户解决50%左右；保障对象属于孤儿的，杂费由学校给予全免，代办费由市、县（区）中小学特困生资助金专户全额解决。在大中专阶段通过实施“育才助困”工程、办理助学贷款等形式，确保保障对象完成学业；各类幼儿教育机构酌情减免保障对象入托、入园有关费用。卫生部门对保障对象从事饮食服务等个体职业参加健康体检和结婚登记时婚前体检免收体检费；保障对象就医，免收门诊诊疗费，患病住院减半收取诊疗费和护理费，床位费、治疗费、大型设备检查费减收20%。保障对象从事个体经营、社区服务业，经税务机关批准，按有关政策规定享受税收优惠。房产管理部门对租住公房的保障对象适当减免房租费。保障对象住房因城市建设拆迁，拆迁办负责协调落实基本住房。城建部门对使用管道煤气的保障对象家庭，减收20%的初装费。广播电视部门对保障对象有线电视收视费给予减免，每户每月只收8元。民政部门免收保障对象婚姻登记工本费。司法行政部门对保障对象个人合法权益受到侵害需要法律服务时，为其提供法律援助。

至2008年年末，淮安市城市低保标准经过6次提高，达到每户每月240元，月人均补助金额113.5元。城市低保户涉1.9万户4.4万人，占城市总人口数的3%。低保网覆盖全市，实现应保尽保。

1997—2008年淮安市城市低保情况统计表

表18-6

年份	低保户数（万户）	低保人数（万人）	低保标准（元/月）	补助水平（元）	累计资金支出（万元）
1997	0.14	0.35	100	30.00	169.56
1998	0.27	0.65	110（1月提标）	37.25	292.49
1999	0.34	0.82	130（7月提标）	55.27	421.99
2000	0.29	0.73	130	53.60	469.56
2001	0.83	2.10	130	60.00	1515.00
2002	0.90	2.25	150（7月提标）	51.22	1383.04
2003	1.17	2.96	150	53.92	1816.12
2004	1.34	3.45	165（7月提标）	55.70	2116.10
2005	1.52	3.89	180（7月提标）	66.50	3078.73
2006	1.73	4.30	200（7月提标）	75.70	3374.00
2007	1.80	4.40	220（7月提标）	98.20	4484.00
2008	1.90	4.40	240（1月提标）	113.50	6011.60

第二节　灾害救助

1978年，淮阴地区干旱时间长，成灾面积46.53万公顷。当年6月以后，金湖、涟水、淮安、洪泽等县受灾，风灾1.67万公顷、雹灾5826.67公顷、冻灾1万公顷、虫灾6万公顷，损坏房屋20余万间，倒塌房屋0.41万间，成灾人口190万人，因灾死亡17人，死亡大牲畜124头。7月，金湖县闵桥、塔集、夹沟、卞塘、金南5个公社遭龙卷风袭击，风力中心10级以上，刮倒房屋4300余间，伤1人。灾情发生后，相关县、公社领导干部立即深入灾区，组织干部群众抢险救灾，安排好受灾群众生产和生活。

1979年7月，全地区13个县（市）普降暴雨，雨量达100～200毫米，伴有5～12级大风，造成严重涝渍，农作物受灾面积24.05万公顷，成灾14.08万公顷，其中重灾3.33万公顷、无收1.33万公顷。损坏房屋23.62万间，倒塌房屋5.99万间，刮倒树木1.66万株，电击、倒房砸死16人，伤56人。6月上旬，淮阴、涟水、盱眙、金湖等县遭受风雹袭击。灾情发生后，地区民政局及时下拨救灾款15万元，帮助维修受灾房屋和抢救受灾灾民。

1980年4月，淮阴地区出现寒流、低温霜冻，三麦收割季节，阴雨连绵，三麦霉烂。阴雨洪涝、大风、暴雨、冰雹交叉袭击，淮河行洪达121天。受灾面积36.91万公顷，占播种面积总数的

27.23%。减产近1亿公斤。受灾人口473.4万人，成灾人口131.4万人，特重灾民7.8万人，因灾死亡46人，伤54人。全年下拨救灾款604万元、木材1000立方米、毛竹1万支、救济布153万尺、絮棉5.35万公斤。年底修复房屋6.1万间。

1981年，由于1980年群众受灾导致春荒，为解决灾民春荒，淮阴地区行政公署下拨250万元救灾款。当年3月，一次性增拨救灾款380万元；5月，增拨救灾款30万元。10月，发放布38万米，棉8万公斤，款80.6万元，解决常年困难户御寒过冬困难。秋收时，洪泽、盱眙、金湖等县受台风及其他风雨灾害袭击，群众房屋倒塌严重。专区下拨灾民房屋维修款20万元、木材200立方米、毛竹5000支。为安排好1980年受灾的群众生活，修建因灾倒塌的民房，省政府下拨670.62万元救灾款，其中粮2540万公斤、救济94.42万人，修建民房1.53万户、3.05万间。

1982年1—8月，淮阴地区受到暴雨、台风、冰雹、龙卷风等自然灾害侵袭。农作物受灾面积2.33万公顷；倒塌房屋11175间，损坏房屋55495间；倒树30余万株、电线杆2700多根，造成供电、电话、广播、交通“四不通”，损失粮食500万公斤，死2人，伤10多人。灾后，省政府下拨救灾款65万元、木材200立方米、毛竹4000支，市民政部门发放救灾款物。当年省政府共下拨救灾经费348.13万元，扶贫经费74.47万元，木材800立方米。

1983年7月18—22日，涟水、淮阴等7个县遭受历史上罕见的特大暴风袭击，受灾重的有85个公社、750个大队、6363个生产队、41万户、188.22万人。受大水围困被迫转移安置7.295万户、38.7万人。农作物受灾面积45.54万公顷；伤亡389人，牲畜1.7万头；损坏房屋7.866万户22.52万间；倒塌房屋6.33万户17.75万间。灾后，各级政府组织灾民建房专业队4607个，33027人参加，加快建房速度，年底建成13.2万余间，省政府下拨救灾款498.08万元、木材1500立方米、毛竹5.5万支、钢材200吨。

1984年5—6月，淮阴、涟水等县先后遭受龙卷风、冰雹袭击。同年8月29日至9月1日，全市普遍遭受雨涝和暴风灾，盱眙县还遭受二次龙卷风灾，降雨量110～393毫米。150个乡、13.24万人受灾，积水农田面积19.11万公顷，倒塌房屋1.37万户3.95万间，砸死4人，伤539人，死亡牲畜175头、家畜23.26万只，倒树17.48万棵，损失粮食50万公斤。灾情发生后，市政府组织人员慰问灾民，实地检查36个乡、69个村、121个组、1031个农户的生产生活情况。组织2.24万名干部，动员74万劳力清除排水障碍。采取退库、供销，动用储备粮，供应议价粮等5种办法安排口粮；市政府拨出120万元，淮阴县、涟水县各拨出专款7万元，帮助解决经济问题；发动群众互助互借，亲邻相帮，余缺调剂，仅涟水县就解决粮食150万公斤；发展短线副业，增加群众收入，组织困难户打席、搞运输和从事其他劳务；民政部门及时下拨救灾款556.03万元，生活用煤2000吨，发动群众生产自救。

1985年10月9日，淮阴、淮安、清浦等5个县（区）的51个乡遭狂风暴雨、雷电、冰雹袭击。全市农作物受灾面积2.11万公顷，雨水冲走稻子98.4万公斤，浸泡稻子792.2万公斤，倒塌房屋6642间，损坏房屋19638间；雷击砸死17人，伤130人，雷击、砸死牛3头、猪羊178头、家禽1.38万只；刮倒树木7万余棵，水浸鱼塘486个，砸坏蘑菇2.35万平方米。淮阴市发动群众抗灾自救，对所缺粮食，采用供销、统销、议价等办法解决。民政部门下拨自然灾害救济款446万元、木材360立方米，钢材60吨。

1986年7月中旬，受暴雨、大风等恶劣天气影响，全市受灾农作物55.9万公顷。倒塌房屋14.085万间，损坏15.25万间。死亡48人，伤339人。民政部门全年下拨救济款908万元，其中市区14.2万元，救济12.4万户55.4万人。

1987年，盱眙县、金湖县遭受冰雹、大风、雷阵雨袭击，金湖县更是3次遭雷雨、雷、冰雹、大风袭击，有18个乡遭灾。全市13个县（区）遭受暴雨袭击，农作物受灾3.8万公顷，民房倒塌2887间，损坏3026间。市委、市政府组织调查组深入灾区查看灾情，慰问灾民，安定群众情绪，动员抗灾，落实补救措施。民政部门全年下拨自然灾害救灾、建房、扶贫生活安排款741.3万元，其中清河、清浦两区19.5万元，救灾木材340立方米、钢材40吨。

1989年，淮阴市相继遭受雪灾、冻灾、病虫害、冰雹、雨涝和龙卷风等多种自然灾害。全市受灾面积60.27万公顷，受灾人口730万人，成灾人口368万人，占农业人口的43%，因灾死亡32人，伤464人，倒塌房屋3.6万间，损坏房屋6.6万间。全年安排群众生活65万人次，安排救济粮969.24万公斤。

1990年，淮阴市遭受特大洪水雨涝及其他灾害，成灾人口343万人，因灾死亡125人，减产粮食462981吨，油料11721吨，烤烟2892吨，死亡大牲畜489头，倒塌民房230948间，损坏民房223053间。民政部门下拨救灾款1530.4万元，救济灾民119.5万人次，临时安置抢救转移灾民20302人次。

1991年，淮阴市遭受百年不遇的洪涝灾害。全市大部分村庄和农田受淹，三麦受灾面积49.16万公顷，占播种面积的96%；秋熟作物受灾面积39.32万公顷，占播种面积的51.3%，遭受洪涝灾害的有4923个自然村庄，倒塌民房52819户、117154间，损坏民房66630户、128241间；因灾死亡55人（淹死15人、雷电击死6人、倒房砸死34人），伤338人；特大洪涝灾害造成直接经济损失11亿元。全市多渠道筹集建房资金3.36亿元，新建房屋79004户、192183间。民政部门及时拨发救灾捐赠款1.1亿元，其中救灾款8541万元，捐赠款2600万元，救济灾民310万人次。拨发救灾粮7000万公斤。

1994年，淮阴市持续高温干旱，工农业生产蒙受重大损失。全市直接经济损失25.77亿元。1995年获得捐赠款120万元、捐赠粮200万公斤，民政部门及时拨发救灾款2631万元，安排救灾粮1200万公斤，直接救济重灾民73万人次。

1996年，淮阴市受灾人口143.09万人，成灾人口73.19万人，死亡人口6人，因灾伤1126人，被困人口37140人，紧急转移安置1.38万人；农作物受灾面积13.61万公顷，成灾面积5.97万公顷，绝收面积1.78万公顷；倒塌房屋13348间，损坏房屋19769间；因灾死亡大牲畜136头。造成直接经济损失4.63亿元，农业直接经济损失3.65亿元。各级政府及时组织灾害救助，帮助受灾群众。募集衣被146365件，捐款28148.3元，发往受灾县（区）。

1997年，淮阴市受灾人口303.41万人，成灾人口144.13万人，死亡7人，伤167人，被困人口5200人，紧急转移安置9200人；农作物受灾面积295.89万公顷，成灾面积147.82万公顷，绝收面积16.5万公顷；倒塌房屋6067间，损坏房屋57032间；因灾死亡大牲畜185头。造成直接经济损失8.79亿元，农业直接经济损失6.6亿元。全市募集棉衣3632件，棉被155条，捐款80592元，向灾区发放。

1998年，淮阴市部分地区遭受低温冷冻、暴雨洪涝、大风冰雹等多种自然灾害。受淮河上游客水影响，河湖水位较长时间居高不下。全市农作物成灾面积17.33万公顷；成灾人口264万人，因灾死亡9人；倒塌民房5180间，损坏房屋9100间；沉船48艘。因灾直接经济损失7.61亿元，因灾缺粮33.74万人，其中“双缺”（缺房缺粮）户22.78万人。国家安排救济口粮284万公斤（占总需求的16.9%），救济重点户17.57万人。全市完成灾民建房和贫困户草危房改建4517户、11725间，其中灾民倒房重建4895间，占因灾倒房数的94.5%。组织慰问敬老院、福利院180所，慰问“五保户”、低保对象、优抚对象等26777户，地方财政安排慰问经费169.16万元，社会捐助款、物折合112.64万元。

1999年，淮阴市受灾人口346.05万人，成灾人口149.97万人；农作物受灾面积23.43万公顷，成灾面积9.93万公顷；倒塌房屋85间，损坏房屋186间；因灾死亡大牲畜920头。造成直接经济损失4.2亿元，农业直接经济损失4.11亿元。灾后，及时帮助灾民修复或重建房屋，走访慰问农村困难户，送去慰问金和生活必需物品。

2000年，淮阴市遭受干旱、风雹、台风、雨涝、连阴雨等自然灾害，其中最为严重的是当年3—7月的全市性旱灾、风雹、干热风灾害和水灾。农作物受灾31.33万公顷，成灾人口184万人，粮食减产59万吨。直接经济损失10亿元。全市帮助灾民建房5255户，占倒房户的95%，组织慰问团组1021个，走访慰问15587户农村五保户、特困户、贫困户和城镇低保对象，慰问147所农村敬老院，发放慰问款275.79万元。

2001年，淮安市普遍遭受严重旱灾，部分地区还遭受龙卷风、暴雨和病虫害等多种自然灾害，因灾减产粮食15.73万吨，直接经济损失5.6亿元。当年安排生活救济款457.8万元，直接救济13.08万人次。全市因灾倒房430户802间，全部修复或重建。

2002年，淮安市普遍遭受旱灾，部分地区还遭受龙卷风、冰雹和病虫害等多种自然灾害。全市因灾减产粮食19.5万吨，直接经济损失6.5亿元。共接受捐赠款357.31万元，衣被18.29万件，其他物资价值44.72万元。灾后，安排生活救济款484万元，直接救济16.3万人次。

2003年，淮安市遭受1954年以来特大洪涝灾害和3次较大龙卷风袭击。全市受灾人口330.6万人，成灾人口230.3万人；倒塌民房1.5万户、4.18万间；损坏房屋3.6万户、8.63万间；农作物受灾面积29.13万公顷。全市直接经济损失36.34亿元，其中农业经济损失23.2亿元。全市投入救灾资金6000多万元，帮助灾民重建房屋，开展生产自救，保证基本生活。

2004年，淮安市8个县（区）受灾水稻面积82790公顷，绝收11667公顷，减产23.65万吨，农业直接经济损失3.85亿元。全市救济57301户、197688人。

2005年，龙卷风、暴雨、冰雹和台风等自然灾害袭击淮安市，还发生“3·29”京沪高速交通肇事液氯泄漏、淮河上游水污染等突发事故。自然灾害造成全市受灾人口292万人次，紧急转移安置人口11.26万人，死亡8人，因灾伤病人口87人；倒塌和损坏房屋34139间；农作物受灾18万公顷，绝收1.2万公顷。直接经济损失8.35亿元，其中农业直接经济损失5.99亿元。灾害期间，省、市7次向受灾地区拨款，总额达520万元。全市因灾倒塌居民住房1300户、3903间，其中需恢复重建955户、2312间。共投入资金669万元，完成灾民建房953户、2302间，购置房屋2户、10间。春荒和冬令期间，全市发放生活款1428万元，大米、面等粮食1913吨，直接救济灾民34.3万人次。在市“慈善一日捐、济困送温暖”活动月间，市、县（区）联动，募集善款418.63万元。元旦和春节前，在全市范围内实施集中救助，重点实施“六个一”工程，即资助100户重灾特困户、资助100名“五保”对象5万元、资助100名特困重病患者、资助100名特困学生、资助100户特困城乡低保户、资助100名特困下岗人员，发放救助金52万元。

2006年，淮安市遭受冰雹、洪涝、龙卷风和病虫害等自然灾害袭击，特别是7月发生的洪涝灾害，全市大部分农作物、村庄被淹。受灾人口144.2万人，紧急转移安置人口6.8万人，因灾死亡5人；倒塌和损坏民房4.8万间；农作物受灾面积19万公顷，其中绝收3.7万公顷。直接经济损失10.3亿元，其中农业直接经济损失9.5亿元。争取省、市应急救灾款960万元。新建和修缮倒塌损坏民房1804户4863间，投入资金2351.81万元。发放灾民春荒、冬令生活款1365万元，发放救助卡12万张，直接救济灾民近40万人次。在全市范围内开展“送温暖，献爱心”社会捐助活动，全市726家单位募集善款379万元，其中市本级119家单位捐款60万元。

2007年，淮安市遭受洪涝、风雹、台风等自然灾害袭击。外洪内涝夹击，农作物长时间受淹，部分村庄被洪水围困，损失严重。全市受灾人口167.08万人，紧急转移安置人口21223人，因灾死亡3人、伤15人；倒塌民房1552户3983间，损坏民房7295间；农作物受灾面积10.87万公顷，其中绝收2.48万公顷。灾害造成直接经济损失13.3亿元，其中农业直接经济损失11亿元。灾后新建和修缮倒塌损坏民房1762户、4441间，投入资金1156万元。发放灾民春荒、冬令生活款1048万元，发放救助卡11万张，直接救济灾民近26万人次。春节期间，组织慰问团（组）870个，慰问敬老院、福利院96所，慰问“五保户”、低保对象、优抚对象等5.5万户，慰问款物折合1297万元。向全市“五保户”一次性发放春节过节费每人100元。

2008年，淮安市先后发生低温冷冻和雪灾、洪涝、风雹等自然灾害，粮食大面积减产，部分绝收，特别是1月下旬至2月上旬发生的雪灾影响严重。全市受灾人口35.9万人，紧急转移安置人口1346人，因灾死亡2人、伤2人；倒塌民房408户988间，损坏民房2331间；农作物受灾1.35万公顷，其中绝收0.3万公顷。灾害造成直接经济损失2.8亿元，其中农业直接经济损失2.5亿元。向省争取恢复重建款233万元，市投入42万元。安排冬春生活救助款958万元（冬令救助593万元、春荒救助365万元），救助灾民17万人。春节期间，全市组织慰问团（组）644个，慰问敬老院、福利院96所，慰问“五保户”、低保对象、优抚对象等18852户，慰问款物折合498.26万元。

第三节　专项救助

一、医疗救助

2003年以前，淮安市的医疗救助由民政部门和卫生部门共同负责，对需要救助人员，由当地民政部门确认其家庭状况，并根据其家庭状况出具需要大病救助证明，再到当地卫生部门核算救助金额。

2004年，《淮安市农村医疗救助制度实施细则》出台。明确医疗救助范围为参加农村新型合作医疗的“五保户”、低保户、特困家庭以及20世纪60年代精简下放的老职工家庭等。明确农村医疗救助资金通过政府财政预算和社会筹集等多渠道解决，市、县（区）财政分担比例为2∶8，并列入当年财政预算；县（区）财政预算按当地农业人口每人每年不低于1元标准安排；市、县（区）民政部门每年从留成社会福利彩票公益金中，安排15%资金用于农村医疗救助。本着低起点启动、低标准救助原则，扩大医疗救助面，覆盖全市农村。至2000年年底，筹集农村医疗救助资金394万元，当年资助重点对象为白血病、肝癌、尿毒症、肺癌等患者，资助37310人次。

2005年，制定《淮安市城市医疗救助制度实施办法（试行）》。2006年，城市医疗救助试点工作初见成效，试点单位清河区、清浦区、淮安经济开发区和淮阴区按照要求建立救助制度，严格执行《淮安市城市医疗救助实施办法》，开展救助工作。协调落实城市医疗救助资金，争取省拨资金50万元和市级财政预算100万元，保障医疗救助工作实施。指导、督促社区居委会、街道办和区民政局建立统一救助档案。2007年，全市实现城乡城市医疗救助全覆盖目标。全市8个县（区）及经济开发区全部建立城乡医疗救助制度，制定出台规范性文件，明确救助对象、救助形式、救助标准、医疗救助申请审批程序。

2008年，对医疗救助相关政策规定进行适当调整。取消住院医疗救助门槛，实行“零起点”救助；改变大病住院救助额分段按比例累进计算方法，救助比例改为统一按自费部分实际发生额的60%计算救助额。简化救助手续，凡符合医疗救助条件的对象凭有效证件、新农合或医保报销凭证，经乡镇、街道审核填表，直接到县（区）局申领救助金，提高救助效率；城乡医疗救助执行同一标准。

2004—2008年淮安市医疗救助相关情况统计表

表18-7

项目 年份	农村医疗救助			城市医疗救助		
	标准（元）	资金（万元）	人次（人）	标准（元）	资金（万元）	人次（人）
2004	400～10000	286.09	36210	—	—	—
2005	400～10000	236.19	16012	400～10000	93.00	412
2006	400～10000	283.70	2227	400～10000	149.56	502
2007	500～10000	513.61	5601	400～10000	562.77	3229
2008	500～20000	1324.72	7321	400～20000	547.72	2289

二、重残人员救助

2008年3月，淮安市印发《关于对无固定收入重残人员给予生活救助的通知》，明确无固定收入重残人员救助对象、救助原则、救助标准，明确民政、财政、卫生、残联职责分工，明确资金渠道。执行时间为2008年1月1日。至2008年年底，8个县（区）及淮安经济开发区全部建立无固定收入重残人员救助制度并实施救助。全市有登记为一级、二级的肢体残疾，一级、二级智力残疾，一级、二级精神残疾，一级盲、二级盲视力残疾的人员26849人，纳入最低生活保障范围14963人，纳入“五保”1382人，领取救助费819人。

三、精简退职职工救助

1978年，淮阴地区对20世纪60年代初精简退职职工中符合条件人员按原工资标准40%救济；对不符合条件但生活困难的，民政部门给予临时救济。至1979年，办理40%救济的人员有2270人，临时救济17634人次。1980年，办理40%救济和临时救济的人员分别增加到2666人和1.8万人次。

1981年，淮阴地区对20世纪60年代精简老职工情况进行调查，并实施定补、救济。是年9月，在淮阴县棉花庄公社试点。试点结束后，各县开展普查、登记、核实、发证、发钱工作。至1982年，全地区登记入册24777人。对不符合40%救济的8983人，发给定期生活补助，家住农村每人每月补助12元，家住城镇每人每月补助15元。1985年7月起，每人每月补助标准增加5元。1987年，全市支付精简退职老职工5063人、救济费148.5万元，其中市区118人、救济费7.8万元。

1991年，全省精简退职老职工救济标准进一步提高，城镇户口人员每人每月35元，农村户口人员每人每月32元。1992年，考虑到各市经济发展不平衡，江苏省不再出台统一调整补助标准文件，由各市根据实际情况，自行确定调整幅度。淮阴市3次调高补助标准。

2003年起，补助标准合一。不论是生活在农村还是城市，补助执行同一标准。淮安市4次调整提高补助标准，至2006年达到每人每月260元。

2007年，市民政局与市财政局联合印发《关于调整六十年代初精简退职职工生活补助标准并建立自然增长机制的通知》，调整为每人每月300元，增幅15%。

2008年，淮安市各县（区）对20世纪60年代初精简退职职工生活补助标准调整实行自然增长机制，按上年度全市在岗职工年平均工资的30%执行。全市执行一个标准，每人每月500元，增幅67%。将享受40%救济补助人员纳入医疗救助范围，解决看病治病问题。11月，市政府组成督查组，专项督查包括20世纪60年代初精简退职职工补助标准在内的社会救助工作。结合督查情况，市政府重新出台文件，统一20世纪60年代初精简退职老职工生活补助费标准。12月，市政府办公室印发《关于调整五六十年代精简退职职工生活补助费标准的通知》，统一行政事业人员与企业人员标准，均为每人每月500元。

1992—2008年部分年份淮安市精简退职职工普查情况统计表

表18-8

普查年份	补助人数	月补助金额（元）	普查年份	补助人数	月补助金额（元）
1992	—	城镇35、农村32	2003	—	190
1995	—	城镇55、农村52	2005	—	210
1997	—	城镇120、农村90	2006	1960	260
1999	—	城镇145、农村115	2007	1850	300
2001	—	城镇170、农村140	2008	1794	500

四、流浪乞讨人员救助

1978年，淮阴地区设有淮阴专区精神病人收容所，由淮安县民政局代管，各县设有收容遣送站，用于解决社会流浪人员问题。1981年，精神病人收容所更名为淮阴地区精神病疗养院。1982年12月收归地区民政局管理，1983年5月更名为淮阴市精神病院。1986年，全市收容遣送站收容外来流浪人员800人次，其中多为好逸恶劳、懒惰成性者。同年，除保留淮阴市收容遣送站外，其他遣送站均撤销建制，外流人员收容工作由公安部门负责，民政部门负责审查遣送。

1988年6月，淮阴市精神病院改为淮阴市新安医院。2001年7月，更名为淮安市新安医院。随着改革开放的深入和全国人口流动量变大，特别是2000年以后，外来人员遣送工作量逐步增加。2000年至2003年7月，全市收容遣送流浪乞讨人员3753人次。按年龄分，成年人3505人次，未成人248人次；按区划分，淮安市1771人次，江苏省外市1044人次，外省938人次。2003年8月前，各级民政部门和收容遣送站按照中共中央、国务院有关文件精神和国务院《城市流浪乞讨人员收容遣送办法》等有关法规，坚持“收容与教育、遣送与安置相结合”原则，立足教育、文明管理，妥善安排流浪乞讨“三无”人员、精神病人等。2003年8月，国务院《城市生活无着的流浪乞讨人员救助管理办法》和民政部《城市生活无着的流浪乞讨人员救助管理办法实施细则》正式实施，将强制性收容遣送改为关爱性救助管理，建立以自愿受助、无偿救助为原则的新型社会救助制度。按照统一要求，淮安市2个收容遣送站都改为救助管理站，停止对外收遣。各救助站筹集资金，改造原有站舍，拆除隔离性栅栏，添置救助工作必需的生活设施（床、被、桌、用品用具）。当年全市救助流浪乞讨人员429人次。2004年，接受求助1128人次，实际救助流浪乞讨人员819人次。

2005年7月，淮安市印发《关于加强市区城市生活无着的流浪乞讨人员救助管理工作的意见》，成立市区城市生活无着的流浪乞讨人员救助管理工作协调小组。同年10月，各救助管理站和未建站县民政部门开通“全国流浪乞讨人员救助管理信息系统”，救助管理工作进入信息化管理阶段。当年全市各级民政部门和救助管理站接待求助人员1300余人次，对符合救助条件的1200多名流浪乞讨人员实施不同程度救助，其中救助流浪未成年人334人次。

2006年，全市各级民政部门和救助管理站接受求助1079人次，对符合救助条件的1037名流浪乞讨人员实施不同程度救助，其中救助流浪未成年人139人次。2007年，全市各级民政部门和救助管理站接受流浪乞讨人员求助1316人次，实际救助流浪乞讨人员1278人次，其中流浪未成年人135人次，老年人88人次。

2008年4月，市综治委印发《关于进一步做好救助管理工作进社区的意见》，在清河区取得试点经验基础上，在全市范围内普遍开展“四三救助”活动，即“三有”“三上”“三通”“三网”，放大试点效应。“三有”，有组织网络、有专人负责、有志愿者队伍；“三上”，机构牌挂上门、工作制度贴上墙、宣传资料放上架；“三通”，咨询电话通、专业机构与社区的联系渠道通、查询资料畅通；“三网”，在社区建立监护网、社区救助网和社区安置网。12月初，南京中心片区第四次跨省救助工作联席会议在淮安市召开，淮安市探索救助管理进社区做法在会上作主题交流发言。2008年，淮安市新安医院收治全市城镇“无家可归、无依无靠、无生活来源”的“三无”精神病人及社会流浪乞讨精神病人256名，其中收容“三无”病人89名。是年，全市接受流浪乞讨人员求助1815人次，实际救助流浪乞讨人员1766人次，其中救助流浪未成年人156人次。

1979—2008年淮安市新安医院收治精神病人人数统计表

表18-9　　单位：人

年份	收容人数	年份	收容人数
1979	46	1994	172
1980	52	1995	181
1981	61	1996	189
1982	64	1997	193
1983	70	1998	199
1984	78	1999	206
1985	82	2000	212
1986	96	2001	221
1987	109	2002	226
1988	125	2003	231
1989	135	2004	235
1990	141	2005	239
1991	146	2006	242
1992	153	2007	251
1993	161	2008	256

第四节　慈善救助

1978年，淮阴地区慈善救助工作基本由各级民政部门负责实施。1980年起，针对农村经济体制改革后产生新的生产方式，开展“扶持贫困户发展生产，脱贫致富”工作，慈善救济和扶持发展生产结合起来，社会救济由单纯发钱救济转变为社会各行各业共同扶贫致富。

淮阴市大规模慈善救助工作开始于20世纪90年代。1996年10月，淮阴市向各县（市、区）政府、市直各部委办局印发开展捐赠活动的通知。活动启动后20天，参加捐赠单位达到160多个、4.8万人；募集衣被14.64万件，捐款2.81万元。

1997年10月，淮阴市开展第二个扶贫济困送温暖捐赠月活动，募集衣被83741件。10月29—31日向灾区发放，其中淮阴县17418件、盱眙县15260件、涟水县5000件，其余51063件由各挂钩扶贫单位直送各自扶贫点。1998年，长江、松花江、嫩江流域发生特大洪涝灾害。市民政局抽调人员成立接收捐赠机构，做好救灾捐赠接收、管理、上交、分配及运输等工作。全市民政系统接收救灾捐赠款物1017.41万元，其中捐款684.5万元，物资折款332.91万元。接收的款物除县级淮安市80万元直接汇民政部外，其余全额汇至省民政厅。

1999年12月，淮阴市慈善总会成立，市慈善总会第一届理事会由39名理事组成，有团体会员35个、个人会员131人。创立之初，筹集母本资金100万元。2001年，组建市经常性社会捐助接收工作站，与市慈善总会合署办公，并在市区和县城设立22个捐助接收点，方便单位和个人捐赠。12月开始，在全市实施“微笑列车”项目，为贫困唇腭裂患者免费进行矫形修补手术。平均每年有67名唇腭裂患者得到手术矫治。

2003年5月，淮安市设立市区城镇特困居民大病医疗救助资金，并明确规定救助范围、对象、方式、额度等。成立市区城镇特困居民大病医疗救助资金管理委员会，下设办公室，由市慈善总会负责处理日常事务。当年开始，在全市开展“慈善一日捐、济困送温暖”“送温暖、献爱心”和“爱心总动员、慈善大捐赠”活动。

2004年12月，印度洋发生强烈地震，并引发海啸，淮安市专门成立民间捐助印度洋海啸灾区协调办公室，组织赈灾募捐。收到捐赠款11万元，及时上交到中华慈善总会。当年起，市民政局、慈善总会每年春节都面向城乡特困群众，实施“六个一”救助项目。救助重灾特困户100户，每户1000元；救助“五保”对象100人，每人500元；救助特困重病患者100人，每人1500元；救助特困低保户100户，每户800元；救助特困学生100人，每人600元；救助“4050”下岗职工100人，每人800元。同时，市领导和市慈善总会还走访慰问特困家庭，给每户特困家庭送去500元（2007年为800元）慰问金。2005年3月29日，京沪高速公路淮安段发生交通事故，导致液氯大量外泄，造成重大人员伤亡。市慈善总会组织慈善捐赠，共收到善款47.5万元，资助受灾群众渡过难关，重建家园。当年起，市慈善总会推进慈善超市兴办，每建1个慈善超市补助5000元，调动县（区）新建慈善超市积极性。

2006年，在清河区、清浦区、淮阴区和淮安经济开发区启动实施特困居民医疗救助工程。省慈善总会在全省实施资助千人项目，淮安市160户残疾人特困家庭分别得到1000元资助。组织实施“爱心助医”工程，为78名先天性心脏病患儿实施全免费手术治疗。是年10月，市政府成立慈善劝募工作领导小组，加大行政推动力度。2007年年初，省慈善总会与中华慈善总会、世界轮椅基金会联合实施“行走·渴望”工程，由省慈善总会出资购买，中华慈善总会、世界轮椅基金会按实际购买数量1∶1捐赠，免费向淮安市贫困残疾人发放轮椅1199辆，折合人民币43.4万元。是年2月，省慈善总会在淮安市举行春节慰问启动仪式，并捐赠100万元。成立以市长为组长的全市慈善劝募工作领导小组，以大中型企业为重点对象，由市领导与相关单位进行协调，组织开展企业“留本付息”基金劝募和面向机关事业单位干部职工慈善劝募。企业家们向市慈善总会捐赠慈善基金2750万元，捐赠现金170万元。至2007年年底，淮安市8个县（区）及淮安经济开发区分别成立慈善总会。当年全市新建慈善超市30多家。

2008年年初，富士康集团向淮安市慈善总会捐赠700多万元，用于残疾老人康复训练、大病救助、农村“五保户”救助、市区“三无”（无家可归、无依无靠、无生活来源）精神病患者收治、孤残儿童康复、低保家庭高中生救助等，2000余人从中受益。5月12日四川汶川特大地震发生后，组织全市机关干部现场捐赠；组织“淮安市红绸带捐助汶川大型义演晚会”，现场接受社会各界捐赠200多万元；组织高校大学生开展“义卖”和“金秋岁月”老年合唱团进行义演；在各社区和人员密集的商业网点设立捐赠接收点；组织主城区44家房地产开发企业进行专场捐赠，接受捐款688万元。至当年年底，全市通过慈善部门向灾区捐赠善款累计4012.84万元，市本级接收1146.54万元。8月，市慈善总会召开第二届会员大会，选举产生新一届常务理事、领导机构和监事机构。10月，为保证对口支援地震灾区人民温暖过冬，全市接收购买棉衣、棉被捐款106万元，接收部分单位和个人捐赠棉衣996件、棉被152床。2008年，全市有慈善超市57家。是年11月，淮安市获得民政部授予的“中华慈善奖”。

第五章　社会福利

第一节　养老机构

1981年，淮阴地区有城市福利院3所。城市福利院收养79人，其中老人63人，生活费人均214元。1987年，淮阴市区社会福利院在保证城市“三无”对象（无劳动能力、无生活来源、无赡养人和扶养人，或者其赡养人和扶养人确定无赡养或扶养能力的60周岁及以上老年人）收养前提下，开始收养自费老人，解决部分双职工家庭中老年人无人照料难题，为发展老年公寓探索经验。当年全市办敬老院274个，其中乡办175个、村办99个。1990年，各地敬老院因地制宜发展副业，取得不错的经济效益。1994年，金湖县敬老院实现院办经济产值137万元，盱眙县敬老院实现院办经济实体收入17万元。1997年，在全市开展文明敬老院创建，多家敬老院创成省级文明敬老院。

2002年6月，淮安市各级民政部门开始实施“星光计划”，建设老年之家。10月，市老科技工作者协会注资兴办淮安市同仁老年公寓，成为全市首个社会力量举办的养老服务机构。2003年4月，首批“星光计划”25个项目全部建成并投入使用。同年9月，楚州区民营企业家出资180余万元在清浦区浦楼街道四季青社区创办清浦区四季青老年公寓，有床位80张。至2004年8月，共建成2批“星光老年之家”44个，建筑总面积26370平方米，总投资2036万元。其中，省级福利金资助200万元，地方政府配套、自筹资金（含房屋、土地等折算资金）1836万元。在项目建设上，做到统一服务功能、规章制度、标识名称、安全设置、建筑要求。

图18-2　淮安市社会福利中心（2007年）　　市档案馆　供

2006年9月，市政府批转《关于加快淮安市社会福利社会化意见》，从养老服务设施建设、用地规划、税收、城建、水电、医疗保障、政府资助等方面制定一系列优惠政策，引导、鼓励和扶持社会力量参与兴办社会福利事业。实施农村“五保户关爱工程”。加大农村“五保户关爱工程”项目争取力度，经省民政、财政部门批准实施137项农村敬老院改造工程，争取省补资金3838万元，新增床位7408张，改善农村“五保户”居住条件。2007年6月，在淮阴区黄河路与南昌路交汇处（南昌路东、黄河路北、北京东路南），投资新建集社会福利院、儿童福利院、流浪未成年人救助保护中心、救助管理站为一体的市综合性社会福利中心，项目占地面积9公顷，建筑面积12.1万平方米，总投资2.9亿元。同年9月，市第二人民医院兴办淮安市仁慈老年护养中心，设置床位320张。全年实施62个敬老院改扩建工程，投资3000万元，新增床位3300张左右，惠及农村“五保”老人1.8万人。

至2008年年底，全市有城镇“三无”对象767人，有社会福利机构9个。其中，国办社会福利机构3个，床位数370张，收（寄）养服务对象125人；民办社会福利机构6个，床位数840张，收（寄）养服务对象206人。

第二节　农村“五保”供养

1978年，淮阴地区“五保”（保吃、保穿、保医、保住、保葬）老人供养有集中供养、分散供养两种方式。集中供养就是“五保户”在乡村敬老院集中生活，一切生活照料都由敬老院负责。分散供养就是“五保户”生活在自己家中，平时日常起居、生活照料由爱心监护人料理，是主要供养形式。1981年，淮阴地区有农村“五保户”31381户、39607人，有福利院33个、工作人员61人，收养221人。使用经费7.58万元，其中集体供给2.41万元，国家救济补助5.18万元。分散供养31311户、38480人，集体供给195.54万元，国家救济金19.2万元。

1987年，全市有“五保户”25801人，敬老院274个。集中供养2674户、2802人，分散供养23127户。供养标准每人每年277～816元不等，“五保户”供给的粮款和物资，主要从乡村组公益金和集体工副业利润中支付。也有将“五保户”生活费拨给其亲属，订立赡养合同。

1994年，国务院颁布《农村“五保”供养工作条例》。淮阴市逐步加大乡镇敬老院建设力度，村办敬老院逐渐消亡。农村税费改革前，“五保”供养经费从村提留、乡统筹经费中解决。税改后，从农业税、农业附加和上级财政转移支付等渠道解决。

1998年，全市全部落实“五保”供养，经费实行乡镇统筹，统筹经费2048.6万元，人均1691元，比1997年增加235元。全市163个乡镇都建立“五保”服务中心，分散供养的“五保”对象都明确包户人，使其具体困难得以解决。

2000年，全市有农村“五保”对象9632户、10893人，农村敬老院床位5201张，入院率43.2%。统筹“五保”经费1831万元，人均1680元。2001年，全市有农村敬老院157所，床位5557张，入院率40.5%，集中供养人均1531元。2002年，全市农村敬老院床位5989张，入院率43.6%，落实“五保”供养经费1989.74万元，人均1500元。2003年，全市改扩建农村敬老院12所。2004年，全市改扩建农村敬老院21所。2005年，全市向上申报改造农村敬老院119所，被省批准81所，其中扩建63所、置换5所、新建13所，争取省补改造资金2154万元，县（区）财政配套358万元，乡镇自筹1236万元，新增床位4510张。

2006年，农业税取消后，“五保”经费列入县（区）财政预算，建立“五保”供养标准增长机制。同年，在全市范围内开展一次性排查“五保”对象活动，新审批“五保户”869人；全市分散供养平均标准由每人每年1637元提高到每人每年1913元，集中供养标准由每人每年1854元提高到每人每年2234元。分散供养“五保户”供养经费最低为每人每年1800元，最高是盱眙县每人每年2233元。集中供养“五保户”供养经费最低为每人每年1800元，最高是清河区每人每年3150元。实施农村“五保户关爱工程”。全市列入“关爱工程”建设项目敬老院57所，总投资2866万元，其中省补改造资金1684万元，县（区）财政配套332万元，乡镇自筹829万元，新增床位2958张，实际施工完成54所。淮阴区推行乡、村、包护人与“五保户”签订4方包护协议，通过司法公证，明确4方责任、权利和义务，确保“五保户”起居有人照料，生病有人服侍，生活无忧，其做法在中央电视台《新闻联播》节目中播出。

2007年，淮安市出台《关于进一步加强社会救助工作的通知》，将“五保”供养纳入全市社会救助体系框架，并列入市委、市政府实施的民生帮扶九大工程，明确建立农村“五保”供养标准自然增长机制。“五保”供养标准按照上年度农村居民人均生活消费支出水平执行。当年全市分散供养标准最高的是盱眙县，每人每年2233元。集中供养标准较高的清河区，每人每年3150元；金湖县，每人每年2600元；盱眙县，每人每年2533元。有61个敬老院获准实施省农村“五保户关爱工程”项目，对敬老院进行扩建、新建和改造，项目总投资2963.9万元，获省补资金1859万元，新增床位3292张。全年新审批“五保”对象508人，并做到发证到位、供养经费兑现到位、爱心监护协议签订到位。

2008年，在全市范围内启动敬老院星级考核评定，用星级表示敬老院等级，制定星级敬老院标准、评定方式等，通过抓硬件设施建设和内部管理服务，让全市敬老院逐步达到星级标准。全市敬老院有床位11018张。“五保”供养标准较高的清河区，集中供养每人每年3150元、分散供养每人每年2200元；淮安经济开发区，集中供养每人每年2900元、分散供养每人每年2700元。全市有35个敬老院获准实施省农村“五保户关爱工程”项目，项目总投资1902.32万元，获省补资金1238.4万元，新增床位2100张。

1981—2008年部分年份淮安市“五保户”供养情况统计表

表18-10

年份	五保户	敬老院（所）			集中供养		分散供养	
	人数（人）	小计	乡办	村办	人数（人）	经费标准（元/人·年）	人数（人）	经费标准（元/人·年）
1981	39607	—	—	—	1127	—	38480	—
1987	28537	274	175	99	2802	—	25735	—
1989	26923	373	305	68	4932	—	21991	—
1990	26325	394	307	87	5035	648	21290	—
1991	25822	402	312	90	5719	660	20103	—
1992	25885	409	313	96	6439	689	19446	—
1993	25137	410	312	98	6677	803	18460	—
1994	25582	407	311	96	6823	924	18759	—
1995	25957	405	309	96	7233	1085	18724	—
1996	12112	197	164	33	4259	1130	7853	—
1997	12570	199	165	34	4310	1173	8260	—
1998	12113	194	—	—	4259	1207	7854	1028
1999	11624	188	—	—	4561	1296	7063	1160
2000	10893	172	—	—	4708	1412	6185	1272
2001	13121	157	—	—	5223	1531	7898	1365
2002	13285	148	—	—	5798	1580	7487	1496
2003	15295	144	—	—	5122	1660	10173	1546
2004	15140	147	—	—	5193	1720	9947	1612
2005	18291	141	—	—	6521	1800	11770	1690
2006	18169	136	—	—	5272	2234	12897	1913
2007	19530	133	—	—	6780	2391	12750	2028
2008	19299	133	—	—	7324	2616	11975	2166

第三节 弃婴与孤儿收养

1987年，淮阴市有孤儿820人，主要由敬老院、社会福利院负责抚养，采取以养为主，养、治、教结合的方法，对学龄儿童，政府送其上学读书，到工作年龄则设法安排参加工作，脱离收养单位。对智力不全儿童，在养好基础上，尽可能训练其自理生活和从事简易劳动能力。部分孤儿、弃婴被无子女家庭领养。

1991年12月，《中华人民共和国收养法》颁布。市民政部门依法办理收养登记手续，市司法部门依法办理收养公证，市公安部门办理被收养人出生证、户籍登记、出国护照审批，市计划生育部门执行计划生育法律法规。淮阴市收养工作逐步步入法治化轨道。

1998年4月，市社会福利院增设儿童部，负责全市弃婴、孤儿收养、教育、康复训练工作，并开展国内外送养、家庭寄养、助养、代养、助医、助学等活动。1999年5月，民政部发布《中华人民共和国收养子女登记办法》《外国人在中华人民共和国收养子女登记办法》和《华侨以及居住在香港、澳门、台湾地区的中国公民办理收养登记的管辖以及所需要出具的证件和证明材料的规定》。市民政局负责办理华侨以及居住在中国香港、中国澳门、中国台湾地区的中国公民收养登记手续，并负责对社会福利机构监督管理，指导辖区福利机构利用条件安置、抚养好弃婴和孤儿、儿童，依法做好送养工作，依照程序向省民政厅涉外收养登记中心报送外国人收养子女相关材料。2000年，经江苏省民政厅和中国收养中心审查批准，市社会福利院依法开展涉外送养工作。

2004年5月，民政部在全国启动“残疾孤儿手术康复明天计划”，市各级民政部门组织实施。至2008年年底，全市有15名患儿接受手术治疗和康复矫治。

2007年6月，淮安市新建集社会福利院、儿童福利院、流浪未成年人救助保护中心、救助管理站为一体的市综合性社会福利中心。2008年1月，发放民政部监制的儿童福利证，全市有孤残儿童2128名。其中，男孩1125名，女孩976名；14岁以下1188名，14岁（含）以上940名；城市222名，农村1906名；因父母双亡致孤564名，因查找不到生父母致孤159名，因事实上无人抚养1405名；机构供养139名，社会散居1989名。2003—2008年，全市共办理收养登记199例，历年人数分别为41人、46人、31人、32人、33人、16人，登记合格率100%。至2008年年底，有128名婴儿分别送美国、英国、法国、加拿大、比利时、丹麦、西班牙等国家庭收养。

第四节　福利企业

1978年，淮阴地区各地有多个烈军属、贫民生产自救小组，吸收残疾人参加生产。之后，一些生产自救小组生产经营范围扩大，上升为福利生产企业。各地民政机构恢复后，一些福利生产企业陆续收归民政部门管理。

1982年，全地区有全民、集体所有制福利企业7家，职工944人，其中残疾职工306人。当年有2家企业亏损0.87万元。地区民政局对福利厂办厂方向、领导力量、产供销等问题进行整顿，福利企业生产有好的发展。

1987年，全市福利企业发展到185家，安置“四残”（盲、聋、哑及肢体残疾）人员3344人。全年产值3743.92万元，利润236万元。市区福利企业发展到33家，安置“四残”人员584人，全年产值1297.8万元，利润63.8万元。

1988年10月开始，各级民政部门对全市福利企业开展清理发证工作，年底清理整顿工作结束。新吸收一批“四残”人员，进一步落实残疾人员扶持保护措施，特别是残疾人员保底工资。明确民政部门是福利企业的主管部门，福利企业必须按比例上交社会福利基金。1989年，全市福利生产宏观管理得到加强，福利企业经济效益和社会效益得到增长。1995年，全市福利企业面临新税制改革冲击，处境相对艰难。福利企业数、安置残疾职工数停滞不前。

2000—2003年，随着企业产权制度改革深入，民营经济快速发展，福利企业中，除个别企业保留原有全民和集体所有制经济性质外，大多数福利企业由集体企业转为股份合作制或民营企业。部分投资商到淮安市投资，要求办福利企业，以达到享受福利企业税收优惠政策待遇，当地政府为争取招商份额，一般都能满足投资方要求。至2003年年底，全市有福利企业87家，安置残疾职工1295人，企业残疾人占生产人员数的50%以上，企业总产值5.85亿元，实现销售收入4.14亿元，实现利税4123.61万元。

2004年起，为保障福利企业残疾职工合法权益，在要求企业为残疾职工办理社会养老保险的基础上，新增职工最低工资标准要求，并作为年检考核硬指标。当年全市新办福利企业11家，有福利企业91家，职工总数3204人，安置残疾职工1422人，年产值9.15亿元，年销售8.1亿元，实现利税6224万元，实际退税2351万元。2005年年底，全市有福利企业104家，实现总产值33.2亿元，销售收入30.8亿元，利税2.06亿元，实退税1.33亿元，安置残疾职工1697人。

2006年9月，淮安市福利企业协会成立。是年，全市有福利企业90家，实现销售收入64.5亿元，利润5977万元，实际返还增值税2.7亿元，减免所得税5419.67万元，各项经济指标均创历史新高。年产值超亿元企业15家，其中淮阴区1家、涟水县7家、淮安经济开发区1家、洪泽县4家、盱眙县2家；年产值亿元以下千万元以上企业27家，其中清浦区2家、淮阴区5家、楚州区2家、涟水县3家、洪泽县8家、盱眙县1家、金湖县6家；年利润超百万元企业17家。退税额超千万元企业8家，其中涟水县6家、洪泽县2家；退税额千万元以下百万元以上企业27家，其中清浦区1家、淮阴区5家、楚州区2家、涟水县3家、淮安经济开发区1家、洪泽县9家、盱眙县2家、金湖县4家。吸纳3780名职工就业，其中残疾职工1824人，占有劳动能力残疾人数的3.1%。残疾职工年人均工资6800元，参加基本养老保险、医疗保险、失业保险、工伤保险率和最低工资达标率100%，企业为残疾职工月缴各项保险费人均280元。

2007年6月，财政部、国家税务总局联合下发《关于促进残疾人就业税收优惠政策的通知》，当年7月1日起，在全国范围内统一实行新促进残疾人就业税收优惠政策。同月起，全市各级民政部门陆续对福利企业进行资格认定。是年年底，全市认定福利企业89家，其中老福利企业78家；为5571名职工提供就业岗位，其中集中安置残疾人职工2954名。

2008年年底，全市有福利企业103家，安排6525名职工就业，其中残疾职工3729名，占全市有劳动能力残疾人数的5%。残疾职工年人均工资8900元，参加基本养老保险、医疗保险、失业保险、工伤保险率和最低工资达标率100%，企业为残疾职工月缴各项保险费人均330元。

第五节 福利彩票

1988年，淮阴市社会福利有奖募捐委员会成立，下设办公室，为市民政局直属正科级公益类自收自支事业单位。1989年后，福利彩票一度以传统型即开票大奖组为主要发行形式。1995年，全市销售即开票3780万元，销量位列苏北地区第一。

2000年4月，引进电脑型福利彩票，电脑票和网点即开票同时展开，培育开发福利彩票市场，培养合格销售队伍，建设国标化电脑投注站，制作国标化门头。同年，社会福利有奖募捐委员会增挂“淮阴市福利彩票发行中心”牌子，负责处理有奖募捐和福利彩票发行业务指导及日常工作。当年全市销售福利彩票2127万元。2005年，销售福利彩票3593万元。

2006年，淮安市开展“福彩爱心进万家”“福彩爱心敬老”“福彩爱心助学‘11511’工程”等一系列公益活动。当年销售福利彩票5100万元。2007年，全市销售福利彩票7941万元。

2008年，全市有投注机436台，分布在城区和乡镇，电脑投注机城乡覆盖率98%，同时依托电脑投注站平台，组织网点即开票市场开发和销售。当年销售福利彩票9300万元，解决近千人就业问题。投入20万元资助8所乡镇敬老院。

至2008年年底，淮安市累计销售福利彩票5.06亿元，筹集社会公益金1.64亿元。除上缴中央及省级外，地方本级公益金6700万元，投入使用4600万元，投放率92%，举办各类社会福利项目1185个。

1988—2008年淮安市福利彩票销售情况统计表

表18-11　　单位：万元

年份	销售额	筹集公益金	使用公益金	年份	销售额	筹集公益金	使用公益金
1988	530	198.75	43.98	1999	2385.20	291.20	309.00
1989	461	138.30	55.85	2000	1762.13	355.45	108.34
1990	420	126.00	74.35	2001	1952.76	313.78	363.70
1991	357	74.97	49.99	2002	1745.02	215.17	399.67
1992	532	159.60	83.48	2003	1531.68	186.13	218.15
1993	1023	215.04	77.55	2004	2134.65	266.83	138.70
1994	1330	302.13	229.84	2005	3606.54	450.49	226.00
1995	2540	552.45	384.20	2006	5350.46	654.65	144.69
1996	2440	240.04	47.09	2007	7942.28	842.47	663.58
1997	1526	640.20	561.20	2008	9303.60	1142.39	817.50
1998	1189	232.20	164.10	—			

第六章　老龄事业

第一节　老龄人口状况

第三次全国人口普查结果显示，1982年，淮阴地区总人口8733961人，60岁以上老年人口662357人，占全市总人口的7.58%，65岁以上老年人口占全市总人口的4.74%，80岁以上老年人口占全市总人口的0.52%。

第四次全国人口普查结果显示，1990年，淮阴市人口9902913人，60岁以上老年人口861553

人，占比8.7%，65岁以上老年人口占比5.9%，80岁以上老年人口占比0.7%。老年负担系数8.9%，老化指标19.9%。

第五次全国人口普查结果显示，2000年，淮阴市人口5038231人，60岁以上老年人口554205人，占总人口的11%，65岁以上老年人口占全市总人口的7.4%，80岁以上老年人口占全市总人口的1%。按国际通行标准，淮阴市进入老龄化社会。

2005年，淮安市60岁以上老年人口占全市总人口的14.9%，65岁以上老年人口占全市总人口10.3%。2008年年底，淮安市60岁以上老年人口794254人，占全市总人口的16%。65岁以上老年人口占全市总人口的11.2%，80岁以上老年人口所占全市总人口的1.7%。老年负担系数11.2%，老化指标68.4%。

第二节　老年公益福利

1985年3月，淮阴市老龄工作委员会成立，负责组织、指导全市老龄工作。1989年9月，全市第一所老年大学——淮阴市老年大学成立。1994年，全市乡镇均成立老龄委，270个乡镇、4500个村成立老年协会。全市有老年大学13所，累计毕业人数2785人。有各类老年活动室5045个，设有各类文化体育娱乐用品。

1998年，将原市博物馆房屋产权划归市老年大学所有。全市有县级以上老年大学8所，都有固定的教室和活动场所，乡镇老年学校建校率45%。淮阴县凌桥乡老龄委副主任席名山用个人积蓄2.6万元在自家宅基地上新建房屋10间，添置课桌等用具，无偿提供给乡老年大学使用。

2001年，民政部启动旨在加强社区居委会老年福利服务的“星光计划”。2002年，淮安市“星光计划”项目投资200万元，新建和改建老年服务设施项目62个。根据省政府统一部署，2004年开始，连续在全市实施农村“五保户关爱工程”，改善集中供养“五保”老人居住条件。

2006年，淮安市开展全市特困老人普查活动，根据特困老人困难程度和困难原因，分类建立档案。建立老年人免费游览公园等文化娱乐设施、免费乘坐市内公交和百岁老人享受长寿补贴制度。鼓励扶持多种渠道投资兴办老年公寓、养老院，福利院、敬老院。

2008年，全市有市、县（区）、乡镇级老年大学（学校）44所，各种形式老年人健身房（室）、俱乐部、活动室（站）3500多个，老年人门球场18个，老年人协会118个，老年文艺团体89个，老年体育协会112个，其他老年社团6个。有老年公寓33所，入住老人872人；敬老院131所，入住老人9404人；护理院2所，入住老人30人。

第三节　敬老活动

1988年，江苏省把每年的重阳节定为敬老日。此后每年敬老日，淮阴市领导都发表一次电视广播讲话，在当地报纸上发表一篇文章，向全社会强调老龄工作重要性，向广大老年人致意。

1994年，全市开展“敬老好儿女”评选表彰活动，评出“敬老好儿女”20人。开展全市老年人家庭生活情况调查，调查老年人1296人，撰写调查报告。1998年10月，市政府印发《关于认真做好为老年人社会优待和服务工作的通知》，全市60周岁以上老年人凭老年人优待证享受各项优待，进公园免费，上公厕免费，70岁以上老年人乘公交车免费。单独居住的老年人家庭安装有线电视、电话、水、电等优惠政策均得到落实。当年发出老年人优待证1.2万份。至2000年，全市发放老年人优待证5万多份。

2004年，全市帮助2.2万名老复员军人、烈士家属、伤残军人解决实际困难，支出3500万元。15295名“五保”老人实现应保尽保，其中44%得到集中安置。特困老人看病难问题得到较好解决，全市救助资助近2万名老人参加新型农村合作医疗，发放救助金70万元，救助癌症、精神病等老年患者983名。农村特困老人住房条件得到改善，生活得到保障。

2006年，淮安市安排资金3500万元，惠及城区“三无”老人（无劳动能力、无生活来源、无赡养人和扶养人）近500人，农村“五保户”1.8万多人，农村“三老”（老烈属、老复员军人、老残疾军人）优抚对象1.8万多人。开展全市特困老人普查活动，在全市范围内全面调查特困老人底数、致困原因等。全市有特困老人9870人。根据特困老人致困原因和困难程度，分类建立档案。做好城镇离退休人员基本养老金发放和参加医疗保险工作。针对农村有赡养矛盾家庭，推广签订家庭赡养协议书做法，解决老人赡养问题，全市签订家庭赡养协议书6万余份。解决困难老人老有所养、老有所医等问题。

2007年，淮安市安排资金3500万元，帮助老复员军人、烈士家属、伤残军人解决实际困难，提高“五保”老人供养水平。全市城乡特困老人家庭全部纳入低保范围，其中农村家庭成员中60周岁以上老人保障标准上浮20%，城市70周岁以上老人保障标准上浮15%。资助城乡特困老人参加居民医疗统筹和农村新型合作医疗。足额发放农村老烈属、老残疾军人、老复员军人各项优抚经费。对连续担任村“三大员”（书记、主任、会计）10年以上，男性年龄60周岁以上、女性年龄55周岁以上生活确实困难的离任村干部，发放生活补助，每人每年发放标准不少于500元。向中华人民共和国成立前加入中国共产党老党员发放生活补助，每人每年不少于600元。同年9月，市领导到清浦区、清河区、淮阴区慰问老人，慰问的老人中有百岁寿星、劳动模范、战斗英雄和特困老人，向每位老人发放慰问金500元和棉被一床。

2008年，淮安市规定60周岁以上老年人可以办理老年社会优待证。凭老年社会优待证进市内公园、民俗园、风光带、公厕、文化宫、俱乐部、博物馆、纪念馆、展览馆、旅游景点等一律免费；进入剧场、电影院、体育馆、游泳馆等一律实行半价（重大演出和放映电影分账大片除外）。70周岁以上老年人持老年证和身份证到市公交公司办理免费乘车年票，可以免费乘坐市内公交车。农村特困家庭成员中60周岁以上老人保障标准再次上浮20%，城市70周岁以上老人保障标准上浮15%。符合条件的“三大员”生活补助每人每年发放标准不少于600元；中华人民共和国成立前加入中国共产党老党员生活补助不少于720元；设立“尊老金”，向百岁老人发放长寿补贴，每人每年发放标准不少于1200元，重阳节每人增发不少于500元慰问金。在城镇，确保离退休人员养老金按时足额发放，家庭月人均收入不足180元，补齐发足180元。坚持推行社会统筹与个人账户相结合的城镇职工基本养老保险制度，企业离退休人员基本养老金按时足额发放。在农村，签订和监督赡养协议落实，家庭人均年收入不足1000元，补齐发足1000元。同年6月，成立老年人法律援助中心，为老年人提供法律服务。同年9月，淮安市全面启动江苏省老年人优待证发放工作，办证费用统一由市、县（区）财政负担。至2008年年末，全市近12万名老人办理老年优待证，6.5万名老年人享受到免费乘坐公交车待遇。

第七章　残疾人事业

1979年，淮阴地区恢复市盲人、聋哑人协会，同时恢复市聋哑学校。1984年8月，正式成立淮阴市盲人、聋哑人协会，开始兴办各类社会福利企业，集中安排残疾人就业。1987年，完成残疾人抽样调查工作。1988年6月，成立淮阴市残疾人联合会及县（区）、乡镇各级地方基层残联组织；1988年成立淮阴市残疾人事业领导小组，1994年更名为淮阴市人民政府残疾人工作委员会。编制残疾人事业发展规划，制定完善残疾人康复、教育、就业、扶贫等一系列优惠政策。2003年起，市委、市政府将助残实事纳入全市民生实事工程。2004年起，将“助残工程”纳入改善民生重点工程，将年度残疾人工作重点任务纳入政府目标管理考核。

至2008年年底，9.3万名残疾人得到不同程度康复；特殊教育学校发展到8所；残疾儿童、少年义务教育入学率达到95%；有劳动能力的残疾人就业率提高到85%以上；解决近10万名贫困残疾人的温饱问题；城乡符合低保条件的残疾人实现应保尽保，10377名不符合低保条件的无固定收入重残人员按低保标准全额享受生活救助；残疾人生活质量明显改善，参与社会生活的环境明显优化；残疾人文化体育活动丰富多彩。

第一节　残疾人口调查

1987年，淮阴市完成残疾人抽样调查。根据抽样调查结果测算，淮阴市有各类残疾人25万人，占全市总人口的5%。

2006年第二次全国残疾人抽样调查结果显示，淮安市有各类残疾人33.35万人，占总人口的6.26%。按性别分，男性残疾人16.16万人，占残疾人口总数的48.46%；女性残疾人17.19万人，占残疾人口总数的51.54%。按居住地分，城市残疾人8.63万人，占残疾人口总数的25.9%；农村残疾人24.72万人，占残疾人口总数的74.1%。按年龄段分，0～6岁残疾儿童0.48万人，占残疾人口总数的1.44%；7～24岁青少年残疾人1.89万人，占残疾人口总数的5.67%；25～59岁青壮年残疾人10.98万人，占残疾人口总数的32.92%；60岁以上老年残疾人20万人，占残疾人口总数的59.97%。

2006年淮安市残疾人残疾情况表

表18-12　　　　单位：万人

类别	一级	二级	三级	四级	合计
合计	5.58	3.95	10.17	13.65	33.35
视力	1.29	0.45	0.52	2.68	4.94

续表 18-12

类别	一级	二级	三级	四级	合计
听力	0.77	0.97	5.35	2.93	10.02
言语	0.06	0.04	0.07	0.16	0.33
肢体	0.32	0.89	1.84	4.93	7.98
智力	0.20	0.44	0.77	1.17	2.58
精神	0.54	0.31	0.52	1.29	2.66
多重	2.40	0.85	1.10	0.49	4.84

第二节　残疾人教育与职业培训

淮安市残疾人教育坚持普及与提高相结合、以普及为重点，着重发展义务教育和职业教育，开展学前教育，逐步发展高级中等以上教育。至2008年年末，残疾儿童、少年义务教育形成以特殊教育学校为骨干，以在普通学校随班就读和附设特教班为主体的特殊教育格局。

1958年，淮阴市兴办第一所聋哑人学校，但“文化大革命”期间教学中断，后于1976年恢复，1983年正式更名为淮阴市聋哑学校，校址在市区爱民路9号。1999年更名为淮阴市特殊教育学校，2001年更名为淮安市特殊教育学校。

1985年，全市基本普及初等教育之后，特殊教育事业也有较快发展。金湖县、县级淮安市相继创办县级聋哑学校，涟水、洪泽、淮阴、盱眙等县（区）在普通小学开设聋哑儿童教育班，到1990年各县都建立起1所聋哑学校。1991—1995年，全市特殊教育发展初具规模，县级淮安市特校还开设盲童班，金湖县兴办培智学校，全市特殊教育学校发展到8所。

通过发展特殊教育，开展“希望工程”“春蕾计划”“春雨工程”“红领巾手拉手助残”等活动，残疾儿童入学率不断提高。1989年以前，全市聋哑儿童在校人数仅有575人，入学率仅为聋哑儿童的30.8%。视力、听力、智力、肢体各类残疾儿童的入学率仅为8.1%。1991—1995年，残疾儿童、少年在校人数达1288人，入学率提高到60%。1996—2000年，残疾儿童少年在校人数达3500余人，入学率提高到80%。2000—2005年，城镇残疾儿童入学率基本达到100%，农村残疾儿童入学率也达到90%以上，各阶段均超过国家提出残疾儿童入学率的要求。随着助学力度的加大和免费义务教育政策的实施，2006—2008年，全市残疾儿童的入学率达到健全儿童的同等水平。

1985年以前，全市仅有特殊教育师资70人，市教育局从1986年起连续4年举办4期特殊教育师资培训班，培训58名专任教师，使特殊教育师资增加到128人。淮阴市为加强特殊教育师资队伍建设采取在师范招生工作中输送优秀的初中毕业生到特殊师范学校学习，让省特师优先录取；选拔普通小学合格教师参加特教培训；对从事特教工作的在岗人员，按规定发放特教津贴。1995年年末，从事特殊教育专职教师达218人。1996—2000年，全市特殊教育专职教师增加到300多人，全市特殊教育事业健康发展。

20世纪80年代，特殊教育学校的聋哑儿童一般只能达到小学毕业水平。在普通学校随班就读的肢体残疾儿童、少年大多数相应能达到初中、高中毕业水平，但能进入大专院校继续学习的较少。自1994年国家颁布《残疾人教育条例》之后，残疾人和健全人一样参加高等学校入学考试，只要生活能自理的残疾考生，高考成绩达线的，都被录取进入大专院校继续学习。1996—2000年，全市有60多名残疾学生被各类大专院校录取，还有不少残疾青年参加国家高等自学考试取得大专以上学历文凭。为提高聋哑儿童教育水平，市特教学校从2000年起增设初中班和高中班，2001—2005年有20多名聋哑学生考上大专院校。2006—2008年，全市有53名残疾人考上大专以上学校。

第三节　残疾人劳动就业

1978年，淮阴地区残疾人就业人口较少，其中以到各社会福利企业集中就业为主。1988年，为鼓励各级政府和社会兴办各类社会福利企业，集中安排残疾人就业，淮阴市制定残疾人就业、保护和扶持社会福利生产规定，规定福利生产单位上缴所得税按盲、聋、哑残疾人员占全厂生产人员总数比例执行，凡比例在35%以上（含），免交所得税；残疾人员超过10%未达35%，减半征收所得税。盲、聋、哑残疾人员占生产总人数50%的企业，报税务部门批准，按规定减免产品增值税。

1991年后，全社会劳动力供大于求矛盾十分突出，福利企业由于产品单一，科技含量低，设备老化，面临很大困难。淮阴市鼓励残疾人面向市场就业、择业，转变观念，提高素质，增强竞争力。为扶持农村残疾人发展生产，市政府出台农村残疾人贫困户就业优惠和费用减免规定，要求乡、村因地制宜，通过多种形式，扶持残疾人参加种植业、养殖业和家庭手工业等力所能及的生产劳动。

1995年6月，成立淮阴市残疾人劳动就业服务中心，开展残疾人劳动力资源和社会用工调查、残疾人求职登记、劳动能力评估、失业登记、就业咨询、职业培训、职业介绍；组织实施残疾人按比例就业，管理残疾人就业保障金，帮助残疾人个体户开业；为农村残疾人参加生产劳动提供服务。是年8月，开展残疾人就业情况普查，在机关、企事业单位就业残疾人占全市职工总数的0.5%。同年，市政府再次出台残疾人优惠照顾暂行办法，要求市、县（区）人民政府在机关、团体、企事业单位和城乡集体经济组织中按在职职工总数1.5%比例安排有劳动能力的残疾人就业。鼓励、扶持农村残疾人从事种植业、养殖业、手工业等生产劳动，并在生产服务、技术指导以及种子、化肥等农用物资供应、农副产品收购、信贷等方面给予重点帮助。残疾人申请从事个体工商业，工商部门应优先核发营业执照，并酌情减免工商管理费；税务部门对其提供的劳务免征营业税、增值税。在确保福利企业就业残疾人相对稳定的同时，鼓励、扶持残疾人从事各类手工制作、维修等个人劳务1196人次。残疾人就业率提高到60%。

1997年，印发《淮阴市按比例安排残疾人就业实施办法》，进一步要求市行政区域内的机关、团体、企业事业单位，按不低于本单位在职人员总数1.5%比例安排残疾人就业（含已安置就业的残疾人及就业后致残的职工）；应安排残疾人就业不足1人单位，可按1人安排，也可按实际比例差额交纳残疾人就业保障金。

2000年，淮阴市发布《关于进一步做好我市残疾人劳动就业工作的意见》，提出把残疾人劳动就业纳入当地行政执法检查和劳动监察范围，保障残疾人劳动就业权利。各级劳动部门将残疾人按比例就业纳入劳动年检范围，按计划实施劳动监察。1996—2000年，全市安排2400名城镇残疾人就业，其中机关、团体、企事业单位按比例安排残疾人就业816名，其他形式安排就业1584名。在实施按比例安排残疾人就业中，多数单位采取按比例差额交纳残疾人就业保障金。用残疾人就业保障金，扶持残疾人从事维修、经营等个体劳务和自愿组织起来就业，惠及5978人。帮助农村残疾人从事种植业、养殖业和家庭手工业等各种生产劳动75500人。对确实困难的残疾人每人一次性提供免息启动资金2000元。残疾人就业率提高到80%。

2001年后，仍以在机关、团体、企事业单位按比例安排残疾人就业为主，但侧重职业技能培训和劳动力转移。市残联与市劳动部门一起，开办家电维修、自行车电动车维修、缝纫、盲人按摩、水产养殖、家庭庭院养殖等多种技能培训班280期，培训残疾人1.1万人次。通过技能培训的残疾人基本实现就业，仅市区开办的盲人按摩诊所就有30多家，盲人就业100多人，有的还拿到初、中级职业技能证书。举办2届残疾人劳动技能竞赛活动，鼓励残疾人学有专长，自食其力。2004年、2005年，市残联举办2次大型残疾人劳动力转移招聘会，输送1100多名残疾人到浙江、苏南等地就业，月收入在600～800元。通过集中安排、按比例安排、扶持个体从业和组织劳务输出等渠道，帮助6000余名残疾人实现就业，残疾人就业率提高到85%。2005年，市政府制定残疾人就业保障金征收和管理办法。

2006年后，残疾人就业渠道进一步拓宽，按比例就业、转移就业、集中就业、自谋职业、自主创业、公益岗位和工疗庇护性安置等多措并举的残疾人就业新格局基本形成。2008年，4843名残疾人实现就业、再就业，7754名城乡残疾人得到免费技能培训。

第四节　残疾人康复

1988年，淮阴市开始开展“三项康复”工作，即白内障复明、小儿麻痹后遗症矫治和聋儿语训。1989年，市政府成立残疾人“三项康复”工作领导小组，批准残疾人“三项康复”实施方案。依托专业医疗单位建立“三项康复”技术指导和服务中心，形成组织管理、技术指导、康复服务“三位一体”的残疾人“三项康复”机构。通过实施“三项康复”，帮助10396名残疾人改善功能。其中，白内障摘除手术使7494名盲人复明，2564名小儿麻痹后遗症患者接受矫治手术，对338名聋儿进行听力语言培训。1995年10月，在洪泽县召开全市残疾人康复工作现场会，推广洪泽县开展基层残疾人康复工作的做法和经验。

1996年，淮阴市康复业务领域进一步拓展，内容由3项扩大到8项，即白内障复明、低视力康复、聋儿语训、智力残疾康复、精神残疾康复、肢体残疾康复、麻风病畸残矫治、用品用具供应等。同时提出“建立和形成社会化康复服务体系，以社区和家庭为重点，广泛开展康复训练，使残疾人普遍得到康复服务”的社会化发展思路。1997年6月，在金湖县召开全市聋儿、弱智儿童康复训练和社区康复工作现场会，交流、推广金湖县开展聋儿、弱智儿童康复训练和社区康复工作的经验和做法。

1998年，在原市康复工作领导小组基础上，成立康复工作办公室，各县（区）政府成立相应机构，负责组织、领导和协调全市残疾人社会化康复服务体系建设。残疾人康复训练与服务开始纳入基层医疗卫生服务内容。市康复技术指导中心、县（区）康复技术指导站定期培训康复技术骨干和基层康复员，指导推广实用技术，普及康复知识。各地依托各级各类医疗卫生机构、福利企业、残疾人相对集中场所的资源，建立康复站、所、室，根据残疾人不同康复需求，提供康复医疗、训练指导、心理疏导、知识普及、残疾人家庭人员培训、简易康复训练器具制作、用品用具供应等多种康复服务。市、县两级残疾人康复组织领导网络、技术指导网络和市、县、乡三级残疾人康复服务网络基本建成，残疾人社会化康复服务体系初步形成。1996—2000年，全市2.1万名残疾人得到不同程度康复。其中，实施白内障复明手术8353例，低视力康复训练352人，肢体矫治手术1843例，肢体康复训练1827名，矫形器及假肢装配984例，聋儿听力语言训练365名，智残儿童康复训练421名，用品用具供应50多个品种10630件。在残疾预防方面，为87.6万名特需人群补碘。

2001年后，残疾人社区康复工作得到广泛推行。淮安市在全市开展精神病防治与康复普查，覆盖人口500万人，检出率6.1‰。开展社会化、开放式、综合性的精神病防治与康复工作，解除关锁，帮助精神病患者融入社会。开展省级社区康复示范区和白内障无障碍县（区）创建活动，全面推动残疾人社区康复工作。

2003年3月，在清浦区召开全市聋儿、弱智儿童康复训练和社区康复工作现场会，交流、推广清浦区开展聋儿、弱智儿童康复训练和社区康复工作的经验和做法。同年，筹资300万元，建设面积1200平方米的市博爱康复中心一期工程，附设春雨幼儿园，并于2004年6月投入使用。招收学龄前聋哑儿童40名，全免费进行听力语言功能训练。同时招收健全儿童150名，实行“残健合园”，以健带残，以园养园。2004年，投资400万元建成淮安市博爱康复中心，市直和6个县（区）建成残疾人辅助用品供应站，在金湖县建立淮安市假肢装配站。

2008年，涟水县、金湖县、淮阴区成功创建省级白内障无障碍县。同年，投资160万元建成残疾人康复中心二期工程，增设孤独症儿童康复项目。全市由康复定点医院、康复中心、专业康复机构、社区（村）康复室、辅助器具供应站和家庭组成的残疾人康复服务体系基本形成。至2008年年底，通过完善社会化康复服务网络、实施重点康复项目和推进“康复进社区，服务到家庭”活动，6.5万名残疾人身体功能得到改善。其中，实施白内障复明手术15050例，为1000名低视力患者配戴助视器，开展聋儿语言训练933例、肢体康复训练3080例、脑瘫儿童康复训练569例、智残儿童康复训练1080例，完成用品用具供应20210件。在普及残疾人康复服务同时，解决贫困残疾人康复难问题，实施以助明、助听、助行和免费给药为主要内容的“三助一给”康复救助项目。免费实施白内障复明手术2280例，对1077名0～6岁残疾儿童进行免费康复训练，免费实施麻风病畸残矫治手术103例，免费安装大小腿假肢432例，向下肢重度残疾人捐赠轮椅或三轮车6200辆，向5500名贫困精神病患者免费供药。

第五节 扶残助残

1991年，《中华人民共和国残疾人保障法》颁布实施，淮阴市作出在全市宣传贯彻该法的决定。市普法领导小组将残疾人保障法列为普法教育内容之一，并进行终期检查考核。当年5月1日，市残联印发《关于开展残疾人保障法宣传周活动和“全国助残日”活动的意见》。市政府制定《关于对农村残疾人贫困户实行优惠和减免的有关规定》，对农村残疾人贫困户，减免农业税、义务工、各种公益事业费、子女学杂费；对丧失劳动能力依靠他人供养、无个人收入的残疾人减免本人农业税、义务工和各种公益事业费；对无劳动能力、无法定抚养人、无生活来源残疾人按“五保”对象标准供养、救济。同年起，每年5月第3个星期日被确定为“全国助残日”。淮阴市按照国务院残疾人工作委员会确定的助残日活动主题，结合当年全市残疾人事业发展重点工作开展活动。分别围绕“宣传残疾人保障法”“一助一送温暖”“走进每一个残疾人家庭”“志愿者助残”“文化助残”“科技助残”“手拉手红领巾助残”等主题，开展形式多样、内容丰富的宣传活动。市领导在每年助残日和重要节日期间都走访慰问残疾人家庭以及残疾人比较集中的单位和学校，为残疾人提供各种具体服务与帮助。1991年，淮阴市有贫困残疾人家庭119487户，贫困残疾人166217人，其中特困残疾人家庭4618户，特困残疾人8398人。残疾人除生活困难之外，还与健全人一样承担着“三粮五钱”（“三粮”指农业税、农林特产税、耕地占用税，“五钱”指生猪屠宰费、车船费、水利工程费、一事一议费、村提留镇统筹费等）各项负担，负担普遍较重。因生活困难和社会负担重而上访、越级上访残疾人成群较多。残疾人迫切盼望政府给予各方面优惠政策和减免社会负担。

1993年，淮阴市对残疾人生活状况进行入户调查，残疾人户年人均收入在400～700元，残疾人个人年均收入170～200元，解决温饱问题残疾人仅达40%。1995年，市政府再次出台《淮阴市人民政府关于对残疾人优惠照顾的暂行办法》，规定农村盲人，一、二级智力残疾人，一、二、三级精神病患者，一、二、三级肢体残疾人免除义务工、三级提留、公益事业费统筹及一切社会负担。聋哑人，低视力患者，三、四级智力残疾人，四级肢体残疾和四级精神病患者减免义务工和公益事业费统筹。要求各级政府和农村基层组织扶持有劳动能力残疾人从事种植业、养殖业、家庭手工业等生产劳动，发展庭院经济，并在生产服务、技术指导以及种子、化肥等农用生产资料供应、农副产品收购、信贷等方面给予重点帮助。对残疾人从事个体经营、子女入学、看病就医、房屋拆迁补偿、文化生活、社会公共服务、婚姻家庭等方面给予优惠和扶持。各县（区）政府相继制定残疾人优惠减免具体措施，各乡镇、村（社区）具体落实到户到人。1995年5月，市人大办公室和内务司法委组织市人大常委会领导和部分市人大代表组成检查组，对各县（区）贯彻落实《残疾人保障法》情况进行执法检查，并将检查结果通报全市。至当年年底，主要采取政策扶贫，为农村残疾人减免各种费用1500万余元，减免义务工250万个。市残联向中央、省残联申请康复扶贫贷款95万元，投放于县级淮安市聋校锅炉厂、金湖县淮建金菱电线电缆厂、淮阴县民政粮食加工厂等企业，扶持1710名贫困残疾人。其中，365人脱贫，28人致富，1323人增加收入。2.9万名残疾人解决温饱问题。中国残联2次将金湖县淮建乡残疾人优惠减免做法转发全国。1995年起，淮阴市结合残疾人事业5年发展纲要完成情况，每5年表彰一次扶残助残先进集体和个人、残疾人自强模范和残疾人工作者。当年市政府表彰金湖县人民政府等扶残助残先进集体16个、陈寿松等扶残助残先进个人54名。

1996年12月，淮阴市组织2个检查组，历时10天，抽查8个县（区）16个乡镇（街道），了解各地贯彻落实市政府关于对残疾人优惠照顾暂行办法的情况。1996年起，淮阴市主要实施开发式扶贫，目标是使近7万名贫困残疾人人人有饭吃、人人有衣穿、人人有房住。各级政府将残疾人扶贫作为重点，变“供血”为“造血”。继续落实各级政府对残疾人各项优惠政策。乡、村两级确保优惠政策兑现到户到人。在城镇，帮助有劳动能力残疾人就业；在农村，结合农业产业结构调整，选择投资少、周期短、见效快、便于残疾人操作项目，定户、定人结对帮扶。各级机关组织党员干部与贫困残疾人开展帮、包、带、扶活动，定人头、定标准、定时间，不脱贫不脱钩，做到挂钩结对到户到人。全年全市有13826名残疾人享受减免农业税32.8万元，34793人享受减免乡统筹、村提留179万元，47630人享受减免义务工69.4万个，2052名残疾学生享受减免学杂费14.6万元，46304人免交各类集资款86万元，2623名个体经营者享受减免营业税55.8万元，568名特困残疾学生得到生活补助5.01万元，为345户特困残疾人户兴建住房900间。1997年，淮阴市在全省率先实行城乡最低生活保障制度，残疾人作为特殊困难群体被优先纳入低保范围。

1998年5月5日，淮阴市召开全市残疾人事业法制建设工作会议，要求进一步完善残疾人事业法律法规体系。同年，出台《关于方便残疾人使用的城市道路和建筑物设计规范的实施意见》。1999年，淮阴市成立残疾人法律援助中心，日常工作由市残联组织维权处承担。建立以市法律援助中心为主体、若干律师事务所为骨干、志愿者服务机构为补充的残疾人法律服务网落。各县（区）相应成立残疾人法律援助中心（站），委托若干法律服务机构，为经济困难且合法权益受到侵害的残疾人提供法律服务和法律援助。同时，鼓励引导广大残疾人学法、守法，运用法律武器维护自身合法权益。

1996—2000年，全市减免残疾人义务工500万个，减免乡统筹、村提留、农业税、学杂费、医疗费等1300余万元。帮助残疾人发展种植业、养殖业、手工业和庭院经济180户。实施“草改瓦”工程，为1900多户残疾人无房户、危房户修建瓦房1.3万余间。3.9万名贫困残疾人解决温饱问题，部分残疾人增加收入。2001年起，淮安市采取综合式扶贫措施。通过政策扶持、开发项目、劳动就业等综合式扶贫措施，重点帮扶残疾人解决就业难、上学难、看病难“三难”问题。修订各级政府对残疾人优惠减免政策和措施，继续减免困难残疾人各种社会负担。

2001年8月1日起，国家正式实施《城市道路和建筑物无障碍设计规范》。市区及各县城区的道路、居住区及大型公共建筑物、公共活动场所的建设逐步实施无障碍设计规范。2002年，淮安市民政局、教育局、劳动局、公安局、体育局、卫生局、文化局、司法局、建设局、文明办、总工会、妇联、团委、残联14个部门，共同制定《关于推进全市社区残疾人工作的意见》。社区残疾人工作内容有：建立社区残疾人组织；保障残疾人基本生活，为残疾人提供帮扶服务；利用社区资源，动员社会力量，以家庭为基础，开展残疾人社区康复；培养残疾人积极向上生活情趣，活跃残疾人文化生活；建设社区无障碍环境；维护残疾人合法权益，为残疾人提供法律援助和服务；安排好社区残疾人就业。

2003年起，淮安市将“扶残助残”纳入每年民生重点工程，号召全社会开展与贫困残疾人结对帮扶活动，当年市政府制定的低保实施细则中，进一步给予残疾人特殊照顾，残疾人低保标准高于健全人15%，低保对象中重度残疾人享受全额低保，对家庭人均收入在低保标准150%以内一户多残、依老养残等特殊困难家庭中残疾人，按照当地城乡低保标准100%发放生活救助金。全市符合低保条件残疾人实现应保尽保，符合“五保”条件残疾人全部实现“五保”供养。2003年、2004年连续在清浦区、清河区举办2期社区残疾人工作培训班，推动社区残疾人工作开展。

2001—2005年，全市纳入最低生活保障城镇残疾人17231人、农村残疾人36982人，实行“五保”供养残疾人5306人，享受临时救济残疾人33509人，享受定期补助残疾人10782人。重度残疾人全部纳入最低生活保障，残疾人低保标准提高15%到20%。享受优惠政策减免照顾贫困残疾人36.27万人次，减免税费2326.8万元。举办各种类型技能培训班280期，培训残疾人11000人次。扶持6000余名残疾人实现劳动就业。4051个帮扶单位帮扶32646名残疾人，帮扶物资折款及现金499.43万元，用于解决残疾人生活困难和参加农村新型合作医疗。救助1100名失学残疾人儿童和残疾人子女入学。帮助4500户残疾人家庭进行草、危房改造。实施“助行工程”，市、县（区）残联自筹资金90万元与中国台北曹仲植基金会合作，向3560名肢体残疾人赠送轮椅或三轮车。

2008年，淮安市对不符合低保条件无固定收入重残人员给予生活救助，救助标准为当地城乡低保标准全额。各县（区）将救助经费纳入财政预算。至2008年年底，全市在各类社会福利企业集中就业并参加社会保险残疾人4144人，其中参加养老保险2895人；在机关、团体、企事业单位就业残疾人参加社会保险5420人；个体就业参加社会保险2708人；下岗协议保留参加社会保险776人。10337名不符合低保条件重残人员按月得到生活救助，重残人员救助实现全覆盖。残疾人参加新型农村合作医疗、城镇职工和居民基本医疗保险率97%。扶持5332名农村残疾人摆脱贫困。全市建立农村残疾人扶贫基地29个，直接安置残疾人就业340名，辐射带动1500余户残疾人家庭从事种植业、养殖业和加工业。全市255个城镇社区居委会全部建有残疾人协会，每个协会有一名残疾人工作联络员。城镇社区有残疾人51000人。通过社区纳入最低生活保障9371人；通过各种渠道就业18107人；接受康复服务9277人；帮助困难残疾儿童和残疾人子女入学6534人；受到法律援助和法律服务2850人；开办各类活动室135个，参加活动10655人次；登记志愿助残者2454人，受帮扶残疾人7611人。有100多万人次服用碘油丸。全市建立市级残疾人法律援助中心1个，县级残疾人法律援助中心（站）8个，为残疾人提供法律援助和法律服务的法律服务机构18个，有2412人次接受法律援助和法律服务。市区主次干道铺设盲道100多公里，残疾人坡道1000余条。

·淮安市志·（1978—2008）

第十九卷 政法

第一章　社会治安综合治理

第二章　公　安

第三章　检　察

第四章　审　判

第五章　司法行政

1978年，淮阴地区重建江苏省人民检察院淮阴分院。1980年，中共淮阴地委政法委员会成立，地区行署以及所辖13个县（市）相继成立司法局，公证、律师业务陆续开展，全地区治安管理和司法行政体系得到完善。至1982年年末，全地区“文化大革命”中的冤假错案平反工作基本结束。

1983年开始，淮阴市根据中共中央《关于严厉打击严重刑事犯罪活动的决定》《全国人民代表大会常务委员会关于严惩严重危害社会治安的犯罪分子的决定》，开展为期3年的“严打”斗争，使刑事发案率下降，社会治安状况好转。与此同时，按照中共中央要求，开展社会治安综合治理工作。1986—1990年，淮阴市实施普及法律常识教育第一个五年规划。其间，市检察院增设经济罪案举报中心，市法院增设执行庭和行政审判庭，全市实行居民身份证制度，市公安局建立“110”报警服务台。

1990—1996年，淮阴市又开展两次“严打”斗争，公检法机关密切配合，党政干部、武警官兵、联防队员协同作战，通过集中清查搜捕，摧毁一批犯罪团伙。对一些重大恶性案件，司法部门提前介入，做到快审理、快批捕、快判决。市、县（市、区）两级检察机关成立反贪污贿赂局，加大对职务犯罪的打击力度。

1997年，市委政法委提出在社会治安综合治理中开展“创三安”活动，即创建安全文明小区、安全文明村镇、安全文明单位，得到中央和省两级政法委的肯定。至1999年，全市安全文明小区、安全文明村镇、安全文明单位创建覆盖面达80%以上。2000年，市综治委在全市城乡推广治安承诺。全市检察系统与共青团组织联手创建青少年维权岗。市综治办与市教委在全市中小学联合开展聘请法制副校长和法制辅导员工作。

2003年起，淮安市开展“平安淮安”创建活动，各地以“打得狠，防得严，控得住”为目标，以安全巡防、安全监控、安全居住3个安全体系为载体，构建打、防、控一体化格局，持续开展社会治安集中整治专项斗争，普遍建立县（区）、乡镇（街道）社会矛盾纠纷调处中心，社会治安状况逐年好转。至2004年，淮安市连续4年被省委、省政府授予“社会治安综合治理先进市”称号。

2006—2007年，淮安市、县（区）连续两年被省委、省政府评为社会治安安全市、县（区）。2008年5月，淮安市通过全国第二批科技强警示范城考核验收。至2008年年末，全市社会矛盾纠纷调解成功率被纳入科学发展观考评体系，社会治安综合治理建立长效管理机制，整个社会面大局稳定，治安状况良好，群众安全感增强。

第一章 社会治安综合治理

第一节 “严打”斗争

1978—1982年，淮阴地区的刑事案件发案数逐年增加。1981年发生刑事案件2315起，比1980年增加16.1%。1982年发生刑事案件3267起，比1981年增加41.4%，特别是重大恶性案件频繁发生。

1983年8月25日，中共中央作出从重从快打击严重刑事犯罪活动的决定。淮阴市政法机关按照中央、省委和市委、市政府的部署，开展为期3年的“严打”斗争，进行3个战役，分为9个阶段。

第一战役（1983年8月至1984年7月），分3个阶段进行。

第一阶段（1983年8—9月），主要采取全市规模的集中统一搜捕形式，搜捕各类犯罪嫌疑人4277人，依法逮捕3403人；摧毁各类犯罪团伙225个，抓获团伙首要分子和成员1641人。这一阶段，全市把搜捕“二王”（全国通缉的东北抢劫杀人在逃犯罪嫌疑人王某坊、王某玮）和打击刑事犯罪集中行动结合起来，重点突出搜捕“二王”行动。出动公安干警、解放军、民兵等2万多人，形成两道包围圈，对犯罪嫌疑人易于藏身的车站码头、旅馆、私房出租户、涵洞等地方，进行“梳篦式”的反复清查、搜索，虽未抓获“二王”，但收缴子弹1915发、凶器583件、雷管190个，抓获流窜犯罪嫌疑人227人。

第二阶段（1983年10月至1984年2月），主要采取“打大仗”与“打小仗”相结合、集中行动与个别执行相结合的方式，打击的重点是第一阶段逃跑漏网嫌疑人、流窜犯罪嫌疑人、劳改逃跑和劳教逃跑人员、拐卖妇女罪犯，深挖隐藏较深的严重刑事犯罪嫌疑人。抓获各类犯罪嫌疑人3166人，摧毁犯罪团伙201个，成员1089人。

第三阶段（1984年3—7月），围绕“四重”（重大案件、重点方面、重点地区、重点单位）开展工作，搜捕犯罪嫌疑人1697人，摧毁犯罪团伙47个，成员203人，破获大案1500多起。

第二战役（1984年8月至1985年12月），分4个阶段进行。

第一阶段（1984年8—12月），组织国庆节前的集中打击行动，并投入全国打击流窜犯罪统一行动，搜捕流窜犯罪嫌疑人395人。

第二阶段（1985年1—3月），以集中打击流窜犯为斗争重点，采取排查、追捕、堵卡、联防、清查等手段，抓获流窜犯罪嫌疑人626人，抓获杀人在逃犯罪嫌疑人8人。

第三阶段（1985年4—7月），以突破重点地区和重点单位为主攻方向，组织专门力量，逐个击破。全市53个重点地区突破48个，26个重点单位突破11个，破获各类案件1331起，摧毁犯罪团伙44个、成员152人，抓获犯罪嫌疑人1570人，其中逮捕503人。

第四阶段（1985年8—12月），以打击强奸、流氓犯罪为重点，在国庆节前组织一次区域性的集中行动。搜捕各类犯罪嫌疑人333人,其中流氓、强奸犯罪嫌疑人121人,摧毁流氓团伙7个。接着以打击盗窃犯罪为重点,又组织一次区域性的集中行动,破获盗窃案件603起,其中大案27起,搜捕盗窃犯罪嫌疑人298人,挖出盗窃团伙20个、成员92人。

第三战役(1986年1—2月),分2个阶段进行。以打击盗窃犯罪为主要目标,以市区、县城和城郊结合部、农村主要集镇、交通沿线地区、边沿结合部和治安问题多的乡村为重点地区,组织专项斗争,开展侦破攻势,实行边打击、边防范、边建设。两个阶段破获各类刑事案件2953起,其中盗窃案件2131起、大案86起、积案276起,查获盗窃犯罪嫌疑人1207人,摧毁盗窃团伙93个,成员483人。通过审理,逮捕1086人。

经过3年“严打”斗争,全市破获刑事案件6935起,其中重大案件1044起,搜捕刑事犯罪嫌疑人11244人,摧毁流氓、抢劫、盗窃、轮奸和聚众斗殴等犯罪团伙659个(成员3652人),判处各类刑事犯罪分子11063人。查禁淫秽物品30625件。“严打”斗争期间,全市发生的各类刑事案件数比“严打”斗争前3年下降18.4%;城区刑事案件发案率比“严打”斗争前同期下降32.7%。杀人、放火、爆炸、抢劫、强奸等恶性案件得到遏制。

1989年至1990年上半年,淮阴市社会治安形势又趋于恶化。全市各类刑事案件发案数上升幅度超过1983年“严打”斗争前的水平。1989年,全市刑事案件立案5466起,其中重大案件1300多起,分别比1988年增加74.5%和74.7%,是1983年的1.93倍和3.65倍。特别是杀人、抢劫、强奸、敲诈勒索和重大盗窃案件数量上升幅度较大,1989年全市立案1600多起,约占全省立案数的六分之一。1990年5月,全市政法机关根据中央、省委两级政法委的部署,发动第二次“严打”斗争。市委政法委把打击作恶多端的犯罪团伙作为重点,把市区、县城、治安秩序混乱的乡镇、边缘结合部、水陆交通干线作为重点地区。在集中挖团伙、破大案的同时,开展打击“船匪河盗”“车匪路霸”2个专项斗争。由淮阴市公安局牵头开展徐州、淮阴、连云港三市打击“车匪路霸”协作行动。1990年7月6日,在淮阴市召开三市协作会议,制定行动方案,商定统一行动时间。专项斗争中,全市破获“车匪路霸”案件374起,抓获犯罪嫌疑人414人,摧毁犯罪团伙45个、成员240人,缴获赃款赃物折款24万多元。

为了取得“严打”斗争的胜利,全市各级政法机关形成合力。对一些重大恶性案件,司法部门提前介入,主动配合,做到快审理、快批捕、快判决。1990年7月中旬,市“严打”斗争指挥部决定组织集中宣判行动。全市公检法机关紧密配合,依法抓紧审理死刑、死缓、无期徒刑人员材料,为公判大会做好准备。是年7月13日,市委、市政府组织全市公判大会,市区主会场对14名重大犯罪分子依法宣判死刑,执行枪决。11个县(市)分会场依法宣判96名犯罪分子,其中死刑3人(一审)、死缓2人。此次“严打”斗争至当年9月底结束,历时5个月,全市破获各类刑事案件3492起,其中重大案件870起,抓获犯罪嫌疑人5445人,摧毁犯罪团伙449个、成员1897人,依法逮捕1711人,劳教53人,刑拘1113人。

1996年4月起,淮阴市委、市政府根据中央和省委、省政府的要求,又一次在全市范围内开展集中“严打”斗争。是年5月中旬、6月上旬和9月上旬,1万余名党政干部、政法干警、武警官兵、联防队员及广大民兵协同作战,全面出击,开展3次清查搜捕行动。清查公共复杂场所、私房出租户、水上船只、特种行业3.4万余处次,检查过往车辆1.49万余辆次,其中扣审351辆。抓获各类违法犯罪人员和嫌疑对象2443人,破获各类刑事案件1584起,缴获赃款赃物折合人民币55万余元。是年7—8月,全市将斗争重点投入到运河水域,登记清理和取缔“三无”(无船名船号、无船舶证书、无船籍港)船只1351艘。清除航道上的非法渔具545件,打掉违法犯罪团伙8个39人,打击处理各类违法犯罪人员78人,落实属地管理原则,运河沿线治安和交通秩序明显改观。

此次“严打”斗争破获一批重特大案件。清河公安分局在发案部位实行24小时伏击守候，于1996年8月4日夜一举破获淮阴商厦30余万元黄金被盗和供销大厦价值8万多元手表被盗2起挂牌大案。省公安厅督捕的87名在逃犯罪嫌疑人被抓获。

2002年，淮安市政法机关相继开展“打抢夺”“春雷行动”“打黑除恶”、集中追逃、重点地区整治、“打盗抢，抓防范”等一系列“严打”整治斗争，破获各类案件4936起，其中“八大类”案件540起，破案率为81.09%；破杀人案件49起，破案率为96%；抓获各类刑事作案成员4887人，依法逮捕1864人；判处5年以上有期徒刑305人，判处“三大刑”（死刑、死缓、无期徒刑）46人。2003—2005年，全市各级政法机关探索“严打”斗争长效工作机制，本着“什么问题突出就解决什么问题，什么犯罪突出就打击什么犯罪”的原则，有效遏制刑事案件上升的势头。全市社会治安秩序明显好转，群众对社会治安的满意率达95.27%。

2006—2008年，市委政法委进一步健全分析研判工作机制，组织开展“春雷行动”“打黑除恶”、打击盗窃破坏“三电”（电力、电信、广播电视设施）、冬季“严打”百日行动、打击盗窃自行车等专项斗争。针对群众反映强烈的“两抢一盗”（抢劫、抢夺、盗窃）问题，在全市组织开展“灭抢行动”和“统一查控行动”。城区重点打击盗窃电动自行车、入室盗窃和飞车抢夺等犯罪活动。农村地区重点打击盗窃电力通信设施、盗窃家禽家畜等犯罪行为。道路交通重点打击“车匪路霸”。3年新增逃犯4996人，追回4260人，追回率85.3%。历年逃犯1233人，追回509人，追回率在40%以上。同时，严厉打击各类经济犯罪，最大限度地为各类市场主体和受害群众挽回经济损失。2008年，全市经济犯罪案件456起，破案434起，结案393起，其中破大要案件13起，打击处理犯罪嫌疑人236人，挽回经济损失7871万元。

第二节　重点整治

1979—1982年，淮阴地区各级政法部门贯彻落实全省整顿治安工作会议精神，做了大量工作，取得一定成效。

1983—1986年的三年“严打”斗争中，对治安问题严重的重点地区实行集中整治，效果明显。

1987年，淮阴市组织公安、工商、税务、城建、物价、交通、文化等部门，对车站、码头、影剧院、溜冰场、旅社等公共场所治安秩序进行重点整治。挖出恶势力团伙23个，惩处不法分子2173人，收缴管制刀具2000余把。

1989年秋，市委政法委总结上报泗阳县发动群众整顿农村社会治安的经验，得到省委政法委和中央综治委的肯定。市委、市政府于11月召开整顿治安经验交流会，全市确定重点乡镇62个、路段19个、区域23个、场所321个。投入警力3100余人次，组成工作组，在当地党委、政府统一领导下，发动群众，排案件、排线索、排人头，挖出一批犯罪团伙。

1991年9—12月，开展城乡治安大整顿。各级政法机关在全面调查摸底的基础上，确定重点地区，集中时间、力量突击整治，达到“打一仗、整一片、安一方”的社会效果。1993年冬，淮阴市展开“双百会战”，整顿城乡社会治安。市、县（市、区）、乡（镇、街道）三级联手，有关职能部门协同动作，集中时间，分批次对治安复杂的100个村和100个内部单位及重点部位进行综合整治，重点突破。全市冬春季多发的盗窃家禽家畜案件得到一定程度的遏制。

1995年4月中旬到5月中旬，全市集中整顿水上治安秩序。市公安局将“三湖一河”（洪泽湖、白马湖、骆马湖、运河）作为斗争的重点水域，各县（市、区）公安机关结合当地实际，确定各自的重点水域、航段和部位，采取整体作战、水陆并进、公秘结合等方法，发动侦破攻势，破获水上案件134起。抓获犯罪嫌疑人189名，破获犯罪团伙17个、88人，取缔电捕船12条，处理水上违法流动小划子109条、其他违法作业船只2600余条，缴获赃款赃物价值7.3万余元。

1996年7月下旬至8月，市委政法委、市公安局根据省委政法委、省公安厅统一部署，协同交通部门，对运河沿线水域治安交通秩序进行集中整治。全市出动警力和交通、港闸管理人员2080余人次，车船艇149辆、艘（次），登记清理和取缔"三无"船舶（无船名船号、无船舶证书、无船籍港的船舶）1351条，其中没收163条、收缴和销毁454条、待处245条。清理"三无"船舶从业人员637人，清除航道上的非法渔具545件。集中整治重点水域部位77处，查破案件60余起，破获违法犯罪团伙11个、59人，处理各类违法犯罪分子78人，运河沿线治安交通秩序明显改观。

1997年，在全市大中小学校内外开展打击侵害学校师生员工人身财产安全，严重干扰校园治安秩序的整治行动，破获刑事案件8起，查处治安案件35起，依法打击处理各类违法犯罪分子42人，其中逮捕8人。整改或责令搬迁录像厅、歌舞厅、电子游戏室100余家，整改重大治安隐患140处，进一步完善治安管理制度，在全市校园内部形成保护有力、制度健全的综合治理网络。

1998年8月，全市政法机关集中1个月时间，对金融行业进行检查整顿。检查金融点、库211个，对其中193个安全防范不合格的网点进行整改。全市投入整治资金2798万元，改造营业网点598个，撤销不合格网点15个，66个营业网点和43座金库实现与公安"110"报警服务台联网。

2001年，对全市排查出来的50个重点地区进行整治，淮阴区、楚州区、涟水县、盱眙县、洪泽县等地对交通沿线的"车匪路霸"采取突击行动，破获犯罪团伙14个。涟水县整顿客运市场，打掉2个恶势力团伙。洪泽县对"船匪水霸"进行集中打击，打掉3个水上恶势力团伙，维护水上治安。

2002年年初，在淮阴区吴集镇进行试点的基础上，市委、市政府组织开展为期60天的农村社会治安集中整治专项斗争，破获各类刑事案件957起，抓获违法犯罪人员649人，其中摧毁犯罪团伙34个、成员153人，缉捕逃犯61人，查处治安案件178起，治安处罚267人，缴获赃款赃物价值130万元，化解各类矛盾纠纷645起，举办轻微违法犯罪人员法制教育班131期，3218名重点教育对象接受法制教育。

2006年，全市通过调查摸底，确定一批治安重点地区，省公安厅挂牌督办的有清河区、淮阴区黄河娱乐城和盱眙县古桑乡清水坝码头。通过整治，省公安厅挂牌督办的3个治安复杂地区共摧毁6个涉恶团伙，抓获各类违法犯罪嫌疑人71人。

2008年，全市针对城郊结合部治安复杂地区，组织开展集中整治行动。将淮阴区、涟水县等地城郊结合部作为整治重点，查办淮阴区生产销售伪劣洗化用品案件，涉案金额400余万元。在涟水县经济开发区查处涉赌案件6起，治安处罚62人，刑拘23人。清理出销售伪劣香烟的店铺26家。收缴赌博游戏机875台，游戏机电脑板324块，教育处理违法人员1353人。

第三节　维护社会稳定

一、平反"文化大革命"中的冤假错案

1978年3月，淮阴地区全面开展审干复查工作，平反"文化大革命"中的冤假错案。1979年

1月25日，中共淮阴地委召开平反大会，为中共淮阴地委原书记杜文白等17人彻底平反，恢复名誉；为受迫害致死的淮阴专署原专员秦奇均平反昭雪。其后，全地区各地开展大规模的平反冤假错案工作。同年4月，地委抽调29人组成审干班子对全地区审干复查案件进行检查验收。

至1982年年末，全地区大规模的平反冤假错案工作基本结束。全地区"文化大革命"中立案审查的脱产干部4522人，经过复查，全部结案。复查结果中，全错的1670人，占总人数的36.9%；部分错的1207人，占总人数的26.7%；原定敌我性质的395人，复查后撤销387人，平反纠错率98%；刑事处分2人，全部纠正；开除公职220人，纠错216人；开除党籍321人，纠错317人；其他处分603人，纠错467人。

全地区在"文化大革命"期间，经过政法机关立案处理的拘、捕、判、戴、定案件共9109件，全部复查结束。其中，政治案件2440件，复查平反1946件、改判104件、维持原判390件，平反纠错率83.6%；刑事案件6669件，复查平反226件、改判55件、维持原判6388件，平反纠错率4.2%。

二、解决历史遗留问题

在大规模平反"文化大革命"时期冤假错案的同时，淮阴地委根据中央和省委的部署，对受阶级斗争扩大化错误的影响而造成的大量历史遗留问题进行清理，并给予实事求是的解决。

（一）"右派分子"改正

1978年4月5日，中共中央批准中央统战部和公安部《关于全部摘掉右派分子帽子的请示报告》，决定全部摘掉右派分子"帽子"。淮阴地直机关和各县（市）都建立"摘帽"工作办事机构。由于经历"文化大革命"，档案散失严重，给"摘帽"工作带来很多困难。通过内查外调，基本查清全地区右派分子情况。全地区右派分子总数1710人（连同外地下放、安置到淮阴地区的），在中央文件下达前已"摘帽"1181人，尚有529人未摘帽。到1980年，全地区错划的右派分子改正工作结束，在外地被打成"右派"下放安置到淮阴地区的也全部改正，恢复政治名誉，工作和生活待遇也作安排。受牵连的家属子女中失去城镇户口的218户、930人，户口问题全部解决。

（二）"四类分子"摘帽

1979年1月，中共中央决定：凡是多年来遵守政府法令、老实劳动、不做坏事的地主、富农分子以及反革命分子、坏分子，一律摘掉"帽子"，给予农村人民公社社员的待遇。淮阴地区原有"四类分子"32333人，摘掉"帽子"31177人，纠错930人。有117880名地主、富农子女新定成分。

（三）小商、小贩、小手工业者成分改正

1979年11月12日，中共中央批转中央统战部等6部门《关于把原工商业者中的劳动者区别出来问题的请示报告》。按照文件精神，到1981年7月，淮阴地区有1635名小商、小贩、小手工业者及其他劳动者被从原资产阶级工商业者中区别出来，恢复劳动者的成分，占原工商业者人数的90.5%。

（四）落实起义投诚人员政策

1979年11月底，淮阴地区召开各县（市）委统战部长会议，贯彻落实起义投诚人员政策。全地区有起义投诚人员436人，其中排长以上人员153人。至1981年，因历史问题政治上受到咎处的排长以上人员有50人平反，其中失去公职的24人，除已死亡者外，重新安排工作15人，改办退休6人。解决受株连下放的家属子女户口问题3户13人，给予一次性补助的16人。因丧失劳动力给予社会救济的36人。至1983年年末，全地区起义投诚人员政策落实问题全部解决。

（五）"高沟事件"平反

1980年，淮阴地委根据省委指示，对"高沟事件"作复查。查明"高沟事件"中，原逮捕的17

人中有12人属于错捕，原判刑的9人中有5人属于错判，原定为反坏分子交地方监改的5人中有2人属于错定；原被清洗出中国共产党的13人中有8人，原被开除党籍的52人中有12人，原劝退出党、党员不予登记、预备党员除名的116人中有79人均属于错误处分。省纪律检查委员会对该案进行复议，并于4月28日召开纪委全委会议专门讨论，一致同意淮阴地委对“高沟事件”的复查意见，建议由省委作出平反决定。1980年6月13日，中共江苏省委印发《关于对“高沟事件”平反的通知》，对“高沟事件”予以平反。

（六）落实去台人员亲属政策

1982年，淮阴地区有台属4477人，需要落实政策709户962人，主要需解决“文化大革命”期间受到抄家和因“海外关系”失去工作、城镇户口以及房产等问题。淮阴地委专门发出《关于进一步加强对台工作领导，做好落实去台人员家属政策工作的通知》，至1982年年末，台属政策落实问题基本得到解决。

第四节 基层基础工作

中共十一届三中全会后，淮阴地区以各级公安机关为主，对社会治安的基层基础工作进行整顿和恢复。1979年，全地区恢复和重建公安派出所104个，配备干警646人。全地区319个公社、场圃大都配备公安特派员。“文化大革命”中停顿的治保会经过整顿，有健全治保会6668个，其中农村5997个，厂矿、企事业内部671个。共有治保小组50425个，成员171764人。盱眙、涟水、淮阴、淮安、金湖、清江等县（市）对2238名治保主任进行培训，对因年老体弱或兼职过多等不能做治保工作的109名治保主任和484名委员作调整。

1983—1984年，全市增设基层人民法庭25个。各县（区）培训调解骨干，明确调解工作性质、任务和方法，全市有调解骨干力量31271人。各地公安机关落实针对性防范措施，实行耕牛打印、农机具登记，有效遏制盗窃案件的增加；清浦区闸口、城西等派出所做好辖区的治安防范工作，加强对重点人口和暂住人口的管理，与厂企单位签订治安承包合同，并组织警民联防，昼夜值班巡逻，辖区的刑事案件和治安案件大幅下降，社会治安秩序显著好转。闸口派出所1984年未发生一起重大案件，一般刑事案件数较1983年下降44%，治安案件数下降35%，有5个居委会全年无案件发生，有8个居委会无社会青少年犯罪。

图19-1 开展政法宣传（2006年） 市委政法委 供

1985年，全市加强群众自治队伍建设。淮阴县在23个单位建立护厂、护校、护院队，有127人昼夜值班巡逻。1986年，全市新建保卫科（股）69个，新增保卫干部178人，新建护厂队80个，447人；充实经济民警分队，人员增加到123人；全市1593个内部单位中，有1169个逐级签订治安承包合同，全年内部单位发生刑事案件59起，比1985年下降17%。1987年，全市建立护卫队378个，队员2445人。全市县以上党政机关都成立治安保卫工作领导小组，把治安承包机制引入机关保卫工作，先后建立10个保卫科、9个护院队，并配齐专职保卫干部和护卫队员。

1988年，全市基层基础工作有新发展，新建巡逻队255个，专业联防队187个1540人，护卫队54个384人，新增治安员768人，保安服务人员120名，初步形成以市区、县城为中心，城乡内外结合的群众性治安防范网络。当年8—12月，协助公安机关破获刑事案件380起，其中重大案件21起，抓获612人，缴获赃款27万元，各种凶器310件。

1989年，全市各地在治安联防组织的基础上，把治保会、护厂护村队、义务消防队等群众性治安保卫力量组织起来，开展治安联防，预防犯罪，保障安全。仅治安联防队就提供违法犯罪线索1926条，抓获违法犯罪嫌疑人1957人，协助公安机关破获刑事案件467起，协助查处治安案件1342起，制止流氓滋扰和打架斗殴等违法犯罪活动587起，调处各类纠纷1804起，为群众排忧解难1533件，缴获赃款赃物折价20.6万元。1990年，全市有专职联防队260个1893人，同时加强联防队员的招聘、培训、使用和管理。

1993年，城市巡逻民警和专职保安联防力量向车站、码头等窗口地区倾斜，扩大巡逻防范覆盖面，及时掌握各车站、码头地区滞留人员情况，及时分析、预测滞留动向及给社会治安带来的问题。在人员日流量超过万人次的大型集贸市场，设立民警值班室，派驻专职民警和保安队员，加强市场内部的巡逻防范工作。

1995年，推进治安卡口网络化、规范化建设。全市建立4个省级卡口、11个市级卡口、4个城市出入卡口，明确卡址、负责人、装备，制定治安卡口的工作制度（细则），绘制全市治安卡口联络图。各县（市、区）结合当地实际，建立县级治安卡口，提高堵控各类违法犯罪分子的快速反应能力。

1998年，市委政法委提出在社会治安综合治理工作中开展“创三安”活动，即创建“安全文明小区”“安全文明村镇”“安全文明单位”。该创新做法得到中央和省委两级政法委的肯定。当年，全市纳入创建计划的安全文明小区58个、村镇998个、单位1015个。1999年，全市创建一大批安全文明小区、村镇和单位，覆盖面在80%以上，治安状况明显改观，局部地区的发案率得以有效控制，群众的安全感普遍增强。同年10月20日，市综治委召开全市农村治安承诺试点总结推广会，促进综合治理各项措施在基层的落实。

2000年，市公安局全面推进基层技防工作，按照“抓防范、强基层、保稳定、促发展”的工作思路，从1月起，由市治安支队负责人带队深入闸口派出所进行调研，总结“七户联防”“七店联防”“单元联防”以及技防、设施防等“六防”和“三级承诺”“百分制考核”的成功做法，并按照“科学、可看、可推广、可操作”的标准进一步完善、提高，形成“专群结合、防控联网、内外承诺、长期坚持”的闸口经验。同年7月11日，市综治委召开全市城区治安承诺试点工作现场会。

2001年，进一步推行社会治安承诺。全市1427个行政村中有1069个村，241个居委会中有143个居委会，以及285个小区（单位）实行治安承诺。全年理赔109次，金额50676元。治安承诺制的推行，增强防范犯罪的能力，减少可防性案件的发生。中央综治委检查组、省人大综治工作检查组、省综治目标检查组对淮安市的综治承诺工作给予肯定。

2002年，淮安市把乡（镇、街道）综治专干配备作为工作的重点。全市127个乡（镇、街道）共配备专职综治干部131人。市综治办、财政局和人事局联合印发《关于乡（镇、街道）综治办专职人员享受政法特岗津贴待遇的通知》，各地均按要求发放综治专干的特岗津贴，解决乡（镇、街道）综治专干生活待遇问题。全年举办2期乡（镇、街道）综治干部培训班，全市乡（镇、街道）综治专干全部得到培训。

2004年，全市新增社会治安信息员20558人，提供各类破案线索5256条，奖励信息员587人，发放奖励经费22.28万元；登记暂住人口、流动人口101570人，房屋出租户15579户；全市588家危险物品从业单位中，有561家达标。当年全市各幼儿园安装CK报警系统1348台。

2005年6月，市委政法委、市综治办召开全市村级综治办规范化建设现场会。至当年年末，全市有30%以上的村级综治办达到集综合治理、社会警务、调解、治保和流动人口管理“五位一体”的规范化建设标准。2006年，淮安市探索建立党委、政府统一领导，政法综治牵头协调，司法行政指导管理，调处中心具体运作，职能部门各负其责，社会各方广泛参与的大调解工作机制。各地以县（区）和乡（镇、街道）两级调处中心为重点，健全大调解组织网络。全市8个县（区）和131个乡（镇、街道）全部建立社会矛盾纠纷调处中心，成立消费者协会调解委员会、物业管理投诉调解工作站、劳动争议纠纷调解庭、医患纠纷调解委员会等基层调解组织。

2008年，淮安市全面开展基础防范“八化”（小区防范物业化、散居防范多样化、市场场所保安化、单位防范责任化、重点部位科技化、高危管控在线化、巡逻防范专业化和情报网络延伸化）工程建设。整合和依托社区及单位资源，开展群防群治，织密治安防控网络，堵塞犯罪漏洞，落实重点管控，压降案件，增强群众安全感。全市在线高危管控76551人，管理暂住人口13.3万人、出租房屋29313户、旅馆1712家，小区、散居、市场、单位共有专兼职保安48455人，有视频监控探头和其他技防设施16483套。楚州、盱眙、涟水等县（区）的建制小区可防性案件同比分别下降50%以上，全市258个建制小区的1490名物管人员和1650名保安被纳入派出所业务指导或培训管理，在1810个散居地区新组建700余支义务巡逻队，借助社会资源强化治安防范。全市公安机关通过“八化”工程实施，抓获刑事作案成员2146人，占抓获总数的33.9%；破获各类现行刑事案件3512起，占破案总数的45.3%。群众的见警率、安全感及对防范知识的知晓率都有很大提高。

第五节　预防和减少青少年违法犯罪

1978年后，淮阴地区青少年违法犯罪呈现不断攀升的趋势。各级政法机关会同妇联、共青团、教育、文化、工商等部门和各地基层组织，开展青少年理想、道德教育，利用各种人力资源，采取多种措施，遏制青少年违法犯罪上升的势头。

1999年10月，全省预防和减少青少年违法犯罪工作会议召开，淮阴市结合实际，贯彻落实会议精神。同年11月，组织有关部门人员到北京参观“为了明天”图片展。

2000年1月，在全市政法工作会议上，中共淮阴市委把预防和减少青少年违法犯罪作为社会治安综合治理的强基固本工程进行部署，将其列入社会治安综合治理责任书，同各县（市、区）政府签订。同年3月，市综治办召开全市预防和减少青少年违法犯罪工作座谈会。全市逐步建立预防和减少青少年违法犯罪工作网络。各县（市、区）成立由分管领导负责，政法委、法院、检察院、公安局、司法局、共青团、妇联、关工委（关心下一代工作委员会）等有关部门组成的预防和减少青少年犯罪工作机构，定期召开会议，对青少年违法犯罪的现状、特点、原因进行分析，商讨解决方法。市教委和市妇联把“办好家长学校，教育一代促两代”作为重要工作摆上日程。全市近80%的学校开办家长学校2867所，家长入学率在80%以上。全市开办家长学校的做法受到省委表扬，河南、安徽、山东、山西、浙江等省有关单位到淮阴市参观学习。当年4月，市综治办和市教

图 19-2　加强警示教育，预防青少年犯罪（2005 年）
市委政法委　供

委联合召开聘请法制副校长动员大会，全市有140所学校聘请法制副校长或法制辅导员168人。全市共青团和检察系统联合创建“青少年维权岗”，淮阴县检察院的维权岗受到省综治委表彰。

2001年后，全市教育部门和政法、妇联、关工委等部门密切配合，组织实施武装、免疫、净化、防护四大工程。坚持从第一课堂、第一任老师抓起，通过建立健全目标责任制，加大考核力度，实行一票否决制等措施，在校生违法犯罪人数明显减少，大多数学校实现零犯罪。为净化校园周边环境和社会文化市场环境，文化、公安、工商等部门和关工委密切配合，对网吧、游戏机室进行整治监督，未成年人上网和进游戏机室的现象有所减少。许多街道、社区利用假期开办“市民学校”，组织老少共建、老少同乐活动，有的还利用暑假大学生回乡的机会，举办“学子成才报告会”，为青少年健康成长营造良好的社会环境。在2005年抓获的违法犯罪人员中，25岁以下青少年2976人，比2004年减少10.7%。其中，未成年人1590人，比2004年减少3.8%；在校生226人，比2004年减少59.9%。青少年尤其是在校生违法犯罪人数减少幅度较大。

2006年，市文明委出台《关于加强农村留守儿童关爱覆盖工作的实施意见》，全面加强对农村留守儿童的关护和教育管理。2007年12月，全国关爱农村留守儿童经验交流会在洪泽县召开，推广淮安市的经验做法。

2008年，全市各级各类学校坚持将思想道德和法制教育纳入学校课程计划，聘请或调整法制副校长和法制辅导员718人。开展“学习恩来精神，争做时代先锋”主题教育活动，教育学生养成良好的道德品行和行为规范。为解决全市中小学生法制教育内容不一，教学质量参差不齐的状况，市委政法委配合市关工委组织人员收集淮安市发生的有代表性案件，采用以案释法和以情说理的办法，以小学高年级和中学生为主要对象编写《淮安市中小学法制课教材参考》一书，受到学校师生和社会各界的欢迎。

此外，市委政法委出台《淮安市网吧义务监督办法》，对全市网吧实行分组定点监督，分级流动管理。该办法被省综治办转发，在全省推广。全市聘请2338名老干部、老党员为网吧义务监督员。市、县（区）均成立网吧协会，制定《网吧行业自律公约》。各网吧行业协会配合公安机关对全市网吧实施科技监管，在全市范围内组织开展为期50天的网吧和游戏机经营场所“暑期整治特别行动”，在全市网吧3.2万台电脑终端安装“净网先锋”监管软件，规范网吧的经营行为。

通过全社会的共同努力，淮安市预防和减少青少年违法犯罪工作取得明显成效，青少年违法犯罪呈逐年下降或稳中有降的趋势。2008年抓获的刑事作案成员中，18岁以下的603人，占总数的7.8%；在校学生57人，占总数的0.7%。金湖县无在校生违法犯罪。

第六节　“平安淮安”创建

2003年，淮安市按照省委、省政府的统一部署，开展“平安淮安”创建活动。全市各地以“打得狠、防得严、控得住”为目标，以安全巡防、安全监控、安全居住“三个安全体系”为载体，构建打、防、控一体化格局。通过情报强侦、科技强侦、人才强侦等措施，全市组织开展农村地区治安整治行动等系列打击行动10余次，维护不同时期治安大局的稳定。普遍建立乡（镇、街道）专职联防队、村（社区）级治安联防队、街头路面防范队伍、单位内保队伍4支专职联防队伍，筑牢社会治安的第一道防线。采取责任到人、划段包干、轮班运作等方法，实行车巡、徒步和夜间定点守控相结合等，完善街头路面、城镇社区、单位内部、治安卡口等防控网络。

2004年，市委、市政府印发《关于加强全市社会治安科技防范建设工作的实施意见》，普遍开展技防街和技防乡（镇、街道）建设，重要路口、住宅小区及城市出入口全面设立电子监控系统，各机关单位的技防覆盖率达到75%以上。建立覆盖全市主要干道的350兆天线通信系统，县（区）级公安机关全部实现“110”“119”“122”三台合一，实现多种防范资源共享。在“大防控”体系建设中，整合综治资源，形成各方力量相互支援，行动相互策应的防范联动格局。针对农村不同行政区接壤地带流窜案件高发，防范工作容易出现“真空地带”的现象，抓好省际、市际、县（区）际接壤地区协作联防联调工作，成立由双方综治、公安、司法等参加的协作工作机构，制定工作制度，完善区域协作联防机制，有效提高防范效能。在全市农村探索和推行治安防范责任承包工作，将治安防范作为一个项目，以可防性案件压降率为目标，通过乡镇（街道）、村（居）牵头，鼓励群众出资，用经济合同形式固定下来，把市场机制和农村地区治安防范工作有效对接，取得显著效果，全市农村治安防范承包工作覆盖面达60%以上。

在创建工作中，淮安市抓住源头预防、信息掌控、跟踪调处等关键环节，化解各类矛盾纠纷。通过整合社会调解资源，建立起党委、政府统一领导，政法综治牵头协调，调处中心具体运作，司法部门业务指导，职能部门共同参与，社会各界整体联动的矛盾纠纷调处机制。尽量做到小事不出村（居）、大事不出乡镇（街道）、难事不出县（区），把矛盾纠纷解决在基层，消灭在萌芽状态。在全市初步形成市、县（区）、乡镇（街道）、村（居）四级调解组织网络。进一步明确社会矛盾调处中心岗位职责，规范调解程序，健全工作机制，统一规范县（区）、乡（镇、街道）两级调处中心从接待受理至跟踪回访等8道工作流程，建立和完善公示制和服务承诺制。建立定期下访、上下联动、限时办结、双向承诺、跟踪督办、督查考核6项制度。整合信访资源，推行党政领导信访接待日，设立市委常委下访点等制度，重点开展机关服务进社区、“信访直

图19-3　淮安市被省委、省政府评为2006年度“社会治安安全市”（2007年）　市委政法委　供

通车”、行风热线、县处级领导干部下访等工作。及时主动地发现解决矛盾纠纷，有效维护全市的信访秩序。2005年，中央政法委、综治委调研组到淮安市调研时，对淮安市各级社会矛盾纠纷调处中心工作给予肯定。

2008年，全市各级财政用于综治与平安创建专项经费达到1724万元。市综治办会同市委农工办、市公安局出台规定，在全市农村严格按照“一事一议”的筹资程序，与群众签订治安合同，每人每年筹资3元，有效解决全市专职保安联防队伍活动经费问题。

第二章　公　安

第一节　机　构

1978年，淮阴地区公安局内设政治处、秘书科、政保科、刑侦科、治安科、预审科、消防科、民警科和收容审查站。1980年年初，增设内保科。同年11月，淮阴地区公安局更名为淮阴地区公安处。至1983年3月前，淮阴地区公安处内设政治处、秘书科、政保科、内保科、治安科、预审科、刑警大队、消防大队、收容审查站、看守所、省警校清江班。管辖淮阴地区、清江市及淮阴、淮安、涟水、灌南、灌云、沭阳、泗阳、泗洪、宿迁、洪泽、金湖、盱眙13个县（市）公安局。

1983年3月，实行市管县体制后，成立淮阴市公安局，管辖淮阴、淮安、涟水、灌南、沭阳、泗阳、泗洪、宿迁、洪泽、金湖、盱眙11个县公安局和清河、清浦2个区公安分局。市公安局内设政治处、秘书科、政保科、内保科、治安科、预审科、刑警大队、交警队、消防大队、收容审查站、看守所、省警校淮阴教学班。

1984年7月，交警队更名为淮阴市公安局交警大队。1985年2月，增设行政装备科、通信科。1986年2月，消防大队升格为消防支队；4月，洪泽湖公安分局成立；7月，成立技侦科；11月，省运河公安局划归淮阴市公安局；12月，增设信访科。1987年6月，成立淮阴市居民身份证办公室；8月，组建公安交警支队。1988年2月，省警校淮阴教学班撤销；3月，秘书科更名为办公室；9月，设立治安巡警队。

1989年7月，交警支队升格为副处级机构。1990年2月，增设户政科；3月，增设指挥调度室；6月，组建警察机动大队；7月，增设法制科，撤销淮阴市居民身份证办公室；11月，增设警卫科。1993年2月，政治处内设组织科、宣传科、干训科；4月，成立淮阴市公安局开发区分局；12月，成立收容教育所、公安干部学校。1994年12月，撤销警察机动大队，治安巡警队更名为公安巡逻警察支队。1995年4月，刑警大队更名为刑警支队；7月，收容审查站更名为收容审查所。

1996年5月，成立审计科；6月，成立监察室；11月，收容审查所更名为第二看守所。12月31日，成立淮阴市公安局居民身份证制作所，为副科级全民所有制事业单位，隶属户政科。是年，县级宿迁市、沭阳、泗洪、泗阳县划出，成立地级宿迁市，灌南县划归连云港市，5个市（县）公安局随之划出。

1997年1月，市公安局指挥调度室更名为公安指挥中心，升格为副处级，内设指挥调度科、警务指导科、秘书科；3月，指挥中心与办公室合署办公；9月，成立经侦支队，在水上分局增挂水警支队牌子；11月，政治处更名为政治部，成立禁毒科、技防科和指挥中心档案科。

1998年9月，撤销预审科，成立监所管理科。1999年3月，淮阴市公安干部学校更名为淮阴市人民警察培训学校，淮阴市第二看守所并入淮阴市看守所；5月，治安科改称为淮阴市公安局治安警察支队，副处级建制；9月，户政科整建制并入治安警察支队，作为支队内设机构。

2000年12月，将原“一套班子，两块牌子”的交警支队、巡警支队统一规范支队建制单位，名称为淮阴市公安局交通巡逻警察支队。同月，成立淮阴市公安局交通巡逻警察支队宁连高速公路大队，与江苏省公安厅交通巡逻警察总队高速公路支队宁连淮阴大队实行“一套班子，两块牌子”。

2001年2月，淮阴市更名为淮安市，公安机关亦随之更名。淮安市公安局内设政治部、人民警察培训学校、警务督察大队、指挥中心、政治保卫科（对外联络科）、技术侦察科（第八科）、警卫科、禁毒科、出入境管理科、监所管理科、科技科（技术防范科）、法制科、信访科（控告申诉科）、后勤管理科、审计科、看守所、收容教育所（治安拘留所）、消防支队、刑警支队、经侦支队、治安支队、交巡警支队、水警支队（水上分局）。至2008年年末，机构设置无变化。

第二节 刑事案件侦查

一、案件侦破

1978年，淮阴地区通过政治上的拨乱反正之后，开始正常开展刑事案件侦破工作，刑事案件破案率逐步提高。至1982年，全地区破获刑事案件8795起，其中重大案件882起。

1978—1982年淮阴地区破获刑事案件统计表

表19-1　　单位：起

年份	小计	凶杀	抢劫	纵火	强奸	流氓	盗窃	其他	其中重大案件						
									小计	凶杀	抢劫	纵火	强奸	流氓	盗窃	其他
1978	1247	34	10	10	164	41	909	79	87	34	7	6	22	3	12	3
1979	1512	22	10	12	152	40	1195	81	183	22	8	2	124	7	19	1
1980	1655	27	5	18	205	55	1190	155	172	25	2	1	122	1	15	6
1981	1916	49	17	21	202	79	1341	207	205	41	6	3	117	0	25	13
1982	2465	27	22	19	259	205	1643	290	235	23	2	5	140	1	49	15
合计	8795	159	64	80	982	420	6278	812	882	145	25	17	525	12	120	38

1983—1986年，淮阴市案件侦破工作纳入严厉打击严重刑事犯罪活动的斗争（详见本卷第一章《社会治安综合治理》第一节《“严打”斗争》）。

1988年8月20日21时，涟水县发生2名歹徒拦路抢劫一辆摩托车、杀死驾驶员案件。涟水县公安局组织力量围追堵截，3小时后即在淮涟公路上将犯罪嫌疑人抓获归案。此外，当年发生的涟水县捅死捅伤医院负责人案件、“3·15”淮阴日报社记者在市区被抢劫案件、清浦区“3·24”流氓捅刀杀人案件，均在较短时间内破获。

1989年年初，市公安局针对农村地区抢劫、敲诈勒索案件大面积发生的情况，抽调28名机关干警组成7个工作组，深入案件高发的涟水、淮阴、淮安等县（市），以及水陆交通沿线的主要乡镇与边沿结合部地区，重点打击抢劫、敲诈勒索犯罪，共破获抢劫案件457起、敲诈勒索案件170起，抓获两类犯罪嫌疑人870人，挖出团伙99个、成员451人。

1990年，淮阴县二布厂工人姚某勒死南京市出租车驾驶员。案件发生后，市、县两级公安机关奋战6天破获此案。1991年，全市破获各类刑事案件6325起，其中重大案件2032起，抓获各类犯罪成员7841人，摧毁犯罪团伙781个、成员3209人。

1992年，全市刑侦部门完善快速反应机制，在勘查力量的集结出动、勘查工作的组织展开及部门之间的联络协调等各个环节上，以快制胜，争取侦破工作的主动权，使得一批有影响的大要案件，如清浦区“2·23”抢劫台胞案、县级淮安市“8·24”特大盗窃药品案及清河区“12·4”特大流氓强奸杀人案等，都在较短时间内破获。

1993年5月28日晚，涟水县农机公司职工张某某（现役军官家属）被犯罪嫌疑人强奸杀害。案件发生后，中共中央总书记、中央军委主席江泽民作出批示。省、市、县刑侦部门经过44天的连续作战，将犯罪嫌疑人抓获归案。1994年，县级淮安市“4·01”抢劫杀人案、清河区“10·19”杀人案等，都在较短时间内成功告破。

1996年，全市发生杀人案件85起，破获74起，破案率为87.1%。当年9月3日夜，县级淮安市淮城镇城西居委会肖某某及其子谢某被人杀死在家中。公安机关经过7个昼夜的奋战，将犯罪嫌疑人谢某某抓获归案。

1997年5月25日，淮阴县接报一起特大麻醉抢劫案件。受害人殷某某被麻醉后抛于谢庄收费站附近的涵洞内，其价值27万余元的汽车配件被劫。案发后，市公安局和淮阴县公安局刑侦部门成立侦破指挥部，全面开展工作。7月30日，侦查人员在福建省连江县将5名犯罪嫌疑人全部抓获，一举破获该案，同时还破获发生在福建、浙江、湖北等地的同类案件6起，案值150余万元。

1998年10月7日，淮阴县王营镇星光村境内发生一起杀人抛尸案。市刑警支队技侦民警前往现场，配合淮阴县警方侦破。10月11日，在上海市宝山区将犯罪嫌疑人郑某某和何某抓获。10月14日，同案犯罪嫌疑人陈某投案自首，10月16日又将同案犯罪嫌疑人石某抓获归案。1999年，全市破获重特大刑事案件1844起，其中杀人案件立案43起，破获39起，破案率达90.7%。

2000年5月28日和7月19日，清浦区清安乡蔬菜村和清河区省农垦局宿舍大院连续发生2起入室抢劫杀人案，2人被杀死。案发后，市公安局刑警支队和2个区公安分局的110多名干警参战，开展侦破工作。经勘查，在现场提取小指大的残缺变形血掌纹一枚。市局刑警支队开展查档比对工作，经过连续5昼夜的工作，认定居住在清浦区清安乡南新村的丁某某有重大作案嫌疑，迅速组织警力将其抓获归案。

2001年，全市发生“八大类”案件800起，破获631起，破案率为78.9%。当年1月21日，市区个体户张某突然失踪，直到3月23日在市经济开发区韩泰南路东侧一窨井内发现尸体，市、区两级刑侦部门多次赴山东、南京，奋战近2个月，将犯罪嫌疑人刘某某抓获归案。淮阴区“9·28”袭击女出租司机杀人焚尸大案、盱眙县“10·5”杀人劫车案、清河区“10·9”入室抢劫30万元现金大案都在较短时间内破获。

2002年2月14日，清河区发生1起特大抢劫杀人案件，3名犯罪嫌疑人闯入清河区承德路联通公司营业厅内，将当班收银员吕某某杀死后，劫走手机9部。案件发生后，市公安局、清河分局迅速组织警力开展侦破，先后转战江苏、甘肃、北京、浙江、福建、广东6个省、市50多个县（区），行程3万多公里，历时近2个月，在有关地公安机关的协助下，终于将3名兰州籍流窜犯罪嫌疑人全部抓获归案。同年，共破获跨省市的系列抢劫杀人案件8起。

2003年，全市立案“八大类”案件725起，破获662起，破案率为91.3%，其中杀人案件59起，破获55起，破案率为93.2%。当年3月16日14时许，犯罪嫌疑人王某某窜至金湖县人民医院抢得现金3.8万余元后，驾车逃离现场。市、县公安机关开展围追堵截，历经9个小时抓获嫌疑人，迅速破获此案。同时，破获当地及外省、市9起杀人、抢劫大案。

2004年，全市发生的56起杀人案件全部破获。当年1月31日凌晨，清河区发生一起特大盗窃案件，犯罪嫌疑人窜至市时代超级购物中心，将一楼“周大金”珠宝柜内的1470余件金银珠宝首饰洗劫一空，价值近120万元。案发后，省、市、区三级公安机关周密部署查控，经过113天的艰苦奋战，终于将珠宝大盗王某某抓获归案，并追回全部被盗物品。

2005年2月16日，洪泽县城东风路鑫元珠宝行发生1起持刀抢劫、强奸案件，3名犯罪分子抢走各类金银首饰价值48.5万元。在实施抢劫犯罪过程中，1名犯罪嫌疑人对服务员实施强奸，作案后迅速逃离现场。由于此案性质恶劣、手段残忍、案值巨大，被省公安厅列为2005年江苏第二号挂牌督办案件。案发后，市、县两级公安机关迅速组织警力，开展侦破，经过23天告破此案，远赴青海、内蒙古等地将3名犯罪嫌疑人抓获归案，并起获部分赃款、赃物。同年，盱眙县秦汉东阳城遗址古墓被连续盗掘，盱眙县公安局成立专案组，抓获盗掘古墓葬、倒卖文物犯罪嫌疑人45名；破获苏皖两省5个市、县此类案件102起，缴获战国、秦、汉时期的珍贵古文物130余件，其中国家一级文物9件、国家二级文物11件。

2008年11月5日、7日，楚州区建淮乡境内先后发生2起恶性命案，其中“11·07”案件中，建淮乡砖桥村村民王某某及其孙女、孙子3人同时被人杀死在家中，手段残忍，影响恶劣。11月7日中午，侦查人员在该区马甸镇境内发现被劫电动自行车，随即开展查缉布控和排查走访等工作，于当日下午在马甸镇一浴室内发现并抓获犯罪嫌疑人徐某某。经审查，徐某某对抢劫杀人作案2起，连续杀死4人的犯罪事实供认不讳。同时，还交待其在上海抢劫杀人作案1起的犯罪事实。

1983—2008年淮安市发、破案情况表

表19-2

年份	全市发案（起）	破案（起）	破案率（%）	重大案件立案（起）	破案（起）	破案率（%）	破年前积案（起）	抓获成员（人）	省内（起）	外省市（起）	追缴赃物赃款（万元）
1983	2827	2341	82.8	662	635	95.9	—	3308	2813	495	74.6
1984	2111	1762	83.5	630	590	93.7	3	2005	1807	198	58.1
1985	2434	2062	84.7	690	643	93.1	—	2723	2121	602	72.8
1986	2482	2226	89.7	717	658	85.5	4	2304	2022	282	71.3
1987	2377	2008	84.5	388	352	90.7	4	2534	1802	732	55.4
1988	3133	2644	84.4	744	611	83.1	7	4218	3247	971	105.1
1989	5466	4642	84.9	1300	1093	87.1	14	6674	5511	1163	85.6
1990	7602	5588	73.5	131	91	69.5	4	6216	4105	2111	88.3
1991	6325	5076	80.3	2032	1255	61.8	22	7841	5137	2604	67.7
1992	8906	6849	76.9	2512	2300	91.6	8	9632	7521	2112	68.8

续表19-2

年份	全市发案（起）	破案（起）	破案率（%）	重大案件立案（起）	破案（起）	破案率（%）	破年前积案（起）	抓获成员（人）	省内（起）	外省市（起）	追缴赃物赃款（万元）
1993	4752	4223	88.9	1147	850	74.1	791	4845	4006	839	72.4
1994	5554	4778	86.0	2031	1667	82.1	11	6021	4911	1110	57.0
1995	5155	4432	86.0	2271	1900	83.7	9	5677	5032	645	74.8
1996	3986	3315	83.2	1836	1483	80.8	159	5272	4279	993	51.8
1997	3030	2455	81.0	1158	928	80.1	74	4517	3248	1269	61.3
1998	3319	2486	79.5	1936	966	49.9	47	4695	3595	1099	73.1
1999	5324	2869	53.9	1844	926	50.2	14	6218	4892	1326	82.4
2000	14257	7621	50.2	1206	1038	86.1	1893	9439	7033	2406	137.5
2001	13286	7584	53.2	800	631	78.9	1744	9077	7169	1908	216.4
2002	12085	6894	51.6	762	542	84.3	1671	8506	7022	1484	284.0
2003	11381	5007	49.2	725	662	91.3	1831	8845	6884	1961	200.0
2004	12338	5966	48.4	635	586	92.3	2225	8890	6092	2798	227.0
2005	14246	6483	45.5	619	574	92.7	2280	9105	6553	2552	284.0
2006	22194	11875	53.5	620	579	93.4	6240	13653	9446	4207	458.0
2007	23133	11634	50.2	620	572	92.3	3466	14120	9164	4956	427.0
2008	24154	11816	48.9	642	597	93.0	3081	18851	13744	5107	503.0

二、刑侦技术

1978年，淮阴地区公安局增加刑侦技术力量，刑侦科由原来的6人增至14人，其中法医3人，负责一般刑事技术工作。1979年，清江市公安局2次举办刑侦民警参加现场勘查、采痕取证训练班。1982年5月3日至6月18日，淮阴地区公安处举办刑侦业务训练班，培训刑侦人员现场勘查、技术鉴定等基础知识。

1987年6月，淮阴市公安局设立单指纹检验专业，配备3名专业技术人员。当年派人参加由省公安厅组织的为期10天的单指纹管理训练班。

1989—1990年，市公安局多次派人参加公安部组织的刑侦培训班，学习微量物证鉴定技术、毒物标准化分析方法和法医物证等。市公安局刑警大队技术中队设有痕迹、法医、照相、指纹、警犬、化验、文检、技术预防等专门小组。1992年，市公安局举办刑事照相、毒化、痕迹等专业培训班，并配合省公安厅举办一期全省警犬训练班。从1994年起，市公安局每年招一定数量的刑侦技术人才。

1998年，市公安局刑警支队举办3期指纹捺印培训班，同年11月中旬召开全市刑事技术工作会议。2000年2月底，市公安局购置指纹自动识别系统和气相色谱仪。2002年，市公安局购买遗传分析仪、扩增仪、电热恒温鼓风干燥箱、台式高速离心机、磁力加热搅拌器、纯水仪、电子天平等科技设备。

2003年,市公安局刑警支队派员赴云南省警官学院参加科学技术青年人才专门业务与岗位培训。刑警支队三大队配备现场勘查专用车、紫外照相系统,对指纹自动识别系统进行升级扩容,增设心理测试(测谎)专业,各县(区)均建立起指纹系统查询终端。2004年,市公安局为全市刑事技术部门配备、更新一批技术含量高、新型实用的设备,购置XTL-2400E显微镜、多功能现场勘察箱。

2006年,市公安局投资800余万元,引进美国ABI公司3130XL为主设备的DNA检验系统、紫外照相观察系统、气/质联用仪、心理测试仪等系统设备,同时对指纹自动比对识别系统进行升级扩容。同年,市公安局引进1名研究生、5名本科生,充实到法医、理化、DNA检测3个专业方向。

2007年,公安部刑侦局和中国刑警学院联合组织全国公安机关现场规范化勘查辅导员暨国家实验室认可内审员培训班,淮安市公安局组织多人参加学习。

2008年,市公安局派2人参加省公安厅组织的硅藻检验培训班,派1人参加公安部物证鉴定中心举办的紫外照相与视听技术检验学术研讨会。至2008年年末,市刑警支队三大队有22名技术人员,其中法医8人、痕迹检验3人、指纹2人、DNA检验4人、理化检验3人、照相1人、文检1人。技术人员中,研究生学历1人,本科学历17人;市公安局下辖的8个县(区)局刑事技术室被公安部评定为一级技术室,其中清河分局被评为一级示范技术室。新技术、新设备在办案中发挥重要作用,破案率明显提高。以DNA实验室为例,2008年受理鉴定各类案件765起,检验检材9720件,建立重点人员DNA数据库3016人,建立失踪人员数据库350人。

三、刑事犯罪情报资料

1978年,淮阴地区建立刑嫌资料3000多份,建立流窜犯罪嫌疑人资料5000多份。1981年,地区公安处在打击流窜犯罪中,注意情报资料建设,对每个流窜犯都建立档案。涟水县通过情报资料抓获流窜犯罪嫌疑人26名,破案70起。

1982年10月,省公安厅颁布《关于流窜犯罪资料管理实施方案》后,淮阴地区公安处按照规定,在全地区范围内组织搜集文字材料、建立《流窜犯资料总卡》《十指纹卡》《单指纹卡》《作案手段、特点卡》和《损失贵重物品特征卡》等案件资料。1983年3月至1984年,省公安厅《关于建立刑事犯罪情报资料研究中心的意见》和《建立刑事犯罪情报资料照相的实施方案》下发后,全市公安机关按照要求,填制《流窜犯资料总卡》2600多份,捺印单指纹卡片3400多份。

1985年5月28日,市公安局首次召开情报资料收集工作座谈会,重点解决在全市范围内建立情报资料收集网络的问题。同年6月,市公安局对专职搞情报资料人员进行业务培训。到1985年年底,搜集资料2000余份,完成市区、城区重要刑嫌、尚未归案的流窜犯罪嫌疑人、在逃犯罪嫌疑人、重大流窜嫌疑人等人头资料的收集。

1987年8月,市公安局刑警大队成立情报中队(第五中队),具体指导全市的情报资料工作。1988年,刑警大队建立刑事犯罪情报中心,搜集情报资料2776份,计算机储存1050份。1989年,全市搜集人员资料14436份,计算机储存2400份,搜集案件资料134份。通过搜集资料破获刑事案件61起,其中大案6起,查获团伙10个、成员59名,缴获赃款赃物折币39800余元。

1994年,全市收集各类违法犯罪线索2578条,人头资料6718份,"三逃"人员(批捕在逃人员、负案在逃人员、服刑或羁押在逃人员)资料600余份,案件物品资料2473份。通过线索查证和检索资料的综合运用,破获各类案件1098起,其中大案447起,抓获各类违法犯罪嫌疑人1294人,其中在册在逃犯罪嫌疑人429人。

1997年,全市情报资料工作实行集中管理。刑警支队购买微机设备,对全市各县(市、区)的情报资料实行统一储存，各县（市、区）局刑侦部门都建立刑事犯罪信息微机工作站，实现省、市、县三级情报信息统一联网。全年全市搜集刑事犯罪情报资料8600份，通过情报资料破案数占破案总数的21%。

2000年，全市利用刑事犯罪情报资料破案2351起，占破案总数的22%。刑事案件接报案系统网上传输正常运行，传输上报率100%。在“打拐”专项斗争中，发挥网上优势，录入被拐妇女和儿童信息1.5万余条，查询比对500余次，查中230人。全年搜集录入在逃人员信息1022条，被盗抢机动车信息961条，案件信息14067条。

2003年，建立刑事犯罪情报信息研判运用新机制，对全市的刑事犯罪情况进行定期分析，加强和完善微机网络的建设和维护，做好在逃人员信息的搜集、录入、上报、撤销工作，并用好用活案件信息库中的信息，利用微机网络检索查询，为侦查破案服务。全年全市利用刑事犯罪信息破案2718起，占破案总数的28.4%。

2005年，情报信息部门录入、上报刑事案件信息2.2万余条；新增上网在逃犯罪嫌疑人信息1836条，撤销上网在逃犯罪嫌疑人信息1801条；录入被盗抢机动车信息926条。通过网上查询、网上比对、网上串并、信息研判和预警及对刑事案件信息的管理应用，协破各类刑事案件1872起，占全市破案绝对数的20%。围绕刑事犯罪信息研判，在基层派出所建立47个刑侦信息联络点，及时掌握农村边远地区的刑事犯罪动态。

2006年，全市录入、上报刑事案件信息2.2万余条，被盗抢机动车信息800余条，上报率均为100%；新增在逃人员信息2199条，新增被盗抢机动车信息811条，录入无名尸体信息48条，失踪人员信息57条，搜集各类违法犯罪线索2000余条，刑嫌和违法犯罪人员信息3559条。在应用过程中，全市检索查询各类刑事犯罪信息17846次。通过检索查询和线索查证，协破案件2391起，占破案总数的27%；查获被盗抢机动车103辆，抓获涉案人员128人。

2008年，全市录入警务平台各类刑事案件信息23962条，在逃人员信息3933条，被盗抢机动车信息69条，刑嫌人员信息581条，现场勘验系统录入信息19500条，指纹信息89437条，DNA数据3016条，被盗抢手机数据8567条，扒窃人员信息814条，疑似被侵害失踪人员信息350条、无名尸体信息228条。当年全市公安机关通过信息研判破获案件2533起，摧毁犯罪团伙57个，抓获各类刑事作案嫌疑人755人，抓获在逃犯罪嫌疑人423人。

第三节　经济案件侦查

一、案件侦破

1978—1997年，淮阴市的经济案件侦破工作与普通刑事案件一起，统归刑侦部门负责。

1998年2月，淮阴市公安系统经侦部门成立，加大对各类经济犯罪打击力度。全市当年受理各类经济犯罪案件283起，立案146起，破获112起，抓获违法犯罪嫌疑人134人，涉案总值2347万元，挽回经济损失986万元。

1999年，全市经侦部门受理各类经济犯罪案件346起，立案183起，破获136起，抓获违法犯罪嫌疑人176人，涉案总值3953.7万元，挽回经济损失1369.7万元。是年2月，洪泽县经侦大队侦破该县铜材厂被骗60余万元案件，抓获犯罪嫌疑人赵某某，追回全部经济损失，救活企业。

2000年，全市经侦部门受理各类经济犯罪案件837起，立案侦办720起，破案684起，抓获违法犯罪嫌疑人415人，各类经济犯罪案件涉案总值4964万元，挽回经济损失2103万元。2001年，全市受理各类经济犯罪案件285起，立案侦办169起，破案158起，抓获违法犯罪嫌疑人121人，实际损失3020万元，挽回经济损失2518万元。当年4月，清河区经侦大队侦破一起特大假币案件，抓获曹某某、石某等4名犯罪嫌疑人，缴获假币18万元。当年7月，市公安局经侦支队侦破张某某合同诈骗案，挽回经济损失700余万元。

2002年8月，市公安局经侦支队破获厉某某非法吸收公众存款案。经查，2001年2月至2002年8月间，厉某某等人在市汇通市场设点，以中国农业银行淮安市香港分理处汇通服务组名义，向汇通市场经营户非法吸收存款8098万元。是年，全市立案侦办各类经济犯罪案件296起，破案246起，打击处理违法犯罪嫌疑人183人，挽回经济损失2327万元。

2004年4月，市公安局经侦支队成立专案组，集中侦办国家税务总局和公安部联合督办的涟水县“2·26”特大虚开增值税专用发票案件。经过几个月连续奋战，抓获犯罪嫌疑人36名，查实虚开增值税专用发票总额10.2亿元，追回税收损失8000余万元。当年12月，淮阴区经侦大队破获公安部督办的全省历史上最大的“12·28”伪造货币958万元案件，查获成品假币127万余元及电脑、打印机、胶印机等制假设备，抓获团伙作案成员16人，依法移送起诉14人。

2007年，全市经侦部门立案656起，破案645起；经济犯罪案件总损失3.48亿元，挽回损失3.48亿元；抓获经济犯罪嫌疑人435人，移诉打击417人。当年9月，市公安局组织经侦、刑警、技侦等部门及涟水、洪泽、清浦、楚州、淮阴等县（区）局70多名干警共同奋战，侦破省、市党委政府批办、省公安厅督办的“9·08”专案，共抓获犯罪嫌疑人12人，查扣涉案赃款、车辆、固定资产等折价1.7亿余元。

2008年，全市经侦部门立案709起，破案681起；挽回损失5.12亿元；抓获经济犯罪嫌疑人468人，移诉打击454人。当年3月，市公安局经侦、网监部门和金湖县公安局协作，破获运用网络诈骗全国100多家企业的公安部、省公安厅挂牌督办案件，16名犯罪嫌疑人被移送起诉。

二、打击经济犯罪专项行动

2001年6月，市公安局召开全市经侦工作会议，部署动员经侦战线“严打”整治工作。当年6—11月，全市破案83起，抓获违法犯罪嫌疑人员135人，挽回经济损失1489.45万元。其间，6—9月，市公安局、市人民银行联合开展打击假币犯罪专项斗争。全市破案14起，抓获违法犯罪嫌疑人27人，查缴假币60.24万元。

2002年6—12月，全市公安经侦部门组织开展打击涉税犯罪专项斗争，破案27起，抓获处理违法犯罪嫌疑人30人，追缴税款损失552万元。其中，9月10日至12月10日，全市公安经侦部门组织开展打击违反公司法犯罪专项整治行动，破案24起，抓获处理违法犯罪嫌疑人11名，涉案金额总值1216.12万元，挽回经济损失897.1万元。

2003年5—11月，全市公安机关与金融、国地税部门联合开展打击金融、涉税犯罪专项斗争，破案53起，抓获犯罪嫌疑人86名，挽回经济损失818万元，缴获假币36万余元。

2004年9—12月，根据全省严厉打击传销违法犯罪活动专项行动电视电话会议要求，市公安局、市教育局、市工商局联合开展打击非法传销专项行动。捣毁传销窝点58个，驱散参与传销或变相传销人员900余名，查获保健品、化妆品等传销物品价值1.14万元。2005年，按照“反假币工作年”部署，市公安局、市人民银行联合开展反假币专项斗争。破案64起，涉案金额980.6万元，追缴假人民币136.99万元，查获违法犯罪嫌疑人66人，打击处理66人。

2006年2月至6月底，全市经侦部门开展打击涉农经济犯罪专项行动，破获各类涉农案件87

起，抓获刑事作案嫌疑人46人，挽回经济损失511万元。2007年，全市经侦部门开展以影响社会稳定的“四涉”经济犯罪专项行动，破获涉众案件11起、涉农案件90起、涉企案件123起、涉税案件62起，为3722名受害群众和86家企业挽回经济损失2.3亿元。

2008年3—9月，全市经侦部门联合税务部门开展打击假发票犯罪“射狐”行动，清除街头小广告700余条，收缴非法联系卡1300余份，查扣假发票2128份，挖出5个出售假发票违法犯罪团伙、窝点，破获省公安厅督办的开具假发票重大偷税犯罪案件1起。针对非法传销有所抬头的情况，联合工商部门开展打击非法传销专项行动，捣毁传销窝点330多个，遣返参与人员3200多人。

第四节　治安管理

一、禁娼

1980年以后，绝迹多年的卖淫嫖娼现象再度在淮阴地区出现和蔓延，败坏社会风气。1982年，淮阴地区公安机关查处卖淫、流氓结伙奸宿案件113起，其中城市31起、集镇36起、农村46起。处罚105人，其中警告11人、罚款2人、行政拘留92人。

1985年，全市公安机关不再对旅店业进行开业审批，只负责登记备案。一些个体旅社业主违法经营，公安部门又疏于管理，全年仅查获卖淫嫖娼案件14起，处罚14人，其中行政拘留1人、其他处罚13人。1987年，查获卖淫嫖娼案件6起12人，其中窝主2人、嫖宿分子9人、卖淫妇女1人。处罚11人，其中行政拘留4人、其他处罚7人。

1989年，市公安局针对个体旅社中卖淫嫖娼现象突出的情况，对全市的旅店业进行全面清理，依法取缔非法经营的个体旅店31家，捣毁卖淫窝点57个，查破卖淫案件196起，处理700多人。

1990年，卖淫嫖娼现象从城市向公路沿线路边店、农村集镇蔓延。当年7月15日凌晨，淮阴市公安局与县级淮安市公安局对运河东岸沿线的建淮乡、马甸镇、平桥镇等乡镇的25个路边店进行突击清查，抓获61名卖淫嫖娼人员，其中卖淫妇女25人、嫖客17人、不法店主19人。随后，市公安局在全市开展对路边店的集中清理整顿。抓获卖淫妇女71人、嫖宿人员121人，强迫、容留、介绍妇女卖淫8人。

1992年，在全市范围内开展打击取缔卖淫嫖娼活动，加强旅店业、公共娱乐场所的治安管理专项斗争，破获卖淫嫖娼案件652起；摧毁卖淫嫖娼、抢劫、强奸等犯罪活动团伙65个，成员197人；捣毁组织、介绍、容留卖淫嫖娼活动的窝点64处，成员764人。逮捕31人，劳教35人，治安处罚495人。全市公安机关强化治安管理，与4000多家旅店、饭店签订治安责任状，对3000多家旅店进行治安整顿，重新核发安全许可证，行业自防互防能力普遍得到提高，卖淫嫖娼活动得到遏制。

1993年，文化娱乐、饮食服务、洗浴休闲场所发展迅猛，一些经营者为追求经济效益，采取色情服务等形式，严重败坏社会风气，危害社会治安，成为流氓、卖淫嫖娼等社会丑恶现象繁衍的温床。当年全市在此类场所查破各类案件585起，查获违法犯罪嫌疑人904人，打击处理609人。其中，查处卖淫嫖娼案件285起，打击处理456人。

1994年，全市各级公安机关对卖淫嫖娼活动进行综合治理。市公安局3次组织全市集中大清查行动，查处此类案件355起，团伙13个，抓获违法人员588人，团伙成员196人。是年12月下旬，市公安局组织公安干警882人，治安联防队员861人，对全市境内的国道、省道旁的路边店进行集中整治，抓获卖淫嫖娼人员39人，色相勾引、强行拦车拦客151人。

1996年，全市各级公安机关对桑拿、美容美发厅开展整治工作，查处卖淫女263人，嫖客615人，组织、引诱、介绍、容留卖淫嫖娼人员107人，摧毁卖淫嫖娼团伙24个、148人。1998年，针对歌舞厅、美容美发厅等公共娱乐服务场所设置的包厢、半包厢存在滋生卖淫嫖娼、色情活动的情况，清河、清浦2个区公安分局从整顿公共场所硬件建设入手，遏制卖淫嫖娼现象。

2000年9月21日晚，市治安支队组织警力对市区解放东路"不见不散"茶吧进行突击检查。查明茶吧老板崔某自1999年7月以后，多次组织、容留、介绍7名卖淫女与48名嫖客进行卖淫嫖娼活动。崔某等因涉嫌组织、容留、介绍卖淫罪被依法追究刑事责任。

2002年，全市查处涉娼案件505起，人员837人，其中卖淫妇女238人、嫖娼人员511人，收容教育17人，查获卖淫团伙6个，取缔卖淫窝点7个。当年6月，根据群众举报，治安支队依法查处楚州区静水湾洗浴中心、洪泽县红花王休闲广场容留卖淫案。2004年2月，在全省公安机关第二次集中行动期间，市公安局治安支队一举捣毁省公安厅挂牌督办的清浦区城南乡富洋洗浴中心卖淫嫖娼窝点，当场抓获4名违法人员，后又陆续查破卖淫嫖娼案件6起15人，业主胡某因涉嫌容留卖淫罪被批准逮捕。

2006年年初，全市公安系统集中开展代号为"铁鹰"的打击卖淫嫖娼违法犯罪专项行动，查处淮阴区鑫淼洗浴中心，清河区慕尼黑洗浴中心、御景湾洗浴中心、太阳岛洗浴中心组织容留卖淫案。当年3月，在省公安厅的直接指挥下，捣毁盱眙县在水一方洗浴中心特大卖淫嫖娼窝点。主犯张某某、王某分别被判处有期徒刑12年，并处罚金10万元。

2007年，全市查处卖淫嫖娼类案件374起，打击处理584人，其中行政拘留469人。是年1月19日晚，市公安局抽调警力80人，下设3个行动小组，对前期摸排的场所进行统一集中清查，抓获涉娼人员14人，刑事拘留2人，治安处罚12人。

2008年，全市查处卖淫嫖娼类案件207起，打击处理319人，其中行政拘留252人。全市公安部门开展专项行动，清查各类场所、站点2500余家，整治娱乐服务场所1965家，其中洗浴场所340余家、美容美发380余家、歌舞厅260家、宾馆旅店875家。查处清河区近水湾洗浴中心卖淫嫖娼案、楚州区天马洗浴中心容留卖淫案等涉娼案件。

二、禁赌

1978年，淮阴地区各级公安机关在城乡广泛开展查禁赌博工作。1981年12月，省政府《禁赌布告》下发后，淮阴地区各级公安机关印发布告，发至生产队、城镇居民小组和厂矿企业班组等基层单位，并在公共场所、城乡要道口广泛张贴。各地还利用有线广播、电影幻灯和黑板报等反复宣传。金湖县闵桥派出所将70多名赌徒集中起来学习布告，对照检查，具结悔过。至1982年2月初，全地区查封、收缴赌具1568副。对赌风较重的地方，公安机关组织专人突击抓赌。全地区由县公安局组织干警、民兵突击抓赌482场，查获参与赌博的2700多人，其中依法逮捕9人、行政拘留91人、罚款118人。

1983年，全市采取多种形式，层层落实禁赌承包责任制。公社党委包大队支部、大队支部包党员、党员包群众，发挥党员、干部在禁赌工作中的作用。1985年，全市查处赌博案件939起，抓获赌徒1803人，比1984年增加1.6倍。1986年1月1日后，全市各级公安机关打教结合，严厉查禁赌博活动。当年抓赌2126场，摧毁赌窝418个，挖出赌博团伙110个，成员697人，逮捕25人，劳教4人，行政拘留362人，罚款2693人，警告2846人，具结悔过2万余人。

1988年，全市各级公安机关开展禁赌专项治理。全市排出参赌人员16147名。依法逮捕赌头赌棍65人，劳动教养33人，治安处罚3058人；对122名参与赌博的党员干部，分别由党政部门给予党纪、政纪处理。

1995年4月，省公安厅召开关于查禁取缔利用游戏机进行赌博活动专项治理电话会议，淮阴市各级公安机关分阶段、有重点地查禁取缔游戏机赌博活动。全市查获利用游戏机进行赌博的经营点163家，收缴游戏机489台，收缴电脑板362块，查获案件108起。

1998年，市公安局印发《关于开展集中清查行动的通知》，各地从12月31日晚22时至1999年1月1日上午8时，对重点地区、重点路段、重点场所进行集中清查行动。查破赌博案件202起，查处赌博违法人员796人。

2001年，全市查处赌博类案件740起，打击处理3228人。2002年，全市公安机关查处赌博类案件1002起，打击处理3937人。当年2月21日，根据群众举报，市治安支队捣毁清浦区清安街道办事处东风村聚众赌博窝点，当场抓获20多名参赌人员，缴获赌资26472元。

2004年1月6日至3月底，全市各级公安机关出动警力6000余人次，检查重点场所2000多家，查破涉赌案件237起，收缴赌博机200多台、赌博机电脑主板340块。当年4月，市治安支队印发《关于严禁在社区活动室进行赌博活动的通知》，组织2次集中行动，查处利用游戏机赌博案件60余起，没收具有赌博功能的电脑板143块、赌博机87台，没收赌资10余万元，惩处违法人员207人。

2005年1月，全国、全省集中打击赌博违法犯罪专项行动电视电话会议后，公安机关在全市范围内开展打击赌博专项行动。2006年6月，市治安支队连破2起网络赌球案，抓获涉赌人员11人，涉案金额近1000万元。

2008年，市公安局把查禁打击涉赌违法犯罪活动放在社会治安综合治理的重要位置。破获“7·5”特大网络赌球案件，该案跨越江苏、广东、辽宁、安徽、山东、上海、天津等10多个省、市，赌资逾1000万元，涉及100余人，查处7名犯罪嫌疑人，缴获赌资90万元。是年，全市查处赌博类案件551起，打击处理2512人。

三、禁毒

1978—1988年，淮阴地区未发生种毒、吸毒案件。1989年春，清浦区、淮阴县等地发现有人种植罂粟。1990年，盱眙县在龙山、仇集、水冲港等乡（镇）发现农民私种罂粟3万余株。是年4月，全市公安机关铲除罂粟4.3万余株，查出制贩毒品的案件17起，依法收容审查6人，查出毒品3000余克。

1992年，全市开展铲除非法种植罂粟突击行动，铲除罂粟13万株，打击处理非法种植罂粟的违法犯罪嫌疑人240名。1993年4—7月，全市各级公安机关贯彻落实省政府《关于坚决铲除非法种植罂粟的通告》。全市铲除非法种植罂粟23.92万株，收缴罂粟种籽1129克、罂粟膏250克。查处非法种植罂粟案件332起，打击处理违法犯罪嫌疑人277人，其中逮捕6人、刑拘15人、治安处罚256人。

1995年6月，清河公安分局在审理1起盗窃案中发现淮阴市首例吸毒案。是年12月，为进一步加强对禁毒斗争的领导，加大打击毒品犯罪的力度，淮阴市禁毒工作领导小组和禁毒办公室成立。

1997年3月，中共淮阴市委办公室、淮阴市人民政府办公室转发市禁毒工作领导小组《关于在全市开展铲除非法种植罂粟统一行动的紧急通知》和《淮阴市人民政府禁毒通告》。当年全市铲除非法种植的罂粟29978株，依法打击处理违法犯罪嫌疑人294人。

1998年3月，市公安局印发《关于开展铲除非法种植罂粟统一行动的通知》，各地召开铲毒动员会80多场次，铲除非法种植的罂粟23466株，依法打击处理种毒犯罪嫌疑人206人，其中依法逮捕2人、治安处罚158人、其他处理46人。

1999—2001年，淮安市禁毒工作领导小组办公室连续3年印发《关于铲除非法种植毒品原植物的通知》，全市查破非法种毒案件514起，铲除罂粟70860株、大麻265株，查处有关责任人员603人。其中，依法逮捕4人，劳动教养3人，治安拘留46人，治安罚款289人，其他处理261人。

2003年9月，淮安市破获向某某团伙吸贩毒案件。市公安局禁毒处会同清浦分局、楚州区公安局抓获14名涉毒违法犯罪嫌疑人，依法逮捕8人、治安处罚6人，其中贩卖毒品人员7人、容留他人吸毒人员1人、吸毒人员6人，缴获毒品海洛因23克和毒资5700余元，。

2004年1月，淮安市公安局部署禁毒“清风行动”。全市破获吸贩毒案件3起，抓获11名吸贩毒人员，收缴毒品海洛因11克。2005年3月15日，全市查破非法种毒案件61起，铲除非法种植的罂粟5815株，查处种毒违法犯罪嫌疑人61人；破获贩运毒品案件11起，抓获17名贩毒人员，其中依法逮捕14人、劳动教养3人；查处77名吸毒人员，强制戒毒1人，劳动教养2人。缴获毒品K粉60克、摇头丸566粒、麻古343粒、海洛因71.5克。

2007年，全市铲除非法种植的罂粟11490株，查处种植户65户，其中种植罂粟500株以上5户，查获种毒人员65人，其中取保候审5人、治安拘留43人、治安罚款14人、教育3人。全年破获毒品违法犯罪案件21起。其中，贩运毒品百克（粒）以上特大案件3起，抓获涉毒人员75人，缴获毒品冰毒866克、麻古487粒、海洛因142克、K粉26克。

2008年，全市查破非法种毒案件41起，铲除非法种植的罂粟3264株。查处种植户41户，其中种植罂粟500株以上2户；查获种毒人员41人，其中治安拘留30人、治安罚款3人、治安警告1人、教育7人。

四、查禁淫秽物品

1978年，淮阴地区禁唱色情戏206场，没收淫秽照片200多张。1980年，全地区收缴淫秽物品61件，打击处理制造、贩卖、传播和利用淫秽物品进行流氓犯罪嫌疑人35人，挖出团伙2个，成员8人。

1982年3月，淮阴地区各级公安机关根据中共中央、国务院《关于严禁进口、复制、销售、播放反动黄色、下流录音、录像制品的规定》和省公安厅《关于查禁和收缴淫秽书刊的通知》要求，在全地区范围内开展对淫秽书刊和黄色录像制品的查禁与收缴工作。

1984年1月，市公安局转发公安部《关于收缴处理淫秽物品的通知》，要求各县公安部门对收缴起来的淫秽物品统一登记造册，全部密封上报市公安局治安科，同时建立收缴、交接、登记和保管制度，不准留存样品和自行销毁，每月清理一次，及时上报。至当年12月，查获、没收淫秽歌曲录音带31盘，收缴淫秽书、画、照片、手抄本158本（张）。

1985年6月，市委政法委牵头，以公安部门为主，会同文化、教育等有关部门成立查禁淫秽物品办公室，各县（区）也都相应成立查禁淫秽物品领导小组和具体办事机构。经过4个多月的工作，全市查获淫秽录像带52盒、裸体画册等淫秽书画57本、裸体扑克157张、淫秽录音带70盘，查获各种不健康小报近3万份。逮捕判刑4人，收审8人，劳教2人，行政拘留1人，纪律处分11人，取缔非法播放点204个。1987年，全市查获利用淫秽物品犯罪的41起126人，其中收审1人、行政拘留25人、其他处罚84人。

1994年，市公安局多次会同广播电视、文化等部门对全市文化市场进行集中整治，仅市区就查获传播淫秽物品案件62起，捣毁地下出租、复制、贩卖、传播淫秽物品窝点4处，打击处理违法犯罪嫌疑人76人，收缴淫秽物品及非法出版的录音带、录像带6284盒，书刊12851册。

1995年6月中旬，市公安局治安科与通信科组织16名干警，分成4个小组对有关单位进行突击检查，现场扣押多媒体电脑3台、光盘61张、软盘152张。经审查，发现含有黄色、淫秽内容的光盘12张、软盘45张。查处违反淫秽物品规定16起，处罚13人。1996年，市公安局侦破1起特大制黄、贩黄、传播黄色物品案，捣毁犯罪嫌疑人阮某、谢某在市区的制黄贩黄窝点，缴获黄色剧VCD母盘97盘，黄色录像制品198盘，黄色书刊351册，制黄录像机10台。

1997年，根据中央和省委、省政府的统一部署，在全市组织“扫黄打非”集中行动，全市查获制黄、贩黄和盗版案件128起，抓获违法犯罪嫌疑人247人，依法逮捕2人，治安处罚203人，刑事拘留3人，收缴淫秽物品2891件，收缴非法出版物3321件，查处播放淫秽录像放映点27家，淫秽录像、VCD出租点135家，销售淫药淫具商店5家。

1999—2002年，全市查处传播淫秽物品案件643起，打击处理传播淫秽物品人员812人。

2003年，淮安市一些不法分子纠合无业女子组成所谓的“歌舞团”，在城乡流窜演出，其演出内容非常粗俗，动作十分下流。市公安局治安支队及时印发通知，要求各级治安部门开展调查，坚决打击，使此类活动在全市范围内得到有效遏制。

2004年8月10日，市公安局治安支队根据举报，在市和平路广州福兴货运站内收缴大量盗版碟片，其中40种5000余张被鉴定为淫秽碟片。2005年10月8日，市公安局治安支队经过缜密侦查，在市区南方大厦电子城和汇通商城连续端掉2个贩卖淫秽碟片的窝点，现场缴获淫秽碟片134张。2006年，全市查禁淫秽物品、查处传播淫秽物品类案件15起，打击处理18人，其中行政拘留9人。2007年，全市查处传播淫秽物品类案件9起，打击处理12人，其中行政拘留9人。2008年，全市查处传播淫秽物品类案件12起，打击处理12人，其中行政拘留1人。

五、禁止封建迷信活动

1978年，打卦、算命等封建迷信活动在淮阴地区死灰复燃。清江市徐某某纠集淮阴、淮安、清江等县（市）7个公社的13个巫婆进行迷信活动，诈骗钱财。被抓获后，从其家搜出大批迷信制品。当年6月，盱眙、金湖等县发现有取“仙水”、找“仙毛”的迷信活动，被及时制止。20世纪80年代，打卦、算命、求神庇护在淮阴城乡偶有发现。公安、政法部门一旦发现，立即打击处理。

1992—1997年，全市共查处利用迷信扰乱秩序或骗财案件282起，处理502人。1998年，市公安局组织清河分局、清浦分局对群众反映强烈的红卫桥南端、王营大桥北端、大庆路、环城路口等地点进行检查，清理算命测字摊点20余处。2000年8月23日，县级淮安市公安局会同车桥镇党委、政府，取缔该镇凡河村“碧霞行宫”封建迷信活动点。经查，凡河村村民周某等人非法集资建起“碧霞行宫”，内设李大人和铁太太两座木雕像，供香客祭拜，并设有功德簿，向香客化缘。一段时期，香客盈门，祭拜者络绎不绝，而周某等人借机敛财，在当地群众中造成极坏影响。

2001—2007年，全市共查处利用封建迷信活动案件68起，处理212人，其中行政拘留56人。

2008年，市公安局收缴算命招牌13副，算命测字工具3套，封建迷信书籍5本，对10多名从事封建迷信活动人员进行训诫教育。

六、特种行业管理

（一）旅店业管理

1980年，清江市公安局规定旅社、停车场、住客的浴室、饭店等场所，每天都要在21时前将旅客登记簿送往所属派出所检查，旅店管理人员对所住店的旅客不按规定登记的，根据《中华人民共和国治安管理处罚条例》第14条规定给予处罚。但部分旅社遵章不严、防范意识差，全年在35个旅店中，发生盗窃案件23起。

1982年，清江市公安局对旅社定期检查，统一旅客登记簿，发现问题，及时处理。是年7月，查处淮阴县武墩公社居某某等在市区淮阴旅社、红光旅社的卖淫活动。

1984年年初，淮阴市公安局在清河、清浦2个区和金湖县等地进行调查，研究管理中存在的新情况、新问题。经市政府批准，市公安局制定《淮阴市旅店业管理暂行规定》，对全市4500多家旅店发放特种行业许可证。当年全市旅店业提供破案线索480条，破获各类案件210起，抓获犯罪嫌疑人186人，缴获赃款赃物1万余元。

1985年，根据公安部《关于改革和加强特种行业管理工作的通知》，公安机关不再进行旅店业开业审批，只负责登记备案。全市新建旅社1678个。一些旅社管理混乱，旅社发案增多。

1986年，淮阴市公安机关针对全市的实际情况，由单纯限制型管理向服务型管理转变，纠正“管死”和“放任”两种偏向，恢复公安机关对旅馆行业的开业审批制度。规定经营旅馆行业单位必须接受公安部门的治安管理和安全监督，经核查合格并发给安全许可证后，方许营业。凡经批准营业的旅店，都落实单位负责人和店主的治安责任，全市有2131家招待所和旅社与派出所签订治安承包合同。同年4月1日，市公安局、市工商行政管理局制定并颁布《淮阴市旅馆业管理暂行规定》。随后结合换发安全许可证，责令关闭62家旅社，查破各类案件218起，查获各类违法犯罪嫌疑人175人，其中依法逮捕7人、行政拘留42人、劳教1人、其他处罚25人，收缴赃款10万余元。

1988年上半年，全市公安机关接到旅店职工提供的案件线索62条，抓获违法犯罪嫌疑人45人，破各类治安、刑事案件73起，缴获赃款赃物21495元。但也有一些个体旅店业主违规经营，嫖娼、卖淫等丑恶现象又在市区及集镇蔓延。当年上半年，在全市旅店业查处卖淫嫖娼案件14起。

1991年7月，清河公安分局整治42家旅店，收回32家特种行业许可证，停业整顿8家，取缔2家，对10名卖淫嫖娼人员分别予以劳教和治安处罚。

1997年8—11月，针对车站周围强拉哄骗旅客住店的突出问题，市公安局组织旅馆业整治行动。查获无证经营的地下旅馆14家，容留卖淫嫖娼和为赌博提供条件的36家，破获盗窃、诈骗等刑事案件18起，查破赌、毒、娼案件15起，查获违法犯罪嫌疑人147人，其中依法逮捕12人、治安处罚135人。

2001年，全市启动旅馆业治安管理信息系统建设。2005年3月，按省公安厅统一部署，开展旅馆业治安管控会战。查处违法违规经营的旅馆593家，其中治安处罚524家、限期整改59家、取缔10家。旅馆信息系统建设取得进展，通过旅馆业治安管理信息系统抓获逃跑犯罪嫌疑人68人。2006年，全市旅馆总数为1530家，旅馆信息系统覆盖率99%，平均传输率94.5%，旅馆住宿人员实名验证、实数登记，利用旅馆业信息系统抓获逃跑犯罪嫌疑人169人。

2007年，淮安市有旅馆1577家，其中星级宾馆41家、其他旅馆1536家。发生在旅馆中的各类案件262起，其中刑事案件105起（盗窃72起、诈骗1起、抢劫1起、其他31起）、治安案件157起（卖淫嫖娼42起、吸食注射毒品3起、赌博52起、其他60起）。停业整顿7家，取缔4家。通过旅馆信息系统抓获网上在逃犯罪嫌疑人166人。

2008年，淮安市有旅馆1714家，其中星级宾馆41家、其他旅馆1532家、留宿洗浴场所141家。发生在旅馆和留宿洗浴场所中的各类案件340起，其中刑事案件85起（盗窃61起、抢劫3起、其他21起）、治安案件255起（卖淫嫖娼39起、吸食注射毒品56起、赌博42起、其他118起）。停业整顿48家，取缔19家。抓获违法犯罪嫌疑人238人，缴获赃款赃物折款14.4万元。全市旅馆和留宿洗浴场所全部纳入旅馆信息系统管理，其中城区旅馆单独安装旅客信息系统1343家，占总数的95.6%，清浦区、盱眙县、市经济开发区全部实现单独装机。全市通过旅馆业治安管理信息系统传输住宿人员信息82万余条，自动报警抓获网上在逃犯罪嫌疑人211人。

（二）收旧业管理

1978年，淮阴地区各级公安机关将旧货业管理作为打击盗窃犯罪的重要措施之一。1980年12月底，清江市公安局会同供销合作社、工商行政管理局规定南港、钵池、城南、大庆路、人民路等12个收购站为全市收购生产性废旧金属器材的专点。

1981年，清江市有废品收购站35个。每个单位成立治保小组，每10个单位成立治保委员会，有治保干部22人。1982年1月，清江市工商局、公安局、供销合作社联合印发《关于加强废旧物资管理的联合通知》，规定废旧物资属于二类物资，废旧物资经营部门属于特种行业，须经业务主管部门和公安部门同意，由工商局审查登记，发给执照，方准营业。对个人收拣的生产性废旧金属，严格凭户口簿或工作证到指定收购门市出售，未经批准的废金属器材收购点不得收购。1982年10月，南门废品收购站违反规定，被责令停业检查。

1984年，淮阴市公安局经市政府批准，发布《淮阴市旧货业管理暂行规定》。1985年，公安部门不再进行旧货收购点开业审批，旧货收购点数量猛增。清河区旧货收购点从1984年的20家增至1985年的31家。

1986年，市公安局对全市565家旧货收购点进行清理整顿，对不符合规定的责令关闭8家、罚款20家、限期整改15家。清河公安分局会同工商部门联合发布《关于废旧金属收购管理暂行规定》，取缔6家无证收购点，对39家收购点颁发安全许可证，同时还建立和完善各项规章制度，举办6期学习班，培训135名收购人员。1989年，市公安局发文，把当铺业归类为旧货业，列为特种行业进行管理。

1991年6月，市公安局部署全市收旧业的清理整顿，结合反盗窃斗争，与物资、供销等部门密切配合，对1098个收购站点全部突查一遍，查获违法和超范围收购的金属物品40多吨，价值22.4万元。通过堵卡查获无证运输和偷运金属物品160多吨，破案156起，抓获违法犯罪嫌疑人229人，依法逮捕8人，治安处罚175人。

1995年11月3日至12月25日，公安机关联合工商部门在全市开展收旧业清理整顿工作。清查1029家收旧站，查出无证经营35家，无登记的187家，登记不全的571家，超范围收购的377家，收购赃物的26家，查获违法和超范围收购的废旧钢材60余吨，价值47万余元；破获刑事案件89起，其中重大案件3起，摧毁2个盗窃团伙。依法取缔非法经营点33家，吊销证照18家，限期整改284家，责令停业整顿60家，验发安全许可证796家，签订治安承包合同书796份，使全市收旧业经营秩序和治安状况明显改善。

1997年5月，全市公安机关开展清理整顿废旧金属收购站工作。清查废旧金属收购站点565个，依法取缔39家，吊销特种行业许可证38家，缴销特种行业许可证253份，对超范围收购的116家和收购无登记或项目不全的169家，分别处以罚款、责令限期整改，没收违法收购的生产性废旧金属165吨。梳理出违法犯罪线索74条，破获刑事案件38起，治安案件36起，抓获违法犯罪嫌疑人43人，缴获赃物折价12.75万元。

2002年，淮安市有旧货点593家，从业人员1326人，治保人员309人，受理治安案件32起，停业整顿32家，取缔5家，抓获违法犯罪嫌疑人7人，缴获赃款赃物折款1.3万元。

2004年下半年，公安机关在全市范围内开展收旧业治安整治专项行动，使盗割供电、通信电缆等供电通信设施以及盗窃城市公共设施、盗窃电动自行车、摩托车等案件多发的势头得到遏制。整治行动中，全市办理案件50起，其中刑事案件30起、治安案件20起，刑事拘留4人，治安拘留6人，罚款92人。

2006年4月，市公安局会同市发改委废金办、市工商局在清河区、淮安经济开发区、淮阴区、楚州区开展为期2个月的清理整治铁路沿线废旧金属收购站点专项行动。铁路沿线18个派出所对辖区设置的废旧金属收购站点进行拉网式排查，逐一登记造册。排查废旧金属收购站点88家，其中有证照经营的58家、无证照经营的30家，取缔15家，责令停业4家，责令搬迁2家。

2008年，淮安市有旧货点514家，其中废旧金属收购业498家、典当业8家、旧货流通企业5家，有从业人员936人，治保人员606人。在旧货业中，查处刑事案件17起（盗窃13起、其他4起）；查处治安案件16起（销窝赃7起、其他9起）。停业整顿13家，取缔15家，抓获违法犯罪嫌疑人20人，缴获赃款赃物折款10.5万元。

（三）刻字业管理

1978—1983年，淮阴地区印铸刻字业虽然列入特种行业管理，但一直流于形式。1984年，淮阴市公安局对全市印铸刻字业的状况作调查，对检查验收合格的发放安全许可证，加强行业管理。1985年，公安机关对印铸刻字只负责登记备案，不再负责开业审批。

1993年，全市有刻字店303家，从业人员854人，治保组织38个，治保人员196人，接受培训232人，其中负责人76人、职工101人、治保人员55人，发生刑事案件5起，其中盗窃3起、诈骗2起；发生治安案件19起，其中销赃窝赃4起、伪造印章15起。提供违法犯罪线索24条，破获各类案件4起，缴获赃款赃物折款4498元。

1998年，全市清理整顿打印刻字社268家，补办特种行业许可证78份，下发整改通知书54份，取缔无证经营的打印刻字社15家。全市打印刻字社普遍建立承印、登记、制作、检验、监督、保管、取货、保密等9项规章制度，各派出所与辖区打印刻字社都签订治安责任状。

2000年3月，盱眙、金湖、涟水、淮阴等县（区）的一些个体刻字摊点在乡镇区划调整过程中，受利益驱动，乱设摊点，无证经营，私自承接刻制公章，违法经营活动有所增多。市公安局治安支队及时印发《关于进一步加强刻字业治安管理的通知》。全市134家刻字店，其中无证经营8家，私自承接刻制公章2家，查处违法犯罪嫌疑人9人，重新核发特种行业许可证124份。

2001年，淮阴市更名为淮安市，全市更换印章2万余枚。公安机关加强管理，未发生私刻现象。2003年，启动印章业治安管理信息系统建设。2005年，全市纳入印章信息系统管理的印章有4875枚，其中更新印章1748枚、新增印章3127枚，印章信息系统纳入市公安局综合信息查询平台，初步实现印章信息共享。

2006年5月，市各地公安部门牵头，工商部门配合，对辖区印章业进行集中整顿，对公章刻制企业承接手续不全、无公安机关出具准刻证明、非法承接公章的严厉查处，取缔违规印章企业16家，收缴一批印章章坯和印章制作工具。

2008年，淮安市有刻制企业95家，其中公章刻制企业28家、其他67家。市公安局于8月20日召开全市印章治安管理信息系统建设专项工作会议，动员部署印章治安管理信息系统建设。各地治安部门从11月28日至12月5日，集中开展印章业清理整顿，对已纳入印章业治安管理信息系统的规范经营，凭持章卡、备案证明调取数据，严禁刻制企业承接没有手续的公章。至当年年末，淮安市印章治安管理信息系统在全省率先建成并与省公安厅联网运行。

（四）印刷业管理

1978—1987年，淮阴市印刷业未列入治安管理范围。1988年，根据公安部文件精神，淮阴市公安局把印刷业列入特种行业进行管理，规定开办印刷业必须经公安部门同意，发给特种行业经营许可证后，由工商部门发给营业执照。印刷期刊的企业，除到公安机关申请特种行业许可证和工商部门颁发的营业执照外，还须经省新闻出版管理部门核准，发给图书、期刊印刷许可证，方可印刷。

1989年5月初至6月底，市公安机关会同市文化、工商等部门，联合对全市印刷业进行整顿，通过3个月的清查、验收，对全市611家印刷企业逐个进行登记，给542家印刷企业办理合格签证手续，取缔违法经营的69家印刷企业，查处8起大案、要案。

1990年6月18—29日，市公安局对97个重点印刷行业进行检查，收缴各种违禁书刊2294册，其中非法出版物1013册，封存书刊1412册。1993年，淮阴市有印刷企业1741家，职工11656人。印刷业中发生刑事案件8起，其中盗窃7起、诈骗1起；治安案件9起，抓获犯罪嫌疑人7人。1997年，淮阴市公安局重点检查103个印刷企业，收缴各种违禁书刊13298册，其中非法出版物6018册，封存书刊2720册；查获违章经营点32个，其中停业整顿8个、取缔12个。

1999年，市公安局会同市“扫黄打非”领导小组办公室、市文化局、市工商局对全市印刷业进行全面清理整顿，取缔无证经营点324家，责令整改152家。

2001年，淮安市发生1起印刷违禁品治安案件，涉案印刷厂被停业整顿。2002年，取缔无证经营点21家，责令整改7家。2004年，取缔无证经营点53家，责令整改26家。2006年，全市有印刷企业316家，取缔无证经营点42家，责令整改37家。

2008年，淮安市有印刷企业292家（出版物印刷12家、包装装潢印刷17家、其他印刷品印刷187家、彩色复印76家），从业人员919人，治保人员183人，经培训的183人。10月，淮安市公安局会同市“扫黄打非”领导小组办公室、市文化局、新闻出版局、市工商局对市区印刷业进行集中清查。查获非法出版物15113册，盗版书刊16150册，行政处罚12家。

七、危险物品管理

（一）剧毒化学品管理

2002年7月，淮安市公安局治安支队危险物品管理科成立。是年8月初至10月30日，在全市检查集贸市场426个，商店1155家，移动摊点1096个，粮库、粮店201家，收缴各类剧毒化学品792公斤，其中毒鼠强、氟乙酰胺等剧毒急性鼠药556.9公斤。

2003年，市公安局印发《淮安市剧毒化学品销售运输情况登记表》《淮安市剧毒化学品生产、经营、储存单位防范管理量化达标考评标准》。备案登记剧毒化学品从业单位217家，核发剧毒化学品购买凭证900份、剧毒化学品准购证35份、剧毒化学品公路运输通行证4200份。全年协查省公安厅移交涉“毒鼠强”案件2起，查清公安部移交涉“毒鼠强”案件线索4条，查处淮安市涉嫌非法制贩“毒鼠强”案件5起。全市开展“毒鼠强”专项整治行动，出动民警3738人次、保安队员3864人次，检查集贸市场281个、生产经营单位487家、商店2788家、移动摊点985个。收缴各类剧毒化学品441公斤，其中“毒鼠强”104公斤，抓获兜售剧毒鼠药11人，捣毁窝点5个。

2005年4月，市公安局印发《关于深化危险物品单位治安防范达标攻坚战的工作方案》。全年全市发现危险品隐患688条，印发整改通知书494份，责令停业整顿1家，关闭取缔不达标仓库、保管场所7处，安装报警设施270个，危险物品单位自备车安装GPS的24辆，全市534家危险物品单位（其中剧毒化学品单位167家）全部达标。当年11月，对全市危险物品从业单位实行分类分级管理。

2006年5月，市公安局印发《淮安市剧毒化学品治安管理暂行规范》，完善《淮安市危险化学品事故处置应急预案》。同年10月，市公安局召开全市危险物品单位治安防范示范交流会，表彰23家市级危险物品治安防范示范单位，5家单位作经验交流。

2007年，对全市498家危险物品从业单位（其中剧毒化学品单位131家）实行分类分级管理。全年收缴剧毒化学品67.2公斤，“毒鼠强”0.5公斤，查处剧毒化学品案件9起。

2008年，全市依法查处危险化学品违规运输案件72起，高速公路危险化学品车辆运输案件高发势头得到遏制。

（二）枪支弹药、管制刀具管理

1981年，淮阴地区公安处在全地区收缴各类枪支39支、子弹37231发、手榴弹57枚、炮弹引线28个、炸药116公斤、导火索131米、雷管1825个。

1982年9月，淮阴地区公安处清理枪支，地、县、公社党政干部所配枪支一律上缴。全地区收缴各类枪支63支、子弹15682发、手榴弹6枚、炮弹引线8个、炸药52公斤、导火索23米、雷管524个。

1987年，公安机关查处违反枪支刀具管理案件5起，处罚8人。1988年，全市进一步规范公安机关、保卫部门和民兵武器、弹药的管理。当年4月，市公安局印发《关于清理整顿枪支弹药的通知》。之后，收缴违法枪支1216支、子弹273发、雷管4370枚、导火索2003米、手榴弹7枚、炸药1482公斤。

1992年，全市收缴各类枪支3974支，其中猎枪639支、气枪232支、土枪2539支、电击枪266支、其他枪支298支，子弹739发、炮弹17枚；查处涉枪案件299起，查处涉枪犯罪嫌疑人169人，捣毁造枪窝点26处，挖出涉枪犯罪团伙9个、成员44人。

1994年9月，淮阴市公安局印发《关于开展收缴非法枪支弹药和管制刀具，集中打击涉枪（刀）犯罪专项斗争的工作意见》。全市收缴各类非法枪支6991支，其中军用枪支7支。1997年10月，市公安局集中销毁管制刀具1028件。1999年，市公安局将全市配备枪支单位持枪人员录入全国公安机关枪支管理信息系统。

2001年4月，全市开展治爆缉枪专项行动，收缴各类非法枪支5240支、子弹168299发、管制刀具3625把。2003—2004年，全面清理、审查专职守护、押运单位枪支及持枪人员资格。为一线实战单位配备枪弹保险柜，安装技防设施，确保枪支弹药使用单位治安防范达标。

2006年，市公安局全面完成公安机关枪支管理信息系统建设，确保对全市各类枪支监管信息的动态管理。全市公安机关治爆缉枪专项行动中，收缴各类非法枪支1136支、子弹230358发、仿真枪6189支、管制刀具21411件，查破涉枪案件57起。治爆缉枪专项行动取得全省综合考核第一名，市公安局治安支队被公安部评为全国公安机关集中整治枪支弹药、爆炸物品、管制刀具专项行动先进集体。

2007年3月，市公安局治安支队举办仿真枪、管制刀具认定工作培训班，34人参加培训。当年9月，全市公安机关安全销毁报废公务用枪175支，将20支九二式手枪装备到市公安局配枪部门。

2008年，全市各级公安机关围绕“平安奥运”总体目标，深入排查，收缴各类非法枪支316支、仿真枪12968支、各类子弹28207发，各类管制刀具6133件。根据公安部要求，建立淮安市公安局公务用枪管理委员会。同年6—11月，在全市公安机关开展规范公务枪支弹药的保管、领取和使用等为主要内容的专项治理工作。是年，将75支转轮手枪装备全市公安系统。

（三）民用爆炸物品和烟花爆竹管理

1978年7月，淮阴地区安全生产办公室组织有关部门对全地区7个生产炸药的工厂（其中4

个军工生产单位、3个民用自办单位）、60个炸药库（其中固定库11个、临时库49个）进行专项安全检查。对查出的问题，下发整改意见，实行分类储存，专人管理。同年，江苏省公安厅印发《关于加强鞭炮厂安全管理工作的通知》，淮阴地区把烟花爆竹的生产、储运、销售划为爆炸物品管理之列。

1981年9月，全地区爆炸物品管理由治安部门划归消防部门。

（四）放射源管理

2003年，淮安市有放射源使用单位18家，各类放射源71枚。2004年，各级公安机关指导全市放射源使用单位建立健全放射性同位素管理台账制度，制定应急行动预案，适时进行演练。

2006年，全市公安机关备案的放射源使用单位19家，安全无事故。2007年，全市开展放射源安全专项整治活动。市公安局协调市环保、卫生等部门，全面摸排放射性物品单位底数并全部纳入安全监管。督促涉源单位按照治安防范标准，落实值班守护制度，在储存和使用场所安装视频监控系统，对企业长期闲置的放射源，责令限期予以处置。全市公安机关备案的放射源使用单位20家，全年安全无事故。

2008年，全市21家放射源使用单位全部达标，安全无事故。

八、水上治安管理

1978年5月，江苏省运河公安局成立（隶属于江苏省运河公司），开展运河水域治安防控工作。至1981年年末，运河沿线的邳县、宿迁、淮阴、淮安、邵伯、施桥等地成立6个基层派出所，运河沿线港口、码头、船闸等涉水单位成立义务巡逻队，建立治保组织102个，成员480余人。1983年，运河公安局与运河沿线的13个乡镇、49个水运单位、132个运输船队签订《运河水运治安管理联防条例》《水上航行治安承包合同》，初步建成运河水运治安防控网络。1984年4月，运河公安局组织30余名警力，联合涉水单位保卫组织，整治运河治安秩序，检查港口、码头120余个，船队215个，船舶1200条，破获刑事案件20余起，查处治安案件128起，依法逮捕8人，劳教3人，收审2人。

1986年，运河公安局划归淮阴市公安局。同年，洪泽湖公安分局成立，在洪泽县、盱眙县、泗阳县、泗洪县成立4个水上派出所，在洪泽湖沿岸的乡镇派驻特派员，初步建立湖区治安防范网络。1989—1992年，在洪泽湖沿岸成立6个联防组织，加大对湖区巡逻防范力度，及时接受报警救助，并会同洪泽湖渔业生产委员会，健全基层治保组织，组织渔民开展联防，在渔民居住集中水域成立民警值班室，保证湖区渔民和渔业生产安全。运河公安局在淮安、淮阴、宿迁等船闸上下游设立船舶寄泊站，实行弹性工作制，加大对寄泊区巡逻力度，减少各类案件和事故发生。

1994年12月，水上分局（与洪泽湖分局合署办公）在洪泽湖、白马湖成立联防大队，加强对湖区防控。在全市各重点水域设置7个水上船舶寄泊站，建立水上民警值班室，并与市公安局“110”系统实现对接，形成较为完善的水上治安防控网络。1995年，全市集中整治水上治安秩序，破获水上案件34起，抓获犯罪嫌疑人189人，取缔电捕船12条，缴获赃款赃物7.3万元。

1998年6月，市公安局水警支队对运河、洪泽湖水上民警值班室、水上“110”报警站进行重新规划，在淮阴船闸、杨庄船闸、淮阴县豆瓣集、竹洛坝、淮安船闸、二堡船闸、运东船闸等水域设立7个民警值班室，在盱眙盱城、洪泽湖复线闸、洪泽高良涧船闸、老子山设立4个“110”报警站，形成覆盖运河、洪泽湖水域的防控体系。

2000年10月30日，淮阴、扬州2个市水警就宝应湖、高邮湖、白马湖、邵伯湖、大运河“四湖一河”的水域治安尤其是两市接壤水域治安防控弹性建设及联防协作工作进行座谈，堵塞防范上的漏洞和死角。全市设立水上报警点、民警值班室21个、治安卡口3个，全部纳入县、市“110”

报警服务系统，形成以水警大队和水上派出所为阵地，水上人口管理“控面”、“110”巡逻艇“控线”、治安卡口“控点”的“一阵三控”全天候水上治安防控体系。

2003年2月，在市海事局、安监局的支持下，并报经淮安市人民政府批准，水警支队在市区水域设立4个船舶寄泊站。2004年7月，在楚州、淮阴2个区水域增设5个船舶寄泊站，寄泊站实行24小时值守巡逻，保证水域安全稳定。2005年，市区水域发案数与2004年相比下降15%。

2007年，水警支队加大技术防范力度，在淮安船闸、淮阴船闸、运河重点水域安装探头108个，1套红外线报警系统，6个CK报警装置，利用技防破获各类案件50余起。水警支队还分别在洪泽湖和运河多次开展水上反恐处突实战演练，提高水警队伍快速反应能力和整体战斗力。

2008年，水警支队与市水政部门联合整治破坏水利设施行为和洪泽湖、六塘河采沙行为，取缔非法采沙船舶100余条，处理120人。

第五节　户政管理

一、常住人口管理

1979年8月，为严格控制城市人口的增长，淮阴地区公安局贯彻执行省革委会《关于控制农业人口转为非农业人口通知》，除国家规定的招工、招生、插队知青安排、落实政策回城外，农业人口转非农业人口一律由地区公安局审查批准。是年10月，地区公安局协助省纪委、省公安局、省粮食局对盱眙县违反规定、乱批户口等情况进行调查。查明该县1976—1979年批准“农转非”120户285人，其中符合条件的65户118人，占已转人数的41.4%；不符合条件的55户167人，占已转人数的58.6%。不符合转定销条件114户361人。盱眙县公安局于1980年对不符合政策规定的“农转非”人员分批动员回乡。

1987年，全市对城镇常住人口的管理重点是申报注销。1989年，市公安局会同计委、粮食局等6个部门研究制定“农转非”实施方案，开始实施“农转非”许可证制度。

1990年上半年，为配合第四次全国人口普查，对全市户口进行核对，查出无户口人员685038人（其中出生不报户口616957人），应销未销182368人，死亡未销户口92883人，重登户口29861人，漏登户口108672人。

1992年3月，市公安局印发《关于统一农转非户口办理程序和上报材料等有关问题的通知》。同年8月，根据市政府有关文件精神，在市经济开发区办理地方城镇户口5000名，凡经批准办理地方城镇户口的人员享受市区城镇居民同等待遇，但不得作为城镇户口迁出，各地相继出台地方城镇户口政策。同年12月，根据省、市有关文件精神，对1988年以后的“农转非”户口进行清理，全市清理包括20世纪60年代下放老居民“农转非”户口、知青半家户户口、千分之二“农转非”户口等46829户162921人，其中弄虚作假的“农转非”户口605户2127人，按规定进行处理。

1996年，因行政区划调整，淮阴市人口发生变化，总户数由1995年年底的2595526户减少到1366644户，总人口由1995年年底的10303215人减少到4949981人。全市农村户口城市化管理工作全面推开，各地从完善户籍管理制度出发，梳理农村户口管理中存在的问题。全市投入警力480余人，动员、抽调村组干部、工作人员6800人，对全市农村户口逐村、逐组、逐户、逐人上门核对。全市共核对户口4395035人，其中补登出生、退伍、转业、劳释、解教、婚嫁妇女等人员入户96527人，登记有人无户的社会实有人口3500余人，核销死亡、逮捕、劳教、入伍等应销未销户口79351人，更正户口登记中的差错项目147423项，换发新常表2812447张，新（换）发户口簿583533本，整理乡、村两级户口底册49906本。设立村级户籍室2623个，聘请户口协管员2825人。

1997年，市公安局户政科对全市175个农村乡（镇）户籍管理工作逐一检查验收，对5个不合格的乡镇限期整改，全市农村户口城市化管理初步达到一村一图（平面示意图）、一册（常住人口登记册）、一员（户口协管员），一户一牌（门牌）、一簿（户口簿）、一档（家庭档案）的城市化管理要求。

1999年5月，淮阴市出台户口登记迁移管理新政策，包括婴儿、未成年子女落户及户口迁移，夫妻投靠户口迁移，父母投靠子女户口迁移，以及对地方城镇户口的处理等方面内容，并简化农转非户口审批手续，缩短审批时间（由每年审批2次改为随到随时审阅、符合条件随时批准），停止收取除工本费外的任何费用。至当年11月底，全市受理“三投靠”（父母、配偶、子女）户口申请28700人，批准落户24633人。全市受理小城镇入户申请77809人，审批入户75295人。同时，各地一律不再办理地方城镇户口，各县（市、区）自行出台的收费办理户口政策一律停止执行。全市地方城镇户口36860人，就地转为非农业户口。在亲友处挂靠的23670人，登记到现住址的10890人，保留非农业户口性质迁往实际居住地址的2288人，迁回原籍的12人。

2001年5月1日起，在办理城镇户口迁移以及“农转非”入户申请时，取消《市镇居民粮食供应转移证明》办理手续。

2004年，全市人口信息户核总人数5076784人，占全市辖区总人口的96.89%，完成户核总户数1462980户，占辖区总户数的94.24%。户核工作中变更主项目人数61110人，变更次项目人数215745人。

2005年1月11日，淮安市人口信息管理系统升级改造工作全面完成，并投入试运行。市公安局出台网上办理户口登记迁移试行办法，对全市154个派出所全部实行网上办理户口，并实行一站式一所办结制；市内迁移取消户口准迁证和迁移证，为全省第一家。

2008年，市公安局对注销死亡公民户口和更正出生日期统一程序、严格规范。

二、流动人口管理

1980年3月，清江市公安局制定暂住人口管理规定，规定凡机关、企事业单位经劳动部门同意使用的计划外临时工、外包工，由集体或个人持当地公社以上证明和使用单位证明到所在地派出所申报临时户口，一次可批暂住3个月，如需延长再次申报；对个人家庭来访亲友，在市区居住3个月以内要向居民组长或单位保卫部门报告，需在清江市居住3个月以上的，由户主或单位在3个月内向所在地派出所申请办理延长手续；外市、县在清江市区的闲散人口，一律不准个人或机关、企事业单位留宿。

1981年8月，清江市抽调1300多人对全市户口进行调查核对，排查出暂住人口1851人。

1984年5月，淮阴市公安局对清浦区暂住人口进行调查核实，查清暂住人口5569人，查出违法犯罪嫌疑人22人。

1985年，全市暂住人口登记管理的重点是“三户”“四工”，即外来户、个体户、私房出租户，临时工、外包工、合同工、农民工。到当年12月底，在全省第一个完成全市范围暂住人口登记发证任务。全市有暂住人口62533人，登记发证52129人。通过登记发证，查破案件147起，打击犯罪团伙9个，抓获犯罪嫌疑人111人，列管重点人口561人，帮教对象51人。1986年，清河区针对暂住户口多、情况复杂等实际，严格登记手续，规定暂住3天以上的一律到派出所登记，在弄清身份、证件齐全的情况下发暂住证，对内部单位的“四工”人员，由所在单位保卫科（股）建档卡，报所在地派出所备案，派出所还将暂住人口管理工作纳入户籍警业务范围，与常住人口一样管理。

1988年，市公安局进一步明确暂住人口登记管理范围，对年满16周岁、暂住期超过1个月的外来人口，必须申领暂住证。1991年，全市有暂住人口63555人，发证35393人。

1992年，市公安局要求派出所外勤民警对暂住人口登记率、办证率均在95%以上，熟悉率达100%。为减少人口管理失控现象，对辖区内暂住人口普遍进行验证，验证率在81%以上，全市在城区建立暂住人口管理站40个，聘请专（兼）职管理员398人。

1994年，江苏省颁发《江苏省暂住人口管理条例》。截至当年12月1日，全市登记暂住人口74785人，发证50118人。清理私房出租户8388户，签订治安责任合同8182份，清理用工单位1826家。通过清理，查出违法犯罪嫌疑对象562人，列管重点人口503人，破获刑事案件215起，治安案件332起，依法逮捕105人，治安处罚531人。

1999年2月，市公安局在全市范围开展暂住人口、租赁房屋清理整顿工作。出动警力2100余人次，联防队员3200人次，排查租赁房屋6211户，查验暂住证26800余人，查出身份不明人员86人，破获刑事、治安案件16起，整改隐患130多处。

2000年，全市各级公安机关对出租房主、租住人员逐人登记核查；对公共娱乐服务场所外来从业人员，逐人清理登记，核查身份；对城郊结合部、车站码头、交通沿线等外来人员聚集的部位、场所，开展区域性的清理、清查集中行动；对身份不清、情况不明的外来人员，通过上网比对、发函调查等途径逐一查清。依靠街道、居（村）委会等基层组织，有效掌握外来人员变动情况及活动规律。

2004年，全市登记暂住人口75063人，发证62402人；登记房屋出租户11979户，与房屋出租户签订治安责任状11859份。

2007年，采集录入暂住人口信息119503条，房屋出租户22643户。针对城镇流动人口的新情况、新特点，因地制宜进行法制教育和自防宣传；对出租房屋、施工工地、文化娱乐场所等流动人口的落脚点和活动场所严格治安管理；对流动人口中有犯罪记录的和有违法犯罪嫌疑的人员进行重点控制。

2008年，公安机关对出租房和暂住人口的管控工作建立信息采集、身份核查、分层管理三大机制。准确把握暂住人口实际情况，把房屋出租户分成重点户、一般户、放心户3个层次。社区民警对重点户每周巡查1次；对一般户，每月巡查1次。对无固定职业、经济反常、昼伏夜出、形迹可疑的暂住人口逐一登记调查，发现和打击混迹其中的违法犯罪嫌疑人。全年登记暂住人口146132人，实发暂住证82369人，从暂住人口中列管重点人口126人；破获刑事案件273起，查处治安案件911起；登记房屋出租户29904户。

三、人口信息管理

1989年，淮阴市公安局开始应用计算机管理人口基本信息。至1990年年末，人口基本信息计算机管理系统初具规模。全市13个县（市、区）配置计算机18套（包括18台主机和24台终端），举办5期计算机培训班，参加培训的业务骨干150余人次，拥有计算机管理人员32名，录入计算机管理的人口基本信息955.1万人，占总人口的96.62%。

1992年1月，全市建立居民身份证计算机人像存储系统，对居民身份证照片实行计算机存储管理。当年10月，完成清河、清浦2个区人口信息增、删、改工作，存储清河、清浦2个区人口信息426216人、照片322628张。

1994年11月，市区18个派出所完成计算机人口信息系统建设任务，共存储148542户454047

人的人口信息，并推到前台办公，实现户口管理由手工向信息化转变。1995年，全市城镇派出所计算机人口信息系统建设进展顺利，购置计算机51台套，60个派出所完成户核，19个所数据录入完毕，12个所推到前台办公。全市通过人口信息系统提供破案线索231条，破获刑事案件79起、治安案件152起，为群众排忧解难352人次。

1996年1月起，对暂住人口信息进行计算机管理，同时继续推进城镇派出所计算机管理人口信息系统建设。至当年年底，各县（市）有64个派出所购置计算机，36个所推到前台办公，其中县级淮安市公安局34个派出所全部建成人口综合信息计算机管理系统，在全省率先实现县级市计算机管理户口工作。

1997年，通过农村户口城市化管理，进一步推动人口信息系统建设。全市派出所新购计算机82台套，全市拥有计算机的派出所总数达到145个，占全市管户籍派出所总数的74.7%，并有105个派出所信息录入完毕，推向前台办公。全年新录入常住人口信息2406158人，录入侦查工作对象信息37415人，初步建成侦查工作对象数据库。

1998年3月18日，市区人口综合信息网络管理系统建成运行。该系统共存储常住人口信息16.6万户50.6万人；存储暂住人口信息1.03万人，工作对象信息0.57万人。系统采用二级网络管理，即由一个市公安局主系统和若干个基层派出所支系统组成，采用DDN专线和外线电话拨号方式联网，市区19个派出所全部在网上办公，并可实现网上查询全部数据。至当年年末，全市人口综合信息系统初步建成，共存储常住人口信息484.02万人，录入人像141.3万张；存储暂住人口信息1.53万人；存储工作对象信息3.97万人。

1999年年初，市公安局部署人口信息增、删、改工作。到当年11月底，全市增补漏录的常住人口信息涉及13万余人，删除1万余人的重复人口信息，补录16周岁以上人像170余万张，使计算机内的常住人口信息总数增加到496万余人，人像采集率由年初的31%提高到71%；补录暂住人口信息24502人、工作对象信息1019人，使机内暂住人口信息达到39702人、工作对象信息40719人。对全市186个派出所的人口信息数据和系统进行转换和升级。至2001年年末，全市存储常住人口信息5143832人，暂住人口信息74405人，工作对象50578人。

2005年1月，淮安市人口信息管理系统升级改造工作全面完成，实现由单机操作到网络运行、分散存储到集中管理、定期报送到实时维护等功能的根本转变。2006年，市级系统存储常住人口533.36万人，暂住人口15.55万人，工作对象4.7万人。人口信息系统为公安部门提供查询33049人次，为其他部门提供查询49011人次，为群众提供查询33049人次，协助破案4656起，协助认定违法犯罪嫌疑人3121人，通过比对抓获在逃人员2名，挽回经济损失114.53万元。

2008年，全市户政部门为群众办理出生户口登记68139份、死亡户口注销33034份，办理户口迁移128892份，补录户口4033份，删除重户口1315份，纠正重错证号216对，项目变更930297份，向省公安厅报送人口信息变动记录2463648条。同时，开展对外查询服务，全市人口信息系统提供信息查询260602人次，其中为公安机关提供查询89740人次，为其他部门提供查询37833人次，为居民群众提供查询133029人次。协助破案2379起，通过比对抓获在逃人员273人，挽回经济损失307万元。

四、居民身份证

1987年1月24日，淮阴市政府批转淮阴市公安局《关于颁发居民身份证工作的报告》。至1988年年末，全市完成230万份底卡制作，789万人的户口核对，650万人的表格填写，419万人的照片拍摄，157万份制成合格身份证发放到居民手中。至1989年4月1日，共发证3052578份，超出省下达任务55万份。

1989年6月6日，由淮阴军分区、淮阴市中级人民法院、淮阴市人民检察院、淮阴市公安局、淮阴市颁发居民身份证办公室等17个部门联合印发《关于实施使用居民身份证的通知》，市政府发布《淮阴市人民政府关于实施查验居民身份证的布告》，对居民身份证的使用、管理、核查、查验等作出明确规定。

1991年5月，全市集中颁发居民身份证工作结束，转入年满16周岁增量发证和迁移换发证、丢失补领和日常证件管理工作。全市公安机关把查验身份证工作纳入正常警务活动之中。

1994年，全市发证210672人，其中首次申领发证143970人，换、补发证66702人。同年7月1日，按公安部规定启用新标准人头照片。通过居民身份证管理，查出伪造证件28份，为刑侦、治安部门提供破案线索745条，破获各类案件756起，其中刑事案件223起，重、特大案件48起，挽回经济损失160余万元。1995年7月1日起，淮阴市开始使用新工艺制证，采取网纹图案与相纸一体化，取消原有的身份证网纹印刷流程。

1997年，全市首批1987年签发的有效期为10年的居民身份证到期，市公安局采取多种形式宣传，当年年底完成全市换发证工作。2000年，全市制发居民身份证226095份，其中申领75266份，换领99000份，补领28513份，加快23316份。

2001年6月1日起，全市更换新的淮安市户籍地名和启用淮安市公安局清河分局、清浦分局、开发区分局、水上分局的居民身份证签发章。2004年10月1日，启用淮安市公安局淮阴分局、淮安市公安局楚州分局居民身份证签发专用章。

2005年11月，启动换发第二代居民身份证工作。至当年年末，全市完成53万人的身份证换发。2006年7月1日，淮安市全面停制第一代居民身份证，少量剩余制证材料集中销毁，一代证制证设备移交警察博物馆予以收藏。2007年9月，淮安市全面完成集中换发第二代居民身份证工作任务。

2008年，全市公安系统二代证阅读机具配备率为100%，特种行业二代证阅读机具配备率为100%，社会用证部门二代证阅读机具配备率为95%。全体民警及社会各用证部门一线工作人员全部参加培训，熟练掌握识别真假居民身份证的技能。

第六节 出入境管理

一、中国公民出入境管理

1978年以前，淮阴地区申请出国出境的人员很少，获批准的更少。1978年以后，由于对外开放，要求出境人员增多。1979年，共有158人申请出境。1981年，申请出境人数184人。1982年，市公安处政保部门将符合条件的132人申请材料上报省公安厅审批，批准23人。

1983年5月1日，淮阴市公安局正式开展出入境审批业务。纠正过去出境审批过严的做法，全年受理出境申请145人，比1982年多13人；批准发证56人，比1982年多33人，批准率38.7%。

1984年，本着“多让一些人出去”的原则，国保部门将历年来申请出国的人员材料进行复查，主动上门征询意见，如仍愿出国、出境，只要理由正当、手续齐备，一律受理。

1985年，淮阴市公安局制定《关于出入境管理工作的若干规定》。全年有191人提出申请，全部受理，其中发证148人。同时，本着“政策放宽、审查从严”的方针，不符合条件的坚决不批，对伪造关系的则给予严肃批评。

1990年，全市受理出国出境270人，审查批准259人。

1997年，盱眙县公安局发生2起近40人的弄虚作假骗办护照案件。市公安局由刑侦部门立案，成立专案组进行查处。

2000年11月，市公安局印发《关于执行对法定不批准出境人员通报备案的规定》，明确执行单位和责任人、报备对象和范畴、报备时效、报备程序等要求。2001年，全市阻止3名法定不批准出境人员。

2003年12月22日，淮安市出入境管理系统与人口信息管理系统成功对接，开始通过网络审核相关信息，公民凭户口簿、身份证申领护照。申请到中国香港、澳门、台湾地区的手续也进一步简化。2004年6月，公安部制定《中华人民共和国普通护照受理、审批、签发管理工作规范》，对公民申请出国及赴中国香港、澳门、台湾地区的程序、手续进一步细化规定。淮安市公安局实行24小时预约服务制，将各类出入境申请办证时限缩短三分之一，实行急事急办、特事特办制度，全年急事急办、特事特办292人次。

2005年5月底，淮安市全面推广使用出国、出境现场人像采集系统，对全市法定不批准出境报备数据进行全面清理。

2007年1月1日，《中华人民共和国护照法》正式实施。同年4月，全市公安机关开展为期2个月的规范对外劳务市场工作。各地出入境管理部门与外经贸、劳动和社会保障、工商等部门配合，建立对外劳务工作管理长效机制。同年7月20日至11月22日，全市公安出入境管理部门开展打击利用出境旅游、商务等名义组织他人偷越国（边）境活动专项行动（时称“迅雷”行动）。全市出入境管理部门抽调专门警力，深入基层开展调查摸底工作，并发挥秘密力量作用，拓宽情报信息来源，深挖案件线索。2008年，全市公安出入境管理部门开展法定不批准出境人员通报备案数据清理工作，整理报备数据档案50卷计15471人次，清理报备数据6643条，撤销过期、无效数据4398条。

二、境外人员入出境管理

中共十一届三中全会后，不断有外国人到淮阴参观、旅游探亲、访问考察。1979年，全地区接待参观旅游团10个53人，零星旅游13人，回国探亲79人。1982年，全地区接待境外人员194人，根据“依法管理、宽严得当、维护主权、保障安全”的原则和热情接待、提供方便、内外有别、掌握情况的要求，进行户口管理和接待工作。

1985年，国务院批准淮阴市为乙类开放地区。6月11日，市公安局制定《关于出入境管理工作的若干规定》。7月6日，市政府转发《市公安局〈关于加强对外国人、华侨、港澳同胞入境管理的暂行办法〉的通知》，对境外人员办理住宿登记以及涉外事件处理等方面作出规定。当年接待入境人员665人，查处外国人非法旅行2起，违反户口管理案件1起。

1995年11月，市公安局印发《淮阴市入境人员临时住宿登记管理办法》，对涉外宾馆的报批、向境外人员出售、出租房屋的管理等问题提出具体要求。2002年，市公安局开展对常住的境外人员专项调查，遣送非法入境越南妇女1名。2006年5月，全市公安机关开展清理“三非”（非法入境、非法居留、非法就业）外国人专项整治行动，发现“三非”外国人5起8人。2007年，发现“三非”外国人4人，均为非法入境的缅甸人。

2008年8月7—26日，全市出入境管理部门启动奥运安保涉外工作情况每日研判报告制度。同时，各地不断拓宽信息来源，收集有价值、深层次的信息57条。

第七节　监所管理

一、收容审查站

1980年2月，根据国务院《关于将收容审查和强制劳动统一于劳动教养》的要求，淮阴地区公安局收容审查站更名为淮阴地区公安局劳动教养收容审查站。当年批准收容一批县城、集镇中不够捕办、屡教不改的违法犯罪嫌疑人，集中强制劳动。1981年，收审流窜犯罪嫌疑人842人，其中地区公安局收审站收审156人，破案128起。

1982年2月，省财政厅、省公安厅、省粮食厅联合下文，对在押收审人员比照在押逮捕拘留犯罪嫌疑人，每人每月计划供应粮食13.5公斤，伙食费13元，凭实报销，结束以劳养站的历史。当年11月，在全省开展为期半个月的打击盗窃自行车专项斗争中，淮阴地区公安处将收审审批权下放到各县（市）公安局，由县（市）公安局长批准对流窜犯嫌疑、现行犯嫌疑收容审查。

1983年8月“严打”斗争开始后，收审范围增加“本地人在外流窜作案或在本地城乡和市内流窜作案的人员”，审批权下放到各县（区）公安局（重大案件犯罪嫌疑人仍由市公安局审批）。主要收容流窜盗窃、扒窃和诈骗人员，由各县单独关押，案件自办，拒不交代真实姓名住址的重大犯罪嫌疑人，送市公安局收审站关押审查。

1984年，收审人员仍分县关押，淮安县等4个县由看守所代管，涟水县等3个县由行政拘留所代管。在管理上出现“三乱”（手续乱、对象乱、管理乱），出现无证关押、以收代教、以收代惩等现象，且屡屡发生事故。1985年，市公安局制定整顿收审场所的工作意见，开展“三查”（查时限、查进度、查质量），把好“三关”（审批关、审查关、处理关）。1986年，全市收审1978人，结案处理1792人。其中，超范围收审135人，超时限收审6432人。当年12月24日，收容审查审批权全部收归市公安局，由预审科审核把关，分管局长批准。1987年，全市收审1097人，审结处理945人，超范围收审20人，超时限收审38人，收审质量明显提高。

1989年，全市组织5次集中“打流窜”和“两反一打”专项斗争，收审各类刑事犯罪嫌疑人5832人，比1988年收审量增加近一倍，市收审站日平均关押量250人，高峰时达270人，为监室设计关押量2倍。市公安局组织力量清理在押超时限、超范围收审人员。

1995年7月31日，淮阴市公安局劳动教养收容审查站更名为淮阴市公安局收容审查所。

1997年1月1日，随着修订后的《中华人民共和国刑事诉讼法》施行，使用20余年的收容审查措施正式退出历史。

二、看守所

1978年，淮阴地区13个县（市）公安局都设置看守所。1979年，对全地区看守所进行整顿。1980年4月，地区公安局检查各县（市）看守所工作，检查内容涉及制度落实、政策执行、监区安全等方面。涟水县看守所被评为全地区先进看守所，发给流动红旗。

1981年，盱眙县看守所发生2起在押犯罪嫌疑人策划逃跑、内外传递信件事件。地区公安处要求各县（市）公安局吸取教训，加强对看守所工作的领导，排查清除隐患，健全各项制度，调整不适合做看守工作的人员，防止类似事件的发生。

1983年“严打”斗争开始后，淮阴市各看守所在押犯罪嫌疑人猛增。金湖县等地另增关押点，以缓解看守力量不足。针对有的在押犯罪嫌疑人拒不认罪伏法、有的企图逃跑或自杀、有的煽动绝食等情况，为防止事故发生，市公安局加强看守工作，严格执行各项工作制度，密切掌握动态。

1985年9月，淮阴市看守所监房破损严重，经省公安厅同意易地重建。1986年8月第一期工程竣工，建成监房、审讯室、武警宿舍和犯罪嫌疑人伙房共计建筑面积1120平方米。8月11日，关押在解放东路的在押犯转押进新监房。后续建预审、看守办公楼和宿舍楼各一幢，建筑面积1672平方米。

1988年10月，市公安局在洪泽县看守所召开全市看守所长会议，就洪泽县看守所连续20年安全无事故经验进行总结推广。

1989年，全市治安形势严峻，犯罪率上升，逮捕拘留犯罪嫌疑人数量猛增，全市各看守所人满为患，全年关押犯罪嫌疑人10644人，最高日在押犯罪嫌疑人2879人，为核定关押量的2.24倍。在严重超负荷情况下，各看守所开展多种形式的教育活动，严格执行各项规章制度，全市未发生在押犯罪嫌疑人行凶、暴狱、脱逃、非正常死亡事故，受到公安部和省公安厅的表彰。

1990年3月17日，《中华人民共和国看守所条例》颁布实施。1993年，市公安局派出工作组到各看守所检查指导，发现隐患漏洞130余处，就地整改110处。1995年4月6日，县级淮安市看守所针对青少年押犯罪嫌疑人日益增多的情况，邀请市关工委、市人大法制委、团市委及市检察院、市法院、市司法局等部门负责人，召开"在押青少年在犯罪嫌疑人家长教育规劝大会"，被省、市电视台转播。

1997年，全国看守所进行首次等级评定。淮阴市第一、第二看守所、盱眙县看守所被省公安厅评定为二级看守所，涟水县、金湖县、洪泽县、淮阴县和县级淮安市看守所被评定为三级看守所。1999年，全市监所开展百日安全竞赛活动，市公安局从15个方面对看守所工作进行规范。

2002年年初，全市看守所开展冬季岗位练兵活动，组织全体干警学习监管工作各项法律、法规及各种规章制度。2004年，针对大部分监所设施老化、监房陈旧的实际情况，市、县两级公安机关建立和完善以监室为中心的长效安全管理制度，安装监室应急报告装置和门开报警系统，改进和加强收押、医务、管教等重要部位的安全设施，建立健全人防、技防、物防有机结合的安全防范体系。2007年，全市公安监管场所开展以"情系百姓、敬业奉献"为主题的纪律作风整顿活动和监管场所"百日安全和百日无违法违纪"竞赛活动。

2008年11月21日，涟水县看守所违反规定安排在押犯（包括行政拘留人员）与家属搞"亲情餐"活动，有2名在押罪嫌疑人趁机脱逃。事故发生后，全市监管部门排查安全隐患198处，整改解决176处；发现执法管理方面存在的问题92个，全部整改解决；针对突出问题制定和完善各项安全管理制度137项。

三、收容教育所

1996年1月，淮阴市收容教育所成立，在淮阴市第二看守所原监房基础上改建20间480平方米学员宿舍，额定关押量200人。收教所设政秘、后勤、管教3个组。

1997年，淮阴市收容教育所收押收教63人，行政拘留401人，办理缩短收教期19人，延长收教期2人，治愈性病人员27人。1999年，接收管理各类违法人员585人，其中收教76人、行政拘留454人、劳教55人。参照上海、南京等地收教所的成功经验，转变管理方式，探索宽松型管理新路，丰富学员娱乐生活，改进教育方式，扩大教育主体。2000年，接收管理各类违法人员881人，全面实行等级化管理，统一学员号服和日常用具。

2001年，省公安厅印发《全省收容教育所等级评定考核试行办法》。淮安市收容教育所制定整改措施，开展创建“三级收容教育所”工作。全年接收管理各类违法人员1074人，其中收教101人，行政拘留886人，劳教、少教87人。2001年年底，市收容教育所被省公安厅评定为三级所。

2002年，市收容教育所实行警务公开，将行拘、收教人员的请假、所外就医、提前解教等有关规定和操作程序公布，健全所长接待日制度和分级管理制度，设立举报电话，聘请警风监督员。全年收集各类违法犯罪线索68条，破获各类案件31起，其中刑事案件18起、治安案件13起。针对女性收教学员违法犯罪的成因，邀请市电视台专题部制作名为《边缘女性路该怎么走》警示教育专题片，在市电视台《今日观察》栏目播放。组织人员编写《觉醒的灵魂》警示教育文稿，在《淮海商报》分4期连载。

2008年，淮安市收容教育所接收收教人员24名，拘留人员673名，解除收教35名，转刑事处理1人。配合刑侦、治安、法制等部门以及检察院、法院机关，选择宽严典型案例教育学员，对有自首、立功表现的收教人员兑现政策，敦促学员悔过自新。当年市收容教育所被授予“全国三八红旗集体”称号。

第八节　道路交通管理

一、机构队伍

1978年，清江市公安局设有交通警察中队，有干警39人。1983年3月，清江市被撤销，交警队成建制转入淮阴市公安局，有干警54人。次年升格为交警大队（正科级），下设一、二中队、业务股、机动队。1985年，增设后勤股。同年，市公安局向社会招收合同制交警50人。

1987年，经省政府批准设立大运河检查站和水渡口检查站，增设交警三、四中队，全大队警力增至150人。同年8月31日，成立淮阴市公安交通警察支队，全市道路交通管理业务及交通监理人员由交通局移交公安局。交警支队下设政秘科、业务科、培训科、机动车管理所、自行车管理所，辖市区4个中队及大运河、水渡口交通检查站，有在编民警144人、合同制民警50人。

1991年1月，市交警支队成立2个交警大队，一大队负责清河行政区域内的交通安全管理，二大队负责清浦行政区域内的交通安全管理。1994年，成立交警支队三大队，负责市经济开发区交通安全管理。1995年，成立淮阴市机动车驾驶员培训中心。

2000年12月，成立交巡警支队。同月，成立市巡警支队京沪高速公路大队、宁连高速公路大队。2001年8月，成立宁宿徐高速公路大队。2007年，宁连高速公路大队更名为宁连高速公路一大队，增设宁连高速公路二大队。

2008年2月，成立市交巡警支队高速公路交通治安管理科、治安卡口大队、盐徐高速公路大队。

二、路面管理

（一）交通执法

1978年，淮阴地区纠正交通违章以教育为主。1981年，对违章处理一般采取扣留违章人车辆，由违章车辆驾驶人参加道路临时性协勤。1982年，对违章人驾驶车辆先行扣留到指定地点，违章人向交警写保证书后再放行车辆。

1985年，淮阴市改革交通违章处理办法。对违章人签发《违章通知书》，到指定地点接受处理；交警大队设违章处理室，由3名干警负责对违章者进行宣传教育，并按章处罚。违章通知书一式三联，一联由违章者签名，一联由交警留存，一联交警大队存档。违章者需从违章之日起5日内接受处理，过期不接受处理者发《催办通知书》，限2日内接受处理，违章按《治安管理处罚条例》第13条处罚。

1988年7月，淮阴市公安局制定《关于贯彻执行道路交通安全管理条例有关违章处罚条款的暂行规定》，分别就车辆驾驶、行驶资格、装载管理及道路违章行为制定处罚依据。

1993年，规定干线公路上，民警一人执勤时不准进行违章处罚。

1994年8月25日起，对驾驶员在市区发生交通违章，不当场处罚，统一开具《违章通知书》，在规定时间到指定的地点处理。不按时接受处理的，按日增加罚款1～5元进行处罚。同时规定在全市范围内，驾驶员或车辆明显违章只处罚1次，不准重复罚款。1995年，在市区委托工商银行代收交通违章罚款。1998年，推行违章、治安处罚告知词，实行驾驶员违章记分制度。

1999年，实行当场处罚决定书和银行缴款通知书合二为一的方式处罚交通违法行为。对外地车辆进入市区后产生的一般违章，不扣车、不扣证、不罚款，教育提醒后放行。

2004年，交巡警部门对违法行为事实清楚、需要按照一般程序处以吊销机动车驾驶证的，自处理之日起7日内作出处罚决定；对发生重大交通事故构成犯罪，需要吊销当事人机动车驾驶证的，在移送案件之前，作出吊销机动车驾驶证的处罚决定。

2005年，对在淮安投资的重点企业实行"服务卡"制度，即对持有服务卡者发生的一般交通违法行为，只教育不处罚。

2006年，法制工作网络建到交巡警中队，执法文书实行电子文书，建立单位、个人执法档案，实施执法告知服务。

2008年，落实法制员审核交通违法和事故处理案件的职能，制定法制员工作规范。

（二）秩序整治

1979年，清江市公安局交警中队清理交通流量大的路段和交叉路口的流动摊点，对博古路口、西十字街、水门桥、北门桥岗位周围要求无摆摊设点。清除路障1000多处，纠正车辆违章1.8万多起，对交通违章处罚929人次。西十字街至淮阴中学一线摊点占道现象得到明显改善。

1980年，对非机动车开展专项整治行动。重点整治自行车走机动车道、逆向行驶、载人。对违章行为采取短暂扣车，分情况给以教育批评。对无特殊情况的违章者，责令其和交警一起执勤，起到教育与管理的双重效果。1981年，清江市公安局交警中队根据毛驴车进城乱停乱放影响交通的实际状况，对博古路至淮海广场路段加强管理，对毛驴车超重运输的劝其回头，对随意停放、连续3次违反规定的1个月内不准进城运输。

1985年，市交警大队集中整治机动车、非机动车乱停乱放，摊点乱摆乱放现象。全大队成立20个整治小组，统一行动，采取两头卡、中间巡、以点带段、以段带线的方法，从严管理。

1986年1月，市政府转发市公安局《关于整顿市区交通秩序的意见》，在市区开展交通秩序整顿。全年纠正违章114685人次，其中警告24623人次，行政拘留15人。1988年7月21日，《中华人民共和国道路交通管理条例》颁布实施。当年全市清理路障32933处，搬迁有碍交通的农贸市场81个，清除占路堆物3855处、违章搭建摊点3.3万个，公安交警在纠正交通违章中吊销驾驶执照1905本、治安行政拘留107人。

1990年，市政府组织由公安交警牵头，城管、工商等部门参加的道路管理综合执法队，对市区道路交通实施突击整顿。拆除违章建筑300处（亭棚218间），退出违章占用道路4303平方米，查处违章摊点2083个，取缔"马路市场"7处，查处行车违章730起。1994年，市交警支队组织6次全市性的交通秩序集中整顿。全市取缔、搬迁主干道农贸市场15处，禁止道路打谷晒粮，疏通交通堵塞点102处，一些重要路段交通拥挤、堵塞现象得到缓解，违章行车状况有所改变。

1999年，市政府发布《关于加强市区交通管理的通告》，在全市范围内开展机动车专项整治，7.5万余辆无证营运的马自达、人力三轮车被取缔。

2001年，全市开展严重超载和非客运车辆载客营运专项整治工作，重点打击无牌无证、使用假牌假证的违法行为，改善全市道路交通环境。

2003年，开展市区摩托车行车秩序和市区道路交通秩序整治，当年全市交巡警查处各类交通违章254.9万起，教育警告94.4万人次，处罚160余万人次，吊扣驾驶证2279本，吊销驾驶证77本，拘留交通违章354人，逮捕交通肇事239人。在“非典”防治期间，会同交通、卫生部门设立检疫点30个，检查车辆4.2万辆次，检疫10.9万人次，留驻观察667人。

2005年，贯彻落实《中华人民共和国道路交通安全法》和《江苏省道路交通安全条例》。全市交巡警处罚交通违法行为96.4万起，拘留1735人，吊销驾驶证202本。2006年，开展创建“平安畅通县区”活动，城市交通管理“畅通工程”达到国家二级管理水平。

2008年，全市交巡警部门以实现“平安奥运”为目标，开展高速公路、农村道路、危化物品、国省干道预防重特大事故专项整治行动，查处各类交通违章129.9万余起，其中查处无证驾车9622起、酒后驾车550起、超速行驶49333起、超载43900起，吊扣驾驶证218本，行政拘留834人。

三、交通设施

（一）自动监控

1999年，全市安装计算机网络系统，安装盱眙马坝、淮阴境内治安卡口电子监控系统，组建350兆警用集群通信网，建成交通管理监控系统，实现对市区健康路等8个路段24小时监控。市区和淮阴县分别安装8套和2套“电子警察”监控，各地分阶段实施信号路口“电子警察”建设。

2000年，建成1处“电子警察”闯红灯自动拍摄系统，建成350兆警用集群通信网络，实现对城区24个重点部位以及外围马坝、徐溜、平桥3条干线公路的电子监控，租用电信部门通信光缆，将微波传输改为光缆传输，并与市公安局“110”指挥中心实行信息共享。

2001年，在马坝、运东、朱码新建3套监控系统。市区增设6处交通监控点，新装固定“电子警察”4套，流动“电子警察”2套。2003年，增设2组电子监控设备。在淮海广场安装1处电子交通诱导屏。启用道路交通违章肇事驾驶员管理信息系统。

2006年，交巡警各大队配备警务通和摄录器材，一线民警警务通手机配备率达60%。2008年，安装20套集自动抓拍、自动记录、自动识别、自动报警等功能为一体的道路卡口监控系统，为一线民警配备数码照相机、录音笔、计算机、摄像机等警务装备。

（二）标志牌与标线

1988—1993年，市区有交通标志牌191块。1994年，市区交通标志牌全部更新。1995年，建悬臂式反光标志12块，设置过境货车禁止进入市区标志牌9块，禁止拖拉机进城标志牌6块。1996年，新增西安路、淮钢大桥、北京路、红卫桥交叉路口标志牌4块。1997年，撤除35块不合理的交通标志牌，增设标志牌86块，对市区10.2万米道路交通标线重新设定施划。2000年，更新增设交通标志牌137块，施划交通标线1.8万米。2001年，增设交通标志牌86块，施划标线80公里。2002年，更新、增设交通标志牌5000块，重新施划标线4.7万米。2003年，增设交通标志牌347块，施划标线181公里。2004年，施划市区标线1.51万米。2005年，在全市各学校、幼儿园、医院和养老院门前路段增设89个行人过街设施和提示标志牌。2006年，设置交通标志标牌670块、施划标线7.8万米。2007年，增设交通标志牌129块，施划交通标线7600米。2008年，增设交通标志牌102块，施划标线8000米。至2008年年末，全市设交通标志牌6337块，施划交通标线53.67万米。

（三）隔离护栏

1979年，位于市区石码头的和平路周边，学校、影院、菜场、商店、粮店、水果店集聚，且道路呈丁字型多岔口交叉，人、摊、车争道，道路拥堵现象十分严重。为有效解决该路口的拥堵，清江市公安局在和平路全线首设墩式护栏，对人车实行隔离。

1982—1990年，对淮海广场至环城路逐步实行人车隔离，建交叉路口护栏7处。1992年，市区淮海南北路隔离护栏增至6000多米。1994年，淮海东西路、水渡口广场新增护栏1200米。1997年，更新交通护栏1.6万米。1999年，淮海北路置换新式不锈钢护栏3500米。2000年，市区道路增加和置换隔离护栏1.5万米。2002年，更换承德路隔离护栏。2006年，新建更新护栏6300米。2007年，增设隔离护栏2000米。2008年，增设隔离护栏200米，改造隔离护栏90米。至2008年年末，市区主要路段设隔离护栏5.02万米。

（四）交通信号灯

1978年，清江市区设信号灯4处。1983年，市区设信号灯7处。1988年，市区增设信号灯6处。1994年，新增健康路口、水门桥倒数仪指挥灯。1996年，北京路的解放路口、健康路口增设指挥灯。1999年，市区增设、更新11组信号灯组，健康路口安装悬臂式多相位信号灯。2000年，市区增设信号灯3套。2001年，市区新增5个灯控路口，更新延安路口、环城路口、博古路口3套悬臂交通信号灯。2002年，市区增设信号灯10组，人行横道灯9组，更新信号灯3组。2003年，市区新装14组交通信号灯，设置黄闪警示灯29套、夜间警示灯27处。2006年，市区新增信号灯6组。2007年，市区新增信号灯22处。2008年，市区新增信号灯16组。对20个灯控路口实行右转车道和直行车道导向合并放行。至2008年年末，市区各路口设信号灯104组。

四、机动车管理

1978年，淮阴地区统一换发机动车号牌，在原09-60×××号牌基数上增39-6×××，各县（市）分号发照。同年，将手扶拖拉机和机动板车发照权下放各县（市）交通监理部门，规定拼装车辆不予发牌发照，制造载重吨位限2吨以下，行驶区域限当地，并严禁拖带挂车。当年检验换发815辆机动板车牌照。

1983年，将淮阴市39-6×××号牌调给南京市，对原发牌照进行换发。当年车辆年检中凡检验合格的换发新号牌和行驶证，原发2吨以下（含2吨）底盘改装的旅行车改发小型汽车号牌，换发号牌中原09-6×××，不足容量汽车增设69-6×××号牌。1988年6月，市公安局作出规定：限量发展并逐步淘汰简易机动车，其行驶区域限县（区）内；对已达报废标准的老旧汽车强制淘汰并吊销牌照；使用10年以上的汽车不准转籍过户。

1989年，为制止农用货运三轮机动车载客危及交通安全，市公安局会同有关部门发出通告，规定从事运输的三轮机动车必须持公安机关核发的牌证并严禁载客营运，凡私自安装载客附属设施的必须立即拆除，否则交通民警予以强行拆除或没收。是年，市公安局作出规定，将各县所辖汽车年度检验交由当地公安车辆管理所自行检验并办理年检手续。对无“特种车辆警报器和标志灯具使用证”安装警报器和标志灯具的，或非公安车辆喷印公安标志的车辆不予年检。同年，车管所改革车辆年检办法，按车号牌尾数分月办理年度检验。

1990年10月，市车管所对全市车辆管理工作进行检查，发现少数县的车辆年检率仅60%，车辆技术档案缺项较多，拖拉机、机动三轮车、摩托车证照不全或“带病”行驶。对此，市车管所要求各地在当年11月底完成县管车辆的年检和换发牌证工作，加强对车辆运行安全技术的检验，确保车辆行驶安全。

1993年，淮阴市机动车检测线建成。1994年，启用换发“九二式”机动车号牌及行驶证。1995年，县（市）车辆由交警支队派流动检测车检验。1996年，对上路的教练车辆，按规定领取教练车牌照。同年，开始办理异地摩托车转入当地手续。1998年，上高速公路行驶的车辆全部安装防雾灯。当年7月1日起，市区各级交警部门停止发放马自达行驶证。当年11月1日起，市区3个交警大队不再办理机动车辆办牌、驾驶员办证及年审业务，统一交由市车辆管理所办理。2000年8月，停止对农用客车核发牌证。

2002年，为严防盗抢车辆办牌证，规定对9座以下小型国产客车和摩托车发动机号、车架号进行拓印，发现有凿改、挖补痕迹或者擅自打刻的，移交有关部门查处；对9座以上的报废客车，跟踪监督报废汽车回收企业进行解体。2003年，市区统一换发摩托车专段牌照。对需延期使用的车辆，经市汽车更新领导小组办公室批准后，再到市车管所检测站参加检验，经检验合格方可延期使用。

2004—2008年，为杜绝机动车异地上牌，车管所在办理牌照时，要求车主出具淮安户籍证明、养路费、车辆购置附加费、车船使用税、保险费并查验。

1990—2008年淮安市机动车辆数量统计表

表19-3 单位：辆

年份	车辆数	年份	车辆数	年份	车辆数	年份	车辆数
1990	19256	1995	234014	2000	234850	2005	467521
1991	21092	1996	284069	2001	257384	2006	387406
1992	23732	1997	187341	2002	311700	2007	549876
1993	140896	1998	175848	2003	384426	2008	582356
1994	175468	1999	230448	2004	420222	—	

五、非机动车管理

1980年，清江市公安局成立自行车管理所，其后淮阴地区各县相继成立管理机构，全地区有车管干警120人。至1982年3月底，全地区有自行车816400辆，打印发照713820辆，其中清江市发照83232辆。

1984年，淮阴市公安局制定自行车管理暂行规定，对非机动三轮车进行登记发照。1985年，办理自行车牌照25100辆，验证8900辆，过户287辆，为群众查找丢失自行车80辆。

1990年，市交警支队将非机动车年审由原来的每年一次改变为每两年一次。2000年，对机械驱动与人力驱动兼有，排量在36马力以下，并具备脚踏驱动的二轮助力车，一律纳入非机动车管理，但规定上路时不得驶入机动车道。

2003年，规定非市区居民的人力三轮车不得在市区行驶，具备上路行驶资格的残疾人专用车必须在非机动车道行驶。

2005年1月1日起，市区全面禁止电动三轮车上路行驶，对上路行驶的电动三轮车一律予以查扣，按规定进行处罚并强制拆除、销毁，对合法持有的电动自行车和符合国家目录标准的电瓶三轮车核发、更换号牌，核发残疾人代步车牌照。对符合营运条件、法律手续完备的三轮车核发统一标志，划定禁止行驶区域和时间段。

2007年，交巡警支队配合市交通秩序综合整治领导小组办公室对上路行驶的150余辆电瓶三轮车予以取缔。

1982—2008年淮安市非机动车保有量统计表

表19-4　　单位：辆

年份	自行车	电动自行车	三轮车
1982	83832	—	—
1983	89752	—	—
1984	95957	—	56
1985	121057	—	79
1986	125446	—	103
1987	138930	—	138
1988	151569	—	171
1989	161597	—	208
1990	179651	—	264
1991	190861	—	321
1992	211234	—	374
1993	220007	—	446
1994	248688	—	491
1995	261597	—	567
1996	291864	—	629
1997	338910	—	712
1998	369150	—	792
1999	381560	—	903
2000	399871	—	1200
2001	410891	—	1689
2002	429641	—	2189
2003	435810	20943	5200
2004	445689	73627	7980
2005	448295	132103	9574
2006	450312	133861	9770
2007	452533	175318	9802
2008	455608	203971	9869

六、机动车驾驶员管理

1981年1月起，清江市公安局对机动车驾驶员实施违章记分考核办法，每个驾驶员增发违章肇事记录卡片。凡违章或肇事者，以年度累计记分考核，一年内扣20分者吊扣执照一年、15分者吊扣6个月、10分者扣2个月，不足10分者年终注销记录；一年内连续6个月无记分者，此前记分自行注销。全年被记分违章驾驶员57人，举办2期违章驾驶员学习班，对严重违章及重大交通肇事者，行政拘留9人，逮捕4人。

1985年，变更机动车驾驶员考试方式，考试科目仍为理科、术科两类，术科中桩考桥型倒车改丁字型移库，公路调头由以车身一车半三进二倒设桩，改为以轴距二倍长四进三倒不设桩。

1987年2月，市公安局会同有关部门，对全民集体单位驾驶员管理作出规定：未办正式手续聘用的驾驶员应辞退，违者收缴车辆行驶证；未经批准辞退职的驾驶员不办理转户转籍手续，自行离职者吊销驾驶证；车辆单位之间临时借用驾驶员，驾车时应随身携带双方单位借用书面手续。

1988年5月，市公安局作出规定，对参加年审的机动车驾驶员进行体检并增加双眼视觉功能检查，凡新增驾驶员均将双眼视觉功能体检列为常规检查项目。为加强闲散驾驶员管理，市车管所为车辆单位提供驾驶人员分布信息，办理闲散驾驶员登记手续和复试，协助车辆单位做好驾驶员安全管理工作。同年8月，市交警支队对新增大货车学习驾驶员改以师代训为到指定专业单位培训学习，全市有部队、运输公司、粮食车队等专业培训点8个。全年办短期训练班6期、长期训练班17期，培训新驾驶员2968人。

1990年，全市结合年审工作举办机动车驾驶员学习班230期，1680人复训。1993年，对一年以内有3次违章记录的驾驶员、造成重大交通事故负次要责任以上的驾驶员、造成一般交通事故负主要责任以上的驾驶员组织复训。

1994年，规定凡学习机动车驾驶的人员，统一到市卫生防疫站体检，其他部门体检一律无效。长期在外执行任务的车辆及驾驶员，经报告同意后，在驻外所在地车管所履行代检代审手续。当年11月1日起，市区范围内办理摩托车驾驶证统一由市交警一、二大队培训。规定对持部队、武警驾驶证，因违章肇事导致驾驶证被吊扣3个月以上，没有按时参加审验的驾驶员进行培训。对“江苏安全行车优秀驾驶员”“江苏省百佳安全行车单位”“淮阴市十佳安全行车单位”的驾驶员免审，直接办理年审签证手续。

1995年，淮阴市机动车辆驾驶员培训中心成立。1996年，规定车辆驾驶教练员必须持有车管部门核发的教练员证，经市交警支队批准，在指定的路线上按指定时间进行教练。1997年，市区出租车驾驶员由交警支队和交通局客运管理处组织培训。

2003年，驾驶员培训单位理科教员必须有中专学历以上的汽车专业水平和教学能力；术科教员必须有高中以上文化程度，并持有安全驾驶相应教练车型5年以上驾驶证、无重特大事故和严重违章记录。教练员必须持教练员证，其有效期为1年。教练车必须符合GB7258-1997机动车安全运行技术条件设施。大型教练车辆每辆培训学员人数不得超过8人，小型教练汽车每辆培训学员数不得超过6人。

2004年，车管所在坚持严格考试的同时做好服务工作，对场地考试不合格的考生增加2次补考。2005年，对考试员实行持证上岗。2006年，机动车驾驶员科目（1）考试使用全国统一的无纸化考试系统进行。当年2月1日起，关闭驾驶证管理系统中“科目（1）成绩录入模块”。驾驶员因交通违法记分满12分的，重新参加学习和考试。驾驶员因醉酒、屡次超员、严重超速等交通违法行为的被列入“黑名单”管理。2007年，建立“荣誉驾驶员”制度，对“荣誉驾驶员”授牌。

2008年5月1日起，全市车管所业务大厅设置“一号窗口”，集中受理、解决驾驶员办事办证疑难业务。至当年年底，“一号窗口”受理驾驶员疑难事项200余件，全部得到解决。

1989—2008年淮安市市区培训机动车驾驶人情况分类统计表

表19-5

年份	人数（人）	汽车驾证（本）	A1（本）	A2（本）	A3（本）	B1（本）	B2（本）	C1（本）	C2（本）	C3（本）	C4（本）	D（本）	E（本）	F（本）	M（本）
1989	6563	6232	1588	5065	0	134	0	730	0	53	184	889	1003	179	3
1990	7450	6957	1721	5674	0	151	0	775	0	63	222	990	1211	251	3
1991	8299	7524	1835	6132	0	174	0	825	0	66	248	1078	1384	448	3
1992	9448	8163	1970	6635	1	207	0	894	0	72	267	1184	1653	823	3
1993	10892	9085	2126	7290	1	248	4	1046	1	90	304	1318	2069	1168	3
1994	13316	10808	2431	8598	1	303	5	1244	1	135	393	1544	2738	1527	3
1995	18302	13867	2799	10772	2	473	11	1733	1	192	499	1929	4323	2627	3
1996	24683	18257	3212	13438	2	834	17	2709	2	265	712	2609	7210	2986	2
1997	33950	24242	3415	14923	3	1521	75	3960	2	472	2950	5923	10773	3642	2
1998	39486	27683	3570	16057	4	2202	90	4792	4	638	3493	6977	13156	3974	2
1999	61745	37881	3729	17492	13	4103	392	8566	6	837	6002	11119	29600	4049	4
2000	70120	42557	3835	18597	19	4882	482	10012	8	917	7063	12975	32543	5970	4
2001	72491	47806	3916	19802	24	5928	615	11833	8	1037	8536	13471	33609	5717	2
2002	79562	53091	4000	21125	35	6963	748	13621	8	1166	9436	15467	36347	5798	3
2003	92590	65372	4042	24350	42	11392	929	17491	13	1298	9885	16942	38658	5754	3
2004	121811	95489	4126	30803	72	25025	1441	28053	31	1151	8989	17306	40916	5226	3
2005	126839	102859	3933	28976	131	22743	2466	39966	30	787	7843	16897	39287	4590	1
2006	126159	105843	3384	25687	165	21449	3356	47930	32	606	6706	17741	34869	4139	1
2007	148220	130619	3324	24859	191	20969	4553	74025	44	449	5621	18392	33059	1973	2
2008	178783	161518	3203	23873	212	20268	5985	106490	65	279	4441	18886	31247	1576	1

七、道路交通事故处理

1979年以前，清江市区交通事故多由公安交警与交通监理共同处理。后对受理事故区域进行明确划分，市区南以大运河、东以水渡口为界，作为交警队受理事故区域，该界外侧郊区为交通监理受理事故范围，非机动车肇事统一由交警队受理。1980年，交警队受理立案交通事故63起。

1983年4月起，淮阴市市区道路（含郊区）交通事故统一由市公安交警大队受理，交通监理部门不再受理市区交通事故报案。1984年10月12—23日，市区连续发生4起重大交通事故，致4人死亡，2人受伤。

1985年10月，淮阴市公安局制定《关于交通事故处理中有关补助费用标准的暂行规定》，分别对交通事故善后处理中的误工损失费、护理费、营养费作出具体规定，明确此3项费用由肇事方按责承担。1987年9月，各县（市）交警大队配备专职交通事故统计员。

1988年，全市主要干线道路建立293个交通管理信息点，聘请信息员378人。全年接到信息报告352次，其中交通事故报警301起，有效提高公安机关在处理交通事故及其他突发事件中的快速反应能力。市交警支队和各县（市）交警大队协作，严厉打击交通肇事逃逸案件，全年发生交通肇事逃逸案件97起，破获94起。在处理交通事故立案程序中，全市统一建立《交通事故登记表》《交通事故责任鉴定书》《交通事故卷宗》等规章制度。

1994年11月，全市开始使用计算机上报道路交通事故数据。1995年，交通事故尸体检验和伤残评定由淮阴市公安局伤残评委会负责。

1998年，在事故处理部门组建负责追逃、侦查的专业队伍，增强对交通肇事逃逸案件的堵截、侦破能力。为提高交通事故责任认定、案件处理水平，在全市进行事故处理程序、合议庭巡回试点。1999年，市公安局规定，凡在淮阴市区范围内发生交通事故造成车辆损坏的，一律由淮阴市价格事务所进行车损评估，经公安交警部门认可后，作为处理交通事故的主要依据。同年，建立淮阴市道路交通事故处理回访监督制度。

2004年，市交巡警支队对全市负责处理交通事故的民警进行1次专业培训，考核合格者发交通事故处理证。2006年，各大队成立交通事故调解法庭，引导当事人通过诉讼解决争议和损害赔偿。推广轻微交通事故、意外事故简易处理，快速处置，最大限度减轻对交通的影响。建立全市道路交通安全形势研判工作报告制度。2007年，实施轻微交通事故当事人自行协商处理。

2008年，淮安市交通事故处理专家指导组成立。对案情复杂，难以定性以及有信访苗头等交通事故，以及一次死亡3人以上及有重大影响的交通事故，实行专家组审核制。

1988—2008年淮安市交通事故情况统计表

表19-6

年份	起数（起）	死亡人数（人）	受伤人数（人）	经济损失（元）
1988	1285	347	732	1392390
1989	1282	364	750	2016472
1990	1279	381	768	2640554
1991	1276	398	786	3264636
1992	1279	414	803	3888717
1993	2432	437	789	5288913
1994	1153	459	775	6689110
1995	900	494	623	5944410
1996	634	363	450	4850030
1997	401	231	300	3445129

续表19-6

年份	起数（起）	死亡人数（人）	受伤人数（人）	经济损失（元）
1998	1134	343	843	8729691
1999	1751	440	1336	12616103
2000	3838	551	2406	18349543
2001	3246	492	1857	15479044
2002	3112	470	1689	13666034
2003	1812	434	1480	11494194
2004	1450	446	1301	8475509
2005	1215	426	1106	6672312
2006	1132	388	1029	4732000
2007	936	328	865	4292000
2008	758	281	692	4256000

第九节　消　防

一、消防组织

（一）公安（武警）消防组织

1978年3月，清江市公安局设立消防科。1979年，淮阴地区所辖县公安专职消防队相继改建为公安消防中队，编制现役干警16人；清江市公安局消防中队设城西分队，队员增至60人，全部实行义务兵役制。

1983年1月，公安消防队伍纳入武警部队序列。同年3月，原淮阴地区公安处消防科与原清江市公安局消防科合并，成立武警淮阴市消防大队，为副团级，亦称淮阴市公安局消防大队（消防科）。原清江市公安局消防中队和城西分队改为淮阴市消防大队一中队、二中队。全市有39名公安消防民警转为现役，全市消防部队有干部68人、战士243人。市消防大队下设政工股、战训股、防火股、后勤股、秘书股。同年4月，清河区公安分局和清浦区公安分局设立消防股。

1986年2月，武警淮阴市消防大队升格为武警淮阴市消防支队，为正团级，亦称淮阴市公安局消防支队，下设政治处、战训科、后勤处、防火科。同年，市区在城南组建直属三中队，队员14人，市消防支队下辖消防中队相应增至14个。

1990年1月，淮阴市消防支队设立卫生队、轮训队、修理所3个直属单位。

1994年1月，淮阴市消防支队调整部分内设机构，战训科改为司令部，防火科改为防火处，均为副团级。司令部下设办公室、战训科、警务科；防火处下设监督管理科、建筑审核科、群防科；后勤处下设生产办、卫生队、修理所。同时，淮阴市经济开发区公安分局设立消防科。同年12月，各县（市）消防中队升格为消防大队。

1996年行政区划调整后，淮阴市消防支队下辖清河区、清浦区、市经济开发区消防科（股）；轮训队、一中队、二中队、三中队；县级淮安市、淮阴县、涟水县、盱眙县、金湖县、洪泽县消防大队。有编制员额318人，实有327人，其中干部83人、战士244人。

1999年，市直属三中队改建为特勤中队，编制员额45人。

2002年，组建淮安市水上公安分局消防科，为正营级建制。

2008年，淮安市消防支队有10个大队，10个中队。有编制员额375人，实有374人，其中干部106人、战士260人、在校学员8人。

（二）厂企、乡镇专职消防队

1978年，淮阴地区有企业专职消防队3个，队员80人，消防车2辆。中共十一届三中全会后，全地区开始陆续扩大企业专职消防队伍。1982年12月，经省公安厅批准，清江东风造纸厂、淮阴织布厂、清江合成纤维厂、清江农垦纺织二厂4个单位组建专职消防队，有队员32人。1986年4月，淮安棉纺织厂建立专职消防队，队员16人。同年8月，全市11个县石油公司建立专职消防队，有队员79人。

1987年4—9月，淮安县自行车公司、淮阴县纺织工业公司、涟水高沟酒厂相继建立专职消防队。1988年6月，洪泽县水泥厂建立专职消防队，有队员14人。1990年11月，淮阴石油分公司经省公安厅批准，成立全省首家石油系统消防大队，列管全市各县（市）石油分公司消防队13个，其中市区2个，分别为石桥油库消防队和杨庄油库消防队。1993年5月，经省公安厅批准，华能淮阴电厂成立专职消防队，编制人数18人。

1998年，全市有专职消防队14个，队员151人，消防车11辆，手抬机动泵12台。2008年，全市有专职消防队3个，队员40人，消防车4辆。

（三）保安消防联防队

2003年，淮安市所属各公安派出所均成立保安消防联防队，分别配备消防摩托车1辆，消防泵1台以及若干随车消防器材。全市有保安消防联防队110个，配备消防摩托车110辆，消防泵110台，担负辖区内火灾预防和灭火救援工作。

2008年，为全市157家派出所配备监督检查包，并对原有消防器材进行维护保养，全市派出所消防警务室全部建成，专兼职民警全部到位，市消防支队向92家派出所派驻消防协管员，派出所正常的消防监督管理工作走上正轨。

（四）合同制消防员

2005年开始，根据省政府办公厅《关于征招地方合同制专职消防人员实施意见的通知》和省公安厅消防局《关于征招地方合同制专职消防人员的实施方案》，淮安市、县（区）政府分3年征召地方合同制专职消防人员203人，充实到全市消防支队、大队机关和灭火救援一线的执勤中队，并实行部队军事化管理。至2008年，全市征召合同制消防战斗员150人、合同制消防协管员53人。

（五）群众义务消防队

1978年，淮阴地区有义务消防队302个，队员9060人。1982年，淮阴地区建立义务消防队1098个，队员36444人。1998年，全市有义务消防队809个，队员24270人。2008年，全市有义务消防队1080个，队员12376人。

二、防火

（一）消防检查监督

1979年，淮阴地区公安处在全地区开展消防安全检查活动。重点检查全地区的厂矿、企业、粮棉油仓库，基建工地和易燃易爆单位，查出较大的火灾隐患755条，及时整改587条，消除一批重大火灾隐患。

1984年，市公安局、市劳动局联合对有易燃易爆危险品单位开展检查。仅公安部门就对近200个易燃易爆单位普查一次，查出火灾隐患1130余条，发放防火检查记录200余份。1985年，市公安局、市城建局、市文化局和市宗教事务管理处联合组织重点文物保护单位检查，对市区和有关县的46个古建筑及文物保护单位全面检查一遍，消除火灾隐患60余条。

1987年，淮阴市公安消防部门对市区单位的防火安全状况重新进行清理，确定7条重大火险隐患，市公安局对存在重大隐患的7个单位进行实地勘查，现场办公，解决长期悬而未决的问题。1990年，加强重点单位的监督管理，出动消防监督力量2800余人次，督促整改隐患6700余处。

1991年，市公安消防支队对重点行业实行专项治理，在各系统、各单位层层落实防火安全责任制，有重点地制定防火对策。全市组织较大规模消防安全检查5次，发现火险隐患和各类不安全因素65700多条，督促整改65100余条，整改率在90%以上。1993年，市政府组织3次消防安全大检查。市消防支队对公共娱乐场所、加油站、液化气站、化工企业等开展专项检查，并经专家评定，确定21条重大火险隐患，填发《火险隐患整改通知书》，依法取缔部分非法经营单位。对发生爆炸事故的黄河液化气站勒令停业整顿，选迁新址。

1995年，市、县（区）消防部门对各级消防重点单位、公共娱乐场所等重点行业组织专项检查8000多人次，有5500多处隐患得到整改或落实整改措施，400家公共娱乐场所的消防安全状况被逐个过堂，问题严重的68家歌舞厅、卡拉OK厅被停业整顿或限期整改。同年6月，东大街的东风商场发生重大火灾，市政府发布取缔东大街占道经营摊点通告，之后结合旧城改造，彻底消除东大街的火险隐患。

1996年，市消防支队多次对大治路布匹市场进行检查，对其存在的重大火险隐患下发整改通知书，并将检查情况形成书面材料报告市政府。市政府召开常务会议，专题研究治理布匹市场重大火险隐患，并成立整治领导小组，督促整改。1997年，大治路布匹市场火险隐患得到彻底整改。1998年，市消防支队在继续抓好国有大中型企业、"三资"企业、易燃易爆单位和关系国计民生的粮、棉、油等行业监督检查的同时，开展建筑消防设施安全检查。全年发出检查意见书400余份，落实整改意见2000余条。建筑消防设施的合格率由当年年初的44%上升到当年年底的71.3%。

2003年，全市公安消防部门组织监督检查10993人次，印发《责令改正通知书》1367份，督促整改火灾隐患4783处，查处消防行政案件919起，责令停产停业单位159家，罚款150万元。省政府督办的汇通市场、淮海地下商城火灾隐患得到整改。

2006年，各级消防部门与980余家人员密集场所负责人签订《消防安全保证书》，各行业（系统）按照标准专门印制禁止性、警示性、提示性标识牌3大类30余种近6000余块，并挑选消防安全基础条件较好的36家单位开展标准化创建活动试点。市消防支队推进消防监督勤务机制改革，实行"错时工作制"和日常巡防工作制。全警动员，多警联动，将消防巡查纳入社会治安巡防内容，实现火灾预防关口前移，逐步推进"巡防一体化"。全年查处消防违法行为2181起，责令停产停业单位151家，实施行政处罚710起，累计罚款254万元。省、市政府挂牌督办的9家重大火灾隐患单位全部整改到位。

2008年，根据省消防总队统一部署，全市对照8项排查治理内容，对8大类场所进行逐一梳理清查，实现一、二级消防安全重点单位"拉网式"检查率100%。全市17家政府挂牌督办的重大火灾隐患单位全部落实整改措施。

（二）建筑设计防火审核

淮安市建筑设计防火审核始于20世纪80年代。1983年9月，市公安局、市城乡建设局联合印发《关于贯彻实施〈建筑设计防火规范〉和〈高层民用建筑设计防火规范〉的通知》，全市建筑设计防火审核工作正式开展。

1990年，审核建筑工程项目183个，纠正不符合消防要求569处。对消防安全重点单位坚持施工前督促报审，施工中跟踪抽查，竣工后严格验收，做好消防源头管理。1992年，市消防支队按照规范程序，统一印制审核、验收表格，对以前未审核的建筑，特别是人员比较集中场所的内装修进行重查重审。仅市区建审项目就达229个，发现隐患113条。1993年，市消防支队审核建筑面积4.3万平方米，消除隐患228处，对淮海大酒店等单位的164处重大隐患予以查办。

1994年，市政府颁布实施《淮阴市建筑工程防火管理办法》，规定建设、施工单位必须按照公安消防部门的要求进行工程项目申报、批复，按意见施工，并接受消防部门的检查。1995年，市消防支队与市城建设计院开始联合编制消防规划，在城市的总体布局、功能分区、消防车通道、消防给水、消防站设置、消防通信等方面制定近期和远期规划。市消防支队帮助17个设计院建立防火自审机制，对83名涉及人员进行消防技术规范的培训考核和发证工作。全年对340个项目、56.4万平方米建筑依法进行审核，跟踪监督250个在建工程，制止违章30多起。

1998年，市政府批准实施《淮阴市城市消防规划》，针对部分建筑消防设施不能正常使用的严重状况，在全市范围内开展建筑消防设施专项治理工作。2000年，市消防支队对188个建筑工程项目的防火设计进行审核，建筑面积80万平方米，发出建筑防火审核意见书188份，验收工程项目70个。市、县公安消防部门还严格执行"先检测、后验收"制度，保证新竣工工程自动消防设施完好率达100%。

2006年，市消防支队对消防行政许可权限进行明确，执行支队和大队两级审核和审验分离制度，强化内部审批环节，坚持重大项目集体会审制度。全市受理审核项目588个，审核建筑面积175万平方米，验收工程项目396个。严格依据相关技术规范要求，开展审核验收和开业前检查，严格源头管理，查处先天性火灾隐患。

2007年，市消防支队就规范行政审批窗口室内装修工程的受理程序、内部装修工程消防设计审核、见证取样和抽样检验权限等作出明确规定。全市受理建筑工程消防设计审核945个，审核建筑面积近530万平方米，验收工程项目318个，抽样检验在建工程消防产品24批次，对装修材料取样检验118批次。

2008年，实行行政审批中心集中受理消防行政许可项目，公开办事项目、程序、期限、许可条件、法律依据以及示范文本等，对直接到消防部门申报的，实行首问负责制，推行"一站式"服务。

（三）消防设施装备建设

1978—1982年，淮阴地区13个公安消防队拥有消防、生活用车40辆，其中水罐泵浦车17辆、轻便消防车11辆、泡沫消防车2辆、消防运输车1辆、消防泵浦7台。通信设备有移动式电台3只，报话机4只。市区有公共消火栓35只。

1986年，市消防支队设立火警指挥调度台，安装1台50门电话交换机和1台13门火警调度总机，购置车载台1部，手持台11部。1987年6月，为适应扑救高层建筑火灾的需要，购置曲臂登高车1辆。

1994年，淮阴消防指挥中心建成并投入使用，所属基层14个中队均完成营建任务，消防官兵的办公、学习、训练以及生活条件得到明显改善。同年，市消防支队筹资400余万元，购置消防车8辆，其中耗资130万元的40米云梯车1辆、大吨位消防车2辆。新添个人防护装备100多套（件）。1995年，购置多功能抢险救援车1辆，高低压泵消防车2辆。1996年，购置消防车3辆。

2000年，由市经济开发区管委会投资350万元建设开发区消防站，占地面积16667.5平方米，一期建筑面积3200平方米。是年，市消防支队购置1辆泡沫水罐联用消防车。2002年，市消防支队投入资金1120万元，购置重型泡沫消防车、20吨水罐车、后援消防车、中低泵消防车等9辆高效能消防车辆。2003年，全市有6个重点中心镇完成消防规划编制任务。是年，投入420万元，购置1辆32米登高平台消防车。

2004年，全市116个小城镇全部完成消防规划编制任务，公共消火栓数量达到应建数的90%。市消防支队进一步完善局域网建设，与市公安局实现百兆联网，与各消防大队、中队全部采用2兆宽带网连接。支队信息中心配有因特网专机专线，并建成淮安消防网，全面实现办公自动化，建成图像监控和电视电话系统，支队分散终端接出警实现"三台合一"。各县、乡镇利用农网改造、村村通自来水、农村灰土路面"砂石化""黑石化"改造、草危房改造等有利时机，改善农村电气线路，增加用电荷载，提高农村道路消防车通行能力、新建房屋的耐火等级和乡镇主干道消火栓覆盖率，改善农村防火条件。

2005年，完成洪福小区、新新家园、南城小区、月季花园等开发改造项目，彻底解决人口密集区耐火等级低、消防车通道不畅通、无消防水源等问题。根据城市道路改造和新建计划，市（县）建设局、财政局及相关部门投资1000万元，按照有关规范要求对城市部分管网进行改造，增添消火栓96只。

2006年，全市投入经费2000多万元，用于基础消防设施建设。新增市政消火栓210个；开工新建市消防支队指挥中心和淮阴区消防大队新营房，改建洪泽县消防大队附属用房，规划筹建城南消防中队新营区。投入65万元为每个中队新建电脑学习室。是年，市消防支队购置2辆压缩空气泡沫消防车。

2007年，投入280万元新建"119"消防指挥系统和电视电话会议系统。市消防支队新指挥中心大楼建成并投入使用。投入540万元，购置2辆A类泡沫消防车。

2008年，新建金湖、城南2个消防站。开工建设建筑面积1.8万平方米的淮安灭火救援应急中心。改造危旧营房近1.5万平方米，全市消防部队营房整体面貌得到明显改善。市消防支队新添7辆消防车和1557件（套）器材装备。

1978—2008年部分年份淮安市消火栓建设情况表

表19-7　　单位：只

年份	1978	1983	1990	1993	1995	1998	2005	2006	2008
消火栓数量	35	44	75	144	196	365	965	1232	1350

1979—2008年部分年份淮安市消防车辆装备统计表

表19-8　　单位：辆

年份＼数量＼名称	合计	水罐泵浦车	水罐车	泵浦车	轻便车	泡沫车	大型泡沫车	干粉车	高低压泵车	中低压泵车	抢险救援车	中型水罐车	中型泡沫车	举高车	通信指挥车	防化洗消车	二氧化碳干粉联用车
1979	16	5	3	1	3	4	0	0	0	0	0	0	0	0	0	0	0
1982	43	16	0	0	10	13	1	3	0	0	0	0	0	0	0	0	0
1998	37	0	0	0	0	0	0	2	2	2	1	22	6	2	0	0	0
2008	43	0	25	0	0	12	0	0	0	0	1	0	0	2	1	1	1

(四)消防安全宣传

1978年,淮阴地区通过各单位的防火责任人员开展消防宣传。1984年,《中华人民共和国消防条例》颁布后,全市各级公安机关将消防工作和消防宣传逐步纳入法制化轨道。利用报刊、广播、电视、幻灯片、图片、板报以及事故现场会、防火工作总结会等形式,广泛宣传消防条例。当年5月,市公安局、市轻工局联合举办《中华人民共和国消防条例》学习班,全市各县轻工系统的安技干部、政工保卫干部、专兼职消防负责人等108人参加学习。市公安局翻印消防条例3万份,分发到各部门和企事业单位。各县(区)还出动消防车,到街道、农村进行宣传,为开展依法监督奠定良好的群众基础。

1990年,市公安消防支队为提高全民防火意识,推进消防工作社会化,先后举办少年消防夏令营、厂际消防运动会、县际消防智力竞赛。全市近500家单位参加。1991年,淮阴市开展"百日防火安全活动",市消防支队在市区87个消防重点单位组织消防文艺汇演。采取自编自导自演的方法,人员全部来自生产第一线,有11个单位的11个节目参加演出。

1992年,淮阴市举办首届"119"消防节,7万余人次参加。为加强冬季防火宣传,市消防支队在市区楚秀园举办"热电杯"消防知识有奖答题活动,事先将有关知识打印成册下发各重点单位和12所学校,参与活动的有2万余人次。1993年,市消防支队会同市文化局、淮阴师专等单位举办"淮阴市首届消防书画展",416名作者的583件作品参加评选,最后筛选出84件优秀作品。

1994—1995年,市消防支队在《淮阴日报》《淮海晚报》、淮阴人民广播电台、淮阴经济广播电台开辟消防专版(栏),开办《119专线》《消防之光》等专题节目,组建以防火干部为重点的宣传网络。以"119消防日"为契机,开展《江苏省消防条例》的宣传工作。举办由40支代表队200多人参加的全市"大众杯"消防知识竞赛。

1998年,《中华人民共和国消防法》颁布后,开展消防法宣传月、宣传周活动,印发消防法单行本6万册。市电视台、市有线电视台及地方各种寻呼台都利用1周时间向用户滚动打出或传呼消防法宣传标语,10余万人次接受消防宣传教育。2001年,市消防支队与淮安市文化局、江苏省淮海剧团共同编排一台大型消防宣传文艺晚会"平安伴你行",在全市巡回演出。

2004年,全市各消防队(站)全部完成对外开放设施的达标建设并正式对外开放,接受辖区社会单位特别是中小学生的学习参观。消防宣传教育室展有各类消防产品、消防图片,备有防火、灭火以及疏散逃生知识等各类消防宣传资料。

2005年,《江苏省农村消防管理办法》颁布实施。全市消防部队采取多种形式学习宣传,并与有关部门配合,将消防宣传纳入农村普法教育和"三下乡"活动之中。2006年,市消防支队专门成立消防宣传中心,配备2名专职消防宣传报道员,20名兼职消防宣传员。

2008年,淮安市将消防宣传纳入社会治安综合治理、文明社区(村镇)创建内容,市教育局、市劳动局将消防安全教育纳入学生课堂和企业职工岗前教育培训内容。全市10个消防站全年对外开放,接待人数逾5万人;启动"祝福平安千万家"消防宣传工程,深入厂矿企业、机关学校,开展新修订的《中华人民共和国消防法》宣传贯彻工作,普及消防知识。

三、灭火

(一)训练执勤备战

1979年,淮阴地区消防部门按照公安部颁发的《消防战士基本功训练规定》,统一消防部队的训练动作和要求。1980年12月,加强全地区消防战斗员基本功训练。

1988年8月,省消防局在南京举行全省消防部队业务会考,全省11个市消防支队组队参加。

淮阴市消防支队3名队员以19.36秒的成绩打破两节梯和挂钩梯联挂省纪录。

1990年9月，省消防局在淮阴市举行全省消防部队业务竞赛，全省11个市消防支队组队参赛。淮阴市消防支队获团体总分第一名，被市政府记集体三等功。同年11月，公安部消防局颁发《消防技能训练规则》。市消防支队针对新规则开训项目多、操作要求高、动作变化大等特点，采取先试点后普训的方法，开展军事队列考核、消防战斗员三级达标训练考核和消防体育达标训练考核。

1992年，市消防支队开展军体和二、三级消防战斗员等级达标训练，有207名官兵参加，总评达标率为99.4%。1993年，制订重点单位灭火计划420份。在专勤训练中突出防毒、抢险、救人、自救、疏散、破拆、利用地形地物攀高等8个训练难点。1996年，从应用性和实战性出发，坚持面向火场、面向实战，把16个应用性训练项目纳入年终业务考评。1997年，全市消防部队开展比训练、赛执勤，比管理、赛安全，比装备、赛投入的"三比三赛"活动，市直二中队、盱眙县大队、淮阴县大队、涟水县大队被评为优胜单位。

1998年，市消防支队制定和加强执勤值班制度，完善支队机关和基层中队执勤秩序和接警出动程序，规范执勤中队交接班、车辆装备器材维护保养和每周车场日制度。

2000年，从实战需要出发，坚持车辆装备使用与模拟实战相结合；执勤训练与基本战术训练相结合；火场组织指挥和现场演示相结合；单一警种与多警种合成演练相结合，培养和提高指挥员的"四会"能力和士兵"一兵多能"素质。开展水带拖车操、破拆救援工具操、佩戴空气呼吸器等30多个应用性训练课目的训练，把官兵的智能、体能、技能三者有机结合起来，提高官兵的综合素质。2002年，先后开展大型石油化工装置灭火演练、京沪高速公路抢险救灾演练，提高指挥员的火场指挥能力和战斗员协同作战能力，安排和组织各大、中队假设火场，开展战术训练。

2005年，市消防支队向所属各大、中队印发加强灭火救援战备工作的通知。要求严格落实值班制度，合理调配执勤力量，加强部队执勤战备工作；制定完善灭火救援预案，提高部队灭火救援能力；规范接出警程序，严格力量调集标准；做好后勤保障工作，确保火灾扑救和抢险救援任务的顺利完成。

2006年，淮安市消防支队代表省消防总队接受公安部消防局执勤岗位练兵检查考核，被省总队评为"执勤岗位练兵先进支队"。同年，在全市分3个片区组织跨区域合成演练，支队成立灭火救援指挥中心，实行指挥长值班制度，24小时在岗执勤。

2008年4月，省消防总队在淮安市召开正规化管理工作现场会，以开发区大队和淮阴区大队为样板，对内务设置、一日生活制度以及车场日、交接班和安全训练等进行规范和演示。举办执勤岗位练兵业务竞赛和消防员等级训练观摩会。当年7月26日起直至北京奥运会结束，全市消防部队全面进入二级战备，确保奥运会举办期间消防安全。

（二）重大火灾扑救

1978年1月18日13时45分，清江市光华化学厂电焊工违章焊接，导致油罐爆炸起火。清江市公安局消防队和淮安县公安局消防队接警后，出动40余名干警和6部消防车，采取东西夹击、全面包围的战术，经过4个小时将大火扑灭。火灾造成死亡4人，受伤11人，烧毁房屋18间、电动机16台、碱粉20吨、汽油91吨、电焊条1吨以及其他生产设备，损失折合人民币5.78万元。

1978年5月11日，清江钢铁厂发生火灾，清江市公安局消防队闻警立即出动30名干警和4辆消防车，组织扑救，另调淮安县公安局消防队前来增援，经过2个多小时将大火扑灭。烧毁易燃工棚22间、车床14台、电动机16台和其他机器4台，直接经济损失8.3万元。

1985年11月22日14时许，安徽省天长县水利局汽车队朱某某驾驶油罐车到达金湖县港口放油时，因原油凝固放不出来。朱某某违反油罐车禁火规定，不听劝阻，让跟车的金湖炼油厂采购员用船篙挑住纱头烘烤汽车闸阀，纱头火星落到油船板上，油罐车及装油的沙洲、如皋两条油船烧成一片。金湖县公安局消防队闻警出动，迅速组织扑救，同时向市消防大队报告，一中队和盱眙、洪泽2个中队前往增援，省石油试泵二处消防队参加灭火。经过3个多小时将大火扑灭，计烧毁油船2条、原油30吨，损失折合人民币4万元。肇事者被刑事拘留。

1988年5月3日13时30分，淮阴市政府大楼因临时工刘某违反安全规定，在值班室烧电炉，烤着周围可燃物引起火灾。参战消防官兵仅用65分钟将大火扑灭，最大限度地减少经济损失。

1990年2月1日12时30分，淮阴市城南液化气储配站2号烃泵因高压胶管爆裂发生重大泄漏事故。泄漏约8吨液化石油气与空气混合形成近20万立方米的有效爆炸空间。经过全体消防干警近3小时的奋战，该液化气重大泄漏事故得到成功处置。

1993年4月12日10时18分，金湖县精细化工厂对氟苯胺车间在回收对氟硝基苯时，精馏釜旁管堵塞引起精馏釜（负压）超压发生爆炸，后引起厂房燃烧。该起爆炸火灾事故炸（烧）死5人、伤15人，烧毁厂房200平方米、机器设备20台、化学原料5750公斤，直接经济损失55.2万元。金湖县消防中队及时出警扑救。

1995年6月23日11时35分，淮阴市东风商场家电批发部因电气设备绝缘击穿短路起火，烧毁大量家电商品，直接经济损失20.7万元。市消防支队出动2辆消防车、26名消防官兵，经过2个半小时将大火扑灭。

1999年1月24日18时30分，市汇通市场八区发生火灾，烧毁八区门面房37间、柜台摊位69节，建筑面积1200平方米，以及皮装、音像制品、服装、针纺织品等，直接财产损失189.23万元。火灾发生后，市消防支队调集7个中队，22辆消防车，167名消防官兵，经过2小时将大火扑灭。

2000年10月18日4时47分，淮阴市化工机械厂院内淮阴宏伟模具制造有限公司发生火灾。烧毁建筑40平方米，直接经济损失71.45万元。市消防支队接到报警后，派出特勤中队、城西中队4辆消防车和35名消防官兵，经过2个小时将大火扑灭。

2003年11月8日1时30分，淮阴区医院发生火灾，造成7人死亡，烧毁建筑面积495平方米，直接经济损失39.93万元。消防部门接警后，出动6辆消防车，57名消防官兵，经过1个小时将大火扑灭。

1978—2008年淮安市火灾发生情况统计表

表19-9

年份	起数	死（人）	伤（人）	损失数（元）	特大火灾				重大火灾				备注
					起数	死（人）	伤（人）	直接损失（元）	起数	死（人）	伤（人）	直接损失（元）	
1978	489	35	53	710051	0	0	0	0	39	29	31	294280	—
1979	463	40	28	631739	0	0	0	0	51	32	12	355585	—
1980	447	41	27	611989	0	0	0	0	12	7	4	107294	—
1981	337	33	14	520462	0	0	0	0	7	9	0	189228	—
1982	280	27	11	336427	0	0	0	0	1	0	0	18156	—
1983	210	18	16	439812	0	0	0	0	9	2	9	241234	—

续表19-9

年份	起数	死（人）	伤（人）	损失数（元）	特大火灾				重大火灾				备注
					起数	死（人）	伤（人）	直接损失（元）	起数	死（人）	伤（人）	直接损失（元）	
1984	106	21	15	671930	0	0	0	0	6	4	7	432872	—
1985	163	18	14	542895	0	0	0	0	12	7	6	288559	—
1986	160	14	12	478147	0	0	0	0	11	4	14	210295	—
1987	166	17	10	726856	0	0	0	0	8	3	0	382169	—
1988	183	21	39	1327945	0	0	0	0	15	6	16	905710	—
1989	131	17	16	764317	0	0	0	0	13	5	3	473635	—
1990	292	29	36	1578949	0	0	0	0	7	16	20	390867	采用新统计方法
1991	351	22	33	264.91	0	0	0	0	0	0	0	0	—
1992	460	32	64	3977000	0	0	0	0	0	0	0	0	—
1993	309	22	59	2919787	1	5	15	552000	7	6	5	515459	—
1994	368	27	53	3041372	0	0	0	0	8	7	7	971556	—
1995	389	16	33	3729369	0	0	0	0	8	3	4	1156500	—
1996	288	10	20	4151684	0	0	0	0	12	0	0	2075492	—
1997	412	9	22	2776000	0	0	0	0	0	0	0	0	采用新统计方法
1998	439	18	29	2916877	1	11	5	7000	0	0	0	0	—
1999	579	21	38	4386179	2	8	19	1972580	0	0	0	0	—
2000	534	0	26	3273897	0	0	0	0	2	0	0	1014500	—
2001	509	2	8	1110160	0	0	0	0	0	0	0	0	—
2002	829	4	8	1063405	0	0	0	0	1	3	1	12600	—
2003	739	9	22	1270025	1	7	0	399306	0	0	0	0	—
2004	1047	6	9	1539138	0	0	0	0	0	0	0	0	—
2005	1030	5	7	2284372	0	0	0	0	0	0	0	0	—
2006	741	1	8	1782829	0	0	0	0	0	0	0	0	—
2007	382	1	0	2327670	0	0	0	0	0	0	0	0	采用新统计方法
2008	403	2	1	2405926	0	0	0	0	0	0	0	0	—

第十节 “110”接处警

1987年，根据公安部下发《关于在大中城市普遍建立“110”报警服务台的通知》，淮阴市公安局在刑警大队秘书股设立“110”报警电话，承担“110”接警工作。1988—1996年，因未广泛宣传，群众对“110”报警电话认识不高，接警数量较少。

1997年，各县（市）公安局全部建成具有和市公安局同等功能的“110”报警服务台。当年10月，市政府办公室印发《关于在全市建立“110”社会化报警服务体系的通知》，明确民政、卫生、交通、环保、城建、城管、邮政、广电等33家联动单位职责，在全省率先建立“110”联动体系。1998年，各县（市）均建立“110”社会服务联动机制。

2000年，全市“110”报警服务台接各类群众报警求助电话89541次，指令处警69641起，救助各类群众1.3万人次。通过全市“110”报警服务台规范接处警、快速反应和布控拦截，破获刑事案件1042起，抓获作案人员1642人，其中逃犯45人。

2001年，全市“110”报警服务台接警13.36万起，除台上解答、直接处置和接重复报警外，指令处警8.59万起，破获刑事案件1913起，抓获作案人员1816人。救助群众1.63万人次。破获交通肇事逃逸案件52起，受理民警违规收费、玩忽职守、循私舞弊、办人情案等举报20起。全年通过“110”报警服务台查处破坏经济建设、侵犯企业权益的刑事、治安案件158起，化解、调处各类经济纠纷446起。全市1000余个金融、商业网点等重点要害单位安装与“110”联网的自动报警系统。全市城镇、农村的主要街道、城乡结合部、水陆交通干线、治安重点地区增设1000多个“110”报警点。

2003年，全市接各类报警求助电话261819次，指令处警139646起，其中违法犯罪案件12516起、火灾事故231起、交通事故18901起、纠纷45664起、群众求助8726起、其他53608起。全年由此破获各类刑事案件1581起，抓获作案人员1509人。市公安局“110”报警服务台在抗洪救灾中，接警951次，出动警力1.4万余人次、车辆2000余台、船艇200余艘，及时排除各类险情160余处，解救、撤离、转移受灾群众近15万人，抢救公私财物价值1000余万元。是年，市公安局开展对“110”骚扰电话的专项治理，依法加大对恶意拨打“110”骚扰电话行为的打击力度，维护“110”的权威。

2006年，市政府根据市公安局对全市应急指挥工作的调查报告，针对在重大事件处置中暴露出来的缺乏统一的组织指挥体系、缺乏统一的技术平台、信息共享程度较低、日常安全防范比较薄弱等方面的问题，决定建立政府应急指挥中心（政府“110”），立项作为政府2006年20项为民办实事之一，并明确由市公安局负责牵头建设。当年12月28日，市级“110”“119”“122”实现三台合一，市政府应急指挥中心（政府“110”）建成以“110”“119”“122”接处警为核心，集指挥调度、监控管理、情报分析、组织协调等功能为一体的现代化指挥决策系统。

2007年，全市各级公安指挥中心暨“110”报警服务台接警121.7万余起，其中有效报警41.5万余起。指挥调度车辆24.9万余辆次、警力54.3万余人次，破获案件3102起，抓获违法犯罪嫌疑人1655人；为群众提供咨询15.7万人次，救助群众2.4万人次；接受群众投诉53起，及时办结53起，办结率为100%。全年市公安局“110”台发布四色警情通报和布警指令310余期，预警信息120余条。在处置淮阴区“2·9”瑞尔化工厂爆炸双光气泄漏、宿淮盐高速“2·16”交通肇事致死

8人、宁连路“4·28”邻硝基氯苯燃烧、京沪高速“6·5”浓雾多车相撞、京沪高速“7·5”四氯化钛泄漏、宁连路“7·18”丙烯酸甲脂泄漏、“7·20”江苏沙钢集团淮钢特钢球团生产线爆炸、宁连路“9·17”邻硝基甲苯泄漏、“12·25”淮河翻船11人落水等重大事故中，市公安局和当地公安机关指挥中心根据警情，及时调集力量处置，将事故损失降到最低。

2008年，市、县两级公安指挥中心暨“110”报警服务台共接警117.5万余起，其中有效报警42.3万余起；指挥调度车辆27.8万余辆次，调度警力60万余人次，抓获违法犯罪嫌疑人1592人，破获案件2135起；为群众提供咨询16.2万余人次，救助群众2.6万余人次；接受群众投诉62起，及时办结62起，办结率100%。市公安局“110”报警服务台共发布四色警情通报和布警指令330余期，全市通过四色预警指令摧毁抢劫、抢夺、诈骗、盗窃等侵财类犯罪团伙10余个，抓获各类犯罪嫌疑人670多人，破案1100余起。成功处置京沪高速“3·10”多车追尾、宿淮盐高速“5·21”三氯氧磷泄漏、“6·29”金湖农用车与面包车相撞、“8·2”宁连公路盱眙段油罐车侧翻泄漏、“9·20”新长铁路淮阴区火车撞人、“12·8”京沪高速液化气槽罐车侧翻等重大事故。

第三章　检　察

第一节　机　构

1978年7月，江苏省人民检察院淮阴分院开始重建，10月1日正式挂牌办公。重建后的淮阴分院内设一科（刑事检察）、二科（法纪检察）和秘书组，编制14人，当年年底实配11人。办公地点在清江市淮海北路113号。是年，淮阴地区所辖的13个县（市）相继重建检察院。1979年11月，淮阴分院增设经济检察科、监所检察科，改秘书组为办公室（含人事工作），编制50人，一些县（市）检察院也按业务需要设立业务组。全地区共配检察干部595人。

1980年6月2日，淮阴检察分院成立检察委员会。同月9日，撤销一科、二科建制，改设刑事检察科、法纪检察科，增设人事科，内设机构为“五科一室”。各县（市）检察院也在内部设立刑事检察科、法纪检察科、经济检察科和办公室。至当年年末，淮阴检察分院在册人数53人。

1982年6月，淮阴检察分院将控告申诉业务由办公室划出，设立控告申诉检察科，内部机构为“六科一室”，即刑事检察科、法纪检察科、经济检察科、监所检察科、控告申诉检察科、人事科、办公室，在册干警75人。

1983年，实行市管县行政体制后，江苏省人民检察院淮阴分院更名为淮阴市人民检察院，原管辖的灌云县人民检察院划归连云港市，原清江市人民检察院分为清河、清浦2个区人民检察院。其他管辖的基层检察院不变。1985年年底，淮阴市人民检察院增设刑事侦查技术室，在册干警108人。1986年3月，增设调查研究室。

1987年5月，淮阴市经济案件领导小组办公室撤销，职能移交至淮阴市人民检察院。同年10月，设立淮阴市车路口地区人民检察院，为市人民检察院的派出机构，主要任务是负责审理洪泽农场的犯罪案件。至此，淮阴市人民检察院管辖的基层检察院共14个。

1988年8月，增设淮阴市人民检察院经济罪案举报中心。1988年10月，撤销刑事检察科，设立刑事批捕检察科、刑事起诉检察科。1989年4月，设立派驻市税务局检察室。1991年4月，设立民事行政检察科。1991年6月，撤销淮阴市人民检察院人事科，设立政治处。

1992年5月，淮阴市人民检察院成立非编制内的内设机构：派驻淮阴卷烟厂检察室、派驻市供销合作总社检察室。1992年9月，成立检察官培训中心，与政治处合署办公，实行“一套班子、两块牌子”。1993年1月，市人民检察院成立非编制内的内设机构：派驻市工商局检察室、派驻市商业局检察室、派驻市物资局检察室、派驻市化工医药局检察室。同年2月，刑事起诉检察科和刑事批捕检察科更名为刑事检察一科和刑事检察二科。同年4月，淮阴市检察学会成立。同年5月，设立检察院驻看守所检察室，由市检察院监所检察科领导。1994年4月，成立市检察院机关党委。同年8月，在市经济开发区设立派驻检察室。

1995年6月，淮阴市人民检察院反贪污贿赂局成立，为二级局（副处级），内设侦查一科、侦查二科、综合科，原淮阴市人民检察院经济检察科撤销。同年11月，成立江苏省女检察官协会淮阴工作委员会。

1997年2月，市检察院成立派驻市第二看守所检察室。同年10月，实施《淮阴市人民检察院机构改革方案》，根据该方案，淮阴市人民检察院机关行政编制152人，下设办公室、审查批捕处、审查起诉处、法纪检察处、监所检察处、民事行政检察处、控告申诉检察处（挂“淮阴市人民检察院举报中心”和“淮阴市人民检察院刑事赔偿办公室”牌子）、检察技术处、法律政策研究室、行政装备处、警务处（对外称“法警支队”）、组织干部处、教育培训处、反贪污贿赂局（内设侦查一处、侦查二处、预防犯罪处、综合处）、纪检组（监察室）、政治部，市经济开发区检察室暂保留。撤销派驻供销社、工商局、烟厂、税务局、化工局检察联络员办公室。

1998年4月，市检察院组建渎职犯罪案件特别侦查队，负责侦查全市范围内有重大影响或重大、疑难的渎职、侵权罪案。

2000年7月，市检察院撤销派驻市第二看守所检察室。

2001年2月，淮阴市人民检察院更名为淮安市人民检察院，淮阴县人民检察院更名为淮阴区人民检察院，县级淮安市人民检察院更名为楚州区人民检察院。

2002年2月，实施《淮安市人民检察院机构改革方案》，根据该方案，淮安市人民检察院机关专项政法编制为137人。内设13个职能部门（均为科级）和反贪污贿赂局（副处级）：办公室、干部处、宣传教育处、侦查监督处、公诉处、渎职侵权检察处、监所检察处、民事行政检察处、控告申诉检察处、检察技术处、行政装备处、警务处（对外称“司法警察支队”），反贪污贿赂局内设综合处（挂“职务犯罪大要案侦查指挥中心”牌子）、侦查一处、侦查二处。当年7月，成立淮安市人民检察院职务犯罪大要案侦查指挥中心。至2008年，机构建制无变化。

第二节　刑事检察

一、审查批捕

1978年，重建后的淮阴检察分院由检察一科负责刑事案件审查批捕业务。当年受理公安机关提请批捕453件483人，批准逮捕304人。

1979年7月1日，国家颁布《中华人民共和国刑法》《中华人民共和国刑事诉讼法》，淮阴地区各县（市）检察院设立刑事检察机构，根据最高人民检察院《关于简化批准逮捕人犯手续的决定》，淮阴检察分院将审查批捕权下放到各县（市）检察院。

1980年，地区检察机关配合公安机关，依法打击杀人、放火、抢劫、强奸、爆炸以及其他严重破坏社会治安的现行犯罪嫌疑人。全地区受理公安机关和自侦部门提请批捕1979人，批准逮捕1571人。1981年，受理公安机关和自侦部门提请批捕2195人，对不影响定性的枝节问题不纠缠，只要主要犯罪事实清楚，基本证据确凿，即作出批捕决定。审查批捕严格遵守法定时限。为保证在法定时限内结案，对重大刑事案件，检察机关提前参与公安机关勘验现场和预审工作。

1983年8月，市检察机关抽调力量，投入"严打"斗争。当年9月，与公安、法院等机关相互配合，集中行动，审查批捕各类刑事犯罪嫌疑人3013人，占全年批捕总数的55%。1984年，审查备案材料1588份，发现错捕漏捕案件6件。当年受理公安机关提请批捕的各类犯罪嫌疑人3496人，经审查批捕2949人。

1986年，市检察机关受理公安机关提请批捕1538人，批准逮捕1069人，批捕率为82.16%，发现错捕13人。其中，撤销批捕决定由公安销案的3人，错捕率为1.29%，分别比1984年和1985年下降3.6%和1.7%。在审查批捕的案件中，坚持主罪复核的1325件，复核率为90%。其中，涟水、洪泽、金湖等县检察院复核率100%。在审查批捕中发现定性不当的，都及时予以纠正。改变公安机关定性的21件。1987年，根据刑拘转捕案件增多情况，采取提前阅卷，将审查批捕提前到刑拘阶段，批捕的平均时间由1986年的2.4天缩短为1.9天。审查批捕主罪主证复核率92.4%，通过复核补查各类证据材料71份。

1990年，市检察机关受理公安机关提请逮捕案件3933人，批捕3295人。在批捕犯罪嫌疑人中，重大犯罪嫌疑人859人，特大犯罪嫌疑人32人，合计占批捕总数的27%，重特大犯罪嫌疑人数量比1989年增加37.2%。

1993年，全市刑检部门强化办案责任。在审理案件中坚持做到"三不汇报""三不放过"，即不细致阅卷、不吃透案情不汇报，不提审调查、不复核主罪主证不汇报，无审查终结报告和个人意见不汇报；不放过任何一个不清楚的情节，不放过任何一个疑点，不放过任何一个应当复核的证据。对重大疑难复杂案件，召集办案组成员或全科人员集体"会诊"，严格把好案件的事实关、证据关和定性关。

1994年下半年，全市刑检部门参与农村社会治安集中整治工作，选调30余名干警分赴重点乡镇和重点学校参加"双百"（100个重点乡镇，100个重点学校）会战，排查案件线索近30个，对构成犯罪的140余名嫌疑人作出批捕决定。

1996年，对于犯罪事实尚未查清的，建议公安机关在查清事实后予以增捕；对于在办案中发现徇私舞弊、放纵犯罪的，建议法纪部门调查处理。当年全市增捕30余人。1997年，全市检察机关对自侦部门查办的重特大贪贿案件适时介入，快捕7名处级领导干部职务犯罪案。

1998年，各基层检察院批捕部门对1996—1997年所办理的不批捕、免诉、捕后不起诉等案件进行认真复查，审查各地有无办人情案、交易案、下台阶案，有无违反高检院、省检察院规定及其他违反程序法的行为，通过复查，对个别把关不准案件予以纠正并通报批评。

1999年3月，市检察院把金湖县检察院审查批捕科确定为主办检察官改革试点单位，试行主办检察官办案责任制，并起草制订《淮阴市检察机关审查批捕部门主办检察官办案责任制暂行规定》，经市检察委员会修改通过后在全市推行，市、县两级检察院任命14名主办检察官。当年全市主办检察官独立办案619件862人，占案件受理数的70%以上。

2001年，全市检察机关受理公安机关提请批捕2219件3577人，依法批准逮捕1988件3146人，批捕案件结案率为100%，准确率为100%。不批准逮捕231件431人。

2006年，全市检察机关受理审查逮捕案件1782件2428人（其中公安机关提捕1712件2358人，检察机关自侦破部门移送审查逮捕70件70人），批准逮捕1520件2030人，批捕率84%；不批准逮捕192件298人，不捕率12%。

2008年，全市检察机关批准逮捕1500件2028人，不批准逮捕244件346人。全市检察机关贯彻落实宽严相济的政策，按照“正确适用逮捕措施、少捕慎捕”的要求，进一步降低捕后判处徒刑以下案件的比率。全年以不构成犯罪、事实不清、证据不足不批捕123件174人，其中不批捕未成年人43人，向侦查机关发补充证据通知书111件，并跟踪其补证。全市对符合省检察院规定“无逮捕必要”不批捕情形有113件165人。

1988—2008年淮安市检察机关审查批捕情况统计表

表19-10　　　　单位：人、件/人

年份	受理			审结						增捕	立案监督	纠正违法
	合计	公安	自侦	批捕			不捕					
				合计	公安	自侦	合计	公安	自侦			
1988	2087	—	122	1756	—	47	—	—	—	54	—	115
1989	3109	—	—	2690	—	—	—	—	—	—	—	—
1990	3933	—	—	3295	—	—	—	—	—	—	—	—
1991	3712	—	—	3245	—	—	—	—	—	—	—	—
1992	4096	—	—	3492	—	—	—	—	—	—	—	—
1993	1856/3213	—	—	1685/3001	—	—	—	—	—	—	—	—
1994	2366/4614	—	—	2124/3975	—	—	—	—	—	—	—	—
1995	2264/4085	—	—	1984/3436	—	—	—	—	—	—	—	—
1996	4178	—	—	3588	—	—	—	—	—	—	—	—
1997	1786	—	—	1542	—	—	—	—	—	—	3/5	—
1998	1183/1703	1123/1641	60/62	1043/1469	985/1409	58/60	128/216	127/217	1/1	24/–	18/20	28/–
1999	1290/1823	1231/1757	59/66	1130/1572	1079/1516	51/56	182	—	—	14/25	37/44	15/–
2000	1499/2183	1403/2083	96/100	1301/1902	1218/2806	92/96	115/172	113/170	2/2	42/48	53/68	51/56
2001	2218/3577	—	—	1988/3146	—	—	—	231/431	—	67/93	92	32/40
2002	1792/2514	1708/2429	84/85	1611/2243	1377/1925	79/80	97/134	97/134	—	98/–	132	39/–
2003	2269	—	—	1973	—	—	85/133	—	—	—	160/203	—
2004	1639/2224	1567/2151	72/73	1457/1950	1388/1880	69/70	—	103/149	—	60/–	87/154	109/–
2005	1719/2443	1655/2376	64/67	1501/2103	1439/2038	62/65	153/243	—	—	—	44/60	—
2006	1782/2428	1712/2358	70/70	1520/2030	1454/1964	66/66	192/298	190/296	2/2	68/–	2135	14/–
2007	1775/2462	1718/2369	57/57	1476/1975	1420/1919	56/56	239/353	238/352	1/1	71/99	79/140	63
2008	1807/2459	1739/2391	68/68	1500/2028	1436/1962	66/66	244/346	244/346	/	79/140	107/244	113/–

二、审查起诉

1978年10月，重建后的淮阴地区检察机关负责审查起诉工作。1979年，全地区检察机关受理公安机关移送起诉案件982件，决定起诉924件，不起诉6件，免予起诉52件。

1980年，审查起诉工作按照国家颁布实施的《中华人民共和国刑法》《中华人民共和国刑事诉讼法》规定进行。是年，受理公安机关移送起诉案件1512件，通过审查决定起诉1234件1429人，99.5%的案件起诉后法院作出有罪判决。

1983年，淮阴市开展“严打”斗争，公诉案件数量增加，起诉案件较1982年增长2.3倍。是年，受理公安机关移送案件3098件。通过审查，决定起诉2974件，不起诉2人，免予起诉79人。为提高检察机关审查起诉工作的质量，市检察院加强备案审查工作。1984年，市检察院刑事检察科确定“专人负责，小组讨论，检察长决定”的案件审查方法，并提出审查起诉案件时，注意发现有无不应起诉而起诉的情况；审查免诉案件时，注意发现有无不应免诉而免诉的情况；审查不诉案件时，注意有无应免诉而未免诉的情况。1985年，通过审查起诉材料发现27件（29人）案件有差错，全部纠正。

1987年，试行捕诉分开，在诉讼程序上强化检察机关内部制约机制，大多数县（区）检察院采取分科和分组的形式，不同程度的实行捕诉分开，在受案范围和办案程序等问题上进行探索。在开展专项打击中，做到快捕快诉。是年，审查起诉在一月内作出起诉、免诉或不诉决定的有737人，占已结数的64%。

1989年，全市检察机关受理各类移送审查起诉案件1617件2863人，其中重特大案件624人，通过审查决定起诉1379件2269人，不起诉2人，免予起诉122人。自侦案件全面实行内部制约，全市受理自侦部门移送起诉或免诉案件371件474人，审结起诉123件151人，起诉率为36%，免予起诉188件243人，免诉率为55%。

1992年12月，组织19名业务骨干，对当年1月免予起诉、不起诉、起诉后撤回作撤案处理的案件和法院一、二审作无罪判决的案件进行全面复查。复查人员分成4个组，由市检察院牵头，县（市、区）之间交叉互查。凡需纠正的案件，先由小组讨论，之后大组复议，最后报市检察院检察委员会研究决定。

1995年，全市检察机关受理各类案件2709件4229人，通过审查决定起诉2297件3520人，免予起诉248人，不起诉6人。市检察院专门成立未成年人案件办案组，改进未成年人案件的审查起诉工作。

1997年，市检察院起诉部门在阅卷、提审、汇报、庭审预案制作、法庭调查、法庭辩论的每个环节上，仔细审查每一份证据，耐心听取犯罪嫌疑人的供述和辩解，对于影响全案的关键证据做好固定、补证、复核工作，同时对一些重大、复杂、疑难案件采取交叉阅卷、扩大案件讨论范围、请示汇报等方法，把握住案件的事实关、证据关、定性关和适用法律关。全年检察机关起诉的案件没有发生无罪判决或撤回起诉后作撤销案件处理的情况。

1998年，全市检察机关对1995年以后所办的案件进行对照检查，市检察院起诉处对1996年以后市检察院决定免诉、不起诉的案件和基层检察院决定免诉、不起诉的部分案件进行复查。通过复查，撤销1起免诉、2起不起诉案件，改为起诉。通过办案发出检察建议40份。针对庭审中翻供翻证突出的情况，全市对“两翻”案件进行调查分析，基层检察院有4份调研报告被《淮阴检察调研》采用。

1999年，在全市检察机关推行主诉检察官制度，实行主诉检察官办案责任制。全市起诉部门有36名资历相对较深、办案实践经验较丰富的检察员被任命为主诉检察官。当年主诉检察官决定的案件1030件，占同期案件总数的81.8%，无一错案。

2000年，全市检察机关起诉部门开展“审查起诉规范年”活动。根据最高人民检察院《关于主诉检察官制度的实施意见》，修改和完善主诉检察官的办案形式，明确主诉检察官的职责和权利，健全对主诉检察官办案制度的监督制约机制。

2001年，市检察院推行不起诉案件公开听证制度，增加不起诉案件处理的透明度。同时，规定自侦不起诉案件报市检察院批准，其他不起诉案件报市检察院备案。

2003年，市检察院公诉部门制定《关于主诉检察官办案责任制实施细则》，试行公诉引导侦查机制，全市公诉部门与公安机关进行沟通协调，建立刑事案件提前介入制度。淮阴、楚州、清浦等县（区）基层检察院审慎试行暂缓起诉改革，制定《暂缓起诉实施规则》以及《暂缓起诉犯罪嫌疑人社区矫正守则》《暂缓起诉帮教实施方案》等配套规定。

2004年，全市公诉部门将其受理的所有案件均纳入备案审查的范围，对备案审查中发现的问题及时解决，并对全市公诉文书在外观形式和实体内容方面进行统一规范，促进全市检察机关的公诉文书质量提高。

2005年，市检察院公诉处针对2004年全市检察机关撤回起诉率较高的情况，对全市撤回起诉案件进行详细的核查，发现2004年全市撤回起诉43件次，涉案40件，撤回起诉率高达1.9%，高出全省0.65%的撤回起诉率。市检察院专门组织人员对2004年全市撤回起诉的40件案件150余本卷宗逐案复查，形成《全市撤回起诉案件分析报告》下发各基层检察院，并制定《规范撤回起诉的意见》。当年全市撤回起诉案件13件，撤回起诉率为0.6%。

2008年，全市检察机关公诉部门受理移送起诉案3806件6378人，比2007年分别增加30.75%和36.46%；审查起诉3369件5514人，比2007年分别增加24.13%和28.41%；不起诉88件109人。

1979—2008年淮安市检察机关审查起诉情况统计表

表19-11　　单位：人、件/人

年份	受案	起诉	不诉	免诉
1979	982	924	6	52
1980	1512	1234	18	117
1981	1607	1278	10	115
1982	1390	1251	2	79
1983	3098	2974	16	71
1984	2876	2483	36	233
1985	1512	1253	7	84
1986	1054/1319	941/1160	9	58
1987	935/1243	829/966	1	72
1988	1233/1744	934/1470	2	76
1989	1617/2863	1379/2269	2	122
1990	2603/4454	2111/3524	11	507

续表19-11

年份	受案	起诉	不诉	免诉
1991	2269/3858	1852/3080	17	252
1992	2672/4504	2110/3620	18	472
1993	2457/3917	1932/3023	8	373
1994	2809/4805	2348/3875	9	283
1995	2709/4229	2297/3520	6	248
1996	3122/4781	2604/3940	8	345
1997	1266/1887	1107/1598	47	—
1998	1211/1716	1124/1547	10	—
1999	1657/2422	1459/2073	7	—
2000	1557/2273	1452/2048	28	—
2001	2448/3754	2194/3206	45	—
2002	2349/3424	2134/3118	89	—
2003	2345/3352	1986/2730	98	—
2004	2579/3867	2169/3024	71	—
2005	2624/4222	2153/3247	66	—
2006	2389/3741	2376/3727	64/78	—
2007	3077/4930	2746/4280	91/119	—
2008	3806/6378	3369/5514	88/109	—

三、出庭公诉

1978年，淮阴地区检察机关恢复出庭支持公诉制度。1979年，全地区出庭公诉557次，发表公诉词110篇。1980年以后，全面贯彻实施刑法、刑事诉讼法，对法院开庭审理的公诉案件，都派员出庭支持公诉。

1983—1986年的“严打”斗争中，全市公诉案件数量增加，检察机关充实力量，保证法院开庭审理的案件都能派员出庭支持公诉。为提高出庭支持公诉的质量，在全市开展优秀公诉人竞赛活动。各县（区）检察院组织观摩庭113个，全市性观摩庭2个。全市刑检系统评选出市级优秀公诉人6人，县级优秀公诉人21人。

1989年，全市检察机关在重大经济犯罪案件出庭公诉前，对公诉词答辩提纲进行集体准备，对可能遇到的问题进行预测，达到预期出庭效果。

1991年，全市检察机关在案件起诉后，对被告人多、作案起数多的案件，承办人在开庭前准备每个案件公诉词、答辩提纲。庭上运用事实和法律，揭露犯罪，驳斥被告人的诡辩，为法院依法判决奠定基础。

1992年，全市检察机关在总结评选优秀公诉人经验的基础上，通过相互观摩、岗位培训等多种形式，提高出庭公诉水平。当年7月，市检察院在市区召开少年庭现场观摩会，观摩清河区检察院对3名少年被告人涉嫌抢劫一案的出庭公诉实况。

1996年，市检察院刑检部门根据最高人民检察院、省检察院的要求，举办4期修订后的刑事诉讼办案程序、庭审方式改革学习班。按刑诉法的新规定进行尝试，确定清河区、县级淮安市2个检察院为实施修订后的刑事诉讼法试点单位，通过观摩庭、试验庭等方式，进行实践演练。市检察院刑检部门按照修订后的刑诉法开展试验庭、观摩庭30余个。

1997年，刑诉法修订后的庭审方式发生重大变革，公诉人集审、证、辩多重职能于一身，给出庭公诉工作增加难度。为尽快适应庭审制度改革，带动和促进全市出庭支持公诉工作整体水平的提高，在市检察院、相邻县检察院之间多次组织观摩活动。全年组织103个观摩庭，12个录音、录像庭。市及基层检察院检察长、分管检察长参与研究出庭准备工作127件次，出庭7件，听庭136件次，正副科长出庭191件次。

1998年，全市检察机关开展“百庭考核竞赛”活动，完成省检察院考核庭7个、市检察院考核庭13个、基层检察院考核庭80个。各基层检察院选择具有一定难度、抗辩性强、社会影响大、涉及新罪名的案件作为考核庭，锻炼公诉人。市检察院审查起诉连云港市原公安局局长刘某某、副局长朱某某、民警黄某走私、贪污、受贿案。该案是淮阴市报省检察院考核的第一庭，也是全省“百庭考核”的第一庭。该案被告人身份特殊、案件罪名多、社会影响大，卷宗材料复杂，出庭公诉人准备充分，有序示证、质证，通过7天的开庭审理，成功揭露、指控被告人的犯罪事实。

2002年，全市检察机关对356起案件进行简化审，提高办案效率。继续推行主诉检察官责任制。全年由主诉检察官决定的案件1826件，占全部审结案件数的87.5%，法院全部作出有罪判决。在庭审中市检察院及基层检察院加强多媒体示证系统的运用。

2006年，全市检察机关对于重大疑难复杂案件，选派优秀公诉人出庭支持公诉，检察长、分管检察长和公诉部门负责人带头出庭。

2008年，全市检察机关出庭公诉一审案件980件，法院作出有罪判决5337人，免刑67人；出庭二审上诉案件96件，收到二审判决92件223人，二审维持原判52件134人，改判11件42人，发回重审3件7人，裁定准许撤回上诉26件40人。

1979—2008年淮安市检察机关出庭公诉案件统计表

表19-12

年份	出庭（件）	有罪（人）	无罪（人）	免刑（人）
1979	557	969	6	24
1980	981	1076	5	23
1981	116	1111	3	15
1982	1134	2449	1	24
1983	2481	2237	6	70
1984	2326	2893	4	0
1985	961	1250	3	0
1986	866	977	1	7
1987	757	873	1	7

续表19-12

年份	出庭（件）	有罪（人）	无罪（人）	免刑（人）
1988	756	1195	0	4
1989	1303	1989	1	6
1990	1849	2783	5	44
1991	1658	2480	0	25
1992	1825	2553	3	16
1993	1388	2782	4	17
1994	1531	2450	0	24
1995	1849	2439	1	23
1996	1941	2494	3	18
1997	778	1015	2	10
1998	756	1143	2	11
1999	810	1223	0	8
2000	969	1433	2	10
2001	1084	1887	0	25
2002	721	3079	7	21
2003	633	2706	0	9
2004	873	2981	0	15
2005	741	3095	1	2
2006	796	3482	1	15
2007	867	3994	0	37
2008	980	5337	0	67

四、审判监督

1980年，《中华人民共和国刑事诉讼法》实施后，淮阴地区各级检察机关开始重视审判监督工作。对法院判决或裁定认定事实和适用法律确有错误的，按照上诉程序和审判监督程序提起抗诉。对法庭是否遵守法定审理和送达时限，法庭组成人员是否合法，审理案件是否依照法定程序进行，被告人和其他诉讼参与人的合法权益是否得到保障，有无徇私舞弊、放纵犯罪或挟嫌报复的行为以及其他违反刑事诉讼法的行为进行监督。1981—1986年，市检察机关共向法院提起抗诉18件，其中法院采纳13件。1987年，对法院的违法行为提出纠正38次。

1992年，全市检察机关对法院判决的刑事案件提出抗诉6件，法院改判1件。当年3月，市检察院对全市1990—1991年法院判处缓刑的贪污、贿赂案件逐案阅卷，重点回访。1994年，全市检察机关对法院量刑畸轻、重罪轻判、有罪判无罪的案件提出抗诉6件12人，市检察院支持抗诉3件。改判1件1人，撤销原判、发回重审1件2人，维持原判1件2人。

1995年，全市检察机关履行审判监督职能，加强对法院的判决、裁定、定性不准、量刑不当、违反法定程序案件的监督，依法进行抗诉和纠正。市刑检部门向法院提出抗诉11件15人，经上级法院审理后，改判5件5人，发回重审6件10人。

1998年，全市检察机关加强以抗诉为重点的刑事审判监督。对人民法院认定事实有误或适用法律不当造成判决确有错误、量刑畸轻畸重的案件，符合抗诉条件的，坚决抗诉。按照上诉程序和审判监督程序提出抗诉7件，支持抗诉6件，改判5件，维持1件，改判率83%。

2000年，全市检察机关对法院确有错误的判决行使抗诉权。市检察院起诉部门支持基层检察院提起抗诉案件5件，3件抗诉成功。

图 19-4　市检察院人民监督员颁证仪式（2005年）

市检察院　供

2002年，全市检察机关实行量刑建议制度。凡是参加“百庭考核”的案件，在公诉意见书中必须有量刑建议，法院在刑期上基本采纳检察机关的建议。

2004年，全市检察机关严格掌握抗诉案件标准，对抗诉不适宜的，依法撤回。是年，市检察院起诉部门受理基层检察院提出抗诉案12件，市检察院支持抗诉8件，法院改判5件、维持3件。

2006—2008年，全市检察机关公诉部门坚持抗诉标准，继续加强对有罪判无罪、无罪判有罪、重罪轻判、轻罪重判等错误判决的抗诉。综合运用口头监督、发检察建议书、纠正违法通知书等监督手段，灵活采取事前监督与事后监督相结合，个案监督与类案监督相结合的方式，增强监督的实效性。

第三节　控告申诉检察

一、接待处理信访

1978年淮阴地区检察机关重建后，将人民来信来访工作作为履行法律监督职能的一项检察业务，确定专人负责来信来访工作。至1979年年末，逐步建立登记、批办、转办、催办、归档、回访等制度，做到来信有登记、来访有记录、自办有结果、转办有手续、查找有根据、件件有着落、事事有交待。按照分级负责、归口办理的原则，对于不属于检察机关管辖的，及时转交有关部门处理。是年，处理群众来信2692件，接待来访939件。

1980年，恢复检察长接待日制度，接待来访群众600多人次，批阅处理重要信件594件。1981年，为解决上访“老户”问题，检察机关通过调查，对合理的，按政策办；对不合理的，做好息诉工作；对于一些无理纠缠的，进行法制宣传、批评教育，直至严肃处理。

1982年6月，市检察院成立控告申诉检察科。1982—1984年，配合公安机关严厉打击经济犯罪和刑事犯罪，从群众来信来访中掌握犯罪线索。其中，1982年处理群众来信3057件，接待来访1132件；1983年，处理群众来信2767件，接待来访1483件；1984年，处理群众来信2867件，接待来访1520件。

1986年，最高人民检察院印发《人民检察院控告申诉检察工作细则（试行）》，控告申诉检察工作做到有章可循。是年，受理来信2074件，接待来访756人次，检察长批阅来信277件。此外，为解决群众告状难问题，开展下乡巡回接待活动。

1989年，全市控申部门受理和接待群众来信来访2352件次，其中来信1537件次、来访815件次。市、县（区）两级院检察长接待来访281人，约占总数的34%，批阅重要来信818件，巡回接访群众43次138人。

1990年，举报中心并入控告申诉检察部门，实行“一套班子、两块牌子”。是年，接待群众来信来访2408件次，在信件处理上做到“三不放过”，即不阅完全信不放过、不弄清来信目的不放过、不进行登记不放过，并坚持收信后7日内归口转处完毕。

1993年，市检察院制定信访复函、举报线索分流、办理控申案件等一系列制度。对控申部门受理刑事申诉案件的范围、办案程序、期限、法律文书种类、备案材料的格式等作出规范化的要求。

1997年10月，淮阴市人民检察院控告申诉检察处成立，挂“淮阴市人民检察院举报中心”和“淮阴市人民检察院刑事赔偿办公室”牌子。是年，处理群众来信1384件，接待群众来访782件。

2000年，根据省检察院统一部署，开展“无越级上访年”活动。2001年，将每周三定为全市检察机关检察长接待日。市检察院成立处置来访紧急事件应急领导小组。

2004年，中央政法委在全国范围内开展集中处理涉法上访问题统一行动，淮安市检察院成立集中处理涉法上访领导小组，明确集中行动的指导思想、目标任务和政策原则。对不起诉案件进行专项复查，全市复查不起诉案件95件114人，处理群众来信809件，接待群众来访236件。

2007年，全市检察机关受理群众来信来访858件，其中来信643件、来访204件、电话访5件、网络举报6件；重复信访6件，重复信访率为0.7%。全市检察机关相继成立由检察长为组长，分管副检察长为副组长，相关部门负责人为成员的矛盾纠纷排查化解工作领导小组。每月25日前，向当地政法委报告当月重点涉法涉诉案件处理情况。

2008年，全市检察机关受理群众来信来访795件，其中来信590件、来访186件、电话访4件、网络举报15件。全年排查出重信重访案件18件，全部办结，其中息诉13件。

二、控告申诉案件查处

1978年10月至1979年3月，淮阴检察分院受理控告申诉案件191件，查处152件。

1980—1982年，进一步加强控告申诉案件的查处。1982年，受理控告申诉案件1052件，查处534件，追究一批犯罪分子的刑事责任。1983—1985年，集中力量查处业务范围内的控告申诉案件，其中1985年查处282件。

1987年，办理控申案件71件，结案率100%。其中，改变原结论8件，批捕1件1人，撤销免诉6件6人，平反1件1人。

1989年，全市检察机关控申部门坚持“四看”“五不放过”制度。即一看原认定的犯罪事实是否清楚，二看证据是否充分，三看定性是否准确，四看处理是否适当；坚持事实不查清不放过，证据不充分不放过，证据与事实不相符不放过，程序不合法不放过，申诉人不息诉不放过。全年办理各类控申案件228件，比1988年增加近1.8倍。

1992年，全市两级控申部门对7日内不服免诉的申诉案件做到有申必立、有错必纠。1993年，全市办理刑事申诉案件31件34人，其中不服免诉案件28件31人，不服判刑案件1件1人，其他申诉案件2件2人。经复查，结案30件32人，其中撤销免诉11件11人，建议改判1件1人，撤销没收决定1件1人，维持原决定17件19人。

2001年，全市控申部门受理刑事申诉36件，其中直接答复17件，立案复查14件，办结13件，办理各类交办案件79件。

2003年，市检察院控申处在办理案件过程中，尝试对刑事申诉、刑事赔偿案件采取“辩论制”的做法，并制定辩论的程序、内容与方法。

2005年，全市控申部门受理刑事申诉22件，其中不服法院判决7件、不服检察机关处理决定的5件、其他申诉10件。审查后，办结20件，其中立案复查7件、驳回申诉3件、直接答复10件。全市两级控申部门坚持刑事申诉案件公开审查答复。

2008年，全市检察机关控申部门受理刑事申诉案件8件，其中市检察院管辖5件，立案复查1件，书面通知3件。

第四节　民事行政检察

1988年10月，江苏省检察院在金湖县检察院开展民事行政检察试点工作。

1991年4月，淮阴市检察院民事行政检察科成立。当年12月，市检察院召开全市民事行政检察工作座谈会。1993年，通过民事行政监督，全市立案审查19件案件，发现明显错误的有3件，占立案数的15.8%。3件案件中，建议改判的1件，法院撤销原裁定，发回重审；提出抗诉的2件，法院认定抗诉理由成立，撤销原裁定，指令再审。

1995年，全市检察机关民事行政检察部门对一些情况特殊的案件，采取检察建议的形式建议法院再审。全年向法院发出书面检察建议9件。

1996年，根据省检察院要求，基层检查院重点办理一审生效的案件。全年全市基层检察院办理的抗诉案件，属于法院一审裁判生效的25件，占基层检察院办理抗诉案件的73.5%。基层检察院所办的提请抗诉、建议提请抗诉案件大部分被市检察院采纳。市检察院提出抗诉的案件，法院均裁定再审，有的作出改判。

1998年，全市民事行政检察部门在办理抗诉案件的同时，做好不抗诉案件当事人的息诉服判工作。

2001年，全市开展民事行政案件支持诉讼试点工作。2002年，全市两级民事行政检察部门加强检察建议的运用，向法院发出检察建议24件，被法院采纳21件，其中提起再审的4件。

2003年，市检察院民事行政检察部门定期向市人大报告工作，初步建立起将抗诉书、检察建议书向同级人大备案制度，请求人大对民事行政诉讼的监督和支持。

2005年，市民事行政检察部门探索民事行政监督新途径，开展刑事附带民事诉讼的尝试。市检察院指导楚州区检察院成功办理全市首例刑事附带民事诉讼案件，为国家追回42万余元的经济损失，是当时全省办理刑事附带民事案件中案值最大的1例。

2006年，市检察院民事行政部门向法院提出民事行政抗诉30件，法院审结13件，其中改判5件、调解5件、维持2件、其他1件，抗诉案件再审结果改变率84.62%。市检察院发一般检察建议3件。

2008年，全市检察机关拓展民事行政工作领域。其中，楚州区检察院办理督促起诉案件4件，为国家挽回经济损失4080万元；提起刑事附带民事诉讼2件，支持起诉1件，给国家挽回经济损失20.8万元。

第五节　监所及监外执行情况检察

一、监所执法活动检察

1979年5月，最高人民检察院印发《关于加强看守所检察工作的通知》。1980年10月，开展淮阴地区检察机关重建后第一次监所大检察。

1983—1984年，协助监管场所建立规章制度，落实安全防范措施，消除各种事故隐患173起。开展对监管场所干警执行法律政策检察。

1986年3月，驻复兴圩农场检察组对执行政策法律情况进行全面检察，调查80余名管教干部，询问102名犯人，走访7名社会上的有关人员，就少数管教干部体罚侮辱犯人、工作责任心差、管理失当等违反狱政管理政策现象向该场提出检察建议。该场分别对7名有严重错误的干警作出党纪、政纪处理，并调整充实一部分干警，提高管理水平。

1989年，针对全市监所收押人犯多、犯罪团伙多、混关混押多的情况，进行安全检察，纠正各种违法现象417件次。1992年，全市监所检察部门坚持人犯收押、释放验证制度，对人犯的关押、释放逐一登记核对，发现违法行为及时提出纠正。对违法超期羁押的，利用口头或书面检察建议形式进行催办。全年监检部门提口头催办234次，书面催办28次。全市超期羁押案件293件，至年底纠正270件。

1994年，全市检察发现在监管改造场所各类违法、违规行为1183次，提出口头和书面检察建议982人次，纠正900余人次，促进依法文明管理，保障法律、政策的正确实施。1997年，发现监管教育改造活动中各类违法违规行为196人次，提出口头或书面检察建议228人次。纠正无证关押5人次，单人提审11人次，无证提审2人次，不按规定会见6人次。会同看守所制定律师会见犯罪嫌疑人具体规定。对个别干警、值勤武警为在押经济案犯递送钱物的行为提出检察建议。

2000年，发出纠正超期羁押通知书14份。同时，加强对收押、释放、提讯、会见等活动的监督。市检察院及洪泽等县检察院对8名因怀孕、生病等原因不符合关押条件的在押人员，及时向有关部门提出建议，改变强制措施。对2起违规单人提审及时予以制止。

2003年春节期间，淮阴区看守所将14名留所服刑罪犯放假回家过节，回监后由于检查不严不细，有的私藏手机并使用，有的将私自带进的香烟等物品在监区内倒卖。驻所检察室人员发现后，当即提出纠正。楚州看守所个别管教干警体罚虐待被监管人的问题经检察机关立案调查后，移送法院予以起诉。

2006年，驻看守所检察人员为保证程序合法和在押人员的合法权益，对即将超期的案件，运用管理软件，预警催办。全市驻所检察室共电话催办334件，其中向办案单位发羁押期满提示函36份。2007年，全市监所检察部门严格落实办案期限预警提示制度，预警在押人员羁押期限电话催办案件237件，向办案单位发羁押期限提示函56份，防止超期羁押的发生。

2008年，驻所检察室与看守所进行安全防范检查71次、单独安全防范检查161次，参加监情分析会93次、监管联席会45次；向看守所提出口头检察建议67次，发出书面检察建议6次；提出口头纠正违法建议10次；接待在押人员家属来访114次，预警提示催办306次，确保检察环节无超期羁押。

二、监外执行及已决犯重新犯罪案件检察

1980年起，淮阴地区对判处管制、缓刑、监外执行（含保外就医）、假释4种罪犯执行情况实行监督，定期进行考察。

1981年，恢复对监所押犯和劳改场所就业人员重新犯罪案的检察。当年办理此类案件183件。1983年，针对当地犯罪案件特点，着重受理哄监闹事、行凶报复、多次脱逃作案以及其他严重破坏监管秩序的犯罪案件。一经发现，及时立案侦查，提出起诉，配合公安机关和法院从重从快予以惩处。1985年，对留所服刑15人以及保外就医、缓刑、免刑、免诉的依法执行情况检查监督，对没有正确执行刑事判决的案件，进行纠正。

1986年，全市检察机关对被判处管制、缓刑、监外执行、假释的已决犯执行情况进行检察，协助执行机关落实帮教措施。1987年，全市检察监管对象423人，发现3人重新犯罪。

1991年，全市各级监所检察部门加强对罪犯的减刑、假释、保外就医是否合法的监督，纠正违法违规现象。1993年，针对留所服刑人犯逐年增加的情况，市检察院对全市看守所留所服刑情况进行专题调查，加强监督。对违规留所服刑的提出纠正意见。利用集中“严打”斗争和人民代表评议公检法之机，纠正违规留所服刑16起。市检察院监检科和技术室法医对全市30名保外就医重点人员进行复检，只有3人符合保外就医条件，对不符合保外就医条件的建议收监投牢。

1995年，全市监所检察部门依法严厉打击被监管改造人员犯罪活动。金湖县驻所检察室查处5名“牢头狱霸”。1997年，全市提请减刑61人，假释2人，保外就医35人，监督率均为100%。通过检察，提出不予提请减刑2人，不予呈报保外就医1人，均被采纳。2000年，全市监检部门办理监外执行罪犯又犯罪案件16件44人。

2001年，全市检察机关加强对生效刑事判决、裁定执行情况的监督。全市余刑1年以上留所服刑罪犯26人，远低于4%的上限要求。对余刑3年以上的坚决投牢执行，全市没有一个余刑3年以上的留所服刑犯。2004年，办理在押人员申诉案5件5人，刑期计算错误案件8件8人，财产返还案件6件6人，维护在押人员的合法权益。

2007—2008年，全市监检部门在查办监外执行期间又犯罪案件工作中，严格按照办案工作流程和办案考评办法，贯彻落实严宽相济政策，办理监外执行又犯罪案件62件98人，其中审查批捕33件45人、审查起诉29件37人。

第六节　职务犯罪侦查

一、贪污贿赂犯罪侦查

1978年10月，淮阴地区检察机关重新建立后，恢复经济检察业务，并于1979年11月设经济检察科。所辖13个县（市）检察院也相继设立经济检察科。

1980年，重建初期的经济检察工作在边学边干中逐步展开。由于群众尚不清楚检察机关的职责，案件来源一度匮乏。地区检察机关深入工矿、企业、机关进行宣传和调查摸底，并建立联系制度，很快收集到案件线索300余条。是年，立案75件，主要是贪污案件。当年3月，检察机关协助公安机关对清江面粉厂保管员李某某等人贪污盗窃14.75万公斤小麦一案进行侦查，将其依法逮捕。1981年，全面履行经济检察职能，查处贪污案件66件，贿赂案件6件，其中大案7件7人，

为国家挽回经济损失19万元。

1982年，在打击经济领域严重经济犯罪活动中，检察机关开展政策宣传，敦促犯罪嫌疑人投案自首。当年上半年，有67名经济犯罪嫌疑人到司法机关投案自首。1983—1984年，检察机关重点查处淮安县马店乡食品站工作人员利用生猪“三就地”（就地收购、就地宰杀、就地销售）弄虚作假，套取国家奖售粮食15万公斤、平议差价款2万元的经济大案。与有关部门组成40个工作组，侦查粮食部门的经济犯罪问题。查处全市粮食系统不法分子假开生猪奖粮指标857万公斤，套取国家奖金28万元的犯罪事实。

1986年，全市检察机关立案查处案件163件167人。其中，贪污案件98件，贿赂案件10件，挪用公款案55件，大案29件，要案4件，为国家和集体挽回经济损失335万元。检察机关利用在全市开展财务、税收、物价大检查的时机，派员配合，从中掌握案件线索180件，立案85件。1987年5月，原先履行一定反贪办案职责的市经济案件办公室移交检察机关。全市建立经案网点564个。是年，立案查处经济犯罪案件138件，查结106件，挽回经济损失689万元。1990年，金融、供销、粮食以及基层执法部门的不法分子利用行业特权进行贪污受贿的犯罪案件突出。全市检察机关查处上述重点系统、部门的贪污受贿案件94件，占立案数的29.7%。

1991年，全市检察机关反贪部门针对贪污贿赂犯罪呈蛛网状、蜂窝形的特点，注意抓住每一个疑点不放，顺藤摸瓜，侦破窝案、串案82件153人，占立案总数的21.3%。市检察院经济检察科在查处淮阴烟叶经理部的案件中，侦查人员从一个普通的贪污案件挖出一串贪污受贿犯罪嫌疑人。查明35人有严重的贪污受贿问题，作案数额高达40余万元。涟水县检察院侦查的县燃料公司姚某某贪污、受贿11万元案件，涉及42人，涉案金额57万元。1992年，全市检察机关深入非正常亏损企业挖“蛀虫”，在520个亏损严重的企业立案侦查216件，占立案数的50%。

1993—1994年，全市检察机关每年查处的贪污贿赂、挪用公款案件都在300件以上，查处江苏果葡糖有限公司总经理苏某某（副处级）受贿案、市轻工业局劳资科科长姜某某特大挪用公款案、洪泽县人民银行行长李某某受贿案等。

1995年，市检察院反贪污贿赂局成立。当年立案查处41名副科级以上领导干部。市检察院反贪局立案侦查的淮阴供销大厦董事长丁某某受贿20万元案、市标准计量局副局长张某受贿14万元案、市建行开发区办事处会计科科长司某某挪用公款96万元大案等，在社会各界引起很大反响。1996年，全市查处科级以上干部48人，其中处级干部7件7人。检察机关在查处受贿犯罪的同时，加大查处行贿案件的力度，立案侦查6件6人。市反贪局从淮阴县梦思酒楼个体老板陈某某非法集资案入手，查清其向银行、政法机关工作人员行贿近30万元的犯罪事实。

图19-5　市检察院反贪局成立（1995年）　市档案馆　供

1998年，全市受理贪污贿赂等职务犯罪线索241件，立案侦查94件，其中党政领导机关5件5人、行政执法机关5件5人、经济管理部门7件8人。案值较大的是淮阴市粮油进出口公司经理方某贪污18万美元案。市检察院直接立案侦查淮阴市淮海工贸学校校长田某某受贿案、清河区政协副主席兼统战部长陈某某受贿案。

2000年，检察机关查处发生在党政领导机关、行政执法机关、经济管理部门的贪贿案件63件64人，其中乡（科）级干部犯罪案59件59人。县级淮安市检察院立案查处该市地税局局长庄某某、工商局局长连某某、旅游局局长潘某某、广播电视局局长李某某、平桥镇党委书记吕某某、林集镇党委书记王某某等15名科级以上干部受贿案。

2001年，全市检察机关反贪部门查处司法队伍中的贪污贿赂案件7件7人，7起案件全部发生在公安系统。其中，有市公安局车管所所长黄某某受贿案、淮阴区公安局副局长李某、副政委江某某受贿、帮助犯罪嫌疑人逃避处罚案等。2002年，在全市卫生系统查处17起贪污贿赂案件。金湖县检察院查处9件11人，其中有医药采购员、医生、卫生院院长等。

2004年，全市反贪部门立案侦查贪污贿赂等犯罪大案86件，占立案总数的60.6%。县（处）级干部犯罪要案7件8人，乡（科）级干部犯罪案58件67人。侦查终结124件，侦结率为87.3%。通过办案，为国家挽回直接经济损失1500万元。市检察院在查处市公路处处长陈某某等19件贪贿串案的基础上，以市检察院职务犯罪侦查指挥中心为主体，推行“反贪侦查一体化”侦查机制改革。市检察院指挥中心统一组织指挥侦查，统一管理和使用案件线索，统一调配使用侦查设备和侦查人员，实现反贪侦查资源的整合和共享。

2005年，全市检察机关反贪部门在审讯过程中实行同步录音录像，进一步规范审讯和取证工作，制定统一、科学的取证规则，在取证主体、取证时间、地点等问题上严格依法进行，在书证的制作和收集上，坚持手续完备，严把证据关。

2006—2007年，全市反贪部门重点加强对城建等领域商业贿赂犯罪的治理与查处。全市检察机关立案查处商业贿赂案件86件86人，其中涉及城建领域的商业贿赂案件77件，占全部商业贿赂案的90%。

2008年，全市检察机关反贪部门立案98件100人（市检察院反贪局立案7件7人）。其中，贪污案件15件15人，贿赂案件78件80人，挪用公款案件5件5人；查处大案84件，大案率93%；侦查终结95件97人，侦查终结率92%，与2007年同期相比增加10%；提起公诉93件，与2007年同期持平。查处科级以上干部案件37件，与2007年同期相比增加3人，查处县（处）级干部犯罪要案2件2人。自行发现案件78件，占全部案件的89%。

1983—2008年淮安市检察机关查办贪污贿赂犯罪案件情况表

表19-13

年份	立案		贪污（件）	贿赂（件）	挪用（件）	挽回损失（万元）
	件	人				
1983	122	147	0	0	0	61.40
1984	154	177	0	0	0	66.70
1985	173	190	0	0	0	117.20
1986	163	167	98	10	55	335.70
1987	138	159	91	6	41	689.00
1988	141	160	71	11	59	514.00
1989	341	358	170	94	77	390.00

续表 19-13

年份	立案		贪污（件）	贿赂（件）	挪用（件）	挽回损失（万元）
	件	人				
1990	314	348	183	77	54	574.00
1991	385	424	231	84	70	580.00
1992	435	484	242	103	90	433.88
1993	369	423	212	66	91	830.00
1994	346	392	175	97	74	729.00
1995	311	348	154	105	52	1046.00
1996	255	329	84	138	33	1984.00
1997	169	211	59	94	16	733.67
1998	94	106	32	42	20	469.41
1999	105	119	40	32	33	1288.72
2000	146	161	73	51	22	930.99
2001	172	185	38	99	35	1953.72
2002	167	177	29	69	15	1506.60
2003	221	239	80	109	32	2665.00
2004	142	148	35	92	15	1500.00
2005	124	128	26	90	8	1720.00
2006	127	131	36	85	6	1800.00
2007	98	99	12	79	7	1669.00
2008	98	100	15	78	5	1789.00

二、渎职侵权犯罪侦查

1978年，淮阴检察分院开始筹建法纪检察部门，配备专职干部，专门查处国家工作人员和其他人员侵犯公民人身权利、民主权利和渎职案件。1979年，筹备中的法纪检察部门查办法纪案件72件，办结52件。1980年，全市检察机关正式成立法纪检察科。至1983年，重点查处非法拘禁、玩忽职守和重大责任事故犯罪案件，受理566件，立案查处149件186人。

1985年，全市法纪检察部门在查办侵犯公民人身权利、民主权利以及渎职犯罪等16种法纪案件中，重点查处刑讯逼供、非法拘禁、诬告陷害、徇私枉法、玩忽职守、重大责任事故等情节恶劣、后果严重的犯罪案件。全年受理各类法纪案件182件，立案54件78人，起诉30件40人，免诉12件17人。

1990—1992年，全市法纪案件立案数增幅均在10%以上，最高达到22.4%。1994年，最高人民检察院要求全国检察机关把查处徇私舞弊罪案件作为法纪检察工作的重中之重。全市法纪检察部门排查此类案件线索33件，受理徇私舞弊罪案8件，立案查处5件6人。

1997年，重大责任事故案和非国家机关工作人员实施的非法拘禁案等侵犯公民民主权利和人身权利的案件，不再由检察机关受理，于当年下半年移送公安机关受理。

1999年3月，市检察院成立法纪案件特侦队，并制定《淮阴市人民检察院渎职犯罪特别侦查队管理暂行规定》。2000年，查办涟水县人民法院费某某徇私枉法、受贿案，盱眙县公安局“全国优秀人民警察”陈某某徇私枉法、伪造证据案等案件。2001年，查办盱眙县人大副主任周某某玩忽职守、受贿案，市中级人民法院副处级审判员王某某徇私舞弊、受贿案等案件34件36人。2003年，全市渎职侵权犯罪案件立案数43件43人。

2004年10月3日，涟水县发生群众食用含有亚硝酸盐成分的食物，导致1人死亡、100余人中毒的恶性事件。市、县渎职侵权检察部门通过调查，对事件发生负有直接责任的涟水县工商局以及卫生监督管理所有关人员以涉嫌玩忽职守罪进行处理。该案办案组被最高人民检察院授予“严厉打击侵犯人权专项活动先进办案组”称号。

2005年，市检察机关对发生在淮阴区、涟水县等地因使用假农药致使4000余亩小麦绝收的坑农事件中，将负有直接责任的淮阴区农业行政执法大队大队长刘某立案查处，以其犯有玩忽职守罪判处有期徒刑3年。

2007年，全市受理各类渎职案件14件，初查14件，立案9件9人，其中滥用职权案件3件3人、玩忽职守案6件6人。2008年，全市检察机关反渎部门受理各类渎职侵权犯罪线索24件，初查22件，立案16件17人，为国家挽回经济损失350余万元，其中玩忽职守案11件12人、滥用职权案3件3人、徇私枉法案1件1人、其他1件1人。盱眙县检察院立案查处该县规划部门1名工作人员滥用职权、违规改变地块容积率，使国家遭受重大损失的案件，开全市查处该领域渎职案件的先河。

第四章　审　判

第一节　机　构

一、市中级人民法院及县（区）法院

1978年，淮阴地区中级人民法院管辖清江市、淮阴县、涟水县、淮安县、宿迁县、沭阳县、灌云县、灌南县、泗洪县、泗阳县、盱眙县、洪泽县、金湖县13个县（市）人民法院。1980年，各级法院恢复建立审判委员会。1983年3月实行市管县新体制，淮阴地区中级人民法院更名为淮阴市中级人民法院。撤销清江市法院，成立清河、清浦2个区法院，灌云县法院划归连云港市。1988年2月，淮安县、宿迁县人民法院分别更名为县级淮安市、县级宿迁市人民法院。1996年7月，宿迁市、沭阳县、泗阳县、泗洪县、灌南县从淮阴市划出。淮阴市中级人民法院管辖淮阴、涟水、县级淮安市、盱眙、洪泽、金湖及清河区和清浦区8个县（市、区）法院。2001年2月，淮阴市中级人民法院更名为淮安市中级人民法院，所辖8个县（区）法院亦随之更名。2004年12月，清河区法院设立经济开发区人民法庭，负责管辖淮安经济开发区民商事行政案件。

二、市中级人民法院内设机构

图 19-6　1999 年 2 月 25 日，盱眙县人民法院临淮人民法庭庭长戴飞当选“全国十大杰出女法官”　　市档案馆　供

1980年，市中级法院成立刑事审判第二庭，负责审理申诉案件和减刑、假释案件。1982年，成立经济审判庭。1985年3月，成立纪律检查组和人事科。同年10月，增设全国法院干部业余法律大学江苏分校淮阴分部，负责两级法院干警的法律业务知识培训和学籍管理工作；12月，将原人事科改设为政治处。1986年6月，增设执行庭。1987年2月，增设司法行政科，信访科改为告诉申诉庭。1987年，成立市级机关工会中级法院分会。1988年，增设行政审判庭。1990年，设监察室、法医技术室。1994年5月，设立少年案件审判庭。同年9月，组建司法警察大队。1997年，转变刑事审判第二庭的职能，专门审理经济犯罪案件；新增设知识产权审判庭；撤销政治处和司法行政科，改设政治部和行政装备处；改司法警察大队为司法警察支队；将业余法律大学淮阴分部改为教育培训处；在告诉申诉庭内增设立案组。市中级人民法院内设16个职能部门，即办公室、第一刑事审判庭（挂“少年案件审判庭”牌子）、第二刑事审判庭、民事审判庭、经济审判庭、知识产权审判庭、行政审判庭、告诉申诉审判庭、执行庭、研究室、法医技术处、教育培训处、行政装备处、政治部（下设干部处和基层工作处）、法警支队（下设法警直属大队）。2004年9月，执行庭改称执行局，升格为副处级，内设综合裁决处、执行实施处。至2008年年末，内设机构无变化。

第二节　刑事审判

一、普通刑事犯罪案件审判

1978年，淮阴地区法院系统受理（包括旧存和新收）刑事案件986件，办结742件，结案率75.3%，其中地区中院受理案件435件，办结390件，结案率89.7%。各基层法院选择典型案件进行公开审判活动。1979年，全地区对“文化大革命”中的打砸抢案件进行审处。至当年年底，受理打砸抢案件55件73人，判决53件71人。全年新收刑事案件1071件，连同1978年旧存案例244件，共1315件，审结1218件，结案率92.6%，比1978年提高17.3个百分点。1980年，全地区受理各种刑事案件1747件，连同1979年旧存案例共1844件，审结1754件，结案率95%，共判处各类刑事案犯1402人，其中判处无期徒刑以上14人。全年地区中院受理上诉案件212件，审结199件，结案率为98.8%。经二审审理，维持原判或自动撤诉的有151件，改判25件，发回重审23件。

1981年，选择盱眙县山区盗伐林木案件作为典型案件就地开庭，进行宣判处理。1982年，全国人大常委会发布《关于严惩严重破坏经济的罪犯的决定》后，全地区法院系统对经济领域内的犯罪分子进行严厉打击，在审理经济犯罪案件中，严格把好政策关，尤其谨慎处理投机倒把案件。

1983年，全市法院系统投入“严打”斗争，贯彻执行依法“从重从快，一网打尽”的方针，对杀人、强奸、抢劫、流氓集团、重大盗窃、拐卖妇女和引诱、容留妇女卖淫7类严重危害社会治安和人民生命财产安全的犯罪分子进行重点打击，有组织地召开公判大会或就地开庭。全年受理刑事案件3900件，结案率94.6%。市中院受理各类刑事案件456件，审结428件，结案率94%，其中判处无期徒刑以上刑罚161人。至1986年，3年“严打”斗争期间，淮阴市法院系统共审理普通刑事案件8586件。1987年，市中院受理一、二审刑事案件309件，审结304件，结案率98.4%。在审结的初审案件中，判处无期徒刑以上34人，在审结的二审案件中，维持原判179件，改判15件，发回重审20件。

1990年，围绕严厉打击严重刑事犯罪活动，全市法院受理一审刑事案件2673件，审结2731件，判处人犯4567人，其中判处有期徒刑3068人，判处无期徒刑以上129人，判处三大刑（无期徒刑、死刑、死缓）人数比1989年增长56%。市两级法院对大要案提前介入157件，缩短办案期限。市中院审理刑事案件15日内结案的84件，一个月内结案的133件，一个半月内结案的139件。

1991年，全市法院开展“打抢反盗”和“维护抗洪救灾期间社会治安稳定”等专项斗争，分别对犯有抢劫罪的62名犯罪分子和犯有盗窃罪的21名犯罪分子判处死刑、死缓和无期徒刑。严格掌握罚当其罪的刑事政策精神，对初犯、偶犯、未成年犯以及有自首、立功表现的轻罪犯，具备帮教条件的，依法判处缓刑、管制和拘役。1992年，市中院组织4次50场宣判大会，其中9月29日、30日对98件203名刑事犯罪分子进行公开宣判。1994年，全市法院受理一审刑事案件2964件，审结2921件，分别比1993年上升14.4%和22.3%，判处罪犯3549人，其中被判处5年以上有期徒刑的1260人，判处无期徒刑和死刑（包括死缓）的164人，分别占判处人犯总数的35.5%和4.6%。

1996年，全市法院重点打击“车匪路霸”、抢劫、杀人、重大盗窃、拐卖妇女儿童和流氓、黑社会势力等严重刑事犯罪。在坚持依法从重惩处的同时，继续坚持从快的方针，提前介入重大案件41件，缩短办案期限。市中院办结的178件一审刑事案件，一个月内审结的160件，平均审限仅23天，比1995年同期缩短8天。1998年，全市法院受理一审刑事案件1448件，审结1385件，判处人犯1916人，其中判处死刑、死缓、无期徒刑的59人，判处5年以上有期徒刑的364人。

2000年，全市法院把维护社会稳定作为首要工作任务，依法从重从快惩处各类严重刑事犯罪分子。全年受理一审刑事案件1977件，审结1902件，判处生效罪犯2307人，其中判处5年以上有期徒刑、无期徒刑和死刑（含死缓）554人。市中院刑一庭全年受理各类刑事案件240件409人，审结238件405人，结案总数比1999年增加10.7%，年结案率99.2%，按时结案率100%，案件准确率99.6%，死刑案件的准确率确保100%。2002年，市中院刑一庭审结案件217件495人，审结率99.5%，其中一审案件55件133人，判处无期徒刑、死刑的44件53人。以“铁案”标准办好每一件案件，案件质量保持100%的准确率，名列全省第一。严把案件质量关的做法和经验被省高院转发，并刊登在《人民法院报》上。

2004年，全市法院刑事审判围绕“公正与效率”工作主题，坚持司法为民宗旨，打击犯罪、伸张正义。楚州区李某、潘某2名被告将年仅10岁的小学生绑架后，残忍杀害沉尸于河底，又向死者亲属勒索巨额钱财。检察机关起诉认定2名被告人一主一从，引起死者亲属不断上访并造成很大社会影响。市中院在此案审理中，查清案情，改变对第二被告从犯地位的认定，依法判处2名被告死刑。全案审理仅用时17天，收到良好的社会效果。

2005年，全市法院顺应社会发展需要，更新刑事司法理念，既从严打击犯罪，又体现刑法的保护功能，运用刑事审判手段，构建和谐社会。市中院刑一庭全年受理各类刑事案件158件，审结

图 19-7 2006 年 1 月，淮安市少年法庭被最高人民法院等联合表彰为“优秀青少年维权岗” 市档案馆 供

155件，平均审结周期16.7天，收结案比、审限内结案率和案件准确率均为100%。针对毒品犯罪日渐猖獗，市区一些娱乐场所毒品泛滥，青少年成为毒品犯罪的主要侵害对象的问题，市中院以孙某等4人跨地区贩卖摇头丸一案作为典型案件进行快审快判，对4名被告人中的2名主犯从重判处无期徒刑，并选择在“6·26”国际禁毒日进行公开宣判。

2007年，市中院刑一庭审结各类案件117件，同比增长17%。结收案比98.32%，平均审理天数为16.99天，全市法院在依法从重、从快打击严重刑事犯罪的同时，把握和贯彻新时期宽严相济的刑事政策。坚持“严打”方针不动摇，对罪行极其严重的犯罪分子坚决予以严惩。对一些因家庭、邻里等民间纠纷引发的激情杀人、伤害等案件，严格把握和执行有关刑事政策的规定，坚持罪刑相当、宽严相济的原则，对具有从轻、减轻情节的犯罪分子，均依法从宽处罚，并做好附带民事诉讼原告人和被害人的调解和法律释明工作。全年审结的82件二审案件中，最终以撤诉方式结案的有23件，调解撤诉率28.1%，而生效案件的申诉率仅为5.98%。通过加强附带民事调解，初步探索刑事和解的有益经验。通过耐心释法，最大程度地减少申诉信访。

2008年，全市法院坚持以新的刑事司法理念为指导，发挥刑事审判打击、保护的双重职能。在程序上，对死刑案件均严格落实“五级把关”定案机制，完成“合议庭交叉阅卷、共同查看现场、庭前研究事实”的刚性任务，保证死刑案件定案程序上的审慎、规范。是年，市中院首次向市财政争取到10万元专项司法救助金给付一起故意杀人案被害人，为淮安市法院系统试行被害人司法救助工作进行有益尝试。

二、经济犯罪案件审判

1997年7月，市中院转变刑事审判第二庭职能，由其专门承担审判破坏市场经济秩序犯罪、贪污贿赂犯罪、侵犯财产犯罪和渎职犯罪的职能（与刑一庭合署办公至当年年底）。当年12月，市中院刑事审判第二庭正式独立运作，编制9人。

1998年，市中院刑二庭发挥审判职能，依法惩治腐败、渎职和破坏社会主义市场经济秩序的犯罪活动。全年审结各类经济犯罪案件73件88人，其中一审15件20人。包括连云港市公安局原局长刘某某，清河区政协原副主席、统战部原部长陈某某，涟水县政协原副主席黄某某等副处级以上干部7人。在一审案件中，判处死缓刑1人，10年以上有期徒刑11人，5年以上10年以下有期徒刑3人；一审案件涉案金额4200余万元，判决在案赃款赃物折合人民币880余万元上缴国库，判处财产刑160余万元，为国家挽回经济损失1000余万元。全年依法改判7件，依法纠正错案3起，改变起诉意见5件，保证案件质量。

1999年，继续从严惩处贪污贿赂犯罪和破坏社会主义市场经济秩序的犯罪，审结一审经济犯罪案件9件12人，二审上诉、抗诉案件23件34人，请示案件16件23人，刑监案件1件1人，合计49件60人。一审案件判决追缴赃款赃物及没收非法所得数额336万余元，判处财产刑数额42万余元。2000年，市中院刑二庭严厉打击贪污、贿赂、挪用公款等各类经济犯罪分子。共审结案件72件，其中一审案件19件24人、二审案件37件43人、请示案件16件17人。一审案件中，判决县处级以上党员领导干部11人，其中副厅级干部2人。一审判决的24名人犯中，判处无期徒刑2人，10年以上有期徒刑6人，5年以上10年以下有期徒刑9人，5年以下有期徒刑5人，免刑1人。

2001年年初，根据最高人民法院部署，市中院刑二庭业务范围进行调整，新增审理侵犯财产犯罪案件，案件数呈上升趋势。全年新收各类案件109件，审结105件，结案数与2000年相比增长45.83%。其中，一审案件20件，上诉、抗诉案件63件，请示案件22件。审判工作严把事实、证据关和法律适用关，提高办案质量。判决人犯中，县处级以上干部8人，其中副厅级干部1人。一审案件追缴赃款和执行财产刑现金达45.6万元，全部到账。

2003年，市中院刑二庭新收各类案件129件，旧存2件，合计131件，审结122件，未结9件。与2002年相比，一审案件收案数上升21.1%，结案数上升16.7%，二审案件收案数上升8.2%，审结数上升3.6%。收案数、结案数两项指标创刑二庭建庭以来最高纪录。一、二审案件中，共判处县处级以上干部10人。在对犯罪分子适用主刑的同时，加大对赃款赃物、财产刑的追缴执行力度，全年适用财产刑及追赃到账数额58万余元。

2005年，市中院刑二庭新收各类案件101件，旧存6件，合计107件，审结101件，结收案比为100%。一、二审案件特别是死刑案件准确率继续保持100%。2007年，侵犯财产罪中的抢劫罪划归刑一庭管辖，新收案95件，旧存案件6件，结案97件。全年结收案比为102.11%，比2006年上升2%；案件平均审理天数为16.16天，较2006年22.57天缩短6.41天，由2006年的全省第10位上升为全省第2位。

2008年，市中院刑二庭审结案件112件，其中一审案件2件、二审案件85件、信访案件3件、请示案件22件，平均审理天数连续3年大幅缩短，当年仅为13.5天。各项主要审判绩效指标进一步优化，案件审理效果指标亦有不同程度地提高。申诉率由2007年的5.15%（5件）压降到4.46%；二审撤诉25件，比2007年的16件增加9件，二审案件撤诉率从22.86%上升到30.86%，比2007年提高8个百分点；二审案件开庭审理率为54.12%。3项主要效果指标均创历史新高。

第三节　民事审判

一、婚姻家庭类案件审判

1978年，淮阴地区婚姻家庭类案件的审判主要依据1950年颁布施行的《中华人民共和国婚姻法》。1980年9月10日，新修订的《中华人民共和国婚姻法》（以下简称《婚姻法》）颁布。淮阴地区两级人民法院根据新《婚姻法》精神，在受理婚姻案件中，始终保障婚姻自由，一夫一妻，男女平等，保护妇女、儿童和老人的合法权益，贯彻计划生育等原则。在审理离婚案件中，根据法律规定，坚持“感情确已破裂”标准，反对轻率离婚。至1987年，全市共受理婚姻案16897件，平均年收案1689件。判决结案2918件，调解结案11739件，其中判决离婚或调解离婚10738件，判决不准离婚或调解和好4219件，经教育调解后自动撤诉或中止、转移等2172件。

20世纪80年代，农村中换亲、转亲引起的婚姻纠纷和离婚案件比较多。1985年，因换亲、转亲而诉诸法院的婚姻案件有291件，占当年婚姻总收案1703件的17%。青少年中早恋现象普遍，有些在校生因早恋遭到学校和家长反对后，双双离家出走。1985年，通过法院处理的私奔男女案例达478件，占婚姻总收案1703件的28%。这些私奔的青年男女年龄以16～20周岁的居多。

2001年，全市法院采取送法下乡、法制讲座、就地开庭等形式向人民群众宣传新《婚姻法》的相关规定。同时，加强审判组织建设，在市中院成立婚姻家庭合议庭，在基层法院指定相对固定的审判人员专门审理离婚案件，并成功审理一批涉及亲子鉴定、离婚精神损害赔偿、子女探视权、彩礼纠纷和涉及公司股份等夫妻共同财产分割等新类型、疑难婚姻家庭案件。

2008年5月，市中院和淮安市妇女联合会联合印发《关于加强委托、邀请妇联组织和特邀调解员调解婚姻家庭纠纷工作的实施意见》，为妇联组织介入妇女维权诉讼提供制度通道和便捷途径。同时，市中院和淮安市妇女联合会联合印发《关于聘请婚姻家庭纠纷特邀调解员的通知》，聘请15人为市中院婚姻家庭纠纷首批特邀调解员。

二、继承类案件审判

淮安市继承类案件在民事收案中历来不突出。1986年《中华人民共和国继承法》（以下简称《继承法》）颁布后，收案有所增加。法院在审理继承案件中，严格依照《继承法》，坚持男女平等，坚持保护妇女和儿童合法权益，对未成年的子女，对被继承人尽了主要赡养义务或者与被继承人共同生活、已丧失劳动能力的老人酌情多分遗产，以提升群众的社会公德和家庭美德素养，维护公序良俗。对该类案件，人民法院大都采取巡回审理、就地办案的模式，向旁听群众现场宣传《继承法》，义务提供法律咨询，达到审理一案、教育一片的效果。

三、房地产类案件审判

中共十一届三中全会后，淮安市住宅买卖、租赁、房屋修建改造的纠纷逐渐增多，在旧城改造、拆迁、征用中争议起诉的也不少。1988—1994年，《中华人民共和国城市房地产管理法》尚未施行，全市受理房地产类案件1028件，平均年收案146.8件。针对房地产案件审理中涉及工程或者房屋造价鉴定出现的多头鉴定、鉴定标准不够统一的问题，1998年1月，市中级法院民事审判庭联合市建设银行共同召开全市工程造价鉴定工作座谈会。确定各县（市、区）人民法院在审理房地产案件及其他案件中，凡涉及房地产价格评估或需要对建筑工程的造价进行鉴定的，原则上应委托当地的建设银行鉴定。人民法院发现建设银行出具的鉴定结论确有错误的，可以委托上级建设银行重新鉴定，市中院民庭在案件审理中发现需要对建筑工程造价进行鉴定而未委托鉴定或未委托建设银行鉴定的，原则上以事实不清发回重审。

2000年11月，全市民事审判工作会议就审理房地产案件，确立3条基本的司法原则：审理房地产案件必须依照国家现有的法律、法规和相关司法解释，对于一些地方法规或部门规章，如与现行法律、法规不相抵触的，也可予以适用；凡是以欺诈等手段签订的合同都不予保护；在双方均无明显过错的前提下，合理地确认损失，实事求是地采用损失分担方法处理。

2001年，市中院民事审判庭在全市开展“严格认定合同效力，促进房地产市场健康发展”活动。在审理商品房销售合同纠纷中，参照商品房销售管理办法，判断房地产开发企业应尽的义务；对房地产开发企业向买受人收取预订款性质费用的行为，产权登记面积与合同约定面积发生误差的情况，也参照该办法处理，制裁违规经营，保护商品房买受人的合法权益。在审理建设工程合同纠纷中，注意惩治违反法定建设程序、不执行强制性技术标准、偷工减料、以次充好等行为。对调整建筑活动的法律、行政法规中含有“应当”用语的条款，一般理解为强制性规定；对规避招标或者在招标中弄虚作假，没有资质、超越资质等级或者借用他人资质，转包、违法分包等违反法律、行政法规强制性规定，损害国家、社会公共利益订立的合同依法宣告无效。

2007年3月,《中华人民共和国物权法》出台,建筑区划内的道路、公共设施和物业服务用房以及小区内的车位车库等公用设施的归属等一些在理论和司法实务界尚存争议的问题得以明确。1995—2008年,全市受理房地产类案件7180件,平均年收案件797.8件。2008年,淮安市中级人民法院审理房地产类案件1件。

四、财产权益类案件审判

1979—1985年,全市法院在审理民事财产权益纠纷时主要适用最高人民法院1979年制定的《关于贯彻执行民事政策法律的意见》。1986年4月12日,第六届全国人民代表大会第四次会议通过《中华人民共和国民法通则》,以及后来陆续颁发的《中华人民共和国合同法》《中华人民共和国担保法》等法律,为审理此类案件提供明确的法律依据。

20世纪80年代末至90年代初,债权债务类案件约占全市整个民事案件总数的三分之一,至20世纪90年代中期达到顶峰。1994—1996年,每年的收结案均在万件以上。这一时期,法院审理的债权债务关系主要基于生产需要或重大生活需要而建立,如借贷用于投资生产,或在经济来往中结欠账款,为建房、结婚等个人重大事务而举债。法院在审理中,坚持既反对高利盘剥,又保护合法的借贷关系;在事实认定中,除审查直接证明存在债权债务关系的证据以外,还综合债务的产生原因以及款项的来龙去脉等情况进行裁判。

20世纪90年代后期至2008年,新《中华人民共和国合同法》颁布,债务类案件在案由上有所变化,由原先的"欠款纠纷"向"借款合同纠纷"转变,在范围上也有缩小,一些因特定合同关系(如买卖合同、加工承揽合同)产生的纠纷被独立出此类案件,故债务类案件在民事案件总量上的比例缩小。但同时出现集资欠款纠纷等新情况。

除了债权债务纠纷外,因土地、房屋拆迁等引起的物权性纠纷也是财产权益纠纷案件中的重要组成部分。随着淮安市工业化、城市化建设步伐加快,相当数量城镇郊区的土地被依法征用,由此引发因阻碍征地而引起的排除妨碍纠纷、要求提高征地补偿标准、增加补偿费用纠纷以及征地补偿费用分配纠纷案件。与农民利益联系紧密的农村土地承包经营权的流转以及农村房屋租赁流转纠纷也是财产性权益案件的重要组成部分。2007年,新《中华人民共和国物权法》出台,加强对农村土地承包经营权的法律保护,也使得此类案件的数量迅速增加。

五、损害赔偿案件审判

1978年后,淮阴地区赔偿类案件逐年增多,随着法律对公民人身及财产权利保护力度的加大,赔偿类案件表现出一定的阶段性特点。早期大多为普通伤害引发的赔偿,后来案件类型不断扩大,如名誉权案件、人身损害赔偿案件、环境侵权案件、医疗事故、交通事故等案件增多,赔偿类案件的涉案范围不断拓展。1987年以前,人民法院审理损害赔偿案件,主要依据民事政策法律规定,依法保护国家、集体和个人的财产权益,在分清是非责任的基础上,对造成损害的,追究侵权行为人的民事赔偿责任。

1987年1月1日《中华人民共和国民法通则》施行后,审理损害赔偿类案件的法律依据趋于完善。淮阴市法院注意掌握构成民事赔偿责任的要件,在查明事实、分清是非责任的基础上,根据损害发生的原因、损害程度、加害人的经济状况等,酌情确定赔偿数额。正当防卫行为造成损害的,不承担赔偿责任;但超过必要限度,造成不应有的损害,适当承担责任或免除责任。未成年人或精神病人造成损害的,由其法定监护人或监管人承担赔偿责任。调解不成的,则及时予以判决,以免矛盾激化。

2006年，淮安市中院审理的京沪高速公路“3·29”液氯泄漏特大事故民事赔偿案，涉及受害群众3100余人，在全省乃至全国均有重大影响。淮安市中院民一庭在审理中，作出定性准确、说理透彻、责任明确的判决。宣判后，各方均服判息讼，各责任方主动履行各自应承担的民事责任，办案效率和办案质量得到保证。

六、劳动争议案件审判

在《中华人民共和国劳动法》颁布前，全市法院审理劳动争议案件数量较少。1988—1994年，共受理劳动争议案例362件。1995年1月1日以后，随着《中华人民共和国劳动法》颁布施行以及全国市场经济结构的调整加快、劳动用工制度改革的深化，劳动关系发生深刻而巨大的变化，劳动者与用人单位之间的利益关系处于不断的调整与碰撞之中，全市法院审理劳动争议案件的数量逐渐增多。

1998年，针对劳动争议案件劳资双方矛盾对抗性强、社会敏感度高、法律适用难度较大的特点，市中院在民庭抽调法学理论功底好、调解经验丰富的审判人员组建劳动案件合议庭，专门审理劳动案件。为应对劳动争议案件呈现的新特点，依法及时审理劳动纠纷案件，全市法院注意发挥工会组织在处理劳动纠纷案件中的独特作用，加强对劳动者合法权益的保护。

2002年，根据最高人民法院统一要求，劳动争议案件由民事审判第一庭审理。2005年年末，淮安市法院在全市工会中聘请38名工会特邀调解员，建立劳动争议案件诉讼与调解对接机制，调解一批有影响的劳动争议案件。2007年12月，市中院成立知识产权审判庭，劳动争议案件由民事审判第一庭改为知识产权审判庭审理。

2008年，全市法院共审结劳动争议纠纷案件2406件，市中院审结劳动争议案件296件。5月1日，《中华人民共和国劳动争议调解仲裁法》施行后，市中院开始审理用人单位申请撤销劳动争议仲裁委员会作出的“一裁终局”的仲裁裁决案件，当年共审结该类案件55件。市中院建立一审劳动争议案件“三方审理机制”，即一审案件由法官担任审判长，代表职工的工会人民陪审员、代表企业的企业家联合会陪审员组成合议庭审理劳动争议案件。市中院、市总工会、市人力资源和社会保障局建立联席会议制度，相关职能部门负责人为联席会议成员，各成员单位每季度轮流举办，交换信息、交流经验、协调工作。

第四节　商事审判

1982年，淮阴地区中院和各县（市）法院陆续建立经济审判庭，商事审判由此开始。1983年，淮阴市法院受理各类经济合同纠纷案件174件，其中购销合同纠纷158件；审结166件，结案率80.5%。

1984年，市中院审结经济纠纷案件65件，诉讼标的额91万余元。1985—1987年，市中院共受理经济纠纷案件281件，审结244件，结案率86.8%。在案件审理中，克服以往年头“松”、年尾“攻”（清理结案）的习惯做法，做到“七个及时”，即及时分案、及时阅卷、及时调查、及时调解、及时判决、及时签发法律文书、及时送达，缩短办案周期。

1989年，全市受理各类经济纠纷案件6985件，主要案件类型为买卖合同纠纷、借款合同纠纷、农业承包合同纠纷，3类纠纷案件合计5468件，占全市一审经济纠纷案件的80.8%。全市全年审结经济纠纷案件6371件，审结案件数居全省第一，解决争议标的额8120万元。

1991年，全市受理各类经济纠纷案件4714件，案件数呈下降趋势，审结3469件，其中市中院受理经济纠纷上诉案件287件，审结262件。全市法院经济审判庭审理涉及大中型企业或骨干企业的案件，对该类案件一律做到优先立案、优先审理、优先执行，运用各种法律手段为企业解开债务链，为大中型企业收回外欠资金近1000万元。审理农业承包合同纠纷案件289件，审结182件，保护承包人的合法权益，维护农村经济稳定。

1993年，全市受理各类经济纠纷案件9937件，审结9220件，解决争议标的额1.76亿元，为企业追回欠款2.18亿元。在法院的帮助下，20余家企业起死回生，250余家企业增强活力。全市法院普遍采用简易程序、督促程序和诉讼外调解的方法，帮助营业所、信用社等金融机构收贷。全年为金融部门收回逾期贷款6000余万元。

1994年，全市法院受理一批涉及工业产权、企业承包、租赁、破产等新类型案件。当年7月，市中院裁定宣告淮阴市肉食品工贸总公司破产，该案为全市第一起企业破产清算案件。审结企业破产、兼并、承包、租赁等案件41件，审结涉农案件452件。

1999年，全市法院加强涉企案件审理，为深化企业改革提供司法保障。全年审结此类案件119件，有效防止国有和集体资产的流失。2000年，在审理涉及金融纠纷案件中，依法保护金融机构的合法权益，做到快审快结。市中院经济审判庭全年一审审结金融纠纷案件56件，1个月内结案的占55%，3个月内结案的占29%，为金融部门追回逾期贷款1.2亿元。2001年，全市审结涉及招商引资和个体私营企业案件286件，标的额5800余万元。

2002年，为更好审理破产和改制案件，市中院民二庭成立破产合议庭。立案受理市财政局申请淮安市投资公司破产清算案，该案为全市首例债权人申请破产案。2003年，市中院民二庭立案受理的清江化肥总厂破产清算案，为全市审理的第一起政策性破产案件。审理涉及商标权、著作权、不正当竞争等知识产权案件5件，依法制止和制裁侵犯他人知识产权行为，并通过媒体对典型案例进行宣传，强化当事人的诚信经营意识。

2005年，市中院民二庭审结农业承包合同纠纷案件12件，涉及农户1万多户。牵头制定《普通民事程序案件审理规程》，将民商事审判的全部活动纳入规范化、程序化轨道。2006年，市中院民二庭受理各类经济纠纷案件278件，审结286件，结案率103%。全年受理知识产权案件21件，其中江苏爱特福药物保健品有限公司诉金湖县飞毛腿杀虫消毒服务有限公司商标侵权案，是市中院受理的第一例涉及驰名商标认定案件。

2008年，市中院民二庭受理各类经济纠纷案件605件，审结715件。全年新收破产案件31件，审结28件。淮安市新蓝进出口有限公司破产清算案，是全市第一起民营企业破产清算案件。清江棉纺织厂、清江印染厂、清江拖拉机厂、清江轴承厂、金凤集团（以下简称“四清一金”），拥有职工13000余名、资产6亿元，对外负债11亿元。自2005年开始，“四清一金”陆续进入破产清算程序，“四清一金”破产工作成为全市国有企业改制的标志性工程。市中院民二庭审理“四清一金”案件，使企业实现资产重组，职工得到妥善安置。

第五节　国家赔偿案件审理

1995年1月1日，《中华人民共和国国家赔偿法》颁布施行。当年6月，淮阴市中级人民法院赔偿委员会正式成立。赔偿委员会下设办公室，与行政庭合署办公，具体负责国家赔偿工作的日常事务。

1996年，市中院赔偿委员会审理首起刑事赔偿案件，也是全省第一起检察机关承担国家赔偿责任的案件。请求人仇某某原系泗阳县复合肥厂聘任厂长。1994年6月8日，泗阳县人民检察院以其有挪用公款嫌疑而决定立案审查，实际关押569天，追缴"赃款"18050元。羁押期间，仇某某花去医疗费590.45元。仇某某向淮阴市人民检察院提出申诉，淮阴市人民检察院于1996年4月17日作出刑事申诉复查决定书，认定仇某某不构成挪用公款罪，撤销泗阳县人民检察院对仇某某的免予起诉决定书。1996年11月6日，仇某某向淮阴市中级人民法院赔偿委员会提出赔偿申请，要求泗阳县人民检察院赔偿。市中院赔偿委员会经审理认为，该错案已经被淮阴市人民检察院予以纠正，泗阳县人民检察院应予赔偿。1997年3月25日，市中院赔偿委员会决定，由泗阳县人民检察院赔偿仇某某人民币14785元以及其在被关押期间花去的医疗费用590.45元，由泗阳县人民检察院返还办理此案中对仇某某作为赃款追缴的现金18050元及利息418.03元。是年，市中院赔偿委员会还受理其他刑事赔偿案件64件，经审查后均不符合国家赔偿条件，决定不予赔偿。

1997—1998年，淮阴市无国家赔偿案件。1999年，市中院赔偿委员会受理4件刑事赔偿案件，其中作出赔偿决定2件。2000年，无国家赔偿案件。2001年，审理各类国家赔偿案件14件，赔偿委员会决定赔偿的1件，决定不赔偿的4件，驳回申请的9件。2002年，审理各类国家赔偿案件11件，赔偿委员会决定赔偿的1件，决定不赔偿的3件，驳回申请的7件。另受理非刑事司法赔偿案件6件，赔偿委员会审理后，作出不予赔偿决定2件，驳回申请4件。2003年，受理国家赔偿案件5件，驳回4件，申请人主动撤回申请1件。2004年，受理国家赔偿案件3件，决定赔偿1件，决定不予赔偿2件。2005年，无国家赔偿案件。2006年，受理国家赔偿案件2件，其中1件赔偿义务机关为检察院，1件赔偿义务机关为基层人民法院，经审理后全部驳回申请。2007—2008年，无国家赔偿案件。

第六节　审判监督

一、申诉复查

1978—1987年，淮阴市对生效裁判的申诉主要集中在刑事申诉领域，即对历史上冤假错案的纠正，法院内设第二刑事审判庭负责该项工作。对于其他申诉只作为一般信访处理。

1988年，淮阴市两级法院审结各类申诉案件1070件，其中刑事申诉1040件，维持652件，改判不予追究15人，宣告无罪64人，改判刑期309人；民事申诉案件61件，其中经济纠纷案件7件。1989年，通过对一部分刑事案件的立案审理，改判不予追究6人，宣告无罪21人，改判刑期229人。同年，对"严打"斗争以后的案件、涉台案件进行专项复查。1990年，全市法院审结刑事申诉案件404件，依法改判无罪19件，改判免刑2件，减轻处罚60件。审结民事、经济纠纷申诉案件252件，发回重审5件，改判13件。1991—1993年，全市法院对354件发生法律效力的民事、经济、刑事案件作出改判或重新处理，4人被宣告无罪。1998—1999年，市中院审结各类申诉案件595件，提起再审71件。重点处理清江棉纺织厂董某某无罪案等13件申诉老户案，取得较好的社会效果。2000年，市中院审结各类申诉复查案件224件，提起再审19件。全市两级法院调解、撤诉85件，调撤率23%。

2002年7月，江苏省高级人民法院印发《关于适用审判监督程序若干问题的意见》，对申诉、申请再审案件的受理与审查以及提起再审的条件等作出具体规定，规范全省的审判监督案件的审理。2003年12月，省高级人民法院印发《关于民事、行政案件再审申请审查听证制度的若干规定》，明确申请再审案件的听证程序，淮安市申请再审案件听证率大幅提高。市中院审判监督庭选择以出现新证据申请再审的案件和当事人双方争议较大的案件召开听证会，对20余件案件进行听证，增加复查案件的透明度。2004年，市中院审结申诉复查案件233件，驳回203件，启动再审12件，和解、撤诉15件。审监庭案件平均审理天数为45天，列全省第一；申诉复查案件再复查率为20.9%，列全省第三。2005—2007年，市中院受理申诉复查案件742件，审结735件，其中和解、撤诉90件，申诉复查案件和解、撤诉率为12.2%。由于修订后的《中华人民共和国民事诉讼法》于2008年4月1日起实施，民事申请再审案件上提一级审理，市中院新收该类案件较往年有所下降。2008年，市中院审结申诉复查案件211件，其中和解、撤诉的45件，和解撤诉率21.3%。通过加大服判息诉和协调工作力度，一些申诉老户彻底息诉。

二、再审案件审理

1994年之前，再审案件包含在申诉复查案件的范围内。受理再审案件的人民法院在复查案件后，认为原判有错误的，可以直接进行改判，对申诉复查程序和再审程序没有严格的区分。自1994年起，人民法院对案件审理程序逐步重视，对申诉复查程序和再审程序进行分离。全市法院1994年审理再审案件368件，对69件确有错误的案件依法进行改判。1996年，受理再审案件583件，审结564件，对63件生效裁判作出改判或重新处理。

1998年，市中院对审判监督工作进行全面整改，修订《告申工作操作规程》，制定《审监工作实施细则》《关于加强审判监督工作的实施意见》等制度和文件。2000年，市中院审结再审案件86件，维持原判49件，改判22件，调解4件，发回重审8件，撤诉2件，其他处理1件。再审案件开庭率100%。2001年，审结102件再审案件，维持原判55件，改判22件，撤诉和调解8件，其他处理13件。

2002年，江苏省高级人民法院印发《关于民事再审程序证据问题的暂行意见》，进一步规范民事再审程序的举证、质证和认证活动。是年，市中院受理各类再审案件53件，其中市中院提起再审26件，抗诉案件3件，再审上诉案件24件，审结53件，其中维持原判34件、改判11件、撤诉1件、作其他处理的4件。2004年，市中院审结再审、再审上诉案件42件，维持20件，改判11件，调解11件，审判监督庭复查启动再审12件中，改判7件，调解结案4件，改判、调解率92%。市中院对再审改判案件做到件件有评析，并针对审判实践中出现的新情况及时指导。2005年5月，省高院印发《关于民事再审程序若干问题的意见》，规范民事再审案件审理程序，进一步推进民事再审审判方式改革。2006年，市中院受理再审、再审上诉案件41件，审结39件，其中刑事再审案件2件、维持1件、改判1件；民事再审案件37件，维持23件，改判4件，调解8件，撤诉1件，发回1件。

2008年，市中院受理再审、再审上诉案件50件，审结48件，其中刑事再审案件2件、维持1件、改判1件；民事再审案件46件，维持13件，改判9件，调解9件，撤诉11件，发回4件。民事再审案件调解撤诉率为41.7%，创历史新高。

三、国家赔偿确认案件审理

1995年1月1日，《中华人民共和国国家赔偿法》颁布施行。2002年8月，淮安市中院审理全市第一件国家赔偿确认案件，为张某申请确认盱眙县人民法院司法拘留违法案，该案于2002年9

月10日审结，决定不予确认。2003—2008年，淮安市中院共审结国家赔偿确认案件53件，无一件确认违法。

四、减刑假释案件审理

1996年以前，因江苏省洪泽湖监狱的减刑、假释案件属淮阴市中院管辖，故减刑、假释案件较多。1988—1996年，全市共审结减刑、假释案件19899件。1997年后，由于辖区内没有监狱，办理的减刑、假释案件均为留看守所服刑的短刑犯，减刑、假释案件较少。1997—2002年，全市共审结减刑、假释案件459件。淮安市中院在审理减刑假释案件过程中，不断探索审判方式的改革，提高减刑、假释案件审理效果。2003年，市中院对减刑案件实行"阳光审查"，先后在市（县）看守所进行4场减刑听证会，在服刑人员中产生震动，也得到公安、检察机关的好评。之后，每年均对10%左右的减刑假释案件采取听证方式审查。2008年，市中院与市检察院、市公安局联合制定《关于进一步规范看守所服刑罪犯减刑、假释工作的意见》，就留所服刑罪犯减刑的起始时间、减刑幅度以及考核标准等方面作出具体的规定。

第七节　执行工作

一、生效法律文书执行

1986年，淮阴市中院执行庭受理的第一起执行案件为安徽省涡阳县高炉区粮管站申请执行江苏省淮阴县酒厂购销合同货款纠纷案，执行标的额38万元。1987年，市中院执行庭受理执行案件3件，执行标的额60.3万元。1991年，收案数增至40件，执行标的额1737.63万元。随后3年收案数相对平稳。从1995年起，执行案件大幅增多。

1996年，案件执行区别不同情况采取不同措施。对拒不履行的，强制执行；对被执行人为困难企业的，采取签订协议、分期付款等方法执行；对被执行人为特困企业的，依法中止执行或暂缓执行，以利企业的复苏和发展。1997年9—11月，市中院组织执行会战，全市结案5043件，执行标的额为1.86亿元。1998年6月15日至9月15日，市中院集中清理执行积案。

1999年，全市法院开展执行工作宣传周活动、执行案件复查活动和集中清理执行积案活动，全市执结案件12531件，标的额4.24亿元，结案率91.8%。积案数低于省高级法院提出的不超过2000件的目标，执行工作的被动局面开始扭转。

2000年，全市法院对新收执行案件实行流程管理、排期执行，案件执行以常规执行为主、集中执行为辅。至当年11月底，全市法院的825件积案全部清结。

2003年8月，由市委牵头、政法委组织、法院主办、其他各部门配合，在全市开展执行案件集中执行活动。市委印发《中共淮安市委关于在全市开展执行案件集中执行活动的意见》。在2个多月的集中执行活动中，全市法院执结案件2725件，标的额2.69亿元，分别占全年的34%和46%，在全市形成良好的执行氛围和外部环境。

2004年，市中院和市委宣传部联合开展"强化诚信，推进执行"宣传月活动，利用案件曝光进行宣传。选择73名逃债、躲债、赖债的被执行人在执行大会上，或在电视台、电台及报纸上曝光，督促被执行人自动履行，或实行举报执行，打开案件执行的突破口。活动期间，共执结案件494件，执结标的额2009.7万元，执结数同比增加85.3%，标的额同比增加59.5%。

2005年6—8月，淮安市开展打击抗拒执行和妨害执行行为专项集中治理活动。市委办印发《关于开展打击抗拒执行和妨害执行行为专项集中治理活动意见》，市法院、检察、公安机关联合出台《关于办理涉及抗拒执行和妨害执行的刑事案件的意见》，通过快侦、快捕、快诉、快审，提高办案效率，确保办案质量。各法院从刑事审判庭抽调刑事审判业务骨干参与该项活动，全市法院原拟定追究刑事责任15人，慑于法律的威严，部分被执行人主动履行义务，最终实施逮捕的只有5人。活动期间，全市执结案件753件，执结标的1925.8万元，到位标的额1600.5万元，到位率83.1%。

从2007年11月5日开始，全市法院开展以“整体联动，共创和谐”为主题的专项执行活动，推动全市联动机制的实施，形成解决“执行难”的整体合力。通过公安网络系统查找被执行人下落和财产，通过车辆登记管理、出入境管理限制被执行人转移车辆、离境出国，通过移送侦查追究被执行人拒不履行行为。突破传统查询方法，直接到银行会计部门查询被执行人在全省乃至全国的银行开户情况。

2008年第四季度，开展“清积案、攻难案、解疑案”活动，突破一批重大疑难案件，解决一批执行信访案件，同时清理执结在手执行案件、中止执行案件及标的额未到位的和解案件。全市652件执行积案全部执结，9236件无财产执行积案全部清理完毕。新收案件执结水平提高。当年执结率96.18%，结收案比98%。淮安市中院被中央政法委和最高法院联合授予“全国集中清案先进集体”称号。

二、执行案件异议裁决

2005年以前，淮安市法院异议裁决工作为改革探索性质，执行局内部设有裁决和异议审查合议庭，裁决事项一般不办理正式立案手续。

2005年，市中院成立综合裁决处，负责异议审查、异议复议、执行监督、执行复议、请示报核等除执行实施案件以外的所有具有审判或审查性质的案件，该类案件均移交立案庭立案后办理。当年受理裁决案件179件，结案179件，结案率100%，结收案比为100%，案件准确率100%，平均审理天数为11.32天。执行实施案件裁决30件，否定4件，有2件被裁决不予执行。对不服基层法院执行的申请复议案件裁决26件，撤销2件，裁决不服基层法院罚款、拘留的申请复议案件15件，撤销1件，维护当事人或案外人的合法权益。

2006年，全年受理裁决案件157件，结案156件，案件准确率100%，平均审理天数为6.9天。2007年，全年共受理裁决案件257件，结案258件，同比分别增加64.33%和65.38%，结案率100%，结收案比为100.39%，同比分别增加0.6和0.99个百分点，案件准确率100%，平均审理天数为9.76天。2008年，全年受理裁决案件175件，结案175件，结案率、结收案比、案件准确率均100%，平均审理天数为6.44天。

第八节　信访立案

一、信访接待

1987年以前，淮阴市法院信访工作由办公室内设信访科负责接待处理。1987年2月，市中院成立告诉申诉庭，负责信访工作。

1988年，全市法院共处理来信14399件，接待来访23344人次。重点解决群众“告状难”问题，对信访中的“老大难”案件，由法院负责人接待、批办，并深入调查了解，使问题尽快得到解决。对无理取闹，影响机关工作秩序的，则严肃处理，重复上访、缠讼不休的现象大大减少，当年重复上访4801人次，比1987年下降64.6%。

1990年，全市共接收来信7573件，来访20811人次。全市法院进一步拓宽接待渠道，方便群众信访。建立院长接待制度，正、副院长固定时间接待群众来访。各级法院都实行定期接待和巡回接待，部分法庭在群众集中的时间轮流到辖区内设点听讼，及时解决问题。对无理的申诉，坚持耐心细致地做好服判息诉工作。

1992年，全市法院处理群众来信1988件次，来访6670人次，全市信访案件与1991年相比下降34%。1994—1998年，处理来信来访79311件次，其中来信12227件次，接待来访67084人次。1999年，实行全市两级法院院长、人民法庭庭长每周二上午同步接待信访制度。

2001年1月，市中院将院长接待日定时、定人、排班接待改进为院、庭长集中会办制度。每月25—30日，由分管院长、有关业务庭庭长组成会办会，研究信访接待室汇报的重大疑难、需协调处理的信访案件，制定措施落实解决，对确有必要提交院长会办会研究处理的，由院长会办会研究解决；特别紧急的信访案件及时汇报。当年市中院院长、庭长会办信访案件10次，研究解决疑难信访案件18件。当年7月，制定印发《全市法院信访工作责任制若干规定》，建立以信访部门为枢纽，各职能部门分工负责，共同处理和解决信访事项的大信访格局。明确立案庭、各审判业务庭和有关部门信访工作的职责范围，按照分工，各负其责，相互配合，建立立案庭内部与其他业务庭以及上下级法院共同做好信访工作的大信访管理机制。

2002年，淮安市在全省率先将立案庭内部的信访流程管理拓展到各审判业务庭，对信访接待、登记、分流、承办、答复、报结、立卷存档、统计、输入计算机等环节进行系统化、规范化管理，以审理案件的标准办理来信来访，使信访工作从行政化管理向审判型管理转变。2004年9月，制定《淮安市中级人民法院信访工作责任制及责任追究办法》，实行“分工负责、归口办理、扎口管理”和“谁主办、谁负责”“谁主管、谁负责”的原则，明确立案、审判、执行、申诉复查、信访接待和值班法警各环节处理信访的责任人和相关责任。

2005年，全市法院建立涉诉信访案件终结机制，以控制重复上访和无理缠访的蔓延。对经过两级法院申诉复查或再审，并经省高级法院审查后案件确无问题的，由省高院终结该案件信访程序，当事人继续无理去省赴京上访的，人民法院对其申诉案件不再受理。

2007年9月，市中院印发《关于进一步加强涉诉信访工作的意见》，实行重点信访领导包案处理制度，全国人大常委会、中央政法委交办的37件重点信访案，息访率达64.9%，稳控率达100%。全市法院没有发生一起越级进京非正常访、涉诉集访、群访、闹访等信访事件。市中院立案庭庭长姜振银被最高人民法院授予“全国涉诉信访工作先进个人”称号。

2008年2月，市中院出台《关于对重点涉诉信访实行案件化管理的规定（试行）》，对重点涉诉信访的办理工作实行案件化管理，明确重点信访案件的范围、承办部门和承办人、办理要求、结案条件、考核与责任追究等，由立案庭对重点涉诉信访案件立案，移送相关业务部门办理，并实行办案流程管理。该规定实施后，当年信访案件立案22件，全部在规定时限内办结，息访13件，息访率达59%。

二、审查立案

1987年2月，市中院成立告诉申诉庭，负责立案、登记、审理告诉、申诉案件及审理再审案件、减刑假释案件等审判监督事宜。1989年6月底，各县（市、区）法院都成立告诉申诉庭，专司审查立案工作。

1988—1997年，全市法院共受理各类案件368253件，其中刑事一审24854件、民事一审167560件、经济一审87114件、行政一审1955件、执行案件28505件。

1998年1月1日开始，市中院告诉申诉庭内的立案组统一负责办理市中院各类案件以及各类请示案件的立案审查和立案登记工作。对其中的执行案件，由业务庭整理好卷宗一并移送立案组办理立案手续。各基层法院也全面实行立审分立。

2000年1月，市中院告诉申诉庭改为审判监督庭，告诉申诉庭内设的立案组升格为立案庭，当年2月挂牌办公，专门负责立案审查和立案登记工作。当年9月，全市8个基层法院均建立和配备专门的立案机构和专门的立案人员，金湖县、涟水县、县级淮安市法院立案庭统管包括人民法庭在内的立案工作，人民法庭不再自行立案，全市法院立案机构基本健全。

2000—2005年，全市法院共受理各类案件162436件，其中刑事一审13569件、民商事一审75946件、行政一审1337件、执行53193件。2006年，全市法院新收各类案件26796件，办结27251件，其中市中院新收案件2893件、办结2941件。2007年，全市法院新收各类案件36897件，办结36346件，比2006年分别增长38%和33.37%。其中，市中院新收各类案件4145件，同比增加43.3%；办结3918件，比2006年增加33.2%。

2008年，全市法院新收各类案件50955件，办结51030件，比2007年分别增长38.1%和40.4%。其中，市中院新收各类案件4732件，办结4802件。4月1日，新修订的《中华人民共和国民事诉讼法》施行，市中院受理第一审民商事案件诉讼标的额为500万元以上，以及诉讼标的额在200万元以上且当事人一方住所地不在辖区内或者涉外、涉中国港澳台地区的第一审民商事案件。

第五章　司法行政

第一节　机　构

1980年，淮阴地区行署及所属13个县（市）司法局相继建立。1982年6月，地区行署司法局设办公室、司法行政科、宣传教育科、公证律师科、司法干部训练班。1983年3月实行市管县体制后，淮阴地区行署司法局更名为淮阴市司法局，被撤销的清江市司法局所属公证处和法律顾问处整建制划归淮阴市司法局直接管辖，并更名为淮阴市公证处和淮阴市法律顾问处。1984年年初，随着市办劳改农场的建立，市司法局成立劳改工作科。1988年6月，撤销劳改工作科，增设政工科。1991年4月，淮阴市司法干部训练班更名为淮阴司法干部学校。1998年7月，淮阴市法律援助中心成立，撤销淮阴市司法干部学校。截至2008年年末，市司法局机关设有法制宣传处、基层工作处、社区矫正处、法律援助工作处、律师管理处、公证管理处、司法鉴定管理处、法规处、办公室、政治部、纪检监察室、机关党委12个部门。市司法局机关有行政在编人员49人，全市司法系统有在编人员414人。

第二节　法制宣传

一、宪法宣传

1982年12月4日，新版《中华人民共和国宪法》颁布施行。1983年1月下旬，淮阴地区司法局到金湖县金南乡开展新宪法宣传试点。通过宣传发动、培训骨干、座谈讨论，增强人民群众的宪法观念和公民意识。1983年5月，全市开展宪法宣传月活动。各县（市）长担任宣传领导小组组长。培训宣讲骨干2.2万人次，宣讲29784场次，受教育者637万人次。

1991年12月4—10日，淮阴市开展“宪法宣传周”活动。时任市委书记在《淮阴日报》发表宣传文章，分管书记发表电视讲话，宣传部长主持市级机关宪法宣传报告会，市人大负责人宣讲。政法各部门和部分行政执法单位联合上街宣传宪法。1992年，在全市范围开展“学宪法、懂国策、明目标、奔小康”法律知识竞赛活动。

1993年全市第三届宪法宣传周，市委负责人作电视专题宣讲，市人大负责人对市级机关副科级以上干部作宪法学习辅导报告，召开市直部分单位学习宪法座谈会，组织相关部门上街开展宪法宣传咨询活动。1995年5月，全市开展“宪法宣传月”活动，强化干部群众的宪法意识。

2001年12月4日，市政府向全市人民发出学习宪法的号召，市委宣传部、市人大内司委共同组织一系列宣传活动，公、检、法、司和财政、交通、环保、文化、卫生等17个部门分头在闹市区开展法律咨询活动，并召开纪念现行宪法实施19周年座谈会。

2004年，在“12·4”宪法宣传日前后组织送法下乡、送法进社区。全市有关国家机关和法律服务部门一起上阵，营造浓厚的学习宪法氛围。2005年11月，市委宣传部和市司法局联合发出开展“12·4”宪法宣传日活动的通知，规定活动的主要内容和形式。

2008年12月4日，淮安市各地、各部门开展大规模宪法宣传活动，市司法局会同交通、民政、卫生、教育、房管等13个部门，现场散发宣传资料3000余份，接待群众近1000人。

二、法律法规宣传

1981年，淮阴地区政法各部门运用宣判大会和各种会议、黑板报、墙报、宣传栏、图片、有线广播、文艺演唱等形式宣传《中华人民共和国刑法》《中华人民共和国刑诉法》《中华人民共和国婚姻法》《中华人民共和国治安管理处罚条例》等。

1983—1986年“严打”斗争期间，全市印发法律宣传资料12万份。15226名宣传员作专题报告25113场次，数百万人次受教育。

20世纪90年代，主要开展有关世界贸易组织规则、取缔打击邪教、加强社会治安综合治理和规范经济秩序等一系列法律法规的宣传教育；开展人口、资源、环境方面的法律法规宣传教育，推进节约型社会建设；加强契约自由、公平竞争、诚实信用等社会主义市场经济基本法律原则和制度的宣传。

2000—2008年，主要针对城市房屋拆迁、土地征用、招商引资、国企改制、劳动者权益保障、涉农问题、知识产权等社会问题，开展相关法律法规宣传教育，促进全市经济秩序和投资环境的进一步改善。

三、全民普法教育

根据1984年6月全国法制宣传工作会议提出的全民普及法律常识要求，淮阴市开展全民普法调查摸底和试点工作。当年12月，市委政法工作会议要求全市在社会治安综合治理中把加强法制宣传教育作为重要内容，在各行各业全面展开。1985年1月，市司法局向省司法厅汇报淮阴市在全民中普及法律常识教育组织准备工作情况。

1986年9月，召开全市普法试点经验交流会。同年10月，淮阴市实施在全民中普及法律常识教育第一个五年规划。1988年4月，全市第三次法制宣传工作会议表彰50个普法先进集体和109位先进个人。1990年12月，淮阴市通过省“一五”普法考核验收。

1991年，中共淮阴市委成立法制宣传教育领导小组。同年4月，召开全市“一五”普法总结表彰暨“二五”普法动员大会。至1996年10月，全市“二五”普法教育结束，市委召开总结表彰大会，全市50个先进集体和150名先进个人受到表彰。同年12月，市政府批转《关于在全市公民中开展法制宣传教育第三个五年规划》。

2000年9月下旬至10月上旬，市依法治市领导小组办公室组织12个“三五”普法考核验收小组，对各县（市、区）、市级机关和大中型企业、大中专院校进行考核，听取汇报，组织四套班子成员闭卷考试，抽查100多个基层单位，进行考核评分。当年11月底，淮阴市顺利通过省“三五”普法考核验收。

2001年，市政府批转全市第四个五年普法规划。2003年，在预防“非典”和抗洪期间，突出开展《中华人民共和国传染病防治法》《中华人民共和国防洪法》等相关法规的宣传。2005年5月，市普法验收工作组分4个组对8个县（区）和9个市直系统进行“四五”普法考核验收，市依法治市领导小组对考核验收情况进行通报。同年10月，由省委宣传部、省依法治省领导小组办公室、省司法厅联合组织的省考核验收小组对淮安市“四五”普法考核验收。考核组召集市委宣传部、政法委等12个部门负责人召开座谈会，考核市国土局、市供电公司、淮阴中学、上海路社区，查看台账资料和走访，对50名公务员（含10名处级干部）和50名学生进行法律知识闭卷测试。淮安市顺利通过考核验收。

2006年9月，全市“四五”普法总结表彰和“五五”普法动员大会召开。2008年年末，省“五五”普法检查组到淮安市检查普法工作。省普法检查组听取汇报，查阅档案，考察市交通局、淮阴卷烟厂和金湖县、淮阴区的乡镇、社区、学校、企业的普法工作，认为淮安市“五五”普法措施得当、形式多样、成绩显著。

第三节 调 解

1978—1980年，淮阴地区各级调解组织共调处各类民间纠纷229930件，同时开展大量的预防工作。1979年，盱眙县桂五公社调委会在星星大队进行“五好”家庭活动试点，1980年在全公社推广。

1981年，地区司法局及各县（市）司法局加快调解干部的选调和调解组织的整建工作。全地区新建调解组织812个，整顿调解组织2664个，因年老体弱、文化低、不称职和犯错误等被调出调解队伍的有1078人，调进调解人员2176人。1982年，全地区有调解组织6454个，调解人员32548人，基本建成县、乡、村三级调解网。全年调处纠纷39903起，避免因纠纷引起的非正常死亡7人，避免因纠纷激化转为刑事案件3849起。

1983年5月，市司法局印发《关于在政社分设工作中调整、配齐司法助理员的通知》，基层建设取得明显进展。全市99.5%的村有调解委员会，对76.3%的居委会调解组织进行整顿，各级调解组织建立起纠纷排查、登记、统计、总结、评比制度。1984年，全市建立调解工作责任制，层层下达任务目标，严格检查考核制度，明确考核标准，共整顿各类调委会2671个，调处纠纷20205起，调解率达94.7%。全市在完善乡规民约的基础上，开展评比“遵纪守法光荣户”活动，当年评出“遵纪守法光荣户”439331户。1985年3月，在淮阴县三树乡召开“调防结合，以防为主”的现场经验交流会。全市5213个村和149个居委会全部建立调委会，1081个市、县属厂企有85%建立调委会。

1987年，对全市调委会建设实行分类指导。通过整建，全市有一类调委会1980个，占调委会总数的27%；二类调委会4016个，占调委会总数的62%；三类调委会627个，占调委会总数的11%。厂矿企业中，有99%的单位建立调解组织，有的县（区）还建立“十户调解员”。全年全市调处各类纠纷29646件，防止非正常死亡42件、42人，防止纠纷激化转化刑事案件284件。1990年7月，市政府批转《淮阴市防止民间纠纷激化有功集体和个人奖励办法》。市级奖励经费按年度报市财政核拨。

1994年，围绕农村联产承包、劳务用工、“三粮五钱”上交、粮棉购销等事项开展非诉讼调解，规范经济和民事行为，较好地保障农业生产和农村工作的正常开展。针对农村赡养、婚姻、界址纠纷增多的情况，各地积极调解防范，避免一些矛盾的激化和非正常死亡事件的发生。1996年，全市各地结合实际，针对买卖婚姻、赡养老人、争地争水和界址纠纷开展专项治理，共调处纠纷15516起，防止民转刑90起145人，防止非正常死亡126起142人。

1997年5月初，全市开展“走千村、解纠纷、防激化、保安定”活动，化解多起集体上访事件。各地围绕社会热点、难点问题开展纠纷调处专项治理，全市调处各类纠纷2228件，防止民转刑66起99人，防止因民事纠纷引起的非正常死亡96起129人。

2000年，全市县、乡两级司法调解（指导）中心组建率达100%。开展“知百家事，解百家愁”的大排查、大调解活动，及时处理处于激化边缘的纠纷117起。2002年5—9月，各地集中时间、集中人力，分级负责、分片包干、责任到人，突出抓好群体性纠纷和重大疑难纠纷治理，全市共排查纠纷苗头3600多件，全部及时解决。同年10月，市政府召开全市人民调解工作会议，总结交流调解工作经验。会议表彰22个人民调解委员会、24名人民调解员、22个防止民间纠纷激化先进集体、38名防激化先进个人。

2003年，市政府印发《关于进一步加强全市人民调解工作的意见》《全市非公经济组织矛盾纠纷调处办法》《人民调解委员会建设标准》等文件。2004年2月，市委办和市政府办印发《关于建立县（区）、乡镇、街道社会矛盾纠纷调处中心的意见》。全市126个乡、镇、街道建立调委会2006个，有人民调解员26598人（其中首席调解员751人）。全年调处各类纠纷20997件，防止民转刑138起322人，防止非正常死亡78起。

2008年，市司法局和市综合治理委员会办公室联合印发《关于进一步加强社会矛盾调处工作的意见》，提出“小纠纷不出组，一般纠纷不出村（居），大纠纷不出乡（镇、街道），疑难纠纷不出县（区）”，把人民调解、行政调解、诉讼调解有机结合起来，对不同主体、不同领域、不同性质的社会各类矛盾纠纷实行“统一受理、集中梳理、归口管理、依法处理、限期办理”。全市社会矛盾纠纷调解成功率纳入科学发展观考评体系。当年6月，市司法局会同市工商局和市消费者协会联合举办全市消费争议人民调解员培训班。当年8月，成立淮安市医患纠纷调处中心，负责受理市区各级各类医疗机构发生的医患纠纷，为医患双方提供免费咨询、免费受理、免费调解服务。同年，市司法局印发《关于加强社会矛盾纠纷大调解工作规范化建设的意见》《淮安市社会矛盾纠纷调解工作指导办公室工作制度》《淮安市社会矛盾纠纷调解对接工作实施细则》，促进大调解工作制度化、规范化建设。

第四节　司法鉴定

2000年10月，淮阴市政府印发《关于成立淮阴市司法鉴定工作委员会的通知》。由市司法局、市中院等11个部门组成司法鉴定工作委员会。2001年3月，全市首家房地产评估鉴定中介机构——先河房地产价格司法鉴定所成立。同年7月，成立国信司法会计鉴定所。

图19-8　2001年，淮安先河房地产价格司法鉴定所揭牌，为全省首家　　市档案馆　供

2002年，市司法局与市中院联合召开司法鉴定工作座谈会，就如何将司法鉴定与法院审判、执行工作衔接问题进行沟通交流。受省司法厅委托，淮安市举办全省首期法医临床学司法鉴定业务培训班，邀请司法部司法科学技术研究所专家授课和考核，全市43名副主任医师以上职称医务人员参加培训，为各县成立法医临床鉴定所准备专业人才。是年7月，全省首家人体伤害司法鉴定中心在金湖县人民医院成立。

2003年，淮安国信司法会计鉴定所等单位25人领取司法鉴定人员执业证。当年办理房地产、会计、人身伤害鉴定业务52件，均被法院采信。同年，新元司法鉴定所成立。2004年3月，淮安新瑞司法会计所成立。市司法局对全市司法鉴定机构进行6次跟踪管理、实地察访、现场指导。同年7月，在先河房地产价格司法鉴定所召开现场会，交流工作经验，分析存在问题，研究落实整改措施。

2005年4月，对已经登记的鉴定机构进行督促指导，对鉴定技术标准和执业准则进行考核。选派3批专业人员参加上级组织的业务培训。当年全市建立5个司法鉴定所，涉及会计、资产评估、房地产价格、法医临床4个专业门类，从业者60多人。在调查研究的基础上制定全市《三大类司法鉴定机构发展规划》（三大类即医学类、物证类和声像类）。2006年9月，省司法厅批准建立淮安市第一人民医院、楚州区医院、涟水县人民医院司法鉴定所。

2007年5月，市司法局召开司法鉴定管理工作会议，各县（区）局分管领导和职能部门负责人以及8个司法鉴定所负责人参加会议。会议对管理工作中存在权限不明、力量薄弱、标准不一等问题采取相应措施。市司法局制定和完善司法鉴定所14项相关制度，发至全市司法鉴定所执行。

当年7月，召开司法鉴定行风监督员座谈会。当年9月，设立第二人民医院、盱眙县中医院司法鉴定所。

2008年6月，市司法局对全市医院司法鉴定、会计司法鉴定、建筑工程司法鉴定三大类司法鉴定机构进行检查，检查主要内容为鉴定人员持证上岗、鉴定程序规范和鉴定机构管理情况。全市司法鉴定机构所有鉴定人员均挂牌持证上岗，受托鉴定事项无一超范围受理，各项管理制度较为健全。至2008年年底，全市有司法鉴定机构11家，分别为金湖县人民医院司法鉴定所、楚州区人民医院司法鉴定所、涟水县人民医院司法鉴定所、淮安市第一人民医院司法鉴定所、淮安市第二人民医院司法鉴定所、盱眙县中医院司法鉴定所，司法精神病鉴定机构有淮安市第三人民医院司法鉴定所；会计司法鉴定机构有国信司法会计鉴定所、新元司法会计鉴定所、新瑞司法会计鉴定所，建筑工程类司法鉴定机构有先河房地产评估司法鉴定所。另外，金湖县人民医院司法鉴定所兼行酒精测试司法鉴定。

第五节　公　证

1981年5月，淮阴地区13个县（市）公证处全部成立，配备22人。各地公证机关建立后开始办理国内公证。当年10月，全地区公证人员参加省司法厅举办的业务培训。全年办理遗嘱、赠予、继承和子女收养、亲属关系、银行开奖等公证，部分公证处开始试办经济合同公证。全年办证近100件。1982年，全地区公证从业人员48人（其中公证员39人），地区司法局公证管理科加大对公证工作的管理力度。

1983年，全市经济合同公证比1982年增长6倍，占总量的75%；经济合同履约率占98%以上。涟水县公证处支持农民致富，全年办证5507件，为1982年的3倍。

1985年，淮阴市经济合同公证从工程承包、工副业承包、农副业承包扩大到工矿企业纵向、横向和国营、集体、个体联营，以及科研成果、山林开发等多方面。全年办证10852件，比1984年增长99%，其中经济合同公证增长1.3倍。1986年，市公证处审查市农贸中心生资公司与淮阴县食品公司贸易货栈签订的麻袋购销合同时，发现供方无货源和资金，准备拿需方的钱去组织货源，而需方在货源未落实的情况下又将合同标的加价倒卖给市粮食议价公司。市公证处拒绝公证，并向省司法厅提交《关于公证机关揭露制止经济违法犯罪活动情况的报告》。

1987年7月，举办全市公证人员培训班，学习办理企业租赁承包和横向经济联合合同公证的相关法规政策、方式方法。1988年，办理公证34525件，其中经济合同占总数的62%，通过公证制止和揭露合同违法83起，避免经济损失3911万元。全年收费30.87万元，比1986年增长47.3%。全市有二级公证员2名、三级公证员34名、四级公证员10名。1989年，市公证处主动上门为国家和省重点工程提供服务，避免经济损失5827万元，提出司法建议2133条，取得较好的社会和经济效益。

1990年8月，召开全市公证工作经验交流会，市公证处和9个县（市）公证处介绍经验。全年办证44796件，比1989年增长27.1%，制止、纠正和揭露违法合同34件，避免和挽回经济损失1402.5万元。提出的司法建议被采纳344条。

1992年3月，淮阴市在全省率先出台《淮阴市公证工作暂行规定》。全年办理国内经济公证17724件，合同标的额3.11亿元，制止不法经济合同21件，涉及金额1102万元。1993年，拓展抵押贷款公证。全年实际办证27077件，其中经济合同公证10069件，全市通过公证制止不法经济活动14起，合同标的额3.5亿元。1994年，抵押贷款、证券保险等方面的业务有较大突破。全年办理各类公证37891件，其中涉外公证1081件。制止不法经济活动29起，避免经济损失1195万元。1995年，洪泽县将公证纳入企业产权制度改革的必经程序。

1999年4月3日，全市7个公证处在淮阴宾馆为407名参加农业园区建设的专家、教授和科技人员签订项目合同办理公证。2000年，全市各公证处办理各类公证13383件，收费147.4万元。2001年，全市各公证处办理各类公证14300件，收费152.8万元。

2002年3月，淮安市公证员协会成立。淮安市公证处被评为江苏省文明公证处。

2005年4—9月，全市公证队伍开展教育规范树形象活动，提高公证员队伍素质、公证质量和公证公信力。全面推行公证执业保证金制度，治理违规办证、压价竞争和乱收费等问题。2006年，全市办理公证11034件。2007年，办理公证11991件。2008年，办理公证14214件。

第六节　律　师

1980年，淮阴地区开始恢复律师制度。地区中级人民法院和涟水、盱眙等县人民法院配备6名律师，律师工作由法院代管。1980年年末，淮阴地区行政公署司法局成立后，律师即由司法行政机关领导。至1981年年末，全地区有律师工作人员20人。其中，被省司法厅授予律师资格的15人，授予实习律师资格的2人。1982年4月，全地区法律顾问处构建完善，律师业务全面开展。

律师工作恢复之初，各法律顾问处按照《中华人民共和国律师暂行条例》规定的律师业务范围开展工作，工作的重点主要放在刑事辩护方面，除为被告人辩护外，也接收刑事自诉案件原告人和公诉案件被害人的委托，担任代理人参加诉讼。

从1982年开始，律师工作的重点逐渐转移到为社会主义经济建设服务的轨道上来。盱眙县法律顾问处率先担任企事业法律顾问。淮阴市司法局为全面开展企事业法律顾问工作，分期选派律师参加经济法培训，还组织各县法律顾问处负责人和律师到苏州市、无锡市学习经验。1983年，全市各法律顾问处担任企事业单位法律顾问发展到13家。

在1983年的机构改革中，律师队伍得到充实。全市专职律师增加到33人，特邀律师增加3人。1983年下半年“严打”斗争开始，律师的刑事辩护工作受到影响。1984年，刑事辩护工作全面恢复，经律师辩护，宣判无罪、减轻、免除处罚、改变定性的占有一定比例。但律师力量严重不足，全市专职律师人数与总人口比例为二十七万分之一。1985年，清河、清浦2个区法律顾问处分别成立，全市法律顾问处发展到14个，律师工作者达到58人，其中取得律师资格的26人，实习律师3人，专职律师工作者19人，特邀律师5人，兼职律师3人，辅助工作人员2人。专职律师中，政法院校毕业的9人，从事过政法工作的12人，以上两项合计占专职律师总人数的43.8%。同年，全市在高考落榜生中招收30名律师辅助工作人员。

1986年，全市组织24名律师工作者参加全国律师资格统考。清河区法律顾问处开始企业化管理试点，其他法律顾问处从1987年起，逐步向自收自支性质过渡。1987年10月，全市的法律顾问处统一更名为律师事务所。

1989年，市司法局实施《律师事务所管理的改革方案》。主要内容是实行主任选举制、主任负责制、律师聘用制、承包责任制和效益工资制。1993年5月，淮阴市律师惩戒委员会成立。全市律师事务所发展到32家，拥有专兼职律师127人。

1995年，全市律师担任企事业单位常年法律顾问1442家，办案7410件，帮助企业草拟规范性文件408件，审查修改合同1188件，为企业追回欠款7361万元，避免和挽回经济损失4439万元，提出司法建议2358条。为党政机关和社会团体代理诉讼、调解3598起，参与仲裁经济纠纷2175件。1996年，市司法局与市体改委联合发文，规定律师参与企业改革主要任务是依法协助企业办理产权界定、清理债权债务，审查、草拟公司章程、契约合同等主要法律文件，出具法律意见书。

1998年11月，市司法局印发《关于建立律师执业督察员的通知》，决定在聘请社会监督员的同时，设立系统内部的督察机制，对律师队伍中重大、突出的问题进行调查，对律师事务所内部管理进行检查、监督，对律师的执业活动进行检查、指导，对重大投诉违纪案件的处理进行指导。

2000年3月，召开全市第一届律师代表大会，成立第一届律师协会。全市有律师事务所27家。县级淮安市发文聘请10名律师担任正、副市长的法律顾问，成立淮阴市第一个政府法律顾问团。淮阴、洪泽2个县也以文件或合同形式聘请法律顾问，全市组织各级政府法律顾问团、组13个，有55名律师担任政府领导的法律顾问。全市律师事务所在人员、财务、业务、名称4个方面与挂靠单位彻底脱钩，成为独立的社会中介机构。当年全市律师办案5135件，业务收费484.6万元。

2001年，围绕律师执业道德和执业纪律问题开展评查教育，查处个别违纪的律师事务所和律师，规范律师执业行为。当年律师担任企事业单位法律顾问813家，办案5998件，收费552.8万元。

2002年3月，市司法局制定律师管理工作考评标准，开展律师执业道德、执业纪律教育评查活动。盱眙县、金湖县、清河区律师事务所百分考核制和楚州区服务监督卡管理等做法在全市推广。至2002年年底，全市有律师事务所26家、律师266名，其中专职律师168名。全年办案5064件。2003年，全面推行律师服务质量监督卡制度和办案质量检查制度。市司法局成立律师投诉查处工作领导小组，全年受理投诉9起，比2002年下降61%。

2004年12月，市司法局、市律协在淮安电视台演播大厅举办“政务通杯”律师综合知识竞赛。引航律师事务所获一等奖。2005年，在全市开展“律师事务所规范律设年”活动，对全市律师事务所及合伙（合作）人主体资格、章程协议、重大事项变更进行全面检查。2006年，全市律师担任法律顾问819家，办理案件5984件。

2008年10月，召开全市第二届律师代表大会，选举产生第二届理事会。至当年年末，全市有律师事务所32家，执业律师258人，全年办案7100件。

第七节　法律援助和“148”法律服务工作

1995年开始，淮阴市各级司法行政部门探索为社会贫弱和残疾人提供法律援助途径，受到社会各界好评。

1997年，市委、市政府出台《法律援助工程实施意见》。该意见提出：经费保障，市、县（区）两级财政全年安排254万元援助经费；机构建设，完善覆盖全市的市、县（区）、乡（镇）三级援助网络，落实人员编制；援助工作规范化；加大对特殊群体的援助力度，各级要有专门接待场所和残疾人专用通道，对农民工、烈军属、老年人开通“绿色通道”；加大宣传力度，力争公众对援助范围、机构布点等方面的知晓率在90%以上。当年全市基本建立起法律援助“联系人”网络，办理援助案件152件。

1998年，淮阴市法律援助中心成立，为市司法局直属行政机构，正科级建制。市中级人民法院和市司法局联合印发《关于刑事审判法律援助有关问题的通知》，对获得法律援助的条件、对象、程序、费用等问题作出规定。全年办理各类法律援助案件1293件，提供法律咨询2343件。

1999年，全市司法行政系统全面开通“148”法律服务专线，成为依法治市、为民服务的重要渠道，在及时解答广大人民群众的法律咨询、受理民间纠纷的求助、密切党群关系、维护社会稳定等方面发挥作用。2000年，淮阴市成立“148”法律服务工作领导小组，办理法律援助案件710件，接待来访2448人次。2001年，办理各类援助案件344件，接待来访3000余人次。

2002年，市法律援助中心建立法律援助案件流程质量管理制度、办案监督制度。8个县（区）均建立法律援助中心，并依托乡镇成立135个法律援助工作站。市法律援助工作处与市总工会、市妇联、市残联联合成立3个社会法律援助中心，并与淮安军分区联合成立淮安市维护国防利益和军人军属合法权益领导小组。2002年年底，召开首届法律援助工作先进单位和先进个人表彰会。

2003年，全市司法行政系统开展法律援助条例宣传活动。同年7月，市司法局规定每名律师、基层法律服务工作者每年义务办理法律援助案件不少于1件，违者予以处罚。同年，淮安市“148”协调中心挂牌，“148”法律服务专线扩充系统功能。全市90%的乡镇设立“148”法律服务专线电话，金湖县将“148”法律服务专线纳入县长公开电话网络。当年全市“148”法律服务专线共接受电话咨询13535个，接待来访5964人次，解决纠纷1250件。2004年，“148”法律服务专线接待来电来访2.1万人次。

2005年，为保障全市职工（包括进城务工人员）合法权益，成立淮安市职工法律援助律师团，昊震翰律师事务所选派15名律师作为律师团成员。“3·29”液氯泄漏事故发生后，市司法局和市律师协会联合成立法律援助团，抽调市法律援助中心和知缘律师事务所、法轩律师事务所70名执业律师，深入调查取证，形成27本、2万多页卷宗，依法为3140名受害群众索赔1842万元。

2007年，法律援助工作被纳入市委、市政府年度民生帮扶工程。当年3月，召开全市法律援助工作会议，要求扩大法律援助覆盖面，市、县财政将法律援助经费纳入年度预算。当年8月，在农村开通法律援助“绿色通道”，对农民工权益案件一律免除经济状况审查环节，直接进入指派流程。健全和完善社会法律援助机构联席会议、村级法律援助联络员和法律援助工作督查制度。是年，清河区法援中心承办的560名民工欠薪追讨案和盱眙县法援中心承办的“6·18”水上交通事故调解案被评为江苏省法律援助十大优秀案件。

2008年，市司法局组织50多位律师就婚姻家族、交通事故、拆迁纠纷、土地征用、劳动争议、医患纠纷、知识产权等10个方面问题接受2万多名市民的咨询。清河区司法局设立流动人口法律援助中心，街道设立工作站，居委会设立联络点，为外来务工人员和流动人口开辟法律援助“绿色通道”。

第八节　基层法律服务工作

1980年，淮阴地区行署及所辖县（市）司法局建立后，农村人民公社和城市街道办事处的法律服务机构也陆续成立。

1987年12月，市司法局召开全市乡镇法律服务工作会议，总结部署基层法律服务工作。

1989年4月，市司法局印发《关于整顿乡镇法律服务所的意见》《关于做好乡镇法律服务所验收发证工作的通知》，进一步落实“巩固、提高、完善、发展”的方针，加强机构的组织建设和业务建设，提高队伍素质和服务质量。该次整顿分准备、检查、整改、验收4个阶段。同年10月，市司法局印发《合格乡镇法律服务所条件和验收办法》，对全市292个乡镇法律服务所进行考核验收，合格率达53.4%。

1992年，市司法局先后在县级淮安市、金湖县、清浦区召开乡镇法律服务现场会或座谈会。全年法律顾问单位发展到4718家，协办公证2.1万件，代理民事诉讼1974件，办理非诉讼事务2237件，代写法律文书7656件，解答法律咨询51770人次，为当事人挽回或避免经济损失2865万元。

1993年4月，市中级人民法院和市司法局联合发文，要求乡镇法律服务工作者受当事人委托参加诉讼，须出示当年注册、统一印制的法律服务工作者证和介绍信，人民法院应准予参加法定诉讼，并按《中华人民共和国民事诉讼法》规定，准予查阅相关卷宗材料。同月，省司法厅召开基层法律服务工作表彰会，淮阴市泾口乡法律服务所主任董耕荣等29人被评为先进个人，泾口、夹沟、古桑、马坝、五港、和平等11个乡镇法律服务所被评为优秀法律服务所。全年基层法律服务工作者担任法律顾问5581家，民事代理12850件，协办公证11886件。

1994年，对全市848名基层法律服务工作者中50岁以下的613人进行考试和考核，有500名合格者予以换证。全年基层法律服务所担任乡镇政府、企业和个体经营户法律顾问4661家，办理各类案件7023件，代写法律文书6375件，解答法律咨询14.3万件，作法治宣传报告3734场，受教育者332.6万人次，追回欠款289.65万元，挽回和避免经济损失3613.7万元，业务收费143万元。

1995年11月，市人大常委会对全市基层“两所一庭”（公安派出所、乡镇法律服务所、人民法庭）现状进行调查，认为“两所一庭”在内部建设上基本实现规范化、制度化，在人员素质上基本实现年轻化、知识化。各地法律服务所普遍开展依法治村、创“五好”家庭、文明户等活动，促进全市社会主义精神文明建设和社会风气的好转。法律服务所在党委、政府的领导下承担起实施“二五”普法计划的具体任务，在人员少、条件差的情况下，不仅做了大量富有成效的组织协调工作，还深入学校、企业、村组进行法律宣讲，培训骨干，开展依法治理活动，为全市“二五”普法任务的完成作出贡献。同年12月，市人大常委会对20个派出所、10个人民法庭、16个法律服务所授予荣誉称号。当年全市乡镇法律服务所有11个法律服务所、3个调委会、15名调解员和20名法律服务工作者受到省司法厅表彰。

1997年11月，市司法局召开全市法律服务代理研讨会，乡镇法律服务工作者对代理诉讼过程中的方法、技巧、重点等问题进行交流。当年全市基层法律服务所担任法律顾问4121家，诉讼和非诉讼代理12378件。1998年，担任常年法律顾问4977家，全市业务收费517.3万元。

2000年1月起，省司法厅统一换发基层法律服务机构执业许可证和基层法律工作者执照。2001年4月，全省对基层法律服务工作者考核合格人员作出授予基层法律工作者资格的决定。淮安市237人获得资格。2002年，完成全市基层法律服务所脱钩改制工作。根据《基层法律服务所管理办法》，全市126个法律服务所改制为基层法律服务工作者合伙组织，共有成员502人。市政府出台《淮安市基层法律服务管理暂行规定》。同年，淮安市基层法律服务工作者协会成立。

2003年，基层法律服务所代理诉讼、非诉讼法律事务14546件。2004年年初，市司法局印发《关于进一步加强全市基层法律服务工作者队伍建设意见》。市法律服务工作者协会印发《淮安市基层法律服务工作者协会惩戒办法》《淮安市基层法律服务工作者职业道德和执业纪律办法

（试行）》。全年代理诉讼和非诉讼案件10055件，担任法律顾问2613家。

2007年，市基层法律服务工作者协会常务理事会为419名法律服务工作者办理执业责任保险，对发生执业责任和工作中发生意外伤亡者，均可得到应有赔偿。当年担任法律顾问2463家，代理案件2034件，办理非诉讼法律事务3051件。2008年，基层法律服务工作者代理诉讼7624件，代理非诉讼9960件。

第九节 安置帮教与社区矫正

一、安置帮教

1996年6月，淮阴市社会治安综合治理委员会决定成立淮阴市刑满释放、解除劳动教养人员安置帮教工作协调小组，由市委政法委牵头，以市司法局为主，市公安局、市工商局、市劳动局、市民政局、市财政局、团市委、市妇联等部门参加。办公室设在市司法局，具体工作由基层工作处承担。市司法局在闸口街道办事处建立安置帮教工作示范点。

1998年，市司法局设立安置帮教工作科。全市建立安置帮教领导小组184个，其中市级1个、县（市、区）级8个、乡（镇、街道）级175个。各地对刑释解教人员进行调查摸底，分类建档，做好回归衔接管理工作。县级淮安市淮城镇瞻岱社区居委会将帮教工作与文明小区建设紧密结合，以小区为单位进行群众性帮教，分片包干，3名刑满释放人员被安置就业，5人自主就业，安置率100%，当年被中央综治办授予“全国安置帮教工作先进单位”称号。

2000年年初，市综治委出台《淮阴市刑释解教人员安置帮教管理办法》。当年6月，召开全市安置帮教工作会议，表彰18个安置帮教工作先进集体和37名先进个人。2002年，市、县（区）、乡（镇、街道）、村（居委会）4级安置帮教工作网络基本形成。全市当年接收刑释解教人员1188人，安置1010人，结对帮教1184人。2003年，在全市开展刑释解教人员专项排查和衔接管理工作，对回归的每一名刑释解教人员，具体落实帮教责任单位和责任人，坚持乡包片、片包村、村包户、户包人。

2004年6月，市委政法委在涟水兴郦欧式装饰构件厂举行首家“淮阴市金不换自主创业教育基地”揭牌仪式。该基地以刑释人员所办工厂为依托，引导扶持刑释人员自主创业。该基地由市刑释解教人员安置帮教办公室管理，涟水县安置帮教办公室负责日常工作。当年全市建立安置帮教小组2319个，接收刑释解教人员1435人，落实帮教人数占总人数的97.1%。

2005年，市、县、乡三级全部成立安置帮教工作领导小组，有安置帮教工作站139个。全市帮教网络规范衔接管理程序进一步健全，拓宽就业渠道，新增过渡性安置基地2个，推动自主创业的开展。当年全市接收刑释解教人员1441人，安置1281人。

2006年，市司法局组织人员对全市刑满释放、解除劳教人员就业和社会保障工作情况进行检查，各地基本落实相关人员的最低生活保障，建立失业登记和就业培训统计制度。全市建立安置帮教基地8个。当年全市接收安置帮教对象1810人，落实安置1664人，安置率达91.9%。

2007—2008年，全市安置帮教工作按照“帮教科学化、安置多元化、管理信息化、工作规范化”的思路，以预防和减少重新违法犯罪为重点，拓宽安置就业渠道，加强教育基地和管理制度建设，落实管控措施，使全市安置帮教工作逐步走上科学化、规范化的轨道。

二、社区矫正

2004年8月，淮安市司法局印发《关于做好社区矫正试点准备工作的通知》。2005年4月，成立市社区矫正工作领导小组。市委办、市政府办转发市社区矫正工作领导小组办公室制定的《淮安市社区矫正试点工作方案》。该方案提出，社区矫正主要适用于被判处管制的、被宣告缓刑的、被裁定假释的、被剥夺政治权利并在社会上服刑的、被暂予监外执行的5种对象。该方案还对社区矫正工作队伍、工作内容、工作制度、试点步骤及保障措施等作出具体规定。

2005年8月，市司法局和市公安局联合印发《关于加强社区矫正衔接工作的若干规定》，市司法局和团市委联合印发《关于组织招募社区矫正志愿者的通知》。当年9月，市社区矫正领导小组召开会议，要求各基层司法所必须保证2人以上负责社区矫正工作，人事部门要配合落实编制；工作经费要到位，重点是保障乡镇。至当年11月底，全市各乡镇和城市街道司法所都建立社区矫正组织机构，明确运行模式，工作人员、经费和志愿者队伍也都协调到位。同年12月，市政府召开全市社区矫正试点工作观摩会，至当年年底，全市接受矫正对象1578人，招募750名社区矫正志愿者。

2006年，在全市推广盱眙县盱城镇和淮阴区王营镇开展社区矫正试点工作的经验。至2006年年底，全市有129个乡镇、街道开展试点，共接受社区矫正对象1849人，招募2300名社区矫正志愿者。2007年8月，在全市范围内开展核查纠正社区矫正对象脱管、漏管专项行动。各地对在册的矫正对象进行全面的人头和档案核对，不留死角。当年12月，省司法厅“社区矫正对象风险评估”课题组赴涟水县调研，集中3个乡镇50名社区矫正对象，主要围绕教育、就业、居住、生活方式、违法犯罪情况、矫正期间情况等11个方面进行问卷调查和个别访谈。

2008年，市司法局增设社区矫正工作处。社区矫正工作处成立后，承担市社区矫正工作领导小组办公室的日常工作，制定社区矫正工作规章制度，指导、监督各县（区）司法局开展社区矫正工作，收集社区矫正工作信息，开展调查研究，总结推广社区矫正工作经验，对全市社区矫正工作人员和社区矫正志愿者进行教育培训。当年全市社区矫正对象重新犯罪率下降0.8%。

·淮安市志·（1978—2008）

第二十卷　军事

第一章　军事组织

第二章　国防后备力量建设

第三章　兵　役

第四章　国防动员

第五章　部队建设

第六章　人民防空

第七章　双拥共建

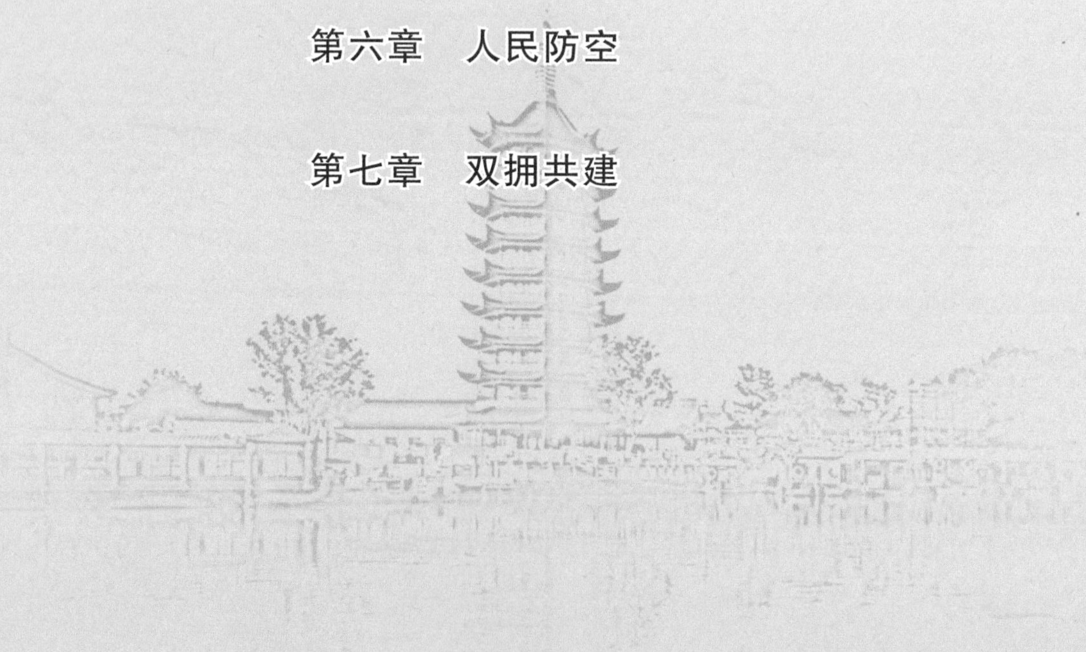

1978年后，淮安军分区和驻淮安部队做好军事斗争准备，提高军队和国防后备力量应对多种安全威胁、完成多样化军事任务能力，为维护国家安全统一和改革发展稳定大局作出贡献。淮安市国防动员建设坚持平战结合、军民结合、寓军于民方针，依托国民经济和社会发展，依靠改革创新与科技进步，强化统筹协调，完善体制、机制，加强国防教育及后备力量建设，加快信息化建设。国防后备力量建设坚持党管武装原则，调整规范民兵组织，深化训练改革，改善武器装备，构建科学、合理的民兵组训体系；做好退伍军人预备役登记统计和地方与军事对口人员预备役登记工作，加强军兵种现役部队预编兵员、预备役专业技术兵储备区建设及学生军训。兵员动员工作得到较好落实，坚决执行上级征兵命令，以提高新兵质量为核心，深化征集主体调整改革，抓住基层推荐、政治审查、体格检查、文化审查和审批定兵5个环节，高标准、高质量地完成征兵任务。驻淮安部队和民兵预备役人员在扶贫助学、抢险救灾等工作中发挥作用，军地开展双拥共建活动，淮安市连续3年获得“全国双拥模范城”称号。

第一章　军事组织

第一节　淮安军分区

1978年，淮阴军分区辖13个人武部。1986年5月，根据中央军委指示，全区县（区）人武部统一移交地方建制。1996年4月，根据中央军委指示，全区县（市、区）人武部统一收归部队建制。1996年12月，灌南县人武部划隶连云港军分区。1997年4月，宿迁市及沭阳县、泗阳县、泗洪县人武部划隶新建宿迁军分区。

2002年1月，淮阴军分区更名为淮安军分区。淮安军分区辖清河区、清浦区、淮阴区、楚州区和涟水县、洪泽县、盱眙县、金湖县8个人民武装部及淮安军分区离职干部休养所等单位。

第二节　驻　军

一、中国人民解放军部队

（一）中国人民解放军83453部队

1978年，中国人民解放军83453部队（团）驻扎盱眙县。1986年5月，该部队撤出盱眙县。

（二）中国人民解放军73106部队（旅）

1978年为师级建置，驻泗阳县。1985年改编为旅。1993年，旅部由泗阳县迁至淮阴县（今淮阴区）。2000年年末，下辖多个建制营、1个建制连队、1个农副业生产基地。

（三）中国人民解放军73682部队（营）

1971年5月，驻防清江市区。

（四）中国人民解放军83457部队（团）

驻防盱眙县。1986年1月，改为83617部队，主要任务为农副业生产。

（五）中国人民解放军江苏省军区农场（团）

1983年以后，江苏省军区部队2年轮换一次驻防，1984年改为固定人员长驻。1983年前，该农场占地面积为336.67公顷，后为200公顷。

（六）中国人民解放军73821部队（师）

1976年3月，由安徽省嘉山县移驻江苏省清江市，为正师级编制。在淮安市境内的下属单位主要有中国人民解放军第82医院、船运大队3中队、干休所等。

（七）中国人民解放军第82医院

1969年10月，由南京市移驻清江市，为正团级单位。1997年，该医院有病床120张，设13个科室。

（八）中国人民解放军73821部队船运大队

为正团级编制，驻清江市。1998年，改为船运大队3中队。

二、武警淮安市支队

原为中国人民解放军江苏省军区独立第5团，于1976年3月由泗洪县移驻清江市，部队代号为83058部队，由淮阴军分区代管。1977年，军分区独立连并入该部。1982年年末，改编为武警江苏总队淮阴支队。2001年，改为武警江苏总队淮安市支队。至2008年，除清河区、清浦区外，各县（区）均建有武警中队。

第二章　国防后备力量建设

第一节　领导机构

一、军事系统领导机构

（一）淮安军分区

淮安军分区是淮安市地方国防后备力量建设军事系统的最高领导机构。市人民武装委员会及其办公室、市国防动员委员会及其综合办公室、人民武装力量办公室均设置在淮安军分区。

（二）县（市、区）人武部

县（市、区）人武部属部队建制（1986—1996年属地方建制），既是县（市、区）委的军事部门，又是同级人民政府的兵役机关，接受县（市、区）委、人民政府和上级军事机关的双重领导。

（三）基层武装部

基层武装部是设在乡镇（街道）、机关企事业单位和大专院校的基层军事工作单位。1996年，淮阴市设立基层武装部526个。1996年，宿迁市从淮阴市分离，灌南县划归连云港市后，淮阴市有基层武装部256个。2003年年末，淮安市有基层武装部314个。2008年，淮安市有基层武装部276个。其中，乡镇128个，行政单位、事业单位、高校79个，街道15个，企业49个，农林渔场2个，经济开发区3个。

二、地方党委领导机构

（一）党委第一书记、第一政治委员制度

1.地（市）委书记兼任淮安（阴）军分区第一政委、第一书记

1978年7月以后，恢复淮阴地（市）委书记兼任淮阴军分区第一政委、第一书记制度。1987年7月起，中共淮阴市委书记只兼任淮阴军分区党委第一书记。2002年1月，中共淮安市委书记兼任淮安军分区党委第一书记。

2.县（市、区）党委书记兼同级人武部第一政委、第一书记

1978年7月以后，恢复淮阴地区13个县（市）委书记兼任同级人武部第一政委、第一书记制度。1987年7月起，中共淮阴市各县（市、区）委书记只兼任同级人武部党委第一书记。2002年1月，中共淮安市各县（区）委书记兼任同级人武部党委第一书记。

（二）军队主要领导参加同级地方党委的常务委员会制度

1978年后，淮安（阴）军分区主要领导参加同级党委，任常委。县（市、区）人武部的主要领导，亦相应担任县（市、区）委常委。

三、人民武装委员会

1979年，恢复淮阴地区、清江市及各县人民武装委员会。淮阴地区人民武装委员会主任为时任地委副书记李登先，副主任为时任军分区司令员郭绍唐。武装委员会机关设在军分区。此后，乡镇（街道）、大型企事业单位、大专院校也建立或恢复人民武装委员会。1983年，淮阴市成立市委人民武装委员会，时任市委副书记、市长高德正为主任。人民武装委员会领导班子随着地方和军分区、人武部主要领导的变动而不断调整，但总的领导结构变化不大，即由市（县、市、区）委副书记、市（县、市、区）长任主任，军分区（人武部）主要领导和分管军事工作的副市（县、市、区）长等人任副主任。

四、国防动员委员会

1995年12月初，淮安市成立国防动员委员会。国防动员委员会设在军分区，下设各专门办公室，武装力量动员办公室主任由军分区参谋长担任。

1995年12月底，各县（市、区）也相继成立国防动员委员会，设在县（市、区）人武部。下设相应的办公室。

第二节　民兵预备役队伍建设

1981年，淮阴地区民兵组织进行调整改革，缩小建制，限制年龄，简化层次，提高质量。取消民兵师，精简民兵团、营、连，以县建民兵团，以公社建民兵营，以大队建民兵营或连。当年取消武装基干民兵。1987年5月，淮阴军分区大幅度调整民兵组织布局、训练任务、武器装备，按照“组织跟着战备走、训练跟着组织走、装备跟着训练走”基本要求，进一步理顺三者之间的关系，解决训非所需、训非所用、用非所训的矛盾。1987年7月，南京军区在淮阴市召开组、训、装协调发展现场会，《解放军报》对此作报道。1989年，淮阴军分区和各县（市、区）成立民兵应急分队，军分区组建1个应急机动营，各县（市、区）组建1个应急机动连，盱眙县在各乡镇组建1个应急机动排。淮阴市召开企业民兵工作规范化建设现场会，军分区与市委、市政府联合印发《关于城市企业民兵、预备役工作的若干规定》，解决城市企业民兵工作机构不稳定、人员难落实、经费难保障等问题。

1991年开始，淮阴市民兵建设以稳定和压缩基干民兵数量，改善基干民兵结构，调整基干民兵布局，提高基干民兵质量为重点。1994年，淮阴市召开城市民兵工作会议，研究市场经济条件下城市民兵组建的新特点、新方略。1998年，淮阴军分区在清河区、涟水县进行城市和农村民兵工作改革试点。

2001年，淮安市高科技民兵和对口专业分队增加船舶维修、治安消防、水上运输、工程抢修、军需供给等兵种。2002年，淮安军分区拟制淮安市城市民兵调整改革方案，重点对基层武装机构、军事训练、政治工作、城市民兵领导管理体制及保障机制等方面进行改革。2003年9月，淮安城市民兵改革通过江苏省军区检查验收。全市在226个新兴企事业单位、64个行业系统、12个街道、9个社区建立民兵组织。全市编有153个民兵地方对口专业分队，共18个专业，组建规模占基干民兵总数的22%。2005年，淮安市重点建设民兵“五类八支队伍”。“五类”即兵员动员、防卫作战、信息作战、支前保障、维稳反恐，“八支队伍”为防空分队、防卫作战、信息攻防、民兵特种作战、保交护路、战勤保障、装备支前、民兵应急分队。抓好民兵组建规范化工作，新建交通保障大队、科技支前保障大队，解决民兵、人防、交通战备三支队伍编组的交叉重叠和一兵多职现象。2006—2008年，淮安军分区进一步强调民兵“编为用、建为战”原则，形成“两沿”“两重”布局（“两沿”即沿重要公路、重要水系；“两重”即重点目标、重要险工险段）。

2008年，全市重点做好民兵预备役规范化建设工作。全市553个企事业单位、191个行政单位编有民兵组织。

第三节　民兵预备役训练

一、民兵预备役干部训练

1981年，淮阴地区训练武装基干民兵连、排长1399人，民兵教员203人，专职武装干部233人。1985年，淮阴市建立县（区）民兵教学协作网。除兼职的现役干部和聘请的部队教员外，采取兼、抽、选、聘4种方法，由乡镇人武部推荐民兵干部和退伍军人（民兵），经县（区）人武部考核合格，发给聘请书，正式接纳为协作网教员。1989年9月，淮阴军分区在教导队组织专职武装干部军事技能竞赛，参加人员107人。

1990年以后，淮阴军分区平均每年组织1期专职人武干部集训，参训人数按总人数四分之一确定。该做法得到江苏省军区肯定，并向全省推广。

1994年，淮阴军分区制定并实施《民兵营长轮训计划》，计划在3年时间内，结合民兵训练，完成全市2.3万多名民兵营（连）长轮训。当年组织100名专职武装干部和民兵营长集训。同年，军分区组织民兵"四会"（会讲、会做、会教、会管理）教练员巡回表演。1996年，淮阴军分区培训民兵营长6979人次，培训专职武装干部814人。

1999年，全市训练民兵干部1210人，重点是科技训练。2000年，淮阴军分区要求民兵营长全部由转业、退伍、复员军人或经过军事训练考核合格的优秀民兵担任，民兵营长经训率达100%。

2001年，淮安军分区开展民兵预备役军官制度试点，建立预编军官军事训练制度。2002年初，组织100余名专职武装干部业务集训，江苏省军区向全省转发淮安市专职武装干部集训经验。2004年，举办一期民兵高炮团连长集训，请驻军防空教导队协助。选送近200名民兵干部参加9期江苏省军区组织的各类集训，45名排、连、营干部随同民兵一起参加训练。

2005年，淮安军分区训练民兵干部、专职武装干部10期300余人，组织民兵干部参加江苏省军区各类集训8期88人，随民兵参加训练的干部45人。依托73106部队教导队，对民兵营、连、排、班长及担任教学的教员，实施封闭训练，参训人员进一步掌握现代防空知识，熟悉指挥职能、内容、方法和程序。

2006年起，淮安军分区每年定期组织专职武装干部及"四会"教练员集训。2007年4月，淮阴区国税局预备役军官李新龙被总参谋部、总政治部联合表彰为全国民兵优秀"四会"教练员。2007年，淮安军分区司令部对8个县（区）人武部"四会"教练员进行考核。2008年，淮安军分区组织庆祝建军81周年军事训练汇报表演，由涟水县专职武装干部组成的实弹射击表演，受到军地领导一致好评。

二、基干民兵训练

1978年9月，淮阴军分区组织全区民兵军事竞赛大会。参加竞赛大会的有基层武装基干民兵建制班代表和各个军事项目比赛中的优秀选手，每个县选派1个12人建制班和12名投弹、射击等方面的选手，共312人。大会历时3天半，安全顺利地完成竞赛任务。1981年，淮阴军分区开展游击战训练，6个县（市）结合实际，选择巷战、破袭战、伏击战等课题，每个县（市）完成1个班试点。当年进行民兵训练改革。

1982年，改革基干民兵训练方式，农村改由公社（乡）集中训练，城市由主管局集中训练。此外，对民兵专业分队的训练，采取县、社（乡）结合的方法，改变原来由县（市）人武部训练骨干，公社（乡）抓普训的做法。1983年，专业分队改由县（区）集中训练，公社负责解决报酬。1984年，实训基干民兵42354人，盱眙县人武部在训练中全面推广吃、住、训"三集中"。同年11月，淮阴军分区在盱眙县召开现场会，推广该县集中训练做法。1985年，各县人武部建立训练基地，配有完备训练设施和生活实施，建立健全县（区）教学协作网。1986年，淮阴军分区在淮安县召开民兵训练基地综合利用现场会，总结推广该县对基地实施训、养、育、管一体化做法。1987年开始，进一步理顺民兵组、训、装三者之间的关系。此后，随着基干民兵数量大幅度压缩，训练保障水平和训练质量不断提高。1990年，实训基干民兵6566人，合格率达100%，优秀率达55.2%，专业技术兵占民兵总人数的41%。同年5月，淮阴市民兵防化分队参加江苏省军区组织的汇报表演，被评为表演先进单位。军分区在清浦区召开企业民兵规范化建设现场会，军分区与市委、市政府联合印发《关于城市企业民兵、预备役工作的若干规定》，对民兵军事训练和民兵活动经费作出明确规定。1990年以后，突出专业技术分队及民兵应急分队的训练。

三、民兵专业技术分队训练

1991年9月至1992年5月，淮阴军分区训练专业技术兵3552人，占训练基干民兵总数的48.9%。经考核，合格率100%，优秀率55.7%。淮阴军分区组织民兵分队在沿海靶场进行实弹射击，总评成绩优秀。

1994年，训练专业技术兵3430人，占实训民兵总数的42.9%。经考核，合格率达100%，优秀率达59.6%。是年，各县（市、区）均成立民兵训练大队、中队。1997年，训练专业技术兵1580人，占实训民兵总数的37.4%。当年4月，淮阴军分区组织民兵应急分队和民兵高技术含量专业分队部分军事训练成果汇报表演。江苏省军区领导观看比武。1998年，专业对口民兵经训数5864人，占总数的97%。2000年，训练专业技术兵763人，占训练总数的11.2%。另训侦察兵80人，经考核，合格率达100%，优秀率达51.5%。同年4月，高炮骨干连参加全省高炮实弹射击考核竞赛，命中红二航模拖靶2具、巡航导弹拖靶1具，取得综合和实弹射击成绩两项第一、军事理论考核第四、“三打三防”成果评比两个第一的成绩。

2002年3月，组织对新组建的导弹连进行专业训练，参训民兵56人。在江苏省军区考核验收中，取得理论和模拟射击两项全省第一的成绩。是年，针对民兵专业技术分队训练缺场地、缺教材器材、缺教员、训练质量难提高的实际情况，采取民兵专业技术兵跨区联训措施，在全区分别组建高炮、防化、通信、地炮、侦察、舟桥、工兵、军械修理及应急分队9个训练中心。全年跨区联训民兵专业技术骨干366人。同年，组织民兵对口专业技术兵训练，训练内容包括战场救护、防化救援、迷彩伪装、车辆快速检测、道路快速抢修等17个与战时作战任务有关科目。2003年，进一步推广、完善民兵技术专业兵跨区联训举措。2005年，楚州区民兵高炮分队在全省民兵高炮实弹射击中，获全省第三名，涟水县民兵高炮连被江苏省军区评为实弹射击优胜单位。

2006年，基干民兵实训人数近4000人（含民兵应急分队），跨区联训各类民兵骨干526人。民兵防空分队参加全省实弹射击，取得较好成绩。2007年，民兵专业分队训练合格率100%。军分区组织民兵高炮团首长机关、民兵通信兵、渡河分队骨干参加江苏省军区集训。组织高机、地炮、防化、侦察、信息、工兵、通信和应急分队8个专业骨干民兵跨区联训，督促各县（区）自训。组织600多名民兵参加庆祝建军80周年民兵训练科目汇报演示。组织民兵专业分队参加演习。2008年，超额完成基干民兵训练任务量28.6%，合格率达100%，优秀率达86%。组织民兵专业分队参加动员支前、保交护路及抗洪抢险演练。

四、民兵应急分队训练

1990—1995年，民兵应急分队和基干民兵一起参加训练。1996年，淮阴军分区印发通知，规定民兵应急分队的军事训练每年不少于30天。

1997年4月，淮阴军分区组织民兵应急分队和尖子连比武。同年5月，组织民兵应急分队和高技术含量专业分队部分军事训练成果汇报表演。

2001—2002年，淮安军分区每年训练民兵应急分队人数占当年民兵参训总人数的32.3%。2005年，淮安军分区民兵应急分队训练2200人次。2008年，淮安军分区民兵应急分队训练1180人次。

第四节　学生军训

一、高级中学学生军训

1985年，淮阴市境内高级中学开始把国防教育和军事训练列入工作和教学计划。

1986年，淮阴军分区举行首届中学生无线电报务竞赛，40人参加，以棉花庄中学学生为主的淮阴县代表队获团体第一名。1987年，淮阴军分区组织877名高中一年级学生，开展军事训练试点工作。是年，江苏省军区举办全省第二届中学生无线电报务竞赛，淮阴军分区派6名学生参加，获团体总分第一名，6人全部拿到名次。1988年8月，淮阴市召开高级中学军训试点工作经验交流会。江苏省军区政委岳德旺、副司令员陈月星参加会议并讲话。

1990年以后，高级中学学生军训主要在一年级新生入学前进行，主要进行队列和单兵动作训练。淮阴军分区选择一批有基础的学校进行军事专业技术训练，重点课目有无线电报务等。1991年，淮阴县棉花庄中学报务训练班受到总参谋部表彰，该学校是在全市组建最早的报务训练班。

1997年，淮阴军分区在全市创建9所预备役学校。学校以文化课为主，设置一定量的军事课，实行准军事化管理。1998年，淮阴市高级中学学生（含职业高级中学）共有20138人参加军训。2000—2001年，军分区教导队为淮阴中学、清江中学、淮安第二中学代训3000名高中新生，食宿均在教导队训练基地，实行军事化管理，训练课目主要为队列和内务整理等，时间为1周。

2002年，江苏省政府和江苏省军区联合下文转发江苏省教育厅、江苏省军区司令部《关于普通高等院校和高级中学学生军事训练工作实施意见》，淮安军分区迅速组织落实。是年，参训高中及职业高中学生2.26万人。在江苏省军区举办的第八届学生无线电报务竞赛中，淮安中学生代表队获团体第四名。2006年，全市参加军训的高级中学和大专院校学生43876人。2007年，江苏省组织第十一届中学生无线电报务竞赛，淮阴区棉花庄中学报务班取得8个单项竞赛前3名和团体第二名成绩。2008年，全市大、中学及部分小学学生参加军训10万余人。

二、高等学校学生军训

1985年起，淮阴市境内大专院校对入学新生开展军事训练，但没有形成制度化，时断时续。1995年后，境内大学生军训逐步实现经常化、规范化。1998年，全市参加军训大学生6362人。2000年，全市大学生参加军训人数约7000人。

2002年，淮阴工学院成立军训教研室，配有专、兼职教师10人。该院选派2名青年教师参加江苏省高校军事理论教师培训班进修。2003年，淮阴师范学院成立学生集中军训工作领导小组。

2004年，全市高等院校招收新生8500人，实训8500人，其中8450人经考核合格。

2005年，全市大中专院校及高级中学学生参加军训计3.5万人。

2008年，全市高等学校约2万名新生参加军训。

第五节　参与地方建设

一、维护社会治安

20世纪80年代，民兵配合公安部门打击刑事犯罪。1983年9月，淮阴市出动民兵76066人次，协助公安干警、党政干部组成两道包围圈，设立5881个卡点，对车站、码头、旅馆、浴室等进行3天拉网式突击搜查，围捕震惊全国的2名持枪杀人犯罪嫌疑人，抓获流窜刑事犯罪嫌疑人227名。1981—1987年，共有17.2万名民兵参加打击各种刑事犯罪活动的斗争。1990年，近5万名民兵协助公安干警、党政干部开展第二次“严打”斗争，破获“车匪路霸”案件374起，抓获犯罪嫌疑人414名；摧毁犯罪团伙45个，抓获犯罪嫌疑人240人，缴获赃款赃物240万元。1994年，全市开展集中整治城乡社会治安的斗争，组织集中搜捕行动，近万名公安干警、基层干部、联防队员和民兵参加，抓获各类违法犯罪嫌疑人615人，各类在逃犯罪嫌疑人135人，破案263起。1995年，中共淮阴市委印发《关于进一步做好组织民兵配合公安部门维护社会治安的通知》。该文件使民兵维护社会治安工作走上制度化、规范化的轨道。1996年，淮阴军分区制定《紧急处置严重暴力犯罪案件预案》，保证民兵在紧急情况下能快速有效实施打击犯罪、维护社会安全的行动。

1990—2008年，淮安民兵除配合公安机关打击刑事犯罪活动外，还按照淮安军分区、市公安局的部署，多次进行全市非法地爆器材和非法枪支弹药收缴工作。在每年的节假日和特殊时期做好值勤、巡逻及维护秩序等工作。

二、参加经济建设

（一）开展“以劳养武”活动

1983年开始，淮阴市开展民兵“以劳养武”活动，由县（市、区）人武部和基层人武部组织实施，形成“人武一条线、重点抓一业”的局面。1987年，淮阴市创办以劳养武实体301个，创产值4045万元，利润197.7万元。是年，淮阴市政府、淮阴军分区在盱眙县召开民兵“以劳养武”现场会，南京军区推广盱眙县人武部的做法。

1990年以后，民兵“以劳养武”活动不断向纵深发展，民兵成建制劳务输出增多，兴办的实体向林业、养殖业、加工业和第三产业等多种产业、行业延伸，接管一批频临破产的乡镇企业。1994年，淮阴市政府、淮阴军分区联合印发《关于民兵开展以劳养武若干问题的暂行规定》，全区民兵“以劳养武”活动掀起新的高潮。1995年，洪泽县老子山镇顺河滩养殖场，被江苏省政府、江苏省军区表彰为民兵“以劳养武”明星企业。

民兵“以劳养武”活动的开展，虽取得显著的经济效益和社会效益，但也对民兵工作和人武部门自身建设带来一定的干扰。此后，在激烈的市场竞争中，一大批体量小、不具优势的“以劳养武”实体被逐步淘汰，一批实力较强，具有特色、优势的实体继续经营。1999年，全市对民兵“以劳养武”项目进行核查登记、认定发证。

（二）参加城乡建设

20世纪90年代，淮阴城市建设和乡镇建设高速发展，民兵在城乡建设特别是道路、给排水、电力、建筑等工程中发挥重要作用。

2001年，淮安军分区动员广大民兵预备役人员参加全市重点城乡建设工程27项。2002年，淮安军分区协调军地双方共同完成通信光缆铺设任务，一批专业对口民兵预备役人员协助工作。2003年，清河区人武部发动民兵参加社区建设，协助城管部门拆除违章建筑4500余间，清除街巷住宅垃圾上万吨。盱眙县人武部组织3万名民兵参加县工业园区建设。同年，楚州区人武部获楚州区委、区政府授予的特殊贡献奖。

（三）参与扶贫帮困

1997年，全市人武系统开展"百营攻坚、六路进军、百村脱贫"活动，军分区机关、县（市、区）人武部和乡镇武装部三级联动，与全市99个贫困村、661户贫困户挂钩帮扶，投入人力1.2万余多人次，协调支持资金257.6万元。全部帮扶贫困村和贫困户如期脱贫。其中，10个村达小康标准，培植种植专业户1591个，各类专业村56个。1998年，盱眙县人武部被南京军区评为扶贫工作先进单位。2000年，淮阴军分区实施"百村扶贫"四年计划。其间，共组织近百个民兵营参加帮扶活动，采取定点挂村、结对包户、大户辐射、以劳养武带动等多项措施，取得预期效果。2003年，淮安军分区协调驻淮安部队和组织广大民兵预备役人员开展扶贫帮困送温暖活动。

三、参加精神文明建设

1983年，在全市民兵队伍中成立学雷锋小组、帮工小组、帮难小组、帮战友小组和助耕队近万个，做好事33.35万件，涌现出一批先进集体和先进个人。盱眙县河桥乡基干民兵宋锦兰，长期奉养"五保"老人，被全国妇联授予"三八红旗手"称号。金湖县塔集乡基干民兵谢永生、陆义海，奋不顾身抢救沉船落水的53名妇女儿童，江苏省军区和淮阴军分区分别给两人记一等功和二等功。

1983年后，县（市、区）乡镇均建立青年民兵之家，作为民兵学政治、学文化、学科技的基地。全区各地涌现出一批科技致富的民兵典型。民兵在移风易俗工作中也发挥先锋作用。

1994年，盱眙县遭逢淮河严重污染，自来水厂无法生产，动用159个民兵营计10.3万人次，挖水井，挖沟渠，筑拦污水坝，抗污、供水取得突出成效，中央电视台《焦点访谈》节目报道盱眙城管中队基干民兵的先进事迹。1998年，江苏省军区党委，淮阴市委、市政府，淮阴军分区作出开展向盱眙县人武部学习活动的决定。

1996年，清河区民兵组织成立"绿臂章"民兵服务队，在市区长途汽车站候车室设常年服务点，由各基层人武部抽出4～5人轮流值班，主要服务内容是扶老携幼上、下车，维护候车室和站前广场卫生环境，制止不文明行为。《人民日报》对此作报道。在清河区的带动下，全市各县（区）都组织民兵服务队。

四、抢险救灾

1991年，淮阴市境内出现特大洪水灾害，农作物受灾严重。淮阴军分区在协调驻淮阴部队参加抢险救灾的同时，组织全市民兵抗洪抢险，成建制地组织民兵1200个营计45万人次，抢救转移群众9.8万人，抢运物资13吨，加固堤坝88.5公里。

1993年夏，全市组织民兵7880人次，对淮河入江水道、洪泽湖大堤险工险段进行检查，参加部分地区抗台风和抗洪救灾活动。

1998年，洪泽湖发生较大洪水险情，全市组织民兵1.43万余名，开展洪泽湖大堤警戒、巡逻及加固、清障工作，并组织5支抗洪抢险突击队，计2200人。2002年8月，楚州区、淮阴区、涟水县部分乡镇遭受历史罕见的冰雹袭击，淮安军分区组织3.6万名民兵投入抢险救灾活动。2003年夏，淮河出现50年一遇的特大洪涝灾害，全市快速组织民兵预备役人员17.3万人，协调部队官兵投入抗洪救灾第一线。

2005年3月29日，京沪高速公路淮安段发生液氯泄漏事故，淮安军分区和淮阴区人武部组织干部战士及民兵110人参加救援活动，撤离群众6500人，抢救中毒人员124人。

2007年7月上旬，淮安市发生洪涝灾害，组织民兵3.6万多人，进驻洪泽湖大堤、淮河大堤险工险段，严防死守，清除行洪障碍，确保堤防安全。

第三章　兵　役

第一节　兵役登记

1984年，淮阴市推行征兵、民兵组织整顿、民兵训练三项工作一体抓的做法，淮阴军分区和各县（市、区）人武部均建立“三项工作”办公室，兵役登记工作由办公室秘书组负责，各乡镇、各系统基层人武部设立相应的兵役登记组织。从当年9月1日起开始兵役登记，采取适龄青年主动到站登记、基层人武部上门登记、适龄青年家属代登记和外出务工人员信函登记等多种方法。登记过程中，同时进行身体目测、政治初审、文化摸底、病史调查4个环节的工作，择优确定预征对象，登记工作在当年9月30日前完成。

1987年7月，江苏省征兵办公室要求，全省兵役登记工作从每年5月1日开始，至8月22日结束，8月31日前上报统计表。同时，确定兵役登记工作在地方党委、政府统一领导下，由军事部门牵头，当地政府征兵办公室负责承办。淮阴市成立征兵联络站，在市、县（市、区）征兵办公室停止办公时间，由军分区、县（市、区）人武部和公安局、卫生局各抽调1～2名干部，在所在地征兵办公室定点办公，履行征兵办公室职责，指导兵役登记和其他有关征兵工作。乡（镇）指定1名人武干部，担任征兵联络员，具体负责当地兵役登记工作。市、县（市、区）征兵办公室正常工作时，兵役登记工作仍由征兵办公室负责。

1995年，《江苏省征兵工作条例》颁行，淮阴市兵役登记工作步入法制化、规范化轨道。1996年，全市实行兵役证制度。

1998年，南京军区表彰淮阴市政府征兵办公室为军区征兵工作先进单位。

2005年以后，淮安市在兵役登记时间、形式、方法上进行改革，开展信息化管理。加强推荐审核和管理教育，由村（社区）、乡（镇）、县（区）三级逐级推荐，填写预征对象推荐表，未经逐级推荐的对象，一律不得进站体检。

第二节　兵员征集

一、义务兵征集

1978年，淮阴地区征兵对象以农村地区人员为主。1980年，淮阴地区要求高中生征兵比例不得低于总数的20%，农村应征青年须具有初中以上文化程度，城市应征青年须具有高中文化程度。当年所征新兵中，初中及以上文化水平的新兵占总数的96%，其中高中生占新兵总人数的44%。

1983年，根据江苏省征兵领导小组决定，金湖县试行由地方向部队送兵。1987年，淮阴市确定，除在路程较近、兵员不多的情况下，由地方负责送兵外，其余均由部队负责接兵。1991年，全市征集326名优秀高中毕业生入伍。

1996年，地级宿迁市成立，淮阴市应征入伍人数减少。2001年，具有大专以上文化程度的，征兵年龄可放宽至22岁，本科学历的可放宽至23岁。2005年以后，对全日制本科高校毕业生征兵年龄由23岁放宽至24岁。

2005年，淮安市高中及以上文化程度的新兵占新兵总人数的53%，其中60名新兵具有大专以上文化程度。2008年，淮安市高中及以上文化水平新兵占新兵总人数的76%。至2008年，淮安市连续14年无责任退兵。

二、招收飞行学员和军事院校学员

1978年8月，总参谋部、总政治部发出通知，军事院校从地方招收学员，不同于义务兵，不必办理征兵手续，由军事院校填写军事院校学员参军证明书和军事院校参军登记表，寄给学员家属所在地的县（市）人民武装部，转给学员家属。学员的军龄从正式入校之日算起。1979年，淮阴地区招收的飞行员主要是高中毕业生和高中二年级在校生。1980年，淮阴地区招收的飞行学员全部为高中毕业生。1987年后，招收飞行学员由人民解放军直接与地方教育部门按军事院校招生办法办理。航空基础学院和飞行学院印制招生章程和广告，在全市各高级中学散发，介绍招生对象、要求以及学校设施、教育条件和学生待遇，市各级教育部门协同动员学生报名，公安部门进行政审，卫生部门负责体检，最后由招生学校考核确定录取人员。淮安军分区政治部承办江苏省军区政治部赋予的军队院校和国防生招生的面试、体检和心理测试工作。

三、招收士官

2003年，江苏省政府征兵办公室决定在南京、苏州、镇江、淮安4个市开展招收士官试点工作。淮安市招收士官20人，专业分配为机电8人、内河驾驶6人、舰艇机修（轮机）6人。

2005—2008年，淮安市均有不同数量的士官招收任务。

第三节　军分区干休所

淮安军分区干休所位于清河区大治路（楚州区有休养点）。原属江苏省军区，时为江苏省军区清江休养干部管理所。1979年7月，划归淮阴军分区，并由营级升格为正团级，更名为淮阴军分区离职休养干部管理所。1980年，淮阴地区民政部门和组织部门安置休养126名部队离、退休干部。1981年，军分区干休所建大治路休养点，占地面积14993平方米，建筑面积5848平方米，建房19幢。该点后成为军分区干休所总部所在地。1982年，淮安县干休点在院外购买7户住房，入住干部达16户，称淮安干休所，属军分区干休所领导。

1983年，军分区干休所由正团级改为副团级（所长、政委可以高配正团级），各休养点共入住43户离、退休干部，军分区营区住有16户离、退休干部。1985年，军分区干休所新建20户住房，鼓励、协助老干部分散自建住房。淮阴军分区有离、退休干部214人，分住在军分区各休养点、营区及自建住房。1986年，人武部归建地方，军分区移交地方安置管理离、退休干部43人，遗属67户111人。1987年，淮阴市民政局干休所安置军队离、退休干部74户。全市民政部门安置离、退休干部207户（包括人武部移交的老干部）。军分区干休所大治路休养点安置43户离、退休干部。

1993年，淮阴军分区干休所被南京军区评为先进单位。1994年，淮阴军分区干休所被评为江苏省军区先进干休所。1997年，军分区干休所再次被评为江苏省军区先进干休所。

2001年，军分区干休所在住老干部53户，遗属32户。2004—2005年，军分区投入70万元，建设干休所文化活动中心、医疗保健中心、战士宿舍及车库。2005年，干休所被总后勤部表彰为全军干休所卫生规范化管理先进单位。2008年，军分区干休所总部（大治路点）有管理干部及医护人员10名，配备大小车辆11辆。在住老干部11户，遗属37户，分散居住的老干部7户。

第四章　国防动员

第一节　领导体制

1979年，淮阴地区交通战备领导小组成立，由地区行政和军分区负责人分别任正、副组长。1982年，南京军区决定在淮安县、淮阴县、涟水县进行扩编1个团的试点工作。根据淮阴地委文件，地区和有关县分别成立兵员动员领导小组，地、县两级行政和军事部门主要领导分任组长、副组长，为临时机构。1984年，淮阴市成立国防工业办公室。1995年12月，淮阴市国防动员委员会成立，市委书记、市长分别兼任第一主任、主任，军分区司令员、政委和1名分管副市长任副主任，军分区参谋长任秘书长。各县（市、区）人民政府和人民武装部参照市国防动员委员会的领导体制，由县（市、区）委书记、县（市、区）长分别任国防动员委员会第一主任和主任，县（市、区）人武部部长、政委及分管副县（市、区）长等任副主任。各县（市、区）国防动员委员会综合办公室主任由各县（市、区）政府办公室1名副主任兼任，人武部配备1名兼职副主任，县（市、区）政府办公室和县（市、区）人武部各配备1名工作人员参加综合办公室工作。2002年，市国动委秘书组改为综合办公室，由市政府1名副秘书长兼任主任，军分区司令部设1名专职副主任和1名工作人员。

第二节　机构设置

一、市国防动员委员会

1995年，淮阴市国防动员委员会下设秘书组及人民武装动员、经济动员、人民防空、交通战备4个办公室。市国防动员委员会与淮阴军分区合署办公，秘书组、人民武装力量动员办公室设在军分区司令部，经济动员办公室设在市经济委员会（后改设在市发展和改革委员会），人民防空办公室设在原市人民防空委员会办公室，交通战备办公室设在市交通局。原市人民防空委员会、市交通战备领导小组撤销。市国防工业办公室划归省直管，改为江苏省国防工业办公室驻淮阴办事处。2001年，淮安市国防动员委员会增设政治动员办公室，设在军分区政治部；增设科技动员办公室，设在市科学技术局。市国防动员委员会下设机构有综合办公室、人民武装力量动员办公室、政治动员办公室、人民防空办公室、交通战备办公室、经济动员办公室、科技动员办公室。2002年，增设信息动员办公室，设在市发展计划委员会。至2008年，淮安市国防动员委员会下设机构无变化。

二、县（市、区）国防动员委员会

1995年，淮阴市国防动员委员会下辖各县（市、区）国防动员委员会所属办公室的设置，结合机构改革中的职能调整予以明确。县（市、区）国防动员委员会人民武装力量动员办公室、政治动员办公室设在县（市、区）人武部。经济动员办公室、信息动员办公室设在县（市、区）发展计划委员会，科技动员办公室设在县（市、区）科学技术局，办公室配备专职或兼职工作人员。交通战备办公室设在县（市、区）交通局（清河区不设交通战备办公室），主任由县（市、区）交通局局长兼任，配备专职副主任1名。县（市、区）人防办公室最初由县（市、区）人武部兼管，后皆单独设立。

第三节　国防动员活动

一、人民武装力量动员

详见本卷第二章《国防后备力量建设》和第三章《兵役》。

二、政治动员

（一）防洪救灾政治动员

1991年7月，淮阴市发生特大洪涝灾害。同月13日，淮阴军分区要求军分区机关和各县（市、区）人武部一切工作以抗洪抢险为中心，迅速落实抗洪抢险民兵队伍，动员车辆、器材，规定联络信号。同月24日，淮阴军分区党委下达指示，要求军分区和各县（市、区）人武部干部战士及广大民兵和洪水灾害斗争到底，带头搞好生产自救，协助维护社会治安。

1994年7月，淮河发生重大污染。淮阴军分区要求全市部队、民兵树立"学人民、爱人民、为人民"的指导思想，投入抢险救灾。同年8月13日，中共江苏省委书记陈焕友到盱眙县人武部看望、慰问战斗在抗污一线的人民武装干部、民兵和南京部队官兵。

2003年，淮安市发生新中国成立以来罕见的特大洪涝灾害。淮安军分区要求各县（区）人武部党委迅速把工作重心转移到抗洪抢险工作，各级领导干部在抗洪抢险中靠前指挥，把思想政治工作做到第一线。

（二）政治动员预案编制和参加演练

1978—1988年，淮阴军分区自行组织和参加江苏省军区组织的多次扩编动员演练，军分区政治部负责编制政治动员预案，拟制政治动员文书，发布政治动员令。1992年9月，淮阴军分区组织首长机关带人武部扩编动员演练。1995年，淮阴军分区参加江苏省军区组织的军事演练。2000年，淮阴市国防动员委员会组织全市国防潜力调查，首次把宣传机构等政治动员潜力列入调查和统计范围。

2001年，淮安市国动委政治动员办公室成立市国动委。同年9月，市政治动员办公室制定兵员征集政治动员和支前保障政治动员预案。2002年，市政治动员办公室参加淮安市国动委组织的战时动员指挥网上演练活动。

2005年，淮安军分区政治部和政治动员办公室继续做好民兵训练过程的政治工作，开展新一轮国防动员政治潜力调查，调整、充实、完善政治动员预案和政治动员潜力数据库。

2008年，淮安军分区政治部暨淮安市国动委政治动员办公室编写完成并公开出版23万字的《后备力量参加非战争军事行动政治工作研究》。

三、人民防空动员

详见本卷第六章《人民防空》。

四、交通战备动员

（一）组织领导机构

1979年，淮阴地区成立交通战备领导小组，由分管副专员和淮阴军分区副司令员分别任正、副组长，交通、城建、水利、公安、人防、计划、经贸、财政、物资、邮电、供电等部门领导任小组成员，领导小组日常工作由地区交通局承办。1984年，更名为淮阴市交通战备领导小组。1986年5月，市交通战备领导小组办公室正式定编为独立核算全民事业单位。1995年，各级国防动员委员会成立后，交通战备领导小组相应被撤销，市交通战备办公室为市国防动员委员会办事单位。2003年，市国动委对市交通战备办公室组成单位进行调整和补充。在县（区）政府机构改革和企事业单位管理体制转换中，各县（区）和有关企业交通战备工作机构也得到较好落实。

（二）交通保障队伍建设

1987年，淮阴市组建交通专业保障队伍。根据所处交通枢纽的保障地位和战时可能承担的任务，全市组建20个队伍，其中县（市）综合保障队伍11个，运输、工程、通信等专业队伍9个。1996年，行政区划调整后，全市组建县（市、区）综合保障队伍7个、其他专业保障队伍9个。"十五"计划期间，受江苏省交通战备办公室委托，淮安市承担全省交通专业保障队伍改革试点。2004年，江苏省交通战备办公室批准淮安市（交通专业）保障队伍改革方案，并作为示范在全省进行推广。2005年，市国防交通保障总队成立。2008年，淮安市组建道桥保障队伍，完成交通战备保障队伍与经济动员办公室后勤战备保障任务对接。

（三）军事行动交通保障

1993年10月，淮阴市交通保障队伍为南京军区摩托化部队实兵检验性演练过境实施交通保障。1996年11月8日，为南京军区演习部队过境组织提供交通保障。2001年8月12—13日，为海训部队返营提供交通保障。2005年5月，为南京军区训练车队沿宁连路南向过境淮安实施交通保障。2008年，参加江苏省国动委组织的国防动员演练，承担交通保障任务。

五、经济动员

1984年，淮阴市国防工业办公室成立，全市首次开展大规模国防经济动员潜力普查。1988年，全市再次开展国防经济潜力调查。1995年12月，市国防动员委员会成立，下设经济动员办公室。此后，经济动员潜力调查工作每年进行一次，对数据进行充实调整。2005年，市经济动员办公室开展《淮安市国民经济动员预案》编制，预案经审定批准后汇编成册。2006年，淮安军分区后勤部协调市国防动员委员会经济动员办公室，对全市后勤资源与保障潜力进行新一轮调查，更新数据库信息。组织油料、被装、给养、战救药材等重点战备物资储备，开展经济动员演练。

六、科技动员

1995年，淮阴市国防动员委员会成立，科技动员各项工作分别由国防动员委员会所属各办公室负责。2001年，全市进行科技动员潜力调查，确定一批可用于战争动员的民用高科技企业和科研单位，拟制战时科技动员总体预案和配套方案，研究制定科技动员地方性法规。当年8月17日，淮安市国防动员委员会科技动员办公室成立，设在市科技局。随后，各县（区）国动委相继成立科技动员办公室。2003年3月，对全市组织科技动员潜力全面调查，调查领域扩大到11个大类的有关企业和行业。根据科技动员预案，成立淮安市民兵科技支前保障大队。2004年，民兵科技支前保障大队更名为科技支前装备保障大队。

七、信息动员

1997年，淮阴军分区在市邮电局组建民兵高科技通信连。2000年，淮阴军分区结合科技动员试点工作，获取全市信息产业规模、设备、技术、人才及发展前景等各方面基础数据。2002年4月，淮安市国防动员委员会增设信息动员办公室，设在市发展计划委员会。2003年3月，市国动委将原由交通战备办公室负责的邮电通信战备工作，调整由信息动员办公室负责。信息动员办公室组建民兵信息作战连。至当年年底，全市各县（区）民兵信息网建设全部达标。2005年，全市信息动员指挥网络建设实现数据信息化、标准化和信息处理智能化要求。

2008年，淮安市建立县（区）、乡（镇、街道）、村（居委会）三级民兵信息员网络，实现信息报送网络化，并与同级武警、消防、公安、水利等部门建立信息资源共享制度，拓宽信息来源渠道。

第四节　全民国防教育

1978年以后，随着经济体制改革和对外开放的不断深化，淮阴军分区探索新形势下民兵教育新方式方法。1985年，淮阴军分区和市委、市政府宣传第二部兵役法。同年，淮阴军分区和各县人武部结合《中华人民共和国人民防空条例》的颁布，对民兵和群众开展人民防空教育。1986年，全市高级中学开始把国防教育和军事训练列入工作和教育计划。

1988年7—8月，全省开展"国防教育月"活动，淮阴军分区与市委、市政府共同研究、部署国防教育工作。1992年，淮阴市及下辖县（市、区）分别成立国防教育委员会和领导小组，同时成立国防教育办公室，设在市、县（市、区）宣传部。1993年，中共淮阴市委制定《淮阴市全民国防教育实施意见》。1995年，淮阴军分区和市委、市政府联合制定印发《淮阴市全民国防教育实施细则》。淮阴县农民李有生自费搜集历史及当代图片，并自己动手作画，义务开展国防教育，中央及省、市级新闻媒体纷纷采访报道。1997年，淮阴军分区在全市创办9所预备役学校（高中），专门制定《淮阴市预备役学校学生军事训练大纲》。1998年，市、县（市、区）委党校均把国防教育列入教育计划。

2001年9月，淮安市开展第一个"全民国防教育日"活动，成立全省第一个"双拥艺术团"，慰问驻军和"淮阴舰"官兵。中共淮安市委调整国防教育委员会组成人员，市国动委增设政治动员办公室，与市国防教育办公室合署办公。2000—2002年，全市建有少年军校29所，9所高校设有国防教育课程，建有国防教育基地16个，其中省级4个、市级7个、县级5个。

2003年，淮安市成立国防教育学院，设在市委党校。2004年3月，开办首期国防教育专修班。同年，投资800多万元兴建的淮安市国防教育展览馆建成开放。

2005年，全市有国防教育基地28个，其中省级15个、市级10个、县（区）级3个，年接待量100万人次以上。全市各县（区）都开展国防教育进万家活动。2006年，清河区开展国防教育进机关、进街道、进社区、进学校、进村（户）活动。清浦区国防教育活动深入农村，《人民前线》报介绍清浦区的经验。2007年，在中国人民解放军建军80周年之际，楚州区举办楚州籍将军书画展。清河区人武部综合楼落成，集区人武部机关、区人防办、区国动委和区国防教育馆于一体。其中，区国防教育馆投资160万元，建筑面积1000平方米，有10个展厅。

第五节　国防动员潜力调查

1984年，淮阴军分区组织国防潜力调查工作。

1988年4月，淮阴市人民政府、淮阴军分区联合印发《关于进行国防潜力调查的通知》，调查内容分人力和物力2个部分。1995年12月至1996年2月，在新成立的市国防动员委员会的组织部署下，开展新时期高科技局部战争条件下的国防动员潜力调查，历时75天。

2000年9月7日，淮阴市人民政府、淮阴军分区联合发文，开展新一轮国防潜力调查。2001年，淮阴军分区组织对全市15种80多类国防潜力资料进行调查核对，完成退伍军人和地方与军事专业对口人员预备役登记、统计工作，初步建成国防潜力数据库。

2003—2008年，淮安军分区每年对国防动员潜力进行1次核对调整，单位、人员相对固定，进一步健全全市性国防潜力数据库。

第五章　部队建设

第一节　军事训练

一、军分区首长机关训练

1983年，江苏省军区在淮阴军分区进行在职干部训练改革试点。淮阴军分区按中央军委对在职干部“三懂一能”（懂军事、懂政治、懂生产，一人能唱一台戏）的要求，制定《干部在职训练三年规划》。1986年3月，淮阴军分区组织县（区）人武部在职干部集训，训练内容主要有政治工作业务、民兵军事工作业务及班用机枪、高炮、八二迫击炮射击训练。1988年，淮阴军分区组织在职干部训练考核。

1992年，淮阴军分区组织首长机关带13个县（市、区）人武部，进行战争初期兵员扩编动员室内演习。1997年，淮阴军分区制定《1997—1999高科技知识学习规划》。1999年，淮阴军分区所有干部参加全军统一命题的高科技知识考试，总评成绩优秀。组织在职干部参加微机培训，有76%的干部取得江苏省计算机应用能力等级考试合格证书。

2000年，淮阴军分区组织首长机关进行军事理论知识学习，组织军分区机关干部参加计算机中级培训，有90%以上人员通过江苏省计算机操作中级考试。2001年，淮安军分区开展高科技比武竞赛。

2003年，淮安军分区首长机关干部训练时间确定为40天。2004年，淮安军分区继续抓好清河区、涟水县2个人武部按纲施训试点工作。2005年，淮安军分区首长机关训练突出“三实”（实弹、实爆、实投）训练，安排53个训练日。

2008年，淮安军分区突出军事理论知识学习，开展“三实”训练，组织动员支前、保交护路及抗洪抢险演练。

二、武警淮安市支队训练

1994年，武警淮安市支队首长机关干部参训率达80%，机动和执勤分队分别完成130个和64个训练日，训练总成绩分别达到优等和良好。1995年，参加省武警总队组织的比武竞赛，获团体总分第三名。1997年，支队军事训练坚持以干部为重点，落实基层干部全员随队训练，对少数军事素质较弱的干部进行短期强化训练。同年10月，在省武警总队组织的首长机关带机动分队拉动演练和军事会操中，获团体总分第二名。

2003年，武警淮安支队在全省率先提出加强对执勤哨兵心理素质训练的设想，初步总结一套执勤哨兵心理素质训练的新方法，并拍摄制作成《探索之路》录像片和《执勤教育》示范片，得到中国人民武装警察部队总部和省武警总队的肯定，作为经验在全省推广。2005年，支队开展首长机关室内网上战术作业和带实兵的拉动演练。

2008年，支队特战班参加江苏省武警总队竞赛，获团体第五名，2名战士分获个人总分第三、四名，7名战士被总队评为执勤能手，2名战士被省武警总队评为优秀驾驶员。直属中队特战班班长陈邦亮被中国人民解放军四总部联合授予“2008年度爱军精武标兵”称号。

第二节　政治教育

中共十一届三中全会以后，淮阴军分区开展检验真理标准问题教育，弄清“三个关系”（理论与实践的关系、纠正错误与高举旗帜的关系、革命导师的个别结论与他们的科学思想体系的关系），加深对改革开放政策的理解，增强贯彻执行以经济建设为中心的政治路线自觉性。1981年6月，中共十一届六中全会以后，淮阴军分区组织学习《关于建国以来党的若干历史问题的决议》，并对历次运动中受到错误处理的人员，分别给予甄别、平反。

1985年年初，淮阴军分区组织集中学习《中共中央关于经济体制改革的决定》。1987年以后，淮阴军分区党委开展反对资产阶级自由化的教育和以坚持四项基本原则为主要内容的党的基本路线教育，坚定社会主义信念教育，反渗透、反腐蚀、反和平演变教育以及坚持党的绝对领导的一系列专题教育。

1992年，淮阴军分区将邓小平建设有中国特色社会主义理论作为军分区理论教育重要内容。军分区开展党的基本路线教育，并将教育活动扩展到广大民兵。1999—2000年，淮阴军分区健全党委中心组带机关的理论学习制度，组织团级以上干部参加军地理论培训班。

2005年，淮安军分区党委把学习贯彻中共十六届四中全会、五中全会精神和“三个代表”重要思想、科学发展观作为思想教育主线，坚持用党的最新理论成果武装官兵头脑。2006年，淮安军分区党委常委深入基层，向干部职工和民兵宣讲科学发展观，开展主人翁意识、履行历史使命、战斗精神、社会主义荣辱观和增强事业心责任感教育。

2007—2008年，淮安军分区开展“坚定中国特色社会主义信念”教育，创造自主式、开放式、互动式教育的新路子。

1984—2006年淮安军分区受表彰先进单位一览表

表20-1

先进单位	受表彰时间	表彰单位	表彰内容
淮阴军分区教导队	1984年	南京军区	名牌教导队
淮阴军分区	1988年	南京军区	开发使用军地两用人才先进单位
金湖县征兵办公室	1988年	国防部征兵办公室	全国征兵先进单位
淮阴军分区、市政府	1989年	总政治部、民政部	全国军地两用人才开发先进单位

续表 20-1

先进单位	受表彰时间	表彰单位	表彰内容
淮阴军分区	1992年	总政治部群工部	刊授教育先进单位
淮阴军分区司令部机要室	1992年	总参谋部机要局	三十年以上无失泄密事故机要单位
淮阴市征兵办公室	1999年	南京军区	征兵工作先进单位
淮安军分区	2003年	南京军区	抗洪救灾先进单位
市国动委交通战备办公室	2004年	国家交通战备办公室	全国交通战备工作正规化建设先进单位
淮安市征兵办公室	2005年	南京军区	征兵工作先进单位
淮安军分区干休所	2005年	总后勤部	全军干休所卫生工作规范化管理先进单位
淮安军分区	2005年	南京军区	安全工作先进单位
淮安军分区	2006年	南京军区	两就工作先进单位

1985—2008年获部队表彰的淮安籍（含长期在淮安市工作的客籍）人员一览表

表 20-2

姓名	受表彰时间	表彰单位	表彰内容	备注
唐业华	1985年	军级	一等功	老山“1·15”战斗
王　宏	1985年	军级	一等功	老山自卫反击战
王成明	1985年	军级	一等功	老山自卫反击战
孙志林	1985年	军级	一等功	老山自卫反击战
郭爱国	1985年	军级	一等功	老山自卫反击战
谢永生	1985年	江苏省军区	一等功	与陆义海二人共抢救落水村民53人
蔡红霞	1989年	总后勤部	全军优秀护士	1990年记一等功
张玉忠	1995年	第38集团军	二等功	—
刘永余	1998年	兰州军区	二等功	—
潘建超	1999年	第38集团军	一等功	—
丁解民	2002年	南京军区	党管武装好书记	—
夏心旻	2003年	南京军区司令部、政治部	武委会好主任	—
唐道伦	2004年	南京军区	交通战备先进工作者	—
陈以跃	2004年	中国人民武警警察部队政治处	二等功	—
朱仲彦	2005年	国防部	全国征兵工作先进个人	—
朱小帆	2005年	南京军区	军分区人武部军事主官考核第一名	—
李　俊	2005年	济南军区	二等功	—

续表 20-2

姓名	受表彰时间	表彰单位	表彰内容	备注
高煜明	2007 年	南京军区	全军士官优秀人才奖三等奖	—
胡文龙	2007 年	总政治部宣传部	中国出版政府奖	—
李新龙	2007 年	总参谋部 总司令部	民兵优秀“四会”教练员	—
王　洪	2008 年	南京军区司令部	机要专业技术尖子	—
蒋红军	2008 年	南京军区	全军士官优秀人才奖三等奖	—
汪　锋	2008 年	南京军区	全军士官优秀人才奖三等奖、江苏省军区二等功	—

1991—2008 年驻淮安部队获表彰人员一览表

表 20-3

姓名	受表彰时间	表彰单位	表彰内容
李祥雨	1991 年	南京军区	优秀志愿标兵
夏帮龙	1991 年	南京军区	优秀共产党员、优秀士兵标兵
翟爱民	1991 年	南京军区	优秀共产党员
庄外明	1993 年	南京军区	优秀共产党员
刘爱国	1998 年	南京军区	优秀党务工作者
王松林	1998 年	南京军区	优秀党务工作者
黄　烈	2000 年	南京军区	优秀基层干部
张希亚	2001 年	南京军区	军区十大学习成才标兵
耿　星	2001 年	南京军区	优秀连长指导员
王金奎	2002 年	南京军区	优秀士官标兵
蒋　树	2002 年	南京军区	优秀士官标兵
陈冀翔	2005 年	南京军区	“小老虎”式干部标兵
杨功德	2005 年	南京军区	“三手”标兵
任贵杰	2005 年	南京军区	“四会”教练员标兵
贺金平	2005 年	南京军区	“小老虎”式干部标兵
谢书明	2006 年	总后勤部	油库安全先进个人
仲伟瑞	2006 年	总后勤部	“十五”全军交通运输战备工程建设先进个人
倪红军	2006 年	总后勤部	全军陆军空军舰艇部队正规化建设先进个人
胡拥军	2006 年	总后勤部	全军财务管理先进个人
蒋　根	2006 年	南京军区	“三手”标兵
蒋先涛	2006 年	南京军区	“四会”教练员标兵
陆东升	2006 年	南京军区	优秀共产党员

续表 20-3

姓名	受表彰时间	表彰单位	表彰内容
李　朋	2006 年	南京军区	百名优秀班长
李玉权	2006 年	南京军区	优秀参谋
黄　能	2006 年	南京军区	“小老虎”式干部标兵
彭永奇	2006 年	南京军区	全军士官优秀人才奖二等奖
张少华	2006 年	南京军区	全军士官优秀人才奖三等奖
汪琴勇	2006 年	南京军区	全军士官优秀人才奖三等奖
张　坤	2006 年	南京军区	全军士官优秀人才奖三等奖
郭敏杰	2006 年	南京军区	全军士官优秀人才奖三等奖
王子辉	2006 年	总后勤部	全军干休所营院营房管理先进个人
	2007 年	总参谋部、总政治部、总后勤部、总装备部	全军营区房地产正规化管理先进个人
姜管徐	2007 年	总政治部、总后鄞部	全军优秀医院领导
蔡红辉	2007 年	总参谋部、总政治部、总后勤部、总装备部	全军伙食管理先进个人
郁乃东	2007 年	总政治部、总后鄞部	全军计划生育先进工作者
刘锁根	2007 年	南京军区	安全工作先进个人
张　俊	2007 年	南京军区	优秀士官标兵
范晓东	2007 年	南京军区	优秀士官标兵
蔡会军	2007 年	南京军区	机要干部奉献奖
苗水军	2007 年	南京军区	农副业生产先进个人
武洪亮	2007 年	南京军区	全军士官优秀人才奖三等奖
秦传柱	2007 年	南京军区	全军士官优秀人才奖三等奖
张大云	2007 年	南京军区	全军士官优秀人才奖三等奖
李大进	2007 年	南京军区	全军士官优秀人才奖三等奖
蔡　凯	2007 年	南京军区	全军士官优秀人才奖三等奖
谭文成	2007 年	南京军区	全军士官优秀人才奖三等奖
蒋　根	2007 年 2008 年	南京军区	全军士官优秀人才奖三等奖
俞新昌	2008 年	总后勤部	全军后勤训练先进个人
沈　烈	2008 年	全军爱委会	全军创建文明卫生军营先进个人
李红华	2008 年	南京军区	爱军精武标兵
张庆阳	2008 年	南京军区	红旗车驾驶员标兵

续表20-3

姓名	受表彰时间	表彰单位	表彰内容
陈祖国	2008年	南京军区	全军士官优秀人才奖一等奖
梁志诚	2008年	南京军区	全军士官优秀人才奖二等奖
李亚成	2008年	南京军区	全军士官优秀人才奖三等奖
张义平	2008年	南京军区	全军士官优秀人才奖三等奖
林建章	2008年	南京军区	全军士官优秀人才奖三等奖
梁新坤	2008年	南京军区	全军士官优秀人才奖三等奖
刘瑞涛	2008年	南京军区	全军士官优秀人才奖三等奖
李洪民	2008年	南京军区	全军士官优秀人才奖三等奖
张庆阳	2008年	南京军区	全军士官优秀人才奖三等奖

第六章　人民防空

第一节　机　构

1979年，淮阴地区和清江市及各县分别成立人民防空办公室，根据国务院和江苏省革命委员会决定，各城镇、县直机关配备人防专职干部3～5人。1979年4月18日，清江市人防办公室成立人民防空工程专业队，有人员207人，承担清江市人防工程构筑、设备安装和工程维护管理等各项任务。1980年，淮阴地区和清江市及有关县人防机构进行调整，充实人员。清江市人防办公室下设工程技术科、政秘科、通信指挥科、财务物资科。同年10月，建成人防通信站，配备工人5人。淮阴地区和清江市的一些重点局及公司、企业，各配备人防专职干部1～2人。机关、厂矿人防干部归所在市、县人防办公室领导管理。

1982年，淮阴地区和清江市人民防空领导小组撤销，成立人防委员会。淮阴地区人民防空委员会由地区主要领导、军分区主要领导分别担任主任和副主任。市、县人防委员会分别由市、县主要领导、人武部主要领导担任主任和副主任。1984年5月，成立淮阴市人民防空办公室，内设人秘科、工程管理科、指挥通信科、财务物资科，编制17人，另设淮阴市人防设计室。同年6月，成立淮阴市人民防空委员会。同年12月，市人防办公室所属人民防空工程专业队更名为淮阴市人民防空工程公司，其性质为全民带集体的内包企业。1985年5月，清河区、清浦区相继成立区人民防空委员会和人防办公室。均由区长任人民防空委员会主任，区人武部长任副主任。

1986年，淮阴市人防办公室所属人防工程公司实行一级管理、一级核算，并核定其内设机构及人员编制。市人防办成立保密工作领导小组和人防工程平战结合领导小组。1988年6月，市人防办公室设总工程师。1989年，市人防工程平战结合领导小组改为淮阴市人防平战结合管理处，为科级事业单位，核定编制14人。1993年，成立淮阴市人防物资公司、淮阴市淮萃广告装潢公司，隶属市人防经济发展（集团）总公司。

1995年12月，淮阴市人民防空委员会被撤销，成立淮阴市国防动员委员会。市（县、市、区）人防办公室为国防动员委员会所辖办事机构。1997年6月，成立淮阴市人民防空指挥所。同年9月，成立市人防工程监察大队，为人防办直属科级全民事业单位。

2000年，市人防办公室下设政秘科、财务科、工程科、指挥通信科、平战科，核定编制17人。人防办直属单位有人防通信站、人防工程监察大队、人防平战结合管理处、人防设计室、人防工程公司等。

2001年2月，淮阴市更名为淮安市，国防动员委员会相应更名。当年进行机构改革，市人防办设秘书处、计划财务处、工程处、指挥与通信处，核定编制17人。平战科撤销，其职能划归其他处室。2002年，市经济开发区成立人防办公室。2004年，开始对下属企事业单位进行改制。至2005年，人防设计室等几家单位改为民营。淮安市人防办下属事业单位保留通信站、人防工程监察大队（质监站）、平战结合处。

2008年，市、县（区）人防办更名为民防局。

第二节　防空体系建设

一、组织指挥

人民防空的组织指挥，平时主要是动员各方面力量进行防空指挥系统业务建设，拟制城市防空袭预定方案，组织和训练人防专业队伍开展“三防”（原为“防原子、防化学、防细菌”，后改为“防核武器、防化学武器、防生物武器”）教育，完善人防警报和通信设施建设，组织防空演习以及筹建各类指挥所等，以保证战时统一指挥，及时组织疏散、隐蔽、抢修和救护，消除空袭后果。1981年清江市开始建设地下人防指挥所，1982年建成，造价67.67万元。

1997年，淮阴市规范人防组织指挥工作程序，进一步明确人防组织指挥系统。即战时市、县（区）人民防空指挥部是领导地区防空袭斗争的最高指挥机关，应随时掌握敌情和城市防空袭动态，指挥辖区内人民的防空袭行动，配合城市防卫作战。

2005年，根据全省战时人民防空指挥部成立大会的要求，理顺战时人民防空指挥所运行机制，建立联席会议制度、联络员制度、重大事项议事制度、决策制度、情况通报制度，定期开展活动，使战时人防指挥机构人员、职责、训练（演练）得到落实。

2006年，市人防指挥所开工兴建，2008年全面建成。各县（区）人防指挥所建设全面启动。

二、防空专业队

1983年3月，淮阴市人民防空专业队成立，有队员1603名。1987年，淮阴市按照平战结合、专业对口、便于领导、便于指挥和减少数量、提高质量的原则，结合民兵整组工作，调整人防专业队，市区7种人防专业队伍计622人。此后，人防专业队数量按市区人口增长而调整，一般维持在市区非农业人口的3‰左右。1995年，整组卫生、防化等4个专业队，合计448人，当年训练245人。1996年，市人防办在淮阴军分区支持下，将人防专业队组织训练与民兵训练同时进行。

1997年，强调人防专业队要和民兵组织区分开，人防专业队组建分平时组训计划和战时扩编计划2个部分。人防专业队干部训练由市人防办公室组织实施；专业队员训练由各组建单位按原国家人防委颁发的训练大纲组织实施，由区人防办公室负责落实，每年按总人数的三分之一进行训练。训练方法以在职训练为主，各专业队结合生产任务，全年集中组织训练5～7天。防化专业队则进行1次厂级规模的化学事故应急救援训练。

1999年，根据淮阴市国防动员委员会要求，将7种专业队在册人数由600人扩编至1200人。在淮阴军分区统一领导下，解决人防专业队、交通战备专业队和民兵3支队伍在同一单位内交叉重叠的矛盾。全市实际组建人防专业队1230人，应训410人，实训667人。

2002年11月底，淮安军分区司令部、淮安市人防办公室联合印发《关于“十五”期间人民防空专业队整组训练任务的通知》，对全市人防专业队的整组和训练重新划分和调整，要求各县（区）人武部在安排年度民兵组训工作中，一并考虑人防专业队的整组和训练。

2008年，淮安市组织首次较大规模人防专业队集中训练，改变以往由各县（区）自行组织训练的分散模式。

三、防空袭预案

1985年年末，淮阴市着手编制新时期《城市防空袭预案》。1986年，报江苏省政府和省军区。1987年8月2日，获批准并投入使用。该预案列全市重点防护目标30个，编列人防专业队7种25个分队，制定保障计划13个。

1995年年末，按照国家人防办对新时期人防建设“把人防建设的基点放在现代技术、特别是高新技术条件防空作战上，人防建设与社会主义市场经济体制接轨，与新时期军事战略方针接轨，为经济建设服务，为国家安全利益服务，为社会稳定服务”的要求，淮阴市对1985年版的预案进行全面修改。1996年由市政府上报江苏省政府和省军区，1997年审议修改执行。

2001年，清河、清浦、楚州、淮阴4个区分别编制完成《城市防空袭预定方案》，其中清河区、楚州区、淮阴区的方案均通过初审。

2005年，编制新一轮《淮安市人民防空应急预案》。该预案将淮安城市定位为中国历史文化名城，主要商品粮生产基地和新兴工业基地，全国水陆交通枢纽。同时制订通信警报保障计划、工程保障计划、物资保障计划、交通保障计划、政治工作保障计划、医疗救护保障计划、消防保障计划。

2008年，市人防办公室完成重要经济目标防护单位名录的选定上报工作，协调市政府出台《关于做好重要经济目标防护工作的通知》。

四、防空疏散

1983年，结合制定城市防空袭预案，淮阴市选择在市区闸口街道办事处进行人口疏散试点演练，完成人口结构调查、确定疏散对象和造册登记等工作。

在1985年的淮阴市防空袭预案中，市区人口疏散分早期疏散和临战疏散2个部分，早期疏散人数为老弱病残人及学生儿童计2.5万余人，临战疏散人数近4.5万人。1995年的淮阴市防空袭预案中，取消人口早期疏散条款，确定战时成立人口疏散指挥部，根据市、县（市、区）人民防空指挥部的统一部署，适时组织城市人口疏散。2005年的防空应急预案中，增加楚州区、淮阴区城区人口疏散方案。由于淮安市城市化的发展，城市人口大量增加，疏散人口数量增大，线路渐趋复杂。市政府召开专题城市人口疏散工作会议，落实10个基本疏散地域，并启动疏散基地建设。

2008年，对全市人口疏散地域基本情况进行调查，完成部分街道与乡镇人口疏散对接工作，并对部分保障单位进行命名挂牌，清河新区疏散基地建设获省批复，古黄河风光带防空林、金湖三河滩防空林等10处防空林命名挂牌。

五、防空演习

1987年9月28日至10月7日，市人防办组织市、区两级人防领导机关进行研究性演习，主要演练战时防空袭斗争的指挥程序和对一些突发情况的处置及指挥业务基本技能。演习分3个阶段，即临战准备阶段，反空袭斗争阶段和消除空袭后果阶段。南京军区和江苏省人防指挥处及全省各市人防办主要领导观看此次演习。

1997年6月起，淮阴市举行一期针对高技术战争条件下的防空演习，市人防办22人参加并担任组织指挥工作，清河区、清浦区人武部派出部分人员参加。该演习于当年8月结束。同年9月15—19日，淮阴军分区机关带县（市、区）人武部在军分区作战室参加江苏省军区组织的城市反空袭作战和支前保障战役战术想定作业。

2001年，市人防指挥人员参加江苏省军区和省人防办组织的反空袭网上作战演习，演习取得成功，人防指挥工作整体水平得到提高。2002年8月，市国动委组织战时动员指挥演练，包括全民防空演练，形式为网上模拟推演。

2005年8月，市国动委组织实兵演练，清河区和清浦区人防办参加演习。同年11月，市人防办参加江苏省军区和省人防办组织的网上演习，历时3天，演习达到预期效果。

2008年，市人防系统完成2次防空演习任务。

六、通信警报

（一）防空通信网

1979年3月，江苏省人防办分配给清江市人防办50门电话交换机1台，江苏省革委会财政局拨款3.5万元作为安装费。1983年，淮阴市人防通信站建成。1993年，开通淮阴市人防办至省人防办、连云港市、徐州市微波通信。1997年，加强人防通信值勤管理，对全市6公里通信警报电缆进行全面维护，保证系统内外62个用户正常通信。2001年，市人防办为适应现代高技术战争条件下城市防空袭，根据江苏省人防办统一部署和要求，落实通信建设3项目标任务。当年年底光缆到位，语音接入。2002年4月，市人防办与部分下属局域网建成开通。2002年8月，人防指挥通信网建成，实现与江苏省人防办的语音、数据、图象传输3项目标全面完成。2003年，市人防办局域网与市政府横向网开通。2005年，完成人防应急机动车设备安装和使用人员培训，对原有微机中心进行改造，以微机应用和网络管理为重点，开展通信人员在岗训练，并强化通信值勤管理。

（二）音响警报

1983年后，淮阴市区音响警报网迅速建成。至1985年，市区有音响警报网点18处。每年国庆节为警报试鸣日。1994年，市人防办获江苏省“音响警报建设先进单位”称号，清江棉纺织厂获江苏省音响警报社会化管理三等奖。1995年，确定在元旦、春节、“五一”、“八一”、“十一”鸣警报5次。1996年，取消春节试鸣放，确定每年鸣放4次。2005年，全市新增警报器40台，市区警报音响覆盖率达100%，各县城区达98%。

2008年，确定每年“5·19”“9·18”“9·30”为警报鸣放日。

七、防空工程

1979年10月9日，清江市召开人防工作会议，贯彻落实中央提出的人防战备建设“全面规划、突出重点、平战结合、质量第一”十六字方针和省人防工程设计会议精神。至1981年，清江市每年都超额完成人防工程建设任务。1982年年末，市人防地下指挥所主体工程完工。

1983—1989年，人防工程建设以单位结建式为主，实现市、县（区）整体推进。市人防指挥所工程获江苏省优秀设计二等奖。市“三防”教育中心于1988年1月5日完成主体工程，1990年投入使用。

20世纪90年代，相继建成2个由市人防办直接管理的人防工程。1996年10月，市政府印发《淮阴市人民防空建设、管理暂行办法》，对人防工程建设、维护管理、产权归属、资金筹集、各单位职责等方面作出明确的规定，是全市人防事业第一个法规性文件。

2000年以后，市区人防工程建设重点抓结建式工程。2004年，市人防办与各县（区）人防办首次签订人防建设目标责任状，盱眙县新开工人防工程实现零的突破。

2005年，市政府与淮安军分区联合出台《关于加强人民防空工程建设的意见》，强调坚持以建为主，进一步加大结建工作力度。城市规划区内（含新区、开发区、工业园区和旧城改造等）必须依法结合民用建筑修建防空地下室。新建10层（含10层）以上或者基础埋置深度3米（含3米）以上的民用建筑，必须严格按照地面建筑底层建筑面积，修建防空地下室。9层以下且基础埋置深度不足3米的民用建筑，按地面总建筑面积的4%修建防空地下室。

2008年，淮安市人防工程建设总量、综合结建率在全省居于前列，全市人防工程完好率达85%。

第三节　平战结合

一、管理机构

1978年10月，第三次全国人民防空会议将“平战结合”确定为人防建设方针之一。

1982年3月，清江市人防办成立人防工程平战结合领导小组，负责安排落实平战结合项目。1986年上半年，淮阴市人防办公室专门成立人防工程开发利用小组，负责领导管理全市人防工程平战结合工作。1989年3月，淮阴市人防平战结合管理处成立，隶属于市人防办领导，为正科级事业单位，核定事业编制14人。经费暂从人防工程维护费中列支，逐步过渡至企业化管理模式。

1993年8月，市人防办成立淮阴市人防平战结合工程开发部，隶属于市人防平战结合管理处，企业性质，独立核算。

二、人防工程开发利用

1979年，清江市人防办推广人防工事平战结合方面的经验，研究制定平战结合发展规划，全市人防工程有20%投入使用。

1980年，清江市人防办派人到扬州学习在人防工事中栽培蘑菇、银耳经验并试种。当年年底，市政公司和市交通局被列为平战结合先进典型。1984年，淮阴市人防工程平战结合利用率达41.5%。1985年，全市搞平战结合工事18个。

1986年初，市人防办制定关于人防战备建设第七个五年计划建议，强调在平战结合上采取多种形式，提高效益。市人防工程开发利用小组要求各单位人防工程采取自营、合营、外包或出租等灵活多样的形式，开办工商企业。1987年年初，江苏省人防办对淮阴市人防工程进行历时3天的平战结合维护管理大检查，认定淮阴市人防工程利用率只有35%。市人防办召开全市人防工程平战结合维护管理工作会议，进行部署推动，当年工程利用率提高到46.9%。1989年，全市人防工事利用率提高到67.2%。

1990年，全市人防工程平战结合各项指标均有所提高，工事利用率提高2.9%。1991年，全市人防工事开发利用34个，利用率70.4%。至1993年年末，全市人防工程利用率75.1%。1991—1995年，全市开发利用人防工事35个，利用率77%，共创产值1.07亿元，实现利润809万元，税金180万元，提供就业岗位400多个。

1996年，市人防办对股份制企业人防工程股权归属问题进行确定，将25万元投资股权收归市人防办所有。1997年，全市人防工事利用率78%。1999年，全市新增开发利用人防工事利用率80%，创平战结合产值（营业额）3462万元，实现利税425.9万元，收取工程使用费319.66万元。2000年，全市创平战结合产值（营业额）3530万元，实现利税427万元，收取工程使用费322.16万元。

2002年，对所属事（企）业单位实行全面改革，年收取工程使用费313.2万元，上缴市人防办71.2万元。2003年8月，对全市66个开发利用工程进行全面检查评比，全年安全无事故。

2005年，全市人防工程开发利用率65%。2006年，根据省人防办要求，在全市进行工程平战转换预案编制工作，凡2006年竣工的人防工程全部完成平战转换预案编制。当年全市开发利用人防工程产值6200万元，实现利税721.2万元。

2008年，全市人防工程开发利用率71.77%，为社会提供就业岗位620个。

第四节　人防宣传

一、人防战备宣传

1981年，清江市人防办采用多种形式进行人防战备宣传。邀请市委常委、市人大常委、市政协委员及有关部门领导参观平战结合人防工事，组织1225名中学师生员工参观重点人防工程，放映纪录片《今日地下商城》《观新城》47场次，观众5.8万人次，提高全社会对人防战备建设的认识和理解。

1982—1984年，全市在防空战备教育中，突出人防工程建设“三个坚持”宣传，即坚持人防建设和城市建设相结合，坚持人防建设和经济建设相结合，坚持眼前利益和长远利益相结合。其间，组织群众观看人防专题影片《春满洞天》《众志成城》，在闹市区建立固定人防宣传专栏，定期更换内容，宣传防空战备重要性、人防建设成果和“三防”知识。1986年，出人防宣传专栏4期，展出照片80多幅。1989年以后，市人防办公室重视与新闻媒体的合作，利用报刊、电视进行防空战备宣传。是年，主编《江苏人防》第6期《淮阴专刊》。

1990年，拍摄反映淮阴市人防建设成果的专题片《发展中的人防事业》，在淮阴电视台播放。向各类报刊电视台投稿50多篇，被省、市新闻媒体采用35篇。当年交通广场人防工程开工，在工地设立宣传橱窗。1993年，在交通广场建立声屏信息广告墙，滚动播出人防宣传片和宣传标语。针对海湾战争和苏联解体后的国际形势，宣传防空战备工作的重要性和新特点。市人防办公室成立通讯报导组，定期开会，确立宣传报导中心并布置任务、交流经验。1995年以后，人民防空战备宣传由市国防动员委员会和市国防教育办公室统一组织进行。

2008年，全市接受人防战备宣传教育的有6所高等院校19180名在校学生，66所中学38409名中学生，23个机关、3950名工作人员，19个企业、5562名工人，30个社区、77330名居民。

二、人防知识宣传

1980年，清江市人防办公室发行江苏省人防办公室编印的“三防”知识连环画册，清江市及淮阴地区共发行3万册。1982年，清江市人防办公室在闸市区举办2期人民防空和“三防”基础知识宣传专栏，并将“三防”基础知识做成流动画廊，9次到机关、学校、企事业单位巡回展览。

1986年，淮阴市组织11名师生参加江苏省教育厅、省人防办公室在无锡市举办的“三防”夏令营。同年，在部分中小学开办“三防”常识教育课，受教育学生1300人。当年市人防办公室组织全市性“三防”知识智力竞赛。1989年，市人防办组织撰写“三防”教育论文多篇，参加江苏省征文比赛，其中获一等奖1篇。1990年5月，市人防办公室会同市教育局，联合举办中学生“三防”知识演讲、演唱文艺会演活动，有12所中学参加，共演出节目34个。1994年，市人防办公室、市教育局共同组织全市16所中学、3251名初中二年级学生，参加以“三防”知识为主的人防知识有奖笔试竞赛，总评成绩在优良以上，对优秀个人和单位给予奖励并通报表彰。1995年，淮阴市开设人防知识教育课的学校达18所、104个班级，受教育学生4700多人。淮阴师范专科学校培养人防知识教师180多名。

1996年，市人防办公室举办人防知识教师培训班，组织学生观看“三防”知识录像片26次，受教育人数3150人。1998年，淮阴市有27所学校6700名学生接受人防知识教育，市人防办与市教育委员会对11个先进单位和28名先进个人进行表彰。2000年下半年，根据省人防办《关于继续搞好初级中学人防知识教育的意见》，市人防办、市教委联合印发《淮阴人防知识教育实施意见》，调整和充实市人防知识教育领导小组。当年中学人防知识教育开课率100%。市人防办公室结合省中小学科普宣传周活动进一步宣传人防知识，为全市中小学提供各类挂图100余幅，录像片10多套，并派人到学校举办专题讲座。

2001年，江苏省新版《人防知识》课本出版，内容有多处更新，市人防办开展新一轮人防知识普及宣传。全市中学生7927人、大学生105人接受人防知识教育。2002年，清河区、清浦区城区所有中学都开设人防知识课，并向郊区中学延伸。2004年，在巩固中学人防知识教育基础上，开展人防知识教育进高校、进机关、进社区、进企业试点工作。金湖县利用举办首届社区文化艺术周之机，举办人民防空挂图展；涟水县电视台、广播电台开设人防知识专栏；盱眙县、洪泽县开展人防知识宣传进社区活动。

2005年，在全市62所中学、2所高校开设人防知识教育课，人防知识教育进社区11个、进工厂9个、进机关9个。淮阴区免费向群众赠送《人防知识普及本》近万册。2006年，市人防办借《中华人民共和国人民防空法》颁布10周年之机，开展一系列宣传活动，接受群众咨询1万多人次，发放宣传资料1.2万余份。全市城区60所中学、599个班级、34758名中学生接受人防知识教育，开课率100%。

2008年，新版《江苏省实施人民防空法办法》实施，市领导与市人防办全体成员走上街头开展广场义务咨询活动。

三、人防法规宣传

1984年7月，国务院颁布《中华人民共和国人民防空条例》（以下简称《条例》），淮阴市人防办组织宣传。在市区中心建立固定画廊，宣传《条例》主要内容，还在市区多处悬挂张贴大幅标语，并利用报纸、电视台、电台宣传，使全市干部群众知道《条例》，了解《条例》，自觉配合《条例》贯彻和执行。1994年，根据省委宣传部、省人防办要求，市人防办与市委宣传部于7月开展纪念《条例》颁布10周年活动。

1996年，《中华人民共和国人民防空法》（以下简称《人民防空法》）正式颁布实施。市人防办通过各种渠道宣传《人民防空法》。1997年，市人防办邀请市新闻单位负责人座谈，利用报纸、广播、电视等媒体广泛宣传《人民防空法》。同年7月，全省人民防空法律知识竞赛举行，淮阴市印发1800份试卷，广泛发动干部群众参与。市领导、淮阴军分区司令员和参谋长等参加答题。

2006年是《人民防空法》正式颁布实施10周年，市人防办投入宣传经费43万元，加大人防宣传力度。编印《淮安人防信息》，征订人防杂志，邀请市人大、政协领导调研人防工作。同时通过召开座谈会、发放征求意见书等多种形式，征求人大代表、政协委员、企事业单位领导、软环境建设监督员等对人防工作的意见和建议。与市妇联共同举办“人防杯”有奖知识竞赛。

2008年，新版《江苏省实施〈人民防空法〉办法》施行，市人防办全体成员走上街头开展广场义务咨询活动，设置宣传拱门、悬放彩球标语、设置展板等宣传人防法规。在市区主要生活小区开展“人防之夜百场电影进社区”活动，让广大市民了解人防、认识人防、支持人防。

第五节　人防经费

一、国家和省级财政拨款

1979年，江苏省财政拨款给清江市作为通信总机安装费，并补助淮阴地区人防工程费。1982年，省人防办补助清江市人防工程建设费。1983年，省人防办增拨给淮阴市人防办通信站土建费。1986年，省人防办拨给淮阴市工程建设费。1987年，复拨经费补助工程建设。

1995年9月，国家人民防空办公室批准淮阴市淮海广场人防工程建设可行性报告，并给予一定拨款。

2005年，中央财政拨款用于淮安市人防地下指挥所前期建设工程。此后，国家和省很少对淮安市人防事业拨款。

二、市财政拨款

1980年，财政部规定人民防空经费列入地方财政支出。1984年，淮阴市财政停止人防工程费支出，人防工程建设资金主要从人防办依法收取的社会负担人防经费中解决。1985年，市财政对人防建设用款实行以拨代支的办法。当年财政安排市人防办事业经费，以后每年都有事业费安排。

1991年5月，淮阴市政府在《关于调整人防经费收取办法的通告》中明确规定，市财政每年从机动财力中提取2‰作为人防经费，由市财政直接拨给市人防办安排使用。1995年7月，淮阴市政府文件规定，地方财政安排的人防经费，由同级财政部门列入预算，拨给市人防办使用。1998年，市财政拨款支持人防工程建设。县（区）人防工程建设全面启动后，各县（区）财政亦拨给县（区）人防办一定款额，金额较少。

2005年，淮安市各级政府负担的人防经费，按本级财政收入的1‰或城市人口人均1元的标准纳入财政预算，并根据经济发展水平和财政收入增长幅度，逐年有所增加。人防地下、地面指挥所建设由同级财政安排专项经费解决。市人防地下指挥所根据建设进展情况分年投入。

三、社会负担人防经费

（一）集体单位自筹的人防建设资金

1979年，清江市集体所有制单位人防工程自筹资金来自缴纳国家税收以后的积累，确定收费标准按4%收取。1987年，根据国家和省级财政部门、人防委员会的补充规定，该项经费由市财政部门在征收工商所得税同时收取，拨给同级人防部门，根据人防建设规划，用于集体单位人防建设。1991年，淮阴市政府规定，凡在清河区、清浦区及淮阴县王营镇境内所有集体所有制企业，一律按照税后利润4%收取经费，由所在地税务部门在征收工商所得税时收取，拨付市人防办。1995年，按江苏省有关规定，淮阴市停止收取此项经费。

（二）结合基本建设投资收取的人防建设资金

1979年，有人防建设的城镇，其民用建筑项目均按民用建筑总投资的6%提取资金，修建防空地下室。1982年，清江市人防办公室向清江市政府提交关于动用民用建筑6%经费修建防空地下室的申请报告。经批准后，委托人民银行清江支行信托部代行收费。1988年，淮阴市政府转发市人防办公室《关于结合民用建筑修建防空地下室的管理规定》，按规定应自建防空地下室而不建的工程单位，按应建防空地下室的面积，平房以每平方米600元，楼房以每平方米700元的造价向市人防部门缴纳人防建设费。1995年，淮阴市规定防空地下室易地建设费，市区为每平方米2600元，县级市为2400元。其他民用建筑地下室易地建设费，市区为每平方米28元，县级市为24元。2006年，市人防系统成立经费筹集工作领导小组，加大易地建设费收缴力度，做到应收尽收。

（三）施工人员费

1979年，清江市成立人防工程专业队，采取按企业应该抽调职工的人数，提取人员经常费，列入企业成本（费用）。1983年，为减轻企业负担，淮阴市人防工程专业队由200人调整为150人。1985年，淮阴市政府调整企业交款人数。1991年，淮阴市对承担企业及交款人数进行重新调整分配，收费方式由市人防办公室按核定人数开出收据，委托银行代收。1993年，人防工程公司（队）人员经常费在城市规划区内全民企业中按文件规定执行。1994年，规定企业和实行自收自支以及企业化管理的事业单位，按上年年末职工在册人数每人每年缴纳13～15元，列入各单位生产成本或经营费用。个体工商户每户每年缴纳60元，此项款额均由各县（市、区）人防办收取。1995年，淮阴市政府规定，市区企业和事业单位每人年缴14元，县级淮安市为13元，人防办可委托银行、税务、工商等部门征收。个体工商户由人防办公室会同工商行政管理部门征收。当年起，市人防办委托地税直属分局代收施工人员经常费。2002年1月，企事业单位应负担的人防经费改由地税部门代收，其标准仍为年人均14元；个体工商户应负担的人防经费，改由工商部门提供登记资料，由县（区）人防部门组织征收，其标准仍为每年60元/户。

四、平战结合收入

1983年，淮阴市始有此项收入。1985年，人防部门收取的平战结合使用费，50%用于人防工

程建设，50%用于各级人防部门事业建设、集体福利和奖励基金。1987年，市人防办公室收取的人防工程使用费（包括区人防部门上缴的部分），其中60%用于人防工程建设、30%归市人防办留存、10%上交省人防办。同时要求各级人防部门对收取的费用单独立账，纳入人防经费计划统一管理。1995年，人防工程使用费的收取，由人防部门参照有关规定直接向使用单位征收。单位人防工事开发利用的收费，由所在单位参照市有关经营管理规定确定。20世纪90年代，自交通广场地下工程、淮海广场地下工程相继建成并由人防办自主管理后，淮阴市人防工程平战结合收入成倍增长，主要收入项目有工程使用费收入、通信服务收入、科研技术服务收入、设备租赁收入、其他收入等。全市人防工程平战结合收入1990年为2.43万元，1995年为269万元，2000年为322.16万元，2004年为280.6万元。2005年，因企业改制，收入减少至10.47万元。

第七章　双拥共建

2000年，淮阴市委、市政府提出双拥工作要做到“三实一创”（夯实基础，互办实事，注重实效，创出特色）。2001年，提出“三个转移”（以节日慰问为主向经常性互办实事为主转移，以解决部队日常生活问题为主向解决部队热点难点问题为主转移，以解决一般性问题为主向科技拥军为主转移）的双拥工作思路。2004年，淮安市首次获得“全国双拥模范城”称号。2008年，市委提出“两个第一”（加快发展是第一要务，壮大国防是加快发展的第一动力）和“三个不忘”（抓经济建设不忘抓好双拥工作，分享发展成果不忘为部队办实事，选拔人才不忘军转和人武干部），推动双拥工作发展。驻淮安部队承担地方各种急难险重任务，做好学生军训工作，力所能及地利用自身优势搞好“双扶双带”、济困助学等工作。淮安市实现“全国双拥模范城”称号三连冠。

第一节　拥军工作

一、组织机构

1992年以前，淮阴市双拥工作是市民政局优抚科的工作内容之一。1992年，根据省双拥工作领导小组关于工作机构建设的要求，淮阴市成立市双拥工作领导小组及其办公室。1997年，经市委和市委常委议军会研究决定，市双拥办从市民政局整体划出，归市政府办公室建制。

2000年以后，淮安市历届双拥工作领导小组组长均由市委主要领导担任，为淮安市双拥工作第一责任人，并有3名以上市委常委和1名副市长担任市双拥工作领导小组副组长。同时，明确市委、市政府1名副秘书长和军分区政治部主任具体抓双拥工作。市双拥办有2个内设机构和1个下属单位，即综合处、秘书处和市国防园。从2000年开始，淮安市推行“四个”拓展（双拥工作向乡镇拓展，向企事业单位拓展，向窗口单位拓展，共建组织向基层连队和村、社区拓展），层层建立健全双拥组织。2004年，淮安市又按照“六进”（进机关、进乡村、进企业、进学校、进社区、进连队）要求，推进双拥工作，建立双拥组织。在全市广泛开展军民共建文明路、文明街活动。各县

（区）也大多按照市双拥工作领导小组的体制建立双拥工作机构。

二、宣传活动

淮安市双拥办成立后，与市国防教育办公室配合，共同做好国防与双拥宣传教育工作。淮安市国防与双拥宣传教育以《中华人民共和国兵役法》《中华人民共和国国防法》和《中华人民共和国国防教育法》为重点，增强公民国防与双拥观念，传承与发扬爱国拥军精神，以党政机关、企事业单位领导干部和中小学生、企业职工、民兵预备役人员为主要对象。其中，党政干部、企事业单位领导干部国防教育坚持以“议军会”“武委会”“军事一日”、国防教育讲座等形式进行；青少年学生国防教育以巩固提高少年军校、开展军事夏令营活动和学生军训等形式进行；企业职工国防教育通过集中培训等形式开展，坚持把国防与双拥宣传教育纳入各单位、各企业思想政治教育和精神文明建设。发挥新闻媒体宣传主渠道作用，开辟双拥专题、专栏、专版，播发国防与双拥新闻稿件。

2000—2008年，淮安市利用周恩来故居和纪念馆、黄花塘新四军军部旧址、刘老庄八十二烈士陵园等革命教育基地，加强全市军民国防与双拥教育，受教育400多万人次。全市设立大型永久性双拥宣传标牌186块，市区和各县（区）都建成双拥宣传一条街。投资1500万元建成淮安市国防教育园，成立淮安市国防教育学院和双拥艺术团。举办大型国防教育展12次，其他有影响的国防和双拥宣传教育活动220多场次，参加人数超过150万人次。

三、拥军优属

1978年后历年节日期间，全市各级党委、政府均慰问驻军，召开军政座谈会，听取部队意见，解决驻军实际困难，并组织慰问团、电影组、服务队，为驻军送去文艺节目和慰问品等。

2000年，淮阴市委、市政府开展送科技进军营活动。2001年，淮安市规定全市所有停车场、公园、图书馆等公共场所一律对军人免费开放，军人在市区和县城免费乘坐公共汽车，商场、医院、银行等服务场所一律对军人实行优先优惠。2003年，市区淮海路菜场等4个菜场率先在全市建成双拥菜场，为部队优先、优惠、优质供应蛋、禽、肉、菜，开创全省先河。同年，淮安市组织近百个会员单位成立淮安市拥军协会，成为全国第一家拥军协会，协会下设3个分会，即大中专院校拥军分会、大中型企业拥军分会和个体私营企业拥军分会。各县（区）也大多成立拥军协会。2003—2005年，淮安市委、市政府为驻淮安部队建成市民兵训练基地、反恐综合训练馆所、市消防支队指挥中心大楼等。

2007年，淮安市无偿划拨45.33公顷土地为防空旅新建营区，解决部队营区土地置换的问题。多次帮助协调解决营区建设、道路施工、电力、通信、文化、供水等设施配套建设问题，减免建设配套规费3000万元。多次组织慰问团，赴山东日照、安徽大别山区、上海吴淞口、辽宁海城、江苏赣榆慰问集训官兵、清江团、淮安舰官兵。同年11月，全省科技拥军现场会在淮安市召开，全面推广淮安经验。

2000—2008年，淮安市军地互办实事2130多件，总投入1.51亿元。指令性安置随军家属760人，妥善安置驻淮安部队随军子女入学810人，组织310多人次专家学者到部队现场传授科技知识，向部队赠送科技书籍14余万册、电脑电器1500余台，帮助驻淮安部队建设20余个双拥电教室与双拥图书室，举办科技培训班230期，实施科技拥军项目630个，投入2400万元，其中重点项目85个，总投资1300万元。2008年，淮安市委印发《关于进一步做好驻淮部队干部随军随调家属子女就业就学工作的实施意见》，规定采取市场就业和政府保底安置相结合的办法，把随军家属安置到行政事业单位和效益好的企业。

第二节　拥政爱民与军民共建

一、拥政爱民

1978年后，驻淮阴部队承担地方各种急难险重任务以及学生军训、“双扶双带”、济困助学工作。

从2000年开始，驻淮阴部队在淮阴县刘老庄中心小学每年开展1次济困助学活动，按照“部队牵头，个人帮扶，跟踪服务”的办法，累计资助110名刘老庄中心小学贫困学生上学。2003年，淮安市发生特大洪涝灾害，驻淮安部队官兵参加抗洪抢险，投入兵力近百万人次，为抗洪胜利作出突出贡献。

2004年，驻淮安部队16名干部战士被淮安市聘请为地方经济发展顾问，为地方招商引资等各项工作出谋划策。2008年，汶川“5·12”特大地震发生后，驻淮安部队开展抗震救灾工作，向灾区捐赠资金100多万元，并组织官兵向灾区献血。淮安消防支队派出22名特警，深赴重灾区北川，救出受困人员8名。2000—2008年，驻淮安部队为37所大中小学学生进行军训，总人数达百万人次。

二、军民共建

2000年开始，驻淮安部队和淮安市每年都开展1次大型军民共建签约活动，淮安市市直部门与驻淮安部队广泛开展军民共建文明路、文明街活动。全市还多次举办“双拥杯”军民篮球友谊赛、国防与双拥知识军地电视大赛、全市军民乒乓球友谊赛等。市直各单位、各县（区）也利用各自优势，开展与驻淮安部队共建活动。淮阴区多次开展“科技送军营”“文化送军营”和“图书送军营”等系列活动。

至2008年，淮安市建立军民共建组织1200多对，开展共建活动240多项。

·淮安市志·（1978—2008）

第二十一卷　财税

第一章　财　政

第二章　国家税务管理

第三章　地方税务管理

中共十一届三中全会后，淮阴地区调整、完善财税管理体制，促进财政收支平衡，建立良性运行机制。1978年，全地区实现财政收入1.88亿元。1983年撤地建市，当年实现财政收入3.34亿元。1988年起，淮阴市各级财政实行“收入递增包干”财政体制，财政收入和支出增长较多。本着“减税让利，放水养鱼”原则，至1992年，全市累计赤字达3.5亿元。20世纪90年代，淮阴市财政围绕“建立公共财政”基本目标，创新管理手段，深化多项改革，不断健全公共财政运行机制。同时，加强财源建设，推动经济发展，支持社会事业，保障民生支出；强化财政监管，规范财经秩序，发挥财政职能作用。随着经济发展和收入分配机制逐步健全，全市财政收入大幅度提高，财政平衡能力逐步增强。1994年起，实行分税制财政体制。至1998年年末，全市全面实现财政收支平衡，并消化全部老赤字，提前一年完成省委、省政府下达的全面消化财政赤字任务。2003年，淮安市财政总收入53.9亿元，是2000年25.7亿元的2.1倍，提前两年实现“十五”计划确定的“财政收入再翻番”目标。2008年，全市财政总收入170.51亿元，是1978年1.88亿元的90倍，是1994年8.29亿元的20倍。财政收入结构不断优化，财政收入占国内生产总值的比重逐年提高，1995年为6.6%，2000年为8.9%，2003年提高到12.8%，2008年达18.6%。

1978年，淮阴地区实际开征6个税种，全地区税收收入1.34亿元。1983年，财政、税务分设。1983年6月，对国营企业实行利改税。1987年，淮阴市实际开征20多个税种。当年全市工商税收入5.75亿元，占财政收入的92%。20世纪90年代，税务事业加快发展。1994年，国税、地税分设。国税部门以“聚财为国、执法为民”为宗旨，按照科学化、规范化的思路，组织税收收入，深化税收征管改革，优化纳税服务，推进依法治税，国税职能作用得到发挥，服务经济发展成效明显，打造流程再造、风险管理、绩效管理、团队建设等具有广泛影响的改革创新品牌。1998年全市国税收入11亿元，2008年全市国税收入88亿元。

1995—2008年，淮安地税部门坚持开展优质办税服务，推进依法治税。1995年全市地税收入2.68亿元，2008年全市地税收入为68.11亿元，年均增长27.76%。地税部门组织征收的各项基金（费）从1995年0.15亿元增加到2008年1.67亿元，年均增长20.37%。

第一章 财 政

1978年，淮阴地区财政机构为淮阴地区革命委员会财政局，下设秘书室、预算科、企业财务管理科、财政监察科、农业财务管理科、税务科等科室。1979年6月，淮阴地区革命委员会财政局更名为淮阴地区行政公署财政局。1983年3月，淮阴市成立，实行市管县体制，撤销原地区行署财政局，成立淮阴市财政局。1983年年底，成立淮阴市税务局和审计局，税务、监察两个科室从市财政局划出。1987年下半年，淮阴财经学校划归省财政厅管理。2001年年初，淮阴市财政局更名为淮安市财政局。2003年，市财政局有职工213人，其中局机关117人、下属单位96人。

2008年，淮安市财政局内设21个处室，分别是办公室、预算处、人事教育处、纪检监察处、机关党委、国库处、综合处、政府采购管理处、经济建设处、企业处、外经金融处、行政政法处、科教文处、社会保障处、农业处、基层局、农业发展基金管理办公室、绩效评价处、会计处、稽查局、税政法制处。有下属事业单位9个，分别为市财政国库集中支付中心、市契税征收管理所、市预算编审中心、市财政信息中心、市政府采购中心、市财政投资评审中心、江苏淮安产权交易中心、中华会计函授学校淮安分校、市税改办。有在职职工208人。市财政局机关办公场所位于市区健康东路65号。

第一节　财政体制

中共十一届三中全会后，国家以财政体制为突破口，改革先行一步。1978—1980年，省对淮阴地、市（县）执行“收入按固定比例留成和增长分成”财政体制。1981年，贯彻中共中央的改革精神，省对淮阴地、市（县）全面试行“财政收入包干”财政体制。1982年，改为“全额比例包干”体制。1983年3月，淮阴市实行市管县的行政管理体制。市核定宿迁县、泗阳县、泗洪县、淮安县、金湖县、清河区、清浦区一定的留用比例；淮阴、灌南、沭阳、涟水、洪泽、盱眙6个支大于收的县收入全留，并核定差补。新体制适当增加地方财力，财政改革进入新的历史发展阶段。

1983年和1984年，淮阴市对全市589个国营预算内企业分别进行第一步和第二步利改税改革。1983年，根据财政部和省政府要求，制定淮阴市预算外资金管理试行办法，把企业自有的更新改造资金和生产发展基金重点用于企业建设项目，起到一定效果。1984年，根据中共中央文件精神，改变过去支农资金无偿使用，只要求符合政策，不讲经济效益的做法，逐步实行有偿周转使用。

1985年起，国务院实行“划分税种，核定收支，分级包干”财政管理体制。淮阴市继续实行“全额比例包干”财政体制，省对淮阴市的财政收支包干作部分调整。市对13个县（区）的体制作相应的调整。核定淮阴、灌南、沭阳、涟水、洪泽5个差补县差补额共1285万元。同年，淮阴市在建立乡级财政方面进行探索，对51个乡试行建立乡级财政，实行定收定支、收支挂钩、超收分成、结余留用、一年一定的包干办法，改变统收统支、吃大锅饭的做法。1986年，国家对省继续实行“总额分成加增长分成”财政体制。省对淮阴市继续执行“全额比例包干”财政预算体制。市对县（区）继续执行“总额分成”财政预算体制。核定6个差补县差补额共1371万元。

1987年，省对市、县预算管理体制作较大改进，对市、县财政增收实行分档分成办法。1988年起，各级财政都实行“收入递增包干”的财政体制，促进各地加速发展经济，挖掘潜力，开辟财源，提高经济效益，增加财政收入。至1992年，淮阴市累计赤字达3.5亿元，财政补贴县达到6个，约占全省13个补贴县的一半。在困难情况下，全市各级财政仍然基本保证经济建设和社会各项事业发展所需资金。

1994年开始，实行分税制财政管理体制。淮阴市根据省政府《关于分税制财政管理体制的实施办法》及省财政厅《关于核定分税制财政管理体制税收返还基数等事项的通知》，相应制定《关于分税制财政管理体制的具体实施办法》，并按省统一部署，在市、县（区）两级全面实施分税制财政管理体制，明确中央与地方收入范围，确定财政支出范围，并核定税收返还基数。

2001年，省政府印发《关于调整分税财政体制的通知》，按照“激励苏南，锦上添花；扶持苏北，雪中送炭”的指导思想，对分税制财政体制作出调整，进一步加大对苏北、苏中财政困难地区转移支付力度。调整后的分税制财政管理体制从2001年1月1日起执行，期限5年。

2002年，淮安市贯彻落实《国务院关于印发所得税收入分享改革方案的通知》和《省政府关于所得税收入分享改革有关问题的通知》精神，实施所得税分享改革，打破所得税按隶属关系和税目划分收入的办法，实行中央与地方共享的政策。

2003—2008年，市级和市对县（区）的财政体制没有大的调整。

第二节　财政收入

20世纪80年代，淮阴市财政收入中以工商各税收入为主。1987年，工商各税收入占总收入的90.32%，农业税收入占总收入的5.2%，企业收入占总收入的2.84%，其他收入占总收入的1.64%。20世纪90年代后，农业税收入占比略有上升。1996年后，罚没收入和行政事业性收费占比缓慢上升。2000年，工商税收收入中主要税种为增值税、营业税、企业所得税。2004年，地方一般预算收入中，营业税收入首次超过增值税收入。2006年起，停征农业税，保留征收契税。

一、工商税收

（一）增值税

1983年1月1日起，淮阴地区将企业生产的机器机械、农业机具、缝纫机、自行车、电风扇等产品在工业环节缴纳的工商税，改征增值税。此后，增值税征收范围不断调整，逐步扩大。1984年，全市征收增值税596万元。1988年，增值税收入增加到7739万元。随着增值税税收范围扩大和经济发展，增值税收入逐年增加。至1993年，全市累计征收增值税6.35亿元。其中，1993年征收1.43亿元，居工商各税收入首位。1994年1月1日，增值税征税范围扩大到所有生产、销售商品和提供应税劳务。当年增值税收入猛增至4.17亿元。2001年，增值税收入突破10亿元大关，达到13.59亿元。2008年，增值税收入47.32亿元，其中25%入库地方财政收入，占全市地方财政收入的12.46%。1984—2008年，全市共征收增值税261.6亿元。其中，1994—2008年，全市共征收增值税255.23亿元，年均征收17.02亿元。

（二）营业税

1984年，淮阴市营业税起征点（适用范围限于个人、个体工商户）为月营业额300元。1984—1993年，全市征收营业税9.92亿元。1994年，全市入库营业税1.12亿元，占地方工商税收总额的44%。2002年7月1日，营业税起征点调整为月营业额600元。2002年以后，营业税征收额增长较大，当年实现3.03亿元，比2001年增长23.5%。2003年，淮安市将营业税按期纳税起征点由月营业额1000元提高到5000元。2003年，实现营业税收入4.13亿元，比2002年增长36%。2008年，实现营业税收入17.24亿元，比2007年增长30.7%。1995—2008年，全市累计入库营业税71.56亿元。

（三）企业所得税

1984—1993年，全市分别征收国营企业所得税和国营企业调节税2.14亿元和258.4万元，征收集体企业所得税1.96亿元，征收城乡个体工商业户所得税367.8万元。1994年，除个体工商业户外的所有内资企业，统一征收企业所得税，税率为33%。对小型企业和微利企业设置优惠税率。对“三资”企业实行“三免两减半”政策。1995—2008年，全市累计入库企业所得税24.82亿元。

（四）个人所得税

1987年1月1日起，淮阴市对区域内在国内有住所的中国公民征收个人收入调节税。1987—1993年，全市征收个人收入调节税332万元。1994年1月1日起，按照《中华人民共和国个人所得税法》，征收个人所得税。1995—2008年，全市共征收个人所得税22.84亿元。

（五）城市维护建设税

1985年2月8日，国务院发布《中华人民共和国城市维护建设税暂行条例》，省政府于4月23日发布《江苏城市维护建设税暂行条例实施细则》。淮阴市于1985年起开征城市维护建设税。1985—1993年，全市征收城市维护建设税2.36亿元。1995—2008年，全市累计入库城市维护建设税27.76亿元。

（六）其他工商各税

1984—1993年，淮阴市其他工商各税主要是房产税、屠宰税、城镇土地使用税、印花税、建筑税、车船使用税和盐税。1984—1993年，全市征收房产税、盐税、屠宰税分别为4360万元、882万元和303.8万元。1984—1990年，征收建筑税4367万元。1987—1993年，征收车船使用税2482万元。1989—1993年，征收城镇土地使用税、印花税分别为3065万元和900万元。1995—2008年，淮安市其他工商各税主要是房产税、城镇土地使用税、土地增值税、印花税、车船使用税、资源税等，分别征收6.6亿元、4.7亿元、2.64亿元、2.32亿元、1.29亿元和2.81亿元。

二、农业税收

农业税收包括农业税、农业特产税、耕地占用税和契税。

1978年，淮阴地区征收农业税1773万元。1979年开始，农村实行经济体制改革，由于征收体制不适应新形势要求，当年征收额下降为1132万元。

1983年以后，随着农业经济体制和农村税收体制的完善，农业税收收入逐年增长。1985年为2300多万元，1987年为2926万元。

1994年，全市征收农业税6342.3万元、农业特产税2304.4万元、耕地占用税1849.1万元、契税193.9万元，入库农业四税首次突破亿元大关，达1.07亿元。1995年，全市征收农业“四税”1.39亿元，其中农业税6459.2万元、农业特产税4557.2万元、耕地占用税2628.2万元、契税240.7万元。1997年，征收农业税收1.06亿元，占全市地方一般预算收入的13.58%。

2002年，淮安市实行市级财政统一征管市区契税的办法。2003年，农业特产税归入农业税征收。当年征收农业税收总额3.33亿元，其中农业税2.4亿元、耕地占用税4053万元、契税5169万元。

2005年，淮安市免征农业税，共免征1.62亿元，征收尾欠402万元，征收耕地占用税2817万元、契税1.81亿元，合计征收农业税收2.13亿元，占全市地方一般预算收入的7.9%。

2006年1月1日起，淮安市全面免征农业税，保留征收耕地占用税和契税。

三、基金（费）和其他收入

政府性基金（费）和其他收入主要包括市场物价调节基金、粮食风险基金、防洪保安基金、教育费附加、地方教育附加、地方教育基金、旅游事业发展费、人防建设经费、残疾人就业保障金和社会保险费等。1997—2008年，全市征收市场物价调节基金、粮食风险基金、防洪保安基金、教育费附加、地方教育附加、地方教育基金、旅游事业发展费、人防建设经费、残疾人就业保障金共8.38亿元。

社会保险费包括基本养老保险费、基本医疗保险费、失业保险费、工伤保险费、生育保险费。2000—2008年，全市征收社会保险费98.66亿元。

1978—2008年淮安市财政收入情况表

表21-1　　　　单位：万元

年份	全市	清河区	楚州区	淮阴区	清浦区	淮安经济开发区	涟水县	洪泽县	盱眙县	金湖县
1978	18766	—	1916	1127	—	—	1248	782	623	805
1979	17688	—	1845	840	—	—	959	791	747	879
1980	20692	—	1745	1047	—	—	988	752	680	899
1981	20977	—	1765	1308	—	—	824	633	702	907
1982	23924	—	1971	1140	—	—	1053	758	917	990
1983	25760	368	2132	1197	541	—	1272	889	1013	1343
1984	28586	479	2238	1170	651	—	1482	928	1029	1340
1985	36764	585	2784	1350	769	—	1788	1085	1279	1562
1986	40733	622	3168	1546	838	—	2161	1293	1638	1740
1987	44807	712	3646	1735	938	—	2609	1452	1938	1888
1988	51548	798	4046	2031	1039	—	3479	1900	2570	2149
1989	49469	868	2857	1700	879	—	2508	1658	1785	1632
1990	51630	908	3131	2009	1003	—	3180	1730	2216	1914
1991	39253	1064	3113	2147	826	—	3545	1667	1856	1899
1992	47794	1245	3901	2557	1207	—	3905	2206	2137	2302
1993	68053	1611	5046	3157	1339	118	5423	3570	3523	3645
1994	82870	1884	6945	4619	1391	343	6511	4973	4179	5128
1995	104592	2663	9279	7120	2292	1218	7578	6247	6236	7049
1996	128718	3192	11744	9151	2986	974	9119	7571	7867	8501
1997	158240	4215	14314	11421	3550	1474	11077	9384	10040	10478
1998	196221	4936	17030	13711	4245	1864	13294	10166	12316	12371
1999	219585	5285	19215	16162	4997	5533	16011	11273	15068	14420
2000	257607	6321	21194	17631	5739	7890	17568	12784	17408	16450
2001	349822	7519	23611	20516	7917	9158	20076	14701	21527	21852
2002	431871	10333	26866	25086	10650	12804	21743	17601	25134	24709
2003	538757	14004	32621	30601	13837	20840	25122	22448	30783	27264

续表21-1

年份	全市	清河区	楚州区	淮阴区	清浦区	淮安经济开发区	涟水县	洪泽县	盱眙县	金湖县
2004	633769	19978	37006	35818	19019	26839	30029	25829	35071	31332
2005	755632	25066	37596	46055	24599	34341	36016	34798	41009	33594
2006	929012	47780	56603	61606	47152	57650	54046	46176	50975	42179
2007	1234214	70052	77411	100682	65155	104453	80157	69082	71129	58653
2008	1705080	100026	111042	135966	74137	163817	116416	100349	102401	84018

说明：含上划中央收入和基金

1997—2008年淮安市一般预算收入情况表

表21-2　单位：万元

年份	全市	市直	清河区	楚州区	淮阴区	清浦区	淮安经济开发区	涟水县	洪泽县	盱眙县	金湖县
1997	78000	—	—	—	—	—	—	—	—	—	—
1998	91300	—	—	—	—	—	—	—	—	—	—
1999	105100	—	—	—	—	—	—	—	—	—	—
2000	118077	—	3853	15039	10803	3588	2891	10334	8450	12200	8894
2001	147907	—	4640	15924	13633	5005	3725	12389	9634	15445	11855
2002	156206	59099	6247	16823	14556	6089	3955	12391	9500	15666	11880
2003	186727	72293	8129	19928	17705	10130	6806	12447	10692	17493	12639
2004	223057	92888	12132	20104	19839	10132	10862	13338	12126	18696	12755
2005	267748	112800	14580	21192	24515	12952	15824	14730	15204	20333	14218
2006	369415	128634	28580	32444	33014	26514	30161	22499	20743	25860	18196
2007	513956	143387	45913	44741	53368	37341	57854	33444	31615	40079	26214
2008	713565	167904	68038	58417	77007	43520	100533	50727	43079	59110	40018

第三节　财政支出

1976—1980年，淮阴地区财政支出9.52亿元。2001—2005年，全市财政支出195.44亿元，是1981—1985年的20多倍。2006年和2007年，财政支出总量合计187.06亿元，接近2001—2005年5年支出的总和。2008年，全市财政支出136亿元，比2007年增长40.8%，其中一般预算支出114亿元，比2007年增长37.2%。

一、经济建设支出

1983—1987年，市政府共对全市589个国营预算内企业采取一系列减税让利政策，支持企业挖潜改造，培养财源。仅1987年，因减税让利，全市财政收入减少3441万元。

1988年，全市财政部门开展“双增双节”运动，与524户企业签订承包经营责任制合同，对424户企业推行多种形式的工效挂钩。

1992—1997年，淮阴市财政部门筹措资金，促进工业经济发展，共计投入1.14亿元支持企业技术改造和技术进步，安排市级财政周转金4.93亿元，争取省级财政周转金4245万元，支持技改项目顺利完成。截至1997年年末，市财政共对特困企业发放扭亏贷款3500万元，扭亏贴息275.2万元，帮助亏损企业走出困境。

2001—2005年，围绕“工业强市”目标，市政府共向国家、省级争取贴息补助资金1.1亿元，支持企业发展。实施大企业战略和品牌战略，实行补贴和奖励政策，鼓励企业做大做强，建立市级星火项目贴息专项资金和技改专项资金，促进技术创新，培育新经济增长点。

2006年，市政府安排资金8883万元，用于重大工业项目、科技创新成果奖励和旅游资源开发项目，推动循环经济发展，提升现代服务业水平；安排资金3202万元，扶持民营经济发展，促进中小企业信用担保体系建设。

2007年，市财政部门安排资金1521万元，扶持县（区）重点企业发展，增强县域经济发展后劲；安排资金7170万元，进一步提高企业自主创新能力，推动科技成果转化，促进产学研紧密结合；安排资金3663万元，支持中小企业发展，加强中小企业财源建设；筹集财政资金3.5亿元，用于理顺职工劳动关系，推进企事业单位改制。

2008年，市财政部门争取和安排资金7646万元，支持一批企业科技成果转化项目，推进企业技术改造和科技创新，支持创新载体平台建设，鼓励和引导金融机构支持企业自主创新与科技项目产业化。争取资金8940万元，用于淮河流域污染防治和污水处理厂管网建设，促进环境质量根本好转。争取和安排资金2025万元，支持节能减排，推动循环经济发展。投入资金2224万元，对重点企业财源建设进行补助，支持重大工业项目建设，培育工业经济新增长点。筹集资金1.9亿元支持企业改制，增强企业发展内生动力。争取和安排资金2672万元，增强中小企业信用担保机构实力，引导中小企业和民营企业发展，支持中小企业开拓国际市场，调动金融机构对企业信贷投入的积极性。投入资金2258万元，用于淮安国际商城配套仓储等服务业项目。引导金融业加快发展，推进“万村千乡市场”工程，提升服务业水平。

二、农业支出

1979年，淮阴地区财政部门支持大幅度提高农副产品收购价格，减免部分农村税收，促进农村经济发展。1984年后，市政府将淮阴等5个县全国商品粮基地建设列为支农重点，加大对里下河、古黄河、洪泽湖地区的综合开发力度，支持乡镇经济发展。全市各级财政部门加大支农支出投入，保证支农支出进度。1993—1998年，累计财政支农投入6.02亿元（剔除行政区划调整因素），其中1995年全市财政支农支出进度达到95%，超额完成省财政厅下达的85%的任务，1996年达到98%，位列全省第三。持续增长的财政支农投入，使农业生产条件改善，农业产业化结构优化。1996年行政区划调整前，淮阴市成为全国两个粮食总产超过百亿斤的地区之一。

2001年起，减轻农民负担，加大农业支出。2001年，市政府实施农村税费改革，当年通过取消乡统筹、屠宰税、“两工”（劳动积累工、劳动义务工）及调整农业税政策等多项改革措施，农民负担第一次出现较大幅度下降。2004年，落实调减农业税税率政策，全市农业税减收1.2亿元。2005年，全面免征农业税，农民负担下降1.4亿元。市政府进一步加大农业建设开发投入。2001—2005年，累计投入资金4.07亿元，用于灌区节水改造工程建设、县乡河道疏浚、农村桥梁修建等农业基础设施建设，累计投入农业综合开发资金2.5亿元，支持土地治理、中低产田改造、中型灌区节水配套改造等基础设施项目建设和主导产业建设基地的培育。落实涉农优惠政策，2006年，全市落实粮食直补、水稻良种、小麦良种、水稻插秧机、农资增支等惠农补贴2.1亿元，实施"一折通"发放政策，促进农业增产和农民增收。农业保险工作在全市逐步推开。2004年，在全国较早启动农业保险试点工作。2005年，安排资金234万元对参保农民进行补贴。2006年，将农业保险试点乡镇增加到20个。2007年，安排保险赔偿金2540万元支持农业生产，全市三麦、水稻和能繁母猪承保面分别达到83%、86%和100%。

三、社会建设支出

1986—1990年，全市财力较弱，但仍支出5亿多元用于基础设施建设。1991—1995年，基础设施建设支出逐渐增加，全市累计投入50亿余元，推动城市建设，加快城市化进程。2001—2005年，市直属单位安排基本建设和城市建设投资累计达8.75亿元（含国债资金），进一步提升城市化水平，为创建"四城"（国家卫生城市、国家园林城市、国家环保模范城市和省文明城市）提供支撑。2001—2005年，市级财政共投入资金5000余万元，加快环保事业发展，支持环境质量改善。2006年，市财政部门筹措财政资金2.6亿元。2007年，筹措财政资金2.3亿元，用于支持城市基础设施建设，推进中心城市建设进程。2007年，筹集资金3000万元，实施城区绿化工程，促进国家园林城市创建工作开展。

1991年后，财政支出更加重视支持教育、科技、文化、体育等事业发展。1991—1995年、1996—2000年，全市教育投入分别为13.5亿元和25.8亿元。2006年，落实农村义务教育"两免一补"（免杂费、免书本费、逐步补助寄宿生生活费）政策，争取和安排资金2.2亿元，推动农村义务教育健康发展。2007年，落实经费1.8亿元，确保全市60万名城乡学生享受义务教育阶段免收杂费政策。同年，财政部门筹集资金1亿多元，用于市博物馆二期工程、苏皖边区政府旧址纪念馆、市健身会馆、周恩来纪念馆改扩建及周边环境整治工程等文体设施建设，提高城市文化品位。2008年，社会建设类支出更大，农林水事业、医疗卫生事业、文化体育事业支出较2007年增幅分别为90.8%、62.6%和56.1%。

四、社会保障支出

2000年以后，随着构建公共财政体系的不断推进，淮安市各级财政不断加大社会保障投入力度，落实各项社会保障待遇，促进和谐社会建设。

2001—2005年，全市社保支出14亿元，年均增幅27.44%，高于一般预算支出年均增幅6个百分点。2005年年末，社保支出占一般预算支出的比重比2000年年末提高近2个百分点。2006年，市财政部门落实"民生八大工程"，安排资金推进社会保障工作。争取和安排5988万元，扩大城乡低保覆盖面；筹措5807万元，落实各项再就业优惠政策；争取和安排8031万元，弥补养老保险金资金缺口；争取5832万元，提高老红军、伤残军人医疗和生活待遇；安排启动资金600万元，在全省较早启动城市居民医疗保险工作；争取和安排2243万元，用于残疾人事业、维护弱势群体等支出。2007年，实施民生帮扶"九大工程"，安排资金4亿多元。2008年，各种民生保障支出近8亿元。

1978—2008年淮安市财政支出情况表

表21-3　　　　单位：万元

年份	全市	市直	清河区	楚州区	淮阴区	清浦区	淮安经济开发区	涟水县	洪泽县	盱眙县	金湖县
1978	11815	4017	—	1906	1594	—	—	1671	860	954	813
1979	12606	4133	—	1955	1474	—	—	1624	990	1556	874
1980	12331	3812	—	1870	1667	—	—	1756	1023	1138	1065
1981	12723	3992	—	2106	1693	—	—	1716	1105	1163	948
1982	14074	5017	—	2262	1805	—	—	1824	986	1100	1080
1983	17630	5486	400	2507	2049	401	—	2426	1497	1545	1319
1984	22467	7527	516	2928	2356	731	—	3012	1834	1903	1659
1985	25634	9707	638	3106	2605	824	—	3131	2038	2028	1557
1986	32251	12034	672	4123	3354	902	—	3885	2119	2926	2236
1987	33171	11791	751	4378	3415	1109	—	4282	2112	3032	2301
1988	42101	15531	1090	5462	4110	1408	—	5185	2791	3855	2669
1989	48527	16276	1805	6008	4795	2030	—	5962	3559	4783	3309
1990	50421	15090	1814	6500	5122	2142	—	6625	4060	5468	3600
1991	58388	14715	2000	8317	6539	2505	—	8335	4648	6914	4416
1992	58147	15793	1734	7850	6410	2139	—	9033	4407	6578	4203
1993	72982	21560	2110	10505	7674	2349	118	9894	5782	7796	5194
1994	84989	21851	2736	13155	9729	2876	246	11987	7207	8717	6485
1995	97393	25579	3086	14150	10633	3706	1293	13141	7298	11333	7174
1996	108094	26947	3278	17473	12066	4157	502	15337	8471	11464	8399
1997	129848	32209	3867	21094	14774	4708	840	18648	10351	13428	9929
1998	148825	37932	4700	22804	16789	5530	971	21053	11754	15452	11840
1999	169678	42946	4823	25260	20181	6530	2005	24118	11798	18870	13147
2000	192163	49284	5709	29210	23096	6810	2705	26378	13061	21088	14822
2001	239609	62117	6710	32333	31772	9499	3534	30815	17141	26145	19543
2002	284097	82361	9808	35800	32376	11958	5645	35520	19917	29572	21140
2003	384144	115982	12148	47500	41781	14706	10658	41632	27632	42904	28492
2004	463031	147980	16406	51522	44206	17130	14931	47087	34020	57748	31821
2005	574814	179362	19905	67578	60185	22618	17319	69622	39709	57420	38959
2006	727833	224523	22827	86625	72470	27714	30674	91858	50629	66593	50732
2007	979791	242488	34570	124513	122594	39659	52763	123178	82672	94359	62995
2008	1361705	349944	58341	164418	156272	51482	93163	140428	111881	142295	89002

说明：含基金

2000—2008年淮安市一般预算支出情况表

表21-4 单位：万元

年份	全市	市直	清河区	楚州区	淮阴区	清浦区	淮安经济开发区	涟水县	洪泽县	盱眙县	金湖县
2000	190010	—	5706	29127	22948	6810	2705	26311	12898	21088	14822
2001	237116	—	6710	32327	31560	9497	3534	30783	17136	26006	19437
2002	263277	68965	9465	35478	31096	11396	4893	34779	18789	28079	20336
2003	328692	86293	11139	45756	39249	13060	7647	39442	22092	37648	25711
2004	396069	115691	15288	47210	41269	15208	12783	43406	28600	49585	26849
2005	495416	140894	18252	65108	55448	20295	14443	63726	33043	49820	33391
2006	621590	175440	20308	81092	66179	23922	26896	81542	42138	58301	43484
2007	836478	187640	30711	113389	108018	34358	45942	109020	68126	82814	56460
2008	1142941	254915	50110	140986	133405	45724	83046	133363	91058	124569	81286

第四节 财政管理

一、预算管理

1978—1993年，淮阴市（地区）实行财政收入包干、利改税、全额比例包干、收入递增包干等体制，规范上下级财政之间的分配关系。1994年，在市、县（市、区）两级全面实施分税制财政管理体制，完成国家、地方两个税务机构的分设工作，调动地方政府增收节支的积极性，支持经济和社会事业发展。1995年起，全市财政连年实现当年收支平衡。1997年，全市财政收入超百万元的乡镇达到120个。至1998年，累计消化老赤字4.62亿元，提前1年完成消化全部老赤字的任务。

1999年，财政部门在市直属行政事业单位率先实行“一个部门一本预算”制度，进行部门预算改革。2000年，在市直7个部门进行预算试点。2001年，将试点推广扩大到市委办、市人大办、市政府办和市政协办等40个部门。2002年，在市直单位全面推行。

2001—2002年，对分税制财政体制作进一步调整完善。2006年，调整市区财政管理体制，改变按企业隶属关系划分税收级次的做法，实行税收属地征管，理顺税收征管关系。

2003年后，进一步完善、规范预算管理，开展预算基础信息库、预算项目库建设，落实政府收支分类改革措施。通过实施部门预算，全市整合财政资源，规范单位财务行为，财政预算的编制质量得到较大提高。

二、预算外资金管理

1997年，淮阴市在实行财政专户储存基础上，制定《淮阴市预算外资金管理实施办法》，对预算外资金实施规范化管理，全市预算外资金基本纳入财政专户管理，初步建立起预算外资金“收支两条线”运行机制，预算外资金管理加强，实现财政综合平衡。1998年，编制预算外资金收支计划。1999年，实行综合财政预算管理。2000年，实现预算外资金财政银行微机联网管理，全市128个乡镇全部取消收入过渡户，全面实行收支两条线运行机制。

2005年，市直属单位在全省较早启动政府非税收入改革试点，通过非税管理系统开出全省第一张非税收入缴款凭证。2007年，非税收入改革全面推开，撤销财政性资金收入过渡户335个。当年征收入库10亿元，同比增长45%，建立"单位开票、银行代收、收缴分离、财政统管"的新型征缴管理系统。

2008年，继续完善非税收入管理系统和资金管理方式，确保纳入预算管理非税收入及时足额入库。当年实现非税收入19亿元。

三、会计事务管理

1985年，淮阴市贯彻执行《中华人民共和国会计法》。1987年，财政部门组织开展全市执法大检查，促进财政法规和财务制度贯彻执行，推动会计法制建设。1993年，按照国家统一部署，在全市进行企业会计制度改革，组织实施《企业财务通则》和《企业会计准则》，全市举办培训班近百期，培训财会人员1.6万人次，保证新财会制度接轨工作顺利进行。1999年10月，市政府进行会计人员管理制度改革，探索开展会计委派制试点工作。至1999年年底，全部乡镇实行会计委派，洪泽县成立全省第一家会计管理局。全市通过开展会计委派制工作，促进会计法规的贯彻落实，规范会计基础工作，提高会计队伍素质。2000年以后，市财政部门通过宣传和贯彻《中华人民共和国会计法》等系列法律、法规，做好会计信息质量检查和会计人员继续教育等工作，确保会计管理保持较高水平。

四、政府采购

1999年，市政府采购中心成立，启动政府采购改革工作。2000年，市、县（区）两级全部成立政府采购中心。市财政局于2002年组建政府采购管理机构，建立符合《中华人民共和国政府采购法》要求的监管与执行相分离的政府采购管理机制。通过实行政府采购，控制采购需求，压缩采购成本，节约大量财政资金。2007年，全市实际政府采购金额节约上亿元，节约率10.8%。2008年，加强政府采购预算审核，推进政府采购电子化管理，全市完成采购预算15.8亿元，节约财政资金1.7亿元，节约率在11%以上。

五、国库集中支付

2002年，市政府制定实施《淮安市财政国库管理制度改革试行方案》，召开市级国库管理制度改革动员大会。2003年，在全省率先开展市级财政国库集中收付制度改革。2005年，在县（区）全面推行财政国库集中收付制度改革。2008年，逐步推行清算制、公务卡结算制度改革，进一步提高政府支出透明度，规范预算单位财务行为。

六、政府投资项目代建制

2005年，由财政部门牵头，淮安市探索政府投资项目代建制改革工作。到2007年年末，全市实施代建项目20个，累计节约财政性资金5000万元，节约率在18%以上。政府投资项目代建制改革的稳步推进，在控制投资规模、节约财政资金、保证工程质量、抑制腐败现象等方面取得明显成效。

七、财政绩效管理

2006年，市政府出台财政支出绩效评价办法，对义务教育、公共卫生、农业开发、社会保障等财政支出项目开展专项资金绩效评价工作。2007年，进一步研究和完善财政支出绩效评价指标体系和机制框架。2008年，试行绩效预算改革，选择信息化建设项目开展工作试点，节减财政资金1000多万元。

第五节　财政监督

1985—1997年，淮阴市财政部门连续13年开展税收、财务、物价大检查，查处违规违纪行为。1993—1997年，查出违纪金额1.44亿元，入库1亿元左右。

1998—2002年，市财政部门对全市重点单位“收支两条线”执行情况进行全面检查。1998年，全市财政专户资金缴存率98.4%，全面清理财政周转金，并停止发放新的周转金。2000年，对国有企业年度会计报表进行核查，并组织罚没收入、“小金库”等专项检查，查出违纪金额1650万元。

2002年12月，市政府成立市财政投资评审中心，建立政府工程投资评审机制，严格控制不合理建设项目，节约政府资金。2005—2007年，累计评审工程项目220个，送审金额7.99亿元，实际评审金额6.75亿元，评减率15.52%，累计节约财政性资金1.24亿元。2005年，对党政机关、事业单位工作人员拖欠公款情况进行检查，清理欠款5564万元。

2007年5月，市财政监督稽查局成立。先后组织对市区房地产、供电系统三产、华能淮阴电厂等28户企业税费缴纳情况进行检查，查出企业漏缴、欠缴、应补缴税费1.7亿元。当年出台《关于加强住房公积金财政监督管理的意见》《市本级财政投资项目投资评估操作暂行办法》《关于加强社会保障资金管理的意见》《行政事业单位国有资产管理暂行办法》等专项财政监督管理办法，逐步完善财政监督管理制度体系，为财政监督管理工作的开展提供制度保障。

2008年，市财政部门制定《淮安市财政监督检查工作规程及流程》《淮安市农业保险资金管理办法》，完善财政监督制度体系。组织开展契税征缴情况、再就业资金使用情况、非税收入管理情况、部分企业税费征缴情况等专项检查，对财政收支重要环节重点监督，查出违纪金额2.7亿元。

图21-1　市财政局举办财税法律法规知识竞赛（2008年）
市财政局　供

第二章 国家税务管理

图 21-2 市国税局、市地税局成立大会（1994 年）
市国税局 供

1978年，淮阴地区行政公署财政局税务科有工作人员5人。1979—1983年，陆续恢复税务机构。1983年12月，淮阴市税务局单设，为正处级单位。1987年12月，淮阴市设有241个税务机构，其中省辖市税务局1个、市税务局直属机构9个、所属县级税务局11个、税务所220个，有在职税务干部职工2118人。

1993年，市税务局下设直属、清河、清浦、经济开发区4个税务分局，辖淮阴、涟水、泗阳、宿迁、沭阳、灌南、泗洪、县级淮安、洪泽、盱眙、金湖11个县（市）税务局。共辖有69个中心税务所、43个县（市）城镇税务所、276个乡镇税务所（组）、4个驻厂组，有正式税务人员2025人。

1994年9月，国税、地税机构系统分设。淮阴市国家税务局下设稽查、直属、清河、清浦、经济开发区、涉外税收6个国税分局，辖淮阴、涟水、泗阳、宿迁、沭阳、灌南、泗洪、淮安、洪泽、盱眙、金湖11个县（市）国税局。

1996年区划调整后，淮阴市国税局下设稽查、直属、清河、清浦、经济开发区、涉外税收6个国税分局，辖淮阴县、县级淮安市、涟水县、洪泽县、金湖县、盱眙县6个县（市）国家税务局。

2001年，淮阴市更名为淮安市，县级淮安市更名为楚州区，国税部门亦作相应调整。同年7月，淮安市国税局进行定（机构）职能、定编制、定岗位改革，建立专业职能机构，实现征、管、查“外分离”。市区设一个征收分局（数据局），成立市国税局第一管理分局、第二管理分局、第三管理分局和涉外税收管理分局并保留稽查局。

2003年9月，淮安市国税系统机构调整为淮安市国家税务局数据处理中心、第一税务分局、第二税务分局、第三税务分局、第四税务分局、涉外税务分局、进出口税务分局、稽查局。

2005年，淮安市国税局内设机构为办公室、政策法规处、流转税管理处、所得税管理处、国际税务管理处、进出口税收管理处、征收管理处、计划统计处（与信息中心合署办公）、财务管理处、人事教育处、机关党委办公室、监察室、办税服务厅。淮安市国税局直属机构为直属税务分局、稽查局。市国税局事业单位为信息中心、机关服务中心、培训中心。市国税局派驻机构为第一税务分局、第二税务分局。市国税局所属机构为淮阴区国税局、楚州区国税局、涟水县国税局、洪泽县国税局、金湖县国税局、盱眙县国税局和江苏省淮安经济开发区国税局。

2008年年末，全市国税系统有在职干部职工1178人。

第一节　税款征收

一、征收方式

1978年，淮阴地区税款征收延用以前方法，即会计核算制度健全的纳税人，采用自报核缴；会计核算制度不健全的纳税人（含个体工商户），采用民主评议核定税款方法。

1984年7月，淮阴市区根据隶属关系设3个征收管理分局，分地域开展税款征收。同年12月，市税务局制定《淮阴市税收征管资料管理试行办法》。

1988年起，市税务局对全市税务系统税款征收管理形式进行改革，将原来的税收征收权、管理权、检查权集于一体的税务所，以及“一员到户、各税统管”税收专管员模式，改为在税务所、税务分局内部进行征、管、查“三分离”模式。

1992年7月，市税务局对定期定额税收征收管理操作程序作出多项具体规定，摸清情况，抽户调查，拟定分行业、分地段、分等级的定额方案，公布送达。

1996年，结合区划调整，市国税局对征管组织形式进行较大改革，将上门收税改为纳税人主动申报；将原来手工操作的业务更多拓展为信息技术方式；将分散征收改为适当集中征收；将征、管、查“内分离”改为“外分离”。

1998年，市国税局开始推行个体工商户银行信用卡缴税。1999年10月21—25日，市国税局对市区、县级淮安市、淮阴县、洪泽县、涟水县、金湖县、盱眙县等城区和农村集镇部分街道、专业市场逐户登记调查。共调查个体工商户2046户，其中市区351户、6个县（市）1695户；私营企业61户，平均税负4.6%。

2001年7月，市国税局按照新《中华人民共和国税收征收管理法》，开展征、管、查“外分离”征管改革。同年10月，针对征管改革后征、管、查之间协作衔接不畅、效率不高，纳税人反映多头跑、多次跑等问题，市国税局组织编写12万字的《淮安市国家税务局征管工作流程》，优化征管流程。

2002—2003年，淮安国税部门依托信息化，进行税收业务流程再造，得到国家税务总局肯定和社会关注。《中国税务报》称其是“一次现代税收管理革命”。

图21-3　联合国国际货币基金组织专家考察淮安国税税收流程再造（2005年）　　市档案馆　供

图21-4　中国税收征管流程再造试点项目评估会议在淮安召开（2005年）　　市档案馆　供

2003年，市国税局加强对企业所得税重点税源监控，将企业所得税15户税源大户列入监控范围。全年卷烟、商业、成品油、化工、电力5个行业入库“两税”（增值税、消费税）收入23.61亿元，占总量的74.7%。

2003年淮安市市级企业所得税重点税源户情况表

表21-5

序号	企业名称	主管税务机关
1	江苏淮阴燃料有限公司	淮安市国税局第一管理分局
2	淮安西南设备安装有限公司	淮安市国税局第二管理分局
3	淮安清江石化实业有限公司	淮安市国税局第二管理分局
4	淮阴卷烟厂	淮安市国税局第三管理分局
5	江苏华能淮阴发电有限公司	淮安市国税局第三管理分局
6	清江石油化工公司	淮安市国税局第三管理分局
7	江苏省烟草公司淮安分公司	淮安市国税局第三管理分局
8	淮阴市汽车改装厂	淮安市国税局第三管理分局
9	淮安市商业银行股份有限公司	淮安市国税局第三管理分局
10	江苏省烟草公司淮安市淮阴区公司	淮阴区国税局
11	江苏省烟草公司涟水县公司	涟水县国税局
12	江苏省烟草公司淮安市楚州区公司	楚州区国税局
13	江苏省烟草公司洪泽县公司	洪泽县国税局
14	江苏省烟草公司金湖县公司	金湖县国税局
15	江苏省烟草公司盱眙县公司	盱眙县国税局

2004—2008年，市国税局在巩固应用税收业务流程再造的基础上，从防控税收流失风险识别、风险评定、风险应对的基本流程入手，建立风险管理机制和体系。

二、税制税种

1978—2008年，市境内征收税种主要有农业税、流转税、所得税、资源税、财产和行为税、特定目的税、基金和附加等。

（一）农业税

中华人民共和国成立后起征，由财政部门征收。2006年1月1日起废止。

（二）流转税

淮安市征收的流转税主要包括货物税、棉纱统销税、商品流通税、工商统一税、工商税、产品税、增值税、营业税、金融保险营业税、特别消费税和消费税。至2008年，全市国税系统征收流转税类增值税、消费税两个税种，该两税收入是全市税收收入的重要组成部分。

（三）所得税

淮安市征收的所得税主要包括工商所得税、存款利息所得税、国营企业所得税、集体企业所得税、私营企业所得税、城乡个体工商户所得税、个人收入调节税、中外合资经营企业所得税、外国企业所得税、外商投资企业和外国企业所得税、中华人民共和国企业所得税。至2008年，所得税类征收税种仅存企业所得税和个人所得税。

（四）资源税

淮安市征收的资源税主要包括盐税、资源税和城市土地使用税，重点是盐税。

（五）财产和行为税

淮安市征收的财产和行为税主要包括印花税、房产税、城市房地产税、车船使用税、屠宰税、特种消费行为税、文化娱乐税、牲畜交易税、集市交易税以及车辆购置税等。1994年，全国工商税制改革后，财产行为税类主要由地税部门征收，国税部门仅征收车辆购置税。税收政策主要以国家政策为主，在国家税收管理体制确定的范围内结合淮阴市实际，作出一些补充规定。1994年，淮阴市取消集市交易税、牲畜交易税。2000年10月，开征车辆购置税（以下简称“车购税”），取代车辆购置附加费，由交通部门代征。2005年1月1日起，车辆购置税改为国税部门征收。

（六）特定目的税

淮安市从20世纪80年代初开始征收特定目的税。主要包括烧油特别税、建筑税、固定资产投资方向调节税、国营企业奖金税、集体企业奖金税、事业单位奖金税、国营企业工资调节税和城市维护建设税。1994年1月，取消烧油特别税、国营企业奖金税、国营企业工资调节税、集体企业奖金税和事业单位奖金税。同年1月1日起，城市维护建设税、固定资产投资方向调节税归由地税局征收。1999年下半年，对固定资产投资方向调节税减半征收。2000年1月1日起，全面暂停征收固定资产投资方向调节税。此后，淮安市征收特定目的税，仅有城市维护建设税。

（七）基金、附加

淮安市税务系统除负责国家开征的税种征收外，还承担一些基金、附加收入的征收，主要包括国家能源交通重点建设基金、预算调节基金和教育费附加。此外，配合有关部门，为省、市征集物价调节基金、粮食补贴基金、防洪保安资金、省重点项目开发资金和农业重点开发建设资金、人防经费等非税资金。

1978—1983年淮阴市税收收入一览表

表21-6　　单位：万元

年份	全市	市区	淮阴县	涟水县	洪泽县	盱眙县	金湖县	淮安县
1978	13420	8962	845	797	491	487	518	1320
1979	14341	9740	853	784	535	533	588	1308
1980	16616	11925	949	767	514	521	608	1332
1981	17262	12133	1204	780	486	547	684	1428
1982	19583	14087	1039	923	529	627	767	1611
1983	21770	15590	1044	1075	635	692	985	1749

1984—1993年淮阴市市区税收收入情况表

表21-7　　单位：万元

年份	1984	1985	1986	1987	1988	1989	1990	1991	1992	1993
全市	26479	35249	39567	42134	48555	53452	55638	43898	50587	71222
市区	19082	25992	29272	30569	34322	36998	37540	25010	30404	41806

1994—2008年淮安市国税总收入情况表

表21-8　　单位：万元

年份	全市	市区	淮阴区	楚州区	洪泽县	涟水县	金湖县	盱眙县
1994	82628	51213	4464	6435	4429	6637	5377	4073
1995	76311	48951	4487	5268	3721	4888	5113	3883
1996	95217	63770	5672	6473	3922	5271	5854	4255
1997	106867	73685	6688	4940	4055	5670	6832	4997
1998	134094	95569	7193	7610	4537	6105	7593	5487
1999	155370	111774	7772	7955	5143	8081	8374	6271
2000	195561	143560	8798	9560	6292	9326	10089	7936
2001	281293	217940	10577	10892	7868	10323	14595	9098
2002	312872	246516	11236	12274	8891	10025	15018	8912
2003	355916	283838	12255	13773	10275	12002	13570	10203
2004	414800	330540	14455	17534	12770	14634	16189	12278
2005	506600	401053	19708	19188	15881	18887	16599	15284
2006	567152	427367	26886	23484	22709	26066	21936	18704
2007	717265	518066	39461	29939	33183	38693	31534	26389
2008	880245	629466	40640	37164	47681	48800	45260	31324

2007—2008年淮安市分税种收入情况表

表21-9　　单位：万元

项目	2007年	2008年	增减额	增减率(%)
合计	717265	880245	162980	22.72
国内增值税	388253	473209	84956	21.88
国内消费税	207589	298027	90438	43.57
企业所得税	97835	87605	-10230	-10.46
个人所得税	9359	5937	-3422	-36.56
车辆购置税	14229	15467	1238	8.70

2007—2008年淮安市主要行业入库增值税、消费税情况表

表21-10　　单位：万元

项目	2007年	2008年	增减额	增减率(%)
合计	564532	721409	156877	27.79
卷烟	239214	345900	106686	44.60
商业	43488	55854	12366	28.44
成品油	37102	30952	-6150	-16.58

续表21-10

项目	2007年	2008年	增减额	增减率（%）
电力	50127	38321	-11806	-23.55
化工产品	33993	42760	8767	25.79
纺织品	9867	11507	1640	16.62
原油	9351	14032	4681	50.06
钢坯钢材	26086	41421	15335	58.79
通用、专用设备	15558	20261	4703	30.23
酒	13675	14596	921	6.73
服装皮革	10432	12846	2414	23.14
其他	75639	92959	17320	22.90

2007—2008年淮安市市级6户重点企业税收收入情况表

表21-11　　单位：万元

项目	2007年	2008年	增减额	增减率（%）	占全市比重（%）	
					2008年	2007年
淮阴卷烟厂	261181	346562	85381	32.69	39.37	36.41
江苏清江石油化工有限责任公司	38388	30690	-7698	-20.05	3.49	5.35
江苏淮钢集团有限公司	36059	66165	30106	83.49	7.52	5.03
江苏华能淮阴发电有限公司	34225	10159	-24066	-70.32	1.15	4.77
今世缘酒业有限公司	19604	22885	3281	16.74	2.60	2.73
江苏韩泰轮胎有限公司	11259	13153	1894	16.82	1.49	1.57
合计	400716	489614	88898	22.18	55.62	55.87

2007—2008年淮安市市级4户重点企业消费税收入情况表

表21-12　　单位：万元

企业名称	2007年	2008年	增减额	增减率（%）
淮阴卷烟厂	183860	272169	88309	48.03
江苏清江石油化工有限责任公司	10699	12001	1302	12.17
今世缘酒业有限公司	11401	12027	626	5.49
江苏韩泰轮胎有限公司	444	280	-164	-36.94
小计	206404	296477	90073	43.64

第二节　征收管理

一、税务登记

1978年，淮阴地区税务系统沿用1961年税务部门恢复的纳税登记制度，工商业户于开业前，到工商管理机关领取营业许可证，以副本送税务机关存档，税务机关核发税务登记证。1978年年初，清江市有工商企业679户。1978年年末，淮阴地区有城乡个体工商户1834户。

1981年，淮阴地区有纳税人16391户，其中全民所有制企业1752户、集体所有制企业6698户、个体经营户7932户、其他9户。清江市有纳税户938户，其中全民所有制企业228户、集体所有制企业524户、个体经营户186户。1982年起，加强税务登记换证工作。1983年，淮阴市纳税户总计32837户，其中市区1939户。

1987年8月，市税务局对全市税务登记情况进行全面复查和换证工作，重点是新办企业、合作经营企业、联户、承包户和跨地区经营户。1992年5月，市税务局对全市税务登记情况进行“三清”检查（税务登记户数与工商登记户数差距清楚、税务登记户数与征管户数差距清楚、征管户数与征税户数差距清楚）。经查，全市有个体工商户41646户、私营企业133户，采用定期定额征收的占90%以上。

1994年1月1日起，市税务局在税务登记工作中查验全国统一代码证书。1996年4月起到当年10月底，淮阴市国税局共换证42142户。通过登记，清理漏管户502户，补税11.62万元。

1997年年初，市国税局组织前往张家港市国税局学习征管资料建设经验，并在金湖县国税局、淮阴县国税局试点征管资料建设。1997年7月，召开全市征管资料现场会，推广征管资料规范化管理经验。1998年，结合税务登记，在全市全面开展清查漏征漏管户工作。全市清查出漏征漏管户5531户，查补税款158万元，加收滞纳金并罚款16万元。1999年，实施征管基础工作“南抓盱眙、北抓涟水”工程。2001年，全市国税系统税务登记户数26688户，其中国有企业1007户、集体企业1388户、私营企业1809户、个体工商户20812户、涉外企业209户、其他企业1463户。增值税纳税人26383户，其中增值税一般纳税人2880户。

2002年、2003年，市国税局按照《中华人民共和国税收征收管理法》等有关法律、法规，2次调整增值税销售货物起征点。

2005年，在全市实施国、地税联合办理税务登记。当年年末，全市国税系统税务登记户数42202户，其中国有企业851户、集体企业916户、私营企业3487户、个体工商户32465户、涉外企业372户、其他企业4111户。增值税纳税人41492户，其中一般纳税人4538户。

2008年年末，全市税务登记总户数35058户，其中国有企业580户、集体企业521户、私营企业7341户、个体工商户21097户、其他企业5519户。增值税一般纳税人5893户，消费税纳税人150户，所得税纳税人12247户。

二、纳税申报管理

1978年，淮阴地区税务系统沿用之前方式，即纳税人根据税务机关的纳税鉴定计算应纳税款进行纳税申报管理。纳税鉴定内容包括产品名称、使用的主要原材料、生产工艺、产品用途、经营方式、销售价格、产品类别、课税品目、计税依据、计税价格、税率、纳税环节、纳税申报期、纳税期限、减免税范围、税额及起止日期等。对企业采取按户鉴定、一户鉴定一次的方式。鉴定书一式三份，征纳双方留存。如有修改补充内容，征纳双方经办人都必须签字盖章，以示有效，如有代征、代缴、代扣税款义务的单位和个人，办理纳税鉴定事项，经税务机关审核后，发给代征证书。遇有生产经营或税法规定变化时，双方应分别主动通知，及时变更。修订纳税鉴定期限一般不得超过15天。

1992年12月，市税务局对临时经营申报纳税期限及纳税地点作出规定。1995年，推行税务代理申报，市国税系统建立税务代理机构。1996年起，改变原来税务人员上门征税方式，推行纳税人主动纳税申报方式。当年4月，市国税局直属分局在全市国税系统率先实现计算机办理申报开票并实行内部联网。至1997年年末，纳税人主动纳税申报率在95%以上。

2001年，市国税局改进申报纳税方式，推行网上申报、预储税款和金融部门代征代缴等。同时推广网上申报纳税方式。至2001年年末，全市国税系统网上申报户3635户，网上自行申报率达70%。

2005年，市国税局全面实施增值税一般纳税人纳税申报“一窗式”管理操作规程。2007年9月，建成镜像服务网站，供纳税申报专用。同年，市国税局为加强与纳税人实时沟通，推出短信平台业务。试点网上申报CA（电子）认证工作，45户纳税人参加试点。2008年推广CA认证，至当年12月，3489户纳税人实行CA认证，申报成功1584户。

三、发票管理

1978年至1986年9月，淮阴市纳税人沿用省、市、县财政税务部门印制的工商发票。1986年8月，财政部颁布《中华人民共和国发票管理办法》，淮阴市纳税人从1986年10月1日起使用按财政部统一规定印制的发票。1987年10月1日，市税务局印发《淮阴市发票管理实施办法》。1989年12月，印发《淮阴市税收征管资料管理试行办法》，对发票印制、购用申请单，发票总分类账，发票领、用、存明细账，印制发票分户登记簿，企业发票领用存月报表，发票购用证，自产自销证，固定工商业户外出经营税收管理证明单，委托加工产品税收管理证明单作出管理规定。

1993年1月1日起，全国统一更换新版发票。1994年4月，市税务局清理收取发票保证金，将收取的发票保证金退还纳税人。同年7月1日，启用国家税务总局规定的新代征代扣税款凭证。原来用于代扣代收税款的各种凭证同时停止使用，并清理回收。1996年，市国税局直属分局在全市国税系统率先推行以机（计算机）管票、以票管税的机制。

1999年1月1日，市国税局印发《淮阴市增值税专用发票领购、代开管理办法》。当年5月，在盱眙县国税局召开普通发票管理工作现场会。同年，全市国税系统利用税务登记换证机会，重点检查5059户普通发票用票企业，对存在违章问题的1207户企业进行处罚。2000年，推行商业零售企业逐笔开具发票和推广运行防伪税控系统，防范以票引税、高开低征、虚开代开等违法违纪行为。当年全市推行防伪税控系统773户企业。

2002年，市国税局推行增值税防伪税控系统，实行普通发票和增值税专用发票集中管理，在7个专业市场和1个乡镇设立税控开票点。2003年1月，调整增值税起征点后，对个体工商户的税收管理实行定额加发票的管理。2004年，印发《淮安市国家税务局发票管理规则》，从受理、调查、评估、检查等环节对发票供票资格、发票发售及缴销、发票日常管理及检查等方面进行规范。

2008年，市国税局根据省国税局要求，对江苏省普通发票进行大规模简并和清理，将原来87种普通发票简并为29种。

第三节 进出口退税管理

1985年，国家实行出口货物退（免）税政策。在计划经济时期，进出口经营权由外经贸部审批。当年全市只有淮阴市对外贸易公司1个单位有进出口经营权。

1994年税制改革以后，退税税种为增值税、消费税。淮阴市按照法定（或减税后的）税率（额）执行。当年出口货物为零税率；对免税农产品10%的税款据实抵扣，先征后返。1995年7月1日起，煤炭、农产品退税率调整为3%，以农产品为原料加工的工业品和适用13%税率的其他货物退税率调整为10%，税率17%的其他货物退税率调整为14%。

1996年，淮阴市有进出口经营权的外贸商务公司发展到20家，外贸业务逐步开展。全市外贸自营业务起步较晚，如粮油、土畜产、纺织等专业公司一直为省级外贸公司组织货源，领取一部分出口补贴。以农产品为原料加工的工业品和适用13%税率的其他货物，退税率调整为6%；税率为17%的其他货物退税率调整为9%。

1998年1月，纺织机械出口退税率提高到17%。同年，为增强煤炭、钢材、水泥及船舶等产品的竞争力，煤炭出口退税率调整为9%，钢材出口退税率调整为11%，水泥出口退税率调整为11%，船舶出口退税率调整为14%。同年8月，恢复对食糖的退税政策。

1999年，国家对大批商品的出口退税率作较大幅度调整。2001年，纱布、棉纱、棉布的出口退税率由15%提高到17%。2002年，对出口大米、小麦、玉米增值税实行零税率。2004年，国家对退税率进行调整，在个别商品调高或维持不动的情况下，普遍调低处理。

2006年，国家对22种出口商品适用退税率进行调整。调控对象主要集中在“两高一资”（高污染、高能耗、资源类）产品和纺织服装等传统大宗出口商品上。淮安市出口货物中，服装、鞋帽等劳动密集型产品所占比重较大，出口企业受影响明显。

2007年7月，对10类商品取消出口退税，对15类商品调低出口退税率，对5种商品改为出口免税。退税率调整的产品涉及到淮安市的主要有橡胶制品、服装、鞋帽、五金制品、木制品、化工产品等，占全市2006年出口总量的89%。同年，省国税局6次下达淮安市国税局出口退税计划，共计2.73亿元。2008年，省国税局6次下达淮安市国税局出口退税计划，共计2.8亿元。

第四节 涉外及涉中国港澳台地区税收管理

一、税务登记

1993年9月，淮阴市税务局根据《中华人民共和国外商投资企业和外国企业所得税法》规定，核发和换发外商及中国港澳台地区商人投资企业和外国企业税务登记证152户。

1996年4月，市国税局根据《国家税务总局关于换发税务登记证件的通知》，对外商投资企业和外国企业换发税务登记证。

1999年7月，市国税局再次对外商投资企业和外国企业换发税务登记证件。外商投资企业和外国企业税务登记证分为外商投资企业税务登记证、外国企业税务登记证和外商投资企业分支机构税务注册证3种。至当年10月，市国税局共核发和换发外商投资企业和外国企业税务登记证149户。

2000—2007年，全市涉外税收登记户分别为中外合资企业191户、中外合作企业197户、外资企业209户、外商投资股份有限公司214户；涉中国港澳台合资经营企业286户、中国港澳台合作经营企业296户、中国港澳台融资经营企业369户、中国港澳台投资股份有限公司402户。2008年，全市有中外合资企业135户、中外合作企业3户、外资企业95户、外商投资股份有限公司3户、中国港澳台合资经营企业132户、中国港澳台合作经营企业6户、中国港澳台融资经营企业97户、中国港澳台投资股份有限公司5户。

二、税款征收

1989年，市税务局对涉外企业税款征收管理方式主要是实行纳税鉴定，即通过审核合同、营业执照、明确企业性质、投资方式等，了解企业经营范围、销售方式、结算方式等，针对企业生产经营范围收入项目及应税财产，按纳税项目分别作出纳税鉴定。

2000年7月，市国税局向省国税局申请免征江苏韩泰轮胎有限公司因1997年度从韩国产业银行贷款4095万美元贷款利息而发生的预提所得税。同年11月，市国税局向省国税局请示落实江苏韩泰轮胎有限公司申请享受所得税减收（按15%征收）优惠。同年9月，市国税局制定《外商投资企业财产损失税前扣除审批管理办法》。

2001年起，外商投资企业和外国企业按照新修订的申报表申报企业所得税。外商投资企业和外国企业所得税年度、季度申报表分为A类和B类两种。A类适用于能够提供完整、准确的成本、费用凭证，能够正确计算应纳税所得额的外商投资企业和外国企业；B类适用于按核定利润率或按经费支出换算收入方式缴纳企业所得税的外商投资企业或外国企业。同年5月，市国税局向省国税局申请对江苏韩泰轮胎有限公司2000年度从韩国产业银行贷款5060万美元而发生的贷款利息及相关费用24.25万美元免征预提所得税。

2006年1月，市国税局批复淮安诚利达服装有限公司等企业享受抵免外商投资企业和外国企业所得税的优惠计118万余元。同年12月，批复淮安威灵电机制造有限公司和淮安福满多食品有限公司抵免税款321万余元。

2007年6月27日，市国税局、市地税局联合印发《加强国际税收工作协作实施办法》，强化和细化国际税收征收管理。

三、汇算清缴

2000年5月，市国税局出台《外商投资企业和外国企业所得税汇算清缴工作考核办法》。同年6月底，对119户外商投资企业和外国企业所得税进行汇算清缴，汇算率92.97%。全市应纳税所得额4822万元，应纳所得税额1552万元，减免所得税额997万元，实际缴纳所得税555万元，企业所得税税收负担率11.5%。

2002年起，全市外商投资企业和外国企业所得税汇缴面均100%。当年淮安市汇算清缴工作在全省国税系统16个参评单位中获二等奖。

2004年，全市40户企业享受“两免三减半”优惠政策，减免税总额18667万元，较2003年增加14899.2万元。

2005年，全市参加汇缴企业为155户，应纳税所得额72811.2万元，应纳所得税额26314万元。其中，应纳企业所得税额21843.4万元，减免企业所得税额19201万元，应纳地方所得税额

2184.2万元，免征地方所得税额2152.1万元，政策性抵免所得税额52.2万元，实际应纳所得税额2622.4万元。预缴所得税额2963.8万元，预缴率114.19%，应补所得税额205.6万元，应退所得税额547.2万元。当年全市60户企业享受“两免三减半”优惠政策，减免税总额21334.5万元。

2008年，全市参加汇缴外资企业274户。其中，盈利企业119户，盈利面43%；盈利企业中享受税收优惠企业75户，税收优惠面63%；弥补亏损企业35户，弥补以前年度亏损总额2333万元；全市应纳所得税额51126万元，减免企业所得税额45903万元，汇缴应补所得税1245.23万元，汇缴应退所得税1530.34万元；汇缴调整户数64户，调增应纳税所得额719.44万元，调减亏损额1193万元，补缴所得税124.53万元。

四、反避税

2003年1月25日，省国税局组织的苏北地区反避税工作座谈会在淮安市召开，国家税务总局、省国税局以及徐州市、连云港市、宿迁市、盐城市、泰州市、扬州市、南通市国税局负责反避税工作的负责人参加座谈。

2004年，市国税局调查涉嫌避税企业6户，调整2户（其中1户为跟踪管理调整），共调减亏损额44万元，调增应纳税所得额40万元，追征外商投资企业和外国企业所得税6万元。

2005年7月14日，省国税局在淮安市国税局召开反避税跟踪管理研讨会。淮安市国税局选报的反避税案例被评为优秀案例，反避税工作被省国税局通报表扬。同年，市国税局重点推进反避税案源调查、信息收集、跟踪管理等工作。全年调查企业14户，其中跟踪管理4户，调增应纳税所得额26.28万元，调增应纳所得税3.94万元。

2007年，市国税局对5户企业开展反避税调查工作。

五、税务审计

2001年，市国税局选择市国税局涉外税收管理分局、金湖县国税局管理的规模较大的7户涉外企业开展税务审计。2002—2004年，淮安市连续3年被省国税局通报表扬为反避税开展较好地区，市国税局报送的审计案例被省国税局评为优秀案例。

2005年，市国税局在涉外税务审计工作中，探索税收风险管理与涉外税务审计工作相结合的方法。选择17户企业进行重点税务审计，涉及总销售收入56.04亿元，占全市外商投资企业和外国企业总销售额的35.9%。审计后，累计调增应纳税所得额868.7万元，补征所得税额128.86万元，补征增值税42.1万元，加收滞纳金27.46万元，移交稽查部门2户，移交反避税部门4户。同年，市国税、地税系统开展联合税务审计尝试，双方共享涉税信息。经审计，调增应纳税所得额6227万元，查补所得税18.68万元，查补增值税2.78万元。

2008年，市国税局建立反避税项目小组制，有针对性地对避税嫌疑企业开展税务审计。当年对24户外商投资企业开展税务审计，涉及总销售收入13.34亿元，累计调增应纳税所得额4223.89万元，补税936.51万元，加收滞纳金51.24万元，移交稽查部门2户，移交反避税部门2户。有3户外商投资企业经审计扭亏为盈。

第五节　税务稽查

1978—1983年，淮阴地区税务稽查工作由财政部门负责。沿用之前的稽查方式，即税务稽查与征收管理合一，一员进户，征、管、查统管。1981年9月，清江市财政局组织财税工作人员，对市属75户大中小型国营企业进行企业财税大检查，查出违纪金额525万元，其中236万元作为财税收入入库。

1983年年末，淮阴市税务局单设后，税务稽查改由税务部门负责。1985年，全市税务部门组织43次税务大检查，检查国营企业1640户次、集体企业6980户次、个体工商业户18300户次。查补税1793万元，查处千元以上个体户偷税大案39件，其中万元以上案件4件，移送检察院案件7件，逮捕3人。1987年，市税务局成立税务稽查队，专门负责税务检查工作。

1989年，市税务局对重点企业检查3次，一般企业检查2次，小型企业检查1次，对个体工商业户检查面95%以上，全市查补税款3429万元。市、县两级税务稽查队从重、从快、从严查处暴力抗税案件，立案27件，查处20件，其中依法逮捕3人。1989年和1991年，全市组织2次个体户税收专项检查，做到边检查、边定案、边入库、边整改。全市共检查74762户次，其中有偷、抗税问题的59062户次，查补税款2481万元，偷税万元以上153户，偷税5万元以上14户，移送司法机关处理73件，判刑3人。

1996年，市国税局与多部门建立稽查监控网络。市检察院联合查处淮阴县外贸公司骗税案。该公司在1994年2—7月，取得无货虚开增值税专用发票33份、骗取出口退税471.54万元。2000年1月3日，市国税局成立税务案件审理委员会。

2003年8月25日，全市国税系统税务稽查工作执行税收流程再造后的税务稽查机构运行方案。年内，市国税局协助国家税务总局和江苏省国税局查处涟水“2·28”税案。2002—2003年，涟水县14户企业虚开增值税专用发票9356份，涉案金额7.17亿元。该案公安机关抓捕14人，其中9人被起诉。

2005年，市国税局按照国家税务总局、省国税局部署，在全市开展摩托车、房地产、内外资亏损企业所得税等7个行业企业的专项检查，加大对虚开发票、骗取出口退税等涉税违法犯罪的专项治理力度，在内部加强选案、检查、审理、执行等各环节配合，在外部加强与公安、检察等司法机关配合，建立业务协同办案机制。

2006年1月1日起，市国税局执行省国税局制定的《江苏省国税系统税务稽查建议制度》，印发《淮安市国税局稽查局税务稽查案件复查暂行办法》。对板材、金融、保险、邮电通信4个行业进行专项检查，查补增值税税款143万元、企业所得税77万元，罚款100万元，滞纳金23万元，冲减增值税留抵税金2万元，调减亏损企业申报亏损额103万元。

2008年，全市国税系统实施房地产重点专项检查20户，查补税款436.85万元。同年，突出重大案件查处工作，全市查处30万元以上大要案21件。市国税局、市地税局和市公安局联合开展专项整治行动，以打击制售假发票和非法代开发票的“射狐”行动为重点，抽调税务、公安等部门160多人，累计检查车站、酒店、宾馆、超市、饭店、停车场等单位和场所840余处，清除街头小广告4700余条，收缴非法联系卡8300余份，查扣假发票128份，挖出5个出售假发票违法犯罪团伙、窝点，查获一批开具、接受假发票偷税案，涉及发票14份，开具金额15.23万元。

1994—2008年淮安市国税系统税务稽查情况表

表21-13

年份	检查户数	有问题户数	结案户数	处罚金额（万元）	案件分金额（件数/税额）				501万元以上（件数/税额）	移送公安机关处理（件数）
					10万元以下	10～50万元	51～100万元	101～500万元		
1994	4000	3821	2035	2553	—	—	—	—	—	—
1995	3545	3263	3062	5812	—	—	—	—	—	—
1996	3306	3064	3020	7271	—	—	—	—	—	—
1997	4076	3297	3248	9229	1791/5058	40/570	9/515	7/1267	—	—
1998	9633	6361	6372	8943	6348/814	—	5/271	7/1168	1/502	—
1999	10781	6084	6088	6453	6047/2468	29/586	6/465	5/1280	1/700	—
2000	3292	1993	2017	2947	1989/1204	18/338	10/504	—	—	—
2001	643	512	630	1536	597/137	29/725	3/204	1/113	—	54
2002	747	572	718	3124	622/490	25/490	3/172	6/1284	—	26
2003	556	466	529	4134	497/305	24/541	1/50	6/1169	1/881	26
2004	666	578	633	2007	600/258	29/635	2/113	2/325	—	35
2005	523	522	522	30161	465/439	30/746	12/893	1/138	14/26644	43
2006	400	362	384	3723	—	19/435	4/954	—	—	37
2007	341	332	332	4075	325/1572			7/1258	—	33
2008	259	246	246	2335	244/1265			2/258	—	32

第三章 地方税务管理

1994年9月15日，淮阴市地方税务局成立。市地税局机关内设办公室、人教科、纪检监察科、营业税科、地方税科、所得税科、计会科、征管科、计算机中心、政研室，设置直属、清河、清浦、开发区、稽查5个分局。管辖县级淮安市地方税务局、淮阴县地方税务局、涟水县地方税务局、盱眙县地方税务局、洪泽县地方税务局、金湖县地方税务局、沭阳县地方税务局、泗阳县地方税务局、泗洪县地方税务局、县级宿迁市地方税务局、灌南县地方税务局。

1995年7月，成立市地方税务局税务事务所，为科级全民所有制事业单位，核定编制20人。

1996年7月，淮阴市行政区划作重大调整，地税系统亦作出相应调整。

1999年1月1日，省人事厅、省地税局发文明确省以下地税机构实行上级地税机关和同级政府双重领导，以上级地税机关垂直领导为主的管理体制。

1999年12月26日，经省机构编制委员会办公室和省地税局批准同意，全市地税系统基层征管机构设置方案实施。市地税局撤销人事教育科，设置人事科、基层工作科。同月，市地税局印发《关于核定全市地方税务系统基层分局人员编制及有关问题的通知》，对核定的编制确定为行政编制，明确适用范围为稽查局、征管分局、检查分局中除工勤人员以外的正式工作人员；不包括各地聘用的协税员、助征员等临时人员及事业单位的各类人员。

2001年3月5日，原淮阴市地方税务局更名为淮安市地方税务局，原县级淮安市地方税务局更名为淮安市楚州地方税务局，原淮阴县地方税务局更名为淮安市淮阴地方税务局。

2003年5月9日，根据省机构编制委员会办公室《关于印发淮安市地方税务局及所辖县（市）局职能配置、机构设置和人员编制规定的通知》，淮安市地税局内设机构有办公室、人事科、基层工作科、计划财务科、征收管理科、税政一科、税政二科（含基金管理科）、政策法规科、信息管理科，另按有关规定设置纪检监察室和机关党委；直属机构有稽查局、涉外税务分局（涉外税务管理科）；派出机构有第一税务分局、第二税务分局、第三税务分局、第四税务分局、第五税务分局。淮安市地税局机关行政编制45人，行政附属编制7人。

2006年1月1日，市地税局进行机构改革，市局机关内设办公室、人事处、基层工作处、计划财务处、征收管理处、税政一处、税政二处、政策法规处、信息管理处、后勤服务中心。另按有关规定设置监察室、机关党委和工会。设一个直属机构——稽查局。设5个派出机构，即第一至第五税务分局。此轮机构改革后，市区地税系统编制260人。

2008年12月18日，成立纳税服务中心，并对其他部分岗位进行调整。调整后，市区地税系统有在编人员253人。

第一节　税种及基金（费）

1994年9月以后，淮安市地税部门负责征收的地方税税种主要包括营业税、城市维护建设税、资源税、土地使用税、固定资产投资方向调节税、印花税、土地增值税、房产税、车船使用税、屠宰税等。地方基金（费）主要有社会保险费、市场物价调节基金、粮食风险基金、防洪保安基金、教育费附加、地方教育附加等。

一、税种

（一）营业税

营业税是地方税收第一大税种，为地方财政收入主要来源之一。该税从1994年1月1日起征。征收范围为提供应税劳务、转让无形资产或者销售不动产的单位和个人。主要税目包括交通运输业、建筑业、金融保险业、邮电通信业、文化体育业、娱乐业、服务业、转让无形资产和销售不动产。

1994年，淮阴市营业税起征点（适用范围限于个人、个体工商户）为月营业额300元。当年全市入库营业税11158万元，占地方工商税收总额的44%。1996年实现入库营业税13692万元，比1995年增长50.2%。1997年实现入库营业税16113万元，1999年实现入库营业税21435万元，2001年实现入库营业税24564万元。

2002年7月1日，起征点调整为月营业额600元。当年9月30日起，国家对下岗失业人员再就业实行税收优惠政策。2002年以后营业税征收额增长较大，当年征收30327万元，比2001年增长23.5%。2003年9月，淮安市将营业税按期纳税起征点由月营业额1000元提高到5000元，为全市个体经营者创造发展条件。2003年，征收41345万元，比2002年增长36%。2008年，征收172420万元，比2007年增长30.7%。

1995—2008年，全市累计入库营业税715639万元。

1995—2008年淮安市入库营业税情况表

表21-14

年份	税额（万元）	比上年增长（%）	年份	税额（万元）	比上年增长（%）
1995	9113	—	2002	30327	23.5
1996	13692	50.2	2003	41345	36.0
1997	16113	17.7	2004	57560	39.0
1998	18095	12.3	2005	68817	19.6
1999	21435	18.5	2006	85849	24.8
2000	24337	13.5	2007	131972	53.7
2001	24564	0.9	2008	172420	30.7

（二）城市维护建设税

1985年，《中华人民共和国城市维护建设税暂行条例》颁布实施。1995年1月1日起，该税由市地税局征收。凡缴纳增值税、消费税、营业税的单位和个人为纳税义务人，以纳税人实际缴纳的上述3种税的税额为计税依据进行计征。

1995—2008年，全市累计入库城市维护建设税277644万元。

1995—2008年淮安市入库城市维护建设税情况表

表21-15

年份	税额（万元）	比上年增长（%）	年份	税额（万元）	比上年增长（%）
1995	4491	—	2002	14259	22.5
1996	6603	47.0	2003	20105	41.0
1997	7763	16.0	2004	25403	26.0
1998	8794	13.0	2005	28534	12.3
1999	9647	9.7	2006	33805	18.5
2000	11253	16.7	2007	41929	24.0
2001	11641	3.5	2008	53417	27.4

（三）资源税

该税为中央和地方共享税税种，其中海洋石油企业缴纳的部分归中央政府。因淮安市没有海洋石油企业，该税种由市地税局征收。1994年1月1日起征收，至2008年征收政策未作调整。

1995—2008年，全市累计入库资源税28077万元。

1995—2008年淮安市入库资源税情况表

表21-16

年份	税额（万元）	比上年增长（%）	年份	税额（万元）	比上年增长（%）
1995	243	—	2002	1425	29.2
1996	292	20.2	2003	1583	11.0
1997	430	47.4	2004	2446	54.5
1998	509	18.3	2005	2800	14.5
1999	736	44.6	2006	3905	39.5
2000	849	15.4	2007	3806	-2.5
2001	1103	29.9	2008	7950	108.9

（四）城镇土地使用税

1988年9月27日，国务院颁布《中华人民共和国城镇土地使用税暂行条例》，以在城市、县城、建制镇、工矿区范围内使用土地的单位和个人为纳税义务人。2000年，随着城市化建设加快，淮阴市对市区城镇土地使用税税额标准及等级范围进行调整，当年城镇土地使用税大幅增长。调整后，每平方米年税额一等土地为2元、二等1.5元、三等1元、四等0.5元。县（区）城镇土地使用税税额亦作相应调整。2005年，淮安市使用城镇土地使用税税源管理软件，进一步加强对城镇土地使用税的税收征管，城镇土地使用税收入大幅提高。

2008年淮安市所属县（区）城镇土地使用税税额标准表

表21-17　　单位：元/平方米

等级 / 地区	区、县城			建制镇、工矿区	
	一等	二等	三等	一等	二等
楚州区	1.5	1.0	0.5	0.6	0.4
淮阴区	1.5	1.0	0.5	0.6	0.4
涟水县	1.0	0.8	0.5	0.6	0.4
洪泽县	1.0	0.8	0.5	0.6	0.4
金湖县	1.0	0.8	0.5	0.6	0.4
盱眙县	1.0	0.8	0.5	0.6	0.4

1995—2008年淮安市入库城镇土地使用税情况表

表21-18

年份	税额（万元）	比上年增长（%）	年份	税额（万元）	比上年增长（%）
1995	501	—	1999	486	-1.6
1996	496	-1.0	2000	771	58.6
1997	520	4.8	2001	976	26.6
1998	494	-5.0	2002	1170	19.9

续表 21-18

年份	税额(万元)	比上年增长(%)	年份	税额(万元)	比上年增长(%)
2003	1219	4.2	2006	2699	26.3
2004	1429	17.2	2007	12188	351.6
2005	2137	49.6	2008	21931	79.9

(五)固定资产投资方向调节税

1991年,淮阴市开始征收固定资产投资方向调节税,停止征收建筑税。1994年,税制改革对固定资产投资方向调节税未作调整,继续征收。

1999年下半年,为鼓励投资,促进经济发展,淮阴市根据中共中央、国务院决定,对固定资产投资方向调节税减半征收。2000年1月1日起,全面暂停征收固定资产投资方向调节税。

1994—2001年,全市累计入库固定资产投资方向调节税12851万元。

1994—2001年淮安市入库固定资产投资方向调节税情况表

表 21-19

年份	1994	1995	1996	1997	1998	1999	2000	2001
税额(万元)	1398	1125	1289	2143	2561	3530	786	19
比上年增长(%)	—	-19.5	14.6	66.3	19.5	37.8	—	—

(六)印花税

1988年8月6日,国务院颁布《中华人民共和国印花税暂行条例》,对在中国境内书立、领受应纳税凭证的单位和个人征收印花税。

2000年开始,淮安市对印花税实行核定征收方式,提高印花税的征管水平,确保全市印花税逐年高速增长。同时,为进一步加强印花税征收管理,结合淮安市实际,确定印花税核定征收比例。

1995—2008年,全市累计入库印花税23200万元。

2008年淮安市核定征收印花税计税依据和核定比例情况表

表 21-20

应税凭证类型	计税依据	核定比例(%)	税率(%)	适用对象
购销合同	产品销售收入	110	0.30	工业
购销合同	商品销售收入	40	0.30	商业
购销合同	房地产经营收入	100	0.30	房地产开发业
建设安装工程承包合同	工程结算收入	100	0.30	建筑安装业
货物运输合同	货物运输收入	100	0.50	运输业
财产保险合同	保费收入	100	1.00	保险业
借款合同	借款金额	100	0.05	金融业

说明:当期应交印花税=计税依据×核定比例×税率

1995—2008年淮安市入库印花税情况表

表21-21

年份	税额（万元）	比上年增长（%）	年份	税额（万元）	比上年增长（%）
1995	243	—	2002	923	22.30
1996	298	22.90	2003	1219	32.10
1997	383	28.40	2004	1769	45.10
1998	409	6.80	2005	2435	37.70
1999	448	9.50	2006	3115	27.90
2000	553	23.40	2007	4820	54.70
2001	755	36.50	2008	5830	21.00

（七）土地增值税

1993年12月13日，国务院颁布《中华人民共和国土地增值税暂行条例》，对转让国有土地使用权、地上的建筑物附着物并取得收入的单位和个人征收土地增值税。1995年1月27日，财政部发布《〈中华人民共和国土地增值税暂行条例〉实施细则》。

1996年6月，淮阴市实行土地增值税预征制度，预征的计税依据为纳税人转让房地产取得的收入，包括开发产品销售收入和预售收入。预征率为普通住宅0.51%，写字楼1%，营业用房（门面房）1.5%，别墅、度假村2%。实行预征的房地产开发项目在竣工结算后，必须进行土地增值税清算，多退少补。

2003年起，淮安市按照省地税局有关规定，对土地增值税实行预征，并按规定对房地产开发企业进行清算，促进土地增值税的征管。2004年4月1日起，调整土地增值税预征率，普通住宅按0.5%的预征率预征，营业用房、写字楼、高级公寓、度假村、别墅等按2%预征率实行预征。

1996—2008年，全市累计入库土地增值税26441万元。

1996—2008年淮安市入库土地增值税情况表

表21-22

年份	税额（万元）	比上年增长（%）	年份	税额（万元）	比上年增长（%）
1996	6	—	2003	441	674.0
1997	25	316.7	2004	1227	178.2
1998	29	16.0	2005	2363	92.6
1999	18	-38.0	2006	3970	68.0
2000	13	-27.8	2007	8059	103.0
2001	6	-54.0	2008	10230	27.0
2002	57	850.0	—		

（八）房产税

1986年9月15日，国务院颁布《中华人民共和国房产税暂行条例》，自1986年10月1日起施行。

1995—2008年，全市累计入库房产税66007万元。

1995—2008年淮安市入库房产税情况表

表21-23

年份	税额（万元）	比上年增长（%）	年份	税额（万元）	比上年增长（%）
1995	928	—	2002	3604	11.0
1996	1367	47.2	2003	4447	23.4
1997	1816	32.9	2004	5462	22.8
1998	2134	17.6	2005	6736	23.3
1999	2328	9.1	2006	7965	18.3
2000	3072	32.0	2007	9970	25.2
2001	3246	5.7	2008	12933	29.7

（九）车船使用税

1986年9月15日，国务院颁布《中华人民共和国车船使用税暂行条例》，对在中国境内拥有并使用车船的单位和个人征收车船使用税。2003年2月1日，淮安市停止征收自行车车船使用税。

1995—2008年，全市累计入库车船使用税12880万元。

1995—2008年淮安市入库车船使用税情况表

表21-24

年份	税额（万元）	比上年增长（%）	年份	税额（万元）	比上年增长（%）
1995	548	—	2002	871	-5.3
1996	649	18.4	2003	757	-13.1
1997	697	7.4	2004	806	6.5
1998	748	7.3	2005	568	-29.5
1999	831	11.1	2006	650	14.4
2000	1008	21.3	2007	1054	62.2
2001	920	-8.7	2008	2774	163.2

（十）屠宰税

1950年12月19日，中央人民政府政务院公布《屠宰税暂行条例》，规定对屠宰猪、牛、羊等牲畜者征收屠宰税。2001年，随着农村经济发展，国家对农业投入加大，同时为保证农村税费改革顺利实施，淮安市取消屠宰税征收。

1995—2001年淮安市入库屠宰税情况表

表21-25

年份	总计	1995	1996	1997	1998	1999	2000	2001
税额（万元）	10653	830	1306	1601	2050	2235	2557	74
比上年增长（%）	—	—	57.40	22.60	28.00	9.00	14.40	—

（十一）企业所得税

1993年12月13日，国务院颁布《中华人民共和国企业所得税暂行条例》，对境内除外商投资企业和外国企业外的所有企业征收所得税。2007年3月16日，《中华人民共和国企业所得税法》颁布，从2008年1月1日起执行。

淮安市企业所得税年收入与社会经济发展情况基本吻合，年均增长率22.89%。其中，2001年比2000年增收91.2%，主要原因是根据《国务院关于印发所得税收入分享改革方案的通知》要求，省政府决定，从2002年1月1日起，对各省辖市及常熟市实行所得税（即企业所得税和个人所得税）收入分享改革。改革的原则之一是以2001年为基期，基本保证地方既得利益。为真实反映所得税应征情况，各级税务部门按照应收尽收原则，清理历年陈欠税，收入出现显著增长。

1995—2008年，全市累计入库企业所得税248228万元。

1995—2008年淮安市企业所得税入库情况表

表21-26　　单位：万元

年份	收入数	年份	收入数	年份	收入数
1995	3396	2000	9215	2005	26715
1996	4385	2001	17619	2006	30049
1997	6769	2002	14664	2007	39740
1998	6207	2003	13870	2008	49381
1999	7804	2004	17503	—	

（十二）个人所得税

1980年9月，《中华人民共和国个人所得税法》颁布实施。此后于1993年10月、1999年8月、2005年10月、2007年6月、2007年12月数次修订。

1994年，市地税局成立后，负责个人所得税征收管理。工资、薪金所得以纳税人每月取得的工资、薪金收入额减除800元费用以后的余额为应纳税所得额，按九级超额累进税率计算应纳税额。2006年1月1日起，工资、薪金收入的法定扣除额改为1600元，其余政策未作调整。2008年3月1日起，工资、薪金所得的减除费用标准改为2000元，其余政策未作调整。

1995—2008年淮安市个人所得税入库情况表

表21-27　　单位：万元

年份	收入数	年份	收入数	年份	收入数
1995	177	2000	8506	2005	23631
1996	1258	2001	11122	2006	26778
1997	3181	2002	12822	2007	40751
1998	5859	2003	15735	2008	53445
1999	6926	2004	18229	—	

二、基金(费)

(一)社会保险费

社会保险费包括基本养老保险费、基本医疗保险费、失业保险费、工伤保险费和生育保险费。2000年7月1日起,社会保险费改由地税部门征收。2000—2008年,淮安市共征收社会保险费986553万元。

2000—2008年淮安市社会保险费征收情况表

表21-28　　单位:万元

年份＼项目	基本养老保险费	基本医疗保险费	失业保险费	工伤保险费	生育保险费	合计
2000	10569	2118	1591	201	205	14684
2001	34992	9347	4711	543	558	50151
2002	39117	18073	5754	523	512	63979
2003	45981	24112	6261	660	808	77822
2004	55989	29921	6631	739	888	94168
2005	68845	34322	6649	1170	1083	112069
2006	89410	44589	6914	1784	1179	143876
2007	115235	52558	9198	2499	1621	181111
2008	168590	62503	12032	3404	2164	248693
合计	628728	277543	59741	11523	9018	986553

(二)市场物价调节基金

1989年,省政府开征市场物价调节基金。征收范围是省内一切有销售收入或营业收入的全民、集体企事业单位,个体工商户、私营企业和银行、保险部门。征收标准是凡有销售收入或营业收入的企事业单位、个体工商户,均按销售收入或营业收入的1‰征收,其中从事调拨批发业务的按进销差价的3‰计征,银行、保险部门按营业税额的2%计征。2007年,全市征收市场物价调节基金1432万元。

(三)粮食风险基金

粮食风险基金是省政府于1995年1月1日开征的政府性基金(费)。征收范围是省内一切有销售收入(或营业收入)的国有企业、集体企业、私营企业、股份制企业、自收自支的事业单位及其他企业,个体工商户,银行、保险部门及各类信托投资公司和上述企业转制为中外合资、中外合作的企业。征收标准为年营业收入的0.5‰~1.5‰。2007年,全市征收粮食风险基金1827万元。

(四)防洪保安基金

防洪保安基金是省政府1992年开征的政府性基金。征收对象是江苏省境内登记或从事生产、经营活动的各类企业,包括国有企业、集体企业、股份制企业、联营企业、私营企业、外商投资企业中的合资、合作、股份制企业;事业单位和社会团体;城镇个体工商户;有固定工资性收入的在职职工。征收标准为年营业收入的0.5‰~1.5‰,城乡有固定工资性收入的在职职工每人每年缴纳10元。2008年,全市征收防洪保安基金2612万元。

（五）教育费附加

《江苏省教育费附加征收使用管理办法》规定，凡在省内从事生产经营活动的下列单位和个人，为教育费附加的缴纳义务人：城市（含县所在镇）凡交纳增值税、营业税、消费税（以下简称“三税”）的单位和个人，农村乡（镇）村办企业（含股份制企业、股份合作企业）、私营企业，农村农业经营户和非农业经营户，其他依法应当缴纳教育费附加的单位和个人。征收标准为纳税人以实际缴纳的“三税”税额为计税依据，附加率为3%，分别与“三税”同时计算缴纳。

（六）地方教育附加

地方教育附加是1994年省政府开征的基金（费）。征收对象是省内所有缴纳“三税”的单位和个人。征收标准为单位和个人实际缴纳“三税”总额的1%。2008年，全市征收地方教育附加8548万元。

（七）地方教育基金

地方教育基金是1994年省政府开征的基金（费）。征收对象是省内的国家机关、社会团体、事业单位在职人员，内资企业在职职工，“三资”企业中方在职职工，个体工商户以及其他有工资收入的个人。征收标准为：个人月工资性收入（以国家统计局劳动工资的统计口径为准）401～500元的每月征收1元，501～600元的每月征收2元，601～700元的每月征收3元，701～800元的每月征收4元，800元以上的每月征收5元。各地可根据实际情况按月或按年定额一次性征收。2008年，全市征收地方教育基金163万元。

（八）旅游事业发展费

旅游事业发展费是省政府1996年开征的政府性基金（费）。征收对象是：从事国际、国内旅游的一、二、三类旅行社；省、市政府批准的涉外饭店、宾馆、酒店；从事旅游业务的出租汽车公司、游船公司、包机公司、饭店管理公司、贸易公司、广告公司；经各级旅游行政管理部门批准并发给定点标牌的餐馆、商店、娱乐场所和旅游商品定点生产企业；在国家和省政府批准的旅游度假区范围内，从事旅游经营活动的各类企事业单位、旅游景点。征收标准是相关企业单位营业额的0.5%～1%。2007年，全市征收旅游事业发展费65万元。

（九）人民防空建设经费

人民防空建设经费是2002年省政府开征的基金（费）。征收对象是省内企业、实行自收自支和企业化管理的事业单位、个体工商户。征收标准为：企业和实行自收自支以及企业化管理的事业单位缴纳人防建设经费按上年年末职工在册人数每人每年缴纳13～15元；个体工商户每户每年缴纳60元。2008年，全市征收人防建设费379万元。

（十）残疾人就业保障金

残疾人就业保障金征收范围为省内安排残疾人就业比例未达从业人员总数1.5%的机关、团体、企业事业单位和其他城乡组织等用人单位。征收标准为各用人单位每少安排1名残疾人就业，应按统计部门公布的当地上年度职工平均工资的一定比例缴纳保障金；按规定就业比例安排残疾人不足1人的单位，根据实际差额比例缴纳保障金。2008年，全市征收残疾人就业保障金1360万元。

1997—2008年淮安市基金(费)征收情况表

表21-29　　单位:万元

项目/年份	合计	市场物价调节基金	粮食风险基金	防洪保安基金	地方教育附加	地方教育基金	旅游事业发展费	人民防空建设经费	残疾人就业保障金
1997	2446	482	423	353	943	242	3	—	—
1998	2743	465	446	382	989	251	2	106	102
1999	3184	575	548	346	1190	301	2	96	126
2000	3909	728	667	531	1468	268	8	101	138
2001	5027	1199	612	567	2276	186	5	50	132
2002	5977	1365	801	658	2718	168	9	98	160
2003	7252	1802	987	841	3260	80	6	112	164
2004	8372	2193	1242	1257	3066	99	20	216	279
2005	9784	1719	1418	1417	4465	154	27	269	315
2006	9443	1410	—	1679	5608	59	40	297	350
2007	12832	1432	1827	2114	6467	200	65	296	431
2008	13062	—	—	2612	8548	163	—	379	1360
合计	84031	13370	8971	12757	40998	2171	187	2020	3557

第二节 税款征收

一、征收方式

1994年,淮阴市地税机构组建时,维持原来税务机关的税收专管员制度,实行专管员“一员进厂(或其他纳税户)、各税统管”的保姆式管理与服务。

1995年7月1日起,市地税局直属分局、淮阴县地税局、金湖县地税局和泗阳县地税局4个试点单位,改革专管员管户制度,实行征收、管理、检查内部分离,各单位设立办税服务厅,为纳税人集中办理涉税事项提供纳税服务。该举措之后在全市推广。

2001年6月中旬至9月下旬,市地税局在全系统开展系列活动,为纳税人提供良好的办税环境、公开的办税程序、文明的服务态度和先进的办税手段。

2003年9月,市地税局在清河分局试点,缩短业务传递链条,减少内部办事环节,为1200余户纳税人提供“一站式”税收优惠审批服务。同年11月,在全市地税系统全面推开。2003年12月起,开通“12366”纳税服务热线,以自动语音和人工座席为主要方式,涵盖纳税咨询、办税指南、涉税举报、投诉监督等服务功能,为纳税人和社会公众提供公开、及时、权威、规范、准确的服务。同年,推出个体“双定”户委托银行划缴税款方式,既方便纳税人,又提高纳税申报率。2004年,网上申报、电子申报等多元化纳税申报方式相继开通,与银行、财政部门共同研发运行“财税库银”联网工程,形成资源共享的电子办税系统一体化,纳税人办税成本逐步下降。

2004年1月,地税部门启动全新的管理模式,以纳税申报和优化服务为前提,以计算机网络为依托,实行集中征收、属地管理、一级稽查。市区地税系统对税收业务和工作流程进行重组和优化，建立一套完整的信息技术流程，简化办税程序，减少地税系统审批环节，方便纳税人，实现“进一个门，办全部事”。2005年，在各县（区）地税系统推广市区做法。

2005年9月1日起，在全市推行新的减免税操作流程。2006年4月，市地税局设立税源分析职能科室，通过数据比对，将发现的疑点户推送至各管理局和稽查局处理，建立全新的纳税评估和稽查机制。2007年3月，强化重点税源监控，将年纳税额在30万元以上的纳税人，以及所有房地产开发企业纳入重点税源监控，进一步扩大税源监督面。同时，提升重点税源软件应用分析水平。当年接受监控的500多户重点税源企业入库税款占全部入库税款的近70%。

2008年2月，市地税局实时进行微观税负与宏观税负对比，为加强税收征管提供依据。同年5月，市地税局与市统计局、市房管局、市经贸委等单位或部门沟通协调，收集整理出营业税相关涉税经济数据和分税目的税收分析数据。同年6月，市国税局、市地税局召开联席会议，联合加强个体工商户管理、联合注销税务登记、国地税申报比对等6个方面的合作，细化、优化征收工作。

二、税费收入

1995—2008年淮安市地税收入情况表

表21-30　　单位：万元

年份 项目	1995	1996	1997	1998	1999	2000	2001	2002	2003	2004	2005	2006	2007	2008	合计
地税收入总计	23289	32995	44771	51438	62645	86738	123898	156080	192968	234596	288240	371094	509447	681144	2859343
一、税收合计	21599	31669	41478	47888	56424	62920	72045	80122	100721	132745	164736	198785	294287	390311	1695730
营业税	9113	13692	16113	18095	21435	24337	24564	30327	41345	57560	68817	85849	131972	172420	715638
企业所得税	3396	4385	6769	6207	7804	9215	17619	14664	13870	18414	26715	30049	39740	49381	248228
个人所得税	177	1258	3181	5859	6926	8506	11122	12822	15735	18229	23631	26778	40751	53445	228421
资源税	243	292	430	509	736	849	1103	1425	1583	2446	2800	3905	3806	7950	28077
固定资产投资方向调节税	1125	1288	2143	2561	3530	786	19	—	—	—	—	—	—	—	11451
城市维护建设税	4491	6603	7763	8794	9647	11253	11641	14259	20105	25403	28534	33805	41929	53417	277644
房产税和城市房地产税	928	1367	1816	2134	2328	3072	3246	3604	4447	5462	6736	7965	9970	12933	66007
印花税	243	298	383	409	448	553	755	923	1219	1769	2435	3115	4820	5830	23200
城镇土地使用税	501	496	520	494	486	771	976	1170	1219	1429	2137	2699	12188	21931	47017
土地增值税	—	6	25	29	18	13	6	57	441	1227	2363	3970	8057	10230	26441
车船税	548	649	697	748	831	1008	920	871	757	806	568	650	1054	2774	12880
屠宰税	830	1306	1601	2050	2235	2557	74	—	—	—	—	—	—	—	10652

续表 21-30

项目＼年份	1995	1996	1997	1998	1999	2000	2001	2002	2003	2004	2005	2006	2007	2008	合计
税款滞纳金及罚款	6	30	37	—	—	—	—	—	—	—	—	—	—	—	73
二、基金（费）合计	1689	1326	3293	3550	6221	23818	51853	75958	92247	101851	123504	172309	215160	290833	1163613
教育费附加	243	1326	2350	2460	3115	3551	4964	5840	6973	7601	11335	15882	19119	24586	109344
地方教育附加	45	—	943	216	1190	548	—	2718	—	—	—	—	—	0	5660
文化事业建设费	8	—	—	35	32	46	38	40	61	82	100	94	146	203	885
社会保险基金	—	—	—	—	—	16194	46851	64003	77822	94168	112069	143876	181111	248693	984787
基本养老保险基金	—	—	—	—	—	10569	34992	39117	45981	55989	68845	89410	115235	168590	283825
基本医疗保险基金	—	—	—	—	—	2118	9347	18073	24112	29921	34322	44589	52558	12032	21230
失业保险费	—	—	—	—	—	1591	4711	5754	6261	6631	6649	6914	9198	62503	115061
工伤保险基金	—	—	—	—	—	201	543	523	660	739	1170	1784	2499	3404	5903
生育保险基金	—	—	—	—	—	205	558	512	808	888	1083	1179	1621	2164	3785
其他非税	1393	—	—	839	1884	3479	—	3357	7391	—	—	12457	14784	17351	62935

1995—2008年淮安市分经济性质地税税收收入情况表

表 21-31　　单位：万元

项目＼年份	1995	1996	1997	1998	1999	2000	2001	2002	2003	2004	2005	2006	2007	2008
国有企业	14455	21074	25150	25697	27885	28533	28944	27920	37404	46949	49938	60197	69781	93902
集体企业	5227	7275	10076	12573	12471	13300	10775	7511	7464	6640	7225	8282	10301	12524
联营企业	2	0	5	41	505	1231	1236	129	108	74	40	41	46	28
股份公司	15	29	468	285	3469	5736	15098	24827	36980	55809	78713	93890	152654	196349
私营企业	40	61	61	531	817	1148	1472	2907	2643	5768	12455	17073	34306	50219
港澳台投资企业	0	13	62	57	197	312	1009	1562	1737	2132	2505	3211	4896	7189
外商投资企业	0	99	277	398	665	965	1392	1767	2124	3474	4464	4450	6870	9834
个体经营	1860	3118	5379	8306	10415	11695	12119	13499	12261	11899	9396	11641	15433	20266
合计	21599	31669	41478	47888	56424	62920	72045	80122	100721	132745	164736	198785	294287	390311

1995—2008年淮安市市区分经济性质地税税收收入情况表

表21-32 单位：万元

项目＼年份	1995	1996	1997	1998	1999	2000	2001	2002	2003	2004	2005	2006	2007	2008
国有企业	9961	12830	14965	16040	16213	16911	17833	16831	24639	31724	31973	36281	43029	28815
集体企业	2300	2862	3784	5307	4266	4332	4413	3018	3190	2873	2899	2772	2906	6078
联营企业	2	0	5	20	6	16	19	88	106	56	40	38	43	0
股份公司	15	29	468	187	3263	5061	8936	15331	20092	30892	42100	45185	73035	191030
私营企业	6	44	38	170	215	341	352	422	492	2316	7352	9246	20190	81989
港澳台投资企业	0	11	53	48	73	38	595	908	1057	1297	1301	1698	2277	4681
外商投资企业	0	94	251	359	568	857	1214	1082	1779	2987	3772	3372	5265	5314
个体经营	204	379	754	1095	1251	1619	1823	2437	2068	1591	1755	1958	2672	12382
合计	12489	16249	20318	23225	25855	29175	35185	40117	53423	73736	91192	100550	149417	330289

1995—2008年淮安市分地区地税税收收入情况表

表21-33 单位：万元

项目＼年份		1995	1996	1997	1998	1999	2000	2001	2002	2003	2004	2005	2006	2007	2008
全市	中央级收入	—	—	—	—	—	—	—	13743	17765	21985	30205	34097	48294	61697
	省级收入	—	—	—	—	5401	5232	5709	4599	4951	6389	8140	9506	13205	18785
	市县级收入	21599	31669	41478	47888	51023	57688	66336	61780	78005	104371	126391	155182	232788	309829
	税收收入合计	21599	31669	41478	47888	56424	62920	72045	80122	100721	132745	164736	198785	294287	390311
市区	中央级收入	—	—	—	—	—	—	—	5758	7374	10103	15133	14692	20819	22684
	省级收入	—	—	—	—	2879	2844	3136	2501	2630	3780	4560	5349	7891	10665
	市县级收入	11818	16249	20318	23225	22976	26331	32049	31858	43419	59853	71499	80509	120707	148124
	税收收入合计	11818	16249	20318	23225	25855	29175	35185	40117	53423	73736	91192	100550	149417	181473
楚州区	中央级收入	—	—	—	—	—	—	—	1210	1377	1631	2205	2757	3506	4561
	省级收入	—	—	—	—	517	550	676	542	598	728	987	1067	1044	1987
	市县级收入	2360	3783	4977	6022	6756	8050	6652	6430	7569	9655	10479	13752	20623	27164
	税收收入合计	2360	3783	4977	6022	7273	8600	7328	8182	9544	12014	13671	17576	25173	33712
淮阴区	中央级收入	—	—	—	—	—	—	—	1705	2298	2514	3126	3850	5838	7789
	省级收入	—	—	—	—	448	493	423	395	402	470	756	859	1179	1758
	市县级收入	1570	2646	3770	4997	5553	5853	7483	6492	8090	11555	14394	17602	24214	38444
	税收收入合计	1570	2646	3770	4997	6001	6346	7906	8592	10790	14539	18276	22311	31231	47991

续表 21-33

项目	年份	1995	1996	1997	1998	1999	2000	2001	2002	2003	2004	2005	2006	2007	2008
涟水县	中央级收入	—	—	—	—	—	—	—	1292	1855	2334	2601	2761	5340	7559
	省级收入	—	—	—	—	297	394	372	308	355	386	481	605	809	1171
	市县级收入	1720	2339	3287	4132	4690	4719	5088	4476	4493	5550	7000	10731	17472	24045
	税收收入合计	1720	2339	3287	4132	4987	5113	5460	6076	6703	8270	10082	14097	23621	32775
洪泽县	中央级收入	—	—	—	—	—	—	—	1065	1099	1511	2044	3488	3942	7253
	省级收入	—	—	—	—	175	191	212	225	219	275	380	498	717	1004
	市县级收入	1502	2532	2391	2631	2905	3487	4464	2948	3539	4955	7314	11019	15679	20765
	税收收入合计	1502	2532	2391	2631	3080	3678	4676	4238	4857	6741	9738	15005	20338	29022
盱眙县	中央级收入	—	—	—	—	—	—	—	1237	1350	1442	2530	2822	3857	5353
	省级收入	—	—	—	—	692	335	429	327	381	399	497	591	832	1200
	市县级收入	1160	1971	3683	3515	4551	5300	5849	5188	5938	7110	8877	12283	20094	28754
	税收收入合计	1160	1971	3683	3515	5243	5635	6278	6752	7669	8951	11904	15696	24783	35307
金湖县	中央级收入	—	—	—	—	—	—	—	1476	2412	2450	2566	3727	4992	6498
	省级收入	—	—	—	—	393	425	461	301	366	351	479	537	733	1000
	市县级收入	1471	2150	3052	3367	3592	3948	4751	4388	4957	5693	6828	9286	13999	22533
	税收收入合计	1471	2150	3052	3367	3985	4373	5212	6165	7735	8494	9873	13550	19724	30031

2001—2008年淮安市分产业地税税收收入情况表

表 21-34　　　　单位：万元

项目　年份	2001	2002	2003	2004	2005	2006	2007	2008
税收收入合计	72045	80122	100721	132745	164736	198785	294287	390311
一、第一产业	3	6	—	—	—	28	19	16
二、第二产业	39895	40090	47875	63072	76832	96093	129931	175584
采矿业	1259	1473	1620	2752	3019	4090	4041	6173
制造业	24425	25048	27655	33634	41181	51477	68419	93251
煤气及水的生产和供应业	2498	1939	2007	1620	3613	5704	7275	7558
建筑业	11713	11630	16593	25066	29019	34822	50196	68602
三、第三产业	32147	40026	52846	69673	87904	102664	164337	214711
批发和零售业	10192	9377	4647	5302	7078	8067	12203	15076
交通运输、仓储及邮政业	6990	7295	4947	7279	8390	9432	13697	17885
住宿和餐饮业	—	—	—	—	3878	4626	6459	8192

续表21-34

项目＼年份	2001	2002	2003	2004	2005	2006	2007	2008
信息传输、计算机服务和软件业	—	—	3315	3704	4197	4394	5200	5887
金融业	5694	5107	5943	7467	9936	12361	17320	25599
房地产业	1893	5310	9292	16754	23730	31955	64311	80302
租赁和商务服务业	5795	7575	7066	8394	7739	10688	13797	20221
居民服务、修理和其他服务业	—	—	—	—	—	—	2048	3209
教育	—	—	—	—	—	187	578	751
卫生和社会工作	—	—	—	—	—	—	239	237
文化体育和娱乐业	172	26	—	—	1446	757	1290	1458
其他行业	1411	5336	17636	20773	21510	20197	27195	35894

三、减免税

1995年，国、地税系统分设之初，地税部门落实税收优惠政策，主要针对新办企业、校办企业、民政福利企业。1997年，增加涉外企业。2000年，增加地方招商引资政策减免等项目。2002年以后，随着校、企分离工作接近尾声，校办企业、新办企业不再享受优惠政策。2003年起，执行再就业扶持和购买国产设备减免政策。2006年、2007年，执行出口退税优惠政策。2008年，主要落实再就业扶持、残疾人就业等民生项目减免政策。

1995—2008年淮安市地税减免税优惠政策落实情况表

表21-35　　单位：万元

年份	主要减免税项目	减免金额
1995	新办企业、校办企业、民政福利企业	50.0
1996	新办企业、校办企业	3.4
1997	新办企业、校办企业、民政福利企业、涉外企业	56.4
1998	新办企业、校办企业、民政福利企业、涉外企业	538.5
1999	新办企业、校办企业、民政福利企业、涉外企业	1257.0
2000	新办企业、校办企业、民政福利企业、其他	2580.0
2001	新办企业、校办企业、民政福利企业、其他	3317.0
2002	民政福利企业、其他	4260.0
2003	民政福利企业、涉外企业、再就业扶持、购买国产设备、其他	7362.0
2004	民政福利企业、涉外企业、再就业扶持、购买国产设备、其他	9447.0
2005	民政福利企业、涉外企业、再就业扶持、购买国产设备、其他	7434.0
2006	减免退税、汇算清缴结算退税、误收退税	2446.0

续表 21-35

年份	主要减免税项目	减免金额
2007	减免退税、汇算清缴结算退税、误收退税	2537.0
2008	残疾人就业、再就业扶持、其他	5268.0

第三节　征收管理

1994年9月，淮阴市国税局、地税局分设之初，税务登记管理权限按以下标准划分：凡有缴纳增值税（包括既缴纳增值税又缴纳营业税）义务的纳税人，其税务登记管理一律由市国税局负责；只有缴纳营业税及其他地方税义务的纳税人，其税务登记管理由市地税局负责；集中缴库单位的税务登记由国税总局负责。市地税局按纳税人隶属关系设立直属分局、清河分局、清浦分局和开发区分局。各分局负责辖区范围内纳税人税务登记管理、发票管理、税款征收、税务检查和日常管理。

1996年5月1日起，市国税局、市地税局根据《国家税务总局关于调整国家税务局地方税务局税收征管范围的通知》要求，对征收管理范围作相应调整，并就税务登记管理作出规定，对纳税人实施统一代码、分别登记、分别管理。凡1996年4月30日前已办理税务登记的只缴纳营业税的纳税人，其原税务登记资料全部移交市地税局；缴纳增值税、消费税的纳税人，由市国税局提供税务登记资料，市地税局复印留存。1996年5月1日以后新办企业和个体纳税人，一律按调整后的征管范围实行分别登记，即只要缴纳地税的纳税人都要办理地税登记。

2004年1月1日起，市地税局按行政区划设立第三税务分局（清河）、第四税务分局（清浦）、第五税务分局（开发区）3个管理分局，撤销直属分局，原隶属直属分局管理的市直以上纳税人按属地原则分别划归三、四、五分局管理。另设立第一税务分局，负责市区税务登记管理、发票管理和税法宣传工作；设立第二税务分局，负责受理市区纳税人纳税申报和税款征收工作。第一、第二税务分局分别进驻第三、四、五分局办税服务厅，实现市区纳税人申报缴纳税款和购领发票的无区域化。另设立稽查局，实行征收、管理、稽查“三分离”征管模式。

自2005年6月1日起，市国税局、市地税局实行联合办理税务登记办法，实现一个机关受理、一套登记资料、一个税号管理、一份证件通用、一次收费完毕。纳税人只需在国、地税其中任何一家办理税务登记事项即可，由国、地税间进行税务登记信息的交换。

2006年1月1日起，由第一税务分局集中受理税务登记、纳税申报、税款征收、发票管理工作，按行政区划设立管理分局，另设稽查局。同年，市地税局在全市地税系统组织开展税务登记证件换发工作，强化征管信息系统基础数据管理。2007年，市地税局打造电子办税服务厅，税务登记亦纳入该流程统一办理。

第四节　税务稽查

1995年，全市地税机关组织个人所得税、屠宰税、企业所得税汇算清缴检查等6项检查，查补税款2600多万元。1996年，组织金融、新闻出版系统专项检查；固定资产投资方向调节税专项检查；个人所得税专项检查；社会办学专项检查；企业所得税汇算清缴检查5项检查，涉查166户，查补地税及基金1781.51万元。全年查处举报案件8件，查补税款3.9万元。

1997年，全市地税稽查机构查处涉税违法案件1552件，查补税款2351.63万元。开展房屋出租行业、社会中介机构、市区交通运输行业、纳税大户和企业所得税汇算清缴检查5个专项检查，检查企业173户，查补地方各税645.44万元。

1998年，全市地税稽查机构查处涉税违法案件2935件，查补税款5142.33万元。开展金融保险业、建筑安装业营业税、个人所得税3个专项检查，涉查359户，查补税款3787.89万元。全年查处举报案件75件，查补税款452.12万元。全年查处案值在50万元以上的大要案16件，补税罚款1768.08万元，查封、扣押偷税企业财物价值8.88万元，依法拍卖、扣押物品25万元抵缴税款，依法移送司法机关处理案件7件，最终被人民法院处以拘役、有期徒刑的直接责任人2人。

1999年，全市各级地税稽查机构查处涉税违法案件1622件，查补税款2580.75万元。开展国有企业所得税，证券公司营业税，各类设计院、事务所，房地产建筑业，各类学校的个人所得税5个专项检查，涉查485户，查补税款1152.34万元。全年查处举报案件152件，查补税款202.81万元。全年累计扣缴税款168.2万元，扣押查封财产46.9万元，暂停支付存款146.24万元。

2000年，全市各级地税稽查机构查处涉税违法案件539件，查补税款1928.86万元、滞纳金13.64万元，罚款212.11万元。开展房地产建筑安装企业、欠税企业、行政事业单位、重点税源大户4个专项检查，涉查133户，查补税款539.59万元。全年查处举报案件38件，查补税款及罚款192.57万元。

2001年，全市地税稽查机构查处涉税违法案件589件，查补税款2854.36万元、滞纳金9.49万元、罚款314.57万元。查处100万元以上案件2件、50万元以上案件2件、10万元以上案件6件，向司法机关移送案件1件。开展金融保险业，交通运输业，建设局系统、教育系统以及中介机构个人所得税，重点税源户4个专项检查，涉查92户，查补税款760.75万元。全年查处举报案件95件，查补税款319万元。

图21-5　市地税局工作人员到企业辅导网上打印发票(2008年)
市地税局　供

2002年，全市地税稽查机构查处涉税违法案件649件，查补税款1739.34万元、滞纳金82.68万元、罚款308.58万元。查处案值100万元以上案件3件，查补税款738.59万元。

开展金融保险业、建筑房地产业、重点税源户、医疗机构、中介机构及餐饮娱乐业5个专项检查，涉查409户，查补税款1326.48万元、滞纳金62.01万元、罚款253.46万元。全年查处举报案件73件，查补税款140.39万元、滞纳金1.27万元，罚款20.89万元。

2003年，全市地税机构查处涉税违法案件812件，查补税款1724.04万元、滞纳金63.05万元、罚款580.21万元。查处案值100万元以上案件1件，查补税款106.35万元。开展行政事业单位个人所得税，建筑房地产业，医院、高校、体育俱乐部、个人独资和合伙企业个人所得税3个专项检查，检查企业396户，查补税款1135.39万元。全年查处举报案件117件，查补税款244.62万元、滞纳金2.12万元，罚款45.8万元。

2004年，全市地税稽查机构查处涉税违法案件976件，查补税款2208.63万元、滞纳金140.3万元、罚款760.45万元。查处案值100万元以上案件4件，查补税款891.12万元。开展汽车市场、房地产业、运输行业、医疗机构、邮电通信业5个专项检查，涉查247户，查补税款1171.99万元、滞纳金73.33万元、罚款332.39万元。全年查处举报案件74件，查补税款518.89万元、滞纳金35.22万元，罚款176.8万元。

2005年，全市地税稽查机构查处涉税违法案件690件，查补税款2258.84万元、滞纳金90.94万元、罚款1047.27万元。查处案值100万元以上案件2件，查补税款1111.15万元。开展电力、烟草、银行业个人所得税，建筑房地产业，钢铁生产、摩托车生产及销售企业3个专项检查，涉查133户，查补税款1917.46万元、滞纳金46.16万元，罚款562.71万元。全年查处举报案件85件，查补税款296.46万元、滞纳金11.98万元，罚款113.03万元。

2006年，检查税务违法案件513件，其中有问题户数487家，占检查户数的95%。查补地方收入2387.81万元。对邮电通信业、保险业、房地产开发业、建筑业等123户企业实施专项检查，查补收入1917.82万元。

2007年，全市地税部门围绕税收征管的难点和群众关心的热点问题，组织开展证券业、餐饮业、房地产建筑安装业和医疗卫生业专项检查，累计查处101家问题户，查补地方收入1011.03万元。全市组织检查纳税人547户，查补地方收入3021.36万元。

2008年，全市组织开展对烟草业、房地产及建筑安装业和旅游业以及平安保险集团和中国工商银行淮安所属行业税收专项检查，检查纳税人61户，查补收入6544.42万元，其中税款5803.5万元、滞纳金432.01万元，罚款308.91万元。组织城镇土地使用税清查工作。采取全面比对、重点实测方式进行税源清查、税源数据库更新和完善工作。查增税源1596万元，入库税款2.04亿元，比2007年同期增长75.22%。

·淮安市志·（1978—2008）

第二十二卷　综合经济管理

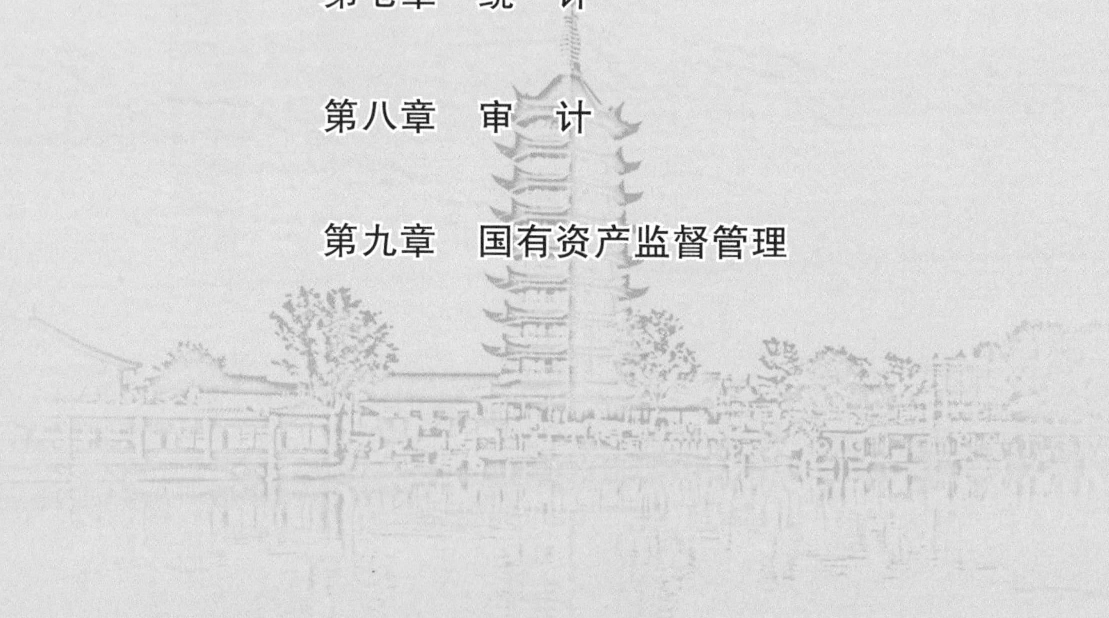

中共十一届三中全会后，计划经济管理模式和单一所有制结构逐步被打破。二十世纪八九十年代，改革步伐不断加快，开放程度逐步提高，社会主义市场经济体制逐步建立并不断完善。淮阴市经济综合管理部门适应体制改革要求，及时调整和转换职能，增强服务意识，减少和弱化对企业、对经济的直接管理和干预，从宏观上加强调控和指导，运用法律、经济手段监控市场，保障国民经济健康运行。市计划委员会（后更名为市发展和改革委员会）逐步取消指令性计划，强化宏观调控和综合协调，按照市场经济发展要求，编制经济和社会发展中长期规划，更多着眼于指导经济发展的宏观性、全局性和战略性。工商管理部门放宽政策，降低准入门槛，支持发展个体私营经济和外资经济。物价部门除保留极少数关系国计民生的商品和收费定价权外，全部放开物价，充分发挥价值规律在市场经济中的作用。1996年，组建淮阴市技术监督局，统一管理和组织协调全市标准、计量、质量和特种设备安全监察。20世纪90年代中后期，随着企业改革改制力度加大，大量国有资产退出一般性竞争领域，但保留部分骨干国有企业或国有控股企业。2001年，组建淮安药品监督管理局，统一、规范全市药品及医疗器械生产、经营监督管理工作。同年，成立市安全生产监督管理局，将分散在多个部门的安全监管职能集中统一起来。统计部门改革统计方法与制度，加强统计调查力量，适应市场经济条件下多种所有制经济运行的新特点，提供各种资料和综合分析，为把握和指导经济运行提供决策依据。审计部门依法开展审计，严肃财经纪律，堵塞漏洞，服务宏观调控，不断扩大审计领域，深化审计内容，并发展到对党政领导干部任期经济责任开展审计。2005年，成立淮安食品药品监督管理局。同年，成立市国有资产监督管理委员会，加强对国有资产监督管理，实现国有资产保值增值。至2008年年末，淮安市政府经济管理职能进一步转变，推进经济发展方式进一步转变，初步建立起各司其职、协同治理的现代化经济管理体制。

第一章　发展改革

1978年，淮阴地区计划委员会负责全地区经济生产的计划管理。1983年，成立淮阴市计划委员会，为市政府工作机构。1986年起，全市计划管理工作从以计划经济为主逐步向以市场经济为主转变。计划管理的对象、内容、方式都经历较大变化，从注重经济总量转向注重经济质量，从以企业为主转向以社会为主，朝着建立和完善社会主义市场经济体制目标发展。2001年，市计划委员会内设办公室、综合科、投资科、财金科、工交科、三产办、社会发展科、外经科、农经科、中长期规划科、科技科、目标办、工会13个部门，下设重点项目办公室、信息中心、再生资源管理办公室3个事业单位。2001年11月，撤销淮阴市计划委员会，成立淮安市发展计划委员会。2004年，更名为淮安市发展和改革委员会。2005年7月，市发展改革委职能定位为研究、提出全市国民经济和社会发展战略、规划，负责重要经济总量平衡，指导经济体制改革的综合经济调节部门。内设办公室、发展规划处、国民经济综合处、财政金融处、固定资产投资处、外资与经贸处、农村经济发展处、工业处、交通能源处、服务业处、社会发展处、经济合作处、信息产业处、信息化工作处、经济体制综合改革处、宏观体制处、企业与市场改革处17个处室，另设机关党委和纪检监察室。行政编制58名。至2008年，机构及编制无变化。

第一节　计划管理体制改革

1978—1985年，淮阴市政府管理经济仍以计划管理为主，并在此基础上不断寻求突破和调整。在全省率先推行以家庭联产承包责任制为主要内容的农村改革，极大地调动农民积极性，农业生产快速发展，农民温饱问题初步解决。农村经济迅速好转，增加对农业生产资料的需求。工业生产以为农服务为主，工业产值增长相对平稳。商业流通体制进行改革，建立多渠道、少环节、产销结合的流通体制。企业全面整顿，经营自主权不断扩大，实行经济责任制。企业生产秩序、规章制度迅速恢复，职工情绪高涨。随着系列改革推进，企业生产潜力不断释放。

1986—1990年，全市推进经济体制改革，对内搞活，对外开放。重点突出搞活大中型骨干企业。对企业进一步放权，各级管理部门帮助企业用好权，而不是放手不管。减轻企业负担，增强其自我发展能力。减少指令性计划，让企业在人财物、产供销方面有更大自主权。在企业内部适当划小核算单位，激活内在动力。完善经济责任制，试行厂长（经理）负责制。对企业分配制度、人事管理制度、产品价格、财务制度、劳动工资制度配套同步改革。市、县（市、区）政府改革计划管理体制，依靠和运用价值规律，实现两个转变：从实物分配和平衡转向价值分配和平衡，搞好社会总需要与总供给平衡；从直接管理转到间接管理，提高宏观调控准确性和计划科学性。随着行政管理部门职能的转变，计划管理重点逐步由微观向宏观及综合平衡社会供给和需求转变，计划内容逐步由实物指标和建设项目平衡为核心，向总量平衡、比例协调和结构优化、布局合理及战略研究转变，计划指标项目逐步由数量向效益及实行数量和效益相结合转变。

1991—1995年，全市加快流通体制改革，社会主义计划商品逐步向市场商品过渡，继续扩大消费品市场，利用已有基础和优势，提高名特优产品市场占有率，发展商品流通方面的横向联系。建立和完善开放式、多渠道、少环节、高效益商品流通体制，逐步完善各种类型批发市场，发展国营商业，鼓励集体和个体商业发展。完善生产资料市场，优化物资流通环境，建立综合性生产资料贸易中心和各种专业生产资料贸易中心，形成开放式、多功能物资流通网络。

1996—2000年，全市全面实施计划、财税、金融、外贸及价格五大改革，进行住房制度、社会保障制度等配套改革。与此同时，结合实际情况，重点突破产权制度改革。在“先售后股”“柜台承包”等方面取得明显进步。开放型经济长足发展，初步形成外贸、外资、外经等完整的开放型经济工作体系。

2001—2005年，全市企业改革取得重大突破。市属国有、集体企业产权制度改革完成205户，改制面达95%，县属国有企业改制面达到90%以上，组建国资委和纺织、机电、化工和轻工等资产经营管理公司，初步建立国有资产管理、监督、营运体系；农村改革深入发展，全面取消农业税和“两工”（农村劳动积累工和义务工）政策，农民种水稻、使用良种和购置新型农机具直补得到落实，农民负担大幅度减轻；所有制结构不断优化，民营经济快速发展，全市民营经济总户数超过10万户，实现增加值占国内生产总值比重达46.5%；行政审批、财税金融、粮食购销体制改革成效显著。外向型经济加快发展，招商引资累计到位资金306亿元，注册外资实际到账5.8亿美元，累计完成进出口总额25.2亿美元，外经营业额6.6亿美元，主要指标比“九五”计划时期大幅度增长；区域合作、南北挂钩工作取得显著成效。

2006—2008年，市属75户重点企业改制进展顺利，一批大中型骨干企业完成战略性重组，打造2个资产超100亿元的融资平台；开展投、融资体制改革，浦发、交通等银行在淮安市设立分支机构。全市发行27亿元企业债券，淮安万邦香料工业有限公司在新加坡上市。政府自身建设不断加强，公共项目代建制全面落实，国有资产监管体系基本建立，政府部门导入ISO 9000质量管理体系工作不断深入。借港出海、对外开放成效突出。2008年，注册外资实际到账4.54亿美元，比2007年增长37.1%；完成进出口总额17.81亿美元，比2007年增长23%。举办苏台（淮安）经贸洽谈会、台商论坛等活动，一大批知名台企落户淮安市，形成台资集聚新高地。开发区建设跃上新台阶，建成中国淮安出口加工区、中国淮安留学人员创业园，全市建成7个省级开发区和7个省级特色产业园区。

第二节　计划编制

1977年10月至1978年7月，淮阴地委陆续编制下达一批1978—1985年的八年规划。1979年，编制下达国民经济调整规划和三年调整期间农业、工业及建设商品粮基地等专项规划。1982年10月，开始编制“六五”计划。是年，陆续下达一批十年（1981—1990年）规划和二十年（1981—2000年）规划。其中，十年规划主要有教育、机械工业、卫生、环保、信贷收支和商业等；二十年规划主要有手工业、纺织工业、文化事业、基本建设、财政收入、科学技术、邮电和人口等。

1983年1月起，计划编制工作重点转向制订长远规划，即“七五”计划和十年设想。当年9月，开始编制工业部门技术改造规划。同年11月，开始“七五”计划编制准备工作。“七五”计划包括4个部分，即综合计划、行业计划、区域计划和专项计划。其中，行业计划由各有关局、公司制订，包括行业发展方针、目标、技术进步、新产品开发和布局等；区域计划由各县（区）制订；专项计划由有关部门、地区共同配合编制；综合计划由市计委编制。“七五”计划时期，随着计划管理职能调整，开始针对国民经济和社会发展中重大问题和薄弱环节编制专项规划，但是数量不多且覆盖面不广。1986年，乡镇企业发展规划列入“七五”发展计划。

1991年，组织编制“八五”计划（1991—1995年）。针对“七五”计划前期经济过热、社会需求过旺、工业发展速度过快、信贷和货币投放过多、物价涨幅过高，引发通货膨胀，“七五”计划末全市经济滑坡，工业发展速度下跌，市场疲软，经济秩序特别是流通秩序混乱等情况，编制“八五”计划时注意总结和吸取经验教训。从“八五”计划开始，计划编制性质由“七五”计划经济体制下的指令性，逐步转向以间接调控、引导为主，开始注重市场配置资源的决定性作用。计划工作重点转向编制长远规划，做好本时期计划安排，展望此后十年设想和建议。

1996年，省委、省政府提出到20世纪末所有县实现小康，用10年时间基本实现现代化。淮阴市在编制“九五”计划（1996—2000年）和2010年奋斗目标时，突出围绕小康目标，扩充经济总量，积蓄发展后劲，为新世纪振兴打基础。“八五”“九五”计划时期，专项规划编制数量逐年增加。

2000年编制的“十五”计划（2001—2005年）是21世纪第一个五年计划。该计划主要是根据国家宏观经济导向和《江苏省国民经济和社会发展第十个五年计划纲要》及《中共淮阴市委关于制定国民经济和社会发展第十个五年计划的建议》编制，是全市在21世纪发展的重要纲领性文献。同时，纲要还是编制其他各类专项计划、年度计划以及市级产业政策、财政政策等经济政策的重要依据。

“十五”计划时期，专项规划编制数量急剧增加。淮安市“十五”主要专项规划有重点项目专项规划、水利专项规划、工业专项规划、可持续发展规划、国民经济和社会发展信息化发展规划、农村经济发展规划等，范围还不够全面。

2006年起，淮安市将“计划编制”改为“规划编制”，形成编制工作重要转折。规划编制更加突出宏观性、战略性、政策性、科学性和导向性，在宏观经济调控和引导方面发挥重要作用。同时，实施规划期内中期评估工作，引进第三方评估等方式，保证规划的完整性和严谨性。特别加强对经济增长速度、就业、价格等宏观调控目标监测预警，定期向市政府汇报，必要时由市政府向市人大常委会报告。

2006—2008年，专项规划范围更广，规划编制由原先的薄弱环节扩大到重点领域和行业。这一时期，参与编制专项规划的职能部门有20多个，其中经市政府批准的重点专项规划有17个，主要涉及工业、农业、外向型经济、信息化、科技发展、劳动和社会保障、卫生、民政、教育、城镇化、交通和运输体系、环境保护、旅游业、体制改革、可持续发展、精神文明建设及妇女儿童工作等。

第三节　计划执行

一、淮阴地区工业发展规划（1978—1985年）

该规划编制完成于淮阴地委“工业生产第三次大发展”和“全面跃进”的指导思想下。规划执行之初，由于盲目追求产值、产量，轻重工业比例失调。规划实施过程中，内容不断调整，该规划中的后期目标逐步被“六五”计划取代。

二、淮阴地区工业三年调整意见

1979年，根据中央要求，淮阴地区计划委员会制定《淮阴地区工业三年调整意见》。1979—1981年，通过重点发展轻工、纺织、食品、电子工业，巩固化学工业，努力生产适销对路的产品，对生产能力过剩、产品没有销路或质量长期上不去的企业实行关、停、并、转，使工业内部结构、产品结构趋于合理。1981年，全地区有县（市）属以上工业企业678个，其中413个全民企业中，关9个，停3个，转12个；257个集体企业中，关1个，停2个，并7个，转8个。经过3年调整，工业总产值比1978年增长39.35%，其中轻工业比重由59.7%上升到70.45%。农村社队工业相应增长29.99%。重工业开始转向为农业生产服务、为消费品工业服务、为轻工业技术改造服务。在国民经济调整过程中，地委、行署针对淮阴地区国民经济中存在问题，注重搞好综合平衡，在计划安排上，在财力、物力使用上，照顾国民经济薄弱环节，使农业、支农工业、轻纺工业有较快发展。

三、国民经济和社会发展第六个五年计划（1981—1985年）

1981年以后，除对磷肥、小煤炭生产企业依旧实行亏损定额补贴外，其他企业亏损根据国务院有关规定，取消定额补贴，实行亏损包干、超亏不补、减亏留用办法。对于因企业经营不善造成的亏损，实行“四不”政策，即财政不补贴、银行不贷款、不提企业基金、不发奖金。工交系统对全地区226个预算内企业从盈亏包干入手落实经济责任制。1982年以后，对企业逐步实行利改税的办法。

1983年，淮阴市以搞活企业为目标，制定简政放权100条规定，对企业内部进行领导体制和分配制度改革，在全市97个企业中试行厂长（经理）责任制。对关系国计民生、经济全局的骨干企业及产品生产，下达指令性计划；对经济和社会发展中比较重要的任务，下达指导性计划；对一些品种繁多、不影响全局的小商品，不下达计划指标，按照市场需要组织生产。1985年以后，指令性计划范围逐步缩小，扩大指导性计划范围和市场调节范围；由以条为主的计划过渡到条块结合；对农业生产全部实行指导性计划，市、县（区）计划部门不再下达指令性生产任务；工业生产除省、市安排的31种产品生产实行指令性计划外，其余全部实行指导性计划和市场调节。

"六五"计划期间，制订生产计划注重实事求是，使全市农业与工业、轻工业与重工业之间重大比例关系得到进一步调整。1985年，全市工农业总产值76.35亿元，比1980年增长90.2%，年均递增13.72%；工业总产值超过农业总产值，占工农业总产值的54.03%。粮食总产连续5年居江苏省首位，由1980年的331.65万吨增加到565.3万吨，增长70.5%；5年共上缴国家商品粮675万吨，商品化程度达到54.7%。"六五"计划时期成为淮阴市1949年以后经济形势最好时期之一。

四、国民经济和社会发展第七个五年计划（1986—1990年）

1986年，即"七五"计划实施的第一年，计划任务主要以中央和省下达的指令性计划为主，以贯彻落实和完成任务为目标。推进城市企业改革，简政放权，搞活企业。在87个企业开展改革试点，给予企业一定权限；推行厂长任期目标责任制。至1986年年末，全市有115个企业试行厂长（经理）负责制。1987年，推行全民小型工业企业承包经营。发展横向联合，鼓励企业与外地骨干企业、大专院校、科研单位建立联系和合作。推动商业流通领域体制改革。开展农村第二步改革。促进农村向"农、林、牧""种、养、加""农、工、商"方向综合发展。改革农副产品流通体制，调整农村产业结构，发展牧业、副业、渔业等多种经营，兴办乡村企业，发展农村家庭经济，促进农村商品经济发展。

1986—1988年，由于前期经济过热引发通货膨胀，根据中共中央精神，淮阴市贯彻治理经济环境，整顿经济秩序方针，控制物价，控制消费基金和社会集团购买力，压缩固定资产投资规模，整治"官倒"，清理整顿公司和党政机关及干部经商办企业，整顿流通市场。1989年下半年以后，淮阴市经济滑坡，工业发展速度下降，市场疲软。1990年，全市完成国内生产总值59.91亿元，是1985年的2.04倍。

五、国民经济和社会发展第八个五年计划（1991—1995年）

"八五"计划时期，淮阴市实施"加强农业、突破工业、搞活流通、改善环境、人才为本"战略。在工业经济上，加快调整，加大投入，保持优势，发展规模，提高工业经济运行质量。深化企业改革，搞活大中型企业。5年累计完成工业技术改造投入70亿元，是"七五"计划时期的5.1倍。工业产值年均递增18.5%。在农业和农村经济方面，粮食总产第一次突破600万吨。发展"两专一基"（专业户、专业村、基地乡镇），加快发展乡镇企业。乡村工业产值年均递增27.1%。基础设施建设全面推进，建成一大批重要骨干工程。

1995年，全市实现国民生产总值283亿元。5年中，按可比价格年均递增11.1%，比"七五"计划期间年均增速高出6个百分点。5年中，完成固定资产投资147亿元，是"七五"计划时期的4.5倍，年均递增43.5%。经济结构明显改善，一、二、三产业比重由"七五"期末的46.3∶32.9∶20.8

调整为42.6∶33.1∶24.3。

六、国民经济和社会发展第九个五年计划（1996—2000年）

“九五”计划期间，淮阴市继续扩大开放，深化城市住房制度、公积金制度、医疗卫生制度、财税、金融、计划、外贸、价格等各项改革，建立健全社会保障服务体系。农业生产连创新高，多种经营发展较快。继续推进“两专一基”，发展“三高”（高产、优质、高效）农业，农业产业化经营初具特色和规模。乡镇企业成为全市经济的“半壁江山”。2000年，全市乡镇企业个数达7.8万家，从业人员45.9万人，完成总产值324亿元，占全市工农业总产值的55%。继续推进企业改制。乡镇企业以拍卖出售为主，市、县属中小企业以股份制或股份合作制改造为主。重点骨干企业盘大搞强。建筑业逐步成为重要支柱产业。发展个体私营经济。进一步推动市场建设，促进加工小区、流通队伍壮大发展。基础设施和城乡面貌显著改观。科技、教育等社会事业蓬勃发展。

2000年，全市国内生产总值291亿元，年递增率13.9%，增幅比“八五”计划时期高3.1个百分点；财政收入25.76亿元，是1995年的2.5倍，年递增率19.8%，累计消化老赤字4.47亿元；全社会固定资产投资累计415亿元，是“八五”计划时期的2.8倍，年均递增29.4%。一、二、三产业比例由1995年的42.6∶33.1∶24.3调整为30.3∶40∶29.7。

七、国民经济和社会发展第十个五年计划（2001—2005年）

“十五”计划期间，淮安市加大经济建设投入，基础设施建设、文化建设、社会保障建设全面展开。全市工业投入442亿元，是“九五”计划时期的3倍。重点提升化工、机械、纺织、冶金、烟草五大传统支柱产业，五大产业销售收入占全部列统企业的74%，比“九五”计划期末提高7个百分点。发展医药、建材、食品等新兴支柱产业，并培育高新技术产业。县（区）工业园区从无到有，全市开发区和园区累计开发面积70平方公里。全市实施一大批交通基础设施、产业发展和能源建设项目，其中超亿元项目306个，城乡面貌焕然一新。加快农业结构调整，农业生产向区域化、优质化、生态化发展。服务业发展水平明显提高。

2005年，全市实现地区生产总值561.81亿元，年递增率12.6%；人均地区生产总值1324美元，年递增率11.7%；财政收入75.6亿元，年递增24%；全社会固定资产投资累计完成1171亿元，是“九五”计划时期的2.8倍。一、二、三产业比例由“九五”计划末的30.3∶40∶29.7调整为21∶45.5∶33.5，产业结构实现由“二一三”向“二三一”的转变。

八、国民经济和社会发展第十一个五年规划（2006—2010年）

2006—2008年，淮安市继续推进新型工业化、外向化、民营化、经济社会一体化，推进新农村建设，提升城市化水平。突出工业强市，优化工业区域布局，发展化工、纺织、机械、冶金、烟草、食品、医药、建材八大支柱产业，加大技改投入，全市3年工业累计投入1030亿元。现代农业稳步发展，农业综合生产能力稳步提高，农业产业结构进一步优化，全市高效种植业面积11.58万公顷，占耕地面积的29.4%。粮食保持连年增产。3年完成全社会固定资产投资1885.2亿元。

2008年，全市实现地区生产总值915.83亿元，是2005年的1.63倍；地方一般预算收入71.3亿元，是2005年的2.66倍；完成全社会固定资产投资825亿元；经济结构进一步优化，一、二、三产业比例调整为15.5∶49.5∶35。

第四节　重大项目管理

1978年至“六五”计划（1981—1985年）时期末，淮阴市逐步建成一批有一定规模和基础的工业企业。到“七五”计划（1986—1990年）时期末，全市建成工业产值1000万元以上工业企业130个，其中超亿元企业达到12个，即淮阴卷烟厂、清江印染厂、清江棉纺织厂、清江染整厂、淮阴涤纶长丝厂、清江化纤厂、清江石化厂、淮阴化工厂、清江拖拉机厂、清江肉联厂、市冶金工业公司、市钟表配件厂。建成利税超千万元的企业25个，包括高沟酒厂、果葡糖厂、淮安自行车厂、大众塑料厂、清江胶鞋厂、清江橡胶厂、光华化学厂、淮阴纺织厂等。

“八五”计划（1991—1995年）时期，淮阴市加快经济结构调整，加大工业投入，保持原有优势，发展规模经济，提升工业经济运行质量，提高企业经济效益。完成重点项目24个，即华能淮阴电厂2×20万千瓦发电机组及配套供变电设施，西郊热电厂二期扩建工程，沂淮铁路，宁连一级公路淮阴段，高良涧船闸，黄淮海开发和洪泽湖综合开发，果葡糖浆项目，淮阴卷烟厂技术改造，东风造纸厂碱回收，年产100万吨盐卤工程和淮阴盐厂15万吨真空制盐，县级淮安市9.5万吨真空制盐，清江棉纺织厂精梳和喷气精纺等设备技术改造，清江涤纶长丝厂年产1000吨超细涤纶长丝，市民纺总厂发展三维卷曲硅处理涤纶短纤维，清江轴承厂扩大产品出口技术改造，清江电机厂开发出口产品专用特种电机，淮安无线电元件厂中周电感系列开发，淮阴电化厂年产2万吨MDI工程，盱眙化肥厂年产1万吨乙二酸，市区年生产200吨青霉素工程，清江石化厂年产2万吨乙烯，四季青污水处理厂，城南水厂水处理10万吨/日项目。项目总投资26亿元，“八五”计划期间投入22.4亿元。新建淮阴市冶金公司、淮阴涤纶长丝厂、淮阴电化厂、宏丽集团等一批骨干企业。

“九五”计划（1996—2000年）时期，全市工业投入148.5亿元，其中投入亿元项目40个。冶金工业新上90吨电炉项目1条，“九五”计划末达到百万吨炼钢能力，成为苏北地区冶金工业基地。烟草工业加快技术改造，完成引进11条卷接包生产线，“九五”计划末年产量达到35万大箱，形成年利税10亿元规模。开发无水芒硝，形成年开采120万立方米芒硝卤水、年产20万吨元明粉、10万吨烧碱、30万吨硫酸钾、200万吨水泥生产能力。农用机械工业新上年产15万套汽车后桥及2万辆系列农用车项目。化肥工业形成年产值26万吨尿素、30万吨复合肥生产能力。这些重点项目的实施，使全市工业规模和水平有较大提高。

“十五”计划（2001—2005年）时期，淮安市实施一大批交通基础设施、产业发展和能源建设项目，其中超亿元项目306个、超10亿元项目8个。区域交通枢纽地位进一步确立，新长铁路客货运全面开通；建成京沪、宁宿徐、淮连、宿淮等高速公路，完成淮盐、宁淮等高速公路主体工程，全市新增高速公路、一级公路、二级公路总里程1120公里，全市公路通车总里程达到1万公里，比“九五”计划末翻一番；实施京杭运河两淮段“三改二”（三级航道改二级航道）升级改造，建成京杭运河淮安、淮阴三线船闸、淮安新港一期等重点工程。水利建设力度进一步加大，淮河入海水道、洪泽湖大堤加固、分淮入沂工程续建等工程的实施，进一步增强全市防洪减灾能力。能源建设取得新进展，总投资24亿元的淮阴华能电厂二期工程建成投产，装机容量由44万千瓦扩大到110万千瓦。产业项目有新突破，总投资15.8亿元的淮钢特钢集团大棒材项目实施，江苏韩泰轮胎公司年产30万条全钢子午胎、华尔润集团年产30万吨制盐、江苏振达钢管公司等一大批项目竣工投产。

2006—2008年，淮安市把工业强市作为加快发展第一方略，加快结构调整步伐，全面提升工业经济发展水平。建立重点工业项目跟踪服务制度，淮钢特钢集团大棒材项目，富士康集团下属富誉、富淮、宏恒胜3个子公司项目进展顺利。辉煌太阳能、今世缘酒、康尔馨系列纺织品等6个产品获“中国名牌产品”和“中国驰名商标”称号。电子信息、特钢、盐化工新材料三大千亿级产业初步形成，富士康（淮安）科技城一期工程竣工投产。淮阴发电厂30万千瓦热电联产机组建成投运。淮安涟水机场开工建设，淮安火车站建成投运，新港铁路通车。建成宁连高速南互通、宿淮高速西互通和宁宿徐高速盱眙南段，高速公路实现联网畅通。淮涟一级公路、328省道、205国道、237省道淮安相关路段开工建设。淮安港码头建设完成。南水北调东线截污导流工程进展顺利，淮海中心商业区和水渡口中央商务区加快建设。淮安国际商城一期、江苏移动公司淮安第二话务中心建成。

第二章　工商行政管理

1978年，淮阴地区工商行政管理科为地区商业局内设机构，对外挂“淮阴地区革委会工商行政管理局”牌子。1979年6月，更名为淮阴地区行政公署工商行政管理局。同年9月，地区行政公署工商行政管理局独立，核定行政编制11人，内设企业管理科和市场管理科。1983年，淮阴地区行政公署工商行政管理局更名为淮阴市工商行政管理局，清河、清浦两个区工商行政管理局成立。1995年，两个区工商局改为市局直属分局。2001年2月，淮阴市更名为淮安市，县级淮安市和淮阴县变更为楚州区和淮阴区，工商部门相应更名。至2008年年末，淮安工商行政管理系统有行政编制1056人、行政附属编制人员111人、事业编制人员57人。

第一节　企业登记管理

一、内资企业登记

1978年，清江市对所属企业开展登记调查。当年清江市有工商企业679户。1980年，淮阴地区开展工业企业普查，全地区有中小型工业企业5113户。

1981年，淮阴地区有工商企业9061户，从业人员578209人，资产201181.24万元。

1982年，淮阴地区对商业、饮食业、服务业和交通运输业进行全面普查登记，9398户工商企业中换发营业执照的有8451户。1984年，对农村直接从事生产经营的经济实体及时办理登记，发给营业执照，使其合法经营。

1985年后，对建筑施工等重点行业进行专项审查。1987年，除国营大中型屠宰厂、肉联厂以外的经营家禽家畜屠宰业务者，须有县（区）农牧主管部门审核发给的兽医卫生许可证，方可到工商机关办理营业执照。1987年后，金融机构须有人民银行审查颁发的经营金融业务许可证，方可领取营业执照。1988年开始，换发由国家工商局统一印制和管理的新执照。

1992年，淮阴市企业登记进一步放宽经营范围。1994年，市物价局和工商局联合印发《关于建立企业付费登记制度的通知》。1996年，市工商局制定印发《收费管理规定》，对全市工商部门收费行为明确收费标准和依据。1997年起，加强对公司注册资本登记管理。

2001年，淮安市工商局对全市相关企业名称进行变更登记。2002年，启用新版营业执照。2004年起，市工商局执行《企业登记程序规定》《企业名称登记管理实施办法》《公司注册资本登记管理办法》《企业经营范围登记管理规定》。2005年起，执行《中华人民共和国公司法》和《公司登记管理条例》。

2008年，根据《市政府关于进一步规范涉企收费控减企业负担的通知》，对企业补（换）证照及领取执照副本、企业年度检验等费用收取至年底，次年停收。

1988—1993年淮阴市内资企业登记情况表

表22-1

年份	合计		国有企业		集体企业				联营企业及其他经济类型	
	户数（户）	资金（万元）	户数（户）	资金（万元）	户数（户）	资金（万元）	其中乡镇企业 企业数	其中乡镇企业 资金	户数（户）	资金（万元）
1988	35227	459091	4645	228355	30389	221401	13343	96085	193	9335
1989	33082	458220	4633	239658	28253	208919	12437	95724	196	9643
1990	20219	455621	4043	281656	16097	169960	6701	66782	79	4005
1991	22025	460478	5252	261344	16712	191653	6840	72727	62	7481
1992	27074	575419	6853	327337	20127	237689	8355	83236	94	10393
1993	32904	724066	8791	389039	23921	317663	—	—	192	17364

1994—2008年淮安市内资企业登记情况表

表22-2

年份	合计		国有企业		集体企业		联营企业		股份合作企业		公司		其他企业	
	户数（户）	资金（万元）	户数（户）	资金（万元）	户数（户）	资金（万元）	户数（户）	资金（万元）	户数（户）	资金（万元）	户数（户）	资金（万元）	户数（户）	资金（万元）
1994	34853	845694	9860	438076	24537	351307	141	14117	184	32111	—	—	131	10083
1995	33861	841174	—	—	—	—	—	—	—	—	—	—	—	—
1996	—	—	—	—	—	—	93	10878	523	73067	—	—	70	6099
1997	18738	703450	5979	336501	11881	239099	99	10654	584	107267	94	2634	101	7295
1998	17198	761396	5762	345259	10130	223621	91	10027	834	162152	262	7788	119	12549
1999	16671	778602	5497	331888	9424	217142	85	9734	373	10187	1258	206910	34	2741
2000	15629	756618	5076	311920	8549	190326	80	8358	427	10795	1463	232478	34	2741
2001	14949	844650	4911	296433	7798	178137	78	8276	432	12992	1696	346071	34	2741

续表22-2

年份	合计		国有企业		集体企业		联营企业		股份合作企业		公司		其他企业	
	户数（户）	资金（万元）	户数（户）	资金（万元）	户数（户）	资金（万元）	户数（户）	资金（万元）	户数（户）	资金（万元）	户数（户）	资金（万元）	户数（户）	资金（万元）
2002	14874	1091973	4838	290413	7466	323252	62	7525	358	8684	1998	458739	152	3324
2003	13945	1454069	4338	302056	6606	311132	32	5601	330	10335	2639	824945	—	—
2004	10467	1380761	3244	247331	4491	285487	—	—	282	9107	2435	837612	15	1224
2005	10047	1471627	2983	238541	4216	291704	—	—	267	10880	2569	929663	12	839
2006	9182	1530847	2592	222691	3714	188926	—	—	266	17221	2602	1101283	8	726
2007	8641	1619116	2373	216105	3436	170936	—	—	281	26405	2544	1205111	7	559
2008	7833	1865882	1796	193579	3092	162602	—	—	261	36494	2678	1471561	6	1646

说明：1995年、1996年因行政区划调整，没有完整数据

二、外商及中国港澳台商投资企业登记

1986年，淮阴市第一家外商投资企业——淮阴和高计时有限公司成立。1986—1991年，淮阴市工商局负责外商和中国港澳台商投资企业日常监督管理，审理、登记等事务由省工商局负责。1988年，淮阴市工商局出台《关于进一步放宽政策、改善管理，支持我市发展外向型经济的意见》。1989年，全市核准登记注册外商和中国港澳台商投资企业7户。1990年8月，省工商局委托淮阴市工商局承办外商和中国港澳台商投资企业登记初审，并直接受理淮阴市政府批准设立的外商和中国港澳台商投资企业开业、变更、注销登记申请。1991年2月，市工商局成立外资企业登记管理科。至当年年末，全市有外商和中国港澳台商投资企业27户。

1992—1994年，淮阴市外商和中国港澳台商投资企业高速发展。全市13个县（市、区）都兴办“三资”（即在中国境内设立的中外合资企业、中外合作企业、外商独资企业）企业，部分县实现零的突破。当年新发展104户外商和中国港澳台商投资企业。同年11月1日起，市工商局正式行使外商和中国港澳台商投资企业核准登记权。1994年起，淮阴市利用外资工作由过去重视数量发展向结构、质量、效益、速度并重转变；对“三资”企业的服务与管理，由侧重改善投资环境以吸引外资，向同时重视对“三资”企业经营活动监督管理、促进企业健康发展转变，为外商和中国港澳台商投资企业发展创造良好的政策和服务环境。1995—1997年，全市注册登记401户外商和中国港澳台商投资企业。1998—2001年，淮阴市外商和中国港澳台商投资企业呈现健康稳定发展态势。2002年6月，淮安工商局制定《关于进一步解放思想大力支持淮安经济加快发展的若干意见》，应对加入世贸组织后的新形势、新要求。

2004—2007年，淮安市外商和中国港澳台商投资企业总数增多，集团企业、知名企业投资增多，投资规模不断扩大，外方出资比例持续增长。2005年，新增外商和中国港澳台商投资企业244户，总数比2004年同期（100户）增长198%。其中，分支机构209户（包含内转外11户），比2004年同期增长344.7%；法人企业89户，比2004年同期增长67.9%。投资总额、注册资本、外方认缴额分别比2004年同期增长115%、106%、74.3%，注册资本超千万元的达51户，占新发展企业数的57.3%。注册资本1000万美元以上的7户。

2008年，受国际金融危机、人民币升值、内外资所得税并轨等因素影响，新发展外商和中国港澳台商投资企业189户，比2007年下降17%；投资总额11.08亿美元，比2007年下降2%，注册资

本6.53亿美元,外方认缴额6亿美元,分别比2007年增长2%、14%。

1986—2008年淮安市外商和中国港澳台商投资企业注册登记情况表

表22-3

年份	当年新发展				历史累计			
	总户数	法人企业		分支机构	总户数	法人企业		分支机构
		户数	注册资本(万美元)	户数		户数	注册资本(万美元)	户数
1986	1	1	200.00	0	1	1	200.00	0
1987	1	1	100.00	0	2	2	300.00	0
1988	1	1	35.00	0	4	3	335.00	0
1989	4	4	1999.00	0	7	7	2334.00	0
1990	7	6	656.00	1	14	13	2990.00	1
1991	13	11	1316.92	2	27	24	4306.92	3
1992	108	104	8753.62	4	132	125	13060.54	7
1993	194	193	15589.00	1	324	316	28314.03	8
1994	114	112	6292.49	2	436	426	34516.63	10
1995	60	58	10930.00	2	472	460	42953.00	12
1996	39	30	7316.93	9	311	290	63160.00	21
1997	28	14	1059.00	14	296	271	30128.00	25
1998	29	18	1117.00	11	299	246	26530.00	53
1999	51	31	2599.00	20	261	202	27560.00	59
2000	37	22	2676.00	15	250	199	28403.00	51
2001	39	24	9400.00	15	289	220	37801.11	69
2002	59	42	7209.00	17	332	246	89673.00	86
2003	96	55	19285.00	41	428	329	108958.00	102
2004	100	53	12503.18	47	481	332	78105.00	149
2005	298	89	25872.00	209	709	349	103977.00	360
2006	216	129	69638.00	87	925	480	174239.00	445
2007	203	104	63969.00	99	1069	542	237584.00	527
2008	167	107	65261.00	60	1007	499	303209.00	508

三、私营企业和个体工商户登记

1978年年末,淮阴地区有城乡个体工商户1834户,从业人员2162人,资金73.3万元,营业额539.7万元,商品零售额占同期社会商品零售额的1.22%。至1982年,在政策上逐步放宽个体工商业从业人员的条件、经营范围。个体工商业户数逐年增加,增幅较大,但规模小。至当年年末,全地区有个体工商户22274户,从业人员24240人,注册资金428.8万元。个体工商户点多、分散、经营灵活，补充国家和集体工商企业的不足，活跃市场，方便群众。

1983年，淮阴市重点发展农副产品贩运业，敞开发展工业、手工业、修理业、服务业、饲料食品、建筑材料、个体运输业，有计划地发展烟酒百货商业。1984年，新发展个体工商户53699户，超过1978—1983年发展总和。至当年年底，全市个体工商户总户数突破10万户。

1986年，由于个体私营企业发展尚不成熟，不少个体工商户歇业。至当年年底，全市实际存在个体工商户85359户，比1985年下降17%。1989年，个体私营经济出现严重滑坡。至1991年年末，全市有个体工商户85153户，从业人员116200人。

1992年，淮阴市放手发展个体私营经济。至1995年年末，全市个体工商户达21.8万户，从业人员38.3万人，注册资金5.6亿元；私营企业2885户，从业人员18090人，注册资金4.8亿元。

1996年，行政区划调整，淮阴市辖区范围变小。同年年末，全市有个体工商户80245户，从业人员152636人，注册资金21467万元；私营企业1537户，从业人员19041人，注册资金24151万元。个体工商户和私营企业的户数、人数、注册资金总量均有大幅度增长，但行业发展极不平衡，批零贸易、餐饮业占比62.5%。

1998年，淮阴市继续推动个体私营经济发展。到1999年年末，全市有个体工商户14.2万户，比1998年增长17.5%，列全省第6位；注册资金8.8亿元，比1998年增长17.1%，列全省第10位；从业人员28.5万人，比1998年增长44.3%，列全省第4位；私营企业5643户，比1998年增长26.3%；从业人员8.1万人，比1998年增长22.4%；注册资本18.2亿元，比1998年增长61.1%；全市个体私营企业实现总产值33.82亿元，营业收入65.75亿元，社会消费品零售额40.64亿元。产业结构也有所改善，第二产业企业增加，新开业私营企业中从事工业、加工业的846户，占新开业数的57.2%。全市有157家个体私营企业注册资金超过百万元。

2000年1月1日，《中华人民共和国个人独资企业法》颁布施行。23岁下岗女工刘婧如创办淮阴市清江机电设备厂，成为个人独资企业法颁布后全市第一家注册登记的个人独资企业。

2001年后，淮安市工商局重点落实推动全民创业各项措施，提升个体、私营经济总量和经济实力。2008年下半年，受美国次贷危机影响，国内经济运行产生一些突出矛盾和问题，个体、私营企业发展阻力加大，很多企业通过减员降低成本。在面临种种困难和不利因素情况下，淮安市个体、私营经济发展平稳。至当年年底，全市有个体工商户126451户，注册资金102亿元。

1983—2008年淮安市个体工商户、私营企业注册登记情况表

表22-4

年份	个体工商户			私营企业		
	户数	从业人员（人）	注册资金（亿元）	户数	从业人员（人）	注册资金（亿元）
1983	49068	58155	0.60	—	—	—
1984	102730	129511	0.64	—	—	—
1985	102930	131817	0.78	—	—	—
1986	85359	104761	0.64	—	—	—
1987	93928	119021	0.89	—	—	—
1988	97687	125993	1.27	293	10653	0.34
1989	96562	137932	1.14	228	5696	0.34
1990	84609	120809	1.18	229	5639	0.34

续表 22-4

年份	个体工商户			私营企业		
	户数	从业人员（人）	注册资金（亿元）	户数	从业人员（人）	注册资金（亿元）
1991	85153	116200	1.10	225	5371	0.32
1992	93138	130440	1.18	229	6495	0.54
1993	138915	224237	3.16	535	11668	1.16
1994	152591	253461	2.98	1011（半年）	18090（半年）	1.90（半年）
1995	217943	382887	5.57	2885	18090	4.79
1996	80245	152636	2.15	1537	19041	2.42
1997	97189	191652	4.02	2177	31114	5.18
1998	120935	243296	6.10	4469	66001	12.30
1999	142000	285000	8.80	5643	81000	18.20
2000	150244	305755	10.42	6325	94217	23.30
2001	—	—	—	6878（半年）	102468（半年）	27.3（半年）
2002	161860	315796	12.61	8963	129771	41.12
2003	72004	101755	12.80	10179	127640	70.18
2004	88257	131865	17.56	12868	169225	103.69
2005	104155	169124	27.73	15411	261862	146.60
2006	115139	192908	36.61	17908	362043	216.67
2007	98033	170795	29.71	19438	448023	299.06
2008	126451	230832	102.04	25110	567501	420.78

说明：2001年因政区调整，没有完整数据

第二节　企业监督管理

一、内资企业监管

1982年7月起，淮阴地区工商企业实行年检报告制度，对企业开、歇、并、转、迁等进行经常性的监督管理，企业于每年年末上报《年检报告书》，由主管部门签署意见，报工商机关审核存档。

1983年，淮阴市采取企业自查、互查和抽查的办法，检查企业4280户，占企业总数的23%，其中超出经营范围的336户、违反核定经营方式的62户、伪造涂改转让执照的3户、利用营业执照从事非法经营的108户、随意变更企业名称的41户，分别给予批评和处罚。

1985年，为加强对企业登记注册资金的管理，规定凡独立核算的企业，在申请开办登记时，应填报企业登记注册资金来源证明书，并分别由有关部门签署验资证明，方可办理营业执照。1985年9月至1986年6月20日，清理整顿党政机关和党政干部所办公司（中心）。全市1703户公司（中心），清理整顿1617户，符合条件可以保留的623户，吊销营业执照的131户。

1988年10月起，清理整顿流通领域中过多、过滥、过乱的商业批发、对外贸易、物资供应和

金融性公司，以及严重违法乱纪、长期经营亏损、资不抵债的公司。审查清理全市各级各类公司1307户，保留849户。清理整顿党政机关、群众团体办公司（企业）140户。

1989—1990年，市工商局和各县（市、区）工商局对企业法人开展2次普遍监督检查。

1995—1997年，全市工商系统对无资金、无场地、无机构的"三无"企业进行清理，共清理"三无"企业1023户，吊销785户，注销357户。

2000年，淮阴市开展企业注册质量大检查，复查企业档案14386户，占全市企业档案总数的85.71%。重点检查化工、建筑、交通、煤矿、石油、烟花爆竹等行业。2001年开始，淮安市工商系统全面实施经济户口管理，以工商所（分局）监督管理为基础，以计算机网络管理为手段，对市场主体实行联动监管。

2003年，淮安市对外运河、里运河沿岸码头进行清理整顿。2004年，开展非法出入境中介机构整顿活动。2006年，开展整治排污企业保障群众健康环保专项行动。配合环保部门对67家违法排污企业进行查处，关闭取缔11家企业，责令56家企业改正违法行为。2007年，开展化学危险品企业和涉油企业专项整治，吊销21户，取缔无照经营123户。

2008年，淮安市实现经济户口基础数据全覆盖。

二、外商及中国港澳台商投资企业监管

1986年，淮阴市出现第一家外商投资企业。对外资和中国港澳台资企业的监管主要通过年度检查、日常检查和专项检查相结合开展。年度检查内容主要是投资企业出资额和生产经营、财务、税务、外汇、进出口等方面情况。

1988—1992年，淮阴市对合资企业双方出资情况进行调查，督促企业按时出资，守法经营。1993年，全市外商和中国港澳台商投资企业出资率为65.71%，外商及中国港澳台商出资率低于淮阴方出资率12.58个百分点。1994年，在年检中发现当年外商及中国港澳台商出资率仅为49.24%，有50.76%资金未到位，年度出资率低于历年累计出资率22个百分点；有的是淮阴市方面资金不足，影响外商及中国港澳台商资金到位。

1995年以后，淮阴市对外商和中国港澳台商投资企业从项目审批、登记注册到事后监督，依法加大出资监管力度。1997年，对注册资本长期不到位和注册资本到位后抽逃、双方无合作诚意的外商、中国港澳台商投资企业进行处理，注销26户，吊销28户。

1998年，外商和中国港澳台商投资企业出资率达89%，之后年份都在70%以上。2006年，新办企业实际到位资金100%。2007年，新办企业实际到位资金达应到位资金200%以上。

2008年，受全球金融危机影响，淮安市外商和中国港澳台商投资企业当年出资率有所下降，为69.15%。

三、私营企业和个体工商户监管

1978—1982年，淮阴地区个体私营经济逐步放开。

1983年，淮阴市对个体工商业经营中存在的混乱现象进行全面清理整顿，查出无证经营6706户，补办证照2566户，其余取缔；查出有证户违法违规经营2850户，全部收回证照；吊销营业执照96户，经济处罚1921户，拘留53人，逮捕法办60人。至当年年底，全市收回干部、职工家属子女营业执照1323户，占此类人员总数的44%。

1984—1986年，按照国家和省、市规定，对经营户开展日常监督管理。

1987年上半年，重点查处部分个体屠宰户偷税漏税、哄抬物价、掺杂使假、以次充好甚至将病

死猪肉充好肉卖给群众等问题。当年10月，集中开展取缔无证经营活动，查出无照商贩7034户，疏导办照4467户，取缔2567户，处理违法经营2868人次。同年，工商行政管理部门联合公安等有关部门，对康乐球行业、个体旅馆业进行整顿。

20世纪90年代，淮阴市不定期组织开展无照经营查处工作，坚持疏导与取缔相结合原则，引导一大批无照经营者办理营业执照，取缔屡教不改无照经营者。1997年，全市工商系统全面推行经济户口管理，对个体工商户和私营企业建立详细的经济户口档案。

2000年，对个体私营企业无照经营和安全生产进行专项检查。查出无照经营5553户，取缔1172户，疏导办照4381户；检查烟花爆竹生产企业4家、经营点144个，取缔非法生产窝点12个，吊销1户。2001—2002年，重点清理整顿网吧。

2003年，在全市开展"规范化管理示范街"创建活动，对获得"规范化管理示范街"称号的洪泽县高良涧人民路等14条街道进行表彰。同年，防治"非典"（非典型性肺炎）期间，全市工商系统加强对药品、食品、日常生活用品经营行为监管。当年3—4月，集中开展"取缔无照经营活动月"活动。同年7—9月，对全市服务业无照经营开展专项检查，查处无照经营14834起，疏导办照8910户，取缔5924户。

2004年，对市区"五小行业"（小食品经营及加工单位、小理发美容店、小旅店、小浴室、小歌舞厅）开展专项整治，主要查处无照经营和卫生不达标情况。

2005年，根据个体工商户信用状况，划分为A、B、C、D四个等级管理。对A类个体工商户，一般免予日常检查，在服务方面提供"绿色通道"；对B类个体工商户建立信用预警制度，在登记和验照时予以审查；对C类个体工商户加强日常巡查，办理登记和验照时重点检查；对D类个体工商户建立失信淘汰制，使个体工商户管理工作纳入信息化、正常化、正规化、系统化轨道。同年5—6月，针对抽逃注册资本、虚假出资等违法行为开展专项整治行动，重点整治房地产开发企业、担保企业和涉外劳务输出企业，检查企业166户，发现并查处抽逃注册资本行为21起，罚没款80万元。

2006年，开展"网吧百日专项整治行动"，检查网吧主体500余家，取缔黑网吧65家，没收电脑372台，罚没金额17.2万元。

2007年，淮安市继续加大对无照经营清查力度，查处无照经营户5400余户，疏导办照1900余户，取缔3500余户。同年上半年，对化工、饲料生产企业和个体工商户2005年度、2006年度检验（验照）情况进行回查。同年7月，开展打击盗窃破坏电力电信广播电视设施违法犯罪专项行动；7—9月，开展查处取缔黑网吧专项行动，取缔黑网吧53家，查封违法经营场所28处。

2008年，开展"证照管理规范年"活动。同年6—9月，在全市开展取缔黑网吧"红盾护蕾"专项执法行动，对校园周边的电子游戏机、桑拿洗浴、按摩、夜总会、卡拉OK厅、歌舞厅等进行集中整治。全市取缔黑网吧29家，没收电脑252台。

第三节　市场管理

1979年，淮阴地区工商行政管理局坚持"活而不乱，管而不死"原则，恢复被关闭的城乡集市；撤销60多个市场管理检查站，允许一些必要的贩运，扩大商品流通范围，畅通流通渠道；调整集期，把农村集市每月4集改成每月6集；把限价管理改为随行就市议价成交；经批准允许社队

图 22-1　工商部门工作人员在新开业的岳庙市场（1987 年）
市档案馆　供

在集市上开饭店、办旅社，允许磨坊、粉坊、油坊、豆腐坊在集市上购买原料和出售商品。粮油市场逐步放开，贸易逐渐活跃。

1983 年 2 月，淮阴市工商局规定上市物资和农副产品除明令不准上市的，在完成计划和合同任务后均可上市。国营工业企业在完成国家计划后的多余部分或国家不收购的产品，可以在农村集市和城市指定市场出售。允许农副产品多种经济成分、多种经营渠道经营。同年起，对进入集市交易的商品统一收取少量城乡集贸市场管理费。

1985 年，对粮食、棉花取消统购，改为合同定购，定购以外的粮食、棉花可以上市。同年，放开生猪、水产品和蔬菜价格。1987 年，市工商局进一步扩大农副产品流通，坚持放开搞活肉、禽、蛋、菜等鲜活易腐商品和国家完全放开的其他农副产品。

1989 年起，淮阴市批准集贸市场物价由工商行政管理部门统一管理。1994 年，物价上涨幅度过大，市工商局采取多项对策，有效抑制市场物价上涨势头。1995 年以后，集贸市场商品价格基本上实现市场自由定价。

1994 年 6 月，淮阴各级工商行政管理部门根据《江苏省城乡集市贸易管理条例》规定，禁止 11 类物品上市。对从事专卖、专营、特种行业商品以及其他实行国家许可证商品的交易，按照有关规定执行。除此以外，农副产品（含林、牧渔产品）、日用工业品和其他商品，均可以进入集贸市场交易。

1998 年起，在确保国家粮食储备前提下，放开粮棉市场。2003 年，淮安市工商局围绕《江苏省农副产品市场实施肉菜粮放心工程标准体系》，主要从食品安全角度，开展农副产品市场管理。2004 年以后，建立和完善检测制度，加强检测基础设施建设，促进放心农产品生产和销售。

2007 年，淮安市在所有农副产品、工业品和生产资料市场开展标准化管理，全面完善市场标准化管理体系。全市 180 个成型市场有 171 个实施市场标准化管理，实施率 95%。

2008 年起，淮安市工商局在全市开展三星级以上文明诚信市场创建。是年 9 月起，停收城乡集贸市场管理费。

第四节　经济合同管理

一、经济合同制度建设

“文化大革命”期间和之后一段时期，淮阴地区经济合同管理工作停顿。

1979 年，清江市工商局对百货、五交化、烟酒糖业、蔬菜、食品和土产 6 个公司经济合同执行情况进行调查，查阅合同 2545 份（其中 381 份合同经过有关部门鉴证），执行或部分执行的只有

1791份。是年，淮阴地区革委会批转清江市经委、市工商局、市人民银行《关于实行经济合同制、加强经济合同管理工作的报告》，在全市各系统、各行业普遍推行经济合同制。1982年，经济合同由工商部门统一管理。同年7月，《中华人民共和国经济合同法》（以下简称《经济合同法》）开始执行。1984—1986年，市工商局举办《经济合同法》培训班2135期，之后每年都举办相关培训班，普及合同法规知识。经济合同管理工作进入较为规范的时期。1999年3月，《中华人民共和国合同法》（以下简称《合同法》）颁布。2001—2008年，淮安市举办《合同法》培训班868期，共培训17688人次。

二、监督检查

（一）订约、履约

1979年8月以后，淮阴地区及各县（市）工商行政管理局依照国家有关部委文件精神，对合同订立、履行原则、程序及监督检查作出规定。1985年11月，开展全市经济合同大检查，检查7580户企业、42587份合同，帮助498个合同管理比较混乱的企业制定合同管理制度。1986年年初，对全市3537个国营、集体企业，6440个乡镇企业的经济合同进行检查，查看合同138204份。同年4月，市工商局规定使用统一经济合同表式。

1990年年末，市工商局组织对18960份合同履行情况进行检查，其中全部履行16588份，部分履行563份、未履行1809份。

1996年9月，淮阴各级工商部门加强对商品房销售合同和建设工程承包合同监管。2001年，《江苏省合同监督管理办法》颁布施行，市工商局据此开展指导、监督和检查，提高合同履约率。

2003年，市工商局支持农村产业结构调整，进一步完善和加强订单农业合同监管。2004年，全面推行格式合同。当年年底，市工商局抽检合同1878份。

2005—2008年，淮安市全面推行食品放心工程责任合同、蔬菜买卖合同、超市（商场）采购合同，维护人民群众健康安全。

（二）鉴证

1981年，根据省政府规定，淮阴地区及各县（市）工商行政管理部门对谋划收购的工业合同、商业部门经济业务合同、农副产品收购合同、市区蔬菜收购合同和异地购销合同等实行鉴证。当年鉴证合同819份。1982年、1983年分别鉴证合同11627份和10088份。1984年，鉴证合同突破10万份，达124141份。1985年8月13日，国务院颁布《关于经济合同鉴证的暂行规定》。1986年、1987年，分别鉴证合同102906份和121955份。

1998年以后，淮阴市工商部门合同签证工作按照新的《合同鉴证办法》执行。2001年后，淮安市工商部门执行《江苏省合同监督管理办法》。2003年开始，工商部门停止合同鉴证工作。

（三）违法行为查处

1983年，淮阴市通过监督大检查，确认无效合同139份；查处违法经济合同8份，总值63万元。1984年，查处违法经济合同5份，金额195万元。1985年11月，全市开展经济合同大检查，确认120份无效合同；查处违法合同17份，金额528.5万元。1987年9月，开展《经济合同法》执行情况大检查，重点检查合同鉴证、仲裁和对确认无效合同进行复查，查处31份，金额1891万元。

2001年开始，淮安市工商局全面开展“反欺诈、讲诚信”专项整治行动，整顿和规范市场经济秩序。对利用合同危害国家利益和社会公共利益的违法行为组织调查，采取惩治措施。2003年，全市出动执法人员697人次，检查2063户企业。督促、规范300户企业使用示范合同文本，督促中介服务机构经纪人办理经纪执业证书515份，对56户企业下达责令整改通知书，处罚121户，罚没款24万元，为企业挽回经济损失26.3万元。

2004年5—10月，市工商部门对房地产销售、房产中介服务、农业、加工承揽业务等合同中的欺诈行为进行全面集中整治。

2005年，淮安市针对群众密切关心的商品房、旅游和劳务输出三大行业的合同进行专项检查，重点是格式条款、霸王合同和合同欺诈行为。检查企业323户，检查合同6987份，查出合同不规范的企业123户，下达限期整改通知书52户，处罚11户。2008年，对一批房地产开发商签订“霸王条款”的典型案例进行曝光。

三、纠纷调解、仲裁

1980年，淮阴地区及各县（市）工商局成立经济合同纠纷仲裁小组，实行二级仲裁制度。1982年5月，工商行政管理部门扩大合同管理分工范围，对不同部门间合同纠纷进行调解仲裁。1983年，全市工商行政管理机关共受理经济合同纠纷108起，调解74起，仲裁2起。

1984年，市工商局成立经济合同仲裁委员会，各县（区）工商局经济合同仲裁委员会相继成立。当年受理纠纷140起，调解97起，仲裁8起，帮助企业追回货款313万元。1985年，各基层工商所受县级经济合同仲裁委员会委托，调解简单的、争议金额较少的案件，当年调解72起，占调解总数的37.1%。

1989年，全市设立仲裁庭41个。至1993年《中华人民共和国经济合同法》修改前，全市共仲裁经济合同纠纷案件16530起。

1994年以后，工商部门不再受理仲裁案件，但依然行使调解职能。1995年9月1日起，施行《中华人民共和国仲裁法》。2003年，全市调解合同争议28起，解决争议金额27万元。此后工商部门逐渐不再行使调解职能。

四、企业信用建设

1985年起，淮阴市开展“重合同守信用”企业评比活动，推动企业信用建设。全市有94家企业被评为“重合同守信用”单位，由省政府颁发荣誉证书。

1986年，全市评出“重合同守信用”企业216家，1987年评出302家。至1991年年末，全市共审批622家企业为“重合同守信用”企业。

1995年11月，省工商局发布《江苏省重合同守信用企业确认办法》。自1996年起，每2年确认一批省级“重合同守信用企业”，每2年对日常工作中确认的“重合同守信用企业”检查验收1次。

2003年，全市工商部门推动建立企业信用征信制度，工商、银行、国税、地税、公安、法院、质监、商检、海关等部门信用共享。全年收集信用资料1万余份，逐步建立起企业信用体系。

2004年，根据企业信用分类标准，按照企业经营行为区分不同类型，对企业进行信用等级划分，实施四类监督管理：一类为免检企业，二类为一般监管企业，三类为重点监管企业，四类为专项监督检查企业。

2007年，对辖区内481户市级“重合同、守信用”单位进行年度复查，撤销72家企业该项荣誉称号。

2008年，淮安市工商部门加大信用信息披露力度，主动公布基本登记信息、正面信息和典型违法案例，向政府提供登记信息、处罚信息、奖励信息，提供公众查阅、查询信息的渠道。对有不良记录的市场主体，工商部门不授予其任何荣誉，并对其实施重点监管，限制其一些登记行为。

第五节　商标管理

一、注册管理

1979年11月，淮阴地区恢复商标统一注册、分级管理。至当年年底，全地区有注册商标365件。

1981年，全地区对过去经地区注册的混同商标进行清理。到1982年年末，全地区有注册商标429件。1983年，《中华人民共和国商标法》实施，变全面注册为自愿注册。1987年，全市有注册商标937件。1988年，淮阴工商部门改善服务，主动到企业宣传动员商标注册。至1989年年末，全市有注册商标1082件。

1992年，淮阴市商标事务所成立，有关商标业务由商标事务所全面代理，市（县）工商局不再受理商标核转、查询、诉讼代理等业务。1994年，国家工商局颁发《集体商标、证明商标注册和管理办法》，淮阴市照此执行。

2001年修改的《中华人民共和国商标法》和2002年颁布的《商标法实施条例》中增加自然人可以申请商标注册的条款。2002—2003年，市工商局2次对全市企业商标注册和使用情况进行调查登记，建立企业商标档案3000多份。至2004年年末，全市注册商标总数3200件。同年12月，"盱眙龙虾"地理标志证明商标由国家工商总局核准注册，这是全国首例活体动物类证明商标。

2005年，淮安市引导企业将有一定生产规模和市场潜力的商品及时申请商标注册，扶持原产地特征较为明显的"名、特、优、新"农副产品申请商品商标、证明商标、集体商标注册，引导新兴服务企业和老字号企业注册服务商标，鼓励自然人申请商标注册，引导出口创汇产品申请商标国际注册。全市农副产品商标注册数达到275件，占全部新申请商标注册数的39%。

2006年，全市新申请注册商标685件，其中农副产品商标200件。同年11月，由江苏爱特福药物保健品有限公司申请的"飞毛腿"商标被认定为"中国驰名商标"，实现淮安驰名商标认定史上零的突破。

2007年8月，由淮安市优质稻米协会申请注册的"淮安大米""淮安大米未加工的稻"被国家工商局核准注册为地理标志证明商标。同年9月，江苏今世缘酒业有限公司"今世缘"商标和江苏康乃馨织造有限公司"康尔馨"商标被认定为"中国驰名商标"。

2008年，全市新申请注册商标746件，其中境外注册14件。同年7月，由江苏淮阴辉煌太阳能公司申请的"辉煌"商标被司法认定为"中国驰名商标"。

至2008年年末，全市拥有有效注册商标6100件。有"中国驰名商标"4件，分别为"飞毛腿""今世缘""康尔馨""辉煌"，有"江苏省著名商标"53件。

2008年淮安市江苏省著名商标情况表

表22-5

商标	企业名称	年份	县区
东方草	江苏清江药业有限公司	2007	清河区
金象	江苏金象减速机有限公司	2008	

续表22-5

商标	企业名称	年份	县区
博士	江苏淮安博士眼镜有限公司	2008	清河区
一品梅	江苏中烟工业公司淮阴卷烟厂	2007	清浦区
淮钢	江苏沙钢集团淮钢特钢有限公司	2007	
图形	江苏安邦电化有限公司	2008	
正兴	江苏正兴建设机械有限公司	2007	淮安经济开发区
淮信	淮安市淮胜电缆厂	2007	
淮大	淮阴正大公司	2008	
辉煌	江苏淮阴辉煌太阳能公司	2007	淮阴区
古楚	淮安市古楚酱醋厂	2007	
老侯	淮安市老侯珍禽养生食品有限公司	2007	
新象	江苏省淮安新丰面粉有限公司	2008	
白玫	江苏白玫糖业有限公司	2008	
民康	江苏民康油脂有限公司	2008	
老俞	淮安市幸福食品有限公司	2008	
苏粤	淮安苏粤食品加工厂有限公司	2008	
古顺河	江苏古顺河酒业有限公司	2007	楚州区
圣玉	淮安市圣玉米业有限公司	2007	
惠民	淮安市惠民汽车配件制造有限公司	2008	
康尔馨	江苏康乃馨织造有限公司	2008	
图形	淮安市八方电缆厂	2008	
铁牛	洪泽建材机械有限公司	2007	洪泽县
爱吉斯海珠	江苏爱吉斯海珠机械有限公司	2008	
九牛	江苏九牛水泥有限责任公司	2008	
洪泰	江苏华龙无纺布有限公司	2008	
联环	江苏红光仪表厂	2007	金湖县
JH	江苏金湖输油泵有限公司	2007	
精华	江苏曙东粮油食品有限公司	2007	
爱特福	江苏爱特福药物保健品有限公司	2007	
84	江苏爱特福药物保健品有限公司	2007	
金卫灿	金湖县卫生巾设备厂	2007	
金莲	江苏金莲纸业有限公司	2007	
JMP	金湖石油机械有限公司	2007	
84爱特福	江苏爱特福药物保健品有限公司	2008	
岛田	江苏岛田粮油食品有限公司	2008	

续表 22-5

商标	企业名称	年份	县区
CEL	江苏赛尔电池有限公司	2008	金湖县
高沟	江苏今世缘酒业有限公司	2007	涟水县
今世缘	江苏今世缘酒业有限公司	2007	
三金	涟水磷肥有限公司	2007	
苏美	淮安市华茂食品有限公司	2007	
涟药	江苏涟水制药有限公司	2008	
国缘	江苏今世缘酒业有限公司	2008	
大志	淮安市永顺德肉联厂	2008	
双合	江苏淮河化工有限公司	2007	盱眙县
桂花	国营江苏盱眙县桂花麻油厂	2007	
鹏	盱眙县鹏胜采石有限公司	2007	
桓远	盱眙县桓远染化有限公司	2007	
金康达	淮安市康达饲料有限公司	2008	
福标	江苏日高蜂产品有限公司	2008	
百思特	淮安市康达饲料有限公司	2008	
三森	盱眙县三森冷冻厂	2008	
三舒	江苏省三河农场	2008	

二、侵权案件查处

20世纪80年代，淮阴市场上自行车、名牌酒和名牌化妆品假冒现象较多，特别是假冒洋河名酒商标标识情况非常严重。1985年，市工商部门加大查处力度，全市查处商标侵权和假冒案件70起，查处冒牌酒1.66万箱、商标标识274万张，冒牌自行车1464辆、商标标识11万多套，假冒化妆品袋和袋装化妆品2851万只，假冒味精28万袋，冒牌卷烟5000余条，假磁带6000余盒，冒牌电视机95台。

1986—1987年，重点清理整顿酒类商标，打击假冒商标和伪造、倒卖冒牌名酒。至1987年年末，全市共查处商标案件428起。

1989—1995年，淮阴市2次组织开展市场专项治理。针对地产名酒较多的情况，重点打击制售假冒名优酒等违法现象。1995年，查获假冒酒25143瓶，收缴大批假冒包装箱（盒）和商标。1996年，市工商局查处全市首例商标侵权案，责令商标侵权单位淮阴市参煌洋酒酿造有限公司对被侵权的江苏洋河酒厂作赔偿。

1999年8月以后，工商部门贯彻施行《江苏省著名商标认定和保护办法》。

2000年，淮阴市查处假冒“一剪梅”“84”“今世缘”“高沟”“恒河”等市内名牌商标，假冒“茅台”等外省、市名牌商标以及假冒“耐克”“阿迪达斯”“雅马哈”“高露洁”等国内外知名商标案件180余起。协助江苏金莲纸业有限公司、一剪梅集团等企业到扬州、无锡、山东、河北等地打假36次，查处一批侵权假冒案件，为企业实施名牌战略营造公平竞争环境。

2002年3月，淮安市工商局在全市开展针对摩托车及配件市场、食品市场、服装市场、集贸市场以及商标印制行业的一系列专项整治执法行动。

2003年，帮助江苏今世缘酒业有限公司向盐城、泰州、宁波、萧山、辽宁等地工商部门投诉，查处仿冒“今世缘”白酒案件。同年，还对侵犯淮阴卷烟厂“一品梅”注册商标专用权的“一枝梅”“金一品”卷烟仿冒行为，对侵犯淮安古顺河酒业有限公司“花好月圆”白酒注册商标专用权的“好月圆”“月圆”仿冒行为进行查处。同年，淮安市工商局与市内知名企业联手打假，查处“洪泽湖”“博里羊肉”“钦工肉圆”等农副产品商标侵权案件77件，没收商标标识1.6万只，还先后在南京、无锡等地制止和纠正30余家餐馆侵犯“盱眙龙虾”证明商标专用权行为。

2004年8—12月，分3个阶段开展保护商标专用权集中整治行动。第一阶段查处食品、药品、营养品、服装等商品商标侵权案件和涉外商标侵权案件；第二阶段查处侵犯驰名、著名商标专用权和侵犯证明商标、集体商标专用权行为；第三阶段查处违法印制商标标识行为。

2005年，开展4次保护知识产权专项行动。重点查处食品、服装、鞋帽等商品商标侵权行为，涉农、涉外商标侵权行为，以他人驰名商标作为自己企业名称中的字号登记、使用行为，给他人驰名商标权益造成损害的不正当竞争行为，侵犯农产品商标和地理标志商标的违法行为。

2007年，开展商标保护专项整治行动和保护奥林匹克标志宣传和专项检查行动。同年，淮安市工商局还将55件淮安市驰名商标、主要著名商标和知名商标在网络上进行保护。

2008年，淮安市工商局按照省工商局商标执法四季行动统一部署，开展以“农资、食品、驰名、本地品牌”为主题的专项整治行动。

三、涉外和涉中国港澳台地区商标管理

1989年10月4日，中国成为商标国际注册马德里协定成员国。淮安市商标注册企业向美国、日本、欧盟、韩国等国家以及中国台湾、中国香港、中国澳门地区申请商标注册的不断增多，有江苏康乃馨织造有限公司在日本注册的“康尔馨”商标，江苏今世缘酒业有限公司在中国台湾注册的“今生缘”“今世缘”商标等。至2008年年末，淮安市共有涉外和涉中国港澳台地区注册商标28件，其中注册8件、已申请20件。

2000年4月、2002年3月、2005年1—10月、2007年5月，淮安市工商系统先后查处一批侵犯“耐克”“阿迪达斯”“雅马哈”“鳄鱼”“梦特娇”等涉外和涉中国港澳台地区商标专用权案件，保护在淮安市的涉外和涉中国港澳台地区企业商标专用权。

2008年淮安市在国外和中国港澳台地区商标情况表

表22-6

注册人	商标	注册国家及地区	备注
江苏今世缘酒业有限公司	今生缘	中国台湾	已注册，共2件
江苏今世缘酒业有限公司	今世缘	中国台湾	已注册，共2件
江苏今世缘酒业有限公司	今生缘	中国香港	已申请，共2件
江苏今世缘酒业有限公司	今世缘	中国香港	已申请，共2件
淮安市康达饲料有限公司	金康达	白俄罗斯	已申请
淮安市康达饲料有限公司	金康达	朝鲜	已申请
淮安市康达饲料有限公司	金康达	哈萨克斯坦	已申请
淮安市康达饲料有限公司	金康达	蒙古	已申请

续表22-6

注册人	商标	注册国家及地区	备注
淮安市康达饲料有限公司	金康达	塔吉克斯坦	已申请
淮安市康达饲料有限公司	金康达	越南	已申请
淮安市康达饲料有限公司	金康达	伊朗	已申请
淮安市康达饲料有限公司	金康达	日本	已申请
淮安市康达饲料有限公司	金康达	新加坡	已申请
淮安市康达饲料有限公司	金康达	韩国	已申请
淮安市康达饲料有限公司	金康达	美国	已申请
淮安市康达饲料有限公司	金康达	中国香港	已申请
淮安市康达饲料有限公司	金康达	中国澳门	已申请
淮安市康达饲料有限公司	金康达	中国台湾	已申请
中国江苏康乃馨织造有限公司	图形商标	日本	已注册
中国江苏康乃馨织造有限公司	康尔馨	日本	已注册
江苏金石机械集团有限公司	JMP	美国	已注册
江苏理士电池有限公司	LEOCH及图	印尼	已注册
江苏理士电池有限公司	LEOCH及图	欧盟	已公告
江苏理士电池有限公司	LEOCH	欧盟	已公告

四、未注册商标管理

1983年,《中华人民共和国商标法》实施后,淮阴市工商企业采取自愿注册原则,但国家规定必须使用注册商标的商品,则须申请商标注册后方可使用,未经核准注册的,其商品不得在市场上销售。

1985年9月,淮阴市工商局印发《关于使用未注册商标的商品要标明企业名称或地址的通知》。同年10月,又下达补充通知,对未注册商标的使用作出规定。

至2008年,对于使用未注册商标的商品,工商部门要求必须标明该商品的企业名称和地址,对国家规定必须使用注册商标的商品商标注册情况及时进行检查。

第六节　广告管理

一、经营者管理

1982年5月1日起,淮阴地区工商部门对有经营广告业务的单位,实行申请登记领取广告经营许可证制度。至1983年年末,淮阴市核准登记兼营广告单位6户,其中报社1户、有线广播站5户,从业人员30名,年营业总额9973元。

1986年,市工商局对全市广告宣传、广告经营进行整顿,取缔非法经营广告业务的4家广播站和1家个体户。经过整顿,全市19个广告经营单位建立审查登记制度。

1987年年初，允许具备一定经营能力的单位和个体户经营广告业务，支持广告经营单位横向联合，向外省市传播淮阴市市场商品信息；允许报纸扩大广告版面，鼓励乡镇企业和个体工商户利用广告宣传自己的产品。至1987年年末，全市有广告经营单位27户，从业人员640人，广告营业额达149.89万元。

1987年起，淮阴市对广告经营单位实施年度检查制度。1993年广告年检中，广告经营单位符合条件76户，限期整改后达标7户，取消广告经营资格21户。1995年年检中，符合条件74户，限期改正28户，取消广告经营资格32户。1996年起，在广告经营单位设立广告审查员。至1997年年末，全市有广告经营单位110户，广告从业人员1311人，广告营业额9189万元。

1999年，结合启用新版广告经营许可证，对辖区内广告经营单位资格进行全面检查。至当年年底，全市有广告经营单位145户，广告营业额14225万元。

2001年，广告经营单位资格检查增加日常检查。2004年后，市、县工商部门根据国家工商总局发布的《广告经营许可证管理办法》，规范广告经营审批登记事务。2006年起，省工商局收回烟草广告审批权限。

2008年，淮安市工商局登记注册广告经营单位187户，其中专业广告公司180户，报纸、电视台、电台等大众媒介7户，广告从业人员4642人，广告营业额9.6亿元。

二、内容管理

1979年以后，淮阴市广告渐多，广告宣传中的问题也随之显现。1985年5月，市工商局对广告内容提出明确要求，严禁弄虚作假、吹嘘夸大、蒙骗群众。1986年，重点清理虚假广告、崇洋媚外广告以及违反政策法令，有诽谤性宣传，有反动迷信、丑恶内容的广告，当年清理14311件。

1988年，根据国家工商局《广告管理条例施行细则》，对烟酒和农药广告进行特殊管理。1990年，对烟酒、药品、农药、医疗器械、食品、化妆品、家用电器以及行医招工、致富信息、展览（订货、交易）会、赞助等与群众消费、健康、安全密切相关的广告发布提出具体要求。1992年，执行国家工商局、卫生部颁布的《药品广告管理办法》。

1994年年底，淮阴市组织学习、宣传和实施《中华人民共和国广告法》。此后，每年都开展宣传和培训。1998年起，对店堂广告加强管理，并对广告开展监测。1999年，要求各新闻媒体在进行医疗广告宣传时按照格式化要求发布。

2000年，淮阴市暂停性传播疾病及与性病有关广告宣传。加强保健食品广告监督管理，要求严格按照卫生部门核发的保健食品证书中保健项目进行宣传，不得超出和扩大。2002年和2003年，加强和改进医疗卫生广告宣传管理。2005年9月起，淮安市工商局参加全省广告集中监测，并建立全市广告集中监测制度。2007年，学习宣传贯彻《药品广告审查发布标准》《药品广告审查办法》和《医疗广告管理办法》。2008年，重点开展奥运广告管理，规范奥运广告市场环境。

三、户外广告管理

20世纪80年代初，淮阴市户外广告多为招贴广告，内容复杂。1985年，市工商局印发《关于加强张贴广告管理的通告》。规定凡是张贴广告必须贴入广告栏内，严禁在街头、墙壁、电线杆、树干和其他建筑物上任意张贴和涂绘广告。凡是推销商品或者提供收取费用的劳务、服务的经济广告和影剧、球讯、展销会等广告，需经审批，缴纳登记管理费后方可贴入广告栏。

1986年，淮阴市印发《关于加强户外广告管理的意见》。此后，各地主要通过建设广告栏来规范户外广告。1990年，全市组织户外广告检查992次，查处违法违章广告1254处，铲除乱张贴广告38729张，罚款7221元。1992年起，拓宽思路，开辟护栏广告、路灯广告、名片广告、电子显示广告。

1995年4月，印发《淮阴市户外广告管理暂行办法》，规范管理户外广告。至1998年年末，全市登记户外广告3693份，广告位1万余个。1999年，印发《淮阴市户外广告管理实施办法》。2002年，印发《淮安市户外广告和标志管理办法》，加强户外广告管理。

2006年，淮安市根据创建全国卫生城市要求，对清河、清浦、淮阴、楚州4个区户外烟草广告进行6次专项检查。2008年，围绕“争创文明城市，美化亮化淮海路等主干道，提升城市新形象”要求，对市区淮海路（黄河桥至水门桥）上楼顶楼身、公交站台、车身等媒体上发布的户外广告进行检查和整顿。

四、专项治理整顿

1986年4月，全市清理违法、违规广告14311件。1987年8月22日，市工商局明确10种禁止发布的广告内容，广告经营单位不得设计、制作和发布。1988年8—10月，重点查处广告经营者和广告客户发布的虚假广告、无证经营广告、证明不全或无证明广告。1989年，根据国家工商局要求，对广告经营秩序进行一次清理整顿。

1995年10月，根据省工商局统一部署，全市工商系统开展以打击虚假违法广告为主的专项整治。1996年7月，对市区一些损害国家利益，违背社会公德，不符合民族、宗教习俗及格调低下的路旁牌匾广告进行清理整顿。1998年8月，针对印刷品广告违法违章现象比较突出的情况，根据省工商局统一部署，对印刷品广告进行一次重点检查。

1999年1月、2月、5月，淮阴市先后对药品、保健药品、保健食品广告主要散发地的药店、商场、医院、居民小区、车站等处集中检查。当年5月，对医疗广告发布内容格式执行情况进行一次专项检查。同年8月，对各媒体药品广告以及把保健食品宣传为药品的广告进行专项检查。同年9月15—30日，对县（市、区）以及乡镇广告市场进行专项执法检查。

2000年，淮阴市分两个阶段对媒体广告进行集中清理整治。2001年1月，开展广告巡查月活动，重点巡查药品、保健品、房地产、出境旅游、义诊会诊医疗活动等印刷品广告、店堂广告。2002年3—5月，淮安市工商局对全市虚假违法医疗、药品广告进行集中整治行动。2004年，对虚假和欺骗误导消费者的医疗、药品、保健食品广告进行一次专项检查。2005年，对虚假违法药品、医疗、保健食品、农产品、农资产品、旅游、房地产等虚假违法广告进行专项整治。2006年9月，对违法药品、保健食品广告进行专项整治。

2008年，淮安市多部门协作，对网络性药品和性医疗违法广告进行检查和整治。同年，开展奥林匹克专用权保护专项整治行动。

第七节　经济监督检查和取缔非法传销

一、经济监督检查

20世纪70年代末，淮阴地区在经济监督方面主要打击投机倒把行为。1979年，全地区查处投机倒把违法案件5654件，罚没金额13.26万元，查处投机倒把大案41件。清江市查处投机违法案件24件，违反市场管理案件1213件，罚没金额3247.48元。

20世纪80年代，重点打击投机倒把、假冒商标侵权案件。同时坚持“打防并重，以防为主，综合治理”原则，对经济活动中出现的新情况、新问题、新动向进行分析研究。

1984年，投机倒把发案率明显下降，全市查处投机倒把案件114件，罚没金额40.32万元。1986年，市工商局成立经济监察大队。1988年，经济监察大队更名为经济监督检查大队。重点查处国营、集体单位，特别是垄断性行业转手倒卖重要生产资料和紧俏耐用消费品，中间盘剥、哄抬物价等行为，制止转手倒卖国家禁止的22种商品。当年2月24日，全市工商行政管理局长会议决定将整治市场秩序的重点转入垄断性行业，特别是烟草专卖行业。突出检查进口、沪产、云贵产香烟。当年查处假烟20370.8条，另外查处钢材104.83吨、汽车55辆、柴油171.36吨、蚕茧3980公斤等。

1989年3月，设立市工商局检查站。为贯彻国务院、省政府关于严厉打击在商品中掺杂使假活动通知精神，淮阴市派出检查组对全市进行检查。同年2月，开展打击倒汇套汇违法活动专项整治。1990年，开展以“打假”为主要内容的清理整顿工作，把办案重点放在加强对物资、供销、商业、协会等部门、行业下属机构的监督检查。1991年2月，组织打击倒卖、走私野生动物行动。同年8月，组织检查走私烟行动。1992年4月，开展查处制售假冒劣质重要农业生产资料专项斗争。

1994年，查处广东省廉江县廉江药材商行倒卖日产“丰田”面包车案件，查处浙江省义乌市黄某倒卖3辆韩国产“现代”牌轿车案件。与烟草部门合作加强卷烟市场整顿，查获走私烟7000余条。同年8月，开展反不正当竞争法执法检查。1995年，调整公平交易执法工作，加大企业、市场、合同、外资、个体等方面管理力度，从查处一般违法违章行为延伸到查处不正当竞争行为上，从单一行政处罚延伸到行政执法、立法机关和新闻舆论相互配合上。1996年，洪泽县工商局捣毁制售假冒“金城铃木”摩托车窝点，案值50余万元。

图 22-2 板闸工商所工作人员开展中秋市场检查（1995年）
市档案馆 供

1997年，淮阴市成立经济监督检查支队。开展对重点地区、重点商品打假整治活动。当年2月28日，在清浦区武墩食品厂和淮海菜场某门市捣毁假冒“阿毛”牌汤圆窝点2处，查获生产线1条。同年6月，与淮阴县经检大队联手查封仿冒“南方”牌黑芝麻糊530箱，案值7万元。同年8月，配合文化等部门对文化市场进行检查，查获侵权盗版物2000余份。同年9月，查获假冒“王子”牌啤酒、“今世缘”牌白酒10余吨，案值20余万元。

1998年，设立淮阴市工商行政管理局公平交易局，与市经济监督检查支队合署办公。公平交易局主要负责组织开展专项整治行动及执法办案指导工作，经检支队主要负责具体案件查处。

1999年，全市组织节日市场、酒类市场、农资市场、粮食市场、进口商品及进口原材料、劳务市场及职业介绍所、夏季饮料、虚假广告宣传、音像制品及文化市场等10多次专项检查和专项治理。全年查处经济违法违章案件2405件，罚没金额657万元。其中，不正当竞争案件36件，罚没款86万元；取缔制假窝点102个。查获主要违法物资有冒牌酒67325瓶、食品饮料1740箱、化肥

1288吨、种子6.3万公斤、农药91.8吨、音像制品1983张（盘）、自行车52辆、烹调油981箱、劣质柴油169吨、灶具958台、摩托车45辆、棉花4.1万公斤、侵权商标标识100万余套。

2000年，执法办案工作实现许多根本性转变。查案依据从《投机倒把行为处罚暂行条例》转到《中华人民共和国反不正当竞争法》《中华人民共和国产品质量法》《中华人民共和国消费者权益保护法》等；案件主体从个体工商户一般企业向公用企事业单位和依法具有独立地位经营者的新型案件转变。违法案件主要由商业贿赂、虚假宣传及商标侵权等案件组成。2001年，全市开展取缔报废汽车回收拆解市场“红盾闪光”执法行动，开展房地产市场、保险市场、农资市场、公用企业限制竞争行为4次专项整治检查。查处各类经济违法案件6217件，总案值超过4000万元。

2003年，防治“非典”期间，淮安市加大对医药、消毒卫生市场的检查力度。严厉打击利用防治“非典”名义从事制、售假冒伪劣商品、虚假宣传等违法经营活动。当年4月25日至5月底，全系统出动检查人员2300余人次，检查经营单位2600户，责令整改150户，立案查处违法违章案件41件，查获假冒口罩3.3万个、假冒“84”爱特福消毒液3220瓶、劣质中药材55公斤、冒牌白醋4500瓶、不卫生纱布200包、过氧乙酸等化学危险品3810瓶。

2003—2008年，全市开展“红盾护农”“反侵权、反仿冒、反误导”等一系列专项执法行动，开展房地产市场和食品市场整顿，查办商业贿赂案件。2008年，全系统查办一般程序案件2353件，案值近5000万元，罚没款入库1559.8万元。其中，查处不正当竞争案件113件，罚没款入库169.5万元；查处假冒伪劣商品案件664件，罚没款入库490万元；查处商标侵权案件207件，罚没款181万元。

图22-3　工商执法人员检查问题奶粉（2008年）

市工商局　供

二、取缔非法传销

20世纪90年代中期，传销营销方式流传到淮阴市。非法传销和变相传销严重扰乱社会正常经济秩序，严重危害社会稳定，对商业诚信体系和社会伦理道德体系造成巨大破坏。1997年起，根据国家和省工商部门文件，淮阴市对经批准从事传销企业重新审核，对未经批准从事传销的严厉打击。1999年，全市取缔非法传销24次，没收传销产品价值108万元。

2000年4—6月，开展查禁非法传销专项斗争。驱散非法传销人员集会和上课6次，遣散非法传销人员2500余人。2004年，市工商局成立打击非法传销和变相传销领导小组，在市区取缔10多个传销窝点。2005年，出动执法人员近3000人次，分成96个行动小组，取缔出租屋内传销窝点，遣散传销人员1600余人。2006年，联合公安机关开展4次取缔行动，捣毁传销窝点200余个，驱散遣返传销人员近5000人。

2007年5月，在解救传销受骗者行动中，发生数十名传销分子围攻工商局执法人员，并企图暴力冲击行政执法机关、抢走受骗者事件，淮安市依法、合理进行处置。同年7月，组织开展“打击非法传销暴风行动”，摧毁传销窝点127个，教育遣返传销人员1700余人，抓捕涉嫌犯罪4人。2007年，开始搭建教育疏导平台，对传销人员进行教育、宣传、培训、疏导。全市张贴反传销宣传画900张。

2008年2月，淮安市开展打击非法传销“暴风”“围猎”2次行动，取缔173个非法传销窝点，驱散人员2039人，解救被骗参与传销人员26人，抓获传销头目28人。

第八节　消费者权益保护

1986年12月，淮阴市消费者协会成立，主要对商品质量和服务质量及价格进行社会监督，维护消费者合法权益。所辖13个县（市、区）均相继成立消费者协会。1987年，受理投诉案件170件，办结153件，挽回经济损失3.5万元。

1997年年末，市工商局消费者权益保护科成立，主要负责接待消费者来访，受理消费者投诉，处理消费纠纷。

2000年3月9日，淮阴市“12315”消费者投诉举报管理中心成立。同年10月，全市建立“12315”消费者投诉举报网络，在8个县（市、区）成立“12315”消费者投诉举报中心，在92个基层工商所设立“12315”消费者投诉举报站，开通“12315”投诉专用电话，形成市、县（市、区）投诉举报网络。

2003年2月，淮安市工商局消费者权益保护处成立，随后各直属局、分局消费者权益保护科（股）也相继成立。遍布城乡、覆盖全市的消费者权益保护网络日臻完善，形成社会监督与行政监管双管齐下格局。

2008年，淮安市消费者协会建立分会55个、乡镇（行政村、社区）投诉站1403个、企业监督站106个，基本实现纵向到城乡社区、行政村，横向到商场（超市）、商品交易市场和服务性企业全覆盖。当年受理投诉案件1457件，办结1404件，挽回经济损失228万元。

1987—2008年淮安市消费者协会受理、办理投诉情况表

表22-7

年份	受理投诉（件）	当年办结（件）	挽回经济损失（万元）
1987	170	153	3.5
1988	380	364	12.6
1989	960	932	18.2
1990	1060	1032	19.3
1991	1960	1932	21.8
1992	2152	2133	36.9
1993	3252	3212	43.2
1994	4723	4698	148.0
1995	5168	5148	150.1
1996	3170	3159	87.4
1997	2504	2476	71.2
1998	3130	3129	63.0

续表 22-7

年份	受理投诉（件）	当年办结（件）	挽回经济损失（万元）
1999	3250	3210	53.0
2000	1268	1257	50.0
2001	2810	2799	73.0
2002	2509	2489	61.0
2003	2346	2312	293.8
2004	5066	5026	260.4
2005	4953	4858	367.2
2006	3749	3596	295.9
2007	2845	2732	293.8
2008	1457	1404	228.0

第三章　价格管理

1978年，淮阴地区物价工作由地区革委会计划委员会综合科负责，各县物价工作由县计委物价科负责。1980年2月，地区供销社系统经营的商品价格除保留18种仍由地区统一管理外，其余36种下放由各地管理。同年9月，恢复淮阴地区物价委员会。1981年3月，淮阴地区物价委员会下设农价科、工价科。1983年3月，撤销淮阴地区物价委员会，成立淮阴市物价局，为市政府组成部门，下设综合科、工价科、农价科，人员编制18人。1987年起，各县（区）相继撤销物价委员会，成立物价局。1997年，淮阴市政府批准市物价局为市政府工作机构，核定行政编制20人，内设办公室、综合调控科、农产品价格科、工业产品价格科、房地产价格科、收费管理科。2001年，全市机构改革，核定市物价局行政编制18人、行政附属编制3人。内设办公室、综合调控处（挂"政策法规处"牌子）、工农业产品价格处、收费管理处、服务价格处（挂"房地产价格处"牌子）5个科级职能处室，下辖淮安市物价局检查分局、淮安市物价局成本调查监审分局、淮安市价格认证中心、淮安市价格监测中心、淮安市物价局经济开发区分局5个单位。各县（区）物价局在机构改革中均予以保留。至2008年，机构、编制无大变动。

第一节　价格总水平

中共十一届三中全会后，根据经济体制改革需要，国家对不合理的价格体系和物价管理体制进行调整和改革，市场物价起伏较大。

1978—1986年，淮阴市价格总水平出现两轮涨跌起伏，即1979—1983年和1984—1986

年。1980年和1985年，全市商品零售价格总指数涨幅分别为4.8%、6.2%，全市居民消费价格总指数涨幅分别为4.6%和6.4%，出现两次高峰值。1983年和1986年，全市商品零售价格总指数涨幅分别为0.1%、7%，全市居民消费价格总指数涨幅分别为0.4%和6.7%，出现两次低值。8年中，全市商品零售价格总指数涨幅平均为3.28%，全市居民消费价格总指数涨幅平均为3.13%，除1980年和1985年涨幅高于平均线外，其余6年都在平均线以下运行。后一轮涨速比前一轮加快。1979—1983年，全市商品零售价格总指数年均上涨1.7%，全市居民消费价格总指数年均上涨1.88%。1984—1986年，这两项指标分别达到6.4%和6.5%。1980年商品涨价面比较窄，主要集中在水产品、蔬菜上。1985年涨价项目扩展到粮食、油脂、鲜果、文娱、学杂保育、修理、医疗保健等部分服务项目。随着价格改革不断深化，副食品、烟酒以及部分能源、工业消费品价格改革措施逐步出台，商品价格自发性上涨过多过快，市场上出现乱涨价、乱收费，物价总水平呈逐年上升态势。1986年，零售物价指数上升7%，市场调节品种对物价总指数影响最大，影响价格总指数上升4.63%。1987年，全市职工生活费用价格指数和零售价格指数同为109.1%。

1987—1990年，淮阴市深化价格改革与企业改革。1988年，淮阴市迎来改革开放后第一轮涨价高峰，来势猛、范围广、涨幅大，多种商品短期内全面涨价，全市零售物价指数为125.9%，生活费用价格指数为125%，达到价格改革以来最高水平。全市出现2次大规模抢购风。同年3月，居民纷纷抢购洗衣粉，并逐步发展到抢购火柴、牙膏、肥皂、卫生纸、草纸、牙刷等生活日用品，少数经营单位和个体商贩乘机涨价、搭售商品，对物价上涨推波助澜。同年6月，粮油、食盐、食糖等主副食品销量空前。同年8月，抢购风潮进一步蔓延，品种进一步增多，范围从城市波及到农村，铝制品、搪瓷制品、洗衣机、电视机、电风扇等近20种日用消费品销售额短期内成倍增长，加剧物价上涨压力。通过落实各项强控和严管措施，市场物价过猛、过快、过多上涨势头得到有效遏制，生产生活资料供应趋于正常，没有断档脱销、影响群众生活；人民生活必需品价格平稳，耐用消费品价格明显回落，“菜篮子”供应品种全，价格稳中有降。日用工业品没有再出现抢购现象，群众恐慌心理逐渐消除，从持币抢购变成储币待购。1989年，全市商品零售价格总水平同比上涨15.3%，涨幅比1988年回落10.6个百分点。

1991—1997年，淮阴市价格改革重要内容是放开竞争性产品和行业价格。这一时期，全市价格水平上升速度快。从1992年开始，价格总水平上涨幅度迅猛。1993年、1994年，全市商品零售价格总指数环比涨幅分别比上年高出6.6、7.5个百分点，全市居民消费价格总指数环比涨幅分别比上年高出7.3和8.3个百分点。1994年，价格总水平环比达到历史最高峰，全市社会商品零售价格总指数上涨21.4%，全市居民消费价格总指数上涨25%。价格指数高且持续时间长。7年间，全市居民消费价格总指数年均上涨12.69%。其中1993—1995年，全市社会商品零售价格总指数、全市居民消费价格总指数累计同比分别上涨148.3%、158.3%，涨速之快、涨幅之大是改革开放前20年没有过的。涨价面宽泛，食品、衣着、烟酒类价格全面上涨。其中，食品类中粮食、肉禽蛋、水产品、蔬菜、饮料、饮食业价格全面上涨，衣着类中服装、鞋帽、纺织品价格全面上涨。1996年，宏观调控效果开始显现，全市居民消费价格总指数和商品零售价格总指数分别为11.8%、8.4%。1997年，全市居民消费价格总指数和商品零售价格总指数分别为1.6%、-0.1%。价格总水平回落。

1998—2003年，由于全社会供求关系发生根本性转变，以及受1997年10月爆发的亚洲金融危机影响，通货紧缩迹象显现。这一时期，价格总水平由升转降并在低水平运行，商品价格升幅回落范围广泛，一般商品市场供求平衡，出现“买方市场”经济。1997—2003年，全市商品零售价格总指数连续7年出现负增长。其中，1999年、2002年，居民消费价格总指数涨幅分别为-0.8%、-0.5%，仅在2000年、2003年出现微弱增长，分别为0.7%、1.2%。

2004—2008年，由于经济高速发展，淮安市价格总水平呈现新一轮上涨。反映出淮安市经济发展由偏快转向过热，价格总水平呈现由结构性上涨转变为全面通货膨胀迹象，市场物价节节升高。

1978—1983年淮阴地区零售物价指数表

表22-8　　（上年=100）

年份	1978	1979	1980	1981	1982	1983
总指数	101.21	99.6	102.91	100.22	101.57	101.3

1984—2008年淮安市价格总水平运行情况

表22-9

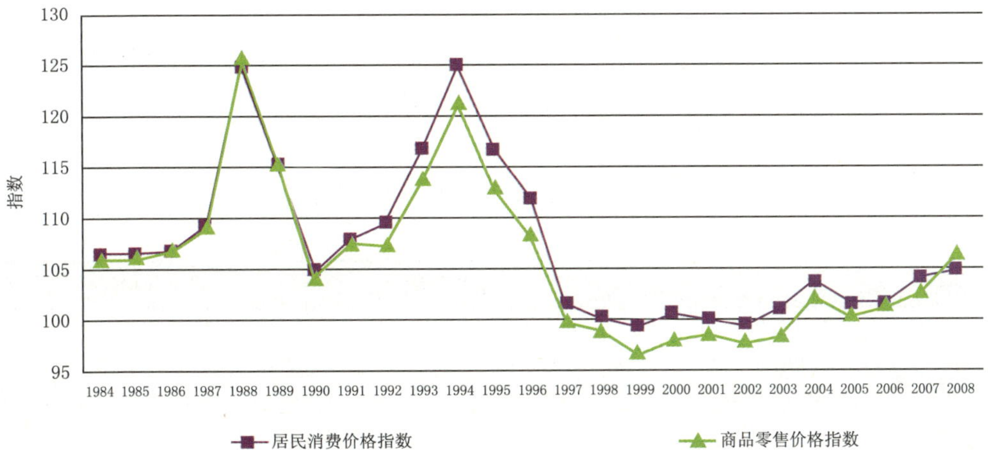

第二节　主要商品价格

一、粮油价格

1978年以前，淮阴地区粮食实行统购统销，价格长期不动，粮价偏低。1978年，淮阴地区食用植物油每公斤集市价和牌价分别为4.72元和1.6元。1979年后，国家为调动农民种粮积极性，多次提高粮食收购价，而销售价格基本不动。粮油集市贸易逐步开放。1983年开始，粮油购销由粮食部门统一经营向多渠道经营过渡，粮油价格议购议销。1985年开始，粮食收购从统购改为合同定购，合同外的粮食议购议销，粮食购销价格形成国家指导价和市场调节价并存局面。1986年后，国家数次调高议购粮价格，市场粮价猛升，农民惜售。市物价局、市粮食局针对这种情况，适时调节，并逐年确定议购指导价格。1993年春天起，取消粮食定购和城镇居民定量供应，取消粮票。1997年起，粮食价格涨势趋缓，甚至出现下跌现象。市物价局出台保护价格政策，保护农民种粮积极性。2001年下半年，江苏省粮食价格全面放开。2003年起，粮食价格保持稳定。2008年，国家再次提高稻谷和小麦最低收购价格。

1979年清江市部分粮食统购统销价格表

表22-10 单位：元/50公斤

品种	小麦	晚粳米	玉米	小米	高粱	谷子	标二籼米	标二粳米
购价	16.20	13.5	11.7	15.8	10.8	11.4	16.6	18.6
销价	11.55	10.1	8.5	11.0	8.0	8.0	12.0	14.0

1980—1990年部分年份淮阴市粮食零售价格表

表22-11 单位：元/50公斤

品名	规格	1980年	1983年	1985年	1987年	1990年
籼米	中白（标二）	12.0	12.0	12.0	38.0	50.0
面粉	标准粉	15.9	15.9	15.9	15.9	31.0
玉米	中等籽粒	8.5	8.5	8.5	8.5	16.0
秋黄豆	中等籽粒	12.9	12.9	23.0	53.0	70.0
花生果	大干果	34.6	34.6	34.6	130.0	150.0

2008年12月淮安市粮食零售价格表

表22-12 单位：元/500克

品名规格	规格等级	单价
黄豆（大豆）	标准品三等	3.00
红小豆	一级	3.55
绿豆	一级	4.00
晚籼米	标一	1.40
粳米	标一	1.43
粳米	特等	1.50
富强粉	特一粉	1.43
面粉	标准粉	1.30
玉米粉	精制玉米粉	1.55

二、猪肉价格

1978年后，淮阴地区农村逐步实行联产承包责任制，农户粮食逐步自给有余，促进养猪业发展。1979年起，大幅度提高生猪等18种主要农副产品收购价格。1985年，淮阴市放开生猪价格，取消派购，实行合同定购、指导议购、议购议销。1996年，生猪市场供大于求，生猪收购价格偏低，饲料价格较高，农民养猪亏本。市物价部门对生猪生产、购销、屠宰环节加强监控。2003年，受特大水灾影响，生猪收购价格上涨25%左右。2006年后，生猪价格主要由市场调节。

1978—2008年部分年份淮安市猪肉产品零售价格表

表22-13　　　　单位：元/公斤

年份	产品名称	价格
1978	鲜肉带骨统货	1.50
1979	鲜肉	1.96
	咸肉	2.26
	猪板油	2.48
1982	鲜肉中等带骨	1.86
1983	肥膘	1.72
	瘦肉	2.64
1985	槽头肉	1.60
	五花肉	1.90
	猪板油	2.70
1987	槽头肉	2.00
	肋条肉	3.56
	后腿肉	4.70
1990	鲜肉带骨统货	4.80
1991	后腿肉	6.30
1994	腿肉	12.00
1998	腿肉	14.00
2000	腿肉	13.00
2002	腿肉	12.00
2003	精瘦肉	11.00
2004	精瘦肉	10.00
2005	精瘦肉	9.00
2006	精瘦肉	8.30
2007	精瘦肉	12.30
2008	精瘦肉	14.50

三、活鸡、鸡蛋价格

1979年年末，淮阴地区行署提高禽类销售价格。1980年3月，调整苗禽价格。1981年9月，淮阴食品公司调整家禽购销浮动价格。1982年9月，淮阴食品公司提高仔公鸡收购价格及调整冻光禽销售价格。1984年，禽蛋购销价格全面放开，一律实行议购议销，由市场调节。1988年3月，国务院规定进一步放开鲜蛋等6种副食品价格，同时发给职工生活补贴，补贴品种仅限猪肉、鲜蛋、大路菜和食糖4种。2003年8月，淮安市受特大水灾影响，鸡蛋价格比2002年同期上涨13.64%。2005年春，禽流感蔓延，导致养殖户减少养殖数量，秋季禽蛋价格上升幅度较大。2008年7月后，山东等外地新鲜鸡蛋大量涌入，淮安鸡蛋价格持续下跌，降幅在2.5%左右。

1978—2008年部分年份淮安市活鸡、鸡蛋零售价格表

表22-14　　单位：元/公斤

年份	产品名称	价格
1978	中等活公鸡	1.50
	中等活母鸡	1.88
	鸡蛋	1.66
1985	仔公鸡	3.00
	活母鸡	2.70
	鸡蛋	2.20
1988	活公鸡	4.40
	活母鸡	4.80
	鸡蛋	5.80
1991	活公鸡	5.40
	活母鸡	5.80
	鸡蛋	4.60
1999	中等母草鸡	13.00
2003	鸡蛋	5.00
2004	鸡蛋	7.00
2005	上等开膛白条鸡	9.00
	鸡蛋	5.60
2008	上等开膛白条鸡	10.50
	洋鸡蛋	6.20

四、豆制品价格

淮安市传统豆制品主要是豆腐、豆腐干、千张等。20世纪80年代后，全市豆制品生产设备逐步改进，生产能力逐步扩大，生产品种越来越多。1980年，千张零售价为每公斤0.46元，1983年调整为每公斤0.56元。1984年6月，豆干、千张价格分别为每公斤0.32元和0.68元。1986年8月，淮阴市区千张零售价格每公斤0.68元，豆干每公斤0.32元，豆腐每公斤0.14元。1988年3月，淮阴市物价局下达豆腐、豆干最高零售限价，豆腐每公斤0.5元，豆干每公斤1.04元。1988年8月，放开豆制品价格。1988年12月，豆腐每公斤0.8元，黄豆芽每公斤0.6元，千张每公斤2元。1991年5月，淮阴市区黄豆芽每公斤0.8元，豆腐每公斤0.8元，千张每公斤2.6元。2008年12月，淮安市区豆腐零售价格为每公斤2.86元。

1991—2008年部分年份、月份淮安市豆制品零售价格表

表22-15　　单位：元/公斤

品名＼年月	1991.05	1999.09	2000.09	2001.05	2005.10	2006.08	2007.09	2008.06
豆腐	0.8	1.4	1.2	1.4	1.8	1.8	2.4	2.6
干子	1.2	2.3	2.0	2.1	2.2	2.2	4.1	5.2
千张	2.6	5.2	5.5	7.0	8.5	8.5	9.5	10.0
黄豆芽	0.8	0.9	1.0	1.2	2.8	3.6	4.0	4.5
绿豆芽	1.0	1.2	1.3	1.6	5.2	3.9	5.0	3.0

五、成品汽油价格

1978—1982年，淮阴地区计划内汽油每公斤供应价0.82元。1983年，国家对成品油销售实行指令性计划分配与市场调节相结合的运行机制，石油价格实行双轨制。

1991年，江苏省规定计划内石油产品价格实行国家定价。1994年，成品油价格并轨。1996年，淮阴市境内市场汽油实行省、市最低批发控制价格。1998年，成品油价格改革后，淮阴市境内中国石化总公司90号含铅汽油零售中准价每公升1.95元，90号无铅汽油每公升2.05元。1998年6月，原油价格开始与国际接轨。

2000年下半年，淮阴市区90号无铅汽油每吨零售价在3715～4160元波动。2003年2月1日起，市区90号无铅汽油零售中准价每吨提高到3760元，其他标号汽油具体零售价格由中石油、中石化两大集团公司在上下浮动8%幅度内制定。2003年12月至2005年3月，国家4次提高汽油价格。2005年5月24日，国家降低汽油价格。同年12月，淮安市推广使用乙醇汽油。

2006—2008年，受国际市场油价影响，国家数次调整成品油价格。

1978—2008年部分年份、月份淮安市汽油批发、零售价格表

表22-16

年月	汽油型号	批发价（元/吨）	零售	
			价格（元）	计量单位
1978	66号	700	0.77	公斤
1983	66号	700	0.77	公斤
1991	70号	1194	0.77	公斤
1994	70号	2768	2920	吨
1995	70号	2460	—	—
	90号	2590	—	—
1996	70号	2430	—	—
	90号	2500	—	—
1998	90号含铅	2100	1.95	升
	90号无铅	—	2.05	升
2000年下半年	90号无铅	—	3715～4160	吨
2003.02	90号无铅	—	2.78	升

续表22-16

年月	汽油型号	批发价（元/吨）	零售	
			价格（元）	计量单位
2003.05	90号无铅	—	2.57	升
2003.12	90号高标准清洁	—	2.63	升
2004.08	90号高标准清洁	—	3.18	升
2005.03	90号高标准清洁	—	3.40	升
2005.12	90号乙醇	—	3.66	升
2006.05	90号乙醇	—	4.22	升
2007.01	90号乙醇	—	4.06	升
2007.11	90号乙醇	—	4.72	升
2008.12	90号乙醇	—	4.74	升

说明：2000年以后，汽油主要由中石化、中石油两大集团公司经营，批发价不再记述

六、商品住宅价格

1979年以前，市区城镇职工住房基本上实行福利分配制度。1991年起，土地供应和住房制度逐步改革，城市住宅建设数量猛增。

1991年年初，市区住房均价每平方米657元。同年2月25日，市物价局发文控制普通住宅商品房价格，放开搞活高标准住宅商品房销售价格。1993年10月20日，市物价局、市建设委员会、市财政局、市建设银行联合印发《淮阴市居民商品住宅价格管理暂行办法》，对优惠商品住宅（福利房）、微利的商品住宅（含解困房、经济适用房）、一般标准的商品住宅价格实行国家定价，高标准商品住宅（豪华、别墅式）价格实行有指导的市场调节。

1996年9月，市区普通住宅商品房基准价格为每平方米1094元，除成本价格中各项费用外，还包含地段差价、质量差价、利润、税金等因素。同年10月1日，淮阴市颁发《淮阴市市区住宅建设管理办法（试行）》。

2001年2月，淮安市实施“三淮一体”战略，市区范围扩大。同时，外来资金规模迅猛扩张，旧城改造大面积推开，城市建设走上快速发展道路。2002年8月，市物价局印发《淮安市商品房审价办法》，具体明确商品房审价内容、形式，进一步规范市区商品住房价格管理。2004年，淮安市区房价上涨幅度创历史新高，主城区普通商品住房基准销售价格比2001年同期上涨37%。2005年，市政府出台《关于切实稳定住房价格促进房地产业健康发展的意见》，规范市场价格秩序，遏制投机性炒房，控制投资性购房，引导百姓理性消费。至当年年底，普通商品住房价格上涨幅度有所回落。

2007年，市区房地产市场开发再掀高潮，房价涨幅骤增。当年主城区住房开盘面积85万平方米，普通商品住房平均基准销售价格每平方米突破3000元。2008年10月，淮安市主城区普通商品住房平均基准销售价格为每平方米3308元。当年11月24日起，全市普通商品住房均实行市场调节价，此后房价上涨幅度较大。

1981—2000年淮阴市市区普通商品住房平均基准销售价格表

表22-17　　单位：元/平方米

年份＼类别	市区基准销售价格	中心城区基准销售价格	其他地区基准销售价格	备注
1981	140	—	—	—
1985	250	—	—	—
1990	550	—	—	—
1991	711	—	—	—
1994	949	1318	856	内含适量地租、地段差价和代收费用及固定资产方向调节税等税金
1995	1085	1348	997	
1996	1126	1359	1094	
1997	1286	1579	1227	
1998	1020	—	—	内含行政事业性收费。价外收取物业维修基金每平方米32元
1999	1272	—	—	
2000	1174	—	—	

说明：市区包括清河区、清浦区、淮阴经济开发区

2001—2008年淮安市主城区普通商品住房平均基准销售价格表

表22-18

年份＼项目	基准销售价格（元/平方米）	价格上涨幅度（%）	备注
2001	1379	—	—
2002	1392	1.0	2008年11月24日，全市普通住宅商品住房价格实行市场调节价。2008年数据截至当年10月底
2003	1554	11.6	
2004	2129	37.0	
2005	2483	16.6	
2006	2533	2.0	
2007	3126	23.4	
2008	3308	6.0	

说明：1. 上述基准销售价格内均含代收代缴行政事业性收费，不含公共维修基金；
2. 主城区包括清河区、清浦区和淮安经济开发区

第三节　公用事业价格

一、教育收费

（一）幼儿园收费

1978年，淮阴地区幼儿园收费标准为每人每学期2～3元。1982年，调整收费标准。

1982年淮阴地区幼儿园收费标准表

表22-19　　单位：元

项目标准 / 年龄	日托（每个儿童每月）			全托（每个儿童每月）		
	家长交纳的保育费	单位补助的管理费	合计	家长交纳的保育费	单位补助的管理费	合计
二周岁以下	4.5～5	6～7	10.5～12	8	9～10	17～18
二周岁至三周岁	2.5～3	4～5	6.5～8	6	7～8	13～14
三周岁以上	1.5～2	3～4	4.5～6	4	5～6	9～10

说明：1. 杂费由儿童家长负担，每学期每个儿童的杂费为地（市）3元、县2元；
2. 代办费用由家长负担

1989年、1993年、1994年、1996年、1998年，淮阴市先后对幼儿园收费进行调整。

1989—1998年部分年份淮阴市幼儿园收费标准表

表22-20

年份	幼儿园类别	收费项目			备注
		保育费（元/月）	管理费（元/月）	杂费（元/学期）	
1989	一类园	12	12	—	学前班管理费8元/月，保育费分别为6元/月、4元/月、2元/月
	二类园	8	12	—	
	三类园	5	12	—	
1993	一类园	18	12	10	学前班管理费12元/月，保育费分别为18元/月、12元/月、8元/月，杂费10元/学期
	二类园	12	12	10	
	三类园	8	12	10	
1994	一类园	30	30	20	学前班管理费30元/月，保育费20元/月，杂费20元/学期
	二类园	25	30	20	
	三类园	20	30	20	
1996	一类园	40	40	30	学前班管理费40元/月，保育费30元/月，杂费30元/学期
	二类园	35	40	30	
	三类园	30	40	30	

续表 22-20

年份	幼儿园类别	收费项目			备注
		保育费（元/月）	管理费（元/月）	杂费（元/学期）	
1998	一类园	45	45	30	学前班管理费45元/月，保育费35元/月，杂费30元/学期
	二类园	40	45	30	
	三类园	35	45	30	

2003年，淮安市物价局、财政局、教育局将幼儿园保育费、管理费、杂费等收费项目统一调整归并为保育费（含教育费），并将计费方式一律改为按学期（5个月）计算收费标准。2004年，将不同条件幼儿园重新划分为5个等级，并明确保育教育费调控幅度标准。2006年，调整标准，并规定除保育教育费、伙食费外，幼儿园不得收取其他费用。

2004年、2006年淮安市幼儿园保育教育费调控标准表

表 22-21

年份	类别	调控标准（元/生/学期）	备注
2004	省示范园	850～1150	未安排进餐、午睡的幼儿园，保育教育费按85%收取
	市现代园	650～800	
	一类园	450～600	
	二类园	230～400	
	合格园	150～200	
2006	省示范园	1650	未安排进餐、午睡的幼儿园，保育教育费按85%收取；夜宿全托班按150%收取
	市现代园	1150	
	一类园	900	
	二类园	650	
	合格园	550	

（二）中小学教育收费

1978年，淮阴地区中小学收费标准为每人每学期高中生5.5～6元、初中生4.5～5元、城镇小学2～3元、乡村小学1～2元。1982年2月，淮阴地区行署物价委员会、教育局公布中小学学杂费征收标准，小学每生每学期1～3元，初中每生每学期2.5～4元，高中每生每学期2.5～6元。

1984年6月，淮阴市教育局、物价局调整全市中小学学杂费标准，每生每学期城市高中8元，农村高中7元；城市初中7元，农村初中6元；小学2～4.5元。1989年，中小学义务制教育只收取杂费，高中收取学杂费。每生每学期杂费高中15～18元，初中12～13元，小学4～8.5元；高中每生每学期学费15～18元。

1994年，淮阴市义务教育阶段每生每学期杂费收费标准调整为：县城和市区小学25元，农村小学20～25元；县城和市区初中45元，农村初中40～45元。非义务教育阶段每生每学期学杂费收费标准为：一般普通高中90元，省首批重点高中200元；初、高中生住宿的，每生每学期收取住宿费30元。中小学借读费每生每学期100～400元。高中逐步实行缴费上学，招收一定比例自费生。自费生每生每学期收费最高标准为：一般高中500元，重点高中650元；职业高中文科600

元、理科700元、艺术类800元。

1995年7月，淮阴市决定淮阴中学、清江中学招收初一借读生，在分数线以上的，淮阴中学每生一次性收取6000元，清江中学每生一次性收取5000元；分数线以下的学生原则上不予招收。市实验小学、淮阴市师范学校附属小学招收借读生，每生一次性收取5000元。各县（市、区）同种性质学校收费不得高于上述标准。1998年，每生每学期中小学学杂费最高收费标准为小学45元，初中70元，一般高中160元，重点高中300元。

1999年，淮阴市鼓励社会办学，高中阶段教育实行招生、收费并轨。淮阴中学计划内招生收费7500元/人，计划外招生收费2万元/人。涟水县中学计划内招生收费5400元/人，计划外招生收费7500元/人，其他省重点中学也可参照省重点中学收费进行试点。淮阴市长征小学为民办公助学校，按民办机制运行，收费标准每生每学期1500元。淮阴外国语实验学校寄宿生每人每年交建校费4000元，小学6年一次性交清，每生每学期交杂费1500元，住宿费500元；走读生每人每学期交建校费2000元、杂费500元。代办费项目由学校根据实际需要确定。

2005年，淮安市在全市义务教育阶段公办学校全面推行“一费制”，小学书本杂费合计144～197元，初中书本杂费合计272～294元。

2005年淮安市义务教育阶段公办学校“一费制”收费项目及标准表

表22-22　　单位：元

学校类别		书本杂费合计	其中：									备　注
			杂费			课本费			作业本讲义费			
			小计	杂费	信息技术	小计	课本	英语磁带	小计	簿本	讲义费	
小学	1～2年级	144	78	78	—	44	44.0	—	22	14	8	未开设信息技术课或验收未达标的学校从杂费中相应扣减信息技术费；教改实验地区每学期可另加地方教材费：小学（3年级及以上）6元、初中8元
	3～6年级	197	98	78	20	77	68.0	9.0	22	14	8	
初中	1～2年级	294	146	116	30	110	96.5	13.5	38	23	15	
	3～6年级	272	146	116	30	88	74.5	13.5	38	23	15	

2006年7月，全市农村义务教育阶段免收杂费和异地借读生借读费。2007年2月，全市城市义务教育阶段全部免收杂费。同年8月，市物价局、市财政局、市教育局对公办普通高中收费行为进行规范。2008年8月，全市义务教育阶段学生免收课本费。

2007—2008年淮安市公办普通高中收费项目和标准表

表22-23

收费项目	高中类别	标准（元/生/学期）
学费	国家示范高中	800
	省重点高中	800
	市重点高中	600
	普通高中	450

续表 22-23

收费项目	高中类别	标准（元/生/学期）
择校费	国家示范高中	25000
	省重点高中	20000
	市重点高中	10000
	普通高中	5000
代办费	各类高中	240～480

（三）中等专业学校收费

1983年，根据江苏省统一规定，中等职业技术教育经费主要靠国家拨款和勤工俭学解决，职业高中收费标准按普通中学学杂费标准收取。

1990年6月，江苏省规定卫生中专学校学杂费标准为每生每年自交430元，用人单位或卫生局补助220元。1991年6月，淮阴市规定技工学校收费标准为：列入地方财政预算的技校每生每学期交学费40元；企业及企业主管部门办技校，3年交纳培训费800元；自费生培训费用每生3年共2000元。

1995年8月，淮阴市公布全市职业中专收费项目及收费标准为：培养费（每生每年），文科类1300元，工科类1500元，艺术类1800元；学杂费，每生每年不超过480元；住宿费（含水电费），每生每年不超过100元。

2000年7月，淮阴市根据省物价等部门规定，将中专学校收费标准和职业高中收费并轨。对技校收费标准进行调整：每生每年学杂费2100元，省以上重点技校2200元；住宿费400元。此后至2008年，没有大的变动。

2000年淮阴市职业高中、中等专业学校每生每学期收费项目和标准表

表 22-24　　单位：元

收费单位			学费	住宿费
职业高中	一般职业高中	文科类	800	120
		理科类	900	
		艺术类	1000	
	省重点职业高中	文科类	1000	
		理科类	1100	
		艺术类	1200	
中等专业学校	一般中专技校	文政法财政类	1050	200
		理工农医类	1150	
		艺术类	1450	
	省部级重点中专	文政法财政类	1100	
		理工农医类	1200	
		艺术类	1500	
	干部职工中专校		收费标准在不超过生均实际支出事业费内，由委托单位与学校协商确定	

二、医疗服务收费

1978年，淮阴地区药品价格降至20世纪50年代初期的20%左右，计划生育和防治地方病等用药均实行免费，全民所有制医疗单位入不敷出的矛盾日益突出，国家财政支付连年增加。

1982年7月，淮阴地区物价委员会、卫生局转发省通知，执行全省统一的注射费及住院期间常规检验费标准。皮下肌肉注射每次0.05元；静脉注射每次0.1元，静脉滴注每次0.3元。

1982年淮阴地区住院常规检验和一般处理治疗项目收费标准表

表22-25　　单位：元/次（项）

项目	收费标准	说明
尿常规	0.1	按检验项目收费
粪常规	0.1	按检验项目收费
血常规	0.1	按检验项目收费
血沉	0.2	—
血型检验	0.2	—
涂片检查	0.1	—
冷敷	0.1	冷敷按用冰量收费
热敷	0.1	—
灌肠	0.2	—
导尿	0.3	—
擦浴	0.1	酒精擦浴另收酒精费
点眼耳	0.1	—
阴道冲洗	0.2	另收药品材料费
会阴冲洗	0.2	另收药品材料费
洗胃	0.3	中毒抢救另收药品材料费1元
冲洗	0.1	如眼珠冲洗等
输血手续费	1.0	以每瓶计收
中医针灸费	0.1	另收药品材料费

1983年和1985年，淮阴市对公立医疗机构部分项目收费标准作小幅调整。1986年4月，淮阴市执行全省统一标准，挂号费初诊0.25元，复诊0.2元；住院费县级以上医院1.8～2.5元，中心卫生院1.3元，乡卫生院1.2元。手术费、检验费亦作调整。同年12月，市物价局批转《淮阴市第一人民医院医疗收费管理办法》，供各个医疗单位借鉴并贯彻执行。1989年11月，淮阴市对全市医院住院费作调整。1994年8月，淮阴市公布1986年以后4次制定的市管医疗项目收费标准，有挂号费、住院费、治疗费、护理费、X光费、理疗费、病理检查费、检验费、检查费、手术费、血费、其他12大类近300个项目。1997年3月，调整主要医疗项目收费标准。2000年11月，根据省有关部门要求，调整手术费标准。

2005年8月，淮阴市印发《关于认真做好医疗服务价格改革工作的通知》，将医疗服务价格由原单一的政府定价形式改革为政府定价、政府指导价和市场调节价3种形式并存，并完善等级差价和地区差价办法，放开部分带有医学美容性质的特需医疗服务价格；统一归并现行医疗服务项目，形成统一的项目规范；提高体现医护人员劳务价值的有关项目价格标准。2007年10月，淮阴市公布全市二级以上医疗机构单病种限价收费标准（试行），对10个普通病种，按不同医疗机构等级，试行全市统一的单病种限价收费标准。

1985—2005年部分年份淮安市部分医疗服务项目收费情况表

表22-26　　　　单位：元

<table>
<tr><th colspan="2" rowspan="2">年份
项目</th><th colspan="2">1985</th><th colspan="2">1987</th><th colspan="2">1989</th><th rowspan="2">1993</th><th rowspan="2">1998</th><th rowspan="2">1999</th><th rowspan="2">2000</th><th rowspan="2">2001</th><th rowspan="2">2005</th></tr>
<tr><th>自费</th><th>公费</th><th>自费</th><th>公费</th><th>自费</th><th>公费</th></tr>
<tr><td rowspan="7">门诊挂号费</td><td>初诊</td><td>0.15</td><td>0.25</td><td>—</td><td>—</td><td>0.3</td><td>0.4</td><td>0.8～1</td><td>—</td><td>—</td><td>—</td><td>—</td><td>0.8～1</td></tr>
<tr><td>复诊</td><td>0.1</td><td>0.2</td><td>—</td><td>—</td><td>—</td><td>—</td><td>—</td><td>—</td><td>—</td><td>—</td><td>—</td><td>—</td></tr>
<tr><td>急诊</td><td>0.15</td><td>0.25</td><td>—</td><td>—</td><td>0.4</td><td>0.5</td><td>1.2～1.5</td><td>—</td><td>—</td><td>—</td><td>—</td><td>1.2～1.5</td></tr>
<tr><td>体验</td><td>0.4</td><td>0.4</td><td>—</td><td>—</td><td>—</td><td>—</td><td>—</td><td>—</td><td>—</td><td>—</td><td>—</td><td>8</td></tr>
<tr><td>专家门诊（副主任医师）</td><td>—</td><td>—</td><td colspan="2">0.6</td><td colspan="2">1.2</td><td>4</td><td>—</td><td>—</td><td>—</td><td>7</td><td>6</td></tr>
<tr><td>专家门诊（主任医师）</td><td>—</td><td>—</td><td colspan="2">1</td><td colspan="2">2</td><td>5</td><td>—</td><td>—</td><td>—</td><td>10</td><td>9</td></tr>
<tr><td>门诊诊查费</td><td>—</td><td>—</td><td>—</td><td>—</td><td>—</td><td>—</td><td>—</td><td>0.5～1.5</td><td>—</td><td>2～3</td><td>—</td><td>2～3</td></tr>
<tr><td rowspan="8">住院费</td><td rowspan="2">普通床位（一等）</td><td rowspan="2">市 1.5</td><td rowspan="2">2.5</td><td rowspan="2">—</td><td rowspan="2">—</td><td>市 3</td><td>5.5</td><td rowspan="2">10</td><td rowspan="2">—</td><td rowspan="2">23～28</td><td rowspan="2">—</td><td rowspan="2">—</td><td rowspan="2">32～40</td></tr>
<tr><td>—</td><td>—</td></tr>
<tr><td rowspan="2">简易床位（二等）</td><td rowspan="2">0.75</td><td rowspan="2">1.5</td><td rowspan="2">—</td><td rowspan="2">—</td><td>市 1.5</td><td>2.75</td><td rowspan="2">8</td><td rowspan="2">—</td><td rowspan="2">13～15</td><td rowspan="2">—</td><td rowspan="2">—</td><td rowspan="2">23～28</td></tr>
<tr><td>县 1.25</td><td>2.25</td></tr>
<tr><td>简易床位（三等）</td><td>—</td><td>—</td><td>—</td><td>—</td><td>—</td><td>—</td><td>5</td><td>—</td><td>8～10</td><td>—</td><td>—</td><td>13～21</td></tr>
<tr><td>住院诊疗费</td><td>—</td><td>—</td><td>—</td><td>—</td><td>—</td><td>—</td><td>—</td><td>1～2</td><td>—</td><td>—</td><td>—</td><td>1～2</td></tr>
</table>

1985—2007年部分年份淮安市部分医疗服务价格变动表（一）

表22-27　　　　　　　　　　　　　　　　　　　　　　　　　　　单位：元

项目	年份	1985	1987	1989	1990	1991	1993	1997	1998	2000	2005	2006	2007
一般检查治疗护理费	肌肉注射	0.1	—	0.5	—	—	—	—	0.6	—	0.6	—	—
	静脉输液	0.3	—	0.8	—	—	—	—	2	—	2	6	小儿9
	换药（大、中、小）	0.2～0.4	—	0.5～1.5	—	—	—	2～4	2～5	—	2～5	5～20	—
	导尿	1	—	1.5	—	—	—	10	4	—	4	—	4
	胸骨、腰穿刺	2	—	5	—	—	10	20	15	—	—	—	—
	超声雾化	1	—	—	—	—	3	5	5	—	5	—	—
	抢救费（普通）	5	—	—	—	—	20～60	—	15～50	—	30～100	—	—
	特级护理	—	10	15	—	—	15	—	—	—	1.4～2.1	—	—
	新生儿护理	—	—	—	—	5	4	—	3.5	—	6.8～10.5	—	—
检查费	X光胸透	0.5	—	1	—	—	2	—	2	—	5	—	—
	胃肠透视	3～4	—	3～4	—	—	—	—	—	35	40	—	—
	A超	3	—	1	—	—	3	5	—	—	2	—	—
	B超	1	—	3	15	—	—	20	—	30	30	—	—
	心电图	3	—	5	—	—	8	10	10	—	30（12导）	—	—
	脑电图	8（16支笔）	—	14（16支笔）	—	—	25（17支笔）	40（17支笔）	30（16支笔）	—	50（18导）	三类医院	—
	核磁共振	—	—	—	—	—	800	—	700	—	—	—	—

1982—2005年部分年份淮安市部分医疗服务价格变动表（二）

表22-28　　　　单位：元

项目		1982	1985	1989	1993	1997	2000	2005
手术费	神经阻滞	—	2～5	—	—	20	—	83
	腰麻	—	5	自费：11～18 公费：17～27	—	50	—	227
	食道癌切除术	—	40	90	240	480	620	1620
	乳腺癌根治术	—	30	68	180	360	470	1050
	胃癌根治术	—	30	68	180	360	470	1220
	胆囊切除术	—	自费：20 公费：30	20	180	360	470	650
	肠梗阻手术	—	—	15	120	240	310	810
	阑尾切除术	—	自费：10 公费：15	自费：23 公费：34	80	160	160	410
	输尿管结石摘除术	—	自费：18 公费：25	自费：18 公费：25	120	240	310	490
	接生费（平产）	市：4.5 县：3.5	6	14	40	80	80	330
	剖腹产	市：18 县：14	自费：18 公费：22	自费：41 公费：50	80	160	160	730
	心脏瓣膜置换术	—	自费：80 公费：120	自费：180 公费：270	320	720	930	1830
	直肠癌切除术	—	30	68	180	400	470	220
	子宫粘膜下肌瘤切除术	—	12	27	80	160	160	730
	乳腺纤维瘤切除术	—	自费：20 公费：30	自费：2 公费：3	80	160	160	245

1985—2005年部分年份淮安市部分医疗服务价格变动表（三）

表22-29　　　　单位：元

项目		1960	1985	1987	1989	1993	1997	1998	2005
检验费	血常规	0.1	按检验项目基数收费	—	0.3	0.5	—	1	1
	粪常规	0.1	按检验项目基数收费	—	0.5	0.5	1	1	2
	尿常规	0.1		—	0.2	0.5	—	1	1
	血型鉴定	0.2	0.2	—	0.5	1	2	—	5
	蛋白定量	0.1	0.2	—	1.2	2	—	—	2

续表 22-29

项目	年份	1960	1985	1987	1989	1993	1997	1998	2005
理疗费	直流电疗	0.4	0.5	—	—	—	—	—	8
	紫外线	0.2	0.3	—	—	3	—	2	8
	红外线	0.2	0.3	—	—	3	5	2	5
	电针	0.4	0.5	—	1	2	4	3	10
	心休克	0.3	0.5	—	5	—	—	—	—
	激光	—	—	1	—	5	8	3	10

三、自来水价格

1978年，清江市民用自来水价格为每立方米0.05元。

1983—2008年，物价部门先后对自来水价格进行14次调整，解决供需矛盾，确保民用水、工业用水和特种用水正常供应，保证供水企业正常运营。

1978—2008年部分年份淮安市民用自来水价格表

表22-30　　　　单位：元/立方米

年份	基本水价	城市附加	水资源费	水利工程	污水处理	省水处理专项	总水价
1978	0.13	—	—	—	—	—	0.13
1983	0.11	—	—	—	—	—	0.11
1990	0.15	—	—	—	—	—	0.15
1991	0.22	—	—	—	—	—	0.22
1993	0.31	—	—	—	—	—	0.31
1994	0.40	—	—	—	—	—	0.40
1996	0.55	—	—	—	—	—	0.55
1997	0.65	—	—	—	0.10	—	0.75
1998	0.68	—	—	—	0.25	0.02	0.95
1999	0.73	—	0.01	0.03	0.35	0.02	1.14
2000	0.93	—	—	0.10	0.45	0.02	1.50
2003	0.92	0.10	0.03	—	0.80	0.02	1.87
2005	1.10	0.10	0.13	—	0.90	0.02	2.25
2006	1.33	—	0.20	—	1.00	0.02	2.55
2008	1.35	—	0.20	—	1.00	—	2.55

第四节　行政事业性收费管理

20世纪80年代中期，随着财政体制变化，淮阴市出现收费管理权限分散、收费项目越来越多、收费总额急剧膨胀等问题。

1986年1月，淮阴市开展全市非商品收费清理整顿工作，历时10个月，重点整顿教育收费、交通客运价、医疗卫生收费、邮电资费等与人民生活关系较为密切的项目，整顿内容主要是收费项目和标准，检查收费标准执行情况，取消乱收费项目，保留合理项目。同时健全相关管理制度，制定有关收费管理规定、办法，明确分管权限。同年10月，对市直157个行政事业单位收费规定、项目和标准进行清理，共清理收费项目4915项。

1988年3月，淮阴市成立治理“三乱”（乱收费、乱摊派、乱集资）领导小组，市监察局、市财政局、市物价局、市计委、市经委等10多个部门为成员单位。分4批对市、县两级行政事业单位的收费文件、项目和标准进行清理和审定。

1989年1—4月，淮阴市开展收费清理整顿工作，对市直278个收费单位的5404个收费项目进行清理，取消22个，明确77个收费项目管理权限。同年3—9月，根据省物价局要求，开展乡镇一级收费清理整顿工作，对全市乡镇行政、事业和经营性收费进行全面清理整顿。

1990年5月，淮阴市组织专门调查组，先后调查市区及5个县7家医院，调查220项医疗收费项目成本补偿情况，取消29个不合理收费项目。同年12月，对行政事业性收费清理整顿情况进行审查，全市审核收费许可证3789本，清理并登记15004个收费项目，取消乱收费项目149项。

1993年3月，中共中央办公厅、国务院办公厅印发《关于切实减轻农民负担的紧急通知》。淮阴市通过清理整顿，取消涉农收费项目49项。

1997年年末，淮阴市印发《关于公布第一批取消向企业的行政事业性收费项目的通知》，取消27个收费项目，涉及城建、电力、环境保护、文化、计量、公安、交通、经济等10个部门。1998年1月，淮阴市取消50个收费项目。1997—1998年，全市取消收费项目141项，降低收费标准1项，年减轻企业负担9920.28万元。

2001年7月，淮安经济开发区专门成立收费中心，设立扎口收费窗口，向区内企业收费需凭物价部门颁发的收费许可证和财政部门专用票据，通过收费中心收费窗口统一收取。收费扎口管理前，进区收费单位有56个，收费项目124项，当年上半年收费金额2200万元。扎口收费后，收费单位32个，收费项目67项，当年下半年收费总额960万元。同年12月，市物价局、市监察局、市财政局在市直单位联合开展精简收费项目、降低收费标准专项治理活动，做好清费、治乱、减负工作，对54个系统、371个单位、5116个收费项目进行清理整顿。

2002年1月，淮阴市取消市立收费项目11项，涉及16个部门，年收费金额2528.5万元；执行下限标准的收费项目21项，涉及11个部门，年减少收费金额1155万元。2003年1月，对下岗失业从事个体经营人员免收57项规费（基金）。

2006年6月，淮安市公布社区新办服务业3年内减免证照类、管理类行政事业性收费具体项目，涉及12个部门、27个收费项目。同年9月，市物价局、市财政局公布涉及出租车的收费项目和标准，取消涉车收费项目9项，降低收费标准3项，全市年减轻出租车经营者负担821.4万元。2007年，淮安市取消不合理收费29项，降低和低限执行收费30项，免收和减收收费项目13项，有

21个收费项目缩小收费范围，减轻企业和群众负担4000万元。2008年8月，省政府取消和停收行政事业性收费项目59项、政府性基金2项，降低行政事业性收费标准62项。全市全年减少收费11530万元，减轻市区企业负担3041万元。

1995—2008年淮安市行政事业性收费情况表

表22-31 单位：亿元

项目 年份	收费单位（户）	年收费额	收费性质		涉企收费	教育	卫生	交通	城建	公安	工商
			行政性	事业性							
1995	5528	10.52	2.92	7.60	—	3.83	2.53	1.21	—	—	0.39
1996	3620	9.83	1.38	8.45	—	2.61	1.43	2.78	0.45	0.46	0.33
1997	3626	9.77	1.34	8.43	—	3.31	1.86	1.68	0.55	0.27	0.38
1998	3403	9.78	1.34	8.43	—	3.42	2.04	1.42	0.56	0.25	0.39
1999	3984	11.63	2.32	9.31	—	4.20	2.15	1.35	0.90	0.42	0.40
2000	3640	11.65	2.29	9.36	—	4.29	2.17	1.36	0.90	0.43	0.40
2001	3634	11.88	1.83	10.05	—	4.20	2.23	1.60	0.89	0.41	0.46
2002	3630	18.97	4.37	14.60	6.46	7.03	4.32	2.92	0.75	0.81	0.48
2003	3472	20.71	4.54	16.17	7.05	7.68	4.67	3.43	0.85	0.68	0.55
2004	3788	21.34	4.60	16.75	6.78	8.69	4.70	2.96	1.06	0.61	0.49
2005	3440	24.78	4.94	19.15	—	9.36	6.42	3.41	1.45	0.60	0.40
2006	2963	26.14	5.14	20.28	—	9.11	7.46	3.29	1.48	0.62	0.47
2007	2892	34.24	7.67	25.79	—	11.79	9.12	5.31	2.04	0.71	0.47
2008	2865	38.24	7.91	29.39	—	13.00	10.72	5.92	2.99	0.53	0.12

说明：从1996年起，不含已划出的灌南县和宿迁市的数额

第五节 价格服务

一、价格信息发布

1985年6月，淮阴市物价局设立价格信息科，承担主要生产资料、生活物资价格信息的采集、整理、传递和反馈工作。1988年前，市物价局没有专业刊物，重要的政务信息和重要商品、服务价格都是通过《东南行情》（后更名为《华东物价报》）发布。

1988年4月，《淮阴价格信息》创刊。1989年1月，市物价局信息科创办《价格内参》，主要报道一些尖锐复杂、敏感性的市场价格问题。1991年12月，成立价格事务信息咨询中心，收集、整理和发布价格信息。

1993年，运用计算机与全国产品购销中心、华东市场信息联网和黄淮价格信息网等网站联网，建立全国电传信息中心淮阴终端站，接收、发布商品供求信息；编印《产（商）品供求快讯》，为企业产品购销牵线搭桥，1995年停办。1995年3月，《淮阴价格信息》更名为《价格与市场报》，正式对外发行，为各界提供市场行情和价格信息。1997年3月，创办《物价公报》淮阴补充版——

《淮阴物价文件公报》，2004年下半年停办。

2000年年初，淮阴市价格信息中心建立网络数据库，实现省、市、县三级联网。建立药品价格、工业生产资料价格、工业消费品价格、农业生产资料价格、地方名牌产品价格、地方特色农产品价格、市场主要副食品价格、粮棉油价格等20多个数据库，与全国20多个地级市价格信息中心建立长期合作关系，实行信息资源共享。同年，创办淮阴医药价格信息网，采用互联网上通用的模糊直接查询方式，保证数据检索高效性，当年动态发布价格信息3.5万条，有用户50户。2005年，发布价格信息5万多条，有用户161户。2008年，该网站停办。

2003年1月，创办淮安价格信息网。此后，省、市出台的价格政策、定（调）价项目，市物价部门重大政务活动，淮安市场重要的商（产）品价格动态、走势等信息均及时录入网站，方便广大城乡居民登录、查询。年均点击率达10万多人次。

二、价格监测网络

淮安市价格监测工作起步于1987年，由市物价局综合科负责，主要负责向省物价局报送主要食品市场零售价格表、主要服务价格表、房地产市场价格直报表、交通运输市场价格直报表。

1993年，淮阴市价格监测所成立，价格监测工作逐步规范，初步形成条块结合、上下结合局面。

1994年，淮阴市出台《淮阴市价格监测制度》，明确对主要食品市场价格、主要工业消费品零售价格、计划外主要建筑材料市场价格、计划外主要农业生产资料零售价格、主要农副产品收购价格、部分服务收费价格共计68个品种进行监测。在市及11个县（市、区）设立132个价格监测点，承担价格监测数据采集报送任务。

2004年9月，根据《江苏省价格监测制度》，制定《淮安市价格监测制度》，初步形成以重要商品和服务价格为主的价格监测报告制度，纳入价格监测范围的商品和服务项目206种，覆盖全市8个县（区），价格监测点增加到146个。建立价格监测网上上报平台，年处理、汇总和审核价格数据7.5万余条，上报省价格监测中心信息8000余条。

2006年11月，根据《江苏省价格监测点规范化建设指引（试行）》要求，按照价格监测点设立条件，对全市所有价格监测点的设立，包括临时价格监测点、农村价格监测点进行一次重新布点，明确监测点权利和义务，制定价格监测点单位内部监测制度、监测流程、领导审核、报送台账、信息报送考核等规范化制度，价格监测点建设管理逐步规范。

2007年1月，根据新的《江苏省价格监测制度》，对全市监测品种、监测网络进行局部调整，增加成品油、煤炭、建材、种子等品种，价格监测点增加到174个，其中作为省级数据采价点39个、市级采价点（县、区）135个。对监测点实行动态管理，建立档案，上报省中心备案，部分监测点配备采价人员，农贸市场聘专人采价，确保采价及时、准确。

三、涉案财产价格鉴证

淮安市涉案财产价格鉴证工作始于1993年。是年8月，省物价局等10部门制定《江苏省赃物罚没物过期无主物纠纷财物价值估定办法》。此后，市、县公检法部门所有涉案物品价格鉴证委托价格事务所办理。1993年9—12月，全市接受委托开展涉案财产价格鉴证32起，鉴证金额近800万元。鉴证工作逐渐明确区分为刑事涉案财产价格鉴证（不收费，经费由同级财政保证）、涉诉讼类财产价格鉴证（按照谁委托谁付费原则和省物价局等部门制定的收费标准收取鉴证费用）。

1995年，接受司法机关委托，完成价格鉴证38起，鉴证值392万元。其中，公安机关委托赃物价格鉴证12起，法院委托经济纠纷价格鉴证26起。同年，还接受金湖法院、清河公安分局委托复议各1起。

1997年起，淮阴市开展道路交通事故车损评估工作。1999年，接受司法机关委托办理涉案物品价格鉴证118起，鉴证值超过1200万元。2000年6月，淮阴市价格事务所更名为淮阴市价格认证中心，加大涉案物品价格鉴证工作力度。市价格认证中心全年完成涉案物品价格鉴证170件，鉴证值1800万元；完成车损评估案件610件，评估值330万元。2003年，把刑事案件价格鉴证作为工作重点。全年办理涉案财产价格鉴证158件，鉴证值6200余万元。

2006年10月1日，《江苏省涉案财产价格鉴证条例》实施，涉案财产价格鉴证工作在价格认证工作中的地位凸显。2008年，淮安市出台对确有困难的委托人实施鉴证费用减免制度。当年完成刑事案件价格鉴证150件，鉴证值222万元；涉讼类涉案财产价格鉴证76件，鉴证值14445万元；车物损评估147件，评估值367万元。

四、价格认证

淮安市针对商品、服务等开展价格认证始于1999年。是年8月，国家计委发布《价格认证管理办法》。是年年底，为规范特殊商品处置行为，市价格事务所对市特殊商品专卖店商品变现价格进行事前价格认证。

2000年，根据省物价局《关于制止不正当降价行为的暂行办法》，市物价局对市区降价（优惠、打折）销售商品实行价格认证。年内，认证清江商场、新亚商城等6家商场国庆节前降价商品价格28起，认证金额3000万元。

2002年，淮安市将定（调）价前的成本认证工作交付认证中心办理。对市供电公司带电作业收费标准、市技术监督局有关计量收费标准进行成本认证。当年下半年，面对暴涨的房价，开始介入普通商品房定价前的成本认证业务。

2003年，为适应日益增加的价格认证业务，设立价格认证科。年内，对燃气公司管道天然气价格进行成本认证。2004年，突出价格成本审核认证，完成普通商品房成本认证10起，总建筑面积逾40万平方米；完成企业定（调）价前成本认证12件。《中国经济导报》以《淮安：价格认证服务经济社会发展》为题对淮安市价格认证工作进行报道。

2005年，淮安市加大房地产价格调控力度，对商品房成本认证工作也提出更高要求。开展商品房成本认证面积26万多平方米，审核出不应计入成本费用近1亿元，每平方米商品房成本平均下降340元。2006年，继续加大商品房成本认证工作力度，为价格主管部门制定普通商品房销售指导价提供依据。全年完成商品房成本认证20件，认证金额近9亿元。2007年，商品房成本认证工作被确定为当年工作重点。逐步建立成本认证技术规则，明确各项成本认定依据，增加成本认证工作的透明度。全年完成商品房成本认证36件，总面积90多万平方米；完成其他成本认证20件。

2008年，淮安市在对商品房定价前成本进行认证同时，出台各项政策稳定房地产市场。至当年10月底，完成商品房成本认证委托66件，认证总建筑面积逾200万平方米。同年11月，淮安市商品房价格全面实行市场调节价，商品房价格成本认证工作终止。

五、企业价格顾问服务

1993年起，淮阴市各级物价部门为适应市场经济需要，逐步放开商品价格管理权限。1993年年初，市价格事务所开始提供长年价格顾问服务。当年签订长年价格顾问企业46家，采取“走出去、请进来”的方式，为企业提供优质价格信息与价格事务顾问服务。市价格事务所挑选业务骨干，每月到各固定联系企业调研，帮助解决实际问题；在顾问户单位中发展联络员，定期或不定期邀请联络员座谈，听取建议和需求。当年4月，顾问单位泗阳县供电局因该县公路站向其征收公路岔道口费2.4万元，与收费单位发生纠纷，泗阳县供电局委托市价格事务所仲裁。市价格事务所在充分调查基础上，经请示省物价局，明确泗阳县公路站不应收取该费用，解决该纠纷。1993年，共派出340人次为企业上门服务，帮助19个企业建立健全有关制度，培训专兼职物价员25名，协调价格纠纷6起。

自1994年起，市价格事务所逐渐承担起司法鉴证和价格评估职能，价格顾问户工作相对弱化。1996年，全市发展顾问户280户。此后，随着价格改革的不断深化，价格信息公开化程度不断提高，价格顾问工作逐渐退出。

第六节 价格监督检查

一、财务、税收、物价大检查

1985年起，全国开展财务、税收、物价大检查。1988年，淮阴市物价检查所查处违法案件2959起，其中重大违法案件78起，依法没收非法收入446.44万元上缴国库。1989年10月，组织284人，组成94个“财务、税收、物价三大查”检查组，分别赴各有关企业帮助自查，进行重点抽查，查出违法案件487起，违法金额505.26万元。全市对9144个国营、集体、个体企业进行检查，参加检查3845人次，查处价格违法案件2952起，其中重大违法案件137起，没收非法收入861.33万元，罚款15.66万元，退还消费者67.57万元。1994年，市物价检查所除组织13个县（市、区）物价检查所开展大检查工作外，2次组织420家市直单位自查，对230个单位进行重点抽查；围绕粮油、猪肉等人民生活必需品价格和贯彻明码标价规定，组织6次大规模市场检查，历时59天，共检查经营单位和个体工商户1.6万多次；开展电力、农用柴油、粮棉收购、金融保险、教育、劳动收费等专项检查。全年查处价格违法行为和案件839起，非法所得7020余万元。至当年12月底，结案796起，其中一般价格违纪行为621起，一般价格违法案件98起，重大价格违法案件77起；没收非法所得1028.9万元，罚款15.3万元，退还用户1860.19万元，经济制裁总额2904.4万元。1995年、1996年，重点对市直160个单位进行检查，检查重点是公安、交通、教育和医疗收费，收缴非法所得70余万元，退还消费者6万多元。从1997年开始，全国“三大检查”逐渐被全国物价大检查取代。

二、专项检查

1984年7月，淮阴市成立物价检查所，各县亦相应建立物价检查所。1984年起，市物价检查所每年都开展多次经常性、计划性、系统性专项检查。检查生产资料价格成为当时价格监督检查重要内容。1986年，重点抓行业检查。全市查处重大物价违纪案件58起，一般物价违纪案件100起，一般物价违纪行为2462起，实行经济制裁92.47万元。

1987—1989年，价格监督检查主要是防乱涨、治乱收，以关系国计民生的重要商品和服务收费为监督检查重点，开展生产资料、日用工业品等多项检查活动。1987年，全市认定重大违法案件46起，一般案件170起，违法行为2846起，实行经济制裁229.99万元。

1990年，对电力、农资、纺织、盐业、运输、教育、自行车看管等行业进行专项检查，特别是电力、教育收费及自行车看管收费检查，声势大、范围广。1991—1993年，主要进行农用生产资料价格大检查，保证正常农业生产。

1994年、1995年，主要是抑制通货膨胀，以治理"三乱"、控制物价过快上涨为目标，开展以行政事业性收费、电力价格、教育收费、医疗收费、农用物资等为重点的专项检查。1996年，对全市涉农收费和农资价格进行专项检查，共出动369名物价检查人员，对全市311个乡镇（场、圃）2383个涉农收费单位和498个农资生产经营企业进行检查，查处重大价格违法案件284起，一般违价行为1038起，退还农民500多万元。对全市6个供电局进行电价和服务收费检查，查处属于地方政府乱集资行为5种，自立名目乱收费12种，查出违法金额2000余万元。

1999年，淮阴市坚持以"清费、治乱、减负"为工作重点，开展价格监督检查。2000年，开展电信资费、电力价格、农资价格、药品价格、教育收费、公安收费、春运价格专项检查。

2001年，开展药品价格和医疗服务收费专项检查，检查医药卫生单位33个，查出价格违法金额568万余元。开展农村电价和农网改造专项检查，检查面100%。2003年，检查全市所属6个县（区）供电公司2001年后电价政策执行情况，重点是同网同价政策、低维费政策执行情况。共查处6大类21项价格违法行为，查出违价金额3405万元。在防治"非典"时期，开展成品油价格检查，抽查108个加油站，保障正常社会秩序。

2005年，市物价检查分局继续开展涉农价费检查。同年，全市组织33个检查组，出动检查人员120人次，对全市中小学校、民政、计划生育、生猪屠宰、建设、国土等518个单位于2004年1月1日后发生的收费执行情况进行检查。共查处违法案件175件，查出违法金额102万元，并分别视违纪情节轻重予以依法处理。2006年，围绕政府关注、群众关心、社会关切热点问题，开展8次规模较大的价费专项检查。

2008年，全市查处涉农价费案件64件，查出违法金额120万元，处理调解投诉35起，发放价格政策法规宣传单3000余份，接受价格咨询332件，受理投诉案件56件，更换和新设惠农收费公示牌263块。年内，还组织药品价格和医疗收费专项检查和电信资费检查，查出4大类22个问题，均予以处罚和纠正。

1988—2008年淮安市价格监督检查情况表

表22-32　　　　单位：万元

年份	查处违法案件数（件）	查处违法所得金额	没收违法所得金额	罚款	退还用户金额	实施经济制裁金额
1988	48	235.40	14.30	—	16.00	30.30
1989	127	694.48	20.80	—	105.00	125.80
1990	486	735.21	294.13	0.25	6.80	301.18
1991	510	1950.00	—	—	115.00	115.00
1992	479	1876.00	105.00	—	116.00	221.00
1993	120	261.00	—	—	89.00	89.00
1994	796	1602.00	150.00	—	77.00	227.00
1995	510	1537.00	158.00	—	81.00	239.00

续表 22-32

年份	查处违法案件数(件)	查处违法所得金额	没收违法所得金额	罚款	退还用户金额	实施经济制裁金额
1996	622	1628.00	171.00	—	101.00	272.00
1997	1664	3670.00	495.00	35.69	1663.00	2193.69
1998	1700	3760.10	350.00	6.00	183.00	539.00
1999	345	1556.06	264.20	5.63	256.50	526.33
2000	1307	1161.84	418.76	—	344.11	762.87
2001	1271	2525.36	459.64	—	254.65	714.29
2002	592	905.58	247.16	—	53.40	300.56
2003	665	647.40	380.00	—	62.84	442.84
2004	230	671.41	465.56	0.30	7.08	472.94
2005	255	2660.00	460.00	—	—	460.00
2006	205	1660.00	331.73	0.30	—	332.03
2007	82	1800.00	454.81	1.07	—	455.88
2008	56	1600.00	481.09	1.49	—	482.58
合计	12070	33136.84	5721.18	50.73	3531.38	9303.29

第四章　质量技术监督

1978年，淮阴地区设有清江市计量管理所，隶属于淮阴专区科委。1978—1984年，质量技术监督工作多头、分散管理，标准宽严不一。1984年4月，淮阴市组建市标准计量局，为副处级建制，归口市经委管理，将计划委等部门的相关职能划入，初步形成质量、计量、标准化“三位一体”管理体制。1985年10月，成立淮阴市产品质量监督检验所。1986年5月，成立淮阴市纤维检验所。1988年9月，成立淮阴市标准计量情报所。1996年9月，组建淮阴市技术监督局，升格为正处级单位，负责统一管理和组织协调全市标准化、计量、质量工作。2000年1月，国务院决定质量技术监督部门实行省以下垂直管理，市技术监督局更名为江苏省淮阴质量技术监督局，原经委部门的质量管理、生产许可证管理和原劳动部门的特种设备安全监察职能、人员、技术机构成建制划入。2002年11月，市电力、邮电行政管理部门承担的用于贸易结算的电能表、电话计费器等计量器具强制检定行政监督管理职能，农药质量工作的宏观指导和农药质量监督职能划入；流通领域商品质量监督管理职能划至市工商行政管理局；产品质量纠纷仲裁职能交给人民法院或社会中介组织承担。2008年，江苏省淮安质量技术监督局内设12个职能处室，下辖7个县(区)局、5个直属单位，设有质量、计量、标准、特种设备安全4个协会。全市质监系统共有在职人员506人，其中行政人员124人、稽查人员118人、其他事业编制人员264人。

第一节　质量管理

一、产品质量管理

改革开放初期，淮阴地区工业企业技术基础工作比较薄弱。20世纪80年代后期，企业产品质量缓慢上升，市场上假冒伪劣商品较多。

1986—1990年，淮阴市标准计量局针对企业技术基础工作薄弱状况，组织开展“质量、品种、效益年”活动，提升企业质量管理水平。

1991—1995年，全市继续开展“质量、品种、效益年”活动，推行成本、质量、安全三项否决制度，质量管理取得实效。1993年9月，《中华人民共和国产品质量法》颁布实施，市产品质量监督管理据此执行。1994年，全市97.5%的大中型企业产品质量稳定提高。

1996年，全市开展“企业管理年”活动，将质量管理纳入《全市工业企业五项管理达标考核细则》。当年起，质监部门在全市重点企业开展“质量企业行”活动，多次组织专家组到企业现场指导、诊断解决质量问题，引导企业进行ISO 9000国际质量管理体系认证，推广《卓越绩效评价准则》等科学的质量管理方法，促进企业更新企业质量理念，运用先进的统计分析技术，提高企业质量管理水平，增强企业科学发展的质量基础。同年，全市产品批次抽检合格率82%。农药、种子、化肥、进口家电、食品、饮料、纤维制品批次抽检合格率80%，略高于全国平均水平。1996—1998年，全市产品合格率为80%～85%。1999年，全市产品合格率达90%以上，较1998年上升近10个百分点。1999年，淮阴卷烟厂、清江电机股份有限公司2家企业获得“江苏省质量管理奖企业”称号，实现淮阴质量管理奖企业零的突破。

2002年12月，全市质量与品牌建设工作会议召开，印发《关于开展质量兴市活动的意见》。质监管理部门围绕质量振兴目标，广泛开展“质量兴县（区）”“质量兴企”活动。2003年9月，金湖县在苏北地区率先通过省级“质量兴县”验收，同时被表彰为江苏省“质量兴市”先进市（县）。

2004年，加强产品质量源头管理，抓好市场准入、监督检查和整改督查。抽检机械、电子、化工等行业重点产品1038批次，平均合格率85%。2005年起，在全市企业开展“质量立市、品牌兴市”活动，帮助企业建立质量、计量、标准化管理体系，推动企业全面提升产品质量。

2006年，全市通过ISO 9000认证的企事业单位达352家。2007年8—12月，对产品质量和食品安全开展专项整治，完成“专项整治12个100%”目标。全市县以上农产品批发市场全部纳入质量安全监测范围；465家企业516个单元产品100%获食品生产许可证；120家食品生产加工小作坊100%签订质量安全承诺书；市区和县城经营食品的批发市场100%建立进货索证索票制度；乡镇、街道、社区食品店100%建立食品进货台账制度；食堂和县城以上城市餐饮经营单位全部建立原料进货索证制度；市区和县城进点屠宰率100%；市区和县城所有市场、超市、集体食堂、餐饮单位销售和使用的猪肉全部来自定点屠宰企业；全市161家生产企业的14类涉及人身安全健康产品全部建立质量档案；非法进口的肉类、水果、废物等全部退货或销毁，出口食品运输包装全部加贴检验检疫标志；备案种植养殖场、注册出口食品加工企业清查工作全部完成。

2008年，全市产品国家级监督抽查15批次，合格12批次，合格率80%；省级监督抽查353批次，合格318批次，合格率90.1%。至当年年底，全市有江苏今世缘酒业有限公司、市供电局等12家企业获省质量管理奖和省服务质量奖，39家企业获市质量管理奖和市服务质量奖；372家企业通过ISO 9001质量管理体系认证，156家企业进入质量管理体系验收程序；全市220家企业的240个产品获得工业产品生产许可证；有9家企业、24个产品分别被评为省质量诚信企业和省质量信用产品。

二、品牌建设

1992年起，淮阴市实施品牌战略，营造有利于品牌发展的社会环境，形成促进品牌成长的长效机制，全方位、多层次推进品牌战略。当年确定12个重点产品实施名牌战略。1996年，全市有2个产品获得省级“免检产品”称号，有22个产品获得市级“免检产品”称号。1997年，确定30个重点产品实施名牌战略。1997年，全市有省、市名牌产品39个，其中省级5个、市级34个。

1998年，全市实施“打假保名牌”工程，将今世缘系列酒、古顺河系列酒、第一泉酒、“84”消毒液、恒河系列香醋、“金莲”牌卫生纸、“全兴”牌电缆、一剪梅日化用品、三益电器、正大饲料10个名优产品列入该工程进行保护。

1999—2003年，全市继续实施“名牌战略”，加大对名牌产品培育、扶持、保护、宣传力度。2004年，全市新增淮安名牌产品44个，新认定江苏名牌产品11个。

2005年3月，淮安市出台《淮安市名牌战略实施纲要》和《关于实施名牌战略加快推进品牌建设的意见》。2005年9月，“辉煌”牌太阳能热水器被评为淮安市首个“中国名牌产品”。2006年9月，“康尔馨”牌毛巾被评为“中国名牌产品”。2007年10月，“金康达”牌水产饲料被评为“中国名牌产品”。

至2008年，全市拥有名牌产品205个，其中中国名牌产品3个（辉煌太阳能热水器、康尔馨毛巾、金达康水产饲料）、省级名牌产品36个、市级名牌189个。

2008年淮安市省级名牌产品表

表22-33

序号	企业名称	产品名称
1	江苏安邦电化有限公司	“清农”牌农药（乙烯剂、噻嗪酮、杀虫单（双）、硫丹、杀虫单（双）
2	江苏爱吉斯海珠机械有限公司	“爱吉斯海珠”牌汽缺套
3	江苏清拖农业装备有限公司	“江苏”牌轮式拖拉机
4	江苏金湖输油泵有限公司	“JH”牌输油泵
5	江苏金湖输油泵有限公司	“JH”牌提前器
6	江苏金石机械集团有限公司	“JMP”牌井口设备及采油树
7	江苏红光仪表厂	“连环”牌热工仪表
8	淮安淮海塑钢型材有限公司	“淮海”牌门、窗用未增塑聚氯乙烯型材
9	江苏理士科技有限公司	“LEOCH及图型”牌铅酸蓄电池
10	江苏淮阴辉煌太阳能产业有限公司	“辉煌”牌太阳能热水器
11	江苏中烟工业公司（淮阴卷烟厂）	“一品梅”牌卷烟
12	江苏爱特福药物保健品有限公司	“84”牌好帮手天然活性洗洁灵
13	江苏金莲纸业有限公司	“金莲”牌皱纹卫生纸
14	江苏沙钢集团淮钢特钢有限公司	“淮钢”牌低合金高强度汽车大梁用Q345B扁钢

续表22-33

序号	企业名称	产品名称
15	淮安市恒晟米业有限公司	“苏王”牌大米
16	江苏省淮安新丰面粉有限公司	“新象”牌小麦粉
17	江苏民康油脂有限公司	“民康”牌食用植物油
18	淮安市老侯珍禽养生食品有限公司	“老侯”牌老侯捆鸭肘
19	淮安市康达饲料有限公司	“金康达”牌饲料
20	涟水县丰禾化工有限公司	“安丰”牌农业用碳酸氢铵
21	淮安市万邦香料工业有限公司	“蝴蝶”牌香料香精
22	江苏安邦电化有限公司	“ANPON（图形）”牌邻甲苯胺
23	江苏安邦电化有限公司	“ANPON（图形）”牌吡蚜酮
24	洪泽大洋化工有限公司	“银珠”牌工业无水硫酸酮
25	江苏新金菱电缆有限公司	“金菱”牌聚氯乙烯绝缘聚氯乙烯护套电力电缆
26	江苏省金象减速机有限公司	“金象”牌减速机
27	江苏金石机械集团有限公司	“JMP”牌节流压井系统设备
28	江苏沙钢集团淮钢特钢有限公司	“淮钢”牌高碳铬轴承钢
29	江苏东方乐器有限公司	“蜜蜂”牌口琴
30	江苏金叶粮油食品有限公司	“金叶”牌挂面
31	淮安市康达饲料有限公司	“金康达”牌克氏原螯虾
32	江苏淮阴正大有限公司	“淮大”牌饲料
33	淮安天参农牧水产有限公司	“天参”牌水产饲料
34	江苏日高蜂产品有限公司	“福标”牌蜂产品（蜂蜜、蜂王浆）
35	涟水县高沟绿缘捆蹄厂	“圆绿”牌捆蹄
36	淮安市永顺德肉联厂	“大志”牌白条肉

2008年淮安市市级名牌产品表

表22-34

序号	企业名称	产品名称
1	淮安市康宝食品厂	“康宇”牌饮用纯净水、碳酸饮料
2	盱眙县楚雪粮油食品有限公司	“楚雪”牌挂面
3	淮安市巧香源食品有限公司	“巧香源”牌面包、糕点
4	江苏洪泽湖啤酒有限公司	好得啤酒
5	金湖县西苑绿野茶厂	“西苑”牌蒿茶
6	江苏长城消防有限公司	“宙斯盾”牌防火门
7	淮安市三越塑胶有限公司	“凯捷”牌建筑用绝缘电工套管、排水管材
8	淮安市淮水管业有限公司	“淮水”牌给水用管材、给水用HDPE管材

续表 22-34

序号	企业名称	产品名称
9	淮安利邦化工有限公司	“HOPE”牌聚氨酯防水涂料
10	淮安市造漆厂有限公司	“海星”牌涂料
11	淮安市净水剂厂	“清影”牌聚合氯化铝
12	江苏安特汽车制造有限公司	“永旋”牌半挂车、罐式车等改装车
13	淮安市惠民汽车配件制造有限公司	“惠民”牌电涡流缓速器、客车门泵
14	江苏全兴电缆有限公司	“全兴”牌电线电缆
15	淮安市浦楼酱醋食品有限公司	“浦楼”牌酱油、食醋
16	淮安华威饲料发展有限公司	“华特威”牌畜禽用系列饲料
17	淮安市古运河酒厂	“魏师傅”牌系列白酒
18	淮安市顺河矿泉水饮料有限公司	“古顺河”牌矿泉水
19	淮安市晶星米业有限公司	“楚东”牌大米
20	淮安市外婆家食品有限公司	“外婆家”牌醉鱼
21	淮安市一洲毛巾有限公司	“一洲”牌毛巾
22	淮安市嘉德依食品有限公司	“家得龙”牌挂面
23	淮安市淮阴花园香酿酒厂	“义和泉”牌白酒
24	淮安市兴立乳业有限公司	“朋缘”牌乳制品及含乳饮料
25	淮安市淮阴大北农饲料有限公司	“新淮”“农香”牌畜禽用系列饲料
26	淮安市港凌包装有限公司	“GL”牌塑料软包装编织袋
27	淮安市淮阴辉煌真空镀膜有限公司	“日情”牌全玻璃太阳能真空集热管
28	淮安锦纶化纤有限公司	“淮安锦纶”牌锦纶6浸胶帘子布
29	涟水鸿鹄化纤有限公司	“鸿鹄”牌化纤短纤维
30	淮安市东明太阳能有限公司	“东明”牌太阳热水器
31	涟水县丰禾化工有限公司	“安丰”牌农业用碳酸氢铵
32	涟水县高沟绿缘捆蹄厂	“圆绿”牌捆蹄
33	涟水县新星水泥有限公司	“威猛“牌普通硅酸盐水泥
34	涟水磷肥有限公司	“三金”牌复混肥料
35	涟水县高沟康强捆蹄厂	“康强”牌捆蹄
36	涟水县高沟好人缘酒厂	“好人缘”牌白酒
37	淮安市康达饲料有限公司	“金康达”牌野马追饲料添加剂
38	江苏岛田粮油食品有限公司	“岛田”牌大米
39	金湖县金穗米厂	“荷乡”牌大米
40	金湖县芗园饮品开发有限公司	“芗园”牌蒿茶
41	江苏神华药业有限公司	“密环”牌自维胶囊
42	江苏金湖输油泵有限公司	“JH”牌供油角度自动提前器

续表22-34

序号	企业名称	产品名称
43	江苏华海测控技术有限公司	“华海”牌压力变送器
44	金湖小青青机电设备有限公司	“小青青”牌振动式渔塘投饲机、叶轮式增氧机
45	江苏红光仪表厂	“苏仪”牌智能射频导纳料位仪
46	江苏爱特福药物保健品有限公司	“5A”牌消毒液、“九里荒”牌蒿茶、“老好”牌空气净化液
47	金湖县广原油脂有限公司	“花星”牌菜籽油
48	江苏尔俊电缆有限公司	“尔俊”牌电线电缆
49	江苏理士科技有限公司	“理士（LEOCH）”牌铅酸蓄电池
50	洪泽县万佳面业有限责任公司	“东骑”牌小麦粉、挂面
51	江苏省苏粮米业有限责任公司	“岔河”牌大米
52	江苏申农肥业有限公司	“申农”牌复混肥料
53	洪泽县绿农生物有机肥厂	“淮绿”牌有机—无机复混肥料
54	洪泽县光明门窗有限公司	“汇涓”牌塑钢门窗、铝合金门窗
55	洪泽县恒利机械有限责任公司	“恒利”牌紧固件
56	淮安高杨情蛋业有限公司	“高杨情”牌草鸡蛋
57	淮安市原森木门厂	“丽林”牌免漆室内门
58	淮安市宏宇科技开发有限公司	畜禽预混合饲料和浓缩料
59	淮安市老侯珍禽养生食品有限公司	捆鸭肘
60	江苏民康油脂有限公司	食用油
61	淮安市赵集粉丝厂有限公司	天泉水晶粉丝
62	淮安纵横生物科技有限公司	牙膏
63	江苏白玫糖业有限公司	绵白糖
64	上海太平洋化工（集团）淮安元明粉有限公司	元明粉
65	淮安市凌桥米业有限公司	大米
66	江苏鼎元科技发展有限公司	麦（稻）秸秆人造板
67	江苏妙通纺织有限公司	纯棉、人造棉、涤粘
68	江苏东方乐器有限公司	口琴
69	淮安佳惠金属制品有限公司	钢质进户门
70	涟水县河网飞波粮油加工厂	大米、小麦粉
71	淮安市日益福床具有限公司	日益福床垫
72	淮安市永顺德肉联厂	白条肉、红条肉
73	涟水县高沟捆蹄有限公司	捆蹄
74	江苏省涟水县阀门厂	尿素专用阀
75	江苏今世缘糖果食品有限公司	糖果、果冻、糕点
76	涟水磷肥有限公司	过磷酸钙

续表22-34

序号	企业名称	产品名称
77	江苏苏美食品有限公司	香醋
78	江苏苏美食品有限公司	大米
79	淮安市恒晟米业有限公司	大米
80	淮安市兴隆米业有限公司	兴隆珍珠米
81	淮安市华泰化工有限公司	N-甲基吗啉-N-氧化物
82	淮安市电子材料厂	锌锡合金丝
83	淮安市飞洋钛白粉制造有限责任公司	钛白粉
84	江苏古顺河酒业有限公司	白酒
85	淮安市华鼎粮油有责任限公司	面粉
86	淮安康得乐食品有限公司	茶馓
87	淮安市楚州区第二饮食服务有限公司	蟹黄汤包
88	淮安市国业日化有限公司	蚊香
89	淮安市楚州区马北童林酒厂	黄酒
90	淮安市奥斯忒食品有限公司	蒲儿菜罐头
91	淮安市钦工肉类制品有限公司	肉圆
92	淮安市楚州区鼎丰米厂	大米
93	淮安市华夏毛巾有限公司	毛巾
94	江苏大明宫酒业有限公司	白酒
95	盱眙万事兴家具有限公司	席梦思床垫
96	淮安市康达饲料有限公司	畜禽饲料
97	盱眙县德尔人造板有限公司	中密度纤维板
98	江苏打石山水泥总厂	普通硅酸盐水泥
99	江苏瑞泽农化有限公司	25%噻嗪酮可湿性粉剂（休斯）、36%丁·口恶乳油（旱秧草灵）、10%苯磺隆可湿性粉剂（开锄）
100	洪泽建材机械有限公司	水泥包装机、叠包机
101	洪泽县共和镇举能米厂	大米
102	洪泽县东双沟镇鑫谷米厂	大米
103	洪泽县岔河士云粮食加工厂	大米
104	洪泽东泰人造板有限公司	人造板
105	江苏九牛水泥有限责任公司	普通水泥
106	江苏三企食品有限公司	速冻米面制品
107	江苏宇航特种线缆有限公司	电线、电缆
108	淮安市维尔特电气有限公司	电线、电缆
109	江苏星羽电缆有限公司	电线、电缆
110	江苏轻仟纺织有限公司	纯棉纱

续表22-34

序号	企业名称	产品名称
111	金湖县沁沁食品有限公司	冰糖、赤砂糖
112	江苏金石机械集团有限公司	井口设备及采油树
113	金湖县宏天米业有限公司	大米
114	金湖卫东机械有限公司	井口装置采油树、高压阀门
115	淮安市老农庄食品有限公司	大米
116	淮安市新淮开电气设备有限公司	太阳能热水器
117	淮安通威饲料有限公司	畜禽、水产饲料
118	江苏安邦电化有限公司	乙烯利
119	江苏天士力帝益药业有限公司	葡醛内酯
120	中国石化集团清江石油化工有限责任公司	低硫低芳烃特种溶剂油
121	淮安新希望饲料有限公司	鱼饲料
122	江苏省淮安新丰面粉有限公司	中筋小麦粉
123	淮安市清江托普轴承有限公司	轴承
124	江苏瑞洁塑料管材管件有限公司	给水用聚乙烯管材管件
125	淮安市百家丽涂料有限公司	外墙乳胶漆
126	江苏朗华科技有限公司	实木门
127	淮安淮海塑钢型材有限公司	未增塑聚氯乙烯型材
128	淮安市味美酱醋食品厂	酱油
129	淮安科达工业泵厂	计量泵
130	淮安天参农牧水产有限公司	畜禽、水产饲料
131	淮安市清淮机械有限公司	旋耕机
132	淮安市淮胜电缆厂	架空绞线、交联聚乙烯绝缘电力电缆
133	淮安市大胜塑钢型材有限公司	PVC塑料型材、塑料窗
134	淮安市中邦涂料有限公司	丙烯酸内外墙乳胶漆
135	淮安市造漆厂有限公司	涂料
136	江苏省神工机械制造集团有限公司	减速机
137	江苏清江药业有限公司	益肾痹丸
138	洪泽县蒋坝镇渔网具协会	虾笼、地笼
139	江苏正兴建设机械有限公司	塔式起重机
140	江苏爱特福股份有限公司	“FMT”牌便携式锂电高磁动力车
141	江苏杰创科技有限公司	“杰创”牌整体结构式压力（差压）变送器
142	江苏神华药业有限公司	“密环”牌灵芝胶囊
143	江苏三禾鞋业服饰有限公司	“仙履兰”牌室内工艺拖鞋
144	金湖县金水食品厂	“金水”牌再制蛋

续表22-34

序号	企业名称	产品名称
145	江苏亚美食品有限公司	“亚美”牌速冻面米食品
146	江苏全味食品有限公司	“全味”牌豆制品
147	洪泽县岔河镇正国米厂	“岔鑫”牌大米
148	江苏特茵非织布有限公司	“特茵”牌非织布复合高效过滤口罩
149	淮安锦惠特种纤维有限公司	“锦惠”牌涤纶预取向丝
150	涟水县弘保禽业合作社	“弘保”牌鸡蛋
151	江苏涟阀阀门制造有限公司	“涟阀”牌阀门
152	涟水县杨口草鸡养殖协会	“杨口”牌鸡蛋
153	涟水县南林米厂	“庆缘”牌晚籼米
154	江苏涟水制药有限公司	“涟药”牌盐酸阿比多尔颗粒
155	涟水县高沟捆蹄厂	“国缘”牌捆蹄
156	涟水东成食品有限公司	“妙东”牌鲜冻白条肉
157	淮安市幸福食品有限公司	“老俞”牌系列糕点
158	淮安市卞老二炒货有限公司	“卞老二”牌系列瓜子
159	淮安苏粤食品加工厂有限公司	“苏粤”牌乳鸽
160	淮安万邦香料工业有限公司	“蝴蝶”牌L-香芹酮
161	淮安康维化工科技有限公司	“卧尔康”牌海绵、枕垫制品
162	淮安市淮阴金鑫面粉厂	“韩侯”牌小麦粉
163	淮安市正林炒货食品有限公司	“纤手”牌系列瓜子
164	淮安市淮阴区金阳光米厂	“新一季”牌大米
165	淮安市华东减速机制造有限公司	“华松”牌减速机
166	淮安市淮阴韩侯酒业有限公司	“韩侯”牌大曲酒
167	淮安市淮阴区蔬菜科技开发部	“丁集”牌黄瓜、草菇
168	淮安市赵集国华食品有限公司	“赵集”牌粉丝
169	淮安乔氏建材发展有限公司	“乔氏”牌钢化中空安全玻璃
170	江苏省淮源矿业有限公司	“淮源”牌脱色白土
171	盱眙博图凹土高新技术开发有限公司	“BOTU”牌中空玻璃干燥剂
172	江苏日高蜂产品有限公司	“福标”牌蜂产品
173	江苏万德福米业有限公司	“有缘”牌大米
174	盱眙县鹏胜矿业机械制造有限公司	鹏牌PS系列集料整形机、破碎机
175	淮安市康达饲料有限公司	“金康达”牌养殖河蟹、龙虾
176	淮安市永泰米业有限公司	“楚雪”牌大米
177	淮安市楚州酒业有限公司	“楚州”牌浓香型白酒
178	江苏爱心智能科技有限公司	“奇智奇才”牌计算机软件

续表22-34

序号	企业名称	产品名称
179	淮安市新桥酿造厂	“淮美”牌酱油、醋
180	江苏大山面粉实业有限公司	“楚面”牌小麦粉
181	淮安市天赐源磁化太阳能有限责任公司	“天赐源”牌磁化太阳能
182	淮安博士眼镜有限公司	“博士”牌眼镜
183	淮安市建设机械有限公司	“金达”牌塔式起重机
184	江苏李龙食品有限公司	“李龙”牌果蔬罐头（胡萝卜、蘑菇）
185	淮安华威饲料发展有限公司	“华特威”牌水产配合饲料
186	江苏淮阴正大有限公司	“淮大”牌饲料
187	江苏淮龙新型建材有限公司	“伟圣”牌粒化高炉矿渣粉
188	江苏天峰特种电缆厂	“天峰”牌聚氯乙烯绝缘控制电缆、聚氯乙烯绝缘电力电缆
189	淮安市鼎盛太阳能有限公司	“盛升”牌太阳能热水器

第二节　标准化管理

一、工业标准化

1978年，淮阴市标准化工作逐步恢复。1979年，在有关企业贯彻“形位公差”和“机械制图”国家标准。清江市计量标准管理所帮助大中型企业引标、靠标21个，制定和发布企业、地方标准12个，使市区企业主产品基本达到有标生产。

1984年4月，淮阴市标准计量局成立。1986年2月，由市标准计量局牵头，建立各工业局（公司）、农业局专职技术人员组成的淮阴市标准化技术管理网，负责各企业标准化管理和产品标准审查。1986年，对化工医药、轻工、纺织、机械电子、冶金等工业公司和卫生局、农业局、城建局下属的481个企业946种产品执行标准情况进行调查。经查，有标准的产品762种，标准覆盖率79.71%，其中执行国家标准152种、执行部颁标准433种、执行企业标准177种；有184种产品无标生产。市标准计量局印发《关于加强产品标准工作的通知》。同年，淮阴市印发《淮阴市企业标准化管理办法》，规定凡一切正式批量生产的工业产品、重要农产品都要制定标准；标准内容包括主要技术指标参数、公式、性能、试验验证项目分析、试验方法等；标准由企业制定，各主管部门标准化技术委员会审查，市标准计量局批准、编号、发布。1986—1987年，市标准计量局共发布淮阴市企业产品标准、地方标准427个。

1989年4月，《中华人民共和国标准化法》颁布施行。20世纪90年代后，全市按照《企业标准体系》系列国家标准要求，运用标准化原理和方法，建立健全以技术标准为主体，包括管理标准和工作标准在内的企业标准体系并有效运转，在生产、经营等各个环节都实行标准化管理。引导优势企业和产品出口企业采用国际标准和国外先进标准组织生产，提高产品质量和管理水平，增强市场竞争力。

1994年，全市有22个企业产品采用国际标准和国外先进标准。市涤纶长丝厂“绦纶超细旦低弹网络丝”产品通过采用国际标准验收后，获得国家级新产品证书，是淮阴市第一个采用国际标准和国外先进标准并获得该证书的企业。

1995年起，在全市推动消灭“无标”生产工作。1996年，全市工业产品标准覆盖率90%以上。1998年，全市工业企业产品标准覆盖率在98%以上，通过省级消灭“无标”生产工作验收。1999年后，全市工业企业产品标准覆盖率均在95%以上。

2000年后，全市围绕工业结构调整目标，以转变经济增长方式为核心，继续依托高新技术标准化工作优化工业产业结构。通过产业结构升级、优化等标准化活动，开展新技术标准制定、推广、实施工作，鼓励行业内竞争力强的企业以企业联盟、产业集群等多种形式共同开发体现淮安市行业核心竞争力的技术标准，支持中小企业制定体现专、新、特、精技术特点的产品标准。

2001年，全市继续推动消灭“无标”生产工作。工业企业产品标准覆盖率保持在96%以上。2004年，有3家企业被国家标准委认定为“标准化良好行为”试点企业。2005年，有10家企业被认定为省级“标准化良好行为”试点企业。

至2008年年末，全市工业企业产品标准覆盖率在96%以上。有6家企业通过国家级、省级“标准化良好行为”试点确认，有240个产品采用国际标准和国外先进标准。江苏安邦电化有限公司等5个企业申报国家专业标准化工作组，洪泽县海珠气缸套有限公司有4个起草标准被国家标准委发布。

二、农业标准化

20世纪80年代，淮阴市农业标准化工作主要是延续20世纪70年代以后开展的育种标准化，重点是稻、麦、油菜籽、棉花等农作物新品种选育及其高产配套栽培技术应用推广。

20世纪90年代，增加农副产品加工生产标准化，主要是脱水蔬菜、淡水水产品加工等，规模不大。农业标准化工作主要围绕促进农业增效、农民增收和加快社会主义新农村建设目标，从农业标准体系建设、农业标准推广实施、农产品品牌培育和农业标准化知识宣传培训等方面，以工业理念谋划和实施农业标准化各项工作。1998年，开始建设农业标准化示范区，并按照标准化打造农业名牌产品。

2001年，淮安市出台《关于加快推进农业标准化工作的实施意见》，农业标准化工作步伐加快。发挥农业企业、专业合作组织和广大农民积极性和创造性，探索出“公司+基地+农户+标准”“协会+农户+标准”等多种经营模式。示范区基本做到生产、加工、流通主要环节标准化管理，许多项目实现产业化，达到“选好一个项目，建立一个体系（标准体系），形成一个龙头，创立一个品牌，致富一方百姓”目标。

2003—2007年，修订完成“无公害淮山药”“稻田养殖青虾”“商品肉鸽”“商品肉鸽乳鸽”“盱眙龙虾”等省级地方标准，建成一大批农业标准化示范区。淮阴区的出口蔬菜省级标准化示范区333.33公顷基地的蔬菜产品全部出口日本，完全符合日本农产品质量标准。金湖县1.33万公顷省级优质专用弱筋小麦示范区，累计生产36.23万吨优质弱筋小麦，农户户均增收1482.98元；国家优质荷藕示范区示范种植1万公顷，农户人均年增收150元。盱眙县的盱眙龙虾省级标准化示范区通过制定盱眙龙虾地方标准、申报盱眙龙虾国家地理标志保护产品等标准化工作，带动当地对外贸易、旅游和饮食业发展，龙虾产业成为盱眙县经济支柱产业。洪泽县有机稻米国家级农业标准化示范区，种植“淮上珠”牌有机米，在北京、上海、南京、苏州、无锡、常州等大中城市热销。

至2008年年末，全市建设农业标准化示范区57个，其中国家级4个、省级13个、市级40个，覆盖面积4万公顷，生产畜禽80万头（羽），带动20万农户获得经济效益5.5亿元。制定、修订省、市农业地方标准190项，大宗农产品、无公害农产品标准基本配套成体系，优势农产品、特色农产品、出口农产品生产领域基本改变“无标”生产状况。

2008年淮安市农业标准化示范区项目情况表

表22-35

序号	级别	项目名称	承担单位	建成年份
1	国家级	有机稻米	洪泽县人民政府	2001
2	国家级	无公害河藕	洪泽县人民政府	2004
3	国家级	新淮猪养殖	淮安市人民政府	2008
4	国家级	莲藕	金湖县人民政府	2008
5	省　级	稻田养殖	楚州区人民政府	1998
6	省　级	肉鸽养殖	淮阴区人民政府	1998
7	省　级	有机稻米	洪泽县人民政府	2001
8	省　级	种草养鹅	洪泽县人民政府	2002
9	省　级	无公害河藕	洪泽县人民政府	2004
10	省　级	20万亩弱筋小麦	金湖县人民政府	2004
11	省　级	出口创汇无公害蔬菜	淮阴区人民政府	2004
12	省　级	优质莲藕	金湖县人民政府	2005
13	省　级	无公害草鱼高效养殖	楚州区人民政府	2006
14	省　级	斑点叉尾鮰标准化养殖	洪泽县人民政府	2006
15	省　级	优质肉鸡	盱眙县人民政府	2006
16	省　级	无公害浅水藕	涟水县人民政府	2006
17	省　级	苏禽青壳蛋鸡饲养	涟水县人民政府	2007
18	省　级	无公害克氏原螯虾养殖	盱眙县人民政府	2007
19	省　级	新淮猪养殖	淮安市人民政府	2008
20	省　级	河蟹、克氏原螯虾生态混养	楚州区人民政府	2008

三、服务标准化

1998年，淮阴市服务标准化工作起步，在燃油加油行业开展服务标准化试点工作，完成4个加油站服务标准化验收，此后在全市石油系统推开。

2000年，淮阴市制定出台洪泽朱坝活鱼锅贴城服务标准，并在洪泽县召开服务标准实施动员大会；起草制定淮阴市区美容美发行业定等定级服务标准和淮阴市购物放心、服务满意示范一条街服务通用标准，并在市区服务行业贯彻实施。

2005年起，在重点旅游企业推行ISO 9000质量体系认证。2008年，服务标准化工作在第三产业深入拓展，组织旅游、体育、通讯、供电等部门开展服务标准化工作，申报省级服务业地方标准4项、服务标准化试点7项。中国移动淮安分公司成为淮安市首家服务标准化试点单位。至2008年年底，淮安市有标准化良好行为企业32户，采用国际标准或国外先进标准产品170件，农业标准化示范区项目49个，主导制定国际标准、国家及行业标准10个，参与制定国际标准、国家及行业标准20个。

第三节　计量监督管理

1978年，国家经委在全国开展“质量月”活动，各企业开始建立计量部门。清江市各工业局把计量工作列入考核范围，开展互查活动。至1982年年末，清江市建立计量机构的企业有35个，计量专兼职人员223人。

1985年3月，根据国家计量局颁发的《工业企业计量工作定级升级办法（试行）》，淮阴市标准计量局拟定实施意见。至当年年底，考核合格企业37个，其中2级计量企业2个、3级计量企业35个，均发给国家计量局统一印制的合格证书。1986年，市标准计量局为企业办培训班14期，提高企业计量人员业务素质。淮安无线电元件厂因缺少计量检测手段和技术，产品质量较差。1986年，在市标准计量局帮助下，该厂选派人员外出培训，添置检测设备，使产品合格率达到99.3%以上。

1986年7月，《中华人民共和国计量法》（以下简称《计量法》）实施。1987年，全市有一级计量企业2个、二级计量企业57个、三级计量企业309个。1987—1988年，市标准计量局在全市组织实施《计量法》。1988年，对全市社会公用标准器和企业最高标准器进行考核。社会公用标准器全市考核63项，合格34项，合格率54%；企业最高标准器考核165项，合格95项，合格率58%。登记计量器具21308台（件），检定21149台（件）。

1989年，在全市开展强制检定计量器具调查和登记造册工作，完成51项96种208597台（件），并分批安排定点周期检定。年内，检查农贸市场21个，检查计量器具898台（件），没收不合格计量器具198台（件），罚款358笔。

1991年，制定《落实强检运行目标管理考核的意见》《强检运行目标管理考核、评分方法》《强检工作管理程序》等文件，计量器具强制检定工作走上正常运行轨道。当年对市直241个单位78种43942台（件）强检计量器具进行再次核定和重新建账，全部实行计划管理。全年社会公用计量标准受检率92%，企业最高计量标准受检率93.4%，强检工作计量器具受检率80.6%，按期检出率100%。

1994年，全市组织检查计量器具2558件，社会公用计量标准器受检率达到99%，企事业单位最高计量标准器受检率95.1%，工作计量器具受检率90.5%，完成计量标准考核105项，工业企业计量升级、复核2级2家，3级和计量合格验收120家。

1996年，市技术监督局在企业有组织、有计划开展计量确认工作。全年培训计量保证确认和合格确认评审员52人。年内，3个试点企业通过计量保证确认验收。在抓好试点基础上，全面推开计量确认工作。

1998年，社会公用计量标准器受检率100%，企事业单位最高计量标准器受检率95%，工作计量器具受检率92.4%，计量器具按期检出率100%。1999年，技术监督部门突出对与群众密切相关的商品房销售面积、出租车计价器、公用电话计费器、燃油加油机监督检测工作。

2000年，市质监局制定印发《淮阴市液化气钢瓶皮重管理暂行办法》，为国内首创。2001年后，市质监部门加强对电话计费器、水电气“三表”（水表、电能表、煤气表）等计量器具监督，加强对粮食收购中的计量器具、计量行为以及农药、化肥等定量包装农用生产物资计量监督。

2002年，开展以商品量为重点的计量监督检查，抽查1585批次，合格率77.8%。开展对水电气“三表”计量抽查，抽检“三表”502只，合格率96.7%。

2003年，开展集贸市场、眼镜市场、餐饮业以及食品饮料、洗化用品、电线电缆等产（商）品的商品量专项计量监督检查，检查企业648家，平均合格率92.5%。

2006年，市质监局启动能源计量工作，在全市重点企业开展能源计量管理创优活动，促进企业降低GDP耗能指标。为淮钢集团、江苏安邦电化公司等重点耗能企业培训能源计量人员100多人，帮助企业实现能源计量数据化管理。2008年，年耗能5000吨以上标准煤重点用能企业综合能源消费量507.58万吨标准煤，单位工业增加值能耗4.41吨标准煤/万元，同比下降6.33%，累计实现产品节能量17万吨标准煤。

2000—2008年，淮安市对生产领域1570家企业2750个批次定量包装商品进行计量检查；检查110个集贸市场3424台（件）衡器和124台公平秤；检查流通领域60家700个批次大米、面粉、食用油、方便面、饲料等系列定量包装商品；对67个加油站237台加油机进行抽查；检查69家眼镜店在用制配眼镜用计量器具324台（件）；抽查医疗计量器具21740台（件）。开展“关注民生、计量惠民”活动，进入乡镇、社区、学校216个次，义务为群众讲解计量知识3万余人次，发放计量宣传材料20650份。

至2008年，淮安市形成较为完整的计量技术和计量管理体系。全市法定计量检定机构发展到6个，23个企业建立计量标准，有在岗持证计量检定员260余人。通过计量保证确认单位53家，通过测量管理体系确认6家，通过计量合格确认232家，通过计量体系确认工业企业201家，通过计量保证能力评价的定量包装商品生产企业33家，有商业、服务业诚信计量工作示范单位24家，获评“计量工作示范市场”集贸市场15家。获得定量包装“C”标志企业43家，为24项40种18459台件强制检定计量器具建立数据库档案管理，26家计量器具制造单位获得制造许可证。

第四节　执法打假

1985年，淮阴市产品质量监督检验所（以下简称“市产品质检所”）成立后，产品质量监督管理工作正式开展。1986—1988年，市产品质检所结合产品检验开展执法监督。1987年，检验产品400个批次，合格率78%。1988年，检验产品1200个批次，查处数起劣质化肥等农用物资和假冒名牌自行车等生活物资的较大案件。

1989年，组织对夏季冷饮、饮料和其他食品质量进行检查，检查346个国营、集体、个体工商户近2万份饮料和食品，销毁、封存变质饮料、啤酒、汽酒、小香槟酒14.6万瓶，没收假冒商标20余万张。责令停产整顿生产厂家21家，取缔非法个体户4户。

1989—1992年，全市质监部门重点检查化肥、皮鞋、电线、眼镜、袜子、白酒、饮料等农用物资和日常用品。1992年9月，在全国统一打假治劣活动中，淮阴质监部门公开销毁假冒伪劣低压电器、电线电缆、变质食品饮料、劣质化妆品3.1万多种。

1993年9月，《中华人民共和国产品质量法》颁布实施，淮阴市突出打假职能，创新打假工作模式，维护市场经济秩序。

1994—1998年，全市开展较大规模打假治劣活动51次，着重开展白酒、燃气灶具、汽车配件、农资产品、药品、石油油品、建材、电线电缆、节日市场商品等专项检查，查获假冒伪劣商品上万批次，捣毁制假售假窝点759个，累计查处质量技术违法案件6850件。1997年起，实施“打假保

图 22-4　开展产品打假治劣行动（2004 年）
市质监局　供

图 22-5　开展产品质量咨询服务（2008 年）
市质监局　供

名牌”工程，把地方名牌产品列为重点打假保护对象。当年列入全兴电缆、今世缘酒等 6 个名牌。1998 年，列入今世缘酒、古顺河酒、第一泉酒、“84”消毒液、恒河香醋、金莲卫生纸、全兴电缆、一剪梅日化用品、三益电器、正大饲料 10 个名优产品。

1999 年，全市技术监督部门根据省、市统一部署，与公安、工商、烟草等部门密切配合，在全市有针对性地开展“查市场、保两节”“查农资、保春耕”“查建材、保建设”“查假冒、保名牌”打假执法和专项整顿活动。全年查处案件 797 件，立案 422 起，捣毁制假售假窝点 186 个。2000 年，开展打假保优工程，省、市重点保护产品增至 32 个。

2001 年起，市质监部门把保护名牌、维护名牌生产企业合法权益作为打假工作重要内容，凡假必查，打扶结合。当年选择淮阴电化厂等 21 家企业 27 个产品列入市重点保护产品目录。

2002 年以后，淮安市“打假保优”工作逐步融入“打假执法”和“名牌建设”中。2003 年，先后组织食品、建材、农资、医疗用品、防治“非典”用品、“3C”认证产品和“瘦肉精”“地条钢”（劣质钢材）、“黑心棉”“毒鼠强”等系列执法打假行动。全年查处违法案件 1117 件，查处假冒伪劣商品货值 3200 万元，其中万元以上大案 92 件。

2007 年，开展产品质量和食品安全专项整治，全市监管部门出动执法人员 1.5 万余人次，历时 4 个月，检查食品生产企业、单位 3400 处，立案查处案件 633 件，为企业和消费者挽回各类经济损失 1774 万余元。

2008 年，全市质监系统开展 12 次专项打假，累计出动执法人员 1.26 万余人次，查处案件 262 件，其中大要案 28 件，查获假冒伪劣商品标值 4972 万元，捣毁制售假冒伪劣窝点 17 个，移送公安机关案件 6 件，为企业和消费者挽回经济损失 5000 余万元。

第五节　特种设备管理

1980 年 3 月 5 日，淮阴地区劳动局始设锅炉压力容器检查所。同月 19 日，又成立锅炉压力容器监察科，负责锅炉压力容器安全监察。后成立淮阴市劳动局锅炉压力容器安全监察科和劳动保护科，负责全市锅炉压力容器和特种设备（含电梯、防爆电器、起重机械、厂内机动车辆、避雷针）安全监察工作。1999 年 12 月，此项管理职能划入质量技术监督部门。市、县质监部门设立锅炉压力容器和特种设备安全监督科，负责锅炉压力容器和特种设备安全监督工作。

至2008年，全市构建完成特种设备三大安全保障体系，即以企业、检验单位、监管部门和政府为一体的特种设备安全责任体系，以组织网络为基础、信息技术为支撑的特种设备动态监管体系，以及特种设备应急救援体系。

一、行政许可

1980年，淮阴地区开始贯彻实施国家劳动总局制定的《蒸汽锅炉安全监察规程》。当年对448台蒸汽锅炉进行登记发证，并贯彻执行《全国工业锅炉先进锅炉房试行标准（草案）》，举办2期司炉工培训班，培训100人。1981年，全地区有锅炉520台。1982年，国务院发布《锅炉压力容器安全监察暂行条例》，淮阴地区劳动局锅炉压力容器检验所根据条例规定，对锅炉定期检查，对新锅炉检查验收，并开始收取检验费。1986年，全市有在用蒸汽锅炉780台，司炉工2000人，经考核发给合格证1600人，任命锅炉压力容器安全监察员379人。

1989年，淮阴市出台《淮阴市危险性较大的生产设备管理暂行规定》《淮阴市电梯安全管理规定》《淮阴市起重机械安全管理暂行规定》等法规性文件，实行电梯、起重机械检验发证管理，相关设备经检验合格后，发给检测报告书、电梯使用登记证、起重机械准用证。当年举办锅炉压力容器、电梯等特种作业人员培训班40期，发证2832人。发放压力容器使用证2785台，发证率64%。

1990—1994年，劳动部门每年都组织多期特种作业人员培训班。司炉工持证率保持在100%，压力容器工持证率也达到85%以上。1995年，举办司炉等培训班18期，培训发证466人。1997年，特种作业人员累计持证率95%。1998年，培训发证司炉工443人、压力容器操作工448人、水处理工48人、锅炉压力器焊工17人、气瓶充装站人员87人。1999年，全市特种作业人员持证率在96%以上。

2001年，淮安市质监部门对全市锅炉压力容器等特种设备开展全面普查登记，建立台账。全市有锅炉2533台、压力容器5356台、特种设备2604台。

2003年6月，《特种设备安全监察条例》实施。市质监部门据此开展特种设备监督管理，确保特种设备生产和使用环节的单位和个人都纳入正规化管理，都能持证生产和使用。

2003—2008年，市质监部门每年都组织培训班，对特种设备作业人员进行考核发证。特种设备安全证书率接近100%，作业人员持证率保持在95%以上。

2008年年末，全市有在用特种设备11714台，其中锅炉1332台、压力容器5426台、电梯1363台、起重机械2908台、厂内机动车辆659台、大型游乐设施26台。

二、监督检查

1980年，淮阴地区劳动局锅炉压力容器检查所和监察科成立后，即开始对使用锅炉单位逐一检查，当年对9个单位带病运行的锅炉进行处理。至1981年，共检查锅炉520台，对质量差、问题严重、有事故隐患的锅炉责令停用。

1985年，对企业锅炉普遍进行安全可靠性大检查，检查锅炉390台，拍X光片600张。1986年，全市有锅炉780台、压力容器3000台，拍X光片1000张。1987年，集中专项检查锅炉480台、压力容器520台，拍片探伤2115张，检验小钢瓶760只。同时开展驻厂检验，检验压力容器450台。

1989年，检测电梯127台，标准电梯检测率100%；检测避雷针77支；检验锅炉800台，检验率占在用锅炉的91.1%；检验压力容器1672台，累计检验3788台，检验率90.5%。

1992年，检测电梯182台、起重机械529台、避雷装置1240支、锅炉812台、压力容器1343台，指导企业排除事故隐患751处。1994年，检测锅炉811台、压力容器1230台、汽车槽车37辆、各种气瓶10871只；检测电梯220台、起重机械436台、避雷针570支。1997年，检测在用锅炉546台、压力容器925台；锅炉制造监检85台、压力容器制造监检110台。1998年，检测电梯217台、起重机械565台、厂内机动车辆141辆、避雷针390支，电梯、起重机械检测率分别为100%、93%，其他设备检测率96%。

2000年，特种设备安全监管职能划入质监部门。当年质监部门组织7次全市性锅炉压力容器、特种设备安全大检查，检查锅炉压力容器和特种设备1754台（件），发出整改通知书64份，检验检测锅炉压力容器和特种设备1866台（件）。到城乡进行说服宣传工作，对“土锅炉”和非法液化气充装站，反复动员整改和要求停止使用。对一些拒不整改和停用的单位及个体户，采取强制措施予以取缔。至当年年底，全市489台“土锅炉”拆除227台，停用208台，改为常压54台；41家非法液化气充装站整改7家，停业11家，责令停止充装18家，取缔5家。

2000—2008年，市质监部门开展多次特种设备安全专项整治。开展“土锅炉”、锅炉、气瓶、压力管道等15项专项整治活动。累计铲除“土锅炉”50余台，拆除浴室用锅炉400余台，整治锅炉3000余台次，普查整治压力管道约550公里，整治承压汽车罐车充装站6家，整治特种设备废旧市场5家。整治有特种设备的化工企业108家，排查整治特种设备3619台，排查整治危险化学品压力容器5000余台次。每年对全市81家417台重点监控设备进行一次检查，对25台吊运熔融金属起重机、34台简易升降机和120台固定吊进行整治，对2000余家特种设备使用单位进行隐患排查与整治。全市排查特种设备安全隐患2000余条、重大隐患100余条，向各级政府报告40余次，所有隐患均督促企业整改到位。

第六节　检测机构

一、淮安市计量测试所

该所成立于1984年。成立之初，检定项目仅为机械衡器（台秤、杆秤等）、油机、压力表、百分表、万用表等10多项简单计量器具。至2008年，淮安市计量测试所实验室面积2550平方米，设7个检测实验室，建立社会公用标准82项，开展商品量检验5项，开展包括X光机、生化分析仪、气相色谱仪、汽车衡等大型仪器180余项检定校准项目。有工程师及以上人员22人，其中高级工程师6人。2008年，固定资产比成立初增长近10倍，达650万元。

二、淮安市产品质量监督检验所

该所成立于1985年8月。成立初期，受地方经济制约，政府投入不足，实验室面积80平方米，仅有10多台化学分析仪器，只能进行24个项目常规理化指标检验。1995年，实验室面积扩至2000平方米，其中恒温恒湿面积200平方米。160个项目通过省级计量认证审查认可。2000年，525个项目通过省级计量认证审查认可。至2008年，市产品质检所拥有检验仪器设备727台（套），其中气相色谱仪6台（套）、离子色谱仪1台（套）、液相色谱仪2台（套）、原子吸收光谱仪3台（套）、门窗保温测试仪等大型设备30多台（套）；实验室面积3000平方米，其中恒温恒湿面积2000平方米。检验项目覆盖食品、农产品、化工、机械、电器、轻工、安防、建材、饰材和室内装饰工程10大类、1113个产品、583项参数，其中164个项目获得国家实验室认可，年检验超过8000批次。当年开展“康居工程”活动，免费检测室内空气质量589批次。

市产品质检所还对国家、行业标准检验方法和食品企业生产工艺进行科研攻关。2007年，向省质监局申请“食品中甜蜜素的快速测定方法”课题，向国家质检总局申请“食品及食品原材料中黄曲霉毒素B1、B2、G1、G2、M1、M2检测方法”和“食品中吊白块的检测方法的研究”科研课题，填补国内空白。

三、淮安市纤维检验所

该所成立于1986年5月，是国家对纤维质量实行监督检验的法定专业纤维检验机构。主要开展纺织纤维及针纺织品、服装的监督检验、仲裁检验和委托检验，组织实施纤维质量行政执法，开展检验方法和检验标准技术咨询服务。

2008年10月，总投入200多万元的国家棉花仪器化检验淮安实验室和国家干茧公检实验室开始执行国家检验计划。当年完成商品检验6000多批次；完成棉花公证检验5000余批次，计11万吨，为纺织企业挽回经济损失3000余万元。至2008年年末，市纤维检验所拥有实验室面积1900平方米，仪器设备135台（套），开展纤维及纤维制品共8大类、127个产品检验。

第五章　药品食品监督管理

1978年，淮阴地区药品生产经营企业均为国有企业，化学药品、中成药生产企业归口淮阴地区行政公署化学工业局主管，医疗器械生产企业归口淮阴地区行政公署机械工业局主管，生化药品归口淮阴地区行政公署商业局主管，药品批发、零售企业归口江苏省医药公司垂直管理，药品生产资格审查及质量监督由淮阴地区行政公署卫生局负责。1980年，成立淮阴地区行政公署医药管理局，负责辖区药品行业管理；卫生局负责药品质量管理。1983年机构改革，原清江市燃化工业局与淮阴行署医药管理局合并成立淮阴市化工医药工业公司，1985年增挂“淮阴市化工医药局”牌子，负责医药行业管理。此后多年，全市药品、医疗器械生产经营企业归口地方化工医药管理部门主管，全市药品、医疗器械质量监督管理工作由卫生行政部门主管，县级以上卫生行政部门设置药政机构和药品检验机构，行使药品监督职能。

2001年2月，淮阴市更名为淮安市，淮阴市化工医药管理局更名为淮安市化工医药管理局。是年8月，成立江苏省淮安药品监督管理局，负责对药品（包括中药材、中药饮片、中成药、化学原料药及其制剂、抗生素、生化药品、放射性药品、血清、疫苗、血液制品和诊断药品等）以及医疗器械的研究、生产、流通、使用进行行政监督和技术监督。同年11月，盱眙、金湖、洪泽、涟水4个县和楚州、淮阴2个区药品监督管理局均组建完成。

2005年6月，成立江苏省淮安食品药品监督管理局。同月，成立淮安市食品安全委员会，负责全市食品安全指导协调工作。至2008年年末，全市有食品药品监管行政机构7个，其中市级机构1个、县（区）级机构6个；建立食品药品监管技术监督机构7个，有监管人员253人。

第一节　药品质量管理

一、药品生产监管

1985年,《中华人民共和国药品管理法》(以下简称《药品管理法》)颁布实施,淮阴市化工医药局主管辖区药品生产企业合格证审查上报,淮阴市卫生局负责全市药品生产企业许可证审查上报和质量管理。

1994年,市化工医药局根据《中华人民共和国药品管理法》,依照《核发药品生产企业许可证验收标准》《药品生产质量管理规范》和《核发医院制剂室验收标准》,为23个药品生产企业、43个医院制剂室换发许可证。

1999年11月10日至12月下旬,市卫生局药政处根据《药品管理法》,对全市14个药品生产企业、12个医院灭菌制剂室进行认证,其余普通制剂室由各县(市、区)卫生局认证。

2001年12月,新《中华人民共和国药品管理法》颁布实施,取消药品生产企业合格证和许可证,改由省级药品监督管理部门统一颁发药品生产许可证。同年起,市药监部门参与企业筹划实施GMP(药品生产质量管理规范)方略,主动服务药品生产企业,加强GMP认证和跟踪监督检查,以适应国家"2004年6月底前药品制剂和原料药生产强制认证"要求。

2003年9月,全市启动医疗机构配制制剂品种清理整顿和重新评价工作。此后每年定期组织执法人员到医疗机构检查指导,组织开展医疗机构制剂整顿规范行动,全面规范医疗机构制剂行为。

2004年4月上旬开始,淮安药监局、市公安局、市卫生局在全市联合开展为期1个月的麻醉药品、精神药品生产经营监督管理情况专项检查。同年12月,淮安药监局、卫生部门联合开展麻醉药品、第一类精神药品监督检查。

2007年9月,市食品药品监管部门向江苏涟水制药有限公司、江苏润邦药业有限公司、江苏淮安双鹤药业有限责任公司和江苏安格药业有限公司4个注射剂类药品生产企业派出首批8位驻厂监督员。同年12月底,又向江苏天士力帝益药业有限公司、江苏神华药业有限公司、江苏清江药业有限公司、江苏兰健药业有限公司和江苏天照药业有限公司5个原料药或中药制剂生产企业派驻监督员,从源头上保证药品生产质量安全,杜绝源头性药品安全事故。同年10月,对麻醉药品、第一类精神药品实现网络远程实时监控。

2008年,出台《淮安市药品生产书面监督检查暂行规定》,药品生产企业不定期报送指定生产相关资料,药监部门动态掌握企业实施GMP状况。同年,出台《关于药品生产企业和医疗机构制剂室暂停及恢复生产(配制)有关问题的通知》。药品生产企业和制剂室凡暂停生产3个月及以上,都需在停产后15日内填写报送《暂停生产备案表》,说明停产原因、日期,以及遗留中间产品处理措施,厂房、设施设备养护方法等。凡重新恢复生产,都要在生产前15日内填写、报送《恢复生产备案表》,经所在地药监部门派员现场检查、监测,具备恢复生产条件的方可恢复生产。在药品安全监管中,做到常规检查与飞行检查相结合,书面检查与现场检查相结合,现场核查与远程监控相结合,全面规范药品生产行为。

2008年,上报ADR(药品不良反应)报表2825份,平均每百万人口567.27份,新的、严重的ADR578份,占报告总例数的20.46%。组织开展兴奋剂生产经营专项检查,累计出动人员6886人次，检查药品生产企业12家、医疗机构制剂室9家、药品批发企业14家、零售药店1269家，做到检查全覆盖、品种全检查。至2008年年末，全市有13家药品生产企业、2家医用氧气生产企业和1家中药饮片生产企业取得药品GMP证书，全市通过药品不良反应网络在线呈报单位达706家。

二、药品经营监管

1978年，淮阴地区医药品由淮阴地区医药公司和清江医药商店统一采购、供应。当年购进医药品3479万元，销售4079万元。1979年，淮阴地区医药公司更名为江苏省医药公司淮阴采购供应站，业务经营由江苏省医药公司统一管理。当年药械购进2676.5万元，销售4401.5万元。1983年，淮阴医药采购供应站下放地方，隶属淮阴市化工医药工业公司。同年，撤并清江医药商店。

1985年，《药品管理法》颁布实施后，淮阴市化工医药局主管辖区药品批发企业药品经营企业合格证的审查上报和药品零售企业药品经营合格证核发工作，淮阴市卫生局负责全市药品批发企业药品经营企业许可证审查上报、药品零售企业药品经营企业许可证核发工作以及药品流通环节质量管理，药品批发、零售网点逐渐增多。1987年，全市有医药批发网点59个、零售网点255个。

1994年，市化工医药局根据《药品管理法》，依照核发药品经营企业许可证验收标准，为61个经营（批发）企业和251个零售企业换发许可证。

1999年11月10日至12月下旬，市卫生局药政处根据《药品管理法》的规定，对全市9个药品经营企业、8个委托代批企业和20个药品零售企业进行认证，其余的委托代批企业、药品零售企业由各县（市、区）卫生局进行认证。

2001年12月，修订后的《中华人民共和国药品管理法》颁布实施后，取消药品经营企业合格证和药品经营企业许可证，改由省、市两级药监部门颁发药品经营许可证。2001年11月底，淮安九灵生零售连锁有限公司取得药品零售连锁许可证，为全市首家。

2003年起，全市开展农村药品供应网络和监督网络建设，引导大中型药品批发企业扩大配送范围，鼓励在农村开办药品零售企业，加强农村药品配送中心建设，规范农村药品代购行为，在乡镇、行政村聘请药品协管员和信息员。当年开始，对药品批发企业开展药品质量管理规范（GSP）认证和认证后跟踪检查，全面规范药品经营质量管理行为。2004年，完成县城以上药品零售企业GSP认证。2005年，完成农村药品零售企业GSP认证。通过认证的企业在24个月内，分期分批组织开展GSP跟踪检查。

2006年起，在标准化乡镇卫生院和社区卫生服务中心开展“规范药房”创建活动，在村卫生室或社区卫生服务站开展“合格药房”创建，在零售药店开展“规范（文明）药店”创建活动，先后建成“规范药房”108家、“合格药房”806家、“规范（文明）药店”116家。推进农村药品“两网”（监督网络和供应网络）建设示范创建活动。2007年，金湖县率先建成省级农村药品“两网”建设示范县。

2008年，出台《淮安市药械企业诚信等级评定办法》，开展评定工作，推进药品诚信体系建设，根据信用等级对药械企业实施分类分级监管。全市组织开展药品广告“飓风”行动，加大违法药品广告检查力度。同年，在全市全面推广药品远程监管，全市采用药品远程监管软件企业达452家。年内，盱眙、洪泽、涟水、楚州、淮阴5个县（区）建成省级农村药品“两网”建设示范县区。

截至2008年年末，全市有4家药品批发企业成立配送中心，全市经县以上药品监管部门同意为辖区内村卫生室代购药品的乡镇卫生院有99家，委托代购率为71.22%。全市累计有16家药品批发企业和1246家药品零售企业通过GSP认证及跟踪监督检查。

三、药品专项整治

1981年，淮阴地区卫生局会同医药、工商部门，根据省卫生厅《关于加强药政管理、禁止制售伪劣药品的报告》要求，对全地区药厂、药品经营单位、医疗单位开展检查。

1985年起，每年都组织地基层单位药品质量大检查。1987年，全市组织近千名药检人员，对全市基层医疗单位进行药品质量检查，当年共检查4280个医疗单位、164个药品经营单位，查出“三无”药品（无注册商标、无批准文号、无生产厂家）、过期失效、霉烂变质、淘汰药品、假劣药材价值达8.35万元。

1994年，全市卫生行政部门贯彻《中华人民共和国药品管理法》和国务院紧急通知，查处药品违法案件，清理整顿医药市场。全市查处违法案件74起，罚没款218859元，查处假劣药品（按正品折算价值）70177.09元。市药检所和各县（市）药检所共检验药品4586种次，不合格率14.9%。其中，抽检3137种，抽检率68.4%，不合格率19.2%。

1996年4—5月，全市开展第12次基层药品质量大检查。检查5278个基层有药单位，查出不合格药品5075种次，价值111705元，接近1995年的2倍。查处违法案例51起，涉及人员121人，处理不合格药品、药材60种次，总金额22629元。

1998年，全面推广世界卫生组织推行的药物基础测试法，规定每年县（市）在基层药品质量大检查中进行药品基础测试不少于50批次。当年全市开展基础测试近300批，发现不合格药品28批。全市547人参加基层药品质量大检查，共检查2117个基层单位，检查覆盖面67.2%，查出“三无”药品、过期失效、霉烂变质、假劣药品1717种次，价值40681.8元。

2001年9月起，市药监、公安、卫生、质监等部门开展联合执法行动，与周边省、市药监部门建立2个药品稽查区域协防机制。2002年，全市组织开展“正源行动”、基层药品质量大检查、计生药械检查、“全省万店无假药行动”、整顿规范药品市场秩序、药品质量安全等专项整治行动，对药品研究、生产、流通、使用环节进行全过程监管，保持打假治劣高压态势。全市食药监系统累计出动执法人员8万余人次，检查涉药单位3.2万余家次，立案查处药品违法案件1980件。

2004年，加强广告热播药品专项检查，开展整治活动10余次，全市涉药单位检查覆盖率近100%。立案查处案件900余起，涉案货值500余万元，有12人被追究刑事责任。当年9月10日，首次苏皖五县（市）药品监管协作联防会议在盱眙县召开。部门联动和区域协防打假机制逐步完善。

2005年，突出基层药品质量检查，开展系列整治行动，查处案件891件，案件货值220余万元。2006年，检查药品产、供、用单位2600余家，立案查处药品违法案件750起，案件货值412万元。其中，井某某等9人销售使用假药案和丁某无证经营案值50万元药品案影响较大，当事人均被追究刑事责任。

图22-6　开展药品知识宣传（2007年）　　市食药监局　供

2008年，市食药监部门联手市公安部门成功破获一起邮售假药案。该案为国家食药监局挂牌督办，涉案假药70余种，邮售药品货值逾100万元，假药通过邮政物流渠道流向全国14个省、市70余家药品经营企业（个人）。当年全市食药监系统还出动执法人员8101人次，检查药品产供用单位3697家，立案查处药品违法案件766件。

四、药品应急管理

2001年，淮安市药监局成立后，药品应急管理工作正式启动。当年12月，市药监局与市卫生局联合印发《关于加强药品不良反应监测工作的通知》，成立淮安市药品不良反应监测工作领导小组，组建市药品不良反应监测网。

2003年，针对“非典”疫情，迅速启动“防非”应急机制，对“防非”药械全天候监控，成功应对疫情。2003年12月，市药品不良反应监测中心正式挂牌，隶属江苏省淮安药品监督管理局。2004年起，全市逐步推行药品不良反应网络在线呈报。

2006年，全国发生“齐二药”假药案，淮安市食药监部门立即采取紧急控制措施，对药品生产企业和医疗机构制剂室使用丙二醇情况进行排查，封存“齐二药”药品8个品种52个批次40123支，把事件影响降到最小。安徽华源医药集团公司“欣弗”注射液不良事件发生后，市食品药品监管部门迅速组织市场清查，及时暂控“欣弗”注射液165瓶。

2007年，针对甲氨喋呤注射液和阿糖胞苷注射液的不良反应事件，市食药监部门迅即启动应急通道，通知相关单位停止销售使用，并开展地毯式清查，控制注射用甲氨蝶呤1358支、注射用阿糖胞苷662支，全市没有发生一起严重不良反应事件。同年，开展药品安全风险隐患排查，针对重点品种、重点环节、重点对象，组织药品安全调查与评价，摸清主要风险点。结合整顿和规范药品市场秩序专项行动，对医药企业在质量管理方面存在的潜在风险和隐患进行全面排查分析，并逐一记录在案，为防范重大药品安全事故提供依据。

2008年，淮安市有效应对“三鹿奶粉”及肝素钠、刺五加注射液等突发事件，及时控制事态发展。从2008年起，组织制定《淮安食品药品监管局重大药品和医疗器械安全事件应急响应管理制度》，层层落实应急管理责任制，加强应急指挥体系建设，建立健全应急管理组织机构和通信网络，构建重大药品安全事件综合预警体系，提高应急处置能力和水平。同时按照归口管理、统一发布原则，把握正确舆论导向，维护社会稳定。

五、药品检验检测

1978年，淮阴地区药品检验机构为淮阴地区药品检验所。1983年，更名为淮阴市药品检验所。至1989年，全市药品检验仪器装备基本齐全。市级药品检验专业技术人员由1978年的11人增加到1989年的34人。检品件数由1978年301件增加到1989年1338件。1980年，周达春制定五妙水仙膏质量标准，获得省政府科学技术贡献奖。1989年，市药检所首次获得省计量认证合格证。20世纪90年代，全市药品检验软、硬件建设能力稳步提高，药品检验设备仪器和检验项目增加较多，检品全检率由80%提高到90%。

2001年，淮阴市药检所更名为淮安市药检所，2002年更名为江苏省淮安药品检验所，由地方管理改为省以下垂直管理。2005年，完成2005年版《中国药典》野菊花质量标准起草任务，完成国家食品药品监督管理局下达的三七片、西洋参、血塞通注射液、黄芪注射液、生脉饮等30个中药及中成药品种快检方法研究任务，氨咖黄那敏胶囊、维C银翘片质量标准补充检验项目获国家食药监局批准。

2008年，淮安药检所拥有先进精密仪器100多台（套），抽检药品1595件，合格1282件，合格率80.4%。

1978—2008年淮安市药品质量抽样检测情况表

表22-36

年份	检品数（件）	合格数（件）	合格率（%）	年份	检品数（件）	合格数（件）	合格率（%）
1978	301	251	83.4	1994	1270	1149	90.5
1979	541	436	80.6	1995	1139	1010	88.7
1980	654	524	80.1	1996	1054	878	83.3
1981	529	459	86.8	1997	1089	970	89.1
1982	624	464	74.4	1998	959	806	84.0
1983	744	560	75.3	1999	1034	929	89.8
1984	804	649	80.6	2000	1125	1003	89.2
1985	894	734	82.1	2001	1871	1771	95.0
1986	1088	902	82.9	2002	2328	2023	86.9
1987	1350	1111	81.8	2003	1637	1474	90.0
1988	1398	1211	86.7	2004	1919	1660	86.5
1989	1338	1119	83.6	2005	1704	1447	85.0
1990	1265	1192	94.2	2006	1873	1393	74.4
1991	1708	1584	92.7	2007	1760	1424	80.9
1992	1457	1327	91.1	2008	1595	1282	80.4
1993	1314	1171	89.1	—			

第二节　药品研制核查

一、医疗机构制剂再注册核查

2003年起，淮安市药监局按照省药监局统一部署，对医疗机构制剂进行再注册核查，从人员培训、硬件配置、软件建设上加强指导帮助，仔细审查制剂申报资料，坚决淘汰疗效不确切、临床使用安全风险较大的制剂，注销不具备制剂配制条件和药品流通市场已有的制剂。至2008年年末，全市审查258个医院制剂处方、配制工艺、质量标准、说明书、标签、临床疗效与不良反应等，注销32个医院制剂品种，保证医院制剂使用安全。

二、生产工艺与处方核查

2007年11月起，市药监局对注射剂生产企业进行生产工艺与处方核查，完成江苏淮安双鹤药业有限责任公司、江苏润邦药业有限公司41个品种75个规格大容量注射剂现场核查工作，及时排除部分注射剂药品生产安全风险。

2008年5月，市药监部门完成江苏涟水制药有限公司和江苏安格药业有限公司36个品种56个规格的小容量注射剂的生产工艺与处方现场核查工作，督促企业按照药品注册管理程序办理相关手续。

第三节　医疗器械质量管理

1978年，淮阴地区医疗器械生产企业归口地区行政公署机械工业局主管，医疗器械批发、零售企业归口省医药公司垂直管理。当年全地区有医疗器械生产企业2家、批发企业14家。1980年，淮阴地区行政公署医药管理局负责辖区医疗器械行业管理。1983年，新成立的淮阴市化工医药工业公司负责辖区医疗器械行业管理。1985年，淮阴医药器械厂由市机械工业局划归市化工医药局管理，省属企业江苏省医疗器械厂、江苏省医药公司淮阴采购供应站（二级站）及设在各县的医药公司（三级站）全部下放地方，归口市化工医药局管理。

2000年4月以前，国家没有专门针对医疗器械产业及产品进行规范管理的法规、规章，对医疗器械企业和产品采用行政和行业管理部门、专业监管部门交叉管理模式。2000年4月1日《中华人民共和国医疗器械监督管理条例》颁布后，淮阴市对医疗器械企业实行质量管理体系评价和生产经营许可管理。

2001年，成立江苏省淮安药品监督管理局，辖区内医疗器械生产、经营企业的监督管理归其负责。具体职能是监督实施医疗器械、卫生材料产品国家标准和行业标准，监督实施医疗器械生产质量管理规范和产品分类管理，核发一类医疗器械产品注册证，核发医疗器械经营许可证及管理。至2001年年末，全市有10家医疗器械生产企业取得医疗器械生产企业许可证，18家医疗器械批发企业及82家零售药店取得医疗器械经营企业许可证，淮阴医疗器械有限公司的无菌手术刀片等8个产品取得国家、省药监局颁发的产品注册证书。

2002年，全市有5家企业13个医疗器械产品取得医疗器械产品注册证。2002年5月，盱眙县康宁医疗用品厂取得国家药监局颁发的一次性使用输液器、一次性使用无菌注射器产品注册证。2002年6—12月，盱眙县华强医疗器械厂取得医疗器械生产企业许可证、制造计量器具许可证及计量合格证书，另有4个产品取得国家药监局颁发的医疗器械产品注册证，1个产品取得省试字号产品注册证。

2003年，全市发放医疗器械经营企业许可证313张。2004年11月开始，全省医疗器械经营企业许可证申领、变更工作委托省辖市药监部门办理，淮安市受理19家一类医疗器械企业登记。

2005年起，组织开展医疗器械专项整治。加大医疗器械产品生产经营规范检查力度，累计对100家医疗器械企业质量管理体系运行情况进行监督检查，督促企业规范生产经营行为。推行医疗器械经营企业户籍化管理，医疗器械经营企业许可证的申请、变更、换发、注销实现网上申报、审查、审核和审定，并在52家医疗器械经营企业推广使用远程监控软件。

2007年，建立多部门联合、市县联动、区域联防和市民互动的药械打假防线，组织基层药械质量、广告药品、计划生育药具、人血白蛋白等专项检查和综合执法行动，出动执法人员10208人次，检查药械单位4025家次，责令停业整顿5家，查处药械违法案件887件。

2008年，全市有医疗器械生产企业35家，经营企业298家。对医疗器械企业进行全覆盖监督检查，依法注销268家名存实亡或已不再从事医疗器械产品经营企业的经营许可证。

第四节　食品监督管理

一、监管体系

2005年6月以前，淮安市食品安全监督管理职能由3个部门履行：食品生产环节由质量技术监督部门监管，食品流通环节由工商部门监管，餐饮行业食品卫生安全由卫生部门监管。

2005年6月，成立江苏省淮安食品药品监督管理局，同时成立淮安市食品安全委员会，下设办公室，与淮安食药监局合署办公，形成食品安全综合监督与具体监管相结合新格局。年内，淮安市各县（区）相继成立食品安全委员会，所有乡镇和行政村都成立食品安全领导小组（办公室），食品安全监管网络实现全覆盖。出台12项食品安全工作和监管制度。同年10月25日，市食品安全委员会召开第一次全体会议，讨论通过《淮安市食品安全委员会成员单位工作职责》《淮安市食品安全委员会工作规则》《淮安市重大食品安全事故应急预案》《淮安市食品安全信息管理细则》4个文件。市食品安全委员会办公室组织农业、经贸、畜牧、质监、工商、卫生等部门对各县（区）食品安全工作进行综合评价。

2006年8月18日，市食品安全委员建立淮安市食品安全专家库，出台专家库管理暂行办法。当年淮安市被评为全省食品安全综合评价良好市。2007年6月12日，市政府召开全市食品安全委员会全体（扩大）会议暨全市农村食品安全推进会，印发《淮安市2007年食品放心工程实施方案》，对全市食品安全监管工作进行部署落实。2007年、2008年，淮安市连续2年被评为全省食品安全综合评价优秀市。

二、食品生产加工管理

2005年1月起，原卫生部门的食品生产加工质量卫生监管职能划入质监部门。淮安市全面实施市场准入，整治食品作坊，实施日常监管。根据省政府办公厅印发的《关于进一步加强食品生产加工小作坊监管工作的意见》要求，对证照齐全的食品加工小作坊统计建档，全市113家小作坊签订质量安全承诺书。2007年，重点围绕食品生产企业100%获得生产许可证、食品加工小作坊100%签订质量安全承诺书两个目标，开展食品生产加工环节专项整治。

至2008年年末，全市有525家企业的580个单元产品获得食品生产许可证，另有7家食品相关企业的7个产品获得生产许可证。淮安市食品生产加工企业规模普遍较小，规模企业比例较低。全市大型食品企业只有8家，仅占全市食品企业总数的0.27%；中型企业35家，也只占食品企业总数的1.21%；小型企业497家，占食品企业总数的17.22%；食品小作坊及小加工点数量最多，为2346家，占全市食品生产加工企业总数的81.3%。全市食品生产行业的主导产品主要有大米、小麦粉以及酱油、醋等调味品，其中大米和小麦粉产品工业总产值和销售收入分别为28.12亿元和23.32亿元，分别占全行业工业总产值、销售收入的49%和42%。

2008年淮安市食品企业产品品种分布情况表

表22-37　　单位：家

类别＼地区	城区	淮阴区	楚州区	涟水县	洪泽县	金湖县	盱眙县	合计
粮食加工品企业	18	51	87	36	22	42	62	318
饮料企业	17	3	23	6	4	7	13	73
调味品企业	9	8	7	2	1	2	7	36
肉制品企业	1	7	6	6	1	0	3	24

说明：城区包括清河区、清浦区和淮安经济开发区

三、检查整治

2005年起，市食品安全委员会每年组织开展重大节会期间食品安全专项整治。2005年9月22日至11月10日，组织食品安全监管部门对全市185家饮料、液态奶、酒类生产加工企业和7815家流通经营企业（含个体工商户）、1632个消费餐饮场所进行专项检查。

2006年2月27日，全市部署开展“3·15”食品安全系列活动。同年8月，市食品安全委员会组织开展全市中小学校食品安全集中整治行动；9月，部署开展全市保健食品安全专项整治工作，出动执法人员2600余人次，检查保健食品经营企业3565家次，查处违法行为57起，查获涉案保健品3万元，取缔7家违法违规经营企业；11月，部署开展全市农村食品安全专项整治工作，检查农村食品生产经营户16922户次，取缔无证照生产经营户204户，查获不合格食品2.5万余公斤，发放宣传资料1.8万余份。是年，全市抽检食品、餐饮具22596个批次，合格19012批次，合格率84.14%。其中，市食品安全委员会办公室抽检160份样品，合格率96.3%。

图22-7　在学校开展食品安全教育（2006年）陈　森　摄

2007年，市食品安全委员会部署开展全市肉类食品安全专项整治工作，检查企业（厂点）5846家次，查处违法行为188起，取缔无证照生产经营户49家，新发卫生许可证1218个、营业执照84个、食品生产许可证4个。全市肉类食品生产经营秩序明显好转，在省食品药品安全委员会办公室组织的抽检中，淮安市肉制品质量合格率达91.18%，位居全省第一位。对全市食品安全工作开展两次抽检。抽检食品样品215批次，合格168批次，合格率78.1%；抽检餐饮具350批次，合格167批次，合格率52.3%。对监测中发现的问题，市食品安全委员会办公室向相关部门和县（区）发出整改通知，对违法违规行为依法进行查处。

2008年，市食品安全委员会办公室制订全市食品安全专项抽检计划，选择与人民群众生活密切相关、风险性较大的蔬菜、肉制品、奶制品、水产品等食品进行抽检，抽检品种涵盖种植养殖、生产加工、市场流通、餐饮消费4个环节，取样点选择农村和城乡接合部、中小学校和建筑工地、

大型超市和农贸市场、蔬菜和食品批发市场等食品安全重点地区和单位，抽样检验12类500个批次食品。市食品安全委员会办公室抽检75批次，合格率96%。开展快速检测工作，对发现的问题及时反馈相关部门予以处理。省级专项监督抽样显示，淮安市酱油、醋、干制水产品、速冻面米等获证食品企业抽检合格率90.9%，239批次的大米和面粉产品等抗震救灾食品抽检合格率98.7%，6批次供奥运举办城市食品抽检合格率100%，中秋食品抽检合格率90%，乳制品“三聚氰胺”抽检合格率100%。至2008年，全市连续4年无重大食品安全事故。

四、食品安全“三网”建设

淮安市食品安全“三网”，即全市食品安全监管责任网、群众监督网、现代食品流通网。“三网”建设起步于2005年。至2008年年末，全市食品安全监管责任网和群众监督网实现市、县（区）、乡（镇）、村（居）四级全覆盖，全市有监管责任网工作人员3419名，群众监督网人员1959名。现代食品流通网的建设按照预期目标推进，全市建成乡镇超市179家、村级放心店1897家，覆盖率分别达100%、89%。

五、食品安全示范县和示范乡镇创建

2007年，省政府决定在全省开展食品安全示范县创建。淮安市洪泽县、金湖县率先创建，2008年6月中旬通过省级验收，建成省食品安全示范县。其中，洪泽县还被国家食药监局授予第二批国家级“食品安全示范县”称号。2007年10月，在全市全面推开食品安全示范乡镇创建工作。2008年5月，楚州、涟水、洪泽、金湖4个县（区）的30个乡镇通过复核，获“食品安全示范乡镇”称号。

六、重大食品安全应急体系

2005年6月，国务院印发《国家重大食品安全事故应急预案》后，淮安食药监局会同多部门，建立应急指挥部成员单位联系人制度、重大食品安全事故月报制度和应急工作专家库，构建市级食品安全事故应急网络，制作应急预案操作手册。2006年、2007年，多次组织开展重大食品安全事故（Ⅳ级）应急演习演练。至2008年，8个县（区）均制定《重大食品安全事故应急预案》，并普遍组织开展应急演习演练。

七、食品安全信息监测

2005年11月起，淮安市相继组织开展农村食品安全状况调研、检验检测资源调查、化妆品生产企业状况调研、粮油食品和儿童食品安全调查与评价、肉类食品安全状况调查、食品标签状况调查、儿童食品添加剂及辅料安全状况调查、调味品安全状况调研、水产品质量安全调研等调研工作，掌握相关方面基本情况，为食品安全工作决策提供第一手资料。

2006年起，淮安市加强食品安全信息综合管理以及食品安全状况监测评估等工作，建立健全食品安全风险评估和预警体系。2007年，建立相关部门间食品安全信息联络员制度和部门信息通报机制，制定《淮安市食品安全信息发布管理暂行办法》，支持各县（区）建立食品安全网，食品安全信息工作逐步体系化、规范化、专业化。同年12月7日，开通淮安市食品安全网。

2006—2008年，市食药监局连续3年选择与人们生活密切相关的28个品种（行业）和社会广泛关注的13个食品安全危害因子，在全市进行食品安全状况资料与数据调查，为加强食品安全监管和政府决策提供依据。

第六章 安全生产监督管理

1978年，淮阴地区安全生产工作由淮阴地区劳动局负责。1985年5月，成立淮阴市安全生产委员会（以下简称“市安委会”），负责全市安全生产工作的协调与指导。成立初期，市安委会成员单位有18个。至2001年，成员单位增加到46个。2001年8月，市安全生产监督管理局（以下简称“市安监局”）成立，隶属于市经贸委，专门负责全市安全生产监管工作。各县（区）安全生产监督管理局也相继成立，安全生产管理工作得到加强并逐步规范。2005年7月，市安监局调整为市政府工作部门，升格为正处级单位，同时增加职能处室和人员编制，全市安全生产工作进入新阶段。2006年11月22日，市安全生产监察支队成立，为市安监局下属正科级全民事业单位。各县（区）安监局也先后升格，并成立安全监察队伍。同年10月，市安全生产管理协会成立。

第一节 安全生产责任体系与目标管理

1978年6月，淮阴地区企事业单位安全生产工作归地区、县（市）劳动局管理。1980年8月，淮阴地区劳动局组织对全地区2200名司炉工进行安全生产知识教育，建立健全安全岗位责任制。

1984年，全市增加安全监察干部32名，其中市劳动局安全监察科8人。当年4月，全市开始实施《淮阴市职工因工伤亡事故罚款办法》和《矿工安全生产责任制试行办法》。

1986年5月，淮阴市召开安全生产工作会议，对安全生产工作推行目标管理。全市新建安全生产管理机构352个，充实专职安全技术人员920名，安全技术人员占职工总数的4.5%。全市有82.5%的企业工会建立劳动保护监督检查委员会，有8130个工会小组配备兼职劳动保护检查员。全市基本形成国家监察、行政管理、群众监督相结合的安全生产管理网络。

1987年5月，淮阴市召开安全生产工作会议，印发《淮阴市安全生产、劳动保护目标管理试行办法》，开始实行安全生产目标管理。市政府对各县（市、区）和市直相关部门下达安全生产目标，各地、各部门又结合本地、本行业特点，将目标下达到各乡镇、各企业，层层分解，逐级落实。将安全生产指标与企业升级、评比先进、产品评优、干部考核任免、职工晋级和发放奖金等直接挂钩。

1988年，淮阴市印发《淮阴市工矿企业安全生产综合考核评分定级办法》，对市化工、纺织、机电、冶金、轻工、交通、城建、商业、粮食等行业通过评分细则进行考评。1989年，评出安全生产合格单位50多个。1990年，制定全市1990—1992年3年安全生产目标，将千人死亡率、千人重伤率、尘毒危害作业点合格率、尘毒治理项目等列为重点考核内容。1994年，安全生产实行一级目标管理，强化各相关单位目标责任。

1995年，淮阴市确定当年度为“安全生产年”，市安委会结合“安全生产月”开展安全生产综合管理。1996—1999年，安全生产综合管理继续实行目标管理，并开展“安全生产月”和“百日安全无事故”竞赛活动，遏制重大事故发生。

2000年，全市安全生产工作重点建立健全4项制度，即安全生产目标考核制度；安全生产责任制度，初步形成全市安全生产责任体系；安全生产风险抵押金制度，督促企业落实安全生产主体责任，并出台《实施企业安全生产风险抵押金管理暂行办法》，进一步规范高危行业风险抵押金的存储、使用和监管；安全生产“一票否决”制度，凡造成死亡1人以上事故的单位和企业负责人不得评优评先，不提名、不推荐、不参评褒奖，实施一票否决。

2002—2008年，淮安市相继出台《安全生产责任网络》《安全生产职责规定》《关于进一步加强安全生产工作的决定》《关于推行“一岗双责”进一步完善安全生产责任制的意见》《安全生产举报奖励制度》等一系列规范性文件，将安全生产工作纳入全市“十一五”规划。设立安全生产专项资金，进一步完善安全生产重点监督单位制度、重大隐患挂牌督办制度、安全生产执法检查制度和危险化学品、道路交通、消防安全管理联席会议等一系列安全管理制度。严格实施安全生产许可证制度，全市危化品生产经营单位、建筑施工、非煤矿山和烟花爆竹销售单位100%实施安全生产许可证管理。乡镇（街道）都设立安全监管机构，全市形成“三级机构、四级网络”的安全生产监管体系。

第二节　安全监控与应急救援

1989年起，淮阴市以“创建安全合格班组”为重点，强化作业现场安全教育，增强事故危险点控制，探索构建“群防、群控、群治”安全监控体系。1994年，全市召开推行“危险点控制法”现场会。1995年，制定《淮安市事故隐患、危险点控制法实施办法》，在全市工业企业全面推行控制法；出台《关于进一步推行事故隐患危险点控制法的十点意见》《关于进一步推行事故隐患和职业危害监控法的意见》等指导性文件，相继建立事故隐患和职业危害动态管理、事故隐患和职业危害持续改进、事故隐患和职业危害系统评价3项工作机制，安全监控工作体系全面形成。

2001—2004年，淮安市编制《淮安市突发公共事件总体应急救援预案》《淮安市安全生产事故灾难应急预案》及《危化品区域互救预案》等22个专题预案，印发各县（区）、各部门、各单位，并将预案编制作为高危行业安全许可审批前置条件，最大限度利用应急救援资源、装备、信息和队伍等，保障化工区安全。至2004年年末，全市形成以江苏安邦电化公司、清江石化厂、石油公司等为主体的石油化工救援体系，以淮汽集团、市公交公司为主体的道路运输救援体系，以水利部门为主体的旱涝灾害救援体系和以海事部门为主体的水上运输救援体系等。市安委会自上而下形成全市性安全生产应急救援网络，各级、各单位每年都开展应急救援演练活动，提高应急救援能力。

2005年3月29日，京沪高速公路淮安段发生2辆山东货车相撞交通事故，引发车上罐装液氯大量泄漏。事故发生后，淮安市立即启动安全生产应急救援预案，最大限度减少损失，有效保障人民群众生命财产安全，尽快恢复京沪交通干线畅通。同年，市安委会组织危化品快速堵漏新装备演示，全市20余家大中型化工企业参与和观摩。2006年6月，市政府在清江石化厂组织原油泄漏应急演练。同年10月，市政府与省交通厅联合举行湖区水上搜救综合演练等，提高生产安全事故应急处置能力。2007年，淮安市水上搜救中心（洪泽湖）建成运行。同年，对全市4000个单位进行检查梳理，排查出重大危险源289个，市安监局均建档登记，实时监控。

2008年，淮安灭火救援应急中心开工建设。应急中心位于淮安经济开发区237国道旁，占地面积5.92公顷，总建筑面积26103平方米。同年9月，出台《淮安市安全生产举报奖励制度》，防范重特大事故发生。当年年末，淮安市安全监控工作体系建设做法得到中共中央、国务院肯定，经国务院总理温家宝批示后在全国推广。

第三节　专项整治

1980年，根据国家经委、劳动部等10个部委要求，淮阴地区行署和各县（市）政府组织开展“安全生产月”活动，在活动中组织安全生产检查。1980—1984年，连续5年开展“安全生产月”活动，组织大检查。1984年，全市查出事故隐患4986条，落实整改3783条。

1985年以后，淮阴市每年组织多次安全检查，重点突出锅炉、压力容器、气瓶等特种设备和矿山等特种行业。1986年，查出事故隐患8300余条，整改7200余条，整改率86.7%。因工死亡和重伤人数分别比1985年下降23%和21%。至1989年，全市组织综合性安全检查33次、专业性安全检查99次。重点检查煤矿、化工、军工企业、建筑工程、交通运输等行业。

1990年，市安委会开展涉及矿山粉尘、矽肺、建筑、石棉等重点专项检查20余次。开展锅炉、压力容器专项治理整顿，当年检验锅炉600余台次，检验压力容器4831台次。压力容器建卡4688台，建卡率99.94%；注册4611台，注册率98.3%；发证3758台，发证率78.8%。

1991年以后，市安委会进一步加大对特殊行业、特种设备的检测、检查和监察力度，并加强对职业性危害的监察。对重点行业、危险性较大、生产条件较差的小化工等企业进行安全整顿。对涉危工矿企业新、扩、改建项目严格监察、审查、验收。

1994年，市安委会检验锅炉81台、压力容器1230台、汽车槽车37辆、气瓶10871只，检测电梯220台、起重机械436台、避雷针570支。对新、扩、改建工程项目提出整改意见106条。与市卫生局、市总工会、市妇联联合开展女职工劳动保护检查验收，4个单位达甲类合格单位标准，41个单位达乙类合格单位标准，对女职工保护设施差、职业危害严重的单位提出批评和整改意见。

1995年，全市开展“安全生产年”活动。市安委会开展大规模安全检查，查出安全隐患5785条，整改4994条。对文化娱乐场所、乡镇小化工企业、建筑施工企业和电梯使用情况进行专项检查治理。1996年，突出重大事故隐患整改同时，对燃气、建工、乡镇小化工企业进行专项治理。

1998年起，市安委会结合实际情况，采取集中整治、严厉打击、综合治理办法，对安全生产重点领域和薄弱环节开展专项整治，并定期分析研究安全生产形势，排查安全生产领域的突出问题。市政府办公室每年转发市安委会关于开展安全生产专项整治工作的意见，对整治范围、重点和工作要求进行部署。市安委会适时召开联席会、专题会、汇报会，研究解决专项整治中突出问题和重大隐患，交流整治工作经验，部署下一步整治工作。

2001年8月，市安监局成立后，根据省统一部署，在全市开展“六查一整顿”（查认识、查责任、查机构、查管理、查措施、查制度，整顿安全生产秩序）活动。

2002年起，市安监局在全市开展交通运输、公众聚集场所、矿山、危险化学品、民爆器材和烟花爆竹、土锅炉和气瓶、建筑、农业机械8个方面专项治理。全年开展全市性安全生产综合检查和专项检查16次，覆盖1022个单位。

2003年，市安监局组织10次安全生产大检查。道路交通、水上交通、工矿企业安全生产形势和重大事故4项指数均比2002年有所好转，但消防形势比较严峻。

2004年，全市组织全市性大检查11次，开展危险化学品、道路交通、水上交通、人员密集场所、建筑、非煤矿山、民爆器材及烟花爆竹、气瓶、农机9个方面专项整治。

2007年，全市加强危险化学品、烟花爆竹、非煤矿山整治。至当年年底，淮安市85户危险化学品生产企业中，整改企业44户，基本整改到位；应搬迁23户，已搬迁3户，正在搬迁7户，落实搬迁地点13户；18户应关闭企业全部关闭。1405户危化品经营单位全部领取经营许可证。全市核发烟花爆竹批发许可证7家，零售许可证2310个，严厉查处烟花爆竹私产、私销、私存、私运违法行为。全年捣毁烟花爆竹私产窝点1户，查处私销32户、私储9户，收缴烟花738只、爆竹1327万头，查获私运烟花爆竹3起计2564件，行政拘留11人。向全市考核合格的181家非煤矿山企业发放安全生产许可证，其中31户通过安全标准化验收。

2005—2008年，市安监局组织全市性综合大检查34次、专业性检查100余次，并做到重大节日、重大活动、发生重大事故、重要时段和上级有要求时必查，陆续解决宁连公路谢庄转盘道路交通重大隐患等15个省级和近百个市级安全隐患，有效防范事故发生。

第四节 行政许可

20世纪80年代初，淮阴地区劳动部门对存在安全隐患的相关企业、特殊岗位、重点工种管理逐步规范。1982年，地区劳动局成立焊工考试委员会，培训190人，经考试全部合格，发放证书。

1984年，在全市对接触5种毒物的工人进行体格普查。1985年，建立健全监测制度，充实5名监测人员，定期对厂矿企业尘毒作业点监督检测，掌握尘毒危害动态，督促企业落实尘毒治理措施。1986年，组织54名尘毒危害企业的安技人员参加学习。各县（区）劳动部门配合其他部门举办防尘防毒学习班40期，参加培训2000人次。

1987年，市经委、市劳动局、市总工会联合举办3期安全法规与安全管理培训班，市直企业厂长经理、工会主席、安全科长共240人参加学习，有95名厂长领取安全资格证书。

1988年，市劳动部门依据安全生产、劳动保护法律法规，督促相关企业抓好工业卫生，改善劳动条件，对有尘毒危害单位建立台账，并制定分期治理措施。市直企业建档率95%以上。对新改扩建项目落实“三同时”（职业安全卫生措施与主体工程同时设计、同时施工、同时投入生产和使用）制度进行考核。每年举办1期厂长（经理）劳动安全保护知识培训班。1988年起，实行安全生产挂牌制度，对企业安全生产进行综合考评。1989年，评出第一批安全生产合格单位52个，由市政府颁发绿牌和证书。至当年年末，有563名厂长（经理）经培训、考核领取合格证，占应领人数的85%。同年，全市举办电焊工、司炉工、压力容器操作工等特种作业人员学习班29期，累计培训发证1698人。

1990年，市劳动局与市建委一起审查2～4级建工资质企业28个，发给合格证21户，督促整改7户。1991年，检查41户，全部合格。

1994年，出台《淮阴市矿山安全条件许可证管理办法》。全市35个国有矿山企业、580个乡镇集体企业全部实现持证开采。1997年，全市矿山企业安全条件许可证持证率86.9%，矿山企业矿长安全资格持证率91%。1999年，全市矿山企业安全条件许可证持证率88.4%，矿山企业矿长安全资格持证率91%。2000年，矿山企业安全条件许可证持证率91.2%，矿长安全资格持证率

94.5%。

2002—2003年，突出安全培训、持证上岗。全市140个乡镇（街道）有专职安监人员144名，经安监部门培训合格后持证上岗。2003年，培训特种作业人员6667人、危险化学品从业人员818人，持证率100%。

2004年，《中华人民共和国行政许可法》颁布实施后，安全生产许可工作走上法制化、规范化轨道。当年开始，对安全生产行政许可项目、行政许可实施主体进行清理、确认、公示。至当年年末，培训特种作业人员7211人，培训企业厂长（经理）900人、安全员1200人。

2006年，市安监局、市总工会联合印发《关于开展全市职工安全生产知识普及工作实施意见》。是年，全市培训企业厂长（经理）2327人、安全技术管理人员员810人、特种作业人员7316人。2007年，培训企业负责人1308人、安全技术管理人员1324人、特种作业人员11549人。2006—2007年，共培训职工18万人次。

2008年，全市特种行业作业人员、安生生产相关单位负责人和安全管理员持证率均保持在100%。

第五节　法制宣传

1980年，淮阴地区行署和各县（市）政府在全区进行宣传发动，开展“安全生产月”活动。此后每年都通过宣传教育、知识培训、集中检查、排查隐患等方式，开展“安全生产月”活动。

1985年，淮阴市安全生产委员会与文化部门排演一台安全生产文艺节目，在全市巡回宣传演出120场次，受教育职工11万人次。

1988年起，连续举办“夏季百日安全无事故竞赛”活动，结合“安全生产月”活动，开展形式多样的安全宣传活动。1990年，组织“保险杯”安全生产文艺演出，在全市演出104场次；组织安全知识智力竞赛活动，市直63个单位参加。1991年起，举办“安全宣传周”活动，在全市巡回举办安全生产图片展。1992年，主办江苏省安全生产漫画、宣传画、摄影作品巡回展览。

1994年，全市“安全生产月”和“安全宣传周”期间，共悬挂横幅1462条，张贴标语63360张，出板报1800期，播放安全教育录像1248场次，出动宣传车、宣传艇165次，并广泛开展安全知识竞赛、安全演讲会、消防运动会等。1995年，开展“淮阴市安全生产年”活动。

2001年以后，按照“面向乡镇，面向企业、面向公众，面向职工”的要求，加强安全文化建设，举办多种宣传教育活动，把安全生产法律法规和安全知识送进企业、工地、社区、学校等基层单位。安全文化宣传基本做到电视中有影、电台里有声、报刊杂志上有名。

2002年，淮安市被国家安监总局授予“全国安全生产先进市”称号。同年，举办“淮电杯”安全生产知识竞赛，参赛职工5万余名；举办“安全责任重于泰山”大型电视文艺晚会，在江苏卫视播放。2005年，《江苏省安全生产条例》颁布实施，淮安市加强法律法规宣传教育。当年7—8月，市安委会举办“供电杯”安全生产法律、法规知识竞赛，通过预赛、复赛，在30余万名干部职工中评出8支代表队进入决赛，最后洪泽代表队获得第一名。同年10月，淮安市在全国安全生产普法竞赛暨全国安全生产管理创新征文活动中，获得国家安监总局、中华全国总工会颁发的组织奖。同年11月，市安监局组织创作的歌曲《妈妈的眼睛》参加由国家安监总局、广电总局、中华全国总工会、共青团中央和中国音乐家协会共同举办的“生命之歌”安全歌曲大赛活动，获铜牌，市安监局获优秀组织奖。同年，歌曲《妈妈的眼睛》获江苏省“天能杯”安全歌曲创作一等奖。

2006年，由省安监局主办的“平安中国江苏——《中华人民共和国安全生产法》知识竞赛”在南京举行，淮安市代表队获得第一名，市安监局获得优秀组织奖。

2008年是淮安市安全隐患治理年，市安监部门组织开展形式多样宣传教育活动。在《淮安日报》开辟《淮安安监》专栏，定期载文宣传；开展安全知识“六进”（进机关、企业、工地、学校、社区、家庭）活动，发放宣传手册10万余册；开展隐患排查治理知识竞赛活动，组织21万余人次参加；邀请安全专家和市民代表组成安全生产检查组，到企业开展安全执法、事故隐患排查；开展“安全生产月”活动，悬挂宣传横幅4.5万余幅，张贴标语和宣传画24万余张，出动宣传车180辆次、宣传艇18艘次，印发资料13.4万余份。淮安市被全国安全生产月活动委员会授予“优秀单位”称号。

第六节　安全生产事故

2001年后，淮安市安全生产监管工作实现事故起数、死亡人数双下降，事故起数由2000年的4449起下降到2008年的1172起，死亡人数由578人减少到296人。受伤人数、经济损失也显著回落。自国家建立安全生产控制指标体系后，淮安市连续4年事故死亡人数在省控制指标以内。

2000—2008年淮安市安全生产事故统计表

表22-38

年份	起数（起）	死亡（人）	受伤（人）	经济损失（万元）
2000	4449	578	2451	2185.90
2001	3810	512	1889	1730.35
2002	3112	470	1705	1496.80
2003	2564	447	1508	1316.42
2004	2322	419	1169	1094.98
2005	2259	443	1118	1051.53
2006	1854	401	1044	981.79
2007	1316	341	875	1023.07
2008	1172	296	695	925.27

2003—2008年淮安市道路交通事故情况表

表22-39

年份	起数（起）	死亡（人）	受伤（人）	经济损失（万元）
2003	1812	434	1480	1149.42
2004	1259	402	1157	782.45
2005	1215	426	1106	667.23

续表22-39

年份	起数（起）	死亡（人）	受伤（人）	经济损失（万元）
2006	1132	388	1029	473.21
2007	936	328	865	429.27
2008	758	281	692	425.70
合计	7112	2259	6329	3927.28

2003—2008年淮安市火灾事故情况表

表22-40

年份	起数（起）	死亡（人）	受伤（人）	经济损失（万元）
2003	739	9	22	127.00
2004	1047	6	9	197.03
2005	1030	5	7	259.30
2006	713	1	8	199.58
2007	371	1	1	204.80
2008	399	2	1	226.70
合计	4299	24	48	1214.41

2003—2008年淮安市工矿企业安全生产事故情况表

表22-41

年份	起数（起）	死亡（人）	受伤（人）	经济损失（万元）
2003	9	3	6	40.0
2004	12	10	3	106.0
2005	12	11	5	120.0
2006	7	8	7	294.0
2007	8	11	9	386.0
2008	8	8	0	249.7
合计	56	51	30	1195.7

2003—2008年淮安市水上交通安全事故情况表

表22-42

年份	起数（起）	死亡（人）	受伤（人）	经济损失（万元）
2003	4	1	0	10.0
2004	4	1	0	9.5

续表22-42

年份	起数（起）	死亡（人）	受伤（人）	经济损失（万元）
2005	2	1	0	5.0
2006	2	4	0	15.0
2007	1	1	0	3.0
2008	2	5	0	22.5
合计	15	13	0	65.0

第七章　统　计

1978年，淮阴地区计划委员会内设统计科。1980年6月，恢复淮阴地区统计局，各县（市）统计局也先后恢复和成立。1983年，淮阴地区统计局更名为淮阴市统计局。1984年1月，《中华人民共和国统计法》颁布施行，全市统计工作得到进一步加强。同年4月，市统计局建立计算机站。同年12月，组建城市社会经济调查队和农村社会经济调查队。各县（区）也相继组建农村抽样调查队。是年，全市305个乡镇配备专兼职统计员。1987年，全市308个乡镇中有158个乡镇建立统计站。1997年6月，设立市企业调查队。2001年全市机构改革，市统计局为主管全市统计工作部门，核定行政编制35名、行政附属编制4名，内设办公室、政策法规处、国民经济综合统计处、工业交通统计处、固定资产投资统计处、贸易外经统计处、人口和社会科技统计处7个科级职能处室。各县（市、区）统计局在机构改革中均予以保留。2003年2月，淮安市综合调查队成立。2005年7月，市统计局设立服务业统计处。2007年3月，撤销原省属市农村社会经济调查队、市城市社会经济调查队和市企业调查队（以下简称“三支调查队”），组建江苏省统计局淮安调查局，副处级建制，人员由原三支调查队整体划转。2008年3月，国家统计局淮安调查队成立，为正处级机构。至2008年年末，全市统计系统有行政编制人员121人、行政附属编制人员5人、事业编制人员92人。

第一节　社会与经济发展统计

一、国民经济核算统计

1978年，中国衡量宏观经济的主要指标是国民收入。1985年，国务院批准建立国内生产总值和第三产业统计制度。淮阴市统计局开始在国民收入的基础上计算国内生产总值，国民收入和国内生产总值两套指标同时并行。

1993年，国家统计局停止国民收入计算，完全按照联合国推荐的国民账户体系（SNA）基本原则和方法进行国内生产总值核算，国内生产总值成为国民经济核算主要指标。1994年，市统计局改革统计指标体系和调查方法，加快实施新国民经济核算体系进程。当年全市举办培训班27次，培训8614人次，统计人员参训率100%。1995年，新的国民经济核算体系完成过渡。至2008年，淮安市和各县（区）都建立年度和季度国内生产总值核算制度，实施国民经济核算体系中的国内生产总值核算，并且对中华人民共和国成立以后的国内生产总值数据进行补充计算。

二、农林牧渔业统计

1978年后，随着农村经济发展，淮阴市各级政府更加关心和重视农业统计工作。至1992年，全市基本形成一套比较完善的农村统计报表制度，统计调查方法也趋向多样化。2000年后，为适应不断变化的市场经济需要，淮安市统计部门根据国家要求，对农村统计报表作出一些调整，逐步取消农林牧渔业商品产值和土地利用情况报表。2006年，取消农村非农行业产值报表。2008年，取消1990年不变价，用可比价计算农林牧渔业产值。

三、工业统计

1987年起，全市统计部门规范工业全面启用报表程序，以基层企业为起报单位，由统计部门汇总，逐级上报。统计内容主要包括生产、销售、库存和成本、费用、价格、盈利等情况，以及资产负债情况及其构成等。1998年，对全市国有及年销售收入500万元及以上的非国有工业企业实行全面调查，市直工业企业直报市统计局，其他工业企业直报县（市、区）统计局；对年销售收入500万元以下的非国有工业企业实行抽样调查。统计的内容主要包括工业总产值、工业增加值、销售收入、利税总额、利润总额等指标。2006年起，对年销售收入500万元及以上工业企业实行全面调查，年销售收入500万元以下工业企业实行抽样调查，采用价格指数计算工业总产值和增加值发展速度。

四、服务业统计

1994—1997年，按照全国统一规定，淮阴市统计部门对卫生、体育、社会保障、教育、文化、广电、科研、国家机关、政党机关、社会团体等社会服务业开展专门统计调查。1999—2003年，开展旅馆业抽样调查，对星级以外住宿业进行抽样调查。2004年，按照全国统一调查方案，淮安市对服务业单位和个体经营户全面普查。2005年7月，设立服务业统计处，全面开展服务业统计。

五、建筑业统计

1982年起，恢复“文化大革命”中中断的建筑业统计。1983年，建筑业统计基本上步入正常轨道。1990年起，实行电子计算机汇总。

六、批发和零售业、住宿和餐饮业统计

1978年，淮阴地区批发和零售业、住宿和餐饮业统计主要执行对国营和供销合作社商业的统计。1981年后，增加个体商业统计。1993年，增加《大中型批发零售贸易业企业报表》，由同级统计部门直接布置、收集和汇总。1998年，取消《大中型批发零售贸易业企业报表》，增加《限额以上批发零售贸易和餐饮业企业报表》。2000年，对个体批发零售业、餐饮业抽样调查，调查以县（区）为总体，以从事批发和零售贸易业、餐饮业个体户为基本抽样单元。2002年，对限额以下（含个体）批发零售贸易业、餐饮业进行抽样调查。2005年，增加《星级住宿业企业报表》，由同级统计部门直接布置、收集和汇总。2006年，对限额以下批发和零售业、住宿和餐饮业进行抽样调查，

调查以县（区）为总体，以从事批发和零售业、住宿和餐饮业的限额以下（单位）与个体户为基本抽样单元。

七、固定资产投资统计

1980年起，淮阴地区统计局对基本建设的统计逐步扩大到全社会，改为固定资产投资统计，并建立全民所有制单位更新改造措施统计报表制度。1981年起，固定资产投资统计范围由全民所有制单位和城镇集体所有制单位扩大到全社会各种经济领域。1990年后，固定资产投资统计报表制度更加完善，形成一套以投资效果为中心，全面反映投资过程和结果的指标体系。

八、民营经济统计

2004年，省统计局制定民营经济统计报表制度，并在全省范围内施行。淮安市执行该制度。民营经济统计调查范围和对象为辖区所有私营企业、股份合作企业、其他联营企业、其他有限责任公司（剔除国有控股企业）、股份有限公司（剔除国有控股企业）、其他内资企业和个体经营户。民营经济统计报表制度设置16张综合报表，内容包括反映民营经济发展规模、结构和效益等方面的主要指标。

九、人口调查制度与人口统计

中华人民共和国成立后，逐步形成以人口普查为基础，以5年1次的百分之一人口抽样调查为主导，以每年1次的千分之一和人口统计采用年报为经常性调查的人口调查制度。人口统计年报一年开展一次，基础资料来源是公安部门户籍年报。人口统计报表内容有户籍人口、性别人口、出生、死亡、出生率、死亡率、自然增长率等人口变动指标，统计范围为各县（区）内所有乡、镇、街道以及场矿、企业、农场等政企合一单位。淮安市统计部门根据全国统一要求，开展该项工作。

十、劳动工资统计

1978年，全国劳动工资统计年报工作正常开展。1982年，淮阴地区统计局在年报中增加《全民所有制单位全部职工工资总额构成情况表》。1985年，劳动统计报表共13种。1990年起，淮阴市统计部门把国家统计局《关于工资总额组成的规定》作为工资总额统计范围的主要依据。2005年开始，淮阴市统计部门劳动工资统计单位统计范围从城镇集体以上单位扩展到私营企业规模以上工业，限额以上住宿、贸易和餐饮业以及资质以上建筑和房地产业。主要实行年报和季报制度。2007年，淮安市试行私营单位工资统计调查工作。

十一、社会发展水平监测

20世纪90年代后期开始，淮阴市统计部门与全省一起开展社会发展水平监测。社会发展水平监测包含《社会发展基本情况统计综合表》《社会发展基本情况统计表》和《社会发展水平评价统计表》。其中《社会发展水平评价统计表》是核心表，通过该表，可以对一个地区当年社会发展状况和发展趋势进行总体描述。

十二、科技活动监测统计

1985年全国科技普查开始后，全市科技统计工作逐步开展。2000年，对R&D（研究与试验发展）开展一次清查，取得部分基础资料。此后，科技统计工作纳入统计年报制度。2005年，科技统计年报对大中型工业企业和一级资质建筑企业科技活动进行统计，由市统计局直接开展此项调查工作。大中型工业企业科技统计年报包含8项68个调查指标，一级资质建筑企业科技活动年报包含5项26个指标。

十三、妇女儿童监测评价

2000年后，淮安市妇女儿童工作委员会、市统计局在全市联合开展《中国妇女发展纲要》《中国儿童发展纲要（2001—2010年）》和《淮安市妇女发展规划（2001—2005年）》《淮安市妇女发展规划（2006—2010年）》《淮安市儿童发展规划（2001—2005年）》《淮安市儿童发展规划（2006—2010年）》实施情况监测统计工作，每年针对全市和各部门对《纲要》《规划》主要目标的实施状况进行监测与评价，并公布结果。评估指标体系以《纲要》《规划》确定的终期目标为主，依据各部门上报的监测统计数据，经市妇女儿童委员会有关成员单位评估认定后运用。监测统计包括妇女与经济、妇女参与决策和管理、妇女儿童与教育、妇女儿童与健康、妇女儿童与法律保护、妇女儿童与环境发展的生存环境6个方面。

第二节　专项统计调查

一、农村调查

1978年以后，淮阴地区农村经济体制改革逐步深入。统计部门除主要使用全面统计报表和抽样调查相结合的方法取得农村社会经济资料外，还根据某些经济问题研究需要，按不同类型标志选择一部分县、乡或农村住户进行重点调查或典型调查。

（一）农产量调查

1984年，淮阴市农村抽样调查队成立。1985年1月起，启用全市农产量调查网点。1991年，样本轮换后启用新调查点。同时根据省农调队统一要求，建立粮食数据评估制度，以保证农产量抽样调查工作质量，提高农产量调查数据可信度。从1995年夏粮开始，市统计部门根据省统计局规定，对县及县以上粮食产量采用以抽样调查数字定案。1999年起，市统计部门对样本点实行五年轮换一次的制度。2004年，淮安市按照省农调队要求，抽选新一轮产量样本点。

（二）农村住户抽样调查

1978年，淮阴地区开始恢复社员户家庭收支调查，主要内容为农户家庭生产、收入、消费、积累等。1984年5月，省农村抽样调查队经过测算并经国家统计局批准，确定江苏省农村住户国家调查县34个、3400户，省选调查县（区）41个、调查户2880户。淮阴、灌南、沭阳、涟水、泗洪和盱眙6个县被国家统计局确定为农村住户调查县，清浦、宿迁、泗阳、淮安、洪泽和金湖6个县（区）被省确定为调查县。1990年，进行第一次样本轮换，1995年、1999年、2004年分别进行样本轮换。

二、规模以下工业抽样调查

1999年起，市企业调查队开展规模以下工业抽样调查，调查目的是反映全市规模以下工业基本总量，为国民经济核算提供基础数据。调查范围（总体）是年产品销售收入500万元以下工业企业和全部个体经营工业单位。2004年前，调查总体抽样框采用第一次基本单位普查名录库。2005年，使用第一次经济普查基本情况库进行抽样，当年企业抽取样本153家，个体抽取行政村124个。

三、现代企业制度跟踪监测调查

2000年起，市企业调查队开展企业集团和重点企业建立现代企业制度跟踪监测调查。企业集团调查内容分为6类：反映企业集团和母公司情况的基本属性指标，反映企业集团财务状况的指标，反映企业集团劳动工资的指标，反映特定企业生产经营活动的业务指标，反映企业集团成员企业（单位）基本情况的主要指标，反映改革和发展情况与问题的调查问卷。重点企业调查内容分为5类：反映企业概况的基本属性指标，反映企业财务状况的指标，反映企业劳动工资的指标，反映企业生产经营活动的业务指标，反映改革和建立现代企业制度有关情况与问题的调查问卷。2006年，2个部分调查合并，建立一套企业（集团）调查制度。调查样本量为35家各种经济类型企业，分布在工业、建筑业、商业、餐饮业、交通运输业、其他服务业等行业。

四、企业景气调查

1999年起，市企业调查队开展企业景气调查。调查范围包括工业、建筑业、交通运输和邮政业、批发和零售业、房地产业、社会服务业、信息传输和计算机服务业、住宿和餐饮业。调查对象是各法人企业及其负责人以及依照法人单位进行统计的产业活动单位及其负责人。调查内容包括企业基本情况、企业家对本行业景气状况判断、企业家对企业生产经营状况判断、企业家对企业生产经营问题判断和建议。2008年，淮安市调查样本量为46家。

五、采购经理调查

2004年起，市企业调查队开展采购经理调查。调查范围是制造业法人企业以及依照法人单位进行统计的制造业产业活动单位。2006年，调查范围扩大到非制造业行业法人以及依照法人进行统计的产业活动单位。调查对象是企业主管采购业务活动的副总经理或负责企业原材料采购的部门经理。调查内容是采购经理对企业采购及相关业务活动的判断，主要包括对企业生产、采购、价格、库存、人员、供应商配送、采购方式等情况的判断，以及企业采购过程中遇到的主要问题及建议。

六、物价统计调查

1984年年末，成立淮阴市城市抽样调查队（1989年更名为城市社会经济调查队，简称“城调队”），专门负责物价、城市住户调查统计等工作。1985年起，正式编制职工生活费用价格指数和零售物价指数（月报表）、集市贸易价格指数（月报表）。1986年，根据国家统计局布置，重点加强农副产品收购价格统计。1992年，开始收集工业产品出厂价格和主要原材料、燃料、动力购进价格以及固定资产投资价格资料。1995年，职工生活费用价格指数和零售物价指数改为居民消费价格指数和商品零售物价指数。2008年，国家统计局淮安调查队成立，物价统计工作归由淮安调查队价格处负责，包括居民消费和零售价格调查、工业产品出厂价格和购进价格调查以及固定资产投资价格调查3项职能，并每月公布居民消费价格指数（CPI）。

七、城市住户调查

1980年起，省统计局城市社会经济调查队按国家统一部署在淮阴地区开展城市统计调查，淮阴地区（市）统计局根据要求开展具体工作。调查涉及城镇住户人口、就业、收入、消费、教育、社会保障等诸多方面。

八、人口抽样调查和劳动力调查

1980年以后，根据国家统一部署，淮阴市组织多次人口抽样调查和专项调查，每5年进行1次百分之一人口抽样调查，每年进行1次千分之一人口变动情况抽样调查。1987年、1995年、2005年分别进行1%人口抽样调查。

2005年5月，淮阴市结合人口抽样调查开展劳动力情况调查。2006年起增加到每年2次，分别于5月和11月进行，调查范围为全市城镇和乡村16岁及以上人口。调查内容包括年龄、性别、居住地、婚姻状况、受教育程度、就业状况、所从事行业和职业、工作时间、失业原因、失业时间、收入以及参加社会保障情况等。

2006—2008年，淮安市按照国家和省布署，连续开展人口抽样调查。主要调查户内人员姓名、与户主关系、性别、出生年月、民族、户口登记地状况、离开户口登记地原因、户口性质、一年前常住地、是否识字、受教育程度、学业完成情况、婚姻状况、生育情况、是否工作、工作单位类型、就业身份、签订劳动合同情况、未工作原因、是否寻找工作、当前能否工作、未找工作或不能工作的原因、行业、职业、参加社会保险情况、目前的主要生活来源等。另外，还调查本户户籍外出人口情况、暂住人口情况、死亡人口等。

九、群众安全感调查

2005年以后，淮安市每年进行一次群众安全感调查。群众安全感调查对象为年满16周岁以上的中国公民，调查标准时间为11月1日，包含群众安全感受、影响安全感的主要因素、群众对当前社会治安状况的心理感受、群众对政法工作和队伍建设满意程度等18项内容。

第三节　国情国力普查

一、人口普查

（一）第三次人口普查

1982—1983年，淮阴地区按照国务院《第三次全国人口普查办法》规定开展第三次人口普查。普查对象是在淮阴地区区域内的中华人民共和国公民。普查标准时间为1982年7月1日零时。普查项目共19项，其中按人填报项目13项，即姓名、与户主的关系、性别、年龄、民族、常住人口的户口登记状况、文化程度、行业、职业、不在业人口状况、婚姻状况、妇女生育的子女数、1981年育龄妇女生育状况；按户填报的项目为6项，即户的类别（家庭户或集体户）、本户住址编号、本户人数、本户1981年出生人数、本户1981年死亡人数（死亡人口的姓名、性别、年龄按生产队和居民小组登记）、有常住户口已外出一年以上的人数。第三次人口普查结果显示，淮阴地区总户数为1862708户；总人口为8733961人，其中男性4447144人，女性4286817人；性别比

103.74；家庭户平均每户人数4.61人；市人口密度443人/平方公里；共有17个民族。

（二）第四次人口普查

1989年，淮阴市按照国务院《关于进行第四次人口普查的通知》，开展第四次人口普查。普查对象是在淮阴市区域内的中华人民共和国公民。普查的标准时间为1990年7月1日零时。此次普查比前三次人口普查规模更大，调查项目更多，共设21个项目，其中按人记录15项、按户记录6项。按人记录项目有姓名、与户主关系、性别、年龄、民族、户口状况和性质、1985年7月1日常住地状况、迁来的原因、文化程度、在业人口行业、在业人口职业、不在业人口状况、婚姻状况、妇女生育存活子女数、1989年1月1日以来的生育状况。按户记录项目有本户编号、户别、本户人数、本户出生人数、本户死亡人数、本户户籍人口中离开该县（市、区）一年以上的人数。另设《死亡人口登记表》。第四次人口普查结果显示，全市总户数2276114户，总人口9902913人，男性5058377人，女性4844536人；性别比104.41；家庭户平均每户4.3人；人口密度507人/平方公里。

（三）第五次人口普查

1999年，淮阴市按照国务院《关于进行第五次人口普查的通知》，开展第五次人口普查。此次普查标准时间为2000年11月1日零时。普查对象是淮阴市区域内具有中华人民共和国国籍的人，进行逐户逐项逐人登记。此次普查涉及的人口状况复杂，普查难度最大。比前四次人口普查规模更大，调查项目更多。第五次人口普查结果显示，全市总户数1330670户，总人口5038231人，男性2576525人，女性2461706人；性别比104.66；家庭户平均每户3.75人；人口密度503人/平方公里。

二、农业普查

（一）第一次农业普查

1996年年末，开始第一次农业普查。普查对象是各种类型的农业生产经营单位、农村住户、乡镇企业、行政村和乡镇。普查表分为《农村住户调查表》《非农村住户类农业生产经营单位调查表》《行政村调查表》《乡镇调查表》《非农乡镇企业基本情况卡片》《农业用地卡片》，调查项目38个。

（二）第二次农业普查

2005年年末，开始第二次农业普查。普查时间为2006年1月1日至12月31日。普查增加城镇农业生产经营户，取消乡镇企业。普查对象是农业生产经营单位、农村住户、乡镇人民政府和村民委员会。行业范围包括农作物种植业、林业、畜牧业、渔业和农林牧渔服务业。调查表有《住户普查表》《单位普查表》《行政村普查表》《乡镇普查表》《农业用地普查表》5种。2007年7—10月，普查数据在各级新闻平台上发布。

三、工业普查

（一）第二次全国工业普查

1984年12月，根据全国统一部署，淮阴市成立工业普查领导小组，下设办公室。之后，各县（区）都相继成立工业普查办公室。该普查于1986年第一季度进行，普查内容主要是1985年工业经济情况，包括产、供、销、人、财、物，并以工业装备技术状况、经济效益、工业内部结构和职工状况为重点。普查对象是全部工业企业，并以与国计民生关系较大的工业企业为重点。普查表由基层企业填报，县审核，分县造册，于1986年4月底报送省工普办。这次普查经历准备、调查、资料整理3个阶段，时间延续4年多（1984—1988年）。根据省反馈资料，1987年编印《淮阴市第二次工业普查资料》一书。

（二）第三次全国工业普查

1995年，淮阴市成立工业普查领导小组，下设办公室负责具体普查工作。之后，各县（市、区）都相继成立工业普查办公室。1996年，正式实施工业普查登记。普查内容主要是1995年工业生产经营基本情况，包括生产、销售、库存和成本、费用、价格、盈利等情况，资产负债情况及其构成，生产能力利用及技术装备状况等。普查对象是全部工业企业，重点是国有企业、乡镇企业和外商投资企业。1997年，编印《淮阴市第三次工业普查资料》一书。

四、第三产业普查

1993年8月，市政府按照国务院《关于开展全国第三产业普查工作的通知》要求，成立淮阴市第三产业普查协调小组，协调小组办公室设在市统计局，具体负责普查工作组织实施。普查范围包括淮阴市境内所有第三产业企业、事业、行政单位和社会团体。普查年度为1991年和1992年。普查内容包括第三产业发展规模、（经营）活动成果、实物资产情况等。该普查于1994年年末结束。

五、经济普查

（一）第一次全国经济普查

2004年4月起，根据国家统一部署，淮安市开展第一次全国经济普查工作。经济普查集工业、建筑业、第三产业和基本单位普查于一体，普查对象涉及到从事第二、第三产业活动的全部法人单位、产业活动单位和个体经营户。经济普查对法人单位、产业活动单位采用全面调查方法，对个体经营户采用全面调查、抽样调查等方法。普查标准时点是2004年12月31日，时期资料为2004年度。填报内容包括单位基本属性、从业人员、财务状况、生产经营情况、生产能力、原材料和能源消耗、科技活动情况等。2006年2月20日，市经济普查办发布普查公报，向社会公布普查主要数据。

（二）第二次全国经济普查

2008年5月起，根据国家统一部署，淮安市开展第二次全国经济普查工作。普查标准时点是2008年12月31日，时期资料为2008年度。普查对象是在全市境内从事第二、第三产业活动的全部法人单位、产业活动单位和个体经营户。普查主要内容是单位基本属性、从业人员、财务状况、生产经营情况、生产能力、能源消耗、科技活动情况等。经济普查对法人单位、产业活动单位采用全面调查的方法，对个体经营户采用全面清查和抽样调查等方法。至2008年12月，单位清查摸底工作基本结束，普查业务培训陆续开始。

六、基本单位普查

2001年9月至2002年6月，根据国家统一部署，淮安市进行第二次基本单位普查。主要调查各类单位的数字、组织形式、经济构成、规模结构和生产要素配置以及行业分布、地区分布等情况。2002年12月，市第二次基本单位普查工作领导小组办公室发布淮安市第二次基本单位普查公报，向社会公布普查有关数据。

第四节　统计服务

一、统计资料整理编印

1978—2008年，淮安市统计局共整理编印调查统计资料62册，其中年度统计资料52册、历史统计资料3册、专题统计资料7册。

（一）月（季）度统计资料

从1995年起，市统计局按月印发月度统计资料，按月、季向市四套班子领导、市委各部委、市政府各组成部门主要负责人发送，内容包括工业、农业、供电、投资、消费、财政金融、外向型经济、居民生活、个体私营经济等，每期印刷450本。

（二）年度统计资料

1978—1993年，市统计局编印16册《淮阴统计资料汇编》。1994年，更名为《淮阴统计年鉴》。2001年，更名为《淮安统计年鉴》，内容也作进一步调整和充实，资料登载范围扩大。2008年《淮安统计年鉴》共100余万字，收录淮安市和各县（区）国民经济和社会发展情况，内容有综合、国民经济核算、人口、就业与工资、农村经济、工业、能源、建筑业、固定资产投资、房地产开发、运输、邮电和电力、批发零售贸易、住宿餐饮业和对外经济、财政、金融、物价、社会事业、居民生活、统计公报。

1985年开始，市统计局在每年的4月底，对上年度主要统计资料进行汇总，编辑印刷简明版《淮安（阴）统计手册》，发送到有关领导和部门。

（三）历史统计资料

1978—2008年，淮安市统计局整理编印历史统计资料3册，分别为1983年整理编印的《1949—1982年淮阴市历年国民经济统计主要指标》、1990年整理编印的《淮阴市历年国民经济统计主要指标》和2000年整理编印的《奋进的五十年》，都是时间跨度较大、内容丰富的统计资料。《奋进的五十年》是一部大型统计资料书，时限为1949—1999年，分为行业篇、综合篇、地区篇、资料篇，主要统计内容有人口、综合、劳动工资、农林牧渔业、工业、固定资产投资、建筑业、运输邮电、批发零售贸易餐饮业、对外经济、财政金融、教育卫生、物价、城乡居民生活等。

（四）专题性统计资料

1984—2008年，淮安市统计局整理编印专题性资料7册，包括1984年整理编印的《淮阴市第三次人口普查资料》、1991年整理编印的《淮阴市第四次人口普查资料》、1994年整理编印的《淮阴市第一次三产普查资料》、1997年整理编印的《淮阴市第三次工业普查资料》、1997年整理编印的《淮阴市第一次农业普查资料》、2001年整理编印的《淮安市第五次人口普查资料》和2002年整理编印的《淮安市第二次基本单位普查资料》。

二、统计资料发布

（一）国民经济和社会发展计划执行结果公报

从2001年开始，淮安市相继发布2001—2008年各年度国民经济和社会发展统计公报，公布农业、工业、交通和邮电业、固定资产投资和建筑业、商业、外贸、科学技术、教育、文化、卫生、体育、人民生活等方面发展情况。

（二）普查数据公布

1978年后，淮安市进行过人口普查3次，工业普查、农业普查各2次，基本单位普查1次。每次普查结束后，均在《淮安日报》公布普查主要数据和概况。

（三）统计分析和统计信息

1978—2008年，淮安市统计局每年都围绕市委、市政府中心工作撰写大量统计分析、统计信息，通过广播、电视、报纸、网络等形式对外发布，保证广大群众知悉权。2003—2008年，市统计局共撰写、发布统计分析797篇、统计信息3213篇。

第八章　审　计

1983年7月，淮阴市审计局成立，次年1月正式办公。市审计局内设文行农水科、工交财贸科、案件审理科。至1984年3月，全市11个县和清河区审计局相继建立，清浦区审计局于1985年6月成立。2001年，淮阴市更名为淮安市，淮阴市审计局改名为淮安市审计局，设12个职能处室，即办公室、人事教育处、法规处、计算机审计处、经济责任审计与内部审计指导处、财政金融审计处、行政事业与社会保障审计处、经贸审计处、农业与资源环保审计处、固定资产投资审计处、外资运用审计处、监察室，核定机关行政编制58人、行政附属编制6人。2007年，成立淮安市固定资产投资审计中心。1983—2008年，全市完成审计项目16888个，查处违纪违规金额91.5亿元，揭示管理不规范金额659.3亿元。

第一节　财政预决算及财政资金审计

1986年，淮阴市审计局开始以“上审下”为主要方式，实施县级财政决算审计。

1995年，《中华人民共和国审计法》正式施行，财政审计实施“同级审”与“上审下”相结合的审计监督制度。此后，市审计局每年都对市本级财政预算执行情况进行审计，并安排一定数量的下级财政决算审计，采取3年一轮回周期审计。

2001年开始，市审计局逐步确立公共财政体制下大财政审计工作方向，财政审计包括对所有财政性资金收支管理、国有资产营运等情况进行监督审计，凡是有财政资金运行的地方都有审计监督把关。2005年以后，在深化预算执行审计基础上，加强对财税新管理模式、社会保障资金、教育科技投入以及涉农专项资金审计监督。

2004年2—5月，市审计局完成对2003年市本级财政预算执行情况审计，查出问题20多个，查出违纪违规金额574万元。2006年，市审计局在2005年市本级财政预算执行审计报告中，向市人大提出7大类30个问题，引起市人大常委会重视，市政府召集相关单位落实整改。

2007年，市审计局对市财政局等55个市直部门预算执行情况进行审计，是往年审计部门数的3倍，查出违纪违规问题资金1.78亿元。针对发现问题，市审计局进行原因分析，提出加强管理、提高预算透明度等4条建议，为全市机关事业单位实施“阳光工资”做好前期准备。

2008年，市审计局在对市财政局预算执行情况及其他财政收支审计中，查出3亿元左右预算收入入库不及时，一般预算支出完成比例较低，部门预算在年初安排不够具体、细化，财政预算结余结转比重偏大等问题，并提出国有资产及相关收入及时收缴入库、严格执行《中华人民共和国预算法》、进一步优化财政支出结构、提高预算编制的科学性、建立责任追究制度等建议。

第二节　财务收支审计

1984年，市审计局开始对行政机关、事业单位和国营企业进行审计，主要检查财务收支真实性，及时发现和纠正行政事业单位和企业财务收支中存在的问题。当年组织20余人对盱眙县粮食系统1983年财务收支进行审计。通过审计，查处一些违规事项，揭露粮食管理中的一些问题。审计中还就审计方法、工作流程、审计标准、处理原则、文书格式等基础性工作进行尝试和探讨。

1984年、1985年，全市审计部门对156个单位财务收支状况进行试审。1984—1987年，全市审计部门审计财务收支项目934个，查出问题资金7032万元，揭露和纠正侵占国家资产和严重损失浪费等行为，有关部门据此惩处违法乱纪责任人，其中5人被判刑。

1994年、1995年，对金融系统开展重点审计。查出中国银行淮阴分行违纪违规金额3780万元、工商银行淮阴分行违纪违规金额1514万元。对审计中发现的典型和普遍问题，如“一逾两呆”（逾期、呆滞、呆账）贷款和账外资产等成因，延伸审计，全面分析，提出建议。1997年，全市审计查出违纪违规财政收支金额3804万元。1999年，查出违纪违规金额3594万元，增加财政收入853万元。

2001年4—5月，市审计局对淮阴汽车运输集团公司1999—2000年度财务收支进行审计，查出该公司偷漏税金1106万元，私存账外资金2160万元。2001年4月开始，按照国家审计署统一部署，淮安市、县两级审计部门对中国人民保险公司淮安市分公司及其所属8个县（市、区）支公司、国内国际保险部、市场开发部1999—2000年度资产负债损益情况实施就地审计，并对市人保分公司所属“三产”（吉祥大酒店）进行审计，查出违纪违规金额和违规承保计2.91亿元。

2002年6—9月，市审计局对市供销合作社有关资金收支情况全面审计，审计供销系统淮安市供销大厦（新亚商城）、日杂公司、农资公司、土产公司、茶叶公司、物资回收公司、果品食杂公司、蜂产品公司、供销干部学校、市供销社10家单位，查出违纪违规金额7129万元，查出重大损失浪费金额10148万元，移交有关部门经济案件线索21条，涉案金额992万元。

2005年，市审计局完成7家资产经营公司、13户重点骨干企业2004年目标责任完成情况和土地储备中心、高教园区资产负债损益审计，并及时向市委、市政府提交综合报告，提出加强国有资产监管、扶持骨干企业、推进“工业强市”等建议，土地出让金审计对市政府印发《关于淮安市区国有土地使用权出让金管理暂行办法》起到关键作用。

2006年，市审计局对市直20个单位财务收支情况进行审计，查出违纪违规资金2.25亿元。

2008年，市审计局对市资产、交通控股、纺织、轻工、化工、机电6个国有资产经营（管理）公司和富丽房地产公司、富康房地产公司资产负债损益和财务收支情况进行审计。将资产真实性、合法性，国资公司中政府负债状况和企业财务收支情况作为审计重点。针对审计中发现的资产利润不实、国有资产上缴不及时、财务违纪等问题，提出核实国有资产、进一步加强政府资产管理和监控的审计意见和建议。

第三节　固定资产投资审计

1984—1990年，市审计局根据国家关于控制固定资产投资规模要求，重点审计楼堂馆所和计划外项目、自筹基建项目，主要对建设项目资金来源、资金管理、建设规模等进行审计。

1991年起，淮阴市审计重点转向政府投资建设项目的预算执行情况和决算审计。根据政府要求，对重点道路、水利、城市基础设施等财政性资金投入比较大的建设项目进行审计，对项目开工前建设资金来源情况进行审计，参与工程建设专项治理，对建设施工等单位虚报工程造价等问题进行审计处理。

1994—1998年，对基本建设重点工程开展审计，突出开工前审计和竣工审计。1994年，开工前审计63项，竣工决算审计51项，查出违纪违规金额319万元，核减决算495万元。1996年，审计基建项目94个，为基建单位核减工程金额1024万元。1997年，全市完成221项基建工程审计，送审金额5.36亿元，审计核减7373万元。通过审计向纪检、司法部门移交违纪违法案件线索24件。1998年，完成工程建设专项治理审计项目134个，核减1110.55万元，发现案件线索88件。

1999年起，政府投资基本建设类审计项目正式定名为固定资产投资审计。随着全市固定资产投资不断加大，审计金额也越来越大，审计项目越来越多。2000年、2001年、2002年，全市审计固定资产投资金额分别为7.05亿元、10亿元、6.18亿元。

2003年起，固定资产投资审计由工程决算审计为主发展到工程决算审计与跟踪审计相结合，审计部门提前介入，对项目投资额、完善建设项目招投标制度、规范建筑市场等发表审计意见。2003年，全市完成重点建设项目竣工决算审计209项，工程送审金额6.23亿元，核减金额7351万元。市苏北应急医院工程项目审计核减率为38.4%。

2006年起，固定资产投资审计转向以绩效审计为主，在政府重大投资项目审计中，着重关注项目建设过程中的投资决策失误、管理不严、严重损失浪费以及损害国家利益和人民群众切身利益等问题，分析评价政府投资管理水平和投资效益，为政府建设资金使用把关。当年，全市完成投资项目竣工决算审计318项，核减工程款1.25亿元。

2008年，淮安市对当年开工投资总额达10.1亿元的10个政府投资代建制项目进行跟踪审计。突出建设审计项目前期准备、现场施工和竣工结算3个环节的审计监督，节约大量投资资金。

第四节　经济责任审计

20世纪80年代后期，全市审计部门开始对国有企业厂长（经理）试行离任经济责任审计。全民所有制企业厂长（经理）离任时，审计机关对其任职期间经营业绩真实性进行检查，并作出审计评价。

1984年7月15日至8月底，市审计局在清江印染厂开展财务收支审计同时，探索进行经济效益审计。1986年，市委组织部与市审计局联合印发《关于对企业厂长（经理）调离时实行审计公证的通知》。至1987年，共对48个厂长（经理）实行离任审计。根据审计结果，组织部门降职使用5人、免除职务3人、提拔4人。

1994年，市审计局对江苏国际经济技术合作公司淮阴分公司等3个企业领导进行离任审计。对市纺织工业局等6个县处级主管部门主要负责人任期工作实绩进行审计，为干部任免提供依据。

1995年，全市审计部门对38个重点企业开展资产、负债、损益审计，查出资产、负债、损益不实金额6088万元，违纪金额9352万元。

1996年起，市审计局改进企业审计方法，在加强工业企业资产经营责任审计同时，运用审计结果，指导重点企业开展目标成本管理，规范企业管理行为，严肃财经纪律，提高企业执纪意识。1997年，全市审计部门对182户重点企业资产、负债、损益进行审计，查出不实金额3.06亿元、违纪金额7769万元。

1998年起，全市经济责任审计普遍开展，审计对象由国企领导人员扩展到党政领导干部，并逐步发展到以党政领导干部经济责任审计为中心，以领导干部所在单位财政财务收支审计为基础，运用审计手段检查、评价领导干部任职期间经济责任履行情况。审计结果存入领导干部个人廉政档案、作为考察选用干部的参考依据之一。

2001年政府机构改革时，市审计局成立经济责任审计机构，并指导部门开展县处级党政领导干部任期经济责任审计试点工作。当年对51名领导干部实施经济责任审计。审计后，7人晋升职务，29人平调岗位，11人被免职，8人被移送纪检监察和司法机关处理。当年出台《淮安市党政领导干部任期经济责任审计实施办法》。

2002—2005年，淮安市领导干部经济责任审计工作推进力度较大。全市有6个审计局建立专职经济责任审计机构。市审计局出台《淮安市经济责任审计工作管理办法》《审计台账制度》等规章制度，审计分为任中审计和离任审计，审计调查、审计范围、审计方法、审计重点、评价标准等规定更加细化。

2006年，全市对148名党政领导干部和国有企业负责人进行经济责任审计。市审计工作领导小组以市长为组长，3名市委常委为副组长。领导小组多次召开会议，听取汇报并作出指示。各县（区）也都成立经济责任审计领导小组，各部门协调配合，推行审计公告和审计结果通报制度，并实行审计“回头看”，督促抓好审计整改。

2007年、2008年，经济责任审计形成30多套配套调查表格，审计目标更科学、内容更全面、重点更突出，审计评价指标更完善。达到领导干部离任必审，任中3～5年轮审，工作成效显著。

第五节　民生项目资金审计

20世纪80年代，淮阴市审计工作重点是财政资金使用、经济责任和固定资产投资等，少量涉及到教育、卫生和其他公共事业部门。

1995年，市审计局和部分县审计局对待业保险金和养老保险金进行审计，查出企业欠缴、有关部门挪用或借用以及财政部门代征收未划拨资金1054多万元。对4所学校和教育局开展审计，对学校乱收费进行严肃查处。

1997年，全市审计部门对农业综合开发专项资金拨付、管理和使用情况进行审计。抽审129个项目，审计送审金额10140万元，查出违规金额26.7万元。发现财政资金欠拨250.61万元，市直及两个县自筹资金有552万元未到位，少数项目建成后存在不能使用或缺乏科学管理、财政有偿资金回收工作不理想等问题。

1999年，组织对职工养老保险基金、失业保险基金、解困资金、福利彩票救灾专项募集资金进行审计。

2001年，对普教经费开展审计，查出中小学违规收费、代办费核算管理不规范、固定资产普遍存在账实不符等问题。对全市农业投资开发建设资金进行审计，查出违纪违规行为及坏账损失等问题资金2670多万元。

2004年，对抗洪救灾资金、农田水利和农村道路资金、“草改瓦”专项资金、失业保险基金、农业专项资金、移民迁建资金使用情况开展审计和调查，查出违纪违规金额2058万元，督促部门单位自行纠正1769万元。

2000—2008年，全市审计部门对农业资金，农村建设资金，养老、失业、社会医疗保险基金，住房公积金和住房基金，教育经费，土地出让金，拆迁安置补偿金等民生项目专项资金和基金开展多次审计和审计调查。审计中发现资金管理和使用存在问题，及时向党委、政府汇报，并提出加强管理和提高专项资金使用效益的审计意见和建议，保证专项资金促进社会事业发展。

第九章　国有资产监督管理

1978年，淮阴地区国有资产由地区财政局监督管理，主要为财务管理。国有企业在改革前，实行主管局统一管理企业人、财、物与产、供、销。随着企业国有资产管理体制改革不断深化，国有资产管理内容和形式也不断发生变化。1990年7月，成立市国有资产管理处，为市财政局下属全民事业单位，对国有资产行使管理职能，重点管理国家投入企业的国有资产。20世纪90年代，原各工业、商业主管局陆续改组为公司，由主管部门变为经济实体。1994年11月，成立市国有资产管理局，统一管理全市国有企业、行政事业单位资产。2001年，市国有资产管理局撤销，成立市国有资产管理办公室，隶属于市财政局。2005年7月，组建市政府国有资产监督管理委员会（以下简称“市国资委”），将原市经贸委承担的指导国企管理、改革和国有资产监督等职能，市委企业工委承担的管理国企有关职能，市财政局承担的国有资产管理和统计评价职能，市劳动和社会保障局承担的市属国企经营者收入政策拟定和工资总额管理职能统一划入市国资委。行政事业单位国有资产仍由市财政局管理。2008年，市国资委内设改革发展处、产权管理处、统计考核处、办公室（含组织人事、纪检监察），有正式工作人员18名。

第一节　清产核资

1993年，全市国有资产存量54.78亿元。1994年，对全市国有资产清查核资。至1994年年底，全市国有资产总额119.34亿元。全市参加清产核资企业688户，经过资金核实为企业核销损失8.7亿元。

1995年，全市有列入国有资产统计的国家投资企业958户、行政事业单位3136户、房产部门11户、建设单位66户、金融企业15户。至当年年底，全市国有资产总量133.71亿元。其中，企业国有资产总额60.17亿元，行政事业单位国有资产73.54亿元。

1996年区划调整后，全市国有资产存量104.89亿元，其中企业国有资产36.36亿元、行政事业单位国有资产51.58亿元、建设单位国有资产16.17亿元、其他国有资产0.78亿元。

1997年，共统计企业和行政事业单位国有资产87.05亿元。其中，统计企业624户，占有国有资产34亿元；行政事业单位1797户，占有国有资产53.05亿元。经营性国有资产在产业结构上主要集中在第二产业，占21.4亿元，其中工业占20.27亿元，第一、三产业仅分别占5.98亿元和6.44亿元。

1998年，全市统计经营性非经营资产84.66亿元，经营性国有资产569户，占有国有资产29.61亿元；非经营性国有资产1719户，占有国有资产55.06亿元。

1999年，全市汇编国有资产占有单位2449户，统计国有资产总量73.15亿元。国有非金融企事业单位年初、年末国有资产总量分别为16.44亿元和16.23亿元。

2000年，全市汇编国有资产占有单位1289户，统计国有资产总量86.22亿元。2001年，全市汇编国有资产2745户，统计国有资产总量122.69亿元，企业占有国有资产较2000年有所减少，由28.89亿元减至22.03亿元。

2003年，全市汇编国有资产占有单位1692户，统计国有资产总量85.9亿元。其中，国企类111户，占有国有资产6.47亿元；国有行政事业单位1581户，占有国有资产79.43亿元。国有资产总量由2002年的88.62亿元减至85.9亿元。企事业国有资产由上年14.16亿元减至6.47亿元，减少54.32%。

2004年，全市汇编国有资产占有单位87户，统计企事业国有资产总量5.88亿元。国有资产总量比2003年减少0.59亿元。

至2005年年末，淮安市国有及国有控股（参股）企业共360户，资产总额300.79亿元，净资产60.88亿元，国有净资产44.72亿元。市直国有及国有控股、参股企业128户，国有净资产37.24亿元，占全市国有净资产83.27%。至2007年年末，全市行政事业单位资产总量182亿元。

至2008年年末，全市监管国有企业17户，资产总额99.69亿元，其中负债61.3亿元，净资产38.39亿元。

2005—2008年淮安市监管国有企业资产保值增值情况表

表22-43

年份	国有企业（家）	年初国有资产（万元）	年末国有资产（万元）	增值（%）	负债（万元）	净资产（万元）	备注
2005	57	2078845.19	2532065.97	0.22	1941351.17	590714.80	未区分监管与非监管
2006	21	601265.38	639148.08	0.06	383240.43	255907.65	—
2007	25	701012.66	771678.78	0.10	427883.51	343795.27	—
2008	17	893268.95	996902.28	0.12	612972.88	383929.4	—

第二节　资产管理

20世纪80年代，淮阴市采取多项措施，培育国有经济，搞活、壮大国营企业。1985年以后，淮阴市推进经济体制改革，重点是简政放权，搞活国企，围绕简政放权、推行厂长目标责任制、横向联合、企业承包经营，对国企具体管理权力逐步下放。

1989年6月，出台《淮阴市关于企业兼并的试行办法》，鼓励重点发展产业、新兴产业和生产短线产品的优势国营企业，兼并劣势企业，发展企业集团。当年淮阴市有28户县属以上优势企业兼并33户劣势企业，兼并方式有股份、兼并、承包和租赁等。

1992年以后，淮阴市出台《关于大中型企业综合改革试点暂行方案》《关于进一步深化企业改革的意见》等文件，在全省率先大范围推行国有企业产权制度改革。

1994年，全市国有资产管理工作围绕转换企业经营机制进行，施行产权制度改革，促进国有资产保值增值。在资产评估、产权界定、净资产确认、折股、股权委派等一系列环节上严格把关，参与完成18户企业改制。

1995年，制定《淮阴市产权交易管理暂行办法》《淮阴市国有资产保值增值实施意见》等系列文件。通过清产核资、资产重估、资产评估，国有资产增加10.15亿元。

1996—2000年，淮阴市加大国企改革力度，实施“国退民进”，加上国企效益下降，亏损企业数量逐年增加，导致国企所占国有资产总额逐步减少，从1996年的36.36亿元降至2000年的22.03亿元。

2002年，根据国务院办公厅文件精神，淮安市分别发文要求全市30%企业当年改制完毕，直到实现国有股在竞争领域彻底退出。至当年年底，列入第一、二批改组改制的44户企业进入资产清查及评估阶段。有16户企业改制结束，评估报告备案20户，评估报告待出8户。部分评估机构在实际操作中未按规范操作，甚至部分中介机构为企业想办法、出点子使国有资产缩水，造成国有资产大量流失。同年3月5日，印发《淮安市市属企业改制操作程序（试行）》，对市属企业改制资产处置操作程序作出规定。2002年5月31日，印发《淮安市改制企业核销和剥离资产管理暂行办法》，规定在核销资产、剥离资产方面由财政、国资等部门区别不同情况实行委托管理制度等，接受单位按照委托管理要求，制定专项管理办法。

2004年，市属企业启动改制75户，完成方案批复53户，完成目标的106%，改制企业国有股比重从原来99.46%下降至8.33%，自然人股比重从0.57%上升到91.67%，按改制规定核销不良资产1.13亿元。部分国有及国有控股企业经营亏损，企业改制中资产评估减值，另从国有资产中核销部分不良资产，企业资产总量进一步减少。2002—2004年，累计完成市属企业改制方案批复163户，方案实施111户，改制面达90%，实现市委、市政府提出的“三年基本完成市属企业改制任务”目标。

2005年，市政府国资委成立后，开展3次国有资产清查活动。同年10月底，在全市开展第一次企业国有资产普查活动。同年，淮安市创新行政事业单位资产管理模式，在全国较早出台地方《行政事业单位国有资产处置暂行规定》，理顺管理体制，将国有资产产权转让、处置纳入产权交易平台统一进行。

2006年5—6月，市国资委开展第二次清查，对市直20个部门91户改制企业2000年以后的核销剥离资产情况逐户清查核实。同年10月开始，市国资委开展第三次清查，聘请中介机构全面完成8个市属企业及其26户子企业清产核资。同年，建立企业国有资产产权登记制度，开展国企占有产权、变更产权、注销产权登记，并进行产权登记年度检查。当年为全市100户企业办理产权登记和换发证，并开展产权界定、产权纠纷调处等工作。2006年起，建立健全审计评估机构招投标制度和重大评估项目专家评审制度，严格审计评估和备案程序。年内，对今世缘宾馆、市化工供销公司等8户企业产权进场交易进行跟踪服务管理。2002—2006年，市属国企列入计划改制企业218户，涉及账面总资产89亿元，职工约9万人，累计完成企业改制208户，改制率95.4%。理顺劳动关系7.5万人，提留、支付职工安置费或经济补偿金近15亿元，改制后企业国有股份降至10%以下，自然人股份提高到90%以上。

2007年，《淮安市市属企业负责人经营业绩考核及薪酬管理办法》出台，业绩考核工作正式起步。《关于进一步加强市属改制企业核销剥离资产处置工作的意见》出台，加强督促检查，防止国有资产流失。对分散闲置有效资产进行清理，并通过无偿划转等方式，向优势行业、重点项目建设领域集聚。年内，为全市105户企业办理产权登记和换发证。市政府部署全面开展行政事业单位资产清查工作，摸清行政事业单位家底，杜绝国有资产流失。

2008年，推进市城市资产公司、园林公司和中央商务公司合并重组，促进资源整合。市城市资产公司总资产突破80亿元。通过划转等途径，提高国有资本集中度，组建市生态旅游商务公司，资产规模达到30亿元。通过无偿划转方式，为保障性住房建设筹措启动资金8300万元。26个资产评估项目涉及资产总额5.2亿元，评估增值率24.99%。市属企业3宗国有产权和金湖金石集团国有股转让，坚持“阳光操作”，公平竞争，净资产增值分别达到73%、80%。全市国企生产经营良好。参加经营业绩目标考核的企业5户，市国资委履行出资人职责企业实现利润1.95亿元，同比增长38.3%；国有资产保值增值率5.04%。城市、交通、水利、市政和市资产经营公司等市属国有企业承担市政府重点城建项目70个。当年还为全市115户企业办理产权登记和换发证。推进行政事业单位国有资产管理改革，对资产收益实行“收支两条线”管理，落实资产管理考核办法，筹划成立资产管理中心，进一步明确产权责任，规范资产处理流程。

·淮安市志·（1978—2008）

第二十三卷 农业 农村

1978年以前，淮阴地区的农业农村发展水平在苏北地区相对比较落后。粮食亩产徘徊在150公斤左右，农民人均年收入100元左右。中共十一届三中全会以后，淮安农村通过实行土地承包经营责任制等一系列经济体制改革，调动广大农民的积极性和创造力。同时通过实施科教兴农战略，持续加大对农业农村的投入，颁布一系列惠农政策等，农业和农村经济实现跨越式发展，农村面貌发生翻天覆地的历史性变化，农民生活从贫困迅速向温饱、初步小康、宽裕型小康迈进。

2008年，全市农林牧副渔增加值142.01亿元，是1978年的21倍，年均增长10.6%；农林牧副渔总产值280.97亿元，是1978年的25.8倍，年均递增11.5%；农业种植业比重由1978年的75.5%下降到57.7%；林牧渔及农业服务业比重由1978年的24.5%上升到42.3%，增加17.8个百分点。农林牧副渔供给能力大幅提升。30年间，粮食产量相继突破200万吨、300万吨和400万吨3个台阶。到2008年，全市粮食总产量424.74万吨，是1978年的2.5倍，年均递增3.1%；猪牛羊肉类产量25.37万吨，是1983年的3.2倍，年均增长4.8%；生猪出栏258.38万头、家禽出栏5686.49万只，分别是1983年的3.2倍和5.5倍；水产品产量26万吨，较1978年的1.88万吨增长13.8倍。农业机械总动力由1978年的48万千瓦增加到2008年的348万千瓦，增长7.25倍；大中型拖拉机拥有量由977台增加到9244台，增长9.5倍；主要农作物综合农机水平提高到72%，是1978年的4倍。全市农村从业人员213.05万人，一、二、三产业从业比重为44∶24∶32，农业从业人员不断减少，二、三产业人员不断增加。2008年，全市农民人均纯收入为5657元，是1983年的15.5倍，年均递增11.6%；农村居民人均生活消费支出增长到3752.19元，是1983年的12.7倍，年均增长10.7%，农民恩格尔系数降低到42.2%。

农业经济的发展壮大，极大地带动农村社会事业的发展。截至2008年，淮安市农村公共汽车通达率98%，有线电视行政村开通率94.9%，民居实现瓦房、楼房化，农民医保率达100%。2008年，全市农业人口262.37万人，占总人口的比例下降到68.3%。

第一章　农村经济体制改革

中共十一届三中全会以后，淮阴地区进行农村经济体制改革。改革的重点是取消人民公社政社合一的管理体制和高度集中的经营体制，实行以家庭联产承包为主的责任制，建立统分结合的双层经营体制并逐步加以完善和提高，促进农业和农村经济由传统的计划经济体制向社会主义市场经济体制转变，提高农业综合能力，增加农民收入。

第一节 推行家庭联产承包责任制

1979年，淮阴地区泗洪县上塘公社和盱眙县部分生产队在全省率先实行联产计酬责任制。是年4月，中共淮阴地委印发《关于加强生产责任制的意见》，要求各地以加强生产责任制为中心，以贯彻按劳分配为重点，搞好劳动管理，调动群众的积极性。当时的生产责任制主要是指在“三级所有，队为基础”的前提下，尊重生产队的自主权，采取“一年早知道”、社员“两基本”（社会基本投工和基本口粮挂钩）奖惩兑现、联产到组、定额管理、超产奖励等生产责任制措施。中共淮阴地委在普遍要求的情况下，又选择128个生产队进行联产计酬责任制试点。1979年年末，试点生产队增产增收的有115个，占试点总数的89.8%；还有767个生产队对部分粮食作物实行联产到组，4278个生产队对棉花、花生实行联产计酬，绝大部分也都增产增收。

1980年年初，中共淮阴地委在全地区三级干部大会上推广实行联产承包责任制的经验，并决定将试点生产队扩大到2341个。当年大多数生产队增产增收，其中实行包产到户、大包干的1588个生产队增产效果更为明显。

1981年3月4日，《人民日报》刊载长篇通讯《春到上塘》，肯定上塘公社的做法。淮阴地区联产承包责任制的形式发生很大变化，专业承包、包产到组、联产到劳、小段包工等明显减少，包产到户、包干到户（大包干）迅速增多。至当年年底，全地区88%的生产队建立联产计酬责任制，其中“双包”责任制占75%（大包干占55%）。老百姓说：“大包干，最简单，直来直去不拐弯。交够国家的，留足集体的，剩下都是自己的。”当年全地区农业获得大丰收，粮食增产6.5亿公斤，其中历史上的低产区就增加3.5亿公斤。13个县（市）有8个增产亿斤粮，户产万斤粮的有3.67万户。油料每县都增产；有7个县皮棉增产1.5万担以上。农民人均纯收入比1980年增长30%。

1982年1月，中共中央1号文件正面肯定包产到户和包干到户“都是社会主义集体经济的责任制”，给全地区实行“双包”的社队干部群众吃了定心丸。1982年2月上旬，中共淮阴地委召开地、县、社党委书记及地区各部门负责人参加的全地区农村工作会议，贯彻落实中央1号文件精神。到当年9月份，全地区97%以上的生产队选择“双包”责任制形式，其中大包干占72%。至当年年底，全地区51875个生产队中有99.5%落实生产责任制，其中实行大包干的占97.4%。1983年，淮阴市所有生产队全部落实大包干，在全省率先建立起家庭联产承包责任制。

家庭联产承包责任制的建立，极大地调动淮阴市广大农民的生产积极性，解放和发展生产力，带来农村经济和社会发展的历史性变化。1983年4月，中共淮阴市委、市政府批转市农委《关于完善包干到户责任制的意见》。按照意见要求，淮阴市各地制订农、林、牧、副、渔、工、商、运、建、服的生产计划，将粮、棉、油等农产品定购基数和征超购任务落实到户，合理确定各户上缴国家和集体提留任务。1984年，根据中共中央规定，土地承包期延长到15年以上，并强化社会化服务，使以家庭承包经营为基础的统分结合的双层经营体制逐步走向完善。

1998年，按照中共中央要求，淮阴市全面实行土地二轮承包，承包期再延长30年不变。2003年，《中华人民共和国农村土地承包法》和《农村土地承包经营权流转管理办法》颁布实施后，淮安市及时印发《关于进一步稳定和完善农村土地承包关系的意见》，强调加快建立农村土地承包和流转管理长效机制，保障农民土地收入和根本利益。2004年，市政府印发《关于改革征地补偿安置办法建立被征地农民长期基本生活保障的意见》《关于进一步做好被征地农民安置工作的意见》,同时建立农村土地承包纠纷仲裁体系,维护农民承包土地的合法权益。到2008年年底,全市签订家庭承包合同89.1万户,签订率占农户总数的98.5%。市委、市政府以农经部门为依托,在全市116个乡镇建立农村土地流转服务站。引导农民以土地承包权量化入股,组建股份合作社,实行统一经营,让农民获得土地入股的保底收入和股份分红。

第二节　农民负担改革

1978年,淮阴地区农村社队上缴农业税2118万元,社员人均负担2.89元;集体提留"两金一费"(公积金、公益金、农业管理费)8307万元,社员人均负担11.33元,占1977年社员人均分配的23.6%。1979年,全地区社队上缴农业税1608万元,社员人均负担2.11元;提留"两金一费"10356万元,社员人均负担13.52元,占1978年社员人均分配的24.58%。1981—1985年,随着家庭联产承包责任制的推行,农民收入大幅增加,人均负担占全年人均收入的比例逐年降低,但绝对数却有增无减。

1981—1982年淮阴地区农民负担情况表

表23-1

年份	上缴合计(万元)	占纯收入(%)	农业税(万元)	人均(元)	两金一费(万元)	人均(元)	占上年人均收入(%)	社员人均收入(元)
1981	11488	9.92	1637	2.12	9851	12.68	20.12	138
1982	11669	6.90	1671	2.36	9998	13.01	9.42	221

1986年,淮阴市规定农民负担一次定死、"一瓢舀清",中途不得追加。1990年,淮阴市农民人均负担17.72元。

1991年,国务院颁发《农民承担费用和管理条例》,淮阴市委农工部、市财政局、市税务局、市物价局联合颁布农民负担项目和收费标准。1998年,淮阴市实施"高收入多负担,低收入少负担"的公平负担试点。"高收入多负担"的档次和标准为:私营企业主、企业承包者每年多负担60～100元;户口在农村并承包集体土地的聘用制干部及其他二、三产业人员、外出劳务人员,每年多负担20～30元;对每年从业3～6个月的折半上交;从业超过半年的按全年计算;贫特困户的减免由组提名,群众评议,村委会讨论通过后,报乡政府批准。全市29个试点乡镇高收入户多负担11014人,多负担26.29万元,人均1.43元。同年,中共淮阴市纪委、市委农工部、市监察局印发关于控减农民负担"十不准"规定的通知。

1999年3月,全市清理废止和取消的涉农收费收税文件10份、项目30个,暂缓执行13个项目,每年减轻农民负担2250万元,人均5.4元。2000年,全市继续实行村提留乡统筹"一定三年"不变和公平负担办法。当年7月28日,市纪委、市监察局对控减农民负担印发7条补充规定,全面落实各项减负政策,推行"依法治负六步工作法",使农民负担得到有效控减。

2001年,淮安市进行农村税费改革,各级政府严格实行涉农税收和价格及收费公示制、农村义务教育收费一费制、农村公费订阅报刊限额制、涉农负担案(事)件追究制,从源头上减轻农民负担。当年市政府印发《关于加强村级范围内"一事一议"筹资和税费改革过渡期内"两工"的管理意见》，同时实施并村联组和乡镇事业单位精简等配套改革。当年年末，全市有行政村1427个、村民小组12043个，分别减少43.2%和49.8%；村组干部精简16229人，精简率达63.3%。

2002年，淮安市政府转发省物价局等6个部门《关于开展农民建房收费专项治理工作的通知》。

2003年，淮安市全面实行农村税费定时定点征收。2004年，提出减轻农民负担的意见，农业税及其附加同比减少1.18亿元，农民人均减负36.9元。2005年，又印发加强农民负担监督管理工作意见，并定期对所筹资金使用情况进行专项审计。

2006年，全面取消农业税，农民负担规范率和到户率均达到99.1%。对种植水稻的农户按种植面积每公顷补贴300元，对种植水稻和小麦的农户实行农资增支综合补贴，标准是水稻每公顷225元；小麦每公顷150元。2007年，对种粮农户继续实行补贴政策，水稻每公顷300元；农资综合补贴由按实际种植面积改为按核定面积补贴，水稻补贴每公顷225元，小麦补贴由每公顷150元改为450元。

2008年，淮安市对种粮农户继续实行补贴政策，水稻每公顷补贴300元，农资综合补贴按核定面积每公顷补贴1035元。同时发放农民负担监督卡65.92万份，实行“一事一议”筹资的村有1002个，“一事一议”筹资总额3958万元，人均负担10.9元，“一事一议”筹劳总数617.17万个工日，劳均负担3.4个工日。全市农民负担大幅度下降，由2000年的4.89亿元、人均128.7元，减少到2008年的3958.89万元（“一事一议”筹资）、人均10.94元。

第三节　农村财务管理体制和集体资产管理改革

一、财务管理体制改革

1983年以前，淮阴地区农村社队财务管理工作的职能在银行。农业银行在人民公社设营业所，配备一名农村社队会计辅导员，具体负责农村社队会计辅导、报表统计、收益分配等工作。

1983年秋，淮阴市实行账册改革，统一设置一套新的会计账册。1984年起，淮阴市开始推行农村集体资金“队有社管”制度。各人民公社（乡镇）相继成立农村经营管理站，逐步冲破“三级所有，队为基础”的管理体制，全市选配11826名助理会计，撤销生产队会计，95.8%的大队建立会计服务组（室），实行“集体资金队有社管”制度，并逐步完善“村组资金乡管”，强调村组集体的“三权不变”，即所有权、经营权、使用权不变。

1997年，淮阴市全面推行以财务公开、村务公开为主要内容的村务公开工作。村里有民主选举的理财人员，坚持民主理财。1999年开始，全市推行农村财务电算化。

2001年，农村税费改革和并村联组后，全面实行村账乡镇代理制度。

2005—2008年，市政府建立村级新增债务申报和预警管理制度，对382个村实行债务预警管理。同时开展农村集体经济审计，由单一的财务收支审计逐步向村干部离任经济责任、“一事一议”专项资金使用、农村财务电算化和财务管理示范村审计延伸。至2008年，全市开展村级集体经济财务审计1012个，审计面达73%；开展村级财务和债务重点村审计180个，村干部离任经济责任审计181件，“一事一议”专项审计432个村，对65个省、市级财务管理示范村进行跟踪审计。

二、集体资产管理改革

1992年3月，淮阴市委、市政府把乡村企业产权制度改革提上议事日程，推行股份合作制，并重点推行以租赁经营为主要形式的产权制度改革。1997年下半年，在全市推行以卖为主的产权制度改革。当年改制2539家，占改制企业总数的94.6%。1999年，继续推行以“五改三建”（即改乡镇企业、改农业经营机制、改水利工程体制、改集体养殖场、改产权制度，建专业市场、建流通组织、建中介服务机构）为主要内容的农村改革。同时，市委农工部又印发《农村集体经济组织清产核资工作实施细则》，制定资产清查、资产评估、产权界定、产权登记、管理制度、集体经济组织等一系列政策。

至2008年，全市集体资产改革基本结束，清查集体资产总额136974万元，其中流动资产76919万元、农业资产230万元、长期资产59825万元、净资产72735万元。

第二章 农业管理

第一节 农业区划调整

1981年，淮阴地区开始以农业资源调查与区划为主的农业综合区划工作。历时两年半，于1983年结束。当年，淮阴地区完成撤地建市工作，新成立的淮阴市划分为6个农业区，分别为沂河淤土区、骆马湖洼地区、废黄河沙碱土区、洪泽湖及滨湖区、盱泗丘岗区、渠南平田及圩田区。1996年行政区划调整，沂河淤土区所涉及的灌南县划归连云港市，沭阳县划归新成立的地级宿迁市，仅有涟水县的一小部分还在淮阴市；骆马湖洼地区地跨宿迁、沭阳、泗阳3个县（市），全部从淮阴市划出；废黄河沙碱土区跨越淮阴、县级淮安市、涟水、盱眙、泗阳、泗洪、县级宿迁市、沭阳8个县（市）和清河、清浦2个区，共125个乡镇、31个场圃，其中有4个县（市）、近一半的乡镇场圃划归地级宿迁市；盱泗丘岗区的泗洪县也不再属于淮阴市。基于这种情况，市农业区划办公室按照市委、市政府的要求，总结淮阴市实施农业区划以来农业发展的基本经验，从自然规律和经济规律出发，依据地域差异、资源差异和相似性，明确调整农业结构和农作物布局的发展方向，重新制定全市农业区划，分为4个农业区。

一、丘岗农业区

即淮河、三河、入江水道以南地区，面积22万公顷，含盱眙县（除官滩及河西等7个乡镇）大部、洪泽县老子山镇和金湖县入江道右侧（顺流水）区域16个乡镇（场），人口62万人，耕地面积6.33万公顷，水域面积5.4万公顷。该区种植以旱作为主，扩大玉米薯类，突出发展饲料牧草和经济作物。在区域安排上，东部发展玉米、油菜，中部发展蔬菜、小麦，西部发展花生、芝麻、中草药。养殖业方面，东部发展草食禽，西部发展牛羊。全区均可栽植林木和地产果。

二、滨湖农业区

由洪泽湖、高宝湖、白马湖周边及湖区平原组成，面积32.47万公顷，其中耕地面积10万公顷、水域面积16.27万公顷。该区域涉及盱眙县河西诸乡镇和官滩镇，洪泽县全县，金湖县入江道左侧（顺流向）全部乡镇，楚州区运西部分，共35个乡镇，人口95万人。该区农业发展方向以"三水"为主，即水生植物种植、水产养殖、水禽养殖，发展稻田养殖。农作物以稻麦为主。发展"三水"产品加工业。

三、城郊农业区

包括淮阴区、清河区、清浦区全部和楚州区苏北灌溉总渠以北偏西地区共34个乡镇，面积17.8万公顷，其中耕地面积9.13万公顷，人口167万人。该区农业发展方向主要围绕服务城市生活和生产原料供应，培育奶源基地，发展蔬菜和农副产品流通及深加工。

四、淮涟农业区

包括涟水县全部及楚州区苏北灌溉总渠以北偏东部分，计51个乡镇，面积28.33万公顷，其中耕地面积14.47万公顷、水域面积5.07万公顷，人口178万人。农业发展以粮为主，适度发展油菜、蔬菜、绿肥、牧草等，发展意杨为主的平原林。

第二节　农业结构调整

1985年年初，中共淮阴市委要求各地在不放松粮食生产的前提下，以市场为导向，以效益为中心，合理调整农业结构，发展多种经营。向农林牧、种养加、农工商方向发展，加快农民致富步伐。当年全市农业结构调整初见成效，林牧渔业产值占农业总产值的56%，其中牧业、渔业产值分别比1984年增长31.7%和31.3%。在种植业中，经济植物所占比重由1984年的21%上升到23.4%；养殖业在农业中的比重由1984的16.7%上升到18.2%。1986—1987年，继续对农村产业结构进行调整。1987年，全市种植业的比重为65.16%，林业为2.23%，牧业为24.56%，副业为3.6%，渔业为4.45%。

1988年，淮阴市鼓励发展蚕桑、棉花和烤烟生产。到1989年，全市种植业与林牧副渔业的产值之比由1985年的2.6∶1改变为1.8∶1。农村社会总产值中，农业总产值所占比重由1984年的76.2%下降到53.3%。

1992—1994年，由于卖粮难、种粮效益比较低等原因，淮阴市在农业产业结构上继续扩大林桑果菜种植面积。1994年，全市粮食植物和经济植物播种面积之比降至5.7∶1，全市蔬菜面积发展到6万公顷，其中复种指数在2以上的常年蔬菜2万公顷、季节性蔬菜4万公顷。

1995—1998年，淮阴市确定农业、农村经济发展，要在生产要素组合和生产方式上有新的突破，推进规模农业，发展主导产业。围绕种植、养殖、加工，发展专业户、专业村、基地乡。到1998年，全市粮食总产量345.66万吨，油料总产量13.49万吨。粮食植物和经济植物的种植面积比例为73.26∶26.67。

2000年，淮阴市围绕农业增效、农民增收的目标，推进农业结构战略性调整和农业经营，实施科技兴农战略。当年粮食总产量302.05万吨，油料总产量26.67万吨。

2001—2003年，全市农业结构调整主要是农业综合开发和基地建设。改造中、低产田1.16万公顷，重点建设17个乡镇的农业园区，其中蔬菜基地7个、畜牧草基地4个、节水灌溉与优质粮油4个、蚕桑基地2个。建成优质稻米、优质蔬菜、花卉苗木、特种经济作物等基地面积0.93万公顷，粮经比例为6∶4。

2004年和2005年，农业结构调整主要是围绕农民增收中心，推进农业产业化进程。全市粮食种植面积57.5万公顷，棉花种植面积0.27万公顷，油料植物面积5.34万公顷。另外，建成一批优质稻米、专用小麦、特色蔬菜、双低油菜、优质花生产业经济带和瘦肉型三元杂交猪、特色家禽、优质水产集中区。

2006—2007年，全市农业产业结构调整的方向是实施高效农业规模化工程。到2007年年末，全市高效种植业规模达到8.86万公顷，占全市耕地面积的22.5%，其中设施化栽培2.65万公顷，面积位居全省前列。全市高效农业亩均纯收入3375元，亩增2675元，农民从高效农业中人均增收935元。

2008年，淮安市发展高产、优质、高效、安全、生态农业。夏粮播种面积28.55万公顷，单产5760公斤，总产164.9万吨，分别比2007年增长0.9%、2.1%、3%。全年粮食总产424.74万吨，比2007年增长4.6%。高效农业种植面积新增2.72万公顷，规模畜禽养殖户发展到11.1万户，新增高效渔业面积0.65万公顷。新造林面积1.09万公顷。

第三节　农业产业化

1998年年初，淮阴市印发《关于加快农业产业化进程的实施意见》，对加快农业产业化进程提出总体思路和具体措施，确立蔬菜、家禽、水产、林果、生猪五大主导产业和粮食一大基础产业，成立农业产业化经营工程指挥部和各产业领导小组，制定各产业发展规划和一整套实施方案，明确11条扶持农业产业化经营的优惠政策。1999年，又印发《关于加速推进农业产业化经营工作的意见》，对全市农业产业化经营工作提出更加具体的细化、量化要求。

2004年，淮安市初步形成以洪泽岔河国家级农业产业化有机稻米生产示范区为核心，沿洪泽湖、白马湖周边地区为重点的8万公顷优质无公害绿色稻米产业带；以金湖、盱眙丘陵麦区为中心的弱筋小麦优势种植区域，金湖县被确定为“十五”计划第二批国家优质弱筋小麦生产基地县；以老张集、蒋庵、唐集、王店、观音寺、老子山等乡镇为核心的高效特色蔬菜产业基地；以淮阴区、涟水县、金湖县、盱眙县为核心的优质花生和双低油菜优质种植区域；以淮阴区淮泗片、盱眙山区为重点的特种小杂粮优势种植区域。畜牧业方面，初步形成市郊奶牛、蛋鸡、肉鸡，淮阴、市郊肉鸽，涟水、淮阴、楚州三元猪，洪泽湖大堤、入江水道、入海水道、淮沭河沿线的肉鹅，涟水、淮阴、盱眙的苏北草鸡，盱眙的肉牛，沿洪泽湖地区的野鸭，高邮湖、白马湖区蛋鸭、肉鸭8个大畜禽养殖基地。渔业方面，全市有通过省级认定的基地40个，总面积1.93万公顷，形成沿洪泽湖、白马湖、高宝湖及周边优质无公害蟹虾养殖区域以及内陆池塘养殖和稻田养殖区域。

2005年，淮安市获得国家发改委批复立项国家大型商品粮基地，总投资9000万元，其中中央财政投资4500万元。科技项目成为推动农业发展和带动农民增收的重要载体。是年年末，全市列统农业龙头企业200家，其中50家市级以上龙头企业实现销售收入53.7亿元，直接带动60万农户增收6.5亿元。江苏海隆国际贸易有限公司和江苏民康油脂有限公司获得“国家级龙头企业”称号，江苏淮安农牧发展有限公司、江苏淮阴正大有限公司、江苏淮安新丰面粉有限公司、淮安市快鹿牛奶有限公司、淮安市神农农业发展有限公司、淮安市农得利米业有限公司、淮安市华茂食品有限公司、涟水县惠泰木业有限公司、洪泽县东盾人造板有限公司、江苏维尔食品有限责任公司、江苏省金湖轻纤集团、江苏金叶粮油食品有限公司、金湖县广原油脂有限公司、江苏天擎食品有限公司14家企业获得“省级龙头企业”称号。

2008年，全市农业系统争取国家优良工程、农业部基本建设、农村沼气国债、新品种推广示范、有害生物预警控制、测土配方施肥、高效外向农业、农民转移培训等农业项目150多个。至当年年末，淮安市市级龙头企业发展到800户，实现销售收入108亿元。

第四节　农业标准化

2002年，淮安市成立专门机构，承担农业标准化和农业生态环境保护工作。各地、各有关部门加大产学研联合力度，针对全市众多农产品尤其是特色农产品生产过程中标准缺乏的实际，围绕当地主导产品和特色产品，加快质量标准和生产技术规程制定。当年市政府制定无公害樱桃番茄塑料大棚栽培技术规程、无公害蔬菜蒲菜生产技术规程、无公害蔬菜蒲菜产地环境要求等19项市级农业地方标准。金湖县666.67公顷无公害优质莲藕种植、盱眙县200公顷克氏蟹虾养殖、涟水县150万只苏北草鸡饲养、楚州区800公顷青刀豆种植、正大饲料公司40万只无公害蛋鸡饲养被列入市级农业标准化示范区，淮安市农业标准化示范区建设进展顺利。同年，洪泽县666.67公顷有机稻米栽培基地被列入国家级农业标准化示范区，200公顷无公害种草养鹅基地被列入省级农业标准化示范区。

2003年10月，国家级洪泽县有机稻农业标准化示范区通过验收，是江苏省唯一通过全国有机稻农业标准化示范区验收的项目。2005年，全市建成洪泽有机稻农业标准化示范区、洪泽无公害荷藕标准化示范区2个国家级农业标准化示范区，淮阴出口创汇蔬菜标准化示范区、洪泽200公顷无公害种草养鹅标准化示范区、金湖1.33万公顷弱筋小麦标准化示范区3个省级农业标准化示范区，楚州无公害蒲菜标准化示范区、盱眙无公害花生标准化示范区等市级农业标准化示范区24个。总面积2.43万公顷。

至2008年年末，全市制定无公害农产品茼蒿、无公害茼蒿生产技术规程等省级标准12项，无公害扁豆生产技术规程、无公害芝麻生产技术规程、春季小蚕共育技术规程等市级地方标准57项，基本形成国家标准、省级标准、地方标准、企业标准覆盖齐全、内容规范的质量标准体系，为农产品质量建设提供技术支撑。

第三章　农业综合开发

第一节　开发机构

1988年以前，淮阴市农业综合开发工作无专门管理机构，有了项目一般采取“一事一议”的方式组织实施。

1988年4月25日，淮阴市黄淮海平原农业开发领导小组成立。领导小组下设办公室，具体承办国家农业综合开发中的黄淮海平原开发项目的规划论证、立项申报、计划编制、施工管理、竣工验收等事宜。同年年底，淮阴市农业投资开发建设公司成立，作为全市农业开发的常设机构，挂靠市农业局。

1991年3月，黄淮海平原农业开发领导小组办公室撤销，组建淮阴市农业资源综合开发利用管理局，为市政府组成部门之一，市农业投资开发建设公司不再行使项目管理职能。

2001年淮阴市更名为淮安市后，市农业资源综合开发利用管理局更名为淮安市农业资源开发局，原职能不变，仍为市政府组成部门，内设4个职能处室，继续管理农业资源开发项目。2005年12月，淮安市农业投资开发建设公司注销。

至2008年年末，机构无变化。

第二节　开发历程

1978—1987年，淮阴市农业开发以农业资源调查和农业资源的初级开发为主，主要开发荒地、荒水、荒山、荒滩。1981年，组织开展农业自然资源调查和农业区划工作，完成气象、水利、土壤、水产、畜牧、林业、蚕桑、果树、农机、环保、乡镇工业等专业区划报告。1983年10月，完成《淮阴市农业区划》综合报告，摸清全市农业自然资源家底，并提出发展农业生产的方向和农业资源开发途径。1983年，涟水县被列为全国重点商品粮基地县。1985年，国家计划委员会立项里下河三水资源开发项目。1986年，江苏省实施沿海滩涂和黄河故道农业开发。1987年，淮阴县、金湖县被列为全国重点商品粮基地县，清浦区、淮阴县、涟水县被列为全国优质食用油基地建设项目等。

1988—1993年，淮阴市以增加农产品产量为主要目标，进行大面积的中低产田改造，依法开垦各类宜农荒地，重点解决农产品短缺，特别是粮食产量不足问题。

1994—1998年，淮阴市农业开发进入以增产增收为主要目标的全面开发阶段。针对农业增产不增收、农民负担较重的情况，加大对多种经营项目、优质高效经济作物和农业龙头项目的扶持力度，把农业增产与农民增收有机结合起来。实施的项目有土地治理项目中的中低产田改造、开垦宜农荒地两类，以及多种经营及龙头项目（主要包括农林牧副渔各业贸工农一体化、产加销一条龙式的开发）。从1998年开始，利用世界银行贷款加强灌溉农业二期项目建设。

1999—2003年，全市实施以促进农业结构调整为主要目标的转型措施。农业综合开发实行“两个转变”，即由数量型到质量型的转变，由开发型到开发、利用、保护结合型的转变。主要目标由追求农产品产量为主，转到调整结构、依靠科技、发展优质高产高效农业。实施的项目有土地治理项目中的中低产田改造和多种经营项目中的种植业、养殖业、农副产品加工、储藏、保鲜和农产品批发市场建设项目，不再开垦宜农荒地。

2004—2008年，淮安市农业综合开发以增强综合生产力和增加农民收入为核心目标。支持高标准农田建设，扶持农业产业化龙头企业，发展现代高效农业，促进农民增收，为新农村建设提供有力的产业支撑。实施的项目主要有土地治理项目中的中低产田改造、中型灌区节水配套改造和产业化经营项目中的种植养殖基地、农产品加工、流通设施项目。从2005年开始，实施利用世界银行贷款加强灌溉农业三期项目。2007年开始，实施利用英国国际发展部赠款改革农村水利项目。

第三节　国家级农业综合开发

国家级农业综合开发项目是淮安市农业开发的主渠道。1988年，国家开始立项农业综合开发。至2008年，全市连续7期立项开发，综合效益明显提升。

一、第一期农业综合开发项目（1988—1990年）

全市批准立项204个，完成总投资11814万元，其中财政资金9527万元（中央4767万元、省1669万元、市713万元、县2378万元），集体和群众自筹2287万元。另有群众投劳折资9752万元。改造中低产田9.88万公顷，开垦荒地0.45万公顷。完成淮涟灌区、洪金灌区、涟东灌区、渠北灌区等重点项目的干渠疏浚和工程配套；新建排灌站205座、水利配套建筑物7839座，架设农电线路164.6公里，新增旱改水面积2.18万公顷，改善灌溉面积0.99万公顷，改善除涝面积2.65万公顷，解决困扰灌区多年的上、下游用水和排涝问题。在1990年、1991年的特大洪涝灾害和1992年抗旱救灾中，上述工程发挥很大作用。实现统一供种乡（镇）25个，装备县原良种场6个；实现统一植保联防村48个，联防面积5.45万公顷；实现统一机械服务村531个，建立乡（镇）农机维修站和供油网点22个；立项建设多种经营项目30个，建立畜禽渔生产基地26个，促进农业内部结构的调整。

1991年12月、1992年3月，该期农业开发项目分别通过江苏省和国家验收，其中省级验收达到良好等级。洪泽县、金湖县获江苏省第一期农业开发“创业杯”竞赛奖。

二、第二期农业综合开发项目（1991—1993年）

全市完成总投资7702.63万元，其中财政资金7107.53万元（中央3553.75万元、省1243.82万元、市533.04万元、县1776.92万元），集体和群众自筹595.1万元。另有群众投劳折资9752万元。改造中低产田7.17万公顷，开垦荒地0.21万公顷，造林0.89万公顷。新建或改建电站195座，架设农电线路101公里，新建大中沟级建筑物2339座、小沟级建筑物4034座；营造农田防护林网0.65万公顷，改良土壤1.27万公顷，扩大“旱改水”1.65万公顷。项目区农业生产基本条件得到改善。新建种子仓库0.9万平方米、晒场1.7万平方米，购置各类农机具6071台（套），新增弥雾机1573台；项目区内64个乡镇基本达到统一供种标准，有348个村实现统一机械作业，实行统一植保联防面积6.4万公顷。农业社会化服务体系建设得到加强，农村产业结构得到调整。兴建日光能蔬菜大棚650个，新拓菜桑果基地0.51万公顷；新建畜禽人工授精站或良种场35座，建立农副产品加工中小型企业13个；新拓水产养殖面积0.3万公顷，其中特种养殖基地0.12万公顷。秸秆氨化和牛、羊、兔等草食动物生产有新的发展。此外，投入1200多万元，用于15个贫困乡、30多万人的脱贫开发。淮阴县大兴乡，涟水县余圩乡、前进乡等通过开发，改善生产、生活条件，解决一部分村庄长期存在的“水不通、路不通、电不通”困难。

1994年1月和4月，该期农业开发项目分别通过江苏省和国家验收，淮阴市获得江苏省农业综合开发“创业杯”竞赛市级三等奖，金湖县、涟水县、盱眙县获县级三等奖。

三、第三期农业综合开发项目（1994—1996年）

全市立项项目区14个，在计划推迟一年的情况下，基本实现三年开发任务两年完成。完成总投资8831.88万元，其中财政投资7106.06万元、集体和群众自筹1725.82万元。开发改造中低产田3.37万公顷，开垦宜农荒地0.15万公顷，造林0.59万公顷；建成多种经营与龙头加工项目32个。项目区3年累计新增灌溉面积0.42万公顷，增加除涝面积0.6万公顷，改善灌溉面积1.17万公顷，改善除涝面积1.13万公顷，增加农机总动力550千瓦，增加机耕面积753公顷，扩大良种种植面积1.03万公顷，完善农业服务体系21个。

该期农业开发，涌现出一批依托开发、脱贫致富的典型。盱眙县水冲港乡通过荒山开发，拓植板栗，粮油套种，仅林间间作年收入就达600万元，水冲港人在开发中塑造的“穷不夺志，奋发自强”的水冲港精神成为全市学习的榜样。涟水县红窑乡是有名的特困乡，由于用水困难，每年水稻要推迟到夏至后10天才能栽插结束。实施开发后，水稻栽插进度比往年提前一个星期，解决用水矛盾，水稻获得丰收。

四、第四期农业综合开发项目（1997—1999年）

项目涉及6个县（区）、32个乡镇、165个村。完成总投资9544.03万元，其中财政资金4586万元、自筹资金3668.03万元、贷款1290万元。项目区农田排灌渠系建立健全，达到旱能灌、涝能排、林成网、路相连、沟相通、桥涵闸站配套的标准。

该期开发围绕市场调整种植结构，1999年项目区粮经种植比例6∶4，各类农业园区频现。县级淮安市城东乡项目区成为全市蔬菜高科技示范园。涟水县朱码、河网项目区成为全市洋葱生产基地。盱眙县十里营乡项目区建成千亩大棚蔬菜示范园、33.33公顷早熟西瓜园、百亩鲜切花园和万米吊挂蔬菜线。清江蔬菜批发市场扩建项目完成，成为苏北地区最大的蔬菜集散中心和价格形成中心，与全国28个省、市近1000个基地乡建立良好的供销关系，随时可查询的信息中心与全国150多个大型蔬菜批发市场实施有效联网。1999年，清江蔬菜批发市场被评为“江苏省农副产品10强批发市场”，实现交易量45万吨，成交额4亿元。洪泽湖绿色食品公司水产品加工出口项目建成，1999年实现出口熟冻龙虾仁310吨，创产值1220万元，获利税140多万元。洪泽县种鹅场成为华东地区最大的种鹅场，年繁殖苗鹅50万只。史氏鲟南移大水体商品化养殖项目的建成，填补全省水产养殖空白，被列为1999—2000年中、俄政府间科技合作项目。

五、第五期农业综合开发项目（2000—2002年）

项目涉及7个县（区）39个乡镇、173个村、19.5万人，耕地面积1.03万公顷。完成总投资7312.2万元，其中财政资金4221.2万元、自筹资金2003.5万元、银行贷款1087.5万元。累计改造中低产田0.32万公顷，营造农田防护林面积0.18万公顷，建设重点示范项目基地0.58万公顷，建设多种经营及龙头加工项目11个。项目区生产条件明显改善，低产田变成中产田，中产田变成稳产高效田。

各项目区重点扶持优质粮食、优质蔬菜、鹅产业和特种经济作物，成效明显。洪泽项目区根据四季鹅产业发展的需要，建设300公顷的优质牧草示范基地，洪泽县成为江苏省养鹅规模最大的县。

项目实施期间，各地加大对龙头企业的扶持力度。淮阴区赵集粉丝厂原是一个作坊式的小型加工企业，2000年投入400万元开发资金，与无锡轻工学院（后并入江南大学）共同研制开发无矾粉丝及其配套生产线，生产的“天泉”牌系列粉丝在市场上十分畅销，被认定为江苏省名牌农副产品，获中国国际农业博览会金奖。洪泽县麻辣鹅加工项目，2001年投资兴建，投入财政资金110万元，2002年项目立项中，又投入开发资金440万元，并吸引广州、上海等地客商共同投资，建成江苏省最大的禽类加工龙头企业——江苏省洪泽湖食品有限公司。该公司拥有自营进出口权，生产“他乡”牌禽类产品和“洪隆”牌水产品两大系列，被国家农业综合开发办公室列为农业产业化龙头项目。金湖县滩地面积多，野生蒌蒿资源十分丰富。该县投入开发资金650万元，使蒿茶产业逐步发展成品种多、质量高、档次全的农产品加工支柱产业。

六、第六期农业综合开发项目（2003—2005年）

项目涉及7个县（区）、75个乡（镇）和场圃、276个行政村，耕地面积6.15万公顷。完成总投资27259.9万元，其中财政投资17532万元（中央财政资金8562.18万元、省级财政配套资金7484.79万元、市级财政配套资金918.34万元、县级财政配套资金566.69万元），自筹资金8339.9万元，银行贷款1388万元。改造中低产田2.45万公顷，建设优质粮食基地0.53万公顷，建设节水示范项目0.24万公顷；扶持农业产业化经营项目12个，其中养殖项目2个、加工项目10个。通过开发，全市出现一批项目区集中连片、工程标准质量好、建设标准高、农业结构调整到位的科技示范亮点项目，如淮阴区南陈集片、楚州区溪河片、洪泽县岔河片、金湖县塔集片、盱眙县淮河片等。

七、第七期农业综合开发项目（2006—2008年）

项目涉及7个县（区）、42个乡镇。完成总投资25121.6万元，其中财政资金17768万元、自筹资金7353.6万元。改造中低产田2.2万公顷，建设产业化经营项目12个，其中农产品加工项目11个、产地批发市场1个，贷款贴息项目5个。开挖疏浚渠道1607.62公里，衬砌渠道176.27公里，修建机电排灌站130座，架设农电线路12.73公里，配套渠系建筑物7175座。

项目区建设优质稻米基地1.28万公顷、优质蔬菜基地0.64万公顷、特种水产养殖基地0.12万公顷，建成各类高效农业园区36个。2007年，洪泽县三河镇招引南京同仁堂药业集团到项目区进行中药材种植、加工、研发，成立南京同仁堂洪泽中药材科技有限公司，一次性流转401公顷土地作为项目核心启动区，成为江苏省单宗流转耕地面积最大的农业科技产业化项目。淮安市东昇食品公司实施的土地治理与产业化结合项目，加强对农药残留的控制，确保出口蔬菜的安全和达标，获国家商检出口基地备案认证书，生产的“雅佩斯”牌青刀豆、荷仁豆等获农业部无公害产品及产地认证。

第四节　农业综合开发外资配套项目

一、利用世界银行贷款加强灌溉农业项目

该项目从1989年开始，到2008年结束，实施三期15个年度，另有5个年度为项目前期论证和后期总结期。项目区覆盖全市，财政总投资46515.5万元人民币。

第一期于1991年9月开始实质性实施。主要分布在淮阴县临湖、孙大泓灌区，涟水县涟东、淮涟灌区，县级淮安市渠北灌区，洪泽县周桥灌区，金湖县洪金、丘陵灌区，盱眙县河西、河东灌区。到1996年年底，累计完成世界银行贷款折合人民币9723.66万元，其中世界银行报账回补资金3248.01万元、物资采购6475.65万元。此外，由江苏省统一协调安排新建淮安第三抽水站，设计流量66立方米/秒，净扬程3.7米，安装2台可逆式贯流泵，总装机3400千瓦。项目建成后，有“旱改水”2.27万公顷，增加水浇地1.67万公顷。

第二期于1997年开始编制项目可行性研究报告，2000年进行项目中期调整，2002年完成项目建设任务。分布在全市7个县（区）、14个项目片，涉及79个乡镇。完成项目投资34120万元，其中世界银行投资11515万元，省、市、县三级财政配套投资11310万元，自筹和以劳折资11295万元。淮阴区在项目建设中发展以防渗渠道为主的节水灌溉工程，投资1500多万元，衬砌U型防渗渠道266公里，在凌桥、徐溜、渔沟等7个乡镇，建成近0.4万公顷节水农业示范区，受益农民5万多人，灌溉效率在80%以上。涟水县徐集、保滩项目区建成防渗渠后，灌溉用水由两三天变为两三个小时到达。

该期建设一批优质农产品生产基地，促进农业结构调整和农业产业化进程。洪泽县利用世界银行项目资金，建设共和镇万只种鹅场，配套建设共和、三河养殖园区基础设施，吸引养殖大户到园区承包养殖。淮阴区建成4个0.67万公顷优质农产品生产基地，占全区各类农产品基地面积的70%。楚州区把低洼圩区改造成稻田养殖区，运西0.4万公顷稻田养殖区成为全省稻田养殖示范区。涟水县徐集乡黄河故道沿线发展成片林0.09万公顷，被国家林业局称为平原地区发展经济林的典型。金湖县闵桥镇荷花荡原是一片交通闭塞、水系不通的荒滩废塘，从1999年开始，投入850万元进行开发改造，引进推广荷藕新品种20多个，建成万亩连片的荷藕示范基地，成为全市生态农业示范区及观光农业旅游区。

第三期从2005年开始实施，到2008年年底结束。累计完成总投资19201.09万元，其中财政资金13936.1万元、群众以劳折资5127.96万元、自筹资金137.03万元，自筹资金只完成计划的53.3%（其原因是农机未按计划完成）。项目区基本成为沟相通、渠相连、路循环、林成网的旱涝保收高产稳产农田。建设优质稻米基地2.39万公顷、蔬菜基地0.29万公顷；小麦亩产由项目前的344公斤提高到426公斤，水稻亩产量由548公斤提高到616公斤。推广节水灌溉、高效立体种植、设施栽培、病虫害综合防治、标准化生产等适用农业技术22项，引进水稻新品种14个、小麦新品种3个、蔬菜新品种11个，示范推广0.85万公顷，项目区良种覆盖率100%。成立农民用水户协会27个，利用农闲时间组织人力，对辖区内的灌溉工程设施进行维护，并对灌溉渠道内的淤泥、水花生进行清理。

二、利用英国国际发展部赠款项目

该项目从2007年开始实施，是面向贫困人口农村水利改革项目，重点在涟水县保滩、红窑、唐集、南集4个镇和小李集办事处的5个村，示范建设农民用水户协会6个，其中示范型协会2个、推广型协会4个。项目总投资120万元，其中英国赠款7.5万美元、省级财政配套60万元。

农民用水户协会建立前，农田灌溉按亩收水费，亩均水费40元左右，用多用少一个样。用水户协会建立后，实行用水计量、按方收费，亩均水费22～30元，有效减少农田大水浸灌和跑、冒、滴、漏现象，用水户从各个方面注重节水，减少水费支出。灌水周期由7天缩短为4天。

第五节　省级黄河故道开发

1986年开始，苏北黄河故道地区作为滩地被列入江苏沿海滩涂与废黄河资源开发项目，淮阴市沿黄河故道的县、乡获得专项投资。主要目标是“三荒”（荒地、荒滩、荒水）开发，通过疏浚中泓、抬高滩地、开挖鱼塘、拓植林果等，改造沿故黄河堤内外一线的荒地、荒滩、荒水，配套建设相应的基础设施。至1994年，累计投资4941万元，开发面积0.93万公顷，其中开发“三荒”面积0.57万公顷，开发效益明显。“三荒”资源产出粮、鱼、桑、果，没有任何配套设施的低产田得到种植保障，一改过去“望天收”的局面。1994年后，由于管理权限转移和工作力度不足，市、县财政配套资金不能有效到位，项目建设基本上靠省级为数不多的财政补助，项目开发逐年萎缩，逐渐停止。

2006年开始，淮安市黄河故道地区再次被列为省级专项开发项目。淮阴、楚州、涟水3个县（区）沿故道的25个乡（镇、场、办）104个行政村被列入项目区。主要建设内容包括稳产高产基本农田建设、粮棉油等大宗优势农产品基地建设、良种繁育、土地复垦和中低产田改造等。至2008年，项目完成总投资5153.82万元，其中财政投资3899万元、群众自筹1254.82万元，完成开发任务0.61万公顷。开挖土方近60万立方米，开挖疏竣排水河道86.38公里，修筑渠道61.9公里，新增灌溉面积200公顷，改善灌溉面积0.15万公顷，新增节水灌溉面积350公顷，新增排涝面积290公顷，改善排涝面积0.15万公顷，增加林网防护面积576公顷，减少沙化碱化面积86.67公顷。2008年，项目区成立南马厂乡西瓜专业协会，拥有会员223人，注册“南马厂”和“甜港”两个西瓜品牌。涟水县石湖果园通过项目实施，解决200公顷果园果树的灌溉用水问题。淮阴区码头项目区通过实施科技示范引导，新增高效农业种植面积100公顷，其中出口订单蔬菜种植面积30公顷、淮山药种植面积10公顷、冬枣种植面积66.67公顷、其他经济作物种植面积33.33公顷，当季亩效益均在1500元以上，最高达2000余元，成为淮安市、淮阴区农业结构调整的典型。

第六节　省级丘陵山区开发

1997年起，淮阴市新增实施省级丘陵山区开发项目。该项目涉及盱眙县、金湖县低山丘陵乡镇。重点支持丘陵山区发展经济林果、特色蔬菜、种草养畜（禽）、观光农业。以发展生态高效农业为主，以企业或合作经济组织运作、经营为模式。其投资构成为省级财政投资占90%，市、县财政配套10%，项目业主自筹额为财政投资的两倍。财政资金主要用于补助基础设施建设、产业结构调整和科技推广。

该项目实施前期建设规模较小，参照国家农业综合开发的管理模式，在适当改进和创新的基础上，每年试验、试探性地投资几百万元，进行小区域的试点。至2005年，项目总投资3651万元，其中财政资金1590元，项目地点主要集中在盱眙县西南岗地区和金湖县淮河入江水道以南地区，共计改造中低产田、发展经济林0.59万公顷。2006年开始，进行大规模开发建设。当年项目总投资3630万元，其中财政资金1100万元、业主自筹2530万元。开发项目由盱眙县河桥镇、盱城镇、桂五镇、仇集镇、王店乡、县茶场和金湖县戴楼镇实施。开发建设经济林果及高效生态农业0.11万公顷。

2007年，金湖县完成投资330万元，其中财政补助资金110万元、群众及单位自筹220万元。盱眙县完成基础设施建设投资1550.22万元，其中财政资金608.37万元、自筹资金941.85万元；完成项目产业发展投资1084.7万元，其中财政补助371.5万元。

2008年，淮安市省级丘陵山区农业开发任务为933公顷，其中金湖县100公顷、盱眙县833公顷。项目总投资3894万元，其中财政资金1298万元、业主及群众自筹2596万元。项目地点分别位于盱眙县的河桥镇、桂五镇、古桑乡、王店乡、旧铺镇和金湖县戴楼镇。盱眙河桥玉皇山、桂五灵山、王店赖山、金湖戴楼项目区吸引能人承包经营，其管理模式和建设水平多次成为参观和观摩现场。项目建设为农村剩余劳动力增加就业机会，如玉皇山项目区常年雇用当地农民工150人左右，高峰期达250人，经营业主一年发放给农民工工资150多万元；桂五灵山、王店赖山、古桑张北山项目区常年用工都在40人左右；金湖县高效设施蔬菜种植常年用工150人以上。

第七节　扶贫开发

1978—1980年，淮阴地区扶贫工作主要以补助资金形式解决贫困户生活困难。1983年开始，扶贫工作发展为以民政部门为主，有关部门配合，扶贫资金多层次、多渠道筹集的模式，扶贫项目以种植、养殖、加工为主。1985年，将扶贫工作纳入农村经济和社会事业发展的总体规划。1987年开始，选派市直机关干部到各个乡镇挂职，从“救济式”扶贫向“开发式”扶贫转变。1991年，制定《淮阴市“八五”扶贫攻坚规划》，安排市直属30个部门对14个特困乡（镇）定点扶贫，与特困乡镇签订扶贫工作责任状。当年全市有247个单位挂钩扶贫，758人驻乡村，帮扶82个乡（镇）、221个村。1993年，调整扶贫对象，重新安排104个市直有关部门、单位集中力量扶持市列31个特困乡镇，实行挂钩扶贫，一定3年。同年，在淮阴、盱眙等重点县设立扶贫工作队，选派副处级以上领导干部担任工作队队长（挂职县长助理），强化扶贫开发工作；成立市扶贫开发协会。1994年，相继成立各县（区）扶贫开发协会。各级扶贫开发协会围绕提高贫困地区农业生产水平和开发工业资源，向省水利部门争取资金600多万元，在涟水县南绿、方渡两乡试点，用两年半时间改造中低产田0.27万公顷。推广盱眙县水冲港经验，拓植板栗，治理穷山瘠土。1995年5月，5万吨规模的元明粉厂正式施工开采，成为洪泽县的支柱产业。至1995年年底，全市累计投入扶贫资金6230多万元，绝大部分群众基本解决温饱问题，31个贫困乡（镇）农民人均纯收入超千元，达到1300元。

1996年，采取重点承包式扶贫与面上一般扶贫相结合的办法，挑选31个综合实力较强的市直属部门，对市列31个贫困乡（镇）“一对一”承包式扶贫，先包脱贫，后包达小康。当年有11个贫困乡、173个村、27万人脱贫。1997年，在全省率先组织开展“千名公仆帮贫致富”活动，市级机关正科级以上干部每人结对帮扶1～2户农村贫困户，帮助发展生产，脱贫致富。1999年，对省列重点扶贫村发放扶贫小额贷款，做好发放、管理、回收和贴息等，确保扶贫小额贷款“发得出、收得回、出效益”。到2000年，60%被扶贫困难户脱贫，全市以乡（镇）为单位基本达小康。

2001年，市直机关30个单位帮扶经济基础较好的15个示范乡镇和15个经济薄弱乡镇，当年示范乡镇和薄弱乡镇人均纯收入分别达到2885元、1423元。

2006年，组织实施“千村万户帮扶工程”，重点帮扶省列223个经济薄弱村，帮助低收入农户增收脱贫。省、市、县（区）帮扶单位投入各类扶贫资金2.86亿元，实施扶贫项目1926个；9200余户人均年纯收入在1500元以下的低收入农户实现脱贫，累计脱贫率40%以上；培训低收入农户劳动力2.66万人，就业率95%；发放扶贫小额贷款2.45亿元，支持6万户农户发展生产，户均年增收1000元以上。淮安市在扶贫实践中探索股份合作、招标承包、经营出租、利润分成、以奖代补、拍卖转让6种经营机制，形成工作队资金、村组干部资金、群众资金、企业资金、扶贫小额贷款、村集体闲置资产等多种形式组合的9种帮扶方式，取得“乡里得税金、村里得租金、农民得薪金”的多赢效益，被帮扶村群众称为“永不走的扶贫工作队”，受到国务院扶贫办和省扶贫办肯定。2007年5月，江苏省创新扶贫开发机制现场交流会在淮安市召开，宣传、推广淮安经验。

2008年，淮安市组织实施脱贫攻坚工程，计划通过3～5年努力，基本消除人均年纯收入低于2500元的绝对贫困现象，村级集体经济年收入达到5万元以上，省列223个经济薄弱村逐步实现有双强（村党支部、村民委员会）班子，以及有科学规划、有高效农田、有特色产业、有配套设施、有保障机制、有整洁村容、有文明村风“八有”目标。当年全市投入各类扶贫资金2.69亿元；16.2万人实现脱贫，353个集体经济空白村平均集体经济收入1万元以上；省列223个经济薄弱村集体经济收入平均2万元以上，“八有”实现率41%。

第四章　农业科技与教育培训

第一节　农业科研

1978—1980年，淮阴地区的农业科研重点围绕农业良种选育展开。泗麦117、淮麦11分别于1979年、1980年通过鉴定，低芥酸油菜、中粳稻179、中籼稻7601等取得重要进展。

1981—1990年，开展关键农业技术研究。重点项目有大面积均衡增产和中低产攻关研究、苏皖淮北地区蚕桑开发和综合生产技术研究、花生大面积低产变高产攻关试验研究等。获得的农业科技成果“生物能育秧”和“绿枝嫁接当年压条快速繁殖葡萄”被拍成科教电影在全国范围内推广；1981年结束的“淮稻一号”高产栽培试验被英国《水稻文摘》1983年3卷8期刊登；中华稻蝗生物学特征和综合防治措施研究成果获1989年江苏省政府科技进步二等奖；淮阴市农科所等研制的“甘薯膨大素”成果为国内首创，1987—1990年在全国28个省、市、自治区试验示范10万公顷，平均每公顷增产17%以上。

20世纪90年代，市农科所成功研发“壮秧宝”并大面积推广应用，对水稻旱育秧生产中出现的黄、僵、死苗普遍发生及壮秧率低等平均防效达83%以上，平均增产7.35%。“显性核不育八倍体黑小麦”“显性核不育六倍体黑小麦”和“显性核不育硬粒小麦”等科研成果系国内首创。“淮阴市平原坡地梯级河网化研究”使全市水利受益面积达73.27万公顷，为农业改制、改土培肥、提高粮食产量作出很大贡献。“玉米健壮素”成果填补国内空白。淮安兽药厂的“霉克星”成果国内领先，产品部分取代进口。

2000年后，淮安市的农业科研进一步加强，科技进步在提高农业收益、致富农民、建设社会主义新农村方面日益发挥作用。市水产科学研究所史氏鲟南移孵化、苗种培育及推广养殖技术研究项目，提高鱼种培育成活率，确保培育质量，并形成水泥池静流水养殖、池塘养殖和水库湖泊网箱成熟的技术模式，2002年获江苏省科技进步三等奖。市农业科学研究所和市种子公司培育的高产优质多抗小麦新品种淮麦18号综合性状突出，2002年被全国农技推广中心推荐为国家重点示范品种，2003年获江苏省农业技术推广二等奖，2004年获江苏省科技进步二等奖。市农业科学研究所完成的优质高产多抗中粳稻米新品种淮稻8号，在适宜区域累计推广种植面积46.67万公顷，增产稻谷2亿公斤以上。2005年5月，“国家矮败小麦育种技术创新中心”落户淮安市。2008年，淮安市成为国家小麦育种综合试验站，开创全市农作物育种新时代。

第二节　农业科技推广

1980年，淮阴地区各县在四级农科网（县有农科所、公社有农科站、大队有农科队、生产队有农科组）的基础上，又建立县农技站、种子站、植保站和农技干部学校，对286个公社农科站进行整顿，全地区5094个大队有4024个大队配备农技员。1982年实行家庭联产承包责任制后，全地区发展农业科技示范户10万多户，占农户总数的6%。全地区302个乡镇全部建成农业技术推广站。

1983年，盱眙县桂五农技站对传统农技推广服务工作进行探索，建立农业技术服务公司，对服务对象统一供种、供秧，统一病虫害防治，开展各种服务100多项，把农业技术试验、示范、推广有机地统一起来。1985年年末，涟水县建成农业技术推广中心，金湖、盱眙、洪泽、淮安、淮阴等县的技术推广中心也相继建立。全市基本上形成以县农技推广中心为中枢，乡农技站为骨干，村农技员为基础的多层次农业技术服务体系。县农技推广中心把县农科所、农技站、植保站、种子站、农干校等统一组建为一体化的农业科技综合推广机构，把试验、示范、推广、培训结合起来，将农业推广服务体系从技术指导型向经营服务型转变。到1989年，各县（市、区）农业技术推广中心全部建成，有100个乡镇农技站达到省规定“五有”（有稳定的专业队伍、有独立的办公场所、有相应的设施设备、有专项的工资经费、有完善的规章制度）标准。良种繁育、植物保护、畜禽防疫、农机服务等县、乡、村三级农技推广服务体系基本形成。

1990年，淮阴市印发《关于进一步加快农业推广服务体系建设的实施意见》，在全市范围开展建队伍、补网络、重人才、兴科学活动。各乡镇筹集基建经费212万元，兴建和充实推广农技基础设施。至1990年年底，全市180个乡站达到“五有”标准，占乡镇总数的60%；村专职农技员配备率达89%；有村级专业服务队2888个、综合服务队673个，基本形成以市为中心、县（市、区）为枢纽、乡镇为桥梁、村为基础的四级农技推广服务网络。

20世纪90年代，淮阴市开展关键农业技术、农业新品种、农业新技术的示范推广，把加速品种更新换代和推广农业实用技术作为重点，加强农业典型示范和引导。1994年，市农科院自主创办黄河路农业科技市场，开展科技咨询服务。

从2000年开始，围绕“品种、技术、知识”三大更新工程，继续做好新品种、新技术的引进试验和示范推广。2002年以后，结合乡镇机构改革，推进乡镇农技推广服务体系分类改革，构建一支新型的、公益性农技推广服务队伍。原农技、农机、蚕桑、蔬菜（多管）等多部门合并，成立乡镇农技推广服务中心或农技综合服务站。

至2008年年底，全市各乡镇全部建立农技推广服务中心或农技服务站，有公益性乡镇农技人员（种植业）1029人，其中具有中级职称（农艺师）268人、具有高级职称的90人；有办公服务用房13101平方米。

第三节　农技教育培训

20世纪80年代至90年代初，淮阴市农业科技教育培训主要以市、县、乡三级农技推广机构开展各类室内培训、农技现场会、田头指导以及空中课堂（广播喇叭宣传）等方式为主。农民教育主要以各县农业干部学校为阵地，开展农业类、农经类学历教育，提高在职乡村干部科技素质，并为乡村、基层输送科技人才。从20世纪90年代中期开始，各级政府多部门、多渠道、多层次开展送科技下乡，科研院所、农业院校、农资企业成为进村入户宣传农技知识的多元化力量。农民教育主要以各县农业广播电视学校（与农干校两校合一）为阵地，办学方式从广播、电视、录音、录像、面授辅导向多形式、多功能的现代远程教育发展，专业由农业类向理工、文科类扩展，设立20多个专业，教育层次由中专向大专、本科提升。不但满足农业发展的需要，还适应社会以及市场经济发展的需求，参与市场竞争。2000年，淮阴市农业系统在全省率先开展农村劳动力转移培训，组织系统18人参加劳动中介经纪人知识学习，并成立7个农广职介所，开展劳动力转移培训输出一体化服务工作。组织开展缝纫、电子电工、烹饪、家政等16个工种的基地建设和学员培训工作，累计培训农村劳动力10.2万人次，转移农村劳动力8.5万人次。

2005年以后，淮安市农业科技教育培训工作构建以市农广校为纽带，淮阴、楚州、涟水、洪泽、盱眙、金湖、清浦7个县（区）教育培训基地为核心，116个乡镇教学点为延伸的教育培训服务体系，发展成为融农业实用技术培训、农业职业教育、农民转移就业培训于一体的农民科技素质培训主阵地。根据新农村建设所需的各类人才和技术需求，按照“实际、实用、实效”的教育培训理念，不断调整和拓展专业结构、学历层次，吸引农村各类人员参加农广校学习，全方位、大规模地开展农民实用技术培训、创业培训、致富工程培训、阳光工程技能培训，满足农民对粮食生产安全的技术需要、高效农业发展要求、农业创业致富要求、农村劳动力转移技能需求。每年开展实用技术培训22万人次以上，累计培训并发放绿色证书6万人次。农民教育在中专、大专、本科等学历层次较为齐全的基础上，中专职业教育规模不断扩大，农业高等教育稳步发展。为解决工、学矛盾，市农业部门抓住信息网络普及的机遇，在理科、工科等领域发展现代远程网络教育，满足基层工作人员、农技人员以及社会各方面对农业教育的需求。至2008年7月，培养中专生2.4万人、大专生5100人，单、多科结业5000人。市农业部门还抓住农业部在全国试点实施新型农民创业培植工程的机遇，将洪泽县列为全国6个试点县之一。通过专题性、小班制的现代农业实用技术、农业工程技术、经营管理与法律知识、创业实例等方面的脱产培训学习与实践、考察等环节，选择2批共67名科技示范户、基层党员示范户代表，开展种草养鹅、特种水产养殖2个专业的创业培训。新型农民创业培植工程试点工作受到农业部的肯定。2008年，在全国科教兴农暨农村劳动力转移就业培训会上，市农业部门为全国4个典型单位之一，在大会上交流经验。至2008年年末，全市培训有创业愿望、有产业基础的农民9400人，成为全市各地发展农业产业及规模经济的示范户、企业家。

第四节　农业示范园区建设

1990年，淮阴市启动农业示范园区建设。全市以园区建设为载体，培育种养加、产供销、贸工农为一体的农业龙头企业，实现农业生产的组织创新，延伸产业链条，提高农业产业化程度。

全市园区注重引进开发新品种、新技术，加快农业实用技术的推广应用。至2007年，共引进新品种146个、新技术84项。江苏省现代农业示范基地淮安蔬菜科技园引进、试验与示范蔬菜新品种50个，引进重力滴灌技术、立体栽培技术、生物有机肥和有机无机复混肥的示范与推广技术、生物农药和物理机械病虫害防治技术、无土栽培技术、工厂化育苗技术等新技术12项，成为全市蔬菜科技成果转化的产业平台。全市园区“四新”技术普及率达到90%，制定标准规程54个，辐射面积8.33万公顷，培训人员15万人次，为全市农业主导产业升级发挥重要的作用。2007年12月，淮安市农科院高新科技示范园、江苏省现代农业示范基地淮安蔬菜科技园、淮安市无公害蔬菜生产科技示范园、洪泽县有机稻米科技示范区、淮安温氏优质肉鸡高效养殖示范区5个园区被省农林厅批准为省级现代农业示范区。全市园区实现农产品年销售收入18.8亿元，利润5.6亿元。

2008年，淮安市以加强科技支撑为目标，不断加大农业示范园区的科技投入，建成一批设施配套、科技含量高、辐射范围大的农业科技园区，为全市农业产业向高层次迈进发挥重要的支撑作用。淮安市启动市级现代农业科技园区的申报认定工作。择优认定淮安优质稻米生产科技园、盱眙满江红龙虾科技园、盱眙玉皇山高效农业科技园、淮安设施蔬菜科技园等首批20家市级现代农业科技园。洪泽现代渔业科技园、淮阴日光温室蔬菜科技园被批准为首批江苏省现代农业科技园。

一、淮安无公害蔬菜生产科技示范园

由淮安市天康食品有限公司进行建设、管理、经营，园区建成育苗中心大棚苗圃面积7.07公顷、露地苗圃面积13.07公顷，引进、推广包菜、胡萝卜、西红柿等7个蔬菜新品种，年育苗570万株，向周边农民提供种苗和推广无公害蔬菜生产技术，建立“园区+公司+农民专业合作组织+农户”的产业化运作模式。建立800公顷蔬菜订单生产基地，带动周边3个乡镇发展蔬菜种植面积0.23万公顷。通过农民专业合作社与农户签订蔬菜保护价收购合同，年消化当地新鲜蔬菜3万吨，其产品出口韩国、中国香港、中国台湾等国家和地区，促进园区高效规模化开发，效果显著。

二、淮阴区丁集日光温室蔬菜示范园

该园1100栋日光温室年产黄瓜1.1万吨、草菇1100吨，产值达2300万元，平均每栋日光温室效益均达2万元以上。

三、涟水县无公害浅水藕示范园

该园占地面积0.13万公顷，年产初级产品3万吨，加工产品5000吨，产品销售额7000万元，税后利润4300万元。

四、洪泽县有机稻米科技示范园

该园年产有机粳稻谷原粮2500吨，加工有机米1750吨，销售额1225万元，亩产值2450元，再加上稻田养鸭、绿肥养畜禽等收入，亩产值达3500元以上。同时，由于增加生物有机肥、生物源农药，替代化肥、农药等使用，减少面源污染，既保护农业生态环境，又改良和培肥土壤地力。

五、洪泽湖健康产业园

由南京医药股份、南京同仁堂药业投资兴建，主要种植连线草、板蓝根、栝楼、丹参、菊花等8种中药材，就地吸纳农民就业，流转土地的农民既有财产性收入，也有工资收入，实现农业增效和农民增收。

第五章　种植业

1978年，淮阴地区的种植业主要以粮食作物为主，经济植物为辅。粮食种植主要是稻、麦两熟。小麦称为夏粮，约占全地区夏粮种植面积的90%左右。水稻称为秋粮，约占全地区秋粮种植面积的70%左右。其他种植面积较大的是玉米、大豆和薯类。中共十一届三中全会以后，农村实行经济体制改革，土地实行承包经营，产业结构进行调整，农民生产积极性空前高涨，种植业从品种选择到水肥管理都发生巨大变化。

第一节　粮食作物

一、水稻

（一）面积、品种、产量

1978年，淮阴地区水稻种植面积16.59万公顷。主要品种为南京11号、农垦57，亩产117公斤，总产29.12万吨。

1980年，全地区水稻种植面积33.6万公顷。主要品种是南京11号，汕优2号、3号、6号、63

号等杂交籼稻品种，粳稻以农垦57等品种为主。里下河地区粳稻以南粳15、扬粳201等品种为主。水稻亩产249公斤，总产125.53万吨。

1990年，全市水稻种植面积34.11万公顷。主要品种是杂交籼稻汕优2号、3号、6号、63号，粳稻以农垦57、苏汕粳等为主。亩产421公斤，总产215.17万吨。

1991年开始，全市粳稻种植面积逐步扩大。1993年，推广泗稻9号、武育粳稻3号，这2个品种在全市推广种植4.67万公顷。

1999年，籼稻引进特优559、汕优559，粳稻引进早丰9号、武运粳稻8号（9516），杂交粳稻有9优138、9优418。

2000年，全市水稻种植面积22.67万公顷，亩产550公斤，总产187万吨。

2003年，全市水稻种植面积23.33万公顷。主要品种有武育粳3号，武运粳7号、8号，早丰9号，还有华粳稻1号、2号，连粳稻3号，淮北地区杂交稻以汕优559、特优559为主。亩产492公斤，总产172.2万吨。

2008年，全市水稻种植面积28.12万公顷。引进新品种22个，粳稻有徐稻3号，盐稻8号，淮稻9号、7号、11号，武运粳稻21号，扬粳稻9538。杂交稻主要有11优084、205、1号等。亩产544.9公斤，总产229.84万吨。

（二）栽培技术

20世纪80年代，淮阴市开始采用以争季节为中心，培育多蘖壮秧的水稻栽培技术。1980年，推广因茬育秧、三苗配套技术，即春茬栽小苗、中茬栽中苗、晚茬栽大苗。

1981年，水稻试验示范温室育秧，1982年开始推广。

1984年，常规稻及中茬稻开始应用两段育秧。1987年，全市水稻温室育秧发展到7800个，大田移栽面积达到17.4万公顷。

1988—1989年，在金湖县秧田试验多效唑植物生长调节剂。在县级淮安市推广壮苗移栽，适时早栽，合理密植，早中茬口杂交稻小中苗移栽，亩栽1.8万～2万穴，基本苗4万～8万株；麦茬杂交稻大苗移栽每亩2.2万～2.5万穴，基本苗12万～14万株；中粳稻亩栽2.5万～2.8万穴，基本苗16万～18万株。

1992年，试验示范肥床旱育秧技术，以及扩行稀植技术。

1993年，推广旱育秧技术1.4万公顷，并开始示范推广抛秧代替插秧技术。

1994年，示范水稻肥床旱播稀植育秧面积1.67万公顷。1995年，该技术全面推广应用。是年，全市大面积推广应用抛秧代替插秧技术，杂籼行距扩大到8～9寸，粳稻行距扩大到7～8寸。当年全市推广水稻抛秧1.67万公顷。

1997年，试验示范水稻塑盘旱育抛秧技术。水稻肥床旱播稀植育秧技术达到11.33万公顷。1998年，开始小苗机插试验。1999年，在清浦区武墩乡进行机械化插秧试验示范，每亩节约成本40元以上，与人工相比增效40倍左右。是年，在清浦区武墩乡建成工厂化育秧厂房进行试点。2000年，全市推广供秧面积达0.67万公顷。

2000年以后，完善塑盘小苗、小苗抛寄、“三剂”大苗等湿润育秧的大、中、小苗配套的抛秧方式。将旱育秧技术与抛秧相结合，形成适应淮安市多种生态地区、多种耕作制度以及多品种类型的肥床旱育抛秧、塑盘旱育抛秧和旱育机械抛秧等旱育抛秧方式，部分地区还结合麦（油）茬免耕秸秆还田进行抛秧技术试验示范。由于直播稻、机插秧、麦套稻等稻作方式的应用，水稻抛秧面积在2000年以后呈减少趋势。

2002年，推广水稻直播，当年种植面积达800公顷。2003年，推广三麦套种面积0.29万公顷。

2005年，水稻抛秧面积为3400公顷。

2007年，淮安市开始大面积水稻撒播，当年种植面积为3420公顷，2008年达到10.56万公顷。

（三）田间管理

从20世纪80年代开始，淮阴地区水稻田普遍使用化学除草剂，推广化肥作基肥全层深施和绿肥两次耕翻。1988年，全市水稻围绕高产、高效、省工、降本、低耗、优质栽培，推广免耕栽培技术，推广留高茬沤制、堆制等秸秆还田技术，促进培肥改土，提高耕地质量。灌溉技术一般遵照浅水栽秧，深水活棵，薄水分蘖，够苗搁田，有水抽穗，湿润灌浆，适时断水的原则。

1989年，在水稻中后期喷磷酸二氢钾和九二零、粉锈灵，起到防病防衰、壮秆大穗的作用。病虫草害上采取新农药与传统农药相结合，化学防治与农业防治相结合，防病治虫、除草与施肥相结合。

20世纪90年代中期以后，淮阴市农业的水稻管理有很大改变，按照"前促、中控、后稳"的施肥原则，做到促控合理。在水浆管理上，实施前期浅水勤灌、中期及时搁田、控制无效生长、降低高峰苗，后期湿润交替的节水灌溉模式。在病虫害防治上，采用统一配方、统一用药、统一时间防治的方法。7月下旬至8月中旬，突击防治纹枯病、白叶枯病、二代二化螟、纵卷叶螟等病虫害。8月中下旬至9月上旬，突击防治稻飞虱、三代三化螟、稻瘟病等。这一时期，全市开始实施稻田无草害工程。到1997年，全市有80%的农田草害得到有效控制。

2000年以后，按照轻型、简化、高效、清洁生产的要求，突出抓好优质水稻生产"耕地净化、品种优质高抗化、投入品无害化、技术标准化"的"四化"技术，实现水稻生产全程质量安全控制。

2004年，开展水稻精确施氮技术试验及南京农业大学的水稻品种无氮试验。2005年以后，开展直播稻规范化技术试验示范与研究。2006年开始，试验示范推广麦秆机械全量还田轻简稻作技术，2008年推广面积达2.68万公顷。

1980—2008年淮安市水稻种植情况表

表23-2

年份	品种	面积（万亩）	单产（公斤）	总产（万吨）
1980	汕优、南粳等	504.14	249	125.53
1981	汕优、苏粳等	523.97	313	164.00
1982	汕优、苏粳等	523.11	354	185.00
1983	汕优、苏粳等	528.58	367	193.99
1984	汕优、苏粳等	526.60	400	210.54
1985	汕优、苏粳等	524.33	395	207.31
1986	汕优、苏粳等	525.85	406	213.43
1987	汕优、农粳等	525.94	398	209.50
1988	汕优、农粳等	525.43	407	212.43
1989	汕优、农粳等	526.57	427	224.79
1990	汕优、农粳等	511.67	421	215.17
1991	泗稻、武粳等	457.03	367	167.63
1992	泗稻、武粳等	488.56	403	196.69
1993	泗稻、武粳等	402.75	457	184.20

续表23-2

年份	品种	面积（万亩）	单产（公斤）	总产（万吨）
1994	泗稻、武粳等	433.76	405	175.88
1995	泗稻、武粳等	469.17	464	217.81
1996	泗稻、武粳等	477.95	488	233.04
1997	泗稻、武粳等	486.35	486	236.40
1998	泗稻、武粳等	491.13	529	260.03
1999	特优、武粳等	495.00	525	259.87
2000	华粳、武粳等	340.00	550	187.00
2001	淮粳、扬粳等	444.50	416	184.90
2002	淮粳、扬粳等	325.00	457	148.52
2003	淮粳、扬粳等	350.00	492	172.20
2004	淮粳、扬粳等	365.00	495	180.67
2005	淮粳、扬粳等	421.86	545	229.84
2006	淮粳、扬粳等	423.00	524	221.46
2007	淮粳、扬粳等	420.60	534	224.75
2008	淮粳、扬粳等	421.80	545	229.84

二、小麦

（一）面积、品种、产量

1978年，淮阴地区小麦播种面积14.45万公顷，主要品种为博爱74-22、扬麦5号。亩产149公斤，总产16.16万吨。

1990年，全市小麦播种面积22.97万公顷，主要品种为扬麦6号，淮麦11号、12号，济南13号，陕7859等。亩产246公斤，总产84.86万吨。

1995年，全市小麦播种面积20.47万公顷，主要品种为扬麦158号，淮麦11号、12号，郑8329等。亩产274公斤，总产84.14万吨。

2000年，全市小麦播种面积19.47万公顷，主要品种为皖麦19号、18号，温麦6号、8号、4号，淮麦20号，烟农19号等。亩产278公斤，总产81.18万吨。

2004年，全市小麦播种面积21.6万公顷，主要品种为淮麦18号、皖麦19号、温麦6号、烟农19号等（淮麦20号在全市示范推广2.17万公顷）。亩产328公斤，总产106.27万吨。

2008年，全市小麦播种面积28.21万公顷，主要品种为淮麦18号、22号，烟农19号，皖麦19，陕农229号等，同时引进推广淮麦19号、徐麦27号、邯6172等18个新品种。郑麦9023、淮麦20号成为淮南地区的主体品种。亩产384公斤，总产162.49万吨。

（二）栽培技术

1978年，淮阴地区大面积旱改水后，稻茬麦面积大幅度增加，茬口晚，季节紧，加上秋播期间气候多变，按常规耕翻、整地、播种，播期往往偏晚和拉长，极易造成大面积的晚、小、弱苗。从1981年开始，推广免（少）耕和机条播种麦技术。同时推广旋耕机条播与机开沟。1990年以后，开始推广麦套玉米、麦套花生、麦套籽瓜、麦套西瓜、麦套棉等多种形式间套种。1992年，推广精量（半）精量播种666.67多公顷。1994年，开始示范推广稻套麦栽培技术。2000年以后，推广小麦独秆栽培和晚播技术。

（三）田间管理

1978年，小麦播种除基肥外，增加种肥的施用，并推广化肥底施，缺磷地区增施磷肥。化肥使用量迅速增加，至1983年，每亩标准氮肥使用量从1978年的4.7公斤增加到46.28公斤。1988年，开始对受冻麦田进行因地制宜补施恢复肥，对受涝麦田及时开沟排水降渍，灾后实行攻弱苗、攻大穗、防病虫、防早衰的补救措施。1991年，开始重视麦田春季开沟理墒工作，一般在麦苗拔节前搞好清沟理墒工作。施肥采取重前轻后，一般重施基肥、腊肥、返青肥，拔节以后用肥很少。

2000年以后，推广平衡配方施肥，推广中强筋小麦氮肥后移和弱筋小麦氮肥前移技术。至2008年，全市应用中强筋小麦氮肥后移技术的农田面积11.8万公顷。该技术增施拔节孕穗肥，增加施肥量，氮肥每亩施用纯氮量在20公斤左右，氮、磷、钾比一般为1∶0.5∶0.6，氮肥基肥和追肥比例一般在5∶5左右，追肥中平衡接力肥占10%，拔节孕穗肥在倒3叶和剑叶施用；磷肥一般全部基施；钾肥为基施和拔节孕穗各施一半。

加强小麦病虫害防治预测预报工作。重点防治“三病”（锈病、赤霉病、白粉病）、“三虫”（地下害虫、蚜虫、粘虫）。1987年，推广病虫草害综合配套防治技术。1989年，采取新农药与传统农药相结合，化学防治与农业防治相结合，防病治虫、除草与施肥相结合。1990年以后，化学除草采用秋季化除和春季化除相结合，在气温回升到5摄氏度以上选用高效、低毒、低残的除草剂进行春季田间化学除草。2008年，全市秋季和春季化学除草面积分别达到12万公顷和13.33万公顷。

1981—2008年淮安市小麦种植情况表

表23-3

年份	品种	面积（万亩）	单产（公斤）	总产（万吨）
1981	扬、淮、济等	285.01	199	56.72
1982	扬、淮、济等	297.20	245	72.81
1983	扬、淮、济等	314.69	264	83.08
1984	扬、淮、济等	344.83	277	95.52
1985	扬、淮、济等	345.85	268	92.69
1986	扬、淮、济等	341.66	273	93.27
1987	扬、淮、济等	343.61	289	99.30
1988	扬、淮、济等	335.24	253	84.82
1989	扬、淮、济等	343.02	236	80.95
1990	扬、淮、济等	344.95	246	84.86
1991	扬、淮、郑等	330.06	226	74.59
1992	扬、淮、郑等	330.13	283	93.43
1993	扬、淮、郑等	325.61	290	94.43
1994	扬、淮、郑等	309.08	278	85.92
1995	扬、淮、郑等	307.07	274	84.14
1996	皖、温、淮等	325.16	323	105.03

续表 23-3

年份	品种	面积（万亩）	单产（公斤）	总产（万吨）
1997	皖、温、淮等	355.09	307	109.01
1998	皖、温、淮等	352.05	244	85.90
1999	淮、皖、温等	283.00	274	77.54
2000	淮、皖、温等	292.00	278	81.18
2001	淮、皖、温等	280.48	416	116.68
2002	淮、皖、温等	311.00	324	100.76
2003	淮、皖、温等	315.00	325	102.38
2004	淮、皖、陕等	324.00	328	106.27
2005	淮、皖、陕等	423.12	391	165.44
2006	淮、皖、陕等	367.20	350	128.42
2007	淮、皖、陕等	400.05	374	149.75
2008	淮、皖、陕等	423.15	384	162.49

三、玉米

（一）面积、品种、产量

玉米又名稖头，淮安市种植面积每年都在几十万亩。主要品种有：1980年前，为掖单2号、4号、6号，种植面积6万公顷左右，亩产170～180公斤；1981年以后，改为掖单4号、6号、8号，种植面积逐年减少，1999年为3.32万公顷，亩产475公斤。2000—2008年，引进农大108、郑单958、苏玉等17个系列品种。播种面积3.33公顷左右，亩产300公斤左右。

（二）栽培技术

1978年，淮阴地区春玉米改为夏玉米。开始时，由于栽培技术不过关，遇到挫折，通过学习外地经验和摸索、试验，玉米春改夏取得成功，形成高产、优质、低耗的配套栽培技术。同时还推广免耕播种。20世纪80年代中后期，涟水、淮阴等县开始示范推广生化技术“玉米健壮素”。这项技术属促控栽培，可矮化植株，防风抗倒，提高密度，增加产量。1989年，推广玉米行间铺草还田技术。1990年，推广板茬播种、矮秆紧凑型杂交玉米3万公顷，提高密度，每亩增加505株，达到每亩4000株。

1996年，实施玉米群体质量栽培工程，推广玉米“一套两增”，即扩大间套种，增肥（每公顷增纯755公斤）、增密（每公顷7.5万株），全市采用该项丰产技术0.53万公顷。

2000—2008年，玉米种植密度一般约为每公顷6万～7.5万株。

（三）田间管理

1978年，淮阴地区推广“一带两追”施肥新技术，即带好种肥，追施拔节肥和穗肥，两次追肥占总施肥量的80%～90%。二十世纪七八十年代，化学肥料施用很少，以有机肥、土杂肥为主。

20世纪90年代以后，加大化学肥料投入，实施合理施肥，磷钾肥一般作为基肥施用，氮肥使用基本改变过去苗期“一炮轰”方法，实行适时追施拔节肥，重施穗肥技术。

2000年以后，使用“前促、中攻、后补”氮肥施肥技术。在玉米展开10～11片叶时，重施穗肥，用肥量占50%～60%；在抽吐丝期补施粒肥，用肥量占10%；磷钾肥一般作为基肥施用。

20世纪90年代，实施无草害工程。1996年，全市化学除草面积为0.67万公顷，1997年达到1.67万公顷。使用乙草胺除草和人工拔除阔叶杂草。重视大小叶斑病、粗缩病、螟虫及蚜虫的防治，玉米螟虫在玉米大喇叭口初期用菊脂类农药防治。

2005—2008年，因灰飞虱危害，夏玉米发生萎缩不能正常生长，播种期推迟到6月15日以后播种。

1978—2008年淮安市玉米种植情况表

表23-4

年份	品种	面积（万亩）	单产（公斤）	总产（万吨）
1978	掖单2、4号	99.16	130	12.89
1979	掖单2、4、6号	96.43	178	17.16
1980	掖单2、4、6号	85.22	186	15.85
1981	掖单4、6、8号	86.10	268	23.07
1982	掖单4、6、8号	77.92	293	22.83
1983	掖单4、6、8号	66.44	275	18.30
1984	掖单4、6、8号	57.20	285	16.30
1985	掖单4、6、8号	56.11	286	16.05
1986	掖单4、6、8号	52.63	281	14.80
1987	掖单4、6、8号	50.48	290	14.64
1988	掖单4、6、8号	48.78	303	14.78
1989	掖单4、6、8号	47.92	322	15.43
1990	掖单4、6、8号	43.74	299	13.08
1991	掖单4、6、8号	31.19	262	8.17
1992	掖单4、6、8号	36.68	334	12.25
1993	掖单4、6、8号	44.44	334	14.84
1994	掖单4、6、8号	37.68	336	12.66
1995	掖单4、6、8号	48.46	400	19.40
1996	掖单4、6、8号	53.07	429	22.77
1997	掖单4、6、8号	49.94	444	22.17
1998	掖单4、6、8号	51.64	455	23.50
1999	掖单4、6、8号	49.84	475	23.70
2000	农大108、郑单958号	49.84	402	20.03
2001	农大108、郑单958号	45.86	436	19.99
2002	农大108、郑单958号	50.37	461	23.22
2003	农大108、郑单958号	51.80	287	14.87
2004	农大108、郑单958号	54.60	401	21.89
2005	农大108、郑单958号	50.01	263	13.15

续表 23-4

年份	品种	面积（万亩）	单产（公斤）	总产（万吨）
2006	农大108、郑单958号	49.28	311	15.33
2007	农大108、郑单958号	43.89	302	13.25
2008	农大108、郑单958号	52.21	320	16.70

四、山芋

（一）面积、品种、产量

1978年，淮阴地区山芋栽植面积6.67万公顷，亩产246公斤，总产24.6万吨。1980年以后，山芋栽植面积逐年减少，但品种进行更新，栽培技术有提高，产量也有很大增长。

（二）栽插技术

春山芋的栽插时间在清明节前后，夏山芋在麦收后开始栽插，一般是6月10—20日。1991年，淮阴市发展山芋与玉米间套种。栽插方法除原有的水平插和斜插外，还有后来推广的波状插、船底形插和改良水平插等。

（三）田间管理

20世纪80年代，有少部分农民使用化肥。20世纪90年代以后，很少施化肥，一般以施有机肥和基肥为主，追肥为辅。生长中后期进行叶面喷施磷酸二氢钾水溶液以增补钾肥。查苗补苗以及中耕除草，农民一直保持此习惯。一般在栽后用乙草胺进行除草，3～5天选用壮苗进行查苗补栽，确保全苗。生长中期及时中耕培土，封垄后拔除大草。生长中还采取促控结合，防止旺长，采取提断蔓根和利用生化制剂，如矮壮素、多效唑、维它灵等，一般化控2～3次。加强沟系配套，达到“三沟”（田头沟、腰沟、墒沟）相通，能排能灌，旱涝保收。2000—2008年，在施基肥基础上，薯块膨大期追尿素22.5公斤/公顷，并采取化学除草。

（四）山芋贮藏

淮安市农民主要使用棚窖和井窖贮藏山芋。棚窖贮藏法：在户外挖窖，深2米、宽1.5米，长度随贮量而定；窖顶每隔80厘米，放木柱1根，铺20厘米厚的玉米秸、稻草或麦秸；上覆土层0.5米左右，南边留出口。井窖贮藏法：挖井深3米，上井口直径1米，下口直径1.5米，在井底部两边挖贮藏洞，井底需垫黄沙。在贮藏初期，山芋入窖后20天内，温度高，湿度大，常发生“发汗”现象，使堆表芋块造成湿害，可在芋堆上覆盖一层干草。一般不过早封窖口。贮藏中期，山芋入窖后20天到第二年2月初为中期，此时气温低，易受冻害，封闭窖口，芋堆上盖草防冻。贮藏后期，山芋经长期贮藏后生理机能衰退，此时气温回升，及时打开窖口通风换气，降低窖内温湿度。

1980—2008年淮安市山芋栽植情况表

表 23-5

年份	品种	面积（万亩）	单产（公斤）	总产（万吨）
1980	淮薯3号	73.80	206	15.20
1981	淮薯3号	71.10	264	18.77
1982	淮薯3号	54.30	291	15.80
1983	淮薯3号	54.01	288	15.55

续表23-5

年份	品种	面积（万亩）	单产（公斤）	总产（万吨）
1984	淮薯3号	47.30	255	12.06
1985	淮薯3号	48.01	280	13.44
1986	淮薯3号	46.56	282	13.13
1987	徐薯3、18号	45.44	286	13.00
1988	徐薯3、18号	42.75	319	13.64
1989	徐薯3、18号	43.79	327	14.32
1990	徐薯18号	40.19	315	12.66
1991	徐署18号	37.76	257	9.70
1992	徐薯18号	34.45	315	10.85
1993	徐薯18号	38.49	329	12.66
1994	徐薯18号	32.58	385	12.54
1995	徐薯18号	35.12	370	12.99
1996	徐薯18号	35.93	418	15.02
1997	徐薯18号	36.83	444	16.35
1998	徐薯18号	33.75	459	15.49
1999	徐薯18号	33.50	459	15.38
2000	徐薯18号	33.60	483	16.22
2001	徐薯18号	30.70	464	14.25
2002	徐薯18号	28.70	478	13.72
2003	徐薯18号	27.40	400	10.97
2004	徐薯18号	30.78	488	15.01
2005	徐薯18号	27.92	406	11.30
2006	徐薯18号	23.90	403	9.63
2007	徐薯18号	20.20	417	8.42
2008	徐薯18号	19.99	438	8.75

五、大豆

（一）面积、品种、产量

大豆在淮安市多年来种植的面积不大，产量也不高。

（二）栽培技术

1978年至20世纪80年代初，淮阴地区大豆种植推广免、少耕播种技术，由过去的耕翻播种改为旋耕灭茬或板茬点播，使大豆播种期普遍提早5～7天，基本在6月中旬前播种结束。同时推广精细选种，在播前1个月，普遍进行人工粒选晒种，除去病、杂、破碎粒，提高种子的纯度，使出苗整齐一致。齐苗后，进行手工间苗，查苗补缺，保证苗全、苗壮。淮北地区推行宽行窄株种植法，改造传统耩子，将原来20厘米左右的耩距扩大到35～40厘米。播种量由原来的10～12.5公斤减少到7～9公斤。间定苗后，保持株距10～15厘米，穴播的每穴留苗不超过3株，使每亩密度保持在2～3万株（根据品种特性、肥力等条件适当调节）。许多地方还将大豆与玉米、花生、山芋间套种，种植方式采用穴播。

20世纪80年代以后，大豆一般都带种肥播种，重施磷、钾肥，补施少量氮肥。1990年开始，进行测土配方施肥与分层施肥相结合的科学施肥方法。根据不同土壤肥力情况和当地自然气候条件，经过化验与计算，确定化肥施用时间与用量，在合理施用氮、磷、钾肥的比例时，注重磷肥、钾肥等微量元素的合理搭配。

（三）田间管理

由于大豆是中耕作物，杂草多，一般中耕3次，除草剂一般在播前进行土壤处理和苗后茎叶处理。肥水充足时，大豆容易发生徒长倒伏，使植株下部花荚严重脱落，造成减产和品质降低，大豆摘心能防止倒伏，促进植株多分枝和着生较多的花簇，增加有效荚数，使籽粒饱满，成熟一致，提高产量。20世纪80年代后期，在肥水充足时，长势茂盛田块进行摘心处理，一般摘去主茎顶心2厘米左右。生长中后期继续在叶面喷施磷肥或根外追肥。

1980—2008年淮安市大豆种植情况表

表23-6

年份	品种	面积（万亩）	单产（公斤）	总产（万吨）
1980	淮6、徐10、豫22号	35.10	58	2.04
1981	淮6、徐10、豫22号	46.13	86	3.97
1982	淮6、徐10、豫22号	54.05	86	4.65
1983	淮6、徐10、豫22号	54.95	99	5.44
1984	淮6、徐10、豫22号	40.75	82	3.34
1985	淮6、徐10、豫22号	48.38	97	4.69
1986	淮6、徐10、豫22号	48.74	126	6.14
1987	淮6、徐10、豫22号	52.87	114	6.03
1988	淮6、徐10、豫22号	48.97	128	6.27
1989	淮6、徐10、豫22号	51.33	120	6.16
1990	淮6、徐10、豫22号	41.85	113	4.73
1991	淮6、徐10、豫22号	24.27	94	2.28
1992	淮6、徐10、豫22号	27.88	118	3.29
1993	淮6、徐10、豫22号	44.23	127	5.62
1994	淮6、徐10、豫22号	36.11	125	4.51
1995	淮6、徐10、豫22号	33.32	142	4.73
1996	淮6、徐10、豫22号	29.19	160	4.67
1997	淮6、徐10、豫22号	38.73	155	6.00
1998	淮6、徐10、豫22号	35.80	164	5.87
1999	淮6、徐10、豫22号	31.00	167	5.18
2000	淮6、徐10、豫22号	31.00	157	4.87

续表23-6

年份	品种	面积（万亩）	单产（公斤）	总产（万吨）
2001	淮6、徐10、豫22号	27.00	167	4.51
2002	淮6、徐10、豫22号	34.00	169	5.75
2003	进合豆3、徐12号	28.60	116	3.32
2004	进合豆3、徐12号	28.00	186	5.21
2005	进合豆3、徐12号	25.00	141	3.53
2006	进合豆3、徐12号	27.00	159	4.23
2007	进合豆3、徐12号	29.00	170	4.93
2008	进合豆3、徐12号	28.00	180	5.04

第二节　经济作物

一、油菜

图23-1　盱眙县河桥乡油菜丰收（2005年）　陈光晰　摄

20世纪70年代以前，淮阴地区油菜种植面积很少，栽培以混作、撒播为主。20世纪70年代中期开始推广育苗移栽，1978年以后育苗移栽面积迅速扩大，并改平畦移栽为朝阳沟移栽。1980年以后，在油菜生长后期喷施光呼吸抑制剂——亚硫酸氢钠，有一定增产效果，但因货源困难，应用3年后被迫停止。至1987年，全市育苗移栽面积占油菜种植总面积的90%以上。油菜育苗，一般选择朝阳、无遮荫、排水良好地块，整好苗床，白露前后下种，播种后稍加镇压，使出苗齐、快。幼苗见真叶后施水肥，齐苗后进行3次间苗，在三叶期每亩苗床用15%多效唑50～80克，兑水50公斤喷雾，培育壮苗，并及时防治地下害虫及蚜虫等。移栽前7～10天停止泼水。霜降到立冬之间，进行大田移栽。油菜活棵后，进行查苗补缺，推广带水带泥补苗法，以保证成活。一般要进行中耕培土2～3次。封冻前，进行第一次松土、培根。结合施返青肥进行第二次中耕。第三次在油菜抽苔前进行高培土。淮阴市首创“小苗戴帽子，大苗围围巾”的培土壅根方法，即培土时做到小苗盖心、大苗壅根。1987年，全市种植6.84万公顷油菜，白菜型油菜种植面积占45%，甘蓝型油菜种植面积占55%。2005—2008年，油菜病虫草害防治技术日趋成熟。以禾本科杂草为主的油菜田，选用盖草能、高效盖草能等药剂防除；以阔叶杂草为主的油菜田，选用好实多、油草双克等药剂防除。油菜主要病虫害是菌核病和蚜虫，菌核病用多菌灵、使百克、菌核净等进行防治，蚜虫用速灭杀丁乳油、吡虫啉等进行防治。

1980—2008年淮安市油菜种植情况表

表23-7

年份	品种	面积（万亩）	单产（公斤）	总产（万吨）
1980	白菜型、甘蓝型	33.57	48	1.61
1981	白菜型、甘蓝型	52.05	75	3.91
1982	白菜型、甘蓝型	78.02	97	7.57
1983	白菜型、甘蓝型	72.34	98	7.09
1984	白菜型、甘蓝型	49.54	82	4.06
1985	白菜型、甘蓝型	70.05	99	6.94
1986	白菜型、甘蓝型	94.84	103	9.77
1987	白菜型、低芥酸	102.63	116	11.91
1988	白菜型、低芥酸	67.18	97	6.52
1989	白菜型、低芥酸	95.50	95	9.07
1990	白菜型、低芥酸	88.20	106	9.35
1991	白菜型、低芥酸	94.16	98	9.23
1992	白菜型、低芥酸	99.57	125	12.45
1993	白菜型、低芥酸	110.94	117	12.98
1994	白菜型、低芥酸	117.29	119	15.15
1995	秦油2、7号	120.76	138	16.67
1996	秦油、史力丰	103.02	137	14.14
1997	秦油、史力丰	91.43	139	12.71
1998	秦油、史力丰	96.79	138	13.36
1999	宁杂1号	70.00	140	9.80
2000	宁杂1号	90.50	140	12.67
2001	宁杂1号	80.70	142	11.46
2002	宁杂1号	72.20	145	10.47
2003	宁杂1号	72.30	145	10.48
2004	宁杂1号	70.00	150	10.50
2005	秦优7、史力丰	64.32	170	10.93
2006	秦优7、史力丰	46.47	170	7.90
2007	秦优7、史力丰	35.86	180	6.46
2008	秦优7、史力丰	32.33	196	6.34

二、花生

淮安市花生种植历史悠久。1978年，淮阴地区花生亩产只有50公斤左右。轮作方式主要有一年一熟春花生和麦套花生—玉米两年三熟，还有少数麦后花生。

1982年后，麦套花生因田间操作困难基本淘汰，除春花生外，发展部分麦后花生和油菜籽茬花生。至1987年，全市春播花生占花生种植总面积的63%，麦茬和油菜茬花生占37%，玉米间作花生被淘汰。

1994年，开始示范地膜花生栽培技术，春花生应用面积较大。1997年，全市推广花生地膜栽培技术，早熟增产，产量提高近三成。1998年，全市地膜花生种植面积1万公顷。同年，蔬菜与花生间套种植技术开始应用。1999年，提出“良种化、起高垄、化学控、间套种”高产、高效栽培技术，起垄采用“四犁起垄”法。

2000年，开始采用“油菜茬、起高垄、盖地膜、用良种、专用肥、化学控、综合防、间套种”的技术。应用该技术的田块产量比平作产量提高近50%。

2003—2004年，推广花生无公害栽培技术，同时提倡与水稻轮作换茬。

2008年，全市花生播种面积99.87万公顷，较2007年的1.67万公顷减少40%。

1980—2008年淮安市花生种植情况表

表23-8

年份	品种	面积（万亩）	单产（公斤）	总产（万吨）
1980	海花1号	9.44	56	0.53
1981	海花1号	10.70	102	1.09
1982	海花1号	16.17	92	1.49
1983	海花1号	10.30	109	1.13
1984	海花1号	9.65	108	1.04
1985	海花1号	15.02	126	1.89
1986	海花1号	16.11	139	2.24
1987	海花1号	15.28	142	2.17
1988	海花1号	15.55	161	2.50
1989	海花1号	13.41	168	2.25
1990	海花1号	13.44	169	2.27
1991	鲁花9、11、14号	8.31	98	0.82
1992	鲁花9、11、14号	11.67	196	2.29
1993	鲁花9、11、14号	15.34	189	2.89
1994	鲁花9、11、14号	18.70	187	3.50
1995	鲁花9、14、11号	22.41	227	5.08
1996	鲁花9、14、11号	20.37	222	4.51
1997	鲁花9、14、11号	19.68	212	4.16

续表 23-8

年份	品种	面积（万亩）	单产（公斤）	总产（万吨）
1998	鲁花 9、14、11 号	30.75	237	7.30
1999	鲁花、大小白花	44.60	258	11.49
2000	鲁花、大小白花	58.60	251	14.71
2001	鲁花、大小白花	52.40	264	13.83
2002	鲁花、大小白花	55.40	266	14.73
2003	鲁花、大小白花	42.20	183	7.72
2004	鲁花、大小白花	44.16	264	11.66
2005	鲁花、大小白花	36.26	236	8.56
2006	鲁花、大小白花	33.63	251	8.44
2007	鲁花、大小白花	24.98	221	5.52
2008	鲁花、大小白花	14.98	245	3.67

三、棉花

1978 年，淮阴地区棉花栽培推广“三早”（早培、早发、早熟）及争“三桃”（伏前桃、伏桃、秋桃）的增产栽培技术。在争早苗上，主要推广营养钵育苗移栽。1979 年，应用面积 0.46 万公顷。营养钵育苗播种期比直播田提前约 1 个月，基本争到 3 月苗，直播棉田达到 4 月苗。1980 年，棉花种植由分散改为适当集中。薄膜育苗移栽面积扩大到 1.15 万公顷，占棉田总面积的 19%。移栽棉比直播棉一般增产 20% ～30%，种植密度平均达到 4246 株。1981 年，薄膜育苗移栽面积扩大到 2.8 万公顷，占移栽棉面积的 61.7%。1983 年，开始推广地膜覆盖栽培，当年应用面积 1213.3 公顷。1984 年，全市薄膜育苗移栽和地膜覆盖栽培面积发展到 3.76 万公顷，占棉田总面积的 72.4%。

1985 年开始，在“两膜”栽培的基础上，配套推广培肥钵土、小钵改大钵及苗床管理等技术，同时推广棉麦套栽和发展麦后棉、油后棉，并示范推广棉花—蔬菜、棉花—西瓜、棉麦—花生等间作套种技术。1989 年，示范推广“药剂拌种”和“板茬移栽”技术。1990 年，在育苗的营养土中增加腐熟的有机肥和适量的速效性化肥，移栽时实行宽窄行种植，平均行距不大于 83 厘米，株距保持在 23 厘米左右。1991 年，推广 10% 灵福合剂包衣（拌种）和拌种双拌种防苗期病害，示范推广苗床缩节安化调技术。1993 年，推广泡沫酸脱绒及灵福合剂拌种后的干籽下种技术，苗床上示范推广通气网膜。1995 年，示范推广移栽地膜棉技术，应用面积达 46.9 万公顷。1996 年，该技术推广面积占总面积的 25% 左右，1997 年增加到 41.2%。

1999—2005 年，在育苗上开始应用塑盘基质育苗技术，在栽培上运用“小、壮、高、大、优”技术。坚持“促苗、控蕾、攻花铃”“重抓底肥和花铃肥施用”“无机肥与有机肥相结合，氮肥与磷、钾肥相结合”的施肥原则。总施肥量 30% ～40% 用于底肥或安家肥，60% ～70% 用于花铃肥，对晚发的棉花，花铃肥分次施，后期结合治虫根外喷肥 1～2 次。

2005—2008 年，实行全种化控，化控原则为“前轻后重、少量多次、先控后促”，做到看天、看地、看苗，决定化控次数，一般在蕾期、花期、花铃期进行。

1980—2008年淮安市棉花种植情况表

表23-9

年份	品种	面积（万亩）	亩产（公斤）	总产（万吨）
1980	苏棉、中棉	35.85	25.0	0.90
1981	苏棉、中棉	31.00	43.0	1.32
1982	苏棉、中棉	29.84	39.0	1.16
1983	苏棉、中棉	24.46	44.0	1.08
1984	苏棉、中棉	21.51	50.0	1.08
1985	苏棉、中棉	16.36	41.0	0.67
1986	苏棉、中棉	10.30	46.0	0.47
1987	苏棉、中棉	12.31	46.0	0.57
1988	苏棉、中棉	19.90	43.0	0.86
1989	苏棉、中棉	19.97	42.0	0.84
1990	苏棉、中棉	17.26	39.0	0.67
1991	苏棉、中棉	20.28	37.0	0.75
1992	苏棉、中棉	29.00	29.0	0.84
1993	苏棉、中棉	35.00	46.0	1.60
1994	苏棉、中棉	14.63	51.0	0.75
1995	苏棉、中棉	12.79	58.0	0.74
1996	苏棉、中棉	19.32	57.0	1.10
1997	苏棉、中棉	17.15	66.0	1.13
1998	苏棉、中棉	12.21	72.0	0.88
1999	苏棉、中棉	12.43	69.7	0.87
2000	苏棉、中棉	6.52	79.1	0.52
2001	苏棉、中棉	5.91	83.8	0.50
2002	苏棉、中棉	5.77	84.7	0.49
2003	苏棉、中棉	6.00	38.7	0.23
2004	苏棉、中棉	6.35	82.9	0.53
2005	苏棉、中棉	4.05	55.0	0.22
2006	苏棉、中棉	2.31	81.7	0.19
2007	苏棉、中棉	1.35	79.2	0.11
2008	苏棉、中棉	0.96	72.9	0.07

第三节 蔬菜生产

一、发展规模

1978—1980年，淮阴地区供应城镇的蔬菜为集体生产、统购包销。其特点是国家下达指令性产销计划，城镇周边的蔬菜队按计划安排生产，产品由国营公司按计划作价收购，流通上开始实行政策性亏损补贴。

1981—1990年，蔬菜生产开始实行联产承包责任制，有联产到劳、联产到组、小段包工、家庭承包、专业承包等形式。全市初步建立起以乡科技站、村科技队为主体的蔬菜科技服务网络，生产、销售形成一条龙服务体系。

1992年，淮阴市政府提出“菜蓝子工程”建设，全市蔬菜业出现数量充足、供应均衡、品种增多、质量改善、价格合理的生产形势。

1995年，市委、市政府提出建立以生产速生叶菜为主的无公害蔬菜基地。2002年，开始进行省级认证。至2004年年底，淮安市经过省无公害农产品认定委员会认定的无公害蔬菜生产基地面积达4.93万公顷，经过农业部农产品质量安全中心认定的无公害蔬菜产品达143个。制定蔬菜质量标准和生产技术规程49个，其中省地方标准3个、市地方标准28个、企业标准18个，基本形成国家标准、行业标准、地方标准、企业标准覆盖齐全、内容规范的质量标准体系，建成7个市级蔬菜标准化生产示范区。

蔬菜生产从以前一家一户的种植发展到去外县（区）承包土地大面积种植、反租倒包等规模化种植，并成立各种蔬菜协会，进行技术咨询、市场信息交流和销售服务工作。1998—2008年，全市各个县（区）都普遍搞起蔬菜大棚，农民把蔬菜生产作为致富的重要途径。淮阴区、清浦区、楚州区的设施蔬菜，金湖县的水生蔬菜都具有一定规模。2008年，全市蔬菜生产达到11万公顷，形成三大高效生产基地，多个万亩连片生产基地。

图23-2 淮安农科院蔬菜温室大棚生产基地（2005年）
陈光晰 摄

至2008年年底，全市有大、中型蔬菜批发市场12个，乡镇级蔬菜批发市场8个；有县（区）级蔬菜集贸市场67个（其中市区24个），乡镇级蔬菜集贸市场371个，有一部分蔬菜通过加工外销美国、俄罗斯、日本、韩国等10多个国家和地区，内销到全国20多个省、市。

二、产区分布

（一）苏北灌溉总渠以北主作菜区

该区域包括淮安洪泽湖、苏北灌溉总渠以北地区。主要是露地蔬菜，栽培以两茬为主，复种指数为2.5左右。典型的茬口类型是：春夏季栽培一茬茄果类、瓜类、豆类和薯芋类菜，秋季栽培大白菜、萝卜、甘蓝、芹菜等白菜类和根菜类为主的喜凉性蔬菜，冬季多冻垡休闲。肥水条件和气候条件较好的地区，也有在冬季种一茬大蒜、洋葱、菠菜、苔菜等耐寒性强的蔬菜以及移栽的过寒菜。该区光照充足，昼夜温差大，有利于光合产物营养物质的积累，再加上有黄河故道横贯全境，土层疏松深厚，不但有利于大白菜、萝卜以及多种瓜果蔬菜的生长，而且适合山药、牛蒡、马铃薯、芦笋、洋葱、大蒜等创汇出口蔬菜的生长。由于其冬春相对于南方地区光照充足，冬春季温度较北方高且土壤升温快，是淮安市发展冬春温室大棚栽培的适宜地区。

（二）苏北灌溉总渠以南水生菜区

该区主要包括楚州区和洪泽县境内苏北灌溉总渠以南部分、金湖县大部分。由于地势低洼，是淮安市的水生蔬菜区，仅楚州、洪泽、金湖3个县（区）就有水面面积6.67万公顷。种植的水生蔬菜主要有藕、茨菇、菱角、荸荠、芡实、茭白和水芹等，总面积超2.13万公顷。其中，以藕、茭白、茨菇为主，荸荠、芡实、水芹等次之，芋头也是当地特产。除深水塘栽培的芡实、莲藕、菱外，其余水生蔬菜多与水稻轮作。

三、品种资源

（一）根菜类

1.萝卜

地方品种有紫芽青、雀子头、五缨萝卜、小水萝卜等。引进的萝卜品种有扬花萝卜、中秋红、大红袍、穿心红、新闸红、胶州青和心里美等。

2.胡萝卜

主要有黄胡萝卜、红胡萝卜两种。红胡萝卜引进品种有“新黑田五寸”。

3.芜菁甘蓝（俗名洋大头菜）

收获后多用作饲料。

（二）白菜类

1.不结球白菜

此种白菜品种在淮安市种植较多、上市时间差异大，用来堵伏缺。生长期20～30天就上市的品种有扬州青、苏州青，用作腌菜的品种有高梗白、中梗白。

2.芭菜

又称为黑芭菜，9月播种，冬季上市，为冬季主栽品种，种植面积较大。黑芭菜为淮阴区一带特产，明嘉靖《清河县志》有记载。此外，品种还有菊花心菜。

3.大白菜

地方品种有黄芽菜（头部露有黄心），又有大狮子头和小狮子头之分。从徐州引进的“狮子王”大白菜属于黄芽菜的杂交种，抗病性强，种植面积较大。还有从北京引进的小杂55、小杂56，从山东引进的城阳青、青杂中丰、青杂三号、山东四号等品种。

（三）芥菜类

1.叶用芥菜

地方品种有青叶雪里红和红叶雪里红，引进品种有“九头鸟”。叶用芥菜一般用来腌渍加工。

2.根用芥菜

俗名本大头菜，用来腌制食用。

（四）甘蓝类

1.球茎甘蓝

淮安市地方品种有“本苤蓝”，很少种植。引进品种有“天津大”和“捷克白”。

2.结球甘蓝

淮安市没有地方品种，20世纪80年代从北京引进杂种一代“京丰1号”，20世纪90年代中期仍为主要栽培品种。2000年，从日本引进的品种有珍宝、珍奇、N-2、爽夏等。

（五）瓜类

1.西瓜

淮安市栽种的均为引进品种，中晚熟的杂交西瓜有品种新澄、新红宝、金钟冠龙、聚宝一号、皖杂一号、8155、丰收一号、庆红宝等。早熟、生长势较强、商品性好的杂交西瓜品种有抗病苏密、丰乐一号、京欣一号、郑杂五号等，其中抗病苏密主要用于大棚早熟栽培。优质小型礼品西瓜如小兰、早春红玉等发展很快，淮阴区棉花庄乡、楚州区南马厂乡和盱眙县观音寺乡均有西瓜生产基地。

2.黄瓜

地方品种有清江线黄瓜、三叶早黄等，逐渐被淘汰。引进品种有“津研”系列、“津优”系列等，分露地种植、大棚种植和日光温室种植品种，用于日光温室的品种须用黑籽南瓜嫁接换根。淮阴区丁集镇日光温室黄瓜栽培面积大、产量高、效益好，在全省有一定影响。

3.南瓜

淮安市种植较普遍，地方品种有狗睡觉番瓜、白吊瓜、青皮吊瓜和柿子番瓜，引进品种有礼品南瓜。

4.冬瓜

淮安市各地都有种植，地方品种有小花叶冬瓜、粉皮冬瓜、大冬瓜，引进品种有“马群早冬瓜”“青皮冬瓜”和“一串铃冬瓜”。

5.甜瓜

淮安市各地均有种植，以金湖县黎城镇种植的甜瓜较有名，品种以本地品种为主，引进品种为辅。淮阴区凌桥乡栽植香瓜面积较多，一般4月上市。

6.丝瓜

地方品种有棒形丝瓜和蛇形丝瓜，引进品种有“五叶香”“江蔬一号”。

7.瓠瓜

地方品种较多，有长瓠子、瓠子、短瓠子之分。

（六）茄果类

1.番茄

淮安市栽种的均为引进品种。1980年从西安引进的“早丰”“早魁”。20世纪80年代中后期，引进推广江苏省农科院蔬菜所选育的有限生长型红果系列，早熟、丰产、抗病毒一代杂种苏抗4号、5号、6号、7号、8号、9号。20世纪90年代，主要推广品种有霞粉、苏保1号、新组合2165。1999年，淮阴市蔬菜所从中国台湾、日本等地引进樱桃番茄种植，品种有圣女果。2000年后，推广秀光306、宝大906、合作906等品种。

2.茄子

地方品种有紫长茄子、乌茄子、白圆茄，种植面积不大。20世纪80年代中期，引进并推广“苏崎茄”和“苏长茄”等品种。

3.辣椒

地方品种较多，有羊角椒、小黄壳、大叶椒、小叶椒和棒头椒等。20世纪80年代中后期，除棒头椒还有些种植外，其余品种都被引进品种替代。1978年，引进“早令1号”父母本并试制早丰1号成功，在全市推广引用。1989—1994年，引种江苏省农科院蔬菜所培育的苏椒1号、2号、3号、4号、5号品种。1995年，开始引种汴椒1号和洛椒系列，用于大棚秋延后红椒栽培。到2008年，大棚早熟栽培的辣椒品种有苏椒系列、杭椒系列。

（七）豆类

1.四季豆

又称梅豆，有圆梅、扁梅、架梅、地梅。1978年从美国引进“供给者地豆”等品种，1980年引进“78-209”、1982年引进“81-6”两个无筋、无限生长型品种。

2.扁豆

地方品种有白花扁豆、紫茶豆和红花茶豆等。

3.蚕豆

多种于田边、路边，也有少数地方成片种植。

4.豌豆

有玉豌豆和泥子豌豆之分。20世纪80年代中后期，玉豌豆很少见，大多为泥子豌豆。

5.豇豆

地方品种有一点红、兔子腿、紫豇豆。1982年，从浙江引进之豇28-2品种以后，以其优质、丰产、抗逆性强等特点逐步在豇豆栽培上占主导地位。1996年，扬州市蔬菜研究所选育的扬豇40、扬早豇12两个品种，具有优质、丰产、抗逆性强的特点，获大面积推广。

6.毛豆

地方品种有线儿白、兔头青、瓜儿熟、霜来死、半夏豆、大红袍、四仓早毛豆和大青豆，引进品种有合丰25、台湾292、日本青、沪95-1、春绿等。

（八）葱蒜类

1.葱

主要品种有棵葱、胡葱、葱韭、洋葱和宝塔葱。

2.大蒜

地方品种有晚大蒜，20世纪80年代引进推广四川早苔蒜。

3.韭菜

地方品种有“不倒尸”和早苔韭，引进品种有汉中冬韭、马霍韭、“791”、雪韭、天津矮黄等。

（九）绿叶菜类

1.苋菜

地方品种多为绿叶苋菜和红叶苋菜，引进品种有花叶苋菜。

2.菠菜

全市种植面积较大，按叶形可分为尖叶菠菜和圆叶菠菜。

3.芹菜

有药芹和实杆芹2类，市区周边多种植药芹。

4.蕹菜

20世纪80年代，在清河区、清浦区推广。

5.芫荽

又叫香菜，无具体品种名称。

6.莴苣

主要品种有鸭蛋莴苣和线莴苣，还有从四川引进的多个品种。

其他绿叶菜类如马齿菜、荠菜等，20世纪以前多为野生，2000年后亦有农民种植。

（十）薯芋类

1.马铃薯

零星种植，多是自留种。20世纪70年代末，从东北引进克新2号、克新4号品种。20世纪80年代，从甘肃引进龙薯3号等品种。

2.芋头

南部水乡有小面积种植。

3.山药

淮安人将山药分为淮山药和洋山药。淮山药在涟水县徐集乡、淮阴区码头镇等地有较大规模种植。

（十一）水生蔬菜类

淮安市的水生蔬菜有藕、菱、茨菇、茭白、水芹、荸荠、蒲菜等，主要分布在南部水网地带。

（十二）食用菌类

淮安市种植的食用菌主要有蘑菇、平菇、草菇、香菇等种类。

（十三）多年生蔬菜

淮安市主要品种有金针菜、百合。金针菜各地都有种植，淮阴蔬菜研究所曾试种过百合。

四、生产基地

1980—1990年，全市蔬菜生产基地分一线菜田和二线菜田。一线菜田面积1500公顷，其中市区400公顷，主要分布清安、城北2个乡，实行计划种植、合同收购、菜价补贴、菜农吃定销粮等政策；二线菜田分布在城市远郊及附近乡镇，实行自由种植和上市，不享有一线菜田政策。如征用一线菜田，则要向建设单位征收每亩1万～2万元的新菜田建设费。

1992—1994年，将蔬菜生产基地扩展到黄码、王营、丁集、徐杨、席桥、清安、城北等乡镇。1995—1996年，全市建成蔬菜基地乡12个、蔬菜专业村100个，蔬菜专业户增加到6000个。

1996年，淮阴市抓住宁连路全线开通的契机，建设宁连路大农业示范带，重点规划百里蔬菜绿色长廊和25个重点乡镇蔬菜工程区。全市蔬菜种植面积发展到6.67万公顷，其中复种指数在2以上的常年菜田面积3.33万公顷，保护地面积2万公顷，其中大中小棚1万公顷、地膜覆盖1万公顷、日光温室233.3公顷。进入冬季，宁连路两侧多为蔬菜塑料大棚和日光温室。1996年行政区划调整后，全市蔬菜种植总面积3.33万公顷，其中常年菜田面积1.67万公顷、保护地面积1.07万公顷。保护地面积中，有大中小棚0.67万公顷、地膜覆盖0.4万公顷、日光温室66.67公顷。

1998年，全市蔬菜生产基本形成“一乡一品一万亩”的格局，建成10个万亩片、60个千亩片。主要有清浦区0.2万公顷连片大棚辣椒，淮阴区0.27万公顷连片大棚辣椒、番茄、黄瓜；楚州区0.27万公顷连片粮菜、菜菜间套种、万亩连片梅豆、万亩连片麦套西瓜、万亩连片早熟西瓜，涟水县0.17万公顷连片洋葱、0.17万公顷连片浅水藕、万亩连片朝天椒和万亩连片大蒜，洪泽县万亩连片早熟番茄以及万亩连片青豌豆，金湖县万亩连片荷藕，盱眙县万亩连片早毛豆、大葱和万亩连片冬韭覆盖、盱马路沿线万亩连片大棚等。

2001年，全市蔬菜地面积11万公顷，其中日光温室面积333.3公顷、大中棚蔬菜面积1.87万公顷、水生菜面积2万公顷。全市形成5个特色区域：淮阴区、清浦区1.33万公顷以生产黄瓜、辣椒为主的日光温室、大棚蔬菜生产特色区域；金湖、洪泽、楚州等县（区）沿湖荡地区2万公顷以荷藕为主的水生菜生产特色区域；涟水县0.67万公顷以生产洋葱、胡萝卜、马铃薯、浅水藕等根茎类蔬菜为主的生产特色区域；楚州区渠北0.67万公顷以生产包菜、花菜、梅豆等为主的粮套菜、菜套菜生产特色区域；盱眙县山区野生蔬菜生产特色区域。

2006—2008年，建成三大高效蔬菜生产基地，即淮阴区、清浦区设施化蔬菜栽培基地；淮阴老张集镇、棉花庄镇和涟水陈师镇、蒋庵镇及楚州渠北片依托蔬菜加工龙头企业建成的出口蔬菜基地；金湖、洪泽、涟水3个县水生蔬菜基地。

五、特色蔬菜

（一）淮山药

淮山药是淮安市著名的地方传统产品，属根茎类、宿根性植物，块茎呈圆柱状，略带弯曲而稍扁，长20～30厘米，粗2～3厘米，富含糖分和人体必需的多种维生素，食之味浓可口，香、甜、面，具有健脾胃、补肺、益精等功效。

淮山药宜生长在高亢、排水良好、土质疏松的砂壤土或砂土上。培植方法有多种，一般于春分前后用“山药茆子”“山药段子”直播，亦可于春季用“山药豆”育成苗，来年春天再栽。一般寒露前后开始收获，也可随收随刨。淮山药生产主要分布在淮阴区的陈集、南吴集、码头，涟水县徐集等地，亩产1000～1500公斤。

（二）淮安红椒

淮安红椒为淮安市蔬菜产业的一大特色，生产微辣型产品标准作为省地方标准发布。2008年，有设施栽培面积近2.67万公顷，为全省第一。

（三）楚州蒲菜

楚州蒲菜是淮安的地方特产，系禾本科蜀黍属植物，以肥嫩基和中鞘作为蔬菜食用。楚州区近郊取蒲菜食用历史有2000多年。生长在淮城镇的勺湖、月湖及城近郊，以城内天妃宫处所产蒲菜最为著名。如移至郊外或江南等地栽植，便不能入口。农历1—8月均可采摘，以4—5月的蒲菜最佳。蒲菜质地柔嫩、洁白清香、口味鲜美、营养丰富，为楚州区宴席之上品。楚州区有“蒲菜佳肴甲天下，古今中外独一家”的歌谣。

（四）白茎头菜

为两年生植物，原分布在郊区四季青村，一般个体重0.25～0.5公斤。为耐寒性植物，春秋皆可栽培，一般亩产量1500～2000公斤。

（五）线黄瓜

为淮安地方品种，一般2月中旬播种，3月中旬定植，4月中旬、5月上旬即可采收，比一般品种提早7～10天，亩产1500～2500公斤。

（六）蘑菇

1978—1982年，淮阴地区有零星栽培。1982年，全地区蘑菇栽培面积3.3万平方米。1983年，清江罐头厂生产的蘑菇罐头为出口创汇产品，市科委召开全市蘑菇生产动员大会，举办蘑菇栽培技术训练班，并建立生产食用菌菌种的企业。1984年，全市蘑菇栽培面积增加到33万平方米，产鲜菇150多万公斤。1985年，全市蘑菇栽培面积再次大幅增加，增加到110万平方米，是1984年的3.3倍。1987年，全市蘑菇栽培面积为166.7万平方米，达到历史最高点。20世纪90年代初，清江罐头厂生产萎缩，全市蘑菇种植面积逐年减少。2000—2008年，蘑菇种植主要分布在淮阴区，金湖县、涟水县也有少量种植，面积在25万～28万平方米。

（七）莲藕

莲藕主要分布在金湖、洪泽、淮阴、涟水和楚州等地，品种有鄂莲四号、武莲四号、大紫红、美人红。1982年，淮阴地区莲藕种植面积0.27万公顷，产量3万吨。1985年，全市藕产量6.6万吨，产莲子57.5吨。2001年，全市莲藕种植面积1.97万公顷，产量48.8万吨。2008年，全市莲藕种植面积1.75公顷，产量38.7万吨。金湖县沿湖有面积为0.53万公顷莲藕和0.27万公顷菱角、茭白栽培带，拥有2个荷藕加工厂。

（八）芡实

主要分布在洪泽湖区及周边的洪泽、盱眙、金湖等县。所产芡实称为北芡，与苏南地区产的南芡齐名。洪泽湖区曾有"鸡头、菱角半年粮"之说。1985年，全市芡实种植面积800公顷，产量720吨。1987年，全市芡实种植面积1333.33公顷，产量1050吨。1996年行政区划调整后，芡实种植面积大幅减少。至2008年，全市芡实种植面积只有约133.33公顷。

（九）茭白

主要分布在楚州区、金湖县沿湖荡地区。金湖县茭白种植面积有333.33公顷，年产量5000吨。楚州区茭白种植面积有66.67公顷，年产量1300吨。至2008年，全市茭白种植面积200公顷左右，产量3000吨左右。

（十）菱角

有野菱角和家菱角两种。大多分布在金湖、洪泽两县。20世纪70年代后期，湖泊水生植物遭受破坏，野菱角产量下降，各地开始人工种植。1984年，全市菱角产量2215吨，产值58万元。1990年，全市菱角产量1698吨，产值44.15万元。2000年，全市菱角产量2100吨，产值54.5万元。2005年，全市菱角产量2580吨，产值67万元。到2008年，全市菱角产量4000吨，产值104万元。

六、栽培技术

20世纪80年代，淮阴地区蔬菜栽培技术主要是良种引进、推广以及地膜覆盖栽培技术的试验、应用。这一阶段，蔬菜杂交一代种开始引进和应用。应用地膜覆盖栽培技术的蔬菜有辣椒、茄子、黄瓜、豇豆、梅豆、甘蓝等。蔬菜产量增加很快，茄果类春季亩产突破4000公斤，大白菜亩产突破5000公斤。20世纪90年代，蔬菜栽培技术主要是杂交良种的应用以及棚式栽培技术的引进和推广。塑料棚一般宽5米左右，高1.8～2米，长度为20～30米，面积0.02公顷左右。主要骨架为毛竹、小木棒式水泥柱等。此外，还有抗风能力强、棚模固定可靠、拆除方便的装配式镀锌钢管大棚。还有"双大棚覆盖"，即在大棚内约30厘米处再套一个简易大棚，棚内最低温度可比单层大棚提高2摄氏度左右。1998年以后，采用日光温室蔬菜高效节能栽培技术，在有机质穴盘育苗、西瓜嫁接育苗、脱毒快繁等高效栽培上广泛应用。

七、病虫害防治

（一）农业防治

主要采用合理轮作、耕翻冻（晒）垡、清洁田园、培育壮苗等措施。

（二）化学防治

20世纪80年代，主要使用高效、低毒的杂环类杀菌剂，如多菌灵、三唑酮，常用的农药还有乙磷铝、钾霜灵（瑞毒霉）、速克灵。用药方法有喷雾、喷粉、熏烟及种子处理等。1983年，推广与发展高效、低毒、低残留农药以减少公害，引进与开发杀虫剂，主要是除虫菊酯（敌杀死）、氰戊菊酯（速灭杀丁）、二氯苯醚菊酯（除虫精），另外还有抗蚜威、双甲脒、克螨特等。1990年以后，还复配一些农药如蚜青灵、灭杀毙、灭铃蝗、辛氰乳油等。

（三）生物防治

20世纪90年代后，主要推广BT（细菌性杀虫剂苏云金杆菌）、蔬丹、阿维菌素、抑太保等生物农药。

（四）综合防治

1980—1990年，利用保护地设施防治蔬菜虫害和塑料大棚内高温防治黄瓜霜霉病，使用银灰颜色或乳白颜色反光塑料地膜拒蚜传毒。1990年后，从土壤放线菌中分离得到阿维菌系列农药如爱福丁、7051、螨虫素等。

（五）病虫害测报

1983年，淮阴市蔬菜病虫测报站正式建成，有专业技术人员3人，主要负责病虫害防治技术的科研、示范推广、培训、咨询、预测预报及服务。

第四节　农作物种子

一、种子管理

1978年，淮阴地区种子工作实行“生产专业化、加工机械化、质量标准化、品种布局区域化，以县为单位，组织统一供种”的方针。1979年，确定淮安、淮阴2个县为试点县。20世纪80年代初，全地区19个原（良）种场对8项作物的22个良种进行提纯复壮，年生产原种150万～200万公斤。各县设立特约种子基地0.8万公顷，社、队建立种子基地3.33万公顷，其中一代种基地0.93万公顷、二代种基地2.4万公顷。通过基地繁种，每年为大田更新用种26.67万～33.33万公顷。1985年以后，随着原（良）种场家庭联产承包责任制的推行，原有的三级良种繁育体系被打乱。1987年开始逐步恢复。

1991年，江苏省开展乡级主要农作物统一供种基础设施建设项目。至1993年，全市共投资2622万元，建设220个乡镇农技站，建成仓库60435平方米、晒场91523平方米、检验室3890平方米，购置仪器199套、精选机213台。同时，淮安、洪泽、金湖等县和市种子公司利用国家级杂交稻种子生产基地建设资金750万元，扩大仓库8540平方米、检验室2000平方米、晒场1.29万平方米，可储存种子0.6亿公斤。1993年，各县种子公司良种经营量1900万公斤，市种子公司良种经营量突破100万公斤，县乡联供小麦良种3297万公斤，统供率达45%。

1994年，市种子站、种子公司合二为一，集行政、技术、经营三位一体。1995年，各县全部恢复或组成种子管理站，正常开展种子管理工作。全市有持证专职种子管理员92名，部分县把种子管理员发展到乡镇，每乡1名，由县发证。

1995年，市种子质量监督检验站通过省计量局、标准局验收，取得计量认可和实验室认可。全年发放生产许可证143份，经营许可证394份，质量合格证23284份。同时在全市开展以统一供种为主要内容的“种子年”活动，全面实施小麦纯良化工程，各县小麦生产明确一个主体品种，2～3个搭配品种。在全市各主要公路沿线建立纯良化示范区、示范带34个，示范面积5万公顷。全市县乡联供良种数量3717万公斤，统供率达到54.28%；小麦种统供量达4674.25万公斤，统供面积30.56万公顷，统供率达66%。

1996年，全市主要农作物良种覆盖率达94%，其中县级淮安市杂交稻、玉米良种覆盖率均达

100%，中粳稻、小麦良种覆盖率达98%。

2000年以后，随着《中华人民共和国种子法》出台，种子市场进一步放开，种子生产经营企业增多。2002—2003年，市及县种子公司由财政拨款事业单位改为自收自支事业单位，各县（区）种子公司由于经营不善、人员负担过重等原因，陆续拍卖或注销，职工身份置换成社会人，没有拍卖或注销的，也难以正常开展生产经营业务，基本停业。

2004年，国家开展优粮工程项目建设，国家投资260万元，地方配套11万元，建成江苏省种子检测中心淮安分中心。

2007年1月，恢复淮安市种子管理站。在此之前，盱眙县、金湖县和淮阴区已成立种子管理站。之后，洪泽、涟水、楚州、清浦等县（区）也根据文件要求成立种子管理站。涟水县、清浦区、盱眙县的种子管理站独立对外开展工作，其他县（区）种子管理站与农业执法大队合署办公。2008年以后，种子管理由市农业局负责，种子供应由享有营业执照资质的单位和个人经营。

二、水稻种子

（一）品种演变

1978年，淮阴地区推广种植引进试种成功的籼型杂交水稻南优2号2.83万公顷，平均亩产449公斤。1979年，杂优水稻种植面积扩大到11.71万公顷。1981年开始，以汕优2号、3号为杂优水稻主体品种，并开始种植中籼稻淮稻1号。该品种由淮阴农科所育成，1982年获江苏省科技进步三等奖。南优2号逐步退出。20世纪80年代末，全市水稻品种以杂交籼稻为主，杂交籼稻以汕优63为主，其次为南京11号。在盱眙、金湖等县，汕优2号、3号、6号，协优63等杂交籼稻品种也有一定的种植面积。粳稻以农垦57、苏协粳品种为主，里下河地区以南粳15、扬粳201等品种为主，还引进常规中粳盐粳2号品种。1989年开始，在全市试验示范引进六优1号、六优3号、徐优3-2等杂交粳稻新品种。

1990年起，全市粳稻种植面积逐步扩大，优质粳稻品种引进示范和推广逐步增多。1992年，示范推广泗稻9号、武育粳3号等优质粳稻品种。1993年，六优1号、六优3号、徐优3-2、泗优9083等杂交粳稻品种种植推广面积为1.91万公顷。1994年，武育粳3号、泗稻9号、金南风等粳稻品种种植面积达5.37万公顷。

1996年，江苏省实施粳稻化工程，籼稻仍以汕优63为主品种，粳稻在淮南地区以武育粳3号为主品种，淮北地区以镇稻88品种为主。

1998年，籼稻引进和示范推广汕优559品种，逐步取代汕优63；粳稻引进早丰9号、武运粳7号、武运粳8号等品种；杂交粳稻引进9优138、9优418等品种，涟水县、淮阴县等地有一定的种植面积。

2000—2003年，全市粳稻仍以武育粳3号、武运粳7号、武运粳8号、早丰9号等品种为主，累计推广面积26.67万公顷。各地还示范应用华粳1号、华粳2号、连粳3号、镇稻99、泗稻10号、淮稻6

图23-3　袁隆平在盱眙县考察杂交稻种选育（2007年）
市档案馆　供

号、南粳41、香粳49等优质米品种。杂交籼稻淮北地区以汕优559、特优559等品种为主，同时引进推广11优084、11优205、11优明86、11优航1号等品种；淮南地区以协优63、两优培九等长粒型籼稻品种为主，先后推广应用丰优香占、粤优938、协优507、协优084、丰优559、川香优2号、丰优559等长粒型优质籼稻品种。在涟水县、淮阴区等地，杂交粳稻品种以9优418、9优138为主，2001年，开始引进和推广应用3优18、8优682、徐优201等品种。

2004年，全市稻飞虱大发生，导致粳稻条纹叶枯病大爆发，武育粳3号、武运粳7号、武运粳8号条纹叶枯病。到2008年，武育粳、武运粳的种植面积逐步减少。粳稻主要用徐稻3号、盐稻8号、淮稻9号、武运粳21号、淮稻7号、扬稻9538、淮稻11等品种。同时示范和推广应用徐稻5号、华粳6号、扬辐粳7号、淮优粳2号等品种。杂交籼稻在淮北地区用11优084、11优205、11优航1号等品种，示范推广11优838、K优818、11优7954、11优1259等品种；淮南地区以两优培九、协优507、扬两优6号为主品种，示范推广华优广抗占、两优6号、两优6380、两优0293等品种。

（二）良种选介

1.武育粳3号

该品种属迟熟中粳，全生育期150～155天，分蘖力强，耐肥抗倒伏，一般每亩有效穗数24万～26万，每穗总粒数100～110粒，结实率92%左右，千粒重27克，米质中等以上，口感好。落粒性差，脱粒较难。抗白叶枯病，稻曲病、稻瘟病发生较轻。

2.镇稻88

镇江农科所以月光2507-4杂交选育而成。该品种属中熟中粳，全生育期143天左右，总叶片数16～17张，株高90厘米左右，一般每亩有效穗数22万～23万，每穗总粒数110粒以上，结实率90%以上，千粒重27克左右，出糙率85%左右。株型集散适中，较耐肥抗倒，分蘖力中等，抗白叶枯病、稻瘟病，容易脱粒，品质优良，适应性广。

3.淮稻6号

原代号淮6329，2000年由淮阴市农科所选育而成。该品种株高95厘米左右，茎秆坚韧，抗倒性好。株型集散适中，叶片较挺。分蘖力较强，每亩最高茎蘖数30万～32万。成穗率75%～80%。穗粒结构协调，平均每亩有效穗数24万左右，每穗实粒数100～120粒，千粒重28克。对白叶枯病、稻瘟病均表现良好的田间抗性。落粒性中等，后期转色好，不早衰，秆青籽黄，熟色熟相俱佳。在淮北地区作麦茬稻种植，全生育期150天左右。

4.淮稻7号

淮阴农科所育成。该品种株高95厘米左右，茎秆坚实抗倒，长势强。株型集散适中，叶片中长较挺且分布均匀，生长清秀、熟相佳，较易脱粒。最高茎蘖数30万每亩，每亩有效穗数22.5万左右，每穗总粒数125粒，结实率90%左右，千粒重27克，米质三级。全生育期150天左右。中抗白叶枯病、稻瘟病、稻曲病等发生轻，条纹叶枯病抗性一般。至2007年，累计推广面积8万公顷，增产稻谷3000万公斤。

5.淮稻9号

原名淮68，淮阴农科所经淮9712系选育而成的中粳稻品种，2007年入选国家级超级稻示范品种。该品种株型紧凑，长势旺，穗型中等，分蘖力较强，叶挺色深，群体整齐度好，后期熟色好，抗倒性较强，较难落粒。每亩有效穗数20万左右，每穗实粒数100粒左右，结实率85%左右，千粒重27克。株高100厘米左右，全生育期152天左右。中感白叶枯病、穗颈瘟，米质国标三级。

6.淮稻11号

原名淮276，淮阴农科所以淮稻9号系统选育，2004年育成的中熟中粳稻品种。该品种株型紧凑，长势较旺，穗型中等，分蘖力中等，叶色深绿，群体整齐度好，后期熟色好，抗倒性强。中感白叶枯病，感穗颈瘟，高感纹枯病。每亩有效穗数18.4万，每穗实粒数123粒，结实率88.4%，千粒重27.7克。株高103.9厘米，全生育期156天，米质达国标二级。

7.徐稻3号

原名91069，徐州农科所水稻室育成的优质高产粳稻新品种。该品种全生育期145天左右，株高96厘米，株型集散适中，长势旺盛，茎秆粗壮，抗倒性强，叶色较深，剑叶挺举，穗半直立，分蘖性好，成穗率高。每亩有效穗数22万左右，每穗总粒数130粒左右，结实率90%以上，千粒重27克。产量高、稳产性好，米质优，熟相好，易脱粒。接种鉴定抗白叶枯病，高抗稻瘟病，纹枯病轻，田间种植高抗条纹叶枯病，无稻曲病。米质达国标二级。

8.武运粳21号

原名武运2330，属中熟中粳稻品种，由常州市武进区农科所以运9707运/9726杂交，于2003年育成。该品种株型紧凑，长势较旺，穗型中等，分蘖力中等，叶色中绿，群体整齐度好，后期熟色较好，抗倒性强；接种鉴定中感白叶枯病，感穗颈瘟，高感纹枯病；株高97厘米左右，全生育期151天左右。米质达国标二级。

9.杂交粳稻六优1号

江苏省农科院粮作所育成。该品种株高105～110厘米，全生育期150～155天。一般每亩有效穗数达17万以上，每穗总粒数150～160粒，实粒数130～140粒，千粒重26克左右。米质中等偏上。中抗白叶枯和纹枯病。

10.六优3号

该品种株高105厘米左右，叶片数16张，根系发达，株型紧凑，剑叶挺举，叶色略深。分蘖力中等偏强，茎秆粗壮，成穗率高，全生育期150天左右。一般每亩成穗18万～20万穗，每穗170粒左右，结实率80%以上，千粒重26克。籽粒饱满，米质优，中抗白叶枯病，中感稻瘟病。

11.六优8号

该品种株高105厘米左右，穗长22厘米，每穗180粒，千粒重25克。大田种植表现分蘖力强，成穗率高，茎秆挺而坚韧，耐肥抗倒，后期转色好，易脱粒。米粒呈透明状，食味好，米质优。

12.9优138

徐州农科所选育。该品种全生育期145天左右，株高105～110厘米，株型好，繁茂性与汕优63相当，茎秆粗壮且弹性好，抗倒能力强，中抗白叶枯病和稻瘟病，纹枯病、稻曲病发生轻。一般每亩18万～20万穗，每穗180～190粒，结实率85%以上，千粒重26克，亩产650公斤，具有750～800公斤的高产潜力。灌浆速度快，后期转色快、熟相好，籽粒饱满，出米率高，米质较好，食味、口感均佳。

13.9优418

原名9A/418，徐州农科所选育。该品种全生育期145～150天，株高100厘米左右，株型挺拔，茎秆粗壮，生长整齐清秀，繁茂性好，分蘖力较强，成穗率高，抗病抗倒，穗大粒多。一般每亩成穗17万～18万穗，每穗180～200粒，结实率80%～85%，千粒重27克，亩产650～700公斤，具有750～800公斤高产潜力。灌浆快，后期熟相好，易脱粒，米质优。

14.3优18

由天津市水稻研究所以3A/C418杂交选育而成。该品种每穗总粒180～200粒，结实率80%～90%，千粒重27克左右。抗倒性、耐旱性强，穗大粒多，茎秆粗壮，根系发达，耐干旱，植株活性好，活熟到老。生育期较早。条纹叶枯病发病轻微，稻瘟病发病轻，轻感稻曲病，田间长势清秀。全市累计推广种植面积10万公顷，增产稻谷4500万公斤。

15.汕优63

系福建省三明市农科所用珍汕97A与明恢63杂交配组而成。该品种分蘖性强，灌浆速度快，籽粒充实度好，叶色较淡，后期清秀老健，秆青籽黄，熟相好，抗逆性较强，植株偏高，茎叶繁茂。生育期145天左右，总叶片数17张。

16.特优559

系江苏沿海地区农科所用龙特浦A与盐恢559配组育成的杂交籼稻新组合。1996年，通过江苏省农作物品种审定，是江苏省育成的第一个综合性状优良并在生产上大面积推广应用的杂交籼稻新组合。特优559全生育期140天左右，比汕优63早熟2～3天；株高110厘米，比汕优63矮3～4厘米；分蘖性较强，有效穗17万穗，每穗总粒160粒，结实率90%以上，千粒重28克。米质中等，抗稻瘟病，中抗白叶枯病，纹枯病轻，抗倒性强。

17.两优培九

原名65002，江苏省农科院粮作所选育的两系迟熟杂交中稻组合。科技部和农业部列为"863计划"重点中试项目和国家重点推广品种。该品种株高118厘米，叶色青绿，上部在片功能叶具有长、直、窄、凹、厚的特点，属叶下禾。分蘖力中等，一般每亩有效穗18万穗。

18.优084

江苏丘陵地区镇江农科所选育。该品种属籼型三系杂交水稻，在长江中下游地区作中稻种植。全生育期平均142.4天，比汕优63迟熟3天。株高121厘米，株叶形态好，茎秆粗壮，抗倒性强。每亩有效穗数17万穗，穗长23厘米，每穗总粒数160粒，结实率86%，千粒重27.8克。

三、小麦种子

（一）品种演变

1978年，淮阴地区推广新一代小麦良种泰山1号、泰山4号、徐州17号、武麦1号、扬麦1号、扬麦2号、扬麦3号、泗麦117号等。1979年，泰山1号种植面积达21.17万公顷，占全地区小麦种植面积的50%以上，成为淮阴地区第五代主要小麦品种。是年，全地区小麦平均亩产达到196公斤。1980年，在淮南地区以博爱74-22、扬麦5号等为主要品种。1982年，淮阴农科所育成的优质小麦品种淮麦11号经南京农业大学试验，亩产破千斤。1983年，经江苏省农作物品种审定委员会审定通过为推广品种。1984年，获江苏省科技进步三等奖，成为淮阴市第六代小麦主要品种之一。1990年，开始示范种植陕3124品种。1991年，开始示范推广扬麦6号品种。在淮北地区以淮麦11、淮麦12、济南13、陕7859等为主品种，宿麦1号也有一定种植面积，并示范引进冀84-5418，1992年作为主品种推广。

1993年起，春性小麦品种扬麦158和弱春性小麦品种豫麦17、半冬性品种鲁麦15等示范应用面积扩大，3个品种在全市示范种植面积扩大到13.33万公顷。同时，郑8329开始示范应用。1994年，淮麦894通过省审定，在全市大面积示范推广。

1996年，博爱74-22、扬麦158、陕229、百泉3039、豫麦18、淮麦11、鲁麦15、鲁麦18、陕3124等为主品种，博爱74-22、扬麦158两个品种种植面积达13.33多万公顷，占小麦种植面积的62%，陕229、百泉3039、豫麦18种植面积近6.27万公顷，占小麦播种面积的29.1%。同时，示范推广皖麦19号种植面积0.67万公顷。

1998年，皖麦19、豫麦18分别示范推广种植面积4.33万公顷、4.67万公顷，温麦4号、6号示范推广种植面积2万公顷、3万公顷，示范推广淮麦9467、淮麦16。

1999—2001年，淮北地区小麦以淮麦18、皖麦19、温麦6号、烟农19、温麦8号为主品种，引进示范推广豫麦34、内乡188、徐州24、徐州25等品种；淮南地区以扬麦158、淮麦18、皖麦19、鲁麦18品种为主，引进示范应用扬麦10号、扬麦11号、扬麦12号等品种。

2002—2003年，淮北地区继续以淮麦18、皖麦19、温麦6号、烟农19、温麦8号等品种为主，淮麦20示范应用面积扩大。2004年，在全市示范推广应用淮麦20面积2.17万公顷。

2004—2008年，淮麦20成为淮北地区的小麦主品种，全市累计推广应用面积27.57万公顷，淮麦18、烟农19、皖麦19、陕农229等品种种植面积也较大，同时示范推广淮麦19、徐麦27、淮麦22、淮麦23、淮麦24、淮麦25、济麦20、中原98-68、邯6172等品种。郑麦9023、淮麦20成为淮南地区的主品种，5年间全市累计推广种植20多万公顷，扬麦11、扬麦12、扬麦14等为搭配品种。

（二）良种选介

1.淮麦12号

为淮阴地区农科所选育的优质小麦品种。属半冬性，抗寒耐湿。株高85厘米左右。分蘖力强，成穗多，穗大粒多。千粒重40～50克，半硬质。高抗条锈病，轻感叶锈病、白粉病，抗纹枯病。播期幅度大，较耐迟播。1981—1987年，全市累计推广面积超过6.67万公顷。

2.博爱74-22

系中国农科院的阿夫小麦变异选系，由金湖县宝应湖农科站从河南博爱农场引进。该品种属半冬性，生育期230天左右。幼苗半直立，叶宽挺，色深绿，株型较紧凑，茎秆粗壮，株高95厘米左右。主茎13～14张叶片，穗长方形，每穗35粒左右，长芒，白壳，千粒重42克左右。较耐旱，抗寒，抗条锈病、锈病、白粉病，对赤霉病表现为耐病。

3.冀麦84-5418

为河北省农林科学院粮油作物研究所选育，获国家科技进步奖。该品种综合性状优良，分蘖中等，大蘖多，主茎优势不明显，主要茎蘖趋于同步发展，幼苗分化冬前进入二棱期，返青后两极分化快，成穗率高达50%～60%。株高80～85厘米，株型紧凑，叶片较直立，通风透光，具有较高的生物产量和收获指数。抗寒、抗倒、抗多种病害、抗穗发芽，并具有一定的耐湿性、耐盐碱和耐旱能力，初步解决高产与倒伏、高产与抗病的矛盾。早熟，优质，适应性广。该品种幼穗分化介于冬春性品种之间，既有春性品种发芽早、进程快的特点，又有冬性品种分化时间长、受积温制约的特性，对光温反应不敏感，播期、播量弹性大，适宜间套复种和不同茬口种植。

4.淮麦894

为淮阴农科所选育。该品种属偏春性早熟类型。高产、稳产，大面积种植亩产量400公斤左右。抗逆性强，耐迟播，成熟早。高抗白粉病和梭条花叶病毒病，纹枯病、叶枯病和赤霉病发生轻，耐穗发芽，抗干热风，后期活性好，熟相佳。白皮，籽粒饱满，容量高，商品性好，品质优，粗蛋白含量15.5%，湿面筋含量46.7%。全市累计推广种植49.33万公顷，增收粮食2亿公斤。

5.陕229

该品种是由陕西省农科院粮作所复合杂交选育而成。属半冬性品种。幼苗匍伏。叶窄且挺立，色浓绿。前期生长缓慢，拔节后生长较快，分蘖力强，成穗率高。耐寒耐旱，高产，优质，适应性广。中熟，熟相好；株高85厘米，株型紧凑，多穗型，穗层整齐，结实性好，白粒，硬质，千粒重38克，容重800克/升以上；高抗条锈，轻感赤霉病和纹枯病。

6.淮麦18

为淮阴农科所选育。属半冬性小麦品种。幼苗匍匐，抗寒性强。株高85厘米左右，株型紧凑，根系发达，茎秆粗壮，抗倒性好。分蘖力中等，成穗率高，一般亩成穗40万～45万穗。

7.豫麦49号（原名温麦6号）

由河南省温县祥云镇农技站经温2540变异单株选育而成。该品种属半冬性中熟品种。其突出优点是生长健壮，半矮秆，株高80厘米左右，株型紧凑，抗倒力强。分蘖力强，成穗率高，每亩产穗数45万左右，穗粒数35粒上下，千粒重40克左右，高产潜力大。与豫麦25、41相比，株高降低，成熟期与豫麦25接近，比豫麦41晚，抗病性不明显，表现高感白粉、纹枯病，中感条锈病。

8.皖麦19（原名皖宿8802）

为安徽省宿县地区农科所选育，品种来源于博爱7422/豫麦2号。该品种属半冬性。

9.烟农19

为烟台农科院小麦所选育。属于半冬性、中晚熟小麦品种。长芒、白壳、白皮、纺锤型穗，小穗排列较紧，结实性较好。

10.郑麦9023

为河南省农科院、西北农林科技大学选育。属早熟春性品种。

11.淮麦20（原名淮阴9720）

为淮阴农科所以豫麦13、鲁麦14杂交，于1997年育成。属半冬性中晚熟小麦品种。

12.扬麦158

为扬州里下河地区农科所选育。品种来源于扬麦4号、ST1472、506，属于春性、中早熟小麦品种。

四、玉米种子

（一）品种演变

1978年，淮阴地区玉米春改夏，引进推广玉米新品种丹玉6号和鲁原丹4号等，其中丹玉6号推广面积最大，种植面积达到7.33万公顷，占玉米种植总面积的55%左右。1979年，玉米杂交种丹玉6号推广获江苏省农业技术推广二等奖。1980年，玉米单交种丹玉6号引种获江苏省农牧业技术改进四等奖。与此同时，淮阴农科所选育出淮三早、淮双1号等玉米双交种与单交种。1982年，开始推广抗病、早熟、稳产的紧凑型杂交种苏玉1号。1985年，市农科所育成的玉米新品种苏玉2号，经江苏省农作物品种审定委员会审定通过，开始推广。1986年，这两个品种种植面积达到8.67万公顷，占玉米种植总面积的90%。1988—1994年，紧凑型玉米品种掖单4号、掖单12、掖单13等系列品种为全市推广应用的主品种。1993年，掖单系列推广应用面积9.33万公顷，占玉米种植面积的93%以上。1994年，掖单12号、13号种植面积4.94万公顷。同年，示范推广西玉3号、苏玉5号、苏玉6号。到1995年，西玉3号推广应用面积2.26万公顷。1995年引进苏玉9号，1998年成为全市玉米主体品种。

2000—2005年，全市相继推广应用农大108、白玉109、登海9号、登海11、郑单958、苏玉10号等品种，并相继成为淮安市玉米主体品种。同时，引进鲁单50、豫玉26、掖单20、东单60等品种。农大108累计推广应用面积6.67万公顷，登海系列在全市累计推广面积4万公顷。2006—2008年，郑单958成为全市推广的主体品种，累计推广应用面积4万多公顷。

（二）良种选介

1.掖单4号

由徐州市种子公司从山东省掖县引进，属中早熟品种。品种来源于8112-3x黄早四。该品种出苗快，苗势较强，株型紧凑，叶片上冲而挺立，植株生长清秀，叶片浓绿。株高230～250厘米，穗位高100厘米。茎秆坚实而韧，根系发达，穗园柱型，每穗12～14行，行粒数33～35粒，千粒重

300克左右。果穗秃顶小，穗轴白色较细，出籽率86%。耐密耐肥，抗倒性强，抗旱性较好，抗大小斑病，灌浆至成熟期多雨或土壤湿度高、温差变化大时有青枯病发生。成熟时，秆青绿色，熟相好。全生育期春播110天左右，夏播95天左右。

2.掖单13号

由山东省莱州市玉米研究所1987年育成，江苏省种子站1988年引进，属紧凑型中晚熟类型单交种。株高230厘米左右，穗位高84厘米，叶片较宽，叶上冲，活棵成熟。果穗大，穗长17.6厘米，穗粗5.1厘米，秃顶长2.7厘米，平均每穗17.7行，每行31粒左右，出籽率87%，籽粒黄色，半马齿型，千粒重280克左右。

3.苏玉5号

由江苏省农科院粮食作物研究所选育。株高220～240厘米，穗位高100厘米左右，株型紧凑，叶片上举坚挺，适宜密植。全株叶片20～21片，果穗长筒型，穗长16厘米左右，穗粗4.5厘米左右，每穗14行，每行27粒左右，秃顶3厘米左右，出籽率85%；籽粒中间偏硬，纯黄色，千粒重302克，食味较好。全生育期夏播107天左右，春播120天左右。抗倒性较强，抗旱耐涝，后期灌浆速度快，抗大、小斑病，耐青枯病，轻感纹枯病。

4.苏玉6号

为江苏农学院选育的中熟单交种。株高245厘米，穗位高102厘米左右，穗长14厘米左右，穗粗4厘米左右，每穗14行，每行31粒左右，出籽率84%。籽粒马齿型，黄色有白顶，千粒重280克。全生育期夏播93天左右。抗倒性一般，抗大、小斑病、青枯病、黑穗病和纹枯病。

5.鲁单50

为山东省农科院玉米研究所选育。幼苗叶鞘紫色，叶色深绿，生长势强。株高250厘米左右，穗位高90厘米左右，茎粗2.3厘米，株型紧凑，穗长20厘米。籽粒黄色马齿型，出籽率87%。抗病性好，抗大小斑病、青枯病、黑粉病和病毒病。茎秆坚韧，抗倒能力强。生育期适中，夏播生育期95天左右，春播120天左右。栽培密度每亩4000株左右。

6.苏玉9号

为江苏沿江地区农科所于1989年育成，属紧凑型、早熟品种。该品种出苗快，苗势强，株型较紧凑，株高220厘米，穗位高90厘米，果穗圆柱形；每穗13～14行，每行35～40粒，出籽率88%左右，结实性好。粒型中间偏硬，黄色，角质胚乳多，千粒重300～350克。抗倒性强，抗大、小斑病，轻感纹枯病，后期熟相好。全生育期春播97～98天，夏播87～88天。

7.苏玉10号

为南通市农科所育成。该品种春播生育期98～99天，夏播生育期86～87天。幼苗叶鞘紫色，叶片绿色，品种保绿性好，成熟时茎叶仍为绿色。株型半紧凑，株高210～220厘米，穗位高80～85厘米。果穗圆筒形，穗长17～18厘米，穗粗4.2厘米，穗轴白色，穗行数14行左右，行粒数35～40粒，籽粒黄色，千粒重280～300克，出籽率88%左右。籽粒粗蛋白含量8.51%，赖氨酸含量0.24%，粗脂肪4.02%，粗淀粉72.91%。高抗茎腐病，抗弯孢菌叶斑病、灰斑病、穗腐病，中抗大斑病，中感小斑病。

8.农大108

为中国农业大学选育。1997年，该品种被农业部确定为2000年全国10个主要杂交玉米推广品种的首选品种，并获国家专利保护。1998年，又被列为国家种子工程科技兴农新品种。该品种中晚熟，是较为理想的食饲兼用品种。株高260厘米，茎叶健壮，成熟时仍有10片以上绿叶。根系发达，抗倒伏能力较强。穗长20厘米，穗粗4.9厘米，穗行数16～18行，行粒数40粒，千粒重

330克。夏播4000～4500株/亩。一般亩产650公斤。浅马齿型，质地坚硬，蛋白质含量高、品质好。抗旱、耐涝、耐盐碱性，耐高、低温能力极强。高抗大小斑病、矮花叶病、粗缩病、软腐病及丝黑穗病和黑粉病，轻感青枯病和纹枯病，对虫害、草害具有较强的抵抗能力。

9.郑单958（豫玉33号）

为河南农科院粮食作物研究所选育。黄淮海地区夏播生育期95天左右。株型紧凑，叶片上冲，叶尖下披，叶色浓绿。株高250厘米左右，穗位高95厘米左右，群体整齐，株高穗位适中，茎秆健壮，雄穗分枝11个，花药黄色。果穗呈筒型，轴白色，花丝粉红色。果穗长16.9厘米，穗粗4.8厘米，行粒数36粒，结实性好，单穗重170克左右。籽粒黄色，马齿型，千粒重350克，出籽率87.8%。轻抗玉米大、小斑病，高抗矮花叶病、粗缩病。抗倒伏，高产稳产。

10.登海9号（原名吉9739或莱玉3119）

为山东莱州市农业科学院选育。该品种生育期105天左右，株高260厘米左右，穗位高100厘米左右，穗长25厘米左右，穗行数16～18行，千粒重400克左右，出籽率84%左右。果穗长筒型，红轴黄粒，籽粒马齿型。株型紧凑，茎秆坚韧，抗倒伏，抗玉米大斑病、茎腐病。耐寒，活秆成熟，高产稳产，具有900公斤/亩以上的高产潜力。

11.登海11号

为山东莱州市农业科学院选育。该品种夏播生育期100天左右，春播生育期125天左右。株高270厘米左右，穗位高110厘米左右，穗长23厘米左右，穗行数16～18行，千粒重320克左右，出籽率85%。果穗筒型，红轴黄粒，半马齿型。茎杆粗壮，抗旱抗倒。抗大、小叶斑病。一般亩产500公斤左右，高产可达600公斤/亩以上。

12.豫玉19（原名白玉109）

为河南省农科院粮作所选育。该品种夏播生育期100天左右。株高260厘米左右，穗位高92厘米左右，果穗筒型，穗长17厘米左右，穗粗5厘米左右，籽粒纯白，马齿型，轴心较细，出籽率86%左右，千粒重310克左右。抗大小斑病、青枯病，抗倒伏。适宜密度3500～4000株/亩。

五、大豆种子

（一）品种演变

1978年以后，淮阴地区品种种植面积最大的大豆主体品种“58-161”由于严重感染病毒，而被徐豆1号、徐豆2号、徐豆3号品种逐步取代，但徐豆系列未能成为主体品种。20世纪80年代初，开始推广淮阴地区农科所培育的淮豆1号以及外地引进的灌豆1号、豫豆2号、诱变30等品种。1986年，诱变30种植面积达1.33多万公顷，占全年大豆种植总面积的五分之一。1988年以后，以大豆泗豆11、诱变30等品种为主。20世纪90年代初，示范推广科丰34号（洪引1号）。1994年，科丰34推广应用面积达2.67万公顷。此后，该品种一直为全市大豆种植的主体品种。1997年起，淮豆4号在全市的推广应用面积逐步增加。1998年，开始示范推广徐豆9号、泗阳288等品种。2000年以后，开始示范推广灌豆1号、豫豆22、淮豆6号、开豆4号、皖豆15，早熟毛豆台湾292、台湾75等品种。

（二）良种选介

1.淮豆1号

淮阴地区农科所培育。株高60～70厘米，株型紧凑。单株成荚率高，不裂荚。每荚2粒左右，百粒重约14克。耐涝性和抗倒性较好，适应性广。全生育期102天左右，属早中熟夏大豆品种。蛋白质含量16.67%。1983年，该品种经江苏省农作物品种审定委员会审定通过为推广品种，至1987年累计推广应用面积2万公顷左右。

2.泗豆288

泗阳棉花原种场选育。该品种全生育期103天左右，属中熟夏大豆类型，成熟时落叶性好，不炸荚，便于机械收割。

3.豫豆22

河南省农科院经作所选育。该品种品质优，耐肥，抗倒抗病，全生育期100天左右，在黄淮地区是典型的中熟品种。

4.淮豆6号

江苏省徐淮地区淮阴农科所选育。该品种全生育期102～106天，高产田亩产可达220公斤。

六、山芋育种

（一）品种演变

1978年以后，淮阴地区种植历史最长、推广面积最大的山芋主体品种胜利百号，逐步被产量高、适应性强、高抗根腐病的徐薯18所取代。与此同时，淮阴地区农科所培育的淮25（淮薯3号）也开始推广种植。1986年，徐薯18种植面积占山芋种植总面积的50%以上。1988年以后，全市山芋种植一直以徐薯18、北京553为主体品种。1996年，示范推广种植徐薯18脱毒苗。1997年以后，小面积示范推广种植苏薯7号。2000年以后，小面积示范推广种植苏薯9号。

（二）良种选介

1.淮薯3号（淮25）

淮阴地区农科所培育。1982年，江苏省农作物品种审定委员会审定通过推广。该品种耐瘠、耐旱、抗病、早熟、高产、适应性强。淀粉含量为23.5%，晒干率高达35%，位居全国三大高淀粉山芋品种之首。中等地力夏栽亩产鲜薯2000公斤左右。熟食性好，富含胡萝卜素和维生素等营养物质。

2.徐薯18

江苏省徐淮地区徐州农科所选育。该品种长势旺盛，适应性广，适逆性强，高抗根腐病，较抗黑斑病。

3.苏薯9号

该品种高产、抗病、耐干旱，适应性广，属粮食、饲料和工业原料兼用型优良品种。结薯早，结薯集中整齐，商品薯率高。每亩产量高达2598公斤，比徐薯18增产19.3%。

七、油菜

（一）品种演变

1978年以前，淮阴地区的油菜以白菜型为主。1978年，淮阴地区农科所选育的淮油6号和淮春油101获江苏省科学大会奖，其中淮油6号油菜因产量高而稳，深受农民喜爱，成为淮阴地区油菜种植的当家品种，每年种植面积约占全地区油菜种植总面积的三分之二。从20世纪70年代末开始，淮阴地区农科所开展“双低”（低芥子酸、低葡萄糖苷）油菜新品种的选育工作。1982年，低芥酸油菜新品种淮油12号选育成功，在全地区试种、示范、推广。至1987年连续种植6年，累计种植面积3.83万公顷，当年种植1.41万公顷。1988年开始，主要推广杂交油菜品种秦油2号。1993年，示范推广“双低”优质油菜H165，示范种植0.1万公顷。1994年，扩大示范推广涪油1号，“双低”油菜5017、165，示范推广0.33万公顷。1995年，推广涪油1号1.33万公顷，引进示范推广杂交油菜宁杂1号。全市油菜种植面积8.05万公顷，单产由1994年的119公斤提高到138公斤。1997年，宁杂1号种植面积达0.4万公顷，1998年达0.7万公顷，占种植总面积的10%以上。1998年以后，"双低"油菜面积逐年增加。2003年开始，秦优7号、史力丰成为全市油菜种植的主体品种，年种植面积在4万公顷以上，约占全市油菜种植总面积的95%。宁杂1号，宁杂3号、扬油4号、淮杂油1号、油研8号、皖油8号、苏油3号等品种种植为搭配品种。秦优7号、史力丰属于高产品种，单产达到170公斤，比宁杂1号高出20公斤。2008年，更是创造油菜单产196公斤的新纪录。

（二）良种选介

1.淮油6号

淮阴地区农科所育成。属甘蓝型中早熟品种。苏北地区5月26—29日成熟，全生育期240～245天。抗寒性、抗倒伏性较强。在中等肥力水平、每亩万株栽培条件下，单株产量23～28克，亩产100～125公斤，高产田可达150公斤。该品种1978年获江苏省科学大会奖。

2.淮油12号

淮阴地区农科所育成。该品种适应性广，抗旱耐碱，耐肥抗倒伏，高抗龙头病。菌核病感染甚微，但易受病毒病危害。苗期长相好，春后返青快。全生育期252天左右，能安全越冬和抵御早春的晚霜侵袭。淮油12号是国内选育的第一个于人体无害的低芥酸油菜品种。含油酸60%，亚油酸21% ～24%，芥酸1%。1983年，首次出口日本1.04吨。

3.秦油2号

陕西农垦科教中心选育。该品种甘蓝型，半冬性，在长江流域生育期240～245天。耐寒、耐旱、耐渍、茎秆粗壮抗倒伏。较耐菌核病，轻感病毒病和白锈病。适宜黄淮、长江流域甘蓝型冬油菜区种植。

4.扬油4号

由江苏里下河地区农科所杂交选育而成的"双低"甘蓝型常规油菜品种。该品种全生育期240天左右，常年于5月23日成熟。前期生长稳健，越冬半直立，植株高大，株型紧凑，中花中角。株高176.3厘米，中生分枝，一次分枝8.54个，二次分枝5.54个；抗性强，扬油4号较耐病毒病，轻感菌核病，抗倒能力较强，耐寒性能较好。品质优，据农业部油料及制品质量监督检验测试中心测试，扬油4号芥酸含量0.27%，硫甙含量22.5微摩尔/克，含油率40.15%，符合国家"双低"标准。

5.史力丰

由南京绿江种苗开发中心选育。属半冬性甘蓝型常规油菜品种。该品种全生育期244天左右。苗期生长缓而稳健，越冬半直立，春发势强，株高153.8厘米，分枝着生较低主轴不明显，一次分枝7.1个，二次分枝5个，单株有效角果336.95个，每角18.1粒，千粒重3.87克。芥酸含量0.32%，硫甙含量88.65微摩尔/克，含油率38.11%。菌核病发病率31.8%、病指12.72，病毒病发病率14.87%、病指5.77。抗倒性中等，品种一致性好。

6.秦优7号

陕西省杂交油菜研究中心选育。该品种为甘蓝型弱冬性细胞质雄性不育三系杂交油菜品种。全生育期黄淮地区245天，长江下游226天。幼苗半直立，子叶肾脏形，幼茎紫红，心叶黄绿紫缘，深裂叶，叶缘钝锯齿状，顶裂叶圆大，叶色深绿，花色黄，花瓣大而侧叠，匀生分枝，与主茎夹角较小，角果浅紫色、直生、中长较粗而粒多。株高164.2～182.7厘米，一次有效分枝8～9个，单株有效角果288～342个，每角粒数23～25粒，千粒重3克。低感菌核病，中抗病毒病，抗倒性较强。

含油量40.69%～43.22%，芥酸含量0.26%～0.56%，硫甙含量25.11～29.59微摩尔/克。

八、花生

（一）品种演变

20世纪70年代中期，淮阴地区花生主体品种"伏花生"被徐系1号取代。20世纪80年代初，引进推广徐州684、海花1号等新品种。其中，海花1号系高产品种，一般亩产为400公斤左右，因此一直作为主体品种推广种植。1988年以后，还小面积示范推广天府3号、天府9号、大白沙、小白沙等品种。1994年，开始示范推广鲁花9号、鲁花11号等新品种。1998年，鲁花9号、鲁花11号成为当家品种，全市推广面积达2万公顷。2000年后，开始示范推广鲁花14等品种。

（二）良种选介

1.海花1号

该品种于1990年列入国家科技成果重点推广计划，海花1号果实集中，抗旱耐涝，适应性广。在试验种植中，增产16.8%，产量水平400～500公斤/亩，夏播高产示范，平均亩产613公斤，蛋白质27.83%。

2.鲁花11号

该品种春播生育期130～135天，抗旱性强，较抗叶斑和网斑病，适应性广，稳产性好，对土壤要求不严格，但耐涝性差。该品种既可春播，也可麦套和夏直播。

九、棉花

（一）品种演变

1978年，淮阴地区棉花主体品种为泗棉1号，同时还引进种植徐州142、鲁棉1号等品种。1984年，淮阴市推广新品种泗棉2号，迅速成为全市棉花种植的当家品种，淘汰泗棉1号和鲁棉1号。至1988年，一直以泗棉2号、中棉12号为主，同时示范推广泗棉3号、淮阴910。1992年，示范种植推广泗棉3号、淮阴910、苏棉4号等品种3333.33公顷。1993年，泗棉3号成为全市的主品种，示范种植面积扩大到2.67万公顷，1994年扩大到2.87万公顷，1995年扩大到4.87万公顷。1997年，示范应用苏棉11号和苏棉12号。

1999年以后，相继示范苏棉13、14、15、16号，中棉29、中棉41等品种。同年，杂交抗虫棉开始在全市应用，品种为苏杂16。2002年，杂交抗虫棉南抗3号开始推广应用，占全市棉花种植总面积的20.7%。2003年，重点示范抗虫、抗病、优质、高产品种科棉1号。2005年，科棉1号在全市普及，占总面积的50%以上，科棉3号开始示范推广。

（二）良种选介

1.泗棉3号

系泗阳棉花原种场选育的杂交抗虫棉品种。属中早熟、抗枯萎病品种。该品种叶片中小，果枝上举，冠层结构好，有利于改善通透条件。结铃性强，单株成铃25～40个；生长势较强，生育期较早，10月前收花率80%以上；综合丰产性协调，吐絮畅，大样衣分为42%以上，籽指9.5克，衣指8.5克，单铃重4.8克。

2.南抗3号

该品种出苗较好，生长势较强，全生育期137天；株高93.68厘米，植株中等偏矮，株型塔型；叶片中等大小，叶色深；结铃性强，果枝数15.23台，单株成铃20.81；铃较大，椭圆形，单铃重5.92克；吐絮畅，早熟性较好，霜前花率为81.18%；衣分较高，大样衣分为42.07%，小样衣分

42.52%，籽指9.9克，衣指7.17克。纤维品质符合纺工要求。高抗枯萎病，感黄萎病，抗棉铃虫。

3.苏棉11号（原名宁早1号）

江苏省农科院经作所杂交选育的中早熟棉花新品种。该品种生育期125天，长势强，主茎挺直、杆硬，叶片中等大小，果枝略上举，株形清秀，通透性好；株高106.2厘米，果枝15.24台，结铃性较强，单铃重5克，全样衣分39.74%，籽指10.27克，衣指6.7克；抗枯萎、耐黄萎病。

4.科棉1号

属中熟、陆地棉杂交一代种。该品种出苗较好，生长势较强，全生育期140天；株高104.27厘米，植株中等偏高，株型塔型；叶片较大，叶色中等；结铃性强，果枝数16.5台，单株成铃20.24；铃较大，长卵圆形，有尖嘴，单铃重5.96克；早熟性较好，霜前花率为88.43%；衣分一般，大样衣分为39.86%，小样衣分39.87%，籽指11.37克，衣指7.35克。纤维品质符合纺工要求。高抗枯萎病，感黄萎病，抗棉铃虫。

5.苏棉16号（原名太121）

由江苏省太仓市棉花原种场选育而成。该品种植株塔型，株高100厘米左右，叶片中等大小、淡绿色，果枝着生节位5～8节，吐絮畅，高抗枯萎病、感黄萎病。

第五节　肥　料

一、肥料结构

1978—1980年，淮阴地区农作物肥料基本上是有机肥和无机肥并重，有机氮与无机氮比例接近于5∶5。1980年后，逐渐以化肥为主，有机肥为辅。

二、肥料种类

（一）农家肥

1979年，淮阴地区平均每亩耕地施用土杂肥86.3担。1980年以后，每年积造土杂肥量稳定在10亿担左右，平均每亩耕地约70担。推广高温堆肥、高堆浅沤固氮肥等积造肥技术。先把杂草、秸秆、河泥、粪水放在一起进行发酵，高温堆制腐熟，然后铺成50厘米厚，放水沤制，进一步腐熟固氮，这样制成的土杂肥含有机质达3.52%～8.54%。除土杂肥外，农家肥的重要来源是厩肥。厩肥是淮安市农村传统的积肥方式。农民素有“养猪要赚钱，看看湖里田”之说。2005年，全市农家肥资源总量1547.48万吨，厩肥资源总量占全部农家肥资源总量的50%左右。全市农家肥总用量574.33万吨，亩用量约530公斤。2006—2008年，全市农家肥平均施用量略有下降，亩施用量维持在510公斤左右。

（二）绿肥

1978年，淮阴地区绿肥种植面积达高峰，包括冬绿肥和夏绿肥，种植面积49.07万公顷，占耕地面积的51.3%。此后，由于生产发展，复种指数增加，绿肥面积开始下降，1980年为33.68万公顷。绿肥对促进淮阴地区耕作制度改革，发展水稻，培肥土壤，提高粮、棉产量起到重要作用。稳定绿肥面积，利用夏收后、秋播前的短暂时间发展秋绿肥；发展经济绿肥，为食品工业和饲料工业提供原料，既可培肥土壤，又增加经济效益；发展果园、桑园套种绿肥；提高绿肥鲜草量，一亩绿肥几亩用。1982年，国务院制定土壤保养条例，以稳定绿肥面积。至1984年，绿肥鲜草平均产量提高到每亩1318公斤，比1980年的每亩958公斤增产360公斤。绿肥以紫云英和蚕豆为代表，都为春夏绿肥。2001年后，紫云英主要分布于淮阴区的无公害稻米基地，在洪泽县和金湖县也有零星分布。2005年，全市紫云英播种面积0.47万公顷左右，蚕豆种植面积约533.3公顷。2006年，全市紫云英种植面积893.33公顷。2008年，全市绿肥面积降至113.33公顷。

（三）秸秆还田

1980年开始推广秸秆还田，当年还田面积3.97万公顷。1985年，全市秸秆还田面积20.97万公顷。秸秆还田方法有秸秆直接还田和秸秆间接还田两种。秸秆直接还田有3种方法，即留高茬还田；将切碎的秸秆、麦糠、菜籽壳、菜籽秆等撒入田中，旱田用耕翻法，水田用踩埋法；麦田或宽行作物行间铺草还田。秸秆间接还田也有3种方法，即将秸秆切碎经高温堆肥，或制作草塘泥腐解后还田；将秸秆喂禽畜，再以其粪便还田；将秸秆制作食用菌后还田，即利用秸秆如棉籽壳、稻草等栽培食用菌后，再将其残渣还田。秸秆资源以水稻、小麦、玉米、油菜、花生为主。

2006年，全市农作物秸秆量按农作物产量折算，为429.31万吨，其中稻草、麦草、玉米秆各占总量的51.59%、30.7%和3.18%，占秸秆总量的前三位。全市农作物秸秆还田量按总量的29%计算，近124.5万吨。其中，直接还田量近51.8万吨，沤制还田量为8.7万吨，过腹还田量为50.6万吨，过圈还田量为13.4万吨。

2008年，全市秸秆直接还田面积为17.79万公顷，占耕地总面积的45.21%。其中，留高茬还田面积为2.12万公顷，秸秆翻压还田面积为2.41万公顷，秸秆覆盖还田面积为1.59万公顷，分别占耕地面积的13.42%、15.26%和10.02%。

（四）沼气肥

1991年，淮阴市开始推广沼气。1992—2000年，全市有5%的农户使用沼气。2001—2008年，全市有10万农户使用沼气。

（五）化肥

20世纪70年代后期，淮阴地区化肥施用量增加很快，肥料使用迅速发展为以化肥为主，有机肥为辅。2006年，全市氮肥施用量183509吨，比2004年增加3.8%。2008年，全市施用化肥主要品种有：氮肥，为硫酸铵、碳酸氢铵、尿素、氨水、硝酸铵；磷肥，为过磷酸钙；钾肥，为硫酸钾、氯化钾；复合肥，为磷铵、磷酸二氢钾、多元素复合肥；微量元素肥。

1.氮肥

1978年，全市平均每亩施氮肥实物量达到8.7公斤。1978年以后，为施氮肥高速发展阶段。1979年，全地区施氮肥33559吨。至1991年，按耕地面积，平均每亩施氮肥44.3公斤。2001年，全市施用氮肥180012吨，是1979年的5倍。2004年，全市总施氮肥量达176740吨。2008年，全市施用氮肥187092吨。

2.磷肥

1978年磷肥施用量达145.5公斤/公顷，1985年达到501公斤/公顷，1999年增长为970.5公斤/公顷。1980年磷肥总施量达10474吨，2001年达44957吨，2004年全市总施磷量达40776吨。2006年，全市磷肥用量33524吨，比2004年减少17.8%。2007年，全市磷肥施用量为33425吨，基本与2006年持平。2008年，全市磷肥施用量为31030吨，比2007年减少7.17%。

3.钾肥

1981年，全地区施钾肥总量为12吨左右，1985年达850.7吨，2001年达12937吨，2004年达17154吨，2006年全市钾肥用量17918吨，2007年钾肥施用量17392吨，2008年钾肥施用量17133吨。

4.复合肥

从1985年开始，市农科所综合分析有关各种农作物所需的肥料及不同地区土壤情况，采用新工艺，针对不同的需求，研制生产多元素专用复合肥，供应不同作物，在不同土壤上使用，增产效果显著，省工节本，经济社会效益均高，深受农民欢迎。1987年通过省级鉴定，1988年获江苏省科技进步四等奖，1989年获北京首届国际展览会铜牌奖。2001年，全市复合肥施用量68442吨。2004年，全市复合肥施用量为78486吨。2008年，全市复合肥施用量107936吨。

5.微量元素肥

20世纪80年代后开始使用。1980年，全地区只施锌肥400公顷。由于使用微量元素肥对不同的作物有显著增产效果，且成本低，因此施用量逐年增加。至1985年，全市累计施用锌肥1.71万公顷，主要用在水稻上；累计施用硼肥2.17万公顷，主要用在油菜上；累计施用锰肥5.88万公顷，小麦、水稻、玉米、油菜、大豆、花生等一般均增产10%～15%以上。

（六）菌肥

20世纪60年代末，淮阴地区开始在农作物上推广应用菌肥，先后推广应用的有“920”“702”“5406”和磷细菌、根瘤菌等。至1980年，全地区“920”喷施绿肥面积8.56万公顷。1980年以后，推广应用豆科作物的根瘤菌，包括紫云英根瘤菌、花生根瘤菌和大豆根瘤菌。1982年，磷细菌在大豆、水稻、玉米、高粱、山芋、小麦、油菜等主要作物上使用，增产幅度在5%～8%。至1998年，全市累计应用菌肥面积65.2万公顷，施用作物包括水稻、旱粮、棉花、瓜类等，增产效果显著。

三、施肥技术

（一）主要植物经济施氮肥

1982年开始，在稻、麦等作物上进行试验和示范施氮肥，至1986年累计推广34.6万公顷。小麦的最佳经济施氮量为：沙土，碳铵1051.5公斤/公顷；两合土，碳铵1228.5公斤/公顷；淤土，尿素402公斤/公顷；砂礓黑土，尿素808.5公斤/公顷；白岗土，纯氮141公斤/公顷。水稻最佳经济施氮量：岗黑土，145.5公斤/公顷；两合土，硫铵657公斤/公顷；沙土，纯铵132公斤/公顷。

（二）临界值施磷肥（磷指数施磷法）

1983年开始，淮安县对小麦、玉米进行试验和推广临界值施磷肥。临界值施磷法磷肥施用量普遍较少，而作物产量并不低。1984年淮安县推广应用0.53万公顷，1985年推广应用2.27万公顷。

（三）定产测土配方施肥

包括养分平衡法、肥料效应函数法、土壤肥力分级法、水稻氮调施肥法等科学施肥技术。1980年，对小麦进行氮、磷、钾配比试验，开始施肥现代化的试验、示范和推广。1984年，推广水稻肥料效应施氮肥1万公顷。1985年秋播，应用定产测土配方施肥的小麦平均每公顷施纯氮186.45公斤、五氧化二磷67.5公斤，比习惯施肥法少施氮3.9%，多施五氧化二磷12.7%，而公顷产量增加17.7%。

2006—2008年，围绕测土、配方、配肥、供肥、施肥指导5个环节，全面推广测土配方施肥技术。累计安排小麦、水稻“3414”（氮、磷、钾3个因素，4个水平，14个处理）肥料田间试验120余个；无氮基础地力试验、氮磷钾肥料利用率试验和配方肥效应试验等田间试验1100个；千亩片、百亩方、示范田等各类示范方480个，示范面积5333.33公顷。涉及全市沙土、两合土、淤土、姜黑土、潮黄土、黏黄土、泥黄土、乌土等10多个土种。平原区每200～300亩采集一个样品，丘陵区每30～80亩采集一个样品，利用土壤图、土地利用现状图、行政区划图三图叠加，确定采样单元并形成采样点位图，并对采样地块进行GPS定位，共采集土壤样品2.1万个。建立县域耕地资源管理信息系统，对土壤肥力实行信息化管理，确定稻麦基肥主体配方，推广配方肥。

2008年5月，全国测土配方施肥工作交流会议在淮安市召开，与会人员集中观摩洪泽县测土配方施肥千亩示范片、有机肥补贴示范区、有机稻米测土配方施肥示范区、小麦"3414"田间试验和淮阴区丁集镇蔬菜测土配方施肥示范区现场。至2008年年底，淮安市按县有一个耕地资源管理信息系统、镇有一幅施肥分区图、村有一张施肥推荐表、农户有一张施肥建议卡、经销网点一次性供齐配方肥"五个一"推广模式，累计实施测土配方施肥面积66.67万公顷，推广配方肥或推荐配方肥料13万多吨，与常规施肥相比，每公顷均节本增效375元以上。

四、土壤肥力监测点

1983年秋，全市建立20个土壤肥力监测点。凡是面积较大的土种都建立监测点，其中面积20万～50万亩的土种建立1个监测点，面积50万～100万亩的土种建2个监测点，面积100万亩以上的土种建立3个监测点。

1984—1994年，全市土壤监测点的分布是：沙土、中沙土地2个点，分别为淮阴县张集乡桑庄村和涟水县成集乡陆华村；两合土2个点，分别为涟水县河网乡王集村、淮阴县袁集乡双庄村；黏底两合土1个点，为淮安县钦工镇钦工村；淤土、中淤土2个点，分别是涟水县黄营乡旗杆村、淮阴县杨庄乡许渡村；碱化土1个点，为淮阴县五里乡大树村；黄岗土2个点，为盱眙县十里营乡毛庄村、金湖县官塘乡；山淤土1个点，为盱眙县河桥乡王庄村；潮黄土1个点，为淮安县泾口乡桥头村；黏黄土1个点，为洪泽县高涧乡临河村；灰黏黄土3个点，分别为金湖县陈桥乡涧北村、洪泽县万集乡、淮安县范集乡新桥村；姜黑土1个点，为金湖县黎城乡徐良村；黑黏土1个点，为清浦区和平乡草河村；乌土1个点，为洪泽县岔河乡陈庄村。

1995年开始，简化土壤肥力监测点的数量，通过保留以及新建等措施，全市尚有6个监测点。分别为代表黏黄土的县级淮安市范集乡监测点，代表潮黄土的县级淮安市博里乡监测点，代表盐碱土的涟水县红窑乡监测点，代表沙底两合土的涟水河网监测点，代表沙土的淮阴县老张集乡监测点，代表岗白土的盱眙县十里营乡监测点。

2007年起，全市设立27个省级耕地质量监测点，其中土壤肥力监测点19个、土壤环境监测点5个、蔬菜地监测点3个，具体分布为金湖县3个、盱眙县5个、洪泽县3个、淮阴区5个、涟水县5个、楚州区6个。

2008年，淮阴区编号为JSF156、涟水县编号为JSE153的省级耕地质量监测点升级为国家级耕地质量监测点。

第六节　植物保护

一、病虫害防治

（一）病虫害种类

淮安市农作物病虫害种类繁多，其中病害26种、虫害25种，主要有东亚飞蝗、蝼蛄、蛴螬、小地老虎、稻苞虫、三化螟、豌豆象、山芋黑斑病、麦类锈病、黑穗病、小麦赤霉病、白粉病、麦蚜、病毒病、水稻白叶枯病、纹枯病、稻飞虱、稻蓟马、玉米螟、玉米大斑病、小斑病、大豆孢囊线虫病、棉铃虫、红叶茎枯病、油菜菌核病等。

（二）病虫害测报

1978年，淮阴地区建立起比较完善的病虫害测报系统，配备专职、兼职测报员。20世纪80年代初，淮阴市病虫害测报工作开始探索中长期测报技术，建立测报资料库。至1985年，全市汇集25年的资料，包括20多种病虫、36000多个数据。有些病虫害运用生物统计方法，初步建立测报模式。淮安县测报站运用30年的系统资料，对三化螟的测报编制电子计算机程序。全市形成市、县、乡三级测报网络，有专职测报技术干部40多人，群众专业测报队伍发展到200多人，按照作物布局和地理特点，分别设立测报分站和测报点。全市形成上达中央、省，下达乡村和农户的信息传递网络。全年发送病虫情报2000多期次。1987年，全市有专职测报员31人，兼职测报员60人，到1996年有专职测报员79人、兼职测报员65人。至2008年，全市有专职测报人员23人，兼职测报人员37人，专职测报人员虽然减少，但是整体素质在提高，大专以上学历占总人数的61.3%。

农作物病虫害的预测预报，采取“三结合”（即历史数据与当年发生情况相结合，大田普查与系统调查相结合，外地发生情况与本地发生情况相结合）的方法，分析病虫害发生情况。在具体操作中，实行“两查两定”，即查病虫发育进度定防治时间，查作物苗情定防治对象田。正确制定防治策略，改进测报手段。县（区）测报站普遍配备两灯（黑光灯、白炽灯）、两室（标本室、资料室）、两箱（培养箱、冰箱）、两镜（显微镜、解剖镜）。楚州区、洪泽县被农业部和江苏省定为区域性测报站。2000年以后，测报范围又有所拓展，从粮作扩大到经作、蔬菜等，测报条件亦有所改善，病虫调查利用GPS定位备考。信息传递利用网络，不少县（区）在关键时段还在电视台开办为农服务专栏，利用电视实施数码设备测报服务。

（三）防治技术

1979年以后，一大批高效、低毒、低残留农药投入使用。这些农药大多具有用量少、适用作物广、对人畜毒性低、对作物安全等优点。从1983年开始，全面推广菊酯类农药和氨基甲酸酯类农药以及生物农药。淘汰用量大、毒性高、残留量大的有机氯农药。杀菌剂和生长调节剂的使用渐趋普遍，并推广农药的复配应用和一药多治。使用量较大的品种有：杀虫剂类的杀灭菊酯、溴氰菊酯（敌杀死）、氯氰菊酯、杀虫双、杀虫醚、敌敌畏、敌百虫、氧化乐果、久效磷、辛硫磷、甲胺磷、呋喃丹、混灭威、苏云金杆菌制剂等；杀菌剂类的粉锈宁、多菌灵、甲基托布津、敌枯双、白菌清、叶枯净、硫酸铜、井岗霉素、稻瘟净、抗菌剂402等；杀螨剂的三氯杀螨醇、丰收菊酯，熏蒸剂类的氯化苦、磷化铝以及生长调节剂类的赤霉素（920）、矮壮素、乙烯利等。至2008年，淮安市仍遵循“预防为主，综合防治”的植保方针，综合防治内容包括栽培技术防治、应用抗病虫品种、化学防治、生物防治和植物检疫等。在加强预测预报的基础上，综合运用多种措施，对病虫害进行综合治理。从以一病一虫为对象发展到多种病虫综合防治，再到以一种作物的一生为对象包括各种配套技术和对病虫草综合防治的总体防治技术，防治水平进一步提高。

（四）蝗虫综合治理

蝗虫一直是淮安市农业的一大灾害，也是淮安市各级政府和群众采取治理措施最多的防治目标。1978年以后，实施“改治并举，根治蝗害”的综合治理策略，将蝗害区改为农田0.81万公顷，植树造林446.67公顷，种植茭白260公顷，低洼田改鱼塘0.19万公顷。2002年，淮安市申报蝗虫地面应急防治站建设项目，2003年项目获农业部、江苏省农林厅批准，建造农药储备库、药械储备库、设备维修及车库、区域病虫监控室，建设总面积1200平方米，配备野外蝗虫勘测车和运载车各1辆，车载式大型喷雾机3台（套），机动喷雾机500台等。蝗虫地面应急防治站的建成，确保在1小时左右将所需治蝗物资送到应需地点，大大提高防治时效性，还培养超1000人治蝗专业队伍。同时，采取大面积自然生态控制措施，保护蝗虫天敌。

二、草害防治

（一）主要草害

淮安市农田杂草种类繁多，共有253种，分属60个科，其中分布广、数量多、危害较大的近50种。主要是：麦田的看麦娘、碱茅、棒头草、猪殃殃、大巢菜、播娘蒿、荠菜、麦家公、小蓟、牛繁缕、王不留行、麦并草、野老鹳草等；稻田的稗草、千金子、牛毛毡、球花碱草、日照飘拂草、扁秆蔗草、萤蔺、碎米莎草、眼子菜、鸭舌草、长瓣慈姑、香附子；旱田的刺苋、反枝苋、青葙、藜、小藜、灰绿藜，鳢肠、苍耳、苦荬菜、小旋花、打碗花、菟丝子等。全市农作物常年发生草害36.67万～53.37万公顷。其中，麦田草害面积12.67万～20.7万公顷，稻田16.67万～20万公顷，玉米1.33万～2.67万公顷，油菜田2.67万～5.33万公顷，其他3.33万～6.67万公顷。以麦田杂草种类最多，密度最大，危害最重，其次为水稻秧田等。草害田杂草发生量一般超过作物苗1～5倍，甚至数十倍之多。20世纪90年代，农作物病虫的测报内容扩大到农田草害，全市实施麦田、稻田无草害工程。

（二）防治技术

1978年，在稻、麦田用除草醚、二甲四氯、2.4D-T酯、扑草净等多种除草剂进行化学除草试验和示范，并在水稻大田和小麦返青期开始推广应用。20世纪80年代以后，化学除草发展迅速。1996—2005年，使用量大的除草剂有2甲4氯、异丙隆、绿麦隆、乙草胺、丁草胺、禾草克、苄磺隆、骠马、使它隆、敌稗等。1996年全市除草剂销售量为78.37吨，2005年为118.8吨，2006—2008年分别为167.93吨、178.05吨、178.35吨。应用的作物从稻、麦、棉花、花生、大豆、油菜、山芋、蔬菜、果类扩展到其他经济作物。

三、鼠害防治

（一）主要鼠类

全市害鼠有2科5种，即鼠科的褐家鼠、小家鼠、黄胸鼠、黑线姬鼠，仓鼠科的黑线仓鼠。农田害鼠的优势种是黑线姬鼠，占捕获总数的59.78%，其次是黑线仓鼠，占捕获总数的21.9%，雌雄性比为0.75∶1。室内害鼠的优势种是褐家鼠和小家鼠，分别占捕获总数的51.3%和41.2%，雌雄性比为0.8∶1。室内害鼠的密度高于农田。2008年，全市约有老鼠2000万只，消耗和破坏损失粮食达5000万公斤。此外，咬损衣物、咬死咬伤幼禽等损失也很大。

（二）监测与防治

1985年，淮阴市把鼠害的监测与防治列入政府工作内容，成立灭鼠领导小组。盱眙县、淮安县、淮阴县各设立一个鼠情监测点。1986年，又增加涟水监测点。2000—2008年，淮安市把鼠害防治列为精神文明建设的重要内容，培训技术骨干，采取突击运动和经常性灭鼠相结合，春秋季农田统一防治与各家各户室内分散防治相结合，消灭鼠害。

在灭鼠方法上，除传统的鼠夹、鼠笼、养猫灭鼠等方法外，还利用毒饵站、粘鼠板，重点推广毒饵诱杀，并改剧毒农药毒鼠强、灭鼠硅、氟乙酸钠、甘氟、氟乙酸胺诱杀为慢性抗凝血类杀鼠剂敌鼠钠盐、氯敌鼠、杀鼠迷、溴敌隆、杀鼠灵、溴鼠灵等诱杀，避免二次中毒事故的发生。

四、植物检疫

1978年，淮阴地区下辖各县都建立植物检疫站。至1987年，淮阴市植物检疫站有专职植物检疫员3人，各县（市、区）一般配备2～4名专职检疫员。省、市定期对检疫员进行业务培训，培训合格的由农业部统一发给执法证书。省植保站对市县植检员统一制装并配套证章、帽徽，要求在工作时穿着检疫制服，佩戴证章，保证检疫工作的严肃性、合法性。

1987—2008年，全市组织对水稻细菌性条斑病、白叶枯病、小麦全蚀病、麦类腥黑穗病、山芋根结线虫病、美洲斑潜蝇、棉花枯、黄萎病，毒麦、加拿大一枝黄花等病虫草害调查与普查工作，并对尚未侵入的红火蚁、美国白蛾、稻水象甲、三叶草潜叶蝇、黄瓜绿斑驳病毒病等进行调查、检疫。

（一）产地检疫

1985年，淮阴市开始推广产地检疫，发布产地检疫操作规程。1987年，产地检疫达0.87万公顷。产地检疫主要是双杂制种田和常规种良繁种子田，对制种或繁种的田在收获前进行实地检疫，一般由所属县（区）植检部门实行。产地检疫的对象主要是水稻、小麦、玉米、大豆、山芋、棉花、油菜、蔬菜、苗木等。每年种子产地检疫的面积在0.67万公顷左右。产地检疫面积较大的有1996年、1997年、1998年、1999年和2004年，分别是5.1万、4.85万、4.29万、1.08万和0.98万公顷。一般都能按规程生产，签证合格率在95%以上。

（二）调运检疫

受省植保站委托，市、县（区）植检部门进行调运检疫。包括所有农作物的种子及苗木等调出或调入都要有调运检疫证。1996—2008年，淮安市平均每年调出批次为144批次，差异较大，调出数量平均每年384.91万公斤，调入平均每年87批次，调入数量平均每年254.91万公斤。

五、植保新技术推广与应用

20世纪80年代末，在防治地下害虫上推广BT乳剂（苏云金杆菌）防治花生地蛴螬。20世纪90年代初，试验应用菊酯类农药防治稻蝗等。

1995年，市植保站参与麦类纹枯病发生规律及其综合防治技术与应用研究，获国家科技进步三等奖，在全市推广。1998年，该项目获得省农业科技成果转化奖。同年，扑杀宁的开发与推广应用获淮阴市政府科技成果奖，而后连续3年在全市大面积推广应用，累计推广面积达34.17万公顷，水稻病虫害得以控制，水稻获得丰收。2000年，水稻大螟为害规律及防治对策研究成果获得市政府科技成果三等奖。

第六章　林　业

第一节　林业资源

1978年，淮阴地区林业用地面积7万公顷左右，其中有林地4万公顷。1985年，淮阴市进行林业资源调查。全市林业用地面积近9万公顷，其中有林地6.53万公顷、宜林荒地2.45万公顷。

有林地中，林分3.12万公顷，经济林2.51万公顷，竹林0.21万公顷，灌木林0.13万公顷，新造林0.46万公顷，苗圃地0.03万公顷，其他0.07万公顷。林业用地按体制分，国营2.23万公顷，集体6.76万公顷。全市森林覆盖率8.9%。“四旁”（村旁、宅旁、路旁、水旁）树木总株数16010.3万株，林木总蓄积量702万立方米。

1996年行政区划调整后，全市有林地面积5.07万公顷，其中林分2.55万公顷、经济林2.48万公顷。“四旁”植树9062万株，农田林网28.2万公顷，农田林网化率73.1%，林木覆盖率12.6%，林木总蓄积量468万立方米。

2005年，江苏省组织森林资源调查。淮安市有林地面积15.54万公顷，占全省林地面积的14.8%，排第三位；森林覆盖率17.16%，高于全省平均水平2.36个百分点。有林地按权属分，国有1.76万公顷，集体0.18万公顷，个人13.6万公顷。全市林木蓄积量942.69万立方米，占全省总量的16.7%，位列第二。其中，乔木林蓄积798.46万立方米，“四旁”树蓄积128.93万立方米，散生木蓄积15.31万立方米。

2008年，淮安市林地面积22.03万公顷，其中有林地20.08万公顷，灌木林地0.4万公顷，未成林地0.8万公顷，苗圃地0.17万公顷，无立木林地0.02万公顷，宜林地0.56万公顷；森林覆盖率20.07%，林木绿化率21.24%。有林地按权属分，国有1.43万公顷，集体0.88万公顷，个人17.77万公顷。全市活立木蓄积1566.68万立方米，其中乔木林蓄积1520.95万立方米，“四旁”树蓄积44.84万立方米，散生木蓄积0.89万立方米。全市生态公益林总面积4.96万公顷。

第二节　林业生产

一、发展历程

20世纪70年代后期到80年代中期，淮阴市在搞好“三荒”（荒山、荒地、荒坡）、“四旁”绿化的同时，结合农业结构调整，利用丰富的水土资源和农田间隙，大搞林粮间作，有计划地营造速生丰产林基地。1982年，首批在洪泽县实施速生丰产用材林基地建设，经过试点示范推广后逐年扩大到淮阴、淮安、涟水、盱眙、金湖等县。1985年，江苏省农林厅确定金湖县为省商品性用材林基地县。

1986年，林业部在河南省商丘市召开华北、中原地区8省市平原绿化现场经验交流会。涟水县、金湖县受到表彰，分别被授予达到平原绿化标准证书和“全国平原绿化先进单位”铜质奖牌，成为全市首批平原绿化达标县。1988年，全市营造并保存速生丰产林4395.73公顷。1989年开始，实行领导绿化工程负责制，全市乡镇以上干部每人每年承担1～2项城乡绿化重点工程。

1993年，推进大林业结构调整，发展林果业。当年创建101个林、果、桑商品生产基地，其中林业23个、果树37个、桑41个。1995年，国家、省进行灭“三荒”情况检查，淮阴县被国家林业局抽查。该县“三荒”面积仅占宜林地面积的8.7%，其中集中连片0.67公顷以上的“三荒”保存率0.8%，低于国家标准，顺利通过验收。1997年，淮阴市在全省率先进行林业产权制度改革，支持非公有制林业发展，以竞价拍卖、招标承包、租赁经营、股份合作等方式吸引社会力量投资造林。1998年后，加快发展杨树产业。至2000年，全市新造杨树成片林3万公顷，栽植杨树株数7000万株。

2001年后，进一步深化林业产权制度改革，全市林业生产在造林模式、营林机制、营林方式上实现历史性突破，造林绿化由政府推动转向项目带动，部门办林业转向社会办林业。当年建成66.67公顷以上重点林业项目18个，盱眙县淮河河滩、洪泽县洪泽湖滩地、金湖县高宝湖滩地、清浦区淮河入海水道绿化等一批重点工程成为林业生产的精品。至2004年，全市以民资投入为主，每年造林都在1.5万公顷以上，年植树总数超过2000万株；有1.33公顷以上成片林农户1300多户，百亩以上林地农户147户，经营林地66.67公顷以上农户4户。同年起，开展"五个一"林业示范工程，即以各县（区）为单位，每年组织实施一片科技示范林、一片高标准示范林网、一个放心苗基地、一个绿色乡镇和一个绿色村庄建设。2005年，全市新建各类林业科技示范园16个，示范面积2186.67公顷。其中，杨树科技示范园区993.33公顷，杨树生态抗灾试验示范区913.33公顷，果树、园艺和花卉示范园226.67公顷。

2007年，全市有1人受到国家林业局表彰，2人受到省人事厅、省林业局表彰。在全国"创建绿色家园、建富裕新村行动"中，3个村、26户分别被中央宣传部、中央文明办、全国绿化委员会、国家林业局联合表彰为全国绿色小康村、全国绿色小康户，9个村被省林业局表彰为江苏省绿色模范村。

2008年，淮安市完成造林面积1.09万公顷，其中成片造林0.5万公顷。新建农田林网面积1.6万公顷，实现林业产值38.92亿元。

二、平原绿化

（一）"四旁"植树

1978年，淮阴地区有"四旁"植树3383万株。1985年，"四旁"植树发展到1.6亿株。至1990年，"四旁"植树总株数1.95亿株，蓄积量700多万立方米，占林业资源总数的70%以上；"四旁"树木占地面积13万公顷，农业人口人均20株以上。1996年行政区划调整后，全市有"四旁"植树9062万株。2005年，按照新一轮江苏省林业资源调查标准，将占地连片一亩以上的"四旁"植树，如围村林、林带等列为成片造林，淮安市"四旁"植树尚存3600多万株。2008年，全市有蓄积量的"四旁"树木598万株，蓄积量44.8万立方米。

（二）村庄绿化

1986年，林业部提出"村庄（村旁、宅旁）的树木覆盖面积占村庄总面积的30%"，淮阴市村庄绿化水平远远高于该指标。1990年，全市村庄树木覆盖面积11.87万公顷，占村庄总面积的67%，是林业部所颁标准的2.2倍。但由于长期以来小农经济思想的影响，加之部门技术指导方面的因素，村庄绿化一直存在着密度大、树种单一、自然生长、成林不成材等现象，总体效益并不高。20世纪90年代后，随着政府对意大利杨树的推广，村庄绿化几乎全部为杨树覆盖。20世纪90年代末，各地结合庄台改造，对村庄进行绿化、美化，花木、竹类、果树和常绿树种逐步落户农家庭院。2005年起，开展绿色村庄建设。到2008年，淮安市有656个村庄通过省级绿化验收。

（三）农田林网

1978年开始，省林业部门把建设农田林网列为林业生产的主要任务指标。至1984年，淮阴市每年完成农田林网面积5万～7万公顷。1985年，全市林网面积占农田总面积的68%，其中标准较高的有16. 8万公顷。1985—1990年，淮阴市农田林网建设每年稳定在4万公顷。1996年后，结合宁连一级公路绿色通道建设，沿路两侧1公里范围建成林网2. 53万公顷，形成5个高标准林网片。2008年，淮安市有农田林网面积38万公顷，占全市农田面积的96%。

（四）水利绿化

1978年后，境内的废黄河、大运河、洪泽湖大堤、苏北灌溉总渠等大型河湖堤防滩面基本得到绿化，遍布全市的桥、函、闸大多是绿化先进单位，主要流域性堤防均成立绿化管理所。1990年，全市河堤总长5083公里，绿化4117公里，绿化率81%；农田水利绿化沟渠25137公里，绿化率82%。1998年，全市流域性堤防长度773.5公里，面积6817.87公顷，绿化526.2公里，绿化面积4569.42公顷；区域性堤防1350公里，绿化890公里；水利堤防累计植树15240株。至2008年，全市国营水利单位基本实现绿化达标。

（五）道路绿化

1978年，公路绿化是路政管理的内容之一。干线公路和县级公路由交通部门直接投资栽植，自行管理；公社（乡镇）道路绿化由县统一规划，社队出苗，自行栽植；专用公路绿化自行负责。1984年开始，每年从公路养护费中拿出4%直接用于绿化。1985年，淮阴市公路总里程3932.9公里，其中养护里程3354.3公里，绿化3012.7公里，占养护里程的90%，基本实现条条林荫道。1987年淮泗路拓宽改造，市和淮阴县以机关义务植树形式，绿化公路13公里。1996年宁连一级公路建成，淮阴市在全省率先提出建设公路绿色通道，市境内沿路两侧50～100米范围建成长158公里的绿化带。2000年，市境内有沂淮、淮江、宁连、宁徐4条高等级公路及新长铁路，总里程378公里；高等级公路每侧25米之内栽植意杨6行，新长铁路每侧自界沟向内栽意杨3行，内侧栽14米宽淡竹、杞柳或其他低矮的经济林木，沿路林带不断带；每侧1公里范围内按网格面积不大于16.67公顷的标准，配套建设高标准农田林网。2006年，进一步建设高速公路绿色通道和市区绕城段高速环景观带，沿路内侧以常绿树和花木为主，建10米宽景观林带，10～20米处建杨树林带，部分地段建花木苗基地。至2008年，全市建成高速公路绿色通道300.8公里，其中宁淮高速114.8公里、宿淮盐高速93公里、环城高速93公里，绿化面积1069.8公顷；全市公路里程可绿化8010公里，已绿化7850公里；境内铁路88.9公里，基本建成绿色通道。

三、荒山绿化

淮安市境内山地、丘陵面积为16.79万公顷，主要分布在盱眙、洪泽等县，其中70%以上为耕作农田。1982年，淮阴市开展“林业三定”，盱眙县划分自留山、责任山，将有林地、疏林地和荒山落实到专业户和重点户，巩固荒山绿化成果。至1987年，盱眙县封山育林面积3747.2公顷，占该县有林面积的21%，其中已成林面积2666.67公顷，蓄积量5.8万立方米。1990年，全市宜林荒山面积绿化1.77万公顷，占宜林荒山面积88.9%，其中洪泽0.02万公顷、盱眙1.75万公顷，主要为国营造林，分布在盱眙林场、盱眙林柴场、洪泽老子山林场等。1992年开始，盱眙县在西南山区发展以板栗为主的经济林。山区面积最为集中的水冲港乡在荒山乱石岗上，靠全乡人民用钢钎一点一点撬、洋镐一点一点刨、炸药一尺一尺炸，开垦出一条340公里长、1.2米宽、1米深的条垦沟，条垦荒山、拓植板栗近1000公顷，受到中央和省、市的重视，被赞为“当代愚公”。2004年，淮安市建设“绿色江苏”，丘陵山岗实施森林植被恢复工程，盱眙县当年完成133.33公顷植被恢复栽植。2005年，利用扶持资金和民间资本，盱眙县1300多公顷荒山得到绿化美化。至2008年，淮安市境内的荒山绿化得到全面改善。

四、义务植树

1982年，淮阴地区市、县相继建立绿化委员会，下设绿化委员会办公室，领导义务植树和造林绿化。1986年，淮阴市各级绿化委员会办公室对城镇机关、企事业单位职工，按每人每年5元标准征收义务植树统筹费；对不履行植树义务（或愿意以资代劳）的单位和个人，征收绿化费4元。以后收费标准略有调整。

1990年，全市参加义务植树225.4万人，植树972万株，造林278公顷。1991年，全国绿化委组织开展中小学绿化知识大奖赛，淮阴市31.04万名中小学生参加，省淮阴中学、涟水实验小学获全国二等奖，市三中、淮阴县五里中学获省中学组先进奖。金湖县组织2310名团员建造“青年林”8处，造林40公顷，绿化公路21公里；组织4182名妇女建造“三八林”16处，造林75.53公顷，绿化公路46.6公里。1992年，周恩来纪念馆建成，专门辟出地块建立义务植树基地，供国内外宾客和友人植纪念树，形成著名的“友谊林”。

2000年开始，市生态园开辟“亲亲家园”绿地，供市民认建认养，每年认养人户数超过30户，上缴绿地认养费用逾万元。2002年，全市党政机关、学校和事业单位开展“单位建‘一片绿’，每人栽‘一棵树’”活动，当年市区捐资460多万元，完成“一片绿”任务23万平方米。2006年，全市实际参加植树活动302.8万人，尽责率87.08%，其中直接参加植树273.58万人，占实际尽义务人数的90.35%；建立义务植树基地10个，面积326公顷。2008年，基本维持不变。

五、林业育苗

（一）采种

20世纪70年代中后期开始，由于杨、柳树种栽培的普及，淮阴地区采种量逐年下降。1978年，全地区林木采种10.2万公斤。1982年，仅采种1.5万多公斤。1984年开始，每年外调池杉种1.5万公斤左右，主要分配在金湖、洪泽、淮安等县育苗。此外，每年调进少量的雪松、水杉、国外松、铅笔柏等树种。杨树、柳树育苗用的种条，除少数新品种外，一般都是县内调剂平衡，种源基本满足当年育苗需要。20世纪90年代后，南方型杨树即意大利杨在全市推广，一般当地育苗基本是自留种条。

（二）引种

1978年后，淮阴市南方型杨树即意大利杨、柳树、水杉等新品种、新品系的引进逐年增加。1998年，从连云港市东海县引种三倍体毛白杨，主要栽培在洪泽湖大堤、大运河堤以及淮阴县果林场北边渠道上。20世纪90年代末，引进金叶女贞、红花檵木、栾树、无患子、黄连木、三角枫、香樟、竹类等品种，丰富城镇绿化树种。2002年开始，盱眙县在荒山绿化中引种香花槐。2005年后，红叶石楠、紫花槐等在城市道路两旁和一些公共绿地栽培。

（三）育苗

1978年，淮阴地区年育苗面积正常保持在1300公顷以上，育苗品种以速生树种为主，有些国营苗圃或基础较好的集体苗圃除进行一般造林育苗外还培育常绿树和花木苗。1986年，江苏省农林厅、江苏省标准局联合颁布《主要造林树种苗木标准》和《林木育苗技术规程》，淮阴各地的育苗，特别是国营场圃和一些骨干专业苗圃的林苗培育开始向林木良种化、苗木标准化方向发展。全市个体经营苗圃获得很大发展，每年育苗面积的80%以上为个体户育苗，国营和集体苗圃基本以专业承包方式进行苗木培育和经营。2005年，建设育苗市级“放心苗”基地10个。到2008年，全市每年林业育苗面积保持在1000公顷左右，其中花木苗面积400公顷。除满足当地造林绿化外，林苗每年调出量在2000万株以上，主要为杨树苗。

六、果树生产

1979年，淮阴地区引进红富士苹果。1980年，江苏省开放果品市场，淮阴地区国营果园亩产值高达千元以上，集体果园也在七八百元，果树生产进入大发展期。1983年，全市果树面积6198.47公顷，占总耕地面积的0.87%，产量6.65万吨，人均果品8公斤，产值147万元，占农副工总产值的0.73%。1984年开始，采用自繁自育苗木，发展苹果、梨、山楂、葡萄，新栽果树2000公顷。至1987年，全市有成片果园2.67万公顷，占农业用地面积的3%左右；有散生果树310万株，果品总产量7.55万吨，总产值5000万元。1988年，发展红富士、新红星等优良苹果品种，在涟水等县形成一批优质果基地。盱眙县丘陵山岗则发展板栗、山楂和桃。到1989年，全市果树面积调整到2万公顷，产量4.1万吨，初步形成以盱眙丘陵山区为主的干果生产、废黄河泛区为主的水果生产、城市近郊及骨干道路旁为主的应时鲜果生产三大果品基地雏形。

1993年，全市水果种植面积2.55万公顷，占江苏省水果种植面积的22.7%，干果种植面积2264公顷。1995年，全市果树种植面积3.27万公顷，产量11.75万吨。1996—2000年，调整果品面积和结构。涟水县对8000公顷国光苹果、小阳梨等老果种进行淘汰，新拓日本丰水梨、无毒矮化红富士苹果、油桃等新品种466公顷。盱眙县发展板栗经济林3700公顷，年产量0.3万吨，产值2400万元，以板栗为主的经济林建设成为该县西南丘陵山区农业产业结构调整的主导产业。

2000年开始，重点发展壮大4个特色果品生产区域，种植面积超过2000公顷。楚州区、涟水县沿废黄河故道的优质早、中熟苹果和早、中熟梨生产基地，2007年种植面积1000公顷；盱眙平原及里下河地区为主体的桃、梨等生产基地，2007年种植面积260公顷；盱眙丘陵山区的桃、枣、石榴、黑莓等生产基地，2007年种植面积800公顷；城市郊区及近郊的桃、葡萄、草莓、杏、柿、李等应时鲜果基地，2007年种植面积270公顷。至2008年，基本保持不变。

第三节　林木保护

一、护林防火

20世纪80年代，淮阴市及各县先后成立护林防火指挥部，由公安、司法、林业等有关部门负责人组成，开展护林防火和防治病虫工作。乡、村、组三级建立护林组织，配备专职护林员。1985年后，盱眙等县相继成立林业公安派出所。1988年，全市有护林员3000余人。20世纪90年代起，将生物防火林带工程建设作为林业建设的基本项目，从市、县留成的育林基金、集体林更新造林费和林业建设保护费划出10%，专项用于防火林带建设，每年投入资金50多万元。到2003年，全市建成生物防火林带长106公里，面积371公顷。2008年，全市有防火林带及防火隔离带56公里，防火道路292公里，无重大森林火灾事故发生。

二、防治病虫

1978年后，林木病虫害的发生及其防治受到重视。1981年，淮阴县境内灌溉总渠刺槐林发生干腐病，严重感病面积164公顷，江苏省林业科学研究所与淮阴县多种经营局、淮阴县堤防管理所联合进行防治试验。1985年起，市、县林业部门相继成立森林病虫防治检疫站。1986年，在盱眙、淮阴等县安排11名专职森林病虫测报员。1988年7月，金湖县宝应湖农场南刘大队1.53公顷12年生水杉林尺蠖成灾，仅7天时间，树叶被全部吃光，用2000倍甲胺磷和800倍敌敌畏喷洒，尺蠖危害被扑灭。1990年7月，淮阴、涟水、清浦等县（区）泡桐发生大面积大袋蛾危害，面积166.67公顷，采用敌百虫、敌杀死人工防治后，效果较好。

至1998年，草履蚧、杨黄卷叶螟、杨扇舟蛾、黄刺蛾、杨溃疡病等森林病虫害在全市范围内累计发生面积达4466.67公顷。市政府发出特急传真电报，全面发动和紧急布置对病虫害防治，拨出15万元作为森林病虫害防治专款，各县（区）筹措专项防治经费70万元。当年全市意杨病虫害防治率91.2%，监测覆盖率89.4%，种苗产地检疫率93.6%，较好地完成病虫害防治任务。同年，淮阴市杨树病虫害测报中心成立，在洪泽县万集乡等乡镇设立8个杨树病虫测报点；各县成立杨树病虫测报站，配备专职业务人员，设立县级监测点23个。全市意杨病虫测报体系基本建成。

2000年，全市有杨树近1亿株，发生病虫害近20%，面积1.33万公顷。盱眙丘陵岗地发生松材线虫病，病株死亡率30%以上，受灾面积850公顷。林业部门以生物农药阿维菌素和蚍虫林为主，统一使用高射程雾机喷防，有效控制病虫害发展。2003年，淮阴区部分乡镇新造林地相继发生杨树水泡型溃疡病，并呈蔓延扩散趋势。区政府组织突击查苗补植，出动人员1.2万人次，换病苗3.7万株。同年，市林业部门成立病虫害防治专业服务队，对宁连、京沪等高速公路、沂淮江铁路绿色通道杨树食叶害虫进行统防统治。

2007年，全市林地面积15.47万公顷，林业有害生物发生面积0.59万公顷，其中病害发生面积0.12万公顷，虫害发生面积0.47万公顷。森林病虫害发生率3.17%，成灾率7.57‰。主要病虫害为杨小舟蛾、杨树溃疡病、天牛、草履蚧、松材线虫病等，成灾面积0.14万公顷。市林业局组织编制《淮安市林业部门处置重大突发杨树食叶害虫灾害应急预案》，推广生物防治，在金湖县戴楼、黎城，盱眙县马坝，洪泽县黄集等地成片林悬挂鸟笼350个，招引鸟类筑巢做窝，防治害虫。针对松材线虫病防治，从造林规划设计入手，推广多树种造林，改变树种单一状况。金湖县在开展草履蚧的防治工作中，对宝应湖农场境内东唐公路7.1公里长的7000多棵树木采用薄膜阻隔法进行防治，效果明显。

三、森林生态保护区建设

（一）第一山国家森林公园

又名南山、都梁山，地处江淮腹地的盱眙县境内，与淮河相依，形成山、水、城为一体的绿色佳境。占地面积2100公顷，森林覆盖率97.8%。1993年，被农林部批准为国家森林公园。1999年，被确定为省级风景名胜区。该公园拥有完好的森林资源，乔木类主要有侧柏、石榴、银杏、杏树、刺槐、杜仲喜树、白玉兰等，花灌木及林下地被物有蕨、麦冬、狗牙根、箬竹、鸢尾等。有古树名木6株，树龄100～600年。

（二）铁山寺国家森林公园

位于盱眙县西南40公里处的古城林场境内，总面积7058公顷，其中林地面积1733. 4公顷，森林覆盖率93. 8%。2003年，被国家林业局批准为国家森林公园。2007年，被批准为国家AAAA级旅游景区，是苏北地区乃至全省极少的保存完好的生态区系。该公园内有野生漆树、毛叶欧李等江苏省公布最新记录树种533种，有包括国家一级保护动物丹顶鹤、大鸨，二级保护动物草獐在内的177种野生动物，有鸳鸯、火斑鸠等鸟类10目25科51种，25种昆虫，还有285公顷天然次生林。在全国15个种子植物分布区类型中，铁山寺国家森林公园有14个。

（三）洪泽湖东部湿地省级自然保护区

由淮阴区洪泽湖北岸湿地自然保护区、洪泽县洪泽湖大堤湿地自然保护区和洪泽湖东部湿地自然保护区等3个市级保护区组成，2006年江苏省政府批复建立。总面积5.4万公顷，其中核心区面积1.64万公顷、缓冲区面积1.41万公顷、实验区面积2.35万公顷。保护区内生物多样性丰富，有浮游植物165种、水生高等植物81种、浮游动物91种、底栖动物69种、鱼类102种、鸟类194种。

（四）盱眙县陡湖湿地市级自然保护区

位于盱眙县淮河入洪泽湖交界口，南与淮河仅一堤之隔。2003年淮安市政府批复建立，面积4100公顷。保护区内生物资源丰富，有水生植物15个科、26种，浮游植物8门73个属，浮游动物43个属。

（五）金湖县湿地市级自然保护区

2003年淮安市政府批复建立，范围包括金湖县境内的入江水道、宝应湖、高邮湖等地区，总面积5.1万公顷。2008年调整为5800公顷。主要保护对象为湿地生态系统和珍稀鸟类。

（六）涟水涟漪湖黄嘴白鹭自然保护区

位于涟水县涟城镇的五岛公园以及相连水域和城郊废黄河沿线的林区水域，总面积3433公顷。2002年，江苏省政府批复建立。保护区内有鸟类资源16目33科15种，其中国家一级保护鸟类丹顶鹤，国家二级保护鸟类黄嘴白鹭、大天鹅、小天鹅等10种，江苏省重点保护鸟类小壁虎鸟、鸿雁鸟等17种；有林木树种137种，森林覆盖率80%以上。

四、林政管理

（一）林业定权发证

1982年，根据国务院《关于保护森林发展林业若干问题的决定》，淮阴地区开展稳定山权林权、划定山林界址、确定林业生产责任制的林业“三定”工作。到1983年年末，全市有318个乡镇场、4705个村、39570个村民小组、264个乡村林场落实林业生产责任制，签订责任合同19.94万份；落实多种形式承包责任制的林地面积5.42万公顷，其中有1.09万公顷实行包林到户管理，承包户37万户；林业定权发证面积5.62万公顷，发证52027份；发生山林纠纷929起，面积0.19万公顷，处理907起，面积0.18万公顷。

2003年，淮安市根据《中共中央、国务院关于加快林业发展的决定》，强化林权登记发证工作。当年完成400公顷新造林林权登记发证工作，发证2400份，发证率和准确率均为100%。2004年，凡持有林木林权证的，补偿标准相应提高20%，当年发放林权证1万余份。2006年，全市编印林权登记资料500本，完成林权发证面积1.29万公顷，其中重点公益林林权发证率67%。2008年，全市累计用林权证抵押贷款2000多万元。2008年，根据《中共中央、国务院关于全面推进集体林权制度改革的意见》，淮安市组织开展林权制度改革调研、摸底工作，根据全市森林、林木资源和集体林地现状等基础材料，组织制定全市集体林权改革实施方案。

（二）征收育林基金

1984年开始，淮阴市在全市范围内征收育林基金。当年成立竹木检查站26个，在各木材集散地设立育林基金征收站、点160余个。1984年，全市征收育林基金12.83万元，以后逐年增加。到1989年，达到88.2万元。1994年开始，规范育林基金征收，加大征收力度，收费总量逐年提高。至2004年，全市征收育林基金总额420.21万元。2008年，全市征收育林基金超过500万元。

（三）木材限额采伐

2001年开始，淮安市以用材林的消耗量低于生长量为原则，严格执行森林采伐限额制度、设计审批制度、凭证采伐制度、监督检查制度，全市森林资源总量持续增长。至2005年，江苏省累计下达淮安市林木采伐限额54.92万立方米，全市凭证采伐31.8万立方米，仅占采伐限额总量的58.1%。2006年，江苏省下达淮安市年森林采伐限额14.11万立方米，全市凭证采伐面积0.61万公顷、蓄积8.9万立方米；办理审核木材采伐限额审批71件，发放林木采伐许可证2880份。至2008年，未发生超限额采伐林木现象。

（四）征占林地管理

2000年，国家林业局制定《占用征用林地审核审批管理办法》，要求用地单位需要占用、征用林地或者需要临时占用林地的，应当报林业主管部门批准。2001年开始，淮安市进行征占林地管理，当年办理征占用林地手续10起。2004年，在全市范围内开展征占用林地清理整顿大检查，清理违法征占用林地案件14件，违法征占用林地面积95.33公顷。2005年2月，盱眙县林业局对林地内建筑物占用林地情况进行清查。经核实，全县征占用林地49处，征占用林地面积41.27公顷，全部进行清理整顿。至当年年底，全市累计依法办理征占用林地手续35起，征占用林地面积66.3公顷。2006年，办理征占用林地手续18起，面积33.8公顷。2008年开始，对征占用林地实行定额管理。

（五）生态公益林界定

2001年开始，淮安市开展林业分类经营，全市确定公益林3.8万公顷，占林业用地面积的56%。2001—2003年，盱眙林场每年获得省生态公益林补偿金29万元。2004年，全市界定国家级公益林3.2万公顷，确定省级公益林试点补助单位13家，试点规模1.02万公顷；获国家级、省级生态效益补偿面积2.8万公顷，共获补偿基金206万元，其中盱眙县、洪泽县、涟水县获得国家公益林补助105万元，盱眙县获得省级公益林补助101万元。2005年，全市界定林业用地面积7.01万公顷，其中公益林4.19万公顷、商品林2.82万公顷。经国家批准的国家级公益林面积1.8万公顷，主要分布在：盱眙县丘陵山，1.77万公顷；洪泽县老子山、林柴场、三河闸，86.7公顷；涟水县废黄河沿线的黄营、南集、石湖、徐集4个乡镇，193.3公顷。有省级公益林面积1.76万公顷，主要分布在：盱眙县西南丘陵，336.7公顷；盱眙县第一山、盱眙铁山寺森林公园，273.3公顷；淮河、废黄河、二河、大运河、入海水道、入江水道、苏北灌溉总渠、淮沭河等省流域性河道，8253.3公顷；京沪宁连等高速公路两侧，3073.3公顷；洪泽湖周边，1194.4公顷；盱眙林场、洪泽老子山林场、金湖林场等国有林场，1433.4公顷。至2008年，基本不变。

第四节　林业产业

一、意杨产业化

1998年，淮阴市在江苏省率先提出实施意杨产业化，把意杨产业作为农业结构调整和农业产业化经营的主导产业之一。当年栽植意杨2000万株，造成片意杨林0.97万公顷。1999年，栽植意杨2132万株，新造意杨林1.04万公顷，建成林网2.54万公顷；以水利堆堤和滩面为基础，以骨干公路铁路为干线，建成万亩意杨基地20多处。至2000年，全市有杨树成片林面积1.9万公顷，占全市成片林面积总量的57.3%；杨树活立木蓄积量466.4万立方米，占全市活立木总蓄积量的80.7%；杨树资源无论是面积还是蓄积量，均占全省地级市第三位。2002年，淮安市拓植杨树成片林累计达到3.41万公顷，形成涟水县陈师镇、盱眙县铁佛镇、洪泽县共和镇、淮阴区渔沟镇等造林规模在130公顷以上乡镇8个。全市意杨产业化形成，意杨产业提升为林业产业。至当年年底，全市有木材加工企业641家，年加工木材75万立方米，实现加工产值6.1亿元，利税1.2亿元；有金湖县金南、淮胜，涟水县杨口、高沟，淮阴区韩庄，洪泽县东双沟等初具规模的杨木加工区6个，木材加工专业村64个。

为保证木材原料可持续利用发展，各加工企业纷纷建造基地林，走林企一体化之路。洪泽东盾人造板公司投资1000多万元，在洪泽、楚州等县（区）营造中密度工业原料林600多公顷，2004年又在宁连路边投资建立13.33公顷育苗基地，培育20多万株杨树良种苗和30多万株绿化用苗。2005年，全市加工木材150万立方米，产值17亿元，出口创汇1500万美元。洪泽东盾人造板公司被评为江苏省林业产业龙头企业，盱眙雅尔斯人造板有限公司、淮阴区东南人造板制造有限公司、涟水惠泰木业有限公司等企业被评为江苏省林业产业“四十佳”企业。

2006年，淮安市杨树造林、加工、营销一体的林业产业链基本形成，全市以加工为主的林业企业发展到956家，其中县级以上龙头企业51家。林业总产值34.9亿元，其中第一产业产值13.17亿元、第二产业产值19.9亿元（主要为木材加工）、第三产业产值1.87亿元。2008年，全市实有木材加工企业560多家，加工产品产量130多万立方米，加工产值23亿元；年生产超过5000立方米以上的有30家，产品出口创汇3337万美元。

二、重点木材加工企业和镇村

（一）洪泽东盾人造板有限公司

该公司于2000年建成，2001年正式生产，当年实现利润1910万元，利税2152万元，居全省之冠，是江苏省最大的中纤板生产基地。2007年，成为华东地区中纤板行业的骨干企业、省级农业龙头企业。2008年，实现产量16万立方米，产值1.8亿元，利税2112万元。

（二）盱眙雅尔斯人造板有限公司

该公司于2001年建成。2008年，拥有中纤板8万线1条、刨花板5万线1条、薄板1万线1条，实现年产量9万立方米，产值超亿元，利税1152万元，是江苏省大型木业制造企业。

（三）淮阴东南人造板制造有限公司

该公司创建于2002年，2003年正式投产，主要生产以废弃枝桠材为原料的中密度纤维板。2008年，实现产量10万立方米，产值超亿元，利税1200万元。

（四）涟水惠泰木业有限公司

该公司于2003年开工建设，2004年竣工投产，专业生产各种规格中、高密度纤维板。至2008年，实现产量8万立方米，产值1亿元，利税528万元。

（五）淮安亚飞木业有限公司

该公司于2004年兴办，主要产品有E1、E2级多层板，普通脲胶多层板、酚胶多层板、覆膜多层板，并可生产各种加长加宽异型板、地板基板等。2008年，实现产量2.5万吨，产值3750万元，利税562万元。

（六）楚州青木纸业有限公司

该公司于2005年兴办，以杨木为原料，用机械加工方式生产杨木APMP纸浆、新闻纸、文化用纸等，年用杨木20万立方米。2008年，造纸8万吨，实现利税500万元，是国家鼓励发展型项目。

（七）金湖县金南乡

全乡有1520公顷林网，208公顷片林，43万株“四旁”树，林木蓄积量10.8万立方米。13个村有31家木材加工厂、122个木材营销大户，林业年产值超过1000万元。杨木及其制品畅销全国20多个省、市、自治区。

（八）涟水县南集镇码头村

全村有土地170多公顷，其中村民承包意杨成片林面积80公顷、村集体拥有意杨36000多株。

第七章　蚕桑业

1978年后，淮阴地区对蚕桑生产加大扶持力度，使蚕桑业得到很大发展。1988年，全市蚕桑种植面积7680公顷，蚕茧产量639182吨。1998年，全市蚕桑种植面积6848公顷，蚕茧产量609316吨。2002年以后，由于外贸商品滞销，丝绸价格下滑，挫伤蚕农的积极性，很多地方出现毁桑、刨桑现象，蚕桑种植面积大幅减少，蚕茧产量急剧下滑。2008年，全市蚕桑种植面积只有2463.87公顷，蚕茧产量1520.5吨。

第一节　植　桑

1978年，淮阴专署拨出专项资金20万元、化肥7892吨，扶持全地区蚕桑育苗。1979年，中共淮阴地委提出“大办蚕桑，建成丝绸之乡”的奋斗目标。

至1981年，共投资2000多万元拓植桑园。1982年，全地区桑园面积达2万公顷，淮阴县的南陈集、南吴集、赵集、古寨公社，金湖县的金南、金北、银集、闵桥、塔集公社；洪泽县的黄集、万集、三河、共和公社，涟水县的徐集、五港公社为蚕桑主要栽植地。1986年，因收烘能力不足，市收购部门擅自提高蚕茧检验标准，蚕茧收购压级压价，蚕农卖茧难，影响群众积极性，部分乡村出现毁桑改粮现象，全市桑园面积降至1.5万公顷。1987年，淮阴市人民政府印发《关于进一步抓好蚕桑生产的通知》，重申蚕茧收购标准价格不变的政策，严禁随便毁桑。1988年，市政府颁布《关于鼓励发展蚕桑生产的若干规定》，稳定蚕桑生产。全市桑园面积逐年增长。

1987—1992年，蚕桑栽植密度为每亩800株，1993年以后多数为每亩1000株。至1993年，全市桑园面积达到21255公顷。1994年，全市桑园面积发展到33563.25公顷，这是淮阴市蚕桑栽植的最高峰。一年植桑18029公顷，相当于1978—1991年全市植桑面积之和。全市拥有栽植蚕桑5000亩以上的基地乡40余个，万亩桑园基地乡8个，桑园面积占全市经济作物总面积的67%。蚕桑栽植方法以沟垄栽为主，少量穴栽，低干密植。栽植技术以一步成园新技术为主。1996年，全球丝绸行情急剧下滑，蚕茧价格成倍下跌，加之蚕桑基础较差，蚕茧收购体制混乱，茧质恶化，亩桑效益一落千丈，蚕农纷纷刨桑、毁桑，当年全市桑园面积锐减至7000公顷。

至2002年，全市桑园面积基本保持在6666.67公顷左右。2003年以后，桑园面积逐年减少。至2008年春季，全市有效桑园面积只有2463.87公顷。

第二节　养　蚕

1978年，淮阴地区从专署到各县都十分重视养蚕事业，蚕茧生产大幅度增长，产茧量达2519.76吨，占全省产茧量的9.6%。1979年，产茧3111.60吨，居全省第四位。1981年实行蚕茧超产奖励办法，发种量突破20万张，产茧4337.34吨。1982年，淮阴地区蚕桑技术指导站成立。1983年，产茧5350吨，占全省产茧量的11%，居全省第三位。1984年，进一步落实蚕桑生产责任制，桑园包产到户，实行订购合同，以及超收购基数加价等政策，共发种36.87万张，产茧8451.8吨，比上年增产58%，占全省产茧量的13%，增长幅度居全省第二，第一次实现原料茧自给有余。1985年，全市有19.4万户农民从事养蚕生产，产茧量超过100吨的乡达19个，超过50吨的乡58个，总产茧量达8678.74吨。1986年，市收购部门擅自提高蚕茧检验标准，压级、压价收购蚕茧，挫伤蚕农积极性，全年蚕茧收购8283.53吨，比1985年减产4.5%。1987年，增加蚕茧生产的补贴和奖励，禁止压级压价收购蚕茧，全市养蚕户数达96391户，饲养蚕种181459张，蚕茧量4126.7吨。由于国内原料茧紧缺，外省、市来境抬价抢购蚕茧，形成"蚕茧大战"，当年收购量仅占生产量的88.6%，入库蚕茧仅占生产量的74.38%，造成淮阴市许多缫丝厂停产待料，蚕茧质量严重下降。

1988年，共育比例增加，调整优化布局，在桑园面积基本不变的情况下，单产和产茧量大幅提高，单产每张30.3公斤，产茧量6391.82吨，分别比1987年提高33%、54.9%。1989年，产茧量7561.36吨，比1988年提高18.3%。1990年7月12日，淮阴市丝绸产品在全国妇女儿童用品四十年博览会上获奖，加上国际市场茧丝需求量不断增加，迎来淮阴市养蚕业高速发展的黄金时期，蚕桑生产总量迅速增加。

1992年，淮阴市茧丝绸总公司成立，蚕桑技术指导站整体划入茧丝绸总公司，实现贸、工、农一体化。这一年也是蚕桑生产下拨改进费、组织费最后一年，从此蚕桑丝绸行业完全步入市场化运作。当年全市桑园面积1.55万公顷，蚕茧产量11025.58吨，比1991年分别增长24.9%、14.8%。1993年，全市蚕茧产量13654.98吨，比1992年增长23.8%。1994年，全市蚕农栽桑势头迅猛，桑园面积发展到3.33万公顷，是有史以来最多的一年，蚕茧产量17224.6吨，比1993年分别增长57.9%、26.1%。是年，由于茧丝行情上扬，各地抢购蚕茧，形成蚕桑史上又一次"蚕茧大战"。

1995年11月至1996年，茧丝行情急转直下，蚕茧价格暴跌，有的地方甚至出现打白条、无人收购的局面，蚕农叫苦不迭，怨声载道，而蚕桑主管部门又没有资金投入，大批基层技术骨干收入微薄，蚕桑行业陷入"业败人散"的被动局面。加上大批新桑园未投产，微粒子病猖獗影响蚕茧质量，造成大量桑园被毁，当年发种量、产茧量和养蚕户数均达到历史上最低水平，桑园面积减少50%，蚕桑生产跌入低谷。

1997年，蚕桑生产由低潮开始复苏。全市推广方格蔟、室外大棚比例分别达到40%、35%，全年蚕茧平均上车率88%，解舒率53%，创历史最好水平。1998年，第五代新蚕品种推广比例达到15%，部分蚕农自发要求栽桑，新栽桑面积523.73公顷，但因为桑园套种杨树，变相毁坏桑园，全市桑园始终没能拓展。当年全市有养蚕户81023户，分布在96个乡镇，其中蚕桑基地、重点村、专业户成为蚕桑业的主要阵地，占全市蚕业总量的70%。当年全市发种量185375张，收购蚕茧

6093.18吨，蚕茧质量继续提高，质量指标创历史新高。1999年，推广新蚕品种，春蚕价格较低，秋蚕订种工作困难，不得已“二秋改一秋”（早秋蚕、中秋蚕）。通过努力，“微毒”防治效果较好，大环境洁净，成为许多蚕种场原蚕基地的首选。2000年，由于各级政府将蚕桑生产列入农村产业结构调整重点项目，蚕桑科技大量注入，质量和效益优势逐步体现，加上蚕桑行情略有好转，使得蚕桑业生产基本保持稳定，全年发种161778张，产茧6063吨，亩桑收入达1216元，比1999年分别增长20.5%、20.2%、96.6%。洪泽县万集镇纲要村、淮阴县南陈集乡鲁黄村等蚕种生产基地亩桑效益超3000元；金湖县涂沟镇曙光村、涟水县徐集乡刘园村等蚕桑基地亩桑效益达2400元以上。2001年，全市桑园面积7170公顷，发种165766张，蚕茧产量6329吨，第五代新品种逐步替代老品种，成为当家品种。体制改革逐步到位，乡级蚕技员通过考试，竞争上岗，基本整合到乡镇农业部门，工资由乡财政解决，乡级技术人员工资问题得以彻底解决，但所留人员无几（大部分人员回家），专职技干几乎没有。

2003年，实行“三季改两季”（夏蚕、早秋蚕、中秋蚕）。由于蚕作不稳定、质量差、效益低，桑园面积跌破6700公顷，锐减到5600公顷，发种11.8万张，生产蚕茧4408吨，比2002年分别下降21%、33%、20.3%。但张种产量、总产值、亩桑效益分别提高19%、1.3%、75%，全市平均产茧率90%，解舒率58%，方格蔟比例达60%以上。2005年，发种9.2万张，生产蚕茧2900吨，比2004年分别下降1.1%、39%。蚕茧质量提高，出现购销两旺的好势头，带动缫丝工业技改投入加大，立缫基本改为自动缫，淮安市优质原料茧基地的雏形基本形成。全市方格蔟推广比例上升到65%，大棚省力化养蚕推广面积120万平方米，蚕茧价格上升到21.2元，比2004年上升27.9%，新拓桑园133.33公顷，蚕业进入以质量求生存的理性发展阶段。

2007年，春季养蚕布局发生重大改革，金湖县、涟水县在学习南通、盐城等先进蚕区新技术的基础上，引进晚春蚕饲育技术，有效增加蚕农经济收入，提高亩桑产出。淮安市部分县、区蚕桑生产变为春蚕、晚春蚕、中秋和晚秋蚕的养蚕布局。同年，省第五代新蚕品种苏豪、钟晔开始在淮安市部分县（区）推广。

2008年，全市蚕桑生产再次进入低谷，发种量38806张，生产蚕茧1520.5吨，分别比2007年减少50.3%、54.9%。

第三节　技术推广

1978年，淮阴地区林桑果技术指导站和各县技术指导机构共有蚕桑技术干部264人。地区“五·七”农业大学开设蚕桑班，培训学生240人，还通过多种形式培训蚕桑技术骨干8.4万人次，又从外地聘请50多位老蚕农，到淮阴传授蚕桑生产技术。1979年，全地区推广“冬季嫁接，一步成园”新技术，自力更生培育桑苗，彻底改变桑树“南种北调，南苗北运”的局面。1980年，举办全地区蚕桑育苗训练班。1981年，进行小蚕专业化试点和方格蔟化试验，推广使用纸板方格蔟25万片。全地区蚕桑技术干部增至374人，有大队农民技术员2307人，培训技术骨干10万人次，初步形成县、公社、大队三级技术服务网络。

1982年，淮阴地区蚕桑技术指导站成立，试验春种秋养，推广“小蚕共育企业化”新技术，建立试点单位593个，集中培训63个重点养蚕公社的技术员，发行《养蚕消毒防病规范》。1983年，试验推广“蚕康宁”新型蚕室具消毒剂，培训村技术员4200人、共育组长9637人，编发《蚕桑生产技术手册》4万余册。1985年，推广绿枝插播育苗技术，建立示范点37个，完成国家“六五”科技攻关项目——“黄淮海中低产地区蚕业开发”课题研究。1987年，市蚕桑站试验推广的“编结式方格蔟”通过省级鉴定。

20世纪80年代，淮阴市桑树推广品种以湖桑32号为主，同时还推广少量桐乡青和新一之濑。1987—1999年，主要推广苏5×苏6品种，菁松×皓月也占一定份额，另有少量A3×A4、75新×7532、46·24×57BA、苏秋3·苏4等品种。2000—2008年，主要推广饲养品种有菁松×皓月、苏菊×明虎、春蕾×锡芳、苏镇×春光、871×872、黄海×苏春等，而苏五×苏六饲养数量逐年减少，至2004年退出历史舞台。2003年，金湖县还推广新品种苏豪×钟晔100张，2004年推广500张，2005年推广1500张。该品种茧型大，茧层厚，张种产量比同期其他品种高。

1987—1993年，小蚕共育形式以集体共育为主，联产共育为辅。1994年以后，逐步趋向联产共育。2000年后，集体共育形式基本不存在。2005年，洪泽县蚕桑站开始实施自动化催青技术。2007年，主要原蚕生产基地洪泽县和淮阴区推广大棚省力化饲养原蚕技术。2008年，涟水县推广简易蚕室省力化养蚕技术。全市方格蔟使用开始普及化，其中金湖县使用率达100%，其他县也达到50%以上。

第四节　蚕场及蚕种生产

一、场圃

1981年，淮阴县蚕桑场转产，正式生产蚕种。至1987年，淮阴市有9个蚕桑场圃，职工1799人，土地面积789.47公顷，其中桑园面积191.67公顷。1992年，盱眙县蚕种场成立。1994年，涟水县蚕种场成立。1999年，涟水蚕种场被省蚕种公司取消，更名为蚕桑场。2008年，全市仅有淮阴区和盱眙县2个蚕桑场。

二、蚕种生产

1993年，一代杂交蚕种生产管理权下放，淮阴和盱眙2个县蚕种场共计生产蚕种14.56万张。1995—1996年，淮阴市3个蚕种场共淘汰2607原种蚁量，销毁蚕种5.1万张。其中，淮阴县蚕种场1995年饲育蚁量15122原种，淘汰蚁量1490原种，制种13.35万张，有2.37万张蚕种因毒率超标销毁；1996年饲育蚁量8897原种，其中淘汰蚁量580原种，制种9.69万张，有2.41万张蚕种因毒率超标销毁。盱眙县蚕种场1995年饲育蚁量2201原种，其中淘汰蚁量177原种，制种1.53万张；1996年饲育蚁量1770原种，制种2.37万张，无超标蚕种。涟水县蚕种场1995年饲育蚁量2120原种，其中淘汰蚁量360原种，制种1.62万张，有953张蚕种因毒率超标销毁；1996年饲育蚁量940原种，制种1.64万张，有2273张蚕种因毒率超标销毁。1998年，涟水蚕种场因质量差被淘汰。淮阴县蚕种场加强以防微为重点的全面质量管理，蚕种质量提升。1999年，全市蚕种场安排新品种繁育。2000年，盱眙县蚕种场生产蚕种质量在全省排名第一。2005年，全市蚕种场共饲育4782原种蚁量，制种8.8万张，平均克蚁制种量为19.6张，公斤茧制种量为4.47张。2005—2007年，盱眙县蚕种场连续3年获得江苏省蚕种生产质量优胜奖。2005—2008年，淮阴区蚕种场连续4年被江苏省蚕种管理所授予“蚕种生产先进单位”称号。2008年，淮阴区、盱眙县蚕种场分别饲育2860和4023克蚁量，分别生产蚕种49702张和80506张。

第八章　畜牧业

中共十一届三中全会后，随着农业生产体制的变革，淮阴地区畜牧业逐渐向商品性生产转化，畜牧业持续快速发展，逐步由自给、半自给的产品畜牧业经济发展到商品畜牧业经济。各地引进优良畜禽品种，推广良种化、规模化、集约化养殖。1984年，淮阴市生猪饲养量267.08万头，牛饲养量18.71万头，羊饲养量23.45万只，家禽饲养量2114.75万只。1995年，全市生猪饲养量456.83万头，牛饲养量18.04万头，羊饲养量166.34万只，禽饲养量6374.82万只。

1996年，淮阴市提出“稳定生猪、提高家禽、大力发展草食畜禽”的发展思路，实施生猪、家禽两大主导产业并举，培育专业户、专业村和基地乡，发展高效规模畜牧业，提升市场竞争能力。当年生猪饲养量达496.41万头，牛饲养量达24.68万头，羊饲养量达174.23万只，禽饲养量达6781.35万只。2002年，生猪饲养量达534万头，牛饲养量达11.64万头，羊饲养量达95.2万只，禽饲养量达10500万只。全市还通过认定无公害畜禽产品产地111个，获得无公害畜禽产品认证124个，培养老侯野鸭、苏粤乳鸽、钦工肉圆、高沟捆蹄、黄集羊肉、金水再制蛋、农清源高营养蛋、淮黑猪肉等一批名产品。淮安黑猪、洪泽白鹅申报地理标志证明商标。2007年，全市农业由“粮、经”二元经济结构向“粮、经、饲”三元经济结构转变。畜牧业实现总产值62.38亿元。按当年价格比较，比1978年增长27.7倍。

2008年，全市畜牧业根据各县（区）培植10亿元主导产业的目标，加快现代高效畜牧业建设。当年全市生猪饲养量265.96万头，牛饲养量8.2万头，羊饲养量42.46万只，家禽饲养量6117万只。淮阴区、涟水县成为国家生猪调出大县，盱眙县成为全国商品牛基地县和秸秆养牛示范县。

第一节　畜禽品种

一、猪

（一）新淮猪

新淮猪是中华人民共和国成立后淮阴地区培育的新猪种。1954年，南京农学院、中国农业科学院江苏分院共同协作，以淮阴种猪场为基地，以原有的老淮猪为母本，引进外地优质猪种大约克猪为父本进行杂交。1956年，获得第一代杂种猪。1958年，获得杂交猪的自交繁殖后代。1973年，将原育种目标脂肉兼用型改为肉脂兼用型。1977年12月，经江苏省科学技术委员会鉴定验收，宣布新淮猪育成。1978年，新淮猪育种组负责人魏尔康出席全国科学大会。

1987年，全市拥有新淮母猪生产群15万头。这一新型猪种保留老淮猪耐粗饲及抗病力强的传统优点，提高生长速度和体重，适应于当时生活水平较低的消费需求，饲养户主要分布在淮河中下游地区。在种猪场一般饲养条件下，后备公、母猪体重3月龄时分别为19.09公斤和19.62公斤，4月龄分别为46公斤和45.94公斤，6月龄分别为75.31公斤和73公斤。成年公猪体重

230～250公斤，成年母猪体重180～190公斤。成年公猪平均体长160厘米，胸围154厘米，体高87厘米。母猪窝均产仔13.3头，初生仔猪窝重11.53公斤。新淮猪在以青饲料为主的饲养条件下，肥育猪8月龄全期日增重为350克，每增重1公斤，需混合精料3.65公斤，青料4.83公斤。肥育猪最适屠宰体重80～90公斤，屠宰率68.1%。

（二）兰德瑞斯猪（长白猪）

1980年前后，金湖、淮安、盱眙等县家畜改良站相继从海安、铜山等地引进长白猪。长白猪与新淮母猪杂交所产生的一代杂种猪，生长快，一般产仔6～10头，仔猪初生体重0.75～1公斤，成年公猪200公斤左右，成年母猪130～180公斤。该猪毛色全白，体躯细长，胴体品质好，瘦肉率占胴体重50%左右。饲养120天料肉比为4.2∶1，屠宰率为74.43%，日增重569克，比当地猪提高13%～15%。纯种长白猪在淮阴地区饲养发情征状不明显，不易受孕。20世纪80年代，是金湖等县家畜改良站的主要公猪品种之一。

（三）汉普夏猪

1980年，淮阴地区从外地引进汉普夏猪。至20世纪90年代，县级淮安市和淮阴、盱眙等县家畜改良站均有饲养。该品种适应性强，胴体品质好，肉率高。与当地新淮母猪产生的一代杂交猪，毛色以黑为主，多数在肩颈部有带状白毛，体型较小。杂交猪7月龄体重达100～110公斤，日增重近0.5公斤，较受农民欢迎。

（四）上海白猪

1987年，淮阴市沭阳县人工授精站从上海市青浦县引进3头上海白猪饲养，作采精用，后陆续推广至全市。该品种猪壮健有力，成年公猪300～350公斤，母猪200～250公斤。杂交后代耐粗食、生长快，肥育8个月，体重可达250公斤以上。因生长周期短，经济效益好，深受农民欢迎。

除上述猪品种外，在1978—2000年间还引进过杜洛克猪，以提高育肥猪群瘦肉率；引进过太湖猪，以提高繁殖率。2000—2008年，有养殖户引进少数斯格种公猪作为杂交父猪进行自繁自养。

二、牛

（一）黄牛

淮安市原属旱作地区，多使用黄牛。当地黄牛最早称淮阴黄牛，种源来自山东鲁西，具有体型大、役力持久和肉用性能好等特点。1987年后，多次引进徐州黄牛和当地黄牛进行杂交，因此淮阴的黄牛群是以徐州黄牛的杂交后代为主体，主要分布在淮阴区吴集、西宋集等乡镇。此外，还引进过夏洛莱牛、西门塔尔牛等品种对淮阴黄牛进行杂交改良。1990—2008年，黄牛由耕牛逐步蜕变为菜牛。

图23-4　盱眙县农村养殖的黄牛（2003年）　市农委　供

（二）水牛

水牛主要分布在洪泽湖沿线乡镇和水稻种植区，作为一种主要生产工具，各乡镇均有饲养，而饲养最多的是盱眙县、洪泽县和金湖县。1980年前后，淮阴地区引进扬州水牛、安徽水牛、海子水牛、尼里/拉菲水牛等品种。其中，1970年盱眙县种畜场从广西水牛研究所引进印度姆拉水牛5头，经过10余年饲养，姆拉水牛基本适应当地的自然条件。1981年，盱眙县再次引进姆拉水牛，并以姆拉水牛为父本，以盱眙县山区水牛为母本，生产出杂交一代水牛。该品种生长速度快，抗病力强，行动敏捷，拉力大，一天可耕水田4亩，其杂交后代遍布全市各县。1990—2008年，随着农村机械化程度的提高，水牛也逐渐被淘汰而成为菜牛。

（三）秦川牛

二十世纪六七十年代，淮阴地区多次组织各县去陕西省引进秦川黄牛，作为种公牛与当地黄牛杂交，其中涟水县先后5次引进秦川种公牛30头，分配给各公社家畜配种站饲养。至1987年，淮阴市各配种站、种畜场均饲养秦川种牛，繁殖不少杂交后代，部分种牛由其杂交后代选用，对改良淮阴牛群起到一定的作用。

（四）奶牛

奶牛品种大都为黑白花奶牛，也有一些养殖场养殖极少量的黑白花奶牛与其他牛的杂交品种。1985—1989年，淮阴县、盱眙县有少部分奶牛养殖，但是产奶水平较低。1990年以后，规模较大的奶牛场有淮阴快鹿牧场、淮安杰隆牧业公司等。2005年，淮安杰隆牧业公司从澳大利亚引进高产奶牛，利用胚胎移植技术进行扩繁。2006年9月5日，淮安市第一头以母黄牛为受体的胚胎移植高产奶牛犊在淮安杰隆牧业有限公司降生。2008年，全市奶牛存栏7673头。

三、马、驴、骡

1978年以前，淮阴地区驴的数量较多，多为灰色小毛驴，品种为苏北毛驴，以役用为主。后来由于现代化程度逐步提高，毛驴逐渐减少。1987年，淮阴市有马1104匹，全部为蒙古马。也有部分骡。农户饲养马、驴、骡多作为役用。1990年后，马、驴、骡数量渐渐减少。2001年后，在淮安市实施畜牧业产业化发展战略的推动下，马、驴、骡养殖又有所发展。至2008年，全市马、驴、骡总数增加到5500头（匹）。

四、羊

淮安市素以养山羊为主，饲养绵羊极少。1978年秋，在山东省荷泽地区召开全国山羊生产基地会议上，淮阴县、涟水县被确定为全国山羊生产基地。

（一）徐淮山羊

徐淮山羊系皮肉兼用型品种，淮安市各县均有饲养。徐淮山羊耐粗饲、善觅食，成熟早，抗病力强，板皮质量优良。分有角和无角两种，产区群众俗称无角的为“马羊”，有角的为“白山羊”。

（二）淮阴小山羊

其特点是体型小，繁殖力强，有较强的抗病力，分棕色与纯白两种。淮阴小山羊皮，质坚皮薄而细密，外贸销路较好。1979年，淮阴县被国家经济委员会批准为山羊板皮基地县。此种羊群历年有扩展趋势，但进展不快，由于多年未进行选育，体型退化。

（三）波尔山羊

从1990年开始，政府及养羊农户为提高养羊的经济效益，引进波尔山羊与当地山羊进行杂交改良。2008年年底，全市有波杂山羊4.68万只，占全市羊存栏量的13.7%。

（四）乳羊

1980年，淮阴地区少数农户个人购进乳羊，数量很少。1998年，全市约有6500只乳羊，后来逐渐减少。2008年，全市仅有乳羊2800只左右。

（五）莎能羊

1975年，从南京、青岛等地引进莎能羊，在清江市郊区、淮阴县、涟水县等地饲养，并以莎能羊为父本，与当地白山羊杂交繁育。1981年，涟水县圈存莎能奶山羊1220只，年产羊奶60万公斤。由于该羊奶膻味较大，当地人不习惯饮用，加上奶品加工业不发达，因此莎能羊未能大规模养殖。

五、鸡

（一）草鸡

草鸡是淮安农户长期饲养的一个当地鸡种。羽毛有黑、黄、白色和芦花色等，可分双冠、单冠鸡，以及凤头鸡和胡嘴鸡等，因毛色各异、冠型不一，群众一般习惯称之为草鸡。母鸡年产蛋量140枚左右，蛋壳白色或棕红色，就巢性强。母鸡在每年4—6月抱窝，雏鸡适应性好、抗病力强、成活率高。草鸡体型小到中等，卵肉兼用，成年公鸡一般2公斤左右，母鸡1.5公斤左右。公鸡羽毛富有光泽，紧贴身体，灵活清秀，单冠直立，眼大有神，鸣声高亢，腿长适度，胫无羽，性好斗。老母鸡市场销售价格贵于其他鸡种，消费者普遍认为其炖汤营养价值高。至2008年，仍为淮安农户散养的主要品种。

（二）三黄鸡

三黄鸡因喙、胫、毛均黄色而得名，其肉质鲜美，为市场广大消费者所喜爱。三黄鸡体型中等，属卵肉兼用种，成年公鸡体重2～2.5公斤，母鸡1.5～1.75公斤，公鸡羽毛金黄，紧贴身体，母鸡年产蛋140～180枚，蛋重50克左右，蛋壳呈棕色，就巢性强，宜于农家放养。

（三）芦花鸡

芦花鸡系蛋肉兼用鸡种，以金湖县唐港、黎城、官塘等乡镇饲养量最多，因耐粗饲、善觅食、抗病力强、生产快，深受群众喜爱。芦花鸡毛色灰白、黄白、或灰红、白灰颜色相间，喙腿黄色，体型中等，三月龄体重可达1公斤，成年公鸡2～2.5公斤，成年母鸡1.5～2公斤，母鸡6月龄开产，年产蛋150～180枚，平均蛋重50克左右，蛋壳厚，呈红褐色。1981年，淮阴行署下达金湖县种禽场“金湖芦花鸡”研究课题，后因多方面限制而未能深入。该母鸡与外来良种鸡杂交，性能较好。

（四）来航鸡

据《淮阴风土记》载，20世纪30年代淮阴杂谷试验场引进来航鸡。1980年前，淮阴地区许多养鸡场都在饲养。该鸡种具有成熟早、产蛋多、不抱窝、抗病力强等特点，但因蛋壳薄，运输破损严重，自20世纪80年代后，饲养逐渐减少。

（五）罗斯鸡

1982—1983年，淮阴、淮安、金湖等县相继引入饲养罗斯鸡。罗斯鸡羽毛褐红色，嘴、腿、爪呈黄色。在当地饲养条件下，成年公鸡一般2.5公斤左右，母鸡2公斤左右。6月龄左右开产，年产蛋200～250枚，蛋壳棕红色。雏鸡成活率一般在75%左右。罗斯鸡育雏条件要求高，抗病率差，未能在全市推广。

（六）西塞斯鸡

1984年后，金湖县种禽场、清江市食品公司种鸡场和淮阴农校实习牧场相继从常州新种鸡场引进父母代苗鸡饲养。在当地饲养管理条件下，170日龄开产，年产蛋量220枚左右，平均蛋重65克左右。由于该鸡具有适应性好、抗病力强、不抱窝、产蛋量高等特点，较受农户欢迎，全市各地均有饲养。2001年后，在涟水县、淮阴区仍是主要养殖品种。

（七）艾维茵鸡

美国艾维茵国际家禽有限公司培育的白羽鸡，肉料比为1∶1.91。2008年，淮安市各地养殖的肉鸡多为此品种。

（八）爱拔益加鸡

原产地美国，一般简称为“AA”肉鸡。

（九）罗曼蛋鸡

原产于德国，是淮安市蛋鸡养殖主要品种之一。

（十）海兰蛋鸡

原产于美国，是淮安市蛋鸡养殖主要品种之一。

六、鸭

（一）麻鸭

20世纪80年代，麻鸭为淮阴市主要饲养鸭种，属卵肉兼用型，主要分布在金湖、洪泽、淮安、盱眙等县（市）。该鸭体态匀称，行动敏捷，公鸭体型较大，背阔肩宽、胸深躯长呈长方型，成年公鸭体重2.3公斤左右；母鸭方头暴眼，细颈长身，紧毛细花，胸宽深，臀部方形，腿壮健有力，全身为麻雀毛，成年母鸭体重2.5公斤左右。在良好的饲养条件下，母鸭春季产蛋约80枚，秋季产蛋约40枚，年产蛋量90～120枚，蛋壳分青、白两种。当地麻鸭一般采取群配法，由食品部门将当年收购的公鸭，按留种要求进行挑选，专门由保种鸭户或单位饲养，到开春后按一定的比例分放到母鸭群中配种。

（二）伙高鸭

1980年秋，淮阴地区宿迁、沭阳等地引入饲养伙高鸭。在圈养的条件下，该鸭种50日龄体重可达2.5公斤。由于生长速度快、抗病力强、适应性好，受到饲养户喜爱。至2008年，楚州区和金湖、盱眙、洪泽等县均有较大规模的饲养。

（三）北京鸭

1983年，洪泽农场从北京双桥农场引进北京鸭种蛋4000枚。至1985年，该场形成具有一定规模的北京鸭生产基地。1990年后，全市各地均有饲养。

（四）高邮鸭

淮安、洪泽、金湖3个县与高邮鸭原产地高邮县毗邻，很早以前就有零星饲养。20世纪80年代中期，大规模引进。至2008年，全市各地均有饲养，尤以境内里下河地区各县为多。此鸭种具有适于野外放牧、觅食力强、饲料消耗少等特点。生长较快，产蛋产肉性能好，在活食丰富季节常产双黄蛋。成年公鸭体重2.3公斤左右，母鸭体重（开产）2.5公斤左右，能适应当地自然和饲养管理条件，深受群众欢迎。

（五）绍鸭

1985年，淮安、洪泽等县引入饲养绍鸭。在当地饲养条件下，绍鸭年产蛋250枚左右，一般刚出壳的雏鸭，即可辨别雌雄。公鸭配种能力强，受精率达90%，受精蛋孵化率达85%。绍鸭饲养比较粗放，以糠糟类、水草等为饲料，肉用性能较差。

图23-5　鸭子养殖户在喂鸭（2005年）　　贺敬华　摄

（六）康贝尔鸭

1986年，淮安县朱桥、东桥、泾口、建淮等乡引入饲养康贝尔鸭。在当地饲养条件下，该鸭种一般130日龄左右开产，产蛋率较高，年产蛋280枚以上，深受群众欢迎。

（七）樱桃谷鸭

1986年，金湖县种禽场从新加坡引进父母代苗鸭400只饲养。同年，淮安县从上海农业科学院、畜牧兽医研究所、周西牧场引进苗鸭2000只。该鸭种适应淮阴市自然环境和饲养管理条件，饲养50日龄，平均体重达2.25～2.5公斤，成年公鸭体重3.5～4.5公斤，母鸭2.25～3.5公斤，约7月龄开产，年产蛋150枚左右，蛋重75～85克，蛋壳为乳白色。该鸭种性耐寒、蛋大、生长速度快，很受农户欢迎。至1987年，金湖县、淮安县各乡镇均有该鸭种饲养。

七、鹅

（一）白鹅

白鹅为当地鹅，体型较小，具有早熟、产蛋多的特点，境内各县均有饲养，尤以里下河地区金湖、盱眙、洪泽、淮安等县（市）饲养较多。成年公鹅体重平均4.5公斤左右，母鹅3.5公斤左右。白鹅性成熟较早，一般早春鹅150日龄就陆续开产，每只鹅年均产蛋60枚，受精率达90%以上。白鹅抗病力强，在加强饲养管理的情况下，雏鹅成活率可达90%。

（二）洪泽湖鹅

洪泽湖鹅系由浙东白鹅、皖系白鹅和雁鹅在20多年杂交选育和横交固定的基础上，经过育种鹅场4个世代家系选育而成。洪泽湖鹅生产性能优良。在半舍饲条件下，仔鹅10周龄平均体重公、母分别为4306克和4071克；饲料转化比公、母鹅分别为3.1∶1和3.2∶1，成活率达96.25%。种鹅年均产蛋42.5枚；公母配比为1∶4～1∶6，种蛋受精率91.02%，受精蛋孵化率达90.55%。另外，太湖鹅、狮头鹅，淮安市也有饲养。2004年，经江苏省畜禽品种资源管理委会审定，由江苏省洪泽县林牧发展局培育的洪泽湖鹅被评为省级畜禽新品种。2008年，洪泽湖鹅仍是全市养鹅的主体品种。

第二节　畜牧生产经营

一、养殖

1978—1981年，淮阴地区牛、马、驴、骡等大牲畜全都由集体饲养，配有专职饲养员；集体饲养猪、羊的生产队大多建有养猪场和安排专人放羊；农民基本上家家养猪，也有一些人家养羊；家禽则多由农民自家饲养。1982年实行家庭联产承包责任制后，大牲畜也都分散到农户个体饲养。1984年后，集体猪场不复存在，全市出现一批畜禽养殖专业户。1995年开始，淮阴市畜禽养殖由分户散养方式逐步转变为一家一户规模化、良种化、集约化养殖。全市实施畜禽养殖产业化，各级政府扶持畜禽生产加工龙头企业，畜牧产业迅速向基地拓展。“公司+农户”“协会+农户”成为主要模式。广东温氏、泰国正大、四川新希望、河南双汇、河南华英鸭、南京卫岗、北京大北农等国家级龙头企业分支公司落户淮安市，成为推动现代畜牧业建设的重要力量，全市畜牧业生产经营得到很大的发展。2005年，全市规模畜禽养殖户达到10120户，规模畜牧业比重递增8个百分点，生猪、肉禽、蛋禽、奶牛规模比重分别达到53%、72%、70%、96%。其中，新增年出栏商品猪

500头以上或年饲养母猪20头以上的规模养殖户234家，新增年出栏肉禽2万只以上和存栏蛋禽2000只以上的规模养殖户527家。

2008年，全市生猪存栏153.96万头；家禽存栏2717.23万只；大牲畜存栏6.1万头，其中黄牛3.67万头，乳牛0.77万头，水牛1.11万头，马、驴、骡等0.55万头（匹）；羊存栏34.16万只；兔存栏8.9万只；蜂存栏0.55万箱。淮安温氏畜牧有限公司、淮安正大畜牧有限公司、淮安君泰食品有限公司的“公司+农户”养殖实现滚动发展，新签约肉禽、生猪养殖户200多家。国家立项的39个生猪标准化养殖小区全部建成投产，催生一批标准化养殖典型。涟水、金湖、楚州等县（区）依托养殖协会和合作社，带动一批农户发展家禽规模养殖。

1984—2008年淮安市畜禽饲养情况表

表23-10

年份	生猪（万头）		牛（万头）		羊（万只）		家禽（万只）	
	存栏	出栏	存栏	出栏	存栏	出栏	存栏	出栏
1984	124.60	142.48	0.57	12.14	11.68	11.77	1240.02	874.73
1985	132.08	149.83	0.60	10.18	15.60	9.50	1593.26	1096.21
1986	144.15	172.97	0.85	10.52	24.58	16.87	1665.27	1070.58
1987	159.38	162.71	1.11	10.25	30.47	23.20	1897.87	1069.20
1988	164.46	167.81	1.21	10.72	31.24	28.83	2424.37	1406.02
1989	155.85	169.45	1.64	10.86	36.31	31.19	2460.09	1339.26
1990	166.42	167.46	1.86	11.37	38.88	28.67	2565.32	1343.63
1991	171.23	165.64	1.98	11.64	37.32	29.21	2725.50	1491.45
1992	182.36	167.86	1.94	11.67	48.67	31.21	2966.19	1541.45
1993	197.36	169.21	1.96	11.64	65.69	42.84	3218.70	1695.04
1994	233.12	186.75	2.53	12.37	94.57	47.69	3880.18	1826.60
1995	262.59	193.88	3.47	14.57	111.01	55.33	4364.72	2010.10
1996	295.40	201.01	6.83	17.85	119.67	54.56	4837.20	2034.15
1997	228.72	189.49	7.24	17.42	105.14	54.80	3207.15	1343.32
1998	237.97	209.10	8.21	18.19	108.54	56.35	4274.87	1456.62
1999	310.21	230.00	8.51	15.60	87.20	31.00	4880.00	2130.00
2000	370.00	10.00	8.10	5.60	85.30	31.20	7800.00	3200.00
2001	320.00	220.00	7.80	4.30	76.32	29.60	7700.00	3130.00
2002	320.00	214.00	7.43	4.21	67.00	28.20	7100.00	3400.00
2003	318.42	378.00	6.81	4.10	63.60	26.20	6253.36	3800.00
2004	297.30	320.00	6.28	3.48	52.30	21.20	6130.20	3996.00
2005	297.00	118.20	5.90	3.42	33.90	18.10	5339.51	3200.00
2006	258.10	170.60	3.19	2.17	33.80	12.80	5100.00	4700.00
2007	167.38	102.77	3.18	2.18	27.20	11.30	5538.49	2107.42
2008	153.96	112.00	5.55	2.10	34.16	8.30	2717.23	3400.00

1983—2008年淮安市畜禽肉产量情况表

表23-11　　　　单位：吨

年份	生猪肉	牛肉	羊肉	家禽肉
1983	77766	367	1235	14159
1984	95000	609	1230	16828
1985	98718	672	1450	19952
1986	104472	859	2548	20484
1987	118713	1357	3417	25095
1988	124718	1535	3576	31895
1989	120183	2117	4002	32689
1990	121558	2351	4354	33041
1991	124394	2297	4754	34119
1992	128896	2300	6214	37551
1993	142746	2279	8584	44238
1994	168785	3197	11375	50051
1995	187916	5024	13246	55271
1996	209060	8144	17041	58898
1997	142950	9050	13143	27261
1998	161231	7621	13568	36336
1999	160128	7632	11231	32336
2000	157630	4321	10768	31456
2001	161000	3920	10510	29801
2002	154643	2785	9881	29857
2003	猪、牛、羊肉共22.82万吨			38912
2004	猪、牛、羊肉共21.8万吨			51259
2005	猪、牛、羊肉共20.76万吨			50865
2006	猪、牛、羊肉共19.8万吨			63278
2007	猪、牛、羊肉共18.72万吨			74371
2008	猪、牛、羊肉共20.7万吨			86215

二、加工经营

1980年以后，淮阴地区陆续开办畜禽产品加工业。1983年，淮阴县小营乡建立乡办冷库一座，容量为150吨，加工冷藏禽兔猪肉。随着经济体制改革的逐步深入和对外开放战略的推进，畜禽产品加工业迅速发展。1994年，淮阴县果林场成立皮革加工厂。1998年，淮阴县丁集镇个体户建立第一个特禽加工企业——苏粤乳鸽食品有限公司。1999年，在淮阴县王营镇成立老侯野鸭食品加工厂、楚香特禽加工厂，老侯野鸭食品加工厂后迁至淮阴县棉花庄镇。淮阴县码头镇成立码头牛羊肉加工厂。2002年，君泰食品有限公司在刘老庄乡成立一家肉鸭加工厂，年加工肉鸭1000

万只。2007年，淮安双汇食品有限公司建成投产。

2008年，全市有畜牧加工企业38家，在70家市级重点龙头企业中，畜牧业占15家，其中省级龙头企业6家（江苏淮阴正大有限公司、淮安市快鹿牛奶有限公司、淮安市天参农牧发展有限公司、江苏淮安苏食肉品有限公司、淮安市老侯珍禽养生食品有限公司、淮安温氏畜牧有限公司）。是年年末，全市生产猪、牛、羊肉20.7万吨，禽肉8.6万吨，禽蛋12万吨，新鲜奶3.9万吨。

第三节　特种养殖

一、鸽子

1992年以前，鸽子饲养量很少。1997年，淮阴县政府确立丁集、五里、徐溜、老张集、渔沟、刘老庄等乡镇为鸽子饲养重点发展乡镇。引进王鸽、卡奴鸽与当地鸽子杂交。1998年，盱眙县旧铺镇朱洪波养肉鸽5万只，连续两次获得市政府特禽生产养殖补贴5000元。在朱洪波的带动下，旧铺镇连续5年肉鸽养殖量达50万只。2008年，全市饲养鸽子780万只，其中信鸽20万只。

二、兔子

淮安市兔子品种均为外地引进。主要为皮用兔，以力克斯、青紫蓝为主要品种。毛用兔以1974年引进安哥拉兔为主体，日本大耳兔是1980年从日本引进的品种，獭兔是1990年从北方引进的品种。1999年，三河农场建成大型獭兔养殖场，年养殖量2000只以上。2000—2002年，盱眙县獭兔发展到2.5万只。2008年，全市养兔120万只。

三、蜜蜂

1978年，淮阴地区引进意大利蜂200箱，1987年全市发展到1544箱，2008年全市蜜蜂存栏量5461箱，其中盱眙县达5000箱。盱眙县蜜蜂产蜜加工成瓶装蜂蜜、蜂王浆冻干粉含片、蜂胶片、蜂胶、蜂胶原液以及各种蜂蜜、蜂花粉等产品，主要出口美国、日本、韩国及销往国内100多家企业。

四、鹌鹑

1988年为淮阴市鹌鹑养殖高峰，主要分布在淮阴县。当年该县畜牧兽医站和杨庄鹌鹑养殖场饲养量均在1.2万只以上。1995—2008年，盱眙县盱城镇居民吴南芳每年都饲养鹌鹑1.5万只以上，年均获利2万元以上。

五、水貂

20世纪80年代初，淮阴地区洪泽、泗洪等县分别从黑龙江、浙江、南京等省、市引进种貂。20世纪90年代，全市水貂饲养量1万只。2000年，全市水貂饲养量1.7万只。2008年，全市水貂饲养量2.1万只。

六、乌苏里貉

1985年，淮阴市泗洪县从黑龙江省石尧河县引进乌苏里貉50只，公、母数量各半。1986—

1987年，又累计引进330只。1990年全市养貉9000只，2005年全市饲养1.2万只，2008年全市饲养2.5万只。

七、狐狸

1987年，淮阴市泗洪县从河北省引进兰狐4只，次年又从东北地区和江苏省常熟等地引进85只。2000年，盱眙县新街乡兴建500只兰狐饲养场，当年发展到3220只。2008年，全市养狐1.1万只。

八、野鸭

1997年，盱眙县仁集乡利用丰富的水草和螺虾资源，引进1000只绿头野鸭种鸭，建造仁集乡野鸭养殖场。1998年，饲养绿头种野鸭3万只。绿头野鸭味好，市场十分畅销。2001年，明祖陵镇野鸭饲养量达100万只，野鸭养殖迅速发展到洪泽湖畔各乡镇。2002年，盱眙县养殖野鸭305万只。同年，盱眙县制定省级《无公害绿头野鸭生产技术规程》，送省质监局获批后成为省级标准在全省发布。2003年，野鸭饲养遭遇"非典"和特大洪涝灾害侵袭，野鸭产业遭受重创。2008年，全市野鸭饲养量为150万只。

第四节　疫病防治

一、防疫机构

1978—1982年，淮阴地区从行署到各县、各公社都设有畜牧兽医站，主要诊治牛、猪病和动物防疫。1990年，淮阴市成立兽医卫生监督所，与市畜牧兽医站合署办公。1996年，兽医卫生监督所从市畜牧兽医站分离出来，编制6人。2008年，淮安市兽医卫生监督所编制15人，负责全市动物及产品检疫，监督管理动物防疫，监管兽药、饲料。各县和乡镇的防疫机构仍是畜牧兽医站。

二、防疫检疫

20世纪70年代，淮阴地区开展动物防疫，每年春、秋季各1次。1980年5月，淮阴地区多种经营管理局召开生猪常年防疫工作经验交流会。1981年，全地区各地改季节性防疫为常年防疫，各地防疫密度大幅提高，免疫猪群常年保持在95%以上，同时废除防疫发证办法，改用耳号作为防疫标记。自1983年起，全市各地每年均对存栏生猪、耕牛和养鸡场进行普查，以防治猪瘟、猪丹毒、牛流感、鸡新城疫等为重点，对曾发生过疫情地区的猪舍、牛栏、鸡圈进行消毒。食品部门的猪舍在正常情况下，每月消毒1次，调运生猪运输工具，必须持有车船消毒证方可出入境。淮阴市政府成立家畜5号病防治指挥部，每年组织1～2次全市性综合防治目标检查，开展以记分为标准的评比竞赛活动。发生较大疫情时由政府发布扑灭疫情命令，采取封锁、隔离、消毒等相应措施。

1985年，国务院颁发《家畜家禽防疫条例》，全市动物防疫、检疫、检验工作进入正常化、规范化，畜禽的售前检疫、市场检疫、运输过境检疫及市场白肉检验工作均相继展开。各地对腐败变质的白肉及病死畜禽，均采取焚烧、深埋、高温消毒等措施。对违反防疫条例者严肃处理。农村的防疫、检疫工作由乡畜牧兽医站进行，每个乡站配有专业检疫员2～3人，负责市场白肉检验及调运生猪、畜禽交易市场的检疫。乡站专业检疫人员通过培训，考试合格后发给检疫证。食品收购部门由畜牧部门委托检疫。其检疫人员经培训考试合格后发给委托检疫证明，负责本单位生猪收购检疫、宰前检验和宰后白肉检验。畜禽加工厂的检疫、检验由农牧部门委托自检，县（市）畜牧兽医部门设立卫生监督员，负责畜禽产品的卫生监督工作。1987年，全市开展2次家禽流行病调查。1990年，开展以牛、猪、猫、狗为主的防疫注射。1992年年初，印发家畜家禽防疫文件，年终进行检查。1993年，增加口蹄疫防疫密度，并考核疫苗使用量。

2000年初，市、县（市、区）提交防疫方案，然后层层签订责任状。乡镇对动物的诊断治疗，日常都以跑片巡诊为主。对群体疾病、疑难杂症由县（区）畜牧兽医站出诊、会诊。2001年，兽医药推向市场，全市有500多家个体兽药经营部。2003—2008年，牛、羊使用免疫耳标，口蹄疫、禽流感实行免费防疫。

三、主要病症防治

（一）结核病

结核病多见于奶牛，但20世纪80年代，淮安县也有耕牛感染的记录。1982年，淮阴地区对全区奶牛进行结核菌素试验检查，阳性率达78%。1987年，清河区、淮阴县徐溜乡发现奶牛结核病。1990年，市奶牛养殖场检测出16头结核病阳性牛。2003年，在淮阴区西宋集乡大董村一养牛户检测出17头结核病奶牛，楚州区淮城镇公园村一养牛户检测出1头阳性牛。2004年，楚州区水产养殖场4家奶牛大户共检测出35头阳性牛。对于奶牛结核病的防治，采取每年检查2次，发现阳性或可疑症状奶牛迅即隔离饲养，逐步淘汰病牛。加强对购进牛的检疫，对出生1个月后的牛犊进行卡介结核菌苗注射。

（二）牛布氏杆菌病

1980年，淮阴地区各县都有牛布氏杆菌病发生，数头至数十头不等，以奶牛患病居多。至1987年，涟水、淮阴、淮安等6个县（市）累计发生牛布氏杆菌病奶牛100余头。2001年后，淮安快鹿公司下属奶牛场每年都检测出感染牛布氏杆菌病奶牛1～2头。2007—2008年，楚州奶牛场检测出感染牛布氏杆菌病奶牛3头。对牛布氏杆菌病的防治，主要采取检疫上严格把关，防止疫情传染扩散，对畜牧场、奶牛场定期检查，清除病牛。

（三）牛流行热

牛流行热俗称“牛流感”“四蹄困”。该病流行广，传播迅速，发病率高。20世纪80年代，淮阴县黄牛每隔3～4年就大流行一次，每年7、8月间为发病高峰期。患牛体温升高，呼吸困难，肌肉颤抖，流泪流涕，重则倒地不起直至死亡。该病一般采用镇痛药和中药清热解毒剂治疗，有一定效果。

（四）盱眙水牛病

盱眙水牛病因首发于盱眙县而得名。1959年秋，盱眙种畜场部分壮年水牛首次发生一种疾病，患牛体温40度以上不退，食欲下降，继而下颌与胸部及四肢水肿，呼吸困难，整日站立，啃食泥土，后期全身出血水肿，经多种药物治疗无效，病牛全部死亡。1960—1965年，死于该病的水牛共203头。1965年3月中旬，江苏省农林厅邀请中国农科院江苏省分院、苏北农学院、南京农学院等单位10多名专家到现场进行会诊，对病死牛解剖取样，作微生物和病理组织学研究。同年6月，会同盱眙县畜牧兽医站成立盱眙水牛病研究工作组，深入疫区社、队开展调查研究。1979年7月，工作组编写《盱眙水牛病研究成果资料汇编》，从病性、病源、流行病学及病理学方面进行深入研究，特别是传染源和牛羊接触感染的研究，认为该病是一种专门侵害水牛病毒引起的特殊传染病。1982年11月，采用石龙系毒感染继代试验，到1984年传至14代，发病率92.68%。这种病仅发生于水牛，其他动物不感染，但水牛与疫区山羊接触易感染。在防治措施上，试用多种抗菌素、中草药、抗过敏药等药物。至2008年，盱眙县每年都有该水牛病发生，死亡率100%。

（五）牛口蹄疫

1998年5月，县级淮安市苏嘴乡5个村散养户的42头水牛被检测出阳性，全部被扑杀。1999年11月，县级淮安市复兴镇养殖户从内蒙古购进63头奶牛，回来后检测有33头发生这种病，后被扑杀。至2000年，淮阴县古寨乡，盱眙县铁佛镇、马坝镇先后有20头牛患口蹄疫，都被及时处理。2008年，全市对牛群注射口蹄疫双介苗，并增加注射亚州I型口蹄灭活疫苗，效果良好。

（六）猪口蹄疫

猪口蹄疫俗称口疮、蹄黄。1984年，淮阴市政府专门设立防疫机构，从生猪饲养、收购、运输、宰杀、集市等环节进行检疫。1997年，设立猪口蹄疫检测点。2000年，县级淮安市流均食品站从山东调进62头猪，检测后均为阳性，全部作扑杀处理。2001年，楚州区一猪场购进苗猪500头，3个月内检测全部是阳性，被扑杀。2004年，涟水县前进乡一生猪屠宰场从外省调集100头肥猪，屠宰前检疫发现疑似口蹄疫，全部被扑杀。2008年，全市对存栏生猪注射口蹄疫双介苗，并增加注射亚州I型口蹄灭活疫苗，有效率达80%以上。

（七）猪瘟

群众俗称烂肠瘟。此疫在淮阴地区流行久远，遍及每个村庄，始发年代无从查考。1987年，淮阴市发生猪瘟疫病58头，死亡43头，死亡率达74.14%。对于猪瘟病的防治，要加强检疫与及时注射猪瘟疫苗。2008年，全市仍有猪瘟病发生，死亡率降至2%。

（八）猪巴氏杆菌病

即猪肺疫。患猪呼吸困难，喉部肿胀，治疗不及时，则成批死亡。1978年，淮阴地区猪发病16554头，死亡3902头。1987年，全市猪发病90余头，死亡20余头。从20世纪70年代起，开始对生猪注射猪肺疫疫苗。

（九）猪链球菌病

1987年9月24日，县级淮安市施河乡王桥村一农户从宝应县境购回一头病猪，宰杀后出售白肉，凡食用该猪肉的地方，许多猪发生一种症状相同的疾病。患猪24小时左右即发生死亡，肝脏特殊肿大，经江苏省农科院实验室诊断为猪链球病。至同年10月20日，县级淮安市施河、溪河、平桥、七洞、车桥、泾口、马甸、朱桥、林集9个乡117个村共3153头猪发病，死亡263头，体重50公斤以上的占80%。10月25日，全市11个县（市、区）96个乡镇、729个村发现患猪14602头，死亡2291头，病势之猛、传播之快、死亡率之高为历史少见。疫情发生后，淮阴市委、市政府迅速成立防疫指挥部，指令各县（市、区）限期扑灭疫情。10月28日开始，全市生猪停止收购、宰杀、调运、集市贸易。淮安、洪泽、盱眙、金湖和清浦等县（市、区）在通往扬州、南京、徐州和安徽的要道口增设10多个检疫关卡，日夜值班，严禁生猪及其产品流动。对生猪集散地进行大消毒，病猪及时治疗，病死猪作无害化处理，健康猪服药预防。至11月4日，清除最后一个疫点，经检查验收解除封锁，生猪贸易恢复正常。至2008年，该病在淮安市一直有零星发生。发病早期，在没有并发感染的情况下，及时采取抗生素治疗，有较好效果。对表现出症状或混合感染的群体，药物治疗效果不好。

（十）猪丹毒

该病始发年代无资料记载。20世纪中叶至80年代后期，淮阴市每年均有猪丹毒发生，6—9月的发病数占55.28%。1987年，盱眙县发生猪丹毒病猪2165头，死亡85头。至2008年，猪丹毒病在淮安市仍有零星发生。

（十一）猪气喘病

猪气喘病是以猪气喘、腹式呼吸为特征的疾病，经多种药物治疗无效，死亡率很高。经江苏省农科院和江苏省农林厅进行X光透视检查，确诊为猪气喘病。1982年7月，淮阴地区13个县（市）进行实验室检疫调查，抽查88个公社的1321头猪，阳性425头，阳性率32.2%，均无临床症状出现。1985年，全市患病猪25715头，死亡1685头。1987年，盱眙县发生猪气喘病11440头，死亡335头，其他县均有零星发生。该病无有效疫苗防治，在临床上常用土霉素治疗。当地民间兽医采用蟾酥注射液和红矾卡耳，有一定疗效。至2008年，猪气喘病在淮安市仍有零星发生。

（十二）猪肺丝虫病

1979年，淮阴地区畜牧兽医站对13个县（市）240个公社进行抽查，发现阳性猪6217头，占被查猪的9.3%。1980年，盱眙县龙山公社南山大队一队有51头猪死于该病，占饲养量的三分之一。至1981年，全地区猪肺丝虫发病259860头，死亡2529头。该病采用驱虫净内服或肌肉注射治疗，均取得良好效果。

（十三）猪蓝耳病

2001—2008年，淮安市每年都有猪蓝耳病发生，发病时间主要集中在6—10月。栏存生猪每年发病率在30%左右，群体发病死亡率20%～80%。该病给养猪业造成巨大损失，2006年，有8个乡镇生猪存栏200头以上的养猪大户因猪群发生此病而被迫停养。2007年起，使用经典蓝耳病疫苗，效果不太理想。

（十四）羊口蹄疫

2002年夏，楚州区淮城镇公园村一养羊户存栏30只羊，检测出患有口蹄疫病，全部被扑杀。

（十五）羊痘

2002年以前，境内未见羊痘。2003年，楚州区城东乡发现羊痘，死亡28只。2004—2005年，在淮阴、涟水、洪泽、盱眙5个县（区）都有发生。2006年，注射羊痘疫苗，得到控制。

（十六）狂犬病

俗称疯狗病。境内始发年代不可考。患犬有沉郁或不安、食欲反常、口流唾液、拱背夹尾、直线狂奔、攻击人畜等特征。1979年1月，卫生部发出《加强狂犬病预防工作的紧急通知》。1980年3月，淮阴地区被狂犬咬伤1650人，发病26人，死亡25人，咬伤狗、牛、羊等家畜发病死亡100多头。1980年4月，淮阴专署发出《关于扑灭狂犬病的紧急通知》，凡是发生疫情的地方，突击灭狗，一只不留。1987年，淮阴市发现患狂犬病狗22条，全部扑灭。2003年8月，楚州区三堡、淮城镇、范集3个乡镇有4人被狗咬死亡，经市第四人民医院诊断为狂犬病。

（十七）兔瘟

1984年11月，金湖县制药厂从清江禽兔加工厂购进80只肉用兔，相继发病死亡70只。经南京农业大学诊断，确认为兔病毒性出血症（兔瘟）。1985年，淮阴、涟水、淮安、洪泽、金湖等县兔瘟流行，发病兔45538只，死亡27056只。1986年，金湖县黎城镇等7个乡镇兔瘟流行，发病928只，死亡509只，平均死亡率达54.8%。1987年，涟水、金湖等县兔瘟死亡1504只。各地采用兔瘟脏器灭活苗预防注射，保护率在80%左右，有效地控制该病蔓延。

（十八）鸡新城疫

鸡新城疫俗称鸡瘟，是危害极大的传染病之一，在淮安境内流行已久。鸡瘟以当年鸡发生最多，死亡率亦高，老鸡发病较少。该病一年四季均有发生，以春、秋两季为高峰多发期，死亡率达90%以上。1984年后，随着养鸡业发展，防疫工作加强，防疫密度达80%以上，发病率逐年下降，1987年下降到2.4%。2008年，全市未发生鸡瘟。

（十九）鸡白痢

此病在淮安流行已久，遍及各地，对雏鸡危害严重。1982年，金湖、涟水等县对鸡白痢病进行实验室检疫调查，成年鸡隐性带菌者达50%。1978—1987年，金湖县、县级淮安市等地累计发病585585只，死亡202836只，平均死亡率34.64%。一般用痢特灵、磺胺类及抗菌素等药物防治能有效防止该病发生。

（二十）鸡禽流感

淮安市首次发现鸡禽流感病是在2004年5月，白马湖农场一养殖户饲养的1万只肉鸡被检测出患有禽流感病，全部被扑杀。2008年12月，楚州区三堡乡、建淮乡、溪河乡、车桥镇15个养鸡户饲户的鸡发生禽流感，死亡7469只，其余40511只鸡疑似感染，被全部扑杀。鸡禽流感的治疗，在发病早期选择禽用白细胞干扰素饮水，每天2～3次，连用3～5天。另外是抗病毒药物的使用，例如板蓝根颗粒，每天每只2克，大青叶每天每只3克，粉碎后拌料，配合使用。治疗期间需要配合抗菌药物，常见的有环丙沙星、培福沙星，连用5～7天，以防止大肠杆菌、支原体等继发感染与混合感染。

（二十一）禽霍乱

禽霍乱又称禽巴氏杆菌病，是家禽急性病死率较高的传染病之一，鸡、鸭、鹅均有发生，以鸡居多，每年7—11月为高发病期。20世纪70年代后，随着家禽业的发展，淮阴地区每年禽霍乱流行均呈上升趋势，各县均在万只以上。1985年，全市禽霍乱病鸡19.82万只，死亡4.53万只，至1987年疫情仍未有效控制。禽霍乱疫苗因时效短未能全面推广，多作为紧急预防时使用。大型鸡场及养禽专业户多采用抗菌素磺胺类药物拌食预防。养殖场所与外界严格隔离和消毒，对该病有一定防治效果。1989年，淮阴市出现地区性爆发流行。1989年以后，全市规模禽场普遍注射禽霍乱疫苗，疫情得到有效控制。

（二十二）鸡传染性鼻炎

2005年以前，境内未见。2005年，楚州区淮城镇闸北村一养殖户饲养的1800只草鸡，一周内死亡85只。后得到控制。

（二十三）鸡马立克氏病

该病源于引进外地种鸡未严格检疫而传入境内，开始病例少，危害较轻，但由于病死鸡未作无害化处理，导致该病蔓延流行。1980年10月，金湖县复兴圩农场从镇江黄山鸡场引进白洛克鸡900只，有264只发病致死，死亡率达29.3%。经南京农学院检查，确诊为鸡马立克氏病，为全地区首例。1982年，对10个县进行实验室诊断检查，共查992只鸡，阳性56只。1984年，淮安、盱眙、涟水等县计发病鸡7000余只，死亡6000余只。1978—1987年，金湖县共发病鸡6653只，死亡5015只，死亡率达90%左右。该病无特效药物治疗，注射鸡马立克疫苗预防接种，能有效控制疫情发生。至1987年，全市无大面积疫情出现。至2008年，淮安市未发现此病例。

（二十四）鸭瘟

俗称大头瘟，境内早有发生，始发年代不详。1978—1981年，淮安县有发病鸭98924只，死亡91999只，死亡率达93%。金湖、洪泽2个县发生鸭瘟23862只，死亡17727只，平均死亡率达74.29%。每年7、8、9月发病数占全年发病数的70%以上。20世纪80年代，经用鸭瘟疫苗预防接种，逐步控制该病流行。

（二十五）雏鸭病毒性肝炎

1982年，淮安县三堡、施河、范集3个乡苗鸭首次发生一种致死性高的急性传染病，经兽医站化验检查，确诊为雏鸭病毒性肝炎。1985年，据淮安县15个乡镇不完全统计，发病雏鸭12299只，平均死亡率54.8%。其发病死亡率，1周龄之内40%以上，2～3周龄50%左右，4～5周龄10%左右。淮安县发生该病后，不久即蔓延全市，后各县每年都有该病发生。1985—1987年，累计发病雏鸭189207只，死亡86693只，平均死亡率45.82%。该病无有效药物治疗。至2008年，淮安市未发现此病例。

（二十六）小鹅瘟

小鹅瘟是危害雏鹅最严重的一种传染病。1977年，金湖县淮胜、金沟公社4个大队11个生产队的雏鹅有1988只发病，死亡1017只，死亡率达50.9%。经江苏农学院检查，首次确诊为小鹅瘟。当年该病扩散到7个公社15个大队21个生产队，有8370只雏鹅发病，死亡6503只，平均死亡率77.69%。1982年后，淮安、涟水、盱眙等县均有小鹅瘟流行，累计发病雏鹅12.4万只，死亡6.2万只，死亡率50%。1987年，疫情波及金湖县乡镇场圃，累计发病雏鹅达10.69万只，死亡6.5万只，平均死亡率61%。该病防治方法主要采取种鹅接种小鹅瘟疫苗预防，雏鹅注射小鹅瘟血清能减少发病与死亡。

四、疫苗种类

1978—2008年，淮安市畜禽使用疫苗的种类主要有禽流感H5N1、H5N1-5-4，新禽二联、猪口蹄疫、牛羊口蹄疫双价苗，猪瘟脾淋苗、链球菌II型、新城I系、IV系、W-HI20药，鸡法氏囊苗、鸡瘟苗、鸭瘟苗，羊痘五联苗，犬五联苗、狂犬苗，猪三联苗、猪二联苗、链球菌C型，禽霍乱疫苗等。

第五节　畜禽基地

一、基地发展

1995—2000年，淮阴市畜禽生产重点发展区域特色，优势产业逐渐向区域集中。

2001—2005年，生猪产业形成两大养殖片区，即以淮阴区、涟水县为中心的北片生猪养殖区，以盱眙县为中心的南片生猪养殖区；家禽产业形成6大养殖基地，即以盱眙县为中心的温氏肉鸡养殖基地，以涟水县为中心的草鸡养殖基地，以楚州区、清浦区为中心的蛋鸡养殖基地，以洪泽县为中心的洪泽湖鹅养殖基地，以淮阴区为中心的肉鸽养殖基地，以淮阴区、金湖县为中心的蛋肉鸭养殖基地。奶业形成两大经济带，即以淮阴区、楚州区为中心的北片奶业经济带，以盱眙县为中心的南片奶业经济带。全市通过认定无公害畜禽养殖基地111个，获无公害畜禽产品认证标识124个。培育老侯野鸭、苏粤乳鸽、钦工肉圆、高沟捆蹄、黄集羊肉、金水再制蛋、农清源高营养蛋、淮安黑猪肉等一批名品，淮安黑猪、洪泽湖鹅申报地理标志证明商标工作正式启动。2006年，全市畜禽基地建设按照“科学、高效”的方针推进。到2008年，全部规模化养畜、养禽养殖户达10120户，规模畜牧业比重提升8个百分点，国家立项的生猪标准化养殖小区全部建成投产，催生一批标准化养殖基地。

二、基地选介

（一）淮阴种猪场

淮阴种猪场创立于1950年，土地面积400公顷，有职工1000余名。1954年，开始利用老淮猪和大约克猪杂交培育新淮猪。1977年，新淮猪育成并通过国家级鉴定验收，成为新中国成立后国家有计划培育的优良品种猪，获国家科技进步奖、开发苏北优秀科技项目一等奖。1994年，淮阴种猪场被江苏省农林厅确定为省级重点种畜场。1998年，淮阴种猪场和南京农业大学联合开展新淮猪瘦肉系列（苏淮猪与苏太猪、苏姜猪并称为江苏省三大地方优良猪种之一）培育，项目完成六世代自群繁育，基础母猪存栏540头。新选育的猪种，黑毛、瘦肉率高、肉质鲜美、日增重高、产仔率高，被国内专家誉为"中国的杜洛克"。另外，还建设3个苏淮猪扩繁场，开展肥育性能、杂交效果测定。以淮阴种猪场为龙头，推行"合作社+农户"模式，带动周边大户发展苏淮猪规模养殖，年规模养殖总量100万头。在上海、南京等地开设淮黑猪肉专卖店，启动苏淮猪市场开发，加大市场推介力度，创建淮黑猪品牌。

（二）江苏淮阴正大有限公司

江苏淮阴正大有限公司是正大集团、淮阴市粮食局、南通正大有限公司等共同兴建的合资企业，成立于1993年，主要从事生产销售畜禽用全价配合饲料、畜禽养殖、加工等，占地面积11.33公顷。2002年，淮阴正大公司实施多元化经营战略，扩大肉鸡、蛋鸡养殖规模，并开展生猪规模养殖和屠宰加工，逐步形成以饲料生产、种禽种畜繁育、畜禽饲养、屠宰加工多位一体的多元化集团公司。淮阴正大公司对每个养殖场与小区均采用相同的管理模式，即淮阴正大有限公司与农户签订养殖合同，由公司提供苗猪、苗鸡、饲料及技术服务，养殖场或小区提供猪（鸡）舍，负责饲养，每出栏一头商品猪可获得60～70元利润，一个年出栏1000头的商品猪场，可年获利6万元以上；每出栏一只肉鸡可获利1元，每个肉鸡场年纯收入5万元以上，养殖收益稳定。淮阴正大公司代养户的畜禽圈舍全部按正大公司标准和要求建设。舍内设施齐全，夏季降温，冬季保暖，通风换气，四季保持畜禽生长的适宜条件。在此养殖条件下，畜禽存活率高，生长速度快，养殖周期短，且养殖规模大（生猪年出栏1000头以上，肉鸡年出栏5万只以上），有较高的养殖收益。淮阴正大公司第一种猪场位于淮阴区码头镇西，建于2006年，占地面积2.4公顷，总建筑面积达3500多平方米。淮阴正大有限公司第二种猪场位于淮阴区棉花庄镇十里村三组，建于2007年，由淮阴三环养殖有限公司投资兴建，占地面积2.67公顷，总建筑面积4000平方米，总投资200万元。淮阴王兴镇薛渡生猪养殖小区位于王兴镇薛渡村二组，为淮阴正大公司的生猪代养项目，占地面积0.67公顷，固定资产投资60万元。淮阴正大公司逐步形成贸工农一体、产加销一条龙的生产模式，在组织引进肉鸡良种、承担全部市场风险、以"公司+农户"的形式形成一定规模后，淮阴正大公司又成立食品分公司。2008年，食品分公司拥有淮阴三树、涟水保滩、清浦武墩等肉鸡养殖基地，建成标准鸡舍200余栋、2个青年鸡场、6个产蛋鸡场，日上市新鲜鸡蛋达30吨。

（三）淮安温氏畜牧有限公司

淮安温氏畜牧有限公司成立于2005年8月，设计规模为年上市优质肉鸡3000万只、优质肉猪50万头。项目配套有年产鸡苗1600万羽的种鸡场、孵化厂各2家，种猪场8家，年产饲料10万吨的饲料厂2家，以及技术服务中心、销售中心等。在盱眙县10多个乡镇，采取"公司+基地（养殖户）"契约化生产模式，对养殖户实施统一提供种苗、饲料、兽药疫苗与技术服务，产品包价回收的"四统一包"合作方式。2007年，该公司被评为省级农业龙头企业，肉鸡获无公害产地认定和无公害产品认证。2008年，该公司在全市有合作养禽户1100多户。

（四）淮安快鹿牛奶有限公司

淮安快鹿牛奶有限公司成立于1998年，是集现代化奶牛饲养、乳品加工与销售为一体的牧工商综合型企业，属淮安市重点骨干企业和江苏省农业产业化重点成长型龙头企业。2008年，该公司资产总额6200万元，其中固定资产5050万元。拥有1个现代化乳品加工厂，1个质量检测中心，1个乳品工程研究中心，1所中医特色医院。有员工280多人，其中高中级技术人员50多人，还聘请10名国内知名专家教授担任公司的技术发展顾问。该公司主要产品有鲜奶系列、酸奶系列、含乳饮料系列等近30个品种。拥有12个无公害牧场，饲养存栏奶牛近4000头，全部采用瑞典阿拉伐和德国威斯法尼亚挤奶设备，实现工厂化、集约化、绿色化饲养，机械化挤奶，冷链贮运，年产鲜奶4万多吨。

图23-6　淮安快鹿牛奶有限公司牛奶场一角（2008年）
快鹿公司　供

（五）淮安杰隆牧业有限公司

淮安杰隆牧业有限公司成立于2002年10月，位于淮阴区丁集镇丁集村。2005年，该公司从澳大利亚引进高产奶牛利用胚胎移植技术进行扩繁。2006年9月5日，淮安市第一头以母黄牛为受体的胚胎移植高产奶牛犊降生。2008年，该公司有奶牛670头，产奶4000吨。

（六）淮安双汇食品有限公司

淮安双汇食品有限公司位于在淮阴区新渡乡。该公司集生猪屠宰及肉制品加工于一体，项目一期投资4.67亿元，厂区占地面积16万平方米，建筑面积7.9万平方米。2008年，该公司屠宰生猪150万头，生产肉制品8万吨，实现销售收入15亿元，创利税8000万元，直接带动3000余人就业。

（七）盱眙肉鸡生产基地

盱眙肉鸡养殖场位于盱眙县三河农场。1995年三河农场体制改革后，维桥乡农民王国良、三河农场职工薛传步、盱城镇居民马春山分别在三河农场投资成立食品有限公司，实施“公司+农户”的模式养殖肉鸡。1999年，初步形成养、加、销一条龙生产体系，发展肉鸡养殖大户240多户，年养殖肉鸡300多万只，年加工肉鸡1万吨。2005年，盱眙县马坝镇、三河乡和广东温氏集团公司投资的肉鸡养殖公司均建成投产。这些企业除了自己养殖生产，还培植肉鸡规模养殖大户367户，年规模养殖肉鸡660万只。2008年，盱眙县规模养殖肉鸡1500万只。盱眙县肉鸡养殖成为全县畜牧支柱产业和江苏省主要肉鸡生产基地之一。

（八）盱眙县商品牛生产基地

盱眙县商品牛基地分布在全县各个乡镇，被批准为国家级商品牛基地县、国家级秸秆养牛示范县、国家级秸秆养畜示范县、省级秸秆养畜示范县。仇集、河桥、王店、桂五、古桑等乡镇丘陵山区农民利用丰富的牧草资源发展养牛，春、夏、秋季实施放牧，冬季舍饲，生产成本低，养牛效益好。1986年，这几个山区乡镇养牛量达3.98万头。2005年，盱眙县养牛量达4.95万头，其中100头以上规模养牛户达286户。2008年，盱眙县养牛量达5.2万头，其中100头以上规模养牛户达350户。

（九）淮安市君泰食品有限公司及养殖基地

2007年，淮安市君泰食品有限公司落户淮阴区。该公司主要是加工周边乡镇代养户的鸡鸭，实行“公司+农户”的经营模式，由该公司提供鸡鸭苗、饲料、技术、防疫，与农户签订合作合同，进行肉鸡、鸭代养，保证农户肉鸡、鸭在42天左右出栏，每只获纯利2元左右。至2008年年末，该公司在刘老庄、张集、棉花庄等乡镇发展代养户170余户，帮助农户建设养殖大棚600余个。

第九章　水产业

第一节　渔业生产

一、发展概况

淮安市水面广阔，与宿迁市共有洪泽湖，与扬州市共有高邮湖、白马湖。境内水库、池塘星罗棋布，京杭大运河、废黄河、盐河、淮河入海水道和入江水道等贯穿。全市水域总面积30余万公顷，仅次于耕地面积，为水产业的发展提供得天独厚的资源条件。

1978年后，淮阴地区发展农村社队养鱼和农民家庭养鱼，水产业实现由以捕为主向养捕结合、以养为主的转变。先后实施国家商品鱼基地建设项目、联合国“2633”援建项目，新增水产养殖面积0.67万公顷，其中新建商品鱼基地渔场105个，建成面积1500公顷。至1985年，全市水产养殖面积1.85万公顷，水产品总产量25464吨，其中养殖产量13642吨，在全面解决城乡居民“吃鱼难”问题的同时，实现渔民生活由贫困型向温饱型的转变。

1986年开始，在国家有关部门、省政府的支持下，实施洪泽湖综合开发、里下河地区水产开发、黄河故道水产开发等项目。全市范围内掀起水面开发热潮，发展湖泊围网、低埂高围养殖和开发利用湖区低洼滩地。至1996年，全市新增水产养殖面积2.07万公顷，从业渔民收入增加，洪泽县老子山镇、金湖县涂沟镇在全市率先步入小康乡镇行列。

1996年后，淮阴市发展河蟹、青虾、鳜鱼等名、特、优、新品种养殖，发展湖泊生态无公害健康养殖和稻田生态养殖，发展水产品加工业、市场流通业和休闲渔业。2000年，全市水产养殖面积5.11万公顷，其中稻田养殖2.15万公顷、池塘高效养殖0.9万公顷，渔业总产值22.99亿元。

2008年，全市水产养殖总面积近7万公顷，其中池塘3万公顷、湖泊围网1.43万公顷、湖泊网箱171公顷、水库0.35万公顷、河道0.34万公顷、湖荡地0.61万公顷、稻田养殖1.21万公顷；建成无公害水产养殖基地2.03万公顷，创建无公害水产品品牌48个，有绿色水产品2个，有机水产品7个；水产品总产量26万吨，渔业总产值40亿元。

二、渔民、渔船

1978年，淮阴地区有以捕捞为主的洪泽县老子山、临淮、半城、淮河、成河，金湖县涂沟6个渔业公社，55个渔业生产大队，312个渔业生产队；有渔业户数10541户，渔业专业劳动力17895人，其中捕捞渔业专业劳动力17518人、养殖渔业专业劳动力377人；拥有渔船8854艘、24353总吨，其中机动渔船93艘、995总吨。渔业生产以捕捞为主，年捕捞产量11755吨，占水产品年总产量的75.6%。

1983年开始，实施联合国世界粮食计划署洪泽湖“2633”援建项目。世界粮食计划署提供小麦、植物油等食物折合997万美元，中国政府拨付配套资金660万元人民币，完成栽水草0.67万公顷，建立增殖保护区0.6万公顷，放流蟹苗643公斤，开挖鱼塘200公顷，新建渔民学校3000平方米、渔民定居房11.4万平方米、医院1100平方米，新建渔港2座、电力线路13公里、圩堤加固30公里等17个项目，渔民生产条件、居住环境得到改善。1986年后，随着洪泽湖综合开发、里下河地区农业资源开发、黄淮海地区农业资源开发、黄河故道农业开发等项目的实施，全面压船减产，控制捕捞强度，保护渔业资源，引导渔民发展水产养殖业，大部分渔民实现转产转业，由以捕为主向以养为主转变，渔民生活得到明显改善和提高。1990年，全市渔业户数10514户，捕捞渔业劳动力10985人、养殖渔业劳动力7942人，拥有渔船11647艘、53319总吨，其中机动渔船3215艘、32895总吨。1995年，全市渔业户数14977户，捕捞渔业劳动力17504人、养殖渔业劳动力19140人，养殖渔业劳动力首次超过捕捞渔业；拥有渔船15611艘、83059总吨，其中机动渔船4906艘、51078总吨。至2008年，淮安市有涂沟、老子山、淮河3个渔业乡镇，38个渔业村，渔业户24633户，渔业劳动力43355人，其中捕捞渔业劳动力13519人、养殖渔业劳动力29836人；拥有渔船25372艘、120841总吨，其中机动渔船11409艘、74776总吨。

1978—2008年部分年份淮安市渔业人口、渔船统计表

表23-12

年份	渔业户数（户）	渔业人口（人）	渔业劳动力		渔船		其中：机动渔船	
			捕捞（人）	养殖（人）	数量（艘）	总吨	数量（艘）	总吨
1978	10541	54016	17518	377	8854	24353	93	995
1980	10597	48061	17600	3624	9697	29183	464	4037
1985	10247	41963	15200	1070	13463	74044	2030	38436
1990	10514	47643	10985	7942	11647	53319	3215	32895
1995	14977	103984	17504	19140	15611	83059	4906	51078
2000	20883	135813	14808	32830	19346	102360	6843	59984
2005	24444	132066	13754	28482	19711	98019	7178	51554
2008	24633	110619	13519	29836	25372	120841	11409	74776

第二节　捕捞渔业

一、捕捞产量

1978年以前，淮阴地区年捕捞产量长期在1万吨左右。1978年后，随着洪泽湖、白马湖渔业生产管理委员会的成立，加大对湖区渔业资源的保护和增殖力度，开展鱼蟹苗种人工放流，水产品年捕捞产量逐年增加。1990年，全市水产品捕捞总产量突破2万吨，达到22729吨。2000年，水产品年捕捞产量44675吨。2008年，全市水产品捕捞总产量56665吨，其中鱼类32472吨、虾类12521吨、河蟹1664吨、贝类9526吨。

1978—2008年淮安市水产品捕捞产量统计表

表23-13　　　　单位：吨

年份	总产量	其中			
		鱼类	虾类	河蟹	贝类
1978	16877	13214	2710	443	510
1979	12524	6592	3876	1900	156
1980	15689	8122	5243	1973	351
1981	16266	12489	1042	2293	442
1982	16753	11176	2126	3362	89
1983	15645	11824	2720	1050	51
1984	16412	13601	2774	401	136
1985	16822	13343	2913	94	472
1986	12412	9937	1669	115	691
1987	16102	12132	3166	196	606
1988	18303	14014	3483	86	720
1989	18900	13013	4655	90	1142
1990	22729	15458	5270	103	1898
1991	26993	18573	5386	258	2776
1992	26942	18410	5136	194	3202
1993	31429	21799	5341	99	4474
1994	28616	18693	6309	582	3741
1995	38250	25909	6326	187	4567
1996	41315	34689	8526	145	5625
1997	46326	33676	8305	168	4177
1998	44818	27613	12234	486	4485
1999	42424	21757	12074	1388	7215
2000	44675	24566	15631	1512	6128
2001	38764	19150	13654	434	5526
2002	36275	11053	16836	1043	7343
2003	52867	31962	9918	2044	8124
2004	48435	29848	9234	1323	7475
2005	49119	30219	9764	1454	7198
2006	37046	21416	8177	1095	5988
2007	37041	20371	5872	598	9454
2008	56665	32472	12521	1664	9526

二、捕捞场所

（一）洪泽湖

中国第四大淡水湖，原为淮阴市内湖，1996年行政区划调整后，与宿迁市共有。总面积20.69万公顷，盛产鱼、虾、蟹，素有“日出斗金”盛誉，是沿湖渔民赖以生存的天然捕捞场所。洪泽湖银鱼、洪泽湖大闸蟹、洪泽湖毛刀鱼为极具地方特色的水产品。

图23-7　洪泽湖渔船（2008年）　　王开成　摄

（二）高宝湖

即高邮湖和宝应湖，为淮安市与扬州市共有。其中，淮安市金湖县拥有3.2万公顷水面，是理想的水产捕捞场所。随着围网养殖技术的提高和规模的扩大，可供捕捞区域日趋减少。

（三）白马湖

总面积1.07万公顷，淮安市与扬州市共有，其中淮安市金湖、洪泽、楚州3个县（区）拥有80%的水面。湖区水生植物资源丰富，白马湖大闸蟹和白马湖青虾为极具特色的地方品牌，小龙虾、黄鳝、泥鳅、沙塘鳢等品质优良。随着圩塘和围网养殖规模的扩大，可供捕捞区域很少。

（四）河道

淮安市境内有二河（淮河入海水道）、三河（淮河入江水道）、淮沭河、苏北灌溉总渠、盐河、废黄河等河道，均有人进行渔业捕捞。

第三节　养殖渔业

一、苗种生产

（一）鱼苗人工繁殖

1978年后，淮阴地区鱼苗人工繁殖规模不断扩大，鱼苗产量不断提高。生产的鱼苗不仅满足当地需要，还一度远销安徽、山东、吉林、黑龙江、内蒙古等18个省、自治区。1990年后，各级水产技术推广部门探索鳜鱼、鲌鱼、鮰鱼、鲫鱼等养殖品种的人工繁殖，先后获得成功。至2008年，全市有水产苗种生产单位21家，鱼苗产量18.09亿尾，其中洪泽县鱼种场为国家级水产原良种繁育场，淮安市科苑渔业发展公司、楚州区水产养殖场、盱眙县鱼种场、金湖县鱼种场为江苏省省级水产原良种繁育场。

（二）河蟹育苗

1985年，市水产技术指导站、洪泽县水产局共同投资18万元，开展人工配制海水进行河蟹育苗，有40平方米育苗池，育苗8.88公斤。1996年，市水产局投资430万元，在时属灌南县建设市河蟹育苗场，占地面积8.48公顷，其中温室2000平方米。该育苗场于1997年建成并投产，年生产蟹苗400公斤，为全市河蟹养殖业的发展作出很大贡献。后由于沿海河蟹育苗场建设一哄而上，蟹苗市场无序竞争，加之其他因素影响，到2000年，市河蟹育苗场停产关闭。

（三）鱼种培育

1978年后，淮阴地区水产养殖业贯彻自繁、自育、自养的“三自”方针，采用专池培育、成鱼池套养、稻田培育、网箱培育等多种方式培育鱼种。1980年，淮阴地区鱼种产量500吨，其中斤两（大规格）鱼种272.8吨。至2008年，全市鱼种产量128吨，其中斤两鱼种82吨，水产养殖所需苗种自给有余。

二、成鱼养殖

（一）池塘养殖

1978年以前，淮阴地区水产品主要依靠天然捕捞，水产养殖规模小、产量低，远远不能满足城乡市场供应。1977—1982年，淮阴地区实施国家商品鱼基地建设，投资200余万元，开挖鱼塘800公顷，当年建设、当年投产，翌年向国家交售商品鱼。1982年，全地区池塘养殖面积0.71万公顷，养殖产量3839吨，平均亩产35.9公斤。1983年后，随着联合国“2633”援建项目、洪泽湖综合开发项目、里下河农业开发项目、黄淮海农业开发项目的实施，池塘养殖面积不断增加，但养殖生产方式落后，池塘单产水平低，经济效益不高。1987—1989年，市水产局连续3年在全市范围内开展“百亩连片渔场高产、高效竞赛”活动，以“三攻、四改、一提高”（攻单产、攻品质、攻成本，改善生产条件、改革养殖制度、改革品种结构、改革饲料结构，提高综合经济效益）为主，实现池塘养鱼亩产超千斤。1989年，全市1.43万公顷池塘，实现产量4.15万吨，平均亩产193公斤，是1982年的5.4倍。20世纪90年代，池塘养殖面积和产量稳定增长。2005年，实行池塘集约化精养，全市3万公顷池塘，60%以上投喂配合饲料，池塘养殖单产、效益明显提高。至2008年，全市池塘养殖面积3万公顷，占水产养殖面积的44.06%；池塘养殖产量14.17万吨，占水产养殖产量的69.56%。

（二）围网养殖

淮阴市的围网养殖起步较早，1985年开始得到大规模发展。主要是在洪泽湖、白马湖、高宝湖区，将池塘养殖技术与湖荡优良的生态环境相结合，利用湖区大水面设置围栏设施，人工投放鱼、蟹苗种，实行人工投喂饲料。模式有网围、竹箔和低埂高围（水下土坝，水上网围），养殖品种有草鱼、鳊鱼、河蟹等。1990年，全市围栏养殖面积690余公顷，产量1160吨，分别占全市水产养殖面积和水产养殖产量的2.75%和2.1%。至2008年，发展到1.43万公顷，产量18964吨，分别占全市水产养殖面积和水产养殖产量的20.4%和9.3%。大面积发展湖泊围栏养殖，给湖区生态环境造成极大破坏，水生植被破坏严重，加之水产养殖自身污染，湖泊富营养化程度加大，经济效益严重下滑。

（三）网箱养殖

1985—1987年，淮阴市在洪泽湖区开展网箱养殖试验，以培育鱼种为主，取得明显成效。至1990年，全市网箱养殖面积发展到23836平方米，产量112.5吨，每平方米生产鱼种4.72公斤。网箱养殖具有水体利用率高、抵御洪涝和干旱等自然灾害能力强、便于管理、产量高、经济效益好等优势，1990年后得到迅速推广，由鱼种培育发展到青鱼、草鱼、鲢鱼、鳙鱼4大家鱼养殖，养殖产量逐年提高。至2008年，全市湖泊网箱养殖面积171公顷，产量10208吨。

（四）水库养殖

淮安市有水库142座，其中中型水库5座、小型水库137座，总面积3463.67公顷，主要集中在盱眙县。1978年，淮阴地区有水库养殖面积1840公顷，产量188.8吨。1985年，全市水库养殖面积3273.33公顷，产量1354吨。至2005年，全市水库养殖面积3463.67公顷，产量3503吨，利用率100%，平均单产67公斤。至2008年，基本不变。

（五）河沟养殖

二十世纪八九十年代，随着集体渔场、商品鱼基地的建设，各类水产养殖场环沟、护场河得到充分利用。但是该种养殖方式技术粗放，产量不高。

（六）稻田养殖

1985年，市水产技术指导站在清浦区盐河乡王元村利用5.53公顷稻田培育鱼种试验取得成功，当年获水稻单产426.5公斤、鱼种4742.8公斤，水稻单产提高57公斤，鱼种单产提高57公斤，亩均增加收入108.7元。1986年，全市稻田养殖面积发展到546.67公顷。1995年开始，淮阴市实施江苏省水产局“全省大面积稻田养殖高产高效技术推广项目”，全市稻田养殖快速发展，养殖品种也从鱼种培育扩大到成鱼、河蟹、青虾养殖。至1997年，全市稻田养殖总面积7054公顷，水稻平均单产480公斤，稻田养鱼亩产鱼种50公斤、稻田养虾亩产青虾22.9公斤、稻田养蟹亩产螃蟹24公斤，亩均纯收入1000元以上。项目获江苏省第二届农业技术推广二等奖。2000年，新增稻田养殖面积0.78万公顷，稻田养殖总面积达到2.15万公顷。2008年，全市稻田养殖1.21万公顷。

（七）流水养鱼

1985年，淮阴市水产局、洪泽县水产局、洪泽县水利局投资10.6万元，在洪泽湖周桥闸塘外，利用洪泽湖水位落差，开展流水养鱼试验，建成水泥池（一级池）20个、620平方米，土池（二、三级池）2个、1.31公顷水面，蓄水池500平方米，投放鱼种3769.5公斤，投喂颗粒饲料85.86吨，青饲料76.8吨。当年起捕二龄鱼种和成鱼26156公斤。流水养鱼是一种高密度集约化养殖方式，具有面积小、便于管理、产量高、见效快等特点，但是该种养殖方式技术要求高、投资大，未能得到大面积推广。

三、特种水产品养殖

（一）河蚌育珠

1978年，洪泽县老子山公社红旗大队生产珍珠20多公斤，获利6万多元。1981年4月，江苏省水产局召开珍珠生产经验交流会，洪泽县老子山镇红旗大队作交流发言。1982年，淮阴地区新增育珠点118个，新建河蚌繁育池35202平方米，河蚌育珠步入快速发展时期。1983年，全市生产珍珠486公斤。之后，随着珍珠国际市场的不断变化，河蚌育珠经历多次反复。至1995年，发展到高峰，养殖面积2238.73公顷，产量108.2吨。1995年以后，随着新一轮水产养殖结构调整，河蚌育珠面积逐年减少。至2008年，全市育珠面积只有33公顷，产量5000公斤。

（二）河蟹养殖

淮安市洪泽湖、白马湖盛产个大、体肥、膏腴的河蟹。1985年后，由于河蟹资源的不断变化，河蟹捕捞产量锐减，各地开始探索河蟹人工养殖技术。盱眙县淮河乡渔民在池塘中放养一些幼蟹，不定期投喂饵料，当年收获成蟹56.5公斤，开创全市河蟹养殖先河。此后，随着河蟹市场价格的不断上扬，河蟹养殖的效益丰厚，河蟹养殖快速发展。至1995年，全市河蟹养殖面积7369.67公顷，其中池塘1675.87公顷、外荡5693.8公顷，养殖产量1298吨；重点渔区建立河蟹早苗培育大棚1万平方米，建设幼蟹培育池133.33公顷，从沿海河蟹育苗场购进蟹苗强化培育，实现河蟹养殖苗种的自给。2000年，全市河蟹养殖面积发展到2.23万公顷，其中苗种培育面积0.13万公顷，年投放蟹苗10387公斤，河蟹养殖产量16316吨，养殖模式逐步扩展到鱼蟹混养、网围养殖、稻田养殖。2001年后，河蟹市场价格走低，河蟹养殖的经济效益逐步下滑，各地在调整养殖结构的同时，改变河蟹养殖模式，逐步实现生态养殖、无公害养殖。2004年10月，江苏省渔业协会、上海市渔业协会共同举办江苏大闸蟹上海推介会，淮安市"洪泽湖"牌大闸蟹获最佳品质金奖。2005年9月，中国水产协会、江苏省渔业协会联合举办中华绒螯蟹十大名蟹评比活动，淮安市"洪泽湖"牌大闸蟹获"全国十大名蟹"称号。2008年，淮安市有河蟹养殖面积2.33万公顷，总产量19378吨。

（三）鳜鱼养殖

鳜鱼是淮安市较早的特种水产养殖品种之一。1993年，金湖县、洪泽县开始人工养殖试验，其养殖方式主要是在成鱼养殖池塘内套养，每亩池塘投放10～20尾鳜鱼鱼种，年底可收获成鱼5～10公斤，在不增加其他成本的情况下，亩增收100～200元。1995年后，在全市范围内推广。至2000年，全市鳜鱼养殖面积66.67公顷，产量7450公斤。2008年，全市鳜鱼养殖面积0.93万公顷，产量1395吨。

（四）青虾养殖

青虾长期以天然捕捞为主，淮阴市于1992年开始实行人工养殖，以池塘套养为主，亩放抱卵青虾2～3公斤，在不增加其他饵料的情况下，亩产青虾15～20公斤，亩增收300～400元。1996年，全市青虾养殖面积576.13公顷，产量225.5吨，养殖方式由鱼池套养发展到鱼、虾、蟹混养和池塘主养、稻田养殖。至2008年，全市青虾养殖面积1.33万公顷，养殖产量3846吨。

（五）甲鱼养殖

1985年，洪泽县共和乡村民在院内建10平方米土池，投放幼鳖80只，重25.5公斤，当年收获50余公斤，盈利400余元。1986年，该村民改造废沟塘，面积扩大到0.7公顷，开始繁殖幼鳖，当年盈利800余元。1987年，洪泽县、淮阴县养殖面积发展到3.33公顷，养殖产量500余公斤。1990年后，"中华鳖精"产品风靡全国，甲鱼身价倍增，市场最高价达每公斤600元，激发渔农民养殖积极性，全市迅速掀起甲鱼养殖热潮。在扩大甲鱼池塘养殖面积的同时，建设甲鱼养殖温室7300平方米，其中市水产技术指导站同华能淮阴电厂共同投资400余万元，建成甲鱼养殖温室5000平方米。2000年，全市甲鱼养殖温室面积10564平方米，池塘养殖495公顷，养殖产量226.8吨。2005年，甲鱼养殖温室面积3850平方米，池塘养殖492公顷，养殖产量189吨。2008年，基本不变。

（六）龙虾养殖

20世纪90年代，龙虾在洪泽湖区开始大面积繁衍，成为全市主要的淡水捕捞产品之一，年捕捞产量1万吨左右，带动龙虾加工业的发展。1999年，洪泽县水产局投资30万元，在东双沟镇租赁2公顷水稻田，改造成龙虾养殖池塘，开展龙虾人工养殖试验。2000年，盱眙县水产局承担省级水产三项更新工程项目，在维桥乡水产养殖场利用6.67公顷水产养殖塘口，开展龙虾养殖及龙虾苗种人工繁育试验，取得关键性突破。2001年，盱眙县举办"中国盱眙龙虾节"，带动龙虾养殖及相关产业大规模发展。2005年，探索龙虾人工养殖新模式，楚州区水产养殖场尝试精养鱼塘龙虾套养，每公顷平均产龙虾675公斤，增收9000元/公顷以上。2008年，全市龙虾养殖面积7600公顷，成功探索出池塘养殖、鱼虾混养、虾蟹混养、稻田养殖、柴滩地养殖等多种养殖模式，龙虾养殖产量12775吨。

（七）斑点叉尾鮰养殖

1993年，市水产技术指导站、金湖县水产技术指导站先后从湖北嘉鱼县水产研究所引进斑点叉尾鮰鱼种。金湖县水产技术指导站在银集镇利用1700公顷池塘进行养殖试验，获得成功，亩产400公斤以上。但是，该品种未能得到国内消费市场认可，发展缓慢。2002年，江苏海隆国际贸易公司在全省率先开展斑点叉尾鮰加工，产品直接出口美国市场，洪泽县水产局加强与海隆国际贸易公司对接，成立鮰鱼养殖协会，从湖北省仙桃市引进斑点叉尾鮰鱼种500万尾，在西顺河镇张福河村采取“公司+协会+养殖户”模式，实施订单生产，当年发展斑点叉尾鮰13公顷以上，平均亩产450公斤。2005年，全市斑点叉尾鮰养殖面积666.67公顷，其中洪泽县养殖面积533.33公顷。2008年，洪泽县在西顺河镇投入资金300万元，建成省级农业开发生态养殖科技示范园区，成为淮安市斑点叉尾鮰养殖示范基地，养殖农民净增纯收入400万元。

四、水产养殖基地

（一）国有水产养殖场

1978年，淮阴地区有13个国营水产养殖场、鱼种场，属国有事业单位，长年亏损，长期依靠国家财政补贴。1979年后，根据省水产局提出的“以渔为主，多种经营，综合利用，走渔、工、商结合的道路”，国有渔场在全省率先实行“独立自主、自负盈亏、盈利留用、亏损不补”的财务包干办法，实现扭亏为盈。至1987年，全市13个国有水产养殖场有养殖面积405公顷，其中鱼种池面积221公顷、成鱼池面积184公顷。1996年行政区划调整后，淮阴市国有水产养殖场的数量有所变化。1998年后，国家对农、林、小“三场”实行改制，大部分场圃由国有事业单位改制为国有企业或国有民营。至2008年，全市主要国有水产养殖场有楚州区水产养殖场、洪泽县鱼种场、涟水县水产养殖场、淮阴区鱼种场、盱眙县水产养殖场、盱眙县鱼种场、金湖县鱼种场。其中，洪泽县鱼种场为国家级水产原良种繁育场，年繁殖常规鱼苗2亿尾、异育银鲫5000万尾、鲟鱼500万尾、鮰鱼1000万尾；楚州区水产养殖场、盱眙县鱼种场、金湖县鱼种场为省级水产原良种繁育场。

（二）集体水产养殖场

1977年，淮阴地区革命委员会批转地区多种经营局关于大办社队渔场意见的报告，提出“三级办场、四级养鱼”，集体渔场得到蓬勃发展。1982年，全地区集体渔场发展到307个，养殖面积3950.6公顷，其中鱼种池面积596.13公顷，养殖产量1814吨。1987年，全市集体渔场发展到413个，劳动力8917人，养殖面积6825.2公顷，其中鱼种池面积1149.33公顷，养殖产量13461吨，占全市水产养殖产量的27.9%。1996年行政区划调整后，全市有集体渔场320个，劳动力9764人，养殖面积8407.4公顷，占全市水产养殖面积的19.3%，养殖产量71611吨，占水产养殖产量的51.1%。其中，县办渔场1个，劳动力41人，养殖面积6.87公顷，总产量21吨；乡（镇）渔场177个，劳动力6732人，养殖面积5961.07公顷，养殖产量58573吨；村办渔场142个，劳动力2991人，养殖面积2439.47公顷，养殖产量13017吨。2000年后，创新体制，搞活机制。涟水县对乡镇集体渔场和零星水面实行招标拍卖、一次到位的改革办法，调动能人大户积极性，水面经济效益得到提高。至2008年，集体水产养殖场基本完成经营体制改革，以能人大户经营为主。

（三）水产养殖专业户、重点户

1982年，淮阴地区通过水面定权发证，落实水面使用权属，在以家庭养鱼或承包养鱼的基础上，出现一批养鱼专业户、重点户，首次产生年收入超万元的水产养殖户。至1985年，全市有养鱼专业户、重点户3327户，养殖面积1812.27公顷，占全市水产养殖面积的9.8%，养殖产量4696吨，占全市水产养殖产量的29.6%；有年收入万元以上的养殖户81户，年收入5000元以上的养殖户177户。1994年开始，随着洪泽湖渔业开发和黄淮海农业开发，加大专业户、专业村、基地乡（镇）“两专一基”建设力度，号召当地养殖户扩大承包规模，发展规模特色渔业，同时吸引民间资本，开发荒滩、荒水。全市形成一批河蟹养殖专业村、甲鱼养殖专业村和水产品营销专业村。至1996年，水产养殖规模600公顷以上的基地乡（镇）养殖面积、养殖产量均占全市水产养殖面积、养殖产量的50%以上。2005年，全市水产养殖基地乡镇有洪泽县的老子山、西顺河、仁和、岔河，金湖县的涂沟、前锋、闵桥、塔集、金北，盱眙县的淮河、鲍集、管镇、十里营、官滩，楚州区的流均、南闸、三堡、范集，淮阴区的赵集、韩桥等20个；有水产养殖大户2000余户，其中66.67公顷以上养殖大户20户，33.33～66.67公顷养殖大户100余户，6.67公顷以上养殖大户500余户。2008年，发展渔业合作经济组织，实行规模化生产、产业化经营、品牌化运作。全市新增渔业合作经济组织100余个，其中金湖县新增渔业合作经济组织41个，涉及9个镇，入社渔户2717户，带动渔户7857户。

第四节　水生植物生产

一、水生植物分布

淮安市水生植物的分布，主要以湖泊为主，由于各湖区环境条件的差异，其分布也明显不同。

洪泽湖西部，一般水深在1米以下的地带，水生植物分布广泛，生长茂密，是水生植物最重要的分布地区；淮河入湖口、洲滩区域，水生植物纵深茂密，长势旺盛，尤以芦苇、杞柳最为显著，形成湖面“林带”景观。洪泽湖东部，湖面开阔，水生植物极为少见。20世纪80年代以后，随着对洪泽湖水产资源的开发利用，湖区水生植物的分布不断改变，联合国“2633”援建项目、洪泽湖综合开发项目，都安排人工栽植篙苗草项目，取得明显成效。至2008年，湖区植被保持良好。

根据1985年的调查，白马湖湖区水生植被面积0.87万公顷，占湖区总面积的78.8%；挺水植物分布在湖区沿岸带和水深1米左右的浅水区，面积0.45万公顷，占全湖植被面积的51.5%。1990年后，随着湖区水产养殖业的不断发展，围湖养殖面积逐年增加，导致湖区水生植物面积逐年减少。至2005年，湖区水生植物面积不足总面积的40%。至2008年，湖区围湖养殖占比达90%，主要为围网养蟹，围网区域内保留水生植物，而水生植物野生空间进一步减少，敌害类空心莲草形成局部种群优势。

二、主要水生经济植物

（一）芦苇

又名芦柴、大柴，是水生植物中经济价值较高的品种之一，多集中在洪泽湖、白马湖区及周边的洪泽、淮阴、盱眙、楚州、金湖等县（区），以及黄河故道两侧和里下河地区。1990年，全市拥有芦苇生产面积1.1万公顷，产量12.12万吨。1995年，全市拥有芦苇生产面积0.83万公顷，产量9.6万吨。至2008年，由于农民生活水平提高，农村房屋建设极少使用芦苇，手工编织芦苇制品减少，造纸业的纸浆来源变化，芦苇利用率降低，大部分滩涂芦苇多年无人收割。

（二）蒲

淮安市的蒲草分布较广，其中楚州区、金湖县面积都在万亩以上。蒲是编织的好材料，可加工蒲席、蒲包、蒲合等，蒲绒可装枕头。1990年以前，蒲制品一度是全市主要的轻工产品之一。淮城镇工艺制品厂生产的蒲草拖鞋，款式新颖、美观大方、穿着轻便，畅销美国、英国、法国、德国、日本等10多个国家和地区，在1984年中国工艺美术品第四届百花奖评比中，获轻工部颁发的优秀创作设计二等奖。金湖县枕心厂生产的蒲绒枕心，弹性大、舒适感强、品种多样、花式齐全，老少皆宜、四季适用，产品畅销上海、南京、广东、广西、湖南、河北、贵州等10多个省、市，1984年赴北京展览并获荣誉证书。淮城蒲菜是淮安市的地方特产，是淮扬菜系的主要品种之一，有“蒲菜佳肴甲天下，古今中外独一家”之称。

1995年，全市拥有蒲草生产面积0.27万公顷，总产量3.16万吨，主要分布在县级淮安市、涟水县、淮阴县。2000年，全市蒲草生产面积0.33万公顷，总产量3.85万吨。2008年，全市蒲草生产面积0.34万公顷，总产量3.88万吨，主要分布在金湖县、淮阴区、涟水县、楚州区等地。

（三）莲藕

1978年后，淮阴地区各地组织引进浅水藕种植，莲藕面积逐年增加。至1995年，全市莲藕总面积0.29万公顷，总产量4.2万吨，主要分布在金湖县、洪泽县、涟水县、县级淮安市，其中涟水县建成万亩浅水藕基地。2000年，全市莲藕面积0.32万公顷，总产量4.91万吨。2008年，全市生产莲藕总面积0.36万公顷，总产量4.93万吨。金湖县闵桥镇的万亩荷花荡集莲藕生产、观光休闲于一体，建成国家AAA级生态农业观光旅游景区。

（四）芡实

又名鸡头米，具有药用价值，也可加工成粉，制成饴糖。淮安市的芡实主要分布在洪泽湖、白马湖区。洪泽湖区有“鸡头菱角半年粮”之说。20世纪80年代后，由于水面资源开发，淮阴市适宜芡实生长的水域逐年减少。至1995年，全市芡实生产面积不足700公顷，产量不足300吨。2000年，全市芡实生产面积866.67公顷，总产量429吨。2008年，全市芡实生产总面积1133公顷，总产量563吨。

（五）菱角

1985年，全市菱角产量1592吨。至1995年，全市菱角生产面积0.1万公顷，产量2818吨，主要分布在金湖县、洪泽县、盱眙县、县级淮安市。2000年，全市菱角生产面积0.12万公顷，产量6642吨。2008年，全市菱角生产面积0.14万公顷，总产量7800吨。

第五节　水产管理

一、水产资源增殖与保护

（一）建立禁捕期制度

1978年后，洪泽湖、高宝湖、白马湖三大湖区实行季节性封湖禁渔，洪泽湖封湖禁渔由洪泽县政府发布公告。1984年，洪泽湖收归市管，市政府发布《关于洪泽湖实行封湖禁渔的通告》，封湖禁渔期为45天（4月5日至5月20日）。1986年，发布《关于洪泽湖实行封湖禁渔的通告》，封湖禁渔期为60天。2001年，洪泽湖收归省管，封湖禁渔期延长到3个月即每年3月1日至6月1日。高宝湖、白马湖封湖禁渔期分别由高宝湖渔业管理委员会、白马湖渔业管理委员会发布，封湖禁渔期也由45天调整到3个月。另外，每年清明（4月5日）到小满（5月20日）为洪泽湖银鱼禁捕期；每年1月1日到9月15日为河蟹禁捕期。

（二）改革渔具渔法

限制网目尺寸，淘汰落后的渔具渔法，禁止炸鱼、毒鱼、电力捕鱼，禁止使用敲舟古、滩涂拍板、多层拦网、闸口套网、拦河罾、深水张网（长江）、地笼网、底扒网、鱼鹰、大籪网、小密簖、机吸螺蚬、地笼网、长江漂流刺网、网目1.2厘米以下的密目刺网以及其他破坏渔业资源的渔具、渔法。

（三）规定起捕规格

坚持捕大留小，规定青鱼、草鱼750克/尾以上，鲢鱼、鳙鱼500克/尾以上，鲤鱼250克/尾以上，鲌鱼、鲫鱼、鳗鱼、鳊鱼150克/尾以上，河蟹100克/只以上方可起捕。

（四）建立繁殖保护区

在洪泽湖区、白马湖区根据资源状况，对定居性鱼类产卵、栖息场所划定为长年繁殖保护区，常年禁止一切渔具、渔法从事捕捞作业，为鱼、虾提供必要的自然产卵和定居环境。

（五）人工放流苗种

每年3—4月，各级水产业务主管部门及湖区渔业生产管理委员会向洪泽湖、白马湖区投放一定数量的鱼、蟹苗种，实行湖区鱼、蟹资源的人工增殖。

二、养殖水域管理

1982年，淮阴地区率先开展水面定权发证试点工作，在实行联产承包责任制的基础上，明确水面使用权属。至1982年年底，全地区有269个公社、4385个大队、36217个生产队颁发水面使用权证书105136张，签订养殖生产责任合同91095份。

2002年开始，淮安市实施水域滩涂养殖证制度。凡在养殖规划范围内从事水产养殖生产，需养殖生产者申请，县级以上渔业主管部门审核，最后同级人民政府发证；凡合法领取《中华人民共和国水域滩涂养殖使用证》的养殖户，其从事养殖生产的权益受法律保护，按规定享受国家有关水产养殖业发展的投资、技术服务、病害防治、培训教育等优惠扶持，养殖户持证申请苗种生产审批、水生野生动物驯养繁殖、水产品原产地证书、无公害水产品基地资格等，并享受国家税收等方面的优惠政策。至2008年年末，全市发放水域滩涂养殖使用证2650本，发证面积1.73万公顷。

三、新品种引进

淮安市水产养殖品种长期以青鱼、草鱼、鲢鱼、鳙鱼、鲤鱼、鲫鱼、鳊鱼为主。1980年以后，陆续引进日本大阪鲫、散鳞镜鲤、呆鲤、福寿鱼、异育银鲫、革胡子鲶、淇河鲫、奥利亚罗非鱼、吉富罗非鱼、云斑鮰等新品种。20世纪90年代，引进美国斑点叉尾鮰、史氏鲟等。2000年以后，又引进杂交条纹鲈、罗氏沼虾、南美白对虾、翘嘴红鲌、乌苏里鮠、鸭绿江斑鳜等。

1978—2008年淮安市水产养殖新品种引进统计表

表23-14

品种	引种年份	引种来源	引种单位
尼罗罗非鱼	1978	扬州市水产养殖场	清江市水产养殖场
日本大阪鲫	1980	江苏省淡水水产研究所	清江市水产养殖场
散鳞镜鲤	1980	江苏省淡水水产研究所	清江市水产养殖场
呆鲤	1981	湖南省	洪泽县水产研究所
福寿鱼	1983	扬州市水产养殖场	淮阴市水产养殖场
异育银鲫	1984	江苏省淡水水产研究所	淮阴市水产养殖场
革胡子鲶	1984	中国水产科学研究院淡水渔业研究中心	淮阴市水产养殖场
淇河鲫	1986	上海水产大学	淮阴市水产科学研究所
奥利亚罗非鱼	1986	中国水产科学研究院淡水渔业研究中心	淮阴市水产养殖场
云斑鮰	1987	湖北嘉鱼县水产研究所	淮阴市水产科学研究所
美国斑点叉尾鮰	1993	湖北嘉鱼县水产研究所	淮阴市水产技术指导站

续表 23-14

品种	引种年份	引种来源	引种单位
史氏鲟	1998	黑龙江省	淮阴市水产科学研究所
杂交条纹鲈	2001	广东省番禺市	淮安市水产科学研究所
罗氏沼虾	2001	江苏省苏州市	鑫源特种水产开发公司
南美北对虾	2001	福建省厦门市	淮安市水产科学研究所
翘嘴红鲌	2004	浙江省湖州市	淮安市水产科学研究所
乌苏里鮠	2005	黑龙江省抚远县	淮安市水产科学研究所
鸭绿江斑鳜	2008	辽宁省丹东市	淮安市水产技术指导站

四、渔政执法

1986年《中华人民共和国渔业法》颁布实施后，淮阴市加强经常性的渔政监督管理，组织开展打击电、毒、炸鱼活动，清查处理危害渔业资源的现象和行为。当年查处无证渔业生产3250起，偷鱼53起，毒鱼90起，炸鱼37起，电力捕鱼42起，抓获电捕船42艘，没收各类违章作业网具5500件，行政拘留3人，通报批评2人。1996年行政区划调整后，在洪泽湖分治、管理体制不顺、管理难度增大的情况下，与宿迁市联合印发《关于洪泽湖封湖禁渔通告》，两市密切合作，完成洪泽湖封湖禁渔、捕捞许可证年审签证等工作，维护湖区正常的生产秩序。2005年，组织苗种检疫和鱼药、饲料市场检查18次，取缔无证经营2户，清理、查封渔药2吨；查处渔业违法案件962起，渔船检验1851次。2008年，开展打击电、毒、炸鱼等专项执法行动，全市组织执法检查176次，出动渔政船艇309艘次，查处电鱼案件401起，水上公安部门介入调查电捕鱼案件10起。加强渔业安全生产与船民保障体系建设，检验渔船11436艘，船东保险收入55万余元。登记发放国家机动渔船柴油价格补贴5697.8万元，受益渔船11304艘。

五、渔业污染普查

2008年，根据省海洋与渔业局安排，淮安市首次组织开展渔业污染源普查。至2008年年末，完成普查户数8967户，普查塘口面积3.07万公顷。

第十章　农业机械化

20世纪70年代，淮阴地区各公社成立农机站。1980年后，各县（市、区）成立农业机械管理局。市农业机械管理局负责全市农机化工作，内设办公室、计划财务处、科技质量处、农机管理处，下设市农机安全监理所和市农机试验鉴定推广站两个事业单位。2008年，全市主要农作物综合机械化水平达72%，农机总动力371万千瓦，农机服务总收入超过12亿元，农机化为农民人均增收380元。

第一节　农业机械

一、大中型拖拉机

图 23-8　农民喜提拖拉机(2007 年)　　市农机局　供

1978 年,淮阴地区拥有大中型拖拉机 955 台。1980 年,拥有大中型拖拉机 2637 台。1982 年后,农村实行家庭联产承包责任制,田块变小,大中型拖拉机数量先是增长,后呈减少趋势。1985 年,淮阴市拥有大中型施拉机 2570 台。1994 年,全市拥有大中型拖拉机 2026 台。1996 年,市政府加大农机化投入力度,投资 475 万元进行农机化重点乡镇建设。之后几年,大中型拖拉机每年均增长 500 台以上。2003 年,全市大中型拖拉机达 6738 台。2004 年,中央、省出台一系列惠农、支农政策,特别是农机购置补贴政策,极大地调动广大农民投资和使用农机的积极性,大中型拖拉机拥有量迅猛增长。2005 年,全市大中型拖拉机保有量 9015 台。2006 年全市拥有大中型拖拉机 10516 台。2007 年,全市拥有大中型拖拉机 12151 台。2008 年,全市大中型拖拉机拥有量 16277 台(其中变型拖拉机 4995 台)。

二、小型拖拉机

1978 年,淮阴地区小型拖拉机拥有量 24946 台。1980 年拥有 31237 台。1981 年后,由于推行以农户为经营单位的家庭联产承包责任制,小型拖拉机数量大幅度增加。1987 年,全市拥有小型拖拉机 13.98 万台。1991 年,全市拥有小型拖拉机 20.97 万台。1995 年,全市拥有小型拖拉机达到 23.96 万台。1996 年以后,由于农民耕作观念的转变和耕作方式的改变,大中型拖拉机数量快速增长,小型拖拉机数量增长缓慢。至 1996 年年末,全市有小型拖拉机 12.41 万台,2002 年全市拥有 16.75 万台,2003 年全市拥有 15.6 万台,2005 年全市拥有 18.44 万台,2006 年全市拥有 18.6 万台,2007 年全市拥有 18.48 万台。2008 年,全市拥有小型拖拉机 20.7 万台。

三、旋耕机

20 世纪 70 年代末,淮阴地区使用与大中型拖拉机配套的旋耕机,以IGN-175 型为主。1981 年全地区有旋耕机 35875 台,1987 年 101723 台,1995 年 161095 台。1996 年,淮宿分市后,全市尚有旋耕机 96272 台。之后几年,每年均有不同幅度增长。2000 年 121252 台,2005 年 148414 台,2006 年 158803 台,2007 年 169438 台。2008 年,全市旋耕机保有量 187192 台。

四、开沟机

1979 年,淮阴地区示范推广小型开沟机。1981 年,全地区拥有开沟机 2511 台。1982 年,推广IK-35D型圆盘开沟机。1984年，淮阴市农机研究所引进小型开沟机7种样机进行田间对比试验，设计成功IKSQ-35型圆盘开沟机，同年通过省级鉴定。1986年，该机被省农机局列为全省三麦生产机械化重点机型。1987年，全市开沟机增至2751台，1991年为12032台，1994年12966台。1996年，淮宿分市后，全市开沟机尚有5983台，2000年7171台，2005年9216台，2006年10087台。2008年，全市开沟机保有量11258台。

五、机动插秧机

1979年，淮阴地区农业机械局在宿迁县召开插秧现场会。1980年，全地区机械插秧机发展到1133台。1996年，引进9台抛秧机进行试验示范，但因地区适应性较差没取得进展。1998年，从浙江省乐清市购回1台台湾产“裕农”牌插秧机，在清浦区武墩乡三闸村进行公顷田插秧试验示范取得成功。1999年，通过考察台湾的农业机械化特别是水稻种植机械化，率先在全省引进6台台湾产“裕农”牌和韩国“东洋”牌水稻插秧机，进行新一轮的机动插秧技术试验示范，取得实质性进展。2001年，市政府办公室先后转发《淮安市农机局机插秧推广工作五年规划》和《市农机局关于加快水稻种植机械化的意见》，为全市水稻机插秧推广工作的持续快速发展起到指导和推动作用。2003年，全市拥有插秧机665台。2005年，全市新增插秧机1081台，保有量3067台。2006年全市插秧机保有量3085台。2008年，全市机动插秧机保有量4210台。

六、机动播种机

机动播种机是以拖拉机为牵引的播种机具。1978年，淮阴地区推广使用2BFA-1.75型旋肥谷物播种机、2BQ-8型谷物播种机、JQS91C-100型旋耕播种机。1981年，全地区播种机保有量3372台。1985年，淮阴市农机研究所研制成功2BJ-4型精密播种机通过省级技术鉴定，投入使用。1987年机动播种机发展到2126台，1990年有8427台，2000年发展到12234台。2004年以后，由于农机购置补贴政策的实施，机动播种机发展较快，当年达14916台。2005年全市播种机保有量20144台，2008年保有量33424台。

七、农用水泵

1978年，淮阴地区引进使用的农用水泵有ELB型轴流泵、6B-20型离心泵、142LB-70型轴流泵、2HAB-40型混流泵、8BA-16型离心泵等，拥有3.02万台。1980年增至4.47万台，1990年有2.66万台，1995年有2.79万台，1996年淮宿分市后尚有1万余台，2000年发展到1.9万台，2005年1.99万台。2008年，全市农用水泵保有量71965台。

八、弥雾机

1978年，淮阴地区开始引进机动弥雾机。经过3年试用对比，重点推广“泰山18型”背负式机动弥雾机。1981年，全地区拥有弥雾机1285台。1985年发展到5341台，1990年6700台，1995年7135台，2000年11116台，2005年14952台，2006年16392台，2007年17421台。2008年，全市弥雾机保有量27759台。

九、联合收割机

1978年，淮阴地区拥有联合收割机81台。1981年发展到122台。1982年后，农村实行联产承包经营责任制，土地经营规模变小，联合收割机数量减少。1987年全市有联合收割机116台，1990年增至161台，1995年发展到590台。1996年，由于加大发展联合收割机的投入，全市联合收割机保有量为1100台。2000年，增加到3949台。2005年，保有量达到9763台。2008年，全市联合收割机保有量11443台。

十、机动脱粒机

1978年，淮阴地区推广使用地产或引进的DT-46型、工农1100型、工农700型、7Y-400型、团结-40型等机动脱粒机，拥有25716台。同年，淮阴地区红旗STY-770型玉米脱粒机在沭阳通过省级鉴定。1985年，淮阴市有脱粒机3.73万台，1990年增至5.49万台，1995年有6.92万台。2000年后，随着联合收割机的普及，收割脱粒一次性完成，机动脱粒机开始呈现下降趋势，当年全市有2.99万台，2005年降为2.05万台。2008年，全市机动脱粒机保有量仅2831台。

十一、农用运输车

1978年，淮阴地区拥有农用运输车70台，1985年增至729台，1990年达到1030台。此后，农用运输车数量增减不定。1993年有942台，1995年发展到1267台，2000年发展到6630台，2005年保有量为7371台。2008年，全市农用运输车保有量7033台。

第二节　农机供应

1978年后，农业生产体制变革促进农机供应工作的发展。1983年，全市农机供应购销两旺，进货8938万元，销售额9171万元，库存2330万元，经营性利润203.6万元。

1985年，市农机供应公司进货总额3103万元，销售1081万元，库存616.5万元，利润28.45万元。手扶拖拉机供不应求，计划内货源压缩10%，为满足农民需要，供应公司组织计划外手扶拖拉机1033台。当年还扩大经营农村机电产品252个，金额103.3万元。

1987年，全市农机供应系统实现销售总额1.56亿元，利润333万元，纯销售额1.38亿元。1988年，农机供销系统进一步深化管理体制、经营机制改革，销售额和利润创历史最好水平。全市农机供销系统实现销售总额1.82亿元，利润486.33万元。1991年，实现农机总销售额18359万元，利润286.7万元。1994年，开展扩营联销策略，搞好资金和货源调度。1994年年末，全市农机供应系统农机总销售突破2.5亿元，利润500万元。

1998年，农机供应企业受整体经济环境影响，效益滑坡。全市实现农机销售额2.4亿元，其中市农机总公司完成1.2亿元，盈利25万元，继续名列全国农机供应“百强企业”。

1999—2001年，市农机局成立流通企业改制工作领导小组。2003年，完成市直农机系统下属的3家企业改制。2005年，市直农机企业改制工作全面完成。

2008年，面对农机用油供需矛盾异常紧张的状况，农机系统从稳定大局出发，出台保供方案和应急预案，在用油总量增长近40%的情况下，全市建立农机用油绿色通道，保证农机用油。

第三节　农机管理

一、管理机构

1983年3月，淮阴市农委设立农机科。同年7月，成立淮阴市农业机械化服务公司，属于事企合一单位，为市政府负责全市农业机械管理的职能部门。全公司人员编制核定130人，其中农机研究所40人。同年10月，公司内设的供销、财务、质检3个科室被撤销，成立淮阴市农业机械供应公司，隶属于淮阴市农业机械化服务公司。淮阴市农业机械化服务公司组建后，市所辖13个县（区）均先后组建县（区）农机化服务公司，全市县以上农机管理体系形成。通过落实和完善农机联产承包责任制，全市约有三分之一的农机站转为农机化管理服务站。1983年，全市设立304个乡镇农机管理服务站。1985年，各县（区）农机主管部门建立安全监理机构，全市县、乡农机安全监理网络基本形成。1995年，洪泽县恢复县农业机械管理局。1996年9月，淮阴市农业机械化服务公司更名为淮阴市农业机械管理局，为市政府直属事业单位。各县（市、区）均相继恢复或新设农业机械管理局，全市乡镇农机站隶属关系全部理顺。1998年6月，淮阴市农业机械管理局内设办公室、计划财务科、农机管理科、科教科、农机监理科（所）。2007年，明确淮安市农业机械管理局为参照公务员法管理的事业单位。

二、农机监理

1985年，全市农机安全监理工作开始起步。各县（区）主管部门建立安全监理机构，配备专职工作人员，全市县、乡农机安全监理网络基本形成。工作重点由过去主要以公路沿线的拖拉机监理转变到以从事农业作业的拖拉机、柴油机、脱粒机为主。

1986年，全市检验脱粒机22987台，检验核发拖拉机牌证32000台套，累计检审数达到51706台套；发生农机事故57起，重伤33人，死亡18人。拖拉机万台事故率比1985年有较大幅度下降。1987年，全市检验拖拉机44082台，检验脱粒机40620台，柴油机5726台；发生农机事故32起，其中重伤16人、死亡17人。1990年，全市核发拖拉机号牌132124台，发牌率66.3%；年检拖拉机101424台，年检率95.3%；核发柴油机号牌8088台，发牌率45.2%；年检柴油机5168台，年检率94.2%；核发农副产品加工机械号牌7116台，发牌率23.8%。

1991年，全市柴油机发牌率达64.8%，农副机发牌率达36.3%，基本步入正常化轨道。发生农机事故16起，重伤9人、死亡7人，农机安全生产状况明显好转。1992年，市政府要求加强田间作业和交通运输“两用”拖拉机管理工作，全市检审拖拉机14万台。1993年，全市检验拖拉机139245台，年度新入户6240台，换发牌证9499台。

1996年，开始协调运用行政、司法、农机“三结合”监理工作形式。至1996年年末，全市换发“九二”式牌照2.5万副，换发数占全省总数的40%。1997年，全市上路机发牌30314副，年检23327台；纯农用拖拉机发牌75101副，年检56154台；联合收割机发牌1442副，年检300台。2002年之后，市政府连续几年印发《关于开展全市农业机械安全生产专项整治工作的通知》，将农机安全生产专项整治作为全市安全生产专项整治内容之一。全市农用机检审工作稳步推进。2004年，全市开展违规拖拉机、变型拖拉机、变型运输车专项整治。全年年检变型拖拉机1660台、上道路拖拉机22015台、联合收割机5802台。

2006年，在盱眙县召开江苏、安徽两省六市农机安全生产跨区互动联席会议，专题商讨农忙期间联合收割机管理的区域联动、安全检查、处罚方式和服务项目。

2007年，召开全市“平安农机”创建工作推进现场会，淮阴区、楚州区政府主要领导与乡镇签订安全生产目标责任状。是年年末，全市建成农机安全示范乡镇28个、示范村98个、示范户2250户，年检拖拉机20966台、联合收割机5592台。

2008年，推进农机“隐患治理年”活动。全年年检拖拉机18339台、联合收割机6125台。

三、农机服务体系

1983年，全市有304个从事经营活动的乡镇农机管理服务站。1985年，全市有73%的乡镇按村或划片选配村级农机辅导员，经业务技术培训，颁发全省统一印制的乡级农机技术员证书。

1991年，全市乡镇农机管理服务站共建立农机修理门市259个、配件门市261个、供油门市228个，分别占乡站总数的85.2%、85.8%、75%。3个门市齐全的乡镇农机管理服务站有182个，占总数的60%。

1996年，淮阴市在全省率先提出以抓机械化重点乡镇为突破口，全面加速全市农业机械化的进程，确定首批19个机械化重点乡镇，投入3000万元增加各种机具1250台。1997年，新增53个县级机械化重点乡镇。这些重点乡镇大都建有千亩连片机械化高产示范方，其中万亩连片达13处。示范乡镇的机械化综合水平达75%以上。其中，省级农机综合示范县金湖县机械化综合水平达84.4%。

2001年乡镇机构改革后，全市112个乡（镇）农机管理服务站被并入农业技术综合服务中心（增挂“农机管理服务站”牌子），只有盱眙县19个乡镇单独设立农机管理服务站。

2002年开始，淮安市探索以农机大户为主体，农机协会等中介组织为纽带，农机经营户和其他服务组织为基础的农机服务新体系。发展农机大户，扶持和培植农机服务合作组织。

2006年，市农机局成立淮安市水稻机械化生产协会，楚州区农机作业协会在全区范围内普遍建立乡镇级机插秧分会。至当年年末，全市拥有各类专业服务组织30个。同时，通过扶持发展水稻种植机械化重点乡镇、重点村，不断创新载体，重点解决基层示范典型建设和发展规模化问题，江苏省政府对淮安市水稻种植的“保姆式”服务给予高度评价。

2008年，淮安市农机系统完善农机服务体系，提升农机化服务功能和服务水平，出台《关于加快推进农机专业合作组织发展的意见》，明确扶持政策。全市建成农机合作社146家、各类农机大户364个，分别是2007年的9.1倍和2倍。

第四节　农机跨区作业

1997年，江苏省在淮阴市金湖县举办首批140多台农机跨区作业集体出征仪式。同年，全市组织700台农机跨区作业，机收面积1.33万公顷，收入500多万元。1998年，全市组织84个专业服务队、1374台次联合收割机和1000余台套其他作业机械跨区作业，创收2000多万元。

1999年，组织1927台次联合收割机、近100台旋耕机、条播机、开沟机、推土铲运机跨省跨市从事农机作业服务，共完成机收面积6.33万公顷、机耕面积2.73万公顷、机播面积0.17万公顷、推土铲运100万立方米，创收2500万元。金湖县连续3年组织农机跨区作业为全县农民人均增收

35元，被农业部评为全国农机跨区作业先进县。

2003年开始，淮安市、县（区）均组建农机作业协会，帮助机手做好信息收集、组织协调和后勤服务工作。当年全市参加跨区作业的联合收割机达6524台次，完成作业量13.53万公顷，组建跨区作业队近200个，签订作业合同576份，创收8000多万元，为全市农民人均增收25元，向外输出劳动力2.5万人。2004年，全市组织跨区作业机具6838台次，创收10065万元。

2005年，全市组织联合收割机跨区作业7200台次，创收1.5亿元。楚州区组织5台插秧机到连云港五图河农场开展跨区机插；洪泽县周凯等农机大户与周边农场签订近400公顷的跨区机插合同。

2006年，在联合收割机数量越来越多、竞争日趋激烈的情况下，全市农机部门加大跨区作业的组织力度，科学调度，组织9150台次联合收割机，编成450个作业队，完成跨区机收面积34万公顷，实现作业收入2.3亿元。跨地区进行水稻机插服务成为继跨区机收、机耕、机播和实施交通水利土方工程等项目后的又一个亮点。楚州区流均、溪河、上河等地组织农机大户到辽宁省铁岭市和南通、盐城、连云港等地跨区机插水稻，机插面积达0.13万公顷。

2007年，针对市场变化、成本上升、竞争加剧等新情况，运用市场手段创新农机跨区作业的组织形式，农机管理部门由直接服务机手转向服务农机组织和经纪人，以此构建适应市场变化的农机跨区作业组织网络；将传统的大规模编队（50～100台）向中小组织编队（10～40台）转变；创新服务内涵，制定跨区作业方案，更加贴近机手、贴近市场；对作业区域、价格、时间、路线、气候、收费以及当地农民对农机品牌机型的喜好进行调查，通过手册和手机网络平台向机手发布。全市免费发放跨区作业信息手册2700余份，发放农机跨区作业证近6000份，组织跨区作业机具1.1万台次，实现农机跨区作业收入2.7亿元。2007年5月18日，中央电视台《新闻联播》节目对淮安市农机跨区作业创新工作作报道。2008年，淮安市组织农机跨区作业机具10351台次，总收入达2.78亿元。

第十一章　乡镇企业

1978—2008年，淮安市乡镇企业经历曲折发展的过程。“七五”计划期间是“四轮”驱动、“双轨”并进（乡办、村办、联户办、户办企业为“四轮”，集体与个体为“双轨”）。“八五”计划期间是外引内联、城乡一体、重点突破、整体跨越。“九五”计划期间是“两专一基”（专业村、专业户、种养加基地），一手抓多种经营，一手抓乡镇企业，走以农副产品加工，发展农贸工一体化经营的路子。“九五”计划末到“十五”计划期间，全面推进乡镇企业产权制度改革，发展民营经济。2006—2008年，抓乡镇工业集中区和村创业点载体建设，突出发展镇村经济、民营经济和中小型企业。通过30年的发展，淮安市乡镇企业在全市农业、农村经济和社会发展中的重要地位和作用日益凸显。

1988年，全市乡镇企业形成以建材、食品、纺织、机电、化工为主的五大行业。1996年年底，全市乡镇企业发展到11.97万家，其中工业企业6.29万家，乡镇集体企业发展到5497家；全市乡镇企业从业人员45.8万人，其中工业企业从业人员28.3万人。全市乡镇企业完成总产值140.5亿元，其中工业产值112.38亿元。乡镇企业固定资产原值从1978年的4876万元增加到25.5亿元。全市乡镇企业100万元以上项目有180个，1000万元以上项目15个。1998—2002年，乡镇企业进行改制，大部分具有一定规模的乡镇集体企业转为民营企业。

2008年，全市拥有乡镇企业（民营企业）16662家，其中乡镇工业企业12566家；乡镇企业从业人数429774人，其中乡镇工业企业人数347424人。全年全市乡镇企业完成总产值953亿元，年均增速达23%。其中，乡镇工业产值872亿元，实现营业收入936亿元，年均增速达24.4%。

第一节　乡镇企业发展历程

1979年9月，中共十一届四中全会通过的《中共中央关于加快农业发展若干问题的决定》中明确指出："社队企业要有一个大发展"。这给整个农村经济注入生机和活力，为乡镇企业的崛起创造前所未有的政策、舆论环境。1981年开始普遍推行的农村家庭联产承包责任制，促进农村大批剩余劳动力向乡镇企业转移。但由于淮阴地区是以传统农业为主的经济欠发达地区，长期以发展农业为主的单一观念使人们对发展乡镇企业的重要性和必要性认识不足，受1982年国民经济调整的大气候影响，许多地方盲目地把刚刚办起来的乡镇企业当作经济调整的对象，导致生产的波动和停滞不前。1979—1982年，淮阴地区社队工业总产值持续在1.6亿元、1.8亿元、1.7亿元和1.9亿元的低水平上徘徊。1983年，淮阴市各级政府和企业多次到苏南地区及其他乡镇企业发达的地方学习、参观取经，试图引进苏南等地乡镇企业发展的经验、模式，但结果并不理想。1983年，全市乡镇企业实现产值2.3亿元、营业收入1.9亿元，分别是1978年的1.7倍和1.5倍。

1984年年初，中共中央1号文件提出在兴办社队企业的同时，鼓励农民个人兴办或联合兴办各类企业。1984年3月，中共中央、国务院又批转农牧渔业部《关于开创社队企业新局面的报告》，文中把淮阴市涟水县高沟镇建筑建材一条龙的做法作为经验推广。全市在推广"四轮齐转、双轨并进"的耿车经验的同时，在乡镇企业中全面推行"一包三改"，即在实行经营承包责任制的基础上，企业内部进行配套改革，改企业领导干部的委任制为选聘制，改工人的固定制为合同制，改固定工资制为浮动工资制。"一包三改"的实行，提高企业管理水平。1987年年底，淮阴市召开全市深化乡镇企业改革现场会，全面推行招标承包、租赁经营的改革形式，使乡镇企业在政企分开、自主经营的环境中迅速发展。至1988年年底，全市乡镇工业形成以建材、食品、纺织、机电、化工为主的五大行业。全市乡镇集体工业企业发展到5024家，比1983年增加2552家，职工人数13.94万人，增加5.9万人。完成乡镇集体工业总产值9.9亿元，比1983年增长4.3倍。乡村工业当年实现利润4017万元，实现税金3494万元，分别比1983年增长148.3%和267.4%。

1989年起，由于市场急剧变化，许多乡镇企业的产品销售不畅。在市场疲软的形势下，一些乡镇企业存在的技术水平低、经营管理不善、产品质量差、经济效益不好以及单纯追求发展速度等问题充分暴露出来，使乡镇企业的发展陷入困境，一些基础较差的乡镇企业被迫关、停、并、转。市委、市政府针对实际，号召全市以农村家庭为基本单位，以庭院为主要阵地，发展家庭经济。个体家庭企业和联户办的小型企业在淮阴广阔农村发展起来，从工业扩展到农业、商业、服务业、运输业、建筑业。发展较集体企业更快、更广泛，不仅在企业数量上远远超过乡村办企业，而且在就业人数上也远远超过乡村办企业。1991年，全市有村以下企业10.55万家，就业人数31.5万人，分别占全市乡镇企业总数和就业人数的96.2%和64.4%。其间，全市乡镇企业更加注重市场需求，把采用现代科学技术、强化企业管理和优化产品结构、提高产品质量、注重经济效益放在首位，进一步增强市场竞争意识、产品质量意识和企业效益意识，对推进乡镇企业在更高水平上发展壮大产生积极影响。金湖县闵桥镇热工仪表厂从1990年开始，先后开发数字温度显示仪、温度压力表、校栏仪、补偿导线等5个新产品，开发一个成功一个，新产品新增产值占年总产值的25%以上。

1992年，淮阴市委、市政府进一步明确发展乡镇企业是全市经济的战略重点，全市乡镇企业出现持续、快速、健康发展的势头。1996年，全市乡镇企业发展到11.97万家，乡镇企业从业人员45.8万人，乡镇企业实现产值140.5亿元，营业收入112.38亿元，利税总额9.89亿元。其中，乡镇集体企业实现产值90.9亿元，营业收入70.3亿元，利税总额6.34亿元。1997年1月1日，《中华人民共和国乡镇企业法》公布实施。当年全市乡镇企业实现产值101.5亿元、营业收入87.8亿元、利税总额6.38亿元。

2000年，全市乡镇企业在基本产权制度改革基础上，进一步深化改革。2003年，全市有82家非公司制企业转化为公司制企业，累计转化365家。乡村集体资产基本从企业退出。绝大多数改制为公司制的企业建立较为规范的法人治理结构。2004年和2005年，连续开展4次全民创业调研服务活动，为民营企业解难题、办实事，为全市民营经济发展创造良好的成长环境。2005年，全市乡镇企业完成总产值681.2亿元，实现营业收入652.6亿元，实现增加值144.1亿元。2006年，在金湖县召开全市乡镇工业集中区建设工作会议，以乡镇工业集中区为载体，推动乡镇工业发展。

2008年，全市乡镇企业形成横跨一、二、三产业，二、三产业并重，第二产业不断发展，轻重工业相结合的新格局。形成机电、仪表、化工、轻工、冶金、建材、食品（农副产品加工）、纺织等10多个大行业，40多个工业门类。全市乡镇企业拥有商标总量3000枚，约占全市商标总数的70%；拥有国家和省市名牌产品近200个；国家级、省级和市级“重合同守信用”企业分别有5、30、309家。江苏爱特福药物保健品有限公司、飞翔纸业有限公司、辉煌太阳能有限公司、飞洋钛白粉制造有限公司等一批骨干乡镇企业的综合经济指标位居全国同行业前列，“飞毛腿”气雾杀虫剂、辉煌太阳能热水器、古顺河白酒、旭日教学具等工业产品畅销国内外。全年乡镇企业实现总产值953亿元，是全市农业总产值的3.3倍；实现增加值215亿元，占县域经济二、三产业增加值的76.7%。在乡镇工业总产值中，化学原料及化学制品制造业占19.1%，电气机械及器材制造业占17.8%，仪器仪表及文化、办公用机械制造业占15.6%，工艺品及其他制造业占11.8%，农副食品加工业占7.3%，通用设备制造业占7%，纺织服装、鞋、帽制造业占5.5%。全市乡镇企业从业人员43万人，占全市农村劳动力的20.2%；全市农民从乡镇企业获得的工资性收入为39.17亿元，人均911元，占农民人均年纯收入的6.2%。全年乡镇企业上交税费19亿元，占全市乡镇财政收入的75%。

第二节　乡镇企业改制

1987年年底，淮阴市召开全市深化乡镇企业改革现场会，全面推行招标承包、租赁经营的改革形式，使乡镇企业在政企分开、自主经营的环境中迅速发展。1992年起，全市把乡村集体企业产权制度改革提上日程，推行股份合作制，并推行以租赁经营为主要形式的产权制度改革。1995年，探索建立现代企业制度的途径，在部分经营状况好的小型企业中推行“先售后股”改制，对促进全市乡镇企业持续健康发展起到重要作用。

2000年，全市15家大中型乡镇企业全部实现改制，其中改制成有限责任公司8家、股份合作制4家、直转私营3家。企业组织形式升级步伐加快。在年销售500万元以上企业中，淮安飞洋钛白粉制造有限责任公司、金湖渔业机械制造有限公司、涟水南集木业有限公司等53家股份合作制企业改为规范的公司制企业；涟水宏兴化工有限责任公司、淮安八方电工集团、洪泽有机化工有限公司、盱眙恒远染化有限公司等11家企业各挂靠一个大企业，并增资扩股100万元以上，共增资扩股2560万元。在年销售500万元以下企业中，实现不同层次组织升级的企业有7855家。"公退民进"成效明显。淮安古顺河曲酒厂、涟水高沟经编厂、洪泽县农药厂等11家企业共退出集体资本6815万元。

2001年，全市乡镇企业围绕"三转一退"（年销售500万元以上的非公司制企业向公司制企业转化，年销售500万元以下的私营企业中的个人独资、合伙企业向公司制企业转化，面广量大的个体企业向私营或公司制企业转化；集体资产从企业退出）进一步深化改革。有120家年销售500万元以上非公司制企业改制成有限责任公司，累计达173家，占规模企业总数的61.1%；有409家年销售500万元以下的私营企业中的个人独资、合伙企业转化为公司制企业，累计达1462家，占整个私营企业总数的19.5%；有821家个体企业转化为私营或公司制企业，累计达2412家。有1700多万元集体资产被职工或民间资本购买。

2003年，全市有82家非公司制企业转化为公司制企业，累计转化365家。集体资产基本从企业退出。绝大多数改制为公司制的企业建立较为规范的法人治理结构。企业普遍重视加强内部管理，探索管理创新。绝大多数公司制企业加快建立现代企业制度，管理水平不断提升。江苏爱特福药物保健品有限公司和楚州飞洋钛白粉制造有限公司获"江苏省2003年度创建百家建立现代企业制度示范企业"称号。

2005年，全市启动建设乡镇工业集中区，有102个乡镇规划工业集中区，占乡镇总数的87.9%，规划占地面积6362.55公顷。全市启动建设集中区83个，分别占乡镇总数、规划总数的71.6%和81.4%；使用土地面积1037.33公顷，占规划面积的16.3%。2006年，市政府出台《关于加快乡镇工业集中区建设的十二条意见》，制定乡镇工业集中区考核办法、督查制度和月报制度。2006年年底，全市重点建设的30个乡镇工业集中区基础设施投入2.5亿元，新修建道路近80公里，实施工业项目222项，完成固定资产投入26.3亿元。实现销售收入57.8亿元，利税6.12亿元，实缴税金1.49亿元。

2008年，市乡镇企业管理局并入市经济贸易委员会，挂"市乡镇企业管理局"和"市中小企业局"牌子，负责综合指导、协调、促进全市民营经济和乡镇企业、中小企业的发展与改革。

第十二章　新农村建设

中共十一届三中全会以后，淮安市农业农村发生根本性变化，农民生活从低水平温饱向宽裕型小康迈进。2008年，全市实现农业增加值142亿元，农民人均纯收入5600元，乡镇财政收入29.33亿元。农村由满眼草房向草瓦房，再向瓦房、楼房过渡普及。至2008年年底，全市建成新农村示范村镇121个。

第一节　新农村发展规划

1983—1989年，中共淮阴市委、市政府对全市新农村建设进行重新规划。至1990年年底，全市完成农村村庄、居民点规划4395个，并抽调设计、施工、技术人员实地指导新农村建设。

1995—1996年，市政府完成全市乡（镇）域规划。1997—1999年，完成全市建制镇总体规划。同时，全市所有建制镇完成1～2条街道街景设计。2000年起，全市开始在"三淮一体"（将原地级淮阴市、原县级淮安市、原淮阴县整合为新地级淮安市）总体规划基础上确立乡镇体系规划。

2001年后，农业产业化进程加快。从2003年开始，市政府对原有规划进行修改完善，按照城乡统筹发展，城乡优势互补、资源共享的战略思想，打破原有结构重新修订村庄规划。

2004—2005年，市政府聘请有资质的规划设计单位，完成全市116个乡镇、1413个行政村的新农村镇村布局规划编制和审批工作，规划将45864个自然村落合并为5034个农民集中住居点，可节约建设用地5.8万公顷。

2006年，市政府开始实施新农村农民集中居住点规划。针对农村实际情况和难易程度，遵循农民自愿原则，全市将村庄分为4种类型推进，即撤并城郊村；加快推进小路、河流沿线村庄建设；示范推进远离城镇的村庄；稳妥整治归并规模村。至2007年年末，全市启动农民集中居住点

图23-9　新农村（2008年）　　张振平　摄

1545个，建成上规模、有特色的农民集中居住点497个，进点13789户，新建农房建筑面积255.02万平方米。

2008年，市政府办公室和淮安市民主促进会联合，分赴洪泽县和淮阴区开展新农村建设调研活动。根据调查，市政府重新修编26个乡镇总体规划，编制8个镇区控制性详细规划，完成2267个农民集中居住点建设规划，实现新农村村庄规划全覆盖，并启动确立做强10个重点中心乡镇，做优30个特色镇，制定一般乡镇的城镇发展战略。同时，明确“一主三次”发展轴，即宁连公路沿线城镇发展主轴，徐淮公路、盱金公路、京杭大运河沿线3个城镇发展次轴。在市域城镇体系规划的指导下，10个重点中心镇、30个特色乡镇及其他乡镇，都聘请有较高资质的规划设计单位编制总体规划。此次规划达到《国家建制乡镇规划技术水准》的要求。10个重点中心镇、30个特色乡镇和有条件的一般乡镇编制小城镇主街道或主要地段控制性详细规划、工业集中区规划、农民住宅小区规划、商业及农贸市场规划等，基本做到科学化、系统化。与此同时，淮安市科学技术局根据《淮安新农村建设科技示范（试点）实施方案》，发文至各个乡镇，同意启动首批5个新农村建设科技示范乡镇、6个新农村建设科技示范村（试点）工作。

第二节 农村生态环境建设

20世纪80年代末，中共淮阴市委、市政府提出在“八五”计划期间启动优美乡镇、生态村建设。“九五”计划期间，开展“611”工程（6个示范镇、11个生态村）和“三创建”说明工作，先后建成环境与经济协调发展示范镇6个，分别是盱眙县马坝镇、金湖县闵桥镇、县级淮安市溪河镇、涟水县高沟镇、淮阴区渔沟镇、洪泽县岔河镇；“百佳生态村”11个，分别是盱眙县马坝镇山西村、观音寺乡朱楼村，淮阴县渔沟镇蒋桥村，涟水县徐集乡严王村、牌坊乡汪窑村，金湖县淮胜乡淮胜村，洪泽县岔河镇竹园村、朱坝镇朱坝村，清河区城北乡繁荣村、富强村，县级淮安市施河乡葛庄村。有13家乡镇企业通过清洁文明生产审计，分别是江苏爱特福药物保健品有限公司、淮阴市电缆厂、洪泽洪美有限公司、淮安康和医药用品制造公司、涟水玉田毛巾厂、淮阴康平医药用品制造公司、淮阴市制蜡厂、淮阴市繁荣服装厂、淮阴市染料化工厂、淮阴市中天生物工程有限公司、江苏都梁集团、盱眙县新街矿泉水厂、洪泽县岔河镇洪泰无纺布厂。2004年，按照江苏省环保厅要求，淮安市13个中心镇编制环保专题规划。全市17个国家级、省级中心镇均编制环保规划。同年，洪泽县岔河镇、朱坝镇建成市级环境优美乡镇。

2005年，省环保厅等6个厅、局联合印发《关于开展农村人居环境建设和环境综合整治试点工作的通知》，提出在广大农村开展以“六清六建”（清理垃圾，建立垃圾管理制度；清理粪便，建立人畜粪便管理制度；清理秸秆，建立秸秆综合利用制度；清理河道，建立水面管护制度；清理工业污染源，建立稳定达标制度；清理乱搭乱建，建立村庄容貌管理制度）为核心内容的农村环境综合整治工作。市委、市政府出台《关于积极推进城乡统筹发展，加快建设社会主义新农村的若干意见》，农村环境综合整治工作全面展开。全市开展以创优村镇容貌为重点的创建活动。开展清洁家园、清洁田园、清洁水源“三清”活动，并建立起组保洁、村收集、镇运转、县处理的环卫管理四级网络。当年涟水县蒋庵办事处蒋老庄村建成省级生态村。

2006年，全市县、乡累计疏浚河道308条、1308公里，完成土方2211万立方米；完成1463个村河道整治任务，集中整治河塘2066面，疏浚河道1549公里，完成土方1082万立方米。同年4

月，通过省级验收。全市农村户用沼气“一池三改”（建沼气池、改圈、改厕、改厨）6300处，建成1处规模畜禽养殖场小型沼气工程，涟水县王嘴村秸秆气化集中供气工程启动建设。全市新增无害化户厕20105座。洪泽县三河镇、高良涧镇、蒋坝镇，淮阴区渔沟镇，清浦区武墩镇建成市级优美乡镇。

2007年，在全市开展220个村庄整治建设试点，新启动327个农民集中居住点，总数达816个。21个省级综合整治试点村新修道路51.76公里、下水道80.3公里，新配垃圾箱792只，新建公厕73个，新建公共绿地5.53万平方米，清理露天粪坑1470个。105个市级村庄建设整治试点共新修道路131.05公里、下水道323.4公里，新配垃圾箱1227只，新建公厕153座，新建公共绿地22.03万平方米，清理露天粪坑2397个。全市完成2267个集中居住点规划方案。疏浚县乡河道367条、1390公里，完成土方2576万立方米。实施367个村的村庄河塘整治，完成土方1261万立方米。新建8800处“一池三改”户用沼气，至当年年底，全市累计建设小型沼气工程8处。新建的涟水县王嘴村秸秆气化集中供气工程成功点火，并进入调试阶段。涟水县通过省生态农业县创建验收，成为淮安市第一个省级生态农业县。全年完成造林1.11万公顷，其中新建成片林0.56万公顷，新建农田林网1.46万公顷，新植“四旁”树2036.94万株；创建绿色乡镇22个，新建村庄绿化示范点23个，全市森林覆盖率提高1.1个百分点，达19.2%。启动1456个农民集中居住点建设整治，基础设施累计投入4.8亿元。开展66个省级、105个市级、500个县级村庄整治试点。2007年，清浦区盐河镇，楚州区车桥镇，金湖县陈桥镇、吕良镇，洪泽县西顺河镇建成市级环境优美乡镇。洪泽县岔河村、朱坝镇朱坝村建成江苏省级生态村。淮阴区王营镇果林村，楚州区建淮乡张兴村、施河镇龙潭村、席桥镇黄桥村、城东乡刘湾村，金湖县涂沟镇五星村、黎城镇黎东村、金南镇南望村、吕良镇军舍村、前锋镇郑圩村、闵桥镇金桥村，洪泽县三河镇长堤居委会建成市级生态村。

2008年，省下达淮安市26.15万人农村饮水安全建设任务。当年全市完成土方698万立方米，铺设供水管道6131.65公里，新建水厂28座、改造水厂108座，完成投资2.05亿元，自来水安装总户数为128803户，安装通水112519户，入户率达87.4%。疏浚县乡河道266条、1165.9公里，完成土方2356万立方米，占计划任务的106%。金湖县建成省级生态农业县。全市新建以沼气为纽带的生态家园富民工程1.33万处，累计建成沼气生态家园富民工程9.8万处；示范推广秸秆沼气池3338处，初步组建秸秆沼气物业管理站33处；建设淮阴区凌桥米业秸秆气化集中供气工程1处，新建规模畜禽养殖场小型沼气工程74处和净化沼气池254处，全市累计建设净化沼气池3154处，容积11.3万立方米，年处理生活污水达1200万吨。建设省级绿化示范村35个，绿化合格村212个，绿色村庄247个；新建宁徐高速盱眙南段、金宝南线金湖绕城段、淮涟公路一级公路绿色通道100公里；完善宁淮、宿淮盐绿色通道200公里。在全市范围内启动24个绿色示范集镇建设。2008年8月，涟水县河网办事处嵇庄村被省建设厅确定为省级污水处理整治村。洪泽县三河镇长堤居委会建成省级生态村。

第三节　新农村建设示范镇村选介

一、涟水县红窑镇

红窑镇位于涟水县域中心。2008年，镇域面积117.5平方公里，耕地面积4600公顷，下辖26

个村，2个居委会，120个村民小组，14373户，6.9万人。2006年，该镇率先启动中心村建设，先后投资4.5亿元开展新农村建设。同年，建设农民公寓43266平方米，入住97户。2007年，在9个中心村建设23.1万平方米农民公寓，入住460户农民。2008年，建设5.3万平方米农民公寓，入住110户农民。另外，还兴建3.5万平方米的科技新城、800平方米卫生院病房楼、5万平方米商业街、1.5万平方米宁红希望小学，新建标准厂房3万平方米，新建“农家书屋”26家，铺设3.2公里4.2米宽的龙兴景观大道，开发建设商品房11230套。建成垃圾中转站、污水处理厂，兴建农民文化广场。2008年年底，成功创建江苏省级卫生镇、生态镇、自驾游基地，农村环境连片通过江苏省环保厅验收。龙兴村创成国家级生态村、省级康居示范村。全镇实现地区生产总值6.5亿元，财政收入5355万元，农民人均纯收入9904元。获涟水县综合考评一等奖和村镇建设等8个单项奖。

二、洪泽县老子山镇

老子山镇位于洪泽湖老子山，占地面积300平方公里，其中水面占90%，绿地30平方公里。2008年，辖2个居委会，9个行政村，17967人。2006年，该镇开始启动新农村建设。2007年，聘请北京达沃斯巅峰规划设计院编制《老子山创建省级旅游度假村总体规划》；聘请省住建厅规划咨询中心编制《老子山镇总体规划2013—2030年》。具体定位为“淮上新明珠、山水风情镇、温泉养生地”。第一期投入4000万元实施湖区移民迁建工程，建成32栋6万平方米的渔家花园小区，入住1260户；投入3000万元建成2000平方米的渔家花园休闲广场；投入600万元建成2800平方米的渔家花园幼儿园；投入6000万元建成5万平方米的丹山花园商铺、3200平方米的丹山幼儿园及36套教师公寓；投资2000万元建成水、电、路和环保等配套设施。

三、淮阴区丁集镇

丁集镇位于淮阴区王营镇西北10公里，面积42平方公里。2008年，辖10个行政村，7382户，33600人。从2006年开始启动新农村建设，当年聘请东南大学编制镇村建设总体规划（2009—2020年）。定位为“农贸集散片区、农机服务中心区、物流配套服务区”。投入862万元对镇村主干道进行拓宽改造，安装105盏路灯；投入2亿元建起丁香花园、惠畅园、观景街等一批住宅小区；投入300万元建设污水处理厂及配套管网；投入600万元，整治娘庄、农庄、七一等农民集中居住点；投入1.4亿元改造状元府第住宅小区。全镇道路宽阔畅通，小巷干净整洁，小河清水荡漾，岸边柳叶婆娑。

四、淮阴区大福村

大福村位于淮阴区王营镇北10公里的棉花庄镇。2008年，该村有7个村民小组，680户人家，2324人。2006年，该村启动新农村建设，建起综合服务大楼3200平方米，建成1万平方米的法苑广场，建成38米长的法治长廊，建成标准厂房3.1万平方米，年税收1200万元。投资170万元建设1万平方米农民健身、休闲文化活动场所，500户农民集中居住点入住410户，入住率达75%；修建垃圾池116个，置办垃圾桶150只，配备保洁员12名和垃圾清运车12辆，绿化面积2.2万平方米。该村获“江苏省民主法制示范村”“江苏省社会主义新农村建设先进村”“淮安市村务公开民主管理示范村”“淮阴区先进基层党组织”“淮阴区新农村建设‘五星村’”等称号。

五、涟水县嵇陆村

嵇陆村位于涟水县城北郊。2008年，该村有6个村民小组，25个自然村庄，680户人家，2700

人。2006年4月，由淮安市宏图村镇建设中心编制完成嵇陆村农民集中居住点总体规划，规划用地18公顷，人均用地90平方米，每户面积206平方米。至2008年，共投入3800万元。拆除旧房462户，建起11.36万平方米的两层楼房，入住568户人家；铺筑1000米长、6米宽的中心水泥路和1500米长、3.5米宽的村内循环水泥路；配套实施下水道、绿化、路灯、灯光球场；建起730平方米的农贸市场和卫生室。该村获“江苏省康居示范村”“江苏省特色建设示范村”“淮安市文明村、生态村”“涟水县和谐新农村”等称号。

六、楚州区条龙村

条龙村位于楚州区施河镇西南。2008年，该村有22个自然庄，556户人家，2356人，有耕地251.33公顷。2005年，开始启动新农村建设。至2008年，先后投入3000万元，建设建筑面积7200平方米的住宅小区，建起占地面积50公顷的蔬菜合作社，建筑面积1000平方米的便民服务大楼；兴建3000米长的循环水泥路，安装路灯60盏，修建防渗渠6500米、抗旱泵站2座、污水处理站1座等公共基础设施。自来水到户率达100%，全村旱改厕率达100%。全年人均收入13680元。

七、楚州区丁朱村

丁朱村位于楚州区席桥镇的东南。2008年，该村有389户，7个村民小组，1767人。2007年，开始启动新农村建设。至2008年，先后投入1.5亿元，兴建5800套农民公寓，新建村卫生室、图书阅览室、农民健身广场和16个垃圾池等设施。建起3平方公里的工业园区，相继成立丁朱大白菜合作社和稼禾农机合作社。丁朱村由一个贫穷落后、脏乱差的村变成一个整洁、靓丽、文明和谐的新农村。

第十三章　农垦经济

1978年以前，淮阴地区境域内有36个国营、集体农场。其中，东辛农场、青伊湖农场、五里江农场、白马湖农场直属江苏省农垦系统；洪泽农场、泗洪农场、复兴圩农场等7个农场隶属于江苏省司法厅；宝应湖农场原为军垦农场，后为江苏省水利厅管属；泗湾湖农场、运西农场原为江苏省武警总队农场。1996年行政区划调整后，淮阴市域内有白马湖农场、三河农场、宝应湖农场，以及省司法厅的复兴圩农场和泗湾湖、运西2个军垦农场。1995年，淮阴农垦公司下属6个农场实现社会总产值7.14亿元，国民生产总值2.05亿元、利润3415.35万元。2000年，淮阴市域内白马湖农场、三河农场、宝应湖农场，共实现销售收入33亿元。2008年，这些农场进行改制，土地全部承包到场户，工厂改制为私营企业。原农场、分场、大队三级管理二级核算改为农场、管理区二级管理一级核算。在农垦经济发展上，主要以粮食植物和经济作物为主，同时培育良种。农场人均年收入在4万～5万元。

第一节　白马湖农场

白马湖农场位于楚州区西南，东临京杭大运河及京沪高速，南傍白马湖，西靠宁连高速。场域65.6平方公里，拥有耕地3338.78公顷，林地1213.15公顷，水面661公顷。至2008年，全场有10个农业生产区，人口16036人，其中职工2871人。

一、机构设置

1979年3月，白马湖农场与地方分开，归江苏省农垦局。1981年，该农场设立4个农业分场，26个生产队；水产、多种经营改设为五分场，下辖3个渔场、4个机耕队。1987年1月1日起，实行场长负责制。2000年实行农场机关机构改革，由17个科室精简为7个部门。2003年农场再次改革体制，撤销4个农业分场、13个农业大队，新组建10个农业管理区，机关设置5个部门，即行政办公室、党委办公室、劳动和社会保障科、财务国资科和工会，其他部门实行市场化运作。2005年，场里农业单位进行改制，财务由原先的农场、分场、大队三级管理二级核算，改为农场、管理区二级管理一级核算财务管理体制。至2008年，该农场下辖10个农业管理区，1个城镇居委会，1个职工医院，1个电力管理中心，1个畜禽水产公司，1个林业站。

二、种植业

1978年以前，白马湖农场农业主要以稻、麦为主。1978年，全场粮食种植面积为2266.67公顷，总产量1036万公斤。1984—1990年，先后投资5800万元进行农田标准化建设，水稻亩单产由原来的425公斤增加到685公斤，小麦亩单产由原来275公斤提高到478公斤。种子转化率由原来的20%提高到45%，其中夏粮小麦100%转化种子。1995年，被农业部确定为国家级种子基地和全国最大甜菜种良繁基地。同时是江苏省淮南、淮北小麦、油菜等新品种展示、示范基地，承担着国家和江苏省100个水稻、小麦油菜等新品种、品系的区试任务。2004年11月，被农业部确定为首批无公害农产品示范基地。2005年，被省发展和改革委员会确定为农业产业化龙头企业。至2008年，实现稻麦总产2556万公斤。

1999年以后，发展优质高效农业，将蔬菜生产作为高效农业方向，在总结探索中稳步推进。2000年，实现设施与冬闲田利用并举，蔬菜瓜果种植面积达到30公顷。2006年，提出“一个中心园、两个带动园、一个高效园”的目标。2007年成立淮安华萃农业科技有限公司，注册资本100万元，配有年育苗能力2800万株的自动精量播种流水线和3000立方米果蔬保鲜库，产品以西兰花、甘蓝、娃娃菜、结球生菜、洋葱、辣椒、甜瓜等为主，通过无公害蔬菜产地认证108.67公顷，获得江苏出入境检验局出口食品生产企业卫生登记及质监局计量合格认证。至2008年，淮安华萃农业科技有限公司种植各类蔬菜134.33公顷，平均亩产值2000元，亩效益达600元，育苗收入达28万元。

三、畜禽养殖

1978年以后，该农场牲畜养殖以生猪为主，牛、羊、兔逐步停养。1978—1999年，养猪经历由集体饲养到个体饲养的历程。1999—2003年，由于粮食及饲料价格高，防疫队伍不健全等因素，职工自发养殖的积极性较低，一直没有形成规模。2004年后，出台各种激励机制，养猪业逐步走向规模化，养殖户购进猪种进行自繁、自养。2008年，全场出栏生猪2.2万头。

家禽养殖以蛋、肉鸡养殖为主。1987—2001年，农场肉鸡养殖集中在原种鸡厂，年出栏肉鸡20万只。2007年，全面推进“二次创业”，新增养鸡户85户。2008年，全场肉鸡出栏160万只，蛋鸡养殖52户，存栏蛋鸡16.3万只，产禽蛋2200吨。

四、水产业

1978—1994年，该农场水产养殖经历几次改革。1995年，组建畜禽水产公司，设3个渔场。2001年起，不断调整养殖品种结构，发展鳜鱼、黄颡鱼、南美白对虾、龙虾等水产养殖。同时，注重品牌建设和科技创新。2003年，申报注册无公害“神湖”牌中华绒螯蟹，生产基地133.33公顷，投放无公害水产品50吨。2005年，启动渔业科技入户工程，科技入户工作连续3年被楚州区多种经营管理局评为先进单位。至2008年，全农场有水面433.33公顷，养殖户146户，上市水产品1300吨，春季培养各类鱼苗夏花2000万尾。

五、林业

20世纪70年代，该农场贯彻营造农田防护林和用材林并举的方针，发展防护林。20世纪90年代，采取“造、管、护”相结合，“网、带、林”相结合，使林业得到快速发展。2004年9月，被江苏省林业局授予“江苏省质量信得过林木种苗基地”称号。2006年，引种中华红叶杨，建立并形成淮安市最大的红叶杨基地。2007年，通过“优质杨树新品种示范推广”计划项目鉴定。至2008年，该农场苗木林地总面积达1213.15公顷，全场“四旁”植树333.33公顷、37万株，发展苗木、苗圃25.33公顷。

六、工业

1978—1988年，该农场兴办农机修造厂、粮食加工厂、棉纺厂、砖瓦厂、酒厂、玩具厂、地毯厂7家企业。1996年，粮食加工厂生产的“苏王”牌大米通过国家绿色食品认证。1998—2001年，对7家企业全部进行改制。组建种子公司、恒晟米业和苏垦米业3家参股企业，物资公司、华萃农业科技有限公司2家控股企业，职工医院、供电公司、大华生物制品厂3家场办企业。2008年年底，全农场有企业职工人数1123人，固定资产1335万元，工业销售产值1.94亿元，产品销售收入1.98亿元，销售利润1452万元，增加值2932万元，利润总额656.17万元。

七、道路建设

1981年，该农场在场部前兴建一条5米宽、200多米长的水泥路。1985年，兴建渔场通往淮范公路的水泥路。1986年，投入数十万元修筑1300米长从白马湖中学连接淮范公路的水泥路。1997年，投入150万元修筑宽5米、长20公里贯穿全场南北的砂石路。2005年，完成便民路投资145万元，方便居民出行。2007年，又投资120万元将原淮洪公路农场段改为沥青路，并将原路灯全部更新。2008年，实施“通达”工程，使全场等级路总里程达到110公里，便民路60多公里，基本达到户户通，有线电视和自来水管网覆盖全场。

八、文教、卫生

1978年以前，该农场只有7所初小、1所完小。1978—1990年，投入1500万元办起2所初中，在校生884人；15所小学95个班级，在校生3525人。2001年起，该农场九年义务教育移交地方管理。2008年，因实行计划生育人口下降，加之不少职工将子女送到外地就读，导致生源严重不足。学校只有中学1所，7个班级，350名学生；中心小学1所，13个班级，523名学生。

1996年，在一分场设立中心卫生院，实现农村初级卫生保健。1997年，建起面积1500平方米门诊楼。2002年，投资18.5万元新建1栋手术楼。2008年，投资120万元，新建1000平方米标准化病房楼，有病床40张，职工61人。从2007年开始，全农场有8100人参加楚州区新型农村合作医疗。2008年，全农场有8071名职工（包括退休人员）参加楚州区职工医疗保险。

九、职工收入

1978年，该农场职工人均收入303元。1981年，实行联产计酬责任制，取消工资等级，职工人均收入555元。2000年以后，实行改制，土地包到户，农、林、牧、渔、工、商齐发展，人民生活有很大提高。至2008年，该农场实现营业收入（场域）5.91亿元，职工人均收入10013元。

第二节　三河农场

三河农场位于淮河南，东临三河闸，南傍宁宿徐高速公路，北依洪泽湖。全农场占地面积5054公顷，拥有土地5052.45公顷。其中，耕地面积2900公顷，林地面积800公顷，果园面积6公顷，鱼塘面积233.33公顷，沟堤渠水面积800公顷。1979年，三河农场设5个分场，9个管理区、36个生产队。1983年12月，成立第七分场，从事多种经营和养殖生产，下辖9个单位。1985年，原七分场与多种经营科合并，成立林牧水产公司。2000年4月，成立三河农场农业综合开发办公室。同年8月，成立三河农场农业综合开发区，撤销马巷分场。2004年2月，潘庆分场、洪湖分场分别更名为管理区。2008年年底，全场有职工3661人，离退休人员2495人，工农业总产值1.5亿元，人均收入8000元。

图23-10　三河农场农业丰收场景（2005年）陈光晰　摄

一、种植业

1978年，三河农场的农业经济主要以粮食、蔬菜、林业、水产、畜牧为主。1987年以后，该农场对植物布局进行调整，保持麦、稻面积，压缩棉花面积，增加西瓜、油料面积。1992年以后，种植业基本形成以麦稻为主、高效经济作物为辅的种植模式，年生产优质小麦1050万公斤，水稻550万公斤。2000年以后，进一步提高高效经济作物比例，成立三河草莓协会、稻麦种植协会。并注册“三舒”牌商标。2002年，成为国家级小麦良种繁育基地，农场三特大米、恒河香醋获得“绿色食品”称号，水产品、蔬菜通过国家无公害产品认证。

二、蔬果业

1990年起，每年种植地膜西瓜66.67公顷。1999年，开始种植地膜草莓、毛豆、短生菜豆、茭白等，并试种大棚韭菜、毛豆、草莓、番茄、西葫芦、甜瓜等。2002年，该农场大棚草莓成为“江苏省草莓脱毒快繁技术体系无公害生产示范基地建设项目组”基地。2005年，确立大棚草莓为农业5大产业之一。2008年，实施大棚草莓高效示范园区项目。

三、养殖业

（一）养牛

1981年，该农场利用湖滩养殖鲁西大黄牛567头，成为江苏农垦系统养牛基地。2008年，该农场畜牧业产值占农业总产值的57%。

（二）养禽

1985年12月，该农场成立江苏农垦第一种鸡场。1987年4月，从加拿大谢弗公司引进祖代红波罗雏鸡8700只，父母代种蛋行销广西、福建、上海等13个省、市，种蛋供不应求。同时，又建成100万只肉鸡生产加工基地。1991年，又从美国引进AA白羽肉种鸡4400只，年收入1200万元。1998—2008年，养殖业全部改制，由职工承包和租赁饲养。2008年，全农场家禽出栏510万只。

（三）渔业

1979年，该农场将沿湖堤100公顷洼地开发成鱼池，到1990年亩均产量291.5公斤。至2008年，全场普养渔塘253.33公顷，其中精养渔塘水面186.67公顷，养殖龙虾6.67公顷，成鱼产量4000吨。

四、果木

1978年以后，该农场开始规划栽植果木。1987年，全农场栽植苹果面积12公顷，桃树、银杏11公顷。1995年，栽植板栗18公顷。2000年以后，果园全部承包给个体经营。2007—2008年，大面积栽植意杨树。

五、工业

1980年，该农场实现工业产值360万元、利润75万元。1980年3月20日，三河半导体厂生产的蓓蕾611型半导体收音机面世，当年被评为全国农垦系统先进集体。1982年，场办工业首次跨入江苏省农垦系统“百万富翁”竞赛行列，创利105万元。1985年2月21日，农场三河酒厂生产的封缸酒、三河食品厂生产的奶油饼干和奶油夹心饼干获江苏省农垦系统产品一等奖。1988年9月，将罐头厂和三河饭店并入三河食品厂。1988年11月，三河食品厂并入三河酒厂。1989年3月24日，江苏省国营三河肉禽综合加工厂更名为江苏省三河冷冻厂。1990年，江苏省国营三河农场酒厂更名为江苏省国营三河酿造食品厂。同年，该农场生产的“恒河”牌香醋受到农业部表彰。全年农场工业总产值达2034.4万元。1995年，“恒河”牌香醋获中国农业博览会金奖。1996—1998年，场内企业全部改制为私营企业。2008年，粮棉油加工有限公司实现销售收入6209.8万元，恒河酿造有限公司、半导体有限公司、润旺禽业等农副产品加工企业都有新的发展。

六、教育

2003年前，全场有10所小学、2所中学。从2003年起，全场中小学校以及师生和教育资产，全部移交给盱眙县教育局。

七、卫生

1997年，投入17万元对医院门诊楼进行改造。2000年，投资20万元打水井一口。至2008年，农场职工医院有医护人员65人，病床35张。

八、文化

1991年，投资35万元，建起面积1000平方米的职工教育娱乐中心和老干部活动室。1995年建起有线电视网络。2000年，投资60万元改建广播有线电视。

九、基础设施和住宅建设

1996年，投资100万元，建起2000平方米的职工楼，有50户职工入住。1998年，投入350万元建起职工宿舍楼7580平方米，完成其他公共设施7200平方米。1999年，投入500万元建起9652平方米楼房，并建起主街道商用楼和恒河桥，拓宽场中心东西水泥路，实施路灯亮化工程。2000年，投资140万元，用于绿化、路灯、下水道建设和水泥路铺设。2004年，新建商品房10937平方米，铺设水泥路190米、碎石路408米。2005年，投资45万元，铺设15.6公里水泥路，场部通往管理区全部实现国家三、四级公路标准。2006年，投资234万元铺设场部通往管理区水泥路25.7公里，新架高低压线路5.8公里，新增7台变压器，新建住宅楼9200平方米。2007—2008年，投入65万元改造建设自来水管道和下水道，以及居民区公共设施。

第三节　复兴圩农场

复兴圩农场位于金湖县东部，东、南依傍高邮湖西岸，西临淮河入江水道，北与宁连高速、京沪高速相连。该农场始建于1962年，原为天灯种牛场。1999年2月，江苏省委决定将复兴圩农场移交给江苏省农垦集团有限公司，实行场长负责制。2004年农场机构进行调整，财务制度由原先的农场、分场、大队三级管理，农场、大队二级核算，变成农场、管理区二级管理一级核算财务管理体制。农场总面积15平方公里，拥有耕地720公顷、林地106.67公顷、水面33.33公顷，分圩区、圩外和丘陵3个区域。至2008年年底，该农场总人口1375人，其中在职职工514人、退休职工391人。工农业总产值2210.3万元，粮食总产量1155.9万公斤，人均总收入1.27万元。

一、农业

农业主要以种植业为主，兼养殖业。种植业主要是优质商品粮生产和稻麦良种繁育。1978年，种植小麦497.67公顷，单产125.5公斤；种植水稻132.67公顷，单产203.4公斤；种植大豆88.67公顷，单产41公斤。1988年，实行生产承包责任制，种植三麦433.33公顷，总产实现116万公斤，水稻种植402.93公顷，实现总产205.5万公斤。1999年，投入850万元用于农田标准化建设，种植三麦395公顷，实现总产201.6万公斤，种植水稻459公顷，实现总产395万公斤。2008年，种植三麦692.4公顷，总产460.85万公斤；种植水稻724.47公顷，总产600万公斤；种植小麦良种400万公斤。

二、工业

1978年以前，该农场只有一家粮食加工厂。1978—1998年，投资180多万元，创办弹力丝厂、酒厂、酱醋厂、轧花厂、食品厂、霓虹灯厂、建材厂、服装厂、网络丝厂和织袜厂。1999年以后，场内办起6家民营企业。2002年，被江苏省农垦集团公司评为扭亏增盈先进单位。2007年，该农场规划13.33公顷工业区，投资1032万元，建起6400平方米标准厂房，引进企业5家。是年年末，被江苏省农垦集团公司评为先进单位。2008年，全场有16家企业，固定资产达3009万元，从业人数190人，产品销售收入2174万元，利润总额114万元。

三、商业贸易

1988年，发展商业网点3个，实现营业额100万元，利税15万元。20世纪90年代后，由于农场常住人口逐年减少，商贸业发展趋缓。2008年，商业网点增加到12个，从业人员达96人，年营业额61万元，实现利润29.6万元。

四、教育

1978年前，该农场有1所小学并附设"戴帽"初中、1个幼儿班。1987年，中学和小学分开，有初中1所，3个班级；小学2所，16个班级，在校生360人，教职工36人。2003年，撤销中学，将小学6个班级80名学生及10名在职教师全部移交到金湖县教育局。2008年，场内只有1所小学，在校生63人。

五、卫生和医保

1978年，场内有医院1所，设内科、外科、五官科、妇科、中西药房、放射科，医务人员22人。2008年，全场有387名居民参加金湖县新型农村合作医疗，有514名职工和退休职工参加金湖县职工医疗保险。

六、职工生活

1978年，该农场职工的劳动报酬执行基本等级工资制，职工工资凭出勤日、劳动成绩，按月发放，年平均工资312元。1984年，实行生产承包责任制，由队每月预发30元生活费，年终超奖减赔。1988年，职工采取档案工资并实行浮动，一般职工平均年收入1700元。全场214户农业职工中有176户盈余，年收入2万元以上的3户、1万以上的13户、3000元以上的95户。此后，职工收入逐渐增加，2008年实现生产总值2569万元，人均年收入12670元，经济各项指标在全省农垦系统综合排名第17名。2002年以后，职工开始自建楼房或购买新房。至2008年年末，全场居民住房面积51272平方米，其中楼房面积17548平方米，人均住房面积37.21平方米。

七、城镇和道路建设

1978—2000年，该农场小城镇建设发展较慢。2001年，筹资76万元修建建筑面积1080平方米的职工住宅楼，投入26万元修建厕所、垃圾池、下水道等设施。2003年，投资700万元建成银集到复兴圩宽4.5米、长7000米的水泥路，通往高邮湖环湖大堤1300米的水泥路。2004—2008年，投资800万元，用于场区水泥路、职工住宅楼、街道绿化、休闲广场等工程建设，同时建成3座标志性通信塔。

第四节　宝应湖农场

宝应湖农场位于金湖县境内，东临涂沟紧靠京沪高速，南接银集，西与宁连公路相连。全场总面积58平方公里，耕地2570公顷，水面1530.17公顷。至2008年，全农场下辖4个管理区，2个社区。总人口7959人，其中在职职工2794人，离退休职工2360人，在编管理人员96人，各类专业技术人员151人。工农业生产总值13555万元，营业收入37979万元，利润33.8万元，职工人均收入11024元。

一、机构设置

1978年，该农场和江苏省水利工程总队分离，恢复建制并撤销4个分场。1989年，经江苏省水利厅批准恢复4个分场并设17个农业大队、4个机耕队。1993年，划归江苏省农垦集团公司管理。2004年，该农场管理体制由原来的三级管理二级核算，改为二级管理一级核算，经费实行包干制，资金实行预算制，财务实行报账制。撤销分场、大队建制，机关由8个科室精简为5个科室，17名工作人员。农业单位由21个建制单位合并为4个管理区，将4个水产养殖场合并为3个，人员由252人精简为72人。2008年农场改制，下设4个农业管理区，2个社区，2个水产养殖场，2个农业、水产服务中心。

二、种植业

1978—1985年，该农场农田由集体种植。农作物以麦、豆、水稻、大豆、棉花、油菜、甜菜为主。1985年后，全面推广联产承包责任制，稻麦面积稳定，绿肥面积缩小，增加水稻良种培育，粮食总产量全年达980.7万公斤。1993—1998年，小麦、大豆由集体种植，水稻、棉花、玉米承包给职工。1999年，推行稻麦连包承包方式。2000年秋，农业实行“先交钱，后承包”方式。农田采取租赁经营，全部由个人承包，实行植物品种布局、产品收购、物资供应等“五统一”。2008年，小麦播种面积2466.67公顷，总产1794.5万公斤；水稻种植2400公顷，总产2160万公斤；大豆种植73.33公顷，总产37.5万公斤。种植业总产值11220万元。

三、水产养殖

1978年，该农场水产养殖面积579.33公顷，主要品种有白鲢、花鲢、青鱼、草鱼。1993年以后，精养塘口和外湖围养水面达1200公顷，主要以鱼、螃蟹、甲鱼为主。2008年，特种养殖533.33公顷，主要是中华绒螯蟹、青虾、龙虾、鳜鱼、甲鱼等，上市水产品7000吨。被江苏省定为无公害水产品养殖基地，“宝绒”牌中华绒螯蟹被评定为部级无公害水产品。

四、畜禽养殖

1978年建猪圈3500平方米，1988年出栏生猪3.16万头。1993年后，生猪养殖萎缩，年饲养量仅1300头。1978—1983年，累计养殖肉鸡24万只。1987年，新建10个鸡场，饲养肉鸡8.1万只，鹅、鸭4.4万只。后逐年萎缩，到2005年，鸡、鹅、鸭饲养量仅有4.1万只。2007年，投入130万元新建禽舍9141平方米，形成8个饲养区。2008年，全农场养肉鸡25万只、鸭子4.7万只、鹅5.3

万只。

五、林业

1986年以后，该农场林木由水杉、池杉改为杨树，年植8万棵。2003年，实行林权改革，林木全部承包给个体户栽植、采伐。至2008年，全农场林木达到40万棵，蓄积量2.1万立方米，采伐量2000立方米，林木覆盖率20.8%。

六、工业

1978年，场办工业主要有农机厂、砖瓦厂、船舶修造厂、粮棉油加工厂、酱醋厂、水泥预制厂等8家企业。固定资产166万元，年产值70万元。1979—1984年，投资140余万元，兴办钢窗厂、食品厂、酒厂、印刷厂、挂面厂、针织厂、彩印厂。1985年，成立工业供销公司，下辖12个工业单位。1987年，投资80万元，建成豆乳晶厂。1993年2月，投资220万元建成年产1000吨豆奶粉生产线。1993年7月，该厂改为华康保健食品总厂，下设豆乳晶分厂、蛋白粉分厂和豆奶粉分厂。1995年，该农场有企业14家，年产值3950.6万元，利润125.4万元。1996年，工业年产值5000万元，出现亏损。1998年，场办工业完成企业改制13家，大量职工转岗分流到农业单位。2001年，该农场与浙江客商共同组建宝金玉粮油责任有限公司，大米销售至上海、南京等地大超市，年销售总量1.5万吨，销售收入3100万元。"宝金玉"商标获"中国名牌产品"称号。2005年，该公司划归苏垦米业集团公司，更名为江苏省农垦米业集团宝应湖米厂。2007年，引进秸秆加工厂、服装厂、育禽场、扬州金凯利体育用品公司等5家企业。至2008年，场域工业企业达18家。

七、小城镇建设

1982年，场部搬迁到五七新村。1998年起，新建16栋13392平方米职工居住楼，并配套建设市场400平方米。2006年，引资120万元，在供销社水总商店旧址建设2000平方米职工住宅楼。2008年，在332省道金宝南线刘圩社区建筑69套11300平方米商住楼。

八、道路交通

1974—1984年，投资120万元，兴建宝洪桥、工农桥、劳动桥、淮红桥、石港桥。1989—1994年，投资86万元，铺筑近3000米的工农桥砂石路、劳动桥和第二中学的砂石路、场部办公楼前1公里水泥路。2003年，投资90万元，铺设625米的集镇水泥路及队队相通的1万米砂石路。2005年，投资220万元铺设5.5公里的水泥路。2006年，投资520万元铺设16个管理点相通的17.35公里的水泥路。2008年，投资168万元铺设6条6.2公里的水泥路。

九、教育卫生

1978年，该农场有中小学12所，其中完全中学1所、初级中学1所、单式完全小学2所、复式完全小学4所、复式初级小学4所。有教职工125人，学生1336人。1994年以后，教育制度进行改革，有的学校进行合并。至2001年，全场学校仅有5所，其中完全中学1所、初级中学1所、小学2所。教职工118人，在校学生976人。2000年，金湖县政府成立宝应湖农场学校移交工作领导小组，对学校确权审计。2002年1月，所有学校整体移交地方政府。

十、卫生

1978年，该农场重新建立农场职工医院。1982年，水利工程总队医院搬迁扬州，医院用房移交农场。农场职工医院搬迁五七新村，占地面积2万平方米，建筑面积2400平方米。拥有医务人员110人，开设内科、外科、妇产科、儿科、中医科、五官科及检验、心电图、超声波、胃镜、激光、放射等辅助检查科室，下设3个基层卫生所、17个门诊室。1986年8月，与南京医学院第二附属医院建立医疗联合体，实行医院对外开放，南京医学专家、教授定期到农场医院开展医疗指导。2005年，建立大病救助机制，筹集大病救助专项资金46万元。2007年，农场2530名非职工居民纳入金湖县新农村合作医疗，享受医疗补偿待遇。2008年，医保与地方接续到位，全场5048名职工和退休人员享受城镇医保待遇。

十一、文化

1978年，该农场有电影院2座，场部配置图书室，藏书8000册。1995年，该农场建立550兆有线电视网络。2001—2008年，先后投资20余万元，更新广播设备，建设宽带信息网络。

·淮安市志·（1978—2008）

第二十四卷　工　业

1978年，淮阴地区有工业企业1637家，全部为公有企业，主要以食品工业、轻纺工业等劳动密集型产业和其他轻工业为主，当年实现工业总产值17亿元，轻、重工业比重分别为63.2%和36.8%。中共十一届三中全会以后，淮阴地区把发展工业作为带动整个经济增长的重点。20世纪80年代，淮阴市工业得益于乡镇企业的崛起，企业数量大幅增长，总数超过10万家。同时，工业企业改革力度不断加大，企业经营机制不断转换，在调整中快速发展，工业总产值年均增速在10%以上。至1990年，淮阴市初步形成以食品、轻纺、化工、机械、建材为主体，冶金、电力、煤炭、电子、仪器仪表、印刷等门类较齐全，结构较合理，具有淮阴地方特色的工业体系，工业总产值89.61亿元。

20世纪80年代末至90年代初，淮阴市工业遇到较大困难，具体表现为工业发展速度严重滑坡、工业企业普遍经济效益差、很多中小企业倒闭，化工、轻纺、食品、机械、电子等工业门类受到较大冲击。1989—1991年，全市工业总产值年均递增仅为0.88%。从1990年起，淮阴市继续深化工业企业改革，主抓龙头和骨干企业。1992年1月，首先将清江拖拉机集团、淮阴市冶金工业公司、清江棉纺织厂、清江轴承厂、淮阴肉类联合加工厂、清江电化厂、洋河酒厂、双沟酒厂、淮阴涤纶长丝厂、淮阴卷烟厂、淮阴汽车改装厂等12家大中型工业企业作为试点，推行综合改革，后扩大到67家。至1993年，改革试点工作取得成效，淮阴市工业跨过低谷，逐步恢复增长。至1995年，全市有工业企业29016家，实现工业总产值157.62亿元。

1996—2000年，淮阴市工业总产值年均增速为21.96%。至1997年，全市有12家国有大中型企业建立现代企业制度，各级开发区和工业园区建设开始启动。2000年，全市实现工业总产值444.59亿元。

2000年后，全市工业迎来更快更好的发展时期。工业对外开放进一步扩大，利用外资、引进内资的规模达到历史最高水平，企业集聚发展局面初步形成；工业结构更加合理，基本形成电子信息、特钢、盐化工新材料三大主导产业和烟草、冶金、机械、纺织、化工五大传统支柱产业共同发展的新局面。

1978—2008年，淮安市工业经济总量增长105倍。2008年，全市规模以上工业实现销售收入1233.2亿元，利税134.6亿元，利润57.3亿元。工业在三次产业中的比重从1978年的25.6%调整到2008年的41.7%。轻、重工业产值比从1978年的63.2∶36.8变为2008年的35.3∶64.7。工业总量显著提升，工业结构日趋优化，综合实力明显增强。

第一章 综 述

第一节 工业企业改革

1978—2008年，淮安市工业企业改革经历从放权让利、经营方式改革、产权制度改革到劳动关系改革的四个阶段。

一、放权让利

1979年，淮阴地区将清江印染厂、清江棉纺织厂等4家企业列为扩大企业自主权试点企业。1981年，对226家预算内企业实行盈亏包干责任制，随后逐步对企业实行利改税。1984年10月，淮阴市成立经济体制改革领导小组。1985年1月，淮阴市印发文件，分别从计划、物资、技改、劳动、价格、信贷等方面对企业放权。是年11月，市政府作出搞活轻工集体企业的相关规定。

二、经营方式改革

1986年起，淮阴市以“三改一联”（利改税，改革企业领导体制，改革分配形式；组建企业群体、发展横向经济联合）为重点，对企业实施第一轮承包。1986年，根据国务院关于进一步推动横向经济联合的规定，淮阴市作出25条政策规定，发展多层次、多形式、多内容的经济联合，加强同上海、陕西宝鸡等地企业联合，加强与科研机构、大专院校协作，引进外地技术、资金和人才。至1987年年底，与省内外1200多家企业联合，达成技改项目632个，引进资金1.65亿元，新增产值3.7亿元。1988—1989年，出台《关于试行企业全员资金抵押承包的意见》《实行竞争招标招聘承包经营者的规定》等7个文件，完善企业承包制，推动企业改革向纵深发展。至1989年，全市实行承包租赁企业超过1500家，其中试行“双文明承包”企业61家、风险抵押承包企业616家，有28家优势企业兼并33家劣势企业，有77家企业达到市、省和国家级先进企业标准。1990—1991年，全市开始实行第二轮企业承包，全市1020家县属以上企业中，95%签订承包合同，并有80%落实内部共保合同。1992年，市委、市政府印发《关于大中型企业综合改革试点暂行方案》《关于在流通企业进行“四放开”改革试点的意见》等文件，对12家大中型企业和5家流通企业进行以“从改革领导体制入手，抓企业内部配套改革，从完善承包制入手，抓企业内部配套改革，从完善承包制入手，把企业推向市场”为主要内容的综合改革试点。在取得初步经验的基础上，把试点范围扩大到全市79家大中型企业和骨干企业。是年年末，试点范围扩大至358家企业。试点企业普遍进行以领导、劳动人事、分配为主要内容的3项制度改革，全面推行全员劳动合同制和风险抵押承包。

三、产权制度改革

1993年起，全市工业企业进行以产权制度为突破口的改革。市经济体制改革委员会同人民银行、财政局、经济贸易委员会、发展计划委员会等部门成立股份制试点工作指导小组，当年全市有16家企业实行股份制。1994年，淮阴市印发《关于产权制度改革工作的意见（试行）》等6个文件，在全省率先大范围推行企业产权制度改革。全市有2347家乡办企业推行公有民营改革，占乡办以上企业总数的56.1%；批准成立有限责任公司104家，股份合作制企业901家；拍卖（出售）企业109家；82家优势企业兼并83家劣势企业。1995年，进行“抓住大型骨干企业，改制改组上规模，放开中小企业，促进企业产权流动与重组”的深化改革。是年年末，全市有632家小型国有（集体）企业完成先售后股改制，涉及职工3.5万人，资产近7亿元；组建企业集团31家；有135家优势企业兼并138家劣势企业；拍卖（出售）企业184家；50家企业实施破产；成立股份制企业97家，股份合作制企业658家；10家企业列入省级现代企业制度试点单位。1997年10月，淮阴市出台《关于企业改制方案的实施意见》，提出要因企制宜，分类指导，深化企业产权制度改革。其中，大中型骨干企业以建立现代企业制度为主，进行公司改制和组建企业集团；市、县属企业以股份制与合作制改制为主；乡镇企业以拍卖、出售转私营为主。至1998年年底，大型国有企业清拖集团整体并入中国一拖集团；全市列入改制的4275家中小企业中，完成新一轮改制的企业超过3000家。1999年，淮阴市根据《中共中央关于国有企业改革和发展若干重大问题的决定》，进一步深化国有企业，特别是大中型国有企业改革。

四、劳动关系改革

2000年，省政府颁布《江苏省人民政府关于进一步深化我省国有企业改革若干问题的实施意见》，明确提出理顺劳动关系和产权制度改革。2001—2008年，淮安市围绕“四到位一保障”（产权转换到位、职工理顺劳动关系到位、国有土地处置到位、内部机制转换到位，建立社会劳动保障体系），突出产权制度改革，企业改制向纵深发展。2001年，市委、市政府组织市属企业改制现状调研组，历时9个月，对市属企业经营状况及改制面、改制企业的产权结构及股权结构、企业内部3项制度改革以及计件工资等按劳分配与生产要素结合分配机制、社会保障体系建设、再就业体制等9个专题进行调研。是年10月，成立市属企业改制指挥部，下设办公室、4个指导组及若干个工作组。同年11月，市委、市政府召开深化市属企业改革动员大会，拉开全面深化市属企业改制序幕，市属企业改制全面展开。同月起，全市219家市属企业分期、分批有序展开改制工作。

至2008年年底，市属国有企业改制基本完成，理顺职工劳动关系近10万人，支付、提留职工安置费、经济补偿金及养老保险、医疗保险近30亿元，完成以“四清一金”（清印集团、清拖集团、清棉集团、清江轴承厂、金凤集团）为代表的改制难点工作，解决历时5年的宏丽集团破产问题。其间，全市还重组企业31家，引资110亿元，主要有：淮钢集团与沙钢集团重组，实现优势互补和资源共享，涉及重组资产410亿元；江苏安邦电化有限公司与中国化工集团农化总公司实现重组；江苏淮河化工有限公司与中国化工集团农化总公司实现重组；市直纺织系统与香港百隆集团、浙江伊美集团、浙江维科集团等多家大企业、大集团实现重组；清江电机与冠城大通股份有限公司重组；清江橡胶厂与韩泰公司重组，成立江苏韩泰轮胎有限公司；市直盐化工系统引进张家港华尔润集团、山西南风集团、西班牙克瑞米达萨公司等国内外众多知名企业参与企业重组，壮大盐化工产业规模，提升产业层次和产业竞争力。

第二节　工业经济规模

1978年，淮阴地区有工业企业1637家，实现工业总产值17亿元，其中国有工业企业总产值12.96亿元、集体工业企业总产值3.32亿元；全市轻、重工业分别实现总产值10.74亿元、6.26亿元。独立核算工业企业实现总产值14.28亿元、利税2.03亿元、利润0.82亿元。全地区工业增加值占GDP比重25.6%。主要工业品产量为：发电量5.42亿千瓦时、原油加工量8.03万吨、焦炭5.01万吨、硫酸2.04万吨、烧碱5068吨、合成氨5万吨、化肥4.2万吨、化学农药257吨、化学原料药168吨、轮胎外胎2.81万条、饮料酒0.68万吨、卷烟15.33万箱、化学纤维69吨、纱1万吨、布0.55亿米、水泥13.43万吨、钢200吨、钢材1000万吨、大中型拖拉机2510台。中共十一届三中全会后，全地区不断深化改革，加快经济体制转轨，1980年全地区工业总产值22.35亿元，工业经济逐步进入健康发展的轨道。

1981—1985年（“六五”计划时期），伴随着改革开放政策的逐步实施，淮阴市农村个体加工业户和小商品流通业户开始发展，乡镇企业逐步壮大。国有工业领域推行经济责任制，采取简政放权、减税让利等一系列措施，企业自主权扩大，由过去只重生产向生产经营并重转化，开始注重经济效益。这一时期，全市工业总产值年均增速14.66%。1985年，全市有工业企业15940家，实现工业总产值40.67亿元，其中国有工业企业总产值28.54亿元，集体工业企业总产值9.26亿元，轻、重工业分别实现总产值26.14亿元、11.66亿元，全部工业企业中独立核算工业企业1601家，实现工业产值36.62亿元、利税4.27亿元。

1986—1990年（“七五”计划时期），国家改革重点由农村转向城市，企业改革逐步深化。淮阴市乡镇集体经济得到长足发展，乡镇企业成为全市工业的推动力量。这一时期，全市工业总产值年均增速16.29%，利用当地资源优势新上一批工业项目，初步形成以食品、轻纺、化工、机械、建材为主体，冶金、电力、煤炭、电子、仪器仪表、印刷等门类较齐全，结构较合理，具有淮阴地方特色的工业体系。1990年，全市工业企业数飙升至11.02万家，工业总产值达到89.61亿元，其中独立核算企业1917家，实现工业产值64.86亿元、销售收入48.75亿元、利税4.79亿元，分别比1978年增长4.4倍、5倍和2.36倍。

1991—1995年（“八五”计划时期），淮阴市加大工业企业改革力度，企业开始转换经营机制。1991年，市委、市政府确定12家大中型企业为全市综合改革试点企业。1992年，扩大到67家，并率先落实各项经营自主权，增强企业活力。1993年，改革试点工作取得明显成效，12家改革试点企业利税总额占全市独立核算工业利税总额的一半，在全市工业经济发展中发挥重要的支撑作用。其间，企业技改投入不断加大，1993年全市工业完成技改投入10.4亿元，超过“七五”计划期间投入总量，比“八五”计划前2年总和还要多。这一时期，淮阴工业总产值年均增速16.58%。1995年，全市有工业企业29016家，实现工业总产值157.62亿元，轻、重工业分别实现工业总产值76.82亿元、51.71亿元，独立核算工业企业2056家，实现总产值127.27亿元、利税12.24亿元。

1996—2000年（“九五”计划时期），淮阴市国有和集体企业的改革、改制进一步深入。产业化分工日益明显，各级开发区和工业园区开始启动，工业经济良性发展。1997年，有12家国有大中型企业建立现代企业制度，重新界定企业的债务责任关系，国有股“一统天下”局面被打破。当年12家试点企业共增补国家资本金1000多万元，核销企业不良资产6000多万元，吸引社会法人股和职工个人股1.96亿元，分流安置职工4000多人。1997年后，全市产权制度改革步伐明显加快。加大企业技改投入，当年完成技改投入25亿元，为1990年的11.4倍，清拖集团年产6000台中型拖拉机改造、清江电机股份有限公司中型电机改造、淮阴电化厂4万吨金属阳极烧碱扩能工程、清江化肥总厂4万吨尿素工程、金凤集团涤纶超细旦丝改造、江苏淮钢集团连铸连轧一期工程等重点项目相继投产，成为工业经济新增长点。继续组织实施一批重点项目，包括江苏淮钢集团连铸连轧二期工程、涟水制药厂GMP改造、洪泽化工集团元明粉四期工程、江苏韩泰轮胎公司150万套/年子午胎项目等。这一时期，全市工业总产值年均增速21.96%。2000年，全市有工业企业29780家，实现工业总产值444.59亿元，轻、重工业增加值分别达到35.74亿元、25.33亿元。

2001—2005年（"十五"计划时期），淮安市工业经济快速发展，稳步推进企业改革，建立新型的国有资产监管和运营体制，将国有资产按类别划归国有资产控股公司，形成国有资产管理委员会、资产控股公司、国有控股或参股企业三级国有资产运营管理体制。扩大对外开放，淮安经济开发区和8个县（区）工业园区规划面积170多平方公里，累计投入园区基础设施建设近50亿元，开发面积70平方公里。这一时期，全市工业实际利用外资4.3亿美元，引进内资100多亿元，建成江苏韩泰轮胎公司48万条全钢子午胎、华尔润化工公司30万吨纯碱、大洋化工公司20万吨元明粉、源通制帽公司生产线等项目。2005年，全市完成工业增加值213.6亿元，占全市国内生产总值比重38.1%，较2000年提高6.3个百分点。全市有工业企业1118家，实现工业增加值160.86亿元、销售收入581亿元、利税73.7亿元。全市工业增加值、列统企业增加值、销售收入、利税年均增幅达到18%、21.4%、22.3%和26.7%，全部实现"十五"计划时期翻番目标。

2006—2008年，淮安市推进新型工业化进程，工业体系日趋完善，工业经济成为全市经济发展的主导和推动力量。工业园区载体功能得到加强，基本形成以省经济开发区、特色工业园区、乡镇工业集中区为主体、各类专业园区为补充的产业承载体系，企业集聚发展局面初步形成，生产力布局明显优化，各级开发区和园区成为工业经济的主要增长极。支柱产业发展壮大，逐步形成电子信息、特钢和盐化工新材料三大千亿元级新型支柱产业和以烟草、冶金、纺织、化工、机械为龙头的五大传统支柱产业格局，全市工业产业结构实现升级换代。2008年，全市工业企业总资产770.78亿元；实现工业增加值381.75亿元，实现利税134.63亿元、利润57.27亿元，分别较1978年增长86.9倍、65.3倍和68.8倍。轻、重工业产值比从1978年的63.2∶36.8变为2008年的35.3∶64.7，从轻工业时代进入重工业时代。工业在三次产业中的比重调整到41.7%，较1978年提高16.1个百分点。

1978—2008年淮安市规模以上工业企业情况表

表24-1　　　　单位：亿元

年份	企业户数	实现产值	销售收入	利税	利润	固定资产净值
1978	1637	—	—	—	—	—
1979	1660	—	—	—	—	—
1980	1672	—	—	—	—	—
1981	1665	—	—	—	—	—
1982	1695	—	—	—	—	—
1983	1724	—	—	—	—	—
1984	1970	—	—	—	—	—

续表24-1

年份	企业户数	实现产值	销售收入	利税	利润	固定资产净值
1985	1601	36.60	21.1	4.3	1.3	8.8
1986	1745	42.90	25.6	4.5	1.1	10.7
1987	1946	53.40	33.5	5.6	1.8	14.2
1988	1967	63.70	47.2	7.0	2.3	15.9
1989	1896	62.60	47.5	6.1	1.3	19.0
1990	1917	64.90	48.8	4.8	0.2	21.4
1991	1809	63.50	51.8	4.2	0.2	23.9
1992	1849	76.40	65.0	5.5	1.1	27.1
1993	1950	96.30	92.7	7.2	1.9	33.1
1994	1969	117.00	120.1	8.8	1.1	42.5
1995	2056	127.30	142.5	12.2	1.7	77.1
1996	1999	145.20	151.8	13.4	1.4	82.0
1997	580	134.60	143.5	13.5	2.1	83.8
1998	534	151.00	159.0	13.5	2.0	—
1999	—	189.20	170.0	17.3	3.2	—
2000	—	245.90	217.0	72.5	4.6	—
2001	—	312.20	252.3	33.1	9.9	—
2002	707	360.60	291.8	40.1	12.8	—
2003	794	465.10	342.7	47.9	16.2	313.1
2004	885	597.40	442.0	60.6	23.2	338.0
2005	1079	757.70	581.1	73.7	29.8	435.2
2006	1350	974.80	822.7	89.5	35.7	539.0
2007	1461	1044.30	1073.0	118.8	52.5	647.2
2008	1116	1254.67	1233.2	134.6	57.3	770.8

说明：1. 1996年以前数据不含地级宿迁市及灌南县；
2. 从1997年开始，统计范围为全部国有及年销售收入500万元以上非国有工业企业

第三节　工业经济结构

1978—2008年，淮安市工业经济结构发生深刻变化。企业所有制结构彻底结束公有企业“一统天下”的局面，民营经济和外资企业蓬勃发展，并逐步占有约三分之二的经济份额。在产业结构上，逐步打破“小而全”“低而散”的格局，支柱产业、主导产业集中度越来越高，重工业比重逐步超过轻工业，高新技术产业得到较快发展。

一、所有制结构

1978—1984年，淮阴市企业总数逐年增加，特别是集体企业数量增加较快，主要因为乡镇企业得到发展。这一时期，全市工业经济全部为公有制经济，没有非公经济；公有制经济以全民经济为主，集体企业数量较多。1980年，淮阴地区有工业企业2935家，其中全民企业543家，占总数的18.44%，创当年工业总产值的70.8%；集体企业2392家，占总数的82.56%，创当年工业总产值的29.13%。1984年，全市有工业企业3410家，集体经济比较活跃。1985年，境内出现私营工业企业。

1987年，全市有工业企业4106家，其中全民企业568家，占总数比例下降至13.83%，创当年工业总产值的59.01%；集体企业3538家，占总数比例上升至86.17%，创当年工业总产值的40.99%。集体工业企业中，乡镇企业2473家，创产值7.65亿元，分别占集体企业总数和产值的60.2%和14.1%。当年全市有私营工业企业约200家。

1988年起，淮阴市推进以承包为重点的企业改革，市政府制定《实施竞争招标招聘承包经营者的规定》等文件，指导和规范面上改革工作。至1988年年底，全市有实施承包租赁的工业企业1179家，占工业企业总数的60%。

1990年后，淮阴市对工业企业实行抓大活小、分类指导。市委、市政府出台《关于大中型企业综合改革试点暂行方案》，将企业改革重点转向逐步建立现代企业制度。1992年，全市有16户企业试行股份制。1994年，企业改革开始触及产权，以产权制度改革为突破口，推进各项配套制度改革。至当年年底，全市有2347家乡办以上企业推进公有民营改革，占乡办以上企业总数的56.1%。1995年起，对一批效益较好的中小型国有（集体）企业实施先售后股改制，将企业改制为职工共同持股的股份制或股份合作制企业，同时发展企业集团。当年有632家小型国有（集体）企业完成先售后股改制。1996—1997年，实施组建集团、先售后股、破产、兼并、托管、出售（拍卖）、租赁（公有民营）、组建股份有限公司、有限责任公司、股份合作制、承包（资产经营）、连锁经营12种改革形式。其间，全市2491家企业实施各种形式的改革，占乡办以上独立核算企业的78.8%。1997年，出台《关于企业改制方案的实施意见》，提出大中型骨干企业以建立现代企业制度为主，进行公司制改制和组建企业集团；市县属企业以股份制与股份合作制改制为主，发展非公有制经济和股份合作制经济。1998年，全市列入改制的4275户中小企业中，完成新一轮改制的有2812家，改制面65.8%。

1999年，全市大中型骨干企业改革以建立多元化的股权结构为重点，当年累计完成新一轮改制企业3251家，占企业总数的87%，其中国有企业改制251家，改制面54%。改制企业涉及总资产107.51亿元，其中中小企业出售资产22.6亿元。全市有2539家乡办以上企业通过拍卖、协议转让或“摘帽”直接转为私营。一批企业加入市外境外大企业、大集团，解决原料、资金、市场、技术、管理等关键问题，如清拖集团整体划转中国一拖集团后，一次性吸收股金5000万元；清江石油化工厂进入中石化集团后，当年销售额7亿元，利税7000万元；洪泽化工集团加入山西南风集团后发展势头迅猛，元明粉生产能力达40万吨，成为全国第二大元明粉生产基地。1999年，全市有7家“靠大靠外”企业，盘活存量资产6亿元。中小企业改制以国有（集体）企业资本的退出为目标，全市出售或部分出售的市县属中小企业200多家，出售及出租资产23.2亿元，其中国有小企业占56.3%。淮安快鹿牛奶公司、辉煌太阳能公司通过改制，成为工业经济新的增长点。乡镇企业改制突出产权公开出售，以转私营为主。至当年年底，全市完成改制乡镇企业2809家，基本完成改制目标。

2000—2005年，淮安市在国有资产运营、国有企业的战略性重组等各个层面，全面推进改革。2002年，完成机电、纺织、化工、轻工等资产经营（管理）公司组建。推进企业产权制度改革，对具有一定规模的企业实行股份制改造，实现国有集体资本从竞争性领域和中小企业退出，解除企业对政府的依赖；理顺职工劳动关系，建立健全社会保障体系，让企业和职工走向市场。至2005年年底，全市地方国有及国有控股企业产权制度改革面95%以上，金湖、洪泽、清河、清浦等县（区）基本完成企业产权制度改革。

2006—2008年，淮安市股份制经济成为工业经济的主导力量。2006年，全市股份制工业经济占工业总经济的51.5%，2007年占比53.1%，2008年占比提高至54.9%。

至2008年年底，全市有国有和国有控股工业企业108家，完成工业总产值416亿元，销售收入415亿元，工业增加值125.4亿元，资产合计332.5亿元、利税71.82亿元、利润16.24亿元，分别占全市规模以上工业企业的33.1%、33.6%、38.7%、43.1%、53.3%、28.4%，有从业人员31687人；有规模以上集体工业企业52家，完成工业总产值73.3亿元，销售收入71.6亿元，工业增加值13.68亿元，资产合计14.9亿元、利税2.56亿元、利润0.73亿元，分别占全市规模以上工业企业的5.8%、5.8%、4.2%、1.9%、1.9%、1.3%，有从业人员4388人。有规模以上股份制工业企业728家，完成工业总产值756.9亿元，销售收入748.7亿元，工业增加值178.3亿元，资产合计480.1亿元、利税52.1亿元、利润26.5亿元，分别占全市规模以上工业企业的60.3%、60.6%、55%、62.3%、38.7%、46.3%，有从业人员110709人。有规模以上外商和中国港澳台工业企业129家，完成工业总产值197.7亿元，销售收入191.6亿元，工业增加值47.4亿元，资产合计162.5亿元、利税14.2亿元、利润9.2亿元，分别占全市规模以上工业企业的15.8%、15.5%、14.6%、21.1%、10.5%、16.1%，有从业人员63764人。有规模以上民营工业企业948家，完成工业总产值850.9亿元，销售收入834.7亿元，工业增加值197.3亿元，资产合计409.2亿元、利税64.7亿元、利润39.8亿元，分别占全市规模以上工业企业的67.8%、67.6%、60.9%、53.1%、48.1%、69.5%，有从业人员123853人。

二、行业结构

1978年，淮阴地区有工业企业1637家，主要以食品工业、轻纺工业等劳动密集型产业和其他轻工业为主，轻、重工业比重分别为63.2%和36.8%。

1979—1982年，全地区对国民经济结构进行调整，重点发展纺织服装工业、食品工业、电子工业和其他轻工业，巩固化学工业。

1983年，轻工业比重上升至69.53%，重工业下降为30.47%。在轻工行业中，食品工业产值占全市工业总产值的28.85%，纺织服装工业占23.37%，缝纫业占2.82%，文教艺术用品业占1.45%。重工业行业中，化学工业占全市工业总产值的比重下降至12.88%，建材工业上升至7.23%，电子工业处于低谷，只占1.37%。

1987年，全市工业行业结构基本无大变化。当年轻工业比重为67.75%，重工业比重为32.25%。在全市工业总产值中，食品工业产值占27.88%，纺织工业占20.65%，机械工业占14.11%，化学工业占13.8%，建材工业占8.91%，缝纫、皮革、造纸、印刷、家具等行业合计占8.76%，煤炭、石油、自来水等行业合计占2.77%，电子工业占2.12%，冶金工业占1%。

1989年起，淮阴市工业发展遭遇较大困难，增长速度下跌，企业亏损严重，其中食品工业和纺织工业等轻工业受到较大冲击，行业地位有所下降。再加上轻工业与重工业相比，这一时期缺乏大项目支撑，恢复增长的速度缓慢，轻工业在全市工业总产值所占的比重不断下降。至1995年，全市轻、重工业占比分别为59.4%和40.6%。

1996年行政区划调整后，全市轻、重工业所占比重基本不变。1997年，全市轻工业完成产值108.1亿元，重工业完成产值70.4亿元，轻工业和重工业产值结构比例为60.6：39.4。

1998年，淮阴市工业门类趋于齐全，摆脱原有的以食品工业、纺织服装工业等劳动密集型产业为主的格局，逐步向资本密集型和技术密集型产业领域发展，初步形成化工、机械、纺织、冶金和烟草等为支柱的地方工业体系，拥有石油加工及炼焦业、金属冶炼及压延加工业、机械制造业、电子及通信设备制造业、印刷业、医药业、食品加工业等30个行业及110个大类产品。

2000年，全市支柱产业的地位更加突出。化工、机械、纺织服装、冶金、烟草五大支柱产业发展速度大大高于全市平均水平，增加值、销售收入占全市工业比重的63%和73%，分别比1995年提高8个百分点和20个百分点。重点企业规模进一步壮大，42家重点企业销售、利税占全市工业的比重分别为52%和74%。全市销售超亿元的企业有近40家，其中淮钢集团、淮阴卷烟厂、清江石化销售收入分别为21亿元、14亿元和14.7亿元，全市利税超千万元的企业有23家，淮阴卷烟厂利税超10亿元，清江石化公司利税超2亿元。

2005年，全市化工、机械、纺织服装、冶金、烟草五大支柱产业保持较快发展，实现销售收入430亿元，占全部规模以上工业销售收入的74%，其中冶金行业发展速度最快，销售收入年均增幅34.6%，销售收入占列统工业的比重比2000年提高7个百分点。重点企业规模进一步壮大，至2005年年底，销售收入超亿元的企业有107家，比2000年净增75家。其中，淮钢集团销售收入超70亿元，淮阴卷烟厂、清江石化公司超30亿元，江苏韩泰轮胎有限公司超20亿元，华能淮阴电厂超10亿元。

2008年，全市电子信息、特钢、盐化工新材料三大主导产业实现销售收入636亿元，占全市规模以上工业比重的51.6%。特钢产业在产业规模、装备水平、工艺技术、管理水平等方面具备良好的发展基础。2008年，全市特钢产业实现销售收入275.4亿元，利税22.4亿元，利润13.3亿元，同比分别增长20.7%、17.2%、24%。电子信息产业自2006年成功引进世界500强企业富士康科技集团后，呈现快速增长态势。2008年，全市电子信息产业实现销售收入128.2亿元，同比增长62.9%，成为全市增幅最高的行业。盐化工新材料产业依托丰富的岩盐资源发展迅速，形成由盐化工、精细化工、石油化工、农用化工、日用化工、橡胶制品等门类组成的具有相当规模和特色的化学工业体系，2008年实现销售收入232.4亿元、利税22.1亿元，同比分别增长22.1%和4.7%。机械、纺织、烟草、冶金、化工五大传统支柱产业实现销售收入489.4亿元，占全市规模以上工业比重为39.7%，特别是烟酒行业，实现利税73.5亿元，占全市规模以上工业比重的54.6%。另外，新医药产业形成西药、中成药、医疗器械、药用包装材料、医用卫生材料等五大系列。2008年，全市医药产业实现销售收入12.19亿元，利税1.21亿元，同比分别增长11%和67%。

三、产品结构

1978年，淮阴地区工业产品品种主要有生铁、焦炭、原煤、拖拉机、轮船、盐酸、磷肥、氮肥、化学农药、电石、染料、平板玻璃、白厂丝、化学纤维、工业泵、农业泵、柴油机、电子元器件等51个。

1979年，淮阴地区开始调整产品结构。1981—1985年，开发新产品267项。1986年，试制并投入生产的新产品151项，共创产值1.29亿元，实现利税2000多万元，其中被省级确认的新产品33项。1987年，开发新产品167个，新增产值2.57亿元，新增利税4254.9万元，创（节）外汇265万美元。

1987年，全市纺织行业产品有上百个大类，其中绢丝产量占江苏省总产量的44%以上，丝绸占全省的50%以上；轻工业有20多个大类1000多个产品，其中白酒产量占江苏省总产量的80%，约占当年全国白酒总产值的8%；机械工业有8个大类160多个品种，其中农机产品30多种，电器产品10多种，机床工具10多种，船舶机械产品70种，矿山机械产品6种，通用机械及零部件10种，医疗机械、仪器仪表产品20多种；电子工业有16种近百个规格产品，其中电视机中周产量居全国第一，信号发生器产量在国内居前列，单路电子载波机产量居全国第二位；化学医药业有16个大类200多个品种，其中肥皂产量占全省30%以上，原油炼制占全省39%以上，轮胎产量占全省23%；国防工业系统产品主要有8种，永丰机械厂的产品居全国同行业之首；冶金工业系统有7个大类30多个品种；建材工业有10个大类30多个品种。

20世纪80年代末到90年代初，淮阴市工业发展遭遇较大困难，增长速度下跌，产品销路不畅，企业亏损严重，不少中小企业倒闭。纺织服装、食品饲料、机械和电子等行业的很多产品因滞销而大量压库。同时期，淮阴市开始产品结构调整，通过“必保一批、巩固一批、开发一批、限产一批、淘汰一批”的途径，拉长短线，压缩长线，开拓新线。1989—1991年，全市县属以上工业企业淘汰低层次和销路不畅的工业产品28个、限产76个，对20个重点产品和18个创汇产品注入大量资金，保证这些产品成为突破工业发展困境的关键因素。

1993年后，淮阴市工业逐渐走出低谷，全市重点抓住30个战略产品的发展。到2000年，30个产品总产值突破100亿元，高档香烟、氯碱、电机、拖拉机、元明粉等10种产品在经营规模上迅速壮大，市场占有率和竞争力提高。机械行业的输油泵、门泵系列产品市场占有率居全国第一；齿轮泵、电机、拖拉机被评为江苏名牌产品；烟草行业继“罗曼蒂克”和“一品梅”被评为江苏名牌产品之后，“华西村”“一品梅”又被评为“国优”产品。全市工业骨干产品规模和档次不断提高，形成35万大箱卷烟、60万吨钢材、100万吨油品、8万吨烧碱、300万套轮胎、50万吨元明粉、9万吨尿素、150万千瓦中小电机、80万套齿轮泵、1000万套轴承、6000台中拖、7万吨化纤、5000万米印染整理纺织品等主导产品的生产能力。“一品梅”卷烟、“今世缘”系列酒、“84”消毒液系列产品和“辉煌”太阳能热水器等产品具有较强的市场知名度和竞争力。1996—2000年，全市共开发新产品1200项，新产品产值率21%。

2000年后，淮安市工业产品结构进一步优化，重点产品和名牌产品不断增加。至2005年，全市有销售超亿元的品牌产品近40个，省级名牌产品23个。全市形成200万吨钢材、40万大箱卷烟、120万吨原油加工、15万吨烧碱、30万吨纯碱、850万套轮胎、120万吨元明粉、100万吨精制盐、300万千瓦中小电机、1万台中型拖拉机、9000万米布、6400万米印染面料、10万吨化纤、20亿支水针剂、4000万瓶大输液、30亿片（粒、袋）固体制剂的生产能力。“辉煌”牌太阳能热水器被评为国家名牌产品。铁路弹条扣件特种钢、采油树、元明粉、硝基甲苯、乙烯利、六氯环戊二烯、低硫低芳烃特种溶剂油等产品市场占有率居全国第一。

2008年，淮安市具有300万吨钢、180万吨铁、300万吨材、150万吨钢管、180万吨原油加工、15万吨烧碱、35万吨纯碱、1000万套轮胎、270万吨元明粉、300万吨精制盐、26万吨硝酸、20亿支水针剂、4000万瓶大输液、30亿片（粒、袋）固体制剂的生产能力。一批重点工业产品成为行业“排头兵”：淮钢集团特钢产能位列全国前三，江苏振达钢管公司产品进入中小无缝钢管全国前五位，全市元明粉生产能力居华东地区第一，华尔润集团联碱产品在同行业处于领先水平，安邦电化集团的乙烯利装置规模居世界第一、六氯环戊二烯规模居世界第二，江苏嘉诚化工公司的邻氯苯胺生产规模居世界第一，江苏淮河化工公司一硝基甲苯生产能力居亚洲第一，江苏韩泰轮胎公司的子午胎和江苏爱特福公司的消毒液等产品在行业内处于领先水平。

第四节　工业投资

1978—1990年，淮阴市工业投资主要以企业技术改造为主，鼓励企业通过引进新技术、新设备、新材料进行技术改造。其中，1986—1990年，主要是市直企业技改投入，但总量较小，总投入只有14亿元。

1991—1995年，国家五大体制改革政策相继颁布实施，全市对工业企业的投资力度普遍加大。到1995年，对县（区）及乡镇企业投入也不断增加，工业投资结构发生变化。全市完成工业投资25亿元。1991—1995年，工业投资总额70亿元，是1986—1990年的5倍。

1996—2000年，淮阴市抢抓机遇，出台《关于进一步促进企业技术改造工作的意见》《淮阴市重大技术改造项目绿卡执行制度》等鼓励加大工业投资的文件，促进工业投资保持快速增长。2000年，全市完成工业投资40.7亿元，同比增长22%。1996—2000年，全市完成工业投资149亿元，比1991—1995年实现翻番。淮钢集团钢包精炼炉、清印集团高档化纤后整理面料、安邦集团电化六氯环戊二烯、淮河化工公司5万吨一硝基甲苯等重点项目全面实施。

2001—2005年，淮安市坚持技术创新和技术改造的有机结合，继续加大对工业企业投资力度，成为全市历史上技改投入增幅最高、总量最大的时期。累计投入442亿元，是1996—2000年投资总额的3倍，年均增幅29.8%。2005年，投资超1000万元以上项目1005个，2001—2005年累计1903个。淮钢集团投资12亿元的技改工程于2004年竣工投产；涟水锦纶化纤公司投资2.17亿元锦纶帘子布项目2005年投入生产；华尔润集团投资7亿元的联碱装置建成投产。全市实施国债技改项目7个、"双高一优"（高新技术改造传统产业、高新技术产业化、优化重点产品和技术结构）项目5个。

2006年是淮安市"工业项目推进年"，全市工业投资以培植工业经济新增长点、提高企业竞争能力为目标，以加快应用高新技术改造传统产业和推进高新技术产业化为重点。当年全市完成工业投资226亿元，同比增长50.2%。实施1000万元以上项目1543个，3000万元以上项目306个，5000万元以上项目132个，1亿元以上项目56个，项目数分别是2005年的1.5倍、1.46倍、1.65倍和1.3倍。1000万元以上项目共完成投入210亿元，占全部工业投入的93%，比2005年提高3个百分点；5000万元以上项目完成投入88.1亿元，占全部工业投入的39%，比2005年提高6个百分点；1亿元以上项目完成投入62.4亿元，占全部工业投入的27.6%，比2005年提高2.6个百分点。工业投资中存在的项目规模小、投资集中度低的现象大有改观。

2007年，淮安市在工业投入上继续创新高，完成工业投入353.1亿元，同比增长52%。全市开工建设3000万元以上工业项目402项，其中亿元以上工业项目130项，开工实施10亿元以上（或1亿美元以上）工业项目13个。

2008年下半年，受美国次贷危机影响，淮安工业投资增幅大幅回落，但当年仍完成工业投入451亿元，同比增长27.8%。实施投资亿元以上项目200个，开工建设10亿元以上（或1亿美元以上）工业项目16个。1亿元以上项目完成投资183亿元，占全市工业投资的40.5%，项目的单体规模、质量和投资速度进一步提升。

第五节　技术改造

1978年以后，淮阴市工业企业市场竞争意识开始增强，逐步加大企业技术改造力度。如清江钢铁厂，1978年还是一家连年亏损的地方小钢铁厂，1982年开始，该厂多方筹措上千万元资金进行多项技术改造，并实现扭亏为盈。1985年后，全市工业企业以技术升级为主线，强化企业内部挖潜改造，扩大生产能力，相继开展"双增双节"和"质量、品种、效益年"等活动，企业技术进步和产品更新换代加速。淮阴发电厂1985年通过集资，新上一台5万千瓦发电机组，增强发电能力。淮阴卷烟厂1986—1990年共投入技改资金0.69亿元。

1991—1995年，全市工业企业改革进入建立社会主义市场经济体制新阶段，大中型企业纷纷改制，同时加大技改投入，增强企业发展后劲。1992年，全市技术改造的步伐明显加快。1993年，完成技改投入10.4亿元，超过1986—1992年投入量的总和。1991—1995年，全市工业技改投入年均增长超过30%。其间，金凤集团、宏丽集团技改投资10多亿元，新上涤纶长丝生产线，企业的技术、产品迅速更新换代，提高淮阴纺织服装工业的技术层次。淮阴卷烟厂1991—1995年技改投入超过3.5亿元，拥有代表20世纪90年代国际先进水平的设备，是全省烟草行业第一家建立ISO 9002质量管理体系的企业。

1996—2000年，随着计划经济向市场经济的转变，淮阴市开始注重企业技术创新体系的建设，突出技术创新在推进新型工业化进程中的作用。1997年，全市完成技改投入25亿元，为1990年的11.4倍。同年，安邦电化集团企业技术中心经省经贸委确认，成为全市第一家通过省级认定的企业技术中心。随后，淮河化工公司、淮钢集团、爱特福集团、今世缘公司、金石集团的企业技术中心也先后通过省级认定；淮阴卷烟厂技术中心通过国家烟草局组织的行业认定，被列为烟草行业13个行业技术中心之一。其间，新上一批重点技改项目，如清拖集团6000台中型拖拉机改造、清江电机股份有限公司中型电机改造、淮阴电化厂4万吨金属阳极烧碱扩能工程、清江化肥总厂4万吨尿素工程、金凤集团涤纶超细旦丝改造、江苏淮钢集团连铸连轧一期工程等相继竣工投产，成为全市工业经济新的增长点。

2001—2005年，全市工业技术创新体系进步成效明显。淮阴卷烟厂技术中心列入国家烟草行业企业技术中心，淮钢集团、安邦电化集团、清江电机集团、淮化集团4家企业技术中心列入省级技术中心，另有市级技术中心20余家。

2007年，淮安市高新技术产业实现产值100.55亿元，同比增长40.23%，首次突破100亿元。2008年，全市高新技术产业实现产值140.61亿元，同比增长31.33%，占规模以上工业产值的12%以上，初步形成以电气机械及设备制造业、新材料产业、电子及通信设备制造业等为主体的高新技术产业格局。全年新增国家重点扶持高新技术企业20家，新认定市级高新技术企业17家，开发并获认定高新技术产品72个，其中国家重点新产品3个、省级高新技术产品27个。

截至2008年，全市有市以上企业技术中心30家、博士后工作站5家；有高新技术重点实验室7家，其中省级2家；建成市以上工程技术研究中心62家，其中省级10家；有科技成果转化服务中心10家，其中省级8家；有公共技术服务平台10个，其中省级2个；有省级重点科技服务机构3家。全市有拥有专利的规模以上企业124家，其中有30件以上专利的企业23家。

第六节　工业经济增长速度

1978—1983年，淮阴地区工业总产值增长速度相对平稳，年递增率为11.73%。增长的原因主要是：当时工业以为农服务为主，农村经济迅速好转，对农机、化肥、农药等产品的需求增加；开始改革开放，企业生产秩序、规章制度迅速恢复，职工情绪高涨。

1984—1988年，全市工业第一次高速增长，年递增率19.41%。1984年，市委、市政府作出“富民兴淮”战略决策，为全市工商企业带来生机和活力。与此同时，产品价格“双轨制”开始退出卖方市场，对企业产生很大刺激，企业生产潜力迅速地释放出来。

1989—1991年，全市工业出现大幅度滑坡。主要原因是国家为尽快制止经济过热，抑制通货膨胀，实行3年“治理整顿”，市场疲软，能源、资金紧缺，淮阴市工业不可避免地受到影响。3年间，全市工业年均增速仅为0.88%，效益急速下滑，部分企业陷入困境，很多中小企业倒闭。淮阴市委、市政府在此期间调整工业结构，加大扶持工业企业力度，保护一大批工业骨干企业，兼并一批亏损企业。

1992—1998年，全市工业逐渐走上平稳、持续增长的轨道。期间，1995年增幅有所回落，1996年淮阴市行政区划调整，有一部分骨干企业被划出，然而这段时期仍是历史上企业改革力度最大、技改投入最多、外向型经济发展最快的时期。全市工业总产值年均增长16.82%，工业利税大幅上升，1997年达到15.4亿元，实现产、销、效同步增长。

1999—2008年，全市工业进入第二次高速增长时期，工业总产值年均增长20.86%，位于全省前列，其中2008年工业增加值增幅位居全省第三。年销售过亿元企业数从1999年的31家增加到2008年的125家。工业利润也大幅增加，1999年为3.4亿元，2008年增加到57.3亿元，增长16.9倍。这一时期，市区重点骨干企业发展迅速，淮钢特钢公司、淮阴卷烟厂、华能淮阴电厂、安邦电化公司等大型骨干企业发展较快，支撑作用明显；招商引资成效显著，富士康集团、韩泰轮胎公司、振达钢管公司等一批产销规模过亿元的企业落户淮安市；县（区）通过招商引资、发挥当地资源优势、发展特色产品等手段，促进全市工业企业、工业经济的快速发展。

第七节　工业名优产品

20世纪70年代末到80年代末，淮阴市工业名优产品主要集中在酿酒、机械、电子、医药等比较大的国营企业。如酿酒工业，高沟大曲在1984年全国第四届评酒会上以95.13分的总成绩获浓香型白酒全国第二名，进入国家名酒行列。机械工业中，清江拖拉机厂生产的江苏504四轮驱动拖拉机在1984年澳大利亚国际田间日比赛中获一等奖，产品出口美国、东南亚等国家和地区。1985年，清江液压件厂CBW-Z300、CBWNE310齿轮泵获国家银质奖，是淮阴市机械工业获得的首枚银质奖，也是全国同行业产品第一块国家奖牌。1987年，清江轴承厂生产的204、207两个型号的轴承，获国家机械工业委员会“优质产品”称号。同年，清江拖拉机厂生产的50型拖拉机，被定为“国优”产品，成为全国3个生产优等品拖拉机的厂家之一。1989年，清江轴承厂获得机械电子工业部和国家商检局联合颁发的出口机电产品质量许可证，是全市第一个获此证书的企业。电子工业中，1981年，涟水无线电厂被列为国家收音机生产定点厂；淮安无线电元件厂的收音机获全省质量评比第一名。1988年4月，国内第一台电动微型轿车在市电器厂诞生，该车长3.2米，宽1.2米，高1.35米，时速30公里，可坐4人，一次充电行程100公里。1988年6月，淮阴无线电元件厂通过国家二级企业考评，成为国内中周、电感行业第一个达到国家级企业标准的厂家。医药工业中，1984年，淮阴医疗器械厂生产的“美翼”牌手术刀获机械工业部“优质产品”称号。

20世纪90年代，随着淮阴市工业的迅速发展，名优产品纷纷涌现。1992年，全市确定12个重点产品。1997年，确定30个重点产品实施名牌战略。烟草工业中，淮阴卷烟厂1993年开始开发的“一品梅”香烟先后被列入全国36种名优卷烟、全国卷烟百牌号目录。新能源工业中，“辉煌”牌太阳能热水器等10个产品在1997年中国第六届专利新技术新产品博览会上，分别获金奖、银奖和优秀产品奖。化学工业中，1992年，聚乙二醇二甲醚在清江石油化工厂试车投产成功，填补国内空白。电子工业中，1990年，金湖计量仪表厂设计制造的YBS-S系列交直流两用精密数字压力表通过鉴定，结束靠进口表检定国内仪表状况。机械工业中，1993年在马来西亚吉隆坡举行的国际工业技术贸易展览会上，淮阴机械总厂的“中液”牌CBN-G300系列高压齿轮泵获该展览会科技展品中的“金质奖”。

2000年后，淮安市工业迅猛发展，涌现出更多新的名优产品。2000年，“淮钢”牌螺纹钢、合结圆钢、弹簧圆钢、弹簧扁钢获国家冶金产品实物质量4个“金杯奖”。“淮钢”牌热轧带肋钢筋、热轧硅钢薄钢板被江苏省名牌产品认定委员会授予“2000年江苏名牌产品”称号。2001—2004年，“淮钢”牌弹簧钢、热轧带肋钢筋继续保持“江苏省名牌产品”“省质量信得过产品”称号。“淮钢”牌弹簧钢获评中国弹簧钢市场用户满意第一品牌。2002年，清江拖拉机集团公司研制开发的江苏-55马力系列轮式拖拉机被国家经贸委评定为国家级新产品。

2005年，淮安市政府出台《关于进一步加快推进品牌建设的意见》和《淮安市名牌战略实施纲要》，提出“以企业为主体，采取政府推动、政策引导和市场运作相结合”的工作方针，从品牌开发、品牌策划、认定宣传、政策扶持等方面，加强对企业特别是重点骨干企业的品牌培育。同时创建一个分工明确、布局完善的领导体系，形成“1+5+1”创建工作新体系（1个工作领导小组：淮安市品牌战略推进工作领导小组；5个专职机构：领导小组办公室、名牌产品认定委员会、知名商标认定委员会、品牌宣传委员会和技术开发委员会；1套议事制度：品牌创建工作联席会议制度），形成品牌创建合力。在政策和有效措施引导下，淮安的名优产品涌现速度大大提高。2005年，“辉煌”牌太阳能热水器获“中国名牌产品”称号，实现淮安市国家级名牌零的突破。2006年，江苏康乃馨织造有限公司生产的宾馆用高档毛巾、浴巾占全国宾馆用毛巾、浴巾的40%，“康尔馨”商标获“中国著名商标”称号。2007年，淮安市康达饲料有限公司生产的“金康达”牌水产饲料获“中国名牌产品”称号。江苏今世缘酒业有限公司“国缘”酒入选中国十大高端商务白酒品牌，为“江苏省著名商标”；今世缘酒被评为“中国十大文化名酒”，被确定为“中华婚宴首选品牌”“江苏省接待用酒”，被评为“中国驰名商标”。

至2008年年底，淮安市有中国名牌3个，中国驰名商标4件，有效期内的省名牌34个，省著名商标67件，市级名牌近200个，总数是1997年的近5倍。

第二章　电力工业

1978年以前，淮阴地区只有2台1.8万千瓦小火电机组。20世纪80年代后期，淮阴市筹建华能淮阴发电厂。2000年后，淮安市又发展热电机组，先后新上淮阴发电厂2台5.5万千瓦和1台33万千瓦供热机组，以及安邦电化热电厂、华尔润自备电厂等一系列供热机组。2006年后，生物质发电在淮安市开始兴起。2007—2008年，江苏国信淮安生物质发电有限公司和中电洪泽生物质热电公司2个生物质发电机组相继投入商业运行。至此，淮安市电力工业初步发展成集火电、水电、生物质发电等多元化发展格局。2008年，全市总装机容量249万千瓦，发电量99.07亿千瓦时，是1978年前全市发电量的30多倍。

20世纪80年代，全市主要以110千伏为骨干输变电网络。20世纪90年代，完善电网布局和网架结构，新建220千伏变电站，架设淮钢公司、江苏韩泰轮胎公司等重点企业专线，并将主网架从110千伏上升至220千伏。同时，加强110千伏网络建设，使其既作为高压配电网又兼作全市备用电网，通过对老城区线路升级改造及逐步完善城区网络供电方式，提高电压质量，保证供电可靠性，使缺电状况得到相对缓解。2000—2008年，全市各地加大电网升级改造投入，特别是淮安经济开发区电网建设取得突破性进展。截至2008年，淮安电网有500千伏变电所2座，220千伏变电所11座，110千伏变电所41座，35千伏变电所69座。有500千伏线路6条，总长度214.5公里；220千伏线路34条，总长度899.6公里；110千伏线路88条，总长度1005公里；35千伏线路173条，总长度1590.7公里。淮安电网初步成为江苏电网南北相联的中间枢纽，是江苏省乃至华东地区“北电南送”“西电东送”的重要通道。

1978—1993年，由于基础薄弱、投资不足，淮阴市电力供应处于长期紧张缺电状态，拉闸限电频繁，供用电水平较低，制约经济发展和人民生活用电。20世纪80年代后期到90年代前期，由于电力供应紧张，曾出现“大拉三六九，小拉天天有，一拉几条线，一停一大片”的现象。1994年后，淮阴市加大投入，用电情况逐步改善，电力供应相对宽松，基本上保证全市生产和生活的需要，特别是人民生活用电得到保障。2005年起，淮安市又开展新农村电气化创建活动。2008年，全市8个县（区）全部实现电气化。

1980—2008年部分年份淮安市电力发展情况表

表24-2

项目	1980年		1990年		2000年		2008年	
	全市	市区	全市	市区	全市	市区	全市	市区
发电量（亿千瓦时）	3.10	3.10	5.90	5.90	27.87	24.95	99.07	94.03
火力发电机组（台/万千瓦）	5/6.8	5/6.8	6/11.8	6/11.8	16/68.0	10/63.0	30/247.8	10/223.6
全社会用电量（万千瓦时）	84462	22155	147585	52544	319476	174169	897001	430460
全社会工业用电量（万千瓦时）	46261	20570	102571	45627	222676	149231	684697	366319

续表24-2

项目	1980年		1990年		2000年		2008年	
	全市	市区	全市	市区	全市	市区	全市	市区
全社会农业用电量（万千瓦时）	17067	576	25279	976	30400	4399	10665	584
城乡居民生活用电量（万千瓦时）	3348	802	11888	3065	44287	11577	119658	28566
村通电率（%）	60	100	87.8	100	100	100	100	100
农户通电率（%）	30	100	61	100	99.98	100	100	100
最高用电负荷（万千瓦）	16.76	3.55	34.80	7.30	57.60	25.70	155.09	70.23
110千伏及以上线路（条）	12	3	28	7	54	29	156	83
35千伏（条）	25	16	150	8	105	11	193	30

第一节 发 电

一、发电规模

1978年后，淮阴地区对电力需求日益增加，除扩建较大型的淮阴发电厂外，政府还鼓励地方小水电、小火电发电上网，组织煤、油加工电能，发展自备发电。1986年，建成热电联产容量6000千瓦的西郊热电厂。1987年，自行组织资金和煤炭，在淮阴发电厂扩建1台5万千瓦机组。是年，全市发电设备容量为22.39万千瓦，其中淮阴发电厂为12.4万千瓦，当年发电6.07亿千瓦时。随着全市经济的迅速发展，社会对电力的需求激增，从1986年起，淮阴市开始筹建华能淮阴发电厂。华能淮阴发电厂一期工程2台机组分别于1993年11月和1994年8月投产发电。华能淮阴电厂和淮阴发电厂成为淮阴市的2个主力电厂。

2006年10月，江苏淮阴发电有限公司（原淮阴发电厂）受江苏省国信集团委托，在楚州区投产1座2×15兆瓦秸秆发电厂。2007年11月，国信淮安生物质发电有限公司1号机组投产发电，开创国内利用稻麦软秸秆发电的先河。2008年，2号机组按期投产发电。当年发电量9362万千瓦时。同年，中电洪泽生物质热电公司2个生物质发电机组相继投入商业运行。

截至2008年，淮安市电力工业初步发展成集火电、水电、生物质发电等多元化发展格局，当年发电99.07亿千瓦时，其中火力发电占绝大部分，水力发电约占全市总发电量的0.75%，生物质发电约占全市总发电量的1.5%～2%。

1995—2008年淮安市水力发电情况统计表

表24-3

年份	发电企业数（家）	总发电量（万千瓦时）
1995	13	3470
1996	13	4090

续表24-3

年份	发电企业数（家）	总发电量（万千瓦时）
1997	11	4078
1998	11	5758
1999	13	2582
2000	14	4770
2001	15	3578
2002	15	3773
2003	16	6978
2004	15	6258
2005	16	6446
2006	16	7606
2007	16	7347
2008	16	7469

二、发电企业

（一）江苏淮阴发电有限公司

该公司前身是成立于1956年的清江发电厂，是中华人民共和国成立后苏北地区建立较早的国营电厂之一，1969年更名为淮阴发电厂。1978年后，全地区工农业生产发展迅速，电力供需矛盾更加突出。1984年，淮阴市地方用电负荷22万千瓦，而12年未扩建的淮阴发电厂装机容量仅有7.4万千瓦，直接制约工农业发展和人民生活水平的提高。1985年，市政府依靠自筹资金和煤炭，在淮阴发电厂扩建1台高温高压5万千瓦汽轮发电机组。至1987年年底，淮阴发电厂成为装有6台机组，总容量12.4万千瓦的中型发电厂，拥有固定资产8800万元，职工1161人，当年发电量4.74亿千瓦时。

1994年，市政府提出技改扩建2台50兆瓦供热机组，但工程前期工作并不顺利，直到1997年，江苏省发展计划委员会才同意立项，2000年正式批复。2002年，2台55兆瓦机组建成投产。投资比例为省电力公司68%，淮安市热电公司20%，淮安通达电力公司12%。

1998年，淮阴发电厂改制为江苏淮阴发电有限公司。2003年6月，根据国家电力体制改革方案，该公司由原隶属于江苏省电力公司划拨至江苏省国信集团。2006年，淮阴发电有限公司先后拆除老厂的老旧机组，在原址建设2台300兆瓦级上大压小热电联产机组。2006年开始，该公司在楚州区建成投产1座2×15兆瓦秸秆发电厂。2007年，国信淮安生物质发电有限公司2台机组投产发电，开创国内软秸秆发电的先河。2008年，2台300兆瓦级上大压小热电联产机组正式获得国家发展和改革委员会核准并投入商业运营。同年，公司受江苏省国信集团的委托，开展淮安燃气电厂筹建工作，将机组容量从2×390兆瓦级调整为2×180兆瓦级。当年该公司发电量12.59亿千瓦时。

1978—2008年江苏淮阴发电有限公司主要指标情况表

表24-4

年份	发电量（亿千瓦时）	平均发电设备容量（万千瓦）	设备利用小时数（小时）	供电标准煤耗率（克/千瓦时）	发电厂用电率（%）
1978	4.55	7.40	6153	543	6.95
1979	5.29	7.40	7150	523	6.41
1980	4.77	7.40	6440	512	6.67
1981	3.96	7.40	5355	516	7.02
1982	4.45	7.40	6013	513	6.74
1983	4.21	7.40	5692	512	7.13
1984	4.89	7.40	6681	510	6.72
1985	4.77	7.40	6763	507	7.02
1986	4.70	7.40	6663	508	7.44
1987	4.74	12.40	6280	504	7.51
1988	6.40	12.05	5313	507	8.66
1989	6.08	12.05	5048	508	8.85
1990	6.54	12.05	5708	502	8.97
1991	6.81	11.45	6100	500	8.85
1992	5.94	11.16	5715	502	9.33
1993	5.94	10.40	5379	510	9.72
1994	6.47	11.05	5859	502	9.40
1995	6.23	11.05	5637	513	9.22
1996	6.50	11.05	6194	503	10.18
1997	6.24	10.50	5970	499	10.00
1998	5.74	10.45	5492	496	10.07
1999	5.08	10.45	4858	495	9.61
2000	5.29	10.45	5061	493	9.88
2001	5.24	10.45	4815	492	10.45
2002	9.59	10.87	4867	470	10.21
2003	12.65	19.71	5895	461	9.68
2004	12.21	21.40	6000	456	9.42
2005	9.44	30.35	4402	440	8.80
2006	6.92	21.45	6288	428	9.25
2007	4.27	10.00	3878	450	12.30
2008	12.59	10.00	3860	371	7.52

（二）江苏华能淮阴发电有限公司

该公司原名华能淮阴电厂，坐落于淮安市西郊京杭大运河畔，是由华能国际电力股份有限公司控股的国有特大型企业。20世纪80年代，随着经济社会的迅速发展，淮阴市对电力的需求激增，原有的发电水平远远不能满足需要，筹建新发电厂，满足全市各方的电力需求，成为必须解决的问题。1986年6月，江苏省电力局向省政府呈送《关于江苏淮阴严重缺电情况及解决的几点意见》的专题报告。在得到批复后，印发《关于进行淮阴新厂初步可行性研究的通知》，并部署新厂选址工作。在得到国家计委批复后，于1991年8月开工。2台机组于1993年11月和1994年8月通过验收，相继发电。

1996年5月，华能淮阴电厂改制成为江苏华能淮阴发电有限公司。1997年，该公司被电力工业部命名为“安全文明生产达标企业”。1999年，被国家电力公司命名为“一流火力发电厂”，发电量19.18亿千瓦时。

2000—2002年，该公司对2台机组进行升级改造，改造后机组的安全可靠性和自动化水平得到提高，煤耗和厂用电率降低。2002年，公司发电量22.39亿千瓦时，实现销售收入5.6亿元。同年，华能国际电力股份有限公司对华能集团公司拥有的44.16%股份实施收购，该公司纳入华能国际电力股份有限公司管理范围。

2003年2月，华能淮阴发电有限公司二期扩建工程获得国务院批准建设，同年8月正式开工，动态总投资23.7亿元。2005年1月和3月，二期工程2台330兆瓦国产燃煤脱硫机组先后投产，当年完成发电量61.58亿千瓦时，是2004年发电量的2倍多。是年年初，三期工程动工。2006年8月和9月，三期工程5号、6号两台330兆瓦国产燃煤脱硫机组分别投产，当年发电量68.29亿千瓦时，约占当年全市总发电量的88%以上。2007年，公司发电量85.39亿千瓦时，为历史最高纪录。

至2008年，华能淮阴发电有限公司累计发电量470多亿千瓦时，当年发电量74.58亿千瓦时，约占全市总发电量的75%、市区发电量的79.3%，是淮安市最大的发电企业。

1996—2008年江苏华能淮阴发电有限公司发电量情况表

表24-5　　　　单位：亿千瓦时

年份	发电量	年份	发电量
1996	19.18	2003	26.20
1997	23.04	2004	29.64
1998	18.21	2005	61.58
1999	19.18	2006	68.29
2000	19.66	2007	85.39
2001	20.85	2008	74.58
2002	22.39	—	

第二节 供 电

一、电网建设

1978年5月，220千伏宿迁变电所投运，成为淮阴地区第一座220千伏变电所。是年年底，220千伏徐（州）宿（迁）淮（阴）马（坝）输变电工程全面竣工投运。至此，淮阴地区220千伏电网初步形成，共有宿迁、淮阴、马坝3座220千伏变电所和徐淮双回及淮马3条220千伏输电线路。1979年6月，220千伏淮（阴）泰（州）线建成投运，淮阴地区电网经此通道联入江苏电网。此后，分别于1982年和1986年建成220千伏淮（阴）盐（城）线和淮（阴）武（墩）线，淮阴市220千伏电网成为江苏省主电网的重要组成部分。1987年，500千伏徐州至江都首条过境线路建成，长123公里。至1988年年底，35千伏电网为淮阴市主网络，全市共有35千伏变电所137座，35千伏线路151条；110千伏电网为全市主干网，有变电所22座，线路36条；220千伏电网有宿迁、淮阴、马坝变电所3座，有徐州（经宿迁）至淮阴、淮阴至泰州、淮阴至马坝、淮阴至盐城线路4条。

1992年6月，220千伏淮涟海线（淮阴—涟水—新海发电厂）投入运行，该线路在淮阴境内全长31.96公里。1993年9月，华能淮阴电厂配套送出工程220千伏清河变电所建成，变压器容量为12万千伏安，220千伏杨庄至清河的杨清双回线同时投运。是年11月，华能淮阴电厂首台20万千瓦机组投入运行，220千伏淮马线（淮阴—马坝）开断接入电厂升压站。因淮钢公司大负荷接入，作为系统加强措施，1995年10月，220千伏淮清Ⅱ线（淮阴—清河）投入运行。

1999年12月，500千伏上河变电所投入运行，淮阴220千伏电网新增1个电源点，网络更为完善，初步形成以500千伏电源点为核心，220千伏为主干网架的地区电网结构。2000年12月，220千伏朱桥变电所投入运行，变电所变压器容量为120兆伏安。220千伏上（河）清（河）开断环入220千伏朱桥变电所。

2003年5月，盱眙县220千伏都梁变电所投入运行，变压器容量为12万千伏安。220千伏杨马线开断环入220千伏都梁变电所，杨庄至都梁变电所段线路命名为220千伏杨都线，长99.287公里；都梁变电所至马坝变电所段线路命名为220千伏马都线，长24.83公里。220千伏上马线同时投入运行，长88.7公里，淮安南部220千伏网络结构进一步完善。至此，淮安市所辖4县4区除洪泽、金湖两县外，其余县（区）均建有220千伏变电所。同年6月，220千伏朱（桥）清（浦）线投入运行，淮安境内220千伏电网南北主干输电线路由单回实现双回主干线路运行。2004年5月，220千伏关城变电所投产运行，变压器容量12万千伏安，由220千伏杨（庄）清（浦）Ⅰ、Ⅱ回线开断环入。环绕主城区220千伏双环网建成，范围覆盖淮阴、清河、清浦3个区及淮安经济开发区。

2005年，淮安市完成500千伏双泗—江北变输电线路（淮安及安徽滁州段）工程和500千伏田（湾）上（河）线（淮安段）及上河变田湾间隔扩建、田湾—上河复合光缆地线工程；220千伏双龙输变电工程变电所部分进入电气安装阶段，220千伏杨双线基本完成全线建设；110千伏市区山阳、农开、楚州区季桥、淮阴区杨井、越河等输变电工程和一批技改项目相继建成投运。2006年，电网建设、技术改造、新农网建设分别完成投资4.7亿元、0.86亿元、1.5亿元。投产220千伏线路171.8公里、110千伏线路23公里、变电容量24万千伏安。220千伏楚州朱桥变电所扩建、金湖双龙等输变电工程建成投运；新开工建设500千伏上河2号主变扩建工程、“十一五”江苏电网重点建设项目涟水旗（杆）杰（勋）输变电工程、220千伏朱坝及110千伏淮海、新港等一批输变电工程。2007年，按照江苏省电力公司新要求，结合地方经济发展，淮安市相继建成220千伏朱坝变电所、旗杰变电所，新建和扩建500千伏上河变电站、220千伏朱桥变电所，以及110千伏淮海变电所、新港变电所、徐杨变电所等一批重点输变电工程。

至2008年，淮安市供电区域有35千伏变电所145座，线路193条，35千伏电网成为全市农村主网；有110千伏及变电所56座，110千伏及以上线路156条，110千伏电网成为淮安市主网；有220千伏变电所11座，220千伏电网成为主干网；有500千伏变电所1座，线路7条，500千伏电网成为淮安市骨架电网。

二、供电量与线路损失率

（一）供电量

1978年，淮阴地区供电量为7.59亿千瓦时。1988年，由于电力供应紧缺，全市供电量仅19.99亿千瓦时。其中，国家统配电量17.98亿千瓦时，最高供电负荷31.5万千瓦，境内电厂供电量3.92亿千瓦时；电网输入电量14.05亿千瓦时，输出电量1.65亿千瓦时，自购电量3.39亿千瓦时。1990年，由于国家对宏观经济调控，供电形势稍有缓和，最高负荷34.8万千瓦，全市供电量20.39亿千瓦时，比1989年增长2%。1986—1990年，年平均增长率为8.49%。

1992年，由于地方经济发展较快，全市最高负荷41.1万千瓦，比1991年增长17.14%；供电量为26.37亿千瓦时，比1991年增长10.1%。当年江苏省电网电力供应紧缺，年电网输入电量为22.7亿千瓦时，比1991年增加18.15%；购地方电厂发电量4.03亿千瓦时。至1995年，最高负荷63.8万千瓦。1991—1995年，年平均增长率9.68%。

1996年行政区划调整后，淮阴市最高负荷46.2万千瓦，比1995年下降27.58%；供电量24.11亿千瓦时，比1995年下降46.58%。1997年1月1日起，发电厂上网电量的计量点设置改为发电厂出线侧，以统一规范发电厂供电量管理。至2000年，全市最高负荷57.6万千瓦，供电量29.36亿千瓦时。1996—2000年，年均增长4.98%。

2001—2008年，淮安市供电量连年增长，其中2004—2008年年递增率都在10%以上，平均增长率为11.14%。2008年，淮安市供电量79.82亿千瓦时，是1978年的10.52倍。

（二）线路损失率

1978年，淮阴地区线路损失电量8331万千瓦时，损失率为10.98%。1982年，淮阴供电局在市区供电所和各县供电局间开展降损节电劳动竞赛活动，并通过营业大普查，找出用电管理方面影响降损节电的薄弱环节，采取措施堵塞偷漏电现象。当年线损率下降到8.19%。1983年，淮阴供电局首次运用电网结构和负荷潮流等运行参数进行线路损失理论计算，为降低技术线损掌握第一手资料。

1988年，淮阴供电局成立线损领导小组，由生技、规划、调度、用电、计量、农电等有关部门组成。调查得出影响线损主要因素是35千伏及以下线路损失率过高，主要是6～10千伏系统和35千伏系统线路长，导线截面细，不适应负荷增长的需要。决定在负荷重、力率低、距离电源点远的变电所加装无功补偿装置，并有载调压设备配合使用，以降低线损和改善电压质量，当年线损率降到7.77%。

1992年，淮阴供电局进行第四次理论计算，市区10千伏线损率为3.25%。1994年，220千伏涟水变电所、220千伏淮涟海线及110千伏涟朱线投运，消除迂回供电25公里；220千伏泗阳变电所及110千伏泗众线投运；全市新增无功补偿容量28360千伏；更换高耗配变64台，计1.07万千伏安；调整、新架35千伏、10千伏线路41条，计172公里，消除迂回供电97.5公里，换粗35千伏导线23.2公里，换粗10千伏导线149.9公里。当年全市供电线损率下降到7.5%。

1996年，淮阴市新建淮阴县110千伏南陈集变电所，新架110千伏线路16公里，新增变压器1台；新增电力电容器9700千伏；换粗导线35千伏35公里，10千伏92公里，消除迂回供电35千伏42公里，10千伏110公里；新建洪泽35千伏万集变电所，更换35千伏高耗变压器2台，新增9台。市区新架35千伏线路53公里，10千伏线路689公里，更新高耗配变50余台，计0.38万千伏安。当年全市供电线损率下降到7.05%。

1999年，淮阴市利用农村扶贫通电和农网改造机会，增加35千伏变电所布点，新增35千伏西顺河变电所；改造11座35千伏变电所，新增和更换35千伏变压器12台，新增和更换10千伏配变3036台，新建和改造35千伏线路75.66公里，新建和改造10千伏线路2345.36公里，消除迂回供电77.9公里，缩短供电半径212公里。当年全市供电线损率下降到6.75%。

2002年起，淮安市供电线损指标改为原口径（不含农村综合变损失电量）、全口径（抄表到户电量口径）双指标管理。

2003年，淮安市进行第八次理论线损计算，利用电网建设与改造，完善网络结构，完成220千伏都梁变电所、220千伏清河变电所2号变压器增容、220千伏清朱II线、杨马线改接、上金马线投运及110千伏顺河变电所、赵集变电所、五里变电所等一批输变电工程投运，改善全市220千伏电网结构及楚州、洪泽、淮阴等县（区）的110千伏系统结构。当年全市供电线损率下降到6.66%。

2008年，淮安市新建220千伏变电所1座，变压器1台，110千伏变电所4座，变压器7台，扩建110千伏变电所4座，变压器6台。新建、改建220千伏线路4条50.03公里，110千伏线路4条63.81公里。淮安市电网全口径统计线损率为8.44%。

1978—2008年淮安市供电量与线损率情况表

表24-6

年份	供电量		购入电量		线损率（%）
	总计（亿千瓦时）	平均年递增率（%）	总计（亿千瓦时）	平均年递增率（%）	
1978	7.59	15.57	0.87	6.11	10.98
1979	9.19	21.11	0.96	10.34	8.82
1980	9.25	0.65	1.88	95.83	8.40
1981	9.66	4.43	1.98	5.32	8.22
1982	10.93	13.15	2.22	12.12	8.19
1983	12.47	14.09	2.63	18.47	8.79
1984	14.13	14.68	2.89	9.89	8.69
1985	14.57	3.11	3.64	17.65	8.58
1986	16.41	12.63	3.92	7.69	7.63
1987	18.27	11.33	2.45	0.63	8.38
1988	19.99	7.89	3.39	138.29	7.77
1989	20.39	1.92	3.25	-4.15	7.99

续表24-6

年份	供电量		购入电量		线损率（%）
	总计（亿千瓦时）	平均年递增率（%）	总计（亿千瓦时）	平均年递增率（%）	
1990	22.20	8.98	4.16	27.88	7.93
1991	23.95	7.93	4.62	11.21	7.59
1992	26.37	10.00	4.03	-12.77	7.57
1993	27.67	4.68	4.84	20.12	7.38
1994	31.19	12.58	6.31	30.40	7.50
1995	35.34	13.43	6.02	-4.68	7.78
1996	24.11	7.08	5.34	8.85	7.05
1997	24.12	0.19	5.54	3.64	6.83
1998	24.41	0.43	5.39	-2.60	6.78
1999	26.61	7.08	4.74	-12.04	6.75
2000	29.36	10.43	5.15	8.49	6.75
2001	31.52	6.40	4.82	-6.29	6.70
2002	34.30	8.01	5.20	7.71	6.67
2003	37.62	9.39	6.43	23.67	6.66
2004	47.21	25.49	2.71	-57.85	6.66
2005	52.23	17.49	4.87	79.70	9.99
2006	58.21	11.45	5.56	14.17	9.20
2007	70.53	21.16	6.63	19.24	8.44
2008	79.82	13.17	7.17	8.14	8.44

说明：表中线损率2005年之前为原口径统计数，2005年起为全口径统计数

第三节　用　电

20世纪80年代至90年代初，淮阴市长期处于缺电状态，用电管理工作侧重于计划用电、节约用电、安全用电。从1996年下半年起，全市电力市场开始改变，电力供需矛盾开始缓和，电力电量供求基本平衡，低谷时段还供大于求，电力供应由计划分配转向市场调节。

一、用电水平

1978年，淮阴地区全社会用电量7.04亿千瓦时，最高负荷13.8万千瓦。当年，全地区以农业经济为主，工业企业主要集中在市区，各县除化肥、酿酒、轻纺工业外，工业用电很少，因此用电水平较低。

20世纪80年代中期到90年代初，淮阴市电力供不应求，电力部门实行计划用电、节约用电、群众办电方针。其间，全市采取多种措施节能降耗，同时建设电力负荷控制系统，削峰填谷，提高

负荷率，按照保季节性农业排灌、人民生活、工业用电的顺序组织用电。在此期间，各年的社会用电量、最高负荷、人均用电量等用电指标不能反映真实的用电水平，只能作为用电指标的参考。至1990年，淮阴市全社会用电量、最高负荷和人均用电量分别增长到14.75亿千瓦时、34.8万千瓦和232千瓦时。

1991—1995年，淮阴市用电矛盾开始从供不应求向基本平衡过渡。1995年，全市全社会用电量25.22亿千瓦时，最高负荷43.1万千瓦，人均用电量370千瓦时，分别比1990年增长71%、23%、59.5%。

1996—2000年，淮阴市工业进入结构调整和资产重组阶段，全市经济处于平稳增长期，期间用电增长平缓，用电量年均增长率为4.4%。除市区因淮钢集团、江苏韩泰轮胎公司、安邦电化公司等一批骨干企业用电大幅度增长而拉动电力需求外，6个县（区）用电出现少有的供大于求，增速徘徊不前乃至负增长态势，淮阴县2000年全社会用电量较1995年平均增长率为-2.64%。

2001年以后，淮安市全面实施“工业兴市”战略，全市电力供需快速增长。2005年，全社会用电量63.45亿千瓦时，比2000年累计增长98.6%，5年年均增长率18.7%。

至2008年，淮安市全社会用电量89.7亿千瓦时，是1978年的12.73倍；最高负荷155.09万千瓦，是1978年的11.24倍；人均用电量每年1671千瓦时。

1978—2008年淮安市用电水平统计表

表24-7

年份	全社会用电量（亿千瓦时）	最高负荷（万千瓦）	人均用电量（千瓦时/人·年）
1978	7.04	13.80	—
1979	7.97	16.58	—
1980	8.45	16.76	—
1981	9.06	16.95	—
1982	9.93	18.80	—
1983	10.97	21.55	—
1984	11.13	22.70	—
1985	11.37	22.65	—
1986	11.47	23.00	—
1987	12.43	27.50	—
1988	13.26	31.50	221
1989	13.65	33.30	220
1990	14.75	34.80	232
1991	16.00	35.00	247
1992	17.47	41.10	270
1993	18.35	48.50	282
1994	21.94	57.00	326
1995	25.22	43.10	370

续表 24-7

年份	全社会用电量（亿千瓦时）	最高负荷（万千瓦）	人均用电量（千瓦时/人·年）
1996	26.89	46.20	549
1997	26.95	44.00	542
1998	26.78	46.90	539
1999	28.97	52.40	577
2000	31.95	57.60	626
2001	32.64	58.40	666
2002	36.04	63.20	730
2003	39.63	65.91	798
2004	49.29	82.30	980
2005	63.45	98.48	1119
2006	71.56	125.46	1229
2007	84.87	141.04	1455
2008	89.70	155.09	1671

二、用电结构

改革开放初期，淮阴地区以传统农业经济为主，农业用电量占全社会用电总量的20%以上。20世纪80年代后，淮阴市工业发展迅速，乡镇工业异军突起，工业用电量占全社会用电总量的比例大幅增高，农业用电量比例不断降低。至1994年，工业用电量占全社会用电总量的67.61%，农业用电量下降到15.94%。1995—1999年，农业用电量虽呈逐年下降趋势，但仍保持在10%以上。2000年后，由于工业化进程的快速提升，全市农业用电量所占比例从2000年的9.52%迅速降至2004年的2.39%，工业用电量占全社会用电量的比例则从2001年以前始终低于70%转为高于70%。城乡居民生活用电所占比例从1978年的4.11%逐年增长，1994年开始基本每年都保持在10%以上。除上述三类主要用电行业外，还包括地质普查和勘探业用电，建筑业用电，交通运输和邮电通信业用电，商业、公共饮食业、物资供销与仓储业用电，其他事业用电等，这些行业所占全社会用电总量比例较小，从1%以下到4%左右不等。

1978—2008年淮安市全社会用电量分类情况表

表 24-8

年份	全社会用电量（万千瓦时）	其中					
		农业用电		工业用电		城乡居民生活用电	
		电量（万千瓦时）	比例（%）	电量（万千瓦时）	比例（%）	电量（万千瓦时）	比例（%）
1978	70444	16065	22.81	39956	56.72	2899	4.11
1979	79727	16676	20.92	42138	52.85	3014	3.78

续表24-8

年份	全社会用电量（万千瓦时）	其中					
		农业用电		工业用电		城乡居民生活用电	
		电量（万千瓦时）	比例（%）	电量（万千瓦时）	比例（%）	电量（万千瓦时）	比例（%）
1980	84462	17067	20.21	46261	54.77	3348	3.96
1981	90622	18076	19.95	53316	58.83	3819	4.21
1982	99339	17787	17.91	59829	60.23	3789	3.81
1983	109675	18504	16.87	60732	55.37	4131	3.77
1984	111261	18995	17.07	69420	62.39	4799	4.31
1985	113735	19902	17.50	76380	67.16	6025	5.30
1986	114738	20091	17.51	82629	72.02	7108	6.19
1987	124276	20432	16.44	89701	72.18	7725	6.22
1988	132574	21212	16.00	95806	72.27	8377	6.32
1989	136505	22530	16.50	970099	71.13	9759	7.15
1990	147485	25279	17.14	102571	69.55	11888	8.06
1991	160011	30922	19.32	106679	66.67	14085	8.80
1992	174697	33089	18.94	116428	66.65	16140	9.24
1993	183474	30766	16.77	125851	68.59	17546	9.56
1994	219448	34982	15.94	148372	67.61	26059	11.87
1995	252205	34685	13.75	172484	68.39	33882	13.43
1996	268928	34898	12.98	187774	69.82	31873	11.85
1997	269523	34344	12.74	184749	68.55	35696	13.24
1998	267845	32462	12.12	181478	67.75	37275	13.92
1999	289744	37300	12.87	193000	66.61	40008	13.81
2000	319476	30400	9.52	222676	69.70	44287	13.86
2001	326384	30519	9.35	222897	68.29	50243	15.39
2002	360372	16764	4.65	266136	73.85	50080	13.90
2003	396288	12765	3.22	295644	74.60	54953	13.87
2004	492927	11768	2.39	374753	76.03	66631	13.52
2005	634481	9206	1.45	494976	78.01	81935	12.91
2006	715574	10304	1.44	549037	76.73	94612	13.22
2007	848660	11825	1.39	662340	78.05	102679	12.10
2008	897001	10665	1.19	684697	76.33	119658	13.34

（一）工业用电

1978年，淮阴地区工业用电量为4亿千瓦时，占全社会用电量的56.73%。此后，工业用电量逐年增长，到1986年为8.26亿千瓦时，比1978年增长1倍多。1990年为10.26亿千瓦时，首次超过10亿千瓦时。

1991—1995年，全市工业开始结构性调整，不同行业呈现截然不同的发展趋势，冶金企业在老厂技改基础上启动新厂基建，化学纤维企业呈快速发展态势，淮阴电厂扩建和华能淮阴电厂新建，多个盐矿的开发带动采掘业发展，由此带动这4个行业用电量均翻番。同时，食品饲料、化学、纺织服装、造纸、金属制品业等工业行业用电量呈负增长态势，一批传统的食品、化学工业（化肥）企业因市场销路等原因相继关、停、并、转，带来这些行业用电量减少。总体上，该时期全市工业用电量稳步增长，5年累计增长61.68%。

1996—2000年，全市工业用电量呈低速增长态势，全市5年累计增长18.59%。市区和6个县（市）呈现两极分化的发展趋势，市区因淮阴钢铁厂、江苏韩泰轮胎公司、安邦化工集团、清江石化厂、宏丽集团等一批骨干企业用电大幅度增长，工业用电量稳步快速增长，这些骨干企业每年的工业用电量占全市总工业用电量的60%以上。6个县（市）中，除县级淮安市和洪泽县低速增长外，淮阴县、涟水县、盱眙县和金湖县都连年负增长，淮阴县5年平均增长率为-25.54%。

2001—2005年，市、县（区）两级政府加大招商引资力度，同时1996—2000年一批原结构性调整的项目相继建设，全市工业生产快速增长。工业用电量随之快速递增，2005年较2000年，全市工业用电量增长122%，年均增长率17.32%，而且从2002年开始，全市工业用电量占全社会用电量的比例重新达到70%以上。

至2008年，全市工业用电量68.47亿千瓦时，占全社会用电量的76.33%。

（二）农业用电

20世纪70年代开始，淮阴地区兴修一批大型排灌设施和小型排灌站，农业电力排灌面积逐年增加，农业用电量也相应增长。1978年，淮阴地区农业用电量1.61亿千瓦时，占全社会总用电量的22.82%，其中排灌用电占农业用电的75%以上。1979年后，淮阴市的农业生产发展迅速，农业用电量也稳步增长，1991年突破3亿千瓦时。但由于其他用电行业，特别是工业用电量的迅猛增长，农业用电量占全社会用电总量的比例逐年下降，1981年下降到20%以下，2000年下降到10%以下。2002年起，由于统计口径调整，农村照明用电列入城乡生活用电统计，全市农业用电量大幅减少，所占全社会用电总量的比例也不断下降，2005年下降到2%以下。2008年，淮安市农业用电量1.67亿千瓦时，占全社会用电总量的1.19%。

（三）城乡居民生活用电

1978年，淮阴地区城乡居民生活用电占全社会用电量的4.11%。随着居民生活水平的不断提高，居民家用电器逐年增多，居民生活用电比例也不断增加，1990年达到8.06%。1994年起，所占比例始终在10%以上。从1997年开始，所占比例超过农业用电量，仅次于工业用电量。至2008年，淮安市城乡居民生活用电量11.97亿千瓦时，所占比例为13.34%，人均年用电量222.86千瓦时，比1988年增长7.18倍。

（四）地质普查和勘探业用电

淮安市的地质普查和勘探业每年用电量仅数百万千瓦时，占全社会用电总量的比例在0.16%～0.33%。

（五）建筑业用电

1988—1998年，淮阴市建筑业用电量每年不超过0.1亿千瓦时。1999年起，随着城镇面积不断扩大、市政建设加强和大批工业建筑、居民住宅小区的建设，极大推动建筑业的发展，建筑业用电量持续保持高位增长。2008年，淮安市建筑业用电1.1亿千瓦时，占全社会总用电量的1.23%，比1999年的0.1亿千瓦时增长10倍。

（六）交通运输、邮电通信业用电

改革开放初期，对该行业用电量的统计只涉及交通运输行业。1979年，淮阴地区交通运输用电量为179万千瓦时，占全社会用电量的0.25%。20世纪80年代后，淮阴市的交通运输业迅猛发展，1981—1985年，交通运输业的用电量以每年29.64%的速度递增。这一时期，邮电通信业也纳入统计，用电量占该行业用电量的15%左右。1985年，交通运输、邮电通信业用电量为846万千瓦时，是1979年的4.13倍。1986年以后，原属于石油工业的原油管道运输划入交通运输、邮电通信业，该行业用电量统计数据大增。1988年，全市交通运输、邮电通信业用电量为0.45亿千瓦时，占全社会用电量的2.3%。以后逐年下跌或稍有增长。2000年达到0.49亿千瓦时，但2001年与2002年又有下跌。2008年增长至0.73亿千瓦时，比1988年增长63.64%，占全社会用电总量的0.08%。

（七）商业、公共饮食业、物资供销与仓储业用电

1978年后，随着城市经济体制改革，城乡集市贸易日趋兴旺，社会消费水平不断提高，该行业用电量呈现逐年上升态势。1988年，该行业用电量达到0.16亿千瓦时，占全社会用电总量的1.14%。20世纪90年代，该行业用电量增长速度较缓。2000年以后，因全市工业快速发展，带动物资供销和仓储业的发展；中小型超市、商场、宾馆、饭店的崛起，促进商业用电稳步发展，该行业用电量又保持快速增长态势。2008年，该行业用电量2.12亿千瓦时，占全社会用电总量的2.46%。

（八）社会事业及其他用电

社会事业用电包括房地产管理、公共事业、公共路灯、卫生体育、社会福利、教育、文化艺术和广播电视业、科学研究、综合技术服务以及政府机关、社会团体用电。1988年，全市该方面用电量仅0.24亿千瓦时，占全社会用电量的1.82%。之后随着社会经济的快速发展，尤其是各县（区）城镇区域的不断扩大与改造，农村推行小城镇建设，带动公用事业迅速发展。2008年年底，该方面用电量达1.97亿千瓦时，占全社会用电量的3.6%，比1988年增长8.21倍。

第三章　冶金工业

第一节　发展规模

1978年前，淮阴地区陆续建设几家钢铁厂，由于资金和原料等原因大多停产。到1978年，尚在生产的唯有清江钢铁厂。是年12月底，清江钢铁厂3吨炼钢电弧炉投产，年设计生产能力8000吨。当年全行业共计炼钢217吨，炼铁7831吨，轧钢4829吨，炼焦5.01万吨，全部职工1525人。

由于设备不配套，原料质量差，当年亏损174.63万元。

1981年，国家调整国民经济，江苏省冶金工业厅决定淮阴、扬州、南通等地的小钢铁厂全部停产。淮阴地区和清江市基于发展当地工农业生产的需要，争取保留清江钢铁厂，并提出解决能源、发展电炉炼钢、实现扭亏为盈的一整套方案，省政府同意保留清江钢铁厂。

1982年起，清江钢铁厂完成轧机改造，新建2台5吨电炉、2台150立方米制氧机、1座72立方米高炉；将13立方米高炉扩容为19立方米；新建450轧钢机组、70型硅砖焦炉并投产，形成10万吨焦炭生产能力，并向近7000户市民供应生活煤气。其间，各县属冶金企业，如淮安钢管厂、洪泽钢管厂、金湖轧钢厂等亦得到发展。

1983年，清江钢铁厂进行挖潜改造、工艺改革，使工厂炼钢能力增加2万吨，炼钢时间缩短，质量提高。推行厂长负责制，在企业内部开展领导体制、劳动人事制度、经营管理体制、内部分配制度、技术管理等8项改革，调动职工积极性。1984年，钢产量达到24023吨，是1982年的3倍，实现扭亏增盈，结束连续13年亏损局面。全市冶金行业步入全面发展阶段。当年全市冶金行业生产生铁13215吨、轧钢19793吨、炼焦37426吨。

1985年10月，淮阴市政府决定将清江焦化厂和清江钢铁厂合并为市冶金工业公司，仍保留两厂实体，市冶金公司和清江钢铁厂为同一套领导班子。1986年4月，市政府决定撤销两厂建制，市冶金工业公司为独立核算、自主经营的法人单位，代行全市冶金系统的行业管理职能。

1987年，全市冶金行业共有20家企业，其中全民企业2家、集体企业18家（含乡镇企业）。全行业占地面积8458万平方米，固定资产原值5000多万元，共有职工5230人，其中工程技术人员100人。同年，全系统产铁43255吨，产钢29323吨，产钢材24360吨，实现工业产值5100万元，占全市工业总产值的1.21%，实现利税1380万元，全员劳动生产率9700元/人。

1989年下半年后，淮阴市经济滑坡，工业发展速度下跌，一些小型钢铁厂亏损、停产和倒闭。1991年，市委、市政府确定12家大中型企业为全市综合改革试点企业，改革重点转向逐步建立现代企业制度，市冶金工业公司是其中之一。同年，国内钢铁市场逐步升温，产品价格上扬，此前就投入1.5亿元技改资金的淮阴市冶金工业公司发展较好，1993年实现利税7140万元，创历史最好水平，一跃成为江苏省利税大户。

1994年，由于国家宏观调控力度加大，冶金产品价格下降幅度较大，上游产品以及电力、运输等价格不断上涨，给淮阴市冶金工业带来较大冲击。全市除了市冶金工业公司盈利较好，淮安钢管厂等企业略有盈余外，其余冶金企业均处于亏损状态，并有不少企业停产关门。市冶金工业公司全年完成工业总产值2.09亿元，比1993年年增长10.68%，销售收入5.8亿元，增长18.37%，利税5158万元，下降38.42%。1995年12月，市冶金公司新区钢厂70吨超高功率电炉调试成功，使淮阴市冶金工业完成由20世纪60年代的工艺到20世纪90年代国际先进水平的跨越。

1996年，市冶金公司被列为省首批127家推行现代企业制度改革试点单位后，将原为国有企业的淮冶公司改制为国家股占绝对多数、企业法人和社团法人参股的江苏淮钢集团有限公司，并以此为母公司组建江苏淮钢集团。淮钢集团于1996年12月举行揭牌仪式。是年起，由于国家继续实行宏观经济紧缩政策，严格控制计件规模和资金投量，冶金产品销价下跌，原材料、能源、运输价格上涨，全行业面临严峻市场挑战。至1998年，除淮钢集团和洪泽钢管厂正常生产外，其余均处于停产破产状态。1999年，中国钢铁工业仍面临过剩与短缺双重压力，加上亚洲金融风暴影响，国内钢材市场竞相降价恶性竞争，企业亏损增加，经营困难。淮钢集团继续坚持技术创新，加快产品结构调整步伐。1999年，淮钢集团完成工业产值7.41亿元，同比增长35.43%；销售收入17亿元，同比增长23.12%；利税6090万元，同比增长18.87%；利润652万元，同比持平。钢产量在全省排名第五，列全国50强。淮钢集团成为淮阴市唯一正常生产并保持盈利的冶金企业，被省冶金厅誉为“苏北冶金工业的一面旗帜”。同年，为应对加入世贸组织后国内市场更加国际化的挑战，淮钢集团和南京钢铁集团经过多次洽谈，以自愿平等的原则达成联合协议，实现优势互补。2000年3月，淮钢集团和南钢集团实现联合。

2000年后，淮安市冶金工业迎来新的春天，除了淮钢集团继续发展外，一大批引进的冶金企业陆续开工建设，全市冶金工业的整体实力大幅度增强。2001年，淮钢集团跻身全国500强，排名第329位，被省科技厅授予“江苏省高新技术企业”称号。2002年，淮钢集团进行深化企业改革增资扩股，吸收珠海国利等4家企业的4亿元股本以及经营、管理层等自然人入股。2003年，成立南京钢铁集团江苏淮钢有限公司，新公司注册资本6.2亿元，社会法人股占64.4%，国有股占26.15%，经营层管理层自然人股占9.45%。2005年，由于原合作基础发生改变，淮钢集团和南钢集团达成意向，将原南钢集团代管的、南京市国资委所持有的26.15%股权划归淮安市。南京钢铁集团江苏淮钢有限公司恢复为江苏淮钢集团有限公司。同年，由无锡市振达钢管集团投资兴建的淮安市振达钢管制造有限公司开工建设，主要制造冷拔无缝钢管和热轧成品钢管。江苏凡力钢管有限公司也于2005年10月在盱眙县工业园区建成投产，总投资3.5亿元。

2006年6月，淮钢集团与沙钢集团实现资产重组，淮钢集团并入沙钢集团，并于当年11月完成国有股全部退出，淮钢集团更名为江苏沙钢集团淮钢特钢有限公司，企业融资环境得到极大改善，技改步伐明显加快，市场竞争力得到加强。截至2006年年末，淮安市冶金工业有规模以上企业45家，实现销售收入173.8亿元，利税11.55亿元，其中利润5.33亿元，分别占全市规模以上工业企业的21.12%、12.91%、14.94%。销售收入过亿元的企业有10家，过10亿元的企业有3家。有压延、加工企业11家，主要为钢管生产企业，其中淮安市振达钢管有限公司年生产钢管24万吨，实现销售收入12亿元，成为淮安市县（区）第一家年产值超过10亿元的企业。江苏凡力钢管有限公司实现销售收入超过5亿元。有色金属冶炼生产企业9家，其中涟水县宝怡铜材有限公司年加工铜材2.34万吨，实现销售收入12.5亿元。淮安市峰达电工公司、洪泽宇强金属材料厂等销售收入过5亿元。全市有铁合金企业6户，年产量12.1万吨；有铸造、锻造等其他生产企业13家，年生产各种铸件、锻件13.44万吨。产业龙头企业淮钢特钢有限公司年销售额85.77亿元，利税6.05亿元，利润3.32亿元。2007年，沙钢集团淮钢特钢有限公司销售收入突破102.51亿元，成为淮安市首家销售收入超百亿元的企业。

2008年，全市冶金行业有规模以上企业61家，实现工业总产值276.91亿元，占全市工业总产值的比重为22.07%；实现工业增加值55.93亿元，固定资产149.56亿元，实现销售收入275.49亿元、利税22.5亿元、利润13.35亿元，从业人员10602人。同年，全行业产生铁251.33万吨、粗钢270.21万吨、钢材297.9万吨，焦炭79.62万吨。其中，沙钢集团淮钢特钢有限公司实现销售收入132.43亿元、利税13.09亿元、利润6.86亿元，创历史最高水平。该公司跻身全国特钢产业前三，世界特钢产业前六。

第二节　企业选介

一、江苏沙钢集团淮钢特钢有限公司

该公司位于淮安市西南工业区，始建于1970年，前身为清江钢铁厂。1986年，清江钢铁厂、

清江焦化厂合并，更名为淮阴市冶金工业公司。1996年12月，省计经委批准设立江苏淮钢集团有限公司，并以此为核心，组建省级企业集团——江苏淮钢集团。2000年2月，经江苏省人民政府同意，江苏淮钢集团有限公司整体加入南京钢铁集团有限公司。2002年10月，江苏淮钢集团有限公司股东会决议通过，将原公司名称变更为南京钢铁集团江苏淮钢有限公司。同年下半年，该公司进行深化企业改革增资扩股，吸收社会法人以及经营层、管理层等自然人入股，新公司注册资本6.2亿元，社会法人股占64.4%，国有股占26.15%，经营层自然人股占9.45%。2005年7月，南京钢铁集团江苏淮钢有限公司更名为江苏淮钢集团有限公司。2006年12月，江苏淮钢集团有限公司名称变更为江苏沙钢集团淮钢特钢有限公司。

1984年，清江钢铁厂总资产不到2000万元，钢产量2.4万吨，利润500元，首次实现扭亏为盈。1990年，淮阴市冶金工业公司生产钢3.94万吨、铁4.77万吨、钢材2.85万吨，实现销售收入12598.7万元，利税626.36万元，其中利润61.36万元。1997年，该公司销售收入突破10亿元，钢产量在全省排名第四位，综合经济效益居全省同行业第十位，主要消耗指标中的钢锭冶炼电耗173千瓦时/吨，同比下降48.24%，居全国第一。2005年，淮钢在全国冶金50强企业中排名第46位，在全国最大工业企业中排名第257位，被省政府列入“十一五”计划期间全省突出发展的4家重点钢铁企业之一。2007年，淮钢公司在中国制造业500强中排名第291位。

截至2008年，淮钢公司拥有总资产105亿元，职工7000人，各类专业技术人员3000人。当年实现销售收入132.43亿元，增长29.19%，利税总额13.09亿元，增长15.13%，其中利润6.86亿元。

二、淮安市振达钢管制造有限公司

该公司坐落于淮阴区工业园区，成立于2005年4月，由无锡市振达钢管集团投资兴建，是一家专业制造冷拔无缝钢管和热轧成品钢管的民营公司。该公司生产钢管的主要品种有：生产结构用、输送流体用、锅炉用、石油裂化用、高压化肥设备用、石油套管或油管用、船舶用碳钢和碳锰钢，气瓶用无缝钢管，ASME系列无缝钢管，API系列油套管和管线管以及各种合金钢管。2008年，该公司占地面积23.87公顷，固定资产6.5亿元，有职工700余人，其中工程技术、质量管理人员50余人，高、中级职称人员30余人。公司在小口径无缝钢管行业进入全国前五。当年实现销售额27.9亿元、利税3.8亿元。

三、江苏凡力钢管有限公司

该公司位于盱眙县工业园区，2005年10月建成投产，注册资本5000万元，总投资3.5亿元。专业生产石油油井管、套管以及高压锅炉管、中低压锅炉管，年生产能力30万吨。2006年8月，通过美国石油学会API以及ISO 9000质量管理体系认证。2007年12月，通过压力管道（原件）生产许可验证。同月，公司在美国纽约证交所成功上市。2008年，该公司占地面积26.67公顷，有员工800余人，其中专业技术人员150名。当年生产钢管15.21万吨，其中冷拔成品钢管10万吨、热轧成品钢管5万吨；完成销售额10亿元，实现利税2271.58万元。

第四章　化学工业

第一节　发展规模

1978年后，淮阴地区相继建成近百个县市属和乡镇化工企业，规模比较大的企业有生产硫酸的清江磷肥厂、生产硝酸与硝酸盐的淮河化工厂、原油加工企业清江石化厂等。

20世纪80年代，淮阴市通过对化工企业的技术改造，分批分期进行扩建扩能。至1987年，陆续形成6000千瓦的西郊热电站，年产10万吨减压炼油、4万吨催化裂化、5000吨乙烯分离、7000吨一硝基甲苯等产能，完成5万吨硫酸、1.5万吨烧碱、5000吨环氧乙（丙）烷、2000吨乙醇胺、3000吨总溶剂、30万套轮胎、3670吨塑胶加工、2.2万吨洗衣皂等产品生产。至1990年，全行业完成工业总产值67468万元，实现销售收入68944万元、利税8945万元。总体规模和经济效益分别在全省11个设区市中居第八位、第七位。

1991—1995年，淮阴市化学工业面临极大困难，很大一批传统化工企业因市场销路差、承受不了高成本压力等，相继关、停、并、转，中小型化肥厂纷纷倒闭，清江橡胶厂企业效益不断滑坡。1992年，淮阴市委、市政府确定12家大中型企业为全市综合改革试点企业，改革重点转向逐步建立现代企业制度，清江石化厂和淮阴电化厂为其中2家。自1993年开始，部分化工骨干企业扭亏为盈。如清江橡胶厂开始寻求与国内外大型轮胎企业合资合作；清江胶鞋厂调整结构，开拓国际市场，扩大出口创汇，1994年创汇1080万美元。同时，对微利和亏损的化工企业实行公有民营，进行企业产权制度改革。如淮阴大众塑料厂、淮阴有机化工厂原是亏损大户，实行改革后开始减亏；淮阴热电厂的复合肥和石灰部分实行租赁承包；淮阴光华化学厂的船队进行拍卖。1995年，亏损企业比1994年有所减少，经济效益有所好转。清江电化厂、清江石化厂、清江化肥厂、清江胶鞋厂及大部分化肥厂产销两旺。同时，市属化工企业全面推行全员劳动合同制，市直所有化工企业均完成全员劳动合同制工作。截至1995年年底，全市有各类化工企业、研究所等65家，完成工业总产值18.04亿元。

1996—2000年，淮阴市化学工业仍然面临比较严峻的形势，但一些骨干企业通过改制重组逐渐发展壮大，走上快速发展轨道。1996年行政区划调整后，全市有规模以上化工企业24家，当年亏损企业占25%。同年，清江石油化工厂经省批准为国有独资公司，改称清江石油化工有限公司；清江橡胶厂同韩国合资的江苏韩泰轮胎（淮阴）有限公司挂牌营运；淮阴电化厂代管淮阴热电厂成功，实现资产重组优势互补。1997年，江苏韩泰轮胎有限公司完成110万套斜胶轮胎改造项目，投入资金1.5亿元，使斜胶轮胎生产能力在投资当年实现翻番，并在装备和产品结构方面进行彻底改造和调整。被列入省第二批改革试点企业的淮阴电化厂和清江胶鞋厂改制为淮阴电化厂股份有限公司和清江胶鞋有限公司，初步实现单一投资主体的全民所有制企业改制为两个股东以上的有限责任公司和股份有限公司。1999年，全市化学工业实现盈利，销售收入增幅高于产值增幅、利税增幅高于销售增幅，全系统工业产值11亿元。主要大吨位产品如原油加工量、烧碱、农药、合成氨、尿素、胶鞋等均有历史性突破，全系统利税1.3亿元，首次超过亿元。同年6月，清江石化厂整体加入中国石油化工集团公司。淮阴电化厂、淮阴电化厂农药实验分厂、淮阴农化总公司、淮阴热电厂以及辉煌太阳能股份有限公司5家企业重组为江苏安邦电化集团，集团资产总额6亿元。清江化肥总厂、淮阴光华化学厂等企业扭亏为盈。2000年，全市化学工业经济总量和经济效益都上一个新台阶，销售收入突破22亿元，主要经济指标比1995年翻一番以上，利润实现2.5亿元，比1995年翻两番多。化学工业成为淮阴市五大支柱产业之一。

2000年后，主管全市化学工业和医药工业的市化工医药局被撤销，组建淮安市化工资产经营有限公司。2001年，江苏韩泰轮胎有限公司经外经贸部批准，成为韩国独资企业，投资总额达到17268万美元，注册资本8235.2万美元。该公司产品质量优良，市场竞争力强，60%以上的产品出口海外。同年，淮安嘉诚高新化工股份有限公司成立，主要生产硝基甲苯、邻氯苯胺、对二氯苯等多个系列产品，广泛应用于染料、医药、农药和新型工程塑料等下游行业，在国内细分行业中占有明显的技术及规模优势。淮安市万邦香料工业有限公司成立，主要从事香精香料的研发、生产和销售，产品应用于日化、牙化和食用类香精产品，远销欧美、东南亚等国际市场。

2002年，利用清江化肥总厂的合成氨有效资产与张家港市江苏华尔润集团合资组建淮安华尔润化工有限公司，注册资本8000万元。安邦电化集团被省经贸委和科技厅评为省级高新技术企业。至2003年，淮安市化学工业形成由基础化学原料、农用化工、食用化工、盐化工、橡胶制品等门类组成的具有相当规模和特色的工业体系，培育和发展清江石化公司、安邦电化公司集团、淮化集团、江苏韩泰轮胎公司、洪泽化工公司等一批重点企业，整个化工行业销售规模超过70亿元。全年原油加工792011吨，生产合成氨93207吨、农用化肥70381吨、化学农药12173吨、轮胎外胎360万条。龙头企业清江石油化工有限公司实现销售收入19.39亿元，江苏韩泰轮胎有限公司实现销售收入10.1亿元，安邦电化公司、双穗鞋业公司、华尔润化工有限公司、光华化学厂等市化工资产经营公司所属企业实现销售收入8.02亿元。

2005年，江苏白玫化工有限公司成功组建。该公司是集元明粉研发、生产，销售于一体的专业化企业，拥有国内第一套硝盐联产装置。同年12月，中国化工集团与安邦公司的资产重组协议正式签署。至2005年年底，全市化学工业有规模以上企业121家，就业职工2.3万人，总资产100.35亿元。全年实现销售136.17亿元，同比增长36.6%，占全市规模以上企业的23.4%；实现利税16.36亿元，同比增长44.4%，占全市规模以上企业的22.2%；实现利润8.67亿元，同比增长61.7%，占全市规模以上企业的29%。产品主要分为盐化工产品、石油化工产品、橡胶制品产品、农用化工产品、日用化工产品和其他化工产品。位于销售收入前列的化工企业分别是中国石化集团清江石油化工有限公司，江苏韩泰轮胎有限公司、江苏淮河化工有限公司和淮安华尔润化工有限公司，其中中国石化集团清江石化有限公司2005年销售收入、利税和利润分别为33.59亿元、3.99亿元和5740万元，主要经济指标比2000年翻一番。

安邦电化公司和淮河化工公司分别于2006年和2007年整体加入中国化工集团，成为中国化工农化总公司控股企业。至2008年，中国化工集团向两个公司持续投入超过30亿元，大大加快其发展壮大。

截至2008年，淮安市化学工业形成由石油化工、盐化工、精细化工、日用化工、橡胶制品等门类组成的具有相当规模和特色的工业体系。全市有规模以上化工企业124家，职工23976人，总资产155.1亿元，实现产值228.4亿元、销售收入232.5亿元、利税22.2亿元、利润10.68亿元，形成180万吨原油加工、15万吨烧碱、35万吨纯碱、1100万套轮胎、270万吨元明粉、400万吨精制盐、26万吨硝酸的生产能力。124家规模以上化工企业中，国有和集体企业5家，股份制企业85家，外商及中国港澳台企业15家，民营企业102家；销售超5000万元的企业60家，其中销售超亿元31家、超10亿元3家；利税超千万元企业27家，其中利税超5000万元企业10家。

第二节 企业选介

一、中国石化集团清江石油化工有限责任公司

该公司始建于1958年，时名淮阴半焦厂，后几度更名，1975年始名清江石油化工厂。1976年以后，逐步成为较为完整的小型石油化工企业。1983年后，该厂对原有几套化工装置扩建改造，扩大产能。到1987年，成为淮阴市最大的化工企业，厂区占地面积31万平方米，建筑面积3.8万平方米，拥有固定资产5053万元，下设炼油、化工、热电、机修4个分厂，有13套生产装置和7套辅助生产设施，完成工业总产值7672万元、销售收入7288万元、利税2337万元。1986—1996年，清江石化厂继续发展，固定资产从3000万元增长到15200万元，原油实际加工量、销售收入、利税总额分别为38万吨/年、5.4亿元、4300万元。1997年，成为全国化工系统销售额、利税总额双百强企业。1999年6月，清江石化厂整体加入中国石油化工集团责任公司，改称为中国石化集团清江石油化工有限责任公司。2000年后，清江石油化工有限公司一直为淮安市化工龙头企业和淮安市大型骨干企业。2008年，该公司主要产品有汽油、柴油、化工轻油、液化石油气、低硫低芳烃特种溶剂油、高档铝箔轧制液、工业白油、燃料油、液蜡原料油、粗石蜡、纺织油剂基础油、工业用甲基叔丁基醚、丙烯、聚丙烯、MPO消泡剂、原油破乳剂系列、多种系列聚醚等80余个品种。产品注册商标“双猫”牌。至2008年年底，该公司拥有总资产9.9亿元，占地面积56万平方米，职工1439人，具有180万吨/年原油加工能力、70万吨/年原油二次加工能力。当年该公司实现销售43.29亿元、利税2.57亿元。

二、江苏韩泰轮胎有限公司

该公司前身是创建于1958年的淮阴橡胶制品厂，1965年改称为清江橡胶厂，1970年开始轮胎生产。1978年后，通过更新改造，扩大生产规模。至1987年，该厂轮胎和蓄电池胶套的年生产能力分别为30万套和18万只，当年完成工业总产值4311万元，实现利税765万元。1996年，清江橡胶厂与韩国轮胎制造株式会社合资成立江苏韩泰轮胎有限公司。2001年，经外经贸部批准，成为韩国独资企业，注册资本为8235.2万美元。2008年，该公司占地面积34.45万平方米，总建筑面积26万平方米，有员工3700人。两个工厂分别为位于淮安经济开发区的子午胎工厂和淮安市化工路的斜胶胎工厂，年生产规模1100万条。该公司的“HANKOOK”牌斜交胎、子午胎产品质量优良，市场竞争力强，市场占有率大，上海通用、上海大众、南京菲亚特、北京现代等30多家国内主流汽车公司都使用韩泰公司产品。产品还大量出口到美国、东南亚、非洲、中东等国家和地区。2008年，该公司轮胎产量981.67万条，销售轮胎980万条，其中子午胎878.05万条，斜交胎103.61万条；完成工业总产值41.5亿元，其中出口交货值22.72亿元；实现销售收入40.62亿元、利税1.54亿元。

三、洪泽银珠化工集团有限公司

该公司位于洪泽县工业园内，前身为1969年成立的洪泽县化肥厂。洪泽县化肥厂在20世纪80年代达到3000吨合成氨的生产水平，但在20世纪80年代末到90年代初一度资不抵债、濒临破产。1994年，在淮阴市政府和洪泽县政府的扶持下，组建为洪泽县化工（集团）总公司。1998年，外经贸部批准赋予其自营进出口权。2002年，改制为洪泽银珠化工集团有限公司。该公司为淮安市盐化工龙头企业、省重点扶持发展企业，获得“省优秀企业”“省高新技术企业”“省技术进步先进企业”“省知识产权重点保护单位”“苏北星火带建设先进集体”等数十项荣誉称号。“银珠”商标被列为省著名商标。2008年，该公司拥有24个子公司及工厂，有员工2560人，其中专业技术人员500多人，拥有多项具有自主知识产权的核心技术和专利。产品及规模为：合成氨10万吨/年、碳酸氢氨20万吨/年、氨水5万吨/年、液体二氧化碳2万吨/年、硝酸钠和亚硝酸钠2万吨/年、浓硝酸12万吨/年、间二硝基苯1万吨/年、间苯二胺6000吨/年、N–二甲基苯胺4000吨/年、高纯度氯乙烷3000吨/年、元明粉100万吨/年、塑料包装袋1500万套/年。产品销往国内外近千家化工企业，并出口韩国、日本、马来西亚、印度尼西亚、新加坡等国家和地区。2008年，该公司销售收入突破20亿元，利税6亿元。

四、江苏安邦电化有限公司

该公司前身是始建于1958年的清江电化厂，几经更名后，于1986年定名为淮阴电化厂。该厂建厂初，主要从事氯碱和化学农药生产，产品采用“清农”牌注册商标。1985年成为万吨级氯碱企业，年综合生产能力5.14万吨，连续多年成为淮阴市化工行业中的产值利税大户。20世纪90年后，该厂效益下滑，几近破产。1999年，以淮阴电化厂为核心，加上淮阴电化厂农药实验分厂、淮阴农化总公司、淮阴热电厂以及江苏辉煌太阳能股份有限公司4家企业，通过优势互补，以资产重组为纽带组建江苏安邦电化集团，集团资产总额6亿元，年产值7亿元。2003年，完成以国有资本退出为主要内容的产权制度改革，更名为江苏安邦电化有限公司。2004年，该公司在全国最大的2000家企业中排第1498位，实现销售收入7.22亿元，自营出口额超过1000万美元，实现税利4073万元，主要经济指标列全市工业企业第六位，自营出口额居全市第二。2006年，该公司整体加入中国化工集团，成为中国化工农化总公司控股企业。至2008年，该公司成为一座综合性大型化工企业，占地面积66.5万平方米，总资产5.8亿元，有职工1960人，其中专业技术人员600余人。产品涉及氯碱、农药、精细化工、热电4个系列30余种，烧碱产能15万吨/年，居国内同行前列。化工产品有烧碱、液氯、盐酸、三氯化磷、邻甲苯胺、正丁酯、炔丙基丁氨基甲酸酯、二氯苯基异氰酸酯、六氯环戊二烯、得克隆、氯桥酸酐等10余种；农药产品有乙烯利、扑虱灵、草甘膦、杀虫单、杀虫双、吡蚜酮、硫丹等20余种。其中，六氯环戊二烯、得克隆为国内独家生产，乙烯利产能居亚洲第一、世界第二。该公司拥有自备盐矿，地下岩盐可开采面积1.8平方公里，氯化钠储量1.1亿吨、硫酸钠储量3400万吨，新建成的输卤管线可平衡烧碱产能30万吨。该公司有完善的公用工程系统，包括110千伏和3千伏变电所，热电联产装机容量4万千瓦/小时，蒸气产能320吨/小时，供水能力35000吨/日，制冷能力3760万千焦耳/小时，拥有1000吨/日废水生化处理和5吨/日废渣焚烧处理的环保设施。2008年，该公司实现销售15.57亿元、利税6000万元、利润2000万元。

五、江苏爱特福股份有限公司

该公司前身为始建于1984年的金湖县有机化工厂。1992年，该厂以厂房、设备和“84”消毒液的生产技术与香港励锵行公司合资，注册成立江苏爱特福药物保健品公司，以“84”消毒液作为主要产品。该公司获得“江苏省科技进步先进企业”“全国文明乡镇企业”“全国诚信守法企业”等称号。产品主要有消毒、杀虫、洗涤、保健等6大系列80余种规格，畅销全国各地，主导产品“爱特福”牌“84”消毒液为江苏名牌产品、中华预防医学会专家认证产品、国家奥林匹克体育中心专供产品、国家免检产品，市场占有率位居同行业首位。“飞毛腿”牌杀虫系列为国家星火计划重点开发推广项目，并获“江苏名牌产品”“省质量信用产品”“农业部科技进步奖”等称号。2008年，该公司占地面积32万平方米，员工1000多人，其中专业技术人员近300人。拥有省级技术中心1个，专家会所4座，技术研发团队60多人，知名专家30多人。该公司消毒液、杀虫剂等主导产品年产能分别为10万吨和100万箱。“84”“爱特福”等为江苏省著名商标，“飞毛腿”为中国驰名商标，在全国享有较高的知名度和美誉度。当年该公司实现销售10亿元，利税8800万元。

六、淮安华尔润化工有限公司

该公司前身为成立于1965年的清江化肥厂，成立之初主要生产合成氨、碳酸氢铵、甲醇等产品，采用“春雨”牌注册商标。1978年合成氨生产水平保持在年产万吨以上，1980年以后发展成为淮阴地区重点工业企业之一。1987年，厂区面积和建筑面积分别为10.9万平方米和3.8万平方米，固定资产1822万元，职工984人，年产合成氨1.84万吨、碳铵1.28万吨、甲醇508吨，完成工业总产值1360万元，实现利润96万元。20世纪90年代，清江化肥厂面临极大困难，经济效益滑坡，大多数年份都处于亏损状态。2002年10月，该厂被江苏华尔润集团兼并，隶属于江苏华尔润集团，改名为江苏华尔润化工有限公司。同年11月，该公司投资6.5亿元建设一期年产35万吨联碱“五位一体”（结合合成氨、联碱、采卤、真空制盐、热电联产5种工艺于一体）项目，2004年6月投产。2008年，该公司具备年产35万吨纯碱、36万吨氯化铵、16万吨合成氨、10万吨尿素、50万吨盐硝联产、自发电2.1万千瓦时机组、200万立方米的采输卤和3万吨精甲醇的生产规模能力，主要产品为纯碱、氯化铵、尿素、甲醇、元明粉等，是全国第一家拥有盐—纯碱—玻璃产业链生产型企业。2008年，该公司占地面积21.33公顷，有员工1400多人，实现销售收入9.86亿元、利税2.82亿元、利润2.2亿元。

七、上海太平洋化工淮安元明粉公司

该公司是由上海焦化有限公司、上海白猫集团有限公司于1999年共同投资组建的股份制企业，地处淮阴区赵集镇。主要产品为“白源”牌元明粉，生产销售通过ISO 9001:2000质量管理体系认证，产品销售不仅覆盖东南沿海地区，还长期出口到日本、韩国、澳大利亚等国家和地区。2008年，该公司有员工370人，固定资产1.3亿元，拥有两套DCS系统控制的元明粉生产装置，元明粉年生产能力为40万吨。当年该公司实现销售收入19.34亿元、利税9000万元、利润6300万元。

八、江苏淮河化工有限公司

该公司位于盱眙县境内，前身为始建于1965年的淮河化工厂。1994年更名为江苏淮河化工总厂，同年被列入国家大二型企业行列。2003年7月，改制为江苏淮河化工有限公司。2007年5月，整体加入中国化工集团公司，成为中国化工农化总公司控股企业。该公司是一家以合成氨、硝酸为基础，以硝化、加氢为特色的化工中间体生产企业，生产能力主要有4万吨/年合成氨、10万吨/年农用碳酸氢铵、2.5万吨/年浓硝酸、5万吨/年一硝基甲苯、2万吨/年邻甲苯胺、1万吨/年对甲苯胺、3000吨/年间甲苯胺等，其中一硝基甲苯的生产规模居世界第二位，对甲苯胺产量居亚洲第一，产品在市场上具有较强的影响力。2008年，该公司占地面积23.83万平方米，有员工981人，其中专业技术人员114人，实现销售收入7亿元、利税2000万元。

九、江苏省井神盐化股份有限公司

该公司创建于1999年，是江苏省盐业集团公司控股的多元化股份制企业，以制盐、热电经营为主业。2004—2008年，连续5年被中国轻工业总会授予“质量效益型先进企业”称号，并获特别贡献奖。该公司在盐行业内率先通过ISO 9000质量认证。2008年，该公司下设井神、淮海、瑞丰、销售4个分公司，总资产11.26亿元，产销盐180万吨，实现销售收入6.07亿元、利税9568万元、利润3934万元。

十、江苏省井神盐业股份有限公司第二分公司

该公司位于清浦区黄码乡，始创于1988年10月，原系解放军总后勤部投资建设的大型盐化军工企业——江苏省淮海盐化工有限公司。1992年1月，建成并试生产。1998年12月，与军队脱钩，移交地方管理，隶属于中国新兴（集团）总公司。2006年7月，通过资产重组，成为江苏省盐业集团有限责任公司直属企业。2008年年底，整体并入江苏省井神盐业股份有限公司，更名为江苏省井神盐业股份有限公司第二分公司。该公司采用国际标准或国家标准组织生产，是国家的食（碘）盐定点生产企业，以生产盐产品为主，共有8大类、42个品种。2000年11月和2002年11月分别通过ISO 9001:2000质量体系和ISO 14001:1996环境管理体系认证。2002年8月，该公司“淮银”牌6个产品获绿色食品证书。2003年6月获得进出口自营权。该公司被淮安市委、市政府评为2004年度高新技术企业、2005年度“技改工作先进单位”。2008年，该公司有员工1000余人，其中专业技术人员120余人；厂区占地面积17万平方米；盐硝业制品年生产能力60万吨；实现销售2.36亿元、利税2200万元、利润400万元。

十一、淮安嘉诚高新化工股份有限公司

该公司位于涟水县朱码镇，为2001年投资近亿元兴建的私营企业，时名为涟水县嘉诚化工有限公司。2003年，主要产品邻氯苯胺年产8000吨以上，占国际市场年产量50%左右，占全国出口总量的90%以上，成为同行业之首。其他主要产品还包括硝基甲苯、2，4-二氯氟苯、对二氯苯等多个系列，广泛应用于染料、医药、农药和新型工程塑料等下游行业，并在国内细分行业中占有明显的技术及规模优势。2007年，更名为淮安嘉诚高新化工股份有限公司。2008年，该公司实现销售收入4.59亿元、利税4589万元、利润3554万元。

十二、淮安洁丽莱日化公司

该公司位于淮安经济开发区盐化工业园内，前身是成立于民国38年（1949）的军用淮阴光华化学厂，同年转交地方经营。中华人民共和国成立后，该厂多次扩建，主要生产肥皂、甘油、硫化碱、苯酐、对苯二酚等产品。20世纪80年代初，新开发10多种洗涤用品，逐步成为省内同行业中产品品种最多的厂家。2002年，更名为淮安市光华全新洗涤用品有限公司。2004年，完成6万吨皂类产品技改项目。2005年10月，该公司改制，更名为江苏洁丽莱日化有限公司。2008年，该公司占地面积8.07公顷，拥有资产1.59亿元，主要生产各种皂类产品，品牌为“大运河”牌和“利生”牌。当年该公司实现销售收入4.88亿元、利税2000万元。

十三、江苏白玫化工有限公司

该公司成立于2005年7月，位于淮阴区赵集镇，由江苏白玫糖业有限公司、镇江华茂有限公司、淮安淮阴盐化工发展有限公司等联合投资组建，是一家集元明粉研发、生产、销售于一体的专业化企业，拥有9平方公里的矿区范围，资源储量丰富。该公司拥有国内第一套硝盐联产装置，生产多种规格元明粉产品，年产量60万吨。2008年，该公司实现销售收入2亿元、利税8600万元、利润5800万元。

十四、南风集团淮安元明粉有限公司

该公司位于淮阴区赵集镇，由山西南风集团和江苏白玫糖业有限公司于2000年3月共同投资组建，注册资本5000万元，2001年5月正式投产运营。产品为“运”牌元明粉，被广泛应用于合成洗衣粉、维尼纶、染料、玻璃、造纸、无机盐等行业，不仅畅销国内，而且约50%的产品远销到韩国、日本、泰国、马来西亚和中国台湾等国家和地区，产品通过ISO 9001:2000国际质量体系认证。2003年、2004年，公司元明粉单厂量均居世界第一。2008年，该公司占地面积4公顷，年生产元明粉21.5万吨，实现销售收入1.02亿元、利税4387万元、利润3210万元。

第五章　电子工业

第一节　发展规模

1978年年底，淮阴地区有电子工业企业25家，职工6296人，固定资产1400万元，完成工业总产值4196万元，实现利税477万元，产品有8大类、40多个品种系列。1979年，涟水无线电厂生产的“渡江802”收音机在全国评比中获同档第二名。

20世纪80年代，全市电子工业发展较快，尤以收音机生产为代表。1980年年底，淮阴地区有收音机及配套厂18家，全年产量47万部。1981年，涟水无线电厂被列为国家收音机生产定点厂，淮安无线电元件厂收音机获全省质量评比第一名。1984年，全市电子工业完成工业总产值4667万元，同比增长26.3%。清江无线电厂等电子企业由主要生产收音机转向生产电力载波器、测量仪器等。1985年，淮阴市电子工业实现工业总产值6068万元，同比增长30%。淮安无线电元件厂中频变压器产量居全国第一位，还研制出彩色电视机的8种机型电感组件，其调频中周在全省同行业评比中获第一名。1986年，全市电子行业引进生产线6条，完成投资额781万元。有8个企业走横向联合的道路，参加不同的企业集团和联合体，其中洪泽电子设备厂与上海新中华机器厂联合生产电冰箱。1987年，全市有电子工业企业21家，职工7005人，全行业固定资产4287万元，完成总产值12524万元，利税1552万元，有7种产品打入国际市场，创汇105万美元。1988年4月，国内第一台电动微型轿车在淮阴市电器厂诞生，该车长3.2米，宽1.2米，高1.35米，时速

30公里，可坐4人，一次充电可行驶100公里。同年6月，淮安无线电元件厂通过国家二级企业考评，成为国内中周、电感行业第一个达到国家级企业标准的厂家。

20世纪80年代末至90年代末，淮阴市电子工业处于比较困难的时期，主要经济指标包括工业总产值、销售收入、利税等完成情况均不理想。1994年，全市行业规模以上企业只有17家，职工5825人，固定资产8500万元，净值4904万元，一半以上企业亏损。1995年，全市电子工业全行业亏损，当年亏损76万元。1996年，由于家电市场竞争激烈，一些整机厂将损失转嫁到配套生产的元器件厂家，淮阴电子工业倍受冲击，加上银行贷款渠道不通畅，使电子企业技术改造难度越来越大，当年全市电子工业亏损达到1600万元。1997—1999年，电子工业虽然亏损减少，但全行业状态仍显萎靡。1999年，实现利税647.5万元，其中利润仅21万元。

2000年，全市有规模以上电子企业7家，由于产品科技含量低、市场占有率低、没有竞争优势等原因，举步维艰，都成为困难企业，其中一半为市级特困企业。全行业完成生产总值1.5亿元，销售收入8000万元，利税1050万元，利润410万元，主要产品为电子仪器设备9200台，电子元器件13000万只，都为低科技含量的初级产品。是年，市电子工业主管部门围绕全市工业改革总体要求，结合电子工业系统中小企业的实际情况，对行业内企事业单位进行改革，重点在“国退民进”和盘活存量资产上开展工作，依法理顺劳动关系。对淮阴电子研究所实行解散重组改制，人员全部进入人才交流中心，然后个人出资重组民营科技开发公司；将淮阴电子产品试验站成建制并入市建筑检测中心；将市电容器厂所办的淮阴广大电子电器有限公司的有效资产出售，彻底实现集体资本退出生产经营领域，改制为民营企业；将冠磁电子有限公司租赁给民营淮阴神舟科技有限公司经营，同时利用租金赔偿并逐步解除职工与企业的劳动关系；将严重资不抵债的清江无线电厂、银河无线电总厂和市无线电三厂厂房和土地等资产实行分块出售。

2001—2004年，由福州大通机电股份有限公司和江苏清江电机股份有限公司共同投资设立江苏大通机电有限公司，美国D&P国际技术开发有限公司投资成立江苏理士科技有限公司，全市电子工业有回暖迹象，但全系统利润仍然非常低。2003年，全市电子行业实现营业收入16.7亿元，增长16.3%。其中，电子信息产品制造业实现销售收入5.52亿元，同比增长14.9%；软件业实现营业收入3353万元，同比增长15.5%。2004年，全行业完成销售收入9.5亿元，实现利润820万元。

2005年起，一批大型高新电子企业的进驻，彻底改变淮安市电子工业的原有格局，面貌焕然一新，呈现快速增长态势。2006年，富士康科技集团落户淮安，投资9600万美元的宏恒胜电子科技（淮安）有限公司PCB生产厂项目、投资9500万美元的富准模具（淮安）有限公司模具项目、投资9800万美元的富盟电子（淮安）有限公司新型电子元器件项目，均顺利通过省发改委初步核准。当年年底，全市电子信息产品制造业有规模以上企业78家，实现总产值38.56亿元，实现销售收入38.47亿元，工业增加值9.6亿元，利税1.95亿元，利润1.11亿元。

2007年1月，台湾达方电子股份有限公司在淮安经济开发区投资的电子项目签约，项目总投资5000万美元，一期投资2500万美元，新建电子及相关产品生产和研发项目。同年3月，该项目正式开工建设。是年，全球IT业500强、台湾消费电子和家用电器制造巨头——台湾大同电子集团投资1250万美元在淮安经济开发区兴建高科技锂电池材料项目。至2007年年底，淮安市电子信息产品制造业增速迅猛，高于全省平均增速95个百分点，实现利税总额6.04亿元，同比增长122.06%，其中利润2.92亿元。通讯电缆、仪器仪表和蓄电池等产品保持两位数的增长幅度。同时，随着信息产业大型项目的不断引进和投产，淮安电子工业在巩固并壮大电线电缆、仪器仪表两大传统特色产业群的同时，又涌现出新的绿色电源和汽车电子及其配套产品产业群。

至2008年，淮安市拥有富士康（淮安）科技集团、淮安达方电子公司、展德光电公司、江苏理士科技公司、瑞特电子公司、江苏大通机电公司、江苏康丽欣电池公司等一批高新技术企业。全市电子工业实现销售收入148.35亿元，其中电子信息产品制造业93.06亿元。电缆、电池、仪表、元器件、计算机配套件等行业涌现一批销售收入超5亿元和超10亿元的龙头企业。

第二节　企业选介

一、富士康（淮安）科技集团

富士康科技集团是世界500强企业，在电脑、通信及消费性电子产业享有盛誉，是全球前三大EMS（电子制造服务）厂商之一。富士康（淮安）科技集团于2006年落户淮安经济开发区，总投资22亿美元，规划用地面积7.6平方公里。一期项目总投资3亿美元，占地面积100.8公顷，建筑面积58万平方米，2007年4月开工，当年11月竣工投产；二期增资3亿美元，占地面积81公顷，总建筑面积90万平方米。富士康（淮安）科技集团注册富誉电子、富准模具、宏恒胜电子、富盟电子、富星精密组件5家公司，注册资本5亿美元。主要生产计算机整机及接插件、精密模具、印刷电路板、新型电子元器件、计算机周边设备等。2007年，完成工业产值1.13亿元，实现销售收入1.2亿元。2008年，该集团拥有员工1.8万余人，完成工业产值30亿元，实现销售收入26.32亿元、利税1.69亿元、利润1.26亿元。

二、江苏大通机电有限公司

该公司位于淮安经济开发区，是由福州大通机电股份有限公司、江苏清江电机股份有限公司于2003年共同投资成立的有限责任公司，注册资本1.2亿元。主要生产漆包线，年产量3万吨。2008年，该公司拥有总资产2.05亿元，净资产1亿元，实现销售收入14.76亿元，利税超亿元。

三、淮安达方电子有限公司

该公司位于淮安经济开发区，由纳闵马来西亚达方有限公司于2007年3月投资兴建，项目总投资5亿美元。主要经营范围为研究、开发、生产新型电子元件（混合集成电路，电脑周边元件，多层片式陶瓷电容、片式变压器等片式元器件，逆变器等光电子元件）、半导体、元器件专用材料、成型件、柔性线路板等新型仪表元件，销售自产产品并提供相关技术和售后服务。2008年6月，8万平方米厂房竣工投入使用，一期工程于当年10月投产。至2008年年底，该公司占地面积80公顷，有员工2000余人，当年完成工业产值4.09亿元，实现销售收入4.07亿元、利税0.09亿元。

四、江苏理士科技有限公司

该公司位于金湖经济开发区，隶属于美国D&P国际技术开发有限公司，总部设在美国，是理士企业集团在中国大陆投资的第三个生产基地。该公司是美资独资企业，注册资本2000万美元，于2003年3月兴建，是一家专业生产铅酸蓄电池、注塑等产品的大型高科技企业，产品广泛应用于通信、电力、铁路、UPS、电动工具等10多个相关产业。2008年，该公司占地面积18.67公顷，拥有员工3000多人，主导产品铅酸免维护蓄电池的产能120万千伏安时，当年完成工业产值10.21亿元，实现销售收入10.12亿元。

五、淮安淮胜电缆有限责任公司

该公司位于淮安经济开发区，前身是由淮阴、南京、南通、泰州等12家供电公司于1993年共同投资1030万元组建而成的淮阴市通信电缆厂，是苏北地区生产电线电缆的专业厂家。先后更名为淮阴市淮胜电缆厂、淮安市淮胜电缆厂。2005年，改名为淮安淮胜电缆有限责任公司。主要生产10千伏及以下塑料绝缘电力电缆、各类耐火电缆、阻燃电缆、塑料绝缘电线、10千伏及以下塑料绝缘架空电缆、控制电缆及HYA市话通信电缆等。被省、市评为"名优企业""科技型示范企业""质量信得过企业""诚信示范单位""管理示范企业"等。2008年，该公司占地面积1.3万平方米，建筑面积6776平方米，拥有员工143人，其中专业技术人员26人，拥有总资产近5000万元，完成工业产值3.24亿元，实现销售收入3.02亿元、利税0.33亿元。

六、淮安德胜电器有限公司

该公司位于淮阴区工业园区，成立于2002年，注册资金2000万元。专业生产各类温度保护器、电流保护器等产品，被广泛应用于各种家用电器马达、取暖器、灯具、镇流器、电动工具、汽车电机等电器元件的过流、超温保护，产品通过CQC、UC、VDE、CSA认证，均符合欧盟RoHS指令（关于限制在电子电器设备中使用某些有害成分的指令）要求。2008年，该公司拥有员工300人，生产能力为每年4800万只各式保护器，完成工业总产值7795万元，实现销售收入8148万元、利税813万元。

七、清江无线电总厂

该厂原址位于清浦区解放西路。前身是1966年在清江电机厂设立的无线电车间，后在无线电车间的基础上建立清江无线电厂，当时为省内3家收音机厂之一。主要生产"红卫""工农兵""友谊"多种型号收音机。1980年，该厂收音机产量17.13万部。1980年后，转产电力载波机、测量仪器、黑白电视机等。1983年，该厂电力载波机销量跃居全国第二位。1984年，该厂生产的ZDD-5J电力载波机被评为省优质产品，1986年获电子工业部"优质产品"称号。1986年更名为清江无线电总厂，下辖清江无线电厂、清江无线电二厂、清江玩具电机厂、星河玩具二厂4个分厂。至1987年年底，该厂有职工558人，其中工程技术人员107人，固定资产原值331万元，当年完成工业总产值702万元。20世纪90年代后，该厂还生产程控调度总机、漏电保护器、数字收音机、铃流机、电子元器件等产品。但由于技术落后、销路不畅等原因，陷入持续亏损，1994年利税只有70万元，1995年销售收入508万元。1995年后，陷入半停产状态。2001年，严重资不抵债，经营难以为继，厂房和土地等资产被分块出售，最终破产。

八、涟水无线电厂

该厂原址位于涟水县涟城镇中山路，前身是涟水县皮革厂一个晶体管车间，1973年更名为涟水无线电厂。系地方国营企业，主要生产收音机、收录机和黑白电视机以及部分医疗仪器等。1979年，该厂生产的"渡江802"1.5伏低电压收音机在全国评比中获同档第二名。1980年，受到省政府嘉奖，获"大庆式企业"称号。1981年，被确定为国家收音机定点生产企业。1984年，"莲花"牌732型半导体收音机被评为市"优质产品"并获省首届收音机、收录机质量评比三等奖。1985年，开始生产14英寸黑白电视机。1986年与上海市爱使电子设备公司联营，成为上海爱使电子设备公司四分厂，当年完成工业产值720万元。1987年，开始生产双卡收录机，发展成为具有3条整机生产流水线、年产10万台收录机能力的电子企业。是年，工业产值900万元，利税11万元。1990年，生产17英寸黑白电视机2113台。1992年，生产黑白电视机55680台，创历史最高水平。1997年，实现销售收入769万元。2005年，该厂破产改制。

九、淮阴市无线电三厂

该厂原址位于清浦区都天庙街，前身是清江市竹器制伞厂，后改为生产无线电元器件，初名清江市无线电三厂，1983年更名为淮阴市无线电三厂。主要生产碳膜电阻器、金属膜电阻器、氧化膜电阻器等，1984年电阻器产量4520万只。至1987年年底，全厂有职工362人，拥有固定资产总值231万元，当年完成工业总产值569万元。20世纪90年代后，转产熔断、线绕、功率型等系列电阻器产品，广泛应用于各种仪器仪表、家用电器、电子通讯等领域，其中熔断电阻器产品获江苏省优质产品奖、江苏省新产品“金牛奖”、电子工业部优秀新产品奖。1989年，拥有固定资产3000多万元，生产线12条，电阻器年生产能力6亿只。20世纪90年代初，由于市场竞争激烈、自身产品技术含量不高等原因，该厂陷入亏损，债务沉重，在断断续续生产几年后，难以维持，于2000年停产，2001年破产改制。

第六章　医药工业

第一节　发展规模

1978年，淮阴地区医药企业主要有淮阴、清江、盱眙、淮安、金湖、涟水制药厂和淮阴县制药厂。此后，一些制药厂开始注意依靠技术进步发展生产，金湖制药厂与上海、南京等高校和科研单位挂钩，聘请专家、教授做顾问，试制多种新产品，跨入全国真菌制药先进企业行列。1983年，完成产值780万元，获利13.5万元，产值平均每年递增33.4%，利润递增61.2%。1984年，淮阴制药厂与上海第一医学院联合研制成功“淮药”牌新型精神安定药——“泰必利”。该产品系国内首创，获江苏省重大科技成果三等奖和省优秀新产品“金牛奖”。

1985年，江苏省医疗器械厂下放至淮阴市，归市化工医药工业公司管理，更名为淮阴医疗器械厂。1986年，全市有医药企业16家，其中化学制药企业10家、中药制药企业2家、医疗器械企业3家、卫生材料生产企业1家，全民所有制企业13家、集体所有制企业3家。淮阴制药厂和金湖制药厂被列为淮阴市骨干企业。全市医药行业当年完成总产值8800万元，销售总额8900万元，利税总额903万元，利润额434万元，产品有8大类20多个品种，年产量700多吨，其中庆大霉素10吨、土霉素碱22吨、麦迪霉素3吨、扑热息痛450吨、肝泰乐72吨、泰必利2吨、异烟肼10吨、葡萄糖酸钙16吨、止血敏10吨、白葡止咳粉10吨、猴头菌粉60吨；生产成药制剂450余种，其中化学药品制剂3亿支、片剂25亿片、大输液600万瓶。

1987年，全市医药工业实现工业总产值9154万元，利税1224万元。淮阴制药厂生产的“泰必利”再次获省优秀新产品“金牛奖”，VC片、土霉素、VE6片、利特灵片、阿司匹林片、硫酸庆大霉素注射剂在省内同类品牌评比中获第一名，硫酸庆大霉素、对乙酰氨基酚、葡萄糖醛酸内脂等原料药行销东南亚及欧洲。

20世纪80年代末至90年代中期，淮阴市医药工业虽具备一定基础，但存在总体规模偏小、医药人才缺乏等问题，在市场经济竞争中活力不足，面临困难较多，市重点企业中无一个医药企业。1990年开始，医药工业开始亏损，原因除了原辅材料大幅度涨价外，各种刚性支出也大幅度增加。至1994年，全市有医药企业（包括医药流通企业）25家，实现工业总产值3.86亿元，销售收入2.4亿元、利税1077万元，亏损541万元。1995年，医药市场回暖，全市医药工业经济效益有所好转，淮阴制药二厂、涟水制药厂的产值和销售增幅均在40%以上，淮阴医疗器械厂产销两旺。但由于其他药企的亏损，全市医药行业整体仍然亏损。是年，市属医药企业全面推行全员劳动合同制。至1995年年底，市直所有企业均实现全员劳动合同制。1996年行政区划调整后，全市有医药工业企业12家、医药流通企业13家，当年亏损企业占总数的20%。

1997年开始，特别是2000年后，淮安市加大医药企业改制重组力度，主要方针为靠大靠强，努力脱困。1997年，淮阴医疗器械厂改制成有限责任公司，淮阴制药厂整体进入华新事业公司，实现跨行业资产重组。1999年，涟水制药厂进入天津药业集团。2000年，淮阴医疗器械有限公司向上海复星公司整体有偿出让，淮钢集团对市中药厂实行兼并，金湖制药厂改制成立江苏神华药业有限公司。2001年，作为医药商业企业的市医药公司和市药材公司合并后被南京医药公司收购，成立江苏天颐医药有限公司。是年，淮阴市第二制药厂与上市公司北京双鹤药业有限股份公司合资成立淮安双鹤药业有限公司。2003年，天津天士力集团有限公司和江苏淮阴华新集团在原江苏帝益药业有限公司基础上实行股权转让，组建江苏天士力帝益药业有限公司。一系列成功的改制重组，给市医药工业带来资金和技术支持，使医药行业走出困境，整体实力壮大，迎来新一轮发展。是年，淮安医药工业基本形成化学原料药、生物发酵技术、中药材和中成药产品、支架及医疗器械、药品包装材料等一体生产格局，药品GMP认证通过率达到90%。全市有医药生产企业42家，规模以上企业20家，有2家企业被列入省级高新技术企业。全行业实现销售收入6.87亿元、利税5658万元、利润2427万元，与其他产业相比，医药工业销售利税率和销售利润率相对较高，分别为8.3%和3.5%。龙头企业涟水制药厂销售收入1.77亿元，主要生产水针剂、片剂、胶囊剂等多种剂型，水针剂为主要产品，年产品达到20亿只，位居全国第一。江苏天士力帝益药业有限公司全年销售收入8596万元，利税888.31万元，利润336万元。

2004年，江苏天士力帝益药业有限公司成功推出具有国际一流水平的新一代抗脑肿瘤药——蒂清口服胶囊制剂，在国内首家获得SFDA新药证书和生产批件，填补国内空白。2005年1月，由江苏天士力帝益药业公司、江苏神华药业、江苏天颐药业、江苏清江药业、淮安润邦药业5家企业发起，成立淮安市医药行业协会，协会拥有会员单位60多家，全市有规模有影响的医药企业都加入协会。至2005年年底，全市医药工业有规模以上企业26家，就业职工6249人，总资产11.05亿元。当年实现销售10.15亿元，同比增长18%；实现利税7615万元，同比增长7.5%；实现利润2523万元，同比增长2.5%。主要分为药品生产企业、医疗器械企业和药包材企业。销售收入前五名的医药企业分别是江苏天士力帝益药业有限公司、江苏涟水制药有限公司、江苏安格药业有限公司、江苏康和医用材料有限公司和淮阴医疗器械有限公司。

2007年，正大制药集团控股清江药业，江苏清江药业有限公司更名为江苏正大清江制药有限公司，当年实现销售收入6550万元，成为淮安市上规模的医药企业之一。同年，天士力帝益药业有限公司的“帝益”商标获得“江苏省著名商标”称号。

2008年，全市规模以上医药企业有资产9.19亿元、从业人员4428人，实现销售收入12.19亿元、利税1.21亿元、利润0.69亿元。至当年年底，全市有规模以上医药生产企业16家，包括中药制造、化学药品、生物制药、卫生材料、药用包装、医疗器械及医药材料等，有4家企业被列入省级高新技术企业。主要产品包括肝泰乐、蒂清、大蒜素、小容量注射剂、手术刀片和缝合针等。部分产品生产能力位居全国同行前列，涟水制药有限公司的小容量注射剂拥有12条先进的联动机组生产线，规模居全省第一位、全国前列；江苏天士力帝益药业有限公司的葡酯原料药年产1000吨，在世界处于领先地位；淮阴医疗器械有限公司和淮安市安洁医疗器械有限公司的手术刀片和缝合针的生产能力均位于国内同行业前列。

第二节　企业选介

一、江苏天士力帝益药业有限公司

该公司前身为始建于1958年的国营淮阴制药厂，建厂之初主要生产中成药。1973年后，转以西药生产为主。20世纪80年代，淮阴制药厂成为淮阴市骨干企业之一，经济效益较好。该厂与上海第一医学院联合研制成功的新型精神安定药“泰必利”获江苏省重大科技成果三等奖和省优秀新产品“金牛奖”。1987年，该厂实现工业总产值2650万元，利税330万元。20世纪90年代初，淮阴制药厂亏损严重，生产时断时续。1999年，淮阴制药厂被淮阴华新实业有限公司兼并，成立江苏淮阴华新药业有限公司。2001年12月，更名为江苏帝益药业有限公司。2003年3月，由淮阴华新集团与天津天士力集团进行股权合作，成立江苏天士力帝益药业有限公司，注册资金5000万元，总资产4亿元，是天士力集团的控股公司。该公司注册地在淮安市城南西路29号，占地面积11万平方米，分厂在清浦区解放西路92号，占地面积6.5万平方米。该公司是江苏省省级高新技术企业，通过ISO 14001环境管理体系认证，设有省级博士后流动中心。研发中心有研发人员近20名，与中国药科大学、南京中医药大学、上海第二军医大学等10多家科研院所建立长期稳定的合作关系，承担省级科研项目2项，具备原料药合成，片剂、胶囊剂、颗粒剂、中药提取研究等综合开发能力。2008年，该公司主要产品有化学原料药葡醛内酯700吨/年，盐酸硫必利及中间体30吨/年，舒必利50吨/年，尼可地尔0.6吨/年，氟他胺1.8吨/年；制剂有片剂、胶囊剂、颗粒剂，年产能力10亿片（粒、袋），主要制剂新品有治疗脑胶质瘤的蒂清（二类新药）、治疗前列腺癌的氟他胺（二类新药）、治疗失眠的一类新药右佐匹克隆片，以及降血脂新药阿贝他、治疗肝炎药物阿德福韦酯片、治疗高血压的四类新药帝益洛等多个品种。所有产品均取得国家药品生产GMP证书。有员工571人，其中专业技术人员330人，实现销售收入2.46亿元、利税4019万元、利润2389万元。

二、江苏涟水制药有限公司

该公司前身为1958年创建的涟水制药厂，是当时淮阴地区重点企业之一，也是省内生产葡萄糖酸钙、酚磺乙胺和液状甘油磷酸钠的唯一厂家。1978年，该厂有固定资产294.5万元。1980年，该厂生产的1毫升4万单位的庆大霉素针剂在福州市举行的全国同品种质量评比中获第一名。1997年，该厂生产片剂1.77亿片、胶囊3800万粒、针剂10.06亿支，产量位列全省同行业第一，全国同行业第四。1999年，天津药业公司购买涟水制药厂净资产51%股份，共同组建天津药业涟水有限公司。2003年，天津药业公司股权撤回，该公司更名为江苏涟水制药有限公司。该公司是集医药生产、经营、科研为一体的现代化制药企业，有水针剂、片剂、胶囊剂、颗粒剂100多个产品，其中水针剂拥有12条自动化生产线，年生产能力12亿支，规模名列全国前茅。2008年，该公司有员工1000多人，其中专业技术人员300多人，拥有资产1亿余元，实现销售收入近3亿元、利税375.5万元、利润106.3万元。

三、江苏神华制药有限公司

该公司位于金湖经济开发区，前身为创建于1970年的金湖制药厂。20世纪80年代初，金湖制药厂与上海、南京等地的高校和科研单位合作试制多种新产品，跨入全国真菌制药先进行列。1983年，完成产值780万元，获利13.5万元。20世纪80年代中期，金湖制药厂被列为淮阴市骨干企业。20世纪90年代，效益下滑，濒临倒闭。2000年8月，改制成立江苏省金晔药业有限公司。同年12月，神华国际（香港）有限公司收购公司部分股份，更名为江苏神华药业有限公司。2002年6月，江苏省铁路实业集团有限公司对该公司增资扩股，注册资金2200万元。该公司分别于2004年6月、2005年7月通过GMP论证，获得片剂、胶囊剂、口服溶液剂、合剂、颗粒剂5个药品剂型和谷氨酰胺、白葡萄球菌粉、天麻蜜环菌粉、云芝胞内糖肽、虫草头孢菌粉、虫草被孢菌粉、猴头菌粉7个原料药的GMP证书。2004—2005年，承担江苏省星火计划项目——云芝菌胶囊开发和云芝胞内糖肽的开发工作。2005年9月，被批准为江苏省高新技术企业。2006年，承担国家火炬项目计划——自维胶囊开发项目研究。2008年，该公司拥有药品批准文号50个品种，食品标准31个品种，其中谷氨酰胺原料和谷氨酰胺胶囊为国家四类新药，云芝菌胶囊为国家中药保护品种，云芝菌胶囊、自维胶囊、黄原胶为省高新技术产品。年生产能力达到原料药146吨，片剂4亿片，颗粒剂2000万袋，胶囊剂2亿粒，合剂、口服溶液剂2000万支。有员工240人，其中专业技术人员82人，完成销售收入2024.1万元、实现利税2006.5万元、利润1984.8万元。

四、淮阴医疗器械有限公司

该公司位于清浦区明远路，前身为创建于1959年的地方国营淮阴医疗器械制造修配厂，1985年更名为淮阴医疗器械厂。当年该厂生产的“美翼”牌手术刀获国家医药管理总局优质产品证书，年产量达全国总产量的三分之一。1995年，该厂被淮阴市政府列为先售后股的试点改制企业。1996年，与英国玛克瑞公司合资，在国内首家生产高附加值的钛合金眼科手术器械，受市场欢迎，远销30多个国家和地区，其手术刀片出口量居国内同行业之首。1997年，被淮阴化工医药局列为完善规范股份制改制企业，成立淮阴医疗器械股份有限公司。1999年，经淮阴市政府批准，淮阴医疗器械股份有限公司被上海复星医药（集团）股份有限公司整体收购，成为后者的子公司，仍主要生产医用手术器械产品。该公司于2001年取得医疗器械产品生产许可证及无菌手术刀片、无菌医用无损伤缝合针（线）等8个产品的注册证。2002年，通过欧盟质量体系标准认证，带线缝合针获得CE标志，成为国内第一家带线缝合针获得CE标志的企业。2004年，该公司生产的可吸收合成线通过CE认证。2008年，该公司生产手术刀片1.5亿片，缝合针4500万条，98%以上出口，销往世界50多个国家和地区；完成销售收入8587万元、利税735万元、利润560万元。

五、江苏正大清江制药有限公司

该公司位于淮安经济开发区正大路，前身为成立于1970年的解放军南京军区江苏生产建设兵团清江化工厂，后划归地方，1983年改名为江苏省清江制药厂。2001年，清江制药厂改制，更名为江苏清江药业有限公司。2005年，与正大制药集团合营，同年获得“清开灵滴丸”新药证书和生产批文，成为全省首个滴丸新品。2006年，该公司的“克洛己新片及干混悬剂”科研项目被省科技厅立为江苏省火炬计划项目。2007年，与正大制药集团合资，成立江苏正大清江制药有限公司。2008年，正大天晴集团增资控股，该公司成为江苏正大天晴药业股份有限公司控股的子公司。是年，成为江苏省高新技术企业。主营中成药、抗肿瘤原料药、化学合成药和固体制剂。国家级新药益肾蠲痹丸、盐酸氨基葡萄糖片、克洛己新干混悬剂、利肝康片、心痛康片、大蒜素胶囊、清开灵滴丸等品种在市场比较有影响。2008年，该公司占地面积4.8万平方米，其中建筑面积1.44万平方米，有9条符合GMP标准的生产线；有员工450人，生产车间4个，辅助车间1个，产品研发中心1个，药品检验中心1个。当年实现销售收入0.84亿元、利税1321.3万元、利润285.4万元。

第七章　食品饲料工业

第一节　发展规模

1978年，淮阴地区食品饲料工业有独立核算企业287家，实现净产值8992万元。食品饲料工业以酿酒业最为发达，“三沟一河”即高沟、双沟、汤沟和洋河四家酒厂生产的白酒全国闻名。全市食品饲料工业年产饮料酒2.4万吨（其中曲酒8473吨）、糖1009吨、食用油9900吨、罐头3766吨、饲料4万吨。

1980—1985年，随着农业生产迅猛发展和乡镇企业的崛起，全市食品饲料工业总产值年均递增17.74%，各类型的食品饲料企业猛增，洋河、双沟、高沟、汤沟四大酒厂累计投资1亿多元进行大规模的扩建和技术改造，年生产能力都达到万吨级别。为适应食品饲料工业的高速发展，1985年，淮阴市创办淮阴食品工业研究所。

1986年，全市食品饲料行业发展到屠宰、肉类加工、罐头、酿酒、饮料、粮食加工、油脂加工、饲料加工、制盐、调味品、糕点、糖果、乳品、代乳品、水果、蔬菜加工、蛋品、植物蛋白、淀粉、豆制品、传统食品等24个门类，400多个品种。企业总数达到2000家，其中独立核算企业760家，完成工业总产值12.6亿元，工业产值在1000万元以上的企业13家，1亿元以上的企业1家。179家酿酒企业上缴利税占全市财政收入的22%以上；以淮阴肉联厂、洪泽肉联厂、清江禽兔加工厂等为主体，形成苏北地区最大的肉类加工基地；洪泽面粉厂加工的标准面粉被商业部评为优秀产品，清浦挂面厂生产的“味美”牌机制挂面获农牧渔业部金质奖杯。1987年，淮阴市白酒产量占全省总产量的81%，占全国白酒总产量的8%。洋河大曲、双沟大曲被评为国家名酒，高沟大曲、汤沟大曲被评为国家优质酒。1989年，高沟酒厂被批准为国家二级企业。

20世纪90年代，全市食品饲料工业进入非常困难的时期。1991—1995年，尽管正大集团于1993年在淮阴市投资兴建淮阴正大有限公司，为全市食品饲料工业注入新的活力，但一大批传统食品企业因市场销路差、原料价格上涨等原因相继关、停、并、转，企业数量锐减。食品饲料工业龙头企业高沟酒厂连续几年亏损，效益大幅滑坡，仅1995年就亏损5970万元，陷入停产、半停产状态。同一时期，淮阴市加大对食品企业的改制重组力度，改革重点为逐步建立现代企业制度，增强企业活力，产权制度改革主要形式为公有民营。1992年，市政府以转换企业经营机制为重点，首先将12家大中型企业作为综合改革试点，淮阴肉联厂、洋河酒厂和双沟酒厂为其中的3家。

1996年行政区划调整后，洋河、双沟和汤沟三家酒厂分别划入宿迁和连云港市，全市食品饲料工业中的加工业有独立核算企业225家，实现工业总产值14.3亿元；食品制造业有独立核算企业64家，实现工业总产值1.7亿元；饮料制造业有独立核算企业28家，实现工业总产值3.4亿元。全市当年生产食用植物油3.4万吨、畜禽肉制品1452吨，加工糖2.9万吨、饲料4.2万吨、糕点2148吨、罐头4266吨、饮料酒6万吨，其中白酒5.3万吨。

1996年后，企业改制逐渐对食品饲料工业发挥作用。改制后的高沟酒厂推出中高档“今世缘”系列酒，一炮打响，经济效益大增；一大批国营食品加工厂，如淮阴县植物油厂等纷纷改制为民营企业，实现扭亏为盈。至1997年年底，高沟酒厂实现销售收入1.99亿元，利税5104万元，加上其他食品饲料工业企业，占全市财政收入近三分之一。1997年，江苏今世缘酒业有限公司成立。是年起，淮阴市实行对食品饲料企业的扶持政策，加强基础设施建设，鼓励企业技术改造，使食品饲料工业迅速崛起，成为新的支柱行业。至2000年，全市食品加工业有国有和年销售500万元以上非国有工业企业89家，实现工业总产值21.7亿元、利税8099万元；食品制造业有国有和年销售500万元以上非国有工业企业13家，实现工业总产值1.6亿元、利税817万元；饮料制造业有国有和年销售500万元以上非国有工业企业12家，实现工业总产值2.4亿元、利税5936万元。全市生产食用植物油6万吨、鲜冻畜禽肉制品2.6万吨，加工糖3.7万吨、饲料44.6万吨、糕点157吨、罐头3893吨、饮料酒3万吨，其中白酒2.4万吨。

2000年后，又有一大批国内外知名的食品饲料企业在淮安市投资建厂，金康达饲料公司、通威饲料公司、新希望饲料公司等外来投资企业成为重要的经济增长点。特别是大型食品生产企业——旺旺集团于2004年在淮安市投资设厂，更加壮大全市食品饲料产业的实力。是年，今世缘酒业有限公司推出“国缘”系列酒，被指定为第28届奥运会江苏奥运健儿庆功用酒。至2005年年底，全市食品饲料工业列统企业有146家，就业职工1.33万人，总资产23.28亿元，全年实现销售55.76亿元、利税3.01亿元、利润1.55亿元。销售收入前三名的食品饲料企业分别是江苏今世缘酒业有限公司、江苏民康油脂有限公司和江苏淮安苏食肉品有限公司。其中，今世缘酒业有限公司2005年销售收入、利税和利润分别为3.81亿元、1.11亿元和2505万元。

2007年9月，今世缘酒业有限公司的“今世缘”商标成为淮安市第一例由国家工商部门认定的“中国驰名商标”，“国缘”酒被评为“2007年中国十大高端商务白酒品牌”。是年，淮安旺旺食品有限公司投资二期工程，增加注册资金至1010万美元，投资总额2300万美元，主要生产旺仔牛奶和八宝粥，2008年投产。

2008年，淮安市食品饲料工业具备年生产60万吨大米、60万吨面粉、30万吨油脂、210万吨饲料、10万吨肉类、9万吨白酒、5800吨水产品、4万吨蔬菜的能力。拥有“今世缘”系列酒、“康师傅”方便面、“新象”面粉、“苏食”肉品、“老侯”系列食品、“金康达”水产饲料、“快鹿”牛奶等名牌产品。旺旺食品工业园总投资超5亿美元，形成牛奶、小馒头、八宝粥、米粉、糖果、饼干、饮料全系列生产线；淮安苏食肉品有限公司和在建中的淮安双汇食品有限公司依托当地资源，年可屠宰生猪270万头、生产肉制品9万吨。

至2008年年末，全市食品饲料工业有规模以上企业129家，资产总额47.87亿元，就业职工1.6万人，分别占全市规模以上工业的11.6%、6.2%和7.7%。当年实现总产值133.23亿元，销售收入129.99亿元、利税8.52亿元、利润4.74亿元。

第二节　企业选介

一、江苏今世缘酒业有限公司

该公司是中国名优酒酿造骨干企业，淮安市食品饲料工业排头兵企业，地处涟水县高沟镇。前身是1949年联营成立的地方国营高沟酒厂。1956年，高沟酒获江苏省人民政府颁发的"酿酒第一"奖旗。1984年，高沟酒在全国第四届评酒会上，名列全国浓香型白酒第二名。1989年，在全国第五届评酒会上，蝉联"国家优质酒"称号。1995年，被国家技术监督局认定为全国浓香型白酒标准样品。1996年，"今世缘"品牌诞生。1997年，在高沟酒厂的基础上，成立江苏今世缘酒业有限公司。2000年后，今世缘酒业公司制曲单体规模位居全国同行业前5位，优质酒酿造规模位居全国同行业前10位；组建以国家和省级评酒委员为主体的技术中心、博士后科研工作基地，成为"中国白酒169计划"9个科研协作单位之一；成立全国唯一的固态发酵工程技术研究中心。2008年，该公司占地面积80余万平方米，有员工2300余人，年生产"国缘""今世缘"和"高沟"系列白酒2万余吨，综合经济效益位列全国同行业前15位。"国缘"酒获评中国十大高端商务白酒品牌，是外交部接待用酒；"今世缘"品牌获得"中国驰名商标""中国十大文化名酒""中华婚宴首选品牌"等称号。截至2008年，该公司产品不仅在江苏市场实现全覆盖，而且扩展到全国20多个省、市，当年实现销售收入15亿元、利税超5亿元。

二、淮安旺旺食品有限公司

该公司位于清河新区，成立于2004年8月，注册资金210万美元，投资总额300万美元。2006年5月开业投产，有5条旺仔小馒头生产线，产品为旺仔原味、特浓牛奶小馒头。2007年，淮安旺旺食品公司注册资金增加至1010万美元，投资总额2300万美元，二期工程新建厂区占地面积7.33公顷，土建面积1.27万平米，于2008年1月开工，9条旺仔牛奶生产线于2008年年底投产，主要生产旺仔牛奶、八宝粥。2008年，该公司生产总值超2亿元，上交税费2400万元。

三、江苏民康油脂有限公司

该公司位于淮阴区王营镇，前身为国营淮阴县植物油厂。1996年，改制为民有民营的有限责任公司，注册资金1200万元，主要经营粮油加工、酱醋酿造、粮食油料贸易。2008年，该公司有员工166名，有固定资产9100万元，拥有预处理菜籽和大豆（原30万吨）生产线、精炼烹调油（30吨/日）生产线，太阳能酱醋车间1000平方米，原料库容8000吨，油脂库容2500吨；实现销售收入13亿元、利税690万元、利润655万元。

四、江苏淮阴正大有限公司

该公司位于淮安经济开发区，是正大集团1993年在淮安投资兴建的现代化大型饲料生产企业，注册资金300万美元，占地面积7.2公顷。该公司运营后，逐步发展成为淮安市重点企业、省级龙头企业，获"江苏省著名商标""全国用户信得过饲料生产厂""江苏省文明单位"等荣誉。生产"淮大""英龙""三羊"牌猪、鸡、鸭、鱼系列饲料，获得"省级免检产品""省无公害产品""江苏省名牌产品""江苏省质量信得过产品""省级计量C标志"等称号，产品畅销苏、鲁、皖等地。

2008年，该公司实现销售收入6.196亿元、利税4426万元。

五、淮安市康达饲料有限公司

该公司成立于2000年4月，老厂区位于盱眙县鲍集镇，新厂区在盱眙经济开发区，是一家集水产动物营养研究与水产饲料生产的现代化农牧企业，是江苏省农业产业化重点龙头企业、高新技术企业和渔业产业化经营成长型骨干企业。至2008年，该公司拥有现代化高档河蟹配合饲料生产流水线8条及配套的预混合饲料生产线1条、原料膨化生产线1条，可年产河蟹饲料40万吨；拥有能测试饲料营养成分及卫生指标的现代化化验室和省级工程技术研究中心；注册商标“金康达”被认定为江苏省著名商标，“金康达”牌水产饲料获“中国名牌产品”称号。通过ISO 9001质量管理体系、ISO 14001环境管理体系、ISO 18001职业健康安全体系认证和HACCP食品安全控制体系认证，承担近20项国家级和省级科研计划，其中绿色高效河蟹饲料和添加凹土绿色高效贝类饲料被科技部列为国家星火计划推广项目。2008年，该公司实现销售收入3.22亿元、利税544.3万元、利润507.7万元。

六、淮安新丰面粉有限公司

该公司位于清河区漕运西路，始建于1906年，由原淮阴新丰面粉厂经改制于2003年4月成立，是全国农产品加工业示范企业、江苏省农业产业化经营重点龙头企业、淮安市重点工业企业。原淮阴新丰面粉厂及淮安新丰面粉有限公司拥有的“新象”商标，于1997年、2000年、2004年被认定为市知名商标。2002年，“新象”商标被认定为江苏省著名商标。是年，“新象”牌小麦粉被中国粮食行业协会确认为首批“放心粮油”，“新象”产品被评为中国食品工业协会“质量合格达标食品”和江苏省名牌产品。2005年，被农业部评为“全国农产品加工示范企业”“农产品加工企业技术创新机构”。2006年，在淮阴区工业园新建全资子公司淮安新象面粉食品有限公司，建设规模为日处理小麦1600吨、稻谷600吨。2008年，该公司占地面积16公顷，固定资产7000余万元，有职工140余人，可日处理小麦800吨，年产面粉20余万吨，主要产品“新象”牌小麦粉在广东、浙江、上海、苏南等主销区的市场占有率都位居前列。当年实现销售收入4亿多元。

七、江苏淮安苏食肉品有限公司

该公司位于清浦区轮埠路，前身是始建于1950年的淮阴合作办事处猪子加工厂，1958年更名为地方国营淮阴肉类加工厂，后又更名为淮阴肉类联合加工厂。淮阴肉联厂在20世纪80年代成为江苏省八大肉联厂之一。至1987年，该厂年宰杀生猪38.09万头，工业产值6786万元，利税341万元。20世纪90年代初，淮阴肉联厂供应上海市场的小包装猪肉占上海猪肉年消费量的40%。1992年，成为全市经营机制改革的试点企业之一，当年销售收入1.86亿元。1994年，该厂产品占南京市场的三分之一。2002年，淮阴肉联厂被江苏食品集团全资收购，成为苏食集团旗下100%控股的子公司，更名为江苏淮安苏食肉品有限公司。2003年，通过食品安全（HACCP）质量管理体系认证，获得“中国就业先进企业”、江苏省“价格诚信单位”“诚信经营示范企业”、淮安市“屠宰加工先进企业”“富民兴淮建功企业”等称号。主要从事生猪屠宰加工、肉类制品加工和肉类食品经营等业务，生产的“苏食”牌冷却猪肉除供应淮安当地外，还大量配送至省内的南京、苏州、无锡等地和省外的上海、浙江、安徽等地市场。2008年，该公司拥有固定资产7946.5万元，职工350人，年可屠宰加工生猪100万头；实现销售收入2.73亿元、利税100.8万元、利润74.2万元。

八、淮安市老侯珍禽食品有限公司

该公司成立于1998年，位于淮阴区棉花庄镇工业集中区，是民营高科技食品企业，产业涉及特禽育种、孵化、驯养、研发、加工、销售、餐饮、熟食连锁经营，有1个珍禽产品研发中心。2000年，该公司投资100多万元建立养殖基地。2003年，成立淮阴区行业特禽协会。2005年，成立珍禽养生餐饮管理有限公司，并开建老侯养生汤馆。2008年，该公司拥有年加工特禽500万只能力，产品主要有老侯野鸭等五大系列86个品种，实现销售收入1.7亿元，利税1200万元。

九、清江食品工业总厂

该厂原址位于清河区淮海西路。1981年成立，前身是1958年建成的清江蛋品厂。20世纪80年代，该厂是淮阴市食品饲料工业的骨干企业之一，产品品种丰富，主要产品有干蛋白片、蛋黄粉、全蛋粉、盐鸡味精、柠檬酸，麦乳精、啤酒、麦芽露、旅游饮料、豆乳粉、桔子糖粉、酸梅糖粉等，部分产品获得“部优”和“省优”产品称号。1987年，该厂固定资产1477万元，创工业产值2427万元，实现利税300万元，有职工928人。20世纪90年代，发展成为拥有4个分厂和3个公司的大中型食品企业，新开发“双岐王”保健饮料和“恩公”系列白酒等新产品。1992年起，该厂陷入亏损，债务沉重。1995年亏损额1421万元，1996年总债务达到7208万元，最终于1996年9月破产改制。

十、清江罐头食品厂

该厂原址位于清浦区轮埠路，始建于1958年，1959年建成投产，为国家定点生产出口罐头的企业。1981—1987年，该厂投资2075万元进行大规模技术改造。至1987年年末，成为轻工部定点厂，为全民所有制中型企业，有职工1200人，其中工程技术人员60多人，年生产能力可达2万吨；固定资产1560万元，当年创工业产值3416万元，实现利税125万元；生产的罐头产品获全国食品行业最高质量奖、国家银质奖，被授予“部优”和“省优”产品称号。20世纪90年代初，该厂生产经营困难，产品滞销。1994年，由于多种原因亏损严重，严重资不抵债，不能继续经营。淮阴市对该厂实施产权制度改革，将原厂划为独立的8个分厂，实行切块租赁、公有民营。1995年，清江罐头厂的状况仍无好转，当年8月破产，固定资产和职工由洋河酒厂整体购买和接收。

第八章　烟草工业

第一节　发展规模

江苏中烟淮阴卷烟厂是淮安市唯一的烟草工业企业。其前身为华新烟厂，成立于中华人民共和国成立前，1963年定名为淮阴卷烟厂。

1978年后，淮阴卷烟厂各项工作逐步走上正轨，初步建立符合企业特点的决策机制和运行机制。1980年7月，筹建滤嘴烟生产车间，对后来调整产品结构起到重要作用。1979—1981年，卷烟产品产量逐年增加，质量稳定提高。其中，丙一级“玫瑰”牌卷烟，从1979年起，连续四年被评为轻工业部优质产品；乙一级“大运河”牌卷烟畅销全国，消费者称之为“苏北的‘大前门’”；乙二级“华新”牌卷烟被誉为“‘华新’赛‘飞马’”，形成与畅销全国的沪产卷烟抗衡的局面。

1982年1月，淮阴卷烟厂将原滤嘴烟车间异地扩建，建成后达到年产滤嘴烟10万箱能力。1984年，淮阴卷烟厂技改工作被省人民政府授予科技二等奖。1985年，在全厂推行垂直领导、分口指挥、分级管理、分工负责的管理方法。1986年研制“罗曼蒂克”新牌号卷烟，以优质、包装新颖，受到市场欢迎。是年，淮阴卷烟厂被国家计经委列为全国大中型骨干企业。

1988—1991年，淮阴卷烟厂把主要注意力放在外延式生产上，仅仅满足于上产量、增税收，导致企业信息滞后、技改投入和新品开发不能跟上市场变化，陷入产品滞销、市场萎缩、连年亏损的境地。至1989年年末，淮产卷烟库存积压近5万箱，占用资金5000多万元。企业产量、质量、产值、税金四大指标都出现大幅滑坡。

1992—1995年，淮阴卷烟厂深化企业内部改革，转变经营机制，增强市场意识。1992年6月，成立卷烟调拨站和市场发展部，对生产布局进行调整。是年，累计投资3384万元，新增设备18台套，使卷烟生产装备水平有很大提高，生产条件得到较大改善。此外，按市场需求调整产品结构，在控制总量、提高质量前提下，开发研制和改造“一品梅”“盐阜”“风姿”“华尔兹”“太平洋”“白凤”“桥头堡”“鹰皇（鹰冠）”等品牌卷烟投放市场。新增加的联产联销品牌“板桥”（兴化）、“荷仙”（高邮）、“阿那雅”（苏州）、“嘉喜”（盱眙）等一大批新品卷烟相继面市。1993年，该厂扭亏为盈，1995年实现利税4.07亿元。产品单箱销售收入由1993年的1763元增加到1995年的3221元。自1993年起，连续多年获“淮阴市第一纳税大户”称号。

1997年，全国烟草市场出现大幅滑坡，一些盲目上高档产品的烟厂市场急剧萎缩，产品价格严重下跌，而坚持走中档路线的淮阴卷烟厂却站稳中档烟主市场，继续保持稳定增长的势头，当年实现利税近7亿元。1998年后，淮阴卷烟厂实施“一品梅工程”。截至2000年，“一品梅工程”取得重大突破，产品结构、市场资源进一步优化，全年淮产烟市场销售总量超过51万箱，突破历史最高纪录。1996—2000年，该厂生产卷烟159万箱，是1990—1995年的1.19倍，年均递增2%；生产翻盖烟103.5万箱，是1990—1995年的17倍，年均递增340%；累计实现税利42.9亿元，是1990—1995年的3.3倍，年均递增27.3%；实现利润12.3亿元，是1990—1995年的12倍，年均递增55.5%。

2000年后，淮阴卷烟厂提出“以调高品牌结构、将品牌进一步做强做优”为主要目标。2001年，“一品梅”卷烟销量28.85万箱，同比增长18.8%，单箱调价8353元，同比净增722元。2003年，淮阴卷烟厂跻身中国纳税35强。2005年年底，获“全国文明单位”称号。

2006年12月，江苏中烟工业公司所属南京卷烟厂、徐州卷烟厂、淮阴卷烟厂合并重组仪式在南京举行，江苏卷烟工业开始规模化经营、一体化管理的新运行模式。2007年，淮阴卷烟厂生产卷烟51.3万箱，实现利税32.87亿元，主要经济指标创历史新高。随着省政府决定江苏卷烟工业系统从2008年开始实行全省统一纳税，标志着淮阴卷烟厂完成从一个生产经营实体向江苏中烟工业公司内部执行生产计划单位的转变。

截至2008年，淮阴卷烟厂拥有员工2900余名，拥有国外引进的6000千克/时制丝线1条，HXD烟丝在线膨胀系统1台（套），卷接包生产线15条。当年生产卷烟53.28万箱，实现销售收入59.03亿元，入库税金38.20亿元，利润12.88亿元。

1978—2008年淮阴卷烟厂主要经济指标统计表

表24-9

年份	卷烟产量（箱）	销售收入（万元）	利税（万元）	利润（万元）	入库税金（万元）	固定资产（万元）
1978	152584	7072	4654	144	4510	332
1979	181014	8307	5392	92	5300	478
1980	209372	10024	6521	364	6157	588
1981	196111	10218	6412	382	6030	714
1982	236769	13266	9122	649	8473	884
1983	301759	19613	10932	635	10297	1341
1984	350603	23882	13479	595	12884	1545
1985	383969	27835	18751	1367	17384	1894
1986	420161	32433	21143	743	20400	3165
1987	430167	35195	22303	216	22087	3480
1988	388790	36672	22143	-857	23000	3773
1989	344186	39205	23775	-37	23812	5106
1990	324693	41348	24150	-6	24156	5980
1991	234996	33407	18675	-315	18990	11494
1992	262998	34177	14760	-1768	16528	13872
1993	275486	48632	20196	1310	18886	14244
1994	301214	54461	30403	204	30199	22852
1995	307821	61663	39509	5248	34261	31613
1996	307355	84830	60953	13272	47681	47964
1997	317417	96955	68566	14224	54342	50856
1998	300000	97697	67707	14690	53017	57339
1999	326000	115853	104874	33333	71541	60810
2000	339760	140672	129103	46471	82632	69196
2001	390550	276239	174576	50006	124570	96003
2002	397000	306231	199835	45188	154647	105340
2003	416040	338940	222307	50619	171688	122941
2004	450000	368124	273778	74684	199094	121023
2005	465000	395107	277366	62647	214719	150306
2006	495000	416594	278047	55674	222373	156069
2007	513400	479703	324951	47603	277348	156302
2008	532758	590343	510826	128826	382000	167255

第二节　企业改制

20世纪80年代初，全国烟草专卖专营、垂直管理体制形成。1982年，中国烟草总公司成立，淮阴卷烟厂隶属于中国烟草总公司江苏省公司。1983年5月，淮阴市烟草专卖局、烟草分公司成立，淮阴卷烟厂隶属于淮阴市烟草专卖局（公司）。1985年1月，淮阴卷烟厂更名为中国烟草总公司江苏省公司淮阴卷烟厂。1989年11月，淮阴烟草专卖局、淮阴烟草分公司、淮阴卷烟厂体制变更，实行“一套班子，三块牌子”体制。

1991年8月，淮阴市烟草专卖局、淮阴烟草分公司、淮阴卷烟厂第一次“三合一”体制解体，淮阴卷烟厂另设领导班子和内部机构，成立中共淮阴卷烟厂委员会。1992年11月，江苏省烟草专卖局发文，淮阴市烟草专卖局、淮阴烟草分公司、淮阴卷烟厂合署办公，第二次实行“三合一”体制。

2000年8月，淮阴市烟草专卖局（公司）举行揭牌仪式，淮阴卷烟厂与淮阴市烟草专卖局（分公司）体制分设，实行“一个党委、二个法人实体”的体制。2003年9月，江苏中烟工业公司成立，淮阴卷烟厂为其隶属单位。2006年7月，淮阴卷烟厂更名为江苏中烟工业公司淮阴卷烟厂。2007年7月，淮阴卷烟厂根据江苏省中烟公司下属机构统一设置方案的要求，对内部组织机构进行调整，撤销部，实行厂、处二级管理体制。

第三节　技术改造

1979年，淮阴卷烟厂7000多平方米生产大楼建成并投入生产。1986年，该厂被中国烟草总公司列入全国卷烟行业50家“七五”（1986—1990年）技改重点改造企业。

1988年3月，中国烟草总公司批准淮阴卷烟厂“七五”技术改造工程，并对总体规划和总平面规划图、工艺布置和设备配置、土建和公用动力设施作修改和调整，同意引进意大利COMAS公司梗丝膨胀线，兴建1500平方米厂房。与此同时，为抢占滤嘴烟市场，增加滤嘴烟产量，淮阴卷烟厂申请购置YJ14/23卷接机组2台、YJ22接装机8台，总投资169万元。该批设备于1989年二季度和三季度陆续到厂，缓解滤嘴卷烟生产矛盾。到1990年下半年，“七五”技改主体工程进展较快，引进设备的就位安装基本按计划进行，并逐步转到对水塔、锅炉、空压机房、供电系统等各项公共设施工程的立项、论证和施工。1992年3月，淮阴卷烟厂“七五”技改项目工程通过竣工验收。

淮阴卷烟厂在1989—1992年跌入历史的最低谷，关键原因是对市场判断失误，未能及时加大技改投入，以“大运河”为代表的主产品长年不变，不能适应市场需求。1992年，淮阴卷烟厂吸取失败教训，决定以技术进步作为企业发展的主要动力。1992—1998年，累计投入技改资金5.6亿元，引进具有国际先进水平的卷接设备9台（套）、翻盖烟包装机6台（套）、全包烟包装机3台（套），使企业装备水平和生产能力跨上新台阶，年卷烟生产能力由26万箱上升到40万箱，翻盖烟生产能力达到24万箱。投资2000多万元对“七五”计划期间引进的制丝线进行改造，使卷烟制丝工艺水平大幅度提高，产品质量稳定。

1998年，淮阴卷烟厂引进2台PROTOS卷接机组、2台GDX2硬盒翻盖机组。同时，完成制丝车间HT加潮隧道、片网改造，卷接包车间风送、防尘设施改造等内部技改项目。1999年2月，举行"九五"（1996—2000年）技改旧厂房拆爆工程典礼。同年9月，举行"九五"技改主厂房奠基仪式。2000年11月，淮阴卷烟厂CIMS一期工程通过国家863/CIMS应用示范工程验收，成为全国首批获此荣誉的烟草企业。2001年3月，被授予国家"863计划CIMS应用示范企业"称号；卷烟厂技术中心被国家烟草专卖局确认为"中国烟草行业认定企业技术中心"。同年12月，"九五"技改主厂房投产。2003年8月，科技大楼奠基，总建筑面积2.2万平方米，占地面积6000平方米。附属建设一品梅广场，占地面积1.8万平方米。2005年3月，科技大楼落成启用。同年9月，"九五"计划后期重点技术改造项目通过国家烟草专卖局总体验收。

2006年7月，开始实施"十一五"（2006—2010年）技术改造项目，项目主要包括在西厂区新建联合工房6.5万平方米，搬迁制丝生产线、卷包设备至联合工房等。至2008年，淮阴卷烟厂烟叶物流基地投入使用，"十一五"技改工程投入试运行，生产能力和产品质量水平稳步提高，企业年生产能力达到100万箱。

第九章　机械工业

第一节　发展规模

1978年后，淮阴地区机械工业发展较快。1979年，全地区机械系统所属企业有84家，年产值1.39亿元，初步形成以农业机械为主，电工器材、机床工具、通用机械、船舶机械、工程机械、汽车制造等行业都具备一定规模的生产体系。当年清江拖拉机厂等一批企业被江苏省政府授予"大庆式企业"称号，淮阴拖拉机修配厂产品齿轮泵获全国科学大会二等奖。

1980年起，因国家进行经济调整，淮阴地区机械工业遇到较大困难，主要产品拖拉机不能适应联产承包后的农村需求，销量锐减，当年总产值下降18.24%。1981年继续滑坡，20家企业基本停产，15家企业亏损，全系统只有38家企业勉强维持原有水平。到1983年，机械工业恢复到1979年水平，清江拖拉机厂生产的小四轮拖拉机适应农村包产到户的需求，产品十分抢手，当年生产并销售600余台；淮阴机械厂（原淮阴拖拉机修配厂）生产的齿轮泵获得国家银质奖，金湖输油泵厂的一号输油泵获国家机械委优质品奖，洪泽内燃机配件厂的S195缸套被评为省优质产品。1984年11月，在澳大利亚国际田间日比赛会上，清江拖拉机厂生产的江苏504型拖拉机获拉力赛一等奖。至1985年，淮阴市机械工业总产值达到1.8亿元，利税2095万元。

1986—1990年，淮阴市机械工业虽然遭遇到一些困难，但整体仍保持一定的发展速度。这一时期，淮阴市政府实施机械工业"发展横向经济联系、贯彻外引内联"的方针，走联合发展道路，使机械工业由纵向封闭型的条块状结构向横向开放型的网络结构转化。1986年，淮安自行车公司加入"长征"自行车集团；淮阴市汽车改装厂加入中国客挂车联营公司后，一跃成为全国汽车改装行业的佼佼者。1990年年初，淮阴市第一个经济联合体——淮阴拖拉机集团公司成立，为全市组建新的企业集团提供经验。同年，市机械系统的第一个合资企业——淮阴盖克斯工具制造有限公司建成投产；由原淮阴机械总厂和清江车辆厂联合而成的新淮阴机械总厂也在当年3月组建完成。机械工业企业依靠科技进步求发展，开发生产轴承、电动机、齿轮泵、拖拉机、变压器、船用甲板机械、输油泵、草坪机、电动工具、钻头、节流压井管汇等一大批机械产品。清江车辆厂试制成功Y-500型机动三轮车，销往山西和山东等地，淮阴汽车改装厂JSBG13型10吨厢式半挂车通过省级鉴定，在交通部主持的全国同行业质量检查评比中获第二名。至1990年，全市机械行业实现工业总产值3.6亿元，比1985年增长近1倍，年均增长率14.9%。

1991年，淮阴市工业发展速度下跌，市场疲软，企业亏损严重，机械工业是受影响比较大的行业，产品市场销售差，滞销严重，许多小企业倒闭。1992年，市委、市政府确定12家大中型企业为全市综合改革试点企业，改革重点转向逐步建立现代企业制度，清拖集团、清江轴承厂和市汽车改装厂为其中3家。由于国内市场萎靡，机械企业转而发展外贸出口，作为新的经济增长点。1994年，全系统外贸收购额9385.5万元，自营出口70万美元，出口大户清江轴承集团公司、清江电机股份有限公司和金湖机械厂出口值都在1000万元以上，主要产品有电动机、轴承、台钻、石油机械等。至1995年年底，全市机械工业完成工业总产值11.449亿元，首次突破10亿元大关，销售收入10.58亿元，利税4555万元，利润1915万元。其中，实现利润500万元以上企业1家，100万元以上企业8家。同时，在全市机械系统进一步推行产权制度改革，清江电机厂、洪泽内燃机配套厂、淮安农机厂、通用机械厂等企业完成股份有限公司改制；微利或者亏损企业实行“公有民营”，切块承包或专项承包；严重资不抵债小型企业实行民有民营，淮安阀门厂资产全部折股出售给职工自主经营。

1996年行政区划调整后，全市机械企业数量有所减少，骨干企业主要有清拖集团、江苏清江电机股份有限公司（原清江电机厂）、清江轴承厂、淮阴机械总厂、淮阴市驾驶室厂、通用机械厂、大众维修站、金湖输油泵厂、金湖机械厂、金湖汽车配件厂、盖克斯公司等，当年全市机械系统亏损360万元。1997年，机械工业实现扭亏为盈，实现总产值11.67亿元，行业龙头企业清江电机股份有限公司实现销售收入1.92亿元，利税1518万元。是年，国有大型企业清拖集团整体加入国有特大型企业中国一拖集团有限公司，同时成立一拖清江拖拉机有限公司，其他国有机械企业也进行国有控股有限公司改制。1998年，在金湖石油机械厂的基础上组建金湖石油机械集团。至2000年，全市机械工业实现销售收入28.82亿元，利税1.97亿元，其中市属机械企业完成销售收入5.79亿元、利税4105万元。机械工业企业纷纷建立现代企业制度，清江机电股份有限公司被列入现代企业制度试点，淮阴机械总厂、清江轴承厂不断完善现代企业制度，清江变压器厂、淮阴驾驶室厂加快股份制改制步伐，汽配公司由纯国有企业改制为国有资产仅占16%，经营层控大股的有限责任公司。

20世纪90年代，淮阴市机械工业虽然遭遇挫折，但很多企业生产的产品取得不少荣誉。淮阴机械总厂于1992年开发的主业产品“中液”牌齿轮泵获国家银质奖，在市场上十分抢手，在全国农机市场占有率达到30%左右；CBE-E300型齿轮获得“江苏名牌产品”称号；1994年开发的CBN-G300型高压齿轮泵获得国际、国内2个奖项。清江电机厂、金湖机械厂、清江轴承集团的主要产品均通过ISO 9000质量认证，“清江”牌电动机、“立特”牌草坪机、“江苏”牌拖拉机、“清轴”牌外球面轴承等产品在省内外市场均享有较高声誉，“JH”牌输油泵连续数年市场占有率达到70%。乡镇企业金湖县闵桥镇计量仪器厂生产的YBS精密数字压力表于1993年获得中国专利技术博览会金奖。

2001—2003年，全市继续推进机械工业企业改制，国有企业通过多元化投资逐步降低国有股比例，引导社会资本投入；小企业实行有限责任公司制和股份合作制。到2003年，全市国有机械企业改制面达90%以上，国有资本全部退出，其中清江电机公司于2003年3月改制完毕，国有股份全部退出，改制为全部由自然人持股的公司；江苏省减速机厂改制转换为江苏省金象减速机有限公司；淮阴液压机械有限公司改制为江苏中液液压机械有限公司，国有资本全部退出；江苏清江轴承集团有限公司改制为淮安市清江托普轴承有限公司，国有资本全部退出。另外，金湖汽车配件厂、金湖输油泵厂、洪泽内燃机配套厂、清江变压器厂、淮阴电动工具有限公司、淮安万润机械通用有限公司、淮阴船用机械有限公司、淮安盖克斯工具制造有限公司、淮阴机械供销公司、上海大众汽车淮安特约维修站、中国一汽奥迪淮安特约维修站均改制完毕，国有资本全部退出。

至2004年年末，全市机械工业有规模以上企业204家，企业总资产45.6亿元，当年实现销售收入59.2亿元、利税4亿元、利润1.94亿元。清江电机股份有限公司等5家企业销售收入超亿元。行业涉及农机、电工电器、石油机械、基础件、机床工具、电工电器、石油机械、船用机械、改装汽车等，主要产品有大中型拖拉机、电机、石油钻采设备、齿轮泵、输油泵、改装汽车、减速机、轴承、变压器、电线电缆、仪器仪表等70余种。机械企业产权制度改革基本结束，国有股下降至10%左右，其中市直机械企业国有资本全面退出，原运营质量差、无经济效益的企业实施破产。福建大通电机集团公司、广东美的集团、江苏春兰集团、中国一汽集团相继与淮安市机械企业联手合作，盘大企业，淮安机械工业得到长足发展和壮大。江苏中液液压机械有限公司的“中液”牌为省著名商标；清江电机有限公司“清江”牌电机、江苏清拖集团“江苏”牌中马力四轮拖拉机两个产品为省级名牌产品；江苏中液液压机械有限公司的CBN-E310齿轮泵连续2年获得国内同行业产品质量最高奖“国家银质奖”；江苏金象减速机有限公司“金象”牌减速机获得国家科技进步二等奖。

2005年，清江电机股份有限公司接受美的集团2.6亿元投资，改制为淮安威灵清江电机股份有限公司。2006年，淮安威灵电机工业园项目竣工投产，当年完成电机销售量254万千瓦，连续2年达到100%的增长速度，实现销售额3.1亿元，其中出口创汇1441万美元。2007年，全国机械行业升温，国家对农机补贴力度加大，江苏清拖农业装备有限公司、江苏金象减速机有限公司、清江电机制造有限公司等抓住机遇，开拓市场，取得较好成绩。清拖集团全年销售拖拉机4000台，实现销售收入1.85亿元；清江电机公司实现销售收入3.42亿元；金象减速机有限公司实现销售收入1.85亿元。全市机械工业系统实现产品销售收入的历史性突破，达177.23亿元。

至2008年年末，全市机械工业有规模以上企业210家，职工27761人，企业总资产66.7亿元，总负债36.8亿元。当年规模以上企业实现销售收入124.4亿元、利税11.8亿元、利润8.18亿元。行业涉及农业机械、电工电器、石油机械、基础件、机床工具、船用机械、改装汽车7大门类，主要产品有大中型拖拉机、电机、石油钻采设备、齿轮泵、输油泵、改装汽车、门泵、减速机、轴承、变压器、电线电缆、仪器仪表、船用甲板机械等70余种，具备年产450万千瓦中小电机、100万套液压件、3000万套轴承、1万台中型拖拉机、300万套输油泵、3万吨石油机械、4500台改装车的生产能力。

第二节 企业选介

一、江苏清江电机制造有限公司

该公司位于淮安经济开发区，前身为成立于1958年的江苏省清江电机厂，当时为国家机械工业定点生产中小型电机专业厂家，主要生产交流电动机和柴油发电机组。1978年，清江电机厂电动机产量14万千瓦，实现销售收入406万元。1988年，被认定为国家二级企业。1993年，该厂电机销售额首次突破1亿元。1994年，清江电机厂被江苏省政府列为首批100家现代企业制度试点企业之一，同年改制为江苏清江电机股份有限公司。2005年，清江电机公司接受美的集团投资，改制为淮安威灵清江电机股份有限公司。2007年，归入美的机电装备集团。2008年，该公司更名为江苏清江电机制造有限公司，为一家集科研、生产、营销、服务于一体的大型现代化企业，也是淮安市机械工业骨干企业。产品涵盖多系列的低压和高压三相异步电动机，被广泛应用于电力、煤炭、石油、采矿、冶金、铁路及高科技领域。国内销售覆盖江苏、上海、山东、浙江、广东等20多个省、市，出口欧洲、亚洲、非洲、大洋洲的30多个国家和地区，电机出口量在国内电机行业领先。2008年，该公司资产总额超5亿元，占地面积23万平方米，有员工1300余人，具备年产80万台、700万千瓦的电机生产能力；实现销售收入14亿元、利税1834万元、利润1193万元。

二、江苏金石机械集团

该集团位于金湖县金石大道，前身是1960年成立的金湖机械厂，1974年起生产石油机械。1990年，更名为金湖石油机械厂。1998年，组建金湖石油机械集团。2003年，更名为江苏金石机械集团。该集团是中国最大的石油井口设备研发制造企业，是中国石油天然气集团公司、中国石油化工集团公司和中国海洋石油总公司供应网络单位，中国石油技术开发公司战略联盟合作伙伴，中国石油、石油化工设备工业协会十强企业。2008年，该集团旗下有8家企业，总资产10亿元，主要生产井口采气树、节流压井管汇、泥浆气体分离器、系列平板阀、大口径球阀、防喷器等主导产品，均执行API标准。有5项国家级新产品和20多项国家专利，被评为国家高新技术企业，获美国石油学会API产品认证证书和ISO 9001质量体系认证证书。产品覆盖全国各大油田，市场占有率在全国同行业中保持领先地位，国内高端市场占有率50%以上，并出口欧洲、美洲、亚洲、非洲、大洋洲的30多个国家和地区，出口额占销售总额的70%以上。当年实现销售收入6亿元、利税1.85亿元、利润1.67亿元。

三、江苏清拖农业装备有限公司

该公司位于淮安经济开发区，前身是1969年成立的清江拖拉机制造厂。1979年，该厂被江苏省人民政府命名为“大庆式企业”。1984年，该厂生产的“江苏”牌拖拉机在第33届澳大利亚国际田间日拉力赛中获得一等奖，是中国第一个在国际上获奖的农机产品。1987年，清江拖拉机制造厂年生产能力达到中型拖拉机5000台、小型拖拉机20000台，当年实现产值6842万元，利润260万元。1990年，以清江拖拉机制造厂为核心，组建成清江拖拉机集团，是淮阴市历史上第一个经济联合体。1997年，该集团整体加入中国一拖集团有限公司。2007年，退出中国一拖集团，更名为江苏清拖农业装备有限公司。该公司产品多次被作为国礼赠送给外国贵宾，连续多年被认定为江苏名牌产品。该公司还拥有产品自营出口权，通过ISO 9001:2000质量管理体系认证，并入选中国农机行业最具竞争力企业名录。至2008年，江苏清拖农业装备有限公司成为国内大中型轮式拖拉机的主要生产厂家之一，是集生产、科研、销售、外贸于一体的大中马力拖拉机和大型农业装备生产企业。该公司拥有20余条先进的拖拉机装配、涂装、大件加工生产线，专业生产拖拉机、变速箱总成、提升器总成、前桥总成及汽车、拖拉机、工程机械齿轮等零部件。拖拉机产品覆盖22.5～75千瓦（30～100马力），有15大系列、数十个品种，产品在国内国际上都有着较高知名度。当年实现销售收入2.5亿元、利税237万元、利润237万元。

四、江苏省金象减速机有限公司

该公司位于清河区青龙湖路，前身是成立于1969年的江苏省减速机厂，2001年改制，更名为江苏省金象减速机有限公司。该公司生产的“金象”牌减速机先后获得“省部优质产品”称号、机械工业部科技进步二等奖、机械工业部“可靠性考核特别推荐产品”，摆线针轮减速机产品通过行业一等品质量认可，SJDCY375结晶机专用减速机和同轴式圆柱齿轮减速机通过省级投产鉴定，并分别获得省农垦集团公司和淮安市科技进步奖二等奖和三等奖。该公司于2002年3月通过ISO 9001:2000质量管理体系认证，有自营进出口权。2008年，该公司拥有专门的新特产品科研开发技术中心，拥有德国进口、世界一流水平的产品制造和检测装备，具备设计开发各种规格减速机、增速机、计量泵、阀门、流水线、传动总成等高科技含量产品的能力。产品主要有圆弧圆柱蜗杆、硬齿面、摆线针轮三大系列减速机，广泛应用于冶金、建材、橡塑、环保、军工、造船等行业。该公司有工程技术人员300余人，其中中高级科技人员60余人，固定资产8500万元，具有年产“金象”牌各类减速机3万余台的生产能力，实现销售1.9亿元、利税2344万元、利润1378万元。

五、江苏金湖输油泵有限公司

该公司位于金湖县建设东路，前身为创建于1968年的金湖农机修配厂。1974年开始生产输油泵产品，1978年更名为金湖输油泵厂。2000年改制，更名为江苏金湖输油泵有限公司。该公司专业生产柴油机用输油泵、提前器、联轴节产品，是世界上最大的活塞式输油泵生产厂。生产的“JH”牌输油泵多次获机械工业部优质产品奖，“JH”牌输油泵、提前器是江苏名牌产品和江苏省质量信用产品，2006年通过ISO/TS16949国际汽车行业质量管理体系认证。该公司产品与40多家国内知名油泵厂、柴油机厂配套，国内市场占有率35%。部分产品出口美国、日本等国际市场。2007年，产品销售收入创历史最高，达6亿元。2008年，该公司拥有总资产1.2亿元、员工1000余人，实现销售2.3亿元、利税1080万元、利润274万元。

六、江苏神舟车业集团有限公司

该公司位于金湖县健康西路，前身为创建于1973年的金湖汽车配件厂，2000年3月改制为股份制民营企业，2004年4月组建集团公司，辖江苏金屋控制系统公司（中美合资企业）、江苏车桥有限责任公司（全资企业）、金湖县金马汽车配件有限公司（全资）、金大众轿车维修有限公司（全资）。主要客户有上海通用汽车公司、上海交运公司、上海航发公司、上海拖内公司、南京MG公司、东风悦达·起亚汽车公司、芜湖奇瑞汽车公司等。2008年，该公司主要生产设备有220多台（套），具有批量生产轿车四门二盖总成件和年产1500万件（台套）轿车冲压件、焊接总成件的能力，拥有资产总额9900万元、员工400多人；实现销售收入2.05亿元、利税1270万元、利润657万元。

七、江苏爱吉斯海珠机械有限公司

该公司位于洪泽县大庆北路，前身是创建于1969年的洪泽内燃机配套厂，20世纪90年代改制为洪泽县海珠气缸套有限公司。2001年，与捷克AGS公司合资成立江苏爱吉斯海珠机械有限公司，合资方AGS公司为欧洲著名的气缸套和农业环保机械生产商。当年通过ISO 9001质量体系认证，获得德国劳氏船级社（GL）、挪威船级社（DNV）和中国船级社（CCS）工厂认可证书。该公司产品获“江苏省质量信得过产品”和“江苏省名牌产品”称号。2002年，“海珠”商标被评定为江苏省著名商标。2003年，被评定为“江苏省高新技术企业”。该公司开发的超耐磨、低油耗等离子合金强化气缸套、CNP气缸套被江苏省科学技术厅鉴定为高新技术产品，并被省经贸委授予“江苏省优秀新产品（金牛奖）”称号，其中等离子合金强化气缸套还获“国家重点新产品”称号。2008年，该公司生产各类气缸套16大系列160多个品种，年生产能力300万只；拥有员工1000余人；实现销售收入2.25亿元、利税1796万元、利润1233万元。

第十章 纺织服装业

第一节 发展规模

纺织服装工业一直是淮阴地区的传统支柱产业，在工业体系中占有比较重要的地位。

1978年，淮阴地区纺织服装工业主要企业有清江棉纺织厂、淮阴棉纺织厂、清江针织内衣厂、清江印染厂、清江合成纤维厂、淮阴丝织厂、淮阴被单厂等，初步形成拥有棉纺、针织、化纤、印染四大纺织门类的工业体系。有县属大集体以上企业40家，工业总产值22753万元，利润2072万元。

1978年后，由于国家采取扶持轻纺工业发展的政策和措施，加上淮阴地区本身就是纺织原料生产地，纺织工业得到全面迅速发展。1981—1985年，清江第一毛纺织厂、淮阴涤纶长丝厂、淮阴华丰针织内衣厂、淮安针织厂等企业陆续建成投产，结束淮阴市纺织工业没有毛纺的历史，纺织服装工业门类更加齐全。至1985年，淮阴市纺织服装产业销售收入达到6.9亿元，占全市工业销售收入的20%。

1986—1990年，淮阴市纺织服装工业仍然保持较高的增长速度，工业产值平均每年以12.53%的速度递增，其他各项经济指标的增长速度均超过全省同行业的平均增长速度。1990年，全市纺织服装系统工业总产值9.07亿元，是1980的2.5倍。1986—1990年，累计实现税利3.06亿元，比1981—1985年增长38.57%。纺织服装业的龙头企业——清江棉纺织厂1988年的工业总产值突破亿元，利润突破1000万元。同一时期，淮阴市的纺织服装产品还大量出口，1990年外贸收购值4亿元，比1985年增长8.7倍，年递增率57.34%。出口创汇占全市创汇总值的60%。纺织服装工业的产品质量和新品开发也取得显著成效，1978—1990年共获得部优产品19个、省优质产品15个，优质产品率9.26%。至1990年年末，淮阴市纺织服装工业基本形成纺、织、染、服装配套，针织、毛纺、化纤、麻、丝绸门类齐全的工业体系。

1991—1995年，淮阴市纺织服装业遇到原料不足、价格上涨、资金紧缺、市场疲软等诸多困难，增长速度放缓。1991年，由于小棉纺企业发展较快，超过农业承受能力，部分小棉纺企业经济效益差，资源利用率低，急需整顿。市政府发出《关于整顿全市小棉纺企业的通知》，对3万锭以下小棉纺企业进行整顿。经过1年整改，基本达到预期目标。1992年，淮阴市确定12家大中型企业为全市综合改革试点企业，改革重点转向逐步建立现代企业制度，清江棉纺厂和淮阴涤纶长丝厂为其中2家。1993年下半年，淮阴市又开展以公有民营为主要形式的产权制度改革，一批纺织服装企业实行股份合作制和实施兼并重组。同一时期，全系统兴办中外合资企业35家，总投资达到7600万美元，实际利用外资800万美元。江苏金凤、江苏清棉、江苏宏丽、江苏清印四大现代化纺织企业集团相继组建，标志着淮阴市纺织服装工业逐步形成规模经济，促进纺织服装产业经济效益的提高。1995年，全市纺织服装系统完成工业总产值17亿元，比1990年增长60.55%，年递增速9.93%；完成销售收入16.15亿元，比1990年增长82.9%，年递增速13%；实现利税7000万元，比1990年增长159%，其中利润3000万元；完成外贸收购值7.5亿元，比1990年增长150.5%。从1995年开始，淮阴市贯彻全国纺织总会和省政府压缩棉纺纱锭的方针，通过压锭实现对纺织服装工业的结构调整和产业升级，当年江苏清棉集团压锭改造项目基本落实。

1996—2000年，淮阴市纺织服装业因缺乏大项目支撑和受市场影响较大，发展速度减缓，行业地位有所下降。1996年，纺织服装业面临非常严峻的形势，一季度市直纺织行业亏损面高达90%，纺织品出口大幅度下滑，企业停工停产面扩大，停产、半停产企业占总数的30%以上，全年亏损1144万元。1997年，纺织服装业初步实现扭亏为盈，当年利润1599万元。但到1998年，由于受到东南亚金融危机和国内纺织品市场总量过剩、需求不旺的双重影响，全市纺织服装业再次遭遇重大挫折，纺织服装企业亏损严重，清棉集团、宏丽集团等企业都陷入亏损境地。特别是市直纺织服装企业的销售收入下降24.7%，利税只有86万元，全年亏损3545万元。面对纺织服装业的困境，淮阴市政府和各纺织企业坚持深化企业体制改革，采取联合、兼并、托管、股份制、租赁、承包经营、出售、破产等多种形式，抓大放小，进行改制。大型纺织企业推行资产经营责任制，清棉集团、清印集团、金凤集团、宏丽集团等骨干企业进行资产经营责任制改造，促进企业上规模，增总量。一些困难较大的中小企业如市棉毛纺织有限公司、淮阴第一毛纺织厂、华丰针织内衣厂、清江染整厂、市针织厂等，采取对外招商、改制、出让有效资产、合作开发房地产等多种方式改革脱困。同一时期，全市纺织系统继续实施压锭重组，1997年压锭1.2万枚，1998年压锭17056枚，全面完成省纺织总会下达的压锭任务。

1999年和2000年，淮阴市纺织服装行业再次扭亏为盈。2000年，各项主要指标均实现历史性突破，大型企业发展迅速，中小企业也纷纷改革脱困。全年完成销售收入40.7亿元，同比增长23.2%，实现利税总额突破1亿元。纺织服装行业的主干企业江苏清棉集团、江苏清印集团、金凤集团、江苏宏丽集团发展海外市场，清印集团全年出口创汇2660万美元。

2001—2005年，由于受全球经济衰退和国内外消费需求疲软、纺织品价格持续低迷的影响，淮安市纺织服装业面临的形势依然复杂严峻。2001年，市纺织工业局撤销，组建淮安市纺织工业资产经营有限公司。纺织服装系统继续改革脱困，原则为国退民进、靠大靠外。清棉集团吸收社会资本筹备组建股份有限公司，同时剥离医院、子弟学校、幼儿园、浴室等后勤服务部门。清印集团对原下属单位威康服装公司实施民营化改革，对泰思达染织有限公司进行清算和股份制改革。金凤集团将所属环球化纤公司进行租赁经营，将长丝、切片、染色等子公司实行切块承包经营。

宏丽集团对下属亏损和停产的小公司进行清算剥离。华丰针织内衣厂利用闲置厂房出租，建成装饰材料市场。清江染整厂、清江内衣厂、市针织厂等困难企业结合实际，实施"退二进三"分块搞活，盘活企业资产。同一时期，一大批国内知名的纺织服装企业在淮安市投资建厂。2002年，全国十大毛纺企业之一的江苏鹿港毛纺集团在洪泽县投资兴建洪港毛纺有限公司。2003年，国内大型纺织集团——宁波锦纶化纤有限公司投资建设淮安锦纶化纤有限公司。2005年，江苏宝利嘉纺织有限公司建成投产，淮安远达服饰有限公司在涟水县兴建。这批纺织服装企业投资额度大、建成投产快、产品有竞争实力且没有历史包袱，给淮安市纺织服装业注入新的活力，成为重要的增长点，在后续的发展中逐渐超越老一批纺织服装骨干企业，成为新的产业排头兵。

2005年，全市有纺织服装业企业192家，职工51430人，总资产33.83亿元。全年实现销售收入62.1亿元、利税3.12亿元、利润1.36亿元。全市纺织服装业门类比较齐全，有棉纺和棉织企业21家，化纤企业11家，服装企业39家，针织复制企业42家，印染企业7家，毛麻丝绸企业25家。销售收入前五名的纺织服装企业是淮安东方清棉纺织有限公司、江苏清印有限公司、淮安源通制帽有限公司、福斯特纺织有限公司和江苏金凤化纤股份有限公司，其中淮安东方清棉纺织有限公司2005年销售收入、利税和利润分别为2.48亿元、768万元和79万元。

2006年，受原料价格波动、资金短缺以及欧美对中国纺织品出口进行限制等原因，淮安市纺织服装业再遭挫折，曾为全市纺织服装业龙头企业的东方清棉公司、清印集团等先后停产。面对严峻形势，市政府帮助企业排忧解难，同时继续推进企业改制。当年3月，东方清棉公司改制启动，按照"引进战略投资者，实施依法破产，破产不停产和搬迁重组"的改革思路，选定江阴霞客环保色纺有限公司作为战略重组的合作伙伴。同年12月，东方清棉公司职工身份置换费用兑付结束。清印集团选定深圳贤成公司作为战略性合作伙伴，通过增量投入，易地建设、重组发展企业，至2006年年底，有90%的固定工和合同制职工办理解除劳动关系手续。金凤集团和淮安被单厂都依法进入破产程序，然后与合作公司重组。清江染整厂、棉毛纺织厂、清江针织内衣厂等9家中小企业采取破产、歇业等方式处置资产、理顺职工劳动关系，至年底职工劳动关系基本理顺。另外，华丰针织内衣厂、纺织经贸公司和天和针织厂3家企业合并改制，通过合并产权交易，由原企业职工出资购买，组建成立华丰市场发展有限公司。

2008年，受国际金融危机影响，纺织品出口严重下滑，销售行情持续低迷，淮安市纺织服装业再次受到冲击，当年一些经济指标不如历史最高水平。东方清棉纺织有限公司最终与百隆集团重组，30万锭色纺线项目开工建设，在重组过程中做到不停产，当年实现产值2.4亿元。金凤集团与浙江伊美集团重组，市被单厂与维科集团重组。至2008年年底，全市有纺织服装业企业213家，职工58624人，拥有资产总额63.3亿元，当年实现销售收入121.8亿元、利税61.5亿元。

第二节　企业选介

一、江苏东方清棉纺织有限公司

该公司位于清浦区解放西路，前身为始建于1958年的清江棉纺织厂。20世纪80年代，该厂是淮阴市的骨干纺织服装企业，1988年工业产值突破亿元，利润突破1000万元。20世纪90年代改制为江苏清棉集团，后又于1996年吸收外资组建为江苏清棉集团有限责任公司。1999年年底，该公司被列入国家“债转股”企业之一，与中国东方金融资产管理公司、信达金融资产管理公司签订“债转股”框架协议，之后吸收后者社会法人股，于2002年组建新的股份有限公司，先更名为江苏东方清棉有限责任公司，后又更名为江苏东方清棉纺织有限公司。2003年通过ISO 9001质量体系认证。2006年以前，江苏东方清棉纺织有限公司一直是淮安市纺织服装业的龙头企业，是集研发、生产、销售八大系列100余种纱、布、服装面料的大型专业集团公司，年销售收入一直排在同行企业的最前列。产品具有自营进出口权，行销30多个国家和地区。2005年，实现销售收入2.48亿元、利税768万元。2006年，该公司受资金短缺等原因停产。是年，公司新一轮改制重组启动，于2008年与百隆集团实现重组。至2008年年底，该公司继续推进重组，当年实现产值2.4亿元。

二、淮安锦纶化纤有限公司

该公司位于涟水县工业开发区，由宁波锦纶化纤有限公司投资建设，2003年11月注册，项目总投资4.3亿元。主要生产各种力车胎、汽车轮胎骨架材料用的浸胶帘子布。2006年，生产浸胶帘子布2.8万吨，年销售6.8亿元，年创利税5000万元。2006年，产品被评为淮安市名牌产品，被江苏省经贸委认定为百家重点培育企业。2007年8月，该公司投入8000万元新建8条生产线，并于2008年3月竣工投产。2008年，该公司拥有员工1400人，配有1400毫米聚合设备及纺丝卷绕机、牵伸机、初捻机、复捻机、织布机、浸胶机等整体浸胶帘子布生产流水线，当年实现销售收入6.36亿元，利税359万元。

三、洪泽县洪港毛纺有限公司

该公司由全国十大毛纺企业之一的江苏鹿港毛纺集团于2002年投资兴建，位于洪泽县工业园区。主导产品是各类毛线、毛纱、精纺丝光羊绒纱。自主开发的“鹿光”牌羊绒纱在国内和国际市场都较有知名度。2008年，该公司拥有从法国、日本、意大利进口和国内先进的变频节能自动生产设备180台（套），生产规模为4万锭，总资产1.8亿元，职工1400多人。是年，该公司生产各类腈纶纱、毛纱、半精纺羊绒纱9800吨，实现生产总值2.5亿元、利税1064万元。

四、江苏宝利嘉纺织有限公司

该公司位于江苏洪泽经济开发区，成立于2005年9月，由宝利嘉（苏州）集团投资兴建，注册资本3800万元，总投资5亿元，项目设计生产规模为20万锭，第一期4个工厂如期全面投产，生产能力12万锭。主要生产20S～50S人造棉、涤棉纱、涤粘纱、精梳棉等，并可根据客户要求为其定纺。产品销往浙江、广东、江苏、山东等市场，部分产品出口土耳其、韩国、西班牙等国家。2008年，该公司有职工1500余人，拥有总资产2.45亿元，当年实现销售收入3.1亿元、利税956万元。

五、江苏妙通纺织有限公司

该公司前身为始建于1986年的涟水纺织厂，20世纪90年代改制为涟水纺织有限公司，2005年又改制为私营股份制的江苏妙通纺织有限公司。主要产品有纯棉（精梳、普梳）、人棉、莫代尔（纽代尔）、竹纤维、涤纶纯纺及与棉（精梳、普梳）混纺等系列纱线。2008年，该公司有职工860人，总资产1.25亿元；拥有6万枚纱锭、1万枚线锭的生产能力，年产纱线1.5万吨；实现销售收入5.02亿元、利税2024万元。

六、淮安源通制帽有限公司

该公司位于涟水县工业开发区，为亚源国际有限公司于2002年独资兴办的外商投资企业，总投资额1900万美元，注册资本775万美元。该公司是专门从事各类帽子生产与贸易的集团公司，产品全部出口。2004—2008年，公司位列淮安纺织服装企业销售收入前五名。2008年，该公司占地面积10万平方米，建筑面积6万平方米，有缝制、裁剪、定型、电脑绣花机、针织电脑及专用设备4300多台（套），在涟水县境内有9个分厂，拥有员工8800余人；生产各类帽子500余万打，实现工业产值3.84亿元。

七、江苏康乃馨织造有限公司

该公司位于淮安经济开发区，创建于1994年，是专业从事宾馆、酒店专用纺织品的生产企业，是中国家用纺织品协会常务理事单位、中国旅游饭店协会会员单位。2001年8月在同行中率先通过ISO 9001:2000质量管理体系认证。2002年，“康尔馨”商标被省工商局认定为“江苏省著名商标”。2006年，被中外酒店组织评为“中国酒店用品十大供应商”，同年通过ISO 14000环境管理体系认证，并取得产品质量认证、生态纺织品认证和ISO 10012测量管理体系等多项认证。2006年10月与2007年3月，“康尔馨”牌毛巾系列产品及“康尔馨”商标分别获得“中国名牌产品”和“中国驰名商标”称号。该公司研究开发星级宾馆/酒店用超高密螺旋缎档毛巾、竹纤维持久抗菌浴巾浴衣、迎宾式被套、高档色织台布等高新技术产品，获得国家专利28件、省专利新产品1件，完成国家级星火计划项目1项、省级科技攻关项目3项、省级星火计划项目3项。产品产销量在全国酒店纺织品行业中连续多年名列前茅，在全国三星级以上宾馆、酒店的市场占有率达32.5%。2008年，有员工1260人，当实现销售收入2.5亿元，其中自营出口1100万美元。

八、淮安远达服饰有限公司

该公司位于涟水县高沟镇，始建于2005年，系中外合资企业。产品有棒球帽、礼帽、牛仔帽、童帽、针织等多种系列产品，年生产能力15万打，产品全部销往欧美等地区。2007年，产品销售收入3.04亿元，实现利税1501万元。2008年，该公司拥有资产总额1.67亿元，有员工4100多人，拥有包括缝制、裁剪、定型、电脑绣花机、针织电脑机及专用设备2700多台（套），具备绣花、印花、水洗等多种加工工艺，当年实现销售收入近4亿元、利税1783万元。

九、江苏清印集团有限公司

该公司原址位于清浦区淮海南路，前身是建成于1968年的清江棉纺厂漂染车间。1971年，在车间基础上建立清江印染厂。1978年后，清江印染厂二期扩建工程完成，具有年产5000万米印染布能力。1982年，出口外销比重不断增加，大部分产品由上海市服装出口公司和江苏省外贸公司经销。1987年，全厂有员工1445人，拥有漂白染色印花等6条生产流水线，“青鸟”牌深蓝涤卡、漂白涤布、涤棉印花布被评为江苏省优良产品，当年实现总产值10057.9万元、利税453.69万元。1995年，经省体改委批准，以清江印染厂为核心企业，联合30余家企业组建江苏清印集团，为省级企业集团，集印染、织造、特整、服装加工和出口、染化料化工为一体，享有进出口自主经营权。1997年，作为省级现代企业制度试点企业，改造组建江苏清印集团有限公司。该公司是20世纪90年代淮阴市的四大骨干纺织服装企业之一。至2000年，该公司拥有6条生产线，具有年产6000万米印染布、400万米牛仔布、5万套（件）服装的生产能力。主要产品有“镇淮楼”牌、“青鸟”牌的各种纯棉、涤棉、涤纶织物，灯芯绒产品和牛仔系列产品，多次获得国际博览会金奖、银奖，“镇淮楼”牌纯棉咔叽布被评为“江苏省名牌产品”。该公司出口产品占生产总量的85%，远销欧美、东南亚、日本和中国香港等国家和地区，2000年出口创汇2660万美元，其中自营出口1000多万元。2000年后，虽出现市场疲软，出口下降等问题，仍是淮安市的骨干纺织服装业企业之一。2003年，该公司实现销售收入3.78亿元，实现利税980万元，跻身全国棉印染行业企业销售收入前50名。2006年，该公司因为多种原因最终停产。2007年破产改制。

十、江苏金凤化纤（集团）股份有限公司

该公司原址位于清浦区延安西路。1984年，淮阴市筹建化纤生产企业——淮阴涤纶长丝厂。1986年投产运营，具有年产2000吨涤纶长丝的设备和能力，产品采用“金凤”商标。1987年，该厂总产值5244万元，实现利润1004万元，人均利税2.23万元，跨入省级先进企业行列。1991年，年产能力扩大到5000吨，跻身中型企业行列。1992年，该厂被确定为全市12家大中型企业综合改革试点企业之一。1993年，被国家统计局列为“全国100家大型化纤企业”之一。1994年，经省体改委批准，以淮阴涤纶长丝厂为核心企业，组建金凤集团。1995年，该公司总资产5亿元，实现产值2.3亿元、利税1450万元，被科技部确认为“全国重点高新技术企业”，成为淮阴市纺织服装业骨干企业之一。1996年，金凤集团实行股份制改造，组建江苏金凤化纤（集团）股份有限公司。2000年，该公司跻身国家大型工业企业行列，为全国100家大型化纤企业之一，拥有总资产9亿元，涤纶长丝生产能力3.5万吨。该公司生产的涤纶低弹丝、低弹网络丝获评部优、省优产品；涤纶超细旦低弹网络丝、异收缩变形混纤丝获中国高新技术新产品博览会金奖，并被评定为国家级新产品；“金凤”商标为省、市著名商标，“金凤”产品为省、市名牌产品。2001年后，该公司受市场下滑、债务负担重等因素影响，企业运营出现重大困难，亏损严重，于2006年停产并进入破产改制。2008年，该公司与浙江伊美集团推进重组。

十一、江苏宏丽集团

该集团原址位于清河区和平路，前身是创办于1958年的街道作坊式小厂——淮阴日用杂品厂，1962年更名为淮阴市制线厂。20世纪80年代后，该厂在全市率先开发毛针织绒、无纺布和床上用品3种产品。1987年，创造产值2636万元，实现利润203万元。1990年，更名为淮阴民用纺织品总厂。20世纪80年代起，该厂利用中国台湾、中国香港资金和美国资金，创办10多个合资企业。1992年10月，以淮阴民用纺织品总厂和旗下合资企业为基础组建成江苏宏丽集团，拥有固定资产2.8亿元。宏丽集团是20世纪90年代淮阴市纺织服装业的骨干企业之一，其产品获评“江苏省科技进步奖”“国家级新产品”“全国十佳产品”（长丝系列），产品市场覆盖国内大部分地区，并远销澳大利亚、东南亚、欧美等国家和地区。至2000年，宏丽集团成为集纺织、轻工、机械、三产为一体的国家大型一档企业，拥有资产约4亿元，当年主要产品化纤涤纶的产量1.35万吨，年销售收入17509万元，利税1800万元。2001年后，由于化纤行业效益严重下滑、市场疲软等因素，宏丽集团产品滞销、亏损严重，旗下子公司大多停产，最终于2003年破产。

第十一章　采掘业

第一节　发展规模

淮安市矿产资源丰富，采掘业历史悠久。据盱眙县出土的纪年砖考察，砖瓦用黏土开采业有1800多年的历史。建筑用石料灰岩开采业在唐宋时就比较发达。近代，淮安开采业主要还是砖瓦用黏土开采和建筑用石料灰岩开采，主要特点是规模小、工艺落后、生产时断时续。中华人民共和国成立后，传统采掘业规模扩大，工艺改进，新兴采掘业如市境外煤炭开采、石油与天然气开采、凹凸棒土开采、岩盐开采、芒硝开采、地热开采、水气资源开采等从无到有，逐渐发展壮大。

至2008年年底，淮安市采掘企业累计投资额31.61亿元，其中当年投资3.87亿元。全市有采掘企业155个，从业人数11992人，生产矿石总量1423.26万吨，年产量前五种矿产分别为岩盐、砖瓦用黏土、芒硝、建设用玄武岩、建设石料用灰岩。全市采掘企业工业总产值23.76亿元，矿产品销售收入居前五位的矿产分别为岩盐、芒硝、砖瓦用黏土、建筑用玄武岩、凹凸棒黏土。盱眙县、淮阴区、楚州区、清浦区、洪泽县、金湖县是矿业开发较为集中的地区。

一、煤炭采选业

淮安市境内未发现有开采价值的煤矿。从1958年起，淮阴地区组织采煤队伍赴徐州采煤。至1987年，淮阴市在徐州的矿井有9座，井型均为小型，拥有固定资产6470万元，职工7538人，年采煤59万吨。主要煤矿为淮阴市郑庄煤矿。至20世纪90年代初，市外的开采队伍陆续撤回，淮阴市停止煤炭采选。

二、石油与天然气开采业

淮安市石油与天然气的发现与开采始于1974年，国家地矿部第六普查大队在金湖凹陷刘庄构造的东60井试验无阻流天然气成功。至1999年年底，全市发现中型油田1处、小型油田12处，探明储量超4500万吨，年产量在38万吨左右。

截至2008年，淮安市累计探明原油地质储量5444万吨，全市有石油矿区7个，分别是盱眙马坝油田、洪泽共和油田、金湖高集油田、金湖淮胜油田、金湖崔庄油田、金湖卞塘油田、金湖闵桥油田，7个石油矿区均为小型。金湖县刘庄油气田在勘探时获4亿多立方米的天然气储量，开采的气源大部分供应金湖县化肥厂使用。至2008年，天然气资源枯竭，其余油田未发现具有工业价值的天然气源。

三、凹凸棒黏土开采业

凹凸棒黏土是一种具层粘状结构的水合镁铝硅酸盐矿物。由凹凸棒黏土加工的产品主要有化肥粘结剂、饲料添加剂、高效吸附剂、抗盐黏土以及悬浮剂、涂料填充料、超细凹土粉和普通凹土粉等。淮安市凹凸棒黏土资源主要集中分布在盱眙县境内，经勘查证实的凹凸棒黏土矿床有7处，其中大型矿床3处。

1977—1979年，省地质局区调队在盱眙地区开展区域地质调查，首次发现凹凸棒黏土。1983年，江苏省地质局第一地质大队与省地质局实验室合作，对盱眙—六合地区凹凸棒黏土矿地质特征、矿床成因及凹凸棒黏土的测试和工艺性能进行试验和研究。是年，地方国营盱眙县凹凸棒石粘土公司成立，7月建成投产，设计年生产能力2.5万吨，下辖龙王山、雍小山2个矿区。随后，全国性凹凸棒石黏土测试应用研讨会在盱眙县召开。由于这时期缺少资金、资料、技术和经验，凹凸棒黏土开发应用难度很大。至1989年年底，盱眙凹凸棒粘土公司的年产量0.2万吨，主要生产外墙涂料、复合肥料粘结剂及饲料添加剂等技术含量较低的初级产品。

20世纪90年代，随着凹凸棒黏土被人们广泛认知，各地兴办凹凸棒黏土加工厂的热情空前高涨。全国新上凹凸棒黏土企业约100家，其中盱眙县加工企业最多时达36家，处于粗放型加工和市场培育成长期。1990年，地方国营盱眙县凹凸棒粘土公司与中国台湾合资兴办成立盱眙县鸿庆奥土有限公司，是一家集开采与加工为一体的合资企业，年设计生产能力5万吨，但之后大多数年份都远远达不到设计的开采能力，产品档次低，销售渠道不畅。1993年，盱眙县继续投入地质勘查，探知储量进一步增加，同时组织力量进行开发试验。凹凸棒黏土的开采和加工形成小高潮。从1995年起，除地方国营盱眙县凹凸棒石粘土公司取得龙王山和雍小山矿区的采矿权外，先后有11家凹土矿山企业办理采矿权，开采规模大多在每年2000吨以下。至1999年年底，全市有凹凸棒黏土开采企业13家，均是年产量1万吨以下企业。另有凹土加工企业23家，设备加工能力达20万吨，产品主要有化肥粘结剂、饲料添加剂、高效吸附剂、抗盐黏土、涂料填充剂、超细凹土粉和普通凹凸棒粉等。

2000年，盱眙县政府组团赴美国考察，学习凹凸棒黏土开发利用的成功做法。是年，开始研究制定凹凸棒黏土开发利用政策，将凹凸棒黏土产业作为优势产业重点培育。2001年10月起，盱眙县全面开展矿产资源管理秩序治理整顿工作，依法整治关闭除龙王山和雍小山以外的11家小规模凹土开采企业。同时出台《关于凹凸棒石粘土资源开发利用的十项规定》，引导进入盱眙的凹凸棒黏土开发企业必须同时满足投资规模、产品技术开发能力、市场营销和企业管理能力的要求。2003年5月，省国土资源厅在盱眙县开展凹凸棒黏土矿探矿权挂牌出让，首期推出7个勘查单元，总面积为2.88平方公里，最终由江苏淮源矿业有限公司等5家凹凸棒黏土加工企业取得7个矿点的探矿权，探矿权价款721.6万元。至2003年年末，盱眙县列入统计的凹凸棒土加工企业实现产值9500万元，利税980万元，产品有黏土细粉、高性能粘合剂、脱色剂、吸附材料、矿物凝胶等。

2004年，盱眙县凹凸棒黏土生产量18万吨，产值2亿元，利税5000万元，出口创汇500万美元，居国内同行业首位；有凹凸棒黏土企业16家，其中投资1000万元以上的7家，最高投资1亿元。盱眙县还引进专业技术人才50余人，与国内外30所大专院校和科研院所联合，研制开发中高档凹凸棒土产品，当年研发新产品35个、专利66件。2005年，盱眙县凹凸棒黏土产业拥有7个重点企业，其中江苏省淮源矿业有限公司年生产能力5万吨以上，为国内最大生产高粘剂—胶粘系列产品生产企业。2006年，江苏省凹土工程技术研究中心通过省科技厅组织的验收。2008年，江苏省启动培育首批41个苏北科技特色产业，盱眙凹凸棒黏土产业名列其中。

至2008年年末，淮安市探明的凹凸棒石黏土资源/储量3155.88万吨，占全国总资源（储量）的60%以上，资源优势明显。全市有凹凸棒黏土开采企业7家，规模均为小型，从业人数313人，年开采能力37万吨，年产固体矿石量7.65万吨，工业总产值4187.47万元。当年实现销售收入

3665.12万元、利润63万元、入库税金457.5万元。

四、岩盐开采业

淮安市岩盐资源分布于淮安盐盆和洪泽盐盆。岩盐资源丰富，且矿体具有盐层层数多、厚度大、品位高、产状平缓、埋深适中等特点，开发潜力和发展空间很大。岩盐资源开发始于1986年，在淮安县朱桥镇兴建第一个岩盐矿山企业，之后发展速度迅猛。2008年，全市有岩盐矿山企业9家，分布于清浦区、淮阴区、楚州区，从业人数1579人，累计投资总额1.133亿元，工业总产值11.83亿元。当年实现销售收入9.52亿元、利润5206万元、入库税金1.45亿元。至2008年年末，累计探明资源储量111.5亿吨，远景资源量可达2500亿吨。

五、芒硝资源开采业

淮安市芒硝资源主要分布于淮阴区南部的赵集和洪泽县北部的顺河集一带。矿物成分以无水芒硝为主，次为钙芒硝，无水芒硝品位高，为83.57%～96.72%，是较好的工业矿产。1990年，江苏东方石油科技开发公司和地质矿产部华东石油地质局研究所在洪泽县顺河集矿区西顺河一带开展地质勘探，拉开淮阴市开发无水芒硝矿区的序幕。1994年，洪泽银珠化工集团有限公司创立，主要开发洪泽县西顺河一带的无水芒硝。1997年，上海焦化有限公司、江苏淮阴白玫糖业有限公司、上海白猫（集团）有限公司3家企业投资组建上海太平洋化工（集团）淮阴元明粉有限公司，开发淮阴县赵集庆丰块段无水芒硝矿。1998年，山西南风化工集团和江苏洪泽县化工集团组建江苏南风化工有限责任公司，开发洪泽县顺河集矿区西顺河矿段无水芒硝矿，1999年试产成功。2000年，山西南风化工集团及江苏淮阴制糖厂组建南风集团淮阴元明粉有限公司，开发淮阴县赵集矿区庆丰矿段苏庄段无水芒硝。2000年9月开始建厂，2001年5月试生产，当年生产10万吨元明粉。2007年，江苏油田矿业开发总公司取得淮阴区赵集镇汪场矿段探矿权，探明氯化钠储量7.8亿吨、硫酸钠储量6832万吨。

截至2008年，全市累计探明芒硝资源储量5.11亿吨，矿山企业占用的矿石资源储量3.79亿吨；累计探明硫酸钠资源储量4.01亿吨，矿山企业占用硫酸钠资源储量2.63亿吨；累计消耗芒硝矿石资源储量966.9万吨，消耗硫酸钠资源储量782.11万吨；硫酸钠保有资源储量4.58亿吨；矿山企业占用芒硝矿石保有资源储量2.82亿吨，占用硫酸钠保有资源储量2.46亿吨。全市有芒硝矿山企业5家，开采量417.15万吨，从业人数1623人，累计投资总额2.41亿元，工业总产值9.13亿元，实现销售收入9.08亿元、利润2.47亿元、利税2.03亿元。

六、水泥用灰岩开采业

淮安市水泥用灰岩主要分布在老子山—佛窝断褶隆起带上，总体呈北东向，长约33公里、宽约1.5～3公里。水泥用灰岩开采业主要在盱眙县，1957年，盱眙县利用境内丰富的灰岩资源，筹建成盱眙水泥厂。截至2008年，全市水泥用灰岩资源储量2210.26万吨。有矿山企业1家，从业人数21人，产矿量16.9万吨，工业总产值430万元，销售收入429万元、利润51万元、税金16万元。

七、建筑用石料灰岩开采业

淮安市建筑用石料灰岩可开采点主要集中分布于洪泽县老子山—盱眙县古桑佛窝一带。开采历史悠久，唐宋时期，建庙宇、立祠堂、竖牌坊、砌筑高邮一带运河石堤，就多用开采于盱眙县境内的石料。盱眙县素有“一面临水三面山，开山采石占半边”之说。近代的淮安建筑用石料灰岩开采业始于民国25—27年（1936—1938），陶馥记营造厂在盱眙象山脚下开采和经营石料。1952年，盱眙县建立采石厂，开采和经营石料。1978年后，盱眙县的采石业一直比较兴旺，成为盱眙县经济发展的重要组成部分。1985年，全市有采石企业35家，职工208人，生产石料180万吨，产值588万元。20世纪90年代后，盱眙县为保护生态环境，配合盱眙旅游特色县建设，县境内相当一部分采石企业逐步停采或限制性开采。截至2008年，全市仅有建筑用石料灰岩开采企业5家，从业人数58人，年产矿量27.6万吨，工业总产值568.5万元，销售收入552万元、利润98.9万元、税金23.29万元。

八、砖瓦用黏土开采业

据盱眙出土的纪年砖考察，淮安市的砖瓦用黏土开采业有1800多年的历史。中华人民共和国成立前，境内的砖瓦生产一直沿用手工操作、露天作业、季节性生产、土窑烧结的方式。1950年，市境内第一家国营砖瓦厂——苏北国营新都砖瓦厂成立。1981年，联合砖瓦厂建成投产。至此，市区形成以新都、清江、联合三大砖瓦厂为骨干的砖瓦企业群体。1987年，全市有乡镇以上砖瓦厂305家，年产砖47亿块、瓦2.5亿块。至1999年年末，全市有砖瓦黏土开采企业155家，其中国有企业9家，集体和个体私营企业146家，从业人员1.7万人，年开采砖瓦黏土488.7万吨，年销售收入2696.38万元，税金834万元。2000年后，随着国家黏土实心砖逐步淘汰政策的实施，一些砖瓦企业逐步转产或淘汰，代之而起的是黏土空心砖和新型建材。2008年，全市砖瓦用黏土企业降至108家，从业人数7985人，年产量197.37万吨，工业总产值1.96亿元，销售收入1.88亿元、利润1341.84万元、税金881.7万元。

九、地热资源开采业

淮安市地热资源主要分布于洪泽湖畔的洪泽县老子山镇和蒋坝镇。2001年4月，洪泽县老子山镇发现地热。洪泽地下热水无色、无嗅、味微咸，水温43～61摄氏度，水中含有丰富的矿物成分，其中偏硅酸、氟、锶、镭等多种矿物成分含量达到医疗热矿泉水国家标准（GB1165-89），属优质热矿泉水。地下热水储量为中型，可持续开采100年以上。2002年，淮安市开始开发地热资源。2004年，由苏源集团投资兴建的老子山温泉山庄建成。至2008年，全市开凿地热井4口，凿井深度均为100多米，各井均为热水自流井，4口井累计日允许开采量为2500余立方米。全市地热矿山企业仅1家，从业人数7人，年产矿量12.22万立方米，工业总产值60万元，销售收入60万元、利润10万元、税金4.85万元。

十、矿泉水资源开采业

淮安市境内饮用天然矿泉水资源丰富，矿泉水产出的地质状况分玄武孔隙、裂隙矿泉水，分布于盱眙县南部玄武岩裸露区和东南部隐伏于第四系之下玄武岩分布区；平原区深部砂层矿泉水，分布于市区、楚州区、涟水县、金湖县等地。矿泉水资源开采业始于20世纪90年代，年开采量100吨左右。至2008年，全市通过省、部级评审鉴定的饮用天然矿泉水共有11处，大部分作为普通饮用水开采，未深度开发。

第二节　企业选介

一、江苏省淮源矿业有限公司

该公司位于盱眙县工业开发区，成立于2002年，隶属淮安市民营大型企业神工集团，是集科研、开发、生产、销售为一体的江苏省高新技术企业，江苏省星火龙头企业。2004年通过ISO 9001:2000国际质量体系认证，拥有自营出口权。该公司拥有盱眙地区探明地质储量的矿山2座，共800多万吨高品位凹凸棒黏土的矿产资源。公司生产经营的主要产品有天然中性脱色土、吸附脱色土、涂料专用增稠剂、高粘凹凸棒黏土、抗盐黏土、医药载体、农药载体、饲料级凹凸棒、高低温吸附剂和凹凸棒颗粒载体等60多个品种。产品出口日本、韩国、澳大利亚、伊朗、印度尼西亚、马来西亚、新西兰8个国家。2008年，该公司占地面积13.33公顷，固定资产0.5亿元，生产凹凸棒黏土产品3.26万吨，销售产品3.13万吨，其中出口产品2300吨；实现销售收入2128万元人民币，其中创汇37.5万美元，利税298万元人民币。

二、上海太平洋化工淮安元明粉公司

详见本卷第四章《化学工业》第二节《企业选介》第七目。

三、洪泽银珠化工集团有限公司

详见本卷第四章《化学工业》第二节《企业选介》第三目。

四、江苏井神盐化股份有限公司

详见本卷第四章《化学工业》第二节《企业选介》第九目。

五、江苏省井神盐业股份有限公司第二分公司

详见本卷第四章《化学工业》第二节《企业选介》第十目。

六、江苏白玫化工有限公司

详见本卷第四章《化学工业》第二节《企业选介》第十三目。

七、南风集团淮安元明粉有限公司

详见本卷第四章《化学工业》第二节《企业选介》第十四目。

第十二章　印刷工业

第一节　发展规模

中华人民共和国成立初期，淮阴地区的主要印刷厂为淮海印刷厂、工农印刷厂以及11个县的印刷厂。

1978年，淮阴地区有印刷企业数十家，其中淮海印刷厂效益较好。当时主要印刷品有社会零散件、书刊、簿本、各种包装装潢产品、商标贴、连环画册、儿童画册、台历、挂历、扑克牌等。书刊印刷和社会零散件印刷是大宗业务。淮海印刷厂是全市包装装潢印刷的设计、制版和印刷中心。1980年，该厂产品“洋河大曲”礼品盒和“飞燕”牙膏盒在全国包装装潢印刷品评比展览会上获奖。

20世纪80年代初，全市印刷行业整顿，各印刷厂对生产设备更新换代，引进先进的制版、印刷设备，生产能力迅速扩大，业务范围拓展。至1987年，全市印刷行业有全民集体企业115家，工业总产值5515万元，其中全部独立核算企业94家，有职工7057人，工业总产值5090万元，实现利税134万元。主要企业为淮海印刷厂、各县印刷厂和省属淮阴新华印刷厂、淮阴日报社印刷厂、淮阴农垦印刷厂等。是年，淮海印刷厂成为国家新闻出版署书刊印刷定点厂；淮安印刷厂成为江苏省新闻出版局书刊印刷定点厂；金湖县印刷厂成为生产扑克的专业工厂，“金边皇后”扑克和“仙乐”香水扑克年生产能力200万副以上。

20世纪90年代起，淮阴市国营印刷企业由于设备老化、资金紧缺和负担沉重等因素，效益下降，亏损严重。20世纪90年代初，淮海印刷厂、淮阴纸箱厂等印刷企业陷入亏损，淮海印刷厂1995年亏损额384万元，长期不能正常生产；民营印刷企业数量快速增加，从20世纪80年代末的几十家增长到90年代末的几百家，技术实力和硬件设施也同步发展，逐渐成为全市印刷业主力军。

这一时期，由于印刷业门槛不高，加之监管不到位，全市印刷企业鱼龙混杂，部分印刷企业违规生产，盗版印刷、无证印刷、地下印刷、印刷非法产品等现象十分突出。对此，淮阴市新闻出版管理部门依法禁止和取缔违规印刷。1995年，查获市激光胶印厂非法盗版活动，令其停业整顿，收回书报刊印刷许可证。1996年，对全市所有具有出版物承印资格的印刷厂实行守法经营目标管理。1999年，印发《淮阴市印刷业清理整顿实施方案》，先后依法取缔近百个集体、个体性质的无证、无照或证照不全、违规经营的印刷厂。至当年年末，全市的印刷企业数量为554家，实现工业产值约1亿元。

2000年后，淮安市重点扶持包装装潢印刷业，提升印刷装备水平，提高印刷质量，印刷业规模不断扩大，多户投资额超过1000万元的印刷企业落户淮安，逐步成为新的经济增长点。2001年，全市有126家不符合条件的印刷企业被注销登记。2002年，全市无证经营印刷企业大部分被取缔，证照不全印刷企业得到整改，一批被列入目录的落后印刷工艺和设备被淘汰，重新登记颁发印刷经营许可证的企业324家，压缩企业261家。2003年11月，市印刷行业协会成立，有单位会员109家、个人会员228名。至当年年底，全市有各类印刷企业338家，其中出版物印刷企业12家（中外合资印刷企业1家）、专项印刷企业4家、包装装潢印刷企业63家、其他印刷企业145户、复印打印企业114家；印刷企业总注册资本3.4亿元，总资产5.1亿元，当年工业总产值6.5亿元。

2004年，全市报批18家印刷企业，总投资1亿元，其中由H.D国际集团（泰国）有限公司投资兴建的淮安赫德兹彩色印刷包装实业有限公司落户淮安经济开发区，该项目总投资200万美元，注册资本140万元，为淮安市首家外商独资印刷企业。当年全市印刷企业增加到388家，年创工业产值8亿元。

2005年，淮安市制定《淮安市新闻出版业"十一五"发展规划》，明确全市出版产业"十一五"发展目标和政策措施，将出版业培育作为新的经济增长点。是年，在全市开展印刷业专项整治行动，吊销7家印刷企业的出版许可证，限期整改9家印刷企业，查处4起违法广告印刷和4起假标识、假商标印刷案件。当年，全市有印刷企业391家。2006年，全市新批准设立印刷企业25家，新增注册资本4000万元。2007年，全市印刷企业增加到445家，新增注册资本5000万元，深圳劲嘉有限公司与淮阴卷烟厂联合投资1亿元的大型印刷企业——江苏劲嘉印刷材料包装有限公司在市经济开发区成立。是年，全市印刷工业产值达到11亿元。

至2008年年末，淮安市有印刷企业456家，其中出版物印刷企业9家、包装装潢印刷企业100家、专项印刷企业6家、复打印企业209家、其他印刷企业132家。其中，国有企业5家，集体企业21家，个体私营企业235家，中外合资及外资企业3家，有限责任公司129家（依据印刷业登记分类标准）。包装装潢印刷企业发展成为全市印刷工业的主力军，涟水县和楚州区宋集镇成为药品包装装潢印刷基地，洪泽县成为纸箱包装印刷基地，楚州区施河镇成为教具包装印刷基地。骨干企业有江苏劲嘉新型包装材料有限公司、淮安秉信纸业有限公司、江苏淮阴新华印刷厂、江苏农垦机关印刷厂有限公司等。全市印刷工业注册资本6亿元，资产总额7.5亿元，实现工业产值12亿元，利税1.1亿元。

第二节　企业选介

一、江苏劲嘉新型包装材料有限公司

该公司位于淮安经济开发区海口路，是由深圳劲嘉彩印集团有限公司、香港东方英萨特有限公司、江苏淮阴华新集团有限公司于2006年共同投资兴办的合资彩印包装制品生产企业。总投资额2.4亿元，注册资本6000万元，主要生产设备均从国外引进，整体装备水平位于国内同行业前列。公司具有设计、制版、胶印、丝印、凹印、上光、盒型打样、烫金、凹凸、模切等多工序生产能力，能够满足不同行业和产品对彩印包装制品的要求，主要从事高档精品香烟、酒类包装装潢产品的开发、设计及印刷。2008年，该公司有员工150余人，实现工业产值1.2亿元，利税1500万元。

二、淮安秉信纸业有限公司

该公司位于淮安经济开发区富士康路，为2005年投资兴建的专业生产，销售中高档纸制品及

包装，注册资本435万美元，投资总额870万美元。该公司拥有台湾宝旺2.2米高速平板生产线、长声5色印刷机、全自动糊盒机、微电脑纸箱抗压试验机、微电脑环压强度试验机等先进设备，并通过ISO 9001质量保证体系和ISO 14001环境管理体系认证。2008年，该公司占地面积4万平方米，有员工300余人，实现销售收入1.57亿元、利税2000余万元。

三、江苏淮阴新华印刷厂

该工厂位于市区淮海北路，兴建于1965年，1983年12月成为省新闻出版局直属印刷厂。20世纪90年代，该厂承印的课本连续20次在江苏省质量评比中获奖；获得国家新闻出版署颁发的1996—1997年度和1998—1999年度书刊印刷优秀质量企业铜奖，跨入全国前15名行列。1999年，又获得印刷优秀质量企业银奖。2003年9月，该厂被划归属地管理，隶属于淮安市经贸委。同年，该厂通过ISO 9001:2000质量管理体系认证。2008年，该厂承印的《中华大典·文学典·魏晋南北朝文学分典》获2007—2008年度中华印制大奖“优秀作品奖”。至2008年年底，该厂占地面积1.77万平方米，总资产1.2亿元，有员工371人，拥有完整的制版、印刷、装订等全部书刊印制工艺的加工设备和制作技术，主要承担人教版中、小学教材在江苏省的印制，年生产能力为书刊印刷30万令、彩色印刷140万色令、书刊装订40万令、商标印刷5000万印。当年实现工业产值4304万元、利税600万元。

四、江苏农垦机关印刷厂有限公司

该公司位于淮安经济开发区青年西路，前身是成立于1970年的淮阴农垦印刷厂，隶属省农垦局。1998年，该厂改制为股份合作制企业。2007年起投资建设新厂，2008年更名为江苏农垦机关印刷厂有限公司。是年11月，通过ISO 9001:2008国际质量管理体系认证。2008年，该公司占地面积1.35万平方米，建筑面积7137平方米，有员工58人，拥有各型国产、进口印刷设备40余台，主要承接书刊、防伪票证的印刷以及其他纸品商务印刷业务，是江苏省财政票据定点印刷企业。当年实现工业产值1900多万元、利税150万元。

五、淮安淮海印务有限公司

该公司位于淮阴区工业园区，前身是建于民国29年（1940）的中共苏皖区党委机关报《人民报》印刷厂，1941年11月更名为淮海印刷厂，主要任务是印刷《淮海报》。1951年，淮海印刷厂迁至清江浦西大街。20世纪70年代，该厂购进双色胶印机，印刷产品向中高档发展，承印出口产品商标。1978年后，在淮三路兴建南分厂。1984年，引进日本先进生产设备，生产能力和产品档次发生质的飞跃。1987年，有职工672人，有设备200余台，固定资产734万元，占地面积1.85万平方米，年工业产值1101万元，实现利税138万元。印刷产品获省优质产品奖、全国优秀产品奖、华东优秀产品奖等。20世纪90年代，因为资金短缺、设备老化、负担沉重等原因处于艰难境地，生产时断时续，亏损严重。2000年，该厂被列为省政府重点扭亏的国企，于当年9月扭亏为盈。全年实现工业产值2657万元，销售收入2497万元，利税150万元，利润11万元。2001年，效益下降，完成销售收入2111万元，利润仅6万元。2002年，淮海印刷厂改制为股份制企业。2003年，成立淮安淮海印务有限公司，迁至清浦区城南乡，后又迁至淮阴区工业园区。该公司经营范围包括出版物、包装装潢印刷品排版、制版、印刷、装订，其他印刷品排版、制版、印刷、装订、打印等。2008年，该公司运营状况不佳，陷于停产半停产状态，拥有员工50人，当年实现工业产值88万元。

·淮安市志·（1978—2008）

第二十五卷 商贸流通 服务业

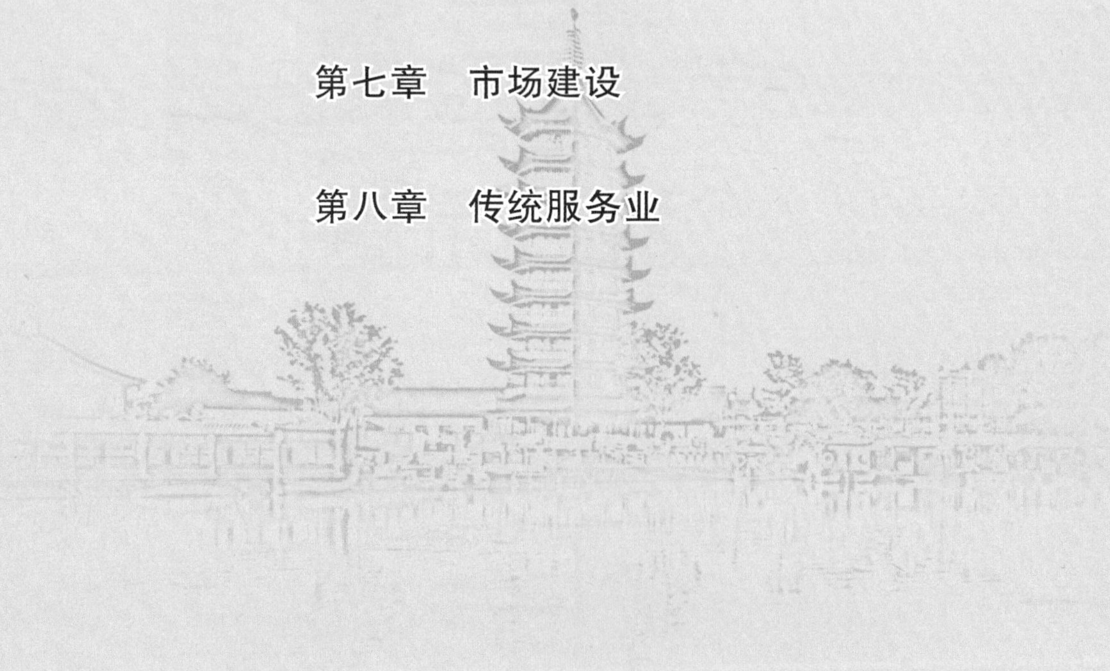

1978年，淮阴地区商贸流通体系主要是城镇的国营商业系统与农村的供销社系统，主要商品均为计划供应，城乡供应数量差别很大。其中，粮油执行“征购基数稳定几年不变，超购任务一年一定”的政策，农业生产资料经营“只对集体，不对个人”。服务业有少量国营或集体饭店、旅馆、洗浴及个体理发、修理等行业。

20世纪80年代初，开始实行商品分工、城乡通开的新体制。市、县（区）供销社纷纷进城；国家允许个体户、私营企业、集体商业经营小商品批发业务，实行部分商品产销结合。1985年，国家取消粮食统购，实行合同定购，与农户签订合同；个人经营化肥等农业生产资料不断增多，供销社独家经营的格局渐被打破；商业部门管理的日用工业品计划品种不断缩减，1991年全面放开。随着商品生产的大发展，国营商业系统、供销社系统不断扩大经营规模，城乡各类集贸市场迅速发展。城乡个体户大量出现，促进第三产业大发展。商品生产催生广告业，美容美发变成时尚。

20世纪90年代，淮阴市委、市政府提出“建市场、搞加工、兴城镇”三位一体发展战略，确立市场在个体私营经济发展中的龙头地位。全市商业系统全面推开经营、价格、分配、用工等“四放开”改革，零售企业实行“双层经营、柜台承包”，转换经营机制。印发《关于加快发展城乡集贸市场的意见》。1993年开始，国有商业企业以产权制度改革为突破口，进行多种形式改革试点，商业系统首家股份制企业——清江商场股份有限公司挂牌运营。粮油价格和经营全面放开，粮食购销完全由市场调节。粮食系统实行经营承包责任制，实行风险抵押，“双层经营、柜组承包”。商业系统全面推行生活资料门市柜组一次性抽本承包经营，农资市场完全放开，供销系统农资专营则被个体私营企业取代，全市基层供销社农资门市部承包给个人经营。国营、集体经营的服务业基本退出市场，改由个体与私营企业经营，搬家、家庭帮办、服装干洗等新型服务业态出现。1995年后，日用工业品市场全部放开。

20世纪90年代末到2004年，全市商贸流通企业进行全面的产权制度改革，组建符合现代企业制度的新公司。基层以综合服务社逐步替代供销社的功能。同时，出现大量超市、专卖店、连锁店等新业态；物资经营全部改为股份制、私营和个体户经营。随着企业改制，职工自立门户、自主就业，出现职业介绍、护工、保姆、月嫂、钟点工、保洁、房地产中介等新业态。

2005年，淮安市政府确立“一主两核”“七区四副”以及商业特色街、乡镇（社区）商业点等商业网络体系框架。2008年，全市商贸流通系统的企业改制全部完成，利用股份制、有限责任公司等现代企业制度建立起来的企业，成为全市商贸流通企业的主导力量。至2008年年末，全市有日用品商贸公司2980家，资产总额93亿元，实现营业收入160亿元，其中销售过亿元商贸公司26家，实现营业收入107.82亿元；市区有大小超市580家、各类专卖店510个。

第一章　流通体制改革

第一节　商业流通体制改革

1978年，淮阴地区国营商业主要商品均为计划供应，其中商业部门管理的日用工业品计划商品有274种。1979年起，逐步进行商品流通体制改革，以市场为导向，主要是缩减计划商品种类与改进购销形式。1981年开始，全市商业部门取消单一的统购包销形式，代之以统购统销、计划收购、订购、选购等形式，后来发展起代批代销、联购联销等多种形式。同时，调整国营、合作商业的分工和商业所有制结构。

1982年，国家提出改革工业品流通按城乡分工的体制，实行商品分工、城乡通开新体制，打破城乡分割局面，市区和各县供销社在日用工业品流通领域与国有商业平分秋色，成为国有商业主要竞争对手。与此同时，继续缩减计划商品种类，经过多次调减，到1982年减少到39种。

1983年，国家明确集体商业是社会主义商业的基本形式之一，可以从事批发业务，允许个体、私营企业经营小商品批发业务，打破国有商业单一渠道格局，实行部分商品产销结合。取消“三固定”批发方法，在放宽对三级批发站和零售商店外采限制后，全市商业部门实行新改革，提出只要经济合理，在批发企业之间、批零之间、工商之间都可建立供销关系，打破按批发层次供货的限制。此时，依照产销合一的原则，重组烟草、石油、医药、纺织等批发企业管理系统。

1984年，国务院批转商业部《关于当前城市商业体制改革若干问题的报告》，提出把原属省公司管理的二级站下放到所在城市，与市公司合并，组成批发公司，由地方政府管理。原属省公司管理的淮阴市二级站下放到市商业局管理。与此相适应，改变以商业内部分层次倒扣作价办法，实行以批发价为基础，按批量作价或协商作价的办法。

1985年1月，针对国家计划收购产品大量减少、工业自销产品范围和规模迅速扩大的新情况，商业部门逐步改进购销形式，组织建立贸易中心和批发市场。市政府批准成立淮阴市工业品贸易中心。从此，除少数紧缺消费品外，非计划商品和部分计划内商品都可以在贸易中心和批发市场自由购销。1986年，对已经放开的商品，实行由企业自主作价。

1989年，继续缩减计划商品种类，商业部门管理的日用工业品计划商品减少到3种。1991年，商品市场全面放开。

1992年，进行国有商业企业内部改革，全市商业系统全面推开“四放开”，即在企业经营、价格、分配、用工4个方面进行改革，转换经营机制，增强企业活力。在企业经营上，除国家规定实行统购、统配、专营专卖和定点销售的商品外，商业企业都可根据市场需要，在主营范围内从事经营活动。企业经营范围以外的一次性购销，采取临时办理报批手续办法进行。此后不久，这一限制也被取消，除极少数国家规定的商品以外，企业可完全按照市场需求，自主开展经营活动。在价格上，存在国家定价、国家指导价、市场调节价3种形式。对国家指令性价格，企业必须严格执行；对指导性价格，重点是控制两头，即对重要农副产品实行最低保护价，对一些重要商品实行最高限价；对市场调节价，合理拉开档次，奖优罚劣。在分配上，企业按照自身经济效益和职工劳动贡献自主分配。在用工上，试行全员劳动合同制，按照平等竞争、优胜劣汰的原则，实行优化组合，同时淡化干部和工人的界限。

1992年12月，市政府批转市商业局、市供销社《关于在全市国有商业零售企业全面实行“双层经营，柜台承包”的意见》，零售企业实行“双层经营、柜台承包”。从此，柜台承包工作在淮阴市全面推开，经营层承包柜台自主经营，管理层除了搞好综合管理、协调服务外，还开展多种形式的创收活动。

1993年开始，推行企业改制、改组、改造。国有商业企业以产权制度改革为突破口，进行多种形式改革试点。是年8月，市商业系统首家股份制企业——清江商场股份有限公司挂牌运营，标志着全市国有商业企业改制进入新阶段。之后，市商业系统采取多种形式，对原有国有商业企业进行改造、改组、改制，成立一批股份制或股份合作制企业，组建淮阴糖烟酒集团、淮阴县食品集团和涟水县食品集团总公司。国有批发企业改革由浅入深，由点到面，广泛推动划细专业、单体承包、批零兼营以及多角经营等，还通过租赁、兼并、拍卖等形式，放开搞活一批困难企业。

1999年起，对全市商贸流通企业进行全面的产权制度改革，按照“改革彻底、解困有效、走人有序、发展可待”的目标，围绕“国有、集体资产最大限度地退出，鼓励骨干、经营者持大股，建立企业新型劳动关系”3个重点，提出深化改革必须做到“四到位一保障”，即企业产权转让到位、职工劳动关系调整到位、国有土地处置到位、内部机制转换到位，建立完善社会保障体系的工作要求。新亚集团与南京中央商场实现联合，清江商场改组为新清江商场股份有限公司。申淮、方兴、兴贸等定点屠宰场全面改制，通过招商引资，新成立淮安苏食肉品有限公司。

到2008年，全市商业、物资等流通系统企业改制工作全部完成，国有流通企业采取出售、实行股份制等方式退出国有序列，市直本级商贸流通改制企业在产权关系、职工劳动关系、股本结构优化集聚等方面的改革取得突破性进展。以股份制、有限责任公司等现代企业制度建立起来的企业，成为全市商贸流通改制企业的主导，企业股本结构得到优化；职工与企业建立新型劳动关系；经营者持股比例由原来的2%上升到15%以上，体现股权集聚、经营者持大股的目标。

第二节　粮油购销体制改革

1979年起，国家大幅度提高粮食收购价格。当年夏粮上市时，粮食统购价格提高20%，超过征购基数的部分实行加价收购，由原来加价30%改按统购价加价50%，提价后平均每50公斤粮食由10.6元提高到12.74元，提高20.1%。调减粮食征购基数，开展议购议销，逐步恢复和发展议价经营和集市贸易。

1983年起，取消油菜籽合同定购，改为市场指导性计划收购，计划内按保护价每50公斤81元收购，计划外随行就市。1985年，国家取消粮食统购，实行合同定购。合同定购价按照倒“三七”比例（即三成按统购价、七成按超购价）计价，对合同定购的红小麦按“倒四六”比例（即四成按统购价、六成按超购价）计价，平均每50公斤46.8元，停止奖售和以油换粮。退出定购的品种以及完成合同定购的粮食参与市场调节，实行多渠道经营，由此形成粮食商品流通双轨制。1985年起，改为合同定购，合同定购内实行40%按统购价，60%按超购价。

1987年起，对合同定购内收购的粮食，实行“三挂钩”，每缴售50公斤稻谷，供应7公斤平价尿素；每缴售50公斤小麦，供应5公斤平价尿素和1.5公斤平价柴油，并发放预购定金。继续实行以工补农政策。是年，合同定购计划按上年15.74%比例调减。1990年起，建立国家专项储备粮制度，油菜籽敞开收购。

1993年，国家实行保量放价、购销同价政策，粮食价格和经营全面放开，粮食购销完全由市场调节。1995年，市粮食系统实行经营承包责任制，实行风险抵押，“双层经营、柜组承包”。全市承包门店1061家，产权制度改革逐步推开。全市成立股份有限公司16家、股份合作制企业9家、租赁承包企业119家、国有民营公司78家。

1996年，全市各级粮食部门抓好政府性业务和商业性经营“两条线”运行试点和粮油连锁经营试点工作。清河区粮食局承担连锁经营工作试点，当年11月下旬，第一批试点的4家粮油连锁店在市区开业，运行良好。1998年，全市国有粮食部门实施常年“敞开收购”农民余粮重大改革，严格执行顺价销售政策。是年，全市销售粮食43.8万吨，出口大米5万吨。收购资金封闭运行，中国农业发展银行淮阴分行拨贷款7.4亿元，全部用于夏秋两季粮食收购。与此同时，粮食企业自身改革加快进行，重点是下岗分流、减员增效、降低费用。

2000年，全市全面取消粮油收购计划，放开粮油收购价格，开放粮油收购市场，符合条件的多种所有制经济主体经核准后都可从事粮油收购。市、县（市、区）粮食局在抓好自身机构改革并按计划基本完成任务的同时，重点抓好粮食购销市场化改革和企业改制，以改革促发展。2002年4月以后，对全市186家国有粮食购销企业进行改制，涉及2000多名职工。2003年，全市粮食系统确立清浦区城南粮管所、涟水县陈师粮管所等14个单位作为产权制度改革试点单位。各县（区）也通过多种方式对国有粮食购销企业进行产权制度改革，其中联合兼并16家、出售转让2家。2004年，对人员过剩、核算体制不顺、责权不明的购销公司，进行二次改革，搞好人员身份置换，确立核算体系，明确责、权、利。楚州区32家粮食购销企业签订第三轮租赁承包经营合同，落实国有资产保值增值责任。涟水县粮食局组织4个资产核资工作组，对34家购销企业全面清查、考核，进一步理顺职工劳动关系，全县重新置换职工身份1000余人，完善购销企业改制。

2008年，全市粮食部门理顺职工劳动关系11992人，占职工总数的89%，返聘上岗2740人。全市粮食购销企业职工参加养老保险率97%，参加失业保险率96%，参加医疗保险率45%。对终止劳动关系的职工，按政策给予经济补偿金和一次性安置费，并纳入地方社会保险范畴。陈化粮全部处理完毕，没有发生倒买、倒卖陈化粮现象。全市政策性亏损挂账金额7.48亿元，达到“摸清家底、核实总额、分清性质、明确责任”的目的，减轻企业负担，国有粮食购销和企业经营状况有明显改善。

第三节　供销体制改革

1978年12月，淮阴地区供销社和商业局分开办公，成立供销合作联社，下设政秘科、计划业务科、财务物价科、副业科，后又成立基层工作科，下属公司有棉麻公司、农业生产资料服务公司、土产公司、果品公司、日用杂品公司及废旧物资回收公司。设立供销干训班，并于1979年筹建恢复淮阴供销学校。1984年，成立淮阴市农副产品贸易中心，原土产公司、果品公司、粮油副食品公司隶属其领导。

1984年1月，淮阴市供销合作联社召开第一届社员代表大会，审议和通过市供销社《工作报告》《财务状况报告》和《淮阴市供销合作联社章程（草案）》，选举市联社的理事会、监事会。1989年11月，市供销社召开第二届社员代表大会，修改《淮阴市供销合作总社章程》，调整市供销社领导体制，即撤销原来的理事会、监事会，设立社务委员会，管理供销社社务。

1993年4月，淮阴市供销社（集团）总公司成立，与市供销合作总社实行“一套班子，两块牌子”，总经理由主任兼任。市供销社机关兴办实体，从事商品贸易业务，实行独立核算，主要有市供销物资公司、市茂源工业品公司、市农副产品公司、市苏北工业原料公司等。至1996年，这些公司基本上被撤并。

1995年，市直供销企业实行“专业划细、经营范围划宽、核算划小、奖惩到人”的办法。在经营方式上，除了抓好零售业务外，还争取名特优商品总经销、总代理等。改革县以下供销企业，在进一步完善“双层经营、柜组承包”的同时，对连年经营滑坡、扭亏无望的企业，进行企业兼并尝试。1997年，全面推行生活资料门市柜组一次性抽本承包经营，80%的基层供销社生活资料门市柜组实行一次性抽本承包。

1998年，把创办专业合作社作为深化改革的突破口，在淮阴县丁集乡创办蔬菜专业合作社，在县级淮安市苏嘴和金湖县银集、唐港等地创办棉花合作社。另外，推广发展连锁超市。当年年末，全市供销系统开办连锁超市13个，其中市直企业7个。

2000年，市物资回收公司和日用杂品公司开展改制工作。通过建新租旧形式，由职工筹资入股，注册成立供销物资回收有限责任公司。市日杂公司将原来的烟花鞭炮经营单独切出，由职工自由组合入股，注册成立烟花鞭炮专营有限公司。当年年末，全市供销系统县属企业和基层社中实行股份制或有限公司改制的有22个。涟水县引入私营企业经营机制，将基层供销社经营权卖给个人，买断经营；清浦区将原隶属城南供销社的市第一复合肥厂进行模拟股份形式改制，自筹资金、自由组合、自主经营、自行分配；金湖县供销社加大劳动用工制度改革力度，对企业实行定岗定员，人员择优录取、聘用。

2001年起，市供销总社所属公司开始由浅入深地进行体制改革，分别通过破产、优质资产剥离、靠大靠外、建新租旧等多种形式，进行置换产权、置换职工身份的“两置换”改制。改制后，组建符合现代企业制度要求的新公司，新亚集团加盟南京中央商场，由南京中央商场控股，市供销社股份部分退出。此外，组建淮安市棉麻有限公司、市物联再生资源有限公司、市清江农资有限公司、市茶叶公司、市供销烟花鞭炮专营有限公司等。2004年，按照全国供销总社“四项改造”精神，进一步推进市属企业改制，因地制宜，探索体制变革和机制创新的新途径和新模式，重点开展“双置换”改制。至2004年年底，全市供销系统7861名职工置换身份，支付安置费和补偿金6290万元，以综合服务社逐步替代供销社功能。同时，对市直10家企业进行产权制度改革，7家规模较大、困难较多的企业也完成改制任务，理顺2061人的劳动关系。

2005年起，全市基层供销社进行公司化改造15家，整体改制成为农业综合服务社20家。全市农资经营企业拓宽渠道、巩固资源、开辟商路，组织大批人员外出采购，保证农业生产需要。开放办社，扩大为农办社规模，全市新建为农综合服务社125个。做好改制企业资产管理，提高资产利用率，完成4处仓库、房产拆迁工作，解决遗留问题。筹集资金3500万元，对社有资产管理体制进行调整，成立资产管理办公室，负责剩余资产集中统一管理。各县（区）供销社按照“成立会计中心、统一收支、分级管理”模式，完善会计核算体系，增强财务费用收支计划性和管理可操作性。2007年下半年开始，通过投资入股，吸收当地有影响和实力的企业加盟供销社系统，共同参与农村新型商品流通网络工程建设。至2008年年底，先后有江苏商联超市有限公司、淮安广济医药连锁有限公司、江苏海隆国际贸易公司、千村植保种业有限公司、江苏老侯珍禽食品有限公司与市供销社签订合作协议。

第二章　日用品与副食品购销

第一节　五金交电

1978年，淮阴地区五金交电商品由各县商业局按计划分配，清江市五交化公司划分为五金、交电、化工3个专业公司进行购销。市区专卖公司有位于北门桥旁的市五化交公司、城南公园旁的清江百货公司、淮海路上的淮海百货公司。1984年，市五化交公司原属省公司管理的二级站下放到所在城市，与市公司合并，组成批发公司，由地方政府管理；原属省公司管理的淮阴市二级站下放到市商业局管理。后国家计划收购产品大量减少，工业自销产品范围和规模迅速扩大，市商业部门逐步改进购销形式。当时主要销售自行车、洗衣机、铁钉、铁丝等700多种五金交电产品。

1985年1月，市政府批准成立淮阴市工业品贸易中心，除少数紧缺消费品外，非计划商品和部分计划内商品都可以在贸易中心和批发市场自由购销，主要五金交电产品有自行车、洗衣机、电风扇、电冰箱、收音机等5200多种。1986年，市区上海路出现自行车买卖一条街。1991年以后，市政府又在市区大治路东首建设五金市场，占地面积2万多平方米，有1000多个摊位。1992年，商业流通体制改革，打破专业公司界限，出现专业商店、股份制公司。到2008年，全市有经营五金交电产品企业1028家，年营业额超过100亿元。

第二节　纺织服装

1978年，淮阴地区纺织产品有白粗布、7266白土布、19040漂布等，销售到全国20多个省、市。1983年，市区有棉布零售网点14个，其中国营综合商场设有纺织品部6个、国营专业棉布商店2个、集体所有制棉布商店1个、供销社门市部棉布专柜5个。

1986年起，允许个体、私营企业经营批发业务。是年下半年，市区上海路出现800米长的服装商品批发一条街。1990年，市政府在大治路东段建起丝绸纺织品批发市场，当地人及周边市县客商统称其为淮阴布匹市场，租赁铺面经营者中约三分之一为涟水县灰墩乡人。该市场年销售绸缎300万米、棉花化纤混纺布200万米、呢绒120万米。1994年，日用工业品购销全部放开，纺织服装业进入购销高峰期。

2000年，全市有纺织服装门市1400多家，销售额37亿元。2008年，全市有购销纺织服装门市5000多家，商场、超市都设立服装柜台。

第三节　蔬　菜

1978年，淮阴地区蔬菜购销主要由县（区）蔬菜局或蔬菜公司调拨供应，亦有少数农民在集镇摆摊销售自产蔬菜。1992年，除国家规定实行统购、统配、专营专卖和定点销售的商品外，商业企业都可根据市场需要，在主营范围内从事蔬菜副食品购销经营活动。企业经营范围以外的一次性购销，采取临时办理报批手续办法进行。在价格上，存在国家定价、国家指导价、市场调节价3种形式。

1992年起，国家逐步放开市场，市政府提出建立以生产速生叶菜为主的无公害蔬菜基地，蔬菜自由购销。1994年，市场全部放开，购销自由，价格随行就市。

2004年，经过省无公害农产品认定委员会认定，全市有无公害蔬菜生产基地面积4.93万公顷。有农业部农产品质量安全中心认定无公害蔬菜产品143个，制定蔬菜质量标准和生产技术规程49个，其中省地方标准3个、淮安市地方标准28个、企业标准18个。全市基本形成国家标准、行业标准、地方标准、企业标准覆盖齐全、内容规范的质量标准体系，建成市级蔬菜标准化生产示范区7个。

2008年，全市有蔬菜加工企业13家，产品有保鲜蔬菜、速冻菜、脱水菜和盐渍菜等，加工总量占生产量的1%左右。加工产品以外销为主，外销到美国、俄罗斯、日本、韩国等10多个国家。全市建有大中型蔬菜批发市场13个，其中市区4个、各县（区）9个；有乡镇级蔬菜批发市场8个。有县级蔬菜集贸市场67个（其中市区24个），乡镇级蔬菜集贸市场371个，并活跃着数以万计的运销大户和农民经纪人队伍，产品销售到全国20多个省、市。

第四节　副食品

一、肉类购销

1978年，淮阴地区肉类购销全部由市、县食品公司经营，生猪购销、宰杀全部定点并严加管理，销售凭票供应。1992年，全市猪肉购销量128896吨，牛肉购销量2300吨，羊肉购销量6214吨。1994年，全市猪肉购销量168785吨，牛肉购销量3197吨，羊肉购销量11375吨。1998年，全市猪肉购销量161231吨，牛肉购销量10263吨，羊肉购销量13568吨。1999年后，由于生猪饲料价格不断上涨，农民养猪积极性降低，生猪或猪肉大多数从山东、河南调拨。由于淮扬菜的影响越来越大，全市牛羊肉购销出现供不应求局面，大多数从安徽、山东、河南、内蒙古等地购买。2000年，全市购销猪肉189880吨、牛肉11800吨、羊肉15679吨。2005年，全市购销猪肉299881吨、牛肉16000吨、羊肉16679吨。2008年，全市购销猪肉267750吨、牛肉18750吨、羊肉18023吨。

二、禽蛋购销

1978年，淮阴地区禽蛋主要从农民手中收购，部分从农场收购，按计划供应城镇居民。1983

年后，市委、市政府把家禽养殖当作大事来抓，在乡村培育养禽大户，为禽蛋购销提供充足的货源。1986年，禽蛋实行议价收购，经营放开，市场活跃，全市购销禽蛋1812吨，其中外调800吨。1991年，全市购禽蛋3850吨，其中外购850吨。1998年，全市购销禽蛋3958吨，其中外购760吨。2005年，全市农户养禽积极性提高，创办万只以上家禽养殖场46个，产蛋7896吨，外购1000吨，销售8896吨。2008年，全市购销禽蛋1.1万吨，其中外购2000吨。

三、水产品购销

1978年，淮阴地区水产品收购由各水产公司负责，按计划供应城镇居民。1986年，水产市场放开，水产品除当地养殖外，还从外地调拨，全年购销32568吨。1990年，全市实施“里下河地区水产开发”“黄河故道水产开发”项目，实施国家商品鱼基地建设项目。1991年，水产品购销总量69362吨。1998年，水产品购销205728吨。2000年起，全市水产业进入蓬蓬发展期。2008年，全市水产基地总面积7.03万公顷，建成无公害水产养殖基地2.03万公顷，创建无公害水产品牌48个，水产品购销总量26.03万吨。

第五节　医　药

1978年，淮阴地区药品与医疗器械由淮阴医药采购供应站负责购销。1983年，淮阴医药采购供应站下放地方，隶属淮阴市化工医药工业公司，同年撤并清江医药商店。

20世纪90年代初，全市药厂、药店开始经营体制改革，出现股份制药厂、股份制医药公司和个体药铺，零售、批发均有。1993年，全市有股份制药厂8家，医药购销公司及门市部78家。

2008年，全市有广济、天颐、民生、健宁等股份制医药购销公司13家，有门市部378家，每个乡镇有药店3～4家，方便群众购药。

第三章　粮油购销

第一节　粮油收购

1978年，淮阴地区执行“征购基数稳定几年不变，超购任务一年一定”的政策，增产必须增购，重灾适当减免，适当增加储备。1979年夏粮上市时，国家调整粮食统购价，在原基础上提高20%，超购加价由高于统购价的30%提高到50%。

1985年，取消粮食统购，改为合同定购。定购实行固定比例计价，定购以外的实行保护价和自由购销；将超购加价改为按比例计价；农村粮食销售实行购销同价，取消奖售粮，缩小计划购销范围，扩大市场调节范围。合同定购是指令性计划，正常年景保证完成，遇到重大灾害，经省批准后减免，定购任务落实到各乡、村，逐户签订合同。

1988年起，粮食购销转变为省对市全额包干，主要内容是定购包干、销售包干、调入包干、油脂收购包干、粮食库存包干、财务包干。1988—1990年，一定三年不变包干。1991—1992年，一定两年包干。执行五年“两包”政策后，粮食购销实现根本性转变。1992年，全市完成省下达粮食定购任务51.07万吨。

1993年起，放开粮价，放开经营，拉开粮食购销体制改革序幕。实行两条线运行，明确粮食事权，定购粮任务实行责任考核。1994年，全市完成粮食收购61.15万吨，其中粮食定购41.8万吨、粮食议购19.35万吨；粮食销售32.5万吨。

1995年，粮食收购受资金紧缺影响，收购难度较大。各级粮食部门千方百计融通资金，自筹资金。开展收购突击旬、突击周活动，加快入库进度。粮食收购入库73.51万吨，其中定购入库41.66万吨，完成省下达计划；油料收购入库3.5万吨。生产饲料65.59万吨，为全省之冠，比1994年增长11.2%。全市夏粮收购于当年6月22日完成任务，秋粮收购量名列全省第三。

1997年，全市粮食收购入库86.49万吨，其中定购入库41.53万吨，帮助消化吸收当年粮食增产部分的82%；生产饲料33.6万吨。全市腾并仓容20万吨，新搭露天囤1302个，存粮15万多吨，保证入库粮能够放得下、保得好。市粮食局分7个组抽查14个粮管所，查保护价收购小麦1.32万吨，统仓化验均价66.97元/50公斤，实付均价66.29元/50公斤，符合国家规定的误差标准。对7月低价收购的6.4万吨小麦，逐户登记，一律补足保护价，共补金额2156万元。1998年，全市收购粮食85.6万吨，其中保护价粮36.36万吨，名列全省第一。

2001年，全市收购粮食61.42万吨，销售粮食70万吨，基本实现购销同步。全市粮食部门落实订单粮油1.76万公顷、6.5万吨，市新丰面粉厂在洪泽县朱坝、三河两镇订单收购小麦2万吨。洪泽县岔河米厂订单收购武育粳稻谷2万吨，为生产国家A级绿色食品“岔河”牌大米解决粮源问题。盱眙县金汇食品有限公司在官滩等6个乡镇落实订单收购花生6667公顷、2万吨。全市库存粮食103万吨，基本达到安全储存要求。加强安全储粮检查，全市基本消灭易燃草帘、折席露天囤。

2002年，全市收购粮食60万吨。2003年，全市收购粮食32.5万吨，超额完成全年目标任务18%以上。全市销售粮食34.9万吨，超额完成省下达任务的77%，其中小麦18.5万吨、稻谷16.4万吨。从2003年4月起，采取移库、集并等方式，腾并仓容24万吨，保证农民出售粮食能够分品种、分等级收储，收得进、储得下。

2004年，全市粮食企业收购量占农民余粮的70%以上，其中订单收购17.7万吨，占入库总量的33%。夏粮收购每公斤白麦1.4～1.44元、红麦1.44～1.48元，每公斤小麦收购价格比2003年高0.46元左右，农民增加收入1.6亿多元。2001—2005年，全市共收购粮食350万吨，其中小麦204万吨、稻谷146万吨，占全社会粮食商品量的65%以上。

2006年，全市国有粮食企业收购粮食100.8万吨，比2005年增加28万吨，其中小麦收购83万吨；销售粮食51.5万吨。2007年，全市国有粮食企业收购粮食111万吨，其中小麦托市收购68万吨，收购量列全省前列。自营收购23万吨，稻谷收购20万吨。粮食订单完成26.7万吨，完成地方储备粮轮换任务3.5万吨。2008年，全市有粮食企业268家，其中国有粮食购销企业156家，粮办工业企业112家。粮食购销量约300万吨，正常粮食库存80万吨，年收购量占全社会粮食商品量的60%以上，承担国家和地方粮食储备63万吨。

1978—2001年淮安市粮食收购情况表

表25-1　　　　单位：吨

年份	收购总量			政策性收购			议价粮收购		
	合计	小麦	稻谷	合计	小麦	稻谷	合计	小麦	稻谷
1978	226666	58681	167985	222414	57737	164677	4252	944	3308
1979	326444	170525	155919	308533	160795	147738	17911	9730	8181
1980	343058	172707	170351	308616	153243	155373	34442	19464	14978
1981	421022	192605	228417	390885	185485	205400	30137	7120	23017
1982	479549	210978	268571	418882	199281	219601	60667	11697	48970
1983	729951	313034	416917	694458	304735	389723	35493	8299	27194
1984	966186	454668	511518	963668	453566	510102	2518	1102	1416
1985	878444	451588	426856	784109	420152	363957	94335	31436	62899
1986	878078	395091	482987	719701	322149	397552	158377	72942	85435
1987	932147	474933	457214	590279	302208	288071	341868	172725	169143
1988	809651	378503	431148	546885	238116	308769	262766	140387	122379
1989	789917	294438	495479	646581	255033	391548	143336	39405	103931
1990	898554	376433	522121	821489	348733	472756	77065	27700	49365
1991	492044	170568	321476	371985	112386	259599	120059	58182	61877
1992	619123	333868	285255	510679	282783	227896	108444	51085	57359
1993	696130	339534	356596	213296	97240	116056	482834	242294	240540
1994	611522	293257	318265	418002	205162	212840	193520	88095	105425
1995	735141	328729	406412	416550	168293	248257	318591	160436	158155
1996	692895	326987	365908	407313	158579	248734	285582	168408	117174
1997	864938	451943	412995	415290	167536	247754	449648	284407	165241
1998	855997	336106	519891	363612	146620	216992	492385	189486	302899
1999	1074170	666159	408011	939215	577576	361639	134955	88583	46372
2000	982034	474894	507140	661768	344646	317122	320266	130248	190018
2001	614207	364523	249684	416260	288484	127776	197947	76039	121908

第二节　粮食销售

1978年，淮阴地区粮食销售有面向城镇户口居民的定量销售，面向渔民等户口的定销销售，面向农民的返销销售，还有军用粮、工业用粮等多种形式销售，均为计划销售。此外，还有少量议价销售。1986年，在议价经营中，采取与外地联营、购进原料加工成品粮等多种形式销售，议价粮油作价办法也相应改变。1988年，粮油经营单位自定议价粮油销售价格，全市销售议价粮食

10.38万吨，议价食油9952吨。是年起，连续3年，在国庆节、元旦、春节三大节日前开展让利销售议价大米和食油活动。

1989年，根据省、市政府指示，粮食部门控制议价粮油零售价涨幅，使议价粮油价格逐月回落。1990年，疏通购销渠道，加强推销力量，坚持薄利多销，使议价粮油价格保持较低水平。1994年，政策性销售粮食12.63万吨。此后，粮食市场完全放开，不再实行计划供应，粮食价格全部实行市场计价，议价销售。1997年，全市粮食系统销售粮食7.08万吨。

2001年，国家实行粮食购销市场化改革后，全市粮食部门粮食销售完全实行议价销售，企业自主经营、自负盈亏，经营状况不断好转。粮食购销总量也逐年增加，全市全年销售粮食42.04万吨，基本上实现购销同步。2003年，全市销售粮食75.9万吨，其中小麦50.1万吨、稻谷25.63万吨、其他1662吨。2004年4月29日，淮安市与南京市签订粮食挂钩协议，全年销售64.71万吨。

2005年，全市销售粮食87.01万吨。2007年，全市销售粮食106万吨，其中销售托市收购的小麦66.5万吨。2008年，全市销售粮食161.75万吨，托市收购量、收购总量均居全省第三，实现增产与增收同步。全市售粮农民因小麦品种差价和等级差价调高而增加收入2亿元以上，在全省增幅最大。

1978—1994年淮阴市政策性粮食销售情况表

表25-2　　单位：吨

年份	合计	小麦	稻谷	其他	年份	合计	小麦	稻谷	其他
1978	169030	44529	85251	39250	1987	246251	84419	147756	14076
1979	165414	45702	85065	34647	1988	175805	47344	127156	1305
1980	190044	80693	69049	40302	1989	191901	63335	127974	592
1981	179651	72162	70944	36545	1990	224703	81257	139428	4018
1982	187692	81456	75732	30504	1991	274933	106538	161357	7038
1983	148576	62558	66560	19458	1992	230352	104075	124558	1719
1984	179037	74669	85006	19362	1993	228951	110177	118331	443
1985	282022	91755	121759	68508	1994	126299	48708	76345	1246
1986	261949	98318	141748	21883	—				

1978—2005年淮安市议价粮销售情况表

表25-3　　单位：吨

年份	合计	小麦	稻谷	其他	年份	合计	小麦	稻谷	其他
1978	1129	121	321	687	1984	179037	74669	85006	19362
1979	1591	301	103	1187	1985	282022	91755	121759	68508
1980	2324	226	115	1983	1986	261949	98318	141748	21883
1981	51	1	11	39	1987	246251	84419	147756	14076
1982	63	6	7	50	1988	175805	47344	127156	1305
1983	59	7	50	2	1989	191901	63335	127974	592

续表25-3

年份	合计	小麦	稻谷	其他	年份	合计	小麦	稻谷	其他
1990	11597	7696	2316	1585	1998	108408	70027	35989	2392
1991	25225	6739	16908	1578	1999	134570	58264	76262	44
1992	22011	8777	12860	374	2000	165272	66994	97024	1254
1993	94114	47580	45361	1173	2001	420430	190795	227713	1922
1994	126426	63667	61834	925	2002	726950	471245	253033	2672
1995	76678	34950	39116	2612	2003	759018	501014	256342	1662
1996	45395	20798	23099	1498	2004	647128	373554	267189	6385
1997	78039	34066	35270	8703	2005	870131	624653	239360	6118

第三节 粮油储备

1992年，淮阴市粮食系统粮食总库存105万吨。安排简易仓建设贷款200万元，其中金湖县、洪泽县、清河区各20万元，盱眙县50万元，1605粮库90万元。市粮食局批复县级淮安市粮食局，同意龙潭粮库建简易仓1500吨、城南粮库建简易仓2000吨。1993年，建立省级索赔期粮食储备4万吨，平价粮食周转库存转作市级储备5万吨，由市粮食局管理；拨补秋粮收购简易设施资金89万元。

1997年，将分散在马坝等5个基层粮管所储存的国家专项储备杂交稻谷4010吨，移库到盱眙天鹅湖国家粮食储备库中。1998年，全市粮食库存总量133万吨，为历史最高水平。当年在金湖县召开全系统国库储粮经验交流会，参观4个科学保粮典型。会后，为全市3549个露天囤和7个外租点配齐“三防”（防火灾、防洪水、防霉变）设施。同年8月，市粮食局组织7个检查组抽查42个粮管所、22个粮站安全储粮情况；9月，国家发展计划委员会、国家粮食储备局批复，同意新建平房仓5万吨，核定总建筑面积23982平方米，总投资4024万元，全部由国家财政预算内专项资金安排；12月，淮安二堡国家储备粮库扩建工程动工，扩增仓容2.5万吨，建筑面积7789平方米，总投资1330万元。

2001年年初，根据国务院和省、市政府统一部署，全市粮食部门进行粮食清仓查库。市政府专门成立市清仓查库领导小组，各县（区）也成立相应组织。同年4月，清查任务完成，经中央赴江苏督导组和省政府督查组复查，全市贸易粮账面库存773816吨，实物库存773678吨，账实相符率99.98%，其中国家储备粮和战备粮的账实相符率100%。2002年，按政策做好老库存粮处理工作，处理老库存粮38.5万吨，其中省批发市场拍卖1998年前库存8.5万吨，减轻基层企业负担。当年年末，全市库存粮食93万吨，基本上达到安全储存要求。

2007年，针对国有粮食购销企业仓库严重老化情况，多渠道筹集资金修建仓库，全市投入仓库维修资金1200余万元，维修仓容12.2万吨；投资3500万元，新建一线收纳库8.88万吨，修建盱眙县官滩粮库、涟水县岔庙粮库、淮阴区渔沟粮库等一批新的中心粮库。完善基层粮库配套设施，仓容在1.5万吨以上粮库配备自动装卸工具，仓容40.8万吨的装备环流熏蒸系统，仓容44.6万吨的装备粮情测控系统，绝大部分仓库实现机械通风，全市三分之二的基层粮食企业配备自动称粮设备。2008年，全市粮食部门继续进行清仓查库工作。涟水县粮食局仓储账实相符、账账相符、数量真实、库贷一致、存粮安全、管理规范，得到省粮食局肯定，其经验在全市推广。

第四章　供销合作经营

第一节　农副土特产品购销

一、粮油

1978年，淮阴地区粮油购销由粮食部门负责。1983年开始，国家开放部分粮油市场，全市供销系统开辟农副产品经营新门路，收购和推销大米1万吨、黄豆1500吨。1986年，全市供销系统收购粮食7347.5吨、油料7690吨，其中盱眙县仇集供销社收购瓜子285吨、黄豆260吨、芝麻50吨；淮阴县供销综合公司收购油菜籽982吨、黄豆500多吨，并扶持发展一批油品加工企业。1987年后，随着粮油市场逐步放开，供销系统基本停止粮油购销，全市仅有淮阴县和洪泽县的5个基层供销社零星经营该项业务。1988年，收购粮食20吨。由于场地、仓储及效益等客观因素的影响，到1990年，供销社停止粮油收购。

二、棉花麻类

（一）棉花

1978年，淮阴地区包括棉花在内的农副土特产品购销，主要由市、县土产公司负责，乡镇由供销社负责。1980年后，随着农村生产责任制的实行，棉农生产积极性提高，“要发家、种棉花”成为共识。供销系统根据农民采收、交售棉花批量小、次数多的特点，增设网点，充实收购力量，改变结算方法，方便群众交售棉花。1981年，淮阴地区种植棉花6.8万公顷，收购皮棉4.96万吨，其中新棉4.5万吨，形成植棉史上第三个高峰期。供销系统新增收购网点105个，增加棉检员502人、结算员278人，培训棉检员、结算员268人。涟水县高沟供销社收购棉花750吨，无一笔差错，被棉农誉为“信得过的收购站”。1983年以后，棉花改为合同收购，在连续两年丰收后，棉花形成“表面过剩”，供过于求，造成部分积压。1985年，由于市场粮食紧俏，价格较高，农民纷纷改棉种粮，棉花原定购量4.24万吨，仅完成2.94万吨。1986年，合同定购3.23万吨，实际收购仅1.71万吨。

1986年下半年，国家调整棉花收购政策，继续扩大棉花种植面积，淮阴市各级政府也制定一系列措施，调动棉农积极性。1987—1989年，受国际市场影响，国内棉花价格太低，严重挫伤棉农积极性，连续三年全市收购总量不足1.5万吨。1990年，棉花生产有所回温，当年收购皮棉1.8万吨。1991—1996年，棉花生产又出现两次波动，年收购总量分别为2.26万吨、1.9万吨、1.35万吨、1.55万吨、1.67万吨、1.15万吨。1997年，由于宿迁、泗阳、灌南等几个主要产棉大县从淮阴市划出，金湖县成为全市最大棉花产地，其他地方很少种植，当年仅收购皮棉2500吨。1998—

2008年，全市每年收购量一直在2000~2500吨。

（二）麻类

1978年，淮阴地区麻类种植主要有大麻和黄红麻，特别是大麻，淮阴县很早就有种植。由于收购量较低，未被列为主要农副产品收购，且以内销为主，发展缓慢。由于销路不畅，地、县棉麻公司涨库，5个重点产麻县的县公司和基层社年底库存量达1350吨，严重影响1979年新麻收购。1979年8月，涟水县10个重点大麻收购站被迫停收，产麻区群众反映强烈。1980年后，由于人造纤维的发展，麻的用途越来越少，加之淮阴地区加工能力不足，麻类生产逐渐萎缩。同时，由于麻类生产费工费时，不如粮棉或其他经济作物收益高，农民也逐渐停止种植。至1990年，全市已经没有麻类种植。

三、烤烟

1978年，淮阴地区基层供销社负责烟叶（烤烟）代购业务。由于烟草易种难管，技术性较强，价格却较低，人们普遍重粮轻烟，使得烟草生产断断续续，收购量较小，当年收购烟叶6200吨。1979—1982年，分别收购烟叶3350吨、1550吨、1550吨、3050吨。1983年烟草实行专卖后，烟草种植有专项平价化肥供应，基层供销社在负责烟叶代购业务同时，代兑现专项化肥供应，烟叶收购量5400吨，比1982年增长77.1%，比1981年增长2.49倍。

1984年，盱眙县、淮阴县开始发展烟叶生产，扩大面积，提高产量、质量，为淮阴卷烟工业提供优质原料。两县种植黄烟153公顷，由于缺乏种植技术和烤烟技术，烤烟产量仅为300余吨。全年全市烤烟收购量3550吨。1985年年初，淮阴市政府确定烟草生产“计划种植、优质适产、主攻质量”的方针，重点县成立烟叶办公室，明确1名副县长具体负责，有关乡镇由1名副乡（镇）长专抓烟叶生产，在地方农业部门配合下，加强对烟农的种植技术指导。当年在盱眙县9个乡镇、淮阴县7个乡镇种植烟叶629.9公顷，新建烟炕3015个，年产烟叶1075吨，平均亩产113.5公斤，比1984年增产5.7%，亩产值216.8元。全年全市收购烤烟3700吨。

1986年4月，烟叶产区发生严重青花病，全市烟叶种植面积806.7公顷，受灾面积占68.6%。加之烟叶烘烤之际，苏北地区连续阴雨40天，烟叶生产遭到灭顶之灾。全市烟叶亩产只有36公斤，亩产值仅58.2元。是年，收购烤烟3800吨。1987年，烟叶生产得到省政府重视，省烟草公司印发《关于下达烟叶种植、收购、科研人员编制指标的通知》，淮阴烟草分公司设置烟叶栽培科，盱眙、淮阴两县公司增设烟叶栽培股，配备具有中专以上学历专业人员，全市烟叶种植恢复到1985年的629.9公顷。同年4月底，全省烟叶移栽现场会在淮阴县召开。

1988年，市政府印发《关于进一步鼓励发展烤烟生产的补充规定》，提高对烟农扶持标准，改进发放办法。当年淮阴县烟草种植面积820公顷，盱眙县烟草种植面积978.3公顷。当年5月，省烟草公司、省农林厅印发《关于认真抓好全省烟草生产工作的通知》。同年6月，省烟草公司与江苏省供销合作社印发《关于认真搞好烟叶收购工作的通知》；11月，江苏省烟草专卖局印发《关于不准擅自联营生产、销售卷烟和以烟叶与外省换取卷烟的通知》，从各个方面规范烟叶生产和收购行为。由于扶持政策到位，全年烤烟生产获得丰收，中上等烤烟产量1390吨。但是，随着种植成本不断增高，烟农积极性逐渐下降。1989年，全市烟叶种植面积2144.7公顷，生产烤烟1165.9吨。

1990年，盱眙县烟叶种植面积减少三分之一，全市年产烤烟不足500吨。1991年，淮阴市结束烟叶种植，原淮阴县南吴集、西宋集、码头、韩桥等7个烟叶站相继撤销，改设卷烟批发和零售门市，部分从事烟草生产和收购的人员分流到专卖和营销岗位。

四、香料油

（一）留兰香

1978年，留兰香主要在洪泽、盱眙两县种植，涟水等县虽引种过，但发展不快。地方实行计划种植，供销社安排落实种植面积，统一收购。留兰香主要供出口，受国际市场影响较大。1985年，洪泽、盱眙两县收购量17.25吨，外调14.05吨。1986年，洪泽县以县土产公司为龙头，联合朱坝、高涧、共和3个供销社以及种植户，成立洪泽县留兰香科技生产协会。参加协会的农户252户，种植面积81.14公顷，入会农户除洪泽县外，还发展到淮安县与清浦区。协会在信息、技术、资金上给予种植户以扶持，统一安排生产规模，所收购原油实行每公斤24元的保护价，签订两年不变的合同，并提供各种服务。全年举办留兰香生产管理培训班5期，种植户受培面93%，帮助调剂根苗1250吨，优先供应尿素105.5吨、煤炭280吨，组织供应制吊油桶白铁皮5吨，提供生产扶持资金2.5万元、抗旱柴油1吨。洪泽县留兰香生产水平迅速提高，亩产香油8.7公斤，总产量10.55吨，创该县种植留兰香历史最高纪录。1987年，受国际市场影响，留兰香产量6.5吨，价格也大幅回落，每公斤仅18元，尽管县政府实行价格保护措施，农民生产积极性还是受到严重挫伤。1988年以后，供销社因留兰香收购量太小而最终停止该项业务。

（二）薄荷

1978年，淮阴地区各县均有重点薄荷生产基地，薄荷油收购量430.5吨，为历史最高峰。1980年，薄荷生产开始实行计划种植，农民生产积极性受到打击，加之销路不畅，薄荷生产量明显下降，涟水等县基本停止种植，其他县纷纷减少种植面积。1983年，淮安、洪泽2个县相继改良品种，改进管理方法，亩产达15公斤以上，淮安县薄荷质量在全省领先。1986年，除洪泽、金湖、盱眙县还有少量种植外，其他县基本停种。1987年，供销社停止薄荷油收购业务。

五、蚕茧、蜂蜜、水果

（一）蚕茧

1978年，淮阴地区供销社负责蚕茧鲜茧代购业务。1985年，蚕茧收购由过去的鲜茧代购改为代购鲜茧再烘成干茧交货，蚕茧收烘全部由基层供销社负责。全市桑田面积在1984年1.47万公顷的基础上新拓植3333公顷，基层供销社承担95%的收购任务。1986年，全市有成片桑园1.67万公顷，分布在12个县（区）290多个乡镇，其中万亩以上的有淮阴、涟水、洪泽、金湖等县，总面积1.33万公顷。全市春茧总产量4900吨，外贸收购结算量4450吨，其中供销系统收购3650吨。1987年以后，供销社系统继续为外贸系统代购鲜茧，烘干后再交售给县、市外贸公司。1995年，外贸系统在各乡镇分别设立鲜茧收购站，供销社系统结束鲜茧代购业务。

（二）蜂蜜

1978年，淮阴地区蜂农很少。1980年以后，外地蜂农到淮阴的逐渐增多，养蜂业发展较快。各基层供销社都把蜂蜜收购作为主要副业来抓，及时收购新蜜，蜂蜜收购量稳步增加。1985年，收购新蜜5224.2吨，创历史最高水平。但随着洋槐树种植逐渐减少，蜂蜜产量逐年下降。1986年，全市供销社系统收购蜂蜜700吨。1987年，收购蜂蜜200吨。1999年，收购蜂蜜250吨。2000年后，随着供销社系统改革不断深入，加之蜂蜜产量逐年递减以至无利可图，蜂蜜收购业务停止。

（三）水果

1978年，淮阴地区是全省水果主要产区之一，种植较早，面积较大。水果产量较高的有宿迁、泗阳、涟水、淮阴、灌云、沭阳6个县，其水果主要供外调，收购价格由省统一管理，其他7个县水果价格由淮阴地区自定。1981年，全地区水果收购量2950吨。1982—1985年，全市水果收购量分别为2600吨、1550吨、600吨、600吨。1986年，全市水果收购量仅200吨。1987年后，供销社停止水果收购业务。

第二节 农业生产资料经营

1978年，淮阴地区农业生产资料经营由地区农资公司和供销合作社按计划供应，农资供应只对集体，不对个人。全年销售化肥37.21万吨、农药1.41万吨、农药械2.19万架、农膜1710吨、桐油201吨、中小农具173万件。1980年开始，实行生产责任制后，农资供应开始直接对接农户。土地承包初期，因一味追求产量，大量施用化肥、农药，以致化肥时常脱销。1987年后，随着市场不断放开，供销社独家经营农资产品的格局渐被打破。1997年，农资市场完全放开，供销系统农资专营被个体私营企业取代。因基层供销社农资供应完全依赖于县、市级农资公司计划调拨和农业银行贷款，故在农资市场完全放开以后，基层供销社便无法再以集体形式经营该项业务。1998年开始，全市基层供销社农资门市部承包给个人经营。2001年，全市供销系统集体销售的化肥急剧减少，从2000年的1.93万吨下降为543吨。此后一直在500吨左右徘徊，农药械则无销售统计。2003年，农药销售量917吨，比2002年下降41.9%。2004年，农药销售量再下降到312吨，比2003年下降66%。2004年后，农药销售量一直在300吨左右。2008年，全市供销系统销售化肥545吨、农药306吨、农膜2.31万吨。

1978—2008年淮安市供销系统农业生产资料销售情况表

表25-4

年份	化肥（吨）	农药（吨）	农药械（架）	农膜（吨）	桐油（吨）	中小农具（万件）
1978	372073	14073	21884	1710	201	173
1979	477113	13954	36975	1705	259	189
1980	638598	14274	89010	1810	318	161
1981	800696	14318	72883	1817	156	180
1982	994812	12101	69157	1980	160	204
1983	997491	9032	55001	1912	176	146
1984	990084	7636	57899	1986	178	129
1985	768395	4839	40948	1890	220	120
1986	631278	4339	39557	1823	210	134
1987	527839	4001	27220	1921	185	121
1988	413617	3218	23500	1931	160	112
1989	400321	3019	24413	1931	151	106
1990	387125	3010	2217	1935	52	111
1991	282732	2879	1736	1932	47	97

续表25-4

年份	化肥（吨）	农药（吨）	农药械（架）	农膜（吨）	桐油（吨）	中小农具（万件）
1992	287000	2918	1517	2345	40	105
1993	291312	2635	1319	2656	—	130
1994	331217	2468	1218	4500	—	114
1995	351328	3317	1197	9800	—	121
1996	251019	2206	1150	10120	—	117
1997	234567	2009	1027	10120	—	115
1998	204217	1130	908	10231	—	105
1999	205021	1138	538	11234	—	50
2000	19321	1069	412	11232	—	10
2001	543	1500	—	15623	—	9
2002	491	1579	—	15621	—	6
2003	502	917	—	19891	—	4
2004	517	312	—	19800	—	5
2005	519	320	—	21324	—	7
2006	510	295	—	23100	—	2
2007	530	278	—	21345	—	1
2008	545	306	—	23145	—	—

第三节　废旧物资回收

1978年，淮阴地区废旧物资回收由供销社负责，包括废旧钢铁、废旧有色金属、废旧植物纤维、废旧化学纤维、废旧塑料、废旧橡胶、废旧玻璃、骨角蹄壳杂毛8大类共173个品种。购销部门由上而下成立专门机构，市、县级废旧经营业务都设在土产或日杂公司，各基层供销社都设有废旧收购门市或收购站点。当年淮阴地区收购杂铜86.95吨、废铝53.8吨、废铅29.15吨、废锡9.7吨、废钢铁6488.05吨、废橡胶706.45吨。此后，回收量不断增长。1980年，废钢铁回收超过1万吨。1983年，回收废铜244.9吨、废铅90.1吨、废橡胶1285.65吨。1984年，废钢铁回收1.31万吨，为历史最高水平。

1986年，全市供销系统废旧物资回收总值707万元，比1978年增长4倍。其中，杂铜196吨、废铝139吨，废铝回收量为历史最高水平。1987年，市供销总社进一步加大废旧回收工作力度，层层下达回收指标，回收总值851万元。1988年后，物资回收市场逐步放开，回收废旧的个体户逐年增多，供销系统物资回收受到较大冲击。1999年，全市供销系统物资收购总值207万元。2000年，全市供销系统废旧物资回收业务处境困难，当年实现收购总值51万元，所属企业严重资不抵债，各县市（区）回收公司停止收购业务，企业改制、转行或破产。2002年后，全市从事废旧收购业务的全为个体户。2008年，全市有废旧物资收购户1213家。

1978—2000年淮阴市供销系统废旧物资回收情况表

表25-5　　　　单位：吨

年份	杂铜	废铝	废铅	废锡	废钢铁	废橡胶
1978	86.95	53.80	29.15	9.70	6488.05	706.45
1979	132.10	84.45	36.10	10.90	7766.10	647.35
1980	184.55	100.20	40.95	9.25	10041.40	611.75
1981	208.15	101.20	59.60	9.30	10584.45	698.50
1982	200.00	97.55	69.75	5.10	11387.40	820.10
1983	244.90	90.90	90.10	7.70	12348.55	1285.65
1984	234.85	110.85	53.15	5.20	13078.05	1227.65
1985	241.95	79.95	38.15	4.50	8219.05	1000.05
1986	196.00	139.00	22.35	1.95	3931.95	516.65
1987	106.80	135.70	10.85	1.80	288.40	49.40
1988	101.00	125.30	—	1.35	195.60	51.75
1989	106.05	93.95	—	0.90	206.85	36.35
1990	115.85	81.60	—	—	268.25	32.75
1991	96.75	57.10	—	—	206.20	—
1992	101.80	89.25	—	1.35	150.15	26.25
1993	72.90	84.75	—	—	218.40	—
1994	145.95	51.05	—	—	256.35	—
1995	166.35	46.90	—	—	331.75	—
1996	75.85	45.85	—	—	113.70	—
1997	101.75	22.95	—	—	54.90	10.60
1998	115.70	41.85	—	—	15.85	—
1999	95.15	31.75	—	—	—	—
2000	77.75	29.95	—	—	—	—

第五章　物资经营

1978年，淮阴地区物资经营主要由县（市）物资局负责。主要经营金属材料、建筑材料、机电车辆、燃料等。是年，全地区物资购进总额17317万元，销售总额20476万元，利润320.9万元。1983年，全市购进物资总额27693万元，销售总额32784万元。

1987年，物资经营体制改革，经营范围扩大，全市销售总额11.6亿元，位居全省第二。1994年，市物资公司改为股份制，股份总数10000股，其中国家股3500股、法人股4500股、职工股2000股。

因改革初始经验不足，销售困难。1995年，全市物资经营系统有亏损企业98家。1998年，全市物资购进总额首次突破20亿元大关，销售总额20.2亿元。随后，由于市场完全放开，物资系统经营优势丧失，销售额大幅下降。2000年，市直物资系统销售总额4.5亿元，比1999年下降33.3%。

2001年，淮安市物资局撤销，所属金属公司改建为洗浴中心，机电公司改建为五金市场，木材公司严重资不抵债，法院裁定破产。自此，物资经营单位全部改为股份制、私营和个体经营。2008年，全市有物资经营列统企业50家，营业收入81.62亿元，利润4.61亿元，上缴税金1.7亿元。

第一节　金属材料

1978年，淮阴地区金属材料由国家计划分配和指定的企业生产调拨，经营单位主要是物资局下属单位，即金属材料公司、再生物资公司、金属回收公司等，进销价格有计划内和计划外两种。是年，购进钢材1800吨，销售1800吨。1980年，购进钢材30438吨，销售30438吨；购进生铁18870吨；回收废钢铁4835吨。1983年，购进钢材33010吨；废旧金属回收25997吨，其中上交省2182吨，上交国家2146吨，调给清江钢铁厂15422.5吨，为全市中小型农具和轻工市场提供3899吨，其他用途2347.5吨，回收加工压块铁一级品率99.16%；购进铜、铝、锡有色金属57吨。

1985年，全市物资市场开始放开，成立钢材贸易中心，当年购进计划外钢材9901吨、生铁4708吨、有色金属300吨。1987年，招聘营销人员，扩大经营范围。市物资公司购进并销售生铁16067吨、铜162吨、铝187吨、铅220吨、锌45吨、金属制品65吨。市回收公司购进废钢9488吨，销售9288吨；拆船板284吨。市再生物资公司购进废钢9488吨，销售5882吨；购进铜、铝、锌148吨，销售148吨。1988—1991年，市金属公司购进钢材47884吨，销售47754吨；购进生铁13188吨，销售13180吨；购进铜、铝554吨，销售554吨。市回收公司购进钢材4924吨，销售4922吨；购进废钢9037吨，销售9024吨。市再生物资公司购进钢材3035吨，销售3035吨；购进生铁13188吨，销售13180吨；购进铜、铝56吨，销售58吨。市贸易中心购进钢材217吨，销售217吨。

1994年，市物资公司转换企业经营机制，所有公司都转换为股份制，由于市场调节没到位，物资经营受到影响，金属材料销售收入下降13.3%。1997年，物资经营开始回升，购进钢材35718吨，批发35626吨，零售92吨；购进生铁1861吨，批发1861吨；购进有色金属材料2960万元，批发2970万元；购进再生物资3775.7万元，批发35626万元，零售3.6万元。1998—1999年，市金属公司配送销售钢材5万吨，代销钢材6万吨；再生物资回收总额92144.4万元，销售总额60997.7万元；金属材料购进总额3223.18万元，批发3223.18万元。1999年，金属材料购进总额14030.6万元，销售总额14409.8万元。

2000年，市物资局撤销，下属公司逐步由股份制改为个体经营，金属材料销售全部市场化。2001年，钢材购进总额2222.7万元，销售总额2249.73万元；再生物资回收购进5372万元，销售5383万元，利润0.5万元。2005年，全市有金属材料销售门市138个、再生物资回收门市121个，非金属回收及金属制品购进总额8335万元，销售总额8338万元。2008年，有金属回收、再生与批发列统企业6家，从业人员272人，金属回收个体户372户。全年金属材料购进总额2033万元，销售总额5774万元，利润1161万元；金属回收和制品进货总额36764万元，销售40773万元，利润1707万元。

第二节　机电设备

1978年，淮阴地区机电设备由县（市）物资局经营，包括5000多种设备，分三个类别：一类（统配）为载重汽车、轿车、机床设备、工业锅炉、内燃机组及其他机械设备；二类（部管及省分配）为工业轴承、量刀具、电工机械仪表、磨具料等；三类（地方产品）为绝缘材料、乙炔发生器、高压溶断丝等。物资来源主要是国家计划分配和清江拖拉机制造厂、淮阴机械厂、淮阴电机厂、淮阴轴承厂、淮阴电子管厂等企业产品调拨。1981年，淮阴地区机电产品购进总额52.83万元，销售52.88万元，利润500元。

1983年，市物资局成立机电公司，当年购进产品总额1209万元，销售总额1271万元，利润22.18万元，其中载重汽车购进12部、销售12部。1987年，机电公司完成销售总额0.9亿元，其中购进汽车2113辆，销售2113辆，利润比1986年增加2.3倍。

1997年，机电设备市场进一步放开，经营批发和零售机电的个体户有387户。是年，市物资系统购进拖拉机总额133万元，电动机106.3万千瓦；五金电工购进总额2705.1万元，销售总额2706.1万元；摩托车、自行车购进总额6462.9万元，销售总额6463.9万元；汽车购进总额15055.4万元，销售总额14655.4万元；机电设备购进总额35314.5万元，销售总额29792.2万元。1998年，汽车、摩托车及配件购进总额2428万元，销售总额2300.3万元；机械、电子、设备购进总额23000万元，销售总额23204万元。

2000年，机电公司改制，职工买断工龄，一次性算清，职工有的改行，有的合伙单干。2001年，五金、交电、化工产品购进总额13914.6万元，销售13928.9万元，利润14.3万元。2004年，机械设备、五金交电及电子产品购进总额32220万元，销售总额32230万元；农业机械购进总额10924万元，销售总额10924万元；汽车购进总额17611万元，销售总额17622万元。2005年，全市机电市场进一步拓展，汽车销售网点增加到10个，从业人员384人；有家用电器销售点290个，从业人员621人。全年机械设备、五金、交电及电子产品购进总额13809万元，销售总额12210万元；汽车、摩托车及配件购进总额13502万元，销售13601万元。2006年，全市机械设备、五金交电、电子产品批发销售网点增加6个，从业人员增加94人，购进总额12270万元，销售总额7460万元，利润185万元；汽车、摩托车及配件网点增加4个，从业人员增加129人，购进总额7092万元，销售总额7460万元，利润28万元，税收11万元。

2007年，全市机械设备、电子产品购进总额33846万元，销售总额30987万元，利润1946万元，税收54万元；汽车、摩托车及配件购进总额33846万元，销售总额27167万元，利润913万元，税收51万元；五金、机电购进总额2007万元，销售总额2000万元，利润309万元，税收3万元；汽车零售购进总额18575万元，销售总额2224万元。2008年，全市农机购进总额4899万元，销售总额11112万元，利润936万元；汽车、摩托车及配件购进总额3517万元，利润535万元；五金、交电购进总额12234万元，销售总额21775万元，利润1231万元；国内贸易机电批发、零售总额5.7亿元，比2007年增长15.5%。

第三节　建筑材料

1978年，淮阴地区经营的建筑材料主要有砖瓦、水泥、钢筋、木料等，基本是计划供应，亦有集体小土窑生产的砖瓦在市场销售。1986年，水泥取消计划分配，其他建筑材料从生产到销售都是自由化经营。1995年，全市有乡以上建筑材料企业805家，固定资产11.8亿元，职工28.66万人，销售收入274亿元，利税2.49亿元，利润1.1亿元。1996年行政区划调整后，全市有建筑建材企业442家，固定资产6.43亿元，职工4.7万人，销售收入11.5亿元，利税1.14亿元，利润4621万元。2005年，因环保需要，全市砖瓦厂大多数关停，建筑材料被新型墙体材料替代，建筑材料购进、销售与利税均下降。2008年，全市建材批发购进14625万元，销售14391万元，利润505万元。

一、砖瓦

1978年，淮阴地区国营砖瓦厂较少，供应比较紧张，大多数单位买砖瓦都要计划部门审批。1979年，淮阴地委提出农村实现瓦房化，号召有条件的公社都要办砖瓦厂。1981年，清江市建委筹资341万元，与钵池公社联办1家36门轮窑，年产砖瓦4500万块（片）。1986年，全市砖瓦厂发展到305家，其中市属3家、县属14家、乡镇属288家，另外还有小土窑5800家，年产砖瓦57亿块（片）。1995年，全市轮窑厂发展到380家，年产砖瓦113亿块（片）。1996年行政区划调整后，淮阴市有砖瓦厂186家、小土窑2237家，年产砖42亿块、瓦1.6亿片。1998年开始，政府强化对砖瓦用地取土管理，对违规建窑和违法用地进行整治。到2005年，全市关停砖瓦厂14家，改造砖瓦厂13家，同时拆除小土窑3000家，全市所剩160家砖瓦厂全部卖给个人经营，每年烧制砖瓦12亿块（片）。2008年，全市有砖瓦厂42家，年产砖瓦54.1亿块（片）。

二、非黏土空心砖

1998年7月，淮阴市盐河第四砖瓦厂根据“节约用土”要求，购进一台JZK45/40双级真空挤砖机，当年8月投产，开始黏土多孔砖和空心砖生产。1999年，盱眙县多家企业和金湖白马湖、市联合、宏建等企业完成黏土多孔砖的机改并投产，年生产能力12亿块。2005年，全市有60家砖瓦企业完成多孔砖技术改造。淮阴发电厂粉煤灰砖公司与意大利堡尔公司合资投入1200多万元，建成并投产年产3000万块粉煤灰砖生产线。2008年，全市非黏土空心砖产量10亿块，利用工业废渣537.74万吨。

三、水泥

1978年，淮阴地区无水泥厂。1980年，地区行署提出大办水泥工业口号，全地区出现各行各业办水泥厂的热潮。至当年年底，办起水泥厂26家，总产量26.8万吨，销售总量27.94万吨（其中地区物资局购进1.14万吨）。1988年，对水泥厂进行整治，淘汰9家，发给许可证17家。全年购进水泥19.46万吨，生产30万吨，销售49.46万吨。1989年，市政府决定将散装水泥办公室由市物资局划转到市建材工业管理办公室，统一管理。随着淮阴市经济建设速度加快，市区散装水泥用量逐年增加。1990年后，开始推广散装水泥，包装水泥销售逐渐减少。1996年，对水泥磨粉站进行技改，形成10万立方米生产能力，当年供应3万立方米。2005年，散装水泥总产量478.5万吨，销售478万吨。2007年，全市发展散装水泥223.5万吨，发展散装率61%。2008年，全市拥有海螺、沂州、京杭、九牛、狼山、新星6家水泥生产企业，散装水泥综合配套能力310万吨，有散装水泥专用汽车76辆，散装水泥流动罐511只。

四、混凝土

1995年，淮阴市开始推广使用商品混凝土，当年使用12万立方米。1997年，淮阴市建安总公司建成一座商品混凝土搅拌站，年产量5万立方米；中淮公司建设商品混凝土搅拌站，年产量22.5万立方米。2003年，全市有商品混凝土生产企业13家，年均销售混凝土13万立方米。2007年，全市有商品混凝土生产企业13家，有商品混凝土搅拌车190辆、固定泵18台、汽车泵35辆，生产能力910万立方米，一次运输能力1488立方米。2007—2008年，全市销售商品混凝土250万立方米，商品混凝土使用率95%。

五、轻质墙板

1997年，清浦区运河社会福利厂和淮阴华龙新型建材有限公司生产GRC墙板，淮阴市开始轻质墙板的生产与销售。2000年，淮阴安固建材有限公司和洪泽县福星节能建筑材料厂实现全机械化生产Fx(s)-LCM复合多孔隔墙板；洪泽万达建材有限公司通过材料改性和扩产，形成年产50万平方米FS-LCM复合隔墙板能力。2001年，市农垦水泥预制构件厂率先购进国内先进的成组立模工艺设备，生产GRC墙板，年生产能力30万平方米。2002年，市金达构件公司成组立模工艺生产线建成投产，年产15万平方米GRC墙板。2003—2005年，淮安市丰年彩钢夹心板、洪泽金橙环保轻质建材有限公司SMC轻质墙板以及市宏瑞建材有限公司、盱眙宏图新型建材厂的FGC轻质墙板、丰年石膏空心条板先后投产。2004年，在省、市墙改基金扶持下，洪泽万达建材有限公司对FS-LCM复合隔墙板进行机械化生产改造，成为全市规模最大的墙板生产企业。至2008年，全市墙板生产能力220万平方米。产品档次有很大提高，尤其是石膏空心条板享有较高声誉。全市轻质墙板在满足当地市场需求同时，还大量销往南京、上海等城市。

六、建材砌块

20世纪90年代初期，淮阴市开始出现建材砌块企业。1998年，全市砌块行业有4家企业取得市建材局产品准用证，分别是市新型墙体材料厂、市粉煤灰开发公司、清河区房屋开发公司砌块分公司、市运河物业管理公司，涟水县、县级淮安市、盱眙县也有砌块企业。规模最大的混凝土砌块企业为粉煤灰开发公司，年产量5万立方米；最大的混凝土小型空心砌块企业为市新型墙材厂，年单班产量205万立方米；其余均为年单产1万立方米以下小型企业。1999年，市鸣兴新型建材厂、市三星砌块有限公司、淮安淮城永达建材加工厂先后购进扬州建机厂生产的2万立方米砌块机，并投入生产。2000年10月，市粉煤灰开发公司引进意大利科堡尔公司的GB-3型混凝土砌块全自动生产线，砌块年生产能力1.5万立方米，其产品质量和生产工艺均达到国内较好水平，是全市新墙材生产示范项目和重点企业。

2001年，淮建集团预应力公司购进扬州建机厂HQC-3型年产3万立方米砌块机及配套生产线，并建成投产。至此，淮安市混凝土砌块生产在成型工艺上由台振型为主转为模振型为主，产品质量有很大提高；在品种上由单一单排砌块改为以多排孔（盲孔）为主导型的砌块，适应建筑功能提高对砌块产品要求。2002年，根据国家淘汰落后砌块产品要求，运河物业公司、江苏淮化集团有限公司、市新型墙体材料厂等一批生产硅酸钙轻质砌块企业停产。2003年，市苏源粉煤灰开发公司投入200多万元，将加气混凝土生产手工切割改造为机械切割工艺，使加气混凝土砌块的几何尺寸和外观质量有很大提高。2004—2005年，市苏源粉煤灰开发公司又投入近300万元，对设备进行改造，更换蒸压釜，增加模具等设备，改造后年生产能力达10万立方米，达到国家产业政策对加气混凝土生产规模的控制标准。其间，因淮安市框架建筑禁止使用黏土墙材制品政策的实施、国家及省市墙改和建设节约型社会政策的拉动，全市混凝土砌块行业迅速发展，市白马湖砖瓦一厂、市联合砖厂、浦南砖瓦厂、清浦黄码一厂、淮阴区凌桥建材厂等企业进行技术改造，购进年单产5万立方米的混凝土砌块设备，转产非黏土新墙材。2005年，全市投资新建混凝土砌块等新墙材项目的企业有24家，新增生产能力4.6亿块。2008年，全市有非黏土新墙材项目42个，非黏土新墙材年生产能力9亿块（折标准砖）。

第四节　木材经营

1978年，淮阴地区木材主要由县（市）物资局木材公司经营。木材来源主要是国家计划分配。价格分平价、议价两种，平价即国家计划分配的低价，议价是由采购员协作来的价格，高于平价。木材主要供应城乡困难群众、下放知识青年、退伍军人建房以及工业企业生产。是年，购进木材61551立方米，销售55818立方米。1983年，市木材公司在清河区运河北岸设立木材供应站，全年购进木材6185.81万元，销售7304.31万元，利润294.93万元。1986年，市木材公司兴建木材营业大楼，成为全市木材、木制品贸易中心。1987—1990年，全市购进木材104.56万立方米，销售165.63万立方米。

1992年，市木材公司和市生产资料公司合并，全年销售额1238.57万元，上缴利润8万元。1994年年初，市物资局成立中外合资淮阴威木制品实业公司，同年4月改为股份制公司。1995年，购进木材总额2492万元，比1994年下降29.7%。1997—1998年，全市购进木材总额4491.2万元，批发总额2905.7万元，零售1691.7万元。2000年，市木材公司严重亏损，资不抵债，被法院裁定破产。木材经营全部由个体户和股份制企业开展。2002年后，建筑材料出现新型结构，木材用量越来越少。2008年，全市有木材销售门市37家，购进木材387万元，销售总额1000万元。

第五节　煤炭经营

1978年，淮阴地区煤炭供应全部由市物资局燃料公司负责，采取统一分配、统一订货、统一定价、统一调运，企业没有自主销售权；煤炭来源主要是国家计划和市、县小煤窑采购分成；煤炭供应对象主要是工厂生产、居民生活、农村蚕种共育等用煤；由国家计划分配的为平价煤炭，亦有少量协作购进的议价煤炭，议价煤炭价格高于平价，议价煤炭主要是弥补计划煤炭供应的不足。1981—1987年，全市购进煤炭1900万吨，销售1900万吨。1994年以后，燃料公司改制，计划用煤逐步减少，同时允许中间环节经销煤炭。1995年，购进煤炭84万吨，销售84万吨。1996年，全市有燃料公司14个，煤场1万平方米，最大的是大运河北岸南港煤场。1997年，购进煤炭104万吨，销售104万吨。

1998年，全市煤炭进入市场化运作，省经贸委审批煤炭经营资格证，煤炭经营企业自主采购煤炭、自主销售经营，满足市场需求。是年，购进煤炭300万吨，销售300万吨。1999年，购进煤炭229.7万吨，销售229.7万吨。2000年，全市有燃料公司8家，煤场6000平方米。2001年市物资局撤销后，燃料公司成为市经贸委的一个科室。

2002年后，生活用煤被煤气、燃气替代，蚕桑用煤大户因蚕桑面积减少用煤量也减少，煤炭销售对象主要是发电厂和部分工厂。2004年，购进煤炭274.72万吨，销售274.72万吨。2008年，全市有经省经贸委审批的煤炭经营企业81家，其中批发企业19家、零售企业62家。全年购进煤炭769.27万吨，其中省内购进300万吨，其他主要来源于山西、安徽、山东和河南几个产煤大省。煤炭消费主要集中在电力、热力生产，化学原料和化学制品制造业，黑色金属冶炼和加工业3个行业，3个行业煤炭消费量占全市煤炭消费总量的78.5%。全年全市煤炭消费总量759.17万吨。其中，工业生产消费603.07万吨，占煤炭消费总量的79.4%。在工业生产消费中，用于火力发电和供热548.22万吨，占工业生产消费量的90.9%。全市煤炭消费量最大的工业企业有华能淮阴发电有限公司、淮阴发电有限公司、华尔润化工有限公司等，前10家企业消耗煤炭612.09万吨，占全市煤炭消费总量的80.6%。

第六章　专卖品经营

第一节　石油经营

一、中国石化淮安石油分公司

1978年1月，省燃料化工局将淮阴地区煤炭石油公司的石油经营业务分出，成立江苏省燃料化工物资公司淮阴石油分公司，与煤炭公司“一套机构，两套核算”，隶属地区物资局，业务上仍受省石油公司管理。同年12月，地区革委会将石油经营业务从地区物资局划出，成立江苏省石油公司淮阴分公司，隶属于地区商业局，业务上受省石油公司管理。1984年，计划内成品油货源由上级公司统一配置，计划内货源与市场需要量之间的缺口即计划外油的采购，由分、支公司自购自销，供应当地市场。1985年12月12日，淮阴石油分公司从商业部门划出，成立中国石化销售公司江苏省石油公司淮阴分公司，受省石油公司和淮阴市政府双重领导，业务管理以省石油公司为主，市政府委托市计委代管。

1994年4月，根据国务院文件精神，在全国实行成品油流通体制改革，取消指令性计划，实行导向配置；取消平价油，实行价格并轨；成品油实行市场化经营，出现多渠道经营、市场竞争日趋激烈的新局面。同年下半年开始，省石油公司开始推行集团化经营，实行分、支公司一体化改革，取消支公司批发权，中国石化淮阴石油分公司经营实行“三个重点逐步转移”，即经营工作重点由进货逐步转移到销售，销售工作重点由外进外销逐步转移到当地市场销售，当地市场销售工作重点由批发转移到终端销售和零售。2001年中国加入世界贸易组织后，随着中国成品油零售、批发市场的相继放开，石油市场竞争更加激烈，竞争主体呈现多元化。

2002年，中国石化淮安石油分公司开始推进信息化建设，率先在全省建立分公司、县公司及经营网点三级专线网络。2003年，推进HSE（健康、安全、环境）管理体系建设，强化安全生产管理，加大安全科技手段运用力度。2004年，推广应用中石化加油卡，实现客户“一卡在手，全国加油”。2005年，根据国家发改委等8部委及省、市政府关于苏北5市推广使用车用乙醇汽油文件要求，淮安石油分公司完成石桥油库乙醇汽油调配中心工程建设，在所属市、县所有加油站销售车用乙醇汽油。

2006年，中国石化淮安石油分公司石油经营总量46.28万吨，销售总量43.23万吨，实现销售收入20.21亿元，利税1.55亿元。2007年，在直分销、润滑油销售环节推广应用电子提油卡，通过电子提单系统与ERP系统紧密集成，加强防伪功能，实现客户持卡开票、提油和对会员卡客户的分类管理营销，提高客户服务水平。全年石油经营总量45.27万吨，销售收入22.1亿元，利税1.28亿元，税金6750万元。2008年，改造建设自助加油站17座，实现客户自助式加油；拓展加油站服务项目和功能，由油品销售向非油品销售延伸，首批在34座加油站开设易捷便利店，销售日用百货等，方便客户消费。全年石油经营总量42.79万吨，销售收入25.26亿元，利税1.09亿元，税金5251.9万元。

1998—2005年中国石化淮安石油分公司销售情况表

表25-6

年份	柴油（吨）	汽油（吨）	固定资产（万元）	销售总量（万吨）	主营利润（万元）	附营（万元）
1998	929.0	92.3	559.67	8.50	626	73.94
1999	2674.6	566.3	749.04	10.76	800	100.00
2000	2459.6	516.1	1396.41	26.50	900	—
2001	4596.9	931.1	2315.09	31.59	—	—
2002	8399.6	1802.2	4552.99	31.41	—	—
2003	8796.8	2095.6	5910.60	—	—	—
2004	8748.7	3023.4	7894.18	—	—	—
2005	8690.0	3418.0	9444.54	—	—	—

二、中国石油淮安销售分公司

1998年，中国石油淮阴销售分公司成立，淮阴市开始有中国石油系统的油品经营。该公司隶属于中国石油天然气股份有限公司（以下简称“中石油”），在中石油江苏销售公司的直接领导下，主要从事汽油、柴油、润滑油等成品油的批发、零售业务，是淮阴市成品油市场供应的主要渠道之一。2003年，中石油淮安分公司完成油品销售量14万吨，销售额4亿元。2004年，通过收购、新建加油站15座，投入运营10座，累计运营的加油站39座，油库2座。全年销售油品13万吨，实现销售总额近5亿元，利税1591万元，其中上缴国家税金997万元。2005年，提高加油站服务质量，稳步拓展非油品业，实现销售收入4.9亿元，销售油品12.11万吨。2006年，销售油品12.3万吨，销售收入5.2亿元。2008年，中国石油淮安销售分公司有盱眙下草湾油库，库容4800立方米；有淮安乙醇汽油资产型油库2座，库容6260立方米；有加油站42座；在职员工400余人，其中专业技术人员近百名。全年销售油品14.8万吨，销售收入7.91亿元。

第二节　烟草经营

一、经营网点

1978年，淮阴地区烟草经营全部由省烟草公司包购包销。1983年7月1日，省烟草公司淮阴分公司成立，担负卷烟调拨、批发销售、市场安排以及中转任务等职责。同时，淮安、涟水、盱眙、金湖、洪泽等县级烟草经理部和烟草专卖局成立。

1986年5月，县级烟草经营部更名为烟草公司。1989年，淮阴市烟草专卖局、淮阴烟草分公司、淮阴卷烟厂体制变更，实行"一套班子，三块牌子"的"三合一"体制。1991年，"三合一"体制解体。1992年，第二次实行"三合一"体制。1998年，各县（市、区）烟草公司建立下伸网点批发部67个，从业人员473人，有送货车辆213辆，其中机动车103辆、非机动车110辆，平均每个网点营业面积106.5平方米，辐射7.6万人；有零售户244个。

2000年，淮阴市烟草专卖局（分公司）挂牌成立，与淮阴卷烟厂体制分设。2001年，分别更名为淮安市烟草专卖局、江苏省烟草公司淮安分公司，有网点人员540人，其中营销员315人，卷烟零售户发展到1.8万户；全面推广使用POS机，全部使用汽车送货，统一使用"中国烟草·江苏"标识；将41个批发部撤并为21个专销部。2003年开始，学习上海烟草公司销售经验，开始销售网络信息化建设，主要内容是电话订货、网上配货、电子结算、现代物流。访销部更名为客户服务部，设立电话订货部，采用电话订货方式采集需求信息，经信息中心分析汇总后，由物流中心150名送货员驾驶95辆送货车免费送货上门。全系统共有客户服务部7个，网点用工292人，零售户18653个；自办零售连锁店37个。2004年，全系统优化网络队伍，精简网络人员45人。推行5天工作制，原每周2次访销、送货，调整为每周1次；电话订货、电子结算比例分别为100%、86%。

2005年，取消县级烟草公司法人资格，确立淮安烟草分公司市场主体地位，实现组织机构调整、电话订货集中、业务流程重组、信息平台统一、资金结算集中等多项目标。调整后，全市有卷烟零售户21119户，全系统有市场经理和客户经理55名，电话订货员28名，送货员88名，其中送货车驾驶员45名。2008年，全系统有职工739人，其中在编267人、聘用472人。

二、卷烟销售

1983年7月1日，江苏省烟草公司淮阴分公司成立，当年销售卷烟19.23万箱（每箱250条）。1984—1990年，全市烟草系统累计批发销售卷烟159.68万箱，销售总额近10亿元。1990年，利税第一次超过1000万元。1991年，全市有烟草分公司委托转批点121个，其中市商业局、供销社系统下属部门19个；有卷烟零售点11339个，其中个体经营户7496个。

1992年，进行系统内部流通渠道、流通秩序、流通体制等改革，坚持二、三级站和委托转批购销原则，严把外采关，抓住合同衔接和品种调整，拓展业务，全年销售卷烟21.87万箱，其中地产烟16.5万箱。1993年，淮阴烟草分公司经理部推出"中萃"、泗阳烟草公司推出"云仙"、盱眙烟草公司推出"嘉喜"等联产卷烟，设立城市、农村直供点和代理商36家，辐射广东、浙江、安徽、江西、河南等市场。当年销售卷烟23.59万箱。1994年，淮阴烟草公司推出"长颈鹿"卷烟，全市销售卷烟21.47万箱。1995年，涟水烟草公司推出“人人”卷烟。1996年，洪泽烟草公司推出“洪泽湖”新品卷烟，全市销售卷烟13.73万箱。

1997年，全行业出现产大于销、毛利降低，卷烟牌号繁多、相互抵触、市场封锁等问题，销售卷烟13.73万箱，与1996年基本持平，但效益比1996年下降37%。1998年，压缩销售品种，将原来10多个品种规格，压缩为“云仙”“嘉喜”“中萃”3个品种，同时讲究效益，争取省外烟货源，销售卷烟13.2万箱。1999年，加强卷烟网络建设，强化省内名优烟销售，实现烟草经济恢复性增长，销售卷烟14.01万箱，其中地产烟（省内烟）4.4万箱，地产烟实现毛利6304万元，是淮阴烟草分公司组建后地产烟销售的最高峰。

2000年，加大中高档卷烟促销力度，优化省外烟调入结构，为省内名优烟提供空间，销售卷烟12.64万箱。2001年，继续将省内名优烟作为效益的主要来源，停止销量偏少、效益较低的“云仙”“嘉喜”“中萃”3个品种，销售卷烟13.38万箱。2002年，所有货源入网销售，坚决遏制体外循环，全市实行统一批发价；工作重点放在全国名优烟上，全市设立110个全国名优烟专柜；销售卷烟13.48万箱。2003年，适应工商分设的新形势，采取结构增效、降本增效、扩量增效措施，销售卷烟13.3万箱。2004年，销售卷烟12.96万箱。

2005年，执行国家烟草局品牌调整战略，品牌集中度进一步提高，市场经销的卷烟品牌38个、规格74个。全年前10个品牌烟销售7.77万箱，占总销量的61.1%；市场经销的38个卷烟品牌中有35个在国家烟草局百牌号目录中，百牌号卷烟销量10.85万箱，占总销量的85.4%；全市全年销售卷烟12.71万箱。2006年，全市销售卷烟12.79万箱，其中低档烟销售50793箱，比2005年增长5.8%；累计实现销售收入14.52亿元，增幅9.8%。2007年，全市销售卷烟13.21箱，同比增长4%，其中百牌号卷烟销量占总销售量的99.9%，销售收入14.31亿元。

2008年，实行“统一领导、垂直管理、专卖专营”管理体制，坚持“总量控制，稍紧平衡”原则和“控量、稳价、促销、增效”方针，关注卷烟市场变化，加强货源调控，加大低档烟促销力度，满足低消费群体需求，卷烟销售保持平稳状态。全年卷烟销售13.29万箱，实现销售额16.08亿元，平均单条结构为57.23元/条。

1983—2008年淮安市卷烟销售利税情况表

表25-7　　　　单位：万元

年份	利税	年份	利税
1983	415.0	1993	2535.7
1984	579.9	1994	5232.0
1985	832.2	1995	6898.9
1986	769.6	1996	7373.9
1987	856.4	1997	5234.5
1988	1205.8	1998	3511.3
1989	1358.6	1999	5006.6
1990	1097.8	2000	9003.7
1991	1365.1	2001	16892.0
1992	255.2	2002	18633.5

续表25-7

年份	利税	年份	利税
2003	18642.0	2006	30330.0
2004	22806.4	2007	34894.0
2005	25000.0	2008	40600.0

三、打假打私

1983年7月，成立江苏省烟草公司淮阴分公司，同时成立淮阴市烟草专卖局，实行“一套班子、两块牌子”。市烟草局开始打假打私，整顿卷烟市场。1984—1990年，烟草局累计查处违章案件3000多起，查获假冒、黑市、霉变和走私卷烟20多万条，上缴罚没款150多万元。1993年，坚持系统内搞活、系统外管住，零售搞活、批发管住的原则，联合公安、税务、消费者协会组织打击“假冒烟、走私烟”大检查3次。1994年，突出零售许可证、批发许可证、外采证、准运证和罚没烟销售单位的管理，整顿卷烟购销渠道。1996年，加强委批点管理，开展抽查，禁止非法外采，打击非法经营，维护正常的卷烟流通秩序。1997年，推出市区分片管理措施，实行片长负责制，提高市场控制能力。当年10月起，根据省烟草局部署，全面实施省外烟加贴防伪标识销售（即贴花销售）。1998年，开展取缔非法卷烟市场、非法卷烟摊区行动。

2000年，淮阴市烟草局实施“一部一所、管销分离、捆绑考核”专卖管理模式，在洪泽县烧毁假冒卷烟936条，同时邀请市有关新闻单位现场报道，在社会上引起强烈反响。2002年，开展卷烟市场户籍化管理，开展卷烟市场“四无”（市场监管无盲区、信息搜集无间断、普法宣传无缺位、集中整治无死角）达标活动，并以优异成绩通过省烟草局检查验收。2003年8月，市政府发布《淮安市烟草制品零售点设置办法》，为卷烟零售点布局提供依据。2004年，市烟草局制定《淮安市卷烟零售户诚信等级管理暂行办法》，对零售户实施百分制计分考核，贯彻《中华人民共和国行政许可法》，提高许可证办理效率。

2006年，严厉打击涉烟违法犯罪行为，成功破获2起省公安厅挂牌督办的制售假冒卷烟网络大案，出动打假打私40433人次，查处涉烟违法案件417起，其中案值10万元以上案件15起，案值100万元以上案件4起；查获违法卷烟3991.73件，其中假烟2631.71件；捣毁制售假烟窝点146个，罚没款20.5万元，拘留48人，逮捕21人，判刑13人。2007年，全系统整合稽查资源，市、县烟草局分别成立机动大（中）队，加强案件查处与打假破网力量，破获一大批违法经营及运输卷烟大案。全年查处涉烟违法案件676起，查获违法违规卷烟3043.42件，其中假烟2188.21件；捣毁制售假烟窝点151个，罚没款30.84万元，刑事拘留62人，依法逮捕19人，判刑20人；市烟草局“4·10”和盱眙“11·01”两起制售假烟网络案件，被省公安厅列为重点挂牌督办案件，“7·18”特大假烟案件被公安部列为督办案件，获得省烟草局嘉奖令3次。

2008年，先后开展“闪电1、2、3、4号”卷烟市场整治行动，严厉打击违法经营卷烟活动，召开全市卷烟打假总结表彰会，表彰打假先进集体和先进个人。全市出动打假打私29767人次，查处涉烟违法案件结案553起，破获制售假烟网络案件6起，查获违法违规卷烟1519.56件，其中假烟291.65件，捣毁制售假烟窝点65个，罚没款25.44万元，刑事拘留72人，依法逮捕69人、判刑63人。全市卷烟市场净化水平提高，所有卷烟100%入网销售、100%落地销售、100%落户销售。

1990—2008年淮安市烟草系统查获违法香烟情况表

表25-8

年份	查获卷烟（万支）	罚没款（万元）	年份	查获卷烟（万支）	罚没款（万元）	年份	查获卷烟（万支）	罚没款（万元）
1990	4783.12	74.32	1997	734.40	8.32	2004	601.27	11.72
1991	703.40	11.40	1998	878.85	12.80	2005	1115.94	14.74
1992	834.20	13.50	1999	976.50	13.20	2006	3991.73	20.50
1993	867.80	12.30	2000	1047.80	20.30	2007	3043.42	30.84
1994	903.40	16.23	2001	844.19	16.00	2008	1519.56	25.44
1995	834.20	9.40	2002	1326.30	24.56	—		
1996	655.70	8.46	2003	1504.00	13.33			

第三节　盐业经营

一、品种与销售

1978年，淮阴地区盐业公司负责食盐专卖，盐业市场有淮北原盐、土盐、精细盐3种盐。淮北原盐，以色白粒大且干而闻名；土盐，许多老百姓有制土盐的习惯，这种盐一般是自己吃，少数拿到集市上销售，后因土盐含有害物质多，政府加强管理，并禁止私盐生产；精细盐，又名精洗盐、粉精盐、再制盐，即经过粉碎、洗涤溶解后，再蒸发结晶加工处理，然后进行销售。食盐销售方法主要是批发和零售两种。批发对象是经营食盐的国营商店、基层供销社、合作商店，有正式营业执照的酿造、食品加工企业，有正式营业执照且一次性购盐量达到批发起点50公斤的饮食业；达不到批发标准的，由零售部门按零售价供应（零售部门及个体只搞零售业务，不搞批发业务）。机关、部队、工厂、矿山、学校、企业、群众团体单位，不论购盐多少，一律在零售单位按零售价供应。盐业公司在与供销合作行业转批业务活动中，主动对供销社实行“三代一送”（代办运输、代找工人、代垫费用、送货上门）和“三联五助”（联系供销社了解全面情况，联系中心社了解进销存情况，联系基层社点了解市场变化情况；帮助安排购销存，帮助改进调拨运输，帮助改善经营管理，帮助调研降低成本，帮助扩大市场供应），主动为供销社送货上门，简化手续，节约费用。

1983年，在市盐业公司基础上，成立江苏省盐业公司淮阴分公司，负责淮阴市12个县（区）的食盐销售。1985年，淮阴分公司按照“精细化、品种化、小包装化”发展要求，发展精洗盐、粉精盐、加碘盐、健康平衡盐、加钙盐、加硒盐等多个新品种销售。1987年，淮阴分公司根据省盐业公司和省供销合作社规定，对承担批转业务的基层供销社给予5%折让优惠，还加发4%加价额补贴。1989年后，实行城乡差价，不再进行补贴。

1995年，在盱眙县实施以中心乡镇成立“盐管所”的物流销售模式，即按人口下达计划，按区域销售协查盐政，收入以折扣方式返还。1997年，该模式在全省推广。2000年，江苏省盐业公司淮阴分公司改名为江苏省盐业集团淮阴有限公司，设立董事会、监事会，主要负责全市盐业生产、运销及管理。

2003年，淮安盐业公司以特许经销商的模式进行销售，凡经考核达标的个体户在申请批准后，以合同形式规定双方应履行的责任、权利、义务。2006年，全市有特许经销商81个。2008年，按照省盐业公司食盐流通现代化建设要求，以配送集约化、经营连锁化、管理信息化等为核心，构建现代化物流配送中心。

二、食盐价格

1978年，淮阴地区食盐价格为国家统一定价，其中居民生活用盐每500克0.14元。1984年4月，经国务院批准，财政部、轻工业部、国家物价局发出《关于调整地方部分地区盐税税额和盐的出场价、分配价的通知》，自当年5月15日起，取消工业盐免税规定，决定酸碱、制革、肥皂工业用盐按减税盐供应。1986年2月1日起，原盐分配价由每吨207元降为195元，粉洗盐由每吨214元降为201元。每吨批发价，原盐由255.2元降为246.2元，粉洗盐由272.8元降为263.8元，粉精盐由281.6元降为272.6元，再制盐由290.4元降为281.4元，市场零售价均不变。批零差价比调整前每吨提高9元，批零差价提高为15.1%。是年12月，根据轻工部、财政部、国家物价局文件精神，原盐每吨提高20元，粉洗盐提高18元，粉精盐提高16元，再制盐提高21元，工业盐提高10元，并相应调整分配价；同时取消农业、渔业用盐规定，一律按原价区食盐批发价供应。

1988年6月，省政府规定，全省食盐由四个价区改为两个价区，即产盐市、县为一价区，非产盐市、县为二价区。零售价以使用原盐（粗盐）为代表品，每500克一价区为0.14元、二价区为0.15元，粉洗盐比原盐加0.01元，再制盐、粉精盐比原盐加0.02元。同时调整食盐包装差价，每500克包装费由0.03元调整为0.05元，每1000克包装费由0.05元调整为0.08元。合理安排城乡差价，县城以下农村集镇、乡村食盐零售价在县城基础上每500克加0.01～0.02元差价。

1989年11月，根据国务院文件精神，原盐零售价每500克提高0.08元，即一价区由0.14元提高到0.22元，二价区由0.15元提高到0.23元。以原盐为原料的加工盐相应加价：粉洗盐每500克加价0.04元、粉精盐每500克加价0.06元、再制盐每500克加价0.06～0.07元，畜牧业用盐与食盐同价，取消畜牧业用盐减税规定，食盐批零差价统一为16%。至2008年，食盐各类价格未变。

第七章　市场建设

第一节　市场布局

1978年，淮阴地区商贸流通体系包括城市的国营商业系统，县城、公社（镇）的供销社系统，公社（镇）隶属于国营商业系统的食品站与合作商店，农村大队隶属于供销社的“双代店”（代购代销店），以及农村集镇的定期集市与临街的蔬菜市场。20世纪80年代，随着农业生产责任制推行与工业企业改革，商品生产快速发展，市场日趋繁荣，国营商业系统、供销社系统不断扩大经营规模，城乡开始出现集贸市场。

1992年，市委、市政府3次组织市、县、乡有关人员，北上山东专题考察学习培育建设市场的经验。市政府印发《关于加快发展城乡集贸市场的意见》，对加快市场培育建设提出12个方面的政策措施。1993年，市政府投入4800多万元，新建市场58个，建筑面积40万平方米；改建扩建市场34个，建筑面积7万平方米，形成改革开放后的市场建设高潮。金湖县先行一步，于1992年、1993年相继建成黎苑、黎东、金龙市场，并在全市最先实现乡镇集贸市场顶棚化。县级淮安市建成淮安中山门蔬菜批发市场、城南室内农贸市场。涟水县将市场建设与城镇改造相配套，两年投资1000多万元，建成城南市场群、服装大世界、西门建材市场、小李集蔬菜批发市场。淮阴县精心培育苏北市场群。盱眙县连年投资扩建盱眙山城市场。1996年4月，市政府组织市直机关主要负责人，南下浙江省义乌、温州等地市场取经。之后，全市不断加大投入，建大建好各类市场。

2005年，市政府实施市区商业网点规划，按照布局合理、功能完善、层次分明、体系完备的要求，重点规划商业区和商业网点，确立"一主两核"城市商业中心、"七区四副"区县商业中心以及商业特色街、乡镇（社区）商业点等商业网络体系框架，构建和完善商业网络体系。

"一主两核"城市商业中心建设是以淮海广场商业中心和水渡口商务中心为两核，构建一个主要的城市商业中心。淮海广场商业中心通过完善配套设施，提高商务功能集中度，加快发展金融、会展、信息、咨询服务和文化娱乐，优化商业结构，合理布局业态业种，提升消费档次，打造一批精品、专卖旗舰店，使之成为展示淮安商贸流通繁荣繁华的重要窗口。水渡口商务中心突出金融、信息、商务、居住、文化、展览、休闲娱乐等功能，通过完善便捷的交通、通讯等现代基础设施，以及优美的生态环境建设，提高人气和财富汇聚效率。

"七区四副"区县商业中心建设是在市区及4个县构建7个区域商业中心和4个商业副中心。"七个区域商业中心"分别是：清河区域商业中心，位置在淮安汽车总站周边区域；清浦区域商业中心，位置在淮海南路与延安东（西）路交汇处；城南区域商业中心，位置在城南明远路与淮海南路交汇处西北角；淮阴区域商业中心，位置在黄河广场地区；楚州区域商业中心，位置在漕运广场；楚州新区区域商业中心，位置在翔宇大道与楚涟路交叉口东北侧；淮安经济开发区区域商业中心，位置在淮安火车南站周边地区。"四个商业副中心"，即涟水、洪泽、盱眙、金湖4个县级商业副中心。区县商业中心密切结合当地优势，突出区域特色，选准市场定位，整合分散网点，形成有一定规模的商圈，影响和带动一定区域的需求升级。

重点打造一批突出特色、风格各异的购物、餐饮、休闲等特色商业街，重点改造和完善大闸口美食一条街、西大街服装饰品购物街、楚州区西长街餐饮街，以及淮海商业街、文庙新天地、楚州城河街等商业街区。主要居住区商业以人为本，突出生活、休闲、服务功能，重点发展便利店、生鲜超市、书报亭、医药店、餐饮店以及照相、洗染、家电维修、普通礼品店、音像制品店等网点。培育近1000家农家店，形成城区店为龙头、乡镇店为骨干、村级店为基础的农村消费经营网络。推进社区商业"双进"（便利消费进社区、便民服务进家庭）工程，改善社区居民消费环境，发展放心早点、生鲜超市、家政服务、再生资源回收等与居民生活密切相关的服务业，满足社区居民多元化、多层次的物质文化消费需求。

2008年，淮海广场商业中心进行淮海国际大酒店改造和中央新亚国际购物广场建设，水渡口商务中心重点建设万达广场、淮安国际会展中心、淮安广电网络中心等项目。清河区淮海街道东院社区、长西街道人民路社区被评为省级示范商业社区。全市基本形成城市商业中心、区县商业副中心、商业特色街和乡镇（社区）商业点4个层次的商贸服务网络，基本形成包括生产资料和生活资料在内的有形市场和无形市场相结合，以批发市场和零售市场为主体的多层次、多门类的商品市场体系，形成多种经济成分、多种市场流通渠道、多种经营方式并存的商品市场格局和遍布城乡的流通网络及商业网点设施，道路景观、门面装饰、店堂布置等渐显现代商业基本风貌。

第二节　批发市场

一、汇通市场

始建于1983年，位于淮安汽车总站周边，为8个区、8个专业连片的市场群体，累计投入1亿多元。2008年，场内营业柜台2700节，营业门面房800多间，营业面积5.5万平方米，经营户2000多户，经销品种4000多个，日均客流量10万人次，年成交10亿元，辐射10多个省（市）的60多个市、县（区），为周边地区综合大宗商品主要集散地之一，连续8年获得“全国文明集贸市场”称号。

二、清江农副产品批发市场

始建于1992年，位于市区淮海南路162号。该市场是农业部定点市场和省级农业产业化龙头企业，是苏北地区经营规模较大的农副产品批发市场，也是淮安市蔬菜外销的主渠道，更是区域内重要的农产品集散地和价格形成中心，被全国城市农贸中心联合会授予“全国百强市场”“全国专业市场五十强”等称号。占地面积1.2万平方米，分设南、北两区，经营户300户，经营来自全国20多个省（市）300多个品种的蔬菜，直接供应周边10多个市、县（区），辐射华东地区。2004年9月，改制为股份制企业。2008年，交易量200万吨，交易额20.6亿元。

三、昆仑纺织城

始建于1988年，位于市区淮海路西侧、大治路北侧、淮安汽车总站斜对面，占地面积1.8万平方米，总投资1400多万元。2008年，有门面房700多间，主要经营棉、丝、毛、化纤等布匹以及羊毛衫、被面等，成交额4亿元左右。

四、淮阴食品城

始建于1996年，位于市区大治路，占地面积1.1万平方米。有来自上海、福建、山东、浙江及江苏省内的经营户230多户，经销各类副食品。2008年，成交额超过2亿元以上。

五、中山门蔬菜批发市场

始建于1997年7月，位于楚州区中山门西侧，占地面积2.5万平方米，有柜台300多个，专门批发蔬菜，为大型蔬菜集散基地。2008年，日进入市场交易人数3万人次，成交蔬菜5万公斤，成交额3.5亿元。

六、苏北商品市场群

始建于1989年，位于淮阴区淮海北路西侧、盐河桥北侧，由最初的马路市场发展而来。原淮阴县工商局为投资兴建主体，商业局系统百货公司、酱醋厂等单位也出资并取得门市。1996年，海华地产公司将原近盐河边汪塘垫土投资开发兴建市场五区，1998年建成开业，总投资1200万元，占地面积1.33万平方米，建筑面积1.27万平方米。主要经营五金交电、日用杂货等。2001年，万星房地产公司在市场西侧投资开发市场六区，2002年建成，总建筑面积2.6万平方米。2002年，淮安侨兴房地产公司拆除原老市场，新建苏北温州大市场，2004年建成，总建筑面积5万平方米，拥有经营门面房800间，钢架大棚1.3万多平方米。2005年，市场实现销售额4.5亿元，利税3650万元。2006年5月，成立淮阴区市场管委会。2008年，市场占地面积5.8万平方米，总建筑面积11.7万平方米，1200多经营户分布在6个经营区，主要经营小五金、交电、服装鞋帽、食品酒类、化工、建材等10多个大类上千个品种商品，市场辐射淮安市及周边地区。当年实现销售额5.2亿元、利税4217万元。

七、广大环球家具超市

系淮阴区供销合作总社招商引资企业。2002年，广东客商投资4000万元，租用长江西路117号供销总社既有4层楼房一幢、平房6栋，自建7000平方米彩钢简易房，建成广大环球家具超市。主要销售沙发、办公桌椅等各式家具，辐射淮安市及周边地区。经陆续改建扩建，至2005年，超市占地面积4万平方米，2006年、2008年两次被淮安市标准计量局评定为质量信得过单位。2008年，实现销售额6000万元、利税1200万元。

八、淮阴区木材市场

位于淮阴区王营镇崔庄村境内淮沭路两侧，占地面积2.67万平方米，有62家经营户，产品来自东北、福建、湖南、江西等地，销售范围辐射苏北各市。2008年，实现销售额3亿元、利税1350万元。

九、江苏商联超市有限公司

1998年年底，由原淮阴县商业联合公司改制成为民营股份制企业，初始创业店面位于北京东路。改制后，除保留三鹿、正元、圣元等系列奶粉以及莲花味精、维维豆奶等国内知名品牌40多个总经销业务外，主要发展超市连锁经营。2008年，有直营店18家、加盟店8家，物流配供中心2个，配供仓库1万平方米，资产总额2000多万元，店面分布在淮阴、清河、清浦、楚州、金湖、洪泽等县（区）。是年，商品销售额突破1亿元。

第三节　零售市场

一、大型商场

（一）中央新亚百货商场

始建于1994年6月，位于市区淮海东路29号，初名新亚商城。2002年，根据市委、市政府靠大靠外政策，通过改制，加盟南京中央商场，并吸纳资金2300万元，总股本由原来的2168万元增加到3500万元。2005年，销售额突破5亿元。2006年，利润首次突破1000万元。2008年，销售额6.5亿元，实现利税4000万元。

（二）新清江商场股份有限公司

始建于1977年，位于市区淮海北路214号，初名清江商场，国营性质，主营五化交、百货、电子产品、服装等，员工80多人。2002年，改制为民营企业，更名为新清江商场股份有限公司，在岗职工500多人。2008年，该商场营业面积3万平方米，销售收入2.5亿元，先后获评省诚信单位、省“百城万店无假货”活动示范店、市行业排头兵先进集体等。

（三）淮安金鹰国际购物中心

位于市区淮海东路130号，2008年10月18日正式开业，为中国重点商贸企业金鹰商贸集团投资的第11家连锁店。建筑面积4.7万平方米，是淮安市单体体量最大的时尚百货商场，汇聚购物、国际连锁快餐、主题餐饮、美容美发等多元功能。投资总额2.37亿元，注册资本1亿元，用工2000余人。

二、超市专卖店

（一）超市

1988年，淮阴市商业局在淮海影剧院南侧开办时代超市，营业面积3000多平方米，是淮阴市第一家超市。1998年，时代超市改为股份制，搬迁到新亚商场东侧。1999年开始，市区先后建起较大的超市，有清江商场超市、苏果超市、商联超市、家家乐超市、易初莲花超市等。2006年开始，农工商超市、金鹰超市、家得利超市等落户淮安市。2008年，市区有大小超市580家。

（二）连锁店

淮安连锁店经营始于1998年，逐步由集体商业为主体的政策引导型发展模式，转向全面竞争的市场导向型发展模式。连锁店采取统一标志、统一采购、统一核算、统一管理等运营机制，降低经营成本，增强市场竞争力。2000年，苏宁电器、永乐电器、苏果超市、华联超市等先后在淮安市开设连锁店26家，销售总额2.3亿元。2001年开始，以商联超市为代表的当地连锁企业快速扩张。至2008年，大型连锁店不断发展直营店、加盟店，成为淮安市商贸流通业新的增长点。

（三）专卖店

1978年，专卖店为商业局管辖的商业专卖。1980年开始，在市区东西大街出现服装、皮鞋、自行车等专卖店；在上海路、淮海路上出现学校用品店、粮油店、金银首饰店、化妆品店、电器店等。1998年，市区有专卖店50多家。2008年，市区有510个品种的专卖店。

第四节　集贸市场

1978年，淮阴地区城乡有各类集贸市场383个，成交额14417.16万元。1983年，淮阴市除恢复发展城市农副产品市场以外，还新建工业小商品市场12个、旧货市场13个、花鸟虫鱼市场1个、旧自行车市场30个；在农村新建棚顶市场22个、室内市场1个、露天市场59个。至当年年底，全市累计有城乡集市522个。1984年，淮阴市有集贸市场568个，成交额4.17亿元。1987年，城乡集市市场发展到890个，其中综合集贸市场839个、工业小商品市场36个、废旧品和其他市场15个。

20世纪90年代初，淮阴市委、市政府提出“建市场、搞加工、兴城镇”三位一体发展战略，确立市场在个体私营经济发展中的龙头地位。1995年4月、1998年4月，市政府相继出台文件，就建设市场、发展市场制定一系列优惠政策，市商品交易市场由马路集市逐步过渡到顶棚市场、室内市场。1998年年底，全市有城乡集贸交易市场430个，其中消费品市场394个、生产资料市场27个、生产要素市场9个；有楼层市场32个、室内市场50个、棚顶市场138个，市场面积111万平方米；市场规模档次也有明显提高，全市有13个面积超1万平方米的市场，均为室内或棚顶市场。

2003年，全市集贸市场成交额140亿元，其中消费品市场124亿元、生产资料市场14亿元、生产要素市场2亿元。当年根据全市市场培育发展方案，确定淮安市汇通市场、金湖县黎城市场等55个市场作为重点培育发展对象；培育、规范、提高一批基础较好、规模较大、辐射面较广的农副产品批发市场，扶持发展清江蔬菜批发市场、清隆桥果品批发市场、楚州中山门蔬菜批发市场、流均水产品批发市场等大中型批发市场。通过招商引资，指导扩建一批设施陈旧、有发展潜力的专业市场，包括市区钢材市场、汽配市场、淮阴苏北市场、盱眙东方市场、洪泽绿禾市场。

2008年，全市有各类集贸市场208个，营业面积53.37万平方米，有商铺11281家，业主1.5万户，从业人员4.35万人；年总成交额128.62亿元，市场中成交额亿元以上的18个、10亿元以上的2个、20亿元以上的1个。

第五节　技术市场

1986年5月，成立淮阴市技术市场，同时成立管理机构——技术市场管理部，与市情报研究所合署办公。1987年，全市登记技术交易合同127份，技术合同成交额495万元。1989年，市科委成立淮阴市技术市场管理办公室，进行技术市场管理。全市有纳入管理的技术贸易机构38家，签订技术合同839份，技术合同成交额390万元。之后，各个县（区）都成立技术市场管理办公室。

1990年，全市开展《中华人民共和国专利法》《中华人民共和国技术合同法》宣传教育活动，普及技术市场法律。1991年，市政府办公室转发《市科委关于贯彻江苏省技术市场管理条例意见的通知》，加速科技成果转化，保障国家有关科技成果转化政策实施，促进技术贸易发展，技术市场开始走上正规化。1993年，全市有技术贸易机构112家，签订技术合同805份，技术合同成交额2000万元。1995年，登记技术交易合同670份，技术合同成交额5442.9万元。

1999年，国家废止《中华人民共和国技术合同法》，将相关内容并入新修订的《中华人民共和国合同法》，规定技术合同一经签订立即生效，不以登记认定为合法前提，更加突出市场化。2001年年初，淮安市技术市场管理工作重新启动，组织对全市技术市场情况进行调查，全市有技术市场管理办公室5个，技术贸易机构43个，技术合同登记点7个，技术市场2个。同年9月，淮安市科技局合同认定职能交由事业单位承担。之后，技术合同登记、认定仅作为享受税收优惠的前置程序，全市技术合同登记、认定数量较前急剧减少。2002年，签订技术合同42份，技术合同成交额1180.6万元，减免税款27万元。2008年，签订技术合同27份，技术合同成交额2574.8万元，减免税款128.7万元。

1987—2008年部分年份淮安市技术市场情况表

表25-9

年份	技术合同（份）	技术合同额（万元）	企业减免税（万元）	年份	技术合同（份）	技术合同额（万元）	企业减免税（万元）
1987	127	495.00	—	1989	839	390.00	—
1988	124	390.00	—	1990	240	351.00	—

续表25-9

年份	技术合同（份）	技术合同额（万元）	企业减免税（万元）	年份	技术合同（份）	技术合同额（万元）	企业减免税（万元）
1991	860	1764.97	—	2003	36	873.70	30.0
1992	998	3783.26	—	2004	26	1070.60	29.6
1993	805	2000.00	—	2005	26	1877.40	37.0
1994	603	681.00	—	2006	17	1732.60	86.6
1995	670	5442.90	—	2007	12	1347.54	45.4
1996	156	5181.13	—	2008	27	2574.80	128.7
2002	42	1180.60	27.0	—			

说明：1997—2001年，因国家废止《中华人民共和国技术合同法》，不以登记认定为合法前提，使技术市场管理一度停滞，造成资料缺失

第八章　传统服务业

第一节　餐饮　旅馆

1978年，淮阴地区餐饮旅馆业均为国营或集体经营，归商业局饮服公司管理，政府（革委会）有招待所，提供餐饮与住宿服务，城镇街道集体也办有小饭店与小旅馆，大企业自办招待所；农村集镇商业局系统的合作商店办有小饭店、小旅馆，有的供销社也兴办小饭店与小旅馆；公社（镇）办有小招待所，提供住宿。1980年后，随着政策放开，加之解决城镇就业的需要，城乡个体经营的小饭店、小旅馆纷纷开张，满足流动人口增加的需要。1985年年底，市区有餐饮企业120家，从业人员1000人，营业收入1.1亿元；有旅馆196家，从业人员300人，营业收入1685万元。

20世纪80年代后期开始，国营、集体经营的饭店、旅馆因为经营不善，大多逐渐租赁给个人经营，并逐步改制，由个人合伙、有限公司、股份合作公司经营。至1998年年底，全市有餐饮企业312家，从业人员7000人，营业收入3亿元；有旅馆300家，从业人员1500人，营业收入1.1亿元。2002年，市委、市政府举办第一届淮扬菜美食文化节，极大地推动餐饮旅馆业的发展。淮阴区王营镇营东开发小区、市区丰登路建成美食一条街，其中营东开发小区美食街有大小饭店31家、丰登路有饭店38家。2008年，全市有餐饮企业1512家，从业人员1万多人；有旅馆2600家。

一、正餐服务

1978年，淮阴地区经营正餐的主要有胜利、新半斋、清河、大华、公园、回民、四海楼7家饭店。20世纪80年代后期，国营和集体饭店纷纷改制。1990年，全市有正餐企业180家，从业人员1200人，营业收入3亿元。2002年起，市委、市政府逐年举办淮扬菜美食节。同时鼓励餐饮企业开发

和培育自己的品牌，采取“走出去，请进来”的策略。实施“名师、名品、名企”三大工程，促进正餐业的发展，弘扬淮扬菜品牌，地方传统食品淮安茶馓、蟹黄包、软兜长鱼、码头牛羊肉、钦工肉圆等开始远近闻名。2006年，淮安淮扬府餐饮连锁经营管理公司在北京、南京、南通等地开办连锁店9家，年营业额超千万元。2008年，全市有正餐企业980家，营业额38亿元。

二、快餐服务

1998年，快餐进入淮安市场。新亚商城引进肯德基，清江商场引进麦当劳、大娘水饺店，时代超市办起金陵鸭血粉丝店等快餐店。这些快餐店提供早点、快餐和外卖成品、半成品、方便菜品服务。2001年，全市有快餐店180家，员工1200人。每份快餐价格5～15元不等。2005年，苏食放心早餐在淮安市正式营业。2008年，全市有快餐企业532家，发展网点720个，安置下岗职工1000多人，年营业额5000万元。

三、旅馆服务

1978年，淮阴地区驻地清江市旅馆业主要有清河旅社、大华旅社、桥头旅社、四海楼、红光旅社，地区第一、第二、第三招待所，淮阴招待所以及淮钢、烟厂、车站等大企业招待所21家，都是国营和集体性质。1980年开始，在淮阴车站周围出现私人旅社10多家，一般都是10张床位左右。1988年，市区有旅社宾馆86家。1995年开始，很多国营、集体旅社改制。大、中型旅馆业实行产权多元化，采取租赁、购买、参股等形式，由合伙人、有限公司等经营。小型旅馆采取出售、拍卖、破产、股权转让，实行“一步转民营”。大街小巷的私营旅社也纷纷出现。到2002年，全市有大小旅社1850家。2002年后，淮扬菜美食文化节的举办，促进旅馆业的发展，很多外地商人到淮安市投资办旅馆。2008年，淮安市有旅馆2600家，其中星级宾馆50家，接待住客300万人次，营业额20多亿元。

第二节　洗浴　茶吧

一、洗浴

1978年，清江市市区有大华、西坝、荷花池、东风以及清江拖拉机厂、淮阴拖拉机厂、华新烟厂等8家大集体浴室。1978年后，国营和集体的洗浴澡堂逐步改制为股份制和个体户经营，同时出现很多新办的私人小澡堂。1995年，市区有大小澡堂212家。其中，一次性容纳20人以上的澡堂有89家，如清河洗浴、王营大澡堂、长城洗浴、皇冠洗浴、大地洗浴、桃花潭洗浴、荷花池洗浴等；容纳10人左右的澡堂有123家。1998年后，洗浴业多增加桑拿服务，服务项目有擦背、修脚、捶背、捏脚、足摩、头摩、拔罐等20多种。2002年后，洗浴业又有新发展，王营镇营东开发小区出现洗浴一条街，在300米的小街上，有澡堂21家。2008年，全市有大小澡堂312家，从业人员4000余人。

二、茶吧

1985年，市区大闸口附近出现浦楼、悦来、闸口茶馆，为“文化大革命”后全市首次出现的茶吧。2000年后，相继出现时代、皇冠、有意思、春天、紫萝兰等茶吧。2008年，市区有茶吧310家，从业人员9000多人。

第三节　中介服务

一、职业中介

1992年，淮阴市劳务市场成立，1993年增挂“职业介绍所”牌子，其职能是搜集劳动力供需信息，提供就业指导，解决就业再就业问题。1995年，市区及淮阴县提供就业信息8.6万条，为5万多人介绍就业。1996年，市区新开私人职业介绍所54家。1999年，职业中介提供就业信息3.6万条，成功介绍就业1.99万人。2000年，市区有中介组织350家，提供信息11万条，介绍就业8万多人。2005年，全市有中介组织423家，提供信息15万条，成功介绍就业10万多人，其中跨国就业6000多人。2008年，全市中介服务水平进一步提高，对所有职业介绍所都进行登记考核发证。有职业介绍所450家，从业人员1600多人，其中由劳动部门主办的职业介绍机构49家，私营职业机构401家。当年提供信息30万条，介绍登记招聘20.17万人次，求职16.31万人次，职业指导1.14万人次，介绍成功10.96万人次。

二、房地产中介

1993年，淮阴市基督山信息公司成立，成为全市第一家从事房屋租售交易中介法人企业，当年租售交易房屋10多套。1998年，全市有房屋买卖中介72家，租售交易房屋1500多套。2000年，市区有房地产专职中介所21家，具备二级资质的评估公司9家，承接房地产转让、抵押、租赁、商品房买卖、房屋拆迁等评估业务。2008年，市区房地产中介房屋登记2.1万套，交易1.9万套。

第四节　广告业

1978年，广告仅在淮阴地区的城区和各县城零星可见，常见的有影剧院的电影放映、戏剧演出广告（又称海报），还有商业流通部门近似广告的商品告示等。1983年，随着商品经济发展，广告成为经营经济项目。是年，淮阴市有广告经营单位6家，其中报社1家、有线广播站5家，从业人员30人，年营业额9973元。1987年，全市广告经营单位发展到27家，其中市区15家，从业人员640人，广告营业额149.89万元。1988年，全市广告经营单位发展到39家，从业人员519人，营业额231万元。

1989年5月18日，淮阴市广告协会成立，挂靠市工商局，经费从会费中支出。1990年，淮阴市广告协会利用多种媒介和阵地，为241家企业宣传推介产品（商品）。1997年，全市有广告经营单位110家，从业人员1311人，营业额9189万元。1998年，全市广告经营单位发展到122家，广告经营额1.02亿元，其中广告公司、电视台、报社经营额0.81亿元，占总经营额的79.4%。

1999年，重点扶持和培育符合广告经营资格的个体、私营成分进入广告市场，对新发展的私营广告公司，只要在硬件上基本符合条件，在软件上则是先发展、后规范、再支持。在新政策扶持下，全年新增广告经营单位23家，全市累计有广告经营单位145家，广告经营额1.42亿元。2000年11月，市广告协会召开联谊会，选择辉煌太阳能公司、华新药业公司等10家企业作为运用广告实施名牌战略帮扶重点企业。2003年，全市广告经营单位发展到202家，其中专业广告公司152家、兼营广告公司32家，报纸、电台、电视台、有线广播等大众传媒11家，其他广告经营单位7家，从业人员1469人，营业额1.5亿元。

2005—2007年，多次召开全市广告业发展座谈会，对企业运用广告塑造品牌给予重点指导。2008年，全市有广告经营单位187家，其中专业广告公司180家，报纸、电视台、电台等大众媒介7家，广告从业人员4642人，营业额9.6亿元。

第五节　居民生活服务业

一、搬家、家庭帮办

（一）搬家

1985年，淮阴车站附近无固定职业人员自由组织16人的搬运队，开始为人搬运货物以获取报酬。之后，单位搬家都到车站去找搬运队，成为淮阴市搬家服务的肇始。1990年，清江宏泰家具城成立快捷搬家公司，为家具城搬运家具，亦为市民搬家，成为淮阴市第一个搬家公司。随着老城区改造的不断推进，越来越多的居民搬入新居，农村到城里落户的人也越来越多，由此大大促进搬家服务业的发展。

1995年，喜顺搬家公司成立，有员工60人，搬家1000余户，营业额200万元。2000年，市工商局、物价局、质量技术监督局联合印发《搬家公司等级划分和服务规范》，喜顺、快捷、鸿运3家公司为一级搬家公司，顺达、车站、喜罗来、方便等公司为二级搬家公司，创捷、老吉、大东等公司为三级搬运公司。2006年，从事城市小件物品运输的清河快递公司成立，淮阴区、清浦区也成立快递公司，服务质量高，货到即送不过夜。2008年，全市有搬家公司158家，其中快递公司18家，有搬家车辆621辆、搬运工人1300人。

（二）家庭帮办

淮安市的农村帮办最初出现在20世纪80年代，由帮厨、帮工发展到帮办。1982年，在淮安县溪河、淮阴县袁集等地，有些人家的红白喜丧事请帮厨、帮工帮办，成为淮阴地区较早出现的有偿家庭帮办服务。1984年，出现冷菜摊个体户带着冷菜上门帮办，收取成本费和手续费。1985年，盱眙县交五村村委会利用生产队仓库，买齐餐具桌凳，帮村里人办宴席，每桌收取费用80元左右。2000年，淮阴县凌桥乡金圩村退伍军人金某某成立帮办队，员工4人，上门服务，主家除提供烟酒外，其余餐具、菜肴全由帮办队办理，成为真正意义上的家庭帮办。2002年，金某某又购置桌凳、音响设备，每桌收费100～150元。此后，全市普遍出现帮办队。2006年，淮阴区王营镇盐闸村村民伊某某组织丧事帮办队，收费一般在1200～1500元。此后帮办队（户）渐渐在全市普及。2008年，全市农村有帮办队（户）4564个，其中淮阴区袁集乡有帮办队（户）43个。

二、理发、美容美发

（一）理发

1978年，淮阴地区理发业主要有集体性质的理发店、个人理发店、流动理发员。集体性质理发店分布在县城或公社所在地集镇，清江市、淮阴县主要有工农兵、建国、荷花池、光明、反修、文化宫、东方红、新桥、利民、闸口、红卫、清河、大华、团结、新街、西坝等理发店，从业人员186人。个体理发店一般设在集镇，以家庭住房为门面营业。流动理发员有的是一条凳子和一个理发工具包，有的是剃头挑子，他们在农村集镇和市区市场、闸口等地摆摊设点，有的还走村串户上门理“包头”（即承包一个大队或几个生产队农民的理发，每年一次性开给理发钱或以粮食支付）。男士理发项目多是剃头、刮脸、掏耳朵；女士多是剪发（俗称剪头），价格是每次成人0.5元左右，儿童0.3元左右。1980年3月，省饮服公司美容美发协会在清江市举行理发和美容美发大比武，淮阴地区工农兵理发社王某某获全省男子理发第三名。20世纪80年代初，集体理发店开始解体。1987年，省政府组织理发人员进行等级考核，发给等级证书，罗马假日理发社的汪某某、大光明理发社的毛某取得特级理发师证书，13人取得一级理发师证书，10人取得二级理发师证书，还有30人取得技工职称，成为是淮安市历史上第一批获得理发职称的人。1990年后，理发价格上涨到1～1.5元/人。1995年，全市饮服公司全面改制，集体理发店改制，人员全部一次性补偿到位，改制后的理发人员有的改行，有的单干。2000年后，零散理发户大多数改行，有的到集镇或城市单立门户。2008年，淮安市农村已经没有提包、挑担的理发人员。

（二）美容美发

1984年3月，清河理发社挂牌为清河理发美容社，从业人员28人，年收入20万～30万元，成为淮阴市第一家美容美发社。1985年，淮阴市饮服公司举办全市美容美发大比武。1988年12月，县级淮安市人叶某在淮海东路开办美容美发社，从业人员6人。是年，清河区人李某某在淮海北路开办岭南美容美发社，从业人员15人，这是当时淮阴市规模最大的专业美容美发社。

1992年2月，劳动部要求美容美发工种从业人员持证上岗。淮阴市工商联成立美容美发协会。1996年，市区淮海北路女人街新格调美容美发社、威利斯美容美发社相继开办。1997年开始，淮阴市美容美发服务业发展速度加快，杭州市、扬州市等地多人陆续到淮阴开办美容美发店。

2004年8月，吉林省长春市的门某某在淮安市区北京路租赁房屋1000多平方米，开办美容美发培训班，每年举办3期，每期30人。培训内容多种多样。其中，美容分中式、西式，各有初级、中级、高级技师5个级别的培训与考核；美体分胸、腹、背、股、腿、手等培训；美甲分光疗甲、彩绘甲、法式甲等培训；美发分烫、染、洗、吹、做型等培训。2007年，新格调美容美发社在新亚商城开办，集美容美发、婚纱、摄影等服务为一体，营业面积3800平方米，从业人员156人。其中，美发店服务项目48项，年顾客量65700人次左右，服务价格最高的年票2万余元，最低的一次几十元，年营业额超过500万元。

2008年，淮安市有美容美发店3510家，从业人员少的1人，最多的100多人，服务项目有40多项。叶军美容美发沙龙在淮安市有总店，营业面积5000平方米，从业人员40人，另在北京、安徽及江苏其他地区发展连锁店11家。

三、照相、洗染

（一）照相

1978年，清江市市区有国营、集体照相馆5家，分别是时代、亦卢、胜利、大华、曙光照相馆，另有时代照相器材商店。20世纪80年代后期，国营和集体的照相馆全部改制为个体。20世纪90年代初期，时代、曙光照相馆购买彩色扩印机，开展彩色照相全套服务。1994年4月，淮阴市成立摄影工作者协会，召开摄影工作者代表大会，选出理事36人。1996年后，结婚照迅速发展为专业婚纱摄影。清河浴室扩大业务，在3楼开办罗马假日婚纱摄影店。1998年，在淮海北路西侧开办晓友婚纱摄影店。2008年，市区有婚纱摄影店18家、小型照相馆21家。婚纱摄影店形成系列配套服务，配备车、服装、道具等，不但在室内拍摄，而且到海边、湖边、景区拍外景，制作相片专辑、视频录像，还为银婚、金婚的夫妻拍摄纪念照片等。小型照相馆还开展为老照片刷新装帧服务。

（二）洗染

1978年，淮阴地区商业系统有洗染站10家，从业人员103人，营业额16.5万元。1987年，淮阴市有洗染店93家，从业人员186人。1990年后，随着城乡居民生活水平的不断提高，化纤服装逐渐增多，染布不断减少，但洗染业项目越来越多。从原来单一染色，扩大到衣物水洗、干洗、熨烫、染色织补、漂白、毛皮复硝、皮衣上光、服装修补改制和棉衣、棉被、棉帘的拆、洗、做等，原来的染坊全部被干洗店替代。2005年，全市洗染店发展到187家。2008年，全市有洗染店318家，从业人员700多人。

四、家政、保洁

（一）保姆

1980年后，随着人们生活水平的提高，淮阴地区开始出现保姆服务行业。1988年，市劳动局开始举办保姆培训班。1998年，市区有入户保姆从业人员2700人。2000年，出现家庭钟点工，一些双职工家庭的小孩上学无人接送，老人在家无人照顾，于是出现定时不定期的钟点工。2008年，市区有保姆、钟点工8000多人。

（二）护工

2003年，淮安市第一人民医院后勤部成立护工队6个，从业人员24人，护工费用每天60～100元。这是淮安市有护工服务项目之始。2008年，市区有护工1200人。

（三）月嫂

2003年，淮安市市区举办红喜月嫂培训班，参加培训16人，培训内容主要是母婴护理、洗浴以及催乳。这是淮安市有月嫂行业并进行培训之始。2005年，市区有月嫂培训机构3家，培训月嫂210人。2008年，全市有月嫂1200人。

（四）保洁

1998年，淮阴市开始出现保洁服务行业，保洁人员主要从事清洗油烟机、疏通抽水马桶等。1999年，市区成立红顺、平安、圣达3家保洁公司，有从业人员80多人。2005年，市区有保洁公司15家，从业人员180人。2008年，市区有保洁公司71家，从业人员1800多人，保洁项目增加室内外墙壁、门窗、车辆、家具清洗。

五、修理业

（一）自行车修理

1978年，清江市五化交公司下设自行车修理门市部6个，主要路段有修理小摊7个。1986年后，随着自行车、摩托车等销售量增多和集体修理部改制，个体修理店（摊点）不断增加。2005年，市区有自行车修理摊位127个。2008年，市区有自行车修理摊位213个。

（二）家电修理

20世纪80年代，淮阴市居民家庭陆续购置电视机、电冰箱、洗衣机、空调等家电。1986年前后，市区有销售厂家所设家电维修点9家，还有一些个体修理店。20世纪90年代，除家电专营店设修理门市外，出现部分个体维修户。2008年，市区有家电维修点210个。

（三）计算机修理

20世纪80年代后期，淮阴市开始使用计算机（电脑），市区计算机修理店多设在清江电子商城和闸口电子商城，其余是少数个体户兼职维修。

（四）手机修理

1995年后，淮阴市开始有人使用手机。1999年后，手机持有量增长速度迅猛，部分手机修理店与手机销售店连为一体。2008年，市区有销售与修理手机的门市480家。

·淮安市志·（1978—2008）

第二十六卷　淮扬菜之乡

第一章　淮扬菜传承与发展

第二章　淮扬菜美食文化节

第三章　名菜　名点　名宴

在川、淮、鲁、粤四大古典菜系中，只有淮扬菜是以两个城市——淮安、扬州的名字命名的菜系。这两个由大运河最早的人工河段——邗沟连接并发展起来的城市，在历史发展中，形成独特的文化带，淮扬菜系就是其中的一个突出代表。淮扬菜历史源远流长。其部分食品及加工烹饪器具，可以追溯到6000多年前的青莲岗文化时期，而部分烹制技艺的最初记载出现在西汉淮阴人枚乘的《七发》中。淮扬菜始盛于隋唐，鼎盛于明清，弘扬发展于当代，以和、精、清、新的特色闻名于世。淮安不仅创造出众多的名肴、名点，不断产生各有绝活的众多名店，更以"淮菜三全席"享有盛誉。改革开放以后，淮安市秉持"富民兴淮"理念，在抓好名厨传帮带的同时，以职业高中、大中专职业技术学校等为阵地，抓好烹饪专业职业技术教育、培训，厨师队伍不断壮大，名厨、大师不断涌现，为全市餐饮行业的发展，为淮扬菜走向全国、走出国门奠定坚实的基础。2002年，淮安市被中国烹饪协会授予"淮扬菜之乡"称号。之后，淮安市每年举办一届淮扬菜美食文化节，推动餐饮旅游业迅猛发展，在促进淮扬菜的传承、创新、提档、升级的同时，还带动相关各业发展和市容市貌出新。

第一章　淮扬菜传承与发展

2002年9月，"江苏淮安·淮扬菜之乡"专家认证会在淮安市召开。中国烹饪协会专家组成员经过认真充分地讨论后，一致认为淮安市可以被授予"淮扬菜之乡"称号。

专家组形成的结论主要有：淮安作为"淮扬菜之乡"的历史。淮安作为行政地域，先后有淮阴、山阳、楚州、淮安等名称，自京杭大运河开通之后成为江淮重镇，南北漕运、河务重地。1914年所置的淮扬道，曾统辖淮阴、淮安、泗阳、涟水、泰州、高邮、阜宁、盐城、江都、仪征、东台、兴化、宝应13个县，江苏东北地区都在淮扬道管辖之内。1996年行政区划调整后，淮安市仍下辖清河、清浦、楚州、淮阴四区和盱眙、金湖、洪泽、涟水四县。淮安对淮扬菜的产生、形成、发展、完善发挥过重要作用，是有确凿史实的。

淮安作为"淮扬菜之乡"的地位。淮安作为"淮扬菜之乡"，是因为它是淮扬菜的主要发源地之一，有着不可否认的地位。现存于世的淮安名菜、名点达1000余种，其中淮安地区首创独创的菜点达400种以上。列入江苏十大名菜的"软兜长鱼"，就是淮安人首创的。还有淮安厨师创制的"淮羹二妙"等30余种菜肴，也属淮扬菜家族中的名菜。淮安地方名筵的"全鳝席""全羊席""全鱼席"，也有很高的知名度。

淮安作为"淮扬菜之乡"的贡献。对于淮扬菜的烹饪技艺，淮安有着独特的贡献。淮安人的家庭烹饪和专业厨师，最擅长将普通原料制作成脍炙人口的美馔佳肴，化平凡为神奇。正因为民间和专业烹饪对饮食生活孜孜不倦的追求，厨艺、厨师才在淮安有着世人瞩目的社会地位，早在清代就出现"要厨子""带厨子""送厨子"的"三股风"，并有"二难"（指的是当"秀才"难和当"厨子"

难）之说。

2002年9月26日，在首届中国淮安淮扬菜美食文化节开幕式上，淮安市被中国烹饪协会授予“淮扬菜之乡”匾牌。

第一节　发展历程

一、萌芽时期

淮扬菜文化有据可考的历史可以追溯到6000多年前。1951年，华东文物工作队在今淮安市楚州区城东北35公里的宋集乡青莲岗发现一处新石器时代文化遗址，遂命名为青莲岗文化。它是早于长江以南的良渚文化和山东泰安大汶口文化的江淮地区独特的文化形态。在分布广泛的青莲岗文化遗址中，发现各种磨制的斧、铲、锛、凿、矛、镞以及磨盘、磨棒等石器工具，以及盌、钵、杯、盘、鼎、壶、豆、甑、勺等饮食器具，鱼镖、镞、凿、锥、针、鹿角锄等骨角器，陶网坠、陶弹丸、陶纺轮、陶拍、陶锉和蚌镰、蚌镞等生产工具。此外，在大墩子遗址下层出土的炭化粟，北辛遗址陶器底部的粟糠印痕，以及猪、牛、鸡等家养动物遗骸，都是淮扬饮食文化萌芽发展的证明。

青莲岗文化的发现说明，在距今六七千年前，江淮流域的先民已过着以农业为主、渔猎为辅的社会经济生活。青莲岗文化遗址中出土的各种工具，说明当时的生产力达到相当文明的程度。当时的食物原料有通过捕猎获得的鸟兽，通过饲养获得的家禽家畜，通过农业种植、采摘获得的植物种子3类，说明烹饪原料有相对稳定的来源。红陶钵、鼎、釜、甑、双鼻小口罐、深腹圜底罐、碗、支座、带流壶以及角状把陶器的制作，为水烹法提供物质基础。刀斧、敲砸器等工具，可以将大块的烹饪原料加工成小块的烹饪原料，以便于食用和烹调。

二、初步形成时期

夏商周时期，今淮安地区为淮夷徐戎活动范围。徐人创造发达的农牧渔猎业，种植的农作物有稻、麦、粟等，饲养的家畜有狗、牛、马、羊、猪、鸡等。

春秋末期，吴王夫差为北上争霸中原，于公元前486年始凿邗沟，由长江直接进入淮河；扬州、淮安之间的交流增加，这为淮扬菜的初步形成提供空间上的便利。战国时成书的《尚书·禹贡》载有“淮夷蠙珠暨鱼”，表明当时淮河下游部落居民已经将当地名产蚌珠和鱼作为贡品，其中包括对鱼独特的烹制技艺。淮安出土有战国时错金银盘龙纹鼎等大量的青铜器。这一时期，菜肴已能制作炙（烤肉、鱼）、羹（肉汁、荤素浓汤等）、腥（动物浓汤）、脯（肉干）、醢（肉酱）、齑（腌菜）、脍（细切肉丝）等。从烹调方法上，多使用烤、煎、蒸、煮、炖等。口味上，多咸、酸、苦、辛之味。

秦汉时期，淮安地区美食记载频频见于典籍。西汉淮阴人枚乘《七发》中有吴客劝楚太子品尝美食的话：“犓牛之腴，菜以笋蒲；肥狗之和，冒以山肤；楚苗之食，安胡之饭，抟之不解，一啜而散。于是使伊尹煎熬，易牙调和；熊蹯之臑，芍药之酱；薄耆之炙，鲜鲤之脍；秋黄之苏，白露之茹；兰英之酒，酌以涤口；山梁之餐，豢豹之胎；小饭大啜，如汤沃雪。此天下之至美也。”其中，涉及的佳肴笋蒲配小牛腹腴、石耳狗肉羹、安胡饭、炖熊掌，五味调和的酱、烤兽脊肉薄片、鲤鱼丝、烹野鸡、烹熊胎、烹秋蔬，既代表当时上流社会的饮食生活，也明显展示出枚乘家乡淮阴的煎、熬、炙等烹饪方法和特色肴馔。

淮安是淮白鱼的产地。魏晋南北朝时期成书的《齐民要术》中，有“酿炙白鱼”的记载。此外，“饼炙、炙鱼、毛蒸鱼菜、纯羹”等菜中也用白鱼为原料。“酿炙白鱼”要“长二尺”，与后来宋代杨万里《初食淮白鱼》诗中的“更买银刀二尺围”的标准不谋而合。

这段时期是淮扬饮食文化发展的第一个高潮。江淮地区水旱混作的农作物播种方式，使得稻、麦、粟、豆等粮食作物成为主食原料，家畜成为肉类食物的稳定来源，同时渔猎也是肉类原料的重要组成部分，食用的野生动物品种丰富。烧制和冶炼技术的进步，使炊具、饮食器具不再是陶器的一统天下，青铜饪食器和饮食器在上层社会中成主流，铁器开始在烹饪中使用，可以对烹饪原料进行精细的加工，切成小片、丝状来进行烹饪。烹调方法很丰富，煎、炒、蒸、煮、炖、烩等方法都已形成，并产生一批代表性的菜肴。烹饪文化初步成型，南食、南味基本形成，以和为主、咸甜适中的饮食习俗渐成淮扬饮食的固有格局；名特菜点已为时人所追崇和讴歌，药食同源、饮食养生的理论已现雏形。

三、繁荣时期

唐宋时的淮安是著名的港口城市。那时，歌楼酒馆满堤，灯影筝声连宵，一派通都大邑的气象。其夜景更充满朦胧的美。繁华都市楚州、泗州吸引着海内外众多商人。大食、日本、新罗等国的商人来此贸易，并经楚州、泗州去长安、汴京。一批穆斯林在淮安定居下来，来自异域的清真风格使淮地牛羊烹调技术大大改观，为淮安著名的码头牛羊肉特色原料和烹制技法奠定基础。诗人李白过淮时，受到古道热肠的老妇人的热情款待，激情洋溢地留下“暝投淮阴宿，欣得漂母迎。斗酒烹黄鸡，一餐感素诚”的美好诗句和人间佳话，淮菜名品“黄焖鸡”即因此诗而得以附载。淮安历朝作为贡品进献的淮白鱼，得到杜甫、苏轼、梅尧臣、曾几等多位诗人的题咏。杨万里的《初食淮白鱼》更是将淮白鱼的烹煮技法表现得淋漓尽致：“淮鱼须将淮水煮，江南水煮正相违。霜吹柳叶落都尽，鱼吃雪花方解肥。醉卧高丘名不恶，下来盐豉味全非。饔人且莫供羊酪，更买银刀二尺围。”诗人赞美“淮水煮淮鱼”的本味鲜和秋冬白鱼的肥嫩鲜美，并用淮白鱼在淮安招待金国使臣。

元代时的淮安仍是著名的港口城市，《马可波罗游记》第六十六章记述淮安府“是一座十分美丽的城市”，“是蛮子国的门户”，是大批商品的集散地、食盐集散地，“大汗从这种盐税中得到巨额的税收”。著名诗人萨都剌在《题淮安王氏小楼四首并引》中云：“雪满寒江压酒旗，江南无处不堪题。小舟载得梅花去，度领春风过水西。”从中可知淮安酒店之多，饮食业之繁荣。

四、鼎盛时期

明中叶以后，黄河全流夺泗夺淮。漕运、河务、盐运、榷关集萃于淮安，形成强大的物流、人流、资金流，淮安成为全国最富庶的地方之一。来自陕西、山西、安徽、湖南、湖北、江西、浙江的盐商，由于其饮食习惯不同，多自带家厨。且有各地经营饮食业者到淮安谋生，带来不同地域的原料、烹饪技艺和饮食文化，从而促进淮扬菜烹饪技艺和饮食文化的迅猛发展。淮安餐饮业空前繁荣，城内城外，店肆酒楼鳞次栉比，市不以夜息。

明代以前，淮安地区的饮食市场繁荣但不奢侈。《山阳志遗》载：“民间尤朴实，布衣蔬食，席不过五簋。”然明中叶以后，由于商业的长期繁荣、官吏的贪腐，饮食之风日渐奢靡。清中晚期的戏剧家黄钧宰在《金壶七墨》中记载：“清江上下十数里，街市之繁，食货之富，五方辐辏，肩摩毂击，甚盛也。”《河下志》载：“市不以夜息，人不以业名。富庶相沿，奢侈成俗。”达官贵人府内、富商巨贾家中，更是极尽盛馔侈靡之能事。普通居民竞相效仿，积习熏染，一般小康人家也讲究口味，精研烹技。大的酒楼菜馆更是千方百计招揽名厨，穷搜天下奇珍异品，别出心裁地以稀有之味独领风骚。在此背景下，淮安地区出现名气极大的“全羊席”“全鳝席”，在清代全国五大宴席中独占其二，表现出淮安厨师对烹饪原料物性的深刻认识及充分彻底的应用，展示其全面的精妙卓越的烹饪技艺，也体现淮安菜的美学格调。然而，在奢靡无度、繁华鼎盛、烹饪技术走向巅峰的背后，也隐藏着危机和没落。在清江浦的河道总督府内，日日都上演着暴殄天物、骇人听闻的宴席。其购买燕窝皆以箱计，一箱则数千金，海参、鱼翅更是家常便饭。更有变态的吃法，《春冰室野乘》载，某河帅请客，吃猪肉只取活猪背上的一小块里脊肉，一桌宴席用猪50多头；食驼峰用热水浇骆驼背，取下精华集中的背肉后，把全部驼肉丢弃。

1855年黄河北徙不久，南河总督裁撤，漕粮改由海运。1931年盐政改革，两淮盐商衰败。经过接二连三的釜底抽薪，昔日繁华的淮安日益衰落，淮安菜也返璞归真，回归到“唯以淮珍烹淮菜”的正道。

五、全新发展时期

民国时期，“漕河盐榷”之利皆失的淮安，又遭遇联袂接踵的战乱，饮食业一落千丈。从业者纷纷外出谋生，在天津、上海、北平等地开设淮扬菜馆。朱自清《说扬州》云：“北平淮扬馆子出卖的汤包诚哉是好，在扬州却少见。那实在是淮阴的名产，扬州不该掠美。”淮安的文楼汤包此时已远播他乡，扬名京城。其间，淮安的饭店只是经营着一些地产原料为主的肴馔，烹调以炒见长，朴实无华。烹饪人才和技术处于流失状态。

1949年，中华人民共和国开国大典的国宴选用南北人士都能接受的淮扬菜。从此，淮扬菜成为国家领导人招待宾客的美食代表。

20世纪50年代，随着淮安百业的迅速发展，饮食业也逐步繁荣。实行公私合营后，一些旧有的饭店酒楼重放异彩，两淮饮食业交相辉映，以震丰园、文楼、胜利、玉壶春、新半斋等酒楼饭店制作的肴馔最具特色，各地厨师不断到淮阴交流。1958年，南京厨师考察团到淮阴调查传统名菜，淮阴烹饪界曾言传手授一份全羊席资料，共计90种，其中有80种记有各种羊肉菜的选用部位、烹调方法、口味特点以及盛器，颇为详细。淮扬菜集南北风味之所长，精烹细调，咸淡适宜，酸而不酷，辣而不烈；制法上以炸、熘、爆、炒、炖、焖、煨、蒸、烧为擅长，火候上以酥烂、醇厚著称，风格上重用原汁原汤，调味上以鲜、咸、香、甜为主，选料严谨且主料突出。到20世纪70年代，形成体系健全的“淮扬菜系”。

20世纪80年代后，高中档酒楼宾馆和大众化饮食店如雨后春笋般兴起，各种交流、比赛、美食节等烹饪活动大量举办，传统淮扬菜得到挖掘整理。1983年6月，田树民、田德俊、吴志华、冯祥文等于淮阴商业技术学校挖掘整理“全鳝席”69道，并编辑成书，由中国商业出版社出版。此后，陆续出版《淮安教学菜谱》《楚州淮扬菜佳肴名点》《中国淮安淮扬菜名菜谱》等书籍。一大批能文能武的淮厨，不断在国家、省、市烹饪大赛上摘金夺银。

2000年后，政府引导淮扬菜烹饪技术研究交流和烹饪人才培养，淮扬菜得以空前发展。2002年，淮安市被中国烹饪协会授予“淮扬菜之乡”的称号。同年起，淮安市每年举办一届淮扬菜美食文化节，来自全国乃至全球的淮扬菜爱好者和专业技术人员集中在淮安，参加淮扬菜技术和淮扬菜文化的研讨、交流，使曾经散失的淮扬菜技艺得以集中传播和创新发展。市政府主导组建国有控股的淮扬菜集团股份有限公司，在淮安、南京、上海、北京多地开设淮扬菜馆，进行淮扬菜的示范推广。淮阴商校烹饪专业不断提升办学质量，成为国家级示范专业。江苏食品职业技术学院开办苏北地区第一个大专层次烹饪工艺与营养专业，为淮扬菜培养高端技术技能型人才，该专业迅速成为国家示范高职院校重点建设专业。高技能、研究型师资队伍带动烹饪科学研究的开展，开拓性地完成多项省、市级烹饪科研项目，制定出首个淮扬菜江苏省地方标准，推动新兴技术在淮扬菜中的应用。淮扬菜得到全新发展。

第二节　餐饮名店

一、老字号名店

（一）玉壶春饭店

创办于清朝末年，位于今清河区东长街。其厨师李汉如善于雕刻造型，能刻花鸟鱼虫、亭台楼阁。2008年，经营面积144平方米，多名高级厨师出于此间，以经营正宗淮菜为主，共有108个品种。

（二）胜利饭店

创办于1945年，曾为苏皖边区政府招待所，位于今清浦区东大街，两进老式小四合院，经营面积1100多平方米。当年在胜利饭店掌厨的是名厨"王飞刀"（王天元）、烧烤大师陈金荣、以刀工闻名的名厨张文显等。中华人民共和国成立后，接待过苏联、日本、澳大利亚、德国等外国客人，一次可同开100余桌。胜利饭店的红烧肉原料是黑淮猪肉，色、香、味俱佳，烧杂烩也是首屈一指，所用的高汤都是草鸡、肉骨头、海鲜之类煲出来的，杂烩里的小肉圆、鱼圆、蹄膀、皮肚、虾米、竹笋、海参之类都是鲜货，号称"头菜"。特色菜点有油爆虾、糖醋桂鱼、煨脐门和蟹黄汤包等。1956年公私合营后，加入清江市饮食服务公司。1983年，成为淮阴市清浦区第一饮食服务公司下属企业。2002年，东大街改造时被拆除。

（三）新半斋饭店

创办于清宣统二年（1910），位于今市区淮海南路。20世纪20年代，名厨张文显、孙宝仁等大师汇聚于此。该饭店擅长于烹制各种淮式菜肴，且有所创新和提高。堂口供应软兜长鱼、煨脐门、溜鳜鱼、炒虾腰、叉烤鸭等100多个名菜及油糕、荷叶夹、汤面饺、细沙枣泥包子等面点，色、香、味、形俱佳。张文显的"一鸡九吃"名闻江淮。改革开放以后，北京的"西苑"、上海的"老半斋"、扬州饭店等有人到此寻根，远在英国的"老半斋"传人也曾到淮安探源。1976年淮海路拓宽改造，拆掉店堂一半，改做小吃。1998年被彻底拆除。2007年，在闸口美食街重新开业。

（四）震丰园饭店

创办于清同治十年（1871），原址在山阳县（今楚州区）八字桥东响铺街，创始人为黄子魁。原名震丰园饺面店，后改名"富记震丰园"。经营馄饨、锅贴、糖粥等大众化淮扬饭菜。"震丰园炒米馄饨"远近闻名，馄饨皮极薄，每斤面粉可擀600多张，皮薄如竹膜，吃时不觉有皮；馅量多而细腻鲜嫩，无油腻感；再拌上香酥的炒米，风味绝佳。著名的"淮饺"亦为震丰园创制。1892年以后，黄氏后人先后在宝应、南京科巷、上海南市、淮安县西街开设"震丰园饺面店"。1956年公私合营后，加入淮安县饮食服务公司。后因道路拓宽，震丰园老店关闭。2007年，市政府通过招商，在闸口美食街重开震丰园，经营各式淮扬菜。

（五）文楼饭店

创办于清嘉庆二十二年（1817），位于今楚州区河下古镇花巷，店主陈海仙。文楼兴办之初，开清茶馆，卖小点，经营涨蛋、卤肉、煮干丝等。道光八年（1828），陈海仙在灌汤肉包的基础上，独创文楼汤包。后来，又将“酵面串汤包”改制成“水调面汤包”。螃蟹上市之时，供应蟹黄汤包，顾客争购品尝，令文楼应不暇接，门庭若市。同治年间，又创制文楼涨蛋（1999年，此菜获省贸易厅和省烹饪协会授予的“江苏名菜”称号）。先后由陈建宏、陈瑞林、陈湘荣等经营。1956年公私合营后，加入淮安县饮食服务公司。1958年9月，刘少奇视察淮阴时，品尝文楼的蟹黄汤包。后在北门大街竹巷街路开设新文楼饭店。

（六）宴乐楼

位于今楚州区河下镇干鱼巷口。清乾隆年间，以36道长鱼席与闻名全国的南河总督署的“燕菜烧烤席”公开叫板，令那些“追新”族们瞠目咋舌，叹为“怪巧瑰奇，冠绝一时”。每日香车宝马，食客盈门，淮关、盐运分司的官员频频光顾，分别被称作该店“食柱”“家宾”。嘉庆中叶，独行侠“白兰花”周海门由广东到淮，“建客邸数百，编号为之，客之来者以次就宿，如归其家。座中食客常千人，士之踵其门者，虽一技一能，必温颜接之，延以上座而厚款焉”。该店后几经转手，终由李炳经营到中华人民共和国成立后。

（七）老复兴酒楼

位于今洪泽县蒋坝镇。始于1904年，前身为张兆彬夫妻小吃店，以经营蒋坝地方特色菜肴而著称。民国19年（1930），蒋坝老街王某聘张妻为厨，改名“复兴馆”，尤以加工蒋坝鱼圆、鱼饼等水鲜菜肴最为出名。民国25年（1936）兴建三河活动坝时，时任国民政府行政院长孙科、江苏省主席陈立夫等巡视工程，于复兴菜馆就餐，称赞为“南北”风味。民国26年（1937），地方名厨合股在原址上整建开业。民国30年（1942），新四军将领陈毅、邓子恢、张云逸、罗炳辉等在蒋坝时，品尝过复兴菜馆菜肴。20世纪60年代至90年代中期，南来北往商旅驻足用餐，以鱼圆、银鱼、桂鱼、鲫鱼、长鱼、甲鱼和泥鳅、昂刺鱼等小杂鱼为主要特色菜，同时有牛羊肉、野鸭、干丝以及河藕等新鲜时令菜肴，菜嫩肉鲜，口味适中，经济实惠，深受欢迎。2008年，老复兴酒楼坐落于蒋坝镇淮宁路113号，经营面积300平方米。

（八）其他老字号名店

武楼，始建于明末，与文楼衡宇相对（二楼乃分别纪念河下镇明嘉靖年间文状元沈坤和万历年间武状元叶允武的公众建筑，后由私人经营餐饮）。至河下穆斯林玛氏家族时，武楼主营清真肴点。清末民族英雄左宝贵的夫人陶二姐即为店家外甥女，幼年失孤，在此寄养长大。蓬莱仙馆，位于山阳（今楚州区）城内兴文市场小牛巷，又名老蓬莱，店主黄梅堂、薛文成、郭宝恒等都是闻名江淮的大厨。近百岁高龄的名厨杨松年，最早就在该店学红案手艺。清江浦圩门外的四时春，以走油猪肘和千张疙瘩烧大肠闻名。清江浦洋桥口的富贵楼逢席必上马蹄鳖炖鸡，人称“别姬楼”。另有荷叶粉蒸肉，用花猪肉浸于酱油佐料中，半日取出，拌以炒芝麻、炒米粉等料，以新荷叶包裹上笼蒸熟，荷香沁齿，别有风味。富贵楼对面的石园兴，也是有名的酒楼，特色是肉饨子（猪肉圆）。猪肉肥瘦各半，细切粗斩，加水、盐、淮山药、虾仁、蟹黄等擢匀。“白汤饨子”形如小球，汆入沸汤，无论配小萝卜头，还是小汤菜、茼蒿、菊花脑等，味皆好；“清蒸饨子”大而扁圆，多以茶干、蒲菜或竹笋为衬；“红烧饨子”大而略扁，放入油锅中炸黄，再配金针菜、黄芽菜、芭菜或海带等红烧。教门馆的“清炖鸡鸭汤”，称作“清江一绝”。晚清、民国时期，还有淮荫园、古淮楼、太平洋饭店、金德园、品香等酒家，广盛园及北阳春等饺面馆，亦极有名气。

二、当代名店

（一）淮安迎宾馆

位于市区淮海北路121号。始建于1956年，前身为淮阴市第一招待所，1986年更名为淮阴宾馆。1999年10月，建成占地面积2万平方米的新世纪广场，是一座靓丽的都市花园式宾馆。2001年，更名为淮安迎宾馆，同年被评定为全市首家四星级旅游饭店。2003年，改制为民营企业。宾馆占地面积3.6万平方米。餐饮部由宴会中心、餐饮楼、西餐厅、早餐厅组成，其中宴会中心拥有挑高无柱宴会大厅2个、宴会小厅4个、豪华包厢9个，餐厅可容纳1500人同时就餐。宾馆培养一支技术过硬的厨师队伍，多次选派厨师在全国烹饪大赛中获得金、银、铜奖。在江苏省第四届烹饪技术比赛中获个人项目2个金奖、1个铜奖，在江苏省第五届烹饪技术比赛中获团体和个人4个金奖、2个银奖、1个铜奖。多次接待国家、省、市领导及各界名人，承办国家、省、市大型会议和重要外事活动。

（二）梅园宾馆

位于市区健康西路37号，1999年7月28日开业，为三星级旅游涉外饭店。2005年5月重新装修，楼高6层，宾馆构筑小巧玲珑，古朴典雅，富有江南庭院风格。有大小餐厅16个，可同时容纳400余人用餐。菜肴以淮扬风味为主，兼有川、潮菜之长。在江苏省第四届烹饪技术比赛中，梅园宾馆“全鱼宴”获“江苏名宴”称号，被评为江苏餐饮名店。

（三）幽兰都大酒店

位于市区健康东路36号，1997年开业，是淮安市较早的三星级旅游涉外饭店。2007年重新装修，集住宿、商务、旅游、休闲、宴客于一体，有2个豪华宴会大厅和21个风格各异的特色包间，餐位900个，经营正宗的淮扬菜。曾获评市最佳饭店、淮扬菜名店。在江苏省第四届烹饪技术大赛中，该店的“精品乳鸽宴”获“江苏风味宴”称号，酒店被评为江苏餐饮名店。

（四）西园饭店

位于市区淮海西路与北京路交汇处，二星级旅游涉外饭店。总建筑面积2000平方米，有餐位400多个。曾在服务行业操作技能比赛中多次获奖，在淮扬菜美食文化节中获得团体金奖和4个金勺奖。在江苏省第四届烹饪技术比赛中，该店的“运河船宴”获“江苏特色宴”称号，饭店被认定为江苏餐饮名店、淮扬菜名店。

（五）江苏淮安宾馆有限公司

位于楚州区友谊路2号，四星级旅游涉外饭店。1981年开业，2005年重新装修并改制。宾馆占地面积近6.8万平方米，可同时容纳1000多人就餐，纯正淮扬菜肴名闻遐迩，软兜长鱼、虾米扒蒲菜两款菜肴被国内贸易部评为中国名菜。“长鱼宴”获江苏省第四届烹饪技术比赛金奖，并获“江苏名宴”称号，其“漕运官府宴”亦很有名。

（六）淮州宾馆

位于市区健康东路，为三星级饭店。占地面积4万平方米，菜肴以淮扬菜为主，可同时接待600余人。

（七）月季花园酒店

位于市区淮海南路和解放路交汇处，为四星级饭店。总建筑面积3.6万平方米，主营淮扬菜，有豪华宴会厅4个、普通大厅2个、大小包间62个、西餐厅1个，可同时容纳1500人就餐。多次获得省、市“优秀星级旅游宾馆”“最佳饭店形象”“金叶级绿色旅游饭店”等称号，获淮扬菜美食节团体金奖、市第五届烹饪技术比赛团体铜奖。2006年，被评定为江苏餐饮名店。

（八）朱桥甲鱼馆

位于市区学苑路9号。建筑面积1200多平方米，可同时接待客人260多位。经营传统淮扬名菜点，店中菜肴朱桥甲鱼羹、软兜长鱼、平桥豆腐、白汁皮肚等以口味正宗享誉四方，其中朱桥甲鱼羹获得国家专利。多次参加市委、市政府外出推介活动，多次获市美食文化节金奖，被评定为江苏餐饮名店。

（九）洪泽老鱼馆餐饮集团

位于市区淮海北路96号，成立于1996年。专营活鱼锅贴、洪泽湖土特产等菜品。在市区另开有3家分店。

（十）淮安国信大酒店

位于市区翔宇北道1号，2008年3月由江苏省国信集团投资2.1亿元，按照五星级酒店的标准规划建成。建筑面积3.85万平方米，可同时容纳1200人就餐。酒店菜肴坚持传统与创新相结合，特色菜有浓汤鳝背、菊花橄榄鱼圆等，酒店厨师多次参加国家、省、市烹饪竞赛并获奖。

（十一）江苏淮扬府餐饮公司

前身为20世纪80年代末知名餐饮企业——新华酒家，1993年与台湾客商合资成立新华大酒店，2001年又成立新新华大酒店，2002年更名为江苏淮扬府餐饮公司。经营正宗淮扬菜，兼营外帮特色菜，名菜有新华大排、新华牛肉、软兜长鱼等。2005年，获“淮扬菜名店”称号。2006年，获“中华餐饮名店”称号。

（十二）金湖县苏源宾馆

位于金湖县人民路128号，总投资1200余万元。餐饮部提供淮扬菜、海派菜、宁波菜等不同风格的多种菜肴。2002年，被国家旅游局评为二星级旅游饭店、被市政府授予全县唯一的“淮扬菜名店”称号。在2003年江苏省第四届烹饪技术比赛中，“清荷宴”获“江苏特色宴”称号，饭店被评为江苏餐饮名店。

（十三）淮阴宾馆

位于淮阴区北京东路30号。始建于1952年，原为淮阴县人民政府招待所。2001年获评国际三星级旅游宾馆。2003年5月改制为民营企业，隶属于淮安市民生实业有限公司。宾馆占地面积2万平方米，集饮食、住宿、会议、桑拿、娱乐、健身为一体。宴会大厅可同时容纳350人就餐，有风格各异的22个小厅，提供正宗风味的淮扬菜，同时还烹饪其他各派名菜。2006年被评为江苏餐饮名店，2007年在省第五届烹饪技术比赛中获团体银奖。

（十四）金谷园饭店

位于盱眙第一山脚下。始建于1992年，占地面积6000多平方米，拥有各式餐厅12个、宴会大厅1个，可供500人同时就餐。2003年省第四届烹饪技术比赛中，“盱眙风土宴”获“江苏风味宴”称号，饭店被评为江苏餐饮名店。

（十五）洪泽朱坝电力宾馆

位于洪泽湖东岸的朱坝活鱼锅贴城内，占地面积3300平方米，可同时接待260人用餐，主营淮扬菜，特色菜点是活鱼锅贴。在历届淮扬菜美食文化节中，获最佳展示奖、团体铜奖，个人也多次获奖。2006年，被评为江苏餐饮名店。

（十六）淮安楚州苏源宾馆有限公司

位于楚州区桃花垠风景区内，为三星级旅游涉外饭店。占地面积9800平方米，有大小餐厅、包房15间，可供400人同时就餐。2003年省第四届烹饪技术大赛中，“淮安（楚州）风情宴”获“江苏风味宴”称号，饭店被评为江苏餐饮名店、淮扬菜名店。特色宴席还有“西游记素宴”，特色菜肴有金牌癞葡萄、瑶池仙桃、翡翠鱼方、深山炝木耳等。

（十七）楚州宾馆美食中心

位于楚州区南门大街，二星级旅游涉外酒店，被评为淮扬菜名店、江苏餐饮名店。在许多国家级赛事与历届淮扬菜美食文化节上摘金夺银，取得各类奖牌32块，其中金牌16块、银牌10块、铜牌6块。有宴会大厅2个、大小餐厅13间，可供500人同时就餐。以经营淮扬菜为主，传统特色菜有软兜长鱼、平桥豆腐、朱桥甲鱼、虾米蒲菜、钦工肉圆等，创新菜有瓜蓉筋花、天妃宫至尊鱼头、甲鱼捞饭、一品三味虾、鸡茸皮肚、乡间两味等，乡土菜有乡村一锅烩、农家乐和可口家常菜馄饨老鸡煲、草鸡蛋烧茼蒿等。

（十八）金湖县御沁园大酒店

位于金湖县健康路，占地面积2000平方米，可同时容纳700人就餐。曾获"省优秀餐饮企业""百城万店无假货示范店""市十大名店"等称号，2006年被评定为江苏餐饮名店。特色菜肴有家乡全鹅、锅塌鱼、百鸟朝凤、野兔奔月、冬瓜发菜叽咕卷等。

（十九）人和大酒店

位于市区淮海南路楚秀园西大门南侧。成立于1995年，占地面积3000平方米，建筑面积5000多平方米，内设20个小厅、2个多功能厅和1个宴会大厅，可同时容纳1000人就餐。该店是三星级旅游饭店，清浦区政府定点接待单位。2006年，被评定为江苏餐饮名店。

（二十）天河大酒店

位于市承德南路、楚秀园北大门。建筑面积1.5万平方米，内设宴会大厅2个、豪华包间15个，可同时容纳800人就餐。特色菜肴有天河一品盅、金牌猪手、特色烤牛头、蜜汁金瓜等。曾获市美食节厨艺大赛团体金奖、金勺奖等众多奖项。2006年，被评定为江苏餐饮名店。

第三节　人才培养

一、厨师培训

1980年，清江市饮食服务公司在水门桥南的新半斋菜馆成立实验菜馆，专门从事菜品的研究和技术培训工作。1984年，淮阴市饮食服务公司成立淮阴市培训中心，负责全市饮食业的职业培训，举办职业技能大比武，另外也开展烹饪理论培训。20世纪80年代，举行过2次全市饮食业论文比赛。

淮安市商业技工学校是全市最早开办烹饪专业的学校。该校于1978年开设第一个烹饪班，招收学生45名，1980年开办第二届烹饪班。此后，烹饪专业每年都招收新生，至1993年规模最大时，每届招收烹饪专业6个班300名左右学生。该校烹饪专业以教授淮扬菜制作为主，培养一大批烹饪技术人才。

涟水县职业中学在20世纪80年代初开设烹饪专业，是淮安市第二个开设烹饪专业的学校。后淮阴县亦成立职业培训学校，开设烹饪专业。淮阴市逐渐成为江苏省培训烹饪专业人才最多的地区。

江苏食品职业技术学院是淮安市第一所开办高等烹饪职业教育的高校。2003年，江苏食品职业技术学院在原江苏省食品学校中等烹饪专业的基础上，成功申办大专层次烹饪工艺与营养专业，专业规模迅速扩大，成为全国少有的几个国家示范高职院校建设专业，培养一大批高水平烹饪人才。

二、院校烹饪专业选介

（一）江苏食品职业技术学院

江苏食品职业技术学院烹饪专业始建于1996年，2003年学校升格为大专层次后，更名为烹饪工艺与营养专业，是苏北地区第一个专科层次的烹饪专业。2006年，在教育部第一批高职院校办学水平评估中被确定为学院的重点建设专业。2008年，被确定为省级示范性高职院校建设的重点建设专业。该校烹饪实训中心面积3030平方米，建有基本技能训练室、示范教室、学生实训室、菜点研发室、丁玉勇大师工作室等17个实验实训室，拥有近500万元仪器设备，功能齐全、开放共享，集教学、生产、科研、社会培训和服务功能于一体，可同时容纳260余人进行烹饪实践操作。有一支高素质的双师型烹饪教师队伍，内有多名国家级烹饪大师、名师，其中吴志华是淮安市四大名厨之一，丁玉勇是江苏省青蓝工程中青年学术带头人、江苏省高职院校中第一个烹饪教授。

江苏食品职业技术学院是江苏省同类院校中烹饪专业规模最大的院校。烹饪专业以淮扬菜烹饪技术为核心技术，以培养服务地方餐饮企业的技能型人才为目标，专业规模稳步扩大，学生专业技能过硬，综合素质高，在全国职业院校烹饪大赛和省、市各类烹饪大赛中屡获奖项，毕业生受到用人单位欢迎。教师在教学的同时，做好社会服务和其他科研工作，每年为地方餐饮企业举办食品安全、餐饮管理、烹饪技术讲座，听众超过2000人次；参与承办中国淮安·淮扬菜美食文化节系列活动；完成“淮扬菜标准研究”课题；主持制定DB32/T1548-2009淮扬菜通用规范地方标准；编写出版多部烹饪技术相关教材。

2003—2008年江苏食品职业技术学院烹饪专业招生情况表

表26-1

入学时间（年份）	学历层次	学制（年）	招生人数（人）
2003	专科	3	61
2004	专科	3	80
2005	专科	3	71
2006	专科	3	61
2007	专科	3	89
2008	专科	3	108

江苏食品职业技术学院编写出版烹饪教材情况表

表26-2

教材名称	主编
《教学菜谱》《烹饪原料知识》《烹饪原料》	吴志华
《淮扬名菜制作》《淮扬名点制作》《基础菜肴制作》	丁玉勇
《烹饪化学》	谷　绒

（二）淮安市商业技工学校

初名淮阴地区商业技工学校，创办于1978年，批准办学规模为300人，是苏北地区开展烹饪教育最早的职业学校。当年招收烹饪专业技工班1个班，学制2年，1979年停招一年。1980年起，招收初中毕业生烹饪专业技工班，学制为3年。1985年，学校更名为淮阴市商业技工学校，当年烹饪专业招生人数增加到2个班近100人。1993年，烹饪专业招生人数达到高峰，招生7个班，近400人。1995年，烹饪专业在校生人数近900人。1998年起，增设面点专业。此后，每年招生1个班50人。2001年，学校更名为淮安市商业技工学校。2006年通过江苏省劳动和社会保障厅评估，被命名为省级重点技工学校。

建校初期，教师主要从行业聘任，首批到学校任教的田树民、田德俊、杨寿昌、吴志华等6位老师，都来自行业一线，具有丰富的实践经验。其后，学校陆续选择张爱萍、刘洪贵、杨亚东、刘文勇、朱玉林、王斌等10多名优秀毕业生留校任教，逐步形成一支技术力量雄厚的烹饪专业师资队伍。

刚建校时，学校的烹饪实训条件简陋，热菜制作只有6个炉眼的炮台灶。随着招生规模的扩大，实训教学条件逐渐无法满足教学要求，1994年，学校新建二层烹饪实训楼，开始使用煤气炉灶。2005年，实训室进行设备升级更新，烹饪实训工位数增加到160个。

1978—2008年，为社会培养、培训近2万名餐饮人才，毕业生分布大江南北，远涉日本、美国、伊拉克、马达加斯加、澳大利亚和喀麦隆等国家，大多数成为所在行业、单位的业务骨干。学校被评为淮安市劳务输出培训基地、淮扬菜教研基地。

（三）江苏省淮安工业中等专业学校

江苏省淮安工业中等专业学校是首批国家级重点职业学校、江苏省四星级中等职业学校、江苏省高水平现代化职业学校。

中餐烹饪专业开办于1994年，是该校较早的骨干专业之一。专业建立伊始，只有2个班学生和1名专任专业教师。2008年，有专任专业教师3人，其中高级技师1人、技师1人、高级工1人，2人为副高级职称，为社会输送1400余名优秀毕业生。

（四）江苏省涟水中等专业学校

江苏省涟水中等专业学校烹饪专业创办于1983年9月。经过多年发展，专业由小变大，由单一中餐烹饪班，发展为中餐烹饪、中式面点、食品雕刻3个方向。2008年，该专业有专任教师12名，外聘教师2名，其中高级讲师3名、讲师4名、助理讲师7名；中式烹调师高级技师5名，中式面点师高级技师2名，江苏省餐饮行业协会高级考评员1名，中级考评员5名。办学层次从中职到高职，从专业技能人才的培养到对口单招、学历层次提高等相互交替发展，累计为扬州大学、常熟理工学院培养本科生200余名，为南京旅游学院、无锡商业职业技术学院培养专科生1400余名。

三、名厨选介

淮安历史上产生过多位名厨，有研制开发出平桥豆腐的胡镜林，有引进青蔬野菜、创办老半斋的秦大有，有拓展出108道全鳝席的周守仁，有开发出文楼汤包的陈海仙，有报医恩执庖30年的孙友梅，有在开国大典晚宴上制作开国第一菜的张文显，有获得过全市烹饪大赛第一名的孙宝仁，有挖掘整理108道全鳝席、并培养一大批传人的田树明等。

当代淮安也产生大批名厨，他们注重传承传统名菜技艺，并不断开发创新名菜，做好淮扬菜交流推广，为淮扬菜的传承、创新发展作出重大贡献。

2008年淮安市当代名厨一览表

表26-3

姓　名	突出技艺	重要荣誉	实绩	工作场所、职务
丁士宝	淮扬菜烹饪、雕刻	中国烹饪名师、江苏烹饪大师	多次获省、市比赛大奖	淮安迎宾馆
丁玉勇	烹饪和教学	中国烹饪大师，淮安市首位烹饪教授，中华金厨奖获得者	多次获省、市比赛大奖，主编参编多部教材和书籍，开展烹饪工艺标准化、工业化研究，主持制定江苏省淮扬菜通用规范，参与制定商务部快餐企业经营规范	江苏食品职业技术学院烹饪专业带头人、淮扬菜烹饪学院执行院长，淮安市美食文化研究会副会长
卞志敏	淮扬菜烹饪	中国烹饪大师	多次获省、市比赛大奖，第八届国际华裔烹饪大赛首席评委	—
毛玉平	淮扬菜烹饪	中国烹饪大师，淮安十大名厨，淮安首位全国烹饪比赛金奖获得者	多次获全国、省、市比赛大奖，2004年后多次主理淮安市在北京、上海、杭州、南京等地的美食推介和技艺交流活动	淮安迎宾馆行政总厨、副总经理
王素华	精通淮扬菜系烹调技艺，炉、案、碟、点技术全面，刀工娴熟，拿手菜为软兜长鱼、一鸡九吃、乌龙桂鱼、乌龙凤翅等	中国烹饪协会会员，淮安市首位中国烹饪大师、淮安十大名厨	多次参加国家、省、市比赛并获大奖，参编《中国名菜谱·江苏风味》《江苏风味菜点》《中国淮安·淮扬菜名菜谱》等	市饮食服务公司烹饪技术培训中心主任、实习菜馆经理
王德成	面点	—	1964年全国技术比赛面点第一名	淮园
冯祥文	长鱼菜、长鱼席	中国烹饪大师，淮安十大名厨，省烹协副会长	挖掘、研究、创新淮扬菜，在烹饪理论方面有建树，发表专业论文多篇	教师、宾馆总经理等
田德俊	长鱼菜、叉烤菜、软兜长鱼、煨脐门、金线长鱼，创制纸包盐焖鸡	淮安十大名厨	传承和挖掘出60多样长鱼菜肴	曾自营南裕乐、北裕乐饭店，在淮安县饮食培训基地和淮阴商业技术学校任教
刘文勇	冷盘、全鱼宴、全素宴	特三级烹饪师	多次获省、市比赛大奖	淮安商技校副校长
刘江林	面点	江苏烹饪大师，面点高级技师	多次获全国、省、市比赛大奖	—
孙锦奎	精通淮扬菜系烹调技艺	特二级烹调师	1972—1979年在淮阴饮食服务公司开办的历届培训班任授课老师	胜利饭店经理
朱玉林	面点、全鱼席	面点高级技师、江苏烹饪大师	多次获省、市比赛大奖，省赛评委	淮安商技校教务处副主任
杜金华	面点	特二级面点师	多次获省、市比赛大奖，培养大批面点人才	—

续表 26-3

姓　名	突出技艺	重要荣誉	实绩	工作场所、职务
杜文宗	精通淮扬菜系烹调技艺	中国烹饪大师	多次参加全国、省、市比赛并获奖	新半斋、北京烤鸭店、秦皇岛淮扬大酒店等饭店厨师长，市饮服业培训中心校长
李晓春	钦工肉圆	钦工肉圆非物质文化遗产传承人	继承和发扬钦工肉圆的传统制作技艺，并开发出钦工牛肉圆、钦工鸡肉圆、钦工虾圆、钦工蒲菜肉圆、钦工芹菜肉圆和钦工蟹黄狮子头等	县级淮安市钦工肉圆厂负责人
李学林	传统淮扬菜	烹饪高级技师，国家特二级烹调师	参与创办北京烤鸭店，培养一批人才	玉壶春饭店、车站饭店、新半斋饭店、北京烤鸭店
李永林	淮扬菜烹饪	中国烹饪大师，淮安十大名厨	多次获全国、省、市比赛大奖，省、市烹饪比赛评委	奥林大酒店总经理
李启兵	淮扬菜烹饪	中国烹饪大师	多次获全国、省、市比赛大奖	—
沈洪昌	朱桥甲鱼	朱桥甲鱼烹饪技艺代表性传承人	研制甲鱼系列菜肴30多道，“朱桥甲鱼”获国家专利和工商局注册	朱桥甲鱼馆创办人
沙晓春	淮扬传统名菜	中国烹饪名师，烹饪高级技师	多次获全国、省、市比赛大奖	多家酒店厨师长，酒店总经理
吴志华	烹饪和教学	中国烹饪大师，淮安十大名厨	长期从事烹饪教学，多次担任国家、省、市烹饪比赛评委，编写、主编和参编多部教材、书籍	江苏食品职业技术学院旅游烹饪系主任
吴明千	淮扬菜烹饪，软兜长鱼、杏仁山药、白汤羊肉等	淮扬菜大师、淮上儒厨第一人	多次获得省内外大奖	—
汪卫星	淮扬菜烹调，叉烤长鱼方、蟹粉鱼腐	高级烹饪技师、江苏烹饪大师	多次获全国、省、市比赛大奖	天河大酒店行政总厨
杨发明	精通淮扬菜系烹调技艺，创制香芒金丝鱼等江苏名菜	中国烹饪大师，淮安十大名厨	参编《中国淮安·淮扬菜名菜谱》，发表论文多篇	—
张爱萍	全鱼宴、全素宴	特二级烹饪师	获省、市比赛大奖，参编数本著作，发表论文数篇	淮安商技校主任，讲师
罗桂金	雕刻和面塑	中国烹饪大师	多次获全国、省、市比赛大奖，编写多本教材	—
胡永军	双色香嫩虾、香酥蜂蛹全羊席等	中国烹饪大师	多次在国家、省、市烹饪大赛中获得大奖	淮阴区政府招待所厨师长、淮阴宾馆行政总厨
相进军	烹饪和教学，创制双酥长鱼等大量新特菜肴	中国烹饪大师，淮安十大名厨，全国烹协会员	长期从事烹饪教学，参编首部《中国淮安·淮扬菜名菜谱》，系统总结淮安菜成因和烹饪特点，挖掘整理出几近绝迹的长鱼席名单	淮阴商业学校旅游烹饪系主任

续表26-3

姓　名	突出技艺	重要荣誉	实绩	工作场所、职务
郭春荣	淮扬菜烹饪	高级烹饪技师、中国烹协会员	编写和参编多部著作、教材，发表60余篇论文	劳动部创业兼职教师
姬寿坤	中西结合式烹饪	中国烹饪名师	多次获全国、省、市比赛大奖，参编多部著作	—
屠兆福	长鱼宴、文楼汤包	中国烹饪协会会员、江苏省烹饪协会理事，江苏省名誉烹饪大师、淮安十大名厨	多次应邀参加部级技术研讨会，曾为国家领导人和外宾服务，为省内著名宾馆献艺和传授技艺	—
蔡俊明	淮扬菜烹饪	中国烹饪大师，淮安十大名厨，省餐饮商会副会长	致力烹饪研究和餐饮业投资发展，继承传统、研究开发、发展创新淮扬菜，创建淮扬菜旗舰企业江苏淮扬府餐饮有限公司	江苏淮扬府餐饮有限公司负责人
蔡国兵	淮扬菜烹饪	中国烹饪大师	多次获大奖，多次赴海外交流表演	—
翟长东	淮徽羊肉、爆炒蝴蝶片	中国烹饪大师	国家职业技能考评员，创制的淮徽羊肉和爆炒蝴蝶片为中国名菜	德国碧湖大酒店任厨师长
戴素涛	宝笔鳝蒲	中国烹饪大师，江苏烹协常务理事	多次获省、市比赛大奖，创制的宝笔鳝蒲为江苏新菜点	开元名都酒店和多家大酒店厨师长、行政总厨

说明：本表按姓氏笔画排序

第二章　淮扬菜美食文化节

至2008年年末，淮扬菜美食文化节已连续举办七届。淮扬菜美食文化节获得中国十佳旅游节庆品牌奖，被打造为淮安市城市文化品牌，取得良好的经济效益和社会效益。

第一节　第一届淮扬菜美食文化节

第一届淮扬菜美食文化节从2002年8月10日开始，至当年10月7日结束。由餐饮展示、文化活动、经贸活动、旅游观光4个版块组成。餐饮展示版块，开展“今世缘杯”淮扬菜技艺比赛、淮扬菜名厨名菜技艺表演、《中国淮安·淮扬菜名菜谱》首发式、中国淮安·淮扬菜名菜名点集中展示、淮扬菜美食文化及其产业化研讨会等系列活动。文化活动版块，开展形象礼仪小姐选拔大赛、全国艺术体操锦标赛等5项全国性赛事活动，举办书画美术摄影展、全民健身展示、民间广场文艺汇演、开幕式暨中央电视台大型文艺晚会、著名作家诗会、宋长荣京剧舞台生涯经典剧目展

图 26-1　2002 年中国淮安·淮扬菜美食文化节期间的群众文艺表演　　　顾树青　摄

演、花卉盆景根雕奇石展、文物精品展等系列活动。经贸活动版块，开展淮安优质农产品展销会、经贸洽谈会、招商引资签约大会等系列活动。旅游观光版块，开展名人故里游、淮安美食游、洪泽湖风情游、盱眙山水游、生态农业游等系列活动。

该届淮扬菜美食文化节，淮安市委、市政府投资近50亿元，建设200多项市政工程，完成市区6条主干道、4座桥梁等重点工程的建设和美化亮化，拆除面积达14.5万平方米的违法建筑，并加强空气、噪声、水污染、危险废物的监督管理与处理工作。同时，建成市区文化标志性工程——大运河文化广场。

节会期间，淮安市签订500万元以上招商引资项目103个。其中，内资项目100个，总投资37.17亿元；外资项目3个，总投资3900万美元。签订宁淮挂钩合作项目27个，其中投资类项目20个，总投资1.58亿元，贸易额1.6亿元，科技合作及劳务输出项目6个，输出劳务人员3.21万人。在为期3天的展示展销活动中，展出116个企业的12大类326个系列名特优农产品，各类优质农副产品销售额达382万元。

该届美食文化节及国庆旅游黄金周期间，全市主要景点接待游客39万人次，其中外地游客31.29万人次，旅游综合收入1.68亿元，宾馆饭店入住率达到85%以上，游客量和旅游总收入比2001年同期增长60%以上。

第二节　第二届淮扬菜美食文化节

第二届淮扬菜美食文化节从2003年9月26日开始，至当年10月7日结束。由餐饮展示、文体活动、经贸招商、旅游观光4个版块组成。餐饮展示版块，围绕“健康饮食、科学营养”的主题，树品牌，出精品，扩影响，促销售，开展烹饪大赛、家庭厨艺大赛、万人品尝淮扬菜、餐具厨具以及淮扬菜名特产品展销、淮扬菜京沪宁大展销等活动。联合《新华日报》《扬子晚报》《新民晚报》、淮安电视台等媒体举办淮扬菜知识大奖赛；邀请国内外烹饪界专家学者参加淮扬菜发展论坛。文体活动版块，开展开幕式文艺晚会、民间文化艺术节暨民歌民舞民俗巡游、"我爱淮安"青少年书画摄影展、高教园区新生入园仪式、淮扬菜美食文化征文、百对青年集体婚礼、第二届花卉根雕奇石盆景展、庆盛会迎国庆大型灯会及中日半程马拉松赛、江苏省健身舞蹈大赛等体育赛事。经贸招商版块，开展重大项目暨宁淮挂钩合作项目签约大会、开发区项目集中开工仪式。旅游观光版块，开展市内旅游、区域旅游、来宾游园、观景等活动。

该届淮扬菜美食文化节通过举办淮扬乡土菜、风味菜大赛和淮扬菜烹饪比赛，推出32道淮安乡土名菜、34道淮安乡土特色菜和49道淮安乡土风味菜。261人次参加18道淮扬菜点个人竞技赛，评出年度淮扬菜点首席烹饪师和年度优秀烹饪师。推出西游记野菜宴、全羊席、全鱼席、全豆腐席等名宴，吸引海内外新闻媒体报道。举办淮扬菜发展论坛、知识大赛、科普展等活动，普及淮扬菜知识，扩大淮扬菜的影响。

8个县（区）以及学校、医院、企业、部队、文艺团体等近2万人，表演近60场次群众广场文艺演出，观众50万人次。市内各媒体开设专栏、专版、专题170多个，刊登各类广告3200多条次，刊发、播发2750篇（条）报道，市外媒体播发220多篇（条）。

节会及国庆旅游黄金周期间，有300多名客商聚集淮安市考察投资环境，洽谈合作事宜。招商引资签约会签约94个项目，总投资43.97亿元，总引资额38.67亿元。15家重点宾馆饭店实现餐饮营业额315万元，同比增长17.8%；楚州区的美食街每天接待顾客近万人，最多的1天达到3万多人次，营业额超10万元；各大商场、超市实现社会商品零售额1.8亿元；各宾馆入住率82%，比上年增长19%。全市景区景点接待游客63.14万人次，其中外地游客50.5万人次，比2002年同期增长60%；全市实现旅游总收入3.47亿元，比2002年同期增长1倍以上。盱眙县6个景点景区推出28项活动，接待游客14万人次。市旅游局南下北上宣传促销，重点向沪宁线、京沪线沿线推介淮安旅游资源，与华东地区12个城市签订旅游合作协议。

第三节　第三届淮扬菜美食文化节

第三届淮扬菜美食文化节从2004年9月26日开始，至当年10月7日结束。有餐饮展示、文化活动、经贸招商、旅游观光、"健康城市"创建5大版块26个项目。餐饮展示版块由万人品尝华夏美食，京、沪、宁"淮扬菜美食周"，"名厨、名店、名菜"评选，家庭厨艺电视大赛，淮扬创新菜烹饪大赛，淮扬菜美食精品展6个活动组成。文化活动版块，举办淮扬菜美食文化节开幕式暨纪念吴承恩诞辰500周年大型文艺晚会、民间文体大巡游、"歌颂祖国"大型歌会、名作家签名售书、以猴为主的《西游记》题材画展、"运河情缘"书画精品展以及"金秋颂"文艺晚会。经贸招商版块，邀请国内外大型企业代表到淮安考察联谊、寻求合作，举办项目推介会暨招商引资签约大会，举办宁淮挂钩项目签约大会、淮安经济开发区招商引资项目集中开（竣）工仪式、城建项目招商推介会。旅游观光版块，开展"百团万人游淮安"、淮安市首届旅游饭店服务技能大赛、《导游淮安》首发式、洪泽湖风情游（东线）首游式4项活动。"健康城市"创建版块，开展健康城市创建启动仪式、中国健康协会成立揭牌仪式、"健康倡议"万人签名、"淮扬美食与健康"知识讲座、"健康城市"网站开通仪式5项活动。

该届淮扬菜美食文化节的淮扬菜创新菜大赛与2004年江苏省新菜认定活动对接，产生金、银、铜奖菜点150道，认定75道新菜点。家庭厨艺电视大赛总决赛水平较往年有较大提高。万人品尝华夏美食活动中，增加台湾风味小吃150多种，实现销售收入300余万元。楚州区淮扬美食第一街节庆期间餐饮总收入近500万元。

在全部18个文体节目中，自创节目达10个。市内各媒体开办专栏、专题30多个，发表新闻报道、言论说评、理论文章2800多篇（条），刊播各类公益广告3200多条（次）。向市内外客商推介82个项目。全市签约引资额1000万元以上项目84个，总投资37.17亿元，总引资额31.77亿元。

加强旅游产品的策划与创新，推出一批新景点和当地特色旅游线路，并加强与周边地区的合作。全市260名选手参加淮安市首届旅游饭店服务技能大赛。百团万人游淮安活动共接待外地团队257个，接待游客12392人次。全市景区景点游客接待量达61.9万人次，实现旅游总收入4.2亿元。重点旅游饭店客房出租率83.6%。旅行社接待游客数量大幅增长。

正式启动创建“健康城市”，成立中国淮安健康联合会，举行健康倡议万人签名活动，举办“淮扬菜特点与现代营养学理念”知识讲座，开通健康城市网站。完成15项市政重点工程。加强城市管理，城市更加整洁。

第四节　第四届淮扬菜美食文化节

第四届淮扬菜美食文化节从2005年9月20日开始，到当年10月20日结束，与江苏省第四届园艺博览会同时举办，由园事花事、旅游餐饮、文体活动、经贸招商、“健康城市”建设5大版块组成。园事花事版块有造园艺术展示、园艺精品展、盆景根雕赏石艺术精品展、园艺博览会邮资明信片首发式、园林园艺科技交流暨学术研讨会5项活动。旅游餐饮版块有淮安市旅游景区（点）讲解员服务技能竞赛、“淮安旅游铁路万里行”宣传推介、家庭厨艺电视大赛、淮扬菜烹饪大赛及技艺交流、央视满汉全席擂台赛、淮扬菜市外推介、淮扬菜发展论坛、中华小吃品尝展销8项活动。文体活动版块有江苏省第四届园艺博览会暨2005中国·淮安淮扬菜美食文化节开幕式，第四届江苏省园艺博览会暨2005中国·淮安淮扬菜美食文化节大型文艺晚会，大型焰火晚会，第四届江苏省园艺博览会暨2005中国·淮安淮扬菜美食文化节闭幕式晚会，摄影、书画艺术展，系列群众文化活动，红色经典电影回顾展，第十八届全国地市州盟报总编辑、摄影部主任年会暨全国百家报纸媒体看淮安采访，F1摩托艇水上表演9项活动。经贸招商版块有招商推介暨项目集中签约大会、宁淮挂钩合作项目第九次签约大会、开发区项目集中开（竣）工仪式、淮安（无锡）经贸交流座谈会、淮安（苏州）投资说明会、淮海经济区城市金融业务合作签约6项活动。健康城市版块有相约健康社区行、全民健身系列体育活动、美食与健康大型图片巡展3项活动。

该届淮扬菜美食文化节举办淮扬菜名菜（点）操作能手竞技赛，对烹饪技艺突出的选手分别授予2005年度名菜（点）“首席烹饪师”“优秀烹饪师”称号。举办创新菜（点）烹饪大赛，通过赛事相互切磋交流，挖掘、研制一批淮扬菜创新菜点，选拔一批淮扬菜厨艺精英，不断提高菜肴创新水平。组织选手参加央视满汉全席全国烹饪大赛，连续获得2期擂主和3道当场金牌菜的成绩，在全国范围内展示淮安淮扬菜的烹饪技艺和菜肴特色。组织省餐饮业发展座谈会，与知名烹饪专家共同探讨淮扬菜品牌建设和产业发展大计。开展京、沪、宁3地淮扬菜美食周活动，与北京饭店、上海建国宾馆、南京明都凤凰台饭店等知名餐饮企业联手，集中宣传展示淮扬菜特色菜

（点）和特色宴席。

节会期间，市餐饮协会成立名厨专业委员会，吸纳近百名全市各大餐饮企业厨师长、淮扬菜名厨、首席和优秀烹饪师加入，以季度为单元开展系列交流培训活动，不断提高淮安的整体烹饪技术水平。至2005年年底，淮安市餐饮行业中有烹协会员单位1家、江苏餐饮名店10家、市淮扬菜名店28家，有中国烹饪大师1人、中国烹饪名师7人、江苏烹饪大师4家、江苏烹饪名誉大师2名、江苏烹饪（餐饮服务）名师12人、淮安淮扬菜名厨72人。全市有近20家企业生产文楼汤包，全年销售额45万元，有4.5万余只汤包热销到全国15个省、市；老侯和苏粤系列产品远销华东、华北地区；博里羊肉、钦工肉圆、天妃宫蒲菜等产品销量增幅明显。

第五节　第五届淮扬菜美食文化节

第五届淮扬菜美食文化节更名为淮安·中国淮扬菜美食文化节，从2006年9月26日开始，至当年10月10日结束，共由美食推介、文体活动、旅游观光、经贸招商、“健康城市”建设5大版块27项活动组成。美食推介版块包括中华美食烹饪演示、拍摄“淮扬菜之乡”系列片、餐饮企业品牌创建、中华风味特色小吃展销、美食专题研讨会、家庭厨艺电视大赛、创新菜烹饪大赛、乡土菜烹饪大赛8项活动。文体活动版块开展6项活动，分别为2006淮安·中国淮扬菜美食文化节开幕式暨大型文艺晚会、第二届民间艺术节、淮安市首届龙舟赛、淮安“二十景”美术创作、咏淮诗词书法作品征集评选、全国拳击冠军赛以及2006淮安·中国淮扬菜美食文化节闭幕式暨《楚风淮情》大型主题歌舞晚会。经贸招商版块开展招商推介会暨项目集中签约大会、淮安经济开发区大型招商会暨项目集中开（竣）工仪式、淮扬美食推介暨经贸文化交流活动、上海投资说明会和东莞项目签约活动及邀请苏州、无锡客商到淮安考察5项活动。旅游观光版块开展中国优秀旅游城市雕塑揭幕仪式、运河沿线城市旅游合作洽谈会、运河文化风情游首游式、淮安旅游专题推介会4项活动。健康城市版块以申报加入世界健康城市联盟为主线，开展建设健康“三园”（健康家园、健康校园、健康公园）、健康城市宣传教育大型电子彩屏揭幕仪式、全民健身大展示、中国·淮安健康论坛4项活动。

该届淮扬菜美食文化节开展创新菜点暨乡土菜点烹饪大赛，参赛选手362人次，创淮安烹饪赛事规模新高。全市共有36家餐饮企业147道特色菜点参与特色菜点评选。

第六节　第六届淮扬菜美食文化节

第六届淮扬菜美食文化节从2007年9月26日开始，至当年10月25日结束，由美食推介、文体活动、经贸招商、旅游观光、“健康城市”建设5大版块共39项活动组成。

美食推介版块，由全市厨师烹饪技能大比武，淮扬菜“十大名菜”“十大名店”“十大名厨”“十大名小吃”评选活动，淮安市首届水饺竞吃大赛，全市厨师长技艺交流研讨活动，北京、南京、上海、杭州、深圳、东莞6个城市的美食、招商、旅游等推介活动，家庭厨艺电视大赛，淮扬菜创新菜（点）烹饪大赛7项活动组成。文体活动版块，举办2007淮安·中国淮扬菜美食文化节开幕式暨

“和谐淮安”今世缘大型文艺晚会、“和谐淮安”欢乐大巡游，举办“共享和谐，幸福家园”“精品荟萃，梨园芬芳”“运河泛舟，戏苑飘香”文体活动，举办淮安府衙、河道总督府、苏皖边区政府遗址改扩建工程竣工仪式，举办“笔墨寄声，淮海情缘”、淮安市第二届龙舟赛、“家有珍藏，与您共享”“唐诗楚韵，飘逸书香”“和谐淮安”摄影艺术展、2007—2008赛季全国男排联赛开赛仪式、2007淮安·中国淮扬菜美食文化节闭幕式暨颁奖晚会等文体活动，共开展13项活动。经贸招商版块，包括2007淮安·中国淮扬菜美食文化节投资说明会暨招商项目集中签约大会、浙江系列招商、上海系列招商暨淮扬美食推介、苏南系列招商、第7轮东莞投资说明会暨项目签约、组织参加第11届中国国际投资贸易洽谈会、组织参加2007江苏农业国际合作洽谈会、组织参加第102届广州秋季进出口商品交易会8项活动。旅游观光版块，包括“品美食、赏美景、泡温泉——金秋相约在淮安”专题推介促销、景区景点开展系列旅游主题、编印发行《中国（淮安）淮扬菜精选》、“十万市民乡村游”、全市旅游商品（纪念品）展示会、导游员（讲解员）服务技能竞赛6项活动。健康城市版块，包括十大健康寿星、百名健康老人、千户健康家庭评选以及健康知识电视大奖赛、江苏省第三届省市机关干部“公仆杯”暨全省第三届领导干部乒乓球邀请赛，迎奥运暨美食节万人健身走，全省全民健身新优项目展示5项活动。

第七节　第七届淮扬菜美食文化节

第七届淮扬菜美食文化节从2008年9月26日开始，至当年11月8日结束。共由20个活动组成，分别为京杭大运河文化遗产保护与可持续发展高峰论坛暨大运河理事单位揭牌，淮安运河博物馆、陈列馆开馆仪式，全国历史文化名城乒乓球比赛，万人自行车环市行，全民健身大展示，2008年度十大健康寿星、百名健康老人及千户健康家庭评选，健康城市揭牌仪式，运河沿线城市书画作品联展，首届“运河流域戏剧艺术节”，社区文化艺术节，淮安城市规划展览，淮安“十大地方美食品牌”评选认定活动，淮扬美食推介上海美食周活动，筹建大闸口淮扬名菜美食街，家庭厨艺电视大赛，建设中国淮安淮扬菜文化博物馆，建设淮扬美食文化专业网站，启动淮扬菜标准化研究，里运河风光带旅游推介，清宫淮安运河秘档展。

该届淮扬菜美食文化节开通淮扬美食文化专业网站，设立淮安饮食典籍、掌故、诗词，风土沿革，名人名事，名菜名店等专栏，还开设淮扬美食网络课堂，面向大众传授烹饪工艺、营养卫生、饮食常识等内容，链接全国饮食动态，为广大烹饪工作者和厨艺爱好者提供学习和交流的平台，弘扬淮扬美食文化，使淮安“淮扬菜之乡”美名在更广阔的网络平台上传播。

淮安市高起点规划淮扬名菜美食街，聘请国内知名策划公司进行整体策划设计，在短时间内打造出一条彰显明清运河之都“清淮八十里，临流半酒家”繁华风貌和淮扬菜悠久历史文化，融名店、名菜、名厨于一体的淮扬名菜美食街。恢复“新半斋”“兴盛园”“百年文楼”等老字号餐饮企业。

节会期间，还评选出盱眙龙虾、朱坝活鱼锅贴、洪泽湖大闸蟹等淮安“十大美食品牌”。联合市主要新闻媒体对美食品牌进行全方位宣传推介，为品牌的产业化和规模化发展奠定坚实基础。召集相关专家组建淮扬菜标准化专业技术委员会，启动淮扬菜标准化研究，研究制定淮扬菜的综合标准和相关菜肴标准，建立淮扬菜标准数据库，对原料、工艺、菜品、设备等进行规范化统一。淮扬菜标准化（通则）大纲正式出台，连锁化发展淮扬菜。

第三章　名菜　名点　名宴

第一节　代表性菜点

一、水产类

（一）鸽蛋海参

干海参用水涨发透。炒锅加底油烧热，放入葱段、姜块、虾籽煸香，再放入经过套汤的海参、鸽蛋，加入菜心、鸡清汤、白酱油、绍酒、精盐烧至入味，湿淀粉勾芡，明油装盘，撒白胡椒粉即成。成品菜肴咸鲜味，海参软糯，鸽蛋鲜嫩，汤汁浓郁，味道鲜美。

（二）鸡腿扒乌参

鸡腿抹上糖色，经油炸成金黄色，再放入鸡清汤锅中，煮焖约1小时，捞出剔去腿骨。再将鸡腿、腹腔剞十字刀纹的海参放入带竹垫的砂锅中，倒入用烹调油炒香后的葱结、姜片、虾籽，舀入鸡清汤和焖鸡腿的原汁，加酱油、绍酒、精盐，放冬笋片烧沸，移小火焖至成熟，加入味精调味，放入火腿片、青菜心，烧沸后用湿淀粉勾芡明油，撒上胡椒粉即成。成品菜肴味咸鲜，海参醇糯，鸡腿酥烂，汤汁醇厚。

（三）土步鱼烩海参

将土步鱼（即虎头鲨）治净后取净肉上浆，划油捞出。锅内放油将葱姜煸香，加入高汤、海参片、笋片、火腿片、菜心、调料烧开，再放入划油后的鱼片烧开，用湿淀粉勾芡，淋麻油出锅，盛入分盅，撒胡椒粉即成。成品菜肴味咸鲜，鱼肉滑嫩，海参软糯，汤浓味鲜。

（四）羊腩烧海参

干海参用水涨发透，用鸡汤套汤，羯羊肉切块焯水后备用。锅内放底油、葱姜煸香，放入羊肉煸炒，加入酱油、白糖、料酒、香醋等调料炒至上色，加羊肉汤烧至羊肉八成熟时，再放入腹腔内剞十字刀纹的乌参，用小火焖烧，待乌参入味时出锅装盘，洒上胡椒粉，围上油盐炒菜心即成。成品菜肴味鲜咸，羊肉肥嫩鲜香，乌参软糯味厚，鲜美异常。

（五）鸡粥鲍鱼

干鲍鱼用清水泡软后剞刀，经焯水后，加入鸡清汤、葱姜汁、精盐、味精、绍酒套汤，上笼蒸透。鸡脯肉斩成细茸，加入冷鸡清汤、鸡蛋清、湿淀粉、精盐、味精、绍酒，调制成鸡粥糊。锅中放入鸡清汤，烧热，徐徐倒入鸡粥糊，用手勺不停搅动，成细腻粘稠的鸡粥，再淋入熟猪油搅打均匀，最后放入滤去汤汁的整只鲍鱼装盅即成。成品菜肴味咸鲜，鸡粥细腻，鲍鱼软糯，味道鲜美。

（六）鲍脯鳖掌

野生大甲鱼治净，取甲鱼腿，五花肉切厚片。锅中放底油烧热，放入甲鱼腿、五花肉，放入葱、姜、蒜、料酒、醋、酱油、精盐、白糖等调味品，将甲鱼腿烧至酥烂入味；水发鲍鱼批片，整齐地排入扣碗中，加葱段、姜片、火腿片、鸡汤，上笼蒸10分钟取出扣入盘中，浇上调好味的鲍汁，四周摆放甲鱼腿及烧至入味的菜心、胡萝卜球，浇上原汁即成。成品菜肴鲍鱼咸鲜味美，鳖掌咸甜酥烂，汁浓味厚，营养丰富。

（七）鸡包鱼翅

干鱼翅用水发透，放入汤碗中，加鸡清汤、葱段、姜块、绍酒等调味套汤至入味。仔母鸡整鸡出骨，在鸡腹内填入套汤入味后的鱼翅、熟火腿片、冬笋片、水发香菇片，用牙签封口，投入沸水锅中略烫，洗净后放入砂锅中，加入鸡清汤，用小火炖至酥烂，调味即成。成品菜肴味咸鲜，形态完整美观，香鲜肥美，鱼翅软糯，鸡肉酥烂。

（八）蟹粉鱼翅

鱼翅用水发透，再与经焯水的母鸡、蹄膀同放入砂锅中，加入葱结、姜片、绍酒、鸡清汤，用小火焖至鱼翅软糯时取出。炒锅上火，放入底油煸香葱姜末，加蟹粉炒出红油，放精盐、绍酒、鸡清汤烧沸，将焖至软糯的鱼翅排入锅内，用小火靠至汤汁稠浓，放入菜心，湿淀粉勾芡，淋入熟猪油，装入分盅撒胡椒粉即成。成品菜肴味咸鲜，鱼翅软糯，香鲜腴美，色泽黄亮。

（九）蟹粉芙蓉翅

将水发鱼翅反复用鸡清套汤蒸至入味。将鸡蛋清放入碗内，加精盐、味精、湿淀粉、鱼翅拌匀，入油锅中炒至凝固洁白，装入盘中，四周围上炒好的鸡油菜心。姜米入锅中煸香，放入鲜蟹粉、料酒、精盐、胡椒粉炒出黄油起香，然后将鱼翅放入锅中同炒入味，盛入盘中芙蓉上即成。成品味鲜咸，芙蓉洁白软嫩，鱼翅软糯，蟹粉鲜美。

（十）浓汤鱼唇

干鱼唇用水发透，再用清鸡汤套汤蒸至入味，菜心过油待用。锅内放猪油，入葱姜煸香，加入高汤、火腿、鱼唇、盐、味精烧开，放入菜心，用湿淀粉勾芡，盛入分盅内即成。成品菜肴咸鲜味，鱼唇软糯，汤浓味美。

（十一）三鲜烩鱿鱼

水发鱿鱼批片，放入高汤中反复套汤至入味。锅中放熟猪油烧热，煸香葱姜，加入鸡清汤，先后放入鱿鱼片、火腿片、熟鸡片、绍酒、水发香、青菜心、精盐、味精烧开，用湿淀粉勾芡，明油盛入盘中，撒上胡椒粉即成。成品菜肴咸鲜味，色泽鲜艳，鱿鱼软嫩有弹性，汤鲜味美。

（十二）淮扬一品盅

干海参、鱼翅、鲍鱼用水发透，分别用鸡清汤套汤蒸至入味。嫩笋、火腿切片，野生甲鱼治净，焯水后取下裙边。将海参、鲍鱼、干贝、裙边、鸽蛋、火腿、竹笋分放入盅，加入鸡清汤、精盐、味精等调叶品，盖上盖，入笼蒸 1 小时，取出即成。成品菜肴咸鲜味，汤清味醇，营养丰富。

（十三）虾蟹狮子头

虾仁洗净沥干水分，加入肥膘细粒、蛋清、淀粉、葱姜汁、精盐搅拌上劲，品锅内放入清汤，将粗虾缔制成虾圆嵌入蟹粉放入其中，上笼蒸至酥烂，放入菜心、调料稍蒸取出即成。成品味鲜咸，虾圆洁白酥嫩，汤鲜味醇。

（十四）翡翠虾仁

菠菜叶洗净取汁，入锅中加热，提取绿色素。虾仁洗净沥干水分，用鸡蛋清、精盐、绿色素、湿淀粉上浆待用。锅中放熟猪油，烧至四成热，放虾仁划散至熟，沥油；锅置中火上，放入葱姜汁、精盐、味精、绍酒烧沸，用湿淀粉勾芡后倒入熟虾仁，翻炒均匀，出锅装盘即成。成品味鲜咸，虾仁鲜嫩，色泽翠绿，口味咸鲜。

（十五）双色香嫩虾

虾仁、肥膘分别斩茸，放入精盐、味精、绍酒、葱姜汁、蛋清、干淀粉搅拌上劲，盘中抹油，取一半虾缔放入盘中抹平，撒上芝麻，滑入三成热油锅中煎熟取出。平盘内撒上芝麻，将另一半虾缔加入绿菜汁搅匀，放入平盘内抹平，将煎好的芝麻虾饼与盘中生坯重叠，然后继续滑入油锅中煎熟，取出改刀装盘，带兰花葱、花椒盐、甜面酱即成。成品味香咸，外香里嫩，独具风味。

（十六）十三香龙虾

龙虾治净待用。炒锅上火，加入菜籽油100克烧热，放入辣椒面、花椒面、葱段、姜片、豆瓣酱，用小火熬成红油，盛起待用。净炒锅上火，放入菜籽油烧热，放入龙虾，翻炒至龙虾微红时，烹入绍酒、香醋，加入清水、精盐、白糖、啤酒、干辣椒粉等调味，烧沸后转小火烧至龙虾成熟入味，加入青椒块、蒜瓣、黑胡椒、十三香调料烧透，撒上花椒面，加入红油、芝麻油，起锅装盆即成。成品味麻、辣、甜、香，色泽红润，肉质鲜嫩，麻味厚实，辣味独特。

图26-2　醋椒鱼圆　　陈光晰　摄

图26-3　十三香龙虾　陈光晰　摄

图26-4　朱桥甲鱼羹　市文广局　供

（十七）秧草拆烧鱼头

秧草洗净。鱼头劈开，去腮洗净，焯水后再入清水锅中用小火养透，取出拆去全部头骨。葱姜蒜入锅中煸香，放入鱼头、虾籽，加酱油、精盐、味精、香醋、料酒、白糖、水，烧至鱼头入味，且汤汁浓稠时盛入盘中，另将油盐炒好的秧草围在鱼头四周，放上香菜即成。成品咸鲜，鱼肉肥嫩，秧草碧绿。

（十八）蟹粉鱼云

鱼云洗净，放入葱姜酒汁中浸泡后焯水待用。炒锅上火，加底油煸香姜米，放蟹粉、绍酒、精盐、白糖、胡椒粉炒出蟹黄油，再放入鱼云、鸡清汤焖至入味，至汤汁稠浓时盛入盘中，围上炒好的鸡油菜心即成。成品味鲜咸，色泽黄亮，蟹粉鲜香，鱼云细嫩。

（十九）清炒蟹粉

螃蟹蒸熟后出肉取黄。炒锅上火，加底油煸香葱末、姜米，放入蟹肉、蟹黄及熟肥膘粒略煸，待水分略干后加入绍酒、精盐、酱油、白糖等调料，掺入鲜汤稍焖，用湿淀粉勾芡，淋香醋装盘，撒上胡椒粉、香菜，围上炒好的菜心即成。成品味鲜咸，色泽黄亮，蟹香味鲜。

（二十）脆皮黄瓜鱼

黄瓜鱼去头及内脏，剪去尾部洗净，加入精盐、绍酒、葱姜腌渍5分钟，挂脆皮糊入温油锅中炸至成熟，出锅装盘，带椒盐、甜面酱上席即成。成品味鲜咸，外脆里嫩，鲜香味美。

（二十一）芙蓉银鱼

将银鱼除去头尾洗净，用精盐、湿淀粉上浆，再与鸡蛋清一起抓拌均匀。炒锅上火，加入熟猪油烧至四成热，投入银鱼划至鱼体洁白且成熟时，沥油。锅中留底油炒香葱丝，放入鸡清汤、精盐、绍酒、味精调味，烧沸后用湿淀粉勾芡，倒入芙蓉银鱼，淋入少许熟猪油装盘，撒上火腿末即成。成品味咸鲜，银鱼洁白细嫩，口感清鲜味美。

（二十二）朱桥甲鱼羹

甲鱼宰杀治净，入沸水锅中略烫，除去表层衣膜，煮至八成熟，拆骨取肉切成小丁。锅中加入底油，煸香葱姜，放入鸡汤、干贝、冬笋、甲鱼肉、猪皮冻，大火烧至汤汁浓稠，加酱油、绍酒、精盐、味精、黑胡椒粉，调味装入分盅，撒香菜叶即成。成品味咸鲜，肉鲜，汤浓，味醇。

（二十三）黄焖甲鱼

甲鱼宰杀治净，入沸水锅中略烫，除去表层衣膜，斩寸块。炒锅置中火上，加入熟猪油烧热，放入葱段、姜片、蒜片、甲鱼块煸炒至香，加入酱油、绍酒、香醋、精盐、白糖炒至上色，再加入清水、熟火腿片、笋片烧开，移置微火，加盖焖至酥烂，加入味精、胡椒粉，用湿淀粉勾芡，淋入熟猪油出锅即成。成品味咸鲜，色泽光亮，鳖肉软嫩，汁稠味厚，营养丰富。

（二十四）金丝鱼片

黄颡鱼去骨，取带皮鱼肉，加入精盐、鸡蛋清、淀粉上浆。炒锅上火，加入熟猪油待至四成热时，倒入鱼片划油至熟，沥油。锅留底油少许，煸香葱姜蒜，下青红椒片、笋片炒匀，加入鸡清汤、绍酒、精盐、味精调味，湿淀粉勾芡，倒入鱼片翻炒均匀，出锅装盘即成。成品味咸鲜，鱼肉细嫩，口味鲜美。

（二十五）手撕风白鱼

鲜淮白鱼洗净（不去鳞），剖脊除内脏，并迅速用抹布抹去血污，趁热用炒香的花椒盐擦遍鱼身，略腌。然后将甜面酱、酱油调匀涂抹于鱼身内外，再用荷叶将鱼包好，外加蒲包扎好，悬挂在屋檐通风处风制30天左右取下。剥去荷叶，除去鱼鳞，用清水洗净，入开水略烫后沥干水分，放在盆内，加入葱段、姜块、花椒、绍酒和熟猪油，上笼蒸熟，然后将白鱼用手撕成长条，放入盘内，加入青蒜丝、香醋拌匀即成。成品味咸鲜干香，鱼肉细腻白嫩，口味鲜香。

（二十六）清蒸白鱼

淮白鱼去鳞，剖腹去内脏后洗净，剞上花刀，入热水锅中稍烫洗净。将淮白鱼摆放在腰盘内，放上火腿片、香菇片、笋片、猪膘片，加入葱段、姜块、花椒粒，浇上用鸡清汤、绍酒、精盐、虾子调匀的调味汁，上笼旺火足汽蒸10分钟至熟取出。拣出葱段、姜块、花椒粒，取蒸鱼原汁加入白胡椒调匀，淋浇在鱼身上，放上香菜叶即成。成品味咸鲜，鱼肉质地细嫩，味道清鲜肥美。

（二十七）生熏白鱼

白鱼治净，从鱼脐处将鱼身斜截为两段，鱼体剞上刀纹，然后将白鱼用花椒盐、绍酒、味精、姜片腌渍20分钟，取出抹上酱油待用。将米锅巴平铺于锅底，撒上泡开的茶叶、红糖，垫入铁丝网，将葱叶铺放在铁丝网上，再将白鱼铺在葱叶上，盖严锅盖，用湿布密封，中火加热3～4分钟，至冒浓烟时转微火熏约2分钟至冒白烟为止。开盖取鱼，抹上芝麻油装盘，以姜米、香醋调和的味碟佐食。成品味香咸，色泽棕红，烟香浓郁，风味独特。

（二十八）醋椒鱼圆

取白鱼净肉，泡去血污，斩成细茸，加入葱姜汁、精盐、味精、蛋清、淀粉搅拌上劲，然后挤成眉毛状鱼圆，放入冷水锅中，用小火浸养成熟，装入用鱼圆汤加香醋、白胡椒粉、精盐、味精、熟猪油兑成酸汤碗内，撒上青蒜丝即成。成品味酸中微辣，鱼圆洁白细嫩，口味酸辣适口，开胃醒酒。

（二十九）乌龙桂鱼

桂鱼治净去骨，在鱼头下巴处剖开使其仰头，再用刀沿鱼脊骨两侧批至尾部（其中一条鱼留有尾鳍），肉面剞十字花刀，略烫，呈龙体形蜿蜒布局在盘内，鱼肉花内侧填上笋片、香菇片、火腿片等配料，抹上鸡虾糊，用鳝鱼脊背肉、桂鱼脊鳍、大生姜块分别制成龙鳞、龙鬃、龙角，并布局在鱼身合适处，成“乌龙桂鱼”生胚，然后加入精盐、味精、绍酒、葱段、姜块、熟猪油，入笼旺火蒸20

图26-5 软兜长鱼 陈光晰 摄

图26-6 淮白鱼 陈光晰 摄

图26-7 大烧马鞍桥
市文广局 供

分钟至熟，滗出鱼卤，加入白胡椒粉调匀，淋在鱼身上，头部装上龙眼、龙珠，鱼身两旁摆放如意蛋卷即成。成品味咸鲜，形态生动活泼，质地细嫩，口味清鲜味美。

（三十）卤煮鳜鱼

鳜鱼治净，用精盐、绍酒、花椒腌渍后，用绳扎住鱼嘴，投入热水锅略烫，洗净后在鱼身剞上花刀。炒锅置中火上，舀入熟猪油烧热，煸香葱结、姜块、鸡冠形猪膘片，放入鳜鱼、清水、花椒，煮至汤汁乳白，捞去葱、姜、猪肥膘片、花椒，放入熟火腿、冬笋片、水发香菇、青菜心，加入精盐、味精、绍酒调味，再沸时装入汤盘，撒上白胡椒粉即成。成品味咸香，肉质细嫩，卤香浓郁，鲜香味美。

（三十一）软兜长鱼

熟鳝鱼脊背肉一掐两段，置于沸鸡汤中烫透，并用洁布吸去水分。然后将熟鳝鱼脊背肉投入到煸香蒜片的热油锅中炒匀，迅速用以酱油、白糖、香醋、绍酒、味精、湿淀粉、鸡汤25克调和的兑汁芡勾芡，淋入熟猪油，撒上胡椒粉装盘即成。成品味咸鲜，色泽乌亮，质地绵软鲜嫩。

（三十二）炝虎尾

熟鳝鱼脊尾肉入沸鸡清汤中烫透捞起，用洁布吸去水分装盘。迅速将酱油、香醋、白糖、味精等调料调匀，趁热与烫透后的鳝鱼脊肉拌匀，并淋入芝麻油，撒上白胡椒粉，然后将蒜泥置于鳝鱼脊肉上，最后将烧热的熟猪油浇在蒜泥上即成。成品味咸鲜，肉质纯嫩，清鲜爽口。

（三十三）生炒蝴蝶片

鳝鱼宰杀取带皮鳝肉，批成蝴蝶状的片，加入精盐1克、味精、鸡蛋清、湿淀粉浆拌上劲，入到四成热的油锅中划至熟，沥油。炒锅上火，留少许底油，煸香葱、蒜片，加入淮笋片、红辣椒片炒匀，放入熟鳝片，用精盐、绍酒、白糖、香醋、湿淀粉调匀勾芡，淋入熟猪油翻炒均匀装盘，撒上胡椒粉即成。成品味咸鲜，形似蝴蝶，口味鲜美，质地脆嫩。

（三十四）叉烤长鱼方

鳝鱼宰杀去内脏后治净，去脊骨、头尾，在带皮鳝肉上交叉剞刀后，加入精盐、味精、酱油、绍酒腌渍入味。猪网油洗净后摊平，抹匀葱椒、蛋清、湿淀粉，酿上经葱姜汁、绍酒、精盐、味精、鸡蛋清、湿淀粉搅匀上劲的鸡虾糊，制成20厘米长、13厘米宽的长方形，撒上火腿末，铺上鳝鱼肉，再酿上另二分之一鸡虾糊，撒上火腿末，再将余下的鳝鱼肉铺上。然后将猪网油四边叠起，用抹过鸡蛋清的豆腐皮包上，放入铁丝络内，上叉后入炉内烤至两面色泽金黄后取出，除叉去络，切块装盘，淋上芝麻油即成，佐食甜面酱、花椒盐、花鼓葱。成品味椒香、干香，色泽金黄，层次清晰，外皮香脆，内里鲜嫩。

（三十五）白煨脐门

将熟鳝鱼腹肉撕成8厘米长的段，投入沸水锅中烫透并沥去水分。炒锅置旺火上，加入熟豆油烧热，放入蒜瓣炸香后，端离火口焖3分钟（捞出蒜瓣），再倒入鳝鱼腹肉、葱白段、虾籽稍煸，倒入砂锅内，加入鸡清汤、绍酒，加盖用小火煨至酥软。然后放入蒜瓣，加入白酱油、香醋再焖10分钟，至汤汁浓白，撒上胡椒粉即成。成品味咸鲜，鳝肉绵软，酥烂鲜嫩，汤鲜味浓。

（三十六）大烧马鞍桥

鳝鱼宰杀治净，切成5厘米长的段，每段两侧各剞一刀，放入用精盐、香醋煮沸水锅中略烫，捞出洗净。炒锅上火，加底油煸香葱姜，放入猪肉厚片炒至断生，加酱油、白糖炒至上色，加清水烧沸，加盖用小火焖约30分钟。另取炒锅上火，加入熟猪油50克烧热，放入蒜瓣略炸，端离火口焖3分钟，再放入葱结、姜片、鳝段，加入香醋、酱油、精盐、绍酒、糖色、清水，烧沸后倒入烧猪肉的锅中，一同焖约15分钟，再移至旺火上收稠汤汁，淋上芝麻油，撒上白胡椒粉装盘即成。成品味咸鲜，色泽褐红，汤汁醇浓，鱼鲜肉香。

（三十七）乌龙凤翅

鳝鱼宰杀治净，鱼体剞刀，改成5厘米长的段，投入到加入精盐、香醋的沸水锅中略烫，捞出洗净。鸡翅斩去翅尖并拆去前翅骨，加入酱油拌匀腌渍后，入七成热的油锅中炸至金黄色时捞出。炒锅火上，放熟猪油烧热，加蒜头炸成金黄色捞出，再放入葱结、姜片、鸡翅、鳝段，加入酱油、绍酒、香醋、白糖、精盐、清水烧开，转中火焖肉质酥烂。加入蒜头、白糖收浓汤汁，出锅装盘，淋芝麻油，撒白胡椒粉即成。成品味咸鲜，形态美观，色泽金红，鱼鲜翅香，汤汁醇浓。

（三十八）红酥长鱼

将鳝鱼宰杀，剔骨取肉，在肉面剞十字花刀，拍上干淀粉，酿上斩成茸并搅拌上劲的猪肉馅，用刀轻轻排剁，使鱼肉结合紧密，入笼蒸熟，晾凉，入七成热油锅中炸至金黄色，沥油。炒锅上火，放熟猪油、葱段、姜块、蒜瓣煸香，放入酿馅后的长鱼，加入酱油、白糖、绍酒、清水，烧沸后焖至入味。然后取长鱼改刀成段，整齐排入扣碗中，加入烧焖长鱼的原汁入笼屉蒸透，反扣盘中，将滗出的卤汁用大火收浓，淋浇在菜肴上即成。成品味咸甜，色泽酱红，鳝块酥嫩，汁浓味厚。

（三十九）龙虎斗

炒锅上火，加熟猪油烧至四成热，放入上浆后的虾仁划散至熟，沥油。炒锅上火，加熟猪油煸香葱姜末，放黄蛋糕丁、熟青豆、熟火腿丁及滑油后的虾仁炒匀，加入鸡清汤、精盐、绍酒快速炒匀，勾芡装于腰形盘的一侧。熟鳝鱼脊背肉一掐两段，置于沸水锅中烫透，并用洁布吸去水分，再投入到煸香蒜末的热油锅中炒匀，迅速用以酱油、白糖、味精、香醋、绍酒、湿淀粉、鸡清汤调和的兑汁芡勾芡，淋入熟猪油，撒上胡椒粉，装于腰形盘的另一侧即成。成品味咸鲜，黑白相映，两色分明，虾仁洁白滑嫩，鳝肉绵软鲜香。

（四十）银丝长鱼

鳝鱼宰杀治净，取净肉入清水中，漂至色白时捞出，批片切成细丝，挤去水分后上浆，然后入四成热的油锅中划散至熟，沥油。炒锅上火，加底油、葱白丝、蒜瓣丝、春笋丝、青红椒丝略炒，倒入鳝鱼丝，加入以鸡清汤、绍酒、精盐、味精、白糖、湿淀粉调和成的兑汁芡炒匀，明油装盘，撒上白胡椒粉即成。成品味咸鲜，色银白，味鲜美，滑嫩可口。

（四十一）酥鲫鱼

鲫鱼脊背开膛去内脏后治净，沥干水份，加入酱油、绍酒、葱姜汁浸渍入味，入七成热油锅中炸至鱼身收缩，然后离火浸炸至鱼身浮起、起酥。取砂锅一只，锅底铺上葱段，葱上放鱼，鱼上放酱瓜丝、酱生姜丝、红椒丝，加入酱油、绍酒、香醋、白糖、清水，大火烧沸后移小火靠至汤稠鱼酥，淋入芝麻油，起锅装盘即成。成品味咸辣，形态完整，骨酥肉嫩，咸辣微甜，香气浓郁。

（四十二）荔枝鱼

黑鱼宰杀去骨，取带皮鱼肉，在鱼肉上剞十字花刀，改刀成大三角块，加入湿淀粉、糖色拌和，入七成热油锅中炸呈淡黄色，成荔枝形捞起。炒锅上火，加底油、葱结、姜片、猪板油丁、蒜瓣煸香后倒入荔枝鱼，加香醋、绍酒、酱油、白糖、番茄酱和清水，烧沸后移小火焖烧入味，捡去葱、姜，再转旺火收稠汤汁，淋入芝麻油，装盘后撒上青蒜丝、香菜叶即成。成品味咸甜，形如荔枝，鱼肉松嫩，蒜香扑鼻，甜咸适口。

（四十三）三鲜烩鱼饼

黄钻鱼肉洗净后加工成茸状，加精盐、味精、鸡蛋、湿淀粉搅拌上劲，然后挤成鱼圆，逐个入平底锅煎成两面金黄色的鱼饼待用。锅中放底油、葱姜汁烧热，放入鸡汤、鱼饼、精盐、味精、绍酒、火腿片、笋片、菜心烧开，湿淀粉勾芡，出锅撒胡椒粉即成。成品味鲜咸，鱼饼香嫩，三鲜味美。

（四十四）葱烤河鳗

河鳗宰杀治净，切段后除去黏液。炒锅上火，加底油、葱姜煸香，放入鳗段，加入酱油、白糖、绍酒、精盐、味精等调味品烧制入味。取烤盘一只，刷油后铺葱垫底，放上入味后的鳗段，入烤箱烤至皮脆葱香，出炉装盘，刷上葱油即成。成品味咸鲜微甜，葱香浓郁，河鳗皮脆肉嫩，葱香浓郁，风味独特。

（四十五）洪泽活鱼锅贴

鸤鲚鱼宰杀治净。炒锅上火，加菜籽油少许烧热，鸤鲚鱼入锅两面略煎，放入葱段、姜块、蒜米，加入酱油、香醋、白糖、绍酒烧煮至汤稠味浓，再放入青红椒块略烧即可。荞麦面与面粉、精盐一起加水和成硬面团，沿锅内侧四周粘上一层荞麦薄饼，用小火烧炕，并不时地用油浇淋于锅沿的锅贴上，至酥脆即可起锅，最后将荞麦面锅贴与烧好的鸤鲚鱼一同上桌即成。成品味鲜咸，鱼肉鲜嫩，锅贴酥、脆、香、鲜。

（四十六）鲶鱼粉丝

鲶鱼治净，油锅内炸香干红大椒、葱、姜、蒜片，放入鲶鱼，加调料、清水烧至鲶鱼入味后，再放入粉丝烧透装盘，撒胡椒粉、香菜即成。成品味鲜咸微辣，鲶鱼细嫩，粉丝软糯，鲜香味美。

（四十七）蒜烧土步鱼

土步鱼治净，锅中炸蒜瓣起香，呈淡黄色，放入土步鱼、绍酒、白糖、酱油、醋、清水软烧至汤汁浓稠，出锅装盘，放上香菜即成。成品味鲜咸，鱼肉鲜嫩，蒜味香浓。

（四十八）韭头炒青螺

螺蛳肉入高汤中烫透捞出，沥去水分。油锅中放姜米煸香后，放肉丝略煸，加韭头、青螺肉、高汤、调料翻炒，湿淀粉勾芡，明油，出锅装盘撒胡椒粉即成。成品味鲜咸，螺肉味美，韭头飘香。

二、家禽类

（一）一鸡九吃

鸡宰杀治净分档后，取头颈、鸡翅、鸡爪、鸡骨架，用葱段、姜块、清水煮熟，改刀装盘，浇上咸鲜味的调味汁，成菜“飞叫跳”。鸡血、鸡肠、经氽烫后装碗，注入鸡汤，调成咸鲜味，成菜“血肠汤”。鸡肫、肝经刀工处理后，配以荸荠片、青椒片，爆炒装盘，成菜“爆肫肝”。取半边鸡脯肉、鸡里脊肉斩成茸，加调料、葱姜汁、湿淀粉搅拌上劲，一半加蛋清和匀，入锅滑炒装盘，洒上火腿末，成菜“雪花鸡片”，一半加鸡汤和匀，加上青菜心，在锅中搂炒成粥装碗，洒上火腿末，成菜“鸡粥菜心”。另半边鸡脯切丝，上浆，配以瓜姜丝，滑炒成“瓜姜鸡丝”。取鸡小腿肉和鸡膀肉斩成块，加绍酒、葱椒盐拌和，拖蛋黄糊，入热油锅中炸至金黄色，装盘，淋入芝麻油，成菜“炸鸡块”。余下鸡腿肉，剞刀，切丁，经上浆、滑油后，一半加苹果丁熘炒，装盘，成菜“溜仔鸡”，一半加红大椒滑炒，装盘成菜“辣子鸡”。成品味咸鲜、酸甜、咸辣。一鸡九吃，酥脆软嫩，风味各异。

（二）拆骨掌翅

选当年肥嫩的鸡爪（斩去爪尖）、鸡翅放入沸水锅烫一下，捞出洗净，再放入有葱结、姜片、绍酒的清水锅中烧至微沸，移至小火略焖至熟，捞出，置凉开水内冷却，剔去趾骨和翅骨，保持皮肉完整不碎，复入凉开水内浸透捞起，改刀拼摆装盘。白酱油、白糖、味精、香醋、芝麻油等调料放入碗中，加冷鸡汤调拌成卤汁，浇在鸡爪、翅上，点缀上香菜叶即成。成品味咸鲜，爪肉韧，翅肉肥，鲜香味美。

（三）淮安油鸡

母鸡宰杀后由翼下开刀，去除内脏后洗净，加入葱段、姜块、八角、花椒、绍酒、精盐腌渍20分钟。将腌渍后的母鸡焯水洗净，放入老卤锅中小火煮熟，趁热捞起放入清卤中浸泡入味，冷却后即可捞起改刀装盘，撒上香菜，浇上原卤即成。成品味咸鲜，色泽金黄光亮，鲜香肥美，风味浓郁。

（四）鳐柱红酥鸡

猪肉糜加调料、湿淀粉搅拌上劲成猪肉糊。鸡腿去骨后修齐，用刀在肉面轻排。猪肉糊酿在鸡肉面上成生坯，上笼蒸熟，于皮面抹上糖色，入油锅炸呈枣红色的皮面，待凉后改刀成厚片与配料、肫肝同扣碗内，加酱油、白糖，上笼蒸至酥烂，出笼扣盘，浇上用湿淀粉勾芡的原汁后，围上蒸至入味的鳐柱即成。成品味咸鲜，色泽棕红，酥鸡鲜香，味鲜美。

（五）涟水鸡糕

鸡脯肉与猪肥膘分别斩成细茸，加入鸡蛋清、鸡清汤、葱姜汁、绍酒、精盐、湿淀粉搅打上劲，再掺入淮山药泥拌和均匀，取五分之四鸡糊，倒入方形蒸盘内上笼蒸熟，取出。余下鸡糊加蛋黄和匀，涂抹在盘内蒸熟的鸡糊上复蒸至熟。待鸡糕冷却后脱盘，改刀成棱形块放入盘中，放上冬笋片、水发香菇片、熟火腿片、葱段、姜片，加入精盐、味精，上笼蒸透后取出，拣去葱姜等料，原卤入锅调味，勾芡后浇在鸡糕上即成。成品味咸鲜，色泽黄白相间，细嫩味美。

图 26-8　涟水鸡糕　　　　市文广局　供

（六）炖家野

将母鸭、野鸭及其肫、肝分别治净，焯水后放入砂锅内，加入葱结、姜片、绍酒、清水烧沸，滗去浮沫，移小火上炖五成熟，捞出肫、肝切片，连同冬笋片、香菇片、熟火腿片及熟鸡油一起放入沙锅，取出家鸭脯、野鸭脯，改成刀面后覆入砂锅内，继续炖至鸭肉酥烂，加入精盐调味即成。成品味咸鲜，野鸭香酥，家鸭肥嫩，汤清味醇。

（七）雪冬野鸭

野鸭宰杀治净，抹上酱油，入八成热油锅中炸呈金黄色捞起。雪菜清洗后切寸段，冬笋焯水后切小块待用。炒锅上火，加底油，煸透雪菜、冬笋、猪肉丝，倒入砂锅内，再将野鸭斩块排放其上，加上葱段、姜块、酱油、白糖、绍酒等调料及清水，大火烧开，小火焖至鸭块酥烂、卤汁稠浓时，放入味精，淋入芝麻油，撒上青蒜丝即成。成品味咸甜，野鸭香肥，笋菜香鲜，汤浓味美。

（八）洪泽烧老鹅

鹅肉洗净斩块，锅上火加菜籽油、葱结、姜片、鹅肉煸干水份，加调料、高汤用大火烧开，小火焖烂入味，放入菜心烧透后出锅装碗即成。成品味鲜咸，色酱红，肉酥烂，味香浓。

（九）淮杞炖乳鸽

乳鸽经宰杀、褪毛、开膛除内脏（留肫、肝）后洗净，投入沸水锅中焯水，去其腥污，捞出清洗，放入砂锅内，加入葱结、姜片、绍酒、鸡清汤及淮杞，大火烧沸，转小火炖约1小时至鸽肉酥烂，拣去葱结、姜片，放入冬笋片、水发香菇片，汤再沸时加精盐、味精调味即成。成品味咸鲜，鸽肉酥烂，汤清味醇。

（十）文楼涨蛋

鸡蛋黄搅匀，掺入打发的鸡蛋清、猪肥膘粒、用鸡清汤泡开的馒头屑，并加入精盐、虾籽、味精，调匀成蛋糊。炒锅上火，加入熟猪油100克，烧至四成热时，将调匀的蛋糊倒入锅内，并用手勺搂炒，待蛋糊凝固时，撒上葱白末和划过油的虾仁，盖上锅盖，用小火加热并晃动炒锅，待蛋体完全凝固时，出锅装盘即成。成品味咸鲜，金黄油润，蓬松鲜嫩，油而不腻。

图 26-9　文楼涨蛋　　市文广局　供

三、家畜类

（一）钦工肉圆

精瘦肉剔除筋络，用铁棒捶成肉茸，加入葱姜汁、精盐5克、味精1克、食碱粉及猪肥膘茸、鸡蛋清、湿淀粉搅拌上劲成猪肉糊，低温放置4～5小时。将猪肉糊挤成圆子投入热水锅内，小火浸养至熟盛起，鸡汤入锅中烧沸，放入绿叶菜，加入精盐、味精，调味后装碗即成。成品味咸鲜，工艺独特，脆嫩味美。

图 26-10　钦工肉圆　　陈光晰　摄

（二）高沟捆蹄

猪瘦蹄髈肉切成长条，加入精盐、味精、白糖、绍酒、甘草、五香粉、硝卤等料拌匀，然后放入上等酱油腌渍（冬天24小时，夏天16小时）入味；猪小肠用刀刮洗至透明，切30厘米长的段，晾干；取腌制猪肉先用肠皮包裹，后用草绳捆扎待用；汤锅内放老卤，加适量清水，投葱段、姜块、香料（用纱布包起），大火烧沸，小火焖40分钟左右取出；晾凉后解开草绳，改刀装盘即成。成品味咸香，色泽红润，香气浓郁，咸香适口，回味无穷。

图 26-11　高沟捆蹄　　市文广局　供

（三）风鸡狮子头

风鸡放清水中浸泡洗净，上笼蒸熟，撕成鸡丝，五花肉细切粗斩，加葱、姜、鸡蛋清、淀粉、精盐、味精等搅拌上劲，然后放入风鸡丝拌匀，鸡骨放入砂锅内，加入清汤烧开，将斩肉圆放入其中，加盖炖至酥烂，取出鸡骨，调味即成。成品味鲜咸，风鸡肉嫩，斩肉不腻，汤清味醇，风味独特。

（四）白烧皮肚

皮肚先用温水浸泡至软，然后用淡温碱水漂洗去附着在皮肚上的油腻，再以清水漂去碱味，批片洗净，入沸水锅中烫透，捞出挤去水分。炒锅上火，加底油烧热，放入葱姜末、虾籽炒香，放鸡清汤、皮肚、鲜笋片、熟火腿片、小菜心、精盐、绍酒，烧至入味，用湿淀粉勾芡，淋入鸡油，出锅装盘即成。成品味咸鲜，色泽清新淡雅，口味咸鲜适中，皮肚色白软糯。

（五）虎皮扣肉

梅干菜浸泡、去根、去水份，改刀成寸段。猪肉煮熟，捞出趁热擦干水分，抹上酱油，入热油锅中炸至皮面金黄起皱时捞出，切片排入扣碗，加酱油、白糖、精盐、绍酒、葱段、姜片、八角、梅干菜、肉汤，上笼蒸烂入味，取出。去掉葱、姜、八角，翻扣入盘，原汁用湿淀粉勾芡后浇在扣肉上即成。成品味甜咸，肥而不腻，酥烂味浓。

（六）蒲菜炖斩肉猪

五花肉细切粗斩后，加葱姜末、酱油、精盐、绍酒、湿淀粉、鸡蛋清调拌上劲成肉糊，挤成10只肉圆。将肉圆表面逐只抹上一层湿淀粉，放入烧沸的水锅中煮至定形，再放入砂锅内，加入葱段、姜块，炖至七成熟。蒲菜择其嫩茎，切成6厘米长的段，入沸水锅中焯水后，放入砂锅内，与肉圆同炖，至蒲菜酥软，用精盐、味精调味即成。成品味咸鲜，斩肉肥而不腻，蒲菜清香酥软。

（七）虎皮蹄筋

油发猪蹄筋用温水浸泡至软，加入碱水洗去油腻，再用清水漂清碱味，同时使猪蹄筋充分涨发。然后将猪蹄筋投入沸水锅中烫透，捞出沥干水分。炒锅上火，加油煸香葱姜末，放鸡清汤、猪蹄筋，加入绍酒、精盐、胡椒粉调味，烧至蹄筋酥软时，放冬笋片、水发香菇片、熟火腿片、青菜心等辅料，加入味精至汤沸，用湿淀粉勾芡，淋入芝麻油装盘即成。成品味咸鲜，色如虎皮，质地松糯，汤汁浓稠，鲜香味美。

（八）五香牛脯

牛肉改成大块，放于案板上，用竹针在牛肉面上不规则地插戳，用精盐、硝水擦透腌制，待肉色变红时，取出浸泡水中，漂去碱味。锅中放老卤，略加清水，放入牛肉、精盐、绍酒，葱、姜、香料用纱布扎包放入，旺火烧沸后转小火卤制成熟，捞出冷却，改刀装盘即成。成品味香咸，香烂味美，回味久远。

（九）蟹粉牛皮

牛皮切成棱形块。炒锅上火，加底油烧热，放姜米、蟹粉炒出蟹黄油，再放入鸡清汤、水发牛皮、绍酒、精盐、味精、香醋、白胡椒粉等调味料，待牛皮烧至酥软入味，用湿淀粉勾芡，明油出锅装盘即成。成品味鲜咸，蟹粉鲜香，牛皮软糯。

（十）淮杞鞭花

水发牛鞭刮洗干净，剞刀后改成小段，反复焯水后放入分盅内，加鸽蛋、笋片、火腿片、枸杞、绍酒、鸡清汤，入笼蒸至酥烂，放入嫩菜心、精盐、味精调味，稍蒸出笼即成。成品味咸鲜，形似菊花，汤清味醇，滋补佳品。

（十一）清江羊糕

鲜羊腿肉斩成大块，与鲜羊皮一同焯水洗净；锅内放入羊肉块、切碎后的羊皮粒、绍酒、葱段、姜块、胡萝卜、清水，用小火焖煮至羊腿肉脱骨，捞出拆去骨，放在方盘内压平，浇上原汁，至冷却后改刀装盘，带青蒜丝、甜面酱、辣椒酱佐食即成。成品味香辣咸鲜，羊肉酥烂，汤冻鲜美，风味独特。

（十二）码头汤羊肉

生羊肉洗净，切块。炒锅上火，放底油、葱段、姜块煸香，加羊肉汤、绍酒，煨至肉块酥烂，汤色浓白。再将煨好的羊肉连汤一起盛入火锅内煮沸，加入酱油、精盐、味精、白胡椒粉等调味品，撒上香菜末上桌；另用小碟装上粉丝、菠菜等蔬菜围放在火锅周围佐食。成品味咸鲜，汤汁稠浓，酥烂味美。

（十三）美鳖和鲜

甲鱼宰杀去内脏、入沸水锅烫去表皮，洗净待用；羊肉切块焯水，锅内放油，将葱姜蒜瓣炸香，放入羊肉煸炒，加入调料、水烧至羊肉成熟，再放入甲鱼同烧，待汁稠味浓时出锅装盘即成。成品味鲜咸，酥烂肥香，鲜美异常。

图 26-12　码头汤羊肉　　市文广局　供

四、素菜类

（一）蟹粉干贝烩蒲菜

蒲菜切成10厘米左右的段，入油锅中焐透，捞出沥油。锅中放鸡汤、干贝、蟹粉、蒲菜、精盐烧开，加入味精、胡椒粉、湿淀粉勾芡，装入盛器中即成。成品味鲜咸，蒲菜洁白鲜嫩，蟹粉鲜香四溢。

（二）开洋扒蒲菜

蒲菜切成10厘米左右的段，入烧沸的鸡清汤锅中煮至六成熟捞出。炒锅置中上火，舀入熟猪油烧热，放入蒲菜、葱段、姜片略煸，加鸡清汤、精盐、味精，烧至熟软出锅。将水发大虾米放入碗中底部，蒲菜整齐摆放虾米上，加入鸡清汤，上笼旺火足汽蒸约8分钟，将蒲菜反扣盘内，原汤汁入锅调味，烧沸后用湿淀粉勾芡，明油，浇在蒲菜上即成。成品味咸鲜，色泽洁白，清香四溢，鲜嫩可口，造型美观。

图 26-13　开洋扒蒲菜　　陈光晰　摄

（三）平桥豆腐

豆腐浸煮后过凉，切成菱形小薄片待用。熟鸡脯肉、熟火腿均切成小片。虾仁上浆滑油后备用。炒锅上火，放底油煸香姜末，放鸡清汤、熟鸡脯肉、熟火腿、豆腐片、虾仁烧沸，加精盐、味精、绍酒、白汤酱油调味，湿淀粉勾芡，撒胡椒粉、香菜末装碗即成。成品味咸鲜，热烫味香，鲜嫩油润。

图 26-14　平桥豆腐　　陈光晰　摄

（四）金针鱼翅

金针菜水发后，每3～5根拧为一束，梳成细丝，根蒂部理齐扎起，拖上蛋清糊，入五层热油锅炸至“鱼翅”状捞起；排入另一只锅内，与菜心、鸡清汤、精盐、味精、葱姜汁、虾仁、蟹黄、熟鸡丝、熟火腿丝、水发香菇丝同烩，取出摆入盘中成排翅形状，浇上原汁即成。成品味咸鲜，形似鱼翅，鲜美香醇。

（五）干贝萝卜球

干贝剔除老筋，加葱段、姜块、绍酒上笼蒸透。取整齐划一的雀头小萝卜，投入内有食碱的沸水锅中，用笊篱搅打去萝卜表皮，使其呈现出玲珑剔透的玉白色，再用冷水漂去碱味，并用猪油焐透。取大碗一只，将整只干贝码放在扣碗底部，再把萝卜球放在干贝的上面，加鸡清汤、蒸干贝的原汤及精盐、味精，上笼蒸透后取出反扣盘中。原汁滗入锅内烧开，调味后，用湿淀粉勾芡，淋入鸡油，浇汁于干贝萝卜球上即成。成品味咸鲜，干贝圆整，萝卜剔透，清鲜味美。

（六）淮山鸭羹

山药蒸熟去皮后，同熟鸭肉均切小丁；炒锅上中火，舀入熟猪油烧热，放入葱姜末炒香，添入老鸭汤，放入山药丁、鸭肉丁、蛋糕粒、虾米烧开，加入精盐、味精、绍酒调味，待汤再沸时，用湿淀粉勾琉璃芡装碗，淋入芝麻油，撒上胡椒粉、青蒜丝即成。成品味咸鲜，山药软糯，鸭肉酥烂，汤浓味鲜。

（七）虾仁翡翠羹

荠菜摘洗，去根焯水后过凉，切末挤去水分，虾仁上浆入油锅划散，锅内姜米炸香，放入鸡清汤、荠菜末烧开，再放入虾仁、调料、湿淀粉勾芡，淋芝麻油出锅装盘，撒火腿茸即成。成品味鲜咸，色泽翠绿，鲜香味醇。

（八）鸡油菇心

草菇洗净，取菇心待用，锅中放鸡油烧热，加入菜心、葱姜汁、鸡汤、草菇心、精盐、味精炒至断生，湿淀粉勾芡，出锅装盘即成。成品味鲜咸，脆嫩爽滑，鲜香适口。

（九）梅竹图

用鸡丝垫底，胭脂鹅脯、盐水鸭脯、白蛋糕、黄蛋糕、冬笋切成精细刀面，合理码叠在鸡丝上，成为竹节形，紫菜蛋卷装饰成竹节，黄瓜装饰成竹叶，卤香菇、熟火腿肉、红樱桃摆成一支红梅枝，绕过竹竿成梅树即成。成品构图采用国画写意手法，制作中讲究刀工、刀法与用料，口味多样，色泽搭配和谐，造型优美、生动，有立体质感。

第二节　代表性面点

一、蒸煮类

（一）文楼汤包

将鸡宰杀治净，与猪肉皮、骨头、猪肉一起放沸水锅中焯水，捞出洗净后，放冷水锅中，加葱、姜煮至成熟，取出切成丁，肉皮绞成茸浆。螃蟹蒸熟，取出黄、膏、肉。入锅中加姜米等调料炒成蟹粉。将原汤加入肉皮茸烧开，撇去浮沫，待汤粘稠时加入鸡丁、肉丁、蟹粉、葱、姜末、料酒、精盐、白糖，小火熬至稠浓，装入盆内冷却，不停地轻轻搅动，使汤汁中各原料均匀相溶，凝固后，用手揉搓成茸。将面粉加冷

图 26-15　文楼汤包　　市文广局　供

水、精盐、食碱一同和成硬面团，醒透后，反复将面团叠揣光滑有筋力，搓条，摘剂70只，擀成中间厚、四周薄，直径5寸的圆皮，包入馅料，双手向上对折后推捏成皱折，去剂头即成汤包生坯。将生坯置笼中足汽蒸7分钟即成熟，用手将包子提抓到热水烫过的小盘中即成。成品味鲜咸，包大皮薄，口张汤满而不溢，用汤制馅独特一格，爽滑不腻。食时配以香醋、香菜则更佳。

（二）淮安翡翠烧卖

锅上火倒入底油，放入五花肉丁，用小火将肉丁煸至上色，放入葱、姜末、料酒、酱油炒棕红色盛起；荠菜摘洗干净，焯水后挤去水分，切成细末，加入黄焖肉丁、精盐、味精、白糖、胡椒粉、麻油拌成“翡翠馅”。面粉用半烫面和成面团，揉均、揉光，摘剂50只，逐个擀成烧卖皮。包馅成鸡冠口，石榴形，顶部点缀火腿末成生坯，上笼蒸熟取出即成。成品味鲜咸，馅心碧绿，鲜咸味香，爽口润滑。

（三）灌汤蒸饺

猪肉斩茸后加水、精盐、酱油、料酒、葱、姜末、味精、白糖、虾籽、胡椒粉、麻油搅拌成馅，皮冻绞成茸，和鲜肉馅拌匀。面粉加热水和成面团，摘剂50只，擀成圆面皮。包馅成月牙形蒸饺，放入笼锅中蒸熟取出即可。食时蘸香醋，味道更佳。成品味鲜咸，皮薄见馅，馅嫩汁浓。

（四）筒儿糕

黑芝麻炒熟，碾成末，与白糖拌匀。粳米粉加温水抄拌至手抓成团、手碰即散的标准，灌入木塞中，足汽蒸2分钟至熟，取出蘸芝麻糖食用。成品疏松绵甜，老少皆宜。

（五）阳春面

面粉加碱水、清水和成面团，用手工加工成面条。锅中放清水烧沸，放入面条煮至断生，盛入用酱油、虾籽、胡椒粉、面条原汤兑好的汤碗内，撒上青蒜花即成。成品味鲜咸，爽滑筋道，蒜香浓郁。

（六）鸡汁小刀面

面粉加鸡蛋、水和成面团，擀成薄皮后切成面条。老母鸡加清水、葱、姜炖制成鸡清汤，将鸡取出撕成鸡丝待用。鸡汤加入精盐、味精分装5只碗中。锅上火放入面条煮熟分装在碗中，上面撒上鸡丝、胡椒粉、青蒜花、淋上麻油即可。成品味鲜咸，鲜咸味香，爽滑筋斗。

二、煎炸类

（一）淮安茶馓

面粉、黑芝麻、精盐、水和成面团，揉光醒制1小时左右，用双手揣面，面张开后，折叠再揣醒1小时后再揣一次，取出面团放案板上按扁，面上涮少许油，用刀切成条，双手将条搓成直径为1厘米粗的大条，盘在盆中醒1小时，取出再搓成筷子粗细的均匀小条，盘在盆中，每盘一层涮上一层油，一盆中的条只有一根，醒制两个小时。锅上火放入麻油烧至六成热，将条绕在手掌上，用两根长筷子挑住放入油锅中，炸至两面金黄，呈梳子等形状即成。成品味咸香，色泽金黄，细如麻丝，香脆松酥。

图 26-16　淮安茶馓（菊花形）　市文广局　供

（二）淮安豆腐卷

面粉放盆中加入热水和成团，揉匀揉透，摘剂30

只，擀成圆皮。豆腐焯水后冷水浸凉，切成小丁，挤去水分，加入精盐、味精、葱姜油、胡椒粉、麻油搅拌成馅。皮子上挑入馅心，将皮子对折后卷起，捏紧两头呈枕头形生坯。平锅上火烧热后，倒入色拉油，将生坯排在锅中，煎至底部全黄，倒入加过面粉的浆水，盖上盖，煎至水干，将底部煎脆取出即可。成品味鲜咸，底部全黄、香脆，上部洁白柔软，馅心鲜嫩咸香。

（三）羊肉锅贴

将羊肉糊加水、花椒水、精盐、料酒、葱、姜末、味精、白糖、胡椒粉、麻油搅拌成馅。面粉加热水和成面团，摘剂60只，擀成面皮，包馅成月牙形生坯，平锅上火烧热，倒油后将生坯排入锅中，待生坯底部煎黄，浇上加过面粉的浆水，盖上盖煎至水干，坯成熟时揭去盖，再将底部煎脆取出即可。成品味鲜咸，底部金黄香脆，上部洁白柔软，馅心鲜香油嫩。

（四）淮安春卷

锅上火，放入色拉油，倒入猪五花肉丁，用小火慢慢煸炒至五花肉中的瘦肉变黑，肥肉油基本耗尽，加入葱姜末起香，放酱油、料酒、煸成棕红色盛入碗中。荠菜择洗干净焯水后，切成末挤去水份，分别放入精盐、白糖、味精、胡椒粉、煸制好的五花肉丁一同拌成馅。将面粉加入冷水、食碱和成面团，擀成方形春卷皮，春卷皮摊开包入馅心，成圆柱形生坯，锅上火倒入色拉油至五成热，放入生坯炸至金黄起锅即可，食时蘸香醋味佳。成品味鲜咸，色泽金黄、外香脆、内鲜咸，荠香浓郁。

（五）鸡蛋软饼

将面粉、鸡蛋、盐、清水和成稀糊面团，放入葱末拌匀；平底锅抹油，倒入面糊，用小火摊成薄饼即成。成品味香咸，色泽金黄，香软可口。

（六）牛肉水煎

包浆面粉、酵母、白糖、泡打粉、清水和制成面团，发酵膨松后，搓条摘剂，逐个包入牛肉馅，放入平底锅内，加入清水、植物油，盖上盖，上火蒸煎至包子成熟，上部鲜软，底部金黄酥脆。成品味鲜咸，鲜软酥脆，馅心细嫩，

（七）荷花酥

将水、油、面分别和成水油酥和干油酥面团，分别用小包酥的方法将干油酥包入水油酥内，叠擀出起酥层次，摘剂，逐个包入枣泥馅料，收口捏紧，用锋利刀片交叉剖出6瓣叶子刀纹，即成生坯；然后入四成热油中慢慢炸至花瓣开放，层次清晰。将油温升至六成热，炸熟即成。成品味香甜，层次清晰，酥香肥甜。

三、烤烙类

（一）萝卜丝酥饼

取面粉，加入熟猪油、清水和成水油酥。再用面粉加入熟猪油擦成干油酥；用小包酥方法，开酥、摘剂、擀皮。将萝卜丝用盐腌后挤去水分，加入板油丁、火腿末、精盐、味精、芝麻油、葱油拌和，包入坯皮中，制成饼状；放入烤箱（200℃）烤制20分钟成熟即成。成品味咸鲜，金黄酥脆，馅料鲜美。

（二）芝麻油大饼

酵面团擀成长方形，刷上油，撒上葱花、精盐卷起，擀成饼形，表面抹上水，撒上芝麻，入平锅内烙至成熟，两面金黄时取出，改刀装盘即成。成品味香咸，外脆里软，芝香浓郁。

（三）楚州牛舌饼

面粉加盐、热水和成面团，放冷水中浸泡1小时后将面揣透揉光，案板上涮少许油，将面团摘

剂30只，右手抓住剂子一头，在案板上掼成长条按扁，面上涮一层油，分别放上炸酥、葱末、油渣末、精盐按扁，从一头卷起，用面杖擀成长方形生坯。放入平锅中，用小火烙制时，饼坯两面涮油并经常翻动，直烙到两面金黄，将饼码在炉子边檐四周，盖上烙锅，待饼呈深黄色时涮油即可。成品味咸香，色泽深黄，葱香酥脆，层次分明。

（四）朝牌面饼

放入老酵面，和成烫面团，用刀划开散凉，然后加碱，中和面团酸味，搓条，摘剂40只，擀成长7寸、宽4寸的方块，抹上饴糖，撒上芝麻，运用仰掌前推、勾手后贴、从左向右的方法，将饼坯贴入炉内滚烫的四壁上，用炭火烤至色泽金黄，外酥里绵即成。成品味香甜，外酥里绵，香味扑鼻。

（五）淮安薄脆

面粉与酵母、泡打粉、白糖拌匀，用沸水和成烫酵面，揉匀，擀皮刷油，搓条，摘剂50只，再擀成薄饼，撒上芝麻，入炉内小火烤至脱水酥脆，出炉即成。成品味香甜，干香酥脆。

四、其他

淮饺三吃　将面粉放入盆中加冷水、食碱和成硬面团，醒透，揉匀揉光，用菱角粉为拨，擀叠成长方形面皮，改刀切成一寸九分长、一寸六分宽的面皮800张。猪精肉剔除筋膜，斩成细茸，放盆中加葱、姜汁水、精盐、料酒、酱油、味精、胡椒粉、麻油搅拌上劲，再加入韭菜黄末拌匀。左手托皮，右手挑馅料刮在面皮上，滚卷面皮，使馅心全部包入饺皮中，退出刮子即成淮饺生坯。将熟猪油、酱油、味精和烧沸的圆骨汤分装碗中，锅中放水烧沸后倒入生坯，轻轻推动以防互相粘连，水沸后激冷水，再沸浮起，捞出分装碗中，撒上胡椒粉、青蒜花、淋芝麻油即成汤饺。火饺是将包好的淮饺生坯放油中炸至金黄色成熟，撒上椒盐同食。炝饺是将煮熟的淮饺，加酱油、蒜泥、胡椒粉、麻油拌匀同食。成品味鲜咸，形似麻雀头，馅细鲜嫩，皮薄馅多，吃口爽滑，有无皮之感觉。

第三节　淮菜三全席

一、淮安长鱼席

（一）宴席背景

长鱼席又称全鳝席，是淮安的传统宴席，以长鱼（即鳝鱼）为原料贯穿于宴席的每道菜点之中，为淮安所独有。淮安水资源丰富，气候温和湿润，土地肥沃，盛产长鱼。春末夏初为上市旺季，以小暑前后一个月内上市最佳，腹黄者为佳品，民间有“小暑长鱼赛人参”之说。北宋淮安诗人张耒的《思淮亭记》中忆及故乡美味提及“长鱼美蟹”，说明当时长鱼已是淮安非常有影响的美味佳肴。至清代，全鳝席最终在淮安集大成，《清稗类钞》记载：“同、光年间，淮安多名庖，治鳝尤有名，胜过扬州之厨人。且能以全席之肴，皆以鳝为之，多者可至数十品，盘也、碗也、碟也，所盛皆鳝也，而味各不同，谓之全鳝席。号称一百有八品者，则有纯以牛羊豕鸡鸭所为者合计之也。”形成一料一席的格局，一直流传至今。

（二）主辅原料

以长鱼为主料，利用长鱼皮、骨、头、心、肠、血、脊背肉、肚皮肉等作为菜点的主料，以蔬菜、水果、豆制品、猪肉、鸡汤、粮食等作为辅料。

（三）宴席菜点名称

1.凉菜

主盘：双龙戏珠

围碟：麻线长鱼炝斑肠、水晶脯脑、脆皮龙鳞、椒盐龙骨、卤荔枝鱼、挂霜血球、如意长鱼

2.热菜

软兜长鱼、锅贴长鱼、翡翠长鱼圆、乌龙凤翅、水晶长鱼饼、白煨脐门、蒲菜生敲、叉烤长鱼方、红酥长鱼、清汤菊花鳝

3.点心

长鱼烧卖、长鱼汤包

4.果盘

时令水果

二、淮安全羊席

(一) 宴席背景

全羊席是淮安的传统宴席，以羊为原料贯穿于宴席的每道菜点之中。唐代的楚州城是著名的港口城市。楚州和泗州是运河沿线两座名城，经济的繁荣，吸引着海内外商人。唐宋时，大食的商人来此贸易，并经楚州过泗州去长安、汴京。一些穆斯林在楚州定居下来，以码头镇为聚居区，经营饮食业为生，来自异域的清真风格使淮地牛羊烹调技术大大改观，从而产生以“先上汤，后上菜；先用勺，后动筷”的码头汤羊肉。码头汤羊肉由特殊配料做成半汤半肉、浑然一体的佳肴，其肉嫩软绵酥，入口即化；汤若稀若稠，回味持久。至清代，全羊席最终在淮安集大成。据《清稗类钞》记载：“清江庖人善治羊，如设盛大筵，可以羊之全体为之。蒸之，烹之，炒之，爆之，灼之，薰之，炸之，汤也，膏也，羹也，甜也，辣也，椒盐也。多至七八十品，品各异味。号一百有八品者，张大之辞也。中有纯以鸡鸭为之者。即非回教中人，亦优为之，谓之全羊席。同、光有之。”淮安市的黄集羊肉馆、码头羊肉馆专营此席。

(二) 主辅原料

以羊肉为主料，运用羊的耳、眼、脑、腰、心、舌以及不同的分档部位在宴席菜肴中作主料，以蔬菜、水果、豆制品、水产品、粮食制品等作宴席菜肴辅料。

(三) 宴席菜点名称

1.凉菜

主盘：三羊开泰

围碟：清江羊糕、干切明照、捆扎迎春、金钱羊肠、芥末腰花、宝塔羊心、时素羊肚、盐水羊舌

2.热菜

码头汤羊肉、黄油煎羊排、萝卜炖酥腰、孜然羊柳、葱烤羊腿、虫草炖羔羊、回春羊鞭盅、白玉烩羊脑、红扒羊蹄、鱼羊合鲜

3.点心

羊肉锅贴饺、羊角酥、羊血豆莪羹

4.果盘

五谷丰登

三、淮安全鱼席

（一）宴席背景

淮安是一座飘浮在水上的城市，位于淮河下游地区，多道河流在境内纵贯横穿，水产品资源十分丰富，仅洪泽湖盛产的淡水鱼类就达70多种，是重要的食品资源。鱼作为淮安名特食品原料，历史悠久，《尚书·禹贡》中有“淮夷蠙珠暨鱼”的记载。鱼的烹饪技法的传承和发展有悠久的历史。发展到清代，全鱼席自成体系，与全鳝席、全羊席一起合称淮菜三全席。制作、销售全鱼席是淮安鱼馆、酒家体现烹饪技艺水准、招揽生意的重要手段。

（二）主辅原料

主料有黑鱼、白鱼、鲶鱼、黄颡鱼、河鳗、鳜鱼、鳖、银鱼、虎头鲨等，辅料有羊肉、鸽蛋、粉丝、蔬菜、水果、粮食制品等。

（三）宴席菜点名称

1.凉菜

主盘：双鱼戏水

围碟：炝鱼片、手撕风白鱼、芝麻鱼排、熏鱼、茄汁鱼条、双色鱼糕

2.热菜

鲶鱼粉丝、金丝鱼片、溜鳝鱼圆、脆皮银鱼、美鳖和鲜、荷叶粉蒸鳗、生薰白鱼、鸽蛋鱼头、痴虎相会、叉烤鳜鱼

3.点心

菱粉虾肉锅贴、鱼籽炒饭

4.果盘

时令鲜果

·淮安市志·（1978—2008）

第二十七卷 旅游业

淮安市是全国历史文化名城、中国优秀旅游城市和著名的淮扬菜之乡。

改革开放初期，市境内的历史文化景点逐步得到保护与修复，并陆续对游客开放。但由于交通和其他条件的限制，旅游业发展缓慢，1992年以前处于自发生长期。1992年以后，随着改革开放不断深入和经济持续高速发展，淮安市得天独厚的自然资源和丰富悠久的历史文化相继得到挖掘和开发利用，发展不断提速，旅游业逐渐成为一项新兴的经济产业，社会效益和经济效益日益显著。

2000年以后，全市的旅游机构、经营接待、设施建设、旅游资源开发、宣传促销、行业管理、教育培训、旅游交通等方面都有了很大发展。淮安市委、市政府围绕旅游资源的特色和优势，实施“政府主导、政策引导、社会齐上”的大旅游发展战略，打造“伟人故里”“运河之都”“美食之乡”“生态家园”旅游品牌，旅游资源和旅游发展环境明显改善，旅游市场管理水平和旅游服务质量得到较大提高，旅游产业地位明显提升。2002年开始，淮安市旅游经济一直保持年均25%的增长幅度，增幅居全省前列。2005年，淮安市一次性通过国家旅游局验收，获“中国优秀旅游城市”称号。2008年6月，淮安市委、市政府把“开发大旅游”列入全市发展的“五大建设”(构筑大交通、培育大产业、发展大流通、繁荣大文化、开发大旅游)。

经过30年的发展，淮安市的旅游产业规模不断发展壮大，旅游供给能力显著增强，旅游知名度得到很大提高，人力资源素质明显提升，营销体系初步建立，旅游节庆影响力扩大，旅游业对经济社会发展的拉动作用进一步显现。然而，具有较大影响力、吸引力的旅游产品欠缺，配套服务能力不强。

至2008年年末，全市拥有星级旅游饭店45家，其中四星级旅游饭店4家、三星级旅游饭店17家、二星级旅游饭店14家；旅行社78家，其中国际旅行社1家、国内旅行社77家；旅游车船公司6家；拥有可供游览的旅游景区（点）43个，其中国家AAAA级旅游景区4个、AAA级旅游景区（点）3个、AA级旅游景区（点）10个、全国工农业旅游示范点7个、国家水利风景区3个，年接待20万人次以上旅游景区（点）11个，年接待50万人次以上旅游景区（点)3个；拥有持证导游员2000多人。购物点、美食街、步行街、娱乐场所等旅游相关基础设施也得到相应发展，全市初步形成“食、住、行、游、购、娱”一条龙的旅游服务体系。

图27-1 2005年年底，淮安市被评为中国优秀旅游城市 陈光晰 摄

第一章　旅游发展规划与政策

第一节　旅游发展规划

一、旅游发展总体规划

（一）《淮阴市旅游业发展“九五”计划和2010年远景规划》

1997年1月，淮阴市政府批转《淮阴市旅游业发展“九五”计划和2010年远景规划》。该计划提出全市旅游业的4个发展原则，即坚持适度超前发展原则，提高旅游产业地位；坚持“大旅游”发展原则，扩大旅游经济总量；坚持“开发与保护”并重原则，提高开发效益；坚持“统一规划、集中开发”原则，提高旅游产品档次。

该计划提出淮阴市旅游业发展目标，即到2000年，把淮阴市旅游业初步发展成为体系完善，具有全省中等旅游城市的旅游产业规模，初步奠定苏北中心旅游城市地位。发展旅游交通，把全市的重要旅游景点连成线、连成片，初步建成“两淮”旅游观光区和洪泽湖风景名胜区。旅游创收、创汇方面，1996—2000年，全市规划接待游客总量800万人次，年均160万人次，年递增率15%；2001—2010年，全市规划接待国内游客年均递增率为10%，回笼货币递增率为15%。

该计划提出淮阴市“九五”计划期间旅游业发展的主要任务，即突出淮阴水文化（即运河文化与洪泽湖文化、黄河文化，兼有汉文化与明文化内涵）地方特色和人文景观，开发高品位、高起点且具有时代特征的旅游新产品来带动老产品。重点建设一批有规模、有特色，在周边区域范围有明显优势的大型旅游项目，同时对一些重要名胜古迹加以保护，并论证一批旅游建设项目。

此外，该计划也对旅游交通、旅行社、旅游饭店、旅游商品、旅游文化娱乐等旅游设施作出长远规划。主要措施包括：加大领导力度，强化行业管理；扶持旅游业发展，多渠道筹集资金，加大旅游业投入；搞好宣传促销，开拓市场；加强旅游人才队伍建设；改善旅游外部环境。

（二）《淮安市旅游发展总体规划（2002－2020）》

2002年，淮安市旅游局委托南京大学和江苏省旅游规划咨询中心进行《淮安市旅游发展总体规划》编制工作。其规划依据主要是国家旅游局发布的《旅游发展规划管理办法》，以及《江苏省旅游发展总体规划（2001—2020）》《淮安市市域城镇体系规划（2001—2020）》《淮安市城市总体规划（2001—2020）》《淮安市国民经济和社会发展第十个五年计划（2001—2005）》。规划地域包括淮安市所辖8个县（区），其范围为北纬32°43′～34°06′，东经118°12′～119°36′。

2003年6月，《淮安市旅游发展总体规划（2002—2020）》得到市政府批准并予以实施。该规划确立淮安市旅游业发展的定位和总体思路，即淮安市旅游业发展分三步走，总目标是用近20年时间建成苏北地区旅游大市。第一步，到2005年，以“创建中国优秀旅游城市”为突破口，将淮安市培育成全省新兴的著名旅游目的地，旅游增加值达到11亿元以上。第二步，2006—2010年，通过完善产品体系，打造旅游品牌，将淮安市旅游业由国民经济新增长点培育成第三产业中的龙头产业，使淮安市成为华东地区知名旅游城市之一，旅游增加值达到35亿元以上。第三步，2011—2020年，将淮安市建成具有一定国内知名度和国际影响力的旅游大市，旅游增加值达到100亿元以上。

该规划包括前言、淮安市旅游业的基础现状、战略目标、规划与实施共4个部分15章85条，主要涉及：淮安市旅游业产业结构、旅游交通基础设施、住宿业接待能力、餐饮业、旅游商品、旅游市场及旅行社的现状、问题和潜力分析；淮安市旅游资源的基本类型和结构，旅游资源评价，旅游资源分布格局和空间结构特征，旅游资源优势分析；淮安市旅游业发展规划的指导思想和战略、发展模式；淮安市旅游业的定位与发展总体布局；淮安市主要旅游产品类型与开发，旅游产品空间布局；淮安市主要旅游项目、旅游线路与旅游营销规划；淮安市主要旅游资源区的发展方向、保护旅游资源的基本原则；淮安市旅游交通发展战略目标，旅游邮电通讯设施的战略规划，网络信息设施和咨询服务战略规划，主要接待服务基地建设战略规划，旅游餐饮业规划，旅行社发展规划；淮安市旅游市场管理、人才培训及行风建设等。

二、重点景区景点发展规划

（一）淮安府衙—周恩来纪念馆及周边地区旅游规划

淮安府衙位于楚州区总督漕运部院遗址北侧，又称淮安府署。周恩来纪念馆位于楚州区北门外桃花垠。

2005年，淮安市规划局委托东南大学城市规划设计研究院，按照将“恩来文化及伟人精神”赋予有形的规划要求，对淮安府衙—周恩来纪念馆进行规划与编制。同年8月，淮安府衙—周恩来纪念馆规划通过省、市专家组论证。该旅游规划以总理纪念园和漕运广场为核心，区内文物保护单位主要有周恩来纪念馆、淮安府衙、文渠河等。其功能定位为：以弘扬恩来文化与展示古城历史文化为特色的旅游目的地，全国重点爱国主义教育基地，兼具旅游度假与城市居住功能的综合区，展示镇淮楼—漕运广场—漕运总督府遗址—府衙及驸马巷—上坂街历史街区和河下历史街区的“城市文化”。

2008年4月，淮安市规划局委托东南大学城市规划设计研究院编制淮安府衙—周恩来纪念馆及周边地区城市规划。同年8月20日，该规划通过专家组论证。此次规划的目标为：将该地区建设成为以总理纪念园和漕运广场为核心，集纪念、文化展示、旅游休闲和购物以及生活居住功能于一体，兼具生态与历史文化特色的综合性城区。规划区范围为：西自北门大街，东至淮江路及革命烈士陵园西侧规划道路一线，南自东门大街，北至规划长安路。规划布局结构为：保护、利用和挖掘历史人文资源。调整和完善总理纪念园，开辟纪念园主入口广场和步行街，保护性修复府衙部分建筑，改造窦娥巷，通过空间环境和旅游路线的有序安排，实现以恩来（史迹）为核心的名人文化与古城历史文化的整合；通过点—轴—带—区的形式，将各景点、步行绿化系统、广场和功能设施有机整合，共同建构和谐统一的整体，形成“一园两轴两带三区”的规划结构。“一园”，即总理纪念园，在周恩来纪念馆的南延轴线上规划设置纪念园入口广场，与纪念馆、西花厅、墨迹碑林、植树园等建筑与设施一起构成“总理纪念园”，为规划的核心组成部分。“两轴”：一条轴线将周总理纪念馆中轴线向南延伸，穿纪念馆入口广场，跨文渠河，南抵东门大街西连漕运广场；另一条轴线为沿永怀路的绿化轴线，西联里运河文化长廊和“三湖”景区。“两带”，即文渠河生态绿化廊带和三联城绿化带。“三区”，即府衙特色风貌区、旅游接待服务区和生态居住社区。

（二）周恩来故居旅游开发规划

2005年，周恩来故居管理处组织编制《周恩来故居旅游开发规划》。该规划范围为北至西门大街，南至镇淮楼西路，东至漕运广场，西至西长街，规划面积8.67公顷。其中核心的规划范围为北至楚州区博物馆北侧、多子巷，南至镇淮楼西路，东至文渠，西至西长街。总体的规划期限为2006—2020年，分为近期（2006—2008年）、中期（2009—2010年）、远期（2011—2020年）3个阶段。按照规划，周恩来故居景区规划区域被构建为“恩来历史文化街区”。规划景区的结构布局为“一核一带一街三区”，即故居核心保护区、文渠休闲游憩带、上坂文化商业街、景区综合服务区、伟人成长体验区、风貌保护景观区。

（三）周恩来童年读书处周边地区旅游规划

2005年，淮安市规划局委托东南大学城市规划设计研究院，按照将“恩来文化及伟人精神”赋予有形的规划要求，对周恩来童年读书处周边地区进行规划编制。同年8月，淮安市周恩来童年读书处周边地区规划通过省、市专家组论证。周恩来童年读书处位于清河区里运河北侧的里运河文化长廊西端，是淮安市恩来文化旅游和里运河文化长廊的西部起点和重点，建成后以“读书处”为核心，以“十里西长街”与城市中心区相连接，形成集名人文化、古城商业文化与文化旅游、商业和居住功能于一体的综合功能区。

（四）里运河文化长廊旅游规划

淮安市境内的运河两岸保留着大量的古迹遗址。2006年，中共淮安市委、市政府决定建设从楚州区运南闸群到淮阴区码头镇长达30公里的“古运河文化长廊”，并将此列入《淮安市2001年至2010年文化发展规划纲要》。里运河文化长廊概念规划西起码头镇，南至淮安水利枢纽，沿线连接周恩来童年读书处、慈云禅寺、河下古镇等数十个知名的人文景点，全长32公里，横贯淮安东西。该规划以改善人居生态环境为切入点，整合沿线资源，着重突出主城“四水穿城、二河绕城”的滨水绿化体系，彰显城市历史人文，最终将里运河及沿线地段建设成为集休闲观光、防洪排涝、改善水质、生态调节、展示城市文脉于一体的绿色文化长廊。

（五）河下古镇旅游规划

河下古镇位于楚州区西北隅，紧傍古运河和萧湖，总面积约2平方公里，形成于春秋末期吴王夫差开凿邗沟之时，距今有2500多年历史。

2005年，楚州区政府聘请国内古城古镇保护著名专家阮仪三教授编制河下古镇历史文化街区保护与整治规划，以及河下古镇城河街两侧建筑设计、河下北入口设计。根据阮仪三编制的修建性详规，河下古镇保护开发主要包括：街巷道路和建筑外墙立面按照明清风貌进行修复改造；按古建风格开发建设进入河下的主要通道城河街、竹巷西街，建成集商住旅游为一体的商业街；恢复一批历史上有重要影响的历史建筑，包括著名的寺庙、道观、店铺、名人宅第；收购、修缮一批有文物、旅游价值的古民居，加以改造后作为景点对外开放；疏浚整治镇区古河道水系，恢复其历史上四水环抱、河街交错的优雅环境；开发建设萧湖，使之成为与河下古镇连为一体的园林景区，建设一批与河下旅游有关的主题公园、度假休闲娱乐设施。

（六）码头古镇旅游规划

2003年，上海同济城市规划设计院、淮安市规划局规划编制《淮安市码头镇总体规划》，确立码头镇“积极发展以楚汉文化、运河文化、寺庙文化、饮食文化等为特色的旅游业”的战略，并将码头镇旅游发展纳入淮安市域旅游发展规划中，使之成为淮安里运河文化长廊的组成部分。2008年1月，《码头古镇旅游发展总体规划》正式发布。此次规划范围为码头镇区二河以西以南、高家堰大堤以北、王顺路以东范围内的城镇建设用地，主要为京杭大运河两岸的古镇与田园河流区域，规划总用地面积1118.78公顷。规划主要内容包括码头旅游资源保护规划、旅游资源综合评价、古镇旅游发展战略、总体规划布局、旅游项目与产品策划、重点地段的空间环境整治规划、分期建设规划、旅游支持系统规划等。

作为集楚汉文化、运河文化、民俗风情、农田景观于一体的中国运河文化名镇，码头古镇旅游景区的建设发展目标是：休闲娱乐度假基地，文化访古观光胜地。划分为四大景区：惠济祠景区、韩信故里景区、运河三闸景区、泰山湖—漂母墓景区。规划重点旅游景区、公园11处：惠济祠景区；韩信故里景区的安澜古街、韩信主题公园、甘罗城考古文化公园；运河三闸景区的运口公园、漕运文化主题公园、运河文化湿地公园、高家堰—桃花源景区；泰山湖—漂母墓景区的漂母纪念苑、泰山湖旅游度假区、二河森林公园。根据码头镇历史文化资源和风景景观资源，主要规划有旧县景区、黄河故道景区、九龙口景区，并通过御坝、顺黄坝、二河大堤，使其与码头主景区的其他景区景点相联通。

根据规划，码头古镇景区的建设开发按景点与景区分期、分步实施的步骤来进行。开发分3个阶段：近期建设（2008—2010年），中期建设（2011—2015年），远期建设（2016—2018年）。近期建设内容主要以镇区的基础设施建设和点、线结合的景区景点建设为主。远期建设内容将码头古镇建设成为一个集文化教育、生态保护、旅游、休闲、疗养、度假、居住为一体的现代化综合旅游景区。

（七）洪泽湖古堰旅游区规划

2008年9月，洪泽县正式启动洪泽湖古堰旅游区规划编制工作。由北京中景园旅游规划设计研究院负责。洪泽湖古堰旅游区的规划范围为：北至洪泽县西顺河镇，南至洪泽县蒋坝镇（包括三河闸管理所），东至规划中的洪三公路，规划面积8612.3公顷（不包括洪泽湖水域面积，老子山镇也被纳入规划范围内，面积435.7公顷）。洪泽湖古堰旅游区的旅游资源包括8个主类，23个亚类，56种基本类型，229处旅游资源单体，拥有洪泽湖和古堰两处特品级旅游资源。

根据规划，洪泽湖古堰旅游区将打造成集生态观光、休闲度假、文化交流、运动娱乐、湖鲜美食、温泉养生于一体的大型综合性滨湖旅游目的地。构建“一水连三带，一核连三镇”的旅游空间发展格局。“一水”，指洪泽湖湖面；“三带”，包括文化旅游带、生态风光带、休闲度假带；“一核”，指湖滨生态观光镇高良涧镇；“三镇”，即生态休闲渔业镇西顺河镇、古埠温泉美食镇蒋坝镇、水乡道教温泉镇老子山镇。根据规划，洪泽湖古堰旅游区开发将秉承生态为本、文化为魂、以水为韵、以绿为根、有序开发、永续利用等理念，强化生态特色，发展生态休闲度假旅游；凸显大湖品牌，做足做大水上旅游文章，引领水上旅游时尚；主推鱼米之乡景观，主打渔业休闲、水乡旅游、湖鲜美食等品牌。重点打造十大功能区：西顺河休闲渔业体验区、钱码岛休闲度假区、高良涧游览观光区、洪泽新城综合服务区、越城古村风情旅游区、周桥古堰文化旅游区、庆祥水乡风情娱乐区、九龙湾湿地生态游览区、蒋坝古镇休闲旅游区、老子山温泉渔港度假区。重点规划建设“古堰十二景”：五帆风顺、奇堰胜迹、沁廊晖坞、天湖锁钥、九龙盘湾、茹古涵今、熏风柳岸、归海湖口、石工连堤、水湾春晓、灵石积萃、五里滟波。

第二节　旅游发展政策

1978年至20世纪80年代末，淮阴市的旅游业以外事接待为主，国内旅游尚未发展，自身出台发展旅游业政策很少，主要是贯彻落实国家、省旅游管理部门的政策。

1991年后，旅游业在国民经济中的作用日益凸显，淮阴市开始重视旅游业发展，结合自身实际情况，陆续出台一系列旅游业发展政策。1996年7月，淮阴市政府出台《关于鼓励发展旅游产业的若干意见》，鼓励国外、中国港澳台地区以及国内和市内各行各业、各种所有制企业和个人，在淮阴市独资或合资兴办旅游业，按照“谁投资、谁经营、谁得益”的原则，市政府保护投资者的合法权益；对旅游涉外企业的所得税，市属企业从获利年度起3年内，由市级财政返还，存入财政专户，用于发展旅游业；按照全市旅游涉外企业营业额的5‰筹集行业管理费；建立淮阴市旅游发展专项经费，并对其用途作出明确规定；对重点旅游项目和设施建设减、缓、免地方权限内的有关税收和规费；以观光农业为主的景点建设，可享受农业基本建设有关优惠政策。同年，淮阴市政府转发省政府《关于旅游事业发展费征集管理暂行办法》，征收旅游事业发展费作为旅游发展专项资金，且每年在预算内安排一定数量的财政拨款作为全市旅游宣传促销经费。

1997年，淮阴市旅游局与市财政局、市物价局、市地税局联合印发征收旅游发展基金的文件，实现征收旅游发展基金零的突破。

1998年7月，淮阴市政府出台《关于进一步加快旅游业发展的若干意见》。对旅游景点和设施建设项目的土地使用期限，税费减免或者优惠作出规定；提出可采取发行股票、债券的方式向社会筹资，同时采取合资、合作、独资、股权出让、产权置换、BOT（建设—经营—转让）等形式引进外资，用于旅游景点和设施的开发建设；加大征收旅游事业发展费力度；建立旅游项目建设目标责任制。提出近期“重点发展国内旅游，积极发展国际旅游”的思路；策划和组织好旅游节会；注重发展旅游纪念品、旅游装备品和旅游工业。提出重视和加强旅游行业管理，即规范旅游市场；加强对全市旅游项目的宏观调控；加快旅游经营管理人才的培养和使用；提升旅游业服务质量和管理水平；重视旅游统计工作。

2003年，淮安市政府出台全市第一个旅游行政法规《淮安市旅游业管理办法》，加强对旅游工作的领导，进一步规范和强化旅游行政管理，全市旅游业发展走上法制化轨道。同年4月，淮安市政府出台《关于加快淮安旅游业发展的意见》，提出加大对纳入规划的市级旅游重点项目策划、包装的财政扶持力度，加强对旅游事业发展经费的征收工作，加大对旅游整体形象宣传的投入力度，旅游宣传促销费纳入财政预算，并对旅游项目投资、贷款、旅游企业税费、土地出让等方面政策作出明确规定，为旅游业发展提供更为宽松的政策环境。淮安市政府还专门成立淮安市旅游发展委员会，加强对旅游工作的领导。此外，市旅游局牵头组建市旅游饭店协会、市旅行社协会和市旅游景区协会，适应政府转变职能、改变管理方式需要。

2005年8月，中共淮安市委召开常委扩大会，明确对旅游业加大投入和支持，设立全市国家等级景区创建引导和旅游发展专项资金，每年不低于300万元，并加大对旅游宣传促销经费的投入。

2006年6月，淮安市政府出台《淮安市旅游业发展奖励暂行办法》，提出对兴办和创建国际旅行社、高星级饭店、国家AAA级以上旅游区（点）、全国工农业旅游示范点以及省级以上旅游度假区等予以奖励。市交通、工商、建设、文化、物价等部门也相继出台相关文件，支持旅游业发展。同年8月中旬，盱眙县出台《关于建成苏北旅游第一县的实施意见》，为江苏省第一个出台发展旅游业综合性政策的县。

2008年，淮安市提出开发“大旅游”战略，并出台一系列配套措施，成为贯穿全市旅游业发展的主线。

第二章　旅游资源与开发

第一节　旅游资源

淮安市全境属黄淮平原与江淮平原的结合部，京杭大运河、淮河贯穿全境，洪泽湖、白马湖镶嵌其中，自然风光秀丽。境内历史悠久，名人辈出，美食享有盛名，景区景点众多，旅游资源丰富。其中，运河文化资源和名人文化资源在全市旅游资源中有着特殊的地位和作用。2008年9月，淮安市被中国古都学会命名为“运河之都”。

淮安市旅游资源在数量上表现为以人文旅游资源为主、自然旅游资源为辅的特点。全市旅游资源数量丰富，种类齐全，自然与人文旅游资源交相辉映，但是独占性的旅游资源相对缺乏。淮安市主要人文旅游资源有名人故居、公署遗存、纪念场馆、陵墓塔寺、文化遗址、文博展馆、碑刻勒石、古镇名街、园林景区以及淮扬美食和非物质文化遗产等。淮安市旅游资源地区分布相对集中，地区差异明显。淮安市市区以人文旅游资源为主，洪泽县、金湖县以自然旅游资源为主，盱眙县、涟水县则是人文和自然旅游资源并重区域。市区的旅游资源主要集中于楚州区，名人故居、祠堂、寺庙、衙署及古文化遗址等类型众多。淮安市地处苏北平原地区，水资源极为丰富，但是淮安市水多山少，山体只相对集中于盱眙县，且均为低矮丘陵，缺少奇景。

淮安市人文荟萃，底蕴深厚，景色秀丽。至2008年年末，全市有各级文物保护单位100多处，馆藏文物4万余件。淮安有文化底蕴深厚的众多人文景观，如水下泗州城、明祖陵、镇淮楼、文通塔等，韩信故里、梁红玉祠、吴承恩故居、关天培祠、周恩来故居、周恩来童年读书处、周恩来纪念馆等历代名人的故居遗迹分布境内。淮安也是革命老区，苏皖边区政府、新四军军部曾在此设立。淮安诞生过大军事家韩信、汉赋大家枚乘、巾帼英雄梁红玉、《西游记》作者吴承恩、民族英雄关天培、《老残游记》作者刘鹗、经学大师阎若璩、国学大师罗振玉、中医名家吴鞠通、京剧艺术大师王瑶卿和周信芳、新中国开国总理周恩来等名人。淮安更有烟波浩淼的全国第四大淡水湖——洪泽湖和被誉为“水上长城”的洪泽湖大堤，有盱眙第一山国家森林公园、铁山寺国家森林公园、金湖万亩荷花荡等纯朴自然的山水风光。

淮安市是中国四大传统菜系之一淮扬菜的重要发源地，存有淮扬菜名菜名点1300余种，其中属淮安地区首创独创的就有400多种。从2002年起，淮安市每年举办一届淮扬菜美食文化节。2002年，淮安市被中国烹饪协会命名为“中国淮扬菜之乡”。

至2008年年末，淮安市有国家AAAA级旅游景区4个、AAA级旅游景区3个、AA级旅游景区10个、全国工农业旅游示范点7个、国家水利风景区3个，初步形成集中于市区的历史人文景区、洪泽县的洪泽湖风光名胜景区、盱眙县的山水旅游景区、金湖县的生态农业观光景区，以及散布于全市各县（区）的红色旅游景区五大特色景区。

第二节　旅游开发

一、概况

“文化大革命”时期，淮阴地区的名胜古迹在“破四旧”中遭到不同程度破坏，旅游事业处于停顿状态。1970年起，地区园林、宗教、文管、城建等部门陆续对遭到破坏的名胜古迹进行修复。至1977年年末，各主要游览景区、景点大多经过整修，陆续对中外游客开放。

1978年后，淮阴地区开始加大对旅游基础设施建设的投入，重视提高服务设施水平和质量，不断加强配套设施建设，完善旅游公共信息服务体系，提升旅游影响力。各级政府和园林、宗教、文管、城建等部门投入大量财力、物力，加快建设风景名胜游览点。旅游主管部门开始参与和帮助有关部门规划建设旅游景区、景点，使景区、景点的开发建设与客源市场需求及旅游线路项目的设计编排、推销结合起来，逐步纳入旅游发展的轨道。

1978—1989年，淮阴市对周恩来故居、吴承恩故居、韩侯祠、勺湖等主要游览区景点进行新的整修，加强道路交通、环境卫生、服务设施等配套项目建设。同时还开发建设一批新的旅游景区、景点。其中，1986年，周恩来纪念馆被列入江苏省“七五”旅游规划重点风景旅游点建设项目，周恩来纪念馆、清晏园修复被列入江苏省重点旅游资源项目建设。但由于经济发展水平不高，旅游业发展意识薄弱，这一时期淮阴市对旅游项目及基础设施投入较少，旅游基础设施不完善，有影响力的景点较少，旅游资源开发缓慢。

20世纪90年代，淮阴市各级政府及社会其他部门单位开始集资开发兴建旅游景区、景点。从20世纪90年代中期开始，挖掘丰富的名人文化与历史文化旅游资源，以原有的自然景观和人文景观为基础，加大旅游资源开发和整合力度。在推进旅游业项目建设过程中，淮阴市采取政府主导、市场化运作的策略，加大对旅游基础设施的建设投入和对部分旅游重点项目的先期投入；探索旅游景区开发的市场化运作，通过加强招商引资，吸引外资和民间资本进入旅游业，引导社会力量参与旅游资源开发和经营。

1998年，市政府成立市旅游开发工作领导小组，负责全市旅游开发的领导和协调，市旅游局成立由市财政参股的旅游发展有限公司。市政府与辖内县（区）、有关部门签订旅游项目建设责任书。1999年，旅游资源相对丰富的县级淮安市、盱眙县、洪泽县完成通过专家论证的旅游开发总体规划。全年全市直接用于旅游资源开发和配套设施建设的资金投入为1.1亿元。

2000年以后，淮安市更加重视和支持旅游业发展，《淮安市国民经济和社会发展第十个五年计划纲要》中明确提出要“把旅游业培育成为我市第三产业的龙头和支柱产业”。在之后的全市历年国民经济和社会发展计划中，发展旅游业都被列为重要工作任务。

2001年淮安市旅游局单独成立后，进一步加大旅游资源的开发力度，加快旅游配套设施建设，完善旅游服务体系，壮大旅游产业规模，优化旅游产业结构，规范旅游行业管理，加快旅游人才培养。通过招商引资，鼓励民营企业、社会实体兴办旅游景点，形成投资主体多元化趋势。当年，全市旅游项目及配套设施投入资金1.3亿元，启动建设里运河文化长廊。是年起，淮安市除加大市级财政性资金对旅游重点项目的支持力度外，也加大省级、国家级财政性资金的争取力度。

2002年，淮安市旅游固定资产总投资为2.4亿元，兴建大运河文化广场、淮扬菜美食一条街，修复文庙，整治清晏园。盱眙县完成铁山禅寺、天文观测基地一期工程，涟水县完成妙通塔重建工程，洪泽县引资开发建设钱码岛休闲娱乐中心，金湖荷花荡景区和涟水五岛公园获得国家AA级旅游景区（点）认定，实现全市国家级旅游景区景点评定工作零的突破。当年全市有收费旅游景区（点）32个。

2003年，盱眙县铁山寺国家森林公园创成全市第一个国家AAA级旅游景区。淮安市向省旅游局、省财政厅争取省旅游资源开发和项目建设专项资金100万元，用于淮阴区码头镇韩侯故里开发、洪泽钱码岛旅游开发、金湖荷花荡景区配套基本设施建设、周恩来纪念馆旅游厕所建设4个项目；争取省级服务业引导资金贴息70万元，用于中洲公园旅游休闲区项目建设。市旅游局联合市交通局、市水利局、楚州区政府共同投资100万元，成立由市交通控股公司控股，市水利资产公司、市新星旅游服务公司、楚州区文化旅游开发公司参股的古运河旅游开发公司，并于当年9月22日举行首游。至2003年年末，淮安市接待量超过20万人次的旅游区（点）有11个。

2004年，市旅游局向国家旅游局、省有关部门争取到240万元无偿项目建设补助资金。至当年年末，淮安市有可供游览的旅游区（点）43个，其中接待20万人次以上旅游区（点）11个、接待50万人次以上旅游区（点）3个。

2005年8月，淮安市设立全市等级景区创建引导和旅游发展专项资金。陆续成立市水利资产总公司、市交通控股总公司、市城市资产总公司、市园林资产总公司等市场实体机构，实施城市旅游项目建设。同年9月20日，江苏省第四届园艺博览会在淮安市举办。市区古黄河生态民俗园、金湖荷花荡、盱眙铁山寺国家森林公园通过全国工农业旅游示范点验收。至2005年年末，淮安市有可供游览的旅游区（点）11个、年接待50万人次以上旅游区（点）3个。

2006年，市旅游局与市财政局共同向省有关部门争取到260万元无偿项目建设补助资金；市发改委、市周恩来纪念地管理局联合争取到国家红色旅游资金2390万元、省旅游专项资金100万元、省财政划拨的周恩来诞辰110周年补助2800万元。淮安市新建、改建、扩建一批重点旅游项目，直接投入资金3.5亿元，其中盱眙县铁山寺国家森林公园创建国家AAAA旅游景区、金湖县白马湖渔村创建全国农业旅游示范点均通过国家旅游局验收。周恩来纪念地景区接待观众80万人次，综合收入750万元。周恩来纪念馆被国家旅游局评为国家AAAA级旅游景区，为全市首家，并被中国红色旅游网、中宣部《党建》杂志社联合评为2006年中国红色旅游十大景区。至2006年年末，淮安市拥有国家AAAA级旅游景区2个、全国工农业旅游示范点4个。

2007年，淮安市向省有关部门争取到无偿项目建设补助资金310万元。2008年，争取国家和省旅游项目引导资金712万元。

在淮安市“大旅游”战略推动下，包括公有、民营、市内、市外等多种渠道的资金纷纷投入旅游业，全市旅游资源开发和景区景点建设呈现加速推进的趋势。2001—2008年，淮安市累计投入旅游建设资金30亿元。至2008年年末，铁山寺森林公园、金湖荷花荡、古黄河生态民俗园成为全国工农业旅游示范点，周恩来纪念馆、周恩来故居、新安旅行团革命历史陈列馆和黄花塘新四军军部旧址4个景点被确定为全国红色旅游经典景区（点）。大运河文化广场、淮扬美食街、中洲公园、清江浦楼、御龙园相继建成，钵池山公园、苏北野生动物园、楚秀园、桃花坞的建设为市民提供更多更好的休闲场所。楚州区修建漕运遗址公园、古运河御码头，修缮淮安府署，建成美猴王世家艺术馆；盱眙县建设铁山禅寺、天文观测基地、明祖陵景区、黄花塘新四军军部纪念馆等工程；洪泽县建成老子山温泉山庄；淮阴区完成韩信故里、葫芦岛度假村一期工程。推出淮安红色之旅、淮安名人故里游、康熙运河水上游、韩信故里游、洪泽湖水上风情游、盱眙山水风光游、金湖生态农业观光游等一批特色旅游线路。

二、乡村旅游业

淮安市的乡村旅游业起步于20世纪90年代中期。由于乡村基础设施薄弱，发展资金不足，发展旅游业的条件较差，淮阴市各级政府出台一些优惠政策，引导个人和企业对乡村旅游业进行投资。

2002年，出台《淮安市旅游总体规划（2002—2012）》，将乡村旅游发展列为重点内容。2007年，市旅游局联合市农业部门开展并完成《淮安市乡村旅游发展概念性规划（2007—2020）》编制工作，对全市乡村旅游作出全方位具体规划。2003—2008年，淮安市乡村旅游业累计接待旅游者超过2100万人次，占全市旅游接待总人数的25%，累计实现乡村旅游收入超过30亿元，带动相关产业发展实现收入上百亿元。淮扬菜美食文化节、盱眙龙虾节、金湖荷花节、涟水白鹭节、洪泽湖水上运动会等节庆活动的成功举办，对旅游市场高起点的规划和培育，使淮安市乡村旅游产业格局基本形成。铁山寺的“农家乐”、白马湖的“渔家乐”、洪泽的“水上人家”等诸多特色乡村旅游项目每年都吸引众多游客。

在加大乡村旅游对外宣传力度的同时，淮安市不断推进乡村旅游服务基础设施建设。全市乡村旅游区（点）接待服务设施具备一定规模，均配备旅游交通指示牌、停车场、旅游厕所、游客中心、标志牌等硬件设施，各乡村旅游点实现统一规划、统一布局。许多乡村旅游点建起乡村度假别墅、农家饭庄、售货点等旅游服务设施，如老子山温泉山庄、白马湖“渔家乐”接待中心，还有集餐饮、住宿于一体的“渔家乐”餐饮船、“渔家乐”别墅等。

至2008年年末，淮安市乡村旅游景区、景点具备一定规模。全市培育以盱眙铁山寺国家森林公园“农家乐”为代表的20多家乡村旅游景点，建成全国工农业旅游示范点6家，即桃花坞、盱眙铁山寺国家森林公园、八仙台、白马湖、金湖荷花荡和今世缘酒业有限公司。全市乡村旅游包括高效农业园区、乡村生态环境、花卉和林果种植、水产养殖、观光休闲农园、农家乐和农俗节庆7大类，覆盖农、林、渔和农副产品加工等多种业态。盱眙、洪泽、金湖、涟水4个县建成一批具有一定规模的旅游景区。淮河观光谒陵游，包括登第一山、望泗州城、祭明祖陵、品尝河鲜；盱眙山水游，包括铁山寺森林公园生态观光、登都梁山看山城风貌、观淮河风光、明祖陵怀古、品龙虾等；金湖生态旅游，包括现代化的生态农业示范区，展示新的农业科学技术和清新的田园风光，还有万亩荷花荡、万亩水杉林、三河滩公园及白马湖野趣休闲等；洪泽观光游，以洪泽湖湿地为代表的洪泽湖风景名胜景区，览洪泽湖大堤文化景观带，观湖景，尝湖鲜，品朱坝活鱼锅贴，看镇水铁牛，到老子山温泉山庄休闲度假等；以涟城镇“荷缘”万亩沼藕生态区为代表的涟水乡村观光景区、高沟今世缘酒文化等休闲旅游。

第三章　景区　景点

第一节　红色旅游景区景点

一、周恩来纪念馆

周恩来纪念馆坐落于楚州区城区桃花埌，馆区由纪念岛、水面和环湖四周的绿地组成，总占地面积35万平方米，其中水域面积占70%。

纪念馆于1986年由中共中央宣传部批准兴建，1988年3月5日奠基，1992年1月6日落成开馆。邓小平题写馆名，江泽民、李鹏、李先念、杨尚昆等党和国家领导人为纪念馆题词，是国内唯一经中共中央批准，反映周恩来光辉战斗一生的综合性纪念馆。由著名建筑学家、东南大学教授齐康主持设计，造型庄严、朴实、典雅，体现传统民族风格和现代建筑特色，设计中还吸收美国林肯纪念堂等西方纪念性建筑的长处，建筑的每个部分都寓含深意，匠心独运。该设计曾获全国设计大奖，该项工程也曾被中国建筑协会评为特别鲁班奖。

图27-2　周恩来纪念馆（2008年）　　周恩来纪念馆管理处　供

纪念馆建筑由主馆、副馆和连接牌坊等组成，总建筑面积3265平方米，其中主馆1918平方米、副馆1347平方米。在南北800米长的中轴线上依次建有瞻仰台、纪念馆主馆、附馆、周恩来铜像广场和仿北京中南海西花厅等纪念性建筑。此外，还有岚山诗碑、海棠林、海棠路、樱花路、五龙亭、怀恩亭、西厅观鱼等景点。

纪念馆主馆底部基台呈方梯形，而馆体呈八棱柱体，在庄严中具有动感，基台周围由四根巨大的花岗岩石柱撑起锥形大屋顶，与主馆相呼应的辅馆呈“人”字形展开。主馆分为3层，一层展厅分8个部分，通过丰富翔实的文献史料和珍贵的文物图片以及5台电视显示屏，展现周恩来光辉的一生。二层瞻仰厅置放着周恩来汉白玉坐像，塑像高3.2米，基座高1.5米，展现的是周恩来总理手握长卷，微笑凝视着前方的伟人形象。三层为观景平台，由廊厅和两座高达16米的剑碑组成。

仿西花厅是经中共中央批准，中共江苏省委、省政府纪念周恩来百年诞辰的献礼工程，1997年1月19日奠基开工，1998年3月5日周恩来百年诞辰时建成并对外开放。它和湖对面南边的剑碑、半岛上的纪念馆主馆、周恩来铜像建在同一条中轴线上，建筑面积6000多平方米。仿西花厅的上层是仿制北京西花园的第三进园子的全部建筑，也就是一方四合院。处于最前边的主建筑就是西花厅，也就是北京西花园的主建筑。它是周恩来当年会见外宾、举行重要国事活动的主要场所。后排由西向东依次是周恩来的活动室、办公室、后厅会客室、邓颖超卧室、邓颖超办公室和周恩来卧室；周恩来办公室门前的一小间是当年总理卫士值班室；两边厢房分别为周恩来身边工作人员、周恩来亲属和烈士子女的用房。仿西花厅的下层为临时展厅和办公用房。

独具特色的纪念性建筑，丰富的馆藏文物，优美的馆区环境，规范的管理服务，使周恩来纪念馆成为展示淮安市对外形象的重要窗口，也是江苏省和全国重要的爱国主义教育示范基地和旅游胜地。1995年，该馆被文化部、人事部授予“全国文化系统先进集体”称号。1996年，被国家文物局授予“全国文物系统优秀爱国主义教育基地”称号。1997年，被人事部、国家文物局授予“全国文博系统先进集体”称号。1998年，被中宣部确定并公布为“全国爱国主义教育示范基地”。1999年，被命名为江苏省文明单位。2000年，被命名为江苏省文明风景旅游区示范点。2005年，被国家发改委等6个部委确定为全国百家红色旅游景点景区之一。2006年，周恩来纪念馆成为淮安市首家国家AAAA级旅游景点。2008年5月1日，对社会免费开放。

二、周恩来故居

周恩来故居位于楚州区驸马巷7号，为周恩来曾祖父周光勋与叔曾祖父周光焘于清道光十九年（1839）以260两银子合购。故居有东西相连的两个宅院，系清咸丰至光绪年间所建的青砖瓦木结构平房，共32间，占地面积1960平方米。整个建筑青砖灰瓦，古朴典雅，是典型的苏北民居建筑风格。周恩来12岁之前的童年岁月大多在此度过。东大院有周恩来祖父住房，继母和乳母住房，周恩来诞生地、读书房，周恩来提过水的水井和浇过园的菜地；西大院原为周恩来二祖父住房，后被辟为陈列室，展出照片近200幅，内容分为周恩来童年、家世和故乡、人民的怀念、党和国家领导人题词、周恩来书画苑和周恩来墨迹碑廊。

1979年3月5日，周恩来故居修复，对外开放。1984年12月11日，邓小平题写“周恩来同志故居”匾额。2002年，在邓颖超逝世10周年之际，在周恩来故居北侧新建“邓颖超纪念园”，门匾由全国政协原主席李瑞环题写。

1988年1月，周恩来故居被国务院批准列入第三批全国重点文物保护单位名录。1996年，被国家教委、民政部、文化部、国家文物局、共青团中央、解放军总政治部联合命名为全国中小学爱国主义教育基地。2005年，被国家发改委6个部委确定为“全国百家红色旅游经典景区”之一。2008年2月，周恩来故居获批国家AAAA级旅游景区。同年5月1日，正式对社会免费开放。

三、周恩来童年读书处旧址

周恩来童年读书处旧址位于清河区漕运西路174号，是周恩来童年在清江浦读书、生活时的旧居，为江苏省文物保护单位和爱国主义教育基地。1988年3月5日开放，1997年国务院原总理李鹏题写“周恩来童年读书旧址”匾额。

图27-3 周恩来童年读书处旧址（2006年） 顾树青 摄

清光绪三十年（1904），周恩来随同父母、养母及两个弟弟迁居清江浦。先是寄居在外祖父家，后搬入离外祖父家不远的一处宅院定居、读书，即周恩来童年读书处的前身。周恩来在这里度过5年的童年时光，接受早期的启蒙教育。

1979年，淮阴地区行署按清代建筑式样重修周恩来童年读书旧址。旧址占地面积5170平方米，建筑面积672平方米。原有房屋14间，为明清建筑风格，青砖小瓦。前厅3间，为会客及就餐所用；主堂屋3间，为周恩来父母及弟弟居室；东屋2间，为周恩来和嗣母陈氏居室；西厢房2间，为乳母蒋姜氏居室；东厢房2间，为周恩来书房；嗣母居室南侧为2间厨房。旧址院内还保存着周恩来童年时亲手培植的腊梅，是全国周恩来纪念地中唯一具有自然生命力的遗物。

旧址前的纪念广场有一面汉白玉浮雕墙，浮雕上的周恩来面带微笑，双臂抱在胸前，显得和蔼可亲，背景是用他生前最喜爱的梅花作衬托。浮雕墙高3.4米，宽6.8米，在浮雕人物的左上方还有根据周恩来手迹拼集而成的“为中华之崛起而读书”9个大字。浮雕墙的背面以黑色大理石为底，镌刻着周恩来青年时代创作的著名诗篇《大江歌罢掉头东》。

四、刘老庄八十二烈士陵园

刘老庄八十二烈士陵园位于淮阴区刘老庄乡刘老庄村境内，是江苏省红色旅游景区和爱国主义教育基地。

1943年3月，新四军第3师第7旅第19团第4连82位勇士在淮阴刘老庄战斗中，不畏严重伤亡，浴血奋战，连续打退日伪军5次进攻，最后与敌人展开殊死肉搏，全部壮烈牺牲。此役毙敌170多人，伤300多人。反“扫荡”结束后，第7旅重新组建第4连，并命名该连为“刘老庄连”。当地人民群众将82位烈士遗骨清理并举行公葬，修建“新四军抗战八十二烈士之墓”墓碑，并选送82名优秀子弟补入该连。抗日战争胜利后，华中六分区司令部将82位烈士的牺牲安葬之地辟建为烈士陵园。解放战争初期，国民党军队把烈士陵园炸毁。1955年，淮阴县人民政府重修八十二烈士陵园。

陵园坐北朝南，大门是古典牌楼式建筑，上书“八十二烈士陵园”，两侧是苏皖边区政府原主席李一氓题写的挽联。陵园内建有八十二烈士纪念碑亭和纪念馆。纪念馆第一展厅陈列着烈士遗物和刘老庄战斗的有关资料；第二展厅是关于刘老庄战斗场面的图片；第三展厅是朱德、陈毅赞扬刘老庄战斗的文章节录，以及部队、地方各级机关、社会团体赠送的挽联和纪念活动的图片；底层是淮阴革命斗争史陈列馆。

五、苏皖边区政府旧址

苏皖边区政府旧址位于淮安市区淮海南路30号，旧为盐商住宅。1945年11月1日，苏皖边区政府在淮阴成立。边区政府下辖8个行政区，73个县市（其中江苏50个县市、安徽20个县、河南3个县），人口2500万人，面积10.5万平方公里，是中国共产党领导下的苏中、苏北、淮南、淮北四大解放区的人民民主联合政府。

图 27-4　苏皖边区政府旧址（2007年）　　顾树青　摄

苏皖边区政府旧址存有两个院落，占地面积6100平方米。保存砖木结构、古色古香的平房（其中部分房屋为两层楼房）48间，建筑面积1300平方米。北院26间二层楼房为原边区政府交际处办公地点，后用于边区政府史料陈列及李一氓生平陈列，展出历史照片280余幅，文物文献资料140件，全景再现边区政府当年的历史风貌和丰功伟绩，以及边区政府主席李一氓光辉战斗的一生。院内还有李一氓铜像一尊、李一氓骨灰敬洒处及李一氓亲手设计的六角亭等。南院为4幢平房共22间，为边区政府主席、副主席、秘书长办公室及会议室。

第二节　自然景观

一、铁山寺国家森林公园

铁山寺国家森林公园位于苏皖交界处，距盱眙县城38公里，是江苏省保存最好、面积最大的野生动植物保护区。该公园占地面积70.58平方公里，中心区域35.73平方公里，其中23.73平方公里为次生林海和群山环抱的9平方公里的天泉湖，形成独特的小气候环境。这里繁衍生息着40多种野生动物，170多种鸟类，280多种树木，近1000种植物和800多种中草药，其中绝大多数为南北地域边缘物种，是天然的动植物基因库。

公园内山、林、泉、湖、石、洞自然造化，佳景天成。铁山寺森林度假村集休闲、娱乐、保健于一体。中科院紫金山天文台观测基地设于园中，此外还有天文科普园、侏罗纪乐园、孔雀国际俱乐部、学生素质教育基地。

铁山寺始建于东汉末年，因山得名，是汉族出家的第一人严佛调所建，为其开山之道场。经历代扩建，到明万历年间，寺庙规模达到鼎盛，形成以铁山寺为中心，汪姑寺、清凉寺、龙山寺等14座寺庙群落，僧尼达1000余人。清末，铁山寺被山匪所占，最终毁于战火。2001年启动铁山禅寺修复工程，2002年建成开放。寺内建有大雄宝殿、山门殿、天王殿、东西配殿以及客堂、方丈楼、观音阁和藏经阁等。

二、第一山国家森林公园

第一山位于盱眙县境内，位于淮水南岸，原名南山，因盛产都梁香草，又名都梁山。北宋哲宗绍圣四年（1097），米芾赴任涟水知军，由汴京（今河南省开封市）经汴水南下，一路平川。入淮时，忽见奇秀的南山，诗兴大发，写下“京洛风尘千里还，船头出汴翠屏间。莫论横霍撞星斗，且是东南第一山”诗句，并弃舟登山，欣然手书“第一山”三个大字，南山遂易名“第一山”。

第一山面临千里长淮，背倚九座秀峰，因环境幽雅，历来都是文人学习的好地方。早在汉朝，孔子的后裔孔安国任临淮太守时，就在此创立崇圣书院。第一山国家森林公园里有孔庙、瑞岩观、魁星亭、西域寺等景点。米芾题咏的“盱眙十景”，其中六景在公园内。由于第一山风景宜人、文化积淀丰厚，宋元以来，众多的文人墨客、翰林学士、官府政要都慕名而来，留下大量的碑刻和碑碣。其中，很多诗句题词就刻在第一山摩崖岩壁上。摩崖题刻主要分布在秀岩、瑞岩和西域寺。另有大量的碑碣，主要存放在玻璃泉、淮山堂、翠屏堂、明伦堂。第一山题刻记录宋、元、明、清、民国五代名家及政要的手迹，具有极高的历史文化价值，其正、草、隶、篆、行五体书法石刻艺术堪称国之瑰宝。题刻中有文学家、书画家的手迹，如宋代的苏轼、米芾、蔡元长、刘焘、杨万里，元代的赵孟頫、余阙，明代的李东、吴伯朋、李先芳，清代的张鹏翮、陶澍等。此外，还有大学士、总督、尚书、翰林等官员的手迹。1996年，第一山被评为国家级森林公园。1999年，被确定为省级风景名胜区。

三、钵池山公园

钵池山公园位于淮安市区，占地面积120余公顷，2005年建成，是江苏省第四届园艺博览会会址，也是淮安市最大的综合性公园。

图 27-5　钵池山公园（2007 年）　陈光晰　摄

钵池山公园因山而得名，因水而生灵。园内有钵池山，“盘纾凹曲，形若钵盂”。唐代杜光庭的《洞天福地记》最早记载钵池山被列为道教“七十二福地”之一。钵池山公园在建设时依托钵池山历史传说和钵池（山子湖）水面自然条件，以“一山一水”“一古一今”“一静一动”为基本主题。在风格上，山以道教建筑为基调，水以现代设施为基调。

钵池山公园展示出淮安绿水城市的风韵。园内景点众多，有公园广场上视线焦点的“e时代”雕塑，有寓意城市景观长廊，有让人亲近自然的亲水平台，有高19米、重9吨的老子青铜像等。整个公园湖水清浅，四季花木姹紫嫣红。园内还特设“江苏省十三城市景区”，有南京的“知鱼乐栈”、徐州的“两汉古韵”、连云港的“烟雨云港”、淮安的“蒲风柳月”、南通的“夕石唱晚”等，各景点的布局装饰独具匠心，各具特色，散布于公园各处，将整个公园装点得诗情画意，让人流连忘返。

四、勺湖公园

勺湖公园位于楚州城区西北隅，占地面积10.26公顷，其中水面面积7.6公顷。因湖面弯曲如勺而得名。自东晋以来，这里便建有寺院和佛塔，后又置有勺湖草堂、画舫等建筑，为楚州区著名的游览景点。历史上，勺湖以勺湖胜景、勺湖书院、飘然一叶、金鲤戏波、曲桥钟鸣、霞落樱洲、涧谷流云、梅花春晓、勺堤垂柳等十景著称于世。

今勺湖公园的胜迹有耸立湖滨的文通塔，号称勺湖第一塔，高23米，七级八面，砖砌结构，雄浑古朴。该塔原名敦煌塔，高13层。明崇祯二年（1629）、清道光十八年（1838）重修。公园内有铸于金代天德元年（1149）的大铜钟一口，高1.8米，重1.75吨，上面刻有“极响”“国泰”“民安”等铭文。此外，还有新修复的勺湖书院，珍藏70多方淮安历代珍贵碑刻的碑园以及以樱花出名的樱洲岛，岛上所植樱花是日本前首相田中角荣赠给周恩来总理的。

五、楚秀园

俗称南园，因其景色秀丽、环境幽雅，且淮安旧时属楚，故名楚秀园。楚秀园为综合性公园，位于淮安市区淮海南路的东侧，其北部与慈云禅寺、文庙毗连，占地面积48公顷。

图27-6　楚秀园（2007年）　　市环保局　供

楚秀园原为老清江城外的一片湖泊沼泽地。明崇祯十七年(1644),巡按御史王燮“列兵守清河口,训练水师于清江浦之东湖”,后人因王燮字雷臣,而称东湖为雷湖。明武宗南巡时,曾驾小船在此捕鱼取乐,不慎落水,回京后染病,第二年身亡,留下“跃龙池”的典故。清朝曾在此训练水师。民国时期,曾称为“南园”。1958年,被增辟为公园。1981年,开始建设。1989年10月1日,正式对外开放,为当时淮阴市内最大的公园。1998年10月,建成占地面积3000平方米的正德广场,为楚秀园北大门,门楼上苍秀遒劲的“楚秀园”三个大字出自著名书法家戚庆隆之手。

园内水面开阔多变,地形起伏连绵,景色秀丽雅致,有4大景区10个景点,并设有动物园、月季园和儿童乐园等专题园区,形成园中有园、景中套景的格局。楚秀园建设时利用地形平坦、河塘纵横的特点,取以水为主的布局,形成北有雷湖、南有南湖、西有西湖、中有里湖的贯通回绕水系和湖中有岛、岛内有湖、岛岛相连的格局,并以植物造景,点缀亭台楼榭。

园内景观经过梳理和建设,在“雷湖八景”传说的基础上打造出新的“楚秀八景”:千帆报春、竹影箬虚、雷湖夕照、渔歌断蒲、桃李环春、片月涵川、牧笛斜阳和松楸积雪。八景分布在园内各处,点缀着园内的湖面景观,使得整个园区景观特色更加鲜明。与八景相对应的设施有映帆湾、箬虚亭、夕照廊、渔蒲台、环春榭、月影壁、牧歌园和松楸舍,为游客提供休憩的场所,同时也展现楚秀园的文化底蕴。

六、金湖荷花荡

金湖荷花荡位于金湖县闵桥镇境内,20世纪90年代末被辟为景点。荷花荡地处高邮湖西北侧,总面积22.4平方公里,地理位置偏僻而幽静。湖荡内种植有300多种荷花,基本囊括世界荷花精品。每到夏季,风卷荷叶,绿坡阵阵,荷花出水,清香四溢;湖荡外是烟波浩淼的高邮湖,碧波粼粼,渔帆点点,形成一处绝妙的自然风景区。荷花荡的中心广场,耸立着一尊汉白玉“荷花仙子”雕塑,是整个景区的中心。此外,景区内还有咏荷碑廊、赏荷桥、观荷园、月亭等景点。该景区是集荷藕生产、旅游观光、休闲度假于一体的国家级农业生态风景区。

第三节 人文景观

一、明祖陵

明祖陵位于盱眙县管镇镇,距盱眙县城20公里,是明太祖朱元璋高祖、曾祖的衣冠冢及其祖父的实际葬地。明洪武元年(1368),朱元璋登上皇位后,便追尊他的高祖为玄皇帝,曾祖为恒皇帝,祖父为裕皇帝,父亲为淳皇帝。洪武十九年(1386),朱元璋命皇太子朱标带领文武群臣和工匠,到泗州城北杨家墩修建祖陵。以后陆续增修,历时28年,耗费大量资金,至明永乐十一年(1413)才将其高祖、曾祖、祖父三代的陵墓全部修建成功。至此,杨家墩改称明祖陵。

据史料记载,当年明祖陵建筑规模宏大,气势雄伟,十分壮观。陵墓为长方形,南北走向。有皇城2道,外面土城周长9里30步,里面砖城周长4里10步。城门4座各3间,正殿5间,具服殿6间,红门1座,燎炉1座,棂星门1座,神厨3间,东屋3间,西屋3间,直房18间,斋房3间,库房3间,宰牲亭1所,水金桥1座。从陵西门进去,北到积水亭还有石桥3座。后有神厨、宰牲亭、享殿、配殿。神道两旁,从南往北,并行相对排行着麒麟2对,狮子6对,华表2对,马倌2对,拉马侍者1对,马1对,文臣3对,武将2对,太监2对,共有21对大型石刻。

明祖陵建成后，每年清明时节，朱元璋都要亲自前往祭祖。明朝中叶以后，黄河再次夺淮，尽管朝廷几度筑堤卫陵，但明祖陵还是于清康熙十九年（1680）被洪水淹没，沉入洪泽湖底。

1963年，洪泽湖水位下降，明祖陵遗址逐渐露出水面，遗物零乱地分布在长250米的中轴线上。1982年，明祖陵被列为江苏省重点文物保护单位。1996年，明祖陵被国务院公布为全国重点文物保护单位。

图 27-7　明祖陵风景区（2007 年）　　盱眙县旅游局　供

从1997年开始，明祖陵几经修复，周围筑起长2706米的防洪大堤，其中600米危险区段全部用块石护坡，四周栽上松柏、水杉、梧桐等6万余株树木。新建文物资料陈列室、抽水机站等。尤其是21对高达丈余的大型石刻，全部复位并修整一新，整齐地屹立在神道两旁，恢复当年的风姿。

二、洪泽湖大堤风景区

洪泽湖大堤又称捍淮堰、高家堰，是世界上最古老、规模最大的高坝引水工程之一。北起淮阴区码头镇，南迄洪泽县蒋坝镇，全长67公里，全部用条石人工砌成。大堤始建于东汉建安五年（200），为防淮水东漫成灾，当时的广陵太守陈登从老坝头至武家墩筑土堤15公里。宋代以后，因堤址在名将高怀德后人聚居的高家村一带，故亦称“高家堰”。明永乐年间，平江伯陈瑄在武墩至周桥之间兴工修堤。万历年间，河漕总督潘季驯将大堤延筑至蒋坝，洪泽湖大堤基本建成。从万历八年（1580）起，洪泽湖大堤开始增筑直立条石墙护面，历经明、清两代，使用千斤条石6万多块，且规格统一，筑工精细，展示出中国古代水利建设的高超技艺。

洪泽湖大堤气势磅礴，雄伟壮观，被誉为“水上长城”，蜿蜒曲折有108道弯，有仁、义、礼、智、信5道减水坝。长堤沿线有众多的名胜古迹，如高良涧青龙庵、三国时大将邓艾饮马池遗址、九龙湾、周桥大塘、乾隆御碑、滚水坝、黄罡寺、三河闸等。2006年5月，洪泽湖大堤作为汉代至清代古建筑，以及活态水利工程遗产，被国务院批准为第六批全国重点文物保护单位。

图 27-8　洪泽湖大堤（2005 年）　　缪宜江　摄

三、总督漕运公署遗址

总督漕运公署是明清两代主管全国漕运的唯一机构，遗址位于楚州区城区中心。该遗址为全国重点文物保护单位京杭大运河重要遗存。

总督漕运部院衙署是朝廷派出机构，总督都由朝廷重臣担任。明景泰二年（1451）始设漕运总督于淮安，与总兵、参将同理漕运事宜。明代李三才、史可法，清代施世纶、琦善、穆彰阿、杨殿邦等历史名人均在此担任过漕运总督。漕运总督权力显赫，不但管理漕运，而且还兼巡抚，因此也称“漕抚”。漕运部院机构庞大，文官武将及各种官兵达270多人；下辖储仓、造船厂等，约2万人。

据史料记载，总督漕运部院衙署占地面积约3万平方米，建筑规模宏伟，有房213间、牌坊3座，中曰“重臣经理”，东西分别曰“总共上国”“专制中原”。中轴线上分设大门、二门、大堂、二堂、大观堂、淮河节楼。东侧有官厅、书吏办公处、东林书屋、正值堂、水土祠及一览亭等。西侧有官厅、百录堂、师竹斋、来鹤轩等。大门前有照壁，东西两侧各有一座牌坊。以上建筑皆毁于20世纪40年代，房基、础石仍存。

图 27-9　总督漕运公署遗址公园（2008 年）
楚州区旅游局　供

清末停漕后，漕运总督及各省粮道在清光绪三十年（1904）被裁撤。民国时期，总督漕运部院东侧被辟为人民体育场。1988年，淮阴市政府为漕运衙门重建门厅9间，中间3间面阔11米，门楣置“总督漕运部院”匾额。2002年8月，楚州区于修建市民广场施工中全面揭示明清漕运总督公署遗址。在遗址清理中又发现部分宋、元时期建筑遗存。同年10月，该遗址被江苏省人民政府公布为江苏省文物保护单位。后在原址建设遗址公园，由两部分构成：一为署前广场，恢复仪门、鼓亭等，两侧置石狮，气势威严而壮观；一为督署大堂、二堂、大观楼遗址保护区，以下沉广场之法，周边围以花岗岩雕栏，内植乔木，视觉通透而管理封闭，兼得保护与观瞻之利。2008年，楚州区政府在漕运总督部院遗址北侧建有中国漕运博物馆。

四、淮安府署

淮安府署位于楚州区东门大街北侧，位于总督漕运部院遗址以北。今存府署原为南宋五通庙，元代为沂郯万户府。明洪武元年（1368），知府范中以原淮安路总管府府署（今漕运总督部院处）加以修葺为府署。明洪武三年（1370），淮安知府姚斌以此为基础，加以修建改造，作为淮安府的新府衙，一直沿用至清末。

淮安府署是淮安历史地位的象征和见证，其建制规模宏大，是中国保存较为完好、体量最大的明清府衙。有房屋50余幢、600余间，分东、中、西三路。中路有大堂、二堂、六科用房等；东路为迎宾游宴之所；西路为军捕厅，大门外有石狮、照壁、牌坊等。其正堂高10米，建筑面积超过500平方米，为全国遗存衙署正堂之最。

2004年开始，楚州区政府按照“修旧如故”的原则，对淮安府署进行全面修复。修复后的淮安府署占地面积5万多平方米，建筑古朴典雅、气势恢宏。同时根据历史文献记载，对淮安府署进行原状陈列布展，并通过多媒体、硅胶人像场景等现代手段以及戏剧小品表演等方式，生动再现当年的府衙文化故事。2007年后，又对“六科”用房、仪门、戒石坊等进行修缮。

2002年，淮安府署被列为江苏省文物保护单位。2006年，被列为第六批全国重点文物保护单位。2007年9月29日，对外开放。

五、清晏园

清晏园位于清浦区环城西路和环城南路交汇处，有“江淮第一园”之称，为全国重点文物保护单位京杭大运河遗存点。清晏园是中国治水和漕运史上唯一保存完好的衙署园林，是苏北地区最有代表性的古典园林之一。该园所在地原系明代户部分司署。清康熙十六年（1677）靳辅为河道总督，在原户部分司署旧址设总河行辕，遂“凿池植树，以为行馆，名曰淮园”。清雍正七年（1729）在此设立江南河道总督署，清晏园遂成为河道总督署的官衙园林。清乾隆十五年（1750），河督高斌为迎接乾隆皇帝南巡，于池北建荷芳书院。乾隆皇帝六次南巡，曾多次驻跸于此。之后，园名相继变更为“澹园”“清晏园”“留园”。清道光十三年（1833），河督麟庆对清晏园进行较大规模的整修改造。清咸丰十年（1860），裁撤河督，以漕运总督总管河务，漕督迁驻于此。漕督陈夔龙建紫藤花馆。民国17年（1928），更名为城南公园。民国35年（1946），为纪念叶挺将军，更名为叶挺公园。两年后，复名城南公园。1983年，当地政府对公园进行维修改造，形成山水小院、荷芳书院、黄石深秋（含蔷薇园）、叶园秋唧（含关帝庙）、环漪别墅、梅岭春晓6个景区。1989年，取“河清海晏”之意，定名为清晏园。2008年，淮安市政府在园内的东部复建河道总督署。

图27-10　清晏园（2008年）　　宗　俊　摄

六、大闸口景区

大闸口景区是以清江正闸（俗称大闸）为中心，在方圆1平方公里的范围内，环中洲岛的清江浦楼、慈云禅寺、清江大闸、文庙、清真寺等多处景点的集合体。这里还是国内少见的道教、伊斯兰教、基督教、佛教、儒教“五教汇聚”之地，宗教文化丰富多彩。

清江正闸系明永乐十三年（1415）平江伯陈瑄所建，保存完好，是京杭大运河上现存的唯一古闸。大闸分正闸和越闸，越闸在大闸右前方，正闸闸口宽7.33米，越闸闸口与正闸相当。闸下溜塘深广，是千里运河漕粮运输的咽喉要道。历史上，每当运粮季节，数千艘漕船和10余万漕军“帆樯衔尾，绵亘数里”，蔚为壮观。这里也是舟船难过的险关。清初，诗人吴伟业以“岸束穿流怒，帆迟几日程。石高三板浸，鼓急万夫争”来描述过闸的艰险。清江大闸为全国重点文物保护单位京杭大运河遗存点。

越闸之下，越河与正河之间，以一半岛隔开，成为中洲。中洲岛四面临水，为里运河和越河合抱而成，是开挖越河形成的水中孤岛。2004年，淮安市在此建成中洲公园。文化中心是中洲公园的主体建筑，建筑面积9546平方米。建筑内部通过院落组织空间，以迂回起伏的长廊连通各房间功能，观赏游玩时，蜿蜒曲折，别开生面。建筑形式上采用淮安地方坡屋顶建筑特征，高跨比1∶4，屋顶压脊，“一起三折”，屋顶搭接灵活，种类丰富，主体梁、柱、屋面采用仿古结构，外门窗皆为木结构，室内墙壁刷白，外墙采用小青砖贴面，具有浓郁的明清庭院风格。中洲公园的标志性建筑为2003年仿建的清江浦楼，楼高23米，外五内三层，为明代风格结构。中洲岛上有丰富的常绿落叶乔木、竹类、花灌木等植物，整个小岛充满生机。在绿叶丛中耸立的清江浦楼成为大闸口景区的视觉中心和水陆视线焦点。中洲公园和周边的文庙、慈云寺、若飞桥、越闸、御码头、“南船北马”古碑文、古清真寺等众多名胜古迹，充分展示着淮安的传统水乡风情与文化底蕴，凸显淮安地区在大运河历史文化长廊中的地位。

七、镇淮楼

镇淮楼位于楚州区城区中心，始建于北宋，原为镇江都统司酒楼，明时曾置铜壶刻漏用以报时，有匾曰“谯楼”。后又因其扼于城中，楼下拱门为南北交通要道，故有“南北枢机”之称。清代乾隆年间，因水患不断，人们为震慑淮水，更名为镇淮楼。现存建筑为清光绪七年（1881）十月重建式样，但在原有基础上有所扩大。

图27-11 镇淮楼（2008年） 楚州区旅游局 供

镇淮楼为砖木结构城楼式单体建筑物，坐北面南，底座为砖砌基台，长28米，宽14米，高8米，略呈梯形，坚实稳重。基台正中为拱形门洞，宛如城门。东西两侧为拾级而上的方砖踏步。基台上是两层砖木结构的高楼，面阔三间，楼高18.5米，楼顶为重檐九脊式，四角翘起的龙头，双目圆睁直视，大口吞云吐雾，似有腾飞之势。2002年，镇淮楼被列为江苏省文物保护单位。

八、韩侯故里

韩侯故里位于淮安市区西南郊。韩城古城早已湮没，遗迹仅存东西长约500米、高约4米的土堆，为古城南部旧址。韩城西南3公里的清水墩，即韩母墓，墓高6米多，墩基占地面积2997平方米。

距墓西1.5公里，即秦汉时的淮阴县治码头镇，后人在此建“古楚淮阴”“韩信故里”碑坊。1983年后，为纪念韩信，当地政府重建韩信钓鱼台，在韩信胯下受辱的旧址建起一座拱形青砖牌坊，上书“胯下桥”3个隶书大字。两旁绿树掩映，曲径通幽。

2002年，潘姓商人投资扩建为韩侯故里公园，内有兵仙殿、钓鱼台、胯下桥、漂母岸、千金亭等景点。

九、吴承恩故居

吴承恩故居位于楚州区河下古镇的打铜巷巷尾，为古朴典雅的青砖小院，内有书房等建筑，是江苏省重点文物保护单位。

故居占地面积9876平方米，建筑面积1842平方米。故居布局分为4个院落，由门房、客房、轩厅、书斋等26间房屋和庭院及后花园组成，辅以回环曲幽的抱廊、假山、亭轩舫桥及竹木花卉，是一组体现明代风格的园林式建筑群。

吴承恩故居大门口有一横匾，上书“吴承恩故居”，为中国书法家协会原主席舒同所书。故居前一部分为生活起居区，院墙东西30米，南北100米。内有吴承恩书房2间，吴承恩自己住房3间，堂屋3间，父母住房即吴承恩诞生地，厢房3间，回廊34米。正厅为硬山顶，抬梁式，面阔3间11.8米，进深7檩8米，檐高4米，上悬赵朴初所题“射阳簃”牌匾，下置根据吴承恩头颅骨复制的仿铜半身塑像，并陈列吴承恩撰写的墓志铭、扇面，以及各种版本的《西游记》。1982年，全国首届《西游记》学术研讨会在淮安县召开，吴承恩故居经过修复，正式对外开放。1987年9月，吴承恩故居被公布为淮阴市第一批文物保护单位。2004年，故居东侧新建由著名表演艺术家六小龄童捐建的美猴王世家艺术馆，成为一处新景观。在故居西侧，楚州区政府兴建的吴承恩生平陈列厅，以动漫等手段生动地展示吴承恩的一生，及其创作《西游记》的过程。北侧增辟花园。

十、关天培祠

关天培祠为纪念在鸦片战争中为国捐躯的抗英民族英雄关天培而建，为江苏省文物保护单位。

图27-12　关天培祠（2008年）　　李正林　供

关天培（1781—1841），字仲因，号滋圃。江苏山阳（今楚州区）人。清嘉庆八年（1803），关天培考取武秀才，后从戎行伍，因“年壮技优，晓畅营务”“有干济之才”，得以逐级提升。道光十四年（1834），调任广东水师提督。道光十九年（1839），钦差大臣林则徐到广东禁烟，关天培鼎力相助，配合缉拿烟贩，收缴鸦片。道光二十年（1840），英国发动鸦片战争。在次年2月虎门之战中，关天培在孤立无援的情况下亲临靖远炮台指挥，率部死战，亲燃火炮轰击贼寇，后“身负数十创”血染战袍，壮烈殉国。

道光二十六年（1846），关天培之子遵循其祖母吴太夫人遗嘱，用朝廷所发抚恤金和从家人等处筹借的资金，在山阳县东街建造“关忠节公祠”。进入院门，在松柏、梅花相映下，院内祠堂古朴庄重。主殿为3间清式小屋，青砖小瓦，明窗隔扇。殿门上方有“关忠节公祠”匾额。隔扇门两边有一幅林则徐当年为关天培所写的挽联：“六载固金汤，问何人忽坏长城，孤注空教躬尽瘁；双忠同坎壈，闻异类亦钦伟节，归魂相送面如生。”祠堂正中为一祭台，台上塑有关天培身着朝服的重彩坐像，威风凛凛，栩栩如生。左右各有一亲随，分别手捧兵书和宝剑立于两旁。塑像上方梁上有道光二十一年（1841）御书匾额一块，上书“为国捐躯”四字。祠内还展陈关天培英雄事迹的画像及一些珍贵文物。

十一、梁红玉祠

梁红玉祠位于楚州区城北，是纪念南宋抗金女英雄梁红玉的祠堂，为淮安市文物保护单位。

图 27-13　梁红玉祠（2005 年）　　楚州区旅游局　供

梁红玉生于楚州（今楚州区）北辰坊，北宋后期，与抗金名将韩世忠结为夫妇。韩世忠率军在镇江与10万金兵激战，梁红玉亲执桴鼓，激励士气，身先士卒，指挥战斗，使金兵不能渡江。后随韩世忠率部进驻淮安，在淮安城北筑新城抗击金兵。后人在此为之塑像建庙。因她在家中排行第七，俗称“七奶奶庙”。

梁红玉祠原祠附设在北辰坊火神庙内，明清时多次修建，后毁于兵火，中华人民共和国成立时已破烂不堪。1959年，淮安县政府在原址重新建祠，“文化大革命”中被拆除，1982年又重建。新建的梁红玉祠东西长19.56米，南北宽30.53米，占地面积597.17平方米，庭院四面有围墙，大门朝南，门头上为女书法家萧娴所书“梁红玉祠”四个大字。庭院中遍植松柏花木。庭院北侧为享殿3间，东西长10.5米，南北宽7米，建筑面积73.5平方米，整个建筑仿明代建筑，古色古香。殿中神台上置有高1.7米的梁红玉戎装佩剑塑像，神采飘逸，英姿飒爽。塑像两侧为当代书法家杨修品所书“也是红妆翠袖，然而青史丹心”的对联。

十二、河下古镇

河下古镇位于楚州城区西北隅，古邗沟入淮处的古末口，曾名北辰镇，是淮安历史文化名城的核心保护区之一和国家重点文保单位京杭大运河遗存点。2002年被建设部、文化部确定为全国30家重点保护历史街区之一，为全国重点文物保护单位。这里诞生南宋巾帼英雄梁红玉，明代大文学家吴承恩，抗倭状元沈坤，清乾嘉学派的先驱、经学大师阎若璩，温病学家吴鞠通等历史名人。明清两代，这里出过67名进士、123名举人、12名翰林，有“进士之乡”美誉。

图 27-14　河下老街（2005 年）　　顾树青　摄

明清时期，河下是淮北盐集散地，淮安盐运分司曾驻跸于此。同时，由于清江督造船厂设于清江浦，河下还是漕船零部件配套加工基地。漕运、盐运的兴盛，使河下的繁华臻于鼎盛。河下古镇鼎盛时有“扬州千载繁华景，移至西湖嘴上头”之美誉。据《淮安河下志》记载，河下曾有22条街道、91条巷子、13个市坊以及数十处私家园林和寺庵庙观。由于历史悠久，加之处于南北交往的中心地位，河下形成独特的饮食文化，是淮扬菜的重要发源地之一，著名的菜品有文楼蟹黄汤包、长鱼宴等。清道光时，由于淮北盐的集散中心移至王家营的西坝，漕粮由河运改为海运等原因，河下逐渐衰落。河下古镇保存有许多古街古巷和成片的古民居，主要的人文景点有吴承恩故居、韩侯钓台、漂母祠、梁红玉祠等。

十三、码头古镇

码头古镇位于淮安市区西南，隶属于淮阴区，南临洪泽湖，东与市区毗邻，京杭大运河穿境而过。码头镇历史悠久，人文荟萃。码头镇自古为淮、泗交汇之地，为秦时淮阴县治所，后曾为县、郡、州治所。南宋后，黄、淮、运交汇于此，为江淮平原水陆交通要冲。明清时期，因黄、淮、运的交汇，码头为漕运咽喉，河运治理重点地区。这里有洪泽湖大堤北部石工头，三闸遗址、惠济祠遗址、康熙御坝等4处遗存为国家重点文物保护单位京杭大运河文物遗存点，还有甘罗城遗址、淮阴故城遗址、漂母墓、韩信故里遗址等省、市级文保单位。

码头古镇属暖温带半湿润季风气候，水网密布，生态宜人，旅游资源丰富，加之有2000多年的历史文化积淀，成为江淮间集楚汉文化、运河文化、民俗风情文化及生态农业景观于一体的运河文化名镇、旅游观光重镇。

十四、老子山镇

老子山镇隶属于洪泽县，位于淮河与洪泽湖交汇处，上接江、淮，下连沂、泗诸水，为苏、鲁、豫、皖水上交通枢纽。宁连、宁徐一级公路临镇而过，十老公路贯穿镇区，水陆交通便捷。老子山镇面积300平方公里，其中水域面积占总面积的90%，是江苏省百个名镇之一。

老子山镇历史悠久。相传2500年前，道家始祖李耳曾在此采药炼丹，普救民疾，后人不忘其德行，由此而得名，亦名丹山。老子山镇是道教圣地、温泉之乡、生态家园，旅游资源十分丰富，为洪泽湖旅游的重点地区。该镇有丰富的温泉资源，为国内最好的温泉之一，富含偏硅酸等多种矿物盐成分和锶、硫、硒、氟等20多种微量元素，有理疗、热带鱼养殖、培育室内花卉等多种用途。老子山镇文化底蕴深厚，名胜古迹众多，有安淮寺、无梁殿、老君洞、龟山御码头、巫支祁井等。一年一度的渔民风筝艺术节、安淮寺庙会活动，以及民俗文化内涵丰富的渔民水上运动会，更吸引八方游人。

十五、慈云禅寺

慈云禅寺位于清浦区，前身为慈云庵，始建于明万历四十三年（1615）。寺院大门横匾上的“慈云禅寺”四个大字为中国佛教协会原会长赵朴初所书，大门前映壁上面的“祛邪扶正”四个大字为中国佛教协会原副会长茗山法师所题。

清顺治皇帝慕名召名僧玉琳进京。玉琳进京后，顺治帝对他十分优待，专门将万善殿送给他，让其居住并行佛事。此后，顺治皇帝经常到万善殿向玉琳讨教佛法，有相见恨晚之意。于是特赐玉

图27-15　慈云禅寺（2008年）　　市民宗局　供

琳号“大觉禅师”，后又晋封为“大觉普济能仁国师”。清康熙十四年（1675），玉琳挂单清江浦慈云庵，在此圆寂。雍正十三年（1735），雍正帝以慈云庵为玉琳圆寂之所缘故，诏拨淮关银，悉照京师大丛林规格扩建，改庵为寺。乾隆皇帝南巡时，曾两次到慈云禅寺瞻礼，并钦赐“惠照常圆”匾额悬于大雄宝殿之上。

慈云禅寺鼎盛时，占地面积1.6万平方米，为清江浦六大古寺之首。慈云禅寺历经沧桑，几度兴废。1986年，被列入江苏省重点寺庙名录。1987年，被公布为淮阴市第一批文物保护单位。经大规模的修复改造，修缮一新的慈云禅寺于1994年12月15日对外开放。

十六、文通塔

文通塔原名尊圣塔，位于楚州区古城西北隅的勺湖公园内。其地为隋唐之际的塔基。该塔始建于唐中宗景龙二年（708），高44米，13层。明崇祯二年（1629）重修时，因其旁有文通寺而改名为文通塔，此后又曾多次重修。清康熙八年（1669）郯城大地震时，文通塔遭到破坏，仅余2层，后来重建时只修7层。1982年，文通塔被列为江苏省文物保护单位。

文通塔建筑具有佛教传统特色。全是砖瓦结构，无梁无柱。高23米，七层八角。外形为黄身青檐，是经整修后粉刷的。文通塔5层以上是穹窿式八角形藻井；底层较高，下部砖壁略向里收进，塔身呈抛物线状。顶层有一尊慈祥的观音菩萨端坐于莲花峰上；底部有4尊释伽牟尼塑像，头顶华盖，相背而坐，面朝四方，惟妙惟肖，神采奕奕。

图 27-16 文通塔（2008年）
楚州区旅游局 供

十七、妙通塔

妙通塔位于涟水县城内，始建于宋仁宗天圣元年（1023），内供证因大师舍利子、金棺等物，民国37年（1948）7月毁于战火，2002年9月在原址上重建。塔身为八角形，塔高68.88米，地上7层，地下1层地宫，总建筑面积1719平方米。塔前匾额由中国佛教协会原会长赵朴初题写。

相传宋仁宗出世后夜啼不止，涟水承天寺和尚娄守坚治好他的怪病，被加封为证因大师。仁宗继位后，证因大师圆寂，诏令改涟水承天寺为“能仁教寺”，敕令建妙通塔藏其舍利。能仁寺建有大雄宝殿、卧佛殿、藏经楼、观音阁等，整体建筑雄伟壮观，金碧辉煌。妙通宝塔，七级八面，塔身由砖石砌成，内无寸木支柱，底层留有北门可入内，沿青石阶可登至第四层，再沿梯上至第五层，从第五层到第七层，必须出第五层的门，从塔外一米宽小径绕塔盘旋而上。第六层有门可进塔内，第七层上面是塔顶，顶端是直径约2米的圆平面，平面上放着一个大石墩，可坐2～3人。一般宝塔是不能登上顶端的，而妙通塔却能曲折回旋地“登峰造极”，确是一个奇观。

1998年，涟水县政府在复建能仁寺和清理妙通塔塔基时，意外地发现妙通塔地宫，出土大量国宝级文物，其中有金棺、石椁、合金双层椁、合金圆形骨灰盒、青白瓷舍利小瓶、佛牙舍利等，在国内外引起轰动。

十八、里运河文化长廊

淮安市位于京杭大运河的中段，具有丰厚的运河文化积淀。在长期历史演进过程中，淮安运河两岸形成独具特色的地域文化，保留着大量的古迹遗址。

2001年，中共淮安市委、市政府决定建设从楚州区运南闸群到淮阴区码头镇长达32公里，集文化休闲、旅游娱乐、城市景观于一体的里运河文化长廊。

2006年，淮安市规划局委托东南大学城市规划设计研究院编制完成里运河文化长廊概念规划。里运河文化长廊概念规划西起码头镇，南至淮安水利枢纽，沿线连接周恩来童年读书处、河道总督署花园、清江大闸、周信芳故居、慈云禅寺、板闸关遗址、河下古镇等数十个知名的人文景点，全长32公里，横贯淮安东西。作为里运河文化长廊建设重要组成部分的运河博物馆群建设工程于2007年全面启动，先后建成15座与运河有关的博物馆。这些以里运河为轴心，集中建设的博物馆、纪念馆，是苏北地区乃至全国第一个以运河文化、运河文明为主题的专题博物馆馆群，集艺术性、专业性和观赏性于一体，展现淮安作为全国历史文化名城、运河之都、名人故里、戏曲之乡的独特风采。

至2008年年末，里运河文化长廊旅游区内有3个国家AAAA级旅游景区、7个国家AAA级旅游景区、2个国家AA级旅游景区和1个国家水利风景区。

十九、淮安水利枢纽风景区

淮安水利枢纽风景区位于楚州区城南，距离楚州区城中心3公里，京杭大运河、苏北灌溉总渠及淮河入海水道在此立体交汇。从20世纪50年代开始陆续建设，历时半个世纪。淮安水利枢纽总面积333.4公顷，其中陆地面积113.4公顷，由4座大型电力抽水站、11座涵闸、4座船闸、5座水电站共30余座水工建筑物组成，有亚洲最大的水上立交。这里既是南水北调东线工程输水干线的节点，又是淮河东流入海的控制点，具有泄洪、排涝、灌溉、南水北调、发电、航运等综合功能。淮安水利枢纽壮观奇特，气势宏伟，工程数量多、密度大、种类全、功能复杂，水文化丰厚，国内罕见，堪称水利工程博物馆，是中华人民共和国成立后治淮成就的缩影和真实写照。

淮安水利枢纽风景区景色秀丽，花木葱茏，曲廊迂回，水鸟翻飞，行船如织，与周恩来纪念馆等人文景观遥相呼应，是淮安旅游的重要组成部分。2004年7月，淮安水利枢纽被水利部命名为国家水利风景区。

二十、三河闸水利风景区

三河闸水利风景区位于洪泽县境内，主要包括三河闸、鹤鹭自然保护区、月亮湖、洪泽湖水利碑廊、洪泽湖镇水铁牛等自然、人文景观。

三河闸位于三河闸水利风景区中部，建在洪泽县蒋坝镇洪泽湖东岸三河入口处。它是中国自行设计、施工的大型水利工程，是淮河流域第一大闸。三河闸址在清代曾建有礼字坝，为高家堰五座减水坝之一。因坝下原有三道泄水引河，“三河”即由此得名。

鹤鹭自然保护区位于三河闸水利风景区的西侧，有一片10余公顷的乔木林，大鸨、白鹭、灰鹭等十几种国家级一、二类保护鸟类聚集于此，并在此繁殖，逐渐形成鸟类自然保护区。月亮湖位于三河闸水利风景区的南侧，为一个面积达26.67公顷的深水湖，因形状酷似月牙而得名。清咸丰元年（1851），洪水决礼字坝被冲成深潭，后封闭形成湖泊。

2003年，三河闸水利风景区被水利部授予“国家水利风景区”称号。2008年，淮安市文物部门在对文物点复查时，结合第三次文物普查不可移动文物标准，认定三河闸符合新标准条件，是20世纪50年代初中华人民共和国为治理淮河兴建的第一座大型水利工程建筑物，为近现代代表性建筑。

2008年淮安市主要旅游景区景点名录表

表27-1

名称	地址
周恩来纪念馆	楚州区桃花垠
周恩来故居	楚州区驸马巷7号
吴承恩故居	楚州区河下打铜巷12号
铁山寺国家森林公园	盱眙县西南丘陵山区
明祖陵	盱眙县明祖陵镇
黄花塘新四军军部旧址	盱眙县黄花塘镇
新安旅行团革命历史陈列馆	楚州区新安小学内
苏皖边区政府旧址	清浦区淮海南路30号
楚秀园	清浦区淮海南路东侧
清晏园	清浦区人民南路92号
钵池山公园	清河区和平东路8号
韩侯文化旅游区	淮阴区码头镇
第一山风景区	盱眙县淮河北路第一山公园
金湖荷花荡	金湖县闵桥镇
古黄河生态民俗园	清河区健康西路188号
苏北野生动物园（樱花园）	淮阴区承德路黄河大桥北首
五岛公园	涟水县公园路11号
八仙台风景区	盱眙县穆店乡
周恩来童年读书处	清河区河北西路175号
动物园	清浦区新民东路42号
镇淮楼	楚州区镇淮楼东路1号
关天培祠	楚州区县东街35号
梁红玉祠	楚州区新城西长街30号
勺湖公园	楚州区西门大街68号
韩侯祠	楚州区镇淮楼东路35号
绿草荡生态旅游景区	楚州区流均镇
萧湖公园	楚州区古枚里街
洪泽湖旅游度假村	洪泽县滨湖路148号
洪泽湖浴场	洪泽县滨湖路2号
都梁公园	盱眙县淮河东路
三河滩公园	金湖县城区

续表27-1

名称	地址
嵇圩林场生态区（万亩水杉林）	金湖县涂沟镇唐港村
白马湖度假村	金湖县前锋镇白马村
翠湖园	金湖县城区
刘老庄八十二烈士陵园	淮阴区刘老庄乡

第四章　旅游服务

第一节　旅行社

一、概况

1978年后，淮阴地区开始出现从事国际、国内旅游业务的旅行社，并从仅组织外地游客游览风景名胜的导游服务，逐步发展成为旅游者在当地和赴外地游览提供接送、导游、安排食宿、代办交通票务等综合配套服务。

随着对外开放的深入，淮安县在淮阴地区最早出现从事国际旅游业务的旅行社。1979年1月，中国国际旅行社淮安支社、淮安县中国旅行社成立，为中国国际旅行社分支机构，两社合署办公专门从事国际旅游业务。该旅行社成立后，统一包办到淮阴地区海外旅游者在当地的住宿、就餐和市内交通等，即由旅行社出客情通知单给饭店和车队，饭店和车队按通知单要求安排客房、餐厅（伙食）、车辆等，由旅行社统一结算费用。少数零星散客旅游者（主要是华侨）自己到饭店投宿的，也由旅行社在饭店设立机构或代表帮助办理。这一状况一直延续到20世纪80年代初期。之后，随着国际旅游业的发展，海外旅游者（包括团队）逐步可自订饭店，自要出租车辆。旅游饭店和旅游汽车公司也开始自己招徕接待海外旅游者住宿、用车。但大多数旅游者，特别是旅游团队，仍由旅行社代为安排食宿和市内交通。除在住宿的饭店、宾馆用餐外，旅行社亦可根据客情，安排旅游团队到旅游餐馆用餐。淮阴市从事国际旅游接待业务的旅行社在地陪导游服务的形式、内容方面也逐步改进和发展，逐渐进入规范化服务轨道。在旅游汽车内使用话筒为旅游者介绍当地历史掌故、街道市容及主要风景名胜，在旅游景区、景点用导游旗引导带队，用电扩音器为旅游者进行讲解、介绍等。

1988年2月，江苏省运河航运公司京杭旅行社成立，为淮阴市首家专门从事国内旅游业务的旅行社。随着国内旅游的快速发展，从事国内旅游业的旅行社即开始为游客提供代售交通票务、代运行李等服务，为旅游者提供很大的方便。随着旅游价格的不断放开，淮阴市旅行社在执行国家统一的旅游价格政策同时，开始制定自己的旅游团队价格。从事国内旅游业务的三类旅行社在组织国内游客时，也开始实行团队包价的办法，主要是以每人次为单位定出收费价格，零星销售，满额即为1个旅游团队。此外，也有团队包车、包团的，收费要略低于零星组织的团队。

20世纪90年代，淮阴市从事国际、国内旅游业务的旅行社在接待服务项目和内容上有较大发展，能为中外游客提供导游、安排游程、食宿、交通、代售票务、代运行李、安排文娱活动、品尝地方风味及国际快件传递等多种服务项目。1992年以后，淮阴市的国内旅游也逐步发展起来，从事国内旅游业务的旅行社能为国内游客提供交通汽车、代购游览门票、导游介绍等服务项目，并逐渐发展到派导游带团赴外地进行旅游服务。

1997年以前，淮阴市的旅行社主要为机关企事业单位所办，个人承办的旅行社数量极少，全市旅行社数量增长缓慢。1998年，淮阴市新增6家旅行社，旅行社年接待游客4.78万人次，组团2.34万人次。

2000年以后，随着经济社会发展水平的提高，市民旅游意识开始觉醒，旅游业扶持政策陆续出台，旅游业发展得到重视，淮安市旅行社发展进入井喷期。2000年，全市有国内旅行社19家。2001年，全市新增旅行社11家。2002年，全市有国内旅行社31家，比1997年增加26家。2003年，全市有国内旅行社34家，其中当年新批旅行社7家。2004年，淮安师苑旅行社被国家旅游局批准为国际旅行社，为全市首家。至2004年年末，全市有旅行社39家，其中国际旅行社1家、国内旅行社38家。2005年，全市新增旅行社7家，共有旅行社46家，其中国际旅行社1家、国内旅行社45家。

此后，淮安市的旅行社随着旅游业的快速发展，数量不断增加，服务功能日趋完善，进入高速发展期。2006年，淮安市旅游局组织制定《国内旅行社达标建设标准》，对国内旅行社的人员资质、营业场所、设施设备等作出明确规定。同年11月18日，周恩来纪念馆管理部门创办的洲际旅行社成立，这是淮安市第一家由景点管理部门创办的旅行社，也是全国周恩来纪念景区（点）第一家自办旅行社。至当年年末，全市新增旅行社27家，淮安师苑国际旅行社有限公司被国家旅游局批准为出境旅游组团社。2007年，全市新增旅行社11家。至2008年年末，淮安市有旅行社78家，其中国际旅行社1家、国内旅行社77家，持证导游2000多人，全市90%以上的旅行社营业面积、办公面积、办公设备、正式签约工作人员都达到旅游管理部门规定要求。

二、淮安市部分旅行社简介

（一）中国国旅（江苏）国际旅行社有限公司淮安分公司

该社为中国国际旅行社分支机构，原址位于楚州区西长街101号，中国国际旅行社淮安支社、淮安县中国旅行社两社合署办公，是承办赴淮安县（今楚州区）的外国旅游者、华侨、中国港澳台旅游者接待导游等业务的二类旅行社。两社成立于1979年1月。1992年之前，隶属于县级淮安市旅游主管部门领导。1992年起，县级淮安市中国旅行社逐步划归县级淮安市外事侨务办公室管辖。1992年5月以后，按照上级部门要求，中国国际旅行社分支社统一更名，由原来的中国国际旅行社淮安分（支）社更名为淮安中国国际旅行社。至1992年年末，该社有职工8人，其中从事英、日语种翻译导游3人。该社下设旅游部、服务部、经营部，有大、中、小型旅游汽车6辆。累计接待海外旅游者约680人，营业收入9.8万元外汇人民币，利润1.4万元，创汇2万元外汇人民币。随着经营业务的不断扩展，该社后搬入淮安市区经营，更名为中国国旅（江苏）国际旅行社有限公司淮安分公司。至2008年年末，该公司经营入境旅游、国内旅游、出境旅游、国际国内航空客票销售、火车票和公路客票销售、商务会展、出国签证服务等多项业务。

（二）淮安京杭旅行社

该社成立于1988年2月，原名江苏省运河航运公司京杭旅行社，原址位于市区楚秀园广场，

1992年更名为淮阴京杭旅行社，成为经济独立核算单位。该社是淮安市以接待国内旅游者为主的最早的一家三类旅行社，隶属于江苏省港航集团运河公司。该社为淮安市旅行社行业培养大批经营管理人才，拥有多名淮安市优秀导游。至2008年年末，该社为淮阴师范学院旅游管理专业实习基地和江苏食品学院实训就业基地，下设计调部、组团部、散客部、地接部、票务部。

（三）淮安师苑国际旅行社

淮安师苑国际旅行社成立于2001年，是淮阴师范学院为配合新设的旅游管理本科专业投资设立的国有独资企业。成立之初，该社仅有经营国内旅游资质。2004年，经国家旅游局批准，该旅行社由国内旅行社升格为全市唯一一家国际旅行社。2006年，再次升格为淮安市唯一的出境旅游组团社。2008年，淮安师苑国际旅行社完成部分股权改制，由淮阴师范学院下属单位法人和自然人组成新的企业股东。淮安师苑国际旅行社注册资本150万元，上缴旅游质量保证金140万元。同年，该社承办由淮安市旅游局主办的淮安旅游集散中心、淮安旅游咨询中心和淮安旅游呼叫中心。至2008年年末，该旅行社依法设立并登记的营业网点有6个，公司总部及所辖网点营业用房总面积620平方米；员工52人，其中领队8人、导游29人。

淮安师苑国际旅行社成立后，获得江苏省文明办、江苏省旅游局、江苏省消费者协会和淮安市人民政府、淮安市旅游局等表彰和奖励20多项，有30多名员工获得省、市“优秀导游员”“劳动模范”等称号，是淮安市获奖种类最全、获奖等级最高、获奖人数最多的旅行社。

2008年淮安市部分旅行社名录表

表27-2

名称	地址
淮安师苑国际旅行社	清河区交通路71号
淮安旅行社	清河区淮海北路121号
淮安鹏腾旅行社	清河区北京北路83号
淮安中青旅有限公司	清河区交通路27号
楚天旅行社	清河区大治路5号
凯迪旅行社	清河区大治路10-4号
春秋旅行社	清河区淮海北路70号
天马旅行社	清河区淮海北路80号
风情假日旅行社	清河区淮海花园中岛步行街30号
外侨旅行社	清河区淮海北路121号
九州旅行社	清河区健康西路130号文广新局二楼
阳光旅行社	清河区利苑新村3区7幢107室
神舟旅行社	清河区黄河路14号
光大旅行社	清河区淮海花园曙光北路7号
海盛旅行社	清河区淮海南路30-5号
舜天旅行社	清河区健康西路37号
运河之都旅行社	清河区丁香路6号
蓝天旅行社	清河区淮海花园63-30号

续表 27-2

名称	地址
新世纪旅行社	清河区淮海北路131号
新天地旅行社	清河区淮海北路75号
新职工旅行社	清河区淮海南路123号
翔宇旅行社	清浦区楚秀园北大门公交门面房
康辉旅行社	楚州区兴文街西首
曙光旅行社	楚州区南门涧河北街58-7号
环宇旅行社	楚州区韩信路79号
源之旅旅行社	楚州区韩信南路67号
瑞航旅行社	楚州区东门大街130号
金色假期旅行社	楚州区西大门街85号
涟水青年旅行社	涟水县安东南路2号
涟水交通旅行社	涟水县涟城常青路77号
涟水县好风光旅行社	涟水县老干部局一楼
江苏省洪泽湖旅行社	洪泽县城人民路11号
洪泽湖金色假日旅行社	洪泽县人民路3号
洪泽光大旅行社	洪泽县人民路11号
盱眙旅行社	盱眙县盱城淮河东路19号
盱眙县山水旅行社	盱眙县斩龙涧总工会院内
盱眙金阳光旅行社	盱眙县玫瑰园大酒店二楼
盱眙县都梁旅行社	盱眙县淮河东路45号
盱眙交通旅行社	盱眙县淮河东路83号
新马旅行社	盱眙县都梁北路18号
金湖阳光假日旅行社	金湖县健康路38号
金湖金港旅行社	金湖县建设路47号
金湖金盛旅行社	金湖县健康西路39号
金湖县金鹏旅行社	金湖县建设路33号
金湖县平安旅行社	金湖县建设西路90号
金湖山水旅行社	金湖县衡阳路果园商贸楼6号

第二节　旅游饭店

一、概况

淮安市位于中国南北地理分界线上，淮河与大运河交汇处，为南北商旅集散地，驿站、客栈的历史由来已久，并随着运河漕运的命运几度兴衰。1978年后，随着对外经济交往的扩大、招商引资工作的深入和旅游业发展，淮安市的旅游饭店数量不断增加，档次和服务质量不断提高。

淮安市的旅游饭店业起步较晚，旅游饭店大都是从老饭店或者招待所的基础上发展起来的。1980年以前，淮阴地区的旅游饭店在接待自费海外旅游者和邀请外宾时，均由负责接待的旅行社及机关团体等直接划拨房费、餐费、车费等各项费用，属于行政指令性价格，没有自主价格。同时，在接待内宾和会议时，一般按照国家和省、市财政部门统一规定的收费标准收取房费、餐费、车费等，标准很低。无论接待外宾还是内宾，所收费用根本不与实际支出成本挂钩，亏损差额部分均由外事经费或地方财政补贴，纯属行政招待性质。

1980年之后，旅游部门对直属旅游饭店实行事业单位企业管理，全市旅游饭店开始自负盈亏。为改变亏损状况，旅游饭店除海外旅游者和邀请外宾的房费、餐费仍按规定标准收取外，开始根据成本、费用实际消耗情况，制定房费和餐费标准，并扩大对外经营，加强管理。与此同时，市旅游、物价部门也加强对旅游企业自定价格的管理，规定饭店房价等级标准和餐饮毛利幅度等。房价标准由省物价局统一核定审批。市、县（区）物价、旅游部门负责检查管理。审定的旅游饭店房价一般为平季零售价，淡旺季可按一定比例上下浮动。同时，对旅游团队和内宾，饭店还可以零售价为基础，定出团队价和内宾价。这一时期，淮阴市旅游饭店经营管理不断借鉴采用国际先进经验和办法，由原来的行政招待型逐步转向经营服务型。

20世纪80年代，淮阴市兴建和改造一批涉外旅游饭店，扩大饭店规模，提高饭店档次，服务设施项目也不断完善。1981年5月，淮安县外事办公室在城北友谊路新建成苏北地区第一家县级涉外旅游饭店——淮安宾馆。1986年，淮阴市外事办公室在市政府第一招待所内新建主楼，并将招待所更名为淮阴宾馆。一些旅游饭店兴建和改造舞厅、弹子房、麻将室、卡拉OK厅、游泳池、健身房等娱乐设施，为旅游者提供食宿娱乐以及商务、购物等综合配套服务。此外，在重要景区景点以及商业闹市区，淮阴市新建、扩建和改造一批为旅游者提供就餐、品尝地方风味的旅游餐馆。1988年起，省旅游局制定涉外旅游饭店设施和服务标准要求，开始对涉外旅游饭店和旅游餐馆实行行业定点管理。淮阴市严格按照统一的饭店客房标准和餐厅服务规格标准执行。1989年起，根据国家旅游局的规定，市旅游管理部门开始对市内旅游饭店评定星级。至20世纪80年代末，随着国内旅游业发展，需在市内过夜住宿的游客大量增加，由于消费水平偏低，国内游客大多住宿在社会旅馆和一些机关、企业内部招待所。从事国内旅游业务的旅行社以及交通、商业等部门也逐步附设开办一批以接待国内游客为主的饭店（旅馆、招待所）。这一时期，淮阴市旅游饭店数量较少，档次不高，且多为国营，发展缓慢。

20世纪90年代开始，在政府引导和宣传鼓励下，民营资本开始进入旅游业，全市旅游饭店数量快速增加。淮阴市旅游局多次牵头主办全市涉外饭店、招待所岗位服务技术操作比赛。1992年7月，江苏省旅游局、江苏省财贸工会在淮阴市举办“1992中国友好观光年江苏旅游饭店职工服务技能竞赛”。至1992年年末，淮阴市区、县级淮安市各有旅游饭店1家。1993年8月1日，淮阴市流通领域第一家股份制试点企业——楚天宾馆有限公司正式挂牌。1994年11月31日，淮阴宾馆举行三星级饭店挂牌仪式，为全市首家。至1994年年末，全市有三星级饭店1家、二星级饭店2家，涉外饭店5家。1995年，全市有淮阴宾馆1家三星级饭店，淮安宾馆、西园饭店、金湖宾馆、盱眙金谷园饭店4家二星级饭店，淮海大酒店、楚天宾馆2家涉外饭店。同年6月1—9日，由淮阴市旅游局牵头，淮阴宾馆、淮安宾馆、西园饭店、洪泽天鹅湖宾馆4家酒店负责人组成淮阴市宾馆赴香港考察团在香港参加国家旅游局举办的1995年国际旅游商品博览会。1996年，淮阴市新增淮阴县招待所、涟水宾馆、邮电宾馆3家旅游定点饭店。1997年，全市新增涉外饭店2家、三星级饭店1家，新批市旅游定点饭店5家，旅游饭店接待游客26.13万人次。1998年，全市新增二星级饭店3家，旅游饭店创收1.2亿元。在省烹饪协会等单位举办的全省第三届烹饪大赛中，淮阴宾馆获得4枚金牌、3枚银牌，夺得团体金牌。在省旅游局主办的江苏省首届旅游星级饭店名厨名菜（点）交流展示会上，淮阴宾馆副厨师长汪卫星获得最高荣誉“五星名厨”称号。淮阴市参展的18道菜分别获得“最佳传统菜”“最佳创新菜”“优秀传统菜”“优秀创新菜”称号。至1999年年末，淮阴市新增12家旅游饭店，其中二星级饭店6家、一星级饭店3家、旅游定点饭店3家，全市有旅游饭店33家。全市旅游饭店接待国内外游客41.4万人次，实现利税814万元。

从2000年开始，根据国家旅游局《关于进一步加快饭店星级评定工作的通知》精神，淮阴市旅游管理部门开始重视发展和扶持旅游星级饭店。2000年12月12日，淮阴宾馆升为全市首家四星级旅游涉外饭店。至2000年年末，全市有37家旅游饭店，接待国内游客46.4万人次，创收1.99亿元，利税923万元。2001年，全市新增旅游涉外饭店1家、星级饭店6家，升级旅游星级饭店3家，旅游饭店接待游客49.4万人次，创收1.38亿元。自2002年淮安市举办淮扬菜美食文化节后，全市餐饮业规模快速增长，旅游饭店产业进一步做大做强。2002年，市旅游局牵头成立淮安市旅游饭店协会。当年还举办淮扬菜烹饪大赛，有来自全国各地的42支代表队、288名选手参加，其中有在北京、天津等地经营淮扬菜的著名饭店，28家宾馆、饭店被授予“淮扬菜名店”称号。至2002年年末，全市有旅游饭店49家，比1997年增加31家。2003年，全市新批四星级饭店1家、三星级饭店1家、二星级饭店2家、旅游定点饭店3家，有旅游星级饭店40家。2004年，全市新增旅游饭店4家，有旅游饭店60家，其中四星级饭店2家、三星级饭店10家，旅游饭店行业实现营业收入2.25亿元。同年8月26日，市旅游局在淮阴宾馆举办淮安市首届旅游饭店“茉莉花杯”服务技能大赛，全市31家旅游饭店的260名选手参加。至2005年年末，淮安市新增旅游饭店5家，有旅游星级饭店40家，其中四星级饭店2家、三星级饭店11家，旅游涉外星级饭店客房发展到2700余间，拥有宾馆、饭店、旅馆、招待所近1300家，旅游接待条件和能力、旅游饭店的经济效益均有较大提高。

2006年，市政府出台《淮安市旅游业发展奖励暂行办法》，提出对兴办和创建高星级饭店予以奖励。在抓好旅游饭店建设的同时，淮安市旅游管理部门还引导和发展穆斯林餐馆、西餐馆等特色餐馆，并兴建淮安美食一条街，彰显旅游餐饮特色。至2006年年末，全市新增旅游饭店5家，有超过20家旅游饭店被中国烹饪协会、江苏省经贸委、淮安市政府分别命名为“中华餐饮名店”“江苏餐饮名店”“淮扬菜名店”。2007年，全市新增旅游饭店5家。至2008年年末，淮安市有旅游星级饭店35家，其中四星级饭店4家、三星级饭店17家、二星级饭店14家，基本形成以星级饭店为主、社会饭店为补充的较为合理的旅游饭店行业结构。

二、旅游饭店选介

（一）淮安迎宾馆

淮安迎宾馆位于清河区淮海北路121号，地理位置优越，交通便利。该宾馆始建于1949年。20世纪50年代，由淮阴公署行政科管辖，当时有3幢楼。1983年，淮阴建市时改为淮阴市第一招待所。1985年6月，改名为淮阴宾馆，隶属于市政府外事办公室，正式对外开放。至1992年年末，淮阴宾馆有楼房3幢，客房146间，总餐位800个，职工210人。1994年，成为全市首家三星级宾馆。1999年10月建成的新世纪广场占地面积2万平方米，是江苏省旅游饭店中最大的庭院广场。2008年1月，该宾馆进行局部重新装修，主楼高9层，附楼高4层。淮安迎宾馆占地面积10.7万平方米，拥有风格各异的客房230间（套），餐位1000余个，多功能会议室10余个，能为宾客提供温馨、舒适的客房、餐饮、商务、会议、休闲等服务。该宾馆为花园式宾馆，馆内花木扶疏，绿草如茵，体现中国庭院式风格的建筑群古朴典雅、错落有致。

（二）淮安神旺大酒店

淮安神旺大酒店位于清河区翔宇大道156号，位置优越，交通方便。该酒店是由台湾旺旺集团独资打造的豪华商务酒店，于2008年10月14日开业。该酒店楼高22层，拥有标房和特色套房共387间（套），标间单间面积30平方米，房内设施先进齐全，提供迷你小零食和饮料以及宽带上网服务。餐厅装潢采用现代中国风格设计，提供中西荟萃各式经典美食，主打潮州菜、台湾料理及淮扬菜，烹饪手法具有岭南及淮扬地方特色。

（三）江苏淮安宾馆

江苏淮安宾馆位于楚州区友谊路2号，于1979年动工建设，1981年5月1日建成营业，是四星级旅游饭店。淮安宾馆东接周恩来纪念馆，南濒勺湖公园，西依萧湖公园，北眺吴承恩故居。淮安宾馆建筑风格古朴典雅，馆内亭台楼阁、小桥流水，绿化面积占总面积60%以上。该宾馆初建时有一幢主楼和一幢别墅式建筑，1985年又增建一幢客房楼。1992年，淮安宾馆有客房67间，总餐位300个，接待海内外宾客35493人次，营业收入330万元，利税12万元，创汇2万元外汇人民币。至2008年年末，该宾馆拥有客房180余间，总统套房别墅1幢、豪华套房别墅2幢，宴会大厅、中小餐厅可同时容纳1000多人就餐。会议中心有先进的投影设备，可举行大型电视电话会议。娱乐项目有桑拿洗浴、室内游泳馆、KTV、棋牌室等。

淮安宾馆以纯正淮扬菜肴闻名，是江苏餐饮名店、淮扬菜名店。其中，“软兜长鱼”“虾米扒蒲菜”被国内贸易部评为中国名菜；“长鱼宴”获江苏省烹饪大赛金奖，并获“江苏名宴”称号。2007年，该宾馆厨师在江苏省第五届烹饪技术比赛中获得7块金牌、1块银牌。2008年，该宾馆厨师在全国第六届烹饪技术比赛中获3块金牌、2块银牌。

（四）梅园宾馆

梅园宾馆位于淮安市区健康西路37号，地理位置优越，交通条件便利。该宾馆于1999年7月28日开业，因缅怀周恩来总理而得名，为三星级标准的旅游涉外饭店。

梅园宾馆内的建筑小巧玲珑，古朴典雅，具有江南庭院的风格。该宾馆拥有标间客房44间、商务大床间5间、普通套间2间、豪华套间1间，并有会议室及多功能厅5个。宾馆内有中央空调、数字电视、国际直播电话、免费光纤上网、免费图书阅读、茶吧等设施。宾馆内设大小餐厅20个，菜肴以淮扬风味为主，兼集众家之长，可容纳500人同时用餐。

梅园宾馆曾获得“淮扬菜名店”“十大经典淮扬菜名店”“优秀旅游星级饭店”“淮安市价格诚信单位”等称号。

（五）淮扬府·淮安金蝶苑宾馆

淮扬府·淮安金蝶苑宾馆位于江苏第四届园博会主会场——钵池山公园内。该宾馆建筑面积7000多平方米，是集餐饮、客房、多功能会议中心、商务中心、棋牌室、美容美发、足疗馆、商场、茶社、咖啡馆、室外游泳池、垂钓中心、游船中心等于一体的设施较为完备的综合性宾馆。

金蝶苑宾馆于2005年开业，2006—2008年连续被中国烹饪协会评为中华餐饮名店；2007—2008年，获得淮安市旅游发展委员会四星级旅游饭店奖励；2008年，被淮安市旅游饭店协会授予“淮安市旅游星级饭店先进集体”称号。

（六）淮阴宾馆

淮阴宾馆始建于1952年，原为淮阴县人民政府招待所。2003年5月，改制为民营企业，隶属于淮安市民生实业有限公司。淮阴宾馆于2001年被批准为三星级旅游涉外饭店，是淮阴区首家三星级旅游涉外饭店。淮阴宾馆占地面积2万多平方米，总建筑面积2万多平方米，环境优雅，景色优美，是集饮食、住宿、会议、洗浴、休闲娱乐于一体的综合性宾馆。该宾馆餐厅能容纳1000多人，设有不同风格的豪华宴会小厅26个、多功能宴会大厅4个。客房部拥有豪华套房、豪华单间、标准间近100间，还拥有4个不同规模的会议室。

2004年9月，淮阴宾馆组织承办淮安市首届"茉莉花杯"服务技能大赛。该宾馆取得团体金奖以及客房服务第一名、餐饮服务第一名、总台服务第二名、服装礼仪展示第一名的成绩。

淮阴宾馆连续多年被评为市级文明单位和旅游工作先进集体，多次参加中国淮安·淮扬菜美食文化节餐饮竞赛展示，并获多项荣誉。2003年，被中共淮安市委、市政府授予"淮扬菜名店"称号，获省"绿色环保宾馆"、省级"巾帼示范岗"称号。2004年，被市卫生局授予全市餐饮业首批"餐饮等级A级单位"。2006年，获"江苏餐饮名店"称号。2007年，获"江苏省餐饮计量诚信单位"称号、江苏省第五届"贺盛杯"宴席特等奖团体金奖、"淮安市餐饮名店"称号。2008年，被授予"银叶级绿色旅游饭店""最值得向全球华人推荐的十佳淮扬菜名店""江苏省放心消费创建活动先进单位""淮安市最佳旅游星级饭店"等称号。

（七）涟水宾馆

涟水宾馆位于涟水县安东南路1号。前身为涟水县政府招待所，为涟水县档次较高的宾馆之一，主要承接县委、县政府重要公务活动以及县内大型商务活动。1999年，成为涟水县首家涉外三星级旅游饭店。2003年改制后改名为涟水宾馆。涟水宾馆提供餐饮、洗浴、百货一体化经营服务，其硬件设施在全县一直保持较高水平。

（八）洪泽湖国际大酒店

洪泽湖国际大酒店位于洪泽县瑞特大道28号，是洪泽县城唯一一家按四星级标准建造的酒店，环境优雅，设施齐全，交通便捷。该酒店于2008年9月19日开业，楼高9层，有客房148间（套），标间单间面积38平方米。洪泽湖国际大酒店由专业管理公司管理，其菜肴以淮扬菜系为主，配合洪泽水乡特色美食。

（九）盱眙泗州君悦饭店

盱眙泗州君悦饭店位于盱眙县淮河风光带。2006年8月，由江苏鹏盛集团投资2.3亿元兴建。该酒店占地面积4000平方米，建筑面积3.5万平方米，主楼23层，副楼为33层公寓，集酒店、桑拿、商务办公、会议中心、度假、观景、娱乐、休闲于一体。该店实行全电子自动化管理，设有标准房、豪华房和贵宾房300余间，每间客房均配备国内国际长途电话、自动控制器、ADSL宽带网、数字电视及饭店内部点播台等。会务中心面积1000多平方米，能满足各种会务、商务需求。餐厅分为中餐厅、西餐厅，可承办各种宴席，能容纳1000余人同时就餐。饭店门前建有泗州广场，设有林荫停车场、地下停车场，停车泊位500个。该饭店于2008年6月营业，当年营业额1000余万元。

（十）金湖迎宾馆

金湖迎宾馆前身为金湖县政府招待所，始建于1964年，位于县城建设路113号。1997年重建后，定名为金湖宾馆。1998年，被评为三星级旅游涉外饭店，为金湖县首家。2000年，改制为民营企业，更名为金湖迎宾馆。该宾馆占地面积1.78公顷，建筑面积1.32万平方米，是一家县内位置最优、容量最大、设施最好、功能最全，集餐饮、住宿、商务、休闲为一体的综合型酒店。该宾馆有普通客房、标准客房和豪华套房178间（套），其中标准间130间（套）、豪华套间5套；有中央空调系统、闭路电视、音乐视听、程控电话、自动消防报警系统、高级卫生洁具等，有欧式、日式、中式等风格各异的小餐厅18个，有10桌、20桌、30桌、50桌的大小餐厅各1个，还有宴会厅、零点餐厅等，可供1000余人同时就餐，由特二级厨师主厨，提供淮扬、川、粤系菜肴及西式菜点服务。

服务设施有大小会议室4个，大会议室可容纳500人开会；设有停车场、购物中心、酒吧、卡拉OK歌舞厅、美容厅、棋牌室、健身房、医务室等，可提供传真、复印、打印、会场出租、代客留言等服务。入住者可免费上网、拨打市内和国内长途电话及免费自助早餐等，年接待宾客5万多人次，营业额1000多万元。

2008年淮安市部分星级旅游饭店名录表

表27-3

名称	星级	地址
淮安迎宾馆	四星	清河区淮海北路121号
淮安宾馆	四星	楚州区友谊路2号
月季花园酒店	四星	清浦区淮海南路134号
淮扬府·金蝶苑宾馆	四星	清河区珠海路钵池山公园南门内
梅园宾馆	三星	清河区健康西路37号
幽兰都大酒店	三星	清河区健康东路36号
淮州宾馆	三星	清河区健康东路55号
东土大酒店	三星	清河区淮海北路19号
东湖宾馆	三星	淮安经济开发区深圳路9-1号
交通宾馆	三星	清河区大治路12号
宋王朝大酒店	三星	清浦区承德南路18号
淮阴宾馆	三星	淮阴区北京东路30号
鑫源宾馆	三星	淮阴区北京北路536号
涟水宾馆	三星	涟水县涟城镇安东路1号
涟水红日宾馆	三星	涟水县红日路
楚州淮电宾馆	三星	楚州区长安路1号
金湖迎宾馆	三星	金湖县建设路113号
洪泽老子山温泉山庄	三星	洪泽县老子山湖滨路108号
盱眙宾馆	三星	盱眙县五墩北路3号
盱眙金谷饭店	三星	盱眙县斩龙涧6号
盱眙铁山寺森林度假村	三星	盱眙县铁山寺国家森林公园内
今世缘宾馆	二星	清河区勤政南路10号
西园饭店	二星	清河区淮海西路226号
中央新亚大酒店	二星	清河区淮海北路29号
鑫天地大酒店	二星	清河区爱民路
怡清园宾馆	二星	清河区西大街165号
学府宾馆	二星	清浦区明远西路9号
楚州宾馆	二星	楚州区南门大街62号
桃源饭店	二星	楚州区东坎门87号
盱眙县金都饭店	二星	盱眙县盱城镇五墩西路16号

续表27-3

名称	星级	地址
都梁大酒店	二星	盱眙县淮河东路39号
洪泽电力宾馆	二星	洪泽县北京路111号
洪泽湖旅游度假村	二星	洪泽县滨湖路148号
金湖苏源宾馆	二星	金湖县人民路128号
阳光假日大酒店	二星	金湖县健康西路88号

第三节 旅游交通

1978年以后，随着旅游业的发展，淮阴地区交通部门，长途汽车等客运部门，以及从事国内旅游业务的旅行社采取一系列措施和办法，陆续开辟大量往返附近大中城市及热门旅游城市、景区的班车、包车、旅游车等，改善交通环境，增加交通运力，缓解旅游交通紧张的矛盾，为游客提供便利的交通条件。

20世纪90年代，随着旅游业的发展，市交通、旅游部门改善交通设施，市和县（区）先后建成一批经营国内旅游业务的客运服务单位。作为外事接待任务主要承担单位，淮阴市外事旅游部门有自己的车队，拥有大、中、小型旅游车辆。淮阴市外事旅游车队办公地址位于市区淮海北路121号淮阴宾馆院内，隶属于市旅游局。该车队成立于1986年，1989年成为经济独立核算单位。至1992年年末，该车队有职工8人，车辆6辆，其中中巴车1辆、面包车3辆、小轿车2辆，营业收入20万元。其后，随着改革的深入，该车队于20世纪90年代末解散。

2000年以后，淮安市的旅游交通有了很大发展，公路、铁路、水路四通八达，设施条件和接待服务能力有了较大改善和提高。淮安汽车运输集团有限公司、淮安新世纪旅游汽车运输有限公司、淮安市外桥旅游运输有限公司等发展成为全市规模较大的专业从事旅游客运的运输企业。淮安火车站于2004年7月开通客运列车，2005年7月1日后开通发往北京、哈尔滨、兰州、成都、济南、太原、扬州、泰州、南通等城市客运列车。淮安涟水机场于2008年10月8日开工建设。2008年12月，淮安民用机场可研报告、总体规划和初步设计通过审查；同月底，环评报告获环保部批复。

至2008年年末，淮安市逐渐成为江苏腹地区位优势明显的重要交通枢纽。京沪、宁宿徐、宁连、徐淮盐、宁淮等高速公路在境内交汇，新长铁路纵贯全境，京杭大运河、盐河等河道纵横交错，民用机场启动建设，形成以高等级公路为主骨架、水陆空并举的旅游交通网络，对外交通的时空距离大大缩短。

第四节 旅游休闲娱乐

1978年，由于经济发展水平不高，外来旅游者较少，淮阴地区旅游休闲娱乐行业发展缓慢，休闲娱乐场所档次不高，数量较少，从业人员素质不高。

1978年至20世纪80年代末，旅游休闲娱乐主要是根据旅游团队的日程安排和兴趣爱好等具体情况，为到淮阴市的旅游者安排文娱活动，主要是安排客人晚上到剧院观看地方戏剧等富有民族和地方特色的文娱节目，或在饭店、宾馆的大宴会厅等场所安排专场演出。

20世纪90年代，随着经济发展水平不断提升，加之旅游业蓬勃发展，旅行社普遍开始重视游客夜生活，淮阴市旅游休闲娱乐行业进入快速发展期。1994年3月5日，淮阴宾馆康乐中心开业，这是淮阴市首个集歌舞厅、咖啡厅、健身房、棋牌室、游泳池、美容厅、购物中心、商务中心等服务设施于一体的现代化建筑。淮阴宾馆康乐中心的开业对全市休闲娱乐场所建设具有示范带动作用。此后，淮阴市建成一批档次较高、设施较完善的休闲娱乐场所。除了引导和推进旅游休闲娱乐场所建设外，在市、县（区）政府支持下，江苏省长荣京剧院、江苏省淮海剧团、淮阴市淮剧团、淮阴市歌舞二团、淮钢歌舞团、盱眙黄梅戏剧团等文艺团体不断为广大市民和外地游客奉献精彩的文娱节目，丰富和提升旅游休闲娱乐服务的内容与档次。

2000年以后，随着淮安人民大会堂、市体育馆、电影院、夜总会、娱乐城、歌舞厅、练歌房、网络会所、健身俱乐部、棋牌室、游乐场、咖啡馆、茶吧、台球馆、保龄球馆、游泳馆、瑜伽生活馆、足疗馆、温泉洗浴中心、高尔夫练习场、电子游戏厅、休闲中心、度假村等一大批休闲娱乐场所相继建成、开放，淮安市旅游休闲娱乐活动场所及设施逐步完善，旅游休闲娱乐行业发展进入快车道。全市各旅游星级饭店普遍开展丰富多彩的晚间娱乐活动，满足游客的文化娱乐需求。市旅游局选择荷芳剧场、在水一方夜总会、华尔街娱乐城作为晚间为旅游者演出的固定场所，并在大运河广场、黄河娱乐城广场等重点旅游区开设群众性文艺项目，丰富游客们的夜间娱乐生活。同时，还增设夜间游览点和游览项目，新开发水上游旅游项目，填补淮安市水上游的空白。在主要街道完成亮化工程的基础上，淮安市对里运河文化长廊、餐饮一条街、购物步行街等进行亮化调整，使城市夜景更加绚丽迷人。

2008年淮安市部分旅游休闲娱乐场所名录表

表27-4

名称	主营与服务	地址
荷芳剧院	戏曲、演艺	清河区大治路淮海剧团院内
红四方娱乐会所	演艺、KTV	清河区工农路27号
清江影都夜总会	电影、KTV	清浦区人民南路88号
延安电影院	电影、录像	清浦区淮海南路135号
天天影视厅	电影、录像	清浦区延安西路
金王朝浴都	洗浴、餐饮	清河区北京北路121号
金百合网络会所	上网	清河区北京北路
淮安游泳馆	游泳	清河区淮海北路51-1号
金谷歌舞厅	演艺、KTV	清河区工农路24号
鼎峰健身会所	健身、健美	清河区淮海东路136号
阿里郎练歌房	演艺、KTV	清浦区淮海南路10号
华尔街夜总会	演艺、KTV	清河区淮海东路136号
运河广场娱乐城	演艺、KTV	清浦区承德路闸口美食街
大视野俱乐部	演艺、KTV	清河区北京北路

续表27-4

名称	主营与服务	地址
水月山庄保龄球馆	保龄球健身	淮安市经济开发区纬一路
百乐歌舞厅	演艺、KTV	清河区工农路44号
三峡风情足疗城	足疗、洗浴	清河区承德路209号
太阳雨洗浴有限公司	洗浴、娱乐	淮阴区长江西路162号
天天洗浴中心	洗浴、娱乐	涟水县今世缘大道38号
老子山温泉山庄	洗浴、餐饮	洪泽县老子山镇

第五节 旅游商品

一、概况

1978年以后，随着旅游业发展，旅游商品行业得到很大发展。全市出现一批专为旅游者服务的旅游商店和购物场所。同时，旅游工艺品、纪念品以及旅游食品（土特产）也在继承传统的基础上推陈出新，不断丰富。新建、改扩建的旅游饭店开始自设卖品部，自己采购经销商品。旅游饭店商场的营业面积、规模、装修布置、经营品种、项目等有所增加、扩大和改善，逐步由服务型小卖部向经营型旅游购物市场转化发展。1985年5月，淮阴市商业局在淮海北路18号开设友谊（华侨）商店，共3层大楼，营业面积4600平方米。经营品种从日用百货、针棉织品、家用电器到各种工艺品、旅游纪念品及中西药材、烟酒食品等，有80余个种类4000多个品种，是全市主要的涉外旅游综合购物商店。

淮阴市景区、景点内的旅游购物场所也有较大发展，园林、文物等部门在主要旅游景区景点内改扩建和新建旅游卖品服务部，商业、文化等部门也在一些景区、景点内或者附近地段开设分店、门市部等。至20世纪80年代末，淮阴市部分街道、乡镇、集体商业和个体摊贩也逐步进入旅游景区、景点经营，在出入要道、沿途摆摊设店，形成一定规模的旅游购物市场。景区、景点购物场所供应的商品品种，主要以旅游工艺品、印（刻）有景点图案的旅游纪念品、地方土特产品、民间手工艺品及导游图册、明信片等旅游宣传品为主，地方特色浓厚。但这一时期，淮阴市旅游商品品种单调、包装粗糙、生产经营分散，没有正规定点生产，更没有正式确立旅游商品品牌，很难适应旅游业发展需要。旅游购物消费在全市旅游收入中所占比重极低，旅游购物消费或者说旅游商品开发成为旅游发展的一大薄弱环节。

1991年以后，随着制定全市旅游发展规划草案工作的启动，淮阴市相关部门开始重视加强旅游商品的生产、创新以及对接旅游市场需求工作。1994年，淮阴市有涉外定点商店3家。1995年，淮阴光华化学厂成为全市唯一一家国家旅游局批准的旅游定点商品生产厂家。1997年，淮阴市旅游管理部门研究制定旅游纪念品开发规划，对全市旅游商品生产厂家加强指导。

2000年以后，全市加大旅游发展政策支持力度，出台一系列文件，明确一系列鼓励旅游经济发展的优惠政策，旅游商品开发与营销进入快速发展黄金期。2000年，淮阴市开展首批旅游商品和纪念品征集评审活动，征集到50余件富有地方特色、有代表性的旅游商品和纪念品。2001年淮安市旅游局单独成立后，重视发展旅游购物，推动各主要旅游景区（点）与有关企业合作，打造富有地方特色又具有时代性的旅游商品；采取多种措施加大旅游商品研发力度。适时组织全市旅游商品（纪念品）展示展销会；评选淮安市“十佳旅游商品（纪念品）”；不断扩大旅游定点购物商店、定点餐馆和旅游商品店规模，鼓励开办旅游商店，逐步把土特产、地方名吃和名优产品纳入旅游商品开发范围。淮安市旅游商品开发主要遵循自然风光、风土人情及历史典故有机结合的原则。以名人文化、运河文化、西游记文化为基调，开发展示地方文化内涵的旅游纪念品。以地方特产为基础进行发掘，研制旅游商品，包括手工艺品、民间手工制品、日用小商品等。加强已有特色产品的旅游商品化，包装趋于小型化、精致化。围绕淮扬菜逐步产业化发展方向，将旅游商品开发与淮扬美食推介有机结合起来，引导生产厂家开发和生产具有淮扬美食特色、便于携带、易于保质的美食休闲产品；围绕地方农业特色，开发旅游馈赠礼品；围绕淮安众多的名人、伟人，开发一批诸如名人肖像、伟人手迹等旅游纪念品；围绕民间特色工艺，开发旅游工艺品，如金湖剪纸、楚州博里农民画和各地柳编、竹编、草编、蒲编等。

2008年，在江苏省第二届旅游商品博览会上，淮安市的今世缘国缘系列酒、盱眙龙虾等6种旅游商品获一等奖，老侯野鸭等11种旅游商品分别获二、三等奖，获奖比例在苏北地区位居第一。至2008年年末，淮安市旅游商品定点生产企业超过100家，主要以旅游文化用品、旅游工艺纪念品、特色食品、旅游用品四大类旅游商品生产的骨干企业为主，旅游商品生产基地初步建立，生产旅游商品的旅游工业体系基本形成。

二、旅游商品选介

（一）盱眙十三香龙虾

十三香龙虾是盱眙县特有的菜肴，以当地天然养殖的龙虾为原料，搭配13种盱眙当地出产的中药材精心烹饪而成，其色泽殷红，肉质细嫩，虾黄鲜美，麻味醇厚，辣感独特，堪称一绝。盱眙县在发展“大旅游”的进程中，将十三香龙虾作为特色饮食业精心培育，在县城、马坝镇等地规划建设盱眙龙虾城。从2001年开始，盱眙县连续举办8届中国·盱眙国际龙虾节。

（二）淮安蒲菜

淮安蒲菜取自蒲草嫩茎，为楚州区传统特产之一，也是楚州区人的一种独特食材。西汉淮阴人枚乘《七发》中对蒲菜有记载。南宋时，韩世忠守楚州缺粮，其妻梁红玉亲自采集嫩蒲根煮熟以饷士卒，遂称之为“抗金菜”。千百年来，“蒲儿菜”一直是淮扬菜中一道名菜。

楚州区的自然环境非常适宜蒲菜的生长。淮安蒲菜以楚州区淮城镇的勺湖、月湖内出产的最为有名。淮安蒲菜通体洁白，口感细嫩，味道鲜美，营养丰富，还具有一定的食疗功效。淮安蒲菜素有“象牙菜”之美称，是一种极佳的烹饪原料，炒、烧、烩、炝、煎、炸、蒸、扒、制馅无一不可。2001年，被国内贸易部评定为首届“中华名菜”。

（三）淮安茶馓

茶馓是楚州区传统特色土特产，曾被清廷列为贡品。清宣统二年（1910），淮安茶馓获南洋劝业会颁发的铜质奖章；民国19年（1930），由中国西湖博览会推荐给国际巴拿马赛会，获三等奖；民国27年（1938），淮安茶馓获中华民国实业部展览会优质奖。中华人民共和国成立后，淮安食品厂制作的茶馓不仅保持原来的传统特色，而且有所创新。除咸味外，还增加甜味、桂花、芝麻等品种，包装由原来的散装改为袋装、盒装、精装、铁听包装等，既美观大方，又便于携带。淮安茶馓打入国际市场，成为国内外的畅销品。1983年获江苏省优质产品奖，1991年获全国饮食业优质产品金鼎奖，1997年被认定为首届“中华名小吃”，2002年被认定为江苏省名优产品等，并被载入《中国食品大全》一书。淮安茶馓选料考究，制作精细，色质金黄，香气浓郁，透酥松脆，细如金丝，点火就着、入水即化，具有香、脆、酥、油等特点和生津开味等功效，是老少皆宜的营养佳品。

（四）涟水捆蹄

捆蹄原产于涟水县高沟镇，后逐渐流传到涟水县前进、梁岔、灰墩等乡镇，距今有100多年的历史。相传在清道光年间，涟水市场活跃，商家交往频繁，高沟镇熏烧师傅郑云福兄弟为了给客人多添一样下酒菜，便精制捆蹄。捆蹄属酱肉食品，配料讲究，制作精细。涟水捆蹄色泽酱红、层次分明、香醇美味、口感丰富、食之不腻。1988年，涟水捆蹄获全国优质保健产品“金鹤奖”和中国首届食品博览会银牌奖。

（五）涟水鸡糕

鸡糕原产于涟水县高沟镇，后逐渐流传到涟水县的红窑、灰墩等乡镇。鸡糕又名“素鸡”，是涟水县传统特色美食，选用当地散养草鸡加工而成。涟水鸡糕口味独特，营养丰富，色泽可心。其制作技艺始于清乾隆年间，距今有200多年的历史。

涟水鸡糕的特点是口感细嫩，造型雅致，营养丰富，老少皆宜。涟水鸡糕一般都制作成长方形，色泽黄白相间，晶莹透明，清爽雅淡，入口韧香。它的吃法多种多样，既可当主菜，又可当配料，烧、烤、炒、扣均可。涟水鸡糕曾被评为淮扬菜十大名菜之一。

（六）洪泽湖大闸蟹

洪泽湖大闸蟹具有“三亮五香”的特点，即背壳青的发亮，肚皮白的发亮，绒毛黄的发亮，肉香、黄香、油香、膏香、食后手有余香，作为苏北“淮蟹”的代表与苏南“吴蟹”的代表阳澄湖大闸蟹齐名。

（七）赵集粉丝

淮阴区赵集镇是远近闻名的粉丝之乡，生产山芋粉丝由来已久。赵集粉丝选用洪泽湖畔无污染的优质山芋淀粉精制而成，具有细柔洁白、营养丰富、久煮不糊、口感爽滑等特点，深受广大消费者的青睐。

2008年淮安市部分优秀旅游商品及生产企业（单位）名录表

表27-5

商品名称	生产企业（单位）名称
淮安茶馓	淮安食品厂
中国结	淮安市顾瑾工艺编织中心
淮安博里农民画	淮安市文化服务公司
洪泽湖野生珍品	洪泽县科技局
今世缘酒	江苏今世缘酒业有限公司
高沟捆蹄	涟水高沟捆蹄厂
苏粤乳鸽	江苏淮阴苏粤食品有限公司
中国蒿茶	金湖县芗园饮品开发有限公司
郑氏鸡糕	涟水鸡糕厂
绿莲藕粉	金湖县荷藕食品厂
周恩来金箔像	周恩来纪念地管理局
周恩来纪念笔筒	

续表27-5

商品名称	生产企业（单位）名称
周恩来纪念邮币珍藏册	周恩来纪念地管理局
“老侯”牌系列珍禽食品	老侯珍禽食品有限公司
洪泽湖野鸭	淮安市楚香食品有限公司
涟水云锦	涟水浅集云锦厂
“虾圣”牌龙虾调料	盱眙县都梁十三香龙虾调料有限公司
“白马湖”牌鸡头菜	金湖县白马湖水生蔬菜加工厂

第五章　旅游宣传与推介

第一节　旅游宣传

1992年以前，淮阴市尚未成立旅游局，旅游宣传工作由市外事办公室宣传科兼管。随着市旅游管理部门宣传机构的成立，旅游宣传促销开始成为一项有组织、有计划、有管理的经常性工作。在发展旅游业过程中，市旅游管理部门将宣传促销和市场开发紧密结合，多层次、全方位开展宣传推介，全市旅游知名度和影响力得到提升。

20世纪80年代，淮阴市旅游管理部门开始较大规模地制作对外旅游宣传品，主要是一些旅游景点导游图、折页、手册、画册、书刊、明信片等。这一时期，淮阴市旅游以接待中央、各省一类旅行社的旅游团队为主，宣传促销主要是面向各地一类旅行社。1985年以后，淮阴市旅游宣传品不仅数量多，而且品种多，印制趋向精美，宣传内容也由导游性发展到导游、招徕并重。1986年，县级淮安市协助中央电视台拍摄多集大型电视片《话说运河》。1987年，江苏省旅游局宣传处委托北京幻灯片厂制作县级淮安市在内的11座城市风光幻灯片500套。这是淮阴市最早反映城市风貌的旅游风光幻灯片。1987年，淮阴市政府协助中央电视台拍摄《淮阴新貌》中英文版录像片，反映淮阴市山水名胜的新变化。至1987年年末，淮阴市出版全市导游手册。1989年，淮阴市外事旅游部门编印《淮阴》画册2.5万册。县级淮安市外事旅游部门编印《淮安》折页3000份，编印《淮安》明信片2万套。20世纪80年代末，淮阴市旅游宣传部门还多次邀请海外报刊记者、作家前来采访。

20世纪90年代，淮阴市旅游宣传主要是通过编印出版图文宣传资料（导游图、折页、手册、画册、书籍、刊物等），制作音像制品（幻灯片、录像带、录音带、电视片、电影片等），组织大型旅游宣传活动，参加省旅游部门举办的国内大型旅游展销会，赴海外推销招徕等形式进行。淮阴市旅游管理部门和市内旅行社还设计编排国际、国内旅游线路和专项国际旅游项目专门进行宣传、推介。这一时期，淮阴市旅游业利用广告宣传、新闻宣传、行业宣传等多种渠道，辅以旅游促销等载体，使旅游业的知名度和影响力逐渐提升。

淮阴市旅游宣传部门制作、编印、出版（包括联合出版）的图文宣传品不仅数量多、内容丰富、装潢比较精美，而且针对性强。1990年，县级淮安市外事旅游部门编印《周恩来的故乡——淮安》折页5000份，中、英、日文对照小册子《淮安》5000册。同时，委托上海三联书店出版《今日淮安》书籍5000册。该书被列为《今日中国》历史文化名城丛书。

1991年，淮阴市外事旅游部门编印《淮阴概况》中、英、日文版折页2200册，编印中、英文《淮阴》折页1.5万册。同年，周恩来纪念馆作为新景点，由省旅游宣传部门向海外推出。县级淮安市委托江苏人民出版社出版《周恩来的故乡淮安》5000册。

1992年，淮阴市外办与市对外友好协会联合编印《中国淮阴》折页中英文版2万册，市外事旅游部门编印《淮阴概况》中英文版2万册。同年，淮阴市外办、市对外友好协会协助中央电视台、江苏电视台、淮阴电视台拍摄中、英、日文版录像片《漂浮的土地》，主要介绍洪泽湖的丰富旅游资源以及开发的美好前景。

1994年，淮阴市组团参加江苏省政府在南京市举办的“9·27江苏旅游暨旅游商品展销会”。全市有近30家旅游企业的2000余种商品参展，品种、数量均为全省之最。

1995年，由淮阴市旅游局牵头，淮阴宾馆、淮安宾馆、西园饭店、洪泽天鹅湖宾馆4家酒店负责人组成淮阴市宾馆赴香港考察团，于当年6月1—9日在香港参加国家旅游局举办的1995年国际旅游商品博览会。

1997年，淮阴市旅游局以开展1997中国旅游年为契机，与市经济广播电台联合举办《旅游天地》节目，与淮阴日报社等单位联合开辟“旅游年话旅游”征文、《话回归、迎香港》旅游宣传专栏，编辑印发《江苏旅游》淮阴专版，与淮阴市政府办公室联合编制中英文对照的《淮阴》录像带。淮阴市旅游局投入大量人力、物力，历时2个月，行程3000多公里，与市有线电视台联合拍摄10集《淮阴旅游》系列片。在《中国旅游报》《华东旅游报》《江苏旅游通讯》等报刊发表介绍淮阴市旅游资源、景点的文章。此外，还通过旅游年新闻发布会、市长发表电视讲话、举办咨询活动等形式，提高市民对旅游业重要性的认识。通过举办旅游咨询活动，宣传旅游知识。同年10月，组织14家饭店、旅行社赴辽宁省大连市参加1997中国旅游年交易会，以纪念周恩来百年诞辰为主题，推出淮阴自然景观、人文景观等旅游专线，提高知名度。

1998年年初，淮阴市旅游管理部门制定“98华夏城乡游”活动方案，推出淮阴名人故里游、洪泽湖水上游、淮河风光游等一系列具有浓郁地方特色的旅游线路。组织市区、县级淮安市、洪泽县、盱眙县组成专业宣传队伍，在江苏人民广播电台《旅游天地》节目中，宣传介绍淮阴市丰富的旅游资源优势和特色。在《人民日报》《中国旅游报》《华东旅游报》《新华日报》《江苏旅游通讯》《淮阴日报》《淮海晚报》以及市级以上电台、电视台发表介绍全市旅游资源、景点和旅游开发方面的文章和消息。在江苏省旅游局安排下，淮阴市旅游局与香港无线电视台合作拍摄淮阴旅游专题片，扩大淮阴市旅游产品在香港的知名度和美誉度。利用新媒介宣传，将全市的旅游资源优势、旅游景点和旅游招商项目输入互联网。组织全市各县（市、区）旅游局（外办）编写旅游景点导游词，宣传全市的山水风光、民俗民情、自然和人文景观。举办淮阴市旅游风情摄影展。组织12家旅游星级、涉外饭店和8家旅行社赴福建省泉州市参加1998年中国国内旅游交易会。

1999年，淮阴市旅游管理部门制定“1999年生态环境游活动”方案，推出淮阴名人故里游、洪泽湖风光游、淮河风光游及淮阴现代农业风光游线路。推动市内实力较强的5家旅行社主导推出淮阴一日游线路，倡导“淮阴人游淮阴”，启动旅游内需市场。组织编写《走遍淮阴》导游词，规范导游用语。与市邮政局共同策划制作题为《中国淮阴——纯朴自然的旅游佳境》旅游风光明信片。组织全市13家旅游星级、涉外饭店、旅行社赴昆明市参加世界园艺博览会和1999年中国国内旅游交易会。

2000年，淮阴市旅游管理部门制定“2000年神州世纪游”活动方案，推出并完善淮阴名人故里游、洪泽湖风光游、淮河风光游、淮阴现代农业风光游等线路。组织编印《淮阴旅游交通指南》《淮阴旅游指南》2本旅游宣传图书。制作完成《淮阴旅游》VCD碟片、淮阴旅游网页、淮阴旅游招贴画。

2001年淮安市旅游局单独成立后，对旅游业进行全方位宣传推介，打造淮安旅游品牌，树立淮安旅游形象，提升淮安知名度和影响力，加快淮安旅游产业发展。

2001年起，淮安市实施“立足江苏、着眼华东，面向全国、兼顾海外”的旅游市场开发战略，加大旅游宣传促销力度，成效较好。组团参加中国国内旅游交易会、中国国际旅游交易会、上海国际旅游交易会、中国北方旅游交易会以及长江三角洲旅游交易会等，开展宣传促销活动；利用媒体展示淮安旅游形象，通过中央电视台、江苏电视台、淮安电视台等媒体播出淮安旅游音像信息，在《中国旅游报》《华东旅游报》《新华日报》等媒体刊登宣传淮安旅游的文字和图片等资料。成立旅游咨询中心和散客中心，制作适合散客需要的旅游指南和宣传资料，逐步增加旅游宣传资料的摆放点，为更多散客提供旅游咨询服务。举办中国淮安·淮扬菜美食文化节、盱眙·中国龙虾节、中国优质稻米博览会、金湖荷花艺术节、洪泽湖水上运动会等一系列节会活动，开展形式多样的宣传促销活动，推出名人故里游、淮安美食游、洪泽湖风光游、淮河风光游、现代农业观光游等一批特色旅游线路。通过对淮安市红色旅游、绿色旅游、文化旅游、乡村旅游、美食旅游产品的宣传推介，“周恩来故乡”“全国历史文化名城”“中国优秀旅游城市”“淮扬菜之乡”四大城市品牌影响力得到提高。

淮安市组织开展“淮安人游淮安”活动，活跃当地旅游市场。淮安当地新闻媒体通过开设旅游专版、专栏或专题节目，向广大市民宣传旅游业对城市发展的巨大推动作用、对社会生活的促进作用。淮安市旅游局编辑出版《导游淮安》《中国淮安·淮扬菜名菜谱》《淮安旅游手册》《中国淮安》旅游画册等旅游书籍，制作《多彩淮安》光碟和《淮安旅游交通图》，宣传推介淮安市旅游资源和旅游产品，受到全市市民和外地游客普遍欢迎。

2001年后，淮安市制定“面向海内外，连线大运河，主攻长三角，接轨宁镇扬，协同徐连盐”的市场开发战略，并将沪宁高速、京沪高速、新长铁路、陇海铁路沿线的大中城市作为宣传促销的主攻目标，重点开发华东、华北、中原市场。参加国家旅游局和江苏省旅游局组织的国际、国内旅游交易会，并多次获得优秀组织奖。注重加强区域合作，组团上门开展旅游推介活动，到北京、上海、南京、郑州、西安等30多个大中城市举办淮安市旅游专题推介会，扩大淮安旅游在重点旅游市场的影响力。与徐州市、连云港市进行旅游合作，开发中远程旅游市场，融入长三角旅游圈。主动邀请全国部分重点旅游城市的旅游业企业到淮安市考察市场，洽谈旅游合作事宜，还组织部分旅游企业负责人赴国外进行旅游宣传促销。同时，全市各旅行社加强外联工作，发挥旅行社网络的宣传、组织功能，吸引游客到淮安市旅游观光。

淮安市旅游管理部门还利用网站宣传推介，不断完善淮安旅游网，及时发布、更新旅游信息，引导景区、景点和旅游商品生产厂家在网上进行宣传，开展网上宣传促销。

第二节　旅游节庆

1978年至20世纪90年代末，淮阴市旅游业包装观念薄弱，对旅游文化资源开发重视程度不够，因此旅游节庆活动举办较少，更没有有一定影响力的旅游节庆活动。

2000年后，淮安市、县（区）利用当地特色的旅游文化资源和优势，开始组织举办多种主题突出、特色鲜明、社会影响面较广、群众参与度较高的节庆活动。至2008年年末，淮安市、县两级政府分别成功举办中国淮安·淮扬菜美食文化节、盱眙·中国龙虾节、金湖荷花艺术节、洪泽中国水文化旅游节暨中国洪泽湖水上运动会和涟水白鹭节等旅游节庆活动，形成富有自身特色的系列节庆品牌。全市各地通过举办节庆活动，新建成一批景区景点，推出如名人故里游、淮安美食游、洪泽湖风情游、盱眙山水游、金湖生态农业游等一批精品旅游线路，吸引游客，集聚人气，提高城市知名度，提升城市形象，还带动招商引资，推动淮安市旅游基础设施与景区（点）建设，促进地方经济社会的发展。

一、中国淮安·淮扬菜美食文化节

详见第二十六卷《淮扬菜之乡》第二章《淮扬菜美食文化节》。

二、中国·盱眙国际龙虾节

2001年7月，中共盱眙县委、县政府、扬子晚报社联合举办第一届盱眙·中国龙虾节，以后发展成为一年一次的节庆盛会。举办时间在每年6—7月。至2008年年末，盱眙县连续举办8届中国龙虾节。主办单位从扬子晚报社1家，发展到国外、国内7家联办；节庆名称从“中国龙虾节”变为“中国·盱眙国际龙虾节”；节庆时间从2天延长到28天；节庆内容涵盖从文化、经贸、旅游等方面，增加至22个主项目、66个子项目；节庆范围从县内扩大至“六地联动、四国联办”（盱眙、南京、北京、上海、浙江、深圳六地；中国、澳大利亚、新西兰、瑞典四国）。

8届中国龙虾节在运作机制、办节区域、媒体合作、参与人数等方面创造中国现代节庆史上若干个“第一”或“唯一”。该节是江苏省唯一获得国际节庆协会授予的“中国最具发展潜力十大节庆活动”，位居“中国节庆50强”前列，是“2006年度中国十大节庆活动”，居“2006年中国十大饮食类节庆活动”之首。2007年，获“中国十大最具影响力节庆”称号。2008年，入选“影响中国节庆产业进程30节”。同年6月，中国烹饪协会授予盱眙县“中国淡水龙虾之乡”称号，命名盱眙

图27-17　2003年盱眙龙虾节现场　　陈光晰　摄

龙虾为“中华名菜”。中共盱眙县委、县政府通过举办中国·盱眙国际龙虾节，打响“盱眙龙虾”品牌，带动龙虾产业发展，推动旅游业发展，极大地提升盱眙的开放度、知名度和美誉度，招商项目逐渐增多，外商投资逐渐增加，成为名副其实的美食节、文化节、经贸节、旅游节。

三、中国·金湖荷花艺术节

金湖县坐拥白马湖、高邮湖、宝应湖，淮河入江水道穿境而过，丰富的水面资源和水产资源形成其独有的水乡特色，盛产莲藕，每当夏季到来，各色荷花争奇斗艳，蔚为壮观。自2001年开始，中共金湖县委、县政府在每年7月中旬至8月中旬举办荷花艺术节，发掘地方文化特色，展示自然美景，促进经济发展。

至2008年年末，中国·金湖荷花艺术节连续举办8年。金湖县把荷文化风格、荷文化风情、荷文化特色旅游、荷文化产业等作为新的经济增长点来培植、创新、整合。通过开发荷文化精品，保护荷文化资源，展示以荷文化为代表、各种文化相互交融的文化特色，形成金湖独具特色和魅力的文化产品、产品文化，展现荷文化风貌，增强荷文化在全省乃至全国的影响。金湖荷花艺术节逐渐发展成为全国有影响的江苏省重点节庆之一，成为省内外各方关注的盛大节日庆典，被列入中国“十大潜力节庆”“十大饮食类节庆”和“十大花卉类节庆”。

四、中国水文化旅游节暨中国洪泽湖水上运动会

洪泽县因湖设置、借湖得名，水域面积超过陆地面积。为弘扬洪泽湖特有的水文化，进一步扩大对外开放，展示、宣传、推介洪泽县，促进全县经济社会更快更好地发展，从2005年开始，中共洪泽县委、县政府举办中国水文化旅游节暨中国洪泽湖水上运动会。举办时间为每年8月中下旬。至2008年年末，洪泽县连续举办4届中国水文化旅游节暨中国洪泽湖水上运动会。

整个活动分为体育版块、文化版块和经贸旅游版块。活动期间，举办水上项目比赛、大型水上文体表演、研讨会、推介会、文艺演出等活动，后逐渐增设洪泽湖古堰全国自行车赛、全国龙舟赛等大型比赛项目，每一届都有来自全国各地甚至美国、加拿大、日本、韩国等国家的近千名水上运动健儿参加。

五、中国涟水白鹭节

涟水县是国家二级保护动物黄嘴白鹭的栖息地，全县白鹭总数在6万只以上。其中，位于县城五岛公园涟漪湖内夕照山上的黄嘴白鹭就有4万余只，“城中有湖，湖中有岛，岛上有白鹭”成为一道难得的自然景观。为了进一步利用生态优势，开拓旅游产业，加快经济发展，涟水县举办中国涟水白鹭节。2002年9月10日，江苏省政府批准建立的“涟漪湖黄嘴白鹭省级自然保护区”，在涟水县五岛公园内举行揭牌仪式，同时举办中国涟水白鹭节。白鹭节举办期间，涟水县推出民间艺术表演、文艺演出、经贸洽谈会、艺术展、地方名特优产品展等一系列活动。中国涟水白鹭节只举办一届。

第六章　旅游经营与管理

第一节　旅游经营

1978年至20世纪80年代末，淮阴市的旅游业大多是与外事接待相结合，国内旅游以零星、自发为主，政府投入资金不足，旅游基础设施薄弱，旅游产业发展缓慢。1979年，国家以国内物价标准为基础，对国际旅游价格进行调整，并根据不同线路、城市划分为5个不同等级标准区域，淮阴地区被定位四类地区。1985年，淮阴市旅游主管部门逐步下放直属单位人事、经营和财务的自主管理权，各旅游单位强化经营管理，提高经济效益。1986年，国际旅游价格进一步放开搞活，淮阴市旅游管理部门开始按照不同线路、不同城市、不同客源对象、不同接待安排定出不同的团队销售价格，由江苏省旅游局外联处统一向外报价，参与国际市场竞争，招徕客源。此外，在销售形式上，根据海外旅游者需求，实行全包和半包、小包（即部分或大部分项目费用由客人自理）。在接待海外零星旅游者时还可实行单项服务收费，即提供什么服务项目，就收什么费用。至1989年年末，淮阴市旅游管理部门和旅游业企事业单位逐步实行旅游企业经营承包责任制。

1991年以前，因政策限制，淮阴市无外联权，不能直接向境外旅行社招徕客源，旅游业主要以外事接待为主，重点是拓展国际旅游，国内旅游尚未起步。1992年以后，国内旅游市场逐步开发，通过多种形式宣传推介，国际、国内旅游迅速发展，旅游业在地方经济中的地位与作用日益显现，成为淮阴市国民经济新的增长点。淮阴市旅游业逐渐从外事接待型转向经营服务型。1997年，淮阴市接待国内旅游者258318人次，接待海外旅游者3026人次。全市旅游饭店接待游客26.13万人次，其中海外游客3026人次，创收7110万元人民币，创外汇620万美元。淮阴市各级政府对于旅游业的支持力度不断加大，资金投入逐渐增加，旅游产业发展进入快车道。不仅是政府部门兴办旅游业，淮阴市供电公司、华能淮阴电厂和淮钢集团等大中型企业也热心于兴办旅游业。

2000年以后，淮安市围绕“突出重点、分类指导、分步实施”原则，通过争取国家投资、鼓励社会投资等方式，多渠道筹集建设资金，建设一批新景点，创建一批国家级景点，兴办一批旅行社，新增一批星级饭店，全市旅游接待能力明显提高。

2001年，淮安市国内旅游接待281.44万人次，国内旅游收入12.9亿元，比2000年增长38.86%。全市旅游饭店接待游客49.4万人次，比2000年增长41.75%；创收1.38亿元，比2000年增长20.29%。

2002年以后，淮安市旅游经济一直保持年均25%左右的增长速度，增幅居全省前列。2002年，淮安市32个收费景点中，年游客接待量超过20万人次的6个，其中周恩来纪念馆年游客接待量超过50万人次。全市旅游饭店接待游客54万人次，创收1.2亿元，比2001年分别增长41.8%和20.3%。全市旅行社接待游客31607人次，比2001年增长35.7%。2003年，淮安市有国家AA级旅游区（点）4个，年接待量超过20万人次的旅游区（点）11个。2004年，淮安市接待国内旅游者492.15万人次，比2003年增长20.7%，其中入境旅游者1.83万人次，比2003年增长12.3%；实现旅游业总收入29.01亿元，比2003年增长31.7%；接待海外旅游者1.83万人次，旅游外汇收入959.11万美元，提前一年实现“十五”旅游倍增计划。2005年，淮安市接待国内旅游者549.85万人次，比2000年增长85.3%；接待入境旅游者2.16万人次，比2000年增长242.9%。全市实现国内旅游收入34.55亿元，比2000年增长169.9%；实现国际旅游外汇收入1321.9万美元，比2000年增长216.7%，获“中国优秀旅游城市”称号。

至2005年年末，淮安市拥有旅游饭店40家，其中四星级旅游饭店2家、三星级旅游饭店11家、二星级旅游饭店25家、一星级旅游饭店2家；旅行社46家，其中国际旅行社1家、国内旅行社45家；拥有可供游览的旅游区（点）43个，其中国家AAAA级旅游景区1个、AAA级旅游景区（点）1个、AA级旅游景区（点） 4个、全国农业旅游示范点3个，年接待20万人次以上旅游区（点）11个、年接待50万人次以上旅游区（点） 3个；拥有旅游车船公司5家，比2000年增加4家；拥有持证导游1400多人，旅游产业规模逐步壮大，购物点、美食街、娱乐场所等旅游要素初具规模，“食、住、行、游、购、娱”的旅游服务体系进一步完善。2001—2005年，淮安市旅游接待人数年均增长15%，旅游总收入年均增长22%。

2006—2008年，淮安市加大投入，旅游资源开发进程大大加快，旅游产业的规模与质量大幅提升，旅游服务体系更为完备，设施更为齐全。2006年，淮安市接待国内外旅游者635.15万人次，实现旅游总收入45.59亿元。2007年，淮安市接待国内外旅游者736万人次，实现旅游总收入61.73亿元。2008年，淮安市国内旅游规模保持稳定增长，接待国内外旅游者857.4万人次，实现国内旅游收入78亿元，实现旅游外汇收入2067万美元。在旅游市场不断做大的同时，淮安市投入资金进行旅游业基础建设和项目开发，全市完成10个重点旅游项目，总投资11亿元。旅游增加值26.5亿元，占全市国民生产总值和服务业增加值的比重分别达到3.47%和10%。

至2008年年末，淮安市拥有景区景点50个，其中国家AAAA级旅游景区4个、AAA级旅游景区3个、AA级旅游景区10个、全国工农业旅游示范点7个、国家水利风景区3个，初步形成市区人文景区、洪泽湖风景名胜区、盱眙山水旅游景区、金湖生态农业观光景区四大景区，形成红色之旅、美食之旅、名人故里游、山水风光和生态农业观光游等一批特色旅游线路。淮安市的旅游市场主要以国内市场为主，且市场分布集中性强，以华东地区周边省份以及沿沪宁、京沪高速公路等大中城市为重要客源市场。淮安市的国内游客中以城镇游客为主，国内旅游者以观光旅游者居多，其次为商务、会议和公务，休闲度假等其他旅游目的旅游者所占比重相对较小。非团队旅游是淮安市国内旅游的主体，团队旅游占比逐渐加大。

2001—2008年淮安市旅游经营情况表

表27-6

指标 年份	入境旅游者（万人次）	旅游外汇收入（万美元）	国内旅游者（万人次）	国内旅游收入（亿元）	国际国内旅游者总人数（万人次）	旅游业总收入（亿元）	旅游增加值（亿元）	占服务业增加值比重（%）	占GDP比重（%）
2001	0.69	457.20	281.44	12.90	282.13	13.28	5.31	1.61	5.36
2002	1.00	642.89	345.48	17.91	346.48	18.44	8.67	2.31	5.38
2003	1.63	824.44	406.10	21.34	407.73	22.02	10.13	2.41	7.92
2004	1.83	959.11	490.32	28.21	492.15	29.01	13.05	2.60	8.51

续表27-6

指标 / 年份	入境旅游者（万人次）	旅游外汇收入（万美元）	国内旅游者（万人次）	国内旅游收入（亿元）	国际国内旅游者总人数（万人次）	旅游业总收入（亿元）	旅游增加值（亿元）	占服务业增加值比重（%）	占GDP比重（%）
2005	2.16	1321.90	549.85	34.55	552.01	35.63	16.39	2.92	8.71
2006	2.49	1812.30	635.15	44.15	637.64	45.59	20.52	3.15	9.24
2007	2.76	2229.60	733.29	60.04	736.05	61.73	26.42	3.43	9.92
2008	2.64	2067.00	854.70	78.00	857.40	79.00	26.50	3.47	10.00

第二节　行业管理

一、管理机构

1985年以前，淮阴市没有专门的旅游业管理机构，旅游工作由市级机关行政处兼管。1985年1月4日，淮阴市人民政府外事办公室成立，与侨务办公室合署办公，兼管旅游工作。1991年6月，淮阴市外事办公室增设旅游管理科。1992年6月，淮阴市成立市旅游局，与市外事办公室合署办公。至1992年年末，淮阴市旅游局下辖淮阴宾馆、淮阴市外事旅游车队、淮阴旅行社、淮阴市对外友好服务中心等单位。

2001年6月，淮安市专门组建独立的市旅游局，加强政府对旅游行业的管理，加大对旅游资源的开发力度。市旅游局单独成立后，开始对全市旅游业经营单位和个人实施行业管理，贯彻执行国家、省旅游部门制定的行业管理规定和标准，加快旅游法制化、标准化建设和管理，抓好旅游从业人员的教育培训和行风管理，开展服务质量达标、升级评定，提高旅游服务质量；建立健全管理制度，经常性开展旅游执法和监督检查，联合相关部门对旅游市场进行监管和治理，规范旅游市场发展。

1998年9月，洪泽县在全市县（区）中率先成立旅游局，楚州、盱眙、金湖3个县（区）也先后成立旅游局。淮阴区设立区外侨旅办，清河区设立区三产局主管旅游事务；清浦区、涟水县也明确分管旅游工作的领导和相关人员。

2003年4月，淮安市政府专门成立市旅游发展委员会，市旅游、计划、财政、物价、公安、工商、交通、文化、建设、水利、宗教、园林等部门领导和8个县（区）分管副县（区）长任委员会成员。市旅游局还牵头组建市旅游饭店协会、市旅行社协会和市旅游景区协会。

2004年5月，江苏省文化厅将周恩来纪念馆交给淮安市实行属地管理。同年12月31日，淮安周恩来纪念地管理局成立，为市政府直属事业单位，下辖周恩来纪念馆、周恩来故居和周恩来童年读书处旧址3个直属单位及综合处、管理处和宣传处3个处室。

至2008年年末，淮安市旅游局有干部职工18人，其中行政编制12人、事业编制6人，设办公室、质量管理处、旅游促进处、规划发展处4个科室，下辖市旅游质量监督管理所和市旅游信息中心2个事业单位。

二、行业监管

1978年，淮阴地区的旅行社、饭店宾馆、车队等接待服务单位均实行行政事业管理。1980年以后，旅游接待单位开始由接待型转向经营型。1985年以前，市旅游主管部门主要负责对直属单位进行管理，对其他旅游单位只是进行一般业务指导，未实行统一行业管理。随着旅游业的不断发展，社会各界兴办的旅行社、饭店、车队等旅游接待单位大量增加，市外办兼管旅游业期间，根据“政企分开、统一领导、分级管理”原则，对旅游业实行行业管理。

1991年年末，淮阴市旅游、物价部门开始按照省旅游局、省物价局联合制定出台的《江苏省国际旅游价格管理暂行办法》进行国际旅游价格管理，旅游价格管理逐步走上正轨。

1992年淮阴市旅游局成立后，除对直属旅游企事业单位实行管理外，还负责对其他旅游接待单位进行统一的业务指导和管理。淮阴市旅游局采取一系列措施和手段规范和引导旅游行业发展。市旅游局还会同市工商、公安、物价、外汇管理等部门，对全市旅游市场进行综合治理整顿，旅游行业管理逐步走上规范化轨道。这一时期的主要措施有：对旅行社实行业务年检审核，对旅游饭店进行星级评定管理；抓好旅游景点社会治安；加强对出租汽车司机和三轮观光车工人管理；对景点内字画、工艺品商店进行清理整顿；严格外汇管理制度；改善旅游景点卫生；对陪同、导游、司机加强管理和教育。全市旅行社、饭店宾馆、车船公司等接待服务单位逐步实行企业管理和经营承包责任制，经营管理和服务质量向规范化、标准化、程序化发展。

1993年之后，市旅游局加强对国内旅游的价格管理，国内旅游经营单位均需在经营场所醒目位置向游客公布项目收费标准。

1995年4月1日至1996年4月1日，淮阴市旅游局在全市旅游系统开展评选“最佳饭店”“微笑小姐（先生）”优质服务竞赛活动。此次活动评出“最佳饭店”3家、“微笑小姐（先生）”16名。

1997年，按照旅游行业管理规定，市旅游局完成4家旅行社业务年检、5家星级饭店复核工作，并对13家星级涉外、定点饭店进行服务质量检查。在全市旅游涉外定点饭店中继续开展“争创最佳饭店、争做微笑小姐（先生）”活动。组织全市旅游系统“讲文明、树新风”巡回演讲活动，宣传倡导爱岗敬业的奉献精神。

1998年10月19—22日，在金湖县举办淮阴市第五届旅游饭店“洋河杯”服务技能竞赛，全市20家旅游饭店全部参加比赛，参赛选手167名。在全市旅游系统中开展创建“行业文明示范点”活动，推选淮阴宾馆、盱眙金谷园饭店、金湖宾馆为行业文明示范点。

2000年，淮阴市旅游局组织开展全市旅游行业最佳饭店、最佳旅行社、优秀总经理、服务明星、优秀导游员评选活动。

2001年，淮安市旅游局单独成立后，完善旅游市场管理体系，建立市旅游市场综合治理联席会议制度，与市公安、工商、质监、物价等部门联合执法，对旅游商品质量、物价、景区（点）门前秩序、旅行社门市经营、广告等方面经常性开展专项检查。市旅游局还专门成立旅游监察大队，加大执法检查力度。市旅游质监所受理旅游投诉，投诉处理满意率始终处于较高水平。

2002年，淮安市旅游局通过新闻媒体向社会公布旅游投诉、咨询电话，在旅游行业开展“打假打非”和行风评议活动，加大对旅游市场监管力度。2003年7月，淮安市政府制定出台《淮安市旅游业管理办法（试行）》，对旅游资源规划建设、旅游行业管理、旅游监督管理、法律责任等作出明确规定。2005年8月，淮安市政府印发《淮安市“一日游”管理办法》，对从事“一日游”经营的车辆检查和驾驶员、导游员加强管理。制定《淮安旅游统计管理办法》，完善旅游统计调查制度。市旅游局、市统计局联合发布旅游抽样调查，发布旅游统计数据，加强旅游统计的归口管理。

2000年以后，淮安市旅行社数量迅速增加，但大多数旅行社规模较小，经营效益不佳。针对这种情况，市旅游局在旅行社的经营场所、办公条件、企业实力、人员素质等方面从严要求，保证旅行社服务质量。根据国家旅游局颁发的《旅行社年检办法》《淮安市旅游业管理办法》，市旅游局制定相关实施细则和考评标准，实行量化动态管理。淮安市旅游局在全市全面实施旅行社质量保证金制度，对缴纳质量保证金并完成上年度业务年检的旅行社予以公布，保护其合法经营资格；对不按规定缴纳保证金的旅行社吊销其业务经营许可证，并取消其业务经营资格。评选年度最佳旅行社和最佳外联社，对经营不善、有违规行为的旅行社予以警告、停业整顿、取消旅游业务经营许可证等处罚。2002年，利用星级复核和旅行社年检，对旅游饭店和旅行社进行督促检查和指导；开展“最佳饭店”“最佳旅行社”“优秀旅游景点”“优秀导游员”评选活动。2004年，在全市旅游行业开展“优秀旅游景区”“优秀旅游饭店”“优秀旅行社”“服务明星”等评选活动。2007年，市旅游局采取明察暗访相结合的方式，加大对全市旅游市场秩序的监管力度，开展诚信旅行社评选活动。市旅游局不仅对旅游饭店有日常监督指导，还加大规范化和标准化管理力度，开展年度旅游饭店质量检查和星级标准复核检查，推动旅游饭店加快硬件建设，促进旅游饭店业提高管理水平和服务质量。2008年，市旅游局联合市工商、物价等部门对景区景点、周边购物点、宾馆饭店、农家乐菜馆的明码标价、旅行社超范围经营、旅游广告和损害消费者利益的现象进行查处。

淮安市旅游局还协同市有关部门，不断完善城市现代旅游功能设施。全面推广和规范公用信息图形符号，在火车站、汽车站、旅游涉外饭店、旅游定点商场、定点宾馆、旅游区（点）和厕所等公共场所普遍新设和更换多块公共信息图形符号、安全标志牌和旅游地图广告牌。在城市主要入口和主要交通干道，设置一批中英文对照交通指示牌，做到中英文规范、标识醒目。增设夜间游览点和游览项目，在主要街道完成亮化工程的基础上，对里运河文化长廊、美食一条街、购物步行街作亮化调整，使城市夜景更加令人赏心悦目。在火车站、汽车站、大型商场等游客集散地设立旅游咨询服务中心，具备咨询、预定、受理游客投诉等功能，免费为游客提供服务。在城市主要街区、旅游区（点）、旅行社门市部和定点商店、餐馆以及通往景区道路上改造、新建高标准厕所，并合理配置残疾人专用厕位。

第三节 旅游队伍建设

1978年后，随着旅游业的快速发展，淮安市的旅游队伍迅速发展壮大，旅游从业人员大幅增加。全市旅游企事业单位通过多种形式和途径，加强对旅游业从业人员的教育培训，从业人员素质不断提高，逐步向知识化、专业化、年轻化方向发展。

1978年至20世纪80年代末，由于全市旅游业发展缓慢，加之对经济社会发展的推动作用有限，淮阴市相关部门不重视旅游人才教育培养，没有组织成规模的培训，更多的是各相关单位部门零散式的培养。随着经济社会发展水平不断提升，旅游管理部门对旅游教育培训的重视程度也日益提高。淮阴市旅游部门和旅游企事业单位通过举办讲座、研讨会及岗前、岗位培训班等形式来提高管理和服务人员的业务素质和岗位技能，为旅游事业储备一批专业人才。

1994年4月8日，国内贸易部南京经济学院教学基地、淮阴市旅游局培训基地在盱眙县金谷园饭店举行揭牌仪式。该培训基地由南京经济学院提供师资、淮阴市旅游局组织学员、金谷园饭店提供教学基地3家联合创办。培训对象主要是全市各大宾馆、饭店、招待所的在职员工。同年

6月21—23日，淮阴市旅游局在西园饭店举行全市第三届涉外饭店、招待所“一品梅杯”岗位服务技术操作比赛，230名选手参加比赛。至1994年年末，全市有旅游从业人员1700人。1995年9月22—28日，淮阴市旅游局举办全市涉外饭店、星级宾馆总经理、招待所长培训班，来自全市35家饭店、招待所的负责人参加培训。

随着国内旅游迅速发展，淮阴市专门从事国内旅游服务的导游队伍不断壮大。这批导游一般由各旅行社直接面向社会招收。同时，国内旅行社在旅游接待旺季时，也聘请一些业余兼职导游。市旅游局和各旅行社注重对导游的培训教育和管理，提升导游服务质量。1997年，淮阴市旅游局与市职教中心联合办学，培训旅游专业人才近500人。市旅游局还举办全市导游人员培训班，有89人参加导游人员资格考试。

1999年，淮阴市旅游管理部门首次举办全市旅游饭店总经理岗位资格证书培训班，组织2次全国导游人员资格考试，为旅游企业培训在岗人员1800人次，全市有持证导游人员161名。

2000年，市旅游管理部门与涟水县炎黄大学等高校达成办学协议，培养高层次旅游专门人才，以缓解全市旅游业快速发展与人才短缺之间的矛盾。组织部分县（区）旅游局、旅游饭店负责人参加国家旅游局在南京市举办的旅游涉外饭店星级检查员培训班。组织旅行社管理人员参加旅行社经理资格考试；组织部分旅游景点讲解员参加全省旅游风景区导游员、讲解员比赛。2001年，淮安市有20名旅游饭店正、副总经理通过培训考核，获得国家旅游局颁发的岗位资格证书，80名旅游饭店中层干部受到专业培训，310人获得导游人员资格证书。2002年起，淮阴师范学院、江苏食品职业技术学院等大中专院校开始重视旅游人才培养，餐饮、饭店管理、导游服务等旅游专业人才培训成为全市职业技术教育的新亮点。2002年，淮安市持证导游人员总数达到728人。淮安市与南京市达成旅游业人才培养协议，加强旅游人才交流。2003年，市旅游局举办全市旅游景点负责人培训班、旅游饭店经营管理骨干培训班和骨干导游培训班，培训大批旅游管理人员和服务人员。全市有35名旅游饭店正、副总经理获得国家旅游局颁发的岗位资格证书，266人新通过导游人员资格考试，获得导游人员资格证书，持证导游人员总人数超过1000人。淮阴师范学院于当年开办旅游本科专业。2004年，市旅游局加大旅游教育培训力度，培养旅游管理和服务人员上千名。但淮安市的旅游人才特别是高级管理、规划、策划方面的人才严重缺乏，旅游从业人员的整体素质也相对较低。

至2005年年末，全市拥有持证导游人员1400多人。2006年12月，周恩来纪念馆讲解员吴雪在全国首届红色旅游导游员讲解员比赛中，获得“全国十佳导游员讲解员”称号，这是淮安市讲解员首次在全国性大赛中获奖。2007年，淮安市旅游局举办2次旅游景区景点负责人培训班。2008年3月10日，淮安市旅游局举办旅游景区规划与管理培训班，专门聘请省内著名专家，向各景区景点负责人讲解旅游景区质量等级评定工作的政策法规、技术要求。至2008年年末，淮安市涌现出一批在全国获奖、受到表彰的优秀旅游从业人员。

淮安市志

1978—2008

（下册）

淮安市地方志编纂委员会　编

淮安 HUAI AN CHINA

HUAIAN SHI ZHI

方志出版社

总目录

上　册

中　册

下　册

目 录

（下册）

第二十八卷　金融业

第二十九卷　科学技术

第三十卷　教　育

第三十一卷　文　化

第三十二卷　大运河遗产

第三十三卷　艺　文

第三十四卷　卫　生

第三十五卷 体 育

第三十六卷 精神文明建设

第三十七卷 社会生活

第三十八卷 区县概况

第三十九卷　人　物

·淮安市志·（1978—2008）

第二十八卷　金融业

第一章　金融宏观调控和体制改革

第二章　银行业

第三章　保险业

第四章　证券业

第五章　其他金融业务

第六章　金融监管

1979年以前，淮阴地区金融机构只有人民银行和农村信用合作社，人民银行集商业银行和中央银行职能于一身。从1979年开始，淮阴地区金融行业体制改革正式起步。随着经济的发展，境内金融机构逐步向多元化发展，金融业务逐步多样化。1984年，明确中国人民银行专门行使中央银行职能以后，中国人民银行淮阴市中心支行（以下简称“市人民银行”）实现职能转换，逐步从具体的金融业务中摆脱出来。随着中国保监会、中国证监会、中国银监会分支机构陆续成立，全市信贷市场、货币市场、资本市场、保险市场等金融市场培育逐步成熟。

在推动和促进地方经济持续、健康发展的同时，淮安市金融业自身也在不断发展壮大。至2008末，淮安市有各级各类金融机构600余家。全市4家国有商业银行中的市工商银行、市中国银行、市建设银行完成股份制改造；在市邮电局储汇分局基础上成立中国邮政储蓄银行淮安市分行；保险公司由1980年的1家发展到20家；证券营业部由1993年的1家发展到3家。地方银行业机构发展迅速，在市区城市信用社的基础上成立城市商业银行，并发展为区域性商业银行。各县（区）按照合作制原则对农村信用社进行改造，盱眙县、涟水县先后在农村信用联社基础上成立农村合作银行。

随着行业规模的不断壮大，淮安市金融业逐步向集约型、规模化经营转变，抗风险能力全面提高。截至2008年年末，全市银行业本外币存款余额701.91亿元，是1978年年末1.82亿元的385.66倍；本外币贷款余额464.19亿元，是1978年年末5.43亿元的85.49倍。全市保险费收入22.01亿元，1980年保险业务开办之初时只有112.3万元保费收入。全市股票交易量590.61亿元，较刚开始代理股票交易的1993年增加590亿元。

全市各金融机构普遍实行“审慎经营、稳健经营”的方针。市人民银行在履行金融监管职能期间，加强金融系统风险监控，建立和完善征信管理系统，出台一系列风险控制制度和办法，及时清除不稳定因素及安全隐患。淮安银监分局成立后，督促和指导金融机构防范风险，建立健全现场监管和非现场检查制度，严格监控银行资金违规流入股市、证券交易透支及违规拆借行为。全市金融机构逐步转变经营机制，强化风险意识，加强内部管理，建立和完善授权、授信、审贷分离、贷款责任人、大额疑难贷款报备等管理制度。全市各金融机构还加强从业人员岗位业务知识培训，实行从业资格证制度，全面提高业务管理水平。同时全面清理资产，不断降低不良贷款比率。

随着金融业务的发展，全市金融机构的服务手段也更加丰富。从20世纪90年代开始，全市金融机构不断加大电子化建设资金投入。至2008年年末，全市金融机构全面采用电子化手段处理各项金融业务。市人民银行建立金融卫星通信专用网络，实现跨系统的异地资金划拨和清算同步进行；银行业电子化服务向多元化方向发展，开办ATM（自动柜员机）储户自动存取款服务，设立POS（销售终端）及电话银行，办理信用卡、代发工资、代收公共事业费等服务项目；保险业广泛建立科技管理体系，加大技术人才培养力度，加强金融电子应用系统的开发和运用，保证各项金融业务安全、高效运行；证券业开通运行股票报价交易系统，推行手机短信炒股、手机网上炒股，实现股票无纸化和交易无场化，极大地方便投资者。

至2008年年末，在人民银行宏观调控下，在银监局、保监局、证监局分业监管下，淮安市初步形成政策性金融与商业性金融相分离，国有、地方及股份制、合作制等多种形式金融机构并存，相互配合，适度竞争的金融组织体系。

第一章　金融宏观调控和体制改革

1979年以前，中国人民银行作为中央银行的重要职责是“守计划，把口子”，其组织和调节货币流通，主要是通过统一编制货币信贷计划，统一经营各项信贷业务。总体来说，宏观调控方式简单，力度较弱。1979年以后，中国人民银行为适应金融机构多元化发展和金融业务多样化需求，对信贷计划管理体制进行改革，实行信贷差额控制办法，取得一定效果。1984年中国人民银行专门行使中央银行职能后，开始加大金融宏观调控力度。市人民银行根据上级行要求，探索运用存款准备金、再贴现、利率、中央银行贷款、贷款限额等货币政策工具控制辖内货币总量，调节信贷结构，宏观调控从指令性计划方式逐渐向直接调控与间接调控相结合的方式转变。1985—1988年，淮阴市出现通货膨胀，市人民银行执行保值储蓄、上调利率、紧缩银根等政策措施，抑制通货膨胀，维护经济稳定。在经济秩序较混乱的大环境中，市人民银行贯彻中共中央关于治理经济环境、整顿经济秩序的要求，执行中国人民银行提出的“控制总量、调整结构、保证重点、压缩一般、适时调节、提高效益”的方针，对地方经济进行引导和调控。但由于经济深层次矛盾没有得到根本解决，货币政策的效果不佳。1987年6月3日，淮阴市金融市场开业。总体来说，1992年以前，淮阴市人民银行在执行货币政策方面经历一个“松—紧—松—紧—再松—再紧”循环往复的过程，金融宏观调控始终没有跳出“一紧就死，一松就乱”的怪圈。

1993年以后，按照国务院《关于金融体制改革的决定》，中国人民银行强化金融调控，宏观调控逐步成熟。市人民银行严肃查处乱集资、金融机构变相提高贷款利率等问题，维护全市金融稳定。市人民银行强化基层央行货币政策传导和“窗口指导”功能，理顺货币政策传导机制，建立和完善行长联席会制度，定期编写《经济金融运行报告》，召开银企融资对接会，加强金融生态建设，加强货币市场信贷监测与分析，开展创建金融安全区活动，建立和完善征信系统，出台一系列制度和办法，有效整合辖内金融资源，促进地方经济持续、快速、健康发展。

经过不断的深化改革，至2008年年末，淮安市建立起满足辖内城乡居民和不同层次经济需求的金融服务体系，加强金融业内部管理，完善运行机制，服务手段和服务功能更加齐全，经营实力和抗风险能力明显提高，金融与经济良性互动局面初步形成。

第一节　货币信贷计划管理

1980年，江苏省人民银行按照“统一计划，分级管理，存贷挂钩，差额控制”的信贷计划管理办法，核定当年淮阴地区总借差额度4.38亿元，在完成存款计划和不突破差额条件下多存可以多贷。这一举措意味着传统的“统存统贷”体制出现松动，扩大地方资金调度权，有效地缓解淮阴地区多年来工业贷款紧张的状况。1981年，淮阴地区再次实行“统一计划，分级管理，存贷挂钩，差额包干”的信贷管理办法。完善后的信贷管理办法极大调动金融机构组织资金积极性。至

1983年年末，全市金融机构存款4.89亿元，较1980年增长68.04%。

1984年，中国人民银行专门行使中央银行职能后，信贷管理政策开始改变，但仍实行较严格的信贷计划管理办法。1985年，淮阴市执行“统一计划，划分资金，实贷实存，相互融通”的银行信贷资金管理办法，银行信贷资金统一纳入国家综合计划，各专业银行自主经营，财政性存款全部划为市人民银行的信贷资金，人民银行与各专业银行的资金往来实行“实贷实存”办法。自主经营改变了过去有计划就有资金的模式，银行间长期存在的“大锅饭”问题得到解决。1985年年末，全市金融机构存款8.34亿元，较1983年增长70.55%；总贷款17.26亿元，较1983年增长42.6%，金融机构经营实力明显增强。

1986年，除固定资产贷款项目仍实行指令性计划外，市人民银行对各专业银行信贷规模控制实行指导性计划，各专业银行在批准计划内，自行组织资金，自求资金平衡。是年，淮阴市出现经济过热苗头，经济效益下降，当年年末贷款余额增长33%，大大超过工农业总产值增长幅度。为此，市人民银行按照上级要求，执行“紧中有活”信贷管理政策。从1987年开始，市人民银行将信贷计划与信贷资金分开管理，适度控制贷款规模，效果显著。1990年年末，全市金融机构存款24.85亿元，较1985年增长197.89%；贷款40.58亿元，较1985年增长135.08%。

1991年起，市人民银行对各商业银行仍实行年度信贷计划管理，但指令性计划逐步减少，指导性计划逐步增加，各银行贷款自由度逐步提高。1993年，针对信用总量扩张过快问题，市人民银行在专业银行信贷计划管理方面实行贷款最高限额下的比例管理，将全年贷款限额分解为按季控制，保证各专业银行安排运用资金的灵活性和合理性。同时，将1987年以前市人民银行发放的基数贷款列入期限管理，盘活对专业银行的基数贷款，增强金融宏观调控能力。同年，针对金融机构违章拆借、违规放款现象，市人民银行开展资金清理整顿工作，清理违章拆借资金6.2亿元，收回计划外贷款1.3亿元。1994年，市人民银行按照“总量控制、比例管理、分类指导、市场融通”的基本原则，对辖内银行业机构信贷规模加强监控，采取按月通报、按季抽查的措施，合理安排贷款进度，防止贷款时紧时松现象发生，较好地落实信贷管理计划，满足地方经济发展的资金需要。1997年年末，全市金融机构贷款较1991年年末增长207.49%。

1998年，中国人民银行对以“限额管理”为主要特征的信贷资金管理体制进行彻底改革，对商业银行贷款实行增加量的管理，取消对国有商业银行的贷款限额控制。人民银行对商业银行不再下达指令性贷款计划，改为按年下达指导性贷款计划，在逐步推行资产负债比例管理和风险管理的基础上，实行“计划指导，自求平衡，比例管理，间接调控”的信贷资金管理体制。市各商业银行依法筹集的资金，在缴存准备金、留足备付金、按计划归还市人民银行再贷款和购置政策性金融债券之后，由各行自主使用，按照信贷原则和国家有关政策发放贷款。新的信贷管理体制充分调动商业银行组织存款、放好贷款的积极性。2000年年末，全市金融机构存款180.96亿元，贷款151.67亿元，首次实现由借差到存差的跨越，存差29.29亿元。此后，随着信贷资金管理体制的完善，商业银行经营积极性不断提高，全市金融机构存、贷款快速增加，且存款增长快于贷款增长。2008年年末，全市金融机构存款694.53亿元，贷款451.74亿元，实现存差242.79亿元，是2000年的8.29倍。

第二节 货币政策工具

随着金融业发展和金融体制改革深化，单一依靠信贷计划管理进行金融宏观调控已不适应客

观需要。从1984年开始，中国人民银行增加运用存款准备金、再贴现及公开市场操作等货币政策工具进行金融宏观调控。市人民银行根据上级行要求，通过法定存款准备金、再贴现及再贷款业务的操作，对辖内金融运行进行调控。

一、存款准备金

市人民银行从1984年起，执行存款准备金制度，当年按存款种类规定法定存款准备金率，即企业存款20%、农村存款25%、储蓄存款40%。是年年末，全市金融机构缴存存款准备金0.72亿元。1985年，市人民银行将法定存款准备金率统一调整为10%。是年年末，全市金融机构缴存存款准备金1.05亿元。

1986年起，由于市场货币过多，淮阴市经济出现过热现象，企业盲目上马项目，经济效益下降。同年，全市金融机构贷款与工农业产值之比为2.19∶1，明显高出1985年的1.88∶1。1987年、1988年，中国人民银行先后将存款准备金率提高到12%和13%。市人民银行通过提高存款准备金率，至1988年年末，多冻结辖内市场货币流动性0.4亿元，全市贷款与工农业产值之比下降到1.98∶1，调控效果较好。

1989—1997年，淮阴市市场货币供应量总体适度，物价总体稳定，经济增长速度较快，法定存款准备金率维持在13%。同期全市工农业总产值由1988年的23.28亿元增加到1997年的294亿元，存、贷款总额分别由1988年的24.66亿元、46.18亿元上升到1997年的128.38亿元、149.16亿元，金融机构缴存的存款准备金由2.23亿元增加到17.24亿元（以上数字均含当时的县级宿迁市、灌南县、泗阳县、泗洪县、沭阳县）。

1997年以后，随着市场经济进一步向纵深发展，淮阴市出现经商热、专业市场和综合性商业网点增多等现象。由于工商企业改制，资金供求矛盾逐渐加剧，企业欠贷、欠息情况突出。1998年3月，市人民银行根据总行规定，将辖内存款准备金率由13%下调到8%。1999年11月，存款准备金率继续下调至6%。此后，一直到2002年，存款准备金率维持不变。1998—2001年，全市金融机构缴存的存款准备金维持在10.5亿元左右，2002年年末猛增到16.09亿元。

2003年至2008年上半年，由于淮安市经济增速较快，市场货币供应充足，出现经济过热和物价上涨的苗头。市人民银行在此期间先后20次上调金融机构存款准备金率，共计11.5个百分点。其中，2007年先后10次上调存款准备金率，累计达5.5个百分点；2008年上半年连续5次上调存款准备金率，累计达3个百分点。市人民银行在执行存款准备金制度过程中，还制定金融机构人民币缴存款管理监测预警制度，定期开展存款准备金制度执行情况检查，保证金融机构存款准备金的及时足额缴存。2003—2007年，全市金融机构缴存法定存款准备金增长1.05倍，达42.08亿元。

2008年下半年，为应对美国金融危机的冲击，防止实体经济受到重创，中国人民银行连续4次下调中小金融机构存款准备金率，累计4个百分点；3次下调大型金融机构存款准备金率累计2个百分点。同时，创新性实行差别存款准备金制度。由于存款准备金率下调，全市金融机构缴存存款准备金比上年减少5.28亿元，辖内市场货币供应量显著增加，全市经济运行较为平稳，最大限度地降低金融危机的影响。

二、再贴现和再贷款

1984年，淮阴市人民银行开办再贷款业务。至1985年年末，全市投放该项贷款14.07亿元。1986年中国人民银行颁发《再贴现试行办法》后，市人民银行于1987年开办再贴现业务，有选择地向市工商银行发放再贴现贷款。再贷款、再贴现资金主要投向符合国家产业政策和信贷政策的

大中型骨干企业。至1990年年末，市人民银行向市工商银行发放再贴现贷款1633万元，全市再贷款余额25.73亿元。

1991—1995年，市人民银行再贷款、再贴现业务逐步扩大到市各专业银行。市人民银行对再贷款实行全额管理，并于1994年完成再贷款上划工作，全市上划人民银行再贷款31.9亿元。1995年，市人民银行加强短期融通资金管理，从严控制再贷款。是年年末，全市再贷款余额7.17亿元。同时规范和发展再贴现业务，全年全市办理再贴现11.61亿元，比1994年增加3.61亿元，主要支持烟厂、酒厂、冶金厂、纱厂等效益型骨干企业以及外贸出口和农副产品收购的资金需要。

1996—1999年，市人民银行帮助各商业银行加大投入，支持地方经济发展，累计办理再贴现32.06亿元，主要投向支柱产业、中小企业、个私企业、农业等方面。1997年5月，市人民银行向洪泽农村信用联社发放贷款200万元，为全市首笔支农再贷款，主要用于解决落后地区农业生产资金需求。此后，受宏观经济环境不景气影响，全市金融机构存款增幅下降，信贷资金来源受到一定制约。为正确引导信贷资金投向，合理控制商业银行信贷扩张能力，市人民银行于1998年收回县级人民银行再贴现限额指标。1999年，为增加信贷资金投放，鼓励辖内各大中型企业使用银行承兑汇票，市人民银行取消赊销方式促销，并通过银行再贴现融资，加大对国有重点行业和企业的扶持力度。全年全市办理再贴现546笔，计5.5亿元。

2000—2002年，市人民银行发挥宏观调控和政策导向作用，运用货币政策工具，加大基础货币投放。同时灵活运用再贷款，加大对中小企业和“三农”资金需求的支持力度。2000年，市人民银行向城市信用社发放再贷款3.2亿元，向农村信用社发放支农再贷款0.73亿元。同时，市人民银行运用再贴现业务，推动辖内票据市场发展，以缓解商业银行资金头寸不足的压力，全年向各国有商业银行办理再贴现110笔，计1.7亿元。2001年、2002年，市人民银行分别向7家农村信用合作联社发放3.5亿元无息再贷款和13.65亿元支农再贷款，利用国家支农再贷款和无息再贷款发展农村经济，为全省首例。通过这2项再贷款的发放，引导全市农村信用社新增农业贷款12.47亿元，其中92%的新增农业贷款用于农户发展种植业和养殖业。全市农业贷款余额由2000年的8.65亿元猛增到2002年的20.1亿元。

2003—2005年，市人民银行根据淮安市实际和经济特点，通过再贴现、再贷款和银企融资，较好地缓解辖内中小企业和“三农”经济发展资金紧缺状况。3年间，市人民银行累计向全市各商业银行发放再贷款6.2亿元，办理再贴现1.7亿元，向农村信用社发放支农再贷款59.83亿元。

2006年，市人民银行对全市银行票据融资业务需求下降的情况开展调研。同时开展银企融资对接活动，加强窗口指导，全市每年达成协议融资超100亿元。各种货币政策工具的综合运用，以及资金环境的变化，全市银行机构再贷款、再贴现业务需求减少，自2006年累放再贷款0.5亿元后，辖内未发生再贷款和再贴现业务。

第三节　货币政策引导和窗口指导

1995年，《中华人民共和国中国人民银行法》颁布，中国人民银行职能进一步转换，市人民银行开始重视运用货币政策引导和窗口指导对辖内金融运行进行调控。1995年，市人民银行召开农村金融工作会议，落实信贷支农措施，出台加大农贷投入发展意见，引导和协助农村金融机构推行联保贷款和农户小额贷款。是年年末，市农业银行、农村信用社累计发放农业贷款19.19亿

元。1998年，宏观金融调控方式由直接调控向间接调控转变，窗口指导成为市人民银行传达和执行货币政策的重要方式。此后，市人民银行出台辖区货币信贷管理工作指导意见，正确处理防范风险与支持地方经济发展的关系，加大对农业、国有大中型企业、中小企业、基础设施建设、住房、消费、外贸等方面的信贷投入。1999年，市人民银行制定《关于加大信贷投入有效扩大内需的意见》。是年年末，全市金融机构新增贷款4.81亿元，保证全市重点骨干企业以及扩大内需、基础设施建设和农业投入的资金需求。2000—2001年，市人民银行制定和完善《淮阴市个体私营贷款实施操作办法》《进一步改善中小企业金融服务的意见》，引导辖内金融机构加大对个体私营经济的投入，有效地缓解个体私营企业贷款难问题。2年间，全市新增个体经济贷款3.2亿元，占同期各项贷款增加额的15.5%。

2002—2006年，市人民银行通过贷款贴息、组织融资等多种手段，引导辖内信贷资金向国家政策鼓励和扶持的地区及行业流动。市人民银行通过窗口指导，引导辖内商业银行通过调整授信额度、信贷风险评级等方式，加强信贷风险控制。根据“扶优限劣”原则，市人民银行出台增加有效信贷投入支持地方经济发展的指导意见，并协助地方政府对有效信贷投入力度较大的金融机构进行奖励。2002年，市人民银行贯彻“有保有压”的信贷政策，引导辖内商业银行支持消费信贷业务的发展，鼓励居民消费。市人民银行还引导辖内金融机构落实国家助学贷款政策，解决困难家庭子女上学难问题，全市当年有1140位贫困学生获得国家助学贷款569万元。市人民银行还通过贷款贴息等方式，引导信贷资金向符合国家产业政策和信贷政策的行业及企业流动。2003—2005年，根据宏观调控政策变化，市人民银行强化货币政策引导和窗口指导功能，指导辖内金融机构开展农村“信用一证通”试点，出台针对个体和私营企业的“快易通”“快捷通”贷款业务指引。市人民银行在引导商业银行落实中小企业贷款和职工下岗再就业贷款政策过程中，修订《中小企业信用担保体系建设意见和下岗再就业小额贷款管理办法》。至2006年年末，全市累计向3000多家小企业和9000多家个体工商户发放贷款52亿元。

2007—2008年，市人民银行加强货币政策传导，发挥窗口指导作用，引导辖内商业银行不断加大信贷投入，扩大金融机构与重点骨干企业、中小企业之间银企资金对接活动规模。2007年，市人民银行组织企业参加省、市工商企业融资洽谈会，促成508家企业与银行达成融资协议103亿元。根据国家产业政策和调控政策，市人民银行定期编制《信贷支持企业参考名录》，供金融机构作信贷决策参考。市人民银行牵头开展解决企业“融资难”专题调研活动，缓解企业融资难问题。在全市全面推进、扩大动产质押贷款业务，提高中小企业融资需求满足度。2008年，市人民银行协助市政府及相关部门落实扩大内需政策措施，举办银企融资对接活动3次，促成390家企业与银行达成总计104.77亿元的融资协议。市人民银行会同市经贸委，组织企业参加省“百企千亿”银企对接签约仪式，现场签约额达31亿元；举办全市“双百”银企融资对接，签约融资金额105.67亿元。2007—2008年，全市贷款余额增加119亿元，平均每年增加近60亿元。

第四节　金融体制改革

一、中央银行职能改革

市人民银行作为中央银行的基层机构，在1978年以前既履行基层央行职能，又承担对辖内

金融机构监管责任，还负责具体的金融业务。自市农业银行、市工商银行等专业银行先后恢复和成立后，市人民银行逐渐不再承担具体的金融业务。1998年，中国保监会、中国证监会及其分支机构先后成立，淮安市保险业、证券业的监管权由市人民银行交给江苏省保监局、证监局行使。2003年，中国银监会淮安银监分局设立，市人民银行不再承担金融监管等具体事务，实现职能转换。此后，市人民银行的主要职能为贯彻执行国家货币政策，维护金融秩序稳定，依据法规对辖内金融机构履行领导、管理、协调、监督、稽核职能，为各类金融机构稳健运营和金融市场的有序运作提供完善的服务。

二、成立政策性银行

1995年，市农业银行分设成立市农业发展银行，承担辖内国家粮棉储备、农副产品合同收购、农业开发等方面的政策性贷款，代理财政支农资金的拨付及监督使用，更好地提供对农业的政策性金融支持和服务。这是当时全市首家，也是唯一一家政策性银行。

三、商业银行体制改革

1978年后，淮阴地区境内先后恢复和设立4家国有专业银行，开始打破单一的“大一统”银行体系。1984年起，市各专业银行实行“实贷实存”信贷资金管理体制。针对“实贷实存”的局限性，1992年以后，市各专业银行又推行资产负债比例和风险管理。针对资金上的“大锅饭”问题，市各专业银行先后对联行体制和结算方式进行改革，实行新的资金调拨方式，加入全国卫星通信网，开办电子联行业务，成立清算中心，推广使用商业汇票，推出信用卡等其他支付工具。国有商业银行业务逐步向城市集中。信贷权限适当上收，建立统一的授信制度。在转换经营机制方面，市各商业银行广泛推行行长经营目标责任制、储蓄承包制及柜员制等。在内部经营方面，各商业银行不断改革和创新服务项目和服务手段，拓展中间业务，提高企业化管理水平。2003—2008年，按照建立现代金融企业制度的要求，市中国银行、市建设银行、市工商银行、市农业银行先后进行股份制改革。2008年，在市邮电局储汇分局基础上成立中国邮政储蓄银行淮安市分行，完善辖内国有商业银行体系。全市金融系统还按照建立现代化金融制度要求，累计剥离辖内国有商业银行不良资产60.9亿元（含外币业务）。

四、地方性金融机构改革

1979年，淮阴地区农业银行成立，辖内农村信用社交由该行管理。1984年，淮阴市对农村信用社管理体制进行改革，在不改变原有管理体制前提下，重点恢复农村信用社的“三性”，即社员互助合作、民主管理和服务社区。由于没有突破国家银行管理的框架，因而恢复合作制改革没有取得实质性进展。1987年12月12日，淮阴市第一家由乡办、村办、联户办企业和个人综合筹资建立的金融服务社——清浦区城南乡金融服务社开业。1996年，淮阴市根据国务院出台的《关于农村金融体制改革的决定》精神，按照把农村信用社逐步改为“农民自愿入股、社员民主管理、主要为入股社员服务”的合作金融组织的要求，再次对辖内农村信用社体制进行改革。此次改革，市农业银行与农村信用社脱钩，由市人民银行负责对农村信用社进行金融监管，并按照合作制原则对辖内农村信用社进行规范。但由于未能有效地解决产权制度、所有者缺位和内部人员控制等问题，使此次改革面临诸多困难。同年，分散于市区、县的城市信用社组建成立市城市信用合作社联合社。2000年以后，农村信用社改革被重新提上日程，此次改革强调农村信用社要为“三农”服务，并以小额信用贷款为主，基本解决农村信用社服务定位问题。盱眙县、涟水县先后在农村

信用联社基础上成立农村合作银行。在加强对农村信用社改革的同时，淮安市还成立多家农村小额贷款公司。2000年11月7日，江苏省首家信用村在洪泽县仁和镇金汤村创立。此后，江阴市、太仓市等地的农村商业银行先后到淮安市设立分支机构。2001年，在市城市信用联社基础上成立淮安市商业银行，提高抗风险能力，加大为中小企业服务力度。2006年，淮安市商业银行参加省内14个城市商业银行重组；2007年更名为江苏银行淮安分行。至2008年年末，淮安市初步建立商业金融、政策金融和合作金融并存的地方金融服务体系。

五、外汇、外债管理

淮安市外汇业务起步较晚，规模较小。1984年，市中国银行成立后，专门办理外汇业务。1986年，淮阴市外汇管理局成立，加强对银行外汇业务的管理。同年，实行外汇留成制度，并建立外汇调剂市场。1988年，成立市外汇调剂中心，把市场机制引入外汇分配领域，改变"统收统支"办法。1994年，实现汇率并轨，实行以市场供求为基础、单一的、有管理的浮动汇率制；实施人民币经常项目下有条件可兑换；实行银行结售汇，取消外汇留成和上缴；取消外汇收支的指令性计划；停止发行外汇券；扩大居民因私用汇范围和金额限制。1996年，市外汇管理局对外债实行全口径管理，解除经常项目下人民币兑换的所有限制。1997年9月，市外汇管理局对辖内外汇指定银行扩大外汇业务范围。1998年10月，市外汇管理局将银行业机构外汇业务市场准入审批职能以及对金融机构外币资产质量和风险监管职能移交给人民银行。职能移交后，市外汇管理局保留对金融机构外汇业务的监管职责。1999年7月，市外汇管理局将外汇指定银行"市场准入"和"非现场监管"有关业务移交给市人民银行。

六、保险业改革

1980年，由淮阴地区人民银行内部分设成立中国人民保险公司清江市支公司，开展产、寿险业务。1990年以后，全市各保险公司逐步实行内部目标责任制、中层以下干部聘任制、绩效工资挂钩制等制度。1996年，实行产、寿险业务分开经营，建立健全代理人管理制度，全市保险业竞争机制引入，保险机构迅速增加。2001年，市保险业协会成立，保险公司内部自律和业务创新能力加强。2003年，全市各保险机构与银行合作，开办"银保通"业务，推出银行代理"包销"制。2004年，在全国率先开创与政府联办共保的农业保险新模式。2005年之后，为实现以商险养农险，以农险促商险的目的，在全市开办农民人身意外伤害保险。

七、证券业改革

1994—1995年，淮阴市对证券从业人员实行公开招聘，按照分业经营要求，完成证券业与银行业、信托业脱钩改制工作。1996年，全市证券机构推出国债现货、国债回购交易新品种，并推出沪市交易"无形席位"。1997—1998年，推出电话委托、磁卡委托交易新方式及证券业务"一站式"服务。1999年以后，全市各证券机构加大业务创新和改革力度，转变营销理念，强化和完善绩效挂钩和目标考核制度，开展个性化服务，推广非现场交易方式，开拓周边市场，开发软件分析系统，探索低成本运营模式，与银行合作推出银证转账和银证通服务等。

第二章　银行业

从1979年开始，淮阴地区先后恢复和建立4家国有专业银行，开始打破单一的“大一统”银行体系。1995年，市农业发展银行成立，实现政策性金融与商业性金融的分离。2003年，由中国人民银行淮安市中心支行分设成立中国银监会淮安银监分局。全市银行业的商业化、股份制、合作制等改革不断深化。2003—2008年，按照建立现代金融企业制度的要求，市中国银行、市建设银行、市工商银行、市农业银行先后进行股份制改革。2008年，在市邮电局储汇分局基础上成立中国邮政储蓄银行淮安市分行。农村金融机构改革不断深化，在城市信用社基础上发展成立城市商业银行，经过重组发展成为区域性商业银行；盱眙县、涟水县先后在农村信用联社的基础上成立农村合作银行。

至2008年年末，全市有各类银行业机构近500个，从业人员7199人，基本形成在人民银行宏观调控和银监局统一监管下，商业银行和政策银行相分离，国有、地方及股份制等多种形式并存，相互配合，适度竞争的银行业体系。

第一节　银行业机构

一、中国人民银行淮安市中心支行

1978年以前，中国人民银行淮阴地区中心支行作为中国人民银行的派出机构，兼中央银行和商业银行双重职能。1979年以后，中国人民银行淮阴地区中心支行逐步向专门行使中央银行职能转变。

1979年，随着中国农业银行恢复建立，中国人民银行淮阴地区中心支行与中国农业银行淮阴地区中心支行分开办公。是年年末，中国人民银行淮阴地区中心支行下辖13个县（市）支行。

1982年，中国人民银行淮阴地区中心支行设立保险科，负责管理全地区保险业务。

1983年3月，由于实行市管县体制，中国人民银行清江市支行与中国人民银行淮阴地区中心支行合并，组建成立中国人民银行淮阴市中心支行，下设营业部和城中办事处2个直属营业单位。同年9月，国务院决定中国人民银行专门行使中央银行职能。从1984年1月1日起，中国人民银行淮阴市、县两级机构加挂工商银行牌子。同年，由市人民银行分设成立市人民保险公司。同年12月8日，中国人民银行淮阴市支行更名为中国人民银行淮阴分行，同时设立中国工商银行淮阴市支行。1985年1月1日，市人民银行、市工商银行正式分设。各县人民银行人员、财产全部划归各县工商银行，与人民银行有关的业务由县工商银行代理。1986—1989年，根据中国人民银行关于继续保留县级人民银行的决定，市人民银行完成全辖11个县级人民银行机构的组建工作。

1996年行政区划调整后，至1997年年末，中国人民银行淮阴分行下辖淮阴县、涟水县、县级淮安市、金湖县、洪泽县和盱眙县6个支行。

1999年1月1日，为适应人民银行撤销省级分行，成立大区分行后的新管理体制，中国人民银行淮阴分行更名为中国人民银行淮阴市中心支行。

2001年，淮阴市更名为淮安市，原县级淮安市更名为楚州区，淮阴县更名为淮阴区，中国人民银行淮阴市中心支行随之更名为中国人民银行淮安市中心支行，所辖有关支行也相应更名。同年，淮阴区人民银行被撤销，其人员、业务由市人民银行接管。

2003年，由中国人民银行淮安市中心支行分设成立中国银监会淮安银监分局，各县（区）人民银行相应设立淮安银监分局办事处，中国人民银行淮安市中心支行及其县（区）支行不再承担对辖内银行机构监管的职能。

2004年以后，中国人民银行淮安市中心支行下辖机构、内设机构等相对稳定。截至2008年年末，中国人民银行淮安市中心支行下辖涟水县、楚州区、金湖县、洪泽县和盱眙县5个支行，内设16个部门，职工330人。

二、国家外汇管理局淮安市中心支局

1985年，国家外汇管理局淮阴分局成立，隶属于中国人民银行淮阴分行领导，实行“一套班子，两块牌子”，局长由中国人民银行淮阴分行行长兼任，副局长由中国人民银行淮阴分行副行长兼任。国家外汇管理局淮阴分局内设外汇管理科，下辖县级淮安市支局和县级宿迁市支局。

1999年，国家外汇管理局淮阴分局更名为国家外汇管理局淮阴市中心支局。支局局长、副局长分别由中国人民银行淮阴市中心支行行长、副行长兼任。

2001年，由于行政区划调整和更名，国家外汇管理局淮阴市中心支局更名为国家外汇管理局淮安市中心支局，国家外汇管理局（县级）淮安市支局更名为国家外汇管理局楚州支局。

2002年以后，淮安市外汇管理机构设置没有变化。至2008年年末，国家外汇管理局淮安市中心支局内设外汇管理科，下设楚州支局，有专职外汇管理人员15人。

三、中国银行业监督管理委员会淮安银监分局

2003年4月28日，中国银行业监督管理委员会成立，履行原中国人民银行对银行业监督管理的主要职能。同年12月16日，中国银行业监督管理委员会淮安监管分局（以下简称淮安银监分局）由中国人民银行淮安市中心支行分设成立，履行对辖内银行业金融机构监管职责，同时在楚州、涟水、洪泽、金湖、盱眙5个县（区）设立监管办事处。

2006年10月，根据中国银行业监督管理委员会和江苏银监局的统一部署，楚州、涟水、洪泽、金湖、盱眙5个县（区）的监管办事处人员上收到淮安银监分局集中办公，但监管办事处名称仍保留。

至2008年年末，淮安银监分局内设7个部门，有在编人员60人。

四、中国农业发展银行淮安市分行

1993年12月，国务院出台《关于金融体制改革的决定》，提出组建农业发展银行，把中国农业银行尽快转变为国有商业银行。

1994年6月30日，中国农业银行、中国工商银行正式向中国农业发展银行划转农业政策性信贷业务。由于淮阴市当时尚未成立农业发展银行分支机构，故由市农业银行代理接收划转业务，同时等额划转主要由人民银行再贷款和开户企事业单位存款构成的负债。业务划转后，由市农业银行各级机构全面代理农业发展银行业务。1996年10月11日，淮阴市农业银行分设成立淮阴市

农业发展银行。市农业发展银行下设营业部和市郊区、县级淮安市、淮阴县、涟水县、洪泽县、盱眙县、金湖县7个支行。此后一段时间，该行机构设置保持相对稳定。2005年11月16日，市郊区支行被撤销，业务并入市分行营业部，营业部更名为客户服务中心。

至2008年年末，中国农业发展银行淮安市分行内设9个部（室），下辖7个支行，有员工179人。

五、中国工商银行股份有限公司淮安分行

1983年9月，国务院决定成立中国工商银行，承办原来由中国人民银行办理的城市工商信贷、储蓄和结算等业务，是以经营国内金融业务为主，同时办理国际业务的国家专业银行。

1984年1月1日起，淮阴市、县两级人民银行内部分设人民银行和工商银行两套账务。同年12月8日，中国工商银行淮阴市支行成立，下辖营业部、信托部、城中办事处以及11个县（市）支行。

1985—1990年，市工商银行机构保持相对稳定。至1990年年末，市工商银行下辖11个县（市）支行、1个营业部、1个市直属办事处、27个集镇办事处、20个分理处和41个储蓄所。

1996年3月18日，中国工商银行淮阴开发区办事处成立。同年5月，中国工商银行淮阴市分行直属办事处成立。同年，因行政区划调整，辖内灌南县、沭阳县、泗阳县、泗洪县、县级宿迁市5个县（市）级工商银行先后划出。

1999年8月，中国工商银行淮阴县支行被撤销，改设中国工商银行淮阴市王营分理处，直属淮阴市分行管辖。是年，市工商银行对原淮阴县支行下属机构进行跨区划调整，原有机构并入市分行直属办事处，撤销盐西桥所。

2001年2月，中国工商银行淮阴市分行更名为中国工商银行淮安市分行。中国工商银行淮阴市分行下辖的营业部更名为淮安市城中支行，城中办事处更名为淮安市城南支行，分行直属办事处更名为淮安市城北支行，开发区办事处更名为淮安市新区支行，县级淮安市支行更名为楚州支行，市区37个分理处、储蓄所均相应更名。

2002年，淮安市工商银行撤并2个分理处，撤销6个储蓄所。2004年，淮安市工商银行撤并4个网点，并将淮海路分理处、长西分理处等18个处所升格为二级支行。

2005年10月28日，中国工商银行股份有限公司成立，中国工商银行淮安市分行随之更名为中国工商银行股份有限公司淮安分行。

至2008年年末，淮安市工商银行系统机构数由1990年的103个调整到47个，职工人数由1990年的1926人减少到866人。

六、中国农业银行淮安市分行

1979年2月，国务院出台《关于恢复中国农业银行的通知》，全国自上而下逐级恢复农业银行。

1979年10月11日，中国农业银行淮阴地区中心支行复建成功，辖内各县也同时恢复建立农业银行县级支行，各乡营业所及信用社划归县农业银行管辖。至1980年年末，中国农业银行淮阴地区中心支行设有13个县支行、287个营业所（包括县行营业部、分理处、储蓄部），从业人员2284人。

1983年3月，中国农业银行淮阴地区中心支行更名为中国农业银行淮阴市支行，并设立营业部，将原由中国人民银行清江市支行代理的农行业务划归市农行营业部办理。

1984—1990年，市农业银行机构总体稳定。至1990年年末，中国农业银行淮阴市支行下辖

11个县（市）支行、1个营业部、339个营业所、67个储蓄所，另有干部培训学校、江苏省信托投资公司淮阴办事处、国际业务部、金穗印刷厂4个直属单位，有职工3014人。

1993年3月29日，经中国人民银行江苏省分行批准，中国农业银行淮阴市支行更名为中国农业银行淮阴市分行。同年11月18日，经江苏省农业银行同意，设立中国农业银行淮阴市经济开发区办事处，并在淮阴市农行证券部基础上成立中国农业银行淮阴市证券公司。1994年7月，经江苏省人民银行批准，农行淮阴市证券公司增设代理买卖股票业务，并于同年12月22日在淮阴市清河区河北西路108号设立股票交易营业厅。

1996年下半年，因行政区划调整，淮阴市农业银行分别将灌南县支行划归连云港市农业银行，将沭阳县、泗阳县、泗洪县、县级宿迁市支行划归地级宿迁市农业银行管辖。同年12月，淮阴市农业银行将证券公司转让给南方证券公司。同年，淮阴市农业银行正式与农村信用社脱离行政隶属关系，并分设成立淮阴市农业发展银行。至此，淮阴市农业银行开始进入真正向国有商业银行转化的新的历史时期。

2001年2月，中国农业银行淮阴市分行更名为中国农业银行淮安市分行，其分支机构均按照新的行政区划名称重新命名。

至2005年年末，淮安市农业银行系统有分支行12个、分理处53个，从业人员1097人。2006—2008年，淮安市农业银行撤销5个分理处，并大量招录人员充实基层机构。至2008年年末，淮安市农业银行下辖59个支行和分理处，从业人员1368人。

七、中国银行股份有限公司淮安分行

1983年10月22日，中国银行总行批准筹建中国银行淮阴市支行。1984年8月1日，中国银行淮阴市支行对外办公。是年，经中国银行南京分行批准，成立中国银行淮安（县）办事处。

1990年年末，中国银行淮阴市支行下辖5个县（市）支行、1个营业部、3个分理处、6个储蓄所，从业人员199人。1993年年末，中国银行在淮阴市下辖的各县（市）均设有支行或办事处。

1995年年末，中国银行淮阴市支行的机构网点和从业人员数量均达到最高峰，机构数由1992年年末的38个增加到74个，从业人员由1992年年末的490人增加到854人。

1996年下半年，因行政区划调整，所辖部分县（市）支行被划出。至1996年年末，中国银行淮阴市分行有6个县（市）支行、1个办事处、46个分理处和储蓄所。1997年1月1日，中国银行淮阴市分行更名为中国银行淮阴分行。1999年，该行对下属支行内设机构进行调整，各支行统一设立“三部一室”即业务发展部、管理部、营业部、办公室。

2000年，中国银行淮阴分行对城区机构实施整合。中国银行淮阴县支行更名为中国银行淮阴市城北支行。2000年7月，撤销中国银行清浦办事处，成立中国银行淮阴市城中支行，原清浦办事处及所属网点业务划归城中支行管理。2000年11月，按照优化布局、压缩低产机构的要求，将洪泽县支行降格为洪泽县东风路分理处，撤销其所辖的2个网点。

2001年2月，中国银行淮阴分行更名为中国银行淮安市分行，所辖有关机构均相应更名。是年8月，对盱眙支行机构进行改革，撤销其所辖的3个低产网点。2002年，统一规范机构名称，所辖涟水支行中山办事处、金湖支行金城办事处分别更名为涟水支行中山分理处、金湖支行金城分理处，结束市辖办事处历史。

2004年，在城中支行淮体分理处设立淮安市第一家自助银行。是年，再次进行流程整合，将业务部内设机构调整为客户营销中心、国际结算科和业务管理科，零售业务部内设机构调整为零售贷款营销中心、零售贷款管理中心、个人理财中心和银行卡中心，原业务部和零售业务部的内设机

构被撤销，两大业务部门进一步明确职责和分工，实现部门内前台、中台、后台业务分离。

2005年5月30日，中国银行淮安市分行更名为中国银行股份有限公司淮安分行。至2008年年末，中国银行淮安分行有分支行7个、分理处23个，从业人员539人。

八、中国建设银行股份有限公司淮安分行

建设银行淮安分行自1954年10月由交通银行淮阴支行改建成立后，曾几度撤销又几度恢复。1972年10月16日，中国人民建设银行淮阴地区支行成立，办公地点设在地区财政局内，主要办理基建拨款业务。从1978年1月1日起，淮阴地区建设银行经费由省分行统一拨给，独立核算，并明确业务归上级行领导，党政工作归地方领导。至1979年年末，淮阴地区所辖清江、宿迁、淮安、盱眙4个县（市）设立建设银行支行机构，其余9个县设办事处。

1980年，中国人民建设银行淮阴地区支行更名为中国人民建设银行淮阴地区中心支行，升格为地局级单位。1983年3月，因实行市管县体制，中国人民建设银行淮阴地区中心支行更名为中国人民建设银行淮阴市中心支行，原9个县办事处改为县支行，清江市支行并入市支行营业部。

自1985年11月被纳入国家综合信贷计划后，建设银行开始行使银行、财政双重职能。从1986年起，淮阴市建设银行基层机构迅速增加。1987年，市建设银行开办城市储蓄业务，并大量增设储蓄网点。至1990年年末，市建设银行下辖11个县支行、1个营业部、2个办事处、10个分理处、118个储蓄所，从业人员1345人。

1992年，淮阴市建设银行先后设立项目调查科、省建设银行建设房屋开发总公司淮阴分公司和国际业务部。1993年，淮阴市建设银行先后设立信用卡业务部和开发区办事处，并更名为中国人民建设银行淮阴市分行。1996年3月，淮阴市建设银行成立直属办事处，增设资金清算中心。

1996年下半年，淮阴市建设银行下辖灌南县支行划归连云港市建设银行管辖，泗阳县、沭阳县、泗洪县、县级宿迁市支行划归新成立的地级宿迁市建设银行管辖。同年，中国人民建设银行淮阴市分行更名为中国建设银行淮阴市分行。2001年2月，中国建设银行淮阴市分行更名为中国建设银行淮安市分行，有关下设机构也相应更名。

2005年3月，中国建设银行淮安市分行更名为中国建设银行股份有限公司淮安分行。同年10月，根据上级行组织机构改革实施方案，市建设银行对内设机构设置进行调整。截至2008年年末，中国建设银行股份有限公司淮安分行下辖盱眙、金湖、洪泽、涟水4个县支行和清浦、杨庄、开发区、健康、城北、楚州6个城区支行，有16个分理处和3个储蓄所，从业人员929人。

九、江苏银行淮安分行

江苏银行淮安分行是由原淮安市商业银行参与省内部分城市商业银行联合重组江苏银行后更名而来。淮安市商业银行的前身是市城市信用合作社联合社，其源头是清河城市金融服务社。

20世纪80年代初，在改革开放政策指引下，淮阴市中小型集体经济单位和个体工商户数量迅速增加。为解决其在银行开户难、存款难、结算难特别是贷款难的问题，在清河区政府的倡导和支持下，经市人民银行审查并报请省人民银行批准，于1984年10月1日成立江苏省第一家城市集体性质的金融组织——清河城市金融服务社（后改称清河城市信用社）。同年12月，经淮阴市人民银行批准，淮安县淮城金融服务社成立，后改为淮安县淮城城市信用社。此后，淮阴市下辖各地又陆续成立一些城市信用社。至1990年年末，全市有13个城市信用社、1个金融服务社，职工284人。

1991—1995年，淮阴市的城市信用社及其分支机构数量快速增加。至1995年年末，全市城市信用社及其分支机构达到50个，从业人员716人。

随着城市信用社的快速发展，其机构设置和经营管理中的问题也不断出现。为加强对城市信用社的统一管理，中共淮阴市委、市政府决定在1987年成立的淮阴市城市信用合作联社筹备组的基础上筹建淮阴市城市信用社联合社，并于1995年1月和7月分别获得中国人民银行江苏省分行和中国人民银行总行同意。淮阴市城市信用社联合社筹备领导小组根据1995年4月召开的江苏省第三次城市合作金融会议精神，对辖区内的城市信用社进行规范和整顿。同年10月，淮阴市城市信用合作社联合社筹建工作通过江苏省人民银行验收。

1996年2月，中国人民银行批准江苏省分行关于淮阴市城市信用社联合社开业的申请报告。同年3月28日，淮阴市城市信用社联合社正式成立。

1997年12月，中国人民银行批准淮阴市组建城市商业银行。1998年3月2日，江苏省人民银行在淮阴市召开徐州、淮阴、连云港三市组建城市商业银行会议。同月，淮阴市政府召开淮阴市商业银行组建工作动员大会。同年8月3—7日，省人民银行对淮阴市筹建城市商业银行工作进行验收。但后来因种种原因，全国组建城市商业银行工作暂停。

1999—2000年，淮阴市城市信用社联合社以组建商业银行为主线，对城南、清安、清浦、中新等资不抵债的高风险城市信用社加强整顿，向有关方面争取补亏资金2773.14万元。

2001年2月11日，淮阴市城市信用合作社联合社更名为淮安市城市信用合作社联合社，所辖机构均相应更名。同年3月，中国人民银行淮安市中心支行根据人民银行南京分行核准意见，对淮安市商业银行开业申请作出批复。该批复中提出，同意淮安市商业银行开业，并核准《淮安市商业银行章程》；淮安市商业银行开业后，淮安市城市信用合作社联合社等14家城市信用社按协议自动解散，其原有法人地位取消；同意淮安市商业银行在13家城市信用社及其36家分支机构基础上设立37家支行。同年9月12日，淮安市商业银行创立大会暨首届股东大会召开，会上通过《淮安市商业银行章程》，选举产生第一届董事会、监事会等机构及其组成人员。淮安市商业银行股东由各类企业、个体工商户、城市居民和地方财政入股构成。其中，市财政（市国有资产经营有限公司）出资3600万元，占注册资本金27.5%，另有法人股东95名、个人股东858名。2001年10月18日，淮安市商业银行正式开业，为淮安市第一家股份制金融机构，总资产24.6亿元，设38个营业网点。

2005年，淮安市商业银行进行增资扩股，有6家原法人股东增加入股13450万元，20家新法人股东入股6000万元，763名内部职工入股551.3万元。同年6月17日，新增20001.3万元股本金全部到位。同年8月3日，江苏省工商行政管理局对淮安市商业银行变更注册资本和修改章程进行核准，并颁发新的法人营业执照。增资扩股工作完成后，淮安市商业银行的注册资本由13087.3万元增加到33088.6万元。

2006年，淮安市商业银行参加省内14个城市商业银行联合重组。2007年1月，正式改名为江苏银行淮安分行，组织架构不变。至2008年年末，江苏银行淮安分行有员工754人。

十、中国邮政储蓄银行淮安市分行

1986年4月，淮阴市恢复办理邮政储蓄业务。市邮电局西大街营业处的邮储专柜在全市首家办理邮储业务。当时淮阴市没有专门的邮储管理机构，只是在市邮电局邮政科设立储汇组负责管理邮储业务。至1986年年末，淮阴市邮电部门有11个网点办理邮储业务。

1987—1996年，淮阴市邮储网点进入快速发展时期。至1996年年末，全市邮电部门所有网点均办理邮储业务，全市邮储网点由1986年年末的11个增加到1996年最高峰时的265个。在此期间，市、县（市）邮电局先后设立储汇科或储汇股。

由于行政区划调整，1996年年末，全市邮储网点减少到163个。1997年，撤销合并低效网点，全市邮储网点减少到158个。

2000年3月7日，市邮电局撤销储汇科，成立储汇分局，下辖各县（市）邮电局也陆续成立相应机构来加强对邮储业务的管理。2001年，淮阴市邮电局储汇分局更名为淮安市邮电局储汇分局，有关下辖机构也随所在区域名称变化而相应更名。

2008年3月28日，以淮安市邮电局储汇分局为基础的中国邮政储蓄银行淮安市分行成立。当年年末，中国邮政储蓄银行淮安市分行下辖邮政储蓄网点162个，其中支行级一类网点18个、二类网点60个、邮政代理网点84个，员工301人。

图 28-1 2008年3月，邮储银行淮安市分行成立

市邮储银行 供

十一、农村合作金融机构

（一）淮安市区农村信用合作联社

淮安市区农村信用合作联社由淮阴区农村信用合作联社和市郊区农村信用合作联社合并重组而成。淮阴区农村信用合作联社的前身是于1985年成立的淮阴县农村信用合作联社，归农业银行淮阴县支行领导和管理。淮阴市郊区农村信用合作联社于1995年成立，成立时与市农业银行郊区办事处合署办公，并归其领导和管理。

1995年9月，淮阴县农村信用合作联社在淮阴县王营镇北京路100号成立营业部。同年10月，淮阴市郊区农村信用合作联社与市农行分开办公。是年年末，淮阴县农村信用合作联社下辖30个信用社、1个营业部、7个信用分社和191个信用站，淮阴市郊区农村信用合作联社下辖1个营业部、6个信用社。

1996年9月，淮阴县农村信用合作联社与县农业银行脱钩，由市人民银行接管，日常管理由淮阴市农村金融体制改革领导小组办公室负责。1997年11月，淮阴市郊区农村信用合作联社与市农业银行郊区办事处脱钩，归市人民银行监管。2000年，按照统一法人要求，取消淮阴县辖内各农村信用社的法人资格，由淮阴县农村信用合作联社为统一法人。

2001年1月，淮阴市郊区农村信用合作联社和淮阴县农村信用合作联社分别更名为淮安市郊区农村信用合作联社和淮安市淮阴区农村信用合作联社。同年9月，江苏省农村信用合作联合社成立，淮安市淮阴区农村信用联社和淮安市郊区农村信用联社被纳入省农联社系统管理。

2003年10月21日，淮安市人民政府成立淮安市区农村信用合作联社筹备领导小组。同年11月4日，淮安市郊区农村信用联社和淮阴区农村信用联社分别依法召开理事会、监事会、社员代表大会。通过会议表决，一致通过淮安市郊区农村信用联社与淮阴区农村信用联社合并重组为淮安市区农村信用合作联社的决议。

2004年3月30日，淮安市区农村信用合作联社成立暨首届社员代表大会召开。会议审议通过《淮安市区农村信用联社章程》，选举产生第一届理事会、监事会。新成立的淮安市区农村信用

合作联社下辖41个信用社、4个信用分社和1个营业部，有从业人员390人，服务范围为淮安市清河区、清浦区、淮阴区和市经济开发区。同年6月18日，经江苏省银监局核准，淮安市区农村信用合作联社正式开业。

至2008年年末，淮安市区农村信用合作联社下辖43个信用社、1个信用分社和1个营业部。

（二）楚州区农村信用合作联社

楚州区农村信用合作联社的前身是原淮安县农村信用合作联社。1984年，淮安县农村信用合作联社成立，下设29个农村信用社、11个信用分社。淮安县农村信用合作联社不具备法人资格，隶属市农业银行淮安县支行领导，基层信用社仍是一级法人，实行独立核算。

1988年，淮安县改名为淮安市（县级），原淮安县农村信用合作联社相应改名为淮安市（县级）农村信用合作联社。

1996年，淮安市（县级）农村信用合作联社与淮安市（县级）农业银行脱离行政隶属关系，辖内37个基层信用社、信用分社按照“自主经营、自负盈亏、自担风险、自我约束”原则独立经营。

2000年11月，根据江苏省农村信用社改革试点工作会议部署，淮安市（县级）农村信用联合社与所辖农村信用社合并为一个法人。统一法人后的机构名称为淮安市（县级）农村信用合作社联合社，注册资本480万元，下辖29个信用社、13个信用分社、1个储蓄所。

2001年年初，淮安市（县级）城市信用合作社正式并入淮安市（县级）农村信用合作社联合社，更名为淮安市（县级）城中农村信用合作社。同年2月10日，随着县级淮安市更名为淮安市楚州区，淮安市（县级）农村信用合作社联合社及所属38个分支机构相应变更名称。2003年12月，楚州区农村信用合作社联合社更名为楚州区农村信用合作联社。

至2008年年末，楚州区农村信用合作联社内设8个部门，下辖1个营业部、35个信用社、1个信用分社，员工356人。

（三）洪泽县农村信用合作联社

1979年，洪泽县农村信用社划归县农业银行管理时，全县有13个信用社和1个信用分社。

1982年3月底，洪泽县开始在乡镇以下有粮食供销网点的地方建立信用代办站。1983年，洪泽县掀起建立信用站高潮，一年中增加62个信用站，当年年末全县信用站总数达93个。1984年4月，洪泽县农村信用合作联社正式成立，隶属于县农业银行领导，不具有法人地位。1987年年末至1988年，洪泽县先后撤销4个信用站，增设城北信用分社和新建路信用分社。至1995年年末，洪泽县信用站总数为75个。

1995年11月，根据农村信用社业务发展及资金结算需要，经市人民银行批准，成立洪泽县农村信用合作联社营业部。至此，洪泽县基本形成“县有县联社，乡镇有信用社，村村有网点”的农村信用合作组织网络。同年，洪泽县农村信用联社脱离县农业银行领导，归县人民银行管理。1996年1月，行社分设后，洪泽县农村信用合作社联合社正式成立，业务经营开始走上自主经营、自担风险、自负盈亏的道路。

2000年，洪泽县农村信用合作社联合社成为全县农村信用社统一法人，取消基层信用社法人资格。同年12月22日，洪泽县农村信用合作社联合社召开第一届社员代表大会，选举产生理事会、监事会和领导班子。2003年12月，洪泽县农村信用合作社联合社更名为洪泽县农村信用合作联社。

至2008年年末，洪泽县农村信用合作联社内设9个部门，下辖1个营业部、15个信用社、3个信用分社，在编职工222人。

（四）涟水农村合作银行

涟水农村合作银行的前身是涟水县农村信用合作联社。1979年以前，涟水县各乡镇都设有农村信用社，各农村信用社均具有法人资格，归县人民银行管理。1979年以后，随着农业银行各级分支机构的建立健全，农村金融工作得到加强，农村信用社改革步伐加快。1985年，涟水县农村信用社成立县级联社，不具有法人地位，归属于农业银行涟水县支行管理。1995年年末，涟水县农村信用社与县农业银行脱离隶属关系，自主经营。

1998年10月，涟水县农村信用社在全省率先进行以县为单位的统一法人改革试点，成立涟水县农村信用社联合社，取消各基层信用社的法人资格。2003年12月，涟水县农村信用社联合社更名为涟水县农村信用合作联社。

2006年4月，涟水县农村信用合作联社全面启动农村信用社改革工作。在涟水县农村信用合作联社的基础上，按照股份合作制的组织形式，组建涟水农村合作银行。同年11月18日，涟水农村合作银行创立大会暨首届股东代表大会第一次会议召开，选举产生第一届董事会董事、监事会监事，选举产生董事长，聘任行长、副行长。2007年3月18日，涟水农村合作银行正式挂牌营业，原涟水县农村信用合作联社自行终止，其债权债务转为涟水农村合作银行债权债务。

至2008年年末，涟水农村合作银行内设7个部门，下设32个支行、1个营业部，员工269人。

（五）金湖县农村信用合作联社

金湖县农村信用合作联社的前身是金湖县农村信用社联合社。1979年，随着金湖县农业银行的建立，金湖县原来按乡镇建立的农村信用社由县人民银行划归县农业银行管理。1985年2月，金湖县农村信用社合作联社成立，隶属于金湖县农业银行领导，基层信用社仍然是一级法人，实行独立核算。

1995年年末，金湖县农村信用社与县农业银行脱离隶属关系，转归县人民银行管理，金湖县农村信用社开始走上自主经营道路。是年年末，金湖县有基层农村信用社22个、信用站62个、营业部1个、城镇信用社1个，基本上形成“县有县联社，乡镇有乡镇信用社，村村有网点”的农村信用合作组织服务网络。

1998年12月，金湖县农村信用社开展以县为单位的统一法人改革试点，成立金湖县农村信用合作社联合社，并召开第一届社员代表大会，选举产生第一届理事会、监事会及理事长和监事长。2000年10月，金湖县将基层农村信用社、县农村信用合作社联合社合并为一个法人，取消基层信用社法人资格，明确县农村信用合作社联合社为一级法人。2001年4月，根据人民银行南京分行要求，金湖县70个农村信用代办站被全部撤销。同年9月19日，江苏省农村信用联社挂牌成立，金湖县农村信用社被纳入管理。2003年12月，金湖县农村信用合作社联合社更名为金湖县农村信用合作联社，并重新聘任联社主任、副主任，构建起决策、执行、监督相分离的新型法人治理结构。

至2008年年末，金湖县农村信用合作联社下辖营业部1个、信用社23个、信用分社2个，员工274人。

（六）盱眙农村合作银行

盱眙农村合作银行是在盱眙县农村信用合作联社的基础上成立的，是淮安市首家农村合作银行。

1979年，盱眙县内有20个农村信用合作社。1983年，盱眙县农村信用合作联社成立，归属于农业银行盱眙县支行管理。1985年，盱眙县农村信用合作联社下辖基层信用社增加到25个。1987年，盱眙县信用合作联社下辖基层信用社增加到30个。

1995年，盱眙县农村信用合作联社与盱眙县农业银行脱离行政隶属关系，经营管理上有了自主权。1998年，盱眙县农村信用合作联社更名为盱眙县农村信用合作社联合社。

2000年10月22日，盱眙县农村信用合作社联合社召开第一届社员代表大会，取消基层信用社的法人资格，由县农村信用合作社联合社实行统一法人管理。2001年9月19日，江苏省农村信用联社成立，盱眙县农村信用合作社联合社开始接受其行业管理。1999—2002年，因行政区划调整等原因，盱眙县对相关信用社、信用分社进行撤并或升格。至2002年年末，盱眙县农村信用合作社联合社有营业网点29个。

2003年12月，盱眙县农村信用合作社联合社更名为盱眙农村信用合作联社。2005年12月2日，在盱眙农村信用合作联社基础上，盱眙农村合作银行正式成立。

至2008年年末，盱眙农村合作银行内设8个部门，下辖1个营业部、27个支行，员工297人。

第二节　银行业务

改革开放后，淮阴地区的银行机构在体制、机制、业务等方面逐步进行改革。1980—1985年，淮阴地区银行机构逐步扭转“重贷轻存”思想，通过“实存实贷，相互融通”办法，促进地方经济发展。至1985年年末，全市银行业金融机构人民币存款余额8.34亿元，贷款余额17.26亿元。

1986—1993年，全市各银行在维持专业分工和保持业务特色的同时，全面开办本外币业务。这一时期，工行可以下乡，农行可以进城，银行和企业之间可以自由选择。各银行更加重视资金组织工作，存、贷款业务规模逐年扩大。1986年12月，人民银行淮阴分行设立票据交换中心，集中办理同城票据交换。从1994年起，淮阴市专业银行进入向商业银行转轨变型时期，各银行以市场为导向，经营效益有了较大提高和改善。至1995年年末，全市银行业金融机构人民币存款余额87.41亿元，贷款余额98.2亿元。

1996—2000年，全市银行基本建立现代商业银行制度，其业务经营方式由粗放式经营向集约式经营转变，业务发展由传统业务向开放创新方向发展。1999年以后，全市银行业服务水平、业务质量快速提高，电子化建设迅速发展，实现业务电子化操作、网络信息化处理。至2000年年末，全市银行业金融机构人民币存款余额180.96亿元，贷款余额151.67亿元。

2001—2005年，全市商业银行进行机构收缩撤并，实行扁平化管理。实行干部竞聘上岗，对员工实行点员组合，并将经营成果与干部职工的切身利益联系起来，全市银行稳步走向企业化管理轨道。至2005年年末，全市银行业金融机构人民币存款余额429.77亿元，贷款余额274.66亿元。

2006—2008年，全市各经营性银行拓展中间业务，重点推广理财和银行卡等业务，进一步发展国际结算和代理保险、证券、基金等代收付业务，并通过科技支撑和电子银行业务推动，加快国内结算、资金等业务发展。至2008年年末，全市银行业金融机构人民币存款余额694.53亿元，比1978年年末增加379.6倍；各项贷款余额451.74亿元，比1978年年末增长81.19倍。

一、存款

（一）对公存款

1978年，淮阴地区有人民银行和农村信用社办理对公存款业务，业务种类主要有企业存款、

财政性存款、特种存款、基本建设存款、农村存款等。当年年末，淮阴地区人民币对公存款余额1.52亿元，其中企业存款余额0.53亿元、农村存款余额0.36亿元、其他存款余额0.24亿元。1980年，淮阴地区建设银行成立后，开办专项对公存款业务；淮阴地区农业银行开办农业存款，主要对象是县、市郊的集体农业、开发性农业、国营农场、部队农场等。同年，淮阴地区农村全面推行联产承包责任制，实行包产到户，社队集体存、贷款划分到农户，集体农业存款大量减少。同年，淮阴地区实行独立核算的国营施工企业恢复留利制度，促进银行对公存款增长。1980年年末，淮阴地区银行业金融机构对公存款余额达2.31亿元。

1981—1985年，淮阴市各专业银行实行"实存实贷""以存定贷"的资金管理体制，改变以往"重贷轻存"做法，对公存款组织管理工作得到加强。1984年，市中国银行成立后，开始组织吸收外商投资企业、外事企业及外贸企业存款。市工商银行承办原市人民银行办理的对公存款等业务。至此，全市有市人民银行，市工、农、中、建四大国有专业银行，农村信用社，城市信用社开办对公存款业务。随着淮阴市经济发展和上级鼓励性政策出台，全市银行业金融机构对公存款业务迅速发展。至1985年年末，全市银行业金融机构人民币对公存款余额5.6亿元，为1978年的3.68倍。

1986—1988年，淮阴市经济运行出现过热倾向，主要表现为银行信贷投放过多、市场物价涨幅较高，一段时期内个别地区甚至出现抢购风潮，导致银行存款大幅减少。淮阴市通过治理经济环境、整顿金融秩序、压缩固定资产投资、抑制消费基金增长、加强监督等措施，缓解银行对公存款下滑趋势。但在1988年，全市对公存款仍出现改革开放后的第一次负增长，降幅为3.58%。至1990年，国家连续5年实行紧缩银根货币政策，全市对公存款疲软状况有所好转。1990年，淮阴市政府提出落实企业经营自主权的8条措施，银行在控制信贷规模前提下，强化对公存款业务营销，促进对公存款增长。是年年末，全市银行大中型企业客户由38户增加到128户，全市对公存款余额从1985年的5.6亿元增加到11.51亿元，其中企业存款余额由1985年的2.76亿元增加到6.28亿元。

1991—1995年，淮阴市银行业金融机构相继出台组织资金管理办法，并开始实行多存多得的奖励措施，银行员工走向市场抓存款。1993年，淮阴市政府专门召开"全力组织存款，支持地方经济建设"大会，全市银行业组织存款工作获得支持。是年年末，全市对公存款余额达19.65亿元。1994年，淮阴市国有专业银行开始向国有商业银行转变，银行之间彻底打破垄断，各行开始重视对公存款中企业存款的竞争，加之全市股份制、合作制、私企、个体等新兴经济组织形式发展较快，银行企业存款客户增多，对公存款迅速增加。同时，以贷吸存以及派生存款也随之增加。1995年，淮阴市政府全面部署银行组织企业存款和盘活存量工作。市人民银行制定增存盘活措施，并将目标任务分解下达到全市各金融机构和各经济主管部门，定期考核通报。此举进一步调动银行吸收存款的积极性。是年年末，全市仅企业存款一项就比年初增加8.27亿元，年增长率达73%以上。全市银行业金融机构办理对公存款业务的机构网点723个，达到历史最高点，比1978年增加435个。全市对公存款余额达32.99亿元，比1990年增加21.48亿元。

1996年3月，市城市信用联社成立后，对系统内存款及其他业务实行归口管理。是年9月，市农业发展银行成立，开始开办政策范围内的对公存款业务。是年10月，市农业银行与农村信用社脱钩，农村信用社的存款准备金改向市人民银行缴存，而一般性存款又成为其他银行竞争的对象。随着对公存款竞争加剧，银行乱开户现象时有发生。1997年以后，国家继续执行适度从紧的货币政策，市人民银行加强金融监管，多次对银行对公存款账户进行检查、整改，同时帮助市政府清理、调整财政单位在各银行开立的账户。这一阶段由于房改及储蓄利率下调等原因，淮阴

市对公存款市场一度出现疲软状况，银行组织资金工作面临较多困难，对公存款增长速度减缓。1999—2000年，全市银行业金融机构通过加强存款组织体系建设，对重点存款大户采取差别化服务，引进资金，并全方位吸收对公存款，有效缓解资金供求矛盾。至2000年年末，全市对公存款余额74.66亿元，比1995年年末增长41.67亿元，增幅1.26倍。

2001—2005年，全市各银行业金融机构对存款大户均实行客户经理制，辖内形成齐抓共管的吸存局面。这一时期，各银行加强部门分工、上下联动，建立对公存款管理网络，都把交通、电力、邮电、石油、化工、冶金、烟草、水利、财政、移动通信公司、高校等系统作为对公存款的营销重点，并为其提供存款、贷款、结算等综合服务。全市四大国有商业银行还利用资金汇划清算系统网络的优势，分别与各保险公司、大企业、大公司签订款项划拨协议，并推行银行经理负责制，将工作职能由单纯抓对公存款转向全面的市场营销和客户管理工作。银行业服务的提升促进淮安市经济效益增长，推动对公存款业务的迅速发展。至2005年年末，全市对公存款余额182.41亿元，较2000年年末的74.66亿元增长107.75亿元。

2006—2008年，全市银行业金融机构全面加强银企合作，并运用组合产品营销策略，锁定存款客户。3年间，全市银行业金融机构策划组织86场大型存款及相关业务宣传活动。在此期间，全市服务于农业经济的金融机构突出“面向三农、服务三农”的市场定位，存贷款营销项目逐年增加。市四大国有商业银行加快对公存款经营管理转型，细分市场，细分客户，改革存款绩效考核机制。江苏银行淮安分行打造“市民银行”品牌，全面调整对公存款业务结构，贴近各类优质客户。至2007年年末，全市对公存款余额271.49亿元，比2005年增加89.08亿元。2008年，市人民银行会同市经贸委在全市建立中小企业信息快报制度。各银行对公存款业务改变过去仅注重存款大户的做法，采取瞄准企业高端客户、竞争中端客户、发展中小客户的市场营销策略，均建立和完善分层营销工作机制。全市对公存款继续保持稳健的发展态势。至2008年年末，全市对公存款余额293.82亿元，分别为1978年、1990年、2000年年末对公存款余额的193倍、25倍、3.94倍。

（二）储蓄存款

1978年，淮阴地区有自办吸储网点304个、代办所1082个，其中农村储蓄网点574个。城镇储蓄存款的来源主要以工资收入为主，年储蓄增长占全地区工资总额的2.16%。农村储蓄存款来源绝大部分是农民为了以丰补欠或预防不测事故发生而储存的消费资金或后备金。从存款结构上看，定期储蓄占比较以前明显增加，占总存款的91%。1978年年末，淮阴地区储蓄存款余额0.3亿元。1979年，淮阴地区农业银行从淮阴地区人民银行分设后，续办所辖范围内的储蓄存款业务。1981—1985年，国家多次调高储蓄存款利率，银行开始增加储种，其自行开办的储种主要为定额、定期、有奖储蓄等。1985年1月，市工商银行接办市人民银行相关业务后，全市银行恢复办理定活两便存单储蓄，新开办定期实物有奖储蓄等业务。至1985年年末，全市储蓄存款余额2.74亿元，较1978年年末增加7.13倍。

1986—1990年，全市银行以开放储蓄渠道为突破口，在银行自办网点快速增加的同时，出现邮政自办和银企联办等新型储蓄机构，代办吸储网点也不断增加。储蓄业务实行交叉经营后，全市银行储蓄网点达1169个，储蓄存款余额迅速增加。1986年，市邮电系统的邮政网点、市中国银行、市建设银行先后开办储蓄业务。各银行还增办存本取息定期储蓄、贴水定期储蓄等业务。市中国银行接收市工商银行代办的华侨人民币定期储蓄业务。1988年上半年，受经济过热、物价上涨等因素影响，淮阴市部分地区出现挤兑、抢购风潮，全市储蓄业务出现滑坡。为扭转该状况，市人民银行采取措施，迅速平息挤兑及抢购风潮。1988年7月以后，全市储蓄存款出现回升。全

市各银行业金融机构纷纷开办保值储蓄、住房储蓄、大额可转让定期存单等业务，并自行增办多种实物有奖储蓄业务等。随后，各银行开始推行储蓄承包责任制和“存贷挂钩”制度，广揽储源。1989年，市人民银行成立市储蓄促进委员会，并召开全市人民踊跃参加储蓄大会。全市各银行开展新一轮吸储动员活动。1990年，全市储蓄存款持续上升，至当年年末，全市储蓄存款余额13.34亿元，比1985年增加10.6亿元，增长2.87倍。

1991—1995年，全市各银行业金融机构按照“存款立行”“存款兴行”的指导思想，不断推出新储种，并采取多种方式开展业务竞争，挖掘储源，使得储蓄存款增速不断加快。1991年，淮阴市部分地区农业受灾，农民减收，农村储蓄存款有所减少，全市城乡储蓄存款增势有所放缓。但全市物价平稳，银行保值补贴率连续17个月为0，全市各银行于当年12月1日停办保值储蓄业务。1992年年末，全市各专业银行相继推出特种大额存单业务。至1993年7月，全市各银行业金融机构停办特种大额存单业务。1993年，全市各银行业金融机构再次开办保值储蓄业务。1994年，虽受集资热、股票热、住房改革等因素影响，全市储蓄存款仍保持较快增长势头。全市各银行业金融机构通过增设网点、加强宣传、提高服务水平等多种方式开展吸储竞争。全市银行业金融机构加快储蓄电子化进程，各银行逐步在城区建立储蓄电脑网络系统。全市各银行在市区大型商场、服务行业、基层网点逐步布设POS（销售终端）机、ATM（自动取款机），客户可在POS系统消费，在ATM上直接支取储蓄存款。1994年年末，全市储蓄网点1472个，为历史最高点。至1995年年末，全市储蓄存款余额54.42亿元，比1990年增加41.08亿元，年均增加8.22亿元。

1996—2000年，全市各银行业金融机构把储蓄工作的重点放在实施大所战略上，建立各级领导责任制，辖内多数网点推行“人包门店所包街”吸存责任制，调动员工揽储积极性。1997年上半年，受金融投资渠道增多及国债发行等因素影响，全市储蓄存款增速减缓。同年七八月份之后，储蓄存款增速加快，加之股市降温，资金迅速回流银行。至1997年年末，全市储蓄存款余额80.27亿元，比上年增加10.26亿元，其中大所网点存款增加额占50%以上。1998年，全市各银行对营业网点进行优化整合，首先改善吸储主力网点的工作环境，随后实现银行储蓄网点100%电子化服务。2000年年末，全市银行业金融机构储蓄存款余额首次突破100亿元，达106.3亿元，比1995年年末增加51.88亿元。其中，全市农村信用社新增储蓄存款位居全市银行业之首，达7.03亿元。

2001—2005年，全市城乡居民收入稳定增长，物价总水平呈回升态势，储蓄存款总体增长较快，但各年度存款增幅波动较大，导致这种状况的主要原因是持续实际负利率、高收益投资工具分流、居民房地产投资支出增加等。2001—2003年，全市各银行持续改进和提高储蓄业务服务水平，不断提升电话银行和网上银行服务功能。至2003年年末，全市储蓄存款余额178.25亿元，比2000年增加71.95亿元。2004—2005年，全市各银行业金融机构进一步发挥网点在吸储工作中的主渠道作用，各储蓄网点重点竞争住房拆迁、养老金发放、保险金集中给付、其他代理收付等批量储蓄市场。在竞争中，各储蓄网点加大科技投入，电子化进程突飞猛进。至2005年年末，全市储蓄存款余额247.36亿元，比2000年增加141.06亿元，5年中年平均增加28.21亿元。

2006—2008年，全市各银行业金融机构加快人员结构调整，各银行每年撤并的低效网点均达3个以上，储蓄余额在8000万元以下的储蓄网点年均减少2个。各银行通过加快核心竞争力项目网点建设，每年建成4个标准化项目网点，建成2～4个一般理财网点，储蓄存款结构得到持续优化。2007年，全市储蓄存款在保持多年快速增长情况下，活期储蓄和定期储蓄余额的占比从2005年年末的0.35∶1上升到2007年年末的0.39∶1。在核心竞争力项目网点建设上，全市各银行业金融机构注重电子产品的营销宣传，新版个人网上银行、电话银行、WAP手机银行、短信银行陆续

上线，储蓄业务存取方式逐步改进，电子银行进入寻常百姓家。至2007年年末，全市储蓄存款余额318.48亿元，比2006年增加29.52亿元。2008年，淮安市居民储蓄意愿增强，各银行储蓄存款增速明显并呈定期化趋势。2008年年末，全市储蓄定期存款比年初增加57.77亿元，活期储蓄存款比年初增加24.32亿元。全市储蓄存款余额400.71亿元，比2007年增加82.23亿元，比1978年增加400.41亿元。

二、贷款

（一）流动资金贷款（短期贷款）

1978年，淮阴地区流动资金贷款投放遵循“区别对待，择优扶植”的原则，对完成国家计划好、执行经济合同好、经营管理好、经济效益好的企业优先支持，对产品质量不过关、积压多、赊销预付不合理的企业实行限制，停止发放新贷款。是年，淮阴地区人民银行根据农业人口占全地区总人口90%以上的特点，安排1000万元贷款重点支持农村社队发展多种经营。至1979年年末，淮阴地区流动资金贷款余额5.83亿元，比1978年增加0.46亿元，同比增长8.5%。

1980年，国家开始对信贷管理体制进行改革，全面推行“存贷挂钩，差额控制”办法，银行打破长期执行的“工商信贷指标互不调剂”规定。淮阴地区人民银行当年26次从商业指标中调剂信贷指标0.12亿元给工业企业使用，第三季度全地区工业贷款周转次数较1979年同期加快0.43次。同时，多年来管制较紧的工商业信贷开始松动，放宽对轻纺工业、通用产品、短线产品的贷款投放限制。是年年末，淮阴地区流动资金贷款余额6.92亿元，比1979年增加1.09亿元。其中，工业流动资金贷款余额1.16亿元，比1979年增长18%，65.8%的新增贷款用于轻纺工业。

1981—1982年，淮阴地区人民银行对国营商业贷款实行“以销定贷”政策，贷款与销售额挂钩，减少商品积压，促进生产与销售协调发展。1982年，为解决乡镇企业发展初期盲目建厂、重复建厂问题，淮阴地区农业银行2次组织信贷人员配合有关部门，帮助1746家社队企业进行整顿，帮助企业处理价值893.9万元的积压产品和物资，清理收回不合理占用资金0.42亿元，收回逾期贷款0.11亿元，用于重点支持建材、轻工、服装加工等行业。至1982年年末，淮阴地区流动资金贷款余额9.66亿元，比1981年增长15.27%。

从1982年起，淮阴地区农村全面推广以“大包干”为主要形式的家庭联产承包责任制，农民对发展生产的资金需求日益旺盛。为适应新型生产关系，淮阴地区农业银行组织人员先后到涟水县、淮阴县等地进行农贷调查。针对实行家庭联产承包责任制后信贷资金需求变化，采取多项农村信贷工作措施，支持农民走“一种二养三加工”的路子。至1983年年末，淮阴市有89%的生产队实行家庭联产承包责任制。市农业银行和农村信用社发放农业贷款，重点支持农村发展粮食和经济作物生产。贷款除用于农副业生产费用、购买设备和农民生活外，还包括从事政策允许的农村工商业、运输业及服务行业所需要的流动资金和添置小型农机设备。贷款对象由集体改为个人，采取“个人申请、核定计划、以户发折、分次发放”的贷款办法。至1985年年末，全市农业流动资金贷款余额1亿元，较1978年增加0.37亿元，占全部流动资金贷款15.32亿元的6.53%。

从1983年开始，国营企业流动资金改由人民银行统一管理，市人民银行配合市财政、商业部门对近40户商业企业流动资金进行清理。同时，在30家企业中试行“存贷分户”管理办法，特别是为鼓励和扶持待业人员再就业和自谋职业，放宽城镇集体经济和个体经济贷款条件。至1983年年末，全市流动资金贷款余额为10.5亿元，比1982年增长8.7%。其中，城镇个体工商业流动资金贷款余额81万元，比1981年增长40倍，使460户个体经营者走上就业之路。

1984—1985年，淮阴市开始在国营批零商业中全面推行核定商品库存限额，改变多年来“存

贷合一”的资金供给制。同时，实行按企业“销资率”核定流动资金贷款。对逾期还款、挤占挪用贷款的企业，实行加罚息制度，按“税、贷、货、利”程序扣收，并要求国营企业从税后留利中补充自有流动资金。1985年，全市国营工业企业自补流动资金87.73万元，全市配套流动资金贷款余额增至0.53亿元。是年年末，全市流动资金贷款余额16.03亿元，比1984年增长17%。其中，商业贷款余额9.77亿元，比1984年增长8.2%，比1984年增长1.01倍。

1986年，淮阴市鼓励和扶持乡镇企业、个体工商户发展，全市乡镇企业贷款余额较1985年增加0.63亿元，增幅达91%。工业、商业、农业等其他种类贷款也迅猛增长，贷款增长超过产值的增长，全市出现经济过热苗头，经济效益明显下降。为此，全市各银行及时调整信贷政策，采取“保生产、压物资、支全民、控集体”措施，重点支持企业提高产品质量，生产适销对路、名特优新和出口创汇产品，支持农副产品深加工及轻纺、建材行业发展，对经济效益差的企业停止发放贷款。市工商银行开始对个体工商户办理抵押贷款。市农业银行也放宽个体工商户贷款条件，实行抵押、担保和信用担保并用的“分额联保”办法，对个体私营经济组织给予贷款支持。至1986年年末，尽管采取有保有压的措施，但全市流动资金贷款余额仍高达20.39亿元，比1985年增加4.36亿元，增长27.2%。

1987—1989年，由于延续贷款收紧措施，淮阴市的农副产品采购资金十分紧张，供求矛盾异常突出。为此，全市采取落实调拨销售计划、议价销售随行就市、财政拨足各种加价款和政策性补贴款等措施，保证农副产品收购。全市各银行按照“政府组织、人行牵头、部门努力、农行专管、全面发动、各负其责”的新办法，在资金安排上，实行“一保存款兑付，二保收购；先定购，后议购；先粮、棉、油，后其他”。通过多渠道、多层次筹措落实资金，至1989年年末，全市流动贷款余额为28.24亿元。3年间，全市累计投入农副产品采购资金42.5亿元，保证农副产品采购工作顺利进行，农副产品合同定购和计划收购部分基本没有出现欠款问题，保证生产发展和市场稳定。

1990—1991年，全市各银行按照“控制总量、调整结构”要求，对企业、产品重新筛选排队，列出重点支持的骨干户和基本户，实行信贷倾斜，对不符合产业结构要求的，限制其发展。由于生产发展和资金供求矛盾相当突出，全市工业生产滑坡，市场疲软，能源、资金短缺。两年间，全市工业生产年均递增速度仅为0.88%，效益急剧下滑，部分企业陷入困境。为缓解企业困难，全市各银行采取压贷挂钩、清理三角债等多项措施，增加一类企业贷款，压缩收回三、四类企业贷款，优化二类企业的资金构成，全市一、二类企业贷款余额占贷款总余额的比重提高到92.3%，保证工商企业生产需要，尤其是保证全市农副产品收购任务完成。至1991年年末，全市流动资金贷款余额43.46亿元，比1990年增长16.87%。其中，商业等收购贷款20.86亿元，比上年增长15.6%。

1992—1993年，全市各银行以调整结构、提高效益为中心，继续实施信贷倾斜政策，80%以上的新增贷款集中投向大中型企业。市农业银行针对粮食市场逐步放开和资金供应渠道变化情况，对收购资金实行专户管理，确保专款专用。市工商银行改革市区大中型企业信贷管理体制，将分散在下属机构内的12家综合改革试点重点骨干企业集中到市行统一调度。至1993年年末，全市流动资金贷款余额56.59亿元，较1992年增长10.5%。

1994年，淮阴市遭受特大旱灾和淮河流域严重水污染。市农业银行、农村信用社组织调度资金，支持农村抗灾工作。特别是以改造中低产田为重点，以促进粮、棉、油增产为主要目标，全年发放1.1亿元专项贷款，用于水利投资、改造电灌站、新建粮仓、新建畜禽良种改良站等。同时还投入0.22亿元，用于60多万贫困人口的脱贫开发，全年累放农业贷款3.06亿元，保证农业生产发展资金需求。是年年末，全市流动资金贷款余额68.26亿元，较1993年增加11.67亿元。其中，由于个体私营经济快速发展，全市新增个体工商户6.1万户，私营及个体贷款也大幅度增加，余额达

3912万元，比1993年增长196%。

1995年，淮阴市实行乡镇企业改制，当年完成改制企业1782家，涉及到银行贷款3.08亿元；落实债务企业1083家，占应落实债务企业总数的61%；落实贷款2.53亿元，占应落实贷款的82%。与之前相比，乡镇企业贷款余额没有发生大的变化，实现平稳过渡。市农业银行、农村信用社重点支持农业生产、基础设施建设、生产资料供应和农业科技推广。其中，支持粮棉大县发展经济贷款项目60个，发放贷款1.35亿元；实施黄淮海综合开发及林业贴息专项贷款项目14个，发放贷款0.19亿元；支持5个贫困县实施扶贫项目26个，发放贷款0.22亿元。是年年末，全市流动资金贷款余额达81.09亿元，比1994年增加12.83亿元，同比增长11.88%。其中，农业收购贷款22.36亿元，一般商业贷款余额18.1亿元。此外，全市“三资”（中外合资、中外合作、外商独资）企业贷款3484万元，该贷款为发展外向型经济诞生的新贷种。

1996—1999年，淮阴市银行系统把准信贷投向，支持地方经济发展。各银行先后试行银企互保协议，使市区14家重点工业企业确定各自的互保银行，签约银行流动资金贷款净增额到位率达118%，缓解这些企业资金紧张状况。各银行还支持“三农”经济发展。4年间，市农业银行围绕农业产业化经营开展工作，支持100个基地乡镇、1015个专业村和16.5万个专业户，以及蔬菜、水产、肉鸽、肉牛等11个特色经济区的生产发展。市农业银行、农村信用社按照农业综合开发实验区规划，安排项目投资730万元，启动建设水稻高产品种培育、蔬菜新品种引进和推广、良种猪引进与繁育等4个项目。市农业银行先后向上级行推荐并获批农业产业化和扶贫促小康等农业专项贷款项目16个；全市农村信用社发放小额支农贷款，解决3384户农户资金困难问题。至1999年年末，全市短期贷款（自1996年起，流动资金贷款改称短期贷款）余额152.1亿元，比1995年增加71.01亿元，增长87.56%。其中，工业贷款余额37.13亿元，一般商业贷款余额29.46亿元，收购贷款35.64亿元，农业贷款余额9.87亿元，乡镇企业贷款余额7.92亿元，私营及个体贷款4390万元，“三资”企业贷款6.6亿元，其他短期贷款余额9.33亿元。

2000年，淮阴市加快国有商业系统改制步伐，寻求职工安置、资产剥离、债务处理、产权出售的最佳方案。同年，银行一般商业贷款科目归并到短期贷款科目中进行管理，并逐步压缩此类贷款。至2000年年末，全市一般商业贷款余额25.9亿元，全市国有商业系统改制面90%以上。

从2001年开始，国家取消粮、油、棉定购任务，粮食市场全面放开，购销价格随行就市。从市农业银行独立出来的市农业发展银行，根据“以销定贷、以效定贷”原则，为支持粮棉企业购销经营，把收购资金两季集中投放改为常年按月投放。是年年末，全市农副产品收购贷款余额25.57亿元，与2000年基本持平，实现农行与农发行业务的平稳过渡。

2001—2003年，全市银行系统贯彻执行稳健的货币政策，调整信贷结构，增加有效信贷投入，重点支持大中型骨干企业、成长型企业和有效益、有市场、守信用的企业发展。3年间，市工商银行先后向69家民营企业累放流动资金贷款1.22亿元；市农业银行围绕县域经济发展特点，放宽贷款条件，加大支持私营个体经济力度，累放农业贷款2.91亿元，支持优质高效农业加工企业生产发展，支持50家高端企业发展；市建设银行全面引入市场营销理念，参与市政府组织的“银企对接”活动，先后向21家个、私、民营企业发放贷款0.46亿元；全市农村信用社加快推进农业产业化进程，累计发放贷款8.6亿元，引导农业龙头企业与基地、农户建立利益联结机制，形成“建龙头、带基地、联农民”格局。为解决农民和个体工商户、私营业主“贷款难”问题，全市农村信用社推出集“信用证、贷款证、活期存折”于一体的新型融资工具——“信用一证通”，简化贷款手续。至2003年年末，全市短期贷款余额181.65亿元，比2000年增加48.17亿元，增长36.09%。其中，工业贷款余额达38.15亿元，较2000年增长5.92亿元；农业贷款余额29.06亿元，比2000年增长

20.41亿元；乡镇企业贷款余额8亿元，比2000年增长2.35亿元；其他贷种也增长较快。

2004—2005年，全市银行系统全面落实国家宏观调控政策措施，贯彻执行稳健的货币政策，正确处理支持地方经济发展与防范金融风险的关系。市人民银行会同市经济管理部门和各商业银行，本着“有保有压，不搞一刀切”原则，按照支持、维持、限制3个类别，对全市443家规模以上企业进行梳理，编制印发《信贷支持分类名录》。同时，淮安市部分国有商业银行按照股份制改造的要求，对不良资产进行清收、转化和剥离，导致贷款总额下降。至2005年年末，全市工业贷款余额29.99亿元，较2003年年末下降8.66亿元，其他涉及转化和剥离的商业贷款、建筑业贷款、“三资”企业贷款等余额均有所下降。

2006—2008年，市建行、市中行、市工行等国有商业银行完成股份制改造，按照现代商业银行管理模式，实行重点营销策略，与战略客户加强合作，信贷投放进一步向优质客户集中。全市商业银行抓住国家实施适度宽松的货币政策的机遇，对全市重点产业、优质中小企业等加强金融支持。市农业发展银行支持企业开展自主收购，针对仓容不足问题，协助企业通过维修仓房、促销商品粮、集并和拍卖托市粮、租用社会仓库、搭建露天囤等方法解决仓容问题，保证收购工作顺利开展。至2008年年末，全市短期贷款余额257.78亿元，比2005年的173.33亿元增加84.45亿元，增长48.72%。其中，工业贷款余额58.03亿元，较2005年增加28.04亿元，增幅达93.5%；农业贷款余额达62.81亿元，比2005年增加20.99亿元。全市乡镇企业贷款余额26.72亿元，是1990年9.32倍；收购贷款余额39.23亿元，比2001年市农发行成立时的余额25.57亿元增长53.42%。

（二）固定资产贷款（中长期贷款）

淮安市辖内固定资产贷款（中长期贷款）分为基本建设贷款、技术改造贷款及其他固定资产贷款。1978年至1979年7月，淮阴地区固定资产投资主要是以国家预算和地方预算为投资主体，主要用于企业内部挖潜改造、填平补齐的技术改造项目，由淮阴地区建设银行代为办理。1979年8月以后，辖内技术改造贷款由淮阴地区人民银行办理，淮阴地区建设银行专门办理国家和地方基本建设投资。

1980年2月，中国人民银行印发《关于试办商办工业中短期设备贷款的通知》。同年3月，中国人民银行江苏分行印发《关于中短期专项贷款的补充规定（试行）》，增办专项设备贷款。此后，淮阴地区人民银行开始向工矿、交通、农业、水利、电力等行业发放基本建设贷款和技术改造贷款等固定资产贷款。1980年年末，淮阴地区金融机构固定资产贷款余额581万元。同年，国家将固定资产投资由拨款改为贷款（以下简称“拨改贷”）。淮阴地区建设银行也开始利用存款发放小型基本建设贷款，其中向淮阴纱厂发放“拨改贷”基本建设贷款229.7万元。

1980—1984年，重点支持企业对设备、技术、材料等进行更新改造。支持技术改造项目1037项，发放贷款18505.6万元。为改变淮阴地区交通闭塞、运输落后的状况，淮阴地区人民银行配合地区交通局，发放贷款1011.4万元，更新全地区40%的车辆，改造船舶设备34项，购置新船217艘。发放用于节能方面的贷款3202万元，支持9个节能项目的开发。此外，还支持清江石化厂催化裂化装置工程675万元，建成后不仅使石油产品达到深度加工，每年还可以收回液化石油气4000吨，使淮阴市区8000户居民首次用上液化石油气。发放贷款265万元，支持更新锅炉54台。至1984年年末，全市固定资产贷款余额9479万元，与1980年581万元相比，增长15.3倍。其中，技术改造贷款余额8581万元，基本建设贷款余额898万元。

1985年，工商银行从人民银行机构中独立出来，市工商银行开始接办原由市人民银行办理的固定资产贷款业务。市工商银行作为承担技术改造贷款的主办行，不仅把轻纺工业这一地方传统优势产业作为支持的重点，同时将贷款辐射面扩大到化工、机械、医药、冶金、建材、包装等行业。

市工商银行围绕“三高二低”（高技术、高创汇、高附加值和低能耗、低物耗）产品，重点支持引进国外先进适用技术和设备，通过技术改造促进企业进行扩大再生产。是年，市工商银行发放各类技术改造贷款6591万元。市中国银行接办中国银行南京分行向淮阴市与外贸出口有关企业发放技术改造贷款业务，支持企业生产出口产品。至1985年年末，全市固定资产贷款余额1.23亿元，比上年增长12.1%。其中，技术改造贷款余额1.04亿元，比1984年增长31.85%；基本建设贷款余额1004万元，比1984年增长11.8%；其他中长期贷款余额869万元。

1986—1987年，全市各金融机构贯彻落实国务院《关于推行国营企业技术进步若干政策的暂行规定》，对计划内项目、国家重点项目、生产性建设项目需要的技术改造贷款给予重点支持。1987年，市农业银行开办国营工业基本建设贷款，办理由国家计委、轻工业部商请中国人民银行、中国农业银行安排的淮阴点贷项目——江苏果葡糖有限公司项目。该项目固定资产总投资1.5亿元，其中由市人民银行安排地方经济开发贷款1050万元，市农业银行安排基建贷款9500万元。但该项目由于市场行情变化等原因无法继续投资，最终形成不良资产。市中国银行将外汇贷款重点转向支持经济效益较好的重点企业进行技术改造。该行为支持清江罐头厂引进联邦德国中频电阻焊接机项目，向其发放外汇配套人民币贷款30万元。自1984年起，市建设银行先后4次向淮阴机械总厂发放固定资产贷款，总计502万元。至1987年年末，全市固定资产贷款余额2.06亿元，比1986年增长15.1%。其中，技术改造贷款余额1.47亿元，比1986年增长1.38%；基本建设贷款余额2116万元，比1986年增长76.48%；其他中长期贷款余额3792万元，比1986年增长76.04%。

1988—1990年，由于全社会固定资产投资增长过猛，造成一定程度通货膨胀。为扭转这种状况，国务院发布《关于清理固定资产投资在建项目、压缩投资规模、调整投资结构的通知》。此后，淮阴市各银行协同市政府清理项目办公室，对所有在建项目进行逐项审查，该压缩、停止的坚决压缩、停止。除了一些在建项目或者关系民生的项目外，从严控制新上基本建设贷款项目，重点对能源、交通和原材料的生产建设项目给予政策倾斜，保证重点建设项目资金需求。由于信贷控制较紧，导致经济降温较快，生产下降过猛，地方政府和银行都认识到问题的严重性，至1990年，信贷控制适当放松。至1990年年末，全市固定资产贷款余额3.4亿元，比1989年增长18.62%。其中，技术改造贷款2.44亿元，比1989年增长13.71%；基本建设贷款为5691万元，比1989年增长35.82%。

1991—1992年，国家信贷投放政策有所松动，全市各银行以国家产业政策为导向，支持企业技术进步。1991年，市工商银行累计发放技术改造贷款14372万元，支持企业新上技改项目129个，新增利税1.74亿元人民币，创汇695万美元；市建设银行经办基本建设投资项目752个，发放基本建设贷款22990万元，确保华能淮阴电厂、宁连一级公路淮阴段及沂淮铁路等重点建设项目顺利实施。1992年，由于固定资产投资规模继续扩大，又出现明显的通货膨胀，国务院印发《关于加强对固定资产投资和信贷规模进行宏观调控的通知》，要求各金融机构按照国家产业政策和计划要求，严格控制固定资产贷款，不得超计划发放贷款。市工商银行优先保证23个续建项目的技改贷款资金到位，同时对符合国家产业政策的96个新开工项目落实资金17166万元。市建设银行严格控制发放新贷款，并采取“源头注入、付方启动、收款还欠、连环清理”的方法清理“三角债”，同时加紧回收、盘活存量贷款，提高基本建设资金周转速度。该行全年回收贷款43484万元，比上年多回收12468万元。至1992年年末，全市固定资产贷款余额6.24亿元，比1991年增长23.6%。其中，技术改造贷款余额3.86亿元，比1991年增长20%；基本建设贷款余额为2.11亿元，比1991年增长35.62%；其他中长期贷款余额2756万元。

1993—1995年，全市各金融机构围绕“控制总量、调整结构、面向市场、转换机制、提高效益”的货币信贷方针，从强化固定资产贷款管理入手，努力盘活存量，提前介入用好增量，以产业、产品结构调整的发展战略为依据，深入企业调查摸底，筛选上水平、上档次的技术改造项目。市工商银行优化技改投向，支持企业技术进步，重点支持包括淮阴市光华化学厂的1万吨单脂肪酸、淮阴染整厂的剑杆织机、宁连一级公路建设、淮阴市冶金公司70吨电炉等77个项目，促进地方经济发展。市建设银行调整资金投向，优化信贷结构，发放重点项目贷款1.87亿元，经办投资项目723个，完成投资额4.83亿元。市建设银行在贷款实施过程中，实行贷款达标管理制度，统一进行资金调度，保证华能淮阴电厂、沂淮铁路、宁连一级公路淮阴段、205国道、邮电通信等一大批地方重点建设项目顺利实施。至1995年年末，全市固定资产贷款余额17.11亿元，比1990年增加13.71亿元，增长403.23%。其中，技术改造贷款余额8.66亿元，比1990年增长254.49%；基本建设贷款余额58837万元，比1990年增长933.86%；其他中长期贷款余额24894万元，比1990年增长545.76%。

1996年，全市各国有专业银行开始向国有商业银行经营管理体制转变。各银行按照国有商业银行的经营模式和管理要求，围绕“建设大城市，苏北争先进”目标，加大对交通建设、市政建设和经济开发区、工业园区等基础产业投入力度。是年，新长铁路新淮段在先期发行股票筹集资金难以保证建设需要情况下，市建设银行先后投入1.6亿元，保证新淮铁路建成通车；华能淮阴电厂是淮阴市当时最大的能源投资项目，一期工程开工建设后，市建设银行、市工商银行等注入资金4.3亿元，使该项目提前3个月竣工并网发电。同年，淮阴市启动住房制度改革，市建设银行、市工商银行等被市政府指定为房改金融业务承办银行，两行相继成立市、县两级住房信贷部，为全市1000多个参加房改的单位、18万户职工开设住房公积金账户，累计投放住房专项贷款和安居工程贷款20多亿元。是年年末，全市中长期贷款余额19.98亿元，比1995年增长16.77%。

1997—2000年，全市各金融机构继续深化经营管理体制改革，进一步强化贷款的流动性、安全性和效益性管理，中长期贷款投放向交通、邮电、市政工程等城市基础设施建设项目转移。3年间，市工商银行先后向市政工程公司投放贷款1000万元，支持承德路一、二期工程建设，支持宁连路缺陷维护、多媒体通信大楼等基础设施项目建设；向市汽车客运总公司投放贷款600万元，用于购置豪华高速客车；向市邮电局“杆线到村”项目工程投放贷款1200万元，促进农村通讯事业发展；用超收盘活资金向市区解放东路、新民东路2个市政建设工程发放贷款800万元。市建设银行把支持地方经济发展放在首位，在新投放贷款中，集中支持能源、交通、供电、邮电等基础设施行业和企业，贷款投放总量增加、重点突出、投向集中，有效地保证市重点项目和“双大”（大企业、大行业）客户的资金需求。3年间，市建设银行先后向宁连路淮阴段、徐宁公路半幅段、淮江公路等项目投放贷款1.03亿元，新增投入铁路建设贷款1.08亿元，投入供电部门贷款余额4.7亿元，投入邮电部门贷款余额0.26亿元，向华能淮阴电厂二期工程、淮阴发电厂、金湖入江水道等项目投入贷款12亿元。在市建设银行的信贷支持下，市电化厂、淮阴糖厂、一剪梅集团、淮阴卷烟厂、清江化肥厂、金湖汽配厂、市玩具总厂和清江印染厂等市、县重点生产企业稳步发展。至2000年年末，全市中长期贷款余额17.9亿元，比1995年增加0.79亿元。

2001—2005年，全市各银行逐步完善商业银行的管理方法和措施，努力实现风险最小化和效益最大化。在中长期贷款投放上，各银行仍然把城市基础设施、学校、医院、大企业、大行业作为支持重点。各银行向环城路、承德路、西安路、深圳路等城市交通网络建设项目投入贷款30多亿元，支持凤凰新村、北京新村、富丽花园、富春花园等一大批安居工程建设。市工商银行为江苏省淮阴中学、盱眙中学、金湖中学等校园改造扩建工程争取项目贷款7000万元；向淮钢集团发放

全市第一笔银团贷款5000万元；分别向金湖机械厂投入技术改造贷款2000万元、向江苏南风元明粉有限公司投入贷款400万元、向新华印刷厂投入贷款600万元。市农业银行重点支持全市42家重点企业和在农行开立基本结算户的优良客户的发展，包括淮钢集团、市电信局、深特对外贸易发展有限公司、江苏爱特福集团有限公司、江苏轻纤集团公司、江苏辉煌太阳能有限公司，以及部分大中专院校和医院。市中国银行主要把资金投向高教园区建设，为首批进入市高教园区的淮阴工学院、淮安信息职业技术学院、江苏食品职业技术学院的基建项目提供支持资金9950万元，并向省中行争取，为淮阴工学院新校区建设提供授信额度2亿元。市建设银行累计向公路行业新发放贷款7580万元；在支持华能淮阴电厂一期工程的基础上，向建设银行总行争取华能淮阴电厂二期扩建项目贷款，并签订向华能淮阴电厂二期扩建工程提供10亿元中长期贷款的项目合同。2004年，市建设银行累计投放技术改造贷款35.3亿元，新增技术改造贷款列全市四大国有商业银行第一位。淮安市的中长期贷款快速增加，至2005年年末，全市中长期贷款余额71.41亿元，比2000年增加53.51亿元，增长399.06%。

2006—2008年，全市各银行加大对政府重点投资项目的对接力度，加大对开发园区、工业集中区、民营经济集聚区等重点区域的支持力度，加大对房地产开发项目的信贷投入。市建设银行新增贷款大部分投向AA级（含）以上企业及优质企业，加强客户信用评级，评级覆盖率达96%以上，该行累计新增投入中长期贷款94.88亿元。市工商银行、市中国银行、市农业银行也发挥自身业务优势，集中资金投向地方重点企业和重点建设项目。至2008年年末，全市中长期贷款余额163.6亿元，是1996年的8.18倍；年平均增长速度19.15%，是开办初期1982年的1680倍。

三、中间业务

（一）支付结算

从1978年开始，淮阴地区银行陆续恢复票汇结算，开办农副产品收购定额转账支票等业务，但农村信用社付现量占比仍较大。1980年，淮阴地区人民银行对结算工作进行整顿，整顿后的银行异地结算方式主要有异地托收承付、信用证和汇兑结算3种。随后又恢复开办异地委托收款结算和约期收款结算业务。1984年，开办票汇结算业务。由于农村推行家庭联产承包责任制，农副产品价款结算由集体变为个人，全市银行现金结算比重不断上升，当年全市银行现金汇兑收入818万元。1985年，市人民银行首次试行有6个单位参加的同城票据交换，每天上、下午各交换清算一次。同年，实施《商业汇票承兑贴现办法》，适当扩大全市商业信用范围。

1986—1995年，全市各银行逐步建立起以银行汇票、本票、支票、信用卡为主体的结算工具体系，并逐步实现支付结算业务电子化。从1986年起，全市各银行、城乡信用社对个体经营户推行支票结算。1988年8月，中国人民银行颁发《中国人民银行结算办法》。1989年，全市银行系统取消托收承付结算方式，开办银行汇票、商业汇票、支票、汇兑和委托收款5种新业务，市中国银行开办长城信用卡结算业务。淮阴市部分银行开始使用计算机处理同城票据交换业务，但大部分支付结算业务仍以手工操作为主。1990年，全市银行办理的结算种类有现金支票、转账支票、汇兑、票汇、委托收款、托收承付（当年恢复）、信用卡等。是年，全市银行业支付结算手续费收入166.82万元。1994年，市人民银行制定结算管理制度，全市各银行确立以银行汇票、本票、支票和信用卡为主体的结算工具体系。1995年，淮阴市初步建成以网络传输进行同城票据交换的清算系统，各银行普遍实现结算业务电子化。

1996—1999年，全市各银行陆续开办县辖、省辖、全国电子汇兑业务。1996年，全市国有商业银行先后开通省辖和全国联行电子汇兑业务，并建立资金清算网络系统，实现全国范围内的电

汇、信汇业务1天到账，加急汇款业务2小时到账。当年3月1日起，全市各银行执行中国人民银行颁发的《银行结算手续费标准》，原国家物价局颁发的关于银行结算业务收费标准和邮电费收费标准同时废止。1997年，全市各银行开始执行中国人民银行新颁发的《票据管理实施办法》《支付结算办法》和《支付结算会计核算手续》，并相应地制定实施细则和操作规程。其信用支付工具和结算方式为：票据，主要有银行汇票、商业汇票、支票、华东三省一市银行汇票；其他结算方式，主要有信用卡、汇兑、托收承付和委托收款。1999年，淮阴市银行业将市区同城票据交换扩大到距离市区较近的县（区），为之后推行区域性“大同城”票据交换创造条件。是年，全市银行业支付结算手续费收入703.04万元。

2000—2005年，同业竞争的日趋激烈使全市各银行来自存贷款利差的利润占比率日益降低。这一时期，银行提供的一般性金融支付结算已不能满足市场需求。全市各银行在探索集约化经营的同时，不断开辟新的业务领域。市工商银行、市农业银行、市中国银行、市建设银行拓展国际结算支付业务；市城市商业银行、各信用合作联社扩大国内结算业务。2003—2004年，全市各银行对汇兑、汇票、支票、信用证等业务的资金清算方式进行改进，实行流程整合，简化业务手续，推进汇款集中化处理，加快产品创新步伐。全市四大国有商业银行系统支付结算先后实现全国通存通兑和实时汇划，地方银行实现省内支付结算的通存通兑。2005年，全市各国有商业银行机构全部开通网上银行。全市各银行按照上级部门规定，制定《服务收费价格表》和《服务价格管理实施办法》，各银行统一收费标准，同时在政策允许范围内实施适时的优惠收费政策，以扩大支付结算收入。是年，全市银行业支付结算中间业务手续费收入1890.42万元。

2006—2008年，随着电子科技的快速发展，全市各银行新版网上银行、电话银行、WAP手机银行、短信银行陆续上线，客户银行支付结算方式逐步改变。电子银行开始进入寻常百姓家，逐步替代银行营业柜面支付结算，替代率由2006年的5%上升到2008年的12%。2007年，全市各银行对公国内支付结算、对私国际支付结算中间业务手续费收入增幅超过80%。同年，市人民银行做好支付系统升级换版工作，推进全国支票影像交换系统、联网核查公民身份信息系统、结算账户管理系统、支付管理信息系统和小额支付系统通存通兑业务上线运行操作。全市各银行推广商业承兑汇票、银行本票业务，辖内支付清算服务水平得到提升。其中，“缴费一户通”的实施，推动支付业务创新，初步解决市民缴费难问题。2008年，市邮政储蓄银行成立后，加入同城票据交换网，并开展农村支付结算“快通工程”。淮安市大部分银行还推广公务用卡和农民工银行卡。市人民银行升级改造财税库行横向联网系统，实行社会保险基金“地税统征、国库统收、分类管理”新模式，改革财政国库集中支付清算制，实现市区预算单位财政国库集中支付，其结算业务全面上线运行，同时开通人民银行直接办理涉农补贴支付系统。是年，全市银行业支付结算中间业务手续费收入达1.23亿元，比快速发展初期的2003年增加1.12亿元。

（二）代理收付

1978年，淮阴地区部分县（市）银行网点开始承办代收电费、电话费等业务。从1981年起，淮阴地区银行开办的代理类中间业务除自身营销发展的代收代扣业务外，主要开办代理国家发行的国库券业务。1986—1990年，全市银行网点技术装备和业务处理手段还相对落后，代理业务主要在辖内各县（市）城区发展。全市国有专业银行主要开办代理国库券、代理国家重点建设债券及企业债券业务，并于1989年代理发行保值公债，当年全市发行保值公债5773万元。这一时期，全市银行业代理收付款业务除上述业务外，主要为代发工资业务。代发工资业务是银行以增加储蓄存款为目的，免费为企业事业单位代发职工工资。至1990年年末，全市银行业代理类业务手续费收入26.81万元。

1991—1995年，全市各银行开始代理全国、全省部分彩票销售，代理发行地方企业短期融资债券，国有银行开始拓展代收水电费等代收费业务。1991年，全市各国有专业银行代理发售第1届全国农民运动会有奖体育彩券和亚洲运动会彩券。1994年，全市各国有专业银行代理江苏省“三城会”体育彩票销售。从1995年开始，市工商银行多数网点为企业客户代收水费、电费、电话费，为公安交警部门代收罚没款项；市农业银行独家代收市有线电视费；市建设银行代理公路、邮电等部门收费业务的归集。至1995年年末，全市银行业代理类业务手续费收入422.9万元。

1996—1997年，市工商银行、市建设银行先后与各保险公司签订代理保费收付合作协议。1998—2000年，全市各银行重点发展代理业务，开办的代理业务扩大至代收住房款、代兑企业债券、代收养老保险、代收煤气费、代收手机话费、代收税款、代理证券转账、代理公路收费、代收养路费等。1999年，针对代理业务“政出多门”现象，辖内大多数银行成立业务拓展部，全面负责代理等中间业务的牵头与组织管理工作。2000年，全市各银行加快中间业务电子化网络建设步伐，开发网上新业务项目，并开发出新一代通用代理收费软件，银行代收费品种达30多个。

2001—2005年，全市各银行、城乡信用社进一步完善代理业务组织协调机制，不断加大代理中间业务考核奖惩力度，实行代理产品业务“计价销售”，特别是代理保险业务实现快速发展。2002年，市中国银行在全市首先开通代理A股、B股“银券通”业务，与市公安局协作代理出入境证照收费业务，开办汽车票代售业务。2003—2005年，全市大多数银行实现为中国电信集团有限公司、中国联合网络通信集团有限公司、中国移动通信集团有限公司、市烟草公司等代收费项目的系统升级，年均代理业务收入达115万元。2005年，全市银行业代理类业务手续费收入2316.21万元，其中仅代理保险手续保费收入一项就超过1000万元，列各代理业务项目之首。

2006—2008年，全市各国有商业银行与3家证券公司营业部签订第三方资金存管协议，同时将代理基金、保险纳入捆绑营销机制，取得明显效果。至2007年年末，全市银行当年实现代理基金产品销售额28.81亿元，代理寿险产品销售额6.93亿元。同时，全市各银行全面应用代理业务电子缴费系统，使柜面业务分流率达到20%以上。2008年，全市各银行仍然把代理寿险和基金销售作为提升中间业务收入的重点，并注重以银行卡拉动代理业务的发展。至2008年年末，全市银行业实现代理类中间业务手续费收入9921.24万元，比2003年增长16.44倍。

（三）银行卡业务

淮安市的银行卡（信用卡）业务起步于1990年。当年全市仅有中国银行淮阴市分行代理省中行办理长城信用卡业务。1991年5月，中国银行淮阴市分行正式发行长城信用卡，成为全市银行系统第一家发卡行。1992年9月，工商银行淮阴市分行发行牡丹信用卡。1993年5月，建设银行淮阴市分行发行龙卡。1994年10月，农业银行淮阴市分行发行金穗卡。这一时期，发卡行的制卡、授权、清算等基本操作均为半手工方式。1995年，全市各大专业银行县（市）支行全部开办人民币信用卡发卡业务。其发行的人民币信用卡主要分为单位卡和个人卡2种，单位卡持卡人可领用一张主卡和若干张附属卡。人民币信用卡可以在各银行指定机构网点取现，也可在全国签约的特约商户直接消费。是年，各发卡行及特约商户开始使用POS（销售终端）机操作相关业务，银行卡业务的手工操作方式基本停用。至1995年年末，全市有银行卡特约商户621个。全年全市银行卡业务手续费收入147.11万元。

1996年，市中国银行安装全市第一台ATM（自动柜员机），同时首发长城彩照卡。市工商银行由于在一段时期内片面强调信用卡业务的高收益，忽视风险，致使该行当年信用卡透支总额达3570万元，造成1000多万元损失。该行经重新定位，开始主攻风险较小的牡丹灵通卡。淮阴市部分银行为控制风险，也开始限制透支业务，并将此项业务向风险较小的代理类业务渗透。

银行卡业务的迅猛发展，使全市各发卡行更加重视其中的商机，促使银行卡业务功能逐步渗透到其他相关业务，发卡量逐年增加，经营效益不断提高。1997年，市工商银行首先在牡丹卡上增加代理水、电、气和证券转让4项功能。1998年，市中国银行率先利用信用卡与华泰证券淮阴营业部开办A股银证转账业务。1999年，淮阴市邮政储蓄机构发行绿卡。至2000年年末，全市人民币信用卡累计发卡71.6万张，存款余额3.4亿元，年交易额200多亿元。

随着电子科技水平的不断提高以及银行卡用卡环境的不断改善，全市银行卡业务实现联网合作，银行卡业务功能进一步增加，银行卡的发卡量及交易量取得突破。2002年，市工商银行首先在市行成立银行卡服务中心，直接经营市区牡丹卡业务，并通过卡业务推动POS机代收保险费功能；中国银行淮阴市分行首先将卡数据统一集中到位于上海的中国银行华东信息中心，使卡数据处理速度快速提高，联网范围进一步扩大。2003年6月，市商业银行“九州卡”开始发行。同月，市人民银行电子结算中心成立，专门负责全市银行卡联网合作工作，统一发展特约商户，实现全市银行卡POS机联网通用。是年，全市银行卡业务手续费收入645.93万元。2004年，市区农村信用社开始发行圆鼎卡。至2005年年末，全市有银联特约商户329家、POS机470台，银行卡交易额首次突破10亿元，全辖银行业实现银行卡中间业务手续费收入1168.14万元。

2006—2008年，由于农民工银行卡的开通、贷记卡的发行、公务卡的推广以及管理工作的加强，全市银行卡业务快速发展。2007年，市工商银行新增发灵通卡7.38万张，实现消费3.9亿元，银行卡业务收入485.2万元，位列全市同业之首；市建设银行贷记卡达2.6万张，位居全市同业第一。2008年，市人民银行协调各银行推广使用公务卡，改善银行卡使用环境，组织开展打击银行卡犯罪活动，有效遏制信用卡恶意透支行为。全市各银行把重点放在卡业务的系统管理以及调整卡户结构上，提高银行卡业务的贡献率。全市各发卡行都把收入稳定、消费前卫、个人信誉高的客户作为银行卡业务的重点发展对象，从整体上提高卡户的层次，银行卡服务质量得到大幅度提升。至2008年年末，全市发展银联特约商户698家、银联POS机976台，刷卡交易额年均20.5亿元，全辖银行业银行卡业务手续费收入2261.14万元，比2000年增长10.16倍。

（四）理财业务

2002—2005年是淮安银行业金融机构开办银行理财业务的起步阶段，全市国有商业银行先后在各自系统内推出银行理财产品。这一时期，全市各银行推出的理财产品主要是将银行产品与保险、基金等产品捆绑营销，并启动实施客户VIP服务。

2002年4月，市工商银行营业部率先在全市开办人民币理财业务。当年下半年，市工商银行城中支行、城南支行、新区支行个人金融超市逐步实施向以个人投资理财业务为核心的战略转移，推出以“理财金账户”为品牌的个人理财产品。是年，市工商银行为辖内各理财网点培训10多名个人理财客户经理，理财网点开始为客户提供“一站式”理财服务。

2003年开始，市工商银行实施理财中心核心竞争力项目，打造富淮分理处理财业务品牌，发挥其引领、示范和样板效应。至2005年年末，市工商银行完善4家标准理财中心建设，逐步建立起由标准理财中心、一般理财中心和自助服务等构成的多层次网点服务体系。市工商银行全面推广“理财金账户”服务，客户可在辖区80%的营业网点贵宾服务区、理财中心获得个性化理财优质服务。2003—2005年，市中国银行、市建设银行、市农业银行先后在市区构建以人工理财、自助理财、智能理财为主要形式的个人理财中心及理财网点，理财工作不受地域限制。全市各银行推广的个人理财产品，主要是证券基金和保险业务，以及存款、贷款业务等方面的综合理财。全市各银行通过个人理财推进中间业务、个人信贷业务的创新与整合，利用理财账户进军中、高端客户市场，同时对客户实施VIP服务。这一时期，市中国银行还利用外汇业务优势，先后推出“汇

聚宝”外汇投资理财产品和“春、夏、秋、冬”外汇理财系列产品。在该行辖内分、支行营业部的理财窗口进行产品认购。“汇聚宝”又名外汇结构存款，该产品在普通外汇存款基础上，按照客户对利率、汇率等资产价格预期，嵌入与汇率、利率等相挂钩的期权，通过理财渠道将这一揽子“结构性”产品提供给投资者。市建设银行于2005年推出“乐当家”个人理财业务产品，以贵宾理财工作室为渠道，采取人工、自助、智能理财“三位一体”服务方式，多层次展开理财服务。至2005年年末，市建设银行个人理财客户经理超过20人，VIP客户数量比2004年增加81%，个人消费贷款余额比2004年增长52%。

2006—2008年，全市各银行业金融机构全面开办理财业务，并进入快速成长期。全市各银行及分支机构通过扩展理财中心及网点建设，配备专兼职理财经理，提高维护和发展高端客户的能力，并创新推出多种银行理财产品，为不同客户量身定做投资理财方案，提升各行综合理财服务的贡献度。

这一时期，市工商银行升级一般理财网点15个，辖内机构网点全面增设理财窗口，加强产品的交叉销售。2006年，市工商银行率先在全省实行集中式银保合作模式。2007年，市工商银行推出法人理财业务，代客境外理财产品，当年推出“理财+信托”类理财产品，丰富基金优选等资本市场相关产品。该行还推出多款新股申购型、基金优选类、代客外汇理财等产品，特别是在代理销售理财产品中，基金代销量、存量、客户数量以及银行保险产品、国债销售额均位居全市同业之首。

从2006年开始，市农业银行、市中国银行、市建设银行分层次逐步建立证券投资、个体民营、储蓄大户目标库，先后实行各分支机构理财室经理对VIP客户专人营销。同时，加强和完善产品组织和产品支持体系，通过分析不同产品的特点和不同客户的需求，为客户制定投资理财方案，将适宜的业务产品介绍给投资者，并定期向理财客户通报银行创新产品及市场行情，使理财服务工作更加人性化。市农业银行整合个人外汇产品，形成“汇利丰”个人理财、“留学一站通”“快乐商旅”“汇款无忧”产品系列；增加个人理财资金交易品种，推出包括人民币结构性存款，“本利丰”“安心得利”等人民币理财产品，并重点加强城市网点“金钥匙”理财中心建设。市中国银行将外汇业务经验运用到人民币业务领域，规范委托理财业务以及“中银增值理财计划”系列产品，完成信托、票据理财等一系列产品的推广。市中国银行先后推出“信用范围”外汇理财、“博弈”人民币理财产品，推出市中国银行创新的“进口押汇/进口保付达业务+远期售汇业务”产品组合和“外汇贷款+人民币保证金质押+远期售汇”产品组合。理财新品的推广，促成该行全年叙做9.85亿元对公人民币理财业务。市建设银行推出以对公客户为主的“龙信”系列理财产品；个人理财重点推广“利得盈”“汇得盈”等理财系列产品；资金业务推出“财富公益”产品，推出本、外币结合的理财产品。在上级行的支持下，市建设银行建立支持零售客户分析、策略制定、营销信息系统，为理财经理及临柜销售人员提供集客户管理、营销资讯信息、理财工具和产品销售于一体的业务处理平台。2008年，市江苏银行、市市区农村信用合作联社、市邮政储蓄银行开始重视理财业务，扩展理财机构网点，完善理财服务功能，并通过银行卡、代理保险、VIP客户服务，有针对性地推介个人客户产品，面向市场推介灵活性和稳健性兼备的对公人民币结构性存款理财产品。

2008年，全市银行业金融机构通过理财业务进一步带动各自重点产品的销售。市工商银行实现个人理财产品销售13.01亿元，全市占比排名第一；实现法人理财产品销售24.38亿元，为2007年同期的81倍。市农业银行个人理财产品中仅代理保险就实现1.21亿元，法人理财产品中仅人民币结构性存款就实现交易量1.32亿元。市中国银行个人理财业务中仅代理保险、代销基

金就分别实现销售额8596万元、9766万元，通过对公、对私理财实现手续费收入3869万元，比2007年增长80.2%。市建设银行个人理财业务带动个人高端客户数及金融资产快速增长，全年实现AUM（资产管理规模）300万元以上客户新增26户，增长率185%，AUM300万元以上高端客户金融资产新增7480万元，增长率242%，两项业绩在全省系统排名第一。市江苏银行实现代理保险收入3100万元，实现“紫金”理财产品手续费收入1391万元。全市邮储机构实现理财产品手续费收入1814.5万元。是年，全市银行业金融机构代理发行理财产品67个，交易金额53.42亿元。

四、外汇业务

（一）外汇存款

1.单位外汇存款

1978年至1984年7月，淮阴市发生的单位外汇存款须到淮阴市以外的中国银行机构办理开户及存取款业务。1978年，淮安无线电元件厂首开淮阴地区引进外资先河，在省中国银行开设单位外汇账户。1984年8月1日，市中国银行成立后，为全市开辟单位办理外汇存取款业务通道。1986年，淮阴市钟表配件厂与香港客商合资，进账存款100万美元。1987年，“三资”企业存款成为单位外汇存款的主力，全市有17个单位与6个国家及境外地区建立业务联系。市中国银行当年对开户企业仅办理外资、侨资、合资企业活期存款，年末存款余额84.5万美元。

1991—2000年，随着招商引资力度的加大，全市各银行“三资”企业外汇存款户逐年增多，单位外汇存款以美元为主，存款总量逐年上升。1991年，市中国银行开办单位外汇存款业务的网点达31个。1992年，淮阴市掀起利用外资高潮，当年开设外汇存款账户的“三资”企业超过100家，市中国银行在金湖县、涟水县、淮阴县、洪泽县的分支机构实现县辖单位外汇存款开户零的突破。当年年末，全市银行单位外汇存款余额615.9万美元。从1993年起，市工商银行、市农业银行、市建设银行的营业部相继开办单位外汇定期、活期存款业务。至1994年年末，全市银行“三资”企业开户达333户，单位外汇存款余额833万美元。这一时期，银行所发生的单位外汇存款主要为中资企业外汇活期存款，存款数额较小，波动性较大。1996年，国家实施外汇管理体制改革，外汇指定银行对企业客户实行结售汇制度，不允许企业保留大量外汇，因此全市银行机构的单位外汇存款量有所下降。1996年年末，全市银行单位外汇存款余额为523万美元。1997—2000年，全市“三资”企业、外商投资企业实际利用外资总额逐年增加，带动单位外汇存款的增长，存款种类也随之增加。1997年，全市在银行开设单位外汇存款账户的“三资”企业有304家。1999—2000年，全市累计有53家外商投资企业在银行开设单位外汇存款账户。至2000年年末，全市银行机构有单位外汇存款账户385户，存款余额3741万美元。

2001—2005年，淮安市对利用外资采取特别优惠政策，全市外商投资大型企业增资较多，个人独资企业逐年增加。但由于受人民币升值影响，银行外汇存款出现下滑，全市四大国有商业银行之间竞争不断加剧，单位外汇存款的波动性较大。2001年，全市外商投资企业增资、独资项目及其他方式利用外资项目资金达5696万美元。至当年年末，全市银行单位外汇存款余额3459万美元。2002年，淮安市新增26家获得进出口经营权的生产企业，全市获得进出口经营权的生产企业总数达77家。在银行开设单位外汇存款账户的企业中，除小部分单位入账外汇存款较多外，大多数外商投资企业的单位，外汇存款受国际形势以及人民币升值预期压力等因素影响，呈现下降态势。当年年末，全市银行单位外汇存款余额1507万美元。2004—2005年，全市银行外汇存款入账较多的主要有江苏韩泰轮胎有限公司、江苏利淮钢铁有限公司等。2004年年末和2005年

年末，全市银行单位外汇存款余额分别为1348万美元、1014万美元。

2006—2008年，全市银行单位外汇存款增长幅度较大。随着人民币升值速度加快，单位持有美元资产的意愿不断下降，淮安市四大国有商业银行单位外汇存款余额中活期存款占比较高，月末、季末存款波动较大。2007年，淮安市引进一批大型台资项目，银行单位外汇存款增速加快。2007年年末，淮安市银行单位外汇存款余额3464万美元，比2000年增加1720万美元。2008年，全市利用外资增资扩股活跃，增资扩股外资企业达47家，其中台资实际到账占比加大，达19257万美元，台资到账额位列苏北地区五市之首。由于受人民币升值预期下降，股市、楼市低迷，以及企业结汇意愿降低的影响，全市银行单位外汇存款上半年增速呈波浪式上行，下半年快速走高。2008年年末，全市银行单位外汇存款余额8496万美元，比2007年年末增加5032万美元，比2005年年末增加7482万美元。

2.个人外汇存款

1984年以前，淮阴地区没有直接开办个人外汇存款业务的银行机构。1984—1991年，仅有市中国银行开办个人外汇存款业务，主要为定期存款，币种有美元、港元、日元、马克、英镑、法国法郎6种。1990年，市中国银行增办丙种定、活两便外汇存款和外汇存款预约转存业务。1991年，市中国银行在原开办的种类上增加澳大利亚元、加拿大元、瑞士法郎等货币的钞户、汇户个人外汇存款业务。当年年末，全市个人外汇存款余额440万美元。

1992—1995年，淮阴市的对外交往逐渐增多，随着外汇捐赠、招商引资和对台交往的活跃，淮阴市银行机构个人外汇存款及种类不断增多。市工商银行、市农业银行、市建设银行先后开办个人外汇存款业务，但业务种类、存期档次等均没有市中国银行丰富。这一时期，市中国银行开办个人外汇存款业务的网点由17个发展到75个，市工商银行、市农业银行、市建设银行开办个人外汇存款业务的网点均由成立时的1个发展到覆盖辖区内所有县（市）支行营业部。1993—1995年，淮阴市出国劳务人员累计1000多人次，比1986—1990年增长4.2倍，出国劳务人员收入的外汇大多存入辖内银行机构。至1995年年末，全市个人外汇存款余额1884万美元，比1990年年末增长4.28倍。

1996—1998年，国家对外汇管理体制进行重大改革，此时也处于全国金融工作整顿治理时期，加之银行机构撤并和行政区划调整等原因，淮阴市银行个人外汇存款增长减速。至1997年年末，淮阴市有华侨、华人和港澳同胞2500户10500人，这一部分人员持有的个人外汇存款数额占全市个人外汇存款总额的30%。1998年，淮阴市四大国有商业银行都把吸收个人外汇存款作为工作重点，采取各种措施，广揽外汇存款，改变该项存款增速缓慢的状况，全市银行个人外汇存款余额明显上升。1998年年末，全市个人外汇存款余额达2686万美元，比1996年年末增加862万美元，其中市中国银行的个人外汇增量存款远超其他银行，达1604万美元。

1999—2002年，到淮安市的台胞累计5189人次，出国劳务人员也逐年增加。赡家给付款、国外汇款促使全市个人外汇存款连续加速增长。随着居民生活水平的提高，市民持有外汇欲望增强，加上美元利率与人民币利率差，都刺激个人外汇存款的增长。随着全市侨汇收入的增长，非贸易外汇转入个人外汇存款，加之个私企业对外贸易收入增长，促使部分外汇收入转成储蓄存款。全市的个人外汇存款实现连续稳步增长。1999—2002年，全市个人外汇存款余额分别为3180万美元、3979万美元、4663万美元、5157万美元，其中2002年的全市个人外汇存款余额达到历史最高点。

2003—2008年，淮安市劳务输出人数迅速增加，由外出劳务人员带来的个人外汇存款，主要来自于建筑、交通、机电、纺织、水利、矿业等领域。但由于人民币汇率升值速度加快及结售汇自

由度提高等因素的影响，全市个人外汇存款余额呈持续下滑趋势。在此期间，市国有商业银行均采取一系列措施，如开展个人外汇存款吸存业务竞赛、运用特色产品锁定客户等，对遏制个人外汇存款滑坡起到一定作用。至2008年年末，全市银行机构个人外汇存款余额2312万美元。

（二）外汇贷款

淮阴地区银行机构于1977年开始办理外汇贷款业务。当时淮阴地区人民银行为代理行，其审批权集中在中国银行南京分行。外汇贷款主要用于支持创汇企业进口国内短缺的原材料和关键技术设备。1977年3月，淮阴地区人民银行发放给清江罐头食品厂1.5万美元外汇贷款用于购进设备，这是淮阴地区代理的第一笔外汇贷款。同年，外贸部又批准淮阴地区47万美元的短期外汇额度，用于更新土畜产品、粮油食品加工设备。1978年，省中国银行又发放45.4万美元外汇贷款给淮阴地区购买设备，用于加工提炼薄荷油等食品项目。1980年，清江印染厂向省中国银行申请60万美元外汇贷款额度，用于引进印花机、蒸化机等关键设备。贷款批准后，该厂获得30万美元特种乙类贷款，剩余30万美元为地方留成外汇担保，期限3年。至1983年年末，省中国银行累计向淮阴地区发放外汇贷款76.5万美元。

1984年8月，省中国银行把淮阴市承办的外汇贷款业务划入新成立的市中国银行。1985年，市中国银行按照市政府的要求，发挥外汇外贸专业银行职能作用，支持当地外向型经济发展，注重把“三资”企业作为贷款投放重点。该行全年发放外汇贷款245.9万美元，其中优惠利率贷款104.9万美元、特种甲类贷款31万美元、特种乙类贷款110万美元。

1986—1990年，市中国银行支持制线、胶鞋、无线电、造纸、服装等行业改进技术，新上技术改造项目48个，发放中短期外汇贷款4700万美元。其中，向淮阴无线电元件厂发放外汇贷款156.5万美元，配套人民币贷款249万元，帮助该厂从国外引进配套生产设备，提高产品质量和竞争力，中周元件供应国内200多家彩电生产厂使用，产量居全国之首，还有部分产品销往香港。这一时期，国家严格控制固定资产规模，市中国银行外汇流动资金贷款主要向大中型企业倾斜，累计向冶金、纺织、化纤、胶鞋等行业10余家重点骨干企业发放流动资金贷款1400万美元，用于购进原材料。至1990年年末，全市外汇贷款余额2699万美元，是1978年的59倍。

1991—1995年，市工商银行、市农业银行、市建设银行相继开办外汇贷款业务，重点支持国有大中型出口创汇企业和“三资”企业发展。淮阴市四大国有商业银行累计投入短期和中长期外汇贷款9800万美元。至1995年年末，淮阴市的外汇贷款余额1.13亿美元，其中市中国银行外汇贷款余额9600万美元。

1996—2000年，淮阴市的四大国有商业银行注重优化外汇贷款增量，优先支持优质客户。1998年，全市各银行与45户重点优质外汇企业签订银保协议。当年年末，全市银行外汇贷款余额1.43亿美元。1999年以后，市中国银行向江苏韩泰轮胎有限公司每年投入短期外汇贷款1000多万美元，为淮钢集团有限公司提供2000万美元贸易融资授信额度，每年分别向淮钢集团有限公司、江苏利淮钢铁有限公司提供1000万美元以上的外汇贷款支持。这些贷款主要为叙做质押、抵押、票据贴现、贸易融资、足额保证金下的承兑汇票等风险较小的资产业务。长期以来，淮阴市部分外汇贷款企业在生产经营上出现问题，经济效益差，资金回笼受阻，逾期贷款增多，外汇资产呈高风险态势。开办外汇贷款业务的市工商银行、市农业银行、市中国银行、市建设银行也出现较高的资产风险。至2000年年末，经剥离不良外汇贷款资产7100万美元后，全市银行机构外汇贷款余额6689万美元。

2001—2005年，市四大国有商业银行除了对少数效益好、实力强的重点骨干企业继续投放外汇贷款外，对高风险和有潜在风险的企业实施退出机制。同时抓住企业改制、转制的机遇和优惠

政策，通过债务重组、法律诉讼、打包处置、不良资产剥离等方式，提高外汇资产质量。2005年，全市银行机构累计发放外汇贷款1.6亿美元，而至当年年末，该项贷款余额只有8281万美元。

2006—2008年，市国有商业银行进一步强化外汇资产安全性管理，严格执行投放准入标准和退出刚性措施，优化外汇资产结构，压缩风险相对较高的短期和中长期贷款，重点发展进出口贸易融资外汇贷款业务。2008年年末，全市各项外汇贷款余额1.82亿美元，较2005年增加0.99亿美元。其中，贸易融资1.77亿美元，占比97.3%；贸易融资较2005年增加1.3亿美元，增幅279%；短期外汇贷款由2005年的1094万美元减少至1万美元；中长期外汇贷款由2530万美元减少至550万美元，降幅78%。

（三）境外结算

1.非贸易结算

侨汇 1978—1983年，淮阴地区银行办理的侨汇业务是由上级人民银行委托当地人民银行指定各县（市）级银行网点办理。在此期间，淮阴地区银行累计解付侨汇241万元。这一时期，淮阴地区人民银行解付的侨汇来源主要是华侨、港澳台同胞汇回赡养其国内亲属的汇款。1980年以后，淮阴地区落实侨汇政策，银行开始发展侨汇业务。1983年，侨汇票证使用周期由原来的1年延长到2年，淮阴地区的侨汇业务开始较快发展。1984—1990年，市中国银行开办外币票据买汇业务，对侨眷持有的外币票据，银行可以照票付款。市区侨汇解付由市中国银行办理，县以下委托人民银行各县（市）支行解付。市中国银行5个县级支行建立后，接办县级人民银行机构网点代办的侨汇业务。1990年年末，市中国银行累计办理赡家侨汇117.97万元、建筑侨汇10.14万元。

1991—1993年，淮阴市辖内的所有县（市）陆续设立中国银行分支机构，所办理的侨汇业务大部分是信汇，直接通汇解付香港、澳门、新加坡等联行汇入的汇款，每年办理侨汇200余万元。1994—1995年，国家进行外汇管理体制改革，侨汇券、外汇兑换券停止发行。侨汇业务逐步改变传统做法，居民所发生的赡家、建筑侨汇用途发生变化，转化为存款、购物、购房、投资等多种用途，大量的侨汇转成丙种外币存款。1995年1月1日，按上级部门要求，淮阴市停止发放侨汇券。同年7月，市中国银行开始对辖内侨汇券进行收缴。1996年，国家取消华侨人民币存款种类，全市物资供应丰富，外汇储备增多，侨汇由市外汇指定银行视同境外个人汇款进行收支处理，不再区别对待。

外汇兑换券 1980年4月1日，国家开始发行外汇兑换券。外汇兑换券是由中国银行发行，含有外汇价值的特殊的人民币代用券。1981—1983年，淮阴地区人民银行开始代理省中国银行收兑外汇兑换券，主要是到淮阴地区的外国人、外籍华人、港澳台同胞在辖内指定范围购买商品所支付的人民币代用券。1984年8月，市中国银行建立后，开始直接办理外汇兑换券业务。外汇兑换券与人民币等值，角以下没有分券，用人民币分币找零。是年年末，市中国银行外汇兑换券余额16万元。1985年，市外汇管理局批准并向市第一招待所、市友谊公司侨汇商店、淮安宾馆等单位颁发核准收取外汇兑换券许可证，允许其在市中国银行开立外汇兑换券现汇账户，按规定结汇，办理外汇留成。1989—1993年，市外汇管理局、市中国银行配合公安部门开展打击外汇黑市交易活动，使外汇黑市交易有所收敛。这一时期，市中国银行年均收兑外汇兑换券总量在30万～40万元。1994年12月31日，中国人民银行发布外汇兑换券停止流通的通知。市场上的外汇兑换券由中国银行办理兑换回收，收兑工作延续到1996年6月30日。全市共收回外汇兑换券97万元，集中上缴省中国银行。

国际卡 1993年，省中国银行发行外汇长城信用卡后，市中国银行开始面向全市代办发卡。

同年6月，市中国银行开始代理国外信用卡付款业务。1994年，市中国银行开始代理国外信用卡收单业务，并发展淮阴宾馆、淮海大厦为外卡受理特约商户。从1996年开始，市中国银行受理外卡品种逐步增加，其受理的国外信用卡主要有万事达卡、威士卡、运通卡、大来卡和JCB卡等。2001年10月，市中国银行在全市首先代理发行长城国际卡，此卡有效期3年，有美元和港币2种货币供客户选择，随后又增加欧元和英镑币种。2005年5月，市中国银行发售中银VISA奥运信用卡，此卡有一种为双币卡，可开立两个账户供客户选择，币种有美元、港币、日元、欧元和英镑等。市中国银行从开始代理外卡业务至2008年年末，每年受理外卡交易量在5万～7万美元。

旅行支票及旅行信用证　1984—1993年，市中国银行开办美元、日元、港币3种外币旅行支票代理兑付业务，最常见为旅客兑付的有英国通济隆银行，日本东京银行、富士银行，美国花旗银行、运通银行的旅行支票。在此期间，市中国银行每年兑付量均在20万美元左右。1993年，市中国银行为方便淮阴市的出国人员，在全市开办代售美国运通银行、花旗银行旅行支票业务。该行当年代售旅行支票13万美元。由于外汇信用卡业务盛行，该项业务代售及代兑量逐年减少。2001年，市中国银行在全市代理长城国际信用卡业务后，代售旅行支票业务逐步被外币信用卡等业务取代。

市中国银行受理的旅行信用证，最常见的是新加坡中国银行和香港中银集团开出的旅行信用证，大都以港币和外汇人民币为计算单位，主要由到淮阴市游客在支付零星费用时使用。这两项业务在全市外汇结算业务总量中占比重较小。由于使用手续不便等原因，旅行信用证从1991年开始逐渐被旅行支票、信用卡等支付工具取代。

外币兑换　1983年以前，淮阴地区银行不直接办理外币收兑业务，凡有外币持兑者，市人民银行皆以托收方式向中国银行南京分行办理兑换。1984年8月，市中国银行成立后，开办外币兑换业务，挂牌兑换18种外币，通常兑换的以美元、港币、日元、英镑等为主。1986年，该行在淮安宾馆、淮阴国际旅行社设立外币代兑点。由于收兑的外币种类增多，识别真伪技术难度大，该行除加强对代兑人培训外，还采取电话通知主动上门收兑等办法，以方便外宾和华侨兑换外币。市中国银行从1986年开始，针对外币假钞流行的特点，每年举办2期以上外币反假培训，提高银行及代兑点人员反假技能，并于1992年发现并没收全市第一张面额为100美元的假钞。1993年，市中国银行在全市各县（市）均设立分支机构，所辖网点全部办理外币兑换业务。1985—1990年，全市外汇兑换人民币151.16万元。1991—1996年，全市外汇兑换人民币2141万元。1997年，全市外币兑换人民币收入1267万元，支出876万元。

市工商银行、市农业银行分别于1998年、2000年开办外币兑换业务，但其办理的外币兑换业务量均很小，全市外币兑换业务主要集中在市中国银行办理。1998—2001年，全市外汇兑换黑市交易猖獗，市外汇管理局、市中国银行联合公安部门组织开展打击外汇黑市交易活动，但仍有大量的外币现钞在银行外兑换，致使银行外币兑换收入急剧下降。2000年年末，全市外币兑换人民币收入373万元，支出240万元。2001年，淮安市组织较大规模的严打外汇黑市交易活动，银行外币收兑工作情况好转。当年年末，全市外币兑换人民币收入1424万元，支出1105万元。2002年以后，受外汇汇率等因素影响，全市银行外币兑换人民币收入逐年下降，支出逐年上升。2008年，全市外币兑换人民币收入6187万元，支出8082万元。自该项业务开办起至2008年年末，全市银行累计没收美元假钞929张，金额9.8万美元，公安机关破获相关案件6起，抓获违法人员13人。

2.国际贸易结算

从1984年开始，市中国银行所办理的国际贸易结算主要是代理省中国银行办理信用证项下

的进出口业务。由于该项业务在银行经营中能够产生多方面的积极作用，20世纪90年代后，市四大国有商业银行都把国际贸易结算作为外汇业务的经营重点。1991年，市中国银行在全市首家对外办理国际贸易结算，并通过省中国银行与国外银行建立的代理行关系，开办出口押汇、进出口结算业务。1992年，市工商银行开始自办国际贸易结算业务。1993年，市中国银行开办进出口押汇、信用证、票据贴现等业务。同年，市农业银行、市建设银行陆续开办国际贸易结算业务，各银行与美国、日本、意大利等多个国家和大陆境外地区银行建立起代理行关系。是年，全市四大国有商业银行办理国际贸易结算4146万美元，其中出口结算2415万美元、进口结算1731万美元。1994—1995年，淮阴市开办国际贸易结算业务的银行不断改进收汇方式，扩大国外代理行网络，开通SWIET（环球同业银行金融电讯协会）通讯业务，大大加快收付汇速度，业务办理更加安全快捷。1995年，全市国际贸易进出口结算额超过1亿美元，比1994年增长20%。

1996—2000年，淮阴市四大国有商业银行在国际贸易结算业务上展开较为激烈的竞争。各银行抓住企业改组改制机遇，采取汇率优惠、降低押汇率和费率等办法，争揽优质企业客户。这一时期，各银行在资金十分困难的情况下，保证国际贸易结算业务的开展，保证打包贷款的资金需求。1997年7月，市中国银行利用淮阴海关开关机遇，独家开办加工贸易保证金台账业务。在此期间，市中国银行、市工商银行在全市保持较高的国际贸易结算市场份额。1999年年末，全市进出口贸易结算金额1.69亿美元。2000年，市中国银行办理进出口结算8358万美元，比1999年增加2338万美元；办理远期结售汇1170万美元，比1999年增长20多倍。全年全市银行业金融机构进出口贸易结算金额2.62亿美元。

2001—2008年，全市国际贸易结算业务品种由过去单一的汇款和单证业务发展到保函、保理等几十种业务，具体项目增加远期结售汇、授权信用证等多种结算融资。2003年年末，全市银行机构国际贸易结算总额3.76亿美元，比2002年增长32.7%。2004年、2005年，市工商银行、市中国银行国际贸易结算额分别突破2亿元。市中国银行在全市首家开办假远期信用证业务。2005年年末，全市国际贸易进出口总额达7.97亿美元，比2004年增长48.3%。2006—2008年，淮安市国有商业银行推广叙做汇利达、协议付款、国内信用证项下福费廷、海外代付等产品，各行结售汇业务实行一日多价，结束1994年以来一直使用的一日一价历史。全市各银行通过走访、座谈、举办国际论坛等形式，向客户推介新业务，使各年度的国际贸易结算产品线整体盈利能力持续提高，业务量快速增加。2008年年末，全市国际贸易结算总额25.77亿美元，比2000年增长8.84倍。

1978—2008年部分年份淮安市银行系统人民币存款余额表

表28-1　　　　单位：万元

年份	项目＼金额＼行别	合计	人行	农发行	工行	农行	中行	建行	江苏银行	邮储银行	市区农联社	楚州农联社	洪泽农联社	金湖农联社	盱眙农合行	涟水农合行
1978	各项存款	18156	15771	—	—	—	—	—	—	—	241	542	409	507	257	429
	一、对公存款	15187	13601	—	—	—	—	—	—	—	183	390	271	326	171	245
	企业存款	5347	5055	—	—	—	—	—	—	—	48	91	47	24	39	43
	财政性存款	3821	3821	—	—	—	—	—	—	—	—	—	—	—	—	—
	农村存款	3612	2760	—	—	—	—	—	—	—	107	167	153	226	92	107
	其他存款	2407	1965	—	—	—	—	—	—	—	28	132	71	76	40	95
	二、储蓄存款	2969	2170	—	—	—	—	—	—	—	58	152	138	181	86	184
1980	各项存款	29132	14704	—	—	10243	—	—	—	—	480	864	603	805	399	1034
	一、对公存款	23132	11057	—	—	9798	—	—	—	—	356	545	267	450	132	527
	企业存款	10335	6150	—	—	3709	—	—	—	—	129	115	48	36	35	113
	财政性存款	1912	1912	—	—	—	—	—	—	—	—	—	—	—	—	—
	农村存款	6868	—	—	—	5578	—	—	—	—	153	299	153	353	64	268
	其他存款	4017	2995	—	—	511	—	—	—	—	74	131	66	61	33	146
	二、储蓄存款	6000	3647	—	—	445	—	—	—	—	124	319	336	355	267	507
1985	各项存款	83428	1415	—	38437	24069	286	8223	1543	—	376	1858	1728	2337	1315	1841
	一、对公存款	56036	1415	—	23939	19338	283	8223	948	—	102	384	305	514	298	287
	企业存款	27638	—	—	15578	5011	276	5584	617	—	31	134	115	80	164	48
	财政性存款	1732	1415	—	22	16	—	279	—	—	—	—	—	—	—	—
	农村存款	11431	—	—	359	9933	—	—	—	—	67	215	127	409	113	208
	其他存款	15235	—	—	7980	4378	7	2360	331	—	4	35	63	25	21	31
	二、储蓄存款	27392	—	—	14498	4731	3	—	595	—	274	1474	1423	1823	1017	1554

续表 28-1

年份	项目 \ 金额 \ 行别	合计	人行	农发行	工行	农行	中行	建行	江苏银行	邮储银行	市区农联社	楚州农联社	洪泽农联社	金湖农联社	盱眙农合行	涟水农合行
1990	各项存款	248527	5748	—	90348	60181	11464	30940	11974	3764	6423	6279	4684	6701	5158	4863
	一、对公存款	115081	5748	—	44500	32317	6871	14358	7292	—	739	642	754	499	921	440
	企业存款	62756	44	—	26817	15648	3580	12085	2978	—	441	197	309	111	400	146
	财政性存款	14623	5704	—	7891	820	5	203	—	—	—	—	—	—	—	—
	农村存款	17203	—	—	2510	12559	—	—	—	—	260	416	309	362	502	285
	其他存款	20499	—	—	7282	3290	3286	2070	4314	—	38	29	136	26	19	9
	二、储蓄存款	133446	—	—	45848	27864	4593	16582	4682	3764	5684	5637	3930	6202	4237	4423
1995	各项存款	874132	4054	3095	214527	214132	61726	150056	69444	41248	25224	22701	13103	19411	19415	15996
	一、对公存款	329917	4054	3095	86458	84432	19151	77582	43950	—	3607	1751	1173	1572	2217	875
	企业存款	195169	—	3095	54553	28396	6723	69226	33176	—	—	—	—	—	—	—
	财政性存款	11841	4054	—	5914	713	1096	64	—	—	—	—	—	—	—	—
	农村存款	56098	—	—	—	47008	—	—	—	—	1794	1625	1173	1406	2217	875
	其他存款	66809	—	—	25991	8315	11332	8292	10774	—	1813	126	—	166	—	—
	二、储蓄存款	544215	—	—	128069	129700	42575	72474	25494	41248	21617	20950	11930	17839	17198	15121
2000	各项存款	1809641	11753	4635	455074	314162	131542	350152	181007	143754	52170	42575	26628	32134	32973	31082
	一、对公存款	746640	11753	4635	195673	105834	53969	197160	134983	—	15642	7093	3463	6691	6551	3193
	企业存款	612297	—	3169	165271	95117	46574	170464	127159	—	1502	589	291	1225	925	11
	财政性存款	40900	11753	—	14108	864	—	13097	—	—	370	295	209	43	—	161
	农村存款	35385	—	—	—	4352	—	—	—	—	11324	4847	2862	5295	4545	2160
	其他存款	58058	—	1466	16294	5501	7395	13599	7824	—	2446	1362	101	128	1081	861
	二、储蓄存款	1063001	—	—	259401	208328	77573	152992	46024	143754	36528	35482	23165	25443	26422	27889

续表 28-1

年份	项目 \ 金额 \ 行别	合计	人行	农发行	工行	农行	中行	建行	江苏银行	邮储银行	市区农联社	楚州农联社	洪泽农联社	金湖农联社	盱眙农合行	涟水农合行
2005	各项存款	4297706	41457	18212	865136	590019	429448	440842	819574	448349	177340	100779	89169	105983	106582	64816
	一、对公存款	1824083	41457	18212	388746	153335	206441	206269	608063	—	85294	18719	26650	35607	23978	11312
	企业存款	1094073	—	17308	200312	131250	158543	180097	380895	—	5291	3078	5189	5727	4620	1763
	财政性存款	418419	41457	—	126386	7064	20	25978	211779	—	1098	2419	263	76	85	1794
	农村存款	126610	—	—	—	4663	—	154	344	—	51580	10944	21166	16381	14136	7242
	其他存款	184981	—	904	62048	10358	47878	40	15045	—	27325	2278	32	13423	5137	513
	二、储蓄存款	2473623	—	—	476390	436684	223007	234573	211511	448349	92046	82060	62519	70376	82604	53504
2008	各项存款	6945328	151252	47372	1229465	1096877	684517	883918	885145	680474	348962	211965	184974	184924	210433	145050
	一、对公存款	2938226	151252	47372	607699	360517	322233	467583	551074	32630	135405	43298	76080	69925	43968	29190
	企业存款	1717813	—	41326	358313	280439	252937	305920	385974	32006	9210	8782	20724	15036	4309	2837
	财政性存款	565291	132330	—	154140	47373	—	107315	105683	—	1036	5331	498	9	374	11202
	农村存款	237737	—	—	—	—	—	863	—	624	91049	25719	52786	21504	34326	10866
	其他存款	417385	18922	6046	95246	32705	69296	53485	59417	—	34110	3466	2072	33376	4959	4285
	二、储蓄存款	4007102	—	—	621766	736360	362284	416335	334071	647844	213557	168667	108894	114999	166465	115860

1978—2008年部分年份淮安市银行系统人民币贷款余额表

表28-2　　　　单位：万元

年份	项目	合计	人行	农发行	工行	农行	中行	建行	江苏银行	邮储银行	市区农联社	楚州农联社	洪泽农联社	金湖农联社	盱眙农合行	涟水农合行
1978	各项贷款	54252	53712	—	—	—	—	—	—	—	104	199	36	29	79	93
	工业贷款	8764	8764	—	—	—	—	—	—	—	—	—	—	—	—	—
	商业贷款	38948	38948	—	—	—	—	—	—	—	—	—	—	—	—	—
	其中：收购贷款	7494	7494	—	—	—	—	—	—	—	—	—	—	—	—	—
	农业贷款	6285	5745	—	—	—	—	—	—	—	104	199	36	29	79	93
	其他贷款	255	255	—	—	—	—	—	—	—	—	—	—	—	—	—
1980	各项贷款	69815	48671	—	—	20348	—	—	—	—	159	218	32	45	234	108
	工业贷款	11644	11636	—	—	8	—	—	—	—	—	—	—	—	—	—
	商业贷款	48558	36501	—	—	12057	—	—	—	—	—	—	—	—	—	—
	其中：收购贷款	11262	11262	—	—	—	—	—	—	—	—	—	—	—	—	—
	农业贷款	6839	—	—	—	6436	—	—	—	—	61	89	14	11	215	13
	个私工商贷款	143	—	—	—	—	—	—	—	—	16	32	13	10	16	56
	固定资产贷款	581	534	—	—	47	—	—	—	—	—	—	—	—	—	—
	其他贷款	2050	—	—	—	1800	—	—	—	—	82	97	5	24	3	39
1985	各项贷款	172644	869	—	77038	76606	9560	4406	1348	—	403	760	328	602	286	438
	工业贷款	39559	—	—	38290	327	—	—	942	—	—	—	—	—	—	—
	商业贷款	97749	—	—	29007	60263	8268	—	211	—	—	—	—	—	—	—
	其中：收购贷款	51214	—	—	—	51214	—	—	—	—	—	—	—	—	—	—
	农业贷款	10026	—	—	151	8160	—	—	—	—	238	318	284	365	240	270
	个私工商贷款	258	—	—	25	82	—	—	123	—	2	17	4	4	—	1
	固定资产贷款	12318	—	—	9178	148	1292	1700	—	—	—	—	—	—	—	—
	其他贷款	12734	869	—	387	7626	—	2706	72	—	163	425	40	233	46	167

续表 28-2

年份	项目＼金额＼行别	合计	人行	农发行	工行	农行	中行	建行	江苏银行	邮储银行	市区农联社	楚州农联社	洪泽农联社	金湖农联社	盱眙农合行	涟水农合行
1990	各项贷款	405844	3855	—	163434	167927	26031	16473	10177	—	4277	3494	2441	3970	2007	1758
	工业贷款	118150	—	—	101629	5504	3964	1474	5579	—	—	—	—	—	—	—
	商业贷款	180458	—	—	40745	118789	18468	—	2456	—	—	—	—	—	—	—
	其中：收购贷款	90725	—	—	3484	87241	—	—	—	—	—	—	—	—	—	—
	个私工商贷款	1494	—	—	13	276	—	—	1099	—	19	61	5	18	3	—
	农业贷款	30435	—	—	914	18266	—	—	—	—	3075	1217	1711	2577	1678	997
	固定资产贷款	33971	3855	—	18094	2711	3599	5712	—	—	—	—	—	—	—	—
	其他贷款	42830	—	—	2039	22381	—	9287	1043	—	1183	2216	725	1375	326	761
1995	各项贷款	981991	3308	—	284667	191462	72711	118567	43815	—	14653	11873	6001	9221	8481	5746
	工业贷款	227577	—	—	160959	20504	2180	22319	21615	—	—	—	—	—	—	—
	商业贷款	404628	—	—	50100	72402	65308	—	12137	—	—	—	—	—	—	—
	其中：收购贷款	223615	—	—	1058	38249	—	—	—	—	—	—	—	—	—	—
	农业贷款	40445	—	—	—	23632	—	—	—	—	2604	3315	1941	3878	4076	999
	个私工商贷款	3374	—	—	156	—	—	—	3218	—	—	—	—	—	—	—
	固定资产贷款	171071	3308	6605	67786	24953	4628	63035	319	—	43	44	19	185	74	72
	其他贷款	134896	—	200	5666	49971	595	33213	6526	—	12006	8514	4041	5158	4331	4675

续表 28-2

年份	项目 \ 金额 \ 行别	合计	人行	农发行	工行	农行	中行	建行	江苏银行	邮储银行	市区农联社	楚州农联社	洪泽农联社	金湖农联社	盱眙农合行	涟水农合行
2000	各项贷款	1516743	7608	323892	385384	241883	82734	211853	130366	—	36425	24305	16659	22336	16926	16372
	工业贷款	322336	—	—	191664	25597	3672	54238	47165	—	—	—	—	—	—	—
	商业贷款	515077	—	322012	48192	87430	26407	10475	20561	—	—	—	—	—	—	—
	其中：收购贷款	256054	—	249557	593	5904	—	—	—	—	—	—	—	—	—	—
	农业贷款	86540	—	—	—	22385	—	—	—	—	13211	12748	5076	10538	12142	10440
	个私工商贷款	8759	—	—	352	5952	—	—	2455	—	—	—	—	—	—	—
	固定资产贷款	178957	—	1880	85370	12916	483	78308	—	—	—	—	—	—	—	—
	其他贷款	405074	7608	—	59806	87603	52172	68832	60185	—	23214	11557	11583	11798	4784	5932
2005	各项贷款	2746608	—	320301	403946	297913	218145	378614	571697	—	136089	86631	74836	90333	94207	73896
	工业贷款	299879	—	—	125569	29283	30990	44971	69066	—	—	—	—	—	—	—
	商业贷款	437792	—	318652	12661	72278	1144	6096	26961	—	—	—	—	—	—	—
	其中：收购贷款	321019	—	317747	—	3272	—	—	—	—	—	—	—	—	—	—
	农业贷款	418159	—	—	—	23357	—	440	256	—	50641	72822	57833	62621	87956	62233
	个私工商贷款	38915	—	—	—	9690	13	918	28294	—	—	—	—	—	—	—
	固定资产贷款	714142	—	—	216356	30921	71884	222877	156891	—	8360	1969	1641	228	2090	925
	其他贷款	837721	—	1649	49360	132384	114114	103312	290229	—	77088	11840	15362	27484	4161	10738

续表 28-2

年份	行别/金额/项目	合计	人行	农发行	工行	农行	中行	建行	江苏银行	邮储银行	市区农联社	楚州农联社	洪泽农联社	金湖农联社	盱眙农合行	涟水农合行
2008	各项贷款	4517390	—	461647	711266	487492	449749	684531	690392	13770	300425	161272	149997	156866	139542	110441
	工业贷款	580283	—	—	182915	172965	86680	81030	56692	—	—	—	—	—	—	—
	商业贷款	489020	—	445292	5968	4830	—	3830	29100	—	—	—	—	—	—	—
	其中:收购贷款	392297	—	392297	—	—	—	—	—	—	—	—	—	—	—	—
	农业贷款	628051	—	—	—	1046	—	2000	—	2054	128872	117422	116183	74822	103540	82112
	个私工商贷款	60102	—	—	30909	154	242	6402	11245	11150	—	—	—	—	—	—
	固定资产贷款	1635914	—	5500	440995	213775	287176	454785	215017	—	3535	1798	1261	516	5009	6547
	其他贷款	1124020	—	10855	50479	94722	75651	136484	378338	566	168018	42052	32553	81528	30993	21782

1978—2008年部分年份淮安市分区域人民币存款余额表

表 28-3　　　　单位：万元

年份	项目（金额/区域）	合计	市区	淮阴区	涟水县	楚州区	洪泽县	盱眙县	金湖县
1978	各项存款	18156	6460	1464	1742	2354	1854	2103	2179
	企业存款	5347	2515	310	347	591	428	625	531
	财政性存款	3821	1400	463	262	450	422	562	262
	农村存款	3612	329	391	511	602	572	399	808
	其他存款	2407	1217	131	205	257	142	292	163
	储蓄存款	2969	999	169	417	454	290	225	415
1980	各项存款	29132	11601	2074	3419	3637	2584	2516	3301
	企业存款	10335	6274	367	661	919	556	827	731
	财政性存款	1912	1000	158	100	115	272	179	88
	农村存款	6868	704	940	1303	1174	855	589	1303
	其他存款	4017	1724	277	483	485	291	370	387
	储蓄存款	6000	1899	332	872	944	610	551	792
1985	各项存款	83428	31134	5681	8657	11194	8342	8227	10193
	企业存款	27638	15064	1460	1506	2803	2343	2400	2062
	财政性存款	1732	715	51	186	193	161	246	180
	农村存款	11431	847	1393	1882	1719	1715	1476	2399
	其他存款	15235	7022	1126	1305	1668	1128	1515	1471
	储蓄存款	27392	7486	1651	3778	4811	2995	2590	4081

续表 28-3

年份	项目 \ 金额 \ 区域	合计	市区	淮阴区	涟水县	楚州区	洪泽县	盱眙县	金湖县
1990	各项存款	248527	98732	15675	25471	33539	21581	26508	27021
	企业存款	62756	31767	3906	3469	7229	4859	6867	4659
	财政性存款	14623	9696	699	972	1108	604	919	625
	农村存款	17203	3079	1231	2766	1504	2158	3517	2948
	其他存款	20499	11990	1570	1180	1667	1423	1509	1160
	储蓄存款	133446	42200	8269	17084	22031	12537	13696	17629
1995	各项存款	874132	345622	57922	87923	128798	73023	82692	98152
	企业存款	195169	124970	12465	9020	15254	8447	10230	14783
	财政性存款	11841	8805	1334	141	619	310	505	127
	农村存款	56098	5482	5961	11414	10715	5185	9895	7446
	其他存款	66809	38497	1405	5377	6112	4876	4194	6348
	储蓄存款	544215	167868	36757	61971	96098	54205	57868	69448
2000	各项存款	1809641	879885	95465	155617	262730	122220	133249	160475
	企业存款	612297	417211	31270	24007	46022	22704	27868	43215
	财政性存款	40900	24275	1756	4207	8145	752	1399	366
	农村存款	35385	12277	731	2369	6205	3018	4887	5898
	其他存款	58058	42360	1380	1348	7894	851	3182	1043
	储蓄存款	1063001	383762	60328	123686	194464	94895	95913	109953

续表 28-3

年份	区域/金额/项目	合计	市区	淮阴区	涟水县	楚州区	洪泽县	盱眙县	金湖县
2005	各项存款	4297706	2194272	214592	384103	532201	268504	359095	344939
	企业存款	1135530	781552	57943	55257	69945	43651	77350	49832
	财政性存款	376962	295932	10015	24987	10962	11489	15698	7879
	农村存款	126610	56598	—	7363	10944	21166	14151	16388
	其他存款	184981	124821	3258	7140	10760	4138	8757	26107
	储蓄存款	2473623	935369	143376	289356	429590	188060	243139	244733
2008	各项存款	6945328	3088422	506568	740683	922022	448258	693196	546178
	企业存款	1717813	1036516	168870	122132	102285	75870	134072	78068
	财政性存款	565291	229578	52226	91725	51680	32094	83252	24738
	农村存款	237737	91639	—	11141	25719	52786	34336	22116
	其他存款	417385	256149	26426	16334	26857	11258	25260	55101
	储蓄存款	4007102	1474540	259046	499351	715482	276250	416277	366156

1978—2008年部分年份淮安市分区域人民币贷款余额表

表28-4　　单位：万元

年份	项目＼金额＼区域	合计	市区	淮阴区	涟水县	楚州区	洪泽县	盱眙县	金湖县
1978	各项贷款	54252	23194	4754	5786	8049	3764	4310	4395
	工业贷款	8764	5139	497	858	763	374	547	586
	商业贷款	38948	17758	2902	3792	5740	2763	2613	3380
	其中：收购贷款	—	—	—	—	—	—	—	—
	农业贷款	6285	153	1353	1134	1519	620	1097	409
	固定资产贷款	—	—	—	—	—	—	—	—
	其他贷款	255	144	2	2	27	7	53	20
1980	各项贷款	69815	27234	6173	8294	12323	4524	5907	5360
	工业贷款	11644	6762	715	959	1090	532	805	781
	商业贷款	48558	19772	3690	5726	8989	3208	3373	3800
	其中：收购贷款	—	—	—	—	—	—	—	—
	农业贷款	6839	113	1472	1078	1634	605	1509	428
	固定资产贷款	581	291	49	67	63	13	29	69
	其他贷款	2193	296	247	464	547	166	191	282
1985	各项贷款	172644	62744	13744	21652	26878	13340	17605	15086
	工业贷款	39559	23620	2340	3539	3907	1518	2388	2247
	商业贷款	97749	26907	8147	12853	18056	9277	12125	10384
	其中：收购贷款	—	—	—	—	—	—	—	—
	农业贷款	10026	2016	1317	1330	1419	1017	1410	929
	固定资产贷款	12318	7585	553	1817	713	685	601	612
	其他贷款	12992	2616	1387	2113	2783	843	1081	914

续表 28-4

年份	项目 \ 金额 \ 区域	合计	市区	淮阴区	涟水县	楚州区	洪泽县	盱眙县	金湖县
1990	各项贷款	405844	154496	32533	46408	59395	31518	40834	77999
	工业贷款	118150	65363	7662	11150	13041	6425	8416	6093
	商业贷款	180458	54714	14290	22427	29762	16341	23781	19143
	其中：收购贷款	—	—	—	—	—	—	—	—
	农业贷款	30435	6643	4133	3056	3672	4048	4118	4765
	固定资产贷款	33971	17930	1393	3708	3831	2030	831	1123
	其他贷款	42830	9855	4695	6067	9089	2674	3688	6041
1995	各项贷款	981991	596158	71441	63576	85239	49924	55234	60419
	工业贷款	227577	132290	14119	20028	24455	10045	14521	14459
	商业贷款	404628	299681	28060	14174	23107	17413	13046	9147
	其中：收购贷款	—	—	—	—	—	—	—	—
	农业贷款	40445	5245	5791	2866	8380	5523	7618	6339
	固定资产贷款	171071	114067	9172	8959	8789	8356	6332	5993
	其他贷款	134896	44875	14299	17549	20508	8587	13717	24481
2000	各项贷款	1516743	722198	84126	147474	174932	99754	144624	143635
	工业贷款	322336	197445	19927	25024	32867	11993	16325	18755
	商业贷款	515077	117280	39440	81619	83083	52717	79680	61258
	其中：收购贷款	256054	16798	24438	47579	58478	26638	42467	39656
	农业贷款	86540	17125	760	12685	18023	5392	16667	15888
	固定资产贷款	178957	130257	7803	4980	9726	6065	8817	11309
	其他贷款	405074	260091	16196	23166	31233	23587	23135	36425

续表28-4

年份	区域 金额 项目	合计	市区	淮阴区	涟水县	楚州区	洪泽县	盱眙县	金湖县
2005	各项贷款	2746608	1561577	139262	208152	252985	154431	220109	210092
	工业贷款	299879	199557	15837	24689	16488	11768	15807	15733
	商业贷款	437792	86434	37887	68674	74906	41580	77155	51156
	其中:收购贷款	321019	43460	29070	54481	57156	33825	57274	45753
	农业贷款	418159	53024	2656	63198	78160	61528	92847	66746
	固定资产贷款	714142	566892	50411	15982	33041	15850	17384	14582
	其他贷款	876636	655670	32471	35609	50390	23705	16916	61875
2008	各项贷款	4517390	2571727	241700	325072	427014	299621	348631	303625
	工业贷款	580283	348818	54914	36751	27725	37879	44305	29891
	商业贷款	489020	234638	25467	39148	75694	34181	48372	31520
	其中:收购贷款	—	—	—	—	—	—	—	—
	农业贷款	628051	131422	45	82380	117587	117553	103879	75185
	固定资产贷款	1635914	1076076	118455	95439	115115	60128	113032	57669
	其他贷款	1184122	780773	42819	71354	90893	49880	39043	109360

第三章　保险业

1994年以前，淮阴市的保险机构只有中国人民保险公司淮阴分公司1家。从1995年开始，中国太平洋保险公司、中国平安保险公司等相继在淮阴市设立分支机构。同时，由于保险业逐步实行产、寿险分业经营，淮阴市境内的保险机构不断增加。至2003年年末，全市有产、寿险机构8家，其中产险机构5家、寿险机构3家。从2004年开始，淮安市的保险机构迅速增加。截至2008年年末，全市有保险机构20家，其中产险机构14家、寿险机构6家；保险从业人员7127人，其中产险从业人员1213人、寿险从业人员5914人。

第一节　保险机构

一、中国人民财产保险股份有限公司淮安市分公司

1980年10月，中国人民保险公司清江市支公司成立，接受中国人民保险公司江苏省分公司和中国人民银行清江市支行双重领导。1982年，中国人民银行淮阴地区中心支行设立保险科，负责管理辖内13个县（市）的保险业务。1983年，中国人民银行淮阴地区中心支行保险科与中国人民保险公司清江市支公司合并组建中国人民保险公司淮阴市支公司，行政上属中国人民银行淮阴市支行领导，业务仍由中国人民保险公司江苏省分公司管理，下辖11个县支公司。1984年12月，中国人民保险公司淮阴市支公司从中国人民银行淮阴市支行分设出来。1985年2月1日，中国人民保险公司淮阴市支公司更名为中国人民保险公司淮阴分公司。此后几年间，该公司的机构保持基本稳定，变化较小。至1990年年末，中国人民保险公司淮阴分公司下辖11个县（市）公司、1个营业部和1个市区办事处，共有职工390人。

1991年11月27日，中国人民保险公司江苏省分公司批复同意《中国人民保险公司淮阴分公司“三定”方案》。同年，发展农村保险业务，加强代理网点建设，在全市设立专职代理网点276个，其中有保险服务所120个，专职保险员375人、兼职保险员54人。

1992年2月19日，中国人民保险公司淮阴市清河办事处成立，原中国人民保险公司淮阴分公司市区办事处更名为中国人民保险公司淮阴市清浦办事处。是年，在全市设立专职保险服务所298个，配备专职保险员491人。

1993—1994年，中国人民保险公司淮阴分公司的保险代理网点发展较快。至1994年年末，在全市有保险代理网点306个（含城市专、兼职代理网点7个），专职保险员345人。

1995年1月5日，南京人寿保险股份有限公司淮阴市代理处成立，同时在淮阴市下辖的各县（市）同时设立代理处。淮阴市及各县（市）人民保险公司的人险科（股）被撤销，由淮阴分公司经办的各种人身、人寿保险业务一律被划归南京人寿保险股份有限公司经营。同年2月20日，根据淮阴市产、寿险机构分设新情况，对内部机构设置进行调整，机关人数由原60余人减至44人。

是年年末，中国人民保险公司淮阴分公司在全市设立保险服务所（代理处）299个，配备专职保险员469人。

1996年3月8日，根据中国人民保险公司机构体制改革要求，省分公司批复淮阴分公司机构体制改革方案，将产、寿险公司分设。分设后的人保产险淮阴分公司有直属经营部门2个，县（市、区）级支公司13个，县以下股级办事处14个。同年8月29日，撤销淮阴市境内人保机构及南京人寿保险代理机构，成立中保财产保险有限公司淮阴分公司，下辖11个县（市）支公司和清河、清浦支公司。1996年9月，因行政区划调整，中保财产保险有限公司淮阴分公司下辖的灌南、宿迁等5个县（市）的保险机构及其人员、业务被划出。是年年末，中保财产保险有限公司淮阴分公司下辖8个县（市）支公司、129个保险服务所，有保险员230人、正式职工270人。

1997年7月1日，中保产险淮阴分公司将国内业务与国际业务并轨，国际业务部由原经营管理型转制为经营型，对县（市）支公司国际业务不再行使管理权，国际业务部的业务范围为市区所有涉外保险业务。

1998年2月27日，中保产险淮阴分公司增设个人代理保险部，负责保险个人代理人培训、管理和业务指导工作。至当年4月，该公司所辖各县（市）支公司均成立个人代理保险部，全市有专职代理人员135人、兼职代理人108人。

1999年5月21日，中保财产保险有限公司淮阴分公司复名为中国人民保险公司淮阴分公司，所辖8个县（市、区）支公司也同时复名。同年8月3日，根据省分公司调整内设机构的通知要求，人保淮阴分公司的个人代理保险部改为市场开发部。

2001年2月，中国人民保险公司淮阴分公司更名为中国人民保险公司淮安分公司，下辖的有关分支机构也相应更名。

2003年7月，中国人民保险公司淮安分公司更名为中国人民财产保险股份有限公司淮安市分公司。当年10月底前，完成分支机构人员重组方案。

2006年，对组织架构进行调整完善，撤销综合部、业务管理部和营销管理部，新设立办公室、人力资源部/监察部、车辆保险部、财产保险部和理赔客服管理部。其下辖的县支公司原履行理赔职能的业务部更名为理赔/客户服务管理部。

至2008年年末，中国人民财产保险股份有限公司淮安市分公司辖有8个县（区）支公司、1个市直经营单位、3个内设营业部，职工263人，其中正式职工154人、聘用员工109人。

二、中国太平洋财产保险股份有限公司淮安中心支公司

中国太平洋财产保险股份有限公司淮安中心支公司的前身是中国太平洋保险公司淮阴市办事处。1995年7月18日，中国太平洋保险公司淮阴市办事处筹备组成立。1995年8月28日，中国太平洋保险公司淮阴市办事处正式成立，内设业务部、计划财务部和办公室，从业人员8人。

中国太平洋保险公司淮阴市办事处成立后，在市内先后设立多个代理处。至1996年年末，在辖内市区及11个县（市）设立代理处。1997年5月1日，根据市人民银行关于清理跨区代理保险业务的要求，除经市人民银行批准的盱眙县代理处外，其余县（市）代理处一律停办新的代理保险业务。同年7月，中国太平洋保险公司淮阴办事处更名为中国太平洋保险公司淮阴支公司。

2000年10月，中国太平洋保险公司淮阴支公司开始筹备分业经营工作。同年11月27日，中国太平洋财产保险股份有限公司淮阴支公司正式成立。2001年2月，中国太平洋财产保险股份有限公司淮阴支公司更名为中国太平洋财产保险股份有限公司淮安支公司，其所辖相关机构也相应更名。同年，分别在楚州、金湖、淮阴、洪泽、盱眙、涟水6个县（区）设立营销服务部。2002年1

月31日，经中国保险业监督管理委员会批准，中国太平洋财产保险股份有限公司淮安中心支公司成立。同年8月15日，6个县（区）营销服务部获得有关部门正式批准成立。2003年1月，调整内设机构，撤销拓展部和业务管理部，新设业务三部、中介业务部、业务管理部和理赔部。

至2005年年末，中国太平洋财产保险股份有限公司淮安中心支公司内设8个部门，下辖6个营销服务部，从业人员75人。2006—2008年，下辖的6个营销服务部先后升格为支公司。至2008年年末，该公司组织架构无变化，有员工112人。

三、中国平安财产保险股份有限公司淮安中心支公司

中国平安财产保险股份有限公司淮安中心支公司的前身是中国平安保险公司淮阴办事处。1995年12月22日，经中国人民银行淮阴分行批准，中国平安保险公司在淮阴市设立办事处，时称中国平安保险公司淮阴办事处。1996年10月，中国平安保险公司淮阴办事处实行产、寿险机构、人员、业务分设，中国平安保险公司淮阴办事处开始专门办理财产险业务。1997年12月29日，中国平安保险公司淮阴办事处更名为中国平安保险股份有限公司淮阴支公司。1999年12月20日，经中国保险业监督管理委员会批复同意，中国平安保险股份有限公司淮阴支公司分别在县级淮安市、金湖县设立县级代理点，代理的险种以企业财产险、建工险、货物运输险为主。2000年1月，平安保险江苏省分公司对经营体制进行调整，将宿迁支公司划归（市级）淮阴支公司管辖，对内按四级机构模式进行管理。同年5月10日，宿迁支公司恢复三级机构建制，不再隶属淮阴支公司。

2001年4月，中国平安保险股份有限公司淮阴支公司更名为中国平安保险股份有限公司淮安支公司，其所辖相关机构也相应更名。2002年3月，中国平安保险股份有限公司淮安支公司正式分设为中国平安财产保险股份有限公司淮安中心支公司和中国平安人寿保险股份有限公司淮安中心支公司，人员和组织架构没有变化。同年，平安产险淮安中心支公司相继成立楚州营销服务部（撤销代理点）、涟水营销服务部、金湖营销服务部（撤销代理点）和洪泽营销服务部。2003年1月和4月，平安产险淮安中心支公司分别成立盱眙营销服务部和淮阴营销服务部。2006年7月，平安产险淮安中心支公司楚州营销服务部升格为支公司。2008年12月，平安产险淮安中心支公司涟水营销服务部升格为支公司。至2008年年末，平安产险淮安中心支公司下辖2个支公司和4个营销服务部，有员工78人，其中正式员工62人。

图28-2 江苏平安产险客服节开幕式暨淮安平安希望小学捐赠仪式（2006年） 平安产险淮安中心支公司 供

四、中国人寿保险股份有限公司淮安市分公司

中国人寿保险股份有限公司淮安市分公司的前身是建立于1983年3月的中国人民保险公司淮阴市支公司。1984年12月，中国人民保险公司淮阴市支公司从人民银行淮阴市支行分设出来，正式开办养老金和团体人身保险业务。1991年11月，该公司设有人身保险部等13个部门。至

1994年年末，成立与寿险业务相关的分支机构12个，成立市区营业部、办事处3个，成立中心乡镇分理处11个，专职乡镇代办机构288个。

1995年1月5日，南京人寿保险股份有限公司淮阴市代理处成立，同时设立及下属各县代理处，专营寿险业务。各代理处成立后，撤销市及各县（市）人民保险公司的人险科、股，原经办的各种寿险业务一律由南京人寿保险股份有限公司淮阴市各代理处经营。

图 28-3 中国人寿保险公司淮安分公司开展“3·15”诚信经营与服务咨询活动（2008年） 中国人寿淮安分公司 供

1996年9月8日，中保人寿保险有限公司淮阴分公司正式成立，成为全市第一家国有专业寿险公司。该公司下设县（市、区）支公司13个、直属营业部1个、办事处14个、乡（镇）保险所252个，全辖有寿险从业人员617人。同年，由于行政区划调整，宿迁、泗洪、泗阳、沭阳、灌南5个县（市）的寿险机构及有关人员从淮阴市划出。是年年末，中保人寿淮阴分公司下辖支公司8个、办事处8个，从业人员555人。

1998年4月，中保人寿淮阴分公司内设业务管理部（下设业务处理中心）、直销业务部、营销业务部（下设直属部）等业务部门；下辖县（市）级支公司设直销业务部、业务处理中心、营销业务部。将原支公司农村业务人员合并到营销分部，成立农村法人业务组，乡镇保险员合并到所在地区营销支部，并将县（市）支公司直销、营销内勤人员合并在一个业务处理中心，负责辖区内业务质量管理。是年年末，中保人寿淮阴分公司有正式机构17个，从业人员1383人。

1999年1月，中保人寿淮阴分公司成立财务结算中心，实行收支两条线，集中财务管理权。在市区及淮阴县成立业务处理中心，对市区寿险业务的投保、核保、理赔、给付业务实行“一柜到底”服务。同年3月，中保人寿保险有限公司更名为中国人寿保险公司，淮阴分公司随之更名为中国人寿保险公司淮阴分公司，更名后的淮阴分公司继续承担原中国人民保险公司淮阴分公司、南京人寿保险股份有限公司淮阴市代理处、中保人寿保险有限公司淮阴分公司承保的人身保险业务。是年年末，中国人寿保险公司淮阴分公司有正式机构17个，从业人员1975人。

2000年上半年，中国人寿保险公司淮阴分公司将各县（市）支公司原有的内勤职能剥离，组建市分公司业务处理中心驻县（市）支公司业务处理科，由市分公司处理中心实行业务垂直领导，委托所在县（市）支公司负责行政管理。同年11月，对机构体制进行改革，统一设置分支公司内设部门。是年年末，中国人寿保险公司淮阴分公司有正式机构17个，从业人员2292人，其中正式人员149人、营销员2143人。

2001年3月1日，中国人寿保险公司淮阴分公司相应更名为中国人寿保险公司淮安分公司，其所辖相关机构也相应更名。同年11月，设立理赔重大、疑难案件审定委员会，设立咨询、投诉、疑难事项协调委员会。是年年末，中国人寿保险公司淮安分公司有正式机构17个，从业人员3176人。

2002年年初，中国人寿保险公司淮安市、县（区）公司相继成立寿险代理部，对银行、邮储等代理的寿险业务实行统一管理。是年年末，中国人寿保险公司淮安分公司有保险机构169个，其

中营销部扩展到152个，有从业人员3950人。2003年10月，中国人寿保险公司淮安分公司变更为中国人寿股份有限公司淮安市分公司。是年年末，中国人寿股份有限公司淮安市分公司有保险机构169个，其中正式机构17个、营销部152个，有从业人员5069人。

2004年，中国人寿股份有限公司淮安市分公司成立市区拓展部，使市区团险展业机构由原来的1个增加到2个。同时，市区营业部实行“区部经营”，在清河区、清浦区、市经济开发区成立3个业务区部，分别负责所辖范围内的业务拓展和维护。同年，理顺营销管理架构，市、县（区）公司先后调整、完善个险部内设架构，成立管理、企划、培训3个职能部门，并配备人员，明确职责。是年年末，中国人寿股份有限公司淮安市分公司有保险机构169个，其中正式机构17个、营销部152个，从业人员5361人。

2005—2007年，中国人寿保险股份有限公司淮安市分公司机构设置和正式员工人数没有变化，但营销员流动较大并呈减少趋势。2008年，对机构进行整合，大幅度撤销营销服务部。是年年末，中国人寿股份有限公司淮安市分公司有保险机构129个，其中正式机构18个、营销部111个，从业人员3246人。

五、中国太平洋人寿保险股份有限公司淮安中心支公司

中国太平洋人寿保险股份有限公司淮安中心支公司由原中国太平洋保险公司淮阴支公司因产险、寿险分业经营实行机构分设而成立。

2000年11月，中国太平洋保险公司淮阴支公司完成产险、寿险分业经营的准备工作。同年12月25日，中国太平洋人寿保险股份有限公司淮阴支公司成立，内设办公室、业务管理部和计划财务部3个部（室），有正式员工20人。2001年2月，中国太平洋人寿保险股份有限公司淮阴支公司更名为中国太平洋人寿保险股份有限公司淮安中心支公司。同年3月，内设机构增加营销管理部、团体业务部、客户服务部。是年起，陆续在辖内县（区）及乡镇设立营销服务部。

2002年12月，中国太平洋人寿保险股份有限公司淮安中心支公司设立中介业务部。至当年年末，淮安中心支公司下辖7个县级营销服务部、48个乡镇级营销服务部，有正式员工17人，营销员2000余人。2003年3月，成立信息技术部，营销管理部更名为个人业务部。同年12月，成立核保核赔部。2005年，撤销5个低产乡镇级营销服务部。至当年年末，太平洋人寿淮安中心支公司下辖7个县级营销服务部、43个乡镇级营销服务部，有各类人员近1500人。

2006—2008年，所辖各级机构保持基本稳定。至2008年年末，中国太平洋人寿保险股份有限公司淮安中心支公司内设7个部门，下辖7个县级营销服务部、43个乡镇级营销服务部，有员工1485人，其中营销员1400人。

六、中国平安人寿保险股份有限公司淮安中心支公司

中国平安人寿保险股份有限公司淮安中心支公司前身为中国平安保险公司淮阴办事处。

1996年4月，中国平安保险公司淮阴办事处成立寿险部。同年8月，寿险部开始筹划在公司内部实行独立经营，并于当年10月16日正式对外开办个人寿险业务，当时对外机构名称为中国平安保险公司淮阴办事处（寿险）。同年12月，中国平安保险公司淮阴办事处（寿险）先后在金湖县、洪泽县、县级淮安市设立营业部，将寿险业务延伸至县（区）及乡镇。

1997年1月，中国平安保险公司淮阴办事处（寿险）更名为中国平安保险股份有限公司淮阴办事处（寿险）。同年5—8月，因金湖县、洪泽县、县级淮安市3个平安寿险营业部属非正式机构，根据市人民银行要求，被相继撤销。同年12月，中国平安保险股份有限公司淮阴办事处（寿

险）更名为中国平安保险股份有限公司淮阴支公司（寿险）。

1999年11月，成立后援服务中心。2000年1月，省公司将宿迁支公司（寿险）划归淮阴支公司（寿险）代管。2001年4月，中国平安保险股份有限公司淮阴支公司（寿险）更名为中国平安保险股份有限公司淮安支公司（寿险），其所辖机构亦相应更名。2002年3月，根据产、寿险分业经营的统一要求，中国平安人寿保险股份有限公司淮安中心支公司成立。2003年1月，平安人寿宿迁中心支公司从淮安中心支公司代管模式中分离，恢复三级机构建制。同年4月，平安人寿淮安中心支公司设立洪泽营销服务部；同年5月，先后设立楚州营销服务部和涟水营销服务部、金湖营销服务部；同年6月20日，设立盱眙营销服务部。2005年8月，设立涟水县第二营销服务部。是年年末，平安人寿淮安中心支公司下辖6个营销服务部，有正式职工28名、营销员285名，业务覆盖全市城区和乡镇。

2006—2008年，公司机构设置没有变化，但员工人数特别是营销员人数波动较大。至2008年年末，中国平安人寿保险股份有限公司淮安中心支公司有员工530人，其中正式职工30人、营销员500人。

七、其他保险机构

（一）天安保险股份有限公司淮安中心支公司

天安保险股份有限公司淮安中心支公司是天安保险股份有限公司的三级机构，于2002年2月获准筹建。同年7月8日，天安保险股份有限公司淮安中心支公司挂牌，并正式对外营业。该公司主要经营各种财产保险、责任保险、信用保险、意外伤害保险、健康保险、金融服务保险等业务，办理各种再保险、法定保险和资金运用保险等业务。

天安保险淮安中心支公司成立初期，内设行政人事部、计划财务部、业务管理部、业务一部等部门。2003年3月，设立淮阴营销服务部。同年4月，又分别设立楚州营销服务部、盱眙营销服务部、涟水营销服务部、金湖营销服务部和洪泽营销服务部。2004年2月，增设客户服务部。2008年1月，天安保险淮安中心支公司设立营销管理部。同年10月，客户服务部更名为理赔服务部。

（二）中华联合财产保险股份有限公司淮安中心支公司

中华联合财产保险股份有限公司淮安中心支公司成立于2003年年末。2004年1月，中华联合财产保险股份有限公司淮安中心支公司正式对外营业。同年5月，该公司在淮阴区、涟水县、楚州区、盱眙县、金湖县、洪泽县、清浦区以及市经济开发区设立营销部。2005年9月，经中国保险业监督管理委员会批准，中华联合财产保险股份有限公司淮安中心支公司下辖的各县（区）营销部均升格为支公司。同年11月，经省分公司批准，设立农险部。2006—2008年，中华联合财险淮安中心支公司及其下设机构基本稳定。

（三）泰康人寿保险股份有限公司淮安中心支公司

泰康人寿保险股份有限公司淮安中心支公司的前身是泰康人寿保险股份有限公司江苏分公司淮安营销服务部。

2003年12月，泰康人寿保险股份有限公司获准在淮安市筹建分支机构。2004年3月，泰康人寿保险股份有限公司江苏分公司淮安营销服务部成立。同年4月，成立楚州营销服务部；5月，先后成立涟水营销服务部和洪泽营销服务部；6月，先后成立金湖营销服务部和盱眙营销服务部。同年11月，泰康人寿江苏分公司淮安营销服务部升格为泰康人寿保险股份有限公司淮安中心支公司。

2005—2008年，公司机构基本稳定，但员工人数及构成变动较大。至2008年年末，泰康人寿

保险股份有限公司淮安中心支公司内设5个部门，下辖5个营销服务部，有员工552人，其中正式员工97人、营销员455人。

（四）中国大地财产保险股份有限公司淮安中心支公司

中国大地财产保险股份有限公司淮安中心支公司前身是中国大地财产保险股份有限公司南京分公司淮安营销服务部。

2004年3月，中国大地财产保险股份有限公司南京分公司在淮安市设立营销服务部。成立初期，内设10个部门，有正式员工14人。2006年9月，中国大地财产保险股份有限公司南京分公司淮安营销服务部改称中国大地财产保险股份有限公司淮安中心支公司。

2007—2008年，先后在金湖、楚州、盱眙、洪泽、涟水5个县（区）成立营销服务部，并对内设部门进行整合，撤销计划财务部（其职能并入综合管理部）、营业部、营业一部和营业二部。

（五）中国太平人寿保险集团有限责任公司淮安中心支公司

2004年10月19日，中国太平人寿保险集团有限责任公司获准在淮安市筹建中心支公司。2005年1月1日，中国太平人寿保险集团有限责任公司淮安中心支公司成立，有正式员工28人，内设6个部门。

2006年8月，洪泽营销服务部成立。是年年末，有员工208人，其中正式员工28人、营销员180人。2008年7月，楚州营销服务部成立。至2008年年末，该公司有员工182人，其中正式员工32人、营销员150人。

（六）安邦财产保险股份有限公司淮安中心支公司

2005年7月，安邦财产保险股份有限公司淮安营销服务部成立，主要经营财产保险、意外伤害保险和短期健康险等业务，内设办公室、财务部、理赔部、出单部和销售推动部。

2006年1月26日，安邦财产保险股份有限公司淮安营销服务部升格为中心支公司，并在楚州区设立营销服务部。同年9月21日，设立涟水营销服务部。2007年1月，该公司增设银保部；3月19日，在淮阴区设立营销服务部；8月20日，设立盱眙营销服务部。2008年，增设风险管控部。至2008年年末，该公司内设6个部门，下辖4个营销服务部。

2006—2008年，淮安市的保险机构迅速增加，有8家保险公司在淮安市设立分支机构，其中产险公司7家、寿险公司1家。

2006—2008年淮安市新成立保险机构情况表

表28-5

保险机构名称	成立时间	办公地址	至2008年年末下辖机构数（个）	至2008年年末正式员工数（人）
华安财产保险股份有限公司淮安中心支公司	2006.01	市区解放东路57号	—	8
阳光财产保险股份有限公司淮安中心支公司	2006.08	市区淮海南路10号	3	13
合众人寿保险股份有限公司淮安中心支公司	2007.09	市区淮海北路38号	1	17
中国人寿财产保险股份有限公司淮安中心支公司	2007.11	市区健康东路55号	6	50
渤海财产保险股份有限公司淮安中心支公司	2007.12	市区淮海北路50号	—	7
都邦财产保险股份有限公司淮安中心支公司	2008.01	市区健康西路148号	—	16
长安责任保险股份有限公司淮安营销服务部	2008.09	市区淮海北路50-1号	—	14
中银保险有限公司淮安中心支公司	2008.11	市区健康东路73号	—	10

第二节　保险业务

1979年4月，国务院作出“逐步恢复国内保险业务”的重大决策，停办20多年的国内保险业务开始复业。1980年10月，淮阴地区重新启动国内保险业务。1980—1995年，淮阴市的财产保险主要险种有企财险、家财险、运输工具（机动车）险、货运险、船舶险、农业险、工程险、责任险、信用险、涉外险等；人身保险主要险种有简易人寿险、团体人身险、养老金保险、学生平安险、驾驶员意外伤害险、母婴安康险、子女婚嫁险、团体人寿险、定期定额人身保单等。险种的设置基本上适应当时经济社会发展的需要，多数险种业务带有强制保险色彩，保费收入来源也主要是利用行政约束力来实现。1995年起，随着保险主体发展逐步趋于多元化，全市形成多家产、寿险公司并存，公平竞争、共同发展的市场格局，从而推动保险业的发展与繁荣。

2001—2008年，随着淮安市保险业的不断发展和市场竞争格局的形成，行业监管和自律机制逐步建立并不断完善，促进保险行业健康协调发展。这一时期，淮安市的全辖保费收入保持年均31%的增长速度。2008年年末，全市实现保费收入21.97亿元，其中财产险保费收入5.22亿元，占全市总保费的23.8%，支付赔款3.49亿元，综合赔付率66.86%；人身险实现保费收入16.75亿元，占全市总保费的76.2%，给付及赔付保险金3.45亿元。全市保险深度2.42%，保险密度411.42元。全市保险业为社会承担风险责任金额近5000亿元，支付保险赔款6.94亿元。

一、财产保险

（一）业务发展

1.企事业财产保险

1980年10月，中国人民保险公司清江市支公司成立并恢复办理企事业财产保险（以下简称“企财险”）业务，主要办理城镇工业企业以及农村供销社、食品站、拖拉机站等企业财产保险。淮阴地区当年企财险保费收入96万元。1981年以后，淮阴地区人保公司加快企财险业务发展，开始办理集体经济和个体经济的企财险。1985年，人保公司淮阴分公司开始向乡镇企业发展企财险业务，金湖县乡镇企业发展较快，该县当年企财险承保面90%以上。1986年年末，全市企财险保费收入383万元，成为财产保险中保费收入最多的险种。

从1987年起，淮阴市人保系统不断增加新险种，先后开办企财系列保险（包括企财基本险、雇主责任险、机器设备损坏险、企财附加盗窃险、管道爆裂意外损失险及生产或营业中断工资保障险）及企财险附加“三停”责任保险，并开展上门“三查”（查资产、查账册、查资金）服务，基本达到应保尽保。1993年，在企业面临改制和经济不景气的情况下，淮阴市实现企财险保费收入1563万元。1995年年末，人保公司淮阴分公司企财险保费收入从1980年的96万元增长到2110万元，增长21倍。1996年，平安保险公司淮阴办事处、太平洋保险公司淮阴办事处开始涉足企财险业务，打破人保公司独家经营的格局，企财险业务成为3家公司竞争的重点。这3家保险公司主攻企业的厂房、建筑物、机器设备、仓储物资、办公设施等保险标的物。是年年末，人保公司淮阴分公司企财险业务占有95%的市场份额。

1997—2003年，淮安市对企业进行大面积的产权制度改革，许多老保户资产被兼并、分割或转轨。面对企财险业务发展的严峻形势，市人保公司将保费3万元以上大企业控制在经理层，对

淮钢集团有限公司、华能淮阴电厂等大型企业实施重点公关，成功承保淮阴卷烟厂，稳固续保清江石化有限公司、江苏南风化工有限公司、今世缘酒业有限公司、江苏爱特福股份有限公司等大中型企业。市太平洋产险公司在面临消化华能淮阴电厂、清江石化有限公司等优质大客户政策性脱保的困难情况下，继续挖掘新保源，成功营销江苏韩泰轮胎有限公司、华尔润集团等新兴企业企财险业务。市平安产险公司为扭转企财险保费下滑趋势，组织专人对大客户、大项目进行公关，并通过个人代理人争取零散中小企业投保。2003年年末，全市企财险保费收入4189万元，占全市财产保险保费收入的21.8%。

2004年，淮安市承办企财险的保险公司发展至6家，业务竞争更加激烈。由于各企事业单位实行招标参加保险，使得费率大幅下降，加上企业改制、破产或经营效益不佳，给企财险承保、续保带来难度，当年全市企财险保费收入同比下降42%。2005年、2006年，全市各产险公司都集中人力、物力拼抢大客户、大企业，争取续保和新保。2007年，全市各产险公司基本扭转保费收入下降的被动局面。市人保产险公司针对大工程、大项目成立专门的竞标团队，获得淮阴卷烟厂、淮钢集团有限公司、淮阴发电厂等多宗大型保险招标业务。至当年年末，市人保产险公司企财险保费收入达2408万元，同比增长10%；市平安产险公司企财险保费收入达203.8万元，同比增长87%；市太平洋产险公司企财险保费收入达734万元，同比增长64%，企财险市场承保份额达19.1%，仅次于市人保产险公司。

2008年，全市企财险承保金额446.93亿元，其中市人保产险公司、市太平洋产险公司的市场份额分别为55.9%、18.2%，其余10家产险公司市场份额合计25.9%。全市企财险保费收入4362.2万元，同比增长16%，但是增长缓慢，企财险保费收入占全市财产险保费收入的比重由2003年的21.8%下降为8.5%，企财险的优势逐步被更有发展前景的险种取代。

1980—2008年，全市企业财产险累计收入保费4.76亿元，平均每年增长2097万元。

2.家庭财产保险

1981年下半年，淮阴地区人保公司逐步在市区、淮阴县和涟水县试办家庭财产保险（以下简称家财险）业务。1981—1984年，全市家庭财产保险保费收入累计17万元。从1985年开始，市人保公司与市农业银行配合，将农村保险业务委托市农业银行信托部门代理，同时配合市民政部门，将保险与救灾扶贫工作相结合，困难户由民政部门代保。这一做法对全市家财保险的快速发展起到促进作用。1985年年末，淮阴县家财险承保率97%，成为淮阴市第一个实现农村家财保险基本覆盖的县。

1988—1995年，市人保公司重点开发家财险业务，不断推出适应居民和农村需要的新险种。1988年，先后在洪泽、盱眙、涟水等县试办一年期“储金性城市家财两全保险”。1990年，先后试办“农村基层干部人身财产综合险”“城市家庭财产还本综合险及附加自行车失窃险”。该公司当年承保89.51万户，比1989年增长60.35%，促进家财险保费收入快速增长，保费收入222万元，比1988年增长100%。1991年以后，市人保公司先后开办“家庭财产还本综合保险及附加自行车全车失窃险”“农房长效还本保险”“城镇居民安全用电保险”等家财险新险种。1995年，市人保公司的家财险保费收入376.6万元，比1990年增长70%。

1996年，市平安产险公司、市太平洋产险公司开始试办家财险业务，但规模很小。市人保公司拓展农村家财险市场，当年保费收入同比增长26%。1997年，市人保公司继续拓展家财险新险种，将家财险附加盗窃险、液化气罐险、居民用电险合为一体，开办家财保险附加太阳能热水器雹灾损失保险、工商业企业财产保险等。尽管如此，由于各产险公司都把主要精力集中到发展空间比较大的车辆险、企财险上，当年全市家财险保费收入同比下降28%。此后，全市家财险保费收

入总体呈下降走势。

1998—2005年，全市各产险公司继续推出家财险新险种。市人保公司推出“金牛投资保障型家财保险”“爱家系列产品”等；市平安产险公司的家财险主要承保照相机、电视机、电冰箱等物品，在保险责任方面主要有家用电器的雷击闪险、盗抢险和火灾险等，推出“新世纪家庭财产保险”“个人抵押商品住房综合保险”等险种；市太平洋产险公司推出“安居理财”综合性险种，创新“全家太平”综合保险。至2005年年末，全市家财险保费收入513.6万元。

2006—2008年，全市各产险公司应对产险市场竞争，纷纷进行险种结构调整，家财险不再作为市场竞争的主要险种。2008年年末，全市家财险保费收入554.8万元。

1981—2008年，全市家财险累计收入保费8436.2万元，平均每年实收301万元。

3.机动车辆保险

1980年，淮阴地区人保公司恢复办理机动车辆保险业务，该公司和相关银行联合印发文件，采取贷款企业必须参加机动车辆保险的做法，同时对投保汽车全年无赔款的实行无赔款费率优待，当年机动车辆保险保费收入16.3万元。1983年，市人保公司依靠车辆监督管理部门，并委托交管站和相关单位代办，对运输个体户全面加保第三者责任险，全年机动车辆保险保费收入77万元。针对农村手扶拖拉机数量不断增加的情况，市人保公司于1984年开始试办手扶拖拉机保险。1985年，市人保公司对全市公私车辆（包括拖拉机）全面实行第三者责任法定保险。1986年，市人保公司与市交通管理部门、石油供应部门配合，对不参加保险的车辆一律不予年审、不予供油，不参加第三者责任险的手扶拖拉机不准上路。通过采取这些行政制约措施，全市机动车辆保险覆盖面进一步扩大。1987年年末，随着地方经济发展，各类运输车辆和其他机动车辆数量快速增加，全市机动车辆保险保费收入首次超过企财险保费收入，成为财产保险业务的第一大险种。

1988—1994年，市人保公司对机动车辆保险多次改革。1988年，针对交通事故多、机动车辆赔付率高的情况，市人保公司制定《机动车辆第三者责任险限额赔付附加条款》和《机动车辆保险附加承运人责任险条款》。1992年，市人保公司与市公安局联合发文，对未参加机动车辆保险而继续使用的车辆一经查出，即令其就地办理保险手续后方可放行。1994年，市人保公司调整附加车上责任险的收费标准和赔偿限额，增加保费收入。由于市人保公司与市公安、交通部门合作，机动车辆保险范围逐步扩大，全市承保面95%以上。

1995年下半年，平安保险公司、太平洋保险公司淮阴办事处成立后，以机动车辆险为龙头，与市公安、交通部门合作，开展宣传，扩大承保面。同时，在企业投保主险时，动员其参加附加险，争取“一揽子”承保，提高辆均保费。全市车辆险保费总收入快速增长，当年全市车辆险保费收入3464.2万元，同比增长35.7%。

1996—2000年，市人保产险公司、市平安保险公司、市太平洋保险公司投入大量人力、物力，围绕机动车辆险展开竞争。市人保产险公司与有关部门合作，加强新增机动车辆保险营销，进一步扩大承保面。市平安保险公司、市太平洋保险公司先后推出机车险急难救助服务卡，为机动车辆保险客户提供优质服务。1999年，市人保产险公司在全市率先开办分期付款购车贷款保证保险。2000年，市平安保险公司、市太平洋保险公司参与市级机关、事业单位机动车辆保险招标。全市机动车辆险保费收入继续保持快速增长势头，全市当年机动车辆险保费收入8044.6万元，比1996年增加3881.6万元，增长93%。

2001—2002年，机动车辆险发展成为全市各产险公司的第一大支柱险种，成为各产险公司竞争焦点。2001年，由于市公安部门组织大规模的审验，并将对市区摩托车实行限量办理行驶证，许多市民抢购摩托车并向保险公司投保摩托车险。全市仅市人保产险公司就承保摩托车17955

辆，比2000年净增6083辆，保费收入3381万元。全市各产险公司还抓住城市出租车更新的契机，与出租车公司、相关银行及运管部门的合作，采取分期付款和全款承保的方式发展出租车保险业务。2001年，全市机动车辆险保费收入增幅达15%。2002年，全市机动车辆险保费收入继续保持较快增长，保费收入首次突破1亿元，达1.05亿元，占全市财产保险保费总收入的58.66%。其中，市人保产险公司机动车辆险保费收入7763.7万元，占全市机动车辆险保费总收入的74%，市平安产险公司成为该市第3家机动车辆险保费收入突破1000万元的产险公司。

2003—2004年，全市各产险公司的机动车辆险业务开始由单纯注重规模扩张向规模效益型转变。市人保产险公司挖掘分散性个体车辆保险潜力；市平安产险公司停办风险大、效益差的车型险种业务；市太平洋产险公司彻底放弃出租车辆保险业务，停办营运车险业务，重点发展摩托车保险业务；市天安保险公司采取向优质车险险种倾斜的政策，重点发展营运车辆保险，辆均保费提高。全市各产险公司机动车辆险业务出现较强劲发展势头，保费收入增速明显加快。2003年、2004年，全市机动车辆险保费总收入分别为1.09亿元、1.7亿元，年增幅分别为38%、56.8%。其中，新开业的市中华联合财产保险公司2004年新增机动车辆险保费收入3850万元，位列全市各产险公司机动车辆险年新增保费收入第一。

2005年，淮安市保险行业协会成立新车保险超市。市平安、太平洋、中华联合等产险公司把加快车辆险业务发展作为工作重点，组织开展一系列促销活动。是年，全市机动车辆险业务继续保持高速增长势头，全市机动车辆险保费总收入突破2亿元，达2.07亿元，比2004年增加0.35亿元，同比增长22%；承保车辆达143030辆，同比增长31%。

2006—2008年，随着新车保险超市的开办，全市各产险公司利用下浮费率来吸引客户的势头得到有效控制，车辆均保费提高，促进机动车辆险业务良性发展。3年间，全市机动车辆险保费收入分别为2.43亿元、3.26亿元和3.96亿元，同比分别增长17%、34%和21%。

1980—2008年，全市机动车辆保险累计保费收入为20.85亿元，年平均增长8018万元。全市机动车辆险保费收入占全市产险业务保费总收入的75.2%，成为财产保险中最重要的险种。

4.货物运输保险

1981年，淮阴地区人保公司恢复办理货物运输保险业务后，分别与清江石油化工厂和淮阴地区轮船运输公司签订合约，开始实行货物运输统保，全区当年保费收入1.3万元。1982年，清江市人保支公司采取由交通部门代办的办法，与淮阴地区燃化局船队、淮阴地区石油公司签订代理和预约运输保险合约。是年，全地区保费收入3万元。此后几年，由于淮阴市经济发展缓慢，发展水平较低，全市货运险保费收入没有较大变化，保费收入最多的1986年为16万元。

1987—1989年，由于淮阴市经济复苏带动运输业快速发展，市人保公司扩大货物运输保险的覆盖面。该公司通过委托淮阴汽车运输公司各货运站、点代理零担货运保险业务，在全市建立100多个货物运输保险代理网点，并在南京铁路西站管理部门支持下，开展铁路中转货物运输保险业务，货物运输保险业务快速发展，保险业务量大幅度增加。全市货运险保费收入1987年为85万元，1988年为147万元，1989年为318万元，实现跨越式发展。

1990—1991年，由于淮阴市工业生产出现负增长，亏损增加，许多企业停产、倒闭，使货运险业务受到直接影响，保费收入也大幅度下滑。1991年，全市货运险保费收入211万元，比1990年下降34%。

1992—1995年，市人保公司加大新险种开发力度，试办自备车货运险。市人保公司还承办市烟草系统内的货运保险业务。1994年，市人保公司根据淮阴市处于非铁路沿线和非沿海的地理位置特点，重点发展公路联运和预约保险业务，基本扭转货运险保费收入大幅度下滑的局面，货

运险保费收入重新实现稳定增长。全市货运险保费收入从1992年的322.8万元逐步增长到1995年的397.1万元。

1996年，市平安保险公司办事处开办货运险业务，当年办理70件，保费收入10万元。1997年，市太平洋财产保险公司开办货运险业务，当年办理17件，保费收入5.7万元。市人保公司当年货运险保费收入570.9万元，仍然占据绝对主导地位。

1998—2002年，全市各产险公司进一步开拓货运险市场，对优质客户展开竞争。市人保产险公司采取灵活多样的展业方式，提供代理、预约、定额保单销售等服务。2000年，市人保产险公司针对淮阴市为全国产粮基地的优势，重点突出粮食系统的预约保险。2001年，市人保产险公司抓好自营进出口企业业务拓展，承保江苏韩泰轮胎有限公司上海销售总部出口货运险、淮阴卷烟厂进口设备货运险等，使货运险业务得到较快发展。2002年年末，市人保产险公司的货运险保费收入达957.6万元，5年间的平均增幅为20%。市太平洋产险公司、市平安产险公司在发展货运险业务时虽然采取一系列措施，但所占市场份额仍然很小。2002年，市太平洋产险公司的货运险保费收入50.2万元，市平安产险公司货运险保费收入31万元，5年间没有大变化。2002年新成立的市天安财产保险公司当年货运险保费收入只有3.2万元。

2003年，由于专业运输企业预约业务的承保风险难以控制，市人保公司停止对专业运输企业预约业务承保，而以代理业务取代。其他各产险公司也对货物运输险的承保进行调整，承保数量虽然下降，但保费收入却稳步增长。是年，全市货运险共承保2232件，保费收入1157.9万元，比2002年增加115.9万元。市人保产险公司货运险业务保费收入首次突破1000万元，达到1002.7万元，在全市货运险市场份额为86.6%。

2004—2008年，全市各产险公司为降低货运险赔款风险，集中力量发展效益好的其他险种，相继对货运险业务结构进行调整，货运险保费收入出现滑坡。全市货运险业务保费收入一直保持在800万元左右，其中市人保产险公司占有60%的市场份额，其他11家产险公司的份额都较少。

5.船舶保险

由于淮安市地理位置和特点，全市的船舶险业务主要集中在市区以及洪泽县、金湖县、盱眙县，且具有较大的发展不平衡性。1980年，淮阴地区人保公司下辖的清江、淮安、金湖3个县（市）支公司恢复办理船舶保险业务，当年保费收入3.18万元。1983年，船舶保险业务扩大到市人保系统其他各县支公司，全市个体运输船舶大多参加船舶保险，当年保费收入36.44万元。

1986年，根据淮阴市人民政府要求，全市所有船舶和机动车辆一样实行法定保险。市人保公司以此为契机，与市交通管理部门配合，扩大承保面。人保金湖县支公司还通过与村、组签订保险合约办法拓展业务。是年，全市船舶险保费收入20.8万元。1987年，市人保公司结合交通安全条例宣传，扩大船舶险参保面，争取足额投保，船舶险保费收入大幅度增加到93.3万元，较1986年增长22.3%。1988年，在交通等有关部门配合下，市人保公司对全市乡镇企事业单位运输船舶保险情况全面检查，凡未参加保险的运输船舶，一律不准从事运输，从而推动船舶保险业务的发展。市人保公司当年承保船舶5732艘，船舶险保费收入142.6万元，为淮阴市船舶保险业务发展的巅峰。

1989—1992年，由于发生洪涝等自然灾害，淮阴市经济滑坡，不少乡镇企业倒闭，企业亏损面较大，严重影响船舶保险业务发展。1989年，全市脱保船舶3351艘，当年保费收入114.7万元，比1988年下降20%。1992年年末，全市只有1922艘船舶参加船舶保险，保费收入87.1万元，出现较大滑坡。

1993年，随着经济逐步复苏，为扭转船舶险保费收入继续滑坡势头，市人保公司根据船舶险

业务主要集中在市区以及洪泽、金湖、盱眙等县的特点，要求相关支公司主动与当地港监及运管部门加强配合，委托其代理船舶保险业务。对属于个体和乡镇的船舶，及时抓住船舶换证机会，协调港监或运管部门按照文件规定促其参保；对属于全民和集体航运企业的船舶，动员其分期分批或一次性全部投保。市港航监督部门按照市人保公司委托，对“二客一危”（客渡船、客滚船和危险品运输船）船舶、乡镇运输船舶及其他社会船舶按照船籍港办理保险。市港航监督部门在把好船舶保险关的同时，对必须参加保险而未保险的船舶不予年检，不准其继续航行。通过一系列制约措施，全市船舶险业务得到快速发展。1995年，全市船舶险业务保费收入165.3万元，创历史新高。

1996年，全国开始执行统一的新船舶保险条款、费率和条款解释，给淮阴市的船舶险保费收入带来影响。是年年末，全市船舶险业务保费收入132.3万元，比1995年减少33万元。

从1997年开始，市人保公司对船舶险业务管理体制进行改革，即沿海、内河船舶保险业务由市公司统一办理，辖内其他机构只能为其代办，不能直接经营船舶险业务。由于保险条款、费率、管理体制的变革，以及公路运输业飞速发展，再加上船舶航运部门经营普遍不景气，导致全市船舶险业务发展徘徊不前，保费收入不断下降。2003年，全市船舶险业务保费收入96.6万元，比1995年下降72%。

2004—2005年，市人保产险公司对船舶险业务进行改革，系统内突破承保地域的限制来承揽船舶险业务。同时实行区别对待，优质优价，保费收入有一定增加。2年间，该公司分别实现船舶险保费收入153.9万元和433万元。从2006年起，船舶险被纳入责任险统计。

由于船舶险业务效益低，全市始终只有市人保公司一家开办。1980—1990年，全市船舶保险累计保费收入704.6万元，平均每年增加64.06万元。1991—2005年，全市船舶保险累计保费收入1323.1万元，平均每年增加88.67万元。

6.农业保险

1983年，淮阴市人保公司开始面向农村开办农村养殖及种植保险业务。该公司首先在金湖县开展生猪保险试点，之后在全市陆续推广，1983年、1984年保费收入分别为0.3万元、1.2万元。

从1985年开始，市人保公司加大新险种开发力度。该公司在盱眙县旧铺种畜场试办大牲畜保险，该场190头种牛全部投保；在涟水县、淮安县、金湖县开办养鱼保险；在淮安县白马湖农场开办棉花保险业务。全市当年农业险保费收入10万元。

1986—1990年，由于赔付率高、赔付额大于保费收入，生猪保险陆续停办，大牲畜保险及养殖业保险等险种也被逐步淘汰。1990年，市人保公司开发农业新险种，在全市重点推广麦场火灾两全保险，当年承保398758户，收入保险储金198万元。1990年之前，农业险保费收入只占全市保费总收入的2.72%，是保费收入最少的险种。

从1991年开始，淮阴市农业保险按照“同舟共济，联办共保，签订协议，各有分工”的经营原则，开始尝试实行保险公司与政府联保模式，即以县为单位建立农业保险风险基金，由当地政府牵头，农业局、多种经营局与保险公司等部门共同合作，走与政府部门共担风险的路子。当年洪泽县、盱眙县的三麦、水稻综合保险积累风险基金201.6万元。1992年，全市养殖业保险也开始转向规模经营，当年保费收入440.5万元。1994年，由于部分县停办联办共保，市人保公司农业保险保费收入只有51.3万元。

1995年，市人保公司把与农业保险相关的多种生产要素，如农村劳动力、农村企业财产、家庭财产一并纳入大农险承保对象范围，并在承保农房时提高间均保额和保费。是年，全市农业险保费收入200.5万元，扭转保费收入大幅度下滑的局面。

1996年以后，由于市人保公司产、寿险机构分设，并实行完全的商业化、市场化经营，加上农业险保费收入低、赔付率高，所以保费收入由1996年的78.3万元下降至2005年的15.4万元，降幅达80%，保费收入逐年递减。其间，市人保公司逐步退出农险市场，其他产险公司也不愿意涉足。农业保险的险种不再单独统计。

2005年，淮安市政府采纳部分市人大代表和政协委员建议，决定通过开办农业保险，把灾后财政救助前移为对灾前保费补贴，以解决全市农业多灾问题。同年10月，中华联合财产保险公司淮安市支公司起草的《淮安市农业保险试点工作方案》被中共淮安市委、市政府采纳，11月5日，淮安市政府与该公司签订农业保险联办共保协议。同年12月10日，淮安市政府印发《关于开展农业保险试点工作的实施意见》，中华联合财产保险公司淮安市支公司按照联办共保协议，在10个乡（镇）试点水稻、三麦、养鱼和农民团体意外伤害4个险种。淮安市、县（区）都成立促进农业保险发展委员会，明确乡（镇）“一把手”负责制，农民参加保险以村为单位统一投保，指定乡（镇）农经站专门负责农险协保工作。由于不是纯市场化运作，所以没有把农业保险列入险种单独统计。中华联合财产保险公司淮安市支公司实行“政策性保险、商业化运作”创新模式，规定把当年实收的保费在保险公司、县（区）以及乡（镇）共计提取14%的管理费用和支付当年赔款后，中华联合财产保险公司淮安市支公司与县（区）政府按3∶7分成纳入专户存储，作为农业保险发展基金。因灾理赔所需资金，首先从当年保费收入中列支，不足部分动用农业保险发展基金。农业保险发展基金不足赔付时，剩余赔款则由中华联合财产保险公司淮安市支公司与县（区）政府按3∶7比例承担。淮安市农业保险新模式在全国属于首创，淮安市成为全国第一个对农险保费实行财政补贴的地级市，成为全国农险示范点。2006年，淮安市农业保险试点乡（镇）增至20多个。2007年，农业保险在淮安市全面推开。同年，市人保产险公司通过争取，获得淮安市能繁母猪养殖保险的承保权。

2005—2008年，中华联合财产保险公司淮安市支公司共承保三麦145.9万公顷、水稻45.22万公顷、鱼塘133.33公顷，累计保费收入10649.46万元，受益农户37万多家次。2007—2008年，市人保产险公司承保能繁母猪144928头、奶牛3461头，累计保费收入870.65万元。

7.责任险、信用险、工程险及短身险

自1993年4月1日起，市人保公司试办雇主责任险，如职工附加医药费责任保险等，后来又开办产品责任险、公共责任险、其他责任险等。1993—1995年，市人保公司独家经营期间，由于受到地方经济发展影响，责任险、信用保证保险业务规模较小，承保量不大，该险种业务也没有单独统计。直到1996年，有关保险公司才将责任险、信用保险保费收入分项列记。是年，市人保产险公司责任险、信用保险保费收入分别为622.7万元、1.1万元。

1997年，随着淮阴市经济的迅速发展和社会经济活动的日益频繁，以及市平安保险公司的成立，责任险、信用险的发展情况有所好转，业务量不断增加。市人保产险公司信用保证险主要承办保证险、钞票险以及其他信用险，还试办建筑险、安装工程险。市平安保险公司也开始试办责任险业务。是年，全市责任险、信用保证险业务保费收入分别为363.8万元、83.9万元。

1998年，仅市人保产险公司、市平安产险公司开办责任险，全市责任险保费收入241.3万元，同比下降49%。1999年，市人保产险公司开发新险种，先后试办校（园）方责任险、餐饮责任险、产品责任险、供电责任险等7种责任险。

2000—2002年，市人保产险公司把责任险作为业务发展的突破口，主攻校（园）方责任险和供电责任险，承保淮安三线船闸等重大项目责任险。市平安产险公司、市太平洋产险公司、市天安产险公司也开办责任险业务。3年间，全市责任险保费收入分别为502.7万元、716.2万元、

1135.9万元，分别增长34%、57%、41%。2002年，全市实现信用保证险保费收入214.5万元，比上年增长824%，其中市人保产险公司占64%的市场份额。

2003年，全市责任险、信用保证险、工程险、短身险发展势头进一步加快，经营这几个险种业务的产险公司达7家。全年开办责任险品种有产品责任险等7个险种和购车履约保证保险等6个险种。责任险承保数量、单笔保费收入金额都在增加。信用险的承保数量比往年增多，保额也随之增加。全年全市责任险、信用险2项保费收入均创历史新高，分别为1090.8万元、500.7万元。

2003年，中国保监会批准产险公司可以经营短身险（人身意外险、健康险）业务，全市各产险公司开始重点发展这一新险种，当年实现短身险保费收入753.22万元，占全市产险市场份额的3.9%。全年全市责任险情况没有大的变化，信用险保费收入比2002年增长33%。

2004年，全市人身意外险、健康险保费收入比上年增长27%。由于市人保产险公司、市平安产险公司、市太平洋产险公司调整险种结构，责任险、信用险保费收入出现47%降幅。2005年，全市各产险公司集中人力、物力、财力发展优势险种，尤其是人身意外险、健康险、责任险、保证险，保费收入较2004年大幅度上升，4个险种的保费收入绝对值增加1310万元，对全市产险市场的快速发展贡献较大。

2008年年末，全市责任险保费收入1656.4万元，信用保证险保费收入177.2万元，人身意外险保费收入3497万元，健康险保费收入343.2万元，工程险保费收入310万元。

8.涉外保险

1985年，市人保公司开办涉外保险业务。开办之初，仅有引进设备财产保险一个险种，全年承保28笔，承担经济风险1537万美元，收取保费3.1万美元。此后，涉外保险逐步由原来单纯的外汇贷款项目财产保险，延伸为补偿贸易、设备租赁和世界银行贷款项目的财产保险。1987年，市人保公司还试办引进设备的机器损坏险和附加盗窃险。1990年，市人保公司又开办出国人员意外伤害险。1985—1990年，市人保公司开发涉外险种5个，承保201笔，保额17394万美元，保费收入42.6万美元。

1992年，市人保公司根据涉外业务发展的需要，先后推出财产险、机损险、汽车运输险及安装工程险等10多个险种。1995年，市人保公司还试办“三资”企业利润损失险、现金保险等。1996年，市人保公司将涉外保险中的非水险业务划给清河办事处和清浦办事处代理，并与市建设银行、市农业银行、市中国银行、市商检局签订代理协议，承保在上述几家单位开办的信用证结算和质检出口货物保险。是年，市人保公司承保涉外险业务205笔，保费收入335.6万元。

1985—1996年，市人保公司累计承办涉外险业务1235笔，保费收入113.9万美元和1051.9万元人民币。

从1997年7月1日起，涉外保险业务和国内业务实行并轨，该险种业务分别反映在国内各相关险种业务中，不再单列统计。

（二）防灾与理赔

1.防灾

1980年10月，由于保险业务刚刚恢复，淮阴地区人保公司及其各支公司的防灾工作主要是与当地公安、消防、交通、防汛等部门加强配合，开展防灾防损的宣传和安全检查。

1981—1989年，淮阴市人保公司防灾工作主要采取张贴宣传标语，召开多种形式的防灾工作座谈会、调查会等方式。与公安部门联合，组织人员对全市53个重点单位进行安全防灾检查，发现隐患332处，及时向危险隐患单位或个人发出整改通知书，提出口头整改意见90条、书面整改建议99条。同时向重点企业拨付防灾费用，帮助企业改进防灾设施、建立防灾工作档案等。

1990—1995年，市人保公司根据淮阴市地处淮河下游，容易出现洪涝灾害的特点，把抓好夏秋防汛和安全生产工作作为防灾防损工作重点。仅1994年，市人保公司就组织人员对全市700多家企业进行汛期防灾减灾安全大检查，发出整改通知书260多份。1995年，市人保公司配合市消防部门做好防灾检查，开展“119消防日”宣传活动。

1996—2000年，市人保产险公司、市太平洋产险公司、市平安产险公司把防汛作为防灾的首要工作。1996年，全市各产险公司确定化工、商业、纺织、供销等行业作为防汛工作重点，并与保户签订安全承包合同。1998年，全市各产险公司组织对工业、粮食、商业等系统的重要投保企业进行防灾、防损、防事故检查。

随着经济发展和科技进步，防灾减灾工作开始发生变化。2002年，市人保产险公司对汽车消费贷款保证保险业务可能产生的风险全面排查，加大追偿力度，起诉111件，追回资金255万元。市平安产险公司对承保标的风险实行动态管理，采取针对性措施，一户一策，措施到位，责任到人，全年为企业投保户减损2000万元。

2003年，淮安市境内发生特大洪涝灾害，全市大部分地区受灾严重，受灾人口、受灾面积超过1991年。灾前，全市各产险公司共组织128个行动小组，对全市231家重点客户进行排查，发出整改通知书355份。虽遭受特大洪涝灾害，但市区企业水灾赔款额比2002年下降50%。

2005—2008年，由于淮安市经济快速发展，保险主体逐步多元化，保险竞争进一步市场化，保险防灾工作理念也随之发生重大转变。全市各产险公司运用市场规律和经济手段，协助保户或被保险人通过建立健全规章制度，加强内部管理，落实各种责任制以及利用科技手段等，有效预防各类灾害、风险发生。

2.理赔给付

1980年，淮阴地区人保公司恢复国内保险业务后，开始开展承保财产的灾时和灾后理赔服务工作。1982年，淮阴地区发生赔案757起，总赔款51.2万元，赔付率为18.68%。

1983—1995年，市人保公司为规范理赔工作，严格执行理赔手续，采取“三会审”“四把关”的措施，即实行案卷会审、事故车会审和疑难案件会审，把好现场查勘关、进厂修理关、统一管理关和赔案审核关。在办理具体案件时，采取双人查勘现场、集体讨论赔案方式。

1996年，市人保产险公司实行赔付率分险种核算办法，严格执行理赔经办、审批责任制、定损员制度等，简化理赔手续，提升理赔服务质量，缩短结案时间，提高理赔效率。

1998年，市太平洋保险公司推出机车险急难救助服务卡，持卡人无论在何地发生事故，只要拨打卡上电话号码向当地太保公司报案，就能在较短时间内得到救助。

2000年，涟水县今世缘酒厂在暴雨灾害中损失严重，市、县人保公司组织人员到现场了解灾情，查勘核损，及时支付赔款234.5万元。此为淮阴市历史上单笔金额最大的财产险赔款。

2001—2005年，随着经济不断发展，全市机动车保有量不断增加，机动车辆险理赔给付工作成为各产险公司的主要工作之一。针对普遍存在的理赔难问题，市人保产险公司定损中心规定2万元以下赔案不超过2天，3万元以上案件不超过3天；市太平洋产险公司实行接案、查勘、评估、理赔双人制，并进行岗位制约；市平安产险公司专门成立客服中心，加快赔款结案速度，开通24小时接报案电话，实行专人理赔、个案负责制，实施咨询、承保、理赔、结算一条龙服务，准确、快速处理赔案。2001年，全市支付赔款7211.9万元，比2000年增长13.39%，赔付率45.4%，比2000年下降9个百分点。其中，车险赔付额4752万元，赔付率51.47%，占总赔付额的65.9%。2005年，全市支付赔款1.63亿元，比2001年增长83%，赔付率55.46%，比2001年上升10个百分点。其中，车险赔付额1.21亿元，赔付率58.5%，较2001年增长7.03%，占总赔付额的82.5%。

2006—2008年，在全市财产险业务快速发展的同时，赔付业务量也大幅度增加。2008年年末，全市各产险公司共支付赔款3.49亿元，综合赔付率66.3%。其中，车险赔款支出2.77亿元，赔付率70%；企业财产险赔款支出2862万元，赔付率64.1%；责任险赔款支出1042万元，赔付率62.9%；家庭财产险赔款支出74万元，赔付率13.4%；保证险赔款支出84万元，赔付率47.4%；人身意外险赔款支出1731万元，赔付率49.5%；健康险赔款支出300万元，赔付率87.3%；农业保险赔付2560.3万元，赔付率92%；其他险赔款支出748万元，赔付率63.3%。

1980—2008年淮安市财产保险保费收入及赔付情况表

表28-6　　单位：万元

年份	收入总计	赔付总计
1980	112.3	1.0
1981	193.1	14.1
1982	274.0	51.2
1983	316.3	126.5
1984	376.5	190.9
1985	581.0	261.5
1986	844.0	662.5
1987	1099.7	489.3
1988	1601.6	492.0
1989	1996.0	1043.3
1990	2234.0	1360.6
1991	3323.8	2908.9
1992	6151.2	2218.5
1993	5654.0	3562.7
1994	5167.7	3637.8
1995	8577.9	3966.8
1996	9579.6	5188.8
1997	10781.2	5725.1
1998	10602.3	5923.8
1999	11910.3	5755.0
2000	13393.3	8178.1
2001	15587.9	7211.9
2002	17742.6	8899.4
2003	19347.7	11223.9
2004	24030.1	13104.9

续表 28-6

年份	收入总计	赔付总计
2005	28996.2	16301.9
2006	33335.4	27196.0
2007	42451.0	21928.0
2008	52195.9	34898.0

1980—1990年部分年份淮阴市市区及各县(市)财产保险保费收入统计表

表 28-7　　单位:万元

年份	区域/金额/项目	合计	市区	淮阴县	涟水县	县级淮安市	洪泽县	盱眙县	金湖县
1980	财产险合计	112.3	54.7	15.7	8.0	14.1	5.8	4.7	9.3
	1.企业财产险	96.0	48.0	14.0	6.0	12.0	4.0	4.0	8.0
	2.家庭财产险	—	—	—	—	—	—	—	—
	3.运输工具险	16.3	6.7	1.7	2.0	2.1	1.8	0.7	1.3
	4.其他险	—	—	—	—	—	—	—	—
1985	财产险合计	581.0	222.0	81.0	62.0	70.0	43.0	53.0	50.0
	1.企业财产险	300.0	142.0	22.0	31.0	36.0	18.0	26.0	25.0
	2.家庭财产险	44.0	5.0	37.0	2.0	—	—	—	—
	3.运输工具险	213.0	69.0	17.0	26.0	30.0	22.0	26.0	23.0
	4.其他险	24.0	6.0	5.0	3.0	4.0	3.0	1.0	2.0
1990	财产险合计	2234.0	1047.0	162.0	177.0	269.0	230.0	203.0	146.0
	1.企业财产险	663.0	337.0	45.0	47.0	91.0	42.0	47.0	54.0
	2.家庭财产险	222.0	31.0	43.0	32.0	21.0	45.0	43.0	7.0
	3.运输工具险	944.0	505.0	55.0	73.0	82.0	66.0	95.0	68.0
	4.其他险	405.0	174.0	19.0	25.0	75.0	77.0	18.0	17.0

1991—2008年淮安市财产险分险种保费收入统计表

表 28-8　　单位:万元

年份	合计	企财险	家财险	机动车险	货运险	船舶险	农业险	责任险	保证险	人意险	健康险	涉外险	其他险
1991	3323.8	671.5	176.9	975.3	211.0	96.6	201.6	—	—	—	—	125.0	865.9
1992	6151.2	1145.5	239.7	1551.3	322.8	87.1	440.5	—	—	—	—	178.9	2185.4

续表 28-8

年份	合计	企财险	家财险	机动车险	货运险	船舶险	农业险	责任险	保证险	人意险	健康险	涉外险	其他险
1993	5654.0	1563.0	220.0	2273.5	413.3	134.2	366.5	—	—	—	—	219.6	463.8
1994	5167.7	1328.3	274.7	2443.1	326.4	128.1	51.3	—	—	—	—	246.5	369.3
1995	8577.9	2650.2	376.6	3464.2	397.1	165.3	200.5	—	—	—	—	517.2	806.8
1996	9579.6	3158.6	506.1	4163.1	466.3	132.3	78.3	622.7	1.1	38.0	—	335.6	77.5
1997	10781.2	4076.0	395.6	4965.1	634.6	73.4	36.4	363.8	83.9	39.0	—	—	115.4
1998	10602.3	3398.0	496.4	5387.6	717.2	60.1	34.5	241.3	—	42.0	—	—	225.2
1999	11910.3	3418.4	432.9	6650.7	761.1	68.2	83.1	303.2	132.1	—	—	—	60.6
2000	13393.3	3430.7	381.7	8044.6	813.0	85.9	20.6	502.7	—	56.9	—	—	57.8
2001	15587.9	4012.0	433.6	9232.1	948.4	121.6	5.7	716.2	20.8	—	—	—	97.5
2002	17742.6	4196.3	477.7	10488.0	1042.0	98.0	2.5	1135.9	214.5	—	—	—	87.7
2003	19347.7	4189.1	478.6	10851.3	1157.9	96.6	24.0	1090.8	500.7	829.0	9.4	—	120.3
2004	24030.1	2968.9	714.5	17015.8	819.0	153.9	14.0	761.7	75.1	1157.3	—	—	349.9
2005	28996.2	3159.5	513.6	20714.3	667.4	433.0	253.4	1319.5	154.2	1575.1	34.8	—	171.4
2006	33335.4	3322.5	380.2	24266.0	860.7	—	—	1231.9	194.5	2177.0	26.9	—	875.7
2007	42528.3	3842.9	663.1	32621.3	795.5	—	—	1413.7	113.8	2047.2	214	—	816.8
2008	52195.9	4362.2	554.8	39564.0	858.2	—	—	1656.4	177.2	3497.1	343.3	—	1182.7

1991—2008年淮安市各保险公司财产险保费收入统计表

表 28-9　　单位：万元

年份	合计	人保产险	平安产险	太平洋产险	天安产险	中华产险	大地产险	安邦产险	华安产险	阳光产险	人寿产险	渤海产险	都邦产险
1991	3323.8	3323.8	—	—	—	—	—	—	—	—	—	—	—
1992	6151.2	6151.2	—	—	—	—	—	—	—	—	—	—	—
1993	5654.0	5654.0	—	—	—	—	—	—	—	—	—	—	—
1994	5167.7	5167.7	—	—	—	—	—	—	—	—	—	—	—
1995	8577.9	7783.9	188.0	606.0	—	—	—	—	—	—	—	—	—
1996	9579.6	8642.6	623.0	314.0	—	—	—	—	—	—	—	—	—
1997	10781.2	8865.2	1118.0	798.0	—	—	—	—	—	—	—	—	—
1998	10602.3	9412.5	347.0	842.8	—	—	—	—	—	—	—	—	—
1999	11910.3	10051.3	855.0	1004.0	—	—	—	—	—	—	—	—	—
2000	13393.3	11006	1071.0	1316.9	—	—	—	—	—	—	—	—	—
2001	15587.9	12136.2	1522.0	1929.7	—	—	—	—	—	—	—	—	—
2002	17742.6	13278.3	1862.0	2348.3	254.0	—	—	—	—	—	—	—	—

续表28-9

年份	合计	人保产险	平安产险	太平洋产险	天安产险	中华产险	大地产险	安邦产险	华安产险	阳光产险	人寿产险	渤海产险	都邦产险
2003	19347.7	14176.4	1458.8	2829.8	882.7	—	—	—	—	—	—	—	—
2004	24030.1	13418.8	1488.7	3243.3	1319.1	4067.5	492.7	—	—	—	—	—	—
2005	28996.2	15025.2	2075.3	3247.0	1316.9	6213.8	748.8	369.2	—	—	—	—	—
2006	33333.2	16098.0	2787.0	3823.2	1722.0	6004.0	682.3	1092.8	816.7	307.2	—	—	—
2007	42451.0	19388.0	2953.4	5455.4	1758.1	7970.2	1525.5	1830.0	438.2	1132.2	—	—	—
2008	52195.9	21578.0	3596.0	6463.7	1662.3	8359.7	1229.8	1253.3	109.3	756.2	5538.2	651.2	998.2

二、人寿保险

（一）业务发展

淮安市的人寿保险业务起步于1984年。从1984年开始，人保淮阴市分公司先后在市区及淮安县开办全民及集体企业合同制职工和个体工商户养老金保险业务，当年收取养老金保费1000元。1985年，人保淮阴市分公司开办养老金保险、团体人身保险、学生团体人身平安险等业务，当年收取保费143.1万元。1986年，该公司在全市恢复简易人身保险业务，收取保费995万元，其中简易人身险保费288万元。

1987—1988年，淮阴市的国营企业劳动合同制工人的退休养老金保险业务由市社会劳动保险处管理，人保淮阴市分公司停办全民、集体企业的养老金保险业务，其养老金保险保费收入逐年下滑。但是，由于该公司重点转向发展乡镇企业、大集体企业职工和村组干部的养老金保险业务，加上简易人身保险业务的发展，1988年年末，人保淮阴市分公司寿险保费收入首次突破1000万元，达到1196.6万元。

随着业务不断发展，人保淮阴市分公司寿险业务逐步实现由城市向农村转变、由集中型向分散型转变、由长期性向短期性转变。该公司重点做好农村养老金保险和城镇职工补充养老金保险业务，开办的个人定额养老金保险和人寿定额保单的保费收入大幅度增加，带动保费总收入快速增长。1991年，该公司保费收入突破2000万元，达到2003.7万元。1992年，该公司保费收入比1991年翻了一番，达到4084.6万元。1993年，为配合医疗制度改革，该公司在全市逐步开展职工团身险附加住院医疗保险，经协商由市各级总工会代理收交保险费，团身险业务有了较大发展。该公司当年团身险保费收入851.2万元，是上年的3.77倍。1984—1995年，人保淮阴市分公司累计保费收入3.02亿元。

1995年以后，淮阴市的寿险市场经营主体发展趋于多元化，各寿险公司不断推出新险种，提升服务质量，参与寿险市场竞争。各寿险公司先后推出100多个险种，涵盖各年龄段各类人群的保险需求，促进全市寿险市场繁荣和保费收入快速增长。南京人寿淮阴代理处在全市开办88型“为了明天”终身保险；中保人寿淮阴市分公司在乡镇推广“乡镇企业领导人综合险”“企事业领导人意外伤害险”“职工补充养老保险”“职工住院医疗保险”等险种，为乡镇企业发展提供保险保障，同时开办“农村劳动力保险附加农民住院医疗保险”；平安寿险淮阴市分公司开发“平安永乐险”“少儿平安幸福险”“平安长寿险”“平安递增养老”等险种，并率先推出可以单独投保的中长期住院津贴保险——“世纪安康十年期住院津贴保险”，市场占有率快速提升。1997年，全市

寿险保费收入突破亿元，达到1.5亿元，中保人寿淮阴市公司占有全市寿险市场89.07%的份额。

1998—1999年，全市3家寿险公司不断推出新险种，满足不同层次客户需求。平安寿险淮阴市分公司首家推出转型产品“如意女性”等13种利差返还型产品，以及投资产品“平安世纪理财”。中国人寿淮阴市分公司以发展补充养老保险业务为主攻方向，在金融、邮电、供电系统推广补充养老保险。同时，该公司在农村的个体种、养殖专业大户中率先推广人寿保险，以此带动周围群众投保，通过拓展农村市场，促使保费收入快速增长。中国人寿淮阴市分公司推出“祥和、祥运、祥瑞、康宁”系列、“国寿金色夕阳”养老年金保险（A）、团体年金保险等13个新险种，新开发附加企业补充住院医疗、团体意外伤害、团体住院医疗、住院安心等险种，为员工福利保障计划组合提供更多选择。由于各寿险公司业务发展迅速，全市寿险业务保费收入稳步增长，1998年超过2亿元，1999年达到2.18亿元。

2000年，太平洋寿险淮阴市分公司针对孩子和老人2个群体需求开发新险种，在全市开办“少儿乐”“老来福（返利）”“步步高（增额）”“福禄寿（还本）”等个人寿险20多种。全市各寿险公司还利用社会力量扩大寿险业务。至2001年年末，全市保险兼代理机构发展到57个，保险代理人员增加到5307人。中国人寿淮阴市分公司与市邮储部门联合，实行保险代理；平安寿险淮阴市分公司分别与市工商银行、市建设银行签订银保代理合作协议，推出“平安鸿利”等分红型产品和“千禧红”银行代理产品。2001年，全市寿险保费收入突破3亿元大关，达3.55亿元，比2000年净增1亿元。2002年，全市保险营销员增加到7111人，比年初新增1804人，人员总量及新增量均创历史新高。全市寿险业竞争焦点主要集中在学生险、银邮代理等短险产品板块业务上，全市短险业务量和保费收入实现大幅度增长，达到6.41亿元，同比增长86%，占全市寿险保费收入的78.2%。

2003—2005年，泰康人寿保险股份有限公司、太平人寿保险股份有限公司在淮安市设立分支机构，但是市中国人寿、市平安人寿、市太平洋人寿3家寿险公司在全市寿险市场中仍然占有94%的份额。全市各寿险公司不断追求市场份额和效益最大化，调整险种结构，将银行代理保险产品逐步转型为长期储蓄类代理产品。全市各寿险公司推出年金、健康险、定期寿险型等特色险种，将发展效益型业务与保持规模增长较好地结合，逐步走上注重提高业务质量、增加业务内含价值的集约式发展道路。2003年，全市寿险保费收入8.64亿元，比2002年增长28%，特别是分红类保险成为淮安市寿险市场最热门险种，保费收入5.22亿元，占全市寿险保费收入的63%。2004年，全市寿险保费收入9.28亿元，比2003年增长7.4%。2005年，全市寿险保费收入超过10亿元，达10.2亿元，比2004年增长9.8%，占全市保费总收入的77.9%。

2006—2008年，全市各寿险公司加大新产品销售推广力度，团险条线全面开拓学平险、建工险、司乘险、农村用电、农信社小额信贷意外保险等代理渠道，提高市场占有率。同时，推进结构调整，重点优化期交结构，提高期交保费占比。2008年，全市寿险保费收入实现16.75亿元。1996—2008年，全市各寿险公司累计保费收入87.17亿元。

（二）理赔给付

1983—1985年，为淮阴市寿险业务发展初期，市人保公司在理赔方面建立一些基本工作制度，制定简单的业务操作程序和规则，以保证寿险理赔工作正常进行。1985年，全市赔付驾驶员意外险0.2万元。

1986—1990年，全市人保系统全部受理理赔赔付案件，累计赔付522万元，平均赔付率8.72%，其中养老金险3.2万元、简易人身险40.8万元、团体人身险278.4万元、学生平安险59万元、其他险140.6万元。

1991—1995年，市人保公司实行赔案会审与评议制度、制定理赔业务质量考核办法及评分标准，疑难案件坚持法医鉴定、配合调查、联合办案的办法等，效果较好。5年间，该公司寿险业务累计理赔给付金额2341.1万元，平均赔付率9.74%，理赔给付主要集中在团体人身险、农团险和学生平安险等险种上。

1996年实施产、寿险业务分业经营后，全市各寿险公司把理赔给付和开拓保费收入来源放在同等重要的位置，遵循“从严核保、从实理赔”原则，及时、周到地为广大保户服务。

1998—1999年，市中国人寿公司严格执行大案报批制度，理赔案件注重调查核实；市、县公司严格执行每案必查和双人查勘制度，杜绝坐班理赔；在保证理赔给付质量的同时，加快理赔给付的速度，凡在理赔范围内的案件一般在3天之内办清有关赔付手续，超过1万元的案件，送赔款上门。1998年，市中国人寿公司赔付金额1787.7万元。1999年，全市寿险公司理赔金额1680.5万元，其中市中国人寿公司赔付金额1662.2万元、市平安人寿公司赔付金额18.3万元。

2000年，市中国人寿公司成立业务处理中心，实行投保、核保、理赔、给付“一柜式”服务，落实赔案事后监督审计制度，在监察室设立专人负责赔案审计。该公司全年理赔给付案件11805起，赔付金额1343万元。市平安人寿公司平均10日结案率达92.37%，当年理赔案件68起，理赔金额200.7万元。

2001年，市中国人寿公司规范理赔业务操作流程和实务规定，短险赔付率比2000年下降2.3个百分点，比全省短险平均综合赔付率低0.39个百分点。市太平洋人寿公司当年处理赔案103件，比上年增长361%。市平安人寿公司开通“95511”专线后，实行全年全天候对投保户开放，投保户如果出现险情，可以通过该客服电话得到理赔报案方面的服务，大大方便投保客户。是年，全市寿险理赔给付金额1498.5万元。其中，市中国人寿公司理赔给付1312万元，市平安人寿公司理赔给付124.2万元，市太平洋人寿公司理赔给付62.3万元。

2002年，全市各寿险公司重点加强信用建设。市中国人寿公司把简化理赔程序、缩短理赔时间作为信用建设重要内容；市太平洋人寿公司完善核保、核赔组织架构；市平安人寿公司提供“当地投保，全国通赔”的快捷服务。是年，全市寿险理赔给付金额1770万元。其中，市中国人寿公司理赔给付1491万元，市太平洋寿险公司理赔给付96.32万元，市平安人寿公司理赔给付182.7万元。

2003年，全市各寿险公司不断推出理赔服务新举措。市中国人寿公司开展在保客户回访工作，实行定期跟踪回访。同时开通理赔快速处理通道，把简化理赔程序、缩短给付时间作为业务质量考核重要内容。该公司全年处理赔案18263起，结案率98%；累计赔付金额2047万元，其中直销业务赔付金额1857万元、营销业务赔付金额190万元。市太平洋人寿公司进一步把好“承保、理赔”两道关口，实行团险核保集中、个险单证集中、核保核赔权限上收到省公司、调查队伍下沉等措施，把理赔工作前移，重点放在防灾避险宣传、检查、补救措施上，使高赔付率迅速下降。2003年，市太平洋人寿公司赔付金额为168.5万元，较上年减少72万元，下降42%。市平安人寿公司启动“温馨理赔”系列工程。该工程主要包括申请免填单、本地投保异地理赔、10个工作日结案、理赔调查事前事中服务、“95511”专线理赔结果通知、理赔受益客户回访协调和理赔款转账等项目，保户在全国范围内可以享受到高标准、一致性的理赔服务。市平安人寿公司当年理赔给付金额260.7万元。2003年年末，全市寿险累计满期给付6948万元、寿险给付1043万元、短期赔付2476.2万元。

2004年，市中国人寿公司处理理赔案2635起，结案率达95%，拒付案件25件，通过调查，剔除1220.7元，累计总赔付金额2944万元。其中，直销业务赔付金额2800万元，赔付率70%；营销

业务赔付金额144万元，赔付率73%。赔付主要集中在健康险和意外险险种上。市太平洋人寿公司在理赔工作中开通“绿色通道”，向客户发放急难救助卡，持卡人可在全国各地太平洋寿险分支机构享受10项免费服务。市平安人寿公司当年累计赔付金额为127.3万元。至当年年末，全市累计满期给付7078.4万元，同比增长1.9%；寿险给付996.2万元，同比下降0.4%；短期赔付3289万元，同比增长32.84%。

2005—2007年，全市寿险累计满期给付及寿险给付合计分别为6602万元、8600万元、2.54亿元；短期赔付分别为3898.5万元、2607.1万元、3068.7万元；短期赔付率同比变化分别为18.53%、-33.13%、17.71%。

2008年，全市寿险理赔及给付3.63亿元，其中短期赔付3445万元，是1985—1995年人保公司独家经营时期理赔给付总额的13.3倍。

1983—2008年淮安市人寿保险保费收入及赔付情况表

表28-10　　单位：万元

年份	收入总计	赔付总计
1983	0.1	—
1984	0.2	—
1985	143.1	0.2
1986	995.0	15.2
1987	1199.0	64.3
1988	1196.6	95.1
1989	1235.0	136.0
1990	1360.0	211.4
1991	2003.7	277.7
1992	4084.6	306.2
1993	5759.9	244.1
1994	6583.9	603.6
1995	5669.0	931.1
1996	8439.7	4732.0
1997	14957.2	1580.5
1998	20004.2	1787.7
1999	21797.2	1680.5
2000	25494.1	1543.7
2001	35491.8	1498.5
2002	64136.7	1770.0
2003	86449.3	2476.2
2004	92830.3	3289.0

续表28-10

年份	收入总计	赔付总计
2005	101964.0	3898.5
2006	113116.0	2607.1
2007	119991.0	3068.7
2008	167505.0	3445.0

1984—1995年部分年份淮阴市市区及各县（市）人寿保险保费收入统计表

表28-11　　单位：万元

年份	区域/金额/项目	合计	市区	淮阴县	涟水县	县级淮安市	洪泽县	盱眙县	金湖县
1984	养老金险合计	0.1	0.1	—	—	—	—	—	—
1985	合　计	143.1	35.5	12.2	6.0	34.6	24.0	17.3	13.5
	团体人身险	1.0	—	—	—	0.6	—	—	0.4
	养老金	137	35.0	12.0	6.0	31.0	23.0	17.0	13.0
	平安、安康、意外险	5.1	0.5	0.2	—	3.0	1.0	0.3	0.1
1990	合　计	1360.0	426.0	144.0	179.0	209.0	135.0	124.0	143.0
	简易人身险	340.0	156.0	24.0	58.0	24.0	4.0	38.0	36.0
	团体人身险	196.0	24.0	27.0	44.0	34.0	25.0	21.0	21.0
	养老金	334.0	57.0	42.0	32.0	85.0	41.0	26.0	51.0
	意外伤害险	140.0	16.0	6.0	15.0	45.0	11.0	23.0	24.0
	子女婚嫁教育险	20.0	4.0	—	—	1.0	6.0	9.0	—
	其　他	330.0	169.0	45.0	30.0	20.0	48.0	7.0	11.0
1995	合　计	5669.0	1714.7	681.5	790.5	761.7	420.0	547.7	752.9
	简易人身险	75.7	1.7	—	54.5	19.5	—	—	—
	养老金险	752.6	155.8	73.1	47.5	99.0	19.6	80.8	276.8
	团身及意外伤害险	805.5	129.1	94.3	110.1	130.6	110.5	120.8	110.1
	子女婚嫁教育险	305.7	37.9	37.5	9.6	149.0	18.5	20.5	32.7
	其　他	3729.5	1390.2	476.6	568.8	363.6	271.4	325.6	333.3

2000—2008年部分年份淮安市市区及各县（区）人寿保险保费收入统计表

表28-12　　单位：万元

年份	项目 金额 区域	合计保费收入				中国人寿保费收入			平安寿险保费收入			太平洋寿险保费收入			泰康人寿保费收入			太平人寿保费收入			合众人寿营销保费收入
		合计	营销业务	团体业务	银邮代理	营销业务	团体业务	银邮代理	营销业务	团体业务	银邮代理	营销业务	团体业务	银邮代理	营销业务	团体业务	银邮代理	营销业务	团体业务	银邮代理	
2000	市区	12098.1	9030.8	3067.3	—	5972	1998	—	2457	167	—	602.0	902.0	—	—	—	—	—	—	—	—
	淮阴区	1996.0	1143.0	853.0	—	1143	853	—	—	—	—	—	—	—	—	—	—	—	—	—	—
	县级淮安市	2915.0	1640.0	1275.0	—	1640	1275	—	—	—	—	—	—	—	—	—	—	—	—	—	—
	涟水县	2323.0	1525.0	798.0	—	1525	798	—	—	—	—	—	—	—	—	—	—	—	—	—	—
	洪泽县	1919.0	1083.0	836.0	—	1083	836	—	—	—	—	—	—	—	—	—	—	—	—	—	—
	盱眙县	2127.0	1311.0	816.0	—	1311	816	—	—	—	—	—	—	—	—	—	—	—	—	—	—
	金湖县	2116.0	1232.0	884.0	—	1232	884	—	—	—	—	—	—	—	—	—	—	—	—	—	—
	合计	25494.1	16964.8	8529.3	—	13906	7460	—	2457	167		602.0	902.0	—	—	—	—	—	—	—	—
2005	市区	44048.1	25479.0	7088.1	11481	16401	3879	4880	7594	127	2054	1066.3	1972.3	1085.9	231.0	13.0	2205.8	186.7	1096.8	1255.3	
	淮阴区	9754.3	5609.2	2237.1	1908	4993	2237	1908	—	—	—	616.2	0.1	—	—	—	—	—	—	—	—
	楚州区	11381.9	6880.5	1378.2	3123	5792	1284	1923	—	—	—	945.5	93.4	780.1	143.0	0.8	420.1	—	—	—	—
	涟水县	10288.1	6291.5	1443.6	2553	5493	1424	2266	—	—	—	687.4	19.1	177.3	111.1	0.5	110.1	—	—	—	—
	洪泽县	10276.2	6599.7	591.5	3085	5234	568	2267	—	—	—	1286.4	22.8	806.2	79.3	0.7	11.6	—	—	—	—
	盱眙县	7031.1	4539.1	1036.0	1456	3998	1035	1389	—	—	—	430.1	1.0	66.6	111.0	—	—	—	—	—	—
	金湖县	9184.5	5849.6	1418.9	1916	5203	1398	1688	—	—	—	597.4	19.5	143.4	49.2	1.4	84.6	—	—	—	—
	合计	101963.6	61248.6	15193.0	25522	47114	11825	16321	7594	127	2054	5629.3	2128.2	3059.5	724.6	16.4	2832.2	186.7	1096.8	1255.3	—

续表 28-12

年份	项目/金额/区域	合计保费收入				中国人寿保费收入			平安寿险保费收入			太平洋寿险保费收入			泰康人寿保费收入			太平人寿保费收入			合众人寿营销保费收入
		合计	营销业务	团体业务	银邮代理	营销业务	团体业务	银邮代理	营销业务	团体业务	银邮代理	营销业务	团体业务	银邮代理	营销业务	团体业务	银邮代理	营销业务	团体业务	银邮代理	
2008	市区	70927.0	30421	6695.0	33811	19067	3880	15045	5021	17	690	4813.0	651.0	2175.0	678.0	5.0	10437.0	661.0	2143.0	5464.0	180
	淮阴区	13215.0	6357.0	1006.0	5852	6158	1003	5544	—	—	—	—	—	—	199.0	3.0	308.0	—	—	—	—
	楚州区	24660.0	13223.0	1234.0	10203	9286	1182	6514	1467	10	506	995.0	38.0	919.0	1475.0	4.0	2264.0	—	—	—	—
	涟水县	20573.0	8504.0	1309.0	10760	6819	1257	5380	856	11	289	346.0	35.0	1710.0	483.0	6.0	3381.0	—	—	—	—
	洪泽县	12298.0	6631.0	579.0	5088	5020	544	3397	571	12	188	837.0	22.0	813.0	203.0	1.0	690.0	—	—	—	—
	盱眙县	11049.0	6214.0	742.0	4093	5478	688	3369	122	9	34	614.0	45.0	386.0	—	—	304.0	—	—	—	—
	金湖县	14783.0	7492.0	723.0	6568	5963	622	4607	897	7	308	497.0	91.0	898.0	135.0	3.0	755.0	—	—	—	—
	合计	167505.0	78842.0	12288.0	76375	57791	9176	43856	8934	66	2015	8102.0	882.0	6901.0	3173.0	22.0	18139.0	661.0	2143.0	5464.0	180

第四章　证券业

淮安市证券业起步于1988年，市工商银行信托投资公司业务部当年5月开业后，全市证券二级市场建设进入摸索阶段。当时淮阴市证券业主管部门是市人民银行。从发展过程看，淮安市证券业经历金融混业经营、银证分设、专业化经营等阶段。发展初期，全市证券业务品种单一，业务量较小。当时的市人民银行除了做好国库券发行外，还以优化资金投向、提高资金使用效益为目标，坚持扶优限劣原则，支持淮安县发电厂、宿迁啤酒厂、淮阴卷烟厂等重点企业发行企业债券。从1989年开始，支持沂淮铁路联合股份有限公司发行铁路股票。1993年，淮阴市证券机构开始代理股票买卖等证券业务。至2008年年末，淮安市有华泰证券公司、海通证券公司、中投证券公司设立的3家证券营业部；经营品种由初期单一的国库券发展到多种债券、基金和股票等；在上海证券交易所和深圳证券交易所开立股票账户13504户，其中个人投资者13472户、机构投资者32户；股票交易额590.6亿元，较1993年年末增加590亿元；债券交易额1.93亿元，实现利润总额7510万元，较1994年年末增加7507.13万元。1993—2008年，全市股票累计成交量达2130亿元。

第一节　证券交易机构

一、华泰证券股份有限公司淮安淮海北路证券营业部

1993年3月，江苏省证券公司与市人民银行合资兴办淮阴市首家证券业务部——江苏证券淮阴业务部。其工作人员由市人民银行调派管理。同年10月18日，江苏证券淮阴业务部对外营业。1995年10月，根据国务院关于银证分离的规定，江苏证券淮阴业务部与市人民银行脱钩，成为江苏省证券公司第18家全资证券营业部，其经营管理逐步迈向专业化。

1996年年初，由于实施银证分离，之前从市人民银行调派到江苏证券淮阴业务部的18名员工中有17名回归市人民银行。同时，该部从社会上公开招聘18名员工，在淮阴市首开证券从业人员面向社会公开招聘的先例。该部对内设机构重新调整，原资金柜改为交易部，并增设市场部，专门负责市场开拓和新业务推广、

图28-4　华泰证券公司淮安营业部交易大厅（2007年）陈光晰　摄

大客户管理、报单员管理和交易员管理。1997年6月，江苏省证券公司注册资本增至4.04亿元，并更名为江苏证券有限责任公司，同年江苏省证券公司淮阴业务部更名为江苏证券有限责任公司淮阴营业部。1999年3月，江苏证券有限责任公司更名为华泰证券有限责任公司，江苏证券淮阴营业部更名为华泰证券有限责任公司淮阴健康东路证券营业部。2001年2月，华泰证券有限责任公司淮阴营业部更名为华泰证券有限责任公司淮安健康东路证券营业部。同年9月，该部迁至淮安市清浦区淮海北路55号，并更名为华泰证券有限责任公司淮安淮海北路证券营业部。2007年12月，华泰证券有限责任公司改制为华泰证券股份有限公司，华泰证券有限责任公司淮安淮海北路证券营业部相应更名为华泰证券股份有限公司淮安淮海北路证券营业部。至2008年年末，有员工20人。

二、中国建银投资证券有限公司淮安河北西路证券营业部

中国建银投资证券有限公司淮安河北西路证券营业部的前身是1992年成立的中国农业银行江苏省信托投资公司淮阴办事处证券交易营业部。

1994年12月22日，中国农业银行江苏省分行信托投资公司淮阴办事处证券交易营业部对外营业，主要开办异地委托代理上海证券交易所上市股票交易业务。1996年11月21日，农行淮阴市分行与中国南方证券有限公司南京分公司签订农行淮阴证券营业部整体转让协议。1997年1月22日，市人民银行批复同意农行淮阴市分行将农行淮阴证券营业部转让给中国南方证券有限公司南京分公司。农行淮阴证券营业部变更为中国南方证券有限公司南京分公司淮阴营业部。2001年2月10日，南方证券淮阴营业部更名为南方证券淮安营业部。

2005年4月29日，中国证监会宣布对中国南方证券有限公司实行整体关闭，并进入清算阶段。同年9月28日，中国建银投资有限公司在竞拍购买南方证券相关证券类资产基础上，独家发起设立中国建银投资证券有限责任公司（以下简称中投证券公司），并于同日对外营业，中投证券淮安营业部同时重新开业。2005年10月18日，南方证券清算组与中投证券清算组交接小组完成对南方证券淮安营业部资产、人员的交接工作。2005年11月4日，南方证券淮安营业部对外关闭、停业。2005年11月18日，中国建银投资证券有限责任公司淮安证券营业部获得营业执照，并对外办理业务。

三、海通证券股份有限公司淮安淮海南路证券营业部

海通证券股份有限公司淮安淮海南路证券营业部的前身是中国工商银行江苏省信托投资公司淮阴办事处证券交易营业部。1987年5月，中国工商银行淮阴市支行成立中国工商银行淮阴市信托投资公司证券业务部，并于1988年5月20日对外营业。1989年12月，淮阴市政府撤销中国工商银行淮阴市信托投资公司。1990年11月，淮阴市人民政府恢复中国工商银行淮阴市信托投资公司。1991年6月，中国工商银行信托投资公司江苏省淮阴办事处成立，隶属于中国工商银行淮阴市分行，业务由市人民银行管理。1994年6月30日，工行淮阴市分行决定设立中国工商银行信托投资公司淮阴办事处第一证券部。1995年5月25日，国务院批转中国人民银行《关于中国工商银行等四家银行与所属信托投资公司脱钩的意见》，市人民银行于1996年7月批复，撤销中国工商银行信托投资公司淮阴办事处，将其发放给各县（市）企业的信托贷款、租赁贷款及其利息，一次性全部转让给淮阴市信托投资公司，转让价款为127万元。1997年6月28日，经省人民银行批准，成立淮阴市信托投资公司淮海路证券交易营业部。淮阴市信托投资公司提请淮阴市政府批准，淮阴市信托投资公司与海通证券有限公司签订《关于海通证券有限公司受让淮阴市信托投资

公司淮海路证券营业部、清浦证券营业部协议》。1999年4月23日，淮阴市信托投资公司淮海路证券交易营业部和清浦证券交易营业部均取得中国证券监督管理委员会颁发的证券经营机构营业许可证，2个营业部于1998年12月下旬开始从事股票交易业务。从1999年7月1日起，海通证券有限公司全权负责淮阴市信托投资公司淮海路证券营业部、清浦证券营业部的经营管理工作。2000年12月18日，淮阴市信托投资公司与海通证券有限公司又签订转让补充协议，最终确定将这2个证券营业部以1008万元价款转让给海通证券有限公司。2001年1月，海通证券有限公司改制为股份有限公司。同年12月，中国证监会批准海通证券股份有限公司淮安淮海南路证券营业部成立。2002年3月8日，该部对外营业。

第二节　证券业务

一、华泰证券淮安淮海北路证券营业部业务

1993年10月，该部的前身江苏证券淮阴营业部开始经营证券经纪业务。由于人员业务水平较低，对外拓展业务手段和方法处于摸索阶段，加之管理体制、激励考核机制的制约，该部证券经纪业务发展缓慢。1995年4月和5月，该部分别独家推出国债期货和人民币特种股票B股两大交易新品。至1995年年末，该部累计开立股票个人账户4747户、机构账户7户，累计代理股票交易5.45亿元。

1996年以后，该部抓住国债期货和B股市场发展机遇，把握网上发行、交易扩容等机会，证券经纪业务迅速发展。1996年10月，该营业部在淮阴市首家推出"无形席位"，实现投资者委托指令与交易所主机连通，彻底解决手工电报易堵单、易出错、易出现重大隐患的不足，委托成交率大大提高。从1997年起，该部除全面推广深圳A股外，率先在市区推出电话委托、磁卡委托等交易方式，独家推出《当日股评》这一资讯类特色服务，包括盘中及时点评、盘后走势研判及个股点评，引导客户科学理财、科学投资。至1997年年末，该部开立沪深两市股票账户6329户，其中沪市3560户、深市账户2769户，股票交易量13.22亿元，实现利润790.57万元，占全市证券业总利润的77.66%。

1998年后，该部相继推出银证转账、169网上股票交易等服务项目；与淮海晚报社合作，在《淮海晚报》开辟专版，联合推出《华泰证券周刊》，每周五开设"股市沙龙"，帮助股民认清股市风险，提倡理性投资；与国有商业银行合作，推出证券投资"一条龙"服务，同城或异地客户交易资金结算通过中行长城卡、工行牡丹卡进行，证券买卖通过电话委托或网上委托方式，使异地客户足不出户就可以进行证券投资。

2000年，该部加快业务创新步伐，挖掘客户潜力，发展宿迁市、安徽省滁州市等周边地区经纪人队伍。全年新增网上客户3000户，日均登录2000人次，网上交易量达到总交易量的27%。至当年年末，该部开立股票账户6395户，其中个人账户6390户、机构账户5户，股票交易量31.46亿元，占全市股票交易量85.59亿元的36.75%，债券交易量4885万元，利润总额744.59万元，是该部开业以来利润最高的年份。

2002年，该部在全市首家开办宽带网股民学校，"开户培训—回家炒股—售后服务"成为新的经营模式。该部还与中国移动公司淮安分公司联合推出手机短信炒股、手机网上炒股新业务，与市电信部门联合推出固网短信炒股新业务。2004年，华泰证券淮安营业部与市各商业银行合作，

推广“银证通”——券商与商业银行的合作模式，该部当年“银证通”业绩在全公司34家证券营业部中位列第一。2005年，华泰证券公司获得开展集合资产管理计划业务资格，当年推出华泰“紫金1号”集合资产管理计划，淮安营业部销售“紫金1号”600余万元。

2007年，该部围绕目标利润、市场份额、理财产品保有量、客户资产总值4大重点指标开展工作。全年新开A股沪市个人账户1697户、深市个人账户2600户，新开沪深机构账户19户，新开三板账户24户，新开B股沪市账户218户、深市账户6户。

2008年，该部开展基础交易、大市分析、股指期货、权证、低风险产品介绍等工作，对不同需求层次客户进行培训。当年，该部新开立股票账户8826户，股票交易量279.33亿元，实现利润3692万元，占全市证券业总利润的49.16%。

二、中国建银投资证券有限公司淮安营业部业务

1994—1996年，农行江苏省分行信托投资公司淮阴办事处证券交易营业部有计划地举办投资理财讲座，利用农行面广网点多的优势，印制广告传单由各营业网点分发，并在新闻媒体上做专题宣传，证券业务发展迅速，股民队伍逐步壮大。1996年，该部开设股票账户3415户，股票交易量达67.8亿元，实现利润227万元。

1997年1月1日起，南方证券淮阴营业部抓住和农行脱钩后体制、机制转变的契机，把握市场机遇，拓展开发客户群体，经营业绩增幅明显。1998—2000年，该部经营利润分别为591万元、800万元、1170万元，分别比1997年增长160%、35%、46%。

2001年，该部重点发展机构客户和B股交易业务，累计开立A股、B股账户6929户，比2000年增加685户。2002年，该部通过网上交易进行委托成交5.4万笔，与钱龙热自助委托数量持平，收取机构客户佣金156万元，占营业总收入的18%。2003年，该部立足盘活存量客户资产，通过提高机构客户资产流动性和周转率来有效扩大A股交易，至当年年末，该部新开设股票账户779户，股票交易量为23.28亿元，债券交易量为5792万元，实现利润315万元，占全市证券业总利润的71%。2004年，该部配合中国证监会南京特派办接管小组做好行政接管及相关业务工作；配合深圳天健信德会计师事务所审计小组完成对南方证券淮安营业部全面审计工作；做好南方证券、建设银行客户保证金银行存管业务上线运行工作。至2004年年末，该部开设股票账户772户，股票交易量21.79亿元，营业收入688万元，利润253万元。

2005年11月28日，南方证券淮安营业部经营主体转换为中投证券淮安营业部。2005年年末，该部实现A股交易量16亿元、基金交易量0.19亿元、B股交易量477.57万元、债券交易量634万元，利润171万元。

2006年，该部对通信线路进行升级，提高线路稳定性和委托受理速度，并于当年10月29日实现集中交易上线。是年年末，该部实现A股基金交易量3.04亿元、权证交易量9.32亿元，利润753万元，较2005年净增582万元，增长340%。

2007年，该部与市四大国有商业银行在网点进驻方面形成合作关系。全年实现A股和基金交易量230亿元，完成渠道开户数6146户，营业收入5526万元，利润753万元。

2008年，该部以盘活客户资产、提高服务质量为工作重点，根据证券监管部门及总公司对不规范账户清理的工作要求，开展账户清理工作，不合格账户由3000余户减少到10余户。至当年年末，该部沪深两市股票新开户数达1044户，机构新开户9户，股票交易量184亿元，债券交易量800万元，利润2049万元，较2005年年末净增1878万元。

三、海通证券股份有限公司淮安淮海南路证券营业部业务

1988年5月20日，中国工商银行淮阴市信托投资公司证券业务部成立，在苏北地区工行系统第一家开办证券业务。当时业务品种单一，主要是拆借一些资金，向在工行开户的企业发放信托贷款，代理在工行开户的大中型企业进行融资、融券，并代理发行企业债券。由于机构不稳定，业务量一直较小。

1999年7月1日，海通证券有限公司受让淮阴市信托投资公司淮海路证券营业部、清浦证券营业部时，中国证券业处于剧烈波动时期，市场低迷，市场交易量大幅萎缩，投资者信心严重受挫，以经纪业务为主要收入来源的证券营业部普遍陷入困境。是年年末，海通证券淮阴淮海路证券营业部、清浦证券营业部开设股票账户4964户，股票交易额13.8亿元，亏损41万元。

2000年8月，海通证券淮阴淮海路证券营业部、清浦证券营业部开通网上交易，交易量、交易额开始大幅增加。全年网点开户423户，网上交易量1467万元，新增沪深股票交易所账户5626户，股票、债券交易总量11.9亿元，实现利润42万元。

2002年开始，该部拓展机构客户，提高服务质量，开展一系列营销活动，开发二级市场客户资源，推行证券经纪人制度。同时，开拓异地市场，开展远程交易。在县（区）设立服务网点，提高市场占有率，增加交易量。2004年，该部新开沪市股票账户868户，深市股票账户852户，客户保证金日均余额3295万元，实现A股及基金交易量20.3亿元，平均佣金率2‰，营业收入594万元，实现利润191.3万元。

2005年开始，该部以拓展业务、发展增量客户为主线，拓展网上交易，稳定市场占有率，把经营范围向周边地区扩展，组织业务骨干定期到各网点巡回服务。2008年，该部在沪深两市新开股票账户3625户，当年股票交易127.27亿元，债券交易量1014万元，实现利润1767万元。

1993—2008年淮安市证券营业部股票（A股）开户情况统计表

表28-13　　单位：户

年份	上交所股票账户									深交所股票账户							总计		
	个人				机构					个人				机构			个人	机构	合计
	华泰	中投	海通	小计	华泰	中投	海通	小计	华泰	中投	海通	小计	华泰	中投	海通	小计			
1993	1450	—	—	1450	—	—	—	—	—	—	—	—	—	—	—	—	1450	—	1450
1994	2731	—	—	2731	4	—	—	4	—	—	—	—	—	—	—	—	2731	4	2735
1995	566	1236	—	1802	3	—	—	3	—	—	—	—	—	—	—	—	1802	3	1805
1996	2370	2897	—	5267	12	—	—	12	2100	518	—	2618	1	—	—	1	7885	13	7898
1997	3560	4859	—	8419	8	3	—	11	2769	3562	—	6331		3	—	3	14750	14	14764
1998	2015	3687	—	5702	10	5	—	15	1878	3747	—	5625	1	5	—	6	11327	21	11348
1999	1700	3310	2583	7593	2	—	1	3	1602	3310	2379	7291	—	—	1	1	14884	4	14888
2000	3490	3131	3059	9680	3	7	2	12	2900	3098	2563	8561	2	8	2	12	18241	24	18265
2001	2315	4700	1445	8460	4	4	2	10	2107	2209	1332	5648	2	16	2	20	14108	30	14138
2002	4503	525	451	5479	5	—	3	8	3475	603	450	4528	3		3	6	10007	14	10021
2003	381	402	291	1074	6	3	5	14	352	370	288	1010	3	4	5	12	2084	26	2110
2004	797	359	865	2021	4	—	3	7	634	413	849	1896	2	—	3	5	3917	12	3929
2005	1445	141	178	1764	1	—	1	2	1445	138	176	1759	1	—	1	2	3523	4	3527
2006	1073	260	506	1839	6	3	3	12	1300	158	617	2075	1	2	3	6	3914	18	3932
2007	1697	365	5496	7558	17	4	8	29	2600	268	7774	10642	2	3	8	13	18200	42	18242
2008	6105	666	1509	8280	18	5	1	24	2700	378	2114	5192	3	4	1	8	13472	32	13504

1993—2008年淮安市股票（A股）、债券交易额统计表

表28-14　　单位：万元

年份	股票				债券			
	合计	华泰证券	中投证券	海通证券	合计	华泰证券	中投证券	海通证券
1993	5679	5679	—	—	—	—	—	—
1994	34233	34233	—	—	—	—	—	—
1995	55283	14582	40701	—	—	—	—	—
1996	745576	67547	678029	—	308	308	—	—
1997	314542	132196	182346	—	15437	—	15437	—
1998	327928	102786	225142	—	185500	19666	165834	—
1999	530688	168403	224285	138000	311310	7345	258965	45000
2000	855942	314559	442383	99000	64539	4885	39854	19800
2001	616823	272867	228956	115000	183868	4434	175834	3600
2002	514293	193818	226475	94000	160843	13289	5554	142000
2003	557940	187128	232812	138000	157890	2098	5792	150000
2004	722094	301179	217915	203000	133631	15258	373	118000
2005	543068	267000	160068	116000	13634	3000	634	10000
2006	1303680	791720	300460	211500	7013	4377	900	1736
2007	8273546	4642249	2290633	1340664	11317	8049	1200	2068
2008	5906137	2793285	1840116	1272736	19284	17470	800	1014

1993—2008年淮安市证券营业部财务收支状况汇总表

表28-15　　　　单位：万元

项目＼年份	1993	1994	1995	1996	1997	1998	1999	2000	2001	2002	2003	2004	2005	2006	2007	2008
一、营业收入	81.49	169.79	277.67	2088.28	1648.54	1873.12	2370.78	3937.72	2822.14	2245.54	1981.54	2081.49	1525.65	4163	19428	12039
手续费收入	68.40	94.26	198.82	598.47	1146.18	1545.51	2068.06	3440.62	2350.56	1871.34	1716.42	1892.15	1396.22	—	—	—
利息收入	3.64	30.47	46.53	114.32	208.91	102.54	98.40	196.93	254.42	299.51	188.26	93.83	63.26	—	280	330
金融企业往来收入	—	—	21.70	116.10	176.80	149.50	135.60	185.60	159.10	6.60	—	—	17.00	131	—	5525
证券销售差价收入	—	—	-4.42	1214.36	17.31	—	—	—	—	—	—	—	—	—	—	17
其他业务收入	9.45	45.06	15.04	45.03	99.34	75.57	68.72	114.57	58.06	68.09	76.86	95.51	49.17	4032	19144	6167
二、营业支出	92.99	166.92	325.00	1292.14	620.61	1012.45	1339.65	2010.62	2065.90	1525.70	1518.21	1398.07	1297.02	2023	6053	4529
手续费支出			3.70	18.30	4.30	3.50	5.36	144.83	165.36	126.85	125.58	145.63	65.85	—	—	—
利息支出	4.50	23.69	3.70	28.80	83.40	48.80	68.37	160.37	297.47	147.13	115.15	98.50	69.89	120	299	93
营业费用	88.49	143.23	293.83	1033.99	415.86	820.35	988.15	1392.29	1400.21	1114.61	1164.82	1033.50	1033.31	1348	4155	3235
其他业务支出	—	—	12.00	9.40	—	—	95.78	10.36	21.76	10.12	12.04	9.14	52.87	344	517	531
金融企业往来支出	—	—	—	104.10	7.20	—	—	—	—	—	—	—	—	—	17	25
营业税及附加	—	—	11.77	97.55	109.85	139.80	181.99	302.77	181.10	126.99	100.62	111.30	75.10	211	1065	645
三、营业利润	-11.50	2.87	-47.33	796.14	1027.93	860.67	1031.13	1927.10	756.24	719.84	463.33	683.42	228.63	2140	13375	7510
加：营业外收入	—	—	—	—	6.34	1.60	0.81	0.50	1.82	7.05	41.15	5.95	5.31	—	—	—
减：营业外支出	—	—	5.85	25.94	16.10	9.10	6.86	5.85	4.80	4.15	64.66	2.32	2.14	—	—	—
加：以前年度利润调整	—	—	—	—	—	—	—	—	-3.60	—	—	-46.30	—	—	—	—
四、利润总额	-11.50	2.87	-53.18	770.20	1018.17	853.17	1025.08	1921.75	749.66	722.74	439.82	640.75	231.80			

第五章　其他金融业务

从20世纪80年代后期开始，随着社会主义市场经济体制的确立和金融体制改革的深入，淮安市辖内信托、典当、拍卖、担保等行业应运而生。从1987年起，市国有商业银行及地方政府先后成立信托机构，开办信托业务。在1992年以后，随着地方民营经济快速发展，典当、拍卖、担保行业逐步兴起，在其发展过程中，都经历起步发展、整顿清理和不断完善的过程。1995年开始，按照国务院、中国人民银行的要求，市各银行信托机构以及市信托投资公司先后被撤销。经营不善的典当、拍卖、担保公司先后被工商管理部门吊销或注销营业执照。至2008年年末，全市有工商注册的典当公司9家、拍卖公司10家、信用担保公司41家。典当、拍卖、担保行业作为专业融资机构的补充，开辟专业融资机构以外的特殊融资渠道，对方便市民生活，救急解难，缓解社会矛盾，支持中小企业和个体工商户发展，发挥积极的补充作用。

第一节　信　托

淮安市的信托机构主要有银行经营和地方政府经营两种。1987年，市工商银行、市农业银行经省人民银行批准先后成立信托投资公司，作为各银行的自办经济实体，实行独立核算、自主经营。其经营范围包括办理信托（委托）存贷款业务、金融租赁、代理发行债券、代收欠款等业务。从1988年10月1日起，国家对金融信托投资机构实行“三停”（停止发放信托贷款、停止拆出拆入资金、停止投资），并开始清理整顿。1989年9月22日，国务院发布《关于进一步清理整顿金融性公司的通知》，明确提出“专业银行一律不得办理信托业务”。1990年3月，根据中国人民银行《关于金融性公司撤并留的政策意见的通知》，市工商银行、市农业银行设立的信托机构先后并入各自省分行信托投资公司，成为省公司的办事处，办理省公司在当地的信托业务。1992年，市中国银行、市建设银行分别成立各自省分行信托咨询公司淮阴市办事处。1995年5月，国务院批转中国人民银行《关于中国工商银行等四家银行与所属信托投资公司脱钩的意见》。1996年7月，省属各银行信托投资公司先后被撤销，资产、负债并入本行大账，人员回行分配。

1991年5月27日，由市政府发起成立，由市财政局主管的淮阴市信托投资公司开业。该公司为全民所有制性质企业，注册资金5103万元，经营范围包括信托存贷款、投资业务，委托存贷款、投资业务，房地产投资业务，代理财产保管与处理业务，代理收付业务，信用见证业务，经济咨询业务，有价证券交易业务，代理发行兑付各种有价证券业务等。该公司设人事秘书、计划、信贷、会计、房产开发及营业部6个科室部门，下设证券交易营业部华淮代理处、淮海路证券交易营业部2个分支机构。1991年年末，该公司各项存款9466万元，其中委托存款7828万元、信托及其他存款1638万元；各项贷款1.05亿元，其中委托贷款4819万元、信托贷款5117万元、金融租赁600万元。该公司在开办的前4年中，经济效益尚好，经营利润分别为1991年118万元，1993年658万

元，1994年418万元。从1995年开始，该公司经济效益逐年下滑：1995年利润为41万元，1996年利润为6万元，1997年利润3万元，1998年亏损893万元，1999年亏损2781万元，2000年亏损4901万元。按照全国金融工作会议关于对地方金融信托投资公司进行清理整顿精神，对亏损严重、无保留价值的公司予以撤销。从1999年7月1日起，淮阴市信托投资公司的证券业务由海通证券公司淮阴营业部接收，受让价1008万元。2000年3月，淮阴市信托投资公司开始停业整顿，收回发放的各项贷款并清理债权债务。2001年12月，该公司被撤销。撤销时，该公司各项存款2732万元，各项贷款5840万元，所有者权益10万元，亏损4879万元。

1987—2001年部分年份淮安市信托机构资金来源与运用情况表

表28-16　　　　单位：万元

年份	项目／单位	资金来源							资金运用			
		合计	存款	债券	债券款项	所有者权益	结益	其他	合计	贷款	投资	其他
1987	合　计	5389	1253	—	—	—	—	4136	5389	3078	30	2281
	工行信托公司	4215	1243	—	—	—	—	2972	4215	2398	30	1787
	农行信托公司	1174	10	—	—	—	—	1164	1174	680	—	494
1990	合　计	12870	8067	—	—	—	—	4803	12870	11489	54	1327
	工行信托公司	7833	5340	—	—	—	—	2493	7833	7186	30	617
	农行信托公司	5037	2727	—	—	—	—	2310	5037	4303	24	710
1995	合　计	32286	21917	1288	647	8393	41	—	33163	22083	7186	3894
	工行信托公司	7650	5801	—	—	—	—	—	8711	8581	39	91
	农行信托公司	11366	9491	811	—	—	—	—	10565	6232	2117	2216
	市信托公司	13270	6625	477	647	—	41	—	13887	7270	5030	1587
2000	合　计	4953	3408	477	5969	—	-4901	—	10356	9664	676	16
	工行信托公司	—	—	—	—	—	—	—	—	—	—	—
	农行信托公司	—	—	—	—	—	—	—	—	—	—	—
	市信托公司	4953	3408	477	5969	—	-4901	—	10356	9664	676	16
2001	合　计	1863	2732	477	3533	—	-4879	—	7102	5840		1262
	工行信托公司	—	—	—	—	—	—	—	—	—	—	—
	农行信托公司	—	—	—	—	—	—	—	—	—	—	—
	市信托公司	1873	2732	477	3533	—	-4879	—	7102	5840	—	1262

第二节　典　当

1992年7月，淮阴市典当拍卖公司开业，为全市首家典当拍卖公司。该公司由淮阴市人民银行发起成立，下设典当部、拍卖部、办公室，地址位于市人民北路。

1993年4月27日，因经营管理不善，淮阴市典当拍卖公司被注销，改组成为市城市信用联社

健康路信用社。同日，由建设银行涟水支行开办的涟水县金桥典当有限公司开业运营。1996年，在国家清理银行自办经济实体过程中，涟水县金桥典当有限公司被内部职工个人买下经营。

从2003年开始，淮安市典当行业进入较快发展阶段。当年7月，淮安市天河典当有限责任公司成立，这是全市首家由民营企业开办的典当公司，注册资本1600万元。该公司经营范围从黄金首饰、古玩字画等传统业务逐步扩展到房地产、机动车辆、工业设备、有价证券等。至2005年年末，该公司累计发放贷款1838笔，总额1.26亿元。其中，发放中小企业贷款1328笔9785万元，占投放总额的77.94%，中小企业、个体工商户老板占总当户数量的70%以上。

2004年，金湖县金缘典当有限公司、淮安市金源典当有限公司获准开业。其中，淮安市金源典当公司成为当时全市规模最大的典当公司，股份由国营企业和民营企业共同组成。该公司主要从事房地产、机动车、金银饰品、珠宝钻石、机器设备、贵重艺术品、家用电器、有价单证、债权、股权及无形资产等的抵、质押贷款以及绝当物品的变卖等业务。该公司有国家注册会计师1名，价格鉴证师1名，房产评估师1名，土地估价师1名，资产评估师1名，其他从业人员6名。该公司典当业务发展迅速，月平均业务发生余额600万元，2005年发放典当贷款2500万元。

2007年1月12日，淮安市大众典当有限公司成立，注册资本800万元。同年8月21日，淮安市金运河典当有限责任公司成立，注册资本1000万元。2007年，淮安市天河典当有限公司投放借款566笔8216.68万元。其中，发放中小企业贷款425笔6778.76万元，占投放借款总量的85.5%。2007年，淮安市金源典当公司发放典当贷款177笔，金额3400万元，实现业务经营收入145万元。其中，房地产抵押典当贷款业务91笔，金额2683万元；机动车质押典当业务5笔，金额43.5万元；民品质押典当业务78笔，金额14.1万元；权利质押典当业务3笔，金额660万元。全市各典当公司还探索开展原材料、存货质押业务，为个体经营者、中小企业开展融资服务。

2008年，淮安银丰典当有限公司、淮安市天润典当有限公司、淮安安洁典当有限公司成立，3家公司注册资本累计3500万元。是年，全市9家典当公司累计发放典当贷款3177笔，金额1.34亿元，实现业务经营收入845万元。其中，房地产抵押典当贷款业务591笔，金额5683万元；机动车质押典当业务55笔，金额343.5万元；民品质押典当业务478笔，金额314.1万元；权利质押典当业务93笔，金额1860万元。

2008年淮安市典当机构情况表

表28-17

序号	企业名称	法人代表	企业地址	注册资本（万元）	开业时间
1	涟水县金桥典当有限责任公司	徐华年	涟水县涟城镇安东路63号	1500	1993.04
2	淮安市天河典当有限责任公司	沈师经	清浦区东大街3号	1600	2003.06
3	金湖县金缘典当有限公司	沈跃武	金湖县建设路107号	600	2004.04
4	淮安市金源典当有限责任公司	周建国	清河区承德路222号丹桂苑小区22栋26-27号	1000	2004.06
5	淮安市大众典当有限公司	陈耀武	清河区健康东路东壹区A幢118-16室	800	2007.01
6	淮安市金运河典当有限责任公司	赵俊鸣	淮阴区黄河路富豪花园小区A1-115-116门面	1000	2007.08
7	淮安银丰典当有限公司	王步喜	清河区承德路18-22号	2000	2008.11

续表28-17

序号	企业名称	法人代表	企业地址	注册资本（万元）	开业时间
8	淮安安洁典当有限公司	曹明拓	清河区香格里拉小区A区商业2号楼26-12室	500	2008.11
9	淮安市天润典当有限公司	胡启新	淮阴区国华御锦园小区南门西侧1-3号	1000	2008.12

第三节　拍　卖

1993年7月7日，涟水县典当拍卖公司高沟典当拍卖行在全市首先开展拍卖业务，主要经营国家法规、政策允许的有形资产和无形资产。此后几年，辖内拍卖行业发展缓慢，没有成立新的拍卖企业。1997年《中华人民共和国拍卖法》颁布实施后，拍卖行业发展才得到进一步重视。淮阴市政府扶持全市符合条件的企业申办拍卖公司。随后，淮阴市金城五鑫拍卖有限公司、淮阴市南方拍卖有限公司等相继开业。在1999年之前，全市拍卖企业发展较慢，业务规模较小，经营不够规范，管理不到位。2000年，国家对拍卖监管体制进行改革，将原由人民银行监管的职责，交由国家经贸委统一管理。是年年末，全市有12家拍卖公司（行），业务发展形成一定规模。同年，市经贸局作为全市拍卖行业管理部门，针对辖内部分拍卖企业存在审批不完备及违规办理拍卖等情况，会同公安、工商等部门对拍卖行业调查摸底，对违规经营的拍卖办事机构清理整顿，对业务办理程序进行规范，全市拍卖行业逐步走上有序发展轨道。2000年，业务发展较好的淮阴市五鑫拍卖行成交额超过1000万元，实现佣金收入近40万元。

2001—2005年，为淮安市企业改制高峰期，全市拍卖企业抓住机遇，集中资源，参与企业改制过程中涉及的不良资产拍卖。淮安市五鑫拍卖行参与清江化肥厂、大众塑料厂、清江金属容器厂、淮阴轮船公司、鸿新水运公司、江苏滨淮机械厂、涟水化肥厂、淮阴宾馆、涟水宾馆、淮阴黄河自来水厂、淮阴光华化学厂等企业的破产、改制。淮安市南方拍卖行到多家改制企业协助解决资产处置、人员安置等矛盾和纠纷，帮助改制企业实现资产最大化。全市各拍卖企业在市、县（区）及周边地区举办多场拍卖会，参与法院罚没物资、海关缉私罚没物资的拍卖。淮安市广源拍卖有限公司累计接受有关单位及个人委托拍卖业务129笔，金额1.57亿元，举办80场拍卖会，成交115笔，金额1.01亿元，成功拍卖市工商银行委托拍卖的市糖烟酒公司、市交电公司、市纺织工业供销公司、楚州区华联商厦，以及市地税局委托拍卖的房地产项目等。淮安市金诚拍卖有限公司累计举办拍卖会78场，接受委托标的3.56亿元，总成交额2.4亿元。全市各拍卖公司每年接受法院、海关、工商、税务、银行、车管所等部门单位委托对物资的拍卖均在10场次以上。

2006—2008年，全市10家拍卖企业均制定各项规章制度，规范管理。随着业务范围的不断拓展，从拍卖传统标的物逐步向艺术品、古玩、字画、土地等领域扩展延伸。在具体拍卖业务操作过程中，各拍卖公司提供优质服务，对委托拍卖的房地产、机动车、艺术品等标的物，提供从代理查询权属资料、代理补办各种手续到评估、拍卖、协助买受人办理过户手续等系统性服务。淮安市广源拍卖有限公司2006年拍卖房地产、机动车、设备等标的物，累计成交额4604万元。淮安市金诚拍卖有限公司业务范围覆盖全市各县（区），2007年举办的拍卖会场次、类型、总成交额等均

居全市同行业前列。2008年年末，全市10家拍卖企业累计注册资本2300万元，当年实现拍卖成交额6.5亿元。

淮安市先后注册开业的拍卖公司有22家，其中部分公司由于管理不规范或经营不景气等原因，有12家公司被工商管理部门吊销、注销。截至2008年年末，全市有10家拍卖公司正常经营。

2008年淮安市拍卖机构情况表

表28-18

序号	企业名称	法人代表	企业地址	注册资本（万元）	开业时间
1	淮安市五鑫拍卖有限公司	王志军	清河区健康东路116号（市委东大院二区综合楼3楼）	200	1999.05
2	淮安市金诚拍卖有限公司	徐会军	清河区健康西路146-2号海关大楼7楼	200	1999.12
3	淮安市南方拍卖有限公司	徐华年	清河区承德北路222号丹桂苑小区6幢77室	100	2000.03
4	淮安广源拍卖有限公司	朱玉成	清河区健康西路23号	500	2003.05
5	淮安市佳诚拍卖有限公司	何　辉	清河区黄河路32号	200	2004.01
6	淮安市安东拍卖有限公司	汪　平	淮阴区黄河娱乐城8楼	100	2004.01
7	淮安市天信拍卖有限公司	韩福领	清河区淮海北路50号清中2号综合楼4楼	200	2004.01
8	淮安市联合产权拍卖有限公司	王昌友	淮安经济开发区深圳路16号	100	2005.11
9	淮安市天润拍卖有限公司	徐正英	清河区东方商业步行街1号综合楼1302室及1308室	200	2006.08
10	淮安市首信拍卖有限公司	曹艳红	清浦区西大街116号1幢201室	500	2008.08

第四节　担　保

1998年2月，淮阴市第一家信用担保公司——淮阴市住房贷款担保有限公司获准成立，注册资本1000万元。1999年7月8日，淮阴市经济发展担保有限公司成立。此后，辖内又有淮安市中小企业信用担保有限公司、淮安楚州住房贷款担保有限公司、清河个体私营经济担保有限公司和淮安市清浦企业信用担保投资有限公司4家担保机构成立。各担保机构重点围绕破解辖内中小企业和民营经济融资难及居民买房难等民生问题提供贷款担保服务。

2002年，淮安市担保行业发展处于低谷，没有新的担保机构成立，与快速发展的个体私营经济不相适应。市人民银行向市政府提出《关于解决我市私营个体企业贷款担保难问题的意见》，市政府采纳并制定印发文件，把组建担保公司、扩大担保规模纳入各县（区）及市直有关部门历年年度目标中作为考核内容，促进全市担保企业较快发展。2003年，淮安市财发担保有限公司等6家担保公司先后成立。2004年，淮安市银联信用担保有限公司等4家担保公司先后成立。2005年，淮安市华信担保有限公司等6家担保公司先后成立。担保公司的大量成立，在一定程度上缓

解全市私营个体企业贷款担保难的问题，为私营个体经济发展注入活力。

2005年，淮安市政府出台《关于进一步加快中小企业信用担保体系建设的意见》，进一步优化中小企业信用担保发展环境，通过加强组织建设、规范担保行为、创新担保方式、加强银保合作、加大政策扶持力度、扩大资金规模等手段，不断完善全市中小企业信用担保体系，促进地方经济快速发展。至2005年年末，全市信用担保机构达22家（不含注册后吊销、注销的担保公司），其中市区17家、县（区）5家，全市初步形成以市、县（区）担保机构为主体的中小企业信用担保网络。全市担保机构注册资本金合计1.59亿元（不含中途增资部分），担保资金1.73亿元，分别比2002年增加1.24亿元和1.26亿元。全市注册资本超过1000万元的担保公司达10家，其中市直3家、涟水县3家、清浦区1家、市经济开发区1家、淮阴区1家、楚州区1家。淮安市中小企业信用担保户数位列苏北地区第一，担保金额位列苏北地区第二。

2006年，淮安市成立以分管市长为组长、相关部门负责人为成员的协调小组，统筹协调全市信用担保体系建设工作。同时，将担保体系建设中的有关责任落实到相关部门，进一步明确协调合作、共促发展的责任，并及时放宽担保行业准入领域，降低行业门槛，鼓励多种资本进入担保领域。市级财政在年度预算中设立信用担保专项基金，用于全市担保机构增资扩股和代偿损失补贴。鼓励和引导社会力量创办融资担保公司，发展以民间资本为主的商业性担保公司及企业间互助性担保机构，拓展融资渠道。其中，清河区筹集资金，为区担保公司增资扩股1000万元，使区担保公司注册资本达2000万元，一次性担保贷款规模可达亿元。是年，清河区担保公司为区中小企业担保191户367个项目，累计担保金额达2.77亿元。同时，出台扶持政策，吸引社会法人团体、外资、民间机构、民营企业和自然人等共同出资，成立信用担保机构，组建非营利性、商业性、互助性等类型的担保公司。是年，江苏扬子担保有限公司等2家担保机构先后成立。全市有1500家企业获得担保机构贷款担保，担保金额11.3亿元，当年实际到位贷款10.2亿元。创新担保方式，推出“四方协议”“联户担保”等业务，全年与174家企业签订“四方协议”，提供担保金额4.3亿元，实际到位贷款4.1亿元；组织协调98家企业开展互保，获得担保贷款1亿元，实际到位贷款0.9亿元。在各信用担保机构中，市、县（区）两级政府投入占20.3%，社会法人资本占23.6%，民营企业和自然人投入占55.6%。担保机构规范化建设也取得一定成效。2006年年末，经省级担保资信评级权威机构——江苏中诚信信用评估有限公司评定，全市有12家信用担保机构获得信用等级。其中，获A^+级1家、A级4家、A^-级3家、$3B^+$级3家、3B级1家。

2007年年初，根据全市中小企业发展现状，淮安市政府提出到“十一五”规划末，全市信用担保机构力争达到40家以上，注册资本总额3亿元，担保资金4亿元，市级担保机构注册资金要达到8000万元，县（区）级达到3000万元，担保贷款总额年均递增20%，基本保证全市中小企业融资担保需求的信用担保体系建设新目标。为推动和扶持下岗失业人员自谋职业、自主创业，市政府出台《关于完善再就业小额担保贷款运作机制的通知》。该通知明确提出建立小额担保贷款管理工作联席会议制度；建立小额担保贷款考核激励机制；完善正向激励，建立小额担保贷款长效机制，扩大发放范围和优惠政策；加快信用社区创建试点步伐。由淮安市劳动就业管理中心承办的小额担保贷款开始运转，扶持劳动密集型中小企业发展，鼓励企业吸纳下岗失业人员再就业。淮安市汇翔担保有限公司等8家机构先后成立，全市有担保机构32家。

2007年，淮安市政府还根据国家发展改革委和国家税务总局相关政策，对淮安市中小企业信用担保有限公司等6家中小企业信用担保机构免征3年营业税。其中，淮安市中小企业信用担保有限公司是淮安市唯一一家纯国资的政策性担保机构。6家担保机构合计注册资本1.2亿元，累计为全市1026家中小企业提供信用担保1698笔，担保贷款总额16.09亿元。

2008年，市经贸委作为担保行业主管部门，制定担保业务月报制度，对全市担保公司运营状况进行分析，实行动态管理。市经贸委会同市人民银行委托有资质的中介机构对20家备案管理的中小企业信用担保机构进行信用评级，有8家获A级以上信用等级，评级结果高于全省平均水平。淮安市还创新融资渠道，通过国家开发银行在淮安市建立5个中小企业融资平台，累计融资2.1亿元，近30家中小企业获得资金支持。是年，淮安市有江苏金港贷款担保有限公司等9家担保机构开业，全市担保机构41家，信用担保机构体系进一步完善，担保能力进一步增强。全市20家备案管理的信用担保机构当年新增担保贷款25.5亿元，比2007年增长40%，新增担保资金3.5亿元。

2008年淮安市担保机构情况表

表28-19

序号	企业名称	企业地址	注册资本（万元）	许可经营项目	开业时间
1	淮安住房贷款担保有限公司	清河区健康东路55号	1000	居民住房贷款担保、房屋置换及其贷款政策咨询服务	1998.02
2	淮安市中小企业信用担保有限公司	清河区健康东路9号	10160	融资性担保业务（贷款担保、票据承兑担保）	1999.06
3	淮安楚州住房贷款担保有限公司	楚州区北门大街129号	840	居民住房贷款担保、房屋置换及其贷款政策咨询服务	2000.01
4	淮安市清河个体私营经济担保有限公司	清河新区广州路8号	10000	融资性担保业务（贷款担保、票据承兑担保）	2000.12
5	淮安市清浦企业信用担保投资有限公司	清浦区淮海南路59号	5000	融资性担保业务（贷款担保、票据承兑担保）	2001.10
6	淮安市财发担保有限公司	淮安经济开发区厦门路6号东附楼2楼	10055	融资性担保业务（贷款担保、票据承兑担保）	2003.03
7	涟水县企业信用担保有限公司	涟水县涟城镇常青路南侧（工商银行办公楼）	3018	融资担保、信用担保（包括住房置业担保）	2003.03
8	涟水县金桥信用担保有限公司	涟水县城安东路63号	3000	融资性担保业务（贷款担保、票据承兑担保）	2003.03
9	淮安市银丰担保有限公司	清河区丹桂苑22幢20室	10016	融资性担保业务（贷款担保、票据承兑担保）	2003.09
10	淮安市楚州区同创担保有限公司	楚州区盐署路88号	51	融资性担保业务（贷款担保、票据承兑担保）	2003.12
11	淮安市淮信信用担保有限公司	淮阴区北京东路30号	5000	融资性担保业务（贷款担保、票据承兑担保）	2003.12
12	淮安市银联信用担保有限公司	淮安经济开发区珠海路钵池山公园佐淇会所	1018	融资性担保业务（贷款担保、票据承兑担保）	2004.03
13	金湖县国信担保有限公司	金湖县建设路151号	3000	融资性担保业务（贷款担保、票据承兑担保）	2004.04
14	淮安市民信担保有限公司	淮阴区西安北路600号	5000	融资性担保业务（贷款担保、票据承兑担保）	2004.04

续表 28-19

序号	企业名称	企业地址	注册资本（万元）	许可经营项目	开业时间
15	淮安市信联咨询担保有限责任公司	清河区兴业路20号	3000	融资性担保业务（贷款担保、票据承兑担保）	2004.06
16	淮安市通源担保有限公司	清河区淮海北路49号	3000	融资性担保业务（贷款担保、票据承兑担保）	2004.08
17	淮安市华信担保有限公司	洪泽县人民路12号	3016	融资性担保业务（贷款担保、票据承兑担保）	2005.04
18	江苏安信担保有限公司	楚州区友谊路8号	20000	贷款担保、票据承兑担保、贸易融资担保	2005.04
19	江苏华泰投资担保有限公司	清浦区浦东花园C区9幢301室	2033	融资性担保业务（贷款担保、票据承兑担保）	2005.07
20	江苏恒信担保有限公司	盱眙县工业园工二路	5000	融资性担保业务（贷款担保、票据承兑担保）	2005.09
21	江苏华远担保有限公司	清浦区淮海东路136号淮汽综合楼5室	3000	融资性担保业务（贷款担保、票据承兑担保）	2005.11
22	淮安兴农担保有限公司	淮安经济开发区天参路118号	1000	融资性担保业务（贷款担保、票据承兑担保）	2005.11
23	江苏扬子担保有限公司	洪泽县东风路51号	6000	融资性担保业务（贷款担保、票据承兑担保）	2006.06
24	淮安市恒通担保有限公司	淮阴区富豪花园A-36幢1号	5000	融资性担保业务（贷款担保、票据承兑担保）	2006.12
25	淮安汇翔担保有限公司	淮阴区西安路西侧，横三南侧	10180	融资性担保业务（贷款担保、票据承兑担保）	2007.03
26	淮安市银信投资担保有限公司	清浦区淮海西路228号3楼	60000	融资性担保业务（贷款担保、票据承兑担保）	2007.03
27	江苏东正担保有限公司	淮安经济开发区深圳东路2号1幢105室	120	融资性担保业务（贷款担保、票据承兑担保）	2007.04
28	洪泽润洪担保有限公司	洪泽县城工业园区东五道北侧	10000	融资性担保业务（贷款担保、票据承兑担保）	2007.05
29	盱眙天宝信用担保有责任公司	盱眙县五墩西路25号（1-42）	10100	融资性担保业务（贷款担保、票据承兑担保）	2007.07
30	江苏金联投资担保有限公司	金湖县建设路35号	5000	融资性担保业务（贷款担保、票据承兑担保）	2007.07
31	淮安市中天投资担保有限公司	淮阴区北京东路98号	20	融资性担保业务（贷款担保、票据承兑担保）	2007.10
32	江苏海通担保有限公涟水分公司	涟水县涟城镇服装大世界院内	—	融资性担保业务（贷款担保、票据承兑担保）	2007.11
33	江苏金港贷款担保有限公司	金湖县金荷路197号	3388	融资性担保业务（贷款担保、票据承兑担保）	2008.06
34	淮安市金舟担保有限公司	淮阴区承德路东侧、樱花路北侧	2000	融资性担保业务（贷款担保、票据承兑担保）	2008.07

续表28-19

序号	企业名称	企业地址	注册资本（万元）	许可经营项目	开业时间
35	江苏金路投资担保有限公司	盱眙县东方大道1号（县青少年活动中心三楼）	5000	融资性担保业务（贷款担保、票据承兑担保）	2008.10
36	中泽锦华投资担保有限公司	涟水县炎黄大道南侧阳光嘉园38幢101室	10068	融资性担保业务（贷款担保、票据承兑担保）	2008.11
37	中泽锦华投资担保有限公司淮安分公司	淮安经济开发区珠海路11号1幢503室	—	融资性担保业务（贷款担保、票据承兑担保）	2008.11
38	淮安市亿仓投资担保有限公司	清浦工业园西安南路388号	22000	融资性担保业务（按经营许可证所列业务范围）	2008.12
39	涟水县财富信用担保有限公司	涟水县涟城镇常青西大道32号	10000	融资性担保业务（贷款担保、票据承兑担保）	2008.12
40	淮安市洪泽华盛中小企业信用担保有限公司	洪泽县瑞特大道26号	10000	融资性担保业务（贷款担保、票据承兑担保）	2008.12
41	淮安市淮阴区开源中小企业信用担保有限公司	淮阴区樱花路与沈阳路交界	8000	融资性担保业务（贷款担保、票据承兑担保）	2008.12

说明：表中不包含2004—2008年被吊销、注销的30家担保机构

第六章　金融监管

从1978年开始，随着社会主义市场经济体制的确立和金融业改革的深化，市人民银行作为中央银行在地方的基层机构，逐步摆脱计划经济影响以及大一统银行体制下繁重的业务经营，不断强化法律赋予的金融监管职能。最初通过成立大监管工作领导小组，协调、组织和强化地方金融业监管工作，结束改革开放初期全市金融市场各自为政的分散混乱状况。从20世纪90年代开始，国务院实施金融业分业经营、分业监管改革，先后成立中国证监会、保监会和银监会及其分支机构。至2003年年末，市人民银行除保留传统的现金、支付结算、反假币、反洗钱等方面监管职能外，证券、保险、银行业监管职能全部移交省、市有关监管部门，将地方的信托、担保、典当等金融公司监管职能移交给相关主管部门。全市金融监管部门顺应市场化改革形势，不断强化金融监管职责，创新监管方式方法，结合淮安市地方金融行业发展实际，依法履行监管职责，严格实施全面监管目标，为维护淮安市金融发展稳定秩序，塑造金融监管工作形象，创建地方金融平安新局面，促进地方经济社会发展作出贡献。

第一节　监管体制改革与创新

市人民银行作为央行在地方履行金融监管职能的基层机构，贯彻落实国家各项金融监管方针政策，始终将金融监管寓于支持和服务地方经济发展之中。

1986年，淮阴市人民银行在内部成立淮阴市外汇管理局，实行“一套班子，两块牌子”，加强对地方外汇业务的管理。

20世纪90年代初，随着市场经济改革的深入，金融体制改革被提到重要位置，金融体制改革新举措不断推出。为顺应金融体制改革新形势，市人民银行作为履行地方金融监管职能的重要部门，创新监管的思路和实践，以适应新的形势发展需要。市人民银行创新监管组织领导方式，成立全市金融大监管工作领导小组，吸收各金融经营机构参加；制定监管措施，强化行业自律行为；执行严格检查和惩处制度，结束行业内一段时间监管分散化、各自为战的状况。随着金融业的快速发展，国务院对金融业实施分业经营、分业监管体制改革。市人民银行按要求将辖内证券业监管职能上交省证监分局。随着中国保监会南京保险监管特派员办事处的成立，市人民银行将辖内的保险业监管职能上交该办事处。

2000年，市人民银行根据地方金融市场发展实际，按照上级要求，先后将典当、拍卖、担保、彩票发行等金融性公司监管权分别移交市经贸委和市财政局，以适应完善地方金融体系，推进非银行业金融机构发展的需要。2001年，淮安市保险行业协会成立，接受中国保监会江苏省监管局的委托对辖内保险业机构进行监管。2003年12月16日，淮安银监分局挂牌成立。市人民银行除继续履行对外汇、现金、票据结算、反假币、反洗钱等银行业务项目的监管职责外，将银行业机构、人员、风险和市场管理职责分离出来移交淮安银监分局，从而实现监管职能的全面转换。至此，淮安市金融行业监管工作形成专业化监管新格局，为保障金融行业健康和快速发展，开创地方金融监管工作新局面打下坚实的基础。

第二节　银行业监管

从20世纪80年代初开始，市人民银行把银行业作为监管主体，按照国家提出的金融改革要求，结合当地实际情况，重点开展监管工作。2003年年末，淮安银监分局成立，接管市人民银行对银行业监管职能。

一、机构监管

1983年之前，淮阴地区银行业机构设置由上级行决定。1983年，国务院发布《关于中国人民银行专门行使中央银行职能的决定》，新的中央银行体制开始形成。1984年10月，中国人民银行颁发《关于金融机构设置或撤并管理的暂行规定》。此后，全市银行业设置或撤并分支机构都必须经市人民银行批准。同年，市人民银行对金融机构实行经营金融业务许可证制度。1985年，市人民银行设立金管科，直接负责辖内金融机构审批、撤销、合并及金融市场管理。同年，市人民银

行对全市银行业机构全面清查，新批准设立6个银行机构。至1985年年末，淮阴市有各级银行业机构829个，其中人民银行地区分行1个、工商银行各级机构68个、农业银行各级机构328个、中国银行各级机构2个、建设银行各级机构13个、农村信用社491个、城市信用社3个。

1986—1990年，淮阴市的非银行金融机构增多，各银行逐步扩大业务范围。1986年4月，市人民银行批准市邮政局在市区开办邮储业务，当年辖内有9个县设置邮储网点。1988年，市人民银行为全市465个专业银行机构和305个农村信用社补发经营金融业务许可证，对25个擅自开办银行业务的机构进行查处，撤销3个不合规网点。1989年3月，市人民银行对辖内所有非银行金融机构进行清理整顿，对未经批准擅自营业、更名、升格、迁址或扩大业务范围的银行业机构，依照有关规定进行严肃处罚，并印发通知规定市工商银行、市中国银行、市建设银行不得下乡设立机构，城乡信用社不得设立分支机构。1990年，市人民银行对全市银行业机构开展检查登记，当年新增设机构16个，撤销3个机构网点。是年，淮阴市有各级银行业机构1138个，比1985年增长37%。

1991—1995年，市人民银行围绕银行业机构的合法性、设置条件，每年对全市10%的银行业机构进行督查。这一时期，全市各银行、信用社为开拓发展新老业务，机构网点之间展开激烈业务竞争。1994年，由市级银行业机构开办的非金融性经济实体应运而生。市人民银行对辖内行、社机构从严审批，当年撤销6家非法设立的金融机构。1994年年末，淮阴市有各级银行业机构1586个，达到历史最高峰。1995年，市人民银行对银行业机构设置实施指标管理，划定行、社机构设置红线区，非银行经营机构停止办理业务，并对全市1206个银行业机构进行年检，撤销擅自设立的邮储网点70个。随着银行业机构管理的进一步规范化，全市各行、社机构网点数量逐步减少。1995年年末，全市有各级银行业机构1418个，比1994年减少168个。

1996年，市人民银行撤销10个经营不佳和违反有关规定的银行业机构，调整52家银行业机构的营业场所，全市由银行开办的非金融机构被全部撤销。1999年，市人民银行配合政府相关部门做好农村合作基金会的清理整顿工作。当年年末，全市164个农村合作基金会全部实施清盘关闭，市人民银行批准38家银行业机构退出市场、36家银行业机构迁址。2000年，市人民银行建立与监管对象领导层约见谈话制度，对商业银行和城乡信用社的贷款真实性、盈亏真实性、高级管理人员任职资格真实性开展检查。市人民银行全年批准55家银行业机构退出市场、16家银行业机构迁址、7家银行业机构更名，核准96名银行业机构高级管理人员的任职资格，对辖内549家银行业机构进行年检，换发许可证514份，有效规范银行业市场主体经营行为。当年年末，全市有金融机构781个，比1995年减少637个。

2001—2002年，市人民银行试行金融监管问责制，每年分别对20家金融机构和38名高管人员进行问卷谈话，提出监管意见或整改措施50余条。2年间，市人民银行举办5次银行业机构有关人员法律培训，开展较大规模的现场检查项目6个，给予48家（次）金融机构警告、通报处罚，取消10个人的银行机构高级管理人员任职资格，同时向城市商业银行和7家县（区）农联社派驻9名监管人员。

2003年，中国银行业监督管理委员会淮安监管分局（以下简称“淮安银监分局”）成立，专门负责对辖区内银行业金融机构及其业务活动进行监督管理。2003年，淮安银监分局开展农村信用社法人治理和经营机制转换工作，督促全市各农联社按照股改要求，修改章程，完善制度，建立机制。同时完成郊区农联社和淮阴区农联社的合并，成立淮安市市区农村信用合作联社。2006年，组建盱眙农村合作银行，并保证市商业银行在参与合并重组江苏银行期间的平稳过渡。2007年，组建涟水农村合作银行，稳妥推进全市银行业金融机构改革，推动市工商银行、市中国银行、

市建设银行加强内控制度建设，推进人力资源改革，整合业务流程，促进全市股改银行提升经营能力和水平。2008年，淮安银监分局在全市农村中小金融机构建立外部董（理）事工作日制度，提高法人治理制度的有效性；全市农村中小金融机构增资扩股1亿元，经营实力进一步壮大；市邮政储蓄银行及其78家市、县分支机构挂牌成立；推动江苏银行淮安分行不断向县域拓展；为推进农村金融机构改革，制订新型农村金融机构试点发展规划。

二、业务监管

1978年之前，淮阴地区人民银行在作为金融行政管理机构的同时，兼办银行经营性业务，具有中央银行和一般银行的双重职能，具备国家机关和经济组织的双重性质。1979—1984年，淮阴市人民银行除行使中央银行管理职能外，仍兼办大量的工商信贷和居民储蓄业务，其对辖内银行业的业务监管力度相对薄弱。

1985—1990年，由于全市银行业机构增多，业务竞争加剧，受自身利益驱动，银行拉客户、争存款，对企业开户审查、贷款管理等要求偏松，造成企业多头开户、多家贷款，致使银行出现回收贷款难，现金管理难，逾期贷款增多，大量资金出现体外循环等问题。这一时期，市人民银行对银行机构开户及存、贷款利率执行情况加强检查，每年都开展现金管理方面检查，并对部分银行变相提高利率、超规定对储户奖励、发放纪念品、多头开户、现金管理混乱的情况，采取通报整改等措施，督促其解决问题。1988年，全市银行机构受“提款风”和“抢购风”影响，存款滑坡，资金紧张，各银行之间扣压结算凭证，截留、拒付结算资金等现象较为严重，银行信誉受损。市人民银行根据中共中央关于治理经济环境、整顿金融秩序的要求，在辖内清理多头开户和整顿结算纪律，加强利率管理和金银饰品市场管理。1990年，市人民银行在普遍开展结算纪律检查的基础上，组成抽查验收组对全市4家国有专业银行所辖的18个银行机构进行抽查，对违反银行结算制度的机构作出严厉处罚。在清理多头开户工作中，淮阴市当年清理企、事业单位账户28760户，确认多头开户2748户，分别进行撤销、合并处理。

1991—1995年，市人民银行维护辖内金融秩序，组织开展常规性银行业务检查和督促整改活动。1991—1992年，市人民银行在全市结算纪律检查中发现各银行普遍存在退压委托收款、委托承付、信汇、电汇、税款等问题，分别对违纪金融机构给予罚款、清退利息、责令检查、限期整改等处罚。1994年，市人民银行对38家擅自提高存贷款利率的金融机构进行罚款和通报，制止查处乱集资事件6起，涉及金额3000万元，退付不合理罚款罚息43.6万元。1995年，市人民银行成立大监管领导小组，提出并实施金融综合监管工程，对全市1706家金融机构进行年检。市人民银行与储蓄网点主管行局签订储蓄管理公约，建立储蓄负责人例会制度，维护储蓄市场稳定；对银行信用卡、房地产信贷部门开展专项检查；加大违规问题的查处力度，查处15个乱抬利率的机构；开展现场稽核196家次，查处有问题资金29.9亿元，责令限期纠正金额24.79亿元。

1996—2002年，市人民银行对辖内金融机构的重点违规业务进行整治，同时建立起严格的监管考评、奖惩制度。1996年，淮阴市开展“十强储蓄机构”评选活动和《制止金融业务中不正当竞争行为公约》签约活动。对非银行金融机构遗留问题全面回查，督促市4家国有商业银行对违规经营和账外经营并账。全市初步建立人民银行对各类金融机构非现场监管制度和金融风险报告制度。1999年，市人民银行加强结算和现金管理，开展执法监察，责成5家高风险城市信用社建立保支付责任制和预警制度。对农村信用联社实行分类处置和综合治理，至当年年末，减少14个存有高风险业务的农联社机构。同年，市人民银行对全市银行业金融机构加强现金和利率监管，对12家违规经办相关业务的银行机构给予经济处罚，并通过宣传和系列检查，遏制金融机构贷

款利率违规现象的蔓延。2001—2002年，市、县人民银行监管权限得到明确，对政策性银行、国有商业银行、市商业银行、合作金融监管工作进行重新界定和细分，建立严格的监管考评制度、奖惩制度以及追究制度。至2002年年末，全市银行业金融机构不良贷款率36.68%，比2001年下降3.89个百分点，减亏1.02亿元。

2003—2005年，淮安银监分局强化对城市商业银行的风险管理，推进农村信用社改革和发展，对全市银行业高级管理人员加强任职考核，对不良贷款压降工作加强监测和考核。2003—2004年，淮安银监分局开展债券投资、大额贷款、信用管理等35项现场检查。2004年年末，全市银行业金融机构不良贷款余额比上年减少13.99亿元，不良比例比2003年下降8.83个百分点。2005年，淮安银监分局开展专项治理行动，制定落实银企对账制度、重要岗位轮岗和强制休假制度、重大突发事件快报制度、问责制度等，处理责任人327人次。在风险监控方面，制定大额客户授信风险分析实施办法、农联社新增大额贷款监管办法、城市商业银行信贷资产风险综合监管办法等。在不良贷款压降工作方面，实施贷款分类偏离度考核和贷款质量情况监测，并开展检查。2005年年末，全市银行业金融机构不良贷款比2004年减少10.27亿元，不良比例下降6.24个百分点。

2006—2008年，淮安银监分局重点对银行业机构已查出的问题进行回查，对各行、社贷款真实性进行监管，提高银行案件治理防控能力。2007年，淮安银监分局督促银行机构通过清收、盘活、核销等多种措施，压降不良资产。全年对银行业贷款质量真实性加强监管，开展贷款分类偏离度检查，督促银行加大贷款核销力度，核销银行不良贷款2.25亿元。注重提高监管效能，全年开展现场检查39项，开展监管专项调研20余次。2008年，淮安银监分局加强对大额授信风险、流动性风险、科技信息风险、合规风险的监管。建立案件防控重度分析制度，对全市4家国有商业银行开展业务操作风险大检查。针对市邮政储蓄银行组建期间存在的问题，建立协调、沟通、督查、巡查4项制度。全年对32家银行机构开展风险检查，银行工作人员的案件防控能力明显增强，全市堵截数起百万元以上诈骗案件。全年组织现场检查30次，查出违规机构41个、违规金额13.2亿元，提出监管意见164条。

第三节　保险业监管

一、机构监管

1980年，市人民银行批准在其内部成立中国人民保险公司清江市支公司，首开产、寿险经营业务，并一直保持到20世纪90年代初期。从1993年起，随着金融体制改革不断深入和保险市场的不断开放，外地保险机构陆续进入淮阴市市场，保险业监管工作日益重要。市人民银行开始对保险机构的进入设立、更名、迁址、退出等加强监管。1993年，市人民银行批准成立保险分支机构3个。1995年，市人民银行批准南京人寿保险公司在淮阴市设立办事处，并在全市11个县（市）下设代理处；批准太平洋保险公司在淮阴市设立办事处；批准省太平保险公司在淮阴市设立机构开展保险业务。1996年，根据国务院保险机构体制改革的部署和要求，市人民银行牵头组织完成全市保险机构的产、寿险分设工作。1997—1998年，市人民银行按照金融机构“严格控制机构总量，优化机构布局”的指导思想，重点组织对保险机构的年检，覆盖面达100%，对发现问题的机构发出整改通知书督促其限期整改。2001年，淮安市保险业协会成立，接受省保监分局委托，协

助做好辖内保险业监管工作。是年，市保险业协会对所属各县（区）分支机构进行统一梳理，逐一规范全市各保险公司机构名称，地市一级机构统称“中心支公司”，县（区）分支机构统称“支公司”，支公司以下设立的机构称“营业部”。2001—2008年，全市保险行业快速发展，随着保险业机构的不断增加，监管工作也不断得到加强。在省保监分局领导下，市保险业协会根据不同时期的不同工作重点，组织对保险行业的机构设立、更名、进入和退出进行监管。2003年，中华联合财产保险公司在淮安市成立中心支公司。至2008年年末，又有10家保险公司在淮安市设立分支机构，保险机构由2001年的6家发展到16家。

二、人员监管

20世纪90年代初，淮阴地区保险业从业人员较少，业务发展缓慢。市人民银行作为监管部门，依法对全市保险公司管理人员进行规范管理，履行监管职责。1997年，依法对辖内保险公司下属支公司正副经理7人进行任职资格审查，对不符合条件的人员建议有关机构另报人选。对太平洋保险公司淮阴办事处、平安保险南京分公司驻淮阴首席代表业务违规情况进行现场调查并作出处理。组织2期共1691人参加全国保险代理人资格考试，对全辖从事保险代理业务人员统一核发展业证，同时建立健全保险代理人档案。2001年，市保险业协会成立，依据《中国保险行业协会章程》规定，在国家监管部门对保险业实行集中统一监督管理的前提下，配合监管部门履行职责。2002年，对保险代理从业人员加强培训教育，市保险业协会统一印制《保险代理从业人员学习手册》，并组织学习。2004年，组织88场近2000人次的保险从业人员业务知识考试。2006年，对全市保险营销员、讲师和组训集中进行诚信教育培训。2007年8月，经审核批准，全市符合营销条件的营销员挂牌从业，率先实现保险营销员100%挂牌展业。

三、业务监管

1995—1998年，针对全市保险机构不断增加，保险市场竞争出现无序竞争的状况，市人民银行牵头建立保险公司经理联席会议制度，出台《淮阴市制止金融业务中不正当竞争行为公约》，组织辖内保险机构主要负责人签约，实行监管和行业自律双管齐下的措施。市人民银行每年都对全市保险市场合规经营情况组织检查，对发现问题及时查处，维护市场秩序稳定。对保险机构出现的扩大招收保险代理人、违规支付无赔优待、擅设兼业代理点、违规支付代理手续费、动用保险金搞基建、擅自提高或降低费率、擅自开办新险种和扩大保险责任、编造假赔案等违规问题，都及时纠正和处理。市人民银行还严肃处理中保财产淮安支公司编造假赔案，撤销66家不符合条件的兼业保险代理机构，维护保险业公平竞争的市场环境。2003年，市保险业协会加强市场监管，审议并通过《淮安市保险行业协会保险代理从业人员管理公约》，组织全市从业人员签约，教育引导和约束全体保险营销人员逐步走上接受监管的轨道。2004年4月，市保险业协会经调查核实楚州区公安局介入代办“五小”（低速货车、三轮汽车、拖拉机、摩托车、四轮农用机动车）车辆保险业务的情况，经上报省保监分局，对楚州区公安局作出不具备保险代理资格处理，促进全市车险市场健康发展。2008年11月，市保险业协会分别制定《淮安市机动车辆保险行业自律公约》《淮安市银行代理保险业务自律公约》（财产险、人身险方面），组织全市各保险机构签约，维护保险市场的竞争秩序。

第四节　证券业监管

20世纪90年代初，市人民银行针对出现的个别行业和单位在市场上擅自发行债券的混乱现象，通过制定和实行证券准印制度，从源头上制止乱发债券现象。同时，统一全市证券机构代理证券发行手续费率、证券交易费率，促进证券机构代理发行债券业务的公平竞争。对个别证券机构存在的办理结算、假委托、乱抬利率、超额办理证券回购业务等问题，通过制定印发规范性文件，严格规范证券业务的管理，保证市场规范有序。1997—1998年，市人民银行对省证券公司淮阴业务部利用远程行情传输设置大户室、南方证券淮阴营业部和省证券公司淮阴营业部客户保证金未全部存入商业银行、市信托投资公司淮海路证券交易营业部向股民透支4.4万元等违规行为进行查处，拆除市邮电局向南方证券淮阴营业部提供的沪深两地证券交易远程行情互联网传输终端接口，撤销违规开设的9个股民保证金账户，追回股民违规透支款项，并进行跟踪监管，确保查处有效，维护证券市场的公平竞争秩序。1997年，市人民银行将证券业监管职能上交省证监局。2008年年末，淮安市境内设立的华泰证券有限公司、南方证券有限公司和海通证券有限公司分支业务部在江苏省证监局的监管下，机构规模和业务均得到发展。

第五节　其他金融性公司监管

20世纪90年代初，随着中国市场经济体制的初步建立，金融市场逐步放开，各种形式的地方金融性公司纷纷挂牌成立，弥补当时金融市场由银行单一经营的不足，但同时也带来金融市场经营混乱的局面。市人民银行根据国家金融政策法规，支持建立和完善多样化的金融机构体系，对新设立的金融性公司加强监管。

一、机构监管

1987年，市人民银行先后批准市工商银行、市农业银行设立信托投资公司。1991年，批准成立市信托投资公司。1992年7月，批准试办全省首家典当拍卖公司——淮阴市典当拍卖公司。1993年，为推动淮阴市证券市场发展，创造有利于企业股票、国家债券和地方证券发行和交易的条件，市人民银行根据《企业债券管理条例》要求，先后批准省证券公司和省工商银行信托投资公司在淮阴市设立股票交易机构2个，又批准成立典当公司2家，满足市民选择多种形式投资的需求。同时针对一些地方乱办金融实体的现象，严格整顿市场秩序，依法取缔涟水县1家私人开办的当铺。1996年，针对全市兴办地方金融性公司，违规经营造成市场秩序混乱的情况，市人民银行组织完成对淮阴市信托投资公司的整顿，同时完成对全市4家国有银行与下属信托和证券机构脱钩工作。市人民银行制定出台《典当行管理暂行办法》，对新设立的典当机构传统业务经营情况加强检查，对4家超范围经营的典当行进行查处，撤销2家，保留2家符合规范条件的典当行。从2003年开始，全市典当业进入较快发展阶段。2004年4月，金湖县金缘典当公司获准开业。同年6月，市金源典当公司完成工商注册，并于2005年获商务部、公安部批准特种行业经营

许可，成为全市规模最大的典当公司。至2008年年末，全市有典当公司9家，其中市区7家、县域2家。

1992—2008年，全市批准拍卖公司注册开业22家，在经营过程中先后被注销12家、保留10家。1998年12月，淮阴市第一家信用担保公司——淮阴市住房贷款担保有限公司成立。此后，全市担保公司机构不断增加。截至2008年年末，全市设立各种业务经营担保公司41家，其中市区25家、县域16家。在高管人员监管上，市人民银行坚持对金融性公司高管人员进行任职资格审查，对不符合条件的人员要求有关机构另报人选。

二、业务监管

由于地方非银行业金融公司发展不平衡，市人民银行针对不同类型问题，重点在市场合规经营上进行监管。1995—1997年，市人民银行对市信托投资公司违规参与证券市场业务办理结算等问题严肃处理。市人民银行加强对企业短期融资债券业务的审批管理，通过严格落实金融机构担保制度，将金融机构担保的债券金额控制在合理占比范围内。1996年，市人民银行在对市典当公司业务经营和内部管理中存在的严重问题全面调查分析后，报省人民银行分行批准，及时对该公司进行改组。1998年，市人民银行为配合市政府做好整顿金融“三乱”（一些地方部门企业和个人乱集资、乱设金融机构、乱办金融业务）工作，成立清理整顿金融“三乱”办公室，进一步抓好企业集资、短期融资券审批和彩票市场管理。先后对人民来信反映的市第二人民医院内部集资600万元、洪泽县老子山镇向社会非法融资10.6万元的违规行为进行查处。1999年，针对市信托投资公司资金周转困难情况，请求市政府协调财政和大型企业支持，筹措到位600万元资金兑付该公司所欠债务，使该公司平稳渡过集中支付难关。2000年，在国务院作出整顿各类金融性公司的部署后，市人民银行根据省、市政府安排，研究提出对市信托投资公司全面整顿的方案，组织协调该公司与海通证券有限公司达成转让协议。2001年，市人民银行按照省政府召开的关于整顿信托投资公司会议精神，提请市政府加强整顿工作领导，新增法院等部门参与，对市信托投资公司债权、债务调查核实，查清底数，并按照上级文件规定撤销市信托投资公司，确保市信托投资公司如期退出市场。2001年以后，市人民银行根据国务院有关规定，逐步将地方金融性公司监管职能分别移交市经贸委、市商务局、市民政局等部门。市经贸委作为拍卖业管理部门，不断加强对拍卖机构的经营管理，通过制定行业章程、管理细则等制度，促进拍卖行业走上健康有序发展轨道。2006年，淮安市成立以分管副市长为组长、相关部门负责人为成员的担保行业协调机构，统筹全市信用担保体系建设，采取放宽准入领域、降低门槛等措施，鼓励多种资本进入担保行业，并通过资信评级等监管手段，促进担保业健康发展。在各监管部门的共同监督管理下，全市的典当、拍卖、担保等金融性公司机构不断增加，市场经营规模逐步扩大，发挥地方金融市场的补充作用，为促进地方经济社会发展作出贡献。

·淮安市志·（1978—2008）

第二十九卷 科学技术

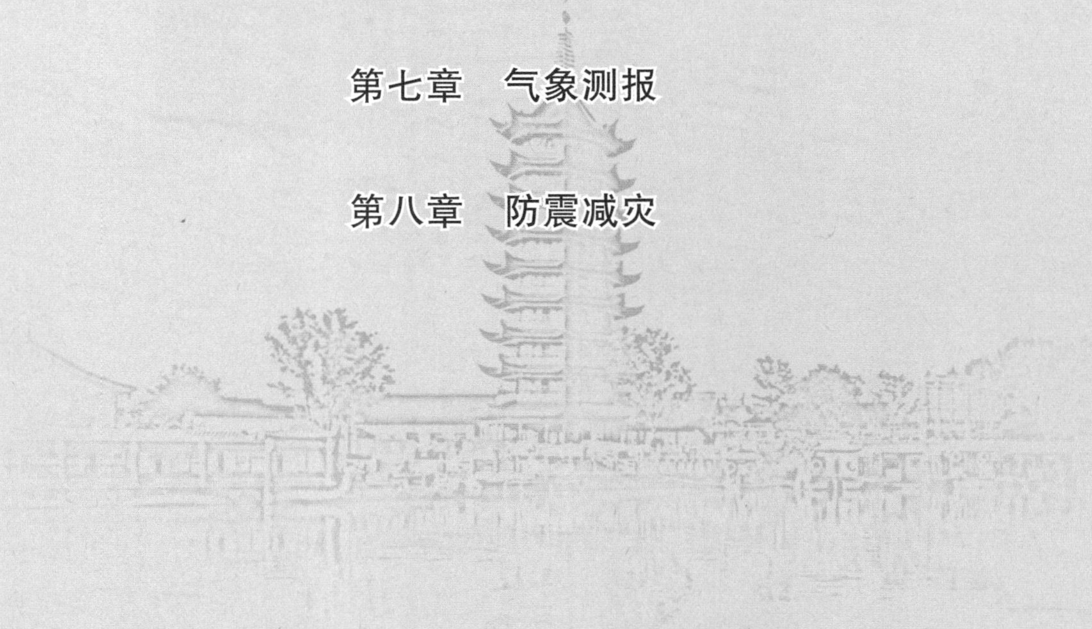

1978年年初，淮阴地区科委和各县（市）科委成立。同年11月，淮阴地区召开科技战线先进代表会议，全面传达和贯彻国家、省科学大会精神，科技事业迎来春天。一大批知识分子冤假错案得以平反，大批学非所用的知识分子调整归队。开展科普和科技交流活动，解决人们对科技的迫切需求。1980年4月起，开展“优选法”“统筹法”学习培训，举办学习班338期，1.74万人次参加培训，取得“两法”实践成果741项。1984年开始，推行科技体制改革，市属科研院所对内实行课题承包、对外签订有偿合同。1986年5月，举办全市首届技术市场活动，达成意向协议110项。同年，启动企事业单位技术职务评聘制和科技经费浮动匹配制，调动科技人员从事科研、基层政府科技投入的双重积极性。至1990年，全市评聘高级专业技术人员2200多人、中级专业技术人员2.1万多人、初级专业技术人员8.5万多人。

20世纪90年代，深化科技体制改革，研发机构由国家开办逐步转变为以企业为主体兴办，企业成为科技创新的主体；科技人员从政府安排、流动不便、“大锅吃饭”，逐步转变为自主择业、合理流动、论功付酬；科技、经济由“两张皮”变成“鱼水亲”。1992年起，在制定“科技兴市”战略规划的同时，组织、实施科技工作先进县（市、区）创建工作，推动基层科技进步。1996年，启动星火产业带建设。至2000年，洪泽县、涟水县、金湖县、县级淮安市通过全国“科技工作先进县（市）”考核。

2000年后，全市农业科技围绕“品种、技术、知识”三大更新工程，以农业科技园区建设为重点，做好新品种引进试验、新技术示范推广工作。与此同时，星火产业带科技先导型区域支柱产业建设逐步提速，全市企业技术研发机构如雨后春笋般涌现，产、学、研科技合作不断深化。2003年，启动“学科学技术、做现代农民、建文明家园”活动，次年在全国、全省科普大会上作经验介绍。2005年，启动申报国家星火学校。2006年，获批的7所国家星火学校就开办30期培训课程，培训农民1.4万人次。至2008年，全市有1995项科技成果获得各级奖励，其中国家科学技术进步奖二等奖3项，江苏省科学技术进步奖一等奖6项；全市科技进步贡献率38.78%；淮安市、盱眙县分别获批全国科技工作先进市、县。

第一章 科技机构与队伍

第一节 科技管理机构与体系

一、科技管理机构

1978年1月，淮阴地区科学技术委员会成立，内设计划科、群普科（科学技术协会）、情报室

（地区科技情报研究所），代管淮阴地区地震办。1981年1月，淮阴地区气象局成立。

1983年3月，撤地建市后，淮阴地区科委更名为淮阴市科委，设新技术开发科、科技计划科、科技干部科、科技情报室（市科技情报研究所），代管淮阴市地震办；淮阴地区气象局更名为淮阴市气象局。1984年4月，淮阴市科委内设机构调整为秘书科、计划科、农业科；撤销科技情报室，市科技情报研究所转为事业单位；市地震办转为市政府直属事业单位。1986年5月，市科委内设机构增加为秘书科、计划科、农业科、科技干部管理科、成果专利管理科。1989年，成立技术市场管理办公室。1992年，成立外事科。

1996年12月，市地震办更名为市地震局。1997年5月，市科委内设机构调整为办公室、综合计划科、科技成果科（挂"专利科"牌子）、市技术市场管理办公室（挂"科技信息中心"牌子）、国际科技合作科（挂"市引进国外智力办公室"牌子）、农村科技科、科技干部科，另设纪检组（监察室）。

2001年2月，淮阴市更名为淮安市，淮阴市科委更名为淮安市科委，市气象局、市地震局相应更名。同年9月，市科委更名为市科技局，内设机构调整为办公室、综合计划处（挂"高新技术办公室"牌子）、科技成果与技术市场处（挂"科技保密办公室""民营科技处"牌子）、国际科技合作处、农村科技处、政策法规与科普管理处（挂"市国防动员委员会科技动员办公室"牌子）、知识产权办公室，另设纪检监察室。2002年，市科技局下设正科级市知识产权局。2004年6月，市政府批复设立正处级市知识产权局，与市科技局合署办公，实行"一套班子，两块牌子"；同时，将内设知识产权办公室更名为知识产权综合处。

至2008年，市科技局内设机构不变；市气象局设办公室、业务法规处、人事教育处、气象台、淮安国家基准气候站、气象科技服务中心、防雷减灾管理中心、财务核算中心8个科级处室和单位；市地震局设办公室（挂"政策法规处"牌子）、监测预报与应急救援处、震害防御处（挂"抗震设防要求管理处"牌子）3个职能处室。

二、科技管理体系

1986年，淮阴市启动配备乡镇科技助理工作。至1988年年末，全市60%的乡镇配备科技助理。市科委对乡镇科技助理进行系统培训，指导其明确职责，提高工作水平。至1989年年末，全市乡镇科技助理配备率达90%。

1989年，淮阴市建立科技工作会商制度。1990年，市科委、市财政局等联合发文，对全市县、乡、村科技管理体系建设作出若干规定。各县（市、区）均成立科技工作领导小组，配备科技副县（市、区）长；乡（镇）成立科技办公室，配备科技副乡（镇）长和科技助理。市政府办公室印发《淮阴市乡镇科技助理管理暂行规定》，明确乡镇科技助理的职责、任务、考核、奖惩。

1992年开始，按照"第一把手抓第一生产力"的要求，相继调整、充实由各级政府主要领导挂帅的"科教兴市（县）"领导小组。但由于种种原因，领导小组基本没有正常开展活动，后随着人事变动未能及时调整，逐步名存实亡。

2000年后，随着全市科技工作重心由农业转向工业，乡镇科技管理体系逐步弱化。2002年，乡镇机构改革，取消科技助理制度。

第二节　科技研发机构

一、科研机构改革

1978年，淮阴地区有科研机构10余个，均为国有性质。1984年，淮阴市在市属科研所推行对内实行课题承包、对外签订有偿合同，逐步改变研究所吃国家科研事业费和所内职工吃集体收入2个“大锅饭”的现象。1985年11月，全市科技工作会议召开。会议贯彻《中共中央关于科学技术体制改革的决定》，印发《淮阴市委、市政府关于科学技术体制改革的意见》，进一步推进科研机构改革。

1988年2月，市政府出台相关政策，推动放活科研机构、放活科技人员“两放”工作。至当年年末，全市15个研究所全部实行所长负责制；减拨实用技术研究开发机构事业费，技术中介和服务机构得到发展，科技人员开展技术承包。市化工研究所突破事业单位人事管理上的限制，大胆推行“一所两制”制度，职工全民、集体性质共存，事业、企业编制均有。为扩大实验生产，该所招收150名集体性质的工人，把节省下来的事业编制用于增加科技人员，增强自我发展能力。

20世纪90年代，全市科研事业单位全面实行企业化管理，推行科工（农）贸一体化，兴办第三产业，大部分科研单位由科研型逐步向技术服务型、经营型转变。

2000年开始，在重点企业有步骤地推动以企业为主体、“产、学、研”结合的企业技术开发机构建设。2002年后，作为“人才、挂靠、创办、开发”科技“四大工程”的重要内容，进一步推动民办科研机构发展。2003年，市政府出台《关于市直生产经营类事业单位改制转企的实施意见（试行）》，一批科研机构向企业改制，大部分机构逐步注销。当年全市首家科技类民办非企业机构登记注册。2007年，召开全市高新技术产业发展暨企业技术创新推进会，出台相关意见，扶持、促进企业科研机构建设；一批新型公办公共研发机构涌现。

至2008年，淮安市有省级高技术研究重点实验室2个、省级工程技术研究中心10个、市级工程技术研究中心52个；累计登记科技类民办非企业机构13个。

2008年淮安市省级高技术研究重点实验室一览表

表29－1

序号	名称	依托单位
1	江苏省环洪泽湖生态农业生物技术重点实验室	淮阴师范学院 淮安市农业科学研究院 淮安市农业技术推广中心
2	江苏省凹土资源利用重点实验室	淮阴工学院

2008年淮安市省级工程技术研究中心一览表

表29－2

序号	名称	依托单位	所属县（区）
1	江苏省植物生长调节剂工程技术研究中心	淮安市农业科学研究院	市直
2	江苏省盐化工工程技术研究中心	江苏安邦电化有限公司	市直

续表29-2

序号	名称	依托单位	所属县（区）
3	江苏省生物化学过程工程技术研究中心	江苏汉邦科技有限公司	淮安经济开发区
4	江苏省井矿盐工程技术研究中心	江苏省井神盐业有限公司	楚州区
5	江苏省芒硝开采与加工工程技术研究中心	洪泽银珠化工集团有限公司	洪泽县
6	江苏省固态发酵工程技术研究中心	江苏今世缘酒业有限公司	涟水县
7	江苏省凹土工程技术研究中心	盱眙博图凹土高新技术开发有限公司	盱眙县
8	江苏省羰基金属合成工程技术研究中心	江苏天一超细金属粉末有限公司	盱眙县
9	江苏省油气井口装备工程技术研究中心	江苏金石机械集团有限公司	金湖县
10	江苏省矿山支护装备工程技术研究中心	金湖小青青机电设备有限公司	金湖县

2008年淮安市市级工程技术研究中心一览表

表29-3

序号	名称	依托单位	所属县（区）
1	淮安市植物生长调节剂工程技术研究中心	淮安市农科院	市直
2	淮安市信息安全与保密工程技术研究中心	淮阴工学院	市直
3	淮安市农业废弃物综合利用与新型基质工程技术研究中心	淮阴工学院	市直
4	淮安市电子信息工程技术研究中心	淮安信息职业技术学院	市直
5	淮安市绿色化工工程技术研究中心	淮阴师范学院	市直
6	淮安市盐化工工程技术研究中心	江苏安邦电化有限公司	市直
7	淮安市信息系统集成技术研究工程技术研究中心	淮安科智计算机系统集成有限公司	市直
8	淮安市矮败小麦育种工程技术研究中心	江苏天丰种业有限公司	市直
9	淮安市乳品工程技术研究中心	淮安快鹿牛奶有限公司	清河区
10	淮安市蜗杆传动工程技术研究中心	江苏省金象减速机有限公司	清河区
11	淮安市小麦制品深加工工程技术研究中心	江苏省淮安新丰面粉有限公司	清河区
12	淮安市行星传动减速机工程技术研究中心	淮安苏减金象机械制造有限公司	清浦区
13	淮安市工业余热综合利用工程技术研究中心	江苏科圣化工机械有限公司	清浦区
14	淮安市生物化学过程工程技术研究中心	江苏汉邦科技有限公司	淮安经济开发区
15	淮安市骨科药物工程技术研究中心	江苏正大清江制药有限公司	淮安经济开发区
16	淮安市水射流切割工程技术研究中心	淮安市旭升流体科技有限公司	淮安经济开发区
17	淮安市天然及合成香料工程技术研究中心	淮安万邦香料工业有限公司	淮阴区
18	淮安市太阳能热利用工程技术研究中心	江苏淮阴辉煌太阳能有限公司	淮阴区

续表 29-3

序号	名称	依托单位	所属县（区）
19	淮安市碳纤维复合材料电热应用工程技术研究中心	江苏贝莱尔电气有限公司	淮阴区
20	淮安市环保型秸杆人造板工程技术研究中心	江苏鼎元科技发展有限公司	淮阴区
21	淮安市硝盐热分离技术工程技术研究中心	江苏白玫化工有限公司	淮阴区
22	淮安市禽肉精深加工工程技术研究中心	淮安市老侯珍禽养生食品有限公司	淮阴区
23	淮安市非玻瓶大输液工程技术研究中心	江苏淮安双鹤药业有限责任公司	淮阴区
24	淮安市针纺织工程技术研究中心	江苏康乃馨织造有限公司	楚州区
25	淮安市井矿盐工程技术研究中心	江苏省井神盐业有限公司	楚州区
26	淮安市公共交通站台设施工程技术研究中心	江苏惠民汽车配件制造有限公司	楚州区
27	淮安市抗生素剂型工程技术研究中心	江苏润邦药业有限公司	楚州区
28	淮安市发动机气缸摩擦副系统（PRBS）工程技术研究中心	江苏省洪泽县海珠气缸套有限公司	洪泽县
29	淮安市芒硝开采与加工工程技术研究中心	洪泽银珠化工集团有限公司	洪泽县
30	淮安市铝合金轮毂工程技术研究中心	江苏神舟轮毂制造有限公司	洪泽县
31	淮安市环保型水泥粉体粉磨工程技术研究中心	江苏九牛水泥有限责任公司	洪泽县
32	淮安市水产良种育繁工程技术研究中心	洪泽县水产良种场	洪泽县
33	淮安市酿酒工程技术研究中心	江苏今世缘酒业有限公司	涟水县
34	淮安市新型阀门工程技术研究中心	江苏涟水阀门制造有限公司	涟水县
35	淮安市云锦织造工程技术研究中心	涟水县华夏云锦织造有限公司	涟水县
36	淮安市羰基金属合成工程技术研究中心	江苏天一超细金属粉末有限公司	盱眙县
37	淮安市矿物凝胶工程技术研究中心	江苏淮源矿业有限公司	盱眙县
38	淮安市新型饲料添加剂工程技术研究中心	淮安市康达饲料有限公司	盱眙县
39	淮安市水环境处理新材料工程技术研究中心	盱眙康隆矿业科技开发有限公司	盱眙县
40	淮安市凹土干燥剂工程技术研究中心	盱眙盛达环保干燥剂厂	盱眙县
41	淮安市禽类养殖加工工程技术研究中心	江苏三森食品有限公司	盱眙县
42	淮安市凹土提纯超细工程技术研究中心	江苏奥特邦非金属矿业有限公司	盱眙县
43	淮安市淡水龙虾养殖加工工程技术研究中心	盱眙龙虾实业有限公司	盱眙县
44	淮安市茶叶加工工程技术研究中心	盱眙县玉皇山茶业科技有限公司	盱眙县

续表29-3

序号	名称	依托单位	所属县（区）
45	淮安市克氏原螯虾育种工程技术研究中心	江苏盱眙满江红龙虾产业园有限公司	盱眙县
46	淮安市石油机械工程技术研究中心	江苏金石机械集团有限公司	金湖县
47	淮安市仪器仪表工程技术研究中心	江苏红光仪表厂	金湖县
48	淮安市矿山支护装备工程技术研究中心	金湖小青青机电设备有限公司	金湖县
49	淮安市磷酸铁锂聚合物电池工程技术研究中心	江苏赛尔电池有限公司	金湖县
50	淮安市废弃PVC回收再利用工程技术研究中心	江苏金湖国祥工贸有限公司	金湖县
51	淮安市精密压铸模具工程技术研究中心	江苏鑫国精密模具有限公司	金湖县
52	淮安市一次性卫生纸制品生产设备工程技术研究中心	江苏金卫机械设备有限公司	金湖县

二、科研机构选介

（一）淮安市农业科学研究院

始创于清光绪二十七年（1901），时称江北农事试验场。后数度更名、变迁。1979年，更名为淮阴地区农业科学研究所。1983年，更名为江苏徐淮地区淮阴农科所。1991年，增挂“淮阴市农业科学研究所”牌子。2001年，更名为淮安市农业科学研究所。2003年，更名为淮安市农业科学研究院。2006年，在全国1077个农业科研单位综合科研能力评估中，淮安市农科院进入百强，排第56位，在全国地市级农业科研单位中排第4名。至2008年，承担国家、部、省、市科技攻关项目400多项，在国内外发表学术研究论文500余篇，获得国家、省、市级成果奖200多项，国家专利12项。选育农作物新品种60多个，研制出一大批新型实用技术，其中淮麦系列专用小麦新品种、淮稻系列优质高产水稻新品种、淮豆系列优质大豆新品种、蜜玉系列特种玉米新品种、淮杂油系列双低油菜新品种，以及甘薯膨大素、玉米健壮素、维他灵、壮秧宝、旱秧绿、康绿工程系列产品均处于国内领先地位。新品种、新技术在全国20多个省、市、自治区大面积推广应用，应用面积累计1000多万公顷，增加社会经济效益80多亿元。

（二）淮阴化工研究所

1974年从清江化工研究所析出。1983年，更名为淮阴化工研究所。20世纪90年代，成为全国聚酞胺开发中心成员单位、化工部合成树酯及塑料科技情报中心站聚酸胺协作组组长单位，在研究合成聚十二内酰胺工艺方面处于国内领先地位。2003年实行企业改制，2005年注销。部分科研人员成立淮安市华东化工研究所，从事有机合成、医药中间体等精细化工产品的开发。

（三）淮安市蔬菜科学研究所

1975年成立，原名清江市农业科学研究所。1978年，更名为清江市蔬菜科学研究所。1983年，更名为淮阴市蔬菜科学研究所。2001年，更名为淮安市蔬菜科学研究所。2008年，研究所占地面积4.2万平方米，其中科研示范用地面积3.8万平方米。承担部、省、市级蔬菜科研项目50多项，获得各项成果奖28项。引进国外新品种500多个，推广新技术100多项，技术成果应用面积

近100万公顷。重点开发推广的技术有蔬菜工厂化育苗、无土栽培、基质栽培、生物有机肥、无公害蔬菜生产、芽苗菜生产、蔬菜保鲜、喷滴灌等。

（四）淮安市水产科学研究所

1987年成立，至2008年，研究所占地面积近70万平方米，其中水面面积30多万平方米，形成以水产养殖病害防治中心、水产养殖技术培训中心、科苑渔业发展有限公司、鑫源特种水产开发有限公司、生化制品有限公司、现代渔业设备开发有限公司、观赏鱼养殖与开发有限公司“两个中心、五个公司”为主体的科技型集团企业。承担多项科研项目，获江苏省科技进步奖2项。

（五）淮安市微机应用研究所

1984年成立，1987年左右发展至鼎盛，设有计算机应用软件开发研制室、工业自动化控制研究室、综合业务室、技术服务室、实验工厂和经营部等。江苏省软件中心淮阴软件登记站、淮阴市软件行业协会挂靠在该所。完成的主要科研项目有建筑工程计算机成套软件、啤酒厂糖化过程计算机控制、露天发酵罐控制、油库计算机计量系统、化肥生产过程的氢氮比控制系统、冷库计算机控制系统、工业锅炉计算机控制系统等。20世纪90年代后期，专业人员大量流失，基本没有开展业务研究开发工作。2003年被纳入生产经营类事业单位改制，2005年年末改制为企业。

（六）淮安市果树研究所

1986年成立，从事果树新品种和新技术的引进、试验与示范。至2008年，引进果树优新品种76个，推广应用42个，推广优质高效果树栽培技术36项，推广应用面积总计5.33万公顷；主持省级农业科技项目3项、省农业“三项工程”项目4项；获国家技术发明奖1项、省级农业科技进步奖3项。

（七）淮安市环境科学研究所

1987年成立，主要从事环境科学研究和建设项目的环境影响评价，持有国家环境保护总局颁发的建设项目环境影响评价资质证书（乙级）。至2008年，该所是淮安市唯一的环评持证单位。

（八）江苏省制盐工业研究所

2007年，由连云港市迁入淮安市楚州区。主要从事制盐工业新技术推广服务及技术咨询、多品种盐研发等。至2008年，研究所设有综合办公室、盐化工开发室、品种盐开发室及中试车间等，为省内最大的品种盐研发生产基地，开发产品40余个，涵盖洗化、食品、工业等多个行业。

（九）江苏省特种设备安全监督检验研究院淮安分院

2005年成立，由市锅炉压力容器检验研究所（1982年成立）和市特种设备安全监督检验所（1988年成立）合并组成。主要开展综合性特种设备检验，以及有关特种设备的科学研究、技术咨询、技术培训及特种设备安全监察机构委托的其他业务工作。2008年，研究院淮安分院在检验能力、人员素质、装备水平、科研项目等方面在国内同行业中享有较高声誉，多项科研成果通过国家、省部级验收，拥有自主知识产权专利4项。

（十）江苏省环洪泽湖生态农业生物技术重点实验室

2007年成立，依托单位为淮阴师范学院、淮安市农业科学研究院、淮安市农业技术推广中心。主要结合洪泽湖的生态环境特点，开展农作物、水产品的无公害生产新技术研究、生态修复关键技术应用研究、农业资源综合利用与农产品加工研究。至2008年，承担国家自然科学基金项目2项、省自然科学基金项目1项、省六大人才高峰项目1项、省科技成果转化2项、省发改委（苏北专项）项目1项，纵向项目累计21项；选育农作物新品种4个，另有3个品种实施品种经营权转让并得到大面积推广；申请国家发明专利3项；1项合作研究成果获2007年度江苏省科技进步奖二等奖。

（十一）江苏省凹土资源利用重点实验室

2008年成立，依托单位为淮阴工学院生命科学与化学工程学院。重点围绕淮安地方特色资源，在凹土纯化、超细化、增黏、改性等共性、关键性技术，功能材料制备与应用技术，凹土资源及产品的标准化技术等领域开展研究工作，为凹土资源的深度开发和综合利用提供科技支撑。当年申报获批凹土研究项目9项，其中省自然科学基金3项、省国际合作计划和重大科技支撑与自主创新专项各1项，省教育厅高校自然科学基金1项；发表相关论文35篇，其中被SCI、EI收录9篇；申请发明专利6项，获发明专利授权2项。

第三节　科技队伍

1979年年初，淮阴地区组织复查"文化大革命"前有职称的人员，同时开展科技人员职称套改晋升工作。1983年9月，暂停职称晋升、评定，进行整顿。1984年，市委、市政府出台《关于落实知识分子政策，认真做好知识分子工作的暂行规定》，帮助科技人员在政治上、工作上、生活上解决实际问题，稳定科技人员思想。1985年11月，成立市职称改革领导小组，统一、协调29个系列专业技术职务评审、聘任工作。至1987年，全市有科技人员2.84万人，其中，农业科技人员2357人，科研人员234人，卫生技术人员7822人；获中高级职称的有3320人。

1992年4月，淮阴市召开"科教兴市"动员大会，出台《关于确立"科教兴市"战略的决定》，实行对作出重要贡献的科技人员给予重奖政策，主要内容有：被评为市级有突出贡献的专家，给予特殊奖励；在学术、技术上确有突出成就的专业技术人员，评聘技术职务指标不受限制；每年安排一定指标，用于解决引进紧缺人才和有突出贡献科技人员家属的"农转非"问题；中专以上学历科技人员到农村从事农业科技工作，工资上浮一级，由所在单位发放，满5年后固定为档案工资，再上浮一级，不受正常调资晋级影响；到乡镇企业从事技术工作的技术人员，户口、工资关系可保留在县（市、区）主管部门；对获得市科技进步奖项目，除给予一次性奖励外，实行科技成果与经济效益挂钩，提取新产品当年纯利润的5%～10%进行奖励；表彰作出优异成绩和突出贡献的各类人才，在全社会弘扬其奉献精神。该政策的出台，对各地、各部门重视科技、重视人才，起到导向和激励作用。1997年，全市有各类科技人员8.53万人。

2000年，淮阴市有各类专业技术人员近10万人，其中初级职称5.84万人、中级职称3.52万人、高级职称3588人。有市级以上学科技术带头人110人，市科委对每名学科带头人制定培养目标，并在省内外为其配备专门的导师。在全市营造尊重知识、尊重人才的氛围，首次评比推选市"十佳知识分子"，并予以表彰。2002年，启动"人才、挂靠、创办、开发"科技"四大工程"。人才工程的主要目标是：全市引进本科以上高层次人才7000人，其中研究生、副高级以上职称专业技术人员500人；招聘高级职称人才或引进国外智力500人；重点建成国内高级科技人才专家库、国外专家库和淮安籍在外科技人才库。至2005年年末，全部目标任务超额完成。

2008年，淮安市有各类专业技术人员12.79万人。市政府启动科技人才"双百"工程（引进100名高层次科技人才、培养100名高素质科技人才）。至2008年年末，全市引进院士1人，吸引海外应用领域科学家9人、国内应用领域领军人才9人，重点支持市外高层次创业创新人才11人，重点资助领军人才5人、拔尖人才13人、科技型企业家12人。

第二章　科技研发与专利

第一节　科技计划项目

一、项目管理

1978年淮阴地区科委成立后，每年与地区财政局联合下达科技计划项目（分省定项目、省建议项目、地区安排项目）及“科技三项费”（即重大基础研究、中间试验、新产品试制费用），经费主要靠省拨放，地区安排项目的缺口部分由地区财政从集中的固定资产更新改造资金中解决。1980年开始，对“科技三项费”试行合同制管理，增强项目单位责任意识。1984年，市财政首次将市级“科技三项费”纳入财政预算，当年安排经费20万元。市政府出台规定，每年从机动财力中切出2%作为科技发展基金，用于安排经济效益高、短期能见效的科技项目，但未能得到执行。1985年开始，对“科技三项费”实行拨改贷（即拨款改贷款）和有偿使用。其中，无偿部分由项目单位与市、县科委签订合同，市项目资金由市财政拨项目单位，县项目资金由市财政拨县财政，并相应增加县“科技三项费”指标，再由县科委控拨；有偿部分由市财政拨市科委，再委托银行信托投资部门办理放贷手续，并按期回收；有偿回收部分纳入市科技发展基金，成为科技发展基金的主要来源。

1986年开始，省安排项目、经费与市安排项目、经费不再一同下达，即省经费只负责支持省下达的项目，市下达的项目支持经费全部由市级财政安排。科技计划项目分工业、农业、社会发展和软科学4类，计划类别有科研、攻关、新产品开发、星火计划、火炬计划等。其中，农业、社会发展和软科学类项目以及科研、攻关类计划，经费大多无偿；工业类项目以及新产品开发、星火计划、火炬计划，经费大多有偿。此外，在全市实施指令性计划与指导性计划相结合的科技计划管理体制。指令性计划由市科委直接主持或委托县（区）科委主持、安排财政补助资金，实施后须接受验收；指导性计划由各单位自行主持，市科委只批准立项，不安排专项经费。当年首次安排科技发展基金项目1项，经费5.48万元。1987年，对县“科技三项费”实行“浮动配套”制，按各县对国家财政的贡献大小以及县级“科技三项费”的安排情况确定拨款指标基数，调动基层政府科技投入的积极性。

1990年，成立市、县科技发展基金委员会，强化管理。科技发展基金实行有偿滚动使用，主要用于科研性新产品开发、重大科技成果推广应用、新技术消化吸收和其他周期短、见效快、效益好的科技开发项目。1993年开始，“科技三项费”有偿部分不再委托银行放贷，改由市财政拨市科委，再由市科委与项目单位签订有偿使用合同，并将经费拨项目单位。到1997年，市科技发展基金累计支持重点科技项目54项，安排资金总额637.48万元，其中工业528.4万元、农业109.08万元，累计收回250.4万元，余额44.43万元。1999年，改革财政预算内经费使用和拨款方式，“科技三项费”不再有偿使用。科技发展基金失去来源，基本不再安排科技项目有偿滚动使用，剩余资

金大多由市科委用于组织“产、学、研”活动，建设服务平台以及科技扶贫等。

2001年，首次设立市技术创新资金，采用资本金投入方式支持重大新产品开发、重大高新技术产业化平台项目。当年安排300万元（另从市科技发展基金配套100万元），用于建设市高新技术创新中心和开展信息化示范。此后每年预算安排400万元左右，主要用于市高新技术创新中心建设。2005年，市科技局、市财政局联合实施星火计划，计划下达时不安排经费，对执行情况好并通过验收的予以适当补贴。当年3月，下达星火计划项目71项；12月，对其中的20项给予补助150万元。2006年，星火计划资金纳入正常财政预算，每年100万元；当年新设专利转化引导专项资金，给予26项项目共计60万元的经费支持。2007年，调整财政预算科目，取消“科技三项费”科目，采用“技术研究与开发支出”科目。

2008年，大幅度调整市级科技计划体系。调整后的市科技计划体系由科技支撑计划、创新载体平台建设与科技服务业促进计划、“产、学、研”合作促进计划、科技型中小企业技术创新引导资金计划、专利申请资助资金计划、专利转化及重大成果转化引导资金计划、民营科技企业培植计划、企业研发机构奖励资金计划8个资金计划，以及高新产业发展计划、科技人才支撑计划、节能减排科技支撑计划3个工作计划组成。当年安排科技经费1062万元。其中，科技支撑计划农业部分150万元、工业部分270万元、社会发展部分100万元，创新载体平台建设与科技服务业促进计划200万元，“产、学、研”合作促进计划100万元，科技型中小企业技术创新引导资金计划80万元，专利转化及重大成果转化引导资金计划30万元，民营科技企业培植计划100万元，另有国际合作计划32万元。

1978—1985年淮阴市科技计划项目及经费安排表

表29-4

年份	安排项目（项）			下达经费（万元）
	省级	市级（地区）	合计	
1978	13	56	69	73.40
1979	15	113	128	75.15
1980	25	74	99	73.21
1981	19	49	68	36.72
1982	16	62	78	37.13
1983	23	35	58	92.13
1984	29	69	98	96.84
1985	18	86	104	148.81

说明：1985年以前的科技计划项目为省、市（地区）混合下达，经费也主要是由省安排，含少量市（地区）级财政经费

1986—2008年淮安市科技计划项目及经费安排表

表29-5

年份	安排项目（项）	下达经费（万元）		
		有偿	无偿	合计
1986	110	45.80	45.73	91.53
1987	123	39.05	58.20	97.25

续表 29-5

年份	安排项目（项）	下达经费（万元）		
		有偿	无偿	合计
1988	144	71.60	36.36	107.96
1989	66	53.20	24.80	78.00
1990	112	126.40	28.25	154.65
1991	46	61.60	39.40	101.00
1992	62	85.00	65.00	150.00
1993	57	116.40	38.60	155.00
1994	57	114.00	46.00	160.00
1995	37	138.00	32.00	170.00
1996	45	122.00	65.00	187.00
1997	53	98.50	111.50	210.00
1998	76	121.00	114.00	235.00
1999	86	—	260.00	260.00
2000	99	—	275.00	275.00
2001	119	—	300.00	300.00
2002	117	—	213.00	213.00
2003	146	—	384.50	384.50
2004	172	—	770.00	770.00
2005	190	—	570.00	570.00
2006	278	—	621.50	621.50
2007	284	—	613.00	613.00
2008	381	—	1062.00	1062.00

说明：1986年开始，市下达的科技项目支持经费全部由市财政承担；科技经费中相当重要的一项“科技三项费”实行有偿使用和无偿使用相结合。1999年起，“科技三项费”不再有偿使用

二、重大科技计划项目

2000年后，淮安市的科技计划工作逐步从以往的“就项目报项目”的被动性项目组织方式，向围绕产业组织项目、重点选择项目，以及通过规划培植项目的主动性项目组织方式转变，重大科技计划项目不断取得突破。2004年，淮安新丰面粉有限公司的“富含生理活性成分麦胚提取物的开发与利用”项目首次获得国家农业科技成果转化资金立项支持；江苏沙钢集团淮钢特钢有限公司“国内首条转炉特钢棒材生产关键技术开发及产业化”、江苏天士力帝益药业有限公司“抗脑胶质瘤新药—替莫唑胺开发及产业化”2个项目首次获得江苏省重大科技成果转化专项资金立项。2005年，盱眙县获国家科技富民强县专项行动计划试点县首批立项。至2008年年底，淮安市有1个项目获批国家国际科技合作项目，2个项目获得国家农业科技成果转化资金立项支持，3个县（区）获批国家科技富民强县专项行动计划试点县；12个项目获省重大科技成果转化专项资金立项，获得无偿资金支持1.26亿元。

2004—2008年淮安市获批省级以上重点科技计划项目一览表

表29-6

年份	项目名称	承担单位	立项类型
2004	富含生理活性成分麦胚提取物的开发与利用	淮安新丰面粉有限公司	国家农业科技成果转化资金项目
	国内首条转炉特钢棒材生产线关键技术开发及产业化	江苏沙钢集团淮钢特钢有限公司	省重大科技成果转化专项资金项目
	抗脑胶质瘤新药——替莫唑胺开发及产业化	江苏天士力帝益药业有限公司	
2005	凹凸棒石黏土支柱产业系列新技术示范应用	盱眙县政府	国家科技富民强县专项行动计划项目
	1000吨/年微生物法长链二元酸产业化	淮安清江石油化工有限责任公司	省重大科技成果转化专项资金项目
	高压油气井口装备及自动安全控制系统研制与产业化	江苏金石机械集团有限公司	
	热泵热水热能循环利用设备研发及产业化	江苏淮阴辉煌太阳能有限公司	
2006	米糠活性多糖功能食品配料生产技术的中试与示范	淮安市神农农业发展有限公司	国家农业科技成果转化资金项目
	甲醛零排放秸秆人造板技术产业化开发	江苏鼎元科技发展有限公司	省重大科技成果转化专项资金项目
2007	高效蔬菜种植与加工系列技术开发及应用	楚州区政府	国家科技富民强县专项行动计划项目
	六羰基钨生产技术及应用	江苏天一超细金属粉末有限公司	国家国际科技合作项目
	生物、医药用模拟移动床色谱分离纯化装置关键技术开发及产业化	江苏汉邦科技有限公司	省重大科技成果转化专项资金项目
	提高采煤安全性与回采率的悬浮式液压支护装置开发及产业化	金湖小青青机电设备有限公司	省重大科技成果转化专项资金项目
	新一代高转化率合成高品级金刚石用镍铁包覆石墨复合材料的产业化	江苏天一超细金属粉末有限公司	
	年产1000吨新型环保微生物灭杀剂IPBC产业化	江苏安邦电化有限公司	
2008	优质肉鸭规模养殖系列技术开发及应用	金湖县政府	国家科技富民强县专项行动计划项目
	国内首套双辊铸轧簿带钢成套设备的研发及产业化	金湖瑞时特钢制品科技有限公司	省重大科技成果转化专项资金项目
	超级稻淮稻9号、高产多抗淮麦21系列稻麦新品种产业化	淮安市农业科技实业总公司	

第二节　科技成果

一、科技成果奖励

1978年，全国科学大会召开，淮阴地区有23项科技成果获奖。1980年8月，淮阴地区召开第一次科技成果授奖大会，46项科技成果受到表彰和奖励。1984年，市政府颁布《淮阴市科学技术进步奖励条例》，决定每年从市财政中拨款5万元，作为科技进步奖励基金。1986年，改革科技成果评审办法，由个人初审改为评审组初审，市评委会复审，避免初审者因专业知识局限而影响成果的等级，也避免各专业评审组由于掌握标准宽严不同而出现偏差。

20世纪90年代，淮阴市科技进步奖励分研究类、推广类、采用新技术开发新产品类、改进类、软科学类5类。2001年，奖励成果范围调整为应用技术类、基础及应用基础类、科技服务类、集成推广类、软科学类5类；科技进步奖励经费增加到10万元，奖励标准为一等奖2000元/项、二等奖1500元/项、三等奖800元/项、四等奖400元/项。2002年，取消四等奖奖金。2003年，提高各等级奖励标准，分别为一等奖5000元/项、二等奖2500元/项、三等奖1000元/项。

2004年，市科技局对1984年制定的《淮阴市科学技术进步奖励条例》进行重大修订，更名为《淮安市科学技术进步奖励办法》，奖励类别调整为自然科学研究类、技术发明类、技术开发类、科学技术基础及社会公益类、重大工程类、管理及决策科学类六大类，科技进步奖励经费增加到15万元。2006年5月，市政府对获得全市重大科技创新成果奖的5个项目进行表彰，重奖每个课题组20万元。2007年，进一步提高科技进步奖励标准，分别为一等奖6000元/项、二等奖3000元/项、三等奖1500元/项。至2008年，维持不变。

1981—2008年淮安市各级科技进步奖一览表

表29-7

单位：项

获奖年度/年份	国家、部厅奖	省政府奖					市政府奖					合计
		一等	二等	三等	四等	小计	一等	二等	三等	四等	小计	
1981	8	—	—	1	2	3	5	2	4	—	11	22
1982	6	—	1	4	7	12	—	2	9	5	16	34
1983	12	—	—	4	5	9	2	4	14	16	36	57
1984	16	—	2	2	1	5	3	5	17	21	46	67
1985	5	—	1	4	6	11	6	12	24	35	77	93
1986	2	1	—	2	4	7	1	12	11	51	75	84
1987	—	1	2	4	9	16	4	10	31	60	105	121
1988	—	—	3	1	8	12	1	6	32	58	97	109
1989	—	—	3	3	4	10	3	6	21	39	69	79
1990	—	—	1	2	5	8	2	5	22	30	59	67
1991	—	—	2	9	7	18	4	6	48	37	95	113
1992	—	1	—	5	7	13	1	8	25	59	93	106

续表29-7

获奖年度/年份	国家、部厅奖	省政府奖					市政府奖					合计
		一等	二等	三等	四等	小计	一等	二等	三等	四等	小计	
1993	—	—	1	—	5	6	2	5	23	36	66	72
1994	—	—	1	2	5	8	—	7	23	38	68	76
1995	—	1	2	1	2	6	1	10	15	43	69	75
1996	—	—	1	2	5	8	1	7	19	11	38	46
1997	—	1	2	3	—	6	1	9	21	27	58	64
1998	—	1	—	6	—	7	3	15	25	31	74	81
1999	—	—	—	8	—	8	3	9	36	34	82	90
2000	二等奖1项	—	—	2	—	2	—	5	26	32	63	66
2001	—	—	—	—	—	—	—	—	—	—	—	—
2002	—	—	—	7	—	7	4	9	36	30	79	86
2003	—	—	—	—	—	—	1	15	41	16	73	73
2004	二等奖1项	—	1	3	—	4	4	11	45	17	77	82
2005	—	—	—	3	—	3	5	12	49	15	81	84
2006	二等奖1项	—	—	—	—	—	4	11	64	22	101	102
2007	—	—	—	4	—	4	2	12	53	—	67	71
2008	—	—	1	—	—	1	2	11	63	13	89	90

说明：1. 1987年度市政府一等奖中含特等奖1项；
2. 1994年度及以前获奖情况，包含1996年从淮阴市划出的县级宿迁市、泗洪县、沭阳县、泗阳县及灌南县；
3. 2001年，“年度”调整为“年份”，故2001年数据空缺

二、科技成果选介

（一）伤寒与副伤寒的快速诊断研究

1983年，由洪泽县卫生防疫站研究完成。成果包括2种检验方法：早期测定伤寒杆菌抗原方法，可比原常规细菌培养方法提早2天获得结果，通过临床验测233份血培养标本，合格率100%；早期测定伤寒杀菌抗体方法，在伤寒发热2天后，即可显示阳性反映，能提早3～10天作出诊断报告，并将肥达氏反应在伤寒早期诊断阳性率的23.3%提高到95.2%。项目获1984年度江苏省科技进步奖二等奖。

（二）中华稻蝗生物学特征和综合防治措施研究

1985年年初，中国科学院动物研究所、淮阴市植物保护站及淮安县、清浦区、淮阴县、洪泽县等县（区）植物保护站先后进行研究，掌握中华稻蝗的主要生物学特性及防治对策。到1987年，采用该法防治蝗害85.04万公顷，累计减少稻谷损失29.26亿吨，折算产值1.04亿元，新增纯收益8860.64万元。项目获1990年度江苏省科技进步奖二等奖。

（三）“壮秧宝”研制及在水稻旱育秧上的应用研究

1990年，由淮阴市农科所、淮阴市农业局粮油作物站等单位完成。针对水稻旱育秧生产中出现的黄、僵、死苗普遍发生及壮秧率低等实际问题，分析形成原因，首次将“气候障碍的化学疗法”理论与“植物的获得性诱导抗病”理论成功应用到水稻旱育秧生产中。利用维生素和水杨酸、茉莉酸类物质等活性物质，配套适宜的使用技术，使水稻苗体自身产生并获得抗性，抵抗旱育秧苗期立枯病等病害的侵染与危害，达到防治的目的，同时使秧苗获得较强的抗逆性和适应性，达到培育旱壮秧的目的。平均防效83%以上，平均增产7.35%，投入产出比1：55.27，社会、经济效益显著。项目获1998年度江苏省科技进步奖一等奖。

（四）铁水热装及其相关新工艺在超高功率电炉上的应用

1995年，由江苏淮钢集团有限公司完成。在超高功率电炉上开发成功铁水热装、低纯度氧炼钢、二次燃烧3项新工艺，均属国内首创，不仅为中国超高功率电炉节能降耗创出一条新路子，而且为电炉生产优钢、特钢所需纯净原料的提供找到成功经验。项目获1998年度江苏省科技进步奖一等奖、2000年度国家科技进步奖二等奖。

（五）史氏鲟南移孵化、苗种培育及推广养殖技术研究

2001年，由淮安市水产科学研究所完成。通过全程环境控制和规范操作技术，解决受精卵运输及入池过程中较高死亡率难题；通过对孵化器关键结构的技术改造和创新，大幅度提高孵化率；通过研究应用全价配合饲料，提高饲料的利用率；特别是通过研究和规范鱼种培育综合技术，提高鱼种培育成活率，确保鱼种培育质量，形成成熟配套的鱼种培育技术；研究并形成水泥池静流水养殖、池塘养殖和水库湖泊网箱成熟的技术模式。项目获2002年江苏省科技进步奖三等奖。

（六）高产优质多抗小麦新品种淮麦18号

1990年，江苏省淮阴市农科所以丰产性能突出的早熟品种豫麦13号为母本，高产抗病品种鲁麦14号为父本，经有性杂交选育而成的半冬性超高产小麦新品种。1999年，通过江苏省审定。2002年，被全国农技推广中心推荐为国家重点示范品种。至2003年，秋播淮麦18号在江苏推广应用面积80.34万公顷，在河南、安徽等地示范推广种植面积48.53万公顷，累计推广种植面积116.9万公顷，增产小麦5亿多公斤。项目获2003年度江苏省农业技术推广二等奖、2004年度江苏省科技进步奖二等奖。

（七）国内首条转炉特殊钢棒材生产线关键技术开发及产业化

2008年，由江苏沙钢集团淮钢特钢有限公司完成。2004年，淮钢公司与意大利达涅利公司签订合作意向书，共同建设转炉特钢大棒材生产线项目。2005年，项目通过国家发改委审批。2008年12月，项目提前完成。该生产线可生产直径250毫米及以下多种规格的棒材和扁钢，主要品种为高附加值、高品质的齿轮钢、轴承钢、弹簧钢、合金普碳钢、易切削钢和非调质钢，有效改善淮钢的产品结构，年新增销售收入36亿元，新增利税4.4亿元。项目获2008年江苏省科技进步奖二等奖。

三、科技成果推广及转化

1986年开始，淮阴市有组织地开展科技成果推广，但因缺乏有效协调和措施，实施率较低。1988年，科技成果推广与科技计划工作相衔接，重点成果推广项目纳入计划管理，效果明显增强。此后，市科技管理部门每年都从《国家成果推广指南》中筛选部分项目，结合实际，编制并印发《淮阴市科技成果推广项目指南》，引导科技成果的转化和推广。到2000年前后，随着市场经济的不断深化，《淮阴市科技成果推广项目指南》的作用日渐弱化，编制工作也逐步停顿。2002年后，

每年的淮安科技洽谈会期间，市科技局均临时组织收集并印发、推介科技成果。

2004年，江苏省设立重大科技成果转化专项资金，对重大科技成果的产业化转化给予资助。是年起，组织申报科技成果转化专项资金项目、促进重大科技成果转化，成为淮安市科技成果管理工作的重要内容。2008年，淮安市设立重大成果转化引导资金，当年安排资金30万元，资助成果转化项目15项。至当年年底，淮安市有江苏沙钢集团淮钢特钢有限公司、江苏天士力帝益药业有限公司、江苏金石机械集团有限公司等12家企业的12项重大科技成果转化项目，获江苏省科技成果转化专项资金1.26亿元无偿资助。

第三节　专利与知识产权保护

一、专利政策

1994年，淮阴市印发《关于贯彻国务院进一步加强知识产权保护工作决定的实施意见》，要求对知识产权工作高度重视、加强领导、强化宣传；决定建立知识产权办公会议制度，强化相关问题的研究、协调和解决。1999年，市政府印发《关于进一步加强企业专利工作的通知》，要求各地着手研究加强企业专利工作，帮助企业建立和完善专利工作制度。当年全市专利申请量突破100项。

2000年，江苏省启动专利申请资助，规定发明专利每件不超过2000元，实用新型专利每件不超过300元，外观设计专利每件不超过250元。2003年，市科技局、市财政局联合印发《淮安市专利申请市级资助资金管理办法》，对专利申请实行政府资助。之后逐年加大资助力度。2005年，按照国家知识产权试点城市创建要求，对全市知识产权的组织领导、工作推动等作出安排。2006年，设立专利转化专项资金，重点支持符合产业政策、有良好产业化前景、已进入转化前期或初期的专利项目。

2007年，改革专利申请资助资金发放办法，由市知识产权局根据各县（区）专利工作目标完成情况、上年度市级资助资金使用情况，以及当年度市财政安排资金数量等，将资助金额拨给各县（区）科技管理部门，由各地向申请人兑现。同年，对年度授权的发明专利进行择优奖励，每项获奖专利奖励3000元，当年有20项发明专利获奖。2008年，奖励发明专利17项。

二、专利申请与授权

1986年，淮阴市成立专门的专利服务机构——专利服务部，归市科委科研成果专利管理科管理，全市专利申请量21项。1995年，专利服务部更名为专利事务所，全市专利申请量增加到73项。1998年，专利申请量突破100项，达112项。2001年科技体制改革，撤销专利事务所，成立民营性质的科翔专利事务所。2003年商标注册代理开放后，更名为科翔专利商标事务所，全市专利申请量355项，专利授权量143项。2004年5月，淮安市科文知识产权事务所成立，专门从事专利和商标注册代理。2005年，全市专利申请量突破1000项，达1077项；专利授权量280项。

2008年7月，淮安市知识产权公共服务平台开通运行，主页设有知识产权动态、知识产权管理、知识产权保护、知识产权服务、专利超市等栏目，另设有专利信息检索，提供有关专利查询、咨询、交易、培训等服务。全市专利授权量达2727项；企业专利申请量大幅上升，拥有专利的列统企业124家，其中30件以上专利的企业23家；专利授权量445项。

1986—2000年淮阴市专利申请情况表

表29-8　　单位：项

年份	申请量	年份	申请量
1986	21	1994	50
1987	25	1995	73
1988	27	1996	71
1989	29	1997	53
1990	48	1998	112
1991	65	1999	100
1992	55	2000	141
1993	50	—	

2001—2008年淮安市专利申请情况汇总表

表29-9　　单位：项

年份	市级	清河区	楚州区	淮阴区	清浦区	涟水县	洪泽县	盱眙县	金湖县	合计
2001	56	5	38	7	6	9	12	16	21	170
2002	52	7	46	8	8	12	16	19	24	192
2003	68	14	65	11	17	20	25	95	40	355
2004	101	30	120	52	29	51	33	103	102	621
2005	80	71	261	130	73	66	77	183	136	1077
2006	0	124	325	196	59	131	134	236	139	1344
2007	0	173	317	265	123	310	251	320	196	1955
2008	27	272	417	288	198	425	355	430	315	2727

2001—2008年淮安市专利授权情况汇总表

表29-10　　单位：项

年份	市级	清河区	楚州区	淮阴区	清浦区	涟水县	洪泽县	盱眙县	金湖县	合计
2001	48	3	14	6	3	5	6	6	12	103
2002	50	5	12	8	4	6	7	8	16	116
2003	61	4	18	9	5	4	5	9	28	143
2004	73	8	18	14	9	10	7	52	21	212
2005	32	29	58	18	31	27	40	20	25	280
2006	0	69	52	50	42	40	26	80	17	376
2007	0	93	41	43	45	39	24	74	70	429
2008	19	70	44	33	64	46	50	77	42	445

2001—2008年淮安市专利申请情况分类表

表29-11　　单位：项

年份	发明专利	实用新型	外观设计	合计
2001	27	121	22	170
2002	20	146	26	192
2003	56	179	120	355
2004	116	265	240	621
2005	134	303	640	1077
2006	230	338	776	1344
2007	346	456	1153	1955
2008	330	516	1881	2727

2001—2008年淮安市专利授权情况分类表

表29-12　　单位：项

年份	发明专利	实用新型	外观设计	合计
2001	4	87	12	103
2002	2	96	18	116
2003	12	98	33	143
2004	7	129	76	212
2005	14	155	111	280
2006	47	220	109	376
2007	53	271	105	429
2008	67	279	99	445

三、专利宣传与推介

1986年，淮阴市开始组织专利知识的宣传与推介。当年举办各县（区）及市直各单位参加的专利知识讲座10场，800多人次听讲。市科委在《淮海报》开辟专栏，刊登专利知识连载。1990年，大规模开展《中华人民共和国专利法》和《中华人民共和国技术合同法》的宣传、普及和教育。全市学习人数3.07万人，经考试，合格率98%。1986—1990年，全市有25项专利项目用于生产，创产值1320万元。20世纪90年代，比较重要的专利转化项目有：1991年，盱眙磷肥厂成功开发“氮肥包膜复合肥”“磷肥颗粒微肥”专利技术产品，企业扭亏为赢；1998年，清江化工阀门有限公司购买化学工业部的“可带压维修双切换截止阀”“双向切换旋塞阀”专利技术，投入批量生产后，销量很好。

2001年，第一个世界知识产权日之际，淮安市组织参加全国知识产权百题知识竞赛。全市近5万人次参加，淮安市获“最佳组织奖”（全国仅20家，江苏省唯一）。此后每年4月26日世界知识产权日前后，市科技、工商等部门均开展集中宣传和联合执法等活动。2006年，《淮安市专利转化资金管理暂行办法》出台，加大对专利转化工作的资金引导和扶持力度，当年资助专利转化项目26项，资金60万元。2007年，资助专利转化项目22项，资金60万元。2008年，资助专利转化

项目14项，资金70万元。

四、专利执法及侵权纠纷处置

1985—2002年，全市发生专利纠纷事件近20件，包含专利申请权的争议和专利侵权纠纷，大多在市内调处解决。仅有2件专利侵权案涉及外市，分别被省专利管理局和南京市中级人民法院立案处理，由江苏电视台及《江苏法制报》公布案情。

2003年，淮安市组织实施知识产权执法“春季行动”，在全市商贸流通企业清查3万多种不同类别的商品，清理标记不明、号码不清的专利商品。2005年4月26日，市中级人民法院设立统一受理知识产权民事、行政和刑事案件三审合一的专门审理知识产权纠纷的法庭——民事审判第三庭。同年7月，市东湖冷饮厂投诉北冰洋冷饮厂侵犯其外观设计专利权。市知识产权局进行查处，依法收缴侵权厂家的2万多个包装。同年10月，根据用户举报，与盐城市知识产权局联合查处建湖县一家企业仿冒专利产品违法行为。2006年，对上海信谊包装有限公司投诉淮安市一家企业侵犯其实用新型专利权一案进行调处，并成功解决纠纷，在较好维护专利权人合法权益的同时，还促成双方达成合作协议。2008年，全市集中开展“雷雨”“天网”知识产权执法专项行动，打击涉及专利的诈骗行为，增强社会各界对知识产权制度的信心。

五、知识产权保护试点城市（县）创建

2002年，省科技厅、省知识产权局联合启动“江苏省知识产权试点县（区）”创建工作。淮安市组织各县（区）参加。同年，楚州区成为第一批省级知识产权试点县（区）。2004年，楚州区通过验收，转为示范县（区）；金湖县、盱眙县、淮阴区、涟水县、洪泽县先后成为试点县（区）。在此基础上，2005年，淮安市成功申报创建国家知识产权试点城市，市政府专门印发《淮安市国家知识产权试点城市实施方案》并组织实施。2007年，盱眙县通过省级验收。2008年，淮阴区通过省级验收。同年5月，淮安市通过国家级验收，成为苏北地区首个国家知识产权试点城市。

第三章　科技兴市

第一节　科技兴农

一、科技为农服务

1978年，淮阴地区所有县（市）都建有农科所，91%的公社建有农科站，67%的大队建有农科队，47%的生产队建有农科组；全地区参加四级农科网活动的有数万人，有实验基地0.87万公顷，高产田、试验田、种子田近2万公顷。1981年开始，在四级农科网基础上，健全县农科站、种子站和植保站，建立农村干部学校（以下简称“农干校”）；在村配备农技员，发展农业示范户。至1985年，基本形成以县农技推广中心为中枢、乡农科站为骨干、村农技员为基础的多层次农业技

术推广服务体系，通过试验、示范、推广、培训等手段，服务农业、农村科技工作。

1985年，国务院启动“星火计划”，依靠科学技术促进农村经济发展。淮阴市组织实施相关工作，采取指门路、教技术、送信息、育人才、扶生产等方法，引导农民走科技致富道路。1986—1987年，全市“星火计划”项目有82项被国家和省、市立项，总投入3029.28万元，产值突破1亿元。各级农干校举办培训班251期，培训超2.5万余人次；引导兴办食用菌研究会、大蒜研究会等农民专业研究会，推动农村商品经济发展；推广先进农业技术成果，淮阴农科所研究的“水稻节磷育肥技术”“免耕栽培”“水稻两段大苗栽培”3项农业科技成果，带动农业效益超过1亿元。

1988年，淮阴市科委与农业部门一起拟订农业科技开发和科技推广计划。1989年，制定详细的科技兴农规划，把加强品种更新换代和推广农业实用技术作为重点，推动农业科技进步。1991—1995年，全市推广农业新技术、新成果面积200万多公顷，新增经济效益25亿元，获农业科技成果120余项。宁连路沿线12个农业科技示范园建成全省农业发展的排头兵，洪泽县朱坝乡、淮阴县新渡乡稻麦科技示范园亩产650公斤，洪泽县黄集乡科技示范园的高产田块亩产粳稻700公斤，淮阴县丁集乡科技示范园温室黄瓜亩产9750公斤。

1996年后，加强市、县、乡、村四级农技推广服务体系建设。每乡建有农技站，其中70%达到省规定的统一布局、统一供种、统一防治、统一作业、统一用水“五统一”。全市50%以上的行政村建立农技服务队，223个村建立农技综合服务站。科技进步成为农业发展的主要动力。市政府与中国纺织大学、上海交通大学、华东工程学院、西安交通大学、南京农业大学等高校建立友好合作关系，发挥高校科技优势和地方资源优势，建立农业开发区以及苏北教学、研究、生产综合实验基地等。

2000年开始，以实施品种、技术、知识三项更新工程为重点，加大科技兴农主体战略的实施力度。当年成功筛选引进淮稻6号等优质水稻品种，推广淮麦16及18、抗虫棉、鲁花9号及11号、天府9号及10号、双低油菜宁杂系列。地膜覆盖、高效立体种植等一大批先进适用技术和花生、油菜、水稻、稻田养殖等标准化生产技术得到推广应用。全市5500名乡镇村党员干部、4870名农技人员接受业务知识培训，6000名农民取得“绿色证书”。

2003年，淮安市推进农业产业结构调整，加强农业科技园区建设。全市组织实施农业科技计划项目52项，示范推广新品种、新技术、新成果23项。推广种植强筋小麦新品种淮麦20号、优质油菜新品种淮杂油1号等4.67万公顷，推广种植牧草2666公顷，促进农业结构调整。大面积推广无公害大棚辣椒生产技术、穴盘基质育苗技术、商品有机肥、杨树无节良材速生丰产栽培技术、三元杂交猪饲养技术等，产生明显的社会效益和经济效益。2006年，淮安市把科技富农作为重要任务。全年获批省级以上农业科技项目86项，获省拨款638万元，获批国家级星火学校2所、省级星火龙头企业2家。实施科技富民项目146项，新增产值1.78亿元，新增利税1988万元，带动近10万名农民增收、12万多名农民就业。

2008年，以科技特色产业培育为重点，推进农村民生科技工程和新农村示范试点。实施国家粮食丰产科技工程，示范、辐射面积12万公顷，亩增加效益60元以上。围绕特色产业，重点培育农业科技龙头企业20家、农业科技园区10个。此外，在调整农业科技发展计划的基础上，设立市科技支撑（农业）计划，重点围绕地方特色品种创新与配套高效种植养殖技术、扶持发展农产品安全生产及深加工关键技术研究开发、科技帮扶和新农村建设科技示范等，择优支持项目83个。

二、苏北星火产业带建设

1995年11月，全国第一个星火产业带——苏北星火产业带启动，淮阴市制定《苏北星火产业

带淮阴市规划》。1996年，结合发展专业村、专业户和生产基地“两专一基”的实际，提出建设星火技术密集区、农业科技示范园和培育区域性支柱产业的目标任务。当年洪泽湖水产综合开发等4个星火技术密集区通过省专家评审，无公害蔬菜生产科技示范园等4个农业科技示范园经省科委批准实施。

1997年，省科委提出在苏北星火产业带实施“一县一业”。1999年，省科委进一步提出，在苏北星火产业带发展科技先导型区域支柱产业。当年12月，省科委在苏北地区确立24个科技先导型区域支柱产业，其中淮阴市农业类产业有涟水县木材种植及加工、县级淮安市畜禽养殖及加工、洪泽县特种淡水养殖及加工。全市重点培育的区域性支柱产业实现销售收入43亿元，利税7.8亿元。

2003年，省科技厅将苏北星火产业带科技先导型区域支柱产业调整为22个，其中淮安市农业类产业有涟水县意杨种植及加工、盱眙县地道中药材种植及综合利用。此外，洪泽县、淮阴区的盐化工，盱眙县的凹凸棒土，金湖县的石油机械，涟水县的木材加工，楚州区的针纺织等产品的开发、生产及加工，初步形成规模，成为当地的支柱产业。全市星火带科技先导支柱产业实现销售收入69亿元，利税9亿元。2005年，洪泽县水产养殖及深加工产业被纳入苏北星火产业带科技先导型区域支柱产业。2007年，淮安市星火支柱产业实现销售收入125.2亿元，利税19.2亿元。

三、国家级农业科技项目

（一）国家农业科技成果转化资金项目

2004年，淮安市新丰面粉有限公司的“富含生理活性成分麦胚提取物的开发与利用”项目首次获国家农业科技成果转化资金立项及65万元资助。2007年3月，项目通过验收。该项目首次采用生物技术方法，通过碱性蛋白酶和风味蛋白酶的协调作用，对小麦胚芽中独特的功能性成分天然还原型谷胱甘肽和水溶性糖蛋白进行纯化与富集，提高最终产品的营养价值。项目建成年处理小麦胚芽300吨的生产线1条。

2006年，淮安市神农农业发展有限公司申报的“米糠活性多糖功能食品配料生产技术的中试与示范”项目，获国家农业科技成果转化资金立项和50万元资金支持。

（二）国家粮食丰产科技工程

2004年，江苏省启动国家粮食丰产科技工程，淮安市参与组织实施。2005年，洪泽县建立十万亩示范区，建成连片千亩方10个，亩产650公斤以上；金湖、洪泽、盱眙、涟水、楚州建立辐射区，建立连片高产千亩方10个。2008年，淮安市示范区、辐射区总面积达12万公顷。通过典型引路、技术培训、现场指导、信息服务和产业化带动等形式，重点推广米质优、抗性好的徐稻3号、盐稻8号等高产优质品种，集成运用精确定量栽培技术、双膜育秧机械化插秧技术、条纹叶枯病应急控制技术、秸秆还田与清洁栽培技术等，带动全市水稻产业的增产增效。

（三）国家科技富民强县试点

2005年，盱眙县被科技部和财政部列为国家首批科技富民强县试点县，组织申报的“凹土提纯技术产业化和延伸产品开发”等8个项目，被列入科技富民强县专项行动计划，共获得科技部和江苏省科技厅224万元资金支持。2008年7月，项目通过验收。

2007年，楚州区围绕高效蔬菜种植与加工产业获批国家科技富民强县试点区，争取到国家与省380万元资金支持。至2008年，该区瓜菜播种面积1.97万公顷，总产量85万吨，年产值11.6亿元，财政增收1300万元，通过中期检查。

2008年，金湖县围绕优质肉鸭规模养殖产业的试点工作获批国家科技富民强县试点县，项目

经费296万元。

四、新农村建设科技示范项目

2007年，江苏省科技厅启动新农村建设科技示范村项目，涟水县红窑镇龙兴村被列为首批试点村。2008年，该村建成无公害蔬菜基地32.21公顷，其中日光温室3.67公顷、钢管塑料大棚25.67公顷、露地蔬菜2.87公顷；同时建成农民集中居住点24个，建成垃圾收集站点1个，并应用净化沼气池生活污水处理技术，对已建农民集中居住点的生活污水进行处理，取得明显示范效果。

2008年，淮安市在产业相对集中和科技成果转化成效明显的县（区），以高效现代农业为核心，以科技创新和“产、学、研”合作为支撑，启动市级新农村科技示范点工作。首批启动试点乡镇5个，分别为淮阴区丁集镇、金湖县前锋镇、洪泽县老子山镇、盱眙县淮河镇、洪泽县黄集镇；试点村6个，分别为楚州区钦工镇韩赵村、涟水县小李集办事处嵇陆村、涟水县前进镇朱后圩村、楚州区席桥镇丁朱村、清浦区盐河镇渠北村、楚州区施河镇条龙村。

第二节　科技兴工

一、科技服务工业

20世纪80年代初，淮阴市的科技工作主要以发展农业为重点，工业技术攻关主要围绕支农机械研发。先后开发东风50型四轮驱动拖拉机、化肥造粒生产流水线、远红外粮食烘干机等，对提高水、旱农田作业机械化，提高化肥肥效，保证粮食储藏质量，起到良好的效果。淮阴农机修造厂开发的地下块根多用收获机、盱眙县三河农机厂开发的弥雾喷粉机等，受到群众欢迎。

20世纪80年代中后期，科技工作重点围绕工业生产中迫切需要解决的薄弱环节开展，科技兴工成为主线。1984年，针对砖瓦生产中技术落后、耗能高、浪费大、效率低等问题，市政府组织市新都瓦厂开展“黏土平瓦吊栏干燥新工艺”研究。该工艺与自然干燥相比，周期缩短92.5%，节约场地90%，节约劳动力46.3%，且实现常年生产，为国内首创。1986年，一批重大科技攻关成果通过鉴定，其中“硝基甲苯生产装置的设计与生产”生产邻、对、间硝基甲苯，产品部分指标接近或相当于国际先进水平，高纯度间硝基甲苯更是填补国内空白；金湖机械厂的JY35节流、压井管汇，是“六五”计划时期国家科技攻关项目，该装置设计先进，结构紧凑，是控制井喷、实施油气井压力控制技术的重要装备，达到国内先进水平。1988年，成立淮阴市机械研究所和淮阴市应用技术研究所，出台《关于增强企业技术吸收和开发问题的若干规定》等文件，组织开展企业间技术协作，并提倡有条件的企业自办研究机构，开发新产品、新技术。淮安无线电元件厂依托厂办研究所，不断研制开发新产品，年产值4000万元，人均创利税9740元。

1990年以后，重视发挥科技在调整产业结构和优化产品结构、提高经济效益、扭转工业滑坡中的重要作用。1990年3月，市科委会同市委政研室、市政府经济研究中心、市经委、市总工会、市产业主管局一起，对实施“科技兴厂”开展专题研究，制定《淮阴市科技兴厂实施意见》。市化工局、市机械局、市城建局等召开系统内科技工作会议。全市围绕新产品开发，集中开展技术攻关，取得一批重要成果。1991年，盱眙县磷肥厂研制的氮肥包膜复合肥、磷肥颗粒微肥在陕西省西安市举办的第六届全国发明展览会上成交700多万元，占江苏展团成交额50%以上。1999年，

江苏淮钢集团有限公司电炉铁水热装炼钢新工艺获江苏省科技进步奖一等奖；2001年，获国家科技进步奖二等奖。

2000年开始，重点推进企业研发机构建设，增强企业自主研发能力。当年淮阴电化厂、清江电机股份有限公司等建立省级技术中心，江苏淮阴华新药业集团、洪泽海珠集团、金湖石油机械集团、清江轴承厂等10家企业建立市级技术中心。2001年，江苏省凹土开发工程技术中心获省科技厅批准建设，成为苏北地区首家设在县级的省级工程技术研究中心。至2008年年末，全市拥有市级以上企业研发机构63个，其中省级院士工作站1个、省级工程技术研究中心10个。

二、工业新产品开发

1986年，市政府制定《淮阴市新产品鉴定实施意见》，首次对工业新产品的申请鉴定和确认作出明确规定。当年市科委和市经委一起审查确认94项新产品，产值9341.62万元，利润651.03万元，争取免税金额471.75万元。清江染整厂的涤纶华达呢产值3384万元，利润82.8万元。清江拖拉机厂的江苏-120拖拉机产值1759.45万元，利润95.98万元。1989年，结合调整产业产品结构，研究确定“市抓国内有知名度的产品、厂创市有知名度的产品”的发展思路，列出盐化工、农用汽车、精细化工、柴油机等10个首批市级战略产品。

1990年，清江橡胶厂开发的几种新型驱动轮胎和水田轮胎，创产值600万元，获利润135万元，创汇230万元，该厂获“江苏省科技开发先进单位”称号。清江胶鞋厂开发出印花学生胶靴、冬季棉胶靴、出口轻便靴等新产品，当年产值510万元，税利70万元，创汇600万元。金湖闵桥热工仪表厂开发的数字压力表，经专家鉴定在国内处于领先水平，一些指标达到国际先进水平，产品十分畅销。1991年，制定《淮阴市重点新产品试制鉴定管理规定》等，鼓励大中型企业开发高新技术产品。当年开发市级以上新产品300个，其中国内首创17个、国内先进32个、填补省内空白100个，70个产品被评为“省优”产品，聚十二内酰胺产品被列入江苏省火炬计划和全国新产品试制计划。

1997年，根据市政府重点发展化工、烟草、冶金、机械、纺织五大支柱行业、盘大盘活企业的要求，市科委组织企业加强与高校科研院所联系和合作，跟踪高新技术发展领域，强化新产品试制。当年智能温度控制显示仪、摩托车刹车制动蹄总成、高温高延伸隔离膜、超细异色异水缩混纤丝、汽车制动系统阀组、2-甲氧基-5-甲酰基苯甲酸甲酯、QTZ-80塔式起重机、150D/272Z和300D/544F涤纶超细低弹网络丝等34项产品被列入省重点新产品试制计划与确认计划。1999年，淮阴市便携式抽油机井功图量液仪被列入国家级新产品，涤纶低弹毛纺专用丝、数字式电力载波机等14项产品被列入省级新产品。

2000年后，全市工业新产品开发力度加大，数量大增，效益明显。2008年，由江苏白玫化工有限公司联合长沙轻工业研究设计院研发的盐析蒸发（闪发）硝盐热分离工艺中试装置，是国内元明粉工业生产中首次利用硫酸钠和氯化钠在三元水盐体系中具有不同溶解度的原理设计的新型封闭式循环式系统。该装置解决制硝工业长期存在的硝盐不能完全分离，从而导致环境污染、资源浪费的技术难题，同时使矿山回采率由原来的10%～15%提高到25%～30%，提高资源利用率。江苏赛尔电池有限公司研发的基于磷酸铁锂为正极材料和采用聚合物电解质技术的电池，项目采用流态掺杂与包覆相结合的方法制备磷酸铁锂，突破国内外制备磷酸铁锂为正极材料的工艺瓶颈；采用特殊方法合成聚合物电解质，解决常规锂电池利用液态电解质，存在易燃、放电不稳定、生产尺寸受限、重量大的难题。江苏沙钢集团淮钢特钢有限公司承担的省重大科技成果转化专项资金国内首条转炉特殊钢棒材生产线关键技术开发及产业化项目，通过省科技厅和省财政厅

的联合验收，获得省科技进步奖二等奖。

2001—2008年淮安市工业新产品开发情况表

表29-13

年份	一般新产品（项）	重点新产品（项）	重点新产品销售收入（亿元）
2001	62	37	11.28
2002	348	64	14.62
2003	333	78	11.13
2004	383	105	23.02
2005	411	134	42.09
2006	457	193	53.02
2007	495	217	68.43
2008	605	228	65.10
合计	3094	1056	288.69

第三节　高新技术产业

一、传统产业高新技术化改造

1984年，淮阴市开始对传统产业进行高新技术化改造，主要是应用微机技术改造传统产业。当年组织微机知识培训。同年11月，市微机应用研究所成立，开展微机推广应用。

20世纪90年代，淮阴市的传统产业高新技术改造取得重要进展，从国外引进具有当时世界先进水平的工艺技术和关键设备，如涤纶全拉伸丝、超细弹纺丝设备、棉纺精梳机、自动络筒、无梭织机、阔幅印染及特种整理设备、卷烟接包生产线和70吨超高功率电炉等，使纺织、印染、化纤、卷烟、橡胶制品和冶金等传统行业企业的生产技术装备得到跳跃式发展。在水泥生产、轮胎硫化、酒精蒸馏、石油加工催化裂化、浮法玻璃等生产中，开发和推广应用计算机过程控制；轮胎CAD（计算机辅助设计）、电动机CAD、大曲酒微机勾调专家系统、企业计算机管理网络、计算机新财务软件等项目的完成，对提高产品质量、降低消耗、加快新产品开发和改善经营管理水平发挥积极作用，为传统产业注入新的活力。

1996年起，全市制造行业普遍推广应用计算机辅助设计，提高企业信息化程度。2000年，市冶金公司用计算机控制3台5吨电炉的电极升降，使吨钢耗电极从原来的8公斤下降到7.8公斤，为企业节约资金150万元；市胶鞋厂应用计算机辅助设计等先进技术，使胶面胶鞋设计及质量水平在国内处于领先水平，并达到国际先进水平，产品90%以上外销。

2003年，市政府组织制定《淮安市制造业信息化示范工程2003—2005行动方案》，并安排专项资金引导支持，加速制造业信息化示范工程建设。组织淮安用友软件公司、淮安金蝶软件公司、南京新模式软件公司、江苏金思维软件集成公司、淮安远景科技发展有限公司等，在清拖农业装备公司、江苏瑞特电子设备公司、洪泽海珠汽缸套有限公司、淮安市永丰现代农业装备公司、淮阴辉煌太阳能有限公司、江苏金象机械制造公司等重点企业推广运用CAD（计算机辅助设计）、

ERP（企业资源计划）、CIMS（计算机集成制造系统）等信息化技术。以淮阴工学院为依托，建立淮安市ERP实验中心、三维CAD实验中心，为中小企业实施信息化提供人才培训和技术指导。2001—2005年，全市组织实施制造业信息化项目42项，累计投入信息化项目经费4468万元。

2008年，淮安市运用高新技术，改造传统产业，组织实施制造业信息化工程、节能减排与清洁生产技术推广重点项目33项。围绕金湖石油机械仪表和盱眙凹土2个高新技术产业基地的培育，引导实施高新技术改造与产业化项目近30项，其中16项获国家火炬计划立项。

二、高新技术产业培育和推进

1991年后，市科技工作开始重视高新技术产业的发展和培育。当年市政府制定《淮阴市重点新产品试制鉴定管理规定》《淮阴市高新技术产品和项目若干优惠政策》《"八五"淮阴市高新技术开发项目计划》等，鼓励大中型企业开发高新技术产品，运用微电子技术改造传统产业。1993年，启动高新技术企业培育和认定工作，清江电机厂成为全市第一家获得省科委认定的高新技术企业。1998年，落实全省加快发展高新技术的战略部署，重点开发精细化工新材料、生物工程制品、新医药、数控压铸机、节能铲运机、精密数字压力表、农作物生长调节剂等一批高新技术产品，开始逐步形成高新技术产品群。1999年，指导企业加快培育和发展高新技术产业，先后编发有关技术创新和发展高新技术为内容的《科技动态》12期。

2000年5月，全市技术创新大会召开，《中共淮阴市委、淮阴市人民政府关于加强技术创新工作的意见》《淮阴市推进高新技术产业化工作实施意见（2000—2002年）》《关于加强技术创新，推进高新技术产业发展的若干规定》等一批文件出台，促进高新产业发展成为全市科技工作的主线。当年淮阴市以新材料、机电一体化、生物工程与医药和节能环保等领域为重点，编制《淮阴市高新技术产业发展目录指南》，制定市高新技术企业、高新技术产品认定办法，在江苏省首家启动认定市级高新技术企业和高新技术产品。

2001年，市科技局组织县（区）和有关企业近百人，参与"高新技术在淮安"观摩活动，宣传先进典型。当年组织淮钢集团有限公司、淮阴辉煌太阳能有限公司、淮阴飞龙技术贸易公司、江苏天士力帝益药业有限公司、金湖石油机械有限公司、洪泽海珠气缸套有限公司、淮安八方电缆厂7家企业申报江苏省高新技术企业，均获批准。淮安远景科技发展有限公司等软件企业兴起，开发出单网点银行业务处理系统等10多个应用软件，被省科技厅和信息产业厅认定为全省首批软件企业。

2002年，淮安市第一家高新技术企业孵化中心——市高新技术创新中心动工建设。2004年，开始参与实施江苏省第一轮高新技术产业"双倍增"计划。制定发展规划，明确高新产业发展的目标、任务和措施；进行科技招商，加快高新技术项目集聚；打造科技平台，开展高新技术企业的孵化培育；集成支持各种科技资源，促进高新技术产业较快发展。

2007年，召开高新技术产业发展暨企业技术创新推进会，推动高新技术产业和企业技术创新"双倍增"。当年认定高新技术产品73项，其中省级33项、市级40项；认定高新技术企业47家，其中省级25家、市级22家；高新技术产业总产值突破100亿元。2008年，组织编制《淮安市高新技术产业"双倍增"计划实施纲要（2008—2010年）》，提出重点围绕信息技术、特钢、盐化工新材料三大千亿元优势产业和新能源、新材料、新装备、新医药四大高新技术重点领域，加快高新技术产业和产品群培育。在新调整的市科技计划体系中，专门设立高新产业发展工作计划，集成多种科技资源，重点支持高新产业发展。当年全市高新技术产业产值154.97亿元，占规模以上工业产值比重的12.35%。

至2008年年末，全市有获认定的国家火炬计划重点高新技术企业8家、省级高新技术企业52家（其中享受15%所得税率优惠的18家）、市级高新技术企业135家；获认定的省级高新技术产品183项、市级高新技术产品275项。

2001—2008年淮安市高新技术产业发展情况表

表29-14

年份	高新产业产值（亿元）	占全市规模工业产值比重（%）	占全省高新产值比重（%）	高新产业增加值（亿元）	占全市规模工业增加值比重（%）
2001	17.03	6.48	0.83	4.33	6.01
2002	18.67	6.15	0.74	5.01	5.71
2003	18.40	5.20	0.48	4.85	4.64
2004	31.01	6.88	0.53	6.14	4.64
2005	46.93	8.25	0.59	11.73	7.32
2006	71.70	9.02	0.69	17.93	8.26
2007	100.55	9.47	0.68	25.78	9.07
2008	140.61	11.20	0.76	—	—

2005—2008年淮安市国家火炬计划重点高新技术企业一览表

表29-15

序号	企业名称	获批年度	所属县区	备注
1	江苏金石机械集团有限公司	2005	金湖县	2007年度复核未通过
2	江苏淮阴辉煌太阳能有限公司	2006	淮阴县	2008年度复核未通过
3	江苏安邦电化有限公司	2006	市直	2008年度复核通过
4	江苏天一超细金属粉末有限公司	2007	盱眙县	—
5	淮安市康达饲料有限公司	2008	盱眙县	—
6	江苏爱吉斯海珠机械有限公司	2008	洪泽县	—
7	江苏红光仪表厂有限公司	2008	金湖县	—
8	江苏省金象减速机有限公司	2008	清河区	—

2008年淮安市按新标准认定省级高新技术企业一览表

表29-16

序号	企业名称	所属县区
1	江苏安邦电化有限公司	市直
2	江苏天士力帝益药业有限公司	清浦区
3	江苏省金象减速机有限公司	清河区
4	江苏正大清江制药有限公司	淮安经济开发区
5	江苏汉邦科技有限公司	淮安经济开发区
6	江苏惠民汽车配件制造有限公司	楚州区

续表 29-16

序号	企业名称	所属县区
7	江苏润邦药业有限公司	楚州区
8	江苏淮阴辉煌太阳能有限公司	淮阴区
9	江苏金石机械集团有限公司	金湖县
10	江苏金卫机械设备有限公司	金湖县
11	江苏金湖石油化工机械制造有限公司	金湖县
12	江苏红光仪表厂有限公司	金湖县
13	江苏杰创科技有限公司	金湖县
14	江苏赛尔电池有限公司	金湖县
15	金湖小青青机电设备有限公司	金湖县
16	江苏爱吉斯海珠机械有限公司	洪泽县
17	淮安市康达饲料有限公司	盱眙县
18	江苏天一超细金属粉末有限公司	盱眙县

说明：2008年开始执行新的省级高新技术企业认定办法，通过认定的即属于国家重点扶持高新技术企业，依法享受15%所得税率优惠

第四章 科技服务

第一节 科技服务机构

1988年2月，淮阴市政府召开科技体制改革工作会议，出台《关于充分挖掘人才潜力、促进人才智力合理流动的办法》和《关于深化科技体制改革的意见》。市直及县（市、区）主管部门纷纷成立满足乡镇工业、中小企业技术需要的技术服务机构。原有各科研机构转变职能，面向中小企业、乡镇工业开展多种技术服务，部分科研机构逐步转变为科技服务机构。是年年末，全市科研服务机构有30多个。

20世纪90年代后，全市的科技服务机构不断改革和发展，逐步由公办为主，转变为民办为主，数量上也不断增加。到2008年年末，全市纳入统计的科技服务机构有41个（事业机构29个、企业机构12个）。其中，淮安市生产力促进中心、淮安市农业科学研究院、淮安市水利勘测设计研究院有限公司3家单位首批获得“江苏省重点科技服务机构”确认。

2008年淮安市纳入统计科技服务业机构（事业机构）一览表

表29-17

序号	单位名称	年度总收入（万元）	财政拨款（万元）	事业收入（万元）	事业经营收入（万元）	固定资产原价（万元）	从业人员（人）
1	淮安市农业科学研究院	2093	48	966	—	1384	153
2	淮安市生产力促进中心	50	50	—	—	746	5
3	江苏省特种设备安全监督检验研究院淮安分院	969	882	87	—	584	57
4	淮安市环境科学研究所	436	32	404	—	66	9
5	淮安市水产科学研究所	97	88	—	9	151	14
6	淮安市高新技术创新中心	146	120	—	—	11	5
7	淮安市产品质量监督检验所	1003	988	15	—	817	62
8	淮安市果树研究所	80	80	—	—	55	15
9	淮安市食用菌研究所	11	—	—	—	41	8
10	淮安市微机应用研究所	25	20	—	5	429	15
11	淮安市应用技术研究所	18	15	—	3	184	10
12	淮安市蔬菜科学研究所	62	62	—	—	28	25
13	淮安市科学技术情报研究所	157	157	—	—	80	19
14	淮安市科学技术咨询服务中心	51	29	—	22	6	6
15	淮阴区生产力促进服务中心	85	—	61	24	25	4
16	楚州区生产力促进中心	38	—	38	—	27	8
17	楚州区水产技术推广站	63	63	—	—	0	25
18	楚州区农业技术推广中心	355	355	—	—	237	55
19	楚州区畜牧兽医站	308	302	6	—	132	39
20	楚州区林业技术指导站	90	90	—	—	—	36
21	涟水县生产力促进中心	6	5	1	—	7	6
22	洪泽县科技创新中心	26	5	4	16	156	9
23	盱眙县畜牧兽医站	151	78	55	18	294	35
24	盱眙县生产力促进中心	220	160	—	—	108	8
25	盱眙县林业技术指导站	36	33	3	—	—	8
26	金湖县林业科技推广中心	186	26	145	14	132	14
27	金湖县生产力促进中心	45	—	—	45	60	4
28	金湖县水产技术推广站	150	50	—	—	73	14
29	金湖县农业技术推广中心	232	229	3	—	200	85
合计		7189	3967	1788	156	6033	753

2008年淮安市纳入统计科技服务业机构（企业机构）一览表

表29-18

序号	单位名称	营业总收入（万元）	主营业务收入（万元）	固定资产原价（万元）	从业人员（人）
1	淮安市水利勘测设计研究院有限公司	2187	2187	795	185
2	江苏省植物生长调节剂工程技术中心	5823	5823	1841	69
3	淮安市科翔专利商标事务所	15	15	5	6
4	淮安市科文知识产权事务所	16	16	8	7
5	淮安市现代建筑设计研究院有限公司	603	603	82	55
6	江苏省制盐工业研究所	—	—	77	18
7	淮安市科技开发促进中心	62	59	26	8
8	江苏安邦盐化工工程技术研究有限公司	3167	2947	2812	107
9	淮安国信会计师事务所有限公司	200	200	85	58
10	江苏省凹土工程技术研究中心	1236	1175	1038	62
11	淮安海珠发动机气缸摩擦副工程技术研究有限公司	520	450	323	20
12	江苏金石油气井口科技有限公司	495	495	329	32
合计		14324	13970	7421	627

第二节　科技情报服务

1978年、1980年，清江市情报室与江苏省情报所联合举办2期国内外部分科技文献展览。1979年，淮阴地区科学技术情报研究所完成《北京粉煤灰利用情况考察报告》，推动清江市粉煤灰的综合利用。1980年，完成《关于清江市蔬菜生产的调研报告》。1981年，完成《小蚕共育企业化试验初探》调研报告。1982年，完成《锗的提纯与出口》《清江市食品工业现状及发展前景的研究》等调研报告。

1983年开始，科技情报服务的内容主要有信息采集、加工、发布，情报调研、咨询，技术推介、推广等。通过对订购、收藏的大量科技图书、期刊、专利、标准等信息源的筛选、加工，先后编辑《淮阴科技》《科技信息》《新产品开发》《适用技术信息》等多种信息类刊物。完成《淀粉综合利用》《发酵血粉》《关于河蟹科研、生产的现状及我们的建议》《关于洪泽湖综合开发的探讨》等调研报告，受到相关部门重视。举办《中华人民共和国专利法》和专利文献检索培训班，推广计算机操作、文献检索知识；举办3期国外新产品样本样品陈列会；聘请技术能手，举办甲鱼人工养殖学习班、蚕桑和丝绸工业副产物综合利用学习班等。

20世纪90年代后，随着计算机及网络技术的发展，科技信息服务逐步实现由传统文本式服务向现代电子式服务的转变，以纸质、会议等形式为主逐步转变为以计算机网络和电子方式为主。1990年，市情报所微机增容，外存由10兆增至20兆，内存由512千字节增至640千字节。1991年，与上海情报所合作，实现联机检索英文、国外科技期刊数据库；在全市举办多期微机操作员培训班。1994年，建设苏北实用技术数据库。1996年，在宁波科技情报所的帮助下，淮阴市远程计算机信息中心建成，并与宁波所实现联网，每日可提供2万字的科技、经济信息。1999年，市情报所完成与江苏省科技网的联网，正式接入因特网，成为江苏省科技网淮阴中心，实现中文期刊、专

利、标准等数据库的联机检索。

2000年，编辑《特快信息》，为社会提供科技、经济信息。2002年，市科技情报所建成电子阅览室，配备数十台电脑。2005年开始，编发《决策信息》；市科技情报所与省化工信息中心合作，提供化工专项信息查询检索；与省工程技术文献信息中心联网，提供科技、文化、教育三大系统的现代工程技术类主要优质科技文献信息资源。2006年，购买维普中文科技期刊数据库，免费向公众开放，提供社会公益服务。至2008年，淮安市科技情报服务内容基本未变。

第三节　科技咨询服务

1983年，淮阴市科学技术协会成立，设立科技咨询服务中心，开展科技咨询工作，内容包括决策咨询、工程咨询、技术咨询、管理咨询和专业咨询。科技咨询服务中心刚成立时，各项咨询均有开展，但缺乏统一的行业性组织，也没有权威的统计数据。1996年，省科委、省工商行政管理局制定《江苏省咨询企业（机构）信誉分级评审管理办法》，对咨询企业（机构）进行信誉评审，引导全省咨询业向职业化、规范化和国际化方向发展。1997年，省科委印发《江苏省注册咨询专家资格认证及管理办法（试行）》，在全省开展"江苏省注册咨询专家"资格认证工作。1999年，市科委对全市26家咨询企业（机构）组织统计，从事咨询业务的科技人员有500多人，咨询合同2000多项，成交金额450万元。

2008年，淮安市有申报并取得信誉级的咨询企业（机构）5家，经批准确认的省注册咨询专家26人。

2008年淮安市申报并取得信誉等级的科技咨询服务企业（机构）情况表

表29-19

序号	咨询企业（机构）	信誉等级	成立年份	从业人数（人）	当年收入（万元）
1	淮安市科学技术情报研究所	AA	1980	18	157
2	淮安市科学技术咨询服务中心	AA	1983	5	51
3	淮安市水利勘测设计研究院有限公司	AAA	1985	170	500
4	淮安国信会计师事务所有限公司	AAA	1987	62	200
5	淮安市科文知识产权事务所	AA	2004	6	—

第四节　科技服务新形式

一、科技创新创业孵化服务

淮安市科技创新创业孵化服务起步于2001年，前期发展较缓慢。至2005年，全市仅有1个市级孵化器，即淮安市高新技术创新中心，孵化面积1.56万平方米，在孵企业29家。2006年，市政府贯彻落实省政府《关于增强自主创新能力，建设创新型省份的决定》，先后制定并出台一系列政

策，科技创新创业载体建设迅速发展。到2008年，全市建有科技创新创业孵化器7个，其中省部共建1个、省级2个。总孵化面积超过10万平方米，在孵企业93家，毕业企业25家，引进博士、硕士等高层次人才30多人，吸引留学归国人员创办企业12家，在孵企业总收入2.15亿元。

2008年淮安市科技创新创业孵化器一览表

表29-20

序号	孵化器名称	主要建设单位	所属县区	备注
1	淮安留学人员创业园	淮安经济开发区	淮安经济开发区	省部共建
2	淮安市高新技术创新中心	淮安市高新创新中心	淮安经济开发区	省级
3	淮安软件园	淮安经济开发区	淮安经济开发区	省级
4	淮安大学科技园	清河区政府、淮阴工学院	清河区	—
5	盱眙凹土创业园	江苏玖川粘土科技公司 盱眙生产力促进中心	盱眙县	—
6	涟水上水创业园	涟水上水创业园	涟水县	—
7	洪泽科技创业园	洪泽县政府	洪泽县	—

（一）淮安留学人员创业园

2006年成立。2007年，获批为省部共建国家级留学人员创业园，被省科技厅认定为省级科技企业孵化器。2008年，园区占地面积4.7万平方米，总建筑面积近10万平方米，分留学人员创业服务中心、高新技术创新中心和生活配套中心3个功能区，并配套建设数控加工服务中心、电子贴片（SMT）加工服务中心等专业服务平台；入孵企业80多家，成功孵化企业8家，培植列统企业8家。

（二）淮安市高新技术创新中心

2001年成立，主要服务功能是为中小科技企业的发展创造良好的创业环境，提供优质高效的服务，培养优秀的高新技术开发、经营、管理复合型人才，促进高新技术成果商品化、产业化。2008年，园区建筑面积2.4万平方米，入驻企业50余家，实现销售收入1.8亿元，初步形成以新材料、新能源、生物技术用新医药、电子信息、光机电一体化、节能环保等产业为主的综合类科技孵化器。

（三）淮安软件园

2008年10月开工建设，11月被省科技厅批准为省级软件园。项目总规划面积10万平方米，计划分2期实施，其中一期启动4万平方米。

（四）淮安大学科技园

2008年年初筹划建设，由清河区政府、淮阴工学院合作，以淮阴工学院北京路校区的部分闲置房屋和设施为基础建设。至当年年末，有孵化场所面积1.3万平方米，入驻科技企业6家。

二、生产力促进服务

1998年，淮阴市生产力促进中心成立，为市科委下属全民所有制事业单位。1999年挂牌，主要任务是向中小企业提供科技、经济、人才、政策等方面的信息服务；提供咨询、诊断和改善管理方面的服务；提供人才培训服务；组织企业与研究开发机构的合作与交流，协助企业建立技术依托；组织新技术的开发应用与推广，协助企业导入新产品、新工艺、新技术；协助企业开拓国际合

作渠道；研究市场经济条件下促进企业技术进步和中小企业发展以及提高生产率的对策，向政府提供政策性建议。至2008年，市生产力促进中心帮助企业申报国家重点新产品41项、国家火炬计划71项、科技部科技型中小企业技术创新基金64项、江苏省中小企业技术创新资金10项，协助市科技局承办淮安市2002—2008年历届科技洽谈会。

三、科技服务平台

淮安市科技服务平台建设于2003年起步，2005年加快发展，主要依托全市具备一定资源优势、技术优势和人才优势的科研机构、高等院校、创新服务机构等组织，向社会提供科技资源共享、公共技术、创新创业等方面的服务。至2008年，全市有科技公共服务平台28项，其中省级18项、市级10项。

2008年淮安市省级科技公共服务平台一览表

表29-21

序号	平台名称	依托单位	建设年份	所属县（区）
1	淮安市贴片技术服务平台	淮安市高新技术创新中心	2006	市直
2	淮安物流公用信息技术服务中心	淮安市高新技术创新中心	2008	市直
3	淮安盐化工新材料产业特色化信息服务体系	淮安市科学技术情报研究所	2008	市直
4	淮安市科技成果转化服务中心	淮安市生产力促进中心	2008	市直
5	淮安现代农业成果转化服务中心	淮安市农业科技实业总公司	2008	市直
6	淮安科技创业服务中心建设	淮安市高新技术创业中心	2005	淮安经济开发区
7	洪泽县科技成果转化服务中心	洪泽县科技创新中心	2008	洪泽县
8	金湖县科技成果转化服务中心	金湖县生产力促进中心	2008	金湖县
9	凹凸棒石粘土产业信息服务平台	盱眙县生产力促进中心	2005	盱眙县
10	江苏省盱眙凹凸科技创业服务中心	江苏省盱眙凹凸棒石粘土行业协会	2008	盱眙县
11	盱眙县科技成果转化服务中心	盱眙县生产力促进中心	2008	盱眙县
12	涟水县科技成果转化服务中心	涟水县生产力促进中心	2008	涟水县
13	涟水县意杨产业化建设创新服务中心	涟水县意杨产业化技术创新服务中心	2007	涟水县
14	淮阴区科技成果转化服务中心	淮阴区生产力促进中心	2008	淮阴区
15	淮阴区盐化工技术创新服务中心	淮阴区生产力促进中心	2005	淮阴区
16	楚州区数码印花设计服务平台	楚州区生产力促进中心	2005	楚州区
17	淮安动漫制作人才培训平台	楚州区生产力促进中心	2007	楚州区
18	楚州区科技成果转化服务中心	淮安市科技开发促进中心	2008	楚州区

2008年淮安市市级科技公共服务平台一览表

表29-22

序号	平台名称	依托单位	建设年份	所属县(区)
1	淮安市快速制造技术服务平台	淮安市高新技术创新中心	2008	市直
2	淮安市ERP实验中心	淮阴工学院	2003	市直
3	淮安市CAD/CAPP/PDM培训服务中心	淮阴工学院	2004	市直
4	淮安市高技能实训基地公共服务平台	淮安技师学院	2008	市直
5	淮安市香料化工公共技术服务平台	淮安万邦香料工业有限公司	2008	淮阴区
6	淮安市井矿盐公共技术服务平台	江苏省制盐工业研究所	2008	楚州区
7	楚州区科技创新创业服务平台建设	楚州区生产力促进中心	2008	楚州区
8	清河区科技成果转化服务平台	清河区科技转化服务中心	2008	清河区
9	淮安市克氏原螯虾养殖技术公共服务平台	江苏盱眙满江红龙虾产业园有限公司	2008	盱眙县
10	清浦区成果转化服务平台建设	清浦区生产力促进中心	2008	清浦区

第五章　科学普及

第一节　组织与管理

1978年淮阴地区科委恢复成立后，内设群普科，重点组织开展群众性、社会性、经常性的科普活动。同年11月，淮阴地区科学技术协会恢复，专职负责科普工作组织和活动的开展。1983年，淮阴市科学技术协会成立，为市内企业开展科技咨询和科技服务，负责科普活动的组织与协调。

1997年，淮阴市在江苏省率先建立由科技、教育、卫生、文化等多部门参加的科普联席会议制度，主要职责是编制科普规划、计划，协调组织重大科普活动，各县(区)相继推进。至1998年，全市所有县(区)均建立科普联席会议制度。同年，市科委要求全市各乡镇也建立相应的科普领导和管理组织，将乡镇有关的站、所、卫生院及相关群团组织联合起来，建立乡镇一级的科普联席会议，直接担负面向农民的科普任务。到2001年，全市所有乡镇基本建立科普联席会议。

2002年，《中华人民共和国科学技术普及法》颁布，科普工作进入新的发展阶段。淮安市利用各种媒体，加强宣传。2003年，市科普联席会议编印数万份宣传材料，并对全市贯彻落实情况进行检查。同年，省政府办公厅转发省委宣传部、省科技厅、省科协联合印发的《关于进一步加强基层科普工作的意见》。市科普联席会议组织县(区)学习，并利用广播、电视、报刊等，宣传报道重大科普活动和典型人物、典型事迹，营造科普宣传氛围。

2004—2008年，淮安市城市街道先后成立科普工作领导组织，并确定分管领导和具体负责人，把科普工作列为街道办事处工作的重要内容。全市利用科普橱窗、科普图片展览、科普阅览室、建设科学健身场地、开展文体活动等多种形式，推进科普知识的宣传、教育，普及科普知识。

第二节 科普活动

1978年，全国科学大会召开后，全社会学习科学知识的热情高涨，各种科普活动蓬勃兴起。1978—1982年，淮阴地区举行的主要科普活动有开办铸造、热处理、化学分析、金属加工、电子、自动化仪表等技术培训班，以及英、日、俄语学习班，班次近40期，受训近2000人次，为各行各业培训大批人才；邀请华罗庚等著名学者30余人，举办讲座近百次，参加人员近万人次；举办各种展览，如节能展览、先进道具演示、八大新兴学科科普知识展览等；在中学生中开展科普活动，如中学生化学晚会、中学生航模比赛、地理科技夏令营等，激发学生对科学知识的学习和探求热情；放映科教电影。

1983年以后，全市科普工作从科学知识、科学方法和科学思想的教育普及3个方面推进。组织农业专家下乡开展科技咨询，制作农业科技知识宣传展板，发放技术资料和图书资料，开展专题讲座与培训等，受到农民普遍欢迎。为适应工业结构调整，加快科技人员知识更新，举办化纤仿真超真、化工新技术、机电一体化等高级研修班，聘请省内外有关高校、研究所的专家到淮阴市授课。

1988年开始，淮阴市参与省科协、省科委每年举办的科普宣传周活动。初期活动时间不定，1996年开始，相对固定在每年9月。同年起，淮阴市科普联席会议组织市直相关单位开展送科技下乡，采用组织讲师团、举办培训班、发放农业科技资料、举办科技讲座、开展科普现场互动咨询、举办科普展览等形式，把各种农业实用技术送到农民手中，解决农民在生产生活过程中遇到的实际问题。至2000年，市、县两级科协开展送科技下乡活动100余次，受益农民近10万人次，举办实用技术培训100余场次，发放科技资料约20万份，制作农业科技展板400余块，举办科普展览50余次，参观人数约20万人次。

2001年，科技部和中国科协将每年5月的第3周确定为全国科技活动周。2002年开始，江苏省将原来每年9月举办的科普宣传周活动时间调整为每年5月，与全国科技活动周一同举办。淮安市集中科普宣传时间亦随之调整。2004年，淮安市科协举办以“科技以人为本”为主题的大型科普图片展，针对公众关注的热点问题和不同层次人群的需求，确定“科技以人为本”“飞天圆梦”“生态环境”和“自然之窗”4个专题，展出近300块展牌、1000多幅制作精美的史料图片和科普图片，有近5万人次参观。

至2008年，淮安市连续举办20届科普宣传周。2008年全国科技活动周暨科普宣传周期间，通过科技专家论发展、送医送药进社区、大型科普咨询、科普展览、科普报告会“学、做、建”等系列活动，普及科普知识，惠及群众2万多人。2008年，市科协组织科技人员500多人次参与送科技下乡活动，开展集中活动28场次，发放科技资料8000多份、农村适用科技书籍2000多本，推广新品种、新技术43项，建立扶持科技示范推广基地11个，培育扶持农村专业技术协会22个，提供科技信息400多条；组织30多名农业专家与近100个村、基地和农村专业技术协会进行对接，实施致富项目23个，直接带动农户1.09万多户。

第三节　科普基地及试点示范

一、科普教育基地

1998年开始，淮阴市开展省科普教育基地、市科普教育展示点建设，推动科技场馆和设施的科普宣传、教育、示范功能发挥。至2008年，全市有省级科普教育基地14家、市级科普教育展示点8家。

2008年淮安市省级科普教育基地一览表

表29-23

序号	基地名称	批准时间（批次）
1	市蔬菜研究所	1998年（第一批）
2	市妇幼保健院	1998年（第一批）
3	市气象台	2000年（第二批）
4	盱眙县铁山寺天文科普园	2000年（第二批）
5	淮安市（即楚州区）席桥镇	2000年（第二批）
6	淮阴师范学院附属小学	2000年（第二批）
7	清浦区清江街道办事处	2000年（第二批）
8	江苏省清江中学	2002年（第三批）
9	淮安市博物馆	2002年（第三批）
10	淮阴师范学院第一附属小学	2005年（第四批）
11	淮安市动物园	2005年（第四批）
12	中科院紫金山天文台盱眙观测站	2008年（第五批）
13	淮安生物工程高等职业学校	2008年（第五批）
14	洪泽县水产良种场	2008年（第五批）

2008年淮安市市级科普教育展示点一览表

表29-24

序号	展示点名称	批准时间（批次）
1	市地震台	1998年（第一批）
2	市气象台	1998年（第一批）
3	市博物馆	1998年（第一批）
4	淮阴师范学院天文台	1998年（第一批）
5	江苏省清江中学	2000年（第二批）
6	盱眙县铁山寺国家森林公园	2000年（第二批）

续表 29-24

序号	展示点名称	批准时间（批次）
7	市青少年宫	2005年（第三批）
8	市农科院	2005年（第三批）

二、科普试点示范乡镇建设

1999年，在推进乡镇科普联席会议制度建设的同时，淮阴市启动科普示范乡镇建设和农村科普教育工程。2000—2005年，全市先后确定科普重点示范乡镇20个。其中，楚州区车桥镇以提高农民思想道德和科学文化素质为目标，以服务农业、农村、农民为宗旨，以实际、实用、实效为原则，开展科普工作，培养、造就一大批"觉悟高、懂技术、善经营、会管理"的现代农民。

图 29-1 全市"学、做、建"科普行动经验交流会（2004年）
陈光晰 摄

2003年，淮安市在全国率先提出在农村开展"学科学技术、做现代农民、建文明家园"科普行动（以下简称"学、做、建"）。在洪泽县、金湖县、楚州区、淮阴区的4个乡（镇）进行试点，发挥农民学校、培训中心、科普活动室、图书室等科普设施，以及各类农村经济组织和科技人员、科普志愿者的作用，构建广泛的工作网络，建立健全农村科普教育培训体系。2004年9月，科技部在乌鲁木齐市召开全国科普工作年会，淮安市作为大会特邀代表出席，介绍、交流"学、做、建"活动经验和体会。同年10月，省科技厅在淮安市召开经验交流会，推广淮安市"学、做、建"科普行动的做法，并进行现场观摩。2005年，省科技工作会议将"学、做、建"列为全省科普工作的重要内容。至2008年，淮阴区丁集镇、洪泽县共和镇、盱眙县王店乡、楚州区施和镇、涟水县蒋庵办事处、金湖县前锋镇、楚州区车桥镇等被推荐为省"学、做、建"示范点。

三、科普特色社区

2004年起，在推进科普示范乡镇的同时，淮安市开始关注城市社区建设和发展，加强和改进社区科普工作，打造科普特色社区。清河区水渡口街道健康路社区居委会在市、区科协的支持下，制作科普宣传10米长廊，定期更换科普宣传版面，丰富宣传内容；成立社区科普学校，以社区科普学校、社区图书室为载体，经常开展科普活动。居民的科学文化素质提高，科普意识增强，文化生活得以丰富。至2008年，淮安市市区98个社区中，有60个建有科普画廊。是年，出台《淮安市社区科普画廊管理办法》，规范管理、使用和维护；组织市科普讲师团到社区举办106场科普讲座，提高居民科学素质；创办社区科普学校20所，其中市科普学校10所；开展"绿色淮安，科普之夏"活动，发动社区居民投身全国环保模范城市创建工作。

第四节　青少年科普

20世纪90年代起，淮阴市逐步关注青少年科普。1996年开始，省科协、省科技厅、省文明办联合主办“金钥匙”科技竞赛活动，传播科学思想，普及科学知识，迅速成为全省青少年科普的精品项目。淮阴市每年组织全市中小学生参与活动。2001年，全市约6.8万名中小学生参加，淮安市队获市级队竞赛三等奖，楚州区队获县级队竞赛三等奖。当年还组织1000余名学生参加“全国青少年信息学（计算机）奥林匹克竞赛”，1名学生获江苏省高中组一等奖第一名，3名学生获江苏省小学组一等奖。

2005年，举办淮安市首届青少年科技创新大赛。针对大赛中暴露出来的问题，市教育局、市科协联合举办全市青少年科技创新大赛培训班，聘请省青少年科技中心的专家，分别就青少年科技创新活动中论文的选题、设计与写作，指导青少年开展发明创建活动，机器人竞赛知识，少年儿童科学幻想绘画4个方面开展专题讲座，对科技教师进行指导。2006年，组织参加全省青少年科技创新大赛活动，5个项目获省一等奖，14个项目获省二等奖，21个项目获省三等奖。同年，市科技局、市科协、市教育局联合出台《淮安市创建科技特色学校验收标准》，在全市中小学开展创建科技特色学校活动。

2008年，在江苏省第十九届青少年科技创新大赛活动中，淮安市获奖70项。其中，一等奖12项，分别为优秀科技实践活动奖——《我们身边的垃圾》，优秀创新成果项目奖——《操纵搬运工》《城市能源》《分类识别吊车》，科学幻想绘画奖——《梦中的家园》《自动放光的树》《奇妙的能量储存波》《噪音吸收器》《可采可燃冰》《未来的海洋求援队》《月球科技第一村》，机器人竞赛奖——《机器人火炬传递赛》。当年举办的科技节活动中，全市学校举行科学报告167场次，观看科普影视1016场次，开展科普讲座671场次，举办科普画廊332期次、科普图片展览367场次。年内，经过验收评估，全市有25所学校创建成为首批市科技特色学校。

第六章　科技交流与合作

第一节　国内科技交流与合作

一、主办科技交流活动

1980年，清江市科技情报室在省情报所支持下，从上海、天津和江苏省科技情报所收集大批国外产品样本与科技期刊，举办国外文献展览，接待读者5000多人，对淮阴地区的工农业生产和科学研究产生良好效果。淮阴拖拉机修配厂科技人员在展览会上找到需要的新型机床夹具和木

图 29-2　淮安科技洽谈会开幕式（2005 年）　陈光晰　摄

料打榫工艺资料；清江蛋品厂在展览会上找到国外巧克力配方资料，为新产品研制提供帮助。

1985年，淮阴市举办国外新产品样品陈列会，展出最新国外产品样本4000份、富有特色实物样品200件，达成引进国外产品和技术协议5项。1986年，举办淮阴市首届技术市场，全国10多个省、市参会并开展洽谈业务，参加人员2.5万人次，交流资料7684份，洽谈项目1070项，发布信息300多条，引进国外样本、样品288件，意向成交110项。1988年，组织全市技术洽谈会，提供转让技术成果179项、技术服务项目50项、难题招标622项、人才服务199项，洽谈项目187个。

1990年，举办淮阴市春季商品物质技术交易会，省内外21个科研单位、9所大专院校及全市15个行业200多家企业的1000余项科研成果和新产品、新技术及专利产品参展，参加人员5万多人次，接受技术咨询1.1万人次，销售技术资料2万余份，完成技术转让项目93项，委托开发项目19项，联合开发43项，难题招标4项，技术交易额496.93万元。1991年，举办淮阴市秋季商品物质技术交易会，接待技术咨询3600多人次，出售技术资料1600多份，达成意向性成交项目151项，成交额34.5万元，科技新产品销售40万元。1992年，召开技术交易洽谈会，90个（所）科研单位、高校参会，涉及新成果2000多项，其中高新技术项目达30%以上；1439个单位5679人参加洽谈，意向性成交项目104项，其中22个项目签订成交合同，金额480万元。1998年，作为省政府加强苏北星火产业带建设科技与经济对接活动的重要组成部分，淮阴市召开科技恳谈会，汇集部属院所44家、省属院所26家，参会企业突破1000家；签订项目及技术合作意向协议436项，正式签约38项。

2002年，举办首届淮安科技洽谈会。全国20个省份、403所高校和科研院所的近千名专家、学者，携带2万多项科技成果参会。签订科技合作项目260余项，其中工业类项目140项、农业类项目94项、社会发展项目15项、共建研发机构项目12项，对淮安市科技和经济的发展产生较大的推动作用。此后，淮安市坚持每年举办一届大规模的科技洽谈会，举办时间相对固定在每年5月，其中2003年因“非典”影响推迟到11月。2006年淮安科技洽谈会期间，盱眙县围绕凹土资源的深度开发，汇集全国凹土知名专家，举办“中国凹土科技高层论坛”。此

图 29-3　淮安科技洽谈会上，中外企业签署合作协议（2007 年）
市科技局　供

后每年举办一届，促进盱眙凹土特色资源的高效开发。

至2007年，六届淮安科技洽谈会累计签订技术合作协议1850份，引进技术249项，解决重大技术难题468个，开发新产品788项。2008年，第七届淮安科技洽谈会，首次与淮扬菜美食节共同举办，办会形式与前几届相比有所调整，取消大型会展，把工作重点转移到技术需求排查、与科研单位广泛洽谈上，使科技洽谈会由以往的2～3天的集中会议，转变为为期数月的系列活动。当年科技洽谈会活动自6月25日启动，至9月26日举行重点项目集中签约，历时3个月，签订科技合作协议437项。

二、组团参加科技交流活动

1988年，淮阴市科委首次组织人员参加在湖北省武汉市举办的全国科技成果展览会。1989年，组织55项新产品、新技术，先后参加中国贸易促进会在北京市举办的国际博览会，国家科委在广东省广州市举办的全国首届新产品新技术展交会、在浙江省杭州市举办的全国星火项目交易会，以及省科委组织的满洲里中苏边贸洽谈会等。其中，北京国际博览会上，淮阴市有9个项目获奖，其中金奖2个、银奖3个、铜奖4个，超过该届博览会其他团组。此后，每年都有组织地参加国家、省举办的科技交流、展示、洽谈活动。

1990年，参加江苏省先进适用科技成果、新产品展览交易会，104家企业近200项新产品参加，签订技术转让、产品销售合同总金额1000多万元，参展产品获金奖22个、银奖35个，获参展单位第三名。1991年，组织6个项目参加在陕西省西安市举办的第六届全国发明博览会，获金、银、铜牌各1枚。当年，淮阴市分管科技的副市长带领市科委、市经委等10几个部门及县（市）主管科技工作的人员一行20余人，拟订50个课题，赴北京、天津等地，向科技咨询机构和著名院校、科研所广泛争取科技项目，搜集科技信息，有组织地外出寻求技术合作，收集到科技信息1000多条，其中200多条对全市有较大的应用价值。

1995年，组织144项产品和技术参加中国高新技术新产品博览会，同时带去技术需求项目和技术难题114个。在5天的展览交易中，37项技术需求找到技术依托单位，技术成交额521.5万元，8项技术转让外地，技术转让成交额243万元。获59块奖牌，其中金奖18块、银奖34块、优秀奖7块。1996年，组织14个项目参加国家科委在北京市主办的全国科技成果转化对接展示交易会，9个项目被大会组委会授予重大优秀科技成果奖。1998年，组织企业参加苏州科技成果洽谈会，签订科技合作和技术转让协议70项。全市企业提出39项技术需求和难题招标项目，有21项被有关科研单位揭标。组团参加广州第12届中国新技术、新产品博览会和中国高新技术成果展示交易会。

2000年后，尤其是2002年淮安市举办科技洽谈会以后，很少组织参加外地的科技交流活动。2004年开始，每年组织参加国家知识产权局主办的中国国际专利与名牌博览会。其中，在2007年第四届中国国际专利与名牌博览会上，淮安市获得最佳组团奖和最佳布展奖，全市有46家企业的70余项专利技术、名牌产品参展，“迎宾式被套”项目获特等金奖。2008年第五届中国国际专利与名牌博览会，淮安市再次获得最佳组团奖。

三、科技合作

2001年，淮安市政府与清华大学签订科技合作协议，清华大学百名博士后到淮安市考察指导，签订意向性协议28项，正式签约24项。2002年，清华大学博士后淮安科技合作开发基地成立。此后，清华大学与淮安市的合作不断深化，每年都有一批博士、博士后到淮安市考察指导。

2002年后，每年的淮安科技洽谈会期间，均有一大批科技合作项目得以实施。2003年，清江石油化工有限责任公司与中科院微生物研究所签订生物发酵法生产长链二元酸技术转让项目，技术转让费1200万元。2004年，江苏沙钢集团淮钢特钢有限公司与意大利达涅利公司合作的特殊钢生产项目，总投资15.7亿元。2005年，江苏井神盐化股份有限公司与瑞士制盐及蒸发工程咨询有限公司合作的60万吨盐硝联产生产技术及装置、淮安惠得隆公司与同济大学合作的CAN数据总线计算机控制系统在生产加工过程中的应用等项目，在国内处于领先水平；江苏爱吉斯海珠机械有限公司从捷克爱吉斯公司引进的高精度干式薄壁气缸套生产技术，达到欧IV排放标准，处于国际先进水平。2007年，围绕三大千亿元产业培育，在政府层面上先后与北京钢铁研究设计总院、中科院软件所、南京大学、天津科技大学签订合作协议，与中科院及清华大学签订一系列技术合作协议。

2008年，淮安市围绕地方支柱产业，扩大科技交流与合作，尤其是与名校名院的交流合作。与南京工业大学签订建立"产、学、研"合作联席会议制度协议，与南京大学达成共建南京大学淮安高新技术研究院协议，与清华大学联合开展清华大学博士后淮安科技行活动。金湖瑞时特钢制品科技有限公司与中国工程院院士王国栋教授合作的国内首套双辊铸轧薄带钢成套设备的研发及产业化项目、洪泽银珠化工集团与清华大学合作实施的第四代三聚氰胺清洁生产技术项目等，相继付诸实施。

第二节　国际科技交流与合作

一、国外智力引进

1986年，淮阴市召开引进国外智力工作会议，研究引进国外智力和接待国外专家考察、指导事宜，成为国际科技交流与合作的起步。当年接待国外科技人员5人次，包括法国玻璃专家、智利甜菜专家等。

1991年，邀请法国专家到淮阴市考察并达成协议，由法方为乙醇胺、乙二醛等生产技术项目提供指导；邀请日本专家对县级淮安市桑葚资源和加工生产等进行考察，并就红富士苹果生产等进行讲座与现场技术指导。1992年，市科委成立外事科、对外科技交流中心，专门负责国外智力引进工作。至1996年，相继引进国外智力10多项。其中，俄罗斯专家芒硝法生产硫酸钾项目、英国专家高分子联合材料应用于自行车链轮项目、日本专家提高糖化酶发酵水平和提取率项目、乌克兰专家杂交玉米制种技术项目等，均产生较好经济和社会效益。1997年，乙二醛丙酮醛生产、小型铸件铸造制造工艺改进等8项引进国外智力项目，被列入国家引进智力项目；清江电机厂的引智项目，不仅获得产品开发研制经验，双方还达成合作生产电机的协议。1998—2001年，每年都引进国外智力10多项，先后有日本、德国、白俄罗斯、美国、加拿大、瑞典、捷克等国家的专家到淮阴市，就蔬菜嫁接、板栗病虫害防治、食用菌栽培、黄原胶配方工艺、汽缸套生产等进行技术指导。

2001年开始，淮安市引进国外智力工作调整为市人事局负责。围绕全市经济发展的重点产业、重点企业，开展国外智力项目引进，利用国外智力为企业的技术改造和产业升级服务。鼓励企事业单位采取咨询、讲学、兼职、短期聘用、技术合作、人才租赁等方式，灵活引进国内外智力或在境内外人才、技术密集区设立研发机构，利用外部智力为淮安经济社会发展服务。对国内外

高层次人才携高新技术成果、专利技术项目到淮安市实施转化、转让、入股或领办、创办高新技术企业的，优先安排进入市高新技术园区，在享受国家有关优惠政策的同时，享受工商注册、土地使用、投资融资、科技立项等方面的优惠政策。到2008年，全市引进技术管理类专家13人；9个教育机构获得聘请外国文教专家资格认可证书，引进外籍教师42人；引进日本花甲专家3人。

二、出国（境）科技考察与交流

1992年，淮阴市科委首次组织出国科技考察。当年组织4批共17人参加国家和省引智办组团的赴日本、俄罗斯、美国、东南亚等国家和地区的参观考察。

1993年，组织科技贸易考察团出境考察4批共30多人次，实施境外关贸总协定培训16人次。1995年，组织赴国（境）外培训、考察4批。1996年，组织涤纶超细低弹丝、乙烯利、精密净化稳压电源等11个项目，参加科技部在埃及举办的中国星火成就暨适用技术产品展览会，其中6个项目获埃及“金字塔”奖。当年淮阴辉煌太阳能有限公司以10万美元价格，向印度摩纳什国际有限公司转让制造太阳能热水器的专有技术，52台辉煌太阳能热水器运达印度，实现淮阴市技术出口零的突破。1997年，组织淮阴星火产业开发带与科技示范基地管理人员，赴美国举办培训班，赴香港举办机械企业厂长经理培训班，赴日本考察水利及农业并进行相关培训。

2003年，淮安市20家企业40多个项目，参与俄罗斯、东盟对接，填补淮安与东盟无项目对接的空白。2005年，组织国际科技交流2批，有18个项目与有关国家的企业和科研单位进行对接，正式签约12项，达成意向协议4项。2006年，组织江苏方舟化工有限公司参加马六甲国际贸易与投资洽谈会，组织江苏安邦电化有限公司、江苏天士力帝益药业有限公司参加南非国际科学创新与技术展览会。配合省科技厅对外交流中心，组织部分企业技术人员赴俄罗斯、美国参加展览会，进行技术交流。2007年，金湖县金石集团赴美国就高性能泥浆阀开发技术开展交流；淮阴区太平洋化工有限公司与瑞士公司就盐化工在线检测技术进行交流活动。2008年，以首届中国·江苏国际产学研合作论坛暨跨国技术转移大会为契机，深化国际科技合作。全年有9批共10人次赴国外，围绕环保、农业、卫生等领域，开展技术考察与交流。

三、国际科技合作项目

1996年，经国家科委批准，淮阴市芒硝资源开发和真空制盐技术合作项目被列入中俄科技合作议定书，成为全市获批的第一个国际科技合作项目。2001年开始，淮安市设立市级国际科技合作计划。至2002年，收集、申报国际合作项目20项，其中部级1项、省级6项、市级13项，批准执行13项。

2003年，面向全市农业科研单位、示范园区、星火产业带、高新技术企业，培植一批重点国际合作项目。其中，江苏省洪泽县海珠气缸套有限公司与捷克SECO集团AGS公司联合研制开发环保型欧标气缸套；金湖红光仪表厂与加拿大专家合作开发智能存储式钻井压力数据采集系统，在油井压力的数字化、智能化、网络化等关键技术上取得突破。2004年，经省、市立项，实施国际合作项目13项。2005年，搜集国际合作项目20项，其中省立项2项、市立项8项。2006年，搜集国际合作项目22项，省科技厅立项2项，支持经费16万元；市级立项18项。江苏省洪泽县海珠气缸套有限公司与捷克AGS公司联合开发大功率中速柴油机项目、江苏井神盐化股份有限公司高纯节能型盐硝联产技术项目进展顺利。

2007年，申报江苏省国际合作项目11项，获立项4项，经费45万元。江苏天一超细金属粉末有限公司引进俄罗斯联邦国家企业化学和元素有机化合物工艺研究院技术，开发成功六羰基钨中

试装置，并实现产业化生产，填补国内在六羰基钨合成及部分应用领域的空白。该项目获科技部立项，资助经费162万元。2008年，淮安市有5个项目获得年度省国际科技合作计划立项和资助。

第七章　气象测报

第一节　气象观测

一、地面气象观测

1980年，淮阴地区气象台国家发报站和下辖盱眙县气象站国家发报站被确定为国家基本站。1988年1月，淮阴国家基本气象站扩建为国家基准气候站，成为国家气候站网中的骨干和标准站点，同国家基本站、一般气候站共同构成国家和地方的天气气候站网，执行每天24次（每小时1次）定时气候观测。1990年12月7日，淮阴国家基准气候站被列入世界气象组织基准气候站网。

1990年2月28日，自1960年11月1日开始的小球测风观测项目停止。1991年起，淮阴国家基准气候站增加新的任务——太阳辐射观测，属于三级太阳辐射观测站。1992年1月1日，增加酸雨观测任务。20世纪90年代后期，淮阴市建成市级“9210”卫星接收站1个、县级单收站6个，实现与全国气象卫星通信大联网，气象信息传递速率提高40倍；建成省—市—县视频会商系统、省—市—县2兆专线、10兆局域网和因特网、宽带网网络。

2002年1月，淮安国家基准气候站开始装备各要素观测处理传输自动化设备，2003年1月1日正式运行。2006年12月，被中国气象局批准升格为淮安国家气候观象台。到2008年，淮安市有国家基准气候站1个——淮安国家基准气候站，国家基本气象站1个——盱眙县气象局，国家一般气象站4个——楚州区气象局、涟水县气象局、洪泽县气象局、金湖县气象局。同时，淮阴区气象局、盱眙县气象局为国家农业气象一级观测站。全市设有淮安、盱眙2个酸雨观测站，有区域站96个、闪电定位仪2个、全球定位系统4个，按照国家规定承担各项观测任务。全市形成卫星接收系统、713雷达、雷电监测网、自动气象站等组成的综合立体监测网，以及以气象综合宽带网为依托的高速气象信息网络。

二、天气雷达探测

1976年12月，江苏省气象局为淮阴地区配置移动式711型天气雷达，安装在解放卡车上，是淮安市天气雷达探测业务的开端。1978年年底，省气象局为淮阴地区配置固定式711型天气雷达，并于1979年5月投入业务运行。1980年，江苏省天气雷达联防探测网扩大，明确徐州、南京、淮阴、盐城4部雷达联防的发报方向，其中淮阴发报方向为下游，即盐城、扬州、南通。1980—1982年，中国气象局在华东地区进行天气雷达联防网试验，江苏省先后有南京、徐州、盐城、淮阴、扬州、镇江6个天气雷达站参加实验。其中，淮阴天气雷达承担台风业务实验的组网探测任务。1983年3月，中国气象局在华东地区正式开展天气雷达联防组网业务，淮阴天气雷达承担大区域的探测

和发报任务。同年4月，淮阴移动式711型天气雷达调拨给盱眙县气象站。

1986年2月，省气象局调整工作任务，天气雷达由探测和传输回波信息为主，逐渐转向天气雷达探测手段的短时天气预报服务，并确定淮阴的711型雷达为探测网的补充信息站点（主信息点为南京、徐州、盐城3部713型雷达）。1991年，江苏省雷达网调整，盱眙县气象站终止711型雷达探测业务。1992年，淮阴市气象台雷达参加省气象局组织的12部3种类型（连云港为714型雷达，南京、徐州、盐城为713型雷达，其余8家为711型雷达）天气雷达探测网，承担中国气象局与省气象局的组网雷达探测业务。同年年末，淮阴天气雷达与徐州、南京、苏州3部雷达共同承担上海区域雷达联防任务。1996年，711B型数字化探测雷达投入业务运行。2004年，711B型数字雷达每天开机3次，汛期增加到5次，用于监测短时、临近的天气变化情况。

2005年，淮安市气象局综合雷达楼开工建筑，以713型雷达取代711B型雷达，其探测精度、范围远强于711B型。2008年，从洪泽湖区域防灾减灾和机场飞行保障的需求出发，淮安市争取到新一代多普勒天气雷达的布点建设，并与全国雷达联网。

三、农业气象测报

1979年，淮阴地区盱眙、淮阴两县气象站被确定为国家级农业气象基本站。根据中国气象局和省气象局对农作物统筹观测任务及农业气象基本站所处农业区的实际情况，2个基本站的任务为淮阴县站观测冬小麦、油菜、水稻等作物，盱眙县站观测冬小麦、大豆、玉米等作物。2个站一起承担燕子、杜鹃、青蛙、蝉、槐、水杉等主要物候期观测记载，并向江苏省气象局、中国气象局上报。

1983年，试行农业气象旬（月）报新电码“HD-02”，分基本气象、农业气象、灾情及地方补充4段，一般农业气象站不编发农业气象段，其余3段由淮阴市气象台编发；国家级农业气象站编发全部4段。农业气象旬（月）报由直接发北京，改为发省气象台，再由省气象台负责编辑后转发北京。至此，江苏省农业气象旬（月）报情报网有49个台站，淮阴市淮阴县、盱眙县、洪泽县、金湖县4个县站为情报网站点。1983年5月，淮阴县气象站被定位为国家农业生产联系点，通过气象电报提供稻、麦产量与种植面积，直发中国气象局，1987年停发。1984年5月，省气象局确定淮阴县、盱眙县2个国家农业气象观测站编报作物为淮阴县站为冬小麦、单季稻和油菜，盱眙县站为冬小麦、大豆。1985年12月，全省农业气象网台站调整，金湖县站农业气象旬（月）报停发。1988年，盱眙、淮阴2个气象站被纳入省农业气象观测网、情报网和遥感地面监测网（三网合一）。1990年，洪泽县站农业气象旬（月）报停发。1991年7月，启用新的农业气象旬（月）报电码“HD-03”，原“HD-02”停用。淮阴县站编发的第一段——基本气象段，由市国家基准站观测资料提供。1992年，国家农业气象基本站仪器配备实行标准配给。是年起，淮阴、盱眙2站的农业气象观测仪器，先后配备有电热恒温两用箱、扭力天平、生物显微镜、双目体视显微镜、水温表、遥测土壤温度表等，盱眙站还配备中子土壤湿度测量仪。

20世纪90年代中期后，淮阴市加强现代农业气象情报预报，旬、月、季、年农业气象情况逐渐成为政府决策部门、涉农企业和广大农民了解天气对农业生产影响的重要信息来源。市气象部门编制农业气象情报，在广泛收集农业气象资料基础上，根据农业气象指标，进行资料整理分析，鉴定其对农业生产的影响，提出趋利避害的建议，并用简练的文字书面报道，附以必要的图表资料，通过多种方式为政府、涉农企业和农民服务。全市农业气象灾害监测预警初步形成一定的业务服务能力。

2000年开始，市农业气象测报运用自动观测站作为补充。至2008年，淮安市有96个自动气

象站（含6个国家级气象观测站），其中81个自动站分布在乡镇，为全市农业气象观测提供数据支撑。气象部门通过建立农业气象情报数据中心和借助电子计算机，广泛、准确、及时地为用户进行咨询服务。

第二节　天气预报

1978年，淮阴地区进行气象台天气预报的主要手段是天气图预报方法。其时主要以气象历史资料为基础，较多地运用统计预报方法。将天气图预报方法与数理统计预报方法有机结合，使天气预报的准确率得到一定程度提高，取得良好的服务效果。

1980年后，运用正交多项式预报月或汛期降水、功率谱分析法预报旱涝。1982年开始，运用数值预报产品法（MOS）和完全预报法（PP），并结合统计预报方法，进行中期晴雨及气温预报。1986年开始，应用天气周期进行中期天气预报。其后，又利用欧洲中心预报96小时和120小时高度场格点资料，综合应用波谱分析等方法开展中期预报业务。1986年3月，完成洪泽湖大风和暴雨预报专家系统，提前2～3小时作出雷阵雨、大风、冰雹等灾害性天气的移向、影响路径、范围程度的短时天气预报。1994年，沿用近40年的手工填图通过计算机实现自动填图，GMS-5（葵花-5）气象卫星云图接收系统投入业务运用。

2000年后，以提高预报预测准确率为中心，调整预报预测业务，加强预报技术力量，市、县预报业务整体化运作，统一工作平台和流程。市气象台重点制作多种预报产品，县（区）气象台着重天气监测和短时临近预报。在做好当地预报的同时，将关注点延伸至淮河中上游；在立足气象部门防汛抗旱工作的基础上，及时了解和掌握全市重点部门防汛抗旱的工作动态，建立健全联防机制。此外，加强雷电、大风预警业务系统及短时临近天气预报系统建设，开展精细化预报研究。2008年，结合淮安天气气候实际，做好洪泽湖区域气象灾害监测预警，对局部性、突发性气象灾害准确分析影响时间、程度和范围等，及时发布预警信息，为防灾减灾决策提供重要依据。

第三节　气象服务

一、公众气象服务和决策气象服务

1979年前，淮阴地区通过广播电台，每天定时播发台、站短期天气预报。1980年，通过电视台发布地区天气预报，并开展小麦赤霉病、小麦成熟期及小麦产量等农业气象预报。1984年，开展中期天气预报，通过《天气公报》呈报政府机关和有关用户。1985年开始，每年“春运”期间为当地政府、公路、航运等部门开展气象保障服务，对“三夏”（夏收、夏种、夏管）等关键农时季节和重大社会活动制作天气服务报告。

20世纪90年代，气象部门提升服务手段，通过服务终端，对市委、市政府及有关部门直接服务。1991年大汛，市气象局准确预报8场暴雨和6次重大转折性天气，使洪暴灾害减少到最低限度。1996年开始，天气预报分县、分片视频节目带由市气象局影视中心制作，在市电视台每天晚上黄金时间播放。

2003年，淮安市发生中华人民共和国成立以后仅次于1954年的特大洪涝灾害，全市累计平均降雨量658毫米。市气象部门加强长、中、短期和短时间预报的有机结合与滚动订正，提高暴雨过程预报的准确率。通过广泛收集信息，加强会商，科学预报，9场区域性暴雨过程全部提前12小时作出准确预报。整个汛期，发布天气公布30余期，重要天气信息专报16期，计1000余份；利用网络终端，每天2次向市防汛抗旱指挥部发送《淮河中上游及洪泽湖地区雨情和汛情通报》，为市领导和有关部门采取防汛决策、措施提供科学依据。

2007年，淮安市遭遇自1954年以后淮河流域第二次特大洪水。防汛期，市气象局发布预警信号10次，编发《重要天气报告》29期，发送手机决策服务短信100多条，确保重要天气过程向各级分管领导汇报。面对社会公众和各部门、各行业，市气象局利用广播、电视、报刊、网络、电子显示屏、手机短信、“96121”电话平台等，召开5次新闻发布会，将气象信息第一时间传播到公众身边，提高人民群众的防灾避险意识，为各部门、行业及时制定应对措施赢得宝贵时间，最大限度地减轻灾害造成的损失。

2008年，市气象部门拓宽公众服务渠道，增强专业服务能力。全年上报决策服务材料69篇，发布决策气象服务短信100条，覆盖1.36万余人次；发布预警信号21次，覆盖面100多万人次。

二、专业气象服务

20世纪80年代前中期，受诸多因素制约，淮阴市的气象服务领域狭窄，方式单一。

20世纪90年代，市气象部门开展全方位、多领域、立体化的专业气象服务。对华能淮阴电厂、市供电公司以及电信、水利、保险等行业的服务，由常规的“无线警报”升级为现代的“网络终端”，社会效益和经济效益显著，仅供电行业每年为电力调度节约资金近1亿元。1998年，气象服务再次升级。“96121”天气预报自动答询系统开通，电视天气预报实现从静止画面到二维、三维动画，从模拟主持人到气象先生、气象小姐，从单一新闻频道到城市频道，从制作全市节目延伸到县（区）节目的升级变革。

2000年后，应用气候分析和大气环境评价，以及防雷设计、施工、检测等专项技术，为城市规划、高速公路、铁路铺设、机场建设等重要工程建设提供准确可靠、内涵丰富的多种专业服务，受到广泛好评。2006年，开办江苏省第一家由气象部门播音员在市级媒体上实时播发天气预报的节目《交通气象广播》，赢得广大驾乘人员和社会公众的良好口碑。2008年，气象服务“移动点播”系统建成并开通。该系统根据需求，可提供包括决策服务和专业专项服务2大类13项服务产品。

至2008年，全市各乡镇设立电子显示屏115块，并利用“96121”电话平台、手机小灵通短信定制业务、电视天气预报和气象广播直播节目等，全方位、立体式地架构农业气象公众服务网络。加强对高效种植户、养殖户和涉农企业的专业气象服务，在春耕、秋收重要时期发布专题服务产品，使农民准确了解天气实况及趋势，科学安排田间作业。开发推广“农业一线通”系统，通过市农口部门的参与和合作，汇集涉农事项大量信息，集中全市优势，打造面向社会的大农业服务平台，提高为“三农”服务的能力和水平。开展农村防雷工作，提高农村防灾减灾意识，培训1024名农村气象信息员，将气象部门发布的灾害性预警信息传播给农民。

第四节　气象科研

一、科研项目

20世纪80年代，淮阴市、县气象台的气象科研项目《淮阴市农业气候手册》《盱眙县农业气候手册》，以及淮阴市大豆（夏大豆）生产及其区划、淮阴市农业防灾减灾对策暨淮阴市洪涝旱灾害分析对策研究等先后获得省气象局科技成果奖、科技进步奖。

1990年后，全市气象科研成果集中且丰硕。至2008年，市气象局完成省市科研和科技开发项目40余项。其中，涉及天气预报方法、灾害性天气预报及防震减灾对策20余项，农业气象与应用气象研究类近20项，气象业务、气象服务工作的科技含量得到提高。各县（区）气象局每年均申报1～2项省、市（包括市气象局自立课题）科技开发或科研项目，作为台、站全年综合考核的1项硬性指标。

1990—2008年淮安市主要气象科研项目一览表

表29-25

序号	科研项目	获奖情况
1	淮阴市6—8月短期预报业务化系统	1991年度省气象局科技进步二等奖 1991年度省科学技术奖四等奖
2	冬季短期天气客观预报方法的研究	1991年度省气象局科技进步三等奖
3	江苏大运河中段雾的分析和预报系统	1992年度省气象局科技进步二等奖
4	洪泽湖强寒潮与湖面封冻的预报	1995年度省气象局科技进步三等奖
5	洪泽湖大风预报服务系统	1995年度省气象局科技进步四等奖
6	大暴雨短期概率预报及防洪抗涝灾害对策研究	1997年度省科技进步奖三等奖
7	用网络下发的数值预报产品建立淮安市和部分县天气客观预报系统	1997年度省气象局科技进步四等奖
8	洪泽湖地区灾害性天气预报、警报、防御系统	1998年度省气象局科技进步二等奖 1998年度省科技进步奖三等奖
9	农业气象技术研究成果通过气象服务网络在淮阴农业减灾增效中的推广应用	1999年度省气象局科技进步二等奖 1999年度市科技进步奖三等奖
10	主汛期洪泽湖防汛抗洪预警系统	2000年度省气象局科技进步二等奖
11	9210系统支持下的淮阴市指导预报和气象信息联机服务系统	2000年度省气象局科技进步三等奖
12	冷暖冬预测与三麦菜越冬作物防减灾对策研究	2002年度省气象局科研开发二等奖
13	淮安市雾的发生规律分析及预报研究	2003年度省气象局科技开发三等奖
14	长虹气象综合服务系统	2003年度省气象局科技进步二等奖
15	长虹“121”固话短信息服务系统	2005年度省气象局科技进步二等奖
16	洪泽湖枯水预测及其对区域生态环境影响的研究	2006年度省气象局科技开发二等奖
17	洪泽湖枯水的短期气候预测与防御对策	2006年度市科技进步奖三等奖

二、淮安市长虹气象科技开发中心

20世纪90年代，随着气象台站专业气象服务工作发展和业务技术改革，市气象局抽调部分精通计算机的业务骨干，并招聘相关专业的高校毕业生，组建市长虹气象科技开发中心。到2008年，该中心开发、研制多项气象科研产品，推广应用于全国多地气象部门。

1997—2008年淮安市长虹气象科技开发中心主要开发产品一览表

表29-26

序号	产品名称	开发年份	升级换代	备注
1	“长虹97型”字幕系统	1997	98型、99型、2000型	推广应用于甘肃、河南、广西、湖南等10多个省、自治区的气象部门
2	“电话121”语音自动答询系统	1998	模拟型121系统、模拟主叫识别型121系统、中国1号信令数字121系统、中国7号信令数字121系统、长虹智能数字121系统	
3	长虹专业气象警报自动播发系统	1999	—	推广应用于省内近50个县（市）气象部门
4	电视天气预报编制（实播节目）	2000	2002年版、2004年版	2000年版获省观摩评比一等奖（全省第一名），2002年版获全国观摩评比地市级综合二等奖，2004年版获省观摩评比一等奖（全省第一名）
5	长虹气象综合服务系统	2002	—	2003年度省气象局科技进步二等奖
6	电视气象科普专题节目	2002	2004年版	2002年版获省观摩评比三等奖，2004年版获省观摩评比策划创意奖
7	移动气象短信息平台服务系统	2003	—	—
8	长虹“121”固话短信息服务系统	2004	—	2005年度省气象局科技进步二等奖
9	小灵通短信服务系统	2004	—	—
10	长虹农业信息服务系统	2005	—	江苏省“农业一线通”建设工程重要组成部分，2007年获评省气象局科研成果应用二等奖，推广应用于江苏、安徽2省9个市、县（区）
11	阳光信访综合服务系统	2006	—	得到国家信访局肯定，推广应用于江苏、上海、浙江、山东、山西、河南、安徽等10多个省、市

第五节　人工影响天气

1976年12月，淮阴地区气象台配备711型探测雷达，恰逢1977年、1978年干旱，始用三七高炮发射碘化银催雨弹。淮阴地区与淮阴军分区成立临时指挥部，负责和有关空域及驻地高炮部队

协调并组织实施，淮阴气象台负责增雨机遇捕捉、选择增雨炮点和发射时间。三七高炮的催雨效果明显，有效缓解当时的旱情，改善土壤墒情。

1978年后，全市适时开展人工增雨作业。盱眙县是低山丘陵区，易旱、易涝，旱年不仅农田无水灌溉，甚至影响到人畜饮水。该县又是全市唯一有森林覆盖的县，森林防火被列为市、县防火的重要议事日程。同时，该县还处于全市天气系统的上游方向。盱眙县人工增雨一直是全市人工增雨的重点，地点一般设在河桥、维桥两镇境内。

20世纪90年代起，省、市政府重视人工影响天气工作，在组织、人力、财力上均采取措施。1998年，淮阴市成立人工影响天气领导小组，同时成立办事机构——人工影响天气办公室（挂靠在市气象局）。2002年，颁布并实施《淮安市人工影响天气管理条例》，人工影响天气工作走上正常轨道，在缓解干旱时河、湖水资源紧缺，防御干旱灾害加重，改善城乡生态环境等方面发挥积极作用。

2005年年末，总投资1060万元的淮安市人工增雨消雹指挥基地系统建设完成，包含气象信息综合探测、气象信息网络、气象信息分析处理和预警服务、气象信息应用服务、现场作业5个子系统。2006年，市人工增雨中心建成启用，相继开展增加水库蓄水、提高新植树木成活率、降低盱眙森林火线等级和改善生态环境的人工增雨作业业务，取得明显效果。至2008年，淮安市增设车载式人工影响天气作业WR-98型火箭、WR-FKQ型火箭各1部，进行人工增雨作业18次，发射火箭87枚，人工增雨收益面积200万公顷。

第八章　防震减灾

第一节　监测预报

一、监测台网

淮安市位于华北断块区的鲁苏断块和扬子断块区的下扬子断块2个构造单元。淮阴-响水断裂是华北断块与扬子断块的分界断裂，断裂呈东北—西南走向通过淮安市主城区。在地震活动区划上，淮安市属华北地震区（处于地震区南缘），是全国地震重点监视防御区之一。

1978年，淮阴地区有地震微观点100个、宏观点3284个，主要观测项目为测震、地磁、水氡、地下水等。1984年，根据国家清理优化地震台网布局的要求，淮阴市地震局对全市地震台网进行优化调整，形成以盱眙地震台、淮阴地震台、和平测报点为骨架，测震、地磁、电磁波、地下水、地形变和动物自记等手段为主体的地震监测台网。此后，各地震台站、骨干测报点逐步更新观测物理量明确的新一代仪器设备，规范管理，制定工作规范、观测资料验收评比标准、测报合同等。

1998年，盱眙地震台测震观测实现数字化。2000年，金湖苏06井地下水水位观测实现数字化，新增地热观测项目。2001年，淮安市第一个数字化地磁观测台在淮阴区建成。2005年10月12日22时55分，清浦区城南乡发生3.5级地震，地震前金湖06井观测到明显的水温异常，引起国

家地震局、省地震局重视。2006年开始，淮安地震台观测资料在全国评比中连续三年获得第二名。2007年，盱眙地震台数字测震升级为宽频带，增加基岩强震动观测项目；涟水深井数字测震台和强震动台建成，弥补淮安市东北部地区地震监测的空区；淮安地震台深井测震数字化改造完成，增加强震动观测项目。2008年，淮安市地震信息中心建成，集地震台站信息、地震应急基础数据信息、大中城市地震应急决策反应系统、地震综合信息获取上报系统和视频会议系统于一体。至2008年年末，全市有淮安地震台、盱眙地震台、涟水地震台、淮安地磁台、金湖苏06井地震观测站5个省区域台网，主要有测震、强震、地磁、地下水、地热、电磁信息6种观测手段，14台套观测项目，是江苏省地震台网的重要组成部分。

二、分析预报

1984年5月21日23时37分，南黄海勿南沙发生6.2级地震，淮阴市东部县区有明显震感。由于事前有充分准确的分析预报，未造成较大影响。当年5月5—17日，盐城大丰附近相继发生4次小震，最大震级3.0级。基于对黄海数年的分析，5月17日，淮阴市地震办提出研究处理大丰小震并发放简报的意见。当晚22时，盱眙县地震办向市地震办汇报，认为根据盱眙地震台记录的地震参数所算，振幅比较一致，波速比偏低。18日上午9时，市地震办将大丰小震情况向市领导呈报简报，并向各县通报情况，要求各县密切注意；同时进一步与灌云地震台联系，了解大丰小震初动符号和有关参数。当晚20时40分，盱眙县地震办再次与市地震办联系，提出对大丰小震群的进一步看法，并报告“初动符号相当一致”。23时地震发生后，值班人员立即投入紧张工作。1986年，地震出版社出版《地震对策》一书，将淮阴市地震办事先对南黄海6.2级地震的分析预测，收录在《震前监视预测对策》一节。至2008年，这是江苏省唯一在震情分析预报方面取得实效的一次。

1988年开始，市地震办（局）提交的年度地震趋势分析报告，在江苏省评比中连续10年位于前两名。1992年起，市地震办（局）注重计算机和地震分析预报新方法、新技术应用，先后引进应用JSPS（江苏省地震预报软件系统）、SSEPC（中国地震预报软件系统）和“八五”地震短临预报理论方法攻关成果。1999年6月，引进国家“863”计划中地震预报智能支持系统。2001年，引进基于GIS（地理信息系统）的地震分析预报系统。至2008年，淮安市地震分析预报全部实现综合性系统软件处理。

1978—2008年淮安市里氏震级（ML）≥1.0地震情况一览表

表29-27

序号	地震时间			震中位置			里氏震级（ML）
	年	月	日	北纬	东经	参考地名	
1	1978	01	01	33°51′	119°24′	涟水县东北	2.0
2	1978	02	12	33°09′	118°34′	盱眙县北	3.4
3	1978	02	12	33°11′	118°36′	洪泽县老子山公社	1.9
4	1978	02	12	33°11′	118°45′	洪泽湖	1.8
5	1978	02	13	33°10′	118°43′	洪泽湖	2.0
6	1978	02	14	33°10′	118°44′	洪泽湖	1.8
7	1978	02	14	33°35′	119°22′	淮安县仇桥公社	1.9
8	1978	03	26	33°15′	118°43′	洪泽县西南	3.6

续表29-27

序号	地震时间			震中位置			里氏震级（ML）
	年	月	日	北纬	东经	参考地名	
9	1978	04	20	33° 28′	119° 19′	淮安县车桥公社	2.3
10	1978	11	01	32° 54′	119° 09′	金湖县闵桥公社	2.0
11	1979	04	20	33° 25′	119° 04′	淮安县范集公社	2.5
12	1980	04	23	33° 18′	118° 44′	洪泽湖	2.1
13	1982	06	10	33° 28′	119° 07′	淮安县石塘公社	2.1
14	1983	03	18	33° 43′	119° 17′	涟水县	2.4
15	1983	08	19	33° 25′	118° 48′	洪泽湖	1.7
16	1983	11	30	33° 09′	119° 12′	金湖县阮桥村	2.6
17	1984	01	24	—	—	盱眙县附近	1.8
18	1985	02	09	33° 46′	119° 14′	淮阴县	3.0
19	1986	02	04	33° 58′	119° 37′	涟水县马圩村	2.6
20	1986	04	19	33° 44′	119° 18′	涟水县顺安村	2.8
21	1986	08	15	32° 55′	119° 11′	金湖县	1.8
22	1986	08	15	32° 55′	119° 11′	金湖县	1.7
23	1986	08	16	32° 55′	119° 11′	金湖县	2.5
24	1986	08	16	32° 55′	119° 11′	金湖县	2.2
25	1986	08	16	32° 55′	119° 11′	金湖县	1.9
26	1986	08	16	32° 55′	119° 11′	金湖县	1.4
27	1986	08	16	32° 55′	119° 11′	金湖县	1.5
28	1986	08	18	32° 55′	119° 11′	金湖县	1.9
29	1986	08	18	32° 55′	119° 11′	金湖县	1.5
30	1987	04	07	33° 08′	118° 50′	洪泽湖周桥大塘	1.8
31	1987	04	07	33° 10′	118° 50′	洪泽县赵圩村	1.8
32	1987	05	19	33° 02′	119° 22′	金湖县金西闸	2.7
33	1988	04	05	33° 22′	119° 11′	县级淮安市平桥镇	2.2
34	1988	07	04	33° 35′	119° 25′	县级淮安市复兴镇	2.6
35	1988	10	05	33° 00′	119° 09′	金湖县淮建乡	2.6
36	1988	10	05	33° 00′	119° 09′	金湖县淮建乡	2.3
37	1988	10	05	33° 00′	119° 09′	金湖县淮建乡	1.7
38	1988	10	05	33° 00′	119° 09′	金湖县淮建乡	1.7
39	1990	08	06	33° 12′	118° 53′	洪泽县双沟镇	2.0
40	1990	12	19	33° 08′	119° 13′	金湖县	1.9

续表 29-27

序号	地震时间			震中位置			里氏震级（ML）
	年	月	日	北纬	东经	参考地名	
41	1990	12	19	33° 07′	119° 10′	金湖县	2.3
42	1991	01	22	33° 04′	118° 51′	盱眙县	1.9
43	1991	08	18	33° 19′	118° 41′	洪泽湖	2.0
44	1992	09	14	32° 55′	119° 04′	金湖县	2.4
45	1993	02	12	33° 10′	118° 58′	金湖县	2.4
46	1994	04	17	33° 59′	118° 52′	市区	2.4
47	1996	01	20	33° 30′	119° 04′	市区	2.4
48	1997	11	05	33° 24′	118° 37′	洪泽县	2.0
49	1997	11	11	32° 53′	118° 44′	盱眙县	2.2
50	2000	09	03	33° 30′	119° 24′	县级淮安市	2.1
51	2001	05	14	32° 51′	119° 10′	金湖县	2.5
52	2001	06	27	33° 08′	119° 11′	金湖县	2.1
53	2001	07	27	33° 36′	119° 21′	市区	1.9
54	2002	11	30	33° 33′	119° 02′	市区	1.7
55	2003	06	27	33° 52′	119° 25′	涟水县	2.1
56	2003	06	27	33° 52′	119° 25′	涟水县	2.1
57	2004	07	28	33° 13′	118° 58′	洪泽县	1.9
58	2004	08	09	33° 06′	119° 06′	金湖县	2.6
59	2005	01	05	33° 16′	118° 59′	洪泽县	2.1
60	2005	10	12	33° 34′	118° 58′	市区	3.5
61	2005	10	14	33° 31′	119° 02′	市区	1.9
62	2006	01	05	33° 52′	119° 23′	涟水县	2.9
63	2006	10	02	33° 26′	119° 21′	市区	1.8
64	2006	11	15	34° 00′	119° 20′	涟水县	2.2
65	2006	11	19	33° 37′	119° 02′	市区	1.0
66	2007	01	17	33° 31′	119° 19′	市区	2.2
67	2007	02	19	33° 52′	119° 35′	阜宁县与涟水县交界	1.1
68	2007	02	21	33° 49′	119° 16′	涟水县	1.4
69	2007	04	13	33° 23′	118° 52′	市区与洪泽县交界	2.0
70	2008	01	27	33° 44′	119° 24′	涟水县	1.4
71	2008	12	30	33° 39′	119° 22′	市区与涟水县交界	2.2

第二节　震害防御

一、抗震设防管理

1980年开始，淮阴地区地震办为华东电网变电站等几十个工程项目提供地震地质、地震活动性资料和地震烈度服务。1984年起，为泗阳、盱眙、金湖、沭阳、泗洪、宿迁、洪泽、涟水、灌南9个县提供防震抗震规划鉴定意见书。同年，编制完成《淮阴市防震抗震规划》。1994年，市政府转发市地震办公室《关于加强淮阴市工程建设场地地震安全性评价工作管理的意见》，这是江苏省设区市出台的第一个地震安全性评价管理办法，省地震局向各市和省各厅局及有关部门转发该文件，推动全省地震安全性评价管理工作。1993年7月5日、1994年8月2日，市政府常务会议先后2次听取市地震办公室关于《淮阴市区地震小区划工作方案》的情况汇报，并投资30万元在市区开展地震小区划工作，到1995年年底全部结束，成为江苏省第一个开展城市地震小区划的设区市。

1997年2月，市政府印发全省设区市第一个防震减灾方面的规范性文件——《淮阴市防震减灾十年目标实施纲要》。根据要求，市地震部门加大对新建重大建设工程的抗震设防管理力度，对华能淮阴电厂、淮阴发电厂、淮安民航机场、会展中心等一批重大工程项目的建设场地进行地震安全性评价，保障工程的地震安全。

2001年2月，经市政府同意，市地震局在市行政审批服务中心设立抗震窗口，进一步加强和规范抗震设防管理工作。2008年，全市、县（区）审批建设工程的抗震设防要求有232项。市、县（区）地震部门对新建农民集中居住点规划、建设等情况进行调研，推进农村民居抗震设防管理。

二、防震减灾宣传教育

1980年，淮阴地区地震办公室首次提出地震宣传工作三年规划，尝试开展防震减灾知识的宣传教育，取得一定成效。20世纪90年代，市政府成立由科技、地震等17个部门组成的科普联席会议，统筹领导全市科普工作。市科普联席会议都将防震减灾宣传教育纳入活动中统筹安排。根据市委宣传部、市地震局联合编制的《“九五”期间防震减灾宣传规划》，市地震局制订年度宣传教育工作计划，并与有关部门相互配合，不断拓宽防震减灾宣传教育的渠道和领域，开展多种形式的宣传教育活动。1992—1998年，在江苏省防震减灾宣传工作评比中，淮阴市地震局（办）连续7年获全省第一名。

2000年开始，加强对领导干部的防震减灾宣传，市委党校干部培训增设防震减灾内容。2002年，建成“淮安防震减灾”网站，开辟防震减灾宣传教育新领域。全市防震减灾工作连续3年受到国家地震局表彰。2003年，省科普联席会议举办防震减灾法律法规知识竞赛活动，淮安市103名县处级以上领导干部（其中厅级干部4名）参加竞赛活动。同年12月，市地震局组织45个部门主要负责人学习防震减灾法律法规，并进行测试。2005—2007年，淮安市有3所学校建成江苏省防震减灾科普示范学校。2007年，市地震局以部门网站为依托，举办6期“网上防震减灾有奖知识问答”，参加人员遍布全国25个省、市、自治区的100多个市、县（区）。江苏省清江中学创建成国家防震减灾科普教育基地。

2008年“5·12”汶川特大地震后，社会公众对防震减灾知识需求剧增。市地震局多次组织专

题讲座。联合市科协，在主城区（清河区、清浦区）的20个社区开展防震减灾知识宣传教育活动，提高居民防震减灾意识。各县（区）地震部门也开展不同形式的防震减灾知识进社区活动。是年，淮安市完善创建省防震减灾科普示范学校方案，盱眙县第二中学、金湖县金南小学、洪泽高良涧镇中心小学、淮阴区东方双语学校通过验收。

第三节　地震应急

1995年4月1日，国务院颁布《破坏性地震应急条例》，地震应急工作步入法制化轨道。1996年5月，市政府印发《淮阴市破坏性地震应急预案》，市、县逐步开始建立地震应急预案体系。1996年10月，县级淮安市组织2000多人的地震应急模拟演习，为全省首次由政府组织的地震应急演习。此后，清江石化、市供电公司等企业也多次开展地震应急演练。

2000年后，市地震局在省地震局支持下，建成地震应急决策反应技术系统和相应的地震应急基础数据库，并配备GPS导航系统、海事卫星电话等应急设备。2005年10月12日，清浦区城南乡发生3.5级地震后，市地震局及时启动地震应急预案，妥善处理地震突发事件，稳定社会秩序。2006年，修订地震应急预案。2007年，经市政府批准，启动主城区应急避难场所建设项目。2008年，钵池山公园地震应急避难场所基本建成。“5·12”汶川特大地震发生时，淮安市10层以上高楼有不同程度震感，社会反映强烈。市地震局组织力量解答社会公众对地震情况的咨询；以答记者问的形式，通过淮安人民广播电台、《淮海晚报》、淮水安澜网站等，回答公众关心的问题；组织开展防震减灾知识宣传，引导公众正确认识地震及地震灾害，提高防震减灾意识与自救互救能力；参与编写《市民安全知识手册》。

·淮安市志·（1978—2008）

第三十卷 教育

1978年，淮阴地区教育事业百废待兴，处于全省落后位置，师资数量不足、素质不高，民办、合同、临时代课教师占教师队伍半数以上，教育质量低下，中小学办学条件十分简陋，危险校舍占总校舍数近两成，农村学校多为土墙草屋。高等教育刚恢复，仅有1所专科院校——南京师范学院淮阴分院。

1978年后，各类教育较快发展。1982年开始，进行教育结构调整，发展职业教育。1983年，市委、市政府决定将地方机动财力的三分之一用于教育。1985年，全市推行分级办学、分级管理的新体制，形成全民办学“八方抬教”热潮。1986年，《中华人民共和国义务教育法》颁布实施，淮阴市进一步加大投入，改善办学条件，加强教师队伍建设、学校常规管理，提高教育质量，加快普及九年义务教育。1988年，全市中职教育在全省处于中上等水平，有普通中专（含中师4所）14所、技工学校6所、职业高中18所，另有48所普通中学附设职业高中班，中等职业教育与普通高中招生数之比为1∶1.07。1989年，全市实现校校无危房、班班有教室、人人有课桌凳的“一无两有”目标，校容校貌焕然一新。

20世纪90年代中期，市、县兴办职教中心，加强专业建设，启动高职教育。1996年，全市比原计划提前1年完成基本普及九年义务教育和扫除青壮年文盲的历史任务，通过国家教委检查验收，淮阴市教育局、县级淮安市分别被评为全国扫盲先进集体和全国“两基”先进县。同时，全市1万余名民办教师全部转为公办。到1998年，全市小学、初中、高中教师合格学历比例分别提高至91.4%、80%和51.78%，职业中学教师中本科学历者占教师人数的23.5%、大专学历者占教师人数的65.76%。

1999年11月，市委、市政府出台《关于深化教育改革，加快教育发展的意见》，制定全市教育长远发展规划。2000年起，加快改善办学条件步伐，陆续开展“改危改薄”、布局调整、“三新一亮”“六有”“校校通”“四配套”六项工程。同时，全面加强职业教育实验实训基地、专业和师资队伍建设，推进产、学、研结合，全面提升办学能力和服务水平，加快高职教育发展。2001年起，试行基础教育课程改革，全面推行以“自主、合作、探究”为主要特征的课堂教学模式。2003年，根据国务院办公厅《关于完善农村义务教育管理体制的通知》要求，实行“以县为主”教育体制改革，市、县（区）两级财政加大教育投入，加快义务教育发展。同年，开始建设淮安高等教育园区，合理配置高教资源。

2005年，淮安市开始实施“三百工程”，组织参与江苏省“千校万师支援农村教育工程”，促进教育均衡发展。2006年，实施覆盖所有学段“育才兴教”工程，筹集资金资助各类贫困生，保障其受教育的权利。当年秋季新学年，淮安市免除农村义务教育阶段学生学杂费。2007年年初，免除城市义务教育阶段学生学杂费。至2007年年底，淮安市撤并中小学1398所，实施改扩建项目1300个，新建校舍280万平方米，全市中小学基本达到合格学校标准。2008年年初，进一步免除城乡义务教育阶段学生课本费。淮安市义务教育阶段比全国提前数年实现免费教育。同时，关注留守儿童，加快农村寄宿制学校建设，2008年，全市有农村中小学寄宿制学校298所，在校住宿生12.6万人，全市7个县（区）成为“江苏省改善农村留守少年儿童食宿条件试点县（区）”，进城务工人员子女入学问题得到解决。

至2008年年末，全市有各级各类学校、幼儿园超过1000所，在校学生100多万人，教职工5.4

万人。其中，幼儿园266所，在园幼儿13.3万人；义务教育阶段有中小学632所，在校生54.81万人；普通高中48所，在校生11.5万人；中等职业学校45所，在校生9.2万人；特殊教育学校7所，在校生2093人；普通本科院校2所、高等职业技术学院4所，在校生6.77万人。全市小学教师学历大专率59.6%，初中教师学历本科率39.2%，高中教师学历研究生率1.2%，有在职特级教师50人。

第一章　学前教育

第一节　发展概况

1978年，淮阴地区学前教育有所恢复，但幼儿园数量少，师资主要是民办教师，其中六成以上为初中毕业以下文化程度，三成左右为中等师范学校或高中毕业，均未经过幼教专业培训，远不能满足大部分幼儿接受教育的需要。1979年，贯彻全国托幼工作会议精神，地、县（市）成立托幼工作领导机构，除教育部门外，机关、企业、街道、公社也办起幼儿园。

1980年起，淮阴师范学校、淮安师范学校分别开设三年制幼师专业。1983年后，年均有100名以上毕业生充实到全市各重点幼儿园，成为教学骨干。此外，在14所中学开办22个幼师职业班，招生700多名，学制两年，毕业生充实到各幼儿园。贯彻执行教育部1979年颁发的《幼儿保健制度（草案）》，各幼儿园建立生活制度、健康检查制度、卫生制度、疾病预防制度、安全制度、锻炼制度及与家长联系制度，规范教学内容和方法，确保幼儿身心健康。

1984年起，淮阴市扩大学前教育规模，举办小学学前班，招收满7周岁未上过幼儿园的幼儿。学前班主要分布在农村，附设于小学内，采用一年级教材，放慢教学进度，一年后少数儿童升入二年级学习，大部分儿童进入一年级学习。1986年，淮阴、沭阳、泗洪3个县农村有学前班575个，17412名儿童接受学前教育。

1986年，淮阴市贯彻《江苏省幼儿教育暂行条例》，市、县（区）制定幼儿教育事业发展规划，加速改善办园条件，各幼儿园逐步做到"四有"，即有活动室、有课桌凳、有教具和玩具、有卫生设施和室外活动场地。同年，开展幼儿园评级工作，市实验小学幼儿园等被评定为首批市一级一类幼儿园。是年，全市有幼儿园524所、托儿所2000所，入园入托幼儿总数80.5万人，入园入托率34.2%，其中城镇入园入托率72.7%。1987年，启动幼儿园标准化建设，开展一类园评估验收及环境美化评比活动，办好示范幼儿园，提高一般幼儿园，帮助困难幼儿园。各县（市、区）发挥实验幼儿园与乡镇中心幼儿园骨干作用，定期上示范课、送教下乡；组织个体园园长、教师到公办园进行一日活动观摩。当年10月，贯彻全国幼儿教育工作会议精神，确立幼儿教育工作由地方负责、分级管理和各有关部门分工管理的管理体制，坚持"国家、集体、个体一齐上"的幼教事业发展方针，普及幼教与提高质量并举。是年，除教育部门举办的幼儿园外，全市有机关幼儿园18所，85个班，常年托儿所9所；企事业单位幼儿园103所，350个班，常年托儿所245所；城镇街道幼儿园17所，110个班，常年托儿所118所；各县属镇中心幼儿园26所，94个班；农村幼儿园286所，798

个班；农场幼儿园28所，58个班。

1990年后，淮阴市提高农村幼儿入园率，将其列入各县（市、区）教育系统年度考核目标，加大投入，增加村办园数量，扩大村办园规模。在经济条件落后乡村继续举办学前班，以保证四分之三的农村儿童能接受1～2年的学前教育，加强对学前班教材和教学的管理，添置儿童玩具，防止教学小学化倾向。同时，提高师资素质和办园水平，组织幼儿园长、骨干教师赴苏南地区及上海观摩学习。1994年，组织全市各幼儿园园长赴上海参加园长培训班，开展课题实验研究，创办特色园。开展幼儿教师学历进修和在岗培训，鼓励幼儿教师参加自学考试，提高学历层次。是年，全市有幼儿园900所，班级7821个，在园幼儿29.48万人，幼儿入园率51.3%。1995年，全市有幼儿园1384所，8684个班级；招收幼儿23.58万人，在园幼儿33.34万人；幼儿园专任教师8616人，有3085人参加大专自学考试。1996年，全市有幼儿班4128个，其中学前班2257个，极大地缓解农村幼儿入园难的矛盾。由于村办园增多，全市幼儿入园率相应提高。

20世纪90年代，淮阴市市、县（市、区）教育部门多次举办幼儿教师舞蹈、绘画、小制作培训班，开展说课、上课、舞蹈、绘画等基本功大赛，以竞赛促提高、促发展。对新聘用教师提出学历要求，强化持证上岗制度。1996年，3460名专职幼儿教师中有1246名参加自学考试，当年年末有216人取得大专毕业证书。幼儿教师高中以上学历者从1985年的低于40%上升到1996年的86.7%。幼儿教师学历达标率逐年提高，1993年为64.3%，1994年提高到70%。

淮阴市贯彻国家教委颁布的《幼儿园管理条例》，加强对幼儿教育的管理。1992年起，根据《江苏省幼儿园登记注册办法》，开展幼儿园登记注册工作，规范新办园的申请、验收、批准程序。同年，按省教育厅要求，开始幼儿园评估定级工作，等级分为市一类幼儿园、市二类幼儿园等。至1994年，全市有登记注册幼儿园（班）3960个，其中城镇424个、农村3536个，城镇幼儿园（班）注册率88.7%，农村幼儿园（班）注册率93.3%。1995年年末，全市各类幼儿园登记注册工作结束。1996年，落实国家教委新颁布的《幼儿园工作规程》，开展一类幼儿园环境美化评比活动，继续开展各类幼儿园的评估定级，涟水实验幼儿园、市北京路幼儿园、清河区繁荣小学幼儿园等6所幼儿园通过市一类幼儿园评估验收。1996年，省教育厅开始评估省现代化幼儿园、省示范性实验幼儿园。淮阴市对照省标准，引导市一类幼儿园争创省级现代化幼儿园，普通园争创市一类幼儿园。全市加大经费投入，完善硬件设施，加强师资队伍建设，幼儿教师中中师、大专学历比例有较大提高，电教设备使用以及其他技能水平明显进步。1996年行政区划调整后，全市学前教育规模大幅缩小。至1996年年末，全市有幼儿园544所，年招生92967人，在园幼儿143298人，其中乡村在园幼儿数78142人；教职工4096人，其中专职教师3460人，教师合格率86.1%。

图30-1 20世纪80年代淮阴市的幼儿园

市档案馆 供

图30-2 楚州区实验小学幼儿园（2007年）

市档案馆 供

1997年，全市幼教体制改革取得实质性进展。办园体制由原来单一的公办拓展为公办民助、民办公助、私人办园、租赁办园等多种形式，学制由大多为学前一年教育普遍向学前二年、三年教育转化；幼教师资由国家出资、计划招生、师范培养的单一形式，扩大到职业中学办幼师班、成人中专设幼师专业、教师进修学校与师范学校联合办学招收幼师自费生等多形式、多渠道培养格局。同时合理调整布局，在城镇幼儿园基本满足需求的情况下，发展农村幼儿园，实现乡乡有中心幼儿园、村村有幼儿班。是年，全市幼教事业规模得到迅速发展，全市幼儿入园入托率由1986年的34%上升到75%以上，保教质量、办园水平也在普及中稳步提高。全市启动幼儿教育现代化工程，市一类幼儿园创省级现代化幼儿园工作取得进展，各园进一步完善硬件设施，加强师资队伍建设，幼儿教师中大专学历所占比例有所提高，电教设备的使用以及其他各项技能水平有明显进步，各种幼教软件开始进入幼教领域，计算机参与幼儿园科学管理并逐步进入课堂。是年，市实验小学幼儿园达到江苏省基本实现现代化幼儿园评估标准，通过江苏省实验幼儿园的初验。

1998年，全市幼儿园创优工作成绩显著。年初，市实验小学幼儿园被省教委确认为全市首家省示范性实验幼儿园。年内，淮阴市市级机关幼儿园、金湖县实验幼儿园也被确认为省示范性实验幼儿园，清河区机关幼儿园通过淮阴市基本实现现代化幼儿园验收。淮阴师院附小深圳路幼儿园、淮海路小学凤凰新村幼儿园、老坝口小学幼儿园和盱眙县五墩小学幼儿园、盱眙县实验小学幼儿园等7所幼儿园被评为市一类幼儿园。市实验小学幼儿园自筹资金300万元建设富康分园，开设日托班、全托班和幼小衔接实验班，成为全市首家高标准全寄宿制幼儿园。至1998年年末，全市有布局较为合理的各类幼儿园538所，教学班2891个，年招生72859人，在园幼儿112764人，85%以上的幼儿接受幼儿教育。有教职工4009人，其中专职教师2256人，学历达标率91.09%，初步形成一支专业素质较高的幼师队伍。

1999年，全市有各类幼儿园556所，教学班3774个，年招生68216人，在园幼儿104420人，教职工3859人，全市城镇幼儿入园率95%、农村75%。2000年，全市有各类幼儿园588所，年招生65235人，在园幼儿99744人，教职工4250人，园均幼儿170人。2000年后，进一步优化幼儿教育布局，鼓励、扶持乡镇恢复中心园公办性质，提升公办园比例，合理改造中小学布局调整后的空余校舍，用于举办幼儿园；禁止非法办园，逐步形成每个乡镇（街道）“一个中心幼儿园，几个分布合理的中心村幼儿园”的幼教新格局，提高幼儿教育效益。

2001年，淮安市有各类幼儿园234所，有教学班3263个，年招生60674人，在园幼儿87473人，教职工1812人。鼓励、动员二类幼儿园争创一类幼儿园，一类幼儿园争创现代化幼儿园、省级示范幼儿园。发挥市实验小学幼儿园示范龙头作用，组织该园青年教师到各县（区）送教32人次，组织普通幼儿园教师到示范幼儿园学习观摩，加强园际交流；举办2期园长管理研修班，促进幼儿园各项工作的开展和提高。淮安市新星幼儿园等3所幼儿园通过省示范性幼儿园验收，淮海路小学幼儿园等2所幼儿园通过省现代化幼儿园验收，市健康新村幼儿园等8所幼儿园通过市一类园验收。至此，全市有7所幼儿园被评为省级示范幼儿园，6所幼儿园被评为省现代化幼儿园，36所幼儿园被评为市一类园。

2002年，全市进一步普及优质幼教资源，楚州区实验小学幼儿园等6所幼儿园被评为省级示范性实验幼儿园，淮安市富春花园幼儿园通过市一类幼儿园评估验收，清河区承德路小学幼儿园、凤凰新村幼儿园、老坝口小学幼儿园、繁荣小学幼儿园4所幼儿园通过现代化幼儿园评估验收，驻淮安八三七二一部队幼儿园通过省示范性实验幼儿园的市级验收并报省审批。是年，全市有各类幼儿园229所，3020个班，年招生54572人，在园幼儿79903人，教职工1406人。

2003年，淮安市清河小学幼儿园、清河区繁荣小学幼儿园被评为省示范性实验幼儿园，楚州

区仇桥镇中心幼儿园等9所幼儿园升格为市一类幼儿园。全市有各类幼儿园220所，2763个班，年招生52011人，在园幼儿77990人，教职工1737人。2004年，淮阴区王兴镇中心幼儿园等17所幼儿园被评为市一类幼儿园。全市有各类幼儿园291所，3147个班，年招生55095人，在园幼儿97648人，教职工2645人。

2005年，幼儿园课程改革在全市全面展开，加快从理论到实践步伐，开展优课评比、课改论文评比等大型活动，举办大规模课改骨干教师与园长培训班，邀请省内外著名幼教专家到淮安市讲学、上示范课。淮阴区渔沟中心幼儿园、楚州区流均中心幼儿园、涟水县涟城中心幼儿园、洪泽县黄集中心幼儿园等9所幼儿园被评为市一类幼儿园，淮安经济开发区深圳路小学幼儿园、盱眙县五墩小学幼儿园、盱眙县城南小学幼儿园升格为市级现代化幼儿园。是年，全市有各类幼儿园335所，3291个班，年招生57628人，在园幼儿113185人，教职工2929人，园均幼儿338人，班均幼儿34人。

2006年，全市学前三年幼儿入园率达86.9%。2007年，省教育厅规范幼儿园评估工作，将幼儿园评估分为三类，即省优质幼儿园、市优质幼儿园、合格幼儿园。省优质幼儿园由省教育评估院组织评估认定，市优质幼儿园由各市教育局组织评估认定，合格幼儿园由各县（区）教育局组织评估认定，原省示范性实验幼儿园转评为省优质幼儿园，省现代化幼儿园和市一类幼儿园转评为市优质幼儿园。淮安市启动市优质幼儿园评估验收和市一类以上幼儿园转评市优质幼儿园工作。当年全市有75所一类以上幼儿园转评为优质幼儿园，13所合格幼儿园晋评为市优质幼儿园。开展江苏省幼儿教育先进县（区）创建工作，清浦区、金湖县通过省教育厅评估，被认定为江苏省幼儿教育先进县（区）。是年，全市有幼儿园328所，在校幼儿11.74万人，学前三年入园率88.34%；省优质园19所，市优质园88所，优质园比例32.6%；教职工总数5095人，其中专任教师3876人；教职工学历达标率68.2%，专任教师学历达标率89.7%。

至2008年年末，全市有幼儿园266所，班级3576个，招生数67071人，在园幼儿13.25万人，教职工3696人，学前三年幼儿入园率92.58%。新创省、市级优质幼儿园77所，优质园比例69.2%。

第二节　保育教育

一、寄托制度

1978年，淮阴地区大多数幼儿园实行幼儿中午回家吃饭并午休，部分市区和城镇幼儿园实行日托，即幼儿早来晚归，中午在园代伙并午休。20世纪80年代后，随着居民家庭经济条件和幼儿园办学条件改善，城乡幼儿园中中午在园代伙并午休的幼儿越来越多。1998年9月，淮阴市实验小学幼儿园富康分园开园，设有全托班，为全市首家高标准全寄宿制幼儿园。其后，又有个别民办幼儿园开办全托班，但发展缓慢。至2008年，全市城市幼儿园均实行日托制，大部分农村幼儿园也实行日托制，每班配备2名专职教师和1名保育员。

二、学制

1978年，淮阴地区幼儿园学制不一，一至三年学制均有，以一年学制居多。20世纪80年代，实行二年学制的幼儿园增多。1996年后，学制由大多为一年、二年普遍转向三年。2000年后，城

乡逐步统一实施学前三年教育。此外，20世纪90年代起，部分幼儿园为解决双职工困难，在学前三年教育外为未满3周岁的幼儿举办“小托班”。

三、课程

1978年，淮阴地区大部分幼儿园正常上课，但所开课程无明确规定，活动课也未开齐开足。1979年后，幼儿教育基本恢复正常，试行《城市幼儿园工作条例》，重视幼儿智力早期开发，通过游戏、体育活动、观察课、劳动、娱乐等形式完成有关教学任务及要求。从幼儿心理、生理及年龄特点出发，寓教育于活动之中，注重谈话教学、儿歌教学、故事教学、指导观察、智力游戏、电化教学等基本教育教学方法的运用。1981年起，按照教育部《幼儿园教育纲要（试行草案）》规定，开设语言、常识、计算、体育、音乐、美术6门课程。

20世纪80年代后，市教育局多次组织有关幼教人员到南京、无锡、上海、杭州等地考察、学习，引进先进经验，对全市幼儿园课程进行一系列改革，逐步形成“游戏课程”“综合性主题教育课程”“活动教育课程”等风格各异的课程模式。20世纪90年代初，开展幼儿智能发展、思维状况及基本体育活动能力调查研究，初步开展幼儿素质教育实验，为全面实施幼儿素质教育提供可行性思路。20世纪90年代中期，全市开始实施幼儿素质教育，以艺术教育为突破口并不断拓展。2001年9月起，贯彻教育部《幼儿园教育纲要（试行）》，实施素质教育。各幼儿园与家庭、社区密切合作，与小学相互衔接，综合利用各种教育资源，为幼儿提供健康、丰富的生活和活动环境，尊重幼儿的人格和权利，注重幼儿身心发展的规律和学习特点，以游戏为基本活动，保教并重，关注个别差异，促进每个幼儿富有个性的发展。教育内容具有全面启蒙性，包括健康、语言、社会、科学、艺术5个领域，从不同角度促进幼儿情感、态度、能力、知识、技能等方面的发展。

第二章　小学教育

第一节　发展概况

1978年，淮阴地区贯彻教育部《全日制十年制中小学教学计划（试行草案）》和“小教40条”，小学教育逐步摆脱混乱局面。至当年年底，境内有小学5888所，学生15.64万人，学龄儿童入学率92.8%。

1980年起，在教育事业调整过程中，逐步撤并小学附设的初中班。解决小学无教室、无课桌问题，采取政府拨款、单位集资、个人捐助等方法，筹集资金，加快实现全市小学特别是农村小学“一无两有”（校校无危房，班班有教室，学生人人有课桌凳）。同时，提高小学教师队伍素质，整顿民办教师队伍。经过考核和整顿，至1984年年底，全市小学教师中中师毕业生占16.4%，小学教师队伍整体素质有所提高。1985年，贯彻《中共中央关于教育体制改革的决定》，全市基础教育实行“县乡村三级办学，县乡两级管理”体制，把基础教育的责任交给地方，明确各级政府的责任

和义务，调动县、乡办学积极性。

1986年，全市有小学4851所，在校学生12.16万人，适龄儿童入学率98.02%，在校生年巩固率98.9%，毕业率95.7%，普及率97.1%，小学“四率”达到国家规定标准，教学质量有大幅度提高。同年，《中华人民共和国义务教育法》颁布施行，国家实行九年制义务教育。淮阴市加快实现“一无两有”，为普及初等义务教育创造物质基础。同时，加速教师培训，推进教育改革，建立科学管理机制。至1992年年底，全市除6个乡镇外，基本普及初等义务教育，提前一年完成普及初等义务教育历史任务。

1993年起，淮阴市全面实施“科教兴市”战略，启动小学素质教育，全市小学教育事业迅速发展。1994年，根据省教委有关城市小学、乡镇中心小学、村小学办学的基本要求，启动合格小学创建活动。当年年底，从办学条件、学校管理、教育质量3个方面对申报学校进行全面评估，审定138所学校为合格小学，超出年初计划38所。是年，全市有小学4669所，年招生21.46万人，毕业生17.4万人，在校生103.2万人，平均班额35.38人。全市适龄儿童入学率99.4%，小学生年巩固率97.8%，小学毕业生升学率85%。

1995年，实施薄弱学校改造计划，消灭新增危房，增加配套设施，美化校园环境，建设“花园学校”，巩固普及初等义务教育成果。启动小教布局调整，在前期普及初等义务教育阶段撤销400所“戴帽初中”基础上，根据“高集中、低分散”的思路，减少学校数，扩大学校规模，提高办学效益。至当年年末，全市有小学4647所，小学班均生数增至36.45人，师生比由1∶22.6提高到1∶23.8。全市小学招生22.75万人，毕业生17.14万人，在校学生107.68万人；全市适龄儿童入学率99.7%，小学生年巩固率98.94%。新创建合格小学278所。是年起，根据省教育厅文件精神，市直各小学和各县（市、区）实验小学开展江苏省实验小学创建工作。

1996年，全市掀起素质教育热潮，同时启动教育现代化工程。当年行政区划调整后，全市小学学校数和学生数大为减少，全市有小学2314所，在校生47.47万人，年招生10.37万人，毕业生6.47万人，每万人口中小学生978人。全市学龄儿童入学率99.75%。小学升初中比例96.39%，较1995年增加3.35个百分点。1997年，继续进行布局调整，全市减少44所小学，小学校均生数229人，班均生额36人，分别比1996年增加24人、1人，师生比1∶22.9。完成市第二实验小学（后定名为市外国语实验小学）一期工程。

1998年，参照省级实验小学评估标准，制定市级实验小学评估方案，启动创建市级实验小学工作。市第二实验小学如期招生，缓解市区小学入学难矛盾。全市有小学2203所，14568个班，在校生55.4万人，入学率99.42%，巩固率98.64%，升学率96.13%。全市有小学教师20837人，学历达标率94.46%，基本形成一支学历结构、职称结构合理的小学教师师资队伍。其中，大专毕业及以上2717人，占13%；中师毕业15022人，占72.09%；高中毕业1913人，占9.23%；高中以下1155人，占5.54%。职称构成上，小学高级教师占33.08%，一级教师占45.34%，二级教师占12.5%，三级教师占0.56%，未评级占8.53%。

1999年，结合撤乡并镇，加大布局调整力度，按照“既方便学生上学，又充分利用教育资源，充分发挥规划效益”的原则，扩大中心校，撤并村完全小学，合理配置办学点，全年全市撤并小学328所，完全小学降格为初级小学或教学点400多所。调整后，全市有小学1875所，14975个班，在校生571864人，较1998年净增17857人；每万人口中有小学生1155人，年招生91165人，较1998年减少15210人；毕业生70334人，较1998年增加841人。小学适龄儿童入学率99.68%，巩固率99.6%，毕业率95.42%，升学率95.2%。创建省级实验小学工作取得进展，继淮阴市实验小学、淮阴师范学院第一附属小学、县级淮安市新安小学、金湖县实验小学等校后，洪泽县实验小

学、淮阴县实验小学初步通过省级实验小学评估验收。同时，各地初验上报一批示范小学、特色小学。

2000年，继续调整小学教育布局，全市有小学1723所，在校生584978人，每万人口中有小学生1164人，年招生81236人，毕业生64972人。小学适龄儿童入学率98.54%，巩固率99.58%，因淮阴县、涟水县小学学制“五改六”，毕业率降至79.06%，升学率95.59%。2001年，有小学1512所，14371个班，在校生599092人，每万人口中有小学生1174人，年招生80665人，毕业生99127人。小学适龄儿童入学率99.96%，巩固率99.94%，毕业率96.85%，升学率95.95%。

2002年，全市有小学1339所。小学适龄儿童入学率99.6%，巩固率99.29%，毕业率99.58%，升学率96.73%。淮安市北京路小学、市外国语实验小学、清浦区人民小学、涟水县南门小学、涟水县郑梁梅小学创成省级实验小学，金湖县闵桥镇中心小学创成市级实验小学，淮安市外国语实验小学等17所小学创成市级模范学校。30所学校创成市级乡镇中心小学50强，其中楚州区7所、淮阴区4所、清浦区3所、涟水县7所、金湖县3所、洪泽县3所、盱眙县3所。

2003年，小学教育布局调整力度空前，全市有小学726所，12596个班，在校生521250人，每万人口中有小学生1007人；年招生65237人，毕业生113132人。小学适龄儿童入学率99.74%，巩固率99.43%，毕业率99.44%，升学率96.52%。学校各类创建工作取得新成绩，新增省实验小学2所、市级实验小学2所、乡镇中心小学50强达标学校9所。2004年，全市小学530所，小学布局调整提前一年实现“十五”规划目标，全市小学每校服务人口达到1万人。在校生469042人，每万人口中有小学生902人；年招生57509人，毕业生96684人。小学适龄儿童入学率99.98%，巩固率99.63%，毕业率99.27%，升学率97.67%。新创建洪泽外国语实验学校、楚州区实验小学、金湖县育才小学、清河区淮海路小学4所省级实验小学，以及淮阴区丁集中心小学等10所市级实验小学。

2005年，对小学教育布局进行微调，全市有小学500所，在校生417265人，每万人口中有小学生796人，年招生51331人，毕业生86504人。小学适龄儿童入学率99.99%，巩固率99.99%，毕业率97.43%。盱眙县城南小学、盱眙县五墩小学创成省级实验小学，淮阴区渔沟中心小学等13所学校创成市级实验小学。2006年，全市有小学503所，在校生384413人，年招生53149人，毕业生86200人。小学适龄儿童入学率99.97%%，巩固率100%，毕业率99.73%。至当年年底，全市创建省级实验小学19所、市级实验小学27所。

2007年，根据修订后的《中华人民共和国义务教育法》有关要求，停止省、市级实验小学创建评估工作。全市有小学492所，在校生35.14万人，学龄儿童入学率100%，巩固率99.5%。全市有小学专任教师20543人。其中，高中及以上学历的教师20418人，占教师总数的99.4%；具有大专及以上学历的教师11364人，占教师总数的65.5%。至2008年，全市有小学469所，在校小学生32.3万人，学龄儿童入学率100%，巩固率99.98%，毕业率99.27%，升学率96.7%。

1978—2008年淮安市小学教育情况表

表30-1

年份	学校数（所）	在校生数（人）	年份	学校数（所）	在校生数（人）
1978	5888	1564357	1982	5524	1408895
1979	5629	1559240	1983	4872	1243740
1980	5517	1575857	1984	4918	1231461
1981	5837	1470150	1985	4876	1245698

续表30-1

年份	学校数（所）	在校生数（人）	年份	学校数（所）	在校生数（人）
1986	4851	1215662	1998	2203	554007
1987	4850	1174511	1999	1875	571864
1988	4836	1138573	2000	1723	584978
1989	4819	1108626	2001	1512	599092
1990	4803	1067214	2002	1339	571620
1991	4753	1029029	2003	726	521250
1992	4740	1005479	2004	530	469042
1993	4695	1014162	2005	500	417265
1994	4669	1032044	2006	503	384413
1995	4647	1076777	2007	492	351405
1996	2314	474747	2008	469	323017
1997	2270	519606	—		

第二节　学制　课程

一、学制

1978年，淮阴地区小学实行五年学制教学，部分城乡小学附设初中班，为“5+2”学制，俗称“戴帽初中”。1982年，市区小学恢复六年制。是年，市区24所小学分3批，每批均从三年级开始，逐步向六年制过渡，金湖县22个乡亦实行小学六年制。1984年秋，部分重点小学进行“注音识字，提前读写”实验，学制大多为五年，个别试验班定为四年，经过3年实验，因难以完成教学任务，复改为五年。1986年，《中华人民共和国义务教育法》颁布，淮阴市开始逐步推行九年义务教育。1992年，省教委要求全省小学逐步由五年制过渡到六年制。1993年秋季起，全面实行九年义务教育。1996年起，全市小学向六年制转轨。1999年，转轨较慢的淮阴县、涟水县加快小学学制“五改六”。2000年，全市小学全部实行六年制，至2008年没有变化。

二、课程

1978年，淮阴地区小学实施省制订的小学五年制教学计划，开设语文、数学、体育、音乐、美术、政治、自然常识等课程。

1981年，教育部颁布《全日制五年制小学教学计划（修订草案）》，小学政治课改为思想品德课，高年级将自然常识课分为自然、历史、地理3科，增设劳动课。境内小学按此开设语文、数学、体育、音乐、美术、思想品德、自然、历史、地理及劳动课。次年，执行江苏省制定的《小学暂行教学计划（试行草案）》，一般学校不开设外语课，由主管部门批准开设外语课的学校继续在五、六年级试开。

1987年，根据国家教委有关小学课程设置方案，开设思想品德、语文、数学、外语、地理、历史、体育、音乐、美术、劳动10门课程。1988年9月，教育部颁布《义务教育全日制小学、初级中学教学计划（试行草案）》和24个学科的教学大纲，规定小学开设社会课，停开地理课，其余课程

不变。1992年，按照省教委要求，在全市中小学生中开展健康教育，各小学开设健康教育课，教学时间从每周3课时的体育课中抽出1课时。

1994年，实行新工时制，即每周工作44小时。根据国家教委决定，对小学课程（教学）计划进行调整。是年秋季新学年，全市各小学执行全省统一的全日制中小学单、双周工时制，课表按11天课程设置，单周上5天课程，双周上6天课程，科目基本不变。1995年5月1日起，实行每周5天（40小时）工作制，全市小学再次对教学计划、课时安排进行调整，适当调减语文、数学、体育等学科课时，对小学思想品德、劳动学科课时未作调减，以保证德育教育和生产劳动相结合的教学时间。

2001年，教育部印发《全日制义务教育各学科课程标准（实验稿）》，拉开新一轮课程改革序幕。2002年，金湖县作为省级试点，实施义务教育课程改革。2003年，全市全面实施义务教育阶段课程改革。小学一年级执行《江苏省义务教育课程设置实验方案（综合）》，进行课改实验，使用相配套的课程标准教材，按各科新课程标准进行教学。一至二年级设思想品德与生活课，三至六年级设思想品德与社会课；从三年级开始将自然课改为科学课；一至六年级设艺术课（或音乐、美术）；三至六年级增设综合活动课；三年级起开设英语课。市区和各县城区部分学校一至六年级全部开设英语课。增加地方课程、学校课程，地方课程采用市教育局和各县（区）自己组织编写的教材，有条件的学校自主开发校本教材。在课程管理方面，实行国家、地方和学校三级课程管理。在执行国家课程和地方课程的同时，学校根据当地社会、经济发展具体情况，结合各校传统和优势、学生的兴趣和需要，开发或选用适合本校的课程。

2006年，为减轻学生课业负担，全市小学再次进行课程调整。农村小学周课时总量限定30节以内，城区小学周课时总量限定在34～35节，增加英语课程和活动课程，加强对综合实践活动课程的研究和校本课程的开发，开设信息技术课程。三至五年级每周均开设4节英语课，六年级每周安排8节英语课。三至六年级综合实践活动课程的内容包括信息技术、劳动与技术教育、研究性学习、社区服务与社会实践等。三、四年级每周开设3课时综合实践活动课。从体育活动中拿出一半时间进行健康教育安排。增加毒品预防教育和环境教育内容，毒品预防教育在五、六年级进行，按平均每学年2课时安排教学内容；环境教育在一至六年级进行，按平均每学年4课时安排教学内容。

至2008年，全市小学课程设置没有变化。

第三章　中学教育

第一节　发展概况

1978年，淮阴地区中学教育秩序逐步走向正轨，有中学473所，其中初中112所、完全中学361所，在校生499332人，其中初中生396344人、高中生114060人。1978年后，中学教育规模不

断扩大，教育质量稳步提高。1979年，全地区有中学507所，淮阴中学、清江中学以及各辖县县中14所学校被省教育厅批准为省重点中学。

1980年，根据“调整、改革、整顿、提高”的方针，集中力量办好一批高中，农村中学的高中班大多裁减合并，停办部分中学、小学“戴帽初中”班，各乡镇办1所联中，初中校数量大幅增加，完全中学数量大幅减少。是年，全地区有中学533所，其中初中356所，比1979年增加214所，完中177所，比1979年减少188所。

1981年起至20世纪80年代中期，全地区初中校数量持续增加，高中校数量持续减少。同时，各地加大投入，改善办学条件，到1986年，全市普通中学大多数实现教室、课桌凳、宿舍、院墙、校门、厕所“六配套”。1982年，清江市四中、六中、八中、十中等校高中部改招职业班。是年，淮阴中学、清江中学、淮阴师专附属中学及各县县中高中由二年制向三年制过渡，无高中毕业生。

1985年，淮阴市落实《中共中央关于教育体制改革的决定》，基础教育实行“分级办学、分级管理”的管理体制，进一步调整教育结构，逐步把发展基础教育的重点转移到有步骤地实施九年义务教育上来，同时发展职业技术教育。是年，为解决清河区教育基础薄弱、北京路以西片区没有中学问题，市区新建1所北京路中学。

1986年《中华人民共和国义务教育法》颁布实施后，淮阴市全面推进普及九年义务教育，提出“撤联中，扩大乡中心初中，3万以上人口的乡镇兴建二中，完全中学的高、初中逐步分设”的要求，全市初中教育得到进一步发展。是年，全市有普通中学801所，其中初中710所，为历史最高值。是年，除省淮阴中学、市清江中学、淮阴师专附中外，市区中学全部划归清河、清浦2个区管理。

1988年起，在保持初中教育发展规模的同时，着手抓内涵发展和质量提高，开始逐年调减初中校数量，贯彻落实《江苏省初级中学合格标准》，启动合格初中创建工作。1989年12月至1990年10月，根据省教委《关于重点中学检查验收有关事项的通知》，全省进行首批30所重点中学的检查验收工作。省淮阴中学、县级淮安市中学、金湖县中学通过复查验收，成为江苏省首批合格重点中学，占全省总数的十分之一。

1992年，邓小平南方讲话发表后，淮阴市委、市政府作出“科教兴市”的战略决策，加大“普九”工作力度，进一步推动中学教育发展。洪泽县中学通过省重点中学复查验收，成为省合格重点中学。1994年，贯彻落实《中国教育改革和发展纲要》，全市基础教育进一步加强，办学效益提高。淮阴市清江中学、涟水县中学、盱眙县中学、淮阴县中学通过省验收，成为省合格重点中学。至当年年末，全市有初中594所，招生14.8万人，毕业生10.91万人，在校生39.24万人；普通高中（含完全中学）85所，招生1.58万人，毕业生1.46万人，在校生4.45万人。根据省教委部署，按照《江苏省普通高中合格标准》，启动合格高中创建工作。组织首批省、市模范学校交流办学经验。

1995年，调整中学布局，提出“扩大高中和乡初中规模，3年内撤销所有联中”的要求，规定一般高中至少4轨以上，省属重点高中6～8轨，乡镇初中6～10轨，乡镇二中基本与乡中平衡。至当年年底，全市调减普通高中6所、联中78所。调整后，全市普通中学规模扩大，师生比提高，设备利用率和办学效益提高。全市有初中516所，增加216班，招生158893人，增加招生10823人；普通高中79所，增加32班，招生18348人，增加招生2155人。初中生年巩固率94.8%，比1994年略有提高；初中毕业生升学率39.9%，比1994年提高6.3个百分点。

1996年，中学教育特别是初中教育发展较快，比原计划提前2年完成基本普及九年制义务教育的历史任务，全市全面进入“普九”阶段，人口覆盖率100%。是年，行政区划调整后，全市普通中学数量大幅减少，但办学水平和质量大幅提高。全市有普通初中242所，年招生64805人，超

额完成计划数，初中在校生193775人，每万人口中有初中在校生399人；初中学生流动率2.96%，初中毕业生升学率45.14%，有普通高中42所。评选第二届省、市级模范学校。江苏省淮阴中学、淮阴市清浦中学、县级淮安市第二中学、县级淮安市钦工中学、涟水县中学、涟水县南集中学、淮阴县王营镇中学、洪泽县共和中学、金湖县实验初中、盱眙县中学、盱眙县新街初级中学11所中学被评定为第二届市级模范学校，江苏省淮阴中学、涟水县南集中学推荐上报为省级模范学校。

1996年完成“普九”任务后，全市将中学教育工作重点转移至加快高中发展，扩大办学规模，提高教育质量上来，持续加大普通高中布局调整力度，坚持走内涵发展、适度发展的道路，不断提高高中普及率。1997年，提出“加快创建步伐，加大创建力度，坚定不移地办好重点高中”的总体要求，加快省、市重点高中建设步伐。年内，根据省教委重点中学初、高中分设的要求，省淮阴中学与民进淮阴市委在该校初中部基础上合作创办淮阴市开明中学，率先实现初、高中分离。当年全市新增完全中学1所、农业职中2所，独立初中减少14所。洪泽县第二中学、县级淮安市第二中学通过省教委重点高中评估验收，全市省重点高中增至10所。重新确认洪泽县第二中学、淮阴市第二中学、盱眙县马坝中学、金湖县第二中学、淮阴县淮海中学、县级淮安市钦工中学、淮阴市清浦中学、淮阴师范学院附中8所学校为淮阴市重点高中。

图30-3 淮阴市普及九年义务教育通过国家教委验收（1996年）
市档案馆 供

1998年，淮阴市清江中学初中部成立民办淮阴市启明外国语中学，实现初高、中分离。涟水籍爱国人士、香港巴黎毛冷百货公司董事长兼总经理郑兆财捐建的涟水县郑梁梅初级中学建成，涟水县中学初中部整体并入该校。其他各县中初中部也相继与有关方面合作成立民办学校，实现初、高中分设。当年全市有普通中学256所，比1997年减少15所。其中，普通高中44所，较1997年增加1所；有659个班，年招生16343人，比1997年增招2977人；全市普通高中在校生40065人，较1997年净增6722人，增幅20.2%，平均每万人口中有高中在校生80.94人。有普通初中212所，3204个班，在校生180426人，较1997年减少1000人，平均每万人中有初中在校生364人。全市下达普通初中招生计划67800人，实际招生66929人，完成率98.72%。年内，盱眙县马坝中学成为全市第一所通过省重点高中验收的农村中学，洪泽县岔河中学、淮阴县刘老庄中学、金湖县吕良中学、盱眙县管镇中学、淮阴市城南中学、涟水县五港中学及唐集中学、县级淮安市平桥中学8所学校被确认为普通高中合格学校，淮阴市第二中学等56所学校被确认为合格初中学校。至此，全市省重点高中达11所，即江苏省淮阴中学、县级淮安市中学、涟水县中学、金湖县中学、盱眙县中学、洪泽县中学、淮阴县中学、淮阴市清江中学、洪泽县第二中学、县级淮安市第二中学和盱眙县马坝中学，有40所普通高中、225所初级中学通过市级合格验收。

1999年，为加强初级中学建设，根据省教委部署，淮阴市开始实施“教育现代化工程示范初中”工程创建。同时，加速进行中学布局调整，市教委出台《进一步加快中小学布局调整的意见》，按照“既方便学生上学，又充分利用教育资源，充分发挥规划效益”的原则，结合撤乡并镇进行初中布局调整，将办学条件差、教学质量不高的普通高中一部分改办成初中或综合高中，一部

分改为职业高中，并将农村高中逐步向县城或经济基础较好、交通便利的乡镇集中。要求省重点高中招生规模在20轨以上，市重点高中在8～10轨以上，一般高中6轨以上，争取8轨以上。是年，全市撤并初中、联中40多所。普通高中42所，比1998年减少2所；在校生44395人，较1998年净增4330人，增幅为11%；平均每万人中有高中在校生90人，比1998年增加9人。普通初中203所，比1998年减少9所；在校生180592人，平均每万人中初中在校生365人。初中学龄儿童入学率90.52%，比1998年提高10个百分点，巩固率96.17%，毕业率98.68%，初中毕业生升学率60.63%，突破60%大关。

2000年，适应高校扩招形势，调整高中招生办法，简化招生手续，全市高中阶段录取新生3.18万人，高中入学率比1999年净增15.11个百分点，达75.74%，完成市委、市政府提出的高中扩招、保证75%的初中毕业生升入高中就读的目标任务。全市省、市重点高中和一般高中录取新生数约占高中阶段招生总数的70%。全市普通高中招生数比1996年的1.6万人翻了近一番，在校生52794人，比1996年增加2.6万人，每万人口中有高中在校生105人。普通初中在校生183763人，每万人口中初中在校生366人。初中适龄儿童入学率92.69%，巩固率95.27%，毕业率86.99%，毕业生升学率75.33%。省淮阴中学、市清江中学率先通过江苏省国家级示范性高级中学评估验收。

2001年，继续扩大高中教育规模。全市普通高中47所，较2000年增加4所；年招生23287人，比2000年增加1393人；在校生59664人，较2000年净增6870人；每万人口中有高中在校生117人，比2000年增加12人。初中教育规模与2000年基本持平，初中学龄儿童入学率96.85%，巩固率93.92%，毕业率92.19%，毕业生升学率76.4%，比2000年提高1.07个百分点。是年起，各类创建工作加快进程并取得实效。年内，淮安中学、涟水中学通过国家级示范性高中评估验收；涟水县郑梁梅高级中学被批准为省重点中学；市北京路中学被批准为市重点高中。涟水县义兴中学、陈师中学，洪泽县共和中学、黄集中学，金湖县实验初级中学，淮安外国语学校，盱眙县仁集初级中学被批准为省实施教育现代化工程示范初中。淮安市第五中学等18所学校被公布为2000年度市实施教育现代化工程示范初中。组织全市创建省、市示范初中评估，淮安市第十中学等4所学校通过专家组评估验收。对6所省重点中学、6所初中教学工作检查督导，调研中学教学管理质量、教学改革现状。

2002年，全市高中阶段教育规模稳中有升，全市普通高中年招生25060人，在校生67659人，每万人口中有高中在校生132人；高中阶段入学率继续保持在75%以上。2002—2006年，淮安市迎来初中入学高峰，全市采取积极措施，平稳渡过，并完成布局调整任务。至2002年年末，全市有普通初中205所，在校生216822人，每万人口中初中在校生422人。初中入学率96.73%，巩固率96.6%，毕业率98.43%，毕业生升学率76%。楚州区建淮乡初级中学等19所学校创建成省级、市级示范初中。

2003年起，淮安市加大普通高中布局调整力度，加快评估创建星级高中进度。是年，淮安中学创建成四星级高中。涟水县第二中学、涟水县涟西（南）中学、洪泽县外国语高级中学、金湖县吕良中学、淮安市钦工中学、淮安市范集中学、淮安市车桥中学、淮安市吴承恩中学、淮安市淮阴区棉花中学、淮安市北京路中学、淮安市第一中学由原市重点高中转评为二星级普通高中。新增淮安市第六中学等17所市级示范初中。是年，全市有普通高中41所，1244个班，年招生25377人，在校生71266人，每万人中有高中在校生138人；有普通初中194所，4417个班，在校生262513人，每万人中有初中在校生507人。初中入学率96.52%，巩固率96.8%，毕业率98.53%，毕业生升学率首度突破80%，为80.59%。

图 30-4　江苏省淮阴中学解放路校区（2003 年）顾树青　摄

2004年，全市初中、普通高中每校服务人口分别为2.9万人、12.1万人。全市普通高中43所，1362个班，年招生26352人，在校生75449人，每万人口中有高中在校生145人；普通初中179所，4772个班，在校生301017人，每万人口中初中在校生578人。初中入学率97.6％，流动率2.58％，毕业率99.64％，初中毕业生升学率78.9％。年内，涟水县中学、金湖县中学、盱眙县中学创成四星级高中。新创建省级示范初中14所：淮安市北京路中学、淮安市张集中学、淮安市新渡中学、淮安市五里中学、淮安市流均中学、淮安市季桥中学、洪泽县外国语中学、盱眙县实验中学、盱眙县第七中学、金湖县塔集中学、涟水县实验中学、涟水县第四中学、涟水县朱码中学、涟水县黄营中学；市级示范初中13所：淮安市盐河中学、淮安市王营镇中学、淮安市渔沟二中、淮安市车桥中学、淮安市城东中学、淮安市徐杨中学、金湖县白马湖中学、洪泽县蒋坝中学、涟水县五港中学、涟水县涟西中学、盱眙县第五中学、盱眙县兴隆中学、盱眙县河桥中学。

2005年，全市有普通中学220所。其中，普通高中47所，1569个班，年招生36106人，在校生87304人，每万人中有高中在校生167人；有普通初中173所，4802个班，在校生294107人，每万人中有初中在校生561人。初中入学率98.87％，毕业率98.7％，升学率87.22％。年内，新创建省级示范初中12所：盱眙县第二中学、盱眙县观音寺中学、盱眙县穆店中学、楚州区吴承恩中学、楚州区马甸中学、楚州区文通中学、楚州区第四中学、金湖县陈桥初级中学、涟水县涟西中学、涟水县五港中学、涟水县高沟中学、淮安市渔沟第二中学；市级实施教育现代化工程示范初中11所：清浦区金英中学、淮阴区赵集中学、淮阴区吴集中学、楚州区席桥中学、楚州区板闸中学、金湖县银集初中、洪泽县高涧中学、涟水县岔庙中学、盱眙县第三中学、盱眙县铁佛中学、盱眙县鲍集中学。

2006年，全市高中阶段教育取得新突破。初中毕业升学率达90.62%，比2005年增长3.4个百分点，首次突破90%，高中阶段毛入学率62.39%，比2005年上升5.3个百分点。有普通高中48所，1727个班，年招生41655人，在校生101931人；普通初中167所，4475个班，在校生267718人，初中入学率99.88%，毕业率99.41%。

2007年，全市有普通中学214所，在校生354447人，教职工23655人，专任教师19788人；初中专任教师达标率96.2％，高中专任教师达标率90.3％；初中毕业率98.9％、升学率92.06％、入学率100％、巩固率99.91％。创建省、市级示范初中98所，优质初中比例为61.7％；创建四星级高中9所，三星级高中9所，二星级高中11所，优质高中比例为45.6%。

2008年，全市有普通中学211所，6006个班级，在校生341109人，教职工23893人。其中，初中163所，在校生22.5万人；普通高中48所，在校生11.5万人。普通高中优质率比2007年提高2.2个百分点。

1978—2008年淮安市中学教育情况表

表30-2

年份	初中			高中及完全中学	
	学校数(所)	在校生数(人)	升学率(%)	学校数(所)	在校生数(人)
1978	112	396344	—	361	114060
1979	142	413902	—	365	62020
1980	356	416014	—	177	35898
1981	506	371582	—	169	—
1982	590	339809	—	137	40287
1983	590	303868	—	100	36585
1984	628	305726	—	94	40251
1985	682	337704	29.40	92	43255
1986	710	358927	—	91	47396
1987	709	369411	—	90	51017
1988	702	356450	—	92	52732
1989	698	353485	—	91	57049
1990	682	362902	—	89	50433
1991	665	370601	—	86	49642
1992	650	380894	—	85	47096
1993	627	379689	—	86	44681
1994	594	392356	33.60	85	44512
1995	516	420182	39.90	79	47561
1996	242	193775	—	42	28526
1997	228	181425	—	43	33343
1998	212	180426	—	44	40065
1999	203	180592	60.63	42	44395
2000	203	183763	75.33	43	52794
2001	203	185542	76.40	47	59664
2002	205	216822	76.00	43	67659
2003	194	262513	80.59	41	71266
2004	179	301017	78.90	43	75449
2005	173	294107	87.22	47	87304
2006	167	267718	90.62	48	101931
2007	168	234447	91.90	46	120000
2008	163	225000	95.87	48	115000

第二节　学制　课程

一、学制

1978年，清江市市区中学实行五年一贯制，淮阴地区其他中学实行“二二”学制，即初中、高中各2年。1979年，清江市市区中学及各县县中先行恢复初中三年学制，实行“三二”学制，即初中三年、高中二年；其他中学仍实行“二二”学制。1980年，全地区中学初中均恢复三年学制，实行“三二”学制；市区中学和各县县中高一新生恢复三年学制，实行“三三”学制，即初中三年、高中三年。1982年起，其他中学高中一年级也向三年制过渡。1983年，全市中学普遍实行“三三”学制，至2008年不变。

二、课程

1978年，淮阴地区各全日制中学按照教育部《全日制十年制中小学教学计划试行草案》设置课程，开设政治、语文、数学、外语、物理、化学、生物、历史、地理、体育、音乐、美术等课程。高中实行文理分科，文科增加史地课时，理科增加理化课时，考外语专业者增加外语课时。是年秋，城市中学实行三二分段，在初一使用全国统编教材，农村有条件的中学开设外语课。1979年，初中、高一开始采用十年制全国统编教材。

1980年秋，初中增设生理卫生课。1981年，初中一年级的数学改为三角、几何、代数三科，初中二、三年级的政治课停授《科学社会主义常识》，分别改授《青少年修养》和《法律常识》，高中政治课分别改为《政治经济学》和《辩证唯物主义常识》。1982年秋，各中学全部采用全国统编教材，初中开设政治、语文、代数、几何、物理、化学、外语、历史、地理、动物、植物、生理卫生、体育、音乐、美术15门课程，高中开设政治、语文、代数、几何、三角、物理、化学、外语、历史、地理、生物、体育12门课程。1982年后，初、高中增设劳动技术课，高中增设人口教育课、计算机课。1987年起，初二政治由《青少年修养》改为《公民》，初三政治由《法律常识》改为《建设常识》，高一政治由《政治经济学》改为《科学人生观》，高二、高三政治由《辩证唯物主义常识》改为高二《经济常识》、高三《政治常识》。1987年下半年开始，根据省教委规定，高中增加社会实践教育，组织学生进行社会考察、社会服务和生产劳动。

1990年，全市高中执行国家教委修改后的普通高中课程计划。1991年秋季起，根据国家教委规定，高中政治课每周增加1课时，用于时事政策教育。是年秋季，从入学的高一年级学生开始实行普通高中会考制度。考试科目有语文、数学、政治、物理、化学、历史、地理、生物、外语9门课程；考查科目有劳动技术课及物理化学和生物学科的实验操作。1992年，初中一、二年级增设健康教育课。当年秋季起，高中一年级开设世界史课程，高中二年级开设中国近代、现代史课程。人口教育为必修内容。1993年，依据国家教委《九年义务教育全日制小学、初级中学课程计划（试行）》安排课程。

1994年8月开始，各中学执行全省统一的全日制中小学单双周工时制，课表按11天课程设置，单周上5天课程，双周上6天课程，初中科目基本不变。高中执行国家教委调整后的普通高中教学计划，适当调整减少必修课中的语文、数学、外语、化学、物理等学科和选修课、课外活动的课时；将艺术学科作为必修课，在高中一、二年级开设；时事教育利用选修课或课外活动时间安

排，每学年不少于17课时。1995年，根据国务院令，全日制中小学从秋季开学起实行每日工作8小时、每周工作40小时标准工作制度。初中每周按5天排课，科目不变，周课时总量为33课时。高中各年级每周的活动总量在34课时以下；高中语文必修课三个年级的周课时数不变；其他学科必修课的课时不变，适当增加选修课课时；课外活动课时从原每周5课时减为4课时。1997年秋，初中三年级的物理课从每周2节调为3节，化学课从每周3节调为4节；初中一年级科技文体活动从每周2节调为3节，周课时总量为35课时。1998年，增加地方安排课程，初中增设计算机课。地方课程初一、初二每周1课时，采用淮阴市教育局组织编写和各县自编的地方教材。

2000年，普通高中体育和保健课更名为体育与健康课。普通高中必修课设有思想政治、语文、数学、信息技术、外语、物理、化学、生物、历史、地理、体育与健康、艺术及综合实践活动12门课程，选修课设有数学、信息技术、物理、化学、生物、历史、地理7门课程。2001年，初中思想政治课改为思想品德课，将信息技术与劳动技术纳入综合实践活动课程（主要包括信息技术教育、研究性学习、社区服务与社会实践以及劳动技术教育），体育课改为体育与健康课。增加学校安排课程，教材由各学校组织编写。是年，教育部印发《全日制义务教育各学科课程标准（实验稿）》，拉开新一轮课程改革的序幕。

2002年，金湖县作为省级试点县，实施义务教育课程改革。2003年起，义务教育阶段课程改革在全市范围内全面深入实施。在课程结构方面，整体设置九年一贯制的义务教育课程。初中阶段设置分科与综合相结合的课程，主要包括思想品德、语文、数学、外语、科学（或物理、化学、生物）、历史与社会（或历史、地理）、体育与健康、艺术（或音乐、美术）以及综合实践活动。倡导各地选择综合课程，开设选修课程。2005年，高中阶段新课程改革开始实施。高中以分科课程为主，在开设必修课的同时，设置丰富多样的选修课程，开设技术类课程，试行学分制管理。2005年后，贯彻江苏省教育厅颁布的《关于切实减轻中小学生过重课业负担的十项规定》，中学教育推进课程改革，在减轻学生课业负担同时，努力提高教育教学质量。至2008年，课程设置没有变化。

第四章 特殊教育

第一节 发展概况

1978年，淮阴地区仅有1所特殊教育学校——清江市聋哑学校，接受清江市市区残疾儿童就学，其他各县残疾儿童部分进入普通小学、初中随班就读，大部分弃学在家，全地区残疾儿童入学率较低。

1983年，清江市聋哑学校更名为淮阴市聋哑学校。20世纪80年代，特别是1986年《中华人民共和国义务教育法》颁布实施后，为提高残疾儿童义务教育普及率，全市加快发展特殊教育。是年，各县选择1所普通小学附设聋哑教学班，当年秋季招收聋哑学生，学制均为8年。同时，城乡开展残疾儿童随班就读实验，其中盲童实施随班就读的“金钥匙计划”成绩明显。

1989年起，淮阴市确立以特殊教育学校为龙头，以残疾儿童随班就读为主体的残疾儿童、少年义务教育发展模式。各县（市）先后在聋哑教学班基础上单独成立县（市）聋哑学校。同年，县级淮安市聋哑学校、盲人学校以及涟水县聋哑学校成立。1990年，洪泽县聋哑学校成立。1991年，县级淮安市聋哑学校、盲人学校与淮城镇城南小学合并成立县级淮安市特殊教育实验学校。1992年，盱眙县聋哑学校成立。1994年，淮阴县聋哑学校成立。同时，开展残疾儿童随班就读，大量残疾儿童进入普通学校学习。

1993—1994年，全市开展“争创全国特殊教育先进县（市）”活动。1993年，金湖县率先被国家教委评为全国特殊教育先进县。1994年，全市有15所特殊教育学校，在校生1288人（不含普通学校随班就读生）。

1995年，淮阴市把特殊教育纳入义务教育实施范围，提高残疾儿童入学率。开展残疾儿童的摸底、调查测试、认定工作，将9月定为特殊教育建档月，逐步建立健全县（市、区）特殊教育情况统计表、乡镇中心小学残疾儿童情况一览表、残疾儿童随班就读的普通小学特殊儿童受教育档案。印发《淮阴市残疾儿童随班就读工作意见》，挨家挨户动员残疾儿童入学，帮助解决经费困难，巩固学额。筹措经费，改善特殊教育办学条件，全市11个县（市）集资345万元。市聋哑学校、金湖县聋哑学校添置大功率语言训练器，成立康复班，将残疾儿童文化知识学习与早期康复有机结合。同时，建立健全特殊教育教师培训制度、教育教学工作管理制度。全市特殊教育总体办学水平有显著提高，县级淮安市通过全国特殊教育先进县（市）验收。全市各特殊教育学校扩大招生规模，普通学校残疾儿童班及残疾儿童随班就读发展良好。当年9月1日开学后，全市7～15岁适龄残疾儿童有14170人，在校就读的11478人，残疾儿童入学率从1990年前的38%上升到81%。1995年年末，全市有特殊教育学校15所，招生876人，毕业学生102人，在校盲聋哑学生1825人。

1996年行政区划调整后，全市有特殊教育学校10所，在校学生1037人。当年加强残疾儿童随班就读工作管理，在金湖县召开全市特殊教育工作现场会，推广该县残疾儿童随班就读的办学经验，规范残疾儿童的档案管理。在全市特殊教育学校进行教学质量检测，并对高年级学生进行编织、缝纫、推拿、理发等职业技能培训，提高教学质量和成效。继续多渠道筹措经费，改善特殊教育学校办学条件，县级淮安市特殊教育实验学校新建教学楼，改善盲聋哑儿童的生活、学习环境。

1997年，各地加大经费投入，改善办学条件。淮阴市聋哑学校投入160万元兴建建筑面积1800平方米的康复教学综合楼；县级淮安市特殊教育实验学校筹备建设残疾人生活服务区；洪泽县聋哑学校新教学楼完成动工准备工作。开展素质教育，加强残疾儿童的职业技能培训。强化特殊教育师资队伍建设，把师德教育放在首位，在教师学历全员达标的基础上，提升学历提高参训率，培养大专层次的师资。加强教育科研，以科研为先导，带动教学质量大面积提高。

1998年，全市有特殊教育学校10所，55个班，年招生175人，在校生2550人，教职工216人。其中，盲聋哑学校8所，52个班，年招生85人，在校生691人，教职工206人。1999年，针对全国普遍存在的残疾儿童入学率较大幅度下降的情况，淮阴市开展动员残疾儿童入学，做好残疾儿童相关统计工作，“三残”（智残、体残、肢残）儿童入学率稳定提高，全市特殊教育稳中有进。全市9所特殊教育学校年招生336人，在校学生2704人，教职工222人。举办全市聋哑学生田径运动会、特殊教育学校青年教师基本功大赛，开办律动教师培训班。1999年，淮阴市聋哑学校更名为淮阴市特殊教育学校，各县（市）聋哑学校也先后更名为特殊教育学校。2000年，全市9所特殊教育学校年招生286人，在校学生3008人，教职工212人。

2001年，市特殊教育学校建起教学辅助用房、运动场和校园中心路，种植800平方米草坪、300余株月季花，添置园林小品，更换教师办公桌椅和学生床，硬件设施基本达标。9所特殊教育学校年招生434人，在校学生2377人，教职工218人。2002年，重点开展残疾儿童随班就读工作，城镇残疾儿童入学率保持在90%以上，农村残疾儿童入学率保持在80%左右，全市残疾儿童入学率总体继续保持在85%以上。全市9所特殊教育学校年招生561人，在校学生3213人，教职工215人。组织全市特殊教育中青年教师基本功比赛。

2005年，全市8所特殊教育学校年招生385人，在校学生2808人，教职工227人。2006年，全市残疾儿童接受义务教育普及率92%。2007年，全市7所特殊教育学校开展创建省特殊教育合格学校工作，市特殊教育学校创成省特殊教育现代化学校，全市残疾儿童入学率95%。

2006年后，6所县属特殊教育学校中有5所异地新建，1所改建。盱眙县特殊教育学校新建占地面积2公顷的校园，建筑面积7000多平方米，投资900多万元。金湖县特殊教育学校异地重建占地面积1公顷的校园，投入650万元。洪泽县特殊教育学校异地重建，投入450万元。涟水县特殊教育学校异地改造，投入350万元。市特殊教育学校于2006年、2007年累计投入资金近200万元用于校舍改造和硬件设施添置，2008年又投资80万元新建学生餐厅。市第二特殊教育学校投入120万元用于校舍布局整合。金湖县每年投入15万元专用经费用于改善办学条件。至2008年，全市特殊教育学校硬件建设，特别是校舍等基础设施工程基本达到省合格学校标准，硬件设施基本达到要求。全市有特殊教育学校7所，班级76个，在校生2093人，教职工248人。

1986—2008年淮安市特殊教育情况统计表

表30-3

年份	学校数（所）	在校生数（人）	年份	学校数（所）	在校生数（人）
1986	1	407	1998	10	2550
1987	4	521	1999	9	2704
1988	7	605	2000	9	3008
1989	10	228	2001	9	2377
1990	13	1054	2002	9	3213
1991	15	1225	2003	9	—
1992	15	1248	2004	9	—
1993	15	1928	2005	8	2808
1994	15	1288	2006	8	—
1995	15	1825	2007	7	—
1996	10	1037	2008	7	2093
1997	10	3477	—		

第二节 学制 课程

1978年，清江市聋哑学校设小学部，学制五年，另设学前教育班。1986年，各县（市）新成立

的聋哑教学班学制均为八年。20世纪90年代中期，特殊教育逐步纳入义务教育轨道，学制改为九年一贯制，即小学六年、初中三年。市特殊教育学校开设高中教育，与普通高中一样，学制为三年。

各特殊教育学校起初只设聋哑专业，招收聋哑学生。20世纪90年代起，增设培智专业，招收智力落后学生。2008年，全市7所特殊教育学校均实现九年义务教育，市特殊教育学校和部分县（区）特殊教育学校还设有培智班和学前语训康复班，开设语文、数学、常识、思品、劳技、音乐（律动）、美术、微机、自然常识、社会常识、理科、体育、综合实践、手工等多门学科课程。至2008年年末，全市残疾人高中教育有一定发展，特殊教育学校聋哑专业学生初中毕业可以报考高中、中专、职业学校。

各特殊教育学校还对学生进行职业技能培训，培养学生的生活技能、职业技能和交往能力，为学生参与社会、工作就业打好基础。市特殊教育学校初中开设缝纫、十字绣、计算机、美工等培训，高中阶段开设计算机和美术专业。市第二特殊教育学校通过对楚州工业园区用人情况进行调研，开展以十字绣、剪刻纸、缝纫、花卉种植为主的职业培训项目。金湖县特殊教育学校进行理发、维修、电动缝纫、刺绣、珠绣、十字绣、丝带绣等项目的职业培训。洪泽县特殊教育学校主要开设绘画、烙画、电脑打字等培训课。涟水县特殊教育学校开设多种兴趣课，其中硬笔书法、田径、篮球、羽毛球、乒乓球、排球、绘画、刻纸、剪纸、十字绣、舞蹈等课程受到欢迎。淮阴区特殊教育学校开设缝纫、书法课程。盱眙县特殊教育学校开设理发、花卉、编织、刺绣等培训课。

第五章　中等职业技术教育

1978年，淮阴地区中等职业技术教育尚未恢复，全地区仅有淮阴师范学校、淮安师范学校、淮阴卫生学校、淮阴地区财经学校等数所学校。当年新办淮阴电子学校、淮阴地区商业技工学校。中共十一届三中全会后，淮阴地区实施中等教育结构改革，恢复和新办中等专业学校，开办技工学校，普通中学举办职业高中班或转办职业高中，开始建立中等职业技术教育基地，并获得初步发展，形成基础办学能力。20世纪90年代，全市中等职业技术教育发展迅速，在规模扩展和资源量化积累的基础上，丰富办学层次，改善办学条件，提升师资队伍水平，建设配套服务体系，构建起较为完善的中等职业教育体系，形成鲜明的淮阴教育特色和品牌优势。办学层次上，职业高中、普通中专、职业中专三者并行；办学条件从“有”向“优”转化，装备一大批较为完备的实验实习设施；师资队伍从强调数量要求向质量、结构和专业门类的齐全配套过渡。1995年，全市各类中等职业技术学校招生26482人，同1990年相比，招生数5年增长121%，初中升高中比例提高9.4个百分点，达39.9%。全市职高、普高招生比1.48∶1，中等职业学校在校学生总数40600人，此后一直保持合理规模，普教、职教双轨并行的高中阶段教育格局基本形成。1995年后，重点职教中心校建设和学校创建工作取得重要成果，市、县新建、扩建7所职教中心，创建一批省部级重点中专校和省级重点职中、国家级重点职中和省合格职教中心。2000年起，随着淮阴师范学校、淮安师范学校并入淮阴师范学院，中等专业学校相继提升办学层次。同时，市、县两级政府为解决职业教育布局分散、效益低下的状况，对区域职业技术教育资源进行整合重组，优化配置，共享资源，7

个县（区）分别组建职业教育集团。2005年，全市中等职业教育招生人数突破4万人，首次超过普通高中招生人数，普教职教比进一步趋于合理。至2008年年末，全市有各类中等职业学校38所，包括10所省、市属中专学校，22所县（区）属独立设置的职业学校和6所技工学校，在校生9.84万人，占高中阶段在校生总数的47%；有中等职业学校教职工3708人，其中专任教师2637人，教师学历合格率为76.7%。

第一节 普通中等专业学校和中等师范学校

1978年，淮阴地区普通中等专业学校、中等师范学校有淮阴卫生学校、淮阴地区财经学校、淮阴师范学校、淮安师范学校以及当年新办的淮阴电子学校、淮阴地区商业技工学校。1979年，淮阴农业学校恢复招生，招收统配生。同年，淮阴供销学校、淮阴粮食技工学校成立。1983年淮阴市成立后，新建一批省属、市属中专校。当年成立淮阴商业学校、淮阴市体育学校。1984年，淮阴市戏剧学校成立。1984—1985年，泗洪师范学校、沭阳师范学校、宿迁师范学校先后建立，全市中等师范学校增至5所。1987年，淮阴食品学校成立。是年，全市有中等专业学校12所，中等师范学校5所。淮阴农业学校、淮阴财经学校、淮阴电子学校、淮阴供销学校、淮阴商业学校、淮阴市体育学校、淮阴市戏剧学校、淮阴食品学校等12所中专校有在校生7000余人。淮阴师范学校、淮安师范学校、泗洪师范学校、沭阳师范学校、宿迁师范学校5所中等师范学校有教职工405人，其中专任教师194人，在校生3337人。

1990年后，全市中等专业学校、中等师范学校由数量扩张转入内涵发展，各校竞相扩大办学规模，提高办学质量，并适时提升办学层次，开办大专班。1993年，淮阴电子学校、淮阴粮食学校被省政府批准为首批省（部）级重点中专学校。1994年，全市有各类中等专业学校14所（含4所中等师范学校），在校生1.84万人。1995年，江苏省淮阴粮食学校更名为江苏省淮海工业贸易学校，扩大办学范围。1996年7月，淮阴电子学校获准招收电子元器件工艺与设备专业五年制高职班，为全省首批16所获准试办高职班的中专学校之一。淮阴师范学校招收五年制普师大专班，为该校由中师向大专转变迈出重要一步。是年，因行政区划调整，全市师范学校减为2所（淮阴师范学校、淮安师范学校），有各类中等专业学校13所（含中师2所），在校生35831人，专任教师1057人。

1997年，除淮阴电子学校继续举办五年制高职班外，淮阴师范学校、淮安师范学校首次招收五年制大专班（三二分段），全市三级师范教育开始向二级师范教育过渡。2000年3月，经省政府批准，淮阴师范学校、淮安师范学校并入淮阴师范学院，举办近百年的淮安市中等师范教育从此结束，淮安市师范教育完成三级师范向二级师范的过渡。是年，淮阴电子学校、淮海工业贸易学校被教育部确定为首批国家级重点中专校，淮阴财校、淮阴供销学校、淮阴农校、淮阴卫校、省食品学校参加国家级重点中专校评估。2001年，淮阴财经学校、省食品学校、淮阴供销学校被教育部确定为国家级重点中专校。

2001年起，淮安市中专教育进入一个新的发展阶段，淮阴电子工业学校等重点中专校在举办“五年一贯制”分段高职班试点基础上，适应国家发展高等职业教育的形势，升格成为专科层次的高职院校，全市中等专业学校掀起一波升格潮。是年6月，淮阴电子学校升格为淮安信息职业技术学院。2002年6月，江苏省食品学校与淮安经贸学校合并，升格组建江苏食品职业技术学院。

2004年7月，江苏省淮阴财经学校与江苏省淮海工业贸易学校合并，升格组建江苏财经职业技术学院。其他中等专业学校也创造条件，扩大高职教育规模。

此外，2003年，教育部开展国家级重点中等职业学校调整认定工作，推进中等职业学校布局结构调整，加强骨干示范性中等职业学校建设。2004年3月，淮海工业贸易学校、淮阴财经学校、淮阴农业学校被认定为新调整的首批国家级重点中等职业学校。

至2008年，淮安市有普通中等专业学校17所，在校生38354人，专任教师1649人。

（一）江苏省淮阴师范学校

该校前身为创办于清光绪三十二年（1906）的江北初级师范学堂，辛亥革命时停办。民国初，在其旧址设立江苏省立第六师范学校。民国21年（1932），更名为江苏省立淮阴师范学校。1953年5月，正式定名为江苏省淮阴师范学校。学校数度迁址，1978年迁入淮阴县王营镇西北营西桥畔（今淮阴区长江路）。

1987年，学校有教职工185人，其中专任教师77人，有22个班，分为普通师范、幼儿师范、音乐师范3个专业，学制均为三年，在校生1066人，有实验楼1栋，物理、化学实验仪器570余种，图书馆藏书4.14万册。1996年，学校首次招收五年制普师班，开始向大专化转轨。1998年，学校办学条件标准化通过省级评估验收。有教职工179人，其中高级职称24名、中级职称48名、参加研究生课程班学习和考取在职研究生34名。开设三年制普师、幼师、音师、英语专业，五年制普师、“三二”分段大专6个专业、39个教学班，有在校生1926人，在籍函授学员5000余名。校园占地面积10.4公顷，建筑面积4.36万平方米，各类仪器设备总价值680万元，图书馆藏书14万册，订阅各类期刊430种，教学设施完善，有当时全省中师中面积最大、功能最全的音乐楼，其他专用教室、实验室、教学设备等均达到省规定标准。

2000年3月，经省政府批准，学校并入淮阴师范学院，同时撤销淮阴师范学校建制，原校址改为淮阴师范学院王营校区。

（二）江苏省淮安师范学校

该校前身为盐阜区联立中学，创建于民国30年（1941）。校名几度变更，至1949年5月改称为盐城行政区区立师范。1950年春，学校迁至淮安，更名为苏北淮安师范学校。1953年5月，定名为江苏省淮安师范学校。1960年，被评为全国文教群英先进单位。1979年，被省教育厅确定为江苏省重点师范学校。1984年，被省教育厅确定为中师教育教学管理体制全面改革试点学校。校址位于今楚州区淮城镇，原为清乾隆时丽正书院旧址，后为淮安府中学堂、江苏省立第九中学校址，也曾为华中分局和华中军区机关驻地。占地面积8.7公顷，建筑面积2万多平方米。

学校以“知为人师，行为世范”的校训和“博学、严谨、创新、垂范”的教风，面向农村、面向小学培养“德高学高，言正身正”的基础教育师资。20世纪80年代，开展语文单元系列化教改试验、数学“条龙化”教学体系实验。1986年，开始实行择优推荐保送应届毕业生进入高师学习制度。1987年，有教职工198人，其中专职教师77人；有24个班，分成普通师范班、体育师范班、美术师范班，学制均为三年，在校生1132人。图书馆藏书9.03万册，建有物理、化学、生物等实验室和电教室、微机室。20世纪90年代，实施“四大块”新教学方案，全面推行素质教育，探索现代化教学模式。1991年，获国家教委通报表彰。当年有教职工201人，其中高级职称17人、中级职称31人，开设普师、幼师、美术、体育4个专业。1997年，开始招收小学教育专业大专班，办学层次向大专化转轨，办学规模创新高，有35个班级、1782名学生。其中，大专部有文、理科各1个班；中师部有普师27个班、美师班3个、体师班3个；另有中小学民师班各1个，大专函授班10个。

1993—1999年，学校连续被评为江苏省文明单位。1998年，通过省教委组织的办学条件标

准化评估验收。2000年3月，学校并入淮阴师范学院，淮安师范学校建制同时撤销，原校址改为淮阴师范学院楚州校区。

（三）江苏省淮阴电子工业学校

该校成立于1978年11月，校址初设于淮阴无线电厂，后迁至市区北京路。1990年，与东南大学合作开办无线电技术和电子元件2个专业本科函授班。1992年，通过省教委办学条件合格评估。1993年11月，被省政府批准为首批省（部）级重点中专学校。1996年6月，获省“文明校园”称号。1996年7月，获省教委批准招收电子元器件工艺与设备专业五年制高职班，为全市唯一、全省首批16所获准试办高职班的中专学校之一。1997年，获批招收“3+2”对口招生高职班。1999年，学校形成以中等专业教育为主体、高等职业教育为重点的办学模式，高职部有电子元器件工艺与设备、电子设备运行与维修、电子技术应用3个专业，中专部有电子工程、信息工程、机电工程三大类15个专业。2000年，被教育部批准为首批国家级重点中专校。2001年，学校占地面积8公顷，总建筑面积9.5万平方米，图书馆藏书近20万册，有实验室、实训中心、教学工厂58个，在校生5000余人，教职工280余人。

2001年6月，经省政府批准升格为淮安信息职业技术学院，原江苏省淮阴电子工业学校建制同时撤销。

（四）江苏省淮阴财经学校

该校创办于1964年9月，初名为淮阴会计专业学校，校址位于市区大治路，是淮阴地区第一所培养财会人员的专业学校。1965年，更名为淮阴地区会计中等专业学校。1969年6月停办。1971年复校后，先后更名为淮阴地区会计学校、七·二一财经大学、淮阴地区财经学校、淮阴市财经学校。1986年，更名为江苏省淮阴财经学校，隶属于省财政厅，次年实行全省统一招生、分配。1994年，学校开设财会、财政、企业财务与会计、农业财务与会计、会计电算化、国有资产管理、基建财务与会计7个专业，有在校生1420人。1996年，获省“文明校园”称号。1997年，被表彰为省级德育先进学校。1998年5月，经省政府批准，被确定为省（部）级重点中专学校。至1999年，学校占地面积5.47公顷，建筑面积4万多平方米，有在校生1600人，教职工143人，专兼职教师79人，其中讲师、高级讲师56人，本科学历教师占教师总数的95%，“双师型”教师（既能胜任理论教学，又能指导学生实践的教师）占总数的20%；形成多层次、多形式办学，普通中专开设财政、投资、会计电算化、财务会计、金融、对外贸易、经济法、审计、营销、餐旅管理、计算机维护与应用11个专业，同时开设职工中专、专科函授、大专自学考试及各类成人教育班。2001年3月，被教育部确定为国家级重点中等职业学校。

2004年7月，经省政府批准、教育部备案，与江苏省淮海工业贸易学校合并组建专科层次的江苏财经职业技术学院，原江苏省淮阴财经学校建制同时撤销。

（五）江苏省淮海工业贸易学校

该校成立于1979年5月，初名为江苏省淮阴粮食技工学校，校址位于市区大治路，隶属于省粮食局。1983年6月，更名为江苏省淮阴粮食学校。1987年，学校有教职工143人，其中专任教师79人，设粮食加工、饲料加工、油脂制取、粮油机械4个专业，有在校生412人。1993年、1994年，分别被省政府、国内贸易部批准为省、部级重点中专学校。1995年，经省政府批准，学校更名为江苏省淮海工业贸易学校，仍隶属于省粮食局，并增设计算机应用、企业供电、自动控制、经济贸易、公关文秘专业。1999年，学校占地面积7.06公顷，建筑面积5万平方米。有在校学生2936人；教职工164人，其中专任教师88人，有高、中级职称的教师64人，占专任教师总数的73%。学校拥有20多个各类实验室和2400平方米的现代化电教大楼，闭路电视系统设备先进，教室均

配有彩电。图书馆占地面积2400平方米，藏书12万余册。学校设有机电一体化、自动控制技术、粮食工程（含粮食加工、油脂制取、饲料加工与饲养、粮油储藏4个专业方向）、企业供电、计算机应用、公关与文秘、市场营销7个专业，其中机电一体化和粮食工程为骨干专业，形成多层次、多形式的办学格局。2000年，被确定为首批国家级重点中等职业学校。同年，开设首个五年制高职专业——粮食工程。2001年和2002年，相继开设机电技术应用、电气运行与控制、计算机网络技术、计算机及应用、电子信息工程和电子技术应用6个五年制高职专业。2003年，增设数控技术运用、模具设计与制造、电子商务3个五年制高职专业，形成以三年制中专专业为基础，五年制高职专业为重点的专业体系。同年，适应教育层次和办学功能的转变，对教育教学组织进行重要改革，撤销原专业科和教研室，设立机电工程系、粮食工程系、电子工程系、管理工程系、基础教育一部、基础教育二部及继续教育科。当年有教职工172人，其中高级技术职务31人、中级技术职务60人，"双师型"教师60余人，专兼职教师中取得硕士学历和在读硕士研究生30人；毕业生676人，招生人数首次超1000人。

2004年7月，经省政府批准、教育部备案，与江苏省淮阴财经学校合并组建专科层次的江苏财经职业技术学院，原江苏省淮海工业贸易学校建制同时撤销。

（六）江苏省食品学校

该校创建于1960年，校址位于市区石码头，设食品、发酵2个专业，学制三年。1962年停办。1979年，淮阴地区行政公署与南京工学院合作成立南京工学院淮阴专科班。1981年，经省政府批准，在南京工学院淮阴专科班基础上复建淮阴食品工业学校，校址位于市区健康西路，隶属于省轻工业厅，受省轻工业厅和淮阴地区双重领导。招收高中毕业生，学制三年。1986年秋，改招初中毕业生，学制四年。设发酵工艺、食品工艺、食品机械3个专业，面向全省招生、分配。1987年开始在新疆、广东、云南、安徽、湖南等省和自治区招收代培生。是年，有教职工145人，其中专任教师65人，在校生478人。1990年起，学校开拓生源，根据社会需求开设新专业，不断扩大办学规模。1991年开始，参加江苏省中等专业学校合格评估。1994年，在全国中专学校中首家开设营养与食品加工专业，并开办全省酿酒行业高级技工培训班。当年招生850人，在校生数由1993年的1020人增加到1700人。1997年，学校更名为江苏省食品学校。1998年，被省政府确定为省部级重点中专学校。1999年，学校占地面积7.5公顷，建筑面积4.7万平方米，固定资产总值3762万元，各类基础教学、实习、实验生活、运动设施配套齐全，有在校生3700多人，教职工200人，其中专任教师95人，有高中级技术职称70人，成为省内唯一、国内第一所以培养食品方面人才为主的综合性省部级重点中专学校。学校专业以工科为主、食品专业为特色，分四大类14个，其中食品类有食品工艺、营养与食品加工、工业分析、食品检测专业，发酵类有工业发酵工艺、酿酒工艺、精细化工工艺专业，机电类有机械装备与管理、机电一体化、现代电气技术专业，管理类有涉外市场营销、经贸英语、餐旅管理、烹饪工艺专业。此外，开设营养与食品加工专业高职班，挂靠淮阴工业专科学校。是年，创办国家职业技能鉴定所，对酿酒、食品、餐旅服务等4个行业20多个工种进行职业技能鉴定。2001年，被教育部确定为国家级重点职业学校（中专）。

2002年6月，经省政府批准，与淮安经贸学校合并组建专科层次的江苏食品职业技术学院，原江苏省食品学校建制同时撤销。

（七）江苏省淮安经贸学校

该校创建于1964年11月，初名为淮阴专区供销合作职业学校，后正式定名为淮阴专区供销商业学校。1968年停办。1979年5月，在原淮阴专区供销商业学校基础上创办淮阴供销学校，隶属于淮阴地区供销合作联社。开设3个专业，学制两年。初借用淮阴县五里乡县委党校校舍，

1980年迁至市区健康西路。1987年，设置供销社财务会计、计划统计、物价和商业经营4个专业，有在校生400人，教职工110人，其中专业教师46人。1988年，改隶江苏省供销合作总社，受省供销合作总社、淮阴市双重领导。1992年，被江苏省教委评定为首批办学条件合格中专校。此后快速发展，办学规模不断扩大。提出复合型人才培养目标，创设复合专业、复合技能、复合学历3种培养模式，被省教委核准为全省唯一可以颁发第二专业证书的学校。1996年，被省教委命名为文明校园。1998年，被江苏省政府、中华全国供销合作总社分别批准为省、部级重点中专学校。1999年，学校占地面积7公顷，建筑面积4.65万平方米，图书馆藏书13.7万册，有在校生2300余人，教职工140人，其中专职教师91人，高、中级职称教师占专任教师总数的69%。开设财会、审计、对外贸易、市场贸易、市场营销、会计电算化、经济法兼文秘、商务秘书、计算机与办公现代化、餐旅管理、涉外会计11个专业。2001年，被教育部确定为国家级重点职业学校（中专）。同年，更名为江苏省淮安经贸学校。

2002年6月，与江苏省食品学校合并组建江苏食品职业技术学院，原淮安经贸学校建制同时撤销。

（八）淮阴卫生高等职业技术学校

该校创办于1958年，初名为淮阴医学专科学校。1962年，因国民经济调整，淮阴医专停办，与其他学校合并改办江苏省淮阴卫生学校，开办护士专业和在职调干进修生班，成为1962年后境内仅有的4所中专校（含两所师范学校）之一。1965年，"戴帽"招收"社来社去"（从公社来，回公社去）医学专科班。"文化大革命"中停止招生。1972年，恢复招生，招收"社来社去"医士、护士、助产士3个专业。1973年起，面向全省统一招收医士、护士、助产士3个专业。1977年，开始招收大专班。1979年，校址由清江市区苏皖边区政府旧址北迁至淮阴县王营镇地区医院南侧。1980年，大专班定名为徐州医学院淮阴专科班。1982年，大专班停招。1985年，再次招收大专班，更名为南京医学院淮阴专科班。1998年5月，学校被省政府批准为省（部）级重点中专校。2001年，被教育部确定为国家级重点职业学校（中专）。2003年年末，学校被教育部、卫生部等六部委确定为国家技能型紧缺护理人才培养培训基地学校。2004年，护理、检验2个专业被评为省级示范中职专业。2005年2月，被省教育厅确认为首批参加技能型紧缺人才培养培训工程实训基地建设项目学校。2007年4月，经省教育厅批准，更名为淮阴卫生高等职业技术学校，并成为江苏联合职业技术学院淮阴卫生分院。同年12月，被省卫生厅、教育厅确认为全省在岗乡村医生中专学历补偿教育主办学校。2008年，被评为首批江苏省职业教育课程改革实验学校。

至2008年，学校占地面积10.3公顷，建筑面积5.18万平方米。有科研楼、教学楼、实验楼、图书馆、礼堂、餐厅、学生公寓等先进完善的教学、生活和体育活动设施；建有化学、生化、形态、解剖、机能、微寄、护理、助产、临床、临检等多个实验室及实训中心，实验自开率、实习开出率均为100%。另建有5个语音室、10个多媒体教室、2个电子阅览室和校园网络系统；教学仪器设备总值1013.5万元；适用图书资料10万多册。建有护理、医学检验、康复技术、药学四大实训基地，拥有10所教学医院、50所实习医院和1所附属医院。

学校形成多专业、多层次的以高职为主、中高职兼办，学历教育与社会培训并重的办学格局。有护理、涉外护理、助产、医学检验技术、康复治疗技术和药学6个高职专业，护理和医学检验2个中专专业。其中，护理专业为省五年制高职优秀示范专业，医学检验技术为省五年制高职示范专业和2008年省职业教育课程改革专业实验点。与南京医科大学、徐州医学院等6所高校联合举办护理、临床医学、医学检验等大专和本科层次成人学历教育及临床医学研究生课程班。有全日制学历教育人数5534人，成人学历教育2741人，乡医中专学历补偿教育注册学员33994人。全

科医生、社区护士岗位培训，乡村医生、乡卫生院骨干培训，“好医生”网站等各类培训超过3000人次。学校有专职专任教师122人，其中全国模范教师1名、省“333”工程培养对象1名、省优秀教育工作者1名、省卫生厅评选的省级学科带头人1名、省级骨干教师1名。硕士学历以上5人，本科学历教师110名，高级职称教师48名，中级职称教师42名，专任文化课教师41人，专任专业课教师64人，实习指导教师17人。2008年，毕业生就业率98.33%，专业对口就业率95%。

（九）淮安生物工程高等职业学校

该校创建于清光绪三十四年（1908），初名为江北农工学堂，后先后改称江北农林学堂、江苏省立第三农业学校、省立第四中山大学区立淮阴农业学校、中央大学区立淮阴农业学校、江苏省立淮阴农业学校。1937年“七七”事变后，学校解散。1951年，学校在清江市北郊重建，时名苏北淮阴农业技术学校，归苏北行政公署文教处领导。1953年，更名为江苏省淮阴农业学校，归江苏省农林厅直接领导。1958年，加挂“淮阴农业专科学校”校牌，由淮阴专员公署和省农林厅双重领导，以淮阴专员公署领导为主。1958年秋，校址迁至淮安县湖心公园。1975年，更名为淮阴地区五七农业大学，归淮阴地区革委会领导。1979年7月，复名为江苏省淮阴农业学校，由省农林厅和淮阴地区行政公署双重领导。1983年后，由省农林厅和淮阴（安）市政府双重领导，以市政府领导为主。2003年，经省教育厅批准，更名为淮安生物工程高等职业学校，保留“江苏省淮阴农业学校”牌子，同时增挂“江苏省联合职业技术学院淮安生物工程分院”牌子，学校由淮安市政府领导，业务管理归江苏省联合职业技术学院。

1978年10月，学校增办江苏农学院淮阴专修班，学制三年，毕业后由国家统一分配工作。1979年，原五七农大设置的农机、蚕桑2个专业停办，保留农学、植保、畜牧兽医3个专业，学制三年。当年招收国家统配生160人。1983年，受省高教局委托，开办农业职中师资大专班，从参加全国统一高考学生中录取，毕业后统一分配。1992年9月，学校被省教委确定为首批合格中专校。1997年11月，通过江苏省办学水平评估验收。1998年5月，被省政府批准为省（部）级重点中专校。学校开设农学、植保、畜牧兽医蔬菜、淡水养殖、多种经营、汽拖、农建、微机、农经、乡村企业管理、审计与会计、动检、特养13个专业。当年招收522人，有在校生2059人，教职工200人。2000年，设立农业技术国家职业技能鉴定所。同年12月，被教育部确定为国家级重点中等职业学校（中专）。2002年，招收畜牧兽医专业五年制高职班。2004年，学校被重新认定为国家级重点中专校。2006年，新增大专会计与审计专业、五年制高职软件技术专业，五年制高职畜牧兽医专业被确定为省级示范专业和省级课程改革实验点。当年被教育部、人事部联合表彰为全国教育系统先进集体。2007年，在中职畜牧兽医和园艺专业被评为省级示范专业的基础上，高职畜牧兽医专业被省教育厅认定为江苏省五年制高职示范专业，会计与审计专业、园艺技术、计算机应用技术、汽车运用与维修技术、机电技术应用5个高职专业被确定为淮安市课程改革实验点。

2008年，学校占地面积近40公顷，建筑面积15万平方米。校园内教学、生活、运动场地设施和实习实训基地配套齐全，功能先进，建有园艺、牧医、计算机、机电、汽车、会计六大实训中心共64个实验室，并有一支素质优良、结构合理、数量充足、教学水平高、教研能力强的教师队伍。设动物工程、植物工程、经济贸易、机电工程、汽车工程、计算机工程6个系和基础课部，开设大专和中专专业22个。同年，园艺技术专业被省教育厅认定为江苏省五年制高职示范专业；学校被列为全省重点建设的高水平示范性职业学校，并成为江苏省首批课程改革实验学校。

（十）江苏省淮阴商业学校

该校成立于1983年12月，为全日制中等专业学校，隶属淮阴市人民政府，归口市商业局领导。2001年12月，学校归口市教育局领导。2006年，经市政府批准，淮阴商业学校与淮安市城乡

建设学校合并，校名未变。

建校初期，借用位于淮安县的淮阴商业技工学校校舍办学。1984年7月，面向全市招收首届学生100名。1985年3月，学校迁入淮阴市清扬路56号。学校成立初期仅开设财会专业，1986年、1990年、1992年，分别增设商业企业管理、审计、营销专业。1991年，首次参加全省第一批普通中专录取，招生范围扩大到全省。1992年，学校通过省教委《教学管理规范》落实工作评估验收。1994年，通过省合格中专校评估验收。1997年9月，南京航空航天大学继续教育学院淮阴分部在学校建立，开始形成多层次办学模式。2000年，学校招生人数首次突破1000人。2001年，与济南大学成人教育学院联合办学，开设烹饪工艺、餐饮服务2个专业的大专、本科教学班。2002年，与扬州大学旅游烹饪学院联合办学，开设旅游管理、烹饪工艺2个专业的大专班；与南京师范大学商学院联合办学。2003年，被评定为省级重点中专校。2005年，与南京财经大学成教院联合办学。同年，财会、市场营销、烹饪3个专业被评为市示范职业教育专业，会计专业被评为省中等职业教育示范专业，学校被教育部评定为国家级重点中等职业学校。2006年，学校被省教育厅确定为四川大学成人教育校外教学点。2007年，位于市高教园区的新校区开工建设。2008年2月，新校区一期工程完成，学校整体搬迁到新校区。新校区一期工程占地面积15.67公顷，建筑面积9万平方米，建有教学楼、试验楼、学生宿舍楼、图书馆、食堂、浴室、行政办公楼、运动场等主体项目，功能基本配套。2008年下半年，开工建设二期工程，占地面积12.67公顷，建筑面积3万平方米。

学校拥有比较完备的教学、生活和运动设施，配备电子电工工作台100台（套）、多媒体教室、综合电化教室等现代化教学设备及校园信息网、电话局域网、校园广播电视系统等硬件设施。设有财经贸易、建筑工程、信息技术、机电技术、烹饪旅游5个系21个大专、中专专业。计算机应用、电子技术应用、烹饪、工业与民用建筑、机电技术应用、电子商务和会计7个专业被评为市职业教育课程改革专业实验点。工业与民用建筑专业被批准为省中等职业教育示范专业，并获批建设中央财政支持的职业教育实训基地。

（十一）淮安体育运动学校

该校创建于1958年，初名为淮阴体育学校，1962年停办。1973年，举办淮阴地区重点业余体校。1983年，经省政府批准复办淮阴市体育学校，举办中师体育教育。1987年，经省政府批准更名为淮阴体育运动学校。2001年，更名为淮安体育运动学校。

1983年复办时，主要任务是培养小学体育师资，招收具有一定运动技术基础的初中毕业生，学制二年。1987年开始，主要培养优秀体育后备人才、小学体育师资和体育管理人员，招生对象为具有较高运动技术水平、较好身体素质的初中毕业生，学制三年。主要运动项目有田径、排球、举重、摔跤、羽毛球、手球、游泳等。当年有教职工64人，其中教师、教练员40人。此后，学校以就业为导向，突出体育特色，形成从小学、初中、中专、高职到本科函授一条龙的办学体系，开展集校、所、馆、院、队于一体，多层次、多渠道办学，多元化发展的运作新模式。实行双证、多证的“嵌入式培养”，将体育职业技能培训和鉴定贯穿于中职和高职教育全过程。2004年，成为首批国家级高水平体育后备人才基地。2005年，被评定为国家级重点职业学校。2008年，再次被认定为全国举重高水平后备人才基地，并被确定为全国首批体育行业特有工种职业技能鉴定、培训试点单位，全市首家通过省四星级职业学校现场评估。

学校位于市区淮海北路，占地面积10公顷，建筑面积近8万平方米，训练、教学、科研、生活设施齐全，拥有一支高水平的专业教师、教练和科研队伍。2008年，学校开设运动训练、休闲体育服务与管理、体育教育3个五年制高职专业和运动训练、休闲体育服务与管理、体育场所经营3个中专专业。主要训练项目有田径、游泳、举重、摔跤、柔道、跆拳道、排球、篮球、羽毛球、赛艇、击

剑等。运动训练专业被评定为省中等职业教育课改实验点，休闲体育服务与管理专业被评定为省级中等职业教育示范专业。有教职员工145人，高级职称占24%，中级以上职称占60%，研究生率6%，本科率100%，"双师型"教师占78%。有各类在校生逾千人，办学质量、规模效益跃居全国同类学校前列。学校为国家培养输送1名奥运冠军、6名世界冠军、13名亚洲冠军、2000多名体育师资和体育技能型人才。

（十二）江苏省淮安文化艺术学校

该校成立于1984年，初名为淮阴市戏剧学校，是经省政府批准、教育部备案，在淮阴地区文化干部训练班基础上成立的中等专业学校，由市文化局主管，校址位于市区黄河路。1992年，更名为淮阴文化艺术学校。2001年，更名为淮安文化艺术学校。

1985年开始招收淮海戏表演、演奏专业学生，当年招录31名。此后陆续招收淮剧班、京剧班以及其他专业。2004年，学校受中国音乐学院委托，代表中国音乐学院开展江苏省淮安市及所辖地区的声乐、键盘、管弦乐、民族器乐等专业门类的社会艺术水平考级和培训工作。2005年，同南京艺术学院联合办学，成为该校大专办学点和专升本教学助学单位。2006年，同江苏省新闻出版学校联合办学，挂牌成立"江苏省新闻出版学校淮安分校"。同年，受北京舞蹈学院委托，独家承办北京舞蹈学院在淮安市舞蹈考级师资培训及社会艺术水平考级工作。

2008年，学校设音乐科、美术科、美发科、舞蹈科、戏曲科、旅游服务科，有戏剧、音乐、舞蹈、中国舞表演、播音主持、电脑美术设计等专业。以在编教师为核心队伍，充分利用淮安当地文化资源和人力资源，聘请在淮艺术家、学者和优秀演员长期在校任教，同时邀请中国音乐学院、北京舞蹈学院、南京大学、南京艺术学院、前线歌舞团等艺术院校和专业团体的名师，担任学校的客座教授，并从北京、上海、南京等地高校引进音乐、舞蹈、美术等专业人才，形成一支素质较高、结构合理、学科齐全、专兼结合的师资队伍。

（十三）淮安市城乡建设中等专业学校

该校于1985年4月经淮阴市政府批准筹建。1986年4月，经省政府批准建立，同年9月正式招生。1993年10月，被省教委首批确认为全省合格成人中专学校。1998年5月，正式成立淮阴市城乡建设中等专业学校。2001年，更名为淮安市城乡建设中等专业学校。

学校位于市区和平东路，占地面积4公顷，建筑面积12000平方米。有固定资产1300多万元，有能容纳700多人的生活设施，有理化、微机、测量、建工、语音、财会、模拟等8个标准实验室，设有电化教室、微机房、图书室等教学设施。有教职工60人，其中专职教师42人，高级讲师5人，讲师18人，助理讲师20人。学校在学历教育中开办职工中专班、职业中专班、技工班、普通中专班、函授班。开设工业与民用建筑、城乡规划、给排水、建筑材料、城镇建设、建筑经营、微机应用、电子技术、会计电算化等13个专业。2006年，学校并入江苏省淮阴商业学校。

第二节　职业中学

1978年，淮阴地区无职业中学。1980年，改革中等教育结构，职业教育开始起步，是年开办1所职业中学。1981年，招收新生211人。1982年，清江市二中等4所中学开办职业高中班，招生360人，有兼职教师8人。至1982年年末，全地区48所中学开办职业高中班62班，有17个专业，在校生2979人，专兼职教师80人。同年12月，淮阴地区中等教育结构改革领导小组成立，提出

推进中等教育结构改革、发展职业技术教育的政策措施，在面上推开职业教育。1983年，全市职业中学由1所增至9所；全市74所农村中学开设农、职业高中班156个，在校生7144名，专兼职教师228人。1984年，市区二中、四中等8所学校开办职业班27个，学生1295人，专职教师74人；全市有74所学校开办职业班226个，设置42个专业，在校生9783人，专兼职教师350人。

由于经济基础薄弱等因素，全市职业中学教育面临"四缺"困境：缺少固定阵地，独立设置的职业学校少，多是普通中学附设职高班；缺少专职专业教师；缺少教学大纲和专业教材；缺少实习基地和基本的实验条件。1984年4月，市政府批转市计委、市教育局、市劳动局、市财政局联合印发的《关于进一步搞好中等教育结构改革，发展职业技术教育的报告》，提出由政府统一规划，兴办独立设置的职业中学，多种渠道解决职业中学办学经费，对教师队伍、教学大纲和教材、实习基地3项基本建设也提出明确要求。是年下半年起，各县在抓好普通中学附设职业班的同时，筹建本县独立设置的职业中学。1985年和1986年，市政府2次召开职教工作会议，推动职业教育发展。全市转办一批办学条件较好、办学水平较高、独立设置的职业学校。1985年，全市职业中学增至25所；全市86所学校和单位设257个高中职业班，78个专业，在校生13130人，专兼职教师369人。1986年，全市职业教育招生出现"三多一高"的局面，即联办单位多、开设专业多、报考学生多、新生入学分数高。是年，全市职业中学招生9901人；乡镇办职业班10个，在校生409人。

1987年，全市职业中学部分专业开始跨县招生。当年全市职业中学招生9406人，其中农村户口学生5278人，占招生数的56.1%，在校生总数为21202人。1989年，全市有独立设置职业中学30所，总占地面积110.27公顷，建筑面积10.09万平方米；另有48所普通中学附设职业高中班。当年全市职业教育年支出经费5557万元，建成农学、建筑、机械、化工等78个专业，在校学生23900人，教职工1996人。中等职业教育与普通高中招生数比为1∶1.07，在全省处于中上等水平。涟水、金湖、淮安、清浦等县（市、区）建成1所省级重点职业中学。农业、园艺、水产、机械、建筑、电子电工等专业的实验实习基地初步建立，大部分职业学校拥有一批先进实验实习设备。在办学方面逐步形成淮阴市职业教育特色，特别是农业职业教育围绕发展家庭经济，农业种植、养殖、家庭综合经营等专业办学成果显著。

职业中学教育规模发展的同时，淮阴市适时开展规范职业教育办学行为工作。1987年2月，市教育局制定《淮阴市首批办得好的农业中学验收标准》《淮阴市职业中学评估指标体系》和《淮阴市职中教育评估评测办法》，并对各县（区）部分职中进行检查评估，有10所学校初步达到标准，其中金湖县职业中学、涟水县职业中学被评为先进单位。同年11月，《江苏省中等职业技术教育条例》颁布实施，规范职业技术教育的办学行为。市政府相应出台《关于贯彻〈江苏省中等职业技术教育条例〉的意见》。全市职业技术教育逐步建立政府统筹、部门配合、社会参与的办学体制；职业教育教学规范化水平不断提高，教学大纲、教材建设日趋完善、规范、成熟；职教师资队伍建设取得突破，从社会和企业引进专业技术人员作为专业教师，对在职教师开展业务进修和转岗培训，吸纳一批高等职业师范院校和普通高校非师范类毕业生；职业中学利用优惠政策，发展与专业相关的校办产业，变消耗性实习为生产性实习，教学、创收双收益。同时，以各县（市）职业高中为代表的重点骨干职业学校建设取得成果。至20世纪80年代末，全市职业教育基本形成重点突出、龙头带动、面上推开的格局。

1990年后，全市职业中学教育呈现出全面发展和内涵提高的态势。创建重点骨干职业学校步入新的层次，由创建省级重点职中过渡到创建国标省级重点职中、国家级重点职中和省合格职教中心。1991年，金湖县职业中学率先成为国标省级重点职业高级中学。1992年，淮阴市确立"科教兴市"发展战略，为全市职业技术教育发展增加动力。1993年7月，市委、市政府印发《关于大

力发展职业技术教育的意见》，对扶持职业技术教育发展作出政策规定。各县（市）贯彻市委、市政府的要求，重点建设骨干职业学校，增强办学能力，提高办学水平，带动当地职业教育发展。统筹使用各类教育资源，将部分普通高中、普通初中、成人中心校的办学资源转化为职教办学资源，将部分校办企业、学农学工基地建设成为职教实习基地。鼓励动员社会力量、行业、企业举办职业教育。市直供销、机械、纺织、商贸、粮食等部门纷纷自办职业教育，各县（市）相关行业也建立一批职业学校。至1994年，全市独立设置的职业学校有48所，建成国标省级重点职业中学6所，建筑、机械、多种经营、酿酒、烹饪、服装等专业办学水平和办学成效在全省产生重要影响。

1994年年初，为提高职业教育的规模效益，省政府决定在全省开展“1122”工程，即在“九五”计划期间，在全省范围内建成100所占地面积100亩（约6.67公顷）以上、建筑面积2万平方米以上、在校生2000人以上的示范性骨干职教中心校。淮阴市职业教育以此为契机，进入新的发展阶段，市、县（市）决定在重点职中的基础上筹建职业技术教育中心。1994、1995年，市、县（市）分管领导和教育行政干部分别赴河北省及省内苏州、无锡、常州考察学习。1995年7月，市政府召开全市职教中心建设现场会。市及各县（市）在职教中心征地、建设费用减免、人员调配等方面给予极大支持。同时，向省争取地方中专招生计划并配套安排“农转非”指标用于职业中专学生，为各地及时筹集大批建设资金。当年开工建设4所职教中心。全市投入建设经费5189.7万元，新征土地面积27.3公顷，通过划拨、合并等形式增加土地面积14.9公顷，新增建筑面积3.31万平方米。全市筹建中的职教中心占地总面积107.9公顷，总建筑面积16.06万平方米。同年，涟水县职业中学、金湖县职业中学通过首批国家级重点职业高级中学验收；盱眙县职业中学等通过省级重点职中验收。至此，全市有9所国家标准的省级重点职中。全市有独立设置的职业中学41所，在校学生600个班，2.75万人。

1996年，《中华人民共和国职业教育法》颁布实施，全市贯彻落实并推进职业教育事业发展。洪泽县职业中学通过国标省级重点职业中学验收。为适应全省推进教育现代化大局，分别以金湖县职业中学、涟水县职业中学、市职业技术教育中心为龙头制定机电、建筑、旅游服务3个专业现代化建设规划，其中金湖县职业中学机电一体化专业参与省专业现代化试点。同年，市职业技术教育中心一期工程完工，投资2000万元，当年9月迁入新址。1997年，市教委制定《关于加强职业高中招生工作的意见》，通过联合办学、新设专业、推进劳务输出，拓宽职教发展的路子。金湖、涟水、盱眙、洪泽等县职业中学设立宾馆服务、保安、预备役、高尔夫球场服务等热门专业。成立全省第一个市级专业集团——淮阴市职业教育机械专业集团。同年12月，市电大和职教中心合并成立市高级职业技术学校。是年，全市中等职教招生18468人，其中职业高中4351人，有250名中等职教毕业生考取高等学校。职业教育规模进一步扩大。全市7所职教中心新增土地面积3.33公顷、建筑面积2.02万平方米，共投入2890万元。市职教中心二期工程完成，通过国家教委验收，并获全国第九批“逸夫工程”评比二等奖。

1998年，全市7所职教中心增加投入2000万元，新建教学、生活用房面积1.8万平方米，配置近20台数控机床及语音多媒体、计算机等现代化程度较高的实验实习设备。涟水县职教中心利用世界银行贷款20万美元所购设备投入使用；淮阴县职教中心建筑面积4500平方米的教学主楼完成主体工程，市高职校和洪泽县职教中心、盱眙县职教中心添置部分内部配套装备。至1998年年末，全市独立设置的36所职业学校占地面积153.3公顷，建筑面积28万平方米，拥有各类实验实习场所180个，实验实习设备总价值近3000万元，部分学校和专业的办学条件、办学水平进入全省先进行列。1998—1999年高校大幅扩招，中等职业教育面临更加严峻的形势，招生数额有较大滑坡。全市采取多种措施，扩大招生面，1998年全市地方中专、职业高中招收5743人，完成

计划的81%。金湖县超额完成招生计划，省教委予以充分肯定，并在金湖县召开农村职教年会，推广该县发展职业教育的经验。

2000年，加强职业学校重点专业建设，在省内率先开展重点专业和示范性实验室标准的研究制定，编制6个重点专业、25个示范性实验室标准。金湖县、涟水县、县级淮安市职教中心获“国家级重点职高”称号，淮阴县职教中心通过省重点职中评估。举办全市职业学校教师教学基本功竞赛、优秀课件制作、优秀论文评选，充实专业（学科）带头人队伍。全市职业学校参加对口高考933人，被录取647人，实现在1999年基础上翻一番的目标。当年毕业生就业率80%。推进招生和教学改革，职业学校招生试行教育行政部门宏观指导，学生自愿报名，学校自主录取，简化招生手续，试行学分制和弹性学制。至当年年末，全市职业高中20所，在校生10214人，年招生4199人。每1万人口中有职业中学在校生20人。有教职工1087人，其中专任教师843人。

2000年后，中国经济高速发展，对接受过教育的中高级技术工人需求旺盛，职业学校的招生形势随之好转。2001年，全市职业高中招生有所恢复。21所职业学校有在校生11388人，年招生4717人，每万人口中有职业中学在校生22人。有教职工1016人，其中专任教师762人。2002年，全市中等职业教育招生有较大突破，各类职业教育招生近1.8万人，较2001年净增5134人，增长40%，超过全省增幅10个百分点。其中，职业高中招生9517人，比2001年增加4800人；涟水县职业高级中学招生1800余人，成为全省职业高中招生排头兵。每万人口中有职业中学在校生34人，比2001年增加12人。全市普高和职高招生比由2001年65：35变为58：42，逐步趋向合理。

2003年，教育部开展国家级重点中等职业学校调整认定工作，推进中等职业学校布局结构调整，加强骨干示范性中等职业学校建设。2004年3月，教育部公布新调整认定的首批国家级重点中等职业学校名单，淮安市有6所学校上榜，其中职业中学为金湖职业高级中学、楚州职业高级中学、涟水职业高级中学。是年，金湖职教中心被教育部等六部委认定为国家数控技术应用专业技能型紧缺人才培养培训基地。

2005年，全市中等职业学校招生突破4万人，首次超过普通高中招生人数，普教职教比进一步趋于合理。其中，职业高中20所，招生18095人，在校生38426人，每万人口中有职业中学在校生73人。是年，新创洪泽县职教中心、盱眙县职教中心、淮阴区职教中心、淮阴区高级职业中学4所省合格职教中心。新创淮安市军星科技学校、金湖县金南职业中学2所省重点职业学校。淮安市高级职业学校计算机专业、楚州区职教中心机械专业、金湖县职教中心计算机专业、淮阴区高级职业中学电子商务专业、洪泽县职教中心电子商务专业、盱眙县职教中心机械专业创成省级示范专业。

2006年，全市6个县级职教中心分别得到200万元资助，新建5个紧缺人才实训基地、6个省级示范专业，办学能力得到增强。加强校企结合、产教结合、农科教结合，推进职业教育集团建设，组建职教集团7个，汇集职业院校、企事业单位183家，其中企事业单位41家、大中型企业25家。探索前校后厂（场）、校企合一的办学模式。加强职业教育师资队伍建设，组织近160名教师参加11个工种技能培训，700多名校长、教师参加省、市“四新”培训和出国培训。全市中等职业学校毕业生就业率98%、中级职业资格考核通过率85%。全市有中职学校2所，年招生2168人，有在校生6000人，教职工178人，其中专任教师126人；职业高中21所，年招生22803人，有在校生51503人，教职工1418人，其中专任教师1073人。

2007年，全市职业教育改革管理和办学体制，建立在政府领导下，分级管理、地方为主、政府统筹、社会参与的职业教育管理体制同时，进一步整合资源，加大县区职教中心建设力度。深化职业学校教学改革，继续推行工学结合、校企结合的培养模式；改革专业设置和课程结构，面向

社会适应市场。加强实验实训基地建设，投入6000多万元对实训基地设备设施进行改进和配置。建设8个实训基地，10个省示范专业通过验收。全市职业学校招生45977人，有职业高中在校生10万人，普教、职教比例52.7∶47.3。

2008年，全市加大中等职业教育改革力度。市教育局制定全市职业教育布局调整方案，推进区域内职业教育的整合、优化，要求各县（区）强化政府统筹职能，集中建设1～2所规模大、功能全、起示范辐射作用的骨干职业学校或职教中心，整合部分办学基础薄弱的职业学校，促进师资、实验实训设备、基地等职教资源相对集中，逐步建立和完善以专业为纽带的县（区）职业教育体系。同年8月，召开全市职业教育大会，市政府印发《关于大力发展职业教育的决定》，成立市职业教育发展与改革领导小组。各县（区）职业教育发展任务列入市委、市政府的年度考核目标。至2008年年末，全市有职业高中18所，在校生47356人，专任教师1062人。市、县（区）职教中心都达到省级标准。

（一）淮安市高级职业技术学校

该校是一所集中等、高等职业技术教育和现代远程开放教育于一体的市属公办学校，由市职业技术教育中心和市广播电视大学合并组建而成。

市职业技术教育中心创建于1992年，最初挂靠市清江中学。1994年，学校被列为江苏省合格职教中心建设“1122工程”，校区择址市经济开发区深圳路，同年动工建设，1996年年初完成学校建设并正式入驻。

市广播电视大学于1979年挂牌成立。先后举办成人大专学历教育、普通专科教育、电视中专教育、注册视听生教育。1999年，成为“中央电大人才培养模式改革和开放教育”首批试点学校，开设汉语言文学、小学教育、金融、工商管理、会计学、法学等10多个本、专科专业，下辖金湖、洪泽、盱眙、涟水、楚州、淮阴6个县（区）电大。2005年，学校加盟奥鹏远程开放教育。

1997年年末，经市委、市政府批准，市职教中心和市电大合并组建淮阴市高级职业技术学校。1999年，学校通过江苏省合格职教中心验收。2000年，通过淮安市中等专业学校验收。2001年，更名为淮安市高级职业技术学校。2004年，通过国家重点中学职业学校验收。2005年、2006年，市信息工程学校、市女子职业学校相继并入。2006年，伴随高职教育的发展，学校成为江苏城市职业技术学院（隶属江苏省电大）淮安办学点。

2008年，校区占地面积近7公顷，建筑面积6万多平方米。有教职工346人，专任教师180名，其中高、中级职称135名，“双师型”专业教师占比80%，在校生7840人，其中全日制在校生4888人，远程教育学员2952人。学校坚持“以服务为宗旨，以就业为导向，以改革为动力”的办学思路，围绕市场办专业，围绕行业育专才，开设机电、电子、计算机、经济管理和艺术类5个专业群。幼儿和艺术教育专业是学校品牌专业，机电、数控、电子、计算机类专业是学校主干专业、省级示范专业，汽车应用与维修、动漫设计与制作、形象设计等是学校特色专业。为社会培养4万多名各级各类人才，被评为国家级重点职业学校、江苏省模范学校、江苏省职业教育先进单位、江苏省数控专业紧缺型人才培训基地、江苏电大系统教学管理先进单位和招生、就业工作先进单位等。

（二）淮安市淮阴区职业技术教育中心

该校前身为淮阴县第一职业中学，始建于1986年。1997年，与小营中学合并组建淮阴县职业技术教育中心。同年，异地建设新校区，新校区位于今淮阴区长江西路，东毗淮阴师范学院。1999年，淮阴县职教中心与淮阴县广播电视大学合并，实行“一套班子，两块牌子”。2001年，更名为淮阴区职业技术教育中心。同年，通过省重点职业高中评估验收，成为江苏省重点职业高中。学校是淮安市首批骨干职业学校、江苏省合格电大、全国职业教育先进单位、农民科技培训

星火学校，被评为全国职业教育先进单位、全国农村青年转移就业先进单位、全国农村成人教育先进单位。

2000年，学校改革招生办法，实行春秋两季招生，招生人数迅速增加，办学效益明显。2004年7月，与上海博尔捷人力资源公司合作办学，同年9月起在国有民营机制下运行。是年，建成建筑面积近1万平方米的实训大楼和宿舍楼，添置近200万元的实验实训设备，办学条件较大改善。2005年年末，通过省合格职教中心验收。2006年，建成电子插件和电子装配2条生产线，电子专业成为省级示范专业。

2008年，学校恢复为公办。学校占地面积12公顷，建筑面积2.5万平方米，实验实训设备价值750万元，图书馆藏书7.5万册，电子图书10万册。有在编在职专任教师126人，其中高级教师14人、中级教师68人，本科学历教师89人。中等职业教育主要有电子技术应用、机电技术应用、机械加工制造、数控技术、农业机械化、化工工艺、汽车修理、计算机应用、服装设计与工艺、旅游管理、烹饪工艺、现代农业、农艺等专业；电大开放高等教育主要有会计学、法学、小学教育、学前教育、工商管理、汉语言文学、英语教育、数控技术等专业；奥鹏学习中心是大连理工大学、福建师范大学、中国药科大学、浙江大学、东北财经大学等高校的远程网络教育办班点。有在籍学生3000多人。

（三）江苏省楚州职业教育中心

前身为淮安市（县级）职业高级中学。1984年，淮安县运河中学开办职业高中班，1985年更名为淮安县第五中学，1987年更名为淮安县职业中学。1988年2月，更名为淮安市（县级）高级职业中学。同年12月，被省教委确定为首批58所重点职业中学。1994年，创建淮安市（县级）职业教育中心。1995年，成为首批国家级重点职业高中。1998年，通过江苏省首批合格职业教育中心校验收。1999年，江苏省淮安职业教育中心与县级淮安广播电视大学两校合一，实行“一个校区，两块牌子”，合署办公。同年，被科技部评定为职业技能培训“星火计划学校”。2000年，被教育部批准为国家级重点职业高级中学。2006年，通过省级“农村劳动力转移培训定点机构”资格认定。学校获“江苏省模范学校”“江苏省德育先进学校”“江苏省教学管理先进学校”“江苏省职业教育先进单位”“江苏省和谐学校”等称号。

2008年，学校有4个校区，占地面积超过12公顷，建筑面积5.14万平方米；固定资产5400多万元，实验实习设备价值1600多万元，拥有400米跑道的标准塑胶田径场，建有8大实习中心和百兆校园网。图书馆纸质藏书12.5万册，电子图书6万多册。教职工245人，其中专任教师185人，研究生学历教师12人，高级职称67人；全日制在校生4500多人，成人学历教育学员2000多人，举办农村劳动力转移培训等社会培训4500人次以上。招生专业有电子技术应用、烹饪、汽车修理、电子商务、机电市场营销、数控技术应用、现代物流、综合高中，当年招生1972人，毕业生1805人。

（四）淮安市建筑工程学校

该校创建于1958年，原为清江市第四中学。1982年9月，试办2个工民建专业职业高中班。1984年，淮阴市教育局、城乡建设环境保护局联合发文，命名清江市四中为淮阴市建筑工程职业学校。1985年6月，被省教育厅列入全省重点办好的38所职业中学之一。1988年3月，被市政府正式命名为淮阴市建筑工程职业学校。1989年5月，经省教委验收批准为重点职业中学，学校更名为淮阴市建筑工程学校。2001年，更名为淮安市建筑工程学校。2006年，加入扬子江职业教育集团。2007年，加入江苏省机电教育集团。

学校位于清浦区淮海南路与延安西路交汇处。2007年，接受市第二中学职业中专班和师资，以原石桥小学、市第八中学校址为办学点，拥有3个校区，占地面积近5公顷，建筑面积2万多平

方米。办学规模不断扩大，开办工民建、给排水、市政工程、建筑机电、建筑水暖、建筑施工、建筑财会、建筑装璜等专业。2008年，有大专、职业中专、对口高考3个办学层次，开设有机电技术应用、电子技术应用、数控技术应用、计算机技术应用、工业与民用建筑、汽车维修与运用、会计学、建筑装饰、旅游管理等专业，有在籍学生2000多人。拥有机械实习车间、数控实习车间、电子装配室、财会模拟室、画室、多媒体室、计算机室等实习实训场所。与富士康集团、达方电子有限公司、淮钢集团、清拖集团等多家大型企业开展校企合作，逐渐成为中高级技能人才培训基地。学校机电、电子、工民建、财会等职业技能代表队多次在省、市职校生技能大赛中获得优异成绩。在全市率先实行“多证制”培养模式，全面提升学生就业竞争力，学生就业率在98%以上。

第三节　技工学校

1978年，淮阴商业技工学校在淮安县成立，江苏油田勘探局在洪泽县建立江苏油田技工学校。1979年，省粮食局在清江市成立江苏省粮食技工学校。

1980年，清江市技工学校成立，隶属于清江市劳动局。当年招收食品工业专业学生100人，学制二年。1983年4月，更名为淮阴市技工学校，隶属于淮阴市劳动局。当年增设建筑专业，招收高中毕业生50名，食品专业改招初中毕业生。1984年，增设化工、酿酒专业。1985年，增设机械、供用电专业。

1985年8月，淮阴拖拉机汽车工业联营公司技工学校成立，后更名为淮阴拖拉机集团公司技工学校，隶属于淮阴拖拉机集团公司。该校面向社会招生，培养机械类中级技术工人。1986年，招收铸造专业40人，学制三年。1987年起，面向全市招收车工专业学生42人，电业专业学生65人，定向分配。

1986年，淮阴市化工技工学校成立，隶属于市化工医药工业公司，招生对象为市内城镇户口初中毕业生，学制三年。1987年开始招生，有化工工艺、电工仪表、制药、有机化工4个专业。

20世纪90年代起，全市技工教育抓规模发展，不断增添实验实习设备，充实实验室和实习车间，增强学生动手能力，强化实际操作技能训练，提高教育教学质量。至1994年年末，全市有淮阴市技工学校、淮阴市商业技工学校、淮阴市化工技工学校、淮阴市纺织技工学校、淮阴拖拉机集团公司技工学校、江苏省港航集团运河技工学校、江苏石油勘探局技工学校、宿迁市技工学校、泗洪县技工学校、沭阳县技工学校10所技工学校，有在校生10500人，教职工1290人，98个专业。首次在农村招收“农转非”学生。江苏石油勘探局技工学校被劳动部评为国家级重点技工学校。

1996年，全市贯彻实施《中华人民共和国职业教育法》，发展技工教育。当年10所技工学校招生3334人，其中农村学生1000人，超额完成招生任务。开展评估督导，制定《淮阴市各类技工学校教学管理规定》，促进各校规范化管理。全市技工学校四级工统考合格率76%；车工、钳工毕业生参加全省五级工会考，合格率分别为100%、92%，钳工五级工会考成绩连续2年获全省第二名。1996年行政区划调整后，全市有技工学校7所、市技工学校校外班3个，即淮阴市技工学校、淮阴市商业技工学校、淮阴市化工技工学校、淮阴市纺织技工学校、淮阴拖拉机汽车工业技工学校、江苏省港航集团运河技工学校、江苏石油勘探局技工学校，以及市技工学校盱眙、洪泽、淮安校外班，有在校生6778人，教职工1071人，固定资产原值5920.3万元。当年5月，市技工学校被省政府批准为省（部）级重点技工学校。同年12月，市纺织技工学校被省劳动厅确认为合格技

校。市技工学校盱眙、洪泽、淮安校外班接受省评估验收。1999年，全市有技工学校8所，在校生3293人，专任教师425人。

2000年，全市8所技工学校在校生比1999年减少1225人，减幅37.2%。面对不利局面，各技工学校按照“调整布局、提高层次，突出特色、服务就业”思路，加大改革力度。在单一办学职能基础上，逐步建设成为兼有职业需求预测、职业技能鉴定、职业指导、职业介绍等多功能的综合性培训基地。在专业设置上，结合市场需求，按照“精于二产、覆盖三产、延伸一产”的要求，以复合专业为主，减少重复设置，使专业设置市场化、特色化。开设职业指导课和创业指导课，对毕业生实行毕业证书与职业资格证书“双证”制度，从专业理论、专业技能方面加大对在校学生的管理与考核力度，促进教学质量和学生专业素质的提高。与职介部门、用人单位加强联系，搜集就业信息。“农转非”专业就业率97%，其他专业毕业生就业率88%。

2001年，江苏石油勘探局技工学校被劳动和保障部批准为高级技工学校。2002年年末，经省劳动和社会保障厅批准，淮安市技工学校、江苏石油勘探局高级技工学校和淮安市商业技工学校组建创办淮安技师学院。该学院实质上是一个松散型的技工学校联合体，三校仍保持独立的建制，独立运行。2004年3月，根据市政府决定，市技工学校与市化工学校整合成立淮安职业技师学院。2005年新学年前，两校合并到位。2008年，淮安职业技师学院被确认为国家高级技工学校、江苏省重点技师学院。

至2008年，全市有技工学校6所，在校生6952人，专任教师615人。

（一）江苏省淮安技师学院

该校是省政府批准举办的全日制职业院校，前身为淮安市技工学校和淮安市化工学校。市技工学校成立于1980年，初名为清江市技工学校，隶属于清江市劳动局。1983年4月，更名为淮阴市技工学校，隶属于淮阴市劳动局。1996年5月，被省政府批准为省（部）级重点技工学校。学校由1981年初办时占地面积0.4公顷、100名在校生，发展到占地面积4.3公顷、建筑面积23000平方米，固定资产（原值）940万元，在校生2128人，颇具规模的中等职业技术培训基地。有专职教师90名，其中高级教师9人，讲师和其他中级职称42人。设电工、钳工、财会、化工等20多个工种专业。

2001年，学校更名为淮安市技工学校。2004年3月，市技工学校与市化工学校整合成立淮安职业技师学院，隶属于市劳动和社会保障局。2004年8月底，迁入市区北京北路原淮安信息职业技术学院校区。2006年4月，淮安市乡镇企业干部学校（创办于20世纪80年代初）并入。2008年1月，被劳动和社会保障部确定为国家高级技工学校；被省政府批准为省重点技师学院，成为全省7所省级重点技师学院之一。同时，学校更名为江苏省淮安技师学院，增挂“江苏联合职业技术学院淮安技师分院”牌子。2008年11月，淮安商业技工学校并入。

学院以培养高、中级技能人才为办学目标，设立机电工程、电气工程、信息与商务管理、汽车应用、化学工程5个系，开设20多个专业（工种），其中数控技术与机械加工、机电、电子电工、计算机应用、汽车驾驶与维修、化学工艺是强势专业。2008年，学院占地面积16.7公顷，建筑面积6万多平方米，拥有完善的教学、生活设施和运动场馆，先进的数控、加工中心、机械加工、电子、信息、化工、驾驶等教学实验、实训设备，与20多个企业签订校企合作协议，建立70多个校外生产实习基地。有专任教师183人，其中教授级高级讲师、高级讲师32人，讲师54人，技师59人。设立高职、技师、高级技工、中专、中技等办学层次，开设20多个专业。当年招生2108人，其中技师、高职、高级技工1097人，被省劳动保障厅表彰为招生先进单位。毕业学生1539人，推荐就业学生1142人，就业率100%。有在校生7000多人。

（二）淮安商业技工学校

该校成立于1978年，初名为淮阴商业技工学校，由省商业厅批准，淮阴地区商业局创办，招生计划和毕业生分配由省、地区劳动局综合管理。1983年，更名为淮阴市淮安商业技工学校，隶属于淮阴市商业局。1987年，更名为淮阴市商业技工学校。2001年，更名为淮安市商业技工学校。2008年，并入淮安技师学院。

办学初期，学校招收1个烹调班，有学生45人。1980年起，增设商业美工、商业会计、营业核算、面点等专业。1991年，设有烹饪、面点、营业核算、商品经营、商业美工5个专业，20个班级，有学生936人，教职工98人。1998年开始，学校招生并轨，向社会招收职业高中学生，纳入地方招生计划。2005年，推出“全鳝席”“全鱼席”“西游记素宴”“漕运官府宴”等名宴对外培训传授计划，有组织、有计划地培养一批高技能“淮厨”，弘扬淮扬菜传统美食文化。

（三）江苏石油勘探局高级技工学校

该校创建于1978年，位于洪泽县三河镇，在扬州设分校，简称江苏油田技校。1994年，被劳动部评为国家级重点技工学校。2001年，被国家劳动和保障部正式批准为高级技工学校。2002年，被江苏省劳动和社会保障厅批准为技师学院。学校有7个专业科系，有专职教师112人，其中高级讲师18人、讲师47人、高级技师7人、技师10人、研究生8人。学校教学设施齐全，拥有学员公寓、食堂、运动场、体育馆、多媒体教室和各专业先进的实习生产基地，为一所集技工教育、高级职业技术教育、成人高中等学历和各类短中期培训于一体的综合性职业教育培训基地。主要专业有电焊、作业、钻井、采油、酒店服务与管理。2007年，增设消防专业，主要为金湖、真武、邵伯、扬州等地炼油厂培训消防应用人员。

第六章　高等教育

第一节　发展概况

1978年，淮阴地区高等教育薄弱，仅有南京师范学院淮阴分院1所专科院校。1979年2月，经国务院批准，南京师范学院淮阴分院恢复为淮阴师范专科学校。同年，江苏广播电视大学淮阴地区分校成立。

1983年后，淮阴市高等教育发展速度开始加快。是年，淮阴地区教育行政干部学校更名为淮阴教育学院，成为具有师范类性质的地方成人高等学校。市属全日制高等专科学校淮阴市职业大学成立，并于1985年在该校基础上成立淮阴工业专科学校。同年冬，高等教育自学考试开考，全市首次有3000多人报考。1986年，淮海交通职业专科学校成立。1990年，淮海交通职业专科学校与淮阴工专联合办学，成为淮阴工专交通分部。

1997年，经教育部批准，淮阴师范专科学校与淮阴教育学院合并升格成立全市第一所本科院校——淮阴师范学院。1999年，全国高校大规模扩招，全市高等学校在校生首次突破万人，达

10453人。同年10月，经江苏省政府批准、教育部备案，由涟水籍台胞蒋志平创办的民办炎黄大学成立，是全市第一所全日制民办高校。2000年3月，经教育部批准，淮阴工业专科学校、江苏省农垦职工大学、淮阴职工大学合并升格组建淮阴工学院，淮阴市本科院校增至2所。年内，淮阴师范学校、淮安师范学校整体并入淮阴师范学院，实现三级师范学校向两级过渡，师范教育办学层次整体提高。2001年6月，经省政府批准，淮阴电子工业学校升格为淮安信息职业技术学院，是全市第一所中专校升格成立的高等职业技术学院，并由此拉开淮安市中等专业学校升格高等职业技术学院序幕。同月，民办炎黄大学定名为“炎黄学院”，开始独立招生。2002年6月，经省政府批准，江苏省食品学校和江苏省淮安经贸学校合并升格组建江苏食品职业技术学院。是年，全市高校在校生突破2万人，达27793人。2003年4月，为合理有效配置资源，推动淮安市高等教育更好更快发展，开工建设淮安市高等教育园区。是年，全市高校在校生突破3万人，达37249人。2004年7月，经省政府批准、教育部备案，江苏省淮阴财经学校和江苏省淮海工业贸易学校合并升格组建江苏财经职业技术学院。至此，淮安市高等教育形成“2+4”（2所本科院校、4所大专高职院校）格局。2005年、2006年、2007年，全市高等学校在校生相继突破5万人、6万人、7万人大关。

至2008年，全市有淮阴师范学院、淮阴工学院2所本科院校，淮安信息职业技术学院、江苏食品职业技术学院、江苏财经职业技术学院、炎黄职业技术学院4所高等职业技术学院，有在校生67684人，专任教师3221人。

1979—2008年淮安市普通高校情况表

表30-4

年份	高等学校数（所）	高校在校生（人）	年份	高等学校数（所）	高校在校生（人）	年份	高等学校数（所）	高校在校生（人）
1979	1	1391	1989	4	—	1999	3	10453
1980	1	1883	1990	3	3326	2000	3	—
1981	1	639	1991	3	3562	2001	4	15953
1982	1	1341	1992	3	3648	2002	5	27793
1983	3	1386	1993	3	4200	2003	5	37249
1984	3	2021	1994	3	5079	2004	6	37956
1985	3	2637	1995	3	5430	2005	6	56941
1986	4	2874	1996	3	5344	2006	6	62168
1987	4	3410	1997	2	6951	2007	6	70402
1988	4	3505	1998	2	7125	2008	6	67684

第二节　本科院校

一、淮阴师范学院

该校是淮安市第一所本科院校，1997年由淮阴师范专科学校与淮阴教育学院合并升格组建，

隶属于省教育厅，实行省市共管、以省为主的管理体制。学院成立时，有中文、政教、历史、教育、英语、美术、地理、数学、物理、化学、生物、体育、（视听）影视电化教育13个系、16个普高专业和7个成教专业，全日制普高本、专科在校生3500余人，成高专科在籍学生约2000人；有教职工695人，专任教师350人，其中教授9人、副教授等副高职称118人，有博士、硕士学位的青年教师60余人；学校占地面积23.4公顷，校舍面积11万多平方米，教学仪器设备总值1315万元。建有微机室、演播室、卫星电视系统、语音发射台、天文台、多媒体语音实验室、有关基础课教学实验室、校园计算机管理网络等。学院图书馆藏书62.5万册、中外文报刊杂志2500种。

图 30－5　淮阴师范学院成立庆典（1997 年）市档案馆　供

2000年，淮阴师范学校和淮安师范学校并入，建设王营新校区，改善市区师专路老校区。2001年起，学校遴选确定33部学校教师主编或参考编教材建设项目，评选出10部优秀教材，其中4部被评为省级精品教材。2002年，学校首次接受并通过教育部本科教学工作水平评估。2003年后，开展两轮精品课程建设，学校教师主持国家自然科学基金项目6项，国家哲学社会科学基金项目2项，省自然科学基金项目2项，省哲学社会科学基金项目12项，教育部哲学社会科学基金项目3项，教育部留学回国人员科研启动资金资助项目1项，厅、市级课题200余项；作为第一作者出版的专（编）著90余部，发表学术论文5500余篇，其中被SCI（E）、EI收录近220篇，国内核心期刊2100余篇。根据《中国高教研究》杂志社统计，在2004年、2005年学校高等教育科研论文排名中，学校分别位居全国第11名和第39名，省内排名分别位居第1名和第7名。2006年开始网络课程建设工作，构建起网络课程、重点课程和精品课程3种类型的课程建设体系，建成省级、校级精品课程12门，省级、校级优秀课程39门，在建网络课程28门。2007年，全面修订本科生培养方案，突出“厚基础、宽口径”、文理渗透，构建以选课制为核心的“平台+模块”的课程体系。增设学科平台课程，在专业必修课程中设立跨专业课程，在专业选修课程中设立不同类型的选修模块，拓宽专业方向。同时，压缩课内课时，将技能训练项目纳入培养方案。推进大学英语、计算机应用基础、公共体育课课程教学改革，作为教育部首批大学英语教学改革试点单位，在利用网络进行开放式辅导和自主性学习方面进行探索。同年，学校环洪泽湖农业生态技术实验室获批为省重点实验室；学校第二次接受教育部本科教学工作水平评估，获优秀等第。

至2008年年末，学校占地面积120公顷，校舍总面积55万平方米，教学仪器设备总值超亿元，事业经费投入近3亿元；图书馆纸质藏书170余万册、电子图书84万件、中外文期刊2400余种。有19个系（部）和1个二级民办学院——文通学院；有51个普高本科专业，涉及法学、文学、历史学、教育学、经济学、管理学、理学、工学8个学科门类，其中省普通高校特色专业1个、省普通高校特色专业建设点3个，另有省成人高等教育特色专业建设点2个。有全日制普高在校生19500余人，在籍成教生6000余人。有专任教师960余人，高级职称教师350余人，其中教授近100人，博士、硕士600余人，兼职博士、硕士生导师46人。教师中，有享受国务院政府特殊津贴3人，江苏省教学名师1人，江苏省有突出贡献中青年专家2人，江苏省“333工程”高层次人才培养对象

17人，江苏省“青蓝工程”中青年学术带头人13人，江苏省“青蓝工程”优秀青年骨干教师32人。拥有江苏省级重点实验室1个，江苏省普通高校重点建设实验室1个，江苏省普通高校基础课实验教学示范中心建设点4个。有4个省级重点建设学科（理论物理、中国古代文学、无机化学、思想政治教育）、8个校级重点学科、省特色专业1个、省特色专业建设点2个。据中国统计出版社出版的《挑大学、选专业——2008高考志愿填报指南》统计，淮阴师范学院的文学、教育学和史学3个学科门类跻身中国大学学科100强之列；在全国53所师范学院中，淮阴师范学院的社会科学排名第一，自然科学排名第三，法学、文学、管理学3个学科门类排名第一。在全国大学生电子设计竞赛、数学建模竞赛、大学生英语竞赛中，该校学生获全国特等奖2项、一等奖25项、二等奖79项、三等奖141项；获江苏省理工科大学生人文社科知识竞赛一、二、三等奖38项。在毕业生跟踪调查中，学校毕业生综合素质、敬业精神、职业能力等诸方面综合满意率在96%以上。当年毕业生就业率99.29%。在淮安市基础教育一线教师队伍中，淮阴师范学院毕业生占半数以上。

二、淮阴工学院

该校前身为淮阴工业专科学校。2000年5月，经教育部批准，淮阴工业专科学校、江苏省农垦职工大学、淮阴职工大学合并组建淮阴工学院，隶属于省教育厅，实行省市共管、以省为主的管理体制，是一所以工科为主，工业、农业、交通、经济类相结合的多科性普通本科院校。

学院成立之初，有机械工程、电气工程、计算机工程、土木工程、化学与生物工程、农业与食品工程、交通工程、经济管理、外语、社会科学10个系及基础教学部、体育教学部和成人继续教育学院，共21个本科专业和20个专科专业，其中机械设备及其自动化专业为教育部示范性专业，房屋建筑施工、数控技术运用及汽车运用技术3个专业为教育部高工专教学改革试点专业。有全日制普通本、专科在校生6000余名，在籍成教生3000余名；教职工824人，其中教授、副教授等高级职称人员132人，有博士、硕士学位的青年教师94人。校舍建筑面积18万平方米，图书馆3座，馆藏图书50余万册、中外文期刊1000余种，多媒体教室15个，基础及专业实验室55个，教学仪器设备总值3000余万元。

学院成立后，颁发《淮阴工学院教学工作规范》等一系列文件，制定和修订10多项教学管理制度，建立一套教学管理工作流程，形成较为完备的教学管理体系。从2000级新生开始全面实行学分制，建立并不断完善弹性学制、选课制、主辅修制。推进人才培养模式改革，开展大类招生、分流培养试点，加强基础，提高社会适应性。独创性地对学生提出自选实验的学分要求和职业技能考核要求，将学生科技创新、学术论文、学科竞赛计入创新学分，增强学生的学习能力、实践能力和创新能力。根据学校应用型人才培养目标定位，整体规划和构建由公共基础课、专业大类基础课、专业方向课程模块、实践教学、素质拓展等组成的课程结构体系。先后对224门课程分校、系两个层次进行立项建设，建成省精品课程、优秀课程9门，校级精品课程、优秀课程35门。加强教材建设，制定教材建设“十五”“十一五”规划，设立教材建设专项基金，对列入国家规划教材计划、省重点建设计划、学校教材建设规划的重点教材，给予经费资助及津贴方案补助。紧贴地方经济社会发展，立足于教学型、地方性、工科为主的多科发展及培养高级应用型专门人才的基本定位，发展本科专业，科学设置并不断优化专业结构。突出重点，以点带面，实施品牌特色专业建设，每年投入100万元专项经费对批准立项的品牌、特色专业进行重点建设，带动专业的整体发展。加强实践教学，构建“一条主线、二大课堂、三个层次、四大模块”的实践教学体系，不断更新、丰富实践教学内容，共开设实验课程328门，开出实验项目1717个。2002年，在校本科生规模首次超过专科生，实现办学层次一大跨越，在校生规模突破万人。2003年，于淮安高教园区开

工建设新校区。2005年，停招专科生，实现在省控线上录取的目标。

2006年5月，学校行政主体自北京路校区迁入城南校区，2007年年末底基本建成，自此城南校区成为学院主校区。该校区占地面积105.3公顷，校舍面积38.68万平方米，以枚乘路为界分为南北两园。北园以逸夫教学楼为中心，建有行政楼、现代教育技术中心楼、体育场、学生宿舍、食堂、教师公寓等；南园以图书馆为中心，建有教学楼群、实训中心、体育馆（场）、校医院、教工周转房、学生宿舍、食堂等。

至2007年，学校教师发表论文4143篇，其中核心期刊论文1509篇，被EI、SCI、ISTP收录65篇，参与或主持8项国家级科研项目，主持18项省级科研项目，282项市、厅级科研项目。学校接受教育部高等学校本科教学工作水平评估，获良好等第。立项资助教材90项，公开出版教材60部，《机械制造专业英语》等5部教材被评为江苏省精品教材，《机械制图》等2部教材获省教学成果二等奖，《可编程控制器应用技术》等2部教材被遴选为国家"十一五"规划教材。至2008年，学校承担企业科研项目362项，通过鉴定项目136项，获省、市科技进步奖17项，获专利29项。

2008年，学校有城南、北京路2个校区，占地面积139.1公顷，校舍建筑面积58.09万平方米。有专任教师847人，其中教授47人、副教授168人、讲师577人，有博士学历47人、硕士学历469人，硕士以上学历占比60%，讲师职称以上占比93.3%。有享受国务院政府特殊津贴5人，全国"五一"奖章获得者和江苏省劳动模范6人，省"333工程"培养对象3人，省学术带头人和省优秀青年骨干教师20人，省、市有突出贡献中青年专家7人，市"十百千"第一、第二层次人才8人，第三层次人才17人。学校形成以工为主，经、管、文、理、农、法等多学科协调发展的办学格局，设有机械工程系、电子与信息工程系、计算机工程系、建筑工程系、交通工程系、外语系、人文与社会科学系、计算科学系、设计艺术系和生命科学与化学工程学院、经济管理学院、江淮学院、继续教育学院、体育教学部14个系（院、部），有普通本科在校生15700人。有本科专业38个，涵盖7个学科门类，其中工学专业23个。有11个国家级、省级、校级品牌特色专业建设点。2008年首次招收少数民族班学生，学生在宁夏大学预科班学习一年后正式进入淮阴工学院学习。学生就业率保持在96%以上，居全省同类高校前列。

学校图书馆藏有纸质图书120余万册、电子图书87万册、各种纸质中外文期刊1700多种，拥有中国期刊网数据库、中文科技期刊数据库、超星数字图书馆、EBSCO、SpringerLink、人大复印资料、万方硕博论文及万方科技信息系统、CSSCI文献数据库等15个数据库。全校实验室设备总值1.24亿元，有9个中心实验室、1个省级重点实验室、1个省级重点建设实验室，1个省级工程中心，10个市级工程中心和实验室，下设29个实验室（实验中心）、219个实验分室。实验室、实习场所建筑面积6.99万平方米。校园网覆盖北京路、城南校区，可接入信息点数约1.8万个，入网计算机5146台，各类网络用户1万多个。体育设施种类齐全，运动场馆总面积10.43万平方米。

图30-6　淮阴工学院城南校区（2006年）　　顾树青　摄

第三节　专科院校

一、淮安信息职业技术学院

该校前身为1978年11月创办的淮阴电子工业学校，2001年6月经省政府批准升格为淮安信息职业技术学院，隶属于省信息产业厅，是培养电子信息及相关产业技术应用型人才的全日制普通高等职业院校。

学校成立之初，校区位于市区北京北路，占地面积8公顷，总建筑面积9.5万平方米，有校内外实验室、实训中心、教学工厂58个，图书馆藏书近20万册；设有电子工程、计算机科学与工程、电气工程、机电工程和经济管理5个系20个专业，其中大专学历教育层次有电子信息工程、通信工程、计算机科学与技术、电子科学与技术、信息管理与信息系统、电子商务、自动化、电气工程及其自动化、机械设计制造及其自动化、商务英语10个专业；有在校生5600余名，教职工280余人，其中副高级以上职称50人，博士、硕士研究生36人。获评江苏省职教先进单位、江苏省文明学校、江苏省文明单位、全国信息产业系统先进集体等。

2002年，开工建设海口路校区，当年竣工并投入使用，教育教学、办公、生活等各项辅助设施相继到位。2003年，结合城市建设规划，在市高教园区规划建设新校区，当年一期工程完工并实现海口路校区整体搬迁。2004年8月，北京北路校区整体搬迁至市高教园区新校区。新校区占地面积72公顷，总建筑面积29万平方米。同年，学校被教育部等六部委确定为国家计算机应用与软件技术专业技能型人才培养培训基地。2005年，在教育部组织的江苏省高职高专人才培养工作水平首轮评估中被评定为优秀院校。2006年，教育部启动国家示范性高职院建设工程，学校全面开展内涵建设，在专业建设、实训基地建设、课程建设、教材建设和师资队伍建设等方面取得显著进步。

2007年，学校有省级优秀教学团队1个，省教学名师2人，省“青蓝工程”学术带头人1人，省六大人才高峰资助对象2人，省“333工程”首批中青年科学技术带头人6人，省“青蓝工程”优秀中青年骨干教师16人，省、市岗位技术能手16人，“双师型”素质教师占全体专职教师比例75%，教师年龄、学历结构合理。同年，学校被遴选为江苏省首批十所示范性高等职业院校建设单位。建成省品牌专业3个、省特色专业4个、国家精品课程1门、省精品课程7门、省精品教材5部、省教学成果奖3项、部省课件奖6项；建成国家级实训基地1个，省级实训基地5个，省级实验示范中心1个，国家职业鉴定所3所。与富士康科技集团、德国埃莎公司、美国旭电公司、联想集团、中国移动公司合作建成五种模式的校内生产型实训基地，探索形成以“四个嵌入”（将企业和教育培训机构的职业培训体系嵌入学历教育体系、将职业资格认证体系嵌入课程体系、将行业标准嵌入课程标准和教学大纲、将企业文化嵌入校内教育环境）为特色的践行工学结合人才培养模式的道路，在国内产生广泛的示范效应。毕业生就业率一直位居全省高职院前列，连续四年被评为江苏省高校毕业生就业工作先进集体。2007年10月，省教育厅在该校召开全省高职教育实训基地建设现场会，推广该校经验。

2008年，学校现代制造技术应用型人才培养模式创新实验基地被评为省高等教育人才培养模式创新实验基地，计算机集成应用实训基地获得中央财政支持，电工电子与自动化技术实训基地通过国家级实训基地验收。新增省、市两级科研立项项目9项，新增省级人文社科科研课题20

项；教职工出版学术著作5部，发表学术论文281篇，其中核心期刊71篇、SCI收录2篇；获全国奖项2项，省级奖项8项，市级奖项15项；学校被省教育厅授予“江苏省科技工作先进高校”称号。当年新增1个省品牌专业、2个省特色专业、3门省精品课程。有在校生1万余人，教职工700余人，其中拥有高级职称者170余人。图书馆藏书65万册，拥有万方数据资源系统、清华同方中国学术期刊库、超星数字图书馆等大型数据库9个，教学仪器设备总价值8000余万元。设有电子工程系、机电工程系、计算机科学技术与工程系、电气工程系、外语系、信息管理系、信息与通信工程系、基础部，适应电子信息产业链和信息服务需求链，设置应用电子技术、电子信息技术、模具设计与制造、网络工程技术和电气控制技术5个专业群32个专业，与英国南兰克郡学院开设中英国际合作班专业2个。有稳定的校外实训基地112个、就业基地200余家。

二、江苏食品职业技术学院

2002年6月，经省政府批准、教育部备案，江苏省食品学校和江苏省淮安经贸学校两校合并升格组建江苏食品职业技术学院，隶属于省教育厅，是国内唯一一所独立设置的以食品科学为特色的全日制普通高等职业技术学院。

学校成立之初，校区位于市区健康西路（原食品学校和供销学校校区），占地面积14.33公顷，其中教学用地面积12.27公顷；建筑面积8.1万平方米，其中教学用房7万平方米。在校生4500人。教职工329人，其中专任教师197人，副高级以上职称61人，中级职称97人，拥有一批学科带头人和“双师型”教师。专业设置以食品为特色，工、管、经、文、理科兼有。根据专业分类，设有食品工程系、生物工程系、旅游烹饪系、机电工程系、计算机应用技术系、经济贸易系、管理系、外语系和基础教学部9个系（部）。有各类实验室45个、实训基地57个、实训车间5个。设有国家职业技能鉴定所和全国计算机考级点，可进行食品、机械、电工、分析化验、酿酒、烹饪、餐饮服务等20多个工种的技能鉴定和计算机考级。

2002年年末，学校在淮安高教园区征地84.6公顷建设新校区。2004年，整体搬入新校区。同年，发酵工程专业被评选为江苏省示范专业。2006年，食品加工技术专业被遴选为江苏省高等学校特色专业建设点；食品生产技术和基础会计分别被评为国家级、省级精品课程。当年年底，学校在教育部高职高专人才培养工作水平评估中获优秀等第。2008年7月，被省教育厅、省财政厅确定为江苏省示范性高等职业院校建设单位，成为全省13所示范性高职院校之一。

2008年，新校区总建筑面积25.03万平方米，总投资5亿多元，是一座花园式、生态型、智能化、现代化的校园。设有食品工程、生物工程、机电工程、旅游烹饪、计算机应用技术、会计学、经济贸易、外语8个系。专业设置以门类众多、产业链长的食品科学为特色，开设食品加工技术、食品药品监督管理、生物技术及应用、生物制药技术、烹饪工艺与营养、旅游管理、机电一体化、电气自动化技术、计算机应用技术、应用日语、商务英语、会计、国际经济与贸易、物流管理、会计与审计等36个专业或方向，形成以食品、生物技术类专业为核心的特色专业群，基本涵盖大食品行业。有全日制在校生11000人；教职员工544人，其中专兼任教师395人，具有博士或硕士研究生学历的156人，教授、副教授等高级职称126人，专业、专业基础课教师中“双师型”教师占比72.3%。学校拥有教育部高职高专院校食品、生物技术类专业教学指导委员会主任委员1人、委员1人，省“333高层次科学技术人才”培养对象1人，省普通高校“青蓝工程”学术带头人1人、骨干教师4人。聘请美国、澳大利亚、日本等外籍教师进行英语、日语教学。建成包括食品生物技术、生物技术等实验实训室98个，多媒体教室41个、语音室20个。图书馆藏书48万多册，拥有各类仪器设备总值5200余万元。其中，食品生物技术实训中心为国家教育部、财政部重点建设

的国家示范性实训基地项目，食品工程专业领域被列入2004年江苏省高等职业教育实训基地建设工程专项。学校建有食品陈列馆、国家职业技能鉴定所、劳动和社会保障部批准的轻工行业特有工种职业技能鉴定站和全国计算机、英语等技能考核点，可进行化学分析工、食品检验工、烘焙工、酿造工、餐饮服务等20多个工种、岗位的职业技能鉴定和计算机、英语等科目的考级。与国内许多知名企业紧密合作，建有校外实训基地70余个。

至2008年，学校获批省、市工农业科技项目和社会发展等研究项目33项，争取课题经费89.57万元，其中省工业科技基金项目1项、省教育科学"十五"规划课题基金项目1项、省高校高新技术产业发展基金项目3项、省高校哲学社会科学项目6项、淮安工农业科技及社会发展项目21项、委托项目1项，实现学院科研与产业工作的良性发展。与淮安快鹿牛奶有限公司、淮安市洪泽洪新实业有限公司、淮安市味都生物调味品有限公司、淮安市淮阴区苏北酱醋厂、江苏淮安古顺河酒业有限公司、淮安市淮阴天龙酒业有限公司、淮安市纵横生物科技有限公司、淮安市凌桥米业有限公司等企业合作，推广技术研究成果，进行新产品研制开发，提升企业产品质量，创造经济效益1100多万元。

三、江苏财经职业技术学院

2004年7月，经省政府批准、教育部备案，江苏省淮阴财经学校、江苏省淮海工业贸易学校合并升格组建江苏财经职业技术学院，为公办全日制普通高等学校，隶属于省教育厅。

学校成立之初，在市区大治路有东、西2个校区（原财经学校、工贸学校校区），占地面积11公顷，建筑面积73838平方米。建有各类实验实训室74个，有各类计算机996台，图书馆藏书32.9万册。固定资产总值8531万元，教学仪器设备总值2203.56万元。有教职工354人，其中专兼职教师198人。教师中有副高级以上职称61人、中级职称63人，26名教师具有"双师型"资格。2004年年末，有在校学生7250人，其中，三年制、五年制高职学生874人，中专生6376人。学校被评为江苏省德育先进学校、2005—2006年度获江苏省精神文明建设工作先进单位、省文明单位创建先进单位。

2006年1月，开工建设新校区。新校区位于淮安高教园区枚乘东路，占地面积53.33公顷，建筑面积20万平方米。2007年11月，学校整体搬迁至新校区。2008年3月，获教育部高职高专院校人才培养工作水平评估优秀等第。

至2008年，学校固定资产总值3.06亿元，教学仪器设备总值3200万元。图书馆藏书56.3万册。有全日制在校生9323人。有教职工480人，其中教授、副教授104人，硕士或研究生以上学历105人，全国模范教师1名，江苏省高校名师1名，江苏省高校"青蓝工程"培养对象5名，江苏省优秀教育工作者1名，淮安市有突出贡献中青年专家2名。设有会计系、经济贸易系、工商管理系、政法系、应用外语系、机电工程系、电子工程系、粮食工程系、计算机工程系和基础教学部10个教学系（部），开设会计、会计电算化、工商企业管理、电子商务、金融保险、法律事务、机电一体化技术、数控技术、应用电子技术、粮食工程、计算机应用技术、商务英语等24个专业和注册会计师、注册资产评估师等13个方向，其中会计（含会计电算化）、机电一体化技术和电气运行与控制3个专业为省级重点示范专业。拥有国家、省级精品课程以及国家"十一五"规划教材8门，建有122个校内实训室，8个研究所（公司或中心），省级示范性实践教学基地1个。面向全国14个省招生，毕业生就业率一直保持在98%以上。

四、炎黄职业技术学院

该校是经省政府批准、教育部备案，由涟水籍台胞蒋志平创办的全日制民办高等职业技术院校，位于涟水县城东北。1999年10月建校，初名为民办炎黄大学，挂靠淮阴师范学院招生。2001年6月，经省政府批准正式建校，独立招生，定名为炎黄学院。2002年4月，更名为炎黄职业技术学院。学校实行董事会领导下的校长负责制，决策机构为董事会。执行国家统招计划，颁发经教育部监制、电子注册的大学专科学历文凭。

1999年建校初，设三年制专科，招收高中毕业生，有建筑施工与管理、计算机工程、实用英语、旅游管理4个系，开设建筑施工与管理、计算机应用与维护、应用英语、旅游管理4个专业。当年有在校学生671人，教职员工100人，其中教师60人。2000年，增设经济贸易系和文秘系，增开国际经济与贸易、市场营销、文秘与办公自动化3个专业，计算机工程系增开网络技术专业。2001年正式建校后，增设建筑装潢、商务英语、电子信息工程3个专业。2002年，文秘系并入经济贸易系。是年，学校有首届毕业生313人，毕业生就业率95.2%。2003年起，开设五年制专科，招收初中毕业生。2004年，新增机电工程系及道路与桥梁、工程监理、工程造价、室内设计、电子商务、玩具设计与制造、数控技术与应用7个专业。2007年，学校通过教育部高职高专人才培养工作水平评估。

2008年，学校占地面积22.2公顷，建筑面积10.03万平方米。设三年制专科和五年制专科，有信息工程系、建筑工程系、机电工程系、经济贸易系、旅游管理系、实用英语系、五专部，开设计算机应用与维护、电子信息工程技术、建筑工程技术、室内设计技术、机电一体化技术、机械制造与自动化、国际经济与贸易、会计电算化、旅游管理、应用英语等18个专业。面向江苏、安徽、山东、贵州4个省招生，有全日制在校生4623人。有教师190人，其中专任教师161人。主要建筑有教学楼、图书馆、学生公寓、餐厅，有完善的教育设施设备、体育运动设施，有车工车间、钳工车间、数控车间、电子电工实训室、CAD电子拖动实验室、电气控制实验室、建筑材料实验室、单片机实验室、计算机接口实验室、计算机组装实训室、会计电算化实验室、餐饮服务实训室、数控维修教育培训中心、数控生产培训中心、数控电脑仿真室等各类实验实训室43个。图书馆藏书19万册。形成体现“以就业为导向”，反映时代要求、反映素质教育特征的教学内容和课程体系。主要特色有以两岸统一为核心的爱国主义教育，校训“诚毅勤俭”和“四禁”（禁吸烟、禁酗酒、禁无谓酬酢、禁脏乱）教育等。通过建立专业指导委员会、学生顶岗实习、合作加工等方式，落实校企合作计划，与企业资源共补，互惠共赢，共同发展。利用海外关系优势，与苏州、无锡、常州等地台资企业建立合作关系，学生可在校内专业技能鉴定中心接受来自企业的“一对一”专项岗前培训教育。与蒋志平在台湾创办的东南技术学院、经国健康管理学院结成姐妹学校，在办学理念、管理经验、课程与教材建设、师资队伍等方面，交流互动，资源共享。

五、淮阴师范专科学校

该校创办于1958年，是中华人民共和国成立后市境内第一所高等学校，为省属高等师范院校，开设文史、数理、生化三科。1962年，因国家政策调整停办。1976年，以南京师范学院淮阴分院名称恢复办学，开设中文、英语、数学、物理、化学五科，学制三年。1979年，经国务院批准，淮阴师范专科学校复校。

复校初期，办学条件简陋。1978年，在校生1000多人，教职工不到300人，专任教师不到170人，其中副教授4人、讲师近60人；校舍面积6700余平方米，教室、宿舍多为平房和简陋的棚子；

校图书馆藏书20万册，教学设备固定资产20余万元。

至1988年，办学条件有一定改善，设有中文、政史、英语、数学、物理、化学、体育、美术8个系科9个专业，在校生数近1600人，教师217人，其中副教授以上21人、讲师94人，外籍教师2人。图书馆藏书40万册。唐宋文学和楚辞研究成果瞩目，周本淳、于北山、萧兵等教师研究成果受到学术界好评。《淮阴师专学报》及增刊《活页文史丛刊》在国内有一定影响。

1992年后，学校发展速度加快。加强师资队伍建设，建立并落实一系列鼓励人才脱颖而出的制度，同时加大投入，改善教师生活、工作环境，连续三年被评为全省高校教师住房建设先进单位。开展课程建设、职业技能训练、"2+1"主辅修、专业教学改革。在对农村中学调研基础上，在全省专科学校中率先探索"2+1"主辅修制，培养一专多能的复合型人才，增强学生应用能力。该教改方案被省教委评为优秀教学成果，也为学校学制由二年制向三年制、三年制向四年制过渡奠定一定基础。开展专业教学改革，推出中文、物理、化学、数学4个专业作为教学改革试点单位，在政策、资金、设备等方面给予倾斜。1995年，上述4个专业又被省教委遴选为省级教学改革试点专业，并相继招收本科学生。

至1996年年末，进行5次课程建设成果展评，各专业主干课程基本完成建设。全校教师获国家教委、省教委优秀教学成果奖、省哲学社会科学奖、省科研进步奖20多项。周本淳《小房山诗文集（校点）》《唐才子传校正》，萧兵《楚辞与神话》《中国文化的精英》《楚辞新探》《楚辞文化》，钱仓水《文体分类学》《小说艺术论》等著作，在学术界产生相当影响。一批中青年学者的科研成果发表在《物理评论》（美）等海外一流杂志和《科学通报》《文学评论》等国内核心期刊上。《淮阴师专学报》刊载的学校教师论文水平较高，文章复印、转载率连续数年处于同类院校领先水平。

1996年，在江苏省师专优秀教学学校评估中被评为优秀教学学校，在江苏省普通高校函授、夜大教育评估中被评为合格和优良。学校办学规模进一步扩大，占地面积17.7公顷，新建、在建校舍面积15000平方米，设8个系，有12个普高专业、7个成高专业，其中中文、物理、化学3个专业兼招本科。学校被省教委批准设立大学英语四、六级考试点。在籍普通高校学生2246人，成人高校学生655人。学校教学仪器设备总值750万元。师资队伍建设成效明显，专任教师中高级职称占30%，研究生学历占24%，教授6人、副教授等副高级职称68人，《淮阴师专学报》入选全国哲学社会科学核心期刊。

1997年2月、6月，国家教委、江苏省政府分别同意、批准淮阴师范专科学校与淮阴教育学院两校合并升格为淮阴师范学院，原淮阴师范专科学校建制同时被撤销。

六、淮阴工业专科学校

该校创建于1958年，1961年更名为淮阴农业机械专科学校，1962年因国民经济调整停办。1978年开办南京工学院淮阴专科班，设机械制造专业，列入省统招统配计划，1981年因资金困难再次停办。1983年6月，淮阴职业大学成立，为市属不包分配性质的全日制高等专科学校。1985年3月，省政府同意在淮阴职业大学基础上建立淮阴工业专科学校，仍属市领导，性质不变，与淮阴职业大学同时办学。1986年7月，省政府批准撤销淮阴职业大学建制，淮阴工业专科学校领导管理体制改为省、市双重领导，以市为主，面向苏北地区各市招生。从1986届开始，招生列入省统招统配计划。1990年，淮海职业交通专科学校与淮阴工专联合办学，成为淮阴工专交通分部。1997年，经省政府批准，淮阴工专由原省市双重领导、以市为主转为省市共建、以省为主的领导管理体制。

学校成立初期，仅有专任教师7人。1984年开始引进师资，充实教师队伍。同时，重视师资

培养，安排中青年教师参加培训，选派学术骨干出国进修，鼓励青年教师报考研究生。1983—1985年，学校面向淮阴市按职大性质招生。1986年，面向徐州、淮阴、盐城、连云港四市招生。1989年起，招生范围扩大到扬州、南通两市。1983—1991年，学校培养大专毕业生1191名，主要分配在淮阴地区及苏北地区各县、市。1992年，学校由二类大专升格为一类大专，开始面向全省招生，招生规模逐年扩大。1993年，学校获"江苏省专利工作先进集体"称号。1996年，获"淮阴市科技工作先进集体"称号。1998年起，与南京理工大学、南京化工大学等高校联办普通本科教育。1999年9月建成校园网，并争取到淮阴城市域网主节点。当年全校有普通本、专科在校生近4000人。1992—1999年，培养大专毕业生4090人。

至1999年年末，学校有本部北京路和王营交通分部2个校区，校园占地面积30公顷，校舍总面积13.39万平方米；人均绿地面积33平方米，绿化覆盖率47%，两项指标均超过全国卫生城市的绿化标准。在职教职工662人，其中专任教师321人，专任教师中高级职称88人。设有机械工程、电气工程、计算机工程、土木工程、化学工程、生物工程、经济管理、汽车、交通财经9个系，设置机械设计制造及自动化、电气工程及自动化、计算机科学与技术、化学工程与工艺、生物工程、人力资源管理、工商管理、数控技术应用等36个本、专科专业及方向。其中，机械设计制造及自动化、房屋建筑施工、数控技术应用和汽车运用技术4个专业被教育部批准为全国高工专教学改革的试点专业。学校建有50多个实验室及金工、电工、汽车修理等校内实习工厂和车间，建立40多个校外实习基地。有图书馆2座，其中本部图书馆于1989年建成交付使用，建筑面积3200平方米；总图书量26.5万册，中外文期刊1000多种，其中本部图书馆馆藏图书18.7万册。学校教师共发表论文700多篇，鉴定各类科技成果8项，其中省级以上鉴定7项；获得省、市级以上优秀科技成果二等奖42项，获得国家专利7项；与社会企事业单位签订各类技术开发和服务合同70多项，累计实现合同金额400多万元，利润近100万元。数项技术成果通过江苏、湖南、福建等省市级鉴定，在国内处于领先水平。

2000年5月，经教育部、省政府批准，淮阴工业专科学校、江苏省农垦职工大学、淮阴职工大学合并组建淮阴工学院，原淮阴工业专科学校建制同时撤销。

七、淮阴教育学院

该校前身为1959年9月创办的淮阴专区教师进修学院，校址在市区健康东路。1962年，接管停办的淮阴师范专科学校校舍、仪器、图书等资产，迁址于原淮阴师范专科学校校址（市区淮海东路清江拖拉机集团）。1965年5月，更名为淮阴专区教育行政干部学校。1969年6月，停办并撤销。1979年7月，淮阴地区行政公署批准复建淮阴地区教师进修学院，择址于市区健康西路新建。1983年2月，经教育部审查备案，定名为淮阴教育学院。同年开始招收高中毕业生，成为培养中学在职教师、教育行政管理干部，具有师范类性质的地方成人高校。初设英语、政史、地理等学科。1986年，被国家教委确定为全国72所接受世界银行贷款的教育学院之一，同年12月经国家教委验收合格。

1987年，学校占地面积5.73公顷，建筑面积2.63万平方米。有教职工251人，其中专任教师113人，有副教授21人、讲师50人。1995年前，有中文、政史、英语、数理、生化、地理、教育行政管理7个系，设置中文、政教、历史、政史、英语、数学、物理、化学、生物、地理、农学、职师、教育行政管理13个专业，有在籍学生1780余人，有脱产进修生、普通师范专科生、函授生和干训学员。1991—1995年，先后派出4名中青年教师到美国、英国、香港、澳大利亚进修，派出25名中青年教师到北京师范大学等校助教进修班进行研究生课程进修。1995年，立足师训干训，拓宽办学渠道，

与南京师范大学、徐州师范大学、淮阴师专、南京审计学院、省经济管理干部学院联合办学。是年，各类在校生人数2403人。各类用房建筑面积3.06万平方米，教学仪器价值350万元，图书13万册，各种中外期刊859种。专任教师110人，其中教授1人、副教授31人、讲师56人。

1997年6月，经省政府批准并入淮阴师范专科学校，组建淮阴师范学院，原淮阴教育学院建制同时撤销。

八、淮阴工业专科学校交通分部

该校原名为淮海交通职业专科学校，于1985年秋成立，隶属于江苏省交通厅。1990年4月，经省政府批准，与淮阴工业专科学校联合办学，更名为淮阴工业专科学校交通分部，学校性质由职大改为普高，实行全省统一招生分配。

学校担负着为交通系统培养高等应用型人才的任务。初设汽车系、财经系，有汽车运输管理、汽车运用工程、交通监督、运输财务会计、计划统计5个专业。1999年，设汽车系、管理系、财经系3个系，有汽车运用技术、工程机械、汽车试验与检测、交通运输管理、计算机信息管理、高等级公路管理、交通文秘、运输会计、统计和会计电算化9个专业及方向，汽车运用技术专业被国家教委批准为试点专业，通过省教委专家组中期评估。学校重视多层次办学，与江苏省交通厅、扬州大学共同举办江苏省交通职工培训中心、扬州大学淮阴工专交通分部函授站及成人教育部，培养成人大专层次的人才。

至1999年，学校有教职工169人，其中专任教师90人，副教授（含副研究员）以上10人，讲师62人，在校生1200余人。有A级汽车检测站和电教、计算机、汽车构造、汽车修理、汽车电器等20多个实验室，有焊接、汽车修理等4个实习车间及驾教实习车队。学校占地面积7.3公顷，建筑面积4.6万平方米，图书馆藏书7.2万余册，有中外文期刊400余种。在全省各地建成9个大型的实习基地。学校被中国创造学会选为中国创造教育实验基地，并设有国家职业技能鉴定所。为交通系统输送2550余名大专毕业生，岗位培训交通职工7000余人次。

2000年5月，学校随淮阴工业专科学校升格组建淮阴工学院，原淮阴工业专科学校交通分部建制撤销。

九、江苏省农垦职工大学

该校创办于1977年，前身为经省政府批准成立的江苏省五七农垦大学，初设农学、农机、畜牧兽医3个专业，均为二年制专科，同时承担全省农垦系统基层干部培训任务。1981年，学校更名为江苏省农垦干部学校。1983年，经省政府批准，教育部备案，成立江苏省农垦职工大学，培养三年制专科学生。校址原设在盐城市响水县大有镇。1985年9月，迁至淮阴市北京北路。同月，附设职工中专班和电大班，增设农业企业管理、农学、植物栽培、财会、化工、工业企业管理6个专业。1986年，经农业部、教育部批准，面向全国17个省（市）农垦系统及江苏省招收成人大专学生。1997年3月，成立江苏广播电视大学农垦分校，与江苏省农垦职工大学合署办学。

1990年后，学校共组织26项科研、教学重点课题的研究，有15项研究成果获得省、市政府及省农垦集团公司的奖项。其中，获省政府科技成果进步三等奖2项、四等奖1项，获省农垦集团科技成果进步一等奖4项、二等奖l项、三等奖4项，获淮阴市政府哲学、社会科学优秀成果三等奖2项。编著出版教材和学术专著18部，在省以上刊物发表学术论文59篇。1992年9月，学校被国家教委授予“全国成人高等学校先进学校”的称号。1998年，学校开设现代农业、农科种植、财务会计（电算化）、市场营销、中文、英语教育、计算机应用、机电一体化、国际贸易、工民建等12个

专业，39个教学班。1999年，经省教委批准增设审计、文秘与办公自动化、应用电子、工商企业管理4个成人大专专业，会计、现代农艺、计算机应用与维护、应用电子4个普通高职专业。

1999年，学校占地面积3.4公顷，建筑面积3万平方米。有植保、植生、化学、土肥、财会模拟、语音、计算机、机电、电工等20个实验室，教学仪器总价值200多万元。图书馆藏书6.5万册，各种刊物300余种。有专业技术人员100人，其中专职教师61人，行政兼任教师23人，具有副高级以上职称12人，讲师及中级职称32人，并聘有12位客座教授。为农垦系统及地方培养输送9075名毕（结）业生，其中学历教育毕业生大专1927人、中专1083人。举办短期培训班，覆盖16个专业100多个班，培训学员6063人次。

2000年5月，经省政府批准，学校与淮阴工业专科学校、淮阴职工大学合并组建淮阴工学院，原江苏省农垦职工大学建制撤销。

第四节　淮安高等教育园区

2002年11月，经省政府立项批准，江苏省教育厅与淮安市政府决定共建淮安高等教育园区。

园区选址于清浦区城南乡境内，京杭大运河南岸，淮海南路以东，宁连路以北，区域面积19平方公里。规划占地面积10平方公里，进区院校8所。划分为教学区、实训产业区、后勤生活区和共享资源区，教学区、实训产业区、后勤生活区由各院校自建，共享资源区由各院校根据专业设置情况分别建设。园区公共基础设施由市高教园区建设投资实业有限公司通过市场化运作，自筹资金，配套建设并经营。园区首期启动3平方公里，进驻学校3所，分别为淮阴工学院、淮安信息职业技术学院、江苏食品职业技术学院。

2003年4月，淮安高等教育园区举行开工仪式。首批入驻3所学校相继开工建设。当年年末，淮阴工学院一期工程建筑面积6.08万平方米完成；淮安信息职业技术学院一期工程建筑面积12万平方米竣工；江苏食品职业技术学院建筑面积8万平方米的一期工程完成近半。市委、市政府协调淮安市商业银行、建设银行淮安分行、中国银行淮安分行等为3所院校贷款4.7亿元，并争取到省教育厅8000万元贴息贷款。市高教园区投资实业有限公司完成投资2亿元，建成主干道路枚乘路，长2公里，面积6.8万平方米；明远路，长2公里，面积4.4万平方米；天津路，长2.1公里，面积3.15万平方米；承德路，长2.1公里，面积3.15万平方米；规划路，长600米，面积9000平方米。埋设各类管线长17.6千米，并开通公交客车。

2006年1月，江苏财经职业技术学院新校区开工建设。2007年3月，高教园区整体划入淮安经济开发区建设和管理。淮安经济开发区当年投入3.5亿元，建设正大路、枚乘路东段、枚皋路、通甫路、中心公园等项目，掀起高教园区第二轮基础设施建设热潮。至2007年年末，前期规划的10平方公里范围基础设施基本到位。同年，淮阴商业学校新校区开工建设，规划占地面积28.3公顷，校舍面积12万平方米，总投资2.35亿元。

2008年2月，淮安软件园成立，致力于发展软件与服务外包、互联网电子商务、文化创意及物联网产业，被省科技厅批准为苏北地区首家省级软件园。该园位于淮安高教园区科技大道，规划面积26.7公顷。2008年开工建设一期工程，建筑面积3万平方米，建设研发楼、培训楼、酒店式公寓以及餐厅、活动室等配套设施，可为100多家软件等服务外包企业提供研发、办公、食宿、休闲等服务。当年6月，淮安市政府与南京大学签署协议，共建南京大学淮安高新技术研究院。研究

图 30-7　淮安市高教园区一角（2008 年）　　陈光晰　摄

院位于淮安高教园区承德南路，规划占地面积6.7公顷，一期建设5000平方米的实验和办公大楼。同年，中共淮安市委党校新校区开工建设，规划占地面积6.7公顷，建筑面积3.1万平方米。

至2008年年末，天津路跨大运河桥工程全部完成，为高教园区通往市区的又一条重要通道。园区的绿化、路灯等市政基础设施进一步完善，医院、小学、超市、银行等公共服务也加快配套。入驻园区的学校有淮阴工学院、江苏食品职业技术学院、淮安信息职业技术学院、江苏财经职业技术学院、江苏省淮阴商业学校，另有规划建设中的淮安软件园、南京大学淮安高新技术研究院、中共淮安市委党校。

第七章　成人教育与社会力量办学

第一节　扫除青壮年文盲

1978年，国务院发布《关于扫除文盲的指示》，要求把12～45岁的少、青、壮年中的文盲基本扫除（即非文盲人数达到85%以上）。淮阴地区各县成立业余教育委员会或工农教育委员会，制订扫盲工作计划，采取分期分批扫盲和办业余高小班的方式同时进行。1982年全国第三次人口普查统计，全地区有文盲、半文盲319万人，其中15～40周岁青壮年77万人，青壮年农村人口非

文盲率仅有80.7%。

1983年后，市委、市政府将扫盲工作纳入全市整体工作安排，制订五年规划和年度计划。建成市、县（市、区）、乡三级扫盲网络，配备专兼职教师8000多人、干部2700多人。1984年，市、县（市、区）、乡、村层层签订扫除文盲目标责任状，明确脱盲任务、时间、要求和奖惩措施。是年，省人大通过《江苏省扫除文盲暂行条例》，市人大制定实施细则。同年，市政府印发《关于抓紧冬春有利时机，大力开展扫盲工作的意见》，市委、市政府负责人分别深入到扫盲任务重的盱眙、洪泽等县检查、指导工作。市妇联在全市妇女组织中开展"争创无盲妇代会"活动；驻军部队也协助当地开展扫盲工作。各地建立"农民文化档案"，对文盲、半文盲建档立卡。全市组织10.8万名青壮年文盲、半文盲参加文化学习。1984年年末，全市青壮年非文盲率由80.7%上升到82.5%，淮安、金湖2个县达到规定的扫盲标准，基本完成扫盲任务。1986年，全市扫除文盲24万多人，15～40周岁青壮年非文盲率87%，组织3万多名脱盲农民参加提高班学习。1987年，全市扫盲1240人，全市13个县（市、区）全部达到国家规定的扫盲标准，获得省政府颁发的合格证书。在此基础上，又动员3.4万人参加提高班学习。1983—1990年，全市开办扫盲班1.4万个，有40万名文盲、半文盲参加学习，脱盲38.7万人。

1990年第四次全国人口普查表明，全市15～40周岁人口有456万人，其中文盲、半文盲有44.5万人，占9.8%，为全省最多；青壮年非文盲率90.2%，比全省平均水平低2.6个百分点。市委、市政府提出1995年基本实现扫除青壮年文盲的目标，推进扫盲工作进程。1990年9月至1995年8月，全市扫除文盲34.2万人，占全省脱盲总数的21.5%，其中以考验扫2.1万人。15～40周岁人口中的非文盲率达98.4%，比1990年第四次人口普查时提高8.2个百分点，达全省平均水平。全市所有行政村、居民委员会非文盲率分别为95%、98%以上。组织31.5万脱盲学员参加巩固提高班学习，其中结业30.8万人，巩固率96%以上。至1995年8月，13个县（市、区）分4批通过省政府基本扫除青壮年文盲考核验收。当年年末，淮阴市扫盲工作通过国家教委扫盲验收组检查验收，完成基本扫除青壮年文盲的历史任务。县级淮安市被评为全国"两基"先进县（市），淮阴市教育局被评为全国"两基"先进集体。

全市扫盲通过"国检"以后，遵循"有盲必扫"的原则，班子不撤，经费不减，继续采取多种形式扫除剩余文盲。至1999年8月，又脱盲2.8万人，全市青壮年非文盲率达99.4%，各行政村非文盲率也超过99%。

第二节　农村成人教育

1978年后，随着农村经济体制改革逐步深入，农、林、牧、副、渔各业兴旺，淮阴地区农民学习生产技术的积极性也随之高涨。1983年3月，省教育厅在江阴召开农民教育经验交流会，推广该县申港乡举办乡镇成人教育中心的经验。淮阴市在扫盲的同时，适时开展农村实用技术培训，各乡镇先后成立成人教育中心，按乡镇人口的万分之一点五到万分之二配备成人教育专职干部，形成成人教育管理网络，并完善教学设施，提高办学水平，发挥其在农村成人教育中的龙头和主阵地作用。1985年，全市有乡镇成人教育中心35所。全市农民文化教育逐步由以扫盲为主转向农村实用技术培训，有农民业余高小617个班、中学53个班，乡办业余农技校（学制1年）196所、技术培训班403个，村办业余农技班394个，8.4万人参加各种形式的业余文化、技术学习。

1986年，全市有乡镇成人教育中心90所，举办各类文化、技术班2182个，有7100人参加学习。是年起，贯彻落实全国成人教育工作会议和国务院《关于改革和发展成人教育的决定》精神，结合淮阴市实际，围绕地方经济与农村产业结构调整开展农村成人教育工作，促进农民致富奔小康。各地成人教育中心一手抓扫盲，一手抓实用技术培训。实用技术培训以乡镇成人教育中心为龙头，各村农民文化技术学校为网点，因时因事因人办班，长班短班相得益彰，通过教师讲授，结合放映录像、印发资料，传播农业科技知识。1987年，全市乡镇成人教育中心133所，占乡镇总数的43%。

1988年，省教委印发《江苏省乡（镇）成人教育中心校暂行规定》，对乡镇成人教育中心校的性质、任务、培养目标、教学工作、教师队伍、办学经费、领导管理、审批条件、审批程序等作出规定。淮阴市贯彻规定精神，开始规范乡镇成人教育中心校建设和管理。同年，启动农村教育综合改革，实施教育促小康工程。全市成人教育学校结合地方经济特色、产业优势，与有关行业及部门联合，建立农民实用技术培训网络，培养农村实用技术骨干和致富带头人，组织农村党员和基层干部培训，配合农业部门开展"绿色证书"教育，对应届初、高中毕业生进行创业知识教育，充分利用广播电视、录像、录音等现代技术教育设备和手段进行形式多样的培训，组织科技电教队、流动学校，送科技到农户、田头。

1990年开始，淮阴市试行"双证齐发"制度，应届回乡的初、高中毕业生在领取红色中学毕业证书的同时，接受1～2门农村实用技术培训，培训合格后领取绿色证书。当年全市参加"双证"培训的中学毕业生5700多名，有5400人获得实用技术培训证书。1991年，市政府印发《淮阴市农科教统筹协调实施方案》，召开全市农科教统筹工作会议，确定14个乡镇为农村教育综合改革实验乡，金湖县为市农村教育综合改革实验县。1994年，全市组织87万人次参加各种形式的学习和实用技术培训。1995年，成人教育进一步发展，全市有成人教育中心校336所，每乡镇1所，应届回乡初、高中毕业生"双证齐发"率70%以上；接受实用技术培训80万人次。是年起，开展农村教育综合改革实验县、乡评估活动。金湖县被评为江苏省先进实验县，淮城、黎城、车桥、顺河、黄集、十里营、赵集被评为江苏省先进实验乡镇；闵桥、淮胜、横桥、蒋坝、王营、蒋庵、李集、车桥、东阳被评为市教育促小康示范乡镇。

1996年后，各地成人学校在贴近当地主导产业开展实用技术培训的同时，开展智力型劳务输出技术培训，促进农村剩余劳动力转移。是年，分别建成省级、市级重点乡镇成人中心校2所、11所，省级、市级教育促小康示范乡镇2个、4个。1997年，市委、市政府在金湖县召开全市教育促小康经验交流会，加快教育促小康步伐。1998年，举办各类实用技术培训和下岗再就业培训74.6万人次，新增市级教育促小康示范乡镇11个，评选教育致富优秀项目22个，创建市重点乡镇成人学校7所，全市乡镇成人教育中心校校长岗位培训合格率90%以上。1999年，新增市教育促小康示范乡镇25个，全市教育促小康示范乡镇达到77个，占全市乡镇总数的47%。根据省教委部署，在盱眙县开展农村劳动力文化指数状况抽样调查，该县农村劳动力文化指数8.07年。全市6个县全部实现小康目标要求，劳动力文化指数达8.17年。

2001年，根据省委、省政府《关于加快农业和农村经济结构调整，促进农民增收的若干政策意见》精神，省教育厅、省农林厅、省劳动和社会保障厅、省科技厅、省科协联合实施"5112"教育富民工程（转移500万农村劳动力，培养100万农村致富骨干，重点推广1000个农村科技致富示范项目，培训200万下岗失业转岗职工）。淮安市启动"5112"工程，开展多规格、多层次、多门类、多形式的职业教育和成人培训，转移农村劳动力，培养农村致富骨干，推广科技致富示范项目。是年，经过乡镇成人教育中心校自查申报、市级评估、省检查验收后，确定洪泽县共和成人校四季

鹅养殖示范基地、楚州区车桥成人校种孵养加示范基地为2001年省级农科教示范基地。同时，经县（区）教育部门检查推荐、市组织验收后，确定楚州区徐杨成人校的蔬菜种植、施河成人校的教学具生产、金湖县塔集成人校的长毛兔饲养、黎城成人校的蛋鸡饲养、洪泽县共和乡成人校的四季鹅养殖、东双沟乡成人校的大棚蔬菜、淮阴区新渡成人校的草莓种植、盱眙县观音寺成人校的大葱种植、清浦区武墩成人校的四季鹅饲养9个项目为市级教育致富优秀项目。

2002年，全市成人学校继续开展“5112”工程。楚州区各乡镇成人教育中心校开展农村剩余劳动力创业培训，共培训3万多人次，培训农村致富骨干和科技带头人5017名。淮阴区职业高级中学创建高新特农业科技示范基地，全年举办新科技、新技术培训班36期、讲座46场，受训17500人次，4000多户农户通过培训掌握一定技能，年均增收4000多元。涟水县保滩镇成人中心校在该镇张渡村推广肉鸡养殖项目，户均收入1.6万元，并辐射周边村组。洪泽岔河、楚州白马湖成人中心校与地方合作培育水稻新品种，生产有机大米，带动农民致富。全年全市成人教育学校培训下岗转岗人员2.7万人，农民实用技术培训85.1万人次，经培训转移剩余劳动力7万人，培养农村致富骨干3.3万人。年内，全市成人教育部门围绕农业产业化，建立农业技术推广服务体系，以项目为纽带，创成省级农科教结合示范基地1个、市级农科教结合示范基地7个。金湖县探索利用成人教育学校开展社区教育新路子。全县建立社区教育实验镇4个、社区学习中心28个、实验学校66所，黎城镇成为全市第一个省级社区教育实验区。

2003年，各县（区）职教中心和乡镇成人教育中心校加强对农村剩余劳动力的转移培训。全市培训农村劳动力11万人，有近1万人获得各种职业资格证书。通过培训输出劳动力9.3万人，其中回乡初、高中毕业生4.7万人，有组织成建制输出3.1万人。2004年，全市完成对农民实用技术培训99万人次，从业人员培训率40%以上，培养农村致富骨干5万余人，推广科技致富项目113个，辐射农户26万户。

至2005年，全市平均每年完成农民实用技术等各类培训60万人次，培养农村致富骨干3.3万人。推广科技致富项目96个，辐射农户5.4万户。经过多种培训，很多农民迅速脱贫致富，创直接经济效益5.3亿元。在实施“5112”工程过程中，为加快农村劳动力转移，各县（区）精心选择培训内容，面向劳务输出开展特色培训，打造地方品牌，逐步形成“三大类型”（传统技术型、新兴产业型和现代服务型）、“四大品牌”（建筑装潢、服装缝纫、机械电子和三产服务），通过实施品牌战略不断巩固拓展劳务市场。涟水县成人学校根据中青年妇女留守较多的情况，开展工艺品、刺绣等方面的培训，并开办刺绣工厂，从浙江接单专门刺绣出口工艺小包，解决当地剩余妇女劳力工作问题。各地面向农村致富骨干和带头人开展科技培训，采取办班培训与上门服务相结合、科技咨询与技术讲座相结合、典型引路与面上推广相结合等方式，加强对乡、村基层干部和现代农民的培训，培养一大批懂技术、善管理、会经营的农村致富带头人。尤其重视对初、高中毕业回乡青年的实用技术培训和“绿色证书”教育，使其中85%的人至少获得1项职业资格证书，并顺利就业。

2006年，教育富民工程被市委、市政府列入农村新五件实事，全市组织农村实用技术培训71.5万人次，农村劳动力转移培训5.4万人次，培训回乡初、高中毕业生2.56万人，培养农村致富骨干2160人。创建40所合格乡镇成人校，其中10所成人校达到市级示范成人校标准。2007年，全市完成农村劳动力转移培训25725人，农村从业人员实用技术培训62.75万人次，各类人才培训超过100万人次。新创19所市级示范成人教育中心校，创建40所市级合格成人校，全市成人校创建合格率达80%以上。楚州区对全区成人教育中心校实行分类定级，有计划地改善办学条件，8个没有独立校园的乡镇成人教育中心于当年年末都达到市级合格成人教育中心校建设标准，成

为全市首个乡镇成人校全部合格的县（区）。

第三节 职工教育

1978年，淮阴地区职工教育开始恢复，同年江苏省运河航运公司职工学校创办。1979年，清江拖拉机厂职工学校、淮阴职工学校、清江化纤厂职工学校成立。1981年，创办清江石油化工厂职工学校、淮海路职工夜校。各县也相继恢复职工业余学校。

1981年2月，中共中央、国务院颁发《关于加强职工教育工作的决定》。同年6月，淮阴地区召开职工教育大会，地区、县（市）成立职工教育办公室，负责职工教育工作。根据中央文件要求，各地、各系统组织各企事业单位，采用脱产、半脱产、业余等形式，或自办，或联办，举办文化、技术培训班，采取普遍轮训的办法，对虽有初中毕业文凭而无初中毕业实际水平的青壮年职工进行文化、技术补课（时称“双补”），使其真正达到初中毕业程度。是年，全地区办起文化和各种技术培训班3100多个，参加学习和培训10.25万人次，占职工总人数的18%。仅清江市属86个企业中就有55个企业正常开展职工教育，办学面63%，职工参加各级各类学习的有18200多人，占职工总数的40%。1982年，淮阴地区教育局和职教办共同组织全地区职工文化、技术统一考试，有5万余人应试，及格人数占参试人数20%左右。1983年1月，再次组织统考，合格率28%。1984年年末，合格率达70%。1985年，市政府对各县（区）职工“双补”成绩进行验收，合格率85%，各县（区）“双补”验收基本合格。

职工“双补”工作结束后，淮阴市贯彻落实国务院《关于改革和发展成人教育的决定》和1986年全国成人教育工作会议精神，职工教育的工作重点转向对在职职工岗位培训，重点是中级技术培训、班组长培训以及规范化的岗位培训。淮安、金湖等县（市）供电、邮电、城建、粮食、供销等系统进展快、收效高，全市成人教育体系初步形成。1986年，创办清江齿轮厂职工学校、淮阴卷烟厂职工学校、新华印刷厂职工学校。1989年，成立淮阴市成人教育研究会，有100多个团体会员和200名个人会员。其间，对职工教育实行目标管理，将全员培训率、阵地建设等主要指标量化，分解到各行业主管部门和各县（市、区）。针对职工教育培训周期短、针对性强、见效快等特点，从继续教育、岗位培训着手，贯彻“按需施教，学以致用，注重实效”原则，以干什么、学什么，缺什么、补什么为前提，将岗前、岗后、职前、职后培训有机结合起来，举办各种培训班，全市每年职工岗位培训率占各类培训85%以上。在保证培训面和提高全员业务技术素质基础上，突出高层次经营管理人才队伍、高层次科技人才队伍、高技能技术工人队伍三支队伍的培训。淮阴卷烟厂等企事业单位与高校联合办学，鼓励职工自学，培养高层次人才，技术工人中高、中、初级比例达1.25∶6∶2.75。

1991—1995年，全市累计参加职工教育培训120多万人次，比1986—1990年增加37.9%；累计培训各级企业管理干部3.5万人次，大中型企业领导干部的岗位培训率91.5%；职工累计参加政治轮训60多万人次，企业累计培训面90%；职工教育经费累计投入22027万元。1993年，《江苏省职工教育条例》颁布施行，淮阴市贯彻落实条例精神，健全职工教育管理网络，巩固发展培训基地，保证职工教育经费投入。市人大常委会成立2个检查组，对市直10个主管部门、企事业单位和各县（市、区）贯彻落实条例情况进行检查评估，推动全市职工教育工作加快发展。1995年，全市有各级各类职工学校251所，其中职工高校14所、职工中专校10所，校舍面积30.73万平方

米，职工专任教师2307名，分别比1990年增加49.4%、39.7%和50.1%。至1997年年末，全市职工人数393965人，参加培训178205人，培训率45.2%，其中岗位培训占培训总数的85%。

20世纪90年代后期，企业改革取得进展的同时，也造成大量职工下岗。为推进下岗职工再就业，1998年，市政府办公室发文，要求做好下岗职工再就业培训工作。各培训机构发挥骨干作用，各行业部门和企业也做好下岗人员转业培训工作，建立再就业培训基地。市交通局被省教委评为实施下岗再就业培训先进集体。是年，创建省重点职工学校1所。

2000年后，随着企业改革力度加大，职工教育面临着困境，淮安市继续做好下岗职工再就业培训，同时加强对中、高级技能人才的培训。2007年8月，市政府办公室印发《淮安市市区职工教育培训统筹经费征收及使用管理办法》，对职工教育经费作出制度保障。

第四节　成人中高等教育

一、成人中专

1976年，淮安县卫生学校复办，成为“文化大革命”后首批恢复招生的成人中等学校；新开办洪泽县医院卫校（后更名为洪泽卫生进修学校），招收成人学员。1979年，淮阴电大化工站借用淮阴化工研究所场地开始办学。1983年，省政府批准举办一批职工中等专业学校，淮阴化工职工中等专业学校在淮阴电大化工站基础上成立，在全市范围内招收基本有机合成专业成人中专学员。同年，洪泽卫生进修学校经省教委批准成为淮阴市卫生职工中等专业学校；成立淮安县卫生进修学校，与县医院分离，独立建制；创办中山业余学校。1984年，淮阴纺织职工中等专业学校成立。1986年，经省政府批准，淮安县卫生进修学校复办淮阴市淮安卫生职工中等专业学校，淮阴市城乡建设职工中等专业学校、淮阴酿酒职工中等专业学校成立。至1987年，全市有职工中专8所，附设职工中专班4个，办学点1个，在校生1000余人。有职工学校101所，学生10万余人。

各学校办学之初，基本上都是无场地、无设施、缺人员、没经验，淮安、洪泽卫生职工中专校借用医院场地办学，淮阴化工职工中专校、淮阴城建职工中专校、淮阴纺织职工中专校借用兄弟单位场所办学。后各校逐步摸索办学经验，培养师资，添置教学设施，扩大办学规模，单独设立办学场地。淮安卫生职工中专校1983年搬入新址，淮阴化工职工中专校1985年搬入新址，淮阴纺织职工中专校1986年搬入新址。

1986年起，随着改革开放的深入，企业得到发展，普通中专不能满足企业对人才的需求，各成人中专校在专业设置、招生数上迅速扩大，成人中等教育获得第一次飞跃发展的机遇。淮阴化工职工中专校由成立时的1个专业1个班迅速发展到基本有机合成、化工工艺、制药工艺、化工机械4个专业，有在校生近500人。其他各校的专业设置、招生数也都迅速扩大，师资力量、办学条件得到较大改善，教学及管理工作走上正轨，奠定发展基础。同一时期，行业主管部门与学校逐步分离。1986年起，市化工职工中专校不再获得主管部门拨款，是全市最早走上市场的成人中专校。各学校扩大办学路子，采取多层次办学、联合办学，面向市场，调整专业，挖掘潜力，培养社会急需人才。洪泽县卫校增设卫生财务专业，受到卫生部门欢迎。淮安县卫校面向应届初中毕业生招收1个医学美容班，仅该县就有900余人报考。市化工中专校1986年经省劳动厅批准举办化工技校，1988年经省教委批准与南京化校联合设立南京化工学校淮阴校区。学校与江苏韩泰轮胎公司签订协议，举办橡胶工艺班，毕业学生供该公司择优录用。同时与市区其他厂家签订类似

协议，解决学生就业问题和工厂用工问题，报考考生人数大幅增加。

1991年，江苏省启动成人中专校评估工作。经过学校自评、各市复评、省教委组织验收，淮阴市城建职工中专校、淮安卫生职工中专校成为通过评估的首批合格学校。1992年，洪泽卫生职工中专校、淮阴市化工职工中专校、淮阴市纺织职工中专校通过第二批评估。1994年，全市有独立设置的成人中专校8所，另有中央农业广播电视学校淮阴分校、中华会计函授学校淮阴分校、农行函授站、电大中专部等成人教育机构。成人中等教育学校有在校生11456人，其中市区4530人。1995年，全市有成人中等专业学校20所（含12所教师进修学校），在校生14602人。

1996年行政区划调整后，全市有成人中等专业学校13所（含7所教师进修学校），招生4466人，在校生8637人。是年起，省教委启动省级成人中专示范学校创建和评估验收。各校对照条件，加大投入，改善软硬件设施，在内部管理上，严格自查互查，积极整改。市化工职工中专校在1996年、1997年自筹600万元，新征土地面积1.73公顷，新建建筑面积5000余平方米的教学楼，开设语音室、电工实验室，加强实验室、图书室建设。淮安卫生职工中专校3年自筹资金投入320万元。市城建职工中专校征地17.07公顷，新建1个实训基地。1997年，淮安卫生职工中专校、市城建职工中专校被省教委确认为首批成人中专省级示范学校。1998年，市化工职工中专校成为第二批成人中专省级示范学校。全市成人中专校招收学生3240人，比1997年有所增加。1999年，全市独立设置的6所成人中专校，拥有固定资产近5000万元，建筑面积超过5万平方米，开设专业52个，专职和兼职成人教育人员逾500人，有在校生8000余人。为社会输送大批合格毕业生，并为各行业岗位培训1万余人次。

2000年后，随着高等职业教育的发展和职工队伍素质的提高，成人中等专业教育面临发展困境，年招生数、在校生数逐渐减少。淮安市调整成人中等教育布局，将部分成人中等专业学校与普通中等专业（职业）技术学校合并。2000年，全市有12所成人中专校，年招生1533人，有在校生14874人。2001年，全市有9所成人中专校，年招生1166人，有在校生29274人，教职工455人，其中专任教师247人。2002年，全市有9所成人中专校，年招生886人，有在校生2854人，教职工463人，其中专任教师257人。2003年，全市有10所成人中专校，年招生79人，有在校生830人，教职工396人，其中专任教师226人。2004年，市化工职工中专校与市技工学校合并成立淮安职业技师学院；全市有10所成人中专校，年招生315人，有在校生641人，教职工411人，其中专任教师248人。2005年，全市有10所成人中专校，年招生654人，在校生1092人，教职工425人，其中专任教师276人。2006年，淮安市城乡建设学校（市城建职工中专校）与淮阴商业学校合并；全市有10所成人中专校，年招生957人，在校生1797人，教职工401人，其中专任教师253人。

二、成人高等教育

1983年冬，高等教育自学考试首次开考，淮阴市有3000多人报考，开考科目有党政、经济管理、法律、中文、英语等，学历层次为大专。1987年，全市有自考考生10000多人，开考科目有20多个，学历有大专、本科2个层次。

1993年，淮阴工专开办函授、夜大学，至1996年下半年，有在籍学生1200人。1996年9月，通过省教委成人教育评估专家组评估，并由省教委向社会公布。同年，淮阴师范专科学校在江苏省普通高校函授、夜大学教育评估中分别被评为合格和优良。

1997年，全市建立14个乡镇自学考试服务站，服务农村考生。1998年，建立乡镇自学考试服务站60个，全市乡镇自考服务站达到74个，建站速度处于全省前列。成人高等教育自学考试规模扩大，全年报考人数4.52万人。全市组织4次考试，参考率60%以上。1998年，成人高等教育

发展迅速。全市报考成人高考8244人，录取3257人，录取率39.8%。开展高教学历文凭考试试点。经省教委批准，国家教育部备案，市民办华中公共关系进修学院被列为江苏省13所高等教育学历文凭考试试点院校之一，学院首次招收参加高教学历文凭考试2个专业学生共200人。

2006年，淮阴师范学院开办自考助学（本科）专业。

第五节　社会力量办学

1978年后，淮阴地区社会经济建设快速发展，对各级各类人才的需求非常迫切。一些热心教育的人士，整合离休、退休教师及其他闲置的教育资源，以文化补习班、职业培训班等形式，创办自负盈亏教育机构，拉开境内民办教育发展的序幕。1983年，民革淮阴市委创办全市首家民办教育机构——淮阴中山业余学校。各民办教育机构主要承担学历补偿教育，从事成人高中、成人中专的学历教育，全市最高峰时有4万多人报考成人高中学校，有2万多人报考成人中专。1985年的《中共中央关于教育体制改革的决定》、1986年的《中华人民共和国义务教育法》、1987年国家教委的《社会力量办学若干暂行规定》，明确民办教育的合法地位，推动全市民办教育进一步发展。

20世纪90年代，淮阴市支持和鼓励发展民办教育，专业技术人员相对集中的民主党派、社会团体、企事业单位办学越来越活跃，掌握一技之长的公民个人也不断进入该领域。办学层次和规格趋于多样，有规模较大的民办学校、培训中心，也有各类培训班、进修班、辅导班、补习班。办学内容多样化，由初、高中文化补习等各种助学教育，发展到计算机、法律、服装、书画、健身等各类教育。1995年，全市新增3所民办高中、3所民办初中，市电子技术培训中心、市希望电脑培训中心、市高艺服装培训中心，经过审核批准分别升格为淮阴市微机专业培训学校、淮阴市科技进修学校和淮阴市服装进修学校，具有举办本专业成人职业高中教育的资格。是年秋，市微机专业培训学校、市科技进修学校分别和有关中专校举办微机专业成人中专班。市区独立设置的社会办学机构有34个。

1997年，国务院颁布《中华人民共和国社会力量办学条例》，提出“积极鼓励、大力支持、正确引导、加强管理”16字方针。淮阴市贯彻条例精神，激发社会各界和公民个人的办学热情。是年，由于四星级高中必须实行高、初中分离，民进淮阴市委与淮阴中学联合创办淮阴市开明中学。1998年9月，清江中学成立民办启明外国语学校。2000年，涟水中学与南京圣特公司合作创办涟水圣特外国语学校。其他县中也采取类似方法实现高、初中分离。民间资本与公办优质教育资源联合创办的民办学校迅速发展壮大，由此增加一批优质民办初中，在一定程度上满足社会需求。

2000年后，随着城市化发展加快，城市人口迅速扩张，公办教育资源特别是公办优质资源远远不能满足社会需求。全市教育行政部门贯彻落实“积极鼓励、大力支持、正确引导、依法管理”方针。2001年，市政府批准民办淮阴中山预备役学校更名为淮阴军星科技中等专业学校，并升格为普通中专，具有颁发普通中专文专文凭资格。同年，市教育局对已审批的办学单位从办学能力、组织机构和章程、办学条件、有关政策落实情况4个方面进行检查评估，对评估合格单位在媒体上予以公布，促进社会力量办学健康发展。新审批确定淮阴师范学院附属实验中学等4个办学单位。

至2003年，社会力量办学获得长足发展，办学主体更趋多元化，办学场所由租借教学场所为

主，转为征地建房、独立拥有校舍为主，形成多层次、多形式、内容广泛的办学格局，办学范围从成人职业技术教育、高等教育到学前教育、普通中小学教育和中等职业教育。是年年末，全市有社会力量办学单位138个，各种类型在校生36万人；有从事社会力量办学的专职管理人员352人，专职教师2517名；全市社会力量办学拥有固定资产6.78亿元、图书58万册，自有校园占地面积209.8公顷，自有校舍建筑面积46.9万平方米。有民办高校1所——炎黄职业技术学院，在校生1500人；高等非学历教育机构4个，在校生1015名；民办中专校1所——淮安军星科技中等专业学校，在校生3000人；民办高中10所，在校生2458人；民办初中13所，在校生17501人；民办小学9所，在校生3736人；民办学前教育机构346个，在校生3051人。

2003年后，全市贯彻《中华人民共和国民办教育促进法》和《中华人民共和国民办教育促进法实施条例》，进一步规范民办教育机构办学行为，推进其健康发展。2005年，淮安市军星科技学校创成省重点职业学校。2007年，全市有各类学历教育的民办学校58所，在校生7.8万人，占地面积202.5公顷，建筑面积70.1万平方米，总投资10.38亿元。全市有非学历教育机构176个，其中民办幼儿园111个，全年培训3.6万人次。

2008年，全市有民办中、小学58所，在校生10万余人，占地面积202.47公顷，建筑面积86.7万平方米，总投资10.38亿元。其中，民办中等职业学校5所，在校生6500人，占中职在校生总数8%；民办高中及完中（含12年一贯制）19所，占学校总数的40%，在校学生1.5万人，占高中生总数的17.18%；民办独立初中14所，占学校总数的8%，在校学生3.6万人，占初中生总数的12.24%；民办独立小学20所，占学校总数的4.2%，在校学生1.66万人，占小学生总数的3.98%。有民办非学历教育机构92个，年培训42429人，专职教师420人，兼职教师430人，年培训收入2200.98万元，固定资产总值7126.21万元，校园占地面积15.13公顷，校舍建筑面积7.01万平方米。

第八章　教　师

第一节　教师队伍

1978年后，淮阴地区各级各类教育得到恢复，但合格师资紧缺。各地根据实际情况，从社会上招聘一部分合同教师、代课教师。教师队伍中不合格师资（民办教师、合同教师、代课教师）比重大，不合格学历多。1980年，淮阴地区有小学民办教师34535人，占小学教师总数的70%，另有代课教师2890人，临时代课教师1492人；有中学教师24045人，其中民办教师占46.5%，高中教师本科毕业的占42%，初中教师中达大专毕业水平的仅占4.7%。为解决这一问题，全地区通过考试辞退不宜任教的民办教师近万人，其缺额除由师范学校毕业生补充外，各县又招聘一部分合同教师。同年，普遍恢复三级教师辅导网，由市教研室负责，各县教研室组织管理并指导业务，各乡成立中心备课组和业务学习组。

至1984年，全市中学教师参加中、高师进修结业的有6900余人。至1985年年末，淮阴教育学院共培训10000余名合格中学教师和学校行政干部，其中3968人取得专科以上学历。全市有小学教职工47203人，其中高中、中师及以上毕业的占66.3%；中学师资质量也有所提高，高中教师中具有本科学历的上升到44.6%，初中教师中具有专科学历的上升到14.7%。1988年后，全市把师资培训作为“一把手”工程，通过函授、教师自学考试、社会自学考试、脱产进修等加快提高中小学教师学历层次。制定中小学教师《基本功训练标准》，中小学教师《教学“六认真”基本要求》等统一规定。

1991年8月，国家教委、全国教育工会联合颁发《中小学教师职业道德规范》，全市各级教育行政部门和市、县教育工会广泛开展中小学教师职业道德教育。按照市委要求，全面开展“三学”（学楷模、学先进、学新旅）活动。1992年起，根据国家教委有关文件精神，全市加快民办教师管理步伐，不再聘用民办教师，坚决清退“乡聘教师”“临代教师”。至1995年年底，全市清退此类人员6500人。同时，加快“民转公”的步伐，1994—1995年拿出4500个“农转非”和干部指标用于“民转公”。1991—1995年，全市有10185名合格民办教师转为公办，有114名教师受到国家表彰，186名教师受到省表彰，300名教师受到市政府表彰，3860名教师受到县政府表彰，9840名教师受到乡镇党委政府表彰，累计占教师总数的18.5%以上。

1995年开始，在中小学和职业中学教师中实施继续教育证书制度，每年3月进行证书的验证工作。凡申报高一级职务的教师，必须经过相应层次的继续教育，并取得培训合格证书。20世纪90年代中期起，全市通过教师回原籍、引进外地师资、进修提高学历等多种途径，加速提高教师学历层次。1997年，全市有教职工46824人，专任教师39207人，高中教师学历达标率为51.78%；初中教师学历达标率为79.45%，其中本科学历占7.03%；职业中学教师学历达标率为23.25%；小学教师学历达标率为79.83%。至1997年年末，淮阴市基本上提前实现符合条件的持证民办教师转为公办教师的目标。

1996年开始，全面实施以培养青年教师为主的“青蓝工程”，以提高教学业务能力为主的“十百千工程”（13门学科，确定100名40岁以下的教师参加教改，每年上1000节优质课）和以培养学科带头人及专家学者型教师为主的“名师工程”。至1999年年初，全市有38名中小学教师被省政府评选为特级教师。组织广大教师学习《中华人民共和国教育法》《中华人民共和国教师法》等教育法规，对教师进行师德教育、职业道德规范教育。在全市开展教师职业道德“十提倡十反对”、教师20条忌语和“创文明校园，树师表形象”为主题的教育活动，利用身边典型对教师进行师德教育。对先进典型，及时予以总结表彰。每2年进行1次“十佳青年教师评选”，定期表彰优秀教师和优秀教育工作者。

2001年后，实施“人才强教”战略，提高教师队伍整体素质。实施《教师资格证书制度》，对不具有相应教师资格的专任教师逐步调整，把没有教师资格、不能胜任教学的人员从教学岗位上调整下来。各中小学校按照《江苏省中小学教师职业道德规范》要求，加强教师职业道德建设与管理，广泛开展师德教育活动。开展向孟二冬、殷雪梅等模范教师和身边优秀教师学习活动，弘扬新时期人民教师的崇高师德。实施“名师名校长”培养工程，有计划、有组织安排骨干教师参加各类培训，优先落实系列优惠待遇，帮助制定个人职业发展规划。

2005年开始，实施“三百工程”（每年选派100名城镇优秀教师到农村薄弱学校支教；100名农村教师在优质学校挂职进修；100所薄弱学校得到优质学校的结对帮扶）和“千校万师支教工程”，帮扶农村薄弱学校。组织212所城乡学校结对帮扶，1049名教师参与“三百工程”。2006年，全市192所学校参与“千校万师支教计划”，推动城乡基础教育水平整体提升。同年起，市财政每

年安排130万元为特级教师、优秀骨干教师发放特殊津贴，各地、各校也相应实施名师激励办法。2007年，组建汇集200名优秀教师的全市基础教育专家指导组。加大职教“名师”培养和聘用力度，制订并实施市、县（区）、校三级联合培养计划。全市培养3名教授级中学高级教师；受国家级表彰教师8人、省级表彰教师22人。

2008年，淮安市25人通过省第十批特级教师评选。制订各级各类教师分层分类培训计划。加强教师培训基地建设，完善市、县（区）、学校三级教师培训管理网络，建立开放、高效、专业的教师培训体系。构建以淮阴师范学院为中心，县（区）教师进修学校为网点，校际代培和学校自培相结合的培训模式。对薄弱学校师资培训实行倾斜政策，改变教师量不足、质不优、结构不合理的局面。市、县逐步建立健全教育人才市场，缓解和调节师资供求矛盾。师范类毕业生全部按照“双向选择，合同聘用”市场化机制就业。引进具有教师资格的优秀高校毕业生充实教师队伍，制定更具吸引力的优惠政策，鼓励高校优秀毕业生到淮安市从教。加大教师培训经费投入，教育经费预算列入教师培训经费。当年全市小学、初中、高中教师学历达标率分别为99%、92.52%、87.8%，与1978年相比，分别提高43%、87.8%和45.8%。一定数量的教师学历高于国家规定的合格学历。其中，小学教师中具有大专及以上学历人数占小学教师总数的53.34%，初中教师中具备本科及以上学历人数占初中教师总数的33.77%，高中教师中有一定数量的人具备研究生学历。

第二节 教师待遇

1978年全国科学技术大会后，教师的社会地位逐步得到提高。1983年“五一”劳动节，淮阴市首次召开老教师座谈会，市委、市政府、市人大、市政协领导出席会议，向全市教师致谢，特别提出向小学教师致谢。1984年，全市有近百名小学教师被选为市、县人大代表，近60名小学教师被选为市、县政协委员。

1984年后，以1966年年末参加教育工作为界，适当提高新老民办教师补助经费。乡镇民办教师月补助标准为中学老民办教师45元，新民办教师40元；小学老民办教师40元，新民办教师35元。市、县直属单位民办教师月工资由市、县文教局发放，标准为中学老民办教师50元，新民办教师45元；小学老民办教师45元，新民办教师40元。1985年，农村中小学民办教师全部实行工资制。是年，实行工资改革，除发放基础工资和工龄工资外，还增发教龄津贴。全市公办小学教师平均月工资70万元，平均每人月增资18.44元，民办教师平均每人月增资18元；公办中学教师平均月增资21.31元，集体教师平均月增资14.22元，代课教师月增资25.32元，民办教师月增资22.14元。当年9月10日，淮阴市召开庆祝教师节大会，会上表彰省级优秀工作者40名，向三代从事教育的家庭颁发“教师世家”光荣匾。以后历年教师节都召开庆祝大会，表彰先进教育工作者。

1993年，实行新的工资制度，同时实行体现鼓励和政策导向的各种教师津贴，全市中小学公办教师月平均增资160多元，民办教师月增资110元。妥善解决达到公办教师退休年龄的民办教师离岗后老有所养问题，凡教龄满30年者，离岗补助费为离岗前工资的100%，参照公办教师退休时打折比例办理离岗审批手续。

1994年后，全市累计投入教师住房建设资金2.34亿元。1996年，出台加快教职工住房建设的实施意见。当年全市城镇新建教职工住房面积18.72万平方米，投入资金9300万元。1997年，

召开第二次教职工住房建设工作会议，对1996年的实施意见又作补充，规定教职工住房建设享受国家安居工程的所有优惠政策，把教师住房建设工作列入市政府实事之一。全市累计投入资金1.05亿元，开工面积17.3万平方米，竣工面积8.25平方米。当年年末，基本解决职工中无房户和人均居住面积4平方米以下困难户的住房问题。1998年，全市教职工住房建设取得突破性的进展，全年施工面积27.02万平方米，竣工面积26.09万平方米，建成2734户，总投资额1.32亿元，其中各级财政拨款767万元，学校自筹2690万元，个人集资9775万元，分别占总投资的5.8%、20.3%、73.9%，人均居住面积提高到10.5平方米。在市区建成占地面积2.67公顷，建筑面积3.5万平方米，投资2800万元，质量全面达到市优工程，其中有4幢达到省优标准的教工新村。当年6月，转发并落实省人事厅、省教委关于对教龄满25年，年满55周岁退休的女教师退休金可补足到退休前工资的100%的文件精神。1999年6月，省政府在盱眙县召开农村教师住房建设工作现场会，盱眙县结合农村小城镇建设加快农村教师住房建设的做法为全省农村教师住房建设提供成功经验。

2001年后，教师地位和待遇进一步提高。2006—2008年，市财政每年安排130万元为特级教师、优秀骨干教师发放特殊津贴。

第三节　教师职称评定

1987年，淮阴市开始建立教师专业技术职务评聘制度。按照“坚持标准、保证质量、规范管理、注重实效”的方针，出台一系列教师职务评聘工作意见，规范、约束评审、聘任和考核等工作，减少职务评聘的盲目性和随意性。在评审中，除严格执行《江苏省中小学教师专业技术资格条件》外，还结合师资队伍建设实际情况，制定并试行一系列配套的评审细则。对教师晋升高一级职务必须具备的学历、资历、政治思想表现和师德修养、教育教学实绩和教科研水平等评审条件予以量化。该做法得到省人事厅、省教委有关部门肯定，并在一定范围内推广，取得良好效果。印发《关于加强中小学教师职务聘任管理意见》，对聘任教师的师德修养、履行岗位职责、教学工作量等，提出硬性指标和量化要求，规范全市教师聘任工作，实现评聘分离。加强教师职务聘期内考核工作，形成学校普查、县（区）级自查、市级抽查的三级考核网络，每年检查一次，形成制度。同时，严格按考核结果量才使用，使之与晋职晋升、评优奖先、续聘缓聘等相挂钩，建立和完善激励机制。

由于强化制度建设，严把评审、聘任、考核三关，全市教师职务评聘工作发展顺利，高级教师占教师总数比例稳步上升，教师队伍职务结构逐年得到优化。1997年，全市教师职称结构开始趋于合理。普通高中教师中，高级职称占10.09%，中级职称占44.84%；普通初中教师中，高级职称占1.22%，中级职称占32.62%；职业中学教师中，高级职称占4.34%，中级职称占37.39%；小学教师中，中级职称占52.01%。

至2008年，全市教师职称结构更加合理。普通高中教师中，高级职称占19.51%，中级职称占29.89%；普通初中教师中，高级职称占6.67%，中级职称占43.12%；职业中学教师中，高级职称占11.34%，中级职称占46.39%；小学教师中，高级职称占0.54%，中级职称占54.84%。全市有8名中学教师被评为教授级高级教师。

第九章　教育教学科研

1978年，淮阴地区教育局设教学研究室。1983年，改为淮阴市教学研究室。1989年1月，市教育科学研究所成立，负责全市教育科研的管理。2001年，淮阴市教学研究室更名为淮安市教学研究室。分设高中科、初中科、小学幼教科、综合科，从事中学语文、中学数学、中学英语、中学物理、中学化学、中学生物、中学历史、中学政治、中学地理、中小学音乐、中小学美术、中小学体育、中小学信息技术、中小学综合实践、中小学心理健康、小学语文、小学数学、小学英语、小学科学、幼儿教育、特殊教育21个学科和教育科研的教育教学研究。2004年，市教科所并入市教研室。2005年6月，新设淮安市职教教研室。

第一节　教育科研

1978年后，淮阴地区教育教学科研受应试教育影响，主要以让学生考高分为目标，开展教材教法研究。其间进行的教学大比武、优课评选等活动，也多以学生成绩为衡量标准。20世纪90年代初，小学语文教学开始推广"李吉林情境教学法"，注重创设与教学内容相关的情境，让语文教学进入情感领域，激发学生学习兴趣，并凭借情境，将知识教学、能力培养、智力发展以及道德情操陶冶有机地结合，对全市小学语文教学教研及教学质量提高起到促进作用。1992年起，提倡素质教育，加强教育教学科研工作，围绕提高学生全面素质探索课程安排和课堂教学改革，教研活动多采取"四课"（备课、上课、说课、评课）相结合的方式。1994年2月，市教育局印发《关于加强全市教育科研工作的意见》，明确教育科研在基础教育中的地位。2002年4月，市教科所制定《市教育科研课题管理办法》，对课题申报与审批、方案论证与实施、成果鉴定成推广等环节作出具体规定。

全市中小学各级教育科研机构立项课题数逐年增多，1991—1995年有市级及市直以上课题46项，1996—2000年有351项，2001—2005年有481项，2006—2008年有563项。课题所涉学段由义务教育向高中教育、幼儿教育延伸，课题所涉课程由语、数、外等多课时学科向音、体、美等少课时学科延伸。课题研究多以课题组形式进行，许多课题分为若干子课题组，市教研室主持的省教学研究课题"小学数学讨论式教学研究"，拥有34个子课题组和900余名实验教师。中小学教师撰写的论文数量也逐年递增，仅市教研室所征集的参评论文数，1991—1995年有503篇，1996—2000年有1618篇，2001—2005年有3501篇，2006—2008年有5085篇。中小学教师的课题级别及论文发表层次也不断上升。在教科、教研课题中，1991—1995年全市中小学有省级课题5项，1996—2000年有省级课题13项、国家级课题1项，2001—2005年有省级课题31项、国家级课题2项，2006—2008年有省级课题60项、国家级课题5项。1991—1995年，全市中小学教师在省级以上刊物发表论文83篇；1996—2000年，在省级以上刊物发表论文240篇；2001—

2005年，在省级以上刊物发表论文413篇；2006—2008年，在省级以上刊物发表论文568篇。

第二节　课程改革

2002年4月，金湖县作为江苏省级课改试点地区率先开展新课程改革。2003年，全市其他县（区）及市直学校全部开展新课程改革。市教育行政部门印发一系列关于新课程改革的文件，包括《关于淮安市开展基础教育课程改革的决定》《淮安市课改工作计划》《关于公布淮安市义务教育课程设置实验方案的通知》《关于建立淮安市课程改革联络员制度的通知》等。召开3次大型课程改革现场会，总结、交流并推广全市课程改革先进经验，推动课程改革深入开展。市教育局设立课程改革领导小组及市教学研究室，按年度组织不同形式的全市性大型课程改革推进活动，包括中小学校长新课程培训、课程改革教师培训、中小学课改实验教材培训、新课程课堂教学观摩研讨活动、新课程学业考试评价改革培训、课改工作督导检查等。

2004年3月，市教育局印发《关于开展淮安市基础教育课程改革先进学校创建活动的通知》。2004—2007年，每年年底组织一次课程改革先进校评比验收，评出课程改革先进校120所。在此基础上，通过组织全市性交流研讨活动，推广先进校的经验，促进全市课程改革工作深入推进。至2008年，全市基础教育面貌有很大改进，基层学校领导集体的教育教学与管理水平得到提升，教师队伍整体素质得到提高，教师教学观念转变，教育与教学行为更加规范，学生综合能力与素质得到提升。

第十章　教育行政

第一节　办学条件

1978年，淮阴地区教育经费投入严重不足，中小学缺少教室5171间，约合29万平方米；有危险房屋2.7万间，约合46万平方米，两项总计75万平方米。生均校舍建筑面积只有1.31平方米，土草结构的校舍占一半以上，多为草泥课桌，部分班级长期在露天、树荫下上课，公社以下小学95%没有课桌凳，不少城市小学也需学生自带板凳。教学设备仪器奇缺，地区教育局在仪器设备上当年投入专项经费仅18万元，公社中学基本没有仪器，简单的理化演示实验也不能进行，大部分农村中学没有图书资料。

1980年，淮阴地区行署专门召开改善办学条件现场会，提出解决中小学无教室、无课桌凳问题。在发展国家办学的同时，提倡公社、大队、厂矿、企业各行各业办学，发挥集体和群众办学积极性。除国家下达的教育经费全部用于教育事业外，地、县（市）每年从地方财力中抽出

5% ～10%的经费用于教育事业。社队企业利润多的公社，也提取一部分用于教育事业，解决农村中小学危房维修问题。教学设备仪器投入也逐年增加，到1982年财政包干前增到每年136万元，教育事业费为3000多万元，仪器经费占事业费的4.5%，仪器专项经费被直接用于装备各类学校实验室。

1983年，淮阴市委、市政府决定将地方财政机动财力的三分之一用于教育，《人民日报》头版头条进行报道。1984年，全市开始兴建农村初中实验中心，房屋由乡负责集资新建，内部桌、凳、橱由市、县教育部门负责配备，省里负责配备仪器。至1991年，全市建成农村初中实验中心305个，提高农村初中仪器配备水平，改善农村初中实验教学条件，促进教学质量提高。

1985年，根据中共中央《关于教育体制改革的决定》精神，全市基础教育全面推行"三级办学、两级管理"新体制，把基础教育责任交给地方，明确各级政府和广大群众办学责任和义务，调动各个方面办学积极性，为教育改革和发展注入生机和活力。1980—1985年，全市用于改善办学条件的经费1.25亿元，修建校舍156.23万平方米，添置课凳64.51万套。洪泽、金湖等县首批实现"一无两有"（校校无危房、班班有教室、人人有桌凳），获得省政府颁发的合格证。

1986年，《中华人民共和国义务教育法》颁布，对实施义务教育的经费和办学条件作出法律规定，明确地方办学责任。规定教育经费必须做到"两个增长"，即国家用于义务教育财政拨款的增长比例应当高于财政经常性收入的增长比例，并使按在校学生人数平均的教育费用逐步增长。同年，国务院发布征收教育费附加的暂行规定，规定以各单位和个人实际缴纳的产品税、增值税、营业税的税额为计征依据，教育费用附加率为1%（1990年修定为2%），分别与产品税、增值税、营业税同时缴纳。是年，全市城乡教育费附加共征收3000多万元。教育经费的增长，为改善办学条件提供可靠保障，1981—1986年，全市修建中小学校舍185.9万平方米，新添双人课桌凳69.74万套，投入资金1.33亿元。其资金来源为省、市、县（区）三级财政补助4399.4万元，占29%；城乡教育事业费附加6299万元，占41.6%；教育事业费调剂1068.1万元，占7.1%；学校学杂费、勤工俭学、厂矿企业集资和干群无偿捐助等3373.5万元，占22.3%。至1986年年底，全市中小学校舍总面积达377万平方米，比1978年年底净增130万平方米。学生平均占有校舍面积由1978年的1.31平方米增加到2.16平方米，净增0.85平方米。

1987年年初，为多渠道筹集资金，做好"一无两有"扫尾工作，全市从实际出发，层层制定规划，并签订协议加以落实。同年6月，市委办发文，明确乡镇一级在教育工作中的管理作用，加快集资办学进程。至当年年底，全市征收城乡教育事业费附加3500多万元，一次性集资1400多万元。全市用于"一无两有"经费3800多万元，修建校舍45万平方米，添置课桌凳7万套，同时新建农村初中实验中心45个，全市农村实验中心达到170个，占应建乡镇总数的59%。发展较快的县（市）开始向"一无多有"迈进，并结合布局调整，创办以村小为依托的服务中心，促进教育与社会结合，服务社会，提高办学效益。

1988年，淮阴市政府颁发《关于加快普通教育事业发展和改革的意见》，制定普通教育事业改革和发展的规划、目标、实施步骤和有关政策措施。但由于历史欠账太多，当年全市仍有一级危房29万平方米，缺少校舍15万平方米。1989年5月，市委、市政府召开改善办学条件、实现"一无两有"工作会议，提出发扬人民群众"勒紧裤带办教育"的精神，集中力量打歼灭战，争取年内全部消灭中小学危房。会后，13个县（市、区）立即行动，相继召开各级会议，全面宣传发动，多渠道筹措教育经费。市委、市政府领导带头每人捐资100元支持办学，全市干部群众响应号召捐资捐物助学，形成全民办学、"八方抬教"的热潮。当年筹集教育经费1.15亿元，其中干部群众一次性集资和教育费附加安排1.01亿元。整修危房34.57万平方米，新扩建校舍30.95万平方

米。全市不仅全面实现“一无两有”，很多学校还达到“四区（教学、实验、运动、生活）、三园（花园、果园、乐园）、多配套（院墙、大门、水泥路、图书、仪器设备）”的要求。与此同时，结合危房改造和“一无两有”建设，规划小学布点、调整中学布局，推进电教事业发展，市电教馆添置专业级摄像机2台、编辑线1套，具备编制电教教材、制作课堂录像的能力。各县相继成立电教机构，配备专职人员和拨发固定的业务经费，建起卫星教育电视接收站，添置常规电教设备。学校的电教装备也发生显著变化，基本上消灭电教空白校，投影仪、录音机、彩色电视机、录像机进入农村中小学。

1990年，省政府在淮阴召开全省改善办学条件表彰会，奖给淮阴市锦旗一面、人民币100万元。市委、市政府召开第二次全市改善办学条件会议，对进一步巩固和提高“一无两有”成果，改善办学条件，办好教育为人民作出具体部署。当年筹措资金1亿多元，修建校舍55万平方米，添置课桌凳10万套，新建农村初中实验中心44个，电教中心5个，卫星放像点22个，首批18所老完中完成改造任务。

1992年，全市除6个乡镇外，全部实施初等义务教育。1993年，市政府召开“普九”工作会议，以会代训，进一步明确“普九”目标和实施步骤。同年8月，市委、市政府印发《实施省关于加快教育发展和改革若干问题的决定的意见》，把实施九年义务教育定为必要达到的头条目标，提出一系列经费保障措施。1994年9月，召开全市教育工作会议，推出把“普九”工作提前到1997年完成。根据市委、市政府的部署，县、乡成立“普九”工作领导小组。1995年，全市中小学改善办学条件投入2.94亿元，是历史上投入最多的一年，兴建、修建校舍77.7万平方米，完成5.8万架意杨等杂木屋架改造任务，建楼284幢，添置内部设施价值2578.5万元。1985—1995年，全市用于改善办学条件和实施义务教育资金达12.19亿元，其中干部群众集资捐资6.62亿元，修建、新建、扩建校舍733.43万平方米。许多中小学实现校舍楼房化，道路水泥化，校校有围墙，校园内绿树成荫、花开四季，面貌焕然一新。

至1995年年底，全市有普通中学595所，在校生46.77万人，其中高中79所、在校生4.75万人，初中516所、在校生42.02万人；农职中41所，在校生2.75万人；小学4647所，在校生107.68万人；特殊教育学校15所，在校生1825人；幼儿园1384所，在园幼儿37.34万人；中等专业学校14所，在校生2.6万人；普通高校2所，在校生近5000人；成人高等学校3所，在校生3434人；教师进修学校12所，在校生6774人。全市330多个乡镇场圃基本都建成成人中心校。全市还建成13所省重点中学，2所国家级重点职业中学，7所省重点职业中学，1所省重点成人中心校，7所省级模范学校，23所市级模范学校。同时，乡乡建有卫星教育电视接收站，城区一批办学条件较好的学校开始启动教育现代化。

1996年，围绕实现小康目标，多渠道筹措教育经费，增加教育投入。当年全市教育投入总额5.7亿元，较1995年净增1亿元。教育部门投入总额中，预算内财政拨款事业费3.04亿元，其他部门事业费中用于大中专学校经费225万元，预算内专项经费290万元。预算外收入总额2.62亿元，其中城乡教育费附加8116万元，企业办学经费80万元，勤工俭学用于教育的1497万元，社会集资、捐资4411万元，学杂费7356万元，其他教育经费4633万元。投入改善办学条件的经费2.8亿元，拆除危房并复建面积7.4万平方米，大修面积12万平方米，新建扩建25万平方米，新建教职工住房12.8万平方米，购置单人课桌凳10万套，内部配套设施投入3507万元。最后4个县38个乡镇达到“普九”标准，并于年底通过国家教委组织的“普九”验收，比原计划提前2年实现基本普及九年义务教育。

1997年，对普通高中规模进行适当调整和压缩，并对中等教育结构进行改革，发展职业教

育和成人教育，提高教育经费投入效益。1998年，全市学校拥有实验室50747平方米，专用教室34828平方米，仪器、器材室85599平方米，图书室49045平方米，阅览室88268平方米，实验室专兼职工作人员9387人，图书室专兼职工作人员2007人，配备图书价值2515万元，配备仪器价值12040.6万元。

2000年以后，随着农村小城镇建设步伐的加快和小学人口的减少，全市中小学特别是农村中小学出现布点多、规模小、危房面积大、教育质量低的状况。市委、市政府根据省文件精神，明确加快中小学危房改造和布局调整，成立危房改造和布局调整工作领导小组，全市危房改造工程与教育布局调整相结合。当年全市累计投入“危改”工程资金6.77亿元，拆除C、D级危房75万平方米，改造B级危房80多万平方米，新建、扩建校舍160多万平方米。在布局调整中，全市撤并一大批规模小、教学质量差、布点不合理的薄弱校和教学点。2001—2003年，撤并小学1342所，初级中学56所。同时根据布局需要，新建小学18所、初中9所。小学、初中改扩、新建校舍122.7万平方米，投入资金7.94亿元。至2004年年底，全市8个县（区）共有小学498所、初中156所、高级中学43所。根据省提出的“每个乡镇办一所初中，高中集中在县城办，校均施教服务人口不低于小学1万人、初中3万人、高中10万人”的要求，淮安市全面通过省政府组织的验收，实现“十五”规划的目标。

2000—2004年，根据省教育厅统一部署，淮安市启动和实施以“课桌新、板凳新、讲台新、电灯亮”为主要内容的农村中小学“三新一亮”工程。全市中小学校新添置课桌（椅）凳32.7万套（含省配发），维修课桌凳29.5万套，新添置讲台1万余张（含市配发），维修讲台2641张，改造通电教室1.15万间，累计投入资金2842万元（不含省、市配发实物资金投入），彻底改变农村中小学“三破一暗”的状况，顺利完成农村中小学“三新一亮”工程。

2004年，江苏省实施农村中小学“六有工程”（有整洁的校园、有满足师生就餐需要的卫生食堂、有冷热饮用水、有水冲式厕所、有安全宿舍、寄宿生一人有一张床）。淮安市投入资金2.89亿元，为农村中小学新建、扩建、改建学生宿舍项目356个19.3万平方米，食堂项目235个11.7万平方米，水冲式厕所项目689个8.5万平方米，建排水管道15.8万米，绿化校园124万平方米，添置双人床4.7万张，添置饮水机、保温桶7114只。建成农村义务教育寄宿制学校226多所，吸纳农村义务教育阶段寄宿生8.5万人，寄宿制学校生均占有宿舍面积2.89平方米，生均占有食堂餐厅面积1.48平方米。

2005年，实施“校校通”工程，明确“校校通”工程最低标准。乡镇初中、中心小学每校建设1个网络教室和1个多媒体教室，定点完全小学建设1个网络教室。网络教室要求乡镇初中、中心

图30-8 小学语音教学室（2005年） 陈光晰 摄

图30-9 中学语音教学室（2005年）陈光晰 摄

小学每校配置50台学生机和1台教师机，定点完小、特校每校配置20台学生机和1台教师机。乡镇初中、中心小学的多媒体教室，配置1台教师机、1台大屏幕彩电和视频展台。全年为全市农村中小学620所“校校通”工程项目学校配备计算机近4万台。至2006年年底，“校校通”工程通过省专家组验收，全市信息技术教育迈上一个新台阶。

2006年，省委、省政府出台《江苏省农村义务教育阶段学生免收学杂费实施办法》，对农村义务教育阶段学生免收杂费。市委、市政府成立专门经费保障领导小组，确保免收杂费后政府对学校的投入不能少。是年秋季，全市为农村65.75万名学生全面免除杂费，落实补助资金7926万元。当年主城区中小学生均用地面积为小学10.23平方米、初中17.09平方米、高中22.37平方米。生均建筑面积为小学4.6平方米、初中9.3平方米、高中9.9平方米。至当年年底，《淮安市城区中小学布局规划（2006—2020）》编制完成。

2007年年底，省帮扶的165所农村初中、442所农村小学和非帮扶的57所初中和小学全面达到省“四配套”工程（农村中小学理化生实验设备、图书资料、体育、艺术教育器材添置）建设标准。当年启动农村义务教育债务化解工作。至2006年12月31日，全市农村义务教育阶段公办（不包括公办民营）定点学校在修建校舍和购置设备等方面形成的债务底数为3.21亿元。在确认各县（区）上报债务的基础上，建立义务教育债务偿还管理系统，建立债务台账，逐笔登记债务信息，实时反映债务清偿变动等情况，对教育债务实施动态管理。按照以县为主的原则，县级政府制定化解农村义务教育债务的实施方案和偿债计划，优先偿还乡镇学校债务，优先偿还教师、学生家长等个人和工程业主的债务，优先偿还有利息负担的债务，优先偿还基本建设和设备购置方面的债务。特设偿债资金专户，实行财政直接支付。同时规定从2007年起，公办农村义务教育学校不得以任何理由负债，校舍建设和危房改造要本着量力而行、实用够用的原则，不得搞脱离实际的高标准建设。至2008年年底，全市农村义务教育3.21亿元债务全部化清。

2008年，全市义务教育阶段农村中小学有寄宿制学校298所，在校住宿学生12.6万人，全市农村中小学有学生宿舍建筑面积40.2万平方米、学生食堂建筑面积17.9万平方米。从当年春季学期起，在免学杂费的基础上，对全市义务教育阶段学生免费提供教科书。免费教科书由省统一采购，所需资金由省统一支付。全面建立农村中小学校舍维修改造长效管理机制，按小学4.5平方米/生、初中6平方米/生，测算安排每年农村中小学校舍维修改造资金，2008年维修改造经费5063万元，确保当年危房当年消除。当年对全市59.4万名城乡义务教育阶段学生实行免学杂费教育，省、市财政根据小学300元/生·年、初中500/生·年的生均公用经费补助标准，按月进度拨付，全年补助资金2.26亿元。

第二节　教育督导

1992年，淮阴市教育督导室成立。此后，各县（区）陆续建立教育督导室。1993年2月，市政府发文批转由市教育局起草的《淮阴市教育暂行规定》，对督导工作的性质、任务、内容、原则、方法、职权范围等作出规定。根据省政府《批转省教委关于在全省试行教育督学制度的意见》，市、县（区）从教育行政部门和学校领导岗位遴选一批熟悉政策法规，熟悉教育教学管理，有一定独立工作能力，在干群中有一定威信的人员充实到督导队伍中来。1994年年初，市政府聘任第一届22名兼职督学、特约教育督导员，各县（区）也配备一批专、兼职督学、督导员和特约教育督导员，

一支专兼职结合的督导队伍基本形成。

1994年，市教育督导室依据国家教委《中小学校督导评估工作指导纲要》和省教委《中小学校督导评估工作指导方案》，拟定市《普通中小学督导评估方案》，开展教育督导评估。当年3月，成立市教育学会督导专业委员会，定期召开教育督导年会，围绕教育督导理论和实践问题进行优秀论文的交流和评选活动，并编印《教育督导》内刊。1995年6月，汇编市《教育督导评估方案集》和《督导经验论文集》。根据省政府建立普及九年义务教育和扫除青壮年文盲（以下简称“两基”）评估验收制度规定，市教育督导室围绕“两基”实施，组织开展县（区）、乡（镇）政府教育工作督导评估活动，抽查100多个乡（镇）、300多所义务教育学校和成教学校。当年10—12月，协调各方面力量，督导检查各地“两基”规划实施情况、落实《中华人民共和国教师法》情况、增加教育投入情况、加强德育工作情况、减轻义务教育阶段学生负担过重情况。1996年10月，完成国家教委对全市“两基”验收的各项准备工作，确保“国检”顺利通过。

1997年4月，市政府聘任第二届兼职督学、特约教育督导员22人，人员的年龄结构向以中年为主过渡。是年，省政府建立“两基”年审制度。市教育督导室结合实际，拟定《淮阴市巩固提高义务教育办学条件标准》。至2001年，市、县（区）教育督导室每年对县（区）“两基”实施情况进行一次年审。针对“两基”工作中的难点、热点问题，开展制止初中流生、促进教育经费落实等专项教育督导活动。

在中小学校督导评估方面，市督导室注意学习外地先进经验做法，重视学校自评制度的建立，以创建作为手段，推动学校管理上台阶。1994—1996年，围绕提高课堂教学质量，组织开展以省重点中学和普通完中为对象，以“教学五认真”为重点的教学常规专项督导活动。参加督导人员100余人次，被督学校近30所次，检查教师、教干教案1260人次，听课1140人次，查阅学生作业和学校各类管理资料，召开学生、教师、教干座谈会60余次。1995年5月，组织开展素质教育督导评估活动，对市直、清河区、清浦区小学进行抽查。1995—1997年，组织开展职业中学学校管理专项督导评估活动。其间，根据省教委关于在中小学开展评选模范学校通知的精神，牵头组织创建活动。经各学校自查申报，各县（区）教委初审推荐，市教育督导室评估，市教委二审推荐，省教育督导室评估，省教委审批，分别于1993年、1996年评选两届市级、省级模范学校。1995—2000年，牵头组织“文明校园”评选活动，每3年组织1次。

2001年9月，市教育督导室更名为市政府教育督导团办公室，教育督导中的“督政”工作进一步加强。2002年7月，市政府聘任市兼职督学19人。2004年9月，市政府教育督导团办公室更名为市政府教育督导室。

2001—2007年，每年组织开展以乡（镇）政府为对象的高标准“普九”和“双高普九”（高标准、高质量普及九年义务教育）的督导评估活动，对教育投入大、业绩突出、成效显著的单位，向市教育局推荐表彰。2004年，对全市民办学校教育管理工作进行综合督导评估。2005年开始，参加市委、市政府组织的“督政”活动，对8个县（区）政府、市经济开发区管委会当年教育工作目标完成情况进行督查，督查报告以市政府办文件印发至各县（区）政府和经济开发区管委会。按照市政府统一部署，参加市联合检查组，对全市义务教育阶段公办学校贯彻省、市“一费制”收费办法的执行情况进行专项督促检查，抽查37所城乡中小学，走访200余名师生，事后印发督查通报。对市直学校和各县（区）教育局实施“三百工程”启动阶段工作情况进行督查。

2006年4—5月，根据省政府教育督导团办公室《关于开展中小学开齐开足课程和减轻学生过重课业负担专项督导工作的通知》，对全市义务教育阶段中小学进行专项督导检查。2007年5月，依据《江苏省中小学管理规范》，拟定《淮安市中小学管理规范评估细则》，组织开展专项督导

评估活动。当年10—11月，对涟水、洪泽、金湖、盱眙4个县教育系统贯彻落实《江苏省中小学管理规范》工作进行督导检查。

2008年7月，市政府聘任市兼职督学71人。同年，制定并印发《淮安市普通中小学督导评估方案（试行）》，对淮安市实验小学、淮阴师范学院第一附属小学和淮安市外国语实小、淮安市北京路小学进行综合督导评估。根据市教育局《关于开展中小学"三规范"专项督查的通知》，对全市中小学规范收费、规范教育教学、规范招生工作进行检查，共抽查73所中小学，对1000余名学生进行问卷调查。

·淮安市志·

（1978—2008）

第三十一卷　文化

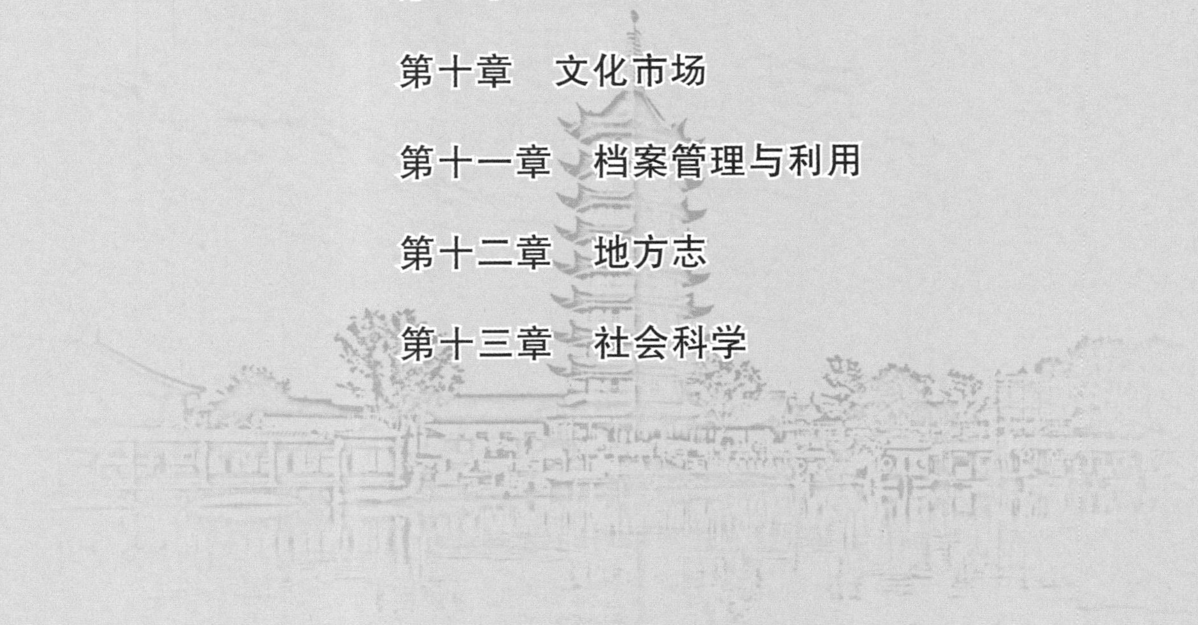

1978年后，淮阴地区的各种文化团体如雨后春笋般不断涌现；市、县（区）、乡街道（镇）、村（社区）各级各类文化机构不断建立健全，逐步形成网络；各类文化基础设施随着经济社会的发展而不断完善，且日益上档次、上规模，一些重点文化设施还成为反映市容市貌的标志性工程。随着改革开放的不断深入，各种传统、新潮的文化娱乐活动在淮安市日益普及，各类娱乐场所遍及城乡。同时，各种文化艺术产品硕果累累，文化艺术教育事业进一步发展，文化市场逐步繁荣、成熟。文博、图书档案、地方志、社会科学事业也都得到长足发展。

1978—2008年，淮安市对文化事业的投入不断增加，公共文化设施明显改善。全市累计完成文化基础设施建设投资1.27亿元，重点文化设施总建筑面积4.2万平方米，建成公共文化服务设施326座，市、县（区）、乡街道（镇）、村（社区）四级文化网络初步形成。

淮安市政府3次出台表彰与奖励文艺家创作的政策，并设立市政府文学艺术奖，建立重点文艺作品创作生产签约购买制和重点创作题材发布制度，推进重大文艺题材的创作。淮安市的文化产品创作生产实现由普及型、低水平逐步向提高型、精品化的转变。1996年12月，淮阴市首届"五个一工程奖"颁奖。2000年以后，淮剧《吴承恩》、淮海戏《临时爸爸》、京剧《主仆奇冤》等一批传统创新剧目分别获得江苏省"五个一工程奖"和第五届江苏省戏剧节优秀剧目一、二等奖，入选数量和获奖等次在全省省辖市中位居前列。2007年12月，省淮海剧团国家一级演员魏佳宁获首届中国戏剧奖·梅花表演奖（第二十三届中国戏剧梅花奖），成为淮安市首个梅花奖得主，也是淮海戏剧种中第一位梅花奖获得者，填补淮安市该奖项的空白。书法、摄影、美术、曲艺、舞蹈、音乐等佳作不断，享誉全国。

淮安市以各类文化馆、站为依托，开展各类群众文化活动。以北京新村为代表的社区文化、以南闸民歌为代表的乡村特色文化、以淮阴中学为代表的校园文化、以淮钢艺术团为代表的企业文化蓬勃发展。打造以周恩来、韩信、吴承恩为代表的历史名人文化品牌，以漂母为代表的母爱文化品牌，以金湖秧歌、南闸民歌为重点的民间文化品牌，以洪泽湖风情为重点的水域文化品牌等，成为在全省乃至全国有影响力的文化品牌。

明祖陵、镇淮楼等30处重点文物古迹得到维修保护，抢救挖掘古墓葬、古遗址300多处，第二、三次全国文物普查累计新挖掘文物点超1000个。洪泽湖大堤被省政府列为申报世界文化遗产项目，博里农民画、淮海锣鼓等民族民间文化得到挖掘、整理和传承。公布全市首批35个非物质文化遗产保护项目，金湖秧歌等5个项目被列入全省首批非物质文化遗产保护名录，淮海戏、十番锣鼓进入国家级保护名录，初步建立起国家、省、市、县（区）四级非物质文化遗产保护名录体系。

2001年以后，淮安市在全国率先实行文化体制改革，成为江苏省首批文化体制改革试点城市。市直文化单位实施管办分离、政企分开和政事分开，探索文化事业单位人事制度、分配制度和社会保障制度改革，增强发展活力。试行政府文化产品采购制度，运用政策杠杆引导文艺表演团体开拓演出市场，激发剧团创作演出的积极性。演出市场、书报刊市场、美术市场、电影市场、文物市场、娱乐市场、音像市场、文化艺术培训市场等综合文化市场体系健康发展。至2008年年末，全市文化娱乐场所发展到1000多个，民营文艺表演团体超过200家，文化市场覆盖城乡。以公有制为主体、多种所有制共同发展的文化产业格局初步形成，文化产业逐步成为淮安市经济社会发展的重要部分。

第一章 文化机构

1978年后，淮安市文化管理机构和文艺机构不断建立健全。至2008年年末，淮安市市级文化直属机构有12家，分别是江苏省淮海剧团、江苏省长荣京剧院、淮安市淮剧团、淮安文化艺术学校、淮安市文学艺术院、淮安市博物馆、淮安书画院、淮安市文化馆、淮安市图书馆、苏皖边区政府旧址纪念馆、淮安人民大会堂、淮安运河博物馆。

第一节 管理机构

一、淮安市文化广电新闻出版局

1978年以前，淮阴地区的文化艺术工作由淮阴地区文教局统管。

1979年4月，淮阴地区文教局划分为文化局和教育局。淮阴地区文化局负责管理全市的艺术表演团体、演出场所、图书馆、群众艺术馆、文物商店、博物馆、纪念馆、画院、艺术教育、电影发行放映、图书发行等各项文化艺术事业。该局设政秘科、文化科、艺术科及剧目创作组等，核定行政编制9人。

1983年3月，淮阴地区文化局更名为淮阴市文化局，核定行政编制16人。同年，剧目创作组改名为剧目工作室，后增设艺术研究室。至1987年年末，该局有工作人员25人。

1994年5月和1995年1月，市文化局新闻出版科先后增挂“淮阴市新闻出版处”“淮阴市版权处”牌子。

2001年，淮阴市文化局更名为淮安市文化局，挂“淮安市新闻出版局”“淮安市版权局”牌子。

2008年3月，淮安市文化局（挂“淮安市新闻出版局”“淮安市版权局”“淮安市文物局”牌子）与淮安市广播电视局合并组建淮安市文化广电新闻出版局（挂“淮安市版权局”“淮安市文物局”牌子），统一履行文化、广播电视、新闻出版、版权、文物行政管理职能。该局设办公室（挂“计划财务处”牌子）、人事处、艺术处、社会文化处（挂“少儿工作室”牌子）、新闻出版处（挂“版权处”牌子）、文化市场管理处、文物保护管理处，均为科级内设机构。

二、周恩来纪念地管理局

2004年5月，江苏省文化厅将周恩来纪念馆移交给淮安市实行属地管理。同年12月31日，淮安周恩来纪念地管理处正式成立，为市政府直属正处级事业单位。

2005年6月7日，淮安周恩来纪念地管理处更名为淮安周恩来纪念地管理局，编制数、内设机构不变。

至2008年年末，淮安周恩来纪念地管理局下辖周恩来纪念馆、周恩来故居和周恩来童年读书旧址3个直属单位及综合处、管理处、宣传处3个处室。

三、淮安市广播电视台

1981年9月，淮阴地区行政公署广播事业局成立。1982年5月5日，淮阴地区广播事业局正式开始办公。1983年3月18日，淮阴地区广播事业局更名为淮阴市广播事业局，下设无线、有线、计划财务器材3个科室。1984年，更名为淮阴市广播电视局，负责全市广播电视事业领导和管理工作。

1994年1月19日，淮阴人民广播电台、淮阴电视台、淮阴有线电视台被明确为副县级事业单位，其机构性质、隶属关系、人员编制及经费渠道均不变。

2008年3月28日，淮安市广播电视台成立，为市政府直属正处级事业单位。淮安市广播电视台实行管办分离、广电合并的运作体制，下设行政中心、财务中心、影视中心、电视新闻中心、电视社教中心、电视文艺中心、技术中心、广告中心、广播节目制作中心、电视传输中心、广播传输中心、报业中心，拥有4个广播频率。

四、淮安市档案局

1980年6月，中共淮阴地委、淮阴地区行政公署决定恢复江苏省淮阴地区档案处，并成立江苏省淮阴地区档案馆，实行“一套班子，两块牌子”，撤销淮阴地委办公室档案科。淮阴地区档案处（馆）有行政编制4名、事业编制2名，当年年末实有人员5人。

1980年，清江市档案局成立，暂定编制5名。

1983年，淮阴地区档案处、档案馆和清江市档案局、档案馆合并为淮阴市档案处（一级局，1984年6月降为二级局）、淮阴市档案馆（正科级）。淮阴市档案处（馆）共有编制16名，其中行政编制5名、事业编制11名，当年年末实有人员14人。

1984年12月，市档案馆事业编制由11名增加到18名。

1985年2月，市档案处（馆）共有编制23名，其中行政编制5名、事业编制18名。

1986年5月，淮阴市档案处更名为淮阴市档案局，编制23名。市档案局、市档案馆仍然分别为副处级和正科级单位。

1996年，市档案局与市档案馆合并，保留“市档案局”牌子，为市委、市政府直属正处级事业单位。

1998年3月，淮阴市档案局（馆）设置办公室、业务指导科、法规宣教科、征集编研科、管理一科、管理二科6个职能科室，人员编制为33名，其中行政编制3名。

2003年2月，根据市委、市政府文件精神，市档案局（馆）为市委、市政府直属正处级事业单位，由市委办公室管理。市档案局（馆）设置办公室、业务指导处、档案管理处、技术保护处、法规宣教处和征集编研处，核定编制33名。

至2008年年末，淮安市档案局（馆）内设机构及编制数无变化。

五、淮安市市志编纂委员会办公室

1985年10月，淮阴市市志编纂委员会办公室成立，为市政府直属副处级全额拨款事业单位。1989年10月，设立秘书科、指导科、编纂科。1993年2月24日，指导科更名为年鉴科。

2001年2月，更名为淮安市市志编纂委员会办公室。2007年10月，大运河文化研究中心办公室成立，有全额拨款事业编制3名，与市市志编纂委员会办公室合署办公。

至2008年年末，该办内设机构设置无变化。

第二节　文艺机构

一、文艺创作机构

（一）淮安市文学艺术院

1979年，淮阴地区文化局成立剧目创作组。1980年以后，编辑《戏剧选》多期，发表全市专、业余戏剧作者创作的剧本数十个。1983年，在原剧目创作组基础上，市剧目工作室正式成立，隶属于淮阴市文化局，核定事业编制8人。1986年《戏剧选》更名为《淮阴剧稿》。1986年10月，淮阴市文化艺术研究室成立，与市剧目工作室合署办公，主要负责全市的文学评论和研究工作。成立之初，主要是从事戏曲志编纂工作，曾收集大批剧种资料、表演团体艺术资料。经过职能调整，市艺术研究室主要研究文艺发展理论，总结和研究淮阴市剧种和表演艺术，宣传和展示淮阴市文化名人名作。

2003年12月，在淮安市剧目工作室、淮安市文化艺术研究室的基础上组建淮安市文学艺术院，为市文化局下属副处级全额拨款事业单位，核定事业编制12名。2007年5月，淮安市文学艺术院主办的淮安文学网正式开通。至2008年年末，创作的剧目有《草包村长》《开国总理周恩来》《永恒的彩霞》《吴承恩》《人生双行线》《韩信》《清江浦上河图》《好支书李元龙》等。

（二）江苏省淮海戏研究会

江苏省淮海戏研究会成立于1982年9月，为江苏省戏剧家协会下属的群众性学术组织。下设理论、表演、导演、音乐、舞美研究组。该会经常开展各种形式的研讨会活动，为淮海戏的定性提高作出贡献。1982—1987年，搜集、整理、撰写《传统剧目汇编》《革命战争年代现代戏创作剧目》《音乐论文专辑》《淮海戏概述》《关于淮海戏舞台语言的研究》等资料和著述，并举办学术讨论会以及组织老艺人内部观摩，协同其他部门举办江苏省淮海戏中青年演员广播演唱评奖等活动。

省淮海戏研究会成立后，对淮海戏的历史资料进行全面的收集整理，对一些剧目作了修改，并把大量的老剧目重新录制保存。多次召开淮海戏音乐唱腔研讨会，对淮海戏表演中存在的唱腔、特色等问题展开讨论，推动淮海戏的保护、传承和发展，并给予青年演员艺术上的辅导。

（三）淮安书画院

淮安书画院成立于1985年10月，是从事书画创作、研究、收藏和交流的专业机构，汇集全市一批著名老中青书画家，如戚庆隆、吴夕兴、丁乃武、刘田一、赵梅林、王鸿澜等。此后，不断加强人才队伍建设，通过公开招考等手段，招聘一批中青年书画家。至2008年年末，有在职专职画师14人，专业涵盖油画、国画、书法（篆刻）三大类。国画类专职画师又分别主攻山水、人物、花鸟，且工笔、写意各擅胜场。

淮安书画院成立后，坚持精品创作，潜心于书画艺术生产与研究，引领淮安书画业健康、快速发展。至2008年年末，累计有近100幅书画作品在国家级刊物和展览中发表、获奖、被收藏，数百幅作品在省级刊物和展览中发表、获奖、被收藏。

在进行创作的同时，注重学术研究，编辑出版《戚庆隆楷书》，以及《淮安书画名家作品集》丛书全4册，即《戚庆隆书法集》《吴夕兴画集》《赵梅林书画篆刻作品集》《章农画集》。

二、文艺表演团体

（一）江苏省淮海剧团

江苏省淮海剧团是国家级非物质文化遗产——“淮海戏”剧种的代表剧团。成立于1956年，前身为淮阴专区大众淮海剧团。剧团活跃在苏中、苏北和皖东北地区广大城乡，其浓郁的乡土气息和鲜明的地方特色深受广大群众喜爱。截至2008年年末，有演职员90余人，拥有副高级以上专业技术职称人才30余人，其中国家一级演职员13人。

1978年，剧团有演职员96人，演出209场次，其中在农村演出38场次。全国恢复传统戏演出后，重新整理加工演出《三拜堂》《樊梨花》《皮秀英四告》《催租》《骂鸡》等优秀传统保留剧目。1984年，该剧团《儿女情》《三拜堂》等剧由上海电视台录制成舞台艺术片。杨秀英、苗爱华、李守英等演唱的《儿女情》《三拜堂》《樊梨花》等剧的主要唱段，由上海唱片公司录制成唱片和盒式磁带向全国发行。1985年1月，在江苏省淮海戏中青年演员广播演唱比赛中，剧团演员杨秀英、范珍美获一等奖。同年3月，演出的《儿女情》获第三届戏曲百花奖优秀演出奖，11月又获江苏省文化厅演出百场奖。1985年，该剧团在清河区大治路拥有大小2个排练场、2幢宿舍楼、1幢服务楼，并开展以文补文活动。

该剧团的《杨八姐下幽州》《碧玉桃花》《沙家浜》《红楼梦》《催租》《皮秀英四告》《樊梨花》《芙蓉花仙》等剧被省级以上电视台录像播映。1987年，现代戏《果园风情》演出上百场，获省文化厅电报嘉奖。同年，杨秀英、李守英、王保萃赴省音像出版社灌制《催租》《骂鸡》《乌江悲歌》磁带，共发行2.4万盒。1987年年末，剧团有演职员103人，演出318场次，观众超22.3万人次，其中农村200场次，农村观众14万人次，演出收入12.7万元。

2003年，完成荷芳剧院改建工程。2005年，剧团获“全国文化工作先进集体”称号。2007年，剧团国家一级演员魏佳宁获首届中国戏剧奖·梅花表演奖（第二十三届中国戏剧梅花奖），成为淮安市首个梅花奖得主。

至2008年年末，创作、整理、改编和移植演出的历史戏、现代戏、传统戏、小戏小品剧目达200余部。《皮秀英四告》《三拜堂》《樊梨花》《催租》《骂鸡》《十里香》《借靴》《赶集》《豆腐宴》《回娘家》《老县长的第二春》等剧目成为剧团的优秀代表作和保留剧目。演出的《十里香》《生死怨》《儿女情》《果园风情》《粉祸》《非常母女》《豆腐宴》《临时爸爸》《永恒的彩霞》《赶集》《回娘家》《老县长的第二春》《皮秀英》等剧目多次参加全国、省、市的艺术活动，多次获得“优秀剧目奖”和省、市“五个一工程奖”。剧团有杨秀英、徐万维、曹亚芳、李岚科等众多艺术家和苗爱华、徐棣琴、魏佳宁、吴玲、许亚玲等中青年骨干。

（二）江苏省长荣京剧院

江苏省长荣京剧院始建于1960年6月，前身为淮阴专区京剧团，是全省唯一一个地市级京剧团，由著名京剧表演艺术家宋长荣任名誉院长。1978年，全国恢复传统戏演出，淮阴地区京剧团排演《小刀会》《逼上梁山》等戏。宋长荣等开始复排荀派名剧《红娘》《金玉奴》《红楼二尤》等。该剧团时有演职员107人，全年演出375场次。1980年，中央电视台向全国转播该剧团《红娘》的演出实况，中央新闻纪录电影制片厂将《红娘》拍摄成彩色戏曲片。文化部为表彰该剧剧团对振兴京剧作出的贡献，给予奖励1万元。《人民日报》赞誉宋长荣为“表演艺术一枝花”。同年12月，剧团王顷梅主演的《柜中缘》，宋长荣、荀令莱合演的《勘玉钏》被北京电视台录成电视艺术片。

1978—1990年，是该剧团艺术鼎盛时期。演出遍及大半个中国，并赴中国香港、中国台湾等地区和加拿大、美国等国家交流演出。1979年和1982年，宋长荣的《红娘》《霍小玉》分别被中

国唱片公司上海分公司灌制唱片。其间，有《人民日报》《戏剧报》等26家报刊发表评论文章赞誉宋长荣，中央电视台及20多家省级电台、电视台录制和播放该剧团演出的录音录像。1983年3月，剧团更名为淮阴市京剧团。

1984年9月，宋长荣入选江苏省电视台举办的“江苏文体十佳人物”，被观众称为“活红娘”。同年，淮阴市京剧团赴香港演出，主要演员有荀派花旦宋长荣、裘派花脸齐啸云、程派青衣陈玉华、叶派小生江其虎等。演出期间，香港16家报纸共发表评介文章、报道143篇，登载剧照、速写等近80幅。

1986年，《宋长荣舞台艺术》（上、下集）及其演出的荀派《红娘》等8个戏10个片断被多个省级以上电视台录像播放，该剧团江其虎获江苏省戏剧青年演员大奖赛一等奖。

1987年，宋长荣参加中央电视台的夏令纳凉晚会演出录制，后又为其拍摄电视片《宋长荣舞台艺术与生活》。宋长荣、白剑华、毛尚科等人参加天津全国京剧旦角流派演员会演和江苏省国庆联欢晚会、中秋节联欢会等演出活动。同年，该剧团参加省“晶莹杯”京剧大奖赛，江其虎获最佳演员奖、乔慧斌获优秀表演奖、张丽玲获“晶莹杯”奖。组织人员参加江苏电视台、中央电视台举办的青年京剧演员电视大奖赛，江其虎分别获得省、全国最佳演员奖，乔慧斌获省优秀演员奖。至1987年年末，淮阴市京剧团有职工78人，固定资产原值71.4万元，有排练、练功用房464平方米。是年，该团演出剧（节）目10台，演出71场次，观众7.5万人次，演出收入6.8万元。

1994年，淮阴市京剧团演出101场次，观众10余万人次。此后，《红娘》《红楼二尤》《桃花酒店》《鸳鸯帕》《两家欢》《闪闪的红星》等10多部剧目被中央及省、市电视台摄制播放。

2000年后，剧团平均每年演出150场次以上，上演剧目50余个，参赛剧目多次在国家和省、市获奖。2001年，青年演员刘小荣获全国京剧优秀青年演员评比展演三等奖、省戏曲演员戏歌大赛一等奖，张坤获省戏曲演员戏歌大赛三等奖，贾玉龙获省器乐大赛二等奖。

2002年，剧团更名为江苏省长荣京剧院。同年，戏剧小品《葫芦架下》获江苏省首届农民艺术节二等奖。2003年，《闪闪的红星》获江苏省“五个一工程奖”入选作品奖。

2005年，江苏省长荣京剧院开展“小长荣培养工程”，培养和塑造京剧荀派优秀青年表演人才。在宋长荣的亲自教授、指导下，组织青年演职员排演京剧荀派经典剧目《红娘》《红楼二尤》《金玉奴》《堪玉钏》《花田错》《卓文君》等。荀派艺术传人“男旦”朱俊好多次参加北京、上海、天津、广州等地的大型活动，并崭露头角。

2007年5月下旬，在中央电视台优秀青年京剧演员“梨园擂台”赛上，由江苏省长荣京剧院组织参演的经典折子戏《挑滑车》《扈家庄》《钓金龟》《火烧余洪》等，被大赛组委会授予优秀组织奖、优胜奖、观众最喜爱演员等8个奖项。

至2008年年末，有演职员128人。

（三）淮安市淮剧团

前身是1951年以周茂贵戏班为主联合黄飞燕戏班、杨洪文戏班成立的京江淮剧团。1955年春，改名为清江市京江淮剧团。1960年夏，考定代表性的唱腔、表演形式等，成为西路淮剧保护与传承的代表性剧团。“文化大革命”期间，该剧团停演。1977年，该剧团恢复演出。

1980年，淮阴地区撤销文工团，重建清江市淮剧团。1982年，创作演出新编历史剧《斩韩信》，剧本在《江苏戏剧》上发表并参加全国历史剧研讨会，被评为中华人民共和国成立后最佳历史剧之一。1983年3月，清江市淮剧团更名为淮阴市淮剧团，由县级团升级为市级团，仍为集体所有制性质。1985年10月，在上海中兴剧场连演30多场次，受到观众好评。

1986年，剧团《闯宫》《白虎堂》《女审》《辕门斩子》《情与法》被省级以上电视台录像播映。

1987年,《情与法》演出百场受到江苏省文化厅电报嘉奖。1987年,有演职员51人,演出剧目8台,演出377场次,其中农村272场次。《高原雪魂——孔繁森》获淮阴市首届"五个一工程奖",大型历史剧《林则徐》参加江苏省第二届戏剧节获8项12个大奖。

剧团主要演员有周茂贵、筱琴芳、周小贵、王凤琴、马月红、乔艳红、荣光辉等。1983年,乔艳红在《斩韩信》《孟姜女》《樊梨花》等剧目中的核心唱段被中国人民广播电台录播。同年,中国唱片公司又为其灌制唱片广为发行。1986年,乔艳红主演《秦香莲斩夫》,江苏省电视台为其录制电视片。同年,乔艳红在江苏省首届淮剧节上演出的《情与法》获表演一等奖。荣光辉在1981年淮阴地区会演中获表演一等奖。1982—1983年,荣光辉演出的《斩韩信》《河塘搬兵》《三请樊梨花》《血溅乌沙》《宝玉哭灵》《十五贯》等剧目的唱段,被江苏省广播电台录制播放。1985年,上海电视台采访录制荣光辉主演的《白虎堂》。同年5月,江苏省电视台亦为荣光辉录制《秦香莲斩夫》《白虎堂》等剧目。二十世纪八九十年代,剧团兴办第三产业,经营招待所、舞厅、服务部、录像放映等业务。

剧团长期活跃在江、浙、沪、皖等省市及广大城乡,先后排演100余部传统剧目及新创剧目,创作排演的数部剧目多次在省级以上重大艺术赛事中获奖。2000年以后,排演的音乐剧《红岩魂》、大型音乐诗剧《开国总理周恩来》深受广大观众喜爱。每年演出100余场次,其中农村演出占60%。

(四)淮安市淮剧二团

原名淮安县淮剧团,成立于1956年3月。1987年12月,更名为(县级)淮安市淮剧团。2001年,更名为淮安市淮剧二团。

(五)淮安文化艺术学校小梅花艺术团(淮安市歌舞团)

成立于2003年1月,以淮安文化艺术学校一线专任教师、客座教授和舞蹈、音乐、主持等专业的优秀学生为主体,并聘请省、市部分艺术家担任艺术指导和演职人员。编创的群舞《天路》《战旗·刘老庄》《洪泽湖渔鼓》《金湖秧歌》《淮安大地是我根》《格冬代》等节目,在省级大赛中频频获奖。参与淮安市与国外友好城市的艺术交流活动,同韩国艺苑艺术大学签订合作交流协议,先后赴俄罗斯、德国、法国、保加利亚、韩国等国家进行艺术交流,受到省、市多次嘉奖。2004年,被江苏省教育厅、团省委授予"先进集体"称号。至2008年年末,策划、承办各类惠民演出近百场,承办6届中共淮安市委、市政府春节文艺团拜会。

(六)淮安市第二歌舞团

前身为淮阴县文工团,属A类演出团体,核定编制34人。1980年前后,主要演出黄梅戏、锡剧、越剧、淮剧及滑稽戏等。后以演唱流行歌曲和跳现代舞为主,是当时淮阴市唯一的歌舞团。1985年1月,在全市专业剧团新剧目调演中演出歌剧《迎风记》,获演出奖、创作奖。1987年,有演职员34人,演出268场次,其中农村201场次。1998年,淮阴县文工团演出260场次,深入农村演出210场次,是全市专业剧团中在农村演出场次最多的剧团。

2004年5月,更名为淮安市歌舞二团。至2008年年末,年均演出200余场次,每年送戏下乡100余场次。

(七)涟水县淮剧团

1956年8月,涟水县淮剧团成立,属差额拨款事业单位,为涟水县唯一一个专业戏曲表演团体。1998年,排演的《法官曹思奎》获优秀表演奖、剧目奖等3个奖项。至2008年年末,有演职员工38人。

（八）盱眙县黄梅剧团

成立于1958年，属差额拨款事业单位，演出以黄梅戏、歌舞为主。1978年，该剧团《送鹅》剧组赴北京汇报演出，由中央电视台录像并向全国播放，文化部艺术局出版《送鹅》剧本。同时，该剧目被载入《中国戏曲志·江苏卷》。1984年，排演的现代剧《喜鹊巾》参加淮阴市戏曲会演，获创作演出奖，由江苏省电视台录像播放。1986年，保留建制，老演员转业改行。同时，由淮阴市戏剧学校为该剧团专开黄梅戏班，招收一批新学员。1987年，仅存职工4人，演出活动停止。1995年，盱眙县黄梅剧团《祥林嫂》剧组参加第二届全国黄梅戏剧节演出，获1个银奖、2个铜奖。2000年，创作排演黄梅戏《水漫泗洲》。至2008年年末，有在职职工43人。

（九）金湖娃艺术团

成立于1997年12月，隶属于金湖县教育局，属少儿业余文艺团体。主要创编表演少儿舞蹈，其中少儿舞蹈《小荷风彩》《鞭春》《木勺舞》《小马奋蹄》《打金斗》《荷乡鼓韵》等作品多次获国家、省各类舞蹈比赛金奖。1999年12月，在第四届江苏省音乐舞蹈节少儿音舞专场比赛中，由万建华编导、孙宁玲作曲，表演的《木勺舞》获创作、演出2项金奖。2000年，该团《木勺舞》在江苏省第三届“五星工程奖”评选中获“五星工程奖”，参加第六届中国艺术节祝贺演出，还获得全国“小荷风采”少儿舞蹈比赛银奖和文化部首届少儿文艺“蒲公英奖”创作金奖、演出铜奖。2001年，舞蹈《银翎飞舞》获江苏省文联新作调演舞蹈一等奖。2002年，舞蹈《小马奋蹄》获全省少儿舞蹈新作品大赛一等奖。2003年，舞蹈《打金斗》获江苏省“五星工程奖”金奖。同年，该团被江苏省文化厅命名为“特色文化团队”。2006年，在江苏省“五星工程奖”比赛中，金湖娃艺术团的舞蹈《荷香鼓韵》获少儿综合类金奖。2008年，舞蹈《河上古韵》《喜乐年华》分别在教育部举办的全国中小学舞蹈会演、全国第七届校园文艺晚会上获一等奖。

（十）清江市文工团

1978年，有演职员60余人，演出大型歌舞剧《刘三姐》、大型话剧《决裂》。1979年春节，公演歌舞、曲艺和独幕话剧。同年8月，在人民剧场演出话剧《于无声处》。同年11月，演员陆续离团。1980年年初，该团派出主要演员参与清江市文化馆、清江拖拉机厂联合演出的大型话剧《救救她》，连演2个月，场场满座。1980年5月，该团被撤销解散。

（十一）清浦区越剧团

该剧团前身为淮阴县和平公社越剧团。1978年，赴镇江、常州、苏州、丹阳等地走村串庄，演出传统古装戏。1983年，清浦区接收该剧团，为小集体性质，实行自负盈亏。全团有演职员36人，内部实行聘用制，每年进行一次艺术考核。主要剧目有《孔雀东南飞》《沉香扇》《泪洒相思地》和《玉蜀案》，主要演员有陈素娟、洪桂芳等。1986年，排演大型古装神话戏《古寺冤魂》，受到江苏省文化厅表扬。同年11月20日，在人民剧场首演。1986年12月，在淮阴市专业剧团创作剧目调演中，该剧团的《聂小倩》获演出奖、剧本奖。至1987年年末，该剧团表演3000多场次，观众达百万人次。后因戏剧市场萎缩，演职人员不断流失，剧团解散。

（十二）清江市吕剧团

1980年5月，清江市吕剧团重建，有演职员48人，排演新戏《桃李梅》《屠夫状元》。同年，该剧团的《雨莲恨》参加淮阴地区专业剧团创作剧目调演，获创作鼓励奖、演出三等奖。1982年，清江市政府决定撤销吕剧团，演员大多就地改行。

第二章　文艺创作

1978年后，淮安市的文艺创作日趋活跃，各个文艺门类都涌现出一批优秀成果和文艺人才。

1978年至20世纪80年代末，淮阴市部分文艺作品在全国、全省获奖，但总体上精品力作总量仍然偏少。

20世纪90年代，淮阴市经常性开展各类文艺活动，为文艺创作搭建展示平台。文学、书法、摄影、戏剧、小品、少儿舞蹈等门类在全省具有一定优势，文艺创作佳作频出，有的作品在全国具有竞争力和影响力。1990年2月，著名诗人赵恺、著名京剧表演艺术家宋长荣、著名书法家戚庆隆分别获得江苏省首届文学艺术奖。

2000—2008年，淮安市对文艺的投入不断加大，实施精品带动战略，文艺发展环境更加宽松，文艺创作进入新一轮加速发展期，每年都有一批文学、戏剧、书法、摄影、美术、音乐、舞蹈、曲艺等作品在全省、全国各类赛事中获奖。每年都举办各艺术门类的展览、比赛，支持举办各类个人文艺作品展览、展演、出版等活动，为文艺家的创作提供展示、交流与宣传的机会；借助全国性大奖赛的平台，推出更多文艺人才和文艺精品，开展送文艺到基层活动；加强与其他城市与地区的文艺交流，拓展文艺家的创作视野；重点打造一批文艺品牌。

第一节　小　说

1978年至20世纪80年代中期，盱眙县戴石明的中篇小说《小草青青》《石娃》先后由江苏人民出版社出版；淮安县汪雷的《春回大清河》《女俘》《问心愧》《没有终止的插曲》等中短篇小说先后在《清明》《江南》等刊物上发表；盱眙县杨汝坤的短篇小说《少校之死》先在《雨花》杂志发表，后被《小说月报》转载。

1985年，《崛起》杂志创刊后，为淮阴市小说创作者提供良好的平台。1986年1月，《崛起》编辑部与双沟酒厂共同设立“双沟杯”小说奖，对在《崛起》刊物上发表的小说进行评奖，分设特别奖、一等奖、二等奖、三等奖4个层次，每年评选一次，每届评出5～7篇。此后，淮安县陈民牛的纪实小说《一起神秘的失踪案》获1986年江苏省首届“五醍浆”文学大赛二等奖，微型小说《高风亮节》获1988年全国“宇飞杯”百字小说大赛优秀奖。至20世纪80年代末，淮阴市有近100名业余作者从事小说创作，累计在全国各类报刊上发表小说近1000篇。

20世纪90年代初，淮阴市女作家魏微的第一部中篇小说《小城故事》在《崛起》杂志发表。作家严苏以创作农村题材小说见长，作品关注现实，揭示底层生活诉求，富于草根气息。1996年，作家严苏创作中篇小说《新上任的八品芝麻官》，发表在《大家》杂志1996年第4期，并被《新华文摘》1996年第11期转载。1998年，严苏的中短篇小说集《歌舞升平》出版发行。这一时期，淮阴市的小说创作主要有3类题材：革命历史题材作品，主要有夏国梁、张雷激（笔名闪电）合著长

篇小说《爱与恨的最后岁月》、徐忠《奔向春天：青年周恩来》等；历史文化题材作品，主要有陈民牛长篇小说《碧血虎门》、苏毅谨《冤斩韩信》等；农村题材作品，主要有陈民牛中短篇小说集《美人庄的风情》等。

二十世纪八九十年代，淮阴市还有其他一些小说作家的作品出版或获奖、发表。王益山的中篇小说《走出黄昏》获陕西省西安市第六届文学奖小说一等奖，同时获文学杂志《十月》第五届文学奖。陈民牛的短篇小说《初恋的瓜棚》获1995年《新作家》小说大赛二等奖等。徐晓东著有中短篇小说集《陌生的面孔》《废黄河边的儿女们》，中篇小说集《白土地》；刘从安著有长篇小说《月圆未圆》；汪雷著有长篇小说《剑河浪》；郭仕金著有小说集《黄昏咒语》；范小梅著有长篇小说《青春的眩惑》；成季玉著有长篇小说《世纪末琴声》；秦永明（笔名秦菲）著有中短篇小说集《渔侠》；戴之尧著有长篇小说《葫芦套》；杨江淮著有中篇小说《花谣》等；张雷激著有长篇小说《忏悔的土地》；严苏著有短篇小说集《债务》。

2000年后，淮安市小说创作继续蓬勃发展，出现一批新作家和新作品。2003年，女作家魏微的短篇小说《大老郑的女人》在《人民文学》杂志发表，获第三届鲁迅文学奖。2004年，女作家刘季的长篇小说《清江浦》入选《钟山》杂志A卷新锐女作家长篇小说选。2006年，严苏小说《托举》获得第四届全国微型小说评比二等奖；杨海林短篇小说集《向下开的花朵》获冰心儿童图书奖，短小说《鬼手》发表于《民间文学·经典》杂志2006年第12期，获第四届全国微型小说评比一等奖。2007年，王卫华的中篇小说《古原大风歌》获首届海内外华语文学创作暨书稿交易会“最佳小说”二等奖；王往的《岁月刻刀》发表于《作品》杂志2007年第4期，并获得“金小说——全国中短篇小说大赛”二等奖；严苏出版中短篇小说集《换一种活法会如何》。同年，张雷激的长篇小说《欲言无声》获淮安市“五个一工程奖”。

2007年，淮安市政府和江苏省作家协会联办吴承恩文学艺术奖（短小说奖）评选活动，不断扩大《短小说》杂志影响力，集聚一批小说创作人才。同年12月18日，以“文学之爱”为主题的首届吴承恩文学艺术奖（短小说奖）举行颁奖仪式。聂鑫荼的《章先生与段先生》、鲍山红的《一块荒地》、张世旺的《壶》获得一等奖；孙方友的《罗锅》、孔立文的《与狼同行》等6部作品获得二等奖。

随着网络文学的兴起，淮安市还出现为数不多的网络小说作家，部分作家的作品在网络上具有较好的影响力。比较有代表性的淮安市网络文学作家有丁宗磊（笔名失落叶）、赵威（笔名赵大秀才）。丁宗磊于2007年入驻17K文学网，发表的作品有《极品菜鸟》《网游之盗版神话》等，成为网游小说代表作家。赵威是资深网络悬疑作家，于大学期间出版第一部长篇小说《南山祖坟》，2008年因作品《绝地密码》在网络走红。

淮安籍著名小说家人数较多，有吴强、陈登科、崔百城、司马中原、张贤亮等，创作颇丰，在现当代中国文坛颇具影响。

第二节　诗　歌

1978年后，淮安市的诗歌创作逐渐恢复，走上快速发展的道路，新诗人不断涌现，新作品层出不穷，诗歌主题和题材不断拓展，艺术上出现新的探索，产生不少优秀作品。诗歌创作在当代文学创作中成绩最为突出、影响最为深远。赵恺、荀德麟、沙克、姚克连、孙志斌、李文庆、张忠梅、季琛、颜怀臻等人的诗词作品多次在大赛中获奖，在《诗刊》《中华诗词》等诗词刊物上刊发。其

中，赵恺的诗作《我爱》《第五十七个黎明》入选大学教材和《中国当代文学史》；荀德麟诗词作品入选首届中华诗词大赛优秀作品集《金榜集》，其诗词选集《槿花集》入选20世纪中华诗词文库。

改革开放后，随着新诗创作人数的不断增多，淮阴市涌现出一批优秀诗歌作品。赵恺的《我爱》《我在十字街头站立》《第五十七个黎明》等诗歌先后在《诗刊》杂志发表，成为在全国有影响的年轻诗人。其中，《我爱》发表于《诗刊》杂志1980年第11期，获1979—1980年全国中青年诗人优秀新诗一等奖；《第五十七个黎明》刊载于《诗刊》杂志1981年第3期，获《诗刊》杂志1981—1982年优秀作品一等奖。《我爱》诗集由江苏人民出版社于1983年出版。该时期创作新诗较多的还有言子清、姚克连等人。

20世纪80年代中后期，淮阴市的诗歌创作活动层次高、影响广。1986年5月，全国酒乡行诗会在淮阴市举行，参加诗会的有陆文夫、刘心武、顾尔镡、忆明珠、严辰、邹笛帆、绿原、艾煊、赵恺等，诗会期间创作许多诗歌作品，举行2场活动。同年，淮阴市建立“中国诗人录音馆”，录制20多位60岁以上著名诗人的录音带，包括艾青、冰心、严辰、绿原、邹荻帆、牛汉等，在全国诗坛产生很大影响。在推动诗歌创作过程中，市诗词协会发挥重要作用。1987年，淮阴市诗词协会成立，并创办诗刊《淮海诗苑》。各县（市）也先后成立诗词协会，部分乡镇也成立诗词协会，定期或不定期出版诗词刊物，不少作者还自费编印诗集。市诗词学会成立后，组织全市诗词作者和诗词爱好者开展诗词创作和诗词普及活动。1988年5月，淮阴市作协与《诗刊》杂志社联合举办“运河诗会”，近70名中国当代诗人、诗歌理论家参加。这一时期，淮阴市各地兴起学习、创作旧体诗热，作者多为离退休老干部及知识分子。

20世纪90年代，赵恺的诗歌创作在全省、全国影响不断扩大，创作出一批优秀作品，成为全国知名的诗人与作家。1990年，赵恺获江苏省人民政府首届文学艺术奖。1994年，赵恺长诗《走向青铜——艾青诗传》获首届“艾青杯”全国文学艺术作品大奖赛一等奖第一名。1997年，赵恺长诗《周恩来》在《东方文化周刊》首发，全诗3200行，热情歌颂一代伟人周恩来的光辉一生，获江苏省“五个一工程奖”。同年，其长诗《开国大典》被多家报刊转载，获天津市文学征文一等奖。1999年，赵恺长诗《诗雕》《开国大典》出版发行。

随着新诗创作的不断升温，淮阴市一批具有潜力的中青年诗人逐渐崭露头角。1991年，沙克公开出版第一本诗集《春天的黄昏》，1993年出版诗集《大器》，1997年由北京图书馆出版社出版《沙克抒情诗》。《沙克抒情诗》分7辑，收诗64首，作品表现诗人对生命、自由、艺术与爱的感悟和对家园的追寻。1996年9月，市文联举办“洪泽湖之秋”诗歌朗诵会暨《崛起》出刊50期庆祝会，以诗会的形式进行庆祝。1997年2月，《崛起》杂志社举办“红绿灯全国新诗大赛”，收到来自全国的新诗6000余篇。1998年11月，姚克连的《姚克连诗选》由作家出版社出版，分5辑，收诗128首。其作品热情讴歌江淮大地新的风土人情，新时期农村的变化、农民的变化，具有浓郁的乡土气息和生活气息。

这一时期，淮阴市的诗歌创作者还创作出其他一些有影响力的诗歌作品。盱眙县陈绍龙创作的诗歌《小诗四首》获《星星》诗刊大赛二等奖，诗作《民谚》获江苏电视台、江苏文艺出版社、扬子晚报社、《星星》诗刊主办的全国青年新诗大奖赛二等奖；涟水县吴善然创作的散文诗《孤独者之歌》获全国第二届“冰心杯”文学诗歌大赛成人组二等奖；耿兆苏著有诗集《人生的真谛》《醉人的花果山》；龚正出版诗集《一根弦的吉它手》；季风发表组诗《我在乡下教书》，长诗《老乡》；陈武发表诗歌《雨后，一次乘车的回忆》（组诗）、《多棱镜》等。

2000年后，虽然诗歌创作受到冲击，但淮安市诗歌创作依然活跃，活动与成果不断，在社会上产生广泛影响。2001年，诗歌《苍生大医》出版。2003年4月，赵恺为抗击“非典”创作诗歌《中

国结》，献给南京小汤山和战斗在抗击“非典”第一线上的白衣战士。该诗入选江苏省文艺界“抗击非典、共建美好家园”大型文艺晚会，并在《人民日报》发表、在中央电视台朗诵播出。2005年，市文联举行“以和平的名义”纪念抗战胜利60周年征文活动，收到作品200余篇，有10首诗歌在《淮海晚报》上以整版篇幅发表。2006年5月，盱眙县李文庆的诗歌《水龙吟——访老红军》获全国首届廉政诗词大赛二等奖。2006年10月，《赵恺两卷集》由人民文学出版社正式出版。该文集分为诗歌集《诗雕公园》和散文集《木笛》，收录赵恺几十年来最具有代表性的作品。这一时期，沙克的《冉冉升起》《清澈、混沌、峰顶、冰山一角的巨鲸》《骆驼之死》《下降的羽毛》，赵行素的《生命的结语》《雪树上一只鸟在鸣叫》，刘季的《梅里河边的女人》《有鲜花的生活》，十品的《开花的声音》（组诗），季风的《奔跑的大风》等诗歌作品在《诗刊》发表。乔悦淮的《面对你》获中国作家杂志社与中国世纪论坛诗歌类一等奖。赵行素的《流不走的是石头》入选诗刊杂志社主办的“周庄”同题诗文大奖赛。周思民的诗集《风的形象》出版，并由江苏省作家协会、江苏省诗歌创作委员会、扬子江诗刊社、淮安市委宣传部、淮安市文联等单位联合举办周思民诗集《风的形象》研讨会。荀德麟的《大运河颂》在中央电视台节目中朗诵。

2007年，淮安市被中华诗词学会授予“中华诗词之市”称号。2008年，赵恺代表中国作家协会出席在以色列举办的尼桑国际诗歌节，被组委会授予特殊贡献奖。2008年5月，四川汶川特大地震发生后，市文联组织广大文艺工作者，创作一批以“抗震救灾、众志成城”为主题的文艺作品，在《淮安日报》整版刊出，并在淮安市金英中学和淮阴区举办“心向汶川”诗歌朗诵会。至2008年年末，盱眙县、楚州区博里乡被中华诗词学会授予“中华诗词之乡”称号。

第三节　散　文

改革开放后，淮阴地区最早结集出版的散文集为朱国瑾创作的《杨柳花》，由四川人民出版社于1978年出版，该散文集大部分篇幅以淮阴风物为题材，抒发对周恩来总理、对淮阴的无限深情，是淮阴文艺复苏时期的一部有影响的作品集。

20世纪80年代，荀德麟的《杨柳赋》《鹅卵石赋》，赵恺的《难得浮生似海鸥》、胡健的《我骄傲，我是野花》、李鸿民的《平凡的葬礼》、孙盛元的《迎春花》等一批散文佳作深受人们的喜爱。

20世纪90年代，淮阴市散文创作队伍不断壮大，优秀散文作品不断见于各类报刊、杂志。1996年，吴光辉创作其第一篇散文作品《镇淮楼赋》。该文发表于《中国艺术报》（1996年10月4日），后被制作成电视散文在中央电视台《电视散文》节目中播出，为其早期散文创作代表作。徐忠发表长篇散文《浓浓淡淡故乡茶》（1998年2月24日《人民日报》12版《副刊》）。1999年，万福建的散文集《大湖情歌》出版发行。盱眙县的杨绵发出版散文集《石头开花》，发表长篇散文《都梁梦华》，其散文《母亲——永远的乡土》《虎山老人》《踏雪寻梅》《姚工》等多篇作品被录制成电视散文在市级以上电视台播放。其中，《母亲——永远的乡土》被黑龙江电视台录制成电视散文播出后，还在江苏电视台、中央电视台多次播放，该作品获淮阴市人民政府颁发的淮阴市第三届文学艺术奖。此外，严苏出版散文集《落叶飘飘》，姚克连的散文《秋日》获中国散文年会优秀奖。

2000—2008年，淮安市的散文精品力作不断涌现。万福建的散文《蚕乡小记》于2000年11月在《求是》杂志发表，2003年2月获江苏省作家协会散文工作委员会年度散文佳作奖。2002年，

万福建的散文《大湖魂》在世界华人冰心散文奖大赛中获金奖。高影潮的散文《书架》于2004年4月获中国文化报社、浙江省文化厅主办的全国征文优秀奖。单士兵的散文《梦里槐香》发表于《中华散文》2002年第7期。散文家吴光辉创作出多篇具有影响力的散文。吴光辉的散文《梦寻娑罗树》发表于2000年11月22日《新华日报》，获得中国作家杂志社中国作家世纪论坛作品评比一等奖、江苏省报纸副刊作品评比二等奖；散文《夕照荒城》发表于2002年7月10日《光明日报》，获得《文艺报》作品评比二等奖；《千年一叹》发表于2004年11月20日《新华日报》，获得江苏省报纸副刊协会2004年度作品评比二等奖；散文《魂断花园口》发表于2005年8月12日《光明日报》，获得《中国作家》2005年金秋笔会一等奖、江苏省第16届报纸副刊作品评比二等奖；散文《绝境狂奔》发表于2005年4月26日《文汇报·名家笔会》及《散文世界》2006年第2期，并转载于《中国2006年优秀散文年选》、2005年5月17日《作家文摘》、南京大学出版社2008年5月出版的《中学生成长阅读课本》；描写洪灾的散文《蝴蝶雪》发表于2005年6月29日《江苏电力报》、2005年6月30日《文化时报》，并转载于《散文选刊》2006年第4期，入选中国散文学会主编《中国当代散文精选》；散文《日落云梯关》发表于2005年6月11日《新华日报》，获中国散文学会首届中国散文精英奖；历史文化随笔《血写桃花》发表于《散文世界》2006年第2期、2006年3月4日《新华日报》，转载于《散文选刊》2007年第7期、《世界中学生文摘》2008年第7期；地方民俗散文《向生命借贷》发表于《中国作家》2006年第8期，入选2007年第1期《散文选刊》，入选《中国当代散文大观》（2006年版），获得中国作家2006年金秋笔会一等奖，2008年获得第三届冰心散文奖优秀单篇奖；散文《爱垂青史》发表于《中国作家》2008年第5期，转载于《散文选刊》2008年第4期，入选《2008中国年度散文》《2008中国随笔排行榜》。

在淮安市的散文创作中，著名诗人、作家赵恺成绩突出。他关注人民，热爱生活，贴近实际，讴歌时代，在创作诗歌的同时，把大量的精力投入散文创作，推出一批优秀散文作品。他创作的散文《诗雕》等作品，用诗一般的语言抒发作者对爱情、对生活的挚爱与崇敬；其散文《漂母墓记》《铁山寺记》《荷花荡记》《柳树湾记》《五岛湖记》《明祖陵记》等，倾注作家对家乡淮安的关注与深情；散文《披萨饼》《大象之死》《散步人生》等引发人们对人生哲理的思考。其中，散文《披萨饼》被制作成电视散文，在美国科罗拉多州电视台播出。2000年，赵恺散文集《诗雕》由江苏文艺出版社出版发行。2006年，《赵恺两卷集散文卷：木笛（1979—2005）》由人民文学出版社出版。其多篇散文作品入选中小学课本。

第四节　戏　剧

淮安市素有“戏曲之乡”之称，优秀剧目和优秀戏剧人才层出不穷，戏剧文化持续繁荣。淮安市是淮剧、淮海戏的主要流行地区之一。由于京剧“通天教主”王瑶卿、京剧大师周信芳与淮安的渊源，京剧也在此影响深远，并培养出以著名京剧表演艺术家宋长荣为代表的一批名家。

1978年至20世纪80年代，淮阴地区的专业剧团演出活动范围覆盖上海、南京、武汉、合肥、济南、北京和省内诸多市县。20世纪90年代，淮阴市的戏剧艺术再度繁荣，实现创作与市场的良性互动，有10多部剧目在省级、全国大赛中获优秀剧目奖。自2002年起，淮安市政府启动“舞台艺术精品工程”，带动戏剧创作百花争艳。至2008年年末，推出近20部原创戏剧文艺作品，培育省长荣京剧院、省淮海剧团、市淮剧团等一批名牌院团。

一、淮海戏

图 31-1 大型现代淮海戏《豆腐宴》获第九届中国戏剧节优秀剧目奖（2004 年） 市档案馆 供

图 31-2 第 23 届中国戏剧梅花奖获得者魏佳宁在颁奖典礼上（2007 年） 陈光晰 摄

淮海戏因流行于淮海地区，曾称“淮海小戏”，1955 年正式定名。中共十一届三中全会后，传统剧目开禁，淮海戏演出空前繁荣，淮阴地区淮海戏界创作《葵花戏》《春回粮仓》《淮北拂晓》《十里香》《生死怨》《儿女情》《陈军长三会韩德勤》《爱与恨》《乌江悲歌》《果园风情》等一批现代戏，创作整理的大批新剧目多次在省、华东地区及文化部调演中获奖。1979 年，淮阴地区有淮海戏专业剧团 5 个，演职员 386 人，演出 1448 场次，其中农村 210 场次。演出范围不断扩大，北至北京、山东，南至上海、南京、无锡、苏州。1981 年，著名老艺人谷广发被载入《中国戏曲曲艺词典》。1982 年，江苏省淮海戏研究会在淮阴市成立。1983 年 10 月，召开淮海戏音乐、唱腔讨论会。1985 年，市文化局召集老艺人演出折子戏，并全部录像、录音。由杨秀英领衔主演的古装淮海戏《樊梨花点兵》和优秀中青年演员排演的现代戏《儿女情》参加全国现代戏年会；《儿女情》《果园风情》《小镇有口甜水井》等现代戏剧目多次参加全省戏剧演出会演，多次获得大奖。1994 年，现代淮海戏《小镇风流》《小妹去了科威特》被列入省“五个一工程奖”剧目。1997 年，省淮海剧团排演的以苏北地区农村奔小康为题材的现代剧《草包村长》获新剧目奖、编剧奖、优秀表演奖等 8 个奖项。1998 年，淮海戏《豆腐宴》在省淮海戏艺术节上获奖，并参加全省舞台艺术优秀作品展演，省淮海剧团排演的淮海戏《临时爸爸》在省级比赛中获大奖，淮海戏《非常母女》一年多时间里演出 300 多场次。1999 年 4 月，江苏电视台将省淮海剧团排演的新编现代淮海戏《豆腐宴》拍成电视片，并在黄金时间播出，获得观众的普遍好评。

2000 年 5 月，中央电视台摄制组到淮阴市拍摄淮海戏经典剧目《皮秀英四告》《三拜堂》等片段和折子戏《催租》。2000 年，大型现代淮海戏《豆腐宴》和淮海戏艺术专题片，在中央电视台第三套节目中播出。该剧本获第十届“田汉文学奖”二等奖，获省“五个一工程奖”，获市政府文学艺术奖一等奖。2004 年，《豆腐宴》被文化部选为国家舞台艺术优秀剧目，向全国基层推荐演出。2005 年，淮海戏《永恒的彩霞》获中国戏剧文学奖剧本奖，《豆腐宴》入选江苏省舞台戏剧精品工程。2008 年，淮海戏《老县长的第二春》获江苏省文化厅新剧目奖，新编淮海戏《皮秀英》在中国枣庄柳琴戏剧节上获得演出一等奖，并获得非物质文化遗产保护金奖，入围江苏省舞台艺术生产精品工程初选剧目。

在长期的舞台实践和探索中，淮安市淮海戏界涌现谷广发、单维礼、朱桂州、杨云发、杨秀英、范珍美、魏佳宁、苗爱华、吴珍等一批优秀演员，以及吴玲、许亚玲等后起之秀。2008 年 6 月，淮海

戏被国务院公布为第二批国家级非物质文化遗产。同月，淮安淮海戏演员赴北京参加中国非物质文化遗产展演。淮海戏表演艺术家杨秀英于2008年被确认为国家级非物质文化遗产传承人。

二、京剧

自清末以来，淮阴籍京剧艺人在全国京剧界较有影响的有王瑶卿、王凤卿、王少卿、王幼卿、周信芳、宋长荣、吴海燕、黄孝慈、江其虎等。改革开放后，淮阴地区各县级京剧团几经撤办与合并。1980年冬，淮阴京剧团在北京吉祥戏院、中南海演出《红娘》等剧目。1981年，宋长荣主演的《红娘》，由中央新闻纪录电影制片厂拍摄成彩色舞台纪录片。至1985年年末，全市仅保留淮阴市京剧团，但业余票友的活动在各县城区仍很活跃。市京剧团阵容整齐、艺术精湛，享誉海内外。至1987年年末，演出的《红娘》《红楼二尤》《霍小玉》《柜中缘》《勘玉钏》《蜀鉴》等剧目，被拍摄成电影、电视和录制唱片。1996年，市京剧团排练新编历史剧《兄弟君臣》。1999年，宋长荣主演的京剧戏曲片《桃花酒店》入选中宣部、文化部、新闻出版署等6个部门共同选编的"中华人民共和国舞台、影视艺术精品选"系列光盘·戏剧篇，并向全国发行。

2001年，在江苏省首届戏歌大赛中，由王士爱作词、赵润作曲，市京剧团刘小荣演唱的京歌《淮安大地是我根》，获创作一等奖和演唱一等奖。2002年，省长荣京剧院加工改编的儿童京剧《闪闪的红星》在中央电视台播放。2003年8月，该剧参加第四届江苏省戏剧节演出获新剧目奖，2004年1月获江苏省"五个一工程奖"入选作品奖。2004年12月，儿童京剧《闪闪的红星》在上海参加第四届中国京剧节展演，获"儿童题材京剧特别奖"。 2007年7月，京剧《主仆奇冤》获第五届省戏剧节二等奖。2008年，京剧《扁担谣》获江苏省文化厅新剧目奖，获得第五届中国京剧节二等奖。

淮安市的京剧表演代表人物是宋长荣，为荀派艺术传人，主演过70多台传统和现代剧目，尤

图 31-3 京剧表演艺术家宋长荣(2005年)
陈光晰 摄

图 31-4 京剧《闪闪的红星》被文化部等4个部委选为优秀儿童京剧，于"六一"期间在全国政协礼堂展演（2005年）
市档案馆 供

以《红娘》一剧蜚声海内外，多次赴北京演出，受到党和国家领导人接见。宋长荣在传承荀派艺术的基础上，对荀派的表演艺术又有了丰富和发展。他新编演出荀派风格剧目《桃花酒店》《鸳鸯帕》《紫钗记》等。他主演的《红娘》《霍小玉》《桃花酒家》被拍成电影、电视，法国国家电视制作中心专程到淮安市，拍摄宋长荣舞台艺术和生活纪录片。宋长荣于1994年、2000年先后在江苏省纪念梅兰芳、周信芳诞辰100周年活动闭幕式上和北京京剧流派创始人荀慧生、尚小云百年诞辰纪念活动中演出。2005年，宋长荣被《中国京剧》杂志社读者投票入选“中国京剧百美图”。宋长荣还多次应邀赴中国台湾、中国香港及美国、加拿大等地演出和讲学。

三、淮剧

淮剧由苏北地区的香火戏发展而来，曾被称为“江北小戏”，亦名“江淮戏”“淮戏”，1953年定名“淮剧”。淮剧唱腔有东路、西路之分，东路（盐城、阜宁等下河地区）演唱“呵大海”，又名“下河调”，是由香火会的“僮子调”融合门弹词曲调而成，刚柔并济，比较舒缓抒情；西路（清江、淮安、宝应等上河地区）演唱“淮调”，又名“淮绷子”，由田歌、劳动号子发展而来，高亢粗犷。

淮剧由于流传较久，又是江苏最大的地方剧种之一，所以积累有相当丰富的传统节目。剧目大体有4种类型：“对子戏”和“三小戏”，“九莲”“十三英”和“七十二记”，幕表连台戏，现代戏。淮剧具有编演现代戏的传统，至20世纪80年代末，淮阴市淮剧界上演的《刘老庄战斗》《供犁铧》《听鱼》《新旅战歌》《关天培》《情与法》等新编剧目得到好评，有的在省、市戏曲会演中获奖并录像播放。此后，淮剧的演出规模逐渐缩小。

1994年，新编淮剧古装戏《兄弟君臣》3个剧本被列入省“五个一工程奖”剧目。1996年，市淮剧团排练大型淮剧《充军行》，创作演出淮剧古装戏《舍妻嫁妹》。1998年，淮剧《高原雪魂——孔繁森》《蓝盾情》《法官曹思奎》在省淮剧艺术节上获奖，市淮剧团编排的《庄家少爷》在省级重大比赛中获大奖。2000年，市淮剧团创作的大型古装戏《貂蝉之死》剧本，获黑龙江省文化厅、《剧作家》杂志社联合征文一等奖。2006年，新创淮安历史文化名人系列戏剧第二部淮剧《吴承恩》，在第五届全省淮剧艺术节上获得优秀剧目奖等9项15个大奖，入选全省舞台艺术精品工程。2007年，淮剧《吴承恩》获江苏省“五个一工程奖”。

至2008年年末，淮安市境内的淮剧团尚有淮安市淮剧团、淮安市淮剧二团和涟水县淮剧团，涌现出周茂贵、刘玉琴、李凤琴、筱美秋、陈月华、周小贵、王志豪、乔艳红、荣光辉、孙桂标、柏华等一批优秀演员。

第五节　书法　美术

一、书法

1978年后，淮安市兴起书法热，书法爱好者日益增多，形成一批老、中、青书法创作队伍。著名书法家戚庆隆把隶书的涩意、行书的动感、魏碑的古拙、唐楷的法度融为一体。书法家姜华的书法艺术深得碑髓帖经，犹有创新，自成一格。书法家李啸的作品连获全国“兰亭奖”“林散之奖”“翁同龢奖”，被《中国书画》杂志评为“江苏十大青年书法家”。截至2008年年末，淮安市书法作者在国家级重要展赛中入展获奖达百余人次，在江苏省居于领先地位。淮安市的书法形成书法教育、理论、创作、展览齐头并进，老、中、青梯次合理，普及与提高相得益彰，名家与名作精彩

纷呈的格局。

1984年，淮阴市书法家协会成立。1985年，在郑州市主办的国际书展中，戚庆隆、姜华、刘云鹤的作品入选展出。1986年，淮阴市文联举办"崛起杯"书法大奖赛，奖掖书坛新秀。1987年，淮阴市文联组织"周恩来故乡——淮阴赴京摄影绘画书法展览"，100余件书法作品参展。在第三届中国书法兰亭奖评选中，淮阴市有10名书法、篆刻作者的作品获奖、入展。同年9月，淮阴市文联、清江石化厂、扬子晚报社、江苏人民广播电台联合举办"双猫杯"全国书法大奖赛。来自全国24个省、市、自治区和部分旅居法国、日本的华侨参加比赛，收到参赛作品4500余幅，评出一等奖9名、二等奖30名、三等奖60名，优秀奖100名。1988年，姜华创作的《墨海新探》《书法入门与创作》由湖北人民出版社出版发行。1989年2月，淮阴市"企业家风韵书法展"在城南公园举行，收到300余幅参赛作品，展出170多幅。在第四届全国书法篆刻展上，戚庆隆刚劲古拙的魏碑书法作品获一等奖。1989年8月，戚庆隆书法作品、楷书中堂刘勰《文心雕龙·情采》，获全国第四届书展一等奖。这一时期，淮阴市较有影响的书法家有戚庆隆、姜华、胡道华、陈清、刘田一、朱寿友、邵希平、李锡贵、张筱宁、石金柱、王顺鑫等。

20世纪90年代，淮阴市的书法热主要体现为青少年学习书法的热情高涨。这一时期，青少年书法培训班在市内遍地开花，青少年书法学习者数量大量增加，部分学校开设专门的书法课，书法创作进入平稳发展阶段。1994年，戚庆隆为纪念毛泽东诞辰100周年而创作的书法作品，被中国军事博物馆收藏。同年10月，江苏省书法家协会、江苏电视台、淮阴市文联等30多家单位联合举办"名酒之乡"国际书画大奖赛，收到参赛作品1.4万余幅。此次大赛评出一等奖6名、二等奖40名、三等奖120名，在海内外产生较大的影响。1998年，赵家俊的行书《鲁迅诗》入选全国第八届"群星奖"。这一时期，淮阴市多次举办"楚秀杯"少儿书画比赛暨作品展、淮阴市少年儿童书画展览，并开展少儿书画考级工作，为全市书法艺术事业发展培养后备力量。

2000年后，淮安市的书法、创作进入爆发期，一批中青年书法家异军突起，频频在全国、全省各类专业性大赛中获奖，书法创作水平在全国地级市中位居前列。2000年，淮阴市有8幅书法作品入选全国第八届中青年书法展览。同年7月，江苏省第一个书法培训基地——江苏省书法家协会苏北培训基地和淮阴市文联文艺家创作基地在淮阴市揭牌。2002年，孟建清、郁建伟的书法楹联作品获第四届全国书法楹联展优秀奖。2003年，中国书法家协会书法培训中心和江苏省书法家协会在淮安市联合举办全国第十期书法高级研修班，一批书法名家前来授课。同年，在中国书协举办的全国第二届行草书大赛中，李啸、郁建伟、吴健、姜筱卉、金炜5人作品入展，其中李啸获铜奖。

2004年，在全国第八届书法篆刻展中，淮安市有13名作者的作品入展，其中吴健、徐为零、孙永志获奖，吴自标获提名奖。在全国第二届行草书大展中，淮安市的姜筱卉、郁建伟、金炜、李啸的作品入展，其中李啸获铜奖。全市省级以上书法协会会员由20世纪90年代初的10余人发展到125人。

2005年，徐为零的篆书对联、叶华洲的魏碑条幅分别获全国第四届正书大展优秀奖、提名奖；李文灵、吴自标、周大成的篆刻作品入展全国第五届篆刻展；徐为零、李德会、吴建华、姜书海、刘保、冯勇、张建祥的书法作品入展全国第二届扇面书法展；陈一农的楷书条幅、李守卫的隶书对联入展全国第四届正书大展；李文灵的篆刻作品入选"冼夫人奖"全国书法大赛优秀奖；在中国书法家协会、山西省人民政府联合主办的首届"三晋杯"全国公务员书法大展中，淮安市张寿山、姜筱卉、叶华洲、谢景行、李文灵的作品入展，张寿山的隶书对联、姜筱卉的章草三条屏获优秀奖；叶华洲的魏碑四条屏、刘保的行草三条屏、张一冰行草条幅入展中国书坛第五届新人新作展。

2006年，在第二届全国“兰亭奖”书法大展中，吴自标、周大成的作品获提名奖，徐为零、谢景行、张挥的书法作品入展；在全国首届行草书大展中，姜筱卉、张建祥、束其虎、姜书海、李守卫入展草书展，张一彬、李守卫、江军、冯勇、张挥、刘保、张建祥入展行书展；周大成入选“江苏省优秀青年书法篆刻家30人”；钱淑英、王金梅的书法作品入展由中国书法家协会举办的第四届全国妇女书法篆刻展；万玉龙、张挥的书法作品入展由中国书法家协会举办的“纪念建党八十五周年全国书法展”；李德会的行书条幅、陈一农的小楷作品、刘兆荣的隶书作品入展全国第二届兰亭奖“安美杯”书法展；在由中国书法家协会、中共榆林市委、榆林市人民政府主办的“纪念红军长征胜利70周年全国书法篆刻展”中，姜筱卉、叶华洲、吴自标、李德会、冯勇、张建祥的作品入展。

2007年，《淮安书画名家作品集》丛书第一册——《戚庆隆书法集》，由江苏省美术出版社出版发行。同年，吴自标的篆刻作品、李文灵的篆刻作品、江军的行书对联、张一冰的行书条幅、黄志强的行书四条屏在全国第九届书法篆刻展中入展。李守卫、徐为零、杨建球、张建祥、蔡永兴的书法作品获全国第九届书法篆刻展入展提名；周大成、吴自标、李文灵的篆刻作品入展当代篆刻艺术大展；张筱宁的书法作品入选全国首届老年书法展。

2008年，徐为零、吴自标的篆刻作品在全国第五届书法篆刻展中分别获得二、三等奖；徐为零、叶华洲、孙永志、吴自标、李守卫的书法作品入选中国书法名家千人千作展；李守卫、张一冰、庄辉的草书作品在全国第二届草书展上入展。楚州区被中国书法家协会授予“中国书法之乡”称号。

二、美术

1978年后，淮阴书画院、清河画院、清浦画院等专业美术创作机构相继成立，一批美术专业院校毕业的艺术家和长期从事美术的文艺工作者成为全市美术界的中坚力量。

1984年，淮阴市美术家协会成立。1984—1987年，市美术家协会举办苏、鲁、豫接壤地区美术作品巡回展，故乡人民怀念周总理回顾展，旅法女画家张玉良遗作展，吴夕兴、陈伯纳水彩画展，“崛起杯”美术大奖赛等。1986年，市文联举行“崛起杯”美术摄影大赛。经评选，美术类评出一等奖2幅、二等奖4幅、三等奖8幅，鼓励奖19幅，荣誉奖5幅。市美术家协会向有关展览推荐作品200余件，其中版画、水彩画、中国画、剪纸等50余件作品，均入选全国及省级展览。全市有20余幅作品被省级以上报刊刊用，有10余幅作品分别选送日本、中国香港等地展出。这一时期，淮阴市比较有影响美术家有章农、周名球、赵梅林、丁乃武、吴夕兴、王鸿澜、程万廉、黄齐发等。

20世纪90年代，淮阴市的美术事业处于稳步发展阶段，市美术家协会每年都组织全市美术界人士开展一些有规模、有影响的活动，获奖作品、新人新作不断涌现。1994年，赵梅林创作的画作《一唱雄鸡天下白》，被毛主席纪念堂收藏。同年9月，市文联与市人大联合举办“纪念人民代表大会制度40周年”书画展，展出作品70余幅。同年11月，市文联与市委宣传部联合举办“淮阴部分乡镇书画作品展”，展出书画作品90余幅，展示淮阴市改革开放以来农村物质文明和精神文明建设的成果。1995年5月，市文联、市国税局、市电视台、市书协、市美协联合举办纪念抗日战争暨反法西斯战争胜利50周年“国税杯”书画百米长卷展览活动。

1997年，黄齐发创作的国画《秋风奈其何》入选由文化部艺术局、中国艺术研究所、中国美协、中国书协在中国美术馆联合举办的“世界华人书画展”，并被中国艺术研究院收藏。

1998年1月9日，吴夕兴从艺三十周年绘画作品展在市博物馆举行，展出作品100幅。同年2月，中共淮阴市委、市政府主办的“故乡情——淮阴市纪念周恩来百年诞辰书法美术摄影展”在北京市劳动人民文化宫举行，展出作品120幅，中央电视台《新闻联播》节目、《人民日报》《工人日

报》《中国艺术报》等媒体均作报道。同年3月,“故乡情——淮阴市纪念周恩来百年诞辰书法美术摄影展”在市博物馆举行,有3万多人次观看展览。同年11月,淮阴市组织81件作品参加江苏省首届美术节,28幅作品入选参展,丁乃武的版画《大鸾》等4幅作品获铜奖。同年年末,谢国璋的版画《正气篇》入选全国第八届“群星奖”。

1999年,刘懿的《江山不老图》、沈军的《论语印象》,清河画院石鹏中的《丽日闻香》分别获得中国美术家协会主办的纪念孔子诞辰2550周年书画大展银奖、优秀作品奖和入展。盱眙县杜愚的美术作品《秋雨落太行》获庆祝中华人民共和国成立50周年书法家、美术家作品大展佳作奖。赵家葆的《东涧水流西涧水、南山云起北山云》获文化部、中国美协等联合举办的迎澳门回归中国画摄影作品大展优秀奖。

2000—2008年,淮安市一批中青年美术家不断在全省、全国性赛事或展览中获奖、入展。2000年,淮阴市有15幅书画作品入选国家级展览并获奖。在第四届全国少儿书画大赛暨日本第30届世界儿童画展览中,淮阴市获绘画银奖1项、铜奖1项。涟水县画家徐久维的中国画《仙人球》获文化部群众文化学会主办的全国群众书画摄影展银牌奖,电脑画《双猫图》在中国群文学会主办的全国群文书画摄影大展中获得中青年组优秀作品奖。涟水县陈伯纳的《菊花》《湖》获2000年世界华人艺术展铜奖。在江苏省农民画巡回展中,全市有110幅作品参加展出。2001年,淮安市美术家创作的作品有54幅在省级以上大展中获奖。楚州区赵静声的《窑洞》获江苏省第二届山水画作品展铜奖;清河文化馆程永华的《晚风静语》获二十一世纪中国画澳大利亚展优秀奖。2002年,刘懿的国画《西递印象》入选2002年中国画展并获优秀奖;程永华的《秋风萧瑟》入选第五届全国工笔画展;顾卫国的《青苹果》入选中国首届漆画展;靳定生的《大湖之夏》入选首届“李剑晨水彩画双年展”并获铜奖。

2003—2004年,刘懿、程永华、顾卫国、沈军、赵家葆等人的10多幅作品入选国家级展览,靳定生、华龙宝、吴勇、赵静声、陈生书等人的30多幅作品入选省级展览并获奖。2006年,颜正强的工笔画《晨韵》在中国美协主办的全国第六届工笔画大展中入展并被中国美术馆收藏;淮阴师院美术系华龙宝的雕塑作品《夕阳红》获第二届江苏省雕塑艺术作品展二等奖;在全省第三届山水画展中,刘懿获铜奖,赵静声获优秀奖,在“美在新江苏”中国画展览中,吕德光获优秀奖;楚州区刘鸿生的山水画《霜染枫林十月红》获江苏省第七届“五星工程奖”铜奖。2007年,颜正强的中国画《和平万岁》《鸿运当头》,杜愚的中国画《和谐秋日》《云来山色佳》分别入展2007年度全国中国画作品展和“中华情”全国美术作品展;刘懿的中国画《河塘野凫》入选第二届中国画学术大展;涟水县徐久维的《荷塘清韵》2007年获文化部中国群众文化学会国画银奖;盱眙县王坤的《庭院静悄悄》在《中国书画报》发表,获中国教育学会全国教师美术作品大赛二等奖;涟水县周立异的《菊花》入选江苏省花鸟画展。

2008年,沈军、杜愚的美术作品分别在中国美术家协会举办的全国花鸟画大展、全国首届山水画双年展大赛中入展;吴夕兴的版画《古运河新装》获江苏省纪念改革开放30周年美术书法大展创作奖。

博里农民画 楚州区博里镇农民业余爱作画,田头地上,灶壁屋墙,随时画上几笔,内容除传统的吉祥如意之类外,多与农民生活密切相关。1949年后,改在纸上作画,逐渐发展为农民画。他们建立农民画院,男女老幼从个人作画发展为画室集体作画,相互切磋技艺,形成独特的风格。博里农民画的作品题材以劳动场面、丰收场景、乡村生活、四季美景、乡情亲情为主,充满浓郁的乡村气息和鲜明的地方风格。

1991年5月,县级淮安市博里乡被文化部命名为“中国现代民间绘画画乡”。1999年,博里乡

农民画在江苏省第二届农民画大赛中以其鲜明的时代气息、生活气息和地方特色一鸣惊人，获得19项大奖。其中，韦志兰的《巧手奶奶》获金奖，6幅作品获铜奖，12幅作品获入选奖。该镇涌现出100多名农民画师，其中20多人成为国家级、省级有关协会的会员。

2001年后，潘宇的《冬季运动会》、赵书环的《桔乡秋色》、鲍殿顺的《作屋基》、周文作的《点红》等农民画作品被中国邮政明信片采用；潘宇的《暮归》、马素必的《采金铺玉图》农民画作品获中国农民画联展铜奖。

至2008年年末，博里镇有1200多幅作品参加国内和国际文化交流，有160多幅作品在美国、日本、挪威、瑞典、荷兰、澳大利亚等国家和中国台湾地区展出。有101幅作品在省级、国家级和国际上的各类比赛中获奖，有40余幅作品被中国美术馆、中国民间美术博物馆收藏。国家邮政、电信部门还把博里农民画制成明信片和电话磁卡在全国发行。博里农民画的代表人物有潘宇、孙秉中、韦志兰等。

第六节　摄　影

1978年以后，淮安市的摄影爱好者逐渐增多，摄影艺术创作随着科技的发展不断进步，经历黑白胶片、彩色胶片到数码片3个发展阶段。

1978年至20世纪80年代初，淮阴地区摄影艺术创作主要以黑白胶片摄影创作为主。王松春、李世源等人的黑白摄影作品先后在《人民日报》《中国青年报》《工人日报》等报刊发表。

随着创作队伍的扩大和创作实力的增强，淮阴市涌现出一批摄影人才和优秀作品，摄影创作在20世纪80年代中期达到高潮。李培林表达农民对科技重视的作品《抢财神》、表达农民丰收喜悦的《沉醉》，分别获全国摄影展铜牌和江苏省影展金牌；李时生反映两代人热爱祖国的作品《伟大的爱》，获“庐山杯”摄影比赛特等奖；杭玉书反映淮阴市丰收和收粮盛况的作品《披星戴月》，获文化部举办的“可爱的中华”影赛铜牌奖。李东平创作的《爷爷您先看》以及葛华、李森林等人的黑白艺术作品先后入选全国影展。他们首开淮阴人黑白摄影作品获奖的先河。此外，单柏生的《动与静》获《大众摄影》杂志社摄影月赛二等奖；李世源的《市场素描》入选江苏省摄影展，并获《大众摄影》杂志社摄影比赛鼓励奖；张奋图的《康乐》获《摄影世界》杂志社摄影月赛一等奖；常春的《人生伊始第一课》获《大众摄影》杂志社摄影比赛鼓励奖；尹修广的《仙境》、单柏生的《帆影》入选江苏省第二届风光摄影展。此后，随着彩色胶片投影的普及与流行，淮安的黑白胶片创作逐步淡出市场。

淮阴地区的彩色胶片摄影起步较晚。20世纪70年代末期有少数人涉猎，如淮阴专区专职摄影人员胡兴新。1982年，江苏省影协举办为期1个月的摄影培训班，金湖县的姜燕、清江市的李世源等参加学习，并陆续用120型彩色胶片、国产相机进行尝试与实践；市群艺馆的王松春、在部队从事摄影的李东平回淮阴后也从事彩色成片摄影。总体而言，人数很少，但创作的实力较强，他们创作的彩色摄影作品陆续在全国、全省各类大赛中入展或获奖。胡兴新的彩色摄影作品《黄河故道铺锦绣》《洪水走廊变粮仓》入选全国影展；姜燕的彩色摄影作品《金秋》在江苏省第十届影展中获铜牌奖，《天责》入展全国第十三届影展；李东平的彩色摄影作品《欢乐交响曲》获全国第二届青年影展三等奖，《在金色的摇篮里》入选由联合国教科文组织主办的“幸福”影展；李世源的《童年的记忆》入选江苏省第十一届影展，并被香港《中国旅游》杂志转载；王松春的《童年》

《金色的宫殿》等作品在省级以上影展入选、获奖；单柏生的《船头夜校》入选联合国教科文组织亚太地区扫盲摄影展。

20世纪80年代中后期，彩色摄影由少数摄影骨干的艺术创作向大多数摄影爱好者开始使用转变，淮阴市从事摄影创作的人员不断增多。彩色摄影创作使用的胶片由120型转变为135型，使用的相机也由国产转变为进口的135型相机为主，彩色摄影进一步普及。市摄影家协会组织推荐摄影爱好者和专业人员参加中国摄影函授学院摄影专业学习，有100多人参加。淮阴市摄影创作者的创作水平和技巧提高，涌现出一批具有实力的摄影工作者和高质量的摄影作品。朱天鸣的反映职工技术交流的作品《彩色的夜》获“江苏在腾飞”影展银奖；李森林的《人间》入选山东省举办的国际和平影展并获最佳形式奖；李慕陶的《心声》入选全国人像影展，并在江苏省人像影展中获铜牌；李福情的《老来福》入选江苏省人像影展；徐景浩的《家乡的云》《月亮湾的笑声》连续2届夺得江苏省影展金奖，《荷花图》入选日本“荷花”摄影展并被收入画册。此外，刘坤贵、惠忠、叶守卫、顾树青、马明东、花玉华等人的作品也在省级以上影展、影赛、报刊、杂志上入选、发表或获奖。

1986年，市文联举行“崛起杯”美术摄影大赛。经评选，摄影类评出一等奖2幅，二等奖4幅，三等奖8幅，入选奖36幅。1987年，市摄影家协会举办“淮阴在腾飞”摄影艺术展，在社会上反响较大。1988年5月，徐景浩摄影作品展览在江苏省美术馆举办，展出其入选全国、全省各类影展或获奖的作品270余幅。1988年，在遭受特大洪涝灾害后，淮阴市举办抗洪抢险摄影展，展出作品100余幅，在街头、高校和重灾区进行巡回展出，观众超过10万人次。至1989年年末，淮阴市有摄影爱好者100余人，在省级以上刊物上发表作品100余幅。

20世纪90年代，随着照相机的普及和档次的提升，淮阴市的摄影爱好者队伍日趋壮大，艺术水准逐步提高，国家、省、市三级摄影家协会会员也逐年增多。1990年，市摄影家协会联合市交警支队、市电视台，举办“交通安全在人们心中”摄影比赛。1998年，举办迎中共十五大“辉煌的五年”摄影展——十四大以来淮阴市“建设成果和精神文明建设展”，举行江苏省城镇现代建设风采摄影大奖赛。1999年，市文联组织举办“月季杯”绿化摄影展、“环保杯”摄影展、淮阴市“港监杯”第三届摄影艺术展。

2000年后，淮安市的摄影创作逐步由彩色胶片进入数码摄影时代。随着摄影技术的发展、摄影实力和摄影家精品意识的不断增强，淮安市摄影创作进入加速发展阶段。2000年，全市有9幅摄影作品在中国第六届文艺节中获奖。同年6月，淮阴市举办“世纪之光——苏北8市摄影艺术展”，展出作品88幅。2002年，李东平的摄影作品《爷爷》，程钢的摄影作品《争上名校》《民众的愤怒》获全国第二十届摄影艺术展优秀奖。

2003年，淮安市摄影家协会组织6名会员拍摄3000余幅照片，记录淮安人民抗击“非典”的生动画面和感人瞬间，从中选出100余幅照片，制成流动展览，观众超过5万人次，其中一批作品在省级以上摄影展获奖。其中，顾树青的《疫区归来》入选中国抗击“非典”大型影展，并被国家博物馆收藏；韩春梅的《冲向“抗非”一线的白衣战士》在江苏省第十七届影展中获银奖。同年，李东平的《草到绳的启示》获第十届国际影展勋带奖；葛华的《旋》获江苏省庆祝中华人民共和国成立54周年影展金奖。

2004年5月，市文联、市摄影家协会举办淮安市第四届摄影艺术展，并举行巡回展出，深受群众欢迎。同年9月，在第二十一届全国摄影艺术展上，程钢的作品《紧急转移》获银奖，曹政的作品《功亏一篑》获铜奖，李东平的作品《山村雨景天画成》和曹政的作品《轻舞飞杨》获优秀奖。

2005年，曹政、程钢分别获江苏省第三届摄影最高奖“金瞬奖”第二、三名。李东平的《白桦

林的歌》获中国第十二届国际影展优秀作品奖，并获中国上海2008第一届国际摄影节郎静山金像奖。同年9月20日至10月10日，淮安市举办“锦绣淮安”大型摄影展，展览由5幅长卷和历史的辉煌、火红的年代、秀丽的风光、淮安人风采4个篇章组成，参观者络绎不绝。

2006年，周思民的《山乡》、李东平的《泼墨古藤静听泉》、吕志滨的《尖山沙滩湖冬韵》、张开阴的《相依》、曹政的《崀山风光》、宗俊的《满载而归》、吕剑的《通天巷》、龚娟的《晨曦》、沈达荣的《春潮带雨晚来急》、张晓若的《良山美景天画》、姚晓红的《霞映崀山》获中国摄影家协会举办的“湖南三山”全国摄影大赛佳作奖。陈柏林的《安装新机组》、贺敬华的《满湖春》在中国摄影家协会等联合主办的“证券杯”全国摄影大赛中分别获得二等奖、优秀作品奖。

2007年，李东平的《白桦林里的秋歌》获第十二届国际摄影展优秀奖；曹政的《袋鼠角逐图》《观者如潮》和程钢的《“3·29”京沪高速液氯泄漏事件》《招聘会上母子兵》均获全国摄影艺术展优秀奖。同年，由中共淮安市委宣传部、市文联主办“和谐淮安”摄影艺术展，通过“魅力家园”“城市风姿”“农村新貌”“人物风采”4个篇章展出120幅图片，展示淮安市所取得的非凡成就。“美的狩猎”淮安摄影家新疆采风摄影作品展在淮阴师范学院美术展示厅展出，展出17位摄影家100余幅新疆采风摄影作品。

2008年，朱天鸣的《秋色禾木》、李忠的《苗家希望》、任精和的《大修现场》、王开成的《一帘幽梦》入展江苏省第十九届摄影艺术展，姜舟伟的《精工雕琢光影间》组照、沈达荣的《青春飞扬》分别获“泰丰杯”全国摄影展艺术类金奖、铜奖。曹政的摄影作品在江苏省摄影家协会举办的第四届（2006—2008年度）金瞬奖评选中再次获得“江苏十佳”。同年6月，由中共淮安市委宣传部、洪泽县人民政府、中国摄影家协会联合主办，淮安市文联、淮安市摄影家协会承办的“美丽清纯洪泽湖”全国摄影大展开展。同年12月，由中共江苏省委宣传部和省文联主办，市文联、市摄影家协会承办的“辉煌巨变”江苏省纪念改革开放30年大型摄影图片巡回展开展，共展出反映全省改革开放30年图片180余幅，淮安市有30余幅作品参展。

第七节　音乐　舞蹈

一、音乐

1978年，淮阴地区音乐创作者逐渐增多，作品散见于省、市级刊物上，无在全国有影响的作品。同年开始，淮阴地区各文化馆（站）开展民间音乐收集整理工作。1980年，淮阴地区文化局编印《淮阴民歌集》，收集淮阴地区广为流传的民歌260余首。此外，还编印《淮海戏音乐集成》，对淮海戏音乐的形成发展、唱腔旋律、伴奏手法、曲牌与锣鼓进行系统研究。

1984年，市音乐舞蹈家协会创作2部歌曲集，推动县区音乐创作。同年，为庆祝中华人民共和国成立35周年，举办“伟大的祖国，可爱的家乡”征歌活动，收到创作歌曲140首。从中择优选出31首，与1978年后淮阴地区音乐创作者创作发表的部分优秀歌曲9首，编印成《欢乐颂》歌曲集。

1985年10月，举办“我爱你，洪泽湖”歌曲创作学习班，学员创作的5首歌曲在《江苏音乐》杂志发表，7首歌曲在《淮海报》发表，并择优在市电台《每周一歌》栏目中播放。

1986年3月，淮阴市文联举办“崛起杯”声乐大奖赛。1987年，江苏省电视台、《江苏音乐》杂志社联合举办“新春，新人，新歌”电视大赛，淮阴市选送的歌曲《月儿圆了》获优秀歌曲奖，

《有一只野鸽子》《心中的河》《芦雁情》《啊！军营的水仙花》获创作奖。至1987年年末，淮阴市业余音乐创作者在市级以上刊物发表的歌曲超过210首。1988年，淮阴市作协和市音乐舞蹈家协会联合举办“酒乡行”歌会（洪泽湖题材歌词创作），创作大量反映酒乡改革生活的作品。

20世纪80年代，淮阴市的音乐创作佳作频出。梁生安的儿童歌曲《叮铃铃》被选编入《全国小学音乐课本教材》，其《雷锋——共和国长青的山峰》《我是祖国大树的根系》等30多首歌曲在省级以上大赛中获奖，并著有音乐研究专著《淮红调音乐探索》。徐涵创作的歌曲《一片丹心献园林》《跟着太阳走》分别获全国工人歌曲征歌银奖、文化部全国首届“群星奖”三等奖和省第二届“三新”电视大赛创作奖。歌曲《小草》（王士爱词、王恒安曲）被灌制成盒式磁带出版发行。歌曲《哪及故乡运河水》（蒋其章词、潘振新曲）获江苏省水利系统歌曲大赛词曲优秀创作奖。歌曲《江南小茉莉》（罗月秋词曲）获江苏省文化厅歌曲创作比赛三等奖。《歌唱您亚洲之香》（潘振新词曲）获全国工人歌曲大赛创作优秀奖。《淮安棉纺厂厂歌》（潘振新词曲）获全国企业厂歌大奖赛优秀奖。《现在的乡下人》（沈剑华词曲）和《高沟大曲美名飞》（大光、升华词，顾炳舜曲）、《请干一杯维多酒》（升华词、顾炳舜曲）分别获浙江、江苏、福建三省音乐创作优秀奖和创作奖。歌曲《春雨在飘洒》（曾泉星词、顾炳舜曲）获第二届“三新”电视大奖赛创作奖。此外，曹士波创作的歌曲《夜雨》《泥瓦工浪漫曲》《杏花雨》，姜国贵创作的歌曲《晚安》《剪窗花》《园丁颂》，文铁峰创作的歌曲《生活啊沸腾的生活》《欢乐地歌儿飞出口》《咏秋》，齐文英创作的歌曲《我们是光和热的创造者》《绿色玫瑰》《月儿圆了》等作品在省、市比赛中获奖。吴盛栗创作的歌曲《故乡，我的月亮》《十月的风》《山村夜歌》等作品在杂志上发表。

20世纪90年代初期，淮阴市的音乐创作依然十分活跃，成果不断。1991年，涟水县徐涵作曲、孙华作词的表演唱曲《孙老汉装上电话机》获文化部首届“群星奖”全国文艺演唱作品征集评选三等奖。杨鹤高作词、曹士波作曲的《供销汽修厂厂歌》获得江苏省文化厅等4个单位联合颁发的金奖。1992年，蒋其章作词、潘振新作曲的歌曲《江南的桥》获江浙沪二省一市“江南的风”组委会评比一等奖，后又获文化部第三届“群星奖”铜奖。1993年9月，淮阴市组队参加淮南中国豆腐文化节，吴玲演唱的《兰花花》获民族唱法一等奖，韩国林演唱的《千万次地问》获二等奖，张律独唱的《重归苏莲托》获三等奖。1994年，清江胶鞋厂厂歌《友谊伴你走天涯》（曹士波曲、蒋其章词）、淮阴涤纶长丝厂厂歌《金风之歌》（曹士波曲、王士爱词）、淮阴轴承厂厂歌《轴承之歌》（曹士波曲、蒋其章词）、独唱歌曲《歌唱你，我们的工厂》在中国音乐家协会等联合举办的第二届“中国潮”全国征歌中均获铜奖。

从20世纪90年代中期开始，随着流行歌曲的盛行、音乐人才的流失，传统音乐创作受到很大影响，淮阴市的音乐创作重点转向举办形式多样的音乐活动，培养音乐创作、演唱、表演人才。1994年，淮阴市文联组织“美丽的洪泽湖”征歌活动，征集歌曲48首，举行歌会。1995年，淮阴市文联举办纪念抗日战争胜利50周年暨淮阴市第二届革命歌曲声乐大赛，38个节目参加角逐。1996年，淮阴市文联、市音乐舞蹈家协会举办文铁林独唱音乐会，市文联、市音乐舞蹈家协会、市电视家协会举办周高洪歌曲磁带首发式。1997年，周高洪作词、全国知名作曲家谱曲的《周恩来组歌》盒式录音带在全国发行。1998年，淮安文艺学校戏剧班学员郭晓婕获第五届中国少儿戏曲小梅花金奖。1999年6月，中国音乐家协会万里采风团的33名音乐家到洪泽县、盱眙县参观、采风，并在市淮海影剧院、洪泽湖光电影院举行2场联欢演出。淮阴市文联与市冶金公司联合举办儿童电子琴大赛，参与承办“爱我中华兴我淮阴”大中专学标歌咏比赛、卡拉OK大赛、“树形象、兴淮阴”第三届“福达杯”声乐大奖赛等活动。

2000—2008年，淮安市的音乐创作在发挥当地音乐人才创作积极性的基础上，利用举办淮扬

菜美食文化节、盱眙龙虾节、金湖荷花艺术节等节庆活动平台，邀请全国知名词曲作家和歌手，创作具有淮安特色的歌曲，推出《香溢淮安》《登高望远》等一批优秀歌曲。2000年，歌曲光盘《世纪绝唱》出版发行。2003年12月，淮安市的民歌联唱《西凉月》等获江苏省第五届“五星工程奖”铜奖。2006年，新创歌曲《琴岛小夜曲》在厦门举办的中国国际合唱节评比中获优秀奖；歌颂周恩来总理崇高品德的歌曲《天地间大写的人》（梁和平词、申旭光曲）获2006年江苏省“五个一工程奖”。

2007年，中共淮安市委宣传部、市文化局、市文联和洪泽县政府联合面向全国开展“唱响洪泽湖”原创歌曲征集活动。该活动收到原创音乐作品98件，2008年12月评出优秀作品20件，其中《清丽水乡》（周源词、于颉曲）获金奖，《洪泽湖托起生活的安详》（张景川词、冉茂华曲）、《船上人家》（阮云松词、蒋寒松曲）、《美丽清纯洪泽湖》（张仁飞词、杨德富曲）3首歌曲获银奖，《亲亲洪泽湖》（邓成彬词、穆传方曲）、《洪泽湖之恋》（王建军词、孟文豪曲）、《梦里一片湖》（邓成彬词、邓寿剑曲）3首歌曲获铜奖，并举办“唱响洪泽湖”原创歌曲大型演唱会。

二、舞蹈

随着改革开放的不断推进和深入，淮安市的舞蹈创作比较活跃，推出一批优秀作品。舞蹈创作从民族舞蹈、群众性舞蹈向专业性和特色化方向发展。

20世纪80年代，市音乐舞蹈家协会在全市推广交谊舞，多次举办培训和交谊舞大赛。市音乐舞蹈家协会组织创作舞蹈节目参加江苏省“新春、新人、新歌”电视大赛等舞蹈大赛，一批作品取得较好的成绩。郭翠红编舞、曹士波作曲的舞蹈《足下生辉》《丝绸之花》获江苏省社科舞蹈研究会评比二等奖、第二届全国企业舞蹈比赛二等奖；郭翠红创作的《泉水情深》《静夜思》《傣族儿女心向党》等一批舞蹈节目多次在省、市获奖。这一时期，淮阴市舞蹈工作者还开展民间舞蹈的资料收集、整理与加工提高工作，具有淮阴特色的民族舞蹈得到重视与挖掘。其中，比较有特色的为洪泽湖渔鼓舞。该舞由渔家歌舞“端鼓舞”发展而来，经过多次加工整理，舞蹈工作者将渔民劳动的动作元素融入舞蹈语汇，使洪泽湖渔鼓舞充满浓郁的生活气息。1984年，洪泽湖渔鼓舞参加江苏省民间文艺会演并获得好评。

20世纪90年代中后期，淮阴市的一批舞蹈节目在省级以上大赛中获奖，尤其是少儿舞蹈异军突起，万建华牵头组建的金湖娃艺术团，不断在全国、全省各类大赛中崭露头角，成为淮阴市少儿舞蹈的一个品牌。1994年，万建华编排、金湖娃艺术团表演的少儿舞蹈《板铃舞》获文化部“群星奖”优秀作品奖。1999年，舞蹈《渔鼓声声桃汛来》（郭翠红编导、吴晓平曲）获江苏省第四届音乐舞蹈节铜奖。

2000年后，淮安市的专业舞蹈人才不断增多。2000年，淮阴市音乐舞蹈家协会与市教育局联办淮阴市首届舞蹈师资培训班，全市舞蹈艺术创作逐步向专业化层次发展。

2001年，淮安市首次派队参加全省专业舞蹈比赛。在江苏省第三届舞蹈大赛中，市文艺学校教师赵明、朱蒙表演的独舞《奋》和《烈焰金鹏》，分别获得创作铜奖、表演奖和创作奖、表演奖，实现淮安市在全省专业舞蹈比赛上获奖零的突破。市文化局组织金湖娃艺术团、市实验小学、市人民小学的少儿演员参加江苏省第三届少儿艺术节比赛，金湖娃艺术团的少儿舞蹈《银翎飞舞》获得创作金奖、表演金奖，市实验小学的课本剧《东郭新传》获得创作金奖、表演银奖。

2003年12月，淮安市的少儿舞蹈《打金斗》、器乐与舞蹈《春到洪泽湖》（冯祥幸编舞）获江苏省第五届“五星工程奖”金奖，填补该项评选中淮安市无金奖的空白。此外，《渔鼓声声》（郭翠红编舞）获江苏省第五届“五星工程奖”铜奖，《乱世英雄》（曹士波作曲、冯祥幸编舞、孙甜甜等

表演）获江苏省群文新作大赛铜奖。2007年，双人舞《天路》（赵明、李婉靖主演）获第六届江苏省音乐舞蹈节优秀剧目奖和优秀舞蹈编导奖；《刘老庄战旗》（龙暹表演）获第六届江苏省音乐舞蹈节节目奖；淮安文化艺术学校周海明、顾鑫、龙暹在江苏省第一届"莲花杯"青年舞蹈演员大赛中获专业院团组优秀表演奖；淮安市小梅花艺术团表演的舞蹈《巾帼魂》在江苏省第四届少儿艺术节中获二等奖；涟水县舞蹈创作者编排的《顶碗舞》在中国舞蹈家协会举办的"舞动中华·全国群众舞蹈展演"中获"金舞奖"，俞伟获最佳编导奖。2008年，《打条鱼儿三尺三》获江苏省文联"莲花奖"第二届少儿舞蹈新作品比赛编导一等奖。

第八节　影视　广播剧

1978年至20世纪80年代中期，淮阴市的影视作品主要是将戏剧传统剧目搬上荧屏。1978年，盱眙县黄梅剧团的现代小戏《送鹅》随江苏汇报团赴北京演出，由中央电视台录像，并向全国播放。1979年，淮阴地区京剧团大型传统戏《勘玉钏》先后由上海电视台、北京电视台录像。1980年，江苏省淮海剧团的现代小戏《十里香》参加省会演，由江苏电视台录像，1982年在中央电视台播出。同年，江苏省淮海剧团的大型现代戏《生死恋》由江苏电视台录播。

20世纪80年代中期，淮阴电视台及部分文艺工作者开始尝试影视创作。1985年，刘生林创作的《春寒》，由中央电视台电视剧制作中心和淮阴市人民政府联合摄制成上下集电视剧，并由中央电视台播放；市淮剧团罗怀臻和淮阴电视台杨曦创作的电视剧《世上的路》，1986年4月由市委宣传部和淮阴电视台摄制成单本电视剧并在中央电视台和江苏省电视台播放，这是淮阴市第一部自编、自导、自拍、自演的电视剧。当年又连续拍摄6部电视短剧，并有2部电视短剧在全省比赛中获奖。1987年，淮阴电视台拍摄的电视报告文学《"113"的忙音》获江苏省电视台"百家春秋"大赛一等奖。

20世纪80年代后期，将挖掘当地历史文化题材作为重点。以新安旅行团宣传抗日救亡活动为题材的4集电视连续剧《一群小好汉》（丁乃文、靳振夏、徐忠、靳全生、张佩铭、冯骥、王振龙创作），由淮阴电视台与南京电影制片厂联合拍摄，在中央电视台播放，获省优秀电视剧奖，剧本获中国首届"宋庆龄儿童文学奖"二等奖。1990年11月，淮阴市政府组织拍摄的10集电视连续剧《淮阴侯韩信》举行开机仪式。20世纪90年代，淮阴市文艺工作者创作的电视连续剧《童年周恩来》、电视短剧《吴承恩》、广播剧《关天培》、电影《淮阴侯韩信》、电视连续剧《燃烧的土地》、电视片《桃花几月开》、广播剧《大鸾歌》、电视散文《抗日山记》等作品，分别获广电部"飞天奖"、省"五个一工程奖"、省广播电视厅广播剧二等奖、省电视文艺奖二等奖、省政府文艺一等奖、全国"长城杯"大奖赛二等奖，在社会上产生较大的影响。

1991年，电视纪录片《今古奇观洪泽湖》获中国电视艺术委员会专栏节目奖。杨鹤高、杜红军合作的小型电视剧《登记飞马店》被评为全国第四次人口普查江苏省新闻竞赛优秀奖。1992年，电视片《漂浮在水上的土地》获中国电视艺术委员会专栏节目奖。1993年，电视片《美的编织者》获中国电视艺术委员会专栏节目奖。2002年，电视片《洪泽湖上的电教队》获江苏省党建电视短片竞赛评比三等奖，在江苏卫视《时代风范》栏目播出。2003年，电视纪录片《心愿》获江苏省长纪录片一等奖。2006年，电视纪录片《水上邮路》《张国凡办学》获中国纪录片奖；《老袁和他的计生宣传队》获江苏省第八届党员电教电视片观摩评比一等奖，在江苏卫视《时代风范》栏目播

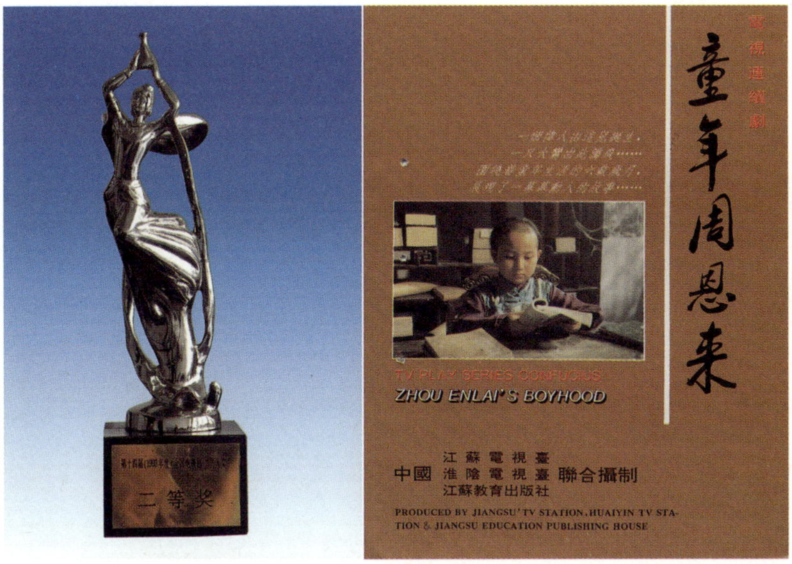

图 31-5 1993 年，淮阴电视台拍摄的电视连续剧《童年周恩来》获国家广电部颁发的飞天奖　　市档案馆　供

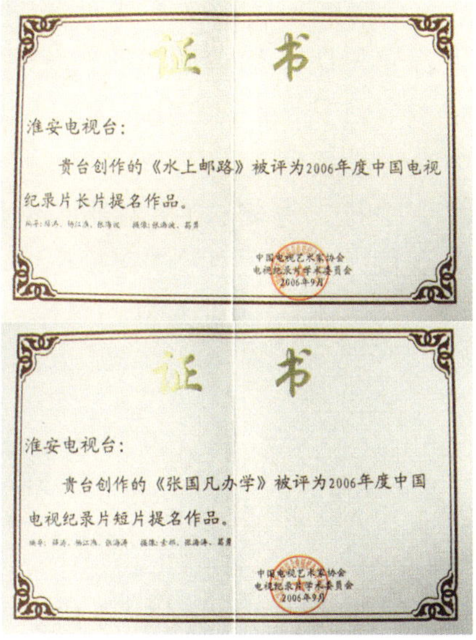

图 31-6 2006 年，淮安电视台拍摄的纪录片《水上邮路》《张国凡办学》获中国纪录片提名奖　　市档案馆　供

出。2008 年，电视纪录片《咱们村里喜事多》获第二届江苏省电视专题片优秀作品集。

淮安市的广播影视创作注意与本土文艺结合。由著名荀派京剧表演艺术家宋长荣主演的戏剧电视剧《桃花酒店》获全国电视文艺“星光奖”一等奖。推介宋长荣的广播剧《青出于蓝，另放光彩》获国家广播文艺三等奖。电视艺术片《荀艺长荣》获江苏省电视文艺一等奖。2001 年，杨秀英主演的淮海戏传统剧目被市电视台制作成戏曲电视剧《大唐女帅》，获江苏省“金凤凰奖”。赵恺创作的散文《披萨饼》被制作成电视散文，2004 年在美国斯拉科·黄河电视台播出，在海外产生较大的影响。此外，淮安市搬上荧屏的大型戏剧作品还有：市京剧团《红楼二尤》（河北电视台）、《霍小玉》（中央电视台）、《宋长荣舞台艺术集萃》（江苏电视台）、《鸳鸯帕》（江苏电视台）；省淮海剧团《儿女情》（江苏电视台、上海电视台）、《三拜堂》（上海电视台）、《芙蓉花仙》（江苏电视台）、《杨秀英与淮海戏》（江苏电视台）、《璀璨的明珠——樊梨花点兵》（中央电视台）；市淮剧团《情与法》（盐城电视台）等。淮安市电视台与中央电视台等单位联合制作的 19 集电视连续剧《金陵子潮》，于 2006 年在中央电视台一套黄金时段播出，获省“五个一工程奖”。

第九节　曲　艺

淮安市的曲艺种类主要有相声、小品、山东快书、快板书、评书、天津快板、扬州评话、淮海锣鼓、淮海琴书等形式，内容丰富多彩，深受群众欢迎。吹奏乐班（六书班）、渔鼓、评词、三弦书、狗皮鼓（桂竹）、花船、莲花落、秧田锣鼓等曲艺种类也在小范围出现。1978 年后，曲艺事业得到复兴，并一直保持稳步发展。

1978 年，清江市工人文化宫成立职工业余曲艺队。1979 年，淮阴地区曲艺协会恢复活动，有艺人 1100 多名。

1980年，淮阴地区举行曲艺会演。1981年，下辖各县（市）文化馆对曲艺人员进行考核登记培训，审查书目，协助成立艺人协会、曲艺组等，并派专人管理。淮阴地区曲艺工作者协会举办学习班，集中创作修改曲艺作品。同时，各地还对淮海锣鼓等曲种进行改革。1984年，淮阴市曲艺工作者协会成立。同年，淮阴市举办2场庆祝中华人民共和国成立35周年曲艺会演。1986年，市曲艺工作者协会与清河区文教局联合举办纪念周恩来总理逝世10周年曲艺专场，演出《梅园劲松》等节目。1987年，曲艺作品《想入非非》参加省曲艺调演，获优秀演员奖、创作三等奖。1989年，淮阴市文联会同省戏剧家协会和徐州、连云港、盐城三市文联，在宿迁市举办北方片曲艺曲目比赛，淮阴市取得优异成绩。

20世纪90年代，淮阴市的曲艺事业受到多种文艺形式的冲击，曲艺活动受到一定影响。但全市曲艺工作者坚持组织形式多样的曲艺活动，遏制曲艺事业下滑的势头。这一时期，相声、小品创作得到全市社会各界的重视，推出一批优秀相声、小品，在省内外产生较大的影响。1995年5—8月，市文联与淮阴正大集团联合举办淮阴市优秀文艺作品（小品专辑）百场演出活动。1996年，市曲艺工作者协会举办“中华一品梅杯”淮阴市首届曲艺大赛，规定参赛形式为评话、相声、快板、山东快书、曲艺小品、戏剧小品（喜剧类）。1997年5月1日，举行淮阴市第五届戏剧小品、曲艺会演，9个代表队共演出20个新创作的节目。

2000年，市文联举办淮阴市千禧龙年曲艺小品晚会，1000余名群众观看演出。张韵萍撰写的曲艺专著《柳敬亭全集》由江苏文艺出版社出版。2002年，单超、常亮的曲艺作品《衣食住行二人转》获江苏省首届广播创新大赛一等奖。2004年，市文联与市曲协、市经济广播电台、中华保险淮安分公司联办首届“中华保险杯”相声小品大赛，推出一批新人新作。从2005年开始，市曲艺家协会举办各类惠民演出20余场次，丰富市民的文化活动，促进全市曲艺事业的蓬勃发展。2008年，话剧《跑来跑去》在北京东图剧场首演。

一、淮味小品

淮味小品是以淮安本土风俗人情以及艺术资源为特色元素创作的小品，是淮安市群众文化艺术工作者在长期创作实践中总结和形成的小品创作风格。

1990年，谢东海以张子祥事迹创作喜剧小品《修电视》，参加中共淮阴市委宣讲团“学习张子祥文艺晚会”演出，获得一致好评。1991年，由谢东海创作，谢东海、王景寒、刘成兰演出的喜剧小品《公休日》获江苏省首届北方曲艺大赛一等奖。1994年，戏剧小品《今晚不谈那个》获得中国戏剧家协会主办的“重钢杯”全国小品剧本评比剧本创作一等奖和文化部“群星奖”铜牌奖。

1997年，由童骥良、孙学今编剧，刘宝林、童骥良导演，童骥良、成艳菊主演的小品《路在脚下》连获多项大奖。在江苏省第二届戏剧小品、曲艺大赛上，小品《路在脚下》获得一等奖；由江苏省文化厅选送，参加第五届华东地区“城阳杯”戏剧小品大赛，再获一等奖；在文化部举办的全国第七届“群星奖”戏剧、曲艺决赛中，获群众文化的政府最高奖“群星奖”金牌，实现淮阴市群文创作史上的突破。该小品先后在江苏省电视台和中央电视台录像，并在1998年春节期间向全国播放。此外，小品《今晚不谈那个》《山那边是海》等被中央电视台《曲苑杂坛》栏目录制播放。

1998年，金志庚、阮守天创作的戏剧小品《生命的交响曲》获江苏省抗洪救灾文艺演唱作品评选二等奖、徐淮盐连小品大赛一等奖。杨鹤高创作的小品《财富》获江苏省抗洪救灾征文三等奖，并被收入《回天曲》一书。

2001年，小品《山那边是海》在第十届中国“曹禺杯”戏剧小品演评中获银奖。同年，在华东6省1市小品比赛中，小品《洗》获一等奖。在中国“曹禺杯”戏剧奖小戏小品电视大奖赛中，哑

剧小品《禁止吸烟》获三等奖。2003年，小品《非常的爱》获中国文化报社和江苏省文化厅联办的抗击“非典”文艺创作大赛二等奖。2007年12月，淮安市文化局选送的音乐小品《树大招风》获第四届全省小戏小品大赛一等奖。

二、相声

1978年后，淮安市涌现出一批创作、表演俱佳的相声工作者，并得到很好的传承。

1985年，清浦区哈哈笑曲艺团演出的对口相声《变新颜》获省文艺会演创作奖。

1987年，在江苏省电视台《周末》栏目举办的“笑、笑、笑”电视幽默大奖赛上，华禹谟、焦良济创作的相声《七岔八岔》《咸鸭蛋》分别获得三等奖和鼓励奖；华禹谟的单口方言相声《啰嗦主任》在省曲艺大赛中获创作、演出双优奖；焦良济、谢东海、王景寒的化妆相声《近亲结恶果》，谢东海、王景寒创作表演的相声《迷人的广告》分别获创作奖和优秀表演奖。此后，焦良济创作的相声剧《结婚前奏曲》、单口相声《咸鸭蛋》、对口相声《打碗记》、三人相声《近亲结恶果》等，屡获省、市创作奖。

1991年，由谢东海创作，谢东海、王景寒合说的相声《配套成龙》在江苏电视台“环保相声小品电视大赛”中获二等奖。

2004年，常亮、刘俊伟创作演出的相声《一马当先》获全国“鸿佳杯”曲艺大赛优秀奖。

2006年，常亮、刘俊伟、单超、颜卫东创作表演的群口相声《淮扬美食更飘香》获江苏省首届相声小品大赛表演二等奖。

2008年，常亮、刘俊伟、单超、颜卫东的群口相声《红绿灯下》获得由中国曲艺家协会主办的全国公安系统相声小品大赛优秀奖。

第十节　报告文学　人物传记　杂文

一、报告文学

1978年以后，随着改革开放的不断深入，一批反映淮安市改革开放进程的报告文学作品陆续面世。

1984年，淮阴市文联编印出版报告文学集《春在溪头荠菜花》，收录欧维柱、袁海、夏红雯、张雷激、殷红坚、史文贵等人13篇报告文学作品。这是中华人民共和国成立后，淮阴市第一部报告文学集。此外，严东篱、张中桥的报告文学《四万牧牛图》在《中国农民报》（1984年9月27日）发表。1986年，施纯然撰写的微型报告文学《外公家的九层楼》获全国首届微型作品大赛“龙泉杯”报告文学二等奖。1989年，由周葆华主编的反映淮阴市改革开放的报告文学丛书《淮阴大浪潮》问世。

1990年，张雷激、夏国梁等人撰写的报告文学集《淮海弄潮儿》出版，该书收集17篇报告文学作品，描绘淮阴市企业家们的创业风采。同年，邱贵、戴珩创作的报告文学《砥柱歌——1990年，中国淮阴抗洪报告》在《崛起》杂志1990年第1期发表，在全市产生较好的反响。戴珩的报告文学《一个普通人的全方位摄影》获《人民教育》杂志征文二等奖。

这一时期淮阴市的报告文学作品还有：杨江淮撰写的长篇报告文学《吾爱吾乡》并列出版，在中国香港、中国台湾地区产生较大影响；张雷激编著出版报告文学集《故乡的种子》；秦永明

推出报告文学集《江花红似火》;王卫华发表报告文学《期货风云中的青春女子》《她在美国当经理》。

2000年,由龚正、胥全迎撰写的长篇报告文学《钢铁是这样炼成的》,全面介绍淮钢集团从小到大、由弱变强的全过程,讴歌创业者不畏艰难、敢闯敢试的精神风貌,获2001年中国报告文学学会主办的报告文学征文一等奖,获江苏省1993—2003十年报告文学评比三等奖。

2005年,反映淮安市交通战线的报告文学作品《谁持彩练当空舞》(龚正、吴国飞、彭蕾、相玮撰写)发表于2006年《报告文学》杂志第2期,获中国报告文学学会和《报告文学》杂志联合举办的全国首届"先锋杯"报告文学征文一等奖。

2008年,反映清河新区建设的报告文学《清河新区之路》出版发行。

二、人物传记

1978年后,淮安市的人物传记多是以淮安历史人物为题材的历史人物传记作品。主要作品有徐忠的《童年周恩来》《情抒海棠红——青年周恩来邓颖超的故事》;秦永明的纪实文学《吴承恩》《关天培的传说》《恩来童年在淮安》;徐业龙的《韩信评传》;陈民牛的长篇传记小说《梁红玉》,短篇传记小说《周恩来的童年》《吴承恩》。其中,徐忠的54万字长篇纪实文学《奔向春天——青年周恩来》于2000年由中国青年出版社出版,获江苏省"五个一工程奖"。

淮安市是革命老区,人物传记创作也包含着丰富的战争文化题材。靳全生的《在抗日的洪流中》由江苏人民出版社出版;杨希彩的《铁马雄狮》,主要描写彭雪枫、李一氓、江上青等在淮安战斗过的革命斗士。

三、杂文

二十世纪七八十年代,淮阴市较有影响的杂文作者有田林高、于兆滢、殷红坚、孙盛元、薛涛、邵振华等,作品散见于全国各地报刊、杂志上。

1990年,《江苏杂文选》(1979—1989)收录淮阴市6位杂文作者的杂文:田林高的《借景沽名法》《批评的秘密》,孙盛元的《关于"惑"与"不惑"》《"扶掖"之可敬及其他》,包一波的《说谚语、道讹传》《杂说"盲"》,余耀忠的《"口头文件"弊》,殷红坚的《分寸感与责任心》,季洪余的《说狂》《高处不胜寒》。这些杂文具有较高的质量,在省内产生较大的影响。

淮安市杂文结集出版的有田林高的《正风集》、殷红坚的《草帽集》、薛涛的《世象微言》。殷红坚的《从马泰的"尺"说开去》入选《全国青年杂文选》,《杂文报》2次介绍殷红坚从事杂文创作的事迹。薛涛的杂文《一个将军一道令》被《新华文摘》转载。

第十一节　文艺评论与理论研究

一、文艺评论和研究

1978年以后,周武彦发表《释"弓勺"》《徽义四辨——兼谈古琴"徽位"之缘起》《〈楚辞的文化〉破译对〈九歌〉的研究》等论文10多篇,出版专著《中国古代音乐考释》,周武彦于1996年被收入易人编著的《优美的旋律 飘香的歌——江苏历代音乐家(续集)》一书。朱林发表《青出于蓝 另放光彩——评宋长荣对荀派艺术的创新与发展》《新世纪戏曲流派如何发展》《试谈麒派艺

术的现代价值》等10多篇文章，出版专著《词调构成探微——兼议词作欣赏与填词》。蒋山发表《蒲松龄屈原悲剧比较论》《论格调派对音乐性的追求》《〈乐府红珊〉叙考》《淮海戏丑角艺术探微》等多篇学术论文。2007年12月，刊印《淮安戏剧年刊》。此外，沙克、胡健等人坚持对地方文艺创作进行关注批评，为宋长荣、田林高、杨秀英、戚庆隆、赵恺、姜华、靳定生、华龙宝、谢海、赵行素等具有代表性的地方作家和艺术家撰写、发表大量评论文章。张强、沙克、李相银、陈素萍、王爱军、施军、苏梅等赴以色列、马来西亚、英国、瑞典、美国等国家和地区做访学、学术交流，参加国际性文学会议。

二、文化理论研究

1978—2008年，淮安市文化工作者有500多篇论文在国家级、省级专业报刊发表。在文化部、中国群众文化学会和中国文化报社联合举办的全国文化理论成果评比中获得一、二等奖14项，获得“群星奖”2项。在江苏省理论创新工程奖评比中，淮安市文化理论研究成果连续4届获得二等奖5项、三等奖2项。在江苏省群文学会理论成果评比中，连续10届获得一等奖共计12项。多人多次代表江苏省出席全国性文化专题研讨会进行讲学和研讨，部分理论成果被各级决策部门采纳，在群文理论研究领域具有较大的影响。

第三章　群众文化

1978年至20世纪80年代末，淮阴市的群众文化步入稳步发展阶段，全市拨乱反正，正本清源，恢复“文化大革命”期间受到严重破坏的文化设施，收回被占用的设施设备，文化馆（站）工作走上正轨，逐步成为当地群众文化活动中心。1985年，淮阴市成立城乡文化工作委员会，将文化、教育、科技、卫生、体育、工会、共青团、妇联等有关部门、团体组织起来，发挥协调统筹、相互配合作用，形成“群众文化社会办”的新局面。1986年9月，淮阴市群众文化学会成立，群众文化干部理论骨干队伍的培训得到加强。至1988年年末，淮阴市建立起以县文化馆、图书馆为龙头，集镇文化中心为纽带，村文化室、文化户为基础的三级文化网络，在全市开展争创群众文化先进县活动。

20世纪90年代，全市群众文化进入快速发展阶段。1997年，淮阴市有群众文化机构177个，其中市级群众艺术馆1个、县（区）级文化馆8个、乡镇文化站168个，工作人员386人。1999年，清浦区、金湖县、盱眙县马坝镇、涟水县南集镇、洪泽县共和镇5个文化馆（站）被评为“江苏省群众文化先进集体”，12人被评为“江苏省群众文化先进个人”。

2000年后，淮安市的群众文化发展百花齐放，规模与质量齐头并进。2003年，中共淮安市委、市政府将群众文化工作列入全市重大实事工程，要求全市各乡镇（街道）财政每年按辖区人口人均不少于0.5元的标准安排基层宣传文化经费。

至2008年年末，淮安市建成市有“三馆”（图书馆、文化馆、博物馆），县有“两馆”（图书馆、文化馆），乡有“一站”（综合文化站），村有“一室”（文化室）的四级文化网络。全市有5个县（区）被评为省级“群众文化先进县”，21个乡镇（街道）被评为省级“群众文化先进乡镇（街道）”。文

博场馆，市、县（区）级图书馆、文化馆、影剧院等遍布全市。

第一节　群众文化设施

一、概况

1978年后，淮安市对文化基础设施建设的投入逐年加大，并由简陋型逐步向标志性方向转变，市区建起淮海影剧院、市群艺馆、市图书馆、市博物馆等一批标志性文化工程。下辖各县（市）城区纷纷建起图书馆、文化馆、新华书店、博物馆、纪念馆、文化中心等一批重点文化工程。乡镇文化基础设施建设也随着经济社会发展同步开展。至1989年年末，全市有各类群众艺术馆、文化馆、公办文化站上百个，每年举办各类展览、讲座、报告会、培训班等上百次，并组织开展各类文艺活动。

20世纪90年代，淮阴市的文化设施建设明显加快，整体水平提高。1997年，淮阴市文化用房建筑面积达13万平方米，是1978年的4倍多；文化网点由1978年的200多个，发展到877个。这一时期的淮阴市文化设施建设速度虽快，但农村文化中心与升级标准还有较大差距。1999年，全市乡镇有文化中心91个，文化俱乐部675个，图书室53个，文化户389个，群众业余演出团队35个。至1999年年末，全市文化设施硬件建设基本解决列入省级计划的无房、危房文化站，但由于资金短缺，许多新建设施未达到省级标准，规模普遍偏小。

2000年后，淮安市的文化基础设施建设取得显著进展。完成淮安名人馆、淮安戏曲博物馆、淮安运河楹联馆、淮扬菜博物馆、中国漕运博物馆等一批标志性文化工程，完成大运河文化广场、市博物馆、苏皖边区政府旧址纪念馆等重点文化设施新建和扩建，启动水渡口文化展示区“三馆合建”（大运河楹联馆、淮安市名人馆、淮安戏曲博物馆）项目和第四届大运河文化节“淮安运河博物馆群”建设。市内部分重点大型企业也为文化基础设施建设作出贡献。2007年11月28日，江苏利淮钢铁有限公司向淮安市慈善总会捐赠1350万元，用于发展淮安市文化教育事业，其中1250万元主要用于建设淮安市美术馆。

2006年6月7日，江苏省“农家书香”工程建设推进会暨试点“农民书屋”授牌、赠书仪式在金湖县黎城镇徐梁村举行。淮安市政府当年安排100万元“农家书屋”建设专项经费。同时，淮安市成立“农家书香”工程指导委员会，“农家书屋”工程被列入《淮安市“十一五”文化发展规划纲要》。至2006年年末，按照“政府资助建设，鼓励社会捐助，农民自我管理，市场运作发展”的要求，淮安市建成156个面积20平方米，拥有500种、1000册图书，10种报刊，50种音像制品的公益性“农家书屋”。淮阴区刘老庄乡和洪泽县高良涧镇实现村村都有“农家书屋”。2007年4月17日至9月28日，举办首届淮安市农民读书节。至2008年年末，淮安市累计建成“农家书屋”740个，实现“农家书屋”在行政村全覆盖。

2008年，淮安市文广新局完成市图书馆、文化馆、美术馆“三馆合建”项目的立项、规划和设计工作；新增县（区）“两馆”建筑面积2.1万平方米。

二、群众文化设施建设

（一）文化馆（站）

1978年后，淮阴地区的文化馆（站）工作逐步走上正轨，以文化馆（站）为主体的群众文化事

业日益兴起。

1980年，淮阴地区以集镇文化站为基础，因陋就简建设农村文化中心，集政治宣传、文化娱乐、业余教育、群众体育、园林建设等于一体，开始由“小文化”向“大文化”过渡。1981年，淮阴地区在涟水县、淮安县、金湖县等地召开现场会，推广因地制宜办好散点式、大楼式、园林式文化中心和重点文化中心。全区农村文化中心一般都有较宽敞的活动场所，较齐全的文化设施，10个以上的活动项目，初步形成业余宣传、创作、体育等队伍，并逐步发展成为文化娱乐、时政宣传、科学普及、业余教育和群众体育五位一体的综合性“大文化”阵地。同时，农村文化中心开展“以文养文”“以工养文”项目，办有小型企业和服务性商业。至1982年年末，全区文化馆（站）有工作人员532名，其中清江市文化馆有25人。1986年年末，金湖县建成17个文化中心，占乡镇总数的80%，居全市首位。

20世纪90年代，淮阴市文化馆（站）发展迅速。金湖、淮阴、涟水等县陆续建起文化馆大楼，设有书报阅读、展览、橱窗、板报、录像放映、游艺等活动项目。1996年，淮阴市有文化馆8个，其中县级文化馆6个；新建57个文化站，全市乡镇文化站新增馆舍面积5000多平方米，站房面积均达到300平方米以上，累计有文化站169个，其中8个文化站达到省二级站标准，26个文化站达到省一级站标准。1997年，全市有8个乡镇文化基础设施达到省定标准，13个乡镇解决无房、危房文化站问题，全部建起建筑面积在400平方米以上的文化活动楼。金湖县和28个乡镇分别达到省级文化先进县、乡镇标准，初步改变设施设备简陋的状况。1998年，全市文化馆公房建筑面积8319平方米，其中洪泽县文化馆建筑面积1800平方米、金湖县文化馆建筑面积1740平方米，为淮阴市仅有的2个省三级馆。

2000年，淮阴市有市群艺馆1个，县级以上文化馆8个，从业人员143人；文化站139个，从业人员105人，因“撤乡并镇”，机构数比1999年减少33个，从业人员比1999年减少59人。全市文化站藏书51.63万册，公房建筑面积5.33万平方米。2001年，淮安市实行农村文化机构改革，乡镇文化站与广播电视站合并，成立乡镇综合文化站，文化站由县管改为由乡镇管理，县级文化主管部门、文化馆负责监督考评和业务指导工作。至当年年末，全市169个文化站合并为116个文化站。2005年，淮安市有43个无房站、56个不达标站被列入省级重点扶持建设单位。

从2006年开始，乡镇文化站建设被列入全市重大工程和“农村新五件实事”，全市实施乡镇文化站标准化建设工程。市政府每年安排200万元专项资金，用以奖代补的办法对新建、改扩建的文化站各给予3万元补助，各县（区）政府也安排配套资金。至2006年年末，全市建成56个省级标准化乡镇文化站，数量居全省首位。2007年，淮安市新建并对外开放18个乡镇文化站。2008年，全市116个乡镇文化站全部通过达标验收。淮安市的文化站建筑面积500～1200平方米，功能设施齐备，一般设有图书阅览室、多功能培训室、电视演播室、少儿活动室、老年活动室、展览室、排练室等。部分文化站还建起篮球场等体育活动场所。全市1495个行政村全部建起村文化室，大部分是与“农家书屋”合并使用，不少文化室聘用专人管理，一些文化室还建有小剧场，配备文体活动设施等。淮安市文化局在督促指导乡镇文化站建设过程中，加强乡镇文化站建设与农村图书推广工程相挂钩，鼓励民营书店进驻文化站，解决农民看书难问题；注重对文化站人员业务培训。

至2008年年末，淮安市有市级文化馆1个、县（区）级文化馆8个，其中淮安市文化馆、金湖县文化馆达到国家三级文化馆标准。

（二）影剧场院

1978年后，淮阴地区各县（市）及社、镇都建立剧场、影剧院。1978年，淮阴地区仅有全民性质的剧场、影院12个，且设备陈旧、落后。1979年1月，清江市建成大型现代化的淮海影剧院。

1986年，淮阴市淮海影剧院、淮阴市人民剧场、金湖县金城影剧院、淮安县人民剧场、涟水县人民剧场等单位被评为市级文明单位。是年，淮阴市工人电影院正式开放。同年12月，延安电影院落成，1987年元旦正式投入使用。至1986年年末，淮阴市区内的清拖会堂、农垦会堂、淮机会堂、军人会堂和市体育馆等均可作演出场所。至1989年年末，淮阴市有市、县级剧场6个，即淮阴市人民剧场、淮阴县大众剧场、涟水县人民剧场、淮安县人民剧场、洪泽县洪泽湖影剧院、金湖县金城影剧院。

20世纪90年代初，淮阴市的影剧场院数量大幅增加，仅市区就拥有淮海影剧院、人民剧场、清江影都、和平电影院、淮阴立体电影院、工人电影院、延安电影院、清江电影院等，还有清江拖拉机厂会堂、农垦会堂、军人会堂和工人文化宫等，其中有一半以上是改革开放后新建的。1978年以前建成的影剧全部场、院，全部进行大规模更新改造和内部装修。1997年，淮阴市评选出首届乡镇明星剧场7家。该评选为两年一届。至1998年年末，淮阴市区有淮海影剧院、人民剧场、清江影都、和平电影院、淮阴立体电影院、工人电影院、延安电影院、清江电影院、清拖会堂、农垦会堂、淮机会堂、军人会堂和工人文化宫等室内影剧场所。此后，随着效益的不断下降，经营难以为继，淮阴市区的影剧场院纷纷停业或改做他用。2004年，淮安市区剧场、影剧院仅剩6个。此后一直保持相对稳定，仅在2007年新建清江影都。至2008年年末，淮安市区有剧场、影剧院7个。

三、主要文化设施简介

（一）淮安市文化馆

淮安市文化馆位于市区淮海北路90号，是公益性文化事业单位。该馆始建于1982年5月，时为淮阴地区群众艺术馆，核定编制10人，实有工作人员4人。因馆址未定，当时与淮阴地区文化局文化科合署办公。之后，征用淮海土产门市部院落为馆址，占地面积2400余平方米，有旧平房26间。1983年3月，改名为淮阴市群众艺术馆。1987年，市政府拨款10万元用于该馆翻建办公用房，改造7间平房作为展览厅和录像放映厅。为弥补事业经费不足，该馆还开展“以文补文”有偿服务活动，主要服务项目有录像放映等。2002年11月，该馆更名为淮安市文化馆。

至2008年年末，淮安市文化馆有在职人员24人，下设音乐、舞蹈、书法、美术、戏剧、曲艺、调研、办公室等科室和岗位。淮安市文化馆成立后，创作、辅导、演出、展示的多件（篇）作品在国家“群星奖”评奖中分别获得金奖、银奖、铜奖和优秀作品奖；多次在华东六省一市大赛中获得特等奖、一等奖，多次获得省“五星工程奖”；数百件（篇）戏剧、美术、书法、摄影、音乐、舞蹈、理论调研作品在省级以上各类大赛中获奖。小品创作、少儿舞蹈和理论调研在全省影响较大、成果突出。

（二）淮安市工人文化宫

淮安市工人文化宫始建于1952年，是淮安市总工会下属公益性事业单位，是广大职工文化、体育、娱乐的主阵地，是全市唯一的职工文化活动中心。1978年后，该文化宫陆续设置露天球场，开办离退休职工活动室、书场、投影电视厅、图书阅览室、电子游艺室，并建成工人电影院，附设舞厅、咖啡厅。1983年3月，改名为淮阴市工人文化宫。

1985—1987年，淮阴市工人文化宫成立职工业余美术、书法、摄影、乒乓球等协会，开展职工业余协会活动，多次举办世界语学习班、计划生育漫画图片展览、画展、集体舞邀请赛、少年儿童书画展览、市区书画家书画表演、职工声乐训练班、小型魔术表演、有奖灯谜、普及优生知识展览、桌球知识讲座、职工灯谜讲座等。至1989年年末，该文化宫实有职工30余人，内设办公室、行政股、文体股、电影股和服务部。

20世纪90年代，其设施逐渐老化，活动举办场次及频率逐渐减少，发展进入瓶颈期。

2000年后，市工人文化宫进行一次较大规模的重建。至2008年年末，该文化宫拥有健身舞蹈房、多功能厅、乒乓球馆、教室等，有各种文化、教学、娱乐及配套设施，同时长年举办各类文化、教育、音乐、舞蹈、书画、摄影、职工技能等培训。市工人文化宫还配合市总工会各部室工作，具体担负着全市职工文体活动的组织、指导工作，在发挥文化宫的阵地辐射作用基础上，职工文联下属职工戏曲、灯谜、集邮、书画、摄影等协会组织举办各类文化交流活动，促进全市企业文化和职工文化的广泛开展。

（三）淮安市青少年宫

1982年3月，清江市青少年宫成立，属共青团清江市委员会领导，是公益性事业单位。同年，征用市运输公司6000平方米土地作为建设青少年宫使用。1983年3月，更名为淮阴市青少年宫。自成立后，市青少年宫陆续购置钢琴、手风琴、电子琴等乐器，为市区中小学提供多种服务。聘请业余兼课老师，利用课余和节假日开办声乐、器乐、舞蹈、美术、航模等少年儿童培训班。其学员多次在全国及华东地区、省级电子琴、民乐、小航模、少年飞机设计师比赛中获得大奖，部分学员考入艺术院校。1987年4月，市青少年宫活动楼基建工程正式动工。2001年，市青少年宫被团中央、文化部授予“全国先进青少年宫”称号。2004年，被江苏省9个部门联合命名为“江苏省青少年校外教育基地”。

至2008年年末，市青少年宫拥有建筑面积1.5万平方米的教学活动场所，成为市区集艺术、文化、科技、体育于一体的青少年校外综合性教育机构，是全市从事青少年校外教育的龙头基地。市青少年宫设有培训中心、少儿艺术团、少儿棋院、艺术幼儿园等教学活动阵地，下辖4个分部，职工200多人。面向全市青少年及幼儿开设书画、器乐、舞蹈、声乐、棋类、武术、电脑、文化8大类40余种培训项目。市青少年宫成立后，累计有数千名学员在国际、全国、华东地区及省级比赛中获奖。

（四）淮安人民大会堂

淮安人民大会堂隶属于淮安市文化广电新闻出版局，属公益性自收自支事业单位，位于市区淮海北路80号。前身为淮海影剧院，1977年破土动工，1979年1月建成，总投资151万元，建筑面积4100平方米，座位1700个，为淮阴地区第一家双层看台影剧院。淮海影剧院是当时淮阴地区设施最好，配套较齐全的营业性影剧映演场所，全地区重要会议均在此召开。淮海影剧院于1984年7月购进全套自动化水平较高的松花江牌5505型35毫米座机，还音系统采用组合式高低音喇叭等。1986年，安装冷气设备。后经过多次翻建成为淮安市的标志性建筑之一，占地面积1.13万平方米，建筑面积近7000平方米。2002年11月，更名为淮安人民大会堂。至2008年年末，仍是全市唯一集会议、演出、电影放映和展览为一体的大型活动场所、市民的文化活动中心。

（五）人民剧场

人民剧场前身为民众小戏院，位于清江市六字巷，1952年由群众集资兴建。草木结构，400余个座位，使用旧船板和毛竹片制成的长凳。演出时用汽油灯照明，设备简陋。1953年，市政府拨款重建，砖瓦结构，平房，改称为人民剧场。1955年，因剧场邻近的工厂扩建，市政府拨款将剧场移建于北门桥北首原永宁戏院旧址。是年3月动工，次年6月落成。1960年前后，曾一度改名为人民大会堂。1977年后兼放映电影。1980年后，戏曲演出上座率逐年下降，收入不断减少。人民剧场开展综合经营，增加收入。1986年，人民剧场演出519场次，观众超52万人次，收入近20万元，在全市名列第一，被评为全市剧场先进单位。1986年10月，淮剧表演艺术家筱文艳、何叫天率上海市淮剧团到人民剧场合演出《铡美案》，向观众作告别演出。1987年，人民剧场为区级全

民所有制性质事业单位，有职工23人，座位1020个，演映数为660场次（其中戏剧演出302场次、电影放映358场次），观众24.6万人次（其中戏剧观众18.9万人次、电影观众5.7万人次），业务及其他收入24.99万元（其中戏剧演出收入4.38万元、电影放映收入0.76万元）。

1997年，人民剧场自筹资金将演出大厅改为集戏剧演出、歌舞表演、影视放映、溜冰为一体的多功能厅。2000年兴建综合楼。2008年，因影演市场不景气，人民剧场的戏剧演出、电影放映场次锐减。

第二节　群众文化活动

1978年后，淮安市的群众文化活动逐步走上正轨，各种各样的群众性文化娱乐活动蓬勃兴起。全市民办文化站、乡镇文化中心、农村俱乐部纷纷建立，并成立数十个文学艺术社团。全市各地经常举办电影周、文艺会演、歌咏比赛，还举行灯会、诗歌朗诵会、灯谜会、笔会、文艺作品研讨会、书展、书画摄影展览等活动，并收集整理出版民间音乐、歌舞、说唱文学、故事传说等。在“文化大革命”中少见的传统文化娱乐活动，如淮海锣鼓、琴书、渔鼓、秧田锣鼓、花鼓、花灯、龙灯、花船、花车、花担、高跷、跑驴、莲花落等群众喜闻乐见的文艺表演形式，重新出现在群众活动中。卡拉OK也进入大大小小的酒店、旅馆和寻常百姓家。在农村，还经常可以看到专业演出单位的送戏下乡演出活动。同时，专业文艺工作者的创作积极性持续高涨，传统剧目和地方剧种空前繁荣。1978—2008年，淮安市累计举办大中型文化活动400多场次，尤其是市区文化活动更为活跃。

1978年，清江市文化馆举办展览6次，其中宣传新时期总任务和新宪法的展览在郊区各公社巡回展出。是年6月，淮阴地区举行“小红花”文艺会演。1979年，清江市文化馆举办“工业学大庆”图片展、市美术摄影展、书法印章作品展、法制教育等展览11个。1979年10月，淮阴地区举行庆祝中华人民共和国成立30周年群众业余文艺调演。

20世纪80年代，淮阴市的群艺馆、文化馆、文化中心（站）经常举行各种群众业余文艺会演，有民间舞蹈、故事、小品等大赛和小戏会演、电影歌曲大奖赛等。1980年6月，淮阴地区举行曲艺会演。参演的曲种有7个，曲艺人52人，演出节目27个，有11个节目获创作奖，8个节目获演出奖。同年10月，淮阴地区举行专业剧团创作剧目调演。1981年5月23—24日，清江市文化馆举行全市群众性歌咏比赛，有近千名选手参赛。来自中国台湾的汪宪章夫妇演唱台湾民歌《高山青》，引起轰动。同年7月，淮阴地区举行专业剧团青年演员会演。同年11月，淮阴地区举行专业剧团创作剧目调演。1982年，淮阴地区举行群众业余文艺调演；清江市文化馆举办展览9次，其中第一次幼儿画展展出作品120件，首届集邮展览展出巫宝林珍藏的古今中外邮票5500多枚，影响较大。1983年3月，淮阴市群艺馆举办“五讲四美三热爱”书法印章展览。是年6月，清浦区文化馆与市工人文化宫联办少年儿童书画展览。是年9月，淮阴市举行专业剧团青年演员新剧目调演。参加调演的有16个专业剧团，演出淮海戏、淮剧、黄梅戏、京剧、泗州戏及杂技等。1985年1月4—9日，淮阴市文化局、文联、剧协联合举行专业剧团新剧目调演。1986年，淮阴市群艺馆举办首届农民画展览；清河区文化馆举办“优生优育”展览，观众达4万多人次。1986年上半年，淮阴市举行民歌民舞调演，演出节目38个，有3个节目赴省参加调演。同年7月，淮阴市总工会举行首届职工业余文艺调演，演出3台59个节目，评出优秀创作奖7个、优秀演出奖15个；9月，淮

阴市举行市首届电影歌曲大奖赛。至1989年年末，全市有60%以上的农村建立起俱乐部，群众文化活动更为普及。

20世纪90年代，淮阴市的群众文化活动愈发频繁，形式多样。规模较大的文化活动有“纪念党的十一届三中全会20周年文艺演出”“庆祝建国50周年文艺调演”“文化三下乡”“文化六进”（进农村、进社区、进军营、进工厂、进学校、进工地）等。1994年，仅市直文化系统就举办活动31次，文艺演出275场次，演出节目600多个。1996年开始，淮阴市每年举办一届全市群众文化新作调演活动。配合全国非物质文化遗产保护日活动，每年举办一次全市非物质文化遗产展演展示活动。围绕春节、中秋节、国庆节等重大节日举办各种类型文化活动。主要活动形式有民间文艺演出、文体竞赛、书画图片展览、报告会等。还根据群众文化需求举办专题文化活动，主要是举办戏曲演唱、大型歌咏演唱、诗歌朗诵会、音乐会、读书报告会、少儿音乐舞蹈大赛、老年文化活动展演等。1997年5月，市文化局与市教委、广电、民政等部门联办全市首届残疾人文艺会演。来自8个县（市、区）及市直单位的9个代表队、100余名残疾人演员参加。同年6月，市文联联合市作协、《崛起》杂志社、市音乐舞蹈家协会等举办3场“十万市民迎回归，广场文艺宣传月”大型文艺活动。参与演出的艺术家和演职人员400余人，观众超过10万人次。

1998年，市文联组织书法家、美术家、摄影家170余人，创作缅怀、歌颂总理和反映总理家乡巨大变化的书法、美术、摄影作品170幅，并在北京劳动人民文化宫举办“故乡情——纪念周恩来同志诞辰100周年书法、美术、摄影展”。是年2月28日，为纪念周恩来诞辰100周年，中共江苏省委、省政府、广播电视部、中央电视台联合在淮安周恩来纪念馆广场举办大型文艺演出“百年丰碑”——纪念周恩来诞辰100周年“心连心”大型文艺演出。中央电视台“心连心”艺术团、江苏省歌舞剧院和淮安市业余合唱团的1700多名演员参与文艺演出。同年3月4日，由中共淮安市委、市政府主办，中共淮安市委宣传部、市文化局、市广电局承办大型文艺晚会“故乡的思念”。1998年10月9—16日，举办“我们走在大路上”“希望的田野”“迈向新世纪”3场主题广场文艺晚会，共编排各类文艺节目200余个。

1999年，淮阴市举办“放歌50年”淮阴市第三届广场文化节，由“金秋十月”大型广场综合文艺晚会、“祝您生日快乐”金湖娃艺术团少儿舞蹈专场文艺晚会、“新亚杯”迎国庆少儿书画大赛组成。是年9月，淮阴市文化局承办全市第一届文化艺术节，举办群文新作文艺调演，戏剧展演，淮阴市农民画精品展，庆祝中华人民共和国成立50年歌咏大赛，辉煌50年——美术、书法、摄影展，大型国庆文艺晚会等一系列大型文化艺术活动。

2000年之后，淮安市把经常性、小型多样的文化活动与定期举办大中型群众文化活动结合起来，推动社区文化、广场文化、企业文化、乡村文化、校园文化、家庭文化的发展。重大节假日期间，淮安市各级文化部门采取集中与分散相结合的办法组织开展街头演出、文艺会演、图片展览及各种自娱自乐的文化活动。2000年，淮阴市文化局组织近百名文艺骨干，编排农民喜闻乐见的文艺节目，送戏到40个乡镇，演出100多场次，观众超过10万人次。各县（区）文化局也相应组织送戏下乡活动。是年5月，淮阴市文化局举办“盛明电脑杯”全市首届推新人文艺大赛，600多名文艺爱好者参加。2001年4月，淮安市文联和市电视台联合举办全国推新人大赛淮安赛区比赛活动。大赛分为青年组和少儿组，比赛科目涉及舞蹈、音乐、模特、书法、美术、朗诵、器乐等艺术门类，有400余名选手参赛。是年6月，中共淮安市委宣传部、市文联、市文化局联合举办“江山多娇——淮安市庆祝建党80周年”书法、美术、摄影展。同年10月，市文联组织书法、美术、摄影、民间工艺等50件优秀作品，赴江苏省美术馆参加省社区艺术节综艺展，有14件作品获优秀作品奖。2002年，淮安市首次组织开展“特色文化之乡、特色文化团队、特色文化家庭、特色文化明

星”创评活动。南闸等5个乡镇被命名为“特色文化之乡”，金湖娃艺术团等13个文化团队被命名为“特色文化团队”，袁志西等18个家庭被命名为“特色文化家庭”，顾瑾等23人被命名为“特色文化明星”。同年7月，由中国家庭文化研究会、中国艺术科技研究所、中国文化艺术发展促进会、全国书画等级考核委员会共同主办的“新世纪首届中国家庭·妇女·儿童书画评展周”获奖作品在市博物馆展出，展出300多幅书画作品。

图31-7　群众文化活动（2007年）　　市文广局　供

图31-8　春节期间民间文艺表演（2008年）　　市文广局　供

从2003年开始，淮安市开展优秀业余文艺团队创评活动，并以此带动社区文化、企业文化、校园文化、家庭文化、军营文化的发展。淮钢艺术团、九洲艺术团、金湖娃艺术团、涟水舞狮队、金湖舞龙队、楚州高跷队、淮阴花船队等一批颇具实力和水平的业余团队在淮扬菜美食文化节开幕式演出、广场演出和民间文体大巡游中崭露头角。2003年9月27日至10月6日，淮安市在市区大运河广场、黄河广场和城南体育场共组织31台、52场大型广场群众文艺演出，参演单位220多个，参演节目423个，参演人数1.21万人，工作人员近1000人，现场观众达30万人次。2004年，组织全市少儿卡拉OK演唱比赛、庆“七一”市级机关卡拉OK歌曲戏曲大赛、全市“廉政之光”文艺调演和全市群众文艺新作调演活动。2005年，举办全市农民文艺调演，并组织艺术团赴苏州、张家港等地建筑工地，为淮安籍民工进行慰问演出。同年6—9月，淮安市文化局、教育局联合举办首届少儿艺术节，全市近3000名少儿参加。2007年，全市组织送戏下乡1077场次，送书到乡村14万余册，送电影到乡村（社区）1.8万场次。2008年3月，市委宣传部、市文化局、市文联联合举办纪念周恩来诞辰110周年“一品梅”诗歌朗诵会。是年，全市组织以“文化进万家，和谐你我他”赴乡村巡回演出为主题的送戏下乡演出719场次，送书下乡30余万册。

至2008年年末，淮安市举办的“文化进农家，和谐你我他”“高雅艺术进校园”等主题文化活动深受百姓喜爱，累计举办群众性大型广场文艺演出200多场次。淮安市以北京新村小区为代表的社区文化，南闸民歌为代表的乡村文化，淮阴中学为代表的校园文化，淮钢艺术团为代表的企业文化，市图书馆为代表的大众讲座论坛等群众性文化活动蓬勃开展。

第三节 民间文化

淮安市民间文化资源丰富，可分为文学、戏剧、音乐、舞蹈、曲艺、杂技、工艺美术7个门类60余个品种。其中，舞蹈类品种最多，占总数的三分之一，其次为工艺美术类。全市民间艺术资源创作流传的时间跨度较大，流传区域多为乡镇和村落。部分品种被挖掘、整理、恢复，部分品种得到培育创新、发扬光大，少部分品种自生自灭、濒临灭绝。淮安市有一批民间文化团队，类型可分为市场经营型文化团队和自娱自乐型文化团队。全市有经营性文化团队超过50个，主要经营项目是地方戏剧、曲艺、杂技等。全市有71支能够经常化活动的自娱自乐型民间文化团队，主要活动内容有地方戏剧、曲艺、传统游艺、书画、文体活动等。其在业余自愿、自娱自乐、共建共享的思想指导下，逐步发展成为参与全市公共文化服务的重要社会性文化力量。

1979年，淮阴地区文化局对全区民族民间音乐进行收集整理，从采集到的近1000首民歌中选择较有特点和广泛流传的260首，汇编成《淮阴地区民歌集》。

1980年，淮阴地区文化局发动各县文化馆搜集民间故事作品，编成《民间故事选》。淮安县搜集整理成册民间文学资料10万字，搜集民间说唱《青蛇传》70万字；金湖县搜集100余万字僮子戏资料及长篇大忏《刘全进瓜》。

1983年，江苏人民出版社出版民间故事集《吴承恩的传说》，内载淮安县文联陈民牛、姜威、蔡铁鹰等人搜集整理的传说故事26篇。金湖县文化馆编印《金湖民间故事选》。

1983—1986年，淮阴市文化局组织舞蹈工作者进行民间舞蹈收集整理工作，对《扑舞》《抬判》《花棍》等10多个民间舞蹈进行整理、记录、绘图、拍照等工作，为编纂《中国民族民间舞蹈集成（江苏卷）》提供资料。

1986年9月，淮阴市、县（区）、乡镇先后成立民间文学三套集成（《中国民间故事集成》《中国歌谣集成》《中国谚语集成》）领导小组，开展采编工作，举办采编培训班。淮阴市各级文化馆进行业务辅导，定期出刊《采风情况》，编印采编辅导材料，交流经验，工作全面展开。

从1987年起，淮阴市文化局和各县（市、区）文化局都成立民间文学集成编委会，开始大规模的民间文学收集整理工作。至1987年年末，金湖县、县级淮安市、涟水县等地率先编印出县（市）卷资料本。在此基础上，全市集中编选，由徐省生主编、周佳虎审稿，编印《中国民间文学集成·淮阴市卷》。该书150万字，分为上、下册，上册为《神话·传说》，下册为《故事·歌谣·谚语》。

从20世纪90年代开始，淮阴市调动发挥民间老艺人积极性，挖掘、整理民间文化，对民间文化进行整理、保护、传承与创新。开展淮阴特色文化资源普查，摸清淮阴特色文化和民间工艺家底，编辑出版《淮安特色文化》丛书，对全市民间文化进行全面深入的介绍。1990年，市直单位汪绣琳、史丙宏的绢塑画《金陵十二钗》，清河区陶兰凯的风筝“双燕”“蝴蝶”、万勤小的泥塑《西游记人物》，县级淮安市金树铭的剪纸《淮安名胜》《鞋花》、韩宏娣的糖纸贴画、余道亮的小泥塑《阿凡提》，金湖县纪费芝的《水漫金山》《八仙图》、丁永生的绣品《全福枕套》，涟水县徐加兰的剪纸《团花图柔》，洪泽县杨雅洪的柳编小工艺品，盱眙县赵德林的竹雕《民族头饰》获江苏省文化厅授予的“江苏省首届民间美术博览会优秀创作奖”。有“杂技之乡”之称的县级淮安市仇桥乡，拥有26支杂技表演团体，从业人员达1000多人，年演出超过1万场次。杂技表演成为当地经济和文化的支柱性产业。1998年10月，仇桥乡被江苏省文化厅命名为“江苏省民间艺术之乡”。

2000年以后，淮安市不少地方还开展"乡有品牌、村有特色"的群众文化建设活动。金湖秧歌、南闸民歌、洪泽渔鼓、涟水县的淮海锣鼓、淮阴区的马灯舞、楚州区的十番锣鼓等成为特色文化名牌。2002年，淮安市作者创作的农民画、蛋雕、剪纸、漆画、结艺、绢塑画、圆珠笔画等22件作品入选首届江苏·中国民间艺术节民间艺术展。

2003年，楚州区的十番锣鼓、泾口高跷、南闸民歌，涟水县的淮海琴书，金湖县的闵桥秧歌，洪泽县的洪泽渔鼓舞等一批地域特色鲜明的民间表演艺术，首次从乡村走进城市，集中在2003年中国·淮安淮扬菜美食文化节闭幕式的"民歌·民舞·民乐专场演出"中登台亮相。是年9月24日至10月8日，淮安市举办首届民间艺术节，举办民间工艺品展览，展出顾瑾的结艺、缪士兵的圆珠笔画、汪秀琳的绢绣画、陆功勋的彩膜剪纸、周兰英的剪纸等450余件作品。此外，还举办民间工艺品现场演示，邀请民间工艺美术作者进行木雕、圆珠笔画、蛋雕、剪纸、撕纸画、草编工艺、烙画、九连环等现场制作技艺展示。

2004年，市文化局在全市范围内开展民族民间文化普查工作。陆功勋的彩膜剪纸、顾瑾的中国结、季云华的瓷雕、吴小琦的蛋雕和葫芦雕在江苏省第二届社区艺术节综合艺术展上获优秀作品奖。金湖秧歌被列入江苏民族民间文化保护工程第一批试点名单。

2005年，淮安市全面启动民族民间文化保护工程，开展资源普查，整理档案资料，编制名录。2005年后，淮安市出版《运河之都——淮安故事》《淮扬菜的传说》等一批民间文学书籍。

2006年9月，第二届淮安市民间艺术节开幕式在大运河文化广场举行，现场举办文艺演出、民间工艺品展示和手工技艺现场演示活动。2007年9月8日，市文联与淮安市民间文艺家协会举行"十佳民间工艺美术家"授牌仪式暨民间工艺展，授予潘宇等10位民间艺术工作者"十佳民间工艺美术家"称号。2007年，季云华的瓷刻影雕《孙中山》获首届东方工艺美术之都博览会"迎春花"奖。2008年，季云华的瓷雕作品《沉思中的周恩来》参加在北京举办的中国民间工艺博览会，获中国民间文艺家协会颁发的金奖证书。

至2008年年末，淮安市被中华诗词学会授名为"全国诗词之市"，盱眙县、楚州区博里镇被中华诗词学会授予"中华诗词之乡"称号，楚州区被中国书法家协会授予"中国书法之乡"称号，楚州区博里镇被文化部命名为首批"中国现代民间绘画画乡"，涟水县被中国民间文艺家协会命名为"中国淮海锣鼓之乡""中国淮海琴书之乡"，金湖县被中国民间文艺家协会授名为"中国荷文化之乡""中国荷文化传承基地"。全市有民间艺术之乡、特色文化乡镇、特色文化团体以及文化户、文化作坊、经营联合体、特色文化传承人1800多个（名）。全市的特色文化品类包括地方戏、曲艺、歌舞、音乐、美术、书画、民间工艺、手工制作、民间体育、菜肴流派10大类160多个项目。

第四章　文化交流

1978年以后，淮安市文化交流逐步开展起来，多层次、多渠道、多形式的文化交流活动日趋活跃，尤其注重加强同中国香港、中国澳门、中国台湾地区的文化交流与合作。国内文化交流覆盖面广且频率较高。区域性大型文化艺术交流活动逐渐成为淮安市扩大外界影响的重要载体。至2008年年末，淮安市与120个国家及地区进行友好交流，并同国内480个文化演艺机构签订600

个文化交流执行计划。

第一节 国际文化交流

1978年至20世纪80年代末，淮阴市的国际文化交流主要以官方性质为主，且影响较小。

1984年，戚庆隆书法作品赴日本展出，被编入《中国书家——五十家作品集》。1985年9月，法国蓬皮杜艺术中心到淮阴市拍摄宋长荣舞台艺术，并在法国播放。同年，法国国家教育部、国际音协发函邀请宋长荣率团赴法国参加巴黎第一届国际艺术节。

1987年4月，日本著名考古学家、东京大学名誉教授江上扳夫一行，考察"青莲岗文化遗址"，参观淮安县博物馆。1988年3月，诗人赵恺应邀随中国作家代表团在菲律宾首都马尼拉进行为期2周的文化访问，为当地学生举行2次诗歌朗诵会，并在《菲华时报》《世界日报》发表《母亲》等诗歌作品。

20世纪90年代，淮阴市国际文化交流日趋活跃。1990年10月，市文联承办"纪念周恩来中日书法、美术、摄影艺术作品展"，中国人民对外友好协会副会长刘庚寅，日本关西日中朋友会会长、访华团团长原田亲义出席开幕式。此次作品展展出中日友协领导、日本艺术家及淮阴市艺术家创作的作品200余幅。1997年，淮阴市接待国外芭蕾舞团、摇滚乐团2个。1999年，赵恺、王从安出访西欧国家，与当地作家、学者进行交流。

2000年8月，著名京剧表演艺术家宋长荣应加拿大小梨园协会邀请，赴多伦多、渥太华、蒙特利尔等地的大学和文艺中心进行京剧艺术讲学及表演。2001年，淮海影剧院接待俄罗斯远东歌舞团、巴西歌舞团等演出团体。

2002年，哈萨克斯坦和吉尔吉斯斯坦联合歌舞团在淮安人民大会堂举行演出。同年4月，楚州区博物馆收藏的明代王镇墓出土的《萱花图》《米氏云山图》赴日本东京国立博物馆展出。此外，楚州区博物馆馆藏国家一级文物元代青瓷牡丹纹盖罐到美国芝加哥市等各大城市巡展。同年11月，宋长荣一行应加拿大小梨园协会邀请，赴多伦多、蒙特利尔、爱明顿、温哥华、渥太华举办京剧专场演出，加拿大小梨园协会会长刘伟亮正式向宋长荣拜师。

2004年5月，应加拿大小梨园协会邀请，宋长荣赴加拿大参加小梨园成立10周年纪念庆贺演出等文化交流活动。该活动在多伦多、蒙特利尔、爱明顿、温哥华及渥太华5个城市举行，历时20天。同年8月4日，以始良郡日中友好协会会长山下繁之郎为团长的日本九州地区民间艺术团体近百人到淮安市，在淮海影剧院与淮安市共同举办"中国淮安·日本九州友好文艺大联欢"活动。省淮海剧团、市京剧团、市淮剧团等单位的演员们和日本九州地区民间艺术团成员分别表演文艺节目。

2005年4月，宋长荣赴美国俄亥俄大学舞蹈学校进行京剧艺术示范讨论及演出交流。2006年4月，宋长荣应美国齐淑芳京剧团邀请，参加美国第六届中国京剧节演出。林肯艺术中心、纽约文化局为宋长荣颁发亚洲杰出艺术家"终身艺术成就奖"。同年6月，宋长荣、姚中文应加拿大—亚洲舞蹈协会邀请，赴加拿大多伦多Harbourfront中心剧院参加加拿大—亚洲舞蹈节演出，进行文化艺术交流。

2008年，赵恺随中国作家代表团出访以色列，参加第九届尼桑国际诗歌节，获诗歌节组委会颁发的特殊贡献奖。同年10月，淮安市组织京剧《扁担谣》、淮海戏《老县长的第二春天》赴南京

参加第31届世界戏剧节展演，获得剧目创新奖。

第二节　国内文化交流

1978年10月，江苏省淮海剧团参加省地区文艺团体创作剧目会演。1979年1月，“故乡人民怀念周总理美术、摄影、书法展览”在江苏省美术馆举行。同年，淮阴地区京剧团赴南京、常州、苏州、上海等地演出，反响热烈。

1980年，江苏省淮海剧团创作的现代戏《生死怨》《十里香》参加江苏省戏曲现代化观摩演出。其中《生死怨》获演出一等奖、剧本二等奖、表演一等奖；《十里香》获剧本二等奖，并获文化部现代小戏创作奖和由中国戏剧家协会主办的“全国优秀剧本奖”。1980年下半年，淮阴地区京剧团北上徐州、济南、天津、北京演出，并进入中南海演出《红娘》。1982年，江苏省淮海剧团的《十里香》被中央电视台录像播放。

1984年11月，江苏省淮海剧团赴上海演出现代戏《儿女情》和《皮秀英四告》《三拜堂》等剧目。《儿女情》获江苏省第三届戏剧百花奖优秀导演奖、优秀演出奖、优秀表演奖和江苏省庆祝中华人民共和国成立35周年戏剧调演优秀剧本奖等奖项，并参加中国戏曲现代戏研究会年会演出活动。同月，应香港联艺娱乐公司的邀请，淮阴市京剧团宋长荣等一行58人赴香港，与甘肃省兰州市青年京剧团裘派坤角齐啸云联袂演出8场，宋长荣主演的《红娘》备受赞赏。香港16家报纸发表有关演出的消息、评论共115篇，照片80余幅，反响很大，引起轰动。

1986年，省淮海剧团在徐州市参加四省市首届柳琴、泗州、淮海戏剧节，《乌江悲歌》剧组获演出、优秀表演、剧本、导演、伴奏、音乐、舞美设计等全部19个奖项。同年2—4月，宋长荣率淮阴市京剧团60余人，巡回演出于北京、天津各大剧场，在当地掀起一股京剧荀派热。淮阴市京剧团在民族文化宫和中南海分别演出《红娘》和《霍小玉》，中央电视台拍摄《霍小玉》戏剧艺术片。同年11月，在江苏省首届淮剧节会演中，淮阴市淮剧团演出大型现代戏《情与法》，获得导演、演出一等奖和剧本、舞美、音乐、武戏等12个奖项。同年，在全省新剧目观摩演出中，江苏省淮海剧团的《果园风情》获优秀剧本奖、优秀演出奖、优秀表演奖等13个奖项，是全省3个“双优奖”获得者之一。江苏省淮海剧团分2个演出队分别带《芙蓉花仙》《皮秀英四告》等戏，赴盐城市及涟水县、沭阳县一带演出。

1987年1月，淮阴市文联在北京市中国美术馆举办摄影、绘画、书法展览，展出作品150件。1988年5月，应江苏省京剧院邀请，宋长荣、江其虎等部分演职人员赴香港演出。1989年，江苏省淮海剧团的现代戏《骆马湖传奇》获江苏省新剧目观摩演出优秀奖；《白马吟》参加在山东省枣庄市举办的第二届苏鲁豫皖泗州、柳琴、淮海戏剧节，获集体表演奖等9个奖项。

1990年8月，县级淮安市在江苏省美术馆举办博里乡农民画展。同年9月，“海峡两岸淮阴乡亲书画展”在市区城南公园展出。1992年5月，国际摄影艺术大师、台湾摄影学会理事长郎静山百龄百幅摄影作品展在市区清晏园举行。

1993年10月，市文联与市委农工部联合举行“名酒之乡”国际书画大奖赛颁奖大会，此次大赛评出一等奖6名、二等奖40名、三等奖120名。全国获奖者云集淮阴，开展交流活动，在海内外产生较大的影响。1994年，江苏省淮海剧团创作编排的现代淮海戏《小镇风流》在第三届苏鲁豫皖泗州、柳琴、淮海戏剧节上获优秀创作、优秀演出等11个奖项。

1995年6月，由宋长荣领衔的市京剧团与省京剧院联合组成江苏省京剧艺术团赴台湾演出，开淮阴市与中国台湾地区文化交流的先河。同年10月，宋长荣应台湾中华国剧协会和魏海敏京剧艺术文教基金会邀请，参加由文化部港澳台办组织的祖国京剧艺术家演出团，赴台湾演出访问。同年12月，在江苏省首届淮海戏剧节上，由廖寿儒导演、杨秀英主演的古装戏《节妇吟》，获得优秀剧目、优秀表演、优秀导演等14个奖项，现代淮海戏《小镇有口甜水井》获得优秀剧目、优秀表演、优秀音乐设计等奖项。鉴于著名淮海戏表演艺术家杨秀英对淮海戏作出的贡献，组委会授予杨秀英"特别贡献"奖。1995年，市淮剧团创作排演的大型现代淮剧《高原雪魂——孔繁森》在全市巡回演出300多场次。

1996年，淮阴市文联、常州市文联、淮阴市书法家协会、常州市书法家协会联合举办"常州·淮阴书法交流展"。1997年6月，市淮剧团排演的大型新编历史剧《充军行》获江苏省第二届戏剧节优秀演出奖、优秀导演奖、优秀表演奖等9项12个奖。是年，淮阴市接待国内名人领衔演出团体7个，其中省级演出团体3个、高级演出团体4个。

1998年，在江苏省第三届淮剧节上，市淮剧团的《高原雪魂——孔繁森》，获得优秀剧目奖和优秀导演、优秀表演等8个奖项。市淮剧团排演的《蓝盾情》获得优秀表演奖、剧目奖等5个奖项。同年12月，省淮海剧团演出的《豆腐宴》在江苏省第二届淮海戏艺术节上获得优秀剧目奖。是年，淮阴市接待外地演出团体50多个，演出1600多场次，演出收入10万元。赵恺随大陆诗人访问团赴台湾交流。

1999年7月，台湾中国艺术协会和淮阴画院联合举办"海峡两岸中国水墨画联展"，展出台湾和淮阴市画家作品各50幅，这是淮阴市与台湾在绘画领域首次合作与交流。1999年，《豆腐宴》作为淮阴市唯一参赛剧目参加江苏省第三届戏剧节，获得优秀剧目奖和9个单项奖。

2000年，淮阴市接待市外文艺团体50多个，其中省级以上文艺团体7个，组台5场次，赴外地演出60多场次。2001年，市京剧团、市淮剧团、盱眙县黄梅戏剧团等专业剧团分别赴上海、浙江、安徽等地演出。全市接待市外文艺团体34个，其中省级以上文艺团体7个，赴外地演出200多场次。同年，山东省曲阜市、河南省书画研究院的书画家到淮阴市举办书画展，展出近200幅作品。同年，在第四届江苏省民族器乐比赛中，省淮海剧团张志刚获竹笛演奏金奖，市京剧团贾玉龙获唢呐演奏银奖，省淮海剧团任斌获唢呐演奏铜奖。市京剧团、市淮剧团、淮阴区文工团、盱眙县黄梅剧团等市、县（区）剧团开拓上海、浙江、安徽等演出市场，演出1000余场次。市京剧团演员刘小荣参加全国京剧优秀青年演员评比展演，获得三等奖。

2002年，省淮剧团创作排演的淮海戏《非常母女》，在全省巡回演出224场次。涟水县淮剧团创作演出的《恩娶义嫁》、市淮剧团创作演出的《庄家少爷》、市淮剧二团的《梦窦娥》在第四届江苏省淮剧节上分别获得优秀剧目奖、优秀演出奖等多个奖项。小戏《葫芦架下》《月季花香》分别在江苏省首届农民艺术节上获得二、三等奖。是年5月，楚州区博物馆收藏的国家一级文物元代青瓷牡丹纹盖罐，在北京中华世纪坛江苏文化艺术精品展上亮相。同月，市文联与市文化局、清河画院在市博物馆举办"运河情缘——淮安·通州（北京）书法家作品联展"，展出淮安、通州书法家作品100幅。同年7月，淮安市文化艺术学校京剧专业学生郭晓婕在第六届中国少儿戏曲小梅花大赛中获金奖。

2003年3月，为纪念周恩来诞辰105周年，中共淮安市委、淮安市人民政府、扬子晚报社在南京梅园新村纪念馆联合举办"一品梅之春"咏梅笔会，出席活动的省内著名书画家和淮安市书画家现场创作书画作品近60幅，分别赠送给周恩来纪念地收藏。同年，大型现代淮海戏《临时爸爸》在第四届江苏省戏剧节上获优秀剧目奖、导演奖、优秀伴奏奖等8项12个大奖。市淮剧团创

作编排的大型音乐舞蹈诗剧《开国总理周恩来》在全国巡回演出。小戏《赶集》在中国滨州·博兴国际小戏艺术节上获得金奖。

2004年，京剧《闪闪的红星》作为江苏省唯一代表参加在上海举办的第四届中国京剧艺术节，获儿童题材京剧特等奖。淮海戏《永恒的彩霞》在上海、广东、福建等省、市巡回演出100多场次。小戏《借靴》在“中国滨州·博兴国际小戏艺术节”上获金奖。同年，淮安市承办“运河情缘——苏常淮扬书画精品展”，展出运河沿线苏州、淮安、常州、扬州的书画名家作品140幅，并出版画册。

2005年5月，首届江苏省小儿戏曲“小梅花”大赛在淮安市举行，淮安市4名选手获得“金花状元”称号。同年8月，淮安文化艺术学校学生刘诗云在第九届中国少儿戏曲“小梅花”大赛中，以一曲淮海高胡《泛风光》获得“金花”称号。同年10月，章农书画展在省美术馆展出。是年，淮海戏《豆腐宴》参加第九届中国戏剧节获得优秀剧目入选奖。淮海戏《临时爸爸》参加由文化部主办的全国儿童戏剧展演，获得剧目奖。淮剧《吴承恩》在第五届江苏省淮剧节上获得优秀剧目一等奖及优秀编剧、优秀导演等多项大奖。

2006年，省长荣京剧院的京剧《红娘》在南京紫金大戏院演出，中央电视台《空中剧院》节目现场直播。是年10月，由江苏省文化厅、淮安市政府主办的赵梅林书画艺术展在江苏省美术馆举行，展出画作100余幅。同年11月，“周总理故乡一枝梅”——章农书画展在北京国家博物馆展出，展出花卉、山水、书法精品99幅。2007年，淮剧《吴承恩》、新编淮海戏《皮秀英》获得第五届江苏省戏剧节优秀剧目一等奖。淮海戏《皮秀英》在“中国·枣庄柳琴戏艺术节”上，获得非物质文化遗产保护金奖优秀剧目奖。在第三届中国戏曲红梅荟萃大奖赛上，江苏省长荣京剧院青年演员贾玉龙独奏唢呐名曲《一枝花》，获得中国戏曲红梅金花奖，成为江苏省器乐类唯一获得的金奖。2007年10月，由江苏省文化厅和淮安市人民政府联合主办，淮安市文化局和淮安书画院承办的“笔墨寄声·淮海情缘”——“黄河驾校杯”苏北五市书画院作品联展在淮安市博物馆举行。参展的130余幅书画作品全部来自苏北地区五市书画院专兼职画师，代表苏北地区书画创作的整体实力和专业水准，此为首次举办苏北五市书画院联展。

2008年，中共淮安市委宣传部、洪泽县人民政府、中国摄影家协会联合主办，淮安市文联、淮安市摄影家协会承办的“美丽清纯洪泽湖”专题摄影展开展。该次摄影展收到参评作品6000余幅，评出获奖作品200幅，部分获奖作品赴山西参加平遥国际摄影节。同年6—10月，“运河情缘百家翰墨——淮安·京杭运河沿线城市书画作品联展”在淮安市举行。此次展览由江苏省美术家协会、江苏省书法家协会、淮安市文广新局主办，邀请运河沿线18个城市的书画家沿运河采风写生，创作反映运河沿线风土人情、历史名胜、当代新貌等题材的百米长卷。其中，50米赠送联合国科教文组织，50米留存于淮安市美术馆。同年7月31日，淮安市青年画家曾川中国画展在澳门科教文中心展厅举行。该次画展由澳门基金会和深圳市人民政府外事侨务办公室主办，展出曾川中国画作品40余幅。

应文化部中国非物质文化遗产保护中心邀请，2008年6月，市文广新局组织省淮海剧团赴北京参加“人文奥运·2008中国非物质文化遗产展演”，在北京民族文化宫演出大型古装淮海戏《皮秀英》及《借靴》《催租》《骂鸡》等小戏组成的折子戏专场。同年9月，省淮海剧团淮海小戏《回娘家》在第五届“中国滨州·博兴国际小戏艺术节”中，获得最佳推荐剧目奖、最佳演员奖、优秀导演奖、优秀作曲奖和优秀服装设计5项大奖。同年10月，淮海戏《续弦记》在南京市参加第31届世界戏剧节展演；大型现实题材京剧《扁担谣》代表江苏京剧艺术赴山东省济南市参加第五届中国京剧节，获得银奖；金湖秧歌《格冬代》代表江苏省参加第十届中国上海国际艺术节“长三角非

物质文化遗产保护项目·民间音乐”展演活动。

第五章　图书馆

淮安市图书馆事业发端于20世纪20年代初。“文化大革命”期间，全市图书馆事业一度陷于瘫痪。1978年后，图书馆事业得到复兴和发展。1981年4月，江苏省图书馆学会淮阴地区分会成立，负责对所属县级图书馆与基层图书馆进行业务辅导。各级图书馆结合自身特点，利用各自优势，经常性开展形式多样、生动活泼的读者服务活动。截至2008年年末，淮安市有公共图书馆8个，大专院校图书馆、中等专业学校图书馆（室）10余个，城区工会系统成立的图书室、资料室上百个，城区普通中小学图书馆（室）数十个，部分城区医院也设立图书馆。全市乡镇均建立图书室，村图书室数量众多，甚至还有不少农民自办的图书室。淮安市基本形成以市、县公共图书馆为中心，辐射乡镇、机关、学校、医院、企业的市域图书馆网络。

第一节　公共图书馆

一、概况

1978年，清江市图书馆有兴建于1962年的图书馆楼1座。1983年，又新建1座图书馆楼，并更名为淮阴市图书馆。在20世纪90年代李崇年图书馆投入使用前，2座图书馆楼一直是当地最有影响力的公共图书馆。至1989年年末，淮阴市有公共图书馆8个，累计藏书数十万册。

20世纪90年代，淮阴市各级公共图书馆把业务工作的重点放到基层和农村，乡镇图书馆（室）建设有所发展，逐步形成市、县、乡三级公共图书馆网络。1996年，淮阴市有6个县级公共图书馆，其中1个为省级文明馆、2个为市级文明馆，总藏书量80万册。至当年年末，全市102个乡镇有图书室，其中藏书万册以上图书室8个、5000～10000册图书室26个，藏书总计31.28万册。

1997年，淮阴市有市、县级公共图书馆8个，从业人员116人。全市各级公共图书馆藏书111.64万册（件），其中市级公共图书馆藏书25万册、县级公共图书馆藏书55.36万册。

1998年，淮阴市市、县级公共图书馆公房建筑面积总计12839平方米，有128个乡镇图书馆（室），建筑面积总计19002平方米。全市市、县、乡（镇）三级公共图书馆总藏书量120多万册，其中市、县两级公共图书馆藏书84.17万册，乡镇图书馆（室）藏书超过40万册。全年全市公共图书馆流通49.4万人次，外借书刊超过40万册次。全市有乡镇藏书万册以上图书室9个，5000～10000册图书室38个。

1999年，在全国第二次公共图书馆评估定级中，淮阴市有7个公共图书馆顺利通过验收，其中淮阴市图书馆和洪泽县图书馆、县级淮安市图书馆、金湖县图书馆、淮阴县图书馆成为国家二级馆，盱眙县图书馆和涟水县图书馆成为国家三级馆。2000年，淮阴市有市、县（区）公共图书馆8个，藏书总量86.06万册，总流通人次133万人次。创建乡镇万册图书馆被纳入市、县（区）两级

政府工作目标。至当年年末，全市完成12个乡镇万册图书馆建设任务。

2000年以后，淮安市市、县（区）公共图书馆利用自身优势，经常性开展各类活动，主要活动形式有“红领巾”读书活动、服务宣传周、读书演讲会、读书征文、知识竞赛、读者座谈会、诗歌朗诵、少儿故事演讲、元宵诗会、灯谜竞猜、画展、书展、培训班、讲座等。此外，还经常性开展送书下乡活动，为农民致富提供各种科技资料。

2001年，全市有市、县（区）公共图书馆8个，总藏书量87.1万册（件）。2004年，淮安市图书馆接待读者12.1万人次，外借图书16.9万册次，其中图书10862种25117册、报刊827种，新增读者1167名，总藏书量102.8万册（件）。2006年，全市有市、县（区）公共图书馆8个，总藏书量109.4万册（件）。2008年，淮安市市、县（区）公共图书馆总藏书量超过110万册（件），接待读者63.4万人次，流通书刊60.53万册次，全市人均藏书0.23册。其中，县（区）公共图书馆藏书总量达76.75万册。全市乡镇图书馆普及率达97.4%，总藏书量达57.25万册。

至2008年年末，淮安市有市、县（区）公共图书馆8个，其中市级馆1个、县（区）级馆7个。全市县（区）公共图书馆馆舍总面积2.11万平方米，有在职人员114人。全市公共图书馆均安装力博系统管理软件，利用计算机进行管理。全市公共图书馆有计算机155台、服务器3台，依托互联网为读者提供网上咨询、图书续借、新书推荐等服务，建成淮安网上图书馆。

二、淮安市图书馆

淮安市图书馆始建于1958年10月，原址位于市区清晏园南侧。1959年5月1日正式开放，原为清江市图书馆，1983年更名为淮阴市图书馆。2001年2月，更名为淮安市图书馆。

淮安市图书馆收藏以社会科学类书籍为主，自然科学类书籍中以普及型书籍为主，重点收藏和地方经济社会发展有关的各类文献资料。该馆注重特色馆藏建设，全面搜集、整理、保存、开发淮安地方文献资源，建有地方文献、淮安名人、周恩来、《西游记》、淮扬美食、馆藏古籍等多种特色数据库，地方文献书目数字化率达100%。在文献布局上，分别建立自然科学书库、社会科学书库、过刊书库、现刊书库、期刊阅览室、参考咨询、地方文献书库、古籍书库、儿童读物书库。

1978年后，市图书馆的读者队伍迅速扩大。1979年，有读者5500人。1982年，增加一套汉字笔画检索书名目录，藏书目录体系初步形成。1983年5月，投资26万元新建成1幢建筑面积为1260平方米的图书楼，位于市区人民南路102号，称东楼。从1984年开始，搜集和影印近50种地方古籍文献。1984年年末，市区领证读者增至8930人。1987年，该馆内设外借室、阅览室、采编室、辅导室和办公室，工作人员增至26人，工作经费13.92万元，累计藏书量达199259册，每天接待读者600多人次，发放个人借书证8000个。此后，读者人数逐年减少。是年，有市区领证读者5600人，接待借阅图书者75264人次，借阅图书87600册次。至1989年年末，馆舍总面积增加至2170平方米，其中书库904平方米，书架单层总长度4050米，有阅览室座位256个。

从20世纪90年代开始，在传统的外借、阅览、咨询、读书活动的基础上，市图书馆的读者服务工作逐步扩大到展览、讲座、社区分馆、图书流通点建设等方面。1990年，淮阴市图书馆设科技情报室。1992年，旅台淮安籍同胞李崇年遗孀葛宗蕙秉承李崇年遗愿，捐赠25万美元兴建“李崇年图书馆”。该馆1992年12月奠基，1993年10月建成。至1993年年末，市图书馆总面积增加至4010平方米，累计藏书45万余册（件），其中线装古籍千余种1.5万余册。该馆设有流通、少儿、报刊、地方文献、参考咨询、电子阅览室等服务窗口。1997年，市图书馆开始利用深圳市图书馆的ILAS系统（图书馆自动化集成系统）在图书流通、编目、期刊、信息工作中实现计算机管理。至1999年年末，淮阴市图书馆所有业务环节均实现自动化管理。

淮安市图书馆长期坚持开展公益性讲座、流动服务下基层、书刊巡展、读书月、宣传周、科普日、夏令营、读书征文、演讲比赛等活动。该馆在馆外还建立图书流动网点，经常性地将书刊投放到流动点，不定期的开展送书下乡、送书进校园、送书进军营活动。2000年以后，淮安市图书馆进行全面升级改造，实行全开架文献借阅和现代化管理，建立网站，开展不同类型的网上服务项目，同时还开展科技咨询、免费阅览、书刊发售等便民服务活动。2000年10月，在市图书馆南馆成立淮阴市少年儿童图书馆。2002年，市图书馆建成电子阅览部，与武警淮安支队直属中队共建图书服务点，与淮安市市级机关服务中心合作建成市委东大院社区图书馆，为全市首家公共图书馆社区馆。同年10月，建成谢冰岩赠书陈列室，专门陈列淮安籍著名书法家谢冰岩捐赠的千册图书。2003年，期刊部开辟过刊、碟片、光盘外借窗口。2003年11月，在淮安市富丽房地产公司支持下，市图书馆建成富春社区分馆。2004年起，淮安市图书馆为群众提供网上咨询服务。2004年，开始读者换证工作，原纸质书刊借阅证被淘汰，代之以磁卡式借阅证。2006年，该馆创办“淮图讲座”，开展公益讲座实践。2005年，淮安市图书馆被江苏省文化厅评定为国家二级馆。2006年，在淮阴区长安小学新建淮安市图书馆长安小学分馆。从2008年1月1日起，实行全免费借阅，平均每周开馆56小时。2008年，淮安市图书馆的图书外借总量超过22万册次，年流通总量31.3万人次，并建成全市首家少儿图书馆网站。

第二节　单位图书馆选介

一、淮阴师范学院图书馆

淮阴师范学院图书馆由原淮阴师范专科学校图书馆、原淮阴地区教师进修学院图书馆、原淮阴师范学校、原淮安师范学校图书馆合并建成。

1978年，淮阴师范专科学校图书馆购置复印机1台，开展资料复制业务。至1987年年末，该馆馆舍面积2573平方米，藏书42.65万册，有工作人员26人，发证人数2071人。2005年10月，淮阴师范学院王营校区图书馆建成，建筑面积3.2万平方米。

淮阴师范学院图书馆重视特色文献资源建设，有选择地对重点馆藏中的特色文献进行数字化转换，自建周恩来研究文献资料专题数据库、本土文化专题库等特色数据库，自主研发个性化的教学参考系统平台和自主式新生入馆教育及借阅权限远程开通系统。参与江苏省高校数字图书联盟系统平台、纸质文献跨区域通借通还服务站点等项目的建设。在周恩来生平研究、本土文化及民国时期史料等方面形成鲜明特色。

淮阴师范学院图书馆通过设立馆级课题、支持申报各级科研项目等措施，鼓励馆员利用业余时间开展学术研究，取得丰硕成果，在省内外产生一定影响。2001—2006年，该馆馆员公开发文量在全国师范院校图书馆中排名第二。2002—2005年，公开发文量在全国高校馆中排名第20位。先后举办省高校图工委情报咨询专委会2000年学术年会、华东地区地方高校图书馆合作组2005年年会等大型会议。

至2008年年末，淮阴师范学院图书馆拥有王营校区总馆和交通路校区分馆，总建筑面积4万余平方米，阅览座位5000余个，电子阅览室机位310个；拥有馆藏纸质文献170多万册（件）、中外文数据库17个、电子文献近200万种、光盘及音像资料2万余盘（盒）；线装古籍近5万册（件），其中2部入选第二批国家珍贵古籍名录、9部入选第一批江苏省珍贵古籍名录。

二、淮阴工学院图书馆

淮阴工学院图书馆由原淮阴工业专科学校、原江苏农垦职工大学和原淮阴职工大学3所学校的图书馆合并建成。有城南校区主馆与北京路校区分馆。1984年9月，淮阴职业大学建立图书室，建筑面积12平方米，由校医兼任图书管理员，有藏书近2000册。1985年，该校易名成立淮阴工业专科学校。1987年10月，淮阴工业专科学校开始筹建图书馆大楼。当年年末，馆舍扩大为4间教室，建筑面积120平方米，设书库和阅览室，有工作人员7人，藏书量30805册，订有中外文报纸60多种、中外文杂志300多种，发证人数800人。2007年10月，建筑面积29060平方米的淮阴工学院城南校区图书馆正式投入使用。

淮阴工学院图书馆馆藏资源丰富，结构合理，纸质资源与数字资源互为补充。图书馆使用汇文系统，业务环节均实现计算机自动化管理。对院系资料室进行业务指导，将之纳入到汇文系统，较好地整合全校的文献信息资源。实行全开架、流阅一体的服务模式，各窗口实行一站式服务，各部室一证通用，分馆之间实现异地借还。周开放时间达90小时以上，数字资源和OPAC系统（联机公共目录查询系统）24小时开放。

截至2008年年末，淮阴工学院图书馆下设馆办公室、北京路校区分馆、读者服务部、信息与技术部、文献资源建设部、文献检索教研室，有正式职工60余人，总建筑面积37893平方米，有阅览座位3350个。收藏中外文纸质图书133万余册，中外文期刊1600余种，中外文报纸100多种，随书光盘及其他非书资料5万余件，电子图书87万册，电子期刊近2万种。购买中国期刊网数据库、中文科技期刊数据库、超星数字图书馆等27个正式数据库，包括核心期刊查询系统、凹土特色数据库、优秀学士学位论文数据库和博文非书资料管理系统4个自建数据库。作为牵头馆之一，参与淮安高校教学联合体文献资源的共建与共享，并通过江苏省高等教育文献保障系统参与省内高校文献资源的共建与共享。此外，还通过馆际合作等方式开展CA、EI等大型数据库查询服务。

三、淮安信息职业技术学院图书馆

淮安信息职业技术学院图书馆始建于1992年，建筑面积2.52万平方米。至2008年年末，有阅览座位2000多个，拥有纸质图书50万册、中外文报刊近1000种。购买超星数字图书、万方资源库、维普中文科技期刊等网络数据库，并参与淮安市高校教学联合体文献资源的共建与共享。

四、江苏省淮阴中学图书馆

江苏省淮阴中学图书馆始建于20世纪30年代。1978年，有图书近5万册。从1984年开始，与省内外近百所重点中学建立联系，交流各种试卷，并建立试题库。1987年，新建建筑面积为1139平方米的图书馆楼，有工作人员5人。1987年年末，有藏书5万余册，年订报纸40种、杂志160种。1999年、2003年，分别被江苏省教委评为“江苏省中学先进图书馆”“江苏省中学一级图书馆”。

至2008年年末，有各类藏书16万余册，线装古籍4000余册，音像光盘资料5000余盘（盒），报刊合订本近4万册，总建筑面积4710平方米。

五、淮安市第一人民医院图书馆

淮安市第一人民医院图书馆建成于1950年。截至2008年年末，建筑面积300平方米，藏有书刊3万余册、期刊583种、网上电子全文期刊1万余种，拥有中外文电子数据库11种（其中中文

7种、外文4种），并有丰富的电子图书、教学课件、视听资料等数字资源。重点收藏血液科、肝胆胰外科、胃肠外科、甲乳外科、脑外科、胸外科、妇产科、骨科、内分泌科、检验科、病理科等领域的文献。

第六章　文博事业

1978年后，淮阴地区的文博事业逐步得到重视并快速发展起来。1983年12月，淮阴市文物管理委员会成立。1986年12月8日，国务院公布淮安县为国家历史文化名城。

1997年，淮阴市有文物业机构9个，其中博物馆3个、文保所6个，从业人员128人，有馆藏文物17514件，其中国家一级文物332件、国家二级文物67件、国家三级文物1080件。2000年，全市有文物保护机构5个，从业人员27人。2002年5月，淮安市在全省地级市中成立首个市级文物保护专家组，共10人。2003年12月，淮安市文物局成立，市文化局增挂"淮安市文物局"牌子。同年，淮安市洪泽湖大堤申报世界遗产工作领导小组正式成立并挂牌办公，组织开展洪泽湖大堤保护与利用课题研究。2005年，淮安市调整成立新的市文物管理委员会，对全市所有文物单位均明确保护单位和责任范围，组建文物保护监督员队伍。全市文物保护单位及其周边环境得到较好保护，对未列入文保单位的不可移动文物则实施挂牌保护。

至2008年年末，淮安市有国家级文物保护单位6处21个点，省级文物保护单位19处，市级文物保护单位139处，文物点1700多处；各级各类博物馆、纪念馆30多个，馆藏文物近6万件，国家三级以上珍贵文物近2000件，其中国家一级文物50余件。

第一节　文博场馆

一、概况

受经济社会发展条件所限，1978年至20世纪80年代末，淮阴市各类文博场馆数量增加缓慢。20世纪90年代，淮阴市翻新维修一批文博场馆。1994年10月，中共淮阴市委、淮阴市人民政府举行首批爱国主义教育基地命名仪式，周恩来纪念馆、周恩来故居、新安旅行团革命历史陈列馆、刘老庄八十二烈士陵园、苏皖边区政府旧址纪念馆、周恩来童年读书处、李更生故居、涟水战役纪念馆等文博场馆被命名为"淮阴市爱国主义教育基地"。1997年4月3日，中共淮阴市委、市政府命名黄花塘新四军军部纪念馆、淮阴市博物馆、淮阴市党史陈列馆、洪泽县二十六烈士陵园、关天培祠堂、淮安车桥烈士陵园6个单位为第二批市级爱国主义教育基地。

2000年以后，淮安市各文博场馆利用文物阵地，举办各类展览上百场次，接待观众上百万人次。2003年10月，市文化局开展历史名人故居及纪念馆（纪念祠堂）资源普查工作。全市有名人故居及纪念馆（纪念祠堂）等25处，从2004年起启动名人故居保护利用工程。

2005年开始，淮安市的文博场馆建设进入爆发期，数量快速增加。淮安运河博物馆、淮安戏

曲博物馆、中国淮扬菜博物馆、淮安运河楹联馆、陈潘二公祠等文博场馆相继建成，新建的文博场馆设计新颖，展陈内容丰富，社会反响良好。2005年12月30日，全国第一座湖泊博物馆——洪泽湖博物馆在洪泽县落成对外开放。2008年，中国首座以漕运为主题的博物馆——中国漕运博物馆开工建设。同年4月下旬，淮安市免费开放周恩来纪念馆、周恩来故居、周恩来童年读书处旧址、淮安市博物馆、苏皖边区政府旧址纪念馆、吴承恩纪念馆等13个博物馆（纪念馆）和爱国主义教育基地。至2008年年末，淮安市有数十个博物馆、纪念馆、陈列馆等文博场馆，有文博专职人员300多人。

二、文博场馆选介

（一）淮安市博物馆

该馆为地方综合性历史博物馆，创建于1959年，是全市文物收藏、陈列和考古研究中心，国家二级博物馆。淮安市博物馆馆藏文物丰富，有藏品10380件，分陶瓷器、玉石器、青铜器、钱币、书画等诸多门类。

重要的馆藏文物有：新石器时代玉石器有铲形单孔石斧、双孔石刀、玉琮，陶瓷器有夹砂带錾鬶；商代铜器有立耳兽面纹铜鼎；战国时期陶瓷器有双囱原始瓷熏炉，铜器有铜盘、青铜马车饰件；东晋时期陶瓷器有青瓷魂瓶；唐代陶瓷器有三彩仕女抱狗俑；明代书画有赵备的《墨竹图》、万寿祺的《行书诗轴》；清代玉石器有双龙耳带翠玉瓶，书画有李鱓的《蔷薇花石图》、黄惮的《仕女图》、边寿民的《平沙叫月图》、鲁一同的《墨梅扇面图》等；近现代书画名作主要为徐伯璞1984年捐赠，含中国近现代46名画家的93幅书画，其中重要作品有郑孝胥的《字对》、齐白石的《红菊延年图》、徐悲鸿的《立马图》《柳鹊图》、张大千的《山水图幅》等。其中，尤以1978年高庄战国墓出土的刻纹青铜器、青铜马车饰件、双囱原始瓷带盖熏炉等战国重器，2004年清浦区运河村战国墓出土的木雕鼓车，徐伯璞捐赠的近现代名家书画为馆藏特色。

1980年，淮阴地区博物馆迁至市区城北公园11号，建筑面积1372平方米，其中陈列展览用房面积338平方米、文物库房面积164平方米，有职工14人。1983年3月，更名为淮阴市博物馆。至1987年年末，有职工18人，其中业务人员8人，下设办公室（含保卫部）、考古征集部、陈列保管部，并附设春华轩文物商店，为集体性质企业。因场地狭小等原因，基本陈列次数较少，举办的重要活动主要有淮阴市革命文物展览、徐伯璞画展览、“可爱的家乡”展览、镇江出土银器展览、淮阴文物普查成果展览、刘邦家族墓出土文物展、淮阴市电影宣传画创作展览、首次淮阴市老年书画展览、“统一祖国，人人有责”大型图片展览、周和生藏画展览、清代帝后生活文物展览等。

1997年10月，淮阴市博物馆新馆建成并对外开放，一期工程占地面积4700平方米，总建筑面积5000平方米。2004年，中共淮安市委、市政府决定对淮安市博物馆进行改扩建工程，改扩建后占地面积8700平方米，总建筑面积1.2万平方米。主体建筑地下1层，地上4层。新馆以“国家历史文化名城——淮安”大型展览为基本陈列，陈列重点突出淮安市

图31-9　淮安市博物馆（2006年）　　市博物馆　供

区域历史文化，展出文物及其他展品达2000余件。展览区分人文初开、楚韵汉风、南北锁钥、漕运中枢、盐榷重关、河务关键、英杰辈出7个单元，文物丰富、史料翔实、陈列布局合理，运用声光电、多媒体等现代化高科技展示手段，彰显淮安市深厚的历史文化底蕴和悠久灿烂的历史文化魅力。该陈列获2006—2007年江苏省优秀陈列展览精品奖。淮安市博物馆一、二楼分别设有一个设施先进的多功能厅和临展大厅，不定期举办学术交流和馆际交流，承接各类学术会议和承办各种不同类型及题材的临时展览。三、四楼分别设有谢冰岩书法艺术馆、谢铁骊电影艺术馆、徐伯璞捐赠书画陈列馆、曹子芳捐赠书画陈列馆4个专题展馆。

（二）淮安戏曲博物馆

淮安戏曲博物馆位于市区大闸口景区中洲岛上，是展示和宣传淮安市戏曲历史和成果的重要阵地，也是交流、传播戏曲文化的活动场所。展陈面积2700平方米，由古代戏曲厅、淮剧厅、淮海戏厅、京剧厅组成。运用幻影成像、人物蜡像、园林场景、梦幻编钟、舞台再现，以及多维全息数码互动游戏等复合展示形式，全面反映淮安市戏曲发展的历史及成就，集中展示淮安戏曲名家京剧“通天教主”王瑶卿，京剧麒派艺术大师周信芳，京剧荀派表演艺术家宋长荣，淮海戏表演艺术家谷广发、杨秀英，淮剧艺术家筱文艳等戏曲名家的风采，并呈现傩戏、十番锣鼓等非物质文化遗产场景，彰显淮安市历史文化名城、戏曲之乡的特点。馆内设有戏台，经常举办戏曲等文艺演出活动，成为淮安市戏曲文化展示和传承的阵地。

（三）中国淮扬菜文化博物馆

中国淮扬菜文化博物馆地处清河区古淮河文化生态景区内，建筑面积6500平方米，建成布展面积3000平方米。该馆融合中国庭园合院和中式园林风格，分为古黄淮文化馆、淮安民俗馆、淮扬菜文化博物馆、品尝馆四大功能区。馆区内除陈列介绍淮扬菜的各种书籍外，还有党和国家领导人关心淮扬菜发展的珍贵照片。另外，淮安软兜、清蒸鲥鱼、清炒虾仁、扬州炒饭、蟹粉狮子头、千层油糕等淮扬名菜、名点精美的菜模，民国年间担挑食盒等珍贵实物也在这里得到展示。采用声、光、电、动漫等现代科技手段，再现淮扬菜“萌生于春秋，雏形于汉魏、发展在唐宋，繁荣在明清”的历史脉络，展示淮安市作为淮扬菜之乡的深厚饮食文化底蕴，是一个集知识性、休闲性、娱乐性、参与性于一体的博物馆。

（四）黄花塘新四军军部旧址纪念馆

盱眙县黄花塘镇黄花塘村在1943年1月至1945年2月是新四军军部所在地，中共中央华中局也于1943年1月10日至1945年9月19日设于此，陈毅在此工作战斗过。1983年后，淮阴市在原黄花塘村兴建新四军军部旧址陈列室，总投资700万元。征集到当年新四军遗留实物若干、图片资料200多幅。

2002年，为纪念新四军军部暨中共中央华中局进驻黄花塘60周年，在中共江苏省委、省政府批准支持下，在军部旧址左前方100米外，新建占地面积10公顷的黄花塘新四军军部纪念馆。该纪念馆内有4个展馆，陈列历史图片资料1000余幅，展出革命文物200余件，展示新四军组建和发展的历史，重点陈列新四军军部移驻黄花塘期间的军事、政治、经济、文化等各方面情况。2003年4月，馆前广场、军部旧址、新四军领导人住房旧址等对外开放。

1982年，新四军军部旧址被江苏省政府公布为省级文物保护单位。1997年，黄花塘新四军军部旧址被公布为江苏省爱国主义教育基地。2005年，黄花塘新四军军部纪念馆被评为全国百家红色旅游经典景区。

（五）苏皖边区政府旧址纪念馆

苏皖边区政府旧址纪念馆位于淮安市区淮海南路30号，其门额牌匾由苏皖边区政府原主席李

一氓题写。1984年，淮阴市政府拨款重修苏皖边区政府旧址。1985年，由中共中央宣传部批准建立苏皖边区政府旧址纪念馆。同年11月，苏皖边区政府纪念馆正式成立，有工作人员10人，隶属于市文化局主管。苏皖边区政府旧址存房55间，建筑面积540平方米，藏有文物203件。1986年1月1日，正式对外开放，开辟展览室6个，展览用房面积464平方米，陈列文物、文献资料170余件，历史照片200余幅。该馆在一段时期内还代管周恩来童年读书处维修、开放和保护工作。

该馆是江苏省爱国主义教育基地、国家AAA级景区、国家三级博物馆，2006年被国务院批准为全国重点文物保护单位。2007年12月，投资4200万元，建筑面积3000平方米的新陈列馆对外开放。至2008年年末，占地面积1万多平方米，展示面积5000多平方米。有藏品830件，主要是革命文物，包括图片、资料和物件等。基本陈列分为苏皖边区革命史陈列、苏皖边区政府主要领导人和部分厅局办公场所原状陈列、苏皖边区政府交际处原状陈列、李一氓生平事迹陈列及李一氓骨灰敬撒处4个展区。整个纪念馆保存和展陈大量的实物和照片，真实地再现苏皖边区政府的历史全貌。

（六）新安旅行团历史陈列馆

新安旅行团历史陈列馆位于楚州区新安小学校园内。为钢筋混凝土结构的平顶式2层楼房，建筑面积555平方米，展出面积445平方米，分为序馆、展览厅、续馆3个部分。1985年，在新安旅行团建团50周年之际，由江苏省、淮阴市、淮安县三级政府拨款，在新安小学原有新安旅行团历史展览室的基础上，兴建新安旅行团历史陈列馆。馆名由李一氓题写。馆内陈列着毛泽东写给新安旅行团的亲笔信，周恩来指导该团战斗成长的文献资料，刘少奇、朱德接见该团的历史照片，董必武、徐特立与该团的谈话记录，宋庆龄、谢觉哉、陈毅、谭震林、粟裕、张爱萍、黄克诚、李一氓等所写题词，以及该团当年用的宣传器材、战斗武器、教学用书和生活用品等革命文物。该馆编印有《足迹五万里》《新安旅行团简史》《领导同志给新旅的书信和题词》等历史资料丛书和图片画册。

新安旅行团历史陈列馆于1987年被淮阴市人民政府列为淮阴市文物保护单位。1994年11月，被中共淮阴市委、市政府命名为爱国主义教育基地。1996年1月，被江苏省教育厅命名为江苏省学校德育基地。至2008年年末，新安旅行团历史陈列馆接待来自全国各地的广大观众30多万人次，还接待来自美国、法国、日本、德国、秘鲁等国家外宾及中国港澳台同胞3000多人次。

（七）美猴王世家艺术馆

美猴王世家艺术馆是楚州区人民政府与上海六小龄童文化实业有限公司合作建立的。该馆2004年6月1日奠基，同年9月27日正式开馆。该馆门口的匾牌由书法家启功亲笔题写。艺术馆占地面积1350平方米，建筑面积近800平方米，为仿明代风格建筑，外观风貌与吴承恩故居相协调，共有5栋馆厅建筑，分别是世家馆、珍藏馆、猴戏馆、演映厅和展销厅。内容主要反映“猴王世家”几代人近百年来对中国猴文化的倡导，为猴戏艺术所作出的特殊贡献及艺术历程，有珍贵文物及戏剧用品共计400多件。其中，毛泽东、周恩来、邓小平等人的手迹及合影照片等尤为珍贵。

世家馆陈列许多反映“猴王世家”艺术生涯的图片和实物，包括六小龄童曾祖、祖父、父亲和他本人使用过的金箍棒，四代人的孙悟空脸谱等。珍藏馆陈列六小龄童家族收藏的大量与《西游记》、猴戏、猴子有关的艺术品和珍贵书籍资料。整个馆厅按照家居式的环境来设计布展，主要包含工艺雕塑、名家书画、各种版本《西游记》、历史图片画册等类别。猴戏馆主要展示猴戏戏剧用品、道具、服装、《西游记》影像资料、戏剧广告、招贴画等。其中，服装由中央电视台捐赠，是拍摄电视连续剧《西游记》时所使用的服装原件。演映厅可供皮影戏、折子戏等小型演出。展销厅里面的全部商品均由上海六小龄童文化实业公司授权提供，有各种艺术品的复制品，有六龄童、六小龄童亲笔签名的各种书籍、明信片、美猴王世家艺术馆开馆纪念邮票等。

（八）中国漕运博物馆

2000年10月，漕运总督部院遗址被江苏省政府公布为第五批省级文物保护单位。2002年，漕运大堂、二堂及其附属建筑遗迹相继被发现，并出土大批的建筑石刻。2008年，楚州区政府在原先漕运总督部院遗址建设漕运广场的基础上新建1座中国漕运历史博物馆。中国漕运博物馆总建筑面积6300平方米。地面主体2层，地面建筑采取中国明清时期建筑风格，总体为“品”字形布局，东侧建筑为临时展厅，西侧为多功能报告厅，中间是门厅及服务空间。地下局部一层，面积5000多平方米，有3个展厅和办公配套用房及文物库房。中国漕运博物馆集中陈列古代漕运（运河水上运输）工具及附属遗留物品，漕运总督府内工作与生活用品，曾经担任漕运总督及其他漕运官员的信函、书札、墨迹及生活用品，以及历代有关漕粮流通的记录、证券、量具、代用品。该博物馆是全国唯一展示中国漕运历史和文化的专题博物馆。

第二节　考古发掘

一、概况

1978年3月，清江市博物馆清理发掘清江市城南公社高庄战国墓，出土青铜器、陶器、玉器、角器等随葬品226件，其中一套战国大型车马铜饰件系实用器，国内罕见。1982年，淮安县发掘明代王镇夫妇合葬墓，墓中出土的25幅字画经鉴定全部为国家一级文物。同年，盱眙县南窑庄窖藏出土陈璋铜壶等数十件珍贵文物，被南京博物院收藏。1986年11月下旬，盱眙县维桥乡车棚村范家岗发现新石器时代遗址，出土一批黑皮陶器等。1998年，淮阴市考古工作者在县级淮安市城东乡抢救发掘5座明代墓葬，出土陪葬文物20余件。

2000年，淮阴市文物考古队配合水利基础设施建设，对宁宿徐公路和淮河入海水道二、三期工程施工地段开展考古勘探，发现文物点30余处，并组织2次较大规模的抢救性发掘活动。2001年，淮安市博物馆和楚州区博物馆组成联合考古队，在淮河入海水道楚州段，配合水利基础设施建设，勘探发现各类文物点40多处，并及时组织抢救性发掘六朝、唐、宋、明、清时期古墓葬200余座，发掘出土文物及文物标本200余件。同年2月20日，清代抗日民族英雄左宝贵墓在楚州区被发现。该墓为土墓，直径2米，高1.5米，其原配夫人陶氏及其子亦葬于墓旁。2004年，配合南水北调、西气东输和高速公路建设等大型工程，淮安市文物部门在相关区域开展地下文物考古发掘工作。同年，启动水下泗州城遗址考古科研工作。2005年，市区财富广场建设工地发掘出西汉古墓和六朝古墓葬，补充淮安市西汉和六朝时期的历史资料。

2006年以前，淮安市的考古发掘工作主要是由南京博物院的专家、学者带领开展的。2006年以后，淮安市成立市考古队，独立开展考古调查工作。2006—2008年，淮安市博物馆考古队对市区韩侯大道进行文物勘查工作，对韩信城遗址、宁淮高速公路盱眙段华塘新石器时代遗址与千棵柳西周遗址进行考古勘探，对金湖县工业园区徐梁村战国至西汉早期墓葬、盱眙县马坝小云山陈婴家族墓、宁宿徐高速公路盱眙南段范家岗遗址进行考古勘探。对楚州区翔宇小区唐代、明代墓群进行抢救性发掘，出土文物1000余件。配合高速公路和金湖经济开发区等建设工程，抢救性发掘古墓葬、古遗址300多处。

二、小云山西汉墓群

1996年9月28日至12月28日，经国家文物局和中国社会科学院考古研究所批准，南京博物院考古研究所联合淮阴市博物馆、盱眙县博物馆组成考古队，对盱眙县东阳乡小云山墓群进行调查和抢救性发掘，发现汉墓7座。此次发掘出的汉墓均为西汉时期的竖穴岩坑木椁墓。出土文物有漆木器，陶器均系鼎、瓿、盒、壶、罐之类的组合器，还有少量的铜器和玉器等。

三、妙通塔宋代地宫

妙通塔遗址位于涟水县城中山街256号院内。该塔始建于北宋仁宗天圣元年（1023），原七级八面，高30米左右，于1948年8月毁于战火。1998年3月，涟水县政府规划重建妙通塔，在勘探时发现原塔遗址，并在原塔基内发现构筑精美的地宫。该地宫虽长年淹没于水中，但保存完好。地宫为方室、单间，边长约1.3米，高约2米，券门朝南，高1.45米，宽0.52米，进内前有7级踏步，里面有4道拱门，门道券顶分4段逐步下降。地宫内四周有角柱，角柱上有大斗，斗上出三跳角华拱，顶部有八角藻井，井中央镶有莲花纹铜镜一面，直径约0.25米，上刻铭文“千秋万岁”。地宫北壁有一供台，台上放置盝顶式石椁，石椁上雕刻有《高僧说法图》《涅槃图》《忍冬图》等精美图案。石椁内随葬有黄金凤钗、水晶、玛瑙和宋代青白瓷净瓶、色彩斑斓的玻璃瓶等文物，还有大量钱币。钱币的年号达10多种。尤为珍贵的是石椁内发现银椁，银椁内还放有一金椁。金椁内放有佛牙、舍利。同时还发现一圆形银盒，里面放有高僧骨灰。地宫东壁立有石碑一通，碑文清晰。据《敕赐承天院造塔记》碑文记载，此塔为瘗藏宋代高僧证因大师舍利而建。

四、清浦区运河村战国墓

2004年7月7日，在进行京杭运河两淮段航道整治工程时，清浦区清安乡运河村境内发现一座大型土坑木椁墓。经国家文物局批准，该墓由南京博物院与淮安市博物馆联合发掘，出土陶器、铜器、铁器、漆木器等，尤其珍贵的是一辆木雕鼓车，其木质构件相对完整，制作精美。该墓葬年代大约在战国中晚期之交，是江苏省发现的规模最大、结构最为奇特的先秦贵族墓葬，对研究淮安市战国时期的历史文化具有重要的学术价值。

第三节　文物保护

一、概况

1978年后，淮阴地区的文物保护工作重新得到加强。文物管理部门贯彻“保护为主，抢救第一，合理利用，加强管理”的方针，全面推进文物保护工作。1983年12月，淮阴市文物管理委员会成立。由分管文教工作的副市长兼任主任，由市文化主管部门主要领导兼任常务副主任，由市政府办、市委宣传部、市城建局、市公安局、市民政局等有关部门和主要文物单位负责人任委员。下设办公室，编制3人。1986年5月，市文物管理委员会被撤销，成立市文物管理办公室，隶属于市文化局，办公地点不变。1989年10月，淮阴市第二届文物管理委员会成立，下设办公室，为文管会办事机构，在市文化局办公。2002年11月，淮安市文物保护管理所成立，隶属于市文化局，为全额拨款事业单位。2003年，市文物管理委员会办公室被撤销。

1987年9月，淮阴市政府公布淮阴市第一批29处市级文物保护单位，后又分别于2003年3月和2006年6月，2次累计公布市级文物保护单位83处。国务院、江苏省政府公布的国家级和省级文物保护单位，淮安市多处文物古迹也名列其中。淮安市对于各级文物保护单位均竖立标志牌，划定保护范围和建设控制地带，建立记录档案，并对部分文物保护单位成立机构，做好保护工作。2000年后，淮安市文物部门组织开展第六批全国重点文物保护状况调查，并制定保护方案。2001年11月19日，市文物管理委员会将文物普查中发现的12处淮安市名人故居向社会公布，并实施挂牌保护。至2008年年末，淮安市举办2次由淮安市文化局主办、淮安市博物馆承办的"淮安市民间收藏展"。收藏展分为陶瓷器、书画、玉器与杂项、淮安名人刻瓷大盘系列4个部分。

二、文保制度

1978年以后，淮阴地区陆续出台一系列文物保护规范性文件，文物法制建设逐步完善。1995年8月18日，淮阴市政府颁布施行《淮阴市文物保护管理办法》，这是中华人民共和国成立后全市第一部文物保护方面的法规。该管理办法共6章35条4000余字，对淮阴市行政区域内文物行政执法主体、文保单位保护、文物收藏经营、考古发掘及奖励惩罚等作出详细规定。1996年8月，淮阴市政府颁布《关于印发淮阴市旧货（古玩）市场销售文物监管办法的通知》。该办法共16条，对可销售文物监管物品的范围和种类、经营权审批和管理、处罚的相关种类作出具体规定。1997年7月，淮阴市政府颁布实施《淮阴乡（镇）文化站文物保护管理细则》。1999年12月，淮阴市政府颁布实施《淮阴市地下文物保护管理细则》。文博工作者利用文化遗产日、文物保护法宣传周、国际博物馆日，通过散发传单、知识讲座、咨询等形式，开展文物法制宣传，提高广大民众的文物保护意识。文物管理部门多次面向社会启动文物征集工作，调动社会各界参与文物保护工作的积极性。2001年，淮安市文物管理部门在民间征集文物100余件。2008年，征集谢冰岩书画作品40件、文物90件，新增入库考古发掘文物260件。

三、文保措施

1978年后，淮安市文物管理部门在市规划、旅游、建设等职能部门的配合下，聘请浙江省古建筑研究所、南京大学、东南大学等知名文物保护勘察设计单位，组织制定《淮安历史文化名城保护规划》《淮安清江大闸维修及环境整治规划》《陈、潘二公祠修复规划》《吴公祠维修规划》《河下古镇规划》《慈云寺·文庙规划》《码头古镇保护规划》《洪泽湖大堤重点段保护方案》《中共中央华中分局旧址维修保护方案》《淮安钞关遗址维修保护规划》等文物规划或维修方案数十个，同时实施近百个文物维修保护工程。

在做好文物保护工作的同时，文物管理部门还加强文物流通监管。文物流通只是在民间自由交易，且大都是私下交易和地摊销售形式，销售的大多数物品为仿制品和工艺品，少数文物夹杂其中，且无明显标注，以假乱真现象普遍存在。部分经营户以经营工艺品为名到工商部门办理营业执照，暗中进行文物交易活动。市文化局、市文化综合执法支队联合市工商执法支队多次对市区文物市场进行专项检查和整治。

2005年，淮安市博物馆改扩建工程开工，并于2007年竣工，馆藏文物收藏、陈列展览和安全保卫等设施大为改善。淮安市博物馆库房、展厅等运用高科技手段，保持恒温、恒湿，确保馆藏文物安全。

2006年3月，位于楚州区楚州中学校内的省级文物保护单位中共中央华中分局旧址东楼被毁，市文化局成立专案组立案调查并将处罚决定执行到位。市文化局于当年10月协助有关方面

制定复建方案，报省文物局批准后，督促楚州中学筹措资金按原样复建东楼。楚州区公安局对该案的相关责任人进行刑事立案调查。

四、文保经费

1978年后，随着经济实力的不断增强，淮阴地区各级政府对文物保护、维修的经费投入也不断增加。1996年，淮阴市政府明确规定每年从城市维护费中安排40万元用于文物保护。2001年，市政府决定每年从城市维护费中安排150万元专项经费，用于各类文物古迹的维修、保护。至2008年，淮安市对周恩来故居、周恩来童年读书处、淮安府衙、苏皖边区政府旧址、韩母墓等各级文物保护单位，累计进行200余次的维修保护和环境整治。

淮安市下辖各县（区）政府也多渠道筹措资金，加大对文物古迹的保护与利用力度。市、县（区）两级文物管理部门制定《镇淮楼保护方案》《韩母墓整修方案》等文保单位维修方案数十个，并付诸实施。其中，淮阴区政府投入1800万元修缮码头古镇韩信活动的遗迹；楚州区政府投入1000万元整修明清时期的总督漕运公署遗址，投入500万元维修河下古镇石板街，投入300万元整修省级文物保护单位淮安府署。全市各级政府投入数亿元，累计建成漕运总督署遗址公园、钵池山文化风景区、文庙—慈云寺历史文化风貌区、大清口遗址区、码头三闸遗址区、古黄河风光带等工程，完成30多处文物保护单位的维修、修缮、环境整治等工作，使文物古迹得到有效的保护和展示。

淮安市、县（区）文物保护专业机构多次获得文保专项经费。淮安市博物馆主持的高庄战国墓青铜器保护与修复，运河村战国墓出土木质马车保护与修复被国家文物局、江苏省文物局列为重点科研项目，并获得国家专项补助经费。2007年，淮安运河村战国墓出土马车保护和修复被列入国家重点文物保护项目，并下拨110万元经费，专用于木雕鼓车的保护和修复。

五、不可移动文物保护管理

1982年2月25日，淮阴地区青莲岗遗址、东阳城遗址、第一山题刻、文通塔、月塔、金代天德铜钟、明祖陵、洪泽湖铁牛、关天培祠墓、黄花塘新四军军部旧址、刘老庄八十二烈士陵园、苏皖边区政府旧址、周恩来故居等被江苏省政府列为省级文物保护单位。1987年9月24日，淮阴市人民政府公布淮阴市第一批文物保护单位。1988年1月13日，周恩来故居被公布为第三批全国重点文物保护单位。1996年11月20日，盱眙县仁集乡境内的明祖陵被公布为第四批全国重点文物保护单位。1997年，淮阴市有国家级文物保护单位2个，省级文物保护单位14个，市级文物保护单位21处，县级文物保护单位59处。2003年3月26日，淮安市人民政府公布第二批市级文物保护单位名单。该批文物保护单位有45处、5个类别。全市第一、第二批市级文物保护单位合计59处。

2004年，淮安市有地面、地下文物古迹600多处，其中国家级文物保护单位2处（明祖陵、周恩来故居），省级文物保护单位20处，市级文物保护单位59处。市内有馆藏各类文物4万余件，其中国家一级历史文物100余件，国家二、三级革命、历史文物1500余件。

2006年5月，淮安府衙、洪泽湖大堤、苏皖边区政府旧址被国务院公布为第六批全国重点文物保护单位。同年6月，吴承恩墓、龟山遗址被江苏省政府公布为第六批省级文物保护单位；淮安市政府公布娃娃井等38处文物古迹为第三批市级文物保护单位，其中运河历史遗存及沿线文物达24处。

2008年，淮安市完成45处第二批市级文物保护单位、3处第六批全国重点文物保护单位和2

处第六批省级文物保护单位“四有”（有保护范围，有标志说明，有记录档案，有专门保管机构）工作。同时，完成38处淮安市第三批市级文物保护单位标志牌设立工作。

至2008年年末，淮安市发现古遗址、古墓葬、古建筑、石刻铸造和革命遗存等不可移动文物1762处，被公布为文物保护单位的有211处，其中国家级6处22点、省级19处、市级140处、县级46处。

2008年淮安市国家级、省级文物保护单位一览表

表31-5

文保类别	保护项目
全国重点文物保护单位	明祖陵、周恩来故居、洪泽湖大堤、淮安府署、苏皖边区政府旧址、京杭大运河
江苏省文物保护单位	青莲岗遗址、东阳城遗址、总督漕运公署遗址、关天培祠墓、琉球国京都通事郑文英墓、漂母墓、文通塔、月塔、镇淮楼、清江文庙、第一山题刻、铜钟、铁牛、新四军军部旧址、八十二烈士墓、周恩来童年读书处旧址、中共中央华中分局旧址、龟山遗址、吴承恩墓

六、馆藏文物的保护管理

1994年1—8月，淮阴市文化局组织进行馆藏历史文物鉴定评审工作。经江苏省文化厅专家组评审与国家文物局专家组确认，评出国家一级文物33件、国家二级文物67件、国家三级文物1080件。同年12月，淮阴市开展革命文物鉴定评审初评工作。1997年，全市有馆藏文物17514件，其中国家一级文物33件、国家二级文物67件、国家三级文物1080件。

至2008年年末，淮安市馆藏文物有3万多件，市文化系统内有文物25658件，有珍贵文物2023件。其中，国家一级文物50件、国家二级文物205件、国家三级文物1768件。

七、收藏

改革开放初期，淮阴地区有集邮藏家和爱好者，周末在位于清浦区西大街的邮电局门口交换藏品。1982年，市区石码头街“古韵轩”古旧书店开业，以经营旧书为主，兼收和买卖古旧书画、古陶瓷等，是改革开放后市区第一家经营古旧书的私营店。1985年，市区大闸口若飞桥两侧，有20余个卖旧货商品摊位，并逐渐形成一个古钱币交换小市场。1991年年初，清浦区西大街出现市区第一家古玩店，名为“飞龙古玩钱币商店”。20世纪90年代中期，市区收藏市场迁移至华城小区东侧，时有门面房10余间，用于开设古玩店，多数是下岗职工参与经营。后迁址清晏园东大门南侧，亦有10余家古玩店营业，比较有名气的如“名家画廊”，主要经营江苏及淮安古今名人书画，生意红极一时。1997年，有关单位利用清河区汽车大修厂空地，建起古玩花鸟市场，为全市规模最大的古玩市场。1997年，有赵姓商人在大闸口收购到一枚十分罕见且又是孤品的宝苏局咸丰元宝当千大钱。该钱为清咸丰年间位于清江浦的宝苏分局铸造的珍品，为样钱，轰动江苏收藏界，后转让给上海藏家。这一时期，淮阴市的收藏主力军是集邮爱好者，也有收藏古钱币和烟标的藏家，收藏书画、古籍善本和古陶瓷者凤毛麟角。

2000年，市区古玩花鸟市场搬迁至大闸口。2003年，淮安市区文庙古玩市场建成，迁址文庙的古玩店不断增多。同年9月，淮安市收藏家协会成立。

至2008年年末，淮安市收藏家队伍主要由集邮协会、收藏家协会、钱币研究会、江苏省古陶瓷研究会淮安市分会等组成，尤以集邮协会和收藏家协会为主。淮安市的收藏家收藏专题众多，颇具地方收藏特色。邮票专题有改革开放、科学技术、历史文化名人等；书画收藏专题有扇面、淮

安历史文化名人（乡贤）书画、清代学者书画、当代书画家书画等；陶瓷收藏专题有高古陶瓷、明清瓷器、青花瓷器、紫砂壶、明清花盆、古陶瓷片等；古钱币专题有纪念币、古银币、纸币、古铜元、古方孔钱等；杂项收藏有古铜镜、古铜锁、古铜帐钩、古铜炉等；图书类专题有淮安地方文史资料、红色藏书、小人书、工具书等。经营钱币的商店，比较有名气的有“楚侯邮社”，以经营邮票和古银币见长；经营古陶瓷的商店，如“翰古轩”，以经营古陶瓷器、杂项见长；经营古书画店的，比较有名气的是“山蒲草堂”“画缘斋”等，以经营淮安历史名人书画见长。开设的古旧书画装裱店，比较有名气的有“守文斋”等。此外，有高姓修复师在文庙开设“延庆堂古陶瓷修复工作室”，专门为广大瓷片收藏家修复古代残缺陶瓷器。

第七章　新闻出版

1988年，淮阴市文化局成立新闻出版科，兼新闻出版行政执法职能。1989年5月4日，淮阴市印刷业、书刊发行业清理整顿领导小组成立。其办公室设在市文化局新闻出版科内，对内称淮阴市印刷业、书刊发行业清理整顿办公室，对外称淮阴市“扫黄打非”办公室。

2006年，淮安市新闻出版局被人事部、国家新闻出版总署联合表彰为“全国新闻出版先进集体”。2008年，淮安市文化广电新闻出版局成立，设新闻出版处、版权处2个职能处室。至2008年年末，淮安市新闻出版（版权）行业从业人员2万余人，经济总量超过20亿元。

第一节　报纸　期刊

一、概况

1978年后，淮阴地区的报刊陆续复刊，新办报刊不断增多，主办单位主要以机关事业单位、学校、大型企业等居多。1994年，淮阴市有全国刊号的报纸4种，分别为《淮阴日报》《淮海晚报》《淮安日报》《淮阴广播电视报》；有全国刊号的杂志3种，分别为《崛起》《淮海经济开发》《淮阴师专学报》。1996年年末，全市报刊发展到53种，其中报纸36种、期刊17种，全国刊号报刊6种，逐步形成党委机关报刊、晚报、专业报刊、企业报等门类较为齐全的报刊群体。

1997年，淮阴市对报刊业进行治理整顿，报刊数量大幅减少。经江苏省新闻出版局批准，《淮阴日报》等15种党报、高校学报和专业报刊予以保留；36种内部报刊转化为内部资料，由淮阴市新闻出版局批准；未经省级以上新闻出版主管部门批准的24种报刊从1998年1月1日起一律无条件停办。转化为内部资料的报刊一律不准超越本单位、本系统、本行业的范围征订发行，不准与党报党刊争发行数，不准利用行政手段强行摊派。淮阴市经江苏省新闻出版部门批准并列入全国刊号系列的报刊有：《淮阴日报》《淮海晚报》《淮安日报》《淮海经济开发》《淮阴师院学报》《淮阴工专学报》《崛起》。此外，《淮阴广播电视报》刊号被压缩，按全省统一安排，用《江苏声屏》刊号继续出版。

2000年，淮阴市发行报纸2800万份，发行杂志5.05万册。2002年，淮安市成立报刊审读工作

领导小组，建立报刊和内部资料出版物及时送审制度。同年9月，淮安市成立由具有审读能力并在全市新闻界有影响力人士参加的审读小组，启动报刊审读工作。按照“调整结构、减少重复、提高质量、控制总量”的要求，全市报刊和内部资料性出版物由扩大数量为主向提高质量效益为主转变。全市原有公开发行的报纸6种、期刊4种、内部资料性连续出版物39种，通过清理整顿、年检审核，停办6种内部资料性连续出版物，2种内部资料性连续出版物暂缓出版。对所有驻淮安记者站及其他派出机构进行清理整顿，对未经省委宣传部、省新闻出版局批准，在淮安市擅自设立并从事新闻采访、组稿、通联和广告经营的记者站及其他派出机构进行严肃查处，取缔3家非法挂牌机构，分别是《江苏工人报·家周刊》淮安记者站、《现代快报》淮安工作站和《扬子晚报》淮安大众新消费版编辑部。2003年，全市发行报纸3739.82万份，发行杂志16.15万份。

2005年，淮安市有公开发行报纸6种、期刊4种。淮安市新闻出版管理部门加强对报刊业监管，对淮安市人社局违规单独发行的《劳动保障》专版进行多次督查，责令向订户退款20余万元；查处市法制研究会非法出版的《法制月刊》；对《海派》《淮安楼市》进行集中整改，建立印前送审制度，规范刊内广告发布。

至2008年年末，淮安市公开发行刊物3种，分别是《短小说》《淮阴师范学院学报（哲学人文社会科学版、自然科学版）》《淮阴工学院学报》；公开发行报纸6种，分别是《淮安日报》《淮海晚报》《淮海商报》《淮安广播电视报》《淮阴师范学院报》《淮阴工学院报》；内部资料性出版物33种；在淮安市设立记者站的省级以上报刊及单位有《新华日报》《扬子晚报》《江苏工人报》《江苏法制报》《江苏科技报》《火警》、江苏省人民广播电台。其中，《淮阴师范学院学报》（哲学人文社会科学版）和《短小说》进入江苏优秀期刊行列。

二、报刊选介

（一）《淮安日报》

《淮安日报》是中共淮安市委机关报，创刊于1940年3月24日，初名《人民报》。1941年11月7日，改名为《淮海报》。

1983年3月10日，在淮阴市成立大会上，中共淮阴市委宣布恢复出版《淮海报》，为中共淮阴市委机关报。拨出创办经费20万元，拨出位于市区西大街116号院内的原清江市委办公楼作为报社办公地点，办公面积600多平方米，时有干部职工30多人。1983年5月12日，出版《淮海报》“试刊一号”报纸。至当年年末，试刊30期，报纸由淮海印刷厂承印，报名为舒同于1951年11月题写，4开4版。1984年1月1日，承接过去的《淮海报》，报纸编号为4038号的第五次复刊的《淮海报》公开出版发行。上半年周二刊，下半年周三刊。1984年6月18日开始，报社自办印刷厂承印《淮海报》；10月2日，《淮海报》第一次出彩色报纸，为第五期《淮海画刊》。1985年7月1日起，《淮海报》改为周六刊，并开始用新华社电讯稿。从1987年1月1日起，《淮海报》更名为《淮阴日报》。报名为启功题写，4开4版，周六刊。

从1991年元旦起，《淮阴日报》改为周日刊。同年1月6日，第一期《淮阴日报·星期刊》面世。1991年7月1日起，淮阴日报社激光照排、胶印印刷系统正式投产，结束报纸铅印历史。1993年8月15日，由淮阴日报社主办的《淮海晚报》试刊号面世，共试刊6期。1993年下半年，淮阴日报社被列为自收自支事业单位，市财政停止对其进行补贴。

1994年，淮阴日报社设总编办公室、评论部、要闻部、经济部、新闻研究室、时政部、副刊部等14个正科级部室。第三产业有印刷厂、江淮广告公司、实业公司、公关事务所、保健食品经销中心、新闻服务公司、皇冠酒楼和紫罗兰歌舞厅。全年报纸日发行量8.15万份，广告创收280万元。

当年7月，位于市区西大街116号，总建筑面积3200平方米，高6层的淮阴日报社新闻大楼建成使用。

从1995年元旦起，《淮阴日报》正式扩版为对开四版大报，周七刊。1996年，《淮阴日报》日发行量8.1万份，广告收入600万元。1997年，淮阴日报社有职工120人，设党委办公室、总编办公室、专刊部、副刊部等16个科室，日发行量4.5万份。1999年11月19日起，淮阴日报社印刷厂开印双面彩色报纸。

2000年，《淮阴日报》实行党委领导下的社长负责制。设有22个正科级部室（厂），拥有副高级专业技术人员9人、中级专业技术人员71人。

2001年2月10日起，《淮阴日报》更名为《淮安日报》，为中共淮安市委机关报，报名沿用周恩来为县级《淮安日报》亲笔题写的报头。2001年8月18日，《淮安日报》电子版问世，并创办全市第一家专业新闻网站“淮安新闻网”。

2002年1月1日，由淮安日报社主办的《淮海商报》正式创刊并公开发行，报纸为4开4版，周二刊。从2003年1月1日起，《淮安日报》全面改扩版，从周一到周六全部改为对开8版彩报，报纸分为A版、B版。2005年3月4日，《淮安日报》推出PDF电子版。2006年，《淮安日报》开通手机报，淮安移动手机用户通过定制，每天上午可以看到当天刊登的主要新闻内容。当年，《淮安日报》实行自主发行，成立发行中心，组织发行投递队伍，发行量创历史最好水平。2007年8月8日，《淮安日报》数字报正式上线，网上读报成为现实。

20世纪80年代，组织实施“富民兴淮”“两专一基”等报道。20世纪90年代，组织实施《家庭经济》《打好工业总体战》《抗洪救灾》《农业产业化》《企业改制在淮安》等报道。2000年后，组织实施《全民创业看浙江》《建设社会主义新农村》《百名记者百村行》《走近运河》《沿着周总理足迹》《推进新型工业化》《建设社会主义新农村》等系列报道。

《淮安日报》宣传报道大量的各种类型的改革开放中涌现出来的先进人物和先进事迹。在20世纪90年代，组织实施《树形象、兴淮阴》《为党争辉》《文明创建》《党建工作巡礼》等系列报道，围绕建立社会主义市场经济体制主题，推出《淮阴改革潮》《乡镇领导访谈录》《小康之路》等栏目，重点宣传报道一批优秀乡镇企业、成绩突出的乡镇及乡镇企业家的经验。2000年后，组织实施《弘扬周恩来精神，建好周恩来故乡》《树立淮安人形象》《“三个代表”学教活动在乡村》《实践“三个代表”、力争“两个率先”》《“两个率先”在淮安》《加强党的先进性建设》《学习恩来精神，争做优秀党员》等专栏。2008年，淮安日报社的报道《沿着周总理的足迹》获第十一届江苏十大新闻奖，实现在江苏新闻评比中新闻奖零的突破。

《淮安日报》对市委、市政府重要会议召开、重大决策、重要文件出台等进行宣传报道，使市委、市政府的战略部署通过报纸进入全市千家万户。重点宣传报道历次市委全体（扩大）会议、历年的市“两会”、历次的市委常委扩大会议、历次市委工作会议以及全市经济工作会议、全市农村工作会议等。此外，还发挥党报言论评论的旗帜作用。《淮安日报》通过社论、评论员文章，《淮阴论坛》《大众话题》《淮上走笔》等栏目和《纵横谈》《理论与实践》（理论专版），正确引导舆论。这些言论大多围绕市委、市政府中心工作，针对社会上的热点、难点问题发表见解，发挥正确的导向作用。推出《淮安日报内参》《读者来信》《民声》《读者热线》等专版，做好群众来信来访工作，发挥党报舆论监督作用。

（二）《淮海晚报》

《淮海晚报》是由中共淮安市委主管，淮安日报社主办的淮安市第一个晚报。1993年5月27日，江苏省新闻出版局转发国家新闻出版署关于同意创办《淮海晚报》批复的通知，颁发国内统

一刊号CN32-0101，邮发代号27-89。同年6月26日，中共淮阴市委发文，批复同意成立淮海晚报社。淮海晚报社为准县级事业单位，由中共淮阴市委主管，淮阴日报社主办，实行独立核算，自负盈亏。《淮海晚报》在全国地市级晚报中创刊较早，是苏北地区第一个拥有全国统一刊号的晚报。同年8月15日，《淮海晚报》试刊号出版，共试刊6期。当年10月1日，《淮海晚报》正式创刊并公开发行。报纸为4开4版，周六刊，报名由尉天池题写，在全国范围发行。

《淮海晚报》的定位为市民报、都市报、生活报，不断调整完善版面内容和版式。1994年，淮海晚报社在全市各县（市）组建记者站，主要负责采访和发行工作。1997年，《淮海晚报》最高日发行量超过3万份。1998年，淮海晚报社有2篇作品在全国晚报好新闻评选中获奖，其中张瑞采写的报道《一场迟映的电影》获特等奖；2篇报道在1998全国晚报头条消息大赛中获奖；3篇作品在全省好新闻评选中获奖。1999年1月，《淮海晚报》开设《新闻110》栏目，在要闻版亮出"有困难，找晚报"的承诺，公布热线电话（手机）号码，每天24小时开通，接听群众电话。

2001年1月1日，《淮海晚报》更改报头，并正式从4开8版扩大为4开16版；7月28日，淮海晚报社创办《都市周末》周刊；12月，建成《淮海晚报》新网页，将主要新闻及时在互联网上发布。2002年，淮海晚报社与淮安日报社在经济上分开，实行独立核算、自负盈亏，单独成立广告发行部门。淮海晚报社在全省同行业第一家创办读者俱乐部。2003年，《淮海晚报》的《新闻110》专栏扩为《民生民情》专版，并与市长热线电话办公室合作，开办一个固定专栏，同时推出《教育周刊》《楼宇周刊》。2004年，淮海晚报社确定宝石蓝色、方形外围、主体造型字母为"H"标识作为《淮海晚报》报徽，12月23日正式启用。2006年1月1日起，《淮海晚报》推出电子版。同年6月30日起，淮海晚报社与淮安移动通信公司合作开通手机报，淮安市的移动手机用户通过定制，每天上午可以看到《淮海晚报》当天刊登的主要新闻内容。2007年，《淮海晚报》由16版扩展为24版，实行自主发行，成立发行中心，组织发行投递队伍。2008年1月1日起，《淮海晚报》每周二至周五改版为32版，分A叠、B叠、C叠；周一、周六、周日为16版，分A叠、B叠。同年1月15日，《淮海晚报》正式使用商品条形码，在全市各大商场、超市进行销售。

在新闻报道中，《淮海晚报》忠实地服务于人民、服务于社会。及时报道世界风云、国内大事，忠实记录淮安（阴）大事要事、民生民情。《淮海晚报》从增强可读性、服务性和读者参与性入手，提出"在群众中间办报"的理念。设置《今宵新语》《有话直说》等言论类栏目，针对各种社会现象，或褒或贬，鲜明犀利，短小精悍。开辟《为您帮办》专栏，不定期组织记者进社区，对群众反映的事情进行帮办，受到群众的普遍欢迎。打造《热点追踪》《记者观察》等名牌栏目，及时反映社会经济生活中的重要事件和广大读者关心关注的热点、焦点、难点问题。

淮海晚报社策划组织一系列重大事件和重大主题专题报道，《重拾淮安名片市树市花》《红色之旅、人文之旅、绿色之旅》《追踪小升初》《创"四城"》《寻访抗战老兵》《宋长荣70寿辰暨从艺55周年》等报道，都产生较好的社会效果。

（三）《淮海商报》

《淮海商报》于2002年1月1日创刊，以"把握时代脉搏，服务地方经济，贴近百姓生活，走进千家万户"为办报宗旨。2001年，因行政区划调整，原县级淮安市市委机关报《淮安日报》停办，其编辑部并入行政区划调整后的地级淮安市委机关报《淮安日报》。经国家新闻出版署批准，淮安日报社用原县级淮安市委机关报《淮安日报》刊号创办《淮海商报》。淮海商报社为淮安日报社下属的全民事业单位，具有二级法人资格，独立核算，自负盈亏。

创办之初的《淮海商报》为4开16版，周二刊。2003年年初，改为周五刊，4开16版。后改为周刊，每期40版，用"速读、时尚、实用"的办报理念来重新整合报纸的内容。在版式结构上采用

大字号、大标题、大图片，用新颖的版面风格来吸引读者的眼球。

《淮海商报》的定位是资讯服务类新闻为主的周刊。在新闻采写编辑中，《淮海商报》走细分化、信息化、平实化的道路，追求贴近性、娱乐性、可读性，形成以深度报道、全景式报道见长的报纸风格。该报把受众对象定位为机关工作人员、企业老板、个体工商业者及公司白领等人群。淮海商报社累计开辟《商界》《楼市》《美食》《车市》《股市》《收藏》等近40个栏目。同时，重视对普通人的报道，累计开辟《特写》《深度》《民生》等栏目，把百姓生活中最感人的场景、情境用通讯的手段反映出来，受到读者的广泛喜爱和欢迎。2006年，《淮海商报》实行自主发行，成立发行中心，组织发行投递队伍。2007年8月8日，《淮海商报》数字报正式上线。

（四）《淮安广播电视报·家周刊》

《淮安广播电视报·家周刊》于1988年3月5日创刊，最初名称为《淮阴广播电视报》，2008年1月更名为《淮安广播电视报·家周刊》。《淮安广播电视报》创刊后，开始时是8开2版，后改为4开28版，最高期发行量达到34万份。2005年，淮安广播电视报社的社刊评论《我们在挖掘什么》获得省政府新闻评比一等奖。2007—2008年，淮安广播电视报社举办2届“万人相亲会”，期间还每周举办“好人有好报”公益活动，组织义工义卖报纸，捐助失学儿童。2008年，该报每期平均发行量为8万份，创收总额450万元。

（五）《短小说》

1985年3月，淮阴市文联创办综合性文学刊物《洪泽湖》。1985年9月，市文联在自办刊物《洪泽湖》的基础上，创办面向全国发行的综合性文学刊物《崛起》，王辛笛、吴强、陈白尘、陈登科、袁鹰担任顾问，赵恺担任主编。时为文艺类双月刊，16开版本。1986年，《崛起》编辑部与双沟酒厂共同设立“双沟杯”小说奖，对在《崛起》刊物上发表的小说进行评奖，分为特别奖、一、二、三等奖4个层次，每年评选一次，每届评出5～7篇。后因经费、组稿等原因，《崛起》一度停刊。1994年，《崛起》复刊。1995年9月，在全省首届“洋河杯”优秀期刊评比活动中，《崛起》被省新闻出版局评定为一级期刊。这是江苏省对报刊实行分级管理后，淮阴市第一个被省新闻出版局评定的一级报刊。1996年，市文联与《崛起》杂志社联合举办全国“光明杯”散文征文活动，收到5000余篇稿件。《崛起》杂志为全市唯一一个在全国发行的文学期刊，连续多年被评为省一级期刊。1999年，《崛起》杂志上发表的文章被省级以上报刊转载近50篇。

2000年，市文联对《崛起》编辑部进行改革，引入竞争机制，公开选拔执行主编，实行执行主编负责制，严苏当选为执行主编。同年10月，《崛起》杂志改名为《短小说》，由综合性刊物向专业性文学刊物转变。2001年1月，《短小说》改版为月刊，32开版本，全年发行量近2万份。《短小说》杂志所发的作品贴近现实，关注民生，既坚持高格调、高品位，又强调大众化、青春化、故事化。2003年，《短小说》被转载的作品达60余篇，部分作品在全国性评比中获奖，发行量和零售量均居江苏省文学期刊之首。2004年，《短小说》杂志获第二届江苏省优秀期刊奖，成为全省唯一获奖的市级文学刊物。2008年，《短小说》杂志连续三年被省新闻出版局评为省优秀期刊，是全省唯一的地市级文学期刊，被清华大学中国知识资源总库全文收录，并入选省优秀期刊方阵。至2008年年末，《短小说》被《小说选刊》《读者》等刊物累计转载800多篇作品，40多篇作品获中国微型小说学会奖等全国性奖项。

（六）《淮安社会科学》

《淮安社会科学》创刊于1985年，原名《淮阴社联》，由淮阴市社科联主办。2001年，该杂志更名为《淮安社会科学》。《淮安社会科学》是全市社科界重要的理论研究和宣传的内部刊物。该杂志及时为党委、政府提供重要理论专题讲座，国际国内形势报告，经济与社会发展重大事件的

背景材料等，编发一些领导干部的学习心得体会和实践经验，促进理论研究和理论宣传。

1996年5月，市社科联与淮阴发电厂达成联办《淮阴社会科学》杂志协议。联办后，杂志由原季刊改为双月刊，由原来自办发行改为邮局发行，并扩大赠阅范围。1998年，《淮阴社会科学》开设《今日淮阴》《人物风采》等栏目，宣传介绍全市各行各业各条战线的工作成就和典型人物。2000年，市社科联组织专家学者及有社会影响力人士宣传科学精神，批判迷信和歪理邪说。《淮安社会科学》把《邓小平理论》《中心组学习园地》作为2个重点栏目。2001年，《淮安社会科学》杂志将原由市委宣传部编印的《党委中心组学习参考》并入改成重点栏目。2007年，《淮安社会科学》杂志增加《文摘博览》《社科普及》等栏目。2008年，《淮安社会科学》杂志编辑部将赠阅范围扩大至所有社科联理事会成员，开辟《学习十七大精神》和《纪念改革开放30周年》专栏。

（七）《淮阴师范学院学报》

《淮阴师范学院学报》分为哲学社会科学版和自然科学版。《淮阴师范学院学报》（哲社版）为国内外公开发行的学术理论期刊，1979年创刊，原名为《淮阴师专学报》（哲社版），1990年公开发行。1997年淮阴师范学院组建后，1998年起改名为《淮阴师范学院学报》，1999年起由季刊改为双月刊。该刊主要探讨政治、经济、哲学、历史、文学、语言以及高等师范教育等方面的学术理论问题，为校内外优秀科研成果提供发表园地，设有《周恩来研究》《马克思主义与当代中国》《科学技术哲学研究》《文史考辩》《学术百年》《现当代学人研究》等特色专栏。该刊注重理论与实践、时代性与科学性、学术性与可读性的统一，强调研究深度，鼓励学术讨论。

1995年12月，《淮阴师专学报》成为首批入编《中国学术期刊（光盘版）》的期刊。该刊于1999年被评为江苏省一级期刊、首届全国百强社科学报，2002年被评为江苏省期刊方阵优秀期刊、华东地区优秀期刊、中国人文社会科学核心期刊。此后，该刊被列为中国人文社会科学引文数据库来源期刊、中国学术期刊综合评价数据库来源期刊、《中国期刊网》收录期刊、《中国学术期刊（光盘版）》收录期刊、《全国报刊索引》收录期刊。

《淮阴师范学院学报》（自然科学版）于2002年正式出版，国内外公开发行，主要刊登自然科学领域各学科的基础理论研究和应用技术研究方面的学术论文，加入《中国学术期刊（光盘版）》《中国科学技术期刊文摘》（CSTA）《中国科学引文数据库》等。

（八）《淮阴工学院学报》

《淮阴工学院学报》是淮阴工学院主办，经国家新闻出版署批准，向国内外公开发行的综合性学术期刊。该刊创刊于1988年，初名《淮阴工专论文集》，为内部刊物，不定期出版。1992年，改名为《淮阴工业专业学校学报》，为内部季刊。1998年，该刊公开发行。2000年，随着淮阴工学院的成立，该刊更名为《淮阴工学院学报》。2002年年初，该刊改为双月刊，分为自然科学版和哲学社会科学版，设有《专家特稿》《自然科学》《工程科学与实践》《研究与开发》《哲学》《社会学》《经济管理》《文史》《法律》《艺术》《语言》《教育教学研究》《思想政治工作》《领导科学》等栏目。该刊为《中国学术期刊（光盘版）》优秀执行期刊、中国核心期刊（遴选）数据库、中文科技数据库、中国学术期刊综合评价数据库、中国电子科技文献数据库、中国期刊网等收录。

第二节　内部资料性出版物

1978年后，淮阴地区部分行业主管部门、社会团体、科教单位、大型企业等编辑连续性内部

资料出版物，或属信息交流载体，或属企业报性质。20世纪80年代中后期，部分连续性内部资料出版物流向社会，出现吸纳广告和摊派收费征订等问题。其后，数量不断增多，质量参差不齐。2000年，市新闻出版局在全市32种内部资料性出版物中首次开展综合质量评定活动，中共淮阴市委办公室主办的《淮阴通讯》和市劳动局主办的《淮阴劳动》获得第一名。2003年开始，市新闻出版局在全市开展报刊整治工作，具有县报性质的连续性内部出版物《新金湖》《涟水新闻》《盱眙新闻》《洪泽通讯》《新淮阴》《新楚州》一律停办。2004年，淮安市开展党政部门报刊散滥和利用职权发行专项整治，停办各县区的连续性内部资料性出版物，督查向中小学生摊派征订报纸和向企业摊派报纸的问题，清退违规征订报刊费用30余万元。当年年末，淮安市党政部门主办的内部资料性出版物，由34种减少到27种。2006年，市新闻出版局对全市内部资料性出版物进行评比，评出《干部之友》等4种示范性内部资料性出版物、13种优良内部资料性出版物。

2008年年末，淮安市经省新闻出版局批准发给内部资料获准印证的内部资料性出版物有31家。

2008年淮安市内部资料性出版物名单

表31-6

名称	准印证号	主办单位
《卫生与健康》	苏新出准印JS-H001	淮安市卫生局
《清江石化》	苏新出准印JS-H002	中国石化集团清江石油化工有限责任公司
《淮安电信》	苏新出准印JS-H006	淮安电信分公司
《淮安劳动》	苏新出准印JS-H007	淮安市劳动和社会保障局
《淮安历史文化研究》	苏新出准印JS-H008	淮安历史文化研究会
《淮安教育》	苏新出准印JS-H013	淮安市教育局
《运河航运》	苏新出准印JS-H016	江苏省运河航运有限公司
《淮安冶金》	苏新出准印JS-H017	中共江苏沙钢集团淮钢特钢有限公司委员会
《运河航务》	苏新出准印JS-H020	中共京杭运河苏北航务管理处委员会 中共江苏省交通厅苏北航务管理处委员会
《淮安文化》	苏新出准印JS-H022	淮安市文化广电新闻出版局
《丰碑》	苏新出准印JS-H023	周恩来纪念地管理局
《求真》	苏新出准印JS-H024	中共淮安市委宣传部
《视听天地》	苏新出准印JS-H026	淮安市广播电视台
《新淮论坛》	苏新出准印JS-H028	中共淮安市委党校
《淮安财会》	苏新出准印JS-H029	淮安市财政局
《淮安社会科学》	苏新出准印JS-H031	淮安市哲学社会科学联合会
《淮安人民》	苏新出准印JS-H033	淮安市人大常委会
《淮安政务》	苏新出准印JS-H034	淮安市人民政府办公室

续表31-6

名称	准印证号	主办单位
《淮海经济开发》	苏新出准印JS-H036	淮安市区域经济研究会
《淮安临床医学》	苏新出准印JS-H038	江苏省淮安市医学会
《淮安农工》	苏新出准印JS-H040	中国农工民主党淮安市委员会
《淮安地税之窗》	苏新出准印JS-H041	淮安市地方税务局
《教育科学论坛》	苏新出准印JS-H042	淮阴师范学院
《淮安盟讯》	苏新出准印JS-H043	中国民主同盟淮安市委员会
《淮安新闻》	苏新出准印JS-H044	淮安市新闻编辑部
《淮安金融》	苏新出准印JS-H045	淮安市人民银行、市金融学会
《淮安检察》	苏新出准印JS-H046	淮安市检察官协会
《淮安审判》	苏新出准印JS-H047	淮安市中级人民法院研究室
《旗帜》	苏新出准印JS-H048	淮安市机关党的建设研究会
《干部之友》	苏新出准印JS-H049	中共淮安市委组织部
《财经研究》	苏新出准印JS-H050	江苏财经职业技术学院

第三节　图书发行

一、概况

1978年至20世纪80年代末，淮阴市的图书发行工作主要由市、县（市、区）各级新华书店承担，并有门市、对口征订、函订、新书预订、批发、流动销售、展销、开架等多种服务方式，图书发行量逐步增加。1986年，全市有国营书店售书点（包括综合门市、专业门市及书亭等）83个，职工498人；社会发行售书点（包括供销社、国营商店代售店）518个；文化系统售书点有437处；农村供销社售书点304个；个体售书点（书店、书摊）92个，形成一个城乡图书发行网络。同年5月，淮阴市图书发行研究会成立。其后，图书发行体制逐步实行改革，推行多渠道发行，个体经营的书店、书摊逐渐增多，补充国营主渠道发行辐射面的不足。国营书店改变以往只准经营图书，不准销售非图书商品的陈规，实行“以书为主，多种经营”的方针，拓宽市场。这一时期，淮阴市农村图书发行网点发展也很快，形成以新华书店集镇门市部为中心，以乡镇供销社兼营售书点为中层骨干，以供销站、合作商店、个体商贩为外围的辐射式网络。

20世纪90年代，淮阴市民营书店纷纷涌现，城区的超市、商场也相继开展图书零售，图书发行的网络覆盖面不断扩大。1992年，淮阴市有县以上新华书店城市网点32个、县以下网点59个，农村供销社图书销售点253个，其他国营图书销售点11个，集体书店7个、个体书店摊贩110个。1992年，淮阴市国营书店有农村集镇门市部31个，其中淮阴县5个、涟水县7个、县级淮安市7个、洪泽县3个、盱眙县6个、金湖县3个。从1994年开始，淮阴市对书刊市场进行清理整顿，国

营和集体性质的书店数量增加，个体（私营）书店数量减少。1994年，全市有各类图书发行单位（店、摊）295个，其中全民、集体性质图书发行单位120个。1996年，全市出版图书70种，总印数35万册。1998年，全市实现图书销售总额1.4亿元，利润500万元。至20世纪90年代末，全市基本形成以国营书店为骨干、多种流通渠道、多种购销形式、少流转环节的图书发行网络。

2000年后，淮安市图书市场竞争激烈，保持持续、健康、快速的发展势头。2002年，全市有472家国营、集体、个体发行网点，其中非国有书店386家，从业人员769人；图书销售额3.07亿元，其中非国有书店销售额1.63亿元。2003年，全市有图书发行网点518家，其中国有书店109家、非国有书店409家，从业人员1587人；图书销售额4.2亿元，其中非国有书店销售额2.2亿元。同年8月，淮安市政府建成建筑面积超过1万平方米的汇通出版物专业市场。同年9月，淮安市智者文化传播公司被省新闻出版局批准为二级批发企业，成为淮安市首家拥有二级批发资质的民营书店。淮安市新闻出版局加强全市图书发行环节的监管，在汇通出版物市场设立管理办公室，实行严格的售前审读，禁售违禁书刊。

从2004年至2008年年末，淮安市举办5届淮安读书节暨新书展示会，组织名家签名售书，组织万种新书入场展示，取得良好的社会效益和经济效益。2004年，全市有出版物发行网点466个，销售码洋5亿元。2007年，全市有出版物发行网点582个，销售收入6.7亿元，其中汇通出版物专业市场年销售图书3万多种，销售码洋达4亿元。至2008年年末，淮安市有图书二级批发单位9个、零售经营单位573个，出版物发行网点582个，营业面积4.63万平方米，年销售额6.7亿元，基本形成以国营新华书店为主渠道、多种经济成分参与的新格局，发行网络遍及城乡。

二、图书出版发行单位选介

（一）淮安新华书店有限责任公司

淮安新华书店有限责任公司前身为华中新华书店六分店，1947年在沭阳县周集成立，1951年改名为新华书店淮阴支店，1983年后更名为淮阴市新华书店。原店址在市区东大街，后搬至市区淮海北路39号。该公司为江苏凤凰新华书业股份有限公司下属的全资子公司。

1978年后，淮阴地区新华书店业务得到恢复和发展，图书市场日益繁荣，经营的图书种类增多。1980年后，该店先后设淮海、少儿、武墩等门市部，并在清江商场设售书专柜。1982年，该店图书销售额首次突破100万元。1983年2月27日，淮阴地区新华书店实行经营责任制，完成销售收入154.45万元，利润12.64万元。1985年2月，淮阴市新华书店改革经营管理体制，实行分级管理，二级核算制。同年，市新华书店与淮阴供销学校联合建立育才书店。1987年，市新华书店增加图书销售网点，市区设书亭2个，郊区供销社代售点9个，个体售书店3个，门市常年备书品种达5200种。

1985—1991年，淮阴市新华书店5次被评为省级先进店。1990年，被省政府命名为“省级文明单位”。1992年，淮阴市新华书店实现图书销售767万多元，自有房屋面积6158平方米，固定资产168万多元，有门市部6个。1997年，淮阴市新华书店系统发行收入27757.2万元，比1996年增长23.25%；利润1479.1万元，比1996年增长52.3%；总经理孙寿娟被评为“全国新华书店系统劳动模范”。1998年，淮阴市新华书店系统实现销售收入15940万元，利润500万元，其中市新华书店实现销售收入2526万元，利润35万元。

1999年4月，淮阴市7个新华书店正式交给省发行集团管理。至1999年年末，全市新华书店系统实现销售收入1.7亿元，比1998年增长6.9%，高于全省平均增长水平；销售各类图书3388万册。当年新增农村发行网点6个，全市农村发行网点达69个。2000年，全市新华书店系统销售各

类图书2933.15万册。2001年，全市新华书店系统销售各类图书3694.95万册，实现销售收入1.73亿元，净收入1.47亿元，各项指标均创历史新高。

2008年，淮安新华书店有限责任公司注册资金500万元，完成销售码洋5000多万元，图书销售总额连续多年居全省前列。该公司开办的淮安书城于2008年8月正式投入使用，建筑面积2.5万平方米，其中营业面积1万平方米，经营图书品种达10万多种，是淮安市实力最强、规模最大的图书发行企业。

（二）汇通出版物专业市场

汇通出版物专业市场位于市区淮海东路与银川路交汇处南侧。2003年7月下旬，淮安市政府批准筹建江苏淮安汇通出版物专业市场，并决定由市新闻出版局负责对市场进行行业管理，由市新闻出版局、清河区人民政府和淮汽公司合作建设。2003年8月15日至9月15日，42户民营书店先后进入市场，集中经营。该市场建筑面积1万平方米，经营面积7000平方米。市工商、公安、新闻出版和物业管理部门同时在市场设立办公室，进行集中管理。其中，淮安市新闻出版局在市场设立售前审读办公室。

2004年，淮安市文化局在汇通出版物专业市场举办淮安市首届读书节暨新书展示会。2005—2008年，汇通出版物专业市场年均图书销售近4亿码洋。汇通出版物专业市场是江苏省江北地区面积最大、硬件最好、集聚效应和辐射能力最强的出版物专业市场。

（三）淮安市文轩书业发展有限公司

淮安市文轩书业发展有限公司成立于2003年6月，前身为文轩书社，始创于1989年，多次被评为省级、市级“双拥”诚信书店，并于2005年获得国家二级图书批发资质，是淮安市首家获得国家二级图书批发资质的民营企业。该公司以图书批发业务为主，覆盖范围包括苏北地区各市、县（区），营业面积约1000平方米，有员工30余人，主要经营小学、初中、高中、大学教辅书，工具书，少儿读物，时尚小说，生活保健图书，社会职称及专业技能考试用书等。

（四）淮安三联书店有限公司

淮安三联书店有限公司成立于1994年。2005年，该公司获得江苏省“双优诚信书店”称号。至2008年年末，该公司有6个分店，经营近4万种图书，包括各种考试、教辅及文艺社科类图书。

（五）南京大学出版社淮安中心

2008年7月28日，由南京大学出版社和淮安市文化广电新闻出版局合作设立的南京大学出版社淮安中心正式成立。该中心是南京大学出版社在苏北地区设立的首个出版中心。至2008年年末，该中心出版的书籍有《淮安金石录》《徐伯璞捐赠名家书画作品集》等6种。

第四节　版权管理

20世纪80年代后期，淮阴市开始版权管理工作，主要是开展“扫黄”“打非”工作。

1995年2月24日，淮阴市政府决定在新闻出版处增挂“淮阴市版权处”牌子，负责全市著作权管理工作。2001年，在市文化局增挂“淮安市版权局”牌子。2004年，在全市所有县（区）文化局增挂“新闻出版局”“版权局”牌子，使县（区）文化行政管理部门具备新闻出版、版权领域的行政执法主体资格。2008年3月，在新成立的市文化广电新闻出版局中设立版权管理处。

2000年起，市版权管理部门加强版权执法，打击侵权盗版。2001年，市文化局会同市政府知

识产权办公室组织开展第一个“4·26”世界知识产权日活动，开展打击盗版教材教辅、收缴盗版电脑软件活动。同时，开展商标、专利、版权维权活动，对音像制品经营场所实行非法音像制品监督举报公示制度，抵制销售非法音像制品，净化音像市场，保护知识产权。此后，每年“4·26”世界知识产权日前后，市版权管理部门利用报纸、电台、电视台广泛进行著作权法宣传，每年举办2期《中华人民共和国著作权法》《计算机软件保护条例》培训班，开展保护版权咨询活动。2006年，淮安市版权管理部门组织开展“保护知识产权，振兴民族产业”专项行动、音像市场整治“阳光1号”“阳光2号”行动、文化市场集中执法季活动以及反盗版百日行动等，收缴非法音像制品34万张。

淮安市版权管理部门在全省率先推行印刷业守法经营责任制，组织开展打击侵权盗版、软件专项治理活动和秋季盗版教材教辅读物专项检查，查获6个非法盗版物销售窝点，收缴政治性非法出版物、封建迷信类图书、盗版书近9万册，总码洋100万元。2004年，汇通图书专业批发市场还协助成立淮安市首家民营音像制作公司，承办华东地区版权管理暨反盗版工作会议。淮安市依法受理和调解版权案件，成功调解淮剧《恩嫁义娶》及一批著作权纠纷案。

淮安市版权管理部门推进软件正版化工作。2005年，淮安市版权局受理美国微软公司、北大方正公司和美国欧特克公司等投诉，依法受理和调解版权案件，被投诉的印刷排版企业、建筑勘察企业及医疗行业大部分实现软件正版化。至2005年年末，市级政府机关90个部门实现软件正版化。2006年，淮安市完成市级政府机关软件正版化工作，同时推进县（区）级政府机关软件正版化和企业软件正版化。至2008年年末，淮安市市级机关、8个县（区）全面完成政府机关软件正版化工作，首批17家大型企业和全市医疗单位基本实现软件正版化，其中淮钢特钢有限公司被表彰为国家级软件正版化示范单位，淮阴卷烟厂和江苏韩泰轮胎有限公司被表彰为江苏省软件正版化示范单位。

第八章 广播 电视 电影

1978年至20世纪80年代，淮阴市在地方财政困难的情况下，鼓励各级政府采取多种渠道筹资开办广播电视事业，并在政策上给予支持。

20世纪90年代，淮阴市广播电视基础设施逐步完善，服务手段不断丰富，宣传水平有较大提高，从播出时间、制作数量到节目形式、宣传内容都有显著增加和改善。至1999年年末，一个由中波广播、调频广播、有线广播和电视转播台、电视微波、电视卫星地面接收站等组成的多功能广播电视覆盖网在全市基本形成，无线广播和电视的人口综合覆盖率比1978年有大幅提升。其间，录像放映点和闭路电视大量涌现以及《淮阴广播电视报》出版发行，广播电视宣传形式不断丰富，形成广播、电视、报刊、录像等多种手段组成的多功能、多层次、多渠道的广播电视宣传网。

2000—2008年，全市各级各类广播电视台站普遍加强硬件设施的改造，纷纷投入资金添置和更新机器设备，制作能力大大提高，播出时间相应延长。与此同时，广泛开展“百日安全赛”“百班无事故”等一系列竞赛活动，促进广播电视的优质安全播出。在市、县分别建成“一塔一网一中心”的基础上，有线广播向多功能开发，无线广播向系列台发展，无线电视建成微波传送网，有

线电视形成全市大联网，建成广播电视覆盖宣传网。

在广播电视事业快速发展的同时，淮阴市的电影事业克服各种困难，及时转换经营机制，稳步发展。1992年以前，全市电影放映、剧场经营尚能盈利。随着改革开放的深入，电影发行渠道的变革，电影发行放映系统管理、体制等方面的问题接踵而至，也在冲击下逐步警醒、适应，创收补文工作逐渐出现起色。1997年，全市有电影业机构498个，从业人员2430人。

至2008年年末，淮安市有广播电台7座、电视台7座、转播发射台6座；广播电视数据宽带网覆盖6万多户居民；各地均可收听4套以上无线广播、收看30多套电视节目，市区用户可收看34套以上有线电视节目；广播和电视综合人口覆盖率均达100%。全市有线电视用户61.3万户，完成1409个行政村有线电视“村村通”工程，村通率达95.4%，农村有线电视用户达40万户。全市县、乡光缆联网率达100%。淮安市电影业主管部门和相关单位综合运用行政手段和市场操作办法，拓展农村电影市场，逐步扭转市区电影发行放映衰落局面，组织国产主旋律影片和进口大片的宣传、发行和放映工作，严厉打击影片走私盗版不法行为，取得较好的经济效益和社会效益。

第一节　广　播

一、概况

淮阴人民广播电台成立于1973年8月1日，下设业务、传音、发射、政秘4个组，有职工45人。1978年3月1日，淮阴调频广播转播台试播，频率为99.8千赫兹。同年5月，从省电台调来10千瓦调频发射II型机1台，10月1日试播。1978年8月，该台发射台、传音组迁入郊区公社繁荣大队第四生产队（今清河区大治路6号）新址工作。同年11月23日起，江苏省实行同步广播，取消淮阴人民广播电台呼号，改为转播台，全部转播和传送江苏省人民广播电台第一套节目，频率为104.4千赫兹。全天转播14个小时，在每天3次转播结束后，插播3次淮阴地区天气预报。1979年1月9日，该台正式开始转播中央人民广播电台节目，每天转播时间为13.5个小时。同年4月，该台频率为98.1千赫兹。同年7月20日，频率改为103.6千赫兹，转播江苏人民广播电台第一套节目。

1981年，淮阴人民广播电台进行机构调整，设新闻、专题、综合、文艺、播音、技术、传音、发射8个组，有职工97人。

1984年4月，省广播电视厅给淮阴市下达建设实验台的任务。市广播电视局向市委、市政府提出广播电台与实验台“两台”合建方案，并获批准。市财政仅拨给25万元专款，市广播电视局自筹资金86万元，又贷款26万元。1985年5月1日，淮阴人民广播电台呼号重新启用，并恢复自办节目，功率为1千瓦，频率为1584千赫兹，台址仍在清河区大治路6号。该台覆盖面积为2000平方公里，覆盖人口400万人。功率为2千瓦的实验台也随后投入使用，覆盖市区半径为15公里。

同一时期，各县（市）广播电视局相继成立，乡镇放大站改建广播电视站工作稳步发展，硬件设施建设进一步提高。乡镇广播电视站由集体性质改为全民事业单位，队伍得到稳定。

1987年1月，淮阴市有线广播站编播业务并入淮阴人民广播电台。同年4月12日，淮阴人民广播电台改频率为80.1千赫兹、94.9兆赫，播出有线、无线2套广播节目。至1989年年末，市区观众可收听到3套无线广播和1套有线广播节目。

20世纪90年代，淮阴市广播电视局自筹资金300多万元，开办调频立体声广播，改造省级微

波线路，改革淮阴人民广播电台节目形式。1994年5月23日，淮阴经济广播电台正式开播，频率为152.1千赫兹和105兆赫。有线广播仍保持良好的发展势头。至1995年年末，全市有线广播电台的技术指标均达部颁甲级以上标准。大部分乡镇广播电视站设备指标达到部颁乙级标准，村级广播室也开始走上规范化建设轨道。信号传输网路得到更新和改造，用户设备亦有所改进，有线广播传输质量不断提高。全市农村有线广播村通播率超过95%，组通播率超过94%，基本形成以县广播电台为中心，以乡镇广播站为基础，以专线传输为主，并与多种传输手段相结合，连接村村户户的质量高、效能好的农村广播网。

2000年，全市有广播电台1座、中短波广播发射台和转播台2座，广播人口覆盖率达100%。2002年7月，淮安人民广播电台成立广播艺术团，成为全省首个依托广播成立的艺术团体。2005年，淮安人民广播电台实行台长领导下的频率负责制。设置淮安人民广播电台新闻综合频率（80.1千赫兹、106.7兆赫），原淮安经济广播电台更名为淮安人民广播电台经济生活频率（125.1千赫兹、105兆赫），当年5月新开播的淮安交通文艺广播更名为淮安人民广播电台交通文艺频率（152.1千赫兹、94.9兆赫）。至2005年年末，淮安人民广播电台设播出站点3个、制作站点13个，全天累计播音60小时30分钟，拥有省“十大名牌节目”《学习与探讨》（新闻综合频率）、省“十佳优秀栏目”《行风热线》（新闻综合频率），以及《生活热线》《直播淮安》《金秋岁月》《蓝精灵》《交管直播网》《温馨夜话》等一大批市级品牌栏目，节目制作、播出质量进入全省广播先进行列。

2006年4月22日，淮安城市管理广播频率（调频96.8兆赫）正式开播，为全省第一家、全国第二家专业特色广播。

至2008年年末，淮安人民广播电台有新闻综合、经济生活、交通文艺、城市管理4个频率，平均每天自办节目播出时间近70小时。

二、节目制播

1985年5月，淮阴人民广播电台恢复自办节目。此后，该台自办节目多次进行改版。至20世纪80年代末，淮阴市各广播台站的自办节目类型主要是新闻类专题节目、知识性和服务性节目及文艺类节目。

20世纪90年代，淮阴人民广播电台、淮阴经济广播电台利用早晨、中午的黄金时间，加大新闻分量，实行新闻滚动播出。市级广播电台增设服务性、娱乐性节目，播出时间达到23小时26分钟。1998年，反映周恩来童年时期成长历程的广播剧《大鸾歌》获得省级广播好稿件评选一等奖，还获得江苏省“五个一工程奖”，1999年3月被中国广播剧研究会评为银奖；市人民广播电台的音乐节目《挑战高音C》在全国市级电台优秀音乐节目评比中获一等奖。1998年，围绕纪念改革开放20周年进行宣传，市人民广播电台开辟《辉煌二十年》《时代回眸》专栏，市经济广播电台举办反映改革开放20周年来巨大变化的广播剧精品展播。1999年，市人民广播电台举办百姓话成就中华人民共和国成立50周年征文活动；市人民广播电台、市经济广播电台分别开辟《九九回归看澳门》《喜迎澳门回归》专栏，庆祝澳门回归，累计播出近200个节目。市人民广播电台的《每周评论》栏目入选全省首届广播电视十大优秀栏目。

2001年，市人民广播电台开设《先锋颂》栏目，集中报道全市优秀基层党组织的先进事迹。市人民广播电台从2001年4月27日开始，在每周五9：00～10：00开办《行风热线》直播节目，市直24家行风评议重点单位的一把手和主要业务负责人分别走进直播室接受听众咨询、举报及投诉，得到社会各界的关注和好评。该节目全年室内直播38次，户外直播3次，接受咨询投诉热线1350多个，办结率100%。市人民广播电台的广播评论《警惕另一种“空手道”现象》、理论节

目《和农民朋友聊聊知识经济》、市广播电视报通讯《浴血刘老庄拍摄散记》获得省政府广播通讯评比一等奖。2002年，市人民广播电台《学习与探讨》理论节目获省“十大名牌栏目”称号；市人民广播电台的广播评论《尊重下岗再就业工人的劳动力价值》获省政府广播新闻类作品一等奖和江苏新闻奖。2003年，市人民广播电台新闻作品《青出于蓝，另放光彩》获全国广播文艺类三等奖。2004年，市级广播电台的理论节目《说说“组织起来”》和综艺主持节目《乡韵缤纷百花开》分别获得全国广播电视好新闻和全国广播电视播音主持三等奖。

2005—2008年，市级广播电台有2套节目，平均每天播出40小时，其中自制节目占播出总量的90%以上。市人民广播电台《行风热线》节目获江苏省优秀栏目奖，广播专题节目《关注留守儿童》获得省政府新闻评比一等奖。市级广播电台的节目制作发挥舆论监督和服务功能，推出一批反映民生、民情的栏目。淮安人民广播电台城市管理广播频率推出《城市零距离》《城市热线》栏目，新闻综合频率名牌栏目《生活热线》《行风热线》实行户外直播。此外，市级广播电台还对新闻频率、经济频率进行改版，增强节目的时尚性、娱乐性、通俗性，受到听众喜爱。在第六届江苏省广播电视“十大名专栏”评比中，新闻综合频率的《做客淮安台》获“名专栏”称号。

三、宣传与报道

1978年至20世纪80年代末，淮阴市各级广播台（站）改进广播宣传，自觉地在思想上、政治上同党中央保持一致，整个宣传面貌发生重大变化。理论宣传由“活学活用”转到坚持宣传马列主义、毛泽东思想的科学体系上来，宣传报道从“阶级斗争为纲”转向重点宣传“四化”（工业现代化、农业现代化、国防现代化、科学技术现代化）建设，社会教育从强调“突出政治”转向重视社会主义精神文明建设。在节目形式上一改以往转播为主的老面孔，纷纷自办、精办各种节目，恢复和新办《快讯》《科学知识》《对农广播》等紧贴对农实际和符合农民需要的专题节目。同时运用各种喜闻乐见的形式，广泛宣传发动党的路线、方针、政策以及科学种田等知识，受到农村干部和农民群众的普遍欢迎。

20世纪90年代，淮阴市市级广播电台把经济宣传作为重点，在节目设置、栏目调整、组稿选题、播出内容上都向经济宣传方面倾斜。针对淮阴市是“农业大市、工业小市、商业弱市”的实际，突出农业宣传，强化工业宣传，注重商业宣传。组织对农业和农村经济发展进行报道，对“两专一基”（专业户、专业村、基地乡）的先进典型和小康乡镇作重点报道；强化对企业深化改革的报道，对一批国有大中型企业深化改革的成功经验开展重点报道和系列报道；加大个体私营经济宣传力度。

2000年以后，淮安市广播宣传主要为经济社会发展营造良好的舆论氛围。围绕全民创业、软环境治理、“四城同创”、招商引资等市委、市政府的中心工作和重大活动开展宣传。《行风热线》节目自2001年4月开播后，逐渐成为有影响力的品牌栏目。该节目分为室内、户外2种形式，由淮安人民广播电台、淮安电视台与市纪检监察部门联办。室内直播接受听众咨询投诉，解答回复相关问题；户外直播举办“走进乡村——与农民朋友面对面”“走进工业新区——与企业家面对面”“走进园区——与民营企业面对面”“看病与上学”“法律援助”“走进工地——与农民朋友面对面”“与纳税人面对面”等主题式活动。《行风热线》节目户外直播属全国首创，国务院纠风办、江苏省纪委都给予肯定并推广，中央电视台、中央人民广播电台、《人民日报》《新华日报》等新闻媒体都在重要版面和节目里，多次对《行风热线》节目作专题报道。2006年，淮安人民广播电台开展广播记者百村行活动，记者们深入到农村、农民中开展调查研究，推出报道100多篇，其中有30多篇报道被省广播电台新闻节目采用。从2007年1月起，淮安人民广播电台策划推出“和谐

淮安，共建共享”版块式主题宣传活动。同年9月起，该台新闻综合频率推出特别节目《喜迎十七大和谐淮安行》《喜迎十七大百姓说变化》《学报告话发展全面建设新淮安》等。2008年8月，《行风热线》更名为《政（行）风热线》，实行广播、电视并机常态直播，这一形式为全国首创。2008年，淮安市市级广播电台推出主题报道10个，计400多篇。

四、基础设施建设与技术发展

1979年4月20日，淮阴人民广播电台架设边宽为1米、高102米的拉线铁塔1座，使用功率为10千瓦的发射机，频率为98.1千赫兹。同年7月20日，频率改为103.6千赫兹，转播江苏人民广播电台第一套节目。是年，淮阴人民广播电台在郊区公社繁荣大队第四生产队（今清河区大治路6号），新建播音机房面积180平方米，办公楼面积1360平方米，架设35千米传音电缆。1978—1983年，淮阴地区广播部门在思想政治上拨乱反正，开展一系列整顿和建设，使广播基础设施、传输质量、收视效果以及广播电视宣传在群众中的影响都有较大的提高。

淮阴地区的有线广播创建较早，但当时网路质量低下，木制电杆充斥网路。1978年后，淮阴地区开展以提高网路质量、提高效能为中心的标准化整网工作。至1982年年末，淮阴地区所有县（市）全部完成县通公社的广播水泥杆信号专用线路建设任务。至此，淮阴地区有线广播独立传输系统全部建成，彻底结束过去长期利用电话线路传送广播信号的历史。在抓水泥杆馈线建设的同时，逐步更换导线和改善用户装备，提高传输效率，使网路质量和效能明显提高。

1983年起，淮阴市全面拉开面广量大的乡以下广播线路标准化整网工作的序幕。然而，由于地方经济力量不足，资金紧缺，影响和制约整网工作的开展，至1987年年末实际只完成总数的50%左右。金湖县根据四级办广播和“谁受益、谁负担”的政策，采取“财政挤一点、乡里拿一点、村里集一点、农户筹一点、其他方面凑一点”的办法，保证整网经费的落实。该县于1988年年末全部完成村级网路标准化整顿工作。1989年3月24日，中共淮阴市委、市政府在金湖县召开全市有线广播事业建设现场会议，推广金湖县经验，全市各地整网步伐加快。至1989年年末，淮阴市区观众可以同时收听到3套无线广播和1套有线广播节目。

1994年，淮阴广播电视中心动工。至当年年末，全市有中波广播电台2座，中波发射台和转播台2座，调频广播电台12座，调频转播台2座。1995年，全市农村有线广播组通率超过94%，无线广播覆盖面继续扩大。1996年，全市有广播电台2座，中短波广播发射台和转播台2座。农村有线广播进一步发展，全市成立广播室的农村有线广播村数量占村总数的70%。1997年，淮阴广播电视光缆传输网建设拉开序幕。同时自筹资金用固态发射机替代老式电子管发射机，全市农村有线广播普及率达95.8%。至1997年年末，除演播厅外，淮阴广播电视中心全部竣工并投入使用。1998年12月上旬，广播电视光缆传输网省网淮阴段及市至县传输网建成并开通使用。该工程在原有基础上增加传送12套电视节目、4套广播节目，实现全市广播电视一网到户，并与国家信息高速公路接轨。至1998年年末，全市农村村民小组通播率为92%。

图31-10 淮阴广播电视大楼（1998年）
顾树青 摄

2004年，全市建有中波台2座，调频广播发射台7座，有8套自办广播节目播出，广播总播出74000小时，停播率小于2秒/百小时。2005年，淮安市级广播电台完成3个频率的直播室和总控室数字化改造工作。同年12月29日，淮安人民广播电台购置的广播数字化直播车首次投入使用。该台广播直播车由淮安人民广播电台自行设计，为全国首辆方仓式结构直播车。2006年12月29日，淮安广播网开通。2007年4月，淮安新中波发射台建成，位于淮安经济开发区吕庄村，占地面积8.4公顷，建筑面积3569平方米，配备10部固态发射机。2008年，淮安市完成中央一套调频广播发射机安装调试，并通过省广电局专家组验收。

第二节 电 视

一、概况

淮阴电视转播台于1970年5月开始筹建。1980年，淮阴电视转播台进行扩建，新台址设在市区城南公社轮窑大队第八生产队。1986年1月20日，淮阴电视台正式成立并开播。1986年5月1日，淮阴市市区电视卫星地面接收站建成。

1993年7月，淮阴市广播电视局筹建市有线电视台。1994年1月1日，市有线电视台正式开通。1995年9月，淮阴有线电视台开播自办节目。至1995年年末，市有线电视台通过部省建台验收，有线电视网络覆盖市区主要区域，为3.2万户居民提供14套电视节目。

1996年，市有线电视网路主干线由城区延伸到市经济开发区和淮阴县境内，城区网络覆盖率达94%。市区有线电视入网用户由1994年的2万多户迅速增加至3.2万户，并在1996年年末突破4万户。同时，在市、县两级党委、政府支持下，职能部门通力合作，采取“分步走”战略，即先用小微波联网，再逐步升级换代的办法，使市、县有线电视联网目标得以在1996年提前实施和完成，市有线电视台播出的包括4套加密频道在内的6套电视节目，通过微波传送至各县（市）台及入网用户。

1997年，淮阴市开始广播电视光缆传输网建设。至1998年年末，全市广电光缆传输网建设提前完成，12月26日正式开通。

淮阴市各辖县（市）也投入巨资发展有线电视，建起有线电视筹建台。部分县（市）的有线电视网路开始向乡村延伸，涌现出一批有线电视乡和有线电视村。在有线电视快速发展的同时，全市无线电视继续蓬勃发展，新建一批电视转播台和卫星地面接收站，开通淮阴—金湖—盱眙微波线路，部分地区的收视效果改善，全市电视覆盖面进一步扩大。

1999年6月，撤销市电视台和市有线电视台新闻部，将人员和设备合二为一，成立淮阴电视新闻中心，统一负责淮阴电视新闻的采编和制作；撤销市电视台和市有线电视台广告部，成立淮阴电视广告中心，加强对电视广告创收的统一协调和管理。截至2000年年末，全市有电视台7个，电视人口覆盖率达100%，市区有线电视用户突破6.5万户，全市有线电视用户总数达18万户。

2002年10月30日，淮安广电宽带网络有限公司正式开业。当年发展宽带个人用户2000多户、集团用户100多个。

2003年，市广电局对市电视台和市有线电视台实施资源整合和结构重组。将市有线电视台宣传方面的资源划转到市电视台，市有线电视台更名为淮安市有线广播电视网络中心，同时撤销市区广播管理站和市影视音像稽查队，成建制划归新成立的市有线广播电视网络中心统一管理。

整合后的淮安电视台3个频道按照新闻综合、都市生活、影视娱乐的不同定位进行采制、编排和播出节目。

2004年12月15日，淮安有线数字电视正式开通。至2005年年末，全市县、乡光缆联网率达100%，建成连接6个县（区）的环型数字主干线光缆传输网；有线电视网络迅速发展，有线电视行政村开通率达68%，有线电视用户总数达33万户。此外，还建成覆盖6万多户家庭的广播电视数据宽带网，开通有线数字电视，市区数字有线电视覆盖9万多户家庭。全市8个县（区）城区观众均可收看到27套以上电视节目，市区用户可以收看到34套以上有线电视节目。

2006年，淮安市有线电视用户新增7万户，总户数达到40万户，金湖县成为全市第一个全省有线电视先进县。截至2008年年末，淮安市有电视台7个，电视人口覆盖率达100%，有线电视用户61.3万户，淮安电视台每天平均节目播出时间增加到近60小时。

二、节目制播

淮阴电视转播台最初使用1千瓦黑白电视发射机，台址设在江苏省淮海剧团院内，频道为5频道，1971年1月1日开播。1979年7月，该台从南京转录节目送回淮阴地区隔日播放。从1979年8月17日起，淮阴电视转播台播出中央电视台和江苏电视台综合节目。同时，白天录像播出中央电视大学教课实况。

淮阴电视台正式成立后，全市电视文艺创作起步。1986年4月，市广播电视局组织拍摄全市第一部自编自导的电视剧《世上的路》，在中央电视台和江苏省电视台播出，当年又连续拍摄6个电视短剧，并有2部电视短剧在全省比赛中获奖。1987年，淮阴电视台拍摄的电视报告文学《“113”的忙音》获江苏省电视台“百家春秋”大赛一等奖。此外，以新安旅行团宣传抗日救亡活动为题材的4集儿童电视连续剧《一群小好汉》获省优秀电视剧奖并在中央电视台播出。至20世纪80年代末，淮阴市级电视台为观众提供4套电视节目。

1990年，淮阴电视台和中央电视台联合摄制的电视艺术片《桃花酒店》获全国电视文艺评比“星光杯”一等奖。淮阴电视台制作的电视专题片《今古奇观洪泽湖》《漂浮在水上的土地》《美的编织者》，分别于1991年、1992年、1993年获中国电视艺术委员会专栏节目奖。1994年，淮阴电视台制作的电视剧《童年周恩来》获第十四届全国优秀电视剧飞天奖。从1995年7月1日起，全市有线电视台（站）播出录像节目实行集中统一供片。由市广播电视局音像管理科实行统一扎口管理，省供片站提供片源，各县（市）台站播出的录像节目由市广播电视局统一提供，不得从其他渠道进片，也不准翻录、空录。从当年9月4日起，淮阴有线电视台自（筹）办新闻和专栏节目并开始试播。同年，淮阴电视台摄制的电视文艺片《洪泽湖纪事》获省级文艺片评比一等奖，实现电视节目该奖项零的突破。为纪念抗日战争胜利50周年，淮阴电视台摄制4集电视专题片《燃烧的土地》，获得1994—1995年度江苏省精神文明建设“五个一工程奖”。淮阴电视台还增加专栏节目播出时间，新闻报道时效性提高。

1996年，市有线电视台开办新闻节目。1997年，市有线电视台开办图文电视，全天播出16小时。1998年，为纪念周恩来诞辰100周年而拍摄的电视片《桃花几月开》获省政府文艺一等奖、中国电视戏曲兰花奖。此外，淮阴电视台制作的电视专题片《和平小天使》获省一等奖，《学习十五大特别节目——淮阴篇》获全省市级电视台该类专题唯一特等奖。1999年，市有线电视台开播《今日财经》栏目，填补淮阴市电视经济类栏目的空白。

2001年，淮阴电视台制作的戏曲电视剧《大唐女帅》获省“金凤凰奖”。2002年，淮安电视台制作的专题片《粮食银行》获2002年度中国广播电视社教节目二等奖、省电视社教片政府一等

奖。2003年，淮安电视台制作的电视艺术片《荀艺长荣》不仅获得江苏省首届文艺报道一等奖，还获得淮海经济区电视节目特等奖、中国戏曲梅花奖；电视纪录片《心愿》获得中国纪录片奖和中国外宣片“彩桥奖”。2005年，淮安电视台有3套节目，平均每天播出近50小时，其中自制节目98分钟。该台的电视评论《危桥的警示》获全国广播电视大奖入围奖，《走进现场》栏目入选第四届“江苏省十大名牌栏目”。由淮安电视台投资并联合南京影视家协会、江苏飞天艺术中心拍摄的长篇电视连续剧《金陵子潮》在中央电视台第一套节目播出。

2006年1月1日，淮安电视台开办《戏曲天地》栏目，填补淮安电视台自办文艺节目的空白。全年播出52档节目，计26小时。同年1月4日起，淮安电视台《晚间播报》栏目改版为《新闻晚报》。淮安电视台《今日观察》栏目获全省“优秀栏目”奖。淮安电视台参与制作的19集电视剧《金陵子潮》、电视纪录片《水上邮路》获江苏省“五个一工程奖”，电视纪录片《水上邮路》《张国凡办学》获中国纪录片奖提名。2007年，淮安电视台购买和引进电视剧73部2400集，引进国产动画片18部450集，引进各类栏目10档2500集。组织拍摄《咱们村里喜事多》电视系列片。《今日观察》栏目获“江苏省十大名牌栏目”称号。2008年，淮安市级电视台播出电视剧7364集、电影558部、《戏曲天地》54期，引进栏目2933小时。

此外，淮安电视台参与制作的《碧水名城我家园》《水上邮路》《心愿》《恩来故乡行》等一大批电视片通过江苏国际频道长江卫视在美国的美洲电视网和英国的欧洲电视网播出，系统地向海外介绍淮安市经济、文化、社会建设的成就，受到海外观众的好评。

三、宣传与报道

淮阴电视台成立后，20世纪80年代主要以转播中央电视台、省电视台节目为主，自办的宣传报道类节目较少。

20世纪90年代，淮阴市级电视台宣传全市精神文明建设成果，报道各条战线的精神文明先进典型人物，市电视台开设《十佳人物》《风采人生》专栏，市有线电视台开设《城市生活》《市民瞭望台》等栏目。1995年，淮阴电视台有4篇稿件被中央电视台的《新闻联播》《晚间新闻》节目采用，其中《淮阴市大力推进农业生产经营方式转变》首次在中央电视台《新闻联播》节目中头条播出。1997年，淮阴电视台拍摄和制作19个电视专题片计156分钟，如《水上长城》《渔民风筝节》《慈云寺》《观桃花垠》等在美国媒体播出，在美国引起较大的社会反响。1998年，淮阴电视台制作的电视系列片《桃花几月开》、电视专题片《和平小天使》获得省电视好稿件评选一等奖。同时，淮阴电视台组织制作和选送电视节目在欧洲、美洲卫星电视网播出，全年在欧美卫视网播出有关淮阴市的电视专题片157分钟，23个版块。1999年，市电视台在新闻节目中开辟《辉煌五十年》栏目，并从9月20日起在《今晚八点》栏目中开辟《五十年变迁看淮阴》系列电视展播，历时1个月；市电视台在《今晚八点》栏目中开办纪念中共十一届三中全会特别节目《淮阴在崛起》，播出42档。

2001年，市电视台开设《风采录》栏目，集中报道全市优秀基层党组织的先进事迹。同年，淮阴电视台新闻评论《越位、缺位、到位》获得省级政府新闻一等奖。2003年，淮安电视台新闻作品《桥梁——侯正宇的劳务输出事业》获得江苏省新闻奖，实现历史性突破。2004年，淮安电视台开办7个经济栏目，播出典型经济报道216条。2005年，淮安电视台被江苏省电视台采用567条报道，被中央电视台采用39条报道，有9条新闻在中央电视台《新闻联播》节目中播出。2006年，淮安电视台推出《百篇新农村系列报道》，分为《生产发展》《生活宽裕》《乡风文明》《村容整洁》《管理民主》5个版块，每个版块推介20个典型，组成100篇。从2007年9月15日起，在《淮安新闻联播》节目中推出《展示新成就，喜迎十七大》和《我家这五年》2档系列报道。《今日观察》栏目

推出13档以关注民生为主题的学习中共十七大精神访谈节目。淮安电视台与市总工会合作推出40集系列报道《创造》。2008年，淮安电视台推出主题系列报道300多篇，典型报道近200篇以及大量民生、民情类报道，在社会上引起很大的反响。

2004年1月，淮安电视台推出《乡村行》大型系列报道，累计播出80多条新闻。2005年10—12月，推出大型系列报道《大户见闻》，40位大户现身节目，讲述自己生产致富的经历和经验，在全市特别是农村引起广泛关注。

此外，1992年、2000年、2008年，淮安电视台先后3次组织航拍，推出电视专题片《空中看淮安》《飞越淮安》及大型图片展，电视专题片在江苏卫视播出，在市内外产生广泛的影响。2006年、2007年、2008年，淮安电视台连续3年组织歌颂劳动者创造跨越大型新闻行动，共播出120集。

四、基础设施建设与技术发展

淮阴电视转播台开播以后的很长一段时间信号源很差。1979年2月，淮阴地区电视部门自筹经费14万元，购进录像设备4台、摄像机2台。1980年2月，淮阴地区电视部门筹建当时全省最高的186米直立式电视调频发射塔一座，安装使用10千瓦彩色电视发射机，同年9月建成。江苏省广播事业局规划的8GC中微波苏北支线，于1980年10月1日开通至淮阴地区，淮阴市区能接收到当天较为稳定的中央电视台和江苏电视台信号。同年11月16日，淮阴电视转播台的1千瓦黑白电视发射机搬迁至简易机房，以新的天线开播。1981年4月，10千瓦中频调制彩色电视发射机调试完毕，在全省率先投入使用，转播中央电视台、江苏电视台综合节目和电视大学课程，每天播出时间约13小时。1982年6月，筹建50瓦电视转播台，由淮阴地区、清江市、江苏省农垦局共同筹款8.5万元，购置50瓦电视差转机。至此，淮阴市区观众可以同时收看到2套较为稳定的电视节目。1982年12月1日，淮阴电视转播台录像播放中央电视台第一套节目。1988年10月，淮阴电视台电视调频发射机房建成，建筑面积600平方米，配套设施同时投入使用，极大改善工作环境，提高播出质量，转播中央电视台第二套节目的16频道于年底开播。至1988年年末，淮阴市区观众可同时收看4套电视节目。在此期间，淮阴市下辖各县（市）办电视的积极性也空前高涨，纷纷加大投入，全部建起电视转播（差转）台，购置电视发射机，增开电视频道；同时，各县（市）电视卫星地面接收站均相继建成，使县（市）城区都能清晰地收看到两套以上电视节目。

1992年年底，全市各县（市）能收看中央、省、市电视台3套节目。金湖县有4个频道供观众选择，成为全市收转电视频道最多的县。1994年，淮阴市政府组织专门人员对市、县（市）安装卫星电视广播地面接收设施单位进行检查验收。1995年，淮阴市下辖各县（市）全部开通有线电视，市区有线电视用户3.2万多户，电视覆盖面继续扩大，开通淮阴—金湖—盱眙—泗洪的微波干线，安全优质播出17593小时。

1996年，淮阴市的有线电视网络继续延伸，主干线由城区延伸到市经济开发区和淮阴县联通，城区网络覆盖率达94%。至当年年末，市区有线电视入网用户发展至4.1万户，开通4套加密频道，播出节目增加至18套。1997年，淮阴市新建电视差转台4座。市至县（市）微波传输网建成并试开通使用，全市各县（市）均可通过微波、空中及电缆等收看淮阴电视台电视节目。有线电视向有条件的乡镇及村扩展，当年年末全市有线电视用户超过10万户。淮阴市广播电视中心主楼投入使用，总建筑面积超过1.3万平方米，层高22层，主楼高81米。1999年年初，市、县广播电视光缆传输网建成开通，使市、县广播电视联为一体，实现节目互传，大大改善淮阴电视台覆盖效果和县电视台信号质量。至1999年年末，全市183个乡镇中有143个开通有线电视，全市有线电视用户达15.5万户。

2002年，淮安市、县广播电视光缆联网率61.5%，有线电视行政村开通率46%，有线电视用户23.12万户。2003年，淮安市有87个乡镇实现光缆联网，763个行政村开通有线电视，有线电视总用户为26.3万户。市广电局组织开展全市广播电视卫星接收设备专项治理工作。对全市183座卫星接收设施进行全面年检，注销79座，报废22座，82座通过年检；对全市11个单位20套境外节目接收设备进行置换，拆除非法小天线8座；对全市76个网站进行监管。2004年，全市有电视发射台7座，有线电视台7座、播出8套自办电视节目，有线电视总播出120.2万小时，电视发射频道总播出9.8万小时，停播率小于2秒/百小时。2005年3月，淮安电视台引进中央电视台索福瑞收视调查系统。同年9月，淮安电视台数字电视直播车正式投入使用，该直播车的设备和技术指标在全省地市级电视台中均处于领先水平。同年9月21日，金望角广场·淮安有线电视网络传输中心正式开工建设。至2005年年末，淮安电视台的摄录设备实现电子化，拥有多条非编系统。全市有5个县（区）的电视播出系统使用硬盘播出，淮安电视台购置1辆“6+2信道”标清数字电视转播车，结束淮安市没有电视转播车的历史。实施有线电视进村入户工程。全市县乡光缆联网率达到100%，有线电视行政村开通率达到68%，有线电视用户达到33万户。数字电视用户也不断增加，城区有线数字电视覆盖9万多户家庭。

2006年，淮安新中波台、电视虚拟演播室建成，淮安电视台完成设备数字化一期改造。网络中心播出有线电视模拟节目35套，数字电视12个频道，全年安全播出24万小时，中波发射台实现安全播出3万多小时。全市拆除非法卫星接收设施1800多座，捣毁非法销售点9个。2008年，淮安电视台对播出设备进行全新的数字化改造，采用天虹银河600全数字硬盘播出系统。

第三节　电　影

1983年以前，淮阴地区的电影管理工作由淮阴地区电影公司负责，行政上隶属于地区文化局领导，业务上接受江苏省电影公司的指导。1983年3月，淮阴地区电影公司改称为淮阴市电影公司，有工作人员33人。1985年5月，更名为淮阴市影剧公司。1987年，该公司从单纯管理型逐步转变为集文化、娱乐、会议、食宿、商业服务于一体的多功能服务型经济实体，并建立录像发行站。同年12月，该公司在江苏省电影系统市一级电影公司中，率先实行经营承包责任制，实行经理负责制，并正式改为全民所有的文化事业单位。1988年5月，淮阴市进行影剧分治，成立淮阴市电影发行放映公司。

在20世纪90年代以前，淮阴市电影公司的主要业务是影片发行和放映网管理。1993年以后，淮阴市电影发行放映公司多次对内部机构进行改革。撤销发行科、城管科、宣传科，合并成立电影部，将所有与电影相关的业务统归电影部管理；将计财科改为财务部；放管技术科改为技术开发部；保留办公室；新成立五金市场管理办公室和皇冠影厅；录像站并入市文化音像发行总站。

2003年，淮安市电影发行放映公司被市政府列为市直文化系统唯一参加改制的单位。2005年10月，该公司全面完成改制工作。改制后，淮安市电影公司全部资产由市政府划归市资产经营公司所有，由市资产经营公司出资500余万元对全体职工进行安置，并向市文化局无偿移交35毫米库存影片1400余部。

一、影片发行

1978年后的一段时期，淮阴地区的电影发行主要是由清江市影剧公司负责。1983年3月，清江市影剧公司被撤销，其发行业务由淮阴市影剧公司直接负责。1985年起，8.75毫米影片在淮阴市全部被淘汰，不再排映。1987年，淮阴市电影公司电影发行收入留成9%。至1987年年末，淮阴市电影发行收入连续3年递增超过50万元。

1992年以前，全国电影发行放映管理机制是按行政区划设立电影公司。省公司负责全省影片的采购，向各市公司发行，市公司再向各县公司发行，县公司向放映单位发行。在收入分配上，采取分账发行结算方式。淮阴市在全省属经济欠发达地区，影片发行分账留成为全省最高，即自留30%、交省70%。

1993年，全国电影发行放映机制改革启动，淮阴市、扬州市、徐州市、盐城市开始联合进行电影发行放映经营。1994年，淮阴市电影公司发行放映35毫米节目184支，342个拷贝，市区电影发行收入150万元。1995年，淮阴市市区电影发行收入100多万元，引进影片33部。1996年，江苏省影片发行由新组建的江苏长江影业有限责任公司操作，影片发行采取对各市卖断的方式。市电影公司相应采取拓宽购片渠道，组织名片展映、专题汇映等办法。1995年，市区电影发行收入130万元。1998年，淮阴市拓展农村电影市场，组织好国产主旋律影片和进口大片的宣传、发行和放映工作，严厉打击影片走私盗版不法行为。当年市区电影发行收入130万元。2000年，市电影公司完成片租70万元。在反腐题材影片《生死抉择》发行中，综合运用行政手段和市场操作办法，放映收入达39万元。2002年，全国电影发行机制推行院线制改革，江苏长江影业有限责任公司从当年6月起停止运营，进入停业清算阶段。淮安市电影公司随后也停止影片发行操作运营。

二、影片放映

20世纪80年代初，淮阴地区下辖各县相继成立电影发行放映公司，管理所在地开展电影发行放映业务的电影院、电影队等。此后，各县（市、区）社办电影队逐渐普及，社社均有电影队。1986年3—4月，淮阴市广泛开展优秀影片《少年犯》放映活动。同年8月，市影剧公司和涟水、金湖等县电影公司及金湖县淮建乡电影队在全国“卫生、优生优育科教电影展览周”中获中共中央5个部委联合奖励，淮阴市电影公司被评为全国发行放映先进集体。1986年12月30日至1987年7月，淮阴市先后举行在洪泽湖拍摄的影片《老乡》首映式和影评座谈、征文评比等活动。1987年，淮阴市影剧公司等9个单位举行淮阴市全国首届农村“农林科教电影汇映月”首映式，市电影公司获卫生部、国家科委等6个部委联合颁发的“白鹤奖”。这一时期，淮阴市电影系统不断深化内部改革，清江电影院因率先进行经营改革，成绩显著，被表彰为省、市、区先进单位，省、市文明单位。1987年年末，市影剧公司实行承包责任制和经理负责制，全市电影业业务指标均实现增长，市影剧公司获得省广电厅嘉奖。

1991年10月6日，由广西电影制片厂摄制的史诗巨片《周恩来》在县级淮安市举行首映式。从1994年起，淮阴市引入分账大片放映。全年放映电影3451场次，观众69万多人次，放映收入134万元。全市电影行业除清河、清浦两区外，其余的县级电影公司与放映单位先后实行发行放映经济指标承包制。1995年，淮阴市引进33部影片，组织一批品位高、质量上乘的大片投放市场，使各电影院上座率、票房收入大大增加。1995年7月1日起，淮阴市电影发行放映业全部实施电影发行放映许可证制度。

1997年，因行政区划调整，淮阴市电影公司分别向连云港市电影公司、地级宿迁市电影公司

移交灌南县、沭阳县、县级宿迁市、泗阳县、泗洪县电影业务及其资料档案。全市电影系统全年为农民免费放映204场电影，观看群众达18.36万人次。淮阴市各发行放映单位经常性组织爱国主义教育优秀影片放映活动。

2001年，淮安市区电影放映收入78万元。2003年，淮安市电影公司、淮海影剧院、清江影都分别加入中影、星美两条电影院线。全市电影放映系统由于受电视、录像的冲击及部分国产影片质量不高等因素影响，电影放映场次逐年减少。

在城市电影市场发展的同时，淮安市各级政府也注重同步发展农村电影市场。1998年5月，淮阴市政府规定，在确保农村人口每年看12场电影的前提下，按每人每年1.5元标准收取有偿服务费。2001年，淮安市取消农村电影放映统筹经费，但是其下辖各地均未就此安排专项经费和出台相关政策，以致农村电影放映陷入瘫痪状态。2007年，淮安市政府全面启动农村电影“2131”（21世纪初，在广大农村实现一村一月放映一场电影的目标）工程。该意见规定，组织电影放映队伍每年为全市广大农村放映16908场次电影，经考核合格后，按每场80元发放补助经费。2007年，淮安市农村电影放映场次达到1.8万场次，观众200万人次。2008年，淮安市农村放映电影场次达17008场次，其中数字电影5607场次。

三、放映单位

1978年后，淮阴地区在加强农村集镇电影院建设的同时，城市电影（影剧）院分期分批进行不同程度的改造，向舒适型、多功能方向发展，视听质量和观赏环境都有明显改观。1983年4月，建成河下立体电影院。同年5月，淮海剧场改建为市立体电影院。1986年，建成市工人电影院。1987年，建成延安电影院。至1987年年末，淮阴市市区有各类放映单位35个，电影院和影剧院7个。

20世纪80年代中期，淮阴市成立部分村办电影队。这一时期，市区周边乡镇拥有35毫米放映机的电影院有3家，分别是钵池乡影剧院、城南影剧院、武墩乡影剧院。钵池乡影剧院、城南影剧院于1989年起停映，武墩乡影剧院于1994年停映。

1989年，淮阴市市区的电影放映单位发展到高峰，市区有淮海影剧院、儿童影剧院、清江电影院、工人电影院、延安电影院、和平电影院6家专业影院，均为35毫米放映单位。此外，还有城乡35毫米放映单位19个、农村16毫米放映单位19个。

20世纪90年代，淮阴市的一批影剧场（院）在硬件、软件建设上均达到省级明星剧场标准，农村电影院（站）、电影队乡镇电影院也得到迅速发展。1990年，淮阴市有乡镇影剧院145个、乡村流动电影队429个。清江影都1991年改建后开业，门票收入长期居全市电影院前列，年票房突破100万元大关。其中，1997年票房收入达197万元，为改造前最高年票房收入的2.6倍。1992年，市电影公司发动职工集资，在公司院内创办五金塑料批发市场，将试片室改造为皇冠影厅。1992年11月，五金塑料批发市场和皇冠影厅正式开业。皇冠影厅每年票房收入为10万至20多万元，最高时达40余万元。

1994年，淮阴市淮海影剧院、清河区人民剧场、县级淮安市车桥影剧院被江苏省文化厅命名为“明星剧场”。淮阴市市区内拥有35毫米放映机的工矿企业俱乐部最多时有16家，但20世纪90年代中期以后陆续停止放映。其中，淮阴市钢铁厂、淮阴市印染厂、淮阴卷烟厂、淮阴市磷肥厂、海员俱乐部等于1993年前停映，淮汽俱乐部1994年停映，清拖俱乐部1995年停映，淮拖俱乐部、淮阴市化纤厂俱乐部1996年停映，淮阴市纱厂俱乐部、淮阴市石化厂俱乐部1997年停映，淮阴军分区俱乐部2000年停映，江苏农垦俱乐部2001年停映，淮阴师范学院礼堂偶尔放映。

20世纪90年代中期以后，由于取消农村电影放映统筹经费，加上电视、网络、音像市场的冲击，农村电影放映日渐衰落，靠卖门票放映电影的经营方式不复存在，绝大多数农村电影放映队伍名存实亡。农村电影院的产权在乡镇，放映场所的产权有的交由文广站，有的安排给电影队，有的指派给乡镇其他部门，有的被改造为乡镇会堂，有的改作工厂或仓库，基本失去其电影院的功能。

从1997年起，和平电影院、工人电影院、延安电影院因电影放映效益下滑严重，先后改为舞厅实行对外承包。淮海影剧院完成内外装修改造，面貌焕然一新，并更名为淮安人民大会堂，成为市区最大、设施最齐全的电影放映单位。市儿童影剧院于1997年进行改造，后改为舞厅实行对外承包，2005年完成改制。

2000年后，淮安市文化主管部门采取恢复统筹、优化组合等一系列措施，使全市80%以上的农村电影放映队恢复放映。2003年，全国实施院线制后，皇冠影厅停止运营。2005年，清江影都完成改制。2008年9月26日，由淮安人民大会堂全体职工集资组建新成立的清江影城在原清江影都旧址上开业，填补清浦区没有电影院的空白。

至2008年年末，淮安市有各类电影放映单位100余个。农村电影放映队伍实力壮大，有77个农村电影放映队，其中使用数字机的有39个队、16毫米放映机的有34个队、35毫米放映机的有4个队，放映人员有160人。淮安市农村电影放映队的数字机器主要由江苏新希望数字院线负责技术保障和设备维护。按照县（区）电影公司与农村放映队签订的购买使用数字电影放映机的协议，在5年协议期内设备所有权归县（区）电影公司，协议期满后归农村电影队。其他类型的放映设备均由电影队自行维护或送至厂家维护。

第九章　非物质文化遗产

淮安市地处中国南北过渡地带，南北文化在此碰撞融合，创造出多姿多彩的非物质文化，主要包括民间文学、民间音乐、民间舞蹈、戏曲、曲艺、民间手工技艺、民间习俗、民间知识等。随着改革开放的不断深入，淮安市对非物质文化遗产保护的力度不断加大。截至2008年年末，淮安市有国家级非物质文化遗产名录2项，省级非物质文化遗产名录5项，市级非物质文化遗产名录37项，县（区）级非物质文化遗产名录254项，全市国家、省、市、县四级非物质文化遗产名录体系初步建立。

第一节　普　查

1978年后，在很长一段时间内，由于经济社会发展程度不高，淮安市的非物质文化遗产一度自主发展。但是由于保护资金匮乏、传承后继乏人、生存空间萎缩和生存基础消失，很多代表传统文化的非物质文化遗产濒临灭绝或逐渐消失。

图 31-11　国家级非物质文化遗产代表性传承人、淮海戏表演艺术家杨秀英为弟子吴玲说戏

市档案馆　供

2003年，随着文化部启动中国民间文化遗产抢救工程和中国民族民间文化保护工程，淮安市开始重视对非物质文化遗产进行普查和保护。根据文化部、江苏省文化厅部署，2006年，淮安市全面启动非物质文化遗产资源普查工作。同年7月，淮安市文化局制定印发《淮安市非物质文化遗产普查工作方案》，明确全市非物质文化遗产普查工作的指导思想、工作目标、普查范围、普查原则、普查方法和工作步骤等。同年10月，淮安市非物质文化遗产普查工作领导小组成立，启动为期3年的非物质文化遗产普查工作。

2006年7月至2008年年末，淮安市、县（区）文化部门举办有关非物质文化遗产普查工作业务的培训班84次，对全市非物质文化遗产普查骨干进行专题辅导。明确田野调查与实地走访相结合，集体座谈与个别座谈相结合，资料搜集与实物征集相结合的非物质文化遗产普查方法。淮安市文广新局及市非物质文化遗产保护中心多次组织普查工作督导小组，深入各县（区）进行督查指导，对存在的问题进行有针对性的解答，非物质文化遗产普查工作规范开展。其间，淮安市动员社会力量4459人次直接或间接参与非物质文化遗产普查工作；市级投入普查经费30万元，县（区）投入普查经费105.9万元，乡镇投入普查经费61.42万元；走访普查132个乡镇、街道，1623个行政村（居委会），访谈民间艺人5057人；普查非物质文化遗产线索18154条，项目1772个，采录文字793.21万字，照片18732张，录音记录554.4个小时，摄像记录488.8个小时，征集实物605件；汇编文本1套17册，其中清河区1册、清浦区2册、淮阴区2册、楚州区3册、涟水县2册、洪泽县3册、金湖县1册、盱眙县2册、市经济开发区1册，总计约300万字；制作音像资料328盒，形成电子数据档案容量达225千兆。同时，根据省文化厅要求，完成《淮安市非物质文化遗产普查工作报告》《淮安市国家级非物质遗产名录项目及国家级非物质文化遗产代表性传承人保护工作报告》《淮安市非物质文化遗产普查工作统计表》等10套表格的统计、汇总和上报工作。通过普查，初步掌握全市非物质文化遗产的类别、形态、蕴藏情况、流布地域、传承脉络、衍变情况，并完成登记、建档工作，建立非物质文化遗产分级保护体系。

至2008年年末，淮安市非物质文化遗产普查完成主体工作，普查非物质文化遗产线索18154条、1772个项目，涵盖民间文学、传统音乐、传统舞蹈、传统戏剧、曲艺、杂技、传统美术、传统技艺、生产商贸习俗、消费习俗、人生礼仪、岁时节令、民间信仰、民间知识、传统医药和游艺、传统体育与竞技16大类。

2008年淮安市国家级非物质文化遗产名录表

表31-7

序号	项目类别	项目名称	申报/保护单位	公布时间	备注
1	传统戏剧	淮海戏	江苏省淮海剧团	2008.06	第二批
2	传统音乐	十番锣鼓	楚州区文化馆	2008.06	第一批扩展

2008年淮安市省级非物质文化遗产名录表

表31-8

序号	项目类别	项目名称	申报/保护单位	公布时间	备注
1	民间文学	韩信的传说	淮阴区文学艺术界联合会	2007.03	第一批
2	传统音乐	金湖秧歌	金湖县文化馆	2007.03	第一批
3	传统音乐	十番锣鼓	楚州区文化馆	2007.03	第一批
4	传统戏剧	淮海戏	江苏省淮海剧团	2007.03	第一批
5	曲艺	工鼓锣	涟水县文化馆	2007.03	第一批

2008年淮安市市级非物质文化遗产名录表

表31-9

序号	项目类别	项目名称	申报/保护单位	公布时间	备注
1	民间文学	韩信的传说	淮阴区文学艺术界联合会	2008.01	第一批
2	民间文学	娃娃井传说	清河区文化馆	2008.01	第一批
3	民间文学	巫支祁传说	洪泽县文化馆	2008.01	第一批
4	民间文学	九牛二虎一只鸡的传说	洪泽县文化馆	2008.01	第一批
5	民间文学	白马湖来历的传说	洪泽县仁河镇文化站	2008.01	第一批
6	民间文学	老子山的传说	洪泽县老子山镇文化站	2008.01	第一批
7	民间文学	水漫泗州城传说	盱眙县文化馆	2008.01	第一批
8	民间文学	淮扬菜传说	淮安市文化馆 淮安市烹饪协会	2008.01	第一批
9	传统音乐	金湖秧歌	金湖县文化馆	2008.01	第一批
10	传统音乐	十番锣鼓	楚州区文化馆	2008.01	第一批
11	传统音乐	南闸民歌	楚州区南闸镇文化站	2008.01	第一批
12	传统舞蹈	淮阴马头灯舞	淮阴区文化馆	2008.01	第一批
13	传统舞蹈	洪泽湖渔鼓舞	洪泽县老子山镇文化站	2008.01	第一批
14	传统舞蹈	泾口高跷	楚州区泾口镇文化站	2008.01	第一批
15	传统舞蹈	跳判	楚州区车桥镇文化站	2008.01	第一批
16	传统戏剧	淮海戏	江苏省淮海剧团	2008.01	第一批
17	传统戏剧	淮剧	淮安市淮剧团	2008.01	第一批
18	传统戏剧	金湖香火戏	金湖县文化馆	2008.01	第一批
19	曲艺	工鼓锣（淮海锣鼓）	涟水县文化馆	2008.01	第一批
20	曲艺	淮海琴书	涟水县文化馆	2008.01	第一批
21	传统美术	传统结艺	清浦区文化馆	2008.01	第一批
22	传统美术	车桥剪纸	楚州区车桥镇文化站	2008.01	第一批

续表31-9

序号	项目类别	项目名称	申报/保护单位	公布时间	备注
23	传统技艺	码头羊肉的烹饪技艺	淮阴区文化馆	2008.01	第一批
24	传统技艺	楚州文楼汤包制作技艺	楚州区第二饮服公司	2008.01	第一批
25	传统技艺	淮安茶馓制作技艺	淮安食品厂	2008.01	第一批
26	传统技艺	高沟酒酿造技艺	江苏省今世缘酒业有限公司	2008.01	第一批
27	传统技艺	洪泽湖渔具制作技艺	洪泽县博物馆	2008.01	第一批
28	传统技艺	朱坝活鱼锅贴烹饪技艺	洪泽县朱坝镇文化站	2008.01	第一批
29	传统技艺	黄集羊肉烹饪技艺	洪泽县黄集镇文化站	2008.01	第一批
30	传统技艺	蒋坝酸汤鱼圆烹饪技艺	洪泽县蒋坝镇文化站	2008.01	第一批
31	传统技艺	平桥豆腐制作技艺	楚州区平桥豆腐协会	2008.01	第一批
32	传统技艺	淮扬菜烹饪技艺	淮安市烹饪协会 淮安市文化馆	2008.01	第一批
33	传统医药	吴鞠通与山阳医派	楚州中医院	2008.01	第一批
34	民俗	安淮寺庙会	洪泽县老子山文化站	2008.01	第一批
35	民俗	洪泽湖渔民婚嫁礼俗	洪泽县文化馆	2008.01	第一批

第二节　保　护

2003年，淮安市启动非物质文化遗产保护工程。2005年，淮安市文化局将民族民间文化保护工程列为2005年度全市十大文化工程之一。同年6月，淮安市文化局联合市财政局成立淮安市民族民间文化保护工程领导小组和淮安市民族民间文化保护工程专家委员会，并出台《淮安市非物质文化遗产保护工程实施方案》。2006年，淮安市政府决定“十一五”规划期间每年安排50万元用于非物质文化遗产保护。

2007年3月，淮安市非物质文化遗产保护中心成立。该中心设在淮安市文化馆，负责全市非物质文化遗产的常规性、基础性工作。同月，淮海戏、楚州十番锣鼓、金湖秧歌、韩信的传说、工鼓锣（淮海锣鼓）入选江苏省首批省级非物质文化遗产保护名录。

2008年1月，淮安市人民政府公布首批10大类35项市级非物质文化遗产保护名录。同年3月，淮安市在江苏省地级市文化部门中率先设立专职从事非物质文化遗产保护工作的科室。同年6月7日，淮海戏入选第二批国家级非物质文化遗产名录，楚州十番锣鼓入选第一批国家级非物质文化遗产扩展项目名录。同年10月31日，淮安市淮海戏传承人杨秀英、魏佳宁，十番锣鼓传承人周宝洪，金湖秧歌传承人张中祥、张玉珍入选第二批省级非物质文化遗产项目代表性传承人推荐名单。

在做好保护工作的同时，淮安市还挖掘利用非物质文化遗产资源。楚州区专门成立调查小组征集“山阳中医”实物和资料，并利用老宅院兴建吴鞠通中医博物馆。组织文楼传人对文楼蟹黄汤包传统技艺进行研究整理。根据非物质文化资源打造一批文艺节目，如歌曲《乱世英雄——韩信》《十番锣鼓·咏蝶》，金湖秧歌《火火格冬代》，淮海戏《皮秀英》《借靴》《赶集》等，在省级以

上大赛中频频获奖。推出《韩信的传说》《香火戏考》《淮扬美食传奇》《南闸民歌集萃》《洪泽湖民俗风情》等一批出版物。建设一批展示场馆，吴鞠通纪念馆、韩信纪念馆、淮安戏曲博物馆、淮安名人馆以及淮扬菜博物馆等相继建成。淮安市文保、新闻、历史文化研究部门，高校学者及各界文化人士，也做了抢救、收集、整理、研究、宣传非物质文化遗产等诸多卓有成效的工作。此外，淮安市文化部门还多途径、多渠道、多方法开展系列展示活动。自2003年起，淮安市文化部门每3年举办一届淮安市民间艺术节。在每年“文化遗产日”期间，举办非物质文化遗产项目和民俗节目展演、民间手工艺展示、非物质文化遗产保护工作摄影展览、保护成果图片展、非物质文化遗产保护法律法规知识咨询等系列展演展示活动。

截至2008年年末，淮安市下辖的8个县（区）全部成立非物质文化遗产保护机构，除洪泽县非物质文化遗产保护中心设在洪泽湖博物馆，其余7个县（区）的非物质文化遗产中心皆设在文化馆，由文化馆兼职从事非物质文化遗产保护工作。淮安市8个县（区）公布首批县（区）级非物质文化遗产名录计10类155项，全市国家、省、市、县（区）四级非物质文化遗产保护名录体系初步建立。

第三节 选 介

一、楚州十番锣鼓

楚州十番锣鼓有200多年的历史。所谓“十番”也就是由10件打击乐器交替打出各种锣鼓点子（锣鼓经）。至1939年，楚州区还有10几支演奏“十番锣鼓”团体，当时叫堂子，最有名的如“良安堂”在南门一带，以从事粮食行的商人老板为主，有20多人。各个堂子的活动经费均由各行各业的行会承担。

每逢农历四月二十八的“都天会”和五月初一的“东岳庙会”，各个堂子召集所有演奏演艺人结队走街串巷，赴会献艺，观看人群会自觉站在街两旁，每个堂子的演奏队伍从街中穿过，最后汇集到东岳庙打擂台。“东岳大帝”一到，按民间风俗，妇女要回避，老少跪下相迎。鼓乐声更加高昂，场面更加热闹，群众十分喜爱。

1939年，日本侵略军进驻楚州城后，这一独特的文化形式从此凋敝。中华人民共和国成立后，吹打过“十番”的民间艺人有的去世，有的背井离乡。随着时间的推移，楚州十番锣鼓逐渐失传。

2003年，楚州区有关部门投入经费购置乐器，添置服装、道具，组织专业人员排练十番锣鼓。同年秋，具有古老宫廷音乐风格、原汁原味的十番锣鼓表演曲目《咏花》，首次在2003年中国·淮安第二届淮扬菜美食文化节调演，受到各界人士的一致好评，《人民日报》、中央电视台、《新华日报》、新华网等新闻媒体对这一独特的古老文化形式作了报道。2008年，楚州十番锣鼓被列入国家级非物质文化遗产保护名录。

从曲名、锣鼓曲牌、演奏乐器、演奏方式、艺术性等来看，楚州十番锣鼓具有很强的独特性。清道光年间，楚州著名曲家孙育卿将乾隆十六年（1751）首次南巡时奉献给皇帝欣赏的音乐（昆曲宫廷音乐），加上地方风俗的唱词及打击乐（锣鼓点子）改创成为雅俗共赏的楚州十番锣鼓（又称武昆）。楚州十番锣鼓的演奏乐器分为文、武两场。文场有两支曲笛（为领奏乐器，一人左手，一人右手），两支箫，两支竹管，两盘笙，两面琵琶，两把三弦，两把硬弓，两把软弓，共16件。武

场有板鼓、板、堂鼓、大锣、皮叉、小锣、木鱼、碰铃、糖锣、号筒共10件。其曲名文学性较高，有《金盆捞月》《咏花》《咏蝶》《到春来》等。锣鼓曲牌名也为独创，有《出山云》《金钱花》《四季花》《双飞蝶》《绕花乐》等，区别于戏曲和民间锣鼓曲牌名。演奏乐器是由对笛、对箫、对笙、对琵琶等双管制乐队配置，弥补单管制声效不足的缺陷。打击乐配置为10件，而戏曲、民间打击乐一般是4～6件齐敲，发出的音响独特，声效从高到低、层次清晰。最为罕见的是在打击乐里编配一面2.8尺低音大锣和一支低音奇特的号筒，时而发出“乌、亚、打、一”的节奏音效，敲打起来带着古老深沉又壮观奇特的音乐效果。其他艺术形式乐队演奏一般是坐式，而楚州十番锣鼓可以上街走动演奏，设置一个较大的棚子，由8人抬着，这是演奏十番锣鼓唯一的道具，以解决班鼓、大锣、堂鼓不好携带的问题，给整个演奏队伍增添气势。与古代其他民族地区的音乐内容、形式等相比较，楚州十番锣鼓在各方面都有其独特性。

图31-12　十番锣鼓演出（2008年）　市文广局　供

楚州十番锣鼓不同于其他地区和民族的音乐和锣鼓敲打法。其音乐旋律、唱词、锣鼓点子与其他音乐没有相同之处，所用打击乐点子、演奏方式独特，演奏起来古老的宫廷音乐韵味很浓，给人以美感，锣鼓点子的节奏平稳。唱词贴近生活，表达劳动人民对生活的热爱与向往，文学性较强。楚州十番锣鼓融唱、奏、敲打三个声部为一体。曲中时而加入锣鼓曲牌，乐曲结尾大部分以锣鼓曲牌为主。也有器乐曲，器乐曲高潮处为衬托气氛时而加入锣鼓与器乐合奏以增加渲染力。

楚州十番锣鼓代表性传承人为周宝洪。

二、金湖秧歌

金湖秧歌是金湖地区劳动人民在长期的插秧劳动中，创造出来的一种特有的演唱形式，是该县传统文化中流传最广、内容最为丰富、艺术性最强，而且最具有地方特色的一种民间艺术。金湖地区三面环湖，以前交通非常闭塞。正是这样一种相对封闭的环境，使金湖秧歌得以沉淀与保存。

金湖秧歌的历史可追溯到金湖地区普遍栽插水稻开始。清末至民国时期是金湖秧歌的成熟期。流传有大量唱本，同时也出现许多著名歌手。金湖秧歌在漫长的发展过程中，与外来的山歌、时调、戏曲、宝卷、唱本等其他艺术互为取用并产生变异，经过数百年的交融与沉淀而逐步定型。与其他地区流传的秧歌相比较，更具有自己的独特风格。

金湖秧歌是劳动群众的口头艺术，主要依靠口耳相传。歌词以七字句和十字句为主。秧歌的曲调节奏明快，清新悦耳，既有北方民歌的高亢豪放，又有南方民歌的舒缓流畅，南北交融，别具特色。调名有《四句头》《五句半》《抢八句》《串十字》等。金湖秧歌在演唱方式上分专业和业余两种。专业歌手称为“锣鼓师傅”，旧时他们在插秧季节受雇于主家，工钱都在普通秧工的1倍以上。演唱时两人配对，一人打鼓，一人敲锣，用来作过门或伴奏。一人主唱，一人帮腔。金湖人称这种形式为“锣鼓秧歌”。锣鼓的敲法十分复杂，有“长流水”“一阵风”“鲤鱼穿浪”“蛤蟆咂嘴”“金鸡啄食”“万马奔腾”等72套之多。业余唱法是一边插秧一边唱和，用来消遣自娱。一人唱“格冬代”代替锣鼓伴奏，称为“打鼓号子”；另一位为主唱，中间的鼓点由前者用衬调帮腔。

在唱腔上更为高亢悠扬，委婉抒情，与锣鼓秧歌有很大区别。金湖秧歌的曲调是以业余唱法为代表的。

金湖秧歌内容十分丰富，中长篇叙事秧歌有《十二月相思情》《七说八唱红娘子》《衣架姐》《栀子花》《配药硝》《打芦叶》《趱工忙》等，短小的歌头、秧号子等不计其数。其丰富多彩的内容，几乎涵盖金湖地区农村生活的各个方面，对于研究当地的风俗民情、生产和生活状况，以及语言特点和表述方式，都具有十分重要的价值。它对歌词中不同句式的适应性和巧妙程度令人叹服，极大地丰富金湖秧歌的表现力。金湖秧歌对长短乐句的运用，也显示出独到之处。它对研究劳动与歌、歌与劳动的相互适应性、关联性，有着重要的借鉴和实用价值。金湖秧歌的歌词通俗易懂，形象生动，其中常常运用比兴、象征、夸张、隐喻等表现手法，语言精练含蓄，朴实而幽默，具有较高的艺术鉴赏和借鉴作用。

改革开放以后，人们的生活方式、生产方式发生重大变化。农业机械的普遍使用、插秧时间的缩短，使锣鼓师傅失去市场，金湖秧歌的演唱在田间劳动中濒临消亡。金湖县将金湖秧歌列为特色文化品牌，采取多种措施进行宣传推广，还组织开展金湖秧歌理论研究工作，整理、编辑、出版金湖秧歌文字及音像资料，举办传承人业务培训和交流活动，使金湖秧歌得到有效保护，并传承发展。2007年3月，金湖秧歌被列入江苏省省级非物质文化遗产名录。

三、工鼓锣

工鼓锣又称“工锣鼓”“淮海锣鼓”，是苏北地区主要曲艺形式之一。

工鼓锣多为一个人表演，先是站立，后改为坐唱。演唱时，伴奏乐器为一套特制的小鼓和手锣，小鼓上下蒙牛皮，鼓肚间2个小铁环分挂两边，手锣形若茶盘，艺人右手持鼓槌击鼓，左手虎口间挂着手锣，食、中指与拇指夹锣槌，击打节奏。

工鼓锣的说白可分“腰白”“私白”和“公白”3种。“腰白”是艺人以第三人称的口吻叙述故事发展；“私白”是艺人以第一人称模仿书中人物的讲话；“公白”是同时交替模仿书中两个或两个以上人物的对话。在刻画人物上，工鼓锣艺人还运用手、眼、身、步、神来表现喜怒哀乐，并常用手中的锣鼓当道具。艺人说表时，又有“大口书”和“小口书”之分：“大口书”不紧不慢，说表自如，多用于抒情、叙事、回忆等场面；“小口书”一句接一句，多用于行军、战场或争吵等场合。为吸引听众，艺人演唱时还必须掌握一些特殊的技巧，主要有“埋关子”“放水词”“演口技”“耍锣鼓”等。工鼓锣的唱词有三字赞、四字赞、五字赞、七字排和十字唱五种形式。

工鼓锣的演唱曲目丰富，传承演唱的工鼓锣有本无本、长短篇的曲目达数百部。涟水县保存的曲目有96部，最长的一部《小金山打擂》可连续演唱30场。无本曲目中以《小金山打擂》《五花图》《大西洋》等最为精彩，有本曲目如《叙汉》《八美图》《杨家将》等经过艺人不断加工，在艺术感染力上更有其独到之处。

由于受到现代文化的冲击，工鼓锣的演出市场和演出队伍日渐萎缩。为了保护和传承工鼓锣，涟水县文化部门对工鼓锣的曲目、传承人情况等相关资料进行收集、整理，对民间艺人的演出进行录音、录像，并进行数字化处理加以保存。同时，组织人员开展工鼓锣艺术研讨，为工鼓锣艺人提供演出场地，面向全市举办工鼓锣艺术传承和保护培训班，特邀老艺人现场指导、传授技艺。涟水县文化馆还鼓励民间艺人创作工鼓锣新曲目，促进工鼓锣的传承与发展。

工鼓锣传承200余年，在涟水县的代表性传承人有刘寿同、陈志云。陈志云口头传承的传统曲目有100余万字。

四、淮海琴书

淮海琴书又名“扬琴书”，亦称“打蛮船”等，流行于淮安、徐州、宿迁、连云港、鲁南、皖北一带。

淮海琴书有600多年的历史，可追溯到1350年前后，其源头属于邱祖龙门派体系。淮海琴书定名于1975年。其时，原淮阴专署文教处组织全专区曲艺会演，专区文教处处长吕文樵把这个在淮海大地上流传深广的民间地方曲种定名为“淮海琴书”。1990年，根据淮阴市文化局上报的曲种条目，“淮海琴书”载入《中国曲艺志》（江苏分卷）。

淮海琴书一般是“双档”演唱，多是一男一女，俗称为“死夹档子”，一人拉坠子，另一人敲琴打板。有时也有单档演出的，只敲扬琴唱，或者是只拉坠子唱，用脚绑代板，有时采用多人演唱，配以笛子、二胡、三弦等。淮海琴书唱腔曲牌分为“滚板”“抒情”“喜调”和“悲调”等数种类型，音乐的表现力极为丰富。淮海琴书的传统唱本主要有《花棺案》《李官保投亲》《李良方不认前妻》《李双喜借年》《金玉环记》等。

由于时代发展和文化变迁，淮海琴书的演唱艺人和听众都在减少。淮海琴书主要流传地涟水县收集、整理淮海琴书相关资料，举办淮海琴书培训班，并将淮海琴书演唱制作成资料片，不定期在涟水电视台播放。此外，还建设淮海琴书活动中心，出台政策鼓励淮海琴书艺人开展演出和传承活动。

五、香火戏

香火戏也叫香火神会，是以鬼神信仰、消灾祈福为基础的综合性民俗文化活动。香火神会的渊源是古代的“乡人傩”，它是原始巫文化的一部分，是由巫觋扮演鬼神唱歌跳舞驱鬼逐疫的巫术活动。香火神会的从业人员称香火童子。香火童子除了以巫术为人祛病消灾外，同时也参与或主持民间的社会和庙会的祭祀活动。香火童子在香火神会上的各种表演称为“香火戏”。

香火神会旧时广泛流行于江苏省长江北部地区及安徽省的天长、来安等县，并随船民、渔民流传到江南太湖流域。截至2008年，仅在南通和金湖地区农村尚有活动。

金湖的香火神会名目繁多，大致可分为村落举办的神会、行业举办的神会、家庭举办的神会和香火童子自办的神会。“香火”一般以家庭传承为主，但也有认师带徒的。认师带徒分明带与私（暗）带，明带要做昇纲大会、请领纲司，“上山”领法名，三年后满师，满师后成为领纲童子。

金湖县香火戏是民间祭祀和民间戏剧综合体，综合表演艺术（说唱、舞蹈、戏弄杂耍等）和造型艺术（剪纸、绘画、民间工艺等）等多种形式。

金湖香火戏存有许多唱词手抄本，其中有古戏遗孑《古藏勾戏》《古参军戏》《弄痴剧》《传习经》等，还有“参军戏”蓝本——《三曹对案》。香火戏中的说唱韵文内容，为研究明清小说，如《西游记》《封神传》等提供资料。香火戏中的一些关目，如《消灾》《转竹招魂》对楚辞的研究，特别是对《天问》《大招》《招魂》的研究具有极其重要的参考价值。香火戏中的说唱韵文对研究民俗也有着重要价值。

至2008年年末，金湖县境内尚有50～60名香火童子，多在县东南农村活动。为了保护香火戏，金湖县文化局加强对香火戏的调查以及资料的收集、整理和研究，建立香火戏传承人的档案和陈列室，组建半脱产的香火戏表演队伍，并出版香火戏的文字和音像资料。

六、洪泽湖渔鼓

洪泽湖渔鼓是自清朝以来广泛流传在洪泽湖渔民中的一种歌舞。其源于满族人的风俗“跳神”。“跳神”从北方传到鲁南地区后形成一种迷信职业“肘鼓子”，又叫“周姑子”，再传到洪泽湖地区，发展为洪泽湖渔鼓。

洪泽湖渔鼓主要是以家族的方式传承。洪泽湖渔鼓最初的形式是水上“童子”在为渔民们从事迷信活动时，手上敲着羊皮鼓，嘴里唱着《禳神咒》《念佛记》等曲调，跳着巫舞。有些神汉从山东到洪泽湖后，为了维持“跳神”这种迷信职业，将其为农民开锁还愿、驱邪安神的唱词改成为渔民驱邪、安定河神和祈求行船平安、保佑丰收的内容，并将羊皮鼓改成鱼皮鼓，舞姿亦发展为模拟渔民生产劳动和庆祝丰收、祈求吉祥的动作，一般由2～3人在船头表演。久而久之，人们便将这种具有洪泽湖渔民特色的鼓舞称为洪泽湖渔鼓，表演的演员也由2～3人发展到多人，演出场地亦由船上发展到陆地。

洪泽湖渔鼓在清末民初时最为鼎盛，在苏、皖、豫地区渔民中有着广泛影响。中华人民共和国成立后，文艺工作者对洪泽湖渔鼓进行挖掘、整理，加工、改编后的洪泽湖渔鼓节奏明快、旋律优美，舞蹈动作大多是模拟织网、张卡、布钩、拉网等各种捕鱼的动作和姿态，塑造渔业劳动者的形象，成为洪泽湖渔民表达喜悦心情和欢庆丰收的一种歌舞形式。洪泽湖渔鼓既可二三人在船头表演，亦可由十几人或几十人在陆地和舞台表演。演员表演洪泽湖渔鼓时，左手持一种形似葵扇的渔鼓，鼓柄长约17厘米，柄尾有一圆形或菱形铁环，环周设有3个铁环，每个铁环再串系3个小铁环。表演时，演员左手摇鼓，环声铛铛；右手击鼓，鼓声锵锵。演员模拟渔业生产劳动中捕鱼的各种姿态，动作奔放，步法轻盈。渔鼓的歌词可以事先编好，也可以随编随唱。在发展过程中，洪泽湖渔鼓的唱腔融进当地流行的泗州戏调、快板说唱等曲调。

洪泽湖渔鼓主要分布在洪泽县老子山镇等沿湖乡镇，对于研究洪泽湖地区的历史文化以及民情、民风、民俗有着重要价值。

第十章　文化市场

1978年后，淮安市的文化市场管理采取合理的引导和管理手段，文化市场日益繁荣，文化娱乐活动由改革开放前的唱革命歌曲，看革命电影、革命样板戏和文艺演出，发展到唱卡拉OK，到舞厅跳交谊舞，看录像、看电影、看影碟，玩电子游戏，进游乐场等。日益增长的人民文化生活需要，又推动文化市场逐步走向成熟。1987年8月8日，淮阴市成立淮阴市文化市场管理委员会，设办公室。1990年1月3日，淮阴市文化市场办公室成立，隶属于市文化市场管理委员会（日常工作由市文化局领导）。1993年，淮阴市文化市场管理委员会更名为淮阴市社会文化管理委员会，其办事机构“市场办”亦改为“社文办公室”。同年11月，市文化市场稽查大队成立。此后，全市各县（区）也相应地成立文化市场管理委员会，设办公室。

2003年12月23日，淮安市社会文化管理委员会办公室与淮安市文化市场稽查大队合并，在全省率先成立市级文化综合执法支队。原市社会文化管理委员会办公室承担的全市文化市场管

理职能收归市文化局。2008年5月26日，淮安市重新组建市文化行政综合执法支队，为市文化广电新闻出版局直属副处级事业单位，承担全市文化、文物、新闻出版、版权、广播电视等领域行政综合执法工作。同时，承担全市“扫黄打非”工作办公室的组织、协调、指导、监督职能。

淮安市的文化市场管理亦逐步由重点办文化向管办结合、以管为主的方向转变。由于利益的驱动，淮安市文化市场存在着“盗版”“黄色淫秽”及安全措施不到位等问题。至2008年年末，全市城乡文化市场基本形成体制多样、种类较全、繁荣活跃的格局。

第一节　文化市场发展

1978年后，淮阴地区文化、体育、广电、教育、新闻出版等部门和相关单位，加快新闻出版产业、演艺和娱乐业、广播电视产业、体育产业以及教育产业的发展，文化产业市场逐步形成。

1997年2月21日，淮阴市人民政府颁发《关于进一步加快文化建设若干经济政策》，规定从1997年1月1日起，在全市范围内开征文化事业建设费，并对开征项目、征收比例、征收渠道、支出渠道作出规定。1997年，淮阴市文化娱乐场所由1978年的几十个发展到有歌舞厅、卡拉OK厅154个，录像放映点628个，录像发行站33个，录像出租点144个，游戏机室586个。通过“扫黄打非”，加强新闻出版市场管理，全市收缴各类违禁书刊11万册，查处非法出版案件32起，内部图书出版品种逐年增加，全市新华书店系统图书销售额达1.2亿元。1998年，淮阴市文化部门有直属产业机构461个，从业人员1982人。

2000年后，上规模、上档次、上水平成为淮安文化市场的发展潮流。全市歌舞娱乐市场发展较快，呈现出大规模、高档次、多功能、连锁化的发展态势，形成市场优势。全市较大的歌厅娱乐场所有在水一方、英皇国际、星光大道、麦乐迪、零点KTV等。网吧产业步入规模化、连锁化、主题化、品牌化的发展轨道，大型网吧有金百合网络会所、淮萃网城、冰儿网吧、泡泡堂网络会所等。此外，一批文化传播公司、演艺公司发展迅速，为文化市场注入新的活力。

2000年，淮阴市有文化市场娱乐业管理机构11个，从业人员59人。全市有文化经营机构691个，其中歌舞厅117个、舞厅19个、卡拉OK厅4个、电子游艺厅287个、台球厅2个、保龄球厅5个、旱冰场3个、音像制品批发和零售单位43个、录像出租点120个、画店2个、图书批发单位89个。全市有文化产业机构210个，其中文化部门直属产业机构70个，从业人员1120人。

2003年，淮安市市、县（区）两级文化行政部门降低各个文化产业门类准入门槛，鼓励民营资本和个人投资兴办文化企业和各类民办文化机构。至2003年年末，全市拥有歌舞娱乐类从业单位313家，网吧360家，音像制品从业单位365家，图书发行网点472个，报刊亭200个，各类印刷企业383家，公开发行刊物3种，公开发行报纸6种，电影放映发行单位32家，艺术表演与培训机构9个，产值超过11亿元。这一时期，全市各类文化产业的从业人员约4万人。

2005年以后，淮安市的文化市场在布局上逐步从城区向乡镇延伸，在投资主体上形成多种经营性质共存格局。连锁、超市、量贩、院线等现代经营模式开始被引入音像、网吧、电影等市场。至2005年年末，全市有网吧382家，音像经营单位421家，电子游戏机室265家，歌舞娱乐场所265家，音像经营单位421家，演出场所26家，专业剧团7个，各类演出团体53家；有公开发行报纸6种，期刊4种；印刷复制企业391家，音像制作公司1家，书刊经营网点464家，大型出版物专业市场1个，电子出版物经营网点41家。

2007年，淮安市具有合法资质的各类文化经营单位（户）达2236家。其中，网吧400家，印刷经营单位279家，电子游戏机室265家，歌舞娱乐场所206家，电影发行放映单位26家，演出场所26家，演出团体53家，书报刊经营网点464家，电子出版物经营网点41家，音像制作单位1家，印刷复制企业445家，美术品经营单位30家。淮安市文化市场从业人员近3万人，生产总值占国民生产总值的1.8%。淮安市网络、游戏机市场规模达到2.8亿元，与2002年相比，发展增速达70%，为相关行业带来的直接收入达3.6亿元。淮安市拥有民营文化企业约2000家，从业人员1.2万人，分别是国有文化企业（单位）的4倍和4.5倍。民营文化企业所创造的文化产业增加值也大大超过国有文化企业（单位）。年销售额在1000万元以上的民营书店达6家，比2006年增加2家。市各级文化部门坚持鼓励和扶持民营剧团的发展，掀起演出投资热潮，促进演出市场的繁荣。2007年，全市有国有艺术院团7个，民营文艺表演团体达到50家。

2008年，淮安市合法网吧发展至400余家，计算机终端由1万台增加至3.8万余台，为社会提供近3000个就业岗位，营业额逾3500万元。网吧行业的发展，带动一大批电信接入商、计算机生产商、游戏点卡商家以及食品和饮料行业的发展。淮安掼蛋游戏网年广告收入200多万元，成为淮安市及周边地区深受欢迎的游戏网站。淮安的动漫、创意、会展等新兴文化产业也在一定程度上起步和发展。

至2008年年末，淮安市初步建立由娱乐业、演出业、音像业、网络文化业、印刷复制业、艺术品业和电影业等组成的文化市场体系。全市仅文广新系统服务企业达就1998个，从业人员12103人，厂房及经营面积约75万平方米，资产总额为20亿元。全市文艺演出收入突破亿元大关，达1.02亿元。全市投资百万元以上的大型演出活动近30场，城乡年演出场次达1.5万场以上。全市民营剧团发展至50家，数量居苏北地区之首，年演出在1万场以上。淮安市社区艺术节、民间艺术节、农民艺术节等民营表演团体优秀剧（节）目调演活动，得到社会好评和上级文化部门的肯定。

第二节　文化市场管理

一、概况

1978年后，淮阴地区的文化市场管理逐步走上依法行政、规范有序的轨道。1978年至20世纪90年代，淮阴市文化市场管理部门主要通过抓教育、抓管理，文化市场发展的很快。在管理机构上，由以前的5个发展到15个，市、县（区）两级管理机构建立健全，管理力度不断加大。通过制定配套政策、规范市场行为、开展“扫黄打非”、反复检查、堵源截流和开展向社会承诺活动，促进文化市场繁荣。1998年，全市文化市场立案查处案件66起，其中娱乐市场39起、音像市场17起、书报刊市场9起、其他1起。文化市场管理队伍得到加强，全市有6个县（市、区）落实文化市场人员编制，专职管理人员57人，并配备必要的设施设备。

从2000年1月开始，淮安市正式实施对娱乐业税收的代征工作。2003年12月23日，淮安市将市社会文化管理委员会办公室与市文化市场稽查大队合并，组建市文化综合执法支队，承担全市文化、新闻出版、文物3个市场的行政综合执法工作。组织开展网吧专项治理、音像市场专项治理、演出娱乐市场专项治理活动和“扫黄打非”斗争。全年文化市场立案67起，结案66起；收缴各类非法出版物18.7万册、非法音像制品11.8万张；45家网吧受到行政处罚，6家网吧被限期整

改，2家“黑吧”被依法取缔；2家剧场（院）被依法吊销营业性演出许可证，12家涉嫌违规B类演出团体被依法注销登记，查处“涉黄”案件6起，治安拘留27人，刑事处罚4人。

从2004年5月21日开始，淮安市开通文化市场24小时举报电话，建立快速反应机制，使群众在任意时间内反映的问题，都能在较短时间内得以处理，强化对文化市场的稽查与管理。从2004年9月1日起，淮安市对清河区、清浦区范围内文化市场管理项目进行调整，将市区娱乐市场（含歌舞娱乐场所、游戏厅、KTV、练歌房、音乐茶座等）、音像市场（含零售、出租、放映）的日常检查、人员培训、行业规范、安全生产完全交由清河、清浦两区文化行政部门管理。同年10月19日，市文化局首次运用听证程序处罚文化市场行政案件。2004年、2005年，淮安市连续两年组织开展政治性非法出版物专项治理、印刷复制业专项治理、盗版音像和电子出版物专项治理、盗版教材读物专项治理等，收缴大量非法出版物和非法音像制品。

2005年12月底，淮安市正式开通全国文化市场统一举报电话“12318”。2006年，淮安市出动文化行政执法人员4870人次，检查各类经营网点2827家次，查处违规案件268起；捣毁游戏机赌博窝点6个，收缴电脑板272块；组织围剿政治性非法出版物、淫秽色情出版物和有害“口袋本”图书3项专项整治活动，收缴各类非法出版物28.71万册（盘）。2007年，淮安市出动执法检查289次，检查各类文化经营场所1344家，其中部门联合检查6次，市、县（区）联动执法8次。全市查缴各类非法音像制品25.6万余张（盘），各类非法出版物1.2万册。2008年，淮安市查缴各类非法出版物24.7万册（盘），其中政治性非法出版物2720册、淫秽色情书刊6400册、盗版音像制品和电子出版物20.59万盘（张）、盗版图书3.2万册、非法报纸期刊480份。

截至2008年年末，淮安市及各县（区）文化市场管理和稽查机构健全，有稽查人员67人。市及各县（区）文化行政部门投入使用江苏省文化市场信息管理系统，并与全省实现联网。

二、“扫黄打非”集中行动

1988年，淮阴市首次开展“扫黄打非”工作。1989年8月4日，淮阴市检查整顿书刊、音像市场，公开焚毁一批淫秽色情书刊和黄色录像带。1989年以后，市“扫黄打非”办公室连续多年被评为江苏省“扫黄打非”先进集体。

1994年，淮阴市加大书刊音像市场管理力度，开展大规模“扫黄打假”斗争集中行动。1997年10月底，淮阴市采用的全国第一套“扫黄打非”专用计算机软件与全省实现联网。1998年3月3日，根据公安部、全国“扫黄”办提供的线索，淮阴市公安局会同市新闻出版局、市“扫黄”办一举查获以王某某为首的特大地下批销盗版图书的案件，收缴非法出版物24万册，捣毁地下仓库11间，查明非法经营额200余万元，其销售的盗版教材、教辅读物涉及两省27个市（县）近千所中学。在当年开展的第10次“扫黄打非”集中行动中，全市查处案件66起，缴获各类非法书刊25万册，非法音像制品18460盘（张），端掉一批制黄贩黄的地下窝点。1999年，淮阴市组织开展第11次“扫黄打非”集中行动，组织检查2000人次，检查出版物摊点1207个，依法取缔非法经营点81个，收缴违禁书刊、音像制品1万余件，查破各类案件136件。

2000年，淮阴市文化市场管理部门开展第十二次“扫黄打非”集中活动，对书刊、音像、印刷市场反复检查。2001年，淮安市开展第13次“扫黄打非”工作。全市出动1500人次，检查书刊、音像、印刷等经营单位（摊点）1600多个，收缴各类非法出版物5万余件、盗版音像制品1万余张、计算机软件3万余张，查处案件16起。2002年，淮安市文化市场管理部门检查各类文化经营网点2300多个，依法收缴非法音像制品49万多张，盗版软件1.5万个，非法教材、教辅读物、盗版图书和有害“口袋本”26万多册，是淮安市历史上收缴非法出版物最多的一年。此外，全市还取缔非

法演出5场次，压减游戏机经营场所166家。2003年，淮安市开展第15次“扫黄打非”集中行动。全市组织开展14次集中行动和7类专项治理，出动检查人员2936人次，检查各类经营网点2815个，依法收缴非法出版物18.9万册，其中政治性非法出版物3803册、盗版音像制品18079张、盗版电子出版物16163张，行政处罚42起，取缔非法驻淮安记者站、采编站2家，抓捕犯罪嫌疑人2人。2005年，淮安市开展第18次“扫黄打非”集中行动，组织开展12次集中行动、6项专项治理，出动检查人员4328人次，检查各类经营网点4465个，取缔非法摊点362个，收缴各类非法出版物199438件（册、盘），行政处罚案件27件，破获经营非法出版物案件3起，抓捕犯罪嫌疑人1人。2006年，淮安市组织开展13次“扫黄打非”集中行动和6次专项治理，出动检查人员10630人次，检查各类经营网点10540个，取缔非法摊点290个，取缔无证照经营网点70个，查缴各类非法出版物204000件（册、盘）。查处市区宝莲超市盗版“一折书”案、汇通出版物市场电玩门市盗版游戏软件案、“8·22”盗版光盘案、“10·10”盗版音像制品案4起大案。2008年，开展农村出版物市场专项检查、文化市场“奥运保障”行动，以及以查处盗版音像制品和电子出版物为重点的专项治理行动。全年全市出动执法检查226次，参加检查826人次，检查各类文化经营场所1297家次，查缴各类非法出版物24.7万册（盘），立案查处各类行政案件58件，结案56件。

三、歌舞娱乐场所管理

1987年12月，清河区文化馆舞厅对外开放，为全市第一家营业性舞厅。1989年11月，淮阴市文化局、公安局、工商局联合颁发《淮阴市营业性歌舞厅管理暂行规定》。1994年3月，清江影都皇后歌舞厅被省公安厅、省文化厅、省工商行政管理局联合授予“五好（内容好、管理好、环境好、服务好、效益好）歌舞厅”称号。1995年7月，市文化局对市区24家歌舞厅经营单位进行等级评定。淮海大酒店、东方娱乐城、丽豪歌舞厅被评为一级歌舞厅，华联娱乐城等7家单位被评为二级歌舞厅，其余14家单位被评为三级歌舞厅。1996年，市区丽豪歌舞厅、罗曼蒂克康乐宫、东方娱乐城、清江影都、皇后歌舞厅，盱眙金谷园歌舞厅，金湖雅乐歌舞厅被评为省“五好歌舞厅”。1999年12月，市文化行政部门代征娱乐业税工作全面展开。

2001年，淮安市、县（区）文化市场管理部门查处歌舞娱乐和桑拿休闲场所33家，处罚7家。2004年，淮安市文化局提出实施娱乐业规范管理与繁荣发展工程，借鉴长沙市的做法和经营模式，在市区扶持设立“在水一方”演艺沙龙。该场馆投资近500万元，是市区投资较大、设施一流、环境优雅的文化娱乐场所。2006年，国务院颁布《娱乐场所管理条例》，市文广新局对全市近50家演出场所和个人的演出许可证换发备案证，并依法调整市区娱乐场所审批权。2008年5月，淮安市正式启动娱乐场所“阳光工程”，规范娱乐市场秩序，优化娱乐市场结构。

四、电子游戏经营场所管理

20世纪80年代，淮阴市区开始有电子游戏经营场所，并出现利用电子游戏机赌博现象。1994年3月26日，淮阴市文化局发文，明令禁止利用电子游戏机进行赌博活动。1995年5月起，全市各级文化市场主管部门与市公安、工商等部门联合采取行动，对有奖（赌博）型电子游戏机进行彻底清理整顿，取缔扑克机、跑马机、麻将机、苹果拼盘机等带有赌博性质的电子游戏机3000余台，占全市游戏机总数的60%，有效遏制游戏机市场赌博现象。1997年，江苏省文化厅会同省公安、工商部门共同印发对电子游戏机室实行规范经营的通知。通知要求，苏北地区市一级的城市，游戏机室必须达到50平方米、25台机标准，县一级的城市必须达到30平方米、15台机标准，乡镇一级达到20平方米、10台机标准方可经营。至1997年年末，全市有游戏机室108家。

2000年7—9月，淮阴市社会文化市场管委会办公室开展电子游戏机经营场所专项治理工作，查处各类违法违规经营活动110起，接到群众举报80余次。经过专项整治，全市电子游戏机经营场所由治理前的604家压缩至303家，压减率达49.8%。按照文化部关于在年内将电子游戏经营场所再压减50%的决定，至2001年年末，全市压减电子游戏经营场所的数量达到应压减总量的80%以上。2003年11月3日，淮安市文化局会同市公安部门将淮海地下商城游戏机市场关停。自2004年起，市文化行政部门单独或会同相关部门每年都组织开展1～2次电子游戏经营场所集中整治，取得良好成效。2005年，淮安市捣毁游戏机赌博窝点11处，收缴赌博游戏机及电脑板281台（块）。截至2008年年末，淮安市有300多家电子游戏经营场所。

五、书刊、音像制品管理

1978年，淮阴地区公安局等部门在全地区禁唱色情戏206起，收缴淫秽照片200多张。1980年后，淮阴地区公安局等部门经常性联合组织查禁淫秽物品。1980年2月至1982年3月，淮阴地区累计收缴淫秽物品61件，打击处理制造贩卖、传播和利用淫秽物品进行流氓犯罪分子35名，挖出团伙2个。1982年，淮阴地区各级公安机关在全地区范围内开展对淫秽书刊和黄色录像制品的查禁和收缴工作。至当年5月底，淮阴地区收缴各种黄色手抄书刊、唱片、磁带、照片、扑克1032件，清江市查缴各种淫秽书画物品221件。1983年，在全市开展文化市场清理整顿工作。1984年1月，淮阴市公安局在市区登记清理淫秽物品189件。同年9月，淮阴市广播电视局成立音像管理组，开展音像管理工作。10月4日，淮阴市广播电视局试办的营业性录像放映点在城南体育馆开业。至1984年年末，全市查获、没收反动淫秽歌曲录音带31盘，收缴淫秽书画、照片、手抄本158本（张）。

1985年6月，淮阴市由市委政法委员会牵头，以市公安局为主，会同市宣传、文教等有关部门成立查禁淫秽物品办公室和录像片审查小组，各县（区）也都相应成立查禁淫秽物品领导小组和具体办事机构。历时4个多月时间，淮阴市清查公开和秘密录像放映点282个，其中营业性录像放映点236个、非营业性录像放映点46个；查出未经批准放映的录像片2325盒，其中有淫秽录像片52部186盒；黄色手抄本和裸体画册等淫秽书画57本，裸体扑克157张，淫秽录音带70盘，各种不健康小报近3万份；查获走私、制作（复制）贩卖、组织传播淫秽录像案件15起；取缔非法播放点204个。

1987年，淮阴市文化局规定从当年6月份起发放使用淮阴市文化市场管理证，发证对象为市文化局、市影剧公司、剧场办公室有关人员。同年7月，淮阴市开展打击非法出版物活动。同年8月，淮阴市政府召开专门会议，研究和部署严厉打击非法出版物活动。1989年7月，淮阴市对印刷业、书刊发行业进行清理整顿。同年9月上旬，中共淮阴市委、市政府召开会议，部署对全市书报刊和音像市场进行全面整顿清理。此次整顿清理，严厉打击出版领域里的违法犯罪活动，把制作、复制、贩卖、传播反动、黄色出版物的犯罪分子和团伙挖出来从重惩处；未经批准的印刷单位一律不准承印图书、报刊；一切个体书店（摊）一律不得经营报刊批发业务，集体书店除个别批准外，也不得经营批发业务；对无照经营书报刊和音像制品的单位和个人坚决取缔。此次突击检查整顿在半个月内完成。

改革开放初期，淮阴市的音像市场管理工作由市广播电视局主管。1990年2月，全市音像市场管理工作移交市文化局主管，并从市广播电视局接收音像发行站和录像放映点235个。全市文化系统相继成立音像市场市、县、乡（镇）三级管理网络。1995年，淮阴市社会文化管理委员会办公室组织对全市文化市场管理人员进行培训，举办各级培训班15次，500余人次参加培训。1996

年，淮阴市文化市场管理部门开展以打击非法出版物为主的“扫黄打非”集中行动和为期3个月的音像市场集中治理。全市收缴各类违禁书刊1.2万册，收缴非法音像制品1.1万件，查处非法出片案件300多起。从1997年开始，营业性录像放映厅放映的节目，由文化部统一制作，逐级下发，实行专供。至1997年年末，淮阴市有音像出租点144处、录像放映点116个。1999年，淮阴市出台监督举报公示制度，在音像经营单位门前制定不准经营非法音像制品的标牌。

2001年，淮安市关闭汇通小商品市场和电子市场内的音像制品集中经营场所。2003年，市文化局在全市实行音像制品责任制经营，市区120家音像制品经营单位与市文化局签订责任状。2004年11月24—30日，市文化局在全市集中开展销毁非法音像制品活动，销毁市、县（区）文化执法部门收缴的非法音像制品82.7万张，是淮安市历史上最多的一次。2005年5月1日，淮安市各级文化行政部门依法关闭24家录像放映厅，录像制品放映成为历史。全年全市淘汰90家不合格音像经营单位，将511家音像经营单位压缩至421家。在全市推行音像从业人员持证上岗制度，全市近500名音像从业人员经培训后，领取江苏省音像从业人员岗位合格证书。全年全市查处收缴违法音像制品85万张。

2007年，淮安市停止审批非法人音像经营单位，重点发展超市经营、大商场经营、连锁经营、新华书店音像经营，音像市场组织化程度有很大提高，小、滥、散、差的音像制品经营单位相继被淘汰，全市有资质的单位压缩至279家。正版音像制品市场占有率大幅提升，大型超市、新华书店、大商场内音像制品的正版率均达95%以上。南通恒瑞商贸有限公司淮安店（淮安时代超市购物中心音像部）被确定为淮安市“放心消费”创建工作首批试点单位。2008年，全市收缴非法音像制品16万张，各县（区）开展“扫黄打非”及“保护知识产权，反盗版天天行动”集中行动，清理整顿出版物经营单位，严厉打击淫秽色情音像制品，查处违规经营户。

六、演出市场管理

1978年11月25日后，淮阴地区演出市场管理工作由淮阴地区文化局艺术科兼管。从1983年起，市属各县（区）演出管理工作均由市文教局文化科负责。1985年，淮阴市影剧公司成立，内设剧场办公室。同年10月1日起，淮阴市对营业演出单位、个人和场所实行发放营业许可证的管理方法。规定未经文化主管部门同意的场所、单位和个人自行组织营业性演出，有关部门有权制止。至1986年年末，淮阴市各县（区）先后成立剧场办公室。1987年，淮阴市采取外出审查剧（节）目和组织剧场剧院外出审查相结合的方法，严格把好质量关，并对剧（节）目思想性强，有一定演出水平的文艺团体，通过报纸、电台等媒体开展宣传，扩大社会影响面和教育面。1988年5月，影、剧分开，单独成立淮阴市演出管理处，为正科级事业单位，编制6人，经费为自收自支。

20世纪90年代，淮阴市的演出管理从建设舞台文明窗口入手，开展争创省、市明星剧团活动。市区的演出场所主要有淮海影剧院、人民剧场、大众剧场等。全市各专业表演艺术团体在演出市场萧条萎缩的不利形势下，采取鼓励个人联系承包、开展文化交流、运用电视媒介等方法开拓演出市场。1994年，淮阴市接待110个外地演出团体，演出3200场次。1995年，全市有艺术表演团体8个，安排接待105个文艺团体到淮阴市演出3200多场次。1997年，全市有艺术表演团体8个，专业剧团演出1090场次，其中市直3个剧团演出392场次，县（市、区）5个剧团演出698场次。全市有歌舞厅100多家，卡拉OK厅54家，音乐餐厅（茶座）107处。各县、乡（镇）还接纳大量个体职业演出团体，丰富农村文化生活。同年，淮海影剧院、儿童影剧院实施改造。1999年，全市接待外地文艺演出团体26个。

2000年，淮阴市有艺术表演机构17个，其中艺术表演团体9个、艺术表演场所8个，有席

位7138个，与1999年持平。全年演映2371场次，观众33.4万人次，公房建筑面积19731平方米。2002年，全市9家专业艺术表演团体演出1300多场次，收入180多万元，观众超100万人次。2003年，淮安市有艺术表演团体9个，表演人员371人，组织演出1382场次，其中农村演出891场次。2004年，全市专业剧场接待演出210场次，A类团体演出1110场次，B类团体演出4000余场次。2004年9月9日，市文化局会同公安机关对汇通商城美食娱乐大世界演出活动进行突击检查，发现该场所未经文化部门批准，擅自接纳演出团队，并在演出过程中有色情表演。根据相关规定，该演出场所的营业性演出许可证被吊销。此后，当事人提出听证要求。按照法定程序，市文化局于当年10月19日举行听证会。这是《中华人民共和国行政处罚法》实施之后，淮安市文化部门第一例应用听证程序处理的案件。2005年，淮安市有艺术表演团体9个，表演人员360人，组织演出1216场次，其中农村演出442场次。

2006—2008年，淮安市演出市场总体保持平稳。市直专业剧团不断拓展演出市场，取得可观的经济效益，同时全市的民营剧团发展较快，数量居苏北地区之首。

七、网吧管理

1998年，互联网上网服务营业场所开始在淮阴市出现，俗称“网吧”。2001年，淮阴市开展互联网上网服务营业场所的集中清理整顿和重新审核发证工作。整顿前，全市有网吧营业场所662家，整顿后发证400家网吧，查处违章经营网吧70余家，停业整顿网吧50余家。

2002年7月，市、县（区）两级文化行政部门接手对网吧业的行业管理。市文化局牵头组织市公安、工商等部门加强对网吧的管理，重点查处网吧超时经营、接待未成年人、涉黄等违规行为。同年9月5日零时，淮安市在全省率先关闭所有距离中小学直线200米内的网吧。全年清除非法网吧297家，责令停业整顿网吧15家。

2004年6月10日，市政府成立市网吧等互联网上网服务营业场所专项整治工作领导小组，并决定市电信公司、市联通公司、市网通公司等各互联网接入服务单位每天0～8点不再为网吧提供互联网接入服务。同时实施网吧监管系统工程，全市368户网吧安装“净网先锋”监管软件，建立市、县（区）两级监管平台，基本实现全市网吧的信息沟通和全程监管。

2005年，淮安市对社会群众反映比较集中的市区部分网吧实施定点清除。运用重大行政处罚案件审理程序，市文化局吊销市区4家接纳未成年人情节严重的网吧网络文化经营许可证。这是自2002年《互联网上网服务营业场所管理条例》实施后，淮安市首例对严重违规网吧给予吊销网络文化经营许可证的极限处罚。淮安市还动员社会力量参与网吧的监督管理，在全省率先组织网吧义务监督员队伍。2005年6月1日，淮安市文化局会同市关工委在全市建立网吧“五老”（老干部、老战士、老教师、老专家、老模范）义务监督员队伍。全市620多名“五老”网吧义务监督员经培训后，持证上岗实施监督。“五老”义务监督的做法获得社会好评，被省综治办在全省推广。

从2006年5月底开始，淮安市开展网吧“百日整治集中行动”，严厉打击网吧违法违规接纳未成年人行为，坚决整治含有色情、赌博、暴力和愚昧迷信等不良内容的经营行为。全市各级文化行政部门检查网吧2827家次，查处网吧违规行为268起，2家网吧因接纳未成年人被吊销网络文化经营许可证。同年10月12日，淮安市互联网上网服务营业场所行业协会成立。至2006年年末，在全市范围内暂停报批新网吧，查处网吧接纳未成年人案件124件，取缔“黑网吧”69家。

2007年，淮安市有网吧400家。是年，开展首批“文明网吧”争创活动，市华瑞网络有限公司等34家网吧被评为淮安市2007年度“文明网吧”。

2008年，淮安市有426家网吧，3.2万台电脑终端。全市互联网上网服务营业场所均安装“净

网先锋”管理软件，全年组织1300名“五老”网吧义务监督员队伍，对网吧实施定点监督和分级管理。

第十一章　档案管理与利用

淮安市档案馆成立于1980年6月，前身为淮阴地区档案馆、淮阴市档案馆。其主要职责是负责接收、收集、整理、保管和提供利用其收藏的档案资料。该馆收藏的档案主要有旧政权时期档案、革命历史档案和中华人民共和国成立后淮安市党政机关文书档案和一部分科技档案、专门档案、声像档案以及各种报刊、杂志、图书等资料。

第一节　档案馆

一、淮安市档案馆

1980年6月9日，中共淮阴地委、淮阴地区行政公署决定恢复淮阴地区档案处，成立淮阴地区档案馆，实行“一套班子，两块牌子”，归口淮阴地委、行署办公室，同时撤销淮阴地委办公室档案科。淮阴地区档案馆地址位于市区健康西路140号，中共淮阴地委办公大院内。1982年年末，淮阴地区档案馆建成新馆舍，建筑面积1000平方米。1983年，淮阴地区和清江市合并，淮阴地区与清江市档案部门合并成立淮阴市档案处（一级局，1984年6月降为二级局）、淮阴市档案馆（正科级）。原清江市档案馆馆址改为淮阴市档案馆馆藏处之一，建筑面积500多平方米。

1987年5月29日，中共淮阴市委、市政府调整档案工作领导体制，将淮阴市档案处更名为淮阴市档案局，淮阴市档案局（馆）归口市政府办公室管理。市档案局、市档案馆仍然分别为副处级和正科级单位。至1987年年末，该馆有工作人员24人，建筑面积1500平方米，实用面积1050平方米，档案资料库房23间510平方米，阅档室、陈列室各1个。

1993年，淮阴市档案馆被江苏省档案局批准为省三级档案馆。1996年，中共淮阴市委、市政府将市档案局与市档案馆合并，保留“淮安市档案局”牌子，履行档案行政管理和档案收集保管、提供利用职能，为市委、市政府直属正处（县）级事业单位，归市委办公室管理。

2001年2月，淮阴市档案馆更名为淮安市档案馆。

二、淮安市城建档案馆

该馆成立于1984年5月19日，前身为淮阴市城建档案馆，2001年10月更名为淮安市城建档案馆，为市建设局直属事业单位。成立之初，该馆在淮阴市城建局大楼办公。1985年，该馆与市测量队在市区新民东路34号合建一栋3层办公楼，建筑面积600余平方米，其中市城建档案馆占225.11平方米。1994年11月，该馆在北京北路108号建成新办公楼，建筑面积1700平方米。2002年7月29日，该馆增挂“淮安市城建档案管理处”牌子，实行“一套班子，两块牌子”的管

理体制。2002年12月，该馆被建设部评为城建档案国家一级馆。淮安市城建档案馆主要负责收集、整理、保管和提供利用城市规划档案、规划管理档案、工程建设档案以及建设系统各专业主管部门产生的业务技术和业务管理档案。该馆档案利用主要涉及规划编制、旧城改造、工程改造改建、办产权证、拆迁、拆违、编史修志等，其中房改、旧城改造和拆迁档案利用率最高。

1985年8月，淮阴市政府颁发《淮阴市城市建设档案管理暂行办法》，实行工程档案保证金制度，以经济手段保证城建档案的收集，使城建档案管理初步进入法制化轨道。1986年，该馆有馆藏档案1799卷（册）。1987年，该馆接收档案资料1089卷（册），馆藏档案达3000卷（册），设12大类41个属类。1987年8月，淮阴市城建局决定建立城建档案工作网络。1987年9月21日，《淮阴城建档案工作简报》（后更名为《城建档案信息》）出刊。至1988年年末，市直15家符合建立专门档案室的建设类单位中有10家建立档案室，其中规模较大的有市自来水公司、市公交公司、市煤气公司和淮建公司。1990年12月31日，市自来水公司档案室被评为档案管理省级先进企业。1991年6月，该馆与南京市城建档案馆合作制作专题片《千里之行，始于足下——记前进中的淮阴市城建档案馆》。至1991年年末，淮阴市所属的县（市）、区全部建立城建档案室（馆）。1991年以后，市直单位城建档案网络建设基本停止。

1994年起，该馆使用密集架，共有四联密集架100列。1997年，该馆开发计算机档案管理系统。1999年4月，淮阴市政府颁布《淮阴市城建档案管理办法》，对档案收集手段进行调整，主要靠行政手段来收集城建档案。2001年11月，由市建设局、市规划局、市房管局联合出台《淮安市建设工程档案管理规定》《关于实行淮安市建设工程专项验收制度的通知》，开始实行依法治档。2002年8月，该馆自编自拍专题片《蓝天共碧水，绿树映红花——记走向绿水城市的新淮安》，声像档案工作起步。2005年，开通城建档案馆网站，档案管理实现从手工到机检的转变。2006年5月，淮安市政府出台《淮安市城建档案管理实施细则》，实行“两书一证”（即《建设工程档案报送责任书》《建设工程档案专项验收意见书》《建设工程档案接收证明书》，初期也称“三书制”）。2007年，该馆编纂的《古楚访胜录》在江苏省城建档案编研成果评比中获二等奖。此外，该馆还编有《城建大事记》《淮安市城建剪报》《档案典型利用事例选编》等。

至2008年年末，该馆馆藏档案11万余卷，排架长度为902米；照片档案1.1万余张，全部实现数字化管理；录像带66盘，其中专题片22盘。该馆拥有服务器2台，A0幅面工程复印机、工程扫描仪和打印机各1台，电子计算机和小幅面复印机、扫描仪、打印机多台，照相机3部，摄像机2部，声像编辑系统1套。该馆建立目录数据10万多条，全文数据9万多条。

第二节　档案管理

一、档案资源建设

淮安市档案馆馆藏档案主要有旧政权档案、革命历史档案和中华人民共和国成立后的档案等。馆藏资料有清河、淮安、宿迁、盱眙、泗洪、泗阳等县和淮阴市的地方志、年鉴等各类史料，书刊有《民国日报》《大公报》《救国时报》《晨报》《新华日报》《淮海报》《人民日报》，以及韩信、吴承恩、周恩来、陈白尘、宋长荣等名人的生平资料、作品等。旧政权档案有清同治、光绪年间房地契，民国时期淮阴党政军及地方武装、三青团（三民主义青年团）、江苏省高等法院淮阴第二分院及江苏银行清江分行等组织的文书、会计凭证和诉讼卷宗等。革命历史档案资料有中共淮盐特

委、中共蚌埠（长淮）特委、中共华中第六地委、苏皖边区第六行政区专员公署及所属县委、县政府的文书材料和档案复印件。中华人民共和国成立后的档案主要有原淮阴地区、清江市、淮阴市党政机关、人民团体及部分企事业单位的文书、会计凭证、涉外婚姻、纪检案件、死亡干部档案和照片等。

1980年6月，淮阴地区档案馆成立时，主要负责管理原淮阴地委办公室档案科所保存的档案，有馆藏档案资料21008卷（册）。1982年，淮阴地区档案馆从省档案馆复印淮阴地区革命历史档案及抗日战争、解放战争时期《淮海报》计800多卷。1983年，淮阴地区档案馆接收原清江市档案资料计57个单位5824卷（册）。同年，新建档案库房移入排架档案1万余卷、图书资料9000余册，调整核对馆藏档案计63个全宗9968卷。1984年，该馆将从省档案馆复印的历史档案案卷目录，装订成册投入使用。此外，调整排放"文化大革命"时期档案资料，整理编号登记贴标签排架图书资料10082册。至1984年年末，市档案馆有馆藏档案186个全宗39403卷（含未整理零散文件约8600卷），案卷排架长度592米；馆藏资料6507种28040册。1985年，制作卡片165987张，其中文件卡75744张、人物卡90243张，编制10种专题人物索引。至1985年年末，该馆有检索工具6类36种。此外，又进行微机档案管理软件应用研究，并通过市级鉴定。1985—1987年，市档案馆集中力量抓馆藏建设，累计接收档案资料47694卷册，其中1985年3—4月，接收市公安局旧政权档案4239卷。

1986年举办档案陈列时，征集到反映淮阴地区革命战争和社会主义建设时期历史面貌的各类照片、底片1.5万余张。至1987年年末，该馆馆藏达102446卷（册），其中档案56063卷、资料46383册。2001年，该馆创建省二级馆，组织鉴定、销毁没有查考利用价值的、超过保管期限的短期档案1.5万卷。2004—2008年，市档案馆从中国第一历史档案馆查找购得有关淮安历史的清政府档案仿真件20余幅和《中国明清史档案文献》光盘资料1套；从江苏省等档案馆查找获取苏皖边区政府、中共华中分局的档案资料复印件若干。至2008年年末，该馆馆藏档案266个全宗81237卷，案卷排架长度1223米；馆藏资料19800册。此外，该馆重视非纸质档案资料的收集工作，累计收集不同时期的新老照片1万多张。

二、档案基础设施建设

1983年，由于淮阴市档案馆（原淮阴地区档案馆）库房有限，原清江市档案馆馆藏档案无法搬迁与之合并。1999年，市档案馆没有可用空间，无法接纳市直机关单位档案移交进馆。2002年以前，市档案馆用房一直分设3处：市档案局（馆）办公、库房楼的东半部分（1982年竣工，馆舍建筑面积1500平方米，实用面积1000平方米）；原清江市档案馆所在地（原清江市政府办公楼3层）；市政府院内4号楼3层100多平方米的房间用于保管图书资料。2003年，市档案楼改扩建工程竣工并交付使用。改扩建后的档案楼建筑面积4500平方米，实用面积4000平方米。

市档案楼在改扩建设计中，对库房及办公用房使用较为先进的消防设施系统，主要包括自动灭火、自动报警等装置。市档案局（馆）根据实际使用情况不断更换设备。

20世纪80年代，该馆仅有2台计算机和用于打印材料的打字机、油印机各1台。20世纪90年代，该馆每个处室配备1～2台微机，开始初步使用网上查找资料。2000年以后，该馆人均1台微机，实行网上办公，工作效率大大提高。

2003年，市档案局（馆）建立局域网，并于2006年与淮安政府网联通。同年，建成"淮安档案"网站。该网站设有10余个一级栏目和40多个二级栏目。至2008年年末，市、县（区）两级档案馆基本建成档案电子目录数据库，实现档案计算机检索。全市建成档案信息网站4个，初步实

现档案信息资源共享。

三、档案宣传

1995年，淮阴市首次召开档案宣传工作会议。市档案局在市区主要街口设立宣传橱窗，长期张贴《中国档案报》，向社会宣传档案法规、报道档案工作动态、公布开放档案及其利用效果。1996年8月下旬，市档案局开展全市档案宣传周活动。市人大、市政府、市档案局和各县（市、区）领导在媒体上发表文章或讲话，市区和各县城主要干道都悬挂长幅标语或气球标语。各地出动宣传车，设立咨询台，举办巡回展览，各大影剧院映前放宣传幻灯片，市电视台黄金时间播放宣传标语等。举办淮阴市首次档案知识竞赛，金湖县代表队获得一等奖。淮阴电视台《环淮快车》节目播放竞赛实况。

全市各级档案部门坚持向媒体投稿，围绕地方重大活动举办专题展览，展出档案史料。1996年1月，由市档案局主办，各县（区）档案局和市直部分机关、企事业单位参与的“全市‘八五’档案事业发展成就展览”正式展出。2004年、2008年，市档案局（馆）与中国第一历史档案馆联合举办2次展览，展出20余件反映淮安历史的清廷大臣奏折及皇帝朱批的仿真件。2005年，选取50多份与清晏园、慈云寺、洪泽湖大堤等有关的清代皇帝谕旨、朱批奏折以及100余幅反映全市主要园林各个时期的历史照片，举办“清宫淮安园林秘档展览”，有1万余人次参观。截至2008年年末，淮安市市、县（区）两级档案部门建成爱国主义教育基地6个。

四、档案达标管理

1988年以后，全市各级机关单位普遍配备专兼职档案人员，建立各种类型的档案机构，开展一系列档案管理工作。全市各类档案机构重点开展推行文书部门立卷归档制度，机关单位档案综合管理、目标管理，开展档案馆等级评定和开发利用档案信息资源等工作。从1988年起，全市档案部门开展档案工作目标管理（达标升级、等级测评）工作。1986—1990年，淮阴市有8个单位的档案工作达到国家级标准，56个单位的档案工作达到省级标准。1991—1995年，淮阴市有9个单位的档案工作达到国家级标准，80多个单位的档案工作达到省级标准。1996—2000年，淮阴市有18个单位的档案工作达到国家级标准，80多个单位的档案工作达到省级标准。2001—2005年，江苏省档案局调整考评标准后，市公安局、淮阴卷烟厂档案工作达到省特级标准，实现全市档案工作特级单位零的突破。全市有9个单位的档案工作通过省特级标准认定，90多个单位的档案工作通过省级标准认定。淮安银监分局建成全市第一个数字化档案室。2006年后，江苏省档案局再次调整提高测评标准，至2008年年末，淮安市有淮阴卷烟厂、市公安局、市供电公司等12个单位的档案工作达到省五星级标准，有68个单位的档案工作达到省四星级或三星级标准。

淮安市档案馆于2007年年末通过省档案馆登记评定委员会评定，达省一级馆标准。至2008年年末，盱眙县档案馆、楚州区档案馆达到国家三级馆标准，涟水、洪泽、金湖3个县档案馆达到省二级馆标准，淮阴区档案馆达到省三级馆标准。

第三节　档案服务与开发利用

一、档案服务

1979年，中共淮阴地委办公室档案科接待查阅档案909人次，调阅档案资料1463卷（册），其中为冤假错案平反、右派改正、地主富农摘帽等落实政策查档占60%。1980年，淮阴地区档案馆成立后，当年接待查档单位188个、1970人次，提供档案资料3128卷（册）。1981年，淮阴地区档案馆和清江市档案馆合计接待查档单位199个、1075人次，提供档案资料2364卷（册）。1983—1987年，市档案馆共接待查档26037人次，提供利用档案175101卷（册）。其中，1987年接待查档11216人次，提供利用档案74103卷（册），与1983年的966人次、2273卷（册）相比，分别增长10.6倍和31.6倍。1984—1987年，淮阴市档案馆为工转、转干、农转非、编史修志、政策性参考、组织人事任免、处理决定、劳动工资、房地产纠纷、户粮问题等各项工作，提供大量原始凭证和第一手资料。

1988年开始，市档案馆分期分批开展档案划控解密和开放利用工作。1997年，淮阴市档案馆向社会开放档案45020卷，接收档案6318卷、照片1585张，接待查档9460人次，提供档案资料29707卷（册）。2003年9月，市档案馆现行文件服务中心在市行政审批中心正式挂牌，向社会提供政府有关政策性、法规性、公益性和规章制度等方面的现行文件及文件汇编。2006年，市档案馆全面完成馆藏档案文件目录数据库建设，录入150余万条电子目录，接待社会各界利用者9024人次。2005年，淮安市档案馆接待社会各界档案利用者6158人次，查阅档案、现行文件及资料35139卷（件、册）。2007年，淮安市、县（区）两级档案馆接待查档19605人次，调卷30386卷（册）次。2008年，淮安市、县（区）两级档案馆接待社会各界利用者51834人次，查阅档案、现行文件及资料68415卷次。至2008年年末，淮安市档案馆经过划控解密，向社会开放档案3.58万卷，涉及立档单位187个。

二、档案开发与利用

市档案馆成立后，坚持独立与合作开发相结合，完成一系列档案资料编研成果，计40多种600余万字。该馆利用馆藏档案资料编纂《淮阴各级革委会、革命领导小组基本情况摘录》《周恩来同志光辉事迹》《胡耀邦同志视察淮阴文件汇编》，创办双月刊内部刊物《档案工作情况》《档案资料信息选编》，与市委组织部、市委党史工办合编《中国共产党淮阴市组织史资料（建国前部分）》（上下册），单独编写《淮阴市革命历史档案法规性文件选编》《淮阴市珍贵档案资料目录》《淮阴市第一次赶江南档案资料选编》《淮阴市第二次赶江南档案资料选编》《淮阴市经济技术发展基础数字汇编》《档案利用效益事例选》（一、二辑）等。1986年4月20日，市档案馆和市档案学会联合举办淮阴市档案工作成就陈列，展出近300幅照片、400余件珍贵档案资料和编研成果。从1987年开始，市档案馆每年按月编写印发《淮安市大事记》（原名《淮阴市大事记》）。1994年，淮阴市档案馆编写馆藏本《淮阴名人简介》《淮阴市机构改革文件选编》《淮阴市关于减轻农民负担的文件选编》。2005年，淮安市档案馆编纂出版《苏皖边区政府档案史料选编》，该书收入苏皖边区政府历史文献147篇，共50万字。2006—2008年，淮安市档案馆组织完成编研成果10余种近400万字。其中，《苏皖边区政府档案史料选编》获中国档案学会二等奖，《清代中央档案中的

淮安》获江苏省档案文化精品二等奖、市第十届哲学社会科学优秀成果三等奖，《淮安改革开放30年纪事》获江苏省档案文化精品三等奖。

第四节　档案培训与研究

一、档案培训

受江苏省档案局委托，淮阴市档案局于1993年开始承办辖区内档案人员上岗资格培训班。1997年，全市档案局（馆）有高、中级档案专业技术人员61人，其中研究馆员1人、副研究馆员4人、馆员56人。市档案局（馆）还每年定期对机关、企事业单位档案管理人员进行业务指导和技能培训。

至2008年年末，全市有上千人参加档案工作培训并获得上岗资格证书，有档案专业技术人员近千人。全市档案局（馆）有高、中级档案专业技术人员69人，其中研究馆员2人、副研究馆员13人。其中，淮安市档案局（馆）有高、中级专业技术人员27人，有研究馆员2人、副研究馆员4人。

二、档案研究

淮安市档案学会每年举行一次全市性的学术研讨交流会，并推荐有一定学术质量的研究论文参加全省档案学会举办的学术研讨会进行交流。2000年后，淮安市档案工作者每年都有文章在《中国档案》杂志、《中国档案报》《江苏档案与建设》等刊物上发表。2002年，淮安市档案馆争取到国家档案局“档案信息资源在经济与社会发展中的作用研究”课题项目，形成5万多字的研究成果，在规定时间内按时结题。该课题是淮安市档案部门承担的第一个国家级课题项目。2002—2008年，淮安市档案局（馆）工作人员累计发表各类文章70余篇。2006年，市档案局（馆）组织人员编著《档案室工作实用手册》并出版发行，该书获得淮安市第九届哲学社会科学优秀成果三等奖，为淮安市档案编著作品首次获得政府奖。

第十二章　地方志

1978年后，编修社会主义新方志被逐步提上日程。涟水县、盱眙县分别于1981年和1984年在全市率先成立地方志办公室。1986年，淮阴市委、市政府作出编修《淮阴市志》的决定，并成立淮阴市市志编纂委员会办公室（以下简称“市市志办”）。此后，金湖、洪泽、淮安等县（市、区）也相继成立修志机构。至2008年年末，全市县（区）均成立专门的地方志工作机构，全市地方志工作机构在做好修志编鉴主业的同时，还开展旧志点校整理、地情文化研究等工作。

第一节　志书编修

一、第一轮修志

（一）市志编修

1986年5月，中共淮阴市委、市政府召开《淮阴市志》编纂工作动员大会。至1986年年末，淮阴市有11个县（市、区）成立专门的修志机构；131个有修志任务的市直单位中，有115家成立修志机构。1986年3月到1989年年末，做了大量组织发动、人员培训、上门辅导、征集资料、拟订篇目及审查修改基层志稿工作。1990年年初至1993年年末，对资料缺口大的卷、章，主动挖掘材料，保证志稿如期完成。1994年1月，《淮阴市志》评审会召开后，市志编纂人员按照与会专家提出的意见和建议，对志稿进行修改完善。1995年3月，《淮阴市志》签字付印。1995年6月，《淮阴市志》由上海社会科学院出版社正式出版发行。全书共55卷450万字，分上、中、下三册，配有2幅彩色地图、212幅彩照和18幅黑白照片。《淮阴市志》首创以10余万字的《史略》统领全篇，取代《概述》和《大事记》；在全志之末设《事件索引》《人名索引》，以便检索；专立《洪泽湖》《烟酒工业》两卷，彰显地方特色；《人物》卷记载历史人物1000余人，共53万余字，占全志篇幅的八分之一。该书内容上溯事物发端，下限至1987年（《人物》卷下延至1992年年末）。1995年10月11日，《淮阴市志》举行首发式。在江苏省第五次哲学社会科学成果评比中，该书获得二等奖。

（二）县区、乡镇志编修

1993年，《盱眙县志》由江苏科学技术出版社出版，全书140万字。1994年，《金湖县志》由江苏人民出版社出版，全书117万字。1996年，《淮阴县志》由上海社会科学院出版社出版，全书142万字。1997年1月，《涟水县志》由江苏古籍出版社出版，全书174万字。1998年，县级淮安市《淮安市志》由江苏人民出版社出版，全书151.8万字。1999年，《洪泽县志》由中国大百科全书出版社出版，全书168.5万字。2003年，《清河区志》由江苏古籍出版社出版，全书124万字。《金湖县志》获全国地方志系统优秀志书二等奖，《洪泽县志》获江苏省第三次地方志系统优秀成果一等奖，《清河区志》获江苏省第四次地方志系统优秀成果特等奖。

至1995年，还完成《岔河镇志》《共和乡志》编纂，并内部刊印。

（三）专业志编修

淮安市市志办及各县（区）志办在编纂市、县（区）志的同时，还编纂或指导编纂大量部门志、专业志、山水志、乡镇志等。1998年8月，淮阴市人民政府、宿迁市人民政府联合发布《关于编纂〈洪泽湖志〉的通知》，并由省地方志编委会下文，成立《洪泽湖志》编纂委员会。淮阴市市志办负责全书纲目的制定和具体编纂。2004年5月，《洪泽湖志》由方志出版社正式出版。该书138万字，是全国五大淡水湖中的第一部志书。该书在江苏省第九届哲学社会科学优秀成果评比中获三等奖，在江苏省第四次地方志系统优秀成果评比中获特等奖，在淮安市第八次哲学社会科学优秀成果评比中获一等奖。

至2008年年末，有《淮阴市邮电志》《淮阴市城乡建设志》《淮阴市水利志》《淮阴市建筑志》《淮阴市卫生志》《淮阴市财政志》《苏北运河志》《淮阴卫校志》《淮阴市第一人民医院志》《江苏戏曲志·淮阴卷》等书出版。其中，《淮阴市城乡建设志》在江苏省第三次地方志系统优秀成果评比中获得二等奖，《淮阴水利志》在江苏省第四次地方志系统优秀成果评比中获二等奖。此外，各

县（区）也出版大量部门志和行业志。

二、第二轮修志

2005年8月6日，淮安市第六次地方志工作会议召开，在全省率先启动第二轮志书编修工作。会后，市直大部分单位启动新一轮修志工作，各县（区）也启动新一轮修志的各项准备工作。同年9月13日，市市志办举办新一轮修志业务培训班。2005年年末，市市志办开始编印《志鉴工作通讯》，反映全市修志动态，交流修志经验。2006年1月，市市志办和市政府督查室联合组成督查组，对有修志任务的7个县（区）进行督查，推动全市修志工作进程。至2008年年末，全市第二轮志书编修工作完成大部分资料的征集工作，部分单位完成初稿编写。7个有修志任务的县（区）全部启动新一轮修志工作，并开展篇目拟订和资料征集工作。

三、旧志点校整理

2005年年末，淮安市市志办启动《淮安文献丛刻》点校整理出版工作。至2008年年末，点校出版《淮安文献丛刻》1～4卷，计400余万字。第一卷为明代杨宏、谢纯的《漕运通志》，计21.1万字；第二卷收录明代席书编次、朱家相增修的《（清江）漕船志》，民国时期张煦侯编著的《王家营志》，民国时期冒广生编著的《钵池山志》，计23.3万字；第三卷收录明代马麟修、清代杜琳等重修、李如牧等续修的《续纂淮关统志》，民国时期冒广生编著的《淮关小志》，计33.8万字；第四卷收录民国时期王光伯原辑、程景韩增订的《淮安河下志》，清代李元庚著《山阳河下园亭记》及李鸿年的续编和汪继先的补编，计36.2万字。其中，2007年，《漕运通志》点校本获淮安市第九届哲学社会科学优秀成果一等奖。

第二节　年鉴编纂

1995年3月7日，淮阴市人民政府召开第一次《淮阴年鉴》编纂工作会议，决定由市志办逐年出版《淮阴年鉴》，并成立《淮阴年鉴》编纂委员会。同年11月，《淮阴年鉴（创刊号）》由上海社会科学院出版社出版发行。各县（区）年鉴也相继创刊，《盱眙年鉴》于1994年在全市率先创刊，《金湖年鉴》于1995年创刊，淮阴县《淮阴年鉴》于1997年创刊，《涟水年鉴》于1999年创刊，《楚州年鉴》于2001年创刊，《洪泽年鉴》于2007年创刊。至2008年年末，全市累计出版综合年鉴67部。此外，市财政局于2000年编纂《淮阴财政年鉴》，市统计局于2002年创刊《淮安统计年鉴》。

淮安市、县（区）级综合年鉴在国家、省、市等各级评比中屡获大奖。2004年，《淮安年鉴（2004）》在全国地方志系统首届年鉴评比中获城市年鉴综合特等奖；在中国版协年鉴工作委员会组织开展的第三届全国年鉴质量评比中，获城市年鉴综合一等奖，框架设计、条目编写一等奖，装帧设计二等奖，并获中国年鉴奖。《涟水年鉴（2004）》在全国地方志系统首届年鉴评比中，获县级年鉴综合特等奖，在中国版协年鉴工作委员会组织开展的第三届全国年鉴质量评比中，获县级年鉴综合二等奖，框架设计、条目编写一等奖。此外，《淮安年鉴》《涟水年鉴》《金湖年鉴》《盱眙年鉴》在江苏省地方志系统优秀成果评奖中也屡屡获奖。

第三节 地情与运河文化研究

一、地情研究

第一轮方志编纂工作完成后，淮安（淮阴）市地方志工作者利用修志过程中积累的资料，开展地情研究，编纂发行一批地情书籍、小册子，方便市民阅读并宣传推介淮安。1986年，市市志办创办《淮阴志林》，共出刊20余期，至1997年停刊。1987年，市市志办编印12万字的《乡土知识台历》，介绍淮阴市的古迹、特产、历史人物、事件等。1988年，组织编纂《淮阴要览》，由上海社科院出版社出版，全书22万字。

1990年，市市志办组织编纂《淮阴城镇史话》，全书41万字，由南京大学出版社出版，记述全市中心城市和50多个小城镇建设发展历史。1992年，市市志办荀德麟主编完成江苏省社科基金资助项目《洪泽湖研究》一书，由江苏古籍出版社出版。1993年，市市志办编写完成由江苏科技出版社出版的50余万字的《淮阴史事编年》，对淮阴市从史前考古重大发现到天文地理、社会发展历程中各方面的大事、要事、特事进行翔实记载。1996年，市市志办组织编写20万字的《淮阴市民手册》，全书侧重于市民经常遇到的法律、法规、政策及日常生活常识，受到市民欢迎。1998年12月，市市志办编写的《淮阴改革开放二十年》由方志出版社出版，全书分8编42章，62万字，该书被列为淮阴市1998年度十大文化事件之一。同年，荀德麟撰写的《略论淮阴乡土文化对周恩来的影响》一文，入选纪念周恩来诞辰100周年“全国周恩来生平和思想研讨会”交流论文，并获江苏省精神文明建设第三届“五个一工程奖”。1999年，《淮阴五十年史（1949—1999）》由中央党校出版社出版，全书70万字，是首部通史体中华人民共和国地区当代史。该书出版后，中国社科院《当代中国研究》杂志发表长篇评论文章推介。

2000年，《淮阴五十年史（1949—1999）》获江苏省精神文明建设第四届“五个一工程奖”；2001年，在江苏省第三次地方志系统优秀成果评比中，获特别荣誉奖。在2001年开展的江苏省第三次地方志系统优秀成果评比中，市市志办荀德麟撰写的《“三淮”城市的由来和发展》论文获特等奖，金湖县志办马国顺著《史·志·鉴探论》一书获一等奖，盱眙县志办郭永余撰写的《年鉴编写对续志的作用》论文获二等奖。2003年，《淮安历史文化丛书》由中共党史出版社出版，共12册。2004年，市市志办编写的《锦绣淮安》一书由方志出版社出版，全书28.6万字。

此外，市市志办还直接参与城市经济文化建设，如推动和促成“中国南北地理分界线标志园”规划建设，参与清江文庙、总督漕运公署、高教园区、樱花园、中洲公园、钵池山公园、河下古镇、西大街步行街、涟水妙通塔、码头镇、韩侯故里公园、里运河文化景观带、大运河文化广场等的规划设计与布展工作，并参与命名市区部分道路、桥梁、巷道等。

二、运河文化研究

2001年，市市志办向中共淮安市委、市政府提出保护运河文化遗产的建议和建设里运河文化长廊的构想，得到采纳。2002年，淮安市区建成大运河文化广场。

2005年11月，市市志办根据市委、市政府主要领导的指示，拟定打造“运河之都”城市名片的初步方案，得到市委、市政府的认可，并立即组织实施。

2006年开始，市市志办组织开展点校整理《淮安文献丛刻》第1～4卷，其中包括《漕运通志》

《漕船志》《王家营志》《钵池山志》《续纂淮关统志》《淮关小志》《淮安河下志》《山阳河下园亭记》等一批佐证淮安市“运河之都”历史地位的历史文献。2006年3月，市市志办荀德麟、周平、刘功昭编写的《运河之都——淮安》由方志出版社出版。全书分为8篇，计16.8万字。同年5月13—15日，由江苏省社科院、中共淮安市委、淮安市人民政府联合举办的“运河之都”全国学术研讨会在淮安市举行。会后形成《“运河之都——淮安”首届全国学术研讨会会议纪要》，以及《“运河之都——淮安”首届全国学术研讨会论文集》。

2006年10月17日，淮安市确定承办第四届大运河文化节。至2008年9月，市市志办将《“运河之都——淮安”全国学术研讨会论文集》集辑成册并公开出版；由国内运河文化研究专家及市志办人员共同编著的《运河之都丛书》出版9部，计400余万字；组织点校出版明正德、明天启、清乾隆《淮安府志》计72卷250多万字。2007年，淮安市政府专门成立大运河文化研究中心，并下设办公室，与市市志办合署办公。同年，市市志办创办“运河之都”网站。此外，市市志办还参与并负责中国大运河名人馆、陈潘二公祠、吴公祠、河道总督署大堂二堂、淮关关楼展陈文本的撰写或评审把关，撰写古末口、大小清口碑文等。

2008年9月26日，第四届中国大运河文化节高峰论坛暨第二届“运河之都”全国学术研讨会在淮安市举行，来自大运河（含隋、唐、宋运河）沿线32个城市的100多名代表与运河研究领域的40余名专家、学者与会。其间，中国古都学会五届六次常务理事会在淮安市召开，正式通过确认淮安市为“运河之都”的决议。在第四届大运河文化节开幕式上，中国古都学会正式授予淮安市“运河之都”匾牌。

第十三章　社会科学

1978年后，淮阴师范学院、淮阴工学院、中共淮安市委党校等高校和研究机构设有政治、文艺理论、哲学、史学等教学研究室，兼有科学研究任务。此外，市有关部委办局先后设有专业性较强的研究室，如市委、市政府、银行、财政、税务、教育、档案等部门都设有专业研究室，并且部分研究室还办有内部学术刊物或学术动态刊物。属于市委、市政府工作部门且具有较多研究任务的机构有市委政策研究室、市政府研究室、市档案局、市委党史工作办公室、市市志编纂委员会办公室等。

淮安市哲学社会科学联合会于1985年8月27日正式成立，时名为淮阴市哲学社会科学联合会，其后成立不同专业学会、研究会、协会共计38个。2006年，淮安市在全省率先实现社科联全覆盖，8个县（区）均成立社科联组织。

第一节　学术研究及成果

1978年后，淮安市的社会科学工作者科研成果不断涌现，其中以文艺理论和实用经济学的研

究成果较为突出。

二十世纪八九十年代，淮阴市的社科工作者围绕“两个文明”建设进行调查研究，诸如对洪泽湖综合开发、沂淮铁路兴建等课题，都认真进行可行性论证，直接为领导决策服务。1982年10月，纪念吴承恩逝世400周年和《西游记》全国学术讨论会在淮安县举行。截至1987年年末，淮阴市9项成果获省哲学社会科学优秀成果奖，其中文艺学7项、实用经济学1项、历史学1项。1992年以后，淮阴市社会科学研究成果增多。《淮阴市志》《洪泽湖研究》《淮阴史事编年》《中共淮阴地方党史》（新民主主义时期）等地方史志研究成果相继问世。周本淳的古典文学研究，肖兵的楚辞与古神话研究、闵抗生的鲁迅研究、魏家骏的现当代文学研究等，都在各自领域有着较大的影响。1999年，市社科联及所属各学会、研究会在省级以上刊物发表论文21篇。2000年，市社科联联合盱眙等县（区）有关部门开展农村思想政治工作调研，形成调研成果《加强农村思想政治工作重在提高质量》，对开展农村思想政治工作的新途径进行探索。2007年，淮安市社科联组织18个研究项目申报省社科联资助研究课题，其中市金融学会张静负责的“欠发达地区县域经济与金融协调发展”、市社科联的“富士康落户淮安对经济发展的深远影响及应对措施”2个重点课题获得立项和资助。此外，市社科联还推动做好周恩来思想、邓小平理论学习辅导、宣传和研究工作。截至2008年年末，市社科联及所属学会累计出版17种刊物，发表论文数以千计。

1988年，市哲学社会科学联合会举行淮阴市首次哲学社会科学优秀成果评奖，对1985年8月1日至1987年12月31日社科申报成果进行评奖，评出一等奖3项、二等奖16项、三等奖51项。1991年，淮阴市举行第二次哲学社会科学优秀成果评奖活动。1995年，淮阴市第三次哲学社会科学优秀成果评奖活动与省第四次哲学社会科学优秀成果评奖同步进行，具体工作由淮阴市社科联承办。此次评奖接受申报成果331项，其中著作181项。《楚辞的文化破译》（萧兵）获省第四次哲学社会科学优秀成果二等奖，《新时期党建工作笔谈》（王庆元）、《文体分类学》（钱仓水）、《文艺批评新视角》（魏家骏）等7项成果获省第四次哲学社会科学优秀成果三等奖，《口才与逻辑》（杨秉毅）等20项成果获市第三次哲学社会科学优秀成果一等奖。1997年，淮阴市举行第四次哲学社会科学优秀成果评奖，接受申报成果1200项。1999年，淮阴市举行第五次社会科学优秀成果评奖，接受申报成果500多项，评出一等奖14项、二等奖20项、三等奖100项。2001年，市社科联组织开展全市第六次哲学社会科学优秀成果评奖，接受申报成果352项，评出一等奖10项、二等奖20项、三等奖65项。2003年，市社科联组织开展淮安市第七次社科优秀成果评奖，评出一等奖10项、二等奖20项、三等奖68项。2005年，淮安市举行第八次全市哲学社会科学优秀成果评奖，对2003年以来的350项申报成果进行评审，评出获奖成果96项，其中《洪泽湖志》等10项成果获一等奖。2007年，淮安市举行第九次全市哲学社会科学优秀成果评奖，并与省第十届哲学社会科学优秀成果评奖活动同步进行，评出一等奖10项、二等奖20项、三等奖60项。

第二节 理论研讨与宣传

一、理论研讨

1978年后，淮阴地区社科工作者围绕党的中心工作和重要历史事件，有针对性地开展学术研讨活动。

1994年3月，淮阴市社科联与市委党史工办、市党史学会在县级淮安市召开纪念车桥战役50

周年座谈会。

1995年，市委办公室和市社科联联合发起组织加快苏北发展战略研讨活动，5月10日在市区召开加快苏北发展战略研讨会，有10篇文章被收录进江苏人民出版社出版的《加快苏北发展》。同年8月15日，中共淮阴市委宣传部、市社科联、市党史工办及市党史学会联合举行纪念抗日战争胜利50周年暨苏皖边区政府成立50周年学术研讨会。

1996年10月14日，市社科联会同中共淮阴市委宣传部、市工商银行联合召开淮阴市精神文明建设理论研讨会。同年，市社科联牵头召开"全面再翻番，提前达小康"研讨会。组织发动广大社科理论工作者和基层实际工作者，加强对"两专一基"的研究，特别是对"两专一基"在农村经济发展中的重要地位和作用，以及加快发展中的问题，从理论上加以总结概括、探索和研究。

1997年，淮阴市社科联组织社科工作者深入盱眙县水冲港乡进行实地调研。随后，市社科联会同市委宣传部召开"水冲港精神"研讨会，挖掘"水冲港精神"的内涵和典型意义，推动全市学习活动的深入。

1998年1月8日，江苏省"周恩来生平和思想研讨会"在淮安市召开，省、市领导及专家、学者80余人出席会议。1998年，淮阴市社科联组织开展"我为发展献良策"主题竞赛活动，与市委党校联办"邓小平理论与淮阴发展"调查研讨活动，与市人大财经委联办"农业产业化经营"调查研讨活动，与市哲学学会联合举行"纪念真理标准讨论20周年大会"。

1999年，市社科联举办"建国50周年与淮阴发展"研讨会，收到论文23篇。

2002年，市社科联联合市委宣传部和市委党校组织召开热点难点问题研讨会。同时，指导所属各学会、研究会结合自身实际和特点，有针对性的进行专题学习和研究。

2006年，市社科联与市委党校、市委宣传部、市级机关工委联合筹备召开"学习《党章》暨纪念建党85周年理论"研讨会。该次研讨会收到论文69篇，评出一等奖论文5篇、二等奖论文8篇、三等奖论文28篇、优秀论文奖18篇。此外，还召开学习《江泽民文选》座谈会，《淮安日报》以整版的篇幅刊登此次座谈会的发言稿。举办全市构建和谐社会理论研讨和培训会。

2007年10月16日和10月23日，市社科联组织召开2次学习中共十七大精神交流研讨会，在全市开展"学习十七大精神"征文活动。

淮安市的社科工作者还持续开展周恩来思想和精神研究。1997年，淮阴市周恩来研究成果交流会召开。1998年，淮阴市筹备成立周恩来研究会，省社科联在淮阴市举办周恩来生平思想研讨会，编辑出版《纪念周恩来百年诞辰专辑》。1999年，市社科联举办周恩来民主思想专题研讨会，收到全国各地作者论文46篇。2000年，淮阴市周恩来研究会编纂的长篇传记《奔向春天——青年周恩来》被列入中共中央宣传部领袖人物研究宣传计划，由中国青年出版社出版。2003年，市社科联承办纪念周恩来诞辰105周年座谈会。2月28日上午，全国各地的周恩来研究专家、学者以及周恩来的亲属、周恩来生前身边的工作人员、中央文献研究室的研究人员共计100余人，在淮安市举行纪念周恩来105周年诞辰座谈会。座谈会上，成立淮安市周恩来邓颖超研究会。2月28日下午，举行周恩来研究学术交流会。来自全国的周恩来研究专家、学者撰写31篇论文、3部论著，在会上作交流。2006年1月6日，淮安市社科联会同市周恩来邓颖超研究会，联合召开纪念周恩来逝世30周年座谈会，10多名专家、学者与会作交流。同年，举办纪念周恩来108周年诞辰暨党性修养理论研讨会，有10多篇论文在会上进行交流。2008年2月26日，周恩来生平和思想研讨会在淮安市举行。该研讨会由中共江苏省委、中央党史研究室、中央文献研究室联合主办。此次研讨会收到论文78篇，经评审收入论文集50篇，内容涵盖周恩来执政为民、廉政思想、和谐思维和党的建设等方面。

二、社科普及宣传

淮安市社科联成立后，注重社科知识的普及和宣传，但由于人手不足、办公条件有限，开展的活动较少。二十世纪八九十年代，市社科联结合党委、政府中心工作开展一些普及和宣传活动。

2000年，市社科联针对"法轮功"邪教组织的歪理邪说对部分干群造成的影响和危害，做好科学精神和科学思想的宣传和普及。部分学会从自身实际出发，组织开发有关社科知识普及宣传工作。

从2004年开始，淮安市社科联连续开展社科普及宣传周，各县（区）社科联也加强组织协调工作，开展一系列贴近群众生活习惯、贴近群众工作需求、贴近群众认知实际的社科普及活动，全市的社科普及宣传活动覆盖面不断扩大。淮安市社科联连续2届获得省社科联颁发的"优秀组织奖"。2006年，市社科联开展全市社科资源大调查，详细了解市5所省属高职院校及市、县（区）党校办学方向、强势专业、人才队伍、学者需求等情况，同时推动全市社科类社团的组织建设和业务建设，为开展社科普及宣传活动奠定基础。2007年9月15—21日，淮安市社科联开展市、县（区）联动的第二届社科知识普及宣传周活动。

2008年，淮安市社科联配合市委宣传部共同组织召开社科理论界"解放思想大讨论"座谈会，并对10余位专家的发言进行整理，在《淮安日报》上整版刊登。应市电视台邀请，市社科联与市委党校合作，制作2期访谈节目。

·淮安市志·（1978—2008）

第三十二卷　大运河遗产

淮安，从自然航道时代起，便是南北交通枢纽。周敬王三十四年（前486），吴王夫差开邗沟后，加速淮安沿运河城镇的兴起。隋大运河贯通后，淮安境内的楚州、泗州成为漕运重要孔道。北宋年间，在楚州、泗州之间的淮河右岸相继开凿沙河运河、洪泽新河、龟山运河三段复线运河，运河从此避淮成功。

南宋时期黄河夺泗夺淮以后，淮安清口成为黄河、淮河、运河的交汇处，是治理黄、淮、运的关键之地。明清时期"蓄清刷黄济运"之策200余年的持续实施，清口综合水利枢纽的不断改造完善与因势利导，形成全面系统、形式多样、复杂多变、重重叠叠的大运河本体遗产。

同时，淮安作为明清时期漕运总督、河道总督、淮关监督、淮北盐运分司的驻节之地，作为淮安常盈仓、清江督造船厂所在地，是全国漕运指挥中心、黄淮运河道治理中心、漕船制造中心、漕粮转输中心、淮北盐集散中心。"五大中心"地位的确立，为淮安的繁华注入非凡的活力，城市发展逐步达于鼎盛，从末口到清口50余里间，有淮城、河下、河北、板闸、钵池、清江浦、王家营、西坝、韩城、杨庄、码头、清口等10多个城镇，"夹岸数十里，街市栉比"，形成以运河为纽带的"城镇链"。这里的人口聚集度非常高，人口规模居于全国名邑大都的前列，淮郡"三城内外，烟火数十万家"。明、清两朝数百年的经营和发展，最终奠定淮安"运河之都"的地位。淮安因此成为中国大运河各类遗产最为丰厚的地区之一。

第一章 清口枢纽遗产

清口枢纽，历史上是黄河、淮河、运河三条河流的交汇处，也是中国大运河上最具科技含量的枢纽工程之一。明、清两代中央政府投入大量的人力、物力和财力，对其进行不断的维护治理，保证千里漕运的持续畅通。作为大运河世界文化遗产的重要遗产区之一，其核心区49平方公里的范围内分布着53处各种类型的文化遗产，被誉为"中国水工历史博物馆"。

第一节 里运河本体遗产

淮安市境内的里运河，在明清时期的淮安府城以南的部分，可上溯到吴王夫差所开的邗沟，历两汉魏晋南北朝，变化繁复，此不详考。大抵今由淮城向东南入古射阳湖的大涧河、向西南入白马湖的新河，皆曾为古邗沟的航道。淮安府城以北的部分，则都是宋明以来的避淮航道工程，有北宋乔维岳所开的沙河运河，明永乐十三年（1415）漕运总兵官、平江伯陈瑄沿沙河故道所开的清江浦运河。

一、沙河运河与磨盘口、洪泽三闸

隋开大运河，楚州和泗州之间系利用自然河道淮河所连接，极为艰险；而泗州以下，特别是洪泽洼地区，水宽浪阔，山阳湾段水流尤为湍急，更被往来船只视为畏途险境。北宋时期，每年在楚、泗二州之间的淮河险途上损失的漕船达170艘左右。为避开淮河风险，沿淮河右岸开凿的复线运河随之诞生。

从北宋雍熙元年（984）到元丰七年（1084）的100年中，复线运河分期施工，陆续完竣通航，“免风涛覆溺之患”。数百年谋求的避淮工程终于获得成功。

首先开凿的是楚州到淮阴磨盘口的60里沙河运河。据《宋史·河渠志》载，由淮南转运使乔维岳借沙河故道开凿。今楚州区河下街道有一条约三四公里长的乌沙河，就是宋沙河运河的一段。磨盘口在今淮阴船闸附近，其地仍有地名叫磨盘庄。《宋史·乔维岳传》载：“又建安北至淮澨总五堰，运舟所至，十经上下，重载者皆卸粮而过，舟时坏失粮，纲卒缘此为奸，潜有侵盗。维岳始命创二斗门于西河第三堰，二门相距逾五十步，覆以厦屋，设悬门积水，候潮平乃泄之。建横桥，岸上筑土累石，以牢其址。自是弊尽革，而运舟往来无滞矣。”因沙河运河在淮扬运河之西，故称“西河”。二斗门的设置与现代船闸的原理是相同的，可以说它是现代船闸的前身。

继沙河运河之后，开凿的是淮阴至洪泽镇的洪泽新河，又称洪泽渠。据《宋史·河渠志》及有关人物传记载，开洪泽渠是由马仲甫首倡，由许元实施，皮公弼复浚。洪泽新河北至磨盘口与沙河运河相衔接。《江苏水利全书》“宣和三年”条注：“按洪泽三闸，旧在故沙河磨盘口。”《天下郡国利病书》引旧志云：“清口南岸有洪泽闸三座，外有新坝，经元而废，明陈瑄仿其制建五闸。”建在沙河运河入淮处磨盘口的闸，却叫洪泽闸，说明磨盘口也是洪泽新河下游的入淮口。

二、清江浦河及其运口

明永乐二年（1404），平江伯陈瑄就任漕运总兵官，在淮安新城东门外新建义字坝，在新城西门外西北新建礼、智、信三坝，与原来的新城东门外仁字坝总称“淮安五坝”，坝外即淮河（黄河）。船只过坝时，重载之船必须先把货物驳卸下来，用绞关拖船上下坝，称盘坝或车盘。过坝后再把货物装上船，费时费力，且船只多有损坏，货物多有抛洒。船只入淮后须逆水而上，过山阳湾，至清口入黄河。这一段水流特别迅急，每船往往要用很多纤夫拉，故“逾淮达清河，劳费甚巨”。

为“免过坝及风涛之险”，陈瑄进行走访和实地勘察，奏准朝廷，在永乐十三年（1415）循宋乔维岳所开沙河故道，开清江浦河道，自淮安城西管家湖凿渠20里，导引湖水由鸭陈口入淮，以通漕舟。“遂发军民开河，置四闸，曰移风，曰清江，曰福兴，曰新庄，以时启闭，人甚便之。”次年，又在移风闸东南增建板闸，初为木闸，故名。其他四闸皆为石闸。遗址在今市区枚皋路大运河桥东堍北侧。

（一）新庄运口

清江浦河新庄闸之外，就是鸭陈口，亦称新庄运口，位于今淮阴区码头镇惠济祠北侧。为避免黄河倒灌新庄运口，淤塞运道，清江浦河五闸管理甚严，“以时启闭，严其禁”。据傅泽洪《行水金鉴》载，船过闸时，五闸迭为启闭，启一闸则其余四闸俱闭，以此来平衡运河水落差，使船只平稳穿淮入黄。单日放进，双日放出，满漕后开闸放行，事后即闭。汛前须在新庄闸外筑软坝，以防黄河洪水侵入运河，此时船只自淮安五坝盘坝出入淮黄；洪水消落，拆除此坝。

清江浦河自明永乐十三年（1415）开凿通漕后，黄、淮洪水多次威胁新庄运口，由新庄口倒灌，淤浅河床，阻遏漕运。为此，一遇水发，必须筑坝堵闭。明隆庆三年（1569），黄河泛溢，自清

河县至通济闸及淮安城西北，淤塞三十余里。乾隆《淮安府志》卷六载，万历六年（1578），“因议废新庄闸，而建坝于闸内，为车盘入淮之道。”万历十四年（1586）五月，黄河“决天妃坝，福兴（闸）渐淤，遣科臣常居敬督塞之。”

（二）三里沟运口

因新庄运口直对清口，屡遭黄河倒灌，明嘉靖三十年（1551），漕运都御史应槚建议堵闭新庄运口，开辟三里沟运口，至通济桥入淮。正德《淮安府志》卷三载：“三里沟去（清河县）治东南三里许入淮。”这里位于码头镇东南侧、新庄运口上游，直通淮河，不再直接通黄河，可以避开黄河倒灌之患。三里沟运河与运口的线路为：新庄运口东侧另开运道向南，经甘罗城东南，接三里沟，再向南至码头镇东南半里，穿过通济闸，再向西南，至横跨于三里沟口的通济桥入淮河。

明隆庆三年（1569），自清河县至通济闸抵淮安城西，淤三十余里。通济闸内外，清江浦上下淤浅。三里沟运口低而外接淮河，新庄运口高而直对黄河，各有利弊，朝臣们也因此而争论不休。隆庆六年（1572），恢复天妃祠旁的新庄运口（天妃口），重建天妃闸。但三里沟运口并未被拆除。

万历三年（1575），采纳御史刘光国的建议，双口并用，三里沟运口使用不到30年就被淤塞、废弃。

（三）万历甘罗城运口

万历六年（1578），总理河漕都御史潘季驯移置天妃闸于甘罗城东，“去新庄旧闸不及一里，河口斜自西南，以避黄趋淮。”该运口应在清康熙时靳辅所筑新大墩东北方向，今淮阴区张福河东岸。

（四）康熙烂泥浅运口与新旧大墩

七里运河又称七里闸河，系就七里沟开凿而成的。正德《淮安府志》卷三载：“七里沟去（清河县）治东南一十里入淮。”乾隆《淮安府志》记载：康熙十八年（1679），靳辅自文华寺淤高之永济河头起，向南由泰山墩（漂母墓）东，再向南，挑河七里，至七里闸；再折向西南，挑河七八里至武家墩；再折向西北，挑河三里许，以达烂泥浅引河。而后，又自新庄闸向西南挑河一道，至太平闸。该河与七里闸运河并行，南接太平坝，互为月河，俱达烂泥浅，分水十之二佐运，十之八射黄刷沙。康熙三十二年（1693），“建大墩（即旧大墩）于运口，以挑湖水。四十年，于墩西接筑排桩拦湖堤，又接建新大墩。四十六年，复移天妃闸于运口头草坝之北。四十七年，圣祖仁皇帝南巡视河，谕令总河张鹏翮将大墩分水处加筑宽二丈，共周三十九丈，挑淮水七分敌黄，三分济运，大墩之下建筑头坝以束水。”烂泥浅运口在今淮阴区码头镇张福河东岸，新、旧大墩在张福河西岸。

（五）清乾隆运口

光绪《淮安府志》卷六载：“乾隆二年，前河院高以旧运口径直，去黄、淮交会处不远，每遇西北风劲或淮水微弱时，黄水仍复倒漾，运口日复淤浅，因题请另辟新运口，在旧口之南七十五丈，避黄流而就清淮。”运口“两岸筑钳口坝、草坝三道，谓之头、二、三坝。运河自三坝之下东行，过老鹳嘴，绕佘家坝转北，经惠济越闸，历北裹头而西，抵惠济正闸。嘉庆十三年，老鹳嘴之上堤身渐断，水遂两行。其后，正越各闸递互启闭，船行只由一闸。复于闸上下筑坝兜托，以防湍溜焉。”今运口引河保存完整，四道坝口存有部分遗迹。

三、清江浦河闸坝

（一）板闸

板闸亦称上移风闸。明永乐十四年（1416）建。板闸越闸，建于明万历十七年（1598）。清乾隆三十九年（1774）八月，黄河在清江浦城东侧老坝口大决口，“一夕塌宽至百二十五丈，跌塘深

五丈，全黄入运，板闸关署被冲，滨运之淮、扬、高、宝四城，官民皆乘屋”。板闸正是在这次大决口中被黄河洪水所携带的巨量泥沙一次性淤埋下去的。

（二）移风闸

移风闸亦称下移风闸。位于板闸与清江闸之间，从史料来看，一说距板闸二里，一说三里许，一说十里，可能从永乐十三年（1415）初建至废弃，中间移建过两次，而其最终废弃大致在嘉靖末年至万历初年。乾隆《淮安府志》记载，万历十六年（1588）诸闸开月河，已没有移风闸，说明移风闸在此之前就被废弃。

（三）清江闸

《漕运通志》卷二载："清江闸在淮安新城西北，东南距移风闸一十七里。"光绪《清河县志》卷六载："清江正闸，明永乐中建，后改名龙王闸，一曰龙汪闸。康熙三十八年拆修，金门宽二丈一尺二寸。雍正十二年重修。乾隆四年仍名清江闸，五十二年修补。嘉庆五年、道光十年皆拆修，改金门二丈二尺。""清江越闸，明万历十七年建，康熙四十八年拆修，金门宽二丈七尺六寸。嘉庆十年拆修，改金门二丈七尺，越河长百四十八丈。"清江正闸和越闸，至今尚保存完好，成为大运河本体最亮丽的遗产点之一。

（四）福兴闸

福兴闸在清江闸以西五里，由陈瑄所建。明万历间，"潘季驯改建于寿州厂，去清江闸十五里"，密近韩信城。又据光绪《清河县志》卷六载："福兴正闸，乾隆二年建，癸山丁向，金门同前。二十五年重修，嘉庆十九年拆修，道光十四年补修。闸上有钳口坝，闸下有束水坝。按：府志载，明时故福兴闸在清江浦西五里，陈瑄所建，万历中改建于寿州厂，后亦废，至今土人尚有'老二闸'之称。""福兴越闸，乾隆二年建，壬山丙向，金门同前。二十七年重修，嘉庆二十一年补修，道光十九年拆修。闸下越河长三百六十八丈五尺。按：乾隆二年添建通（济）、福（兴）正越四闸，开挑新河自张王庙前至庞家湾，仍入旧河，长千六十八丈四尺，即今所由也。"当地人又称乾隆二年（1737）建的福兴正越闸为"三闸"，于1958年开凿二河时被拆除，遗址在今清浦区城南乡新闸一组境内，紧贴二河东堤下。

（五）新庄闸（惠济闸）

新庄闸，以闸旁有天妃祠（亦称惠济祠），故亦名天妃闸、惠济闸。光绪《清河县志》卷六载："惠济正闸，原名新庄闸，又名天妃闸，旧在惠济祠后，明永乐中陈瑄建。嘉靖中改移于南，名'通济'，万历六年潘季驯又移甘罗城东，康熙十九年又移烂泥浅之上，即七里旧闸，而改名惠济。四十年复移建于旧运口之头、草坝。雍正十年移建七里沟，即今处。闸丑山未向，金门宽二丈四尺，乾隆十一年、二十三年、四十年，嘉庆十五年，道光二十年皆拆修。闸上有升关坝，又有钳口坝，闸下有束水坝。""惠济越闸，康熙四十九年建，亥山巳向，金门同正闸。乾隆二十七年重修，嘉庆十一年、道光十四年皆拆修。闸下越河长四百六十一丈，闸上有钳口坝，闸下有束水坝。又张王庙前有托水坝。"当地人又称惠济正越闸为"头闸"，于"文化大革命"中被拆除，现存闸塘、部分建闸石料。

（六）通济闸

光绪《清河县志》卷六载："通济闸在惠济闸东北，乾隆二年建癸山丁向，金门同前。二十五年重修，嘉庆十一年拆修。""通济越闸，乾隆二年建，亥山巳向，金门同前。二十七年重修，嘉庆二十一年拆修。闸下越河长三百二十一丈六尺，迤下有双孔涵洞，乾隆十五年建，启洞水达护城河（即今柴米河）。又，洞下有泄水闸，康熙四十五年建，久废。"这个通济闸，与明嘉靖三十年（1551）所建的三里沟运口内的通济闸、万历六年（1578）潘季驯移建甘罗城东南的通济闸，没有

兴替、承接关系，只是名称相同而已。乾隆十五年（1750）建双孔涵洞，取代淤废的康熙四十五年（1706）建的泄水闸。当地人又称通济正越闸为“二闸”，于“文化大革命”中被拆除，现存闸塘、部分建闸石料。

（七）凤阳厂减水坝

清康熙十九年（1680），靳辅“创建山阳运河之凤阳厂减水坝一座”。光绪《清河县志》卷六载：“康熙十七年建有五孔石坝，坝下挑河，即玉带河也。三十五年改建石闸。雍正十二年修清江闸，重开此河以通舟楫。乾隆五十三年、嘉庆十年屡经启放。”该坝在清江浦普应寺以西五孔桥。

四、清江浦辅河支河

（一）永济河

主体河段开凿于明万历十年（1582）。据《明史·河渠志三》载：“（万历）十年，督漕尚书凌云翼以运船由清江浦出口多艰险，乃自浦西开永济河四十五里，起城南窑湾，历龙江闸，至杨家涧出武家墩，折而东，合通济闸出口。更置闸三，以备清江浦之险。”乾隆《淮安府志》卷六载：“先是河道尚书凌云翼言：‘清江浦河堤夹邻黄河，迩来水势南趋，恐黄河决啮，运道可虞。欲于城南窑湾，自马家嘴历龙江，至杨家涧出武家墩，另开新河通运道。’在司道张誉等初议，从武家墩折而东，仍合通济闸出口。给事中尹瑾疏论武家墩不可开，通济闸合流之议可从。至是新开永济河成，长四十五里，建闸三座。”又据《南河志》卷一载：“后因走漏部税，复闭。至天启四年，本司重开行运，以便挑浚正河。河开，仍复筑坝。”乾隆《淮安府志》卷六载：“未几，清江堤甃石，运艘仍由正河行。此河徒费民力无用，而河西民田水不得出，终岁淹没，经前邑令孙肇兴建伏龙洞以泄之，即地洞口是也。久之亦湮。康熙二十五年《续题河工善后事宜》：‘复循故道增挑，以运高堰大工物料，则河既不可废，宜于西南接洋信港故道开浚，建闸以备蓄泄，蓄则闭闸以运工料，泄则开闸放水，由洋信港入白马湖。而引五孔桥新挑河之水入于永济河，亦建闸以备蓄泄。两边多设涵洞，以时启闭，则百余年之害可除，而此一隅之水利可兴也。’”《重修山阳县志》卷三载：“永济河东属伏龙洞，贯护城河，向西则曰盐河，抵武家墩转而向南则曰二河，自盐河中间南出则曰曹家河，又南则曰鱼篮河，有闸抵福公堤西闸口，入白马湖。支渠通贯，所在异名，与昔之河形颇殊。又，护城河亦名永济新河，则由文华寺永济闸得名，与此殊科。河堤屡经修筑，咸丰六年复修。”

（二）清江浦月河

清江浦运河北侧就是黄河，明万历间，清江浦运河与外河黄河“内外二河仅间一堤”，“万一蚁穴溃防，泥丸难塞，则清江一带荡为巨浸，不但无淮城，且无运道矣。”为了排除这一险情，万历十四年（1586），都给事中常居敬奏准朝廷，加固清江浦北侧黄河南堤王公堤，并开创清江浦月河。常居敬在奏疏中阐述道：“王公堤一带，地当要害，单薄可虞，今番所议埽坝，可保数年无恙矣。但欲为万全之计，不可无永赖之图。议者欲于河北王家营开河一道，引河北徙，意非不善，但工力浩大，开创甚艰，而地势高亢，淤塞亦易，河成矣而水不趋，水趋矣而后不继，是委财于壑也。然与其挽黄以避漕，孰若引漕以避黄？相应于运河南岸，另开月河一道，共计九百丈。内上自刘相屋基起至红庙止五百丈，地形稍高，应挑深二丈；自红庙起至清江闸上首止，地形稍洼，挑深一丈八尺。俱面阔十二丈，底阔七丈，共计土一十六万三千四百方，共该银九千八百零四两。仍将旧河筑拦河坝二道，或即以挑河之土填实于中，务令坚厚。如是则两河相隔几二三里许，河虽善决，亦必不能夺漕而入矣。”（潘季驯《河防一览》卷十四常居敬《钦奉勅谕查理河漕疏》）这条位于清江浦运河南岸的月河，大致就是玉带河的前身。玉带河西起普应寺以西的龙王闸向南，再沿今清浦区解放路一线向东，穿过今淮海南路，再向东北，至清江闸以东的南土圩外的云昙坝，接入清江浦运

河。清康熙十九年（1680）所建的“凤阳厂减水坝”，应当就在清江浦月河西河头，系利用这条月河作为减水坝下引河。此后，在乾隆、嘉庆年间屡次启放，以泄黄淮倒灌之水，河道渐形淤塞。光绪《清河县志》卷六载：“玉带河，南堤长一千五百七十三丈五尺，内碧霞宫前乾隆五十一年漫缺三十丈；北堤长一千四百六十七丈，内城隍庙前于嘉庆十年渗缺八丈，皆经堵塞，于南北两堤各建木涵洞二。”

（三）清江浦文渠沟

清江浦文渠沟，西端与玉带河西河头相同。光绪《清河县志》卷六载：“自五孔桥涵洞下起，至锣鼓墩止，长千一百六丈。雍正十二年开，以泄清江浦南岸积水。乾隆十三年疏浚，嘉庆三年移沟头于广惠庵西，并建石涵洞。道光二年改建，名文泉洞。引运河绕泮池至城隍庙东，穿玉带河，入护城河，并于王家沟建石闸一座，以资启闭。又，嘉庆二十二年，玉带河南北两岸各建石涵洞。”“同治十三年，漕督文彬命清河县万青选挑浚，东自云县坝起，西入泮池，又屡折而西南，出西水关，转而东至文笔峰出水洞，遂东由涵洞故道，经锡宁桥、来凤桥，入白马湖。邑人吴昆田有记。”

（四）护城河

护城河亦称永济新河，因起始于康熙三十四年（1695）修建于文华寺的永济闸而得名。同治《重修山阳县志》卷三载：“（护城河）起山、清交界文华寺，袤八十余里，注入白马湖。康熙中开挑，分泄运河异涨。嗣缘民田数千顷岁被淹没，经河督高斌改挑运口，于闸外筑堤堵闭，民以为便。乾隆九年，复建双孔涵洞，异涨方开。先是，清水入运，建有四闸，重重关锁，不致泛涨，兼有竹络等坝（运河西岸，与黄浦闸相对），足资宣泄。自有此洞，往往未遇异涨，亦行开放，漂没田禾。知县金秉祚详请遵原议，非异涨不开。批准敕遵。嘉庆十年，泰安、世美各乡士民以九年秋湖水漫溢，将太平堤冲决，淹没民田，其西首鱼篮河（即永济河）、东首护城河堤，亦被冲决，急需修理，呈请官堤民修，按亩出夫，分段兴筑。计护城河堤自洪家围起，至南横堤止，长八百余丈。太平堤长千五百余丈，鱼篮河堤长二千余丈，一律修筑。”光绪丙子《清河县志》卷六载：“参考诸说，乃知永济河在护城河南，至康熙间浚以运料，遂称为运料河。护城河起文华寺永济闸口，复以闸故而兼被永济之名。至青荡、白马湖，本相连，而《府志》载护城、永济两河，皆经府城之杨家庙，则又似异原同委。今定为两河，其永济改称之运料河，别见‘高堰工’下。又按：护城河于乾隆九年河头建涵洞，十年、十一年屡加疏浚。又，永济河旧有永清闸，见《河防一览》，久废。”按：永济新河与明万历年间所开永济河并非一条河。尽管它们的走向大体一致，源头部分还有重叠的河段，但在文华寺以东、今二河东岸就已经分道扬镳，护城河直接向东，永济河则向西南至武家墩，转而东流。今柴米河所存河段，大体是护城河的一部分。永济新河的开凿时间，在康熙三十四年（1695）永济闸修建以后，根据《行水金鉴》“运河原委”将永济闸修建时间误记为康熙四十五年（1706）的情况判断，康熙四十五年可能是护城河（永济新河）的疏凿时间。其作用在于疏泄永济河与清江浦运河之间的积水，减轻淮安三城和重镇清江浦的洪水压力，兼有运送柴米之便，故亦称“柴米河”。

（五）运料河

光绪《清河县志》卷六载：“运料河，自武家墩后与盐河通，南至周桥。本永济河，康熙二十五年增挑，以运大工物料。乾隆十九年复挑。说见护城河下。”今尚存石家大塘至永济新河段。

（六）故沙河

同治《重修山阳县志》卷三载：“故沙河，原志：俗伪为乌沙河。《南河志》略云：在郡城西，通智、信二坝，以备车盘货物入外河，久湮废。盖由东至北转西达于运河，其故迹也。今乌沙河在

郡城西引运河之水，从永利闸入，北至利济桥西分一支西北去，达三坝，曰盐河；一支东去，经利济桥石桥抵三孔涵洞，曰乌沙河，犹故沙河遗迹。此河之西岸有山子湖，淫雨积潦亦藉此河宣泄。乾隆八年春奉旨挑浚，起自永利闸下至三孔石涵洞，长千一百七十二丈，面阔六、七、八丈，底宽二丈五尺、三丈不等，深一丈至七八尺不等。闸座重建，用银三千六百余两。今河、闸并湮。”乌沙河经过民国、中华人民共和国多次疏浚，现尚有三四公里河段。

第二节　清口以上古泗水与黄河航道遗址

古泗水作为淮河的最大支流，由清口至徐州是历史悠久的自然航道，是北上齐鲁、西入中原的主要水上通道。黄河夺泗夺淮以后，徐、淮间的泗水河床成为黄河河床。元朝大运河改道以后，又成为大运河航道的一部分。

一、大清口与大清口船坞遗址

（一）大清口遗址

大清口遗址位于淮阴区袁集乡桂塘村，原名泗口，又名淮泗口。泗水源起鲁南，经徐州、邳州至泗阳李口分流，主流向东北经淮阴区渔沟镇，又东南至桂家塘与淮水会合形成大河口。因泗水清流而曰大清口。南宋以后逐渐淤塞。

（二）大清口船坞遗址

大清口船坞遗址位于淮阴区王营镇古黄河西岸蔬菜村、大清口东北0.5公里，又称大石塘。遗址呈半圆形，有1000米宽长，内墙全是条石砌就。据秦选之《王家营纪要》：“大石塘当在宋之前，因其清口水势凶险，此为船家避风浪之域。”船坞东北方有3座单金门石闸。20世纪30年代被国民政府拆去一部分石头建盐河闸，20世纪50年代初又被地方政府拆去一部分建活动坝，现地底下还有一部分石墙。该地有很多沉船，1956年疏浚盐河时就曾挖到4条船，并出土刀戟、陶器、谷米等。20世纪90年代建华能淮阴电厂时，在10米深地下挖到芦苇，出水如泉，可能是古泗水的地下潜流。

二、小清口水利工程遗址

（一）小清口遗址

小清口遗址在淮阴区码头镇西北。一是泗水支流经仲庄向东南，穿过卞家汪至甘罗城下与淮水会合，形成的小清口遗址。二是黄河夺泗经仲庄、陶庄至盖坝向东与淮水会合，形成的小清口遗址。这时期的小清口范围较大，北至黄河，西至七堡，南至太平汪，东至淮阴故城码头镇。明中叶大清口淤塞以后，小清口不仅是唯一的运道口，而且是黄、淮、运的交汇点。当时，治黄以清口为重点，治淮以疏通清口为关键，治运首推清口上下为难题。朝廷每年花费巨大的人力、财力、物力进行重点治理，是中国历史上水利工程最为密集、复杂的地方。

（二）仲工遗址

仲工，仲家庄黄河堤工的简称，今演变为地名。北岸自淮阴区吴城镇头庄村六堡，经仲工村、旧县村至陶闸村一组；南岸自码头镇大沟村至七堡窑河堤。明永乐中建七百六十丈，清康熙二十八年（1689）建一千六百九十丈，嘉庆十年（1805）建四百四十丈。黄河北徙后，南岸堤废，

北岸堤至今保护完好。

（三）仲庄埽工遗址

清嘉庆二十年（1815）建。其下游有安家房埽工、周家庄埽工。又有嘉庆十四年（1809）建的外越堤一道，今尚有遗迹。

（四）玉皇阁埽工遗址

玉皇阁堤工在淮阴区旧县村前。清康熙二十二年（1683）建，乾隆四十一年（1776）开陶庄新河，工闭。后复出。

（五）吴城七堡堤工遗址

吴城七堡堤工系石工，从淮阴区吴城七堡（今南陈集联堡村）经码头镇的太平村、御坝村、张庄镇村至桃园村十组（原名盖坝），总长为5公里。明弘治七年（1494），黄河水道南移泗水水道入淮，但南岸湖滩未固，黄河泛滥，危害居民田产。万历四年（1576）在黄河南岸进行裁弯，建造一道石工堤，“多以杉木为桩，长石为腹，又以乱石镶砌为顶，坚固与大堤同”。清康熙十六年（1677）、乾隆十八年（1753），相继沿七堡堤建造顺黄坝堤工。现该堤尚存，惟堤上条石多被当地群众挖取。

（六）吴城七堡埽工遗址

吴城七堡埽工遗址位于淮阴区吴城镇与码头镇境内。清嘉庆十一年（1806）后，历年接建。有碎石土坝八道，道光二十三年（1843）建。吴城七堡曾九次遇到洪泽湖异涨而开放，随时开随时堵闭。其上游兵六堡以下，于道光二十九年（1849）六月黄水盛涨时拆开口门，以泄黄水入湖，当年堵合。

（七）康熙御坝与顺黄坝遗址

御坝与顺黄坝遗址位于淮阴区码头镇御坝村，为清康熙帝南巡视察清口时敕建的著名水工建筑。御坝系康熙三十八年（1699），皇帝南巡时，现场指示随行侍卫肩扛木桩，订立范围，筑成的挑水坝，当地人称为“御坝”。康熙四十二年（1703），又自挑水坝至御坝西接筑顺水堤。雍正八年（1730），于坝下接筑头、二、三坝。御坝东西走向，长约2公里，高4～6.5米，上宽10～160米，底宽100～200米。由三合土夹碎石筑成，其附属建筑有木龙、转水墩等。顺黄坝坝体为南北走向，东西宽约82米，部分堤段高出地面尚有2.5～3米。

（八）御坝、顺黄坝木龙遗址

遗址在淮阴区码头镇御坝村，系清乾隆四年至六年（1739—1741）建。乾隆《淮安府志》卷六载：“御坝下首木龙一架，乾隆四年建，挑溜趋北岸；御坝上首木龙二架；王家庄木龙五架，乾隆五年、六年建设。”乾隆皇帝南巡时，曾多次阅视木龙。1998年，御坝村村民在顺黄坝上建房时刨出一架比较完好的木龙。

（九）拦黄坝遗址

拦黄坝遗址在淮阴区码头镇张福河西，清乾隆四十一年（1776）建。《续纂淮关统志》卷四载：“乾隆四十一年，督臣高晋、河臣萨载钦承圣谕，于陶庄开挑引河一道，旧河口则筑坝拦截黄水，工程巩固，运口亦无倒灌之虞，漕艘、居民永沾利赖矣。”

（十）东西束清坝遗址

东西束清坝是为束窄、抬高淮河清水，加强其刷沙力量的工程设施。从清康熙三十七年至嘉庆十年（1698—1805）间，屡次移建。现存的东西束清坝遗址在淮阴区码头镇张福河西，是嘉庆十年（1805）遗址。

（十一）御黄坝与御黄二坝遗址

御黄坝是防止黄河水倒灌洪泽湖的水利工程设施，现存遗址是清道光五年（1825）所筑。据光绪《清河县志》卷六载："旧在福神庵前。嘉庆九年黄水倒漾，议于高家码头西岸河尾，距旧御黄坝三百八十丈处斜筑挑坝，再于东岸筑对头柴坝，名新御黄坝，相机拆筑，如遇水过大，即行堵闭。按，御黄坝金门本宽五丈，嘉庆十九年展宽至五十六丈，二十年收束，存十一丈四尺。道光五年借黄济运，收束至三丈九尺。六年八月，展宽二十丈。"

御黄二坝，据光绪《清河县志》卷六载："嘉庆十六年于新御黄坝之南百九十丈添筑二坝，旋废。二十二年，就二坝旧基，添建重坝，以资擎束。又嘉庆二十五年，于御黄坝外东岸筑迎水坝。今按，重坝仍名二坝，共长一百二丈五尺，金门宽四丈。"

（十二）临清堰与临黄堰遗址

临清堰在御黄二坝之内，清道光五年（1825）建，东西连坝基，共长二百三十五丈。内有钳口坝一道，口门宽四丈。

临黄堰在御黄坝之外，长四十五丈，口门宽十二丈。每年空、重二运启闭灌放，事竣补还正堤，自此以下皆灌运后新制也。

（十三）旧草闸、新草闸遗址

旧草闸在临黄堰，清道光六年（1826）建，十七年（1837）重建。金门宽二丈四尺。

新草闸在旧草闸之西，清道光二十五年（1845）建。金门宽二丈四尺。

（十四）塘河遗址

塘河自旧草闸起，至临清堰止，长五百八十八丈。每年空运后挑浚，以利行漕。清道光七年（1827）修。今塘河遗址尚存部分，在二河东堤下。

（十五）顺清河遗址

顺清河遗址在御黄西坝后，清嘉庆十六年（1811）后，遇有南岸漫工，洪泽湖水大，开御黄西坝后身，以资畅泄，随时堵闭。

第三节　清口以下黄淮航道工程遗产

一、邗沟北辰堰与末口遗址

黄河夺淮，使淮河清口以下河床淤积加快、水位抬高。到元末明初时，对漕运产生不利影响。首先是沙河运河与直对大清口的磨盘口的废弃，使得淮扬运河入淮口重新回到末口附近。

关于末口，《读史方舆纪要》载："北神堰（一作北辰堰）在淮安府城北五里，古末口也，吴王夫差沟通江淮之处，后人于此立堰。"《天下郡国利病书》又载淮安："新城有北闸，宋为北辰闸。闸常闭，议者请开之以泄潦水。时黄淮忽暴涨入城，城中大浸，越旬日，乃塞之。"时在明洪武初年。乾隆《淮安府志》卷五载："（淮安）新城南、北二水关，北水关在未筑城前为石闸，古邗沟由射阳至末口入淮，石闸即古末口。自北辰堰筑而末口变为石闸，自新城筑而石闸变为北水关矣。"该志同卷又载："石闸，新城北，即古末口，旧于此筑北辰堰。洪武十年建石闸，今废，为北水关。"末口古石闸于1968年拆除，立古末口碑。

二、古盐河支家河口遗址

嘉靖《两淮盐法志》卷二载：两淮盐运使司下设二批验盐引所，“一在安东县南六十里支家河头。淮北诸场盐必榷于此，始货之庐、凤、河南。旧所基在淮南岸，当河冲流，弘治间再圮于水，费帑藏七千金筑之。正德辛未复圮焉，御史绎乃从商议，请移于北岸。”也就是位于楚州区的“支家河头”。

三、草湾河与草湾坝口遗址

最初，黄河、淮河在清口交汇后，合流而东，经草湾折而南流，过淮安新城北，转入安东县（今涟水县），直下云梯关入海。草湾坝至淮安新城的河床称为草湾河。明嘉靖以后，云梯关海口淤浅，黄淮下流势缓，苦于浅涸，每水发则有逼城之患。万历四年（1576），黄淮洪水大决于草湾，兵备道舒应龙就决溢河道开凿新河，使之局部改道，直流而东，称为草湾新河。万历十六年（1588），黄河冲决，草湾新河大通。从此黄河离开淮安新城。而原来的草湾河道，则成为向淮安府城运输鱼盐苇草与农产品的航道。《续纂淮关统志》卷三载：“凡鱼盐贩脂之属，由新安、安东来者，皆出于此。其若从北河、洪泽而来不入运河者，亦多转至于此。……外河虽有波涛之险，而贾舶殊络绎也。”

草湾坝，在淮阴区王营镇以东十余里的旧草湾镇南侧黄河堤上，属新渡乡草湾双坝村，亦称永丰坝。在这里，盐河与黄河“两河相距，才六七百步”。明万历四年（1576），黄河在草湾决口，直流四十里与旧河合，旋开凿为草湾新河。这样，不仅淮安城区北一段黄河河道废弃，而且行盐的支家河也被拦腰斩断。因为河道的变化，淮安坝批验盐引所由原在黄淮北岸变成位于黄淮南岸，盐船赴掣要车驮陆运，越过黄河的两道堤，再水运到河北镇。

由于需要翻过两道坝，故草湾坝又称“双坝”。为加强对盐业的管理，朝廷在此设立盐关，“凡进口盐船到此，皆凭票点捆，交税放行”。双坝盛时，人口近2万人，店铺商家数百户，住户几无一家不贩私盐。清康熙二十六年（1687）黄河决口，在永丰坝下游一里筑一条拦黄坝，称为“下坝”。也曾经盘过盐斤。光绪《清河县志》卷九载：“草湾口在黄河堤上，南去大关十里。旧例专司稽查盘坝，康熙四十九年始行征收钱粮。又二坝地方相离里许，该口分役巡查，并不收税。”道光十三年（1833），纲盐改票，盐引掣验所迁西坝，草湾诸坝遂废。然而这一带居民贩私盐的传统一直保持到20世纪初。今双坝遗址尚存。

四、烟墩埽工遗址

位于淮阴区王营镇淮海北路西侧古黄河北岸，与古黄河大堤融为一体，东西长约1000米。明清时期，王家营地处黄淮北岸，地当冲要，境内古黄河屡告决溢。清康熙十六年（1677），河道总督靳辅大筑南北缕堤，王家营始有屏障。又建王营减水三坝，市廛逼近水冲。旋又创筑北岸遥堤，开下中河，后称盐河。乾隆中，筑王营越堤。烟墩埽工创建于乾隆五十年（1785）。所谓埽就是把芦柴、树枝、石头等用绳子捆紧做成圆柱形的东西，用以保护堤岸防水冲刷，用许多埽做成的水工建筑称为埽工。烟墩埽工遗址是清代“治河、导淮、济运”的历史物证。

五、淮安五坝遗址

即仁、义、礼、智、信五坝。在五坝中，最先建成的是仁字坝，据《天下郡国利病书》载：“山阳县仁字坝，在淮安新城东门外，洪武元年知县姚斌建。”以保证南北水上主干道大运河的交通往

来。明永乐二年（1404），平江伯陈瑄就任漕运总兵官，驻节淮安督理漕运。据《江苏水利全书》载："永乐二年，平江伯建淮安义、礼、智、信四坝，合仁字坝为淮安五坝，车盘入淮。"

关于淮安五坝的位置，乾隆《淮安府志》卷五载："仁字坝、义字坝，以上二坝，旧在新城东门外东北，自城南引湖水抵坝口，外淮河，遇清江口淤塞，运船经此盘坝入淮，坝东为牵路，西即城基。"正德《淮安府志》卷五载："新城南北为水门者二，北不通舟，东、南二面池深一丈余，阔五丈余，西、北二面淮、湖有天然之险。"经实地考察，仁字坝在原淮安府城新城东门外下关西桥北首古濠河头，濠河尚有遗迹可辨；义字坝在新城东北海神庙附近。

乾隆《淮安府志》卷五又载："礼字坝、义字坝、信字坝，以上三坝，俱在新城外西北，引湖水抵坝口，外即淮河，遇清江淤塞，则官民商船经此盘坝入淮。今五坝皆废，仁、义、智三坝不知其处，惟礼字坝在新城西门外，信字坝在窑沟。"经实地考察，礼字坝在原淮安府城新城北角、今楚州区翔宇大道两侧；信字坝在今楚州区板闸镇新闸村窑汪东60米，汪廷珍祠堂南边，当地群众曾在此刨出很多木桩，桩长4米许，地下有挡土木板、柴草等物。

六、清江坝遗址

明《漕运通志》卷八载："成化七年始筑淮安清江坝。是年秋，淮河泛涨，灌入新庄闸口，至清江浦二十余里淤浅不通，遂筑坝于清江浦北以蓄水。令粮船俱由淮安东北仁字、义字二坝车过，又于浦东、西置二坝以助不及。"该坝在今水渡口附近。盘坝时，将淮河、清江浦河船上的货物全数剥卸下来，用车辆转搬，再装船北运、南输。清江浦运河与淮河之间遂形成一条转运的车路，车路与东西横街的交叉处，便叫"车路口"，这条横街，也就被称为车路口街，是东长街的最初名称。鼎盛时期，车路口街沿淮河堤一直到草湾，所以，以车路口为界，向东、向西又有大、小车路口街之别。时里运河船可直抵坝口盘驳，通坝河道与车路口街的交汇处必须设渡，于是有"水渡口"地名。

明万历四年（1576）开草湾新河以纾水患，河下一带故道几近断流。因此，淮安城所需"米、薪诸物，必溯清江浦搬坝，由里河以达城西。"（天启《淮安府志》卷一）然而，由于淮河河床日高，致清江坝"淹筑转移不常"。大约到万历前期，清江坝已演变为仁、义二坝。

又据《河防一览》卷八载："仁、义二坝原共一口出船，系黄河埽湾，又与清江闸相邻，恐有意外冲漫之患。见今筑堤在上，以御黄流。"可见不仅出船困难，而且已成黄河险工。故万历十八年（1590）《河防一览图》已经将清江坝所在的位置，不标为"清江坝"，而用绿色标为"清江浦堤"。可见到万历十八年（1590）前后，清江坝已经不再具有临时盘剥坝口的功能。历史上，清江浦东长街又叫"仁义洼街"，而《河防一览》中所言仁、义二坝，即"仁义洼"地名的缘起。

清江浦的仁、义二坝，就是"新仁、义二坝"，是相对于早已废弃的淮安新城东门外的旧仁、义二坝而言的。另外，今清江浦老坝口就是明代的清江坝位置。

七、方家坝遗址

《江苏水利全书》嘉靖七年条载："漕抚都御史唐龙于淮安城北开乌沙河，又筑方家坝，坝内建闸。知府葛本恐漏水为患，持不可，卒成之。"又据《天下郡国利病书》："隆庆四年七月，翁大立疏略曰：正德年间，奸民射利，曲禀漕司，于清江浦别建仁义坝一座，乌沙河又建方家闸一座。市井虽获车盘之利，而商旅受困矣。"

明隆庆三年（1569），黄河溢，"决淮安方、信二坝，平地水深丈余，自清河县至通济仓闸及郡城西北，淤者三十余里。"次年，潘季驯筑塞。后方家坝内外沙淤，漕督王宗沐于万历元年至二年

（1573—1574）筑堤堵闭。

《天下郡国利病书》载："满浦坝在郡城北门四里，地接窑沟，即后方、信二坝之地。"可见方、信二坝所在地，在宋代有满浦坝。该书又引旧志："满浦坝在淮城西北四里，宋时有闸，魏胜守楚州，调运兵粮由此。"宋时之闸即满铺闸。光绪《淮安府志》卷三十七载："满铺闸在朝宗门（老城北门）西北四里"，"满铺闸西，今乌沙河。"

八、杨庄活动坝

杨庄活动坝又名杨庄节制闸，属于近现代遗产性闸坝，在淮阴区杨庄南的古黄河上。该活动坝为五孔钢筋混凝土结构，上建有行道桥。闸底高程8.5米，闸顶高程16.5米，胸墙底高13.6米，单孔净宽10米，分洪500立方米/秒。建于民国25年（1936），日军侵占淮阴时悉遭破坏，1951年修复。至2008年保存完好。其作用为节制淮、沂、泗洪水，保证杨庄以下沿河地区的生产和生活用水。

第四节　中运河本体遗产

一、中运河段

中运河，初指京杭运河清口以北至骆马湖的一段，今北延至江苏、山东两省交界处。黄河夺泗入淮以后，徐州以下的泗水河道变成黄河河道，也就是元明时期淮安至徐州间的运河航道。黄河含沙量高，流量年内季节变化很大，对漕运十分不利。清康熙二十六年（1687），河道总督靳辅在加筑宿迁支河口至淮阴清口黄河北岸遥堤的同时，在遥堤和缕堤之间开挖中河，历时两年完竣。该河上接支河口（即张庄运口），引骆马湖水济运，中经宿迁县城以东、桃源县众兴集（今泗阳县城），至清河县城（小清口旧县）以西的仲家庄运口入黄河，顺流东行7里，渡过淮河，即可入清江浦运河口。至此以后，"粮艘称便"。为了给暴涨的骆马湖水增辟下泄通道，并保障中运河堤，又于仲家庄以下开河，与盐河相连接，经清河县杨庄、王家营北，历山阳至安东县（今涟水县）东北入海。

康熙三十八年（1699），总河于成龙疏请改于三义坝以下用新河，以上用旧河。康熙四十二年（1703），因仲庄闸紧对清口，有碍行运。康熙帝亲令于陶庄闸下挑引河一道，改从杨家庄出口。

咸丰五年（1855），黄河北徙，中运河航道一度中断。清政府虽一再修复，然通航能力大减，每年数百万石的南方漕粮逐渐由海路北运。中运河两岸堤身矮下单薄，隐患丛生，洪水季节常倒堤决口，漫流成灾；洪水过后则水源枯竭，航运、生产、生活用水得不到保障。国民政府和苏皖边区政府期间，均有所整治。中华人民共和国成立后，对中运河的治理基本未间断，该河段现为三级航道。

二、中运河运口与通运工程遗址

（一）仲庄运口遗址

位于清河县小清口县城以西3里的仲家庄东侧，今淮阴区中运河南岸（码头镇仲工村一组）。清康熙二十六年（1687），靳辅开中河时，运口即位于此。南来的漕船经码头三闸入张福河，进黄河至仲庄运口，入中河北上，而北来的漕船要从中河至仲庄运口入黄南趋。康熙四十二年

(1703),运口东移杨庄,仲庄运口废,但部分运堤至今犹存。

(二)仲庄闸遗址

位于淮阴区码头镇仲工村。清康熙二十六年(1687),中运河开凿后,在仲庄运口建有石闸,以便泄蓄启闭。光绪《清河县志》卷六载:“广济石闸,在旧县西三里仲家庄左。原系行漕之口,康熙二十六年建,名仲庄闸,即所谓单金门大闸也。三十三年修,改名广济。四十二年,改挑中河出杨家庄口,闸闭。”淮安榷关曾在此设卡收税。康熙三十四年(1695),以仲庄闸紧对清口,有碍行运,又于小清口县城东之陶庄西侧建石闸一座,命名“康济闸”。闸东建撑堤二道,以资保护。此闸建好后并没有启用。

(三)杨庄运口遗址

位于淮阴区杨庄中运河口。咸丰《清河县志》卷六载:“康熙四十二年,移建运口于杨家庄,并建御示石闸。五十五年,闸南开挑越河,长二百五十丈,漕船由越河行走,石闸遂废。按,旧志有南北二撑堤、越河、南北二坝。”杨庄运口头、二、三草坝,位于运口内西侧,在今淮阴区王营镇盐闸村境内。因头坝临近黄河,乾隆五十五年(1790)修筑杨庄头坝外埽工。至2008年,遗址尚能辨析。

(四)杨庄石闸遗址

清康熙四十二年(1703),因仲庄闸直对清口,有碍行运,将运口东移至杨庄,并建御示石闸,名杨庄闸。康熙五十五年(1716),闸南开挑越河,长二百五十丈,漕船由越河行走,杨庄石闸遂废。

(五)李庄运口遗址

李庄运口在杨庄运口东北侧,位于淮阴区王营镇越河村四组,华能淮阴电厂南。咸丰《清河县志》卷六载:“废李庄运口,乾隆四十一年开陶庄河,杨庄适当回溜,改挑此口。四十八年堵闭。”前后仅使用7年时间。李庄运口堵闭后,为防止其决口,修筑埽工。乾隆五十一年(1786)建,旋闭。

(六)陶庄引河

光绪《清河县志》卷六载:“陶庄引河,康熙三十八年范承勋开,五十一年再开,乾隆七年三开,皆旋经淤闭。至四十一年开陶庄迤北新河,至今畅行。”陶庄引河是舟船由里运河渡过黄河后,进入中运河杨庄运口的连接河道,因为夹于中运河与黄河之间而非常关键,但同时也是一个多事之地。

三、中运河堤坝遗产

(一)中运河旧堤遗址

即从仲庄运口到杨庄运口的古黄河北堤。康熙二十六年(1687)开中运河,以黄河北堤为运河南堤,而挖出的河道之土则运往北边堆筑堤防。这条堤也叫老黄河堤,是黄河夺淮后河床逐渐淤高的情况下建成的。由于河道多弯,堤身单薄,明清两代不断加固,堤底皆是条石砌就,堤顶和迎水面全是碎石挡护。

(二)竹络坝遗址

位于淮阴区三树镇蒋集西运河东岸。明末该地决口,无法合龙,知县朱龙骑马赶来,情急之下连人带马跃进决口。后此坝被称为“朱龙坝”。康熙三十九年(1700),此坝又决,河督张鹏翮率民堵决,用毛竹剖成竹篾编制成笼,内装碎石和鹅卵石,挨次排砌成坝形。后又称“竹络坝”。该坝对防洪有着重要作用。1957年建成电灌站,担负着泗阳、淮阴2个县8个乡1万公顷水稻的灌溉任务。

（三）三义坝遗址

位于淮阴区三树镇蒋集境内运河东岸三坝村，原属桃源县。据乾隆《淮安府志》卷六载：万历七年（1579）建三义减水坝。康熙六年（1667）后时开时闭，十年（1671）改建石闸，三十五年（1696）闭。现坝基清晰可见。

（四）三百六十丈越堤遗址

位于淮阴区凌桥乡双闸村一组西200米，旧盐河头100米处。清康熙三十一年（1692），黄河泛滥，双金闸、中运堤决口200余丈，淹没数十村庄以及万亩禾田。此后虽经多次堵塞，但一直被视为险段。为防再决，阻断盐河，乾隆十七年（1752），在此筑三百六十丈越堤。嘉庆十六年（1811）又增筑加固。此堤保存完好，现为中运河险段重要防线。

四、下中河（盐河）

（一）下中河段

下中河古称官河，一名漕渠、盐河，是沟通淮安市和连云港市的人工运道，为淮北盐运的航道。唐垂拱四年（688），开涟水新漕渠，以通海、沂、密等州，南入于淮，长130里，阔8丈，盐课所经，官舫估舶，帆樯相望，故曰“官河”。宋元符（1098—1100）初，开修楚州支家河，导涟水与淮河通，赐名通涟河，即为盐河的前身。清康熙二十六年（1687），靳辅挑浚盐河，由中运河仲庄闸起，经杨庄、王营到朱元庄入安东县境到平旺河止，全长约65公里。因居中运河下游，故名下中河，为海州板、中、临三场引盐及苇荡左营租柴运道。嘉庆十七年（1812），接上自旧钳口坝至旧盐闸，挑河长1420丈。道光八年（1828），新建钳口坝，又自新坝至旧坝，挑河长180丈。1958年起，陆续建起朱码船闸、杨庄船闸、善南套闸、沂河南北套闸，通航标准分别为400吨或500吨级以上。1973年在杨庄闸口门切坝。20世纪80年代，盐河枯水期底宽约20米，水深2～2.5米，全年可通行100吨级船舶，年货运量300余万吨。

（二）盐河口钳口坝遗址

位于淮阴区凌桥乡双闸村三组双金闸西500米处。本在旧盐闸上，清乾隆三十一年（1766）建，嘉庆十七年（1812）移建双金闸上，道光八年（1828）复移建于新盐石闸上，而停启放仍由双金闸上。钳口坝泄水走双孔闸，穿拦河堰，下单孔闸，入盐河。《淮阴风土记》载：“盐河至是斗折而南，承受中运分泄之水，其西作格堤以为揽约。坝旧为柴埽，民国10年（1921）倒坝后，塞以秫秸，十二年改用碎石镶砌。”中华人民共和国成立后，中运河堤增高，盐河闭塞，钳口坝遂废。

（三）盐河双金闸遗址

位于淮阴区凌桥乡双闸村，系淮北盐河与中运河交汇处的节制闸。清康熙二十四年（1685）建（乾隆《淮安府志》曰三十四年建），泄黄水入盐河。四十二年（1703）拆去矶心，改为石裹头。乾隆八年（1743）改为柴坝，相机展束。有南北撑堤二道。道光八年（1828）改双孔石闸，二十七年（1847）重经拆建。光绪七年（1881），总督左宗棠、漕督杨昌浚合词疏请移建，乃距旧闸六十丈为新闸。新闸于光绪九年（1883）十月兴工，十年

图 32-1　盐河双金闸　　市文广局　供

（1884）六月竣工。现保存完好，为中国大运河世界文化遗产点之一。

（四）盐河闸遗址

位于淮阴区杨庄东南。清康熙四十二年（1703）建，乾隆二十三年（1758）圮，移建旧闸迤西五十丈。嘉庆十八年（1813）复移于双金闸下新钳口坝内。道光八年（1828），改建双孔石闸于一百八十丈迤上。十六年（1836）又在双孔闸迤下添建单孔新闸，更替启放。又新涵洞二，道光十三年（1833）建于单孔闸之下。道光二十七年（1847），双孔石闸重经拆建。20世纪40年代闸废，1958年在淮阴闸上游东岸盐河口新建。

（五）盐河船闸

盐河船闸为分淮入沂综合利用工程之一，也是盐河灌区引水渠首工程。该闸位于淮阴区杨庄境内，可灌溉17.2万公顷农田；可控制中运河及淮沭河的洪水，保证闸下200平方公里地区不受洪灾；可利用进水闸蓄水发电。进水闸真高，上游14.6米，下游9.0米。进水闸与开敞式涵洞结构共13孔，每孔净宽3米，墩厚0.5米，共44米。涵洞长20米，进水口1.5米，真高6.8米。闸上为便桥，宽5.5米，按2吨荷重设计。闸身下游设有混合消力池，涵洞为12扇闸门，每扇设6吨手摇直立齿轮启闭机1台。工程于1958年7月23日开工，1959年4月20日竣工放水，造价137.1万元。

（六）西坝小盐河

位于淮阴区王营镇星光居委会西50米，北通淮北盐河，南接古黄河。清道光十三年（1833），盐商筹资2万两白银，开挖3公里长、40米宽的南北走向小盐河。主要作用是盐船从淮北盐场入淮北盐河，进入小盐河两岸盐栈栈积，改捆收税后装船入黄河、运河、洪泽湖而销售各地。小盐河为承载盐船而兴盛百年。1932年国民政府实行盐政改革，西坝盐业衰败，小盐河随之废弃。现仍有300余米长的河槽基本保持原状，两岸尚有几处盐商住宅遗址和一条古街。

第五节　清口区域古城遗址

一、甘罗城遗址

位于淮阴区码头镇。相传秦统一后，甘罗受封并筑城于淮阴。“甘城晚照”是古代淮阴八景之一。正德《淮安府志》卷十四载：“甘罗城在旧淮阴治北，或云即淮阴故城。今属清河界，去码头巡检司一里许。相传秦甘罗筑。雨后，常土中得小钱，篆文，不可识。或云：宝应有甘罗庙，此其葬处。”2008年1月10—22日，淮安市考古队在甘罗城遗址考古探查结果证明，甘罗城是春秋时期古城，城墙遗址大体呈“甘”字形，南北长560米，东西宽200～300米，总面积18万平方米，文化层厚约3米左右。其地表常有鬲、罐、壶、盆等残器，还出土大量绳纹筒瓦、板瓦及条形灰砖。从甘罗城遗址出土的大量秦砖汉瓦残片来看，甘罗城是秦汉时期的淮阴县城。

东晋以降，甘罗城依然是重要的古城堡。南朝宋泰始三年（467），立兖州镇；梁改北兖州为淮州，治淮阴故城。元泰定年间（1324—1327），清河县治由大清口迁淮阴故城，天历元年（1328）移去。明崇祯末，清河县治移甘罗城，不久又移去。甘罗城在明代设有淮安府管河厅公署，清代设有主要负责治理河道的淮安府同知署，以及山清外河同知署、山清外河守备署等。然而，由于地势卑下，水患威胁严重，这些机构都在乾隆二十六年（1761）以后撤离，与清河县署一起，搬迁到清江浦。甘罗城随之被黄河洪水所侵入，并逐渐被泥沙所淤垫。

二、荀羡淮阴城遗址

位于淮阴区码头镇镇政府南侧，西临张福河，其东为三闸遗址。曾出土大量条石、石础、古钱币、陶瓷器、瓦当等古代遗物。《水经注·淮水》中记载："又东北至下邳淮阴县西，泗水从西北来流往之。淮、泗之会，即角城也。左右两川，翼夹二水，决入之所，所谓泗口也。……又东径淮阴县故城北，北临淮水，汉高帝六年，封韩信为侯国。……城东有两冢，西者，即漂母冢也。"光绪《清河县志》载："淮阴故城秦时所建，以《韩信传》'钓于城下'知之。按，晋永和五年，北中郎将荀羡北讨鲜卑，以淮阴旧镇，地形都要，乃营立城池，似城创于此时。然考《水经注》云淮水东北经淮阴故城。道元在东魏之世，去穆帝永和时代非远，不当云故城，或令则因旧镇而更新之，非创始也。"根据实地考察，荀羡筑淮阴城遗址与甘罗城遗址相隔数十步，与历史记载不相违。

三、清河旧县遗址

位于淮阴区码头镇西五里旧县村小清河口。小清河，即唐开元二十七年（739）采访使齐浣所开广济新渠下游别引泗水入淮的十八里河；小清河口即《金史》述及的十八里口。宋《元丰九域志》所载的临淮县十八里河镇，即后来清河县小清口县城的前身。元泰定元年（1324），黄河洪水淹没泗口古城，清河县治由大清口迁小清口西北，成为小清口县城。明中叶黄河全流夺淮后，小清口一带防洪堤迅速高如城堡。每届汛期，四面洪涛激荡，街市若阱。清康熙间，凿成中运河，运道易途，县治夹厕于黄、运二水之间，更险象环生。乾隆中"有凉帽圈之决，城内淤六七尺，人家门不可开"。故乾隆二十六年（1761），听从巡抚陈宏谋之议，划山阳之清江浦归清河县，以为治所。嗣后，邑人遂称小清口县城为"旧县"。

清河县治所先后两次设在此地，长达400余年。其县署在明洪武三年（1370）由知县孔克勋兴建，后重修过2次，明末毁于兵乱。清初李用质修葺恢复旧县，之后又先后重修5次。旧县遗址面积40万平方米，出土有石狮、石匾、旗杆、砖瓦及陶瓷器物等文物。

四、韩信城遗址

位于淮阴区码头镇东五里、清浦区城南乡境内，北濒京杭运河，东南距韩母墓约2.5公里。宋乐史《太平寰宇记》载："信本此县人，其冢宅处所并存，后受封为侯，因筑此城。"韩信城遗址长约1000米，宽约500米，总面积50万平方米。遗址大部分城垣在20世纪60年代以后，因平整土地和砖窑取土被大肆毁夷，现仅存长约500余米半截南城垣。遗址下有木桩、陶片等，曾经出土窖藏宋元瓷器。城东有土堆高7米余，底部直径20米，相传是韩信的点将台。韩信城地理位置重要，宋元时期为淮安屏障之一。1987年，被公布为淮阴市第一批文物保护单位。

五、八里庄城遗址

位于淮阴船闸北侧、沙河运河入淮口磨盘口西侧，北濒古淮河。因距离淮阴县故城八里而得名。正德《淮安府志》卷六载："新庄闸在清河南口。按：本县旧有洪泽砖闸三座，八里庄砖闸二座，在运河内，新坝二座，在八里庄南，运河崩摧入淮，岁久淤塞，平江伯陈瑄即八里庄故道疏浚，以通舟楫。"可知，其遗址在明永乐十三年（1415）平江伯陈瑄疏浚八里庄故道以前，已大部"崩摧入淮"。

六、大清口城遗址

位于古淮、泗水交会处的淮泗口，旧时与码头镇隔淮相对。泗水别名清水、清河，故亦称清口、清河口、大清口。淮、泗二水为沟通黄河、长江的最早纽带，《禹贡》所谓“沿于江、海，达于淮、泗”“浮于淮、泗，达于河”，即述其航路。而淮泗口实扼其襟喉，泗口镇亦因之兴起。宋绍熙五年（1194），黄河夺泗、夺淮后，清河口也称大河口。宋咸淳九年（1273）两淮制置使李庭芝于清河口筑城据守，旋置清河县以为县治。元泰定中（1324—1327），汹涌的黄流一夕间吞噬泗口古镇，清河口亦渐形湮废，航道西移小清口。今淮阴区袁集乡桂家塘附近尚有部分遗址埋藏在1米多深的地下。

七、吴城遗址

位于清河旧县县治西南二十里，今淮阴区吴城镇境内。有东西二城相向，中隔五里。南北朝时陈国大将军吴明彻率兵伐齐，与北齐对抗时所筑。宋高宗南渡，置吴城县。三年，罢为镇，城废。绍兴中，成为南北用武之地。明清时河湖交逼，成为弃地。清道光十二年（1832）八月，黄河南堤决口于家湾（今宿迁市泗阳县境内），吴城毁。现土垣已夷废，遗址高出地表3米左右，面积8万平方米。

八、角城遗址

位于淮阴区渔沟镇西南，古泗水西岸。东晋义熙（405—418）中置角城县，属淮阳郡。控扼泗水，紧濒淮河，翼夹二川。《魏书·高闾传》载：“溯淮沂而上，须经角城。”《水经注》亦载：“淮泗之会即角城也。”乃“南必得而后进取有资，北必得而后饷运无阻”的要塞之地。自晋至隋均为重镇。

九、樊毅城遗址

《陈书·樊毅传》记载：陈太建十年（578），“及吕梁丧师，诏以（樊）毅为大都督，进号平北将军，率众渡淮，对清口筑城，与周人相抗。霖雨城坏，毅全军自拔。”而《隋书·杨素传》记载：“陈将樊毅筑城于泗口，素击走之，夷毅所筑。”说法虽异，而记载实为一事。

十、清江浦城遗址

明代，清江浦在行政区划上属山阳县，有山阳主簿驻节于此。清康熙末年，处于黄河与中运河之间的清河县治日益卑下受水，遂有迁治之议。乾隆二十五年（1760），朝廷批准，划清江浦入清河县并为县治。次年（1761），正式“分地界，计田赋，立寺舍，拨驿马，壹切事宜，定著为令。”清江浦遂成为清河县城。

清江浦原无城郭，居民沿清江浦河两岸，延绵近二十里。清咸丰十年（1860）二月初，捻军李大喜部攻克清江浦，损失异常惨重，遂有筑城之议。同治元年（1862），曾两度出任清河县令的盱眙人吴棠被任命为漕运总督，再一次驻节清江浦。他一上任，就下令征夫役，在清江浦四周建立圩砦，“数旬之间，工以克举”。土圩因里运河分为南北两部分，南土圩大体沿玉带河北堤，西自陈、潘二公祠以东的里运河堤根起，东至云昙坝堤根止，长1213丈1尺；北土圩沿汰黄堤，西自四公祠以西的里运河堤根起，东至臧家码头东首里运河堤根止，长1447丈3尺。圩外开有壕沟，圩内筑有炮台，圩内外只有圩门可以通行。南土圩有炮台9座，圩门3座，北土圩有炮台11座，圩门

5座。嗣后，又在南土圩内筑了一道砖圩，其路线大致在今环城路一线。土圩刚刚筑成，就经受捻军将领李成率部攻击，于是“流亡渐集，人心大定”。吴棠遂有创筑石城之议，并得到地方缙绅的经济支持。石城大体沿砖圩的路线，只是在东南方稍微扩展些。建城之石，主要是拆高家堰北端的一段石堤。筑城用砖，则在窑汪一带建窑取土烧制。今窑汪一带地势卑下，积水深广，就是当年取土烧砖造成的。

筑城开工于同治三年（1864）春，至次年秋竣工，城周长1273丈6尺5寸，高1丈8尺，城门5座，东为安澜门，西为登稼门，南为迎薰门，北为拱宸门，东北有水门一座，东、西各有水关一道，内通文渠。城上建有炮台27座。筑城共费白银12万余两。

清江浦城建好后，基本上未发挥积极作用。特别是1939年春，清江沦陷后，此城成为敌伪的重要堡垒。1945年9月6日，清江浦城解放。20世纪50年代，清江城被拆除。现存北门桥段遗址。

第二章　高家堰与引清刷黄工程遗产

高家堰即洪泽湖大堤，南起盱眙县原马庄乡张大庄，北经洪泽县高良涧至淮阴县码头镇张福河船闸，全长67.25公里。

高家堰作为人工修筑的堤防，有着悠久的历史和漫长的形成过程。相传东汉建安五年（200），广陵太守陈登筑高家堰30里，以束淮水，亦称捍淮堰，即今洪泽湖大堤北段，是为洪泽湖大堤修筑之始。后曹魏邓艾修白水塘，唐武则天证圣元年（695），在白水塘北开置羡塘，其堤坝大致都在今洪泽湖大堤堤身的南段和中段。元代筑塘屯垦规模扩大，洪泽湖垦区总面积24万公顷。洪泽湖大堤的大规模修筑、加固和形成特大水库性湖泊，是在明万历间实施“蓄清刷黄”的治河治运方略以后，历清、民国和中华人民共和国至今不断演化的结果，是活态的世界文化遗产。

第一节　大堤遗址选介

一、高家堰头坝遗址

该遗址位于洪泽县西南三河镇境内。清代，为泄洪水，在洪泽湖大堤的周桥至蒋坝之间，筑仁、义、礼、智、信5座减水坝。头坝称“仁”坝，为五坝中的第一坝，呈“工”形，由长65厘米、宽32厘米、厚40厘米的方石砌成。上下砌石共7层，底长12.5米，高4.4米，土口斜边长15.5米。头坝遗址对研究古代水利建筑工程有一定的科学价值。

二、高家堰道光信坝遗址

该遗址位于洪泽县城南20公里处，是目前洪泽湖大堤上保存最为完整的减水坝遗存。清乾隆十六年（1751），乾隆帝第一次南巡，指示将高家堰减水石坝由3座增加至5座，以仁、义、礼、智、信为名。道光十二年（1832），由于信坝跌塘过深，总河张井将该坝移建于仁坝与义坝之间，

即今址。今信坝两端雁翅（亦称翼墙）裸露在洪泽湖大堤的背水坡上，可见8层条石，高3.4米，地下掩埋条石9层。金门宽233米，坝长38米，坝膛内原建有条石护坦，20世纪50年代建造三河闸时被拆作他用。信坝泄洪记录有1706年、1746年、1753年、1757年、1761年、1778年、1800年、1811年，共8次。1832年移建后的信坝，没有泄洪记录，保存比较完整。明清以来，洪泽湖大堤上先后建有26座减水坝。中华人民共和国成立后，大堤历经三次大修，特地留下信坝这一古坝标本。2007年被公布为全国文物保护单位。

三、救生桩与救生坝遗址

洪泽湖大堤石工墙高耸壁立，溺水者难以攀爬，舟船在风浪时亦不敢停靠。为此，清康熙、雍正、乾隆三朝，建设有救生桩和救生坝。最早的救生桩建于康熙四十二年（1703），康熙皇帝下旨总河，在沿湖堤坡上钉桩架木，作为落水者攀爬上岸的抓取物。共建救生桩5处：高堰坝南、龙门坝南、厉家西五坝、醵家湾、清水潭。其结构为：每长10丈，钉桩木20根，每根长2.9丈，入土1尺；管木10根，每根长2.3丈；竖档高4尺，钉梯木1根；横档宽5.1～5.2尺，梯木长9尺。两头出桩木之外各1尺八九寸及2尺不等。救生坝建设始于乾隆十一年（1746）。此前，高家堰夏家桥有旧苇坝1座，高家堰以南有顺水坝1座，都有口门，为遭风船只躲避之所。该年七月，乾隆皇帝下旨，令再于高堰厅所属的老堤头、山盱厅所属的高涧坝以南，以及徐家湾、周家桥等4处，分别添建护堤救生坝。同时，于七堡、八堡、九堡、六安沟坝左右、十堡至十七堡等处，建救生桩13处。乾隆三十三年（1768），停办无关紧要的洪泽湖救生桩。今洪泽湖大堤石工墙上的三处“X”形凹槽，与救生桩有关，被列入中国大运河世界文化遗产点。

四、周桥大塘

周桥大塘位于洪泽县城南11公里处，在洪泽湖大堤东侧，与大堤连为一体，系条石砌成的圈堤，呈椭圆形。清道光四年（1824）农历十一月十二日午后，西风骤起，异常猛烈，骇浪泼过堤顶，旋冻结成冰凌。在暴风和冰凌的推拥下，息浪港堤防倒塌，洪水直落堤东，建瓴而下，冲成宽约400米、深达25米的巨型深塘。次年春，朝廷拨款重修大堤，至道光十年（1830）才完成圈堤。圈堤周长220余丈、顶宽10丈，将大塘围住。时林则徐负责总办江浙水利，奉旨夺情，前来督修堤工，按时高质量完成修建工程。1976年进行抗震加固，将大塘填平，填土深度达24.16米，填土86.3万立方米。

第二节 堤工技术遗产

一、石工

高家堰石工墙修建于土堤的临水面，地基为老土，地面下1～2米深处为砂礓土。砂礓土质地坚硬，承载力较强。为进一步增强地基承载力，于墙基打梅花桩或马牙桩（木桩）。共打桩7.5万根，平均每4寸一根，而且“必株株实在方能着力”。桩打完后，锯平顶面。桩的使用年限，据《南河志》载：“杉木之性，入土数百年，入水亦如之，惟土少桩露，坚者可三四十年，嫩者仅一二十年必烂，须于水落时将堤脚培土几尺。”明万历八年（1580）始建石工墙，结构为双层（里外各一）独立，外侧挡水，里侧挡土。天启元年（1621），因风浪袭击等原因，石工墙受到程度不同的破坏，

修复时使用铁锔，砌石中采用丁、顺相间的方式，时标准石料尺寸2.5×1.2×1.0尺，丁石长度与两层石宽度相等，使石工墙的整体性比万历时有了提高。

清代继续修筑石工墙，在墙后加砌砖柜，并使条石与砖柜搭接，每丈搭三块丁石，“里外牵扯，方资巩固”。砖柜由河砖构成，规格为40×16×10厘米，均丁头立砌于石墙之后，构成下大上小的梯形断面。砖柜大部分有石灰糯米汁胶结，结构牢固，并与条石胶结成一体。加砖柜的目的，在于缓和土石之间工程性质差别大的矛盾。“土石性难融洽，分而不属，大有疏虞”，“而以砖贴土，诚有妙理”。土、石材料沉陷、压缩变形等力学性质差异很大，而“砖性不坚”，刚度介于土、石之间，经它过渡，可免去开裂等问题，为典型的“弹模过渡带”。另一说谓三合土砖柜，有利于石墙后压力的减载。条石挡土墙、砖柜和三合土各有其功用：石墙挡水挡浪；砖柜减压并防止风浪淘刷填土；三合土挡土，加上铁锭（或铁扒、锔），糯米汁石灰胶结，使堤坝连成一个整体，既有相当高的强度，又有相当大的稳定性。

明代修筑的洪泽湖大堤石工墙，至今还有部分完好无损地保存着（如淮阴区原高堰乡南400多米条石墙），是中国传统坝工技术的典型代表。清代补修石工墙时，湖水经常不落，采用堤前围堰。水浅处，于水中打两排桩，桩内贴上芦席，中间垫土，即成施工围堰。对于水深处，损坏较大较严重，不宜翻拆的地方，则利用旧石工作“围堰”，退后一二丈挖槽下桩垒砌，砌好后再拆前面的旧石墙，并留下最底两层以防浪。还有一类称作“水模砌”的条石墙，墙石条石多呈丁字型楔入，属于施工时堤基上水或临水抢工。

图 32-2　洪泽湖古大堤（2006年）　　市文广局　供

二、消能

减水闸，“闸底深于岸”，运用上比较灵活，即使是水位较低，也可开闸泄水。涵洞齐地而开，一般为3尺见方的洞口，泄水作用不大，但运用更为灵活，平时可用于下游引水灌溉，汛期也可泄水。涵洞更具有“以之挡水，以之卫闸，其用微妙，非久于河者不知也”。减水闸或减水坝过水时，水势汹涌，震撼闸基，淘刷闸底，“以涵洞之水透入闸后，使之旋澜涌波，以护其基，而承其底”，即把水通过涵洞先引向减水闸（坝）下游，造成“水垫”，涌起波浪，使减下的水不直接冲刷闸基，利用水流冲撞消能。涵洞放水，“则闸反若有所凭以固，而澎湃之势平，倾跌之势衰矣”。

三、防冲

清代靳辅时建设的溢洪道，除闸、涵外，还有减水坝、滚水坝。减水坝坝面与地相平，过水多；滚水坝坝面比地高，过水少。选址为下游有旧河或不远有湖荡，坝址处为老土，高程不可太洼，据河湖水面测量或根据每年水大涨时该处水深若干尺确定。减水坝宽度控制在100丈以内，长度要八九十丈，两端做成石砌“金门”，上口、下口分做迎水、分水；并要打锁口桩，上口六七路，下口八九路，中间“坝面”用夯打硬，铺上三合土，厚1尺2寸。分两层铺。稍干开始夯实，不得过于用

力，务求平整，冬天为防冻，要盖上三四寸土。坝面采用三合土，而不用块石浆砌，系因减水坝泄水时，流速较快，石头平整度不高，尤其接缝处容易出现负压，易被淘汕，甚至造成石块塌陷或掀起。三合土具有一定的强度，可做得较平整，过流条件比砌石好。三合土是用极熟的石灰泡开，筛净，和二分黄土，再用茑樟叶泡水熬糯米，作稀粥，兑入灰土中，搅匀，乘石灰潮润时铺在需用的地方，每五六寸作一层夯实。三合土的应用极为广泛，除浆砌、减水坝坝面用以外，清代在石工墙后河砖与堤身之间都填三合土，厚度0.5米以上，为6～8寸一层。洪泽湖大堤曾有26座减水闸坝，至中华人民共和国成立初期尚有信、智、林三座滚水石坝（俗称头、二、三坝），坝后护坦全部有条石防护。其中林、信二坝的坝后条石及两侧翼墙，在兴建高良涧进水闸和三河闸时移用；智坝坝面条石及翼墙则在1967年加固时，移作堤前砌筑防浪林台护坡。1964年修复的信坝条石翼墙，至2008年尚保存完好。

四、防浪

（一）板工防浪

洪泽湖形成初期的高家堰主要是堤防式的土坝，由于洪泽湖湖面开阔，吹程大，所以土坝防浪问题尤为突出。明万历六年（1578）于高家堰水深较大地段做“桩工”，亦称“笆工”“板工”，用以防浪。结构为最外层打一排密桩，在桩里贴两层席，席内再压一层软草，草内夯土。风浪来时，先被桩排挡一下，又被席子滤两次，进入草窝的水就没有什么冲击力量。水退时，里土有草、席的层层阻隔，不会被带出来。

（二）坦坡防浪

清代靳辅和陈潢采用的一种较成功的防浪措施。在旧石工、板工前填筑坦坡，制御风浪，增大堤身断面。坦坡坡度最初计划是1∶5，后由于效果不理想，改为1∶8。为保护坦坡并增强消浪效果，于坦坡上栽植草和防浪林。块石护坡，放坡系数取0.75～0.8，边界越粗糙，爬高越小。清嘉庆十三年（1808）后，碎石坦坡的兴起就是基于这一理论，今作为一项土坝防浪技术，在洪泽湖大堤上仍继续使用。道光十五年（1835）河东河道总督栗毓美倡修砖坝，“乘农隙设窑烧造大砖”，砖上留一孔串连多块，抛于埽前以固坝根。后因烧砖流弊太多，又不如石工一劳永逸，遂停烧砖窑，仍改用石工。

五、圈堤

即周桥大塘。详见本卷本章第一节《大堤遗址选介》第四目《周桥大塘》。

六、埽工

常用于御洪顶溜、保护岸坡，是中国河工技术的特有创造。由于明清时期的“蓄清刷黄”，促使高家堰堤坝被不断增筑。而洪泽湖的洪水出路没有解决 ，遇到黄、淮暴涨，导致条石挡浪墙堤身和沿堤线上的减水闸堤溃决。明万历三年至清咸丰五年（1575—1855）间，高家堰决口140余次。因此在修复堤坝前必先抢堵决口，埽工技术成为堤工技术不可或缺的组成部分。堤坝封堵后，有险情的岸坡还得采取临时防护的应急措施，如柳石枕、柴石枕（俗称青龙、黄龙）以及沉船，被作为重要的河工技术而广泛采用。

七、生物护岸

防浪林是洪泽湖大堤不可分割的工程，也是生物与文化多样性“湿地生态基因库”的重要组

成部分。历史上，洪泽湖大堤多植柳护岸。1958年江苏省水利厅编制洪泽湖大堤营造防浪林带设计及模型试验报告，原直立式直墙改为斜坡，坡前增筑防浪林台。由于经费和取土困难等，直至1964年才进行500米长的水力冲填防浪林台试验。林台按设计洪水位16米，校核洪水位17米，最大吹程60公里，设计林台宽度50米，高程为14.5米。

第三节　大堤减水河道

一、老三河

源自洪泽县境蒋坝镇北的洪泽湖大堤小工坝，经三河、共和、万集至金湖县吕良桥、泗湾湖农场入宝应湖，长38公里，流域面积179.75平方公里。三国时邓艾主持开挖，为白水塘引水河道，称赤水涧。清初，为洪泽湖的泄洪河道。康熙五十年（1711）在五坝下开挖引河3条，统称塘潮河，并建平行的小堤4道，两外侧堤距最宽处730米，窄处540米，俗称“三河六堆”。不久洪水侵袭，小堤溃决，三河合一，仍为湖水主要下泄河道。嘉庆年间，仁、义、礼三坝移至蒋坝以南，老三河遂成辅助泄洪水道。20世纪50年代初，老三河河槽宽而浅，分南、北、中三泓。南北泓平废种植农作物，中泓为复式断面，河底宽10～60米，河底高程5～6米，为境内主要排涝河道。1977年冬，洪泽县动员双沟、万集、共和、三河公社民工，对境内16.6公里河段进行疏浚，完成土方1219万立方米，石方1430立方米，混凝土方1133立方米，耗资30万元。

二、草泽河

亦称草字河，唐代开挖。经洪泽县东双沟、万集、仁和镇入白马湖。全长30公里。明万历十九年（1591），潘季驯主持拓深河道，加宽堤防，共做土方150余万立方米，耗银2.75万两。万历二十二年（1594）春，河道总督舒应龙、按察院牛应元、监察院蔡才等人筹粮集草，义务捐工治河。清康熙三十九年（1700），兴工加高加厚并接长河堤，总长68里。同时在河道中段建龙王闸一座，置涵洞10余座。民国21年（1932），淮安县按义务劳动办法征调民工，疏浚草泽河，使河宽增至10～19米。20世纪50年代疏浚后，周桥处宽33米，东流渐宽，仁和段约70米，河深1.2～2.5米。1973年春完成草泽河疏浚土方50万立方米，拓宽双沟套闸至仁和临泽李家涧河段。河底宽10米，坡比1：2，河底高程4.5～5米。主要用于排涝。

三、浔河

亦称巡河。开挖于唐长庆年间（821—824）。上承洪泽湖大堤东的贴堆河，东经龙庙、朱坝、马棚、岔河入白马湖，全长24.3公里，流域面积157平方公里，河底宽8～30米，汛期水深3～3.5米。清康熙四十年（1701）为排涝、运粮河道，也是连接洪泽湖与里运河的航道。1971—1972年进行全面疏浚。现为洪泽县城工业、生活污水排泄河道，兼用于县城高良涧镇及周桥干渠以北的贴堆河排涝。

第四节　现代遗产型闸坝

在洪泽湖大堤上，有一批修建时间超过50年的现代遗产型闸坝，主要有三河闸、高良涧进水闸、二河闸以及一些输水涵洞。

一、三河闸

三河闸位于洪泽县蒋坝镇南三河头，洪泽湖大堤南端，是20世纪50年代初江苏省兴建的第一座大型水工建筑物。三河闸址在清代曾建有礼字坝。咸丰元年（1851）该坝被洪水冲坏，堤后冲成深塘。民国24年（1935），国民政府导淮委员会勘定在此处建60孔活动大坝。次年8月开工，不久因日军进犯盱眙而停工。1952年8月，苏北治淮指挥部开始设计，10月1日开工，由三河闸工程指挥部负责施工，从全国各地调来干部3696人，技工2403人，动员民工15.8万人，调运32万吨物资器材。1953年5月，为完成15里拦河大坝的合龙，工人们提出“与大坝共存亡！”上万民工冒着10级大风，在水中组成三排人墙，用血肉之躯挡浪，连午饭都是站在水里吃的，终于顺利完成大坝合龙。1953年7月25日，三河闸工程竣工，次日举行放水典礼，水利部部长傅作义等为大闸剪彩。

三河闸按洪泽湖水位16米设计，17米校核，有63孔，每孔净宽10米，总宽697.75米，底板高程7.5米、宽1.8米，共21块底板，闸孔净高6.2米，采用弧形钢闸门，有63台2×7.5吨卷扬式启闭机启闭。门墩上架设公路桥，按汽-10级标准，采用双车道，净宽7米。整个工程造价2608万元，完成土方939.5万立方米，混凝土5.15万立方米。该闸建成运行后，经受1954年洪水的考验，实际发生的最高水位为1954年8月16日的15.23米，同时下泄的最大流量为10700立方米/秒。由于加强检查观测和防守，该闸超标准运行安全度汛。1968年10月至1970年2月，增建新的工作桥，加固消力塘底板，将闸墩接长1.45米，增做检修门槽、加固闸门、加做上游翼墙、上游引河堤、拦河坝及至老堆头的挡浪堤等，并接长上下游砌石护坡。1970—1973年，利用两端空箱建成水电站两座，装机容量175千瓦。1976—1978年对工作桥立柱、门墩进行抗震加固，抗震烈度为7度。加固后设计流量12000立方米/秒。1992—1994年进行钢闸门更新，对消力池、工作桥、公路桥进行加固，并对闸下游北岸滑坡段坡脚护砌石坡，完成投资2384万元。

二、高良涧进水闸

高良涧进水闸位于洪泽县高良涧镇的洪泽湖大堤上，是苏北灌溉总渠的渠首闸，由治淮指挥部设计，高良涧工程处负责施工。1951年11月17日开工，1952年6月25日竣工。该闸原为钢筋混凝土结构，开敞式水闸，共8孔，每孔净宽9.2米，闸孔净高4米，闸底高程7.5米，闸顶高程16米，采用弧形钢闸门，设计排洪流量700立方米/秒。工程设计标准偏低，建成后即遇1954年超设计标准的淮河洪水，闸上水位涨至15.24米，超过原闸上设计水位14.7米的标准。1955年进行第一次加固。后该闸在加大泄洪量的过程中，下游消力塘及倒滤水层被冲坏，于1958年5月15日开始进行第二次加固，改建为16孔涵洞式水闸，闸孔净宽4.2米，净高4米，底板高程7.5米，闸顶高程19.5米。闸门采用钢结构直升门，用8台15吨电动手摇两用绳鼓式启闭机启闭。工作桥旁增建一水电站。1978年进行抗震加固，加固后设计排洪流量800立方米/秒，造价254万元。引水灌

溉面积也由17.2万公顷增加到22.8万公顷，实际灌溉面积23.3万公顷。该闸建成后，实际发生的最大泄洪量为1038立方米/秒。1994—1995年再次加固，主要工程项目为闸室抗震加固，闸门更换，启闭机房及桥头堡拆除重建，完成投资689.51万元。

三、二河闸

二河闸位于洪泽县砚台集陈庄，苏北灌溉总渠以北的洪泽湖大堤上，在高良涧进水闸东北7公里处。该闸由江苏省水利厅勘测设计院设计，省水利厅第二工程队负责施工，1957年11月11日开工，次年6月30日竣工，造价1225万元。该闸共35孔，每孔净宽10米，总宽为401.85米，闸底高程8米，闸顶高程19.5米，闸孔净高8米，采用钢质弧形闸门，用15吨电动手摇两用卷扬式启闭机启闭。公路桥按汽-13级设计，拖-60校核。上游引河切滩是由二河闸上溯洪泽湖心7公里开挖深槽。1979年10月，加固该闸公路桥阻滑墩和工作桥，工作桥排架填洞补墙，抗震烈度为8度。

二河闸是淮河下游洪水分泄入新沂河及渠北临时分洪的控制工程，设计流量为3000立方米/秒。当遇万年一遇洪水时，可分泄洪水9000立方米/秒，其中5000立方米/秒可经苏北灌溉总渠渠北临时分洪，4000立方米/秒经新沂河入海，确保里下河地区的安全。

该闸又是淮水北调的进水闸，引灌溉水流量750立方米/秒，供淮安、盐城、连云港三市69万公顷农田的灌溉用水，还可在沂泗水量富余时，经中运河调300立方米/秒入洪泽湖，以补淮水不足。该闸自建成以后实际发生的上游最高水位13.8米，出湖最大流量为1170立方米/秒，引沂济淮的入湖最大流量为849立方米/秒，实际达到的标准与设计标准相差较大。1995—1996年进行加固，主要工程项目有：对缝墩及岸墙进行对锚加固，以增强其抗震强度；对混凝土碳化、裂缝严重部位，进行环氧厚浆保护或凿除修补；对侧向绕渗、钢闸门锈蚀、电气设备老化等，作加固处理；对公路桥面破损严重部分作局部处理，完成投资698.7万元。

四、输水涵洞

（一）洪金洞

系洪金干渠渠首闸，位于洪泽湖大堤57+540处。该闸建成于1970年4月，共3孔，钢筋混凝土穿堤涵洞。闸室总宽12.4米，总长63米，顺水流方向共分4节，上游进水闸室段长9米，进口闸孔每孔为3×3米，下游3节均为圆形涵管，每节长18米。该工程建于“文化大革命”期间，隐患较多，加上年久失修，工程老化严重，防洪抗震能力较差。其加固工程经淮委及省水利厅同意，按洪泽湖大堤防洪抗震标准进行加固，核定的加固内容有：上下游翼墙加固；洞身加固；拆除下游洞顶浆砌石挡土墙，新建混凝土挡土墙；翻砌下游护坡，接长海漫，增设防冲槽等。该工程由淮阴市洪金灌区管理所负责组织实施，参加施工单位有淮阴市水工防腐工程队、淮阴市第二建筑公司。加固工程自1994年2月26日开工，同年4月初完成水下工程，全部工程于1995年12月完成。共完成土方0.5万立方米，石方1261立方米，混凝土447立方米，洞身碳化处理2000平方米，新建管理用房289平方米，完成投资115万元。

（二）周桥洞

位于洪泽湖大堤中部，建成于1967年3月，为双孔箱式涵洞，每孔断面尺寸为3×3米，系洪泽县周桥灌区引水建筑物。经过多年运行，主要存在问题有：翼墙抗震、防渗性能差；洞身伸缩缝发生渗漏；进水口边墩有裂缝；下游冲刷严重，护坡齿坎塌陷脱落等。经省水利厅批准，加固标准与洪金洞相同，加固内容有翼墙加固、洞身加固、启闭设备进行更新、下游防冲槽修补和改善管理

所房屋等。该项工程由洪泽县水利局组织实施，洪泽县水利工程队和淮阴市水工防腐工程队参与施工。从1994年3月中旬开工，至同年12月底全部竣工。共完成土方0.5万立方米，混凝土299立方米，块石2952立方米，管理所用房321平方米，修筑混凝土道路900平方米，洞身混凝土碳化处理1170平方米，完成投资101万元。

（三）堆头涵洞

位于三河闸以南约2公里的洪泽湖大堤上。该工程建于1966年，为堆头水轮泵站取水口，设计引水32立方米/秒，原设计洞底为两孔混凝土正反拱底板，涵洞总长为40.05米，分3节，每孔净宽4米。洞门设于上游进水口处，系木结构平板闸门配混凝土压重块，采用10吨螺杆式启闭机，上下游翼墙均为重力式浆砌石结构。该洞原设计未考虑抗震堤防；上下游护砌长度偏短，下游引水河护坡淘刷塌陷；闸门木面板腐朽，严重漏水，滚轮锈蚀，启闭机齿轮及铜螺母腐损，螺杆严重变形；工作大梁、栏杆及门墩混凝土碳化；上游翼墙墙身裂缝等。鉴于该洞抗震能力差，难以通过加固来提高防洪抗震的标准，经淮委批准，同意改建为钢筋混凝土箱涵，2孔，尺寸为4×3.4米，设计流量32立方米/秒，总长度为41.05米。新洞按Ⅰ级水工建筑物设计，按地震烈度7度设防。该项目由盱眙县水利局负责组织实施，盱眙县水建公司承建。1995年11月23日开工，次年5月20日完成水下工程，8月25日全部竣工。共完成土方4.25万立方米，石方1746立方米，混凝土1525立方米，管理所房屋127平方米，完成投资2339万元。

第五节　引清刷黄工程遗产

一、洪泽湖口引河

清康熙十六年（1677）靳辅出任河道总督之后，继承并发展明代潘季驯“蓄清刷黄”的治理方略，进一步明确洪泽湖对淮河径流的调节作用，利用清口一带“门限沙”蓄水，确保洪泽湖水位高于黄河；挑浚清口，开挖张福口、帅家庄、裴家场、烂泥线、三汊5道引河，引清水冲刷黄河河床泥沙；坚筑高家堰，保证洪泽湖有足够的刷黄水位和水源。这些措施，使洪泽湖水位提高，水面扩大，“蓄清刷黄”能力显著增强，黄、淮安流10余年。

康熙三十五年（1696），黄河大水，黄水倒灌，引清刷黄的5道引河淤为平陆。三十七年（1698），黄河又倒灌，为收缩清口，河督董安国自张福口堤尾接筑临清堤（清口西堤），移清口于风神庙前，并于此建东、西束水坝。四十一年（1702），河督张鹏翮挑浚清口及原5道引河，加上淮水新刷成的天然、天赐2道引河，共有7道引河泄淮水会于清口，宽百余丈。时7条引河自西而东为张福、天然、张家庄、天赐、裴家场、烂泥线、三汊，各引河总汇点距束水东西坝2里。

为增强淮河清水对清口以下黄河带来的泥沙的冲刷力，乾隆时，增建清口东、西束水坝，并逐步向东北移动，改建为御黄坝；改运口外兜水坝为束清坝，以“蓄清济运”。嘉庆十四年（1809），开始堵塞御黄坝。后御黄坝时开时堵。道光年间，清口一带淤垫更加严重，道光八年（1828），洪泽湖水位要“蓄至一丈七尺以外，仅能与之（黄河）相敌，蓄至一丈八九尺，始能畅出”。道光二十九年（1849），黄河异涨，高于湖水位九尺四寸，被迫减黄入湖，洪泽湖淤垫益甚，除张福河外，湖尾各引河尽行淤废。咸丰元年（1851），淮河大水夺路南下入江，从此入江水道成为主要泄洪道。4年后，黄河北徙。

张福河为清康熙年间开挖的洪泽湖尾间众多引河之一，是迄今唯一保存完整并利用的一条引

河。今张福河在原张福口引河之东，南起洪泽县西顺河镇南的洪泽湖边，北迄张福河船闸下游的二河口，流域面积107平方公里，全长28公里，是一条综合利用河道。

黄河北徙后，屡议疏张福河导淮未果。民国21年（1932），导淮委员会拟疏浚张福河。次年，以泗阳、宿迁县境内废黄河公地20余万亩为担保，借得现款11.3万元以及拨款25万元，工程才得以进行。当年5月开工，7月竣工。疏浚后，河底宽32米，河底高程6.48～8.62米，共完成土方222万立方米。二十世纪五六十年代，张福河以通航为主，兼有泄洪功能。1974—1981年疏浚，疏浚后河底宽10米，河底高程8.5米，可通航50～80吨船舶。1976年，在码头镇以北，离淮沭新河口不远的张福河口，建成通过能力为700吨的张福河船闸，成为该河蓄泄的锁钥。

二、束清、御黄坝工

详见本卷第一章《清口枢纽遗产》第二节《清口以上古泗水与黄河航道遗址》第二目《小清口水利工程遗址》相关子目。

三、碑碣与镇水铁犀

（一）淮安清口灵运记碑

明天启六年（1626）立。通高2.2米、宽1.07米，由碑身和碑额组成。额面刻龙纹，背面刻“□阴题名”4字；碑面刻文已漶漫不清，约800字，落款：“进士通议大夫总督漕运提督户部尚书苏茂相撰并书”，碑阴刻地方绅士名录。今碑存三河闸管理处。

（二）重修惠济祠碑

清乾隆十六年（1751）勒。碑额刻蟠龙卷云纹，须弥座亦刻龙纹，通高4.8米、宽1.4米，碑面刻文为乾隆皇帝所撰。今立于淮阴区码头镇二闸村。

（三）惠济祠乾隆诗文碑

该碑通高2.05米，宽0.86米，厚0.35米，须弥莲花座，碑面刻乾隆七律诗一首，碑阴刻乾隆皇帝撰文。原立淮阴区高堰乡二河南大堤上，20世纪80年代移至三河闸管理处。

（四）礼坝碑

清康熙年间章维新勒石。长1.17米，宽0.36米，厚0.38米。碑文楷书，竖刻9行，约50字，记述礼坝冲毁后补建石工始末。碑原在淮阴区码头镇，现存三河闸管理处。

（五）林家西坝碑

清康熙四十年（1701）立。碑文楷书，竖刻51行，约900字。文末署“韩文煜记”。“文化大革命”期间被毁。现仅存拓片于三河闸管理处。

（六）五里牌

位于洪泽湖大堤蒋坝镇北5公里处。称为“牌”，实为碑，古亦称龙亭。为乾隆十六年（1751）皇帝南巡时过此所立。碑长2.5米，宽1.12米，厚0.35米。碑文由乾隆皇帝亲书，竖刻9行，主要论述建堤防水卫民之功。碑中间已断裂。现存三河闸管理处。

（七）智坝碑

清乾隆十七年（1752）立。长1.6米，宽0.86米，厚0.21米。碑首文：“乾隆十六年四月，奉旨新建智字石坝一座，金门口宽六十丈，由身直长二十丈四尺，乾隆十七年五月告竣。”碑尾署“效力主簿裴志涛”。此碑现立于智坝旧址，即三河闸管理处院内。

（八）信坝碑

清嘉庆十九年（1814）立。长1.15米，宽0.4米，厚0.15米。碑文楷书，竖刻8行，有50字。

记述徐州府通判沈职熔加固信坝的史实。文末署“匠头章维新仲春吉旦修”。今碑存三河闸管理处。

（九）黄罡寺碑

清道光十八年（1838）立。长1.15米，宽0.4米，厚0.15米。碑文楷书竖刻54行，约650字。记述道光四年（1824）冬，湖决高堰十三堡和周桥息浪港堤防以及复堤修寺等史实。现存三河闸管理处。

（十）草字河堤碑

明万历二十二年（1594）立。长1.9米，宽1.22米，厚0.26米。碑文记述明代建石闸和防洪堤防的情况。碑原立于洪泽县高良涧镇越城村，现存三河闸管理处。

（十一）镇水铁犀

清初，黄河决溢频繁倒灌清口，淮水决高家堰，冲击里运河，致漕运受阻。虽全力治河，仍难保证运道畅通。依据五行相克之道，认为蛟龙怕铁，于康熙四十年（1701），铸九牛二虎一鸡，分别置于洪泽湖大堤、运河和黄河堤上，反映镇水祛灾的强烈愿望。今洪泽湖大堤上尚存镇水铁犀5头，其中三河闸管理处保存2头，洪泽县湖滨公园、高良涧进水闸和淮阴区高堰渡口各保存1头。铁牛为铸铁铸造，工艺精湛，身长1.7米、宽0.57米、高0.68米，伏卧在长1.5米、宽0.83米、厚0.07米的铁板之上，重约2250公斤。造型生动，“魁型巨首，垂耳抱角”，大有“翘首茫茫湖天，欲吞万顷波涛”之势。肩胛上铸有阳文楷体七言铭文：“维金克木蛟龙藏，维土制水龟蛇降。铁犀作镇奠淮扬，永除昏垫报吾皇。康熙辛巳午日铸。监造官王国用。”或四言铭文：“维金克木，蛟龙远藏。土能治水，永镇此邦。康熙辛巳端午日铸。”5头铁犀为省级文物保护单位。

第三章　康乾南巡与清口枢纽

在清口水利枢纽建设史上，清代的康熙皇帝和乾隆皇帝各有六次南巡都是首先奔漕运、河务的中心清口枢纽而来。清口枢纽的很多工程建设由他们视察时“面授机宜”，当场决定。他们是清代清口枢纽建设的关键决策者、指挥者。

第一节　康熙帝南巡清口区域

清康熙皇帝亲政初期，黄河夺淮日久，黄、淮、运俱“病”，事关漕运、民生安危。康熙十六年（1677），朝廷调安徽巡抚靳辅出任河督，筹划治理黄淮运工程。在平定三藩和收复台湾后，康熙皇帝将主要精力集中在黄、淮、运的治理上。从康熙二十三年到康熙四十六年（1684—1707），先后六次南巡，视察清口区域。康熙皇帝接受和钻研西方自然科学技术，亲自运用仪器测量水势高低，并深入工地察看，研究水情，设计指导施工黄、淮、运工程。他注重治水实践，因势利导，在首保漕运畅通前提下，兼顾民生安全，纠正河臣治水决策的失误，堪称明清以来的治水专家，在中国

水利史上有重要地位。

一、康熙帝第一次南巡

康熙二十三年（1684）十月十九日，自宿迁至桃源县，视察黄河北岸180里的各处险要工程。十月二十日视察清口，在总河靳辅陪同下，步行阅视十余里，泥泞没膝，不辞艰难。二十一日，登上天妃闸，勘察水情，见水势湍急，命改为草坝，另设七里、太平二闸，以分水势。并面谕靳辅：“朕向来留心河务，每在宫中细览河防诸书及尔历年所进河图与险工决口诸地名，时加探讨。虽知险工修筑之难，未曾亲历河工，其河势之汹涌泛漫，堤岸之远近高下，不能了然。今详勘地势，相度形势，如萧家渡、九里岗、崔家镇……一带，皆吃紧迎溜之处，甚为危险，所筑长堤与逼水坝须时加防护。”回銮途中，十一月初十日，船到清河县，康熙帝登岸阅视王公堤、老坝口、武家墩、天妃闸和高家堰堤工，每到一处，必垂询再四。他在视察运口时面谕靳辅：“当添建闸座，防黄水倒灌。”召靳辅入行宫慰谕，并亲笔书写，赐靳辅《阅河堤作》诗一首。该诗碑原立于清江闸南岸，久佚，后于楚秀园重立此碑。他看到高邮等地方“庐舍田畴，仍被水淹”，开始重视下河和海口工程建设。

二、康熙帝第二次南巡

康熙二十八年（1689）南巡，康熙帝视察宿迁北五坝、中运河、黄淮、清口等河工。正月二十五日，至清河县，康熙帝谕示河道总督王新命：“中河与黄河逼近，如黄河溃决，将混而为一，宜有预防之法。”对开挖中河一事，他指出“小民商贾无不称便者，盖由免行黄河一百八十里之险”，肯定了靳辅的治河成绩。他还诏谕免淮安府等处积年民欠地丁钱粮、屯粮、芦课、米麦豆杂税，以利人民休养生息。三月初七，康熙帝回銮途中率随从诸臣自七里闸、太平闸视察高家堰一带堤岸闸坝，对诸臣说：“堤岸颇为坚固，旧堤之外更修重堤实属无益。”又谕：“先年因高家堰冲决，淮水东流，无敌黄之力，黄水倒灌，湖底淤垫，海口闭塞。……高家堰既有减水坝，不可又令分流使淮河水弱。但遇大涝之年，淮水盛涨，出清口不及，则堤必受伤。”

三、康熙帝第三次南巡

康熙三十八年（1699），在平定北方葛尔丹叛乱后，康熙帝又将主要精力放在苏北黄、淮、运治理上。这次南巡，主要详细查看徐州以南黄泗流域，又巡视清江浦、仲家闸、归仁堤、高家堰等工程，更刻木制成一图，一一察看，指斥原河督董安国等治水不力，指出工程要点为挑浚清口，“如不将清口挑浚，湖水不出，高家堰并运河堤工，虽加高厚，均属无益”。提出使黄河流行稍向北移的办法，制定了治理黄、淮、运施工方案。二月二十八日，视察黄河南岸归仁堤、高家堰等处堤工，对诸臣说：“治河上策，惟以深浚河身为要。河底浚深，则洪泽湖水直达黄河，兴化、盐城等七州县无泛滥之患，田产自然涸出。若不治源，治流终无裨益。今黄、淮交会之口过于径直，应将河、淮之堤各迤东湾曲拓筑，使之斜行会流，则黄不致倒灌矣。”三月初二，坐小船视察烂泥浅等处引河与堤防。初三，阅视黄河堤岸。颁布《修浚清口诏》《巡视河湖酌定应办工程诏》，制定新的治河方案：一是深浚河身，康熙帝指出：“此来沿途坐船外审视黄河之水，见河身渐高，登堤用水平测量，见河面高于田。清口、高家堰则洪泽湖水低，黄河水高，以致河水逆流入湖，湖无从出，泛滥于兴化、盐城等七州县，此灾所由生也。治河上策，惟以深浚河身为要。……诚能深浚河底，则洪泽湖水直达黄河，七州县无泛滥之患，民间田产自然涸出。不治其源，徒治下流终无益也。”二是筑挑水坝，康熙帝诏曰：“宜将黄河南岸近淮处河堤东延二三里，

筑令坚固，淮水近河之堤亦拓筑使之斜行会流，则黄河之水不致倒灌入湖矣。”三是开陶庄引河，康熙帝命：“挑引河从惠济祠后入河，而运河再向东斜流入惠济祠交汇，黄水自然不倒灌。”四是浚直河道，康熙帝谕：“宜于清口西数曲处试行浚直，河直则溜自急，溜急则沙自刷而河自深。”

四月二十六日，回銮御舟泊天妃庙，次日乘小舟视察新埽，在黄河清口南岸亲自钉桩，令筑挑水坝二三十丈，挑大溜向北，使引河畅流。回京后，康熙帝作出改修河道，使黄河河身稍向北移，淮水得以畅流的决策，于第二年由新任河道总督张鹏翮开始贯彻实施。四十一年（1702）夏，黄河发生特大洪水，清口附近新修的挑水坝（今康熙御坝）在夏秋险情中，逼黄河大流直趋陶庄引河，循北岸而行，淮水从清口畅流敌黄，令康熙帝十分高兴。

四、康熙帝第四次南巡

康熙四十二年（1703），康熙帝自桃源登肩舆遍阅河势工情，并指示河势方略。二月初四，御舟入清口，阅视天妃闸、御坝，颁《奖勉河臣诏》，对河道总督张鹏翮及各河官亲加奖勉，并视察陶庄引河，谕使引溜清口。阅视减水坝，申谕不可迎溜，防夺河洪。阅鲍家营，指授开浚引河，清江以安。阅中河口，命移建于杨庄，谕河道总督张鹏翮曰：“仲庄清水出口逼溜使南，运口有碍，应将陶庄以下杨家庄处酌挑引河，令中河从此出口。”时清水出仲家庄，每当黄河暴涨，直射南岸，运口之灌在所难免，中河口门东移后，中运口不再遭受黄河洪水灾患。康熙帝制《河臣箴》于舟中，御书赐予河臣张鹏翮。过清江浦，幸清晏园，御笔题写“澹泊宁静”匾额赐张鹏翮。张鹏翮将其泐石成碑。回銮途中，三月初二，康熙帝再次视察高家堰堤，驻跸关帝庙。次日继续视察直至翟家坝，返回仍驻跸关帝庙。命河道总督张鹏翮将堤岸单薄、桩木渐朽、土石残缺各处立即修筑。堵闭高家堰六道减水坝。又视察清口与烟墩至龙窝一段险工。回京后，康熙帝对大臣说：“向来黄河水高六尺，淮水低六尺，不能敌黄，所以常患淤垫。今将六坝堵闭，洪泽湖水高，力能敌黄，则运河不致有倒灌之患。此河工所以告成也。”

五、康熙帝第五次南巡

康熙四十四年（1705）三月初八，渡黄河，康熙帝亲阅杨家庄等处新开中河闸口及附近堤岸，见黄河已顺轨安澜，非常高兴，谕河道总督张鹏翮曰：“河工已经告成，善后方略更为要紧。朕今亲临阅视，修建天妃闸，甚当。若遇倒灌，即将天妃闸下板，蓄清水以敌黄，不过数日，黄水即退。粮船过时，即起板开放。”四月初九，回銮途中经过清口，遍阅高家堰河堤。十一日，到惠济祠视察堤防后，指示建惠济祠前后二座挑水坝。康熙帝坐在石工堤上，对大学士马齐、河道总张鹏翮、淮扬道张弼等诸臣说：“朕每至河上，必到惠济祠以观水势。康熙三十八年以前，黄水泛滥，凡尔等所立之地，皆黄水也。彼时自舟中望之，水与岸平，岸之四围皆可遥见。其后水渐归漕，岸高于水。今则岸之去水，又高有丈余。清水畅流，逼黄竟抵北岸，黄流仅成一线。观此形势，朕之河工大成矣。朕心甚为快然。”不过，他又告诫河督张鹏翮说：“高家堰最关紧要，宜谨志之，毋忘。”

不料当年七月，黄、淮又发生多年未有的暴涨，古沟、塘埂、韩家庄、清水沟几处堤岸冲决，造成水灾。康熙帝十分生气，立即降旨：“今春朕欲亲视高家堰，张鹏翮奏称堤岸工程俱完，又时当炎暑蚊虻正起，求停止亲阅，恳奏再四。朕以高家堰关系甚大，亲往阅视，见石堤尚有未完之处，所下之埽，已经二三年者，朽烂亦多，将此情形一一指示张鹏翮及河工诸臣。朕又谕张鹏翮，大水时发，难以预料，尔务须昼夜防护。至分守堤工人员委用不当，朕亦谕及。今古沟、塘埂、清水沟、韩家庄四处堤岸冲决，河工将有复坏之事。大小河员惟知清水畅流为己功，不知高家堰之坝

水泄太多，则清水力微，黄水必倒灌也。”命大臣速议具奏。七月三十日遵旨议复，处张鹏翮革职留任。

六、康熙帝第六次南巡

康熙四十六年（1707）二月二十日，康熙帝由清口上岸，往阅武家墩。又由清口登陆西行经马厂、卢家集至曹家庙，视察黄、淮、运工程，重点是实地查勘“溜淮套工程”。此工程主要分泄洪泽湖异常洪水，另挖引河入张福河。晚驻跸曹家庙。当天召集扈从文武、地方大小官员、河道总督及河工官员于行宫门前，严厉斥责张鹏翮不留心河工。对于溜淮套工程，康熙帝对诸臣说：“前阿山等查勘泗州水势，奏称溜淮套地方另开一河出张福口，可以分泄淮水，免洪泽湖并涨，保高家堰之危险。绘图进呈，请朕亲阅。昨日阅武家墩，朕尚谓果如阿山等所奏溜淮套可以开成。今日乘骑从清口至曹家庙地方详看，地势甚高，虽开凿成河，亦不能直达清口，与伊等进呈图样迥乎不同。且所立标杆多有在坟上者，不独坏民田庐，甚至毁坏民坟冢。……数年来，两河平静，民生安乐，何必多此一事？”下谕立停溜河套工程，并削去张鹏翮太子太保衔，罢官留任。经反复察视、研究，命挑浚洪泽湖出水口，加宽加深，使清水畅流，以达溜河套工程之效。二十一日，命自曹家庙回清口，将沿途所立标杆尽行撤去，百姓欢呼雀跃。并谕令总河张鹏翮，将里运河口大墩分水处加筑宽二丈，共周三十九丈，挑淮水七分敌黄，三分济运，大墩之下建筑头坝以束水。

五月初二，回銮泊南运口，察看里运口大墩分水处，初步提出处理黄、淮、运的水利规划，以及开辟淮河入江水道，在三河建闸，蓄水刷黄，适当济运的设想，并渡黄河视察御坝。

第二节　乾隆帝南巡清口区域

清乾隆皇帝对黄、淮、运治理也很重视，他效仿其祖父康熙皇帝，自乾隆十六年至乾隆四十九年（1751—1784）六次南巡，亲赴苏北等地区黄、淮、运险工险段视察，组织指导抢险施工。通过进一步治理，至关黄、淮、运安危的洪泽湖大堤的建设日臻完善。大堤天然坝永禁开放，滚水坝增三为五，名为仁、义、礼、智、信五坝，信坝以北一律补建石工，信坝以南至蒋坝镇一律改建石基砖工，北起武家墩，南至蒋坝镇，长一万七千五百丈（约合50公里），临湖面都筑起石工墙。至此，洪泽湖大堤石工全线筑成，蔚为奇观。在黄、淮、运治理上，乾隆帝对黄河、淮河的雨情、水情和防汛十分关心。为了掌握黄河、淮河的水情和水位变化，便于控制洪泽湖闸坝的启闭，在康熙朝开始在洪泽湖大堤上设置水志的基础上，视情况的变化，对水志设置地点作较大调整，并要求地方官员逐年记载，查验对比，还在清口顺黄坝等处设立水志。此外，淮河水文预报制度也从乾隆年间开始。此后的200多年间，洪泽湖、清口逐年均有详细水文记录，积累宝贵的历史水文资料。

一、乾隆帝第一次南巡

乾隆十六年（1751）二月初八，乾隆帝御舟渡过黄河，至天妃闸，视察下埽，当日和次日均驻跸直隶厂。祭清河神威显王庙，视察“河防第一要区”的黄、淮交汇处清口和高家堰。四月回銮时，严厉查处河工贪污渎职案，少数贪官被杀，河道总督高斌受到陪斩罢官、留河工效力的处置，同时对治河有功的河官给予奖励。此间，再次视察高家堰，由北向南，见堤坡树木稀少，即命多植柳树。到达蒋坝，令加筑2座减水石坝，连同原有的3座，成仁、义、礼、智、信五坝，筹定每坝水

志。并令将尚存的土堤一律改建为石工。令重修惠济祠及行宫。

二、乾隆帝第二次南巡

乾隆二十二年（1757）二月初五，乾隆帝渡过黄河达天妃闸，阅木龙；深入视察黄、淮交汇处和高家堰石堤工程，并部署一系列河工事务，包括令将武家墩以北高家堰建筑砖工等。并令将潘季驯并祀于陈瑄祠，更名陈潘二公祠；高斌、靳辅、齐苏勒、嵇曾筠并祀。他深有感触地说："湖河要工，所关尤巨，一切应浚应筑奏牍批签，自不如亲临相度，得以随时指示也。"三月底回銮，时视察洪泽湖。

三、乾隆帝第三次南巡

乾隆二十七年（1762）二月壬申，乾隆帝视察清口东坝、惠济闸。回銮时，于四月庚午祭淮河神、黄河神，阅高家堰，检查前次南巡命建的武家墩以北砖堤。他看到自济运坝到运口尚有500多丈旧土堤，遂命一体改筑为砖堤。还再三嘱咐，要把砖烧得"较前宽厚，以期巩固，俾全湖均藉安澜"。

四、乾隆帝第四次南巡

乾隆三十年（1765）二月初八，乾隆帝由山东入江苏境，在黄、淮交汇处清口巡查河务，视察东坝木龙、惠济闸，驻跸惠济祠行宫。准于陶庄积土下添建木龙一架，挑溜北行。三月十九日，回銮至黄、淮、运三河交界的清口，查看洪泽湖高堰大坝后渡过黄河。

第四次南巡以后，乾隆帝经常思考黄、淮交汇处黄河倒灌问题的对策。乾隆四十年（1775），同意将已经淤闭的陶庄引河改迁于陶庄积土以北。乾隆四十一年（1776），开陶庄迤北新河，直至道光年间尚能畅行。

五、乾隆帝第五次南巡

乾隆四十五年（1780）二月己未，时已70岁的乾隆帝视察清口东坝堤工。次日，巡视武家墩高家堰堤工，指示修建武家墩石工，修建束清坝、裴家场引河等工程。

六、乾隆帝第六次南巡

乾隆四十九年（1784）二月丁丑，74岁的乾隆帝到达清口，驻跸杨家庄行宫。次日视察陶庄引河，驻跸直隶厂大营，召集河臣李奉翰等讨论河务，督促抓紧治河。在御制《南巡记》里，对多年大兴河工的情形作了总结，主要是四大工程：定清口水志，加固高堰大堤，基本上保护淮安、扬州、泰州、盐城、通州等富庶地区免受水淹；开陶庄引河工程，在陶庄开挖一条引河，宽80～90余丈，长1000余丈，深一丈余，以防止黄河河水倒灌清口，解决"倒灌之患"；在浙江老盐仓一带修建鱼鳞石塘；将原有范公塘一带的土塘添筑石塘，对保护沿海百姓生命财产安全，起到重大作用。另外，《南巡记》里还提到，将高家堰三堡、六堡等原来用砖砌的堤一律改建为石堤。

第四章　其他运河遗产

第一节　汴河运河遗产

一、汴河航道遗址

汳水，又称汴水，源出河南荥阳，流经开封、砀山、萧县，至徐州入泗水，史称“北汴”，为两汉魏晋时期漕运干道。两汉交替之际，黄河频繁决溢，至“河汴决坏”，汴水湮塞。东汉初年，经过王景和王吴大规模治理，河、汴分流，维持和发展了汴河航运。

隋统一后，隋炀帝始凿贯通南北的大运河，因北汴已湮塞，泗水上又有百步洪、吕梁洪两处急流险滩，所以，撇开徐州以下泗水径直入淮，称通济渠。唐称广济渠，又称汴河，史称“南汴”。通济渠自西苑引谷、洛水达于河，自板渚引河达于淮。其中，在今泗洪县城青阳以下，由于有地势低洼的溧河洼，隋大业三年（607），又改由青阳，经徐城（今城头）、临淮头折向南，塞断沥水而入淮。现青阳镇到临淮头31公里长的汴河故道尚存。

宋代，汴河航运主要是引黄济汴，致使汴河淤积严重。宋熙宁八年（1075），侯叔献主持一次大规模的汴河疏浚工程，自汴京（开封）至泗州，疏深三至五尺。“惟虹县以东有礓石三十余里，不可疏浚，乞募开修”。后沈括采用分段筑堰法。北宋后期，汴河淤淀日益加重。

隋唐时期，汴河入淮处在泗州城西南。北宋时期，泗州城形成东、西两座城，汴河位于东、西二城之间。明代二城合一，汴河入淮处仍在城西南方向。

二、泗州城遗址

遗址位于盱眙县淮河乡城根村境内、隋炀帝所开通济渠入淮口。唐开元年间（739—741），移泗州治所于此，与盱眙隔淮相对，距盱山1公里。是时，泗州城处于汴河入淮口，交通便利，漕运繁忙，为洛阳、开封等古都到江南的水路要道。

宋代，泗州以汴河为界，筑成东土城，形成东、西二城夹汴河的局面。为了防洪，宋景祐二年（1035），又在城外筑防洪堤。南宋初年，金兵南下，泗州遭到浩劫，连普照王寺、塔都被金兵付之一炬。元代，运河改道，泗州城渐形冷落。

明代，两城合一，砌以砖石，城门高耸，气势雄伟。古城依傍淮河，面对盱山。泗州城外有廓，有东门、南门、西门、北门和香花门5座城门。5座城门外都建有月城、月门，为古代所罕见。城内有公署、州卫、察院、儒学、书院，还有光正寺、福庆寺、观音寺、东岳庙、插花庙、关帝庙、平等庵、三圣庵、三清观、夕照堂、普照王寺、灵瑞宝塔、明远塔、先春亭等。灵瑞宝塔是唐中宗专为僧伽大师修建的舍利塔，因毁于火，宋元时期曾先后重建。城北有明祖陵。

由于泗州城地势卑下，明中叶黄河全流夺淮以后，特别是明万历间总理河漕潘季驯“蓄清刷黄济运”治漕治河方针的实施，大筑高家堰，使得本来就低洼易灾的泗州城，水灾骤然加重。明朝

末年，城内积水已是终年不消。清康熙十六年（1677），靳辅继续实施“蓄清刷黄济运”的方针，大筑高家堰，康熙十九年（1680），堵决加固工程告竣。同年伏汛，黄、淮同时大涨，黄河冲决归仁堤，直灌洪泽湖，湖水猛涨一二尺，险象环生的泗州城外防洪堤，终于被洪水撕开，导致泗州城的沉沦。

2000年后，有着“东方庞贝城”之称的泗州古城遗址被局部发掘，清理出灵瑞塔基、香花门和部分城墙。

三、盱眙第一山碑刻、题刻

隋唐宋时期，隔淮相对的泗州城与盱眙城共同组合成水陆交通咽喉。很多需要中转的漕运物资，储藏在地势高亢的盱眙城。盱眙第一山位于古汴河口对岸，为一方胜境。第一山碑刻、摩崖题刻不仅为这段历史提供了重要佐证，有些还可以补正史之缺。碑刻、题刻集中分布在第一山北麓，据光绪《盱眙县志稿》载，计有唐、宋、元、明、清历代题刻173石。经1986年普查，尚存88石，其中秀岩存48石、瑞岩存15石、石佛寺存12石、魁星亭下存13石，多与漕运、南北交往相关。

（一）碑刻

李敏监造青平山军仓碑　宋嘉定十四年（1221）刻。此碑原在青平山，20世纪80年代移至第一山，高57厘米，宽66厘米，楷书8行。

赵孟頫书泗州普照禅寺灵瑞塔碑　元延祐五年（1318）刻。碑刻原在泗州普照禅寺，清雍正年间移至盱眙县文庙。中华人民共和国成立后，拆文庙，该碑被埋入地下。1991年春被发现，并移至第一山玻璃泉左侧。碑残高250厘米，宽139厘米，行楷24行。碑左侧有小字2行，系清雍正二年（1724）张文炳题记。

白居易题木兰堂　清道光十九年（1839）勒石。碑刻原置于汪家花园，现移至第一山，高55厘米，宽150厘米。由三块方石拼合。楷书“木兰堂”三大字，边款“白居易”。

米芾题第一山　清道光二十四年（1844）勒石。碑刻在第一山魁星亭右侧，高245厘米，宽97厘米，3大字为行书。碑左侧刻楷书小字2行。

蒋春芳江北誓词碑　明万历二十四年（1596）刻。碑在第一山翠屏堂，高200厘米，宽84厘米，碑额刻有云纹，碑身刻楷书14行。

陶澍登盱眙远眺作歌示兰卿诗碑　清道光十三年（1833）刻。在第一山淮山堂，高38厘米，宽145厘米，行书32行。

陶澍登第一山诗又盱眙览古诗又晚发盱眙望玻璃亭诗碑　清道光二十四年（1844）刻。在第一山淮山堂，高37厘米，宽82厘米，行书20行。

（二）摩崖题刻

吕嘉问等题名　正书，宋绍圣四年（1097）三月刻，缺4字，存33字：吕嘉问望之王瑛辉玉李延嗣□长彭汝霖君时曾孝蕴处善余仲□老绍圣丁丑三月朔同游。

李夷行等题名　正书，宋崇宁元年（1102）六月刻，缺2字，存22字：李夷行秉文吴□正仲贺铸方回刘焘无言壬□孟秋□来游。

苏轼《行香子》词　行书6行，行10、11、12字不等：北望平川野水荒湾共寻春飞步孱颜和风弄袖香雾萦鬟正酒酣时人笑语白云间孤鸿落照相将归去澹娟娟玉宇清闲何人无事宴坐空山望长桥上灯火乱使君还。

陈敏等题名　正书，宋崇宁元年（1102）二月刻，缺8字，存11字：发运使□□□□陈敏米□□宁壬午二□□来。

刘晦叔等题名 行书,宋崇宁元年(1102)三月刻,存30字:崇宁元年季春十七日汝浚刘晦叔东平毕公叔三封宋仙民莆阳蔡元长同来。

张大亨米芾题名 行书,宋崇宁五年(1106)刻,存8字:张大亨米芾丙戌岁。

高元亮等题名 行书,宋靖康元年(1126)正月刻,计存53字:高元亮侍父叔寓止盱眙率弟元用表弟周宗友宗简登第一山酌玻璃泉历观胜概洒然有尘外志因笔以识之靖康丙午孟春念三日。

□德舆题名 行书,北宋。年无考,计存40字:尚书比部外郎□德舆被命措置惟(淮)南河□自泗道出南山岸官□□□□于此仰思新□□父□□□□恨未知也□□浑侍□□□□十月十二日。

郑释等题名 行书,宋宣和七年(1125)三月刻,缺1字,存52字:淮山胜绝亘古则然我辈□从为一日适安用怀今昔而兴叹宣和七年三月郑释冯傅范杜绾张牧游许大方陈丙郑况后三日复同至。

钟离松少□等题名 篆书,宋绍兴二十三年(1153)刻,计存34字:钟离松少□定陶仲应父绍兴癸酉孟夏二十五日同游松之生张一正定之子迁从行。

四明史弥大等题名 正书,宋淳熙八年(1181)刻,缺1字,存21字:四明史弥大方叔山阴贺锡叔况淳熙辛丑季秋廿有六日以迓客□来。

洙泗时佐等题名 正书,宋淳熙八年(1181)刻,计存24字:洙泗时佐季雄崆峒郭詸应尉淳熙辛丑季冬六日迓客同来。

余端礼等题名 正书,宋淳熙九年(1182)刻,计存52字:余端礼处恭王德显明父淳熙九年十二月六日因迓北客与钱冲之洪道赵不㴲几圣来此明年复同出疆闰月十六日与时佐季雄重来。

开封赵不流题名 正书,宋淳熙十年(1183)十月刻,缺5字,存33字:开封赵不流以使事巡历因登淮山堂观玻璃泉淳熙癸卯十月十三日客南兰陵沈□□□□□。

陈居仁等题名 行书,宋淳熙十一年(1184)刻,计31字:陈居仁贺锡被命使北淮漕赵不流郡守时佐携酒同登淳熙甲辰正月廿二日。

富沙郭德麟等题名 正书,宋淳熙十六年(1189)刻,存21字:富沙郭德麟三山林□被命使北淳熙己酉仲冬游此。

庐陵杨万里等题名 行书,宋淳熙十六年(1189)十二月刻,存27字:庐陵杨万里建宁黄夷行京口霍篪淳熙己酉十有二月初二日偕来。

宋瑞之等题名 正书,宋绍熙二年(1191)刻,缺2字,存28字:宋瑞之赵□祖王叔简□命北还同郡守汪粹登此绍熙辛亥孟夏廿有三日。

郡守鲍□□书"瑞岩泉"三大字并跋 隶书,宋庆元二年(1196)刻,缺39字,存81字:郡守鲍□□庆元丙辰□□领客陟第一山诸客散集循山之兴有石秀□巉岩参错□□虎卧犀□□□野□□□□□令肩舆□□□□□忽得□泉于石□间味甘□□□□天成□溜□□旁引西下润及草木诚嘉瑞也泉因瑞名岩因泉名□□□□□关□□□□□告爰即东南起秀旧名乃亭焉。

丹阳张釜等题名 隶书,宋庆元二年(1196)十二月刻,计55字:丹阳张釜开封耿与义被命肃客舣舟淮岸偶值日和风霁乘兴来此访杏花岩酌玻璃井登第一山吊古感今三叹而返庆元丙辰冬季四日。

张公廷等题名 行书,宋嘉泰二年(1202)刻,缺4字,存84字:顷余式张公廷□□客得陪清游附姓名于兹山己未冬假守重来阅再□公自文昌登右府庆书甫驰已闻挟飞仙而游八极自我不见于今三年领客登览未始不睹心画以怀人俯仰陈迹为之浩叹壬戌孟冬下□与义书。

郡太守齐砺等题名 行书,宋嘉定二年(1209)四月刻,计48字:郡太守齐砺拉别驾龚儒崇山阳倅赵仲夫东路帅属章才游第一山酌玻璃泉北望怅然饮不能醉嘉定己巳四月七日。

钱塘俞建等题名　正书，宋嘉定二年（1209）刻，缺14字，存29字：钱塘俞建被制檄覆实赈饥郡守营丘齐砺携酒第一山清□□□东平龚儒崇□□□□□□□集嘉□□□□□。

第二节　龟山运河遗产

一、龟山运河口与码头

龟山运河位于淮河右岸，开凿于宋神宗元丰七年（1084），上起因山得名的龟山镇，下至洪泽镇，长约28.5公里。龟山是盱眙山脉西麓的一座孤山，南北较长，山势与盱眙山脉平行，东侧山洼形同峡谷，淮河在山外侧经过，运河在里侧经过，运口设在龟山上首。淮河在此处受山势约束，形成自然弯道，运河口位于弯道外弧线上，在离心力作用下，淮河主溜始终紧贴龟山，而运河底高程又是"随淮面高下"而定。所以，龟山运河口"取淮为源，不置堰闸"。这一设置既能保证常年引到水，同时又能利用天然弯道环流减少进入运河的泥沙。此外，龟山上游东南500米处还有一座小山包，可以保证运口不受淮河侵啮，可谓寓天然与人工于一体。苏轼以"新河巧出龟山背"的诗句，赞美运河策划者巧妙地运用龟山作为分水墩的高超智慧。

元代，由于淮北运河改经泗水，龟山运河废弃。然而，龟山运河码头却一直保存下来，成为观察淮河水情、祭祀淮河水神，以及往来舟船躲避风浪的场所。

二、龟山古镇

龟山位于洪泽县老子山镇西部，西南距盱眙县城15公里。山形如龟，屹立于淮河边，其南侧为圣山湖，为往来舟楫停泊避风浪的最佳处所。由于地势险要，历来为兵家所必争。南朝宋文帝派遣大将拒魏太武帝拓跋焘，筑城于此。

唐代，龟山南麓始建淮渎庙，供奉征服淮涡水怪无支祁的庚辰，后演变为淮河水神。历宋、元、明、清，香火不绝。清道光年间，麟庆任河道总督，重修淮渎庙，道光皇帝亲书"星渎昭灵"匾额。今内有明唐龙《淮渎庙碑记》、清麟庆湖山纪胜诗碑、重修淮渎庙附祀僧伽大圣碑、张应云诗碑等。

龟山寺为宋真宗时所建，寺额为大书法家石曼卿题，有佛殿三座，其中无梁殿最著名，为金臂禅师所建，寺中有白塔，有五百铁罗汉。其香火之盛，仅次于泗州普照王寺。自北宋以来，苏舜钦、苏轼、苏辙、张耒、贺铸、朝鲜使臣朴寅亮、张以宁、陈道等都留下传世诗作。清道光间麟庆重建。

龟山寺地宫于1998年6月考古勘察时发现，为砖室结构，顶部呈八角形穹窿状。地宫南向墙壁有拱门通甬道。此地宫为龟山寺宋淳祐砖塔遗存，早年被盗，但整体建筑完整。因顶部缺损露空，地面俯视为井状，当地村民称"巫支祁井""水母娘娘井"等。

龟山支祁井在龟山西南隅绝壁下，传说内锁淮涡水怪无支祁。万历《帝里盱眙县志》载："井有铁柱盘锁，游人常窥井内阴邃幽深，涛声汹汹，闻者惊愕，后人墁以大石，不可睹也。然以石击之，则铿然洞彻、涧壑传声也。"清乾隆中，学使谢某与河督李某具船数十，"由水陆至麓，命力士多人挽索甫动，怪风骤起，湖水壁立，天昏如墨"，遂罢之。支祁井里的铁链，一直被地方百姓奉为神物，不敢动一下。抗日战争时期，新四军兵工厂造武器缺少钢铁，遂将铁链取走。1998年，考古人员对支祁井进行挖掘，发现就是宋龟山寺地宫。

移建安淮寺碑，清道光十八年（1838）勒石。长2.95米，宽1.19米，厚0.37米。碑文隶字，径

约4厘米，为清代著名学者阮元所书。碑在下龟山，已仆于地，碑文完整，字迹清楚，中间断裂欲离。1982年被列为县级文物保护单位。

龟山治水碑，清道光年间（1821—1850）立。长1.1米，宽0.5米。记载有关治淮情况，因日久风化，字迹模糊。碑被龟山当地居民砌到墙上。1982年被列为县级文物保护单位。

龟山碑，碑体大致与“移建安淮寺碑”同，1982年被列为县级文物保护单位。后因无人过问，此碑一直在龟山脚下南约20米处的湖水中。勒石年代与碑文俟考。

第五章　衙署 漕仓 街镇 祠庙 塔楼

第一节　漕运总督署遗址

2002年8月，楚州区修建市民广场施工中，发现明清漕运总督署遗址。遗址位于旧时的淮安府城中心高地，占地面积约3万平方米，其主体建筑与分居南北之镇淮楼、淮安府署位于同一中轴线上。漕运总督署建筑规模宏大，各类用房凡230间，主体建筑两侧之附属建筑基本对称，体现传统建筑风格。遗址清理中，发现部分宋元建筑遗存。

据考证，宋乾道六年（1170），录事陈敏于该遗址建衙署，元代为淮安路总管府署，明洪武元年（1368）改建为淮安府署，三年复改为淮安卫指挥使司。万历七年（1579），漕督凌云翼将总督署由城南府街永安营移于此。后漕督李三才并创大观楼，建东林书院，延请顾宪成等讲学于此。清咸丰十年（1860），漕运总督署移署清江浦，该处仍为官舍。民国32年（1943），遭日机轰炸而成废墟。20世纪50年代，于遗址上建体育场。1988年，县级淮安市政府于遗址南侧建门厅9间以资纪念。2002年，遗址发现伊始，即邀请南京博物院考古专家发掘考证，研究制定保护方案，建设遗址公园。

遗址公园由两部分构成，一为署前广场，恢复仪门、鼓亭等，两侧置以石狮，气势威严而壮观；一为大堂、二堂、大观楼遗址保护区，恢复原地坪标高，且将发掘物一一复位。保护区以下沉广场的方法，周边围以花岗岩雕栏，内植乔木，视觉通透而管理封闭，兼得保护与观瞻之利。

第二节　河道总督署遗址

清晏园坐落在清浦区环城西路和环城南路交汇处，占地面积8公顷，有“江淮第一园”美称。前身是明代户部分司署。清康熙十六年（1677），靳辅为河道总督，在原户部分司署旧址设总河行辕，遂“凿池植树，以为行馆，名曰淮园”。乾隆十五年（1750），河督高斌于池北建荷芳书院。乾隆三十年（1765），“更为亭于池心，曰湛亭，于是泉石花木之胜甲于袁浦”。之后，园名相继变更

为“澹园”“清晏园”“留园”。道光十三年（1833），河督麟庆对清晏园进行较大规模的整修改造。咸丰十年（1860），裁撤河督，以漕督总管河务，漕督迁驻于此。漕督陈夔龙建紫藤花馆。民国17年（1928），曾更名为城南公园。民国35年（1946），为纪念叶挺，更名为叶挺公园。民国37年（1948），复名为城南公园。1983年，市政府对园林进行增修。1989年，取“河清海晏”之意，定名为“清晏园”。

清晏园有3.33公顷水面。入口处是太湖石叠成的假山，穿过山北的石径、长廊，为一方碧水，池心有亭，池北为建于清乾隆十五年（1750）的荷芳书院。河督高斌曾在这里为南巡的乾隆帝接驾。书院东西两侧有不少御碑。书院向西，有一座两层古建筑，名今来雨轩。向南，河水中有一石舫。由石舫向南，跨过一拱桥，迎面为一座峭拔雄劲的黄石山，有北方山峦的壮美。过黄石山西边的石拱桥，是明代所建的关帝庙。大殿中关羽塑像，一手捋须，一手捧读《春秋》，形象生动。关帝庙南为叶园，园中摆满各种各样的盆景和奇石。出叶园，沿河东行，林木葱茏处藏着一座土山，山南可见荷花池，向东则为茶社。茶社东面有一架10多米长的紫藤，藤根粗壮多曲，足见其古。

第三节　漕仓遗址

清浦区草市口巷内、市实验小学西侧，有几栋旧式的砖瓦结构的大房子，夹杂在混凝土和新式砖瓦建成的住宅中间，周围老百姓都称为“丰济仓”。

老丰济仓在玉带河南岸。前身系明永乐（1403—1423）中漕运总兵官陈瑄创建的常盈仓，后圮；隆庆六年（1572），漕督王宗沐重建，后又圮；清道光二十三年（1843），河库道徐泽醇又重建，并改名丰济仓，是为老丰济仓。咸丰十年（1860），捻军攻克清江浦，将老丰济仓烧毁，故有新仓之建。新丰济仓建于清同治九年（1870），之所以不在原址重建，是因为清江浦原先无城，老丰济仓被焚毁之后，到同治四年（1865），清江浦才筑成一座小城，把文庙、老丰济仓都圈在城外。而粮食作为战略物资，放在城外很不安全，故在城内重建。

新丰济仓由漕督张之万重建。位于清江浦城内康阜楼东侧，先后建成瓦房106间、草房27间，以及散处于镇署街、仓东街市、河下竹巷街的草瓦房共88间，合计有房220余间。丰济仓还有不少田产，清代该仓在清河县大兴庄和洪泽湖滩、山阳县、安东县、桃源县、宝应县等地，共有旱谷田65顷，稻田23顷9亩，滩田20顷，柴田26顷14亩，每年可收稻谷2000余石，收谷款3000多元（银元）。后由于朝代更迭，政事不修，致奸宄丛生。

中华人民共和国成立后，特别是实行土地改革以后，丰济仓的田产都被就近分给农户，其房产也成为清江市委机关干部宿舍区，部分被市实验小学占用。后老房子多被陆续拆除。仅剩下的几栋，经有关人士呼吁被保存下来。

第四节　历史文化街镇

淮安市在漫长的“运河时代”，逐步形成以运河为纽带、淮安三城和清江浦为支点的繁华的

“城镇链”。

一、河下镇

位于旧时淮安新城之西、联城西北，为全国历史文化名镇。至2008年，通过陆续整理修复，对游客开放。

河下镇主入口在镇的北侧，由翔宇大道进入镇区，迎面是一座跨街的高大牌楼，牌楼横额“河下古镇”四个大字。牌楼两侧楹柱上均有楹联，背面一联：“聚徽商晋贾，黟山堂构汾阳宅；扼漕要盐襟，江汉风波燕洛尘。”河下曾是漕运与盐运的津要之地，是徽、晋等地豪商巨贾聚居之地，由这里掣验中转的淮盐西达江汉，漕粮北送燕洛，曾经富甲一郡。正面一联：“杏林泰斗，文学宗师，十二翰林三鼎甲；巾帼英雄，须眉名将，千秋青史几干城。”河下镇出了《温病条辨》的作者、山阳医派的杰出代表吴鞠通等杏林泰斗，出了《西游记》作者吴承恩、《笔生花》作者邱心如等文学宗师，在科举时代还出了60多名进士，其中12名翰林，状元沈坤、榜眼汪廷珍、探花夏曰瑚，“三鼎甲”齐全。河下历史上还产生南宋时期著名的巾帼英雄梁红玉，甲午中日战争中马革裹尸的著名将领左宝贵等国之干臣。

除了吴承恩故居、韩侯钓台、漂母祠、梁红玉祠等人文景点，河下古镇还有古朴幽深的街巷和饱经风霜的石板路、古民居、古店面，以及曲折回环的文渠和萧湖等。《重建淮安河下御码头记》写道：“古镇河下当其盛时，握水陆之要冲，舟车云集，为豪富之渊薮，鹾商麇居；亦人文之奥区，科名相望。天子王孙巡游屡践，达官显贵逐利必经，骚人墨客诗酒不绝，贩夫走卒谋生长聚。”明正德十四年（1535），武宗皇帝南征，于御码头舍舟入城，驻跸于故尚书金濂第。崇祯十七年（1644），明思宗自缢煤山，诸王弃藩南奔，泊舟河下御码头。周王朱恭枵薨于舟中，购河下赵氏宅治丧；福王朱由崧则寄寓湖嘴生员杜光绍花园，不久南下即帝位。清康熙四十四年（1705）康熙帝第五次南巡、乾隆十六年（1751）乾隆帝首次南巡，均曾在河下巡视、驻跸，留下御书、御诗。

二、板闸镇

板闸镇位于明清时期的淮安府城西北十二里。明永乐十三年（1415），漕运总兵官、平江伯陈瑄开清江浦河，上建四闸节制水位，次年建板闸（又称上移风闸）。往来舟船过闸须停留稽延，板闸人烟逐渐稠密。明宣德四年（1429）在大运河上始设七大税关，其中居中的淮安关就设在板闸。板闸盛时，河南河北有居民2000多家，淮关关署坐落于镇北。民国20年（1931），淮关被裁撤。原先巍峨宏丽的淮关建筑群多遭损毁。2006年，修复淮关关楼。

三、清江浦花街

花街在清江浦城东门安澜门外，自安澜门至清江大闸东侧运河南堤而止，为略呈西南、东北走向之斜街，长约200米。花街的来历有两种说法：一说以旧时居者多喜种养花草而得名；一说以街有花行为宫廷做绢花而得名。

漕运盛时，北上的重载舟船均于花街头河堤下守候过闸，就近餐饮投宿，故花街之盛一度冠于清江浦。19世纪中叶漕运转海后，这里仍为过闸守候之所。19世纪末，这里有诸多轮船公司，河堤路亦更名为轮埠路，花街酒肆茶楼未见稍减，而东侧文庙前街、南侧慈云禅寺大市场与之相呼应。抗日战争期间，清江浦沦陷，只有城外花街早市尚繁。后城市商贸中心转移到八面佛，花街遂渐冷落。1998年修建承德路，花街被拦腰斩断。2003年改造东大街，承德路以西的旧街道尽被拆除，今仅存承德路至轮埠路一段，长约百米。所存房屋大抵为晚清、民国建筑，间有中华人民

共和国成立初期所建，皆商住两用，二层小楼，青砖灰瓦，风貌古朴。

四、西坝街

淮阴西坝，东接王家营，西近杨家庄，南阻淮河与清江浦相望，北滨盐河同古驿道相连。清康熙十九年（1680），总河靳辅于古清口下游的黄河北堤上修筑东、中、西三道减水坝，始有西坝之名。道光十一年（1831），两江总督陶澍于淮北厉行盐政改革，废“纲盐法”，创“票盐法”，令富民凡携资领取盐票者，皆可由场灶授盐，仍按引地行销。此举顿使积引畅疏，盐价平抑，民无淡食之苦。而纲盐商的世袭特权、垄断暴利顷刻间被尽行剥夺。陶澍又将淮北掣验盐引所由河下迁至西坝，不到十年，淮安河下豪商之家便“高台倾，曲池平，子孙流落，有不忍言者，旧日繁华，剩有寒菜一畦、垂杨几树而已”。而票盐商的18家盐栈暨72家盐局则纷纷在西坝建栈设场，置码头，开河道，构筑高门华屋、园亭曲榭。1万多名盐工也由草湾镇、河北镇蜂拥而至，缉私盐的军队逡巡于街衢卡口。酒肆、药店、茶馆、澡堂等消遣娱乐场所哄然而起，三教九流亦猬集麇聚，荒郊僻壤，迅速发展成为有1万余户居民的闹市。灯火彻夜流，车马四时喧，其繁富遂冠于淮上。其他如修筑清扬铁路、用火车运盐、采用电灯照明、率先应用西药等等，也尽得风气之先。

20世纪30年代初，国民政府实行盐政改革，凡淮北各口岸之盐，可径直至淮北盐场购运，不必经由西坝。西坝遂与河下同命一途，江河日下。2006年以后，淮阴区政府为保护文化遗产，推进名城建设，疏浚小盐河，清理老船塘，辟为主题公园；整修幸存的盐商旧宅，作为盐文化陈列馆。西坝成为一处寻幽怀古之所。

五、码头镇

秦置淮阴县，治所在今淮阴区码头镇，镇东北的甘罗城和镇西北的旧县村，都曾是古县治所在地，也是淮阴侯韩信、汉赋大家枚乘等很多历史名人的故里。隋唐时期，码头三面临水，运河从西、南、东三面绕过，淮、运交汇于此。明清时期，每年有数百万石漕粮相继经此，为南北漕运之咽喉。当时，豫皖等省沿淮而来的船只必经淮、运二水交汇的码头，而后入运河北上南下；江南诸省进京赋粟纳贡的舟楫必经码头惠济闸、通济闸、福兴闸而北去。三闸上下水位落差大，水流湍急，航途艰险。船只日积200～400艘，停泊绵延十数里。为免过闸之险，自淮河下来装豆麦的往南河船到此必卸货中转，改装盐包、煤油、布匹、杂货回豫皖；江南船只则卸货改装豆麦、花生油、酒归去。码头繁华兴盛至极。后海运开通，淮关撤废，津浦铁路通车，码头失去水陆交通优势，市井日渐萧条。

码头镇大运河遗产最为密集。这里有著名的码头三闸以及多个南运口遗址，有运口新旧转水墩，有惠济祠及惠济祠石工、卞家汪石工、高家堰石工头，有济运坝、蛇家坝、康熙御坝、乾隆顺黄坝，有张福引河、太平引河、仲庄闸、仲庄运口、陶庄引河，有灌塘济运工程遗址等等，可以说是大运河科技文化遗产天然博物馆。

六、王营镇

旧名王家营，在今淮阴区废黄河与盐河之间。明代设兵卫于各行省，大河卫在黄河沿线建立王家营、骆家营、訾家营、陶家营等十数个兵营，王家营之名始现。从明嘉靖、万历到清康熙年间，黄、淮多次暴涨，滨河的王家营数次告决，于康熙六年（1667）、二十七年（1688）、三十二年（1693）三次东迁，遂至今址。当时的王家营居水陆冲要，东南九省进京均在此弃船乘车马，从京城南下者亦须在此转车上船，故有“南船北马”之称。居民多燕、辽、蓟、晋、陕、洛、齐、鲁之人，

五方杂处。清咸丰五年（1855），黄河北徙，海道开通，王家营遂失去交通优势，逐渐衰落。今王营镇古街道仅剩粮食街、前进街，古迹有清口驿码头、牌坊、马神庙水井、石碑、王营清真寺等。

七、杨庄镇

杨庄居于中运河口，初因杨姓聚居于此而得名，东距西坝12里。中运河口原在仲庄，康熙四十二年（1703），康熙帝南巡，亲自下令将运口东移至十余里外的杨庄。从此以后，成为南北漕运襟喉要道。因地位重要，清康熙年间，在杨庄设中河主簿署，前后历时150余年。另有清安汛千总（武职）驻节。同时，这里也成为各类过往船只过闸过坝的守候滞留之地、进餐投宿之所，形成“塞川有千帆之积，压堤有三里之市”的繁盛景象，盛时五方杂处，有居民1000多家。

咸丰五年（1855）黄河北徙，杨庄渐衰。20世纪30年代淮阴船闸开通后，往来舟船畅行无阻，杨庄遂迅速凋零，几同村落。现存有中运河口等诸多遗址，以及御碑等古迹。

第五节　清江闸口五教汇聚区

清江浦清江闸口，南侧有花街、轮埠路、都天庙街、文庙历史文化街区，北侧有石码头与越河街、水渡口，在漕运时代，是淮安最为繁华的区域之一，也是各种宗教竞相插足展示的场所。在清江大闸口约0.25平方公里的范围内，有儒教、道教、佛教、伊斯兰教、基督教五大宗教的代表性场所，是千里大运河上最为凸显的文化景观。

一、慈云禅寺

慈云禅寺系佛教寺庙，始建于明万历四十三年（1615），原名慈云庵。清康熙十四年（1675）秋，顺治皇帝敕封的“大觉普济能仁国师”玉琳法师，只身云游，担簦行脚止于慈云庵挂单，八月十日说偈趺坐而逝。遂由山阳县奏闻朝廷，康熙帝颁诏厚葬，派大臣主持荼毗，重修慈云庵并建法王塔。

雍正十三年（1735），于慈云庵故地敕建丛林，改为慈云禅寺，皇帝亲题匾额。慈云禅寺占地25亩，有山门、天王殿、大雄宝殿、国师殿、藏经楼等五重殿宇，飞檐翘角，雕梁画栋，遍植松柏，门前照壁。颁“龙藏”供奉，赐置香火地。后又屡赐紫衣、伞盖、如意、藤杖。乾隆四十五（1780）、四十九年（1784）两次南巡，均入寺瞻礼并留下诗文。康熙、雍正、乾隆代有敕建、敕修，殿内佛像庄严，殿宇华丽壮观，寺内花木葱郁。其后，皇帝又屡赐紫衣袈裟、大藏经、伞盖经、玉如意、藤杖等，遂名噪江淮，成为大丛林。咸丰十年（1860）正月，捻军李成部由闸口攻清江浦，占清河县13日，慈云禅寺遭焚。同治年间（1862—1874），李鸿章的淮军转运局寄设于寺中。至光绪七年（1881），终恢复旧貌。后相继在这里办“浦惠粥厂”赈济灾民，江苏提督刘永庆于寺中办江北警察员弁学堂，设警察分局，处于半寺、半衙状态。民国7年（1918），慈云禅寺大雄宝殿毁于火。寺庙从此日渐颓败。淮阴解放后，慈云禅寺房产被淮阴花纱布公司及市五金公司先后占用。1986年，慈云禅寺修复开放，列为省重点寺庙之一。经过整修、扩建，于1994年12月15日正式对外开放。

二、清江文庙

明代为清江书院，清乾隆二十六年（1761）成为清河县儒学。后逐步增修扩建，规模不断扩大。咸丰十年（1860），捻军攻破清江浦，焚烧大成殿等建筑。同治四年（1865），漕运总督吴棠重建大成殿，并大修名宦祠、明伦堂、崇圣殿等。同治十一年（1872），漕运总督文彬又修建尊经阁、左右斋房等。清末，废科举兴学校，于此改办孔庙小学。后迭经战乱和改朝换代，这里或为军营，或为粮库、器房，其建筑也渐倾圮，或被改建。现仅存大成殿及崇圣殿。大成殿石基高台，歇山顶，单檐飞角，面宽5间24.6米，进深3间9檩13.7米，脊高15米，四周有回廊，前有月台，面积590平方米，为典型的清代建筑，内柱有六角石础2个。由于年久失修，成漏房、危房，2001年落架大修后，面貌焕然一新。

三、斗母宫

斗母宫于清乾隆二年（1717）由皇帝敕建。初址在今清浦区工人文化宫处，规制宏丽，专设道科管理。后历经沧桑，迁址于吴公祠东隔壁。2008年，与吴公祠一起修复开放。

四、清江浦清真寺

清江浦清真寺是淮安市最著名的清真寺，位于清江大闸口北侧，清河区东长街西首，老坝口小学西隔壁，为市级文物保护单位。其始建于明代，清乾隆五十七年（1792）大修。咸丰十年（1860）毁于兵火，同治九年（1870）重修。院内有明清古碑数通。现存蝴蝶厅、礼拜大殿、明代砖井等，还有古腊梅、古凌霄各1株，有数百年树龄。

五、基督教福音堂与仁慈医院

清光绪二十二至二十四年（1896—1898），美国基督教南长老会赛兆祥、卜德生、家雅各等在苏北游行布道，并于清江浦老坝口购地建小礼堂一处。后传教士林嘉美到淮阴，又在这里开设西医诊所。后建筑设施不断增建，陆续办起袁江小学、孤儿院、敬业中学、爱德女校等。民国元年（1912），仁慈医院大楼建成后，医院东迁。仁慈医院一度是苏北地区最大、设备最好的西医院。20世纪30年代，黑热病流行高峰期，医院每天要治疗500多例病人，为控制流行病作出贡献。

第六节　祠庙　塔楼

一、陈潘二公祠

位于清浦区轮埠路边，坐落于清江文庙—慈云禅寺历史文化风貌区内，东临吴勤惠公祠，西接观音庵，北靠里运河，南眺楚秀园，于1987年被公布为第一批市级文物保护单位。该祠于明正统年间（1436—1449）敕建，初祀永乐年间首任漕运总兵官、平江伯陈瑄，俗称陈公祠。清乾隆年间（1736—1795），加祀明总理河漕潘季驯，遂更名为陈潘二公祠。

祠原位于清江光华化学厂内，因年久失修，梁柱朽败，堂庑倾颓，仅存摇摇欲坠的享殿。1997年，享殿所在地域为淮阴卷烟厂征用，经江苏省文化厅批准，另行择址，迁移保护。2007年，于今

址复建陈潘二公祠，兼作大运河名人馆。陈潘二公祠占地面积2096平方米，建筑面积1019平方米。以传统纪念祠堂形式，通过雕塑、碑刻、楹联等形式，全面展示陈瑄、潘季驯的生平与治水功绩，以及与之有关的水利知识，在门厅与大堂两侧绿地上竖立两方皇帝嘉奖陈瑄、潘季驯的古碑刻。此外，在回廊内通过瓷盘肖像这一独特方式，集中展示54位大运河历史名人的风采神韵。

二、吴公祠

吴公祠位于清浦区轮埠路141号。正门北对清江浦河、清江大闸中洲岛，在大闸南堍下游，全称敕建吴勤惠公祠，祀清漕运总督吴棠。吴棠（1813—1876），曾三任清河县令。清咸丰、同治时任漕运总督，建清江浦城，后历官闽浙、四川总督，成都将军等。清光绪三年（1877），地方官奉旨在清江浦建祠。该祠占地面积600平方米，有殿宇4座、建祠记事碑2通，为大运河沿线唯一保存较好的漕运总督祠堂。2003年3月，被公布为第二批市级文物保护单位。

三、惠济祠

惠济祠位于淮阴区码头镇二闸村，民间有“天妃庙”“奶奶庙”之称。明正德初，道士袁洞明卜地河浒，建泰山行祠，崇祀碧霞元君。武宗南巡时，驻跸祠下。嘉靖初，章圣皇太后由此渡河，赐黄香白金，额曰“惠济”。嘉靖后，崇祀天妃妈祖日盛。因同为女神，遂两神逐渐融合，惠济祠又称“天妃庙”。又因庙有铁鼓，故亦名“铁鼓祠”。清雍正五年（1727），敕赐天后圣姥碧霞元君。乾隆十六年（1517），乾隆皇帝南巡，设行宫于祠左，因命重修，仿内府坛庙式，火珠耀日，飞阁凌空，虽在郊原，而有皇居之美。《淮阴风土记》载：“祠据重冈之上，地势如脊，其左面及前方皆运河。昔日漕运之时，南漕一百五十余万石，舳舻相继，经过此间，望祠三面，乃须三日。故舟抵津沽，恒举以语人，谓‘南河有个奶奶庙，东山头到西山头，三天三夜’。”祠分正殿（又称无梁殿）、篆香楼、三清阁三部分，今仅残存一通石碑，为乾隆皇帝御笔。惠济祠曾为运河沿岸规格最高、规模最大、香火最旺的一座妈祖庙。

四、文通塔与勺湖公园

勺湖位于楚州区西北隅，古运河畔，为淮上名湖。初名郭家池，后称阮池。清代邑人阮学浩早年中进士，官翰林，曾为湖南学政。乾隆十六年（1751）以母老告归，于此设书塾授徒。他教的学生科举考中率很高，登甲榜者7人，登乙榜者5人。一时间江淮官私之学，惟草堂称盛，勺湖之名由此大著。乾隆三十九年（1774），黄河泛滥，水漫淮城，草堂被毁。后阮学浩门下士荆五峰任淮安知府，恢复草堂原貌，设先生牌位其中，并辟地为书塾。光绪四年（1878），邑人顾云臣从湖南学政乞归后，购回并恢复勺湖书院，课士其中。顾云臣去世后，其门下士即于塾中设顾牌位，与阮学浩并祀，名为“阮顾二公祠”。民国18年（1929），草堂重新修复工成，田鲁渔撰联云：“泰斗百年间，同兹甄育才贤，曾先后衡岳轺车，淮山木铎；文章千古事，剩此孑遗祠宇，共想像阁边桥影，城上钟声。”今勺湖公园内碧水、长桥、画舫、亭阁、碑园相映成趣。

文通塔始建于唐景龙二年（708），西域僧僧伽住楚州法华院，因有灵异而被召入宫，赐法华院额为龙兴万寿禅寺，并赐建尊胜塔。宋太平兴国九年（984）塔圮，复建七层砖塔。明崇祯二年（1629），重修时易名“文通”。当时在城东南还修建龙光阁，与西北文通塔相应，以峙文峰。清道光十八年（1838）重修，易名文峰，今仍称文通塔。塔高30.5米，七层八角。底层供释迦牟尼佛像4尊，顶层供观音菩萨坐像一尊。1988年，被公布为江苏省文物保护单位。

五、清江浦楼与中洲建筑群

清江浦楼位于清浦区河南西路华兴桥西。下层券门穿堂而过，门宽2.4米，高2.1米，门楣各嵌石匾一块，横刻“清江浦”三字，上款竖写“雍正己酉岁孟秋吉旦”“道光甲申仲秋吉旦”，下款竖写“管理山清里河督捕理事分府夏口重建”“钦加府衔山清里河理事分府张栋口重建”，为市级文物保护单位。

中洲公园为明清风貌的古建筑群占地面积9000平方米。其结构严谨而富于变化，内部廊庑相连，院落巧合，蜿蜒曲折，别有洞天，为清江浦印象馆、淮安戏曲博物馆、淮安名人馆、淮安市运河楹联馆。建筑四周广植奇花异木，形成四时各异的美丽色调。中洲东端的新清江浦楼，高22.9米，外五内三层，飞檐翘角，巍峨壮观。登临凭栏，名城秀色尽收眼底，为淮安的地标性建筑之一。

第六章　大运河非物质文化遗产

第一节　运河民歌

一、船工、纤夫号子

清口枢纽船工号子

隔河望见一座闸，就像隔着一座山。有心闸上去苦钱，没匡一过要三天三。
勒紧裤带背着纤，一拽就是日西山。听从老大摇令旗，不干就得把眼翻。
酷暑弄船撵日头，冰天雪地也不闲。富人饮酒小高楼，穷富为啥不一般？
喂——嗬——喂——嗬

惠济闸纤夫过闸号子

呀啦呵咳，大家用力一起拉，河神保佑过头闸，
呀啦呵咳，大家用力一把劲，平安无事过头闸，
呀啦呵咳，大家用力一齐心，“三牲”拜祭过头闸，
呀啦呵咳，大家再来一把劲，平安无事过闸头。
呀啦呵咳，大家再来一把劲，平安无事过闸头。
★在拉船过程中，艄公不时的对拉缆的闸工叫喊“低点头”“高点头”。

里运河纤夫号子

哎哩哎呀、哎呀哎哩！
淮阴到宝应呀，里程六十六啊，路经九道弯啊。
高邮到邵伯啊，露筋两头单，一头三十三。
姜堰到泰州，六十六里路，七十二道沟。
哎哩哎呀，弯弯拐拐，拐拐弯弯，马上就要到江湾。哎哩哎呀！

淮安船工号子

尕尕一只舟，叭叭水上游，哗啦一声响，霍托到扬州。
★尕尕，淮安方言，很小的意思；霍托，淮安方言，形容速度极快。

二、南闸民歌

南闸，原是附属于大运河的一座闸坝，后因闸兴起聚落、集镇。地处白马湖东北侧，横跨运河古道新河头，有流传至今的历代民歌民谣500多首，是著名的“民歌之乡”。

打条鱼儿三尺三

一网撒得摸摸旋，惊动野鸭扑翅扇。网里扑通扑通响，打条鱼儿三尺三。
打条鱼儿三尺三，兄妹齐心拖上船，舱里溅起水花花，情哥情妹笑开颜。

姐在河边洗衣裳

姐在河边洗衣裳，双脚踩在青石上，手里拿着捶衣棒，媚眼瞄着少年郎。
姐在河边洗衣裳，螃蟹爬到脚面上，嫩肉被不住你来夹，那边疼坏了少年郎。
★被不住，淮安方言，即“禁不住”。

排斧号子

主家官船有财相，我为主家修船帮，一天一个金元宝，顺风顺水过大江。
主家官船有气候，我为主家修船头，船头尖尖破浪行，水怪远离就发抖。
主家官船样好标，我为主家修船梢，船梢掌舵要把稳，顺风朗棹任逍遥。
主家官船挂红绸，我为主家装船楼，前舱媳妇生贵子，后舱老二皆高寿。

十二只舟船

一只舟船到湖口，一船菱角一船藕，还有一船真不丑，依得呀之幺，依得呀之幺，还有一船真不丑。

二只舟船到湖东，一船韭菜一船葱，还有一船红彤彤，依得呀之幺，依得呀之幺，还有一船红彤彤。

三只舟船到江边，一船鸡头一船莲，还有一船喜连连，依得呀之幺，依得呀之幺，还有一船喜连连。

四只舟船顺水下，一船鱼来一船虾，还有一船玫瑰花，依得呀之幺，依得呀之幺，还有一船玫瑰花。

五只舟船到湖西，一船鸭子一船鸡，还有一船好东西，依得呀之幺，依得呀之幺，还有一船好东西。

六只舟船过江来，一船萝卜一船菜，还有一船人人爱，依得呀之幺，依得呀之幺，还有一船人人爱。

三、金湖民歌

金湖县与楚州南闸地缘密近，同处于大运河畔，交往频繁，同属于江淮方言区的里下河次方言区，所流行的民歌不仅绝大多数曲调相同，而且连歌词都一样。

约你滩上走一遭

小小芦苇七尺高，长在水边嫩娇娇，今年又到端阳节，打些芦叶把粽包。情郎哥，约你滩上走一遭。

送郎送到菱角塘

送郎送到菱角塘，一塘菱角乌夯夯。根在水底，叶在水上，开花一对，结菱一双。早来三天吃菱角，迟来三天落下塘。

送郎送到荷花田，一田荷花朵朵鲜。荷花尖尖，荷叶圆圆，荷花落瓣，结成藕莲。早来三天吃嫩米，迟来三天吃老莲。

*菱角塘，里运河地名。

私　奔

姐在房中无奈何，一把拉住情哥哥手，两眼不住泪流流，日子没法过。
昨天你到我家坐，有人告诉我公婆，公婆唆使我丈夫，夜晚拷打我。
公公叫我去上吊，婆婆逼我去投河，狠心的丈夫把刀磨，要我见阎罗。
哪怕一天三顿打，哪怕拿我下油锅，我心中只有情哥哥，宁死也不丢。
这种日子不能过，决心逃离虎狼窝，你雇条小船到后河，半夜来接我。
悄悄溜出后门口，滑过西园柳树沟，郎使篙子姐使舵，扯篷下长湖。
顺流直下到高邮，自由自在下扬州。顺着长江四处游，今世不回头。

四、其他歌谣

河工打夯歌

不会喊号只会哼，哼哼呀呀打石磙，哪天哼到杨柳开，杨柳花开满树红。
正月采花无花采，二月采花花没开。三月桃花满树红，四月芒种把秧栽。
五月龙船漂过海，六月荷花满地开。七月里来七秋凉，织女又会牵牛郎，
八月初一雁门开，孤雁头上带霜来。九月菊花家家有，十冬腊月无花采。
要想采花慢慢等，等到明年春再来。

清江浦小调

小曲一唱到如今，明月不动万年青，走马看花如转蓬，铁打的江山流水的丁……

清江浦儿歌

城门城门几丈高，三十六丈高，骑黄马，带把刀，走进城门操一操。

*无锡童谣中有一首很相似："城门城门鸡蛋糕，三十六块糕。骑花马，带把刀，走你家门前砍一刀。"

第二节　故事传说

一、洪泽湖大堤的传说

洪泽湖大堤没有修筑之前，年年洪水泛滥，给下游的人民带来极大灾难。相传明朝开国军师刘基为了消除水患，造福人民，便在洪泽湖东岸建造一条长达60多公里的洪泽湖大堤。大堤的北端在今淮阴区码头镇的石工头，南端在洪泽县蒋坝镇的老堆头，又叫螃蟹坝。

刘基在修筑大堤之前，趁着淮河发洪水、洪泽湖暴涨的时候，在上游水面撒下很多麦壳、麸皮之类的细碎漂浮物。待到洪水过后，这些漂浮物大部分粘结在湖东岸，形成一道清晰的浪迹。于是，刘基命令以这道浪迹为基准，修建大堤。

洪泽湖大堤工程十分浩大，临水面全部用条石砌成，堤高两丈多，底宽四十多丈，顶宽十丈，大堤里面全以三合土夯筑（即石灰、糯米汁与黏土混合而成）。大堤建成后好多年，朝廷为了保堤镇水，命令治河官员铸造九牛、二虎、一只鸡，分别放置在洪泽湖及其附近的险工地带镇水。

关于铁牛镇水，有一个神奇的传说。有一年，洪泽湖里窜来一条妖龙，闹得周边地区无有宁日。有一天，住在湖边老子山炼丹的老聃骑着青牛在堤边采药，看到那条妖龙又出来准备干坏事，便上前好言相劝。可恶的妖龙不仅不听劝告，还口出狂言，要吃掉老聃的大青牛。说着说着，还真的动起手来。老聃见状，下了青牛，在牛屁股上轻轻一拍，青牛摇了摇头，就和妖龙斗了起来。斗了七七四十九个回合，妖龙不仅没有讨到半点上风，还让青牛尾巴扫下三片血淋淋的龙鳞，只好逃之夭夭。

洪泽湖边的百姓掌握了妖龙惧怕青牛的要害之后，就收集许多生铁铸造九头铁水牛。每当西风骤起，惊涛拍岸的时候，铁水牛嘴里就会发出“哞哞哞”“呜呜呜”的叫声。

二、水漫泗州的传说

相传在明朝初年，淮河女妖水母娘娘变成人形，与洪泽湖边一青年结为夫妇，过着男耕女织的日子。不料，明成祖朱棣大抓当地民夫，在他们的家园上修建祖陵。家园被毁，丈夫又被抓差修陵，活活累死于工地。水母娘娘恼恨至极，但迫于朱家当朝，自料敌他不过，只得隐忍在心。

到了清康熙年间，洪泽湖边有一个叫李守志的读书人被水母看中，几番勾引。李守志不理，并用张果老赐给的神砚打伤水母。水母恼羞成怒，欲害李守志。一日，水母化妆成卖水婆，到李守志卖字摊前叫卖，李守志口渴欲买水饮用，不料被张果老拦住。于是，水母迁怒于张果老。二人斗法，张果老小黑驴差点喝光水挑子里的水，水母慌忙抢水担子，却被小黑驴碰翻水桶，剩下的那点浑水顷刻间化为一片汪洋，淹掉泗州城，淹没明祖陵。李守志也被淹死。水母很高兴，报了前仇，泄了后恨。

张果老见李守志尸体漂在水面觉得可怜，用手一指，李守志变成一只鸥鸟。洪泽湖一带称这鸟为苦娃鸟，每逢夜深人静，“苦哇、苦哇”叫个不停。这鸟后来受张果老指点飞到东海岛上修炼多年，又召集成千上万只鸟每日衔石填淮河水宫，使水母无存身之地。水母出水后非常饥饿，见到路旁有一家专供面条的饭店，便狼吞虎咽地吃了一碗面条，谁知面条下肚却成了铁链。水母一抬头，开饭店的老板娘却是观音老母。观音老母历数其罪状，将她锁系到龟山八角琉璃井中。

另外一个版本的传说则是：水母娘娘为了报龙王被斩之仇，挑来两桶水，准备将人间淹没。水母娘娘的两桶水就是两个大海容量！张果老得知这一情况，立即倒骑毛驴赶来，遇到水母娘娘挑水累了，在树下休息，就说：“我的小毛驴渴了，给点水喝喝好吗？”水母娘娘一听，觉得小毛驴能喝多少？就说：“喝吧。”说完闭目养神。谁知这毛驴一下就喝干了一桶水，又要喝另外一桶。就在快要喝干之时，被水母娘娘发现，一脚把水桶踢翻，桶里剩余的浊水淌出，顿时浊浪滔天，泗州城顷刻沉到水底。这一片水就成了洪泽湖。

玉帝闻讯大怒，命天兵天将前往捉拿水母，水母娘娘的九个龙子顽强抵抗，结果只有第九子小白龙幸免于难，其他的都战死了。水母娘娘也被张果老捉住，把她手、脚都锁上铁链，压在盱眙龟山八角琉璃井中，时间是农历六月初三。直到现在，龟山脚下的琉璃井口，还拴着一根很粗很长的铁链子呢！小白龙思母情切，被玉帝恩准每年探望一次。于是，每年六月初三，小白龙就从东海出发，一路走一路哭，来盱眙探母。所以每年的六月初三，天都会落雨。这就是“小白龙探母”的传说。

三、“龙窝塘”的来历

楚州上河镇五洞有个“龙窝塘”，据说这塘是龙尾巴扫成的。

古时候，天上有条老龙犯了天条，被罚下地界。这条老龙就陷落在五洞北头一个姓冯的地主土地上。一个穷老头见老龙瘫在地里，既无栖身的水洼，身上又害了脓疮，很是可怜。于是，宁可自己受冻挨饿，也给老龙送水、送食。过了一些时候，老龙的疮好了，养得膘肥体壮，还下了个龙蛋，孵了条小龙。可是穷老头却为养活它们耗尽了心血，弄得家无粒米，眼看就要饿死。老龙知道了，很是感动。它想：穷老头为我忍饥挨饿，自己却快要饿死了，我一定要搭救，报答他一番。于是，它就把孵过小龙的蛋壳留在地上，等候穷老头来取。

过了一天，穷老头果然又来看望老龙。他在老龙栖息的地方找了一会儿，只见有个闪闪发光

的东西，捡起来一看，原来是个龙蛋壳。他就把这龙蛋壳带回家去，摆在米坛子里留着拿米。第二天，坛盖一掀，空空的坛子里却盛满了一坛米，取了又满，总是取不尽。从此以后，穷老头的日子就渐渐富裕起来了。

哪知，这事传到姓冯的地主耳朵里，他就派人来抢龙蛋壳。穷老头知道敌不过他，就把龙蛋壳送还老龙。老龙什么也不说，猛地把身一翻，尾巴一扫。刹时间，姓冯的地主庄院、土地统统被老龙的尾巴扫得精光。龙尾扫处，地面上留下一个很大的水塘，姓冯的地主正好被甩进深塘里淹死了，穷老头却被老龙驮进了仙境。

地上留下的“龙窝塘”，至今还是水哗哗地流着哩。

四、党得柱的故事

清代黄河泛滥频繁，无论是朝廷还是民间，对治河都十分重视。在大力治河的同时，人们也将希望寄托于神灵，于是一系列的黄河水神大王将军便应运而生。党将军是黄河大将军之一，也是河神黄大王的随班八大将军之一，其职能是“管理河道，填埽闭塞”。

清嘉庆十六年（1811）夏天，黄河在清口以上的清河县吴城七堡南堤决口，浊流直入洪泽湖。南河总督陈凤翔因此遭到朝廷“严谴”并落职，黎世序取代他做了南河总督。为了尽快堵塞决口，黎世序组织军丁民夫昼夜抢堵。但是，由于决口水势太猛，加之军丁民夫久战疲惫，堵决工程进展甚微。此时，负责一线工程的官员听从了一位师爷的建议，开始在民夫中打听有没有姓“挡”的人。说来也巧，民夫中不仅有姓“党”的，而且名字就叫“党得柱”。

这位师爷大喜过望，一打听，党得柱家就住在决口附近的吴城七堡。他家明代从甘肃省逃荒南来，历经千辛万苦，辗转来到清河县黄河南岸的人烟稀少处，开垦无主荒田度日。当时，党得柱40多岁，家有父母、老婆和两个孩子，一家6口人，生活非常艰难。负责一线工程的官员立即亲自到党家说服动员，软硬兼施，威胁利诱，答应免除党家五代的皇粮国税，并立据赠匾。要知道，他家平常连糊口都有困难，哪一次交皇粮国税不是如过刀山呀！党家工作一做好，党得柱就被裹在柴埽中，推入水中，称为“打人桩”。说来也怪，活生生的“人桩”一打，军丁民夫无不神勇倍增，堵决工程也随之迅速合龙。

今党得柱的后人就住在淮阴区吴城镇黄河滩村。

五、跃龙池的故事

清江浦慈云禅寺南面，有个十多亩方圆的大水塘，叫“跃龙池”，池中有一条石雕蛟龙栩栩如生，似想跃出水面，飞向天空。

明正德十四年（1519），宁王朱宸濠在南昌起兵叛乱，不久就被赣南巡抚王守仁平定。而早就想到南方游玩的正德皇帝，在平乱以后，还要来一次“御驾亲征”。他带着一班人马，招摇南下，从徐州乘船来到清江浦。他身边有个太监叫张阳，是清江浦人，在清江浦有一处深宅大院，豪华的很。皇帝来了，不住官衙，一头住进了张阳的宅第，天天到处游玩，不是弹弓打鸟，就是张网捕鱼。一时间把个清江浦搞得天昏地暗，乱糟糟一片。一直闹到这年冬至，才离开清江浦。

十个月后，皇帝回銮，又路过清江浦。在张阳家休息一两天，他就划着小船到积水池打渔。就在他得意忘形的时候，小船翻了。谁知这个“真龙天子”喜欢水却不识水性，在水里扑来扑去，灌了一肚子的水。随从们看见皇帝掉下水了，个个吓得半死，争先恐后跳下水去，拖的拖，拽的拽，七手八脚，好不容易把个落水皇帝抬到岸上。这一淹一吓，这位风流天子再也爬不起来了。侍从们赶忙扶着他上路，回京城去治疗，熬到第二年春天，这个“真龙天子”就真的去见龙王了。

而正德皇帝打渔的积水池在当地就被称为“跃龙池”。

六、高家堰侯二门的由来

高家堰是洪泽湖大堤的古称。在高家堰十堡与十一堡之间，有一处妇孺皆知的险工叫侯二门。过去，这一带经常决口，为了加强防范，官府给地方黎民百姓划定看管堤段，这段险工堤段就近分给了侯二夫妇。侯二夫妇深感责任重大，日夜不停地轮流看守。侯二对妻子说：“官家把这段堤分给了我们，这是看得起我们，说明我们平时说话做事得到大家的认可的。这回呀，我们得把这堤段看好，不让它出一点漏子。”

这年秋水将至，险情又现，侯二日夜坚守大堤。这天，妻子送来饭食，侯二便用起餐来。突然，他发现水中有处翻泡打漩涡，连忙撂下手里的饭碗，猛地跳入水中挖泥堵洞。侯二妻子一边鸣锣报警，一边挖泥饼递给侯二。就这样夫妇俩一连干了好长时间，可是漩涡却越来越大。情急之下，侯二用身体拦挡漩涡洞口，可是区区一人之身哪能挡住滚滚洪水呢？侯二大喊一声：“快叫人来！”刚喊一声，人就被卷入了漩涡。妻子一看，也奋不顾身地跳入水中。当官吏和周围的群众闻讯赶来时，侯二夫妇已看不见身影。后来，洪水退去，为了纪念这对夫妇，人们在那个洞口立了个门，叫“侯二门”。

七、蛇家坝的由来

蛇家坝在今淮阴区码头镇泰山村境内，现存一段约一里长的高土堆子。提起它，在当地还流传着一个故事呢。

话说在虞舜的时候，古运河流经码头镇泰山村境内，灌溉、航运，方便了沿岸住户。突然有一天，位于泰山村的河堤漏水，水势越来越大，浸泡了村庄，还淹死好多人。消息传到舜帝那里，他立即派治水能人大禹带领上万民工奔赴灾区。大禹到运河漏水处一看惊呆了，原来决口的地段没有了泥土，却有无数条大小不等的银蛇缠绕在一起，形成蛇坝。随着银蛇拱来窜去，河水不断外流。大禹决定用老办法打桩、加草、上土，可这些物资全被银蛇拱掉，坝子始终垒不起来。大禹派人打蛇，可是蛇太多了，无法打完。十几天下来，耗费很多钱财，伤亡了很多民工。大禹寝食不安，一筹莫展。

一天，来了一位鹤发童颜的老者。他向运土垒坝子的民工们抱怨道：“人都说大禹善于治水，原来是个饭桶。”民工们把老者绑押到大禹面前。大禹给老者松了绑，平心静气地说：“老人家，我是无能，您有何高见呢？”老者手捻胡须，说道：“区区小事，有何难哉？你把运河上昼夜往来的船只统统拦下，组织民工卸下船货，到山区运石头，做石灰窑，然后烧石灰运到这里，将石灰倒在蛇身上，蛇就会被烧死，再上土垒坝就成了。”

大禹听后，一一照办，坝子果然垒成，滴水不漏。

八、淮阴竹络坝的传说

淮阴竹络坝，位于中运河北堤上，在淮阴故城码头镇西北约10多公里。

话说当年隋炀帝为了去扬州看琼花，动用许许多多民工开凿了贯通南北的大运河，这一来可气恼了黄河龙王。龙王派猪龙拱开运河大堤，黄河水夺路而出向东北流去，淹没了无数村庄、良田。官府的康大人带着百姓顺着水势筑土加围，就像网一样包住“黄龙”。这条河后人就称为“包河”。现在，它已没有水，只剩下河床。

且说那康大人，是个与民同甘共苦的清官，他把洪水套上“笼头”以后，又组织人力打坝子堵

塞运河决口。可是，缺口处被冲击得很深，形成一个很大的漩涡，不论填多少土都被水流卷得无影无踪。康大人和民工一起琢磨，想出一个好办法：缺口处打下密密的排桩，再放下竹篱笆，并用绳索将竹篱笆连接起来，然后全力以赴填筑土石，几天以后，缺口逐渐缩小，却始终不能合龙。据说这是猪龙搞的鬼。每到快要合龙时，就在下面用力拱开。坝子每拱开一次，就有一些民工被卷入水中。民工们都不敢上前。康大人见状，十分焦急，带头跳入缺口，死死抓住晃动的木桩，民工们也纷纷跳入水中。突然，一个巨浪把前面的康大人冲走了。民工们虽然奋力打捞，但一直没有找到康大人。说来也怪，康大人被卷走后，浪头也小了，水流也缓了。民工们拼命填土，大坝终于合龙了。

后来人们就称这个坝子叫竹络坝。又称“朱龙坝”。

九、平桥的故事

楚州区运河畔有一座镇子叫“平桥”。平桥名称的来历有两种说法：其一，淮水与江水至该桥相平，故称之为平桥。其二，溪河的源头在平桥镇区，人们在溪河源头建起一座拱形桥，叫做太平桥，久而久之，镇子就被称为“平桥”。

吴承恩在《西游记》第七十九回《寻洞擒妖逢老寿，当明正主救婴儿》中描写的“滑凳攀长蔓，平桥挂乱藤”，就是现平桥粮管所院内的景色。传说中的平桥十大景色之一的八角琉璃井，如今还在东圣寺的院内。又传说，当年乾隆皇帝下江南，登临平桥。平桥首富林百万为了迎接乾隆，突发奇想，做了鲫鱼脑子炖豆腐。乾隆皇帝吃后赞不绝口，连连称赞此乃“天下第一菜”。林百万便借机请乾隆题词，乾隆信口念道“穷了林百万，海枯石头烂”。

平桥傍依京杭大运河，交通便捷，南庵到北庵，相距三里三。南庵就是归一庵，北庵是圆通寺。这两座寺庙建于南宋时。乾隆皇帝在平桥登岸后，还亲笔为圆通寺题写横匾。

十、蜕龙潭的故事

明万历七年（1579）三月十八日申时大雷雨，里运河黄浦旧决口南岸平地陷出一穴，深一丈多，宽广达二十八丈，里面有很多遗骨。居民郭松家屋后的一块遗骨，大如马首，坚实如石。扬州府韩同知闻讯，前往验视，“舐之粘舌”。有一个叫郭三的居民，“得其胫骨并齿角等”，全都抬送到淮安府城。河槽总督潘季驯与巡抚、侍郎江一麟立即上报朝廷。

相传在此之前，里运河在黄浦决口，形成一个很大的深塘，“为蛟龙所据，遇阴雨即闻声如鸡啼”。这个决口直到万历七年三月十二日才被堵塞，蛟龙“遂以五日后蜕去”。当时太仓王世贞作《蜕龙亭记》。淮安诗人王龙淮作诗，有“白马沉波吴练远，苍龙蜕骨楚氛销”句，就是指的这件事。《西游记》作者吴承恩，更有《瑞龙歌》吟咏此事。诗云：“忆昨淮扬水为厉，冒郭襄陵汹无际。皆云龙怒驾狂涛，人力无由杀其势。忽然溪壑息波澜，细草平沙得龙蜕。峥嵘头角异寻常，犹带祥烟与灵气。神奇自古惊流传，蛰地飞天总成瑞。高家堰报水土平，世运神机关进退。司空驰奏入明光，百辟趋朝笑相慰。独不见当年神禹治九州，奏绩玄龟动天地，今兹吉兆协神龙。”

第三节　表演演唱艺术

一、十番锣鼓

详见第三十一卷《文化》第九章《非物质文化遗产》第三节《选介》第一目。

二、码头回民高跷

淮阴区码头镇是历史悠久的回民聚居区，“回民高跷”名闻遐迩。据传最迟在明代就已出现，以激情奔放、刚劲舒展、诙谐有趣而闻名，是传统的民间舞蹈项目。

码头高跷表演者的化妆、服饰多模仿舞台戏剧人物，表演题材多为群众喜爱的戏曲和神话故事，如“唐僧取经”“白蛇传”等。表演的人数少则两三人，多则十几人，表演者以手绢、彩扇、烟袋、马鞭、木条子等为道具，脸谱化妆比较夸张，装束多以大红大绿为主调，具有浓郁的乡土气息。这些风格特点，充分体现在“扭、浪、逗、相”等表演技法中。码头高跷分文高跷和武高跷两种形式，文高跷舞蹈以扭和踩为主，武高跷主要表演“过仙桥”“跳桌子”“跳双凳”“大劈叉”“扑蝶”等各种难度大的动作。现码头镇会高跷的人呈现萎缩之势。

三、马灯舞

马灯舞是淮阴区传统的舞蹈艺术。元明清时期，淮阴地处黄淮运河交汇处，是黄淮运河道的治理中心，境内险工险段非常多，每逢汛期，防洪抢险几乎是男女老少齐上阵，风雨昼夜不懈怠。特别是到了夜晚，查堤防决的人们手提马灯，梭巡于河堤之上，异常辛苦。民间艺人们便以此为题材，演绎成以抗洪防汛为特色的马灯舞。其阵法富有变化，参加人数也比较灵活。

四、清淮小曲

清淮小曲系明朝中叶以后兴起的以民间俗曲组套清唱俚词、故事的曲种。据《万历野获编》卷二十五载：“嘉（靖）、隆（庆）间，乃兴‘闹五更’‘寄生草’‘罗江怨’‘哭皇天’‘干荷叶’‘粉红莲’‘桐城歌’‘银绞丝’之属，自两淮以至江南，渐与词曲相远，不过写淫媟情态，略具抑扬而已。”这里所谓“自两淮以至江南”，即自大运河上的河、漕、盐重镇淮安一带，向南传至扬州、镇江、苏州等地。

第一章　诗　征

第二章　赋　征

第三章　文　征

·淮安市志·（1978—2008）

第三十三卷 艺文

地方志中保存一地文学性文献之举由来已久，很多旧方志中均有《诗征》《文征》之设。不同历史年代的状貌及其变迁，在历代地域性诗文作品中都有不同程度、不同侧面的反映。本志专设《艺文》卷，甄录历代吟咏淮安的诗词歌赋，辑存历代书写淮安的碑文载记，展示国家历史文化名城、“运河之都”淮安人文荟萃的历史盛况、悠长厚重的文化积淀，以期达到存史传文的效果。《诗征》中格律为四句一行，连排者皆为歌谣、古风或歌行。

第一章　诗　征

早渡淮

〔隋〕杨　广

平淮既森森，晓雾复霏霏。淮甸未分色，泱漭共晨晖。晴霞转孤屿，锦帆出长圻。潮鱼时跃浪，沙禽鸣欲飞。会待高秋晓，愁因逝水归。

和杜学士旅次淮口阻风

〔唐〕李　峤

夕次生寒浦，清淮上暝潮。迎风欲举棹，触浪反停桡。
渺漫烟波阔，参差林岸遥。日沉丹气敛，天敞白云销。
水雁衔芦叶，沙鸥隐荻苗。客行殊未已，川路几迢迢。

早发淮口望盱眙

〔唐〕骆宾王

养蒙分四渎，习坎奠三荆。徙帝留余地，封王表旧城。
岸昏涵蜃气，潮满应鸡声。洲迥连沙净，川虚积溜鸣。
一朝从捧檄，千里倦悬旌。背流桐柏远，逗浦木兰轻。
小山迷隐路，大块切劳生。惟有贞心在，独映寒潭清。

漂母岸

〔唐〕崔国辅

泗水入淮处，南边古岸存。秦时有漂母，于此饭王孙。王孙初未遇，寄食何足论。后为楚王来，誓欲答母恩。事迹遗在此，徒伤千载魂。茫茫水中渚，上有一孤墩。遥望不可到，苍苍烟树昏。几年崩冢色，每日落潮痕。古地多湮圮，时哉不敢言。向夕泪沾裳，遂宿芦洲村。

泊舟盱眙

〔唐〕常　建

泊舟淮水次，霜降夕流清。夜久潮侵岸，天寒月近城。
平沙依雁宿，候馆听鸡声。乡国云霄外，谁堪羁旅情。

淮阴书怀寄王宋城

〔唐〕李　白

沙墩至梁苑，二十五长亭。大舶夹双橹，中流鹅鹳鸣。云天扫空碧，川岳涵馀清。飞凫从西来，适与佳兴并。眷言王乔舄，婉恋故人情。复此亲懿会，而增交道荣。沿回且不定，飘忽怅徂征。暝投淮阴宿，欣得漂母迎。斗酒烹黄鸡，一餐感素诚。予为楚壮士，不是鲁诸生。有德必报之，千金耻为轻。缅书羁孤意，远寄棹歌声。

涟水题樊氏水亭

〔唐〕高　适

涟上非所趣，偶为世务迁。经时驻归棹，日夕对平川。莫论行子愁，且得主人贤。亭上酒初熟，厨中鱼每鲜。自说宦游来，因之居住偏。煮盐沧海曲，种稻长淮边。四时常晏如，百口无饥年。菱芋藩篱下，渔樵耳目前。异乡少朋从，我行复屯邅。向不逢此君，孤舟已言旋。明日又分首，风涛还渺然。

淮口寄赵员外

〔唐〕皇甫冉

欲逐淮潮上，暂停渔子沟。相望知不见，终是屡回头。

洪泽馆

〔唐〕皇甫冉

底事洪泽壁，空留黄绢词。年年淮水上，行客不胜悲。

经漂母墓

〔唐〕刘长卿

昔贤怀一饭，兹事已千秋。古墓樵人识，前朝楚水流。
渚萍行客荐，山木杜鹃愁。春草茫茫绿，王孙旧此游。

宿淮浦忆司空文明

〔唐〕李　端

愁心一倍长离忧，夜思千重忆旧游。秦地故人成远梦，楚天凉雨在孤舟。
诸溪近海潮皆应，独树边淮叶尽流。别恨转深何处写，前程唯有一登楼。

宿淮阴作

〔唐〕陈　羽

秋灯点点淮阴市，楚客联樯宿淮水。夜深风起鱼鳖腥，韩信祠前明月里。

送僧澄观

〔唐〕韩　愈

浮屠西来何施为，扰扰四海争奔驰。构楼架阁切星汉，夸雄斗丽止者谁。僧伽后出淮泗上，势到众佛尤恢奇。越商胡贾脱身罪，珪璧满船宁计资。清淮无波平如席，栏柱倾扶半天赤。火烧水转扫地空，突兀便高三百尺。影沉潭底龙惊遁，当昼无云跨虚碧。借问经营本何人，道人澄观名籍籍。愈昔从军大梁下，往来满屋贤豪者。皆言澄观虽僧徒，公才吏用当今无。后从徐州辟书至，纷纷过客何由记。人言澄观乃诗人，一座竞吟诗句新。向风长叹不可见，我欲收敛加冠巾。洛阳穷秋厌穷独，丁丁啄门疑啄木。有僧来访呼使前，伏犀插脑高颊颧。惜哉已老无所及，坐睨神骨空潸然。临淮太守初到郡，远遣州民送音问。好奇赏俊直难逢，去去为致思从容。

淮阴行五首并序

〔唐〕刘禹锡

古有《长干行》言三江之事悉矣。余尝阻风淮阴，作《淮阴行》以裨乐府。

簇簇淮阴市，竹楼缘岸上。好日起樯竿，乌飞惊五两。

今日船头转，金乌指西北。烟波与春草，千里同一色。

船头大铜环，摩挲光阵阵。早晚使风来，沙头一眼认。

何物令侬羡，羡郎船尾燕。衔泥趁樯竿，宿食长相见。

隔浦望行船，头昂尾幰幰。无奈晚来时，清淮春浪软。

韩信庙

〔唐〕刘禹锡

将略兵机命世雄，仓黄钟室叹良弓。遂令后代登坛者，每一寻思怕立功。

赠楚州郭使君

〔唐〕白居易

淮水东南第一州，山围雉堞月当楼。黄金印绶悬腰底，白雪歌诗落笔头。
笑看儿童骑竹马，醉携宾客上仙舟。当家美事堆身上，何啻林宗与细侯。

隋堤柳

〔唐〕白居易

隋堤柳，岁久年深尽衰朽。风飘飘兮雨萧萧，三株五株汴河口。老枝病叶愁煞人，曾经大业年中春。大业年中炀天子，种柳成行傍流水。西自黄河东接淮，绿影一千三百里。大业末年春暮月，柳色如烟絮如雪。南幸江都恣佚游，应将此柳系龙舟。紫髯郎将护锦缆，青娥御史直迷楼。海内财力此时竭，舟中歌笑何日休。上荒下困势不久，宗社之危如缀旒。炀天子，自言欢乐殊未极，岂知明年正朔归武德。炀天子，自言福祚垂无穷，岂知明年皇子封酅公。龙舟未过彭城阁，义旗已入长安宫。萧墙祸生人事变，晏驾未得归秦中。土坟数尺何处葬，吴公台下多悲风。二百年来汴河路，沙草荒烟朝复暮。后王何以鉴前王，请看隋堤亡国树。

入泗口

〔唐〕李 绅

洪河一派清淮接，堤草芦花万里秋。烟树寂寥分楚泽，海云明灭见扬州。
望深江汉连天远，思起乡关满眼愁。惆怅路歧真此处，夕阳西没水东流。

宿淮阴水馆

〔唐〕张 祜

积水自成阴，昏昏月映林。五更离浦棹，一夜隔淮砧。
漂母乡非远，王孙道岂沉？不当无健妪，谁肯效前心？

淮阴阻风呈楚州韦中丞

〔唐〕许 浑

垂钓京江欲白头，江鱼堪钓却西游。刘伶台下稻花晚，韩信祠前枫叶秋。
淮月尚明先倚槛，海云初起更维舟。河桥有酒无人醉，独上高城望庾楼。

忆山阳（二首）

〔唐〕赵 嘏

家在枚皋旧宅边，竹轩晴与楚波连。芰荷香绕垂鞭袖，杨柳风横弄笛船。
城碍十洲烟岛路，寺临千顷夕阳川。可怜时节堪归去，花落猿啼又一年。

折柳城边起暮愁，可怜春色独怀忧。伤心正叹人间事，回首更惭江上鸥。
鶗鴂声中寒食雨，芙蓉花外夕阳楼。凭高满眼送清渭，去傍故山山下流。

夜泊淮阴

〔唐〕项 斯

夜入楚家烟，烟中人未眠。望来淮岸尽，坐到酒楼前。
灯影半临水，筝声多在船。乘流向东去，别此易经年。

赠少年

〔唐〕温庭筠

江海相逢客恨多，秋风叶下洞庭波。酒酣夜别淮阴市，月照高楼一曲歌。

晚泊盱眙

〔唐〕喻坦之

广苇夹深流，萧萧到海秋。宿船横月浦，惊鸟绕霜洲。
云湿淮南树，笳清泗水楼。徒悬乡国思，羁迹尚东游。

清河泛舟

〔唐〕薛　能

都人层立似山丘，坐啸将军拥棹游。绕廓烟波浮泗水，一船丝竹载凉州。
城中睹望皆丹雘，旗里惊飞尽白鸥。儒将不须夸郤縠，未闻诗句解风流。

盱眙山寺

〔宋〕林　逋

下傍盱眙县，山崖露寺门。疏钟过淮口，一径入云根。
竹老生虚籁，池清见古源。高僧拂经榻，茶话到黄昏。

淮　阴

〔宋〕梅尧臣

青环瘦铁缆，系在淮阴城。水胫多长短，林枝有直横。
山夔一足走，妖鸟九头鸣。韩信祠堂古，谁将胯下平？

淮中晚泊犊头

〔宋〕苏舜钦

春阴垂野草青青，时有幽花一树明。晚泊孤舟古祠下，满川风雨看潮生。

望淮口

〔宋〕王安石

白烟弥漫接天涯，黯黯长空一道斜。有似钱塘江上望，晚潮初落见平沙。

望淮亭和君锡并简敦复

〔宋〕徐　积

泽国茫茫似十洲，有情空上夕阳楼。可凭流水传人意，莫望远山添客愁。
南浦雪思乘棹往，北轩春负插花游。若论仕宦何非义，二子无容说愧羞。

泗州僧伽塔

〔宋〕苏　轼

我昔南行舟系汴，朔风三日吹沙面。舟人共劝祷灵塔，香火未收旗脚转。回头顷刻失长桥，却到龟山未朝饭。至人无心何厚薄，我自怀私欣所便。耕田欲雨刈欲晴，去得顺风来者怨。若使人人祷辄遂，造物应须日千变。今我身世两悠悠，去无所逐来无恋。得行固愿留不恶，每到有求神亦倦。退之旧云三百尺，澄观所营今已换。不嫌俗士污丹梯，一看云山绕淮甸。

行香子·与泗守过南山晚归作

〔宋〕苏　轼

北望平川，野水荒湾。共寻春，飞步孱颜，和风弄袖，香雾萦鬟。正酒酣时，人语笑，白云间。
孤鸿落照，相将归去。澹娟娟，玉宇清闲。何人无事，宴坐空山？望长桥上，灯火乱，使君还。

蝶恋花·过涟水军赠赵晦之

〔宋〕苏　轼

自古涟漪佳绝地，绕郭荷花，欲把吴兴比。倦客尘埃何处洗？真君堂下寒泉水。
左海门前酤酒市，夜半潮来，月下孤舟起。倾盖相逢拚一醉，双凫飞去人千里。

再过泗上

〔宋〕苏　轼

眼明初见淮南树，十客相逢九吴语。旅程已付夜帆风，客睡不妨背船雨。
黄柑紫蟹见江海，红稻白鱼饱儿女。殷勤买酒谢船师，千里劳君勤转橹。

淮上晚发

〔宋〕苏　轼

淡月倾云晓角哀，小风吹水碧鳞开。此生定向江湖老，默数淮中十往来。

发洪泽中途遇大风复还

〔宋〕苏　轼

风浪忽如此，吾行欲安归。挂帆却西迈，此计未为非。洪泽三十里，安流去如飞。居民见我还，劳问亦依依。携酒就船卖，此意厚莫违。醒来夜已半，岸木声向微。明日淮阴市，白鱼能许肥。我行无南北，适意乃所祈。何劳舞澎湃，终夜摇窗扉。妻孥莫忧色，更典篋中衣。

过龟山

〔宋〕苏　辙

再涉长淮水，惊呼十四年。龟山老僧在，相见一茫然。僧老不自知，我老私自怜。驱驰定何益，少壮空已捐。掉头不见答，笑指岸上船。人生何复云，陵谷自变迁。当年此山下，莫测千仞渊。渊中械神物，自昔尧禹传。帆樯避石壁，风雨随香烟。迩来放冬汴，冷沙涨成田。褰裳六月渡，中流一带牵。俯首见砂砾，群鱼捕魴鳣。父老但惊叹，此理未易原。何况七尺躯，不为物所旋。众影要同尽，独有无生全。百年争夺中，扰扰谁相贤。

泛涟水

〔宋〕孔平仲

涟漪二十里，清淡为我性。微风不复摇，天水相与净。秋容入岸柳，晚食依渔艇。仿佛会稽游，南湖似明镜。

泗州东城晚望

〔宋〕秦　观

渺渺孤城白水环，舳舻人语夕霏间。林梢一抹青如画，应是淮流转处山。

赤岸阻风

〔宋〕米　芾

千里长淮彻底清，灵英庙下誓其心。二舟一物如来暗，愿向洪流深处沉。

第一山怀古

〔宋〕米　芾

京洛风尘千里还，船头出汴翠屏间。莫论衡霍撞星斗，且是东南第一山。

龟山寺晚钟

〔宋〕米　芾

龟山高耸接云楼，撞月钟声吼铁牛。一百八声俱听彻，夜行还自不知休。

玻璃泉浸月

〔宋〕米　芾

半山亭下老苔钱，凿破玻璃引碧泉。一片玉蟾留不住，夜深飞入镜中天。

蝶恋花·海岱楼玩月作

〔宋〕米　芾

千古涟漪佳绝地，海岱楼高，下瞰秦淮尾。水浸碧天天似水，广寒宫阙人间世。
霭霭春和生海市，鳌戴三山，顷刻随轮至。宝月圆时多异气，夜光一颗千金贵。

渔沟怀家

〔宋〕晁补之

生涯身事任东西，药笥书囊偶自赍。柳嫩桑柔鸦欲乳，雪消冰动麦初齐。
沙头晚日樯竿直，淮上春风雁鹜低。归去未应芳物老，桃花如锦遍松溪。

淮　阴

〔宋〕张　耒

芦梢林叶雨潇潇，独卧孤舟听楚谣。生计飘然一搔首，西风沙上数归潮。

楚城晓望

〔宋〕张　耒

鼓角凌虚雉堞牢，晚天如鉴绝秋毫。山川摇落霜华重，风日清明雁字高。

过涟水

〔宋〕张　耒

城头落日在旗竿，城外长淮水浸天。左海门前灯火尽，橹声讴轧夜深船。

过龟山

〔高丽〕朴寅亮

岩岩峻石叠成山，下著蠙珠一水环。塔影倒垂淮浪底，钟声遥落碧云间。
门前客棹洪涛急，竹里僧棋白日闲。一奉胜游堪惜景，故留诗句约重还。

上巳晚泊龟山

〔宋〕贺　铸

薄暮东风不满帆，迟迟未忍去淮南。故园犹在北山北，佳节可怜三月三。
兰叶自供游女佩，芸编聊对故人谈。洛桥车骑相望客，曾为吴儿几许惭。

食白鱼

〔宋〕曾　几

十年不踏盱眙路，相见长淮属玉飞。安得玻璃泉上酒，藉糟空有白鱼肥。

望楚州新城

〔宋〕杨万里

已近山阳望渐宽，湖光百里见千村。人家四面皆临水，柳树双垂便是门。
全盛向来元孔道，杂耕今是一雄藩。金汤再葺真长策，此外犹须仔细论。

初入淮河（四绝句）

〔宋〕杨万里

船离洪泽岸头沙，人到淮河意不佳。何必桑干方是远，中流以北即天涯。

刘岳张韩宣国威，赵张二相筑皇基。长淮咫尺分南北，泪湿秋风欲怨谁。

两岸舟船各背驰，波痕交涉亦难为。只余鸥鹭无拘管，北去南来自在飞。

中原父老莫空谈，逢着王人诉不堪。都是归鸿不能语，一年一度到江南。

过磨盘得风挂帆

〔宋〕杨万里

两岸黄旗小队兵，新晴归路马蹄轻。全番长笛横腰鼓，一曲春风出塞声。
鹊噪鸦啼俱喜色，船轻风顺更兼程。却思两日淮河浪，心悸魂惊尚未平。

过淮阴庙

〔宋〕杨万里

鸿沟只道万夫雄，云梦何须武士功。九死不分天下鼎，一生还负室前钟。
古来犬毙愁无益，此后禽空悔作弓。兵火荒余非旧庙，三间破屋两株松。

至洪泽

〔宋〕杨万里

今宵合过山阳驿，泊船问来是洪泽。都梁到此只一程，却费一宵兼两日。正缘夜来到犊头，打头风起浪不休。舟人相贺已入港，不怕淮河更风浪。老夫摇手且低声，惊心犹恐淮神听。急呼津吏催开闸，津吏叉手不敢答。早潮已落水入淮，晚潮未来闸不开。细问晚潮何时来，更待玉虫缀金钗。

淮白赞

〔宋〕杨万里

淮白须将淮水煮，江南水煮正相违。风吹柳叶都落尽，鱼吃雪花方解肥。
醉卧糟丘名不恶，下来酒豉味全非。饔人且莫供羊酪，更买银刀二尺围。

东南第一山

〔宋〕杨万里

建隆家业大于天，庆历春风一万年。廊庙谋谟出童蔡，笑谈京洛博幽燕。
白沟旧在鸿沟外，易水今移淮水前。川后年来世情了，一波分护两涯船。

盱眙旅舍

〔宋〕路德章

道旁茅屋两三家，见客擂麻旋点茶。渐近中原语音好，不知淮水是天涯。

盱眙第一山

〔宋〕郑汝谐

忍耻包羞事北庭，奚奴得意管逢迎。燕山有石无人勒，却向都梁记姓名。

淮安州

〔宋〕王　恽

平野围淮甸，双城入楚州。喉襟关重地，鼓角动边楼。
闻雁思乡信，歌鱼抚剑緱。此行安所遇，江海任浮鸥。

小清口

〔宋〕文天祥

乍见惊胡妇，相嗟遇楚兵。北来鸿雁密，南去骆驼轻。
芳草中原路，斜阳故国情。明朝五十里，错认武陵行。

淮安州

〔元〕陈 孚

孤帆下江北，千里西风轻。泊舟公路浦，始见南昌亭。青天下白露，乱叶凄其声。汀洲结海色，冉冉孤月生。残鸦感兴发，断肠悲飘零。安得携美酒，台上呼刘伶。百年一箕踞，六合皆螟蛉。

清河道中

〔元〕赵孟頫

扬舲清河流，开篷素秋晓。斓斑被崖花，委蛇顺流藻。天清去雁高，野阔行人小。故园归有期，客愁净如扫。

念奴娇·过淮阴

〔元〕萨都剌

短衣瘦马，望楚天空阔，碧云林杪。野水孤城斜日里，犹忆那回曾到。古木鸦啼，纸灰风起，飞入淮阴庙。椎牛酾酒，英雄千古谁吊。　　何处漂母荒坟，清明落日，肠断王孙草。鸟尽弓藏成底事，百事不如归好。半夜钟声，五更鸡唱，南北行人老。道旁杨柳，青青春又来了。

夜过白马湖

〔元〕萨都剌

春水满湖芦苇青，鲤鱼吹浪水风腥。舟行未见初更月，一点渔灯落远汀。

玻璃泉

〔元〕余　阙

第一山头云淡淡，玻璃泉上日晖晖。太平官府无风景，又向松间喝道归。

淮阴杂兴（二首）

〔元〕陈　基

千里相逢淮海滨，一枝谁寄岭梅春。老来易感山阳笛，年少休轻胯下人。
失侣雁如秦逐客，畏寒花似楚遗民。每过百战疮痍地，立马西风为损神。

落木萧萧雁度河，西风袅袅水增波。甘罗营里秋声急，韩信城头月色多。
淮市有鱼聊可食，楚山无桂不须歌。古今无限关心事，付与当年春梦婆。

过淮河口

〔元〕释大䜣

水次千家市，蛮商聚百艘。扬徐元接壤，河泗此交流。
乘传陪天使，浮杯任海沤。夜凉瞻北斗，想见上林秋。

发淮安

〔明〕杨　基

舟行日已晡，帆影动樯乌。河伯抛钱祭，风神酹酒呼。
红怜瓜似蜜，白爱芡如珠。且就篙师醉，何妨问远途。

淮安新城候船

〔明〕杨　基

城郭逶迤曲绕河，尘沙满眼北风多。行人泪落山阳笛，逐客魂销郢水歌。
江总归东嗟老矣，淮阴在楚奈贫何。明朝又鼓征西棹，帆影翩翩逐逝波。

淮角楼

〔明〕汪广洋

风物凄凉天地秋，凭高不尽古今愁。关河北望三千里，淮泗东来第一州。
日暮边声传画角，早寒霜气袭重裘。干戈扰扰何时静，王粲长吟独倚楼。

清　口

〔明〕张　羽

豁达两河口，前与黄河通。高岸忽斗折，清淮汇其中。甘罗城在南，韩信城在东。一为秦人英，一为汉家雄。人生有不死，所贵在立功。方其未遇时，鹿鹿常人同。时命苟未会，丈夫有固穷。舍舟登高访，岁暮百草空。陂陀陇亩间，一二羸老翁。遗迹不可问，但见荒榛丛。行行重回首，目断双飞鸿。

淮安览古

〔明〕姚广孝

襟吴带楚客多游，壮丽东南第一州。屏列江山随地转，练铺淮水际天浮。
城头鼓动惊乌鹊，坝口帆开起白鸥。胯下英雄今不见，淡烟斜日使人愁。

淮安舟中

〔明〕曾　棨

远戍鸡声晓，遥堤柳色浓。断云京口树，残月广陵钟。
箫鼓官船发，图书御宝封。朝臣多扈从，冠剑日相逢。

钵池山

〔明〕杨　茂

沧海桑田几变更，仙山不共劫灰平。鬼神尚护烧丹灶，天地常留飞舄名。
瑶草舞风当槛绿，玉泉过雨绕池青。步虚凌逐烟霞散，惟听琅琅梵语声。

韩信荒城

〔明〕杨　茂

韩信荒城雉堞隳，当时功业已成非。假王本为安齐计，蹑足翻成赤族机。草昧尚知尊汉主，太平焉肯助陈豨。至今淮水潺湲处，犹带哀声送落晖。

过黄河

〔明〕李东阳

清口驿前初放船，长淮东下水如弦。劲催双橹渡河急，一夜狂风到海边。

老子丹山

〔明〕石　渠

道德修齐竟化仙，青牛脱鞅已多年。黄金曾说河能塞，白首无由发尚玄。劫火毁空金鼎药，野云销尽御炉烟。后人犹记烧丹处，鸡犬应从尽上天。

夜泊淮安西湖嘴

〔明〕丘　濬

十里朱旗两岸舟，夜深歌舞几曾休？扬州千载繁华地，移在西湖嘴上头。

病中思乡

〔明〕顾　达

家住新城古刹旁，小桥流水浴斜阳。月明鹤影翻松径，风暖莺声闹草堂。一箸脆蔬蒲菜嫩，满盘鲜脍鲤鱼香。病多欲去增惭愧，未有涓埃报圣皇。

题韩信庙

〔明〕骆用卿

逐鹿中原汉力微，登坛频蹙楚军威。足当蹑后犹分土，心已猜时尚解衣。毕竟封侯符蒯彻，几曾握手到陈豨。英魂漫洒荒山泪，秋草长陵久落晖。

憩景会寺（二首）

〔明〕潘　采

春服初成兴颇宜，苍松绿竹访颠师。细烹丹井消尘鞅，旋采山花疗客饥。
悟后机心浑自化，觉来真性本无私。蒲团一坐枫林晚，满院炉烟礼六时。

烟水苍茫路几重，招提隐隐白云封。谈经石畔来玄鹤，说法台边护赤龙。
双树百年瞻慧日，断碑何代觅仙踪。殷勤最喜僧留客，绝胜当时饭后钟。

刘伶台

〔明〕蔡　昂

建威参军竹林叟，今古闲情一杯酒。何缘此地有高台，台下颍波正东走。晋朝名胜俱蒿蓬，惜阴尚说长沙公。感激谁能诉真宰，会须一划遗台空。

淮阴曲

〔明〕蔡　昂

淮浦高楼高入天，楼前贾客常纷然。歌钟饮博十户九，吴歈不羡江南船。迩来寂寞居人少，韩侯城下生春草。力尽难供长官求，大室将焚无宿鸟。老人向我分明语，地有官仓谁适主？积粟翻为腐鼠谋，当途又见横豺虎。虎哉虎哉尔勿狂，地官分义明秋霜。镇压会须虎戢翼，尔民从此安耕桑。

瑞龙歌

〔明〕吴承恩

忆昨淮扬水为厉，冒郭襄陵汹无际。皆云龙怒驾狂涛，人力无由杀其势。忽然溪壑息波阑，细草平沙得龙蜕。峥嵘头角异寻常，犹带祥烟与灵气。神奇自古惊流传，蛰地飞天总成瑞。高家堰报水土平，世运神机关进退。司空驰奏入明光，百辟趋朝笑相慰。独不见，当年神禹治九州，奏绩元圭动天地。今兹吉兆协神龙，千古元符远相继。伫看寰宇遍耕桑，历万千年保天位。

平河桥

〔明〕吴承恩

短篷倦傍河桥泊，独对青旗枕臂眠。日落牛蓑归牧笛，潮来鱼米集商船。
绕篱野菜平临水，隔岸村炊互起烟。会向此中谋二顷，闲揞藜杖听鸣蝉。

下安东

〔明〕薛　赟

君邑东来此地饶，耕渔民自是清朝。桑田近海先迎日，庐舍临河早见潮。
春入萍蘩溪色重，水浮年月客程遥。清游忽见西郊寺，塔影层层下碧霄。

淮阴少年行

〔明〕王　典

淮阴少年争叱咤，嗔目语难相凌骂。王孙佩剑空雄豪，俯首从之出胯下。君不见，张禄先生既相秦，仅免绨袍一故人。又不见，故李将军诏复起，遂杀灞亭醉呵吏。王孙王楚锦衣归，却召少年作中尉。吁嗟乎，王孙六合罗胸中，举目转盼生长风。重瞳之子拔山雄，谈笑遂收垓下功。何况里中数年少，忍争得失羞鸡虫。古庙无人守尸魂，回顾荒凉堪一哭。我挥长句吊王孙，正值淮阴春草萋萋绿。

河堤工成

〔明〕王　典

东注江淮万里遥，年年交涨乱南条。莫言排决烦人力，且喜平城壮圣朝。
白马沈波吴练远，苍龙蜕骨楚氛消。万家烟火层城暮，爱听乡人击壤谣。

北极庵同友人眺桃花垠故处

〔明〕冯一蛟

极目桃花坞，空馀名字留。光阴诚过客，人代亦浮沤。
繁衍笙歌地，萧条芦荻洲。惟馀沙上鸟，泛泛不知愁。

能仁宝塔

〔明〕嵇　钢

孚堵波城插紫烟，梵王宫殿接诸天。江河海水杯中泻，日月灯光斗际悬。
法雨廉纤石磴外，慈云缥缈画栏前。罡风九级檐铃语，替戾冈来唤老禅。

淮浦大观楼

〔明〕方尚祖

鳌簪擎出此巍楼，万里平芜一望收。爽籁每从云外入，明霞时傍日边浮。窗虚雨霁山如黛，幔卷风清月欲钩。恰喜自公多得暇，频将吟啸傲沧州。

清江浦

〔明〕方尚祖

高台纵目思悠悠，排注当年胜迹留。树绕淮阴堤外路，风连清口驿前舟。晴烟暖簇人家集，刍挽均输上国筹。最是襟喉南北处，关梁日夜驶洪流。

金牛墩怀古

〔明〕夏曰瑚

蔓草连荒野，天高雁阵分。村翁谈往迹，英主宿雄军。
箭镞沙场冷，牛羊夕照曛。最怜埋骨处，祭酒只孤坟。

硕项清波

〔明〕王启运

西枕桑墟东接河，烟波深处起渔歌。芦花梦熟霜前雁，荇带青翻雨后鹅。罾落湖滩收白小，稻肥秋井阁蒲螺。口钱塞赋千家急，民业如今仰钓蓑。

墨池亭上望能仁寺古塔

〔明〕王启运

墨池西望日初颓，一笏青山插水隈。百雉烟生城角暮，残杨风动塔铃哀。罘罳仿佛抱禅火，楼观峥嵘护讲台。归雁不知何处怨，呀呀啼过古祠来。

甘罗城

〔明〕于奕正

是否甘罗宅，淮流万古经。说行因赵地，拜赐自秦庭。
断碣磨新翠，馀钱带旧青。维舟上荒阜，岸草昼冥冥。

淮　郡

〔明〕杨于臣

郡界淮南北，星野跨徐扬。重湖汇南陲，东望联扶桑。大河并淮趋，激怒不可当。后轩前以轻，瓯脱艰膏粱。即幸不为鱼，蔽天来飞蝗。重臣转漕轴，七省仅输将。征调苦四出，加派增流亡。虽称海王国，偶笑腴地商。中原与江表，转制居中央。卓哉大都会，引颈望龚黄。

隰西草堂

〔明〕万寿祺

老病移淮市，担簦称逸民。乾坤备晚岁，山水忆前身。
芳草舟车路，桃花秦汉人。冥冥射弋者，雁羽在沉沦。

清江浦

〔明〕万寿祺

千里江淮一线横，浊河鼓浪未能平。诛求西北无商贾，漕转东南困水衡。
数遣黄门催白糈，谁从鸿雁问苍生。往来尽属悠悠者，牵缆长堤自在行。

携酒将归白马湖

〔明〕张养重

背郭呼船到草亭，孤帆一路柳青青。自怜子美贫兼乱，残似渊明影答形。
到处有情寻钓舫，何人相伴看春星。归来只觅山中酒，痛饮无烦诵楚经。

悯　水

〔明〕张养重

高堰如城水如贼，年年防水水莫测。丙辰五月雨十日，波撼长堤守不得。洪水倒注势可骇，

桑麻到处成沧海。蛟龙得意占民居，饱餐人肉甘于醢。尸骸遍野谁人收？数口牵绳逐乱流。自料偕亡无计脱，骨肉尚冀同一丘。间有巢林与升屋，或存或坠俱枵腹。不食三日亦饿死，性命悬丝更惨酷。昔闻此水高于城，城郭人民昼夜惊。古人禋祀沉苍璧，郡门投楔洪流平。谁云此事绝新奇，厌胜之术古有之。圣贤捍御大灾患，堤防疏导能先期。呜呼！城郭人民尔莫舞，而今四境无干土。皇天夺尔衣食资，饥寒侧目皆豺虎。

清江闸

〔清〕吴伟业

岸束穿流怒，帆迟几日程。石高三板浸，鼓急万夫争。
善事监河吏，愁逢横海兵。我非名利客，岁晚肃宵征。

平江伯祠

〔清〕丁大来

元勋崇庙祀，历世叹公长。功业存疏凿，香烟重典章。
水流新日月，人拜旧冠裳。明德依然是，丹青半夕阳。

哀淮人

〔清〕严允肇

驱车适海岱，日暮行为愁。饿夫相枕藉，老弱罗道周。挥涕前致词，淮楚是吾州。渠穿广陵道，水纳黄河流。舳舻来吴会，东北通咽喉。一朝河岸决，漫衍东南陬。百万为鱼鳖，何论田与畴。窜身来此方，苟活同蜉蝣。此方又荒旱，赤地谁锄耰。官吏责富户，浚削如仇雠。财赋一以空，猗顿皆黔娄。两地总困厄，一死夫何尤。听此肠寸结，泪下不可收。寄语当路子，闭籴非良谋。嗷嗷累千万，生理真可忧。昔闻富郑公，劝民贮干糇。所在发廪给，去住俱自由。公私虽两困，危急庶有瘳。万邦苦饥溺，安饱亦足羞。何时灾殄息，躬耕乐行休。

富陵湖

〔清〕汤调鼎

汉武秦皇久劫灰，那知湖市见蓬莱。三山恍惚生鳌背，百雉分明绕鹿胎。
水墨云中林壑翠，霏微烟里画图开。地灵咫尺神仙岛，金掌何须接露台。

惠济祠

〔清〕汤调鼎

横河编石砥长鲸，香火崇台列绣楹。南狩宫车云日丽，内颁宸翰斗牛平。
春漕庾廪通吴会，秋转余皇出汉京。一镇两河严锁钥，至今灵霭接蓬瀛。

清江浦

〔清〕顾炎武

此地接邳徐，平江故迹馀。开天成祖代，转漕北京初。
闸下三春尽，湖存数尺潴。舳舻通国命，仓廪恃军储。
陵谷天行变，山川物态疏。黄流侵内地，清口失新渠。
米麦江淮贵，金钱帑藏虚。苍生稀土著，赤地少耰锄。
庙食思封券，河防重玺书。路旁看父老，指点问舟车。

王家营

〔清〕顾炎武

荒坰据淮津，弥望遍秋草。行人日夜驰，此是长安道。鸡鸣客东出，四野星光早。征马乏青刍，山川色枯槁。燕中旧日都，风景犹自好。衣残茸上缯，米爛东吴稻。公卿不难致，所患无金宝。还顾旅舍中，空囊故相恼。回头问行人，路十如何老？

天妃闸歌

〔清〕施闰章

黄河怒流动地轴，十舟九舟愁翻覆。临矶作闸为通舟，水急还忧石相触。挽舟溯浪似升天，千夫力尽舟不前。巫师跳叫作神语，舟人胆落输金钱。梨园唱尽迎神曲，犹杀牛羊啖水族。不尔作难在须臾，鲸鲵张口待人肉。嗟尔运漕于国为咽喉，粟米力役家家愁，愿持尺牒问阳侯！圣主劳兮瓠子塞，河兮河兮当努力。

沁园春·从盱眙山顶望泗州城

〔清〕陈维崧

立而望之，松耶柏耶，其盱眙乎？见半空楼阁，林峦掩映；从风城郭，沙涧萦纡。却顾泗州，洼然在下，呀者成丘水一盂。中央者，界几条冷瀑，一线明珠。　洪涛日夜归墟，有铁锁浮桥控舳

舻。看奔浑樯马，神功混渺；轰隆赛鼓，天籁吹呼。十庙弓刀，百年带砺，落日平田噪野乌。堪凭吊，怅歌风亭长，泗上雄图。

涟城晚照

〔清〕邱俊孙

大淮东下直如弦，海口芦缗此泊船。北郭桑麻阳翟贾，六街烟火武城弦。
水晶盐放牢盆满，金碧楼高井干连。吾邑邻疆才一望，萧条衰柳咽寒蝉。

过东阳故城

〔清〕戚　玾

旧迹名犹在，城根尚蜿蜒。路碑残日月，屋瓦旧人烟。
祷雨留神树，耕田得古船。故侯有贤母，遗爱记秦年。

浮梁新成

〔清〕戚　玾

星槎难问斗牛遥，天堑俄分第一桥。彩鹢横飞淮北雨，苍龙怒啮海东潮。
山开神禹功徒费，井冷支祁力半销。行旅只今歌利涉，不须欸乃叩兰桡。

由清江浦至出口

〔清〕王　摅

烟树微茫离楚城，漕渠一线怒流争。人行江北花看少，天过淮南月厌明。
渡口孤篷芳草色，舟前古庙浊河声。山长水远三千里，无限乡思望国情。

咏安东

〔清〕田　雯

斗大安东县，荒城数丈高。是田皆斥卤，有地但蓬蒿。
夜雨连盐渎，秋风泣石壕。缕堤幸不溃，十日水归槽。

淮安新城有感（二首）

〔清〕王士祯

泽国阴多暑气微，一城烟霭昼霏霏。春风远岸江蓠长，暮雨空堤燕子飞。
四镇沙虫成底事，五王龙种竟无归。行人泪堕官桥柳，披拂长条已十围。

开府当年据上游，建牙赐爵冠通侯。即看别院连云起，更引长淮作带流。
荒径人稀鼪鼬啸，野塘风急荻芦秋。永嘉南渡须臾事，忍向新亭问楚囚。

天妃闸

〔清〕吴廷祯

断堰锁崔嵬，奔流下石隈。势吞淮甸尽，声撼海门开。
水气晴吹雨，天风夕送雷。扣舷惊险绝，谁是济川才？

过淮阴城下

〔清〕孙　华

过淮阴见数百人舁土置城下，问之云：河堤欲溃，将以土塞城门，怒焉心悸，作诗告哀，为淮民危之也。

淮阴城下声汹汹，蚁聚千夫担土笼。往来恰似营巢燕，累重宁殊蝜蝂虫。共说河堤行溃决，数阖便欲丸泥封。吾闻此语重叹息，人谋如许何匆匆。昔日河边集万舰，摊钱白昼安流中。自从淮黄势合并，奔腾激怒争为雄。精卫衔石心已尽，孟津捧土谁能壅。柳条不长隋堤秃，竹绹频剪淇园空。金钱糜耗不知数，咄嗟仰屋烦司农。寻丈旁穿蝼蚁穴，咫尺下瞰蛟龙宫。高田极望浩烟水，十年不种黍与穜。居人栖息杂凫鸭，浮楂寄顿编茅蓬。黄母为鼋恐不免，羽渊化熊将毋同。城内城外皆赤子，何忍村落填长洪。传闻官长能备豫，衣袽夙戒修艨艟。当今谁似王尊勇，屹然身捍金堤冲。安得黄淮仍酾析，驱归海若长朝宗。刍粟年年便飞挽，直沽转盼云帆通。篷窗拊枕方寤叹，发船打鼓声逢逢。

秋杪重至王家营

〔清〕查慎行

十日征尘滞故乡，大河西北又严装。千家转徙留三户，万柳荣枯在一霜。
断岸无桥频待渡，涸沙有犊尚犁荒。惊心八月归舟路，夜下萑苻百里黄。

发清江浦

〔清〕查慎行

编芦缚荻聚成堆，大舸多从江上来。试问老堤堤畔柳，年年辛苦为谁栽？

晚经淮阴

〔清〕爱新觉罗·玄烨

淮水笼烟夜色横，栖鸦不定树头鸣。红灯十里帆樯满，风送前舟奏乐声。

览淮黄成

〔清〕爱新觉罗·玄烨

殷勤久矣理淮黄，几度风尘授治方。九曲素称天下险，四来实为兆民伤。
使清引浊须勤慎，分势开流在不荒。虽奏安澜宽旰食，诫前善后奠金汤。

杨庄新开中河得顺风观民居漫咏（二首）

〔清〕爱新觉罗·玄烨

瞬息风帆百里余，往来数次过淮徐。光阴犹似当年景，自觉频催点鬓疏。

春雨初开弄柳丝，渔舟唱晚寸阴移。庙堂时注淮黄事，今日安澜天下知。

淮阴侯钓台

〔清〕徐昂发

木落荒原水气昏，英雄渔钓迹犹存。蒯通不售三分策，漂母长留一饭恩。
人叹老臣知国士，天哀女子杀王孙。藏弓烹狗由来事，只合终身淮上村。

清河慈云寺

〔清〕曹煃年

一曲清流漾落晖，湿云浓护讲经扉。闲花堕地僧慵扫，惹得游人香满衣。

河兵谣

〔清〕束南薰

我行至河滨，一望惊渊潾。河兵悉河务，缕缕为我陈。黄河道常改，迁徙无定在。今始南入淮，云梯关注海。浊强黄势骄，清弱淮流浼。力筑高家堰，障之使东汇。藉淮以制黄，厥功自百倍。运道积沙淤，势难通尾闾。黄逆入清口，奔流洪泽湖。湖淮复挟黄，涌灌高宝途。民抱为壑忧，何以通挽输。治源先葺归仁堤，杀流急宜浚海口。坐使水由地中行，衽席之安可长久。

河兵谣

〔清〕卢　涌

黄河之水天上来，洪湖东汇趋蓬莱。运道上下此要塞，宣防调剂须奇才。我昨经河渚，河兵与我语：今年夏徂秋，湖河幸安堵。湖河安堵民欢悦，其奈河兵衣食绝。那似前年与去年，土方秸料皆金穴。河流保障重阳后，桃北睢南不可救。纵然运道无龃龉，赤子沉灾遭蹦蹂。河不决，河兵愁；河既决，淮民忧。民忧兵愁谁复论，莫求治法求治人，到今犹颂潘与陈。

留别荷芳书院（其一）

〔清〕袁　枚

骊歌一曲柳千行，荷叶离离尚未芳。四面莺声啼暮雨，半篙帆影过低墙。
篱笆门小花能护，歌舞台高水自凉。看取君恩最深处，碑亭无数卧斜阳。

南漕叹

〔清〕袁　枚

握粟锄粟十月征，大车小车轧轧鸣。云连万紘两递运，李斯如鼠仓中行。仓氏庾氏声嘈嘈，搜粟都尉意气豪。利之所在天亦忌，大官防县如防妖。牵驴磨麦飏其目，憎鸟窃脂系其足。黄纸朝来刮升斗，朱符夕下封官斛。待暴日击重门柝，不管龚黄与鲁卓。水流汾浍其道壅，万弊杂出仍无穷。或需精凿强扬播，两三鬴作十回舂。或借一哄分先后，富者收早贫磨砻。或者官符讹多寡，涂鸦难辨斗检封。傔人别奏来重重，伍符尺籍生蠛蠓。共饮仓中一勺水，顷刻白粲成青铜。可怜乡氓半朴鲁，小人容易为沙虫。明征法钱人所见，暗教折帛何所终。物不揣本齐其末，事方在北求诸东。我欲大声呼大吏，胡不早辨贤与忠！古人信人不信法，将欲治彼先治躬。捐除文网道以德，如水沃雪草偃风。持其大体去已甚，官和民乐声雍雍。吁嗟乎！君不见，人肝代米古所记，察察为明，安得刘宏十女婿？

偕洪稚存望洪泽湖有感

〔清〕黄景仁

涛声入耳心所响，与君同家楚江上。比年濁走尘埃间，风此洪流亦神王。湖宽一面青嶂开，立久万仞高寒来。水风吹衣日落去，石气荡魄云飘回。远天暗惨湖变色，雁飞不度鸣何哀。沉沦九鼎自太古，苍茫那见蠙蛛吐？浪静似响鲛人机，风便欲递冯夷鼓。此时倒影动楼阁，咫尺已畏风雷作。前驱青兕淮神过，长江冰岩大鱼跃。得观如此将毋归，回头半湖森雨脚。大陆沉浮且未休，吾侪身世将安托。歌声如哭何处歌，沿山半州纯浸波。庚辰奚仲不在世，呜呼奈汝歌者何！

阅老坝合龙

〔清〕爱新觉罗·弘历

甲午秋涨盛，老坝黄河决。滔天势莫遏，万姓遭杌陧。赈救不遗力，督催速堵缺。廿日奏功成，明神佑诚别。兹来视堤工，出水高凸凸。瓣香致敬宜，安澜吁以切。老幼纷随舆，温饱多欢悦。元气似已复，闾阎亦填列。而我一回思，往事不忍说。

河　溢

〔清〕凌廷堪

甲午八月十九日，铁牛岸崩河水溢。黄流浩汗訇如雷，淮壖尽作蛟龙室。黑风吹水相斗争，涛声撼天天为惊。可怜黔夭走无路，咄嗟人命鸿毛轻。传说濒淮百余里，居民皆逐洪波徙。号呼望救声入云，富强登舟贫弱死。死者骨肉为尘泥，生者俱上长淮堤。淮堤无米不得食，惟见日暮风凄凄。垂头枵腹但枯坐，编苇栖身忍寒饿。湿薪爇釜冷不烟，妇子无声泪交堕。作诗寄语淮之民，九重恫瘝同一身。指日恩纶下天府，河堤使者加拊循。补偏救弊圣王政，坐令蔀屋生阳春。

河上杂诗（六首选二）

〔清〕梁章钜

我初习外吏，一麾来水乡。专城江汉间，长年事堤障。量移到东土，乃复专修防。河流本浩浩，淮海弥汤汤。袁江如釜底，高堰如岩墙。既需黄济运，又须淮敌黄。或资擎托势，旋虞倒灌强。理河兼理漕，所系非寻常。捍患复因利，何由两无妨。

河堤经费繁，袁浦冠盖萃。往者风侈靡，挥金每如芥。安危县利繭，悖出寻亦败。比来风气上，去奢复去泰。岁支有常经，仕宦非往概。庶无扑满虞，且免漏卮匮。我本淡泊人，喜值清明会。古心先自鞭，冗费要共汰。幸毋扬其波，官谤吁可畏。

漕船纤夫行

〔清〕胡　敬

长河东注波滔滔，下游直上千粮艘。湍深波急不受篙，趱行个人长绳操。高岸跃上如刁猱，高钩首戴重六鳌。欲进不得声嗷嗷，十百俯仰同桔槔。我不见首惟见尻，首俯益下尻益高。天寒雨湿风飉飉，入夜尚尔闻呼号。手龟足茧肤无毛，中途求息哀其曹。受代不啻鹰脱绦，畴助尔力分尔劳。辘轳船唇安置牢，旋转有若缫车缫。船中官人兽锦袍，临风外被秦复陶。指顾叱咤何粗豪，三申五令鼓伐鼛。鞭笞横加难幸逃，岂不念尔徒自蒿。天庾郑重法敢挠，性命似此真秋毫。吁嗟粒粟皆脂膏，仓中鼠慎毋贪饕。

捉船行

〔清〕陆费瑔

淮阴泽国多风沙，居民生计船为家。百舍起船不起屋，船成官岾纷搜拏。但使全家得半食，寸纸斜封敢论直。今日受雇明日行，贫船被驱富船匿。千艘組接黄河曲，折撞败桨须修筑。天妃庙前津鼓喧，驿吏持鞭上船逐。侵晨叩官分官钱，十人赴功五人粥。乘船达官方醉眠，船头欢呼船尾哭。

淮阴竹枝词（二首）

〔清〕郭　瑗

百子堂前湾复湾，天妃闸下浪如山。篙师鳞次踏霜立，小吏披裘放早关。

三汛防河桃伏秋，清江占得小扬州。长街也作繁歌吹，一斗黄金一浪头。

东阳城怀古

〔清〕王荫槐

残阳照荒陇，叱犊闻鞭声。清时群少年，习业惟躬耕。过客偶怀古，怅望东阳城。雉堞圮何年？遗址今已平。当时秦鹿失，豪杰方共争。自非天授圣，拔山力空勍。贤哉陈母言，不祥得大名。侯封食堂邑，奕世传簪缨。徽音若彤管，风遗淮甸清。千载不靖民，妄念不敢萌。崇祀附节孝，此义殊未明。今春设专主，聊用正荒伦。遗冢更何处，茫茫迷蔗旌。

袁　浦

〔清〕姚承望

畚锸经营苦，帆樯日夜过。水争尘市绕，官比士民多。
南北舟车界，淮黄里外河。年年资巨帑，保障竟如何？

登郡城楼（二首）

〔清〕潘德舆

孤客登临迥，寒烟俯万家。人无徐泗悍，俗得广陵华。
燕马迎芳草，吴船送暮鸦。津梁只供给，本计在桑麻。

千里迢遥望，楼衔夕照昏。黄淮争此土，盐漕控中原。
驿走舆台急，城临棨戟尊。残冬濒海县，方待拊循恩。

淮阴竹枝词（六首）

〔清〕潘德舆

垂杨夹岸浮翠螺，听水听风劳者歌。试向荻庄深处望，帆樯争似乱山多。

女墙缺处野烟生，新旧城楼绕夹城。楼下水门舟一叶，略窥人影未分明。

冶游裙屐映缤纷，宛转红桥绿水痕。同看珠湖好明月，木兰舟过柳衣园。

郭家池馆藕花风，香在空濛水气中。并舫似怜花解语，霎时鱼戏各西东。

十里邮亭两岸舟，春风送客宴花楼。夜潮好趁风帆利，似识明朝阻石尤。

新蒲入馔酒频携，歌管深宵醉似泥。一种离情消不得，劝君且莫啖秋梨。

袁浦留帆

〔清〕麟　庆

十载袁江久宦游，惭无政术奠黄流。北行实对斯民愧，南顾难纾圣主忧。
红树春深人卧辙，绿波新涨我归舟。画图诗卷频投赠，无限深情哪得酬！

洪泽湖远眺

〔清〕王春芳

纵目长湖水，空濛接远天。不风还激浪，无雨亦生烟。
大贾千樯集，长堤一线悬。哪堪回首忆，鱼鳖泣当年。

开坝行

〔清〕曹楙坚

今年稻好尚未收，洪湖水长日夜流。治河使者计无奈，五坝不开堤要坏。车逻开尚可，昭关坝开淹杀我。昨日文书来，六月三十申时开。一尺二尺水头缩，千家万家夫老哭。

*原注：道光甲申（1824）冬，高堰十三堡决后，以次缮完。御黄坝堵闭两年。丙戌夏，洪泽湖水长，当事惧堤工不保，遂启五坝过水。扬郡七州县当下游者，田庐尽没，较嘉庆丙寅决荷花塘尤剧。余客海陵，人烟萧寥，万室波荡。加之盲风怪雨无节，触凄惨之怀，写流离之状，因事而歌焉。

泗水患

〔清〕许凌云

多半支祁锁未坚，茫茫浩浩又滔天。大风陡起三篙浪，小屋如浮一叶船。
夹岸芦汀花是壁，依沙舫子水为田。劝君莫把清贫厌，菱角鸡头也度年。

己亥杂诗

〔清〕龚自珍

只筹一缆十夫多，细算千艘渡此河。我亦曾糜太仓粟，夜闻邪许泪滂沱。

*自注：五月十二日抵淮浦作。

拉粮船

〔清〕鲁一同

拉粮船，声何哀，三月渡扬子，四月渡长淮。行人共说拉粮苦，谁传此声中都女。中都女儿年十五，能以私絃作人语。呕呀咿嗳声不停，一声高空入青冥。千声万声转相继，十万樯乌尾扑连。中都女，汝传此声来何方？不南不北音悠扬。红白绣鞋尺半长，三年辞家别爷娘。独柳树边秋雨暗，倭瓜淀里湖风凉。嗟尔拉船人，酸嘶何时已。君不见，今年粮艘行复止。腊月黄河冻连底，船夫无褥丁无米。官敲吏扑寂无声，十里清江夜如水。

篆香楼看木兰，游景会寺，至钵池山，访丹台，登显真亭

〔清〕丁　晏

元已约看花，羁绊忽牵俗。今朝寻胜游，春光快瞻瞩。木兰烂漫开，高柯出墙屋。玉碗堆繁英，双林攒簇簇。景会古招提，断碑没趺足。河决感沧桑，填淤塞平陆。钵池余一抔，冈峦若起伏。驾言访丹台，王乔亲受箓。鸡唱升云中，但闻松谡谡。道旁多回坟，方土自畚挶。至教日陵夷，花门肆邪曲。滋蔓怀殷忧，愚氓悲横目。徙薪早知几，燎原安可扑。吾爱山下人，齐力事耕筑。朝暾已灌园，夕阳犹叱犊。麦苗青于莎，菜花黄似鞠。农圃倘可为，焉敢慕仙躅。

山阳湾

〔清〕卢福臻

一湾淮水经山阳，环流西北势最强。来自清口太湍急，曲折奔腾不可当。日夜东趋下末口，迅如脱兔坡前走。往往南漕忧沉溺，到此踌躇都束手。雍熙运使沙河开，六十余里险不来。天储方喜庆安澜，稳渡舟师欢若雷。无何淮徙运亦止，大局纷更从此始。几寻故道几徘徊，神禹之功难回矣。

涟东竹枝词（选十首）

〔清〕李承衔

斗大孤城落照边，半堆黄土半堆砖。河崖高出城头上，想见奔流涨九天。

一道长衔西至东，片时走过惜匆匆。著名大店从头数，常合森和李正丰。

涟东八景太模糊，赤岸金城有若无。惟幸能仁寺中塔，七层高倚夕阳孤。

三竿红日下空庭，街市萧条户尚扃。莫怪人家多晏起，千秋卧佛不曾醒。

县中二石偶玲珑，便说留贻自米公。惟有书成章化寺，银钩铁画类南宫。

传抄县志最精工，体格看来却不同。尤爱鼓音详细载，札冬冬札札冬冬。

纷陈肴馔亦精良，无奈樽中酒不黄。最是炎天挥汗坐，人人相对喝高粱。

一泓清水碧迢迢，全仗天工落雨潮。独有鲫鱼颜色异，至今人说化龙桥。

草草盘飧且佐餐，一年生计在天寒。花生水粉寻常物，薄海闻名萝菔干。

风土人情迥不同，数之更仆苦难终。衔斋寂寞青毡冷，约略挥毫备采风。

管镇道中作

〔清〕江殿魁

吾常谓鲍叔，重义不重金。天下才须恤，生平分最深。
可怜今交道，难似古人心。莫问当年墓，昏鸦噪几林。

吟清江

〔民国〕范　冕

袁浦名邦记胜游，依稀风景似扬州。洋桥东接西流水，越闸南通北草楼。
斗姥宫前都府巷，奎星阁下状元沟。无边风景芦花荡，九省通衢石码头。

岁己亥十一月摄安东县偶成

〔民国〕吴昌硕

旧黄河势抱安东，古木寒潭万影空。卧榻冷悬高士雪，卷茅狂听大王风。
诗来淮上秋山里，人在天涯水气中。眼底石头真可拜，倘容袍笏借南宫。

龟山望明陵

〔民国〕张相文

华表消沉水一方，汉家陵阙又沧桑。鹃啼滇缅空残魄，狐啸秋梧罢晚香。
吴会军储通汴洛，周余民气见徐常。淮壖旧是雄飞地，万里风云接凤阳。

游妙通塔

〔民国〕郑　宾

二三童子向西游，乘兴登临宝塔头。四面芦花风飒飒，白云吹去晚来秋。

洪泽湖畔杂咏

〔民国〕王　预

懒登高阁望青天，愧我英雄误大千。万里澄湖堪入画，一犁新雨可耘田。
沙边宿鹭春犹睡，谷口飞霞晚更妍。最喜老渔闲事业，一竿明月伴蓑烟。

枫叶秋高万树霞，烽烟曾否到长沙。山深曲径霞藏峡，水湍迂回浪作花。
翠壁泉声穿乱石，碧潭月影透笼纱。群黎漂泊原无定，诚恐兵锋尚滥加。

过洪泽湖

陈　毅

扁舟飞跃趁晴空，斜抹湖天夕照红。夜渡浅沙惊宿鸟，晓行柳岸雪花骢。

淮河晚眺

陈　毅

柳岸沙明对夕晖，长天淮水鹜争飞。云山入眼碧空尽，我欲骑鲸踆浪归。

飞舟行·过洪泽湖

张爱萍

秋水逐一叶，看白帆雁列。渔歌嘹亮，凫戏水拍，荷红絮袅乱飞雪。
当年平洪泽，红旗卷风烈。千帆破浪，炮轰弹射，蛟蛇蟹鳖一网绝。

涟水古槐吟

罗希白

亭亭华盖荫涟城，历尽沧桑几百春？枝叶横斜开凤翼，枯根盘结出龙鳞。
烽烟滚滚无前敌，弹迹斑斑劫后身。俯仰低徊怀往事，甘棠蔽芾凛霜晨。

一剪梅·赞洪泽湖

杨笑风

淮海天成五彩图，水上芙蕖，水下游鱼。一年四季景奇殊，凫鸟呱呱，汽艇嘟嘟。
双闸一堤锁玉湖，旱也根除，涝也无虞。皖苏鲁豫得宽余，喜了村姑，乐了农夫。

赞水利枢纽工程

丁　芒

洪泽湖边铁锁开，波涛汹涌扑天来。长江跳跃登高去，洪水循规向海排。
勇辟黄沙播大地，喜铺绿野绣长淮。欢呼时代擒龙手，瑰若新虹声若雷。

涟水留念

俞平伯

流水平沙网脉通，排洪灌溉乐年丰。行看茅舍成华屋，花果桑林绿映红。

访周恩来总理旧居

川流子

楚城胜地慕繁华，曲巷来看总理家。斑驳朱门常上锁，清凉小院未栽花。
双榆径自冲天立，丛竹随它贴地斜。指示三条何磊落，赢来四海颂声夸。

苏北灌溉总渠

高桂生

天上银河岂出银，总渠流水胜流金。分流万顷翻金浪，海外渔人来问津。

桂枝香·盱眙

王亦纯

平林漠漠，看日上云崖，水萦山郭。一路榴花麦浪，峰峦隐约。两岸绿杨风袅袅，引长淮，船连锦索。桥起长虹，水凝白练，云飞碧落。　　故乡情，谁能领略？望樯鼓纵横，洲汀交错。更有凤岭多娇，龙泉可酌。邻里亲朋情似海，正春深，飞回辽鹤。灿烂山花，轻盈风柳，峥嵘楼阁。

醉花阴·淮阴城南公园中秋游园观灯会

王洪明

满眼华灯辉碧树，异彩添奇趣。佳节又中秋，伛偻提携，齐把良宵度。
嫣红姹紫芳菲路，听欢声笑语。盛世本怡情，墨客骚人，喜作游园赋。

沁园春·颂淮阴水利

孙燮华

昔日淮阴，四水横延，灾害万千。淹家乡大地，哀鸿遍野；平原失态，黎庶呼天。尤忆当年，泗州不见，洪泽悬湖隐患添。忍眼望，嗟茫茫一片，泪雨涟涟。　雄鸡一唱更迁。看勤奋人民敢斗天。先导沂整沭，疏淮入海；翻江北上，河网连绵。今日淮阴，无忧涝渍，四水低头旱魃潜。展前程，颂年丰物阜，业绩连篇。

歌涟水（三首）

孙步坦

绿肥千顷映安东，增产粮棉在意中。多种经营门路广，计酬联产乐融融。

征服碱荒乐为农，频频报捷自安东。人民无限欢心事，尽在粮棉增产中。

绿肥水稻富安东，八载丰收在意中。全县人民歌大有，碱荒征服乐无穷。

联合国官员访问洪泽湖

高家骅

洪湖秋水浣轻裳，茭白菱红分外香。国际嘉宾来访问，烟波万顷水天长。
渔村新貌入银屏，蟹满鱼鲜饷外宾。湖上人家电器化，小康局面已驱贫。

题吴承恩故居塑像

丁　芒

生死纷争魔怪事，穿心入骨世人情。射阳簃里诗初醉，古楚巷中笛正听。
千载文章皆有泪，几多直道不蒙尘？落梅愁绝惊回首，窗外淮堤杨柳青。

镇淮楼

马济中

八方车马往来风，卓立通衢气势雄。若把楚城比明月，镇淮楼是广寒宫。

涟水五岛公园

王士举

遍游塞北与江南，倍爱家乡水一圜。五岛花明迷蝶舞，四堤柳岸语莺欢。
米公池上庆云集，同乐堂中紫燕还。更有孤山夕照美，沧桑几度焕新颜。

南乡子·谒关天培祠

田　檖

正气壮南天，吓退英夷不敢前。民族精神传代代，绵延，哺育儿孙千万年。
往事不堪言，还我河山壮志篇。港澳行将归祖国，欣然，告慰英灵当纸钱。

贺新郎·淮阴初圆“火车梦”

袁翠萍

捷报漫天舞。淮沭城，民情振奋，打锣敲鼓。即日初圆火车梦，怒放心花无数。喜庆到、千家万户。仰望前程锦绣，恰几番宿愿今朝付。欢乐事，竞相语。　隆隆车响春风路。共讴歌、党恩浩荡，四乡甘露。落后贫穷从此去，偏僻难通作古。五载里、苍天不负。栉比高楼平地起，看新村群落皆人住。言不尽，谱《金缕》。

吴承恩故居感怀

周桂峰

意气轩昂冲九天，谁知久滞古淮边。长兴碧水空余恨，荆府青山漫结缘。
揉碎豪情观鬼界，封藏壮志寄猴仙。几多眼泪几多血，打叠雄才作巨编。

题明祖陵

周桂峰

编氓岂敢梦皇权？三祖骨埋草泽边。不是因时成虎变，怎教累世慕孙贤！
纵然身后尊崇极，无补生前饥冻煎。难得长淮情意好，波澜呵护石人全。

念奴娇·韩侯钓台怀古

周桂峰

一湾河水，是谁把、千古将星轻撇？镇日垂纶，怎敌他、碌碌饥肠如裂！漂母义高，亭长情薄，胯下辱难雪。暖风冷雨，几番淬炼英杰。　　雄才终得逢时，亡秦灭楚，功高齐日月。祸福难期，人道是、须信摇唇蒯彻。鼎足三分，全身远害，岂是忠臣节？钓台犹在，碧波漫卷黄叶。

钵池山

李静风

泽被千年事，渊波静不争。云迷丁令鹤，鸟答子乔笙。
问道嘘大块，怀幽扪斗枰。神仙安可睹，历历十三城。

咏钵池山公园

予　杞

何处认淮安？城东改旧颜。一泓大口子，三载钵池山。
鸥鹭波光里，亭台竹石间。天涯几过客，到此不悠闲？

观钵池山老子塑像怀吴为山

荀德麟

双舄王乔去不还，却留满腹老君丹。青铜裹得珠玑在，化凤成麟赖一山！

咏清晏园

颜怀臻

署治于斯六百年，名更朝迭事如烟。此间蕴意苍茫甚，人号江淮第一园。

临江仙·参观苏皖边区政府旧址

荀德麟

畴昔盐商豪宅里，慨然文物相连。烽烟初散楚江天。边区腾紫气，桑海喜乔迁。
执政为民标典范，日新月异争传。千秋谁更续华篇？龙舟多载覆，壁上仰群贤。

刘老庄烈士陵园怀八十二烈士

周桂峰

报国从军战未休，猝迎狂寇慨同仇。野无险峻唯凭勇，村少深幽难用谋。
立地生根泰岳壮，舍生杀敌阵云稠。义成一死情何重，岁岁英名动九州。

谒漂母祠

荀德麟

漂洗缁铢戴日星，千金一饭更增陵。爱心未料施豪杰，慈母何须赋姓名！

临江仙·谒枚乘故里

荀德麟

晋雨唐风难废，宋砖元瓦重新。运帆淮月恋风神。椽毫承屈宋，只手启昆仑。
七发汗然疗疾，两书卓尔规箴。医人医世看雄文。千年银杏老，万古警钟存。

参观日月洲台湾农业生态园

蒋同章

园中草木不知秋，满目芳菲春正稠。莲雾开花香淡淡，火龙结子韵悠悠。
长淮波浪连台海，宝岛风光属禹州。两岸亲情难割舍，带来硕果满枝头。

鹧鸪天·月夜河下

赵庆生

雁憩萧湖霜满天，依稀古镇梦中眠。闻思寺里禅音渺，御码头前舟子闲。
云袅袅，雾姗姗，吴居沈府竹枝寒。估衣街上轻移步，情侣依依到柳滩。

戊子秋杪访唐集月塔

荀德麟

嶙峋瘦影锁荒残，桑海云梯关外关。一橛千秋拴贝叶，潮音渺渺落霞丹。

游老子山

荀德麟

老子仙踪久渺然，却留蹄迹在山巅。此牛恐亦吞丹辈，只驾云烟不力田。

题老子山温泉

周桂峰

当年老子炼丹处，今日汤池涌热泉。想是丹炉火未灭，故烧湖水洗人间。

临江仙·咏洪泽湖大堤

周桂峰

浩浩汤汤三万顷，九牛难镇蛟龙。几回决口浪翻空。淮扬成泽国，东望尽溟濛。
还是人间才子贵，更兼百姓英雄。长堤百里气峥嵘。新添入海道，决胜更从容。

大佛寺听钟

朱士华

几叠青峦云外开，染钟风信去天回。沙鸥也有听禅意，一并湖光入抱来。

菩萨蛮·金湖万亩荷花荡

杜　渐

霏霏细雨荷花荡，轻烟袅袅烟云漾。画舫弄清波，芸窗拂白荷。
青篙撑小舸，俊俏鱼郎过。翠鸟立荷尖，一飞鸣碧天。

鹧鸪天·白马湖

宗寿华

柔润清风起绿漪，平湖莹彻碧波微。碧空若洗轻云淡，白鹭如歌芳草萋。
花解语，柳盈堤，客来诗句绕湖行。渔家靓女划船过，一曲清歌贴水飞。

雨中游嵇圩水上森林公园

杜 渐

杉林深秀伴瑶池，白鹭飘来自在诗。我欲行吟还拾翠，韵含雨色句含痴。

瞻仰黄花塘新四军军部旧址

陈光永

胜地初游寻故迹，黄花塘畔柳依依。皖南血溅惊残梦，江北情牵插帅旗。
离去元戎遗草屋，往来阡陌失骢蹄。问询烽火当年事，皓首拈须入话题。

行香子·盱眙第一山

荀德麟

碧水依依，叠巘萋萋。得闲来、莫问何时。松风竹雨，泉咏鸟啼。更桃花水，桂花月，雪花枝。
阶级峻崎，楼阁参差。觅荒岩、每遇珍遗。隋炀宫瓦，历代镌题。喜东坡韵，南宫字，乐天诗。

临江仙·登盱眙第一山

张忠梅

翠叠层峦临碧水，长淮如带飘柔。魁星灵阁接云头。清泉浸月，古寺磬悠悠。
米芾兴狂曾泼墨，坡仙几度优游。摩崖细细辨题留。登高回望，笑语满山楼。

水调歌头·第一山远眺

李文庆

绿嫩岸边柳，春色染淮山。烟波浩荡云际，东去不回还。苍翠层峦屏立，崖壁松青柏秀，昂首对蓝天。脚下横城郭，人语笑声欢。

凭栏望，江风劲，送渔帆。千舟万楫齐发，似箭脱弓弦。昔日芦花渡口，飞架长桥十里，大道贯平川。远处征鸿过，催我赋新篇。

临江仙·登都梁公园观淮亭

王兆浚

万顷朝霞如凤羽，观淮亭上观淮。水天红透映桃腮。驰轮梭箭发，商贾弄潮来。
凫雁悠悠翔远浦，黛螺装点蓬莱。仙人到此也忘怀。天公挥巨手，一笔定鸿裁。

元月初四游铁山寺

汤明秀

空山鸟迹无，林木任风呼。小径春芽绿，苍烟野寺孤。
溪清疑玉镜，藤老幻仙姝。闭目聆天籁，悠然绮梦苏。

我　爱

赵　恺

我曾轻轻地说，我爱，
声音羞涩又忸怩。

我爱我柳枝削成的第一支教鞭，
我爱乡村小学泥垒的桌椅。
我爱篮球，它是我青春的形体。
我爱邮递员，
我绿色的爱情在他绿色的邮包中栖息。
可是，我的第一声爱还没落地，
就凝成一颗苦涩的泪滴。

……
……

我爱我逝去的二十二年，
珍惜，但并不惋惜。
世上有谁比我更幸运？
我有幸参加了一场民族的悲剧。
五十万“演员”，
四分之一个世纪，
一个延续了两千年的主题。

我竟猛然衰老了，
衰老在落幕后的短短一瞬里。
我把平反的通知，
和亡妻的遗书夹在一起；
我把第一根白发，
和孩子的入团申请夹在一起。
绝望和希望夹在一起，
昨天和明天夹在一起。
难道只有死亡才能理解生命的价值？
难道只有衰老才能领略青春的真谛？

我追求，我寻觅，
我挖出当年那颗珍藏进泥土的泪滴。
时间已把它变成琥珀，
琥珀里还闪动着温暖的记忆。
爱，本身就是种子，
生命，怎会死去？
我还是说，我爱，
今天的爱，
正是昨天爱的继续。

我首先爱上了公共汽车月票，
珍重地把它藏进贴胸衣袋里。
虽然它意味着流汗，
虽然它意味着拥挤，
虽然它意味着一条能够装进罐头的沙丁鱼。
然而，流汗和拥挤本身，
就是一种失而复得的庄严权利。
纵使我是一条鱼，
也是一条前进的鱼！

我在崭新的工作证上，
贴上一张十九岁的照片，
年龄栏里却是“四十一”。
生活，得重新品味；
日子，再打头过起。
挖出泪滴，
还得埋下汗滴。

我爱上了报纸，
它成为我一位诚实的伴侣。
它带来诗歌和诗一样的消息，
也带来愤怒的揭发、颤抖的检举：
它们每一颗铅字都是一颗带血的砝码，
天平的另一端，
是党的威望和宪法的信誉。

我爱法院，
我常在监狱门前默默站立。
我爱镣铐里颤抖的双手，
我爱铁门后悔恨的抽泣。
我爱，
是因为我恨：
恨铁不能全成钢，
恨石不能都成器。
给废铁以热吧，
给顽石以力！
人民将把六个金铸的大字高悬在监狱门口：
“化腐朽为神奇。”

我爱音乐，
我爱一切发自心底的旋律。
我爱朱崇懋。我爱关牧村。我爱李谷一。
高音像鸽子飞上蓝天，
低音像沉雷滚过大地。
中音最醇厚：
一曲《吐鲁番葡萄熟了》，
真像熟了的吐鲁番葡萄一般甜蜜。
可是，我不敢抚摸提琴：
我觉得那根被切断的喉管的鲜血，
还在琴弦上滴……

我爱我该爱的一切，
甚至“爱”上了爱的仇敌：
诬告和陷害，
阿谀和妒忌，
枕在金钱上的爱情，
浸在酒杯里的权力。
感谢你们，

并且惶恐地脱帽敬礼：
多亏丑恶的存在，
爱，才是一个有血有肉的立体。

我大声地说，我爱，
以我第一根白发的名义。

周恩来（节选）

赵　恺

对于逝者
历史采用三种方式：
遗忘，
仇恨，
或者是思念绵绵无绝期。
右手平贴胸前，
左手静垂一侧；
他的形象
是一座诗碑的形象。
诗国尊崇诗碑，象尊崇一掬泥土，
象尊崇一颗种子，
象尊崇一株禾稼。
我们把他的名字
和稻谷联在一起。
伤于缅怀，
缄于呼唤：
真正的痛苦不属于语言，
它刻于骨
而铭于心。
我们孩子的启蒙是：
床前明月光，
疑是地上霜……
之后，
伴随着他的名字。
他的名字，
是故乡的《静夜思》。

萌于春，
敛于冬：
他的一生，
是拔节的一生。
生于南方，
长于北方：
一尊根系，
具有刚柔双重秉赋。
滴滴心血，
孕作谷穗，
他的履历，
是一部《稻谷史》。
轻风过处，
叶片婆娑，
田野的声响，
是无改的乡音。
我们熟悉他的乡音，

我们企盼他的乡音，
我们谛听他的乡音，
我们珍爱他的乡音；
从一声婴儿的啼哭，
到一尊雷霆的轰鸣，
最细微的声响，
和
最雄健的声响，
都牵动乡音。

故乡的小巷依旧，
夏走烈日，
冬走雪，
寒来暑往，
轻轻走着他的乡音。
树还是他种的树，
以年轮作为象形文字，
树在心里书写离情。
春天举起一千片手掌，
一千片手掌召唤游子。
秋天垂下一千片手掌，
一千片手掌计算归期。

举一百次，
垂一百次。
第七十八次，
竟成漫天纸钱。
水井还是他的水井，
绠迹还是他的绠迹。
不敢汲水；
提不动，
深深思绪。
书桌犹在，
笔砚犹在。
吟诵绕梁，
生生不息：
大江歌罢掉头东，
邃密群科济世穷。
面壁十年图破壁，
难酬蹈海亦英雄。

人可破壁，
歌敢蹈海。
磔磔诗碑拔地而起：
哦哦，酒酹滔滔，
哦哦，大江东去……

一生作了太多的事情，
一生又只作了两件事情：
战争与和平。
战争是折断臂膀的战争，
和平是补缀衣衫的和平。
两件事情一个主题：
播—爱—在—人—境—！
俗话说
只有老死的人，
没有累死的人。
他，
却是一位累死的老人。
穿过风雨，
穿过雷电，
一株稻谷长成一棵树。
一颗大树，

却轰然倒下了。
一片干净的树叶，
胜过一切污秽的手；
一棵倒下的树，
高过一切卑微的苟活！
不乏一个人为一个国家恸哭，
绝少一个国家为一个人流泪。
祖国之旗和世界之旗都不堪重负，
它们相互搀扶、举步维艰地
驻足在感情的半坡上。
对于爱，
人民行使人民的权利
——记忆。
一月白花簇拥诗碑，
诗之海洋托举诗碑。
诗碑，
人之碑，
人格之碑。

第二章　赋　征

浮淮赋

〔汉〕王　粲

从王师以南征兮，浮淮水而遐逝。背涡浦之曲流兮，望马邱之高澨。泛洪橹于中潮兮，飞轻舟乎滨济。建众樯以成林兮，譬无山之树艺。于是迅风兴涛，钲鼓若雷。旍旄翳日，飞云天回，若鹰飘逸，递相兢轶。凌惊波以高骛，驰骇浪而赴敌。如舟徒之巧极，美榜人之闲疾。白日未移，前驰已届。群师按部，左右就队。舳舻千里，名卒亿计。运慈威以赫怒，清海隅之芥蒂。济元勋于一举，垂休绩于来裔。

涉淮后赋

〔宋〕张　耒

余甲寅之秋，自正阳涉淮，作《涉淮赋》。既至泗之临淮，邑之东南皆淮也。朝游夕济，凡淮

之惊畏风涛之变，无不历之矣。今秋，又以事之东海，至涟水入涟河。舟人告余曰：淮水至是入海矣。予生二十有二年，吴楚秦蜀之国，来往殆遍。窃悲其迹之不常，作《后涉淮赋》以自广矣。

浩淮流之汤汤兮，荡余舟以沿洄。嗟我居之不常兮，未期岁而再来。始进棹于正阳兮，睨下蔡之穷城。界陈许之北壤兮，望荆涂之两山。缅川原之回复兮，思万功而慨然。爰系舟于徐邑兮，浸淮隅之两壖。驾长帆于朝风兮，凌星河于夜湍。岂所览之未周兮，恨未穷其本原。忽行役而南去兮，税吾楫于清涟。指溟渤于西北兮，曰此淮流之所还。彼百川之归海兮，吾固知其必然。惟循源而极末兮，衷予迹之未安。当天时之晚秋兮，风露惨其既至。山峭峭而瘦出兮，水绀洁而无滓。曳孤轮而忽惊兮，出游鲈于短苇。白鹭飞而下来兮，翩如避世之君子。酒芳香而盈碗兮，吾陶陶而日醉。方颓然而遗形兮，孰卑高而贱贵？彼贵者乐其府兮，富者怀其资。无二者之累予兮，何羁游之足悲？穷天下之奇观兮，极覆载之所藏。膏吾车而勿反兮，毕吾世而徜徉。

钵池山赋

〔清〕黄树森

试一望兮不磝不礐，匪黛匪青。夹路无石，半山有亭。雨倾盆而若洗，土覆篑而通灵。具仰盂象，俨建瓴形。客告予曰：此钵池山也，地当淮浦，境接村墟。对韩亭而耸峙，越枚里而纡徐。瞻彼陟彼，奥如旷如。秋风花采，春雨药锄。山饲鸡以成凤，池化龙而有鱼。其势则冈抱四隅，土隆一撮。种合李桃，攀无藤葛。匪剑池之舒长，异瓠池之辽阔。盛饭颗兮若钟，纳须弥兮有钵。花不咒而莲生，诗罢敲而云活。其色则红争翡玉，艳夺珊瑚。野未烧而壁赤，金无矿而砂朱；斗燕支于绝塞，移赤沙于名湖。晃曈昽之日出，亦如盘兮如盂。

或谓子乔辟谷，小隐其间，尝丹泉兮漱齿，采芳药以驻颜；成九转以谢尘市，随八公而入仙班。而斯境也，俨然方壶圆峤，并海上为三山。且谓灶下丹成，林间凤舞。安公之冶独神，葛洪之火毕吐。以是地变丹崖，居同紫府。种琼玉以矜奇，疑赭山而分土。孰知传闻近诞，按理尤乖。周太子曾经早逝，《列仙传》已类《齐谐》。即或吹笙霞举，驾鹤云排，迹亦著于缑岭，人非隐于长淮。岂神仙善幻，遂易地则皆是。

盖山孕结于土膏，色递分乎地脉。泉奚煅而能红，岸谁烧而始赤？语实不经，理无可绎。惟象自天成，名由实责。如谷以盘而得称，峰肖炉而著迹。兹既像乎钵盂兮，锡嘉名而自昔。

*以“形如钵盂山土皆赤”为韵。

运河之都赋

荀德麟

淮、泗之会，漕河之中，七省喉吻，三城并雄。右襟洪泽，左带溟濛；南贯江、浙以济苏、杭，北涉河、海而达京、通；挽五水而共舞，偕百城以竞荣。此运河之都、古楚淮安也，方舟四达，远载《禹贡》。

已而吴开邗沟，陈兵末口；隋炀巡游，盘坝楚州；唐宋通漕，倚为枢纽；元世一统，匝城舣舟。迨至永乐尊九五而都燕，重漕运以衡权，封疆驻节，文、武分院，总供上国，专制中原。明、清易代，体用相沿，如鼎如沸，垂五百年。

当其盛时，开百卫之船厂，建天下之粮仓；树总河之牙纛，铸帑银之巨防；置榷关以算舟车，掣淮盐而聚引纲。是以群商赴壑，五方填咽；羁旅肩摩，贾槎衔接；冠盖云屯，货赂山列。诗城韵飞，坛坫常设；多丽名倾，王侯慕悦；崇、恺比居，歌舞难歇；闸坝相望，邪许夜彻。夹河五十里，编氓十万家，燃灯灿星汉，呵气化流霞。富厚罕其匹，绝域壮声华。

逮乎近代，世道日以转，釜薪渐抽裁，往昔繁华，应运而衰，有不忍言者。

且喜新国肇基，鼎革世纪，地覆天翻，史无前例。今日运都，处处生机，新型枢纽，磅礴气势。运水走游龙，公、铁路交驰，物流畅四海，吐纳总相宜。百业因之腾飞，名城因之插翅。古韵存而新貌秀，清江浦上富春秋。倾颓兴隆皆有数，此间正好作壮游！

淮安赋

荀德麟

楚汉故郡，淮运名都，纬分秦岭，经轨漕渠，四水穿城，双河回护。东孕末口，襟扬子而带瀛海；西衔泗口，引长淮而控大湖。绾清涟，结山盱，统四县，辖五区。候兼南北，分明节序；网罟河泽，水浮疆宇。川原广袤，沃野平铺；丘阜西南，苍翠盘迂。利蒲渔而载《周礼》，贡蠙珠以窥《夏书》。“黄柑紫蟹见江海，红稻白鱼饱儿女”，苏长公之千秋写照；“碧水蓝天连廓野，繁星明月近楼台”，槿轩主之今题不诬。

沧桑古城，悠悠青史。雪泥鸿爪，青莲岗具七千年遗韵；吉壤奥区，清河口列八九座城址。善道得陈璋圆壶，旧铺获季札盟匜。楚汉王陵屡现郊野，荒滩故垒曾牧义帝。秦皇一统，淮阴置县，商贸繁荣，赫然称市。炎汉而下两千载，州郡路府之治所；南北对峙三五朝，边帅驻防之重地。北必得而饷运无阻，南必得而进取有资。血战所关，国祚所系，几度剪屠，维扬其匹。每海内承平，则五方辐辏，为贡道之枢衡、漕运之噤喉。二口之间，墟落密集，淮泗之会，市井繁稠。

其间也，吴凿邗沟，运贯隋炀，古楚之州，盛于大唐，城开波斯店，郊设新罗坊。宋凿沙河道，聚落磨盘庄。元世更漕路，明清铸辉煌。斯时也，黄、淮、运交汇以隆其势，清江浦四闸以陈其险，河、漕总督开府以扬其威。漕穿五水，淮扼其中，天下九督，淮居其二，运河之都，乃实至而名归。船厂造百卫之舟，皇仓积千里之储，堰坝挥历朝之帑，盐坨供兆民之需。关征榷税，三河、海隅；南船北马，九省通衢。清淮八十里，临流半酒家，帆影闻鼓吹，筝声催月斜。奔雷闸启鬼神愁，昕夕喧呼起白鸥。城堡相望闻刁斗，壮丽东南第一州。

其尤堪豪者，群星璀璨，雄杰蔚起。俯胯饭饥，三杰楚王窟穴；观涛疗疾，七发枚乘故里；演绎西游，河下镇射阳筑篘；经纬天地，驸马巷恩来断脐。俊逸鲍参军，清新张右史，韵士辈出，诗城结望社蜚声；存真杨吉老，延寿推石氏，名医踵继，鞠通集温病大成。学开考据，阎潜邱振聋发聩；文彰甲骨，两巨子先声夺人。须眉巾帼，代有干城：陈元龙湖海豪气，王义方劾奸奋身，刘仁赡辕门斩子，梁红玉桴鼓退金，沈祭酒狼筅埋倭，关忠节血染虎门。更有刘老庄八二烈士，华中解放区领袖群体，浩气丹心振国魂。他如卫朴之历算，龚开之绘事，郭大昌之堵决奇术，程莘农之针灸神技，王瑶卿、周信芳之粉墨登场，陈白尘、谢铁骊之影剧综艺，乃至府署宝翰、书院荷芳、十番锣鼓、淮扬美食，皆斯市之荣光、斯土之灵异。

然而山川陵夷，人事代谢：黄河北徙，漕运转海，津浦路通，盐法大改，江河日下，目惨心骇。所幸否极泰来，东方狮醒，因利乘便，革故鼎新，运都崛起，数度周星。

一日千里，得交通之引擎；公水铁空，赖不懈之经营。而今高速盘绕，八面龙吟；黄金水道，

江海通津；百载梦圆，火车轰鸣；万里长空，啸傲鹏云。物畅其流，人快其行。

于是群商赴壑，俊采星驰，台商、浙贾，各占机宜，蜂聚蚁会，高地竞齐。或相中本土资源，或看准人和地利，或携来崭新业态，或怀揣高端科技。八仙过海，神通非一，转型换代，多元多极，工业新城，日新月异。产业成链，中国新盐都特色鲜明；凌空而降，创新产业园英才集群；通关简洁，出口保税区一站服务；十通一平，厂房标准化目挑嘉宾。

六大战略，助推百业腾飞；东扩南连，展示高超棋艺。四城同创，宜居靓丽；五区联动，繁华大气。淮海路旆幌流彩，水渡口簇拥楼台，古淮岸情境诱人，山阳湾水木开怀，里运河琳琅满目，高教园浇溉群才。而古城格局之维护，老街风貌之保持，文物遗存之珍视，城市地标之设立，皆尊重历史，相势因地，古韵今辉，浓淡咸宜。

尤喜子民政心，富民侯情：百姓衣食住行，与经济发展同步；医教购娱，共品位提升相副；社会保障，水涨船高；扶贫济困，温暖孤苦。里巷祥和，无负平安盛誉；小区熙乐，高攀幸福指数。

今日之淮安，执省委省府实现“两个率先”之伟略，握加快苏北重要中心城市建设之良机，群情振奋，精心谋划宏图；上下一体，折矢再创神奇。树高标而壮声势，强中心以远辐射，联吴楚而竞绮，偕湖海以齐飞。为邦谋富庶，为城谋美丽，为民谋福祉，为历史赢不朽之丰碑！

四时涉淮赋

荀德麟

愚故里在淮之北，而谋生于淮之南，相距百有余里。昔时，咸自驾单车往还，或一月数经，或兼旬一过，炎暑寒腊，从未间断风雨晴晦，错杂旅程。虽百里之程，然识識地理之分野；每稽古准今，深觉文化之差异。欣悉中国南北气候地理分界标志之施工将竣，亟往观览，作《四时涉淮赋》以广之云。

跨长淮之浩浩兮，连虹桥以透迤；缩寰球于数寻兮，别红、蓝以标志；欣两壖之流彩兮，植桢、楝以分歧。惹吾人之遐思兮，叹造化之神奇。

值春风之染绿兮，异南北之原隰：或水田漠漠而秧歌起兮，逢霪雨连绵之季节；或犁耙悠悠而吆喝改野，望黄梅而初濕地皮。遇炎夏之旱魃、霪潦兮，杭稻每安然而无恙，杂谷恐奄奄以待斃。欣秋获之景象兮，或连枷、风谷万户到天明，或磨粉、榨油千村过夜心。察冬藏之传统兮，北则为度岁而窖藏风干，南则为防寒以土覆草掩。若民间之习俗兮，或四时以勤苦，或半年以悠闲；或清贫而满足，或粗裕而未甘。至若长袍、短襖之服，煎饼、泡饭之食，版筑、芦编之居，荡桨、执鞭之行，推车、挑担之负，皆因时因地而制宜，豈曰南曰北而立异。

百里之遥，气候不齐；冷暖拉锯，春秋尤烈。一淮之隔，水土相异；夹河相对，民性未协。信南橘而北枳兮，喻晏婴之善辨；由北马而南船兮，解文山之多感。览眼前之物事兮，识科学之内涵！

第三章　文　征

娑罗树碑记

〔唐〕李　邕

观厥好德存树，爱人及乌，有情不忘，虽小可作。夫施及者也，则有宗庙加敬，墟墓增悲。睹物可怀，比事斯广，此触类者也。矧乃通感灵变，玄符圣迹，根柢净土，硕茂佛时。烛金山之景彰，联玉豪之殊相。至若泥日法会，荼毗应身，妙有双树之间，光覆僧祇之众，安可混曜散木，比列清林，议上茅之挺生，喻坚固之神造者也。

娑罗树者，非中夏物土所宜有者已。婆娑十亩，映蔚千人，密幄足以缀飞飙，高盖足以却流景，恶禽翔而不集，好鸟止而不巢，有以多矣。然深识者，虽徘徊仰止而莫知冥植；博物者，虽沉吟称引而莫辨嘉名。华叶自奇，荣枯尝异，随所方面，颇征灵应。东瘁则青郊苦而岁不稔，西茂则白藏泰而秋有成。惟南匪他，自北常尔。或季春肇发，或仲夏萌生，早先丰随，晚暮俭若。且槁茎后吐，芬条前秀，差池旬日，奄忽齐同。无今昔可殊，非物理所测，古老多怪，时俗每惊。巫者占于鬼谋，议者惑于神树。

证圣载，有三藏义净还自西域，逮兹中休信宿，因依斋戒瞻叹。演夫本处，征之旧闻，源其始也，荣灼道成之际；究其末也，摧藏薪尽之余。或森列四方，或合并二体，常青不坏，应见分荣，变白有终，不灭同尽。昔与释迦荫首，今为群生立缘。夫佛病从人，大慈感故；树萎因物，深悲理然。化能分身半枯，即是心有合相。后茂还齐，宜其表正。圣神灵贶，品汇以变，见一摄而称赞十方者也。

淮阴县者，江海通津，淮楚巨防，弥越走蜀，会闽驿吴。《七发》枚乘之丘，“三杰”楚王之窟。胜引飞甍，商旅接舻。每至同云冒山，终风振壑，宦子愓息，槁工疚怀。鱼贯迤其万艘，雾集坌于曾渚，莫不膜拜围绕，焚香护持。复悔多尤，回祈景福。于是风水相借，物色同和。挂帆启行，方舳骏迈。浮山𡾊起而疏巇，庆云乱飞而比峰。虽电影施鞭，夸父杖策，罔可喻其神速，曷云状其豁快者哉！

州牧宗子名仲康，广孝惟家，大忠形国，播清政以主郡，仪古式以在人，知微知彰，有礼有乐。别驾扶风窦公名诚盈，盛门贵仕，懿德令名，利用以厚生，明略以营道，上交不谄，下交不黩。司马宗子名景虚，受贤交干，用柔克退，遂中律，先后自公，且观麟定之诗，未弘骥子之任。邑宰清河张公名松质，藐自雉节，忽乎博闻，始于能赋而彰，中于成器而立，牧人通急，徇物合权，威肃慑于神明，慈惠安其父母，岂伊政理，自有才名。莫不净虑一乘，追攀八树。叹徒植而多感，惟化生而永怀。大启上缘，率心檀施。硕德道晖、寺主道玄、上座道绚、都维那昙一等，皆妙觉圆常、释门上首，痛金棺而既往，骇坚林而在兹。乡望司徒玄简、戴玄景、王玄珪、张仁艺、王怀俨、刘元隐、沈信详等，夙悟大师，深入真际，勤行进力，护供壮严。扬州东大云寺法师希玄，广派法流，固抵德本，戒行有以镇浮俗，利言有以诲蒙求，既凭藉于众心，亦谋明于独得。是标灵迹，乃建丰碑。

其词曰：政化之理兮，甘棠犹存。宝乘之妙兮，娑罗是敦。钦厥道成兮，八相克尊。感乎示迹兮，一归可门。与佛合缘兮，荣落同时。歘尔化生兮，感变惟思。休徵咎徵兮，伺察不欺。流俗莫识兮，绵旷惊疑。上人西还兮，觏止增悲。发皇灵应兮，坚固在兹。方国传闻兮，想象凄其。回首正信兮，顶礼护持。优昙千年兮，曷足议之？

大水记

〔唐〕吕周任

《春秋左氏传》曰：天歹时为妖，地歹时为灾。其于水也，反利为害矣。在唐尧时，包山陵而浩滔天；在汉武时，浮啮桑而漫钜野，皆震荡上心，昏垫下民，其故何哉？天其或者警休明而表忠诚也。

皇唐贞元八年，岁在壬申夏六月，上帝降割，罚兹东土，浩淼长澜，周亘千里。请究其本而言之：是时，山昉桐柏发洪，喷涌下注，淮渎平端七丈，浮寿逾濠，下连洪波。东风驾海潮上不落，两水相逆，溅涛倒流，矗缩回转，冲塞淮泗；积阴骤雨，河泻瓴建，不舍昼夜，至于浃旬。乾坤合怒，云雷为屯，以水济水，吞洲漂防，走不及窜，飞不及翔，连甍为河宫，噍类如鱼鳖。事出望外，孰能图之？开府仪同三司、检校右散骑常侍兼御史大夫、泗州刺史、武当郡王张公伾，其始至也，聚邑都以访故，搴薪楗石以御之。其渐盛也，运心术以驭事，维舟编桴以载之，遂连舢促橹，欲邑之茕嫠老弱、州之库藏图籍、官府之器，先置于远墅，军资甲楯士女马牛递迁于水次，将健丁壮任，便而自安，遂数日而计行矣。洪波汗漫，不测涯涘，惊飚鼓涛，舟不得不覆；巨浪崩山，城不得不圮。崇邱如鸟，稍稍而没；夏屋如槎，泛泛相继。天回地转，混茫其中。公独与左右十数人缆舟于郡城西南隅女墙湿堵之上，以当冲波之来，不亦危哉！公之左右失色，同辞请移。公曰："伾，天子守土臣也，苟有难而违之，若君命何！且南山隔淮几五六里，吾能往矣，况是别境，虽死不为。"公于是使部内十骑迁于虹城西鄙而南，傍南而东四百里达淮扬之路，俾星邮无壅；又东北直渡经下邳五百里至于徐州，通廉察之问；又移淮南城将令断扁舟往来，立标树信，以虞寇盗之变。公每端拱对水而诉曰："伾奉圣主明诏司牧此州，以抚万姓，河伯何为不仁，降此大沴，伾之罪也。"厉声正色，阽危不挠，历再旬而水定，又再旬而水抽。

自水始至及水始耗，已六时矣。又一时而复流，郊境之内，无平不陂，郛郭之间，无岸不谷，尺椽片瓦，荡然无所有。可异者，惟公之路寝与内寝岿然存焉。岂不可浮而往、颠而坏乎？斯则神仰公之仁，先庶物而遗己；神赏公之忠，临大难而守节；神高公之义，动适权以成务，故保其听政晏安之所，旌公之善也。昔召伯巡行南国，人爱甘棠而勿翦。方兹神灵扶持，不亦远乎。公乃舍车而徒，弃辅而泥，吊亡恤存，绥复军郡，远轸圣虑，诏左庶子姚公赈之。至于修府库，建城池，诏有司计功而赏。缮立廛市，造井屋，公申劝料程以贳贷，才逾年而城邑复常矣。其于缩板为垣，树柳为丽，端衢四达，廨宇双峙，双阙云耸，琼台中天。即公之新意也。

天灾流行，何代无之？逢昏即盛，遇贤即退。故刘昆反风而火灭，王尊临河而水止。盖忠诚之至也。公尝倾羸兵守孤城，以百当万，俾国家全山东之地，名载青史，公即国之长城也。今以一苇航于危堞之上，以当席海之势。城颓而一块不倾，水止而所济获全。公即国之真臣也。公之贤，主之委任于公也，皆感而通焉。周任不敏，学于旧史氏，借古以喻公，谨述而纪之。

淮南都梁山仓记

〔唐〕沈亚之

汴水别河而东，合于淮。淮水东，米帛之输关中者也，由此会入。其所交贩，往来大贾豪商，故物多游利，盐铁之臣亦署致其间。因择官分曹以榷庶货，而部贡之吏，尽令盐铁诸官校遣之疾徐用赏罚。大梁、彭城控两河，皆屯兵居卒。食出官田，而畎亩颇夹河与之俱东，仰泽河流，言其水温而泥多，肥比泾水。四月农事作，则争为之派决，而就所事，视其源，绵绵不能通槁叶矣。天子以为两地兵食所急，不甚阻其欲。舟舻曝滞，相望其间，岁以为常，而木文多败裂。自四月至七月，舟佣食尽，不能前。

元和九年，陇西李稼为盐铁官，掌淮口院，病其涸滞，思欲以为救。而乃与扬子留使议之曰："今闽越以西，百郡所贡，辏挽皆出于是，而以炎天累月之久，滞于咫尺之地，篙工诸佣，尽其所储不能振，十年之食，只益奸偷耳。几或有终岁而不得返其家者。今诚得十敖之仓，列于所便，以造出入，计无忧也。正月河冰始泮，尽发所蓄而西。六月之前，虚廪以待东之至者。如此，则役者逸，而弊何从生哉！"议定，即以状白，得遂其便。于是稼度泗土卑湿，无堪地，遂创庾于淮南都梁山。

十二年，诏以诛蔡之师食窘，促令盐铁所挽皆趋郾城下。是时下淮南仓发舂，吏计舂其工。人曰，舂材必栎若榆。吏欲令工就山林翦市之。稼曰："夫火方焚，日将燋万家，当顷刻之间，虽得弊秽之器，奋浊污之波，百夫汲而扬之，立足灭患。如曰不然，我欲利其器，待我柘桂之杓，致滂沲之流，操以救之。彼言而后谋，则然灰尚不可望，而况全者。今县军十万旦暮不振，其为急也，间不容厘。今待汝访山求材然后用，何异乎柘杓滂流之语耶？其仓材所翦之余，大可以为臼，小可以为杵，长可以为杵之梁，薄可以为䏶枢夹峙。"促命裁之，即日而舂成百具。其余米与吏分办之，先以家奴就役，次及群吏，各有差，所舂凡二十八万石。不涉旬，俱得浮淮而西矣。

十三年夏，泗水大灾，淮溢坏城邑，民人逃水西冈，夜多掠夺，更相惊恐号呼。而盐铁货帛十余万，乃囊之于布缄，用吏名载与渡，货帛无遗尺。乃纳仓中，不能盈一敖，其余皆荫仕家之急。时余过泗上，得其事，故与悉论善济之方，而著之以明其绩。

先春亭记

〔宋〕欧阳修

景祐三年秋，清河张侯以殿中丞来守泗土。既至，问民之所素病，而治其尤暴者。曰："暴莫大于淮。"越明年春，作城之外堤，因其旧而广之。度为万有九千二百尺，用人之力八万五千。泗之民曰："此吾利也，而大役焉。然人出于州兵，而石出于南山。作大役而己不知，是为政者之私我也。不出一力而享大利，不可。"相与出米一千三百石以食役。堤成，高三十五尺，土实石坚，捍暴备灾，可久而不坏。

既曰："泗，四达之州也，宾客之至者有礼。"于是，因前蒋侯堂之亭新之，为劳饯之所，曰"思邵亭"，且推其美于前人，而志后人之思也。又曰："泗，天下之水会也，岁漕必廪于此。"于是治常丰仓。西门一夹室，一以视出纳，曰某亭；一以为舟者之寓舍，曰"通漕亭"。然后曰："吾亦有所休乎！"乃筑州署之东城上，为先春亭，以临淮水，而望西山。

是岁秋，予贬彝陵，过泗上。于是，知张侯之善政也。昔周单子聘楚而过陈，见其道秽而川泽不陂，梁客至不授馆，羁旅无所寓，遂知其必亡。盖城郭、道路、宾客寄寓，皆三代为政之法，而《周官》尤谨著之，以为御备。今张侯之作守也，先民之备灾，而及于宾客入来，然后私自休焉。故曰知为政也。

先时，岁大水，州几溺。前司员外郎张夏守是州，筑堤以御之。今所谓因其旧者是也。是役也，堤为大。予记其大者详焉。

涟水军淳化院经藏记

〔宋〕王安石

道之不一久矣。人善其所见以为教于天下，而传之后世。后世学者，或徇乎身之所然，或诱乎世之所趋，或得乎心之所好，于是圣人之大体分裂而为八九。博闻该见，有志之士，补苴调胹，冀以就完而力不足，又无可为之地，故终不得。盖有见于无思无为，退藏于密，寂然不动者，中国之老庄、西域之佛也。

既以此为教于天下而传后世，故为其徒者，多宽平而不忮，质静而无求。不忮似仁，无求似义。当世之夸漫盗夺有已而无物者多。于世则超然高蹈，其为有似乎吾之仁义者，岂非所谓贤于彼而可与言者耶！若通之瑞新、闽之怀琏，皆今之为佛而超然，吾所谓贤而与之游者也。此二人者，既以其所学自脱于世之淫浊，而又皆有聪明辨智之材，故吾乐以其所得者间语焉，与之游，忘日月之多也。尝谓予曰：吾徒有善因者，得屋于涟水之城中，而得吾所谓经者五千四十八卷于京师，归市匦而藏诸屋，将求能文者，为之书其经藏者之岁时。而以子之爱我也，故使其徒来属，能为我强记之乎？

善因者，盖尝为屋于涟水之城中，而因瑞新以求予记其岁时，予辞而不许者也。于是问其藏经之日，某年月日也。夫以二人者与予游，而善因属我之勤，岂有他哉！其不可以终辞，乃为之书，而并告之以所书之意，使镵诸石。

淮阴侯庙记

〔宋〕苏　轼

应龙之所以为神者，以其善变化而能屈伸也。夏则天飞，动其灵也，冬则泥蟠，避其害也。当嬴氏刑惨网密，毒流海内，销锋镝，诛豪俊。将军乃辱身污节，避世用晦，志在鹊起豹变，食全楚之租，故受馈于漂母。抱王霸之大略，蓄英雄之壮图，志吞六合，气盖万夫，故忍耻胯下。洎乎山鬼反璧，天亡秦族，遇知己之英主，陈不世之奇策，崛起蜀汉，席卷关辅，战必胜，攻必克，扫强楚，灭暴秦，平齐七十城，破赵十二万。乞食、受辱，恶足累大丈夫之功名哉！然使水行未殒，火流犹燔，将军则与草木同朽、麋鹿俱死，安能持太阿之柄，云飞龙骧，起徒步而取侯王？噫！自古英伟之士，不遇机会，委身草泽，名湮灭而无称者，可胜道哉？乃碑而铭之曰：

书轨新邦，英雄旧里。晦露朝翻，山烟暮起。宅临旧楚，庙枕清淮。枯松折柏，废井荒台。我停单车，思人望古。淮阴少年，有目共睹。不知将军，用之如虎。

盱眙军翠屏堂记

〔宋〕陆 游

国家故都汴，时东出通津门，舟行历宋、亳、宿、泗，两堤列植榆、柳、槐、楸，所在为城邑，行千有一百里，汴流始合淮以入于海。南舟必自盱眙绝淮，乃能入汴，北舟亦自是入楚之洪泽，以达大江，则盱眙实梁宋吴楚之冲，为天下重地尚矣。

粤自高皇帝受命中兴，驻跸临安，岁受朝聘，始诏盱眙进郡，除馆治道，以为迎劳宿饯之地。而王人持尺一牍，怀柔殊邻者，亦皆取道于此。于是地望益重，城郭益缮治，选任牧守重于曩岁。及吴兴施侯之来为知军事也，政成俗阜，相地南山，得异境焉。前望龟山，下临长淮，高明平旷，一目千里，草木蔽亏，凫雁翔泳，盖可坐而数也。乃筑杰屋，衡为四楹，纵为七架，前为陈乐之所，后有更衣之地；而旁又有丽牲击鲜，与夫吏士更休之区；翼室修廊，以陪以拥，斫削髹丹，皆极工致，最二十有六间。而堂成，既取米礼部芾之诗名之曰翠屏，且疏其面势于简，绘其栋宇于素，走骑抵山阴泽中，请记于予侯与予故相好也。

予闻方国家承平时，其边郡游观，有雅歌之堂、万柳之亭，以地胜名天下，虽区脱间犹能咏叹，以为盛事。然尝至其地者，皆谓不可与淮水南山为比。翠屏之盛，又非雅歌、万柳可及，则亦宜有雄文杰作以表出之。而予之文不足称也，虽强承命，终以负愧。侯名宿，字武子，于是为朝散郎直秘阁。

开禧元年春正月癸酉记。

泗州塔院记

〔宋〕岳 珂

余至泗，亲至僧伽塔下，中为大殿，两旁皆荆榛瓦砾之区，塔院在东厢，无塔而有院。后有土石甃洞作两门，中为岩穴，设五百应真像，大小不等，或塑或刻，皆左其衽。余以先妣素敬释氏，奉其一于笈中以归。殿上有十六柱，其大皆尺有半，八觚式，暗淡如晕锦，正今和州土玛瑙也。和之产，绍兴间始剖山得之，不知中原何时已有此。前六条特异，皆晶明如缠丝，承梁者二，高皆丈有六尺。其左者色正红透，时暑日方出，隐柱而观，烨然晃明，天下奇物也。泗人为余言，唐时张刺史建殿，而高丽有僧，以六柱至，航海入淮，一龟趺露立云。旧有碑载其事，今不存，莫诘信否。

塔有影，前辈传记杂书之。余至之明日，适见于城中民家，亟往观焉，信然！泗固无塔，而影俨然在地，殊不可晓。或谓影之现为不祥，泗寻荡弃，岂其应欤？殿柱，闻郭倪欲载以还维扬，今不知何在？

淳绍岁币记

〔宋〕周 密

绍兴岁币银二十万两、绢二十万匹。枢密院差使臣四员管押银纲，户部差使臣十二员管押绢纲，同左帑库子秤子，于先一年腊月下旬至盱眙军岁币库下卸。续差将官一员，部押军兵三百人，

防护过淮交割。官正使例差淮南漕属，副使本军倅或邻州倅充，例用岁前三日，先赍银百锭、绢五百匹过淮呈样。金人交币正使例是南京漕属，副使诸州同知，于所赍银、绢内拣白绢六匹、银六锭三分之。令走马使人以一分往燕京，一分往汴京漕司呈样，一分留泗州岁币库以备参照。例用开岁三日长交通，不过两月结局。

初，交绢十退其九，以金人秤尺无法，又胥吏需索作难之故。数日后，所需如欲，方始通融，然亦十退其四、五。又贴耗银二千四百余两，每岁例增添银二百余两，并淮东漕司管认。凡吾正副使并官吏饭食，亦并淮东漕司应办，下至安泊、棚屋、厨、厕等，皆自盱眙运竹木往彼盖造，彼皆不与焉。盱眙日差倚郭知县部夫，过淮搬运银绢，兼应办事务。其拣退者遇夜，复运过淮，归盱眙库交收，其劳人往复如此。且我官吏至淮北岸约三百余步始至交币所，皆徒步而往，雨泞则摄衣蹑履，踸踔而行，艰苦不可具道也。淳熙十三年，淮南漕司干官权安节为岁币使，其金人正使一毫不取，拣退银绢甚多，逼令携归。安节固争，金人至遣甲兵逼逐。安节不胜其愤曰："宁死于此，不得交，誓不归。虽野宿，不火食，亦无害。"声色俱厉，彼度不能夺，竟如数收受，给公文而归。宋寿皇知之，喜曰："安节在彼界能如此，甚可重，若非遇事，何自知之。"遂除监六部门。时通判扬州汪大定亦同此役，颇著劳绩，亦蒙奖拔焉。若正旦生朝遣使，每次礼物金器一千两、银器一万两、彩缎一千匹，又有脑子、香茶等物，及私觌香茶、药物、果子、币、帛、杂物等，复不与焉。若外遣泛使，则其礼物等又皆倍之。又有起发副使土物之费，又有朝辞、回程、宣赐等费。若盱眙军等在路，四处应办南北贺正、生辰，常使往回程各八次，赐御筵每处费钱一万八千五百余贯；而沿途应办，复不预。若北使之来赐予，尤不赀焉。至兀术病笃之际，告戒其四行府帅云："江南累岁供需岁币，竭其财赋，安得不重敛于民。非理扰乱，人心离怨，叛亡必矣！"在彼者尚知有此，为我者当何如哉？

时聘使往来，旁午于道。凡过盱眙，例游第一山，酌玻璃泉，题诗石壁，以纪岁月，遂成故事，镌刻题名几满。绍熙癸丑，国信使郑汝谐诗云："忍耻包羞事北庭，奚奴得意管逢迎。燕山有石无人勒，却向都梁记姓名！"可谓知言矣。

常盈仓周垣记

〔明〕胡　瓘

清口，天下要冲，我祖宗设备甚悉，而仓储为首。曩岁，闻李户部惟正督储于兹，而废且举。其葺垒仓之周垣为最著。越数年，予亦官户部。弘治己未，复承委清口，始得视焉。仓俯临大淮，厫凡八十有一，联基广凡二百七十八步有奇，袤凡四百九十八步有奇，周凡一千五百五十四步有奇。厫，自永乐壬辰陈恭襄创建，迄今毁去几三之二。周垣则屹如城墉，色且积铁然，盖水次诸仓所未有者。监临金、李二中贵先达，廉宪翰卿辈咸曰："往年仓垣类筑土，或范填泥为块垒之，然淮地下湿，久雨即糜解，随垒随圮，无有宁岁。李户部察仓之毁，厫多旧甓，搜诸蒿莱而葺垒之。灰瓦工匠傭直乃仓岁存积，服役则其固有卒徒，略无扰于郡县。而成是垣十余年来，人吏晏然，无复化虞，安其利者，固当知所自。"他日又与席工部文同过之，顾谓予曰："不无可纪。"予因思天下为吏治者有二病：好事者易于营建以争能事名，怠事者便安逸以习固陋，每以行无所事自诿。土木之兴，劳民伤财固不可，若事皆不问岁月侵寻，坐致成功颓毁，亦不可，识治体者当有以审于斯矣。

清江船厂记

〔明〕马廷用

予乡席君文同以进士出宰郏城，入拜工部都水司主事，奉命分司清江船厂。甫至，兴利涤弊，多所裨益。逾年稍暇，即于厂旁及分司左右皆树大扁以标识之。又逾年代去，乃考据漕船沿革，次第走使过南京，属予为之记。文同为政，知所重矣。

清江船厂在清河县之南，距淮安三十余里，因临于淮水，故名清江云。其地平衍，弥望旷然，盖南北一要冲也。我太祖高皇帝混一区宇，定鼎金陵，九州百夷，任土作贡。肆我太宗文皇帝中靖家邦，益隆继述，于顺天府肇建北京，爰命文武大臣各一员，浚闸河，通舟楫，以省海运转输之半。行之未久，海运遂罢。今所谓清江、卫河二提举司，皆当时成议，以为便宜可久者。累朝相承，略加损益，至英庙时，江南、江北始限为船一万一千七百有奇，清江十九，卫河十一。后清江该造运船之数，复析浙江、南直隶等卫，俾归自成造。隶于清江者，惟南京、镇江、江北直隶诸卫所而已。每船价银一百二十两，所征船料初取诸江西、湖广、四川、福建、直隶徽州诸郡县，民苦解纳，往返经年，破产荡家，公私俱困。军士亦往往有支料不敷，展转陪补之患，始有缘此而鬻子出息，转相逋逃者，有司具实以闻。

朝廷采群议，湖广荆州府、浙江杭州府、直隶太平府委部官抽分，以充清江、卫河造船之用；淮安抽分则令本司自领之。通计每岁例得银二万六百七十两，苏、淮、扬三府人匠银三千三十两。每岁额造五百三十三只，江南诸省府不在数内。迄今遵守，以为定规。顷者总督漕运右都御史安福张公、总兵官都督同知合肥郭公奉诏入朝，会同本部尚书曾公等首建大议，复增入官银二千三百七十两，总计官给银二万六千七十余两，并各军士原旧自办银二万二千七百余两，总得每岁共用银五万余两。疲兵困卒，顿觉少苏。此晁大夫所谓节其力而不尽，邵夫子所谓宽一分则民受一分之赐者也。

夫论大计者不惜小费，图远效者不屑近功。今计费而给之，虽锱铢必较；计艘而督之，虽沉覆不恤。加以罗织多事之吏争衔虚名，远谤避嫌之人仅守成案。数运之后，为弊日滋。吾恐军民皆惫，上下匮乏，不知何拯救之方、通融之术，可以处此而后得耶！

嗟乎！天地间财货止有此数，不在民则在官。孔子曰："节以制度。"曾子曰："用之者舒正使"。刘晏诸人复用于世，千歧万径，徒尔纷更，吾圣贤言语足矣。理财之道要不过此，庸系此于末简，为《清江船厂记》。且以告夫将来从事者万一，吾君吾相有问焉，当执此以对。此余日夜所有志而愧未能也，亦文同所以刻石之意也。于是乎书。

泗州修城记

〔明〕沈　坤

国家统一六合，天包地含，东南小丑敢犯国纪，乃嘉靖乙卯，讧我两浙，既而毒三吴，浸淫蹂乎淮海。岁丁巳，再浸维扬，且窥泗。泗城旧圮于淤，卑可越也。时侍御颍谷马公斯臧奉命出按江北，以泗为理所，临墉奋曰："嘻！吾身与城俱，有城，虽敝，寇何忧哉？"于是，分令文武有位，守诸门，面凡机画，一躬焉任之。

五月己巳，寇大至城下，知有备，急攻南门。侍御立锋刃间，左右指率，将士皆出死力血斗，

惟侍御当矢石。两淮间呼声沸雷霆，即时毙寇数十人，溺死者倍。寇不支，遁去。既解严，侍御矢于众曰："吾藉诸君力保完兹城，然城信敝矣！曷图诸？"因建增缮之议，程远计迩度数：命州任八百六十丈有奇，卫视州加十之一而损百之四，县则不及百丈者二焉。侍御首出俸金二千两，士庶欢动，争助竞趋。凡材埴力役之用，计费七千余金。经始于是岁之季秋，而毕功于岁杪。垣崇基广，楼橹杰雄。侍御顾而言曰："城完矣，可无守哉？"复调步骑三千人，给以粮仗，俾与泗兵恒守之。越明年，来请记。

嗟乎！兹岂寻常筑城然哉？夫泗，名都也，依山俯淮，南北会要，其道孔，其望尊，故微城则无以守，无守则泗危，泗危则震惊窥望，有臣子不敢言者，役可缓哉？增旧作新，以凭以圉，侍御真良图也。然侍御日者御寇，城同无城，徒操敌忾之气，出金汤之外，民用是底宁。今城则异于昔矣。以素教之民而临若斯之固，复何虞乎？坤不武，于寇之犷，盖尝有忧焉。今敢为侍御喜。然褒嘉显著，侍御行且代矣，余故表而书之，使夫来者知所以备而有考云。

与高宝诸生辩水书

〔明〕常三省

泗州淮水，原是两路通行。一路东至清口会合黄水入海；一路南出大涧口入湖，由湖入江、入海。此两路从来久远，以故淮不为梗，累数年始一发。发不大，一、二月即消落；发不久，此旧贯也。自近年高堰既筑，旧贯遂失。泗人积苦水患，乃不得已，请开施家沟，浚周家桥。如果开浚其两处深涧，尚不及大涧十分之一，其于疏泄淮水，亦不及大涧十分之一。泗人岂乐此而为之？以为复旧贯而不得，即得此亦愈于已也。今议又止浚周家桥一路，为泄几何？顾高邮诸生犹争执不容此，其意亦不过各为乡土耳！岂敢尤怨？但于事未悉，不得不就诸生之言一与诸生辩，惟诸生察之。

诸生揭谓："开浚周桥、施家沟，水入高宝湖，诚恐诸湖容受有限，水满堤溃，漕涸运阻。"此其说未为无见，但此不独诸生虑之，即泗人亦虑之矣。故其处置之宜，已具前揭中。盖治水之道，欲其安流无害，惟在使之疏通不滞而已矣。故疏通即洞庭、彭蠡亦驯不为梗，而况于高宝诸湖？一阻滞即沟浍雨集，且亦一时皆盈，而况于高宝湖诸湖？故今年周桥未浚也、施沟未开也，而高宝湖乃亦不免泛涨甚剧。贻患最烈者，则以壅遏之未有所通故也。为今日计，惟举前揭所陈者酌行之，而又参以诸生"芒稻河、子婴沟"之说。即淮流虽尽注湖，不为害，况周桥杯勺之水哉？诸生但当求疏通湖水之入江、入海，无务与泗人争周桥也。如曰此非旧贯，则欲置彼周桥，便当还我大涧尔。

诸生揭谓："将都管塘至周家桥一带筑堤，使淮不旁溃，专力冲刷清口。"噫！此其说则舛甚矣。将假此以要挟泗人，务相抵塞则可，若遂欲见之行事，谓为己利，盖亦忽思而已矣！自高堰筑后，淮水泛涨，尚赖周桥一带稍可溢漫而去也。然泗盱民生已不堪其害，若云尽加筑塞，则淮流一无出路，必大至腾涌溢滥。窃恐清口未见冲刷，吾泗已悉为鱼沼矣。

昔智伯障漳水以灌晋阳，梁武筑浮堰以灌寿春，彼在列国兵争则然。尔君子已谓之残暴不仁，况我泗与高宝比邻为最亲，亦何怨何仇，何功何利，而必欲障淮水以灌之也？因此溥天率，顾忍自处于衽席而置人于沦胥？诸生行且登仕以长民，乃不豫养爱人利物之心，设有责以灾怜之义，规以一视之仁者，不知诸生将何以自解也。

顷者，泗人具揭，既为本乡谋，又为高宝谋，诚视彼犹视此也。诸生顾直欲灌泗人不少恤，恕

施之道安在哉？不知而言之不明，知而言之不恕，徇人失己不正，利己病人不公。诗有之："无纵诡随，以谨无良。"高邮名邦，诸生吾同体也，愚窃为惜此举矣。

先府宾墓志铭（节录）

〔明〕吴承恩

先君讳锐，字廷器，先世涟水人，然不知何时徙山阳。遭家穷孤，失谱牒，故三世以上，莫能详也。曾祖讳鼎；祖讳铭，余姚训导；皇考讳贞，仁和教谕。两世相继为学官，皆不显。方仁和君教谕仁和时，先君四岁矣。仁和君梁夫人则挈之如仁和。数月，仁和君丧，则又挈之归山阳。家世儒者，无资，且颠沛宦游，归益贫。

是时，先公已有性资，不妄啼哭笑言，但时时向梁夫人索书读。以贫故，逾数岁，始遣就社学先生。社中诸学生率岁时节朔持钱物献社学先生，吴氏不能也。社学先生则勤教诸学生书，不教先君书。先君辄从旁听窥，尽得诸学生所业者。于是通小学、论语、孝经矣。社学先生反以为奇，欲遣就乡学。梁夫人闻之，叹曰："嗟乎！吴氏修文二世矣，若此耳，斯孤弱奈何！"于是泣，先公亦泣。

弱冠婚于徐氏。徐氏世卖彩缕文縠，先君遂袭徐氏业，坐肆中。时卖彩缕文縠者肆相比，率酒食遨熙，先君则不酒食遨熙。时众率尚便利机械善俯仰者，先公则木讷迟钝，循循然。人尝以诈，不知解，反大以为诚；侮之，不应，亦不怒。其贾也，辄不屑屑然，且不贰价。又日日读古人书。于是一市中哄然以为痴也。里中人有赋役，当出钱，公率先贯钱待胥。胥至，曰女钱当倍，则倍；当再倍，则再倍。曰女当倍人之庸，则倍人之庸。人或劝之讼理，曰："吾室中孰非官者，然又胥怒，吾岂敢怒胥，又犯官哉？"于是众人益痴之。承恩记忆少小时入市中，市中人指曰："是痴人家儿。"承恩归，恚啼不食饮，公知之，笑曰："儿翁诚痴，儿免为痴翁儿乎？"及承恩冠矣，先君且年老，见旧时易侮先君者，尽改节为敬恭。里中有争斗较量，竞趋先公求平；面折之，亦欣欣去。或胸怀有隐匿，难人知者，即不难公知，且诉以臆。乡里无赖儿相聚为不善，卒遇公，一时散去，皇皇赤发面也。承恩于是喜，从容言曰："此殆痴效欤？"先君方食，投箸起曰："儿以我为夷外钩中攫人情乎？"愀然不悦也。承恩益惭愧，恐惧失言焉。先公尝自言："百不及人，但未尝有机心，故形神不劳，衣食尚温饱，止矣；不顾虑有无。"唯日饮酒，然不取醉，三爵后，便颓然啸歌。遇好风日，即徐徐负手去，遍历近郊古寺中，或大林下，俯仰徘徊焉。盖终其身未尝入州府。郡太守卮山公闻之，以为贤，乡饮召为宾，不至，三命然后赴，然频频自谓不敢当也。

性一无所好，独爱玩群籍，不问寒暑雨旸，日把一编坐户内，大官过亦不知，前趋呵之，乃徐起。自六经诸子百家莫不流览。独《尚书》、左丘明《春秋》未尝一日置也。于诸书训诂、声切不甚通悉，然独得大旨要归焉。居尝逡逡，口不能道辞，及与人谭说史传，上下数千载，能竟日不休。每读书至屈平见放，伍大夫鸱夷，诸葛孔明出师不竟，周子隐战没，檀公被收，岳鄂武穆死诏狱，未尝不双双流泪也。又好谭时政，意有所不平，辄抚几愤惋，意气郁郁云。晚年特爱菊，自号菊翁，然又不种菊。生来鲜疾病，一日买船泛城西大泽中，意欣欣出门去矣，归即不起，盖嘉靖十一年三月十九日也。天乎，痛何言哉！天乎，痛何言哉！距生时为天顺五年七月二十一日，寿盖七十二云。以是岁十二月二十九日葬灌沟先垅。

公壮岁时，置侧室张，实生承恩，娶叶氏。徐夫人生一女承嘉，适同郡沈山。

创筑安东城垣记（节录）

〔明〕文震孟

淮之安东，古涟水军也。邑西南去郡六十余里，东距海，南临河，北接山左诸郡；淮、黄二渎交会于前，分黄导淮新河后绕。虽僻处一隅，实淮扬间一要害地也，而城郭未备。当世庙戊，岛寇犯顺，蹂躏其地，杀掠甚惨。议者乃谓，兹邑非直淮扬之襟喉，亦齐鲁之门户，陵寝所关，运道所系，盐筴贾商之所寄托，而无三里之城为之捍蔽，真当事者之责也。神庙戊午，巡鹾御史臣龙，疏请于朝，谓淮北盐贾集于安东者，每岁不下二十万，得城则商贾安，商安而邑民富。筑城之役取助于商，不患无资，独患无廉干吏为经纪其事耳！而御史臣王亦上书，言安东为河淮入海之路，淮北锁钥，且百万盐筴辐辏于此。昔宋之季，有古城，有月城，有涟水城，今俱荡然，靡有凭倚，修筑洵不可缓，而谋之十年未有成议。盖民与贾交相委焉，非有精敏清慎之邑令未易办也。奏俱报闻，卒未有胜其任者。

天启辛酉，江右刘公君聘来莅兹土，慨然曰："邑事有大于此者乎？"矢志担荷，集父老，广咨询，度地里，仞沟洫，量土宜，酌物力，将以明年大举。而公则以计典应改调，士民大哗，台使为请改授庐州府幕，仍署邑篆，理城事。乃于乙丑春三月兴事。城为丈计者一千五百五十有四，其器用工作之费，以万计者二，以千计者六，以百计者八，民与贾各输其半。事集而无扰，功巨而费约。公复精形家言，相度形势，高下秩秩，谓南门不可逼黉墙，则移南门于学宫之左，谓东门之水宜逆流，则置东门于巽向，谓西门不宜居坤，则移西门于酉位，改门换向，趋吉避凶。又谓城之北宜峻，则高大其门，并建元天阁于坎方，以屏邑治。而于北门之西，辟小便门以通薪水，内河甃桥，以接脉焉。又于西南复辟一门为民便，于西澳浚支河通西南门以为商便，疏通治河以泄潴水，凿渠四绕，以为城固，筑埂堰以环城，峻土堤以防城。建文昌阁于乙方，以为城镇；逾城东三里许，于河岸建关圣庙，坐甲向庚，崔巍以迎河淮之秀；又去东五里，筑状元墩，以收黄河之水。气聚脉通，形包势固，然百雉，称淮之壮县矣。

议废县获留记略

〔清〕卜永升

明嘉靖三十一年，河决草湾口。三十六年，倭寇残破，田沼民逃。万历四年，漕抚部院吴公桂芳议废县，以丁亩分附海、沭、山、清四处。七年五月，总河部院潘公季驯、漕抚部院江公一麟、工科给事中尹公瑾、巡按御史李公时成、中河郎中佘公毅中、徐州兵备副使游公季勋、营田佥事史公邦直、淮安府知府宗公伯华、两淮运判曹公珙临县会议。

时兵备游公谒文庙，仰视殿庑，叹曰："今而后无复缙绅至此矣！"太惜者久之。次日，营田佥事史公至，见能仁寺塔，登之，周览形胜。集士民谕曰："此方生气尚旺，若留意抚恤，数年间疲瘠可起，且尔等知目前逋负难比赤县，抑思分属邻治，其民果为尔包佃乎？其官果为尔设处乎？按额而征，视汝等为螟蛉子，非逃即死，果能复恋此土乎！且生员廪饩学有定额，又于何处安插乎？惟议助逋欠，姑存县治，此上策也。"遂与部院科道会议，安东海口门户，不宜轻撤藩篱，并里裁员，粮征见户，设滩租、船税、鱼纲等银，以抵漕粮。又议府库腌切四税，添补缺额，岁计三千三百五十两三钱五分二厘。由是民困始苏，县治获存，至今为淮安属邑。

上台存留赤县之功，可社稷祀之。予恐日久失其传，乃为之记其略。

重修淮安关署碑记

〔清〕杜　琳

夫淮关为南北冲衢，岁赋缗钱十数万余，上济军国之需，其任亦綦重矣。而顾垩室颓垣，曾不得清窗爽垲之托足，非所以隆规画而壮观瞻也。旧志所载，颇称完备，乃历年既久，多不可问。吾国家定鼎以来，秉节榷淮者不下四十余员，其为筑堤修宇，间不乏人，而期年易满，亦或乐于便安者不少。至于瓜期交接之顷，无所司守，府史舆隶之属，每任其取携。故今之所存，仅堂舍数间，悉皆败坏倾圮。且其地卑湿，积潦所聚，庭院皆为污池，官舍至此，容何堪乎？

余自乙丑冬，奉命莅淮，睹此卑陋，惊咤久之。适以津梁萧瑟，赋额维艰，日亟于正供之不暇，亦何余力经营及此？然而栋宇凋零，竟多上雨旁风之感，今更不整，必至剥落无遗。乃捐资亲构木石，鸠工以葺焉。如中正堂、穿堂、大堂、大门、宽简居、延宾馆，则宜建而建之；大堂、税库、望淮亭、经国楼、仪门、三堂，则宜修而修之。至于内而燕寝、书斋、庖厨、侧室，外而卷库、胥吏之所，或丹雘，或补筑，计四十余间。下及墙堵、丹墀、阶砌之属，皆阒砌一新。且开通利沟于署东，使水有所归宿。盖八阅月而工始毕，人之睹之者，谓以己橐而费于公家，鲜不目为异者。抑知身任厥职，则公家之室即吾室也，乌客膜视耶？

今期满将还，勒记于石，以冀后之君子留意堂匾，勿使损坏，而或修或筑，递相增益，则后之规模不加更宏壮乎！若曰经年役作，心力俱营，将以自侈其事也，则非余之敢出已。

重迁王家营碑记

〔清〕杨　穆

与袁浦对峙，所谓王家营者，盖清东壤之冲道，滨河而处，凡二千余家，五十年间已三迁矣。独康熙二十七年秋大水，日崩崖数十丈，市井房舍尽入蛟宫，妇子茕茕，向波而泣。其民中宵露处者有之，鸟飞兽散者有之，葱郁之区，几成旷野。

事闻，邑父母管公闻之惧，单骑就道，周视原址，只余茅屋数椽而已。遂聚老少而谋，似非东迁不可，问其地，乃山阳朱生业也。使里正往白之，曰“否”。又使县尉曲谕之，亦曰“否，否”！事急，力请督、抚两院并淮扬道胡公。公曰：“安插百姓，招抚流遗，此有司责也，毋负加惠元元至意。”急迁如议。复捐俸以助价，价不足，督宪又命加三十金。盖安众无损一也。侯不自计，竭捐如数。民因得以复聚，或诛茅为屋，或筑堵冯登，或陶瓦成宇，不二月，巍然一巨镇矣。

呜呼！仁人之于人，其利溥哉！古之有司，凡一言一行果有益于民生，即歌之咏之，光流史册，况其援已溺之命，甦将孑之遗，而复我镇治者乎！民为之歌曰：“谁夺我居？侯为之区；谁覆我宇？侯为之处。水涸草枯，如沐时雨；子子孙孙，永安乐土。”因感之深，不自知其祝之长也。

予，里人也，躬遘其事，故备述之，以志不朽。

重修惠济祠碑记（节录）

〔清〕爱新觉罗·弘历

经国之务莫重于河与漕，而两者必相资而成。曩者东南之民，数勤河患矣。我皇祖圣祖仁皇帝，亶天纵之神明，乾苞坤络，了列指掌，清跸屡勤，比隆神禹，开示方略，神契龟从，用诒万世无疆之休。河臣禀受圣谟，罔失尺寸，若堤、若遥堤、缕堤、若月河、若引河、若坝、若堰、若闸，措必其要，用必其时。河奏安澜，民无昏垫，成绩彰灼，五纪于兹。天庾陈红，云帆直达。厥包织篚，琛赆南金。公私百货之需，船输舰载，楫交津渠。溯前代南北运道，逆河而上者五百余里。明季开泇河，避黄河之险者三百里。越我朝康熙年间，开皂河以通泇，复开中河以通皂。漕艘出清口，绝流北入中河，浮于黄者仅七里，遂尽避黄河五百里之险，漕之利无过此时者。黄河，自积石龙门，经豫、徐东下，挟淮、泗交流入海，势湍悍不可御，泥浊易淤。漕艘渡江达淮，黄河亘其冲。其入中河也，必资于黄。治之之道，以清淮迅激荡涤之，俾无壅沙，河恒强，淮恒弱，则潴洪泽之巨浸以助之，交会于清口。是为运道之枢纽，河防之关键。导河乂淮利漕，举系于此。濒河迄下游郡县数十城郭田庐，皆恃以为命。司水土者恒惴惴焉。清口治而河与漕胥得其理矣。清江浦之涘，神祠曰“惠济”，鼎新于雍正二年，灵贶孔时，孚应若响，过祠下者，奠醴荐牢，靡敢弗肃。乾隆十有六年，朕巡省南服，瞻谒庭宇，敬惟神功庥佑，宜崇报享，命有司焉鸠工加焕饰焉。夫名山大川，精气磅礴，必有神焉主之；经国大政，芘赖生灵，必有神焉相之。其顾享者必有勤民敬事忱者也。苟堕庶事而瘝厥官，或穿凿自用而失其故，有弗干谴怒而罹其罚者乎！政罔弗修，无贻神羞，敬举乃职，神锡尔极，惟神式凭，庶永底宁。

重修勺湖草堂记

〔清〕程晋芳

吾淮旧城西北隅有勺湖，即志所谓放生池也，又曰郭家湖，或曰王家湖。宋明以来，古迹多在其地。国初鹤缑阮征君，尝与乡人马西樵、石紫岚、阎百诗诸先生觞咏于斯，有倡和集。翰林裴园先生，征君之孙也，尝即其地为草堂，讲课其中。先生学醇而行清，教于乡，人师之；修于家，人化之。既殁，人思慕之弗忘。乃即湖上因先生草堂故址，增葺以祀先生，俾后进士论文艺，如先生之旧。宣城袁蕙骧谷芳文以记焉，乾隆丁亥岁也。越八年，甲午秋八月，黄河决老坝口，灌淮城，草堂没于水，逾年水退。而坏廊破壁，树石无存，乡人过者，惟是叹息欷遑莫置。盖自经河决后，淮之名区胜迹，若是者比比然矣。今年夏，山西荆公五峰来守是邦，五峰为先生辛酉典试所录士，既莅任，拜先生神主于草堂，乃捐俸金，重葺书塾草堂，匝月而成，焕然如旧观，植以花树，栏槛井井设位，率诸生释奠座前。自此吟讽之声，复琅然如昔。忆雍正己酉壬子间，先生与弟澄园太史连举于乡。成进士时，余受业师荆溪储敬舆先生与先生乡试同榜。先生昆季，间至余书舍中问讯储先生。余时年才十二三，侍储先生侧，见先生年近三十许，神采奕奕，言论风发，知为乡里伟人。迄余年既长，先生乞养归田，因得接谈论，自诗书外无杂言，然后知前辈好学之不可及也。先生殁且十余年，余与嗣君吾山前辈，同宦于朝，各五六十岁人矣，每酒阑灯灺，相与话言，念淮风质实而好文，与夫湖汀烟水之胜，如在目前。侧闻迩者修堤剔淤，将措淮民于百世之安，又得贤太守导而扬之，使日游于道德仁义之域，诚可谓厚幸。异时与吾山昆仲系艇菰芦中，采苹藻敬荐先生，因

与乡之人士研究文字，以追哲范而乐余年，是则余之愿也夫。

答山阳大令张君书（节录）

〔清〕萧文业

再，淮人生计艰难，农惰而工拙，贫户无自疗之术。又，淮北鹾务，自坏藩篱，势穷而变，附食之民，近且流为饿殍。清江浦、板闸镇一带庶人，在官者居多，自少至壮，习于晏乐，鸦片盛行，流毒无尽。温饱之家，女尤不知操作，以女红为贱者之业，此真大有系于风俗人心。仲尼之言，先富后教，宜如何使民男女各知务本，而后可以顽廉懦立也。愚尝与南中友人语及松、常两郡棉布之利，纺织之勤，窃以淮郡生民，欲令可免饥寒，无过于教之纺织。及读县志，乾隆八年，前令金君曾经申请上宪条上事宜四则，未知当时能行与否？愚以为先事不必遽用公牍，似宜广劝富家自为之。迁松、常居民数户来淮，指宅与居，资其一岁所用，买纺织器具，教其妻妾子女，使织棉布。既成，制虽劣于松、常，价已轻于贩运，列市贸布，俾无致耗散原本。如是渐以教其邻佑，使老幼乐为之，民知纺织为女子分内之事。又见淮人有为之者，其价贱则被服亦易，自当鼓舞作兴，来受教育益多。久之，土著之妇必多通晓纺织，甘心为之，而淮人家有机声矣。或谓庸人难于谋始，编氓钤而听之，尤不能绳之以法。不知松、常之民，家习纺织，亦非生而知之，母子兄弟相授受，耳濡目染，习惯成自然也。今淮安联城有蓬机匠户，以生丝织为土绢，筛罗用为蒙底。又有业织口袋布，虽器具工作不同，安在其不能为此耶！此法行，而淮之贫者可少，游惰者日亦不多，敦庞之化，莫善于此。阁下痌瘝在抱，仁者先难，敢祈查明旧案，变通行之。他日邵陵之男女为字，宛邻之家具多修，是可五岁言要万家得封者矣。谨又启。

重建安淮寺碑记

〔清〕麟　庆

道光丁酉之秋，余既重修龟山淮渎庙，封支祁井。爰请于朝，得御书“星渎昭灵”额，寻躅吉恭赍，渡洪泽湖，诣庙悬挂。致祭礼成，因偕泗州知州张应云、虹乡训导陈景松，周历山麓，延眺全湖。见水中有铁佛四，砖门三，风涛震撼，屹立不欹。询知为宋金臂禅师所建无梁殿旧址，历元及明，我朝康熙十九年大水，泗州城圮，田庐寺宇尽毕沉浸。乾隆四十二年，裁虹归泗，始移州治，而兹寺仍没湖心。越百年，无过问者。余惕然心动，思欲完葺，祗以工钜费繁，未敢轻议。比归浦上，与淮扬道李国瑞、护河库道朱楹，论近年淮水安流，深蒙神佑，并述及山中景象。二君以为古佛宜拯，古殿宜复，慨然捐助三千金，成此善缘。乃商以高堰营守备黄佩董其役，鸠工庀材，缒幽升险，出佛于水；又得铁罗汉二十尊，铁钟、铁镬各一具。择爽垲处为殿两重，金容莲座，藉作庄严。并设簴悬钟，以警昏晓。叠石置镬，以崇供养。计经始于戊戌夏五，逾秋九而工竣。募僧守护，易寺名曰“安淮”。于是知州张应云捐俸置田七十余亩为香火资，而规模粗备。盖起顿修废，事有难已，不仅祈祷地也。且夫淮挟皖豫两省七十二山溪之水，汇于泗境，成洪泽湖。国家资以济运，其波涛消长之靡定，风雨鼓荡之无时，自昔为甚。况前人主蓄清刷黄之说，余更兼用排淮注江之议，启闭机宜，尤刻不容缓。今自十四年以来，水皆顺轨，风不为灾，大有频书，安澜屡告，实皆仰赖圣天子感召休和，诸僚友赞襄修守之所致，而余得坐受其福。乘兹修暇，修复灵迹，何其幸

欤！谨志其缘于左。再，龟山钟声为盱眙八景之一，宋米南宫诸咏之。今钟出于水，其追蠡是识，虽已漫漶不可考，而其声则复，亦湖山一览事也，合并记之。

淮阴说

〔清〕丁　晏

余乙酉作《淮阴说》三篇。客语丁子曰："仆游于淮久矣，乐其土风，柘塘秔稻之饶，射阳鱼蟹之美，丹台王乔之宅，茶陂陆羽之神，䃂褣载于方言，赀布著于通典，高丽之鼎可以摩挲，娑罗之碑可以宝玩。至于眺宴花之楼，访开元之寺，登临凭眺，其亦南邦之名胜矣乎。"丁子曰："如子之说，乃词客之余沥，非地形之封守也。夫述地舆者，综千古之废兴，究一方之利病，以经国家，以施政事，此其典要也。请为子扬榷而陈之，淮阴之分野，斗牛之躔，奎娄之次，步天者，以星纪为经始，七政于是乎齐焉。淮阴之疆域，北枕黄河，西带洪湖，行水者以海若为归宿，四渎于是乎汇焉。《夏书》兼徐扬之境，有玭珠之贡。《周礼》列淮泗之川，有蒲渔之利。昔者，神禹治淮，命庚辰锁无支祁于龟山之足而淮涡平；吴子胥穿邗江，由射阳湖至末口入淮，以馈饷道；汉陈登筑高堰以障淮，是为陈公塘；宋范仲淹捍海门以御潮，是为范公堤；明陈瑄、潘季驯之治河，清口以汇黄淮，云梯关以入海，丰功伟烈莫不于淮郡著绩焉。若其形势之险甲乎天下。魏文帝通山阳池以伐吴，周世宗开老鹳河以伐南唐，谢玄之大破淝水，祖逖之经略豫州，韩世忠、赵立之败金人，皆屯兵淮阴，屹为重镇。徐宗偃谓：山阳为南北必争之地，得之可控制山东。洵不诬也。吴杨行密保江淮，拒朱全忠八州之兵，大败之于清口，乘势逐北，杀溺殆尽，惟其壅淮以击之也。明路振飞团练义勇，御李自成十万之众，邀击之于清河，枭磔贼渠，望风骇遁，惟其扼河以制之也。故淮阴一郡不过数百里之地，然无事则飞刍挽粟，引漕渠以供上都，而为西北之所仰给，如人身之有肠胃也；有事则秣马厉兵，设岩险以固中原，而为东南之所倚庇，如人身之有咽喉也。至于鬻盐榷关、商贾辐辏、转输阜通、衣被宇内、财用赋籍于是乎在。统观天下之郡县，其为天地之隩区，古今之扼塞，九州四海之钤键，系边腹之安危，控门户之出入，未有如淮阴者也。"

客乃起而叹曰："地形如此其上腴乎，宜其人才之杰出也。夫韩侯之兵功在炎汉，步骘之略威加蛮夷，然此犹武烈也。语其文章，十九首古诗之祖，枚叔居其九篇，三十卷《文选》之裁，都尉肇夫《七发》；'建安七子'有陈军谋之檄；'大历十子'有吉侍郎之诗；赵倚楼扬芬于前，张文潜腾芳于后；他如卫朴之吏术，秋夫之针鬼，龚高士之天马，陶山人之雪兔，一艺之士皆斯土之光也。"丁子曰："嘻！其末矣乎。夫士有百行，首在君父之大伦，所以扶植纲常，维持名教，下此不足道也。淮人翼赞升平，黼黻鸿业，其荣于身前，功名俱泰者无论矣。不幸遭时艰屯致命，遂志鞠躬尽瘁，死而后已，是不可不表出之，以光吾淮而风天下。方汉室之陵迟也，董卓倡乱，而有劝张超讨逆贼，歃血誓盟，涕泣横下者，则有臧洪其人也。袁绍围急，而有与臧洪同日死，城陷身亡，慷慨赴难者，则有陈容其人也。桓灵之季，曹节等弄权肆虐，而有表阳球为司隶，谋诛宦官不克瘐死者，则陈球其人也。唐李义府之奸，而有一王义方抗疏劾奏，贬斥以终，则莱州之烈也。南唐周廷构之降，而有一刘仁赡抗节守城，愤悒以死，则寿州之烈也。北宋侬智高之叛，而有一赵师旦帅兵拒战，骂贼不屈，则康州之烈也。南渡将亡，有披发入阵，血战而殒于兵者，扈再兴之拒金兵也；有被执忿诟，支解而断其舌者，黄文政之抗元兵也；有依文山之幕，兵败而死者，缪朝宗捐躯之义也；有赴叠山之檄，力战而死者，张孝忠杀身之仁也。忠如陆枢密，险阻艰难，至于负帝蹈海以殉国难，义烈之奇，亘古所未有也；孝如徐节孝，坚苦笃诚，至于避石不践以敬父名，庸行之奇，亦亘

古所未有也。推此志也，虽与日月争光可也。胜国之终，潘若稚殉舞阳，赵世选殉和州，张世显殉辽东，郭九有之绝命词，朱日升之衣带赞，李干才恸哭不食，乐大章身蹈东海，天下闻之莫不咨嗟感激奋厉，而况吾淮体魄之所蕴藏，精英之所眷注，其兴起当何如也。若夫著仕迹，列儒林，魁梧奇伟之彦，孝悌贞洁之行，代有奇人，不能缕述。此以见淮壖一隅，天壤百郡，莫之能及，为其得乾坤之正气，钟河海之英灵，磅礴郁积而德泽衍于无穷也。"

客曰："言则美矣大矣，其蔑以加矣。然而淮土于周为荒服，去丰镐王化寖远，故《诗》《书》皆称淮夷，意其民人好勇斗狠，亦犷悍而难治矣。且风俗之移变而愈下，呰窳习为侈靡，騂突流为争讼，人材之盛殆未能如古欤。"丁子悚然应曰："何为其然也。古之所谓淮夷，北接徐戎，南近江汉，汉之淮南、唐之淮西即其地。柳宗元纪入蔡之绩而曰：'平淮夷'。雅则非今淮阴之地明矣。且淮亦何妨称夷乎？马融注《禹贡·夷服》云：夷，易也。许慎《说文》云：夷，平也，东方之人也。夷从大，大人也。夷俗仁，仁者寿。故孔子欲居九夷，孟子曰：舜，东夷之人；文王，西夷之人。夷之为俗，固圣人之所托迹而聚处荒服之美名也。淮土跨徐扬之境，居南北之冲，江南诸郡文物华丽而或失之浮，河北诸郡气质颛固而或失之野，惟淮阴交错其中，兼擅其美，有南人之文采而去其浮，有北人之气节而去其野。《隋书》志云：重礼教，崇信义。《元史》志云：喜学问，好教化。盖自楚州立学以来，宋子京为之记，菂场有田，厨槅有书，又得仲车先生以为师表，毓德兴贤之泽自古为昭矣。其故老流风余韵，如孙泰之购银台既洗而还诸市，翠岩之鬻汉印相让而沉诸渊，廉让之俗播为美谈。至于北神之烈妇，承规之宦者，酒肆之大侠，卖鱼之逸民，虽在妇人、奄竖、贸易、负贩之夫，犹知敦行砺节，况于士大夫之垂绅委佩束带横经者哉！即有染于污俗、昧其本性者，然而雉之化而为蜃，橘之变而为枳，淮之物尚能变化，况于人之秀灵者乎。故论其地舆，束清会淮，助黄入海，以弥今日之河患，而为朝廷奏政绩。考其人物，兴复古学，振起节义，以端今日之士习，而为国家储人才。政教行而骎骎日上，举淮郡之风，措之天下裕如矣。"

客拱而起曰："敬闻命矣。微子之山川能说，何足以知之，振斯世之风以致太平之业，其必由子之言夫。"丁子谢不敏，退而著之于简，以待太史之观民风者。

山阳县禁霸田抗租碑

〔清〕张　昱

江南淮安府山阳县正堂加十级记录□次谭抄奉特授江南淮安府正堂加十级纪录十次富，为严禁恶佃架命抬诈、霸田抗租，以严国法、以安民业事。据山阳县知县谭霖详称，据举人陈爔、恩贡马乔年、拔贡许汝衡、职贡李程儒、附贡丁晨、廪生许联甲、丁昙、增生王潜、附生范廷桂、张清源呈称：江北业治田产，均系招佃耕种，麦归佃收，业户专待秋成照揽收租，情理兼尽。每有不肖佃户，揽田到手，或私给他人顶种得价，或指田借债将租偿还，或以碎糁搪交，勒未遂，泥门远逃。或借称水旱，唆讼逞刁，或逼孀孤，霸田稻，或业户催租，胆敢唆妇拼闹，架命图赖，甚至新老疾笃，弄假成真，种种不法，不惟田业不能相安，更于风化大有关系。捧呈前督宪乾隆五十三年通行江南征租规条，仿照章程，因地制宜，请详勒石，永垂久远等情，到府当经据情通详，兹奉督、抚二宪暨各宪批示饬遵，并奉巡道宪邹批，如详立案。即饬山阳县照所议规条勒石永禁等因，到府合亟示禁，为此示仰县属军民农佃及乡保人等知悉：嗣后倘有不法佃户，仍蹈前辙，一经业户呈控，定即严拿，照依详定规条，从重惩办，按律治罪，决不宽贷。尔等农佃，慎勿以身试法，致干罪戾，须至碑者，计开详定规条。

一恶佃。岁包租稻，自应照依佃纸，扫数完全。乃敢意存吞吸，见业户催讨，或唆悍妻拼闹，或架病亲寻尽，坑陷业户，及一切服卤、服毒、自缢等项，以致弄假成真，遂尔心生抬诈，闹成巨案。如此恶习，天人共愤，律法难容，应将佃依照架命图赖，从重治罪，仍行照例比租。

一奸佃。揽田到手，贪图得钱租，将承种业户田亩盗卖盗典，并私押他人顶种，或预借私债，指实秋收偿还。及至秋成，擅将业户租稻归偿债欠，转致业户失所，实堪发指，应将该佃并私行顶种者，一并提案，治以侵盗侵吞之罪。仍押将租数完全，退田出庄，毋许恃强霸种。

一顽佃。春麦收获已入己囊，及至秋稻成熟，先行收割，拐去业户租籽，泥门脱逃，使业户束手向隅，控追莫获，深堪痛恨。以后遇有此等顽佃，即严饬乡地保人根交，照依拐骗，将稻作银计脏科罪。

一强佃。领田耕种，每思播弄业户滋讼。遇旱年，则筑坝以蓄己水，既令己田充足，并可偷卖得钱。遇水年，则放水以淹邻田，抑或纠凶堵坝，不许他人渲泄。此等不循疆界，损人利己之佃，每每怂恿业户滋生事端，强佃预为秋成少租地步，业户不知底里，竟为强佃所惑，讦讼不休。此等恶风，例应根究，照依唆讼之罪。

一刁佃。每逢秋成，先将好稻收藏，百计延挨，甫以糁瘪拌土搪交，或短少额租，全以破物□□抵，稍不依从，遂至凌辱业户。业户架词先控。若遇业户仅存孀妇以及幼子，更多藐玩，势必受辱多端，兼之力单胆怯，不敢赴控，租为佃吞，田难为业，负屈含冤，情殊可悯。嗣后凡遇孀妇以及幼子之家，准其敦请周亲代呈追租，一面差协退佃，押逐出庄，照便枷杖示惩。

安东岁灾记叙（节录）

〔清〕鲁一同

昔在乾隆丙午之岁，天下大旱，赤地千里，斗谷千，人相食。然其时，流户多死而有产不贫，何者？近古民朴，家有盖藏，谷贵钱轻，农以不困，故失业者委沟壑，地著者获保全，其势然也。然且流亡憯酷，至今歌之。自时厥后，属有小饥而无大祲，四十有六岁。而当今上御极之十一年，岁在辛卯，湖决于淮扬，江涨于荆襄，连饶豫，迫皖桐，东南无干土，而京师乃望雨泽。朝廷大发仓粟以赡江南，民乃其苏。而安东以区区县厕大河之北，江湖所不及，岁乃小稔，南人逃而归者，日千百为群，号哭震村堡，颠頓交道路。明年麦半登，夏大雨，水四十日不绝，晋、陕、荆、浙皆灾，而江南自大河以北抵朐、赣，田尽没。其河南十馀县，承积困之后，湖复瀰漫。而姦民陈端决河入湖，湖倒灌凤、泗，泗受其累。自江以北，北抵齐，西距徐、凤，东尽海，延袤八九百里间，鞠为茂草矣。江南隶府八、州二，其五在江南，二在江、河之间，惟徐、海跨河北，而淮属濒河下流。河以南多产稻，利雨泽；自安东以北，北近海，地尤盐，产麦、菽、秫，无水利，故涟、朐之灾常剧于他郡县。

自皇上登极之岁，岁在辛巳，前一年灾，明年壬午又灾，乙酉、丙戌连灾，戊子则又灾，壬辰又大灾。十三年之间，灾居其六七，于是而极焉。是年冬，水涸，种宿麦。而盗起，千百为群，鸣铳，佩大刀、长铩，比户鸟铳。居民好为备竞，卖牛种买刀。小村八九家，刀必浮其人数。日出陈刀于门。刀诡异百状，光霍霍照人。薄暮，子妇藏密，壮者谨守望，连村相应有声。其被劫，虽巨室大家，下至贫不举火，靡择也。盗之系于狱者，至不能容趾，则外系，减其食十日，期必死，然狱中率不见减少。虽且尽，道路有死人，乡人醵钱为薶具；后益多，则径移之；卒乃不复移。天寒风壮，死者或坐、或卧，倔强蹲，蹲墟里间。野犬聚而咋之甘，乃渐噬生人，有被其害者。民食尽则菜，

菜尽则草，草立尽，遂有父子、夫妇而甘心者矣。其卖生口，贵无过千钱，贱或不满百，而斗麦价七八百，米倍之，黍、麻石万钱。大率卖一口充一夫十日食。而其后疠疫复大作，死者空村。野麦垂垂熟，鸟雀日暮下，宛转哀号，苍蝇之飞蔽天。自父老以为丙午以来五十年中所未见。而江南他州县及他省，或至是或否，道路言者纷错。要以余所亲见及闻之不妄，确而有征者，综其大略著于篇，使后之人有所观览焉。

清河风俗物产志（节录）

〔清〕鲁一同

百余年来，黄流移夺，一经过辄为觥空，长溪大泽旁壅沙为岸，民少佃作。其中阡陌相属，春或不雨，鸣沙蔽天；暑涝骤降，数里不通牛马。昔志所谓四乡无十里之田，中农无一岁之蓄，赋三倍于邻，封漕远籴他郡，农欲无病不可得也。

其风，在昔尚廉耻，重然诺。强者侠烈负气，有西楚之遗。弱者守文拘墨，醇谨自喜。自县治左移，官省吏舍，冠盖相望，市廛杂沓，浩穰百端。春夏有粮艘之载挽，秋冬有盐引之经通，河防草土之事，四时之中无日休息。贫民失业力食致饱，或白手空游而得厚实，民乍富乍贫，日月异趣。于是四方游士、文人墨客、郑商秦贾、奇工异匠总集，利于重赀也。豪胥小吏、材官令史，轻衣绿鞲，便捷巧慧，权倾府僚，意色高下，凭借者厚也。闾左大驵，市井奸黠，俳优技巧，长袖垂襳，云雾昼冥，华烛宵列，争佼而竞妍者，膻其余也。瑰金异石，秦铜汉璆，锵鸣而列肆，作伪变真，真乃不及，随时易尚，倾囊而不怍，竞于所好也。山珍海鲑，肴鼎如沸，损天杀胎，弃脂流于衢巷，餍所厌也。财或有时而匮矣，故积赀久久乃更贫，釜或生尘，舆服兼金，主与客相耀，野与市相驱。士有闭蓬户，然膏油，不入公卿之门，则仆隶笑之，然其贤者犹能专己自好，衣布履絇，踽踽尘土之中，终岁不踵府寺，彼岂乐藜藿而恶华腴哉！土瘠而俗重，变之百年而未改，厌者自厌，歆者自歆，各有巧拙，非一情也。

礼俗，大都淮、楚同风。无冠礼，童子胜衣则缨冠垂带，容遂如成人。婚不责财物。士人知重门户。市垣坌杂，望富求婚者众矣。其乡里愚民指腹赠杯，苟且任情，或奠雁未除，婿病成礼。小家孤嫠，甚相攘夺，虽严法峻刑犹未能禁也。丧礼，浮屠、阴阳、鼓吹习遵常俗。三日而祖饯，刍灵舆马望空焚拜。七七之期，酒脯向夕。葬时，牲牢品物，富者维备，近士大夫遵古变俗一二有之，然终不能返。至治酒食供张具，不则为吝，莫敢议也。祭之日，清明、七月望、十月朔、冬至、除夕，以时供物。弗先事戒备四仲之卜、特牲三献之仪，希有行之者也。故老言，初时清人衣冠朴素，富家一羊裘，夏葛衫、草笠，齐民等列，妇女无华锦，髻不盈握，裳不曳地，万金之家，农节饷馌，其风甚古。近月异岁不同矣，其风流自上，少年争效为。官人轻纨绮縠，映空自举，冬有狐白猞猁，丰毛大袑。妇人衣不呈质，锦纯绣领，费过其材。至如清门素士，缟綦椎髻，则少与婚对矣，长老亦相戒远之。今旧族亦渐靡改易矣，惧卒以不胜。故曰，惟贫可以已奢，凋敝之渐，返古之资也。

物产五谷，宜麦菽秫，下隰产稻十一。其蔓野芋长生，贫者赖以卒岁。果有桃、杏、李、柰。木多椿、槐、白枌青杨。有桑而不蚕。蔬有菘、韭、紫茄、赤苋、瓜瓠之属。水浮菱藕，然在处有之，非特产也。药物茺蔚、薄荷、地肤、括蒌之类，蕃而不良。六畜富扰，尤多羊马，每岁边马至，或数千百蹄，色别为群，纵牧河岸，望若云锦。亦有雉、兔、鹑、雁、燕、雀。水族滋生，美者鲴鲂、鲈、鳜、黄瓜、白小，白小之腊行天下。介之大者鼋，洪泽中多有之，莫敢侮也。自淮湖涨溢，西南诸

乡沉没，民稍网罟渔猎。而河北废卤宜畜牧，家有牛栏、豕牢，藉以粪渍，要皆农事。余业而货之，大者棉靛、红花，利良溥。民间尤好酿酒、榨油，或致殷实。地通南北，小农去而贩，大农去而贾，贪多取赢则折阅随之。故城市贫于官，乡野贫于商，蕴利之所致也。昔者凋落绵延也若彼，今兹浩蕃壅溃也若此。

山阳风俗物产志（节录）

〔清〕吴昆田

旧时，漕舟抵境，率陆运过坝，踰淮达清，劳费甚钜。明永乐十三年，陈瑄始自城西管家湖筑渠二十里，导湖入淮，由是漕舟直达于河，南北经行，遂为孔道。东南汇巨浸，沮洳弥望，有萑苇茭蒲之属，居民伐苇取鱼，待日而饱，或编苇作箔，织芦为藩，以食其业。其城北接壤安东地，地高亢，有卤确。而城西北关厢之盛，独为一邑冠。始明季，迨乎国朝，纲盐集顿，商贩阗咽，关吏颐指，喧呼叱咤。春夏之交，粮艘牵挽，回空载重，百货山列。市宅竞雕画，被服穷纖绮，歌伶嬉优，靡宵沸旦，居民从而效之，甚有破资毁业以供一日之费，岂非浇漓之渐，不学而然者哉？土风在昔，重礼教，崇信义，衣冠礼乐之美甲于东南，其颛蒙，务农桑，习醇谨。张士诚之乱，城郭丘墟。明初招徕垦辟，五方杂处。初时土著之户荡析，罕有存者。至于家各殊尚，户各殊礼，积习薰染，嚣陵日甚，而其贤者乃能节制谨度，恂恂退让，反朴有冀焉。然风俗与世移易，自票运经西坝而纲盐废，河决铜瓦厢而漕运停，居民专一弦诵佃作，无地冀幸。间艺园圃、课纺绩，贫者或肩佣自给，曾不数十年坚贫守约，耳目易观。昔之漕盐杂沓，浩穰百端，则相与忘之稔矣。咸丰庚申之岁，豫逆东窜，北郭外毁于火，高梁大栋郁为战场，乃益编茅菅，立围砦，刀弓结束，布衣帛冠，一洗绮靡之旧。其士人修尚学业，向以结纳长官为非。至团练之役兴，官民相习，伍冠盖而走胥吏，势则然矣。岂必无因缘藏秽，要以斤斤不远绳墨云。

礼俗，大都与扬、徐无殊异。婚不亲迎，用门户相重。少习礼者，不责取财物，然亦不苟为简吝。贫家下户草草任情者有之。丧礼敛用时服，焚用楮帛，暮夜灯火，过市廛焚拜。七七之期，浮屠追荐。葬不以时日，顾颇好形家言，觅土面势。吊赙者至，治酒供具，丰腆有加。祭礼不立家庙，以时节祭于寝，或有立宗祠，乃先日戒备牲醴洁羞惟谨，略准古制焉。

旧谓，淮人冠服朴素，非仕宦不衣缯帛，馔饮极约俭。而后来狃于习尚，争为侈靡。近兵燹残破，稍稍复古矣。然轻纨绮縠，丰狐大貂，妇女锦绣，饰缘值过衣材；宾朋高燕，鲑珍奇腆，一饭之费至兼金以上，则犹未尽革也，岂果积习之难回乎。

农田之利，十一二躬亲，他多责租于佃，富家子弟不履原隰，倚人以办，至有受狙诈，荡生产，而不知者。工技，古有鎏金器皿为世所重，近惟攻弓矢、攻韦者。良商贩民惮远涉，稻菽园蔬水鲜越境而止。近榷税益严，十里之外，民跬步无敢动，冀益以困商而返本，商民率收其值于农，农卒以重困。

岁时，上元，灯火；清明日，上冢墓；五月五日，菖蒲艾酒，妇女簪彩胜，小儿佩五毒百索；中秋设瓜果；及中元节、朔日、冬至日，祀其先。皆恒俗也。

物产五谷，则东南乡宜秔稻，西北乡宜麦菽，黍、稷、麻、秫间亦有之，非特产也。蔓有野芋长生。蔬有菌菇、蕨、苋、蒌、蒿、菘、茄、韭、葵、芹、芥、瓜、瓠，而西瓜利良溥。果有桃、杏、银杏、胡桃，菱芡莲藕尤美。丝絮之属有麻、有棉。木则有松、柏、椿、榆、槐、柏、梧桐、桑、柘。药物有山黍产于府学者为上；薄荷、首乌、枳实、栝蒌，延蔓于野，蕃而不良。卉有芍药、芙蓉、紫薇、凌

霄，近尤尚四季花，城内人多莳之。兽则六畜富扰，农业户豢牛若豕，以其粪溉田，亦有狸、兔、獾、猬、鹭、雁、雉、鹑之俦，散布四野。鳞族滋生，鲴、鲤、鳊、鲫、虾、蟹、蚌、蛤，号腴品焉。

河工奢侈之风

〔清〕薛福成

余尝过一文员老于河工者，为余谈道光年间南河风气之繁盛。维时南河河道总督驻扎清江浦，道员及厅汛各官环峙而居，物力丰厚，每岁经费银数百万两，实用之工程者，十不及一，其余以供文武员弁之挥霍，大小衙门之酬应，过客游士之余润。凡饮食衣服车马玩好之类，莫不斗奇竞巧，务极奢侈。即以宴席言之，一豆腐也，而有二十余种；一猪肉也，而有五十余种。豆腐须于数月前购集物料，挑选工人，统计价值，非数百金不办也。尝食豚脯，众客无不叹赏，但觉其精美而已。一客偶起如厕，忽见数十死豚枕藉于地，问其故，则向所食之豚脯一碗，即此数十豚之背肉也。其法，闭豚于室，每人手执竹竿，追而挟之，豚叫号奔绕，以至于死，亟划取其背肉一片，萃数十豚仅供一席之宴。盖豚被挟将死，全体菁华萃于背脊，割而烹之，甘脆无比。而其余肉，则皆腥恶失味，不堪复食，尽委之沟渠矣。客骤睹之，不免太息。宰夫熟视而笑曰："何处来此穷措大，眼光如豆。我到才数月，手挟数千豕，委之如蝼蚁，岂惜此区区者乎。"又有鹅掌者，其法，笼铁于地而炽炭于下，驱鹅践之，环奔数周而死。其菁华萃于两掌，而全鹅可弃也。每一席所需，不下数十百鹅。有驼峰者，其法，选壮健骆驼，缚之于柱，以沸汤灌其背立死。其菁华萃于一峰，而全驼可弃。每一席所需不下三四驼。有猴脑者，豫选俊猴被以绣衣，凿圆孔于方桌，以猴首入桌中，而挂之以木，使不得出，然后以刀剃其毛，复剖其皮，猴叫号声甚哀，亟以热汤灌其顶，以铁椎破其头骨。诸客各以银勺入猴首中探脑嚼之，每客所吸不过一两勺而已。有鱼羹者，取河鲤最大且活者，倒悬于梁，而以釜炽水于其下，并敲碎鱼首，使其血滴入水中，鱼尚未死，为蒸气所逼，则摆首摇尾，无一息停，其血益从头中滴出，比鱼死，而血已尽在水中，红丝一缕，连绵不断。然后再易一鱼，如法滴血，约十数鱼。庖人乃撩血调羹进之，而全鱼皆无用矣。此不过略举一二，其他珍怪之品莫不称是。食品既繁，虽历三昼夜之长，而一席之宴不能毕。故河工宴客，往往酒阑人倦，各自引去，从未有终席者。此仅举宴席以为例，而其余若衣服，若车马，若玩好，豪侈之风，莫不称是。各厅署内，自元旦至除夕，无日不演剧。自黎明至夜分，虽观剧无人，而演者自若也。每署幕友数十百人。游客或穷困无聊，乞得上官一名片以投厅汛各署，各署无不延请。有为宾主数年，迄未识面者。幕友终岁无事，主人夏馈冰金，冬馈炭金，佳节馈节敬，每逾旬月，必馈宴席。幕友有为慕博摴蒱之戏者，得赴帐房领费。昔有常例，每到防汛紧急时，有一人得派赴工次三日五日者，则争羡以为荣，主人必有酬劳，一二百金不等。其久驻工次与在署执事之幕友，沾润尤肥，非主人所亲厚者，不能得也。新点翰林，有携朝贵一纸书谒河帅者，河帅为之登高而呼，万金可立致。举人拔贡，有携京员一纸书谒库道者，千金可立致。

嗟乎！国家岁糜巨帑以治河，而曩者频年河决，更甚于今日，竭生民之膏血，以供贪官污吏之骄奢淫僭，天下安得不贫苦？以佛氏因果轮回之说例之，则向之踞肥缺饱欲壑者，安知其不为豚为猴为驼为鱼、鹅也。余又见一京员，论清江浦之盛衰，今昔顿异，尝切齿扼腕，谓漕运、河工二者不复，天下不可得而治也。夫复漕运、河工，不过京员往来南北足以润其囊橐而已，而谓遂可治天下乎？

纲盐改票

〔清〕黄钧宰

纲盐之利，不在官，不在民，商人占其利，而不能保其利，则幕宾门客等众人分之。船户埠行，往往不领脚价，转赂商宅仆役，图谋装载，下至婢妪，亦月有馈赠，挟私巨而得利宏也。船抵汉口，排列水次，次第销售，谓之“整轮”。或将待轮之盐，先期窃卖，俟轮到，买私填补，谓之“过笼蒸糕”。及盐已卖尽，无力补买，则捏报淹销，暮夜凿沉其船以灭迹，谓之“放生”。陶云汀宫保深知其弊，创立票盐法：凡富民挟赀赴所司领票，不论何省之人，亦不限数之多寡，皆得由场灶计引授盐，仍按引地销行。而群商大困，怨陶公入于肺腑，编为叶子戏，貌其家属，又一人以双斧斫桃树，妄立名目，以肆诋訾。宫保据实陈奏，不避劳怨，毅然行之，而鹾务为之一变。

吾郡西北五里，曰河下，为淮北商人所萃，高堂曲榭，第宅连云，墙壁垒石为基，煮米屑磁为汁，以为子孙百世业也。城北水木清华，故多寺观。诸商筑石路数百丈，遍凿莲花。出则仆从如烟，骏马飞舆，互相矜尚。其黠者颇与名人文士相结纳，藉以假借声誉，居然为风雅中人。一时宾客之豪，管弦之盛，谈者目为“小扬州”。改票后不及十年，高台倾，曲池平，子孙流落，有不忍言者。旧日繁华，剩有寒菜一畦、垂杨几树而已。

淮　警

〔清〕黄钧宰

州牧某君，知河帅之好酒嗜歌也，以千金召梨园于苏州而献之。河帅试之，名部也。大喜，延漕督、榷使迭为宾主，宴饮累日。而捻寇自徐、宿循河而东，警报叠至，命都司德君率兵三百御之，与贼夹运河而营。同知钟姓者，言于帅曰：“夹河相持非久计，宜趋进战。”檄下，都司曰：“贼众我寡，渡河则人数历落可见，某非惜死者，第恐一败大势不支耳。必欲战，请益兵以决之。”不听。我兵半济，贼众奋前掩杀，败溃立尽，纵骑追逐，直及王营，而浦中歌舞未已也。及河北百姓号泣南奔，众乃大惊。漕督、榷使疾还署，河帅仅以身免，日暮亦至郡城，呼于庆城之门，门者不纳，虑其冒也。面而后入之。未几，榷使继至，呼于北门，门者曰：“城无商，不须榷也。”遂去。贼既焚掠清江，南至湖嘴。而漕督欲行，行李辎重，自署前至于南门。山邑宰顾公思尧语诸绅士曰：“君等第闭城，坚勿放行，彼若不释于诸君，有我在，保无虞也。”众曰：“诺。”使者再三至，胁令启城，众不可，举铳拟之，众即当铳立，曰：“身可杀，城不可开也。”去之至东门，东门亦然。怒而召邑宰，问诸绅坚不开城何故。顾曰：“渠辈皆书生，身家性命所系，虑开城则人心必离，人心离则奸宄伺隙而起，外寇乘之，必不免矣。其言曰：‘即为公计，不如安之，今盗贼密迩而百姓慑伏不动者，恃有城耳，一出城则盗贼贼也，莠民贫民皆贼也，公将焉往。’”明日贼退，城外居者被劫，行者被掠。漕督思顾言，甚德淮人。

风变记

〔清〕胡克敬

咸丰壬子岁五月十二日，余与杨秀夫先生寓永福寺之观音堂。午饭后，日光炎炎，天晴明无翳。薄暮，忽大风自西南来，坏云泱漭如奔马，天正黑如漆，雷电交作，雨点倾如盆，中夹雹子，大如鸡卵，小如丸，击屋瓦铮铮有声。天既暮，风愈猛，墙攲斜不定，屋上椽毕剥作响。余与秀翁皆色变，起视空中，红光闪烁射人目，头眩摇欲晕，闻街市号呼声如沸羹。秀翁惧屋坏，欲避立中庭，余掖而止之。忽震雷一声，风雨皆息，天晴霁如初，星月交辉，河汉斜转，檐溜涓涓不绝，庭中积潦深尺许，沟渠如沸。余以路阻不得归，是夜与秀翁同宿于观音堂，惊魂甫定，瞠目不得寐。

天将明，就枕卧，睫甫交，而客适至，为余言西南乡之异。西南乡滨湖、宝应县衡阳镇一带，风之所自起，坏屋庐者数百家，压死人无算。自衡阳镇而东而北，若泾河、平桥、二堡、马家涵洞、于家湾、羊肠集等处皆当风之冲，贡如楷家压死栽秧男妇十七口。余同案友靖楚卿馆于姓家，书室坏，楚卿被压于床下，历三时许无损。其他怪异百出，客自晨至午谈娓娓不倦。午后，复有自东南乡来者，具言三官殿、车家河、泾口事甚悉。三官殿滨溪河，大殿新落成，是夜被风吹去砖瓦，皆无踪。溪河沿下有船一只，被风吹至二里外之秧田中间，篷桅篙橹皆无损，估客榜人仍团聚如故。河沿上，牛车篷吹置树梢头，如长人戴笠状。丁仓新车轴一具甫送至仓，是夕被置仓门外，仓完好无缺，而轴碎如粉。车家河合镇房屋计坏其八九。泾口田姓男妇六口俱压死，其家长田六以在外雨阻不得归而免。

后数月，余假馆阜邑之陈家洋，舟行过西洋村，房舍桥梁俱损坏，上冈镇之泰山殿亦损坏未修。过此而东而北则毫无怪异，大约是夕之风自湖起至海止，上冈去海仅百余里，迤东迤北村落稀疏，风无用武之地，故不见踪影。

其明年，粤匪据金陵，陷维扬，天长、六合皆告警，西湖戒严，戈船鼎沸，历十数年，始安靖无恙，或疑精怪前知徙家入海以避之，或谓风雷示警，理或然也。往，余读乡先辈曹琢文先生《信今录》，中有县大门被风吹至周桥一节，尝疑其妄，今乃于吾身亲见之，益信。

老子山记

〔清〕鲁日舫

紫气东来，不见仙踪何处？青牛西去，空留石上蹄痕。炼丹炉莫辨东西，仙人洞徒生想像。然仙踪虽渺，灵迹犹存。试看今日湖山，果然别有天地。是以寻幽客子，无不到此流连；拾翠游人，多致乐而忘返。余侨居于此数十年矣。窥此山四时之景，迥异人寰，故亦有乐不思蜀之意，试略而言：当夫春光献媚，景色争荣。山色含笑，野鸟亲人。红杏出墙，关不住满园春色；两山排闼，分送来一色青光。桃飞红雨漫天，菜铺黄金遍野。马嘶芳草之地，人醉翠微之巅。至夏斑鸠唤雨，布谷催耕。赤日行天，修竹千竿能避暑；青莲遍地，长淮百里可闻香。凤凰墩前叱犊，青牛石上闻莺。天光接水无边白，树色连山不断青。迨至金风拂面，玉露沾衣，叶落湖山，蛩吟四起。渔灯数点，朗如天外寒星；孤雁一声，惊破楼头好梦。枫如醉酒，面颊俱红；芦为悲秋，头颅尽白。至冬也，檐垂玉箸，水滴成冰。鸟伏寒巢，枝空无叶。水因风而黑面，山为雪而白头。踞岭奇峰，好似山中虎豹；横塘老树，宛如水底蛟龙。窗前冷月一钩，砭俗针疾；岭上寒梅几树，沁骨悦魂。

此老子山胜景大观，为余素所钦羡而领略者也。况乎云山屏蔽，胜他铁甲三千；雪浪参差，如隔秦关百二。恐胜景湮没，乃作斯记。

山阳河下园亭记序

〔清〕殷自芳

吾里自吴开邗沟达末口，北辰片土，遂管南北挽运之枢。其兴也，先于晋义熙筑城置郡八百余年。汉晋唐宋之间，岂无名园别墅点缀溪山？而文献无征，虽一亭一厦亦鲜能指其遗迹。惟赵渭南《竹轩》一诗流传千祀，迄今诵其佳句，觉芰荷香满，杨柳风多，西湖烟水之滨，仿佛有枚皋旧宅、倚楼旧宅在人心目间。信乎胜地待人而传，尤待文而传也。

黄河夺淮，吾里为大河经行之冲，始以河下著名。明初以来垂五百年，不见兵革，以故园亭之美后先相望。又多名公巨卿耆儒硕彦主持风雅，虽仅附郭一大聚落，而湖山之胜播闻海内，四方知名士载酒问奇，流连觞咏，散见于诸家撰著者指不胜屈。呜乎！盛矣。

近以人事迁移，北鹾改道，里之华堂广厦不转瞬间化为瓦砾之场。于是，池台廊榭指顾成墟，向时园亭大半销沉，无何有之，向巷陌重经，溪径几不可辨。过此以往再数十年，后来之彦虽欲寻幽吊古，访前辈钓游之迹，而不可得矣。此乡先生莘樵李丈《园亭记》之所由作也。先生清门世德，趋庭之始即多识前言往行，又生于嘉庆之初，及见雍乾诸耆宿，故于桑梓掌故如数家珍。比以天下多故，杜门著述，首成是编，所以网罗放佚，阐幽光而资尚论，意良厚也。且夫河下特郡北之一隅耳，以倚长淮而东西二湖与山邱二湖相掩映，独饶烟水之趣，甲午以后形胜稍殊矣。而东湖之滨，薜萝风上，杨柳月来，犹不减赵渭南时。故曲江楼、晚甘园、荻庄诸胜为诸园亭冠，此外或以宏整名，或以幽折著，甚且翦茅编竹，逸趣萧疏，以视齐云、落星之华，金谷、玉津之钜丽，相悬几相霄壤。惟主是园者，类皆瑰奇俊伟之流，与夫研经抱道特立不倚之士，所以远迩景从，以得一瞻仰为幸。即已泉石湮沉，烟云漫灭，而因其人以想象其园亭，愈有低徊不能去者。胜地以人而传，不其信哉。然非先生之精考核而慎编摩，又安能使昔贤之流风余韵长留天地间，则斯记之有裨于桑梓不尤伟乎。

里中新经捻扰，引翼堂诸胜又已毁于烽燹，愈凌夷衰微矣。然诸当道方且筑垒浚濠，里中人士亦均劳身焦思，有众志成城之概，衡以剥复，贞元之理，衰极而盛，其在斯乎。人患不为，张太史不患无曲江楼；患不为，阎征君不患无眷西堂。所愿吾里后进砥行立名，相期远大，一旦得志，力为里门起凋敝，将河下一隅声明文物不难复如曩时，何园亭区区之足云乎？此又先生著书之微旨也夫。

射阳忆旧

周恩来

淮阴，古之名郡，扼江北之要冲。清时海禁未开，南省人士北上所必经之孔道也。余本浙人，自先大父为宦吴省，遂徙家而居焉。生于斯，长于斯，渐习为淮人；耳所闻，目所见，亦无非淮事。十岁后，始从伯父游学辽东，浸及津门。回首旧时风景，不觉物换星移。即幼闻一二故事，亦多恍惚。间有可忆者，笔记之，以作《射阳忆旧》。童话稚语，遗笑方家，知所不免，然吾行吾是，知我

罪我，所弗计也。

余九岁，正余幼时家庭极乐之境也。某日，余由书房放学归，忽闻奴仆喧传：某大盗就获，不久即将授首矣。余聆之茫然，细询之，始悉五六年前，东长街某富户曾有强盗夜入，缚其家人，夺无数珍物而去。未及匿其所劫，适县中护兵闻声而至，遂就捕，解往县署而行。盗惧，急自断其缚，夺护兵佩刀，杀之，窜走他邑。迭次县官加以严缉，阅四载星霜，至前二日尚无下落。无何，淮郡一捕头者，无意之间往清江，路遇乞丐数人，内有一数年前熟识之人，其摄影忽映入脑际，急问彼等曰："此何许人？"众答曰："吾同辈也。"马捕急走前问之曰："在淮郡杀一护兵而被搜索者非尔耶？"盗见无可隐，遂直供不讳。马捕乃带其回淮，听候发审矣。是日，淮郡市民，人言藉藉，群集西门外，观盗之来。余亦随家人混迹其中，而心且疑且怖，以为人民遇盗，必加以窘毁，以治其杀人之罪。且淮郡人民，素称强悍，忿激之余，或出野蛮举动，投石恶言，当所不免。况死者冤沉九泉，妻子家人痛心含泣。今忽仇人被逮，更欲得而甘心矣。乃余之所见竟不尔。尔时则红日正中，车轮之声，震地而来。少顷，见有一衣服敝陋，相貌凶恶之人据其上，以索系腕而置于后，一守者伺其旁。甫下车，即闻一官呼曰：护兵之儿，护兵之儿，在此否？忽余之旁，立一身材渺小之童子，容色惨淡，年可十四五，应声曰：唯唯。遂从众人丛中蛇蜕而上。近余者耳语曰：此孤儿也，前此被杀护兵之儿也。余怦怦心动，悲不自胜，念彼为无父之孤儿也。此童子即进而立于人群之空虚，距盗及守者甚近。时观者众，甚肃静，毫不闻笑声、语声、啖声，各屏息听其所欲问者；余以身矮，得列前排，亦两目直视，聆彼等之发言。而彼等亦不作他语，但指此童子而向盗曰：此汝所杀护兵之子也。——孺子，汝彼时尚呱呱在抱，使汝之爱父死，而陷汝于悲境者，即此贼所为也，汝宜细视之。于是，捕头以手抚罪人之头，强使睁目。此童子见之，泪涔涔下，且哭且视，目之久，而盗之野暴面色，殆无不收入此童子之眼帘矣。时余注视盗容，见其愧赧之色，几不可状，非复前此之凶横色矣。俄而，果悔心中烧，大呼曰：公子宥我！公子宥我！我非仇于汝父而杀之也，因自卫之故，遂急出此耳。虽然，我罪大矣，我之有罪于汝，非一言所可尽矣。今惟有一死，以谢汝，以慰汝父在地下之灵。我甚乐死，我今将往死所矣。此童子不发一语，哭甚哀。守者促盗起行，赴法场去。盗乃随捕头、兵勇，经人群而过。旁观者皆泣下数行。余不知何故，见彼童子哭痛，亦随之失声而号。如此情况，为余幼年所未经。即至兹以往，亦未曾见是景也。少顷，观者如潮退，余亦随家人返。及今思之，犹如昨日。

夫人之同情，有感化于默者，无形教育，收效奇而捷。教者不知其为教，受教者忘其为教。此际冥冥心心，惟以天真相往来。凡圆颅方趾，同为人者，皆有不可移之正义。有击于目，必动于心。罪人之自觉心，其结果甚简单。由于因其将死，乞怜之念，而以无形教育强迫之，使缘后悔而生自觉耳。夫危险之状，每起人之怒。然怒者，客气也；感于物之真，则怒化。余观盗之初，固甚恨其为人矣。及盗以悔罪而生自觉心，而余乃变为悲酸之念。非悲盗悲童子，乃起于不自知耳。人生之弱点，固有根于性者，吁！亦异已。

幼时喜闻故事，凡有人能语余以奇闻怪事者，辄绕膝不去，终日听之不倦。兹有告余以某仆事，事甚兴趣，录之以见民风之异。今也某仆，言者不详其名，幼而家贫，世业农，年十余岁，不能耕，兄辄呵之。仆愤然曰：吾宁饿死，不累兄也！孑然出门，投某绅家。自云：愿任洒扫，以佣值易衣食。某绅留之。居数年，见其执事勤，言语朴诚，米盐琐事悉委之会计，数日一考其出入焉。仆素不知书，而记忆力甚强。主人按问时，脱口而出，无一遗漏，如虎圈啬夫之对簿也。同辈妒其能，瑕疵于主人前，主人领之而不言。且旦日问所市物价，仆举以对，主人心识之。某夜，忽呼仆曰：旦所云云，忽忘却，试再举之，吾将笔之于纸。仆对如前。过数日，又呼仆曰：曩所记者为儿辈抛书簏中，汝能记一二否。曰：不敢忘。又对如前，主人私出前纸覩之，其数不差毫厘，疑始释

然，以其强记也。一日，置钱千贯，钥于室，以钥授仆，曰：吾倦于勤，不耐烦琐，室中钱六百贯，悉以付子，吾家日用必需之用，子为我备之，用毕具报；我久信子，不锱铢于汝计较也。仆受钥，谨藏之，用时启钥取。数月余，夜计所费，急起白主人曰：吾自受职以来，计支出已四百余贯，而室中所余者尚累累也。前说得无误乎？因历举出款甚悉，入室数余钱，尚有五百余贯。主人曰：吾老而健忘，然吾已有成说，六百贯外，汝可自取之。仆固辞不受。主人益贤其廉，增其佣值，欲为之授室。仆辞曰：小人幼背父母，稍长见逐于兄，几委沟壑，赖主人之赐，一身幸得温饱，不欲以妻自累也。主人曰：独不计身后乎？曰：吾仲兄有子三，择而嗣之可也。遂以鳏终其身。仆体肥，硕大如瓜，喜食咀嚼，一饭历时许，饭必闭目，如有所思。或嘲之曰：老僧入定矣！仆应曰：温经耳。出纳琐繁，恐多遗忘，故略一检点也。然记性已衰，吾其殆矣。晚得咳喘疾，自知不起。一日，再拜辞主人，召仲兄子至，命扶之归。抵家，不数日，病益剧，以二百金置几上，授其侄曰：此吾数十年辛苦所积之物，悉遗之汝。我死之日，以十数金葬我，以其余金治汝生计。汝兄弟多，不自谋生，兄弟将不汝容也。言讫而逝，年五十四。主人闻之，以四百金赠其嗣子，子惶恐不敢受。主人曰：是若翁所寄我也，速将去。嗣子乃拜而受之。

夫钱犹腻，近则受污。古今士夫，以此坏名节者，何可胜数！而闾巷细民，目不知书，乃能慎于所守，不敢自监而自盗焉。《论语》所谓见利思义者，其在斯人欤！某仆安在！吾将公之天下，使四万万人共得而仆之，必不负所托也。惜乎！其早数十年以死也，固特书之，以风天下之公仆。

车桥战役纪念碑碑文

一九四四年三月，新四军一师（兼苏中军区）为扩大解放区，进一步打通苏中与苏北、淮南、淮北解放区的联系，粉碎敌寇“扩展清乡”和“屯垦”计划，有利于部队整训和干部整风，决心在淮安、宝应以东的车桥地区，对敌发动战役进攻。我军集中约五个团的兵力（一团、七团、五十二团和地方部队），打了一次对日伪军的歼灭战。战役于三月五日晨一时五十分发起，首先进攻车桥据点。我军以迅猛的动作，泅越外壕，突破土圩，分割包围敌碉堡群。经激烈战斗，全歼伪军的一个大队，并继续围歼日军的一个小队。当日下午，淮阴、淮安、涟水等地日军（华北派遣军六十五师团七十二旅团山泽大队）纠合伪军共七百余，分批在淮安集结，乘汽车向车桥增援。当第一批援敌进入我韩庄、卢家滩伏击阵地时，我军突然猛烈开火，迫敌进入我预设的地雷阵。地雷连声爆炸，敌寇血肉横飞。接着，第二、第三批援敌到达韩庄，与第一批援敌的残余会合。当晚，敌向我阻击阵地进犯，我军从敌侧背奋勇出击，与敌进行白刃格斗，敌伪伤亡惨重，向韩庄东北突围，在芦苇荡边被我切成三段，大部被歼。七日，车桥残敌狼狈逃窜。战役胜利结束，我军共歼灭日伪军一千三百余名，其中毙伤日军大队长山泽大佐以下官兵六百余名，活捉日军官兵四十八名。攻克车桥据点，摧毁碉堡五十余座。与此同时，新四军三师一部攻克涟水、车桥间的朱圩据点，歼灭伪军三百余。敌寇慑于我军胜利声威，仓皇从泾口、曹甸、塔儿头、张桥、鲁庄、蛤拖沟、望直港、樊河、受河、周庄、蚂蚁甸、杨恋桥登十二个据点撤退。淮安、宝应以东地区全部为我控制，几十万人民群众获得了解放。

在车桥战役中，我军遵循伟大领袖毛主席的教导，集中优势兵力，运用灵活机动的战略战术，攻点与打援相结合，对敌采取包围分割各个歼灭。攻点时声东击西，出敌不意，绕过外围，打敌要害；打援时利用地形，预先设伏，运动中分批歼敌。我军指战员发扬勇敢战斗，不怕牺牲，不怕疲劳和连续作战的作风，在民兵和人民群众的密切配合支援下，以较小的代价取得了战役的胜利。车桥战役的胜利，是毛主席军事思想的胜利！

在车桥战役中，一团排长陈永兴、倪吉寿，七团战斗英雄——班长朱长明、巢东生，战斗模范——排长姜连宝、班长王其、孙金良，战士沈石铭等五十三位同志英勇牺牲。另有一百八十五位同志光荣负伤。日本反战同盟苏中支部松野觉同志参加火线喊话，英勇牺牲。他们用鲜血谱写的可歌可泣的英雄史诗，永远铭记在人民的心中。车桥战役牺牲的革命烈士永垂不朽！

一九八四年三月五日　立

清江浦石码头记

清江浦石码头是一南北向街道，南接清江闸，北通黄河古渡毛家嘴，两端均为石岸码头，街道即由此得名。清雍正年间，其南端始铺石板路十八丈。道光、咸丰年间，茶庵僧广达又募建石路三里，且于三里间竖起二十根石柱，“凿其上方为灯，夜然膏以照行者”，是市区最早有路灯的街道。

淮安作为古运河沿线“四大都市”之一，其兴盛之由首推交通。明中叶黄河全流夺淮后，淮安以北的京杭运河不仅迂缓难行，而且危险很大，码头镇三闸一带，断缆沉舟之事经常发生。故除运粮漕船、巡河官舫外，一般行旅由南而北，均至石码头舍舟登陆，渡黄河至王家营换乘车马，踏上通京大道；由北而南，则至王家营弃车马，至清江闸下登舟扬帆。旧时，石码头和王家营作为南船北马、“辕楫交替”之地，是东南各省人士北上的孔道。据旧志载：“若值会试之年，南尽岭外，西则豫章，百道并发，朝于上京，而此为交衢。”故“九省通衢石码头”一度流誉海内。其盛时，旅馆饭店、车厂商铺密布，各种行市繁多。至十九世纪七十年代，因海道畅通，“由者渐稀”。二十世纪初叶，津浦和陇海铁路通车，石码头遂更形冷落。石码头的繁华寂寞，成为淮安城市兴衰的一个缩影和重要见证。

改革开放以来，淮安迅速崛起，而交通为其先导。今淮安市不仅水上交通青春焕发，而且新长铁路纵贯其境，结束了境内无寸铁的历史，更有同三、京沪等五条高速公路在此交会，重要水陆交通枢纽地位重新确立。然“石码头”作为一册尘封的史书，最终只能让人们“发思古之幽情”、感世事之沧桑了。

中共淮安市委员会　淮安市人民政府　公元二〇〇二年八月　立

清江浦楼记

淮安河下至马头之古运河曰清江浦，东接邗沟，贯淮扬而南达苏杭；西连清口，汇黄淮而北极京津。虽长不及六十里，然明清两朝，三千里运河莫险于此，其关键亦莫重于此也。清江浦楼始建于清雍正七年，位于洪门街尽头，踞岸俯河，不宜登临，唯横额“清江浦”三大字，备往来舟楫之标识也。

每岁三春将尽，漕舟衔尾，浦楼入目，即知三闸近而“蜀道”临也。于是帮长吆喝，军丁就位，“惠济”卸粮既毕，仰水上闸即届。已而绞关爆屑纷飞，若箭在弦；纤夫闻锣齐挽，百千邪许。如是者凡三举历三昼夜，既济，方籍籍而相告慰也。若值夏秋汛猛，黄河倒灌，浦楼左右，舟楫胶浅，丁夫叹而千总愁也。旋即飞章传驿，号马时毙，圣上震怒，河臣罹罪，大工兴而帑藏虚也。至若康、乾南巡，屡屡驻跸，践泥途而不辞，指机示宜；作诗赋以留翰，赐臣祷神，圣虑竭而佳话传也。

迨至黄河北徙，南河裁督，海运大开而漕运衰也。铁路修，津浦捷，南船少，北马歇，清江浦干系益轻也。长技传而船闸兴，三闸废而险途平，浦楼亦失众望而遭冷落也。

改革开放以来，百废俱举，百业腾飞，交通之先导益彰。清江浦上下，航道几经拓浚，船闸数度增容，汽笛沸河，昼夜游龙，黄金水道，呈空前之盛况也。迩来复为南水北调东线之孔道，江淮水递送京津所必由，泵站吞洪波，古河引巨流，首尾呼应，居显著之地位也。近年主政者以清江浦河为经，着力运河文化长廊之整饰，念旧楼之卑陋僻处，是以癸未岁有新楼之杰构也。

新楼位于清江大闸中洲之东端，耸翠流丹，飞檐数重；摇虹浴日，凌波三面；群筑夹河，众星拱月。虽非淮市之极顶，然具龙首之雄姿也。登楼把酒，临风瞩目，云帆千叠，飘然于腋下；胜景百里，灿然而珠联。西望韩信之窟、枚乘之丘，东指射阳晴簃、恩来故居，欣人杰而地灵，感前贤之鼓舞。认河漕以陈迹，识兴衰之有数；觉西流若疾矢，话崛起之壮图。逸兴追鸿，何论黄童白叟；豪气干云，俱是忠肝义胆者也！慨乎此而为之歌曰：

上傲苍穹下劈流，名城胜景半当楼。陈公石闸存珍迹，潘子柳堤隐巨猷。

猎猎云旗云外卷，翩翩画舫画中游。谁为扭转乾坤手？铁臂横空舞正稠。

淮安市人民政府　公元二〇〇三年九月　立

古大清口碑记

古淮、泗水之交会处称泗口、淮泗口。泗水别名清水、清河，故亦称清口、清河口、大清口。淮、泗二水为沟通黄河、长江之最早纽带，《禹贡》所谓“沿于江、海，达于淮、泗”“浮于淮、泗，达于河”，即述其航路。而淮泗口实扼其襟喉，泗口镇亦因之而兴起也。

是以天下太平，淮泗口则为江、海、河、济之通津，“汴水流，泗水流，流到瓜洲古渡头”，白居易陈其势也；“江船达扬州入淮，汴船自清口达河阴”，刘晏正其要也；“弥越走蜀，会闽驿吴”“鱼贯迤其万艘，雾集坌于曾渚”，李邕状其盛也。至若干戈四起，则为淮、扬、徐、兖之巨防，争战双方之命穴，周亚夫截饷平叛，谢玄扼要败秦，吴明彻疏误覆没，杨行密重创汴军，皆以泗口之得失而胜负立判也。

宋绍熙五年（1194年），黄河南夺泗、淮入海，终开六百余载鸠占鹊巢之局。后清河口亦有大河口之称也。宋季，李庭芝镇两淮，于清河口筑城据守，旋为清河县治。元至元二十六年（1289年），会通河成，运道易辙，清口以上数百里黄河通漕，时称“河漕”，清河口遂为黄、淮、运三水交汇之处也。黄河全流夺淮后，其治理之艰巨，直令天子抚膺，群贤棘手，朝野惶惶。“由是治河、导淮、济运三策，群萃于淮安清口一隅。”

黄河向以易决、易徙、易淤著称，清河口当其冲途，首遭蹂躏，忽而梗塞之，忽而摆动之，几无宁岁。元泰定中，汹涌黄流一夕间吞噬泗口古镇，清河口亦渐形湮废，航道西移小清口。嗣后，故址屡困河决，遗迹漫灭莫辨，耆老或谓桂家塘，或指中河口，揣诸志乘，验诸地望，信其皆密近也。

中运河始凿于清康熙二十六年（1687年），自此黄、运分而河漕止。越十六年而中河口由仲庄东移杨庄，自是漕舟贡艘、盐船商舶，樯林纤网，垂二百年，直与古泗口相埒矣。

近百年间，沧桑陵替，山河巨变，清河口故地亦宏图继起，蔚为壮观。登临极目，淮沭新河、中运河、里运河、故黄河、运盐河五水盘绕，群闸控引，清波如练，堤柳如烟，轮驳如龙；宿淮高速公路桥双塔插云，长虹中贯，横空出世，大有不翼而腾之势也。

噫嘻！古清河口，实怀古观今之胜地、伏虎降龙之大观也。是为记。

淮安市人民政府　公元二〇〇六年十二月　立

古末口碑记

京杭运河之最早河段邗沟，系周敬王三十四年（前486年）吴王夫差为沟通江、淮，北上争霸而开。其南接长江茱萸湾，北连淮河山阳湾末口。邗沟高而淮水低，故末口筑有北辰堰，以防水泄而舟滞也。明初，于末口之两侧次第建仁、义、礼、智、信五坝，实乃北辰之延伸，以应盘驳舟楫剧增之需也。永乐十三年（1415年），平江伯陈瑄开清江浦通漕，然遇冬春运道浅阻，舟船仍由淮安五坝。迨万历四年（1567年）开草湾河分洪，逐步取代故河，末口远离淮岸，始渐废而混为断垄残洫。是亦数也。

噫！古末口，实乃淮安城之根本也。设若无末口，则断无淮安之城市。而末口之彰显于史，乱世则缘于攻守之剧也，盛世则麇以舟车之繁也。

遥想夫差当年，待渡堰前，舳舻塞运，旌旗蔽日，干将寒光，风云霸气，威灵起于末口，怒潮直压淮泗。而人烟之聚，市井之繁，亦始于此也。

嗣后，若值烽烟笼罩，分淮对峙，南必得而进取有资，北必得而饷运无阻。一旦两淮失守，大江暴露，南国之气数亦尽矣。于是筑坚城，号银铸；立帅府，置严戍。舰阻北辰，周世宗翦屠孽深；兵拒假道，宋赵立抱定丹忱；褚不华之困守，张士诚之强攻，几回血涨壕池，几多尸摞雉堞，虽扬州十日、嘉定三屠，亦无过矣。淮安地处平川，而不弃不舍者，实为争一末口也。长淮要害，无逾于此也。

然而浩劫难灭地灵，血火原草，春至愈青。每逢天下大统，四海一家，漕粮贡品，尽趋京华，物畅其流，货逐其价。则北辰上下，帆樯云集；末口东西，卒伕蚁聚。而塞北海南之产，江左岭表之生，关陇山陕之翘楚，川黔湘鄂之铺陈，燕赵齐鲁之特色，闽越浙赣之奇珍，多不惮艰远，五方辐辏，盘驳装卸于此，呈海涌山列之象也。而流连栖迟者，更有李太白行吟之楫，米元章书画之舫，扶桑国求法之僧，新罗坊侨聚之商。名城繁盛，实缘于此也。

嘻！杨柳风横，城碍十洲烟岛路；芰荷香绕，寺临千顷夕阳川，此赵倚楼之乡思也。夹岸星垂，灯影半临淮运水；凌波歌艳，筝声多在客家船，此项子迁之夜泊也。月涌淮流，城头更鼓惊乌鹊；曦偕潮至，坝口风帆戏白鸥，此姚广孝之登览也。诸先贤之所描摹，皆畴昔末口之丽景壮观也。

几番风雨，几度沧桑。今日末口，已为华灯掩映之街衢，楼阁参差之市廛矣。

淮安市人民政府　公元二〇〇六年十二月　立

小清河口记

小清河口者，古泗水会淮之枝口也。然《水经注》、唐宋诸正史暨同期之图经地志，均无小清河与小清河口。而南宋袁燮《絜斋集》提及小清河；文天祥被俘北解，渡淮时作《小清河口》诗，是为所见之最早记载。

余以为：所谓小清河，大致即唐开元二十七年（739年），采访使齐浣所开广济新渠下游别引泗水入淮之十八里河；小清河口，亦即《金史》述及之十八里口也。北宋时小清口地属泗州临淮县，故《元丰九域志》所载临淮县十八里河镇，当即后来清河县小清口县城之前身也。文山道出小清口，知原主航道大清口已浅涩，故以小清口取而代之也。继而帆往樯来，历数百年之盛。元泰定元年（1324年），夺泗夺淮之黄河洪水淹没泗口古城，清河县治由大清口迁小清口西北，小清口之名始彰。

明中叶黄河全流夺淮后，以区区清口受万里全河之水，实不堪重负。水大时，黄河卷土囊沙，浊流一泻千里；水小则流缓沙停，河床不填自满，年复一年，小清口防洪堤遂高如城堡。每届汛期，四面洪涛激荡，街市若阱。清康熙间，凿成中运河，运道易途，县治夹厕于黄、运二水之间，更险象环生。迨乾隆中有凉帽圈之决，城内淤六七尺，人家门不可开。故乾隆二十六年（1761年），从巡抚陈宏谋之议，划山阳之清江浦归清河县以为治所。

嗣后，邑人遂称小清口县城曰“旧县”。而其衙署街市庙宇，则任水湮沙埋，略无遗露。今其地属淮阴区码头镇旧县村，去秦淮阴故城之西北约五里之遥也。

淮安市人民政府　公元二〇〇六年十二月　立

清江浦记

吴邗沟入淮处曰末口，淮、泗水交汇处曰清口，皆大运河穿淮涉黄之嗉喉也。连接末口与清口之淮河山阳湾之险，向为往来舟楫之畏途。宋雍熙中，淮南转运使乔维岳辟沙河运河，创二斗门船闸，免风涛沉溺之患。然历久而河淤闸废，船载复由末口盘坝以履险，公私忧慑。

明永乐十三年，漕运总兵陈瑄循沙河故道，自淮安城西管家湖凿渠，引水至清口对岸入淮，命名清江浦。上置四闸，清江闸即其一也。复于清江闸南堍建常盈仓，中转漕粮，皇仓巨制，坚基广厚，凡七百间，以户部分司监之；设清江督造船厂，修造八十卫所漕运舟船，厂域二十余里，年产五百余艘，以工部分司理之。昔日濒淮旷土，转瞬为漕运中枢。是以清江浦两岸，五方辐辏，百货山列，酒肆旆联，街市栉比，贩夫走卒蚁聚，豪门巨室鳞次。清江浦，亦由运渠之名而为通埠之称矣。

明中叶以降，黄、淮、运频繁纠葛于清口上下，动关宸虑。河漕重臣，咸躬行而图治。既而河督建阃，属官列署，牙节相招，俨如省会。当其盛时，夹河二十里，居民十万户，肩摩毂击，袂帷汗雨，南船北马，九省通衢，虽汉口、金陵不能过也。其间国帑挥洒如土，脂膏流于街衢，尤为清江浦之繁华，涂抹奢靡之色彩。

清咸丰五年黄河北徙，漕运易途，旋遭捻军一炬，华屋尽为焦土。然百足之虫，气息如缕，百年弹指，欣欣复苏，今更呈空前之盛况也。因为之铭曰：

寻踪顾影兮，比勘舆图。胜迹凋零兮，珍惜残余。

发幽阐微兮，彰我运都。抚铭温史兮，当惊世殊。

荀德麟　撰　戚庆隆　书　清浦区人民政府　立

水渡口地名碑记

在清江浦东北隅，里运河以北的东长街尽头，嵌有一方“水渡口”地名碑。尽管这地方看不出显著特色，却有着古老、繁华的历史。

黄河全流夺淮之初，黄、淮共用河道，系由杨庄、王家营经钵池山以东，至淮安河下附近向东北涟水境内迤逦入海。这段河道至水渡口附近，与里运河相距最近。明成化（1465—1487）年间，因一次黄河暴涨，浊流倒灌，使清江闸以西的清江口淤塞，运艘稽阻，商旅裹足。遂在今水渡口附近淮河边开辟码头，将淮河、里运河船上的货物全数剥卸下来，用车辆转搬，再装船北运、南输。里运河与淮河之间遂形成一条转运的车路，车路与东西横街的交叉处，便叫“车路口”，而这条横街，也就被称为车路口街，是为东长街的最初名称。一时间，车路口成了南来北往的咽喉，喧声不息的闹市。鼎盛时期，车路口街沿淮河堤一直到草湾，所以，以车路口为界，向东、向西又有

大、小车路口街之别。为了方便百货转搬，正德六年（1511），在今水渡口淮河边开清江坝，“遇清江口淤塞，即经此达淮。”（正德《淮安府志》卷五）时该坝为软坝，里运河船可直抵坝口盘驳，免去陆运之艰。通坝河道与车路口街的交汇处必须设渡，于是有“水渡口”地名。因车路口街东段系沿淮河堤延伸，故咸丰《清河县志·图》将“水渡口”标在黄河汰黄堤下。

隆庆（1567—1572）以后，黄、淮水患愈演愈烈。万历四年（1576）开草湾新河以纾水患，河下一带故道几近断流。因此，淮安城所需“米、薪诸物，必溯清江浦搬坝，由里河以达城西。”（天启《淮安府志》卷一）然而，由于淮河河床日高，致清江坝“淹筑转移不常”。（天启《淮安府志》卷三）大约到万历前期，清江坝已演变为仁、义二坝。据《河防一览》载：“仁、义二坝原共一口出船，系黄河埽湾，又与清江闸相邻，恐有意外冲漫之患。见今筑堤在上，以御黄流。”（《河防一览》卷八）可见不仅出船困难，而且已成黄河险工。历史上，东长街又叫“仁义洼街”，而仁、义二坝就是“仁义洼”地名的缘起。

清江诸坝毁弃后，车路口仍为逆旅往来的必经之途，是通京大道上的重要节点。

清咸丰五年（1855）黄河北徙，冲途易地，车路口渐形冷落。咸丰十年，捻军占领并焚掠清江浦，官府、豪门股栗。同治元年（1862），漕运总督吴棠遂征夫筑清江浦南北土圩。北土圩的东圩门就设在车路口，圩门外就是圩壕，出圩壕需要摆渡，于是，“水渡口”地名被泛化，包括圩壕以东的街道，也被称为水渡口街。

随着近代清江浦的衰落，到民国前期，水渡口已无大商店，宛如乡集，只有猪行、牛行散布于街后，每逢集期，便有猪嚎牛哞之声凌于市廛人语之上。其时，清江浦以石码头的生猪收购为最盛，每年可收购20余万头，“一有成数，则鞭赴水渡口过圈，再用驳船装至邵伯下之十里甸，兑交浙湖帮船只接运南下。”（《淮阴风土记》上卷）抗日战争爆发后，连这点惨淡的色彩也消褪了。

通过近几十年的发展，水渡口迅速崛起，正在逐步成为淮安市新的市中心区。

清河区人民政府　公元二〇〇七年七月　立

·淮安市志·（1978—2008）

第三十四卷　卫　生

1978年，淮阴地区初步形成门类较为齐全，以预防为主、防治结合的医疗卫生体系，医疗卫生防疫机构一直延伸到生产大队。全地区有卫生机构515个，其中医院和卫生院159个，总床位5576张，有卫生技术人员7785人、医生3083人。医疗设施科技含量不高，偏远乡村仍缺医少药。基本消灭天花、霍乱、斑疹伤寒、鼠疫、回归热、黑热病、雅司病等严重危害人民健康的疾病。其他传染病、地方病也得到有效控制。

改革开放后，淮阴地区着手整顿县、公社医疗机构，改革分配制度，建立健全各项规章制度，提高医疗质量，合作医疗探索起步。1987年，全市拥有卫生事业机构1099个，其中医院324个、门诊部（所）709个，病床12519张（其中医院床位12408张，千人拥有病床1.35张）。市区有卫生事业机构212个，病床2249张；千人拥有病床5.92张，平均病床使用率91%，平均病床周转次数19.3次。20世纪80年代后期，全市医疗单位在技术上外引内联，建立医疗联合体，陆续和国内外有关单位广泛建立合作关系，医疗水平不断提高。

20世纪90年代，全市加大卫技人才培养力度，不断充实和壮大卫生队伍。卫生人员人数和技术水平都有很大提升。至1997年，全市卫技人员达13034人，其中主任、副主任医（药）师420人，主治（管）中、西医（药）师等2911人，中、西医（药）士9703人，形成一支技术结构合理、综合素质较好的卫生专业队伍。防疫工作采用卡、簿、表管理，多种传染病控制比例不断提高。县及县以上医院基建速度加快，大型医疗设备增加幅度较大。

2001年后，淮安市加快发展个体、私营医疗机构，引进民资、外资，发展具有一定规模的民办医院。当年市卫生局印发文件，支持开办私营个体医疗机构。2002年，全市第一家民营医院投入经营。至2008年，全市有民营医院16家，形成以政府举办的非营利性医疗机构为主体、民营医院进行有益补充的医疗服务体系新格局。

2008年，全市有各类卫生机构（不含村卫生室）600个，其中疾病预防控制机构9个，卫生监督机构9个，综合医院31个，专科医院8个，中医院7个，中西医结合医院1个，妇幼卫生保健机构6个，卫生院137个。各类卫生机构拥有病床1.16万张。全市有卫生技术人员（含村医生）2.36万人。其中，医学博士21人，执业（助理）医师5805人，注册护士5039人。至2008年年末，全市累计新建、改建卫生厕所51.9万座，卫生厕所普及率达48.93%。全市346.37万名农业人口参加新型农村合作医疗，参合率99.87%。全市计划免疫接种覆盖率达98%以上。37种法定传染病总发病率持续多年低于全省平均水平。建成国家卫生城市1个、省级卫生县城3个、省级卫生镇2个、省级卫生村25个、市级卫生镇39个、市级卫生村64个。

第一章　机构队伍

第一节　卫生行政机构

1978年，淮阴地区卫生行政机构为淮阴地区行署卫生局。1983年3月，改称为淮阴市卫生局，设政秘科、医政科、药政处、防疫科、妇幼科、财建科、爱国卫生运动委员会办公室7个科室。1984年，撤销政秘科，分设组监科和秘书科。1987年，市公费医疗办公室由市政府行政处划归市卫生局管理。同年7月，市卫生局增设中医管理科。1991年3月，增设医教科。1994年3月，爱国卫生运动委员会办公室被划出。1997年8月，市级党政机构改革，市卫生局设办公室、组织人事科、宣传科、财务基建科、医政科、卫生防疫科、医教科、妇幼卫生科、药政管理处、公费医疗办公室、中医管理科、卫生监督科、地方病防治办公室、审计科14个科室，另按有关规定设纪委（监察室）。

2001年2月，淮阴市卫生局更名为淮安市卫生局。同年6月，卫生部门职能有较大调整，药政管理和药检职能交给市药品监督管理局，医疗保险职能划给市劳动和社会保障局，市爱国卫生运动委员会办公室职能划入市卫生局。改革后，市卫生局设办公室、组织人事处（挂“宣传处”牌子）、规划财务处（挂“审计处”牌子）、卫生法制与监督处、基层卫生与妇幼保健处、医政处（挂“中医管理处”牌子）、疾病控制处（挂“市血吸虫病、地方病防治领导小组办公室”牌子）、科技教育处、干部保健处9个职能处室，另按有关文件规定设置纪检监察机构。市爱国卫生运动委员会办公室设在市卫生局。至2008年，内设机构没有变化。

第二节　医疗卫生机构

一、县及县以上医疗卫生机构

1978年，全地区拥有县及县以上卫生机构80个，其中医院39所、卫生防疫站14所、药品检验所14所、妇幼保健所（站）13所。

1983年，原清江市属人民医院、妇幼保健院、职业病防治院和麻风病院划归淮阴市，成立相关机构，合并原地、市（清江市）卫生防疫站和药检所，改为淮阴市属，重新组建清河区、清浦区卫生防疫站。先后建市救护总站、中心血站和部分县中医院、皮防所等。1986年，建市妇幼保健所。1988年，市妇幼保健院更名为市妇产儿童医院。1996年，市妇幼保健所被撤销，人员和职能划归市妇产儿童医院。1997年，市妇产儿童医院重新恢复“市妇幼保健院”名称。

2001年，市、县药品检验所划归市、县药品监督管理局管理。2002年，市红十字会从市卫生局划出，将皮肤病、性病、麻风病的预防、监测职能从市皮肤病防治院剥离，由市卫生防疫站承担。

2005年3月，市皮肤病防治院更名为市皮肤病医院。2003年3月，撤销市卫生防疫站，成立市卫生监督所和市疾病预防控制中心，各县（区）也相继撤销卫生防疫站，成立卫生监督所和疾病预防控制中心。

2003年，市救护总站更名为市急救中心。2004年，各县（区）采、供血机构划归市中心血站管理。2005年4月，市中心血站增挂“淮安市采供血中心”牌子。

至2005年年末，全市卫生系统有县及县以上医院27所，其中市级医院7所、县区级医院20所，妇幼保健机构8个，卫生监督机构7个，疾病控制中心7个，卫生防疫站2个，中等医学教育机构5个，急救中心、采供血中心各1个。

2008年，全市有县及县以上疾病预防控制机构9个、卫生监督机构9个、综合医院31个、专科医院8个、中医院7个、中西医结合医院1个、妇幼卫生保健机构6个。

二、乡村医疗卫生机构

1978年，全地区有公社卫生院102所、大队合作医疗所4797个。1987年，全市有中心卫生院46所、村合作医疗所4700多个。

1988年，淮阴市政府印发《淮阴市农村村卫生室管理暂行办法》，农村基层医疗工作逐步程序化、规范化。至1996年年末，全市有乡镇卫生院165个、村卫生室和医疗点2661个。2001年，乡镇区划调整，每个建制乡镇保留1所卫生院，其余的根据需要改为分院或医疗点。2003年后，一部分乡镇卫生院增挂“社区卫生服务中心”牌子。至2005年年末，全市有116个建制乡镇卫生院、1861个村卫生室。2008年，全市有乡镇卫生院137个、村卫生室1680个。

三、企事业单位医疗机构

1978年，淮阴地区大部分厂矿和学校都有医疗保健机构，清江拖拉机制造厂、清江棉纺织厂等规模较大的工厂都建有医院，一般设病床50张左右。

1992年，全市企事业单位医疗卫生机构总数为637个，其中医院1所、疗养院1所、门诊部（所）635个。20世纪90年代后期，全市企业开始逐步推行后勤服务社会化改革，后又进行企业改组改制，企业办医疗卫生机构产权发生变化。1998年，市卫生局对企事业单位医疗卫生机构重新登记，倒闭企业医疗机构和一些不合格医疗机构被取消。

2008年，全市有企事业单位医疗机构96个，其中医院9所，诊所、医务室、卫生所、社区卫生服务站87个。

四、民营和其他经济类型医疗机构

1980年，江苏省政府重申允许私人开业行医。1981年，省卫生厅发布《江苏省个体开业医生暂行管理办法》，对个体开业医生实行规范管理。1985年，全市登记管理个体行医户176个。1992年，全市登记个体行医户191个。1997年，全市登记个体医疗户108个。

2001年，市卫生局印发《关于贯彻落实省委、省政府〈关于加快发展个体经济的意见〉实施办法》，支持举办私营个体医疗机构。2002年8月，全市第一所民营医院——中山医院正式开业。至2005年年末，全市有民营医院6所，股份合作制等其他经济类型医院5所，私营诊所（医务室、卫生所、社区卫生服务站）199个，其他类型的医疗机构26个。至2008年，全市建成具有一定规模民营医院16所。

1978—1995年淮阴市市区及县（市）卫生机构、医院卫生院情况一览表

表34-1　　单位：个

年份	市区		县级淮安市		淮阴县		涟水县		洪泽县		盱眙县		金湖县	
	卫生机构	医院卫生院	卫生机构	医院卫生院	卫生机构	医院卫生院	卫生机构	医院卫生院	卫生机构	医院卫生院	卫生机构	医院卫生院	卫生机构	医院卫生院
1978	263	73	52	31	66	28	63	28	43	18	83	19	63	21
1979	291	76	63	31	69	29	63	28	44	18	84	20	63	21
1980	275	70	62	30	69	29	65	30	45	19	82	18	62	20
1981	351	77	96	33	72	29	67	30	49	20	85	19	65	23
1982	371	77	97	33	68	29	77	34	49	20	91	25	64	22
1983	326	83	94	33	66	31	78	35	49	20	92	25	65	22
1984	339	83	95	33	65	31	79	35	52	21	87	25	69	25
1985	356	78	91	29	65	31	80	23	51	21	89	25	69	25
1986	369	74	87	28	75	27	85	22	49	17	93	30	69	26
1987	374	76	87	30	75	27	94	22	48	17	93	30	69	26
1988	378	77	87	31	78	27	92	22	50	16	93	30	67	26
1989	388	78	90	32	76	27	92	23	52	17	74	31	66	26
1990	334	78	70	32	76	27	96	23	62	16	88	33	66	26
1991	319	76	70	32	79	26	97	23	63	17	78	33	72	27
1992	327	76	70	32	79	26	97	23	64	17	78	33	72	27
1993	334	75	76	32	80	26	102	23	64	17	94	33	72	27
1994	334	73	76	25	80	31	102	37	64	17	94	33	72	27
1995	333	82	76	34	80	31	102	37	63	17	94	33	72	27

1978—1995年淮阴市市区及县（市）卫生机构床位情况一览表

表34-2　　单位：张

年份	市区	县级淮安市	淮阴县	涟水县	洪泽县	盱眙县	金湖县
1978	2905	868	638	881	461	703	626
1979	3191	947	735	964	510	704	686
1980	3127	992	637	973	563	714	703
1981	3118	865	722	941	566	673	703
1982	3110	940	639	960	624	673	637
1983	3158	997	585	906	632	673	637
1984	3515	1125	639	810	597	710	639
1985	3872	1157	610	815	574	745	617
1986	3774	1169	561	851	600	771	627
1987	4054	1230	575	841	595	771	663

续表 34-2

年份	市区	县级淮安市	淮阴县	涟水县	洪泽县	盱眙县	金湖县
1988	4292	1267	580	798	567	771	698
1989	4368	1240	580	827	572	820	716
1990	4436	1258	562	842	570	826	711
1991	4237	1257	538	815	492	925	679
1992	4200	1300	538	823	620	925	709
1993	4216	1304	538	832	592	929	709
1994	4351	1322	538	1104	650	925	724
1995	4410	1333	543	1131	572	925	709

1996—2008 年淮安市卫生机构、床位情况表

表 34-3

项目 / 年份	卫生机构数（个）	医院（个）	床位（张）	医院床位（张）	平均每千人口医院床位（张）
1996	663	195	7969	7860	1.60
1997	663	195	7985	7852	1.57
1998	606	195	8050	7900	1.58
1999	497	195	8115	7987	1.61
2000	549	182	7961	7792	1.56
2001	514	174	7868	7768	1.51
2002	475	181	7941	7818	1.51
2003	468	182	8215	8091	1.58
2004	591	178	9287	8961	1.77
2005	603	178	11253	10999	2.13
2006	645	181	11373	11161	2.13
2007	646	183	11509	11451	2.16
2008	600	184	11617	11412	2.13

五、重点医院选介

（一）淮安市第一人民医院

淮安市第一人民医院创办于1948年，原为淮阴地区人民医院，是市内最大的一所综合性三级甲等医院，是南京医科大学附属淮安第一医院、卫生部指定的国际紧急救援中心网络医院。位于淮阴区黄河西路1号。2008年，总院有职工1317人，占地面积13.25万平方米，总建筑面积9万多平方米，核定床位1200张，年门诊100.56万人次，年出院4.26万人次，年手术1.8万台次。拥有西门子多排螺旋CT机3台、1.5T超导磁共振扫描仪、直线加速器、DSA、ECT等万元以上设备912台（套），资产总额6.87亿元。此外，还有3所运营良好的分院。该院建成江苏省重点专科血液

图 34-1　淮阴地区人民医院（1983 年）顾树青　摄

图 34-2　市第一人民医院（2008 年）　市一院　供

科，淮安市放免、检验、信息、糖尿病诊疗4个技术中心，心胸外科、血液科、骨科、神经外科、泌尿外科、心内科、内分泌科、耳鼻咽喉科、肿瘤内科、普外科、影像中心11个市级重点专科，以及一大批临床带头学科。该院拥有副高级职称以上医技人员264名，有省“135工程”培养对象1人，有省“333”工程培养对象7人，有市“十百千人才”56人。2008年年末，该院成为江苏省首批设立省级博士后科研工作站单位、中国医学科学院肿瘤医院肿瘤治疗协作中心。成功开展肾移植、异体骨髓移植、骨髓干细胞移植等一系列高难度技术项目，成为江苏省首批有资质开展非血缘造血干细胞移植、采集项目的医疗机构。高三尖杉酯碱治疗慢性粒细胞性白血病的远期疗效及其作用机制研究达到国内领先水平，获得全国卫生行业唯一一等奖。1978—2008年，该院获得国家、省、市级科技成果奖297项。

（二）淮安市第二人民医院

淮安市第二人民医院又名为江苏省淮安仁慈医院，创办于1892年，是一所集医疗、教学、科研、预防、保健、康复、急救于一体的国家三级综合性医院。位于清浦区淮海南路62号。2008年，该院占地面积5.53万平方米，建筑面积7.75万平方米，有病床1100张，在职职工1229人，年门诊55万人次，年住院病人2.5万余人。有副高级职称以上医学专家191名。设3个硕士生培养点，有40多名专家在各级医学学术团体担任职务。该院设有临床专业科室和医技科室42个、病区23个以及ICU（重症加强护理病房）、CCU（冠心病监护病房）、RICU（呼吸重症监护病房）监护病房。该院普外科、消化内科、心内科、老年病科、呼吸科、眼科及ICU为淮安市重点专科。

图 34-3　仁慈医院旧址（1985 年）　顾树青　摄

图 34-4　市第二人民医院（2008 年）　顾树青　摄

（三）淮安市第三人民医院

淮安市第三人民医院原名为淮阴地区精神病防治院，1983年改称为淮阴市第三人民医院。位于清河区淮海西路272号，占地面积3.73万平方米。1992年，该院开始走以神经、精神疾病诊疗为主，内、外、妇、儿并举的“大专科、小综合”发展道路。1993年，与南京医科大学附属脑科医院联合办院。2001年，更名为淮安市第三人民医院。2005年，建筑面积1.1万平方米的综合病房大楼投入使用，床位增至510张。综合病房大楼采用中心供氧、中心吸引、中央空调系统。同年，该院被省卫生厅评审确认为三级精神病专科医院。2008年，该院有在职职工370人，其中高级职称人员32人，门诊总诊疗50581人次。该院神经科和精神科是市级重点专科。

（四）淮安市第四人民医院

淮安市第四人民医院原名为淮阴地区传染病防治院，1983年更名为淮阴市传染病防治院，1997年更名为淮阴市第四人民医院，2001年更名为淮安市第四人民医院。2008年6月，该院由淮阴区黄河北路整体搬迁至清浦区延安东路128号。新医院占地面积9.7万平方米，建筑面积4.07万平方米，编制床位600张。市第四人民医院是淮安市唯一一所治疗肝炎、结核、乙脑、狂犬病、艾滋病等37种法定传染病的二级传染病专科医院，承担全市及周边地区传染病医疗、康复、预防和危重、疑难传染病的诊治任务，肝病科是市级重点专科。参与国家肝病攻关课题的临床科研20余次，独立承担多项省、市级传染病立项课题的科研任务，获得18项省、市级科技进步奖。

（五）淮安市中医院

淮安市中医院1978年11月成立，占地面积2万平方米，总建筑面积1.09万平方米。1982年4月在市区淮海南路30号开诊，1989年迁至市区和平路3号。1998年增挂“淮安市糖尿病医院”牌子，2001年成立淮安市肛肠病诊疗中心，2003年增设淮安市中医药研究所。2008年，该院有在职职工236人，卫技人员占85%以上；高、中级职称专业技术人员近100人，其中省名中医1人、市名中医2人、市有突出贡献中青年专家1人、市级学科带头人1人、市医学百名人才5人、研究生8人。该院设有老年病康复中心、肿瘤肝胆病诊疗中心、伤骨科脊柱微创中心、肛肠病诊疗中心、不孕不育治疗中心、普外微创中心6大特色中心，门诊设有内、外、妇、儿、针推、五官等临床科室25个，专科专病门诊15个，辅助科室7个。开设4个病区，编制床位200张。

（六）淮安市妇幼保健院

淮安市妇幼保健院原名为清江市妇幼保健院，1983年更名为淮阴市妇幼保健院，1988年更名为淮阴市妇产儿童医院。1997年，淮阴市妇产儿童医院和淮阴市妇幼保健所合并为淮阴市妇幼保健院。2001年，更名为淮安市妇幼保健院。该院位于市区人民南路104号，占地面积1.25公顷，建筑面积3.65万平方米。2008年，该院有床位400张，职工635人，其中卫技人员539人、高级职称专业技术人员50人、博士研究生2人。该院是淮安市唯一一所妇女儿童专科医院，也是全市妇幼保健中心，集医疗、保健、科研与教学于一体。该院设有妇科、产科、普儿科、新生儿科、小儿外科、乳腺科、生育技术科、妇女保健科、儿童保健科等特色专科，其中新生儿科和妇产科为市级重点专科。

（七）淮安市皮肤病医院

淮安市皮肤病医院位于清河区利苑路3号。原为清江市麻风病防治院，1983年改称为淮阴市皮肤病防治院（所），2001年改称为淮安市皮肤病防治院（所），2002年更名为淮安市皮肤病医院。2008年，该院有职工38人，其中医技人员35人，拥有中高级职称医技人员18人。拥有医疗用房4000余平方米。该院专科特色明显，以皮肤病、性病、男科、中医科为龙头，内、外、妇、五官科等共同发展。皮肤科和性病科在全市有一定影响。

（八）中国人民解放军第八二医院

中国人民解放军第八二医院是苏北地区一所集医疗、教学、科研、预防、保健于一体的多功能综合性医院，承担第二军医大学南京军医学院、东南大学医学院、白求恩军医学院临床教学任务。1997年，被评为三级乙等医院。位于市区健康东路100号，占地面积9.8万平方米，营区基地面积9.7万平方米，建筑面积5.08万平方米。1991年、2001年先后建成门诊楼和病房大楼。2008年，该院有床位500张、科室23个，有高级职称人员25人、中级职称人员52人，有博士学历2人、硕士学历17人。设置9个病区、1个ICU病房。在肿瘤化疗、放疗、γ刀、光子刀、介入治疗、全身热疗等一体化综合治疗，骨伤病的人工关节置换、断肢再植、关节创伤显微修复，内分泌代谢性、免疫性疾病的诊疗与研究，心、肺、肝、肾、脑重症伤病员的复苏，介入超声、介入放射、腹腔镜、关节镜、电子内镜、食管气管支架置入、超声聚焦刀、LEEP刀等微创治疗方面形成一定特色。

（九）淮安中山医院

淮安中山医院是淮安市卫生局和清河区政府招商引资的股份制民营医院，2002年8月开业。位于市区健康东路7号，按照国家二级综合性医院标准设置。2008年，该院有门诊综合楼1座，建筑面积7500平方米，辅助用房约2000平方米。拥有内科、外科、男科、妇科、儿科、口腔科、耳鼻喉科、肛肠科等。核定诊疗科目28个。配备螺旋CT、彩色多普勒、全自动生化仪、X线计算机CR放射成像系统等大中型设备30余台（套）。核编床位150张，开放床位100张。各科室均由主任医师、副主任医师担任学科带头人。

第三节 卫生队伍

1978年，淮阴地区对卫生技术队伍进行整顿，让卫生技术人员归队、归行、归专业，对已进入卫生系统从事专业工作的无学历人员进行学历教育和专业培训，对极少数不合格人员实行转岗。1979年起，开展技术职称评定。20世纪80年代，市卫生局将人才发展列入发展规划，规定非卫生技术人员不得从事医疗技术工作。1984年开始，鼓励专业技术人员向农村卫生院流动，充实乡镇（中心）卫生院技术力量。20世纪90年代后期，高等医学院校毕业生增加，市卫生局制定政策提高卫技人员学历层次，有计划地引进硕士、博士研究生，各医疗单位也制定相应配套政策引进人才，并鼓励在职人员参加博士、硕士、本科、大专学历教育学习。

1998年起全国实行注册护士考试，1999年起实行执业医师和执业助理医师考试，淮阴市卫生部门组织人员参加。

2004年，市卫生局提出“三名”（创名院、建名科、出名医）战略，加强人才队伍建设。至2005年年末，全市卫生系统有博士生3人、硕士生55人、本科生1947人。全市晋升主任医、药、护、技师及其他人员180人，副主任医、药、护、技及其他人员567人，主治（主管）医、药、护、技师及其他人员3225人，初级职称（师、士、员）7800人。

2008年年末，全市有卫生技术人员（含村医生）2.36万人，其中医学博士21人、执业（助理）医师5805人、注册护士5039人。全市有个体医疗从业人员606人。

1978—1995年淮阴市市区及县（市）卫生技术人员数一览表

表34-4　　单位：人

年份	市区	县级淮安市	淮阴县	涟水县	洪泽县	盱眙县	金湖县
1978	4210	1248	1086	1455	585	949	786
1979	4419	1262	1089	1446	599	887	833
1980	4592	1291	1114	1494	561	895	821
1981	4954	1400	1140	1548	661	898	855
1982	5215	1466	1168	1581	635	927	835
1983	5174	1475	1094	1638	679	924	766
1984	5482	1572	1022	1636	692	924	770
1985	5487	1574	962	1522	696	881	766
1986	5694	1600	957	1656	674	977	799
1987	5902	1616	991	1677	672	1017	749
1988	6030	1600	972	1579	677	1036	735
1989	6235	1720	958	1585	747	1005	771
1990	6280	1659	967	1624	781	1063	802
1991	6377	1685	987	1623	849	1122	817
1992	6592	1776	1022	1647	861	1172	851
1993	6892	1901	1100	1777	889	1405	923
1994	7012	1946	1085	1790	931	1516	931
1995	7148	1988	1090	1880	936	1509	917

1978—1995年淮阴市市区及县（市）医生数一览表

表34-5　　单位：人

年份	市区	县级淮安市	淮阴县	涟水县	洪泽县	盱眙县	金湖县
1978	1589	563	343	422	205	496	371
1979	1666	551	339	325	198	455	335
1980	1712	551	309	481	176	468	337
1981	1812	579	384	479	212	317	319
1982	2020	608	399	518	236	347	274
1983	2095	622	424	545	253	340	284
1984	2122	596	414	550	249	369	269
1985	2125	623	346	520	238	325	273
1986	2167	621	322	575	232	350	303
1987	2280	622	382	604	212	357	254
1988	2424	665	384	588	277	417	294

续表34-5

年份	市区	县级淮安市	淮阴县	涟水县	洪泽县	盱眙县	金湖县
1989	2776	711	461	631	319	423	359
1990	2809	732	469	663	344	472	369
1991	2692	731	466	633	339	457	378
1992	2831	753	508	680	342	466	403
1993	2985	820	557	713	305	539	432
1994	3020	847	559	714	345	609	441
1995	3075	906	540	728	345	584	464

1996—2008年淮安市卫生人员情况表

表34-6　　单位：人

项目 年份	卫生人员	卫生技术人员	乡村医生	个体开业	平均每千人口卫技人员
1996	16254	12693	4451	238	2.60
1997	16528	13034	4762	238	2.60
1998	16744	13033	5413	163	2.60
1999	16561	12771	7290	64	2.50
2000	15700	11963	5839	131	2.39
2001	16577	13041	5989	173	2.53
2002	15927	12649	5471	690	2.44
2003	15968	12864	5285	670	2.47
2004	16102	13254	4536	412	2.57
2005	16444	13833	5458	604	2.62
2006	16688	14273	5470	569	2.68
2007	17920	14523	5489	606	2.72
2008	17912	14491	5551	606	2.70

第四节　医疗制度

一、公费医疗

1978年，淮阴地区公费医疗工作由地区公费医疗办公室统一管理。享受范围为：各级人民政府、党派、团体内编制人员；各级文化、教育、卫生及经济事业单位工作人员；大、中、小学教职员工及高等学校学生；经过批准享受此待遇的革命残废军人。公费医疗在具体实施过程中，先由患者凭公费医疗证到指定医疗单位就医，后由公费医疗管理单位与定点医疗单位签订合约，凭特约记账单就医，凭收费记账单报销，实报实销。20世纪80年代，对中西药品实行限额记账单制度，

超支不报，检查费、治疗费不限。1987年，每年每人医药费增至60元。这一阶段，医药及医疗用品价格上涨，职工年龄结构趋向老化，需要医疗保健的人数逐年增多，加之有的单位随意扩大享受范围和报销范围，有的享受公费医疗人员浪费药品，少数医疗单位大量购进、乱开营养滋补药品，有些单位大量生产及销售名贵药品、营养滋补品、化妆品，造成公费医疗经费严重超支，而且逐年上升。

1987年4月6日，市公费医疗办公室从市级机关事务管理处划交市卫生局。市卫生局在全市范围开展公费医疗费用联审互查。经查，1987年，全市享受公费医疗人数为116970人，支出公费医疗经费1216.49万元，年人均支出104元。市卫生局组织制定公费医疗管理制度改革草案，规定药品实行定额补助、个人少量交费，目标是改变医疗费用由政府统包统管、享受人员和单位毫不承担的状况。由于管理制度不配套，措施不力，漏洞较多，导致公费医疗浪费现象仍很严重。1991年，全市享受公费医疗人员132547人，共支出3057.3万元，是1987年的2.5倍。1994年，市委、市政府再次试行市级公费医疗改革，采取“定额包干，划到个人，自主择医，超支部分，自费封顶，节约归己（一半）”的改革办法。2001年，公费医疗停止运作，统一实行城镇职工基本医疗保险制度。

二、劳保医疗

1978年，淮阴地区企业实行劳保医疗制度，但外商投资企业、股份制企业、私营企业等非国有经济单位职工没有纳入医疗保障范围。当年实行劳保医疗的职工50余万人，劳保医疗专项经费约667万元。1981年起，部分工矿企业开始改变劳保医疗办法，对职工实行医药经费定额包干。一般根据工龄长短，规定每人每月医药费2～3元，随工资发至个人，节约归己，超支部分自己负担。遇有重病需要住院治疗的，则按一定比例报销；对离退休人员实行实报实销。工人患病凭享受劳保医疗单位介绍信到指定卫生所或门诊室就医，费用由各单位按月结算。1987年年末，全市享受劳保医疗职工70万人，劳保医疗专项经费约2392万元。1998年以后，各厂矿企业加强医药费用管理。有的单位按预定医药费限额随工资发给职工，门诊就医费用全部自付，住院费用可报销，根据不同病种规定上限，超额部分个人负担一定比例。2002年起，劳保医疗逐步被纳入城镇职工基本医疗保险制度。

三、农村合作医疗

1978年，淮阴地区统一执行《江苏省农村合作医疗章程试行草案》，群众自愿集资，互助合作，解决农民医疗保健问题。1982年，全地区5582个大队中，采取合医合药形式的有1365个，合医不合药的1664个，集体办卫生所和赤脚医生联合开业的1474个，私人单干的763个，无医无药的316个。1983年，随着农村联产承包责任制的普遍推行，合作医疗形式受到挑战，不少地方自行解体，取而代之的是合防不合医、合医不合药、不合医药等办医形式。

20世纪90年代后期，随着农村因病致贫、因病返贫现象增多，农村合作医疗又引起重视。1995年，盱眙县试点重建农村合作医疗。1997年，淮阴县在全县启动合作医疗工作。1998年，淮阴市委、市政府推行农村合作医疗，强化政府行为。全市163个乡镇，有110个乡镇出台管理章程，成立组织机构，其中多数乡镇与农户签订筹资协议。55个乡镇启动运作合作医疗，占全市乡镇数的33.7%，参加合作医疗农业人口159.7万人，占农业人口数的40.1%。1999年，全市有102个乡镇实施合作医疗，实际参加人口98万人，占农村常住农业人口数的35.67%。2002年，全市合作医疗人口覆盖率40.57%。

2003年，淮安市根据国务院办公厅转发卫生部等部门关于建立新型农村合作医疗制度的意见，将农村合作医疗纳入社会保障范畴。

四、医疗保险制度

详见第十七卷《人力资源与社会保障》第三章《社会保险》第二节《医疗保险》。

第二章　医疗技术

第一节　中　医

一、机构设施

1978年，创办淮阴地区中医院，这是境域内第一家公办中医医疗机构。

20世纪80年代中期，江苏省政府召开振兴中医会议以后，淮阴市各级政府加大支持中医事业建设力度，把中医建设纳入地方社会事业发展规划。1986—1989年，市、县政府拨专款955.43万元，并帮助争取银行贷款，改善中医院工作条件。至1989年，全市各县都成立中医院，共有病床846张，比1985年增长90.1%。绝大部分乡（镇）卫生院有中医科和中药房，提前达到"七五"规划目标。1985—1989年，市、县中医院共完成基本建设面积18193平方米；购置设备158.28万元，其中万元以上设备28件，初步改变中医院医疗用房紧张、设备陈旧的状况。

1990年，全市11所中医院完成门诊75.41万人次，收治住院1.26万人次，治愈好转率93.4%。开放床位942张，比上年增长12%。新建业务用房6000平方米。县级淮安市、洪泽县中医院建造和扩建门诊楼，新增设备价值28万元，添置B超、200毫安X光机、救护车等设备6台。市卫生局成立中医管理科，负责中医院各类人员岗位职责制定、规章制度制定、示范病区建设以及制定中医急诊处理规程等工作，提高中医管理水平。

1994年，全市11所中医院有床位1019张，比上年增加48张；平均每所中医院床位93张，人员175人，比1993年都略有增加。全市中医院总诊疗人次为84.9万人次，比上年增加19.4万人次，其中门急诊73.3万人次。入院人数16302人次，比上年增加2667人。病床使用率67.9%，比上年增长5.8个百分点。出院者平均住院日14.2天，比上年缩短2天。平均每所中医院总收入400.4万元，比上年增加87.6万元。1994年，县（市、区）以上综合医院和专科医院都有中医科，绝大多数卫生院开设中医科与中药房，乡村医生大多数能利用中西两套方法开展防病治病，初步形成市、县、乡、村四级中医医疗网络。

1995年，各中医院开展创建等级医院活动。市中医院筹措资金200余万元添置基本设施；金湖县中医院自筹资金50万元配备医疗设备；4所设备较差的中医院也投入30多万元购置设备装备。是年，10所县（市）中医院和1所市级中医院全部通过二级中医院基本标准审评。

1996年，市中医院病房楼完成主体工程和内外装饰工程，建筑面积4670平方米。各中医院

加大创建等级医院力度，县级淮安市、涟水县中医院达到二级乙等中医院标准。

1996年行政区划调整后，淮阴市有市、县（市）中医院6所，床位370张，卫生人员777人，卫技人员579人，其中医生236人、护师（士）171人。6所中医院房屋建筑总面积33140平方米，其中业务用房17991平方米、危房4288平方米，分别占总面积的54%和13%。平均每所中医院房屋建筑总面积5523平方米，平均业务用房面积2999平方米，平均危房面积715平方米。中医院设备有800毫安以下X光机11台、B超9台、纤维镜8台、心电图机11台、激光治疗机5台、电动牙科椅3台、手术显微镜2台、万分之一天平3台、各种分光光度计8台、血气分析仪1台、救护车5辆、计算机5台、心脏监护仪1台、超声心动图机1台。

至1998年，全市中医院完成建筑面积9926.96平方米，在建建筑面积3531平方米，基建总投资1124.92万元，增加业务投入490万元。盱眙县中医院1820平方米病房楼开工，以分期付款的方式购进CT设备1台。洪泽县中医院病房楼于1998年10月动工，并投入23万元购置1台日立黑白B超机。金湖县中医院集资60多万元，装备500毫安X光机，为手术室购置多功能监护仪1台。1999年，全市共新建维修中医医疗业务、生活用房面积5236平方米，中医机构新增万元以上专业设备12台件，新增中医专科35个，6所中医院基础设备建设第一阶段工作基本完成。淮阴市卫生局被江苏省卫生厅表彰为中医"九五"建设规划管理先进单位，淮阴市和淮阴市中医院被表彰为中医"九五"建设规划实施先进单位。2000年，金湖县中医院综合楼、涟水县中医院病房楼、盱眙县中医院病房楼、市中医院食堂竣工交付使用。

2004年，盱眙县中医院探索中医机构产权制度改革，进行资产重组、股份制改造，成为全市唯一一家有民间资本进入的县级中医院。

2008年，全市有市级中医院1所、县（区）级中医院6所。7所中医院共有床位538张（编制468张）；固定资产总值7012.49万元，其中房屋等建筑物占51.04%，专用设备占36.9%；年诊疗病人33.22万人次，年出院病人总例数12841人次。全市131个乡镇（包括办事处）卫生院中设有中药房的31个，设有中医科的118个，能开展中医药服务的126个。1551个村卫生室中，能够提供中医药服务的412个。乡村卫生机构一般均能开展针灸、推拿、拔火罐、敷贴、刮痧、穴位注射、热熨等治疗。

二、中医队伍

1978年，淮阴地区中医院有中医30余人。民间尚有一批中医从业人员，但未经培训学习或认定。是年，内儿、针灸学家秦正生被江苏省人民政府批准为省首批名老中医，他还是全国首批500位名老中医之一。1981年起，淮阴中医学会开办中医经典著作提高班，60多人参加学习。

1984年，通过中医晋升考试，全市有13名中医被国家认定为中专学历。至1987年，全市有中医药技术人员1408人。其中，在县级以上医院工作中医师196人、中药师19人、中医士71人、中药士85人、其他中医人员14人、中药剂员70人，初步形成以市中医院为中心的中医队伍网络。1989年，淮阴市11所中医院有职工1216人，其中卫生技术人员916人。

1994年，淮阴市中医院顾维超、严冰，涟水县中医院韩如章，盱眙县中医院顾克明，金湖县中医院徐则先被命名为"江苏省名中医"。是年，全市11所中医院有卫生人员1925人，卫生技术人员1393人，其中医生514人、护士429人。

1999年，对1998年6月26日前取得医学专业技术职称（职务）的685人进行执业中医师（助理）资格直接认定，其中583人被认定具有执业中医师资格，102人被认定具有执业助理中医师资格。此后，实行执业医师资格考试。

2001年，全市开展第一届淮安市名中医评选，评选出10位名中医，分别是汪再舫、陈果然、薛云凤、周玲、陶春祥、刘红云、徐承祖、何亚萍、汤雅顺、金士美。2002年，江苏省开展第二届名中医评选，市中医院汪再舫和市二院刘红云当选为省名中医。2004年，开展第二届淮安市名中医评选，评选出蒋莉、周学义、戚玉华、胡启梅、唐寿延、薛玉书、马岳青、王兆凯、李树年、沈达荣10位名中医。

至2005年年末，淮安市有414人通过执业中医师资格考试，其中中医执业医师167人、中医执业助理医师137人、中西医结合执业医师16人、中西医结合执业助理医师27人、中医师承执业医师5人、中医师承执业助理医师12人。全市注册599名执业（助理）中医师。

2008年，全市中医院共有在职职工1354人，其中卫技人员1061人。

三、特色专科

20世纪80年代后期，全市逐步建起一大批特色中医专科，有中医皮肤科、肛肠痔瘘科、气功门诊、针灸按摩、耳针、乳糜尿科、中医骨伤科等。市中医院建有皮肤科、老年病科、男性科、骨伤科等11个专科。各县（市）中医院也建有5～7个中医专科。市、县级中医院继承和发展传统医学，吸收、引进现代化诊疗设备与技术，开展放射检查、B超、胃镜、心电图、生化检查等项目，并加强中医急诊专科建设，配备急诊抢救器材，试制中药用于急诊抢救。一批老中医带领年轻医生，整理医案和方剂，进行科学研究。将老中医著名方剂和诊疗手法输入电脑，运用先进设备，开展中医临床工作。1990年，市中医院开展新技术项目25项。1992年，市中医院重点加强急诊室、煎药室建设，中医重点科室建设通过省中医管理局检查验收。1993年，各中医院重点建设针灸、推拿、骨伤、肛肠等专科，11个中医院共有40个专科基本达到省中医药管理局重点专科建设管理标准。

1994年，全市重点抓中医专科和中医急诊应急能力以及影像诊断科室建设。

1997年，全市筛选出特色中医专科20多个，每个中医院有优势专科（专病）3～4个，在骨伤、肛肠、肝胆病、糖尿病、皮肤病、不孕不育、烧伤、心脑血管疾病、脾胃、肿瘤、针灸推拿等方面，逐步形成特色鲜明、疗效显著、运行机制良好的特色中医专科。各中医院通过内引外联、结对帮扶的形式，提高专科水平。在省中医药管理局帮助下，洪泽、盱眙、涟水3所县中医院分别与省中医院、昆山中医院和苏州中医院结成帮扶对子，意向性建设重点中医专科6个。淮阴县中医院以中医治疗乳糜尿见长，副主任医师王绍和创治“浊八法”和基本方，10余年间治疗患者逾万例，治愈率96%，病人来自全国29个省（市、自治区）。1998年，市中医院增挂“糖尿病专科医院”牌子。

2003年后，全市各级中医院实施市卫生局“三名”（创名院、建名科、出名医）战略，新增中医专科35个。市中医院蒋莉等人用西药米非司酮加11味中药组成止孕汤，用于终止50天以内的早期妊娠，成功率达96.67%。淮阴区中医院著名老中医王绍和之子王兆军、王兆凯，研制的“乳糜尿冲剂”配方获国家发明专利。

2001—2005年，全市中医院共承担省、市、局科研课题26项，获得市、县级科技成果奖5项，获得市卫生局新技术引进奖1项。2007年，市中医院肛肠科被省卫生厅确定为省级重点专科建设单位。2008年，金湖县中医院针灸推拿康复中心被列为国家农村医疗机构中医特色专科建设项目。

第二节　西　医

一、内科

（一）血液内科

1978年6月，淮阴地区医院血液病专科学组成立，有2名医师，设12张病床。1987年，市一院血液病专科学组从大内科分出，成立血液科，有主治医师2人、住院医师1人，设病床15张。同时，建立血液细胞室，有技师3人。至2008年，市一院血液科有医师9人、护士21人，其中博士研究生1人、硕士研究生3人。2001年3月，血液科为一名恶性淋巴瘤患者施行自身外周血干细胞移植术，填补淮安市医疗技术空白。2002年，血液科被认定为江苏省重点专科。2006年，血液科首例"母子半相合骨髓移植"获得成功，填补苏北地区空白。2007年，市一院与其他6所医疗机构一同成为江苏省首批获准开展非血缘造血干细胞移植、采集项目的医疗机构。

（二）心内科

1979年，淮阴地区医院成立心血管学组，有医师6人，设立病床22张。1984年，成功为1名心跳骤停的徐姓女患者经静脉右心室起搏，挽救患者生命，为淮阴市首例。1986年11月，新门诊楼投入使用，心血管内科正式挂牌门诊。1989年，市一院单独设立心血管内科病区。2003年，心血管内科成为淮安市重点专科。2008年，市一院心血管内科有医师11人，其中硕士研究生4人，护士20人。市一院通过省卫生厅专家组审核，获准开展冠心病介入治疗、导管消融治疗、起搏器治疗、先天性心脏病等心血管疾病介入诊疗。

（三）呼吸科

1985年6月，市二院在感染科结核床位基础上成立呼吸内科。该科被列为淮阴市重点专科，分呼吸内科及结核2个病区，设立100张床位，有副主任医师1人、主治医师3人、医师6人。1992年，增设呼吸重症监护病房（RICU），床位4张。2008年，该科有主任医师4人、硕士以上学位人员11人。该科在市内率先开展普通气管镜及超声气管镜检查、胸腔镜检查、睡眠监测、肺功能检查、呼出气一氧化氮检测、经皮肺穿刺术等技术。在治疗肺癌、呼吸衰竭、重症肺炎、慢性气道疾病以及肺弥漫性病变等疾病上处于市内领先水平。

（四）消化科

1978年，市二院成立消化内科，核定床位12张。2008年，该科有主任医师6人、副主任医师1人、主治医师5人、住院医师4人，核定床位40张。该科拥有日本奥林巴斯电子胃肠镜诊疗系统、德国爱尔博300D海博刀、EUM2000超声内镜和胶囊内镜检查系统等高端诊疗设备，临床常规开展内镜下逆行胰胆管造影术（ERCP）及相关诊疗技术，内镜下胆管支架植入术（ERBD），超声内镜、胶囊内镜、无痛胃镜检查，应用ESD及EMR内镜技术治疗消化道早期肿瘤等，并取得良好疗效。1999年，市二院消化内科被市卫生局评定为市级临床重点专科。

（五）神经内科

1969年，原南京脑科医院神经科人、财、物下放到淮阴地区，创建淮阴地区精神病防治医院，设神经内科，起点较高，是苏北地区最早的神经专科。20世纪70年代，成为淮、宿、连地区神经科和脑电图医师、技师的培训基地。1978年，淮阴地区医院神经内科有4名医师，病床12张。1995年，市三院在全市率先开设脑血管病亚专科病房，以脑血管病康复为特色。1998年，市三院脑血管病

亚专业研治选择癫痫病方向，并很快在该专业领域达到省内领先。该院添置磁共振、全身CT扫描仪、长程视频脑电监测系统、肌电图及系列神经功能康复仪等专科诊疗设备。2004年7月，市一院神经科扩大为神经内I科和内II科。2008年，市一院神经内科有主任医师1人、副主任医师8人、主治医师4人、住院医师6人，有主管护师5人、护师7人、护士20人，设病床76张，被中华医学会指定为“头痛门诊”“头痛中心”诊疗单位。

（六）内分泌科

1978年，淮阴地区医院有1名医师从事内分泌治疗。1989年，市一院成立内分泌科。2003年，该科被评定为市级重点专科。2008年，该科有主任医师5人、副主任医师2人、主治医师4人，设床位48张。

1984年，市二院设立内分泌科。2008年，该科有病房床位30余张，年门诊量近万人次，擅长糖尿病强化治疗、先天性或家族性甲状腺疾病、遗传性内分泌疾病、甲状腺局部治疗。

（七）肾脏内科

1986年，市二院建立肾脏科，为淮阴市最早成立的肾脏内科。1987年2月，实施首例血液透析成功。1989年10月，建成全市唯一肾病实验室，在全市率先开展血液透析、血液灌流、血液透析滤过治疗，并率先开展双重膜式血浆置换、免疫吸附和继发性甲旁腺亢手术治疗，达到较高医疗水平。病区还设置腹膜透析治疗单元、临床专科实验室等。

（八）儿科

1978年，清江市妇幼保健院儿科有1个病区、10余张床位。2008年，淮安市妇幼保健院儿科有2个病区及儿科重症监护病房（PICU），共108张床位。该科连续多年被评为市级临床重点专科。门诊包括专家门诊、发热门诊、肠道门诊和儿科急诊等，年门、急诊量近20万人次，年收治住院病人4000余例，床位利用率95%以上。设有小儿呼吸、消化、神经、内分泌、心内、血液、肾脏和PICU等二级专科。重症监护病房设施与国际接轨。在淮安市首家推出小儿哮喘专科门诊，成立哮喘防治中心。2008年，市一院儿科有医师19人，其中主任医师4人、副主任医师7人、主治医师4人，分设新生儿、心血管、内分泌、肾脏、血液、呼吸等专业组。年门诊10万人次，收治住院3000人次。

（九）精神病科

1978年，淮阴地区精神病防治医院精神科有3个病区，一直为苏北地区乃至安徽省和山东省周边地区精神疾病防治、康复、鉴定及心理咨询的权威机构。2008年，市三院精神病科扩增为6个病区，设床位480张。同时增加亚专科医学心理科，有病区2个。精神科主任和副主任医师达7人、主治医师8人、硕士研究生5人，多次被评为淮安市临床重点专科。该科一直担负着南京医科大学和徐州医科大学等院校临床教学与实习带教任务，科室综合实力处于省内同级医院领先水平。

（十）传染病科

1978年，淮阴地区传染病防治院设肝病科和感染科2个病区，有床位100张。1988年，新增3个肝病病区。2003年，市四院建成淮安市肝病研究所。2004年，市四院PCR实验室在全市首家通过卫生部验收，率先开展乙肝两对半、乙肝病毒基因定量检测。2005年，市四院肝病病区增加至6个。2008年，市四院核定床位400张，是淮安市唯一、苏北地区规模较大、集医教研于一体的园林式三级传染病防治专科医院。肝病专科被评为市级重点专科。该院年诊疗2万余人次，除承担肝炎、结核、麻疹、艾滋病等常见传染病的诊治工作外，还承担新发、突发传染病的应急救治工作。

二、外科

（一）普通外科

1978年，淮阴地区医院普外病区有7名医师，设床位55张。1992年，市一院将普外科分成普外I科与普外II科2个病区。1998年，该科开展肠系膜上静脉—下腔静脉人工血管搭桥，贲门周围血管离断、脾切除联合手术治疗门静脉高症、髂总动脉瘤切除、人工血管置换术等，填补市内相关技术空白。2000年3月，成功为一位肝癌术后5年患者施行左肝癌肿块切除术，填补市内技术空白。2003年6月，用气压弹道碎石仪为一患者取出胰头部直径12.2毫米的胰管结石。同年，普外科施行首例吻合器痔切除术，该成果获市科技进步三等奖、省卫生厅新技术引进二等奖，自制肛门扩张器获国家专利证书。2006年10月，市一院实行三级分科，其中普外科分为肝、胆、胰外科。另设胃肠外科与乳房、甲状腺外科。1986—2008年，有10项研究成果获得市级及以上科学技术进步奖。1998—2008年，该科医生在省级及以上刊物发表论文50多篇。该科为江苏省临床重点专科。

（二）胸外科

1978年，淮阴地区医院胸外科有医师3人，病房床位12张。2001年，该科完成不停跳非体外循环下心脏冠脉搭桥术，达到国际先进水平。2002年，在体外循环直视下为1名冠心病、不稳定型心绞痛、主动脉瓣狭窄并关闭不全、主动脉瓣钙化的患者施行"主动脉瓣置换+冠状动脉搭桥术"，开创苏北地区高难度心脏手术先例。2004年，该科手术数超过1000例，跨入江苏省三级医院前3名行列。2008年，完成一例全胸腔镜下纵隔肿瘤切除术，为江苏省首例。是年，该科有医师23人，分为心血管、普胸、食管5个主诊组，手术范围包括食道肿瘤、肺部肿瘤、纵隔肿瘤及各种先天性、后天性心脏病等。

（三）骨科

1978年，清江市人民医院骨科专业组拥有独立床位20张，主要开展创伤、小儿骨科及骨与关节感染相关疾病的诊治。1985年，市一院骨科正式独立成科，拥有床位50张。1998年，市一院骨科扩大为2个独立病区，拥有开放床位约100张，开展手术项目逐渐增多，常规开展腰椎间盘突出及人工关节置换手术治疗，技术水平不断提高，被评为淮安市级重点专科。该科在市内率先开展经皮椎体成形及后凸成形术、四肢骨折微创内固定术、骨与关节畸形矫形及颈椎病手术治疗等，并达到市级领先水平。

（四）眼科

1978年，淮阴地区医院眼科有医师2人，能够开展眶内肿瘤摘除术，眶内、球内异物取出术。1984年，成功施行玻璃体切割术。1987年，成功开展角膜全层移植及网脱术。1990年，市一院眼科被市政府和市卫生局指定为淮阴市防盲技术指导中心。1994年，成功施行（开眶）眶内肿瘤摘除术，填补市内眼科技术空白。1995年，成功施行穿透性角膜移植术，为市内首例。至2008年，市一院眼科有医师13人、门诊护师2人，可常规开展小切口白内障超声乳化、人工晶体植入手术、角膜缘干细胞移植治疗眼表疾病、羟基磷灰石义眼台植入眼窝成形术、Y-AG激光治疗早期青光眼及后发型白内障、玻璃体切割术治疗视网膜脱离等手术。

（五）神经外科

1978年，淮阴地区医院脑外科有医师2人。1987年，市一院神经外科单独成科，有副主任医师1人、主治医师2人、住院医师2人，病床28张。1990年，神经外科收治住院患者400例，治愈率67.6%。1994年，成功开展颅内动脉瘤直接手术，填补市内技术空白。1996年，成功开展颅内动脉超选择化疗药灌注治疗恶性脑肿瘤。该技术在国内仅有北京、广东、南京等为数不多的几家

医院开展。2000年，成功施行胸髓髓内肿瘤摘除术。当年该科被认定为市级重点专科。该科能够独立完成并常规开展经单鼻孔蝶窦入路垂体瘤切除术、听神经瘤（枕下、乙状窦前入路）切除术、动脉瘤夹闭术、脑干肿瘤切除术、脊髓髓内肿瘤切除术等。2008年，该科有医师13人，其中主任医师4人、副主任医师4人。病区设54张床位，收治各类患者1500余人，其中危重患者200人次；手术800余台次，其中颅脑各类肿瘤手术500例，甲类手术数占三分之一，抢救成功率92%，床位使用率97%。

（六）耳鼻喉科

1978年，淮阴地区医院耳鼻喉科有医师3人，设病床16张。1984年，购置丹麦产电测听仪，开始开展听力主观测听检查，为诊断各种耳聋提供新途径。2005年，耳鼻喉科床位增加到48张。2007年，被评定为淮安市医学重点学科。2008年，该科有医师13人、护士16人。1985—2008年，分别在市内甚至省内率先开展鼓室成形术、鼻部整形术、腭咽成形术、全喉切除术、国产纤维咽喉镜下咽喉部肿瘤摘除术、"男腔女调"的甲状软骨成形术、鼻甲黏膜下凝固术治疗慢性鼻炎、喉次全切环状软骨舌骨（或舌）固定术、气管内放置金属网状支架手术、喉次全切环状软骨舌骨（或舌）固定术等20余项诊疗技术。1998—2008年，该科获得市科研成果奖12项，在省级以上（含省）杂志上发表论文50多篇。

（七）烧伤整形科

1979年，淮阴地区医院成立烧伤病区，定编医师4人。1984年，成功开展整形外科之皮瓣及全鼻再造手术。1985年，开始应用显微外科技术，开展正畸整形手术。1986年，首次开展重睑术、隆鼻术、眼袋成形术。1987年，开展唇腭裂修补等新手术。1991年，开始自备猪皮，开展自体、异体皮混合移植手术。1989年，新改建烧伤整形标准病区，拥有重症抢救室、换药室、浸泡室、整形换药室、病区手术室、显微外科研究室、激光美容室。有病床30张，病区实行无菌、规范、制度化管理。2001年，开始施行脂肪抽吸术、面部除皱术、乳房整形术、颜面轮廓整形等手术。2003年，开展微粒皮移植术。2006年，病区开放床位30张，烧伤病房均配有特制的烧伤治疗床及温控设施，拥有双冷悬浮治疗床、吸脂机、烧伤病人浸浴槽等大型专科设备。对大面积严重烧伤病人的休克、感染、多脏器功能衰竭、吸入性损伤的处理积累丰富经验。烧伤早期大面积切痂、微粒皮移植、异体皮覆盖等烧伤治疗技术达到省内先进水平。至2008年，烧伤整形科有医师11人，护士11人。市一院被批准为"微笑列车"唇腭裂修复慈善项目合作医院。

（八）口腔科

1978年，淮阴地区医院口腔、眼、耳鼻喉合称五官科。1999年，市一院口腔科单独成立病区。2008年年末，该科有医师16人（含门诊6人）、护士13人。该科逐步在全市范围内率先开展矫治口腔牙颌畸形、皮瓣手术、显微外科技术应用于口腔颌面手术、耳大神经移植修复面神经缺损术、颈阔肌肌皮瓣修复颊癌术中缺损、咽后壁瓣修复腭裂、上颌前牙区小节段截骨外科正畸术、上颌骨缺损的赝复体修复、自攻自断骨螺纹固定钉修复大面积牙体缺损、胸锁乳突肌皮瓣修复颊癌术中缺损、胸锁乳突肌皮瓣修复半舌缺损、光固化前牙美容技术。研制微量烟碱口疮漱口液治疗RAU。开展后牙根管治疗、胸三角皮瓣、胸大肌肌皮瓣修复颌面缺损、腭黏膜瓣修复软腭洞穿缺损、冠状切口进路治疗颌面骨畸形、额瓣修复颊部缺损、牙颌畸形的固定矫治、前臂游离皮瓣修复丰舌缺损、慢性牙周病综合治疗、颌骨骨折+钛板坚硬内固定、双侧腭裂整复+双侧齿槽裂修复+左髂骨取骨、复杂性全面部骨折采用全冠、半冠改良切口引切形经坚内固定等手术。

（九）小儿外科

1978年，清江市妇幼保健院设有小儿外科。1988年，淮阴市妇产儿童医院成立小儿外科专科

病区。2008年，该病区是全市唯一一个专业小儿外科诊疗中心，有主任医师4人、副主任医师2人、主治医师5人、住院医师6人。其中，小儿普外科是江苏省临床重点专科。小儿外科不仅在临床上引进多项新技术，还获得国家级"十一五"规划时期科研项目及省、市级科研项目，获20余项国家级、省部级及市厅级奖项。该科把腹腔镜技术广泛应用于小儿外科疾病的治疗中，技术水平达到国内领先。市妇幼保健院是原卫生部首家小儿外科内镜与微创专业技术培训基地。

三、妇产科

（一）妇科

1978年，清江市妇幼保健院妇科和产科同为一科。20世纪80年代，妇科独立成科。2008年，淮安市妇幼保健院妇科有床位80张，是功能完善的市级临床重点专科，并有普通妇科、妇科肿瘤、宫颈病和妇科内分泌等二级学科。该科除开展妇科各种常见病、多发病的健康管理与诊疗外，还不断探索妇科恶性肿瘤的中晚期诊治以及子宫颈癌前病变、子宫内膜病变的筛查和诊治等。该科广泛采用腹腔镜、宫腔镜等妇科内镜技术，形成以微创为前提的妇科手术治疗体系。常规开展腹腔镜下子宫全切除术、子宫肌瘤挖除及各类附件手术，腔镜率达95%以上，其中三、四级腔镜约占80%。

（二）产科

清江市妇幼保健院产科原和妇科同为一科，20世纪80年代独立成科。2002年，淮阴市妇幼保健院产科成为市级临床重点专科。2005年起，开展水中分娩，当年水中分娩量居全省首位。该科推广国际产科管理新模式，常规开展硬膜外镇痛分娩、自由体位分娩以及疤痕子宫妊娠阴道再分娩（VBAC）等技术，促进自然分娩。2008年，该科有床位186张，门诊量逾18万人次，收治孕产妇1万多人次。该科有主任医师4人、副主任医师6人、博士研究生1人、硕士研究生18人。开设生理产科、母体医学、胎儿医学、MICU等二级专科，还开设家庭式一体化分娩产房（LDR）。产科设置从孕前—孕期—产时—产后临床保健服务为一体的中心化运作模式。

第三节　护　理

改革开放后，淮阴地区卫生部门发展护理队伍，每年将护士学校或医学院校护理专业毕业生充实到护理第一线，逐年安排中青年护理人员到省或市、县级医疗单位进修，提高护理水平。20世纪80年代，市护理学会每年举办2次大型学术活动，广泛开展护理医学理论与实践经验交流，护理技术向深层次发展。全市县以上医院每年举行一次护理技术比武或智力竞赛，评比优秀标兵和技术能手。

1985年，市直医院6个病区近300张病床开展责任制护理。1987年，在全市范围内开展评选"十佳"护士活动。

从20世纪90年代初开始，注重护理人员"三基"（基础理论、基础知识、基本技能）学习和训练。市卫生局不定期组织护理"三基"理论考试和操作比赛。

1992年，全市13个县（市、区）有护理专业人员6038人（包括助产士），其中副主任护师19人、主管护师357人、护师2051人。医生和护士比例为1∶0.85。1993年，《中华人民共和国护士管理办法》颁布实施后，市、县（市、区）卫生局每年于"5·12"国际护士节前开展护理知识和技

能竞赛活动，召开表彰优秀护士大会。市、县（市、区）政府、人大和卫生局领导到医疗一线看望、慰问护士，向社会宣传护理工作和优秀护士。

1995年后，市卫生局开始护士注册和颁发护士执业资格证书工作。每年组织护理专业毕业生参加卫生部护士执业资格考试，为考试合格者办理执业资格并进行注册。淮阴市第二人民医院筹备整体护理模式病房，到1997年，建成心血管和血液科、骨科、妇产科、老年科等整体护理模式病区。这些病区护士在病人出院时，还送上一份关于近期、中期、远期生理、生活、心理的书面嘱咐。

1998年，全市二级以上医院推行整体护理。1999年，市卫生局组织二级以上医疗单位参加以基础护理、生活护理、心理护理为主要内容的整体护理操作大比武。

2005年，在全市开展护理“三基”练兵活动，组织全市卫生系统17个代表队参加“三基”理论与操作技能比赛，市第二人民医院获冠军。

2007年“5·12”护士节前夕，市委宣传部、市总工会、共青团淮安市委、市妇联、市卫生局联合在全市卫生系统开展“十佳护士”评选活动。经单位推荐、全市党代表、人大代表、政协委员、卫生行风监督员和群众推荐、投票，评选出淮安市“十佳护士”。

2008年，全市二级以上医疗单位有护理专业人员2679人，其中本科学历61人、大专学历930人、中专学历1606人；副主任以上职称护师19人、主管护师961人、护师1243人；医生和护士比例为1∶0.83。

第四节　重点专科建设

20世纪90年代，淮阴市开始加强重点专科建设。1990年，市级医院专科设备添置经费达350万元，引进一批新仪器、新设备。市一院新建重症监护病房。市妇儿医院建立新生儿重症监护室和胎儿监护室，配备抢救监护设备。

1994年，市一院血液科、心胸外科和市二院呼吸内科、普外科重点专科建设取得突破性进展，实施复杂的心脏瓣膜置换手术、腹腔镜胆囊切除术、胸腔镜检查和骨髓移植等新技术。

1997年，市卫生局制发《淮阴市市直医院重点专科建设规划》，要求到20世纪末，除巩固心胸外科、血液科、呼吸内科、普外科4个重点专科外，再建市一院的内分泌科、泌尿外科，市二院的骨科，市三院的精神科、神经科，市妇幼保健院的妇科、新生儿科，市四院的肝炎科为重点专科；到2010年，再建市一院的肿瘤外科、肾内科，市二院的消化科，市中医院的伤骨科为重点专科，使全市医学技术水平达到苏北地区同类医院先进水平。

1999年下半年，市卫生局制定《淮阴市重点临床专科评审标准（试行）》《淮阴市县级医院重点临床专科评审标准（试行）》，主要有专科床位设置、人员配备、学科带头人、各级医师梯度结构、专科设备、实验室科研状况、开展科研项目等指标。市卫生局组织专家评审组对市直医院和各县（市）综合性医院申报的重点专科进行评审，有9个专科被评为市级重点专科；县（市）级医院评审13个专科，有7个被评为县（市）级重点临床专科。

2000年，市一院血液科开展骨髓干细胞移植治疗白血病等新技术。2002年，市一院血液科被确认为淮安市第一个江苏省省级临床重点专科，心胸外科能开展心脏冠状动脉搭桥及其他高难度手术。市二院投资100多万元加强心内科和呼吸科建设，可开展心脏PTCA（介入）技术和胸腔镜手术。

2003年，市卫生局制定《淮安市医学重点专科管理办法》，对市、县两级临床重点专科实行滚动管理。

至2005年年末，全市卫生系统有省级重点专科1个（市一院血液科），市级重点实验室3个，市级重点专科16个，县级重点专科14个。

2006年，完成第二期市级重点专科审评工作，市级重点专科增加到23个。2007年，市疾控中心和市采供血中心实验室建成国家认可实验室；市中医院肛肠科成为省级临床重点专科建设单位；有市级重点专科23个、县级重点专科20个。当年省级重点专科市一院血液科被南京医科大学确定为“十一五”规划期间重点学科，与全省其他6所医疗机构成为首批获准开展非血缘造血干细胞移植、采集项目的医疗机构。市一院的神经外科、普外科、肿瘤内科作为第二批条件成熟的科室，进入省级重点专科创建程序。2008年，市一院普外科被江苏省卫生厅确认为省级临床重点专科。

第三章　疾病预防控制

1978年，淮阴地区卫生防疫站设办公室、防疫科、劳动卫生科、检验科。淮阴地区有卫生防疫站14个，其中县（市）卫生防疫站13个，专职从事卫生防疫工作人员670余人。每个生产大队卫生室有1名经过培训的防疫医生，每个生产队（村民小组）有1名经过短期培训的卫生员。1980年后，淮阴地区卫生防疫站增设食品卫生科、结核病防治科、宣传教育科、环境卫生科、行政科、寄生虫病防治科；各县（市）卫生防疫站增设相应科室，逐步建成当地卫生防疫的业务技术指导中心。各乡（镇）卫生院成立由3人组成的卫生防疫组。1989年，市卫生局颁发《淮阴市乡（镇）防保体制改革实施方案》，在全市实行医防相对分开、统分结合的乡（镇）防保体制改革。1992年，各乡（镇）防保人员实行持证上岗。1994—1997年，在全市开展创建等级卫生防疫站和文明防保所活动，县级淮安市、涟水县、盱眙县、金湖县、洪泽县、淮阴县先后通过甲级卫生防疫站评审命名，79%乡镇防保所被命名为“市文明防保所”。2003年起，先后撤销市、县（区）卫生防疫站，成立市、县（区）疾病预防控制中心。2008年年末，全市有疾病预防控制人员1184人，其中卫生技术人员870人，中高级职称293人。淮安市疾病预防控制中心有职工111人，其中卫技人员93人，硕士学历8人，中高级职称61人。8个县（区）疾病预防控制中心共有职工280人，其中卫生技术人员234人。全市乡（镇）有专业防保人员793人，其中中专以上学历543人。

第一节　疾病监测

改革开放初期，淮阴地区开展急性传染病报告工作。20世纪80年代，全市各级医疗单位每年从5月1日至10月31日开展疟原虫镜检监测。针对丝虫病，每年开展抽样调查，监测人群感染情况。针对肠道蠕虫病，不同时期在不同人群中开展主动监测。

1990年以后，盱眙、金湖、洪泽3个县镜检监测疟原虫人数为辖区人口的5%，其他县（区）调整为3%。1991年8月起，淮阴市建立急性弛缓性麻痹（AFP，即疑似脊髓灰质炎）病例疫情监测系统。1996年以后，全市AFP病例的各项监测指标均达到卫生部标准。1997年，血吸虫病达到国家阻断传播标准后，转入每年一次监测查螺查病工作。1997年起，全市疫情汇总、统计、分析等在传染病报告信息系统单机操作平台上进行。

1999年1月，淮阴市制定《淮阴市麻疹监测方案》《淮阴市新生儿破伤风监测方案》，在AFP病例监测系统基础上，建立麻疹、新生儿破伤风主动监测系统。实行零病例报告和电话快速病例报告制度，县级疾病控制机构每旬到县级医院及重点乡镇卫生院开展一次主动监测，搜索相关病例。

2000年，市、县（市、区）开展慢性非传染性疾病主动监测，盱眙、洪泽2个县重点乡镇镜检监测疟原虫人数为辖区人口的2%，其他乡镇为0.5%～1%。每年的4月1日（1999年及之前为5月1日）至10月31日，全市各级医疗单位和疾病预防控制机构对腹泻病人进行登记、采样送检（检测项目主要有霍乱、伤寒、菌痢等），送检人数不低于当年辖区人口的1‰。

2004年，全市大部分地区建立社区卫生服务站，慢性非传染性疾病监测成为服务站每年一次常规健康体检的重要内容。1月，市传染病疫情系统与中国疾病预防控制信息系统联网，实行疫情网络直报。当年起，全市各级医疗机构在10月底至次年5月开设发热门诊，登记报告发热病例。在市一院以及楚州区、涟水县、盱眙县人民医院设立不明原因肺炎病例监测点，监测发热呼吸道病例、不明原因肺炎病例，每周上报一次相关报表。

2005年，盱眙县仇集乡被确定为全国疟疾监测点。2006年后，淮安市、县、乡（镇）三级医疗机构设专门的疫情报告人员，市、县级疾病控制机构设专人每天2次审核网络直报工作卡片，每周1次对疫情进行综合分析，向政府和有关部门报告，发现特殊疫情及时报告。

2004—2008年，市卫生局组织检查市直6家医院门诊和病区登记的法定传染病1331例（包括AFP病例），报告率99.77%；抽查医院传染病病例8549例，网络报告及时率98.6%；抽查纸质报告卡片1295张，报卡填写完整率87.49%。同期每年组织对县、乡（镇）级医院抽查，共计抽查门诊和病区登记的法定传染病2413例，报告率99.92%。

第二节　计划免疫

1978年，淮阴地区全面推行麻疹疫苗、小儿麻痹症糖丸疫苗、百白破混合制剂和卡介苗计划免疫工作。接种以生产大队为单位，每年1次。由于受人力、技术和设备条件限制，漏种、误种较多，接种反应时有发生。

1980年，淮阴地区和各县（市）均成立预防接种反应诊断小组，负责异常反应会诊和治疗处理。1981年起，开始冷链建设，地区和县级卫生防疫站建简易冷库，各乡（镇）装备冷藏运输箱、保冷背包、冰瓶、塑料保温瓶（箱）。1982年，计划免疫疫苗增加到6种，即卡介苗、脊髓灰质炎活疫苗、百白破混合制剂、麻疹活疫苗、流行性乙型脑炎疫苗、流行性脑脊髓膜炎多糖菌苗，全地区开始实施全省统一免疫程序，并实行以乡（镇）为单位每月一次门诊集中接种工作。

1984年，淮阴市实行儿童预防接种证制度。1985年，试行儿童计划免疫保偿合同制，为儿童提供预防接种系列服务。计划免疫保偿合同由县、乡、村、儿童家长四方签订，合同中明确适龄儿

童应接种疫苗种类、年龄要求、接种程序和各方的义务、责任。1986年，在各县开展试点。1986年，国务院确定每年4月25日为儿童预防接种宣传日。之后每年的这一天，淮阴市各地根据卫生部确定的宣传主题，采用多种形式面向群众宣传计划免疫知识。

1987年，淮阴市卫生防疫站配备冷藏运输车、疫苗运输车、速冻器。洪泽县全面推行计划免疫保偿合同制，预防接种建卡率迅速提高至99.7%。1988年，全市全面实行儿童计划免疫保偿合同制。

1989年、1991年，经世界卫生组织、联合国儿童基金会和卫生部联合评审，淮阴市分别通过市、县两级计划免疫"四苗"（卡介苗、脊髓灰质炎疫苗、百白破疫苗、麻疹疫苗）覆盖率85%目标评审。

1990年起，全市实行适龄儿童凭预防接种证入托、入学制度。适龄儿童的"四苗"接种率由1983年的28.6%提高到86.8%。是年，市卫生防疫站配备低温冷藏运输车。县（市）逐步配备冷藏运输车、速冻器，建立普通冷库，各乡（镇）配备普通冰箱、冷藏包、冰瓶。在实施国家儿童免疫规划时，有计划地开展适龄儿童百白破疫苗、流脑疫苗、乙脑疫苗、麻风腮疫苗等接种工作。1992年后，为适龄儿童增加乙肝疫苗接种，在饮食服务等重点行业中开展乙肝疫苗接种工作。

1996年6月，全市顺利通过卫生部组织的计划免疫第三个85%目标评审，实现以乡为单位儿童免疫接种率达到85%目标。1997年9月，终止卡介苗复种，麻疹疫苗复种由7周岁改到4周岁，流脑、乙脑疫苗纳入计划免疫程序管理。2002年8月，市卫生局印发《淮安市儿童计划免疫管理办法》和《关于加强预防接种前问诊及使用接种记录卡的通知》。2003年7月1日起，全市将乙肝疫苗纳入儿童计划免疫，免费为新生儿接种乙肝疫苗。

2005年，淮安市麻疹及流行性腮腺炎高发。全市于2006年3—4月在5～15岁人群中开展麻疹—腮腺炎二联疫苗强化免疫，共接种72590人，目标人群接种率12.99%。2007年11月，顺利完成麻疹强化免疫工作，共接种766795人，目标人群（8月龄至14周岁儿童）接种率达98.16%。

2007年3月，按照省卫生厅要求，印发《淮安市儿童预防接种信息化管理系统建设实施方案》，启动儿童预防接种信息化管理系统建设，形成市、县、乡（镇）三级监测网络体系并与省、国家实现联网。同年11月起，按省卫生厅要求，终止执行原定的流脑疫苗季节性免疫接种程序，统一执行卫生部预防接种工作规范规定的流脑疫苗免疫程序，各预防接种单位提供流脑疫苗常规接种服务。

2008年5月，全市实施扩大儿童免疫规划，在全市范围内凭票免费为适龄儿童开展免疫规划疫苗预防接种。至2008年年末，淮安市计划免疫接种覆盖率持续保持在98%以上。

1993—2008年淮安市儿童计划免疫建卡率、发证率、疫苗接种率情况表

表34-7　　　　单位：%

年份	调查月龄	建卡	发证	卡介苗	脊灰疫苗	百白破疫苗	麻疹疫苗	"四苗"覆盖
1993	12～59	99.4	100	99.1	98.2	97.9	97.7	95.8
1994	0～24	99.6	98.5	98.5	96.9	98.5	96.9	95.4
1995	12～24	99.6	94.0	98.8	98.4	98.3	97.6	95.9
1996	12～47	99.6	99.6	99.5	98.2	98.2	98.5	97.2
1997	0～47	99.3	97.6	98.4	97.7	97.8	97.2	96.0
1998	0～47	99.7	99.7	99.2	98.3	98.3	97.5	96.4

续表 34-7

年份	调查月龄	建卡	发证	卡介苗	脊灰疫苗	百白破疫苗	麻疹疫苗	“四苗”覆盖
1999	12～48	100	98.6	99.7	99.4	99.4	99.4	98.6
2000	13～34	100	100	100	99.4	100	99.4	98.7
2001	13～34	100	100	100	99.4	100	99.4	98.7
2002	13～34	99.4	99.4	99.7	99.7	99.7	99.1	99.1
2003	12～24	100	100	99.4	98.8	98.8	99.4	98.8
2004	12～24	100	100	100	98.8	98.7	98.9	97.8
2005	12～24	100	100	99.7	99.7	99.7	100	99.1
2006	12～27	100	100	100	99.1	99.7	99.4	98.1
2007	12～27	100	100	100	99.7	99.7	99.1	98.4
2008	12～26	100	100	100	99.7	99.2	99.2	98.3

1993—2008 年淮安市计划免疫针对疾病发病率一览表

表 34-8　　　　单位：1/10 万

年份	麻疹	百日咳	流脑	乙脑	新生儿破伤风	合计
1993	4.40	0.52	0.48	1.61	—	7.01
1994	3.21	0.39	0.46	2.83	—	6.89
1995	4.97	0.57	0.84	2.14	—	8.52
1996	5.91	0.11	0.67	1.00	0.08	7.77
1997	3.21	0.14	0.28	0.79	0.06	4.48
1998	1.52	0.14	0.18	0.92	0.12	2.88
1999	0.26	0.31	0.12	0.94	—	1.63
2000	9.26	0.08	0.08	0.38	0.04	9.84
2001	3.59	0.09	0.09	0.96	0.04	4.77
2002	7.13	0.39	0.19	0.32	—	8.03
2003	3.19	0.19	0.15	0.13	0.02	3.68
2004	0.38	0.21	0.11	0.08	0.04	0.82
2005	4.79	0.19	0.08	0.15	0.08	5.29
2006	2.98	0.08	0.12	0.10	0.06	3.34
2007	15.99	0.04	0.02	0.04	0.06	16.15
2008	0.98	0.11	0.02	0.04	0.02	1.17

第三节　传染病防治

一、霍乱

1978年，小川型霍乱波及淮阴地区132个乡，占乡镇场圃总数的47.9%，发病1333人，带菌693人，发病率为14.8/10万人，病死率0.7%。经调查，以水源传播为主。

1980年，稻叶型菌株引起流行。至1981年，发病1105例。1998年，“O139”霍乱传入金湖县，后在淮安、淮阴、涟水等县（市）被发现。1993—2005年，全市共报告霍乱病人108例，菌型为小川型和“O139”霍乱。2005年夏秋之交，涟水县部分乡镇相继发生霍乱疫情（8例），经省、市及县疾控中心流调与对标本检测，确认为霍乱散发疫情，8例病人均为“O139”霍乱病例，发病与食用卤菜有关。2008年10月下旬，盱眙县报告霍乱疫情1例，经盱眙县疾控中心实验室鉴定确诊为霍乱“O139”病例，临床分型为重型，发病与饮用井水有关。全市防疫、卫生部门及时采取一系列防控措施，疫情得到及时有效控制，未发生二代病例。

二、手足口病

2008年5月2日起，手足口病被列入丙类传染病管理，全市对手足口病疫情实行每日监测报告。至6月30日，共报告手足口病514例、重症病人1例，市区临时关闭幼托机构6家，未发生聚集性病例及死亡病例。至2008年年末，全市未发生新感染病例。

三、肺结核病

1978年，淮阴地区卫生防疫部门结核病调查42808人，患病率在55岁一组为最高，达364/10万人，死亡率31.8/10万人。1985年，开展第二次调查，在全市抽查6个县的8881人，发病率264/10万人。

1987年，对全市肺结核病人重新登记，登记率68.45/10万人，其中结核菌阳性率17.85/10万人。全市登记肺结核病人的投药率98.45%，痰菌阴转率92.69%，治愈率58.22%。市区肺结核病人新登记率81.32/10万人，结核菌阳性率17.60/10万人，登记病人投药率93%，登记病人痰菌阴转率100%，登记病人治愈率93%。

1990年，开展结核病流行病学抽样调查，淮阴市患病率742/10万人，涂阳患病率243/10万人。

1993—2000年，按照卫生部《全国结核病防治工作规划（1991—2000年）》要求，将结核病防治重点放在农村，加大传染性肺结核病人发现力度，强化应用短程化疗。对有咳嗽、咳痰两周以上或伴有痰血病人进行免费X光检查，为可疑肺结核病者免费作3次以上痰厚涂片检查，为确诊活动性肺结核病者免费提供6～8个月抗结核药品。对现症病人实行归口治疗管理，由卫生防疫站（疾病预防控制中心）对结核病进行确诊。确诊的病人由乡、村医生按时送药上门，确认患者后服用，送药人、服药人实行签名登记制度，县、乡级每月按时随访，追踪管理，市级每季度督查发现、治疗、随访等病人管理情况，保证患者全程正规治疗，减少不规范治疗和耐药病例。

2000年，淮阴市开展第二次结核病流行病学抽样调查，患病率555/10万人，涂阳患病率158/10万人。从发病情况看，结核病主要影响青壮年人群，15～59岁人群发病率高，男性患病率比女性高。农村结核病人数占85%，是农民因病致贫、返贫的主要疾病之一。

1993—2000年淮阴市肺结核病人发现登记情况一览表

表34-9

年份	报告病人数（人）	痰检人数（%）	年新登记率（1/10万人）	年涂阳新登记率（1/10万人）
1993	3087	2712（87.85）	66	8.0
1994	3109	2823（90.80）	65	8.7
1995	3325	3025（90.90）	69	11.6
1996	3291	3115（94.65）	69	10.8
1997	3415	2839（83.13）	71	10.3
1998	3214	2832（88.11）	66	10.1
1999	3110	2893（93.02）	64	10.7
2000	3102	2806（90.46）	64	13.0
合计	25653	23045（89.87）	68	10.4

1993—2000年淮阴市涂阳肺结核病人治疗转归情况一览表

表34-10

年份	涂阳数（人）	治管数（人）	督导（人）	全程（人）	自服药（人）	治愈率（%）
1993	376	368	—	368	8	86.14
1994	413	401	—	401	12	84.29
1995	518	498	—	498	20	87.15
1996	556	538	—	538	18	88.85
1997	534	521	168	353	13	90.02
1998	542	531	145	386	11	90.96
1999	568	556	166	390	12	91.01
2000	630	620	251	369	10	90.00
合计	4137	4033	730	3303	104	88.55

2001年起，开展以结核病的危害及免费检查、免费治疗政策为主要内容的广泛宣传，并实施报病和全程治疗奖励制度，促进结核病人发现和管理。2002年，在省卫生厅支持下，引进加拿大国际发展部结核病控制项目（简称“CIDA-DOTS项目”），在楚州区、淮阴区、涟水县、盱眙县实施，覆盖380万人。和世界卫生组织医疗机构与结防机构合作项目（简称“PPM-DOTS项目”）在洪泽县、金湖县及市区实施，至2008年覆盖520万人。2003年，市卫生局、财政局联合印发《关于加强结核病防治工作的通知》，对2001—2010年结核病防治规划目标进行分解。

2001—2003年淮安市涂阳肺结核病人登记和治疗转归情况一览表

表34-11

年份	登记数（人）	治管数（人）	全程督导数（人）	治愈数（人）	治愈率（%）
2001	646	646	504	553	85.60

续表 34-11

年份	登记数(人)	治管数(人)	全程督导数(人)	治愈数(人)	治愈率(%)
2002	673	673	653	598	88.86
2003	822	822	780	625	76.03
合计	2141	2141	1937	1776	83.50

2004—2008 年淮安市结核病人登记情况一览表

表 34-12　　单位:人

病人分类		病人总数	新发	复发	其他	
					初治	复治
肺结核病	涂阳	9786	8407	1176	8	195
	涂阴	9957	8081	1469	7	400
	未痰检	188	181	2	2	3
结核病性胸膜炎		812	812	3	0	2
其他肺外结核		224	224	2	0	0
合计		20967	17705	2652	17	600

2004—2008 年淮安市初治涂阳肺结核病人性别、年龄分布情况一览表

表 34-13　　单位:人

性别	人数	0~14 岁	15~24 岁	25~34 岁	35~44 岁	45~54 岁	55~64 岁	65 岁以上
男	5865	59	474	467	707	1095	1166	1897
女	2481	54	308	296	405	418	411	589
合计	8346	113	782	763	1112	1513	1577	2486

2004—2008 年淮安市涂阳肺结核病人治疗转归情况一览表

表 34-14

病人分类	病人数(人)	治愈(人)	治愈率(%)	死亡		失败(人)	丢失(人)	迁出(人)	其他(人)
				结核	非结核				
初治	7484	6960	93.00	37	70	59	38	24	296
复治	1544	1294	83.81	25	38	60	22	13	92
合计	9028	8254	88.41	62	108	119	60	37	388

四、狂犬病

1979 年起，境内开始报告狂犬病疫情。1980—1984 年，出现流行高峰，最高年份为 1980 年，发病 106 例，年发病率 1.14/10 万人，此后逐年下降。1993—2001 年，连续 9 年无病例报告。

2002 年，全市狂犬病发病 26 例。2003 年，市卫生部门印发《狂犬疫苗免疫门诊工作规范》《狂犬病防制技术规范》《关于加强狂犬病预防控制工作的通知》。2008 年，印发《关于加强狂犬病免疫接种工作的通知》，加强管理。2008 年，全市狂犬病发病 7 例。

2002—2008年淮安市狂犬病发病情况一览表

表34-15

年份	2002	2003	2004	2005	2006	2007	2008
发病数（例）	26	36	26	12	14	15	7
发病率（1/10万人）	0.49	0.69	0.50	0.23	0.28	0.30	0.13

五、肝炎

1993年，淮阴市开展肝炎系统调查和防治工作。

1994年起，市卫生局每年印发关于加强春季肝炎防治工作的通知，开展以接种甲肝疫苗为主导措施的肝炎压春峰工作，重点保证中小学生、幼儿等高危人群的免疫接种。

2005年6月，市政府办公室印发《关于转发市卫生局淮安市重点人群乙型肝炎疫苗接种活动实施方案的通知》，在全市范围内开展重点人群乙肝疫苗接种工作，全程免疫269550人，加强免疫150125人。

2006年，卫生部疾病预防控制局、中国疾病预防控制中心抽取金湖县2个乡镇中的2个行政村，随机抽取样本户378户，调查644人。其中，1～4岁组136人，5～14岁组186人，15～59岁组322人。378户中有329户检测到乙肝标志物；644人中，乙肝表面抗原阳性有22人，阳性率3.42%，乙肝表面抗体阳性402人，阳性率62.42%。

2008年，在全市40岁以下重点人群中开展乙肝疫苗接种工作，共全程免疫179288人，加强免疫75060人。同时，重点抓好病毒性肝炎的疫情管理，及时隔离治疗现症病人，严格疫点调查和消毒处理，对密切接触者进行肝炎疫苗接种。

1993—2008年淮安市病毒性肝炎发病情况一览表

表34-16　　单位：人

年份	合计		甲肝		乙肝		丙肝		戊肝		未分型	
	发病数	死亡数	发病数	死亡数	发病数	死亡数	发病数	死亡数	发病数	死亡数	发病数	死亡数
1993	9795	2	7311	1	2484	1	—	0	—	0	—	—
1994	11451	3	5877	1	2595	1	—	0	—	0	2979	1
1995	9078	15	4352	3	2673	8	—	0	—	0	2053	4
1996	8886	6	3651	1	3437	4	—	0	—	0	1798	1
1997	3399	3	963	0	1740	1	34	0	3	0	659	2
1998	2744	3	638	0	1552	2	44	0	9	0	501	1
1999	2822	0	649	0	1640	0	17	0	4	0	512	—
2000	2575	2	409	0	1675	2	14	0	10	0	467	—
2001	2682	2	467	1	1612	0	13	0	10	0	580	1
2002	2305	2	373	0	1371	1	26	0	5	0	530	1
2003	2026	1	343	0	1211	1	33	0	20	0	419	—

续表34-16

年份	合计		甲肝		乙肝		丙肝		戊肝		未分型	
	发病数	死亡数	发病数	死亡数	发病数	死亡数	发病数	死亡数	发病数	死亡数	发病数	死亡数
2004	2867	1	382	0	1826	0	38	0	49	0	572	1
2005	2618	6	275	0	1743	4	57	0	25	0	518	2
2006	2933	3	191	0	2044	3	76	0	70	0	552	—
2007	3506	4	156	0	2466	4	112	0	155	0	617	—
2008	2814	6	136	1	1990	4	133	0	157	0	398	1

六、伤寒

1978年，淮阴地区伤寒、副伤寒发病率31.78/10万人，病死率0.01%。1987年，全市伤寒、副伤寒发病率7.72/10万人，病死率为0。

20世纪90年代后，主要是对重点人群接种伤寒VI多糖菌苗和痢疾菌苗。每年流行季节前对疾病控制、临床诊治人员进行业务培训，对重点餐饮单位、供水单位从业人员进行防治知识培训，与新闻媒体配合，广泛宣传肠道传染病防治知识。各级医疗机构利用墙报、专栏、发放宣传资料等方式，提高群众自我保健意识和能力。每年4月1日至10月31日，全市各级医疗机构开展门诊病原学监测，做到就诊必登记、有泻必检，发现疫情及时进行隔离治疗、流行病学调查，严格疫点处理，对接触人员进行预防服药，对饮用水、餐具及其可能被污染的环境进行消毒，疫点处理率达100%。2006—2008年，发病率连续3年控制在1/10万人以下。

1993—2008年淮安市伤寒发病情况一览表

表34-17

年份	发病数（人）	发病率（1/10万人）	年份	发病数（人）	发病率（1/10万人）
1993	636	6.25	2001	124	2.47
1994	963	9.43	2002	76	1.43
1995	585	5.48	2003	35	0.66
1996	416	4.03	2004	87	1.38
1997	194	3.92	2005	71	1.36
1998	194	3.89	2006	36	0.69
1999	233	4.74	2007	20	0.38
2000	189	3.78	2008	18	0.34

七、麻风病

20世纪70年代末，淮阴地区各地对麻风病连续多年开展全民普查，对重点公社、大队开展小型线索调查，掌握麻风病发病情况和流行规律。

1981年，对现症病人全部实行世界卫生组织推荐的联合化疗方案（氨苯砜、利福平与氯苯吩

嗪）治疗，做到送药上门、监服到位，取得较好治疗效果。对用氨苯砜治愈病人进行复治，阻断传播，有效控制麻风病蔓延。

1987年，全市有麻风病防治院（所）12个，麻防专业卫技人员150人。当年有麻风病人6232人，其中治愈4384人、自愈396人、死亡991人、其他减少59人。

1996年，全市基本消灭麻风病。1998年3月，通过卫生部专家组基本消灭麻风病复核，标志着全市麻风病防治工作进入监测阶段。此后，各地落实麻风病防治措施，开展主动监测，普及麻风病防治知识，对现症病人实施联合化疗，有效巩固达标成果。至2008年年末，全市累计发现麻风病人4170人，治（自）愈3478人，现症病人17人，监测期病人48人。其中，清河、清浦两区累计发现麻风病人325人，存活178人，现症病人1人，监测期病人2人。

第四节　性病防治

1987年，淮阴市发现第1例淋病病例。其后，淋病、非淋菌性尿道炎、尖锐湿疣、梅毒、生殖器疱疹、软下疳、性病性淋巴肉芽肿、艾滋病8种主要性病疫情呈逐年上升趋势。性病报告数最多的为淋病，其次为非淋菌性尿道炎、尖锐湿疣、梅毒、生殖器疱疹，同时有少量的软下疳、性病性淋巴肉芽肿以及艾滋病。

1991年，淮阴市开展性病防治知识宣传及全市重点人群性病疫情监测工作。性病疫情报告工作逐步走上正轨。全市各级医疗机构按照国家有关法律文件规定，通过网络及手工报表形式上报卫生部规定监测的8种性病疫情。

1993年，对市卫生防疫站附近110家个体旅馆服务人员112人进行性病监测，查出性病感染者60人，感染率53.57%。

1995年起，淮阴市贯彻《中华人民共和国传染病防治法》《艾滋病防治条例》及相关政策法规，实施宣传、教育、管理、监测、行为干预、治疗等一系列综合性防治措施。1999年，市卫生防疫站建成艾滋病初筛检测中心。至2001年，市直5所医疗单位建立艾滋病初筛实验室。

1999年开始，全市规范性病医疗市场，实行机构、人员准入和年审制度。2000年，市卫生局印发《关于批准淮阴市皮肤病防治院等单位开展性病诊疗业务的通知》，批准淮阴市皮防院、淮阴市四院、淮阴市中医院、县级淮安市皮防院、洪泽县皮防所、淮阴县皮防所、金湖县皮防所7家医疗机构为性病诊疗合格单位，发给性病诊疗许可证，有37人经资格认定、书面考试取得性病诊疗上岗证。

2000年，淮阴市发现第一例艾滋病感染者，以后每年均有新病人出现。

2001—2005年，对在押性罪错人员进行性病监测284人，发现性病感染者83人，感染率29.23%，给予及时治疗。

2002年11月，将皮肤病、性病、麻风病预防、监测职能从市皮肤病防治院剥离，由市卫生防疫站承担。

2004年，市政府召开艾滋病防治工作会议，印发《关于切实加强艾滋病防治工作的意见》，明确艾滋病防治政策、防治措施和社会各部门的防治职责。确定市第四人民医院为艾滋病收治定点医院。各县（区）先后建立艾滋病初筛实验室。2005年，市政府成立艾滋病防治工作委员会，负责全市艾滋病防治协调工作。2007年，市疾控中心专门设立艾滋病防制科。

2005年3月，从市皮肤病医院调整3名工作人员到市疾控中心从事皮肤病、性病、麻风病的预防、监测工作。

2008年，全市共发现8种性病病人1980人。同年，对市艾滋病防治工作委员会进行调整，调整后成员单位共有26个部门。至2008年，全市建成1个艾滋病初筛检测中心和39个艾滋病初筛实验室。全市共报告艾滋病感染者30例，死亡20例。

2002—2008年淮安市8种性病病人统计表

表34-18　　单位：人

名称＼年份	2002	2003	2004	2005	2006	2007	2008
HIV/AIDS艾滋病	3	1	2	11	20	23	30
梅毒	31	10	57	104	157	373	918
梅毒Ⅰ	17	2	29	42	67	139	402
梅毒Ⅱ	14	8	16	34	47	122	262
梅毒Ⅲ	0	0	0	0	5	2	3
胎传	0	0	12	5	2	20	43
隐性	0	0	0	23	36	90	208
淋病	575	879	996	610	417	434	499
尖锐湿疣	318	106	262	337	429	275	352
软下疳	2	1	0	2	0	1	0
生殖器疱疹	62	46	117	77	129	14	69
性病性淋巴肉芽肿	2	2	0	0	0	1	0
非淋菌性尿道炎	361	270	576	457	387	131	112
合计	1354	1315	2010	1598	1539	1252	1980

第五节　慢性病防治

20世纪70年代，淮阴地区参加全国性死因回顾调查，基本掌握全地区癌症流行情况。20世纪80年代中期，淮安县开展恶性肿瘤防治工作，设立34个肿瘤监测点，及时发现无明显症状的食管癌、胃癌或有轻微不适的各类肿瘤病人。1988年开始，淮阴市把每年6月作为肿瘤防治月，开展多种形式防治知识咨询宣传活动，指导群众改变饮食卫生习惯，动员全民停止和减少食用亚硝胺含量较高的食品、霉变食品，全民食用强化硒盐和洁净水源。每年在全国高血压防治日、世界糖尿病日、世界无烟日、肿瘤防治宣传周期间，向居民宣传慢性病防治知识，提高慢性病防治意识，倡导健康生活方式。

1997年，江苏省卫生厅将慢性病防治列入疾病控制常规工作。1998年，市卫生防疫站在防疫科增设慢性病防治工作项目，金湖县完成2万人的省慢性病基础现患调查。

2000年，根据《江苏省2000—2010年慢性非传染性疾病预防和控制工作规划》，启动全市慢

性病预防控制工作。市和各县（市、区）卫生防疫站相继成立慢病科。楚州区开展肿瘤防治试点工作，金湖县开展以疾病监测、行为危险因素监测为重点的慢性病综合防制试点工作。2004年，楚州区肿瘤防治试点被列为国家食管癌防治研究现场。金湖县慢性病综合防制试点被列为国家疾病监测和成人慢性病相关危险因素监测点。

2002年，采用多阶段分层随机整群抽样方法，抽取盱眙、涟水、洪泽、淮阴4个县（区）2万人，进行慢性病基础现患调查和2000人的危险因素及人群知识行为调查。对淮安市人口学资料，社会人文资料，社会经济发展资料，自然、社会环境资料，疾病预防控制体系等资料进行收集。运用社会医学、流行病学、统计学等方法进行整理、分析，找出淮安市慢性病分布特征及影响健康的主要危险因素和公共卫生问题，形成社区诊断报告。

2005年，盱眙县承担淮河流域重点地区恶性肿瘤流行病学调查点工作。国家、省、市、县80多名工作人员开展为期40天的现场调查。调查显示，淮河水质污染和癌症高发确实存在一定联系，但仍需要作进一步研究。2007年，根据淮河流域重点地区恶性肿瘤流行病学调查结论，卫生部委托中国疾病预防控制中心开展淮河流域癌症综合防治工作，盱眙、金湖被纳入防治项目县。在此基础上，全市恶性肿瘤发病死亡登记试点在金湖、楚州2个县（区）基础上，增加盱眙、淮阴、涟水3个县（区），建立具有良好代表性、覆盖足够人群的恶性肿瘤监测体系。

2006年年初，金湖、楚州2个县（区）参加全国第三次死因回顾抽样调查，调查辖区2004—2005年户籍人口中全部死者的死亡原因及相关信息。与第一次死因调查（1973—1975年）相比，两地人群期望寿命均显著提高，总死亡率明显下降，死因前5位依次为恶性肿瘤、脑血管疾病、心血管疾病、呼吸系统疾病、损伤与中毒，占全部死因的90%以上。2006年6月，全市实施农民健康工程，开展农村基本公共卫生服务项目。在农村开展慢性病与老年人动态健康管理，在城市开展慢性病的社区管理工作，并逐步为居民建立健康档案。项目采用慢性病预防控制领域的新技术，全面推进和拓展全市慢性病防制工作。2006年10月，淮安市加入“全国高血压患者健康行动”项目。2007年3月，市卫生局委托市疾病预防控制中心编写近10万字的《淮安市慢性病社区综合防制工作手册》。2007年，全人群死因监测工作扩大至所有县（区）。

2008年，在全市范围内开展死因登记信息网络报告工作，全市全人群死因监测体系基本形成。是年5月，市政府办公室印发《淮安市实施淮河流域癌症综合防治工作方案》，将此项工作列为全市疾病控制重点项目。至2008年年底，全市60岁以上老人动态健康档案建档50多万册，高血压、肿瘤、糖尿病慢性病人建档约20万份。全市8个县（区）全部参加“全国高血压患者健康行动”项目。

2008年淮安市人群死因监测情况表

表34-19

疾病名称	男			女			合计		
	死亡人数	粗死亡率（1/10万人）	构成比（%）	死亡人数	粗死亡率（1/10万人）	构成比（%）	死亡人数	粗死亡率（1/10万人）	构成比（%）
恶性肿瘤	4250	157.01	34.14	2405	94.76	23.82	6655	126.89	29.52
脑血管病	2808	103.74	22.56	2965	116.83	29.37	5773	110.07	25.61
心脏病	1575	58.19	12.65	1718	67.69	17.02	3293	62.79	14.61
呼吸系统疾病	1469	54.27	11.8	1274	50.2	12.62	2743	52.30	12.17

续表34-19

疾病名称	男			女			合计		
	死亡人数	粗死亡率（1/10万人）	构成比（%）	死亡人数	粗死亡率（1/10万人）	构成比（%）	死亡人数	粗死亡率（1/10万人）	构成比（%）
损伤和中毒外部原因	1262	46.62	10.14	653	25.73	6.47	1915	36.51	8.50
消化系统疾病	248	9.16	1.99	163	6.42	1.61	411	7.84	1.82
内分泌，营养和代谢的其他疾病	148	5.47	1.19	204	8.04	2.02	352	6.71	1.56
传染病和寄生虫病	184	6.80	1.48	68	2.68	0.67	252	4.80	1.12
泌尿生殖系统疾病	90	3.32	0.72	54	2.13	0.53	144	2.75	0.64
新生儿疾病	29	1.07	0.23	27	1.06	0.27	56	1.07	0.25

1978—2008年淮安市居民主要患病情况调查表

表34-20

疾病	导致身体或精神状况不好的最主要疾病			限制日常活动的最主要疾病		
	发病数（人）	构成比（%）	顺位	发病数（人）	构成比（%）	顺位
呼吸系统疾病	45	38.1	1	17	22.7	2
消化系统疾病	22	18.6	2	18	24.0	1
心血管疾病	13	11.0	3	9	12.0	3
意外伤害	6	5.1	4	7	9.3	4
神经精神系统疾病	5	4.2	5	5	6.7	5
妇产科疾病	4	3.4	6	1	1.3	10
肿瘤	3	2.5	7	2	2.7	6
内分泌系统疾病	3	2.5	8	2	2.7	7
肝炎、肠炎等传染病	2	1.7	9	2	2.7	8
泌尿生殖系统疾病	1	0.8	10	2	2.7	9
口腔疾病	1	0.8	11	1	1.3	11
其他	13	11.0	—	8	10.7	—

说明：此表抽样统计人数为10万人

第六节　寄生虫病防治

一、血吸虫病

淮安市仅金湖县有血吸虫病流行，该县是江苏省最晚发现的血吸虫病流行县。

1970年，金湖县查出钉螺（血吸虫病主要载体）有螺面积142.67公顷，血吸虫病人473人。此后，市、县政府和卫生部门每年均组织力量开展查螺、灭螺、防治血吸虫病工作。1970—1987年，共治疗血吸虫病患者2761人次，治愈率91.66%。1987年，流行区普查血吸虫病阳性率0.2%，

达到国家基本消灭血吸虫病目标。

20世纪90年代，市、县（市）政府实行目标责任管理，坚持以控制钉螺为重点的查灭螺、查治病、健康教育、改水改厕等综合性防治措施。1996年，金湖县家畜血吸虫病达到卫生部消灭标准。1997年，金湖县通过省级消灭血吸虫病标准考核验收，达到国家血吸虫病传播阻断标准。至2005年年末，金湖县如期实现将钉螺面积降为零的目标。

二、疟疾

疟疾是淮安市流行历史久远、危害严重的寄生虫病之一。主要以间日疟为主，偶有恶性疟。传播媒介主要为中华按蚊和嗜人按蚊。

1978年起，淮阴地区建立各地专职疟原虫镜检站18个、兼职镜检站226个。1981年，淮阴地区防疫站加强疟疾病人发热病人管理，在全地区统一建立登记账簿和报表，规定时间统一上报，疟防工作走向正规化、制度化。全市休止期根治1407.41万人次，“压高峰”预防服药2825.48万人次，查出并治疗和复治病人54万人次，治疗和复治疑似病人88.22万人次，清理复治21.89万人次。

20世纪80年代后期，疟疾病得到进一步控制，年发病率一直稳定在1‰以下。

20世纪90年代，坚持“因地制宜、分类指导、突出重点”的防治原则，落实以传染源管理和媒介控制为主的各项抗疟措施，疟疾发病率逐步下降。1990年，洪泽县发生疟疾局部爆发流行，年发病率为4.17/万人。1990年和1992年，涟水县和淮阴县分别达到基本消灭疟疾标准。1995年，盱眙县达到基本消灭恶性疟标准，其后全市间日疟发病率一直控制在较低水平。1988—1998年，连续11年无当地感染的恶性疟病例报告。1997年，盱眙县发生疟疾局部爆发流行，年发病率为12.18人/万人。

1993—2008年，在盱眙和洪泽县复合媒介地区实施浸泡蚊帐措施，在98个乡次、460个村次，3547个组次、129756户次，处理蚊帐215563顶次，累计受保护人口621573人次。在盱眙和洪泽县实施DDT室内滞留喷洒措施，对33个乡次、136个村次、826个组次、35725个户次进行喷洒，喷洒总面积4567144平方米，累计受保护人口179568人次。全市共血检发热病人疟原虫924830人次，共报告疟疾病人2552例，查出阳性病人697人次，血检阳性数占疫情报告数的27.31%。

三、丝虫病

二十世纪六七十年代，淮阴地区开展大规模丝虫病防治。1985—1988年，全市各县（市、区）全部达到省基本消灭丝虫病标准。考核达标次年起，开展10年丝虫病原学与蚊媒监测工作。1995—1998年，市卫生局组织有关人员按照卫生部颁发的消灭丝虫病标准及审评方法，先后对8个县（区）消灭丝虫病工作进行逐一审评考核，结果全部达到消灭丝虫病标准。1999年12月，经省级考核，全市达到消灭丝虫病标准。

至2008年，全市累计建档慢性丝虫病人941人。对丝虫病人共做8次血检追踪观察，结果全部转阴。

四、肠道蠕虫病

1988年，全国第一次人体肠道寄生虫分布抽样调查结果表明，淮阴市肠道蠕虫总感染率71.97%。虫种以蛔虫、钩虫和鞭虫为主。1995年开始，在小范围防治试点基础上，采取以集体药物驱虫为主、健康教育和粪便管理为辅的综合性防治措施。1998年春，在全市范围内开展大规模

驱虫服药工作。每年开展肠道蠕虫病防治效果监测。1999年5月，在金湖县金沟乡王庄村、淮胜乡建淮村和涟水县岔庙乡岔庙村、大东乡镇南村开展第二次人体肠道寄生虫分布抽样调查。2个县4个调查点共调查2周岁以上人群1235人，阳性151人，感染率为12.23%。查出虫种11种，其中肠道蠕虫5种、肠道原虫6种。

2002年，全国人体重要寄生虫病现状调查抽查金湖、盱眙、淮阴3个县（区），共检查5206人，阳性520人，感染率为9.99%。其中，金湖县检查2632人，阳性115人，感染率4.37%；盱眙县检查1566人，阳性84人，感染率5.36%；淮阴区检查1008人，阳性321人，感染率31.85%。此项调查工作开始前，分别在金湖县、楚州区对参加调查的120多名防治技术人员进行肠道蠕虫病防治技术培训。同年12月，金湖县通过省基本控制肠道线虫病达标考评。考核组共调查5个镇5个村，应检2871人，实检2632人，受检率91.68%，阳性115人，感染率4.37%，达到省基本控制肠道线虫病标准，是全市首家达标单位。

2003年起，开展小学和幼儿园儿童蛲虫感染调查，3年累计监测23142人，检出阳性1081人，感染率为4.67%。

1995—2005年，全市累计发放驱虫药552万份。1998—2008年，全市累计监测81600人次，检出阳性4768人次，感染率为5.84%。

第七节　地方病防治

一、碘缺乏病

淮安市属环境缺碘地区。1982年，采取“五五”布点方法调查居民甲状腺肿大情况，肿大率9.43%。1984年，对盱眙县22个乡镇7～14岁在校中小学生进行甲状腺肿大情况普查，肿大率17.35%，患病率6.22%。该县被确定为地方性甲状腺肿病区县，在全市率先实施食盐加碘。

1994年，淮阴市政府恢复市地方病防治领导小组，建立“政府领导、部门配合、社会参与”的工作机制，采取全民食用加碘盐为主、补服碘油丸为辅综合防治措施。

1995年10月，采用人口比例概率抽样法在全市30个乡镇中各随机抽查1所小学，对8～10岁1228名小学生进行病情调查，查出甲状腺肿大150人，肿大率12.21%，尿碘中位数201微克/升。1996—1997年，在全民服用加碘食盐同时，特需人群和重点人群补服碘油丸80多万人次。经过重点治疗和全民防治，盱眙县于1997年10月通过省血地办组织的消除碘缺乏病考评。

1997年，采用人口比例概率抽样法对全市进行碘缺乏病病情调查，调查8～10岁小学生1206人，查出甲状腺肿大46人，肿大率3.81%，尿碘中位数为589微克/升；检测盐样780份，合格715份，合格率91.67%。调查结果和平时监测情况证实，碘缺乏危害得到有效控制。1998—1999年，洪泽县、金湖县、县级淮安市、淮阴县、涟水县和市区先后通过市级消除碘缺乏病考评，达到国家规定的碘缺乏病消除标准。

2000年9月，经省级考评，全市如期达到消除碘缺乏病阶段性目标。2001年，全市继续实施以食盐加碘为主、补服碘油丸为辅的综合性防治措施，使用全国碘盐监测信息管理系统上报生产（批发）和居民户两个层次的碘盐监测结果。全市碘缺乏病病情调查显示，8～10岁儿童甲状腺肿大率1.5%，尿碘中位数583微克/升，居民碘盐合格率99.17%。

2003年4—5月，在全市范围内以乡镇为单位按“五五”布点的方法选择5个行政村，对每个

村分散式供水采集有代表性水源水2份，对所有集中式供水各采集水源水1份、末梢水3份，开展饮用水碘含量调查。调查全市7个县（区）、115个乡镇、569个村，共采集水样1144份，检测水碘含量均数为70.16微克/升，中位数为64.45微克/升，范围在0.5～194.2微克/升。水碘值小于10微克/升的121份，水碘值在10.1～150微克/升的927份，水碘值在151.1～194.2微克/升的96份。

2003年淮安市居民饮用水碘含量调查结果表

表34-21　　　　单位：微克/升

地区	份数	中位数	均数±标准差	范围
涟水县	190	57.60	55.65±21.99	4.0～166.8
洪泽县	120	52.80	54.08±25.60	5.1～94.1
金湖县	104	67.95	61.58±22.81	2.3～102.1
盱眙县	204	11.95	15.89±13.93	0.5～90.1
楚州区	274	127.30	114.67±46.57	5.3～194.2
淮阴区	204	91.00	93.91±47.95	0.5～189.8
清浦区	48	61.70	61.95±36.73	5.0～122.2
全市	1144	64.45	70.16±48.83	0.5～194.2

2008年，全市碘缺乏病病情调查结果显示，8～10岁儿童甲状腺肿大率2.42%，尿碘中位数348微克/升，居民碘盐合格率95.56%，生产和批发企业碘盐质量合格率100%。全市人群碘营养状况符合国家碘缺乏病消除标准，消除碘缺乏病阶段性目标成果得到有效巩固。

2001—2008年淮安市居民户层次碘盐监测结果表

表34-22

年份	检测份数	合格份数	不合格份数	非碘盐份数	非碘盐率（%）	碘盐覆盖率（%）	碘盐合格率（%）
2001	1280	1254	16	10	0.78	99.22	98.74
2002	1855	1822	21	12	0.65	99.35	98.86
2003	2270	2240	29	1	0.04	99.96	98.72
2004	2400	2387	0	13	0.54	99.46	100.00
2005	2304	2295	8	1	0.06	99.94	96.62
2006	2320	2286	20	14	0.86	99.14	99.12
2007	2373	2339	19	15	0.98	99.02	98.78
2008	2493	2441	33	19	0.77	99.23	97.88

二、地方性氟中毒

1985—1987年，经省调查，确定淮阴市有26个地方性氟中毒病区村，其中洪泽县18个、盱眙县5个、金湖县2个、涟水县1个；有疑似病区村92个，主要分布在淮阴县。

1996年年初，省委、省政府出台《淮北高氟和污染严重地区改水攻坚方案》，加强高氟地区降

氟改水力度。经过3年努力，基本解决淮北高氟和污染严重地区的饮用水问题。

2004年，淮阴区在1983—1985年经省确定的92个疑似病区村采集92份水样送省疾控中心检测，结果81个村水氟含量比1985年明显降低，72个村水氟含量低于1毫克/升。2005年，26个地方性氟中毒病区村中，绝大部分村饮用水水氟含量达到国家标准要求。

至2008年，全市26个病区村中，有22个病区村完成降氟改水工程，占整个病区数的84.62%。是年，共采集水样44份，经检测平均水氟含量合格，水氟监测覆盖率100%。

三、地方性砷中毒

境内地方性砷中毒病主要分布于淮河两岸、洪泽湖周边，是以皮肤色素脱失、着色、角化及癌变为主的全身性慢性中毒。早期无防治措施，直到2004年9月，市卫生防疫机构开始对盱眙县和金湖县部分乡镇进行饮用水砷含量检测。结果显示，盱眙县150份样品中有30份砷含量超过国家标准，达到中度砷中毒病区标准，金湖县50份样品中有4份超过国家标准。

2005年，市卫生防疫机构对盱眙县、洪泽县、淮阴区、金湖县所有乡镇再次开展饮用水砷含量筛查工作，共计调查4个县（区）、16个乡（镇）、71个村，总井数5462口，水砷值超标水样191份。此后，在盱眙、洪泽和金湖等县继续开展高砷水源筛查工作，又陆续发现一些高砷水源井，并对这些水源井进行整改与监测。2008年，在盱眙、金湖和洪泽3个县历次水砷含量大于0.05毫克/升的自然村随机抽取16岁及以上人员2148人，采用询问、查体、实验室检验方法进行砷中毒病情检查，结果正常2038人，发现砷中毒可疑病人82人、轻度病人34人、中度病人1人。

第四章　妇幼保健

第一节　女职工劳动保护和集体儿童卫生保健

一、女职工劳动保护

1978年，女职工“五期”（经期、孕期、产褥期、哺乳期、更年期）劳动保护由所在单位负责，单位根据各自情况实施具体保护措施。

1987年，各县（区）妇幼保健所均配备1名妇保人员专（兼）职负责女工卫生工作，并多次深入工厂，宣传女工保健知识。是年9月，市卫生局组织对全市167个女工超100人的工厂进行经济状况、劳动条件、“六期”（经期、孕期、产褥期、哺乳期、流产期、更年期）保健措施落实等方面调查，全市有27个工厂建立女工卫生室，14个工厂建立孕妇休息室，17个工厂建立哺乳室。

1989年6月，市卫生局与市劳动局、市总工会、市妇联联合举办女工干部业务技术学习班2期，各县（市）也围绕贯彻《女职工劳动保护规定》，开展当地女工卫生状况调查和模范工厂建设等工作。至1994年，开展女职工劳动保护的工厂有238个。

1998年，市卫生局在市级机关举办妇女保健知识讲座，并对市直机关、企事业单位进行一次

妇女病普查，共检查8000多例。市卫生局、市劳动局、市妇联、市总工会联合召开女职工劳动保护先进集体表彰大会，促进女职工劳动保护工作。在《女职工劳动保护规定》颁布10周年之际，全市共检查妇女病151755人，查出各种妇女病21456例，并进行相应治疗。市卫生局与市劳动局、市妇联、市总工会对市区申报女职工劳动保护合格单位的28个企事业单位进行检查，省劳动厅、省卫生厅、省妇联和省总工会对淮阴市女职工劳动保护合格单位进行抽查。

二、集体儿童卫生保健

1978年，淮阴地区集体儿童卫生保健主要对托幼机构进行管理。1987年，各县（区）直属幼儿园均配备专兼职保健老师，多数幼儿园做到一人一杯一巾。淮安县建立城镇幼儿园保教人员每月一次例会制度。

1990年，市卫生局和有关部门联合印发《淮阴市托幼机构卫生保健工作要求》。1991年，市卫生局配合市教育局对3所申报一类幼儿园的单位按要求进行验收指导。

1996年起，淮阴市贯彻落实卫生部和国家教委联合颁发的《托儿所、幼儿园卫生保健管理办法》，市卫生局与市教委先后印发《淮阴市托儿所、幼儿园卫生保健规范化要求》《淮阴市托儿所、幼儿园卫生保健评分标准》。各县（市、区）卫生局和教委也相继转发上述两个文件并提出具体实施步骤及要求，及时组织托幼机构保健老师业务培训。各县（市、区）卫生、教育部门密切配合，组织自查，对检查中发现的问题，及时给予纠正、指导。各幼儿园增加硬件投入，建立健全各种规章制度。1998年6月，市卫生局与市教委组织人员对全市首次申报托幼机构卫生保健合格单位的19个一类园、22个二类园进行评审验收，有23个幼儿园通过评审。

1999年，市卫生局与市教委组织有关人员对全市申报托幼机构保健合格单位的26所幼儿园进行验收检查，有11所幼儿园通过验收检查。省卫生厅和省教委组织对淮阴市托幼机构卫生保健工作进行调研，对全市托幼机构卫生保健工作予以肯定。

2003年，市卫生局、市教育局联合转发省卫生厅、省教育厅《关于认真做好托幼机构卫生保健工作的通知》《关于做好迎接全省托幼机构卫生保健与幼教督导工作检查的通知》，将托幼机构的卫生保健工作贯彻到幼儿在园教育的全过程。

2008年，市卫生局与市教育局联合印发《关于进一步做好托幼机构卫生保健监督管理工作的通知》，明确各级教育行政部门、卫生行政部门的职责，将托幼机构卫生保健合格作为办园、注册、评审、上等创优必备条件，实行托幼机构卫生保健一票否决制。要求已注册但未取得卫生保健合格证的托幼机构及时申报、评估，不能达到卫生保健合格标准的托幼机构限期整改，经整改仍达不到要求的，由当地教育、卫生主管部门在媒体上予以曝光，年检时不予备案。通过卫生、教育部门联动，形成托幼机构卫生保健管理规范体系。全市注册托幼机构181个，卫生保健合格145个，一类以上幼儿园73家，全市托幼卫生保健管理率100%，卫生保健合格率84.86%。

第二节　妇幼保健系统管理

一、孕产妇和婴幼儿系统管理

改革开放初期，淮阴地区妇幼保健工作基础差，网络不健全。1978年，淮阴地区13个县（市）的妇幼保健所（站）配备专职人员96人，有配备助产士的公社（镇）卫生院235个，配备女“赤脚

医生”（农村里亦农亦医的医务工作人员，1984年后改称为“乡村医生”）的大队4393个。20世纪80年代初，把推广新法接生作为妇幼卫生工作重点。

淮阴市孕产妇和婴幼儿系统保健始于1984年。是年，市区成立围产期保健协作组，负责清浦、清河两区及淮阴县王营镇的孕产妇管理。各协作医院正式开始建立保健卡。市卫生局对两个区妇幼卫生网络进行调查摸底，培训随访人员近百名，在两个区开展随访工作。盱眙、淮安等县先后成立城镇围产期保健协作组。1985年，在城镇住院分娩的产妇，有94.3%建立保健卡，对高危孕产妇进行专案管理，市妇幼保健院成立高危孕产妇病区，产后访视工作由两个区妇保所承担。1986年，市一院、市二院、市妇幼保健院孕产妇建卡率达80%以上。清河区、清浦区及淮阴县保健所对建卡产妇进行产后访视2963人，访视率84.8%。全市有女乡村医生3600人，村儿保医生4649人。由于开展围产期保健，市直3个医院围产儿死亡率比1985年下降3.4%。

1987年，全市312个乡镇中，全面开展孕产妇系统管理乡镇有130个，超过半数村开展孕产妇系统管理的乡镇有101个；全面开展婴幼儿系统管理乡镇有128个，超过半数村开展婴幼儿系统管理的乡镇有88个。

1988年，开展文明保健所创建工作，卫生行政部门对孕产妇和婴幼儿系统管理进行分类指导。全市312个乡镇中，两个系统管理达标的甲类乡镇有69个，乙类乡镇129个，丙类乡镇109个，未开展的有5个乡。孕产妇系统管理达标甲类乡镇有97个，乙类乡镇132个，丙类乡镇80个，未开展的有3个乡。婴幼儿系统管理达标甲类乡镇有86个，乙类乡镇114个，丙类乡镇109个，未开展的有3个乡。

1989年，全市有全面开展孕产妇系统管理乡镇242个，覆盖面77.56%；全面开展婴幼儿系统管理乡镇221个，覆盖面70.83%。全市新法接生率99.81%，住院分娩率75.41%。全市妇女病普查600429人次，查出各种疾病132221人，患病率22%。

1991年，计划内孕产妇和婴幼儿建卡管理率达80%以上，系统管理率达40%以上，新法接生率在95%以上。通过围产期保健，筛选高危孕产妇，围产儿死亡率降到21.9‰，比1982年下降47%。出生缺陷监测工作也在全市14所县以上医院开展。1992年，0～2岁儿童保健管理率67.69%，产妇保健管理率60.4%，住院分娩率64.93%。1994年，开展乡镇文明防保所评比，有107个乡镇卫生院达标，占全市乡镇总数的34.6%；有达文明防保所标准的乡镇防保所83所，占全市乡镇总数的26.86%。1999年，市及县7所妇幼保健机构全部创建成等级妇幼保健院（所）。孕产妇建卡率95.85%，其中早孕建卡率84.28%，高危孕妇检出率18.55%，高危管理率99.87%，产前检查（5次以上）率88.79%，住院分娩率95.87%，产后一次访视率92.88%，三次访视率86.63%，孕产妇系统管理率80.29%。0～6岁儿童保健覆盖率94.63%，0～3岁儿童当年系统管理率91.63%。

图34-5　市妇幼保健院与卫生部医网中心围产中心合作项目启动签约仪式（2006年）　　市妇幼保健院　供

2006年，淮阴区、涟水县、金湖县妇幼保健所创建第二周期甲等妇幼保健所通过省卫生厅评审组评审。2008年，

全市县、乡、村三级妇幼保健网络建立健全，妇幼保健卫生工作由最初被动诊治妇女病、儿童病发展到主动对妇女儿童卫生保健的系统管理；妇幼卫生管理由单纯行政管理发展到法制管理，妇幼卫生工作范围也逐步拓展。孕产妇建卡率98.6%，其中早孕建卡率87.08%，高危孕妇检出率29.35%，高危管理率100%，产前检查（5次以上）率98.25%，住院分娩率100%，产后一次访视率97.14%，孕产妇系统管理率86.35%。0～6岁儿童保健覆盖率96.03%，0～3岁儿童当年系统管理率84.71%。

二、妇幼保健保偿制

1988年，洪泽县首先开展妇幼保健系列服务，实行母子“一条龙”管理，一次性服务。该县做法被《健康报》报道。金湖、清浦等10个县（市、区）42个乡镇也都先后进行妇幼保健保偿试点。是年，全市参加妇幼保健保偿34410人。

1989年，全市11个县（区）90个乡镇推广妇幼保健保偿合同制，普及面28.87%。1992年，《淮阴市妇女儿童保健保偿管理暂行办法》出台。1993年，全市有71个乡镇开展妇女儿童保健保偿服务。

1994年，全市6个县（市）城区和50个乡（镇）开展妇幼保健保偿工作。1995年，全市有126个乡镇开展妇幼保健保偿工作。洪泽县以乡为单位覆盖面100%，县级淮安市、涟水县以乡为单位覆盖率分别达82.75%和71%，盱眙县城镇妇女、儿童投保率98%以上。1997年，淮安、洪泽、金湖3个县（市）妇幼保健保偿以乡为单位覆盖面均达100%，其余县（区）在80%以上，全市孕产妇投保率39.8%，0～6岁儿童投保率66.04%。1998年，妇幼保健保偿以乡为单位的覆盖面为84.85%，全市孕产妇投保7496人，投保率44.1%；0～6岁儿童共投保86886人，投保率40.15%。

2000年，市卫生局印发《关于进一步加强全市妇幼保健保偿工作的通知》，对保健保偿工作的宣传、管理、服务等提出要求，并对《妇幼保健保偿合同书》进行统一规定，要求由各县（区）妇幼保健所（院）或保健保偿办公室统一编号、登记，扎口管理。对保偿金提取比例作适当调整，即县（区）妇幼保健机构提取50%、乡村留50%，由妇幼保健机构或保偿办公室统一理赔。加强责任管理，造成赔偿的直接责任人，要按比例支付一定赔偿金。

2001年以后，继续在全市范围内推行和优化妇幼保健保偿制，对母子孕产期保健、儿童保健等实行程序化管理和“一条龙”服务，孕产妇和婴儿死亡率逐年降低。2008年，孕产妇死亡率7.03/10万人，婴儿死亡率4.87‰。孕产妇健康管理率和0～6岁儿童健康管理率均不低于95%；新生儿疾病筛查率86.2%，新生儿听力筛查率65.58%。

第三节　爱婴医院创建

1993年，淮阴市开始创建爱婴医院。是年，市妇产儿童医院被卫生部授予“国家级爱婴医院”称号。1995年，涟水、盱眙、灌南3所县人民医院通过国家级爱婴医院评估，12所县以上医院和2所乡中心卫生院通过省级评估，3所中医院、25所乡中心卫生院通过市级评估。

1996年，市政府将创建爱婴医院工作列入目标管理。全市创建爱婴医院159所，其中22所县以上医院通过国家级评估，20所中心卫生院和119所乡卫生院通过省级评估。已创建爱婴医院的乡卫生院占应创单位数的82.63%。院内母乳喂养率达95%以上。

1997年，淮阴市开展创建爱婴市活动，出台《淮阴市创建爱婴市工作实施方案》。同年9月27日，分管副市长在《淮阴日报》上发表题为《全民动员，群策群力，积极开展创建爱婴市活动》的文章。全年发放宣传录像带50套、宣传画380套、母乳喂养宣传手册1万多本，制作宣传标语2000多条，投资2万元在市区繁华地段制作固定灯箱宣传牌24块。举办各县（市、区）妇幼保健所所长、县人民医院的妇产科主任和助产长参加的爱婴医院学习班，举办母乳喂养咨询培训班。市卫生局组织师资对商贸部门母乳代用品营销人员进行母乳喂养知识培训。孕产妇住院分娩率由创建前70%上升到85%。院内母乳喂养率94.8%，4～6个月婴儿母乳喂养率保持在80%以上。年内，淮阴县、清浦区创建工作通过省级评估。

1999年，对56所爱婴医院进行复查评估，合格率94.1%。2000年，市卫生局组织对全市22所县以上爱婴医院和16所乡（中心）爱婴卫生院进行复查评估。

2002年，淮安市组织学习《江苏省爱婴医院（卫生院）评估标准》，制定评估细则。市卫生局组织12名评估专家，随机抽取33所国家级、省级爱婴医院进行复查评估，有27所医院通过评审，6所医院限期整改。

2004年，市卫生局抽调18名专家，对县（区）检查通过的单位进行抽查，抽查市、县、乡级爱婴医院48所，并将爱婴医院复评估情况通报全市。

2005—2008年，市卫生局按照《淮安市示范产科评审细则（试行）》标准，组织评审一批示范产科；建立全市产科急救体系，由市一院、市二院、市妇幼保健院3个市级急救小组和各县（区）人民医院急救小组、乡镇卫生院及其他各助产技术执业许可单位的抢救小组组成；组织相关专家，制定并印发《淮安市产科急救预案》《母亲安全“绿色通道”规定》《高危孕产妇转诊制度》；在全市建立起急诊孕产妇“绿色通道”，并规定严格按转诊制度转诊；制定《乡镇（中心）卫生院剖宫产手术技术考核标准》，规定凡未取得理论考试合格证书人员不得独立从事剖宫产手术；抓好爱婴医院长效管理。各县（区）结合母婴保健专项技术执业许可校验，对区域内爱婴医院进行复评审。全市医院内母乳喂养率达95%以上，4～6个月婴儿母乳喂养率在90%以上。

1990—2008年淮安市妇幼保健情况一览表

表34-23

年份	婴儿死亡率（‰）	5岁以下儿童死亡率（‰）	7岁以下儿童保健管理率（%）	孕产妇死亡率（1/10万人）	孕产妇住院分娩率（%）	孕产妇保健管理率（%）	婚前医学检查率（%）	妇科病普查率（%）	新生儿筛查率（%）
1990	42.42	54.35	—	114.30	—	—	—	—	—
1991	39.80	49.97	—	110.10	72.11	34.61	—	—	—
1992	24.89	32.86	76.19	48.85	71.02	93.30	46.60	69.04	—
1993	18.28	24.59	72.43	45.76	73.72	72.37	46.60	80.11	—
1994	16.52	21.20	74.42	49.32	80.66	72.14	18.27	74.69	—
1995	14.22	19.12	75.91	31.85	86.00	81.04	42.88	73.14	—
1996	18.25	24.54	91.61	24.90	88.33	89.33	49.15	77.63	—
1997	18.35	25.06	92.52	42.93	92.06	91.67	51.89	76.88	—

续表34-23

年份	婴儿死亡率（‰）	5岁以下儿童死亡率（‰）	7岁以下儿童保健管理率（%）	孕产妇死亡率（1/10万人）	孕产妇住院分娩率（%）	孕产妇保健管理率（%）	婚前医学检查率（%）	妇科病普查率（%）	新生儿筛查率（%）
1998	16.17	22.29	93.99	43.21	93.08	83.78	26.09	71.78	—
1999	13.43	17.55	94.63	54.01	95.87	95.88	23.39	72.43	—
2000	12.80	15.69	92.56	40.89	95.27	67.37	53.71	71.60	—
2001	13.13	16.13	95.38	30.54	93.47	93.06	60.60	72.45	—
2002	9.44	12.87	87.34	46.87	94.76	92.04	75.51	71.62	63.49
2003	8.48	11.09	85.95	20.54	95.99	92.48	65.13	61.98	64.28
2004	7.97	9.95	95.50	29.63	98.41	95.66	0.75	63.62	63.81
2005	7.28	9.33	95.50	22.53	99.28	97.63	1.03	80.35	74.16
2006	6.92	8.63	96.40	21.04	99.43	97.95	0.73	80.95	76.13
2007	6.00	—	—	—	99.00	—	—	—	—
2008	4.87	6.36	—	7.01	100	—	—	—	—

第五章　爱国卫生

第一节　爱国卫生运动

1980年7月，淮阴地区爱国卫生运动委员会恢复，下设办公室，办公地点在地区卫生局。是年，开展爱国卫生活动，全地区城镇卫生设施投资129万元，新建公厕52座、果壳箱561个、垃圾池961个，铺设下水道35公里，维修路面14公里。

1983年，淮阴市爱国卫生运动委员会成立。爱国卫生运动坚持经常与突击相结合，全年开展全市性爱国卫生突击活动5次，参加干部群众300多万人次，清除卫生死角1603处，清理垃圾367万吨，填平污水坑塘50154平方米，疏通下水道26万多米，植树种花814万株，处理蚊蝇孳生地23623处，灭鼠173万多只。全年城镇铺设街道路面26万平方米，新建和维修公共厕所2452座，修建垃圾箱（池）579个，新增果壳箱583个、痰盂2183只，新建下水道3.6万多米，城镇公共卫生设施建设总投资412.5万元。

1985年，爱国卫生工作主要抓城镇卫生综合治理，与精神文明创建结合，开展创建文明卫生单位活动。市爱卫会制定印发《全市各行各业文明卫生标准》。1986年，金湖县黎城镇等22个单位被省爱卫会命名为省级爱国卫生先进单位。

1989年4月，组织开展全市第一个爱国卫生月活动。此后每年4月都组织开展爱国卫生月活动，主要内容是开展全面环境整治、健康教育、春季灭鼠等。每年对活动情况进行检查、考核、总结、评比。是年起，开展创建省、市级爱国卫生先进单位活动，全市有爱国卫生先进单位1067个，其中省级22个、市级191个、县（区）级854个。

1994年，市爱卫会办公室与市城管会办公室合署办公，挂靠市政府办公室。1995年，市爱卫会开展流动红旗竞赛和卫生大院评比活动，市区创建卫生大院85个。当年创建省级爱国卫生先进单位6个、市级60多个。1998年起，爱国卫生先进单位评比活动从一年一评改为两年一评。

2000年，淮阴市、县级淮安市被省爱卫会命名为第四次全省城市卫生检查评比先进城市。

2001年，市爱卫办划归市卫生局。2004年，市政府印发《淮安市爱国卫生管理暂行办法》。

2006年4月，全国第18个爱国卫生月暨江苏省第10个健康教育宣传月活动期间，市爱卫会印发通知，两次召开各县（区）爱卫办主任会议，市政府召开卫生整治现场会。全市参加义务劳动10万余人次，清理垃圾3.5万吨；出动宣传车104辆（次），挂宣传横幅683条，出板报825期，医务人员参加宣传义诊519人次，接受义诊咨询2万余人次。组织开展“相约健康社区行”行动，举办14场专题讲座，听众4000余人。

2008年4月，全市开展第20个爱国卫生月活动，开展环境卫生综合整治和春季灭鼠活动，全市参加义务劳动7.5万余人次，清理垃圾2.1万吨；添置垃圾箱（桶）1180只、垃圾运输车49辆，改厕2.4万座。

第二节　农村改水

1985年，淮阴市农村开始有计划地兴办自来水厂，当年建成16个水厂，21个村2.7万多人受益。1986年，全市农村建成189个自来水厂，近38万人口受益。是年，市政府批转《淮阴市1987—1990年地方病防治规划》和《关于扶持农村改水工作的若干意见》，规定建水厂用地免交或缓交土地征用费，水厂发电用柴油由县计划内安排，生活用水缓征营业税和所得税，免收水厂水源选择与通水前的水质检验费等。各级政府开始将农村改水工作纳入社会经济发展规划，列入政府工作目标，加强检查考核。1987年，全市农村新建水厂81个，管网延伸72处，受益人口21.6万人，政府财政拨款44.9万元。1989年，淮阴县等5个高氟县（市）累计建降氟水厂166个，受益人口39万人。至1989年年底，全市850万农村人口中，有近610万人口饮用水条件得到不同程度改善，占农村人口总数的72%。新建农村自来水厂437座，管网延伸309处，有近162万人口（含县城人口）饮用上自来水，占农村总人口的19%。

1991—1995年，农村改水（含降氟改水）工作逐年稳步推进。至1995年年末，全市农村自来水受益人口296.99万人，自来水普及率29.85%。

1997年，县级淮安市建水厂147个，受益人口70.48万人，占总人口的65%。全市农民无人直接饮用河塘水，农村生活饮用水经监测基本符合安全饮用水标准。

1998年，淮阴市成立农村改水服务中心，负责全市农村改水日常工作。1999年，全市启动新一轮农村改水工作，改水经费坚持民办公助、民办为主，省财政补一点，市、县财政按改水人口每人补助5元、10元，管网入户材料费由受益者负担。2001年，淮阴市农村改水服务中心更名为淮安市农村改水服务中心，并随市爱卫办一起划入卫生系统。市改水领导小组制定《农村改水目标

考核评分标准》，开展农村改水先进单位和先进个人评比活动。

2004年，江苏省爱卫会命名表彰一批先进农村水厂，楚州区马甸镇发茂水厂、洪泽县共和镇双坝联村中心自来水厂、洪泽县黄集水厂玉河供水站获命名表彰。至2005年年末，全市累计建成农村自来水厂1130余个，受益人口405万人。全市农村饮水不安全人口仍有122.87万人。

2006年起，改水职能从市爱卫办移交给市水利局。2008年，市委、市政府将农村饮水安全工程建设列入“十大民生工程”，计划用3年时间让全市农村居民喝上安全、健康、放心水。至2008年年末，总投资10370万元，完成土方385万立方米，铺设管道3438公里，改扩建水厂53个，解决26.35万人不安全饮水问题，其中盱眙县11.4万人、金湖县7.46万人、涟水县7.49万人。

第三节　农村改厕

1979年，淮阴地区农村推广沼气池建设，洪泽县万集公社建300多个三联式（厕所、猪圈、沼气）沼气池，结合沼气池建设，进行粪便无害化处理。1983年，全市新建三联式沼气池2154个。全市农村累计建沼气池2.4万个。

1991年，金湖淮胜乡推广三联式沼气池。1994年，全市各地在国家没有专项改厕经费情况下，充分发动群众，因地制宜，量力而行，新建农村卫生厕所3000户。淮安、洪泽、金湖、盱眙等县（市）爱卫办与能源办等有关部门密切配合，共新建综合利用能力高、生态效能和粪便无害化处理效果好的沼气式户厕608座。

1995年，全市每个县（市、区）均选择1～2个条件较好的乡镇作为农村改厕示范乡镇。至当年年底，全市有卫生户厕34.17万座，其中无害化户厕7.63万座，享有卫生厕所人口总数139.59万人。1996年，全市改造沼气池式、双格式等多种形式的无害化卫生户厕3500座。

2001年，新建农村卫生户厕2.65万座，其中无害化户厕5500座。是年年末，全市农村总户数103.45万户，有农村卫生厕所13.75万座，无害化卫生厕所1.21万座。

2002年，市政府办公室印发《关于农村新建住户配套建设无害化卫生厕所的通知》，明确将无害化卫生厕所纳入农村新建住房规划建设范围，要求建设、规划部门把好审批关，做到同时规划、同时设计、同时施工、同时验收；农民改建、新建无害化卫生厕所未超过规定宅基地面积的免收4平方米用地费用。市委办、市政府办印发《关于大力发展农村沼气，推进生态农业建设的意见》，推进“一池五改”（沼气池、改圈、改厕、改厨、改水、改园）工作，对全市2003—2010年农村发展沼气作出规划。

2005年，淮安市在城中村及城乡接合部改建无害化户厕374座，改造公厕34座。至2005年年末，全市累计新建、改建卫生厕所32.02万座，卫生厕所普及率30.2%；无害化卫生厕所8.8万座，普及率8.3%。

2006年后，农村改厕与农村卫生环境综合整治、中心村建设、创建卫生城（镇、村）、亿万农民健康促进行动等工作结合起来开展。市政府办公室印发《淮安市农村环境整治工程改厕实施方案》；市爱卫会成立农村改厕工作技术指导小组，加强技术指导。2006—2008年，全市共发放改厕宣传资料32万余份，悬挂横幅1800余条，粉刷墙体标语6000余条，制作户厕宣传标牌2.5万余块，广泛宣传农村改厕工作；市、县（区）投入资金2200余万元，筹措资金2700余万元用于农村改厕工作。至2008年年末，全市累计新、改建卫生厕所51.9万座，卫生厕所普及率48.93%；建无

害化卫生厕所31.25万座，无害化卫生厕所普及率29.46%。

第四节　病媒生物防制

1978年，淮阴地区各地组织铲除蚊蝇孳生地，改善环境卫生。此后每年都开展相关活动。1983年，全市灭鼠173万多只，处理蚊蝇孳生地23623处。1985年，全市组织灭鼠87.5万多只，消杀蚊蝇孳生地46万平方米。

1987年，淮阴市消毒杀虫服务站成立。全市开展大规模灭鼠活动，平均鼠密度由10.58%降至3.93%。1989年，平均鼠密度下降到3.08%，流行性出血热发病率较1986年下降82%。市区和县城蚊蝇密度逐年下降。

1990年，市卫生局和市爱卫办组织开展创建灭鼠先进城镇活动。1992年7月，县级淮安市被淮阴市爱卫会命名为第一个“灭鼠先进城市”，其他县城也先后被命名为“灭鼠先进城镇”。1992—1994年，各地先后成立消杀专业队伍，在夏、秋季开展蚊、蝇消杀工作，有效降低蚊蝇密度。

1995年，市政府开展除“四害”（苍蝇、蚊子、老鼠、蟑螂）活动。当年6月，淮阴市被省爱卫会命名为灭鼠灭蟑先进城市。县级淮安市、金湖县城区通过市级灭鼠先进城市（镇）考核验收。县级淮安市灭蟑工作通过淮阴市爱卫会检查验收，达到灭蟑先进城市标准。1996年，洪泽县城被爱卫会命名为“灭鼠先进城区”，县级淮安市、金湖县除“四害”活动通过市级复查验收。1998年，市政府印发《淮阴市除四害管理办法》。2000年，淮阴市再次获得“省级灭鼠先进城市”称号，有效期5年。2004年7月，淮安市被省爱卫会命名为“灭蝇先进城市”。2005年11月，省爱卫会确认县级淮安市为“灭鼠灭蟑先进城市”，有效期5年。同年，市爱卫会经过复查验收，继续确认金湖、洪泽、盱眙等县“灭鼠先进城镇”称号；命名盱眙县、金湖县为“灭蟑先进城镇”。

2008年，市爱卫会组织开展春季灭鼠和夏秋季灭蚊蝇活动。清除“四害”孳生场所，完善防鼠网、挡鼠板、纱门、纱窗、灭蝇灯、风幕机等设施，增设毒饵站500余个；全市投放溴鼠灵18吨、蚊蝇敌1.6吨，有效控制“四害”密度，巩固和发展病媒生物防制成果。

第五节　健康教育

1979年12月，淮阴地区卫生防疫站成立卫生宣教组，明确一人专职承担卫生宣传教育工作，并筹办《卫生宣传》小报。1980年4月，《卫生宣传》创刊，为月刊，4开2版。至1980年年底，发行8.5万份。该刊成为全地区开展健康教育主要载体之一。各县（区）都在学校、工厂、居委会、饮食店、商店等单位开展卫生宣传与健康教育工作。

1981年1月，《卫生宣传》改名为《淮海卫生报》。1982年3月，淮阴地区卫生防疫站将宣教组改为宣教科，配专职人员3人。1984年，淮阴市13个县（区）防疫站都成立宣教科（股），共有专职宣教人员46人，开始建立县、乡、村三级卫生宣教网。1985年5月，对全市三级卫生宣传网人员登记入册、存档，组织专职人员外出进修和参加培训班学习。

1986年，全市开展集市卫生宣传活动，多个县（区）卫生防疫部门到农村集市开展多种形式健康教育宣传活动。洪泽县开展农民系统健康教育工作试点。1989年，全市推广洪泽县农民系统健康教育工作试点经验，制定并落实《淮阴市1990—1992年农民健康教育工作规划》。全市有近500万名群众接受各种形式的健康教育和卫生宣传。

1990年，全市有111个乡（镇）、695个村开展农民健康教育工作，受教育人数约8万人。1991年，全市有50%以上乡镇开展农民系统健康教育。是年，市卫生局和市经委联合发文，开展工人健康教育。1993年，系统性健康教育在全市各地工厂、农村、学校等重点人群中普遍开展。

1995年5月，市健康教育所成立，定编15人，为市卫生局下属科级事业单位。区、街道、居委会及各系统、各部门都相应建立健康教育组织，确定专兼职人员100人，健康教育网络基本形成。中小学校健康教育以上卫生课为主要形式，1995年市区中小学校卫生课开课率100%。是年，全市广泛开展控烟教育。至1995年年底，市区有控烟达标单位33个。

1997年，印发《淮阴市健康教育工作方案》。1999年，市爱卫会牵头，在全市开展创建健康教育合格乡村活动。2000年起，市爱卫会等部门强化"全国九亿农民健康教育行动"，市健康教育所编印健康教育墙报，每年4期，每期2500～3000份。

2002年后，健康教育工作结合创建国家卫生城市活动开展。2003年，市卫生局、教育局编印《中小学生健康教育读本》，作为中小学校健康教育课本，每年印15万册。是年，市健康教育所编印《市民健康行为指南》，发放3万册。2003年1月起，市卫生局与淮海晚报社联办《卫生与健康》专栏。2003年9月至2004年10月，市健康教育所与淮安电视台联办《百姓视线·健康版》专题节目，共联办25期，扩大健康教育社会覆盖面。

2004年12月起，全市开展创建无烟单位活动。至2005年年末，全市建成健康教育合格乡镇9个，共有3批29家单位被命名为无烟单位，1家被命名为控烟达标单位。

2006—2008年，全市广泛开展健康教育宣传活动，组织开展"健康江苏社区行"和"全民健康生活方式启动仪式"活动，开展创建健康城市、无烟单位、淮安市农民健康教育合格乡镇活动，建成无烟单位33个、淮安市农民健康教育合格乡18个，评选出健康寿星10人、健康老人100人、健康家庭616户、健康单位27个。淮安市成为"世界健康城市联盟"正式会员。

第六节　卫生城市创建

1990年，淮阴市委、市政府决定创建国家卫生城市。8月11日，市委、市政府召开全市创建国家卫生城市动员大会，在全市范围内开展创建卫生城市（镇）活动。1992年，市政府命名金湖县城为"淮阴市卫生城镇"，为淮阴市第一个市级卫生城镇。是年，市政府公布《淮阴市市民守则》《淮阴市卫生大院标准》和《淮阴市卫生家庭标准》。

1993年，淮阴市获得江苏省城市卫生进步奖。县级淮安市被命名为省级卫生城市。1994年、1995年，各地把创建卫生城市、卫生城镇作为爱国卫生工作重点，市容市貌明显改观，卫生管理和环境综合整治水平明显提高。1996年，淮阴市被命名为江苏省卫生城市。1995年11月，洪泽县城通过市级验收，被市政府命名为市级卫生城镇。1997年，金湖县淮胜乡淮村村建成全市第一个市级卫生村，洪泽县三河镇、金湖县闵桥镇建成淮阴市卫生镇。

1998年，市卫生局针对市区"五小"（小餐饮店、小旅社、小歌厅、小理发店、小网吧）食品和

公共场所行业卫生管理长期存在问题，开展3次全面整治活动。取缔市区24个女子浴室大通池。检查“五小行业”2956户（次），其中饮食业1060户（次）、食品经营单位1244户、食品生产加工55户、旅店业122户、浴室业42户、理发美容业417户、歌舞厅及其他类公共场所16户。印发整改通知书2218户，按照《全国城市卫生检查评比标准》培训从业人员600人。在北京路、淮海南北路、人民路、健康路、勤政路、淮海东西路、环城路等市区15条主次干道两侧检查“五小行业”经营户1677户，处理“钉子户”87户，暂扣卫生许可证282户，勒令停业及整顿310户。对仍不达标单位，促其改进或转向经营。

2001年，市爱卫会印发《淮安市卫生镇考核标准及实施细则》。2002年1月，市委、市政府印发《淮安市区2002年创建国家卫生城市实施意见》，提出到“十五”计划期末把市区建成国家卫生城市。此后，全市创建国家卫生城市力度进一步加大。至2005年年末，全市建成省级卫生镇1个、省级卫生村9个、市级卫生镇21个、市级卫生村10个。

2007年5月17日，全国爱卫会命名淮安市为“国家卫生城市”。至2008年，全市还建成省级卫生县城2个（金湖县、盱眙县），洪泽县通过省卫生城市复查；建成省卫生镇1个（盱眙县马坝镇）、省卫生村16个、市卫生镇18个、市卫生村54个。

第六章　基础卫生服务

第一节　农村卫生服务

一、网络建设

1978年起，淮阴地区卫生局把农村卫生工作重点放在公社（中心）卫生院整顿和建设上，对中心卫生院布局进行调整，加强房屋、人员、设备配套。至1981年，建成基本符合配套标准中心卫生院41个。1983年，对村卫生室进行整顿，全市5167个村，有4734个进行整顿。到1984年上半年，有133个乡（中心）卫生院达到配套要求。

1986年，淮阴市进行乡（镇）卫生院管理体制改革，将乡（镇）卫生院由县卫生局直接管理改为县、乡分级管理。至1988年年末，有246个卫生院实行分级管理。

20世纪90年代初，盱眙县、县级淮安市等地探索乡村联办、院室（乡卫生院、村卫生室）一体的办医模式。

1993年，淮阴市加强乡镇卫生院、卫生防疫站、妇幼保健所农村卫生三项建设。1994年，农村卫生三项建设共投入1492.5万元，完成乡镇卫生院新建、改建、扩建项目65个，总面积30409平方米。市卫生局和各县（市、区）卫生局及乡镇卫生院都分别建立人才培养基金。1995年，全市共筹资1117.5万元，用于农村卫生三项建设。市卫生局印发《乡镇卫生院工作制度和人员职责》《乡镇卫生院基本标准和科室规范化建设标准》《乡镇卫生院病历和护理文件书写规范》，加强规范化管理、人才培养和专科建设，提高医疗服务质量。1999年，淮阴市全面推行乡村卫生机

构一体化管理。全市143个乡镇实施一体化管理，占乡镇总数的86%。至2001年，农村卫生房屋基本配套。在此基础上，加大设备配套和人才培养力度。

2002年，全市建制乡镇卫生院的管理权又上划到县级卫生行政部门，126个乡镇基本实施一体化管理，为2321名乡村医生办理养老保险，为1649名乡村医生办理医疗保险，有627名乡村医生享有医疗补助。2004年，淮安市卫生局开展“三化”（标准化乡镇卫生院、规范化乡镇防保所和示范化农村社区卫生服务机构）建设活动。2006年，全市乡镇防保所基本完成规范化建设。2007年，建成103个标准化乡镇卫生院、63个农村示范社区卫生服务中心、656个标准村卫生服务站。

2008年，淮安市有64个薄弱乡镇卫生院改造项目、600个农村社区卫生服务站通过省卫生厅、省财政厅验收，新创建标准化卫生院10个、市级社区卫生示范中心21个。淮安市初步形成县乡（镇）两级、乡（镇）村一体、防治结合、多元投资、分工合理的新型农村卫生服务体系。

二、农村初级卫生保健

1987年，淮阴市在金湖县开展初级卫生保健试点工作（以下简称“初保”）。包括健全多层次的农村卫生服务体系，落实卫生防病和妇幼保健措施，降低农村居民传染性疾病、地方病发病率和孕产妇、婴儿死亡率，改善农村居民饮用水、厕所卫生条件，普及健康教育等，共13项指标。1988年8月，在全市部署开展初保工作，各县（市、区）建立初保组织机构，开展调查研究，制定概略规划。1989年，金湖县概略规划通过论证和省、市级鉴定。1993年，该县初保工作经省验收基本达标。1996年，县级淮安市、盱眙县达到基本合格标准，金湖县通过国家级审评，洪泽县通过省级审评。

1998年，全市初保工作实现以县（市）为单位全面达标。淮安、淮阴、涟水、盱眙4个县（市）通过省级初保合格审评，达到初保合格县（市）标准。

1999年，创建初保先进县和初保合格乡镇。金湖、洪泽成为省级先进县。全市有94个乡镇建成初保合格乡镇，其中有33个乡镇经省评审确认为初保合格乡镇（金湖21个、洪泽12个）。全市102个乡镇实施合作医疗，参加人口98万人，占农业人口的35.67%。全市有144个乡镇实行乡村卫生组织一体化管理，占乡镇总数的88%。农村卫生三项建设共投入经费1228万元，新（扩）建业务用房1.8万平方米。全市组织95支医疗队，下乡为农民诊治疾病2.9万人次，赠送38万元的器械药品。市、县两级医院还与乡镇卫生院结对帮扶，培训基层医护人员5000余人次。2000年，全市50%以上的乡镇建成初保合格乡镇，乡村卫生组织一体化管理率达86%。抽调257名医疗骨干，分赴县级淮安市顺河镇、清浦区黄码乡等乡镇，义诊2640余人次，并捐赠一批药品和医疗器械。

2001年后，全市开始组织实施第二个初保十年规划，开展初保先进县（区）和先进乡镇创建工作。2002年，楚州区通过省初保先进县审评。全市新创建初保先进乡镇12个、初保合格乡镇23个，全市有初保先进县3个、先进乡镇32个、合格乡镇89个（占乡镇总数70.6%）。金湖、洪泽县制定巩固初保先进县工作方案，66个初保合格乡镇制定巩固方案，20个初保先进乡镇制定保牌方案。

2004年，淮阴区建成省初保先进县（区），全市省初保先进县（区）达到4个。全市初保先进乡镇达到50个，初保合格乡镇达到111个。2005年，全市116个建制乡镇全部达到合格乡镇标准。2008年，有7个县（区）进入省初级卫生保健先进县（区）行列。

三、农村社区卫生服务

2003年，淮安市制定并印发《社区卫生服务机构设置规划指导意见》，开始在农村开展社区卫

生服务工作。

2004年，市卫生局印发《关于加快城乡社区卫生服务网络建设的指导意见》。在建设农村社区卫生服务机构方面，市卫生局提出乡镇卫生院向社区卫生服务中心过渡、卫生室向社区卫生服务站过渡。拓展社区卫生服务功能。从健康调查、建立家庭健康档案入手，结合实际，不断拓宽服务领域和服务内容，为居民提供较高质量的综合服务。一些社区卫生服务机构公开咨询电话，采取出诊、巡诊、电话预约等多种形式，为居民提供24小时全天候服务。

至2005年年末，全市农村社区卫生服务中心覆盖率达86.1%，其中洪泽、金湖、楚州、盱眙、清浦5个县（区）的社区卫生服务中心覆盖率均超过90%；农村社区卫生服务站覆盖率达65%。通过在职人员培训，154人取得省卫生厅颁发的全科医学合格证。

至2006年年末，全市建制乡镇卫生院全部转型为农村社区卫生服务中心，952个村卫生室转型为农村社区卫生服务站，建成标准社区卫生服务站220个。

2008年，全市有600个农村社区卫生服务站通过省卫生厅、财政厅验收，新创建市级社区卫生示范中心21个。

第二节　城市社区卫生服务

2001年，淮安市筹划城市社区卫生服务工作，将清河区、清浦区卫生所、卫生院下属医疗点改建成社区卫生服务机构。在社区开展健康调查，查清主要卫生状况，建立居民健康档案；开设健康咨询，开具健康处方，组织医务人员进社区义诊，利用社区健康教育学校等阵地有针对性地举办健康讲座，普及社区居民健康保健知识；开展医疗、保健等多功能卫生服务，按照社区卫生服务“六位一体”（社区预防、保健、医疗、康复、健康教育及计划生育技术指导）功能，逐步开展社区卫生服务工作，满足社区居民卫生需求。

2001年，制定《淮安市社区卫生服务实施意见》《淮安市社区卫生服务中心建设标准》《淮安市社区卫生服务站建设标准》《淮安市社区卫生服务机构管理规范》以及《双向转诊制度》等文件，全市建成社区卫生服务站12个。

2002年，社区卫生服务在各县（区）城区开展。至2002年年末，8个县（区）各建成1个社区卫生服务中心，淮阴区王营社区卫生服务中心被省卫生厅确认为省首批示范社区卫生服务中心。

2003年起，在市区设置的社区卫生服务站一律实行公开招标。至2004年年末，清河区、清浦区建成社区卫生服务中心4个、社区卫生服务站28个。

2006年，通过鼓励二、三级医院向社区卫生服务领域延伸，区和街道医院及部分企事业单位医疗机构转型改造，社会资金投入等办法，市区建成社区服务中心17个、服务站62个，覆盖人口72万人，城市社区卫生服务普及率在91%以上。开展全科医师、公共卫生医师、社区护士和社区卫生机构管理干部岗位培训，落实城市二、三级医疗卫生机构医务人员在晋升中、高级职称前到农村和社区服务累计达1年的制度，逐步推行全科团队服务模式和社区责任卫生制度。

至2008年年末，清河区、清浦区、淮安经济开发区和楚州区、淮阴区城区规划建设的24个社区卫生服务中心全部建成。全市有城市全科团队138个，提供妇幼保健服务42.2万次，预防接种47.9万次，开展残疾人康复服务1.4万人次；累计建立居民健康档案26.8万份，其中60岁以上老人健康档案7.1万份。

第七章 医政管理

第一节 执业管理

1978年，淮阴地区医疗事业相对单一，由地区卫生局统一管理。

20世纪80年代，随着“多层次、多渠道、多形式办医”政策出台，一些闲散在社会上的医务人员相继办起门诊部、诊所，一些企事业单位内部医疗机构也对社会开放，方便群众就医。但一些不具备办医条件的单位和不符合执业行医要求的卫生人员也开办医疗机构，影响医疗安全。

20世纪90年代初，县以上医疗单位普遍开展业余服务、业余兼职、专家门诊、院外体检、医疗协作联合体和家庭病床等多种形式医疗服务，方便群众就医，满足不同层次人群医疗需求，但也存在医疗服务混乱现象。市卫生局根据《江苏省医疗卫生单位卫生人员业余服务与兼职服务暂行管理办法》，制定相应的实施规定和制约措施进行管理。

1993年，金湖、盱眙、清浦、清河等县（区）政府都出台社会医疗机构管理规定，对辖区内社会医疗机构开始登记、资格审查。

1994年4月，《淮阴市社会医疗机构管理暂行办法》出台，全市各地组织实施。市、县成立社会医疗机构整顿和管理委员会。1995年，取缔无证行医社会医疗机构598家。1996年，市卫生局组织清浦、清河2个区卫生局对市区医疗机构进行摸底调查分类，并取缔50个无证行医个体。淮阴、县级淮安、涟水等地共取缔无证行医社会医疗机构87家，没收药械价值6.7万余元。

1997年，整顿重点是企事业单位、武警、部队举办的医疗机构和个体医疗户，以个体医疗户整顿为突破口。组织个体诊所人员参加开业资格考试；各县（市、区）对市理论考试达线人员进行实践考核；对考试达线者、考核合格者进行办医资格审查；对符合办医条件者进行审批，发放医疗机构设置许可证1635份。同时整顿市区救护秩序，取缔个体救护车。严厉打击无证行医，取缔非法医疗广告。

1999年，市卫生局成立医师资格考试领导小组，下设办公室，组织执业医师资格审查和执业医师资格、护士执业资格考试。清理整顿各类医疗机构，取缔非法医疗机构67个，全市重新核发医疗机构执业许可证2641个。

2004年7月，市卫生局制定《关于严厉打击非法行医专项整治工作方案》，市级和各县卫生监督机构开展医疗服务市场专项整治执法行动。2005年6月，市整顿和规范市场经济秩序工作领导小组办公室、市卫生局、市科技局、市公安局、市监察局、市人口计划生育委员会、市工商行政管理局、市食品药品监督管理局联合印发《淮安市打击非法行医专项行动方案》，当年查处非法行医350多人，取缔无证执业机构160家，没收药械标值13.22万余元，罚款21.7万余元。2007年，淮安市组织开展两次打击非法行医专项行动，检查各级各类医疗机构2450个，重点对游医、地下黑诊所、医疗机构科室设置不规范、聘用非卫生技术人员、超出核准登记的诊疗科目、违法医疗广告

等违法行为进行打击，查处违法行医457起，没收非法医疗药品1065箱、器械874件，医疗服务市场得到净化。

2008年，受理涉及医疗机构违法执业的投诉举报72件。

第二节　医院管理

一、医院改革

1983年起，淮阴市县以上部分医疗单位实行院长负责制试点，医疗单位逐步推行各种形式管理责任制、人员聘用制，组建后勤服务公司等。改革开放初期，医院开始建立岗位责任制，旨在改变“大锅饭”的弊端。

1986年，医疗单位在技术上外引内联，建立医疗联合体。全市大小医院间建立11对技术挂钩关系。市第一人民医院与广州中山医科大学、市第二人民医院与上海中山医院建立技术协作关系。

1988年，市卫生局制定《淮阴市城市医院改革方案》，全面推行院长负责制，改革劳动用人制度、后勤管理体制、医疗管理体制、经济管理和分配制度，实行人员聘任制、岗位责任制和工资浮动制。1989年，在全市范围内公开招聘市皮肤病防治院院长。

1992年，进一步完善医院院长负责制、综合目标管理责任制，试行院、科两级核算，后勤科室试行企业化管理。劳动人事制度改革试行优化组合，竞争上岗，部分单位公开聘用院长或科室负责人。在“以工助医、以副补主”政策允许下，推动医院经商办企业，其中医院所办企业在短期内取得一些效益，但往往一哄而起，一哄而散，有的亏本较多，停办以后还留下后遗症。

1993年，市一院兼并原市工人医院，将其改为市一院分院。1994年，全市各级医疗单位继续完善内部综合目标管理责任制。淮阴市第一人民医院分院试行股份制改革，2000年10月终止。“九五”计划期间，医院推行院长负责制、院科两级管理和综合目标责任制，推行竞争上岗、评聘分开等人事制度改革和分配制度改革。1999年，市皮肤病防治院与上海龙宸商贸有限公司合作，改善基础设施条件。因投资方只注重短期效益，追求经济回报，使该院社会效益受到影响，人才培养工作滞后，2005年终止合作。2000年，贯彻落实国务院八部委下发的《关于城镇医药卫生体制改革的指导意见》，将医疗机构分为非营利性和营利性两类进行管理。政府举办的医疗机构一律定为非营利性，其他医院作为营利性医疗机构。非营利性医疗机构，按规定财政给予合理补助；营利性医疗机构，按规定不享受政府补助，医疗服务价格执行政府指导价。全市登记非营利性医疗机构253个，营利性医疗机构123个。

2001年，引导民资、外资在医疗资源相对薄弱的区域投资，发展民办医院。经审核批准，清河区医院改制，产权转让后成立民营阳光眼科医院。经批准，成立民营中西医结合医院。2002年，批准成立民营仁济医院、中山医院、同仁医院、博爱医院。

2003年起，推行托管制，把国有医院资产委托给医院院长管理，在全市二级以上医院和部分乡镇卫生院中实行。各医院以人事制度改革为核心，以分配制度改革为突破口，带动后勤服务改革。市一院启动主诊医师负责制为主要内容的多元化分配制度改革新模式。2003年，批准成立民营金瑞肿瘤医院。2004年，原隶属市级机关事务管理局的市级机关医院成建制并入市第一人民医院，成为市一院第三门诊部，挂“市级机关医院”牌子。2004年，全市有8所规模较大的民营

医院开业运营，民营医院的资产达6322万元。2005年，全市具备一定规模的民营医院达14家。

2007年，市二院整体收购金瑞肿瘤医院。收购后，将其更名为淮安市第二人民医院开发区医院，性质为公立非营利性医院。是年，市二院在开发区医院开办淮安市老年护养中心。

2008年，对《市直医院"医疗服务、资产经营委托目标责任制"考核细则、评分标准及奖惩办法》进行修改和完善。新方案考核内容更加简明、奖惩措施更加具体、奖惩重点更加突出，同时突出对高层次人才、医院品牌建设的考核。

二、医疗质量管理

1978年，各医疗单位都建立差错事故登记、汇报、讨论和处理制度，作为医务人员考评的依据。各医院贯彻卫生部制定的《医院工作条例、职责和规章制度》，进一步规范医疗护理和工作秩序。1987年起，贯彻执行《江苏省市以上综合医院质量考核评比标准（试行）》和《医院质量考核评比要求》。1989年，淮阴市市、县级医院采取多项措施，加强质量管理，提高医疗质量。全市医院引进一批大型医疗设备，开展医疗新技术、新项目50多项。全市有县及县以上医院42所，全年诊疗病人499.3万人次，出院病人11.8万人次，治疗有效率93.6%。

1990年，医院基础管理水平有一定提高。全市市、县医院举办7期管理知识学习班和专题讲座。召开医疗质量专题会议，开展死亡病例回顾性调查和病历质量检查。1991年，一批医院建立重症监护病房，增添高级全自动生化分析仪、动态心电图等先进医疗设备，疑难、危重病人的诊疗水平和卫生监督监测水平明显提高。

1998年，市卫生局将提高医疗质量、保证医疗安全作为医院工作的重点。对医院医疗质量进行定期检查，及时通报检查情况。1999年，全市各级医疗机构开展以质量安全为主要内容的系列活动，加强环节质量管理和门、急诊工作，保证医疗救护单位绿色通道畅通。组织全市死亡病例质量调查和市直医疗单位医疗文件巡展、质量安全月、"十佳医院"评审、急救知识竞赛、护理操作大比武等活动。

2000年，市卫生局印发《淮阴市医疗质量管理考核方案》《淮阴市中医医院医疗质量管理考核方案》，各地、各单位予以贯彻执行。

2002年，市卫生局转发省卫生厅《江苏省医院手术分级管理规范（暂行）》《江苏省临床各科室手术分类》，进一步明确各级医院各级医师手术范围，规范医疗行为，保证质量和安全。2005年，在全市医疗机构开展"以病人为中心，以提高医疗服务质量"为主题的医院管理年活动。

2006—2008年，以推进"医院管理年"活动为主线，突出医院基础管理，以科学管理提升医疗服务质量。对全市二级以上医院的病历和处方质量、"三合理"（合理检查、合理诊治、合理用药）诊疗规范执行情况开展50多次专项检查，举办三级医师查房及临床病例讨论现场观摩会，强化"三基三严"（"三基"即基本理论、基本知识、基本技能，"三严"即严格要求、严密组织、严谨态度）训练，加强医疗机构、人员和技术准入管理，进一步改进服务流程，规范医疗服务行为。2008年，开展平安医院创建工程，加强医患纠纷调解组织工作，完善医患纠纷处置机制，推行医疗责任保险制度，探索建立医疗风险分担机制，推进和谐医患关系构建。

三、文明、等级医院创建

1984年，淮阴市卫生局在"文明礼貌月"活动中，要求医院管理科学化，达到"五好一高"（服务态度好、工作秩序好、诊疗条件好、科学作风好、完成任务好、医疗质量高），努力把漏诊、误诊、错诊等事故降到最低水平。20世纪80年代中后期，全市卫生系统开展创建文明医院活动。1987年，

市二院被省卫生厅命名为江苏省文明医院。

20世纪90年代，全市各级医院依靠科技进步加强科学管理，提高服务能力。市一院、市二院、市三院、市传染病医院、市妇产儿童医院、盱眙县人民医院、涟水县人民医院、金湖县人民医院被省卫生厅授予“1991—1992年度省文明医院”称号。

1993年，开展创建等级医院活动。市一院，涟水县医院、盱眙县医院及24个乡镇卫生院成为创建等级医院试点单位。1994年，市一院获得“三级乙等医院”称号；灌南、盱眙、涟水3所县医院获得“二级甲等医院”称号；有34所乡镇卫生院被评为一级甲等医疗卫生机构，52所乡镇卫生院被评为一级乙等医疗卫生机构。1995年，市二院通过省三级乙等医院标准评审，金湖、洪泽、淮安、泗洪4所县（市）医院通过二级医院甲等标准评审。市妇产儿童医院、市三院、市传染病医院、市中医院和泗阳、淮阴、宿迁、沭阳4所县（市）医院通过省二级乙等医院基本标准评审。34所乡镇卫生院通过一级甲等医院评审验收。至此，基本完成第一周期的评审工作。当年年末，全市有2所市级医院、7所县级医院分别达到三级乙等医院和二级甲等医院标准，4所县级医院达到二级乙等医院标准，71所乡镇卫生院达到一级甲等医院标准。

1996年5月，市卫生局在市直6所医院窗口科室开展以“高尚医德，高超质量；优良秩序，优美环境；患者满意，家属满意，社会满意”为目标的全程优质服务竞赛活动。1997年，在全市医院开展评选“十佳医院”活动。

1996—2000年，全市各级医卫机构贯彻江苏省卫生厅《关于加强医院基础管理的意见》，从基础设施、基本制度、工作秩序、医疗流程等方面抓基础管理。医院普遍实施成本效益核算，降低医疗成本，提高经济效益。市一院院长查房、三级医师查房、疑难病例讨论、手术审批，市二院的整体护理等经验在全市推广。

2003年，市卫生局提出在全市实施“创名院、建名科、出名医”的“三名”战略，各医疗单位设立专项资金，强化配套建设，提高人才队伍素质和医疗技术水平。市卫生局还启动市级五大中心（医疗救治中心、疾病控制中心、妇幼保健中心、急救中心、采供血中心）建设工程。

2004年，市三院建成全省第三所三级精神病专科医院。2008年，市一院建成全市第一家三级甲等医院。

第三节　急救管理

1978年，淮阴地区医院、清江市医院医疗急救系统配有救护车，长年配备专科医师、专科护士担负途中救护、现场救护工作。1980年，淮阴地区卫生局提出加强急诊、抢救、观察配套建设。各县医院均配有急诊救护车，设急诊三室，均有由主任、副主任、主治医师组成的抢救小组，主要行政领导担任抢救小组长。淮阴地区医院、清江市医院急诊三室更名为急诊科，房屋、人员、设备独立。1983年，市直医疗单位基本上都建立起急诊、抢救和观察三室，并加强人员、设备及药品器械的配套。是年，淮阴市新建救护总站，承担院前急救工作。1989年，市救护总站现场抢救成功率达98%。

1993年起，市卫生局对救护站实行系统化、规范化管理，加强对救护站组织领导、急救医疗设备、救护车辆、急救运行方面的年度考核，促进救护站基本建设和现场急救、院前抢救等技术规范落实。1998年，医疗救护与公安“110”建立联动系统，建成急救绿色通道，“120”接“110”报警

情报后立即出车。2000年，市救护总站有急救车6辆、心电图机1台。县（市、区）人民医院各配有急救车1辆，急救车辆装备急救用药、血压计、氧气袋、止血袋等简单的急救用品。同年6月起，市救护总站内部实施综合目标责任制，每年站与科室签订综合目标责任状，实行中心、科室、个人三级核算，将效益和奖金挂钩，每季度核算、兑现一次。职工积极性得到调动，单位综合效益明显增加。

2002年起，全市急救机构进行调整组合，每2年开办2个急救分站。至2005年，市区建成1个中心站、9个急救分站，分站设在市一院、市二院、市三院、市一院一分院、市中医院、高速路、淮阴区、楚州区、市经济开发区。盱眙、金湖、洪泽、涟水4个县分别设4个急救医疗站。市区每10万人口设1个急救分站，平均急救半径2公里左右，急救反应时间5～7分钟，比省规定20万人口设1个分站、一般城市4～8公里、10～15分钟减少近一半。

2003年，市救护总站更名为市急救中心。市卫生局投入100余万元，在市急救中心建成全省一流的急救卫星定位系统和全国首家院前院内急救联网系统，急救出车大部分在1分钟内完成。是年，在抗击“非典”期间，市急救中心成立综合管理、通信调度、车辆管理、后勤保障、急救医疗等6个专业组和8个急救班组。制定防护、消毒、转运、急救等操作规范，开展全员“非典”业务培训、模拟演习2次。购置2台呼吸机、11套隔离防护服，改装3辆救护车。建立全员24小时应战状态，全员24小时保持通信畅通，24小时保持防护、消毒、车辆、药品等物资充足备用。是年4月23日至6月10日，共出动救护车1464台次，急救、转送发热或留观病人124例，实现“不回一次车、不漏一病人、不感染一人、不收一次费”的目标。

2005年，市急救中心急救出车6952次，急救病人6818人次，医护人员随车处理率100%，抢救成功率提高到97%以上。2005年年末，市急救中心有在职职工44人，有救护车13辆，均为监护型救护车。另有4个医院分站的4辆救护车投入“120”急救工作。配备除颤监护仪、呼吸机、心电图机、血氧仪、血糖仪、血气分析仪以及常规急救设备54台（套）。值班救护车急救设备齐全，急救模式由单纯运输型向急救型转变。另配有急救指挥车2辆。市急救中心编印《淮安市急救中心管理规范》，明确各项规章制度、人员职责、急救医疗服务规范、急救运行流程、急救程序、应急措施等，使急救工作有章可循。2006年，全市急救网络体系建设进一步健全，市急救中心能力建设不断推进，1分钟内出车及时率达85%以上，院前抢救成功率98.7%。2008年，市区急救出车9804次，急救病人8923人次，1分钟内出车及时率保持在85%以上。建成市二院开发区医院急救分站。

1993—2008年淮安市急救中心（救护总站）急救情况一览表

表34-24

年份	出车（台次）	急救病人（人）	年份	出车（台次）	急救病人（人）
1993	1092	869	2001	3213	2741
1994	1185	983	2002	3932	3198
1995	1255	1035	2003	5396	4833
1996	1834	1531	2004	5913	5447
1997	2217	1831	2005	6952	6818
1998	2751	2196	2006	7773	7397
1999	2978	2597	2007	9181	8140
2000	3068	2578	2008	9804	8923

第四节 血液管理

1983年，淮阴市中心血站成立，承担采供血任务。1989年，市中心血站加强血源管理，完善输血体系，实行输血“三统一”（统一采血、统一供血、统一管理血源）管理。全市11个县（市、区）均筹建血库。1991年，各县血库建设全部通过市级检查。

1994年，市中心血站采全血936万多毫升，满足市区各医疗单位和淮阴县临床用血和成份血需要，供应临床血浆89万多毫升，并向上海输送血400多万毫升。

1995年，市区及淮阴县临床用血由淮阴市中心血站统一提供，任何医疗单位不得擅自采用血液。取缔清河采浆站。驻军医院及医疗单位解散输血队，统一使用中心血站提供的临床用血。是年3月起，市中心血站开展对所有到站献血人员的艾滋病抗体检测工作。

1995年，市中心血站开展少浆血和八因子2个新项目，建立血型参比室，在3000多名输血员中筛选9名Rh阴性输血员，建立稀有血库。1996年，加强市中心血站和各县级血库建设和管理，市中心血站与金湖、洪泽两县中心血库分别通过省评审，达到合格标准，取得采供血机构执业许可证。1997年，在涟水县推行基层医疗单位储血点制度试点。涟水县在唐集、高沟等乡镇建立7个储血点，解决基层用血问题。

1998年，加强采血管理，禁止采集辖区外献血员血液，协助司法部门从严打击非法采血。《中华人民共和国献血法》颁布以后，市政府召开全市贯彻实施献血法专题工作会议，宣传献血法，倡导无偿献血。1999年，无偿献血人员采血量122.33万毫升，比1998年增加1倍。

2004年，依法进行采供血机构调整，撤销各县（区）中心血库，成立市采供血中心，在涟水、洪泽、金湖、盱眙、楚州5个县（区）设立5个分站。市采供血中心实施ISO质量管理体系认证，获得国家质量管理体系认证证书。2005年起，全部为无偿献血。

2008年，省卫生厅、省红十字会联合授予淮安市“无偿献血先进市”称号。市中心血站有职工92人，其中市站55人、分站37人；有卫生技术人员72人，其中高级职称4人、中级职称26人、初级职称42人，本科学历13人、大专学历16人、中专学历43人，全部具备上岗资质。市中心血站拥有国际先进、国内领先的血液检测仪器设备，有血液分离、储血设备和现代化大型献血车，有自动化机采设备、全自动酶血液免检测设备，有进口的冷冻冷藏设备，血液的采集、检测、冷藏均达国内先进水平。是年，市中心血站采血1231.54万毫升。

1993—2008年淮安市中心血站采用血情况一览表

表34-25

年份	采有偿血量（毫升）	采无偿血量（毫升）	合计采血量（毫升）	无偿献血占临床用血比例（%）	成份输血占临床用血比例（%）
1993	5078385	—	5078385	—	23.87
1994	4525300	—	4525300	—	27.82
1995	5214115	—	5214115	—	23.86
1996	5466530	2800	5469330	0.05	33.62

续表 34-25

年份	采有偿血量（毫升）	采无偿血量（毫升）	合计采血量（毫升）	无偿献血占临床用血比例（%）	成份输血占临床用血比例（%）
1997	4890510	3800	4894310	0.07	31.10
1998	4914410	61800	4976210	1.24	44.50
1999	3095145	1223300	4318445	28.30	69.82
2000	1857200	2065820	3923020	52.66	73.10
2001	1091550	2818510	3910060	72.10	72.50
2002	574400	3338000	3912400	83.32	73.75
2003	690100	3843520	4533620	84.78	73.92
2004	200835	4416065	4616900	95.65	76.92
2005	—	4717200	4717200	100	91.26
2006	—	8932400	8932400	100	96.17
2007	—	10827400	10827400	100	99.48
2008	—	12315400	12315400	100	99.79

第五节　医疗事故与处理

20世纪80年代后期，淮阴市及所辖县（市、区）相继成立医疗事故技术鉴定委员会。凡发生医疗纠纷或事故，逐级进行鉴定，形成省、市、县（区）三级管理体系。

1994年、1996年，调整淮阴市医疗事故技术鉴定委员会，全市医疗事故处理逐步法制化。

2002年，医疗事故技术鉴定工作由市卫生局移交到市医学会。市医学会成立办事机构，配备人员、设备，制定“公开、公平、公正”办事原则和相关制度，聘请专家库成员，并进行培训。当年受理鉴定案件19件，鉴定为医疗事故的3件。2003年，向265名专家库成员颁发为期4年的聘书。

2004年，举办医疗事故技术鉴定学习班，268人参加培训。2008年，受理医疗事故案件78件，组织鉴定58件，鉴定为医疗事故的24件。2002—2008年，市医学会组织鉴定医疗事故429件。

2002—2008年淮安市医疗事故鉴定情况表

表34-26　　单位：件

年份	受理	鉴定	确定为事故
2002	19	19	3
2003	74	65	21
2004	66	51	31
2005	97	86	40
2006	92	78	29
2007	84	72	33
2008	78	58	24

第八章　卫生监督

第一节　食品卫生

1978年，淮阴地区食品卫生管理由地区卫生防疫站负责，对食品、酒类、饮料和调味品生产、加工、销售企业及餐饮、食堂等单位进行卫生技术指导、检查。

1981年，淮阴地区开始实行食品卫生许可制度。食品卫生监督人员依法对食品及相关产品的生产、加工、销售企业开展经常性卫生监督、监测，对每个监管单位日常监督每年不少于4次，每年对从业人员进行预防性体检1次，查出患有传染性疾病和皮肤病者依法监督调离。面对面广量大和落后的加工条件，食品卫生管理工作采取“管帮结合，以帮为主”的方针，在依法管理过程中，给予卫生技术指导和帮助，对无法帮助改进条件的单位实行关停，对违反法律规定又屡次教育指导不改的依法处罚。1983年，《中华人民共和国食品卫生法》颁发后，食品卫生监督工作渐趋完善。至1987年，市卫生部门与商业、公安、工商等部门组织11862人次，开展食品生产加工环境、酒类、调味品、饮料、牲畜屠宰、集市贸易等联合检查整治187次。此后，每年开展常规检查。

1996年起，结合创建卫生城市，市卫生部门每年与公安、工商、城管部门联合开展食品市场和市区小饮食店专项整顿。是年，全市联合检查食品生产经营单位89847户次，印发整改意见书868份，警告并限期整改471户次，处罚3544户次，罚款39620元，没收、销毁违法食品24588公斤。1997年，市区联合执法检查食品生产经营单位8217户次，暂扣卫生许可证159户，停业整改888户次，罚款89户次计1.45万元。1998年，组织开展6次全市性较大规模的食品卫生执法检查。

2001年，淮安市成立健康相关产品打假工作领导小组和日常办公机构，召开整顿和规范健康相关产品市场经济秩序工作会议，市卫生局与市质量技术监督局、市工商行政管理局、市公安局、市进出口检验检疫局联合开展以食品打假为主要内容的健康相关产品整顿和规范工作。2002年，卫生部门与药监局、计生委联合开展保健食品和计划生育用品专项检查，对市售252种保健食品进行逐一检查登记，没收82种价值2万余元违规宣传的性保健品。2002年中秋节前，检查月饼生产企业153户，查获并销毁过期月饼原料1085公斤，罚款2000元，取缔无证经营7户。至2005年，卫生部门多次开展以“加强食

图34-6　开展食品卫生监督（2006年）　　市卫生局　供

品卫生监督，防止食物中毒”为核心内容的食品卫生综合执法活动，对食品市场、餐饮行业开展多次专项整治。在元旦、春节、中秋节、美食文化节等节日活动期间，开展食品安全执法检查；实施“食品放心工程”，开展裱花蛋糕、散装食品、保健食品、奶粉等专项检查；旅游季节开展旅游景点食品卫生专项检查。对6608户食品“五小”（小作坊、小食杂店、小超市、小餐饮店、小食堂）经营户进行综合治理整顿，保留5593户，其中符合卫生要求5134户，限期整改459户。

2006年，先后开展农村食品卫生、餐饮业食品卫生和食用油脂专项整治。2007年，开展全市餐饮消费专项整治行动，共出动卫生执法人员10222人次，检查餐饮单位10463户次，查处无证经营单位400户次，处罚277户次，罚没款52.27万元，指导无证餐饮单位整改400户次。2008年，开展以学校食堂为主要检查内容的“蓝盾一号”专项行动，检查1404家单位，其中学校食堂357家，校内小食品店等432家，学校周边小食品店等615家，处罚41家，罚没款6.87万元，取缔无证经营户7户。

第二节　职业卫生

1984年，淮阴市劳动局、市总工会、市卫生局联合发出《关于接触五种毒物的工人体格普查的通知》，在全市范围开展有关人员体检，随时监测和诊治。1987年，监测粉尘作业场所125个，达标77个，达标率61.6%。

1993年，淮阴市工人医院职业病治疗职能转入市卫生防疫站，同时成立淮阴市职业病防治所，初步建立防治一体的职业病防治工作体系。

1997年起，淮阴市增加劳动卫生现场监测器材。全市设工业企业有害因素应测点2033个，当年实测1348个，监测率66.3%，合格率65.9%。全年收治尘肺病例96例次、职业中毒31例次。1998年，收治尘肺病例97例次、职业中毒29例次。1999年，全市工业企业有害因素应测点976个，当年实测944个，监测率96.7%，合格率72.1%。全年收治尘肺病例96例次、其他职业病17例次。

2002年，《中华人民共和国职业病防治法》颁布实施，淮安市卫生部门和安全生产监管部门要求相关企业对各自单位存在的职业病危害项目进行申报。当年有72个企业申报。2003年，针对存在严重职业危害的制鞋、制革、箱包等企业进行执法检查，共检查72个用人单位3.2万余名职工，其中接触有毒有害因素职工1.03万人。共监测480个作业点，合格点379个，合格率79%，对3995名接触有毒有害因素工人进行职业健康体检，查出职业病、疑似职业病51例。

2004年，全市开展乡镇企业和农村个体工商户职业病危害专项检查，共检查495户，检查直接接触有毒有害因素职工2680人。对17个企业责令限期整改，对3户企业警告处罚。是年，抽查有毒作业危害企业29户，有接触毒害职工7434人，对8户未按要求制定执行职业卫生管理制度企业印发监督意见书，限期改正。抽查水泥生产企业4户，有直接接触粉尘作业工人407人。监测18个粉尘作业点，合格点8个，合格率44.4%。组织市直23户接触有毒有害因素企业职工进行体检，应体检4506人，实体检4184人。对19户进行作业场所监测，共监测有毒有害作业点320个，合格点237个，合格率74.06%。

2005年，市卫生监督所抽查市直13户和淮安经济开发区35户企业直接接触各种有毒有害因素职工8651人，占职工总数的39.07%；应接受职业健康体检8537人，实体检1844人，体检率21.6%。对48户企业528个监测点进行监测，有169个监测点超标，超标率32%。发出卫生监督

意见书48份，提出整改意见214条。

2006年，完成3家用人单位职业卫生试点调查，完成12家市直放射工作单位专项检查。2007年，检查各类用人单位45户（其中2户因污染问题被环保部门责令停产）、职工7764人。

2008年，市卫生监督所对市直及淮安经济开发区87家用人单位进行监督检查，检查接触各类有毒有害作业工人5839人。主要职业病危害因素有刺激性气体、粉尘、有机溶剂、噪声、高温等。当年87个单位新上岗前职业性健康体检率、在岗期间体检率、离岗前体检率和职业健康监护档案率分别为6.96%、36.2%、31.7%和39.6%。卫生部门依法进行查处，并开展业务指导，督促用人单位开展职业病防护工作。

第三节　学校卫生

1979年起，淮阴地区逐步建立各级各类学校学生健康卡，对6046名0～16岁儿童进行扁平足患病情况调查。调查结果是患病率随年龄增长而下降，城市高于农村。1982～1984年，在全市范围内开展大、中、小学生视力监测工作。3年视力不良率分别为17.79%、20.16%、25.88%，呈逐步上升趋势。1985年，对61所中小学校9697名7～18岁中小学生进行23个项目调查和测定，共获得223031个数据。1986年12月，对市区清江中学、淮阴中学、淮师附中、市实验小学、淮师附小5所学校153间教室进行卫生学调查，教室面积、人均占地面积绝大多数不符合卫生标准要求。1987年3月，对市区4所中小学校867名学生进行口腔卫生状况及卫生行为调查。是年，还完成市直属5所中小学校7714名学生的头虱、疥疮查治工作。

20世纪90年代开始，全市卫生监督部门在学校进行经常性卫生监督、学生预防保健监测、学生因病缺课监测、学生常见病防治管理等工作。在每学期期初与期末，分别配合学校对学生进行视力检查和分析，配合校医进行一年一次学生体检，发现问题及时发放回执单，主动与家长联系。

1995—1996年，针对学生蛔虫发病率较高情况，组织学校校医进行学生常见病卫生知识培训，购进5万多元驱虫药发放给各县（区）和市直各学校，进行集中驱虫。1997年、1998年，对学生进行口腔保健和贫血调查，发放学生保健牙刷2万多支。利用学校宣传工具进行学生常见病及季节性常见病预防宣传工作，对学校内蚊子、苍蝇、蟑螂等进行消杀。

2001年起，加大对各类学校食堂和课间餐食品检查力度。中考、高考期间，组织卫生监督员对全市考点学校食堂、小卖部和学校周围食品经营单位以及接待考生的宾馆饭店进行全面监督检查，彻底排查卫生隐患。联合教育和公安部门开展全市各级各类学校食品卫生、疾病控制和安全工作大检查。对检查中发现的卫生安全隐患，责令学校立即整改。对屡教不改或卫生问题严重的予以曝光，给予行政处罚，并对有关负责人进行处分。另外，按每年学校卫生工作计划，对学校教室的人均面积、课桌椅分配符合率、教室采光和照明、微小气候、环境噪声、生活饮用水等进行卫生监测，发现问题及时反馈，要求学校立即整改。

2006年后，市卫生监督所开展学校卫生综合执法工作，推行食品卫生量化分级管理。至2008年年末，全市有56家学校食堂被评为A级食堂。各学校做好晨检和缺课统计以及预防接种工作，开展健康教育，提高学生防病意识，定期对教室、宿舍等进行消毒，防止疾病传播。卫生监督部门加大传染病执法力度，对各学校加强管理。开展学校卫生综合监督，对各级各类学校的采光、照明、通风、课桌椅等加强检查，防止不合格学生用品造成危害。

第四节　公共场所卫生

1985年5月，市卫生防疫部门设立环境卫生管理员，开展公共场所卫生管理，建立全市旅馆、招待所、浴室、理发室、影剧院等卫生档案。是年10月，对市区8家浴池进行卫生状况调查，发现各浴室池水中均有阴道毛滴虫，池水细菌总数多达每立方米千万个以上，浴池卫生状况甚差。1986年6月，对市区5家电影院作卫生学调查，发现各影院卫生均不符合要求。

1987年，市卫生局逐步对各类公共场所开展监督监测，对公共用具开展消毒处理，帮助经营单位建立卫生制度，加强服务性行业卫生管理。

20世纪90年代，市卫生部门贯彻执行《公共场所卫生管理条例》《公共场所卫生标准》，对公共场所实行卫生许可制度，对申报卫生许可单位职工进行岗前健康体检和岗位卫生知识培训，对体检和卫生知识培训合格人员发给上岗证。每年对执业人员进行健康体检和卫生知识培训，发现不合格者及时建议调离岗位，不合格人员调离率100%。1998年，市区联合执法检查公共场所340户，取缔女子大通池24个，销毁餐饮店燃煤炉子382只。

2003年，为控制“非典”疫情，全市加大公共场所卫生监督管理力度，对车站、宾馆、饭店、商场、文化娱乐场所、公共浴室等人群聚集重点场所开展全覆盖、多轮次专项检查。对市区“五小”公共场所管理进行拉网式联合执法整顿，依法通知6608户“五小”经营户限期整顿，后保留基本符合卫生要求的5134户“五小”经营户。

2004年，对使用集中式空调单位通风系统污染情况进行专项检查。共抽查12个公共场所单位，检测样品数84份；对市管公共场所从业人员健康体检、卫生知识培训情况进行监督抽查，共抽查经营单位70户，抽查从业人员802人；对旅店业、公共浴室业、理发美容场所、游泳场所进行专项检查，抽查132户经营场所，其中洗浴场所41户、游泳场馆13户、旅店41户、理发美容场所47户。对查出的问题，依据相关条例和标准进行相应处罚。

2005年6月，开始公共场所卫生监督量化分级管理试点，制定三类试点场所（宾馆旅店业、公共浴室业和理发美容业）卫生许可审查量化评分表和经常性卫生监督量化评分表。2005年11月，卫生部将淮安市确定为公共场所卫生监督量化分级管理试点城市。2006年，全市有旅店业、浴室业、理发美容业三类场所1978户，评审1515户，评审率76.6%。其中，旅店业场所630户，评审568户，评审率90.2%；浴室业场所254户，评审181户，评审率71.3%；理发美容业场所1094户，评审766户，评审率70%。试点工作成效得到卫生部肯定。

2007年，淮安市卫生监督所参与卫生部卫生监督局组织的《公共场所卫生标准》（国标）修订工作，负责起草《公共场所通用卫生管理规范》，并和上海疾病预防控制中心合作起草《公共场所设计卫生规范》。是年，对淮安迎宾馆等5家单位集中式空调通风系统的卫生状况进行监督抽检；开展美容美发场所、洗浴场所专项检查，共检查美容美发场所467户、洗浴场所165户。

2008年，市卫生监督所组织开展《公共场所卫生管理指导图册》编纂。委托他方对市内4家公共场所经营单位开展集中式空调通风系统清洗工作。在全市范围内开展住宿场所专项监督检查。抽查82户，公共用品用具细菌总数总检测件数581件，合格513件，总合格率88.3%；大肠菌群总检测件数581件，合格549件，合格率94.5%；客用化妆品索证及产品标签检查67件，合格52件，无证13件，无产品标签2件，合格率77.6%。

1995—2008年淮安市公共场所卫生发证管理情况一览表

表34-27

年份	单位数（个）	发证数（个）	发证率（%）	旅店业单位数（个）	文化娱乐业单位数（个）	浴室业单位数（个）	理发美容业单位数（个）	游泳场所数（个）	商场书店数（个）	其他单位（个）
1995	1821	1466	80.5	407	225	109	543	8	371	158
1996	1337	1213	90.7	299	158	105	548	8	182	37
1997	1394	1259	90.3	272	163	121	631	13	168	26
1998	1480	1365	92.2	243	192	153	709	13	146	24
1999	—	—	—	—	—	—	—	—	—	—
2000	1378	1303	94.6	209	205	169	673	16	68	38
2001	1480	1440	97.3	234	190	234	741	14	54	12
2002	—	—	—	—	—	—	—	—	—	—
2003	1564	1564	100	243	242	285	698	14	63	19
2004	1548	1548	100	241	238	281	696	13	61	20
2005	2501	1855	74.2	551	179	342	1262	14	60	93
2006	3160	2685	85.0	772	267	381	1454	13	61	212
2007	2901	2901	100	1004	—	332	1185	9	—	371
2008	3372	3372	100	1176	—	348	1334	10	—	504

1995—2008年淮安市公共场所环境卫生监测情况一览表

表34-28

年份	单位数（个）	监测数（个）	监测覆盖率（%）	监测项次	合格项次	合格率（%）
1995	1821	969	53.3	11875	10070	84.8
1996	1337	546	40.8	7904	6583	86.7
1997	1394	338	24.2	13122	12129	92.4
1998	1480	1477	99.8	17555	16359	93.2
2000	1378	737	53.5	13389	12272	91.7
2001	1480	896	60.5	16712	15553	93.1
2003	1564	824	52.7	9501	8932	94.0
2004	1548	1053	68.0	11462	10545	92.0
2005	2501	1627	65.1	16823	15264	90.7
2006	3160	2459	77.8	6803	6437	94.6
2007	2901	—	—	29692	29081	97.9
2008	3372	—	—	11976	11552	96.5

第五节　放射卫生

1978年，淮阴地区有X光机240台，放射性工作从业人员280人。1979年，洪泽县曙光仪器厂从事同位素发光涂料工作的1名工人被确诊为慢性内照射放射病。1980年，淮阴地区卫生防疫站对33个医疗单位进行X线小剂量远期效应调查。发现放射工作人员不育率、自然流产率、子女先天性疾患率均高于未从事放射工作人员。1983年，对全市放射专业人员作体格检查，发现阳性症状者9人。

1984年6月，淮阴市卫生局印发《淮阴市医用X线机使用许可证发放实施细则》，对全市医用诊断X光机防护情况进行调查、测试，同时建立档案。当年完成236台X光机的测试和建档工作。至1986年，完成411台X光诊断机的调查、测试和建档工作，占全市医用X光诊断机总数的92.17%，其中合格率60.8%，超标率39.2%。超标X光机主要为30毫安和50毫安机。市防疫部门对市、县两级446名放射工作人员作系统检查。受检率为89.74%，查出白细胞低于4000个/立方毫米者22人，红细胞低于正常值5人，血色素低于正常值54人，血小板低于正常值17人，伴有神衰症候、植物神经功能紊乱、毛发脱落、眼晶体改变等表现者11人，初定疑似放射损伤。1987年，全市X光机增至447台，有同位素室3个、钴60治疗室2个，放射工作人员增至497人，另有工业X线探伤使用单位4个。

1993年，淮阴市卫生防疫站成立放射防护科，放射防护工作监测设备有χ·r剂量仪1台，β·γ表面去污仪1台，χ·γ·β低能监测仪1台，主要对市直5所放射工作单位和7个放射性同位素使用单位进行监测管理。当年调查市直医院医用诊断X线机28台、钴治疗机1台、后装治疗机1台，水泥、化肥行业有放射源25只，有放射工作人员103人。1994年，对全市医疗单位103名放射工作人员进行职业健康体检和防护知识培训，发放放射工作人员证103个，核发射线装置使用许可证28个，核发放射性同位素使用许可证7个，对所有放射设备进行一次全面监测。开始经常性规范化放射卫生监督、监测管理工作，每年对放射许可证进行审核，对放射从业人员进行健康体检、防护知识培训，对放射环境和放射工作人员进行剂量监测，建立单位和个人健康档案。1999年，增加一台个人剂量监测仪，将放射工作人员个人剂量监测扩大到县（市、区）和乡镇医院。2001年，对8个使用放射性同位素的水泥厂进行放射源使用情况调查，共有放射源38只，使用10只，停用28只，停用放射源全部埋入地下。2002年，开展放射性介入治疗，对患者接受治疗时所受到的X线照射剂量进行调查，及时建议医疗单位每年校正介入治疗的X线机，确保患者治疗安全。

2003年，放射防护人员和职能调整到市卫生监督所。2004年，放射性同位素管理职能调整到市环保局。2004—2005年，经常性监督合格率分别为95.3%、100%；个人剂量检测率为98.7%、100%，处罚违法单位2个，罚没款6030万元，结案率50%。2006年，完成12家市直放射工作单位专项检查，对市直6所医院进行医用诊断X线机监测，对3所医院进行建设项目职业病危害控制效果评价。

2008年，淮安市共有放射卫生单位187家，其中省管单位5家。187家单位共有放射诊疗设备329台，其中介入设备6台、影像诊断设备306台，有放射工作人员578人，有138家单位领取放射诊疗许可证。所有放射工作人员全部持有放射工作人员证，应建放射工作人员健康档案584人，实建501人；个人剂量监测539人，全部低于年剂量当量20毫希弗/年，个人剂量建档543人。

第六节　生活饮用水卫生

1978年，淮阴地区对饮用水卫生开展常规监测和管理。1980年，淮阴地区防疫站对全地区所有城镇饮用水水质进行调查。设点253个，其中自来水27个、深井水89个、浅井水66个、河水71个。全地区各大水系排入工业和生活污水39.8万吨/天，城镇饮水水体受到不同程度污染。1981年，对农村井水水质进行3次抽样调查。1984年，在全市组织生活饮用水水质调查，全市大部分人饮用浅井水，仅有7.08%的人饮用自来水，还有36.9%居民饮用河塘水。饮水中氟含量超标，造成全市近200万人受害。至1989年年末，全市850万农村人口中，有近610万人口的饮用水条件得到不同程度改善，占农村人口总数的72%。

1993年起，对市区城南水厂和北京路水厂水源水、出厂水每季度进行一次水质常规检验项目监督采样。5—9月，对市区6个末梢水监测点每月2次水质监督采样，其余月份每月一次。每年6个末梢水点各监督采样17次102份，监测11项相关卫生指标1122项次。全年生活饮用水末梢水余氯、浑浊度、细菌总数、大肠菌群4项指标合格率98%以上。

1997年，全市加强水源水监督保护，各自来水厂在取水口上游1000米、下游100米处，设置警示标志，并开展宣传监督。

2001年，开展自备水监督检测，采自备水水样12份，检测卫生指标420项次，监测净水剂10份，管材管件12份。对全市80多家纯净水生产企业进行全面监督检查，对符合纯净水国家标准要求的16户企业予以公布，不合格企业责令限期改进或取缔。

2002年，开展纯净水专项执法检查，没收、查封不符合卫生要求桶装饮用水7.2吨，销毁2.95吨，罚款2.75万元，取缔加工黑窝点10个。是年，对市区城南水厂和北京路水厂水源水、出厂水进行经常性监督检验，水源水检验项目由27项增加到33项、出厂水检查项目由28项增加到34项，相关卫生指标由220项次增加到268项次，合格率100%。

2003年，对市区6个末梢水监测点水质监督采样次数、监测项目、相关卫生指标不变，生活饮用水末梢水余氯、浑浊度、细菌总数、大肠菌群4项指标年均检验合格率达98%以上。市卫生局印发《关于加强二次供水卫生管理的通知》，对二次供水卫生管理工作提出具体要求，并进行专项检查。

2004年、2005年，市政府先后制定印发《淮安市饮用水水源保护暂行办法》《淮安市高层建筑生活饮用水卫生管理办法》《淮安市实施〈江苏省城镇饮用水二次供水管理办法〉细则》等配套规范性文件，明确职责。2006年，市、县（区）各级卫生监督部门开展数次生活饮用水卫生专项检查。2007年，开展《生活饮用水卫生标准》宣传贯彻工作。2008年，对供水单位落实卫生管理制度，开展水质消毒处理和水质监测情况进行重点监督检查。市卫生监督所结合专项检查工作，与淮安电视台合作拍摄一部有关生活饮用水的专题片，在淮安电视台《每周卫生监督》栏目中播出，向市民介绍生活饮用水生产过程与卫生要求。是年，全市有自来水厂7个。其中，市自来水公司有水厂2座，分别为城南水厂、北京路水厂，供水范围为清河区、清浦区及楚州区；淮阴区、盱眙县、金湖县、洪泽县、涟水县城各有水厂1个，负责城区范围的生活饮用水供给。7个水厂均以地面水为水源，以聚合氯化铝为净水剂，用液氯消毒。全市有二次供水单位30家，其中居民小区5家、办公场所9家、公共场所单位10家、学校4家、医院2家；二次供水设施81只，其中高位水箱56只、

低位水箱25只；二次供水管水人员41人，体检合格率和卫生知识培训合格率100%。

第七节　化妆品和消毒产品卫生

1978年，淮阴地区环境卫生办公室负责对化妆品进行监测、调查和分析。1986年5月，市卫生部门对市内各化妆品厂进行摸底调查，发现各厂卫生条件都不同程度存在问题，提出整改意见，督促整改。1994年，查封不合格一次性医疗器械和消毒药械53240套。1997年，查封不合格一次性医疗器械3种。

2001年，淮安市组织市、区卫生执法人员会同市质量技术监督、工商、公安、出入境检验检疫执法部门，出动执法人员60多人次，对市区主要街道和苏北市场、汇通市场的食品和化妆品生产经营户进行专项检查，检查710户，查获不符合卫生要求的化妆品96瓶。

2003年，组织对市区消毒产品市场开展专项检查，检查消毒产品生产、经营单位30多户，封存市区某厂生产“三无”产品“次氯酸钠溶液”80箱1600瓶，并责令立即停止生产销售，封存不合格紫外线杀菌灯12支，对某门市部销售的劣质消毒纱布、口罩予以查封。

2006年，对已领取卫生许可证的化妆品生产企业进行一次全面监督检查，重点检查各企业原料库、原料进出记录、投料记录和检查记录。检查化妆品经营单位12家，检查化妆品385个品种，其中不合格品种19个。

2007年，开展化妆品市场专项整治工作，检查化妆品经营单位10家，其中美容美发店5家、药店2家、化妆品专卖店3家。现场监督检查生产企业19家，监督抽检产品16份。检查经营单位20家，检查消毒产品71种，对8家经营违规消毒产品单位进行行政处罚。

2008年，开展以药店为重点的化妆品市场专项整治工作，检查化妆品经营单位24家，检查化妆品275个品种，其中不合格23个品种。现场监督检查14家消毒产品生产企业，监督抽检产品12份。检查经营单位47家，检查消毒产品108种，对19家经营违规产品单位提出整改意见；检查30家医疗机构，抽检23份75%单方乙醇消毒剂，其中不合格2份。

第九章　突发卫生事件处置

20世纪80年代末至90年代中期，淮阴市卫生局先后制定《淮阴市救灾防病应急预案》和《淮阴市抗灾急救防病应急方案》。2002年以前，遇突发公共卫生事件时，卫生系统一般都及时成立临时性领导小组指挥处置。

2003年7月6日，淮安市卫生局编制《淮安市救灾防病预案》。2004年3月21日，市政府办公室印发《淮安市突发公共卫生事件应急预案》，对突发公共卫生事件的分级、报告与通报、应急反应都作出明确规定和具体要求。淮安市卫生局还先后修订印发《淮安市突发公共卫生事件应急处置技术方案》《淮安市职业中毒防制工作预案》《淮安市救灾防病技术方案》和《救灾防病医

疗救治方案》等。突发公共卫生事件一旦发生，视情况启动预案中各种分级响应，按标准和规范运作。

2004年3月，市政府办公室转发市卫生局《淮安市突发公共卫生事件应急防治体系建设规划》。同年11月，市政府办公室印发《淮安市突发公共卫生事件信息网络系统建设意见》《淮安市市县（区）乡（镇）疾病预防控制机构建设基本标准和要求》《淮安市突发公共卫生事件应急医疗救治机构建设管理基本要求》。之后，加快基础建设和网络建设，淮安市突发公共卫生事件应急处置机制逐步形成并得到不断完善。

第一节 传染性非典型肺炎防治

2003年春季，广东省爆发“传染性非典型肺炎”（以下简称“非典”），并迅速向外界扩散。

2003年4月初，淮安市迅速建立组织指挥体系和技术指导体系、医疗救治体系、疫情控制体系。市卫生局制定印发《淮安市传染性非典型肺炎防治预案（试行）》《淮安市传染性非典型肺炎防治预案》等一系列防治技术规范。全市卫生系统采取多渠道、多种形式宣传“非典”防治知识。市和各县（区）完成8所留观医院、10所定点收治医院、1所集中收治医院隔离观察和治疗病区的改扩建工程，添置仪器设备，备足医疗救治常用药品和消毒药械。

在防治初期，市政府拨专款购置救治设备、急救车辆装备和消杀药械。同年5月，市政府投入500万元新建北郊医院。多方联系采购“84”“过氧乙酸”等消毒药品，建立紧急防疫药品储备库。市疾病预防控制中心储备该类药品22吨。全市培训卫生技术人员10345人次，组织演练188次，参加和通过演练3083人次，到公安、交通、运输、宾馆、学校和文化娱乐等重点单位和场所举办“非典”防治知识讲座20多场次，培训5万多人次。卫生行政部门、医疗和疾病预防控制单位实行24小时值班制；各级医疗单位都明确专人负责疫情“零报告”“日报告”工作；市财干校、交通宾馆等地设留验观察站，对疫情发生地到淮安市人员进行体检、登记，留站观察；在各个省际、市际道路道口、水路和长途客运汽车站设立“非典”检疫卡口开展检查；临时关闭通风条件较差的重点公共场所935家，对其他公共场所亦采取针对措施；建立社会联防机制，层层实行防治责任制，开展广泛的宣传教育。“非典”防治期间，结合第15个爱国卫生月活动，全市普遍开展整治环境、清理卫生死角、消除蚊蝇孳生地等卫生活动；严格控制医院内聚集型感染发生；对群众举报的疫区到淮安市人员、可疑的发热病人、疑似或确诊“非典”病例，工作人员迅速赶到现场采取有关措施。是年10月，防治工作结束，淮安市确诊1例病例。通过严密监控，科学防治，最终实现“无继发病例，无医护人员感染，无死亡病例”目标。

第二节 洪灾防疫

一、1991年洪灾防疫

1991年6—7月，淮阴市遭遇一场特大洪涝灾害，全市普遍受灾，尤其是洪泽湖周边的盱眙、金湖、洪泽、淮安、泗洪等县（市）境内灾情最为严重。

灾害发生后，淮阴市立即成立抗洪救灾领导小组。全市组织医疗小分队318个，抽调医务人员1.12万多人次；组织防疫小分队283个，抽调防疫工作人员10150多人次。在灾区开展健康教育；建立24小时值班制度，开展灾情疫情监测，随时搜集灾情、疫情，每天上报；采取多种措施保证灾民饮用水安全；做好灾民饮食卫生管理；清理整治灾区环境；开展预防服药；及时控制金湖县境内霍乱和盱眙县十里营乡痢疾疫情。市卫生局组织车辆25辆次，为医疗防疫小分队出车320台次，运送药品和有关救灾防病物资570台次。免费诊治灾民30多万人次，垫付药品190多万元。接受捐赠和分配药品46批、11212件、150多吨。市级采购和省卫生厅调拨漂白粉40吨、漂精片330万片、复方新诺明270万片、敌敌畏10.75吨、特效蚊蝇净20吨、灭蚊蚴2吨。筹措盐水瓶5万个和包装箱2500只用于药品分装。最终，顺利完成灾区防疫工作，未发生疫情。

二、2003年洪灾防疫

2003年6月下旬，全市普降大到暴雨，加之大量客水压境，造成全市特大洪涝灾害，涟水县、楚州区、清浦区受灾尤其严重。

洪涝灾害发生后，市、县卫生局防治"非典"领导小组立即启动《淮安市突发公共卫生事件应急预案》，迅速采取应急措施，紧急启用储备物资。迅速将漂精粉6500公斤、漂精片690万片、泡腾片460万片、"84"消毒液3622公斤、过氧乙酸700公斤、二氧化氯1150公斤、碘伏440公斤、敌敌畏1604公斤、强力霉素5.3万片、氟派酸8.22万片调拨到受灾县（区）。紧急从市、县（区）和乡镇医疗单位无偿调拨用于灾民常见病治疗药品154.7万元、物资16万元。发动市卫生局和市直医疗卫生单位职工捐款17.3万元。市直医疗单位和有关药品生产企业捐药价值24万元。市、县（区）疾病预防控制中心、卫生监督所和各级医疗单位抽调1587名医疗人员、1190名卫生防疫人员参加救灾医疗防病工作，免费为灾民诊治常见病94629人次。在灾区开展救灾防病宣传；培训一批村医和村组干部做饮水消毒员、环境消杀员；开展灾情、疫情监测；做好饮用水消毒和环境整治消杀，并开展预防服药。

省政府下拨救灾防病经费100万元，全市乡（镇）卫生院采取借支、职工集资和贷款等办法筹资259.17万元，重建房屋5480平方米，修缮房屋23972平方米。市、县（区）卫生行政部门主动向国家和省有关部门争取价值523.47万元的医疗设备等援助物资，其中分配至市级290万元、县（区）233.47万元，保证灾后乡（镇）卫生院及时恢复正常医疗秩序，实现"大灾之年无大疫"目标。

第三节　有毒物体泄漏事件处置

一、果林场氯气泄漏

1999年11月19日上午，淮阴县果林场林庄小学附近一废弃的氯气钢罐泄漏，致使该校100多名学生不同程度氯气中毒。9时25分，大客车送约200名学生到市一院急诊室，一院临时指挥部立即组织筛选分流病员，将重度中毒患者就近安排在急诊一楼抢救室，中、轻度中毒者安排到急诊二楼救治。短短几小时，相继为56名学生、8名成人吸氧，为82人输液，将5名学生转入儿科、1名成人转入内科继续治疗。到当日16时，患者全部脱离危险。

二、双联化工厂光气泄漏

2005年1月31日，淮阴区双联化工厂发生光气泄漏事件，造成1人死亡、100多人中毒。事故发生后，市、区卫生部门迅速启动突发公共卫生事件应急预案，抢救中毒人员，组织厂区和周围群众疏散转移。除1名锅炉工当场死亡外，其他人员全部康复。

三、"3·29" 液氯泄漏

2005年3月29日18时50分，京沪高速公路淮安段上行线103K+300M处发生一起交通事故，一辆载有约35吨液氯的山东槽罐车与山东货车相撞，导致槽罐车液氯大面积泄漏。两车相撞后，由于肇事的槽罐车驾驶员逃逸，货车驾驶员死亡，延误抢险救援时间，造成公路旁淮阴区和涟水县3个乡（镇）村民重大伤亡，中毒死亡27人，住院、门诊和留观治疗3319人次，组织疏散村民1万人。

事故发生后，市委、市政府领导高度重视，立即启动淮安市突发公共卫生事件应急预案，安排快速运送、接收救治中毒人员，对抢救中毒人员的医务人员、医疗设备、药品等实行统一调度。安排卫生人员和公安、武警对受灾较重的王兴乡高荡村7组进行挨家逐户查找、营救中毒人员，对中毒人员进行调查登记，现场宣传液氯中毒的防治知识，发放宣传资料，做好群众疏散转移工作。市疾病预防控制中心对事故现场环境进行消毒处理。4月3日，转移群众返回家园。

第四节　食物中毒事件处置

1993年8月，淮阴市三立大酒店因喜宴上食用变质冷菜河虾致200多人中毒。经及时处置，无人员死亡。

1996年7月20日，淮阴市参加省摔跤比赛的运动员和教练员172人，因进食西园饭店变质不洁的食物，致53人发生食物中毒。经及时处置，无人员死亡。

2002年，淮安经济开发区发生一起12人亚硝酸盐中毒事件。经及时处置，无人员死亡。

2004年10月3日，涟水县发生亚硝酸盐中毒事件。涟水县卫生局接到涟城镇食物中毒举报电话后，应急指挥领导小组立即到位，迅速启动突发公共卫生事件应急预案，成立2个食物中毒现场调查组、1个信息处理组、3个医疗救治指导组和1个物资保障组。同时通知全县各级医疗机构抢救食物中毒病人。县委、县政府迅速利用广播、电视紧急通知当天在涟城镇陈某某处购买鸡腿、鸡翅等鸡类熟食者，已食用的立即到就近医院观察治疗，未食用的停止食用。涟水县卫生部门组织各乡（镇）防保人员和村医生挨家逐户调查。通过搜索，共发现中毒98人，经过各医疗单位奋力抢救，治愈97人，1名儿童因家长拒绝就近治疗而失去抢救时机死亡。

第五节　其他突发事件处置

一、电化厂爆炸

1993年3月9日上午，淮阴电化厂储气罐爆炸。10分钟后，7名重伤患者被送到一院分院。经过抢救，病人全部转危为安。

二、特大龙卷风

1995年8月22日13时20分，县级淮安市境内部分乡村突遭罕见特大龙卷风袭击，造成平桥镇张庙联中7间房屋整体倒塌，70名学生受伤，7名学生当场死亡。灾情发生后，县级淮安市、淮阴市卫生局迅速调集救护车和医疗组近百名医护人员赶赴现场进行紧急抢救。抢救无效死亡1人，康复69人。

三、宁连路重大车祸

1997年5月6日，宁连路和平乡境内发生重大车祸，从仪征开往淮阴的一辆双排座货车搭乘的11名乘客受伤，情况非常严重。市一院一分院救护车立即开往事发现场，采取紧急救护，伤者均脱离危险。

四、宁连高速特大交通事故

1997年7月22日21时，一辆南京开往青岛的长途卧铺客车在淮阴县棉花庄境内发生特大交通事故，6人死亡、4人重伤、13人轻伤，客车被烧毁。市一院在接到求救电话后，立即组织20名医务人员火速赶赴现场。经过现场3个小时急救处理和住院治疗，17名受伤乘客先后痊愈。

五、汶川特大地震援助

2008年5月，汶川特大地震发生后，全市卫生系统先后派出5辆急救、快速检测车和5批46名医疗卫生人员进入震区救援。淮安市急救医疗救援队共急救和转运伤病员185人，运转物资和急救巡回医疗用车110多台次。淮安市疾病控制和卫生监督救援队参与创成的“蓥华经验”“红白经验”得到卫生部肯定，在灾区全面推广。5月26日，淮安市卫生防疫救援队员唐勇、王海军完成对北川县城的最后一次消毒任务。7月，市卫生系统又派出2批10名医疗卫生人员对口支援什邡市玉泉镇。

六、三鹿奶粉事件

2008年，三鹿奶粉被检查出三聚氰胺超标后，淮安市卫生系统快速反应，坚持“早发现、早筛查、早诊断、早救治”，做到筛查、诊断、治疗、宣传4个全覆盖。共免费筛查9.85万名婴幼儿，救治临床确诊患儿1403例，没有发生一个重症死亡病例，没有发生一起集体上访事件。

第十章　医学教育与科研

第一节　医学教育

一、基础医学教育

1978年，淮阴地区多个县人民医院都举办院办卫校，开设内招班、统招班，招生对象为卫生系统在职职工和社会上的初中毕业生。是年起，江苏省淮阴卫生学校开设中专班，设医士、护士、助产士、临床检验士及医学大专班等专业。大专班连续招生5年，共12个班，培养近600人。1982年，大专班停招。1983年，全市有卫校12所。1985年，淮阴卫校继续面向淮阴市招收大专班学员。1987年，全市形成以江苏省淮阴卫校为中心、县（市）卫校为基础医学教育网络。

1989年，全市中等卫校招生850人，其中定向到乡300人，招生人数为历年最多。淮阴卫校与有关医院联合办学培训学生150人。1992年，全市各卫生学校在校生4251人，其中普通中专学历生1789人、成人中专学历生520人、在职培训394人、乡村医生培训1102人、乡卫生院人员上岗前培训205人。至1995年，初步形成全日制卫校（淮阴卫生学校）、卫生职工中专校、卫生进修学校三级医学教育网络。

1997年，淮阴卫校通过省教委组织的重点中专校评估，建立徐州医学院淮阴临床医学专科部，扩大大专层次教育。1999年，全市卫生职工中专和卫生进修学校进行调整，县办卫校结束办学。

2000年，淮阴卫校申报和接受省教委组织的国家级重点中专校评估，挂牌为“南医大成教院淮阴分院”。2001年，淮阴卫校与南京医科大学合作举办临床医学、护理2个专业专升本夜大本科班和夜大专科班；与徐州医学院、东南大学医学院、江苏大学医学院联合招收临床医学、护理、医学检验夜大（或函授）专科班；与徐州医学院、东南大学医学院、中国药科大学合作，举办全科医学、护理、计划生育、临床检验、药剂5个专业证书班，共培养467人。当年全日制高职与普通中专在校生1700多人。

2004年，淮阴卫校被教育部、卫生部等六部委确定为国家技能型紧缺护理人才示范性培养培训基地，并被评为国家级重点中等职业学校。2005年，淮阴卫校有全日制在校生3266人。2007年，淮阴卫校更名为淮阴卫生高等职业技术学校，同时加入江苏联合职业技术学院，成为江苏联合职业技术学院淮阴卫生分院。

2008年，淮阴卫生高等职业技术学校建有护理、医学检验、康复技术、药学4个实训基地，拥有10所教学医院、50所实习医院和1所附属医院。该校有教授1人、副教授36人，拥有全国模范教师、省“333工程”（培养30名左右研究成果具有国际先进、国内领先水平的国家级科学家、工程技术专家和理论家；培养300名左右具有省内领先水平的省级优秀人才；培养3000名左右成绩显著的市级优秀人才）培养对象、省优秀教育工作者、省卫生职教学科带头人等一大批骨干教师。

开办护理、涉外护理、助产、医学检验技术、康复治疗技术、药学6个高职专业，其中护理和医学检验技术专业是省高职示范专业和省职业教育课改实验点。与南京医科大学、东南大学等高校联合举办本科和专科层次成人学历教育及研究生课程班。该校有全日制学历教育在校生5534人、成人学历教育在校学生总数2741人、乡医中专学历补偿教育注册学员394人；与高校联合举办2个研究生课程班，培训各类卫生人才200多人次。

二、住院医师规范化培训

1992年起，市卫生部门在市一院、市二院试点开展住院医师规范化培训工作，举办各级各类人员培训、讲习、提高班、辅导班，派人员外出进修学习。1995年，市直各医院全部开始实施住院医师规范化培训，当年培训154人。

1997年，全市县及县以上医院普遍实施住院医师规范化培训。是年11月，全市分别有45人和50人参加住院医师培训的第一阶段和第二阶段理论统考。第一阶段统考合格率86.67%，第二阶段统考合格率100%。市卫生局制发《淮阴市临床住院医师规范化培训实践考核办法（试行）》，对住院医师进行规范化轮训，并进行实践考核。2008年，全市建成省级住院医师规范化培训基地11个。

三、乡村医生培训

1978年，淮阴地区乡村医生培训工作方式不一，或由县卫校培训，或由县医院、乡卫生院培训，或在村卫生室以师带徒的形式学习。时间或长或短，属于非系统、非正规教育。

1988年后，乡村医生培训教育逐步系统化、正规化。至1994年年末，淮阴市有3115人参加乡村医生系统化教育，其中98.4%的人达到称职或基本称职要求。有400人进入卫生职工中专校接受正规化教育。1996年，各县（市）举办一年半或三年制乡村医生培训班。1998年，市卫生局组织各县（市、区）卫生局对乡村医生系统化、正规化中等医学教育进行一次全面评估，全市6676名乡村医生，52.13%的人达到中专水平。其中，45岁以下乡村医生有46.13%的人达到中专水平；46岁以上乡村医生有68.11%的人达到中专水平，在全省处于先进地位。涟水、金湖、盱眙等县举办乡村医生系统化教育培训班，近300人参加培训。

2003年、2004年，组织全市乡村医生注册资格培训，对3000名乡医材料进行审核、公示，对符合条件的2240名乡医分批、分区域进行为期3个多月的系统化培训，分4次参加全省统考，有2202人通过考试，取得培训合格证。2008年，组织3181名乡村医师参加中专学历补偿教育。

第二节　人才培养

一、百名人才工程

1996年，市卫生局拟订市直医院跨世纪人才培养规划，启动“百名人才工程”，提出在10年内重点培养10名省内著名的临床医学专家、30名市级学科带头人、60名青年卫技骨干或潜学科带头人。至2001年，市直卫生系统有硕士研究生24人、本科毕业生883人，有高级职称389人、中级职称1021人。李玉峰等7名学科带头人列入省“333工程”。此项工作于2002年结束。

二、农村卫技骨干人才培养

从1994年起，市卫生局在市直3所医院举办3个乡镇卫技骨干临床进修班，为农村培养卫技人才。当年举办内科、外科、妇产科3个进修班，有71名学员参加学习，69人成绩合格，市卫生局发给结业证书。

1996年，市一院、市二院、市妇幼保健院在完成市卫生局委托举办的儿科、内科、妇产科进修班任务后，又分别举办放射、内科、妇产科临床进修班，40人参加学习。1997年，乡镇卫生院有30人参加市一院、市二院、市妇幼保健院举办的外科、内科、妇产科进修班。市卫生局筹措专项经费，改善办班条件，加强管理，使办班质量和办班效益有较大提高。

1998年，有23名乡镇卫生院医生参加学习。全市有225名乡镇卫技人员被选送到上级医院进修，平均每所卫生院1.4人。市卫生局委托徐州医学院和淮阴卫生学校联合举办高等教育专业证书班，在农村基层卫生单位招收全科医学和护理2个专业学员180人，为农村高级卫生人才培养开辟新的途径。组织全市基层卫生单位439人参加临床医学（专科）自学考试。

2003年，开办内科、外科、妇科、儿科4个专业乡镇卫生骨干人员培训班8个，培训100多人。组织开办全科医生、社区护士培训班2个，培训80名全科医生和40名社区护士。2004年，开办内科、外科、妇科、儿科4个专业培训班，培养近100人。2005年，培训乡镇卫生院骨干231人，选送10名乡镇卫生院中医骨干参加省统一培训。“十五”计划期间，全市累计培养农村卫技骨干400余人，培养全科医生、社区护士200余人。组织开办传染病主诊医师强化培训班，300多人参加学习。

2006年，完成1200名乡镇卫生院技术骨干、管理干部及乡村医生转岗培训任务。2007年，培训乡村卫生人员2455人。2008年，培训乡村卫生人员2300余人。

三、“三名”战略

2003年，市卫生局提出和实施“三名”（出名医、建名科、创名院）战略，制定全市医学重点学科与人才建设规划，明确培养100名重点医学人才，建设20个医学重点专科、3个重点实验室的建设目标，简称“123”工程。

“十五”计划期间，选送优秀卫技骨干出国深造半年以上，有6人学成回国。组织30余次、80余人出国短期学习考察。累计选送107名优秀医技骨干到上海市参加卫生部组织的英语强化培训班学习。与南京医科大学合办研究生课程班，120余人完成学业。全市卫生系统共引进各类高层次医学人才（硕士研究生、副高职称以上人员）近60人。市直卫生单位有博士研究生3人、硕士研究生65人、市级学科带头人18人，入选市“十百千”工程（选拔培养45岁左右不同层次优秀中青年人才1110人，其中10名国家部委、省级学科带头人，100名省部门、市级学科带头人，1000名市部门、县（区）级学科带头人）189人，入选省卫生厅“135工程”重点人才1人，入选省“333工程”人才16人。

2003年，选派2名技术骨干出国深造，委培5名博士生，83名医技人员接受硕士研究生教育。2004年，全市卫生系统有副高以上职称医务人员779人、市级学科带头人22人，入选市“十百千”工程110人，其中第一层次1人、第二层次10人、第三层次99人。市直医疗卫生单位引进高层次人才22人。继续与南京医科大学合办研究生课程班，在读60人。

2005年，选送7名青年骨干赴上海脱产培训外语，与南京医科大学联办第二期在职研究生课程班，60人顺利完成学业。全年引进硕士研究生或副高职称以上高层次人才30人。组织人员参

加远程教育，300多人参加学习。

2006年，市直卫生系统引进博士生4人、硕士研究生及副高级以上职称高层次医学人才52人，新增市“十百千”人才20人、省“333工程”人才7人。2007年，市直卫生系统引进硕士研究生以上高层次人才62人。与南京医科大学联合举办第三期研究生班，在读54人。市直卫生系统有博士研究生14人、硕士研究生172人。全市卫生系统有副高级以上职称818人，有31人次入选省“135工程”人才和“333工程”人才，193人次入选市“十百千”工程人才。

2008年，市直卫生系统引进硕士研究生以上高层次人才83人，其中博士11人，组织57名技术、管理、护理人才赴国外进修。至2008年，市卫生系统建成硕士培养点22个，有研究生导师25人。继续与南京医科大学开办研究生课程培训班，在读55人。

第三节　医学科研

20世纪90年代后，淮阴市卫生科技发展较快。1990年，市妇产儿童医院发现5例异常染色体核型，经湖南医科大学全国遗传中心电脑检索，属世界首报。市一院开展国内首例海螺状记忆合金栓塞肝动脉治疗晚期肝癌获得成功，大剂量顺铂治疗中晚期食道癌总有效率45.6%。市二院成功开展体外循环下二尖瓣、主动脉瓣双瓣置换术。市三院完成大范围精神病学调查工作。市直各医院共开展新技术、新项目150项。

1992年，市卫生局印发《加强卫生科技工作若干问题的意见》，提出加强医学科技工作8条政策措施；与市科委、市财政局联合制发《淮阴市医学科技发展基金管理办法（试行）》，建立市卫生局科技发展基金，设立市卫生局科技进步奖。调整充实市医学科学技术委员会。多数县（市、区）建立科技发展基金，成立管理机构，配备专（兼）职管理人员。全市有16项医学科研成果获卫生部、省卫生厅、市级奖励。其中，市二院“县级以上医院计算机管理信息系统”获卫生部三等奖、市政府一等奖。有30项科研成果通过鉴定。市卫生防疫站叶隆昌的“卡介苗加短程化疗治肺结核的研究”达国际先进水平，科研论文在1993年国际防痨会议上交流。市传染病院“丹参治疗早期肝硬化的研究”接近国内先进水平。市一院同种异体肾移植填补市内脏器移植空白。市一院放射免疫中心开发50多个检测项目。1994年，全市卫生系统有19项科技成果获省卫生厅和市政府科技进步奖。经申请，市直卫生单位有18个课题立项，资助经费10.4万元；市一院“UVB治疗脑血管病恢复期疗效评价指标的研究”达到国内先进水平。

1995年，市卫生局举办科技人员和科技管理人员科研方法学知识培训班。申报科研立项，其中经省政府、省卫生厅、市政府批准立项的课题共11项，资助科研经费12万元。至1995年年底，有30项（含自选项目）成果通过科技成果鉴定。盱眙县医院周云芳“一次性双腔引流管”“一次性膀胱冲洗器”获两项国家专利。1996年，制定《淮阴市卫生局新技术引进奖励办法（试行）》。对获得省、市科技进步奖的项目，市卫生局再奖励其奖金额的一半。委托医学会每年进行一次优秀论文评选，给予奖励。市一院李玉峰的“急性白血病细胞凋亡及其与多药耐药性关系的研究”课题中标，获江苏省青年科技基金会资助经费6万元。市一院有2个课题由省卫生厅立项，资助经费2万元。市直医院有10个课题被市科委立项，17个项目被市卫生局立项，资助经费10.4万元。县级淮安市卫生防疫站与南京医科大学协作进行的“八五”计划时期攻关项目“食管癌高发现场的综合防治研究”被评为“1995年全国十大科技成就”。市直医院有1个项目通过省级鉴定，

22个项目通过市级鉴定。

1997年，市直医院有3个课题被省卫生厅批准立项，资助经费2.5万元，有8个课题被市科委批准立项，资助经费6.8万元；有20个课题被市卫生局立项，资助经费12.5万元。有34个科研项目通过市级鉴定，其中5项达到国内先进水平。经市科委组织专家评审，卫生系统有22项科研成果获市政府科技进步奖。

1998年，市直卫生单位有24个课题被省卫生厅、市科委和市卫生局批准立项，资助经费15.2万元。有32项科研项目通过省、市级鉴定，其中大多数达到省级以上先进水平。市卫生局在市一院信息科基础上，组建淮阴市医学信息中心，为临床科研和科学决策提供有利条件。1999年，全市立项课题24个，其中省科委2个、省卫生厅1个、市科委9个、市卫生局12个，投入科研经费21.8万元。有30项科研成果获市政府1998年度科技进步奖。2000年，全市31个科研成果获市政府科技进步奖。9个科研项目被市科委立项，争取配套经费10万元；市卫生局立项23个，投入配套资金23万元。

2001年，市卫生局向省卫生厅申报医学科研投标项目3项，向市科委申报21项、立项16项，获资助经费20万元；获各级科研成果奖31项。2003年，相继开展骨髓移植、肝脏移植、心脏与肿瘤介入治疗等一批新技术、新项目，在周边地区逐步形成医疗技术新优势。获得科技成果奖37项，其中省卫生厅引进新技术奖3项、市政府科技奖34项。2005年，科研课题获国家自然科学基金立项（合作课题）1个、省中医药局立项项目1个、市科技局立项23个、市卫生局立项27个。全系统获市级以上科技进步奖43项。

2005年后，市一院李玉峰开展的骨髓干细胞移植治疗白血病在省内达到领先水平，市二院张建淮等开展的同种异体肝移植开淮安市器官移植史先河，市四院陈勇等开展的肝炎相关病毒基因检测在国内达到领先水平。市一院开展的颅底及脊髓肿瘤显微手术、心律失常射频消融及起搏治疗、心脏病介入诊疗，市二院开展的骨髓干细胞移植治疗扩张性心肌病、电视腹腔镜多器官同时切除术、食管狭窄的扩张及支架置放术，市三院开展的无抽搐电休克治疗，市四院开展的肝纤维化、早期肝硬化的诊断与治疗，市妇幼保健院开展的脑瘫的康复治疗及基因诊断技术等，在省内甚至国内达到先进水平。市一院柏根基等开展的中后颅底结构断层解剖与磁共振（MRI）系列研究、市二院陈文斌成骨细胞以脱蛋白型松质骨为支架共培养体内异位成骨及修复骨缺损的实验研究等均达到国内领先水平。全市卫生系统开展立项科研课题230项；获得市级以上成果奖170项，其中省政府科技奖3项，省卫生厅新技术引进奖8项，市政府科技进步奖一等奖5项、二等奖10项；引进新技术、新项目180项，有10项填补省内空白，170项填补市内空白。

2006年，市直卫生系统获得市科技进步奖58项，其中一等奖2项、二等奖2项，获奖项目占全市奖项总数的58%。2007年，获得市科技进步奖51项。2008年，市卫生系统获市政府科技进步奖58项，其中二等奖4项、三等奖41项，获奖项目占全市总数的58%。

第四节　交流合作

一、市外交流合作

20世纪80年代起，淮阴市与市外组织、机构开展卫生合作，主要包括建立友好合作关系、技术合作、技术培训学习、联合办学、卫生项目合作等。

1982—2008年淮安市与市外卫生交流合作重点项目表

表34-29

淮安合作方	市外合作方	时间	合作内容
市一院	广州中山医科大学第一附属医院	1982年	体外循环心内直视手术学习
		1984年5月	一附院教授到淮阴市指导手术
		1985年5月	一附院教授到淮阴市指导手术
		1986年5月、11月	一附院专家组到淮阴市讲学、指导手术
		1990年	市一院郭伟赴一附院进修1年
		1999年7月	一附院专家到淮阴市指导手术
	韩国高丽大学医学院	1996年5月	市一院黄苏赴韩国研修1年
		1999年11月	韩国3名教授到市一院访问、讲学
		2002年4月	市一院3人赴韩国访问交流
		2004年2月	市一院4人赴韩国访问交流
		2004年9月	市一院和韩国高丽大学安岩医院心脏血管研究所成立
	德国雷沃库森医院	1999年8月	建立合作关系医院
	首都医科大学附属安贞医院	1999—2000年	市一院李士亭、赵建强分别在北京安贞医院进修1年
		2000年1月	建立友好合作关系
	首都医科大学附属安贞医院	2000年	市一院郭伟在安贞医院进修1年
		2001年	市一院黄苏在安贞医院进修3个月
		2001年4月	安贞医院教授到淮安市指导手术
	南京医科大学	2000年7月	南京医科大学附属淮阴第一医院挂牌
		2001年9月	市一院为南京医科大学32名学生开设临床理论教学课
		2004年7月	南京医科大学在市一院召开附属医院交流现场会
		2005年9月起	市一院与南京医科大学合作完成国家“十五”科技攻关计划课题
市二院	上海医科大学附属中山医院	20世纪80年代起	业务技术合作
	美国弗吉尼亚大学	—	技术合作与交流
	苏州大学附属第一医院	2005年年初	在市二院联合成立血液病诊疗中心
	南京医科大学肾病毒医学中心	2008年	在市二院成立血液净化中心
市妇幼保健院	美国哥伦比亚大学	2006年4月	在市妇幼保健院成立围产医学中心
	无锡市妇幼保健院	2008年6月	建立友好合作医院
	英国南安普顿大学医学院	2008年10月	南安普顿医学院博导周晓鹰与市妇幼保健院开展产学研项目合作

续表34-29

淮安合作方	市外合作方	时间	合作内容
淮阴卫生学校	南京医科大学	1994年起	联合办学，成立南京医科大学继续教育学院淮阴分院
	徐州医学院	1998年起	联合办学
	东南大学	1999年起	联合办学
	江苏大学	2000年起	联合办学
	中国药科大学	2000年起	联合办学
涟水、盱眙、楚州、淮阴四县（区）	江苏省卫生厅	2002年9月	CIDA-WHO结核病控制项目实施
淮安市、淮阴区疾病预防控制中心	中国药品生物制品鉴定所、长春长生基因工程有限公司	2004年4—9月	无细胞耻垢分枝杆菌疫苗Ⅰ期临床研究
市三院	澳门澳泰国际贸易公司	1992年6月	合资创办珠海东方康复院
市中心血站	上海、苏州、南通	1993—1998年	市血站支援上海等三市临床用血
盱眙县	世界卫生组织	2002年4月	中国全球基金疟疾项目县
	中国疾病预防控制中心	2005年	淮河盱眙段肿瘤追踪调查
	美国国家卫生研究院	1996年起	双方专家合作开展胆管括约肌顺行切开术研究
淮阴县妇幼保健所	联合国人口基金会、儿童基金会	1990—1994年	基层妇幼卫生和计划生育服务项目
淮阴区卫生局	中国初级卫生保健基金会	2004年5—8月	上消化道肿瘤早期筛查
洪泽县疾病预防控制中心	省疾病预防控制中心	2003—2005年	流感疫苗临床研究
	省血防所	2004年起	南水北调工程对江苏省中部地区血吸虫病传播影响的研究合作项目
	省疾病预防控制中心	2004年	麻疹抗体水平检测及吸附白百破三联疫苗接种副反应临床观察项目

二、支援国外医疗

1991年12月至1994年1月，市一院王景红受水利部外事办公室派遣，前往毛里塔尼亚担任水利工地医生，完成为期2年的援外任务。

1993年5月，受江苏省卫生厅委派，以淮阴市第一人民医院医疗骨干为主组建中国赴桑给巴尔第15期医疗队，到桑给巴尔奔巴岛的阿姆杜拉姆齐医院开展国际主义援助，1995年6月回国。两年间，医疗队共诊治门诊患者126063人次，抢救重危病人1886人次，开展各类手术2962台次，新开展各类制剂26种，生产大型输液4万瓶、各种软膏8万克、五官科制剂22万毫升、其他制剂1200万毫升，出色地完成援外任务。市二院儿科医师高凤获得卫生部“援外医疗队优秀队员”和江苏省卫生厅“援外医疗先进个人”称号。

1993年12月至1995年9月，淮阴市中医院陈志明担任中国海外公司驻毛里塔尼亚“580”项

目专家组随队医生，执行为期2年的援外任务。

1999年5月至2001年6月，淮阴市卫生系统选派3人，参加江苏省承派的中国第18期援助桑给巴尔医疗队，很好地完成任务。

2003年11月15日至2004年12月23日，解放军第八二医院检验科樊荣参加中国赴利比里亚联合国维和医疗队，圆满完成任务。2008年9月，设备科工程师胡晓平随第三批军医组赴柬埔寨王国王家军总医院执行医疗援外任务，表现突出，获得“中柬友谊骑士勋章”。

三、接受市外援助

20世纪90年代后，淮安市接受国际组织、国外、省外和市外机构医疗卫生援助，主要包括医疗资金支持、设备支持、技术支持、义诊、贷款等，各种援助促进全市卫生事业的发展。

1990—2007年淮安市接受医疗卫生外援情况一览表

表34-30

时间	接受单位	援助方	援助内容
1990年	车桥中心卫生院	爱德基金会	2万英镑
1991年4月	市二院	美国迪特曼森等专家	3名专家举办为期1个月的肢体康复讲习班
1991年	盱眙县	加中儿童健康基金会	医疗设备和药品一批
1992年	淮阴市爱卫会	日本	改水资助款44832美元
1993年	盱眙县中医院	江苏省中医院	技术培训和义诊
1995年、1999年	市妇幼保健院	联合国国际儿童基金会	医疗设备一批
1997年起	黄集中心卫生院	加拿大传爱医学援助会	技术指导，资助23.4万元
1997年12月	市妇幼保健院	日本	医疗设备一批
1997—2001年	盱眙县人民医院	南京鼓楼医院	卫生支农帮扶
1998—2000年	市妇幼保健院	万志仁慈善基金会	医疗设备一批
1999年	金湖县	视觉第一中国行动	为225名白内障患者实施复明手术
2002年	市中心血站	国家国债项目	300万元
2003—2005年	盱眙县人民医院	南京儿童医院	技术帮扶
2004年	市急救中心	国家国债项目	100万元
2004年起	淮安市卫生系统	南京市卫生系统	挂钩帮扶
2005年9月	涟水县三院	中国医师协会	医疗设备一批，价值113万元
2005年	涟水县	省卫生厅	卫生支农帮扶
2005年	盱眙县人民医院	江苏省肿瘤医院	技术帮扶
2005年	楚州医院	西班牙政府	贷款370.5万欧元
2007年10月	淮阴区麻风病区	美国友人	资助8.5万元

·淮安市志·（1978—2008）

第三十五卷　体育

第一章　体育设施与场馆经营

第二章　群众体育

第三章　竞技体育

第四章　体育赛事承办与交流

中共十一届三中全会后，国家提出“努力实现体育工作社会化、训练工作科学化、运动水平尖端化、竞赛工作制度化”目标，淮阴地区体育事业逐步走上健康发展轨道。至1987年，全市施行“国家体育锻炼标准”的学校有5217所，占学校总数的96.7%；职工体育、农民体育、老年人体育、残疾人体育受到普遍重视。各机关、企事业单位利用节假日举行小型多样的体育竞赛活动。淮阴县码头镇和淮安县先后建成全国少数民族体育先进乡和全国体育先进县。业余训练工作加强，运动技术水平不断提高。淮阴市运动员参加省以上正式比赛，获得多项奖牌；淮阴籍运动员多次参加国际大赛，取得较好成绩。1986年接待国际体育代表团到访，1987年市女子手球队出访日本，开创体育对外交往新局面。

20世纪90年代，淮阴市体育事业发展迅猛。1990年，市委、市政府转发市体委《关于关心支持北京亚运会的通知》，以迎接亚运会为契机，发展体育事业。群众体育深入开展，中小学生通过“国家体育锻炼标准”比例连续多年保持在97%以上。1991年，全市有95个乡镇建立农民体育协会，有144个乡镇每年举办4次以上竞赛活动，金湖县建成全国体育先进县。体育基础设施发展较快，建成市体育馆、市游泳馆、市体校教学楼和健身世界等现代化体育场馆。体育业余训练水平不断提高，逐步形成以市体校为龙头，以县级淮安市、清浦区、淮阴县、金湖县为基地的业余训练格局，促进体育人才的输送培养。淮阴市输送的体育人才参加国际、国内大赛，取得较好成绩。继续扩大对外体育交流，承办各级各类比赛，促进体育运动水平的提高。

2000年后，淮安市体育事业发展变化巨大。2008年，全市有体育场地1559个，人均体育场地面积0.45平方米。全市建有健身点213个、健身工程项目11个、乡镇体育健身活动中心22个、街道体育健身活动中心9个，成立市级城乡体育健身俱乐部100个。广大群众健身意识普遍增强，经常参加锻炼人口比例达51%。全市承办省级以上体育赛事200多项次。淮安市输送的运动员在全国比赛中成绩突出，在国际赛事中产生世界业余围棋锦标赛冠军邵震中、世界青年羽毛球锦标赛冠军刘桂梅、世界举重锦标赛冠军崔文华、世界B级自行车锦标赛公路项目冠军李梅芳、世界赛艇锦标赛冠军吴崇魁、世界技巧锦标赛和世界健美操锦标赛冠军严松、奥运会及世界杯射击总决赛冠军邱健等。

第一章　体育设施与场馆经营

第一节　公共体育场所

1978年，淮阴地区有小运动场6个、室外射击场1个、室外游泳池1个、灯光球场12个。改革

图35-1 淮安市民健身广场（2007年） 市体育局 供

开放后，体育事业逐步恢复，淮阴各地不断修缮或新建公共体育场地设施。1982年，建成丙级体育馆1座，另建成小运动场5个、羽毛球馆1个、篮球场19个、排球场7个、轮滑场1个。

1983年，淮安县体育场建成全市第一个室内游泳池。1986年，市区建成1座乙级体育馆。1987年，全市有乙级体育馆1座、丙级体育馆2座、标准运动场12个、小运动场1个、排球场7个、排球房1个、手球场2个、篮球场25个、有固定看台灯光球场6个、羽毛球馆1个、乒乓球馆2个、游泳池1个、射击场1个、体操房1个、室外轮滑场6个、举重房1个、健身房1个。

1990年，淮阴市体育运动委员会自筹资金建成1座面积1080平方米的训练房，并完成太阳能室内游泳馆主体工程。1992年，淮阴市游泳馆竣工交付使用。1996年，奥林大厦（健身世界）建成开业。该项目总投资1800万元，建筑面积6300平方米。

1999年8月，淮阴市全民健身广场全面建成并对外开放，包括室内塑胶田径房、全民健身工程和2片塑胶网球场。其中，室内塑胶田径房在市体校内，面积1400平方米，造价约150万元，可进行室内短跑、跨栏和三级跳远等项目训练。2000年，建成体育馆附属楼。

2001年9月，淮安市开展市体育馆改造工程，做好第14届世界女篮锦标赛淮安赛点准备工作。该工程于2002年5月完成，总投资1000万元，按照国际篮联标准，扩大内场比赛面积，更换地板，新装中央空调、电子显示屏，增加运动员休息室、新闻发布中心等办公用房，铺设光纤电缆和宽带网等，为举办各种重大比赛和大型社会活动创造良好条件。

2002年，投资500万元对市游泳馆进行改造，投资2000万元新建市民健身广场。健身广场以市体育馆为中心，由市体校、奥林大厦、健身馆等体育建筑围合而成，占地面积2万平方米。2003年，投资1000多万元建成万人体育场。体育场位于淮安体校院内，占地面积3万平方米，建筑面积4500平方米，主要包括400米标准无颗粒塑胶田径场、天然草坪足球场、万人看台和看台顶棚。2004年，投资300多万元改造市体育场。新建北看台，增加建筑面积1100平方米，新装电子显示屏1块，增加座位2000个，体育场座椅总数超过1万个。投资200多万元改造市游泳馆，增加建筑面积800平方米，增加室内网球场和综合训练馆各1个。

2006年，全市103个行政村建成农村体育健身工程，每个工程包括1片水泥篮球场和2张乒乓球台。2007年，全面推进农村体育健身工程建设，通过争取上级拨款和自筹资金，总投入1000多万元。

2008年，投资5000万元、建筑面积2.5万平方米的淮钢健身会馆建成向社会开放。是年年末，

全市体育场地占地面积304.1万平方米，建筑面积10.2万平方米；人均体育场地面积0.45平方米。全市有体育场地1559个，有健身点213个、健身工程项目11个、乡镇体育健身活动中心22个、街道体育健身活动中心9个；有标准体育场7个、标准体育馆7个、游泳馆3个、综合训练房4个、田径场28个、运动场159个、篮球场606个。

第二节　全民健身工程

1998年，由国家体委和省体委支持，全国首批、淮安市首个体育彩票全民健身工程在市区北京新村小区建成。1999年，第二个体育彩票全民健身工程在清河区淮海路街道办事处建成。

至2005年，全市建成体彩全民健身国家工程7个、省级工程4个。

1998—2005年淮安市体育彩票全民健身工程表

表35-1

年份	类别	受赠单位
1998	国家工程	清河区北京路街道办事处
1999	国家工程	清河区淮海路街道办事处
2000	国家工程	淮阴市樱花园管理处
	省级工程	淮阴市中房物业管理中心
	省级工程	淮阴县王营镇政府
2001	国家工程	盱眙县明祖陵镇政府
2003	国家工程	洪泽县高良涧镇
	国家工程	清浦区城区
	省级工程	清河区水渡口街道办事处
2004	省级工程	洪泽县岔河镇
2005	国家工程	楚州区淮城镇

2006年，国家部署万村体育健身工程，省体育局对各地提出具体建设要求。淮安市结合实际，实施农村体育健身工程，分3年对全市223个经济薄弱村进行分期、分批建设，建设项目主要包括1个水泥篮球场、2张乒乓球台。2008年，全市1142个行政村实现“村村都有体育健身场地”目标。是年，国家体彩中心在涟水县南集镇捐建国家级全民健身工程，项目包括健身路径1套（道板砖）、篮球场1个（水泥）、门球场1个（人工草坪）、羽毛球场1个（水泥）、乒乓球台2张（水泥）、室内健身房1间、棋牌室1间。

图35-2　城市居民区健身工程（2007年）　　市体育局　供

图35-3　农村体育健身工程（2007年）　　市体育局　供

第三节　体育服务经营

1978年以前，淮阴地区体育服务业规模较小，档次偏低，收入不高。场馆收入主要用于人员工资、设施维护等，在减轻财政负担、提供就业基础上，确保场馆正常运转服务。1978年起，金湖县体委率先创办企业。之后，各级体委大多开办第三产业，增加经济收入，弥补体育事业费不足。至1987年，金湖、淮安、盱眙、清浦等县（区）体委和市体育服务公司、市体育馆共创收100余万元。淮阴市体育服务公司当年营业额100余万元，利润6万元。

1989年，市体育服务公司实现产值124万元，纯利润10万元。市体育馆发挥社会效益和经济效益，在完成170余场次各级、各类比赛前提下，全年收入超35万元，毛利润近20万元，创历史最好水平。1992年，市体育馆面向群众，扩大开放，开展多种经营，组织活动，创收40多万元。市体育服务中心增加经营项目，经济效益有所提高。1994年，市游泳馆针对夏季炎热、游泳人数多的情况，通过延长开放时间、扩大开放场次、开办游泳训练班等办法，当年夏季经营额15万余元。市体育馆扩大经营渠道，开通上海到淮阴班车，效益明显增加，为摔跤队、柔道队提供训练费4万元。1997年，全市体育场馆和公司创收50余万元。

2002年，全市经营性体育场所主要有体育馆1个、游泳馆（池）8个、保龄球馆3个、体育培训机构7个、青少年健身俱乐部5个、体育用品商店15个、体育彩票销售点76个。2004年，市体育馆净收入6.5万元。2005年，市游泳馆纯收入38万元。

2006年，市体育馆承办各种会展12次，举办各种体育比赛18次，承办大型文艺晚会3场；市游泳馆接待泳客近7万人次，培训游泳爱好者2000人次。2007年，市体校、体育馆、游泳馆和市民健身广场等单位向社会开放，提供健身服务，取得良好的经济效益与社会效益。市游泳馆培训学员1400多人次，接待泳客3万人次。

2008年，市游泳馆在做好游泳队训练保障工作的同时，开设游泳培训班30多个班次，培训学员1550人次，承办企事业单位游泳比赛8次，销售泳票2万张、票卡2000张，增加收入近20万元，被省物价局授予省级“物价信得过单位”称号。市民健身广场举办公益活动48次，经营性活动32

次，经营收入比2007年增长20%。年内，新建成的淮钢健身会馆采用市场化运作管理，提高设施利用率，同时增加场馆收益。

第四节　体育彩票

20世纪90年代初，淮阴市体育部门代售国家体委发行的大型运动会彩票，数额较小。1994年，国家体委体彩管理中心成立后，推出即开型、传统型及即开传统结合型体育彩票，全市体彩销售额稳步增加。

2000年，电脑体育彩票正式发行。全市体育部门在发行传统性体育彩票的同时，发行电脑体育彩票，彩票收入成为体育产业收入主要来源之一，为开展全民健身活动、建设全民健身工程、建设体育俱乐部筹措大量资金。2004年，市体育局加大体育彩票宣传力度，开拓彩票市场，全市99个体育彩票销售点实现销售收入3800万元，被省体育局授予“体育彩票开拓奖”。

2005年，全市新增电脑体育彩票销售站点106个，销售站点总数达205个。市体育部门加大体育彩票宣传力度，举办各类培训班42场次，培训人员5000多人次，提高销售人员业务和服务水平。全年全市销售体育彩票4700万元，比2004年增长49.02%。

2006年，市体育彩票管理中心增设体彩站点105个，实现销售收入1.1亿元，首次突破亿元，创历史新高。2007年，市体育彩票管理中心增设体彩站点46个，实现销售收入1.6亿元。2008年，市体彩中心按照ISO 9001质量管理体系开展规范管理，新增体彩站点75个，实现销售收入1.74亿元。

第二章　群众体育

第一节　全民健身

一、全民健身活动

1990年，淮阴市体育运动委员会（以下简称“市体委”）加强体育宣传，迎接北京亚运会。到工厂、学校举办“亚运之光”报告会30多场次，听众近2万人次；举办“迎亚运火炬接力长跑”“迎亚运职工百日锻炼”“我为亚运添光彩”等活动，全市近三分之一群众参与活动。

1994年，为迎接国务院《全民健身计划纲要》颁布实施，市体委采用多种形式开展宣传。1995年，市体委举办社会化竞赛75次，宣传贯彻《中华人民共和国体育法》和《全民健身计划纲要》。当年4月，市体委和市妇联、市公安局等11个部门联合举办“全民健身迎接世妇会”万名妇女长跑活动。12月，在市体育馆举行20场集操、拳、功、舞于一体，男、女、老、少、幼齐参与的全

民健身千人大演练活动。

1996年，成立市全民健身指导委员会。1997年，以迎接香港回归为主题，淮阴市组织首届全民健身活动月活动。1998年，第二个全民健身月以“健康的身体、幸福的家庭、文明的淮阴”为主题，全市115.8万人次参加，被省体委授予“优秀组织奖”。是年11月，全市组织对市级机关88个部、委、办、局全民健身工作进行全面评估检查。经评估，全市实施《全民健身计划纲要》4年中，全民健身工作水平较高、成果丰硕。

2000年后，淮安市全民健身蔚然成风，完成《全民健身计划纲要》第一期任务。全市有全国体育先进县2个、全国体育先进社区1个、全国亿万农民体育健身活动先进乡镇2个、省体育先进乡镇54个、省体育先进社区3个、省亿万农民健身活动先进乡镇11个。

2001年，第五个全民健身月期间，全市城乡联动，举办市级机关第14届运动会、水利局综合运动会、残疾人运动会、少儿乒乓球比赛、领导干部乒乓球比赛、网球公开赛、渔民水上运动会、农村体育文化节等一系列内容丰富、形式多样的活动。2002年，第六个全民健身月将全民健身大展示等活动与第1届淮扬菜美食文化节结合开展，形式更加丰富。

2003年，《江苏省全民健身条例》正式实施。淮安市坚持活动与建设并举，构建全民健身服务体系，组织江苏省第一个“全民健身日”活动。开展元旦万人长跑活动、第16届市级机关运动会等大型群众体育活动。在第2届淮扬菜美食文化节期间，组织3场全民健身大展示活动，展示36个项目；组织2场民间文体大巡游活动，近5万人次参加。

2004年，以实施“农村体育年”为中心，开展全民健身周活动暨江苏省第二个全民健身日活动。在洪泽县岔河镇举办江苏省迎十运体育下乡活动启动仪式。活动以“体育进农家、健身奔小康”为主题，以送体育健身知识、体育表演活动、体质测试服务、体育健身锻炼咨询、体育健身器材、体育健身欢乐为内容，在岔河镇举办舞龙、舞狮、武术、技巧表演以及篮球、乒乓球友谊赛；开展“人人当好东道主，我为十运作贡献”万人签名；利用国民体质监测车为群众量身定做健康处方，体育专家现场释疑解惑；羽毛球世界冠军葛菲、杨阳与农村体育爱好者面对面交流；航空模型表演中，有2004年最长巨龙风筝；中国象棋展演赛场上，国际特级大师徐天红同时与20名当地高手对弈。是年4月，在市体育馆举办江苏省全民健身新优项目展示活动。全省13个地级市17支健身队伍278名运动员参加，展示20个健身项目。淮安市创编《群芳吐艳》《击鼓流金》《手足生花》《健身之歌》4个节目参加展示。

2005年是《中华人民共和国体育法》和《全民健身计划纲要》颁布10周年。淮安市在全市范围内开展“迎十运淮安市全民健身活动月”活动。市体育局、市妇联、市级机关工委、市总工会联合举办“庆三八迎十运”百万妇女健身大展示活动；举办广场家庭趣味运动会，吸引众多家庭参加，体现“大手拉小手、小手拉大手、健康手拉手”活动主题；举办“迎十运”建设健康城市万人长跑；在市区举行全民健身月启动仪式和大展示活动。2006年，参加全民健身人数超过120万人次，“我运动、我健康、我快乐”理念逐步深入人心。年内，举办第1届全民健身运动会，开幕式上组织万人自行车环市行和全民健身大展示活动。全市有近10万人次参加运动会，组织开展7个部类39项次比赛。

2007年，举办全市百万妇女健身大展示和淮扬菜美食文化节特色群体活动。举办“一品梅和谐淮安欢乐大巡游”“金龙鱼牵手迎奥运万人健步走”“省全民健身新优项目展示”等活动。其中，“一品梅和谐淮安欢乐大巡游”活动有15辆花车、32个方阵、3000多人参加，是历届规模最大、人数最多的一次。

2008年，全民健身月活动以“全民健身与奥运同行”为主题。举办第20届市级机关运动会、

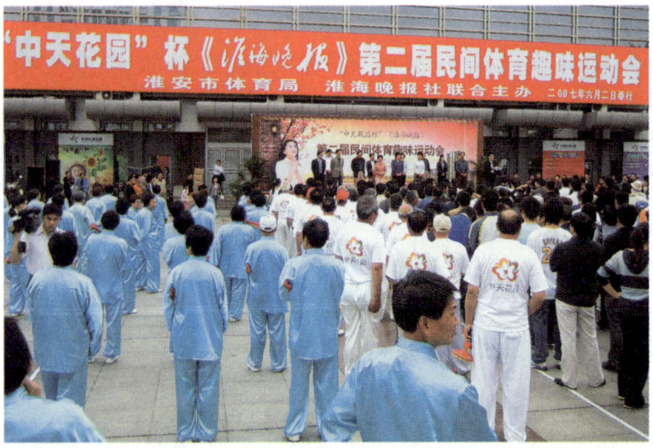

图 35-4　淮安市第二届民间体育趣味运动会（2007 年）
市体育局　供

图 35-5　迎奥运万人健身走活动（2008 年）
市体育局　供

第 3 届民间体育趣味运动会、迎奥运倒计时 100 天揭牌仪式、“和谐淮安迎奥运、公益体彩全市行”系列活动、“庆北京奥运、叙邻里友情”社区健身活动、街头篮球争霸赛等各种活动 200 多场次，200 多万人次参加。各县（区）纷纷举办具有地方特色的启动仪式。清河区举办建区以来首届运动会；淮阴区举办万人长跑活动；洪泽县举办洪泽湖水上运动会，自行车比赛、龙舟比赛、水上拔河等特色项目吸引全国五大湖区和国外选手参加。

二、社会体育指导员制度

1996 年，淮阴市举办第一期二级社会体育指导员培训班，培养一批社会体育指导员。1997 年，举办二级社会体育指导员培训班 2 期、三级社会体育指导员培训班 4 期。1998 年，培训、审批二级社会体育指导员 66 人，全市获批省一级社会体育指导员 9 人。县级淮安市、清浦区、金湖县等地举办三级社会体育指导员培训班。

1999 年，全市推行社会体育指导员制度，培养各类体育积极分子担任指导员。2001 年，培训二级社会体育指导员 56 人。2003 年，培训、审批二级社会体育指导员 118 人、三级社会体育指导员 184 人，新建晨（晚）练点 7 个。2004 年，培养二级社会体育指导员 114 人、一级社会体育指导员 6 人、国家级社会体育指导员 2 人。2005 年，培训三级社会体育指导员 235 人、二级社会体育指导员 60 人，送培一级社会体育指导员 10 人。2006 年，培养二级社会体育指导员 503 人。2007 年，举办社会体育指导员培训班，培训二级、三级社会体育指导员 1480 人。

2008 年，全市有国家级社会体育指导员 7 人、一级社会体育指导员 39 人、二级社会体育指导员 1480 人。全市累计培训、审批各级社会体育指导员 8415 人。

三、社区体育

1996 年后，淮阴市社区体育活动得到发展，部分街道和社区开始举办一些形式多样的健身活动与综合运动会。1998 年，清河区北京路街道被国家体育总局授予“全国城市体育先进社区”称号，清河区闸口街道、北京路街道被省体委授予“省体育先进社区”称号。1999 年，清河区北京路街道被评为“江苏省全民健身宣传周”先进单位。2002 年，以申报江苏省体育先进社区为契机，发挥体育自身优势，开展“体育进社区”活动，清浦区清江街道被省体育局表彰为第三批省级体育先进社区。

2004 年，清浦区清安街道先后被评为省级和国家级体育先进社区。是年，全市实施“人人健

身家家乐”行动计划，开展“健身家庭”评选活动，有70户家庭被评为省“健身家庭”。2005年，有350户“健身家庭”受到省体育局、省妇联表彰。2006年，清河区淮海街道被国家体育总局和中央文明委授予“全国体育先进社区”称号。2007年，淮安市创编健身项目《手足生花》代表江苏省参加全国“四进社区”全民健身项目展演，获得“优秀节目奖”。2008年，清河区淮海街道获“国家级社区体育俱乐部”称号，清河区水渡口街道获“省级社区体育健身俱乐部”称号。1998—2008年，淮安市创成国家级“城市体育先进社区”3个，省级“城市体育先进社区”10个。

1998—2008年淮安市国家级、省级“城市体育先进社区”名单

表35-2

批次	年份	单位	级别
第一批	1998	清河区北京路街道	国家级及省级
		清河区闸口街道	省级
		清河区淮海街道	省级
第三批	2002	清浦区清江街道	省级
第四批	2004	清浦区清安街道	国家级及省级
第五批	2006	清河区水渡口街道	国家级及省级
第六批	2008	清河区西安路街道	省级
		清河区长东街道	省级
		清河区长西街道	省级
		清浦区浦楼街道	省级

四、国民体质测试

1997年，开展成年人体质测试工作，成立淮阴市成年人体质监测中心，在金湖县、县级淮安市、清河区、清浦区成立成年人体质监测站。当年对全市3750名五类人群，男子18～60岁8个年龄段、女子18～55岁7个年龄段的成年人进行监测，总有效样本量3609个。对照《中国成年人体质评价标准》，达到合格级以上人数占总人数的70.4%，其中男性达到合格级以上人数占男性总人数的65.7%，女性达到合格级以上人数占女性总人数的75.6%。

1998年，市体委义务为市劳动局开展成年人体质测试并帮助建立成年人体质健康卡。在市体育馆广场多次为晨练市民提供免费测试。在科普宣传周活动中，义务为市民测试，开运动处方，科学指导群众健身。清浦区成年人体质监测站被国家体育总局评为先进集体。1999年，组织成年人体质测试培训班，开展成年人体质测试工作，为1.2万人提供有偿或无偿测试。2000年，为2520人进行国民体质义务监测。

2005年，市体委制定国民体质监测工作方案，举办培训班，组建监测专业队伍。完成7个类别14个年龄组别2881个样本监测任务，上报省体育局审查合格，并争取市级科研立项。2007年，市体育局专门组建国民体质监测队，为广大市民开展体质测试，采集样本5000多份。组织专家对

样本进行统计、汇总和分析，撰写国民体质监测报告，对广大市民参加健身活动给予科学指导。

2008年，采用抽样调查方法，对全市机关、企事业单位、幼儿园、社区5051人进行国民体质监测，其中幼儿748人、成年A组1138人、成年B组2289人、老年组876人。监测检测指标包含身体形态、身体机能和身体素质3个方面；监测对象为3～69周岁淮安市居民，分为幼儿（3～6岁）、成年A组（20～39岁）、成年B组（40～59岁）和老年人（60～69岁）4个年龄段。抽样调查结果显示，淮安市国民体质总体水平比2007年略有提高。其中，身体形态水平略有下降，20～39岁年龄段成年A组降低幅度最大；身体机能水平略有下降，60～69岁年龄段老年人降低幅度较大；身体素质水平略有提高，20～39岁年龄段成年A组提高幅度最大。不同年龄段人群各类体质指标变化存在差异，幼儿体质总体水平有所提高，其中身体形态水平无变化，身体素质水平有所提高；20～39岁年龄段成年A组体质总体水平有所提高；40～59岁年龄段成年B组体质总体水平略有下降；老年人体质总体水平略有下降，其中身体形态、机能水平均有所下降。

第二节　学校体育

一、冬季三项锻炼活动

20世纪80年代后，淮阴市学校一直将冬季三项（跑步、跳绳、踢毽）锻炼作为课外体育活动主要内容。1993年，全市有40万名中小学生参加冬季体育锻炼活动。在全省冬季体育锻炼通讯赛中，淮阴市获长跑团体第二名，17名学生在省长跑、踢毽和跳绳比赛中进入前十名。

20世纪90年代中期，全市贯彻《全民健身计划纲要》，开展亿万青少年健身活动。每年11月下旬至次年2月上旬，在全市中小学开展以长跑、踢毽、跳绳为主的百日冬季三项锻炼活动。市体育局、市教育局部署在全市所有中小学开展冬季锻炼活动。学校在保证上好体育课基础上，把各项活动同早操、课间操、课外活动结合起来，提倡学生自己动手，自制绳、毽，做到每人拥有1件健身器材。在冬季体育锻炼期间，各校还开展选拔赛、对抗赛、友谊赛等竞赛活动，发现一批优秀体育后备人才。

1995—1996年度，在国家体委、教委、共青团中央开展的评选冬季锻炼活动先进学校活动中，洪泽县中学被评为全国先进学校，淮阴师范学院附属小学被评为全省先进学校。1997—1998年度，淮阴市人民小学、县级淮安市第四中学被评为省开展冬季体育锻炼活动先进单位。2002—2003年度，淮安市清浦中学、淮安市城西小学、金湖县中学、盱眙县三河小学被评为省开展冬季体育锻炼先进单位。2004—2005年度，淮安市金英中学、淮安市第十中学、金湖县第二中学、淮阴师范学院附属小学、淮安市新安小学被评为省开展冬季锻炼先进单位。2005—2006年度，金湖县实验小学、楚州区淮城镇勺湖小学、淮安市清浦小学、淮阴师范学院附属小学被评为省开展冬季锻炼先进单位。

2008年，全市有66万多名中小学生参加冬季体育锻炼活动。

二、施行国家体育锻炼标准

1982年，《国家体育锻炼标准》施行，全市贯彻执行。至1995年，全市中小学锻炼标准施行面达100%，通过标准适龄生数90%以上。在省体育、教育部门对达标工作多次抽查验收中，全市均为全部合格。1998年，洪泽实验小学被国家体育总局、教育部授予“全国先进单位”称号。

1988—2008年淮安市中小学施行国家体育锻炼标准统计表

表35-3

时间	施行面（%）	达标率（%）	时间	施行面（%）	达标率（%）	时间	施行面（%）	达标率（%）
1988—1989学年度	99.4	95.1	1995—1996学年度	100	97.7	2002—2003学年度	100	96.8
1989—1990学年度	100	96.8	1996—1997学年度	100	96.7	2003—2004学年度	100	96.7
1990—1991学年度	100	97.3	1997—1998学年度	100	96.5	2004—2005学年度	100	96.9
1991—1992学年度	100	94.6	1998—1999学年度	100	95.3	2005—2006学年度	100	96.7
1992—1993学年度	100	92.1	1999—2000学年度	100	95.8	2006—2007学年度	100	96.5
1993—1994学年度	100	97.1	2000—2001学年度	100	96.0	2007—2008学年度	100	96.6
1994—1995学年度	100	97.8	2001—2002学年度	100	97.6	—		

三、体育传统项目学校

20世纪80年代，国家体委、教委在全国开展创建体育传统项目学校工作。淮阴市中小学校在开展各项体育活动中，逐步形成一些传统和优势项目。市体育局、教育局对体育传统项目学校实行发展一批、巩固一批、提高质量、稳步发展方针。1989年，全市验收合格体育传统项目学校98所，其中省级体育传统项目学校13所、市级体育传统项目学校32所、县级体育传统项目学校53所，在训运动员4097人。

1990年，全市有省、市、县三级体育传统项目学校115所，其中省级13所、市级29所、县级73所，在训运动员总数4080人。做到小学与中学衔接、运动员年龄组衔接、训练项目衔接，保证体育传统项目学校训练工作的质量。

1991年，有7所体育传统项目学校通过省级验收，淮阴县西坝小学获省小学生足球比赛冠军。1992年，淮阴县北京路小学等4所学校在省小学生乒乓球比赛中获6枚金牌，金牌总数和总分均列全省第一；淮阴县西坝小学再次获得省小学生足球比赛冠军；有9所学校通过省级体育传统项目学校验收。

1993年，淮阴市组织体育传统项目学校参加省小学生比赛，淮阴县北京路小学获乒乓球5项冠军。在省小学生篮球比赛中，县级淮安市鱼市小学获男篮比赛冠军。1994年，淮阴县北京路小学被国家体委、教委授予“全国体育传统项目学校先进单位”称号。在省小学生篮球比赛中，县级淮安市鱼市小学获国家男篮比赛第三名。淮阴县北京路小学参加省第8届小学生乒乓球比赛，获女子单打第一名。

1995年，清浦区人民小学、洪泽县中学被国家体委、教委和团中央评为体育传统项目先进学校。市清河小学被国家体委授予“全民健身宣传周先进单位”称号。1996年，淮阴县实验小学举办江苏省基层小学生乒乓球夏令营，洪泽县中学承办江苏省苏北片田径比赛，县级淮安市朱周小学在省游泳夏令营比赛中获团体冠军。

1998年，全市有省、市、县三级体育传统项目学校78所、185个校代表队，2874人正常参加训练。全年培训等级运动员57人，向各级、各类业余体校输送运动员346人，县级淮安市朱周小学在省游泳夏令营比赛中获得3枚金牌。

1999年，全市培养等级运动员114人，输送563人。清河区淮海路小学、金湖县实验小学分别承办江苏省篮球、田径小学生夏令营活动。2000年，全市建成32所市级、4所省级传统项目学校

和1所体育小学。2001年，建成淮安市乒乓球训练中心（单项）和淮安市人民小学2个江苏省国家级青少年体育俱乐部。

2007年，金湖县实验小学羽毛球俱乐部被命名为“江苏省国家级体育传统项目学校”。2008年，淮阴师范学院附属小学被命名为“江苏省国家级体育传统项目学校”。全市建成楚州区青少年奥林匹克俱乐部（少年体校）、清河区广明武术散打俱乐部、清浦区青少年业余体校、盱眙体校、涟水县郑梁梅中学青少年奥林匹克体育俱乐部、淮安市清浦中学青少年奥林匹克体育俱乐部6所省级青少年奥林匹克体育俱乐部。淮安市体育运动学校（举重）被评为江苏省国家级高水平体育后备人才单项训练基地。淮安市体育运动学校（排球）、楚州区体校（赛艇）被评为省级高水平体育后备人才单项训练基地。楚州区业余体校被命名为“江苏省三星级业余体校”。2008年，全市有省级体育传统项目学校11所、市级体育传统项目学校48所。

2008年淮安市省级体育传统项目学校情况表

表35-4

学校	项目	学校	项目
淮安市清浦中学	射击	江苏省清江中学	田径
淮阴实验小学	乒乓球	金湖县实验小学	羽毛球
淮安市人民小学	田径	金湖县实验中学	排球
淮阴师院附属小学	游泳	涟水县郑梁梅小学	乒乓球
淮阴区凌桥小学	中国象棋	江苏省洪泽中学	田径
淮阴师院第一附属小学	乒乓球	—	

第三节 职工体育

1978年，淮阴地区有基层职工体育组织机构332个，职工业余代表队1108个，队员1.11万余人。清江石化厂、淮阴汽车运输公司等大中型国企定期召开职工体育运动会。1981年，全地区工矿企业建基层体育协会90个、基层体育俱乐部251个，751个基层单位开展拳、跑、操等活动，参加人数超过2万人。全地区建有职工体育辅导站12个，有1325人接受辅导并参加锻炼。1984年，在市区举办第1届工人运动会，设有武术、棋类、篮球、田径、游泳5个项目，参赛运动员696人。此后，各系统、各行业自办体育比赛次数和项目不断增多。1987年，全市举办职工体育竞赛36次，参赛运动员6469人。

1988年，举办首届市级机关运动会。1991年，举办第4届市级机关运动会，有40个部、委、办、局800余人参加比赛。是年，清江印染厂、淮阴发电厂、清江拖拉机制造厂等8个单位被省体委、省总工会授予“江苏省职工体育先进单位”称号。1996年5月，举办第9届市级机关运动会，有58个单位1300多名干部职工参加比赛。1997年5月，举办第10届市级机关运动会，设7个赛区、13个项目，68个单位参加比赛，市公安局等单位获得团体总分前6名。1998年5月，举办第11届市级机关运动会，13个比赛项目分别由市体委、市国税局、市民政局、市房管局、市城管局、市农行、市乡管局、市水产局、市物价局、市劳动就业管理处等13个单位工会承办，参赛单位62个，参

赛运动员2977人次，市人防办等单位获得团体前6名。1999年，举办第12届市级机关运动会。市公安局、市法院、市检察院、市水利局、市商检局和新亚集团等单位长年坚持工间操。江苏移动通讯公司淮阴分公司被江苏省体委评为全民健身周先进单位。

2000年，市体育局指导淮阴卷烟厂、江苏华能淮阴发电有限公司举办较高规格厂运会。2001年，淮钢集团健身秧歌代表队参加江苏省首届健身秧歌比赛，夺得第一名。市太极拳代表队参加全国太极拳交流大会暨首届太极拳健康大会，获一等奖3个、二等奖1个、三等奖2个。同时期，随着民营、中外合资、外资等企业工会成立，企业体育协会纷纷建立。职工体协开展多种形式的群体运动和体育竞赛活动，一些大中型企业还成立篮球、排球、乒乓球等单项体协。

2002年，淮钢集团组队参加全国健身秧歌大赛和全国社区秧歌比赛，夺得4项冠军，参加省第15届运动会职工部健美操比赛，获得第三名。市供电公司健美操代表队参加省全国健美操大众锻炼标准竞赛，获得第一名，代表江苏省参加全国比赛获得二等奖。2003年11月，举办第16届市级机关运动会，开幕式上举行千人广播操、太极拳和健身秧歌表演，运动会设乒乓球、拔河、保龄球等11个项目，有5000人次参加各项活动。

2006年9月27—29日，举办淮安市第1届龙舟比赛。市体育局为龙舟比赛策划水上巡游表演项目《蛟龙腾飞》，分为"蛟龙起飞""乾隆驾临""龙鳞闪耀""群龙奋起"4个部分，吸引数万名观众观看。比赛分为男子组、女子组和男女混合组，比赛项目为500米直道竞速。比赛地点在里运河，队伍主要由各县（区）、市直机关、企业、学校和驻淮安部队负责组织，每队运动员12人，共有84支队伍参加。

2007年，淮安经济开发区组团参加全国首届经济技术开发区运动会，获银牌2枚、铜牌2枚。年内，该区2次组队代表江苏省参加全国群众体育新优项目展示。举办市职工武协迎奥运文体大展示活动，数百人在市民健身广场上表演健身节目。2008年，举办第20届市级机关运动会，市级机关3000多名干部职工参赛。

第四节　农民体育

1978年，淮阴地区有农村体育领导小组180多个，有业余代表队1276个，运动员17655人。金湖县金南大队70%的生产队有篮球架，70%的农民参加体育活动。1979年，淮安县溪河公社农民游泳代表队参加第4届全运会，受到表彰。1983年，淮阴县码头镇举办首届农民运动会，有5000多人次参加比赛。1984年，全市有168个乡镇文化中心开展体育活动。1985年起，淮阴各地每年开展1届农村体育活动周活动。是年，全市有50%的乡开展该项活动。1986年，淮阴县码头镇被评为"全国少数民族体育先进乡"。是年，码头镇代表队参加全国第3届少数民族传统体育运动会，受到国家民委和体委表彰。1987年，淮阴市举办全市农民运动会。是年，淮安县溪河乡代表江苏省农民游泳队参加全国首届农民游泳比赛，男女均获团体总分第二名，并获单项奖牌26枚。

1989年，有17个乡进入市体育先进乡行列。1990年，金湖县、清浦区被江苏省政府命名为省级体育先进县。县级淮安市参加全国体育先进县复查验收，获得江苏省体育先进县最高分，被国家体委评为全国体育标杆县。县级淮安市溪河乡等19个乡镇成为江苏省第三批体育先进乡镇。是年，全市举办过3次以上体育竞赛的乡镇有79个，71个乡镇成立体育协会，各县举办农民单项

竞赛20多次。农村体育活动周在大多数乡镇成为传统，形成制度。金湖县有90%以上乡镇组织体育活动和体育比赛，做到乡乡有比赛、村村有活动。体育活动周形式和内容也有较大变化，逐渐同经济、文化相互交融。

图35-6 洪泽湖龙舟大赛（2006年） 葛 华 摄

1991年，全市有95个乡镇建立农民体协，有144个乡镇举办4次以上竞赛活动，参加竞赛人数超过乡镇总人口的5%。县级淮安市、盱眙县、淮阴县等还举办农民运动会和单项比赛。盱眙县铁佛乡等28个乡镇经验收合格，被市政府评为体育先进乡镇。1992年，全市开展农村体育活动周乡镇达200个，活动周期间开展体育竞赛1000次，参赛10万人次。是年，有19个乡镇达到市级体育先进乡标准。县级淮安市博里乡被评为全国农村体育先进集体。在江苏省第2届农民运动会上，淮阴市共获12枚金牌。1994年，全市232个建立体育组织乡镇都开展活动，占全市乡镇数的76%，参加农村体育活动周人数近百万人，占农村人口总数的70%。

1995年起，市“农村体育活动周”活动被全国“亿万农民健身工程”取代。是年，有6个乡镇被命名为“省级体育先进乡镇”。1996年，县级淮安市施河乡被国家体委授予“亿万农民健身活动先进乡”称号。是年，淮阴市组队参加江苏省农民运动会，获个人金牌3枚、银牌7枚、铜牌4枚以及3项游泳团体冠军。1997年，有4个乡镇被授予“全国体育先进乡镇”称号。1998年，金湖县被农业部、国家体育总局、农民体协命名为第六批“全国体育先进县”。全市开展亿万农民健身活动，涟水县红窑乡、清河区钵池乡、清浦区黄码乡、县级淮安市泾口乡被评为省亿万农民健身活动先进乡镇，钵池乡还被评为全国亿万农民健身活动先进乡（镇）。1999年，县级淮安市被评为江苏省十佳体育先进县（市）。县级淮安市溪河镇被国家体育总局评为1999年全民健身宣传周先进单位。涟水县高沟镇、南集乡，县级淮安市马甸乡，洪泽县黄集乡，金湖县金沟乡、银集乡6个乡镇被省体委命名为“江苏省体育先进乡镇”。

2000年，在全国第4届农民运动会上，县级淮安市车桥镇被表彰为全国亿万农民健身活动先进乡镇。涟水县南集乡、县级淮安市车桥镇、金湖县前锋乡和盱眙县马坝镇4个乡镇获“省亿万农民健身活动先进乡镇”称号。全市有96个乡镇以乡镇为单位组织小型多样、丰富多彩、各具特色的体育活动。在江苏省第4届农民运动会上，淮阴市选手夺得3枚金牌。2002年，农村体育活动丰富多彩，盱眙县明祖陵镇举办农民文化体育节、趣味运动会，金湖县举办白马湖水上运动会等。清浦区和平镇、洪泽县高良涧镇、淮阴区码头镇被评为省第六批亿万农民健身活动先进乡镇。

2004年，江苏省第5届农民运动会在淮安市举行，全省13个地级市和省农垦系统代表团1000多名运动员参加。淮安市代表队参加舞龙、钓鱼、象棋、自行车载重、民兵军事3项和乒乓球等9项比赛。在田径项目比赛中，淮安市获金牌4枚、银牌5枚和铜牌3枚，并获得团体总分第一名；首次组队参加舞龙项目比赛，获得规定动作、自选动作和全能3个一等奖；在乒乓球比赛4个项目中，获得男子单打、女子单打和女子团体3项冠军，列金牌榜首位；还获得1项钓鱼比赛亚军和2项象棋比赛亚军，参赛总成绩历次最好。淮安市被授予优秀组织奖和参赛奖。

2006年，洪泽县老子山镇被国家体育总局表彰为全国亿万农民健身活动先进乡镇。至当年，全市获评国家级亿万农民健身活动先进乡镇6个、省级亿万农民健身活动先进乡镇12个。2007

年，全市每个乡镇都成立农民体育协会，每个行政村都有社会体育指导员。全市41个乡镇被省体育局命名为“江苏省体育强镇”。乡镇农民体育协会组队参加省首届农民体育节，获得团体总分第四名和优秀组织一等奖。

2008年，全市创建市级城乡体育健身俱乐部100个，城乡基层体育健身俱乐部建成率100%。全市建成乡镇体育健身活动中心22个、街道体育健身活动中心9个、社区居委会体育健身点80个。全市43个乡镇被省体育局命名为“江苏省体育强镇”。洪泽县龙舟队参加第6届全国农民运动会，获得1个第四名和1个第五名。

淮安市国家级、省级“亿万农民健身活动”先进乡镇一览表

表35-5

批次	年份	乡镇	级别	批次	年份	乡镇	级别
第一批	1995	县级淮安市溪河乡	国家级	第五批	2000	盱眙县马坝镇	省级
第三批	1996	县级淮安市施河乡	国家级			涟水县南集乡	省级
		清浦区清安乡	省级	第六批	2002	清浦区和平镇	省级
第四批	1998	清河区钵池乡	国家级			淮阴区码头镇	省级
		县级淮安市泾口乡	省级			洪泽县高良涧镇	省级
		涟水县红窑乡	省级	第七批	2004	洪泽县岔河镇	国家级
		清浦区黄码乡	省级			淮阴区新渡乡	省级
第五批	2000	县级淮安市车桥镇	国家级			盱眙县明祖陵镇	省级
		金湖县前锋乡	省级	第八批	2006	洪泽县老子山镇	国家级

淮安市省体育强镇（乡）名单一览表

表35-6

批次、时间	数量	县（区）	乡镇
第一批 2007年	41个	洪泽县	岔河镇、朱坝镇、东双沟镇
		涟水县	唐集镇、南集镇、高沟镇、岔庙镇、东胡集镇、大东镇、石湖镇、义兴镇、保滩镇、朱码镇、徐集乡、前进镇、涟城镇、红窑镇、梁岔镇
		金湖县	戴楼镇、黎城镇、金南镇、涂沟镇、前锋镇
		盱眙县	马坝镇、管镇镇、河桥镇
		淮阴区	王营镇、王兴镇、赵集镇、码头镇、刘老庄乡
		楚州区	马甸镇、溪河镇、施河镇、车桥镇、朱桥镇、流均镇、博里镇、钦工镇、席桥镇、林集镇

续表 35-6

批次、时间	数量	县(区)	乡镇
第二批 2008 年	43 个	洪泽县	共和镇、西顺河镇、老子山镇
		涟水县	五港镇、黄营镇、陈师镇、成集镇
		金湖县	塔集镇、吕良镇、陈桥镇、银集镇、金北镇、闵桥镇
		盱眙县	王店乡
		淮阴区	新渡乡、王营镇、渔沟镇、吴城镇、棉花庄镇、丁集镇、袁集乡、凌桥乡、吴集镇、西宋集镇、韩桥乡、古寨乡、老张集乡
		楚州区	苏嘴镇、复兴镇、仇桥镇、南闸镇、泾口镇、上河镇、平桥镇、范集镇、顺河镇、季桥镇、淮城镇、城东乡、茭陵乡、宋集乡、建淮乡、三堡乡

第五节　老年人体育

1978 年后，随着物质文化生活水平提高，淮阴地区老年人群众性体育健身活动逐步开展。地委老干部局、地区体委等部门经常组织老年人参加体育锻炼，举办多种形式的老年人体育竞赛活动，有长跑、象棋、门球、乒乓球、围棋、桥牌、气功、舞蹈等。1982 年，全地区中老年长跑组发展到 12 个组 1116 人。1985 年，市老年人体育协会成立，举办首届老年人乒乓球、象棋等比赛。1986 年，举行首届离休干部象棋赛。1987 年，市直单位举办离休干部万步走活动。1990 年，市老年门球队参加江苏省门球比赛，获得冠军。

1993 年 5 月，在市区举行淮阴市第 1 届老年人运动会，市级机关和 13 个县（市、区）的代表队参加门球、中国象棋、围棋、乒乓球、桥牌、健身球操 6 个项目的比赛。1995 年 10 月，举行淮阴市第 2 届老年人运动会，13 个县（市、区）和市直单位 24 个代表队 700 人次参加乒乓球、象棋、门球等 6 个项目比赛。

1996 年 5 月下旬，举办首届市级机关老年人运动会，有 49 个单位、200 多名老年人参加 8 个项目比赛，其中年龄最大的 94 岁。1998 年，举办淮阴市第 3 届老年人运动会和淮阴市第 3 届市级机关老年人运动会。1999 年，市老年人健身操队参加省老年人运动会，取得第三名。至 2000 年年末，全市经常参加体育锻炼老年人有 16.5 万人，占老年人口数的 29.3%。

2002 年，市老年体协组织 1250 名老年人在楚秀园举办“迎十运老年人健身走”启动仪式。市级机关、淮安电信局、淮阴区、洪泽县等相继组织健身走活动。健身走活动推广到乡镇。全市以健身走为锻炼项目的老人从 2001 年的 5.5 万人增加到 9.3 万人，占全市老年人口的 16.6%。洪泽县黄集镇获江苏省老年人健身走活动“十佳”称号。

2003 年后，全市老年体育竞赛活动越来越丰富多彩。每年举办一届全市老年人运动会和市级机关老年人运动会，参加人员逐年增加。2003 年，第 8 届市级机关老年人运动会有 1334 人参加 9 个项目竞赛。当年年初，举办迎新春老年人乒乓球团体赛；4 月，举办有 24 支队伍参加的全市老年门球升降级赛；5 月，举办健身球比赛；10 月，举办老年人太极拳、剑比赛；年底，举办新世

纪第3届“全球通杯”老年人男女单打、双打及混合双打比赛。此外，举办木球裁判员、教练员培训班，并组队参加在淮安市举办的全国木球比赛，取得团体第六名。是年，市老年体协被评为全国老年体育工作先进集体。

2004年，举办全市性老年人比赛14个项次。市委老干局连续多年举办老干部万步走活动，参加人数达2000多人。市老年体协承办2004年全省老年门球比赛，有19支队伍200多人参加，淮安市交通局代表队夺得冠军奖杯。盱眙县举办千名老人登山活动。至2004年年末，全市经常参加体育锻炼老人有25.7万人，占老年人口数的44.5%。

2005年，楚州区、洪泽县老年体协网络建至乡镇。市老年体协结合淮安实际，以轻体育、小型多样、休闲体育为主，因地制宜开展深受老年人喜爱的各类健身活动，实现“天天有活动、月月搞比赛、季季有展示”的工作目标，每年安排全市老年人竞赛活动6～8项。

2007年，江苏省老年人体育节淮安分会场暨淮安市市级机关第12届老年人运动会举行，有3000多名老年人参加。开幕式上开展“迎奥运老年人健身走”活动及有850名老年人参加的太极拳、太极功夫扇大型表演。参加健身走活动老人中，有80岁以上老人80人，其中年龄最大的92岁。淮安市举办第12届市级机关老年人运动会，参赛运动员2200多人，创历史新高。

2008年4月30日至5月5日，淮安市承办安徽、福建、江西、山东、江苏五省八市老干部斯诺克循环赛。

第六节　残疾人体育

一、市残疾人运动会

1984年，淮阴市举办首届残疾人运动会，以单项选拔赛方式，从全市选拔有体育技能和特长的残疾人参加比赛。

1995年9月，淮阴市举办第2届残疾人运动会。全市各县（市、区）农村、厂矿、机关和市聋哑学校运动员103人参赛。竞赛项目有田径、游泳、乒乓球、举重、射击5大项，市聋哑学校和淮阴县代表队团体总分并列第一名。

2001年9月，淮安市举办第3届残疾人运动会。181名运动员参加田径、游泳、乒乓球、举重、射击和羽毛球、盲人门球7个大项46个小项447项次比赛。金湖县、清河区、涟水县代表团分获团体总分前三名。

2005年，淮安市举办第4届残疾人运动会。199名运动员参加田径、游泳、乒乓球、举重、射击、羽毛球、坐式排球7个项目的比赛。洪泽县、金湖县、涟水县代表团分获团体总分前3名。

二、残疾人参赛获奖情况

1984年，在省第1届伤残人运动会上，淮阴市10名伤残运动员获7枚奖牌，其中男聋铅球、铁饼第一名各1人。

1985年，在省聋哑人运动会上，淮阴聋哑学校的2名女运动员分别打破800米、1500米省纪录。

1987年7月，组织参加省第2届伤残人运动会。淮阴运动员获得9枚奖牌，其中1人获男聋铅球第一名。是年，1人代表江苏参加全国伤残人轮椅篮球赛获“最佳中锋”称号，被评为精神文明

运动员。

1995年11月，组织从市第2届残疾人运动会上选拔的18名运动员，参加省第4届残疾人运动会田径、游泳、乒乓球、举重、射击5大项比赛，夺得10枚奖牌（其中金牌3枚、银牌3枚、铜牌4枚），获4～6名的有9人。

1999年10月下旬，组织参加省第5届残疾人运动会，参加田径、游泳、乒乓球、举重、射击5大项比赛，共夺得26枚奖牌（其中金牌6枚、银牌12枚、铜牌8枚）。

2002年5月，组织参加省第6届残疾人运动会。淮安市有68名运动员参加田径、游泳、乒乓球、羽毛球、举重、射击、盲人门球7个大项比赛，共夺得35枚奖牌（其中金牌10枚、银牌15枚、铜牌10枚），取得历史最好成绩，团体总分223.5分，列全省第十名。盱眙县1名聋哑人获男子标枪金牌并打破全国纪录，被选入省残疾人体育运动队。

2003年8月，全国第6届残疾人运动会在南京举行。淮安市有5名残疾人运动员被选入省代表团参加比赛，获得8枚奖牌，其中金牌5枚、银牌3枚。

2004年7月，淮阴区肢残人陈业刚入选省射箭队参加在西安举行的全国残疾人射箭锦标赛，获第二名。8月，淮安市组队参加省残疾人游泳锦标赛。10月，金湖县选拔9名智力残疾青少年，代表淮安市参加省首届特奥体育锦标赛，获得12枚金牌、8枚银牌和3枚铜牌。

2005年1月，盱眙县聋人谢磊入选国家队参加在澳大利亚墨尔本举行的世界聋人奥运会，获得男子标枪第五名、男子铁饼第七名、男子铅球第十三名。3月，陈业刚入选省队参加在桂林举行的全国残疾人射箭锦标赛，获男子坐姿射箭第二名。4月，洪泽县聋人王敏、盱眙县聋人谢磊、淮阴区肢残人高东亮入选省队参加在重庆举行的全国残疾人田径锦标赛，王敏获女子5000米金牌、1500米和800米2项银牌，谢磊获男子标枪金牌，高东亮获男子铅球第四名。9月，陈业刚入选国家队参加在巴西举行的世界残疾人轮椅射箭锦标赛，获坐姿射箭30米、50米2项第一名。

2007年，淮安市残疾人运动员王敏参加全国第17届残疾人运动会，获得2枚金牌和1枚银牌，并打破2项全国纪录。

2008年，陈业刚参加北京残奥会男子射箭项目比赛，夺得1枚银牌和1枚铜牌，改写淮安市在历届残奥会上零参加、零奖牌历史。

第三章　竞技体育

第一节　体育训练

1978年，淮安师范学校开办体育专业班，培养中小学体育师资。1982年，淮阴师范专科学校开办体育科，主要培养初中体育教师。

1983年，恢复淮阴体育学校，同年更名为淮阴体育运动学校。起初主要培养小学体育师资，后与市重点业余体育学校整合，逐步开展运动训练、职业培训、体育竞赛和体育科研康复等。主

要训练项目有田径、游泳、赛艇、篮球、排球、举重、摔跤、柔道等。1987年，淮阴市重点业余体育学校有在校生99人，专职教练员13人。清河区、清浦区青少年业余体校共有在训学生237人，专职教职员20人。

1990年，淮阴市对原先开展训练的田径、游泳、羽毛球等10个项目进行调整压缩，又新建摔跤、柔道、举重、无线电测向4个代表队。1991年，贯彻“选好苗子、从小培养、打好基础、系统训练、积极提高”方针，有计划、有目的地对各项运动队训练项目进行调整，增设击剑、女子举重、女子篮球3个项目。1995年，淮阴市备战省第14届运动会，对原有训练项目进行较大调整，将原有18个项目压缩到12个，即田径、游泳、射击、乒乓球、举重、拳击、摔跤、柔道、排球、皮艇、自行车、篮球。

1996年，全市有8所普通少儿业余体校，在校学生445人。成立6个市级业余训练中心，分别是淮阴县乒乓球、金湖县羽毛球、清浦区射击和拳击、县级淮安市皮艇、市游泳馆游泳、灌南县自行车项目。成立重竞技项目和周期性耐力项目2个科研攻关小组。在省青少年比赛16个项目中，共获得金牌27枚、银牌32枚、铜牌28枚。县级淮安市、清浦区业余体校被授予“省业余训练先进集体”称号。1997年，在省青少年儿童体育竞赛中，共取得金牌40枚、银牌33枚、铜牌32枚。

1999年，淮阴青少年运动员参加省14个项目20次省级比赛，获得奖牌133枚，其中金牌45枚。为迎战省第15届运动会，在原有12个项目基础上新增网球、沙滩排球、花样游泳、跆拳道、武术散手、武术套路6个项目。当年5月，由涟水县体委组队1年的市自行车队参加江苏省少年自行车比赛，夺得金牌7枚、银牌7枚，获团体总分第一名。1999年，全市有普通少儿业余体校8所，在校生317人，体育小学班1个，学生71人。全市办理省级注册手续青少年运动员394人，有130人通过省体委资格审查，其中91人为参加省第15届运动会适龄运动员。年内，完善各运动项目选材测试标准，完成全市体育后备人才数据库机载工作。为运动队拍摄鉴定骨龄564人次，为运动员进行心电图监控、常规血红蛋白测定评价、尿八样阶段测试193人次，进行形态机能测试300余人次。

2000年，业余训练项目由1998年的14项发展到19项，在训人数大幅度增加，业余训练社会化工作稳步发展，开展4项社会办业余训练。淮阴市青少年运动员参加省级青少年比赛，共获得奖牌8枚，其中金牌2枚。2001年，在省青少年比赛中，全市337名运动员参加23个项目比赛，夺得奖牌132枚，其中金牌44枚，列全省第七位。在全国青少年比赛中，全市19名运动员代表江苏省参加比赛，获得奖牌39枚，其中金牌19枚。2003年，全市在训人数655人，在训项目22个，新增项目1个，新办省专业队1个。

2004年，淮安市运动员参加年度青少年比赛取得金牌35枚、银牌29枚、铜牌30枚。同年，市体育运动学校被认定为国家高水平体育后备人才基地。2005年，共有516名运动员参加19个大项省级青少年比赛，共获金牌37枚，奖牌总数104枚，金牌总数位列全省第七名。2007年，淮安市注册运动员800多人，所有注册运动员全部参加资格审查，过关率91.7%。签订游泳、田径、赛艇、举重、摔跤、柔道、排球、羽毛球8个项目备战合同，聘用教练员35人，参训人数720人。

2008年，全市有446名运动员参加骨龄拍摄，423名过关，通过率95%。组队参加17个项目省年度青少年比赛，获得金牌56枚。市游泳队参加省青少年游泳比赛，获得金牌18枚。市射击队参加省青少年射击个人冠军赛，取得金牌1枚、银牌1枚和铜牌2枚。市摔跤队参加省青少年摔跤比赛获得金牌5枚。市柔道队参加省青少年比赛获得金牌3枚。市举重队在省青少年举重锦标赛上夺得金牌8枚，男子项目夺得金牌总数和团体总分2项第一，女子项目获金牌总数和团体总分2项第二。

第二节　体育人才输送

1979—1987年，淮阴市向省少年业余体校输送学员99人。

1988年，向省运动队输送运动员11人，向省运动学校输送13人。1989年，向省体工队输送运动员15人，向省少体校输送学员12人，超额完成向省体工队输送3人、向省少体校输送6人的责任制指标。1990年，向省体工队输送运动员11人，向八一队输送31人，有4人到北京参加迎接11届亚运会集训，输送人数在全省名列前茅。

1991年，向省体工队输送运动员35人，向省少体校输送37人。1992年，向省运动队输送运动员7人。1993年，向省运动队输送运动员8人。

1994年，淮阴市向省以上输送运动员30人，输送数列全省第六位，受到省体委表彰。

1995年，向省运动队输送运动员10人。1996年，向省运动队输送运动员13人，输送人数列全省第四位，被省体委授予"输送优秀后备人才先进单位"称号。1997年，向省输送运动员4人。1998年，向省运动队输送运动员12人。1999年，向省运动队输送体育后备人才14人。

2000年，以培养输送高水平体育后备人才为目标，向省优秀运动队输送体育后备人才6人。

2001年，全市向省运动队输送运动员10人，列全省第六位。2002年，向省运动队输送运动员8人，列全省第七位。2004年，向省运动队输送运动员14人，列全省第六位，受到表彰。2005年，向省运动队输送运动员8人，在省队集训运动员60多人次，有9人在国家队集训，备战2008年北京奥运会。

2006年，向省输送运动员5人。2007年，向省以上训练单位输送优秀后备人才72人。2008年，向省运动队输送运动员11人，列全省第八位。

第三节　参加省级比赛

1981—1987年，淮阴市在全省正式比赛中获得金牌167枚、银牌228枚、铜牌202枚，并多次打破省纪录。

1988年，参加省级竞赛获金牌41枚、银牌45枚、铜牌46枚，5人5次破省同龄组纪录。摔跤、柔道队在省比赛中夺得金牌10枚，占金牌总数一半，引起全国摔坛重视。男子田径队首次夺得省比赛团体冠军，在全省田径界引起较大反响。

1989年，在省级正式比赛中，篮球、排球、中长跑竞走、自行车、摔跤5个项目获7枚团体金牌。羽毛球、射击、足球3个项目获3枚团体银牌，排球、柔道、游泳、举重、乒乓球、桥牌、田径等7个项目获7枚团体铜牌。全市获得单项奖牌123枚，其中金牌54枚，有4人打破5项、1人平1次省同龄组纪录。11个队被评为精神文明运动队。

1990年，江苏省第12届运动会在南京举办。淮阴市参赛14个项目，有8个进入全省前6名。淮阴市获输送优秀运动员、破省最高纪录、羽毛球团体前3名3项奖杯。当年，在省级以上比赛中，淮阴市共获得奖牌106枚，其中金牌40枚、银牌31枚、铜牌35枚。有1人1次破省最高纪录。

在参赛的14个项目中，有8个进入全省前6名。1991年，淮阴市共获金牌41枚、银牌36枚、铜牌46枚，有2人4次破2项省同龄组纪录，拳击、男排、柔道等运动队获得体育道德风尚奖。1992年，共获得金牌45枚、银牌34枚、铜牌26枚。1993年，获93枚奖牌，其中金牌33枚、银牌34枚、铜牌26枚，有2人打破2项省同龄组纪录。市拳击队、女子柔道队获“道德风尚运动队”称号。

1994年，在江苏省第13届运动会上，淮阴市体育代表团共有240名运动员参加田径、游泳、篮球、排球、足球、乒乓球、摔跤、柔道、举重、拳击、自行车、射击、皮划艇、棋类等18个项目的比赛。其中，乒乓球获金牌1枚，团体总分位居第三；自行车队获金牌2枚，团体总分位居第二；男子排球获得冠军；拳击队、摔跤、柔道队全面开花，获12枚金牌；田径队获4枚金牌。全团获金牌27.5枚、银牌29枚、铜牌26.5枚，获总分818.5分，金牌数和总分数均列全省第七位。

1998年，在江苏省第14届运动会上，淮阴市体育代表团共有362名运动员参加田径、游泳、篮球、排球、乒乓球、羽毛球、摔跤、柔道、举重、拳击、射击、皮划艇、棋类13个项目比赛。其中，拳击比赛获金牌4枚、银牌3枚、铜牌3枚，获少年组团体总分第三、青年组团体总分第二；摔跤比赛获金牌8枚、银牌1枚、铜牌1枚；市体校1名运动员在田径比赛中一人独得5枚金牌，成为田径场上获金牌最多运动员。全团夺得金牌32.5枚、银牌24.5枚、铜牌26.5枚，总分915.8分，金牌、总分双列全省第七位，金牌数和总分双超省第13届运动会。

2002年，省第15届运动会在苏州市举行。淮安市270名运动员参加18个项目比赛，共夺得金牌38枚、银牌25枚、铜牌26枚，获总分1022分，金牌总数和贡献奖列全省第六位，创淮安市参加省运会历史上最好成绩。

2006年，淮安市组队参加省第16届运动会，获得金牌53枚、银牌47.5枚、铜牌49.5枚、团体总分1738分。特别是游泳项目一举夺得金牌17枚，1名运动员一人夺得6枚金牌，成为该届省运会上夺得金牌最多运动员。

第四节　参加全国比赛

1981—1987年，淮阴市运动员在全国正式比赛中，获得金牌9枚、银牌21枚、铜牌19枚。

1991年，淮阴市运动员崔文华参加全国青年举重锦标赛，获抓举第一名、总成绩第三名。王庆久参加全国摔跤锦标赛，获古典式摔跤第一名。朱建军参加全国拳击比赛，获63.5公斤级第二名。周素红参加全国第2届城运会，获女子柔道第七名。

1993年，在全国比赛中，淮阴市运动员共获奖牌26枚，其中金牌8枚、银牌5枚、铜牌8枚。在第7届全国运动会上，淮阴市有25名运动员参加14个项目比赛，获总分53.5分，奖牌15枚，其中金、银、铜牌各2枚，共7次打破3项全国纪录，5次打破3项亚洲纪录。在全省排行榜上，淮阴市参加全国第7届运动会人数和总分数均居全省第六位，金牌数位居全省第五位，创淮阴市体育史上最好成绩。

1995年，由淮阴市输送的运动员董陶参加全国少年儿童游泳分龄赛，获男子50米游泳、4×50米自由泳接力、4×50米混合泳接力和自由泳全能4项冠军。在同年6月份举行的全国青年拳击锦标赛中，淮阴市运动员李家龙、尹志刚分别获48公斤级和51公斤级冠军。在全国青年田径锦标赛上，淮阴市运动员任志银获女子1500米冠军。1996年3月，董陶在太原全国青少年游泳锦标赛中获奖牌3枚。同年8月，在宁波举行的全国青少年游泳分龄赛上，董陶获奖牌6枚，并打

破2项全国纪录。在青岛举行的全国青少年田径比赛中，淮阴市运动员唐亮获110米栏冠军。

1997年10月，在上海举行的全国第8届运动会上，淮阴市培养输送的21名运动员参加比赛，获得金牌2枚、银牌2枚、铜牌2枚。崔文华以200.5公斤的成绩破抓举世界纪录，以总成绩410.5公斤获金牌。

1999年10月，全国射击系列赛（第三站）暨个人锦标赛（移动靶项目）在贵阳举行，由淮阴市清浦区射击队输送的南京军区运动员邱未参加女子移动靶标准速20+20的角逐，以383环成绩夺得个人冠军，破世界纪录。2000年，由清浦区射击队培养输送的运动员邱健在全国射击个人锦标赛上，以1171环成绩夺得男子小口径步枪3×40项目的金牌。

2001年，淮安市23名运动员代表江苏省参加在广东举行的第9届全国运动会，是参加全运会人数最多一次。排球运动员刘伟、殷勇、韦波，射击运动员邱未，自行车运动员李梅芳和举重运动员崔文华共夺得金牌5.5枚，占江苏省金牌总数四分之一。淮安籍运动员严松参加全国技巧锦标赛，获得金牌5枚，被国家体育总局授予“技巧项目国际级运动健将”称号。2002年，严松参加全国锦标赛和全国体育大会，共夺得金牌8枚。排球运动员刘伟、韦波、殷勇参加全国男排联赛，为江苏夺得第二个联赛冠军作出贡献。运动员范丹在“北京华联杯”国际铁人三项积分赛暨全国铁人三项锦标赛中，夺得女子组冠军，成为淮安市选手在该项目上取得的第一个全国冠军。

2004年，在第10届全国运动会上，省队市管女子摔跤队参加4项比赛，获得金牌1枚、银牌1枚和铜牌1枚。淮安市培养输送的30多名运动员代表江苏省参加12个大项决赛，共夺得金牌4枚、银牌4枚和铜牌3枚，获团体总分数400分，为江苏代表团位列金牌榜、团体总分第一名作出贡献。其中，李梅芳获得自行车项目金牌2枚；崔文华夺得男子举重105公斤级金牌，实现在该项目上的四连冠；吴崇魁夺得赛艇金牌。2006年，淮安市运动员参加全国比赛，有7人次获得金牌。2007年，淮安市运动员钟秋实获得全国少年游泳锦标赛6枚金牌。

第五节　参加国际比赛

1981年，运动员邵震中在第3届世界业余围棋锦标赛中获得冠军，成为淮阴地区第一个世界冠军。

1990年，淮阴市篮球运动员孙凤武随中国男篮在第11届亚运会上获得金牌。

1995年6月，淮阴市运动员刘桂梅在世界青年羽毛球锦标赛中，获女子单打冠军，成为全市第二个世界冠军。是年11月，在广州举行的第67届世界举重锦标赛上，淮阴市运动员崔文华以抓举192.5公斤成绩获得108公斤级世界冠军，成为中国举重选手在世界级举重比赛中首次获得大级别冠军，也是全市第三个世界冠军。

1996年，在美国举行的第26届奥运会上，崔文华参加男子举重108公斤比赛，获得第五名。1997年，在扬州举行的亚洲举重锦标赛上，崔文华获抓举、挺举、总成绩3枚金牌；在泰国清迈市举行的第68届世界举重锦标赛上，崔文华又获得108公斤级抓举、挺举和总成绩3枚金牌。

1998年，崔文华在第69届世界举重锦标赛上以195公斤获105公斤级金牌1枚、银牌1枚、铜牌1枚。在第13届亚运会上，崔文华又获105公斤级举重冠军。同年，淮阴籍运动员刘静在日本举行的亚洲田径锦标赛上获女子1500米和4×100米两项冠军。

2000年，由淮阴体校培养输送的运动员严松在波兰举行的第17届世界技巧锦标赛上夺得第

图35-7　奥运冠军邱健（2008年）　市体育局　供

一套、第二套和全能3枚金牌，成为全市第四位世界冠军。同年7月，崔文华参加在韩国举行的第33届亚洲男子举重锦标赛，以185公斤成绩夺得抓举冠军，以395公斤成绩夺得总成绩亚军。淮阴市培养输送的运动员丁梅在澳大利亚、瑞士等国家举行的国际竞走邀请赛中获个人总成绩第六名。2001年8月，运动员邱健获得射击世界杯冠军，成为江苏省第一个射击个人项目世界冠军，也是淮安市第五位世界冠军。

2002年，在第14届亚运会上，射击运动员邱健、邱未各获得金牌1枚，举重运动员崔文华夺得银牌1枚。邱健在男子50米步枪3×40团体比赛中与队友合作以3472环成绩夺得冠军。邱未在女子10米移动靶团体比赛中，与队友合作以1141环成绩夺得冠军。运动员严松参加第18届世锦赛，夺得团体第二名和全能第三名。

2003年，淮安市培养的运动员参加多项国际重大比赛，成绩突出。李梅芳参加世界B级自行车锦标赛公路项目比赛，获得1枚金牌，成为淮安市第六位世界冠军。市举重队首次代表中国参加中日韩体育竞技大会，获得3枚金牌。女子摔跤队员张艳红参加世界青年女子摔跤锦标赛获得铜牌。皮划艇运动员孙凌静参加亚洲锦标赛，获得2枚金牌。刘欢缘获得亚洲女子柔道锦标赛冠军。2006年，吴崇魁在英国举行的世界赛艇锦标赛上夺得冠军，成为淮安市第七位世界冠军。李梅芳、吴崇魁、刘欢缘代表中国参加第15届亚运会。其中，李梅芳夺得女子公路自行车个人计时赛冠军，吴崇魁夺得男子赛艇轻量级单人双桨项目冠军，刘欢缘夺得女子柔道无差别级冠军。严松参加第9届世界健美操锦标赛，获得1枚金牌。2007年，邱健参加射击世界杯曼谷站比赛，获得50米步枪3×40银牌。吴崇魁夺得赛艇世界杯一、二站男子轻量级四人单桨无舵手冠军。2008年，邱健获北京奥运会射击冠军。吴崇魁夺得赛艇世界杯第一站男子轻量级四人单桨无舵手冠军、北京奥运会男子赛艇比赛第八名。

第四章　体育赛事承办与交流

第一节　市级综合性运动会

1985年，淮阴市举办第1届运动会。比赛分学生、职工2个部，学生部设田径、游泳、篮球、足球、乒乓球、武术等项目，职工部设篮球、足球、乒乓球等项目。有1713名运动员参加比赛。田

径、游泳项目有4人在5个项目中刷新省纪录，14人在18个项目中刷新市纪录。

1992年，举办市第2届运动会，共有113支代表队的1644名运动员参加21个大项、235个小项的比赛，有9队35人次打破20项市第1届运动会青年组纪录，1队40人次打破20项市第1届运动会少年甲、乙组纪录。

1996年，举办市第3届运动会，共设4个部25个比赛项目。全市共有24个代表团，1900多名运动员参加比赛。

2000年，举办市第4届运动会。开幕式上演出大型文体节目《飞向未来》，以歌颂今日成就、展望美好未来为主题。整个表演由《奋进的交响》《辉煌的篇章》《明天的太阳》3部分组成，有19个单位2600多名学生、工人、幼儿园小朋友以及文艺工作者参加演出。该届运动会共设中小学部、大中专部和职工部3个部23个比赛项目，有31个代表团参加，产生金牌260枚、银牌260枚、铜牌270枚。

2004年，举办市第5届运动会。开幕式上，市体育局组织表演4个文体节目，东方歌舞团应邀在淮安市举行专场大型歌舞音乐晚会《蔚蓝色的浪漫》。运动会设中小学部、大中专部、职工部和农民部4个部计40个比赛项目，运动员8400多人，创市运会参加人数新高。

2006年，举办淮安市第1届全民健身运动会。该届运动会设7个部40个比赛项目，有10万多人参加，开幕式上举行万人自行车环市行活动，有100多个单位、150个方队、1万多名自行车爱好者参加。

2008年，举办淮安市第6届运动会暨市级机关第20届运动会。开幕式上，5000多人参与演出大型团体操《与奥运同行》、大型舞龙表演《蛟龙腾四海》、大型校园集体舞表演《朝阳伴我来》、女大学生踏板表演、大型团体操表演《花扇迎奥运》和团体操《与奥运同行》等。市第6届运动会共分中小学生部、大中专部、职工部、机关部、农民部5个部，18个项目，35项次，131个组别，3000多场次比赛，有近万名运动员参赛。

图35-8 淮安市第1届全民健身运动会（2006年）
市体育局 供

图35-9 淮安市第6届运动会开幕式（2008年）
程 刚 摄

第二节 承办省级比赛

1978—1987年，淮阴市（地区）共承办52次省级以上比赛。其中，篮球11次，足球13次，田

径12次，排球6次，棋类、乒乓球各2次，武术、羽毛球、手球、击剑、无线电、航模各1次。

1989年，承办田径、足球等6个项目7次省级比赛，其中承办省摔跤、柔道比赛被评为省最佳赛区。1990年，承办省第12届柔道比赛和健美比赛，柔道比赛被评为省最佳赛区。1991年，承办排球、柔道、拳击等4次省级比赛。

1992年，承办3项省级比赛。1993年，承办足球、围棋、柔道、篮球、田径、钓鱼等7次省级比赛，并被评为省级体育竞赛最佳赛区。1994年，承办江苏省第13届运动会中6个项目比赛。1995年，承办少年排球、少年儿童武术、象棋、围棋、国际象棋6个项目省级比赛，还承办第6届钓鱼比赛，被评为省级最佳赛区。

1996年，承办7个项目的省级比赛，被省体委授予“最佳赛区”称号。1997年，承办5次省级比赛，其中有4省（市）女篮精英邀请赛和中国象棋大师徐天红象棋1对8表演赛。1998年，承办省第14届运动会青少年部拳击、国际象棋、围棋、职工部篮球、健美操和省中青年门球比赛6个比赛项目。1999年，承办9次省级比赛。

2002年，承办省第15届运动会职工部健美操比赛、县级田径比赛和省交通系统职工运动会3项比赛。2003年，承办省青少年摔跤、少年儿童羽毛球、少年男子甲乙组排球、少年儿童国际象棋和体育舞蹈5项省级竞赛。协助承办省财政系统乒乓球比赛。2004年，承办少年男排比赛等6项省级比赛，其中江苏省第5届农民运动会是淮安市首次承办全省综合性运动会。该届运动会有13个省辖市和省农垦集团14个代表队800多名运动员参加田径、舞龙、武术、风筝、钓鱼、象棋、自行车载重、民兵军事3项和乒乓球9个项目比赛。淮安赛区被省体育局授予承办省级体育竞赛“优秀赛区”称号。2005年，承办江苏省县级田径比赛。

2006年，承办省第16届运动会职工部大众体育比赛，省县级田径比赛，省残疾人运动会盲人门球、坐式排球、聋人篮球、游泳、门球7项省级比赛。2007年，承办省青少年男、女甲组篮球赛，女子甲组排球比赛，中国象棋比赛，男女甲、乙组摔跤比赛4项比赛。2008年，承办省第18届元老男子篮球邀请赛等省级比赛5项。

第三节　承办全国比赛

1982年6月，淮阴地区承办全国部分体育运动学校篮球协作赛，辽宁、江苏、丹东、安徽、吉林等8支女队、8支男队共192人参加比赛。1983年10月，承办全国（十省市）第10届青年篮球协作赛，广东、福建、上海、南京等10个省、市20个男女篮球队参赛。1986年4月，市体育馆承办全国击剑个人锦标赛，全国15个省、市及国家队共19个代表队计314名运动员参加比赛。同年7月，承办全国业余体校手球联赛，北京、上海、江苏、甘肃等8个省、市男女队参赛。淮阴女子手球队代表江苏省参赛，以6战6胜的成绩获女队冠军。同月，全国业余体校少年乙组足球邀请赛在淮阴市举行，安徽、四川、江苏、淮阴4支代表队参赛。1987年4月，全国“汤沟杯”青年排球联赛在市区和淮阴县举行，安徽、广西、济南部队、成都部队等11支代表队参赛。同年6月，全国篮球甲级八强对抗赛在市区和淮阴县举行，北京男女队，辽宁男女队、江苏男女队、山东男队、广东女队等8支全国甲级篮球队参赛。

1989年，承办全国排球协作赛、全国女篮锦标赛、“新体育杯”围棋赛3项全国性比赛。在全国女篮锦标赛期间，3个场馆比赛场场满座，观众达10万人次。1990年，承办全国业余体校手球

比赛，受到国家体委表扬。

1991年，承办全国篮球联赛，观众达10万人次以上。1992年，承办1项全国比赛。1993年，承办篮球、摔跤、棋类3项全国比赛。1994年，承办5项全国比赛。1995年，承办“神采杯”全国女子排球锦标赛，共有8支女队105名运动员参赛，江苏队、浙江队、福建队分别获得第一、第二、第三名。1996年6月，国家乒乓球队到淮阴市进行奥运热身赛，队员包括孔令辉、王涛、刘国梁、马文革、丁松、吕林6位世界冠军。

1997年，承办“97—98全国排球联赛（男子）”江苏主场比赛。比赛从1997年12月27日开始，到1998年3月29日结束，在淮阴市体育馆举行6轮12场比赛。淮阴赛区被国家体育总局评为优秀赛区。1999年，承办2项全国比赛。1999年3月，1998—1999全国排球联赛第九轮江苏女排对天津女排比赛在淮阴举行。承办全国青年女篮联赛，8支球队参赛，历时10天。2000年，承办全国U12青年女篮联赛；承办全国乒乓球俱乐部超级联赛，被表彰为优秀赛区。

2001年1—5月，“步步高DVD杯”全国男子排球联赛在淮安市举办，淮安市被国家体育总局评为唯一优秀赛区。2002年，承办全国男篮乙级联赛，全国艺术体操锦标赛，全国中老年木球、门球、健身秧歌5项全国比赛，被省体育局表彰为优秀赛区。2003年，承办全国少年女子柔道比赛。同年，承办“中国电信杯”全国女篮俱乐部联赛，江苏、上海、辽宁、浙江、河南、黑龙江和火车头7支队伍到淮安市参赛。

2004年，承办全国女足超级联赛、全国男排联赛、全国女子柔道冠军赛、全国女子摔跤精英赛和全国男子摔跤精英赛5项高水平体育比赛，被省体育局授予承办全国体育竞赛“最佳赛区”称号。2005年，承办全国男排联赛、全国少年男子篮球比赛、全国艺术体操个人冠军赛。2005年10月，承办全国第10届运动会男子排球决赛，共接待8支运动队运动员、教练员180多名，裁判员50多人，记者30多人。淮安市被省委、省政府授予“组织工作贡献奖”，被全国第10届运动会组委会表彰为最佳赛区。

2006年，承办全国青年男篮联赛、全国少年田径锦标赛、全国少年女子举重锦标赛、全国拳击冠军赛、全国乡镇干部特定项目运动会、全国重点体校女篮比赛6项全国比赛，获得省体育局颁发的承办全国比赛“最佳赛区”称号。2007年，承办全国女篮俱乐部青年联赛、全国第6届城市运动会排球预赛、全国男排联赛等国家级比赛，获得国家体育总局颁发的2007年体育竞赛“优秀赛区”称号。2008年，承办全国篮球青年联赛、全国历史文化名城乒乓球赛、全国青少年田径锦标赛等全国比赛6项，被省体育局授予“2008年度承办全国比赛优秀赛区”称号。

第四节　承办国际比赛

1988年，淮阴市承办联邦德国柔道代表团与中国国家柔道队进行的奥运热身赛。1989年，接待巴基斯坦国家篮球队到访交流比赛。1992年，邀请巴基斯坦国家男篮和江苏男篮在淮阴市进行交流比赛。

1996年8月，组织中美篮球邀请赛，美国波摩纳大学男篮与中国八一男篮在淮阴市体育馆争夺“淮阴地税杯”冠军，波摩纳大学全明星男篮代表队以1分优势险胜。1997年9月，“一品梅杯”中日友好半程马拉松接力比赛在淮阴市举行。全市有60多个单位、119个接力队参加比赛，日本有30多人参加比赛。1998年10月，“洋河敦煌杯”国际女篮邀请赛在淮阴市举行，中国国家队、

美国ABL俱乐部、中华台北队3支女子篮球队在市体育馆举行2场比赛。1999年9月，淮阴市“新亚杯”中日友好半程马拉松比赛举行，比赛分半程马拉松接力赛和个人组长跑比赛2个大项，其中半程马拉松接力赛设学生组（大、中专校、高中组及初中组）、公开组、男女组共6个组别。全市1300多名运动员参加接力比赛，200多名运动员参加长跑比赛；日本关西地区派国分隼人队、吉松町队和加世田3支队伍参加接力赛。2000年，承办中美篮球明星对抗赛。

2001年9月，淮安市举办“今世缘杯”中日友好半程马拉松接力赛，共有45个单位、105支队伍参加比赛，其中日本鹿儿岛日中体育交流会派4支接力队伍和1名个人参加比赛。2002年，承办第14届世界女篮锦标赛。比赛期间，接待日本、塞内加尔、突尼斯3个国家和中国台北地区代表队，组织观众近1.5万人。淮安赛区被大赛组委会表彰为优秀赛区，并获得记录台、成绩统计和啦啦队3个三等奖。

2003年12月，“古顺河一品梅杯”中韩国际摔跤对抗赛在市体育馆举行。江苏省摔跤队和韩国江原道摔跤协会代表团进行古典式与自由式共10个级别较量。2004年3月，举办中美女足对抗赛，是淮安市第一次举办国际足球A级赛事。国家女足、国家青年女足、江苏女足和美国U21女足4支队伍在淮安进行3场对抗赛。2005年，承办美国东西部明星职业篮球比赛和中韩女足争霸赛2项国际比赛。

2006年，组织美国对塞黑明星篮球比赛。2008年，举办纪念周恩来110周年诞辰中美日国际乒乓球友好交流活动。邱钟惠、张燮林等15位乒乓球世界冠军，中国乒乓球男队与江苏乒乓球队，日本乒协及美国乒协代表等到淮安市参加活动。

第五节　体育交流

一、接待访问

1986年5月，朝鲜国家乒乓球代表团到淮阴市访问，并与江苏省男女乒乓球代表队在市体育馆进行友谊比赛。同年8月，日本茨城县体育代表团到淮阴市访问，与市女子手球队及男子排球队进行比赛。9月，由中国援外教练蔡振华任领队兼教练的意大利乒乓球队到淮阴市访问，与江苏乒乓球队在市体育馆进行男女乒乓球团体、个人对抗赛。

1998年，日本一宫市少年友好访华团到淮阴市交流比赛，俄罗斯冰上芭蕾舞团到淮阴市表演。

2000年以后，国际体育交流逐渐增多。2001年8月，日本一宫市篮球访华团到淮安市访问。市体育局安排日本女篮队员住进5户市民家庭，体验中式生活，并安排她们与淮阴中学、清江中学女子篮球队进行友谊比赛。2002年，接待日本鹿儿岛市少年围棋代表团，两国少年围棋选手进行交流比赛。2004年，日本一宫市少年女排代表团到淮安市访问，举行2场交流比赛。

2006年，接待日本一宫市中学生女篮友好访问团。访问团在淮安市期间，分别与淮阴中学、淮州中学女篮进行交流比赛。2007年4月，在市体育馆举行“牵手体彩——俄罗斯国家体育舞蹈团专场演出”。10月，举办第5届淮海经济区体育发展研讨会。淮海经济区16个市体育局，40多人参加会议，就加强淮海经济区区域间体育协作、沟通信息、促进发展等方面进行交流发言。

2008年8月，接待日本一宫市篮球友好交流访问团。当年11月，韩国乒乓球代表团一行14人到淮安市访问，并参加淮安市“光彩杯”乒乓球比赛。

二、出国访问

1987年7月，应日本茨城县邀请，淮阴市女子手球队出访日本，与茨城县高中队进行4场比赛。

1997年7月，应日本一宫市日中友好协会邀请，淮阴市乒乓球访日团一行8人在日本进行为期8天的访日交流。

2000年，市少年女篮代表团赴日本一宫市进行篮球比赛，市体育代表团赴白俄罗斯戈梅利市开展友好交流，市武术代表团赴日本鹿儿岛开展交流。2002年，组织少年女子乒乓球代表团赴日本一宫市访问。

2005年7月，淮安市中学生乒乓球代表团赴日本一宫市进行为期7天的访问交流，在一宫市进行4场比赛。同年11月，淮安市体育考察团一行6人赴白俄罗斯考察访问。

2007年5月，淮安市组织以市老年大学和淮钢艺术团成员为主的群众体育表演队赴韩国完州郡访问表演。同年7月，应日本一宫市日中友好协会邀请，淮安市中学生女篮友好交流代表团一行12人在日本一宫市进行为期7天的访问。代表团先后访问一宫市聋哑学校、一宫市尾西第一中学、一宫市大和中学，与当地中学生进行比赛交流。

2008年3月，应西班牙阿尔吉拉市政厅和瑞典赫尔辛堡市政厅邀请，淮安市体育交流代表团一行6人对西班牙、瑞典进行为期10天的考察访问。代表团一行重点参加阿尔吉拉市传统佳节“法雅节”活动，同时实地参观阿尔吉拉市及赫尔辛堡市文化体育设施及体育活动运作方法，探索两市与淮安市在体育、文化、教育等领域内的合作途径。

·淮安市志·（1978—2008）

第三十六卷　精神文明建设

第一章　文明创建

第二章　思想道德建设

第三章　文明新风培育

20世纪80年代，淮阴市开展以“五讲四美三热爱”（讲文明、讲礼貌、讲卫生、讲道德、讲秩序，心灵美、语言美、行为美、环境美，热爱祖国、热爱社会主义、热爱党）为主要内容的群众性精神文明创建活动，在对以青少年为主体的人民群众进行思想道德教育的同时，集中整治卫生“脏、乱、差”，倡导文明新风，社会风气得到很大改善。

1992年、1996年，中共中央先后提出创建文明单位与文明城市、文明村镇、文明行业的任务。淮阴市根据要求开展多种形式的文明创建活动，一批先进典型相继获批国家、省、市文明称号。1999年，淮阴市提出创建江苏省文明城市的目标，至2005年12月创建成功。2005年年底，淮安市提出创建全国文明城市的目标，并以评促创，整体推进全市各项文明创建工作。全市精神文明建设取得显著成效。

在文明创建活动中，淮安市坚持及时发现并宣传表彰文明新风、文明新事。至2008年，全市评出月度和季度新人新事1800多件，300多件当选为全市年度新人新事，12人及其先进事迹当选为全省精神文明建设“新人新事”。

第一章　文明创建

第一节　组织机构

1983年，淮阴市成立“五讲四美三热爱”活动委员会，领导、管理全市群众性精神文明创建活动。委员会下设专门办事机构——淮阴市“五讲四美三热爱”活动委员会办公室。

1992年，中共十四大报告提出建设文明单位的任务。淮阴市成立市精神文明建设活动委员会，加强对文明单位建设及群众性精神文明创建活动的领导和管理。委员会下设专门办事机构——淮阴市精神文明建设活动委员会办公室（以下简称“市文明办”），负责精神文明创建活动的日常工作。1996年，中共十四届六中全会作出《关于加强社会主义精神文明建设若干重要问题的决议》，提出创建文明城市、文明村镇、文明行业。1997年8月，淮阴市精神文明建设指导委员会成立，原淮阴市精神文明建设活动委员会被撤销。

1999年，淮阴市提出创建江苏省文明城市的目标。2000年，成立文明城市创建工作领导小组。2001年2月，淮阴市精神文明建设指导委员会更名为淮安市精神文明建设指导委员会。2005年，淮安市提出争创全国文明城市的目标。2008年，成立创建全国文明城市指挥部，领导全国文明城市创建工作。

第二节　文明城市创建

一、江苏省文明城市创建

1999年，淮阴市提出创建江苏省文明城市的目标。围绕“全面建设小康社会、构建和谐新淮阴”，集中开展以文明城市创建为统揽的创文明行业、文明小区、文明村镇，建文明城市“三创一建”活动。全市各行业组织开展技术比武、岗位练兵、知识竞赛、业务水平定级考试等多种形式的活动，市政府表彰命名首批16个市文明行业，推荐29个行业参评江苏省创建文明先进行业。2000年，开展“讲文明，树新风”活动，从基础抓起，重点解决城市建设中环境卫生、交通秩序、服务质量、文明言行4个突出问题，动员全市人民投入创建工作，共建美好家园。

2001年，以城市更名、区划调整为契机，围绕“提高生活质量、改善投资环境、建设美好家园”要求，推动全市文明城市创建活动。市区以创建淮海北路文明示范街为重点，公安、城建、城管、工商、交通等部门协同配合，把淮海北路建设成秩序优良、环境优美、服务优质的文明示范街。2002年，市政府印发《淮安市创建江苏省文明城市的意见》，将创建文明城市指标体系细化，建立责任制。年内，盱眙县被评为江苏省创建文明城市工作先进城市。

2003年，淮安市提出创建江苏省文明城市与创建国家卫生城市、创建国家园林城市、创建国家环保模范城市“四城同创”。2004年，围绕“四城同创”，全面开展各项创建活动。实施文明交通工程，在全市客运行业开展“争创标兵公司，争当‘十佳司机’，争做文明公交车”活动，评选出2家标兵公司、10名“十佳”司机、20辆文明公交车；3名“三差”出租车司机被公安部门吊扣、吊销驾驶执照，所营运的出租车由交通部门责令停业整顿。开展环境卫生集中整治日活动，将每月20日定为环境卫生集中整治日，组织全市干部群众统一参加义务劳动，开展治脏、治乱、治差集中行动，消除卫生死角，改善城乡卫生状况。开展城管规范进万家活动，将市民守则、市民行为“十不”规范以及《江苏省城市市容和环境卫生管理条例》印发给广大市民，引导市民养成良好卫生习惯。开展公民基本礼仪知识竞赛，发放礼仪试卷2万份，市民受到普遍教育。开展科教、文体、法律、卫生“四进社区”等系列活动，提高社区文明创建水平。

2005年，开展以“三创精神”（创业、创新、创优精神）、淮安精神、文明市民规范等为主要内容的宣传教育活动，以及“做文明人、创文明城”等群众性道德实践活动，倡导文明用语、讲究卫生、遵守秩序、爱护公共设施的良好风尚。按照硬化、净化、绿化、美化、亮化的标准，加强对城市出入口、集贸市场、旅游景点、体育场馆及窗口地带环境整治，解决乱倒垃圾、乱贴广告、乱建房屋、乱停车辆、乱设摊点等脏、乱、差问题。加强社会信用体系建设，净化市场环境，形成良好

图36-1　淮安市获得“江苏省文明城市”称号（2005年）
市文明办　供

市场秩序。继续实施文明交通工程，优化路网结构，改造交通节点，提升城市交通通行能力。在繁华路段、交通要道口、大型建筑物等场所制作、悬挂文明城市宣传画，在街道、社区、单位设置文明城市创建橱窗、公益广告，在全市营造“个个争创文明城市，人人争当文明市民”的氛围。至2005年年底，文明知识教育普及率、市民健康知识知晓率、窗口行业和执法部门创建文明行业参与率、公共服务设施利用率及完好率等指标全面达标，通过江苏省文明委考核，淮安市获得“江苏省文明城市”称号。

2006—2008年，淮安市在创建全国文明城市的同时，继续巩固、提高江苏省文明城市创建成果。评选表彰创建省文明城市先进模范集体和个人，28个单位被表彰为先进单位，7个社区被表彰为先进社区，61名个人被表彰为先进个人。改革完善文明创建评选管理办法，推行前置申报、跟踪督导和考评积分3项制度，形成“以评促创、以创定评”的良性机制。推进具有淮安特色的“文明家园、和谐社区”“文明联动、诚信服务”“文明育农、科技富民”“文明树人、立德育才”“文明关爱、扶弱济困”“文明示范、典型引领”文明创建六大系列工程，全市文明创建主题更加鲜明，载体更加丰富，内容更加充实。

二、全国文明城市创建

2005年年底，市第四届党代会第三次会议确立创建全国文明城市的奋斗目标。2006年3月，市委、市政府印发《关于在全市开展“三学三做三创建”、争创全国文明城市活动的意见》，正式启动全国文明城市创建活动。全市开展以“学楷模恩来、学榜样雷锋、学先进典型，做人民好公仆、做岗位好主人、做社会好公民，创建五好家庭、创建诚信窗口、创建和谐社区”为主要内容的“三学三做三创建”活动，广大干部群众支持和投身全国文明城市创建活动。2007年，制定《淮安市创建全国文明城市规划》及《淮安市创建全国文明城市目标任务表》，确立全市创建全国文明城市行动纲领。召开创建全国文明城市动员大会，全面动员、全民动手、全员参与。以省级文明行业、文明单位、文明村镇、文明社区评选为契机，以评促创，推进全市文明创建工作。

2008年，淮安市成立创建全国文明城市指挥部，指导、协调、推动创建工作深入开展。《淮安日报》《淮海晚报》《淮海商报》以及淮安电视台、淮安广播电台均开辟文明城市创建专栏、专题；淮安市政府门户网站开辟《创建之窗》版块。市区公共场所、市民广场、社区和机关企事业单位内部设置各类创建标牌，文明规范渗透到城市每个角落，市民参与创建意识高涨。全市上下共同巩固江苏省文明城市创建成果，推进创建全国文明城市。

第三节　文明单位创建

20世纪80年代，淮阴市开展“五讲四美三热爱”活动，文明单位建设是活动的基本内容之一。起初主要是开展环境卫生工作，整治“脏、乱”现象，后来逐渐增加职业道德教育、法制教育、计划生育宣传、领导班子建设等内容，重点转移到治“差”上。全市商业、邮电、交通和医院等单位改善服务态度，提高服务质量。多家单位设立监督电话，接受群众监督。淮安县百货公司开展“千日无差错，万日无争吵”活动，受到群众欢迎。涟水县邮电局组织2个走访组，访问150个用户，同时向全县30个公社发出275份征求意见函，听取用户意见，对改进服务态度起到良好效果。一些县制定文明街、文明居委会、文明宿舍大院、文明菜场、文明医院、文明工厂、文明影剧院标准

和各项管理守则，作为检查评比和命名文明单位的依据。

1993年，淮阴市出台试行《淮阴市文明单位管理办法》。1994年，对市级文明单位评选废除终身制，实行动态管理，统一重新申报，重新确定市级文明单位条件，严格把关。年内，评选市级文明单位824个。1995年，全市有80个单位被命名为省级文明单位。至1999年，淮阴市有省级文明单位64个、市级文明单位431个、县（市、区）级文明单位2000多个；淮阴卷烟厂、淮阴市国家税务局直属分局被评为全国精神文明建设工作先进单位，淮阴市国税局被评为全国税务系统文明单位。

2000年，重新修订印发《淮阴市文明单位创评管理办法》，文明单位创建逐步规范化、制度化和科学化。全市命名市级文明单位494个。2001年，京杭运河江苏省交通厅苏北航务管理处、江苏华能淮阴发电有限公司、江苏淮钢集团有限公司等6个单位被评为江苏省文明单位标兵；淮阴卷烟厂、淮安市热电公司、淮安市节约能源检测站等87个单位被评为江苏省文明单位。2002年，淮钢集团、周恩来纪念馆被评为全国精神文明建设工作先进单位，全市有市级文明单位416个。2003年，淮安市国家税务局第一分局、中国人民银行淮安市中心支行、淮阴师范学院等97个单位被评为江苏省文明单位。2004年，全市有市级文明单位428个。

2005年，淮安市文明单位创建工作成绩突出。淮阴卷烟厂被表彰为全国文明单位。江苏淮钢有限公司、淮安供电公司、江苏省淮阴中学、江苏华能淮阴发电有限公司、淮安电信公司、周恩来纪念馆6个单位被表彰为全国精神文明建设工作先进单位。同年，江苏今世缘酒业有限公司、淮阴区地方税务局、清河区人民法院等10个单位被评为江苏省文明单位标兵，江苏省清江中学、市实验小学、淮阴工学院等108个单位被评为江苏省文明单位。2006年开始，按照百分制考核办法，对文明单位评选进行量化考核，全市有市级文明单位455个。

2008年，根据中央文明办《关于推荐第二批全国文明城市、文明村镇、文明单位和第四批全国创建工作先进村镇、单位的通知》精神，淮安市开展推荐申报工作。年内，江苏今世缘酒业有限公司、淮阴师范学院2个单位被评为江苏省文明单位标兵，市公安局清河分局淮海路派出所、市清浦中学、市妇幼保健院等39个单位被评为江苏省文明单位。

第四节　文明行业创建

1997年，淮阴市建委、公安、交通、卫生等14个系统联合向全市各行各业发出以服务人民、奉献社会为宗旨，广泛开展创建文明行业活动，树立行业文明形象，形成对社会负责、为人民服务、让群众满意的行业新风的倡议。全市各行各业，特别是与群众生活关系密切的窗口行业，根据自身特点，对职工普遍进行职业责任、职业道德、职业纪律教育，加强岗位培训，规范行业行为，树立行业新风，涌现出一批先进典型和文明行业。1999年，市委、市政府集中命名、表彰首批16个市文明行业。有6个市级系统、3个县级系统获评江苏省创建文明行业先进行业。

2000年，全市有21个单位通过举办各类培训、理论研讨、工作交流、创建例会等多种形式，开展文明行业创建活动，市国税局与淮阴电视台举办“国税杯”税法知识大赛，市供电局举办农电工操作技能大比武，市卫生系统举办急救知识技能竞赛，清河区公安分局举行“110”接处警模拟行动等，社会反响强烈。2001年，文明行业创建向基层一线、机关内部、服务对象延伸。机关事业单位开展文明机关、文明科室创建活动和“人民满意公务员”评选活动，倡导文明行政，规范办

事程序。个体工商户和私营企业开展文明职工、文明个体工商户、文明私营企业创建和评选。年内，淮安市交通系统、江苏省电信公司淮安分公司系统被评为江苏省文明行业，淮安市卫生系统被评为江苏省创建文明行业工作先进行业。2003年，淮安市人民检察院系统、淮安市环境保护系统、淮安市卫生系统被评为江苏省文明行业。全市有市级文明行业52个，有市创建文明行业工作先进行业25个。2004年，47个单位被授予“淮安市文明窗口”称号。

2005年，淮安市实施“文明联动、诚信服务”工程。成立工程领导小组和市文明联动诚信服务协调监督中心，为人民群众生产生活提供优质、高效、全方位的诚信服务。举办多种文明行业、单位创建培训班，建立全市文明联动统一转办制度等一系列规章制度。设立全市文明监督公开电话，公布为民服务项目和服务承诺。开展“共铸诚信”活动，在全市各执法部门、窗口行业全面推行诚信承诺公示制，践行以诚待人、取信于民的服务理念。淮安市卫生系统、市交通系统、市人民检察院系统、市人民法院系统被评为江苏省文明行业，江苏省烟草公司淮安分公司系统、淮安市园林管理系统被评为江苏省创建文明行业工作先进行业。2006年，全市有市级文明行业40个、市创建文明行业工作先进行业10个、市文明窗口87个。

2008年，淮安市进一步提升文明行业创建工作。市人民检察院系统、市交通系统、市中级人民法院系统、市烟草专卖系统、市卫生系统被评为江苏省文明行业，淮安市公安系统、中国人民银行淮安市中心支行系统、淮安市水利系统、盱眙县水务局系统、淮安市教育系统被评为江苏省创建文明行业工作先进行业。

第五节　文明社区创建

1994年，在开展创建文明一条街基础上，淮阴市开展综合性文明社区创建活动。市文明办在清浦区闸口办事处试点，开展以提高人的素质为本，融思想、环境、法制、文化、经济建设为一体的文明社区创建工作，并召开现场会，推广经验。1997年，推进文明小区创建，培养和宣传清浦区花街“文明里弄”、运河新村“文明大院”和清河区北京新村“文明小区”等一批典型创建小区。

2001年，按照“方便居民生活、提高居民素质、保证安居乐业”要求，提升小区、社区规划、管理和服务，探索、推进文明小区创建向文明社区创建拓展延伸。开展“扶弱助困、文明关爱”活动，以社区（街道办事处）为特定范围，所有被省、市、县命名的文明小区、文明行业、文明单位、文明窗口、青年文明号等参创单位，开展社区服务。通过主动与社区帮扶对象结对，对以弱势群体为重点的社区群众实施文明关爱行动。清河区富丽花园、华能小区，清浦区冶金大院，洪泽县湖滨新村，金湖县供电新村5个小区被评为江苏省文明小区；清浦区清江街道运河新村社区、金湖县黎城镇西苑新村2个社区被确定为江苏

图36-2　整洁美观的小区环境（2006年）　　宗　俊　摄

省创建文明社区示范点。

2004年，28个社（小）区被评为市文明社（小）区。2005年，以城市社区为创建单元，实施“文明家园、和谐社区”工程。开展生态型社区、安居型社区、关爱型社区、科普型社区、绿色社区等创建活动。开展社区文艺汇演、爱心互助、文明礼仪风采大赛、才艺大赛、感动人物和感动故事寻访等文化活动及共建活动。通过发展第三产业、提供便民服务、倡导邻里互助、开展志愿服务等多种形式，健全社区服务网络，完善社区服务功能，初步形成各具特色的“一区一品”局面。年内，清河区北京路街道京南社区、长西街道上海路社区，清浦区清安街道运河新村社区、富春花园社区4个社区被评为江苏省文明社区。2006年，淮安市有市级文明社区45个。

2008年，清浦区清安街道富春花园社区、清河区长西街道上海路社区2个社区被评为江苏省文明社区；清浦区清安街道运河新村社区、清河区西安路街道富丽花园社区、楚州区淮城镇勺湖社区3个社区被评为江苏省创建文明社区工作先进社区。

第六节　文明村镇创建

20世纪80年代，文明村镇建设是淮阴市“五讲四美三热爱”活动的基本内容之一。淮阴县订立“五讲四美”守则、细则、规定、条例、制度、乡规、民约等18种，倡导文明新风。金湖县淮胜乡淮村村物质文明、精神文明“两个文明一起抓”，把一个荒草滩建成米粮仓，成为远近闻名的富裕村；制定村规、村民守则等，民主选举村规民约执行监督小组，每年进行2次“五好家庭”“文明庄台”评选，宣扬尊老爱幼、家庭和睦、邻里团结、互帮互助好风尚，推动文明村风形成。淮村村被省政府授予“文明村”称号。

1997年，淮阴市开展“三户一村一街”创建活动，全市各个县（市、区）建成2～3条集镇文明街，50%的农户被评为科技文化示范户、五好家庭户、双文明户，5%的行政村建成文明村。清浦区运河村被中宣部确定为全国文明村示范点，盱眙县水冲港乡“文明之乡”创建活动、金湖县淮建乡“新风之家”创评活动、淮阴县“四好农户”评选活动等成效明显，经验做法在全省推广。1999年，全市6个村镇获评江苏省文明村镇，19个村镇获评江苏省创建文明村镇工作先进村镇。

图36-3　农民集中居住区的轮滑儿童（2008年）　潘铸亚　摄

2000年，按照《关于深入开展文明村镇创建的意见》，明确文明村镇创建基本标准、奋斗目标和考核办法。各县（市、区）以创评文明户作为文明村镇创建的“细胞”工程，各具特色地开展十星级文明户、“四好”农户、新风户、“五好”文明家庭等创评活动，涌现出一批富有典型示范作用的文明之家。

2001年开始，淮安市以提高农民思想道德和科技文化素质为重点，实施“文明育农、科技富民”工程。在全市农村相继开展“致富思源、富而思进”主题教育、“新世纪新淮安新农民形象”大讨论、

“解放思想、加快发展”主题教育活动等。推动各县（区）建设各类培训阵地或示范基地，建立市、县、乡、村四级联网，专兼结合的农民教育讲师团队伍，集中编发3万册《农民道德教育简本》《淮安农村实用技术读物》等，分门别类、有的放矢地进行蔬菜、水产、生猪、家禽、林果等专题种养培训，普及农业科技，培育示范大户引领农民。传播市场经济知识，传授打工从业技能，开展农民务工经商技能培训，并为农民劳务输出提供服务。全市195万名农村从业人员，平均每年集中受训农民骨干6万人；全市1247个行政村，平均每个村受训200人；全市96万户农户，有三分之一的家庭户主接受培训。重点开展30个中心镇的文明建设，楚州区淮城镇华亭村、金湖县前锋镇淮村村、洪泽县西顺河镇张福河村3个村，以及盱眙县马坝镇、金湖县银集镇、洪泽县朱坝镇等10个乡镇被评为江苏省文明村镇。

2003年，清浦区盐河镇甘露村、楚州区泾口镇蒋桥村、涟水县灰墩办事处王嘴村等13个村，以及淮阴区王营镇、楚州区溪河镇、金湖县闵桥镇等12个镇被评为江苏省文明村镇。全市有市级文明村45个、市级文明乡镇18个。2004年，在境内宁连公路沿线开展“农村百里文明示范带”创建活动，打造农村精神文明建设样板工程。开展沿线县（区）和21个乡镇文明创建活动，组织实施生态工程——建设绿色示范带、洁净工程——建设卫生示范带、畅通工程——建设平安示范带、精品工程——建设文化示范带、素质工程——建设创建示范带、亮化工程——建设亮丽示范带“六大工程”。

2005年，涟水县高沟镇被评为全国文明村镇，盱眙县马坝镇、楚州区施河镇被评为全国创建文明村镇工作先进村镇。清河区水渡口街道办事处果林场村、清浦区清安街道办事处蔬菜村、淮阴区袁集镇桂塘村等18个村，以及清浦区城南乡、楚州区泾口镇、洪泽县岔河镇等18个镇被评为江苏省文明村镇。2006年，全市有市级文明村56个、市级文明镇（乡）12个。

2007年，开展“城带乡、创文明、促和谐”帮扶村镇行动，即帮助开展文明创建，共建精神家园；帮助实施科技兴农，共建富裕家园；帮助改善文化条件，共建康乐家园；帮助优化村容环境，共建绿色家园；帮助推进依法治村，共建和谐家园。至2008年年末，全市各级文明行业、文明单位发挥人、财、物、智的优势，帮创10个文明示范集镇，帮建100个文明生态村庄，帮送100个经济建设和社会公益项目，帮办1000场促乡风文明活动和帮带1万户农户成为新农村建设示范户，逐步实现5项帮扶行动目标。

2008年，淮阴区王营镇被评为江苏省文明乡镇标兵，涟水县灰墩办事处王嘴村被评为江苏省文明村标兵；淮阴区袁集镇桂塘村、清浦区盐河镇甘露村、金湖县吕良镇军舍村、楚州区席桥镇黄桥村4个村，以及盱眙县马坝镇、涟水县高沟镇、淮安经济开发区钵池乡、洪泽县高良涧镇4个镇（乡）被评为江苏省文明村镇；金湖县戴楼镇、清浦区城南乡、金湖县陈桥镇等12个镇（乡）被评为江苏省创建文明乡镇工作先进乡镇，清河区水渡口街道办事处团汪村、淮阴区西宋集镇洪北村、洪泽县共和镇新集村等15个村被评为江苏省创建文明村工作先进村。

第二章　思想道德建设

第一节　主题教育活动

一、“五讲四美三热爱”活动

1981年，淮阴地区在全地区人民特别是青少年中开展以讲文明、讲礼貌、讲卫生、讲秩序、讲道德和心灵美、语言美、行为美、环境美为主要内容的“五讲四美”文明礼貌活动。1983年，增加热爱祖国、热爱社会主义、热爱党“三热爱”教育内容，统称“五讲四美三热爱”。成立市“五讲四美三热爱”活动委员会，加强领导。在每年3月开展的“全民文明礼貌月”活动中，把治理“脏、乱、差”作为一个时期的工作重点，广泛动员群众，对环境卫生、社会秩序、服务态度等人民群众反映强烈的突出问题进行集中整治，效果显著。

“五讲四美三热爱”活动是20世纪80年代淮阴市精神文明创建活动的主要形式。淮阴市相继开展文明单位、文明村镇、文明城市建设，开展军民共建、工农共建，开展职业理想、职业道德、职业技能、职业纪律教育，开展创造优美环境、建立优良秩序、搞好优质服务的“创三优”活动等，社会风气得到很大改善。

二、“三德”教育

1996年开始，淮阴市组织开展社会公德、职业道德和家庭美德“三德”教育。全市统一编印“三德”教育读本，摄制《文明市民守则》教学电视片，运用市民学校、职工政校、基层党校以及其他教育途径，普及“三德”理论知识，通过脱产轮训、集中培训、布置自学任务、组织检查考核等多种形式，把“三德”教育落到实处。组织开展以讲文明、讲礼貌、讲卫生、讲道德、讲秩序“五讲”为主要内容的全民文明礼貌活动，以不随地吐痰、不乱扔杂物、不违反交通法规、不乱停乱放、不乱贴乱画、不破坏绿化、不损坏公物、不妨害公共秩序、不说脏话和粗话、不在公共场所吸烟（“十不”）为主要内容的社会公德教育活动，以“爱岗敬业、刻苦精业、勤奋创业、廉洁律业、立功建业”为主要内容的职业道德教育，提倡敬老爱幼、家庭和睦、邻里团结、互谅互帮的文明新风。全市通过文明单位、先进集体、行业“十佳”、文明市民、文明家庭竞赛评选，树立一批恪守“三德”规范的先进典型，并通过报告会、表彰大会以及各种舆论进行宣传，在全社会形成“学先进、赶先进、争做文明好市民”的浓烈氛围。

2001年中共中央《公民道德建设实施纲要》颁布后，淮安市将“三德”教育作为公民道德建设的重要内容，继续得到加强。

三、“颂辉煌、展风采、创未来”主题教育活动

1999年，淮阴市利用“五四”运动80周年、中华人民共和国成立50周年、澳门回归、迎接新

世纪到来等大事集中的契机，开展“颂辉煌、展风采、创未来”主题教育活动。以省编的《颂、展、创》读本和市编的《淮阴辉煌50年》为教材，利用职工政校、村民学校等阵地，对广大群众开展一系列爱祖国、爱人民、爱家乡教育；编辑发行《淮阴——与共和国同成长》大型宣传图册；举办《五十年变迁看淮阴》系列电视片展播；组织“回顾百年史、迎接新世纪”知识竞赛活动等。此次主题教育活动用淮阴50年的发展成就教育群众，从身边事、身边人的变化，引导人们认识昨天的辉煌、明确今天的责任、看到明天的希望，坚定人民迎难而上、实现跨世纪宏伟目标的信心。

四、“和谐淮安，共建共享”主题教育活动

2007年，淮安市在基层开展“和谐淮安，共建共享”主题教育活动。组织“和谐淮安，共建共享”新闻宣传，营造舆论氛围；开展“和谐淮安是我家”演讲大赛，激发广大市民热爱家乡、共建家园的热情和信心；开展“和谐淮安共创建”展示活动，集中展示各县（区）创建和谐淮安的主要做法与经验成效；开展“聚焦基层百姓，情系困难群体”系列宣教活动，关注基层干部群众，关心弱势群体；开展“百姓英雄谱”评选及巡回演讲，挖掘凡人善举、凡人善行、凡人创举；举办“辉煌的五年——十六大以来淮安经济社会发展成果”大型图片展和群众性文艺演出活动，营造热烈、喜庆、祥和的氛围。至2007年年底，全市机关有10个“优质服务示范窗口”、10名“优质服务明星”，以及“十大育农富民园丁”“十大新农村建设带头人”等受到市委、市政府表彰。

五、“育心立德”市民素质提升行动

2008年6月，淮安市在全市实施“育心立德”市民素质提升行动。以侍奉“孝心”为切入点，加强家庭美德建设，开展文明社区创建、“邻里一家亲”等活动，开展“文明户”“好婆媳”“孝老爱亲”等模范评选活动；以恪守“诚心”为着力点，加强职业道德建设，开展“文明窗口”“青年文明号”“巾帼示范岗”“人民好公仆”“三优三满意”（优良作风、优质服务、优美环境；群众满意、基层满意、组织满意）等创评活动；以奉献“爱心”为出发点，与“新四城”创建紧密结合，依靠“十讲文明、共创和谐”“文明关爱、扶贫济困”“与文明同行”等活动，加强社会公德建设；以秉持“良心”为基本点，加强个人品德建设，开展“知荣辱、讲文明、树新风”“学习全党楷模，弘扬恩来风范”等活动，开展保持共产党员先进性教育等。该行动提升市民文明素质和城乡文明程度，相关经验做法被中国精神文明建设网详细推介。

第二节　公民道德教育

2001年中共中央《公民道德建设实施纲要》颁布后，淮安市结合实际，编印《公民基本礼仪读本》《文明市民读本》等文件材料，宣传公民道德知识。组织开展“市民守则进万家”活动，通过学生将《淮安市市民守则》和市民“十不”行为规范送到各个家庭，并组织宣讲团、宣传队，使守则家喻户晓，规范人人皆知。发放《淮安市市民守则》、“十不”行为规范90余万份，参加实践活动人数300余万人次。开展经常性的广场科普宣传、小区科普教育和农村科普集市等群众性科普活动，以及社区文化艺术节、农民文化艺术节等群众性文化活动；举办“崇尚科学，反对邪教”图片展等系列活动，逐步形成反对封建迷信，抵制歪理邪说，摒弃陈规陋习，倡导科学、健康、文明生活方式的社会氛围。

图 36-4 爱的传承（2008 年） 朱代成 摄

2002 年，全市各单位以基层党校、农民学校、市民学校、老年大学、家长学校等为依托，采取多种形式进行公民道德教育宣传，使“爱国守法、明礼诚信、团结友善、勤俭自强、敬业奉献”的20字基本道德规范深入人心。开展淮安市公民道德建设知识竞赛，历时4个月、4万多人次参加；选拔队伍参加江苏省公民道德建设知识电视大赛，获得第二名，淮安市获“优秀组织奖”。淮阴区等县（区）开展“道德建设大家议”“道德歌曲大家唱”“道德知识大家赛”等活动，把道德规范的普及教育寓于丰富多彩的活动中，教育普及率90%。涟水县运用群众喜闻乐见的形式进行公民道德宣传，举行150余场次、10余万名观众参与的德育文艺演出，编写传唱《涟水县公民道德组歌》。金湖县印发5万张“道德卡”，把道德知识的学习延伸到家庭和社会，提高普及率。

2003 年，中央精神文明建设指导委员会决定，将每年的9月20日定为“公民道德宣传日”。淮安市响应，在全市开展创建“礼仪淮安”活动，规范行政礼仪、服务礼仪、交通礼仪、公共礼仪、生活礼仪等各行各业礼仪。开展创建“诚信淮安”活动，围绕建设诚信政府、诚信企业、诚信市场和培育诚信公民，编印《诚信知识100问》，举办“诚信建设看窗口”“诚信进机关、进社区、进万家”“以诚信唤明天”演讲比赛、知识竞赛等。推进创建“知识淮安”活动，以创建学习型机关、学习型企业、学习型社区、学习型村镇、学习型家庭为载体，开展“学习日”、全民读书节、“三学”（学电脑、学外语、学普通话）活动，组织文化、科技、卫生“三下乡”和企业技术比武。组织成立淮安市志愿者服务团，首批志愿者4000余人，包括“夕阳红”志愿者、“巾帼”志愿者、青年志愿者、“红领巾”志愿者等。

2004 年，在“第二个公民道德宣传日”期间，市司法、检察、税务、供电等部门和单位以及青年志愿者1500多人，在市民健身广场举行“弘扬美好品德，服务美食佳节”主题活动。开展“学科学技术、做现代农民、建文明家庭”科普活动，引导农民建立科学、文明、健康的生活方式，树立全新的农民精神风貌。举办以“弘扬先进文化，展示青春风采”为主题的大中专学生文化艺术节，推动大中学校精神文明创建活动。

2007 年，江苏省文明办、省总工会等组织开展首届江苏省道德模范评选表彰活动。淮安市清浦区清江街道办事处南门居委会居民柳霞当选为“省孝老爱亲模范”，涟水县灰墩办事处王嘴村党总支书记王伟章入选省道德模范提名奖。同年，淮安市开展首届“淮安亲情大使”评选活动。在《淮安日报》《淮海晚报》上分别刊登18名“淮安亲情大使”先进事迹，公开投票征集、选举全市人民拥护和满意的先进典型。活动收到群众投票32151张，来信来访200余人次。经过两轮评审，最终遴选出10位“淮安亲情大使”，社会反响强烈。2008 年，中央文明委决定每2年评选表彰一批全国道德模范。淮安市开展“学习道德模范，争当文明使者”活动，运用新闻宣传、文艺作品、公益广告和召开座谈会、报告会等形式，宣传道德模范的先进事迹与高尚精神，学习、关爱道德模范，崇尚、争当道德模范在全社会蔚然成风。

第三节 未成年人思想道德建设

20世纪80年代，淮阴市通过开展“五讲四美三热爱”活动，把未成年人思想道德建设放在突出位置，采取多种形式培育有理想、有道德、有文化、有纪律的“四有”新人。1992年，中共淮阴市委、共青团淮阴市委在加强青少年思想建设和理论教育过程中，把学习邓小平理论和中共十四大、十五大精神放在首位，突出爱国主义、集体主义、社会主义教育。1996年，共青团淮阴市委印发《关于加强全市青少年精神文明建设的意见》和《关于在全市青少年中实施铸魂工程的通知》，通过开展“三争”（争创青年文明号、争当优秀青年志愿者、争做青年岗位能手）、“三创”（创建青少年教育基地、创建青少年文化阵地、创建青少年宣传阵地）活动，带动、影响未成年人思想道德建设。此外，有组织地开展针对青少年尤其是未成年人的普法教育，开展《中华人民共和国未成年人保护法》《中华人民共和国妇女儿童权益保障法》等法律法规的学习和宣传教育活动。

2000年后，改进学校德育工作，开展精神文明创建活动和形式多样的社会实践、道德实践活动，营造有利于未成年人健康成长的良好舆论氛围和社会环境，不断提高广大未成年人综合素质。使热爱祖国、积极向上、团结友爱、文明礼貌逐渐成为全市未成年人精神世界的主流。2002年，作为公民道德建设重要组成部分，淮安市举行小公民道德实践活动。相继组织开展儿歌颂、少儿书画展，以及小帮手、小标兵、小伙伴、小卫士、小主人等创评活动，探索未成年人道德教育与全社会公民道德建设相对接的最佳途径。2004年开始，在全市未成年人中开展“学习伟人周恩来、争做合格小公民”主题教育活动。挖掘周恩来故乡思想道德教育丰富资源，发挥和彰显周恩来精神对故乡人民独特的教育优势，组织广大未成年人学习、弘扬周恩来的高贵品质、高雅情操与高尚风范，激发青少年了解、热爱、建设周恩来故乡的自觉性、自豪感和自信心。

2004—2005年，连续2年以“弘扬‘三创’精神，争当‘四有’新人”为主题，举办未成年人10项才艺大赛等，寓教育于参与、评比、竞赛活动之中。动员、组织富有青少年特点、特质、特征的绘画、书法、卡拉OK、习作征文、演讲、故事大王、手工小制作、科技小发明、家务体验、明礼知识10项才艺技能大赛。丰富未成年人课余生活，把精力吸引到积极向上的美好追求上，形成以活动陶冶未成年人、以未成年人带动家庭、以家庭影响社会、以社会关爱未成年人的良好氛围。

2005年开始，淮安市启动城乡“留守儿童”10项关护行动，包括成立“留守儿童”关护工作委员会；构建“留守儿童”家庭监护、村（居）管护、学校帮护、社会呵护、法律保护五大关护网络；建立“留守儿童”成长记录档案；推进“留守儿童”寄宿制学校建设；建立“留守儿童”家长联系热线；综合整治“留守儿童”校园周边环境；开展与“留守儿童”结对关护系列活动；办好“留守儿童”心理咨询疏导系统；培训“留守儿童”第二家长监护队伍；开展“‘留守儿童’四自三远离”主题教育。该工作得到国务院妇女儿童工作委员会办公室和江苏省文明办、省妇联肯定，获首届江苏省未成年人思想道德建设工作创新案例一等奖。

2006年，组织“知荣明耻，争当优秀青少年”“正确荣辱观伴我成长”“践行八荣八耻，立志从我做起”等道德实践活动。全市各地相继兴建和竣工一批青少年德育活动场所，拥有一支近4万名“五老”（老干部、老战士、老专家、老教师、老模范）人员组成的志愿者队伍，关心、帮助青少年树立正确荣辱观。江苏省未成年人思想道德建设工作督查组、中央未成年人思想道德建设工作督查组先后到淮安市督查。淮安市获省未成年人思想道德建设督查工作优秀组织奖。2007年，推

进“学校、团队、家庭、活动、基地、环境、管护”7项育人工程，健全学校、家庭、社会“三位一体”网络，推进未成年人思想道德建设实事工程。当年12月，全国妇联、中央文明办、民政部等14个部门在淮安市联合召开农村留守流动儿童工作经验交流现场会，推广淮安市关护“留守儿童”工作经验。

2008年，开展“知荣辱、树新风、我行动”道德实践活动、“七彩的假日”主题活动，利用清明节、端午节、中秋节等传统节日开展“我们的节日”主题文化活动；1项未成年人思想道德建设创新案例被省文明办推荐参加全国评选。全国精神文明建设专业刊物——《精神文明导刊》刊登淮安市开展关爱留守儿童活动工作经验；“‘留守儿童’关爱四覆盖”“创建农村‘留守儿童之家’”分别获江苏省第二届未成年人思想道德建设工作创新案例一等奖和三等奖；“关护‘留守儿童’十项行动”获江苏省第一届未成年人思想道德建设工作创新案例推广应用奖。是年，淮安市未成年人成长指导中心成立。

第三章　文明新风培育

第一节　地方精神倡导活动

一、“团结、务实、开拓、拼搏”的淮阴精神

1992年年初，邓小平视察南方的经济特区深圳、珠海等地，发表一系列谈话，在淮阴市各界引起巨大反响。7月，中共淮阴市委以认真学习、深刻领会、全面贯彻邓小平南方谈话精神，解放思想、真抓实干、加快步伐奔小康为中心议题，召开工作会议，提出“学苏南、超盐城、加快步伐奔小康”的奋斗目标。市委宣传部及时发文，宣传、贯彻市委工作会议精神，并在全市组织“解放思想、真抓实干、加快步伐奔小康”大讨论，首次面向全市公开征集城市精神。近8000人参与讨论和征集淮阴精神活动。“我们淮阴为什么落后？”“我们的差距在哪里？”“我们学苏南，学什么？超盐城，怎么超？”在反思与讨论中，进一步解放人们的思想。《淮阴日报》陆续发表18篇社论和言论。围绕扩大改革开放和发展淮阴经济，在《纵横谈》栏目刊登60多篇调查报告和工作建议。淮阴电视台、淮阴广播电台等连续集中报道大讨论的动态并刊登社会各界振兴淮阴经济的文章，在社会上引起强烈反响。整个活动收集到7800多条建言献策，最后总结提炼出“团结、务实、开拓、拼搏”的淮阴精神。

二、“团结、创新、实干、自强”的新淮安精神

2001年，策应全省“新世纪江苏人新形象大讨论”，淮安市开展“弘扬周恩来精神，建好周恩来故乡”主题教育活动，组织“树好淮安人形象”主题大讨论，又一次对城市精神进行讨论。经过反复梳理、筛选、提炼，2001年8月，在市第四次党代会上，正式提出“团结、创新、实干、自强”的新淮安精神。团结，作为淮安精神的第一要素，要求每一位干部群众时时处处视团结为生命，以

和谐为己任，求稳定为大局。全面奔小康，建设新淮安，最迫切、最重要的是要在创新中开辟跨越发展的新途径。实干是淮安人特有的精神风貌，更是实践淮安精神的关键所在。经济次发达的淮安，要加快发展，实现建设全面小康社会的目标，最根本的途径就是要真抓实干。要把干部群众的心思和精力凝聚起来，在全市上下形成聚精会神搞建设、一心一意谋发展的局面。自强不息是淮安人的美好品德和精神支柱。淮安人靠自强精神告别贫穷，实现经济社会超常规发展，取得巨大成就。在加快建设全面小康新淮安的征程中，仍须发扬自强精神。

第二节　树新风活动

1997年5月，中央文明委决定从1997年7月至1998年2月，在全国范围内组织一次以“讲文明，树新风”为主题的活动。淮阴市文明办根据统一部署，结合实际，从1997年8月开始，在全市范围内开展“讲文明、树新风”活动。按照中共十四届六中全会提出的实现优美环境、优良秩序、优质服务，提高公民素质的总体要求，重点解决人民群众反映强烈、迫切希望得到解决的文明言行、环境卫生、服务质量、交通秩序4个方面存在的突出问题。全市精心设计和组织活动，创新活动形式和载体，把适宜群众参加、群众喜闻乐见的形式都纳入到“讲文明，树新风”活动中，深化主题，充实内容，扩大成果。1998年，广泛开展“讲文明、树新风”知识竞赛活动，在全市宣传连云港汽车站“雷锋车”先进事迹。8个县（市、区）针对薄弱环节，对脏、乱、差现象集中清理、整顿，取得阶段性成果。至1999年，淮阴市的“讲文明，树新风”活动从城市到乡镇、农村，从交通干道到背街小巷，从文明示范小区到普通的居民小区，从窗口行业到其他一般行业，纵深延伸。

2003年，淮安市在抗击“非典”的同时，组织开展“除陋习，树新风”活动，把“非典”给人带来的危机转化为倡导健康生活、弘扬文明新风的契机。12个文明行业、7个文明村镇、11所大中专院校和10家企业联合发出倡议，号召全市干部群众讲文明、除陋习、树新风。市文明办通过召开座谈会、谈论会、发布征集陋习启事等形式，发动市民查找日常生活中习以为常的、深恶痛绝的陋习，将其汇总整理，分成公共卫生、公共交通、社会生活及其他方面3大类26条，在《淮安日报》上全文刊登。在新闻媒体上开设专栏和专题，发表评论员文章，约请卫生、公安等部门以及高校的专家对查找出的陋习危害进行具体阐释，引导广大市民正确认识陋习，坚决革除陋习，在“评陋习”过程中接受文明素养和健康教育，促进自身素质提高。开展“净化家园整治日”活动，在学校开展“除陋习，树新风”暑期社会实践活动，在社区开展“与健康同行”活动，在机关企事业单位开展“结对帮扶讲卫生”活动，在农村抓好“一建三改”（建沼气池，改厨、改厕、改圈）工作。至2003年年底，广大市民基本自觉摒弃不文明、不卫生行为，养成良好生活习惯，形成健康文明生活方式。

2006年，淮安市在广大市民中开展“知荣辱、讲卫生、树新风——家庭创卫突击月”活动，着眼于市民卫生习惯、健康行为和文明素质的养成，推动形成“人人讲卫生、户户保清洁、家家抓创卫”的良好风尚。主办“知荣辱、讲文明、树新风”主题文艺演出，不仅在市区集中公演，还赴农村、社区、学校进行演出。市各新闻媒体开设“知荣辱、树新风、建和谐、促发展”等专栏，通过交流互动的形式，开展荣辱观大讨论，刊登（播出）新闻报道400多条。市总工会印发《关于在全市职工中开展“知荣辱、树新风、促和谐”教育活动的通知》，组织10万名职工参加“当好主人翁，建功十一五”知识竞赛。11月，中央文明办、中华全国总工会在淮安市召开学习实践社会主义荣辱

观现场交流会，“知荣辱、树新风、促和谐”全国职工知识演讲大赛在淮安市举行。

2007年，淮安市以“弘扬文明新风、共建和谐淮安”为主题，开展“十讲文明、共创和谐”行动，即斑马线上讲文明，共创和谐的交通秩序；楼梯道上讲文明，共创和谐的邻里亲情；公交车上讲文明，共创和谐的出行风尚；大马路上讲文明，共创和谐的市容市貌；酒宴桌上讲文明，共创和谐的餐饮文化；鼠标键上讲文明，共创和谐的网络文化；售货柜上讲文明，共创和谐的买卖关系；观赏席上讲文明，共创和谐的娱乐氛围；风景点上讲文明，共创和谐的旅游环境；会议场上讲文明，共创和谐的会风会纪。全市相继开展“温馨社区”创建、“文明网吧”创评、广场文化节，以及“改善城市交通、大家献计献策”“美食淮扬菜，美德淮安人——餐饮文明推广计划”“共创和谐的旅游环境”等形式多样的活动。淮安市城管局以构建“亲民理念、和谐城管”为主题，推进“大马路上讲文明、共创和谐的市容街貌”行动，在全国范围内引起反响。

2008年，继续推进“十讲文明、共创和谐”行动。开展以“倡导文明、你我同行”为主题的征文比赛、以“和谐礼让”为主题的交通文明行动计划、文明乘车宣传劝导、公交文明服务品牌线路创建、交通陋习热议、文明交通市民评选等活动。开展有10万人参加的“迎奥运、讲文明、树新风礼仪知识竞赛”活动，以及淮安市社区邻里节巡礼活动等。市文明办、市工商局联合启动“文明经营、放心消费”示范街创建活动，评选表彰三星级文明市场。开展“诚信宣言”联展造势主题活动，发挥文明行业、文明单位诚信建设先导示范作用。全市广大市民立足于不良言行纠正、文明素质提升、和谐关系营造、良好风尚形成，自觉从自己做起、从现在做起、从点滴做起，提升城市文明程度。

第三节　新人新事评选

1989年，中共淮阴市委宣传部、市委办等8个单位，组成淮阴市“文明新事”评选办公室，首次发起全市“新人新事”评选活动，并以此为载体，澄澈民风，教化广大干部群众。评选一般经过3道程序：各单位和群众推荐新人新事；有关部门组织评选小组对推荐的新人新事进行初评，选出候选对象并在全市主要新闻媒体上公布其简要事迹；由群众投票评选，经评选小组审定，由市文明委命名表彰。至1994年年底，全市涌现出见义勇为、助人为乐、拾金不昧、清正廉洁、舍己救人、捐资助学、勤劳致富等方面的文明新事近400件。1997年开始，组织参加江苏省精神文明建设“新人新事”评选活动。2003年起，每季度一次的评选拓展为每2个月1次，加快评选节奏，加大评选容量。后又改为每月评选1次。至2008年年末，全市各县（区）、各基层单位推荐文明新事5700多件，其中1800多件被评为月度和季度新人新事，300多件当选为全市年度新人新事，12人及其先进事迹当选为全省精神文明建设“新人新事”。

淮安市历届江苏省精神文明建设“新人新事”当选者一览表

表36-1

届别	年度	新人新事
第一届	1997	“气象铁人”李洪根
第二届	1998	情系老年事业的刘纯洲

续表36-1

届别	年度	新人新事
第三届	1999	见义勇为的先进个人熊化传
第四届	2000	为抗击洪水英勇献出生命的烈士黄在右
第五届	2001	时刻把弱势群体放在心上的离休干部施立堂
第六届	2002	爱心助人、德技双馨的儿科医生陈宗义
第七届	2003	弘扬周恩来精神的义务宣讲员徐兆来
第八届	2004	拾金不昧的三轮车夫李树才
第九届	2005	感动国人的水上“鸿雁”唐真亚 引领群众致富奔小康的好支书王伟章
第十届	2006	情系桑梓、捐资办学的郑兆财
第十一届	2007	奉献爱心的诚信民营企业家石祖嘉

2000—2008年淮安市精神文明建设“新人新事”一览表

表36-2

年度	新人新事
2000	黄在右战洪魔护乡亲献出青春年华；虎山之魂——刘克宽；百岁老人王问贤入党；见义勇为好少年孙韬；勤劳致富、回报社会的许寿明；科技致富的领路人刘长贵；卢桂芬痴情一片为富民；淮海晚报社等扶孤助困、共建希望工程；社会各界爱心圆了困难家庭小学生看海的梦；袁志西和他的家庭演出队；深圳路派出所8年一曲爱民歌；七旬老人徐兆来作百场周恩来精神演讲。
2001	九旬老人施立堂关爱弱困乡亲30年；贫困农妇卢小花倾注无私母爱收养弃婴；青年女工顾瑾心系奥运编织“中国结”；普通农民罗安富舍己救人；民警杨兆洲爱岗敬业以身殉职；退休教师徐兆来义务宣传周恩来精神；下岗职工柳霞自费创办“幸福托老所”；支部书记陈文龙尽心竭力富民强村；淮州中学及社会各界深情救助病重学生；女药剂师唐天梅热心资助贫困学生。
2002	英雄黄帅献身边疆；出租车司机黄国忠拾金不昧引外资；农村妇女武广梅照料五保老人18年；“拼命支书”任玉宝；舍己救人好少年张业胜；让死信变活的邮政人员李政宇；劳务输出能手侯正宇；勇斗窃贼的好职工高友东；民警黄勇临危不惧斗歹徒；好媳妇米美华。
2003	警民集体大营救；下岗创业女强人沈英姿；爱心接力助产妇；市第四人民医院88名医护人员请战抗“非典”第一线；市级机关干部希望工程爱心助学；“春蕾计划”惠及8000名女童；离休干部席名山捐资修建老年协会活动室；中学教师姜宗兵婚礼之际去抗洪；民营企业家石祖嘉获“全国十大社会公益之星”提名奖。
2004	76岁老石匠刘允祥传扬周总理精神；“故事王”潘恒球传播精神文明40年；民间环保组织“绿手指”与环保同行；淮安打工青年李立朝镇江谱写生命壮歌；民营企业家石祖嘉热心慈善公益事业；三轮车师傅李树才自登广告寻6万元现金失主；两姐妹就学困难，“莫文隋”无私相助；14岁少女张盼背着妈妈上学；老党员张自强临终捐款15万元为家乡建桥；涟水县淮剧团编演儿童课本剧教育未成年人。
2005	村支书王伟章引领群众致富奔小康；“水上邮递员”唐真亚和他的“水上邮路”；农民颜士祥四代70年赡养聋哑人；何国成勇救落水儿童献出宝贵生命；全国劳模尹超20年坚持为居民优质服务；《淮海商报》发起“救救大学生程蓉”行动；盱眙县旧铺小学为216名留守学生建“新家”；民间收藏家胡彬向洪泽湖博物馆捐赠藏品；金湖县陈广毅获“全国孝亲敬老之星”称号；楚州区南闸文广站副站长金矿推广“南闸民歌”品牌25年；自强不息的残疾人运动员陈业刚；司机昌桂兵拾金不昧品德高。

续表36-2

年度	新人新事
2006	郑兆财艰辛创业捐资助学1.2亿元；与城市“牛皮癣”抗争的老人陈鸿儒；王海杰勇救落水女青年献出宝贵生命；青年教师陈梦溪成为全市首例造血干细胞捐献志愿者；淮安智思公司捐资150万元兴建仇桥镇中心小学教学楼；吴海霞“凤还巢”带富众乡亲；农民画师俞加国想总理、画总理；好媳妇袁桂花30年如一日悉心照顾病瘫婆婆；农民高殿武捐资35万元为家乡铺路架桥；金湖县农村党员带头文明祭奠；坚持办渔民子弟学校的张国凡和78个渔民子弟。
2007	红绸带温暖淮安城；无私照顾烈士遗孀26载的白衣天使胡云；感动一座城市少女的冼梦雪；个体司机任友年资助51名贫困小学生；身残志坚奔富路的李布开；吴荣恩、陈望荷飞跃万水千山献爱心；洪泽县岔河镇村村成立“农民读书社”；九旬老人陶淦美骨灰水葬树新风；八旬老人陈新民创办留守老人活动室；激情回乡创大业的优秀大学生侯磊。
2008	织造云锦的“优秀农民工”刘广社；渔民刘培军火中勇救古稀老太；志愿者王从举自赴什邡义务救助40日；当代保尔·柯察金式的古稀老人徐振亚；张能平和查秀民的38年姑嫂情；老船民陈运余造“船”留住漕运史，开“船”庆祝奥运会；5万元现钞散落高速公路，淮安路政人员紧急处置分文未损；创办规模猪场的涟水盲人青年周书华；诚信做人的金湖县村民乔永华、杨晓梅；田野里走出来的“建议大户”俞华。

第四节　文明新风尚

一、爱岗敬业

杨兆洲，男，盱眙县公安局管镇分局民警。2001年7月，在盱眙县举办龙虾节期间，杨兆洲担任治安保卫任务。因任务繁重、工作辛劳，几次累晕，导致病毒性心肌炎不断加重，于7月22日病倒在工作岗位上。经抢救无效去世，年仅40岁。

周荣贵，男，洪泽县供电公司工程设计部技术员。周荣贵从业20多年，发现和排除影响系统安全的大小隐患50余起，攻克复杂线路保护的调试校验难关及生产中存在的数十项技术难题，圆满完成继电保护专业的设计、安装和维护等工作。2002年，被授予淮安市“劳动模范”称号；2003年，被中华全国总工会授予全国五一劳动奖章。

孙国庆，女，清河区环卫事业管理处工作人员。1984年，孙国庆被分配到清河环卫处干采购工作。她了解到清扫队任务重，人手少，主动申请当一名清洁工，从此一干就是20多年。作为清扫队队长，她每天清晨按时到岗，不仅扫自己的包干区，而且还要考核别人的包干区。当别人都下班了，她还要肩扛铁锹、手拿扫帚到处检查有无卫生死角，看到哪里脏了，随时就干。2005年，她被评为全国劳动模范，被誉为新时期时传祥式的模范共产党员。

尹超，男，淮安新奥燃气公司职工。1990年，尹超进入燃气公司工作。近20年间，想用户之所想，急用户之所急，累计为市民修理煤气灶6万多台，没吃过用户一次饭，没喝过用户一口水。常年奔波在淮安的大街小巷，骑坏6辆自行车，用坏10几个工具包。义务服务1.8万多小时，相当于多干6年的工作。他被市民称为当代活雷锋，获“江苏省优秀共产党员”“江苏省优秀志愿者”“全国职业道德标兵”“全国劳动模范”等称号。

郭玉凤，女，淮安市住建局市政设施养护处工人。连续25年从事下水道疏浚工作，不畏寒冬酷暑，不怕苦脏险累，以对工作的极端负责、对群众的一片赤诚的态度，在平凡的岗位上取得不平凡的工作业绩，被授予“2008年淮安市劳动模范”称号。她带领的“郭玉凤班”被授予淮安市五一劳动奖状。

唐真亚，男，洪泽县邮政局老子山支局投递员。1998年，唐真亚成为一名水上邮差，从此每天风雨无阻，划船进洪泽湖区投递邮件。10年中，累计行程约20万公里，投递报刊82.6万份、信件3万多件，妥投率100%。他还经常帮助不识字的渔民念信和写回信，替渔民捎带生活用品和捕鱼材料，购置、订阅科学养殖的资料赠送给新滩村“渔家书屋”，并邀请渔业技术人员定期向养殖户传授技术、解决难题等。他被评为江苏省劳动模范、江苏省文明职工、江苏省第九届精神文明建设新人新事等。2008年，被中华全国总工会授予全国五一劳动奖章。

孙成斌，男，洪泽县人。1987年起，就职于洪泽县地方海事处，从事马浪岗海事所湖区安全监督管理一线工作。参与救助遇险船舶2000艘次，抢救遇险船员近7000人次，抢救遇险货物60多万吨，挽救经济损失900多万元，为湖区水上安全监管工作作出贡献，被誉为“大湖卫士”。

二、创业创新

刘长贵，男，洪泽县西顺河镇人。在担任张福河村支部书记期间，刘长贵带领群众开发内塘93.33公顷、围栏373.33公顷，实现村集体经济收入80余万元、村人均纯收入4500余元。牵头实施“西顺河2000亩洪泽湖大闸蟹标准化养殖示范区”建设，项目投资600万元。2000年，被授予“全国劳动模范”称号。

任玉宝，男，金湖县黎城镇人。作为黎城村党总支书记，任玉宝不顾自己身患癌症的病体，带头外出招商引资，带领全村干群兴办工业园区，发展村域经济，富民强村。2001年，实现村集体经济纯收入102万元，人均纯收入3900元。全村90%以上的劳动力都有事可干，找到挣钱的门路。人们亲切地称其为“拼命支书”。

侯正宇，男，江苏通达服务有限责任公司部门经理。1994年开始，侯正宇租赁经营洪泽县职教中心，建立职业技能培训基地，凭着优质的服务、良好的信誉，输出青年农民近2万人，先后在上海等地建立用工基地。2002年，被评为江苏省“双峰杯”优秀外出务工青年。

吴海霞，女，淮阴区渔沟镇人。1997年，吴海霞到无锡怀中手套厂打工。几年中，学到从产品打样到包装的整套技术，并把无锡老板请到家乡渔沟镇，开办淮安怀中手套厂。她出资5万元作为共同投资人，主动提出十年不拿一分钱利润，每月只拿300元生活费。她在家门口办的工厂，给乡亲们带来实惠。截至2006年，该厂招收当地劳动力258人，其中绝大多数为妇女，每人每年收入4000～9000元。

刘广社，男，涟水县浅集镇人。1992年，因家境贫困，刘广社到南京云锦研究所打工，从学徒做起，不仅学会织锦、制图、机组安装、产品检验等技术，还掌握生产、管理、营销等一整套方法。2006年，他回到家乡，开办自己的云锦织造厂，生产的云龙、云凤等产品因质量过硬，长期供货南京博物院。2008年，他的工厂营销收入300多万元，不仅自己盈利，还带动全村致富，村里几乎每一户家庭都有人进厂务工。刘广社被评为省优秀农民工。

王伟章，男，涟水县灰墩办事处王嘴村人。王嘴村曾是一个经济落后、治安混乱、集体负债严重的贫困村。1995年，王伟章开始担任村党支部书记。他带领全村干群开辟130多公顷制种基地，每户每亩收益比常规高出30%～50%。兴建9600平方米农贸市场和6公里长的黑色道路，改善村内交通。发展贸易，有100多户农民在王嘴村街上做起生意，32户农民在村市场周围盖起门面房。推进中心村发展，287户农民住进小别墅，节约耕地86.67公顷。开展文明村、户创评，把王嘴村这个全县有名的后进村建设成为省、市文明村，王嘴村党总支被中共中央组织部命名为全国优秀基层党组织。

三、自强奋斗

李洪根，男，原洪泽县气象局工程师。1977年，李洪根患类风湿性关节炎和强直性脊椎炎，自此生活不能自理，靠拄双拐步履维艰地工作20多年，直至退休，被誉为“气象铁人”。主持整理洪泽县10年、30年气象资料。1997年，获“全国自强模范”称号及江苏省首届精神文明建设新人新事奖。1999年，获全国五一劳动奖章。

徐振亚，男，涟水县唐集镇人。1973年，一场车祸导致徐振亚高位截瘫。但他身残志坚，订阅多种报刊、书籍，毅然投身到写作中。刚开始时，他坐在轮椅上，手捧写字板写作。1992年，他的下肢开始出现萎缩，髋关节僵硬，无法坐起，他就躺在床上写作。日复一日，年复一年。至2008年，完成纪实文学《馨兰》、30多万字的自传小说《呆雁》、22万字的小说《残烛》，以及中短篇小说数十篇、诗词220多首。

张玉兰，女，盱眙县人，盱眙十三香龙虾创始人。1993年，从县食品公司下岗的张玉兰与同为下岗工人的丈夫用仅有的240元，租下一间10平方米的平房，开起连名称都没有的小吃部。1994年，她通过精心研制，率先推出美味爽口、回味无穷、风味独特的十三香龙虾，在盱眙县城引起轰动。在此后的时间里，盱眙十三香龙虾更是传遍大江南北，在省内外饮食业刮起“红色风暴”。

戴忠金，男，盱眙县官滩镇人。1995年开始，身患再生障碍性贫血和溶血性贫血（俗称“血癌”）的戴忠金怀揣“三农”情结，自费走遍除青海省和西藏自治区以外的全国30个省、市、自治区的200多个农村进行调研，广泛收集农村存在的问题和困难，及时向农民宣传党的惠农政策。撰写60万字的《新农村新农民读本》，2006年3月，该书在新华出版社出版，获得中宣部、国家新闻出版总署、农业部联合颁发的“全国服务三农优秀图书”证书。

张盼，女，盱眙县官滩镇人。张盼的母亲因患风湿，全身瘫痪，失去生活自理能力多年。2002年，张盼父亲去世。2004年，官滩镇进行学校调整，五年级以上的学生都到镇中心小学上学。14岁的张盼毅然背起母亲去上学。她在学校附近租了一间小屋，一边上学，一边照顾母亲，靠捡破烂卖来的钱交付房租。周围的人都被她的孝心所感动，学校免去她所有的学杂费，房东主动降低房租。

陈业刚，男，淮阴区赵集镇人。15岁时因患肿瘤截去右下肢。后被淮阴区残联选送参加游泳训练。2002年，入选江苏省残疾人射击队。2003年，入选国家残疾人射击队。2004年，全国锦标赛上，获男子个人单轮全能银牌和男子个人70米淘汰赛金牌。2005年，在巴西举行的世界轮椅锦标赛上，获男子站姿30米、50米2块金牌。2006年，在马来西亚举办的第9届远南运动会上，获银牌1枚、铜牌1枚。2007年，在英国举办的世界单项锦标赛上，获银牌1枚。2008年，北京夏季残奥会上，与队友共同获得男子射箭团体反曲弓公开级决赛银牌，陈业刚获得射箭男子个人反曲弓站姿铜牌。

四、舍己为人

祁立标，男，洪泽县蒋坝镇人。1996年10月24日，蒋坝镇淮宁路45号李老太家液化气泄漏，不慎引发火灾。在家中休息的祁立标闻讯赶赴现场。只见屋内浓烟滚滚，烈焰从液化气瓶的减压阀接口处喷出，并顺着气瓶四周向底部蔓延，气瓶上方的木头档板已被烤燃，火苗直扑石棉瓦房顶。祁立标奋力推开围在门口的众人，高声喊道“你们快躲开，气瓶要爆炸”，并箭步跨入屋内，迅捷取下气瓶上的铁簸箕，滚烫的簸箕立即粘去他双手上的一层皮。接着，祁立标奔出门外扯下一条毛巾，快速用水浸湿，握住烤黑的液化气瓶，将它抱出门外，排除了险情。1998年，他被淮阴

市政府授予“见义勇为先进个人”称号。

杜风云，男，洪泽县朱坝镇人。1997年6月21日晚，安徽省巢湖市和县城北收费站附近一口深井突然塌方，正在井内施工的民工张某被困在3米厚的砖石下，生死未卜。接到报警的和县消防中队官兵迅速赶到现场实施救援，班长杜风云第一个下到仍在不断坠落着砖石和泥土的深井中，用双手拼命地扒着砖石。经过两个多小时救援，张某的头部露出，杜风云将自己的头盔戴到张某的头上。不料，塌方再次发生，张某又被埋下3米多深。一直到22日凌晨，张某才被救出，正是杜风云的那顶头盔保住他的生命。

陈金山，男，洪泽县高良涧镇人。1998年12月19日凌晨，在家中睡觉的陈金山听到外边有响动，开门后看见一个人影慌忙逃窜。陈金山当即紧追上去，一直追到路边一条小河处，双方扭打起来。扭打中，对方掏出一把尖刀，连捅陈金山数刀。陈金山在浑身无力的情况下，依然死死抓住对方并大呼“抓小偷”，后在附近群众帮助下，小偷被抓住扭送公安机关。浑身是血，已经昏迷的陈金山被送往医院抢救，因其左胸部被刺中一刀，造成外伤性血气胸，伤势较重，左肺被切除一半。1999年，陈金山被淮阴市政府授予“见义勇为先进分子”称号。2000年，被省政府授予“见义勇为先进分子”称号。

熊化传，男，武警淮阴市支队警通中队中队长。1999年1月2日，为制止一起歹徒聚众寻衅滋事事件，见义勇为，分别被中宣部、公安部、团中央、中华全国见义勇为基金会及省、市政府授予“见义勇为先进个人”等称号。

黄在右，男，涟水县大东镇团委副书记。2000年8月底，涟水县遭遇百年不遇的洪灾。8月31日早上，黄在右冒雨挨家挨户查看灾情，帮助受灾群众撤离危险地区，一直忙到中午12点。他顾不上吃饭，又赶去看望被转移的几位老人。因路基突然被冲垮，形成的急流将他冲入河中，吞没他年轻的生命。同年9月2日，被中共涟水县委追授为“优秀团干部”。2001年，被团中央表彰为全国优秀团干部。

李立朝，男，楚州区顺河镇人。2004年3月1日凌晨，在镇江市润州区光明河整治工地打工的李立朝正在睡梦中，听到工友抓小偷的呼喊。他迅速起床，从窗口越出，直奔小偷逃跑的方向而去，不幸被路过的火车撞倒，经抢救无效牺牲。镇江市见义勇为基金会授予他“见义勇为积极分子”称号。

刘培军，男，金湖县涂沟镇渔民。2008年10月27日晚，刘培军正在看电视，忽然感觉到眼前一道红光，下意识地向外看去，只见邻居的住家船火光冲天，浓烟滚滚。他连忙边喊边划着小船靠过去，二话不说，冲上起火的船舱，背出浑身是火的老太太。两人刚出来，船篷就轰然倒塌。刘培军的身体也受到不同程度的烧伤。

五、助学办学

吴荣恩，男，涟水县梁岔镇人。吴荣恩长期生活在外地。2002年，他回到阔别几十年的家乡，发现母校梁岔镇卜圩小学很破旧，于是从养老积蓄中拿出5万元，捐赠给学校建设校舍。2005年，他又拿出2000元，为学校购置图书。此后，每年“六一”儿童节，他都会捐献1000元给学校购置图书或教具。

石祖嘉，男，江苏嘉诚化工有限公司董事长。作为一家规模不大、年仅300余万元利润的私营企业负责人，石祖嘉始终怀着一颗慈善爱心，参与社会公益事业，“小企业经营，大回报社会”。仅2003年5月至当年年底，就先后向特困学生、学校等捐赠物资73万元。2004年4月，他捐款125万元，其中100万元用于设立助学基金、25万元用于援建3所希望小学。同年8月，他又一次捐赠

25万元，新建3所希望小学。石祖嘉获“全国十大社会公益之星”提名奖，其照片被2004年10月《亚洲财富》杂志选为封面。

任友年，男，楚州区车桥镇人。任友年是一名从事个体客运的司机，每天早上5点起床，晚上8点回家，辛苦劳作，收入并不多，但他每年都要拿出部分钱来资助贫困学生。最早是他送自己的孩子上小学时，看到几个交不起学费的孩子，第二天他就从家里拿出2600元帮助这些孩子交了学费。此后，他又资助车桥镇6所小学的51名贫困生，每个贫困生一年学杂费350元、保险费30元，51名学生一年就要资助2万元。2007年1月，任友年又为淮安市社会福利院、淮阴师范学院、淮阴工学院的受助儿童和贫困大学生捐赠70件羽绒服、100件羽绒背心等价值1.5万元的物品。

杜爱祥，男，楚州区仇桥镇人。仇桥镇中心小学教学设施落后，全校1350名学生本应分成27个班，因为教室不够，被压缩成21个班。教室里学生太多，前排的紧贴黑板，后面的又太远，老师上课必须大声讲话，经常声带被喊哑。淮安智思公司董事长杜爱祥了解到这一状况后，主动出资150万元，为学校新建一座教学楼。2007年8月8日，教学楼竣工落成。

张国凡，男，淮阴区赵集镇人。1997年，刚参加教师工作不久的张国凡发现方圆15公里的500户湖区渔民，几乎都不识字，不会算账，鱼贩子每次买鱼都是随便给钱。于是，张国凡将自家的三间大瓦房改做校舍，建立渔民子弟学校，将渔民的孩子集中起来进行教育。至2008年，学校开设小学1～6年级主要课程，有教师5名。每年都有学生被省重点中学录取。

郑兆财，男，涟水县人。1948年迁居香港，艰苦创业。1982年，创立香港巴黎毛冷百货有限公司。同年，返乡探亲，开始捐资办学，造福桑梓。至2008年，累计捐赠1.2亿元用于家乡的教育事业，兴办的郑梁梅系列学校有300多个班级、在校师生1.6万多人。郑兆财生活节俭，他的办公室兼卧室不足20平方米，而且年久失修，一件西装穿了许多年都舍不得换。

六、敬老爱老

伍广梅，女，金湖县陈桥镇人。伍广梅丈夫的大哥是一位麻风病人，全身化脓、流血，手脚扭曲变形。1984年，一直照顾病人的婆婆去世，伍广梅主动将其接到自己家，端屎端尿、更衣洗澡、烧饭喂饭、铺床盖被，一照料就是20多年，受到当地群众的一致夸赞。

袁桂花，女，洪泽县万集镇人。1986年，袁桂花的婆婆突患中风瘫痪在床。袁桂花悉心照料，二十年如一日。她不嫌脏不怕累，每天替老人换两遍内衣、内裤，帮老人擦洗身子。夏天，将老人抱到堂屋的凉床上，自己守候在一旁摇扇，驱赶蚊蝇。冬天，除了喂饭喂药，晚上睡觉时总忘不了在老人身旁放上热水袋，特别冷的时候，就和婆婆一起睡。村里说她的婆婆：“看起来是个苦婆婆，实际上是个福婆婆！”

刘纯洲，男，清浦区清安街道人。1989年，行医多年、退休在家的刘纯洲看到周围很多上了岁数的老人因儿女成家立业，心里有话无处说，于是成立“不服老”老年人俱乐部，并购置乐器、棋牌、纸砚、桌椅等。俱乐部很快成为老年人们的乐园，短短几年时间，便有数百人加入。刘纯洲还利用自己的特长，在俱乐部开辟一间“康复中心”，为“五保户”、困难户、军烈属及60岁以上老人免费看病。1995年，他设立敬老奖励基金，表彰敬老好儿女，带头每月拿出退休工资的25%存入基金。1998年，他被评为江苏省精神文明建设新人新事。

席名山，男，淮阴区凌桥乡人。20世纪90年代，离休干部席名山担任新建凌桥乡老年协会会长。当时，老年协会既无场地，又无活动器材。席名山拿出自己的3万元积蓄，在自家宅基地上盖起10几间房子，分别作为象棋室、图书室、文娱室、乒乓球室等，并购买多种活动器材和乐器。又将自己家的树砍掉，做成几十张课桌和板凳，创办老年活动室，免费向老人们开放。2003年5月，

他又出资5万元，建起3层楼房，让前来活动的老人们有更宽裕的活动场所。

陈广毅，男，金湖县塔集镇人。他个人退休月工资仅200余元，却在每年的春节、中秋、重阳节给镇上敬老院的老人送去生活用品和食品，总计1万元以上。2001年，他联合其他7位老人，创办镇老年活动中心，成为全镇老人的精神乐园。2005年3月，全国敬老院爱老助老主题教育活动组委会授予他“孝亲敬老之星”称号。

柳霞，女，清浦区人。1998年，下岗回家的柳霞发现周围很多老人由于子女在外工作，生活极不方便，于是创办幸福托老所。10多年间，服侍300多位年均85岁的“入托”老人。她对待老人像对待自己的亲人一样，样样贴心。对于生病的老人，更是关爱有加，定期为他们洗澡、理发、更换衣服，还请教专业医生，辅助以偏方，缓解老人痛苦。老人们把托老所当作自己的家，把柳霞当作自己的闺女。2008年，柳霞被评为江苏省首届道德模范。

七、志愿奉献

潘恒球，男，楚州区南闸镇人。1982年，作为说书先生的潘恒球在转场途中偶遇警察押送少年犯而深受震撼，从此矢志走上普法路。他先后编写各类普法小故事300多篇，每年演出200余场次，受教育人数8万多人次。其创作的《婚事要新办》《只生一个好》《小英雄韩余娟》《好支书李元龙》等，不但针对性强，而且脍炙人口，深受群众的喜爱，被称为“故事王”“农村精神文明的传播者”。

李有生，男，淮阴区刘老庄乡人。20世纪80年代，面对一些青少年忧患意识淡薄的现象，李有生萌发用自己多年收集的历史图片资料办爱国主义教育展览的念头。他顶着全家反对、邻居嘲笑、资金奇缺等压力，凭着顽强的信念支撑，不论酷暑寒冬，拖着沉重展板来往于城乡学校、机关等公共场所展出，多次因道路不平或阴雨地滑而翻车受伤。至2008年，其巡展路程超千里，观展人数逾百万，举办历史讲座报告会600余场次。其事迹多次被《人民日报》《中国国防报》《人民前线》《新华日报》等报道。

徐兆来，男，楚州区退休教师。从2000年起，以70多岁的高龄，骑着自行车奔赴淮安、扬州、盐城等地中小学，以图文并茂、生动活泼的形式，义务宣讲周恩来精神。至2008年，行程数万公里，听众80多万人次。

陈梦溪，男，淮安市第一中学教师。2004年10月，陈梦溪参加造血干细胞血样采集活动。2006年5月31日，他作为淮安市捐献造血干细胞第一人，赴南京为一位外地慢性白血病患者捐献造血干细胞，为对方送去生的希望。陈梦溪获“淮安市博爱使者”称号。

冼梦雪，女，原盱眙县第五中学学生。2006年5月，14岁的冼梦雪被确诊为脑胶质瘤。治疗5个月后，不仅没有好转，还扩散到脊髓，脑部又多长了肿瘤。生命弥留之际，她说服父母，决定无偿捐献自己所有的器官。2007年1月12日，冼梦雪去世，她捐献的眼角膜使2名患者重见光明。她也是当时全国年龄最小的人体器官捐献者。

王从举，男，清浦区城中医院原副院长、外科副主任医师。2008年“5·12”汶川特大地震发生后，王从举瞒着家人，只身直奔灾情严重的四川省什邡市。在灾区，王从举清理现场，运送伤员，包扎伤口，搬运物资，装卸药品，做手术，查病房，为病患进行康复治疗与心理疏导等。王从举就这样整天忙碌着，饿了吃口方便面，渴了喝口纯净水，坚持40多天，成为灾区年龄最大、服务时间最长的志愿者。

·淮安市志·（1978—2008）

第三十七卷　社会生活

1978年，淮阴地区城市居民家庭收入来源基本依靠工资。农民收入主要来源是第一产业，即农业和畜牧养殖业，劳动者报酬（工资性）、第二、第三产业收入占比很小。城镇居民恩格尔系数59%，农村居民恩格尔系数67%。居民业余生活相对单调。

20世纪80年代，电视机逐渐进入淮阴市普通百姓家中。20世纪90年代起，电冰箱也逐渐普及。出行工具由自行车"一统天下"变为自行车、摩托车"分庭抗礼"。由于乡镇企业发展，特别是大量农民外出打工，农民收入中劳动报酬收入增长迅速。城镇居民收入开始转变为工资收入为主，经营性收入、转移性收入占比呈不断扩大的趋势。随着居民收入的增长和经济的繁荣，商品供应紧张的局面在20世纪90年代后期逐步改善。一些新潮、前卫的娱乐休闲方式开始出现，为人们业余生活提供更多选择。2000年后，市场商品从供不应求迅速转变为供过于求，城镇居民家庭耐用消费品不断增加。

随着收入的增加，人们的消费水平不断提高，消费结构逐步改善，从传统的温饱型消费向健康质量型消费转变。2008年，城镇居民恩格尔系数降至39.5%，农村居民恩格尔系数降至42.6%。吃、穿、住、用、行消费档次不断升级，饮食注重美味营养，穿用追求品牌时尚，居住讲究装潢宽敞。家用电器普及，手机、电脑、摄像机使用普遍，私人轿车进入普通百姓家。其间，科技进步带来的巨变，对传统的生产、生活方式，乃至思维、行为方式造成重要影响，从而使传统的生产、生活、交往、礼仪等习俗发生程度不同的变化。随着国家宗教政策的调整、引导与落实，四大宗教都有一定的发展，教徒、信众有不等的增多，呈现比较健康发展的局面。

淮安方言属北方方言，从次方言来说，属江淮方言，也兼有南方方言的一些特点，尤其在语音方面，具有南北方言的过渡性。境内各县（区）方言差异不大。由于人口流动规模、频率空前扩大，学习使用普通话的人口大规模增加，具有鲜明地方特色的语音、音调都有程度不同的改变。同时，新的语词流行速率加快，绝大多数具有更大区域甚至全国相同的特点。

第一章　城镇居民生活

第一节　收　入

1978年，淮阴地区职工平均工资441元，城镇居民人均生活费收入287元。1981年，开始城镇居民职工家计调查，调查范围为清江市市区，调查户50户。当年人均生活费收入372.1元。

1985年，职工家计调查更名为城市住户调查，由省城市抽样调查队组织实施，调查户增到100户。同年，国家对工资制度进行改革，机关、事业单位实行以职务工资为主要内容的结构工资制，

企业干部的工资以原工资等级为基础，就近套入新企业干部工资标准。是年，淮阴市由四类工资区改为五类工资区。全市城镇居民家庭人均实际收入727.86元，其中人均生活费收入663.14元。在构成家庭实际收入的4项收入中，人均全民工资收入480.38元，占家庭实际收入的65.8%；人均集体工资收入61.24元，占家庭实际收入的8.4%；人均职工从单位得到的其他劳动收入97.01元，占实际收入的13.3%；人均其他劳动收入9.07元，占实际收入的1.2%。

1990年，淮阴市城镇居民家庭人均实际收入1472.04元，其中人均生活费收入1341.73元。4项收入中，人均全民职工工资收入803.28元，占家庭实际收入的54.6%；人均集体职工工资收入145.22元，占家庭实际收入的9.9%；人均职工从单位得到的其他劳动收入122.21元，占实际收入的8.3%；人均其他劳动收入14.81元，占实际收入的1%。

2003年，淮安市城镇居民生活调查范围调整为清河、清浦、淮阴、楚州4个区，调查户增加到200户，国家统计局对城镇居民收入指标口径作出适当修订，原来的"城镇居民生活费收入"改成"城镇居民可支配收入"。当年全市城镇居民家庭人均总收入7573.78元，其中人均可支配收入为7129.8元。4项收入中，人均工薪收入4359.6元，占家庭实际收入的57.6%；人均经营净收入519.2元，占家庭实际收入的6.9%；人均财产性收入250.88元，占家庭实际收入的3.3%；人均转移性收入2444.1元，占家庭实际收入的32.3%。

2006年，城镇居民家庭人均总收入11158.23元，其中人均可支配收入10447.23元，首次突破1万元。4项收入中，人均工资性收入7272.6元，占家庭实际收入的65.2%；人均经营净收入856.96元，占实际收入的7.7%；人均财产性收入64.09元，占实际收入的0.6%；人均转移性收入2966.55元，占实际收入的26.6%。

2008年，城镇居民家庭人均总收入15524.7元，其中人均可支配收入14007元。4项收入中，人均工资性收入8950.4元，占家庭实际收入的61.6%；人均经营净收入2249.2元，占实际收入的15.5%；人均财产性收入133.8元，占实际收入的0.9%；人均转移性收入3191.3元，占实际收入的22%。部分离退休、下岗人员以及少数在职人员从事第二职业。无固定工作的居民从事第二、三产业，大额存款、债券利息，炒股、房屋出租以及其他隐性收入，在总收入中呈增长趋势，但因故无法统计。

1981—2000年淮阴市市区抽样调查居民家庭人均现金收入情况表

表37-1　　　　单位：元

年份	年初手存现金	实际收入	其中：生活费收入（可支配收入）	全民工资收入（工薪收入）	集体工资收入（经营性收入）	单位其他收入（财产性收入）	其他收入（转移性收入）	储蓄借贷收入	其中：提取储蓄存款
1981	7.68	399.38	372.10	253.36	104.28	17.86	23.88	85.57	17.73
1982	12.81	432.90	406.19	270.40	116.54	18.75	27.21	63.47	25.40
1983	10.50	447.58	409.08	279.25	109.55	20.89	37.89	56.13	38.38
1984	9.48	579.62	528.86	398.35	100.55	24.27	56.45	78.78	51.45
1985	22.66	727.86	663.14	480.38	61.24	97.01	89.23	113.43	76.60
1986	30.74	921.24	852.19	646.53	65.42	111.71	97.58	121.56	91.29

续表 37-1

年份	年初手存现金	实际收入	其中：生活费收入（可支配收入）	全民工资收入（工薪收入）	集体工资收入（经营性收入）	单位其他收入（财产性收入）	其他收入（转移性收入）	储蓄借贷收入	其中：提取储蓄存款
1987	52.03	1056.34	974.18	746.78	81.16	125.18	103.31	142.82	124.48
1988	67.81	1293.84	1190.10	833.27	138.27	120.91	200.98	304.92	243.01
1989	76.38	1476.92	1268.20	943.01	137.76	130.06	266.09	265.15	255.88
1990	42.09	1472.04	1341.73	803.28	145.22	122.21	399.33	179.21	122.71
1991	143.60	1736.66	1570.50	959.19	150.61	146.35	480.51	226.40	190.47
1992	160.36	2022.61	1844.30	1250.10	190.17	106.73	475.65	410.11	353.11
1993	244.18	2683.99	2428.50	1581.40	234.90	108.78	758.86	596.18	503.32
1994	162.79	3266.03	2977.30	2141.80	300.52	155.55	668.16	947.40	575.95
1995	220.07	4163.14	3775.40	2846.10	329.41	149.50	838.16	659.39	507.51
1996	267.86	4730.30	4233.60	3170.90	336.91	150.19	1072.30	985.70	725.51
1997	220.75	4957.39	4937.50	3222.58	350.40	420.76	963.65	1301.80	921.98
1998	404.35	5205.94	5193.90	3212.60	366.10	299.42	1327.82	1217.69	967.15
1999	483.81	5737.19	5704.40	3525.20	384.82	300.61	1526.56	1128.65	984.28
2000	213.84	6159.24	6117.00	2993.20	506.28	243.96	2415.80	1324.44	1130.00

2001—2008年淮安市市区抽样调查居民家庭人均现金收入情况表

表 37-2　　单位：元

年份	年初手存现金	实际收入	可支配收入	工薪收入	经营性收入	财产性收入	转移性收入	储蓄借贷收入	其中：提取储蓄存款
2001	1039.89	6521.56	6513.10	—	—	—	—	1495.76	1311.40
2002	1133.89	7673.15	7158.50	4457.30	284.34	132.61	2798.90	880.20	798.48
2003	302.61	7573.78	7129.80	4359.60	519.20	250.88	2444.10	1296.16	822.34
2004	970.24	8723.27	8209.10	4948.90	682.09	192.78	2899.50	1392.34	1332.70
2005	549.93	9639.83	9114.80	6354.70	775.86	11.31	2497.90	1075.68	1040.50
2006	1306.30	11158.23	10447.23	7272.60	856.96	64.09	2966.55	2546.90	2505.90
2007	557.60	13057.90	12164.00	8503.00	913.00	96.50	3545.00	2845.00	2829.00
2008	782.60	15524.70	14007.00	8950.40	2249.20	133.80	3191.30	1442.00	1420.30

第二节　消费支出

淮安市城镇居民消费性支出包括食品、衣着、居住、家庭设备用品及服务、医疗保健、交通和通信、教育文化娱乐服务、其他商品和服务8大类。1978年，淮阴地区城镇居民人均消费支出276元。1985年，淮阴市城镇居民人均消费性支出增至644.73元；1990年，增至1223.76元；1995年，增至3286.59元；2000年，增至4351.92元；2005年，增至6389.49元。2008年，淮安市城镇居民人均消费性支出增至9058.06元，是1978年的32.8倍。

一、耐用消费品

1981年，清江市区每50户城镇居民家庭拥有自行车65辆，家用电器仅有电视机8台、电风扇22台。

1985年，调查的80户城镇居民家庭拥有自行车135辆，彩电、洗衣机、录音机开始进入普通百姓家庭。家电中，电视机增加到74台，其中彩电5台。有电风扇82台、洗衣机56台、录音机34台。

20世纪90年代，组合家具、摩托车、电冰箱、照相机等高档耐用消费品开始进入普通家庭。1990年，淮阴市城镇每百户家庭拥有组合家具13套、自行车250辆、电风扇243台、洗衣机96台、电冰箱56台、彩电60台、照相机21架、冷风机2台、摩托车6辆、录像机4个。随着通信技术的提高，电话进入居民家庭，1995年城镇每百户家庭拥有固定电话29部。至20世纪90年代末，移动电话逐渐进入普通家庭。2001年，每百户居民拥有移动电话25部。

2000年后，城市居民耐用消费品再度升级，电脑、移动电话、微波炉、空调、汽车等商品成为新的消费热点。至2008年年末，淮安市城镇每百户家庭拥有助力车83辆、洗衣机98台、电冰箱87台、彩电138台、照相机26架、空调111台、微波炉75台、摩托车18辆、汽车4辆，固定电话增加到105部，移动电话增加到144部，出现无线电话逐步取代有线电话的趋势。

二、消费结构

1978年后，淮阴地区城镇居民食品消费金额逐年增长，但在消费总额中所占比重不断下降，恩格尔系数渐趋合理化。1985年，淮阴市城镇居民人均消费支出645元，其中食品支出324元，占50.2%；衣着支出109元，占16.9%；文娱机电消费43元，占6.7%；医药支出1.7元，占0.3%。食品支出占比过半，文教娱乐、健康医疗方面支出所占比例极小。

20世纪90年代，食品支出比重明显下降，文教娱乐方面支出比重上升。1998年，人均消费支出3692元。其中，食品支出1684元，占45.6%；衣着支出401元，占10.9%；家庭设备及服务338元，占9.2%；医疗保健支出117元，占3.1%；交通通信支出161元，占4.4%；娱乐文教支出565元，占15.3%。

2000年后，淮安市城镇居民家庭在文化教育、医疗保健方面的支出增长迅速，市民生活向小康社会过渡，注重生活质量。2008年，人均消费支出9058.06元。其中，食品支出3581元，占39.5%；衣着支出988元，占10.9%；家庭设备及服务支出255元，占2.8%；医疗保健支出576元，占6.4%；交通通信支出999元，占11.02%；娱乐文教支出1428元，占15.8%。食品支出比重合理

化，恩格尔系数从1978年的59%降至39.5%，医疗保健、交通通信支出比重有所增长。就社会消费整体而言，住房、医疗保健、教育支出共同构成“三足鼎立”的大比重支出局面。

1981—2008年淮安市城镇居民支出情况表

表37-3　　单位：元

年份	实际支出（家庭支出）	消费支出	非消费支出	其中		储蓄借贷支出	存入储蓄款	存入储金款
				赡养支出	赠送支出			
1981	398.66	372.07	26.59	—	—	86.42	27.42	16.43
1982	410.74	383.48	27.26	—	—	82.63	43.96	11.82
1983	421.71	390.36	31.35	—	—	82.74	59.68	11.84
1984	539.25	504.09	35.16	15.71	16.56	105.03	68.67	10.44
1985	703.73	645.00	58.73	22.42	31.59	129.64	85.95	13.63
1986	829.65	766.99	62.66	23.95	34.15	193.72	140.94	12.68
1987	942.79	863.54	79.25	24.72	48.78	235.62	189.84	13.75
1988	1286.41	1181.91	104.50	23.86	65.50	305.20	210.67	20.63
1989	1300.80	1188.11	112.69	26.15	74.42	371.72	243.88	14.41
1990	1342.95	1223.76	119.19	38.40	73.26	206.21	150.07	8.49
1991	1641.31	1478.42	162.89	40.64	107.15	311.51	256.07	11.38
1992	1974.63	1801.82	172.81	35.35	123.54	378.08	289.98	12.22
1993	2588.61	2209.62	378.99	38.04	175.04	659.43	375.85	22.99
1994	3204.86	2462.22	740.64	50.92	231.12	840.96	319.32	48.20
1995	3670.31	3286.59	431.72	69.62	306.06	998.35	622.32	72.91
1996	4364.14	3767.57	596.56	83.78	364.65	1085.05	648.18	116.57
1997	4337.94	3486.26	851.68	66.87	347.25	1665.71	933.49	81.82
1998	4657.61	3692.00	965.61	32.70	429.86	1470.87	974.43	65.15
1999	5060.42	3921.92	1138.50	50.00	493.00	1212.60	896.60	35.50
2000	5471.00	4351.90	4351.92	149.00	480.20	1149.00	908.50	35.40
2001	5518.60	4543.90	974.70	102.80	534.30	2362.80	1925.70	14.20
2002	5859.30	4852.50	1006.80	198.80	805.10	909.40	655.20	—
2003	6369.30	5053.80	1315.50	107.80	615.10	1874.50	1521.40	—
2004	7161.20	5704.10	1457.10	157.10	727.80	2662.60	2442.80	—
2005	7951.29	6389.49	1561.80	209.50	824.90	2024.50	1799.90	—
2006	10360.60	7077.50	3283.10	398.30	901.70	3206.10	3005.00	—
2007	12731.00	8212.80	4518.20	330.10	1034.80	2658.90	2495.70	—
2008	11048.16	9058.06	1990.10	281.20	928.70	4032.40	3590.00	—

说明：2003年起，实际支出栏数据为家庭支出数据。数字来源于市统计局抽样调查

1985—1995年淮阴市城镇居民家庭主要商品人均消费情况表

表37-4　　单位：元

年份	食品	衣着	自行车	电风扇	电冰箱	文娱机电消费品	书报杂志	医药	建筑材料	燃料	其他
1985	324	109.0	7.7	7.7	—	42.7	8.0	1.7	13.5	10.2	40.5
1986	394	126.8	15.9	10.7	21.4	30.2	9.1	1.6	1.4	10.4	48.2
1987	451	135.0	17.1	11.7	35.0	37.5	10.6	2.0	3.2	10.1	66.0
1988	588	164.6	20.4	12.6	98.0	62.1	10.8	2.2	4.5	10.3	76.5
1989	651	154.5	12.4	4.9	32.0	98.7	14.9	6.4	11.0	11.3	96.0
1990	715	165.2	11.0	7.9	12.8	64.6	12.1	7.1	9.9	18.4	86.9
1991	829	203.4	12.4	4.1	5.0	60.6	14.4	7.9	31.2	26.5	—
1992	907	232.0	26.3	4.1	33.0	47.9	8.8	17.5	97.0	34.1	—
1993	1057	298.9	21.0	3.5	22.2	105.6	8.8	42.8	37.9	56.6	—
1994	1300	329.2	29.5	4.0	7.0	33.3	11.9	34.7	47.5	58.0	—
1995	1618	436.7	23.5	2.9	13.3	57.5	15.1	54.2	34.0	68.8	—

说明：数据来源于市统计局抽样调查

1996—2008年淮安市城镇居民家庭主要商品人均消费情况表

表37-5　　单位：元

年份	食品	衣着	家庭设备用品及服务	医疗保健	交通、通信	娱乐文教服务	居住	其他
1996	1809	468.1	225.7	78.0	300.2	525.6	233.7	126.9
1997	1711	418.7	333.0	129.7	165.0	318.5	235.3	174.3
1998	1684	401.0	337.9	116.6	161.3	564.9	260.0	165.4
1999	1812	374.0	333.8	123.9	225.2	612.8	292.4	148.2
2000	1864	388.0	572.0	180.3	229.8	569.0	313.3	239.3
2001	1902	384.0	498.9	222.3	293.5	575.7	486.9	180.5
2002	2136	502.5	410.2	275.4	436.0	467.4	455.2	170.1
2003	2151	480.4	378.0	389.2	755.3	864.0	333.7	192.4
2004	2408	470.7	280.4	445.8	629.7	683.3	577.1	209.6
2005	2596	622.3	407.7	442.6	713.5	930.7	464.5	211.9
2006	2822	712.8	464.4	503.5	744.2	975.8	604.0	250.3
2007	3192	771.9	563.0	464.8	659.2	1459.1	855.6	246.9
2008	3581	988.0	255.0	576.0	999.0	1428.0	697.4	332.6

说明：数据来源于市统计局抽样调查

第三节 居住条件

1980年，淮阴地区城镇居民人均住房面积4.05平方米，家庭炊用燃料使用煤炭。1985年，淮阴市城镇居民人均住房面积增至13.07平方米，家庭人均实际支出728.81元，其中人均居住支出13.52元，占家庭实际收入的1.9%。

1990年，淮阴市城镇居民人均居住面积增到16.81平方米。全年家庭人均实际支出1344.76元，其中人均居住支出9.95元，占实际支出的0.7%。城市居民每百户拥有自有房31户、公房68户，无商品房。城市居民家庭使用管道煤气的占1%、罐装液化气占35%、煤炭占64%。1995年，城镇居民人均居住面积增到18.5平方米。全年家庭人均实际支出3670.31元，其中人均居住支出177.99元，占实际支出的4.9%。至20世纪90年代末，经过20年的房改，住房商品化、社会化问题得到较好解决。

2000年，淮阴市城镇居民人均居住面积增至20.52平方米。全年家庭人均实际支出5471.04元，其中人均居住支出313.32元，占实际支出的5.7%。城市居民每百户拥有自有房90户、公房7户。城市居民住房中，二居室占40%，三居室及以上占13%。随着生活水平的提高，城市居民追求住房舒适及配套服务好。炊用燃料中，使用管道煤气的占7%、罐装液化气占85%、煤炭降到8%。城市居民家庭住房中有厕所有浴室的占48%，有厕所无浴室的占27%。没有取暖设备的占72%，使用空调设备的占26%，使用其他取暖设备的占2%。2005年，淮安市城镇居民人均居住面积增至28.08平方米。全年家庭人均实际支出7951.24元，其中人均居住支出464.54元，占实际支出的5.9%。城镇居民住房从二居室逐渐发展到三居室、四居室。住房类型发生较大改变，平房、普通楼房减少，配套单元房增多，住宅小区建设发展势头迅猛。

2008年，淮安市城镇居民人均居住面积增到33.15平方米。全年家庭人均实际支出11048.2元，其中人均居住支出697.36元，占实际支出的6.3%。每百户城市居民拥有商品房49户、私有房44户。城市居民住房二居室占27%，三居室及以上占45%。住房中有厕所有浴室的占81%，有厕所无浴室的占8%。至2008年年末，城市居民家庭炊用燃料中，使用管道气的占20%、罐装液化气占67%。没有取暖设备的占24%、使用空调设备的占66%、使用暖气的占3%、使用其他取暖设备的占7%。取暖设施以空调为主，使用暖气的家庭出现，居民居住品质不断提高。

1985—2008年淮安市城镇居民人均住房面积情况表

表37-6　　　　单位：平方米

年份	面积	年份	面积
1985	13.07	1992	17.80
1986	13.49	1993	18.35
1987	13.63	1994	17.85
1988	13.61	1995	18.50
1989	14.24	1996	18.85
1990	16.81	1997	18.69
1991	17.62	1998	18.65

续表37-6

年份	面积	年份	面积
1999	21.24	2004	29.47
2000	20.52	2005	28.08
2001	20.67	2006	28.67
2002	25.55	2007	32.30
2003	29.18	2008	33.15

第二章　农村居民生活

第一节　收　入

一、人均收入

1978年中共十一届三中全会后，淮阴地区农村开始推行专业承包，当年全地区农民人均纯收入128元。1980年，开始实行以家庭联产承包为主体的农业生产责任制。1982年，全面推行家庭联产承包责任制，打破“大锅饭”，进行农村经营方式和农民分配制度改革，农村生产力以前所未有的速度迅猛发展。1985年，中央1号文件提出调整农村产业结构，扶持新的经济增长点，取消30年来农副产品统购派购的制度，对粮、棉等少数重要产品采取国家计划合同收购的新政策。此外，将农业税由实物税改为现金税，家庭联产承包责任制进一步系统化；支持乡镇企业、鼓励人才流动、放活金融政策、加强小城镇建设。淮阴市乡镇企业发展迅速，非农产业及多种经营的较快发展，促进农民收入较快增长。1988年，全市农民人均纯收入增加到607元，年均增长16.8%。

20世纪80年代后期，经济过热带来的高通胀开始显现。1989年，国家开始对经济秩序进行治理整顿，采取通货紧缩政策，对乡镇企业由扶持逐步转向全面紧缩，淮阴市乡镇工业发展速度下降，进入低谷期，农民从非农产业得到的收入也呈下降趋势。1991年特大洪涝灾害又给全市农村经济和农业生产带来严重影响，导致1990年、1991年连续两年全市农民人均纯收入不升反降。1988—1991年，3年农民人均纯收入仅由607元增加到638元。改革开放以后，农民收入增长首次进入低谷。

1992年邓小平南方谈话发表后，中共十四大提出建立社会主义市场经济体制，加大市场对生产要素配置起基础性作用的力度。淮阴市在全省率先大范围推行企业产权制度改革，转换企业经营机制，促进经济发展。全市掀起兴办私营个体企业的高潮，非公有制经济得到迅速发展。农产品价格全面放开，农村经济结构得以优化；乡镇工业异军突起，农村大批劳动力向非农行业转移。国家连续两次提高农副产品收购价格，加上农业生产形势保持良好，农民家庭经营收入增长迅速。部分农村劳动力改变就业观念，离乡寻求就业门路，拓宽收入渠道，使工资性收入飞速增长。

在此期间农村居民收入增长较快，农村居民人均纯收入由1991年的638元增加到1997年的2604元，年均增长幅度为26.4%。

20世纪90年代后期开始，国民经济再次陷入严重的通货膨胀之中，国家加大宏观调控力度，物价上涨得到控制，1998年实现经济软着陆。但在控制通胀政策的惯性作用下，国民经济又出现通货紧缩。农产品价格持续4年走低，农民增产不增收，减产更减收。2003年，全市农民人均纯收入3309元，1997—2003年年均增长4.1%，农民家庭经营收入下降194元。

2004年，《中共中央、国务院关于促进农民增加收入若干政策的意见》印发，要求调整农业结构，扩大农民就业，加快科技进步，深化农村改革，增加农业投入，强化对农业支持保护，实现农民收入较快增长，扭转城乡居民收入差距不断扩大的趋势。随后连续5年发布关于农业问题的一号文件，相继实施减免农业税费、建立综合补贴与专项补贴相结合的农业补贴制度、加大农业基础设施投入力度、提升农业科技水平、逐步推行农村社会保障体系等多项强农惠农政策，农民收入增长速度明显加快。2008年，淮安市农民人均纯收入5657元，比2004年增长1956元，年均增长11.2%。

二、收入结构

1978年以前，淮阴地区农民无工资性收入。1978年后，家庭经营收入一度在农民收入中居主导地位。20世纪80年代，随着乡镇企业快速发展和第二、三产业的兴起，农民工资性收入开始出现并逐年有所增加。1987年，淮阴市农民家庭经营收入在总收入中占84.5%，工资性收入占总收入的7.8%，财产性和转移性收入占总收入的3.4%。

1989—1992年，淮阴市农民工资性收入呈现下降趋势，同期家庭经营收入也经历下降期。1992年后，随着社会主义市场经济体制的逐步建立，乡镇企业、私营经济飞速发展，越来越多的农民务工经商。尤其是国家高度关注农民工问题，加快劳动力转移、开展技能培训，农民工资性收入增长较快。同期家庭经营收入也在增长。2000年，农民工资性收入占总收入的24.2%，家庭经营收入占比72.1%，转移性及财产性收入占比3.7%。

2004年开始，随着国家一系列惠农政策落实，淮安市农民家庭经营收入实现止跌回升并稳步增长。由于农民收入增长点增多，结构的多元化，虽然家庭经营收入在纯收入中所占比重有所降低，但仍是农民收入的主要组成部分。2008年，淮安市农村居民人均工资性收入3086元，占总收入比重的40.6%；家庭经营性收入4153.5元，占总收入的54.6%；转移性及财产性收入364.9元，占总收入的4.8%。

1987—2008年淮安市农村居民人均收入情况表

表37-7　　单位：元

年份	总收入	劳动报酬收入（工资性收入）	第一产业收入	第二、三产业收入	转移性及财产性收入	纯收入
1987	701.8	54.8	577.9	45.4	23.7	481.3
1988	880.6	78.0	696.2	68.6	37.8	607.0
1989	942.6	80.9	762.5	67.2	32.9	661.4
1990	915.2	79.4	721.0	80.6	34.2	638.0
1991	1009.4	79.8	820.7	73.3	35.6	638.0

续表37-7

年份	总收入	劳动报酬收入（工资性收入）	第一产业收入	第二、三产业收入	转移性及财产性收入	纯收入
1992	1183.9	92.3	939.5	103.4	48.7	745.2
1993	1331.8	120.9	1051.2	126.0	33.7	882.3
1994	1899.2	126.0	1565.9	152.7	54.5	1227.0
1995	2714.3	216.0	2299.7	151.5	47.1	1720.8
1996	3480.1	397.2	2727.6	266.8	88.5	2276.2
1997	3804.6	583.5	2792.0	353.7	65.4	2604.0
1998	4155.4	757.9	2777.2	533.9	86.4	2921.0
1999	4180.3	859.1	2623.7	510.1	151.4	2969.0
2000	4137.1	1001.0	2451.0	531.1	154.0	3019.0
2001	4450.4	1104.7	2672.1	551.8	121.8	3180.0
2002	4657.3	1239.6	2718.3	559.5	139.9	3332.0
2003	4487.5	1402.5	2396.4	495.5	193.1	3309.0
2004	5166.6	1605.8	2975.8	426.3	158.7	3701.0
2005	5502.4	1998.8	3032.7	312.8	158.1	4024.0
2006	6044.5	2360.5	3108.4	370.1	205.5	4430.0
2007	6686.5	2693.1	3380.5	401.1	211.8	5010.0
2008	7604.6	3086.2	3665.7	487.8	364.9	5657.0

说明：1.淮安市农村调查开始于1987年；
2.表中数据来源于市统计局抽样调查

第二节　消费支出

淮安市农村居民家庭生活消费支出包括食品、衣着、居住、家庭设备用品及服务、医疗保健、交通和通信、教育文化娱乐服务、其他商品和服务8大类。1978年，淮阴地区农村居民消费以解决温饱问题为主。农村居民人均消费支出276元，恩格尔系数67%。1987年，淮阴市农村居民人均消费支出412.5元，是1978年的1.5倍。其中，食品消费支出243.2元，占58.83%；服装鞋帽支出30.3元，占7.26%；住房支出82.5元，占21%；其他非借贷性支出28元，占6.78%。当年每百户农村居民家庭拥有自行车108.8辆、缝纫机26.1架、钟表173只、收音机59.6台、电视机23.7台、电风扇21.8台、收录机4.1台、洗衣机3.6台。

20世纪90年代，随着收入的增长，消费结构也发生变化，淮阴市农村居民消费支出从解决温饱向追求健康舒适转变。1998年，农村居民人均消费支出2047.2元，是1978年的7.4倍。其中，食品消费支出1078.8元，占52.71%；服装鞋帽支出123.3元，占6%；居住支出355.8元，占17.39%；家庭设备用品及服务支出91元，占4.44%；交通通信支出75.3元，占3.66%；文化娱乐支出182.4元，占8.89%；医疗保健支出66元，占3.22%；财产性和转移性支出213.4元，占10.4%。食品支出比重与1987年比，下降6.12个百分点。当年每百户农村居民家庭拥有自行车147辆、缝

纫机56架、钟表205只、收音机27台、电视机104台（其中彩电15台）、电风扇157台、收录机29台、洗衣机28台。电视机、电风扇普及，彩色电视机进入普通农户。

2000年后，随着收入水平的提高以及家电下乡、以旧换新等政策驱动，农村居民家庭耐用消费品的更新换代频率加快，洗衣机、电冰箱、彩色电视机等日常耐用消费品的每百户拥有量持续增加。2008年，淮安市农村居民人均消费支出3787.3元，是1978年的13.7倍。其中，食品支出1612.7元，占42.59%；衣着支出187.2元，占4.94%；居住支出741.9元，占19.59%；家庭设备及服务支出157.1元，占4.14%；交通通信支出302.2元，占7.97%；文化娱乐支出422.2元，占11.14%；医疗保健支出229.2元，占6.04%；财产和转移性支出374元，占9.88%。食品支出比重与1998年比，下降10.12个百分点。交通通信、文化娱乐、医疗保健方面的支出比重明显上升。当年每百户农村居民家庭有电冰箱41台、电视机117台（其中彩电105台）、电话225台、洗衣机76台。彩电、电话、电冰箱、洗衣机等在农村家庭得到普及。

1987—1995年淮阴市农村居民人均消费性支出情况表

表37-8　　单位：元

年份	生活消费总支出	食品	衣着	居住	年份	生活消费总支出	食品	衣着	居住
1987	412.5	243.2	30.3	82.5	1992	706.6	467.9	43.2	92.9
1988	547.7	303.7	36.5	125.0	1993	690.6	446.0	41.8	87.5
1989	586.3	363.5	43.2	113.9	1994	1041.6	656.7	50.3	173.2
1990	568.0	331.1	45.7	99.9	1995	1433.1	946.1	68.2	202.1
1991	672.6	439.1	38.9	95.3	—				

1996—2008年淮安市农村居民人均消费性支出情况表

表37-9　　单位：元

年份	生活消费总支出	食品	衣着	居住	家庭设备及服务	交通通讯	文化娱乐	医疗保健	其他商品及服务	财产性和转移性支出
1996	1817.9	1104.1	94.2	319.1	68.7	35.8	123.1	47.6	25.4	—
1997	2058.8	1256.5	119.4	289.1	80.0	69.1	147.8	59.2	37.8	203.4
1998	2047.2	1078.8	123.3	355.8	91.0	75.3	182.4	66.0	32.7	213.4
1999	1992.4	973.5	115.5	358.3	103.3	111.6	203.8	84.3	42.1	281.1
2000	2023.4	918.4	116.7	358.9	111.9	112.7	223.5	115.9	65.4	230.4
2001	2087.0	948.3	112.1	327.9	135.7	133.0	226.8	133.7	69.6	229.9
2002	2162.8	988.4	120.8	348.2	121.7	158.4	228.8	118.1	78.3	227.6
2003	2239.6	1054.2	114.3	345.2	100.7	174.2	255.7	126.6	68.8	148.3
2004	2491.4	1241.7	105.5	342.9	100.6	201.0	288.4	134.1	77.1	185.2
2005	2602.4	1260.2	107.6	348.4	102.2	247.2	299.1	141.9	95.9	248.0
2006	2885.1	1298.9	142.7	393.1	142.1	278.6	331.6	188.6	109.5	273.4
2007	3262.8	1410.0	166.0	509.9	144.0	301.6	353.8	220.1	157.5	235.4
2008	3787.3	1612.7	187.2	741.9	157.1	302.2	422.2	229.2	135.5	374.0

第三章　社会风俗

第一节　岁时习俗

一、传统岁时习俗

春节　农历新年，一年中最隆重的节日，亲人团聚，亲友互相拜访，称为“拜年”。正月初一早上要放开门鞭炮，表示吉利。早饭要吃饺子（称万万顺）、汤圆（称元宝）。2000年后，淮安市一些家庭开始在春节期间举家旅游，甚至到国外过节。

元宵节　又称上元节。正月十五元宵节，淮安人早饭吃元宝，不少人家在门前挂上大红灯笼。各处景区景点更大搞灯会，吸引游客，销售商品。

清明节　主要为先人扫墓，其次踏青。有不远千里回乡扫墓者。一般都是烧冥币、献花、磕头。清明节是“春祭”。饮食一般都吃饺子或米饭。

端午节　农历五月初五，俗称“五月节”。孩子们手臂或脖子上要扣彩色丝线、腰上悬挂香囊。洪泽湖附近的县区把赛龙舟作为一种纪念活动和体育活动。一些文人雅士多聚在一起吟诗填词，过诗人节。

七月半　又称中元节。主要是祭祖，为“秋祭”。没有清明节隆重，一般都不再上坟，只是在家附近路口烧纸祷告，磕头。饮食一般都吃饺子或米饭。

中秋节　农历八月十五，又称团圆节。其隆重性仅次于春节，全家人团聚在一起，赏月亮，吃团圆饼，喝团圆酒。

冬至节　又称为“过冬”。也是重要的祭祖节，为“冬祭”。同样要烧纸、磕头、祷告。饮食一般都吃饺子或米饭。个别县区“冬祭”比较隆重，有“冬至大如年”之说。

送灶　主要祭祀灶神，祈祷丰衣足食。一般是农历腊月二十三或二十四日，过去有“官三、民四、僧道五（二十五日）”之说。

除夕　俗称三十晚或大年三十。一般人家都要准备一桌丰盛的晚餐。晚餐后，全家人多聚在一起看中央电视台春节联欢晚会，守岁、包饺子。晚上，要给孩子“压岁钱”。

二、新型节日

除传统节日外，20世纪90年代初期，在淮阴市的大学和中学校园里，一些西方的节日逐渐流行。后随着外资企业的进入，西方节日开始在市民中流行开来。

圣诞节　12月25日是圣诞节。较早流行于一些学校，尤其是英语专业学生，会在12月24日平安夜举办圣诞晚会。20世纪90年代末，年轻人中流行圣诞节，商家也纷纷在圣诞节用圣诞树、圣诞花等装饰店铺、街道。2000年后，圣诞气氛在市区及县城越发浓厚。各大商场、宾馆、饭店、歌舞厅等都以圣诞老人、圣诞树等装饰门面，还举行圣诞促销、圣诞晚会、圣诞大餐等活动，小朋

友都盼望收到圣诞礼物，喜欢戴圣诞帽，朋友之间也会互发贺卡或短信问候。

情人节 2月14日是情人节。20世纪90年代中后期，开始为淮阴市城市年轻人所接受。情侣们在这一天一起逛街、吃饭、表达爱慕之情。送鲜花是男士向女士表达爱意的最好选择，这一天鲜花销量猛增。商家专门策划各种促销活动以增加零售额。

愚人节 4月1日是愚人节。20世纪90年代传入当时的淮阴，部分年轻人，特别是高年级学生会在当天互相捉弄、互开玩笑。后随着手机普及，发些愚弄人的假信息在年轻人中流行。

母亲节 父亲节 每年5月第二个星期日是母亲节，6月第三个星期日是父亲节。2000年后，在部分文化层次较高、较为时尚的人士中流行。在这两个节日，儿女向父母赠送礼物，报答养育之恩；或电话问候，表达思念之情。

第二节 礼仪习俗

一、婚嫁

1978年后，“文化大革命”中摒弃的传统婚俗开始恢复，同时西方的婚庆习俗进入中国并传至淮阴地区。在农村，一般男女青年从认识到结婚要经过相识交往、请媒人取庚帖、合“八字”、定亲、择日等环节。结婚当日有迎亲、拜堂、闹房、洒帐子、戳窗户等习俗。结婚后要谢媒、会亲。后随着时代发展，这些仪式日渐简化，出现集体婚礼和旅行结婚。女方索要彩礼之风日盛，20世纪80年代初要“三转一响”（自行车、手表、缝纫机、收音机）。20世纪80年代后期以及90年代初，讲究腿数（家具数量）、电器设备、金首饰。20世纪90年代中期后，城里人开始要求结婚先购房，部分农村青年也要求在城里购房。婚车档次越来越高，从最初的普通桑塔纳，逐渐发展到奥迪、奔驰、宝马、凯迪拉克，甚至出现加长林肯车。婚纱照越拍越高档，从原先租用婚纱服到后来的自买或定制，拍摄费用也成千上万元。婚嫁时全程摄制录像制作DVD。越来越多的人请婚庆公司操办婚礼。旅行结婚目的地也从国内走向国外。

二、产育

1978年后，淮阴地区关于产育的许多迷信和陋习被抛弃，妇女生产多请助产士在家接产。1979年中共中央发出公开信，提倡一对夫妇只生一个孩子，机关工作人员开始响应，民间尤其是农村仍存在重男轻女思想，少数人不生男孩不罢休。20世纪80年代后，淮阴市妇女生产多在医院由专业妇产科医生接生，讲究科学卫生，有利产妇和婴儿健康。计划生育政策也开始为多数人接受，独生子女较为普遍。年轻夫妻思想开放，生男生女一个样，不愿意多生。

三、生辰

淮安市凡孩子周岁、10岁，成年人50岁以上的整数生日，一般都有亲朋送礼祝贺。50岁以下的为过生日，60岁以上的称为“做寿”。做寿要设寿堂，点寿烛，挂寿幛，张灯结彩。平辈人拜寿，对寿堂躬身一揖，晚辈则要四拜。凡是客人拜寿时，做寿人的儿孙要齐集堂前还礼。祝寿的礼物有寿桃（面做的）、寿面、寿烛、寿联、衣料和钱物等。主家款待宾客，先吃面条，称“长寿面”，然后美酒美菜，盛筵招待。过80大寿的人家，还要多准备吃饭的碗，以备宾客吃完饭后带走。因为民间有带走碗是向老寿星讨寿之俗。20世纪90年代后，一些20岁、30岁、40岁的人也兴做寿。

四、丧葬

旧时，淮安地区凡病重临危之人，都要从卧房移至外间，穿上备好的衣服鞋袜。咽气后，即放在用柴草铺设的地铺上，称之为“冷铺”。如果死者还有父母长辈未死，冷铺就铺在堂间的右侧墙边；如果没有，冷铺就设在堂间左侧墙边（俗谓上首）。死者头脚处各点一盏灯，面部和胸前用一张白纸或红布遮住，头前放置一碗干饭，插上一双筷子，身旁置一火盆，焚烧草纸冥币，以供亡灵吃用。儿女穿孝服，披孝巾，腰间系麻或草绳。死者冷铺旁放置柴席或麦草，子女坐卧都在上面，称为“伴亲”或“守灵”。人死后，派人往亲友家报丧，报丧人将孝帽揣在怀里，到亲友家拿出来，以物示意，再告述有关情况。报丧人必须在亲友家吃点饭才能走。来吊祭的亲友如是男的，先到死者身边磕头，领一顶孝帽戴上，然后送给丧礼；如是女的，就先在门外嚎哭进来，由人劝止，再叩头领孝巾一条。孝巾长短依与死者关系亲疏而定。凡是吊祭人磕头时，孝子要陪跪，家里妇女要哭丧。死者当天不入殓，必须在家过一两宿才能收殓入棺。死者入殓时，盖棺封钉要由族中长者施行。即用斧头将棺盖上钉子锤两下即行。如死者是女性，则要由娘家人封钉。封钉上拴有绳子，封钉时，孝子们牵绳嚎哭，以示不舍。人死后，凡深夜24点以前逝世，皆算1天。一般火化安葬日只能用单日，多为第三天，少数延至第五天。从人死之日起7天为一“七”。每“七”要烧纸吊祭，还有的请僧道念经、放焰火超度，直至七“七”。

至2008年，上述丧葬习俗在城里不多见，在农村仍部分存在，甚至部分地区还存在大操大办的情况。

第三节　生活时尚

一、上网

20世纪80年代，电脑刚在淮阴市出现时，由于没有网络技术，仅用来打字或玩一些简单游戏。20世纪90年代末，随着网络技术出现和进步，上网冲浪成为年轻人的最爱。人们通过网络获得海量信息，并通过电子邮件进行联系和大量信息交换、文件传输。网络以其丰富资讯、虚拟世界赢得人们青睐。而网络游戏的出现，使年轻人获得更多上网动力。当时的流行游戏主要是CS（反恐精英）。2000年后，电脑逐步进入寻常百姓家庭。QQ聊天、中国游戏中心、联众世界、聊天地带、连连看等活动方式逐渐流行。网民上网可以建立自己的博客、网站，可以在网上购物和缴费，在网上进行股票交易，登陆网上银行等。上网的对象不仅有年轻人，中老年人也参与其中。他们有些不会打字，就在网上打牌玩游戏，少数会打字的，也通过网络聊天。网络成为现代淮安人生活的重要内容。

二、歌舞

20世纪80年代中后期，淮阴市开始出现跳交际舞、国标舞的人，宣传文化部门也组织过教学活动。进入90年代，跳舞掀起热潮，一些单位和商家纷纷开设歌舞厅。高校也一般在周末由学生会举办舞会，大学生中跳舞人数众多。跳舞也成为年轻人恋爱约会的一种重要方式。单位舞厅一般免费，对外开放舞厅收费在3～5元。舞种主要有三步、四步、恰恰等，跳舞唱歌成为时尚。2000年后，KTV休闲方式兴起，影碟机普及，人们去歌舞厅热情减退。与此同时，随着城市建设发

展，城市中供市民活动的广场增多，广场舞开始悄然兴起，并在城市居民中流行起来。跳广场舞者以中老年人为主，女性多于男性，早晚都有，具体时间因季节变化而不同。

三、泡吧、洗浴

20世纪90年代后，淮阴市区出现茶吧、咖啡厅。2000年后，各色茶吧、咖啡厅纷纷出现。比较有名的有上岛咖啡、迪欧咖啡等。忙碌一天的市民，找几个好友聊聊天、打打牌、联络下感情，茶吧、咖啡厅为人们提供一个安静休闲场所，且价格不高，普通工薪阶层可以接受。茶吧在大热天人气更旺，因为可以享受难得凉意。同期，淮安出现桑拿休闲洗浴中心，之后按摩、足浴纷纷出现，首先出现在高档酒店，后在社会上普及。人们在酒足饭饱后，通过足浴、桑拿、按摩来缓解压力、消除疲劳。消费群体多为企业老板、公司白领等收入较高人群，一般居民只是去洗浴。

四、养宠物

起初，一些居民养狗是为看家护院，后来慢慢演变作为宠物来养。20世纪90年代后，随着收入水平提高，居住条件变好，有条件饲养高级宠物的居民增多。在饲养的宠物中，宠物犬占80%。有牧羊犬、松狮犬、沙皮犬、卷毛犬、虎头犬、贵妇犬、斗牛犬、小鹿犬等数十种。饲养更趋人性化，吃住待遇优厚，甚至进行穿衣打扮，宠物犬们像一个个可爱孩子、彬彬有礼绅士、高贵优雅女士。虽然部分居民对养狗影响市容市貌有意见，但许多人还是将养狗作为生活一部分。除养狗外，还有人养猫、鱼、鸟、乌龟等作为宠物。

五、旅游

20世纪90年代，随着生活水平不断提高，节假日增多，淮阴市旅游业不断升温。双休日短途游、黄金周长线游，各有各的打算。旅游人群有老板、工薪一族、学生，也有农民等，老、中、青、少各个年龄层次都有。私车出游出现，但人数很少。20世纪90年代后期，私家车逐渐增多。2008年，城市每百户居民有车4辆。常见车型有别克、大众、本田、现代、丰田、奥迪、尼桑、马自达、奇瑞、起亚等。私家车的逐渐普及使自驾游成为淮安人追求的新时尚，或一家出游，或三四好友同游。出游目的地，一般选附近安徽、浙江、山东等省市及省内其他市县等。

六、美发美容、健身瘦身

（一）美发美容

20世纪80年代后期，烫发、染发开始在淮阴市出现。至20世纪90年代，逐渐流行。老年人把白发染成黑发，以显年轻。男青年把黑发染成黄色、棕色等，女青年开始烫发，把小辫子变成长波浪等。与此同时，护肤美容成为时尚，有除皱、祛斑、保湿等。2000年后，面膜、面部按摩成为时尚女性的最爱。同时，各种洗面奶、洗面液纷纷登场，以迎合爱美女性需要。美容店还提供修眉、美甲、染发，甚至整形等服务。少数男士也加入美容队伍，主要以嫩肤、祛痘和染发为主。为招揽客户，多数美容店会推出会员卡业务。人体彩绘也开始为少数人群所接受，这些前卫人士在自己身上绘上各式图案，展示人体美。

（二）健身瘦身

20世纪90年代后，随着社区健身设施普及，越来越多居民加入健身行列，群众性健身活动有健身舞、健身操等。每天早上，会有一些中老年人聚集在广场上，打太极拳、跳健身舞等；晚上，在广场上锻炼的人更多。许多健身器材还走进百姓家中，可以足不出户进行锻炼。部分经济条件

好的人，在健身中心办会员卡，定期前往锻炼。部分肥胖者开始热衷于减肥瘦身。初期的瘦身以抽脂为主，后流行药物减肥。2000年后，运动减肥兴起，通过运动既能减肥又能强身健体。

第四章　宗　教

淮安市境内有佛教、道教、伊斯兰教、基督教四大宗教。1996年行政区划调整前，全市有经政府批准登记的宗教活动场所1364处，信教群众34万人。1996年年末，经政府批准登记的宗教活动场所减至566处，信教群众减至12.55万人。至2008年，全市经政府批准登记的宗教活动场所975处，其中寺观教堂类54处、固定处所类921处；全市信教群众有24万多人，有宗教教职人员640人；有市级宗教团体4个，即基督教三自爱国运动委员会、基督教协会、伊斯兰教协会、佛教协会；有县级宗教团体13个。全市宗教活动场所中，有省级重点寺庙1处（慈云禅寺），全国文物重点保护单位1处（清江古清真寺），市级文物保护单位10多处。

第一节　佛　教

一、发展状况

“文化大革命”前，淮阴地区有佛教庙宇109处，僧尼193人。“文化大革命”期间，很多寺庙被毁或挪作他用，僧尼星散，一部分人还俗。1978年后，淮阴地区恢复佛教活动，一批“文化大革命”时期离开寺院的僧尼陆续回到寺庙中，一批寺庙逐步恢复、开放。1983年，清江市成立佛教小组，自此佛教在全市开始有组织活动。

1985年，淮阴市政府向省政府申请修复开放淮阴历史上规模最大的寺庙——慈云禅寺。当时的慈云禅寺破损严重，大部分房屋被市五金公司等单位占用。1986年，省政府同意修复开放，并列为省重点寺庙之一。1987年年底，淮阴市成立佛教协会筹备小组。是年，全市有僧尼近百人，其中僧17人、尼78人，有庙庵21处，多属于家庙家庵性质，稍具规模的是甘泉山的都梁寺和淮安县的莲花庵。

1988年11月，慈云禅寺修复准备工作会议召开，决定市五金公司仓库全部从寺内搬出。1989年，该寺天王殿被收回，由市佛协筹备组使用。1990年，开始慈云禅寺的恢复、修缮与开放筹备工作。

1993年8月，淮阴市佛教协会第一次代表会议在慈云禅寺召开。当年年底，市五金公司从慈云禅寺内全部搬出，该寺的藏经殿、国师殿、罗汉堂等重要建筑重归佛门。当时收回的房屋严重损毁，柱梁等全部需要更换。1994年6月，淮安市古拈花寺修复开放。同年12月，慈云禅寺第一期修复工程完成，中国佛教协会会长赵朴初题写慈云禅寺庙名，台湾佛教界7人参加开光典礼并捐赠3万元人民币。同年，洪泽县安淮寺经复建后对外开放。

1995年8月15日，为纪念中国人民抗日战争和世界人民反法西斯战争胜利50周年，弘扬爱国主义精神，市佛教协会举办“淮阴市佛教界祈祷世界和平法会”，市区1000多名僧众虔修斋供，结坛修法，悼念抗战死难烈士，祈祷世界和平。1996年，慈云禅寺二期工程结束。是年，行政区划调整后，全市恢复开放的佛教场所有32处，信教群众有1万余人。

1998年，盱眙县决定复建铁山禅寺。1999年5月，始建于明宣德年间的县级淮安市准提寺举行佛像开光典礼。同年6月，涟水县能仁寺、妙通塔复建工程奠基仪式举行。12月，淮阴市第二届佛教代表大会召开。之后数年，县级淮安市、涟水县、盱眙县、金湖县相继成立佛教协会。

2000年5月，慈云禅寺举行佛像开光庆典活动。同年12月，慈云禅寺举行山门殿落成暨第二届佛教文化节典礼。2004年，慈云禅寺被表彰为市级模范宗教活动场所。2006年，楚州区开始复建闻思寺。2008年，盱眙县铁山禅寺、楚州区闻思寺和涟水县能仁寺先后对外开放。

至2008年，淮安市有佛教活动场所54处，僧尼67人，信教群众约为1.5万人。

二、寺庙

（一）慈云禅寺

原名慈云庵，始建于明万历四十三年（1615）。清雍正十三年（1735），清世宗命增建寺庙，改庵为寺，并钦赐匾额，至清乾隆四年（1739）建成。咸丰十年（1860），慈云禅寺部分殿堂毁于兵火，后重建恢复。民国7年（1918），大雄宝殿又毁于火灾，寺庙从此日渐颓败。20世纪60年代，该寺被市五金公司用作库房。1986年，江苏省政府批复同意慈云禅寺修复开放，列为省重点寺庙之一。1990年，开始慈云禅寺的恢复、修缮与开放的筹备工作。1994年，收回原有尚存、被市五金公司长期占用为仓库的天王殿，经修复正式对外开放。1996年，收回大雄宝殿、国师殿、部分厢房和库房。1997年，在淮阴市政府的主持下，收回全部寺产，围起寺院围墙，从此对慈云禅寺进行全面整体规划修建，重建山门殿、关房、影壁，恢复古井、粥池、方丈室，修建大雄宝殿、国师殿，改造市五金公司后建的库房，重塑佛像，对寺院进行绿化。2000年5月，慈云禅寺举行佛像开光庆典活动。2008年，淮安市规划部门完成慈云禅寺总体规划项目选址工作，慈云禅寺用地面积由原来的8222平方米增加至15130平方米，新增6908平方米预留发展用地。

（二）能仁寺

能仁寺位于涟水县城中山路，原名承天寺，始建于北宋天圣元年（1023）。天圣八年（1030），改承天寺为能仁寺，历经数代不衰。民国37年（1948）毁于战火。1992年，涟水县决定恢复能仁寺妙通塔并开始复建工作。1998年6月，在复建过程中挖掘到妙通塔地宫，出土佛牙舍利、金棺银椁、石碑铜镜等大量珍贵文物，海内外媒体进行广泛报道，引起轰动。中国佛教协会会长赵朴初亲自为复建的能仁寺、妙通塔题写匾名。2002年，妙通塔建成。2006年，能仁寺复建开工。2007年，复建工程基本完成，整座寺院占地面积3.25公顷，总建筑面积9645平方米。寺内有天王殿、大雄宝殿、妙通塔、卧佛殿、藏经阁、功德碑林等。其中，妙通塔基础直径22米，塔高68.88米，地上七层，地下一层为地宫，面积400平方米，用于文物珍宝的展出。2008年11月，能仁寺举行揭匾仪式和落成庆典，正式对外开放。

（三）铁山禅寺

铁山禅寺位于盱眙县铁山寺森林公园，始建于东汉末年，相传为汉人出家的第一僧侣严佛调所建。原铁山寺占地面积十几公顷，历时15年建成，并形成以铁山寺为中心的寺庙群落，有“小九华”之称，有僧侣近千人。后寺庙毁于民国26年（1937）的战火。1998年，随着铁山寺森林公园的建设，盱眙县决定复建铁山禅寺。2001年农历八月初八（公历9月24日），举办恢建铁山禅

寺奠基活动。至2008年，铁山禅寺完成大雄宝殿、天王殿、山门殿、方丈楼、居士林及院落的建设，并重塑佛像，举行佛像开光典礼，正式对外开放。中国佛教协会会长赵朴初为铁山禅寺题写匾额。铁山禅寺的大雄宝殿高为24.8米，占地面积880平方米，为苏北地区第一大殿。

（四）闻思寺

闻思寺位于楚州区河下镇的大运河畔，原名通源寺、大悲庵，始建于唐末。清康熙四十四年（1705），清圣祖再次下江南巡视，途经河下镇，钦赐寺名为“闻思寺”，自此成为淮安名刹之一。由于战乱等原因，闻思寺在中华人民共和国成立时已破烂不堪，地方政府在该寺旧址办起淮安大头菜腌制厂。2006年，楚州区开始复建闻思寺。2008年9月，闻思寺举行复建工程竣工典礼，正式对外开放。

（五）安淮寺

安淮寺坐落于洪泽县老子山，始建于北宋天禧二年（1018），由金臂禅师所创，原址在龟山，时名龟山寺。龟山寺在元朝末年的战火中受到严重破坏，后在明代中期复建。至清朝康熙年间，龟山寺和洪泽镇、泗州城一起被洪水湮没。道光年间，该寺重建，并改名为安淮寺，含有淮水安澜之意。清代进士、体仁阁大学士阮元曾撰《移建安淮寺碑记》，该碑现仍立在龟山上。1994年，安淮寺移建于老子山原道教场所的金龙大王庙，修建山门殿、大雄宝殿、玉佛殿等，正式对外开放。安淮寺每年农历四月初八举办传统庙会，成为洪泽县一个重要的宗教活动场所和旅游景点。

（六）古拈花寺

古拈花寺位于楚州区淮城镇，前身为明末名尼佳慧所创之拈花社。据说尼僧佳慧早年在淮安湖心寺剃度，为求精进，曾女扮男装在镇江金山寺挂单多年，后被人识破，遂离寺到淮安创办拈花社。拈花社在清朝继续发展，改名“古拈花社”。古拈花社作为淮安的主要尼庵存在数百年，鼎盛时期有大雄宝殿、山门殿、禅房、僧房等建筑数十间。战争年代，古拈花社遭到严重破坏。“文化大革命”中，古拈花社被占作厂房而停止活动。1978年后，经该社多年努力，逐步收回原有寺庙房产，并于1989年改名为古拈花寺。1994年修复完成并对外开放。2006年，古拈花寺进行改扩建，新建山门、东殿、西殿、法堂、寮房、库房、长廊、石刻雕塑、放生池，扩建大雄宝殿，并对寺内各处进行绿化装点。至2008年，古拈花寺成为苏北地区规模最大的尼僧寺院之一，同时也是淮安市佛教协会办公所在地。

第二节　道　教

一、发展状况

1966年，淮阴地区有道观11处，道士、道姑164人。“文化大革命”中，全地区道观或被毁坏，或改作他用，道教活动在淮阴基本消失。20世纪80年代，道教在淮阴地区仍未恢复，相比其他宗教，道教协会也迟迟没有成立。

20世纪90年代后，淮阴市区和县级淮安市恢复部分道教宫观，道教活动复苏。1996年，淮阴市多方筹款，对东岳庙进行部分维修，标志着道教在淮阴市重新恢复。2004年12月，淮安市政府批准恢复市区钵池山道教场所乾元道院，但复建工作因故未完成。2006年，成立东岳庙管理委员会，进一步修复东岳庙。同年7月，在洪泽县老子山镇举行老子山中国道学文化研讨会暨老子塑像揭幕典礼。2008年，位于清江大闸口南侧的斗母宫开始着手修复。同年，开始筹建市道教协会。

至2008年年末，淮安市有道士6人，信教群众约7000人，分布在楚州区、清河区和清浦区。

二、道观

淮安市最为著名的道观为东岳庙。该庙位于楚州区淮城镇岳庙东街，为淮安市市级文物保护单位，也是淮安市规模最大的一处道教活动场所。相传为唐代所建，元泰定年间修葺，明代增修。清光绪三十年（1904）重修。至中华人民共和国成立初期，东岳庙破烂不堪。1958年，淮安县人民委员会利用庙房办起淮安织布厂。“文化大革命”期间，庙内塑像被毁坏殆尽。1996年，进行部分维修。2006年，成立东岳庙管理委员会，并正式作为宗教活动场所对外开放。2007年，东岳庙先后新塑六十花甲子、王母娘娘、文昌、财神等60多尊神像。2008年，又分别对山门、殿堂、牌匾进行油漆修复，使古老的东岳庙面貌一新。

整理修缮后的东岳庙山门是仿造茅山道院的山门重新建造的。进入山门后的院子里有2株树龄达千余年的银杏树。大殿为宋代石础，明代风格，东西宽12.5米，南北进深15.3米，檐高4米。殿中供奉“天齐仁圣大帝黄飞虎”。除大殿外，东岳庙还有内宫、玉皇殿、琼台女便堂、玉京尊神厅、眼光娘娘堂和东岳井等殿堂及建筑。

第三节　伊斯兰教

一、发展状况

伊斯兰教于明末清初随回族迁入今淮安市境内并传播，较有规模的清真寺多建于清雍正、乾隆年间。“文化大革命”期间，淮阴地区的伊斯兰教活动被迫停止，清真寺或被毁坏，或被关闭，或改作他用。1978年后，伊斯兰教活动逐步恢复正常。20世纪80年代初，全地区约有伊斯兰教信徒1万人左右，主要为回族人。按照国家宗教政策，恢复市区古清真寺的宗教活动，寺内住户迁出清真寺，并对古清真寺进行修复，新建淮阴县王家营清真寺、张庄清真寺、淮安县河下清真寺等。上述清真寺在1985年前后先后建成并投入使用。

1982—1984年，淮阴地区6名回族青年赴宁夏吴忠、灵武学习。1984年，葛维礼阿訇作为江苏省唯一的穆斯林代表，参加中国赴沙特阿拉伯的朝觐团，到麦加胜地朝觐。1985年，在王营镇创办为期一年的“海里发”（伊斯兰用语，意为阿訇的学生、替位者、接班人）培训班，为市内外培养16名能为穆斯林日常服务的“海里发”。

1986年，淮阴市成立市伊斯兰教协会筹备组织。1987年12月，市伊斯兰教第一次代表会议在淮阴县回民饭店召开，市伊斯兰教协会正式成立。是年，全市有8座清真寺，有伊斯兰教徒有1.5万多人，主要分布在市区及淮阴、涟水、淮安等县（市）。1988年，因盱眙县老城区改造，原位于县城北前街的盱眙清真寺移建到戚大山山腰上。1989年，县级淮安市成立伊斯兰教协会筹备组织。

1993年11月，淮阴市伊斯兰教第二次代表会议召开。1995年8月，市伊斯兰教协会在王家营清真寺举办法会，穆斯林群众重温抗战历史。1999年8月，市伊斯兰教协会召开第三次代表大会。

2000年后，淮安市及各县（区）多次扩建境内的清真寺。2003年，清江古清真寺、王家营清真寺被确认为市级文物保护单位。2006年，清江古清真寺被国务院确定为全国重点文物保护单

位。至2008年，淮安市有清真寺6座，有伊斯兰教信徒1.5万人左右，正式教职人员（领取阿訇资格证）8人。

二、清真寺

（一）清江古清真寺

位于清河区里运河北岸的东长街。该寺初建于明代中期，由回民筹资建成，名为“袁浦礼拜寺”。清雍正八年（1730）和乾隆五十七年（1792），由穆斯林出资进行两次大规模改扩建，并改名为清江古清真寺，成为远近闻名的大型清真寺。咸丰十年（1860），捻军攻陷清江浦，清江古清真寺被毁。同治九年（1870），循旧制重建该寺。中华人民共和国成立后，该寺两次修建，建筑面积259平方米。“文化大革命”中，清江古清真寺停止活动，寺内的楼、碑、楹、匾等皆被毁，寺内房屋被挪作他用。1978年后，寺内住户迁出古清真寺。1985年，该寺恢复正常宗教活动。1999年，维修清江古清真寺。2000年、2001年和2008年，新建集沐浴、讲经、办公、宗教殡礼于一体的穆斯林文化活动中心，占地面积1229.16平方米，建筑面积约3000平方米。寺内有古柏凌霄、百字赞等。2006年5月，被国务院确定为全国重点文物保护单位。

（二）王家营清真寺

位于淮阴区王营镇东街清真寺巷，初创于清雍正年间，早先为3间草房，俗称王营清真寺。清咸丰十年（1860），捻军攻入王家营，寺遭焚毁。同治六年（1867），由阿訇修建几间茅屋，后又募资修建3间草房的大殿。光绪十年（1884），将草房改建成瓦房。民国元年（1912），新建大门、南讲堂和厨房、水房。民国9年（1920），重建大殿前面的三间瓦卷檐，新建东讲堂三间。1958年，因城市建设需要，搬迁到王营镇西马路东，1961年又迁到今址。“文化大革命”中，该寺大殿被鞋帽厂占用为库房，匾额和楹联等被砸毁焚烧，殡葬用具也被毁。1979年，王家营清真寺重建为仿古风格，1985年建成，寺院面貌焕然一新。1987年，淮阴市伊斯兰教协会成立后，兼作市伊斯兰教协会的办公场所。2003年和2006年，进行两次大的改扩建。至2008年，王家营清真寺占地面积1200余平方米，总建筑面积960平方米，整个建筑为融古今、中阿为一体的独特风格，主要分大殿、南北讲堂、综合楼、档案室、水房等部分。寺内还存有民国期间重修碑记等数件文物。王家营清真寺不仅是淮阴区穆斯林的主要宗教活动场所，也是淮安乃至苏北地区阿訇们的重要学习、培训、讲经场所。平时有1000余名教徒在该寺进行宗教活动。

（三）码头清真寺

中华人民共和国成立后，淮阴县码头乡有2座清真寺，分别在张庄镇村和码头老长街。后2座清真寺合并，选址在张庄镇村今码头小学地址。20世纪80年代初，先后4次对该清真寺进行扩建。扩建后的张庄镇村清真寺占地面积1000平方米，建筑面积300平方米，有大殿3间、水房4间、烧水房2间、厨房1间，全部为砖瓦结构。2008年，因码头小学搬迁，经市宗教局同意，该寺又搬迁到码头小学南50米的地方。

（四）涟水清真寺

位于涟水县黄营乡朱桥村。该寺初建于明末清初，当时共3间草房。清乾隆年间改建为9间。嘉庆年间，随着当地穆斯林人口不断增多，又扩建3间砖瓦结构的清真寺大殿。中华人民共和国成立后，两次修建。“文化大革命”中，该寺被拆毁。2001年，朱桥村复建3间大殿，正立面有3个走廊，3级台阶，走廊下有3根红漆水泥柱，殿内面积120平方米。2002年、2007年，先后两次扩建。至2008年，涟水清真寺总建筑面积3000平方米，包括大殿、阿訇住房、男女水房、殡葬室、办公室、活动室、厨房等设施，门前还有300平方米的娱乐广场，总体是一座独具风格的伊斯兰教活动场所。

（五）河下清真寺

又名淮安古清真寺，位于楚州区淮城镇河下古镇清真寺巷。该寺初建于明代末年，当时有房屋14间，可容纳300人礼拜。清朝末年，捻军烧毁10间房屋，之后得到当地乡绅出资修复。中华人民共和国成立后，两次进行修建。在“文化大革命”中，停止宗教活动。1986年，该寺恢复正常宗教活动。之后，该寺多次修缮和扩建。至2008年，河下清真寺总建筑面积2000平方米，有房间十数间，其中大殿4间；有阿訇1人，经常在该寺参加活动的穆斯林群众有几十人。

（六）盱眙清真寺

位于盱眙县戚大山山腰上。该寺初建于清光绪年间，地址在县城北前街，民国25年（1936）年被日军的飞机炸毁。1952年，盱眙穆斯林捐资复建有7个房间的清真寺。1988年，因老城区改造，北前街清真寺被拆，盱眙县政府拨款在戚大山山腰新建清真寺，有大殿、书房、水房、宿舍、厨房等7个房间，总建筑面积约300平方米，可容纳80人进行宗教活动。

第四节　基督教

一、发展状况

淮安市的基督教专指新教。清末传入淮安，之后发展很快，成为当地最大的宗教。中华人民共和国成立后，淮阴地区的基督教实行“自治、自养、自传”的“三自”爱国方针，割断与外国教会的关系，信教人数有所增加。1951年3月，成立淮阴地区基督教“三自”革新运动促进委员会。1954年春，“三自”革新运动促进委员会更名为淮阴地区基督教“三自”爱国运动委员会，并召开第一次代表会议。1958年，召开第二次代表会议。“文化大革命”期间，教堂被关闭，聚会点被撤销，基督教活动完全停止。

1978年后，基督教在淮阴地区诸宗教中率先恢复活动，教会收回被占用的教产，信教人数不断增加。从1980年开始，平均每年以2万人左右的速度递增。同时，基督教团体发展迅速。1981年10月，淮阴地区基督教“三自”爱国运动委员会第三次代表会议在清江市召开，会议重申“三自”爱国原则和爱国爱教的一致性，决定取消各教派名称，走全教合一的道路。1982年，淮阴地区基督教协会成立，与基督教“三自”爱国运动委员会合称基督教“两会”。1982—1986年，各县（区）基督教“三自”爱国运动委员会纷纷筹备和建立，全市基督教会活动渐趋正常。1987年5月，淮阴市基督教“三自”爱国运动委员会召开第四次代表会议；同月，市基督教协会召开二届一次会议。

至1987年，淮阴市新建涟水、沭阳、宿迁、泗阳、泗洪、盱眙、洪泽7处基督教中心教堂，恢复使用4座教堂，共有11处中心教堂，近千处聚会点。全市有传道人员近千名，其中专职传道20名。信教群众发展到近15万人，分布于全市各地，其中受洗的教众10余万名，是江苏省辖市中信仰基督教人数最多的一个市。

20世纪80年代末到90年代中期，淮阴市很多关闭的教堂和聚会点相继开放，信教人数增长迅速，但全市培养传道人的速度远远落后于信徒的增长速度，很多没有受过正规神学训练、没有正确神学思想为导向的义工承担教会特别是广大农村地区的牧养工作，因此教会中存在着一些消极、片面，甚至是错误的神学观念。从1988年起，淮阴市基督教“两会”选派神学人才赴金陵协和神学院和江苏省基督教圣经专科学校进修，同时多次举办培训班培养专职传道人员及义工队伍。

1988年，美国著名的布道家、前淮阴仁慈医院院长钟爱华的女婿葛培理携夫人露得访问中国，受到国务院总理李鹏接见后专程到露得出生地淮阴访问，开创改革开放后中美宗教界交往的先河，在国内外引起巨大反响。

1992年12月，淮阴市基督教“三自”爱国运动委员会和基督教协会先后召开第五次代表会议和第三次代表会议。1995年4月，在北京路东侧新址举行市基督教中心教堂奠基典礼，市区千余名信教群众参加。至1996年进行区划调整前，淮阴市共有基督教信徒34万人，登记的基督教堂和固定处所1000余处。区划调整后，尚有基督教信徒12余万人，登记的基督教堂和固定处所566处。

1998年，淮阴市开展制止基督教非法活动专项检查，查处基督教非法活动点412处，自封传道人350名，涉及8个县（市、区）的116个乡镇、374个村。同年10月，江苏省苏北基督教义工培训中心在淮阴市基督堂举行开学典礼。培训第一期学员50名。通过正常开训，一批爱国爱教的义工骨干脱颖而出，苏北地区低水平的传道人员队伍和低素质的基督教队伍现状得到改观。之后每年省基督教苏北培训中心都举行苏北五市传道人培训。

2000年7月，淮阴市召开第一次基督教神学思想建设研讨会，参加研讨人员为各县（区）“三自”负责人和神学毕业生65人，收到论文10篇，通过研讨树立正确的圣经观，坚持“三自”原则，使宗教与社会主义社会相适应。同年9月，市基督教“两会”在市中心教堂举行纪念中国基督教“三自”爱国运动50周年大会，市区信徒群众和苏北基督教义工培训班学员计2000余人参加大会。12月，淮阴市基督教“三自”爱国运动委员会第六次代表会议、市基督教协会第四次代表会议召开。会议讨论修改市“两会”章程，选举产生新的委员会和常务委员会。

2001年，市基督教“两会”在淮阴区、清河区、市经济开发区、楚州区等6个县（区）进行神学思想宣讲，宣讲对象为各县（区）的“三自”委员、教牧人员和登记的777处基督教堂点的在任传道人以及文化素质较高的信教群众骨干，共有1100多人。2001—2003年，淮安市连续举办3次基督教神学思想建设研讨会，研讨会中的优秀论文被编入《淮安市基督教神学思想建设论文汇编》，印发到各基层堂点，将神学思想研究成果转化到基层讲台，促进全市基督教会健康、有序地发展。2004年3月，美国富勒神学院董事会一行到淮安市访问，参观楚州区基督教堂、基督教苏北培训中心、淮安仁慈医院、筹建中的教会诊所、周恩来故居和教会老人院等场所，并在市基督教中心教堂讲道。2005年5月，美国基督教长老会一行到淮安市访问，参观市基督教中心教堂、市基督教培训中心和建设中的盱眙县基督教中心教堂。

2006年5月，淮安市基督教“两会”举办由60人参加的全市基督教中年骨干培训班，采取授课与讨论、大会交流相结合的方式，提高学员思想认识、思维判断、遵纪守法和教会管理水平。同年12月，淮安市基督教“三自”爱国运动委员会第七次代表会议、市基督教协会第五次代表会议召开，会议修改市基督教“两会”章程。

2007年12月，淮安市基督教“两会”召开以“基督教与构建社会主义和谐社会”为主题的第五次神学思想建设研讨会，收到论文24篇，全市神学生和县（区）“三自”负责人60余人参加研讨会。同月，新建成的盱眙县基督教堂投入使用。

2008年，淮阴区基督教堂和清浦区基督教堂先后建成并投入使用，均可容纳4000余人进行宗教生活。同年7月，淮安市基督教福音堂门诊部开诊，该门诊是淮安教会组织的慈善门诊，免收服务费，主要服务基督教徒和社会弱势群体。

至2008年年末，淮安市有基督教信徒20多万人，登记基督教堂和固定活动处所913处，有牧师10人、长老50人，经按立的传道人近500人。

二、基督教堂

（一）淮安市基督教堂

又称淮安市中心基督教堂，位于市区西侧，里运河畔。20世纪90年代，由于淮阴市区的基督教堂被其他单位占用，市区基督教徒一直在临时房子里进行宗教生活，淮阴市基督教会采取易地重建的方法建设聚会点。1993年12月，淮阴市教会在市区西郊村征地4669平方米，建造市基督教堂。1995年举行新教堂奠基典礼，1999年11月竣工，全国政协原副主席、全国基督教"三自"爱国运动委员会原主席丁光训大主教为教堂题名，12月举行开堂典礼。教堂占地面积近7000平方米，建筑面积3685平方米，主体12层，局部7层，高度40米，宽41米，长54米，一次可容纳近5000人聚会，正常有信徒4000人。

（二）清浦区基督教堂

位于市区大运河北岸延安西路南侧。1995年7月，当地基督教信徒先租用南港村四组民房6间开始聚会，1998年在城南体育场建彩钢板房500平方米，作为简易活动场所。由于信徒增多，2007年在清安乡南港村征地1.35公顷，筹建清浦区基督教堂。当年开工建造，2008年年底建成并使用。教堂外形为哥特式，主楼9层，高65.2米，建筑面积1.01万平方米，正常有信徒4400人聚会。

（三）淮阴区基督教堂

位于淮阴区北京东路79号。民国13年（1925），美国基督教南长老会在王营镇前进街48号建造王营耶稣堂，有平房8间。"文化大革命"期间，教堂关闭。中共十一届三中全会后，落实宗教政策，将教堂归还给教会使用，教会恢复正常的宗教聚会。后因城市改造，教堂易地重建。新教堂建筑面积2877平方米，正常有信徒4000余人。

（四）楚州区基督教堂

位于楚州区华西路。教堂前身为清光绪三十年（1904）建成的西门福音堂。"文化大革命"期间被占用。1983年落实宗教政策，福音堂归还教会，教会活动恢复。因信徒逐渐增多，教会于1984年征地建新教堂。1995年4月举行奠基典礼，1998年9月建成。教堂占地面积1245.29平方米，建筑面积2814平方米。正常有信徒2000人。

（五）盱眙县基督教堂

位于盱眙县城北淮河南岸的山口门。教堂前身是五墩聚会点，1995年在果园场征地2468平方米，拟建县基督教堂。后因城市规划调整，于2004年在山口门建设盱眙基督教堂。2007年12月，教会迁址到新教堂，更名为盱眙县基督教堂。教堂占地面积8000平方米，建筑面积5600平方米，正常有信徒1200余人聚会。

（六）涟水县基督教堂

位于涟水县涟城镇城东路。1985年，教会在涟水县城区征地2000平方米建5间简易教堂。1988年重建，建筑面积280平方米。2003年扩建，建筑面积2880平方米，正常有信徒4500人聚会。

（七）开发区基督教堂

位于淮安经济开发区福州南路，曾用名山阳教会，以位于原清河区山阳村而得名。当时占地面积396平方米，建筑面积为230平方米。后因城市建设易地重建，重建后的教堂即开发区教堂。该教堂建成于2006年，占地面积3000平方米，建筑面积1800平方米，正常有信徒1000余人聚会。

第五章　方　言

淮安市是运河沿线上的交通重镇，南北交汇，境内方言兼有南方和北方方言特点，并具有南、北方言的过渡性。

本章方言以市区（清河区、清浦区）为主，兼及各县区。语音、词汇、语法举例，均以市区为主。文中注音用国际音标。方言中有音无字的，有同音字用同音字代替，没有同音字标以“□”表示。标“～”，代表与词目相同的字词。字后标“·”，为轻声字。

第一节　特　点

一、语音

（一）声调

普通话声调有4个，即阴平、阳平、上声、去声。淮安方言声调比普通话多1个，保留古入声。入声声调带有明显的喉塞音。

（二）声母

舌边音“l”和鼻音“n”不分，鼻音“n”声母字，大都读成舌边音“l”声母。“浓”“隆”同音。舌尖音“z”“c”“s”和舌根音“zh”“ch”“sh”不分，舌根音“zh”“ch”“sh”声母字，大都读成舌尖音声母。“姿”和“之”、“此”和“齿”、“思”和“诗”同音。

（三）韵母

主要是舌尖音[en]、[in]和舌根音[eng]、[ing]不分。只有舌尖音，没有舌根音。舌根音韵母字大都读成舌尖音韵母。“根”和“耕”、“音”和“英”同音。普通话中的复元音韵母，在淮安方言中有单元音化的趋势。比如“高”，普通话韵母是复元音“ao”，淮安方言读单元音“[ɔ]”。

淮安方言有5个声调，分为阴平、阳平、上声、去声、入声，调值分别为阴平55、阳平24、上声213、去声51、入声14。方言中有些字读轻声时，元音往往弱化；双音词连读变调，最多的是去声字，其特点是去声字在阳、上、入三声前一律变成阴平。

二、词汇和语法

跟普通话虽然差异不大，但也有一些比较明显的特点。比如，亲属称谓，普通话称“父亲”叫“爹”，而淮安方言称“父亲”叫“爷”“爸”“大”，称“祖父”才叫“爹”。普通话讲“我非去不可”，淮安方言通常都说成“我非去”。普通话说“给我一本书”，淮安方言说成“给本书我”。

三、片区差异

淮安方言内部各县区之间以及县区内部东南西北之间都存在着一定的差异。根据语音状况，

淮安方言大致可以分为三大片，即市区片、南片、北片。

市区片　包括清河区、清浦区、淮安经济开发区以及淮阴区的王营镇。该片的语音有卷舌韵[ər]（er），“耳”与“矮”不同音；没有舌根音[iag]（iang），“iang”韵母字都读成[i]（ian）韵母，“江”“艰”同音；带有少量儿化韵。

南片　包括楚州区、洪泽县、金湖县、盱眙县，以及淮阴区京杭大运河以南的南吴集、南陈集、码头、韩桥、高堰、赵集等乡镇。该片的语音有卷舌韵[ər]（er），“耳”“矮”不同音；有[iag]“iang”韵母，“江”“艰”不同音；带有少量儿化韵。

北片　包括涟水县以及淮阴区的古寨、徐溜、刘老庄、五里、老张集、丁集、大兴、棉花庄等乡镇。该片的语音没有卷舌韵[ər](er)，“er”韵母字都读成“ai”韵母字，“耳”“矮”同音；同市区片，“江”“艰”同音；涟水县北部地区，声母分“n”“l”；没有儿化韵。

第二节　词　汇

本节收入词汇的原则是：

1. 淮安方言和普通话词义完全相同的词一般不予收入。比如，“人”“天”“好”“光荣”“改造”等。

2. 多义词，淮安方言和普通话完全同义的一般不收，只收词义不同的部分。比如“走”，在普通话中，只能作动词用，有“步行”“离去”“往来”“变样”等义，而在淮安方言中，除了上述用法外，还有“死”的意思（她家老头子早～了），并且还能作介词用（这笔钱～我这块出）。“厚”在普通话中是与“薄”“浅”“轻”相对的反义词（这本书很～；他俩交情很～；这礼太～了）。在淮安方言中除与“薄”“浅”“轻”相对词义外，还有与“密”“稠”同义的用法（这块地的麦子种得太～了）。本节只收淮安方言独有的一义。

3. 淮安方言用词和普通话用词完全不同。比如普通话讲“这女人长得很俊俏”，淮安方言讲“这女人长得很刷刮”；普通话讲“这纸很薄”，淮安方言讲“这纸很枵”。“刷刮”“枵”这类不同于普通话的纯方言词汇是本节收入的主要对象。

4. 词汇按词首声母音序排列。有同音字的用同音字代替，没有同音字用“□”表示。轻声字在该字注音前加“·”，同时标明本声调。注音右上角的“1、2、3、4”代表“阴、阳、上、去”四声，“?”代表喉塞音，为入声字。

b

巴[pa¹]①动。盼。也说“巴望”。希望。（小团就～过年。）

②形。手指受冻后不灵活。（手冻～了。）

巴头[pa¹·t'əw²]名。指望。（这事有～了。）

巴滑[pa¹·xuæ?]形。控制滑动。（穿这鞋走路～。）

巴家[pa¹ka¹]动。为家里谋好处。（他这个人很～。）

叭拉[pa¹la]形。多话。常叠用。（他～～能讲呢。）

奤[pa³]名。粪便。也说“屎”，多用于小孩。（孩子屙～～了。）

把[pa³]动。①双手抓住小孩双腿，让其大小便。（～尿/～屎。）

②给。（～我一本书。）

把信[pa^{3}ɕin^{1}]动。报丧。

摆平[pɛ^{3}pin^{2}]动。办好（这事我代你～。）

半皮辣减[po^{4} p'i^{2}læˀtɕiæ^{3}]习。事情没做完。也说“半不辣儿”。（事情做得～的。）

扳[pæ^{1}]动。①拌嘴。也说“斗嘴”“扳驳”。（你们不要～了。）

②翻。（这事你～不过来了。）

伴[po ^{4}]动。比。（我跟他不能～。）

半边[po^{4}piæ^{1}]名。旁边。（他们看戏把我放～。）

棒头[paŋ^{4}·təu^{2}]名。玉米。

饱固固[bɔ^{3}·ku^{4}ku^{4}]形。长得饱满。也说“的固固”。

报疤[pɔ^{4}pa^{1}]动。报复。（他怕我～。）

笨驴[pan^{4}ly^{2}]名。骂人很笨。（你是～。）

背旮旯[pəi^{4}ka^{1}la^{2}]名。角落。（我躲在～里。）

背时[pai^{4}si^{2}]形。不合时宜。（这衣服样式太～了。）

□[pi^{1}]动。暗中看。（你到会场上～～他来了没有。）

贬派[piæ^{3}·p'ɛ^{4}]动。贬低。也说“贬薄”。（他就会～人。）

扁[piæ^{3}]动。藏。也说“憋”。（他把刀～在腰里。）

不框[pəˀk'uaŋ^{1}]动。不料，没想到。也说“没框”（～他现在就来了。）

不登底[pəˀtən^{1}ti^{3}]动。没谱儿，心中无数。（这事我心里很～。）

不吱声[pəˀtsɿ^{1}sən^{1}]动。不吭声。（你怎么～。）

不声不气[pəˀsən^{1}pəˀtɕ'i^{4}]成。老实不多话。（这孩子一天到晚～的。）

不如意[pəˀzu^{2}i^{4}]动。生病，也说“不好过”“不舒服”。（他～在家休息。）

不犯余[pəˀfæ^{4}y^{2}]副。不值得。也说“犯不着”。（你～跟他吵。）

不说不道[pəˀsoˀpəˀto^{4}]成。办事不得体，不该为而为之。（他这人做事～的。）

不中不撮[pəˀtsoŋ^{1}pəˀtsoˀ]成。不是多一点就是少一点。（这块布～，给我做裤子少一点，给他做裤子又多一点。）

鼻子[piˀ·tsɿ^{3}]名。鼻涕。（这孩子一天到晚淌～。）

北界[pɔˀkɛ^{4}]名。北边。也说“北头”。

别[piˀ]动。①转动。（他把头～过去。）

②难。（你这不是有意～人吗，）

③闷。（这句话～在心里好多天了。）

逼[piˀ]动。用冷水降温。（搁在冷水里～一～）

P

□[p'ɛ^{1}]动。重重坐下。（他一屁股～在地上。）

□子[p'ɛ^{1}·tsɪ^{3}]名。下肢瘫痪的人。

□[p'ɛ^{3}]动。踩，蹬。（他狠狠～我一脚。）

派[p'ɛ^{4}]动。应该。也说“该派”“派到”。（这话～你说吗？）

盘[p'o^{2}]动。焦心。（这些日子把我～死了。）

□[p'æ^{2}]动。在水中走。(他从水里～过去。)
婆爹[p'o^{2}ti^{1}]名。外祖父。也说“舅爹”“外公”。
婆奶[p'o^{2}lɛ^{3}]名。外祖母。也说“舅奶”“外奶”“外婆”。
破狼色虎[po^{4}laŋ^{2}səˀxu^{3}]成。破烂不堪。(他家～的。)
碰[p'oŋ^{4}]副。正在。(现在乡下～收麦子。)
批[p'i^{1}]动。裂。(这根竹子～了。)
皮[p'i^{2}]动。顽皮,调皮。也说“胜”。(这孩子太～了。)
皮麻[p'i^{2}ma^{2}]动。顽皮。也说“皮”“胜”。(这孩子整天～不肯学习。)
擗[p'i^{3}]动。双手将物体折断。(他把棍子～得了。)
撇[p'iˀ]①形。器皿口大而浅。(这碗太～了。)
　　②动。用器皿取出漂浮水面的物体。(你把水上的油～了。)
屁头子[p'i^{4}t'əw^{2}tsɿ^{3}]名。屁股。
拼头[p'in^{1}·t'əw]动。商议。(这事我们～一下再说。)
平班[p'in^{2}æ^{1}]名。同辈。
漂[p'iɔ^{3}]动。物体变形。(这块板有点～了。)
谱[p'u^{1}]动。水烧到沸点以后外溢。(锅～了。)
普齐[p'u^{2}tɕ'i^{2}]名。荸荠。
泼皮[p'oˀ·p'i^{2}]形。经得住折腾。(这种树很～。)
泼尺[p'oˀts'əˀ]形。丰富。(桃子多买～点,让孩子吃得～一些。)
□溜[p'əˀ·liw']动。用手掸,也说“～捞”。(他把桌上东西都～掉地上。)
拍[p'aˀ]动。接。(我撂,你在下边～住。)

m

麻[ma^{2}]形。骄傲,轻狂。也说“麻狂”“麻木”。(这个人～得很。)
麻里木足[ma^{2}li^{3}mɔˀtsɔˀ]习。轻狂。也说“麻而木之”。(他成天～。)
码[ma^{3}]动。①估算。也说“码算”。(花多钱先要～一下。)
　　　②用盐略腌一腌。(这种菜用盐～一下好吃。)
马快[ma^{3}k'uɛ^{4}]形。很快。(我～就到。)
卖呆[mɛ^{4}tɛ^{1}]动。注意力不集中。(他走路会～。)
毛[mɔ^{2}]副。大约。(～20岁的人了,还这样不懂事。)
毛伢子[mɔ^{2}ɕia^{2}·tsɿ]名。婴儿。
猫耳汤[mɔ^{2}ər^{3}·t'aŋ]名。馄饨。也说“猫耳饺子”。
茅坑[mɔ^{2}k'ən^{1}]名。厕所。也说“茅房”。
卯[mɔ^{3}]动。漏掉。(这事还能把你～了。)
冒[mɔ^{4}]①动。突然出现。(你走哪～出来的。)
　　②形。粗略。(～一看还可以。)
霉痴木谷[məi^{2}ts'ɿ^{1}smɔˀkɔˀ]成。迂腐,不知好歹。(你一天到晚～。)
每天[məi^{3}t'i^{1}]名。往常,过去。(要放～他早走得了。)
梅豆[məi^{2}tə^{4}]名。四季豆。

闷[mən^{1}]形。性格内向，不多话。（他这个人～得很。）

闷些[mən^{4}·ɕi]形。这么多。（～饭哪能吃得完？）

面[mi^{4}]形。瓜果吃嘴里松软不脆。（这苹果～得很。）

磨嘴[mo^{2}tʃəi^{3}]动。吵架。（他们两个人又～了。）

磨[mo^{4}]动。移动一下。（把桌子往里～～。）

明白豆[min^{2}pɔˀtə^{4}]名。结果。（闹不出什么～来。）

明个[min^{2}·kə]名。明天。也说“明儿”。

没慌[məˀxuaŋ^{1}]副。不忙，不急。（你～过来。）

没窍[məˀtɕiɔ^{4}]形。没意思。（你这人真～。）

没捞[məˀ·lɔ]动。①轻打。（我～他两下，他就哭了。）

②用手抹。（裤上有泥，用手～一下。）

没落丢[məˀlaˀtiə^{1}]组。没处摆，不知好歹。也说“没落摆”。（你简直～了。）

没多丁个[məˀtoˀtin^{1}·kə]习。很少，很小。（这瓜～。）

没头没都[mə^{2}t'ə^{2}məˀtu^{1}]成。讲话没条理。也说“没头没脑”。（这人讲话～。）

木谷[mɔˀ·kɔˀ]形。迟钝。可以重叠“木木谷谷”。（你这人怎么～了。）

眯马[m^{1}·ma]形。为人处事厚道，不顶真。（这人做事情很～。）

f

飞子[fəi·tsɿ]名。收钱收物的凭据。

费事唠叨[fəi^{4}sɿ^{4}lɔ^{2}tɔ^{1}]成。复杂难办。（这件事～，谁也不肯办。）

蕃瓜[fæ^{1}kua^{1}]名。南瓜。

翻眼六大睛[fæ^{1}y^{3}lɔˀta^{4}tɕin^{1}]习。形容不听话，不守信用。（你这人怎么～。）

翻尸[fæ^{1}ɿ^{1}]动。做颠来倒去无意义的事。也说“翻尸倒骨”。（你就喜欢～。）

犯着[fæ^{4}tsaɿ]动。值得。（这点小事也～找那么多人吗？）肯定义说“犯得着”，否定义说“犯不着”。

犯嫌[fæ^{4}ɕi^{2}]形。讨厌。（你这人真～。）

逢时过节[foŋ^{2}sɿ^{2}ko^{4}tɕiˀ]俗。每到节日。也说“逢年过节”。（～，我都要买点东西去看看她。）

富态[fu^{4}·t'ɛ]形。长得胖。可以重叠“富富态态”。（这孩子长得就～。）

妇道[fu^{4}·tɔ]名。妇女。这事你们～不懂。

发盛[fæˀ·sən]形。生长茂盛。（这花很～。）

发够[fæˀkə^{4}]形。讨厌。也说“够”“够死了”。（人家见到你就～。）

发水[fæˀsui^{3}]动。涝灾。

d

大[ta^{1}]名。父亲。可以重叠“～～”。

打闪[ta^{3}ɕi^{3}]动。闪电。

打伴[ta^{3}põ^{4}]动。陪同。（他跟你去～。）

打当[ta^{3}·taŋ]动。整理，清理。（家里～得干干净净。）

打磕铳[ta^{3}k'o^{ʔ}·ts'oŋ]动。小睡。

打平伙[ta^{3}p'in^{2}xo^{3}]习。各人自己出钱会餐。也说“抬石头”“AA制”。

打摆子[ta^{3}pɛ^{3}·tsɿ]名。疟疾。

大[ta^{4}]形。高傲。（他这人～得很。）

大房[ta^{4}·faŋ]名。兄长中排行老大，也说“大房头”。老二叫“二房”，以此类推。

大发[ta^{4}·fæ]形。过分。（你这样做太～了。）

大妈[ta^{4}ma^{1}]名。①伯母。

②对中、老年妇女的尊称。

大爷[ta^{4}·i]名。①伯父。

②对年长男子的尊称。

大冬[ta^{4}toŋ^{1}]名。冬至。也说“过冬”。

大矾[ta^{4}fæ^{2}]名。砒霜。

大柴[ta^{4}cɛ^{2}]名。芦苇。

大伯子[ta^{4}·pɔ^{ʔ}·tsɿ]名。称丈夫的哥哥。

大光结目[ta^{4}kuaŋ^{1}tɕi^{ʔ}mɔ^{ʔ}]习。大概。（～算一下。）

大估堆[ta^{4}ku^{3}təi^{1}]副。大略估算。（这袋米～有百十斤。）

大匡格[ta^{4}k'ua^{1}kə^{ʔ}]副。大概。（钱～算一下也省百十块。）

大天白日[ta^{4}t'i$^{'}$pɔ^{ʔ}rə^{ʔ}]名。白天。也说“日里头”。

待承[tɛ^{4}·ts'ən]动。得罪，使人难看。也说“待慢”。（你坐在家里～人。）

带窝[tɛ^{4}o^{1}]动。动物怀胎。（老母猪～了。）

带谅[tɛ^{4}·liaŋ]动。原谅。{请你～一点。）

带肚子[tɛ^{4}tu^{4}·tsi^{3}]动。怀孕。

当口[taŋ^{1}·k'ə^{3}]名。时候。（你怎么赶这～来呢。）

当间[taŋ^{1}·kæ]名。客厅。

荡[taŋ^{4}]动。来回磨。（刀放石头上～一～。）

刀[tɔ^{1}]动。用筷子夹菜。也说“搛”。（你～菜给他吃。）

刀鱼[tɔ^{1}y^{2}]名。鲫鱼。也说“潮鱼”。

刀螂[tɔ^{1}·laŋ]名。螳螂。

祷更[tɔ^{3}·kən]动。祷告。（她经常～你。）

到而不到[tɔ^{4}ər^{2}ɿə^{ʔ}tɔ^{4}]俗。有不周到的地方。（～你别计较。）

倒多[tɔ^{4}to^{1}]副。很。（衣服～难看。）

道鬼[tɔ^{4}kuəi^{3}]动。两人小声讲话（贬义）。（他们～我听到了。）

捣鼓[tɔ^{3}·ku]动。摆弄。（他不会修就瞎～。）

□[təi^{3}]动。抵消。也说“掉”。（你们俩不找，～掉算了。）

抖当[tə^{3}·taŋ]动。糟蹋，浪费。（有几个钱都被他～得了。）

逗[tə^{4}]①形。对。（你说～不～？）

②动。邀约。（是他～我去的。）

逗巧[tə^{4}tɕiɔ^{3}]形。凑巧。（真不～，碰上了下雨天。）

逗劲[tə^{4}tɕin^{4}]形。要好，亲近。（他们两人很～。）

登时[tə˞n'si^{2}]副。立刻。马上（他～脸变了。）
东界[toŋ^{1}kɛ^{4}]名。东边。
爹[ti^{1}]名。祖父。也说“爹爹”。
地头[ti^{4}t'ə^{2}]名。目的地。（到～再说。）
地蛋[ti^{4}tæ^{4}]名。马铃薯。也说“土豆”。
刁顽戏弄[tiɔ^{1}uæ^{2}xi^{4}loŋ^{4}]形。很刁滑。
掉[tiɔ^{4}]动。剩。（这饭是我吃～下来的。）
调蛋[tiɔ^{4}tæ^{4}]动。调皮，不老实。（这家伙会～。）
掉向[tiɔ^{4}ɕiaŋ^{4}]动。转向。（你～了。）
丁[tin^{1}]量。少许，一些。表概数。（你去买～饼来。）
钉[tin^{1}]动。①粘附。（饭～在手上。）
②带着。（小英～病去上学。）
③冒着。（小明～雨走了。）
多晚[to^{1}uæ^{3}]代。什么时候。也说“多会”。（你～到我家来？）
多嘴[to^{1}tsəi^{3}]动。多话。也说“快嘴”“多嘴多舌”。（他家的事你不要～。）
得[tə$^{?}$]动。跺，脚提起用力踏。（～脚。）
得手[tə$^{?}$sə^{3}]动。得到。达到目的。（事情一～，我就告诉你。）
得来来[tə$^{?}$·lɛ·lɛ]副。几乎。（我～掉下河。）
得溜大挂[tə$^{?}$liə^{1}ta^{4}kua^{4}]形。多得挂下来。（今年葡萄肯结，你看～的。）
得为[tə$^{?}$uəi^{4}]副。专门，特地。也说“单工”。（我是～来看你的。）
颠三倒四[ti'sæ'tɔ^{4}si^{4}]成。形容说话、做事反反复复、错乱无章（他讲话老是～的）。
独[tɔ$^{?}$]动。①缝，做。（我到裁缝店去～件衣服。）
②水烧开。（锅里水～了。）
笃逗[tɔ$^{?}$tə^{4}]形。很对，一点不错。（～，就是你见到的那个人。）
笃笃浓浓[tɔ$^{?}$tɔ$^{?}$log^{2}log^{2}]形。形容办事能力很差（这个人～，什么事也办不好）。
短路[tõ^{3}lu^{4}]动。拦路抢劫。（路上有人～被抓了。）
夺[to$^{?}$]动。挪动。可以重叠。（你朝前～～。）
夺夺粗[to$^{?}$to$^{?}$ts'u^{1}]形。短而粗。（那人是～的身材。）
涅[ta$^{?}$]①动。淋。（衣服桩雨～湿了。）
②动。沾，糟蹋。（身上～一身泥，衣裳都～脏了。）
③动。强加。（这事就～在你身上了。）
④量词。（一～鼻子。）
地道[ti^{1}·tɔ]形。老实，认真。（这人做事很～。）
的光[ti$^{?}$kuaŋ^{1}]形。很光滑。（这张桌面～。）
的角正正[ti$^{?}$ka$^{?}$tsən^{4}tsən^{4}]形。形容很整齐，也说“的角四方”。（被子叠得～。）
滴滚溜圆[ti$^{?}$kun^{3}liə^{1}y^{2}]形。很圆。（这瓜～的。）
迪[ti$^{?}$]动。拔。（把手上刺～出来。）
敌住[ti$^{?}$tsu^{4}]副。不放松，抓紧。（你要～追他。）
搭浆[tæ$^{?}$tɕiaŋ^{1}]形。敷衍、应付。（他做事会～。）
搭腔[tæ$^{?}$tɕ'iaŋ^{1}]动。对话。（他跟我不～。）

踱头踱脑[tɑˀt'ə^{2}tɑˀlɔ^{3}]形。精神不振的样子。

t

他大[t'a^{1}ta^{1}]名。妻子称孩子的父亲。
抬杠子[t'ɛ^{2}kaŋ^{4}·tsɿ]习。争执。(他俩一讲话就～。)
汰[tɛ^{4}]动。泡。(肚肺放水里～～。)
讨嫌[t'ɔ^{3}ɕI^{2}]动。讨厌。
摊[t'æ^{1}]动。轮到。也说“派”“派到”。(今天～你值班。)
蹚[t'aŋ^{1}]动。试探。可以重叠。(你～～他口气,看他有什么打算。)
汤勺[t'aŋ^{1}aˀ]名。调羹。
膛灰[t'aŋ^{2X}uəi^{1}]名。灰尘。
推扳[t'əi^{1}pæ^{1}]形。差。(他不比你～。)
□[t'ən^{3}]动。在泥水中走动。(看你～得满腿泥。)
褪[t'ən^{4}]动。①脱。(～衣服。)
②往后赖。(～到别人后边。)
吞子[t'ən^{4}·tsɿ]名。喉咙。也说“嗓子”“吞嗓子”。
头天[t'ə^{2}t'i^{1}]名。前一天。(～他来过这里。)
头里[t'ə^{2}·li]副。先。(你～走。)
投口[t'ə^{2}k'ə^{3}]形。合口味。(这道菜很～。)
透汤[t'ə^{4}·t'aŋ]形。①足。(浇水要浇～。)
②透彻。(他对这个问题讲得很～。)
统[t'oŋ^{3}]动。移动。(板凳朝前～一下。)
条树[t'iɔ^{2}·su]名。扫帚。也说“扫树”。
挑肥拣瘦[t'iɔ^{3}fəi^{2}kæ^{3}səw^{4}]动。挑剔。
添[t'i^{1}]动。生孩子。也说“养”。(小王～一个女伢子。)
挺[t'in^{3}]动。合手退。(叫他把钱～出来。)
□□[t'u^{1}t'u^{1}]形。纷纷,不断。(人～往那边跑。)
土狗[t'u^{3}kə^{3}]名。蝼蛄。也说“土地狗子”。
拖油瓶[t'o^{1}iə^{2}p'in^{2}]名。妇女改嫁,带过去的前夫孩子。
砣子[t'o^{2}·tsɿ]名。肉圆。
团[t'õ^{2}]动。将就着过。也说“农”。(有困难慢慢往前～。)
团□[t'o^{2}lo^{1}]名。周围,附近。(你家～有这个人吗?)
塌尿[t'æˀsəi^{1}]名。遗尿。也说“尿床”。
秃[t'ɔˀ]动。放开水中烫。(鸭子放锅里～～。)
托[t'aˀ]动。①两臂伸开量长度。(你～～这棍子有多长。)
②撑、接。(我把门板往下放,你在下边～住。)
突[t'əˀ]动。①下陷。(地面～下一个洞。)
②错过,没赶上。(～了一班车,迟到了。)

l

拉呱[la^{1}kua^{3}]动。闲谈。也说“呱”“呱呱”。（他们在屋里～呢。）
拉呱[la^{1}·kua]形。不整洁。也说“拉里拉呱”。（他这人很～。）
来拽[lɛ^{2}·tsuɛ]形。经得住折磨。（这家伙真吃住～。）
来斯[lɛ^{2}sɿ^{1}]形。极好，管用。（这家伙真～。）
赖皮[lɛ^{4}p'i^{2}]名。耍赖的人。（这人是～，不要理他。）
雷堆[ləɛ^{2}·təi]形。糟。麻烦。（这是件～事，不好办。）
雷人[ləi^{2}zən^{2}]动。出人意料。令人震惊。（这事很～，你看怎么办？）
郎里郎当[laŋ^{2}li^{3}laŋ^{2}taŋ^{1}]成。不学好，游手好闲。（这孩子一天晚～。）
癞蛄子[lɛ^{4}ku^{1}·tsɿ]名。蛤蟆，蟾蜍。也说“癞大姑子”“癞哈蟆”。
烂泥[læ^{4}li^{2}]名。泥土。
劳神[lɔ^{2}sən^{2}]形。烦神。（这事很～。）
牢靠[lɔ^{2}·k'ɔ]形。很牢、很稳。（绳扣～。）
捞到[lɔ^{1}tɔ^{4}]动。得到。也说“捞着”。（他没～什么好处。）
老[lɔ^{3}]副。经常。（他～到我家来。）
老爹[lɔ^{3}ti^{1}]名。①儿媳妇称公公。
②老年妇女称丈夫。
③对老年男子的尊称。
老太[lɔ^{3}t'ɛ^{4}]名。①称曾祖母。
②对老年妇女的尊称。
老着子[lɔ^{3}tsaˀ·tsɿ]名。①父母。也说“上人”。（你家～有什么意见。）
②老办法。（你还用～不管了。）
老嬷子[lɔ^{3}mæ^{3}·tsɿ]名。①妻子。（老年男子称自己的妻子叫～。）
②泛称老年妇女。
老巴子[lɔ^{3}pa^{1}tsɿ]名。排行最小孩子。
老三老四[lɔ^{3}sæ^{1}lɔ^{3}sɿ^{4}]俗。说话、做事不虚心、也说拽老。
涝害[lɔ^{4}·xɛ]形。厉害。也说“尖唠”。（这人很～。）
冷脸刮搭[lən^{3}li^{3}kuæˀtæˀ]习。待人冷淡。（他一看到我就～的。）
利朗[li^{4}·laŋ]形。利索，干净。（家里拾当得很～。）
利利拉拉[li^{4}li^{4}la^{1}la^{1}]形。不干脆，也说“拖拖拉拉”。（这人办事～，一点不干脆。）
撂[liɔ^{4}]动。放，丢。也说“搁”。（小孩～在婆奶家。）
流秋[liə^{2}·tɕ'iə]形。不结实。（这东西是～货。）
遛门[liə^{4}mən^{2}]动。串门。
连薄[li^{2}·paˀ]形。瘦弱。（他的身体很～。）
亮月[liaŋ^{4}·ylˀ]名。月亮。
临大换[lin^{2}ta^{4}xõ^{4}]动。轮流。（今晚你们两人～值班。）
灵光[lin^{2}·kuaŋ]形。灵，管用。（这家伙很～。）
令月[lin^{4}ylˀ]名。闰月。

令年[lin^{4}li^{2}]名。闰年。
芦秫[lu^{2}·suəˀ]名。高粱。
炉得了[lu^{2}təˀ·liɔ]形。吓呆了。（他吓～。）
乱叨叨[lõ^{4}tɔ^{1}tɔ^{1}]形。很乱。（这人说话～的，）
啰里不嗦[lõ'li^{3}pəˀso^{1}]俗。说话啰嗦。也说“啰里啰嗦”“啰里巴嗦”。
辣杂[læˀzæˀ]形。脏。（哪里很～。）
捞[lo^{3}]动。缠绕。（绳子～在腿上了。）
辣村[læˀts'ən^{1}]动。说脏话。也说“撒村”。（你怎么～骂人。）
落头[laˀ·t'ə]名。地方。（我家没～放这些东西。）

n

拿[la^{2}]动。有意为难。也说“拿桥”。（他有意～你。）
拿乔[la^{2}tɕ'iɔ^{2}]动。帮人办事能做到而故意为难对方。
那段[la^{4}tõ^{4}]名。那里。也说“那块”。
那当口[la^{4}taŋ^{1}kə^{3}]名。那时候。也说“那会子”“那晚子”。
南界[læ^{2}kɛ^{4}]名。南边，南头。
难板[læ^{2}pæ^{3}]副。难得。（你～到我家来一次。）
囊囊独独[laŋ^{1}laŋ^{1}tɔˀtɔˀ]习。笨拙的样子。（你这人做事～。）
囔哄[laŋ^{1}·koŋ]动。低声嘀咕。也说“呢哄”。（你不要～，有话直说。）
□纹[laŋ^{1}uən^{2}]名。绉纹。（她一脸～。）
农[loŋ^{2}]动。将就着往前过。也说“团”。（她带着孩子慢慢往前～。）
弄[loŋ^{4}]动。①对付。（你～不过他。）
②做。（我要回家～饭。）
③用。（～警车开路。）
你侬[li^{3}·loŋ]代。您。你的尊称
年经[li^{2}·tɕin]名。年纪。
念哄[li^{4}·koŋ^{4}]动。念叨。（她每天都在～你。）
暖[lõ^{3}]动。①沾。（他～一身泥。）
②吸。用布类的东西将物体上的水吸掉。（你用纸把桌上水～掉。）
□夺[lõ^{3}]形。做事笨手笨脚、不灵活。（你看他笨手笨脚，～得要命。）

g

尕尕[ka^{3}ka^{3}]形。很小，很少。（小猪才～大。）
□古[ka^{3}·ku]动。死了。（他呀，早～了。）
该[kɛ^{1}]动。拨。（把菜～到碗里。）
改常[kɛ^{3}ts'aŋ^{2}]动。一反常态。（他这几天有点～。）
高[kɔ^{1}]量。次，遍。（地已经锄过两～。）
搞[kɔ^{3}]①动。恶心，不好受。（心里～的慌。）

②介。和，跟。（他～校长吵起来了。）
搞头[kɔ^{3}·t'a]名。配料。也说“配头”。（这肉里最好再加点～。）
搞嘴[kɔ^{3}tsəi^{3}]动。吵架。多指小孩。也说“斗嘴”。（小孩到一起就～。）
搞伙[kɔ^{3}·xo]名。花消。（他家人多～大。）
告[kɔ^{4}]动。①比试较量。也说“～验”。（你们～～看哪个力气大。）
②复秤。（用秤～一～。）
跟手[kən^{1}sə^{3}]副。马上，立刻。（他～就把门关上了。）
干铎铎[kæ^{1}ta^{ʔ}ta^{ʔ}]形。很浓、很厚。（这碗稀饭～的。）
干火[kæ^{1}xo^{3}]动。空欢喜。（这事让你～一场。）
赶哨[kæ^{3}sɔ^{4}]形。快。也说“赶紧”。（你～来。）
干蛋[kæ^{4}·tæ]形。老实无用，说话做事不得体。（～人做这种～事。）
钢[kaŋ^{1}]动。吵架。也说“钢伤”。（他们两人～起来了。）
钢丝车[kaŋ^{1}sɿ^{1}tɕ'i^{1}]名。自行车。也说“脚踏车”。
杠[kaŋ^{4}]动。用土增高地面。（～屋基。）
戆[kaŋ]形。脾气犟。（他脾气很～。）
该个[kəi^{1}·ko]名。今天。也说“该天”。
跟年[kən^{1}·li^{2}]名。今年。
狗盖[kə^{3}·kɛ]名。钉在皮肤上的灰尘。（他身上～很多。）
够[kə^{4}]动。使人厌恶。（你真～人。）
够逗[kə^{4}tə^{4}]形。够用。（他家口粮～不～？）
够戗[kə^{4}tɕ'iaŋ^{4}]形。厉害。（这几天热得～。）
孤刁刁[ku^{1}tiɔ^{1}ti^{1}]形。孤单。也说“孤灵灵”“孤单单”。（他们家～住在圩外。）
箍路[ku^{1}lu^{4}]形。绕路。（你这样走～了。）
姑子[ku^{1}·tsɿ]名。称丈夫的姐妹。
姑爷[tu'·i]名。女婿，也说“姑老爷”“姑大”。
寡话唠叨[kua^{3}xua^{4}lɔ^{2}tɔ]俗。废话连篇。
估堆[ku^{3}təi^{1}]动。估计。也说“大估堆”。（～他不会来了。）
关照[ku^{1}·tsɔ]动。告诉，叮嘱。（你～他早点回家。）
龟腰子[kuəi^{1}i^{1}·tsɿ]名。驼背。
闺娘[kuəi^{1}·liaŋ]名。女儿。
光火[kuaŋ^{4}xo^{3}]动。发脾气，恼火。（你怎么又～了？）
光腚[kuaŋ^{1}tin^{4}]形。赤膊、裸体。
鬼风[kuəi^{3}foŋ^{1}]名。旋风。
鬼事[kuəi^{3}si^{4}]名。见不得人的事。（这人尽做～。）
鬼不日机[kuəi^{3}pə^{ʔ}zə^{ʔ}tɕi^{1}]习。不正经。也说“鬼头鬼脑”。（这个人～。）
乖[kuɛ']动。①不留意碰到。（你怎么把他～倒了？）
②牵连。（他搞你吵，怎能～到我身上呢？）
拐角旯[kuɛ^{3}ka^{ʔ}la^{1}]名。角落。也说“拐角上”。（躲在～里不好找。）
拐男人[kuɛ^{3}læ^{2}·zən]名。情夫。
拐女人[kuɛ^{3}ly^{3}·zən]名。情妇。

拐三磨四[kuɛ3sæ1mo4sɿ4]成。转弯抹角。(你就直说，不要～。)
怪[kuɛ4]副。难怪。也说“怪道”“怪不得”“怪不成”。(寒流来了，～天这么冷。)
裹[ko3]动。合伙、共同。也说“伙”。(我们两个人～起来干。)
过[ko4]动。①熄灭。(炉子里火～了。)
　　①传染。(肝炎会～人。)
过冬[ko4toŋ1]名。冬至。也说“过大冬”。
过嘴[ko4tsəi3]动。改变口味。(这药很苦，拿块糖～。)
管经[ko3tɕin1]形。管用，起作用。(你说话不～。)
掼跤[kuæ4kɔ4]动。摔跤。(他们两人在～。)
掼蛋[guæ4tæ4]名。用扑克牌玩的一种游戏名称。
拱[koŋ3]动。钻，在水下游。(他一猛子～到对岸。)
格[kəʔ]动。单腿跳。(只许用–只脚～。)
疙当[kəʔ·taŋ]名。①疮。(腿上害个～。)
　　②身上突起个肿块。(头上跌个～。)
格蚤[kəʔ·tsɔ]名。跳蚤。
格登[kəʔtən1]形。突然。(我～想起来了。)
格贱[kəʔ·tɕi]动。折磨，让人难受。也说“格瘆”。(你真～人。)
格灵灵[kəʔlin2lin2]形。叫声凄凉。(他一天到晚喊得～的。)
合[koʔ]动。①合伙，一起。也说“伙”“裹”。(这支笔两人～用。)
　　②与人相处。(我们两家～邻居。)
刮[kuæʔ]动。①舀。(把缸里水～光。)
　　②牵连，指桑骂槐。(你哪里骂孩子，明明是～人。)
刮哥[kuæʔko1]名。布谷鸟。
呱呱叫[kuæʔkuæʔtɕiɔ4]形。极好。(这布～。)
郭[kuaʔ]动。液体外溢。(水～外来了。)
掴[kɔʔ]动。刺，钉。(把纸～在墙上。)
骨冗[kuəʔ·zoŋ]动。动弹。(那不是小虫子在～吗？)

k

卡[k'a1]动。两手相合收紧。(把他脖子～住。)
卡[k'a2]动。以强欺弱。也说“卡强”“卡黄”。(你怎么老～在他头上。)
卡[k'a3]动。器皿口朝下倒放。(把碗～在桌上。)
卡嘴[k'a3tsəi3]动。吻合。(他说的与事实不～。)
咯[k'a3]动。用气使喉咙里的东西吐出来。(鱼刺～不出来。)
开味[k'ɛ1uəi4]动。开心。(他又拿你～了。)
忾[k'ɛ4]动。拖延。(你真能～，到这晚才来。)
忾将[k'ɛ4tɕiaŋ1]动。偷懒。也说“忾将躲懒”。(一做事你就～。)
考究[k'ɔ3·tɕiə]形。讲究。(他穿衣服很～。)
铅角子[k'æ'kaʔ·tsɿ]名。硬币。

侃空[k'æ³k'oŋ¹]动。讲空话、假话。（他这人能～呢。）

糠[k'aŋ¹]形。脱水变得松而不实。也说“糠心”。（这萝卜～了。）

抗上[k'aŋ⁴saŋ⁴]名。不听上级讲话。（他这个人就喜欢～。）

坑[kən¹]动。低。（把头～下来。）

坑头低摸[k'ən¹t'ə²ti¹ma?]习。老实勤快。也说“吭哧吭哧”。（他一天到晚～干活。）

款款[k'õ³k'õ³]形。慢慢。（你不急，～～讲。）

尅[kəi²]动。①吃。（今天到你家～一顿。）

②打。（不听话被我～了一顿。）

窠猪[k'o³tsu¹]名。产仔的母猪。

可不自然[k'o³pə?tsɿ⁴i²]习。果然，不出所料。（他～来了。）

坷垠[k'o³·laŋ⁴]名。泥块子。

□[k'ua²]动。刮，划。（用刀把皮～掉。）

快麻[k'uɛ⁴ma²]副。快。也说“快点”“快当”。（请你～来。）

环[k'uæ²]动。曲。（腿～起来了。）

诳[k'uaŋ²]动。大声叫喊（贬义）。（你～也没人睬你。）

哭穷[k'ɔ?tɕ'ioŋ²]动。叫穷。也说“渴穷道鬼”。（你尽～，没人跟你借钱。）

渴雪[k'o?·ɕy?]形。可惜。也说“渴雪得了”。（这瓜烂～了。）

磕跟绊跌[k'o?kən¹pæ⁴ti?]习。走路不稳。也说“磕磕绊绊”。（他走路～。）

瞌冲[k'ə?soŋ⁴]名。瞌睡。也说“打盹”。

搭[k'ə?]动。卡。（鞋子小了，～脚。）

壳[k'a?]动。强迫。（这事就～他替你办。）

克头子[k'ə?t'ə²·tsɿ]名。膝盖。也说“克几头子”“克现头子”。

窟[k'uə?]动。躲藏。（他一天到晚～在家里看书。）

酷[k'ɔ?]形。很好，很强。

窟窟刺刺[k'uə?k'uə?ts'ɿ¹ts'ɿ¹]习。不舒服。（这事没办好，心里老～。）

h

哈塔痴的[xa¹t'æ?tsɿ¹·ti?]习。粗心，马虎。（你不能老～。）

号[xɔ⁴]量。个。用于概数。（看热闹的有百十～人。）

好天[xɔ³t'i¹]名。晴天。

好意[xɔ³·i⁴]形。有意。（他这样做也不是～的。）

亥[xɛ']动。偷，扒。（口袋里的钱被～了。）

亥怠[xɛ¹·tɛ⁴]形。做事拖拉。（你做事太～了。）

亥呆手[xɛ¹tɛ¹sə³]名。扒手。

醢得了[xɛ³·tə?·liɔ³]动。完了。也说“～豁”“～歪”“毁得了。”

害伢子[xɛ⁴ia²·tsɿ³]动。怀孕。也说“怀身子”“怀子”。

憨蹋[xæ¹·t'æ?]形。反映迟钝。（你真～，一点不急。）

憨大头[xæ¹ta⁴t'æ²]名。傻子。

汗褟[xæ⁴t'æ?]名。汗衫。

夯不郎当[xaŋ¹pəˀlaŋ²taŋ¹]习。统统在内。（～就这么多。）
候受[xə¹·sə⁴]动。令人难受。（这件事真～人。）
猴[xə²]①形。刁，精。（这人很～。）
②动。登，爬。（～那么高干什么？）
猴头猴脑[xə²t'ə²xə²lɔ³]形。形容人长得又矮又丑。
后首[xə⁴sə³]①副。后来。（～一直没看到他。）
②形。后来。（～的事我就不知道了。）
后个[xə⁴·ko⁴]名。后天。也说“后儿”。
厚[xə⁴]形。密。（这块地的麦子种得太～了。）
红豆[xoŋ²tə⁴]名。赤豆。也说“红小豆”。
红鱼[xoŋ²y²]名。鲤鱼。
横竖[xoŋ⁴su⁴]副。反正。（～不讨好。）
焐[xu¹]动。煮。（～山芋。）
胡四赖子[xu²sɿ⁴lɛ⁴·tsɿ³]名。不讲理的人。也说“胡桃子”。（他是个～。）
胡扯八拉[xu²tɕ'i³pæˀla¹]成。乱说。（你一天到晚～，没有一句正经话。）
呵[xo¹]动。讨好。（他一天到晚跟领导后边～。）
花头[xua¹·t'a²]名。花招，也说“花头点子”，不正当的主意。（他要顽～了）
昏头六冲[xuan¹tə²lɔ²tsoŋ⁴]形。昏昏沉沉。
何犯余[xo²fæ⁴y²]副。值得，何必。（你～生气呢？）
火[xo³]动。高兴。（你不要～，说不定人家先到。）
火星虫[xo³ɕin¹ts'oŋ²]名。萤火虫。
和[xo⁴]量。遍，次。（白菜要多洗几～。）
挥[xuəi¹]动。①猪用嘴有地止钻。也说“岗”。（小猪把菜都～了。）
②挖。（他用锹在地上～个洞。）
灰不溜秋[xui¹pəˀliə²tɕiə¹]成。颜色灰暗。也说“黑不溜秋”。（这布～，不好看。）
回头[xuəi²·tə²]副。马上，等一会。也说“回来”。（你先走，我～就到。）
回门[xuəi²·mən²]动。女子结婚后第一次回娘家。
□开[xuɛ³k'ɛ¹]动。放开。（大家都～干。）
还应[xuɛ²·in⁴]动。复苏。（小狗又～过来了。）
黄河[xuaŋ²xo²]名。银河。
黄了[xuaŋ²·liɔ³]动。完了，没指望了。也说“黄得了”“海得了”“海了”。（这件事看来～。）
黑月头[xəˀylˀt'ə²]名。没有月亮的晚上。（那天晚上是～。）
黑天了[xəˀt'i¹·liɔ³]叹。表惊讶，多用于句首。（～，能要那么多钱。）
黑青抹枯[xəˀtɕ'in¹mæˀk'u¹]天很黑。也说名“黑不留丘”。
惑气[xɔˀtɕ'i⁴]动。闭，闷。（耳朵～了。）
惑住[xɔˀtsu⁴]动。遗忘，想不起来。（这事我怎么就～了呢？）
滑[xuæˀ]副。全，都。（刷锅洗碗～是她。）
瞎估堆[xæˀku³təi¹]副。大概，大略估计。（～他不来了。）
瞎搭搭[xæˀtæˀtæˀ]副。白费。（你～花这钱干什么？）
滑手[xuæˀsə³]动。失手，松手。也说“丢手”。（我一～他就跑了。）

滑不溜儿[xuæ^{ʔ}pə^{ʔ}liə^{1}tɕi^{1}]习。①很滑。（这东西～，抓也抓不住。）
②狡猾，也说“滑不唧溜”。（他这人～。）
合[xo^{ʔ}]动。抖动。也说“抖”“抖抖”。（衣服上有泥，提起来～。）
擢托[xua^{ʔ}t'a^{ʔ}]①副。突然。（他～不来了。）
②象。（～一声，门关起来了。）
活套[xo^{ʔ}·t'ɔ^{4}]形。灵活。（他这个人很～。）
活胜[xo^{ʔ}·sən^{4}]形。令人讨厌。（你这人真～。）
活脱脱[xo^{ʔ}t'o^{ʔ}t'o^{ʔ}]副。很像，一个模样。（～就像他。）
活沙沙[xo^{ʔ}sa^{1}sa^{1}]形。形容极度恐惧。也说“活活沙沙”。（你看他吓得～的。）
活现眼[xo^{ʔ}ɕi^{4}y^{3}]习。出丑。（真是～，谁叫你不听人劝。）
活里活络[xo^{ʔ}li^{3}xo^{ʔ}la^{ʔ}]形。①松动。（这张桌腿～。）
②做事不稳。（小王～，做不出好事。）
活嚼大头蛆[xo^{ʔ}tɕiə^{ʔ}ta^{4}t'ə^{2}tɕ'y^{1}]习。胡说。也说“瞎嚼大头蛆”。（～，根本没有这回事。）
□[xa^{ʔ}]动。紧贴。（两块板～在一起。）
忽芦[xuə^{ʔ}·lu^{2}]名。葫芦。
忽噜[xuə^{ʔ}lu^{1}]形。突然发生。也说“忽拉”。（大门～开了。）
忽刺[xuə^{ʔ}ts']副。动作发生很快。（一刀～进去。）

j

鸡零狗碎[tɕi^{1}lin^{2}kə^{3}səi^{4}]成。很碎很乱。（你怎么把这东西弄得～的。）
叽溜[tɕi^{3}·liə^{4}]名。蝉。
叽溜狗子[tɕi^{3}·liə^{4}kə^{3}·ts^{3}]名。蝉的幼虫。
叽溜壳子[tɕi^{3}·liə^{4}k'a^{ʔ}·ts^{3}]名。蝉蜕。
这晚[tɕi^{4}uæ^{3}]代。这时候。也说“这会”。（你怎么到～才来。）
这块[tɕi^{4}kuε^{4}]代。这里。也说“这滩”。
这下[tɕi^{4}ɕia^{4}]代。这次。（你说过了，～摊我说了。）
鲚花鱼[tɕ^{4}xua^{1}y^{2}]名。鳜鱼。
家私[tɕia^{1}·s^{1}]名。家产。也说“家当”。（他家～不少。）
假扯[tɕia^{3}tɕ'i^{3}]副。好 。也说“假大六扯”。（我们～也是亲戚嘛。）
搛[tɕi^{1}]动。用筷子夹。也说“刀”。（～菜吃。）
尖闹[tɕi^{1}·lɔ^{4}]形。尖刻、厉害。也说“尖”“涝害”。（这孩子～得很。）
肩木头子[tɕi^{1}mə^{ʔ}tə^{2}·ts^{3}]名。肩膀。也说“肩膀拐子”。
见着[tɕi^{4}·tsa^{ʔ}]动。值得，够。也说“见得着”。（这条鱼～吃一顿了。）
见饭[tɕi^{4}·fæ^{4}]形。实惠，出率高。（小米做饭～。）
见气[tɕi^{4}tɕ'i^{4}]动。生气。也说“来气”。（你不要～。）
见眼生勤[tɕi^{4}yæ^{3}sən^{1}tɕ'in^{2}]成。勤快。（这孩子～，谁都喜欢他。）
将将好[tɕiaŋ^{1}tɕiaŋ^{1}xɔ^{3}]副。恰好，正好。也说“将才好”。（这间房子～够住的。）
娇怪[tɕiɔ^{1}·kuε^{4}]形。娇嫩，经不住折磨。（这花很～，不好服侍。）
娇巴巴[tɕiɔ^{1}pa^{1}pa^{1}]形。娇气十足。也说“娇滴滴”。（这孩子～的。）

叫驴[tɕiɔ^{4}ly^{2}]名。公驴。
叫官子[tɕiɔ^{4}kæ^{1}·ts^{3}]名。蝈蝈儿。
叫鸡子[tɕiɔ^{4}tɕi^{1}·ts^{3}]名。蟋蟀。
今明[tɕin^{1}min^{2}]名。将来。（眼下还行，～怎办？）
经饿[tɕin^{1}o^{4}]形。耐饿。（吃炕饼比吃面条～。）
精大光[tɕin^{1}ta^{4}kuaŋ^{1}]形。一点剩余。
精贵[tɕin^{1}·kuəi]形。珍贵。
精灵[tɕin^{1}·lin^{2}]形。机灵。也说“精”。（这孩子～得很。）
精神六国[tɕin^{1}sən^{2}lɔˀkɔˀ]形。很有精神。也说“神气六国”。（他一天到晚～。）
紧紧[tɕin^{3}tɕin^{3}]副。迟迟。（你怎么～不来呢？）
就[tɕiə^{4}]动。收缩。（这根绳子～来了。）
就筋[tɕiə^{4}tɕin^{1}]动。抽筋。
就手[tɕiə^{4}sə^{3}]副。顺便。（这事～就办好了。）
舅爹[tɕiə^{4}ti^{1}]名。外祖父。也说“外公”“婆爹”。
舅奶[tɕiə^{4}lɛ^{3}]名。外祖母。也说“外婆”“婆奶”。
舅老爷[tɕiə^{4}lɔ^{3}·i^{2}]名。称妻子的兄弟。
卷子[tɕy^{3}·ts^{3}]名。馒头。
急斗[tɕiˀ·tə^{4}]动。着急。（他一输钱就～。）
紧忙[tɕin^{3}maŋ^{2}]形。迟迟。（你怎么～不来？）
节子[tɕiˀ·ts^{3}]名。用芦苇编成带状席子，用来围囤粮食。
结杠[tɕiˀ·kaŋ^{4}]形。健康。多用于老年人。（老人家身体很～。）
结巴子[tɕiˀpa^{1}·ts^{3}]名。口吃的人。
结结巴巴[tɕiˀpa^{1}tɕiˀpa^{1}]形。①讲话不流利。（他一急讲话就～。）
②经济拮据。也说“巴巴结结”。（他家生活老是～。）
脚只子[tɕiəˀtsˀ·ts^{3}]名。脚趾。
脚只盖子[tɕiəˀtsəˀkɛ^{4}·ts^{3}]名。趾甲。
脚底板[tɕiəˀti^{3}pæ^{3}]名。脚掌。
嚼蛆[tɕiəˀtɕ'y^{1}]动。胡说，乱说。也说“嚼舌头”“嚼舌根子”。（你不要瞎～。）
嚼蛆道鬼[tɕiəˀtɕ'y^{1}tɔ^{4}kuəi^{3}]成。唠叨。（她一天到晚～。）
蹶[tɕyiˀ]动。跑。（用绳子扣起来～不掉了。）
绝对[tɕylˀtəi^{4}]形。极好。（他和我关系～。）

q

起首[tɕ'i^{3}sə^{3}]名。开始。也说“开头”“起先”。（～是他跟我讲的。）
起窝[tɕ'i^{3}o^{3}]动。动物发情。（母猪～了。）
前个[tɕ'i^{2}·ko^{4}]名。前天。
戗[tɕ'iaŋ^{4}]动。①顶撞。（他们两人说着说着就～了起来。）
②将物体靠着另一物体站着放。（根～在墙上。）
桥[tɕ'iɔ^{2}]形。物体变形。

俏刮[tɕ'iɔ^{4}·kuæ$^{?}$]形。俊俏。也说“刷括”。（这女人长得很～。）

翘辫子[tɕ'iɔ^{4}pi^{4}·ts^{3}]动。死了，贬义。（周扒皮～了。）

清汤寡水[tɕ'in^{1}t'aŋ'kua^{3}suər^{3}]成。形容油少。

寻人[tɕ'in^{2}zən^{2}]动。改嫁。（小王男的刚死不久就～了。）

勤溜[tɕ'in^{2}·liə^{1}]形。勤快。（这孩子很～。）

沁[tɕ'in^{4}]动。从高处往下歪。（注意不要～下来。）

去得了[tɕ'y^{4}t$^{?}$·liɔ^{3}]动。死了。也说“走得了”。多指婴儿。

拳头溜子[tɕ'y^{2}t'ə^{2}li^{4}·ts^{3}]名。拳头。

缺[tɕ'yi$^{?}$]动。折断。（他把棍子～了。）

蛐蟮[tɕ'iɔ$^{?}$ɕi^{4}]名。蚯蚓。

吃工[tɕ'i$^{?}$koŋ^{1}]形。费力。

吃闷鼻子[tɕ'i$^{?}$mn^{1}pi$^{?}$·ts^{3}]词组。碰软钉子，被人忽悠。

吃住[tɕ'i$^{?}$tsu^{4}]形。经得住。也说“吃得住”。（三顿没吃饭，他真～饿。）

吃烟[tɕ'i$^{?}$i^{1}]动。吸烟。也说“抽烟”。

七大八[tɕ'i$^{?}$ta^{4}p$^{?}$]俗。差不多，（事情办怎么样了，已经有个～了。）

七老八十[tɕ'i$^{?}$lɔ^{3}p$^{?}$sə$^{?}$]成。形容年老。

x

西界[ɕi^{1}k ɛ ^{4}]名。西边。

西红柿[ɕi^{1}xoŋ^{2}s^{4}]名。蕃茄。

稀里古怪[ɕi^{1}li^{3}ku^{3}ku ɛ ^{4}]形。与众不同。

稀里糊涂[ɕi^{1}li^{3}xu^{2}t'u^{2}]形。很糊涂。

稀稀朗朗[ɕi^{1}ɕi^{1}laŋ^{1}laŋ^{1}]形。很稀疏。

细席[ɕi^{4}ɕi$^{?}$]名。草席。

伢子[ɕia^{2}·ts^{3}]名。小孩子。也说“小团”。

下[ɕia^{4}]动。动物产仔。（～小猪。）

下老[ɕia^{4}lɔ^{3}]副。使劲。（及服要～洗洗。）

下地[ɕia^{4}ti^{4}]动。①下葬。（棺材已经～了。）
②到地里去。（他～干活去了。）

下不去[ɕia^{4}pə$^{?}$tɕ'y^{4}]动。害羞。（他见我就～。）

下人[ɕia^{4}·zən^{2}]名。子女晚辈。（～对上人要孝顺。）

嫌[ɕi^{2}]形。令人厌恶。（你这人真～。）

险不险[ɕi^{3}pə$^{?}$ɕi^{3}]副。几乎，差一点。（我～上他的当。）

现[ɕi^{4}]动。盖。（粮食丢在外边要用席子～一下。）

响快[ɕiaŋ^{3}·k'uɛ^{4}]形。礼貌待人。（她待人很～。）

枵[ɕiɔ^{1}]形。薄。（这纸很～。）

向道[ɕiaŋ^{4}·tɔ^{4}]动。嘱咐。

消偏[ɕiɔ^{1}·p'i]动。羞辱，讽刺。（你专门～。）

晓道[ɕiɔ^{3}·tɔ^{4}]动。知道。也说“晓得”。（他来我～。）

小伙子[ɕiɔ^{3}xo^3·ts^3]名。男孩子。也说“小事子”。
小团[ɕiɔ^{3}tɕiə^1]名。小孩。也说“小把戏”。
小乌子[ɕiɔ^{3}u^1·ts^3]名。蝌蚪。
小傍中[ɕiɔ^{3}paŋ^{1}tsoŋ^1]名。快到中午。（他直到～才来。）
小戏[ɕiɔ^{3}ɕi^4]名。地方戏。
小小不言[ɕiɔ^{3}ɕiɔ^{3}pəˀi^2]成。微不足道。（～，你不要计较。）
心心业业[ɕin^{1}ɕin^{1}iˀiˀ]成。执意，满心想。（她～要到你家去。）
心肠[ɕin^{1}ts'aŋ^2]名。心思。（他那有～去玩。）
星星[ɕin^1·ɕin^1]名。蜻蜓。
兴[ɕin^4]动。逞能。（他～呢，谁也不买帐。）
兴奉[ɕin^4·foŋ^4]动。捧，娇惯。（她的脾气都是你～的。）
熊[ɕioŋ^2]骂。（他被我～一顿。）
嗅[ɕiə^4]动。用嘴吸。（～面条。）
险末末[ɕi^{3}lɛ^{2}lɛ^2]副。差一点，几乎。（他～掉下河。）
悬[ɕy^2]形。险。也说“悬擦”“悬刮机的”。（真～，差点掉下河。）
炫[ɕy^4]动。夸张，吹嘘。（他能～呢。）
嘘[ɕy^1]动。高声讲话。也说“吵”“嘘嘘吵吵”。（尽听他～。）
绪摸[ɕy^4·maˀ]动。寻找。（他一天到晚就～吃的。）
蝎虎[ɕiˀ·xu^3]名。壁虎。也说“扒墙虎”。
吸霍[ɕiˀxuaˀ]形。做事不稳重。（他这人做事～的。）

z、zh

自打[tsl^{4}ta^3]介。自从。（～那天起，他就再没来过。）
自敢[tsl^{4}kæ^3]名。自己。（你～去。）
昨个[tsa^2·ko^4]名。昨天。
栽赖[tsɛ^1·lɛ^4]动。诬赖。（你这不是～好人吗？）
再[tsɛ^4]动。反复洗。（衣裳放水里～几遍。）
怎干[tsən^3·kæ^1]代。①怎么。也说“怎”“怎个”。（他～不来的？）
②怎么着。（他想～就～。）
③怎样。（他拿百儿八十不～，出得起。）
怎弄[tsən^{3}loŋ^4]代。怎办。也说“怎弄法”。（这事～呢？）
走[tsə^3]介。从。（钱～我这里拿。）
动。①死。（她家老头子早～。）
②动。拧。（把手巾上的水～干了。）
走家[tsə^{3}ka^1]动。回家。（我要～。）
走亲亲[tsə^{3}tɕ'in^1·tɕin^1]动。到亲戚家去。（他～去了。）
走手[tsə^{3}sə^3]形。没把握好，事情办糟了。（没想到这事办～了。）
轴[zə^4]形。固执。
周正[tsə^{1}tsən^4]形。正派。（为人～。）

左[tso^{3}]动。抓，捉。（～住他衣裳，不让他走。）
做呢[tso^{4}li^{2}]代。做什么。也说“干嘛”。
做拦停[tso^{4}læ^{2}·t'in^{2}]动。调解。（他们有矛盾，请你～。）
坐月子[tso^{4}yiʔ·ts^{3}]组。生孩子的第一个月。（她在家～呢。）
钻及[tsõ^{1}·tɕiʔ]形。善于钻空子。（他这个人很～。）
嘴翻舌调[tsəi^{3}fæ^{1}ɕiʔtiɔ^{4}]成。反嘴。（小孩不能～的。）
嘴尖毛长[tsəi^{3}tɕi^{1}mɔ^{2}ts^{1}aŋ^{2}]俗。待人说话尖刻。
捉头捉脑[tsuaʔtə^{2}tsuaʔlɔ^{3}]成。讲话态度生硬。（他一讲话就～。）
作[tsaʔ]动。故意闹别扭。（不好好过日子，硬～。）
作天[tsaʔt'i^{1}]动。天将变阴。（天气不好，看样子～了。）
作兴[tsaʔ·ɕin^{4}]动。时兴，流行。（二月二～带闺娘。）
作怪[tsaʔkuɛ^{4}]动。①哭闹。多指小孩。（小宝子又～了。）
②捣乱。（这件事都是他在里面～。）
作假[tsaʔtɕia^{3}]动。假装客气。
作狂[tsaʔk'uaŋ^{2}]动。发狂。（你这不是～吗，怎能那么干呢？）
作气[tsaʔtɕ'i^{4}]动。生气。（你又惹他～了。）
作蹋[tsaʔ·tæʔ]动。糟蹋。（麦子被小猪～光了。）
着床[tsaʔtɕia^{3}]动。卧床不起。
撮住[tsoʔ·tsu^{4}]动。抓住。（你把他～，不让他跑了。）
支毛六足[tsl^{1}mɔ^{2}lɔʔtsoʔ]习。故意闹别扭。（你～想干什么？）
只当[tsəʔtaŋ^{4}]副。就当。（这几块钱～输掉了。）
值当[tsəʔtaŋ^{4}]形。值得。（这事不～跑他计较。）
直行[tsəʔɕin^{2}]副。简直。（他～气昏了。）
直刺[tsəʔtsi^{1}]副。一直往前走。（往南～就到清江影都了。）
指实[ts^{3}·səʔ]动。指望。（这事就～他去办呢。）
揸手六脚[tsa^{1}sə^{3}lɔʔtɕiəʔ]习。形容做事没章法。（他一天到晚～，办不出一件好事。）
丈母娘[tsaŋ^{4}mzəno^{3}liaŋ^{2}]名。岳母。
丈人[tsaŋ^{4}zən^{2}]名。岳父。
争较[tsən^{1}·tɕiɔ^{4}]动。计较。（你跟他就不要～了。）
中[tsoŋ^{1}]动。行，可以。（我去不～，有人会治你。）
装蒜[tsuaŋ^{1}sæ^{4}]动。装糊涂。（你这是有意～。）
踋[tsuɛ^{3}]①动。得意的样子。（你不要～，有人会治你。）
②形。得意的样子，目中无人，（他～得很呢）
奘[tsuaŋ^{3}]形。粗。（这孩子大腿多～的。）
撞[tsuaŋ^{4}]动。添，凑。（～成十块钱钱整数。）
蛛蛛[tsu^{1}·tsu^{1}]名。蜘蛛。
锥子[tsuəi·ts^{3}]名。马蜂。
窄别[tsəʔ·piʔ]形。狭小。（我家房子很～。）
拙嘴钝腮[tsoʔtsəi^{3}tən^{4}sɛ^{1}]成。不善言辞。也说“拙嘴笨舌”。（他这人～。）
筑[tsɔʔ]动。用钉耗刨。（在这里～条沟。）

c、ch

刺闹[ts'l^{4}·lɔ^{4}]①动。讽刺，挖苦。（你这不是～人吗？）
②形。痒。可以重叠“刺刺闹闹”。（身上～难受。）

刺贡[ci^{1}·koŋ^{4}]动。斥责（～人。）

𥖄[ts'a^{3}]动。不用筷子，用嘴直接把饭吃到嘴里。（～一口饭。）

财头[ts'ɛ^{2}t'ə^{2}]名。吝啬的人。也说“肉头”。（他是～。）

踩代[ts'ɛ^{3}tɛ^{4}]动。继承上代人的习性。（你的儿子活～。）

草狗[ts'ɔ^{3}kə^{3}]名。母狗。

草棵[ts'ɔ^{3}k'o^{1}]名。草丛里。（路上说话，～有人。）

草纸[ts'ɔ^{3}ts^{3}]名。卫生纸。

操[ts'ɔ^{4}]动。胡闹。也说“～蛋”。（你专门跟我～）

串稀[ts'õ^{1}ɕi^{1}]动。泻肚。也说“拉肚”“拉稀”。（他受凉～了。）

穿道[ts'õ^{1}·tɔ^{4}]动。挑拨。也说“摄弄”。（你不要听他～。）

搓掂[ts'o^{2}·ti^{4}]动。收拾，整理。也说“拾当”。（家里要～干净。）

擦[ts'æˀ]动。划。（～根洋火把灯点起来。）

嚓呱[ts'æˀkua^{3}]动。闲谈。（你们～我不听。）

擦黑[ts'æˀxəˀ]名。天快黑。也说“擦擦黑”。（你等天～再走。）

促寿[ts'ɔˀsə^{4}]形。①凑巧。也说“促”。（这事真～，偏偏被你看见了。）
②短寿。（你做坏事也不怕～。）

促忾[ts'ɔˀk'ɛ^{4}]动。用计使人上当（你这不是有意～人吗？）

促[ts'oˀ]动。托着往上举。（你帮他把口袋～上肩。）

痴头刮脑[ts'l^{1}t'ə^{2}kuˀlɔ^{3}]形。痴呆。也说“痴头日脑”。（他这人～不要理他。）

茶[ts'a^{2}]名。热水。（倒杯～喝。）

茶食[ts'a^{2}·səˀ]名。糕点，点心。

叉[ts'a^{4}]动。跨。（大步～过去。）

岔口子[ts'a^{4}k'ə^{3}·ts^{3}]名。衣裳口袋。

馋吼吼[ts'xə^{3}xə^{3}]形。形容嘴馋好吃。

敞不露怀[ts'aŋ^{3}pələ^{4}xuɛ^{2}]形。衣着不整，纽扣不扣。

划[ts'æ^{4}]动。插。（地上～根竹杆。）

抄近[ts'ɔ^{1}·tɕin^{4}]形。走捷径。（走东路～。）

朝牌[ts'ɔ^{2}p'ɛ^{2}]名。烧饼。

吵唠[ts'ɔ^{3}lɔ^{2}]动。吵嘴。也说“吵架”“吵仗”。（两家～了。）

充能[ts'oŋ^{1}lən^{2}]动。逞能。（你没本事就不要～。）

冲冷[ts'oŋ^{4}lən^{2}]动。瞌睡。（你说不困怎么～呢？）

陈年[ts'ən^{2}li^{2}]名。去年。

除疑[ts'u^{2}i^{2}]动。放心。（不～，你自己去看看。）

醋心[ts'u^{4}ɕin^{1}]动。胃子里生酸水。

膗[ts'uɛ^{4}]形。笨而难看。（他长得很～。）

穿星[ts'õ1ɕin1]名。流星。
随手[ts'əi2sə]副。立即（他～就拿走了。）
随便怎干[ts'əi2pi4tsən3ka1]习。无论如何。（你～要来一趟。）
刨[ts'uaŋ4]动。慢慢走。也说“～～”。（不要急，你慢慢～过来。）
吹手[ts'uəi1·sə3]名。吹鼓手。
出门[ts'uəʔmən2]出嫁。（闺娘已经～了。）
出格[ts'uəʔkəʔ]形。过火。（这事你做得太～了。）
出恭[ts'uəʔkŋ1]动。解大便，也说“解手”。
杵[ts'u3]动。得罪，责备。也说“杵着”。（你讲这说话不是～人。）
拆刻[ts'əʔk'əʔ]副。停一会。（我～就到。）
拆溜[ts'əʔliə1]副。动作迅速。（他～跑了。）
插[ts'æʔ]动。参和。（稀饭～沙芋。）
插呱[ts'kua3]动。谈心。（姐妹俩～。）

s、sh

死猫邋狗[sl3mɔ2læʔkə3]成。很尽可能很脏。（这地方～，什么都有。）
死皮活赖[sl3p'i2xoʔlɛ4]成。无理纠缠。（这地方～，什么都有。）
死撑活挨[sl3ts'ən1xoʔɛ2]成。勉强支撑。（我～拖到现在。）
撒村[sæʔts'ən1]动。说脏话。也说“辣村”。（她张嘴就～。）
三脚猫[sæ1tɕiəʔmɔ2]形。手世不精。（小马是～的手艺。）
三里没拐[sæ1li3məʔkuɛ3]成。形状不规则。（这块石头～。）
三不足四不足[sæ1pəʔtsɔʔsl4pəʔtsɔʔ]习。不满意。（你一天到晚～的。）
三叉滑子[sæ1ts'a4xuæʔ·ts3]名。布撕成口子。（衣服上撕了个～。）
桑树枣子[saŋ1su4tsɔ3·ts3]名。桑椹。也说“桑树果子”。
散不拉渣[sæ3pəʔla1tsa1]习。松散杂乱。（这些东西～弄一地的。）
烧[sɔ1]形。狂妄，也说“～包”。
扫树星[sɔ4su4ɕin1]名。彗星。
扫树[sɔ4·su4]名。大的竹扫帚。
熊相[ɕioŋ2ɕiaŋ4]形。没用的样子。（你有意装成那个～。）
碎嘴唠叨[səi4tsəi3lɔ2tɔ1]成。废话多。（你家老奶一天到晚～。）
碎碎刀刀[səi4tsəi3tɔ1tɔ1] 形。零乱不整齐。（屋里～东西多得很。）
唰[suaʔ]动。用嘴吮物。（冰棒放在嘴里～。）
傻里骨几[sa3li3kuəʔtɕi1]成。呆笨。也说“呆头呆脑”。（这孩子～。）
十翻十调[səʔfæ1səʔtiɔ4]成。强词夺理。
十三点[səʔsæ1ti3]名。说话不算数的人。
食刀[səʔtɔ1]名。菜刀。也说“切菜刀”。
虱子[səʔ·ts3]名。虱蚤。
沙[sa4]动。①用摇动的方法把杂物集中一处加以清除。（把米里沙子～一～。）
②散。（你们人都～开，不要团在一起。）

伤德[saŋ^{1}t^{ʔ}]形。①可惜。(这房子这样漂亮，拆掉真～。)
②缺德。(你欺骗老人真～。)
上冻[saŋ^{4}toŋ^{4}]动。结冰。(河里～了。)
上着[saŋ^{4}tsa^{ʔ}]名。好主意(你说的倒是～。)
下着[ɕia^{4}tsa^{ʔ}]名。坏主意。
上人[saŋ^{4}zn^{2}]名。父母长辈。
哨麻[sɔ^{4}ma^{2}]副。赶快。也说“哨点”。(你～去，要迟到了。)
少拔[sɔ^{4}·pæ^{ʔ}]形。显得年轻。也说“少拔拔”。(她长得很～。)
生来咋到[sən^{1}lε^{3}tsa^{4}tɔ^{4}]俗。初到。
神气活现[sən^{1}tɕ'i^{4}xo^{ʔ}ɕi^{4}]成。精神足。(你看他～，哪像生病样子？)
瘆人[sən^{4}zən^{2}]动。令人生厌。
胜[sən^{4}]形。调皮。(这孩子～得很。)
手脖子[sə^{4}po^{ʔ}ts^{3}]名。手腕。
手巾方[sə^{4}tɕin^{1}faŋ^{1}]名。手帕。也说“手捏子”。
手巾[sə^{4}tɕin^{1}]名。毛巾。
手头[sə^{4}·t'ə^{2}]名。家庭经济状况。(他家～不好。)
手到擒来[sə^{4}tɔ^{4}tɕ'in^{2}lε^{2}]成。办事快。(他办这件事～。)
水[suəi^{3}]名。讲话不实在，虚假成分多。(他讲话尽是～，不能听。)
爽[suaŋ^{3}]动。①将湿的东西挂起来，让水往下滴。(衣服挂起来～～水。)
②搁置。(他把你的事～了起来。)
双子[suaŋ^{4}·ts^{3}]名。双胞胎。
甩[suε^{3}]形。无用。也说“～料”。(你这人真～。)
涮油嘴[su^{4}iə^{2}tsəi^{3}]动。耍嘴皮。(他这人就会～。)
刷刮[suæ^{ʔ}·kuæ^{ʔ}]形。①利索。(小王做事很～。)
②精干漂亮。(小张长得很～。)
实骨子[sə^{ʔ}kuə^{ʔ}·ts^{3}]形。实际。(他说懂了，～并不懂。)
识相[sə^{ʔ}ɕiaŋ^{4}]形。知趣。(老王就是不～。)
拾当[sə^{ʔ}·taŋ^{4}]动。整理。也说“拾道”“搓掂”。(你把家里～干净。)
啬扣[sə^{ʔ}kə^{1}]形。吝啬。也说“肉头”。(他很～。)
束[sɔ^{ʔ}]动。用鞭子、树条打。(小王被～得浑身伤。)
侃空[kæ^{ʔ}k'oŋ^{1}]动。说谎，说“假话”。
煞渴[sæ^{ʔ}k'o^{ʔ}]动。解渴(吃片西瓜～。)
熟人熟事[sɔ^{ʔ}rən^{2}sɔ^{ʔ}si^{4}]俗。相处很熟(～，不用客气。)

r

日得[zə^{ʔ}·tə^{ʔ}]动。讽刺。(我～他他还笑。)
日里[zə^{ʔ}·li^{3}]名。白天。也说“日里头”。(他～不干夜里干。)
饶[zɔ^{2}]动。添加。(买一斤，他又～一点。)
任野[zən^{4}i^{3}]形。任性。(你可以～跳)

肉[zə^{4}]形。迟钝，不干脆。（这人很～。）
肉头[zə^{4}·t'əˀ^{2}]形。吝啬。也说“啬扣”。（你这人真～。）
肉嘟嘟[zə^{4}tu^{1}tu^{1}]形。长得很肥。也说“肉笃笃”。（这只小鸡～的。）
人五人六[zən^{2}u^{3}zən^{2}lɔˀ]成。装正经。（你看他～，也做回人了。）
软不提汤[zõ^{3}pəˀt'iˀt'aŋ^{1}]成。性格软弱。也说“软不辣几”“软叽郭当”。（看你～的，真没用。）
让[zaŋ^{1}]动。客气。（你别～了。）
瓤[zaŋ^{2}]形。软弱，差。也说“～劲”。（年纪大了，身体～得很。）
擩[zu^{3}]动。突然出现。（我一下～到他面前。）
弱撅[zaˀtayiˀ]动。以言语讽刺，使人难堪。（～人。）
挨住[ɛ^{1}tsu^{4}]副。到处。也说“挨”。（我～找也没找到他。）
嗳嗝[ɛ^{3}·kəˀ]动。打嗝儿。（他一吃饭就～。）
碍事班班[ɛ^{4}sɿ^{4}pæ^{1}pæ^{1}]成。妨碍别人。也说“碍事绊脚”。（你走开，在这里～的。）
懊恨[ɔ^{3}·kəˀ]动。懊恼。（事已如此，你～又有什么用呢？）
揞[æ^{3}]动。手抓粉状食物往嘴里送。（饿了就～把炒面。）
谙行[æ^{4}xaŋ^{2}]形。内行。也说“在行”。（这事他很～。）
耳托[ər^{3}·t'aˀ]名。耳朵。
耳聋八造[ər^{3}loŋ^{2}pæˀtsɔ^{4}]成。形容听力不佳。（他～的，跟他讲也没用。）
二衣子[ər^{4}i^{1}·tsɿ]名。两性人。
二不溜子[ər^{4}pəˀliə^{1}·tsɿ]名。傻子，不知好歹的人。（他是个～。）
二抹头[ər^{4}mo^{3}t'ə^{2}]名。稠粥。
二五郎当[ər^{4}u^{3}laŋ^{2}taŋ^{1}]成。也说“半吊子”。为人不正经。

y

挜[ia^{1}]动。①硬性摊派。（我不要，你偏要～给我。）
②插进去。（你不要～队。）
③吃饱了还吃。（这半碗饭我～也要把它～下去。）
挜问[ia^{1}·uən]动。诬赖。（我没说过，你是～人。）
丫不叉[ia^{1}pəˀts'a^{1}]名。脸朝上跌倒。也说“仰不叉”。（小张跌个～。）
蔫别[iæ^{1}·piˀ]形。植物失水。（这菜～了。）
盐潮五辣[i^{2}ts'ɔ^{2}u^{3}læˀ]成。潮湿使人不舒服。（这衣服穿在身上～的。）
洋柿子[iaŋ^{2}sɿ^{4}·tsɿ]名。番茄。也说“西红柿”。
洋山芋[iaŋ^{2}sæy^{4}]名。马铃薯。
羊儿疯[iaŋ^{2}ər^{2}foŋ^{1}]名。癫痫病。
洋辣子[iaŋ^{2}læˀ·tsɿ]名。毛虫，触到人的皮肤上有刺痛。
胰皂[i^{2}·tsɔ]名。肥皂。也说“洋碱”。
阴促[in^{1}·ts'ɔˀ]形。阴险。（他这人很～。）
阴阳怪气[in^{1}iaŋ^{2}kuɛ^{4}qi^{4}]形。形容不阴不阳的样子，不正派。（他这人说话～。）
因子[in^{1}·tsɿ]名。原因，根由。（他们这样讲是有～的。）
油鬼[iə^{2}kuəi^{3}]名。油条。也说“油炸鬼”。

有窍[iə^{3}tϕ'iɔ^{4}]形。有意思。（他这人很～。）
有喜[iə^{3}ϕi^{3}]动。怀孕。也说“怀子”。（她～了。）
邀[iɔ^{1}]动。撵，驱赶。（～鸡子。）
一上来[iˀsaŋ^{4}lɛ^{2}]名。开始。（干工作～是会碰到困难的。）
一憋气[iˀpiˀtϕ'i^{4}]副。连续。也说“一气干”。（他～就把事干完了。）
一块[iˀk'uɛ^{4}]①名。一起，一处。也说“一块堆”。（我们每天都在～。）
②副。一起，一道。（我和她明天～来。）
③数量。一元。（妈妈给我～钱。）
一下[iˀϕia^{4}]①副。很快。也说“一下子”“一下头”。（我怎么～就把他忘了呢。）
②名。一手、本领。（他这人确实有～。）
③名。一会儿。（孩子你抱～。）
一擦□[iˀts'æ]副。全，都。（衣服～黑。）
一截[iˀtϕiˀ]数量。①一段。表距离。（那～路很难走。）
②一阵。表时间。也说“一截子”。（我过～再来。）
一当[iˀ·taŋ]形。做事有条理。（小王做事很～。）
一涝草[iˀlɔ^{4}ts'ɔ^{3}]习。好坏都在内。（这批桃子～我都要。）
一踏刮子[iˀt'æˀkuæˀ·tsɿ]习。总共。（各种费用加在一起，～也就是500元。）
一相[iˀϕiaŋ^{1}]副。干脆。也说“一相相”。（他不听话～随他自己。）
一时半干[iˀsɿ^{2}põ^{4}kæ^{1}]成。偶尔。也说“无时半干”。（他～才来一次。）
一星半点[iˀϕin^{1}po^{4}ti^{3}]成。少量。（有时～也把他一些。）
一老一实[iˀlɔ^{3}iˀsəˀ]形。老老实实。也说“一五一十”。（他～都讲了。）
一手一脚[iˀsə^{3}iˀtϕiəˀ]成。用东西很爱惜。（东西要～用。）
一斩二齐[iˀzæ^{3}ər^{4}tϕi^{2}]成。很整齐。
哕[yl^{3}]动。呕吐。（他～得很厉害。）
圆成[y^{2}·ts'ən]动。打圆场，从中说合。（你帮他～～。）
院心[y^{4}ϕin^{1}]名。天井。
韵[yn^{4}]形。高兴。（你看她～的。）
抈[ylˀ]动。用外力使物体变形。（我把这根棍子～直了。）
月地里[ylˀti^{4}·li]名。生孩子第一个月。也说“月子里”“做月子。”（她还在～。）

W

乌鱼[u^{1}y^{2}]名。黑鱼。
乌焦巴弓[u^{1}tϕiɔ^{4}pa^{1}toŋ^{1}]形。烧烤后呈深黑色。（一锅饭烧得～的。）
乌漆抹黑[u^{1}tϕ'iˀmæˀxəˀ]形。很黑。
乌七八糟[u^{1}tϕiˀpæˀtsɔˀ]形。很糟糕。
无巧不巧[u^{2}tϕ'iɔ^{3}bəˀtϕ'iɔ^{3}]副。很凑巧。（～碰到他了。）
五二八鬼[u^{3}ər^{4}pæˀkuəi^{3}]形。不正派。（这个人～，一点不正派。）
五月端[u^{3}ylˀto^{1}]名。端午节。
五心烦躁[u^{3}ϕin^{1}fæ^{2}tsɔ^{4}]习。心烦不舒服。（这几天我心里～。）

伍的[u^{3}·tiç]助。表示列举未尽，相当于“等等”。（刷锅、洗碗～，都是她。）

恶寒[u^{4}xæ^{2}]动。怕冷。（小马～可能发烧。）

挖苦[ua^{1}·k'u]形。不舒服。（这事没办成，心里一直很～。）

哇[ua^{1}]①形。傻。也说“哇头哇脑”“哇头日脑”。（你真～。）

②动。抓。（～痒。）

哇子[ua^{1}·tsɿ]名。傻子。

哇五[ua^{1}·u]动。私下商议解决。（这事你们背后～～。）

哇五骨机[ua^{1}u^{3}kuəˀtɸi^{1}]形。很杂很乱。也说“哇五骨冬机”。（屋里～什么都有。）

瓦碴[ua^{3}ts'æˀ]名。碎瓦片。

歪[uɛ^{1}]动。小睡一会儿。也说“歪歪”“歪觉”。（你到床上～一下。）

歪歪[uɛ^{1}·uɛ]①名。蚌、贝类。

②动。小睡一会。（你到床上～去。）

崴[uɛ^{3}]动。①扭伤。（不在意～了脚。）

②下陷。（车轱辘～到泥里去了。）

剜团[õ^{1}t'õ^{2}]动。①私下商量解决。（这件事你帮他～～解决掉算了。）

②搓揉。（那张画被他～掉了。）

弯子[uæ^{1}·tsɿ]名。道道，原因。（这事里面肯定有～。）

弯弯顺[uæ^{1}uæ^{1}suən^{2}]名。饺子。

卫气[uəi^{4}·tɸ'i]动。庇护。（你又～他了。）

万难[uæ^{4}læ^{2}]形。很难，差。（他家日子很～。）

望葵[uaŋ^{4}k'uəi^{2}]名。向日葵。也说“葵花”“照葵”。

蚊蚤[uən^{2}·tsɔ]名。蚊虫。也说“蚊子”。

窝囊[o^{1}·laŋ]形。①无用。（你这人太～。）

②有苦道不出。（这事很～。）

窝糟[o^{1}·tsɔ]形。环境脏乱。也说“窝不机糟”“窝里不机”。（这里太～。）

物[uəˀ]动。①扭。（腿～了。）

②闷。（这事他老～在心里。）

③往水里按。（把鸡子捺在水里～。）

渥[ɔˀ]动。落。（雪～下来了。）

第三节　语　法

淮安方言与普通话在语法方面差别不太大，但跟其他方言一样，也有其自身的一些语法特点和规律。

一、句子成分省略

（一）结构助词省略

在普通话中，定语和名词之间，状语和动词之间，动词、形容词和补语之间，一般都要分别用

上结构助词"的""地""得",而淮安方言,这些结构助词往往省略。比如:普通话"你家的葡萄比我家的葡萄甜。"淮安话说成"你家葡萄比我家葡萄甜。"普通话"最近菜价比前几天低得很了。"淮安话说成"最近菜价比前几天低很了。"普通话"他高高兴兴地回家了。"淮安话说成"他高高兴兴回家了。"

副词"很"作补语,淮安方言有时把助词"得"用在"很"的后边加强语气:"最近菜价低很得了。""我买的梨比你买的甜很得了。"

(二)介词省略

在普通话中介宾结构中的介词不可省,而在淮安方言中,则往往省去。比如:普通话"你把书放在桌上。"淮安话说成"你把书放桌上。"普通话"这棍子从上边拿比从下边抽方便。"淮安话说成"这棍子上边拿比下边抽方便。"

(三)连谓句动词省略

普通话连谓句中的两个动词必须同时出现,而淮安方言中,用"给予"义动词构成的连谓句,后一个动词"给""把"常常省略。比如:普通话"你借给我一本书可以吧?"淮安话说成"你借本书我好吧?"普通话"我交十块钱把你够了吧?"淮安话说成"我交你十块钱够了吧?"

(四)介词后的宾语省略

普通话介词后的宾语不可省,而在淮安方言中,却往往省略。比如:普通话"这地太脏了,你把地扫一扫。"淮安话说成"这地太脏了,你把扫一扫。"

二、句子成分颠倒

(一)动宾倒置

普通话动宾结构的句子一般是动词在前,宾语在后,而淮安方言有时动词和宾语可以颠倒,宾语在前,动词在后。比如普通话"你什么时候回家?"淮安话说成"你什么时候家去?"

(二)双宾语语序颠倒

普通话双宾语的语序是人在先物在后,而淮安方言常常是先物后人。比如:普通话"你给我一本书。"淮安话说成"你给本书我。"普通话"妈妈给我那么多钱。"淮安话说成"妈妈给那么多钱我。"

三、几种特殊的表达方式

(一)普通话中有一种"非A不可"格式的紧缩句,淮安方言往往用"非A"单句格式表示。比如:普通话"我非去不可。"淮安话说成"我非去。"

(二)用"三""两"构成"三A两A"或"三A两B"的格式,表示动作完成很快或经常发生。比如:"他三口两口就把饭吃得了。""他三天两头往我家跑。"

(三)普通话动词后加"了"表示动作完成,淮安方言常常在动词与助词之间加个"得"字,表示强调。比如:"我借他的钱还得了。""他已经走得了。"

(四)用动词构成"连A是A""说A就A""说AB就AB"的格式表示动作的"匆忙""急促",随时可能发生。比如:"小李连赶是赶,也没赶上。""小王说走就走了。""他这个人说变脸就变脸。"

(五)用"要就不A,要A就A……"的格式,表示动作走向极端。比如:"要就不管,要管就管死了。"

(六)有的双音词中间加"里"构成"A里AB"的格式,表示贬义。比如:"小气——小里小气""慌张——慌里慌张""马虎——马里马虎""啰嗦——啰里啰嗦"。

四、词的兼类

（一）名词兼作动词

腰　兼作动词用，表示从中间隔开，比如："这间房子可以从中间～一下。"

机　兼作动词用，表示用机器加工，比如："把米～成面。"

火　兼作动词用，表示"高兴""欢喜"，比如："你不要～，麻烦还在后头呢。"

花　兼作动词用，表示"散"。比如："他已经～了心。"

（二）名词兼作形容词

牛　兼作形容词，表示脾气犟。比如："他这个人～得很。"

猴　兼作形容词，表示机灵。比如："他这个人～得很。"

（三）副词兼作形容词

很　兼作形容词，有极多的意思。比如："那天他家来的人～得了。"

可　兼作形容词，有很好、不错的意思。比如："你看这菜味道怎么样?""～。"

绝对　兼作形容词，有很好的意思。比如："这瓜口味～。"

（四）有的词兼类后要变调

枕　作名词用读上声，如："～头"。兼作动词用就要变读去声，比如："他头～在小板凳上睡着了。"

捻　作名词用读去声，如："～子"。兼作动词用就要变上声，比如："～线。"

光　作名词用读阴平，兼作动词用，要变读去声，比如："～脸"。

五、口语中常用的几个副词

（一）倒多　用在形容词前边表示强调。比如："这花～好看。""你这人～坏。"

（二）代我　用在动词前，表示强调。比如："这种人～不要理他。""你～滚出去。"

（三）行行　用在动词后边作补语，表示某种动作行为正在进行时又发生另一种动作或行为。比如："你怎么饭吃～就睡着了。""他讲话～就倒下去了。"

（四）紧紧　用作状语，表示时间很长、无可奈何。比如："你再～不来，我就不等了。""怎么～没有动静，真急人。"

（五）动动、动不动　用作状语，表示动作经常发生，常用"就"配合使用，有厌烦的意思。比如："你怎么～就发火呢?""她～就哭。"

（六）滑　相当于普通话作副词用的"全""都"。比如："刷锅、洗碗～是她。"家里事～他做。""顿顿～是素菜。"

第四节　俗　语

一、谚语

b

办菜容易请客难。

饱带干粮晴带伞。
不会睡觉怪床歪。
不见兔子不放鹰。
不是一家人，不进一家门。
鼻子下头就是路。
白露早，寒露迟，秋分种麦正当时。

P

破鼓众人擂，墙倒众人推。

m

马好不在鞍，人美不在衫。
蚂蚁搬家下大雨。
卖瓜的不说瓜苦。
满瓶不响，半瓶咣当。
慢工出巧匠。
磨刀不误切菜功。
没吃过猪肉，也见过猪跑。
没逮到偷牛逮拔橛的。
麦老要抢，稻老要养。

f

斧快不怕木头硬。
房子难盖，媳妇难带。
放虎容易逮虎难。
富人一斗，穷人一口。
富人一席酒，穷人半年粮。

d

打一巴掌揉三揉。
打狗还要看主人。
打起没好拳，骂起没好言。
打过春，赤脚奔。
大哥不说二哥哥，两个哥哥差不多。
大旱难过五月十三。
大暑前，小暑后，不迟不早种绿豆。

单丝不成线，独木不成林。
当家才知柴米贵，养儿才知报娘恩。
当家三年狗都嫌。
当热不热，五谷不结。
当冷不冷，牛马不稳。
豆三麦六，菜籽一宿。
端人家碗，受人家管。
东虹日头西虹雨，南虹北虹卖儿女。
冬春耕三高，土地赛油浇。

t

他走他的阳关道，我走我的独木桥。
坛口好封，人口难捂。
桃三杏四梨五年，枣树当年就来钱。
偷鸡不成蚀把米。
天下文章一大抄，就看会抄不会抄。
天上勾勾云，地上雨淋淋。
天无三日雨，人无一世穷。
天黄有雨，人黄有病。

n

男人当队长，女人长翅膀。
能逮老鼠的猫不叫。
宁走十里光，不走一里荒。
宁吃过头饭，莫说过头话。
宁走十里远，不走一步险。
宁叫有时想无时，不叫无时想有时。

l

狼行千里吃肉，狗行千里吃屎。
雷公先唱歌，有雨也不多。
理不短，嘴不软。
两好合一好，三好伴到老。
腊雪麦盖被，头枕馒头睡。

g

瓜无滚圆，人无十全。
狗肚里掏不出四两油。
狗嘴里掏不出象牙。
鼓不打不响，话不说不明。
官不打送礼的，狗不咬拉屎的。
光耕不耙，种子白下。
锅不热，饼不靠。
谷雨前后，种瓜种豆。
谷雨蚕生牛出屋。

k

看花容易绣花难。
看人要看心，听话要听音。

h

好汉怕赖汉，赖汉怕歪死缠。
好儿子不如好媳妇。
好闺娘不如好女婿。
好话不背人，背人没好话。
猴子不钻圈，多敲几遍锣。
花有重开日，人无再少年。
话不要说死，路不能走绝。
旱田改水田，一年顶三年。
黄金铺地，老少弯腰。
火不拨不旺，话不说不明。
火心要空，人心要忠。
货比三家不吃亏。

j

饥时一粒，胜过饱时一斗。
家里有无宝，就看门前草。
家有贤妻，不遭横祸。
家有百棵树，不愁吃和住。
家有黄金，邻有戥秤。

井淘三遍吃甜水。
久阴大雾晴，久晴大雾阴。
积钱不如积德，买田不如买书。
积财千万，不如一技在身。
急火打不出好烧饼。
急雨易晴，慢雨难停。
结交巴根草，雨天还巴滑。

q

棋高一着，摸手摸脚。
拳不离手，曲不离口。
千金难买回头看（望）。
青蛙乱叫，大雨要到。
清明前后，种瓜种豆。
清明断雪，谷雨断霜。
清明要晴，谷雨要雨。
清明晒死柳，干饭噎死狗。
全家一条心，黄土变成金。
七九八九，种花插柳。
七九六十三，行人把衣单。
七月荞麦八月花，九月荞麦收到家。
七月枣，八月梨，九月柿子正当时。
七个和尚八样腔。

x

下雨先刮风，有雨也不凶。
夏至到，秧把撂。
杏子黄，麦上场。
先下手为强，后下手遭殃。
先尝后买，才知好歹。
先打塘子后钓鱼。
咸肉滴卤，要下大雨。
现喂的鸡子不下蛋。
乡邻好，赛金宝。
响鼓用不着重槌敲。
山窖里爬不出大蟹。
小满两头忙，栽秧打麦场。
小满三天遍地黄，再过三天麦上场。

小洞不补，大洞二尺五。
新娘上了床，媒人扔过墙。

z

在家千日好，出外一时难。
在家不欺人，出外没人欺。
早起三光，迟起三荒。
早起顶三工。
早知今日，何必当初。
坐吃山也倒，勤快日子好。
捉虎容易放虎难。

c

苍蝇不叮无缝蛋。
蚕老一时，麦老一日。
穿不穷，吃不穷，不会过日子一世穷。

s

四两鸭子半斤嘴。
三个不开口，神仙难下手。
三钱买毛驴，自夸自骑。
三岁打娘娘会笑，二十岁打娘娘上吊。
死猪不怕开水烫。

zh

正月蛋，拿当饭；二月蛋，往外掼。
种地没粪，等于瞎混。
种不好庄稼一季子，娶不好媳妇一辈子。
植树造林，莫过清明。

ch

常在河边走，难免不湿脚。
成人不自在，自在不成人。
处暑萝卜白露菜。
春分秋分，日夜不分。

春雨贵似油，瘦马不瘦牛。
春打灶，粮食没人要；灶打春，四蹄贵如金。
春雾雨，夏雾热，秋雾凉风，冬雾雪。
出门看天色，进门看脸色。

sh

山芋不怕羞，一直栽到秋。
上粪不浇水，庄稼就撅嘴。
手中没把米，唤鸡鸡不来。
舍不得红小豆，引不来小白鸽。
树高千丈，叶落归根。
树老心半空，人老百事通。
树老根子深，人老骨头硬。
双木桥好走，单木桥难行。
霜降拔葱，不拔就空。
霜降见霜，米谷满仓。
霜前冷，雪后寒。
水大淹不死鸭子。
水浅养不住大鱼。

r

人怕狠，鬼怕恶。
人不走时，吃豆腐都塞牙。
人少好过年，人多好种田。
人有前后眼，富贵一千年。
人情一把锯，你不来，我不去。
人误地一时，地误人一年。
人勤地不懒，人懒地减产。
忍得一时忿，终身无恼闷。

y

烟囱不出烟，必定是阴天。
阎王也怕拼命鬼。
养猪不赚钱，回头看看田。
养不教，不如不要。
要吃大头蒜，不过八月半。
有麦没麦，就看四月十六。
有钱王八坐上席。

有理让三分，不会把气生。
一个山头容不得两只虎。
一锹挖不出一口井。
一钱别倒英雄汉。
一天省一把，三年买匹马。
玉米锄四交，棒子结到梢。
云无根，雨不生。
云彩满天跑，天气要转好。
月亮发毛，大雨滔滔。

w

晚饭少吃口，活到九十九。
问路先施礼，少走二十里。
屋宽不如心宽。
无缝鸭蛋不怕蛆。

二、歇后语

b

抱木炭亲嘴——碰一鼻子灰。
抱菩萨洗澡——费力又淘神。
半夜梦见做皇帝——快活一时是一时。
拔掉萝卜栽生姜——一茬比一茬辣。

P

皮球擦油——又圆又滑。
蒲包装钉子——鲁尖了。

m

马尾巴穿豆腐——提也提不起来。
蚂蚱跟公鸡斗——送死。
买咸鱼放生——不知死活。
卖掉鞋子买帽子——顾头不顾脚。
卖裤子换镯子——穷讲究。
卖布不带尺——胡扯。
卖汤圆的跌跟头——滚蛋。

棉花店的女儿——哪个不会谈（弹）。

f

飞机上放炮仗——想（响）得高。
飞机上吹喇叭——空想（响）。

d

大矾拌辣椒——又毒又辣。
大炮打麻雀——大材小用（小题大做）。
戴草帽亲嘴——差一大截子（够不着）。
带着铃铛做贼——十事九不成。
到和尚庙里借篦子——摸错了门。
豆腐浆点卤——清江（浆）。
豆腐烧排骨——有软有硬。
冬天吃葡萄——寒酸。
电线杆上挂邮箱——高兴（信）。
吊死鬼搽粉——死要脸。
独眼龙看告示——一目了然。

t

剃头匠收摊子——没人理了。
剃头匠使锥子——各师傅各传法。
讨媳妇嫁女儿——一进一出。
脱裤子放屁——多此一举。
铁匠做官——打朝前。
铁匠的儿子——就知道打。
铁锤掉锅里——不敲也想（响）。
铁匠铺里的材料——尽是打料。
秃子点灯——净光。
秃子脱帽——头名（明）。
秃子笑和尚——彼此彼此。
秃子照镜子——光对光。
秃子买木梳——多此一举。

n

拿菜刀剃头——与众不同。

l

两个哑巴睡一头——没话讲。
癞蛤蟆垫床腿——死撑活挨。
癞蛄爬秤钩——自称自。
老鼠掉进油缸——滑头滑脑。
老鼠拱进风箱——两头受气。
老虎拉车——没人敢做（坐）。
螺螺壳当眼镜——多一层不如少一层。
六月心穿皮袄——难得人家有。
六月心戴手套——保守（手）。
腊月心喝凉水——点点在心。
绿头苍蝇怀胎——一肚蛆。
骆驼安鼻子——装象。

g

公鸡戴帽子——官（冠）上加官（冠）。
公鸡害嗓子——不能提（啼）了。
狗咬亮月——不知天有多高。
棺材店里开药铺——死活都要钱。
裹脚布当围嘴——臭一圈子。
过年娶媳妇——双喜临门。
龟腰跌跟头——两头不落实。
隔着玻璃亲嘴——挨不上边。

k

口渴才打井——晚了。
看见和尚喊姑爷——认错了亲。
快刀劈毛竹——脆刮刮的。
磕一个头放三个屁——行善没有作恶多。

h

好天带雨伞——有备无患。
猴子屁股——坐不住。
后心害瘩背——钱（前）心重。
荷花池里打架——没有你的藕了。

狐狸戴礼帽——假做好人。
怀里揣木梳——舒（梳）心。
怀里抱小猪——灰（挥）心。
怀抱金砖投河——要钱不要命。
黄鼠狼看鸡——越看越稀。
黄鼠狼下老鼠——一代不如一代。
黄连树上挂猪胆——苦上加苦。
黄连树下弹琴——苦中作乐。
黄连木头刻的寿星——苦老头。
黄连木头刻的娃娃——苦孩子。
黑天走路——没影子。
黑地穿针——瞎斗。

j

鸡子给黄鼠狼拜年——凶多吉少。
鸡头烧鸭颈——脸红脖子粗。
鸡蛋壳当酒杯——摆不平。
韭菜炒藕丝——清清（青）白白。
镜子里的花——好看不好拿。
进门叫大嫂——没话找话说。
脚盆洗脸——没上没下。
脚后跟挂铃铛——想（响）到哪嚼（脚）到哪。
脚面支锅——踢倒就走。
叫花子没棍——受狗欺。

q

旗杆上挂灯——高兆（照）。
骑驴背口袋——白费力。

x

戏台上的皇帝——威风不了几时。
下雨不打伞——吝啬（淋湿）。
咸菜烧豆腐——有言（盐）在先。
巷口扛木头——直来直去。
小鸡吃蛐蟮——自绕脖子。
小蒜拌豆腐——一清（青）二白。
新郎官戴孝——悲喜交加。

胸口挂钥匙——开心。
瞎子抡大斧——瞎侃(砍)。
瞎子磨刀——快了。

z

做梦抓大印——官迷心窍。
做梦游西湖——好景不长。
坐在飞机上聊天——空谈。
嘴上抹石灰——白说。

c

草帽没边子——顶好。
苍蝇拱鼻眼——找嗤。

s

四两棉花——不谈(弹)。
三十晚上拾只兔子——有它也过年,没它也过年。

zh

纸糊的琵琶——不能谈(弹)。
占着茅坑不拉屎——肮脏坏。
张飞撞见李逵——黑对黑。
正月十五贴门神——过时。
猪肉汤洗脸——昏(荤)头昏(荤)脑。
猪八戒拍照——自找难看。

ch

城头上放风筝——出手就高。
秤砣掉到鸡窝里——砸蛋。
穿钉鞋拄拐棍——稳上加稳。
船上打伞——没天没地。
船底放炮仗——闷声不响。
床底放风筝——飞不高。
床底下的竹笋——长不高。
扯着胡子过河——谦虚(牵须)过度(渡)。

吃剩饭长大的——尽出馊主意。
吃灯草放屁——轻飘飘的。

sh

屎克郎打哈欠——一张臭嘴。
蛇跟蝎子交朋友——毒到一块去了。

y

鸭子不尿尿——自有道道。
鸭子跑进坷浪地——跩死了。
阎王爷的扇子——尽扇阴风。
眼睛长在头顶上——目空一切。
雨天背稻草——越背越重。

w

王小二开饭店——看人对汤。
王婆卖瓜——自卖自夸。
煨罐摸螺螺——走不了瞎爹手。
煨罐没鼻子——没法提。
乌龟养王八——一路货。
乌龟吃大麦——活糟蹋粮食。
武大郎放风筝——出手不高。
忤逆儿子讲孝经——假做作。
烟袋窝炒芝麻——小抠油。

第五节 语 隐

为了讨吉庆，淮安人对有些词语忌讳按正常名称讲，而改换另一种说法。比如：

棺材——说成“喜材”“寿材”。

生病——说成“不舒坦”“不好过”“不如意”。

死亡——老人死亡，说成“老了”“过世了”“不在了”“归天了”“走了”；小孩死亡，则说成“去掉了”。

患疟疾——说成“打摆子”“做官”。

盛饭——“盛”“沉”音近，“饭”“帆”音近，船民忌讳，该说“装饭”。

送饭——说成“递饭”“拿饭”，死了人才“送饭”。

·淮安市志·（1978—2008）

第三十八卷　区县概况

第一章　清河区

第二章　清浦区

第三章　淮阴区

第四章　楚州区

第五章　涟水县

第六章　洪泽县

第七章　盱眙县

第八章　金湖县

1978年，淮阴地区辖清江市、淮阴县、泗阳县、涟水县、宿迁县、沭阳县、灌云县、淮安县、盱眙县、泗洪县、洪泽县、灌南县、金湖县，总人口910.25万人。1983年，撤销淮阴地区，设立地级淮阴市，辖清河、清浦、淮阴、淮安、涟水、灌南、沭阳、泗阳、宿迁、泗洪、洪泽、盱眙、金湖13个县（区），总人口887.81万人。1987年，宿迁县、淮安县撤县建市，由地级淮阴市代管。1996年7月，县级宿迁市升格为地级宿迁市，淮阴市辖清河、清浦、淮阴、淮安、涟水、洪泽、盱眙、金湖8个县（市、区），当年年末全市总人口489.63万人。2001年2月，淮阴市更名为淮安市，辖清河、清浦、淮阴、楚州4个区，涟水、洪泽、盱眙、金湖4个县，年末全市总人口514.38万人。至2008年，淮安市所辖区、县不变，总人口536.91万人。

1978—2008年，随着改革开放的不断深入，淮安市各区、县基础设施建设、经济发展、社会事业、人民生活各项事业取得显著成绩，综合实力不断增强。1978年11月，盱眙县淮河大桥建成通车，是当时全国最大的油管和公路两用桥。1983年，金湖县粮食总产量34.98万吨，户均产粮超万斤，居全省之首，被《半月谈》杂志列为当年江苏五大成就之一。1987年，淮阴县被确定为国家商品粮基地县，每年向国家上缴订购粮3.95万吨。1989年，涟水县被授予"全国水利建设先进县"称号。1995年，洪泽县被评为全国科技工作先进县。1998年，清河区北京路街道办事处获评全国城市体育先进社区。2002年，涟水县被列为国家首批生态家园富民工程示范县。2006年，淮阴区获"国家卫生城市"称号。2008年，清河区、楚州区建成国家园林城市、国家卫生城市、国家环境保护模范城市。

第一章　清河区

第一节　建置　地理

一、建置沿革

清河区是淮安市政治、交通、商贸、金融、文化中心。

春秋战国时期，境内先后属吴、越、楚国。秦汉时期，属淮阴县。魏晋南北朝时期，境内地处南北战争对峙前沿。南宋咸淳九年（1273），置清河军，治大清口。元至元十五年（1278），改清河军为清河县，治小清口。明永乐十三年（1415），陈瑄开清江浦河通漕运，清江浦兴为重镇，境内为清江浦一部分。清乾隆二十五年（1760）前，属山阳县。乾隆二十六年（1761），清河县移治清江浦，境内属清河县。民国3年（1914），清河县复称淮阴县，仍治清江浦。民国34年（1945）9月，新四军收复淮阴城，成立清江市，境内多属其管辖。民国37年（1948）12月，淮阴城再次解放，

境内先后属两淮市、淮阴县。1951年1月，成立清江市，境内分属清江市和淮阴县。1958年8月，清江市、淮阴县合组县级淮阴市。同年，淮阴地委、专署机关迁至境内。1964年10月，复设清江市、淮阴县，境内多属清江市。1983年3月，成立地级淮阴市，原清江市里运河以北地区成立淮阴市清河区。2001年2月后，为淮安市清河区。

二、地理环境

辖境东西长、南北窄，东与楚州区接壤，南与清浦区毗连，西与清浦区、淮阴区交会，北隔废黄河与淮阴区相望，面积30.5平方公里。属黄淮冲积平原，地势从西北向东南略倾斜，地面标高9～13米。以砂质土壤为主，属温带季风气候。全年日照充足，雨量丰富，四季分明。

1983年建区时，辖1个街道办事处、2个公社和1个果园，总人口12.21万人。至2008年年末，辖6个街道办事处、1个乡镇级办事处、28个居民委员会、12个村民委员会，户籍人口23.38万人，常住人口31.02万人。

第二节　基础设施建设

一、城市建设

1978年，境内大部分为清江市新城区和郊区。1983年建区后，城市建设逐步加快。1990年建成北京新村小区，是当时市区最大的居民住宅区，可居住1.32万人。1991年后，加强基础设施建设。20世纪90年代后期，境内开始房地产开发，新建一批住宅小区。至2000年年底，初步建成水、电、煤气、公交、通信等基础设施完善，商业、文化、教育发达的新型城区。

2006年起，启动“一城（清河新区）、两区（淮海中心商业区和水渡口中央商务区）、两带（古黄河风光带和里运河沿线文化旅游产业带）”建设。至2008年年底，清河新区首期8平方公里城市框架基本建成，白鹭湖休闲生态园、古淮河生态公园等建成；淮海中心商业区金马广场、淮海书城、新亚国际购物广场等建成，水渡口中央商务区加快建设，里运河沿线文化旅游产业带、古黄河风光带建设快速实施。年内，清河区国家环境保护模范城创建工作通过验收，国家园林城市创建成功。

二、交通

1978年，境内主要道路有淮海北路、淮海东西路、河北东西路、清扬路，有6条公交线路以及苏北地区最大的汽车客运中心——淮阴汽车站。1983年后，城市道路建设加快。到1997年，形成“三横三纵”的主干道路网。其中，“三横”为健康东西路、淮海东西路、河北东西路，“三纵”为北京北路、淮海北路、承德北路。次干道有人民北路、和平路、西安路等。小街小巷经过旧城改造和拓宽，均达到通车条件。2002年新长铁路通车后，境内设淮安站，为客货两用站。2007年，更名为淮安南站，主要作货运站使用。至2008年，境内主干道有淮海北路、承德北路、北京北路、西安北路、韩侯大道、淮海东西路、漕运东西路、健康东西路、和平路、翔宇大道等。28条公交线路经过区内。淮安汽车总站日发长途班车630余班次。京沪、宁连、同三等高速公路穿境而过。

三、供电

1978年前，境内有10千伏线路9条，计71公里。1987年年底，有6～10千伏线路24条，总长281公里；配变压器616台，总容量13.46万千伏安。1994年，扩建配套200千伏区变电所。1996年，建成35千伏钵池乡无人值守变电所。1997年，改造110千伏东郊、110千伏西郊、35千伏北郊等变电所为无人值守变电所。1999年起，对线路进行改造。至2000年，全区形成以220千伏为主网架、110千伏及以下电网网络结构，保证正常供电。2008年，清河区全社会用电量2.66亿千瓦时。

四、水利

1984—1985年，建有防渗漏农渠22公里、大口节制闸1座，中沟以上桥涵6座，排灌结合站1座，输水管为20～25厘米规格的电灌站12座。1986—1987年，完善永丰渠首期工程。1987年，改建窑汪电排站。1989年，改建西湖电灌站。1998年，建成御西路中沟以上等级桥梁3座。2000年，疏浚科技大沟、许大沟，维修团结、窑汪、西湖3座电排站。2003年，对里运河北岸进行综合整治，建里运河文化长廊。2005年，建成钵池山活水工程。2006年起，对越河片区进行整治开发。2008年，完成石塔湖活水工程。

五、通信

1983年，淮阴通信枢纽综合大楼在境内动工兴建。1987年，开始使用长途直拨电话。1989年，实现无线寻呼全省联网。1991年，电话号码由5位升至6位。1994年，电话号码由6位升至7位。20世纪90年代，市邮政枢纽主楼在境内建成，市区邮政服务网点全部实行电子化营业。至2000年，区境内有邮政支局7处、邮政储蓄代办所7个，有移动电话用户1.2万余户；中国电信淮安分公司、中国移动淮安分公司、中国联通淮安分公司驻区境内。2000年后，互联网业务发展迅猛。2002年，32层电信大厦在境内建成并投入使用。2005年，境内市政府政务网基本建成。2008年，全市通信运营业务收入16.64亿元，有移动电话用户202.96万户、互联网用户21.26万户。

第三节　经济发展

一、经济总量

1983年，清河区地区生产总值不足3000万元，财政收入368.3万元，经济总量与结构中工业占绝对主导地位。1989年，财政收入突破千万元，达1025.6万元。20世纪80年代后期，第三产业比重逐年上升，1990年与第二产业基本持平，1991年，实现“三产超二产”。2000年，实现地区生产总值6亿元，一、二、三产业比重为4.2：35：60.8。2008年，实现地区生产总值41.76亿元，其中第一产业增加值0.05亿元、第二产业增加值12.45亿元、第三产业增加值29.26亿元，三次产业增加值之比为0.1：29.8：70.1；人均生产总值42525元人民币，约合5670美元；财政总收入10亿元，财政总支出5.83亿元。

二、农业

1983年，清河区耕地面积约1799公顷，粮食总产量10157吨，蔬菜产量8769吨，水产品产量

35吨。随着城市建设和工商业快速发展，耕地面积逐年减少，全区适时调整农业产业结构，扩大蔬菜、水产品、畜禽生产规模。1995年，多种经营产值占农业总产值的91.1%。1997年，休闲农业起步。2000年，在西安路周边建立花卉园一条街，栽培花卉品种100多个。是年，农业总产值3344.72万元，多种经营产值3135.04万元。2000年后，农业用地面积大幅度减少，一产产值持续下降，至2008年仅占地区生产总值的0.1%。

三、工业

1983年，有区属工业企业55家，年产值4214万元。随着乡镇（街道）工业兴起，个体私营经济发展，1987年，全区有工业企业153家，产值9618.5万元。20世纪90年代后期，对国有、集体企业进行改制。2000年，全区工业企业发展到363家，其中产值500万元以上25家，年产值11.14亿元。2000年后，盘活和发展西安路工业园、水渡口工业园及一批新兴工业企业。2008年，实现工业总产值30.04亿元，规模工业企业53家，主要工业门类有食品、纺织服装、机电及机械制造、纸品及文教用品、医药化工、金属及设备制造。

四、服务业

1983年，有区属商业行业15个，大小网点91个。1984年，汇通市场建成开业，是华东地区起步较早，辐射苏、鲁、皖三省的小商品批发市场。1989年4月，全市首家专业市场——清河布匹市场开业（1996年更名为昆仑纺织城）。1992年，区内商品与建材市场成为辐射周边市、县（区）乃至山东省临沂市等地的龙头市场。20世纪90年代中后期，淮海广场中心商业圈雏形形成，清江商场、新亚集团、供销大厦三足鼎立。2005年起，打造淮海中心商业区和水渡口中央商务区。2008年，全区服务业门类齐全，专业市场、商场超市、餐饮娱乐、房地产成为支柱产业，服务业增加值、入库税收占比均超地区生产总值、财政收入七成；服务业实现增加值近30亿元，从业人员4.3万人。

五、开发开放

1989年，清河区第一家合资企业赛福乐公司成立。1995年，引进台资将区粮食局所属富春茶社改造成公爵啤酒屋，成为全区商贸系统第一家台资企业。2008年，全区合同引进外资8296.9万美元，实际到账5015.2万美元，企业净出口总额1.6亿美元，外经营业额680万美元。

第四节　社会事业

一、科技

1983年，全区科技人员较少。1985年后，各科技学术团体先后成立，科技队伍逐步壮大。1987年，开始专业技术职称评定，500多人获得技术职称。1985—2000年，全区列入科技计划项目48项；通过省、市级鉴定科技成果18项；引进新品种、新技术、新材料20个；获省科技进步奖1项、市科技进步奖5项。至2008年，全区拥有各类专业技术人员1630人，建成市级以上工程中心5个，开发新产品46个、重点新产品10个，企业研发经费5115万元，占全区生产总值的1.23%。

二、教育

1983年，全区有幼儿园89所、小学22所。1986年，除清江中学、淮阴师专附中外，区内其他中学划归为区管理。此后，逐年增加教育经费投入，扩大教育基础设施建设。2000年，有幼儿园36所，入园率95%；小学12所，学龄儿童入学率99%；中学6所，升学率90%；特殊教育学校1所。有市属中等专业学校11所、省属高等院校2所。2008年，"普九"各项指标通过省政府教育督导评估考核。全区有幼儿园21所、小学11所、中学5所，各类教职工2200多人。

三、文化

1983年，全区有市、区属文化娱乐场所22个、文化事业单位10多个。1986年，清河中国画院成立，是全省首家县（区）级画院。同年，成立3个半职业性质淮剧团。1993年，区各文艺协会与团体相继成立。1997年，区文联成立。1994年城北乡、钵池乡，1998年北京路街道分别获省"先进文化乡镇"称号。2000年，建成"中华诗词之乡"。2008年，与中央电视台合办"激情广场·走进清河新区"大型歌会，举办首届社区文化艺术节等群众性文体活动。清河文化馆、清河图书馆启用。是年，有街道文化站7个。

四、卫生

1983年，相继成立区卫生防疫站、妇幼保健所，各乡、街道办设立卫生所（防保所），形成区、乡（街道）、村三级医疗卫生、预防保健网络。1987年，城北乡卫生院与城北街道卫生院合并为清河人民医院，次年升格为区人民医院。2000年年底，境内有卫生机构184个。其中，区级卫生单位5个，乡及街道卫生单位6个，村卫生室1个，厂矿事业单位医疗卫生机构127个，驻区省、市及部队医疗卫生单位8个，个体开业诊所27个。2008年，区卫生监督所被确定为苏中、苏北地区县（区）唯一的省首批监督体系评估点；有区属卫生医疗机构35个，其中医院1个、疾病预防控制中心1个、卫生监督所1个、妇幼保健所1个，有卫生技术人员109人。

五、体育

全区境内传统武术、棋类、信鸽、游泳、踩高跷、踢毽子、划龙船、荡秋千等群众体育活动一直活跃。1983年起，城区先后建设市体校、市体育馆、市游泳馆等体育机构和场馆。1984年，区体育运动委员会成立，各类学校推行"国家体育锻炼标准"，职工体育、农民体育、老年体育普遍开展。1998年，北京路街道办事处获评"全国城市体育先进社区""省群众体育先进集体"。2000年，市第三中学学生严嵩参加荷兰世界技巧锦标赛，与队友一起获双人组、四人组、集体组3项冠军。2008年，启动和实施国民体质监测，完善区、街道、社区（村）全民健身组织网络，有社会体育指导员762人；举办区首届运动会；淮海街道办事处创建国家级体育健身俱乐部。

第五节　人民生活

一、居民收入与支出

1983年，全区农民人均纯收入338元，人均消费支出301元。1990年，全区农民人均纯收入

775元，人均消费支出569.5元。2000年，全区农民人均纯收入4354元，人均消费支出2104元。至2008年，全区农民人均纯收入7903元。

1983年，城镇职工人均工资596.25元，人均生活费支出390元。1990年，城区居民用于生活消费支出1223.76元。2000年，城区居民人均工资5181.12元，用于生活消费支出4352.4元。至2008年，全区城镇居民人均可支配收入15682元，人均消费支出9316元，人均住房面积32.42平方米。

二、社会保障

1984年，试行企业职工社会养老保险制度。1999年11月，区机关、事业单位职工实行养老保险制度。至2008年，全区养老、医疗、失业、工伤、生育五大保险参保人数分别为1.53万人、1.45万人、6239人、5112人、3567人，在苏北地区率先实现城乡养老、医保一体化；实现城乡特困家庭帮扶全覆盖；在全市率先达到人均最低生活保障标准；建成区市民服务中心、5家街道办事处服务中心、28家社区便民服务中心。

第二章　清浦区

第一节　建置　地理

一、建置沿革

清浦区是淮安市老城区，古称清江浦，得名于明永乐十三年（1415）陈瑄开凿的清江浦河，时属山阳县，后河名演绎为地名。清乾隆二十五年（1760）划归清河县，并为县治。民国时期，先后为淮阴县政府、淮扬道尹公署、抗战初期江苏省政府、江苏省第七督察专员公署、苏皖边区政府、清江市政府、两淮市政府等所在地。1951年1月，划城区为清江市，郊区归淮阴县。1958年8月，清江市与淮阴县合并成立淮阴市。1964年10月，市、县再次分置，复称清江市。1983年3月，行政区划调整，原清江市里运河南为清浦区。2001年2月，淮阴市更名为淮安市后，为淮安市清浦区。

二、地理环境

区境四面环水，北隔里运河与清河区连接，南隔苏北灌溉总渠和洪泽县相望，西以二河、东以大运河分别与淮阴区、楚州区为界，面积276.6平方公里。地处江淮平原，地势平坦，属亚热带和暖温带过渡区域，气候温暖湿润，四季分明，雨量充沛，光热充足。有大小河流10余条。已探明的岩盐、芒硝储量分别为40亿吨、30亿吨。

1983年建区时，辖2个街道办事处、27个居民委员会，2个乡、16个村，总人口12.7万人。至2008年年末，辖4个街道办事处、34个居民委员会，5个乡镇、48个村，总人口31.84万人。

第二节　基础设施建设

一、城乡建设

1983年，划归区管的宽度3.5米以下的街巷有350条；有破旧公有住房13万平方米，2463户租住，户均居住面积52.78平方米，半数以上户人均居住面积不到6平方米。农村多为破旧的草房。20世纪80年代，农民生活条件逐步改善，瓦房逐年增多。至20世纪80年代末，瓦房率在90%以上。到2000年，城区建成经济适用房小区10个，面积45万平方米，解决5000户共2万人居住问题；农村草房基本绝迹，楼房崛起。2008年，城区破旧房屋全部改建成单元楼房，人均住房面积31.2平方米；有区管支路23条，巷道增加到1273条，下水道总长120公里；绿化覆盖总面积753.9公顷，各类园林绿地696.9公顷，建成区绿地率37.06%，绿化覆盖率40.43%。农村人均住房面积40平方米，楼房率70%以上，部分村庄实现楼房化，盐河镇甘露村被列为省级康居示范村。

2008年，启动建设清浦新城，16个亿元招商引资项目入驻，占地面积46.67公顷的阳光湖公园开工建设。

二、交通

1983年，全区只有一条205国道二级公路穿境而过，农村均为高洼不平的小土路。1983—1987年，新建区乡交通干线公路10条共42公里，达到乡乡通公路。2003年，开始实行农村公路通达工程，累计投入1.2亿元，新建农村公路410公里，区、乡、村路路畅通。到2008年，境内有宁淮连、徐淮盐两条高速公路46公里，一级公路29公里，二级公路79.12公里，三级公路12.84公里，四级公路285.5公里，等外公路28.5公里，公路通车总里程482.96公里。

与道路建设同步，境内桥梁建设也呈现加速度，里运河上的桥梁由1983年的3座增加到2008年的10座，大运河上的桥梁由1座增加到7座。20世纪90年代末，武墩大桥建成，结束二河上无桥的历史。1994年5月，在市供电公司南侧建成的淮阴汽车南站投入运营。2008年，在大运河以南、淮海南路西侧建成新的淮安汽车南站，原南站遂废。

三、供电

1983年，境内的淮阴发电厂装机容量7.4万千瓦，年发电3.7亿千瓦时。1988年年底，淮阴发电厂装机容量16.77万千瓦。是年，境内有10千伏配电线路21条，长343.63公里，其中东郊变电所10千伏出线7回，主要供电东南食品工业区和河北路一带；西郊变电所10千伏出线9回，主要供应政府机关、学校、宾馆及机械制造业用电。1990年，35千伏王元变电所投入运营。后又新增10千伏出线4回，长32.56公里。2001—2003年，城区实施3年城网改造工程，东大街、西大街、东郊变电站10千伏出口线路及境内主要住宅区等地段全部实现电缆化，10千伏供电半径达3公里，电压合格率和供电可靠性99.9%。2004年，启动投运220千伏清浦输变电工程，满足市区西南城郊迅猛发展的用电需求。2008年，淮阴发电厂装机容量33万千瓦，发电14.96亿千瓦时，供热154万吉焦。

四、水利

20世纪80年代中期，境内建成顺河洞、盐南、蛇家坝、三闸、运南等自然灌溉区9个及大小机电排灌泵站81座，基本满足农业生产的综合发展需求。1996年、2002年建成杨庙电力排涝北站、南站，2004年建成双河洞灌区北站，进一步解决全区的灌溉和排涝问题。2008年，投入水利建设资金3311万元，疏浚整治25条总长54.7公里的区乡骨干渠道和13个村的河塘，完成土方125万立方米，做到旱能灌、涝能排。

1983—2008年，境内建成小沟级以上建筑物6000座，修建农桥785座，疏浚区骨干河道102条，对二河、大运河、灌溉总渠的河堤多次加固，动用土方7000万立方米。

五、通信

1983年建区到1986年，境内城乡有淮海南路（邮电支局）、西大街、城西、淮海南路、盐河、黄码、和平、武墩邮电营业所8个，农村电话交换机总容量280门，用户45户。1987年，城内有西大街、淮海南路、解放路3个邮电业务所，农村有城南、武墩、和平、盐河、黄码5个乡邮电所，城区和清安、城南、武墩、黄码4个乡均安装程控直拨电话。1988年，开通“126”无线寻呼。1991年，电话号码由5位升至6位，开通国际长途通信网，可直接挂发180多个国家和地区的长途电话。1993年，建成并开通555公里的长途光缆，同时开通移动通信网，开办“127”自动寻呼、磁卡电话、数据通信、“168”信息服务、电子信箱等高科技电信业务。1995年，境内电信设施建设重点转向农村，“村通电话和杆线到村”工程拉开序幕。至2008年，全区电话交换机总容量14000门，用户5840户，建有邮电营业所9个。

第三节　经济发展

一、经济总量

1983年，清浦区的财政收入只有561万元。1987年，全区总产值3.54亿元，工农业总产值2.33亿元。1990年，全区工农业总产值2.98亿元；财政收入1002.9万元，支出2142万元。1995年，全区工农业总产值9.48亿元；财政收入2292万元，支出3706万元。1999年，全区工农业总产值21.11亿元；财政收入4996万元，支出6579万元。2008年，全区财政收入8.42亿元；完成地区生产总值68.07亿元，其中第一产业增加值6亿元、第二产业增加值23.51亿元、第三产业增加值30.56亿元，三次产业比重为9.9∶42.9∶47.2。

二、农业

1983年建区初期，农村产业结构基本上为单一型农业，以粮为主，商品经济不发达，乡镇、乡村企业基础薄弱，多为为农服务的企业。全区粮食总产量9.59万吨，农业总产值5683.4万元。1987—1992年，启动建设优质稻米、低芥酸油菜、蔬菜、商品鱼、禽畜、水果6个商品生产基地，并发展家庭经济。1993年后，发展以蔬菜为主的优势产业和外向型农业。到1997年，全区实现农业总产值2.5亿元，其中多种经营总产值1.63亿元，占农业总产值65%；82个行政村有75个建成小康村。2008年，全区实现农业总产值10.58亿元，粮食总产量13.28万吨，蔬菜总产量27万吨。

黄码牌辣椒、绿城佳园牌系列蔬菜成为知名品牌，行销全国20多个省、自治区、直辖市。

养殖业是清浦区的一大特色。1983年，生猪饲养量只有10万头，产值3475万元。2008年，有万头养猪小区1个、5000头生猪养殖场3个、3000头生猪养殖场4个、200头以上养殖大户100个、100头养殖大户70个，生猪饲养量25万头，出栏16万头，产值1.35亿元；家禽饲养量300万只；水产养殖面积666.67公顷，年产量4090吨。

三、工业

1983年建区时，境内省、市属大中型企业分布集中，但区属工业门类少，企业规模小，生产水平低，工业基础极其薄弱。仅有8家集体企业（其中亏损企业3家）和60余家街道、乡办企业，固定资产总额1300余万元。全区工业总产值3690万元，占工农业总产值34%，利润仅有195万元。1986年，乡以上工业产值首次突破1亿元，实现工业发展过程中的第一次飞跃。1989年，由于市场疲软，资金不足，原料短缺，产品滞销等原因，工业发展一度陷于困境，全区乡以上亏损企业59家，占总数38%。1992年后，清浦区工业再度发展，当年实现工业总产值3.04亿元。1997年，全区实现工业总产值13.8亿元。至2008年，全区形成化工、机械、纺织、建材四大支柱产业，企业固定资产总值15.91亿元，完成工业总产值59.08亿元，实现利税6.09亿元。

四、服务业

1983年，全区有商业网点1812个，从业人员5868人，商品零售总额7251万元。1983—1986年，实行“三放开”政策，即集体商业和供销社放开、饮食服务业放开、国营小型零售商业企业放开。1986年，全区社会商品零售总额1.36亿元，比1983年增长87.78%。1987年后，发展各类专业市场，改造、新建、改建东风商场、新民路蔬菜批发市场、解放路农贸市场、清江市场、城南蔬菜批发市场、淮阴粮油批发市场等。1992年，全区社会商品零售额2.8亿元，其中专业市场和集市贸易成交额6786万元。1993年后，市场萎缩，国营流通企业困难重重，但个体、私营商贸如雨后春笋般地发展起来。1997年，全区有个体私营工商户3880户，私营企业116家，入库税收610万元。2008年，实现商业零售总额34.99亿元，清江蔬菜批发市场年交易额22.43亿元，位居全国大型农贸市场行列。

五、开发开放

1988年，全区外贸交货值780万元。1993年，兴办淮阴市和高计时有限公司，为全区第一家合资企业。1995年，江苏省设立江苏淮阴外向型农业综合开发区，与清浦区实行“区区合一”管理体制。2006年，更名为江苏淮安工业园区。2008年，更名为清浦工业园。

2008年，全区完成进出口总额6013万美元，其中出口5455万美元；协议注册外资8779万美元，实际到账外资3847万美元；完成外经营业额460万美元，当年新派海外劳务7人。清浦工业园完成固定资产投资2.47亿元，实现财政收入1.7亿元，进出口总额7000万美元，注册外资实际到账520万美元。

第四节 社会事业

一、科技

1983年建区初期，没有专门的科技管理部门，具有专业技术职称的人才寥寥无几，科技力量十分薄弱。全区工业企业职工总数5897人，有工程技术人员33人，占职工总数的0.55%，其中获得中级技术职称的仅有2人。1987年，全区有各类专业科技人员373人，其中中级以上职称人员35人，数十项科技产品获国家、部、省、市优质产品奖。2003年以后，开发新产品143个，工业技改投入18.1亿元，开发销售收入超千万元的重点新产品25个，有31个列统企业挂靠科研院所，累计申请专利264项。2008年，全区有各类专业技术人员2462人，其中高级职称202人。当年科技投入991万元，创历史新高。

二、教育

1983年建区时，境内中学归市教育局管理，区文教局仅辖城乡小学80所。1987年，境内中学划归区教育局管理，全区有中学21所、小学82所、幼儿园47所。1994年，完成全区"普九"任务。经多年布局调整、优化组合，至2008年年末，全区有普通中学16所、职业中学1所、小学22所、幼儿园27所。学龄儿童入学率和在校生巩固率都在99.5%以上，义务教育阶段全部实行免费就近入学。全区中小学全部为市合格学校，清浦中学为省四星级高中。职业教育开办的建筑、装潢、电子、微机、财会电算化等专业毕业生供不应求。校舍大多是新建的高标准教学用房，配置多媒体教学设备和教学软件。

三、文化

1983年，全区有剧团、文化馆等文化事业单位10个，有电影院、歌舞厅等文化娱乐场所18家。1987年，除市属文化艺术团、影剧院外，拥有电影放映单位13个、文化馆站10个、艺术表演团体5个、电视录像放映厅5个，有线广播喇叭入户率90%以上。20世纪90年代开始，文学、美术、音乐、摄影创作队伍逐渐壮大，涌现出一批作家、诗人和音乐、舞蹈、美术、戏剧创作爱好者、表演爱好者，活跃大众文化。到2008年，每年一届，连续举办20多届群众文艺会演、五月赛歌会、灯会诗词会、书画摄影展，观众累计25万多人次；举办各种文艺骨干培训上千期，受训2.6万余人次；有社区自娱自乐场所28个；跑旱船、踩高跷、耍龙舞狮是每年春节广场演出最受欢迎的保留节目。此外，从2006年起，举办每年一次的清江浦庙会，把文化活动、艺术鉴赏、绝活展示、特色小吃、藏品交流、现场拍卖有机融合。

四、卫生

1983年建区后，建立健全乡镇、街道卫生院和卫生所，新设区妇幼保健所等11个医疗卫生机构，形成三级医疗网。1987—1992年，加快卫生基础设施建设，城中人民医院、区妇幼保健所以及和平、黄码等卫生院共新建门诊办公楼3462.28平方米，全区医疗环境得到明显改善。1993年，区境内有66个工矿企事业单位卫生机构，总床位133张，有各类人员425人，其中卫生技术人员387人；全区乡以上医疗卫生单位有卫生技术人员352人。1995年，全区83个自然村，建有73个

村卫生室，乡村卫生组织一体化管理逐步推行，区级医院、乡（街道）级医院、农村卫生室医疗体系得到巩固。到2008年，全区有医疗、卫生机构95个。其中，社区医疗点48个，70%以上患者在社区就诊，分别创成省级、市级社区卫生服务中心2个、8个；有卫生技术人员2312人，每万人拥有卫生技术人员64人，其中执业医师886人，注册护士945人；有病床1668张，每万人拥有床位50张；爱国卫生、除害防病工作常态化，新生儿疾病筛查率、视听筛查率和儿童免疫率都在98%以上。

五、体育

1983年建区后，成立区体育运动委员会，领导体育事业发展。1989年，建立区体育总会，相继成立田径、拳击、射击、足球、乒乓球、棋牌、武术、信鸽等11个专业协会，农村乡镇建立乡镇体委和农民体协。1990年，获“省体育先进区”称号。1992年，全区有各类体育设施500多个，其中城南体育场占地面积5.37万平方米，建筑面积1.45万平方米，是全市最早、最有影响的体育活动场所之一。至1993年，累计举办各类体育运动会63次，承办全国性比赛2次、省级比赛7次；向省级以上专业体育运动队输送运动员10人；代表全市组队参加全国和省级以上比赛22次，获得奖牌169枚。2000年以后，注重群众体育的发展，开展全民健身活动。2008年，全区常年参加锻炼健身达12万人次，获“江苏省全民健身月活动先进单位”称号；区内体育运动员参加国家、国际比赛获奖达到高峰，获世锦赛金牌1枚、亚运会金牌2枚；射击运动员邱健在北京奥运会上以1272.5环的成绩夺得男子50米步枪3×40项目金牌，实现淮安市籍贯运动员奥运金牌零的突破。

第五节　人民生活

一、居民收入与支出

1984年，全区农民人均纯收入416元，人均消费288元。1990年，全区人均收入998元。1995年，农民人均纯收入2017元，城镇居民人均总收入3775.49元。以后，城乡居民生活改善很快。1999年，农民人均纯收入4522.59元，总支出3380.94元；城镇在岗职工人均工资6958元。2008年，全区农民人均纯收入7261元，人均消费4790元；城镇居民人均可支配收入14911元，人均消费9955元。

二、社会保障

1988年，清浦区开始实施养老保险。1997年，启动城市低保。1999年，启动失业保险。2000年开始，启动基本医疗保险。2005年开始，推行新型农村合作医疗，同年启动农村低保。2006年，启动城镇居民医疗保险。2008年，清浦区养老、医疗、失业、工伤、生育五大保险参保人数分别为1.73万人、1.77万人、0.7万人、0.98万人和0.57万人。

第三章　淮阴区

第一节　建置　地理

一、建置沿革

春秋战国时期，境内先后属吴、越、楚国。秦王政二十四年（前223），置淮阴县（治今码头镇）。汉高祖六年（前201），封韩信为淮阴侯；十一年（前196），杀韩信，除淮阴侯国，仍称淮阴县，属临淮郡。三国时属魏。晋太康三年（282），广陵郡治迁至淮阴。东晋元帝渡江，广陵郡移去，以镇北、征北将军、青、兖二州刺史或徐州刺史镇守淮阴，淮阴遂为重镇。隋初，复为淮阴郡，寻废郡为县。大业元年（605），并淮阴县入山阳县。唐武德初年，复立淮阴县；武德七年（624），再次并入山阳；乾封二年（667），从山阳划出，恢复县建置。北宋，仍称淮阴县。南宋咸淳九年（1273），首次设置清河县，属清河军；同时划原淮阴县东境等，置新城县。元初，淮阴、新城、清河三县并置，省清河军，属淮安路。至元二十年（1283），淮阴县第三次并入山阳县。清乾隆二十五年（1760），山阳之古淮阴地多割并入清河县。自元迄清，清河县隶属淮安路总管府、淮安府。民国初，淮安府废，清河县直属江苏省。民国3年（1914），清河县复称淮阴县，先后属淮扬道、淮阴（第六）行政督察区。民国29年（1940），淮阴县抗日民主政府成立。民国34年（1945）9月，新四军解放淮阴城，城区设清江市，农村为淮阴县。民国37年（1948）12月，淮阴城再次解放，城区与淮城镇合组两淮市，市府驻清江浦，农村仍为淮阴县。次年3月，撤销两淮市，清江浦复归淮阴县。1951年1月，城区再度析出，设清江市。1958年8月，淮阴县与清江市合并，成立县级淮阴市。1964年10月，复设淮阴县、清江市。1948—1983年，隶属淮阴专区。1983年3月，属地级淮阴市。2001年2月，淮阴市更名为淮安市，淮阴县撤销，设立淮安市淮阴区。

二、地理环境

区境位于淮安市北部，西南濒洪泽湖，北接宿迁市沭阳县，东邻涟水县，西连宿迁市泗阳县，南界清河、清浦两区，地处北纬33°22′～33°56′、东经118°56′～119°09′，总面积1264.1平方公里。境内属黄淮冲积平原，地势西南高东北低。主要河流有京杭大运河、淮沭新河、盐河、废黄河、总六塘河、二河、张福河等。属暖温带半湿润季风气候，四季分明，光热充足。生物资源较丰富。矿产资源有岩盐、无水芒硝等10余种，其中岩盐、无水芒硝储量分别为270亿吨、14.3亿吨。

1978年，淮阴县辖26个公社、1个镇、1个场、427个生产大队，总人口74.29万人。2008年，全区辖13个镇、8个乡、1个省级经济开发区、249个行政村（居委会），总人口90.01万人，其中城镇人口27.06万人。

第二节　基础设施建设

一、城乡建设

1978年，淮阴县城面积5平方公里，城区内有淮海路、北京路和淮涟路3条主干道路，为泥结碎石路面或沥青路面，有桥梁2座。无自来水厂，部分居民生活用水由清江水厂供给，供水管道2.2公里，供水范围小，水量不足。农村土墙草房居多，砖木结构瓦房较少，道路皆为土路，用水取自河塘或浅井。1983年，城区淮海路和北京东西路（王营东西路）完成改造。全县启动集镇和行政村规划工作。古寨乡九房村规划方案获江苏省建设委员会三等奖，为淮阴市唯一获奖的规划方案。1985年以后，农民收入提高，境内农村普遍新建、翻建住房。至1985年年底，城区建成主干道4条，均为沥青路面。此外，结合老城区改造，先后建成支干道13条。1986年，建成长江西路（淮高路—营西桥）。至20世纪80年代末，城区有道路24.27公里。1994年，先后编制城区发展规划、城市景观规划和村镇规划，城乡建设逐步实现科学规范和制度化管理。至1995年年底，城区面积扩大至8.5平方公里。1996年起，县城开始大规模改造扩建。至1999年，城区主干道形成北京北路、淮海北路、承德路以及黄河东西路、北京东西路、长江东西路"三纵三横"格局，6座桥梁先后通车，建成近10处风光带、广场或公园，创建市级园林式单位居住区27个。

2000年开始，随着"三淮一体"城市发展战略实施，城区规模不断增大，市容不断变得靓丽。2002年10月，区城市管理局成立，市容管理和清扫保洁走上正规化。全区农村小城镇建设步伐加快，由零星建设转向集中开发住宅小区，村庄开始集中居住点建设。2006年，淮阴区获"国家卫生城市"称号，袁集乡桂塘村通过省级康居示范村验收。2008年起，实施新一轮城市建设，启动"商务、文化、健体、教育"四大中心建设，分片主攻城建重点项目，城区面积25平方公里；开展特色村庄建设，全区建成农民集中居住点131个。

二、交通

1978年，全县道路总里程579.77公里，路况差，多为3.5米宽砂石路，乡村多是泥土路。1987年，4条干线公路全部实现柏油化。1998年，县、乡道路全部黑色化。2005年，起于淮阴赵集的淮安至连云港173.8公里输卤管道建成开通，为境内第一条管道运输线。2006年，年吞吐量50万吨的王营新港建成。2007年，位于淮阴区的新淮安火车站建成启用。至2008年年底，全区道路总里程1285.52公里，其中高速公路79.69公里、国道35.4公里、省道48.47公里；新建、改建农村等级公路964.8公里，行政村全部通上等级公路；有航道8条，总长173.02公里；有淮安大桥、武墩大桥、豆瓣集大桥等大中型桥梁97座。

三、供电

20世纪70年代中期，淮阴县王营35千伏中心变电所建成并投入运营，淮阴电厂2号线作为主电源。1986年，县内第一条110千伏变电所——左庄变电所建成投运，改变全县只有淮阴电厂单电源供电的历史。1996年，建成110千伏南陈集变电所，电源由华能淮阴电厂接入，经王营、凌桥、码头、南陈集4个乡镇。1999年8月，投入运行110千伏左清线，自110千伏清河变电所，至110千伏左庄变电所，途经清浦区和淮阴县王营镇。2003年，建成110千伏五里变电所。2004

年，投入运行110千伏关陈线，从220千伏关城变电所的110千伏间隔，出线至南陈集变电所。至2005年，区境内有110千伏线路6条，形成双电源环网供电网络。此外，利用丰富的水力资源，先后建成活动坝、盐河、退水闸3座水电站，对缓解电力紧张状况起到一定补充作用。2008年，实施110千伏左庄变增容工程、110千伏杨井变增容工程，为淮阴城区和工业园区的发展提供电力保障。

四、水利

1978年以后，淮阴县以“旱改水”为目标进行大规模平整土地，重点转入农田水利基本建设，开挖用来灌溉的干、支、斗、农渠和排涝除渍的大、中、小沟，并配套相应的建筑设施。20世纪80年代，在提高防洪、防涝、灌溉能力的同时发展多种经营。1995年，对中运河以北的22个乡镇、315个行政村计1.06万公顷中低产田进行综合治理。20世纪90年代后期，开挖有效土方1.5亿立方米，完成200多公里的防洪堤防整修工程，建成一套防涝、防渍水系与灌溉水系；开展治水综合利用工程，全县有排涝支渠6条，大沟32条，中、小沟6125条，干渠2条，支渠13条，斗农渠4805条。2002—2005年，总投资5000多万元，疏浚县级河道18条、乡级河道174条。2003—2008年，疏浚河道189条，总长731.38公里，完成土方1408.04万立方米。2008年，对境内980公里的节水灌溉工程进行改造，其中防渗大渠13条、135公里，防渗斗渠1180条、745公里。

五、通信

1978年，淮阴县有市内磁石交换机400门，用户手摇式电话机303部；农村有27个交换点，磁石交换机总容量1530门，用户手摇式电话机451部，8个乡未通电话。1980年10月，开通1000门自动交换电话机。1995年年底，28个乡镇均安装程控自动化电话交换设备，总容量8300门。2008年，全区有固定电话22.43万部，小灵通5.2万部；宽带线路总容量1.2万条，用户1.2万户。

第三节　经济发展

一、经济总量

1978年，淮阴县地区生产总值为1.45亿元。1988年，地区生产总值4.99亿元。1998年，地区生产总值29.81亿元。2008年，实现地区生产总值131.81亿元，其中第一产业增加值29.31亿元、第二产业增加值69.84亿元、第三产业增加值32.66亿元；人均生产总值16283元。经济结构进一步改善，第一、第二、第三产业之比为22.2∶53∶24.8。

二、农业

1978年，全县粮食总产量20.4万吨。1981—1983年，全面推行家庭联产承包责任制，粮食产量迅猛增加。1983年，粮食总产量36.3万吨。1987年，淮阴县被确定为国家商品粮基地县，每年向国家上缴订购粮3.95万吨。温饱问题解决后，县委、县政府指导农民进行农业产业结构调整，分阶段发展油菜生产、蚕桑生产、蔬菜生产，突出发展以生猪、家禽、肉鸽、水产为主导项目的多种经营，农村经济飞跃发展。1997年，全县农业总产值12.2亿元，其中多种经营产值7.7亿元，农民人均纯收入2521元；实现脱贫，4个乡镇达到小康标准，有小康村116个。2000年，实现农业产

值14.98亿元，农民人均纯收入3152元。2005年，实现农业产值19.6亿元，农民人均纯收入3850元。2008年，全区实现农业增加值29.31亿元，农民人均纯收入5259元；粮食总产量59万吨；规模养殖、种植普遍推广，获“全国生猪调出大区”和“全省高效农业规模化先进区”称号。

三、工业

淮阴区的工业由于受市县几分几合影响，基础薄弱，规模不大。1978年，境内有工业企业253家，职工4500人，加上村级企业，产值只有1.3亿元。当时流行一个顺口溜，反映淮阴县工业企业落后状况：“东边大头菜，西边补麻袋，中间小瓶盖，北边小糖块。”1978年以后，对县属工业企业实行政企职能分离，放权让利，扩大企业自主权。1985年开始实行厂长负责制，推行承包经营责任制。1989年到1992年年底，推行招标承包、风险抵押承包经营。1993年以后，实行股份制、股份合作制、租赁、破产、兼并、公有民营、组建企业集团和有限责任公司等多种形式的改革。1997年，开始实施以卖为主、售后私（民）营的企业改制。经过一系列改革，工业获得快速发展。2000年，全县工业实现产值14.63亿元。2005年，工业实现产值39.9亿元。2008年，实现全区工业总产值193.7亿元，利税15.86亿元，其中规模工业实现产值180亿元，开票销售收入119亿元。成立工业新区，打造全国重要的盐化工生产基地。

四、服务业

1987年以后，伴随着经济发展战略的转变及城市化进程的推进，境内服务业发展很快。当年商品零售总额2.16亿元。20世纪90年代，发展总经销、总代理、连锁超市等新型业态。2000年以后，逐步形成以苏北温州大市场为中心的综合贸易市场群、以黄河广场为中心的休闲生活贸易市场群、以火车站为中心的物流市场群3个市场群商圈，服务业得到长足发展，当年全区社会商品零售总额8.19亿元。2005年，社会商品零售总额20.1亿元。2008年，全区第三产业增加值32.66亿元，服务业规模以上固定资产投资35亿元，服务业从业人员14万人。

五、开发开放

1978年，成立县外贸局、外贸公司。1980年，完成外贸收购额247万元。2008年，进出口总额7555万美元，完成外经营业额4506.9万美元。

2001年3月，淮阴工业园区开始启动建设。2006年4月，获批为省级经济开发区。至2008年，累计进区项目310个，实现规模以上工业总产值109.1亿元、利税11.1亿元。

第四节　社会事业

一、科技

1978年，境内文教卫生部门有知识分子435人，农林水利气象部门从事科技研究人员102人，工程技术人员109人，新分配大学、中专、技工学校毕业生17人。1981年，全县开始职称评定工作，评出初级职称270人、中级职称89人，另有农民技术员97人。1987年，有科技人员4867人，其中自然科学1192人、社会科学3675人。至2008年，全区有科技人才7215人，其中自然科学类3310人、社会科学类3905人。

20世纪80年代，实施国家科技计划项目2项，省科技计划项目8项，其中对新淮猪品系和短期蔬菜制种技术的研究尤为突出，有多项成果获奖。20世纪90年代，实施国家科技计划项目4项，均为星火计划；实施省科技计划项目20项。1995年以后的科技项目中，农业、食品、医疗、太阳能、盐化工行业成果显著。2000年以后，实施国家科技计划项目6项、省科技计划项目19项。2004年，通过全国科技进步考核。2007年，被科技部授予“全国科技进步先进县（区）”称号。

二、教育

1978年以后，对全县中小学进行调整、整顿，教育事业得到长足发展。1985年，全县有完全中学（含初中部）6所，职业中学1所，初中80所（含联中），小学375所、教学点5个，幼儿园218所（含学前班）。小学毕业生升学率61.1%，初中毕业生升学率22.7%。1988年起，针对部分联中办学规模偏小、生数偏少的现象，实施“撤帽中、并联中、办二中、扩大乡初中”的学校布局调整方案。1992年，全县基本普及初等义务教育，各乡镇建成成人中心校。1996年4月，基本普及九年制义务教育、基本扫除青壮年文盲工作通过省政府验收，初中学校数减为34所。2000年后，根据“撤并村小、联办片完小、加强中心小学和中心初中”的学校布局调整思路，合并布局不合理的村完小、教学点。2001—2005年，发展民办教育，逐步形成公办学校与民办学校共同发展，政府办学和社会各界参与办学相结合的办学新体制。至2008年年底，全区有高级中学1所、完全中学5所、职业中学5所、初中20所、小学76所、小学教学点68个、特殊教育学校1所、九年制学校8所、十二年制学校3所、幼儿园95所。有教职员工8220人。

三、文化

1978年，有县文化馆、工人文化宫、图书馆、新华书店、文工团等文化单位。20世纪80年代，县、乡均有影剧院。1988年，文化基础设施建设和文化组织、团体有较大发展，乡镇新建文化站4个、文化中心5个；建立县电影公司，发展放映网点40多个；成立文管会，审定公布文物保护单位；成立群众文化学会。1989年，成立县广播电视局，与原县广播站实行“一套班子，两块牌子”。1992年，建淮阴县电视台。1994年，建淮阴县有线电视台。1996年，《淮阴县志》出版，《淮阴县年鉴》创刊。至1997年年底，全县有艺术表演团体1个，文化馆1个，图书馆1个，乡镇文化中心29个，各类电影放映单位34个，其中农村32个。至2008年年底，全区有大型文化设施38处，其中乡镇24处、城区14处；群众文化活动场所368处，其中乡镇247处、城区121处；各类文化机构31个，其中县级6个、乡镇25个；群众文化组织37个，专业文艺团体3个；各级文物保护单位21处。

四、卫生

1978年，有县人民医院、卫生防疫站、妇幼保健所、麻风病防治院、药检所等县级医疗卫生机构5个，乡镇卫生院28所，全县有卫生技术人员874人（其中主治医师1人、医师16人），病床530张。医疗卫生单位设备简陋、短缺。1988年，启动农村初级卫生保健试点工作。1991年，《淮阴县初级卫生保健规划（1990—2000年）》颁布实施，全县合作医疗保健制度建设步伐加快。1999年，获“江苏省初级卫生保健合格县（市）”称号。2000年，区“120”急救中心建成。2001年，区药品监督管理局成立。2004年，组建区卫生监督所及区疾病预防控制中心。2005年，区级医疗卫生单位有淮阴医院、区疾病预防控制中心、区卫生监督所、区妇幼保健所、区第二人民医院5所，6所中心卫生院及16所乡镇卫生院，卫生技术人员1193人（其中正高级职称2人、副高级职称23人、中级职称299人），设置病床979张，平均每千人拥有病床1.11张，平均每千人拥有卫生技术

人员1.35人。至2008年，全区有卫生机构26个、床位数990张、卫技人员1281人。

五、体育

1983年，县青少年业余体校被国家体委授予“全国业余体校先进单位”称号。1986年，码头镇被国家民委、体委评为全国少数民族发展传统体育先进单位。同年9月，被评为江苏省体育先进乡镇。1991年，县实小乒乓球代表队获第九届全国少儿“开拓杯”女子甲级团体亚军。1994年，北京路小学被国家体委、教委授予“优秀传统项目学校”称号。1995年，黄河广场建成，成为重要的群众体育活动场所。2004年后，城区健身点快速增加，健身设施种类丰富，古黄河和盐河风光带、黄河广场、樱花园广场、盐河广场、西坝公园、荷花公园等处跳广场舞、打腰鼓、打羽毛球、练太极拳、耍功夫扇、抖空竹等的健身群众，常年保持在5万人次以上。2006年起，实施农民体育健身工程，所有村（居）均建起1个混凝土标准篮球场、1个棋牌室和2张以上室内或室外乒乓球台。2008年，全区有专职体育工作者200余人，开展各类体育比赛60余场次，群众体育锻炼达标率稳定在90%左右，优秀率20%。是年9月，淮阴籍残疾人运动员陈业刚在第29届国际残疾人奥运会上，获得1枚银牌和1枚铜牌，结束中国在残奥会反曲弓项目上无奖牌和结束淮安市残奥会零参赛和零奖牌的历史。

1978—2008年，淮阴区运动员获国际比赛金牌3枚、银牌3枚、铜牌4枚；在全国比赛中，获金牌20枚、银牌18枚、铜牌33枚；在省级比赛中获金牌218枚、银牌106枚、铜牌86枚；在市级比赛中，获金牌216枚、银牌198枚、铜牌174枚。

第五节　人民生活

一、居民收入与支出

1978年全县农民人均纯收入48元，1990年为520.95元，1995年为1520元，2000年为3181元，2005年为3713元，2008年达5259元。1978年，城镇居民人均可支配收入为500元。2008年，城镇居民人均可支配收入达11801.45元。

随着收入的增长，人民消费水平不断提高。1987年农民人均生活消费支出362元，1990年为594元，1995年为595元，2000年为1603元，2005年为2206元，2008年为3486元。1978年城镇居民人均生活消费支出322元，2008年为8191.7元。

二、社会保障

1997年，淮阴县率先在全市实施城乡联动的城乡居民最低生活保障制度，城市低保标准为每人每月100元，农村低保标准为每人每年600元。2003年，被江苏省确定为新型农村合作医疗试点县（区），引入中国人寿保险公司承办新型农村合作医疗支付业务，逐步实行区内医疗服务“一卡通”制度。2007年，城乡低保实现“应保尽保”。2008年，新型农村合作医疗参合率98.3%。是年，企业职工养老保险、基本医疗保险、失业保险覆盖面进一步扩大，城镇居民基本医疗保险参保全覆盖。

第四章　楚州区

第一节　建置　地理

一、建置沿革

楚州区是淮安市的古城区。境内春秋时先属吴国，后属越国，战国时属楚国。西汉元狩六年（前117）建射阳县。东晋义熙七年（411）设山阳县。南齐永明七年（489）设淮安县。隋开皇三年（583）置楚州，辖淮阴、山阳等郡县。南宋绍定元年（1228），李全火烧楚州城，楚州废，升山阳县为淮安军，隶属宝应州。元朝设置淮安路，县复称山阳。明初，设淮安府，治山阳，直至清末未变。民国元年（1912），淮安府裁撤。民国3年（1914），因与陕西省山阳县同名，县名复称淮安。抗日战争时期，境内分属两个抗日民主政府，运西地区属淮宝县抗日民主政府，运东地区属淮安县抗日民主政府。1949年中华人民共和国成立时为淮安县。1987年12月，撤县设县级淮安市。2001年，原地级淮阴市更名为地级淮安市，遂撤县级淮安市，改为淮安市楚州区。

二、地理环境

区境位于苏北平原中部，地处北纬33°16′～33°45′、东经118°59′～119°37′，东与盐城市阜宁、建湖二县相连，西与淮安市洪泽县、清浦区相接，北与涟水县、清河区、淮安经济开发区相邻，南与扬州市宝应县、淮安市金湖县相通。总面积1517.6平方公里。京杭大运河与苏北灌溉总渠将全区分为渠北、渠南和运西3个自然片，分属黄泛冲积平原、湖积平原、古泻湖平原及湖滩洼地。属亚热带与暖温带过渡地带，地势平坦，河流众多，四季分明。境内岩盐矿储量2.41亿吨，泥炭储量332.01万吨。

1978年，淮安县辖1个镇、29个公社、3个场，总人口109.36万人。2008年，楚州区辖5个乡、21个镇、1个省级经济开发区，有308个村民委员会、44个居民委员会，总人口118.74万人，其中城镇人口41.26万人。

第二节　基础设施建设

一、城乡建设

1978年，城区面积1.65平方公里，主街道5条，均为沥青路面，部分街巷由砖、石板铺设，大部分为土路；路灯不足300盏，居民生活自来水没有普及。20世纪80年代初，城区有干支道7.69公里，后街背巷16.2公里，干支道路仅兴文街、府学街各铺长420米、宽10米的混凝土路面，其余

均为沥青路面。1983年，首次编制城市发展规划，城市建设迅速发展。1993年，城区有主次干道21条，总长32.64公里。1998年年初，城区有干支道路31公里，后街背巷43公里，除部分条石街道作为文物保留外，大部分都是混凝土路面。先后拓宽、新建30条干道，沟通老城区和河西工业区的交通，形成完整的外环和城市道路系统，城区面积扩大到24.88平方公里。2001年，启动新城区建设。至2008年，城区面积29.5平方公里，城市绿化率24%；后街背巷道路铺设混凝土路面；有路灯9712盏；先后获评国家园林城市、国家卫生城市、中国优秀旅游城市、江苏省文明城市、国家环境保护模范城市、国家级生态示范区等。

1978年，农村房屋多为简易的泥墙瓦房，少数为砖墙瓦房。1983年，开始村镇规划和农房建设。至20世纪80年代后期，多数农户盖起砖瓦房。20世纪90年代，兴建楼房。2006年开始，进行镇村布局规划，引导农民集中居住，全区25个乡镇规划为1174个农民集中居住点。2008年，开展农村环境综合治理和康居示范村创建，席桥镇黄桥村创成省级康居示范村，流均镇永兴村等3个村创成市级康居示范村。

二、交通

1978年，除跨境国道、省道为砂石路外，县、乡道路多为土路。1980年，县、乡公路砂石化。1987年，全县拥有公路356公里，其中主要过境干线4条，共112.85公里。1996—2000年，实现市乡公路黑色化、乡村公路砂石化，村村通公路。1999年，完成新长铁路淮安段铺轨任务。2005年，实现村村通水泥路。2008年，翔宇大道三期、省道237、康马路等建成通车，新老城区实现道路联网。至2008年年末，境内有铁路34.4公里，三级站、四级站各1个；公路1914.68公里；航道535.71公里；拥有一级客运站1个，四级客运站7个；大、中型营运客车243辆；城市营运公交客车184辆，出租轿车130辆。

三、供电

1978年，城市居民用电没有普及，大部分公社没有通电。至1983年年底，实现乡乡通电，有三分之二的村、三分之一的组和4万多户农户用上电。1987—1989年，淮安热电厂一期工程1.2万千瓦机组运行发电，投资700万元的运东水电厂建成发电。至1989年年末，有94%的村和72.8%的居民用上照明电。至1994年年底，实现村村通电。2008年，全区有10千伏线路102条，35千伏线路32条，110千伏线路17条，220千伏线路7条；各类变压器4614台。

四、水利

1978年，以治水改土为中心，整治排水系统，实施建筑物配套工程。至1987年年底，主要的大中型水利工程有运东分水闸，里运河小地涵，杨庙穿运洞，白马湖穿运洞，淮安第一、第二抽水站，茭陵第一、第二抽水站，淮安运西水电站，全县80%以上耕地可以自流灌溉。1997年，疏浚排灌骨干河渠13条，兴建配套建筑物3682座。2008年，完成勺湖清淤工程、文渠清淤工程、耳洞渠首加固工程；开展县乡河道疏浚工程、村庄河塘整治工程、渠南灌区改造工程、农村安全饮水工程等。

1978—2008年，通过农田河网建设、平原坡地整治以及低洼圩区治理等措施，实现“旱改水”，改造中低产田，区境有效灌溉面积不断增加。至2008年，累计完成中低产田改造3万公顷。累计完成土方8.7亿立方米，新开干河15条，建成自流灌区13个，新建机电排灌电站653座、机站8座，建成茭陵抽水站、运东水电站、淮安市抽水站、淮河入海水道与运河水上立交等重点工程。

五、通信

1978年，全县实现村村通邮。1980年，农村大部分大队通上电话，县城电话实现自动拨号。1987年，完成市区到各乡镇、各乡镇之间的双向自动拨号工程。至1991年年底，开通无线寻呼业务，市话用户上升到2436户。1995年起，受理窄带多媒体注册业务（ISDN），通过电话线拨号上网。2000年，完成90%的行政村电网改造及城乡通信传输工程，电话用户达11万户。2001年8月，宽带业务投入运营。2001—2005年，完成4.5万门程控电话交换机扩容，楚州移动第二交换局设备安装调测并投入运营。2008年，全区有固定电话用户27.8万户，移动电话用户40万户，宽带业务总数2.48万户，无线上网用户520户。

第三节　经济发展

一、经济总量

1978年，全县地区生产总值2.46亿元，其中第一产业1.68亿元、第二产业0.44亿元、第三产业0.34亿元，三次产业比重为68.3∶17.9∶13.8。1987年，第二产业的比重首次超过30%，达31.8%，以后逐年上升。2001年，第三产业的比重为29.3%，以后逐年上升。2008年，全区地区生产总值144.86亿元，其中第一产业25.87亿元、第二产业70.45亿元、第三产业48.54亿元，三次产业的比重为17.8∶48.6∶33.5。全区由一个几乎没有工业企业的贫困农业地区发展成为一个以工业经济为主，第一、第三产业协调发展的地区。

二、农业

1978年，全县粮食总产量46.17万吨。1982年，全面推行家庭联产承包责任制。当年，在耕地面积减少260公顷的情况下，全县农业总产量61.59万吨，实现农业增加值4.84亿元。1984年，主要农产品实现由长期短缺到供求总量大体平衡的历史性转变。同时，开发荒滩废水，发展林、桑、果、猪、禽、渔等产业，培植一批专业户、专业村和基地乡。至20世纪80年代末，跨入全国平原绿化先进县、全国淡水鱼超万吨县行列。1995年，被命名为全国粮食生产先进县（市）。同年，进入全国肉产品百强县（市）行列，并被定位为国家瘦肉型生猪生产基地。1998年，实现农业增加值11.1亿元，粮食总产量83.78万吨；多种经营快速发展，特别是家禽饲养量大幅增加，达1500万只。1998年以后，进一步改善农业生产条件，通过农业综合开发，使10多万亩“望天田”变成稳产高产田。同时，调整农业产业结构，推进高效农业生产。2008年，全区实现农业增加值25.6亿元，粮食总产量92.65万吨；新增钢架大棚200公顷、规模猪场36个、高效渔业面积1240公顷，高效农业占整个农业比重25.4%。

三、工业

1978年，全县有工业企业440家，工业总产值1.73亿元。1978年以后，国有企业通过各种渠道吸引资金、加大投入，各乡镇大办乡镇企业。至1985年年底，全县有工业企业3585家，工业总产值5.18亿元。在国有企业中，涌现出县无线电元件厂、县棉纺织厂、县毛巾厂、县半导体零件厂、县缫丝厂“五朵金花”，以及淮安自行车厂、淮安石油钻采设备厂、南闸蓄电池厂、平桥猪鬃厂

等一批乡镇明星企业。1985年，全县乡镇企业总产值2.47亿元，占工业总产值的47.6%。1985年后，受价格双轨制、盲目建设、地区之间相互封锁等因素的影响，工业经济经历一个曲折的发展过程。1988年，全国出现“抢购风”，引发“棉花大战”“烟草大战”“皮革大战”，波及域内相关企业，导致一批企业陷入停产、半停产状态。1991年，全市372家集体企业中，亏损企业105家，亏损总额855万元；全民企业亏损总额753万元。1993年开始，推行股份合作制。1995年，各乡镇逐步推开“先售后股”改革。至1997年年底，有86家乡镇企业实现产权转让。到1998年，319家应改制企业，改制308家，改制面96.55%。1999年，盐化总厂整体划转给省盐业公司。到2001年，工业经济步入健康发展轨道，规模工业实现工业总产值30.06亿元，销售收入28.14亿元，利税2.1亿元。2002年，全区实现第二产业超第一产业，工业园区破土动工。到2006年年底，完成工业增加值40.69亿元，规模以上工业企业实现总产值109.4亿元，三次产业结构比为20.25：46.49：33.26。2008年，工业企业完成增加值51.11亿元，有规模以上工业企业210家。盐化工、农副产品和食品加工、纺织服装等支柱产业支撑带动作用增强。

四、服务业

1980年，全县社会商品零售总额1.68亿元；农村有供销社、站、双代点844个，每个大队都有供销点；外贸出口商品有94个品种，销售额2144万元，销往80多个国家和地区。1983年，成立县供销合作联社，进一步沟通城乡物资交流，社会商品零售总额2.3亿元；外贸出口商品品种有所减少，只有72个品种，但销售额有所上升，达2543万元。1984年开始，对商业流通体制进行改革。到1986年，形成国营、集体、个体商业并存的格局。是年，全县社会商品零售总额3.3亿元，商业零售网点有5885个，外贸出口品种46个，销售额3445.1万元。1990年，全市社会商品零售总额4.08亿元；外贸商品收购总额7791.91万元，居淮阴市各县（市）区之首。1991年，外贸收购额首次突破亿元，达1.29亿元。1995年，新建、改建、扩建各类市场8个，新建驻外业务窗口23个，实现社会商品零售总额7.95亿元，对外贸易争取到直接进出口经营权。1997年以后，国内贸易呈快速发展的势头。2001年，在城区新建万家福超市、苏果超市明珠店、万得宝超市等一批商业网点，在农村新办一批商业连锁店、配送点和商业网点，区内商业连锁店及销售网点有450个，实现社会消费品零售总额17.38亿元。2002年以后，全区社会商品零售总额每年增加的幅度都在10%以上。至2008年年末，全区实现社会消费品零售总额49.35亿元。

五、开发开放

1978年1月，县无线电元件厂与香港高立电子公司签订中周变压器来料加工协议，成为全县首家“三来一补”（来料加工、来料装配、来样加工和补偿贸易）企业。1984年，县服装厂引进西服生产线，所产西服出口美国、日本、欧洲等国家和地区。1990年，全县完成外贸出口总值1.35亿元。1995年，获得进出口经营权。2008年，完成进出口总额9013万美元，注册外资实际到账2001万美元。

第四节　社会事业

一、科技

1979年，淮安县开展科技人员普查归队和考核晋升、职称评定工作，评定中级技术职称300人、初级职称170人。1979—1983年，有26个乡镇成立科普协会，县机械、电子、轻纺、化工四个学会相继成立。1984年开始，加大实用科技研发力度。1987年，确立“科技兴淮”战略。当年年底，全县有科研机构4个，各类专业技术人员7900人。1990年，基本配齐科技副乡（镇）长，开展科技示范乡、示范村、示范户创建活动。到1995年年底，科技在工业和农业中的贡献份额分别为23%和36%。1997年，开始创建全国科技先进县（市）活动，有16个乡镇被命名为“省级科技工作先进乡镇”。1999年，建成科技信息网络中心，建成无公害蔬菜科技示范园，被省科委评定为科技成果推广示范县（市）。2000年，创成全国科技工作先进县（市）。2001年，通过全国科技进步合格县（区）的考核验收。2003年，在苏北地区率先成立知识产权局。2004年，被省政府确定为全省知识产权示范区。2006—2008年，全区引进各类人才691人，开发市级以上新产品167个，申报各类科技计划项目152个，申报国家专利998个。

二、教育

1978—1981年，淮安县恢复整顿教育教学工作。1981年，全县小学教育基本普及，幼儿教育开始起步，中等和高等教育有所发展，先后发展电视、函授、进修和职工业余教育。1983年，成为全市首批实现普及初等教育的两个县之一。1984年，成为全市首个脱盲县。1988年，被评为全国扫盲先进县（市）。1989年，中小学校实现“一无两有”（指无危房，有教室和课桌凳），乡（镇）均有中心幼儿园。1992年，所有乡镇均实施五年制义务教育。1995年，全面实施九年制义务教育。1996年，被评为“全国‘两基’先进市”。2000年后，开展有整洁的校园、有满足师生就餐需要的卫生食堂、有冷热饮用水、有水冲式（符合农村改厕要求）厕所、有安全宿舍、寄宿生1人有1张床的“六有工程”，利用信息技术实现家庭与学校快捷、实时沟通的网络教育平台的“校校通工程”，以农村中小学理化生实验设备、图书资料和体育、艺术教育器材添置为主要内容的“四配套工程”建设。2002年，发展民办教育，建成淮安外国语学校和文通初级中学。2003年，淮安中学、楚州第三中学整体改制为民资学校，开办曙光双语学校。

20世纪80年代初期，全县有中小学学校654所，单个学校规模普遍较小。1997年，有普通中学70所，普通中等专业学校2所，技工学校1所，职业中学7所，小学543所。2003—2004年，撤并、降格中小学349所。到2008年，全区有小学111所，初中32所，普高6所，职高2所，特殊教育学校1所，九年一贯制学校2所，其中省级实验小学2所、省级示范初中10所、国家重点高中1所、省重点高中3所、省级重点成人学校4所；有34所幼儿园；有在职教职工11109人。

三、文化

1978年，全县各公社均有1个电影队、文化站、广播放大站。1981年，有8个公社兴办公社文化中心和剧团，有106个大队兴办俱乐部。1983年，建起全市首家立体电影院——河下立体电影院。1985年，各乡镇文化中心相继成立，各基层单位普遍建立文化俱乐部。20世纪90年代，淮安

电台、电视台开播；淮安图书馆、博物馆、文化馆大楼先后建成。1998年，编纂出版中华人民共和国成立后第一部地方通志县级《淮安市志》。2001年，《楚州年鉴》创刊。同年，楚州区被表彰为江苏省群众文化先进区。

2002年后，启动河下古镇保护性开发，修复淮安府衙，建设漕运总督部院遗址公园，挖掘和培植南闸民歌、十番锣鼓、仇桥杂技、车桥剪纸、博里农民画等民间特色文化。2006年，淮安府衙被列为全国重点文物保护单位。2008年，新建成6个乡镇文化站、50个村级文化大院和65个农家书屋，楚流线成为省级农村文化示范带。“十番锣鼓”入选国家级非物质文化遗产代表性项目名录。

四、卫生

1978年，全县医疗卫技人员不足1000人，有病床962张，无大型医疗器械和精密仪器。1981年，恢复淮安县中医院，由名老中医坐堂诊疗，淮安中医一时声名鹊起。1995年，淮安市人民医院被卫生部授予“二级甲等医院”称号，18个乡镇卫生卫生院获“一级甲等医院”称号。至1997年年末，拥有专业卫生机构39个，医疗病床1422张，专业卫生技术人员2007人。1998年，创建省卫生城市通过省级复查验收，并在苏北地区首家实现消灭丝虫病目标。初级卫生保健工作通过省评审，达到合格标准。2002年，各乡镇普遍推行农村合作医疗。至2005年年底，全区新型农村合作医疗行政村覆盖率100%。2006年，开始建立城镇居民基本医疗保险制度。2008年，创建成全国卫生城市。是年年底，全区有各类卫生机构149个，卫技人员2540人，病床1743张。

五、体育

1980年，淮安籍篮球运动员孙凤武随国家青年篮球队获亚青赛冠军，邵震中获第三届世界业余围棋锦标赛冠军。1986年，淮安县被江苏省授予“体育先进县”称号。1987年，被授予“全国体育先进县”称号。1990—1992年，有26个乡镇被江苏省体委命名为体育先进乡镇。1998年，被省政府评为十佳体育先进县（市）。2008年，全面完成万村体育健身工程，有26个乡镇被江苏省体育局命名为江苏省体育强乡（镇）。

1981—2008年，全区运动员在省级以上比赛中获金、银、铜牌1478枚，其中金牌136枚、银牌48枚；19人先后破省运动成绩纪录19项，2人破全国运动成绩纪录2项。

第五节　人民生活

一、居民收入与支出

1978年，淮安县农民人均纯收入135元。1985年，农民人均纯收入379元，人均家庭总支出519元。1995年，农民人均纯收入1926元，人均家庭总支出2352元。2005年，农民人均纯收入4197元，人均家庭总支出3797元。2008年，农民人均纯收入5803元，人均生活消费支出3517元。

1978年，淮安县城镇单位在岗职工年平均工资514.93元。1990年，城镇居民家庭总收入1331元，家庭总支出1280.82元。2005年，城镇居民人均家庭总收入6055元，人均家庭总支出5586元。2008年，城镇居民人均可支配收入10916元，人均消费支出7964元。城乡居民家庭恩格尔系数44%，文化娱乐服务支出占家庭消费支出比重的10.5%。

二、社会保障

1985年开始，先后实行公费医疗保险制度和职工失业保险制度。1987年，开始实施职工养老保险。1992年，启动农村社会养老保险工作。1994年，乡镇企业职工参加农村社会养老保险。1997年，建立城乡最低生活保障制度。2002年，推行农村合作医疗。2006年，开始建立城镇居民基本医疗保险制度。2007年，农民工纳入养老保险参保范围。2008年，实现医疗保险全民覆盖，实现城乡低保对象应保尽保。

第五章　涟水县

第一节　建置　地理

一、建置沿革

春秋战国时，县境先后属吴、越、楚国。秦时属东海郡。汉武帝元狩六年（前117）置淮浦县，为境内建县之始。南齐建元二年（480），于境北侨置襄贲县。隋开皇五年（585），改襄贲为涟水县。唐武德四年（621）置涟州，治涟水城，辖涟水、金城二县。贞观元年（627）废涟州，并金城县，以涟水县划归泗州。北宋太平兴国三年（978），升涟水县为涟水军。南宋景定三年（1262），改涟水县为安东州。元代划归淮安路。明洪武二年（1369），降安东州为安东县，属淮安府，直至清末。民国3年（1914）复称涟水县。民国30年（1941）春，抗日民主政府以盐河为界，将涟水划为涟水、涟东两县，分属淮海、盐阜两区。1950年6月，涟东、涟水二县合并为涟水县，属淮阴专区。1983年，地级淮阴市成立，属淮阴市。2001年，淮阴市更名为淮安市，涟水县属淮安市。

二、地理环境

县境东与盐城市阜宁、滨海、响水县为邻，西与淮阴区、宿迁市沭阳县接壤，南与楚州区隔废黄河相望，北与连云港市灌南县毗连。位于北纬33°39′～34°07′、东经118°59′～119°46′，东西长60公里，南北宽51.5公里，总面积1677.33平方公里，其中陆地面积占80.78%。地势西南高东北低，地貌受黄泛影响，分为沿河高滩地、平原坡地、湖荡洼地。属暖温带季风气候，四季分明。有耕地10.42万公顷，多为沙壤土质，土地肥沃；河网密布、排灌方便，适宜作物生长，优质杨木资源丰富。

1978年，涟水县辖23个公社、2个镇、1所“五七”干校、8个场圃，有375个生产大队、5个居委会，总人口81.61万人。2008年，辖17个镇、2个乡、11个办事处、1个省级经济开发区、375个村，54个居委会，总人口105.37万人。

第二节　基础设施建设

一、城乡建设

1978年，县城区面积12平方公里，主要街道4条，仅安东路北门闸以南为沥青路面；农村居民以草房为主，饮用水源主要是河沟汪塘水。1981年起，农村砖瓦房增多，草房逐年减少。1984年编制《涟水县城总体规划》，城区建设速度加快。到1987年，有居民新村4个，大部分街道安装路灯；城区有水泥、沥青路面13.9公里。1988年，朱码军民村建成全县第一个村级集体水厂。1993年，城区道路总长度增加到16.5公里。1996年起，县城开始大规模改扩建。至1997年年底，城区铺设15条主次干道，总长35.3公里，道路框架由20世纪80年代初的"一纵一横"扩展到"三纵六横、环绕县城"的新格局；城区绿化面积208公顷，绿化覆盖率33.44%；农村居民全部住上砖瓦房，二层楼房逐渐增多。1999年，灰墩乡王嘴村首先开始农民集中居住点建设。2002年后，兴建一批规范化住宅小区，五岛公园风景区、涟河风光带等先后建成。到2008年，城区形成"三纵三横一环"格局，面积扩大到64平方公里。全县建农民集中居住点37个，有农村水厂254个，80%以上行政村通自来水。

二、交通

1978年，境内除跨境国道、省道为砂石路外，县、乡道路多为土路。1995年，主要道路完成黑色化，其余县、乡道路完成砂石化，乡镇皆通公共汽车。2003年起，先后改建干道6条，铺设农村水泥路1395公里，改建危桥21座。2008年，淮涟一级公路（涟水段）通车，省道235（涟水段）贯通，全县公路总里程3325公里，其中乡村公路725条1371公里，93%以上行政村通水泥路；淮安机场选址涟水县蒋庵村；盐河航道"五改三工程"（航道标准由原来的五级升级改造为三级）开始。

三、供电

1977年11月，涟水县第一条110千伏电压等级输变电工程建成投运。1978年，建成220千伏徐淮、徐宿淮双回线，以及淮马线和淮阴、马坝两座220千伏变电所。1979年，建成一条110千伏输变电线路，该线路由220千伏淮阴变出线，直送朱码变电所，长31.83公里。此外，相继建成35千伏城东变、徐集变、唐集变、红窑变和高沟变及其线路，并对原有的简易变电所、低压线路和二线一地制线路进行改造；将6千伏电压等级升压为10千伏电压等。全县基本形成110千伏为骨干、35千伏为主体、0.4～10千伏为脉络的遍及各个乡镇的供电网络。1983年，乡镇全部通电。1994年，全县第一座220千伏电压等级变电所建成投运，主供电量为72万千瓦时。1996年，实现村村通电。至1997年年底，有220千伏变电所1座、110千伏变电所2座、35千伏变电所10座，供电总量2.29亿千瓦时。2008年，全县有220千伏变电所2座、110千伏变电所5座、35千伏变电所10座，供电量7.34亿千瓦时。

四、水利

1978年，有涟东、涟中、涟西和淮涟四大灌区，涵盖全县70%以上耕地，其中涟东、涟西灌区为国家大型灌区。20世纪80年代，争取商品粮基地县建设和治碱灭荒的投资，努力恢复、巩

固、改造、提高老灌区，发展回归水利用站，开辟旱改水区域，向改造低洼田、低产田、盐碱田的深度和广度发展，先后对全县骨干灌排渠道、沟河进行疏浚，工程效益得到应有的发挥。1988年、1989年，获得“大禹杯”金杯奖和“全国水利建设先进县”称号。20世纪90年代，先后改建、修建涟中总干渠首闸、涟西一干渠首闸、一帆河闸、唐响河闸、涟东进水闸、陈师梯级控制闸等，初步形成防洪、排涝、灌溉、降渍4套工程体系。

1978—2008年，全县累计完成土石方5亿多立方米，新建、改建水利配套建筑物11万余座，新建防渗渠道401.58公里，建成旱涝保收高产稳产田4.55万公顷。

五、通信

1978年，全县有电话用户800余户。1985年，兴建通信综合楼。1987年，市话实现自动化。1993年，开通长话、市话、农话合一数字式程控电话交换机。1993年，开通移动电话业务。1994年，农话全部实现自动化。1999年，开通“163”窄带拨号上网业务。2000年，县城开办宽带上网业务。2003年，开通无线市话业务。2007年，光纤宽带业务延伸到各行政村。2008年，全县有固定电话用户25万余户，电话普及率25%；移动用户20余万户，宽带用户1.8万户。

第三节　经济发展

一、经济总量

1978年，涟水县地区生产总值为1.9亿元。1990年，全县地区生产总值8.44亿元。2000年，地区生产总值上升至39.76亿元，其中第一产业16.6亿元、第二产业10.9亿元、第三产业12.26亿元。2008年，全县地区生产总值110.66亿元，其中第一产业增加值32.51亿元、第二产业增加值46.95亿元、第三产业增加值31.2亿元，三次产业结构比为29.3：42.5：28.2。

二、农业

1978年，全县农业总产值1.44亿元。1983年，成为全国首批50个商品粮基地县之一。1985年起，调整种植业结构，发展棉花、油菜等经济作物，开展百里果园、百里林带、百里鱼塘和高产、优质、高效工程建设。1995年开始，进行以专业村、专业大户、基地乡镇为重点的“两专一基”建设，发展区域经济，开展规模经营。到1997年，全县基本建成以“两带”（宁连路沿线的“三高”农业示范带、“三百”工程沿线的5万亩优质苹果带）、“两线”（涟徐公路和涟灰路沿线乡镇的2万亩浅水藕生产线）、“两大片”（以涟城、朱码为中心的城区万亩露地蔬菜种植片，以黄营、唐集等乡镇为主的万亩蔬菜套种片）及“八大生产基地”（100万头生猪生产基地、2000万只家禽生产基地、200万只肉鸽生产基地、100万只肉兔生产基地、3万亩洋葱生产基地、万亩朝天椒生产基地、万亩大蒜生产基地、4万亩棉套蔬生产基地）为主体的区域经济发展格局。1998年起，确立蔬菜、家禽、水产、林果、生猪五大农业主导产业地位。2002年，被列为国家首批生态家园富民工程示范县。2006年，建成城郊等五大生态农业区。2008年，全县完成农业总产值61.91亿元，农业增加值32.51亿元。

三、工业

1978年，全县有工业企业231家，总产值8040万元，占全县生产总值的34.4%。1984年，“高

沟特曲”获国家浓香型曲酒评比第一名。1989年，女青年刘菊红回乡创办云锦织造厂，涟水县成为新兴的云锦织造基地。1995年以后，相继出台一系列招商引资的优惠政策，一些外出打工人员回乡创业，在县城西区建立工业园区，各乡镇也相继建立工业集中区。1997年，县属工业完成工业产值8.55亿元。1999年起，实施“工业强县”战略。2004年，推进“县有开发区、镇有集中区、村有示范点”建设。2006年，完成工业总产值21.64亿元，首次超过农业。2008年，全县有销售收入超亿元企业31家，规模以上工业固定资产投入32.4亿元。县经济开发区累计建成项目148个，在建项目44个；19个乡镇工业集中区工业固定资产投入38.09亿元，累计实施工业项目187个；兴建村级创业点71个，实施项目98个，完成固定资产投入3.72亿元。

四、服务业

1978年，涟水县城有人民商场、百货大楼、涟水商场、中山商场、土产公司、生产资料公司、农机公司、石油公司和医药公司等，各乡镇有供销社、粮站、食品站和集贸市场等，各村有代销点。1980年，全县有商业机构1251个，实现商品零售额1.06亿元。1987年，有商业机构6045个，实现社会商品零售总额2.87亿元。1997年，突破传统的购销渠道，发展总经销、特约经销等多种购销方式。2008年，有商业服务业经营机构2.94万个，从业人员3.4万人，实现农副产品收购总额2.8亿元，社会消费品零售总额31.81亿元，集市贸易总额10.03亿元。

五、开发开放

1978年，县外贸公司组织收购出口粮油、鲜蛋、丝绸、服装纺织品、土畜产品、柳编工艺品、化工产品等。1987年，全县外贸收购额1591.72万元。1992年开始，兴办“三资”企业。1995年，对外经济合作起步。1996年起，实施“外引内联”战略，引进县外投资。至1997年，全县累计完成外贸供货额14.2亿元。1999年，设立县工业新区（经济开发区），2006年，被批准为省级经济开发区。2008年，进县经济开发区项目140余个，投产企业90余家；全县有外资企业30多家，有出口经营权企业20家，自营出口4000余万美元。

第四节　社会事业

一、科技

1978年，恢复县科委，全县有农业、水利、气象、地震等科研机构，科技人员近3000人。至1987年，有农业科学研究所、农业机械研究所、农业技术推广中心、水利科学研究所等科研机构，各级各类技术人员7004人，其中高中级技术人员249人。“粉煤成型合成氨清水煤棒”项目获全国科学大会荣誉奖。1992年，与省内外81所大专院校、科研院所建立科技合作关系，开发生产SL型悬浮物分离器、精梳阔幅服装面料、今世缘系列酒。到2000年，全县承担市级科技计划项目63项，新产品试制计划11项，成果推广项目15项。2001年，实施“杨树新品种繁育及加工利用”项目，开发杨树层积材、中密度板、环保木地板等木材加工品种。2002年，涟水制药有限公司成为全县第一家省级高新技术企业。2008年，全县有科研机构、团体27个，科技人员5.2万人；省级高新技术企业4家，市级高新技术企业10家，今世缘酒业股份有限公司成立的江苏省固态发酵工程技术研究中心是全国唯一的固态发酵工程技术研究中心。高新技术企业年实现工业产值7.1亿元，

占全县工业产值的6.5%。

二、教育

1978年，全县有幼儿园31所，入园幼儿1723人；小学684所，在校学生14.67万人；中学36所，在校学生4.9万人。1983年，有3所普通中学改为职业中学。1985年，涟水县成为江苏省首批基本普及初等教育合格单位。1993年起，私人投资办学形成热潮，有数名涟水籍港澳台胞及知名人士在县境内开展捐资、投资办学活动，先后兴建蒋庄中学、南门小学、马圩小学、郑梁梅系列学校（小学、初中、高中）。与此同时，私立幼儿园纷纷建立。1999年，炎黄职业技术学院成立，是全县第一所民办高校。2008年，全县有幼儿园285所，在园幼儿21436人；小学134所，在校学生7.11万人；初中44所，在校学生42686人；高中7所，在校学生24343人；职业学校6所，在校生6701人。有各类教职工8000多人。

三、文化

1978年，涟水县有剧场、影院、文化宫、文化馆、新华书店、档案馆等文化场所，大部分公社有文化站、业余文艺宣传队和电影放映队。1985年后，书报亭、录像厅、图书影碟出租等逐步增加，县电视差转台开工建设。1991年后，游艺室、歌舞厅、卡拉OK厅、音乐茶吧等娱乐场所逐渐兴起。1992年，《涟水报》复刊，举办高沟酒文化节。1993年，无线调频广播替代有线广播。1995年，开通有线电视。1997年，《涟水县志》出版。1998年，《涟水年鉴》创刊。2000年后，网吧兴起。2002年起，举办中国涟水白鹭节。2006年起，开展“农家书屋”建设。2008年，全县有“农家书屋”115个，网吧57家，有线电视用户7万余户，有线电视村通率70%以上；各类文艺团体20余个，文化艺术协会6个；个体书店、书报亭30个，音像制品销售点20个。

四、卫生

1978年，有县级医卫机构5个、公社医卫机构25个、村卫生室464个。1982年后，新建县中医院、县卫生监督所、县疾病预防控制中心、县卫生服务站等机构。1987年，有西医1051人，其中医师183人；中医176人，其中医师53人。1997年，全县卫生系统有医疗单位44个，卫生工作者2484人，其中卫生技术人员1748人。2000年后，由私人投资兴办的仁慈医院、红日医院、安东医院、南园医院和长青医院等投入运营，各乡镇卫生院成立防保所。2008年，全县有各类医疗卫生机构509个，其中县直医疗机构5个，乡镇卫生院、医院31个，专业防治机构1个，卫生监督执法机构1个，妇幼保健机构1个，民营医院5个，个体诊所18个，社区卫生服务中心34个，村级卫生服务站375个，企事业单位医务室37个。全县医疗单位开设病床981张，平均每千人占有病床0.97张。有万元以上医疗设备1049台（件）。有卫生人员2866人，其中专业技术人员1490人，有村医1695人。

五、体育

1978年，全县体育设施极为简陋，体育活动以田径、篮球、乒乓球、象棋为主要项目。1980年后，群众性体育活动逐步开展。1987年，南禄乡被评为省体育先进乡。20世纪90年代，国营、集体企业因经营不善陷入亏损、停产状态，大多数篮球场地被挪作他用，企事业单位组织职工参加体育比赛活动有所减少。1995年起，开展全民健身宣传活动，组织城镇居民参加长跑、骑自行车、集体腰鼓、集体健身操、舞剑、太极剑、扇子舞等运动。1997年后，加大体育场所设施建设力度，

标准化游泳池、训练馆、体育馆和健身广场先后建成，中小学普遍开展“阳光体育”大课间活动。1999年，南集镇、高沟镇被评为省体育先进乡镇。2000年，在全国少年自行车锦标赛上，涟水籍运动员王又国获男甲1公里个人计时赛第一名。2006年，在多哈亚运会4公里场地赛中，王又国为中国队夺得铜牌1枚。2007年，兴建全民健身主题公园，是全市一流的体育综合性场地设施。到2008年，全县在省级以上赛事中获奖80余人次，为国家队和省队输送专业运动员300余人，输送大中专体育院校学生1200余人。

第五节　人民生活

一、居民收入与支出

1978年，涟水县农民人均纯收入51.6元。1980年以后，农村实行家庭联产承包责任制，农民收入大幅度增长。1988年，农民人均纯收入448.3元。1998年，农民人均纯收入2500元。2000年，农民年人均纯收入4589元。2008年，农民人均纯收入5193元，人均消费支出3796元。

1978年，城镇居民人均纯收入109.8元。1980年以后，城镇职工就业率提高，收入增加。到1988年，城镇居民人均收入1011元。1998年，城镇居民人均收入3476元。2008年，城镇职工人均年工资18979元，人均消费支出6124元。

二、社会保障

1986年，建立失业保险制度。1990年起，城镇实行就业再就业工程。1992年，建立养老保险制度。1997年，实行城乡居民最低生活保障。2002年，建立城镇职工医疗保险制度。2003年，建立生育保险制度、职工工伤保险制度。2004年，全面实施新型农村合作医疗制度。2007年，全县城乡人人享有初级卫生保健、合作医疗。城镇机关、居民参加养老保险3.95万人，农村参保18.26万人；城镇职工医疗保险参保49962人，参保率98%；城乡低保户38792户，发放低保金4256.07万元。2008年，各项社保扩面3.3万人，筹集社会保险费2.6亿元。

第六章　洪泽县

第一节　建置　地理

一、建置沿革

春秋战国时期，县境属吴、越、楚国。秦时，分属东阳、盱台（眙）、淮阴诸县。其后，境域隶属多变。隋大业十二年（616），隋炀帝至破釜涧时遇雨，大水流泛，破釜塘漫溢，遂名之“洪泽浦”，

洪泽之名始见。明代，境域分属宝应、盱眙、清河、山阳诸县。清沿明制。民国时，境域南部属盱眙县，北部属淮阴县，东部属淮安县、宝应县。民国30年（1941），县境东部建立淮宝县民主政府；民国31年（1942），县境西部建立洪泽县民主政府，后撤销，洪泽置县始于此。中华人民共和国成立初，县境分属盱眙、淮阴和淮宝等县。1956年5月，置洪泽县，属淮阴专区。1983年，隶属淮阴市。2001年2月，淮阴市更名为淮安市，隶属淮安市。

二、地理环境

县境地处江苏省西北部、淮河下游。东依白马湖，与楚州区、金湖县水陆相依；南至淮河入江水道（三河），与盱眙县毗邻；西偎洪泽湖，与宿迁市泗洪、泗阳两县隔湖相望；北与清浦区以苏北灌溉总渠为界。地处北纬33°02′～34°24′、东经118°28′～119°10′。1978年，全县面积2850平方公里。1985年12月，省政府决定分湖而治，面积缩减为1289.05平方公里。2008年，县域面积1289.02平方公里，其中水域面积733.15平方公里。境内地势总体西高东低，平原、水面居多，属亚热带和暖温带过渡性地带，四季分明，雨量充沛，季风气候特征显著。盛产蟹鳖、鱼虾、螺蚌等，是“中国蟹都”。生态环境良好，为国家生态县。矿产资源有岩盐、芒硝、地热、矿泉水、石油、石膏等，其中芒硝、岩盐矿藏在华东地区品位最高、储量最大，探明储量分别为1.5亿吨、23亿吨。

1978年，全县辖2个镇、15个公社，计11个城市居委会、245个生产大队，总人口38.66万人。2008年，辖12个镇、1个省级经济开发区、31个居民委员会、94个村民委员会；年末户籍人口38.81万人，其中非农业人口15.07万人。

第二节　基础设施建设

一、城乡建设

1978年，县城主要街道为一条东西向的东风路大街，商业、办公、居住等基本列于其南北两侧。1984年7月，完成《洪泽县县城总体规划图》，县城建设加快，城市规模不断扩大。至1987年年底，城镇建筑总面积40万平方米，绿化覆盖率10.22%。1988年，城区铺设5条混凝土主干道、4条次干道，形成东风路、人民路、大庆路为骨架的城区道路网，县城面积达5平方公里。1992年，先后新建、改建、扩建人民路、益寿路、大庆南路等10余条城区主次干道，新增城区道路总长16公里。1998年，开始县城东扩、老城改造、集镇建设、中心村建设。2005年后，实行新老城区联动开发。至2008年年底，县城面积11.5平方公里，城市道路网形成，水气热供应正常，街道总长80公里，绿化覆盖率36%。

1978年，洪泽县农民住房以草房为主，间或瓦房。1983年，成立村镇建设委员会，规划集镇和村庄建设。1987年，农民人均住房面积13.8平方米，农村瓦房普及，有农民自建二层小楼，但数量不多。1990年以后，乡村建设加快。2008年，完成全县农民集中居住点规划，新建农民集中居住点7个，建成1个省级、2个市级康居示范村。

二、交通

1978年，有干线公路2条，长66.5公里，205国道穿境而过。农村道路多为泥土路，少量砂石路。县境航道中有省级干道航线2条、110公里，其他支线航道8条。1981年，修筑洪（泽）淮

（安）线19.5公里、淮（安）金（湖）线洪泽段18.2公里。此后，全县公路修筑数量、等级有所提高。至1987年年底，全县有公路22条，总长190公里；淮河入江水道洪泽段、苏北灌溉总渠洪泽段张福河常年通航；有高良涧、蒋坝、老子山等5个较大的港口，装卸码头27座。1992年，兴建年通航能力2000万吨的高良涧复线船闸以及可容纳100艘100吨级船舶停泊、避风的大型水上救生工程——洪泽湖避风港。1993年，宁连一级公路洪泽段通车，为境内首条高等级公路。至1998年年底，全县拥有县乡公路里程734公里，实现市县公路一级化，县乡公路黑色化，乡村公路砂石化，村通公路率100%。2006年，基本实现村村通水泥路。同年10月，宁淮高速公路淮安段建成，为县内首条过境高速公路。至2008年年末，洪泽县公路总里程1146.17公里，其中高速公路34.6公里、一级公路36.67公里，二级公路133.06公里；航道里程195.33公里，其中等级航道5条、146.29公里，各类码头26处，洪泽湖湖区及沿大堤等处建成船舶避风港多处。是年2月，县马浪岗海事所被交通部授予“全国交通行业文明示范窗口”称号。

三、供电

1978年，全县有1座110千伏变电所，1台主变压器，容量2万千伏安；5座35千伏变电所，6台主变压器，总容量1.2万伏安；1条110千伏线路，长16.15公里；6条35千伏线路，总长55.5公里；供电量2858万千瓦时。县城基本普及用电，农村有部分地区没通电。建成高良涧水力发电站，高良涧进水闸、三河闸、二河闸等也有水力发电能力。20世纪80年代，全县电力事业发展加快。1991年，被电力部评为“三为”（电力为农业、为农民，为农村经济）服务达标先进县。1994年，实现农村用电标准化、农村电气化、电力调度自动化的“三化县”目标。1995年12月，建成中电洪泽热电有限公司。1998年后，对全县农网进行改造，改善农村用电状况。2003年，实施城网改造工程，实现全县同网同价。2008年，全县有220千伏变电所1座，2台主变压器，容量30万千伏安；110千伏变电所5座，7台主变压器，容量34.3万千伏安，110千伏线路11条，长133.45公里；35千伏变电所7座，13台主变压器，容量12.24万千伏安，35千伏线路17条，长124.43公里；20千伏线路20条，长11.5公里；10千伏线路58条，长1034公里；供电企业固定资产原值3.33亿元。是年，全县供电量9.93亿千瓦时，售电量9.15亿千瓦时。

四、水利

1978年，境内有堤圩367.56公里；过境河道8条，总长137.1公里；县境主要河道6条，总长107.8公里；洪泽湖灌区是全国重要的自流型灌区，实际浇灌面积4.17万公顷。1976—1979年，对洪泽湖大堤实施2次加固工程。1991年淮河流域发生特大洪水，全县362公里防洪圩堤处于漫圩倒口的状态，受灾面积4466.67公顷。1992年后，对洪泽湖大堤、洪泽湖泄洪控制工程及泄洪河道加固疏浚改造，设计防洪水位提高到17米。1998年开始，修建淮河入海水道。2002年开始，对洪金、周桥两个灌区进行改造。2006年10月，淮河入海水道工程全面建成，洪泽湖地区防洪标准提高到百年一遇标准。至2008年，累计投入1.27亿元，完成土方100.82万立方米，整理农渠1860条、1902公里，拆建、新建一批渠首闸、地涵、闸坝，完成灌区节水改造工程。

五、通信

1978年，全县有电话用户558户，邮政线路414.5公里。1991年，电话交换机扩容至2000门，并开通长途半自动拨号，可直拨全国长途电话。1992年，开通洪泽—淮阴光纤数字长途电话。1993年，相继开通无线寻呼、程控电话和移动电话。1994年年底，城乡电话全部实现自动化。

1995年年底，全县城乡传输光缆化。1997年，所有行政村通电话。1999年，开通“163”“169”拨号上网。2000年，建成苏北地区第二个电话县。2001年，开通电脑宽带。2008年，全县邮政通信机构4家，有固定电话用户9.14万户，移动电话用户10.93万户，互联网用户13383户，邮路1795公里。

第三节　经济发展

一、经济总量

1978年，洪泽县地区生产总值0.81亿元。以后逐年增长。1995年，首次突破10亿元，达11.02亿元。2001年突破20亿元，达20.56亿元。2006年突破50亿元，达50.56亿元。2008年，全县地区生产总值突破70亿元，达72.51亿元。其中，第一产业增加值13.67亿元，第二产业增加值33.79亿元，第三产业增加值25.05亿元，三次产业结构比例为18.9∶46.6∶34.5。

二、农业

1978年，全县农林牧副渔业总产值8378.34万元，粮食总产量18.08万吨。1987年，农业总产值17761.5万元。1988年，实施农业综合开发，改造中低产田。1997年，实现农业总产值14.4亿元。2000年，启动农业标准化示范区创建工作，建成国家级有机稻示范区3666.66公顷。2008年，全县粮食总产量38.15万吨，蔬菜24万吨，农业产值13.04亿元。全县高效种植业面积8680万公顷，通过认定的有机、绿色、无公害粮油类产品30多个，通过认定的无公害蔬菜类产品24个。

渔业生产是洪泽县的传统产业。1978—1980年，全县开挖鱼池160公顷。1982年，在联合国世界粮食计划署“2633”援助工程（因该项目编号为2633，简称“2633”工程，是世界粮食计划署援助中国的第一个大型渔业项目，也是一个样板项目）的影响带动下，新开挖鱼池300多公顷，新建42个乡村渔场。1984年，全县掀起向荒滩、废水要宝，开发连片规模鱼池的热潮。1985年后，出现大批“双千塘”、连片高产鱼池。到1997年，全县水产养殖产量超过3万吨。2008年，高效水产规模养殖0.35万公顷，洪泽湖水产批发大市场年交易额突破10亿元，水禽规模饲养量400万只。

三、工业

1978年，全县有工业企业77家，完成工业总产值3500万元，其中乡镇工业生产规模不到400万元，仅有6家销售在1000万元以下的骨干企业，无支柱产业。1978年以后，工业生产迅速发展，逐步形成以食品、建材、机械工业为主，包括化工、电子、造纸、纺织等门类的工业体系。1987年，工业总产值3.33亿元。1997年，全县乡及乡以上工业完成产值12.08亿元。从1998年开始，对县工业企业进行整体规划、分步实施、一企一策、稳步推进，通过整体出售、租赁、资产重组、破产、资产整合等多种形式，推进国有集体企业改革。2006年4月，成立江苏洪泽经济开发区。2008年，全县完成工业现价产值161.92亿元，完成工业增加值27.94亿元；规模以上乡镇工业实现产值42.5亿元。规模以上工业企业111家，其中江苏银珠化工集团年销售额超10亿元，江苏海珠机械集团等22家企业年销售额超亿元。形成元明粉、化学新材料、冶金机械、纺织服装等支柱产业，其中元明粉产量200万吨，居世界第一。

四、服务业

1978年，全县饭店、菜馆等饮食业营业额133万元，占社会商品零售额的2.2%；旅馆、理发、洗浴、照相等服务业开始转为集体经营。1980年，集市贸易开放，小吃个体户增多。1981年开始，经过经营承包改革、个人买断经营权等改革后，饮食服务业发展迅速。1987年，全县有国营商业点158个，代销商业点213个，集体商业点380个，个体商业点4706个；商业从业人员7544人，商品零售额1.37亿元。20世纪90年代，全县服务业不断发展。2000年以后，随着招商引资的发展，县内企业数量增加。至2008年年底，全县服务业有国有企业181家，集体企业584家，全民集体控股的有限公司3家，股份公司分支机构77个，个人独资企业772家，合伙企业37家，私营有限公司887户，从业人员1.09万人，商品零售额30.12亿元。有个体工商户3098户，从业人员3299人。有农民专业合作社281户。有天鹅湖宾馆、洪泽湖国际大酒店、电力宾馆、老子山温泉山庄等多家饮食服务业龙头企业，华润苏果等大型百货超市，个体服务业经营户遍布城乡。

五、开发开放

1978年，全县出口供货额438.8万元，出口产品主要为农副产品。1980年后，县外贸供货产品和品种增多，农副出口产品有薄荷油、兔毛、水貂皮及其他皮张、蜂蜜、水产品、茧丝等；工业出口产品由初加工产品向服装、轻纺、化工等领域拓展，主要有服装、汽缸套、化工产品等。1996年，县对外贸易公司完成5万美元自营出口贸易。2000年开始，扩大招商引资规模，实施招商引资项目632个、固定资产总额9.23亿元，实际到位6.1亿元，但总体上规模偏小、科技含量较低。2001年，设立县级工业园区。2003年，全县实施招商引资项目780个，固定资产引资总额25.27亿元，到位7.3亿元。2005年，实施固定资产投资50万元以上引资项目449个，200万～500万元以上项目154个，500万～1000万元以上项目78个，1000万元以上项目141个。2008年，县工业园区升格为省级经济开发区；全县出口贸易额2391.71万美元，主要出口产品有气缸套、轮毂、元明粉、服装、金枪鱼半成品、防护口罩、剑麻地毯、耐高温玻璃器皿、滑雪手套、帽子等，主要出口到美国、北欧、捷克、澳大利亚、土耳其、意大利、新加坡等国家和地区。

第四节　社会事业

一、科技

1978年，恢复县科委、科协建制，建立专业学会、协会。1980年开始，对全县科技干部进行技术职称评定。1983年，评定工程师、农艺师55人，会计师2人，统计师1人，经济师1人，其他职称270人。1987年，拥有各类科技人员3655人；成立各种专业学会、协会15个，会员845人；科技成果中获得各级各类奖项81项，其中省级以上16项。1995年，被授予“全国科技工作先进县”称号。到2008年，全县有科技人员4876人，其中高级职称5人、副高级职称410人、中级职称2667人；实施各类科技计划项目480项，取得科技成果124项，取得专利授权78项。新增省级高新技术企业3家，省级“双密集”（技术密集、知识密集）型企业1家，开发国家重点新产品1个，省级高新技术新产品6个。

二、教育

1978年，全县有小学217所，普通中学34所，另有中等职业学校和教师进修学校各1所。之后，相继创办县职业中学、全寄宿渔民子弟小学、县特殊教育学校、县外国语高级中学、县实验中学；组建县第二中学、县广播电视大学等学校。1989年后，对全县中小学进行布局调整。1992年，全县实现五年义务教育，1994年实现八年义务教育，1996年被评为国家实施普及义务教育县。至1997年年底，全县义务教育人口覆盖率100%，学龄儿童入学率99.8%，小学毕业生升学率96.8%。2008年，全县有幼儿园44所，小学15所，初中15所，普通高中3所，职业高中、特殊教育学校、广播电视大学、卫生职工学校、农业技术推广学校各1所；有各类教职工3454人。

1989年9月，洪泽县老子山渔民学校教师薛洪刚被教育部表彰为全国教育系统劳动模范。至2008年，全县有9名教师被教育部（国家教委）或人事部表彰为全国优秀教师；1人被教育部表彰为全国先进教师，1人被国家教委与国家体委联合表彰为实施国家体育锻炼标准先进工作者，1人被共青团中央办公厅表彰为乡村青年文化名人。

三、文化

1978年后，相继建成新华书店、文化馆、广播站、电影公司、图书馆、电影院、影剧院、文化宫等各类文化单位，业余文艺组织遍布城乡。1984年，建成拥有1000多个座位的苏北地区一流的洪泽湖影剧院。20世纪90年代，加强文化建设，先后开通有线电视、电脑网络、网络电视等；县图书馆被文化部授予“二级图书馆”称号。1999年，首部《洪泽县志》出版。2005年开始，每年举办洪泽湖水文化节。2007年，《洪泽年鉴》创刊。到2008年，全县建成县文化中心、洪泽湖博物馆、图书馆、电子阅览室、青少年活动中心等文化设施；实现“农家书屋”全覆盖，成为江苏省唯一“农家书屋”覆盖试点县；有作家、书法、摄影、诗歌等协会。

四、卫生

1978年，全县有各类卫生机构41个，医药卫生事业开始恢复和发展，县、乡、村三级医疗卫生保健网逐步形成。县内再次出现个体医生，部分传染病得到控制或基本消灭。县内能进行肾切除、心脏二尖瓣狭窄分离术、颅腔控制术等手术，医疗水平和人民健康水平普遍提高。1986年，创建洪泽县中医院。1987年，全县有医疗卫生机构48个、卫生技术人员672人，病床595张，城乡医院总建筑面积42796平方米。1995年，县医院被卫生部授予“二级甲等医院”称号，共和、高涧等4个乡镇（中心）卫生院被授予“一级甲等医院”称号。1997年，全县拥有卫生机构318个，病床床位661张，卫生技术人员1694人，初步形成县、乡、村三级预防保健网络。到2008年，全县有各类卫生机构（含卫生室）131个，其中医院、卫生院15个，疾病预防控制中心（防疫站）1个，妇幼保健机构1个；县人民医院、县中医院分别为二级甲等、乙等医院；卫生技术人员1178人；病床546张。

五、体育

1978年，全县群众体育活动主要有游泳、武术、中国象棋、跳绳、踢毽子等项目。1985年，高良涧镇中心小学足球队获江苏省首届“贝贝杯”足球赛冠军。1995—1998年，全县连续举办4届“农民杯”篮球赛，参赛单位以镇为代表队，运动员皆为农民。2002年起，每年元旦组织万人长跑活动。2003年，县老年体协被省体育局表彰为老年体育工作先进集体，并被推荐为全国先进单位。2005年，承办中韩国际女子足球对抗赛，为建县以来承办的最高级别国际体育赛事。2005年以后，

每年举办中国洪泽湖水上运动会，开展农渔民体育运动，逐步发展成省内外有一定影响力的区域性水上运动会。2007年，组队参加江苏省首届农民体育节，获男子拔河比赛第一名，团体总分居全省第四。2008年，获第六届全国农民运动会体育道德风尚奖。

第五节 人民生活

一、居民收入与支出

1978年年底，洪泽县农民人均纯收入81.59元，城镇职工人均收入450.66元。农民消费主要用于生活、生产、建房等方面，城镇居民消费主要用于生活、教育等方面。20世纪80年代后，城乡居民生活水平连续跨越几个台阶，收入增长较快，收入来源日益多元化，消费水平不断提高；居民基本消除贫困，解决温饱。到1997年，农民人均纯收入2853元，城乡居民储蓄余额7.44亿元，全县13个乡镇全部通过达小康先进乡镇验收。2008年，全县城镇居民人均可支配收入12792元，城镇居民人均消费支出8204元；农民人均纯收入6197元，农民人均生活消费支出3484元。城乡居民消费结构得到优化，农村居民家庭恩格尔系数为43.3%。城镇居民家庭人均教育文化娱乐服务支出1095元，占消费性支出比重13.3%。农村居民家庭人均文教娱乐用品及服务支出505元，占消费性支出比重14.5%。

二、社会保障

1978年，全县干部、职工实行公费医疗制度，农村实行合作医疗。1981年，企业实行医疗费用定额包干，住院治疗费用由企业承担，其他医疗费用自理。1986年，启动企业职工社会养老保险。1988年，启动职工失业保险。1995年，启动县机关事业单位养老保险。1996年，实施企业职工生育保险、工伤保险。1998年，实行新型农村合作医疗，建立城乡居民最低生活保障制度。2002年，实施城镇职工基本医疗保险。2007年，启动城镇居民基本医疗保险。2008年，全县机关、企事业单位职工养老、医疗、失业保险实现全覆盖；城镇居民医疗保险参保率99.6%，新型农村合作医疗以村为单位实现全覆盖，农民参保率99.7%；城乡低保对象实现应保尽保。

第七章 盱眙县

第一节 建置 地理

一、建置沿革

盱眙，本系山名。按《说文解字》："张目为盱，直视为眙"。城建山上，可以远眺，以山名命

县。因境内都梁山盛产都梁香草，故别称“都梁”。

春秋战国时期，境内先后属吴、越、楚国。秦代置县，是全国最早建立的县之一。后历代相沿不废。魏晋南北朝时期，先后为临淮郡、盱眙郡、南北兖州治所。唐、宋、元、明、清时期，属泗州。清代、民国时期，隶安徽省。1955年，由安徽省滁县专区划归江苏省淮阴专区。1966年，改属六合专区。1971年，复归淮阴地区。1983年，属淮阴市。2001年2月，淮阴市更名为淮安市后，属淮安市。

二、地理环境

县境位于淮河中下游、洪泽湖南岸，东邻金湖县、安徽省天长市，西、南连安徽省来安县、明光市，北接洪泽县、宿迁市泗洪县，地处北纬32°43′～33°13′、东经118°11′～118°54′。总面积2483平方公里。境内地势南高北低，西南多山，东部为平原，中部多丘陵，西北部湖滩水面。处亚热带与暖温带过渡区域，属季风性湿润气候。有耕地11.4万公顷，山地4.27万公顷，水面6.27万公顷。矿产资源丰富，有凹凸棒石黏土、玄武岩、石灰石、石油等，其中凹凸棒石黏土已查明优质资源量8.9亿吨，总资源量21.77亿吨，占全国总量的74%以上，有“中国凹土之都”之称。全县森林覆盖率24.6%，城区绿化率47.2%，为全国生态示范区。

1978年，盱眙县辖16个公社、1个镇，总人口44.22万人。2008年，辖14个镇、5个乡、256个行政村（居委会），总人口75.84万人。

第二节　基础设施建设

一、城乡建设

1978年，盱眙县城只有一条南北街道。1986年，老城区南北长6公里，东西宽4公里，基础设施不全。此后，在对老城区进行分片区改造的同时，开始新城区建设。至1998年年底，相继完成淮河东路、淮河北路、淮河南路水泥路面建设，实施淮河东路沿街店面建设，沿五墩北路规划行政办公一条街。拆除县城沿淮棚户区，建设沿淮风光带。2003年，实施原体育场和百货公司地段改造，建成盱眙商贸城。2006年，建设经济适用房10万平方米，商品房建设面积32.98万平方米。2008年，城市发展东移北扩，形成融山水园林为一体的“三心、二轴、四片区”开敞式结构，重点实施山水大道、奥体中心、山水广场、海通时代广场等一批标志性项目，新建城区主次干道28条（含工业园区），支路及巷道30条；县城区面积22.1平方公里，城市人口16.3万人，城区道路总长77.44公里，面积235万平方米。

20世纪80年代中期，集镇居民开始修建瓦屋和楼房，农村房屋大都以草顶、土墙为主。1996—1998年，全县乡村相继完成砂石路建设。2006年，镇村布局规划保留715个农民集中居住点，当年建成农民集中居住区83个，集中建房7800户。全县村庄有供水设施156个，受益人口62.28万人。至2008年年底，全县建成农民集中居住区83个，盱城镇新湾村通过省级康居示范村验收，管镇镇崔岗村、观音寺镇龙墩口村、官滩镇甘泉村、穆店镇莲塘村4个省级重点环境整治村的综合治理通过验收。

二、交通

1978年2月，在淮河大桥东侧新建1965米水泥路，结束县境没有水泥路的历史。当年11月

25日，盱眙淮河大桥通车，是当时全国最大的油管和公路两用桥。1987年，全县公路总长395公里，其中国道35公里、省道150公里。1993—1995年，改造乡镇道路13条，总长139.9公里，实现乡镇道路联网通畅。1995—1998年，完成16条、总长237.5公里的县乡道路沥青化任务。2003—2008年，农村公路实现“通达工程”目标，建成公路416条，总长1710.15公里。县内循环路网由乡乡通拓展到村村通，并全部实现沥青路或水泥路面。宁淮线、宁宿徐线高速公路穿越全县三分之二的乡镇。

1987年，淮河盱眙段属四级航道，航行里程85.45公里；另有县管支线航道10条，总航行里程75.2公里。淮河主航道盱眙段被定为省管三级航道，总长29.17公里。2008年，有内河等级航道8条，长150.95公里。

三、供电

1978年，全县有220千伏变电站1座，35千伏变电所5座，变电总容量6.59万千伏安。有110千伏电力线路29.2公里，35千伏电力线路135.9公里，10千伏电力线路135.9公里，6千伏及以下电力线路41.4公里。盱眙电厂承担发电和供电的双重职能，当年发电量1740万千瓦时，供电量5203万千瓦时。1979年，建立第一个110千伏变电所并投入运行。1984年，全县最后一个未通电的古城乡通电。1995—1996年，实施扶贫通电工程，完成30个无电村、8844户无电户通电，实现村村通电。1997年，跨入全国农村电气化县行列。2001—2004年，实施城市电网建设与改造工程，实现10条城区线路手拉手环网供电。2005—2008年，实施新农网工程、新农村电气化县工程等，全县低压电网得到优化。至2008年年末，盱眙县有220千伏变电所2座，110千伏变电所6座，35千伏变电所13座，有企业自备变电所18座，变电所均实现双电源环网供电。有220千伏线路4条，110千伏线路10条，35千伏线路35条，10千伏～20千伏配电线路91条。全县供电量7.59亿千瓦时，用电量6.86亿千瓦时。其中，工业用电4.81亿千瓦时，占全社会用电量的63.41%。

四、水利

1978年，有中小水库159座，其中中型水库5座，库容1.68亿立方米；整建塘坝1577面，蓄水0.78亿立方米；兴建机电排灌站119座，装机泵363台（套）；治理干、支河流18条，总长217.9公里。1986年起，成立洪泽湖周边领导小组，先后组织对洪泽湖大堤三河上游拦河坝以南段加固、洪泽湖大堤三河闸以南2公里处的堆头涵洞拆建、洪泽湖周边低洼圩区和洪泽湖大堤加固、洪泽湖周边违法圈圩清障等，清除3个乡镇沿湖违法圈圩128公顷，平毁圩堤1.02万米。1993年开始，进行县乡河道疏浚工程，重建淮河干流盱城镇老船塘段堤防除险加固工程，修建老船塘至淮河大桥挡洪墙。治理淮河流域盱眙段，完成土石方850万立方米，大堤石护坡1万米，修建涵闸35座；疏浚县乡河道210条，总长1170公里，完成土方2221万立方米。至2008年，全县累计投入近10亿元，建成中小型水库123座、塘坝3050面，圩区圩堤总长411公里、固定电灌站496座，形成相对完善的防洪工程体系、灌溉工程体系、排涝降渍工程体系、水土保持工程体系。

五、通信

1978年，县邮电局新建综合楼1230平方米。1979年，开通1000门准电子交换机，实现县城电话自动化。1984年，开通单头自动电报机，结束手工发电报历史。1986年，盱眙电报传输直接进入南京自动转报网，缩短电报在局内处理时间。1988年，县邮电局开通使用汉字电传收发报机，

结束人工译码的历史。1993年，开通城内电话S1240程控交换机，长途电话进入全国长途自动直拨网。此后相继开通长途光纤数字电路、无线寻呼、数字程控电话、移动电话等。1995年，城乡电话全部实现自动化，邮电局所电报实现传真化，无线寻呼实现全省联网、自动寻呼。1997年，各乡（镇）全部建立电话自动交换点，农话传输实现光纤数字化，行政村村村通电话。1998年，县邮、电实行分营，分设县邮政局、县电信局。同年5月，中国移动通信公司盱眙县分公司成立。2000年，中国联通公司盱眙经营部建立。2001年，开通宽带上网。2002年，县电信局建成由程控交换网、数字交换网、数据通信、多媒体通信为框架的现代化通信企业。2008年，全县有宽带用户2万户，移动公司通信用户19万户，联通公司通信用户6万户，“小灵通”用户5.2万户。

第三节　经济发展

一、经济总量

1978年，全县地区生产总值1.59亿元，财政收入623万元。二十世纪八九十年代，调整农副产品收购价格、农民承包耕地、山水开发、乡镇企业信贷和税收、农村金融、第三产业、用工制度和分配制度等方面的政策，深化农村改革，转换企业经营机制，全县经济总量得到快速增长。1998年，实现地区生产总值28.22亿元，财政收入1.23亿元。2008年，实现地区生产总值110.43亿元，其中第一产业增加值21.91亿元，第二产业增加值55.91亿元，第三产业增加值32.61亿元，三次产业结构比为22∶47.8∶30.2，实现财政收入10.24亿元。

二、农业

1978年，全县农业总产值6.38亿元，粮食总产量1865.55吨。20世纪80年代，以建设10万亩果树基地为目标，掀起山区林果开发热潮，水冲港乡荒山开发做法得到省农业主管部门肯定，一度成为推广、学习的典型。开展以保菜、稳粮、发展多种经营为中心的农业结构调整，形成经济作物、畜禽、水产三大优势产业，涌现出一批万亩蔬菜生产基地、万亩大蒜园、千亩桃园、万亩韭菜园、万亩大葱园、万亩桑园、水产养殖基地、野鸭养殖基地，形成“一镇一品”的特色农业乡镇和专业村、专业户。1990年后，先后启动“三高”（指高产、高质、高经济效益）农田、农业科技综合示范基地和国家级农业综合开发项目建设，发展以大棚蔬菜种植为主的设施农业，形成西瓜、草莓、食用菌、毛豆规模生产，并在此基础上发展创汇农业、旅游观光农业。2006年，河桥镇玉皇山被列为全省丘陵山区农业综合开发示范基地，并创建成国家级农业旅游示范点；满江红龙虾产业园集养殖与旅游观光为一体，养殖龙虾面积1500公顷。2008年，全县实现农业总产值37.62亿元，粮食总产量22.11万吨，粮经作物比例53.8∶46.2；水产养殖面积1.61万公顷，其中特种水产养殖面积1.2万公顷。

1978—2008年，盱眙县被评为全国粮食生产先进县、全国生态示范县、绿化先进县、中国绿色名县、全国平原绿化先进县、国家级生态示范区、全国经济林建设先进县、江苏省粮棉生产先进县、江苏省产粮大县、省高效渔业规模化示范县、省植树造林先进县等。

三、工业

1978年，全县实现工业总产值5471.6万元，有列入统计企业37家；工业类型有建材、化工、

医疗器械、机械制造、食品酿酒、造纸印刷、纺织服装等。此后，经历公司化、股份合作化、集团化变革。到1988年，工业总产值3.86亿元，利税1.32亿元。20世纪90年代，完成“先售后股”改制企业101家。1998年，全县工业总产值23.5亿元，利税2.13亿元。2001年，制定“工业强县”方略，扩大招商引资，每年实施100个项目竣工投产、100个项目开工在建、100个项目正式签约。2007年，启动建设乡镇工业集中区。到2008年年底，全县累计引进工业企业2932家，初步形成钢管轴承、电子电器、凹土加工、食品饲料、化工化纤等特色产业。其中，江苏凡力钢管公司成为盱眙经济开发区内第一个销售收入超10亿元企业，江苏新海电子公司成为引进企业中第一家上市企业，江苏金鹏轴承公司产品出口欧美国家，盱眙桓远染化公司产品全部出口，淮安康达饲料公司生产的“金康达”牌水产品饲料获“中国名牌产品”称号。全县有列入统计企业435家，工业总产值114亿元。

四、服务业

1978年，全社会商品零售总额8200万元，除餐饮业、修理业外，主要包括理发、照相、扩印、旅馆、浴室等。1980年后，发展集体商业和个体商业，实行多种经济并存、多渠道流通、多形式经商的新体制。1985年，全县有国营商业机构199个，零售总额5523万元；集体商业机构1019个，零售总额8164万元；个体商业4103户，零售额2144万元。1993年，盱眙县供电局投资建设盱眙宾馆。1994年，出现以个体经营形式从事图书及音像制品出租、个体洗纺服务，以后逐渐出现洗染服务、美发及家政服务、职业中介服务、保险代理及金融担保服务等新型服务业。1998年，县粮食局投资设立盱眙金谷园饭店。2000年后，超市、连锁店、批发部、专卖店等现代流通组织形式逐步向农村延伸。建筑工程机械、汽车租赁，互联网上网服务，广告设计、制作服务，网吧服务也随之出现。2006年，江苏鹏胜集团投资2.3亿元兴建的盱眙泗州君悦饭店有限公司开业。2008年，全县有广告经营户18户，居民服务业1080户，餐饮旅馆业712户，租赁业32户，娱乐业95户，网吧46户。全县实现社会消费品零售总额32.15亿元，住宿、餐饮营业额4.9亿元，其他行业营业额1.02亿元。

五、开发开放

1978年，全县外向型经济主要以外贸供货为主。20世纪80年代中期开始，外贸供货产品和品种增多，农副产品出口有薄荷油、土畜产品、留兰香、蜂蜜、粮油食品、芡实等。1985年，外贸销售148.63万元，获利2.25万元。工业产品由初加工向服装、轻纺、轻化机等领域拓展，出口数量大幅攀升。1991年4月，全县第一家利用外资投资的盱眙惠福皮革有限公司成立。1993年3月，第一批外派劳务人员23人赴香港建设香港新机场。至2008年年底，盱眙县向国外和中国港澳地区输出务工人员近百批次近万人次，劳务工种有缝纫工、农民研修生、建筑工、电焊工、装潢工等。全县有外贸出口企业34家，出口国家和地区20余个，累计批准外资企业114家，利用外资1.14亿美元。

第四节　社会事业

一、科技

1978年，盱眙县成立县科学技术委员会，重建县科学技术协会，辖有11个学会和13个专业协

会。1987年，全县有科技人员1567人，其中中、高级职称110人。1997年，有科研、学术机构35个，各类科技人员19333人，其中高、中级技术职称分别为294人、3702人。2001年以后，先后成立农学、畜牧兽医学、气象学、林特产学、医学、水产养殖学等专业学会以及凹土行业、饲料加工、养猪、养禽、花卉、医药等专业协会。建立省凹土工程技术研究中心、省羰基铁粉工程技术研究中心等4个省级科研单位，以及淮安新型饲料添加剂工程技术研究中心等9个市级科研单位。2006年，中国科学院院士袁隆平指导的江苏省盱眙杂交粳稻试验站在古桑乡落户。中国龙虾特色数据库、盱眙县农业产业化特色数据库、盱眙野生绿色食品等数据库相继建成，盱眙科技网、中国凹土网、中国龙虾网先后开通。2008年，盱眙县凹土科技园建立。全县有公开和授权的各类凹土专利114项，有国家火炬计划高新技术企业2家、省高新技术企业10家、市高新技术企业19家。有国家级高新技术产品1个、省高新技术产品18个、市高新技术产品31个。

二、教育

1978年，全县有幼儿园100所左右，小学313所，普通中学24所。1978年后，逐步恢复高中三年、初中三年的学制，有条件的中心小学、完全小学开始附设幼儿园。1986年，开始普及五年制义务教育，建成教学、办公、实验、宿舍楼8幢，8所中学建成实验中心。1987年，有小学389所，中学59所。1993—1996年，普及八年制（小学五年制、初中三年制）义务教育，并逐步向九年（小学五年改六年制）制义务教育过渡。全县撤并、降格农村小学、“戴帽”初中51所，撤销村完小25所、教学点78个，村完小降格为教学点87个。1997年，有幼儿园46所，小学有完小369所、聋哑学校1所，中学有完中6所、初中31所。2000年，80%以上乡镇中心幼儿园拍卖改制由私人办学。2002年开始，开展社会捐资助学，每年对二类本科以上公办院校的家庭贫困生给予一次性补助，对家庭贫困的中、小学生给予减免学杂费，向住校生发放生活补助。2001—2008年，县城区先后兴办都梁中学、实验初中、新马外国语学校、第一中学4所民办或股份制中学，兴办马坝楚东、东方两所民办职业技术学校，形成公办为主、民办补充、公办民办并存、相互促进的教育体制。全县乡镇中心小学以上学校加强危险房屋改造，实施“三新一亮”（新课桌、新板凳、新讲台、电灯亮）等工程建设，均建成省级合格学校。2008年，全县有幼儿园48所，在校生18139人；小学62所，在校生45997人；高中8所，在校生18780人；各类教职工7768人。3～5周岁幼儿入园率85.3%，残疾儿童入学率89.6%，小学“四率”（入学率、巩固率、毕业率、普及率）100%，初中入学巩固率99.95%。

三、文化

1978年，盱眙县有文化馆，乡镇有文化站、文化中心；有县剧院2个，公社电影队25个。1987年，有文化馆站24个，县图书馆、档案馆各1座，电影放映单位40多个。以后，逐步新建或扩建影剧院、剧场、工人文化宫、图书馆阅览楼、新华书店图书发行大楼、各类歌舞厅、老干部活动中心等场所。1993年，新编《盱眙县志》出版发行并获全国新编地方志优秀成果三等奖。1994年，《盱眙年鉴》创刊。1995年，新编黄梅戏《祥林嫂》在“中国安庆第二届黄梅戏艺术节”上获团体最高奖——优秀演出奖。2001年以后，实施文化惠民工程，组织开展农民读书节暨“农家书屋”法制文化月活动，建成省、市援建的“农家书屋”30个；相继建成盱眙奥体中心、标准化游泳馆、图书馆、文化馆、龙虾博物馆、淮河文化博物馆、象山地质博物馆、中央公园等大型文化中心；组织开展元旦、春节大型文艺活动，组织送书、送电影、送戏下乡和“五个一工程”精品创作活动；举办社区群文及老年大学艺术团表演和电影周、盱眙民间艺术成果展、诗歌比赛、书画作品展活动；被评

为“中华诗词之乡”。2008年，在全市率先启动数字电视建设，县档案馆升级为国家三级档案馆。

自2001年起，连续举办中国·盱眙国际龙虾节，分别在盱眙、南京、上海、宁波、深圳、北京、瑞典、澳大利亚、新西兰举办系列文化活动，创作出《火红的歌》《开心龙虾节》和《明祖陵遐想》等地方歌曲。

四、卫生

1978年，有5个县级医疗卫生机构、17个公社卫生院、288个大队卫生室，病床472张。此后，逐步建立医疗培训、卫生防疫、妇幼保健、药品生产检验等机构。至1987年年底，有各类医卫技术人员近千人。1990年开始，加强三级预防医疗保健网建设和初级卫生保健。1995年，县人民医院周云芳研究、设计的“一次性双腔引流管”“一次性膀胱冲洗器”获国家专利。1996年，县人民医院骨科在取除哈氏棒异物手术上取得成功，为当时国内首例。1997年，全县有医卫药机构95个，医卫技术人员1368人，病床925张。2005年，实行以“两权分离”为主要形式的医院管理体制和经营体制改革，县中医院实行股份制改革，县人民医院实行内部运行机制改革。至2008年年底，有医疗卫生机构302个，床位1242张。新型农村合作医疗全覆盖，农民参加医保率100%。有万元以上医疗设备597台（件），三级医疗预防保健覆盖率100%。初步建成公共卫生服务体系，法定传染病的发病率从1978年的550/10万下降到165.89/10万。

五、体育

1978年以后，盱眙县坚持实行教育与体育紧密结合，建立从小学、初中到高中相互衔接的田径、篮球、乒乓球等项目的学校业余运动队，健全正常的学校业余训练机制。1987年，全县有等级裁判员160余人，等级运动员约800人。20世纪90年代，全县体育工作蓬勃开展，国家《全民健身计划纲要》得到落实。铁佛乡被国家体委授予“全国群众体育先进单位”称号，马庄、古桑、洪山等4个乡被省体委授予“全省群众体育先进单位”称号。1997年，在省级田径、桥牌比赛和省重点中学运动会中，盱眙县获金牌4枚、银牌2枚、铜牌2枚。2005年开始，每年举办元旦长跑暨县运动会。2007年，投入资金300多万元，在214个行政村新建乒乓球室、浇筑篮球场，全面完成“万村体育健身工程”建设任务。2008年，盱眙奥体中心建成使用，标准化游泳馆开工建设。

第五节　人民生活

一、居民收入与支出

1978年，全县农民人均纯收入289元。1986年，农民人均纯收入449.2元，温饱问题基本解决；人均支出446.3元，主要用于生活费用和建房、添置家电等。1992年，农民人均收入1173元，其中农业收入776元。1997年，农村人均纯收入2605元，人均生活消费支出2418.9元。2000年，农民人均总收入4419元，其中纯收入3272元；人均生活消费支出2541元，其中文化教育、交通消费、家庭设备消费持续增加，占支出比例较大。2008年，农民人均纯收入5774.2元，人均生活消费支出3532.42元。

1986年，城镇居民平均工资547.7元，支出501.5元，其支出主要用于生活费用和添置收音机、录音机、钟表、自行车、缝纫机等耐用品。1988年以后，随着改革开放纵深发展，国民经济快速增

长，城镇居民工资基数和消费水平稳步增加。1992年，城镇居民平均工资2432元，人均消费2033元，其中商品性消费占93%。2000年，城镇居民可支配收入7927元，人均消费性支出4838元。2008年，城镇居民人均可支配收入13040.66元，人均消费性支出8662.1元。

二、社会保障

1986年，成立社会劳动保险处，对企业职工实施养老保险，并建立失业保险。1992年开始，实施农村养老保险，开始参保人数较少，后随着经济发展，参保人数不断增加。1995年，机关事业单位实行养老保险和生育保险。2001年，启动城镇职工基本医疗保险，保险费由单位和个人共同分担，对门诊特定病种实行定项目、定病种、定费用管理，大病实施救助基金补助。2007年，全面实施城镇居民基本医疗保险，对下岗职工实施再就业。2008年，征收企业养老金12372万元，机关事业单位养老金14592万元，农村养老金246万元，医疗保险费21416万元，发放失业保险3867万元，支付生育保险267万元。

第八章　金湖县

第一节　建置　地理

一、建置沿革

春秋战国时，境内先后属吴、越、楚国。秦属东阳县。汉代分属平安县、高邮县、东阳县。两晋时期，东境先后属射阳县、山阳县，西境、东南境仍分属东阳县、高邮县。隋至民国时期，境内分属高邮县（州）、宝应县（安宜县）。民国29年（1940）到中华人民共和国成立时，为抗日根据地与解放区，三河以南属高邮县（天高县、高宝县），三河以北属淮宝县。1950年4月，淮宝县撤销，境内仍分属高邮、宝应县。1959年10月，建立金湖县，先后隶属扬州、六合专区。1971年，划归淮阴地区。1983年，属淮阴市。2001年2月后，属淮安市。

二、地理环境

县境位于宝应湖、高邮湖以西地区，东与扬州市宝应县、高邮市接壤，南与安徽省天长市相邻，西与盱眙县、洪泽县交界，北与洪泽县毗邻。位于北纬32°47′～33°13′，东经118°53′～119°22′。1978年，全县总面积1343.78平方公里。2000年1月，盱眙县4个村划归金湖，总面积增至1393.86平方公里，其中水面420.08平方公里。境内地势西高东低，西南为缓坡丘陵，占陆地面积的27%，其余为平原和湖沼滩地。处于亚热带湿润季风气候带北缘，温和湿润，四季分明。有白马湖、宝应湖、高邮湖、淮河入江水道及众多河港汊荡。矿产资源有天然气、石油等，含油面积61.32平方公里，地质储量5046万吨，是江苏省重要的原油生产基地。

1978年，全县辖17个公社（镇），总人口31.96万人。2008年，辖11个镇，1个省级经济开发区，

98个村民委员会，46个居民委员会。有国有农林场圃7个，其中省属农场3个、县属农场4个。另有部队农场3个。总人口36.40万人，人口类型呈老年型。2004—2008年，多次出现人口负增长，其中2008年人口自然增长率为-1.12‰。

第二节　基础设施建设

一、城乡建设

1978年，县城总面积6平方公里，建成区近2平方公里。1987年，一批污染环境的企业整体迁出城外，城区主干道两侧全部绿化，绿地面积28万余平方米，绿化覆盖率10%以上。1997年，城区街道总长33公里，总面积20.83万平方米。1999年起，在老城区改造的同时，西进南拓东扩建设新城区。2002年，确定城市化战略目标。2005—2008年，围绕"水乡园林特色城市"的目标定位和"三区"（老城区、新城区、开发区）联动、"三城"（省级卫生城、园林城、文明城）同创的工作部署，坚持经典、精致建设，城市综合功能不断提升，城市建设步伐加快。至2008年年底，县城建成区15平方公里，形成"十纵六横"（纵向从西到东分别为八四大道、理士大道、同泰大道、衡阳路、园林路、人民路、东阳路等，横向从北到南分别为建设路、健康路、金湖路、神华大道等）的道路网络，重点核心区空间载体基本形成，城市功能逐步健全。

1986年，农村房屋建设逐渐由草房向瓦房过渡。1988年，全县农民人均住宅建筑面积25平方米。1990年，农村居民开始进镇建设2层以上砖混结构的楼房。1995年，村镇完成各类房屋建设项目2355个，建筑面积25.4万平方米。1998年，进行中心村建设试点，闵桥镇、吕良镇及戴楼乡的中心村、基层村建设工作起步。2000年后，推进各乡镇"一街、两区、两场"建设，推动创建全国小城镇建设示范镇和省级新型示范小城镇。2001年，全县村镇建设各类房屋27万平方米。到2008年年底，闵桥镇被命名为省"百新"小城镇，楼庄村、徐梁村、牌楼村、施尖村被命名为"省康居示范村庄"。

二、交通

1978年，县内外交通极为不便。1979年，开始修筑金（湖）马（坝）公路，全段砂石路面，1986年竣工。1983年，淮（安）金（湖）路全线通车，北向通道打开。1986年，金马公路竣工。1986—1995年，改建、新建沥青路70公里，在全市率先实现县乡公路灰黑化。1997年，村村通砂石路；12月，盐（城）金（湖）国防公路竣工，东向通道打开。2001年7月，金湖淮河入江水道公路大桥（金湖大桥）建成通车，全长3354.49米。2003—2007年，铺建农村公路498.3公里，实现村村通等级公路。2008年，新建农村公路219公里。城乡一体化公路与高速公路构成交通网络，各镇30分钟车程可达中心城区，20分钟到达高速公路入口，村村实现通公交。2006年2月，331、332省道金（湖）宝（应）南线开工。至2008年年底，该线绕城段与金湖大桥段通车。

三、供电

1978年，全县总供电量4414万千瓦时。1979年年底，金湖电厂机组停止发电，电力全部由华东电网供给。1984年，兴建110千伏金湖变电所。1988年，实施杆线到村工程，在全市第一个实现村村通电。1994年，建成全国首批农村电气化县。1996年，实现组组通电，户通电率99.98%，

被国家电力公司授予“县级电网调度自动化系统实用化单位”称号。1997年，全县有110千伏变电所2座，35千伏变电所9座，主变压器容量11.75万千伏安。2006年6月，全县第一座220千伏变电建成投运，同时完成110千伏、35千伏输变电配套工程。2008年，总供电量、总售电量均突破5亿千瓦时。

四、水利

1978年5月起，淮河流域大旱，为调引江水抗旱和继续送水北上，金湖县抢筑漫水公路北侧坝头，经石港翻水站翻水，三河水位保持在真高8.5米上下。1986年起，以整治境内115公里淮河入江水道堤防为主线，每年加高培厚拦河坝，修筑险工险段、险涵病闸，兴修农田水利。1991年，淮河流域出现百年罕见的洪涝灾害，外洪内涝夹击。灾后，连续3年实施三期淮河入江水道整治除险工程，加固大堤37.97公里，整治险工险段15.74公里，大堤灌浆19.4公里，铺砌块石护坡及挡浪墙56.98公里，修筑防汛路面31.87公里。至1998年，基本形成防洪、排涝、抗旱、降渍水利工程体系。1999年，在淮河入江水道植树28万余株，面积530多公顷，堤防森林覆盖率100%。2000年，全县护堤林被林业部确认为国家级公益林。2003年，完成洪金灌区续建配套与节水改造一期工程，完成高宝湖周边湖洼治理等防汛应急工程。2008年，完成衡阳圩、横桥联圩护坡工程；太平排涝闸开机放水，解决县城区洪涝问题；完成金水河工程；白马湖、宝应湖地区洼地治理应急工程开工，重点解决7个镇的防洪排涝。

五、通信

1978年前，全县通信能力处于低水平状态。1978年10月，实现市话自动拨号。1983年，开通全省第二条农话小微波电路，部分局所实现半自动报拨号。1992年，在苏北地区率先实现农话自动化，开通无线寻呼业务。1993年，农市话全部实现交换程控化，开通移动通信业务。1994—1997年，相继开通用户电报及分组交换、电子信箱及数字数据通信业务，开通计算机互联网，磁卡公用电话、IC卡公用电话投入使用。1998年，建成苏北地区第一个电话县。至2008年，全县有固定电话用户12.82万户、无线市话用户4.5万户、移动电话用户14.1万户。移动电话成为城乡居民普遍使用的通信工具。政府机关、规模企业上网率100%，家庭上网率28%。电话普及率、宽带渗透率、农村宽带普及率等主要通信发展指标均列全市各县（区）之首。

第三节　经济发展

一、经济总量

1978年，全县工农业总产值1.67亿元。1986年，工农业总产值4.53亿元，国民收入3亿元，财政收入2.19亿元。1997年，实现国内生产总值20.7亿元，人均国内生产总值5957元，比全国平均水平高出1500元。2008年，实现地区生产总值67.74亿元，其中第一产业增加值12.8亿元、第二产业增加值31.06亿元、第三产业增加值23.88亿元，人均地区生产总值20263元（按常住人口计算）。三次产业增加值之比为18.9∶45.8∶35.3。全年财政总收入8.4亿元，地方一般预算收入4.55亿元，财政支出8.9亿元。

二、农业

1978年，全县粮食总产量23.12万吨。1983年“大包干”后，当年总产量34.98万吨，实现户均产粮超万斤，人均产量超1吨，人均交售粮食超千斤，跃居全省之首，被《半月谈》杂志列为当年江苏五大成就之一。此后，加大对农业投入，改造中低产田和建设吨粮田，实施沟、渠、路，林、田、桥，闸、涵、站综合治理，提高区域农业综合生产能力。20世纪80年代末到90年代初，完善土地流转制度，推行土地适度规模经营。同时，坚持农业科技自主创新，创建“五有六统一”（有一支服务队伍、有工作场所、有服务设施、有服务实体、有试验示范基地，统一人事管理、统一工资管理、统一财务管理、统一资产管理、统一种子管理、统一岗位目标管理）农技站，运用新农艺、新技术，推广良种、良法、良制配套，采用旱育稀秧、抛秧、直播、机插等栽培技术，促进水稻稳产高产。1995年，前锋乡农民、种粮大户韩福焕被授予“全国劳动模范”称号。1997年，全县粮食总产量35.66万吨。2006年，粮食总产量首次突破40万吨大关，达41.65万吨。2008年，全县粮食总产量46.65万吨。

金湖是水乡。1982年，对水面进行定权发证，发证10850份。1985年，全县水产养殖面积0.24公顷，水产品总量4466吨。1988年，县委、县政府提出“蓝色工程”计划，开发利用水面资源，建设水产大县。到1990年，全县发展湖泊围养0.22万公顷，每年提供水产品6000吨，增加产值8000万元。《人民日报》《新华日报》、中央电视台等多次报道。1990年以后，县委、县政府号召“再建一个水上金湖”，挖掘水产生产潜力。1996年，水产养殖向产业化、规模化迈进，建成“两区两带”（陈家圩养殖区、联圩养殖区、老三河养殖带、盐金线养殖带）。1997年，全县水产养殖总面积0.88万公顷，水产品总量4.17万吨，人均水产品占有量120.2公斤，是江苏全省平均水平的3.43倍。至2008年，水产养殖面积1.47万公顷，水产品总量4.97万吨。

三、工业

1978年，全县工业总产值7316.39万元。20世纪80年代后，机械工业崛起。1994年，机械行业几个主产品在全国同行中达到年产量、质量、销售、效益、市场占有率和覆盖面六个第一，县机械厂节流压井管汇、输油泵厂输油泵、汽配厂汽车门泵分别占全国同类产品销售的70%、75%、60%，引起同行业的震动。20世纪90年代中后期，乡镇工业涌现一批明星企业和特色乡镇，江苏爱特福集团拥有“84”“飞毛腿”等5个知名品牌，县造纸厂创出名牌产品“金莲”牌卫生纸、“金玫瑰”牌妇女卫生巾。1997年，县属工业产值8.51亿元，利税7325万元。2000年后，工业经济健康发展，主要工业经济指标不断创新纪录，形成机械制造、仪表线缆、新型建材三大支柱产业。2008年，全县工业实现总产值129.9亿元，其中江苏金石机械集团实现销售收入14.1亿元，江苏理士科技公司实现销售收入超10亿元，江苏爱特福集团实现销售收入9.2亿元，另有销售超亿元企业10多家。

四、服务业

1978年，主要有餐饮、旅馆、理发、照相等传统服务业。1994年，县职业介绍所成立。1996年后，建筑机械租赁、房地产中介、家政等现代服务业逐步壮大。到2008年，全县社会消费品零售总额28.2亿元，其中城市消费品零售额16.4亿元，农村消费品零售额11.8亿元；拥有亿元商品交易市场1个，商品成交额7.6亿元；有餐饮业1220家，旅馆业83家，租赁业223户，会计事务所、价格事务所各1家，职业介绍所27家，家政公司近30家，洗染店27家，理发美容、沐浴店铺300余

家，殡葬服务业8家，摄影业123家，娱乐业126家，旅行社6家。

五、开发开放

1978年10月，成立县外贸局。1992年5月，引进美国派力实业有限公司合资兴办江苏国祥鞋业有限公司，是全县第一家利用外资企业。1994年，县外贸公司取得进出口经营权（自营出口）。1995年，外经合作起步，劳务输出2人，直接出口创汇85.71万美元。2002年5月，启动建设县工业园区。2006年4月，金湖经济开发区获批为省级经济开发区。2008年，全县自营进出口1.26亿美元；新批“三资”企业14家，增资5家；协议外资8065万美元；累计参加年检和注册登记的外资企业52家。至当年年底，金湖经济开发区投产企业170家，其中亿元以上项目15个，形成机械制造、仪表线缆、新型建材和轻纺服装四大支柱产业；在第三届江浙工商业领袖峰会暨江浙企业家投资中国首选开发区颁奖典礼上，被评为全国十大诚信开发区。

第四节　社会事业

一、科技

1978年，成立县科技局、县科协及21个学术团体。1987年，有各类专业技术人员3497人，其中高级职称22人、中级职称369人。1988年，各乡镇配科技助理，全县科技网络形成。1997年，被评为全国科技工作先进县。2002年，被评为省苏北星火产业开发带建设先进县。2004年1月，被评为“2001—2002年度全国科技进步先进县”。至2008年，获批国家级科技项目13项、省级6项、市级20项；有7家高新技术企业通过复核，占全市总数的三分之一有各类专业技术人员7112人，其中中、高级职称4612人。

二、教育

1978年，有小学366所、初中68所、高中19所、幼儿园174所。1986年后，逐步形成政府统筹，县、乡（镇）、村三级办学，县、乡镇政府两级管理，社会参与的教育管理体制。1992年，全县实现“普及六年义务教育”。1994年，实现“普及九年义务教育”和高标准“扫盲”。1997年，被评为省农村教育综合改革先进县。2002年，小学正常儿童入学率、巩固率、毕业率均保持100%，特殊儿童入学率94%；初中入学率100%，巩固率97.6%，升学率84%。提前18年达到国家制定的目标。2007年，全县“双高普九”乡镇创建率100%。2008年，完成高、初中布局调整，全县保留3所普高、2所职高、10所初中（其中农村中心初中6所），农村中学布点散、规模小、效益低的现象得到改观。至2008年年底，有省四星级高中、国家级重点职高、省重点职高、省实验小学各1所；有各类学校在校生4.22万人，毕业生1.28万人，教师0.24万人；学龄儿童入学率100%，小学毕业生升学率100%，初中毕业生升学率99%，高中毕业生升学率75.8%，高考本科达线率持续保持全市领先。

三、文化

1978年，有县文化馆、县档案馆各1个，从文化馆析出图书室，建立县图书馆；有县影剧院1个，农村影剧院（队）43个，公社文化站17个。1986年，有电影院17座、电影队29个，22个乡镇

文化站均建成多功能文化活动中心，各乡镇保留一支文艺骨干队伍，春节期间为群众演出，并参加一年一度的群众文艺会演。1987年起，扩大为全县文化节，至2008年连续举办22届。1993年，乡镇文化中心全部达省标。1994年，《金湖县志》出版。1995年，《金湖年鉴》创刊。1998年，《金湖报》创刊。20世纪90年代中后期，推出"一镇一品"特色文化活动。2001年起，每年举办荷花艺术节，2007年更名为中国金湖荷花美食节。2004年7月，金湖秧歌被列为民间文化保护工程名单，2008年11月又被列为江苏省非物质文化遗产项目。2006年，金湖县被评为省文化先进县。2007年，金湖娃少儿艺术舞蹈团获全国第二届中小学生艺术一等奖。至2008年年底，全县有艺术表演团体、文化馆、公共图书馆、档案馆各1个，镇文化站11个，"农家书屋" 67个。县图书馆率先成为苏北地区免费开放的县级公共图书馆。

四、卫生

1978年，有县级医卫单位4个，乡镇卫生院16所，有卫生技术人员786人。1986年，有县级医院4所，中心卫生院2所，乡镇卫生院20所，村卫生室（所）256个。1987年起，重点开展农村初级卫生保健，同时加快建设县级医疗单位。1996年被评为全国初级卫生保健合格县，1997年又被授予"爱婴县" 称号。1998年，重新推行合作医疗。2002年，被评为全国农村初级卫生保健工作先进县。此后，逐年加大公共卫生事业建设力度，完善疾病预防控制体系，卫生事业进一步发展。至2008年，有各类卫生机构16个，其中医院2所、标准化卫生院10所、疾病预防中心1个、妇幼卫生保健机构1个、专科疾病防治所1个、卫生监督所1个。有农村社区卫生服务站57个。各类卫生机构拥有病床593张，其中医院、卫生院病床581张。有卫生技术人员802人，其中执业医师290人、执业助理医师30人、注册护师271人。初步建立覆盖全县、多层次、多形式的城乡卫生服务体系，实现健康教育、预防、保健、医疗、康复、计划生育技术指导"六位一体" 综合服务的功能转型。

五、体育

1978年，金湖县建有一所少年业余体育学校，开展田径、球类，特别是羽毛球的业余训练。20世纪80年代，金湖少儿羽毛球在全省、全国比赛中，获得团体或个人前三名。1990年以后，全民健身工程建设投入逐年增加。1991年被评为全省体育先进县后，新建县体育中心游泳池、田径场，完善体育馆。22个乡镇均建成"一场一室"（球场、活动室）。县、乡镇定期举办各类运动会，经常参加体育活动的有6万～7万人，约占全县总人口的20%。体育竞赛成绩显著，每年有20名以上运动员参加省级以上比赛，获取金牌、银牌、铜牌多枚。1998年，被评为全国体育先进县。2008年，在全县11个镇建成全民健身活动中心，各镇建有篮球场、羽毛球场、门球场、健身路径、乒乓球活动室、健身房等，实现"镇有健身中心、村有健身工程（点）"；金北、吕良、陈桥、银集、闵桥、塔集6个镇被授予"江苏省体育强镇（乡）" 称号。同年8月，金湖新体育馆落成。

第五节　人民生活

一、居民收入与支出

1978年，农民人均纯收入158元。1986—1993年，农村家庭联产承包责任制全面推广，农村

生产力大解放，农民人均纯收入连续翻番。1988—1990年，受宏观调控与经济发展硬着陆的影响，加上自然灾害，农民收入短暂下滑。1992年后，乡镇企业发展迅速，农民收入随之回升。1996年，农民人均纯收入达2622元。1997—2000年，受“三角债”和集资款影响及农副产品持续低迷，农民收入增长缓慢。2000年后，县委、县政府提出22条促进农民增收的政策，农民收入再次以较快速度增长。2007年，农民人均纯收入5432元，在1996年的基础上再翻一番。2008年农民人均纯收入达6109元。

在农民收入持续增长的同时，城镇职工的收入也呈跳跃式增长。1978年，职工年均工资收入429元。1985年，职工年平均工资842元。1997年，在岗职工年平均工资突破5000元，2004年突破1万元。2008年突破2万元，达21439元。

收入的增加，带来消费内容和消费理念的深刻变化。1988年，农民人均生活消费支出931元。2008年，农民人均生活费支出4964.2元，恩格尔系数为47.3%，其中食品支出2346元，衣着支出265.6元、居住支出741元；城镇居民人均生活消费支出7826.8元，恩格尔系数为43.8%，其中人均食品消费3425.1元、衣着消费支出856.8元、居住消费为544.4元。

二、社会保障

1987年，金湖县养老保障由全民职工扩展到合同制工人。2003年，扩大企业养老保险和农村基本养老保险范围。2008年，全县农村社会养老保险实现全覆盖，被征地农民参加城镇职工基本养老保险；23万农村居民参加新型农村合作医疗，外来人员享受市民保障待遇。城乡居民低保金分别为每人每年2880元、1000元。全县基本形成以城乡低保制度为基础，以教育、医疗、就业等专项救助为辅助，以临时救济、社会帮扶、慈善互助为补充，覆盖城乡的社会保障体系。

·淮安市志·（1978—2008）

第三十九卷　人物

第一章　人物传略

第二章　人物简介

第三章　人物表录

本卷设人物传略、人物简介和人物表录。

人物传略主要收录《淮阴市志》人物卷下限1993年后，至2015年逝世的地市级（含副职）及以上实职干部、著名革命烈士、科技文化精英、各界杰出人物、具有开创性地位的人物、事迹感人的德行楷模，以淮安籍为主，兼顾客籍，按卒年先后排列。为保证记载的完整性，对《淮阴市志》漏载的人物适当增补。

人物简介作为人物传略的适当补充，收入重要性稍逊或资料欠缺的人物，着眼于人物的突出事迹，经历从简。

人物表录主要收录获国家级表彰的模范人物，淮安籍省部级以上领导干部、军级以上军人，科教界主要收录两院院士、中国社科院学部委员，1978年以后牺牲或追认的淮安籍烈士。

本志所载人物为少数民族、为女性者，在文、表中予以注明。

第一章　人物传略

邓　艾（197—264） 字士载，曹魏时义阳棘阳（今河南新野县东北）人，三国后期魏国名将。少年时期酷爱军事，学习行军布阵之法，得到司马懿的赏识，先任掾属，后被封为尚书郎。曾建议屯田两淮，广开漕渠，著有《济河沦》。

魏正始二年（241），邓艾奉命大修芍陂和茹陂，扩大灌溉面积。在淮北，“奏开广漕渠，引河入汴，溉东南诸陂”（《晋书·宣帝纪》）。又“广修淮阳、百尺二渠，上引河流，下通淮、颍，大治诸陂于颍南、颍北，穿渠三百余里，溉田二万顷。”使淮南、淮北相连，鸡犬之声，阡陌相属。

邓艾还在淮河下游治理过今盱眙与楚州之间的白水塘，设3堰，开8水门，置屯田49所，灌田1.2万顷。当时白水塘阔30里（15公里），周250里（125公里），盛极一时。历史上白水塘所在位置为今洪泽湖水域的一部分。

施耐庵（1296—1370） 祖籍兴化白驹镇施家桥（今属盐城市大丰区）。1922年，商务印书馆出版的《中国人名大辞典》“施耐庵”条目载：“施耐庵，（元）淮安人，名子安，耐庵其字。元末以进士出身，官钱塘，与当道不合，弃官归里，闭户著书以自遣。张士诚闻其名聘之出，亲造其门敦请，仍不从，因避东京，寻归卒。……所著《江湖豪客传》即《水浒传》，自七十回后，金圣叹断为耐庵弟子罗贯中所续。”

施耐庵生活在元末明初的动荡年代，曾在钱塘为官。元末义军四起，因不适应官场黑暗而回乡隐居。以贩卖私盐起家的同乡张士诚派部将卞元亨请他出山共图大业，遭其拒绝。后同科进士刘基又派人三番两次登门，请他出山，也遭婉拒。施耐庵遂带着弟子罗贯中和家人到古城山阳（今楚州区）投友隐居。施耐庵的朋友在山阳城里开有一个颇大的当铺，坐落在都土地祠西侧，棋盘街东首。这位好友就安排他们住在其中。施、罗师徒二人常优游在山阳萧湖、勺湖、月湖、马家

荡、寥儿洼及洪泽湖芦苇沼泽之间，与渔民和市民交朋友、说故事、听传说，搜集创作素材，还到山东考察过水泊梁山，参考南宋淮阴画家龚开的《宋江三十六人画赞》，逐渐形成《水浒传》的创作雏型，并开始在淮安潜心著书。在完成《水浒传》前70回以后，因年老多病，不得不中断写作，后由弟子罗贯中续写以后的部分。据《兴化县续志》载："施耐庵七十五岁卒于淮安。"葬于淮安东南施河镇。现居住施河的施姓人家，即是未回兴化的施耐庵后裔。据王道生《施耐庵墓志铭》载，施耐庵死后40多年，孙子文昱才从施河将其棺木迁移到白驹施家桥安葬。除《水浒传》外，施耐庵还著有《隋唐志传》《三遂平妖传》等，成为世界文学宝库中灿烂的奇葩。

瞿　佑（1341—1427） 字宗吉，号存斋，祖籍浙江钱塘，元末明初入山阳（今楚州区）籍，是当时文言文小说的代表作家。青年时亲历改朝换代的社会动乱。明洪武年间，官至仁和训导、临安教谕。建文中，入南京为太学助教，后任周王府长史。明成祖时因"诗祸"获罪，迁谪陕西保安，流放10年。仁宗年间召还，在英国公张辅家课其弟子3年。著有《剪灯新话》《乐府遗音》《归田诗话》等。

《剪灯新话》成书于洪武十一年（1378），共4卷20篇，大都写元末天下大乱时的一些故事，具有幽冥怪奇色彩，或反映当时士人的心态，或含沙射影地道出对明太祖大杀功臣的不满，或借人物之口，抨击当世的黑暗。《剪灯新话》主要成就在于拓展文艺作品的题材，世俗平民、商人开始成为小说的主角。爱情故事是其主要内容，而大都散发出市民的气息，打破传统传奇、话本描写爱情的俗套。小说的主角往往是敢于蔑视礼教，大胆地追求恋爱、婚姻的自主。

《剪灯新话》成书后，除出现李昌棋的仿作《剪灯余话》外，书中故事大多被白话小说和戏剧所吸收，促进大量话本小说的出现。该书还传到日本、朝鲜。朝鲜诗人、小说家金时习（1435—1493）受《剪灯新话》影响而创作的《金鳌新话》，成为朝鲜最早的短篇幻想小说集。20世纪20年代，日本作家芥川在受到瞿佑小说的启发后，创作出小说《奇遇》。

王宗沐（1524—1592） 字新甫，号敬所，浙江临海人，明嘉靖进士，是明代后期主张恢复海运的代表人物。明隆庆五年至万历二年（1571—1574），任右副都御史、总理河漕，极力主张恢复海运，著有《海运志》与《海运详考》，并运12万石漕粮自淮河入海，由云梯关东北沿海运路线直抵天津卫。万历三年（1575），因海船在墨福岛失事，海运遂不复行。

在此期间，由于黄河屡决邳、睢，淮河决高家堰，黄蹑淮后，不断冲击苏北运道，淮扬及里下河地区几无宁日。王宗沐于隆庆六年（1572）重修高家堰，"北自武家墩起，至石家庄止，计三十里而遥，为丈五千四百。堤面广五丈，底广三之；沿地形高下，大都俱不下一丈许。而又于大涧、小涧、具沟、旧漕河、六安沟诸处，筑龙埽以遏奔冲"（天启《淮安府志》）。次年，又修筑淮安西堤。

王鸣鹤（1550—1617） 字羽卿，原籍淮安府海州（今连云港市海州区），世居山阳（今楚州区）。明代武将、诗文家、兵学理论家。明万历十四年（1586）举武进士，被授予淮安卫指挥同知，升湖广郧襄守备，平定郧县军变有功，晋升湖广行都司佥事；累迁官至五军营左副将、广西总兵、骠骑将军、南京右府都督佥事。

王鸣鹤熟读兵书战策，"手未尝一日废书，钤阁之藏，几于二酉，腹中武库，不减数万甲兵"。他作战勇敢机智，富有经验，郧阳府"卒伍纷哗，以兵劫制府，谋作乱。会羽卿谒见，至郧，中道闻变，辄奋身入军中，仗剑誓死，开辟祸福，众乃释甲听命。羽卿由此名重天下。哱刘之变，曾督兵固静，虏不得阑入内地，又曾以反间诸计谋上督府，督府阴用之，拔其城，尽诛反者"。（黄克缵《淮阴王羽卿兵法序》）王鸣鹤在通州狼山防倭三年，功绩素著。后又在海南守边三十余年，卒于任上。所著《登坛必究》40卷，是明代兵书集大成者，为兵学名著，载《明史·艺文志》。另著有《路鸢集》《西征集》《百粤草》《绶带吟》等。

杨一魁（1536—1609） 字子选，山西安邑人。明万历二十三年（1595）二月，以工部尚书兼都察院右副都御史出任总理河道，后虽入京掌部事，但仍继续指导治河，至万历三十年（1602）春被贬为民，负责治河达7年之久。他在治河期间，极力倡导和实施“分黄导淮”的治水方略。万历二十四年（1596）征调山东、河南、江北丁夫20万人，开挖黄坝新河。该河自桃源县黄家嘴经周伏庄、渔沟、浪石，至安东县五港、灌口，分泄黄水入海。

杨一魁的“分黄导淮”工程，同样未能解决黄河淤决问题。黄坝新河不久被淤废。万历二十九年（1601），黄河在商丘萧家口决口，“全河奔溃入淮，势及陵寝”。万历三十年（1602）春，杨一魁被削去工部尚书职务，“分黄导淮”之议至此平息。

陈　潢（1637—1688） 字天一，号省斋，浙江钱塘人。清代著名治水专家，为靳辅幕僚约16年。靳辅任河道总督时，凡治黄、淮、运之事，多用其策。陈潢继承和发展潘季驯的治河方略，并根据对黄河大量调查研究后所掌握的黄河水文、泥沙规律，进一步提出“逼淮注黄、蓄清刷浑”的主张，在治河中取得成功。他在中国历史上首先提出完整的流量计算方法，称为“测水法”，即先测出水流速度及河道横断面积，二者相乘即得流量，称作“水方”。靳辅十年治水，皆为陈潢所谋划。

后陈潢因屯田抵补河工所用钱粮事，触犯地主豪绅的利益，遭到江南道御史郭琇等参奏，以“攘夺民田，妄称屯垦”的罪名被削职，“解京监候”，怀恨而死。康熙三十一年（1692），靳辅为陈潢平反昭雪，其同乡张霭生将其治河论述编为《河防述要》一书，成为后世治水者的重要借鉴。

齐苏勒（?—1729） 字笃之，纳剌氏，满洲正白旗人。康熙皇帝第4次南巡时，以护行人员的身份随往。到达淮安后，受皇命到清口以西的烟墩、九里岗、龙窝等主要险工，修建挑水埽坝。皇帝南巡完毕后受到表彰。清雍正元年（1723）授河道总督。

由于洪泽湖清水受黄河顶托，起不到蓄清刷黄的作用，齐苏勒提出在淮水入黄处的清口两岸加筑大坝，中留口门，抬高湖区水位，以抵御黄流。及淮水畅下，坝在波涛中，又虑坝为水蚀，遣员弁进驻工地，待湖涨下埽保坝。他久任河督，对黄河自砀山至海口，运河邳州至江口，纵横绵延的堤防整修日益完善，深得雍正皇帝的器重，赞誉道：“齐苏勒历练老成，清、慎、勤三字均属无愧。”病逝后，雍正皇帝命与靳辅同祀。

高　斌（1683—1755） 字右文，高佳氏，满洲镶黄旗人，乾隆慧贤皇贵妃之父。清雍正十三年至乾隆十八年（1735—1753），曾三任江南河道总督。高斌治河期间，继承靳辅的治河方略，进一步完善“分黄助清”的防洪措施，对黄河南岸砀山毛城铺、萧县王家山及睢宁峰山等处各减水闸下的引河，进行疏浚；遇黄河异涨，规定徐州水位尺至七尺时，才可以开放减水闸，分别由引河入五个湖泊停蓄澄清后，流入洪泽湖“助清刷黄”。同时对清口至瓜洲的运河采取分泄措施，以保障安全。并规定洪泽湖水非到异涨不可轻开，从而保证里下河各州县民田连年丰收。

清乾隆二年（1737），高斌将天妃运口南移七十五丈，即如今的码头镇南侧的里运河口遗址。加培中运河南堤，作为黄河遥堤，进一步巩固北岸堤防，以保运河安全。乾隆十六年（1751），高斌遵旨建高家堰智、信二滚水坝，信坝以南至蒋家坝一律改建石基砖工。至此，洪泽湖大堤全部建成石工。

乾隆十八年（1753）九月，黄河在徐州张家路决口，皇帝大怒，斩当事者李焯、张宾二人示众，将高斌及江苏巡抚协办河务张师载以渎职罪绑赴刑场陪斩。二十年（1755）三月，高斌卒于工地。乾隆皇帝第二次南巡过清江浦时指出：高斌治河虽不如靳辅，较齐苏勒、嵇曾筠则有过之无不及，可以与靳辅等同入祠公祀。于是，在清江浦建“四公祠”，以资表彰。

黎世序（1772—1824） 字景和，号湛溪，河南罗山人，进士。清嘉庆十七年（1812）起任江

南河道总督13年。嘉庆二十一至二十三年（1816—1818），开凿徐州龙、虎二山之根作滚水坝以减水势，在峰、泰二山之间建滚水坝以减盛涨，从而大大减轻海口的水患。为解决淮安清江浦至云梯关河道的严重淤积，加强高家堰，移建仁、义、礼三坝坝址，填实旧坝，竭力收蓄洪泽湖水，提高蓄清刷黄的效果。在清口挑挖三条引河，把束清坝、钳口各坝一律开放，使洪泽湖水得以畅泄。

黎世序指挥施工善于创造，将“束水攻沙”的传统办法改为“重门钳束”，使全河之水并力攻沙收效显著。沿堤经常积土备料，滩地广植柳树。凿山筑坝时，创造石头铺面构筑堤坡的新方法，河防得以巩固且节约大量开支。此前，南河工岁修三百万两，他任事以来，每年必节省二三十万两。施工中出现险情，他身先士卒排险，清江浦至今还流传着他激流抛靴的故事。著有《东南河渠提要》120卷、《续行水金鉴》156卷、《河上易注》10卷及《湛溪文集》多卷。

张　謇（1853—1926） 字季直，号啬庵，江苏南通人。清光绪二十年（1894）状元。民国时期，先后在北洋政府担任导淮督办、农商总长兼全国水利局总裁、江苏运河督办等职。他心系淮河，做了大量的水利基础和教育工作。他引进西方技术，开办学校，培养测绘人才，全面系统地实测和观测淮河、运河及沂沭泗河道地形，水文流量、雨量、水位和含沙量等，这在中国水利史上是首次。他创立的设于清江浦的江淮水利测量局，以民国元年（1912）11月11日17时的低潮位为基准面，称为“废黄河零点”，又称“江淮水利局零点”，从而确立淮河流域统一高程基点，沿用至今。他又分别在老子山、盱眙设立水位站，后又在高良涧、蒋坝设水位站。这是中国近代最早的湖泊水文观测研究。

张謇倡言“江海分疏”“沂沭兼治”，开创导淮新格局，在“江海分疏”上，主张三分入江，七分入海。后来，根据多年导淮测量资料，改为七分入江，三分入海。他的导淮方略，多为国民政府导淮委员会所接受。

魏真诚（生卒年不详） 义丐，山东兰山人。淮阴县徐家溜南门外，地势卑下，陈年积水，阻断交通，行人望而怯步，集市大受影响。民国16年（1927），魏真诚乞食过此，见而心动，于是夫妇发愿，誓成此桥。“于是四方善士，嘉其义行，莫不乐输，不日而桥以成。里中特建此碑，以书其功。”此后，魏真诚又发愿筹建徐家溜六塘河石桥。民国18年（1929）9月23日《苏北日报》报道此事：“邑人魏真诚发起建筑六塘河石桥，正在筹划中。”然而愿终未成，成为淮安地方交通史上的一件憾事。

顾震福（1872—1936） 字竹侯，号跬园，淮安（今楚州区）人。文字学家、经学家、诗人、著名谜家。父顾云臣，进士，翰林院编修，曾任湖南学政，归乡后主讲勺湖书院。顾震福聪慧博学，清光绪二十三年（1897）举人。民国初年，曾在江北陆军学校担纲国文、史地等科教员，后又应北平女子师范大学之聘任国文教授，冯沅君即是其得意弟子。顾氏精朴学，治经史、小学、辞章。其著述有《小学钩沉续编》《三家诗遗说续考》《毛诗别字》《周易连语》《重言释》《学庸古义会笺》《方言校补》《释名校补》《孟子刘注辑述》《函雅故斋丛书》《跬园诗稿》等，几可等身。

顾震福毕生致力于灯谜事业。民国时期的著名谜社，他几乎都曾参与。民国元年（1912）旅沪时，曾参加著名谜社萍社。后在故乡与妻兄韦宗海、韦宗泗等创建淮山谜社，又名商旧社，获“虎头”雅称。民国4年（1915）赴北京任教，参加寒山诗钟社，社中不乏兼嗜商灯、熟谙文虎者，遂共同创建北平射虎社，为主将之一。不久，主建“隐秀谜社”“学馀社”“谜学俱乐部”等。民国16年（1927），丁卯谜社成立，他多次在寓所值社主持雅集，直到逝世的前八天，还参加丁卯谜社雅集。有谜集《跬园谜稿》二卷（凡2000余则）、《顾竹侯灯窗漫录》，编有《商旧社友谜存》《凡民谜存》。顾震福谜作，谜目广泛，素材丰富，手法多变，既体现非凡的制造功力，又展示其深厚的学养和广博的知识面。顾氏之谜，以典雅为要，但于清词丽句中却不避凡俗，婉转变化，深入浅出，

穷极工巧，妙趣环生。

童振藻（1871—1939） 字仲华，淮安（今楚州区）南乡梅营人。曾就读于江阴南菁书院，清光绪二十九年（1903）举人。次年，入商务印书馆担任地理类书籍编辑。清宣统元年（1909），以候补知县发云南，先后任方言学堂监督、高等学堂监督、宝宁知县、沾益州知州等职。民国成立后，历任昆明市政公所财政委员会委员长、市政府秘书长，云南省长公署实业科科长、省政府秘书处处长，《云南地志》编辑处总编辑及云南学会理事长等职。童振藻目睹英、法列强对云南的蚕食、侵略，认识到研究云南历史、地理"以俾现实之所需"的重要性，不断收集云南地方史料，潜心研究云南边疆历史、地理，编著地方史志，为云南地方历史的保存和规范作出杰出的贡献。

童振藻先后编纂、增补、批校、辑著地方志类史料近200部。所著《云南地震考》为中国第一部云南地震专著。该书考录西汉河平二年（前27）到民国14年（1925）间，云南境内发生过的地震，以烈、强、弱、微4个等级，记录30039次，并对大理、峨山等3次较大规模的地震进行详细描述，其中大理凤仪震后图片等众多珍贵照片和《峨山等属地震区域图》《云南各属烈震次数表》《大理凤仪等七县震灾一览表》等图表尤其珍贵。他编著的《云南方志考》为中国第一部云南地方志目录。全书共收录云南方志以及相关书目453类别，具有非常高的历史研究价值和学术价值。又编著有《云南地志资料细目》《云南温泉志补》《昆明市志》等书。发表的《云南土司考略》《野人山考》《黔中苗乘》《滇池纪略》《黔苗近况述要及调整纲领》《牂牁江考》《鸦片与卫生》等均为轰动一时的学术研究文章。他还撰写很多时政文章，如《东川铜矿概况及复兴对策》《云南与国防》《西昆铁路与西南国防之关系》等。民国13年（1924）完成的《昆明市志》设19个分类，共附有近百个子目录，还采用近代统计学方法，除使用大量的统计图表，还在书中插入大量的反映城市概况的照片。一经推出，就在文化界中引起轰动，成为中国历史上第一部具有划时代意义的城市志书。童振藻也因此成为中国近代地方志发展的奠基人之一。还著有《清代名媛诗录》《木砚斋丛书》《六十回忆诗》《童振藻六十回忆》等书。民国28年（1939），在杭州寓所内离世，留下五间房的珍贵藏书。

孙汉文（1909—1940） 生于淮阴县西坝公德街（今淮阴区王营镇星光社区）。民国14年（1925），在运商学校曾聆听恽代英演讲，较早地接受马克思列宁主义教育。民国16年（1927）春，经旅外学生中共党员赵步坤、靳宗恂介绍入党，成为淮阴地区首批加入中国共产党的党员之一。是年秋，江苏省委特派员何梦雄来西坝指导建党工作，在孙汉文家中组建了淮阴地区第一个党支部——西坝支部，孙汉文任支部书记。他积极从事党的地下工作，秘密印发传单，张贴宣传标语，利用时机公开演讲，唤醒群众，扩大党的影响。民国18年（1929），他代表团县委步行去上海开会，散会后被特务盯梢追踪，利用竹竿从二楼跳下，翻墙脱身。是年夏，组织领导西坝缉私营士兵武装起义，与大兴庄农民武装暴动互相呼应配合。是年秋，西坝党支部组织领导盐业工人罢工要求增加工资，罢工坚持4昼夜，终于迫使盐商资本家答应条件，取得斗争胜利，中共淮盐特委表彰了西坝党支部。民国19年（1930），任中共淮阴县委委员。民国20年（1931），在清江大闸口向群众发表演说，反对日本法西斯入侵我国东北三省，揭露国民政府消极抗日的行径，在群众中影响甚大，使国民党政府惶恐不安。民国22年（1933）春，国民党政府下令通缉，他不得不转移到灌南、新浦一带活动，继续坚持地下斗争。民国25年（1936），他回到西坝工作，参加吴觉组织的抗日同盟会。民国29年（1940）冬，因叛徒出卖，被"新亚社"汉奸头子吴文崇抓捕入狱。在狱中备受严刑拷打，始终坚贞不屈。不久，被敌人押送南京杀害。1980年，被追认为革命烈士。

张仲乐（1901—1941） 名乐渔，淮安（今楚州区）淮城镇人。早年毕业于上海大夏大学文学系，后留学德、美，获文学博士学位，回国任上海文化学院教授。"九一八"事变后，放弃家庭财

产继承，投身军校任教官，进而到军旅前线行政干部训练团当训导员。抗日战争全面爆发后，张仲乐被派遣到淮阴担任教员，还接受秘密筹建抗日游击大队任务。他活动在淮、泗、沭等地，与吴觉、黄驭等商谈抗日事宜，与中共淮海区领导共谋抗日大事。因此，日伪纵火焚烧他家在张圩的宅子。父亲张励南在他影响下成为坚定的抗日绅士。

淮阴沦陷后，国民党政府流动于以兴化县为中心的里下河一带。民国30年（1941）2月18日，由于汉奸告密，日寇袭击省干部训练团驻地曹泊村。张仲乐带领学员乘4条架子船与日军展开迂回激战。敌数十挺轻重机枪同时开火，张仲乐英勇牺牲。民国35年（1946）7月，国民政府追认其为烈士。2013年6月，中华人民共和国民政部批准张仲乐为烈士，并将其墓由兴化迁入淮安区烈士陵园。

武同举（1871—1944） 字霞峰，江苏灌云人，举人。曾任江苏第六师范教员、江苏省水利署主任、河海工程专门学校与中央大学水利系教授。目睹家乡连年水灾，他矢志于水利事业，攻读测量、绘图和水工等科学书籍，参加苏北海口测量与苏北水利建设，是一位自学成才的水利专家。他竭尽毕生精力，编纂《淮系年表全编》《安徽通志·水系水工稿》《江苏水利全书》《再续行水金鉴》等著作，并撰写数十篇治理淮河和苏北治水的论文，为后世提供有关黄河、淮河、运河、长江水患与工程治理等方面大量翔实的历史资料。其中《淮系年表全编》一书是中国第一部编年体淮河水利史，具有极高的科学价值和使用价值。

谢祥军（1914—1946） 湖北大悟人。历任红军班长、排长、连长、营长、团长、师长。民国27年（1938）4月到新四军军部工作。历任新四军江北指挥部教导大队副大队长、军政干部学校教育长、抗大五分校教育长、新四军军部特务团团长、抗大五分校校长。

民国35年（1946）6月，谢祥军任华中野战军第十纵队司令员兼第五军分区司令员，参加苏中战役。10月19日至11月1日，华中野战军主力28个团在废黄河两岸地区组织大规模的涟水保卫战。第十纵队有3个团参战，谢祥军与政委刘培善率部步步阻击，层层设障，予敌以重大杀伤和打击，胜利完成阻击任务。10月23日，密切配合第十一纵队击退敌人的猛攻，守住阵地。24日晨，谢祥军在前沿阵地察看敌情，不幸被敌击中腹部，在送往后方医院途中光荣牺牲。

戴加英（1909—1947） 淮阴（今淮阴区）西宋集人。民国28年（1939）3月，参加抗日救亡斗争。民国35年（1946）春，由淮阴县宋集区区长调任官荡区区长。9月，淮涟失守。戴加英和区委书记刘驩率领一支只有21人的武装游击队，不断在淮涟交界处打击敌人。民国36年（1947）1月18日晚上，区队宿营官荡区张庄。拂晓，哨兵鸣枪报警。戴加英和区委书记刘驩兵分两路，组织安全转移。戴加英这路陷入重围。戴加英不幸身负重伤。他果断命令身负轻伤的副区长刘梦才率领剩余人员突围，并大声命令："不要拖延时间了，你们赶快拿着我的盒子枪冲出去！"当战友们即将离开之际，他忍住剧痛说："请同志们向区委和县委转达一句话，我至死决不投降!"被捕后，敌区长千方百计威逼利诱，要他说出共产党县委在淮阴留下多少人，官荡区共产党员有多少，他始终未向敌人吐露半点信息。面对敌人的酷刑，戴加英坚贞不屈，义正词严地说："共产党必胜，国民党必败！"最后被敌人枪杀。中共淮阴县委追认戴加英为模范共产党员，将烈士的家乡命名为"加英乡"。

吴志举（1910—1947） 号少鹏，淮阴（今淮阴区）北吴集人。抗日战争爆发后，任里仁集小学校长的吴志举毅然投笔从戎。历任泗沭县独立团三营营长、团供给处主任、泗沭县六区中队长、吴集区区长。民国35年（1946）9月中旬，中共党组织决定留下吴志举开展敌后斗争。任吴集区区长兼蒋集、吴集、宋集三区联防队总指挥，带领游击队在六塘河西岸与国民党军和地方"还乡团"展开激烈斗争。民国36年（1947）元宵节早晨，吴志举与蒋集区区长施斯带领四五十人渡

过六塘河，在刘庄遭遇二三百名敌人的钳形包围，战斗十分激烈。子弹基本打光后，吴志举命令各班撤退。敌人再次发起攻击，缩小包围圈。为掩护战友们突围，吴志举带领殿后的一个班，大部壮烈牺牲，吴志举也身负重伤，警卫员背着他向北撤退。他命令警卫员赶快撤，自己打掩护。待敌人追了上来，他拉响手榴弹与敌人同归于尽。中共淮阴县委追认吴志举为模范共产党员，并将吴志举的家乡命名为"志举乡"。

沈秉璜（生卒年不详）　字豹君，江苏海门（今南通市海门区）人，南通师范学校测量专科毕业。清末，受张謇派遣留学日本。回国后任江北运河工程局、江淮水利测量局局长，长期参与和领导江淮水利测量工作。清宣统三年（1911）至民国15年（1926），江淮水利测量局先后测绘洪泽湖、高宝湖、微山湖、射阳湖1∶25000地形图5780平方公里；测绘淮、沂、沭、泗相关河道1∶25000地形图共2592幅；测绘苏鲁交界至黄河入海口区域1∶20000地形图2097平方公里。在北至郯城，南至中运河，东至盐河，西至马陵山的广大地区测绘1∶50000地形图10500平方公里。测绘灌河、车轴河附近地区1∶20000地形图954平方公里。在苏北地区40余条河道地带测绘1∶10000地形图2563平方公里。

民国18年（1929）7月，成立国民政府导淮委员会，沈秉璜参与《导淮工程计划》的拟订。著有《勘淮笔记》等，并主编有《运工专刊》，对清口地区都有详尽的记述和测量数据记录。

吴其稑（1870—1951）　字仲穀，又字仲谷，淮阴（今淮阴区）人，清代诗人、方志学家吴昆田嫡孙，廪生。曾纂成《续清河县志稿》，虚心向著名学者段朝端请教。爱护族人与乡邻，平素施舍无数，倡导温仁敦厚之风，主持续修《吴氏宗谱》。著有《虚因庐偶成稿》一卷。抗日战争期间，日伪政府屡次请他担任伪职，均遭拒绝。60岁后隐居淮安县城，改号"退翁"。废科举之初，吴其稑带头联络族中长者，以吴氏家族创办的延寿庵、向善堂、临川书院等财产为基础，又捐献地千余亩，创办私立渔沟高等小学堂，并自任校长，不拿薪金。民国26年（1937），将渔沟小学改制升格为私立渔沟临时中学，自任董事长。又捐田数百亩，并与族人商定，将其太高祖吴以诏于清道光年间捐建的吴城义塾房地产一起，创办私立吴城小学。其平生以读书、写字为一日不能或缺之事。楷、篆兼擅，对金石也有较深的研究。

靳华章（1902—1958）　涟水义兴人。父亲靳宝珠是淮海锣鼓（工鼓锣）艺人，受其影响，靳华章8岁即能熟练地敲打锣鼓乐器。10岁时随父学艺，13岁单独提锣唱书，后拜曹赖为师，精习《丝绦党》，16岁时又成为王开成的记名弟子。通过三师传授，集数家之长，很快形成自己的独特风格。其演唱采用京腔道白，吞、吐、舒、放、轻、重、抑、扬恰到好处；善于模拟书中人物的语言，能操各地方言，尤擅摹仿"呆话""愣语"。口技表演是其特长，能模拟出风雷声、侠客腾云驾雾声、剑啸声、鸡鸣犬吠声、马蹄声和马嘶声。民国26年（1937），参加淮海地区六县说书献艺（即比赛），获"江南唱戏梅兰芳，江北唱书靳华章"美誉。抗日战争时期，靳华章在罗运来等共产党人影响下，参加涟水抗日同盟会的抗日宣传队，编写《穷人翻身》《党的十大纲领就是好》等鼓词，到各村镇演唱，宣传抗日。民国29年（1940），涟水抗日民主政府成立后，编写演唱《当兵要当八路军》《日伪勾结筑碉堡，灰墩人民遭了殃》等抗日新曲目，并将自己的五弟送到部队参加抗日。

民国37年（1948），涟水成立百艺小组，任组长。1952年，任县曲艺协会首任会长。此后，相继创作《挖土能手王大锹》《勤俭持家李二嫂》《人造卫星闹天宫》等一批反映社会主义建设新风尚的曲目，经常应邀到水利工地慰问演出。多次在省、专区曲艺节目调演中获奖。1958年，抱病参加全省会演，以一场《单刀赴会》获淮海锣鼓演唱一等奖。同年病逝。

覃　健（1911—1959）　广西东兰人，壮族。早年参加中国工农红军。皖南事变后，任新四

军第3师第8旅23团团长，淮海军区司令员，新四军3师10旅副旅长兼淮海军区副司令员，淮海军分区第3支队司令员，为坚持和壮大淮海抗日民主根据地作出贡献。1945年3月，奉命以淮海军分区主力组建新四军3师独立旅，任旅长兼政治委员，率部南下皖江地区支援新四军7师作战，先后参加收复无为、襄安等地作战。抗日战争胜利后，任华中军区淮海分区、第六军分区司令员，华东野战军第12纵队副司令员，苏北军区副司令员，苏北兵团参谋长，第三野战军第9兵团参谋长，参加益林战役、济南战役、淮海战役、渡江战役、上海战役等战役。后任华北军区副参谋长、中国人民志愿军第9兵团参谋长，参加第二、第五次战役和上甘岭战役。1953年回国后，任南京军区副参谋长。1955年，被授予中将军衔。

周　干（1929—1965） 原名德余，江苏滨海八滩人，中共党员。1954—1957年，任淮安县石塘区委副书记、书记，自带钱和粮票，坚持与社员同吃、同住、同劳动。他为官不搞特权，区委研究将其妻子安排到供销社做工，周干却令妻子退掉供销社工作。1957—1965年任三官公社书记，天天在村头田里劳动及调查研究，全公社3万多亩田块，他了如指掌。当时公社有新旧2辆自行车。他规定：下乡不准骑车，只有进城开会才能骑车。他的住房夏天太热，乡长请他家搬到条件好的后院住，他执意让老乡长搬进去。1962年春天，到高桥大队蹲点劳动，大队书记找来些米糈贴饼。他问大队书记："群众都吃上饼了吗？群众没吃，这就叫特权。"最后他不仅没吃饼，还付了钱和粮票。1963年中秋节，公社因鱼场兑现奖励些糖，每家可分2两，民政助理给他家分半斤。他回家问清情况后严肃批评："国家这么困难，这糖应给浮肿病人救命，我家无此特权。"随后，他糖钱照付，还把剩下3两糖退给供销社。公社有40亩水稻样板田，他与公社干部一起收割、运输、脱粒，还与党委秘书把2500公斤稻子扬好，累得吐血，仍带病工作。同年年底，组织上强令其入院检查，已为肺癌晚期。病危时，连止疼针都不准打，说不能浪费人民的血汗钱。临终前，组织上征求他有何要求。他说："第一，我在三官公社未能富民一方，对不起民众；第二，死后把家属迁回滨海老家去种地。"1965年4月29日病逝，三官公社2000多名民众自发参加他的追悼会。

须　恺（1900—1970） 字君悌，江苏无锡人。民国10年（1921）赴美国深造，后任导淮委员会副总工程师、总工程师。中华人民共和国成立后，任水利部计划委员会主任、技术委员会主任、设计局局长等职。在导淮委员会工作期间，他深入勘察，提出一系列治理原则，参与《导淮工程计划》和《入海水道计划》的编制工作。亲自主持苏北运河整治规划及设计，提出对古运河进行现代技术改造。主持修建淮阴水利枢纽工程、淮阴船闸、邵伯船闸和刘老涧船闸，以及三河、杨庄活动坝等工程，为苏北航运、灌溉和排水作出重大贡献。《导淮问题》《导淮工程释疑》等论著，被收入《万有文库》。

中华人民共和国成立后，为治理淮河工作出谋划策，并参加国家首次治理淮河会议。参与水利部对治理淮河方略制定和一些重大水利工程建设项目的审批工作，对治淮事业作出贡献。

张云逸（1892—1974） 广东文昌（今属海南）人。早年加入中国同盟会，参加长征。抗日战争爆发后，参与新四军的组建、整编等工作，任新四军参谋长兼第3支队司令员，开辟皖东抗日根据地。民国28年（1939）5月参与组建新四军江北指挥部，任指挥和中共前委书记。指挥第4、第5支队和江北游击纵队在淮河以南、津浦路两侧积极打击日伪军。次年，指挥第4、第5支队主力先后取得大桥、半塔集保卫战和夏季反"扫荡"的胜利。皖南事变后，任新四军副军长。民国32年（1943）11月，陈毅赴延安后，任代理军长，坐镇黄花塘，主持新四军军事工作。根据中共中央指示，民国33年（1944）7月部署第4师主力西进，基本上收复豫皖苏边区根据地。同年冬，部署第1师一部渡江南下，开辟苏浙皖边敌后新区。接着又指挥新四军各师开展对日大反攻，歼灭大量日伪军，收复大片失地，为创建和巩固华中抗日根据地，为新四军的全面建设建立不朽的功

勋。1955年被授予大将军衔。

祝家栋（1908—1976） 淮阴（今淮阴区）人。民国18年（1929），以第一名的成绩考入在淮阴创办的导淮训练班学习，与须恺、汪胡桢、林平一等参加《导淮工程计划》的编制工作。在导淮委员会期间，从事过测量、绘图等大量的具体工作，勤奋刻苦，迅速成长为优秀的水利专家，参加安徽正阳关、寿县等地的水利工程建设。中华人民共和国成立后，主持全省大型水利系统工程设计，沭阳闸、皂河闸、淮安船闸、六塘河涵洞、邵伯闸、邵仙闸、施桥船闸、射阳河闸、射阳港、新洋港、斗龙港、万福闸、金湾闸、太平闸、芒稻闸、江都引江抽水站等都凝聚着他的心血。建造万福闸，土方工程靠肩挑人抬，混凝土工程是小型搅拌机加双轮斗车。为抢在汛前竣工通水，他科学统筹调度，昼夜在工地指挥，终于赶在汛期前全面完工。万福闸如期开闸，他却累倒住进医院。

祝家栋对人宽，对己严，怜贫惜苦，与人为善，一生助人无数。作为水利工程师，长年居荒野，住工棚，披星戴月，呕心沥血，赶工期，保质量，身先士卒，健康严重受损，于1976年病逝。

苗绍年（1895—1978） 涟水义兴人。幼年家贫，靠卖唱度饥荒，流浪到镇江。民国17年（1928）回乡，与民间艺人颜立德、王大脚（女）等一起玩花船，逐渐成为花船名丑。其表演具有撑船动作滑稽奇妙、快板说唱流畅、诙谐风趣等特点，尤擅即兴创作，一些民间传统节目经其在表演中即兴改编后，趣味性更强，深受观众喜爱。民国28年（1939），参加抗日义勇队，宣传抗日。次年，应涟水抗日民主政府邀请，参加文艺训练班，任花船组组长。编演《陈春玉送子参军》，演出后在群众中引起轰动。后又编演《老娘劝伪军》《伪军反正》《女游击队》等曲目。民主政府还抽派武工队保护他们到根据地边缘和敌占区演出，以瓦解敌伪军，涟水、沭阳、灌云、淮阴等地无人不知“花船老苗”。不久加入中国共产党。抗战胜利后，一家5口人都成为文工团成员。涟水战役后，他编写《涟水保卫战》长篇快板，在《盐阜大众报》《淮海报》上刊登，受到苏皖边区政府主席李一氓的接见，并颁发给他奖章和奖状。新四军北撤时，苗绍年全家编入七纵部队文工团。

中华人民共和国成立后，在扬州实验京剧团工作，1956年离休。“文化大革命”期间，多次遭批斗，受尽磨难。1980年平反，恢复党籍和名誉。1989年入编《中国曲艺志》。

杨如洪（1925—1982） 原名羊如宏，涟水人。民国30年（1941）3月入盐城抗大五分校学习，同年7月加入中国共产党。历任盐阜行署秘书处文书、射阳县五区乡区职务和射阳县委政治秘书等职。为便于开展民运工作，掩护自己，主动与射阳县王港乡双湾村理发匠杨文富认为本家兄弟，改姓杨，将杨文富发展为王港乡第一个中共党员。1952年9月起，先后任涟水县秉同区委书记、中共涟水县委纪委书记，以及徐集乡、五港中学主要领导。1979年任南集公社党委书记期间，境内发生大水灾，四干渠、五干渠之间一片汪洋，万亩农田被淹。杨如洪日夜奋战在抗洪排涝第一线，并冒着巨大危险，亲自动手在抗灾现场架起大铁锅，将硝酸铵化肥、木屑等烘炒制作成土炸药包，拴上大石头，沉到西官河底，炸开挡水暗坝。三干渠上的张邱闸闸孔被上游流淌过来的杂草塞死，严重影响排洪，杨如洪不顾自己疾病缠身及干群劝阻，凭借一身好水性，腰系保险绳，只身潜水扯除闸孔水草，保证泄洪河道畅通无阻。20世纪80年代任涟水县委统战部部长、县政协副主席期间，组织人员协助有关部门，对统战对象在历次政治运动的冤假错案进行平反。

荀如良（1904—1982） 字善夫，涟水人，中共党员。15岁只身到扬州经商，获利丰厚，在家乡兴建6座石桥，平素怜贫惜苦，施舍很多，被称为“小善人”。曾将数千银元的包裹还归原主。土地革命时期，中共地下党员厉国桢、王树楷等7人被当局捕押于板浦、涟水监狱，冒险入狱探视，问明情况，重贿法官，7人先后被开释。

抗日战争爆发、苏北沦陷后，投身中共领导的抗日斗争。曾一次策反伪军七八人投身抗日队伍，并多次到上海、清江浦为新四军购回药品和枪械。民国32年（1943）秋，从连云港秘密到上

海参加潘汉年主持召开的地下工作会议，后又潜入扬州等地刺探情报。他家几代单传，然而解放战争刚爆发，荀如良就把自己当时唯一的儿子荀德茂送去参军，影响和推动全淮海区的参军运动。大军北撤途中，百余人干部大队投宿鲁南一个三面环山的村子，荀如良觉得不安全，向首长建议撤离，不被采纳。天晚后，他只身到东面村子刺探，发现附近有敌人，迅疾奔回报告。队伍刚转移，敌人就包围村子，响起一片枪声。民国37年（1948）年初，奉命穿越敌人封锁线，将10挺机枪由山东安全送交在敌后坚持的涟东独立团。遂转地方工作，任高沟区军属主任，隔壁村河沟刘姓一户四兄弟，以家庭困难拒绝参军，荀如良当众将自家4亩多地交契画押给该户，使该户主同意送长子参军，打开全区参军参战局面，高沟区参军工作遂连年雄居全县之首。

1950年，选举军属县长时得票最高，领导因其未上过学，劝逊让，荀如良慷慨服从组织安排，毫不介意。多次被评为淮阴地区一等劳动模范，“深得当地干部群众及烈军属的敬仰”。他还是高杨地区集体蚕桑事业的创始人，也是地方公共教育事业的赞助者和创办者。1955年为创办新桥小学，他拆除自家房屋，捐献出10根杉木桁条与数十块基石，以及教师办公桌一张，占当时建校舍材料的一大半。三年困难时期，家里仅剩下2升粮食，还与邻里分食。“文化大革命”中受到冲击，却依旧理想信念坚定，表现出一个共产党员的高贵品质。

陈志定（1906—1985） 江苏武进人，水利专家，美国衣阿华大学研究院水利工程硕士。历任复旦大学教授、导淮委员会綦江水道闸坝管理局技正兼局长、淮河水利工程总局淮域滨海区水利工程总队技正兼队长。中华人民共和国成立后，历任苏北行政公署治淮指挥部、苏北行署水利局总工程师，江苏省水利厅勘测设计院院长兼总工程师、江苏省水利厅副厅长兼总工程师。系第三届全国人大代表。

中华人民共和国成立初期，陈志定在国内首先提出软基建闸不用基桩的设计理论，并在三河闸、二河闸等大中型闸坝工程设计中得到应用。20世纪50年代以后，多次参与领导淮河、沂沭泗、太湖流域规划。在京杭运河苏北段工程、江水北调、分淮入沂、淮水北调、大型水库等骨干工程中解决很多技术难题。在1950年、1954年、1974年，淮沂沭泗发生的几次大洪水中，坚持在抗洪第一线协助指挥战斗。主编有《江苏近两千年洪涝旱潮灾害年表》《太湖水利史稿》等。

刘瑞龙（1910—1988） 江苏南通（今南通市通州区）人。抗日战争时期，曾任皖东北军政委员会书记，中共淮北区党委副书记兼淮北行政公署主任等职。参与领导巩固发展淮北抗日根据地和坚持敌后抗日游击战争。解放战争时期，历任中共中央华中分局民运部部长兼苏皖边区政府第一副主席，华东北线后勤部政治委员，华东野战军副参谋长兼后勤司令部司令员，华东野战军前委委员，豫皖苏财经办事处主任，第三野战军后勤司令员兼政治委员，参与领导华东战场人民解放军的后勤保障工作，曾动员组织几百万名民工支援淮海战役。

中华人民共和国成立后，历任中共华东局农委书记、华东土改委员会副主任、农业部常务副部长、华东局农委主任等职。“文化大革命”中受到迫害。粉碎江青反革命集团后，历任农业部顾问、中央整党工作指导委员会农林口整党工作指导小组组长、《中国农业百科全书》总编辑委员会主任等职务。

成　钧（1911—1988） 湖北石首人。早年参加中国工农红军。抗日战争时期，先后任新四军第5支队第十团团长、第二师旅长，兼任淮南路东、路西军分区司令员。率部转战淮南、淮北地区，为开辟和巩固抗日民主根据地作出重要贡献。

民国28年（1939）10月，领导新四军第5支队第十团转战津浦路东，活动在盱（眙）嘉（山）地区，坚持抗日。马坝、三界的日伪军，由于屡遭袭击，龟缩在据点里不敢轻举妄动。同年12月下旬，国民党秦庆霖部挑起摩擦。经过交涉无效后，成钧率部反击，消灭其驻大头王一个营和津

里保安队。秦庆霖被迫派代表到十团谈判，悉数归还被扣留的人、枪。民国29年（1940）3月下旬，率十团参加半塔保卫战，解围之后乘胜从西路追击秦庆霖部队，生擒其营长洪端等官兵300余人。解放战争时期，历任新四军第七师师长、华东野战军第7纵队司令员、第三野战军25军军长，指挥所属部队先后参加苏中、涟水、宿北、莱芜、孟良崮、淮海、渡江等重大战役。1955年，被授予中将军衔。

杨子谦（1899—1988）　淮安（今楚州区）淮城镇人，生于中医世家。民国7年（1918），赴北京，边读医书，边见习，了解各流派辨证、用药的特点与方法。民国22年（1933）正式在京行医，成为继吴鞠通、韩达哉之后，在京城行医的又一名淮安人。他博采众长，用药独到，治疗妇科的"血症"、小儿的"热症"药到病除，深得民众信赖。中华人民共和国成立后，杨子谦入北京市宣武医院中医科工作，取得卓著的成就。改革开放后，响应国家提倡名老中医带徒的号召，指导多批中医学院的毕业生临床实习。国家给他特派多名助手，帮助整理其医案，抢救其"医学遗产"。20世纪80年代，被卫生部授予"国家级名老中医"称号，并任北京市宣武区政协常委、中国老龄委员会顾问、中华医学会北京分会主任委员、顾问。其书法遒劲有力，国画工笔、写意具佳，是中国美术家协会会员。著有《中医治疗血液病初探》《论"食物治疗"》《妊娠禁忌药物的临床应用》《习惯性流产诊治》《脑外伤后遗症治疗总结》《小儿肝病诊治》等。

汪胡桢（1897—1989）　浙江嘉兴人，美国康乃尔大学土木工程硕士。历任河海工程专门学校、中央大学、浙江大学教授。民国18年（1929）起，任国民政府导淮委员会设计主任工程师、整理运河讨论会总工程师，经济委员会水利处设计科科长。主编《水利》月刊、《水利珍本丛书》。主持和参与制定《导淮工程计划》《整理南北大运河工程计划》，并亲自察勘杭州到北京的大运河，设计邵伯、淮阴、宿迁3个船闸等。中华人民共和国成立后，任华东军政委员会水利部副部长、治淮委员会委员兼工程部部长、中国科学院学部委员等。有专著、译著多种。

罗永言（1942—1991）　盱眙铁佛乡人，中共党员。历任大队党支部书记，乡水利站站长、农水助理员、纪检委员、司法助理员等职。

1966年秋夜，为保护集体财产，与偷盗歹徒搏斗近一小时，胸部、右肺等6处被尖刀刺伤。1977年，被派到各项工作滞后的邓圩大队任党支部书记。通过罗永言艰苦细致的工作，逐渐化解党支部成员之间矛盾。1984年冬，京杭运河航道疏浚工程施工时，担任铁佛乡施工工程指挥，不顾其肝病病史，带头苦干，施工工程被淮阴市评为第一名。1984年，担任铁佛乡司法助理员后，依据国家有关法规，拟订《关于加强民事调解工作的意见》，建立健全乡、村、组三级调解网络。连续5年被县、市评为最佳普法工作者。罗永言亲自调处的民事纠纷达636件，其中防止民转刑案件31件。

1991年夏淮河大水，铁佛乡李圩段淮河决堤，村庄、农田被淹。罗永言与160多名中共党员组成人墙，经过9小时拼搏，终于堵住决口。整整40天的抗洪斗争，罗永言最终累垮、病逝。江苏省司法厅颁发给罗永言一等功勋章，司法部追授罗永言"一级英雄模范"称号。

万锦文（1913—1991）　涟水人。抗日战争、解放战争时期，历任乡中队长、区大队长、苏皖边区政府淮盐运销局副局长、苏皖边区政府北线后勤司令部供给部部长。在两淮保卫战和涟水保卫战中，因后勤保障出色受到表彰。1949年4月起，相继任淮南盐务管理局副局长、局长等职，在查缉土制小盐及私盐、统一供应市场、规范盐税征收、推进盐区合作社运动和人民盐警部队建设等方面均取得突出的成绩。1958年，主持全面筹划江苏省南北盐区设点布局，在南通、盐城两区沿海重点发展滩晒盐业，维持淮南盐区生产，并在清江市设立全省第一家精制盐厂。后兼任江苏省盐业公司经理。其间，全省建设大对口式盐田，自力更生，改造原来结构不合理的零乱滩地，逐

步建设规格化和机械化新盐田，产量质量得到很大提高。并试行“托拉斯”式产销合一体制，取得成功。“文化大革命”中，“托拉斯”形式遭到批判，盐业管理体制瓦解。1983年，全省盐业管理体制再行产销合一，万锦文以古稀之年受省轻工业厅委托，与南通市地方领导洽谈归并事宜，最终达成以南通市盐业公司为基础组建江苏省盐业公司南通分公司的协商纪要，按期挂牌，为江苏省大一统盐业体制奠定基础。

刘　震（1915—1992） 湖北孝昌人。“皖南事变”后，任新四军第四师第10旅旅长。旋奉命进入津浦路东，在洪泽湖以北和以东地区开展边沿区斗争。同年9月，第10旅奉命拨归新四军第三师建制，调往苏北淮海地区，实行主力地方化，刘震任第10旅旅长兼淮海军分区司令员。在其领导和指挥下，经过几年努力，第10旅在淮海区扎根成长，发展壮大，从初进淮海区的2个团发展到6个团。

民国33年（1944）春，苏北新四军部队开始对日军反攻，刘震指挥部队先后进行高杨战役、林公渡战斗和叶圩子战斗，还参与阜宁战役等，给苏北地区的日伪军以沉重的打击，扩大抗日根据地。旋兼任淮海地委书记。日本无条件投降后，盘踞在淮阴、淮安两城的伪军拒绝向抗日军民缴枪。刘震指挥部队迅速攻入淮阴城，全歼该师9000余人，取得部队从长期游击战转向对有防御城市攻坚战的重要经验。随后，又率部参加解放淮安城的战斗。

1945年9月下旬，新四军第3师奉命进军东北，刘震被任命为副师长，屡建战功。在抗美援朝作战中，任中国人民志愿军空军司令员。1955年，被授予上将军衔。

吴信泉（1912—1992） 湖南平江人。土地革命时期，历任至红军师政治部主任，参加长征。抗日战争时期，历任八路军一一五师三四四旅团政治处副主任、主任、政治委员，三四四旅政治部主任，新编第二旅政治委员，新四军第三师八旅政治委员，淮海军分区副政治委员兼政治部主任、司令员兼政治委员和中共淮海地委书记，胜利地领导淮海军民由战略相持转为战略反攻。抗日战争胜利后，任新四军第三师独立旅旅长兼政治委员。旋率淮海子弟兵组成的劲旅奔赴东北地区，为东北地区的率先解放屡建奇勋。先后任东北民主联军六师师长兼政治委员，纵队副司令员，三十九军政治委员。1950年11月1日，在抗美援朝战争中，吴信泉率中国人民志愿军第39军与美军打响第一枪。归国后，任东北军区副参谋长，沈阳军区参谋长，中国人民解放军炮兵副司令员。1955年，被授予中将军衔。

周名球（1911—1994） 女，清江浦（今淮安市区）人。幼年在南京读书，初中毕业后考入苏州美术专预科，复升入本科国画系。一年后因故辍学，然尚习画不已。此间，曾求教于南京中央大学著名花鸟画家张书旗。又一年，复学于苏州美专，深得吴门画派之真传。对山水、人物、花鸟均学有所成，尤擅长花鸟画，其风格奇丽清秀、雅俗共赏。后为南京荣宝斋等提供画作，以卖画为生。1953年随亲返回故里淮阴，先后任省文联第一至四届委员、淮阴市美协主席、市文联副主席、市政协常委。1988年加入中国共产党。周名球一生作画千余幅，举办个人画展3次。其作品多次参加国内外各级画展，并多次获奖。部分作品被市政府以礼品赠送国际友人，被美国、法国、加拿大、日本、新加坡等国友人收藏。其名收入《中国现代美术家名人大辞典》《中国当代美术家名录》等书，并被录入中国画研究院“中国当代艺术人才数据库”。

孟家芹（1916—1994） 盱眙人。民国29年（1940）3月参加革命，次年6月加入中国共产党。历任中共盱眙县马坝区委组织部长，天（长）高（邮）县黎城区委书记、区长，天高县委组织部部长、县委副书记，天（长）宝（应）县委书记、县武装总队政委。民国37年（1948）7月起，先后任江淮县地委与滁县地委组织部副部长、部长。1952年6月起，任中共滁县地委副书记、纪委书记，安徽省委组织部干部处处长，安徽省委纪委副书记、省委监委副书记。1958年1月被错划

为“右倾分子”，到繁昌县新港钢铁厂任厂长。1961年4月，任徽州行署副专员兼计委主任。1962年后，任安徽省委监委副书记。1968年4月，任安徽省革委会常委、生产指挥组副组长、省工交办公室副主任。1978年2月起，任安徽省革委会副主任、省人民政府副省长。1981年起，任安徽省委纪委书记。系中共九大、十大、十一大代表，中共安徽省第三届委员会委员。

程博公（1911—1994） 名播，辽宁沈阳人。8岁时随居住清江浦（今淮安市区）的外祖父王崇悌学书。王崇悌擅长篆、隶、草、真，尤擅篆隶，为清江浦“三王”之首（王崇悌、王俊藻、王鳌策）。民国16年（1927），程博公入江苏省立第六师范读书，后曾在淮阴县政府工作。民国24年（1935），曾为王德溥专员公署代笔人。民国25年（1936），先后任吴江县政府办公室秘书、第24集团军司令部秘书。淮阴第一次解放后，程博公开设程博公治印社，苏皖边区政府主席李一氓曾三次登门造访。有一次，李一氓在印床上写下“渡过大革命苏维埃抗日战争整整地二十年”，请程博公刻石。程博公技法纯熟，刀法苍劲恢宏，得到李一氓的赞叹。陈毅也曾通过李一氓请程博公刻制“陈仲弘诗文之章”。苏皖边区政府建设厅为纪念王若飞烈士，在清江大闸旁竖立“若飞桥”石碑，三字由苏皖边区政府秘书长张恺帆题写。大军北撤后，该碑石被国民党军队破坏推入里运河。1951年1月清江市人民政府组织打捞石碑，只打捞出“若飞”二字，于是由程博公补写一“桥”字。他培养许多学生，其学生的篆刻作品，在全国性大赛中具有一定影响。现存有篆刻作品集《“盱眙十景”诗话》。

陈白尘（1908—1994） 原名陈征鸿，清江浦（今淮安市区）人。中学时代就受“五四”新文学影响，写新诗和白话小说。民国15年（1926）考入上海文科专科学校，从事进步的学生运动。“四一二”反革命政变后，追随田汉创办南国艺术学院，成为南国剧社的重要成员。民国19年（1930）参加左翼戏剧家联盟，开展进步戏剧运动。民国21年（1932）参加反帝大同盟，并加入中国共产主义青年团，任共青团淮盐特委秘书。同年9月被捕入狱，在狱中写作小说和剧本。民国24年（1935）出狱后，在上海做“亭子间作家”。全面抗战爆发后，在重庆、成都等地从事抗战戏剧运动和革命文化工作，创作大量剧本。还曾在国立戏剧专科学校、四川省立音乐戏剧学校、中央大学任教或兼课，并担任过《华西日报》《华西晚报》《新民报》等报副刊主编。

民国35年（1946）回上海，在电影和戏剧战线上继续投入反对内战、争取民主运动。民国37年（1948），在中国共产党领导下，参加组织地下的上海戏剧电影工作者协会。上海解放后，该会正式成立，被选为主席。1950年，加入中国共产党。1952年，调任文化部剧本创作室主任。1953年任中国作家协会秘书长，后历任作协书记处书记、对外联络委员会副主任、《人民文学》副主编等职。“文化大革命”中，陈白尘属于中央专案组的审查对象，其早期名作《石达开的末路》被冠以“反共历史剧”的帽子。1978年，任南京大学中文系教授、系主任，主持建立戏剧影视研究所，是国内第一个戏剧学专业博士点，培养出许多戏剧人才。1979年，当选中国戏剧家协会副主席。1980年，当选江苏省文联名誉主席。1982年秋，应邀到美国参加国际笔会中心活动。

陈白尘的文学成就突出表现在剧本创作上，共创作话剧及电影剧本50多部。喜剧和历史剧尤为所长，被称为“中国喜剧之父”。讽刺喜剧《恭喜发财》《魔窟》《乱世男女》《后方小喜剧》《结婚进行曲》《升官图》《阿Q正传》和喜剧电影《幸福狂想曲》《乌鸦与麻雀》等。其中《升官图》《阿Q正传》等在国外有译介、演出。还参与电影剧本《宋景诗》《鲁迅传》的创作。

陈白尘也是一位小说家、散文家。有短篇小说集《风雨之夜》和长中篇小说《旋涡》《一个狂浪的女子》《罪恶的花》《归来》《歧路》等。其晚年时散文创作更加成熟，有《云梦断忆》《寂寞的童年》等。

高　天（1917—1994） 原名高紫瑜，淮安（今楚州区）人，出生于河南洛阳。少时在郑州

求学，17岁成为《郑州日报》记者。民国25年（1936）2月7日，在《大华晨报》副刊上发表诗作《南天诗》，开始在中原文坛上崭露头角。抗战爆发后，任《扫荡报》《时事新报》记者，深入抗战前线，访问官兵，抢拍历史镜头及时报道，鼓舞全国人民抗战斗志。在台儿庄战役和徐州会战突围时，高天临危不惧，带领大家冲过封锁线。保卫武汉期间，周恩来领导筹划成立国际新闻社（简称“国新社”）。高天以国新社记者身份，冒着生命危险，前往湘鄂间辗转采访，发往国内外。“皖南事变”后，受到周恩来接见。民国33年（1944）秋，任《新蜀报》代总编辑。潜伏在报社的国民党特务制造事端，欲逮捕他，遂奔赴昆明，任《扫荡报》总编辑。他约请朋友收录外电，以独家新闻报道延安解放区消息。社长李诚毅带武装特务威胁他改变立场，他当即辞职，李立即下令逮捕他。在周恩来派出的地下党营救、掩护下，高天进入越南。日本投降后，因写文章揭露国民党假和平、真内战的阴谋，被国民党列进黑名单。又由中共地下党安排，经河内辗转到香港，先后任香港《华商报》编辑部主任、国际新闻社香港分社负责人、中国人民救国会港九分会秘书主任、香港达德学院政治系教授。民国35年（1946）1月，在香港加入中国民主同盟，任港九支部执行委员兼秘书主任。解放战争期间，开展爱国民主运动，协助民盟盟员和青年学生赴广东参加游击队。1949年年初，由中共香港地下组织介绍回到解放区，分配到河南大学任教授，旋至北平组建民盟机关报《光明日报》。先后任采访部主任、编辑部主任、总编室主任、副总编辑。1956年，加入中国共产党。1978年，高天到民盟中央主持工作。中共十一届三中全会后，任民盟中央常务副主席，协助史良、胡愈之工作，不遗余力地帮助民盟盟员和知识分子落实政策。多次陪费孝通到全国各地考察、调研，向中共中央、国务院提出《关于教育问题的十条建议》《关于开发黄河三角洲的建议》《关于振兴上海经济的设想和建议》等有重大影响的调查报告和建议。

陈鉴远（1916—1995） 别号师古，淮安（今楚州区）人，化学工程学家。民国29年（1940）毕业于国立中央大学化学工程系。民国37年（1948）获美国衣阿华州立大学化学工程硕士学位，1950年获美国叙拉古大学化学工程博士学位。回国后，历任华东工业部化工处设计室主任、工程师，化学工业部基本化学设计院设计室主任、副总工程师、总工程师，北京化工设计院总工程师兼国防化工设计室主任，化工部第六设计院院长兼总工程师，化工部二局副局长、高级工程师，北京化工学院院长，化工部技术委员会副主任，国务院学位委员会第一届学科评议组成员，中国化学会高分子委员会副主任。1956年加入中国共产党。长期从事化工产品的研究、化工新材料的技术开发和化学工厂设计。撰有论文《磺酸纤维素的组态和结构》等。1993年11月，当选为中国科学院（化学部）院士。

20世纪50年代初期，陈鉴远主持设计建成国家急需的磷肥工厂，为磷肥工业开拓者之一，为满足中国“两弹”、火箭和其他国防化工产品的需要作出重大贡献。1958年起，主持参与国防化工新材料的技术开发和工程设计，成功开发水电解交换、硫化氢—水双温交换、液氨精馏和液氢精馏4种生产重水的工业技术；设计建成多套重水、液氢、偏二甲肼、混合甲胺、超氧化物等生产装置。其中，重水技术接近国际先进水平，偏二甲肼技术领先美国10年。

孙　旗（1921—1995） 原名孙法科，淮阴（今淮阴区）老张集乡人。1949年到台湾，历任台湾多家中学教师、大学教授，并任台湾《世界论坛报》主笔。毕生研究文学、艺术、美学，学贯中西，著作浩瀚。著有文艺理论著作《论中国文艺的方向》《现代艺术的透视》《石涛的文学思想》《黄宾虹的绘画思想》《寒山与西皮》《艺术概论》《现代绘画哲学》《转型期的沉思》《艺术美学探索》等。翻译过杰克·伦敦的小说《荒野的狼》、劳伦斯的小说《查泰莱夫人的情人》和《格林童话集》等。他翻译的英国文艺评论家郝伯特·里德的《现代艺术哲学》，影响台湾现代艺术教育的观念。台湾文化大学教授侯立朝评价说：“孙旗作为第一个翻译西方极其重要的艺术理论著作《现

代艺术哲学》的中国人，他的笔力替七十年代的知识分子创造了光辉；《现代艺术哲学》给当代中国艺术家提供创作原动力，要想创造中国现代风格的艺术家，不可不读。”曾获台湾绘画理论最高奖“金爵奖”。他是台湾当代堪称艺术哲学家的学者，开台湾艺术评论严谨精实风气。为人敦厚豁达，淡泊名利，无所欲取；到台后终生独身，全部心力奉献于文艺研究和教学，学术润台岛，桃李满天下。

晚年力主两岸统一，指明台湾的政治经济出路在大陆。1995年第二次返回故乡后不久，因肾衰、脑溢血并发，在淮阴市第一人民医院病逝，憾未能够完成反台独论著《不准出卖台湾》。

余宗范（1906—1995） 浙江诸暨人。青年时期追求革命，曾参加地下学生军，创办秘密工人夜校宣传革命，主编《现代社会》《新潮》《国民公论》等进步刊物，参加上海沪西纱厂工人运动等。当局三次下令全国性通缉，三次被捕入狱，被判处死刑，经多方营救出狱。民国23年（1934）赴法国留学，获巴黎大学博士学位。在法国期间，曾任法国反帝大同盟主席。同时，与方振武共同组织民族解放同盟，提出“停止剿共，团结抗日”的政治口号，被开除出反帝大同盟。抗日战争爆发后，回国参加抗战，先后任国民党第十战区司令长官部上校秘书、第一战区司令长官部少将秘书，少将副处长，第三战区司令长官部少将副秘书长，青年军第四大学补习班少将副主任、少将组长等职。民国35年（1946）春申请退役，任上海法学院兼任教授和复旦大学专任教授。曾营救、保释不少被捕的共产党人和进步人士。

1950年，应邀调北京，任中国人民银行总行研究室研究专员、计划司计划科核心小组组长、检查员、总行高干训练委员会及中央财政金融学院政治教员。1961年，至淮阴地区教师进修学院，任政治教员、古典文学教员。1976年调淮阴地区文教局教研室工作，1983年任淮阴市政协副主席，1984年任九三学社淮阴市主委，1988年任名誉主委。1991年，淮阴市遭受特大洪涝灾害，余宗范冒着酷暑骑自行车赶到市委统战部捐款，表达他对灾民的一片深情。

郎静山（1892—1995） 清江浦（今淮安市区）人。父郎锦堂，驻节清江浦，先后任参将、总兵，雅好书画、古玩、京剧、摄影。时清河县城已有数家照相馆，郎静山受到耳濡目染，对摄影产生浓烈兴趣。

清光绪三十年（1904），郎静山到上海育才学堂读书，开始摄影生涯。民国元年（1912）入《申报》馆工作，民国15年（1926）入《时报》馆任摄影记者，成为中国最早的摄影记者。民国16年（1927）冬，与胡伯翔、陈万里等在上海成立中华摄影学会。民国17年（1928）1月，郎静山个人摄影展在《时报》大厦展出，反响强烈。同年，郎静山广告摄影室开业，在中国开辟广告摄影新途径。民国19年（1930），在上海松江女子中学开设摄影课，开创中国摄影教育之先河。次年10月，创作的《柳丝下的摇船女》入选第五届日本国际写真沙龙展，成为中国人摄影作品在国际性展览中出现的第一人。

民国23年（1934），郎静山第一幅集锦摄影作品《春树奇峰》入选英国摄影沙龙并展出。他将中国画“绘画六法”的原理运用到摄影创作中，利用暗房技巧，将不同底片上的景物素材集成在同一底片上，创造出“集锦照相法”。“七七事变”后，郎静山往来于上海、昆明、重庆之间，在新闻采访的同时，继续从事集锦摄影的研究和创作，旋出版《郎静山摄影周刊》。

民国29年（1940），郎静山以集锦摄影获英国皇家摄影学会初级会士衔，出版《集锦照相概要》。第二年，获英国皇家摄影学会高级会士及美国摄影学会高级会士衔。民国36年（1947），郎静山的作品应邀参加美国举办的世界50位摄影家联展，确定其在国际摄影界的地位。次年，郎静山在上海创建中国摄影学会，为中国第一个全国性的摄影社团。同年3月《郎静山集锦摄影》一书出版。郎氏摄影采用中国绘画的章法制作“集锦照相”，处处透露出一种中国文人山水

画般的意境与情趣。美术史家评价郎静山摄影为“文人画的延续”。美国摄影学会会长肯尼迪（E·Kennedy）指出：“郎先生为中国人，并且又研究中国绘画，所以他是以中国绘画原理，应用到摄影上的第一个人。”

1949年，郎静山定居台湾。1958年，出版《集锦作法》，并以四种语言文字版本发行。1966年郎静山撰成《中国摄影史》，发起组织亚洲摄影艺术联合会，并任理事长。1980年，获美国纽约摄影协会授予的“世界十大摄影家”称号。1984年8月，获美国“公刊竞赛编辑奖第一名”，同时被授予艾顿新闻特别奖。1991年、1992年，以百岁高龄两次回大陆寻根祭祖，先后在北京故宫博物院、淮阴市清晏园等地举办“郎静山百龄百幅摄影作品展”。

秦正生（1910—1996） 涟水人。江苏省首批名老中医，中医主任医师。曾任清江市第二人民医院副院长、淮阴市中医学会理事长、市科协副主席，江苏省中医学会常务理事等。

秦正生行医60余年，勤求古训，博采众长，悉心钻研，医术独树一帜。他擅长中医内科、儿科、妇科。他认为，病是个性的，为每病所专有；症是共性的，为诸病所共有。病不变、症有变，则每病可用一个主方，但用药必须随症加减。他常说：“用药如用兵，兵不在多而在勇，将不在多而在谋，只要药症相符，一味药即可，药症不合，即使堆砌很多药物也与事无益”。有一次，一位患者在一“名医”府上开了三帖药价值800多元，因嫌价高，到秦正生处就诊，只花两元多，病即痊愈。秦正生行医，病人不分亲疏远近和地位高低，一视同仁；不论严寒酷暑，有求必应。

为了挖掘祖国医学的宝库，秦正生见好书就买，家中藏书逾万册，且每日读书不止，故学术渊博，谁有疑问请教他，都能释疑，被誉为“活字典”。为使中医事业后继有人，他利用教学、讲座、临床等各种机会，教诲后辈医生。他坚持以中医经典医籍为基础，深研生理、病理、诊断、治则，参考各家学说而用于临床，不泥古方，不尚奇论，实事求是，遵循理、法、方、药之规矩，寻求显著之疗效。著有《针灸薪传集》（合著）、《肘后歌浅注》《针灸匙开》《温病赋与方歌》校注，以及《中药食物疗法》《狂犬病的中医药防治》等论文多篇。淮阴市政府连续三年给予其记大功的奖励。

王绍和（1914—1996） 淮安（今楚州区）人，副主任中医师。出生于中医世家，16岁从师学医，20岁行医于两淮，并获江苏省考试院颁发的医师合格证书。民国27年（1938）就读于镇江医政学院西医专业，毕业后任国民党抗日军某部军医。民国36年（1947）起，历任淮阴县三树区医协会主任，渔沟区卫生所所长、医协会主任。1955年，考取全国第一所中医学校——江苏省中医学校，为该校首届毕业生。毕业后，分配在淮阴县人民医院任医教股股长，并参与创建中医科。1958年，任淮阴县乳糜尿专科医院名誉院长。1986年，退休多年的他被省卫生厅破格评为副主任中医师。1990年，获“江苏省劳动模范”称号。1992年起，享受国务院特殊津贴。

王绍和师承家传，擅长治疗内儿科、妇科杂病，尤多经验秘方。20世纪60年代，立志研究和探索治疗乳糜尿的理、法、方、药。“文化大革命”期间，仍锲而不舍地钻研，终于总结出中医治疗乳糜尿的方法，提出络脉瘀阻与乳糜尿淋巴管阻塞的机理相对应的论点，并在国内医学杂志上发表论文数篇。1992年，他主持“消糜汤加味”治疗乳糜尿的科研成果获县、市科技进步一、二等奖，主持研制的乳糜冲剂获国家专利。在治疗男性病、糖尿病、肾病、妇科病等方面经验丰富，良方累累。他一生以病人为重，以事业为重，救治患者数十万例。其事迹被《健康报》《新华日报》《江苏老年报》《工人报》《医界奇人》《中国名医大观》《中国当代名医辞典》《求医问药指南》《中国中医药报》等媒体报道、刊载。

季镇淮（1913—1997） 字来之，淮安（今楚州区）季桥乡人，古典文学研究家，著名文学评论家。早年毕业于江苏省立第九中学。民国30年（1941），西南联大中文系毕业后，入清华大学研究院，师从闻一多，从事中国文学研究。民国33年（1944）毕业后，先在中学任教，旋至清华

大学中文系任教。1952年，调入北京大学中文系。“文化大革命”后，任北京大学中文系主任，至1986年离休。

季镇淮是一位对自己很严苛的学者，一生都在追求“毫发无遗憾”，与吴组缃、王瑶、林庚并称“北大中文四老”。1950年，出版被誉为“大家小书”的评传体著作《司马迁》。1960年年初，与游国恩等主编高等学校文科教材四卷本《中国文学史》，负责明清诗文及近代文学部分。1980年，在《中国大百科全书·中国文学卷》中任近代文学部分主编。还曾主编《近代诗选》《闻一多先生年谱》，撰有《吴承恩及其〈西游记〉》《吴敬梓和〈儒林外史〉》等研究论文，收入《来之文录》。

曹思奎（1936—1997） 涟水浅集乡人。出生于灌云县一个王姓贫苦农家，生父早逝。9岁时，生母带他和三个兄弟讨饭到涟水县，将他送给浅集乡延寿村一曹姓夫妇收养。养父母节衣缩食，供他读书。1963年江苏教育学院中文系毕业，分配至涟水县中学任教。1966年5月，加入中国共产党。1969年10月起，先后任涟水县军事管制委员会审判组办事员、副组长、县人民法院副庭长、县司法局副局长、县人民法院院长。他“不接受一次吃请，不收受一分钱礼品，不办一件人情案，不说一次人情话，不在家中接待任何当事人，不占公家一点便宜”。5个子女先后走上工作岗位，他从未利用手中权力为子女拉关系、走后门。对高龄卧床的养母，他细心侍奉床前。对患病多年瘫痪在床的妻子，他悉心照料、关怀备至。他用满腔热血实现“做人要做正派人，做官要做清白官”的人生格言。1997年2月，突发心脏病去世。病逝时除法官制服外，找不出一件像样的衣服，睡的是简易铁架床，用的是20多年的破衣橱，看的是10多年前买的黑白电视机。曹思奎病逝后，有2000多人自发前往殡仪馆为他送行。当地民众送他一副挽联：“作师垂懿范，为官如仆役，当子尽孝道，慈父贤夫曾克已；交友重诚信，办事讲公道，执法唯清正，高风亮节永流芳。”1997年4月，中共涟水县委作出《关于在全县广泛开展向曹思奎同志学习的决定》，《淮阴日报》《服务导报》《江苏法制报》《人民法院报》先后报道他勤政廉政的先进事迹，中共涟水县委组织曹思奎事迹报告团到县内外宣讲，县委组织部制作专题片《公仆的情怀》，县淮剧团编排大型淮剧《法官曹思奎》在县内外演出。

寄　明（1917—1997） 女，原名吴亚贞，淮安（今楚州区）人，中共党员。出生于苏州。自幼受父亲影响，自学二胡，表现出很高的音乐天赋。民国22年（1933）考取上海音专高中师范科国乐组，专攻琵琶。后专修钢琴，师从俄籍钢琴教授拉查雷夫。上海音专毕业后，赴四川，在重庆达县中小学做音乐教员，教学生演唱抗日救亡歌曲，课余还到群众歌咏队去教唱。在重庆期间，任国民政府教育部音乐教育委员会干事，目睹国民党官员腐败，向往延安。民国28年（1939）7月，辗转到达延安。改名“寄明”，喻意“寄希望于明天”。在延安，她认识著名作曲家冼星海。民国30年（1941），一位爱国人士送给周恩来一架钢琴，周恩来把钢琴交由寄明演奏。同年8月，寄明调任鲁艺音乐系教员、音乐部研究员。在延安中央礼堂首次演出《黄河大合唱》时，冼星海亲自指挥，寄明钢琴伴奏。毛泽东、周恩来、朱德等中央领导观看演出。寄明还演奏钢琴独奏曲《牧童短笛》，成为延安时期的第一位女钢琴家。抗战胜利后，她跟随鲁艺进军东北。解放战争时期，先后任华北联合大学文艺学院音乐系、东北大学鲁迅文艺学院教员，牡丹江鲁艺文工团科长、副团长、团长。在著名音乐家吕骥的帮助下，开始音乐创作。作品有歌曲《庄稼人小唱》、秧歌剧《干活好》、说唱《歌唱刘胡兰》、器乐曲《陕北组曲》、钢琴曲《舞曲》等。民国37年（1948），调入东北音乐工作团，深入民间，记录整理东北“二人转”，写成《蹦蹦音乐》一书。中华人民共和国成立后，先后任东北鲁迅艺术学院音乐系教授、东北音乐专科学校副校长兼教务长。1953年，调入文化部电影局从事电影音乐创作，后又到上海电影制片厂任音乐创作室副主任、作曲组组长。

寄明深入淮河两岸、金沙江畔、云贵高原、蒙古草原体验生活，创作出《五朵金花》《李时珍》

《春天来了》《鲁班的故事》《金沙江畔》等电影音乐；还创作大量优秀儿童歌曲，如《我们是共产主义接班人》《毛主席我们热爱您》《中华人民共和国儿童进行曲》《我爱我们的班级》等传世之作。

董铁山（1917—1998） 原名董增山，江苏江都人，中共党员，中国人民解放军大校军衔。早年参加新四军，先后在新四军一师、苏中军区、华东野战军政治部教导大队、华东野战军总留守处等部门任职。中华人民共和国成立后，先后任苏北军区后勤部副政治委员兼政治处主任，江苏军区后勤部副政治委员、政治委员，淮阴军分区第二政治委员，江苏省淮阴地区革委会副主任、主任，中共淮阴地委书记，淮阴军分区顾问、江苏省军区顾问等职。1982年8月离休。董铁山对党忠诚，作风正派，顾全大局，凡事以党和人民的利益为重。“文化大革命”时期，为淮阴地区的社会稳定、生产发展，竭尽心力，作出应有的贡献。

陈登科（1919—1998） 涟水县徐集人，中共党员。出生于贫苦农民家庭，12岁进私塾，读过两个冬学。民国29年（1940）参加革命，历任游击队侦察员、通讯员、警卫员。他枪法精熟，能双手发射，杀敌英勇。民国33年（1944）秋，在《盐阜大众》上发表第一篇通讯《鬼子抓壮丁》，从此写稿热情大增，学习也更加刻苦。被《盐阜大众》报社评为模范工农通讯员，旋调任《盐阜大众》报记者。民国37年（1946），在《新华日报》副刊上发表第一篇文学作品——散文《孩子们》。1948年出版第一部小说《杜大嫂》。此后，陆续出版《活人塘》《淮河边上的儿女》《黑姑娘》《无声手枪》《移山记》《风雷》《雄鹰》等中长篇小说和《卧龙湖》《柳湖新颂》《风雪大别山》等电影文学剧本，以及多部散文集、短篇小说集。1949年春，调入新华社安徽分社，参加筹办《新合肥报》，并任《皖北日报》记者。1952年春，加入中国作家协会。1953年，任安徽省文联副主席。1956年，任《江淮文学》主编、安徽省作家协会主席。“文化大革命”中受到冲击。1973年5月后，陆续出版《烽火大地》《赤龙与丹凤》《破壁记》《顾祝同外传》《三舍本传》等长篇小说和《柳暗花明》《徐悲鸿》《淝水大战》《203囚室的一夜》等电影文学剧本。1979年2月，中共安徽省委为他正式恢复名誉，并恢复省文联副主席、省作协主席职务。同年6月，出任大型文学期刊《清明》主编；10月，当选为全国文联委员、中国作协理事。

陈登科是中共八大代表，全国第三届人大代表，全国第五届、六届、七届人大主席团成员。晚年虽疾病缠身，仍笔耕不止，一生留下500多万字的作品。1998年10月11日病逝。新华社为此发了通稿，全国各大报刊相继报道他不幸病逝的消息。安徽人民出版社的老文学编辑江晓元说：“从笆斗大的字不识几箩筐的青年农民，到游击队战士，进而成为拥有10多部长、中篇小说的著名小说家，在幅员辽阔、人口众多的中国当代历史上只出现一个，就是陈登科。”

温济泽（1914—1999） 淮阴（今淮阴区）人，新闻广播活动家与新闻教育家。早年就读于省立淮阴中学，参加“稚鸿社”被捕，因“年龄不足16岁，不负刑事责任”而交保候传。后到上海，在复旦大学附中学习、旁听复旦大学功课，同时任附中和复旦大学共青团支部书记。民国21年（1932）加入中国共产党，同年被捕，被判12年徒刑。民国26年（1937）经组织营救出狱。不久到延安，任教于陕北公学。后又调任中宣部干事、中央研究院研究员，又任《解放日报》编辑、副刊主编。

民国29年（1940）12月30日，延安创办新华广播电台，温济泽是新华通讯社口语广播编辑部主任、社务委员。1949年后，任中央人民广播电台副总编辑、中央广播事业局副局长，中华全国新闻工作者协会副秘书长、国际广播组织1956—1957年度副主席。其间，曾在中共中央高级党校新闻班和北京大学中文系新闻专业讲授新闻广播课程。1957年被打成“右派”，1978年改正，胡耀邦直言：“温济泽是个好同志!”此后，任中国社会科学院研究生院副院长、院长，中国科普作

协副理事长、理事长、名誉会长，中国社会科学院学位委员会委员，中国社会科学院哲学、新闻学教授和研究生导师。还担任中国新闻教育学会会长、中华全国新闻工作者协会理事兼新闻干部教育委员会主任、中国广播电视学会顾问、中国新闻学会联合会常务理事。半个世纪中，他在《解放日报》《人民日报》《科普创作》等多种报刊上和广播中发表过百余篇科学小品、科普文章和论述，主编10卷807篇《革命烈士传》，编辑14卷《瞿秋白文集》。又遵照李维汉生前嘱托，最终促成王实味冤案的改正。离休后，担任《炎黄春秋》特邀编委。著有《人类征服自然的武器》《征鸿片羽集》《温济泽科普文选》等。

周文忠（1918—2000）　淮阴（今淮阴区）人。民国28年（1939）参加革命，次年加入中国共产党。1956年后，历任王营区委书记、淮阴地委组织部副部长、淮阴县县长、中共淮阴市（县级）委副书记兼市长、淮阴地区水利局局长、清江市人大常委会主任、淮阴市人大城建环保委主任。

周文忠与哥哥周文科、弟弟周道一起参加革命。三人身材魁梧，英勇善战，为淮阴北乡著名的“周家三只虎”。抗日战争时期，他曾率领游击队雨夜截敌，缴获甚众；拔除徐溜等据点，扩大淮阴北乡解放区，被授予“民兵英雄”称号，获奖步枪和奖金。解放战争时期，周文忠留下坚持地方斗争，曾趁拂晓包围还乡团据点，10几分钟解决战斗，活捉10多人，给敌人以很大震慑。

周文忠担任县、市领导以后，经常深入农村，了解群众困难，查察灾情。任地区水利局长期间，从古泊河改造、六塘河整治到苏北灌溉总渠开挖、高良涧船闸新建等，亲自抓规划，提要求。既当指挥员，又当战斗员。三河闸大坝合龙时，顶着10级大风，率先跳下水，带领民工组成三道人墙，保证大坝胜利合龙。他艰苦朴素，廉洁奉公。1982年春节后，他自己掏钱买酒和营养品，到党外人士、著名牙医王少龙家看望，王少龙感动得热泪盈眶。

周杰士（1915—2000）　上海人，主任医师。1949年7月毕业于中央卫生实验院，任黑热病研究员。精通业务，擅长英语，能笔译英文，朗读德文。1953年调入淮阴地区人民医院，1959年10月起，任内科副主任、主任，在国内较早用阿费那（ArKorad）治疗肺水肿、双克治疗尿崩症、氯奎治疗慢性肾炎和类风湿性关节炎等，取得良好的效果。1960年，参加江苏省群英大会。

1963年7月，周杰士率领全科连续奋战6个昼夜，成功抢救一名因溴苯辛中毒昏迷的患者。1964年7月，带领程韵莱等人到盱眙县成功地抢救一名急性肾功能衰竭的危重患者。20世纪60年代中期，在上海中医学院中西医结合高级研究班深造，专攻内科、儿科及妇产科。运用中西医结合治疗法治疗内科急腹症、消化系统疾病、儿科、妇科杂症及肿瘤，有独特的建树。对《伤寒论》领悟深刻，运用自如，常以中药疗疾，处方用药不过七八味，剂量不过五六克，往往收到满意的疗效。

1965年12月，出任淮阴地区人民医院副院长。他是淮阴市第一、二届人大代表，淮阴市第二届政协常委，江苏省第五届人大代表，中华医学会江苏分会理事，中国中西医结合研究会江苏分会理事，江苏省医药卫生学会中医学会理事。1984年离休以后，仍坚持义务上门诊为患者服务。参与编写大专教材《内科学》，著有《中医内科常见疾病实用手册》。

胡　坦（1917—2000）　盱眙人。抗日战争爆发后，放弃教师工作，回乡组织抗敌协会，从事救亡活动。民国28年（1939）加入中国共产党。历任抗日民主政权嘉山县和旧县县长，县委党团书记，盱嘉办事处副主任，仪征县县长。民国36年（1947），奉命从鲁南打回淮南，深入敌人心脏，恢复党组织，组建武装力量，恢复、巩固盱（眙）来（安）嘉（山）根据地，并粉碎敌人无数次的“扫荡”。这时期，他历任中共盱来嘉工委书记兼盱来嘉大队队长、教导员，泗盱边防办事处主任、边防大队政委，盱来嘉总队政委、盱眙县县长、盱嘉办事处主任。次年4月，任盱嘉县委书记兼盱嘉支队政委等职。

中华人民共和国成立前夕，胡坦任江淮一专署副专员、地委委员。渡江战役时，任专职支前副司令，组织支前民工，修路架桥，造船运粮，支援人民解放军从六合县大河口渡江，为解放镇江、南京作出了贡献。中华人民共和国成立后，历任巢湖专区和芜湖专区专员，安徽省财政厅税务局局长、安徽省粮食局局长。1954年8月起，先后任安徽省粮食厅副厅长、厅长，财贸部副部长兼粮食厅长、党组书记，安徽省交通厅厅长、党组书记，省委财贸部部长，省人委财贸办公室副主任、党组副书记，中共池州地委书记、军分区政委。1972年6月，任六安地委书记。1978年1月，任安徽省革委会副主任兼财办主任，1980年，任安徽省副省长兼财办主任。1983年，任安徽省政府顾问、省食品协会主席。

丁　铁（1921—2000） 江苏阜宁人。初中学历。民国29年（1940）参加新四军，入苏北盐城抗日军政大学学习。次年加入中国共产党。历任区委组织委员、区委书记、县委宣传部长、武装部部长。1949年4月起，任中共苏南区委党校校务委员、组织科科长。1952年3月起，任苏南行署直属党委副书记，省财经分党委书记、总党委办公室副主任。1954年7月，任中共江宁县委副书记。1955年4月，任省委办公室副主任、省委组织部部务委员。1957年11月，任中共吴县县委第一书记、书记，苏州地委委员、省委四届候补委员，兼吴县县政协主席。1965年7月，任中共镇江地委副书记。1968年5月，任镇江专区革委会副主任、党的核心小组成员，省革委会委员、省委第五届候补委员。1971年4月，任苏州地区革委会副主任、中共苏州地委副书记。1978年1月，任中共淮阴地委书记、行署专员。1983年2月，任中共淮阴市委书记、淮阴市人大常委会主任。1984年12月，任中共江苏省顾问委员会委员。在淮阴工作7年间，丁铁在全省率先施行农村农业经营制度改革，由泗洪县上塘试点到迅速向面上推开，显示出高瞻远瞩和大无畏的精神。在全省较早地实行工业改革试点，推动工业经营制度改革。顺利完成将淮阴专区撤销，成立淮阴市，实现行政管理体制的历史性变革。他是省委第六届委员，中共十二大代表。

孙爕华（1921—2001） 原名孙智爕，涟水人。读过私塾、小学，当过小学教师。民国28年（1939）7月参加革命，任平旺大队副队长。民国30年（1941）加入中国共产党。平旺大队被整编为涟水游击队后，历任县抗日民主政府秘书、支部书记，中共高沟区、灰墩区委副书记、书记。民国36年（1947）2月，带领地方武装在灰墩小湾附近消灭敌人1个排，生俘8人，缴获武器与军需物品若干，受到中共涟水县委、县人民政府通令嘉奖。后任中共涟水县委宣传部部长、涟水县人民政府县长。1951年10月起，先后任三河闸工程指挥部党委副书记、江苏省治淮指挥部政治处副主任、中共江苏省委农工部办公室副主任、省农林厅副厅长。1957年9月，任中共涟水县委书记。在著名的“高沟事件”中，受牵连免职。“文化大革命”中，再次受到审查和冲击。1974年起，任淮阴地区治淮指挥部副指挥、淮阴地区革委会农水办公室主任、淮阴地区行政公署副专员。1983年，任淮阴市人大常委会副主任。离休后，发起成立市诗词协会，并任会长。孙爕华任涟水县委书记期间，励行治水改土，开展河网化运动，推广旱改水，为涟水县农业的高产稳产打下坚实基础。

周本淳（1921—2002） 安徽肥西人，著名古代文学专家、诗人。民国34年（1945）毕业于国立浙江大学文学院。历任贵州省立遵义高中、南京市一中国文教员，南京市教师进修学院语文教研室副主任、南京师专图书管理员、中文科教员等职。“反右”中受到冲击，1969年率全家下放到淮安县平桥公社务农。1978年到淮阴师专任教，1981年评为副教授，1986年升任教授，1993年年底退休。曾应邀赴日本名古屋大学讲学。历任淮阴师专副校长，政协淮阴市委员会第一届、第二届副主席，淮阴市语言学会会长，江苏省语言学会学术委员会委员，江苏作家协会会员，《新编全唐五代文》编委，全国师专通用教材《古代汉语》主编。

周本淳为人正直，始终以祖国为重，以事业为重，以学生为重，心胸豁达，仁爱友善。“文化大革命”中，举家到淮安农村劳动与教书，与当地的许多农民结成好友。到淮阴师专任教后，为人师表，严谨治学，乐于助人。逝世前不久，还捐献2000元，帮助特困学生完成学业，并一再嘱咐不要说出他的名字。他的人格与学识，深受师生的爱戴和尊重。

周本淳治学严谨，常发人所不能发，著有《诗词蒙语》《唐人绝句类选》《读常见书札记》等。身为国务院古籍整理小组成员，在古籍整理方面，整理出版《唐才子传》《诗话总龟》《小仓山房诗文集》《唐音癸签》《震川先生集》《苕溪渔隐丛话》等。能诗，著有《蹇斋诗录》。

作为一位无党派民主人士，他始终与中国共产党“肝胆相照、荣辱与共”。履行人民政协“政治协商、民主监督、参政议政”的职能，为全市“两个文明”建设提出过不少很有见地的意见和建议。

张爱萍（1910—2003） 四川达县人。民国28年（1939）1月，任中共豫皖苏省委书记。同年6月，赴津浦路东开辟敌后抗日根据地，任八路军、新四军皖东北办事处处长，仅用3个月就建立起包括5县16区的皖东北抗日根据地。同年12月，任新四军第6支队第4总队总队长兼政委，后任八路军苏皖纵队政委，开辟苏皖边区敌后抗日根据地。次年8月，任八路军第5纵队第3支队司令员，率部挺进淮海、盐阜地区，接应江南新四军渡江北上，开辟苏北抗日根据地。皖南事变后，任新四军第3师第9旅旅长，第3师副师长兼苏北军区副司令员。民国31年（1942）12月，任第3师副师长兼第8旅旅长、政委，兼盐阜军分区司令员、政委及盐阜地委书记，统一指挥盐阜地区的反“扫荡”斗争。他运用灵活多样的作战样式，领导军民粉碎2万余名日伪军的大“扫荡”。民国33年（1944）9月，任新四军第4师师长兼淮北军区司令员，率部转战于徐州以南、津浦路东西、洪泽湖地区的广大战场，为夺取抗日战争最后胜利作出贡献。

解放战争初期，任华中军区副司令员、第三野战军前线委员会委员。1955年，被授予上将军衔。晚年撰写大量回忆文章，并出版诗词、书法、摄影作品集。他的部分摄影作品陈列于清河区的中国城市化史馆。

徐伯璞（1901—2003） 山东肥城人。民国16年（1927）考入日本东京明治大学，毕业后相继在山东省教育厅、教育部任职。全面抗日战争爆发后，时在教育部主管文博事业的徐伯璞，立即想到要将杭州文澜阁所存的《四库全书》保管好。于是组织人员并亲自押运，将其由杭州转移至贵州，再转至重庆，珍藏于青木芳山中。抗战胜利后，又经历长途辗转与千难万险，将这部《四库全书》所存书3459种、36278册，完璧送归杭州文澜阁。

入川后，调教育部社教司任处长兼理司务，并兼任国立社会教育学院教授，主管博物馆、图书馆、美术、音乐、戏剧等。其间，吕凤子、徐悲鸿、潘天寿、傅抱石、陈之佛、杨仲子等后来成为全国著名画家的文化界青年才俊汇集重庆，时常与徐伯璞相聚，舞文弄墨，并鼓励徐伯璞习画。杨仲子还为其刻了几十方大小图记。自此，他即以自然为师，苦练绘画。老舍、胡小石、赵太侔等人并为其作品题字。民国34年（1945）春夏之交，徐伯璞在四川举办个人画展。民国37年（1948），出任国立戏剧专科学校校长。翌年年底，该校迁往北京，改称中央戏剧学院，徐伯璞则留任江苏省文物保管委员会文物组组长，还曾为北京故宫博物院顾问。此后，更致力于书法绘画的研究，获得很大成就。其后历尽政治磨难。1988年以后，其作品多次参加海峡两岸画展及其他画展，并被很多著名馆院收藏。

徐伯璞还是著名的书画收藏家，所藏40多位近现代名家书画中，有于右任的“八页家书”，沈尹默的草书长条，董作宾和商承祚的甲骨文对联，胡小石的行草，杨仲子的钟鼎文，齐白石的延年图，徐悲鸿的立马图、柳鹊图，潘天寿的佛寿无量图，吕凤子的仕女图，张大千的山水画轴等，

大部分是他结交的有名的画家、学者、文人所赠。1984年，将其藏品和自己的部分作品全部献给国家。

李兰贞（1915—2003） 女，淮阴人。民国31年（1942）参加革命。解放战争时期，参加支前队伍，在淮海战役和睢宁、宿迁等战斗中，4次参加常备担架队，与男人一样，不分白天黑夜，不顾风雪交加，不怕道路崎岖泥泞，抬伤员、运物资，从来不甘落后。对待伤员如同亲人，遇敌机扫射时，她用身体掩护伤员。休息时，烧水做饭，照料伤员，为同伴缝补衣服。还以饱满的政治热情，积极做好担架队员的思想工作，被司令部授予"特等功"。

在社会主义建设时期，她亲自组织12名妇女参加第一期沂河开挖工程。在工地上，总是最迟收工，天不亮就起床，不怕吃苦，不甘落后，出色地完成任务，受工程指挥部的表彰奖励。后又参加沂河二期工程，被评为第一届全国工农兵劳动模范。1982年，任江苏省政协常委。1983年，任淮阴县政协副主席。1985—1988年，任淮阴县人大代表。1999年6月，84岁的老功臣实现多年的夙愿，加入中国共产党。

李本善（1921—2004） 江苏沭阳人，中共党员。历任抗日民主政府沭阳县第六区副区长，涟水县第二区副区长、成集区区长、麻垛区区长、梁岔区委书记、盐西区委书记兼区长。解放战争期间，历任涟水县成集区委书记，涟水县委宣传部副部长、部长、青委书记，淮阴地委秘书。中华人民共和国成立后，任中共淮阴地委主任秘书、沭阳县委书记、淮阴地委宣传部部长，上海市松江地委副书记。

1956年7月起，任西藏那曲分工委副书记、分工委书记，工委农牧部副部长，林芝分工委书记，那曲、林芝军分区政委。1964年8月起，任西藏日喀则分工委第二书记、书记。1970年11月，任西藏拉萨市革委会副主任、党的核心小组副组长，自治区党委常委、组织部部长。1977年11月，任西藏自治区委组织部部长、自治区农牧办副主任、党组书记；1979年3月，任西藏自治区革委会副主任、政府副主席兼区委政法委书记；1983年5月，任西藏自治区人大常委会副主任、党组书记兼政法委副书记。1986年5月离休后，回淮阴市区定居。李本善在西藏工作30年，为祖国西南边陲的建设发展和稳定，作出重要贡献。逝世后，时任中共中央总书记胡锦涛等送了花圈。

包兴昌（1940—2004） 江苏江阴人，中共党员，主任医师、高级政工师。1961年7月从淮阴医专毕业后，分入淮阴地区人民医院，长期从事神经内科工作。1984年，任淮阴市人民医院党委书记。是中华医学会会员，市医学会神经专科学会主委，徐州医学院兼职教授，享受国务院"政府特殊津贴"。

包兴昌为患者诊治十分仔细，在门诊，他习惯在写一份病历同时，再做一份自己留下的患者查诊记录；对住院患者，查房后必定留下针对每位患者医嘱的纸条，交给下级医师，如有疑问，则逐条分析指导。无论白天多忙，晚上都坚持阅读病历，写随笔，对白天诊断处方回忆思索，遇有不妥之处，改正后方肯罢休。一次，他看门诊，到下午15点患者还未看完，当同事把热了又热的饭盒硬塞到他手上时，他竟疑惑地说："我还没吃饭吗？我吃过了吧？"使得在场的患者都很感动。他承担门诊与病房、院内与院外神经内科疾病的会诊任务，不分昼夜，随叫随到。2001年的一个冬夜，凌晨两点，风雪漫漫，一分院有一危重患者急需会诊，下级医师很不忍心地打通他家的电话，他立即答复："我马上就到。"冒着风雪赶到分院，待患者转危为安，已经天亮。他拎上工作包，就回总院上班了。

包兴昌作为淮安市神经专科领域的开拓者，勤于思考，勇于探索，在各级刊物上发表论文131篇，获市优秀论文一等奖4篇、二等奖14篇、三等奖17篇，由他主持开展的科研项目获市政府科技进步二等奖2项、三等奖3项。他从1984年任市一院党委书记直至1998年卸任，处处以身作

则，廉洁自律，从不以权谋私。2002年6月，包兴昌被查出身患重症，以顽强的毅力与病魔抗争，一边治疗，一边坚持工作，直至生命的最后一刻。

李培基（1921—2004） 辽宁昌图人，主任医师，淮阴市第一至四届政协常委，淮阴市医学会副会长、名誉理事长、市放射学组组长、市专家鉴定委员会成员、市第二人民医院放射科主任。民国37年（1948）7月，李培基于湘雅医学院毕业后，入南京中央医院放射科任住院医师。1949年4月南京解放，李培基积极响应医院军管领导号召，团结青年医师投身建院工作，任华东军区医院放射科主治医师。1950年，因在全军血防工作中表现突出，立三等功。1951年8月入伍，旋由华东医院调往南京军区八一医院，后任放射科副主任军医、放射科负责人。1956年7月，在南京军区八三医院放射科任主任军医。1957年，被错划成"右派"。1958年12月，到涟水县大关机关农场劳动。1961年，调入涟水县人民医院。1979年，恢复原职原薪待遇，至徐州医学院淮阴大专班任教。1982年，调市第二人民医院从事放射诊断工作。1988年7月离休。

李培基通晓英语、俄语、德语，能阅读相关的专业书籍。英语能读能写，曾主持淮阴市晋升主治医师、主任医师英语考试，负责出题阅卷工作。在放射诊断方面有很高的造诣，在淮阴地区享有很高知名度。在市二院担任放射科主任期间，为不断提高放射诊断技术水平，更好地为临床一线服务，除掌握放射学外，还不断学习病理、解剖、生理、内外科等相关学科知识。他主张放射医师要尽量多接触病人，不当"看片匠"，对检查心脏的病人要亲自听诊，遇到疑难病例，阅片前要作系统体格检查，掌握第一手临床资料。他经常与临床有关医师和病理医师保持密切联系，常去手术室验证自己的诊断是否正确，与病理医师讨论疑难病例的诊治，注意将X线片与标本对照，提高诊断水平。他通晓各系统的疾病，尤其擅长诊断呼吸、消化系统疾病。为提高乡镇基层医院医生的诊断水平，他利用在医学会担任学组负责人的便利条件，定期组织开展以普及为主、普及与提高并重的各层次业务活动，提高基层医师的临床诊断水平，许多学员成为淮阴市放射学领域的中坚力量。他还经常帮助周边地区医院解决放射诊断方面的复杂疑难病例，为淮阴市放射医学的发展贡献自己的力量。

李培基曾在解放军八一医院为第五军医大学主编《骨骼系统教材·X线诊断》；在淮阴卫校创办放射班，主编呼吸系统、消化系统X线诊断教材。

戴　舟（1938—2004） 淮阴人。1965年南京大学毕业后，先后在中央对外文化联络委员会政治部、北京市委研究室工作。1978年调入中央宣传部，历任副处长、处长、副局长（兼任《党建》杂志社社长）、局长、副秘书长、秘书长。1997年3月，调入《求是》杂志社，任社长、总编辑。他是中共十五大代表，第九届、第十届全国政协委员，中国职工思想政治工作研究会副会长，党建研究会理事。

戴舟长期从事中国共产党的宣传思想理论工作并作出突出成绩。著有《执政党建设的几个问题》《加强改革开放中党的思想建设》《学习"三个代表"》等10多部著作，主编《邓小平理论文库》（1～5卷）、《邓小平理论与当代中国》（1～5卷）、《领导干部学习"三个代表"和思想政治工作理论文选》（1～3卷）等30多部著作，是中国共产党在改革开放新时期的重要理论家之一。

何希敬（1924—2004） 涟水人。民国31年（1942）参加八路军第五纵队，并加入中国共产党。渡江战役后，历任常州市委组织部长、副市长。1965年，任苏州市委常委、副市长。1980年调任淮阴地区行政公署副专员，兴建涤纶长丝厂等地方骨干企业。1983年3月，任淮阴市政府顾问。

1984年三四月间，在江苏省经济工作座谈会上，何希敬率先提出在淮阴和新沂之间修建一条地方铁路，得到部分与会者的赞同。会后，他到相关铁路部门调研、请教，得到济南铁路局工程师

何德增等的帮助，制定沂淮地方铁路选线测试方案。恰逢中共中央总书记胡耀邦到淮阴市视察，市委书记李绶章作汇报，得到支持。1984年11月，在省科协主持的技术论证会上，何希敬提出铁路建设方针："地方为主、国助为辅、省地县三级集资、乡村两级以土地入股，保息分红、不搞平调，徐州与淮阴两市共建。"得到与会代表高度认同。1985年1月26日，《新华日报》发表何希敬关于兴建沂淮铁路设想的文章。经多方争取和支持，铁道部和国家计委均同意立项。

淮阴市在与黑龙江林业设计院签订初步勘测设计协议时，该院提出只要7万元初测设计费用。当时地方财力紧张，市委讨论时何希敬说："省里批准我在苏州安家，建房费至少也要七八万元，初测设计只要7万元，这就算作我回苏州的建房费吧！"与会者听后都很感动。会上一致通过决议，动员市属单位捐款、捐物，市有关单位均无偿为建铁路提供地质资料，石油公司也无偿提供运油。铁路沿线的广大群众以被征用的土地入股，还有不少群众为建铁路捐款捐物。

国家计委批准兴建沂淮地方铁路的消息，震动邻近的盐城、扬州、南通市，都争取与淮阴连线，兴建淮、盐、通铁路。1998年3月5日，在淮阴市召开由沂淮延伸通向盐城、海安、南通甚至过长江与无锡、宜兴等铁路线相连的协调会，何希敬等为顾问。

何希敬为发展苏北经济、兴建沂淮地方铁路，十多年如一日，吃尽千辛万苦。他刚入住苏州新居不久，就被癌症夺去生命。

王辛笛（1912—2004） 祖籍楚州，出生于天津。14岁考入南开中学。高一时，就发表白话诗《蛙声》在天津《大公报》上。南开中学使用英文原版课本，于是他萌发阅读、翻译莎士比亚、萧伯纳以及法国波德莱尔散文诗的兴趣，并获得成功。此后，还翻译迦尔洵小说《旗号》、法莫泊桑小说《农夫》，并在《国闻周报》上发表。民国20年（1931）考入清华大学外语系，在《清华周刊》《文学季刊》《水星》《大公报》文学副刊上发表许多新诗。民国25年（1936），与其弟王辛谷出版首本诗集《珠贝集》，旋即赴英国爱丁堡大学留学，继续研究英国文学。两度去法国，完成20多首《异域篇》。

抗日战争爆发后，王辛笛身在英国，任爱丁堡中国留学生会会长兼秘书，在英国各地积极宣传，搞抗战募捐，支持抗战。民国28年（1939）回国，任光华大学、暨南大学教授。抗战胜利后，重新挥笔写诗，诗风转向写实。民国36年（1947），应邀参加周恩来在上海思南路寓邸召集的文艺界人士报告会，创办进步诗刊《民歌》。次年秋冬，因参加进步的文学活动，被人监视。上海解放后，王辛笛转入工业战线，开始他诗歌创作的第二高潮期。1957年后，访问革命圣地延安，发表新诗《陕北道情》等。"文化大革命"中，他以古典诗歌表达内心的痛苦，写出《伤逝——沉痛悼念萧乾老友》《步槐聚居士（钱钟书）原韵述怀》《病中杂咏》等。20世纪80年代，迎来诗歌创作最活跃的时期。他再度访问美国、加拿大、新加坡，参加国际诗歌节，进行国际诗歌交流；参加中国现代文学研讨会，并在香港大学、香港中文大学短期讲学，结识台湾著名诗人余光中，旅美华人诗人周策纵、叶维廉等。祖国大江南北，边塞沿海都留下他的足迹。还两度踏上故土淮安，写下《在淮安故里出席西游记作者吴承恩逝世四百周年纪念会感赋三绝句》《淮安家乡烹饪杂咏》。出版诗集《辛笛诗稿》（1983）、《印象·花束》（1986）、《王辛笛诗集》（香港1989），还与友人一起出版《九叶集》（1981）、《八叶集》（1984）。其旧作《手掌集》不断再版，优秀诗作被翻译成英、法、日文在国外发行。王辛笛是九叶派诗人的杰出代表。

张纯如（1968—2004） 女，祖籍淮阴。美籍华裔历史学家、作家和自由撰稿人，南京大屠杀纪念馆有她的塑像。

张纯如出生于美国新泽西州普林斯顿一书香门第。她的第一本书《蚕丝——中国飞弹之父钱学森》广受好评，获麦克阿瑟基金会"和平与国际合作计划奖"，并获美国国家科学基金会、太平

洋文化基金会等的赞助。

1997年，张纯如《南京大屠杀：第二次世界大战中被遗忘的大浩劫》（以下简称《南京大屠杀》）在美国出版，一个月内就打入美国最受重视的《纽约时报》畅销书排行榜，并连续14周名列《纽约时报》畅销书排行榜，再版10余次，印刷上百万册。

此前，张纯如用近三年的时间，在世界各地访问许多南京大屠杀的幸存者，参阅大量的历史文献，在各种触目惊心的资料的基础上，用巨大的努力和勇气，直面人类历史上那一段惨绝人寰的记忆。哈佛历史系主任、中国现代史教授威廉·柯比在该书《序言》中写道："南京的暴行在西方已几乎被人们遗忘，所以，本书的问世尤显重要。张小姐把它称作'被遗忘的大屠杀'，将二战期间在欧洲和亚洲发生的对数百万无辜者的屠杀联系在一起。"它是"第一本充分研究南京大屠杀的英文著作"。美国《新闻周刊》对这本书的评论是："对二战中最令人发指的一幕作了果敢的回顾，改变了所有英语国家都没有南京大屠杀这一历史事件详细记载的状况。"

为了撰写《南京大屠杀》，张纯如收集中文、日文、德文和英文的大量资料，以及从未出版的日记、笔记、信函、政府报告的原始材料，她甚至查阅东京战犯审判记录稿，还通过书信联系日本的二战老兵。1995年7月，张纯如在"火炉"南京工作25天，每天工作超过10小时。由于气候不适应，经常感冒，但她的工作一点也不耽误，把大部分时间用在采访南京大屠杀幸存者、寻访日军暴行发生地以及翻阅国内资料上。在收集资料的过程中，张纯如最大的收获便是找到《拉贝日记》《魏特琳日记》，这两本日记与《南京大屠杀》一道，成为向世界人民昭示侵华日军南京暴行的铁证。

在《南京大屠杀》这部极为严肃的著作震惊美国和整个世界的同时，也引起某些不愿正视历史的日本人无端的质疑和粗暴指责。1998年，日本驻美大使齐藤邦彦公开发表声明，污蔑《南京大屠杀》是"非常错误的描写"。这一声明立即遭到中国驻美大使馆以及美国各华侨团体的一致抗议，并敦促日本政府撤换大使。张纯如与这个日本大使一同接受《吉姆·里勒尔新闻节目》电视访谈时，重申自己写作《南京大屠杀》的两个基本观点：一是日本政府从未为南京大屠杀作过认真的道歉；二是在过去几十年中，日本政府在学校教科书中从来就是掩盖、歪曲和淡化南京大屠杀。

张纯如是"最好的历史学家和人权斗士"，是"在美国成长的华裔青年模范"。她"无法面对将来的痛苦与折磨"，于2004年11月9日在加利福尼州自杀身亡。她的墓碑上写有这样的话："挚爱的妻和母亲，作家、历史家，人权斗士。"张纯如及其著作影响所及，好莱坞于2007年拍摄电影《南京浩劫》，加拿大真相记录制片公司拍摄《张纯如》一片。电影《张纯如》通过张纯如写书时的心路历程，时空交错地揭开一幕幕历史真相。2011年5月，由张纯如母亲张盈盈所写的回忆录《无法遗忘的女子——张纯如写作〈南京大屠杀〉之前后》正式出版。同年12月，湖北人民出版社出版美国西东大学亚洲学系终身教授、系主任梁伯华撰著的《正义的天使张纯如》。

安宝琨（1939—2005）　江苏南京人，中共党员。1963年南京医学院毕业后，分配到洪泽县东双沟卫生院从事临床工作。1994年晋升主任医师，1999年退休。历任双沟地区医院院长、洪泽县人民医院外科主任、副院长、院长、洪泽县卫生局局长等职。他视病人如亲人。一个患白喉的小孩，浓痰堵塞呼吸道，到医院时出现窒息，医院无吸痰器，他就口对口地吸出小孩喉咙内脓液，经过精心治疗，终于使孩子脱离危险。农户的一头耕牛吃了大量黄豆，撑破胃，牛的生命危急，当地没有兽医，农民请他去，他毫不犹豫地为牛做手术，将牛胃切开，胳膊伸进去，一点一点将黄豆掏出，成功将牛救活。他不仅外科医疗技术娴熟，还精谙内、外、妇、儿和中医等专科技术，为千万个患者解除病痛，为千百个家庭驱除忧虑，被誉为"安神仙"。在洪泽县人民医院任院长期

间，率先在全市县级医院中推行院科两级负责制及技术经济责任制改革，发展胸外、脑外、骨科、心内、神经等专科建设。1987年，制定较为合理的临床、医技、门诊等科室工作量和质量考核指标；实行超额劳动补贴，打破奖金分配上的大锅饭，提出奖金向临床一线科室、向承担工作量大、风险程度高岗位倾斜；将科室进行综合承包，下放“人权、物权、财权”，激活员工工作积极性。洪泽县人民医院连续五年被省、市卫生行政部门命名为“文明医院”。1988年，任洪泽县卫生局局长，为实现人人享有初级卫生保健的目标，从乡镇卫生院的房屋、设备、人员三配套抓起。全县13个乡镇卫生院基本实现无危房、有门诊、有病房、有围墙、有基本的医疗设备目标。1990年，《新华日报》《健康报》专题报道洪泽县乡镇卫生院建设。1999年退休后，进修学习“小针刀”疗法，开设门诊，为患者解除病痛。他被评为全国、省、市计划生育先进工作者，省、市优秀共产党员，江苏省优秀县医院院长，市有突出贡献的中青年专家，省第七届人大和市第一届人大代表，省劳动模范。

杨　纯（1917—2005） 女，原名万国瑞，四川峨眉人，中共党员。早年在南京、武汉等地求学。曾任“一二·九”武汉学生大游行的总指挥。民国25年（1936）参加革命，次年加入中国共产党。抗日战争期间，任八路军山东抗日第四游击支队队长。部队驻扎在东海县，她经常女扮男装，骑马横枪，带领部队冲锋陷阵，活动于沭阳、潼阳一带。民国28年（1939），被派往皖东北和苏北淮海地区，任皖东北特委书记，旋任苏皖区党委组织部长。次年6月，为创建苏北、苏中抗日根据地，迎接八路军南下，成立淮海工委，杨纯任书记。为配合黄克诚率领的八路军第五纵队东进，开辟淮海抗日根据地，杨纯带领淮海工委随军南下盐阜区，开展抗日宣传，组织支前。皖南事变后，新四军军部在盐城重建，杨纯先后任盐阜区党委组织部长、苏北盐阜地委书记。为苏北地区中共党组织的重建和敌后抗日根据地的开辟作出重要贡献。刘少奇在谈到杨纯时评价说：“整个新四军中，杨纯是第一个最好的女干部。”

赵信武（1932—2005） 江苏滨海人，中共党员，主任医师。民国36年（1947）入伍，先后入苏北医学院医疗专修科、上海广慈医院胸内科进修。转业后，在淮阴市区多所医院任院长。他主持市第二人民医院工作期间，锐意改革，开拓创新，各项工作均走在同行业前列，省内外许多医院前来参观学习。1989年起，先后获“全国优秀院长”等荣誉，享受首批国务院特殊津贴。市第二人民医院两次被评为“全国卫生文明先进集体”“全国思想政治工作优秀企业”等荣誉。赵信武注重调查研究，为人真诚，善待职工。他视知识分子为医院的宝贵财富，从生活等多方面关心和照顾老主任、老专家，在住房上优先安排，煤气、粮食送上门，有困难想方设法帮助解决，尽量让他们无后顾之忧。在他的带领下，全院职工自觉恪尽职守，将医院当作自己的家，精神面貌焕然一新。

赵信武对病人极端负责，热心解决每一位患者的疾苦。无论来自城市或农村的病人，都一视同仁，细致耐心地诊治。1962年，他在淮阴率先开展右心导管检查，使心脏病特别是先天性心脏病诊断的准确性大为提高。在他的领导下，市二院开展二尖瓣分离术、心包剥脱术等，促进苏北地区心脏内科、心脏外科的发展。1965年，淮阴地区流脑大流行，死亡率高，他采取将血管扩张剂应用于休克、大剂量高浓度的碱性药物纠正代谢性酸中毒以及脑膜炎型的高血压病例应用降压药等，在国内外均为首创，提高抢救成功率。1974年以后，他又组织心脏内科医生开展心脏除颤起搏的动物实验和临床应用，取得成功；开展多种无创性心功能检查、心电监测监护，为淮阴地区心内科的发展奠定了基础。他在国家级核心医学期刊发表论文20多篇，有些课题在当时处于国内领先地位。曾任省中西医结合学会常务理事、淮阴市医学会副会长、《淮阴医学》主编、淮阴市中西医结合学会主委等。

汤从光（1923—2005） 江苏新沂人，中共党员，主任中医师。历任清江市人民医院（今淮安市第二人民医院）革委会副主任、副院长、大内科主任等，江苏省第五届人民代表大会代表。

"文化大革命"前，曾多次带领医疗队下乡，足迹遍布周边县区，与农民建立深厚的感情。"文化大革命"期间，造反派下乡揪斗"反动技术权威"，结果被农民反包围，从而得到保护。1977年后，担任业务副院长，始终忙碌在医疗第一线，坚持参加门诊、查病房、带教、会诊。他博采众长，搜罗很多单方、验方。在具体运用上，慎思明辨，融会贯通，组方用药严谨，摸索出一套中西医结合治疗的方法，使许多疑难、危重病人得到很好的诊疗，有"神医"之称。

1988年7月退休后，一直坚持上专家门诊，指导下级医师，并参与医学会的工作。他的门诊量始终很多，一直到生病住院，还坚持在病床上为病人看病。生病期间，执笔将从医60载积累的成熟中药方剂100多贴整理成册，名曰《临床札记》。这些方剂一直被学生及从医的子女们使用，救治大量病人。在他的影响下，其子女和学生不少成为德艺双馨的名医。

芮杏文（1927—2005） 涟水人，中共党员，工程师。民国33年（1944）参加革命，次年加入中国共产党。初任苏北滨海县民运队队员，后相继在苏北公学、华中建设大学、山东大学政治系学习。民国35年（1946）起，历任中共中央东北局组织部干事，吉林化工厂机械场副主任，锦西炼油厂机电科科长、机械厂主任，锦西化工总厂三分厂主任等职。

1950年8月，入中国人民大学企业管理专业学习。1951年，任东北工业部干部学校组教科科长。1952年起，历任重工业部大连工程公司第一副经理，吉林第八机械安装公司经理，化学工业部吉林化工建设总公司副经理，化工部第一安装公司经理，化工部兰州化工厂副厂长，兰州化学工业公司副经理，开封化肥厂指挥部指挥长，第七化建公司经理，化工部青海705工程指挥部副指挥等职。1970年起，历任北京石油化工总厂领导小组副组长、基建指挥部第一副指挥，北京城市规划局领导小组副组长，北京市国防办副主任等职。1978年3月起，历任第七机械工业部副部长，国家航天工业部副部长，国家计划委员会副主任，城乡建设环境保护部部长，国家计委副主任等职。1985年6月，任上海市委书记、上海警备区第一政委。

1987年11月，在中共十三届一中全会上当选为中共中央书记处书记。1991年4月，任国家计委副主任。1993年3月，当选为第八届全国政协常委。

谢冰岩（1909—2006） 清江浦（今淮安市区）人，中共党员，杰出的新闻工作者，著名书法家。民国19年（1930）4月参加中国共产党，同年10月被国民党逮捕，判处15年徒刑。第二次国共合作后出狱，随即投身抗日救亡工作，为苏北抗日同盟会秘书长。民国29年（1940）5月，被派往中共苏皖区党委主办的人民报社担任编辑。民国30年（1941）6月起，先后任江淮日报社编辑、新四军"无线电讯社"编辑、《新中华报》编辑部主任、新华社华中总分社主任、华中新闻专科学校教育长、华中新华通讯社秘书长、新华日报社秘书长、华东新闻干部学校教育长、第二野战军新闻大队大队长、新华社中原总分社副社长、中原日报社副社长、长江日报社副社长等职务。

中华人民共和国成立前夕，调任新华社总社秘书长、新闻总署办公厅副主任。1951年后，又先后担任国家出版总署出版局副局长、文化部群众文化局局长等职务。1978年12月，调任中国社会科学院新闻与传播研究所副所长、顾问、党委成员，研究生导师，直到1985年12月离休。享受副部级待遇。为《中国书法》杂志主编、中国书法家协会常务理事。

刘仁香（1927—2006） 金湖人，中共党员，华东一级人民英雄，全国战斗英雄。民国30年（1941）入伍，历任战士、班长、排长、连长、营长、副团长、师副参谋长等职，先后参加苏中七战七捷、涟水保卫战、孟良崮战役、淮海战役、渡江战役、上甘岭战役等著名战役。在莱芜战役中，毙敌10余人，俘敌50多人，缴获机枪3挺、小炮1门、步枪20余支。

他9次负伤，荣立一等功1次、二等功2次、三等功2次、四等功5次。1950年8月，第三野战军授予其“华东一级人民英雄”荣誉称号。1950年9月，出席全国战斗英雄代表大会，中央军委授予其“全国战斗英雄”荣誉称号，受到党和国家领导人的亲切接见。1955年，被授予三级独立自由勋章、三级解放勋章。中华人民共和国成立后，他长期负责军事训练工作，坚持深入基层，实事求是，为部队正规化建设作出贡献。

刘仁香为人正直，光明磊落，从不计较个人得失，对家属、子女管理教育严格。1982年离休后，支持干休所的建设，爱护、理解工作人员。在与病魔作斗争的近20年间，积极参加党的组织生活，按时交纳党费，表现出一名老共产党员的高尚品质。

王慎和（1926—2007） 山东邹平人，主任检验师。1950年毕业于齐鲁大学药学系，历任徐州市卫生试验所副所长、江苏省卫生防疫站检验科主任、江苏医学科学院卫生学研究所研究人员，1961年4月至淮阴医学专科学校任教，1962年7月任清江市卫生防疫站检验科副科长，1983年7月至1991年任淮阴市卫生防疫站中心实验室主任。

王慎和长期从事卫生理化检验工作。中华人民共和国成立初期，由于卫生检验专业的基础极为薄弱，他承担全省卫生检验专业的建立与发展任务，多次举办专业进修班，培养卫生检验人才。多次参加制定国家标准检验方法及注解。参加制定的国家标准方法有：食品着色剂测定方法，食品中砷、锡、硝酸盐、亚硝酸盐的测定方法及注解。负责全国性化肥厂污染防治调查研究的检测组工作，该项成果获部级科研成果奖。主编的《实验室管理》一书，多次作为全国及省级培训班教材。

王慎和是全国环境科学学会会员、市医学会卫生防疫分会主任、淮阴市第一届人民代表大会代表、淮阴市第二届政协委员。1979年，被评为省级劳动模范。

魏家骏（1939—2007） 淮阴王营人。1961年南京师范学院中文系毕业后留校任教，1962年10月调至淮阴师范学校，1974年入淮阴地区文教局创作组，1977年5月调至淮阴地委宣传部报道组。1979年起，先后被评为淮阴师范专科学校中文系讲师、副教授、教授。历任淮阴师范专科学校教务处副处长，《淮阴师专学报》副主编、编辑部主任，中文系主任。教学与科研成绩突出，被评为江苏省普通高等学校优秀学科带头人，江苏省高等学校成人教育优秀教师，江苏省优秀知识分子，被聘为徐州师范大学硕士研究生兼职导师。享受国务院特殊津贴。主持的世界银行贷款“师范教育发展改革”类课题《高师中文专业文学教育立体接受模式的实验与研究》，被评为优秀项目。

在做好教学工作的同时，从事中国现当代文学、文艺理论、外国现代文学批评方法研究，在《文艺理论与批评》《人物》《北京社会科学》《社会科学辑刊》《社会科学家》《春风》《散文》《光明日报》《中国教育报》《文论报》等发表论文100余篇，约80万字。出版专著《文艺批评新视角——结构主义批评与中国文学》《小说艺术论》，主编《教师职业技能全书·公共卷》《七彩人生》等。曾任淮阴市作家协会副主席、江苏省作家协会会员、江苏省当代文学研究会理事，为淮阴市政协第三、四届常委，江苏省第九届人民代表大会代表。

蒋桂同（1921—2007） 涟水人。民国29年（1940）10月加入中国共产党，历任涟水县三区民运工作队员、县青救会会长、涟东县四区区委组织科长、代理区委书记等职。解放战争时期，任涟水县委组织部副部长兼四区区委书记、组织部长、代县委书记等职。中华人民共和国成立后，先后任涟水县委书记，淮阴团地委书记、地委组织部副部长，江苏省交通厅政治部副主任、副厅长。1957年起，历任铜山县委书记、徐州地委副书记、扬州地委副书记、扬州市人大常委会主任。

在长期的革命和建设实践中，蒋桂同积累丰富的领导经验，善于团结一班人，依靠广大干部

群众，为地方建设发展作出贡献。在徐州地区工作23年，对徐州的经济和发展，特别是农业生产方面作出很大贡献。在扬州期间，执行积极宣传中国共产党的路线方针政策，为推进社会主义民主和法制建设做了大量工作。

离休后，蒋桂同仍关心党和国家大事，为扬州市“两个文明”建设献计出力。筹划和创建扬州市诗词协会和京剧协会，参加关心下一代工作委员会的活动。热心扬州美化绿化工作，经他倡议，市人大常委会于1985年通过决议，确定扬州市市花为琼花，市树为柳树和银杏树。曾出版《琼花集》《咏怀集》等诗集。

陈　冰（1920—2008） 曾用名尹莹升，楚州人。早年就读于省立淮安中学。民国28年（1939）春，参加中华民族解放先锋队。同年，在中共地下党的安排下到东北军57军112师668团当兵，后调入672团担架排、政训处宣传队。次年，撤离东北军，历任《大众日报》社记者、编辑、通联科长、通讯部长、副总编辑等职。其间，参加当地的减租减息、生产自救和武装斗争，因工作出色曾立功受奖。解放战争期间，历任山东野战军政治部记者团团长、山东分局国军工作委员会东北分会委员，《大众日报》副总编辑、新华社山东兵团分社副社长、新华社三野总分社社长等职，为解放战争的胜利作出积极贡献。1949年5月转业，先后任杭州市军管会文教部副部长、浙江日报社社长兼新华社浙江分社社长，浙江省委宣传部副部长兼省文教委员会副主任，浙江省委宣传部部长。“文化大革命”期间，受到诬陷和迫害。恢复工作后，任浙江省委常委兼宣传部部长，后兼任浙江省政协副主席。1978年5月，调任中共宁夏自治区党委副书记。1981年8月，调任天津市委副书记兼市委宣传部部长。1983—1987年任天津市政协主席。离休后，任《谭震林传》编辑小组组长。

杨宪益（1914—2009） 祖籍盱眙，出生于天津。现代杰出的翻译家、诗人、文化学者。父亲杨毓章早年留学日本学习经济，回国后出任天津中国银行行长，是中国近代金融家之一。杨宪益从小即受到良好的中文与外文教育，后入天津英国教会学堂学习，打下坚实的国学和西洋文化功底。

民国23年（1934），杨宪益考入英国牛津大学英顿学院，攻读古希腊罗马文学、中古法国文学和英国文学。留学期间，与热爱中国传统文化的英国姑娘戴乃迭恋爱结婚。学成后，放弃国外优越的生活和优厚待遇，毅然携妻回国，到达抗日战争大后方重庆，夫妇俩在中央大学教书。抗日战争胜利后，杨宪益在南京编译馆任编纂。中华人民共和国成立后，进入外文出版社，从事中国古典文学作品的翻译工作。先后翻译过《诗经》《离骚》《魏晋南北朝小说选》《唐代传奇选》《唐宋诗歌选》以及《儒林外史》《老残游记》，还翻译史学著作《资治通鉴》、戏剧作品《长生殿》《牡丹亭》等。1953年，杨宪益作为政协特邀委员，受到毛泽东的亲切接见。周恩来特别向毛主席介绍：“这是一位翻译家，已经把《离骚》译成了英文。”和夫人合作，把古典文学经典《红楼梦》译成英文，为西方世界了解中国封建社会、了解中国打开一扇窗口。1982年，发起并主持编译“熊猫丛书”。该套丛书有《诗经》《聊斋志异》《西游记》《三国演义》《镜花缘》等中国古典文学经典，也收录《芙蓉镇》《沉重的翅膀》以及巴金、沈从文、孙犁、新凤霞、王蒙等人的中国现代当代文学作品。时任中国外文局局长范敬宜评价杨宪益：“他是个学贯中西的翻译家，这样的学者是我们这个民族、这个时代的骄傲。”

杨宪益是一个淡泊、儒雅又充满生活情趣和幽默的人。晚年，用英文写成自传《漏船载酒忆当年》，2001年由十月出版社出版。该书的译者说：“一般人写自传会陷入自恋、自怜的两重境地，可杨宪益在自传里对自己的成就不以为然，反而检点、反省自己的缺点，实在难能可贵。”赞扬他是“有趣味、有原则的真名士，关键时刻能表现出中国知识分子的骨气”。

2009年11月，杨宪益逝世。《人民日报》以《他几乎"翻译了整个中国"》为题对杨宪益作了全面系统的介绍。在欧美各大图书馆，他的译著整齐排列，蔚为大观。

宗　明（1923—2009） 女，江苏泗阳人，中共党员，淮阴卷烟厂职工。两次被评为全国劳动模范、五次获"江苏省劳动模范"称号，三次受到毛泽东、周恩来、刘少奇、朱德等领导人的接见。

1949年，加入华新卷烟厂，成为一名卷烟工人。当时卷烟厂设备简陋，没有机械，基本上靠手工处理烟筋烟丝。宗明经过反复思考和试验，创造一手清操作法，解决烟叶损耗大、出丝率不高的关键问题。该操作法推广后，工厂每年少消耗烟叶2295公斤。车间里盛放烟筋烟叶的簸箕、箩筐在高频率的使用下很容易破损。宗明在下班后悄悄地将坏掉的簸箕、箩筐用破麻袋补起来。就这样破了又补，补了又破，直到这些工具都不能用了才肯罢休。后来当上组长、班长、车间党支部书记，仍然保持着这个好习惯，无论做什么事情都和大家一起干。

20世纪70年代，机械作业代替手工作业，身为车间领导的宗明又成为机器操作管理的行家里手。车间不管谁请假，她都会去代班，有时还要操作两台机器。淮阴卷烟厂老职工提起宗明，总是钦佩地说："她吃的苦和累不是一般人能承受得了的。她的劳模是干出来的。""她从来没想过自己要当劳模，一心想着工厂，想着关心别人，才会成为大家公认的劳模。她的劳模称号是一件件事情累积起来的。"1959年，宗明到北京出席国庆十周年观礼活动，后来又当选全国劳动模范。当时，和宗明一个小组的每人收到一件上衣布料，那是宗明用劳模奖金，自己又添了些钱，给所在小组每人买的当时很流行的布料。在宗明看来："荣誉不是我一个人的，而是大家共同创造的。"

宗明离休后，淮阴卷烟厂仍然传颂她的事迹。每当有新员工进厂的时候，厂领导总是要把宗明的先进事迹讲给新员工听，有时还会把宗明请来现身说法，教育年轻一代爱厂如爱家。

吴以敩（1910—2009） 淮阴徐溜人，教授级高工、硕士研究生导师、九三学社社员、中共党员。早年毕业于武汉大学工学院土木系。民国时期，带队设置乌江、嘉陵江沿江水文站。创立中央水利实验处武功防冲试验场及金陵河防冲试验区。主持黄河水利委员会关中水土保持实验区，创建第一座沟壑土坝。曾在美国水土保持局陆军工程兵团河道实验站实习。1950年10月，创建黄河水利委员会泥沙研究所并任所长。20世纪50年代，带队查勘黄河潼关至孟津段水库坝址，对拟建的黄河干流第一座大型水利枢纽的坝址进行勘查。受河南省政府委托，带队指导石漫滩水库土石坝工程施工。组织开展水流冲刷力、水流挟沙力和浑水模型的试验研究，开创黄河泥沙颗粒分析，首次提出黄河水流挟沙力公式，发表有关黄河泥沙数量及来源等文章。20世纪60年代，为三门峡水库建成后黄河下游河床演变研究中苏合作项目中方工作组成员。提出三门峡水库续建方案及对续建的意见。20世纪70年代，与杨文海、张隆荣共同完成的高含沙水流淤灌项目获全国科学大会奖。带队完成陕北水坠坝水毁情况调查。20世纪80年代，参加首届河流泥沙国际学术讨论会，考察澳大利亚水土保持。与张隆荣合作的高含沙引黄淤灌项目获国家科委、国家农委科技推广奖，加压式毛细管黏度仪获河南省科技三等奖，发表《黄河流域水土保持基本概念》《无定河流域的治理》等文章。

王　辉（1923—2010） 曾用名王启德，涟水灰墩人，中共党员。抗日战争时期，先后任抗日民主政权涟水三中队战士，涟东大队青年干事，宿迁警卫团指导员、连长、作战参谋、营长。参加过大兴镇、程道口、大伊山、来龙庵、左圩、运河等战役战斗。民国34年（1945），任双河区区长。解放战争时期，任南下干部大队副大队长、豫皖苏独立3团参谋长、143团参谋长、48师作战科科长、江山城防副司令员、五兵团工程总队参谋长等职，参加淮海、渡江等战役。

中华人民共和国成立后，历任西南工兵学校大队长、志愿军工兵6团团长等职。1955年，赴

苏联古比雪夫工程学院留学。1959年回国后，历任工程兵军训处处长，东北炮兵基地副司令员兼53师师长，援越抗美某支队指挥部副主任兼参谋长、主任，河南省军区副司令员兼郑州警备区副司令员，武汉军区工程兵主任，河南省委常委兼郑州市委第一书记、市革委会主任，郑州铁路局党委书记，武汉军区副参谋长，河南省委书记，国务院国防工办副主任、党委副书记等职。他还是中国共产党第九次、第十次全国代表大会代表，曾获三级独立自由勋章、三级解放勋章和独立功勋荣誉章。

罗涵先（1922—2011）　原名罗举贤，淮阴人。民国26年（1937）参加中华民族解放先锋队，民国32年（1943）入上海法学院学习，次年加入中国民主同盟。民国34年（1945），与史良等一起被增选为民盟中央委员。民盟重庆市支部成立时，当选为第一届支部委员。还任《工商新闻》编辑部主任、中华职业教育社干事《展望》编委、民盟中央宣传委员会委员兼秘书、《民主报》社论委员会委员兼秘书。民国35年（1946）重入上海法学院读书。1949年后，任中国人民银行总行研究室专门研究委员，《中国金融》编辑部主任，财政经济出版社编辑室副主任，农业出版社编辑室主任、副总编辑，《中国农业年鉴》主编，民盟中央副秘书长。1982年后，任全国政协副秘书长兼办公厅主任、落实政策办公室主任，国务院农村发展研究中心特约研究员，北京农学院农业经济系及经济贸易系兼职教授，中国农业经济学会顾问，国际农业经济学家协会会员，中国中外社会文化交流协会理事长，中国社会经济文化交流协会会长，中国乡镇企业家委员会理事长，《中国黄金海岸年鉴》主编，《中国非国有经济年鉴》主编。为第四、五届全国政协委员，第六、七届全国政协常委、副秘书长，民盟第一、二、三届中央委员，第四届民盟中央常委，第五、六、七、八届民盟中央副主席，第九届民盟中央名誉副主席。著有《中国农村的经济变革》《中国农村发展社会学》《乡镇经济比较模式》《中国农村站在新的历史起点上》《农村改革启示录》等。

陈克天（1916—2011）　江苏建湖人。民国28年（1939）加入中国共产党，参加淮阴抗日义勇队、八路军陇海南进支队第八团，先后担任连长、营长、代理团长，后任涟阜支队副支队长等职，活跃于淮涟盐地区。1953年1月，任江苏省水利厅副厅长、党组书记、江苏省治淮指挥部副指挥，江苏省水利厅厅长、党组书记、省防汛指挥部副指挥。1978年后任江苏省副省长，兼任省农委副主任、省京杭运河续建工程指挥部指挥。

1953年，陈克天到治淮关键工程三河闸工地兼任指挥。施工中遇到的困难数不胜数。鸡爪山在三河闸下游，这一带土中夹有砂礓土。原打算采取抽槽办法，汛期利用水力，冲走砂礓土。陈克天从施工中觉察到由于土质太硬，水流难于冲刷，势必影响泄洪。于是，征求各方意见，组织淮阴、扬州地区15.8万名民工投入决战。经过50个昼夜的奋战，终于赶在洪水到来前削平鸡爪山，三河闸成功举行放水典礼。

1974年8月中旬，沂沭河流域发生强暴雨，骆马湖水位急剧上涨，新沂河下泄的洪水几乎涨到与堤顶平行的临界线上。两岸数百里河湖大堤上，百万干群日夜坚守。陈克天坐镇指挥。惊心动魄的新沂河险工险段不断飞来告急文电，要求黄墩湖赶快滞洪。水电部一位领导也往淮阴打电话，要求黄墩湖应考虑立即滞洪。黄墩湖区20多万名群众转移出去，立即无家可归，好几年都恢复不了元气。陈克天科学地分析气象、雨情、水情、险情、风浪、堤防和防汛队伍等各方面的情况，认为只要把堤防死守住，是可以顶过去的。他的想法得到省委的同意。又拼搏几天，骆马湖和新沂河的水位开始回落，黄墩湖区民众财产和30万亩良田终于被保住。

陈克天是中国南水北调的最早响应者和实践者。亲自主持制定并具体实施江苏梯级河网化规划，在十年九灾的里下河地区实现“涝改旱”，在贫困的江苏淮北地区推行“旱改水”，使黄泛区变成国家商品粮生产基地。为整治江苏段京杭运河，他沿运河线一直查勘到苏鲁交界处。从

1956年冬到1988年年底，3次具体组织实施大规模整治，使苏北段404公里的古运河成为江苏开发最早的一段“黄金水道”。

马士达（1943—2012） 涟水红窑人，中共党员，著名书法家、篆刻家、美术教育家。1955年移居江苏太仓，1961年8月应征入伍，开始自学书法和篆刻艺术。1966年3月退伍后，任太仓县城厢镇文化站站长、太仓工艺美术厂工会主席等职。

1983年获全国首届篆刻比赛一等奖，1985年获《周末》全国书法比赛“银奖”，1986年书法篆刻“双项”在《书法》杂志征稿评比中，被列为全国中青年37名优秀作者之一。1987年2月，破格调入南京师范大学美术系从事书法教育工作，先后任南京师范大学美术学院教授、中国书协书法培训中心特聘教授。为中国书法家协会会员、江苏省书法家协会理事、南京印社理事、西泠印社会员。

1989年起，其作品先后入选全国第三、四、五届书展，先后获篆刻全国第三、四届中青年展览“优秀作品奖”和“全国奖”。1990年，书法作品获日本产经新闻社举办的第七届国际书法艺术大展优秀奖。其书法篆刻各体兼擅，师承宽广，功底深厚，风格苍茫跌宕，老辣浑朴，有独特的艺术个性。专著《篆刻直解》、主编《篆刻学》，被学界公认为难得的有创见的学术著作。“篆刻的学科化”命题的提出以及对其理论构架的探索，对篆刻这一艺术门类的个性品格厘定及其现代转型、未来发展的把握具有开拓性意义。

李连庆（1925—2012） 涟水五港人，中共党员，中国作家协会、中国摄影家协会会员。民国29年（1940）参加革命，历任八路军淮河大队团部文书，涟东县区委书记，《盐阜大众报》主编，泰州市委组织部部长，中共中央华东局组织部干部科科长，中国驻德大使馆一等秘书，外交部苏联东欧司副司长、代司长，中国驻日本大使馆政务参赞，中央广播事业局党组副书记、第一副局长兼中央电台台长，世界知识出版社社长兼总编辑，中国驻印度大使，中国美术家协会党组副书记，中国电视艺术家协会党组书记，中国战略研究基金会常务副会长。

在外交部和驻外使馆工作期间，起草多份外交联合公报，参加与前苏联共产党的论战（即“九评”）起草工作。著有长、中、短篇小说和外交著作多部。辑有《李连庆文选》《李连庆文集》《李连庆潘一凤摄影选集》《尼赫鲁家族左右印度政坛》等。同日本合拍电视剧《丝绸之路》《话说长江》，同英国合拍《中国》。创办《世界知识画报》《世界博览》杂志及世界知识印刷厂。在涟水县图书馆建立李连庆图书馆，捐书760册。《中华英才》以《杰出外交官，妙笔写风云》为题全面介绍李连庆。2005年5月1日，中央电视台以《东方之子——铁笔写春秋》为名专门介绍李连庆。

经福谦（1929—2012） 祖籍淮安，出生于南京，中国工程院院士。1952年南京大学物理系毕业后，到长春地质学院任教。负责筹建电子学实验室，翌年又负责筹建地球物理勘探系的地震勘探教研室。筹建任务要求他去熟悉从未接触过的陌生专业，通过刻苦学习和勤奋工作，于1954年暑假出色地完成任务。此外，先后讲授《地震勘探》《普通地球物理勘探》和《综合物探方法》等课程。1960年暑期，参加大庆油田会战初期地震勘探资料综合分析，为主要技术负责人。1960年7月，调入第二机械工业部第九研究所工作。所从事的新领域涉及到爆炸力学和高压物理两个学科，从那时起，他便一直在这个领域中辛勤研究，默默耕耘。经过30多年的不懈努力，终于成为出色的学术带头人。1986年，他亲自担任上海国棉25厂主车间的控制爆破拆除的技术领导，爆破效果得到同行和社会的一致好评。曾为几个较大规模的的控制爆破的设计方案提出修改意见，作出成功的技术决策。

先后当选为中国物理学会理事、常务理事及高压物理专业委员会主任，中国力学学会理事及爆炸力学专业委员会主任；担任《高压物理学报》常务副主编，《力学学报》编委。1984年，被授

予“国家级有突出贡献的专家”称号。1991年，享受国务院政府特殊津贴，被选为中国科学院学部委员。1993年，被选为全国人民代表大会代表。2001年，任西南科技大学材料科学与工程学院院长。

经福谦负责领导并亲自参加中国利用地下核爆炸条件的超高压物态方程的实验研究工作，解决几太帕压力下物态方程数据测量的关键技术。针对辐射干扰环境，他解决的技术难题包括电探针辐照失效机制的分析、外干扰电磁场沿屏蔽层管道衰减规律的分析等。在冲击波极端条件下物质性态研究领域中所取得的显著成绩，获得2项全国科学大会奖、2项四川科学大会奖、1项部级科技进步二等奖和5项部级科技进步三等奖。

代表性著作《动高压原理与技术》、以他为主要作者的《实验物态方程导引》，全面总结用动高压方法测量高压物态方程的物理基础、测量方法和技术，以及数据处理方法与技术等。该书被国内不少院校列为有关课程的高年级学生和研究生的教材或主要参考书。

厉德馨（1924—2012） 淮阴新渡人，中共党员。抗日战争时期，历任新渡区南荡乡民兵中队长、边防大队副大队长、区大队副连长、王兴乡乡长、观堂乡乡长、淮阴城北区边防大队副大队长等。抗日战争胜利后，入华中建设大学学习，旋随军东进、北上，到达山东，分配到华东军区敌工部，再到解放军军官训练团，先后任华野联络部解放军军官教导连指导员、山东滨海地委敌工部干事、东海县委敌工部干事、县委办公室主任等职。渡江战役后，南下到达浙江。1949年6月起，先后任台州地委调研组组长，工作队队长，秘书科科长，办公室副主任、主任。1954年起，先后任浙江省委办公厅秘书处副处长、省农办主任、省委办公厅副主任等职，从事为省委整理文件、起草省委主要领导人重要发言稿等工作。“文化大革命”中受冲击。1972年秋，任浙江日报社领导小组副组长、党委副书记。1977年7月起，先后任浙江省委宣传部副部长兼省广播局局长、党组书记，省委副秘书长。1981年任金华地委书记后，提出走乡镇企业的新路子——“墁塘之路”，倡导“义乌小商品市场”，在省内得到高度赞许，同时也得到国家领导的认同。1983年3月任杭州市委书记，后任浙江省委常委，从“重新明确定位杭州城市的性质”入手，提出“富裕农村，服务城市”的工作方针，使城乡得到协调发展。1987年5月起，当选政协浙江省第五届、第六届委员会副主席，做了大量调查研究，率先提出“海洋经济和建设东方大港”的理念等。1997年后，分别出版《古稀集》《金衢春早——天命集》《钱塘岁月——耳顺集》《自奋蹄——随心集》。

20世纪80年代，经过厉德馨牵线搭桥，杭州与淮阴两地建立起频密的经济文化交流活动。1999年，在他的直接参与下，建起王兴小学幼儿园。2000年，向淮阴中学捐赠60台电脑。

郑兆财（1922—2012） 涟水岔庙人。民国28年（1939）3月投身抗日爱国运动。民国34年（1945）与梁梅结为伉俪，后辗转到沪、粤等地谋生。民国37年（1948）举家迁居香港。1952年，在香港铜锣湾轩尼诗道519号买下半间门面，创办巴黎毛冷公司。1962年又在九龙弥敦道开设分公司，继而增设制衣厂、织造厂。1982年，创办香港巴黎毛冷百货有限公司，任董事长兼总经理。

20世纪80年代起，多次为家乡涟水捐款、捐物。捐赠的项目主要有幼儿园、少年宫、郑梁梅学校（郑梁梅小学、郑梁梅中学、郑梁梅高级中学），同时在郑梁梅学校设立郑梁梅奖助学金，赢得家乡父老以及海内外人士的称赞。

2006年，被省委宣传部、省文明办评为“江苏省精神文明建设十佳新人”。2007年，获涟水县政府人民奖章。2009年，被省委评为“50位中华人民共和国成立以来感动江苏人物”。2010年，被省政府评为“感动江苏教育十大人物”。2011年，被市政府评为“感动淮安教育十大人物”。

张家骥（1932—2013） 淮阴人，现代中国建筑与造园学理论家、建筑教育家、教授，苏州科

技学院建筑系首任系主任。1956年，毕业于同济大学建筑系。长期从事建筑与园林设计和理论的教学与研究工作。1958年冬，在上海同济大学时，随哈雄文教授支援东北，参与筹建哈尔滨建筑工程学院建筑系，任建筑设计教研室主任、城规研究室主任，哈尔滨市园林学会副理事长、黑龙江家具协会常务理事。1983年年底，回江南参加苏州城建环保学院筹建工作，任建筑系主任、古建园林研究室主任、院学术委员会副主任、建筑园林研究室主任，苏州城市研究会常务理事，上海城建学院、浙江工学院兼职教授，山西省古建研究所顾问。学识渊博，教学经验丰富，培养大批建筑与园林设计人才。

张家骥对建筑设计的规律性有深刻的研究和独到的见解，对中国古典建筑与造园学创建有较完整的思想理论体系，著有《中国造园史》。香港《大公报》载文评论："这是中国第一部造园学力作。中国造园之有史，当以此书始。"该书通过10个专题的论述，构成一个完整而系统的中国造园的思想体系，以空间、情景、虚实、借景、意境五论建构成中国造园理论的主要框架，获第六届"中国图书奖"二等奖。所著《园冶全释》准确地释译前辈学者未能解释的世界最古造园学名著《园冶》。著作《中国建筑论》是中国建筑的系统理论专著，为宏扬中国传统建筑与园林文化起到不可磨灭的作用。编辑《中国园林艺术大辞典》等，多次获北方15省市、晋版优秀图书奖。代表性论文有《试论建筑风格问题》《论斗棋》《太和殿的空间艺术》《中国住宅建设概况》《西周城市初探》《独乐寺观音阁的空间艺术》《中国的空间概念》《圆明园造园艺术的创作思想方法》《中国造园艺术的创作思想方法——借景论》等。先后担任山西天龙山石窟风景区、江苏高淳泮池园、福建长乐塔山公园、浙江镇海九龙湖风景区等的主要规划设计者或技术顾问。

张景良（1924—2013） 涟水唐集人。早年在淮安县中学和涟水县中学学习期间，参加抗日救亡运动。民国30年（1941）春入抗大五分校学习，同年6月加入中国共产党。学习结束后，任涟东一区宣传委员，民国34年（1945）任一区区委书记，领导群众与日伪军展开斗争。

解放战争初期，带领区队民兵开展敌后游击战，曾两次在群众的掩护下脱险。在"五四"土改中，撰写的人物通讯《大爷的画像》和调查报告《施窪空白村怎样消灭的》，分别发表在延安《解放日报》与《盐阜党刊》上。淮海战役中，组织民兵和民工参加支前保障工作。

中华人民共和国成立后，历任中共涟水县委、中共淮阴地委宣传党务工作。1953—1965年任淮阴地委秘书长期间，协助地委主要领导处理地委机关日常事务，牵头组织一大批地委文件、文稿起草工作，组织协调地委主要领导安排的重点工作、重大工程和重要事项。他经常深入基层调查研究，写出许多具有影响力的调查报告和评论，发表在《红旗》《人民日报》《新华日报》《华东通讯》《群众》等报刊上，其中有2篇文章分别被毛泽东、刘少奇批阅转发。1965年任《新华日报》副总编辑后，经常和报社记者一起深入基层调查研究，总结推广先进经验。"文化大革命"期间，遭受冲击。重新走上工作岗位后，先后任淮阴地委常委、宣传部部长，地区革委会副主任、行署副专员，地委副书记。1983年4月至1993年12月，任淮阴市第一、二届政协主席，团结社会各界，围绕中心，服务大局，共谋发展大计，为巩固和发展淮阴最广泛的爱国统一战线作出贡献。离休以后担任市关心下一代工作委员会主任期间，创办《家长》杂志，多次组织老红军、抗美援朝老战士和离退休老干部到中小学举办报告会，为淮安青少年健康成长倾注大量心血。

张景良一生俭朴清廉，不搞特殊化，不以权谋私。他最大的爱好就是阅读和写作。晚年病重，依然在撰写抗日战争史料和回忆录，写出《对淮阴专区三年"大跃进"的回顾与反思》《高沟两次社教运动的回顾与反思》《对淮阴地区实行家庭联产承包制的回顾与调研》等专著。

筱文艳（1922—2013） 女，淮安人，中共党员，国家一级演员，工文武青衣花旦。5岁随父母逃荒至上海，被卖与民乐戏院职工张少卿和老板刘木初为养女。11岁从艺，后专攻青衣、花旦。

民国35年（1946）起，与何叫天合组联谊淮剧团。中华人民共和国成立后，又联合马麟童等组成淮光淮剧团，率先实行民营公助。1956年加入中国共产党，多次被评为全国先进生产（工作）者、上海市劳动模范。历任上海人民淮剧团艺委会主任，上海淮剧团团长，中国文联第三届委员，中国剧协第二至四届理事、上海分会副主席。是第四届全国人大代表，第三、五届全国政协委员。

民国28年（1939），筱文艳新创出旋律婉转、行腔自如的"自由调"，成为淮剧三大声腔之一，创立的"筱派旦腔"，是对淮剧艺术发展的一大贡献。该流派唱腔细腻柔美，爽朗动听，注意运用各种润腔技巧刻画人物性格。发声方法科学，演唱情感真切，达到极高的艺术境界。1952年，筱文艳在《王贵与李香香》中饰刘二妈，获第一届全国戏曲观摩演出演员一等奖。她推进淮剧艺术的发展，成为淮剧剧种的代表人物，使淮剧在上海的梨园界立住脚跟，并和京剧、越剧、沪剧一起成为统治上海舞台的四大剧种。

筱文艳演出许多经典剧目，唱红许多经典唱段，成功塑造《白蛇传》中的白素贞、《走上新路》中的李瑞珍、《党的女儿》中的李玉梅、《水漫泗州》中的水母、《三女抢板》中的黄秀兰、《海港的早晨》中的金树英、《蓝桥会》中的贾玉珍、《千里送京娘》中的赵京娘、《女审》中的秦香莲、《爱情的审判》中的叶母、《牙痕记》中的李氏等一系列有血有肉、个性鲜明的经典舞台艺术形象。1989年，获得中国唱片总公司金唱片奖。

筱文艳带头执行"文艺为人民服务，为社会主义服务"的方针，经常到工厂、码头、公交、环卫及市郊农村集镇演出，足迹遍布大江南北。在家乡的演出，更出现万人空巷、一票难求的盛况。她还努力对基层的淮剧业余组织进行辅导，一招一式、一点一滴地进行传授。筱文艳博采众长，融会贯通，锐意创新，其鲜明而独特的表演艺术风格在淮剧界独树一帜，成为淮剧表演史上的一座里程碑。

张贤亮（1936—2014）　盱眙人，中共党员，一级作家、收藏家、书法家。曾任宁夏回族自治区文联副主席、主席，中国作家协会宁夏分会主席，中国作协主席团委员。为第六至十届全国政协委员。幼时即受到中国古典文学熏陶，中学时代开始广泛接触俄罗斯文学与法国文学作品，并开始文学创作。1955年从北京移民宁夏，先当农民后任教员。1957年因发表诗歌《大风歌》被划为"右派分子"，在农场劳动22年。1978年后重新执笔，创作小说、散文、评论、电影剧本等。其代表作有：短篇小说《灵与肉》《邢老汉和狗的故事》《肖尔布拉克》《初吻》等；中篇小说《河的子孙》《龙种》《土牢情话》《无法苏醒》《早安朋友》《浪漫的黑炮》《绿化树》《青春期》《一亿六》等；长篇小说《男人的风格》《男人的一半是女人》《习惯死亡》《我的菩提树》以及长篇文学性政论随笔《小说中国》；散文集有《飞越欧罗巴》《边缘小品》《小说编余》《追求智慧》《中国文人的另一种思路》等。《灵与肉》《肖尔布拉克》《绿化树》获全国优秀小说奖；《牧马人》《黑炮事件》《肖尔布拉克》《龙种》《异想天开》《我们是世界》《男人的风格》《老人与狗》《河的子孙》9部小说改编成电影电视。作品译成30种文字在世界各国发行，成为中国新时期重要作家之一。美国《纽约时报》《时代周刊》《远东经济评论》，英国《卫报》、新加坡《海峡时报》、日本《产经新闻》、德国电视台、瑞典电视台等世界著名新闻媒体都对他十分关注，国内各大媒体都对他作大量报道。1992年12月，创办宁夏华夏西部影视城公司，任董事长。公司所属的镇北堡西部影城迅速发展成为中国西部最著名的影视城和国家AAAAA级旅游景区，被国务院和文化部评为"国家文化产业示范基地"和"国家级非物质文化遗产代表作名录项目保护性开发综合实验基地"，被誉为"宁夏之宝，中国一绝"。

张贤亮通过创办经营镇北堡西部影城，总结出"文化是第二生产力"的论断，为中国加强文化产业建设和西部大开发提供另一类范例。1997年，发表20万字的长篇文学性政论散文《小说中

国》，阐述公有制经济体制改革的思路，在读者中产生广泛影响，为中国承认私有财产的合法性，在宪法中明确规定私有财产受到法律保护起到一定的促进作用。

张贤亮热衷于慈善事业，获“希望工程特殊贡献奖”、2008年被评为“中国十大慈善人物”。自2010年年初开始，他以个人名义每年捐赠150万元至180万元对宁夏的贫困患者实施“救生行动”。对于自己的员工，张贤亮使用人性化的管理并严格要求，教育他们对于需要帮助的人永远要伸出援助的手，每一个人做人都要学会感恩。张贤亮还被评为“中国十大收藏家”“中国十大才智人物”“影响宁夏50年人物”“宁夏慈善大使”。其书法秀润遒媚，俊逸多姿，尤擅行书。

庞　朴（1928—2015） 字若木，原名声禄，清江浦（今淮安市区）人。1954年中国人民大学哲学系研究生毕业。曾任中国社会科学院研究员、《历史研究》主编、中国社会科学院荣誉学部委员，联合国教科文组织《人类科学文化发展史》国际编委，国际简帛研究中心主任，山东大学终身教授、儒学高等研究院理事会副理事长、学术委员会主任等职务。

1956年发表《否定的否定是辩证法的一个规律》。后研究中国哲学史，写成《公孙龙子研究》和《白马非马——中国名辩思潮》两书。1981年，在《中国社会科学》创刊号上发表震惊学界的《“中庸”平议》一文。1982年，率先发出“应该注意文化史”研究的时代性呼声，并就文化学、文化史、文化传统与现代化诸问题，数十次发表演说、撰写文章，推动文化研究热潮的前进。他认为文化有物质、制度、精神三个层面，民族性、时代性两个属性，中国文化的出路在于把握文化的民族性和时代性。

1995年春天，庞朴访问海德堡大学黑格尔当年讲堂，想起黑格尔的放言高论，说中国没有某种“三位一体的高卓的意识”。归国后，经过多年努力，于2002年8月完成《一分为三论》。认为中国式的思维方式，最重要的就是“圆融”，在《易经》中叫做“圆而神”，儒家称之为中庸之道，中和之德；道家谓之得其环中，以应无穷。西方所谓的否定之否定，差可比拟。通俗一点说，不妨叫“中华智慧”。说得简单点，可以叫做“一分为三”。三分法是中国思想文化的特色，是中国思维方法的精髓。

庞朴读史发现，在以太阳和太阴为授时星象以前，古代中国人有很长一段时间以大火（心宿）为生产和生活的纪时根据。山东莒县出土的陶文，德国内布拉米特尔贝格山出土的星象盘，都是火历的有力见证。这些思想见于《“火历”初探》《续探》《三探》及《火历钩沉——一个遗佚已久的古历之发现》等文中。为推进简帛研究的深入和发展，倡议成立国际简帛研究中心，并创办和主持“简帛研究”网站，得到海内外简帛学人的支持和一致好评。

庞朴一生勤奋刻苦，老当益壮，于古稀之年后作生命倒计时的安排，要在十年内完成四件事：一是构建一套完整的“一分为三”理论，二是以史例说明中国人的忧乐圆融精神，三是写一本通俗易懂的介绍“火历”的小册子，四是在出土简帛方面再做点工作。他是近30年来儒学复兴的主要推动者和引领者。2010年，获得第二届“孔子文化奖”。

程莘农（1921—2015） 清江浦（今淮安市区）人，中医、针灸名家。民国25年（1936）从著名老中医陆慕韩学习内科和妇科，民国37年（1948）获民国考试院中医师证书。1956年毕业于江苏省中医进修学校第一期医本科进修班，1994年当选为中国工程院院士。他是国家攀登计划“经络的研究”项目首席科学家，国务院学位委员会第三届特约评议组成员，中国针灸学会副会长兼经络研究委员会顾问，第六、七、八届全国政协委员兼医卫体委员会委员。

程莘农深谙传统中医针灸理论，善于治疗内科、妇科疾病及各种疑难杂症，特别对偏瘫、高血压、面瘫、坐骨神经痛、功能性子宫出血等疾病的研究和治疗达到国内外先进水平，临床治愈率及有效率很高；经络理论的实质研究取得重大成果，主持“循经感传和可见的经络现象的研究”和

“十四经穴点穴法”研究；主编和撰写针灸专业教科书7部，成为国内外针灸教学的主要范本。他重视辨证论治，贯彻理、法、方、穴、术的统一性，针刺手法高超独特，认为用药、用穴都是在中医学基础理论指导下进行的，穴位与中药的作用常有异曲同工之妙。他数十年如一日，勤于临证，钻研古籍，博采众长，主张实践与理论并重，写出《难经语释》《难经概述》等文章。他针灸功夫深厚，号称“我捏着针，别人根本拔不走，只要三下就能得气”。持针强调“手如握虎，伏如横弓”，运针讲究指实腕虚，气随人意。得气就是扎上针后酸麻胀痛的感觉，对于针灸来说，必须要有这种感觉才能有效果。针灸的手法有上百种，这种三下得气的方法，也叫“三才法”。他对元朝传下来的“三才法”潜心研究几十年后进行改进，独创“程式三才”。他解释说：“天、地、人为三才，天就是浅，人就是在中间，地就是深。实际上为患者行针大多时候只要掌握好浅、中、深三步就够了。”他进针快、穴位准、见效快。扎一针只需一两秒钟，一个病人扎十针八针，他不到一分钟就可全部完成。

程莘农参加国内、外针灸教学200余班次。培养针灸硕士和博士研究生20多名，为90多个国家培养1000余名针灸专业人才。应邀到日本、加拿大、美国、法国、印度、意大利、西班牙、菲律宾等国家讲学、考察。多次参加国际性中医、针灸学术会议，被国外多家针灸学术组织聘为名誉主席、顾问。1990年，受到世界文化理事会的表彰，获“阿尔伯特·爱因斯坦世界科学奖”。

程莘农兴趣广泛，多才多艺，擅长书法、绘画、篆刻，其作品入翰园碑林及《中国书法艺术大成》等，为中国书法家协会会员、北京市中国画研究会会员和国家中医药管理局杏林书画协会顾问。

谢铁骊（1925—2015） 清江浦（今淮安市区）人，中共党员，电影导演，国家有突出贡献的电影艺术家。13岁参加抗日救亡文艺活动，并在参加新四军后成为一名文艺战士。民国29年（1940）入淮海军政干部学校学习。曾任新四军文工团戏剧教员、第三野战军第30军文工团团长。

中华人民共和国成立后，历任北京电影学校表演系副主任，北京电影制片厂演员剧团副团长，北京电影制片厂副导演、导演，中国影协第二届常务理事、第三届副主席，中国文联第四届委员。他是第五、六、七、八、九届全国人大常委，中国电影家协会第六届理事会主席，中国夏衍电影学会会长，中国影视音像交流协会会长。执导多部电影作品，为中国第三代电影导演的代表人物。

谢铁骊少小失学，完全靠天资聪颖和刻苦自学成长为一位著名电影艺术家。1959年开始独立拍片。导演的影片有《早春二月》《暴风骤雨》《知音》《无名岛》《千万不要忘记》《智取威虎山》《红色娘子军》《龙江颂》《海港》《杜鹃山》《大河奔流》《今夜星光灿烂》《清水湾淡水湾》《红楼梦》《古墓荒斋》《月落玉长河》《天网》《金秋桂花迟》《聊斋·席方平》《海霞》《包氏父子》等。电影《红楼梦》获第十届中国电影金鸡奖最佳导演奖。2005年，获第14届金鸡百花电影节终身成就奖。2011年，获得杰出贡献导演称号。

在谢铁骊心目中，电影不仅是神圣的艺术，还是战鼓和冲锋号。当年他作为新四军的一名文艺兵，亲眼看到人困马乏的部队在歌声鼓舞下，像充电一样有劲头。正是在这样的信念支持下，他拍摄《海霞》，在当年激励很多女孩入伍当兵，保家卫国。而电影《早春二月》又带着强烈的反抗封建礼教的力量，鼓舞着那个年代的观众追求理想和幸福。他拍摄的《今夜星光灿烂》，更是对战争年代革命精神的深情讴歌，对革命战友的深切缅怀。6部8集电影《红楼梦》耗时5年，倾注他无数心血，最终成为经典之作。

朱　琳（1923—2015） 女，清江浦（今淮安市区）人，中共党员，著名表演艺术家，被称为“中国话剧皇后”。自幼酷爱唱歌和表演，在清江浦京剧班社学习过京剧的演唱和表演。全面抗战爆发后，还在淮阴中学读书的朱琳加入由中共地下党领导和组建的长虹剧社，参加抗战戏剧活

动。次年，考入武汉艺术专科学校国画音乐系，投身抗日救亡宣传活动。民国27年（1938）8月1日，在武昌昙华林参加抗敌演剧队第二队。先后在话剧《木兰从军》中饰演花木兰，在《大雷雨》和《钦差大臣》中分别饰演卡捷琳娜与市长夫人安娜，受到好评。随后，演出田汉创作的《秋声赋》，担任女主角廖红，并演唱该剧的主题歌《落叶之歌》，这首歌经她演唱后在大西南的年轻人中广为流传。此后，参加演出《孔雀胆》《丽人行》等新剧目，拍摄故事片《弱者，你的名字是女人》《热血》《哑妻》等10余部影片。

1950年，进入中国青年艺术剧院，参加演出《钢铁是怎样炼成的》等剧目。1952年9月，调入北京人民艺术剧院，在《雷雨》中，朱琳成功塑造鲁侍萍这一角色，从此成为北京人艺挑大梁的演员，被誉为北京人艺舞台上的"一代大青衣"。塑造的鲁侍萍、蔡文姬、如姬夫人、武则天、纳佳、芳西雅等角色，不仅在演出当时引起轰动，直到今天仍为观众所称道。朱琳的演出在汲取生活的基础上，既有深刻的体验又有鲜明的表现，使话剧民族化探索进入一个炉火纯青的阶段。郭沫若在看过她所饰演的蔡文姬后说："朱琳同志演的蔡文姬能传神"，更赋诗一首盛赞。"高贵的演员气质、美的表演内涵、诗化的表演意境"等则是戏剧专家对其独特表演风格的评价。61岁时在电视连续剧《末代皇帝》中成功地扮演慈禧太后，获第七届大众电视"金鹰奖"最佳女配角奖。2007年获"国家有突出贡献话剧艺术家"荣誉称号。2012年，90岁高龄的朱琳在北京人艺建院60周年献礼大戏《甲子园》中扮演王奶奶，完成她的谢幕演出。

朱琳兼具导演、剧本创作、文学创作等多重身份。曾参与导演《为了六十一个阶级兄弟》《在街道上》《渥巴锡汗》《七妹与蛇郎》《拔都汗》《忠烈碑》等剧目。与丈夫刁光覃合著出版有关表演艺术的专业书籍。曾两次随中国戏剧家代表团访问日本，随《推销员之死》剧组赴中国香港、新加坡演出。她曾任北京市人民代表、中国剧协理事、北京市剧协常务理事、北京人艺艺委会委员。

丁鸿才（1914—2015） 涟水人，中共党员。父丁翘南，以行医为业。丁鸿才于民国24年（1935）考入中央大学医学院六年制口腔本科，毕业后留校任教。1949年4月任南京大学医学院讲师。1950年起，历任解放军第三军医学院副教授，第五军医大学副教授、口腔医院口腔外科主任，任第四军医大学副教授，口腔医院口腔颌面外科首任主任，1962年晋升教授。1981年带头退出领导岗位，任研究生导师、校专家组副组长兼口腔医学院专家组组长、校专业技术职务评审委员会主任。

丁鸿才为中国口腔颌面外科的建立与发展，做了大量开创性的工作，是著名的口腔医学家、口腔医学教育家、口腔颌面冷冻生物学家。创造享誉国内外的"丁鸿才氏法"、颌骨缺损用植骨代用品植入法、冷冻治疗恶性肿瘤及多种组织的低温冷冻法。出版专著17部，发表论文90余篇；获军队及省部级以上科技进步成果奖11项；获解放军三总部、国家教委颁发的荣誉证书，立三等功一次，首批享受政府特殊津贴。多次应邀赴美国、波兰、日本等国家参加国际会议并进行学术交流。加入美国国际颌面外科学会、中国低温学会第六专业委员会、国际制冷学会CI委员会，任《中华口腔医学》《解放军医学》等8家杂志编委、特邀编辑。被《中国军事后勤百科全书》人物卷、《中国专家人才库》、英国剑桥大学国际名人传记中心《世界名人录》收录。

丁鸿才作为"颌外开拓者，口腔老元勋"，被业界誉为"学术上一面鲜艳的旗帜"，还被师生、患者称为"充满仁爱之心的军中长者"。为抢救颌面部受伤的志愿军官兵，可以几天几夜不合眼；为给"坑面女"做手术，组织全科人员日夜攻关；为响应"军队领导干部年轻化"的号召，带头退出领导岗位；为培养青年专家，甘做人梯，把自己的科研心血无偿让给学生；当体检时查出肾癌，为让年轻的军医消除顾虑，让他们把自己当成实验者，大胆地在自己身上开刀；为贫困地区、灾区

捐钱、捐物，退休后也不甘落后；病重弥留之际，为不占用土地，要求死后撒掉骨灰。丁鸿才用自己的百年人生，诠释“医者仁心”的深刻内涵。

王　尧（1928—2015） 涟水人，著名藏学家和民族史学家。早年就读于南京大学中文系，1951年就读于中央民族学院，后留校任教。为中央民族大学藏学院教授、国务院参事、北京大学兼职教授、中国佛教文化研究所特邀研究员、德国波恩大学《藏文历史文献》编委。毕生从事古藏文资料收集和研究，著有《宗喀巴评传》《西藏文史考信集》《王尧藏学研究文集》（1~5卷）等，发表论文数百篇。曾任奥地利维也纳大学、德国波恩大学、加拿大多伦多大学客座教授。

1951年5月和平解放西藏协议达成后，王尧开始跟随中国现代藏学的开山祖师于道泉学习藏文。贡噶活佛是王尧到藏区学习遇到的第一位老师，活佛把他们接到贡噶雪山上的贡噶本寺，到寺庙里面了解寺庙生活，并学习活佛选择的教材，接触文、史、哲几个方面的材料。

中国人民解放军第18军进藏时，王尧利用藏语的初步知识简单地做一些群众宣传工作，争取藏民与解放军的合作，把中共中央的政策带到藏区去。1954年，达赖喇嘛和班禅额尔德尼分别率代表团参加全国人民代表大会，王尧回到北京，负责欢迎、接待他们，亲历毛泽东和达赖喇嘛、班禅额尔德尼在一起共度藏历木羊新年的历史场景。

在藏学领域，王尧有着开拓性的贡献。他把古藏文文献引进对西藏古代历史的研究，开辟吐蕃历史研究的新时期。同时对唐史、中亚史研究等相关学科亦产生非同寻常的作用。为国家培养一大批藏学家，他的学生遍及北京、四川、青海、西藏、杭州、上海等地。2014年5月13日，王尧向上海复旦大学捐赠自己所藏《藏文大藏经》。

第二章　人物简介

齐　澣（约678—750） 字洗心，唐代治理运河的官吏和专家。唐开元二十七年（739）任采访使，对广济渠进行一次重要改线，该条经过改线的运河，称为广济新渠。据《旧唐书·齐澣传》载：“淮汴水运路，自虹县至临淮一百五十里，水流迅急，旧用牛曳竹索上下，流急难制。澣乃奏自虹县下开河三十余里，入于清河。百余里出清水，又开河至淮阴县北岸入淮，免淮流湍险之害。”据考证，齐澣所开“至淮阴县北岸入淮”之河，即小清河。

张　井（1776—1835） 字仪九，号芥航，陕西肤施人，进士。道光六年（1826）三月出任南河总督。次年春汛，黄河水倒灌，御黄坝难以启放，许多漕船搁浅。张井紧急创行“灌塘济运”法。又修复刘老涧石滚坝、中河厅南纤堤、扬粮厅二厅东西纤堤及堤外石工，并移建昭关坝。移建中河厅盐河闸，并改作双孔。道光十一年（1831）十二月兼署漕运总督。次年六月，奉旨严办河道各级属官买食鸦片者；移建高家堰信坝于夏家桥。九月，桃源县奸民陈瑞趁黄河水盛涨，盗挖于家湾大堤，放淤肥田，导致黄河主溜注入洪泽湖，张井遭革职留任。官民极力请求掘开拦湖坝，张井毅然驳回，并说：“倘有不虞，自请正法，不相累也。”幕僚属吏大惊失色，昼夜筹画赶工，未满三个月即完成各处工程，时人佩服其胆识。著有《二竹斋诗文钞》。

麟　庆（1791—1846） 字见亭，满洲镶黄旗人，进士。清道光十三年（1833）任南河总督，道光二十二年（1842）十一月，黄河在桃源县崔镇汛决口，麟庆遭到革职处分。著有《河工器具图

说》4卷，内分宣防、修浚、抢护、储备，并将河工器具逐一绘出，极为形象准确；《黄运河口古今图说》不分卷，绘录明嘉靖前期至清乾隆三十年（1765）以清口为中心的舆图近20幅，图说文字数千言；《鸿雪因缘图记》6卷，其中关于清口、清江浦、洪泽湖的图近30幅，记30多篇。均为黄淮运河及清口地区的重要资料。

吴朝观（生卒年不详） 字殿升，南清河（今淮阴区）大兴庄人。以善于经商而致富，且富有慈善之心。道光十一至十三年（1831—1833），清河一带连续灾荒，哀鸿遍野，吴朝观就自己家宅外开设4个粥厂，使上万人免为饿殍。又命次子吴以诏到外省买黍麦数千石，以贱价出售给贫民，民困大纾。第二年，还有很多无食者，又进行大规模赈济，"三年而不倦"。据邑人蒋阶所记，仅道光十三年（1833），自正月初十至二月十八，"一月间凡活老弱七十八万六千余口""其触寒而死者，为七大冢埋之，今大北门外，高冢嶕峣，如岗如阜，皆当时饥民埋骨地也。事闻，巡抚林则徐榜其门曰：'积善之家'。自是以后，吴氏常为乡里所宗仰，其子孙又能世其德，以'节义廉退'为其家法。"

吴朝观一向重视教育事业，曾重建临川书院，并捐助学田。又另外捐建向善堂；为吴氏家庵延寿庵捐愿田。光绪三十三年（1907），其后裔吴钟骥、吴其稑又顺应潮流，改扩临川书院为渔沟小学，有教室70余间，并有吴家所捐学田18顷多。至20世纪30年代，仅他乡异县在该校的毕业生就达500余人。后裔如吴昆田等，对于地方水利、垦荒减税等国计民生之事，编史修志、藏书化俗等地方文化事业，也多所建树。吴昆田先后倡议贷款挑修包家河、便民河、清桃界沟、戴范河等。"初贷官款于漕库，工竣而款无着，以祖遗田二千四百亩充偿之。"

于昌进（生卒年不详） 字湘山，河北荣城人。历署南河睢南、海防、宿北同知，补里河同知。道光二十二年（1842），黄河决中牟，"漕艘壅杨庄之塘河不得渡"，于昌进建策辟清口，引淮济运，运以畅行。二十七年（1847）夏，黄河大涨，吴城堤将溃，于昌进经请准，开七堡堤泄水入湖，使得清河县免受洪灾。当时南河积弊深重，"先后河督麟庆、潘锡恩、杨以增，无不礼重昌进若左右手"。曾捐俸修清江浦文渠沟，建王渔洋祠。藏书丰富，早年得到藏书家黄丕烈旧藏数十种，与著名藏书家杨以增交往甚密。其不少藏书得于淮安。

项文彦（生卒年不详） 字幼平，号蔚如，祖籍浙江嘉兴，清咸丰初为避战乱迁居淮安山阳（今楚州区）。晚清水利专家、书画家、书画收藏家。曾在山东东河总督幕任职，晚年致仕回淮安后，曾参加治水工作。万立钰曾向其请教治水学问，清江浦著名慈善家和水利家王叔相则拜其为师。项文彦为明代著名书画鉴赏家和收藏家项元汴后裔，今故宫博物院藏李白"上阳台帖"，即经项氏当年收藏。幼承家学，善画山水，笔致苍劲，墨气淹润，近承二王，远参倪黄，俱得神似。间作墨梅，亦饶冷逸之趣。工人物，尤善仕女。书法以小楷见长。其书画均有作品传世。为人正直，具爱心，清光绪六年（1880）黄河在山东决口，他"积鬻画赀二千余金助赈，全活甚众"。光绪十七年（1891），曾仿徐贲《山水图》。为人清高拔俗，淡泊名利，不让子女混迹官场，以务农为本。

张三世（？—1913） 淮阴（今淮阴区）丁集人。少有大志，卓尔不群，身处清末政治动乱，他作为中国同盟会成员，很早就注意学习兵书战策。辛亥革命时，"以策干黄陂，未能大用"。民国2年（1913），与革命党人谋"二次革命"，因事机不密被捕，被袁世凯心腹杀害于通州。

罗福苌（1895—1921） 字君楚，国学大师罗振玉第三子。出生于淮安府山阳县（今楚州区）。语言学家、历史学家、西夏学家。博通欧洲诸国文字，于法语、德语造诣尤深。治中国民族古文字学，与哥哥罗福成一起致力研究西夏文。复创通西夏文的读法。民国3年（1914）撰著《西夏国书略说》，考证出23个部首。在着手研究突厥、回鹘诸文字时，不幸早逝，年仅26岁。其所著书多未就，由王国维考定的有《西夏国书略说》《梦轩琐录》《宋史西夏传注》《华严经译文》《郭

煌古写经原跋录存》等书。民国21年（1932）《国立北平图书馆馆刊》4卷3号上发表其《俄人黑水访古所得记》《西夏赎经记》《大方广佛华严经卷一释文》《妙法莲花经弘传序释文》《宋史夏国传集注》（部分）等论文5篇。

侯万五（1909—1932） 涟水大东人。在涟水县中学读书期间即投身革命。在上海读大学期间，参加上海地下党组织的读书会和抗议示威活动，深入社会底层，散发传单，秘密集会，在学生、工人和贫苦市民中宣传共产主义思想。民国19年（1930）在上海闸北区加入中国共产党后，多次发动工人、学生参加游行示威等集会活动。次年8月1日，在南京路带领群众游行时被捕，狱中面对国民党反动派的严刑拷打，宁死不屈。民国21年（1932）被国民党当局杀害。

马田田（1907—1934） 涟水大东人。民国16年（1927）冬，秘密参加中国共产党，与万金培、嵇荫根、吴长来等人组建涟水县立师范共产党地下支部，组织读书会，带领同学搞学潮。次年秋毕业回乡任教，秘密发展多名共产党员，建立党组织，发动贫苦农民与地主恶霸作斗争。民国19年（1930）参与组织领导涟水"八一"农民暴动，失败后辗转到上海，与上海地下党组织取得联系，以黄包车夫身份作掩护，组织发动工人罢工、罢市，举行游行、示威和飞行集会等活动，刻发传单。民国23年（1934）春，因叛徒出卖被捕入狱，始终坚贞不屈。同年，被国民党当局残害于狱中。

方修斯Otto Franzius（1878—1936） 德国汉诺佛工科大学著名教授。民国18年（1929）秋，受导淮委员会委员长蒋介石之聘为导淮委员会顾问工程师。到华后，常驻江苏淮阴，与导淮委员会工务处长兼总工程师李仪祉同一办公书案，共商导淮大计，并亲往淮河、运河上下查勘，与中国工程师合作制定《导淮工程计划》。"凡排洪潦，开航运，兴灌溉诸端，靡不从远大处着眼，细密处运思。计划成后，历经中外专家讨论，咸无异辞。"他听取李仪祉意见，复留意于治黄的研究。返德后，发表《黄河及其治理》一文，认为"黄河之所以为患，在于洪水河床之过宽"，与美国费礼门见解相近。民国20年（1931）在汉诺佛工科大学水工试验所举办两次导治黄河模型试验。

王元甲（1928—1943） 淮安（今楚州区）泾口人，出生于贫苦农家。民国32年（1943）5月9日，泾口据点日伪军到流均一带"扫荡"，留守伪军派王元甲的老板出差，老板胆小，叫王元甲代他去。王元甲趁机脱身，到石头桥投奔新四军。在新四军淮安支队政治处宣传干事程特青的教育疏导下，王元甲同意"留在据点里做革命工作"，并怀揣传单回泾口。进圩子时，伪军哨兵见他光着双脚，以为是从地里干活回来的，也就没有检查，让他进了圩子。半夜过后，他把20多张宣传标语分别贴到圩子里最显眼的地方。天亮以后，前一天遭到新四军伏击和宥城民兵侧袭的日伪军，见圩子里许多地方贴上新四军的标语，慌成一团。伪军头子张汉林连忙下令挨家挨户进行搜查。又集结人力，限期查出贴标语的人。王元甲终被敌人确认，受到刑讯。虽遭受毒打，什么也不承认。只回答："我是中国人，不当亡国奴!"敌人耍尽花招，最终连标语从什么地方弄进来的也没有搞清楚。后王元甲惨遭杀害。

王嘉树（1920—1943） 四川乐山人，出生盐商家庭，后因破产辍学。卢沟桥事变后，经李公朴介绍，考入西安"西北青年干部训练班"，加入中国共产党，转入中国人民抗日军事政治大学第一分校，移驻晋东南太行山区。民国28年（1939）9月毕业后，任《冀南日报》特派员。尔后调到盐城，任《老百姓报》主编。后历任淮安苏嘴区、钦工区、泾口区的区长和区大队长。泾口有日伪军重兵驻守，日伪军经常四处侵扰掳掠老百姓。王嘉树动员和组织群众实行"二五"减租，"四六"分收，并发展武装力量，开展武装斗争。还经常组织干部深入敌人内部，做瓦解工作，争取伪军邱桂成部一个营反正，并改编伪"淮东阜西自治会"，创建起市河大队。王嘉树也因此成为敌人的眼中钉、肉中刺。民国32年（1943）9月16日晚，王嘉树率领区队在西岗村过夜。因内奸

告密，被优势伪军包围。为掩护战友突围，王嘉树在激烈搏斗中壮烈牺牲。中共淮安县委和县政府决定，将王嘉树工作战斗过的地方命名为“嘉树区”。

王　溶（？—1944） 淮安（今楚州区）泾口区宥城村人。民国32年（1943），日军纠集徐（州）、连（云港）、淮（阴）、淮（安）日伪军，扫荡国民党江苏省政府驻地车桥，政府军不战而溃。王溶组织民兵以草钩、铁叉等获得伪军枪支弹药。新四军淮宝支队政治部主任彭冲立派政治处宣传干事程德庆到宥城，帮助王溶发动群众，组织民兵抗日武装。王溶带领民兵智斗顽敌，数获胜利。敌人对宥城民兵形成三面合围偷袭。王溶令战友带领乡亲东撤下荡，他独自一人利用溪河南堆堤作掩护，对敌人实施阻击，在灌木丛中左冲右突，与敌“捉迷藏”。敌人用三挺机枪交叉扫射，他腰部中弹，跌入水中。这时，他见弟弟王浩在河坂上，连忙使劲把枪托到岸边，大喊：“王浩，快把枪拿走！”王浩见哥哥中弹在水中挣扎，一头扑进河中，托着哥哥死命划向岸边。王浩当场中弹身亡，王溶也再次中弹，当天牺牲。

杨瑞芝（1924—1945） 金湖闵桥人，中共党员。民国29年（1940）4月，新四军五支队十团开辟高邮湖西抗日根据地，杨瑞芝投身革命，带领农会积极分子开展减租减息斗争，发展生产，积极支前。民国32年（1943）8月，奉命担任地下交通员，时常挎着烧饼油条篮子沿街叫卖，为新四军和抗日民主政权搜集、传递情报，筹集军需物资，将情报送至闵塔区委。他还多次借送烧饼、油条之机，混进敌据点刺探情报，使敌人几次下乡“扫荡”扑空。民国34年（1945）春节以后，根据地军民积极投入围困金沟日伪军的斗争中。杨瑞芝往返于金沟、闵桥和双庙之间，侦察敌情，递送情报。由于情报准确，天高支队在六丘坟附近炸沉敌汽艇1艘，截获满载军用物资的拖驳6艘，切断敌水上运输线。后杨瑞芝又奉命潜入闵桥侦察敌情。由于叛徒告密，不幸被捕，惨遭杀害。

张习仁（1916—1946） 盱眙淮滩黄岗人。抗日战争爆发后，积极参加抗日救亡活动，历任黄岗农救会主任、乡队指导员、淮河区队长、草湖中队指导员。抗战胜利后，任华中野战军九纵77团3营7连指导员。民国35年（1946）夏，所部参加攻打泗县县城，张习仁自告奋勇，任攻城突击队队长，英勇负伤。在战地医院疗伤时，因行走不便被部队动员回家乡坚持斗争。回到黄岗张时庄没几天，不幸被捕，受尽酷刑后牺牲。中共淮河区委将张习仁曾经战斗过的淮滩乡命名为“习仁乡”。

顾　敏（1919—1946） 江苏泗洪魏营人。民国28年（1939）9月参加敌后抗日斗争，任淮宝县盐南区乡长、支部书记，山阳区区委书记。抗日战争胜利后，调任中共洪泽县湖东区委书记。民国35年（1946）7月，新四军淮南部队及地方党政机关奉命撤退，顾敏奉命到蒋坝乡组织船只，运输伤员和老弱病残者。他周密组织，圆满完成任务。同年9月，转到洪泽湖上坚持游击战。率部活动在新河口、黄码头、大台口、高嘴、尚嘴一带，将大批粮草转移到湖上。10月20日，刘青扬率领“还乡团”偷袭泗南县武工队。顾敏率部进入高渡湾时与敌人交火，取得胜利，缴获钢板划子30余个，为坚持洪泽湖上斗争创造有利条件。11月24日，中共华中七地委和军分区撤往运河东，未来得及撤走的10几个单位的干部和武装约3000人，被挤到洪泽湖上。12月中旬，顾敏不幸被捕，被敌人装入麻袋，投入淮河牺牲。

俞德让（1924—1947） 洪泽老子山人。民国31年（1942）参加洪泽湖总队，历升至政治指导员。民国35年（1946）秋，“还乡团”偷袭在成子湖大台口一带活动的泗南县武工队，洪泽湖总队令俞德让带领二连增援。进入阵地后，他发现自己的船只位置稍偏，不便指挥，便跳入水中，一边射击，一边向前方船只接近。敌人见俞德让在毫无隐蔽的水面向他们射击，就集中火力向他开枪。安全上船后，迅速指挥部队将敌人压到高渡东侧吴家勒子一带浅水地，迫使敌船搁浅，缴

获30余艘船只。同年11月，华中七分区部分后勤人员和周边各县地方干部武装约3000人被围困在洪泽湖上，必须精减疏散非战斗人员。民国36年（1947）1月20日中午，俞德让奉命率一个班护送一批人员上岸，遇到敌人，不幸牺牲。

吉同袍（1907—1947） 淮阴县（今淮阴区）老张集人。出生于地主家庭，少时学过医，青年时教过私塾。抗日战争开始时，与胞弟吉同江均在国民党军队当兵。民国29年（1940）年初，与弟弟分道扬镳，投奔共产党领导的抗日武装。同年9月，被任命为淮阴县大队供给主任。他不畏艰险，经常深入乡村，为部队筹集粮饷。有时还带领战士冲破日伪军的封锁，从敌占区运来一批批物资，保证部队给养。民国31年（1942）春起，历任张集区、徐溜区、渔沟区区长。民国36年（1947）4月8日，淮阴县大队决定围歼张集区的还乡团武装。吉同袍随即率领渔沟区队前往参战，取得清剿还乡团战斗的胜利。战斗即将结束时，不幸身负重伤牺牲。中共淮阴县委追认他为模范共产党员，并将其出生地命名为“同袍乡”。

厉庆祥（1919—1948） 洪泽东双沟人。民国31年（1942）参加淮宝县越城区武装大队，历任区武工队队长，区长兼区大队长，淮宝县浔河支队支队长。智勇双全，曾指挥部队打过不少胜仗。民国35年（1946）9月的一天，双沟乡还乡团头目李明爽在双沟街做50大寿，厉庆祥率区队兵分两路，一路装扮成商人，坐船从草泽河上；另一路装扮成当地老百姓，从北街上。此战没费一枪一弹，捣毁李明爽老巢，俘虏还乡团一个小队。民国37年（1948）11月1日，驻防高良涧敌孙良诚部下乡扫荡，厉庆祥带领区队部分战士在越城区安乐村和敌人遭遇。由于敌众我寡，厉庆祥命令战士们边打边撤，当撤到姚韦庄农田里时，股骨中弹。警卫员要背着他撤退，他说：“你背着我，那我们一个也走不了，你快走，我不行了。”并将手枪交给警卫员，嘱咐他千万不能将武器落入敌手。警卫员接过手枪，含泪用山芋藤将他盖住，恋恋不舍地去追赶部队。厉庆祥因流血过多不能动弹，敌人顺着血迹搜到他，将其杀害。

黄　浩（1918—1949） 盱眙古城人。抗日战争爆发后，参加大刀会，历任农抗会理事、农抗会组织部长、中共古城总支书记。民国32年（1943）春，回安乐乡任支部书记兼民兵指导员，使安乐乡一跃成为古城地区有名的支前模范乡。后调任津石区，迅速打开津石区生产救灾局面。民国36年（1947）7月，已撤退到山东的黄浩奉命回到盱来嘉，任盱来嘉工委所属工委副书记，兼任高古武工队队长。带领武工队多次主动出击，打得敌人闻风丧胆。一天夜晚，他率领武工队渡过淮河，长途奔袭敌石龙乡公所，活捉敌乡长陶光亚。次年年初，担任古城工委书记兼武工队队长，又受命到盱来嘉侦察六大队任教导员兼大队长，配合主力取得一系列胜利。率领侦察大队深入山区，镇压一批土匪恶霸。敌人对他恨之入骨。同年12月中旬，盱城解放。敌人以两个团的兵力向古城地区反扑。黄浩率部在旧铺、王店、古城一线阻击，遭到敌后续部队的围击。他命令主力迅速撤退，仅留两人和自己一起阻击敌人。入暮，准备撤出阵地时，因机枪膛弹簧绷落，牺牲于敌人的乱枪之下。

陈其昌（1929—1950） 涟水麻垛人，中共党员。民国36年（1947）参加革命，先后参加过莱芜战役、孟良崮战役、淮海战役、渡江战役和上海战役。1950年11月，任中国人民志愿军第20军77师229团2营6连1班班长。同年11月25日，参加围歼下碣隅里地区的敌军主力战斗，和战友们一起连续4昼夜急行军100多公里，到达集结地域。12月6日下午，在围歼战斗中，敌人一发燃烧弹落在附近，为保护战友，陈其昌奋不顾身扑在燃烧弹上，壮烈牺牲。1952年10月4日，被中国人民志愿军追记特等功。

董振邦（1927—1951） 淮安（今楚州区）人，中共党员。1949年7月，在镇江公学报名参加西南服务团。1950年1月，被分配到四川富顺县赵化区任财粮助理员，旋任副区长。不久，主

持赵化区工委工作。1951年5月4日拂晓，35名匪徒背枪持刀，伪装成参加区“五四”青年大会的群众混进镇里。董振邦遭匪徒袭击，不幸牺牲。

钟　石（1923—1958） 原名徐慎璩，涟水红窑人。民国26年（1937）参加革命，与黄功勋、黄树勋、罗运来等人发起组织青年抗日团，加入涟水抗日同盟会、涟水民众抗日义勇队。后历任涟水民众抗日救国总会巡视员、组织部部长，中共涟水县工委宣传部部长兼青年部部长，三区区委书记，县抗日游击大队三中队政治指导员，泗沭县四区区委副书记、书记等职。民国34年（1945）起，历任孝丰县白水区委书记，高淳县安兴区委书记，苏浙军分区独立三团政治处组织股股长、党总支书记，山东地方干部队分队长，鲁中区党委工作队组长、安丘县委工作队队长，莒沂县委副书记，峰山区委书记，河南宝丰县一区区委书记等职。

1949年，南下湖南邵阳，任邵阳县委副书记、代书记、县委常务委员会主席。1951年起，先后任邵东县委书记、邵阳专员公署专员等职。1954年起，历任邵阳地委第一副书记、第一书记等职。1957年受到冲击。1958年1月16日，含冤自杀。1983年3月，湖南省委恢复其党籍和名誉，彻底平反。

罗福成（1884—1960） 字君美，近代著名金石学家、甲骨文学家、文物收藏家，国学大师罗振玉长子。生于淮安府山阳县（今楚州区）。古民族文字学家、西夏学专家。早年先后毕业于江苏师范学校、日本早稻田大学。辛亥革命后，随父避居日本，开始接触黑水城文献。民国8年（1919）随父返国。后迁居旅顺，拒受日本驻伪满当局的招延，闭门潜研学问。中华人民共和国成立后，任旅顺博物馆研究员。先后发表《西夏译莲花经考释》《西夏国书类编》。前者考释西夏文莲花经，后者把一些西夏字单词分类编排，便于检索。民国21年（1932）在《国立北平图书馆馆刊》4卷3号（西夏文专号）上发表《韵统》《文海杂类》《居庸关石刻》《西夏文残经释文》等论文17篇。全文摹写和整理出版《番汉合时掌中珠》与西夏文字典《音同》。

罗福葆（1899—1967） 字君羽，国学大师罗振玉第四子。出生于淮安府山阳县（今楚州区）。中国古文字学家、敦煌学家、金石家、西夏学家。民国7年（1918），与罗福成辑罗振玉所藏之印成《小蓬莱阁古印菁华》。继承其父敦煌学研究的思路，民国13年（1924）辑成《敦煌零拾》等。所辑《沙洲文录补》，共收敦煌写卷55件，其中包括《唐太宗入冥残小说》《秋胡小说残卷》。

倪育洪（1937—1969） 淮阴（今淮阴区）人。淮阴地区食品公司轮木船工人。1969年6月20日，船队五条船载1000多头猪驶向高邮方向，船到邹家湾时，狂风暴雨夹杂冰雹袭来，倪育洪所在的三号船舱篷被掀起，拉门飞出。在这危险关头，他使尽全身力气把舱往上风头推。风浪越来越大，300多头猪随船倾斜到一边，甲板吃水，随时有翻船可能。其他船工均安全撤走，并催他快撤。可他坚持说：“我不能离开船！”用两脚拼命地蹬着船板，两手紧紧拖着舵杆。可狂风恶浪，最终打翻三号船。由于他坚持抗住舵杆，争取时间，让19名船员都安全脱险，自己却光荣牺牲。倪育洪牺牲后，被追认为共产党员、革命烈士。

温志彬（1948—1973） 金湖吕良人。1968年12月入伍，1971年加入中国共产党。1973年1月4日凌晨，温志彬像往常一样，给房东大爷家水缸挑满水，院子打扫干净，接着又为战友们烧好洗脸水。上午，他带病在驻地检查连队执行群众纪律的情况。下午，又来到长白山采石场帮战友们采石头。放炮过后，几百立方米石头飞泻在山坡上。一个高2米多、宽约2米的窑门式深洞悬空立在山顶上，随时有塌下来的危险。几番排除险情不成，温志斌抢过战友张德成手中的撬杠，毅然向险处冲去。他跌倒3次，终于爬到山顶，用力排险。就在快要撬下一块大风化石时，他脚下几十立方米的石块与泥土突然坍塌，直泻而下。温志彬牺牲后，新华社、《解放军报》《吉林日报》等都发表长篇报道。家乡吕良公社为他召开隆重的追悼大会。部队领导还特别批准他的

弟弟温志国参军，继承哥哥遗志，继续为保卫祖国而战。

罗福颐（1905—1981） 字子期，国学大师罗振玉第五子。出生于淮安府山阳县（今楚州区）。古文字学家、文物鉴定专家。一生未进校门，均受教于家学。20岁始著书立说。曾任奉天博物馆临时鉴定委员，协助旅顺库籍整理处整理明清档案。历任北京大学文科研究所讲师、文化部文物处副研究员和业务秘书、文化部国家文物局咨议委员会委员等。1957年，入故宫博物院负责筹建青铜器馆。1972年整理山东临沂出土的汉简，发现和整理出《孙膑兵法》等20余种古代典籍。在古玺印、竹木简和战国文字研究方面有重要的开创性成果。著有《贞松堂集古遗文》《印谱考》《古玺汉印文字徵》《三代秦汉金文著录表》《清大库史料汇目》《宋史夏国传集注》《西夏官印汇考》等，多达123种。

文金扬（1915—1982） 淮安（今楚州区）淮城人。中央大学艺术系毕业后，任四川省立川东师范学校美术教员、四川江津国立第九中学音美教员、重庆国立艺术专科学校讲师并兼重庆西南美术专科学校教务主任。抗日战争胜利后，随校迁往杭州，任国立艺术专科学校讲师、副教授。中华人民共和国成立后，1951年起任中央美术学院副教授、教授。其间，曾应聘到中央工艺美术学院、中央民族学院、中央戏剧学院、北京电影学院、北京艺术学院教授美术技法理论课。曾任北京市文联美术部委员、中国美术学院院务委员会委员、中国民主同盟北京市委员会委员兼宣传部副部长。曾多次在海内外举办个人画展。1982年，发起筹建中国美术技法理论学会，后被推选为该会理事长。1982年7月，加入中国共产党，同月逝世。代表作有油画《乞丐》《官厅水库》等。著有《艺用人体解剖学》《绘画应用透视学》《藏族木刻佛画艺术》《绘画色彩学》《绘画透视基础》等。

姚月林（1964—1985） 金湖黎城人。1984年1月入伍，入伍半年，军事技术就在班里拔尖。同年7月，部队奉命开赴老山前线。他更加刻苦勤奋，终于掌握夜间埋雷、排雷技术，练就一身山地丛林工程保障与开辟通路的过硬本领。

1984年12月9日，和班里两名战友一起，配属2连进入634防御阵地。姚月林主动请战，到距越军只有二三十米的116阵地构筑工事。筑工事时，为防止发出声响，用双手扒出碎石块，装进麻袋，垒成哨所。哨所垒成，姚月林的手指头都磨出血。10日凌晨5时，他和战友回到正遭越军炮击的634阵地，上级要他们迅速构筑连指挥部和掩蔽部。这时，姚月林累得双腿发软，红肿的指头阵阵作痛。他咬着牙，和战友一起完成任务。之后，又和战友一道，连续构筑662阵地掩蔽部一个，挖出115阵地至634阵地战壕80米，布设防步兵地雷20枚、防坦克地雷100枚，构筑一个重机枪掩体。前沿阵地饮水极端困难，为了战友们能喝上水，他几次利用夜幕掩护，往返5公里的山路，到新寨背水。

1985年1月15日，越军发动大规模反扑，炮弹炸塌634阵地掩蔽部，姚月林壮烈牺牲。部队党委根据其生前要求和表现，追认他为中共正式党员，并记三等功一次。

刘金龙（1966—1985） 金湖金南人。1984年1月入伍，两次受到连队嘉奖。同年8月，部队开赴云南前线。

1985年1月17日晚，刘金龙所在班排担任第一梯队主攻任务。他紧跟着班长，迅猛向3号高地冲击。冲至山腰受阻。刘金龙看准时机，跃到一块石头后察看敌情，发现左前方两名越军正向战友扫射，随即迅速甩出手榴弹。全班战士得以迅速冲上高地。敌军失去阵地后，凭借山峰前凹部的天然溶洞，用一挺重机枪和一挺高射机枪扫射。刘金龙和6班副班长、5班副班长组成爆破组，散成3个点，向溶洞接近。两位副班长相继被敌人击中，刘金龙撕开衣服扯成布条，将两枚手榴弹捆在一起，匍匐前进。离敌军火力点只有20米时，突然一块弹片飞来，将他左臂切开一个口

子。他忍着剧痛，继续贴着地面一米一米地向前爬。只剩10米的时候，猛然跃向岩石边，迅速甩出扎好的手榴弹，扫除这个暗火力点。但同时，他的胸膛中弹，昏迷。醒来后，他将半倚在岩石上的身子站直，用最后的力气端起冲锋枪，射向敌人。3月8日，小尖山全面收复。战友们来到他的身边，只见全副武装的刘金龙，仍身依山岩，左手平托冲锋枪，右手紧扣板机，似乎还在捕捉最佳击发时机。

刘金龙曾在日记中写道："为祖国边疆安宁，我何惧战死疆场，马革裹尸！"刘金龙牺牲后，被追认为中国共产党党员，记二等功一次。

胡嘉言（1902—1986） 江苏丹阳人，主任医师，内科学教授。民国14年（1925）毕业于同济医科大学，先后任职于上海宝隆医院、广州中山医科大学及其附属医院。1950年起任南通医学院内科系主任、教授。1958年，调任淮阴医学专科学校任内科学教授、教研组组长，兼医院内科主任。1962年起，任医院内科学教授、主任医师。擅长内科学教学与临床，对血液系统疾病有扎实的理论与实践功底，为淮阴地区内科学、血液专科建设和人才培养作出贡献。著有《临床内科学》。

刘昌业（1926—1987） 涟水红窑人。民国32年（1943）6月参加革命，以学医、行医身份从事地下交通情报工作，抗日战争时期护送过李一氓等党政要人。民国35年（1946）随队伍北撤，加入中国人民解放军，在宿北、莱芜、孟良固、济南、淮海、渡江、上海等战役中，屡立战功。历任华东第一后方医院卫生员，华东野战军第二野战医院、第三野战军八兵团16医院手术队见习医生，华东军大高干团卫生队与第三高级步兵学校一大队军医，解放军104医院、105医院、志愿军511医院五官科主任军医，石油工业部新疆石油管理局克拉玛依职工总医院医务处主任、副主任医师，交通部连云港港务局医院院长等职。1956年，被评为一级技术能手。

1957年作为专家赴朝鲜，受到金日成的宴请。参与开发、建设克拉玛依及南疆大油田26年，多次获奖，先后受到党和国家领导人朱德、胡耀邦、陈毅、王震、赛福鼎、余秋里的接见。

徐立功（1942—1989） 江苏宿迁人，中共党员。1987年3月起，任中共清河区委副书记、清河区人民政府区长。根据清河区地盘小、工业少、第三产业发达的实际，研究制定"稳定郊区农业，抓好工业，大力发展第三产业"的经济发展思路。主持制定发展外资和个体私营工商业的一系列优惠政策，在1987、1988两年时间里，扩展汇通二区市场、淮海西路市场、交通北路市场和工农路市场等。他集中精力奔走于市场工地，抓工程质量和进度，为清河区市场建设倾注大量心血。

岳伟德（1925—1990） 淮安（今楚州区）淮城人，生于中医世家。12岁从叔父岳寿祺学医，后就学于淮安名医胡慎安，专攻《伤寒杂病论》，20岁悬壶行医。中华人民共和国成立后，当选为淮安县各界人民代表。1956年，考取江苏省中医学校师资班。在校期间，被评为优等生，参加编写《中医学概论》。1957年，分配到河北中医学院任教，后担任伤寒教研组组长，参加《新编伤寒论》的编写工作。1966年，到天津中医学院任教，任中医内、妇、儿科教研组副组长。1976年，任河北医学院中医系伤寒教研组主任。1979年，任副教授、副院长，1985年晋升教授。从1980年起，先后任河北省医学与自然辩证法研究会副理事长、河北省中医学会理事、河北中医学院学术委员会副主任。其学术思想受"伤寒派"医家影响较深。发表有《应该仍称伤寒杂病论》《试论"伤寒论"中的辩证法思想》《试用自然辩证法规律研究伤寒论》《大黄附子汤的应用》等论文。其学术成就被收入《中国现代科技名人大辞典》《当代中国科技名人成就大辞典》《中国中医药年鉴（1990）》等。

王嘉仁（1916—1990） 安徽黟县人，早年入复旦大学读书。民国27年（1938）加入中国共

产党，次年5月由董必武介绍赴延安，历任陕北公学研究室研究员，延安大学教员、校长室秘书，吴玉章秘书，参加延安整风运动。民国36年（1947）9月后，任新华总社编辑，中央人民广播电台编辑、秘书。1949年4月，到南京接管伪中央广播电台，任南京人民广播电台编辑部主任、副台长。1952年7月，调回中央人民广播电台，任总编室节目组组长，1956年9月，任文学戏剧部副主任，为中华人民共和国新闻和文化工作作出贡献。1957年被错划为“右派”，到农村、农场和工厂劳动多年。1978年8月，任清江市文化局副局长，旋恢复党籍和待遇。1980年10月，任清江市政协副主席。1983年5月，任淮阴市政协副主席、党组成员。在履行政协职能，与党外人士合作共事，加强政协自身建设，发挥整体功能作用等方面都做了大量工作。离休以后，仍兼任市新闻学会、记者协会名誉会长。

洪　沛（1915—1991）　盱眙人。民国28年（1939）加入中国共产党。在抗日战争和解放战争中，主要在盱眙和周边地区开展革命工作。先后任中共盱眙县特别支部委员会（地下组织）组织委员，泗南、泗五灵凤县主要领导，中共洪泽湖工作委员会委员，江淮三地委组织部部长。中华人民共和国成立后，先后任安徽省委统战部副部长、部长，省政协秘书长、副主席，是全国政协第三、第四届委员会委员。

陈雪波（1969—1991）　淮安（今楚州区）淮城人，中共党员。1988年，因在淮安棉纺厂救火抢险中表现突出立二等功。1989年3月应征入伍后，苦练军事本领，获集团军侦察大队冲锋枪昼夜射击比赛第一名，徒手负重攀登比赛第一名，海上1万米游泳比赛第三名。陈雪波所带的战术班，被集团军指定参加各大军区情报部的军事战术现场会。1991年8月14日，侦察大队在海边训练结束后徒步拉练返营，在接近营区4公里处休息待命。凌晨4时许，一辆摩托车向他们的休息地急驶过来。陈雪波飞快地将战友推开，自己却被摩托车撞倒，终因颅内严重挫伤，于22日凌晨逝世。牺牲后，被上级机关批准为革命烈士，并号召全体官兵向陈雪波学习。

刘友权（1958—1992）　淮安（今楚州区）复兴人，中共党员。1978年3月入伍。任班长时，刻苦训练消防业务基本功，先后带领的3个班均被所在支队评为先进班。担任溧水中队指导员以后，通读《马克思主义哲学》《政治经济学》等书籍，写下150多篇心得体会，并把学到的理论用于实践，创造“一帮一”“三带一”（一个党员帮一个团员，三个党员带一个建党对象）的思想工作方法。溧水中队连续5年被江苏省消防总队评为先进中队，荣立集体二、三等功各一次。

刘友权对战士情同手足，帮助战士解决家庭、恋爱等方面的实际问题20多次。溧水县有17个乡镇、1048家企业，防火任务繁重。为掌握第一手资料，他经常下工厂、进矿山、跑乡村，早出晚归，加班加点，针对性地开展工作。1990年3月，溧水消防中队对全县108个采石场进行检查整顿，刘友权每天步行几十公里，连续24天吃住在乡村。妻子生病，儿子尚小，无人照料，他一直坚持到整顿工作结束才回家。同年8月，患十二指肠溃疡，医生要他住院治疗，可他坚持边吃药、边工作，没休过一天病假。1991年抗洪救灾期间，两次生病发烧达39℃，仍坚持深入检查，逐条落实整改措施，保证全县大灾之年无大火。入伍14年，先后4次立功、8次受嘉奖、4次被评为优秀共产党员。

1992年1月23日下午，刘友权带领战士张建平，到溧水县中山河整治工程曾家塘段执行组织爆破施工任务。爆破信号发出后，已撤到河东岸安全区的刘友权，突然发现10多个上夜班的民工走上河堤，即将进入警戒区。他毫不犹豫地带领战士张建平冲上河堤，边跑边呼喊民工赶快撤离。这些民工隐蔽后，刘友权又发现河西对岸警戒区的县职业中学四五名学生爬到教学楼平台上观看爆炸。他又大声呼喊，并用手示意学生躲开。就在他和张建平最后撤离的一瞬间，炮声响起。刘友权猛力推倒张建平，并高喊：“快卧倒!”战友得救，民工、学生也都安然无恙，刘友权却

被一块飞石击中牺牲。

陈春玉（1903—1992） 女，涟水前进人。民国30年（1941）3月参加工作，曾任村妇救会组长、乡妇救会主任，多次被评为淮海区劳动模范。中华人民共和国成立后，任乡支委、妇联主任。1952年，参加创办前进农业生产合作社，有社员61户，入社土地64.5公顷，评价入股耕牛13头，步犁14张，大车2辆，解放式水车1辆。由社委会订立财务、保管制度，实行定额管理，按件记工；同时订立合理的分红制度，调动社员劳动积极性。当年粮食比上年增产1成以上，比邻近互助组增产2成以上。年终户户增收。1953年，任前进初级社社长。1956年，前进合作社的办社经验被选编入《中国农村的社会主义高潮》一书，毛泽东为该篇文章加了按语。此后，陈春玉先后任前进大队党支部书记、江苏省革命委员会委员、涟水县革命委员会副主任、中共涟水县委委员等职。1981年5月，被选为涟水县政协副主席。

史有治（1938—1992） 江苏江宁（今南京市江宁区）人，中共党员。1960年宜兴农校毕业后，分配到盱眙县茶场工作，历任技术员、场长、党支部书记。初到茶场时，5000亩山坡一片荒芜，他手把手教山民们如何种茶。每天比别人起得早，为茶树修枝、除草、翻土，冬天带头下河挖烂泥培茶；制茶时节，用手在高温铁锅中刹青、揉捻，一天工作10多个小时。

20世纪80年代初，史有治担任茶场负责人后，一如既往地与工人同吃同干。在全省农林场圃中率先推行联产计酬生产责任制，改变盱眙茶厂年年亏损的局面。为改善茶场干部职工生产和生活条件，采取“向财政要一点、职工筹一点、场里出一点”的筹集资金办法，使场里通上电，用上自来水，铺上石子公路。他经常奔波于扬州、镇江、常熟、宜兴等地，为茶叶找销路，根据市场需求，改烘青为炒青，从低档到高档，“雨山”牌绿茶色翠、香郁、味淳，逐渐畅销省内外。

1989年秋，史有治被查出患食道癌。在南京住院期间，还偷偷“挪”出医院，召开场务会、支委会、制茶师傅会等商讨工作。1990年7月1日出院后，立即带领骨干赴苏南地区，6天中考察3个茶场、1个茶叶研究所。在他的努力下，盱眙县茶场新种50亩苏南优质茶属新品种获得成功。年产值超过100万元，职工人均收入亦由1985年的400多元增到1990年的1300多元。1991年5月12日，《新华日报》以《大雨山的脊梁》为题报道其感人事迹。同年5月21日，中共盱眙县委作出决定，在全县开展向优秀共产党员史有治学习活动。

马有里（1922—1993） 盱眙鲍集人，中共党员。抗日战争期间，先后任皖东北预备大队副大队长、华中淮北洪泽湖水上大队大队长等职。解放战争时期，先后任营长、团参谋长、团长，率部队参加孟良崮、淮海、渡江等多次战役，数建奇功。抗美援朝时期，任志愿军61师第一副师长兼参谋长，与强敌殊死搏斗。1958年后，历任师长、军参谋长、军长、兰州军区参谋长。皮定均称赞他是个难得的好参谋长；叶剑英夸奖他头脑清楚，思路敏捷，精明强干。1980年，任石家庄高级陆军学校副校长，编写《部队管理教育教材》一书，为培养部队中级军政指挥员作出贡献。

顾翊群（1900—1993） 字际高，淮安（今楚州区）人。祖父为湖南学政顾云臣，父亲为知名教授顾震福。民国初年，北京大学旧制三年预科毕业后，入北京政府财政部任职，后继续回北大攻读金融、工商管理专业。民国10年（1921）赴美留学，获工商管理学硕士学位。民国13年（1924）回国，任中华教育基金董事会财务秘书，后赴上海在金融街任职。民国25年（1936），任国民政府行政院参事，同年与上海商业储蓄银行创办人陈光甫赴美交涉白银问题，订立《中美白银协定》。次年，国民政府发行“国民政府抗战救国公债”，他积极组织，为救国公债的发行发挥重要作用。

民国27年（1938）任广东省政府委员兼财政厅厅长。民国29年（1940），任中国农民银行董事长兼总经理。民国30年（1941）6月，又代理财政部常务次长。抗战胜利前夕，奉命赴美国参

加布列敦森林国际财务会议。民国35年（1946），任中央银行监事，不久赴美国任国际货币基金会中国首任执行干事，后任财务处负责人。晚年定居美国。著有《危机时代的中西文化》《中西社会经济论衡》《李商隐评论》等书。

卢日发（1933—1993） 江苏兴化县人，中共党员，高级经济师。1984年任清河区和平电影院经理，和平电影院原是亏损单位，他上任后，勤奋工作，带领职工大胆改革，打破"大锅饭"制度，干部实行聘任制，职工实行合同制，改造旧电影院，发展多种经营，搞活企业，还清债务，连续4年创收，在全国影视行业放映系统属第一家。有11个省的电影放映同行前来学习取经，法国、美国、日本等外国友人也来参观访问。1984年，省长顾秀莲通令嘉奖，并授予该电影院"江苏省文明单位"称号。1985年，出席省先进集体、劳动模范表彰大会。1986年，获清河区政府立大功证书，被授予"优秀企业家"称号，并获中国电影发行放映公司颁发的荣誉证书。

刘兆伦（1963—1994） 淮阴（今淮阴区）北吴集乡人。入淮阴县汤集农具厂学艺，仅用一年时间就成为厂里技术骨干。他锻造的小犁铧，在邻近县、乡成为抢手货。后农具厂发展成为电瓶车厂。1992年年初，专用钢材严重缺货。刘兆伦成功地将圆钢锻打成规格相同的空心型钢材，又在管内加芯，最终成功地替代市场紧缺的220毫米钢管，为厂里节省资金近万元。

1994年7月31日，正在家睡午觉的刘兆伦，被一阵救火声惊醒。他冲出门外，见邻居家火光冲天，不顾一切地冲进浓烟滚滚的屋子里，抢救受困人员和财物。三进三出，身上多处着火，最终英勇牺牲。同年12月，中共淮阴市委、淮阴市政府表彰刘兆伦为见义勇为先进分子。1996年9月，被江苏省人民政府追认为革命烈士。

颜太发（1919—1994） 淮安（今楚州区）人，中共党员。民国33年（1944）参加革命，曾任中共淮安县委组织部部长、县委副书记、代理书记，灌南县委书记处书记、县委副书记，淮阴地委农工部副部长兼农林局局长，淮阴地委视察室副主任，淮阴地区医药公司党支部书记兼经理，淮阴地区卫生局副局长、党组副书记兼地区医院党委书记、院长。1957年，作为淮安县委的代表，出席全国农业先进代表会议，受到周恩来的接见和招待。1983年离休，享受地市级政治生活待遇。

徐震云（1922—1994） 江苏沭阳人，中共党员。民国28年（1939）参加革命，历任中共淮阴地委组织部副部长兼行署人事科科长、人事处处长，泗阳棉纺织厂党委书记、革委会主任，淮阴地委组织部副部长，淮阴市一届人大常委会党组成员、秘书长。中共十一届三中全会后，他坚决贯彻执行党的干部路线，为落实党的干部政策、平反冤假错案和培养中青年于部做了大量工作。到市人大常委会工作期间，为加强民主法制建设作出应有的贡献。1987年离休，享受地市级待遇。

李　欣（1913—1994） 江苏建湖人，中共党员。早年毕业于北京陆军兽医学校，曾任国民党军中尉兽医，1937年12月南京失守后脱离部队回家闲居。1944年参加革命，历任试验农场兽医、技术员、合作社主任、盐阜区第一高级中学教师、光明肥皂厂经理等职。1951年调入淮阴农校，历任教导主任、副校长，淮阴地区农业大学牧医专业主任、党总支书记等职。在淮阴农校工作30年，为淮阴地区农业教育事业作出重要贡献，离休后享受地市级待遇。

黄　河（1926—1995） 江苏阜宁人，中共党员。民国34年（1945）1月参加革命，历任区文书、区队政治指导员，警备营副政委、营教导员，县人武部副政委、政委等职。1978年转业，先后任淮阴地区地震办公室主任、淮阴市城市建设局副局长。1984年离休，享受地市级待遇。从事革命工作数十年如一日，努力学习，坚持理论联系实际，密切联系群众，听取群众的呼声和要求，受到群众的拥护与爱戴。

刘蕙孙（1909—1995） 字佩韦，淮安（今楚州区）淮城人。刘鹗之孙，民盟成员，留学于日本长畸高等商业学校，为北京大学国学研究所研究生。中华人民共和国成立前，曾在青岛金城银

行营业课、北平金城银行总处文书科工作，历任北平研究院史学研究所编辑，北平中国人民大学国学系、辅仁大学史学系、燕京大学国文系讲师、副教授，中行股份有限公司副总经理、天津公司经理。中华人民共和国成立后，历任杭州之江大学中文系副教授，福建师范大学历史系教授、系学位委员会主席、校学术委员会委员，中国孔子基金会理事，中日关系史研究会理事，中国刘鹗与《老残游记》研究筹备委员会委员，福建省历史学会常务理事等职。著有《中国文学史抄》《铁云诗存标注》《中国文化史稿》《老残游记补篇》等。

张聘三（1910—1995） 江苏沭阳人，中共党员。1948年至1963年夏，先后任沭阳县人民政府副县长、县长，沭阳县委第二书记兼县长。在“导沂整沭”、农田水利建设、发展工农业生产和加强基础设施建设等方面做了大量的开拓性工作。1963年8月始，先后任江苏省人民检察院淮阴分院检察长，淮阴地区革委会政法组副组长，淮阴地区公安局副局长、局长，为维护淮阴地区的社会稳定作出应有的贡献。中共十一届三中全会后，任淮阴地委统战部部长期间，处理多起“老大难”案件，为改正一大批冤假错案做了大量工作。

何承浩（1914—1995） 淮安（今楚州区）人。民国24年（1935）毕业于南京警官学校，抗日战争时期，历任四川省乐山县、内江县警察局局长。民国35年（1946）保送到美国纽约大学深造，获法学硕士学位，被举荐进入联合国总部工作。1951年，任联合国总部第三警卫队少将队长，成为联合国总部成立以来唯一的华人警卫队长。1961年10月至1962年8月，第二次日内瓦国际会议召开期间，何承浩挑选4名精干的卫士，负责中国代表团的警卫工作，确保陈毅等人的安全。陈毅回国后，安排何承浩妻子赴美团聚。事后，何承浩致函陈毅：“我要晓喻子孙，世世代代不忘炎黄子孙的根。”

1971年10月25日，在纽约联合国总部，第26届联大以76票赞成的绝对多数通过《关于要求恢复中华人民共和国在联合国的一切合法权利和立即把蒋介石集团代表从联合国及其所属的一切机构驱逐出去》的提案。何承浩得知中国即将派代表团出席该届联合国大会，与10余名华人队员自愿义务执勤，做好代表团的保卫工作，并结识外交部部长乔冠华。1994年从联合国总部退休，次年8月3日辞世。子女遵循其生前遗愿，将其骨灰撒布太平洋彼岸。

顾家熙（1919—1995） 淮安（今楚州区）人。“七七”事变后，与当地有志青年在县民众教育馆创办“淮安群众看报室”，任总干事，天天向读者展示《新华日报》《群众》等报刊，出刊《群众七日刊》小报，对淮属各县的抗日救亡运动产生很大影响。又与丁八、何维椝等自编自演抗日救亡话剧。淮安沦陷后，举家流亡上海，任《申报》编辑。解放战争期间，以记者身份参加李公朴、闻一多的追悼大会。从邓颖超手中接过周恩来亲笔书写的悼词，在报纸上发表后，这份手稿被他一直珍藏。期间，加入中国共产党，并进入上海《建国日报》报社工作。《建国日报》被勒令停刊后，被周恩来调入《新华日报》筹备处工作，兼任上海版《群众》周刊记者。《群众》周刊被当局查封后，又经中共党组织安排到香港《华商报》并兼做香港版《群众》周刊工作。1949年，奉命到北京，先后在新华通讯社、新闻总署、中共中央宣传部、《人民日报》社等单位工作。1960年，积极响应号召，举家支边，到新疆日报社、新疆人民出版社工作。1978年回到北京，任中国大百科全书出版社编审。

张　牧（1921—1995） 淮安（今楚州区）人，新安旅行团首批最小的团员。民国24年（1935）初冬，14岁的张牧来到金陵女子大学，叫卖《日本帝国主义侵略中国历史地图》，亲手卖给校长吴贻芳一册。在山东，张牧受到冯玉祥将军的亲切鼓励。“新旅”每到一个地方，都参观工厂、农场、文化设施和历史遗迹，访问各界名人。张牧把这些记录下来，向国内少年儿童报刊投稿，受到小读者的热烈欢迎。民国26年（1937）春，以儿童代表名义参加上海各界赴绥远前线慰问团，

尉劳傅作义将军抗日部队在百灵庙前线打了胜仗。全面抗战爆发后，等人取道宁夏、甘肃来到抗日最前线的武汉，迎来"新旅"成立三周年。陶行知专门写诗赞扬他们："一群小好汉，保卫大武汉！"民国27年（1938）春，在甘肃平凉秘密加入中国共产党，是"新旅"最小最早的党员。19岁担任"新旅"团长，后被调到盐阜区党委青委工作。此后一直在政界工作。有《张牧纪念文集》传世。

陈必昌（1924—1995）　江苏阜宁人，中共党员。历任苏北工专学校生产部助理技术员、华中建设化工厂技师，为新四军后方工厂——光华化学厂的创建和发展，贡献出聪明才智。

中华人民共和国成立后，历任淮阴光华化学厂副厂长、厂长，清江发电厂厂长，淮阴农药厂厂长，清江市重工业局局长，清江市燃化工业局局长，清江市计划委员会主任，清江市副市长，淮阴市化工医药工业公司副经理、党委委员。他长期从事清江市工业部门的领导工作，对每一项工程的开发与投入，都经过深思熟虑，反复论证，尽可能为国家节约资金，对清江市早期几个骨干工厂的发展作出重大贡献。任清江市副市长期间，为发展市区工业生产花费大量心血，赢得全市人民的信任。1983年淮阴市成立以后，陈必昌扶持青年干部做好领导工作，主动出谋划策。在筹建和创办化工系统的电大教育、职工中专教育的过程中，他尽心尽力，不辞劳苦，为全市化工教育事业的发展，倾注大量心血。离休后，仍关心化工医药事业的发展。

王士军（1969—1995）　淮阴（今淮阴区）王营人。淮阴汽车改装厂工人，1988年5月加入共青团。先后干过车工、钳工、机修工、水工、电工等，只要是组织分配，他都毫无怨言，工作干得都很出色。在家孝敬长辈，乐助邻里。曾不顾危险，帮助邻居扑灭水源；又曾于冬日跳进冰冷刺骨的河里，救起一名落水妇女。

1995年8月2日晚，王士军携妻儿到解放新村看望生病的岳父，当晚寄宿王伟红家。凌晨一点半左右，歹徒于某持刀翻墙潜入寻窃。王伟红惊醒呼救，住在邻屋的王士军听到呼救声，仅穿短裤冲出屋子，拦截欲逃的歹徒，并不断呼喊"抓歹徒!"穷凶极恶的歹徒拔出水果刀，向王士军的左眼猛刺一刀。躲闪不及的王士军顿时血流满面，但他临危不惧，仍使劲地往地上按着歹徒。丧心病狂的歹徒见他不但不松手，反而挟得更紧，又操起匕首，往王士军的要害部位连续乱戳6刀。王士军紧咬牙关，强忍剧痛，左手仍然按住歹徒，右手死死攥住歹徒持刀的胳膊。直到群众赶来，他才用微弱的声音说："快去报案！"后因伤重医治无效去世。当月，淮阴市人民政府授予王士军"见义勇为英雄"称号。1995年12月，被省民政厅追认为革命烈士，共青团江苏省委追授为江苏省"优秀共青团员"称号。

朱树人（1912—1996）　江苏建湖人，中共党员。抗日战争时期，积极参与家乡民主政权建设，坚持敌后任教。中华人民共和国成立后，历任教导主任、副校长、校长兼党支部书记。在淮安师范学校工作19年，在前进中学工作7年，在淮安县中学工作2年，显示出卓越的组织领导才能，在干部和师生员工中具有很高威望。在他的领导下，淮安师范、淮安中学、前进中学多次被评为市、省级先进单位。他个人也多次被评为市、省级先进工作者。1960年，淮安师范被评为"全国文教先进单位"，朱树人代表学校出席全国文教群英会。"文化大革命"中，受到冲击。1981年，当选为淮安县人大常委会副主任。

徐晓峰（1915—1996）　淮阴（今淮阴区）徐溜人，中共党员。民国30年（1941）秋参加革命，历任乡农会会长，张集区区长，淮阴县人民政府民政科副科长、科长，北吴集区、南吴集区委书记，淮阴县盱宝区区委书记，淮阴县委宣传部副部长，淮阴县人民政府副县长、县长。他熟悉经济工作，20世纪50年代起，历任淮阴地区花纱布公司经理、淮阴地区商业局副局长、物资局局长、合作办事处主任、粮食局局长、商业局局长等职。1983年离休，享受地市级待遇。

邹祖勤（1921—1996） 江苏新沂窑湾乡人，中共党员。民国29年（1940）参加革命，做过多个县的公安局局长，后任淮阴地区中级人民法院副院长。还担任过淮阴拖拉机厂党总支书记、淮安抽水站副主任、淮阴地区水利局副局长等职务。他立场坚定，爱憎分明，秉公执法，清正廉洁，任劳任怨，干一行爱一行。1983年离休，享受地市级待遇。

王文安（1926—1996） 淮安（今楚州区）林码头人。家贫，5个哥弟相继饿病而死。幼时的王文安，拾草、捡柴、挖野菜，还给地主家打短工。民国28年（1939）3月淮安城沦陷，次年，14岁的王文安经受丧母之痛后，投身抗日救亡斗争，旋即加入中国共产党。任新四军第4师12旅36团3连政治指导员、党支部书记。左肩上留下与日本侵略者拼刺刀的刀疤。在向淮安城伪军发起总攻的巷战中，左肩锁骨再次被敌人刺刀戳穿，他咬牙忍痛，一直坚持至战斗结束。

抗日战争胜利后，任华东野战军第2纵队185团1连连长，先后参加宿北、两淮、胶河、孟良崮、淮海、渡江等战役。在抗美援朝战争中，任中国人民志愿军第21军62师教导营营长，在一次战役中不幸坠马，右腿被摔断，右侧胯骨粉碎性骨折，留下终生残疾。1955年，入南京军事学院学习后，任中国人民解放军陆军第62师185团参谋长。1958年，参加甘南平叛战斗。1969年，任兰州军区生产建设兵团第6师师长、甘肃省军区副参谋长。获中华人民共和国三级独立自由勋章、三级解放勋章、中国人民解放军独立荣誉勋章。

吕德智（1930—1996） 江苏扬州人，中共党员。1957年7月，调任涟水县工业科科员。担任涟水县制药厂副厂长、厂长、党支部书记期间，经4年多努力，建成日产大输液1万瓶、能生产30多种中西药的淮阴地区一流制药厂。加强企业管理、技术革新和新品开发，使涟水县制药厂得到迅速发展，产值大幅上升，1970—1977年，平均年递增38.2%。1977年，被评为省先进工作者。1978年，涟水县制药厂被命名为“大庆式企业”。1981年5月，当选为涟水县人民政府副县长。

林永仁（1915—1996） 盱眙黄花塘人，中共党员。民国31年（1942）参加革命，历任乡长、乡政治指导员、副区长、乡粮库主任。参军后主要在后勤部门工作，历升至中国人民解放军26军守备25师后勤部组织计划科科长。工作勤奋，不畏艰苦，坚持原则，廉洁奉公，为保障部队供给做了大量工作，曾荣立三等功。1964年6月转业，任盱眙县计划委员会主任、副主任，盱眙县人民政府视察室视察员等职。在县计划委员会工作18年，经常深入基层，调查研究，当好县委、县政府的参谋，为盱眙县经济社会发展作出积极贡献。

王　力（1921—1996） 原名王光宾，淮安（今楚州区）淮城人。民国24年（1935）11月参加共产主义青年团。民国28年（1939）3月加入中国共产党，在东北军668团任党支部宣传委员兼代理书记。次年调入大众日报社；民国32年（1943）任中共山东分局党刊《斗争生活》主编。创作小说《晴天》，始用笔名“王力”。后历任华东局宣传科教育科科长、中共中央华东局驻渤海区土改工作总团团长兼党委书记、渤海区党委宣传部部长。为全国首届文代会会员。

王书雄（1939—1996） 江苏常州人。1960年毕业于南京师范学院美术系，同年分配至涟水县工作。先后任教于涟水师范学校、涟水实验小学、涟水中学。王书雄擅素描、油画肖像和静物，作品曾入选历届省、市美展，代表作品有油画《周恩来总理在万隆会议上》等。1996年2月，涟水县人大、政协、教育局、文化局、书画院、美协等单位在五岛公园联合举办“王书雄先生美术作品展”。

罗希白（1906—1997） 涟水高沟人，中共党员，省立海州师范毕业。民国29年（1940）秋参加革命。次年3月，主动要求到淮涟中学任教，任苗荡分校（涟水中学前身）主任，带领师生坚持敌后抗日游击教学。民国33年（1944）春，又奉命在孙桥创办二分校，为军队和地方输送数百名人才，其中大多数人成为党政军中高级干部。民国35年（1946）秋，二分校毁于战火。罗希白

带领部分学生进行战地服务，抱病坚持三天两夜没有休息，在极其艰苦的环境下，建成一个可供万人食用的油盐供应站。部队北撤山东，他留守当地，坚持游击教学。中华人民共和国成立后，历任涟水中学副校长、高沟中学校长、涟水农大林业专科教务科科长。1959年秋，调回涟水中学任副校长，分管教学，教学质量直线上升。1961年，涟中高考名列淮阴地区第一。"文化大革命"中受到冲击，1973年改正，同年离休。1985年前后，参加《涟水县志》编修工作。著有诗词集《覆盎集》。

崔　超（1928—1997）　山东蓬莱人，中共党员。民国34年（1945）参加革命，由战士至团副参谋长，荣立三等功3次、四等功6次，抗美援朝战争期间获荣誉奖，1955年被授予解放奖章。1958年3月转业，先后任清江市卫生防疫站站长、清江市卫生局副局长、淮阴县卫生局局长等职。经常深入基层，为群众解决困难，为淮阴农村三级医疗卫生网的建设，为广大人民群众的防病治病作出重大贡献。

朱土甫（1920—1997）　涟水人，中共党员。民国31年（1942）秋参加革命，历任涟水县民主政府财政局总账会计、粮草课副课长、股长。1951年春任涟水县粮食局副局长，1955年夏任中共涟水县委委员，次年夏升任淮阴地区粮食局副局长，1970年调任淮阴矿务局副局长，1983年离休，享受地市级待遇。

聂洪德（1920—1997）　江苏邳县人，中共党员。民国29年（1940）参加革命。1949年起，曾任淮阴烟厂、面粉厂党委书记，清江市工业部部长，淮阴地区手工业局、电业局副局长，淮阴钢铁厂党总支书记，清江市纪委副书记，清江市政协副主席。为淮阴工业的最初发展作出重要贡献。

葛　晖（1918—1997）　江苏沭阳人，中共党员。抗日战争和解放战争时期，做过经济工作、宣传工作等。中华人民共和国成立后，历任淮海印刷厂厂长、清江市委宣传部部长、清江市委副书记、清江市委书记、清江市市长，为清江市各项事业的起步发展作出重要贡献。后历任中共淮阴地委工交部门领导及地委党校副校长。"文化大革命"后，为南京工学院淮阴地区专科班、为淮阴食品工业学校的创办，作出开创性贡献。1984年离休，享受地市级待遇。

傅保民（1915—1997）　江苏泗阳人，中共党员。民国30年（1941）参加革命。长期从事情报工作，冒着生命危险同敌人周旋。中华人民共和国成立以后，曾任淮阴地区手工业局副局长，淮阴地区医院副院长、顾问等职。任淮阴地区医院副院长期间，在非常困难的条件下，带领全院职工勤俭办院，艰苦创业，不断改善医疗状况，为卫生事业的发展呕心沥血。

魏玉通（1922—1997）　江苏沭阳人，中共党员。民国31年（1942）参加革命。中华人民共和国成立后，历任清江市委工业部部长、清江市委副书记、淮阴专署工业局局长、淮阴地委工交政治部主任、淮阴专署经委副主任、淮阴地区生产指挥组计划组组长、涟水县委书记、淮阴地区生产指挥组副组长、淮阴地区行署计委主任。革命事业心和工作责任心强，勇于负责，不谋私利，具有丰富的经济工作经验和较强的组织领导能力。1985年离休，享受地市级待遇。

刘　彬（1924—1997）　江苏大丰人，中共党员。民国32年（1943）参加革命。中华人民共和国成立初期，在金融系统工作，带领所在银行的干部职工加强金融市场的管理，查处违法经济案件，稳定经济秩序；为恢复生产，积极组织资金，投放贷款，推动经济复苏与迅速发展。后任淮阴地区农业局副局长、局长，洪泽县委副书记、县革委会副主任，沭阳县委副书记、县长，淮阴市人民政府秘书长等职务。政治立场坚定，工作思路清晰，作风雷厉风行，注重苦干实干，为改变淮阴贫穷落后的面貌作出不懈努力。1985年离休。

朱成荣（1917—1997）　盱眙人。民国29年（1940）参加革命，次年加入中国共产党。

1950年4月至1954年10月，历任中国人民解放军二七步校副校长、主任等职。1954年11月转业，历任吉林省辑安县兵役局局长、抚松县人武部部长、通化地区民政处副处长等职务。1975年2月离休，享受地市级待遇。

徐　俊（1924—1998） 涟水麻垛人。民国30年（1941）参加革命，次年加入中国共产党。曾任涟水县王码乡、盐店乡乡长、支书，中共杨口区委宣传委员、组织委员，高沟区、同兴区区委副书记、书记。新四军北撤时，坚持敌后斗争。中华人民共和国成立后，历任中共涟水县同兴区委书记，团县委书记；中共淮阴县委宣传部长、副书记、淮阴县县长；中共淮阴县委书记处书记，中共清江市委副书记，中共淮阴地委整党检查组副组长，淮阴地区工业处处长；中共清江市委副书记、市革委会副主任，清江市委书记兼市人武部第一政委。为清江市的发展，特别是工业基础的奠定作出重要贡献。1983年3月起，先后任淮阴市人民政府副市长、顾问、淮阴市人大常委会副主任。1989年12月离休。离休后，先后出任淮阴市老龄委主任、市老年大学校长，为淮阴市的老龄事业做了大量工作。

张发善（1913—1998） 江苏新沂人。先后为盱眙县畜牧场、淮阴市清江果园的普通职工。他积极响应绿化祖国的号召，一直情系绿化事业，利用工作之余，义务植树。1960—1975年在盱眙县畜牧场工作期间，坚持利用业余时间植树，绿化大片荒山。1975年3月调至清江果园后，依然坚持长年植树护林。1983年11月退休后，仍以果园为家，全身心投入绿化事业。他数十年如一日，在废黄河滩植树造林，累计植树约5万株，其中在市区废黄河滩植树造林8公顷，多达上万株。他曾被省、市授予“绿化先进个人”称号。其先进事迹在淮安广为传颂。

李天麟（1944—1998） 云南昆明人。1965年12月加入中国共产党，1968年7月毕业于清华大学电机系。曾任涟水县电讯电机厂技术员、技术股副股长、副厂长，淮阴地区行政公署办公室秘书，淮阴市政府办公室副科长、科长。1988年5月起，先后任淮阴市标准计量局局长，淮阴市计划委员会副主任、主任、党委书记，任中积劳成疾而病逝。为江苏省第九届人大代表，中国共产党淮阴市第二次代表大会代表，淮阴市第三届政协委员，淮阴市第四届人大代表。

刘兆仁（1922—1998） 江苏泗阳人，中共党员。民国30年（1941）参加革命，长期从事宣传文化教育工作，曾任淮海报社主编，淮阴地委宣传部干部教育科科长、文教处处长、宣传部副部长，地区医院党委副书记。1970—1983年，任市级机关政治处副处长、市卫生局副局长。1983年离休后，任市诗词协会副会长。著有《瘦菊园诗集》。

杜冬生（1916—1998） 涟水人，中共党员。民国29年（1940）参加革命，历任小学教师，县委秘书，地委办公室副主任、主任等职。1967年，任专署副秘书长。1969年，任地区治淮指挥部副政委。1978年，任淮阴地区行署科委副主任、科协主席。1983年离休。

张凤来（1926—1998） 涟水人，中共党员。民国34年（1945）参加革命，历任村长，区委组织科科长，淮阴地委组织部副科长、科长，涟水县委副书记，县人大常委会主任等职。1987年6月离休。

侍瑞林（1921—1998） 江苏宿迁人，中共党员。民国34年（1945）参加革命，历任乡农会会长、区委副书记，农工部部长。中华人民共和国成立后，任中共淮阴市委书记处书记，组织部部长；1966—1968年，在五七干校劳动；1970—1979年，任灌云县委书记；1979—1984年，任淮安县委书记。1984年4月离休。

周育人（1910—1998） 涟水人。民国29年（1940）参加革命并加入中国共产党。历任涟水县政府文教科科长、第六行政区专署财政处处长、苏北行署财经委员会秘书长、江苏省财政厅副厅长、淮阴行署顾问等职务，是有名的财经专家。1985年5月离休。

刘启文（1923—1999） 盱眙人。民国32年（1943）参加革命，次年加入中国共产党。1959年4月至1971年4月，任中共盱眙县委书记处书记、副书记兼县长，治淮指挥部副指挥。1971年4月至1983年12月，任盱眙农场党委书记，县革委会副主任，县委副书记、县长。1983年12月离休。

葛　澄（1921—1999） 江苏灌南人，中共党员，教育专家。民国30年（1941）参加革命。抗日战争和解放战争时期，一直从事教育工作。1950年12月起，历任淮阴地区文教处督学、淮阴师范学校党委书记、淮阴师专党委副书记。1979年4月至1983年11月，任江苏省淮阴中学校长、党委书记。1983年12月离休。

孙希科（1916—1999） 江苏灌云人，中共党员。民国31年（1942）参加革命，先后在灌云县六区任财粮股股长、南岗区合作社主任、工会会长、工商管理分局长、财粮股股长，东海县第5支库主任、灌云县伊山区财粮股股长、板浦区财粮股股长，灌云县粮食局副局长、局长、财政科科长。1953年9月起，任淮阴专区专员公署粮食局副局长、局长。离休后，任淮阴市诗词协会首届副会长。

冯相云（1925—1999） 涟水人，中共党员。民国31年（1942）参加革命，曾任中共江苏省委组织部组织员、巡视员，中共涟水县灰墩区委第一书记，涟水县委组织部长，涟水县委副书记，革委会副主任，县政协主席。1983年5月至1985年6月，任淮阴卫校党委书记、校长。1985年6月离休。

张业俭（1923—1999） 江苏泗阳人。民国33年（1944）参加革命，次年4月加入中国共产党。曾任中共泗阳县委政治秘书，淮阴地专办公室副主任，淮阴专署办公室主任，淮阴地区农业局副局长、顾问。1982年12月离休。

高亦平（1927—1999） 江苏泗洪人，中共党员。民国31年（1942）参加革命，就读于淮北中学。毕业后，历任新四军、解放军政工干部。1982年转业后，历任清江市委宣传部部长、组织部部长。1983年3月，任中共清河区委书记。他抓住改革主题，在区三级干部大会上作《敢于改革，勇于创新，解放思想，开拓前进》的动员报告，在全区掀起改革的热潮。1984年，任清河区人大常委会主任。高亦平为人正派，清正廉洁，严于律己。制定区领导成员廉洁制度，印发到基层，要求基层和群众对领导干部进行监督。严格教育子女，做光明磊落正直之人。

吴木斋（1913—1999） 涟水岔庙人，中共党员。民国24年（1935）毕业于上海复旦大学，民国29年（1940）参加革命。历任涟水县人民政府科员、岔庙区署助理员、涟水中学分校主任、淮海中学主任、华中建设大学附属中学教导副主任、淮海专区教育干校教导主任、泗阳中学教导主任、睢宁中学副校长、淮阴地区教育工会主席、沭阳师范校长、淮阴农校副校长及校长、淮阴农专副校长、三河农校校长、淮阴地区教师进修学院副院长、淮阴地区教育行政干校副校长、涟水县农科所副所长、涟水县政协副主席等职务。1983年离休。

黄齐发（1942—1999） 祖籍浙江宁波，1958年随父母迁居淮阴并进入淮阴发电厂工作。中国民主同盟盟员，淮阴市政协委员，淮阴市职工美术书法协会会长，笔名北固山人。黄齐发自幼喜好书画。迁居淮阴后，师从著名花鸟画家周名球，又得到陈大羽等多位名家指点。学画期间，大量临习徐渭、吴昌硕、潘天寿、齐白石等大写意大师的作品。在其从艺生涯中，历经世事变迁，从未舍弃对于艺术的追求探索的初心，终于形成自己特有的写意画风。其作品既有传统风格，又有时代美感。构图严谨，气魄雄浑，丰茂华滋，泼辣生动，形、神、意、趣兼备。有多幅作品被中国艺术研究院、江苏省美术馆、中国画研究院收藏。1999年，应邀参加“共和国社会主义文学艺术50周年研讨会”，其作品《葡萄》获一等奖。

黄齐发非常关注国画教育，言传身教，诲人不倦，有众多入室弟子。他还多年坚持举办国画

培训讲座，影响当时众多的国画爱好者。

皇甫贯虹（1940—1999） 女，清江浦（今淮安市区）人。1962年4月加入中国共产党，1967年7月扬州师范学院数学系毕业。历任中学教师、组织部办事员、纪委审理科副科长、县纪委书记、市纪委副书记、市纪委书记、市委副书记兼纪委书记。一生光明磊落，勤政廉政，无私无畏，乐于奉献。1993年7月担任淮阴市委常委、市纪委书记以后，领导全市纪检监察干部顽强拼搏，取得累累硕果。全市纪检监察机关先后立案查处各类违法违纪案件5705件，其中1万元以上案件700多件，查处县处级干部95人，为国家和集体挽回经济损失1.82亿元。在她的领导下，全市党员领导干部廉洁、纠风治乱和执法监察工作取得显著成效。1996年5月和1997年6月，市纪委两次在全国纪检监察机关办案工作经验交流会上作典型发言。她本人两次受到江泽民等党和国家领导人的亲切接见。1996年1月受到中纪委、监察部通令嘉奖。1997年7月，被中共中央组织部授予"优秀党务工作者"称号。1997年10月，被江苏省纪委、组织部、宣传部表彰为"江苏省百名勤政廉政好干部"。1999年1月，被江苏省委、省人民政府授予"江苏省优秀纪检监察干部"荣誉称号。1999年，患癌症逝世。

陶硕夫（1908—2000） 涟水朱码人，民国29年（1940）7月加入中国共产党。历任中共涟水县军田乡党支部书记、跨河区委组织委员、盐西区委副书记、王集区委书记、涟水县边区对敌斗争委员会主任、县公安局长、县委社会部部长、县长。中华人民共和国成立后，历任淮阴地区行政公署建设处长，导沂委员会副处长、处长、副主任，省治淮指挥部处长，省设计院副院长，淮阴地区水利局局长，中共灌南县委书记，中共淮阴地委常委、行署副专员，淮阴地区革委会农水组组长，淮阴地区治淮指挥部指挥兼水利局局长，淮阴地区行政公署副专员、顾问等职务。在从事水利工作期间，参与新沂河工程和治淮工程的组织指挥，并带头参加劳动，和民工一起奋战在水利工地上。经常深入农村，与群众一起实地勘测规划。每逢抗洪抗旱，都起早贪黑地在第一线巡查。1983年5月离休后，积极参与老区的脱贫解困工作，想方设法牵线搭桥，为淮阴市的经济建设继续发挥余热。

严善之（1925—2000） 涟水人。曾任中共苏北区党委组织干事、组织员，省委组织部组织员、副处长，淮阴地区农专副书记，淮阴教师进修学院党委书记，淮阴县委宣传部部长，淮海报社革委会主任，淮阴地区革委会组织部副部长，淮阴中级人民法院副院长、党支部书记，中共淮阴地委纪检组副组长、副书记，中共淮阴市纪律检查委员会副书记。1984年12月离休。

单兆诗（1910—2000） 江苏沭阳人，民国19年（1930）加入中国共产党，并参加革命。曾任沭阳县县长，新沂河管理处副主任，淮阴地区水利局、淮阴市水利局顾问。1983年4月离休。

黄在右（1975—2000） 涟水人，中共党员。1997年7月南京农业大学毕业后，历任涟水县黄营乡团委干事，大东镇团委副书记。2000年8月底，涟水遭遇洪灾，黄在右带领群众参加抗洪抢险，在帮助受灾群众撤离危险地区途中，被急流冲入河中不幸牺牲。2000年11月，被民政部批准为革命烈士。2001年，被团中央表彰为全国优秀团干部。

杨金付（1976—2000） 金湖黎城人。1996年12月入伍，为武警部队厦门工程指挥所三中队推土机操作手，受嘉奖3次、评为优秀士兵1次、优秀共青团员1次。

1998年10月的一天，杨金付下班乘车回队途中，见路旁山坡一歹徒抢劫一名男子的摩托车，被劫者被击倒在血泊中。他与战友立即下车追击歹徒，并护送伤者回家。一次，两个民工持铁锹互殴，杨金付冒着被误伤的危险拉开两个丧失理智的民工，制止住殴斗。是年，杨金付参加厦门海沧嵩屿污水处理厂建设，连续工作4个月，推运土石50多万立方米，受到中队嘉奖。

2000年4月9日，西藏易贡河发生巨型山体滑坡，淹没农田、茶园、公路、桥梁，4000多名群众

生命财产受到威胁。29日下午13时，杨金付等7名战士奉命前往参加抢险。强烈的高原反应使他患上严重的鼻窦炎。白天炎热，窝在驾驶室汗水浸泡10小时；夜晚寒冷，回营地又不能洗澡，患上裆部溃烂疹，疼痛无比，仍坚持工作。5月31日，杨金付和战友们圆满完成任务返回拉萨途中发生车祸，被甩出车外，头部重伤。他强忍剧痛，顽强地拖出车肚里的两位战友。由于失血过多，体力消耗殆尽，背第二位战友到路上时，便栽倒在地。战友得救，杨金付却献出年轻的生命。中国人民武装警察部队水电指挥部政治部授予杨金付“革命烈士”称号，追记二等功1次。西藏自治区政府按当地最高规格，安葬其遗体于林芝地区烈士陵园。

谷广发（1913—2001） 江苏沭阳人，淮海戏宗师。集编、导、演、奏、创腔、教授于一身，对淮海戏的创新与发展作出卓越贡献。抗日战争期间，一直战斗在宣传文化战线，编演淮海戏《灾难海州》《妇女解放》《大后方》等剧目。参与改编的《樊梨花》《三拜堂》《皮秀英四告》等，成为淮海戏的传统剧目。参与导演的淮海戏《春回粮仓》《十里香》等，以及亲自参演的淮海戏《拾稻头》《避雨》《骂鸡》等剧目，都能把戏曲的歌舞化表演恰当地运用于这些现代戏表演之中。淮海戏《拾稻头》一剧，1957年在省调演中获一等奖。谷广发在该剧中创唱的“东方调”，成为淮海戏的男腔基本调。对淮海戏的主奏乐器板三弦的演奏方法也有创新，成为后学者的范模。他热忱地教授年轻一辈，后来的淮海戏表演艺术家杨秀英、王保萃、熊化冰等都是他的学生。

孙云青（1918—2001） 江苏灌南人，民国31年（1942）6月加入中国共产党。曾任灌云县副县长、县长，淮阴地委统战部副部长，灌南县委副书记、县长，淮阴农专党委副书记、副校长，淮阴师专党委副书记、副校长，淮阴专署副秘书长，沭阳县委副书记、县长、县委书记、县革委会副主任，淮阴地区中级人民法院院长，淮阴地委统战部副部长。1983年5月离休。

管伯涛（1920—2001） 江苏宿迁人，民国29年（1940）9月加入中国共产党。曾任宿迁县副县长、代县长，淮阴地委人武部长、农林科科长，沭阳县委第三书记，省农林厅农机管理局局长、省农机公司某处处长，淮阴地区机械局局长，淮阴地区经委副主任、主任、顾问，淮阴市政协对台及侨务工作委员会主任。1985年离休。

王　杰（1925—2001） 江苏泗阳人，中共党员。民国30年（1941）11月参加革命，曾任长春第一汽车制造厂计划科科长，苏联高尔基汽车厂实习生，长春第一汽车制造厂模具工部主任、支部书记、冲压车间副主任、副书记、代书记，长春汽车研究所党委副书记，清江拖拉机制造厂副厂长、副书记、书记，淮阴市机械工业公司巡视员。1985年9月离休。

施启辉（1924—2001） 江苏启东人，主任医师。16岁投师学医，先后入上海同济医院进修外科、上海第一人民医院进修骨科，曾任上海县人民医院院长。1956年调入淮阴地区人民医院，稍后，成立淮阴医专，兼任外科教研组副组长。1969年，下放到淮安县席桥公社医院工作，1980年调回地区医院。他医术精湛，是江苏省骨科协会委员、中华医学会淮阴分会理事、淮阴市卫生技术鉴定委员会副主任委员，并担任过淮阴市政协委员。

1956年，施启辉率先在淮阴开展骨科六大关节手术、脊髓手术、胃切除术、脾切除术等。1957年成功实施胆囊切除术，1959年开展甲状腺手术，1960年成功地施行脾肾静脉吻合手术，这些都居于省内先进水平。作为淮阴地区外科学奠基人之一，1956—1968年，多次赴地区所辖各县指导开展外科手术。1969年在席桥公社医院，以其娴熟的外科技艺，治愈许多疑难杂症，被誉为“施半仙”。创新应用的“在阻滞麻醉下手法松解配合术后锻炼治疗严重冻结肩”“骨圆针内固定治疗股骨颈骨折”“脊柱半椎板切除减压治疗脊柱外伤性下肢瘫痪”技术，得到国内专家的赞扬。

张承贵（1924—2001） 江苏沭阳人，民国31年（1942）8月参加革命，次年10月加入中国共产党。曾任淮阴地区机械局副局长、局长。1983年3月至1985年11月，任淮阴市政协第一工

作委员会副主任。1985年11月离休。

厉步高（1926—2001） 涟水人，民国32年（1943）5月加入中国共产党。先后任抗日民主政权涟水县跨河区村长、村农会主任、乡党支部书记、区农会主任等职。民国36年（1947）10月起，先后任跨河区区长、灰墩区委副书记等职。1951年3月起，先后任岔庙区委副书记、官荡区委书记、县公安局局长等职。1954年11月起，先后任县政府副县长、县长等职。

1964年1月，任淮阴地区专署财办副主任。1968年5月起，先后任淮阴地区革委会生产指挥组副组长、财贸组组长、财办主任等职。1977年9月起，先后任淮阴地委常委兼地区革委会副主任、行署副专员。1983年3月，任淮阴市副市长。1986年5月，任淮阴市政协副主席。精谙财贸工作，是财经工作专家。

冯志荣（1934—2001） 涟水人，副主任医师，中共党员。民国37年（1948）参加中国人民解放军，历任卫生员、医助、军医、协理员、教导员。1963年获福州军区医疗技术比武第一名，荣立二等功1次、三等功5次。1979年转业，先后任淮阴地区矿务局医院副书记、淮阴市工人医院副院长，深受群众信任与爱戴。生活简朴，职工有困难，经常掏自己钱相助；廉洁奉公，从不占用公家一分钱。生前留下丧事从简遗嘱。

吴德钊（1929—2002） 江苏无锡人，中共党员，主任中医师。早年师从上海名医范再生，民国33年（1944）开始独立行医，1953年调入淮阴地区人民医院，1970年任医院新医科负责人。

吴德钊从医40多年，融汇中西医，主张运用现代技术探索中医微观辨证，辨病与辨症相结合，强调人的精神因素与自然相统一的整体观。其处方严谨，擅长内科、儿科。1968年开始试用中药方剂“681”治疗肝病，1979年开始中医药治疗老年病的专题研究。曾任《淮阴医学资料选编》主编，发表医学论文及临床经验介绍数十篇。吴德钊从不利用行医之便谋取私利，他刻有一方“不取人间不义财”的印章用以自律。穷困患者上门求诊，他从不嫌弃，还给予一定资助。某年发生洪灾，医院发动职工捐款，他毫不犹豫地将当月工资全部捐献。

吴德钊爱好书法、印章及山石盆景，以行楷、小篆、隶书见长，篆刻书法作品多次在国内外获奖。

蒋正国（1930—2002） 涟水人。1949年9月参加工作。1953年，任涟水县工商业联合会副主任。动员父亲蒋士伦的“蒋久大”、岳母濮谷氏的“濮慎和”两家商号带头参与公私合营，历任益泰公司经理、涟水酱醋食品厂副厂长、县政协副主席、县工商联主席，协助县政府改正冤假错案，开展“三胞”联络工作。

吴荣官（1941—2002） 江苏泰州人。1963年毕业于江苏师范学院，历任江苏省淮阴中学教师、教导处主任、副校长、淮阴市教育局副局长，兼任淮阴市教育学会会长、民进淮阴市委副主委等。江苏省中学数学特级教师。长期从事高中数学教学、研究和教育管理工作，形成独特的教学风格，创造丰富的管理经验。治学严谨，业绩卓著。他说：“我一生只有两个爱好——解题和教学生解题。”课堂外，他不苟言笑，特立独行，痴迷于钻研数学教学；课堂里，他诙谐幽默，妙趣横生。他所教班级的数学成绩，总是在全市遥遥领先。学生们追捧和津津乐道的，还有神奇的教学功底。“不需用直尺，信手就可以画出横平竖直；不要用圆规，随手就可以画出浑然天成的圆圈。”“最擅长四两拨千斤。再难的题目，经过吴老师的点拨，也会让我们豁然顿开。”他毕生培养造就一大批数学拔尖人才，带教出一批优秀的年轻骨干教师。管理工作注重基层调研，讲求工作实效，推进务实、高效、内涵管理，为全市教育事业的发展作出重要贡献。

凌　中（1939—2002） 淮阴人，中共党员，助理经济师。曾任西藏自治区昌都运输公司汽车运输四队驾驶员、副队长，西藏自治区党委委员。

1973年，凌中到西藏昌都运输公司汽车队当驾驶员。他所在的车队，担负着四川成都到西藏拉萨、林芝等地的物资运输任务。他怀着加速建设边疆的壮志，把一天当成两天用，长年争分夺秒地奔波在川藏线上。1973—1977年，凌中用4年完成9年的生产任务；1973—1979年，他安全行车51.22万公里，完成149.6万吨的运输量，没发生过一起货损、货错及交通事故。他创造西藏自治区汽车运输的最高纪录，完成到1986年的运输任务，为国家创效益16.7万元，还节约1.29万公升油料。1979—1982年，完成运量跨入2000年，节约汽油3.9万公斤，为西藏建设作出特殊贡献。他被西藏自治区政府授予“铁人式的驾驶员”称号，1979年被交通部授予“交通安全标兵”称号。1977年、1979年，先后两次被授予“全国劳动模范”称号。

陈凤洲（1914—2003）　涟水人，中共党员。早年毕业于海州渔村师范，民国28年（1939）3月参加抗日独立营。同年6月，任八路军陇海南进支队第8团3连指导员，旋任8团2营教导员。参加韩庄战斗，俘敌区队一个排。次年2月，参加伏击日军的洪码战斗。民国30年（1941）起，任新四军独立旅2营教导员、团直教导员。民国32年（1943年）在盐城抗大学习结束，先后任涟水灰墩区、麻垛区及淮阴县新渡区区长，新渡区区委书记，淮阴县委组织部副部长、部长，淮阴县总队总队长、副县长。1949年1月，任淮阴县县长。1952年8月起，任淮阴专署副专员、治淮委员会副总指挥，常年奔波在水利工地上，足迹遍布淮阴地区的河、湖、闸、坝。在任泗阳县委书记期间，经常打着背包，住在农户家调查研究，受到群众的爱戴。1968年7月接受审查。1969年9月起，任淮阴专区入江水道指挥部副指挥、专区治淮指挥部副指挥、指挥，淮阴地区革委会副主任兼财办主任。1978年7月任淮阴行署副专员，1982年5月起任淮阴行署顾问。1983年5月离休。

文荫贻（1925—2003）　江苏沭阳人，中共党员。民国31年（1942）1月参加革命。革命战争年代即从事经济工作。1949年后，曾任华新烟厂人事科科长、党支部副书记兼副厂长、党支部书记，淮阴光华化学厂党支部副书记兼副厂长、厂长、书记，淮阴专署工业局副局长、化工局局长，重工业局副局长、局长，清江市委常委、副市长，清江市革委会副主任兼计委主任，淮阴行署外贸局局长、党组书记。1983年3月，任淮阴市经委主任、党组书记，是经济工作行家。1986年12月离休。

张致中（1921—2003）　江苏丹徒人，中共党员。民国34年（1945）6月参加革命。1949年后，历任扬州军分区医疗室室长，苏北军区卫生部直属室室长、苏北军区医院内科主治军医，江苏省康复医院、第二干部疗养院内科主治医师，苏州医学院学员，淮阴医专附属医院院长办公室副主任兼内科副主任医师，淮阴地区医院医务处副主任兼内科副主任医师，灌云县板浦镇中心卫生院副主任医师，灌云县医院革委会副主任兼内科副主任医师、院长兼副书记，淮阴地区卫生局医政科副科长、市医学会代秘书长。张致中是优秀的业务型领导干部。1983年12月离休。

朱应民（1921—2003）　江苏灌南人。民国28年（1939）参加革命，次年加入中国共产党。曾任常州市青委书记，华东局农委组长，华东局监察委员会科长，江苏省清理敌伪档案组长、司法厅副处长，江苏省政法干部训练班主任，沭阳县委书记处书记、副书记，淮阴地委宣传部副部长。1983年3月至1987年12月，任淮阴市人大教科文卫委员会主任。1987年12月离休。

毛飞如（1940—2003）　上海人，中共党员，主任医师。1963年毕业于南京医学院，同年入盱眙县卫生防疫站工作。1972年调入淮阴地区卫生防疫站，1983年任地区防疫站副站长。1989年调入淮阴市第一人民医院肿瘤研究所和感染管理科工作，1994年起任营养科主任。在医院感染管理科工作期间，及时将《医院感染管理工作有关规定及隔离消毒制度》手册发送到全院职工手中，并督促执行。1989年6月，参与住院病人尿液等6项调查，并根据调查结果提出合理化建议。经常深入一线收集病员信息，并为其提供合理的营养治疗方案，促进患者的康复。

耿立江（1925—2003） 江苏沭阳人，中共党员。民国30年（1941）参加革命，历任乡区领导职务，是著名的神枪手，屡建功勋。中华人民共和国成立后，曾任导沂司令部工作组组长，苏北航务局淮阴办事处副主任，涟水县政府秘书，淮阴专区食品分公司经理，淮阴专署科委科长，淮阴专署民政处副处长，宿迁县大兴公社书记，宿迁县副县长，淮阴专署人事局副局长，淮阴行署民政劳动局副局长等职。1983年离休。

李代福（1920—2003） 原名李戴福，涟水人，民国31年（1942）加入中国共产党。1950年起，历任清江市委监委书记、清江市委组织部部长，淮阴专区劳动工资部部长，淮阴专区人民医院党委书记，清江市委监委书记、市委常委等职。1981年，任清江市政协副主席。抗日战争时期，被评为淮海区一等劳动模范。

庄宇宏（1920—2003） 楚州人，中共党员。民国29年（1940）参加革命，革命战争年代长期从事财贸工作。中华人民共和国成立后，曾任淮安县施河区区长，淮安县财粮局局长，淮安县副县长，淮阴专署采购局局长，淮阴专署工业局局长，淮阴专署手工业局副局长，清江市委常委、副市长，清浦区政协主席等职。1985年离休。

闵　权（1915—2003） 金湖闵桥人。民国28年（1939）冬参加进步青年“读书会”，同年12月加入中国共产党。高邮县抗日民主政府建立后，历任闵塔区东化、横桥、湾桥等乡副乡长、乡长，闵塔区及南湖区区队长、指导员，南湖区生产建设股股长。1950年因病回乡，曾任扫盲教师、民办教师。1981年10月金湖县委党史工作开展以后，他撰写《三亲往事》等回忆录20多篇。1982年11月，捐献自己珍藏的抗日战争、解放战争时期历史文献1100份，其中有刘少奇（胡服）、朱德、彭德怀、方毅、邓子恢和新四军江北指挥部政治部、津浦路东联防办事处签署的训令与文告等12份，上报中央党史研究室、江苏省与淮南协作区党史研究部门。闵权为保存这些历史文献，多次冒着生命危险辗转密藏，历经战争年代日军、国民党军多次烧杀抢掠的白色恐怖，暴风雨、洪涝灾害的数次冲刷荡涤，“文化大革命”破“四旧”三番五次的搜缴查抄，一直珍藏40多年。

王凌洋（1915—2003） 淮阴人，中共党员。民国29年（1940）参加革命，历任敌后政权乡区领导职务，英勇善战。中华人民共和国成立后，长期领导水利工程建设，完成一大批优质工程。历任宿迁皂河束水坝所长、洋河滩泄水闸工务所主任、刘老涧工务所主任、导沂工程总队总队长、江苏省治淮总指挥部闸坝管理处科长、如东小洋口闸工程处副主任、射阳河闸工程指挥部工程区队长、新洋港闸工程指挥部区队长、淮阴二河闸工程指挥部工程队长、沭阳闸工程处副主任、淮阴大运河航闸工程处副主任，江都翻水站副主任、入江水道工程指挥部工地负责人、坦桑尼亚农场专家组副组长、省水利工程总队总队长及书记，淮阴行署水利局顾问。

张玖生（1939—2004） 涟水人，高级工程师。历任淮阴水利学校教师、淮阴地区水利局沭阳闸管理处技术员，涟水县水利局技术员、农水股股长。1986年，成功设计出圆井式电灌站，在全省推广应用，并被评为科技成果三等奖。1991年7月起，先后任县水利局副局长、副县长，指挥涟中总干渠渠首闸拆建、涟西一干渠渠首闸拆建、涟东总干渠疏浚等主要县级骨干工程的施工。

王树乔（1914—2004） 江苏沭阳人。民国29年（1940）参加革命，同年加入中国共产党。革命战争年代，一直从事文化宣传教育工作。中华人民共和国成立后，历任淮阴专署教育处副处长、处长，文教卫生科科长，淮阴地委党训班副主任，淮阴地委宣传部部长，淮阴师范专科学校校长、党委书记，淮阴专区教师进修学院院长、党委书记，淮阴地区“五七”干校革委会副主任、淮阴地委党校党委副书记、书记。1983年3月离休。

崔海云（1937—2004） 金湖戴楼人。1978年，利用生产队抛荒地制窑烧砖，两年烧砖60万块，帮助全生产队30多户住上砖瓦房屋。1981年，发展养殖业，当年饲养鸭子1000多只，鸡近

百只。1982年，扩大饲养规模，养鸭2000多只，鸡100多只，猪100多头，收入超万元，成为远近闻名的万元户。1983年1月，获“省劳动模范”称号。

王振钦（1910—2004） 江苏沭阳人，中共党员。民国29年（1940）参加革命，革命战争年代从事粮税以及区级领导工作。中华人民共和国成立后，历任沭阳县政府秘书，沭阳县副县长，淮阴专署统计科副科长，淮阴专署建设银行行长，淮阴专署财政局副局长、局长，县级淮阴市副市长，淮阴专署副秘书长，淮阴地区财政局局长等职。

徐焕成（1916—2004） 楚州人。民国30年（1941）参加革命，次年加入中国共产党。在反“扫荡”斗争中，带领民兵小队采取骚扰战术，灵活机动地打击敌人，掩护群众。民国32年（1943）2月，他和两个民兵在执行任务时被俘，在押解回城途中，趁日军不备，猛扑上去夺取枪支，击毙日军，吓跑伪军，从此群众称他“徐大胆”。日伪军报复烧毁他家的房子，杀死他一个堂兄弟。民国35年（1946），升任县大队大队长兼顺河区委副书记、区长。国民党军占领两淮后，“还乡团”对革命群众疯狂报复。同年10月，徐焕成率县大队百余人，消灭“还乡团”一部，抓获敌保长5人。次年，再任县大队教导员，率县大队主力和部分民兵共200多人，在徐荡村设伏，消灭敌保安队一个连。民国37年（1948）8月，在茭陵渡追击战中，歼敌30多人。在抗日战争和解放战争中，参加和指挥大小战斗50余次，曾被中共淮安县委授予特等功。

1950年起，历任淮安县人武部副部长、党委委员，灌云县兵役局副局长、县委委员，涟水县人武部副部长、部长、党委书记、县委委员。1978年8月离休，享受师职待遇。

盛庆藩（1918—2004） 江苏镇江人。早年，历任上海龙华飞机场试用技工、上海大南铁工厂工务员、无锡公益铁工厂制图员。民国26年（1937）11月起，任重庆中华职业学校教员一年半。民国28年（1939）5月起，任重庆汽车配件厂工务员。旋入武汉大学学习2年。毕业后，历任重庆惠工铁工厂设计主任，上海兴亚精密机器厂工务课长，上海震旦铁工厂工程师、业务部主任。

1953年3月，任第一机械工业部上海第二设计局主任工程师。1957年9月，任黑龙江富拉尔基重型机器厂副总工艺师。1975年4月，任清江拖拉机制造厂工程师、技术科副科长、生产处副主任。1980年12月，任清江拖拉机制造厂总工程师。1983年5月，任淮阴市政协副主席、清江拖拉机制造厂总工程师。1988年1月，任清江拖拉机制造厂总工程师。盛庆藩是淮阴地区重型机械工业方面难得的专业技术人才，为清江拖拉机制造厂的发展壮大及清江拖拉机品牌的创建作出重大贡献。

朱宝华（1921—2004） 涟水人。民国31年（1942）参加革命并加入中国共产党。中华人民共和国成立后，任淮阴地委检查组组长，邳睢县委组织部部长，淮北盐场党委组织部部长、副书记，灌云县委工业部部长，灌云县委书记处书记、县委副书记，县长，淮阴县委副书记、县革委会副主任，淮阴地区工商行政管理局局长。

刘嘉奎（1924—2004） 江苏沭阳人，中共党员。民国32年（1943）参加革命，民国36年（1947）参军。1978年从某基地转业，任市第一人民医院副院长、党委副书记，1980年任市一院工会主席。在部队期间，多次立功受奖，受到毛泽东和刘伯承的接见。在医院工作期间，和党委一班人齐心协力求发展，不断改变医院状况。关心职工，做细致的思想工作，为医院的建设作出贡献。

周　平（1927—2005） 江苏沭阳人，中共党员。民国32年（1943）参加革命，革命战争年代曾从事财粮工作、青年团工作等。中华人民共和国成立后，曾任清江市委组织部部长、监委书记，淮阴县委常委、组织部部长，淮阴县革委会副主任、县委副书记，灌云县委副书记、县人大常委会主任，淮阴县委副书记、县政协主席。1984年10月至1987年12月，任中共淮阴市纪委副书

记。清正廉洁，执行法纪严明公正，赢得良好口碑。1987年离休。

徐则先（1920—2005） 金湖闵桥人，江苏省名老中医。幼随父学医，18岁独立应诊，行医于高邮、天长、盱眙一带。他中医基础理论功底扎实，在内、妇、儿科等领域积累丰富的临床经验。1956年7月，被首批吸收参加国家医疗机构，先后在高邮县闵塔区卫生所、金湖县闵桥地区医院、县人民医院和县中医院任中医师、副主任中医师。徐则先是清代名医欣澹庵的曾外孙，是民国名医徐俊升的独子，欣氏医派第三代传人。他治学从不满足于“知其然”，而是务必“知其所以然”。研习古典医籍，数十载不辍。注重博采众方，古今中西兼收并蓄。1957年1月，被《江苏中医》编委会聘为“特约撰述员”，发表《外台桔梗白散治愈肺痈的经验介绍》《子宫脱垂运用古法治愈的经验介绍》等论文。多次当选为金湖县人民代表，县人大常委会委员，第一届、第二届政协金湖县委员会副主席，以及县中医药学会名誉理事长等。

徐则先书写的医案，工整清晰，带徒时撰写的医案，引经据典，字斟句酌，理法方药，丝丝入扣，读起来朗朗上口，在当地中医同行和知识界有口皆碑，更博得检查组专家的称赞。著有《风月老人俚歌》诗词集。

孙洪渐（1920—2005） 江苏沭阳人。民国28年（1939）参加革命并加入中国共产党。曾任八路军陇海南进支队某连支书、副指导员，后历任基层领导职务。中华人民共和国成立后，曾任中国人民银行南通中心支行副行长、苏北分行货币流通科科长、扬州中心支行行长，六合地区军管会财贸组组长、地区革委会生产指挥组财贸组副组长，盱眙县革委会生产指挥组副组长、计委主任，淮阴地区建设银行行长，淮阴地区供销社主任。1983年离休。

韩春涵（1924—2005） 江苏沭阳人。民国31年（1942）参加革命并加入中国共产党。曾任宿迁县副县长、县委书记处书记、副县长，淮阴专署工业局副局长、地区农机改革领导小组副组长，淮阴地区采煤指挥部副指挥、副书记、指挥，淮阴地区矿务局书记。1983年4月至1985年11月，参与沂淮铁路筹建工作。1985年12月离休。

顾殿功（1922—2005） 涟水东胡集人，中共党员。出生于行医世家，“七七事变”后，正在上高中的顾殿功投笔从戎，参加涟东抗日自卫队，后整编入淮河大队。他作战机智勇敢，屡克顽敌，亲手击毙一个骑马的伪军团长。民国29年（1940）7月，淮河大队在灌南杨集与敌伪打游击。一天早晨，顾殿功请假回老家有急事，临行前用稭穰在河边刷鞋，见一队12名伪军经过塘边，他英雄虎胆，突然纵身跃起，手举稭穰，高喊：“不许动！”因当时有浓雾，能见度差，这队伪军吓得魂飞魄散，纷纷缴枪投降。他迅速夺过一支枪，将敌人押回部队。顾殿功赤手空拳缴枪俘敌的英雄故事不胫而走，被战友们戏称为“小痴子”。为此，顾殿功写下《夺枪》一诗：“眼看敌人出鞘刀，闪念放火我自烧。心里盘算寒栗栗，脚下走路轻飘飘。嘴喊村话不许动，手夺枪把只一摇。从此诨名平地起，做个‘痴子’也逍遥。”他屡立战功，历升至团政委。后因事被处理回乡。1955年，涟水县委分配他到涟水中学担任高三语文教师，教课深受学生欢迎。1957年，被打成“右派”。后被分配到涟水农大做专职中医。“文化大革命”中被冲击，一万多份医案被红卫兵付之一炬。后被安排继续行医，直至离休。

顾殿功对肝病研究尤深，屡起沉疴，各地患者慕名接踵而来。大庆油田的一名重症肝病患者，抱一线希望来涟水找他治病，谁知途中钱款被盗。他听完其哭诉后，安排吃住在自己家中，用几十剂中药将其病情稳定，并送给他返程路费。著有诗集《变异集》等。

卢增文（1922—2005） 淮阴西宋集人。民国33年（1944）加入中国共产党。1968年7月，任汤集公社副主任期间，集中8000人，亲自带队进行水利会战，新开9道支渠200多道毛渠、3条中心路，平田整地200公顷，增耕地26.67公顷。在分管乡镇企业期间，扩大电瓶车厂的规模，组

建磨具厂、织布厂，使汤集乡镇企业达到历史鼎盛时期。

何国成（1952—2005） 涟水朱码人。2005年3月20日，在涟中闸抢救落水儿童时壮烈牺牲。涟水县政府号召全县人民向其学习，江苏省政府于2005年11月4日批准何国成为烈士。

茹乃清（1924—2005） 涟水县人。民国34年（1945）参加革命，次年加入中国共产党。曾任淮阴专署交通局副局长、宜兴农林学院副书记、江苏省银行学校副校长、淮阴供销学校校长。1981年2月至1983年3月，任淮阴地区计划生育办公室副主任。1985年离休。

马树礼（1909—2006） 涟水前进人。早年毕业于日本明治大学政治经济系、菲律宾圣托马斯大学政治外交系。曾任马尼拉《新华先导报》编辑。民国27年（1938）回国抗战，历任第三战区政治部组长、副主任，上海《前线日报》社社长、总编辑等职。民国37年（1948）当选为立法委员。国民党在大陆败退后，举家去印度尼西亚，任国民党驻印尼总支部负责人，并任《中华商报》社长兼总编辑。1961年被印尼政府拘捕，后被驱逐出境返台。

1962年任国民党中央第三组主任，1964年任国民党三军大学教授，1972年8月任亚东关系协会理事兼驻日代表，1985年2月任国民党中央委员会秘书长。自国民党“九大”起，历届都被选为中央委员。曾任台北“中国电视公司”董事长、“三民主义统一中国大同盟”主任委员。

1993年，捐资196万元人民币，为家乡新建马圩小学教学楼，并设立30万元奖学金。1995年，又捐资12.5万美元兴办马圩中学，为家乡教育事业作出贡献。

姬玉田（1922—2006） 山西平定人，中共党员。民国34（1945）参加革命军队，1958年转业，任清江米厂副厂长。1961年7月起，历任清江新民食品厂、蓄电池厂厂长。1965年5月，调任淮阴织布厂工会主席。他待人亲善，任劳任怨，在岗尽责，工作勤恳。在任工会主席十几年间，关心扶助困难职工数以千计，从不为己、为亲属谋一毫私利。其姐姐姬桂英早年丧夫，无儿女，他将姐姐接到淮阴生活，直到她70多岁去世。

张道达（1926—2006） 江苏泗洪人。民国31年（1942）参加革命工作，民国34年（1945）加入中国共产党。曾任泗洪县委常委、宣传部部长，洪泽县委宣传部部长，洪泽县委常委、县革命委员会副主任、副县长。1982年9月至1985年7月，任淮阴地区计划生育委员会主任、淮阴市计划生育委员会主任。1985年离休。

张国华（1922—2006） 江苏如东人。民国31年（1942）加入中国共产党。1966年2月起，历任淮阴县委副书记，淮阴地区人民医院副书记，淮阴地区汽车运输公司书记，淮阴地区社队工业局局长，地区计划委员会副主任、社队工业局局长，地区计划委员会副主任、地区手工业局局长等职。1980年9月至1983年3月，任淮阴地区科学技术委员会主任。。

吴国怡（1933—2006） 安徽宿松人，中共党员。1959年南京农学院土壤农化系毕业后，历任江苏省农科院土壤肥料所实习研究员、省农科院淮北工作组实习研究员、省委涟水朱码穷队翻身组实习研究员、省滨阜涟灌样板组（驻涟水县小李集乡）实习研究员等职。1973年后，历任涟水县农技推广站农科所技术员、第一副所长，县农业局副局长等职。1981年6月，任涟水县副县长，在农业技术推广方面作出显著成绩。

刘儒高（1925—2006） 江苏沭阳人，中共党员。民国31年（1942）参加革命。1956年4月起，历任淮阴县委副书记、副县长，县级淮阴市副市长、市委书记处书记，泗洪县委副书记、县长，灌南县委副书记、书记，县革命委员会主任，淮阴地区农业委员会副主任、主任。1985年2月至1987年7月，任淮阴市委农村工作部巡视员。

张庆平（1953—2006） 涟水人，中共党员。历任至淮安市公安局副局长。2005年3月29日，京沪高速淮安段液氯泄漏特大事故发生后，他第一时间到达现场，身先士卒，屡冒毒雾，穿村

入户，连续四昼夜，施救疏散千余人，终毒倒病榻。2006年五六月间，因公务几个昼夜连续工作，不幸殉职。

蒋锡白（1919—2007） 盱眙穆店人。民国27年（1938）加入中国共产党，历任陕西省安吴青训班连指导员，中共中央组织部培训班组长，陕西省安塞县县委秘书、区委书记，中共中央西北局秘书处秘书，延安市委秘书等职。解放战争时期，历任三五九旅指导员、民运股股长、政治工作队队长，西北局延安党校组教科科长，西北局党校延安地方干部学校副主任，西北局党校一部副主任、党总支书记等职。中华人民共和国成立后，历任中共中央西北局党校副秘书长兼组织处处长、秘书长、代校长，中共中央第二中级党校党委副书记兼办公厅主任，陕西省档案局局长，中共西安市委常委、副市长，西安市顾问委员会常委、副主任，享受副省级待遇。

汪广西（1936—2007） 淮阴人，中共党员。先后任小学教师、公社党委书记、淮阴县委组织部副部长、县人大常委员会副主任等职。为淮阴区的民主法制建设倾注毕生的心血与汗水，做了大量艰苦细致、卓有成效的工作，曾在全省人大工作经验交流大会作经验交流发言。

姚舜华（1938—2007） 楚州人，中共党员，主任医师，淮阴市第一人民医院原骨科主任、医务科长，江苏省骨科学会委员、淮海经济开发区骨科学组副主任委员、淮安市骨科学会主任委员。

1961年毕业于淮阴医专，曾赴北京积水潭医院进修骨科。在省内较早开展小儿麻痹后遗症矫治工作。1975年，开展淮阴地区首例自制人工股骨头置换术。1978年，在淮阴地区首次施行断掌再植术并获得成功。1986年，开展淮阴市首例颈椎前路减压植骨术，及全髋置换术。1987年，开展淮阴市首例骨肉瘤灭活再植术。1988年，开展膝关节手术，之后又开展巨大骶骨瘤切除术、DSA栓塞、人工股骨头置换术、巨大髂骨瘤切除术。他有着丰富的临床医疗和教学经验，经常参加市内外疑难疾病的会诊及手术，是淮安骨科学科带头人，从事南医大专班的骨科教学工作。

姚舜华热爱生活，是地区乒乓球比赛冠军，篮球高手，空闲时喜爱用手风琴演奏《三套车》《莫斯科郊外的晚上》等俄罗斯歌曲。

潘子仪（1927—2007） 涟水人。民国30年（1941）加入中国共产党，曾任淮阴地委肃反办公室主任、地委副秘书长，灌南县委书记处书记，淮阴地委副秘书长、办公室主任，淮阴地委宣传部部长，淮阴地区革命委员会办事组副组长，淮阴地委办公室副主任、主任，地区革命委员会办公室主任、行署办公室主任，淮阴地委副秘书长，淮阴地区行署秘书长，淮阴市委统战部部长。1987年离休。

刘　玲（1918—2007） 淮阴人，中共党员。民国29年（1940）参加革命，历任抗日民主政府泗阳县、泗沭县税务民政和宣传工作，第十一区区委领导等职。民国35年（1946）10月起，历任至地委政策研究室副主任。1952年7月起，历任淮阴县委副书记、县长、县委书记。1956年7月起，相继任淮阴地委财贸部部长、经济部部长 、工业部部长、地区科委主任，中共泗洪县委书记，淮阴地区财办主任、地委财贸部主任。“文化大革命”中受审查。1970年6月起，历任淮阴地区采煤指挥部指挥、淮阴地区工交办副主任、主任、建委主任。1983年5月，任淮阴市政协副主席。

孙锦信（1921—2007） 涟水人，中共党员。民国29年（1940）参加革命。革命战争年代从事供给保障工作。中华人民共和国成立后，历任沭阳县导沂工程总队供应科科长，淮阴花纱布支公司副经理、经理，清江市工商科科长，泗阳县洋河酒厂厂长、书记，淮阴地区财政局副局长，淮阴地区劳动局副局长，淮阴地区生产办公室计划组组长，淮阴地区财政局局长，淮阴地区民政劳动局局长，淮阴地区劳动局局长。

张化民（1925—2008） 淮阴人。民国32年（1943）加入中国共产党。曾任泗洪县委副书记，淮阴地区化肥厂筹建处书记，地委冶金办公室副主任，淮阴地委副秘书长、办公室主任，西藏

自治区党委审干办公室副主任、组织部副处长，淮阴地区社队工业局副局长，淮阴地委组织部副部长，淮阴市委组织部副部长、市人事局局长。

陆　钧（1913—2008）　江苏灌南人。民国28年（1939）加入中国共产党并参加革命工作。曾任淮阴地委党校党总支书记，淮阴地委土改工作团党委副书记。在北京新法学研究院学习后，任淮阴地区中级人民法院副院长、院长，淮阴地委工业部部长，灌云县县长，县级淮阴市市长，淮阴地委财贸部部长、统战部部长，淮阴地区电影公司党支部书记，淮阴地区革命委员会财贸组副组长、地区财贸办公室副主任。

赵耀东（1915—2008）　出生于淮阴（今淮阴区）西坝盐商家庭。早年毕业于武汉大学机械系，后留学美国，获麻省理工学院硕士学位。回国后，曾任中央机器厂助理工程师、资源委员会天津机器厂厂长。

1949年去台湾后，任中本纺织公司总工程师、代总经理。1959—1966年，先后赴南越、新加坡负责援建纺织工业项目。1966年返台后，任利台纺织纤维公司副董事长兼“经济部”大钢铁厂筹备处主任。1971年起，出任台湾中国钢铁公司总经理、董事长。他致力引进先进生产技术，推广发明创造，科学经营管理，中钢发展迅速，颇具效益，为官办企业之冠，深为时论赞誉。

1981年，升任台湾地区“经济部长”。1984年，任“经建会”主任委员，为台湾地区财经系统著名骨干人物。他担任台湾地区“经济部长”期间，博得“赵铁头”称号，为台湾地区的经济腾飞作出重大贡献。淡出政坛后，任台湾地区“总统府国策顾问”、中钢高级顾问等职，仍在幕后参与台湾地区高层财经决策。1992年5月，他作为台湾中华经济研究院的顾问访问大陆，对两岸经济的交流和发展建言，受到杨尚昆、朱镕基等领导的接见和赞许，更在台湾岛内引起震撼。

高端宝（1919—2008）　楚州人。民国32年（1943）参加革命，同年加入中国共产党。曾任淮安县副县长，县委副书记、副县长，淮安县石塘公社书记、革命委员会主任，淮安县委副书记、县革命委员会副主任，淮阴地区财贸办公室副主任，财贸办公室副主任、供销社主任。

王　千（1928—2008）　涟水人，中共党员，国家一级指挥，中国音乐家协会会员。12岁参加八路军，任宣传员。“皖南事变”后，编入新四军。历任部队文工团股长、队长、研究员、协理员、艺术指导、团长等职。解放战争中，负责战勤工作，带领担架队在枪林弹雨中抢救伤员，同战士们一起出生入死，获中华人民共和国三级解放勋章。

中华人民共和国成立后，入上海音乐学院学习。1958年，调任云南省歌舞团团长。1959年，率领由省地5个专业剧团108人组成的云南省歌舞团出省巡回演出，历时5个多月，轰动南方8省。复率团进京，在中南海怀仁堂为党和国家领导人举行专场演出。1960年，担任中国文化代表团第二分团副团长，随周恩来赴缅甸访问演出。1987年，任中国民族艺术团艺术指导赴朝鲜访问演出，受到金日成接见。他指挥过《东方红》《斯大林之歌》等合唱，指挥灌制的唱片有《娥并与桑洛》《阿诗玛组歌》《阿佤人民唱新歌》《撒尼人民心向红太阳》等，专著有《王千声乐作品选集》。他获得香港国际艺术学院终身艺术成就奖，被收入《中国当代杰出共产党人》。

尹耀文（1933—2008）　涟水人，中共党员。1961年，为涟水县委起草穷队翻身工作的经验，被省委转发到全省各公社党委，在《群众》杂志上刊载。省话剧团据此编成话剧《鸡毛飞上天》，在全省公演，并拍成电影。1962年所写的《红旗大队生产自救的调查报告》，被淮阴地委转发至各大队。担任淮阴县码头公社党委书记三年，建成“大寨式公社”。1981年，任淮阴县副县长分管财贸工作，狠抓增收节支，使县财政1982年开始收支有余。任淮阴县委常委、组织部部长期间，推进干部队伍的知识化、年轻化建设。

侍守民（1920—2008）　江苏灌云人，中共党员。民国33年（1944）参加革命工作，曾任灌

云县委秘书，灌云县委宣传部副部长、部长，淮海报社副总编辑，淮阴地委讲师团副团长，淮阴地委宣传部副部长，淮阴地委副秘书长，淮阴军分区生产办公室秘书组组长，淮阴地区文教局副局长、局长，教育局局长等职。1983年3月至1985年9月，任淮阴市政协文史委员会主任。

丁树荣（1963—2008） 涟水人，大学文化，中共党员。1994年起，历任中国农业发展银行江苏省分行办公室副主任、营业部副总经理、苏州市分行行长等职。2003年，任中国农业发展银行江苏省分行副行长。参与江苏省扶贫方案的制定、国家农村金融体制改革研究，参与组织省农发行区域信贷政策试点。

蔡德之（1917—2009） 河北迁安人。民国27年（1938）毕业于黄埔军校第12期，后又毕业于陆军大学。1949年在四川省起义参加中国人民解放军，1950年7月至1958年在解放军南京军事学院任教，1958—1966年在淮阴拖拉机修配厂任副厂长。"文化大革命"期间，到车间劳动。1976年，调清江市博物馆，并参加清江市政协工作。1983年，任淮阴市政协副主席。先后任民革淮阴市委主委、名誉主委、民革江苏省委常委，江苏省第六、七届人大代表，江苏省黄埔同学会副会长。

担任南京军事学院炮兵教研组长期间，负责编写多种陆海空三军炮兵军事教材，并参与全部炮兵教材的审查工作；撰写有关炮兵论文多篇，在《人民炮兵》杂志上发表；因教学成绩显著，受到刘伯承元帅签发的乙等奖。筹建清江市博物馆期间，在《文物》杂志发表过论文。民革市委成立后，在一无资金、二无师资、三无校舍的情况下，办起"中山业余学校"，兼任校长，多次受到民革江苏省委和民革中央的表彰。在他担任民革淮阴市委主委期间，帮助政府落实政策，为民革党员排忧解难；还利用自身优势，宣传"和平统一，一国两制"方针，亲赴盐城为黄埔军校同学、台湾地区"行政院"原院长郝柏村修建祖坟、祖居，在海内外产生良好的影响。

郑尊富（1921—2009） 江苏宿迁人。民国30年（1941）参加革命工作并加入中国共产党。中华人民共和国成立后，历任淮阴地区行署监察处长，宿迁县委副书记、县长，淮阴地区贫协副主任，淮阴地区民政局长、淮阴市清河区人大常委会主任。

刘驪 （1913—2009） 淮阴老张集人，中共党员。历任淮阴县第五区张集乡中队长、乡长，淮涟游击大队长，率部看守、袭扰徐溜、古寨、张集、大兴等敌据点，"刘驪大队"即由此得名。解放战争中，先后任官荡区委书记、淮阴县民兵支队副支队长，组织队伍打击还乡团，建立和巩固区乡政权。中华人民共和国成立后，历任淮阴军分区土改土复大队长兼政委、执法处副处长，盐城军分区政工科长，清江市人武部第二政委。"文化大革命"期间受到审查，1981年改正。离休后，多次被评为先进离休干部。

陈素娟（1933—2009） 女，金湖人，中共党员，高级经济师，全国劳动模范。在中国农业银行金湖县支行工作。工作中练就双手打算盘的绝技，多次参加行内外业务比赛，成为总行级业务能手，创建"钱账两清、三个坚持、十个不准"及"三道工序，百字规程"业务操作法，被《中国农村金融》全文刊发，为总行制定会计准则奠定基础。

1984年，她由副股长被破格提拔为支行行长。首创县支行发行"流通券"。为缓解农副产品收购资金紧缺的矛盾，在全省农行系统率先推行农副产品收购支付结算凭证，实现全县通兑结算、按实计息不仅解决农副产品收购"打白条"问题，还促进资金的回流，提高效率。20世纪80年代，县域金融机构数量较少，农副产品收购结算、乡镇企业的发展、农民多种经营都离不开农行的支持。为保证收购资金，她常常连夜奔波于南京、仪征、盱眙、上海等地拆借资金，积极发挥融资作用，累计发放各项贷款45.4亿元，支持地方经济的发展。她将支行农村金融服务网点发展到34个、信用站64个，建立起与当时农村商品经济发展相适应的金融网络。1991年初夏，特大洪水

使金湖县入江水道以东以北19个乡镇处于外洪内涝的险境中，有的所社一天就要支付二三十万元现金，接近营业网点存款的十分之一。关键时刻，她亲自奔走，组织资金，发放救灾贷款270万元，紧急调动800万元现金，组织抢险突击队，手提肩扛，为19个所社员工送上生活必需品。

陈素娟任行长10年，实现金湖县农业银行10年存款增长9倍、贷款增长12倍的骄人业绩。《人民日报》头版头条以《江苏“谷底”在崛起》为题作报道。1989年，被评为“全国先进工作者”，受到党和国家领导人的亲切接见。在2009年金湖建县50年之际，高票当选为“50年感动金湖人物”。

季家修（1925—2010） 江苏南京人，早年就读于中央大学。毕业后，先后在南京商业职业学校、南京龙潭中学、南京二中、南京三中、南京教师进修学院任教。1956年6月加入中国民主促进会，任民进南京市委委员。1958—1969年担任南京市政协委员。1972年2月到1978年8月，在宿迁大新中学任教。1978年9月，调至淮阴师专数学系任教。1983年12月，成立民进淮阴市支部，任支部主委。1985年1月成立民进淮阴市委员会，任市委主委。先后担任民进江苏省委第三至第五届常委，并是民进淮阴市委第一至三届主委和第四、五届名誉主委，淮阴市政协第一届委员，第二届、三届政协副主席，江苏省政协第六届、七届委员。著有《几何证明题与作图题》，编有《初等几何复习与研究》《高等几何》《教学方法论》。他国学功底好，擅长写旧体诗。

王桂林（1926—2010） 涟水人，民国31年（1942）2月参加革命，同时加入中国共产党。历任抗日民主政权涟水县梁岔区左圩乡三保农会委员、梁岔区委组织委员、涟水县委组织部干事、宣传部干事、《大众报》编辑、公兴区委组织科科长、县委党校指导员、县委组织部科长。1951年5月起，历任涟水县王集乡党委书记，涟水县委常委、宣传部部长，沭阳县委副书记，共青团淮阴地委副书记，淮阴地委农工部副部长、生产指挥组副组长。1971年4月起，任淮阴地委常委、生产指挥组副组长、政工组组长、组织部部长。1977年8月起，任淮阴地委常委、革委会副主任、行署副专员。1983年4月至1984年6月，任淮阴市政府副市长。1984年7月至1993年3月，任淮阴市人大常委会副主任。1993年12月离休。

房树坤（1922—2011） 山东文登人，中共党员。民国29年（1940）参加工作，革命战争年代任军医。中华人民共和国成立后，历任华东军区卫生部后方二院三所室长，华东军区后勤部直属医院室长、第三后方医院副队长，苏南第三康复医院材料股长，江苏省第六康复医院三分院院长、主任医师，江苏省第七康复医院医务主任，淮阴地区医院副院长兼肺科主任，淮阴地区卫生防疫站站长。1983年3月至1985年6月，任淮阴市卫生防疫站站长，是专家型领导干部。

张用凡（1921—2011） 江苏沭阳人，中共党员。民国33年（1944）参加革命工作。中华人民共和国成立后，曾任沭阳县农业生产合作部部长，沭阳县马厂拖拉机站副站长，沭阳县马厂区委书记、陇集公社书记、陇集区委书记，淮阴县副县长，淮阴县革命委员会生产指挥组组长，淮阴地区新沂河工程指挥部指挥，淮阴地区水利局局长，淮阴地区机械工业局局长等职。

姜万国（1923—2011） 涟水人，中共党员。民国31年（1942）参加革命工作。曾任海军某基地第二巡逻艇大队副政委，海军东海舰队复员大队副政委，海军第四扫雷艇大队副政委，海军淞沪水警区21大队副政委、政委，海军淞沪水警区政治部副主任。1976年转业，历任洪泽县委常委、县革命委员会副主任，洪泽县人大常委会主任，洪泽县政协主席。

章壮余（1929—2011） 楚州河下人。南京师范学院中文系毕业。长期从事中学、师范语文教学，1981年调淮阴教育学院中文系讲授中国古代文学，任教务处处长，淮阴师范学院副教授，曾在院学报上发表诗史论文多篇，在《华夏吟友》第二卷、第三卷发表诗词20余首。著有《萧斋吟稿》一卷。其七律深沉蕴郁，美刺兼施，典雅流畅，韵律严谨，颇见功力。退休后，应淮阴市老

年大学等校之聘，讲授诗词写作课。系中华诗词学会会员、中华诗词研究所研究员，淮安市诗协副会长、顾问，《淮海诗苑》执行主编。编著《松霞诗词选》一卷，著有《门外诗谈》若干篇。

徐　岬（1965—2011） 江苏兴化人，中共党员。淮安市第二人民医院主任医师、眼科主任，淮安市临床重点专科眼科学科带头人。

1988年7月毕业于苏州医学院。1991年到北京大学第一医院眼科进修，师从全国青光眼学组组长李美玉教授，掌握白内障囊外摘除术、人工晶状体植入术、角膜移植术、视网膜脱离复位术、斜视矫正手术等，同时在疑难病、少见病的诊治方面积累一定的经验。1999年担任眼科主任，2004年成立眼科治疗中心，开展现代复合式改良小梁切除抗青光眼术，多区切削模式在LASIK治疗近视的应用，波前相差引导的个体化切削治疗近视，白内障超声乳化摘除的联合性手术等许多国内先进水平的手术和诊疗技术，使眼科成为苏北地区复杂疑难眼病的会诊和治疗中心之一。徐岬还带领全科不断探索，开展科研项目，引进新技术、新疗法。他多次获市政府科技进步奖，在国家级核心期刊及省级以上刊物发表学术论文10余篇。

2006年10月，市二院眼科承担市残联的“白内障复明工程”，在短短一个月时间里，他在不影响日常医疗工作情况下，天天加班、拖班，周六和周日也不休息，完成168例白内障手术。从医20多年，恪守职业道德，从不以自己的技术谋求私利，心里处处装着病人，想的是如何让病人用最少的钱得到最好的医疗服务。长期的体力透支，终于使他积劳成疾，于2011年4月不幸病逝。

尚　云（1939—2011） 江苏宿迁人。1958年参加工作，1960年加入中国共产党。1958年3月至1958年6月，在中国科学院镇江蚕桑研究所学习。1958年7月，任宿迁县来龙公社蚕桑临干。1959年4月，任宿迁县来龙公社营业所出纳会计。1960年2月，任宿迁县来龙公社公安助理员。1960年7月，任宿迁县公安局干事。1966年7月，任宿迁县公安局秘书股股长。“文化大革命”中受到冲击。1968年10月起，历任宿迁县公安局军管组业务负责人、宿迁县公检法军管会侦破组副组长、宿迁县公安局副局长。因工作出色，1974年4月，被破格提升为淮阴地区公安局副局长。1978年10月，任淮阴地区检察院副检察长。1983年3月起，任淮阴市中级法院代院长、院长。1995年2月起，任淮阴市人大常委会副主任。2003年6月退休后，任市诗词协会会长，不仅努力学习写诗，还在市委、市政府的支持与部署下，充分发挥社团作用，推动诗教工作进校园、进机关、进企业、进社区、进农村、进家庭，将淮安市创建成“中华诗词之市”。

胡建华（1923—？） 洪泽人，中共党员。民国30年（1941）参加革命，在淮宝县银行工作。1954年以前，先后在山东游击队、渤海银行、河北省银行工作。后历任中共曲阳县委常委、组织部部长，中共定县县委常委、纪检书记，中国人民银行保定市支行行长、党委书记。1983年离休，享受地市级待遇。

王　频（1955—2011） 女，祖籍山东菏泽，出生于淮安。1983年毕业于苏州大学历史系。1983—2012年，在淮阴教育学院、淮阴师范学院任教，曾任政史系、历史与社会学系副主任，教授。她教学工作十分勤勉，曾被评为优秀教师，主持的“中国近现代史”课程建设曾获江苏省高校优秀课程奖。当她胸腔检查出肿瘤时，她仍坚持在教学第一线。当终于可以手术时，王频就再也没能回到讲台。

王频对教学竭心尽力，同时致力于学术研究，对中国现当代史、中华人民共和国文化建设史研究得很深入，很有开创性。30余万字的专著《共和国文化建设之旅》集中体现她在这一领域开创性研究的成就。中国当代研究所原副所长、著名学者程中原评价此书系统、简明而又客观、真实地叙述中华人民共和国文化建设的历史进程，并对其丰富的经验教训作出总结，对相关理论问题进行研讨，填补当代中国文化史著述方面的一个空白。此外，还出版《中国当代史》（合著）、《社

会主义在中国的实践和探索》(合著)等著作。撰写《周恩来对"文革"时期经济建设的特殊贡献》《周恩来对我国60年代经济调整的杰出贡献》《邓小平与马克思主义学习》等多篇论文。曾4次获淮安市社会科学优秀成果奖。

黄树勋(1917—2012) 涟水红窑人,中共党员。早年在家乡参加抗日救亡运动。民国29年(1940)5月起,历任中共涟水县三区委员、股长、三区岔庙乡党支部书记,四区、盐西、高沟区委委员,灰墩区、公兴区区委书记。民国36年(1947)12月起,历任县委组织部副部长、部长。1949年7月起,先后任县委副书记、书记等职。1955年8月,任启东县委书记。1956年11月,任如皋县委第一书记。1957年3月,任南通地委组织部部长。1959年4月,任南通地委常委、组织部部长。1965年9月,任江苏省气象局局长。

"文化大革命"期间,在"五七"干校和农村参加学习劳动。1973年12月,任南通地区农科所农场副场长。1974年12月,任南通地区民政局领导小组组长。1976年11月,任南通地委机关党委书记。1978年4月,历任南通地委审干办公室主任,纪检组副组长、组长,地委纪委书记等职。1983年4月,任南通市政协副主席,直至1985年3月离休。

李仰珍(1936—2012) 江苏宿迁人。1952年参加工作,1954年加入中国共产党,中共第十四次全国代表大会代表。1974年12月至1983年2月,任宿迁县委副书记、书记。1983年2月至1986年2月,任淮阴市委副书记,负责农业农村工作,为淮阴市农村经济的发展、商品粮基地的建设、为洪泽湖开发,殚精竭虑,颇多建树。1986年3月,任徐州市委副书记。1990年6月起,任徐州市委书记、市人大常委会主任。在任徐州市委书记期间,被徐州城乡人民称为无私奉献的实干家。《半月谈》杂志和《文汇报》曾分别以《徐州有个李仰珍》《关于一位公仆的考核》为题报道他的事迹。《求是》《半月谈》《文汇报》《经济日报》《江苏通讯》《农民日报》等报刊发表他多篇文章,主要有《向一体化要经济效益》《经济工作要真正提高经济效益》《谈县区党政领导干部的哲学素养》《推进企业改革必须狠抓实干,一抓到底》《从实际出发,加快发展乡镇企业》等。

赵炳焘(1926—2013) 安徽阜阳人。早年就读于江南大学,1953年支援苏北,先后任淮阴师范学校历史教师、淮阴师专历史系副教授。在多年的师范教学实践中,赵炳焘从教学态度、教学方法,到思想品德、言行举止,都尽力做到"示范性"的要求。为提高教学质量,坚持培养学生分析综合能力;努力做到思考、学习、运用相结合,传授历史知识与精神文明相结合,提高课堂教学效果与帮助学生自学相结合,学习书本知识与创造性学习方法相结合;贯彻少而精的原则。他的备课笔记一丝不苟,板书则堪称艺术。先后发表《读"孟子"札记》《试论唐代开元之治》《略论太平天国妇女在革命运动中的地位和作用》《淮安与东晋政权》等论文,得到祁龙威等名家好评。曾任淮阴市历史学会会长、江苏省高校历史学会副秘书长、江苏省历史学会理事。

曾任清江市第二、三、四届政协委员。1983年,加入九三学社并任淮阴市委第二、三届主任委员,九三学社省委委员,淮阴市第一、第三届政协常委,第二届人大常务委员会委员。积极参政议政。1987年,向市政协大会提交《关于规划和建设黄河森林公园》的议案。1996年,他与人合作提交《用公款迎来送往变相吃喝之风应紧急刹车》的提案。其《多党合作与参政议政运行规律》一文,获中央统战部庆祝中华人民共和国成立60周年征文三等奖。

陈　耀(1922—2013) 江苏泗阳庄圩人,中共党员。民国31年(1942)参加革命,历任乡青救会长、区委巡视员,泗沭县五区与九区区长。民国35年(1946)起,历任泗沭县三区、众兴区,泗阳县城南、陈圩区委书记,坚持敌后游击战争,并负过伤,被评为二等功。

1950年8月,任中共泗阳县宣传部部长,关爱、体恤、扶持、培养地方文艺及社会艺人,淮海戏表演艺术家杨秀英,京剧表演艺术家白剑华、王瑶华等,都与他结下深厚友谊。后历任淮阴地区

团委书记、泗阳县长、中共泗阳县委书记。在贯彻执行过渡时期的总路线，纠正“反右”扩大化和“大跃进”左倾错误，巩固发展国民经济等方面竭尽心力，其中推广棉花种植成绩突出，受到国务院嘉奖。调任泗洪县委书记，“文化大革命”中被冲击，后任泗洪县、淮安县革委会副主任。1971年4月，先后任淮阴县委、淮安县委书记。在推进旱改水，构建城镇建设框架，逐步提高人民群众生活水平方面成绩突出。1981年4月起，任淮阴地区行署副专员，分管文教卫工作，在全国率先推行分级办学，分级办医，得到中央的肯定。1983年，任淮阴市政府顾问。1988年离休后参加关心下一代工作委员会，发挥余热，造福子孙。

汪元仁（1929—2015） 涟水高沟人。江苏省淮阴中学1947届校友，1949年毕业于淮阴师范学校，同年4月到中国台湾。曾任台湾海军总政治部主任、台湾出入境管理局局长。中将军衔。2015年在中国台湾去世。

王广德（1946—2015） 淮安人，高级经济师。1962年，到淮安县无线电元件厂工作，心怀“将相本无种，男儿当自强”的志向，埋头苦干，经过千百次的测试和失败，终于在20世纪70年代初将电子元件“中周”试制成功。通过跑北京、闯上海，历经百般挫折，始终坚持不懈，最终被熊猫电子集团等多家全国知名电子企业确定为配套产品。自此，原本一个频临倒闭的街道居委会办小加工厂，逐步发展成为当地最大的税源大户、江苏省知名企业和国家二级企业，胡耀邦和江泽民先后到厂视察调研。1986年，被评为江苏省劳动模范，并获得全国五一劳动奖章。1987年，当选为第七届全国人大代表。1990年，由淮安无线电元件厂厂长破格提拔为淮阴市电子工业局副局长，不久升任局长，调任中共清河区委副书记。1996年任洪泽县县长，后任洪泽县委书记。在他任职期间，洪泽县的社会经济文化得到快速发展。

1999—2003年，任淮阴市计划委员会主任、中共淮安市委统战部部长。2003—2008年，任淮安市政协副主席。

潘朝曦（1946—2015） 号高卧雲、陈野石，江苏灌南人，居住清江浦，上海中医药大学教授。幼承庭训，学习医籍、文典。1973年入江苏新医学院中医系学习。1976年毕业，供职于淮阴地区医院。1978年考取上海中医学院研究生，师从中医泰斗张伯臾，得其心传。后留校任教，教书育人、悬壶济世数十年，被评为全国名老中医，尤其擅长治疗疑难杂重症。武汉一名肝脓疡患者，高烧昏迷，院士皆束手无策。潘朝曦根据病情，在电话中开方，七日病愈。海门市一位患过敏脱皮吐血重症的患者，到上海找西医治疗，回天乏术，潘朝曦开出奇方，立起沉疴。屡次应邀为国内外政要首脑会诊施治。对患者不分贵贱，对贫者多实行义诊。著有医著3部、书学著作2部，另有中医、诗词、书画遗稿甚多。工旧体诗，指陈时弊，诗风峭厉谐谑。七律《登高》，获华夏诗词奖一等奖。工书法，瘦峻放逸，尤擅行楷，自成一格。好国画，尚写意，多题诗讽喻、托物言志，而不以技法见长。每年都多次回淮安寓居，以文会友，为人诊病，寒暑不辍。逝世后，归葬清江浦城南。

李春潮（1980—2015） 革命烈士，公安部二级英模。2002年考入淮安市公安局交警支队，从警13年，办理各类治安刑事案件180余起，抓获犯罪嫌疑人200余人，查处纠正各类交通违法行为10万余起。2011年8月，一辆满载汽油的槽罐车因交通事故泄漏起火，赶到现场的李春潮得知车内还有两个人，当即拿起灭火器冲进熊熊大火，冒着危险将两人救出。

2015年7月1日上午，京沪高速公路淮安段因施工需中断交通3~5分钟。临时管制标牌设立后，车辆陆续停下。一辆安徽牌照大货车却突然追尾撞击前方一辆面包车，面包车失控后冲向前方应急车道。正在应急车道作业的一名辅警正低着头，根本不知道危险袭来，站在身后的李春潮发现后，一面高喊“快跑”，一面使劲地将战友推倒在护栏之外，他自己却失去了躲避的宝贵时间，被面包车撞出4米多远。因伤势过重，在医院的抢救室里再也没有能够醒过来。年仅36岁。

第三章　人物表录

1978—2015年淮安籍省部级干部名录

表39-1

姓名	性别	生卒年份	学历	最高职务
朱一苇	男	1908—1987	大学	湖南大学校长
陈亚昌	男	1908—1986	中学	浙江省副省长
李干成	男	1909—1993	大学	上海市副市长
刘淇生	男	1911—	中学	第二机械工业部副部长
吴　觉	男	1912—1984	大学	南京工学院党委书记、院长
李竹平	男	1912—	留学生	纺织工业部副部长
杨　述	男	1914—1980	大学	中共中央华北局宣传部长
夏如爱	男	1915—1985	大学	国家工商行政管理总局副局长
洪　沛	男	1915—1991	中学	安徽省政协副主席
王亦纯	男	1915—2012	大专	大连工学院党委书记
高　天	男	1917—1994	研究生	第五、六、七届民盟中央副主席、常务副主席
胡　坦	男	1917—2000	中学	安徽省副省长
石　林	男	1919—	大专	中共中央对外联络部副部长
孟家芹	男	1919—1994	—	安徽省委副书记、省纪委书记
陈　冰	男	1920—2008	大学	天津市政协主席
高大球	男	1920—	—	山东省委副书记
罗涵先	男	1922—2011	大学	全国政协副秘书长
黄　驭	男	1922—1989	中学	安徽省副省长、省人大常委会副主任
罗运来	男	1922—1992	中学	江苏省委常委、组织部长、省政协副主席
厉德馨	男	1924—2012	中学	杭州市委书记、浙江省政协副主席浙江省委常委
吴学艺	男	1924—	—	国家土地规划管理局局长
汪德方	男	1924—	大学	中华能源总公司总经理
李连庆	男	1925—2012	大学	中央广播事业局局长、中央电视台台长
张　斌	男	1925—	—	陕西省副省长
嵇　华	男	1925—	—	黑龙江省人大常委会副主任
高　胡	男	1927—2017	研究生	福建省政协副主席

续表 39-1

姓名	性别	生卒年份	学历	最高职务
吕培俭	男	1928—	大专	国家审计署审计长
黄　璜	男	1933—	大专	宁夏自治区委员会书记
马绍孟	男	1934—	研究生	中国人民大学党委书记、博士生导师
汪洪毅	男	1936—	大学	司法部副部长
许嘉璐	男	1937—	研究生	全国人大常委会副委员长、民进中央主席
戴　舟	男	1938—2004	大学	《求是》杂志社社长
叶　林	男	1938—	—	全国人大财经委副主任
徐心华	男	1940—	大学	经济日报社社长
徐中远	男	1944—	中学	中共中央组织部组织局局长
羊子林	男	1945—	大学	中国进出口银行行长、董事长
许云昭	男	1949—	研究生	湖南省委常委、省纪委书记
李源潮	男	1950—	博士	中华人民共和国副主席
罗一民	男	1954—	研究生	江苏省政协副主席
马　利	女	1954—	大学	人民日报社副总编辑
赵　鹏	男	1955—	研究生	江苏省人大常委会副主任
张　雷	男	1961—	大学	江苏省副省长
卢新宁	女	1966—	—	人民日报副总编辑
杨国权	男	—	—	中共中央党史研究室副主任
黄　星	男	—	—	上海江南造船厂党委书记
郑　江	男	—	—	浙江省人民检察院检察长

淮安籍副军级以上人员名录

表 39-2

姓名	生卒年份	所在单位	最高职务（职称）
黄加香	1917—	大连海军学院	政委
朱士超	1920—	中国人民解放军某部	副军长
陈　飞	1921—	东海舰队	副司令员
范豫康	1921—	海军司令部	副参谋长
马友里	1922—	福州军区	参谋长
李玉宣	1923—	全军“三支两军”办公室	主任
王　辉	1923—	中央国防工办	副主任
陈界田	1923—	济南军区后勤部	参谋长
王文安	1926—1996	中国人民解放军某部	军长

续表39-2

姓名	生卒年份	所在单位	最高职务（职称）
张　进	1927—	沈阳军区外长山要塞区	副司令员
王振宇	1927—	海军政治部	主任
许　展	1927—	空军第七军	副军长
刘　如	1928—	广州军区	副参谋长
朱士范	1929—	中国人民解放军某部	副军长
张振兴	1931—	东海舰队	政委
徐　正	1931—	青海省军区政治部	主任
姚富春	1931—	总参谋部党委	委员、少将
杜　果	1932—	海军政治部	副主任
周尔均	1932—	国防大学办公室	主任
吴学五	1934—	四川航空学院	党委书记
许志龙	1938—	江苏省军区	副司令员、少将
吴光宇	1940—	中国人民解放军空军	副司令员中将
丁玉才	1942—	南京陆军指挥学院	政委、少将
王永怀	1944—	江苏省军区	副司令、少将
张树云	1946—	成都军区司令部	副参谋长少将
祁正祥	1946—	河南省军区	政委、少将
傅渤海	1947—	海南军区	司令员
朱加林	1948—	中国人民解放军某部	军长
周来强	1949—	沈阳军区	副司令兼空军司令、中将
夏桂清	1949—	济南军区联勤部	副政委、少将
陈军荣	1950—	总参保密委	副主任、少将
谈文虎	1950—	山东省军区	司令员、少将
季大玺	1950—	南京军区总医院	肾脏科副主任，少将技术3级
朱文玉	1951—	济南军区装备部	部长、少将
石伴樵	—	中国人民解放军总参谋部	三部部长
陈立书	—	中央军委某部	副军级干部
张林元	—	安徽省军区	政委
谷应奎	—	沈阳军区装甲兵	副司令员
邵春田	—	沈阳军区某集团军	政委
徐　超	—	北京军区某集团军	参谋长

续表 39-2

姓名	生卒年份	所在单位	最高职务（职称）
张秉祥	—	海军7015部队	少将
戴　全	—	上海警备区	政委
赵登平	—	海军装备部	副部长、少将
刘成余	—	哈尔滨军事学院	院长
余洪连	—	渤海舰队	副司令员
朱成明	—	中国人民解放军某部	副军长
钱　均	—	空军指挥学院政治部	主任
袁士堂	—	河南省军区	副政委
陈华锋	—	大连海军政治学院	副院长
朱启夫	—	南海舰队政治部	主任
罗　峰	—	福州军区航空部	政委
何　坤	—	福州军区通讯部	部长
程　明	—	沈阳军区空军	副政委
陈明德	—	江苏省军区	副司令员
许志龙	—	江苏省军区	副司令、少将

淮安籍院士与学部委员表

表 39-3

姓名	生卒年份	职务	荣誉称号	获评时间
陈鉴远	1915—1995	北京化工学院院长、化工部技术委员会副主任、国务院学位委员会第一届学科评议组成员、中国化学会高分子委员会副主任	中国科学院院士	1993年11月
程莘农	1921—2015	中国中医科学院研究员、国家攀登计划“经络研究”项目首席科学家、中国北京国际针灸培训中心副主任、国务院学位委员会第三届特约评议组成员、中国针灸学会副会长	中国工程院院士	1994年
庞　朴	1928—2015	联合国教科文组织《人类科学文化发展史》国际编委、国际简帛研究中心主任、山东大学终身教授、儒学高等研究院理事会副理事长、学术委员会主任	中国社会科学院荣誉学部委员	2006年
经福谦	1929—2012	中国凝聚态物理学家、西南科技大学材料科学与工程学院院长、爆炸力学专家	中国科学院院士	1991年当选中科院数理学部委员（后称院士）

1978—2015年淮安市全国劳动模范一览表

表39-4

序号	姓名	性别	获奖年份	所在单位
1	凌　中	男	1979	淮阴市楚天宾馆
2	陈素娟	女	1979	中国农业银行金湖支行
3	戴中仁	男	1989	金湖县金北镇应集村
4	唐　涛	男	1989	江苏省淮安农垦事业管理办
5	姚义珠	女	1989	淮阴卷烟厂
6	陈森辉	男	1989	市人大常委会
7	刘宝龙	男	1989	市人大常委会
8	陈廷伟	男	1989	江苏省淮安中学
9	傅永成	男	1989	清江化肥厂
10	王素芹	女	1989	清棉集团
11	孙正亚	男	1989	淮阴汽车运输有限公司
12	何明智	男	1994	清江石油化工有限公司
13	宋长荣	男	1995	长荣京剧团
14	韩福焕	男	1995	金湖县前锋镇同心村
15	徐保斌	男	1995	涟水县高沟镇花园村
16	罗玉林	女	1995	淮阴市公交公司修理厂
17	李兰英	女	1995	县级淮安市建淮供销社
18	刘长贵	男	2000	洪泽县西顺河镇
19	尹　超	男	2000	淮阴新奥燃气有限公司
20	郑　宁	男	2000	盱眙县人民政府
21	仇　英	女	2000	金湖县输油泵有限公司
22	张景龙	男	2000	淮阴市林牧渔业发展局
23	桂兆荣	男	2000	清浦区黄码乡许庄村
24	万泽江	男	2005	洪泽县共和镇
25	孙大友	男	2005	盱眙县水务局
26	孙国庆	女	2005	清河区环卫处
27	嵇岳明	男	2005	清江石油化工有限公司
28	薛兆明	男	2005	淮阴卷烟厂
29	陆义坤	男	2005	江苏金石机械集团公司
30	何达平	男	2005	淮钢特钢股份有限公司
31	赵文美	男	2005	楚州区流均镇
32	侯学文	男	2006	淮阴区纪委

续表39-4

序号	姓名	性别	获奖年份	所在单位
33	刘　卉	男	2010	淮安市食用菌协会
34	周素明	男	2010	今世缘酒业有限公司
35	戴家贵	男	2010	淮阴区西宋集镇洪北村
36	徐梅菊	女	2010	淮安市实验小学
37	杨朝艾	男	2010	淮安市公交公司六分公司
38	秦进华	男	2010	淮安市农科院蔬菜中心
39	邵乃银	男	2010	楚州区泾口镇蒋桥村
40	陈　凯	男	2010	淮阴卷烟厂
41	相咸忠	男	2011	金湖县农委
42	赵晓斌	男	2011	洪泽农技站
43	张　力	男	2011	楚州区丰鑫家庭种植场
44	姜贵才	男	2014	清河分局长西派出所
45	汪　洋	男	2015	涟水县供电公司
46	唐真亚	男	2015	洪泽县邮政局老子山支局
47	张　涛	男	2015	金湖五星水生蔬菜专业合作社
48	孙晓阳	男	2015	淮安市第一人民医院
49	关　军	男	2015	淮阴卷烟厂
50	陈建龙	男	2015	沙钢集团淮钢特钢有限公司
51	戴　铜	男	2015	淮安市政府教育督导室

1985—2015年淮安市全国五一劳动奖章获得者一览表

表39-5

序号	姓名	性别	获奖年份	所在单位
1	李应运	男	1985	江苏省淮阴中学
2	陈森辉	男	1985	淮阴市人大常委会
3	孟庆霞	女	1985	盱眙县商业综合公司
4	王春林	男	1986	清江电机厂
5	王素芹	女	1987	清江棉纺厂
6	王广德	男	1987	淮安无线电厂
7	胡耀国	男	1987	淮阴市染织总厂
8	任光宪	男	1988	淮阴机械总厂

续表 39-5

序号	姓名	性别	获奖年份	所在单位
9	傅永成	男	1988	清江化肥厂
10	石洋泉	男	1989	淮钢特钢股份有限公司
11	刘真和	男	1991	盱眙永盛运输公司
12	杨兆亚	男	1991	中国电信公司盱眙分公司
13	杨复华	男	1992	金湖县农业局
14	徐　源	男	1993	金湖县交通卫生所
15	张　林	男	1996	江苏井神盐化股份有限公司
16	于正淮	男	1996	淮阴市公安局交巡警支队一大队
17	戚玉培	男	1996	洪泽县海珠气缸套公司
18	张景龙	男	1997	淮阴市水产养殖场
19	朱权山	男	1997	涟水县机械厂
20	殷舜时	男	1999	江苏金石机械集团
21	李洪根	男	1999	洪泽县气象局
22	张翠英	女	2001	淮安商场
23	郑　谦	男	2003	淮安市第一人民医院
24	周荣贵	男	2003	洪泽县供电公司
25	张元贵	男	2006	江苏省淮阴中学
26	李　青	男	2006	淮阴卷烟厂
27	姜育田	男	2006	淮安市安邦电化厂
28	戚玉培	男	2006	江苏爱吉斯海珠机械有限公司
29	徐新昱	女	2006	淮安市公交公司
30	李玉峰	男	2006	淮安市第一人民医院
31	戴　铜	男	2007	淮安市实验小学
32	蒋春生	男	2007	淮安市第二市政公司
33	李京泽	男	2008	华能淮阴电厂
34	罗时然	男	2008	华能淮阴电厂
35	徐菊平	男	2008	淮安市地方税务局
36	潘金凤	女	2008	洪泽县翔宇纺织有限公司
37	唐真亚	男	2008	洪泽县邮政局
38	高金凯	男	2009	江苏金石机械集团有限公司

续表39-5

序号	姓名	性别	获奖年份	所在单位
39	吴建峰	男	2009	今世缘酒业有限公司
40	宋　浒	男	2010	淮安市财政局
41	刘建中	男	2011	江苏韩泰轮胎有限公司
42	刘春梅	女	2011	江苏康乃馨织造有限公司
43	丁训丽	女	2011	淮安市环卫事业处倾诉一所
44	陈建浦	男	2011	淮安市地税局
45	范乃荣	男	2012	淮安供电公司
46	梁晓军	男	2012	金湖县富民狐狸皮加工有限公司
47	刘梅生	男	2012	江苏井神盐化二公司
48	张凤英	女	2013	淮阴师院一附小
49	唐保霞	女	2013	江苏银珠化工集团
50	孙全平	男	2014	淮阴工学院
51	杨庚豹	男	2014	沙钢集团淮钢特钢股份有限公司
52	张月武	男	2014	淮安市总工会
53	王强众	男	2015	江苏共创人造草坪有限公司
54	高春红	男	2015	江苏金石机械集团有限公司

1978年以后淮安籍革命烈士一览表

表39-6

序号	姓名	性别	牺牲时所在单位及职务	时间、地点、原因
1	王克友	男	基建工程兵第十二支队一一三团三营七连副班长	1975年6月在新疆独库公路施工中牺牲
2	周文飞	男	基建工程兵第十二支队后勤部汽教连教员	1976年12月在新疆独库公路施工中牺牲
3	黄亚东	男	39785部队中队长	1978年，在广东韶关因战牺牲
4	任风生	男	83205部队战士	1978年9月，在泗洪因公牺牲
5	徐长银	男	83430部队卫生队队长	1979年，积劳成疾病故
6	于东升	男	35106部队战士	1979年2月，对越自卫反击战中牺牲
7	徐礼文	男	35107部队战士	1979年2月，对越自卫反击战中牺牲
8	鲍守权	男	战士	1979年2月，对越自卫反击战中牺牲
9	周必强	男	53354部队战士	1979年3月，在对越自卫反击战中牺牲
10	杨建华	男	53301部队训练班事务长	1979年3月，对越自卫反击战中牺牲
11	赵伟高	男	56043部队战士	1979年3月，对越自卫反击战中牺牲
12	王春立	男	56043部队战士	1979年3月，对越自卫反击战中牺牲

续表 39-6

序号	姓名	性别	牺牲时所在单位及职务	时间、地点、原因
13	王锦山	男	56043部队战士	1979年3月，对越自卫反击战中牺牲
14	魏二羊	男	56043部队战士	1979年3月，对越自卫反击战中牺牲
15	陈宝武	男	35107部队战士	1979年3月，对越自卫反击战中牺牲
16	王胜文	男	56043部队战士	1979年3月，对越自卫反击战中牺牲
17	朱孝清	男	解放军坦克某部器材油料科副科长	1979年3月，在徐州病故
18	金义祥	男	56043部队战士	1979年3月，对越自卫反击战中牺牲
19	夏国江	男	56043部队战士	1979年3月，对越自卫反击战中牺牲
20	张金龙	男	新疆军区七师二十团92分队战士	1979年5月，在新疆独库公路施工中牺牲
21	杨敬怀	男	涟水县马金圩小学教师	1979年7月，在马西堆牺牲
22	刘守建	男	33700部队后勤部部长	1979年10月，在海南岛因公牺牲
23	何友成	男	兰州空军地勤班长	1980年4月，因公牺牲
24	何连超	男	35211部队副班长	1980年5月，在云南省因公牺牲
25	陈绍明	男	83456部队班长	1980年5月，在河北宜化县因公牺牲
26	万洪昌	男	苏州市消防大队通信员	1980年9月，在苏州郊区因公牺牲
27	艾少平	男	基建工程兵第十二支队政治部宣传队员	1980年9月，在新疆独库公路施工中牺牲
28	金中权	男	89301部队班长	1981年，在山东平邑因公牺牲
29	朱亚富	男	解放军工兵某团班长	1979年，对越自卫反击战中负重伤；1982年，伤口复发去世
30	邹开湘	男	战士	1984年12月24日，对越自卫反击战中牺牲
31	宗玉喜	男	解放军第12军第36师108团战士	1985年1月，对越自卫反击战中牺牲
32	满爱亮	男	35457部队代理排长	1985年1月，对越自卫反击战中牺牲
33	周永标	男	战士	1985年1月15日，对越自卫反击战中牺牲
34	王士俊	男	战士	1985年1月15日，对越自卫反击战中牺牲
35	王定凯	男	战士	1985年1月15日，对越自卫反击战中牺牲
36	姚月林	男	战士	1985年1月15日，对越自卫反击战中牺牲
37	马文宏	男	战士	1985年1月15日，对越自卫反击战中牺牲
38	武承晓	男	南京陆军学校见习排长	1985年2月，对越自卫反击战中牺牲
39	万双庭	男	战士	1985年2月11日，对越自卫反击战中牺牲
40	李 卫	男	战士	1985年4月27日，对越自卫反击战中牺牲
41	赵可福	男	淮南游击队队员	1948年2月被捕牺牲于狱中,1989年追认
42	莫宏元	男	淮南保安处科员	1947年4月被捕牺牲于狱中,1989年追认
43	庄玉萍	女	淮阴制革厂退休职工	1991年，在勇斗歹徒时牺牲
44	陈雪波	男	解放军驻福建某部班长	1991年8月14日，车祸牺牲

续表39-6

序号	姓名	性别	牺牲时所在单位及职务	时间、地点、原因
45	刘友权	男	武警溧水中队指导员	1992年1月23日，因公牺牲
46	刘振扬	男	涟水县第三中学副校长	1993年6月25日，救落水儿童牺牲
47	刘兆伦	男	汤集农具厂职工	1994年7月31日，因救火牺牲
48	王士军	男	淮阴市汽车改装厂工人	1995年5月，在市区解放新村与持刀盗窃犯搏斗时牺牲
49	丁秀余	男	涟水县红窑镇朱集村人	1997年，部队因公牺牲
50	杨金付	男	武警水电二中队战士	2000年5月31日，在西藏易贡河抢险牺牲
51	黄在右	男	涟水县大东镇团委副书记	2000年8月31日，在抗洪中牺牲
52	周　霞	女	顺河镇崔周小学学生	2001年7月，因抢救落水儿童牺牲
53	黄　帅	男	武警交通二总队班长	2002年4月，在西藏阿里因公牺牲
54	张业胜	男	淮安市第一中学学生	2002年8月8日，在涟水抢救落水儿童牺牲
55	王海杰	男	涟水县岔庙纪集村农民	2005年7月，在常州救落水群众牺牲
56	张仲乐	男	江苏省行政干部训练团指导员	1941年2月对日作战中牺牲，2013年追认

·淮安市志·（1978—2008）

专记

一、京沪高速公路淮安段“3·29”液氯泄漏特大事故

二、“运河之都”城市名片的打造

专 记

一、京沪高速公路淮安段“3·29”液氯泄漏特大事故

2005年3月29日18时50分，京沪高速公路淮安段上行线103K+300M处发生一起交通事故。一辆载有约35吨液氯的山东牌照槽罐车与一辆山东牌照货车相撞，导致槽罐车液氯大面积泄漏。两车相撞后，由于肇事的槽罐车驾驶员逃逸，货车驾驶员死亡，延误最佳抢险救援时机，造成公路旁淮阴区王兴镇等3个乡镇村民重大伤亡。事故造成中毒死亡28人，送医院治疗450多人，被组织疏散近1万人，京沪高速公路沭阳至宝应段（长约110公里）关闭20个小时。

事故引起各级领导高度重视。中共中央政治局常委、国务院副总理黄菊指示江苏省委、省政府要全力做好救治伤员及善后工作，保持社会秩序的稳定，并要求国家安全生产监督管理总局会同有关部门协助做好处置事宜。江苏省委书记李源潮、省长梁保华于30日下午赶赴事故现场，看望受灾群众，慰问抢险人员，要求有关部门最大限度地保护人民群众利益，减少事故造成的伤害。

淮安市公安、消防、武警、驻淮安部队、安监、环保等部门通力合作，一方面迅速采取措施，调集专家和队伍，千方百计堵塞槽罐车破损部位，尽量减少毒源外泄；另一方面组织抢救中毒伤员，分别安排在淮安市第一人民医院、第二人民医院、解放军第82医院、淮阴区人民医院等进行救治。与此同时，连夜疏散6200多名群众，组织其投亲靠友，腾出乡镇中小学校和礼堂作为安置点，安排好受灾群众的食宿。对重点受灾区域王兴镇高荡村7组，组织消防官兵逐家逐户进行搜救。

为防止毒源进一步扩大，3月30日晨，又疏散周围群众3800人。公安民警在离毒源3公里至4公里范围内设卡，设置警戒线，防止群众误入污染区域。翻落的液氯槽罐安全起吊移至水池，进行液碱稀释中和，危险源消除。京沪高速公路淮安段恢复正常通车。

4月1日下午，省委书记李源潮再次赴氯气泄漏现场检查泄漏情况，要求周密细致地做好善后工作，帮助村民尽快返回村庄。至4月3日，临时迁离的群众全部返回家园。

在抢险救灾过程中，全市组织公安干警600余人、武警官兵100余人投入救援，有31名民警中毒住院，20多名消防武警官兵受到程度不同的烧伤。

二、“运河之都”城市名片的打造

淮安作为京杭大运河沿线的全国历史文化名城之一，位于京杭运河的中段，古淮河与大运河的交汇处，处于中国南北地理分界线上，是因运河而兴、漕运而兴的古城。公元1194年黄河夺淮以后，淮河下游淮阴故城和泗口以下的河床成为黄、淮共用河床。1289年会通河开通以后，直至1855年黄河北徙以前，淮安一直扼黄、淮、运河的交汇处，是治理黄、淮、运河的重点、难点和关键所在，也是运河沿线的一道主要天险，其地位因此而尤为凸显和重要。明清时期，这里有全国理漕的最高长官漕运总督驻节，是全国漕运指挥中心；有统管河务的河道总督的驻节，是黄、淮、运河道治理中心；有全国最大的内河漕船厂清江督造船厂以及著名的漕粮中转仓常盈仓的设立，是漕船制造中心和漕粮转输中心；有在国家财政收入中占有重要地位的淮北盐运分司驻节，是淮

北食盐集散中心。此外，还设置有著名的淮安榷关等，又是“南船北马、辕楫交替”的水陆交通枢纽。每年数以千万计的帑金税银和民间资金在这里消费，“脂膏流于街衢”，造成该时期淮安城市畸形的也是空前的繁荣。据史料记载，清雍正乾隆鼎盛时期，“淮郡三城内外，烟火数十万家”。淮安不仅是京杭运河沿线的淮、扬、苏、杭“四大都市”之一，而且是位居全国前列的大城市之一。

2001年，淮安市地方志办公室向市委、市政府提出保护运河文化遗产的建议和建设里运河文化长廊的构想，得到采纳。2002年，淮安市建成大运河文化广场，启动运河文化长廊建设工程，完成中洲岛和大闸口北侧越河街西段的改造工程。

2005年年初，淮安市地方志办公室在编写《运河之都——淮安》一书的同时，遵照市委、市政府的指示，着手打造“运河之都”城市名片的相关准备工作。同年11月初，拟订初步方案，在得到市委、市政府的认可后，立即组织实施。首先，由市地方志办公室集中力量，点校整理出版《淮安文献丛刻》第1～4卷，其中包括《漕运通志》《清江漕船志》《续纂淮关统志》《淮安河下志》《王家营志》等一批佐证“运河之都”的奠基性历史文献。与此同时，邀约全国从事明清史、城市史、交通史、运河史和历史地理等相关方面研究的知名学者40余人，围绕淮安“运河之都”的历史地位撰写论文。2006年5月12—14日，召开首届“运河之都——淮安”全国学术研讨会。中国社科院副院长朱佳木、国家清史编委会常务副主任朱诚如、中国明史研究会会长张显清、中国古都学会会长朱士光、历史地理学家邹逸麟与李孝聪等出席会议，并作旗帜鲜明的学术发言。

同年10月16—17日，淮安市从北京市通州区接过承办第四届中国大运河文化节的匾牌。围绕大运河文化遗产保护和可持续发展这个主题，全市各部门齐心协力，通力配合。市政协组织“京杭大运河文化遗产保护与可持续发展高峰论坛”；市地方志办公室组织第二届“运河之都——淮安”全国学术研讨会，编辑出版《运河之都丛书》论著第1～9卷、点校《淮安文献丛刻》第5～9卷；市城市建设规划馆、中国漕运博物馆、中国大运河名人馆、大运河楹联馆、淮安戏曲博物馆得到建设，陈潘二公祠、吴公祠、河道总督署大堂二堂、淮关关楼、河下御码头、漂母祠、清江大闸等得到修复和加固，河下古镇得以整治和开发。

2008年9月26日，第四届中国大运河文化节高峰论坛暨第二届“运河之都”全国学术研讨会在淮安市召开，来自大运河（含隋唐宋运河）沿线32个城市的100多名代表与从事运河研究的40余名专家学者与会，全国政协副主席罗富和出席会议。中国古都学会会长朱士光授予淮安“运河之都”匾牌。10月8—9日，中国古都学会五届六次常务理事会在淮安市召开，正式通过确认淮安市为“运河之都”的决议。至此，“运河之都”城市名片的打造任务圆满完成。

·淮安市志·（1978—2008）

附 录

国务院关于江苏省改革地市体制调整行政区划的批复

关于建设新沂至淮阴地方铁路问题的复函

江苏省人民政府关于同意调整洪泽湖行政区划的批复

关于成立淮阴市经济技术开发区管理委员会的通知

关于城乡企业推行股份合作制的意见（试行）（节录）

国务院关于同意江苏省调整淮阴市行政区划和设立地级宿迁市的批复

关于加快发展个体私营经济的若干规定（节录）

关于进一步深化全市农业、农村改革的实施意见（节录）

省政府关于调整淮阴市部分行政区划的通知

市委　市政府关于加快中心城市建设的实施意见（节录）

市委　市政府关于加强环境综合整治推进生态环境保护和建设的意见（节录）

市委　市政府关于进一步加快民营经济发展的意见（节录）

中共淮安市委　淮安市人民政府关于进一步加快全市开发区、园区发展的意见（节录）

中共淮安市委　淮安市人民政府关于实施脱贫攻坚工程的意见（节录）

关于确定淮安为“运河之都”的决议

2009—2015 年大事记

国务院关于江苏省改革地市体制调整行政区划的批复

〔83〕国函字1号

江苏省人民政府：

你省关于改革地市体制调整行政区划的报告及补充报告收悉。同意你省：

一、撤销苏州地区行政公署，撤销常熟县，改设常熟市。将原苏州地区的吴县、吴江、昆山、太仓、沙洲、常熟六县（市）划归苏州市；江阴、无锡二县划归无锡市。

二、撤销镇江地区行政公署，将原镇江地区的高淳、溧水二县划归南京市；宜兴县划归无锡市；武进、金坛、溧阳三县划归常州市；丹徒、丹阳、扬中、句容四县划归镇江市。镇江市改由省管辖。

三、撤销南通地区行政公署，将原南通地区的南通、海门、启东、如东、如皋、海安六县划归南通市。

四、撤销徐州地区行政公署，将原徐州地区的铜山、丰县、沛县、邳县、睢宁、新沂六县划归徐州市；东海、赣榆二县划归连云港市。

五、撤销扬州地区行政公署，将原扬州地区的泰州、江都、邗江、泰县、高邮、靖江、宝应、泰兴、兴化、仪征十县（市）划归扬州市。扬州市改由省管辖。并将邗江县的汤汪、西湖、湾头三个公社划归扬州市。

六、撤销盐城地区行政公署，撤销盐城县，改设盐城市。将原盐城地区的建湖、射阳、阜宁、大丰、滨海、东台、响水七县划归盐城市。盐城市由省管辖。

七、撤销淮阴地区行政公署，将原淮阴地区的灌云县划归连云港市；淮阴、沭阳、洪泽、灌南、泗洪、涟水、宿迁、淮安、泗阳、盱眙、金湖十一县划归清江市。清江市更名为淮阴市，淮阴市改由省管辖。

中华人民共和国国务院

一九八三年一月十八日

关于建设新沂至淮阴地方铁路问题的复函

计交〔1985〕1607号

江苏省计委：

你省提出修建新沂至淮阴地方铁路，全部投资和材料都能自筹解决，应予支持。但鉴于这条地方铁路同京杭运河平行，并相距较近，请再做慎重研究，如仍需修建这条地方铁路，只要资金、材料确能落实，有关设计任务书的审批和其它具体建设工作，均请你省自行确定（旧钢轨和专用器材，可以商铁道部研究解决）。

中华人民共和国国家计划委员会

一九八五年十月十一日

江苏省人民政府关于同意调整洪泽湖行政区划的批复

苏政复〔1985〕140号

淮阴市人民政府：

1985年12月4日报告悉。经研究，同意对洪泽湖区行政区划作如下调整：

一、将洪泽县的淮河乡、淮河鱼种场及泗洪县的鲍集、管镇、铁佛、兴隆乡划归盱眙县管辖。

二、将洪泽县的临淮、成河乡和半城镇划归泗洪县管辖。

三、将淮阴县高堰乡迎（营）门口村划归洪泽县西顺河乡管辖。

四、将盱眙县官滩乡的霍山、刘庄、洪湖、杨岗、郑庄、王桥、金圩、韩庄、戚洼九个村划归洪泽县老子山镇管辖。

由洪泽县划出的乡镇，其零星散布在沿湖周边的村、组（老子山镇的龟山除外），划给就近县的乡镇管辖。

五、上述调整后，洪泽、淮阴、泗洪、泗阳、盱眙县的湖区水域分界线划分如下：

1.沿下草湾河口中心向湖区直线延伸两公里，折转向东至临淮，管镇直线湖面中心处，再折转向东北至老子山，半城镇直线湖面中心处，再折转向东北偏东至洪泽县西顺河乡顺河圩与淮阴县赵集乡赵集圩之间的洪泽、淮阴县交界河出口中心处划一线，作为洪泽、盱眙、泗洪、淮阴县分界线。此线以南分属洪泽、盱眙县管辖，以北分属泗洪、泗阳、淮阴县管辖。

2.从盱眙县官滩乡东北霍山村西南角挡浪堤向西直线三公里，折转向正北与洪泽、盱眙、泗洪、淮阴县分界线相接，此线以北、以东水域属洪泽县管辖，以西、以南水域属盱眙县管辖。

3.从盱眙县官滩乡东北洪湖村东南角的挡浪堤起，向正东水域延伸至三公里处折转向南，与二河闸中心向正西方向三公里处相接，此线以北、以东水域属洪泽县管辖，以西、以南水域属盱眙县管辖。

4.从淮阴县与泗阳县交界沟出口中心处起，对老子山顶直接至湖区水域七公里处，作为淮阴、泗阳县水域分界线。

5.以泗阳县与泗洪县交界的民便河改道排涝沟出口中心处为起点，向湖区水域直线延伸七公里，再沿成子湖中心折转向东南、正东，与淮阴、泗阳县水域分界线西南端相接，此线以东、以北水域属泗阳县管辖，以西、以南水域属泗洪县管辖。

6.从洪泽、盱眙、泗洪、淮阴县水域分界线东北端为起点，沿线向水域延伸七公里处折转向西北，与淮阴、泗阳县分界线西南端相接，此范围内水域均为淮阴县管辖。

对湖区水域分界线各个起迄点、转折点，要树立明显标志，具体按所报《洪泽湖行政区划图》执行。

涉及区划界线的有关细节问题，由你市解决。

江苏省人民政府

1985年12月10日

关于成立淮阴市经济技术开发区管理委员会的通知

淮政发〔1992〕162号

各县(市、区)人民政府,市各委、办、局、行、社、公司,市各有关单位:

为了加快我市改革开放和经济发展步伐,经研究决定兴建“淮阴市经济技术开发区”;开发区设立管理委员会,为正县级管理机构,享有淮阴市政府一级的经济管理权限。

特此通知。

淮阴市人民政府

一九九二年八月六日

关于城乡企业推行股份合作制的意见(试行)(节录)

(1994年)

一、基本原则

1.职工全员入股,资本与劳动结合,以本企业职工入股为主,可以吸收社会法人股和社会个人股;

2.企业财产实行股东共同所有,股东以某认购股份对企业承担责任,企业以全部资产对其债务承担责任;坚择股权平等、同股同利、利益共享、风险共担、积累共有;

3.实行民主管理,表决议案实行一股一票和一人一票结合;

4.实行按劳分配和按股分红相结合的分配方式;

5.坚持从实际出发,因地、因厂制宜,多种形式,大胆探索。

五、资产评估

1.对没有外来法人参股的改制企业、事业单位资产,原则上由企业自行清产核资,也可先按资产账面价值计算,待核资评估后再作调整,但需在章程中说明。有外来法人参股的改制企业、事业单位资产,需聘请资产评估机构进行资产评估、验资。

2.区县属以上集体企业、事业单位的资产,经清产核资或资产评估后,由企业主管部门和同级财税部门确认;区县属以下及乡、镇、村集体企业的资产,由街道办或乡镇工业公司、财政所、税务所确认。

3.国有企业、事业单位经清产核资或资产评估后的资产,由同级国资部门确认。

4.资产评估费用免收或限额减收。

六、股权设置

按“谁投资、谁所有、谁受益”的原则界定产权,设置股权。一般设置的股权有:集体股、企业股、法人股、个人股。

七、领导体制

股份合作制企业的组织机构,可根据企业实际情况和精简效能的原则设置。一般设置股东会、董事会、监事会。股东会或股东代表会是企业的最高权力机构,董事会由股东会选举产生,为

股东会的常设机构，向股东会负责，董事长为企业的法定代表人，经理（厂长）由董事会组织招标，选聘能人，董事长可兼任经理（厂长）。股东人数较少和规模较小的企业，可以设一名执行董事，不设董事会，执行董事可以兼任公司经理。经理（厂长）负责企业的日常经营管理工作，规模较大的企业可设立监事会，其三分之一成员由股东会选举产生或罢免，三分之二成员由企业党组织领导人、职代会代表出任。企业的董事、经理及其它高级管理人中不得兼任监事会成员。

各级政府工作人员不得兼任董事、经理、监事。

八、收益分配

1.企业税后利润一般按1∶4∶5分配，即10%作为职工福利和奖励金，40%作为扩股积累基金，50%作为红利分配基金，但各股东红利的现金分配每年不得超过股本金的25%，其余部分作为股东的扩股额。

2.分配的红利率不得高于本企业当年净资产的奖金利润率。

3.鼓励股东“红利留公司、滚动扩股金”，分红额转作股金的部分，免征个人收入调节税。

4.职工新投资入股的普通股，只分红不计息，必要时在一定时限内也可实行保息又分红。

5.股份合作制企业可仿照租赁经营的方式，完善经理（厂长）向董事会的承包经营责任制，对上交乡村的部分可以一定几年不变，乡村领导把经营权放下去，但可通过监事会定期进行审计监督。

6.企业应严格执行国家有关财务会计管理制度，定期向有关部门报送会计报表，同时向全体股东公布。企业发生亏损时，应立即停止红利分配，并可用以后年度所得税前利润予以弥补，或用未分配的红利基金、扩股积累基金、股本金依次弥补。

7.按国家规定，及时交纳各种社会保险金。

国务院关于同意江苏省调整淮阴市行政区划和设立地级宿迁市的批复

国函〔1996〕58号

江苏省人民政府：

你省《关于调整淮阴市行政区划新组建地级宿迁市的请求》（苏政发〔1996〕32号）和《关于调整淮阴市行政区划新组建地级宿迁市有关问题的补充请求》（苏政发〔1996〕79号）收悉，现批复如下：

一、同意调整淮阴市行政区划。撤销县级宿迁市，设立地级宿迁市，将淮阴市的沭阳、泗阳、泗洪3个县划归宿迁市管理。

二、宿迁市设立宿豫县和宿城区。

宿豫县辖原县级宿迁市的顺河、耿车、皂河、埠子、大兴、来龙、蔡集、王官集8个镇和骆马湖、龙河、关庙、黄墩、陆集、罗圩、丁嘴、保安、曹集、晓店、塘湖、仰化、三棵树、侍岭、新庄、洋北、卓圩、赵埝、南蔡19个乡，县人民政府驻顺河镇黄运东路。

宿城区辖原县级宿迁市的宿城镇和井头、支口、双庄、果园4个乡，区人民政府驻宿城镇黄运路。

三、宿迁市人民政府驻宿城区宿城镇中山路。

四、调整后的淮阴市辖淮阴、涟水、金湖、洪泽、盱眙5个县和清河、清浦2个区，代管淮安市。

五、将淮阴市的灌南县划归云港市管辖。

上述行政区划调整和机构调整均应本着“小政府，大社会”和“精简、效能”的原则，在不增加编制规模的情况下进行，所需经费由你省自行解决。

一九九六年七月十九日

关于加快发展个体私营经济的若干规定（节录）

淮发〔1998〕17号

二、积极扶持，努力为个体私营经济创造宽松的发展环境

（四）鼓励、支持机关和事业单位的工作人员从事个体私营经济。机关和事业单位的工作人员经本单位同意，可离职从事个体私营经济，3年内保留干部身份和原职级，工龄连续计算，发给60%的基本工资，其它工资性补贴照发。并按在职人员标准，由原单位和个人缴纳养老保险金。3年期满后，愿意回原单位工作的，由单位根据工作需要和本人条件，安排适当工作或进入人才市场择业。对继续从事个体私营经济的，按有关规定办理退职手续。鼓励机关和事业单位的工作人员提前退休或退职，从事个体私营经济活动。

（五）鼓励复转军人、退伍战士和大中专、技工学校毕业生到私营企业工作。到私营企业工作的军队转业干部和属国家计划内招收的大中专毕业生，保留干部身份；属不包分配的大中专毕业生，人事部门可为其办理聘用制干部手续；属技工学校的毕业生，劳动部门为其办理合同制工人手续。

（六）简化登记注册手续。除国家法律、法规有特殊规定外，均可直接到注册机关办理注册，核准注册后再按有关法规办理相关的许可证和专项审批手续。法律、法规未作规定的许可证、登记证和专项审批一律取消。

私营企业申办冠市名的集团公司，只要核心层企业注册资本生产型企业达到800万元、流通型企业达到500万元、咨询服务型企业达到300万元，可直接到市工商局办理注册登记。

对申请使用“实业”“发展”“置业”等名称的企业，工商行政管理部门在核准登记时，可放宽条件。

新开办或改建注册资本在50万元以下的私营企业，只要注册资本达到规定标准30%以上，即可先行注册，后在规定期限内补足。

（七）放宽生产经营范围。除国家明令禁止生产经营的商品外，其它商品一律允许个体工商户、私营企业生产经营。对国家规定的农药、化肥、种子、烟草等专营、专控商品，工商行政管理部门核准后，有关部门应允许临时经营或在专门市场内从事零售和批发。

大力发展经纪人、代理商。允许经纪人、代理商从事除国家明令禁止经营外的一切商品的中介、代理业务。鼓励有条件的个体工商户、私营企业发展私立幼儿园、学校、医院、图书馆、敬老院等文化、教育、体育、卫生、社会福利事业。

支持有条件的个体工商户、私营企业主投资兴办能源、交通、水利、房地产等企业。个体工商户、私营企业主参与房地产的开发和经营，其开业审批和资质评定的标准与同类国有、集体企业

同等对待。

积极引导和鼓励个体私营经济从第三产业向种植业、养殖业、农副产品加工等产业延伸，促进多渠道、多形式发展。

（八）教育引导个体工商户、私营企业树立质量意识、品牌意识，走创名牌产品、明星企业的发展道路。有关部门要为他们创名牌提供积极的服务。

（九）鼓励个体工商户、私营企业发展外向型经济，创办"三资"企业。有关部门要积极为符合条件的私营企业推荐申办自营进出口权手续。对暂不符合条件但已具备进出口能力的私营企业，外经贸部门要积极为其开展代理服务，并帮助其创造条件逐步向自营进出口过渡。

个体、私营经营者因贸易往来、经济技术合作等需要出国、出境考察、洽谈业务的，有关部门应及时为其办理手续。

对生产出口创汇产品、替代进口产品的私营企业，经有关部门确认，享受同类国有、集体企业的优惠政策。

（十）鼓励个体工商户、私营企业兴办科技型企业。个体、私营科技型企业在承担科技任务、接受委托科研项目、申报各类科技计划、申请科研成果鉴定、科研成果奖励、发放科技贷款和技术改造项目贷款、高新技术企业认定、知识产权保护、专业技术职称评定等方面，享受同类国有企业科研单位同等待遇。其科技成果、专利技术、商标等无形资产经评估认定后，可充抵不超过35%的注册资本。

经县级以上科委认定后，对新办的个体私营科技型企业自开业之日起，所得税两年内先征后返；科技型私营企业在进行技术转让以及与转让有关的技术咨询、技术服务所得的年净收入在30万元以下的，免征所得税。

（十一）减轻个体工商户、私营企业负担。对个体工商户、私营企业的收费项目必须经过省级以上有关部门立项，并实行收费许可证制度，公开收费项目和标准，管理人员要持证上岗，挂牌服务，亮证收费，接受监督。所有管理费用统一由工商行政管理部门扎口收取。除税务、工商部门外，其它任何部门不得上门和进入市场收取税费。

各部门不得随意到个体工商户、私营企业较集中的小区、市场内开展评比、达标等活动。

对个体工商户、私营企业进出城的车辆不得随意检查。

取消对个体工商户、私营企业不符合政策规定的行政事业性收费、罚款和集资，禁止各种摊派。凡向个体工商户、私营企业集资的（包括农村集资办学、集资办电、修路、建住房等），须报市个体私营经济领导小组审批；其集资款项和标准，农村个体工商户与当地农户相同，城镇个体工商户与当地居民相同；私营企业与国有、集体企业相同，并做到集一不集二。对违反规定乱收费、乱罚款、乱集资、乱摊派的，个体、私营经营者有权拒付和举报，纪检、监察机关要对有关责任人进行查处。

（十二）加大税收扶持力度。对暂未建账、规模较小的个体工商户，实行定额纳税。税务部门要为其代开增值税发票，并不得收取手续费。

按账征收的私营企业和个体工商户税前工资的月扣除额可达人均600元，技术含量高的可达人均660元。

新办的私营企业自开业之日起，前2年所得税全额返还，后3年按50%返还。

进入加工小区的生产加工型个体工商户和私营企业，税务机关要提供增值税发票，并自投产之日起，前3年所得税全额返还，后3年所得税按85%返还。

私营企业从事农副产品营销、农产品开发、农业技术咨询和承包的，从开办起3年内所得税全

额返还。

个体工商户、私营企业用于开发新技术、新产品所购置的仪器设备可采取“快速折旧法”；对用于购买专利、技术转让、引进资金的费用，以及开展正常业务的活动费用，可以税前列支。

个体工商户、私营企业用于扩大再生产的基本建设投资，其固定资产投资方向调节税先征后返。

（十三）加大资金扶持力度。各金融部门在信贷方面对个体工商户、私营企业应与国有、集体企业同等对待。允许个体工商户、私营企业用房产、财产以及专利技术或其它知识产权作为抵押取得贷款。

引导个体工商户、私营企业到指定的专户银行存储，把分散资金集中到一家银行，采取以存定贷、多存多贷等方法，帮助其解决资金困难。

鼓励单位和个人以资金、技术、设备等生产要素向个体工商户、私营企业投资入股。

市、县财政部门每年从个体工商户、私营企业缴纳的地方税收中拿出10%作为发展基金，用于市、县确定的个体私营经济重点项目的贷款贴息。

（十四）个体工商户、私营企业因生产经营需要使用土地，要列入城乡建设规划和当年用地计划，并免收3年土地使用费和土地租金。凡经批准使用的生产经营场地和用房，不准随意收回和侵占；需要拆迁的，有关部门应本着拆一还一的原则，帮助其解决生产经营场所。

（十五）个体工商户、私营企业生产经营所需的水、电、气与国有、集体企业执行统一的价格。

外省、市个体工商户、私营企业来淮从事生产经营，优先安排生产经营场所，从开办起2年内所得税先征后返还。其投资额在50万元以上、生产性建筑规模在300平方米以上的，享受“三资”企业待遇，缓收电增容费，免收水增容费、城市基础设施配套费、新墙体发展基金、商业网点费、教育地方附加费和人防建设费。

（十六）鼓励农民进城经营。对进城经营并持有营业执照的农村个体工商户、私营企业主，公安部门应及时为其办理城镇临时户口，子女入学视同城镇居民子女对待。对年纳税在10万元以上的，允许本人及其配偶和1名未成年子女就地办理户口农转非；对年纳税20万元以上的，除解决上述人员户口农转非外，还可解决本企业3名技术骨干的户口农转非，并减半收取有关费用。

（十七）鼓励和支持个体工商户、私营企业采取购买、兼并、入股等多种形式参与国有、集体企业的产权制度改革。有关部门要搞好协调服务，并及时公布改制企业名单及相关资料，为个体工商户、私营企业主参与改制创造条件。

对兼并或收购停产、倒闭、破产国有、集体企业的个体工商户、私营企业给予重点扶持。企业产权转让，买方一次性交齐现款的，可给予八折优惠。有关部门应及时办理产权转移手续，并减半收取土地出让费和房产交易费。

购买方凡接受原企业全体职工的，可以享受淮阴市委、市政府淮发〔1997〕39号文件规定的各项优惠政策。

私营企业安置国有、集体企业下岗、失业职工比例达到60%，享受新办劳服企业待遇。

个体工商户和私营企业招收下岗、失业职工，劳动部门免费提供中介服务。凡与下岗职工签订劳动合同的，按每人每年基本生活费补助给接收单位。

（十八）鼓励下岗职工从事个体私营经济。下岗职工凭《自谋职业证》从事个体私营经营，第一年免收各种费用，第二年减半征收；进入市场经营的，市场主办单位减半征收一年设施费。

下岗职工到个体工商户和私营企业务工的，可与原单位签订《自谋职业协议》，保留劳动关系3年，由原单位承担其养老、医疗和失业保险费（个人缴费部分自付），并继续发给个人1年的最低

生活费。3年期满后不愿回原单位的,可免费办理劳动关系转移或解除手续。

(十九)对纳税较多、贡献较大的私营企业,市委、市政府予以挂牌保护。个体工商户年纳税5万元以上、私营企业年纳税在20万元以上的,由纳税人所在地政府给予其年纳税额地方收入部分10%的奖励。

中共淮阴市委员会　淮阴市人民政府

1998年5月13日

关于进一步深化全市农业、农村改革的实施意见(节录)

淮发〔1999〕37号

二、改革的范围和目标任务

(一)农业园区经营机制改革。市级24个农业园区(其中蔬菜16个、多种经营6个、水产1个、粮食1个),分别由市蔬菜局、多管局、水产局和农业局按照各自产业分工,会同市直挂扶单位和园区所在县(市、区)、乡镇政府研究制订具体方案,并组织实施。市级农业园区经营机制改革,力争在今年底前全部完成。各地乡、村集体兴办的农业园区,分别由市有关业务主管部门制定实施细则,指导各县(市、区)组织实施,明年底基本完成。

(二)小型水利工程体制改革。根据市政府《关于实施农村小型水利工程体制改革工作的意见》(淮政发〔1998〕145号)和市水利局制订的有关细则,由各县(市、区)组织实施。当前要在原有改革改制基础上,进一步加快进度。今年底前完成宜改制工程的60%,明年底前基本完成。

(三)集体林场、养殖场产权制度改革。集体林场、畜禽场和渔场的改制,分别由市多管局、水产局各选择2～3个乡镇,组织本系统力量,指导有关县(市、区)和乡镇在今年底前完成试点;在试点的基础上,制定实施细则,指导各县(市、区)明年在面上推开。明年上半年完成70%,明年底基本完成改制任务。

(四)集体兴办的专业市场、流通组织和中介服务机构的产权制度改革。由市工商局选择2～3个乡镇,组织本系统力量,指导有关县(市、区)和乡镇在今年底前完成试点;在试点的基础上,制定实施细则,指导各县(市、区)在面上推开,明年上半年完成60%,明年底基本完成改制任务。

(五)"四荒"资源使用权拍卖为主的改革。由市国土局选择2～3个乡镇,组织本系统力量,指导有关县(市、区)和乡镇在今年底前完成试点;在试点的基础上,制定实施细则,指导各县(市、区)在面上推开,明年上半年完成50%,明年底前基本完成。

为确保在明年底前基本完成各项改革任务,今年底前,在市级进行试点的同时,各县(市、区)也要从本地实际出发,选择3个乡镇搞好试点。

四、需要把握的主要政策

(一)在改制工作中,农业园区中的沟、渠、路、电、水等基础设施部分,多为国家和集体投入,可作为社会性公益事业,不转让到户;灌溉用泵站、水井等可拍卖转让到户。集体渔场中,除渔场管理的地下资源、埋藏物不转让到户外,渔池经营权及其与池塘生产配套的泵站、进排水渠、房屋、网具、增氧机、水泵等均可拍卖转让到户。

(二)对已采取承包方式经营的农业园区、各类集体林场、养殖场、专业市场等,经承包双方

协商同意提前终止合同的，可进行产权公开拍卖或协议转让。如合同期未满，承包方不同意提前终止合同，或不符合合同变更解除条件的，原则上维持原承包合同。对土地是反租倒包的农业园区，在产权转让过程中，原土地租赁合同以及农户与园区的承包经营合同原则上不变。

（三）在产权转让过程中，各地、各有关部门要通过外引内联和制定激励扶持政策等办法，在较大范围内寻找买主，积极吸引本地和外地的城镇职工、个体私营大户、外商、优势企业等出资购买或实行股份制、股份合作制、专业合作等形式经营。

（四）在农业农村改革工作中，各类经营权租赁、承包的期限，可由双方协商。凡属反租农户土地或未承包到户的集体土地的，租赁承包期限必须在农村土地二轮承包期限之内；属于“四荒”资源使用权拍卖的期限可以超过30年。经产权拍卖获得使用权的，经营者依法享有继承、转让、转包、参股联营等权利。

（五）改制后，农业园区的示范功能不能削弱；小型水利设施的经营者，在汛期内必须接受各级防汛防旱指挥部门及其派出机构的指挥，确保完成防汛抗旱任务和设施效益的发挥，设施的经营要按规定标准收费；林木资源要依法保护、更新管理；对经拍卖等形式而获得“四荒”资源使用权的，不得在坡度25度以上的陡坡上开荒种植农作物，不得破坏植被、道路和农田水利、水土保持等工程设施，不得破坏生态环境和进行掠夺式开发，不得进行非农业建设。

（六）对以拍卖、租赁和承包等方式获得各类经营权的项目，经营者除必须承担合同规定的各项费用外，不承担向集体上交的提留统筹费，不承担不受益的集资、摊派等不合理负担。

（七）在改制工作中，各职能部门要主动减免改制费用，省里有规定的收费项目，一律按标准的20%收取；省里没有规定的，除淮发〔1997〕39号和淮政发〔1999〕161号文件明确的，未经批准，一律免收。对购买资不抵债的集体养殖场、流通组织等集体企业的，其债务处理可参照淮政发〔1999〕161号文件的有关精神执行。

（八）要加强改制回收资金的管理。拍卖出售资金原则上要一次收缴到位；对少数出售资金数额较大、一次交足有困难的，可按拍卖有关规定，以购买者家庭财产抵押或由有经济实力的单位、个人提供担保，实行分期缴款。缓缴数额和期限由产权单位和购买经营者共同约定。实行租赁、承包的，要在年初一次性缴足本年度租金、承包金。改制回收的资金，属于国有资产的，由国有资产管理部门（财政所）收管；属于集体资产的，由农村集体资产管理部门（农经站）收管。并设立专门账户，实行专款专用，有偿使用。对违反规定的，除限期追回外，还要追究有关人员和领导的责任。

六、实施步骤

第一阶段：11月下旬，进行改革动员和工作部署。

第二阶段：从11月下旬至2000年1月上旬，搞好试点工作。

第三阶段：2000年1月中下旬，对试点工作进行检查、验收、总结评比。

第四阶段：2000年2月部署面上推开工作，年底前各项改革任务基本完成。

中共淮阴市委员会　淮阴市人民政府

1999年11月13日

省政府关于调整淮阴市部分行政区划的通知

苏政发〔2001〕9号

各市、县人民政府，省各委、办、厅、局，省各直属单位：

经国务院批准，对淮阴市部分行政区划进行调整。现通知如下：

一、将地级淮阴市更名为淮安市。市人民政府驻清河区。

二、撤销县级淮安市，设立淮安市楚州区，以原县级淮安市的行政区域为楚州区的行政区域。区人民政府驻淮城镇。

三、撤销淮阴县，设立淮安市淮阴区，以原淮阴县的行政区域为淮阴区的行政区域。区人民政府驻王营镇。

四、地级淮安市辖盱眙县、涟水县、金湖县、洪泽县、清河区、清浦区和新设立的楚州区、淮阴区。

上述行政区划调整涉及的各类机构要按照"精简、效能"的原则设置，所需人员编制和经费等由地级淮安市自行解决。在行政区划调整中，地级淮安市要切实加强领导，精心组织，周密部署，统筹安排，做好干部群众的思想工作，确保当地社会稳定和行政区划调整工作的顺利进行。

2001年1月12日

市委　市政府关于加快中心城市建设的实施意见（节录）

（2002年6月20日）

淮发〔2002〕64号

二、总体目标和主要任务

（一）中心城市建设总体目标：到2005年，中心城市建设成区面积达85平方公里，人口达85万人，年人均国内生产总值达到3万元，第三产业增加值占国内生产总值的比重达45%，人均道路面积12平方米，市民公交出行率达15%，每百人拥有电话85部，人均居住面积13平方米，住房成套率达80%以上，绿化覆盖率达36%，人均公共绿地达9平方米，供水普及率达100%，民用燃气普及率达99%，城市生活污水处理率达70%。加快旧城改造步伐，城市特色初步显现，城市面貌逐步改善。城市功能不断优化。近中期主城区主要向东发展，楚州城区向北向东发展，基本构筑起"两组团、双中心"的城市布局结构，使淮安市区成为"功能齐全，环境优美，经济繁荣，社会文明"的苏北地区中心城市。

"十五"后四年淮安中心城市建设的主要任务是：

1.市政公用及基础设施建设方面，完成投资88亿元，主要建成宁淮高速、徐淮盐高速、翔宇大道、韩侯大道、承恩大道、淮河路、天津路、南昌路、合肥路、黄河西路、健康东西路、延安东路、柯山东西路（原城南东西路）、枚乘东西路（原三亚路）、铁云路（原楚州东二环）等道路，初步构筑"一圈、二环、三连"的总体路网结构，主城区与楚州片区分别形成"七横六纵"和"四横三纵"棋盘式路网结构。大型基础设实施区域共享，完成天然气利用、集中供热、市区供水管网改造、垃圾

处理、电力城网改造、淮安新港、开发区汽车站、通信扩容等工程，启动建设淮安物流配送中心。

2.生态工程建设方面，完成投资29亿元，建成古黄河、古运河、大运河、盐河四条河流市区段绿化风光带和运南闸、板闸、九龙口及铁路、高速路两侧生态林工程；完成清安河、内外城河、文渠河、丰收河、柴米河等河道整治；新建市第二污水处理厂、淮阴区污水处理厂、楚州区污水处理厂，建成大运河文化广场、市民健身广场、一品梅广场、盐河广场、漕运广场等城市广场11个，建成钵池山公园、中洲公园、越河公园、萧湖公园、荷花公园等公园12个及小游园45个。

3.社会事业方面，完成投资24亿元，重点建成淮安大戏院、新世纪文化城、体育运动中心、红十字医院以及淮安广电中心等工程，建成淮安大学城。

4.住宅建设方面，完成投资57亿元，竣工住宅面积450万平方米，建成1-2个国家康居示范小区；按梯次推进，加快旧城改造步伐，营造更多的环境怡人、交通便捷、设施配套、安全舒适的居住小区，努力改善人居环境。

5.商贸旅游方面，完成投资16亿元，主要建成主城区淮海广场全市性一级商业中心及黄河广场、镇淮楼广场两个二级商业中心，主城区东西大街、东方园、上坂街、新街等商业步行街；新建商贸城、食品城、生产资料、汽车交易等十大市场，改造完善汇通、五金、食品、苏北等现有市场，建成以河下镇为中心的“一镇三湖”文化旅游开发区、古运河文化旅游线，使淮安成为区域性的商贸、旅游和消费中心。

6、新区开发建设方面，完成投资14亿元，启动建设水渡口新区、楚州新区、淮阴新区。

三、主要措施

为实现以上目标和任务，必须采取以下措施：

（一）塑造特色，提升品位

1.完善规划体系。坚持规划指导建设的方针，加大对城市规划的投入，高起点、高水平编制好城市规划，切实改变规划滞后状况，以适应建设大城市的发展需要。新一轮市总体规划编制完成后，迅速组织编制各分区规划、专项规划、控制性详规以及重点区域、重点地段的城市设计，确保近期建设地段控规覆盖率达100%。重视数字化城市建设，尽快建立城市地理信息系统以及城市地下管网管理系统。

2.着力提高设计水平。积极推行规划设计、建筑设计招投标制度，选择国内外一流的设计单位参与规划设计。对重要地段和沿城市主次干道两侧单体建筑，要进行设计方案公开竞选或多方案比较，并在适宜场所或新闻媒体向社会公示，充分征求群众意见，以增强规划的科学性和民主性。将城市设计引入城市建设中，使城市建筑布局、建筑风格、建筑色彩、城市小品和整体环境协调一致，形成舒适怡人的城市景观风貌。

3.凸显城市特色。充分利用市区河流湖泊和名人、历史以及文化等自然人文资源，突出绿水优势，体现亲水性，努力形成“城市中的绿水，绿水中的城市”个性特色和融现代气息、历史文化、地域特色于一体的城市风貌，完成河流整治，美化沿河桥梁，完善人文景点，建设“四河八岸”绿化风光带。在加强对周恩来故居、纪念馆、童年读书处的管理和保护的同时，着力打造韩信故里品牌，充分挖掘淮安古城、清江浦、河下古镇等历史文化底蕴，新建一批有一定文化内涵的城市广场、公园和城市雕塑等标志性工程，形成特色景点。

（二）突出重点，完善功能

1.继续加快市政公用基础设施建设。以道路建设为重点带动市区城市基础设施建设和城市扩展。在认真研究编制城市综合交通规划的基础上，尽快建立合理的城市道路网络系统，因地制宜发展综合交通体系，并与区域综合交通运输系统相衔接，形成方便快捷的内外交通系统。构筑

合理的城市公共客运体系，落实公交优先发展措施，加快公交城乡一体化进程。配套完善交通安全设施，规范交通秩序，保证人车安全。注重加强停车场（库）建设，各类大型住宅小区必须按标准配套建设停车场（库）。在城市道路建设过程中，坚持“先地下、后地上”原则，搞好污水、雨水、给水、燃气、供热、供电、通信、广电等各种管网的综合布局，建设完备的城市给水排水、能源供给系统，改造完善现有的排水设施，实行雨、污分流。加大防洪排涝、抗震消防及人防工程建设力度，提高城市综合防灾能力。

2.加强城市生态环境建设。按照创建国家园林城市标准，加强各类绿地、城市广场和风景园林建设形成布局合理、功能齐全、具有丰富内涵的城市绿地系统。按创建全国环保模范城和国家卫生城要求，加快城市污水处理工程建设和河道整治，提高城市污水处理率和水环境质量。加快城市环境卫生设施建设，搞好城市垃圾、粪便无害化处理，逐步实现城市垃圾处理减量化、无害化、资源化。结合市区国家天然气开发利用工程的实施，加快城市能源结构调整步伐，加快发展集中供暖系统，逐步取消建成区小煤炉、小锅炉，逐步淘汰摩托车，并采取措施禁止农用车进城，以减少机动车尾气污染，努力改善大气环境质量。注重地下水资源保护，逐步取缔单位自备井和个人小土井。

3.积极对旧城和“城中村”实施改造。将城市功能的调整、城市产业结构的调整和城市用地结构的调整有机地结合起来。坚持成片开发，走集约化建设之路，梯次推进，力争用四年时间，基本完成建成区范围内的旧城和“城中村”改造任务。在旧城改造过程中，妥善处理好保护与开发之间的关系，继承和发扬城市的历史文化与民族传统。历史文化名城保护区域坚持以保护为主的原则体现古色古香，修旧如旧，重点搞好历史街区、文化古迹、古树名木和古建筑的保护。

4.提升新区与开发区建设水准。新区与各类开发区按照高起点、新机制、严管理的要求，加快功能开发，提高产出能力，充分发挥集聚、辐射和带动作用。加强对新区与开发区规划的宏观调控，保护新区、开发区与老城区在建设上相互协调；合理布局功能区，优化城市空间结构，避免盲目“摊大饼”式向外围扩延。规范新区和开发区的建设管理体制，既要按照市场经济的规律进行体制创新，又要完善相应的监督、制约机制，减少和避免重大决策失误，充分发挥新区和开发区对城市现代化建设的重要作用。

（三）加强管理，严格执法

1.贯彻依法治市方针，提高管理水平。认真开展城市管理相对集中处罚权的试点工作，尽快形成经验。加强执法队伍建设，加大执法力度，开展文明执法，规范执法行为，做到依法行政，实现城管执法的全方位、多层次监控，实现长效管理目标。

2.加强建设工程规划管理。从规划选址、规划设计条件、设计方案审查，到放验线、跟踪监督、竣工验收，实行全方位、全过程的规划管理。严格执行绿色图章和绿线管制制度，保证城市绿化用地。每个建设工程都要在现场悬挂建设工程规划许可公示牌，接受社会监督，增强规划的公正性、公开性、原则性。

3.强化对工程项目的管理。按基本建设程序实施每一项工程，积极推行项目法人制。严格工程招投标、工程监理和竣工验收备案制度，落实工程质量终身责任制。项目施工要制订详细的施工计划，做到精心组织、精心施工。重点做好工期、造价、质量“三控制”，在保证工程质量的前提下，有效使用资金，合理控制进度，着力营造“放心工程”。

4.加强市容市貌整治和市政设施管养。强化城市市容环境卫生和市政公用设施的维修养护管理，坚决清理整治乱设户外广告、占道经营、乱摆乱卖、乱停乱放等行为。加强对文明施工的检查监督，保证城市环境干净、整洁。加强城市出入口的容貌和环境整治，树立良好的对外形象。

加大力度，搞好城区主干道和主河道两侧的环境景观建设和亮化美化工作。用2至3年时间，完成主城区主次干道的人行道板更新改造任务。

5.加大违法建设查处力度。大造声势，拆除一批违法建筑，确保两年内使违法建筑拆除率达100%。参与违法建设的，除对建设单位（个人）进行处罚外，对参与设计和施工的单位，也要进行资质降级或取消在淮设计、施工资格的处罚。

（四）深化改革，广筹资金

为确保中心城市建设各项目标的如期实施，在积极发展市区二、三产业，增强城市经济实力，为城市建设提供良好支撑条件的时，坚持“经营城市”理念，依靠制度创新，积投探索多元化城建投资机制，增强城市发展活力；发挥政府政策调控和市场调节作用，坚持走以城建城、以城养城、以城兴城之路。2002—2005年，城市建设计划总投资230亿元左右，除财政投入外，主要采取以下措施筹集：

1.加强土地资产经营。把土地经营作为城市建设资金的重要来源。发挥规划龙头作用，指导城市土地包装、招商、出让，加快制定“市区土地出让规划和土地经营分布图”，把优化城市土地资源配置摆在城市规划突出位置，将土地投入总量控制、投放地段选择、土地使用性质和土地开发强度等融于规划管理之中。加强市区土地开发供应的计划管理，每年10月制订下一年度土地开发供应计划，报市城建指挥部批准实施，并在年底向社会公布。淮阴区、楚州区要在总量控制原则指导下，将每年土地供应计划报市城建指挥部备案。市区建设用地，除国家法律、法规规定可以划拨供地外，房地产开发用地一律实行先储备，再开发，先配套建设，再进入市场，并以招标、拍卖、挂牌交易等方式供地；商业、旅游、金融、娱乐等经营性项目用地，原则上全部实行招标拍卖、挂牌；赢利性的私营和民营公益事业、符合国家产业政策的工业项目、经营性“三产”项目、高科技项目，以及能增加税源和扩大就业项目用地，可以采取协议、租赁方式供地，经市政府批准，可用部门土地纯收益给予补偿扶持。建立健全土地收购储备制度。对市区闲置和荒芜的建设用地，因单位解散、破产、搬迁、产业调整等原因停止使用的土地，用地单位取得土地使用权后无力建设连续两年未使用的土地，政府规划、计划开发的土地、撤组转户的土地等，由市政府采用红线和净地两种形式储备。土地供应必须公开、公平、公正，任何单位和个人不得非法干预。对违法占地和非法交易等违反国家、省、市有关规划的行为要严肃查处，直至追究有关人员的刑事责任。要加强土地收益管理，严格执行土地出让金征收使用管理办法，任何单位和个人不得擅自减免土地费用。

2.加强调控，规范发展房地产业。通过对房地产市场的调控和规范，实现房地产业的健康有序发展，拉动区域经济增长。加强房地产开发总量和布局调控，每年向社会公布主城区房地产开发总量计划指标及主要开发地段。重视对开发项目的测算和成本核算工作，对每个开发阶段、项目规模、占地面积、拆迁成本、建设成本、赢利等情况进行测算，使房地产开发平均利润控制在合理的范围。要针对项目的具体情况和市场状况，科学合理地制定开发政策。加强对经济适用住房建设成本费用和销售对象管理，进一步规范规费减免执行范围，积极探索廉租房、经济适用住房的建设补贴办法，逐步做到变“暗补”为“明补”。房地产开发必须坚持规模开发，严格控制零星分散开发，特别是城市主干道两侧一律不准再建设沿街商住楼。建立完善房地产开发项目和住宅小区竣工综合验收制度，加强公共服务配套设施建设，营造怡人的居住环境，切实提高住宅及房地产开发品位。

3.大力鼓励和吸引社会资本、私人资本、境外资本投资城市基础设施建设。采用产权重组、委托经营、专营权出让、股份合作、资产抵押等多种融资方式，盘活存量资产，形成投资、经营、回收

的良性循环，同时要加强广告发布权、地上地下空间开发权、品牌使用权、出租车营运权、道路冠名权出让等无形资产的经营管理。加强城市市政公用行业改革，以市场为导向，推进市政公用产业化经营步伐。

4.大力招商引资，鼓励更多的外商参与城市建设。对列入年度城市经营计划的土地开发项目，重大基础设施建设，要搞好策划包装，并组织专门力量外出招商。通过大招商、招大商，来推动中心城市建设。

（五）理顺体制，市区联动

理顺市规划、建设、管理、经营体制，合理划分事权，形成加快中心城市建设的强大合力。清河、清浦、淮阴、楚州四区及经济开发区，要积极参与城市的建设与管理，实现市、区联动。

1、坚持规划管理的高度统一性。市区的城市总体规划，由市政府统一组织实施。城市规划区内的各类开发区、工业园区、民房建设，都要纳入市规划局的统一规划和管理，实行人、财、物统管。

2.建立灵活高效的城市管理体制。市区的城市管理要按照重心下移、立足基层的思路，完善“两级政府、三级管理、四级网络”的城市管理体制，理顺市、区、街道和居委会的责权利，形成统一领导、分级负责、条块结合、以块为主、人人有责、人人参与的城市管理格局。注重长效管理，实现城市管理的规范化、科学化、法制化。区、街道和居委会要发挥其城市管理主力军作用，把主要精力集中到区街管理环境整治、社会治安和社区服务上，真正做到“保洁全天候，管理无缝隙，责任全覆盖”。

3.调动区级政府参与中心城市建设积极性。市区重要市政公用基设施建设，由市政府统一组织实施，楚州区、淮阴区、经济开发区（农业开发区）的基础设施建设项目的实施，以区为主，市政府给予适当补助。清河区、清浦区要积极参与城市基础设施建设，上马建设一批对本区经济发展有影响的城建项目。

4.进一步调整完善行政区划。为便于城市规划建设和社区管理，建成区和近期规划范围内的乡镇逐步调整为街道办，不再保留城关镇；所辖村调整为居委会，并进行撤组转户。

市委　市政府关于加强环境综合整治推进生态环境保护和建设的意见（节录）

（2003年7月29日）

淮发〔2003〕42号

二、加强环境综合整治，努力改善环境质量

“十五”期间，我市要以创建国家卫生城市、国家园林城市、国家环保模范城市和省文明城市为抓手，进一步加强环境综合整治，大力实施“蓝天、碧水、宁静及资源化”工程。实施“蓝天工程”，逐步取缔供热范围内的燃煤锅炉，加快集中供热步伐，推广应用清洁能源，抓好机动车尾汽污染防治，控制二次扬尘，改善大气环境质量。实施“碧水工程”，配合南水北调国家重点工程，全面开展以里运河为重点的市区水环境综合整治，实施清淤、清障、护坡、绿化及生活污水截流导污工程。继续对清安河、内外城河、文渠河实施综合整治。抓紧建设市第二污水处理厂，要创造条件，早日开工建设楚州、淮阴、洪泽、盱眙、涟水、金湖等县（区）的生活污水处理厂。加强饮用水源地的水质保护，确保饮用水源水质达标率保持在96%以上。实施“宁静工程”，加强对交通噪

声、社会生活噪声及建筑施工噪声的管理，强化对工业噪声源的管理和对超标声源的限期治理，巩固和建设好噪声达标区。到2005年，实现市区噪声达标建设覆盖率超过60%。实施"资源化工程"，按照"资源化、减量化、无害化"的原则，处理工业固废、建筑垃圾和生活垃圾。建立市场调节机制，扩大市固废中心的处理能力，加快筹建大型无害化生活垃圾处理厂。

三、建设生态工程，加快生态市建设步伐

各地要结合各自的自然资源优势加强自然保护区的规划和建设，建设一批不同规模和等级的风景名胜区、森林公园、自然农业观光区、洪泽湖湿地保护区。到2005年，建成各类自然保护区600平方公里。加强生态示范区建设，盱眙县要着力做好生态示范区国家级验收后的巩固完善及提高工作，金湖县2003年前要通过国家级生态示范区验收，洪泽、涟水等其它县（区）也要按照创建计划，扎扎实实地做好创建工作。大力发展农村沼气，推动生态农业建设。积极发展生态农业、生态工业和生态旅游业，改善经济结构，大力植树种草，倡导全民绿化，推行全新生活理念和消费观念，依靠科技进步，逐步消除白色污染。通过加强生态环境建设，努力实现人与自然的和谐统一，促进经济与环境协调发展，到2010年把我市建成生态示范市。

四、推进污染治理产业化，大力发展环保产业

尽早制定出台投融资及规费征缴等方面的经济政策，鼓励各类投资主体参与环保设施建设和运营。按照"污染者负担"原则，进一步完善环境资源有偿使用机制，建立环境价格体系，实行排污总量有价分配制度、排污许可证制度、污水处理按质收费制度，积极探索排污权交易制度，用经济杠杆激励企业加强污染治理。尽快调整城市垃圾及污水收费标准，提高有毒有害固体废弃物处理收费。深化环境科技体制改革，形成环保技术推广转让的市场机制。对重点环保设施建设实行法人制、招投标制、项目监理制。要按照市场化的要求，推行污染集中治理有偿服务，加强城市环境基础设施建设，积极发展环保技术咨询、产品营销、环境评价等中介组织，大力发展环保设施制造加工业，建立壮大环保产业龙头和骨干企业，开发竞争能力强的新产品，不断发展壮大环保产业，形成新的经济增长点。

五、不断加大环保执法力度，提高依法行政水平

要按照统一、精简及效能的原则，加强环保机构和队伍建设，在市辖区及开发区开展设立环保派出机构的试点工作，乡镇要有专人负责环保工作。进一步加强各级环保局领导班子建设，完善领导干部双重管理体制。全面加强环保系统的思想作风建设，不断提高执法人员的政治业务水平及执法能力，积极推行政务公开，努力提高依法行政水平。要严厉打击污染环境和破坏生态的违法犯罪行为，做到有法必依、执法必严、违法必究。要下大力气查处一批污染严重、损失重大、群众反映强烈的环保案件。各级人大、政协要开展经常性的执法检查和环保视察活动，及时提出意见和建议。各级法院和检察院要强化环境保护司法工作，及时受理重大环境案件，依法追究法律责任。要全面推行环保行政执法责任制、行政执法责任追究制，规范执法行为。

六、强化保障，不断开创环保工作新局面

加大环境保护投入力度。到"十五"期末，全市环保总投入占GDP的比例达到2%，市及各县（区）都要相应建立污染防治基金和监督管理能力建设专项经费，污染防治基金不得低于同级地方财政收入的3‰。要按照及时、准确、高效、全面的原则，规范和建设环境监测网络，加快饮用水源自动监测站建设步伐，推进环境管理信息化，提高管理水平。提高环境监督执法装备水平，加强突发性污染事故预警和应急处置能力，减轻危害，妥善处理纠纷，维护社会稳定。要加强环境科技研究和攻关，大力推广先进实用技术，加速科技成果的转化，加强环境科学技术的国际交流和合作。

市委　市政府关于进一步加快民营经济发展的意见（节录）

（2004年6月12日）

淮发〔2004〕30号

为全面贯彻党的十六大、十六届三中全会精神和落实省委、省政府《关于进一步加快民营经济发展的若干意见》（苏发〔2004〕7号）精神，进一步鼓励、支持和引导民营经济发展，加快富民进程，确保实现“苦干十四年，全面达小康”的奋斗目标，特提出以下意见。

一、放宽市场准入，激活民间投资

1.放开投资领域。除国家法律法规明确禁入的领域外，民营经济都可平等进入，所有我国政府承诺对外开放的领域，都要鼓励民营经济加快进入。鼓励、支持民间资本通过参股、联合、购并、独资等方式参与水利、交通、能源、通信、城建、环保以及科技、教育、文化、卫生、体育等领域的投资建设。鼓励、支持民间资本平等参与国有、集体企业改制改组，任何部门和单位都不得以任何理由设置地区、所有制、行业经验、从业年限等限制条件。

2.降低注册登记门槛。新设立注册资本在200万元以下的有限责任公司，注册资本金可在3年内分期到位。从事高新技术、进出口、农产品加工和吸纳安置下岗失业人员超过50人的有限责任公司，首期出资额达到注册资本10%的，即可进行注册登记。从事研究、开发、转化、咨询及服务的公司制民营科技企业，其注册资本量最低可为3万元。创办科技型有限责任公司，以高新技术成果、专利、版权或专有技术作价入股的，经专门机构评估认定，其占企业注册资本比例可由投资各方协商约定，驰名商标、著名商标、知名字号等经认定评估，可以作为无形资产作价入股。民营投资类公司对外投资累计可以超出净资产的50%，企业信誉好、融资能力强的可放宽至100%。

3.放宽企业名称限制。取消企业冠市名限制，允许企业名称中体现行业大类和有明确含义的新行业特点。注册资本500万元以上且使用独创字号的企业，其名称中可不反映行业特征。国有、集体企业改制为民营企业的，可使用原名称、字号、企业联用名称。

4.放宽经管范围和场所限制。核定民营企业经营范围时，在列明主要经营项目后，可附加“其它无需报经审批的一切合法项目”。允许以家庭住所为经营场所。

5.鼓励个体工商户转为私营企业。个体工商户新转成私营企业的，在2年过渡期内，可继续实行税收定额征收办法。改制为公司制企业的，企业可选择变更登记程序直接办理变更登记，经营范围中属于法律、法规限制的项目，原审批文书在有效期内的，可直接变更登记，不再重新办理审批手续。

6.扩大创业者范围。鼓励国有企业、科研院所、高等院校和其他方面人员依法创办民营企业。机关工作人员辞职创办民营企业或到民营企业就业的，给予合理补偿。

二、加快构建公平竞争平台，优化民营经济政策环境

7.公平税收政策。在税收征管中应对民营企业和国有、集体企业一视同仁，不得歧视。在固定资产加速折旧、技术开发费用、国产设备投资抵免，以及社会公益性、救济性捐赠税前扣除等税收政策上，民营企业享受与国有、集体企业同等待遇。吸纳残疾人和安置下岗职工就业数量达到国家规定比例、承担民政福利企业相应社会义务的民营企业参照国有、集体企业享受有关税收政策。公司制民营企业可与国有、集体企业同等享受工资总额与经济效益挂钩或工资总额定额使用的有关政策。

8.公平资源使用政策。民营企业取得土地使用权的方式和对其收取的各项规费，与其他各类投资主体一视同仁。对生产性重大项目，市、县要统一调剂安排用地指标。民营企业依法获得的土地使用权，可依法转让、出租、抵押、折价入股。凡允许协议出让的民营企业用地，出让金可以按照协议出让最低标准执行；也可以采用国有土地租赁方式取得土地使用权，逐年缴纳租金。结合城镇化建设，在有条件的县（区）和乡镇建设民营经济创业园，切实解决众多小企业缺少经营场地问题。民营企业依法有偿取得的采矿权可以作为企业资产出资，可以依法转让。采矿权价款可在规定的期限内分期缴纳。

9.公平人才培养使用政策。有关部门要切实做好民营企业人才规划、培养和引进工作。建立健全民营企业职称评聘和职业资格鉴定制度，并与国有、集体企业一视同仁。在民营经济发展中作出突出贡献的先进个人，纳入各级劳动模范评选范围，评为劳动模范的，享受相应待遇。积极推荐符合条件的民营企业主参选人大代表、政协委员。

10.公平科技开发扶持政策。民营企业申报科技项目立项、科技成果认定和奖励、高新技术企业和产品认定、知识产权保护等，享受国有企业同等待遇，符合条件的技术改造或技术创新项目，纳入各级经贸主管部门重点项目实施计划。民营经济组织在实施科技创新中开发的科技项目，市、县（区）科技主管部门要给予大力支持，并及时向上级科技等部门推荐。纳入各级科研机构和大专院校合作项目，经相关科技部门或管理部门认定，科技创新主体可享受相应资金扶持政策。

11.公平享受有关优惠政策。民营企业投资建设列入政府定价目录的基础设施和公益性项目，与国有投资享受同等待遇，在投产初期可采取一定的价格扶持政策。对准经营性基础设施项目及公益性项目，为保证投资者获得合理的收益，可在一定时期内实行财政资金定额或定项补贴，国债项目立项、工业技改贴息、科技三项费用、科技成果转化资金、火炬计划和星火计划贴息、农业产业化龙头企业贴息、进出口配额、出口退税、出口技改贴息、出口研发补助和政府组织的经贸活动等，对民营企业和国有、集体企业一视同仁。民营企业吸纳下岗失业人员就业，与国有、集体企业同等享受国家和市规定的再就业优惠政策。

三、深化行政审批改革，提高行政服务效率

12.简化登记前置审批手续。除国家法律法规规定外，对民营企业的各类前置行政许可一律取消。对依法设立的前置行政许可项目，必须公开办事指南、办证条件和办理时限。

13.压缩行政审批项目。按照《行政许可法》，对现有行政许可项目进行全面清理。依法保留的，要向社会公布。对继续保留的行政审批事项，要简化行政审批程序，缩短行政审批时限，提高行政审批效率。加快发展网上审批、代理审批等审批方式。

14.下放行政许可审批权。所有行政审批事项，在下级机关和基层可以办理的，一律放到下级机关和基层办理。对需到省以上办理审批的有关事项，采取直通车的方式，由责任部门做好衔接联系工作，帮助企业上报办理。

15.推行企业登记注册“告知承诺制”。企业注册登记或变更经营范围，若涉及依法设定的前置行政许可事项，工商部门在受理的同时，应书面告知申请人需要办理的有关手续，并抄告相关行政许可实施部门。行政许可实施部门接到抄告后，书面告知申请人从事某一生产经营活动应符合或者达到的条件、标准、要求，以及应承担的法律责任。申请人作出在规定时间内完善相关手续的承诺，行政许可实施部门书面认可后，工商部门核发营业执照。

16.实行行政审批“首受负责制”。行政许可事项在同一部门由首受人员负责全程办结相关手续。涉及两个以上同级部门的，实行并联办理，由首受部门负责受理，出具回单，抄告相关，限时

办结，反馈企业。

17.强化行政审批服务中心职能。行政许可审批机关要下放“通行权”，凡是法律法规未明令禁止的，实行“一审制”，由窗口人员直接作出行政许可，并承担相应责任，部门领导不再进行集体研究，使“中心”窗口既能受理，又能及时办结。要上收“否决权”，对于重大项目，当窗口人员认为企业申请有违相关规定不能核准时，窗口人员不得直接驳回企业申请，必须报部门主要领导经集体研究后方能作出否决，并将否决依据书面反馈申请人，且告知申请人有申请复议和起诉的权利。

18.建立企业联合年度审检制度。市有关部门应按照国家法律、法规、规章的规定，采用“一门受理、配套表式、联合审检、资源共享”的工作方式，对企业的资格、资质和生产经营活动以及守法情况，按各自的法定职能，联合实施年度审检。对属于联合审检范围的年检、年审事项，由企业按法律、法规规定，参加每年集中时间、集中地点的联合年度审检。对不涉及许可证审检事项且具备网络系统管理的企业，鼓励采用“网上申请、网上受理、网上审检”的形式，申请网上年检，提高行政效率。

四、减轻税费负担，规范行政执法行为

19.减轻新办企业税赋。新办的独立核算的从事咨询业、信息服务业、技术服务业的企业或经营单位，经税务部门批准，免征企业所得税两年；新办的独立核算的从事交通运输、邮电通讯的企业或经营单位，经税务部门批准，第一年免征企业所得税，第二年减半征收企业所得税；新办的独立核算的从事旅游业、居民服务业和教育、文化、卫生事业的企业或经营单位，经税务部门批准，减征或免征企业所得税一年。对农村流动性小商小贩，除国家另有规定外，免于工商登记和税务登记，免收有关费用，对于按次（日）销售额在200元以下的免缴增值税。

20.减少收费项目。进一步清理现行涉及民营企业和个体工商户的行政事业性收费项目。清理后的项目由物价、财政部门及时向社会公布。市及以下各级政府及其部门无权设立行政事业性收费项目，已设立的立即取消。免收市场物价调节基金、围垦造地专项资金。逐步减少直至免收个体工商户管理费。

21.降低收费标准。所有涉及民营企业的行政事业性收费项目一律按收费标准的下限收取。与行政管理行为相联系的所有证、照、牌等的制作工本费原则上免收。确需收取的，由价格部门按照实际成本核定收费标准，并向社会公布。

22.规范执收执罚行为。建立健全企业付费登记制度，向企业发放企业缴费明细卡和企业付费项目登记卡，卡上没有的项目或未在登记卡上签名登记的行政事业性收费企业可以拒交。严格执行“票款分离”和“收罚报告”制度。以民营企业为对象的行政事业性收费、罚款，逐步由银行代收，一律统一上缴财政，严格实行“收支两条线”。企业首次轻微违规，要以教育为主，指导帮助整改到位，原则上不予罚款。推行公务活动守纪回执制度，凡执法人员到企业开展公务活动，必须向企业提供回执，告知公务活动内容、参加人员及工作纪律，事后将回执交到市级主管部门和市、县（区）软建办。

23.严禁“三乱”行为。禁止机关、事业单位和中介机构以任何形式向私营企业、个体工商户推销、搭售商品和吃拿卡要。禁止向其乱摊派、乱罚款、拉赞助、压价购买其商品。禁止强行代理、强制征订各类报刊杂志。禁止强制要求参加各类需要交纳年费的学会、协会和研究会等组织。严禁违反规定强制私营企业、个体工商户参加各类收费性评比、达标活动，严格限制收费性检验、检测和培训的次数，严禁将政府职能转移到中介机构实行有偿服务。

24.严格规范执法检查。减少各类检查活动对民营企业正常生产经营活动的干扰。除法律和

上级有明确规定外，同一部门对同一企业同一事项的检查（含查账、验收等），一年内原则上不得超过一次。所有检查，都必须经由单位领导签字批准，检查时必须主动向企业出示检查证件和依据。对检查中涉及罚款、扣押、封库或封账等重大事项，必须依照法定程序执行。

五、拓宽融资渠道，加大财政支持力度

25.加大金融扶持力度。金融机构要灵活运用金融政策和金融工具，加大对民营经济的信贷支持。各商业银行要积极探索适合民营企业特点的新的贷款方式，切实简化贷款手续，缩短贷款办理时间。进一步放大“快易通”“快捷通”和“信用一证通”的功能，扩大授信面，增加授信额度，“快易通”的货款额度放到300万元，“快捷通”放到50万元，“信用一证通”放到10万元。

26.鼓励直接融资。对规模较大、经济效益好、符合条件的大型民营企业，有关部门要积极帮助其创造条件，争取在资本市场上市融资或发行债券。鼓励私营企业、个体工商户互保、互助，有偿互通资金。鼓励支持私人资金采取股份合作制形式进行实业投资，积极组织和引导民营企业对外招商引资。

27.推进信用担保体系建设。加快发展以民间资本为主体的商业性担保公司，鼓励发展企业间互助性担保机构。加快建立和完善信用担保风险补偿制度，采取多种形式提升担保机构的担保能力和抗风险能力。从2004年起，市、县（区）财政每年安排一定的资金用于增加同级中小企业信用担保机构的注册资本和风险补偿，并积极引导民间资本参股，使市级担保机构注册资本达到5000万元，县（区）级达到1000万元。对中小企业信用担保和再担保机构从事担保业务的收入，按照国家有关规定3年内免征营业税。民间资本成立的担保机构，所缴纳的营业税、所得税地方留存部分，3年内给予财政返还。

28.加大财政扶持力度。市、县（区）财政要确保每年从民营经济缴纳的地方税收中拿出3%作为发展专项资金，用于民营企业重点项目、固定资产投资和技改项目的贷款贴息及信用担保等，支持民营企业实施名牌战略，对取得国家驰名商标或名牌产品、省著名商标或名牌产品、市知名商标或名牌产品的企业，市级财政分别一次性给予20万元、5万元和2万元的奖励。

六、建立健全服务机构，完善社会服务体系

29.积极发展各类中介组织。加快建设以法律咨询、技术支持、资金融通、产权交易、市场开拓、创业辅导、信息服务等为主要内容的社会服务体系。规范中介机构的服务行为，加快建立执业标准和监管机制。

30.加快同业商会和行业协会建设。按照“自发组建、自愿入会、自主办会”的市场化原则，突出民办性质和独立地位，加快培育和发展各类民间商会、行业协会，提高社会化组织程度，强化服务功能和自律协调作用。

31.加强创业培训体系建设。建立市、县（区）、乡（镇）三级就业创业培训基地，定期组织开展就业技能和自主创业培训，提供开业指导、专家咨询、跟踪扶持等服务，鼓励扶持更多城乡居民由就业致富转向创业致富。

中共淮安市委　淮安市人民政府
关于进一步加快全市开发区、园区发展的意见（节录）

（2005年8月3日）
淮发〔2005〕43号

为认真贯彻落实省委、省政府加快苏北振兴的战略部署，加速推进淮安新型工业化、城市化、经济国际化进程，现就进一步加快开发区、园区发展提出如下意见：

一、指导思想、总体目标和发展战略

1.指导思想。坚持科学发展观，以全面建设小康社会为目标，以实现城乡统筹发展为核心，以迎接新一轮产业转移为主线，推进市、县（区）、乡（镇）三级联动，实现全市开发区、园区、乡（镇）工业集中区大开放、大开发、大发展。

2.总体目标。把开发区、园区、乡（镇）工业集中区建设成为全市新型工业化的新载体、现代化的新城（镇）区、对外开放的先行区。“十一五”期间，全市开发区、园区、乡（镇）工业集中区工业投入年均增长40%以上，销售收入年均增长35%以上，累计带动城市化水平提高5个百分点，经济开放度高于全市平均水平10个百分点以上。

3.发展战略。一是“三集中”战略。坚持经济、社会、环境协调发展，产业、商贸、生态功能有机统一，加速工业向园区集中、人口向城镇集中、住宅向社区集中。二是外向带动扩张战略。在培植内生增长机制的基础上，坚持市外就是外，大力引进外来投资项目，依靠外力扩大总量，壮大规模。三是低成本竞争战略。千方百计降低投资者的生产要素成本、交易成本、社会成本和行政成本，着力营造低成本的投资环境，强化区域竞争的比较优势，吸引市场主体投资创业。四是市场开发战略遵循市场经济规律，充分发挥市场机制在资源配置中的基础性作用，激活市场主体，用市场化的办法破解制约发展的瓶颈，推动开发区、园区、乡（镇）工业集中区超常规发展。

二、坚持规划先行，充分发挥规划的引导调控作用

4.近期、中期、远期规划相结合。近期以“十一五”的发展、中期以全面建设小康社会期间的发展、远期以基本实现现代化为规划目标，充分考虑前瞻性、整体性和连续性，正确处理近期、中期、远期规划的关系，统筹兼顾，同步考虑，着眼长远发展，重点研究近期规划。超前做好城市总体规划和土地利用总体规划的修编工作，预留发展空间。高起点、高水平编制各类规划，完善概念规划、总体规划、专项规划体系，提升规划档次。

5.科学确定功能定位。按照总体目标定位，依托老城，开发新城，实现产业、生活、生态功能的合理布局。优化产业区布局，重点规划好化工集中区、高新技术产业区和地方优势产业集中区，引导发展门类集聚型特色产业。立足向规划要效益，调整和完善开发区、园区用地规划，增加商住用地，增强造血功能，逐步实现建设资金自求平衡。

6.市、县（区）、乡（镇）三级联动发展。在抓好市、县（区）开发区、园区建设的同时，规划重点乡（镇）工业集中区，拓展发展空间，发挥低成本优势，加强与市、县（区）开发区、园区的协作配套，促进县域经济协调发展。

7.切实提高规划管理和服务水平。严格执行规划，保障规划实施的准确性和有效性，为投资

者创造可预见、低风险的投资环境。改进规划服务，对符合城市总体规划、分区规划和控制性详细规划的工业项目，简化手续，授权办理。

三、坚持适度超前原则，切实加快基础设施建设

8.明确建设标准。市经济开发区（含楚州、淮阴、清河工业园区）按照国家级开发区的标准组织实施，基础设施建设达到“九通一平”（上水、雨水、污水、路灯、强电、弱电、供气、供热、通路以及场地平整）。县工业园区按照省级开发区的标准组织实施，基础设施达到“七通一平”（上水、雨水、污水、路灯、强电、弱电、通路以及场地平整）。乡（镇）工业集中区按照市级开发区的标准组织实施，基础设施达到“五通一平”（上水、污水、强电、弱电、通路以及场地平整）。制定和完善市级开发区的量化指标，建立考核评价体系。

9.建立和完善投资体制和机制。着眼从市外市场上组织资金，按照独立操作、市场化运行、资金自求平衡的原则，完善投资体制和机制。一是组建具有独立法人资格的投资建设公司。从事投融资业务，承担园区内的基础设施建设。二是搞活土地经营。全面推行土地市场化运作，先做环境后出让土地，有序上市，公开竞价，实现土地收益最大化。三是成片开发。引进投资商成片开发园中园，投资商负责基础设施建设和招商引资，通过土地出让差价、标准厂房出租、物管收入等获取回报。四是特许经营。对有经营收益的供水、供气、污水处理等项目，面向社会公开招标，引进投资商组建项目法人，通过DT、BOT、TOT方式兴建园区重大基础设施项目。五是建立公用设施管养分离机制。全面推行养护维修市场化作业制度，降低养护维修成本。

10.强化配套投入。按照“谁主管、谁投资”“谁投资、谁收益”的原则，交通、水利、建设、供水、供气、供电、广电、电信等部门积极组织资金，确保同步建设，配套到位。鼓励各部门积极向上争取资金和政策。

11.加大前期开发建设力度。坚持适度超前原则，抓好基础设施、工业用地和被征地农民安置房开发。按照“先规划、后建设”“先地下、后地上”的原则，超前做好基础设施建设。坚持分期开发，滚动推进，开发一片，成功一片。积极创造条件，加大工业用地前期拆迁力度，逐步实现净地出让。超前做好被征地农民安置房建设，减少征地拆迁矛盾，加快项目实施。

四、加大招商引资力度，加速扩大产业规模

12.明确项目导向。除严重污染的项目和不能实现双赢的项目坚决不引进外，继续坚持大中小项目一起上，各门类项目都引进。重点引进能形成产业集群的龙头项目、增强产业竞争力的资金技术密集型项目、有利于发挥劳动力资源优势的劳动密集型项目和提升资源附加值的深加工项目。重视引进外资项目。

13.不同规模项目进不同园区。市经济开发区和县（区）园区分别以引进300万元以上和1000万元以上项目为主，对贡献率高、产业配套力强的项目，适当降低单独供地的项目门槛，也可通过兴办园中园和兴建标准厂房的办法安排进区。对不能进市、县（区）开发区、园区的项目，进入乡（镇）工业集中区。

14.创新招商方式。在继续强化行政推动的前提下，积极开展驻点招商、小分队招商、专业招商，探索委托代理招商、中介招商等市场化办法。组建专业招商队伍，选拔、培养专门招商人才。充分利用市外老干部、企业界人士等社会资源，拓宽招商引资渠道。依靠来淮投资者，大力开展以商引商。

15.重奖招商人员。继续完善招商引资激励措施，调动各级干部、专业人员、社会资源招商引资的积极性。认真落实对引资人的奖励政策。重奖贡献突出的招商有功人员，符合干部任用条件的优先提拔使用。

五、改善生产要素供给，进一步优化园区发展环境

16.拓宽融资渠道。鼓励企业扩大直接融资比重。积极开展银企对接，国有商业银行主动向上争取，努力扩大授信面，提高新增存贷比，创新金融产品。加强金融生态环境建设，提高金融安全度。加强担保公司建设，扩大担保资金规模。积极争取市外区域性、股份制金融机构来淮设立分支机构，开展金融业务。

17.集约高效利用土地。一是合理供地。对分期投资建设的项目，实行一次规划，分批供地，对特殊行业实行灵活供地政策。二是盘活存量。对闲置两年以上的土地，坚决依法收回；对闲置6个月以上、未满两年的土地，依法征收土地闲置费；鼓励中小型项目使用撤乡并镇，中小学布局调整等腾出的闲置土地。三是逐步提高投资强度。区别不同项目，确定合理的投资强度，达不到投资强度和产出效益的不单独供地。鼓励进区企业增资扩股，实行“零地招商”。引导企业建设多层厂房，限制建设单层厂房。提高建筑密度和容积率，压缩厂区内行政办公用地、绿化用地比例，控制工业区内次干道及其绿化带宽度。四是用好政策。积极包装国家、省级立项项目，争取进入国家省用地计划。努力减少农村建设用地，争取增加城市建设用地。加大土地复垦和整理力度，争取增加用地指标。探索集体土地流转办法，促进集体土地进入市场，进行转让、出租、抵押、入股等，提高用地单位和个人使用集体土地的积极性。

18.搞好物流服务。以兴建综合物流园区和专业物流中心为重点，以公、铁、水联运为依托，以信息化为核心，为工业企业提供全方位的物流服务。引进外地大型连锁企业来淮投资，合作开展物流业务，建立配套体系，健全服务功能。加强对交通运输的组织与协调，加快运输市场培育，进一步优化企业的物流环境。

19.强化电力保障。在加强开发区、园区电网的规划和建设的同时，开发区、园区项目及产业布局要和电网的结构相协调，提高电网运行的安全性。继续强化电力需求管理，加强电网的统一调度。加强用电高峰时段错峰限电管理，实施有序供电。

20.优化劳动力供给。整合各类社会教育资源，积极发展职业教育，有针对性地开展岗前培训、在岗培训和特殊工种培训，为进区企业提供更多的适用型劳动力。建立健全就业服务体系，完善城乡劳动力动态资源信息管理系统，搭建就业服务平台。加强对企业用工的指导和预测，超前掌握用工动态。指导和帮助进区企业规范用工行为。

六、完善社会保障体系，维护被征地农民的切身利益

21.引导被征地农民就业。开展各类免费培训，提高被征地农民的劳动技能。定期组织企业用工交流会，促进被征地农民就地转移就业。引导被征地农民更新就业观念，积极从事力所能及的工作，鼓励自谋职业、自主创业。建立就业协商机制，引导进区企业根据实际需要，提供一定比例的后勤服务等岗位，安置年龄偏大、缺乏就业竞争力的被征地农民。

22.完善社会保障。探索农村社会保障体系建设，建立和完善被征地农民基本生活保障制度。积极推行“土地换社保”的补偿安置办法，对不同年龄段的被征地农民，根据相关政策发放一定数额的生活补助费或养老金。实行最低生活保障制度。完善农村合作医疗保险制度，进一步扩大被征地农民医疗保险覆盖面。

23.做好拆迁安置工作。坚持以人为本，过细做好工作，维护拆迁户的切身利益。高起点建设好安置房，改善拆迁户居住生活条件。创新拆迁安置方式，条件具备的地方引导发展房东经济，让拆迁户在拥有自住房的基础上，能有适当住房或经营性房产用于出租。

24.探索留地安置。对被征地村，积极实行留用地制度，由村依法取得土地，集体建设标准厂房、三产设施等进行出租，增加集体经济收入，主要用于解决城中村改造、拆迁户困难补助等，也

可以拿出部分收益进行分红。

七、坚持统分结合，推进市开发区、园区整体联动

25.理顺关系。设立市经济开发区楚州、淮阴、清河工业园区，实现市经济开发区和楚州、淮阴、清河工业园区整体联动，开发京沪高速公路以内现有启动区以外的东部产业带。联动区域实行统一规划，统一享受经济开发区的品牌和政策。各区保持相对独立性，负责区内建设、招商、管理等工作。

26.实行整体定位。充分发挥规划的龙头作用和调控功能，坚持把规划作为整体联动的最重要的手段。联动区域内各区均由市规划局统一制定规划，从总体上确定各区的功能定位。

27.加快基础设施建设步伐。发挥基础设施的带动作用，通过优先兴建重大基础设施项目，推进整体联动的实施。建立和完善投资共担、分层开发机制，市里统一组织建设跨区道路和重大共用设施，各区分别负责区内基础设施建设。

八、创新体制机制，提高园区管理和服务水平

28.明确县（区）园区管理体制。县（区）园区明确为副处级建制。县（区）外经贸局、招商局与园区合署办公，实现“三位一体”。县（区）园区加快建成省级开发区。

29.创新管理机构。按照“精简、统一、效能”的原则，严格控制机构和人员编制，建立健全招商、开工服务和投产企业服务机构，进一步强化服务职能，形成精干高效、权责明确的工作体系。设立进区项目评审机构，从规划、产业、环保、技术水平、贡献等方面综合把关。

30.实行独立管理。开发区、园区管委会在辖区范围内享有同级政府经济行政管理权限。进一步解决授权问题，除需要上报事项外，审批手续均在区内完成，真正做到一个窗口对外、一条龙服务、一站式审批。县（区）园区财政单独核算。

31.加强组织领导。建立分层目标责任制，强化各级各部门的工作责任。严格督查考核，确保开发区、园区招商引资工作和各项政策措施落实到位。建立协调机制，妥善处理市区整体联动中出现的产业、政策、管理等问题。调动各部门、各乡镇的积极性，增强办好开发区、园区的合力。加强园区领导班子和人才队伍建设，强化培训，优化结构，提高素质，为园区发展提供组织保证和人才支撑。

中共淮安市委　淮安市人民政府关于实施脱贫攻坚工程的意见（节录）

（2008年9月8日）

淮发〔2008〕22号

二、目标任务

从2008年起，力争经过3～5年的努力，使建档立卡的农村贫困人口人均年纯收入达到2500元以上，所有经济薄弱村集体经济年收入达到5万元以上，其中市经济开发区、清河区确保在2009年，清浦区确保在2010年，洪泽县、金湖县确保在2011年，淮阴区、涟水县、盱眙县、楚州区确保在2012年完成上述脱贫攻坚两大任务。到2012年，省列223个经济薄弱村逐步达到有“双强”班子、有科学规划、有高效农田、有特色产业、有配套设施、有保障机制、有整洁村容、有文明村风的“八有”目标。

三、主要措施

（一）盘活扩大村级集体资产。盘活扩大村级集体资产是我市实现脱贫攻坚两大目标的主要

举措，是实现村级集体经济长效增收和贫困农户持续增收的关键途径。要利用村级集体闲置资产招标承包、出租经营，发展村级创业点；积极开展村庄土地复垦、河塘整治，开发村庄荒山、荒滩、荒坡、荒水，扩大集体土地、水面等资源性资产。村集体投资兴建“两棚一舍”（蔬菜大棚、家禽大棚、猪牛羊舍），发展设施农业。以乡（镇）为单位，根据实际情况，统一规划，统一布局，可由3-5个村合建标准厂房，按股份明确产权和分红，少数有条件的村也可就地建厂房。省扶贫“整村推进”及脱贫攻坚奖补等专项资金和帮扶单位投入资金可算作村级集体资产入股。现有房产、新建标准厂房以及“两棚一舍”一律对外招租，或让外出务工人员返乡创业，就地吸纳贫困农户劳动力就近就业，实现“乡（镇）得税金，村（居）得租金，农民得薪金”的多赢局面，激发和调动当地干部、群众主动参与脱贫攻坚工程的内生动力和积极性。

（二）大力支持贫困农户发展设施农业。对不具备转移就业条件的贫困农户，要帮助其发展设施大棚、畜禽养殖等高效农业项目。项目建设要科学规划，因村、因户制宜，积极创新经营机制，搞好配套服务，确保取得实效。对项目建设所需资金，通过财政奖补、小额贷款、村企合作等多渠道进行扶持。对特别贫困的农户，可由财政专项资金或帮扶单位投资建设设施大棚和养殖棚舍，低租金承租给贫困农户使用，帮助其增收脱贫。市、县（区）科技特派员选派单位要采取各种形式为帮扶村和贫困农户提供优质科技服务，指导帮助发展设施农业，培育特色产业。

（三）积极促进贫困农户劳动力转移就业。各级政府要加大扶贫培训组织力度。全市每年培训贫困农户劳动力1.5万人以上，就业率达90%以上。全面建立贫困农户未转移就业劳动力登记制度，逐村逐户建立台账，全面摸清家庭情况、就业要求和培训愿望。各县（区）要在省扶贫培训补助标准提高到每人500元的基础上，将地方财政应承担的配套补助费用列入财政预算。后方帮扶单位也应积极筹措资金用于培训。市、县（区）扶贫办要加强对定点培训学校培训过程的考核检查，规范其培训行为，并逐年增加高技术工种的培训比例。市直各帮扶单位要在扶贫资金投入任务中划出20%左右，统筹用于贫困农户劳动力致富技能培训。到2012年，每个有劳动力的贫困农户至少有一人转移就业。对农村“零转移家庭”贫困农户的特殊困难劳动力，可由政府购买公益性岗位，帮助其实现稳定就业。各县（区）要加大低保资金的投入，确保符合低保条件的贫困农户应保尽保、应补尽补，同时强化落实社会救助措施。

（四）全面落实省“放开小额贷款规模”政策。以建档立卡贫困农户为发放对象的小额贷款，不再控制贷款计划。市、县（区）农村信用联社等金融机构要加强服务，降低门槛，减少环节，及时信贷，认真做好扶贫小额贷款发放和到期回收工作，认真执行省扶贫小额贷款基准利率和按50%贴息政策。小额贷款重点支持贫困农户调整农业结构，发展“短平快”增收项目。

（五）深入开展“千名公仆帮贫致富”活动。市直机关科级以上干部、县（区）直机关股（科员）级以上干部每人每年结对帮扶一户贫困农户，至少帮助结对户落实一个“短平快”致富项目，或培训转移一个劳动力，确保结对户年增收1000元以上，不脱贫不脱钩。各帮扶单位要继续认真开展春节期间向贫困农户“送温暖”活动。

（六）加大村企结对帮扶力度。经济薄弱村所在县（区）、乡（镇）负责人要主动联系、上门对接结对企业，千方百计调动企业帮扶的积极性，力争实现村企互惠双赢。结对企业要着重帮助经济薄弱村发展高效种养业和农副产品加工业，提高农业产业化经营水平；开展劳动力定向培训，积极提供就业岗位；采取企业出资、财政补贴、农民劳务参与等形式，支持帮扶村建设公共服务设施。对帮扶企业捐赠的资金，按省有关规定在税前列支。对投资公益性基础设施或社会事业建设的企业，允许以企业或企业家个人冠名。市、县（区）安排企业发展资金、农业龙头企业扶持资金时，要优先支持结对帮扶成效显著的企业。把村企结对列入企业创建市、县（区）文明单位的考

评内容。市每年对村企结对帮扶情况进行检查考核，并在相关新闻媒体上公布帮扶情况，表彰在村企结对帮扶中贡献突出的先进企业和优秀企业家。

（七）整合各方面资金资源，加大对经济薄弱村扶贫投入。整合各方面资金支持经济薄弱村发展，是实施脱贫攻坚工程的关键。各帮扶单位投入资金、省扶贫“整村推进”及脱贫攻坚奖补等专项资金、南北挂钩帮扶资金、结对企业帮扶资金和社会资金都要重点围绕“两个增收”（集体增收、农民增收），主要用于经济薄弱村新建标准厂房和发展产业化项目。对交通、水利、农业开发、文化、教育、卫生、体育等方面的省农村新五件实事专项资金，各县（区）要重点向经济薄弱村倾斜，主要用于加快改善经济薄弱村生产生活条件和加快社会事业发展的步伐。淮阴、涟水、盱眙、楚州四个脱贫攻坚重点县（区）每年安排不少于300万元，其他县（区）每年安排不少于100万元涉农资金，用于经济薄弱村新建标准厂房和产业化项目的发展。各县（区）财政局要会同扶贫部门编制投向经济薄弱村涉农资金使用和项目实施计划，报县（区）政府批准后实施。

（八）建立经济薄弱村新建标准厂房奖补机制。为切实加快人均年纯收入低于2500元的农村贫困人口和村级集体经济年收入低于5万元的经济薄弱村增收脱贫步伐，根据省委、省政府《关于组织实施脱贫攻坚工程的意见》（苏发〔2008〕12号）精神，从2008年起，在省财政安排奖补资金基础上，市财政每年配套奖补资金1000万元，县（区）每年共配套奖补资金1000万元，为全市100个经济薄弱村每村新建1000平方米规模的标准厂房。奖补标准为：按600元/平方米平均造价，每建成1000平方米标准厂房，安排省奖补资金40万元，由市、县（区）财政各配套奖补资金10万元。未安排省奖补资金的经济薄弱村，如帮扶单位投入资金、南北挂钩帮扶资金、结对企业帮扶资金或社会资金能统筹到40万元，并按要求用于经济薄弱村新建标准厂房，同样享受市、县（区）奖补政策。奖补资金要优先安排到下列经济薄弱村：集体经济年收入低于5万元的村；对新建标准厂房积极性较高的村；招商引资或外出务工人员返乡创业成效较好的村；交通便利，土地调整到位并符合用地规划的村；村级创业点形成雏形，水、电、路“三通”配套较好的村。凡承租标准厂房的企业，吸纳贫困农户劳动力不得低于用工总数的50%，用工期限三年以上。奖补资金专款专用，成熟一个，验收一个。具体奖补办法由市财政局、扶贫办研究制定，另行下发。

（九）发展农民专业合作经济组织。在发展高效农业基础上，要按照“一品一社”方式，大力扶持发展农民专业合作经济组织，及时为贫困农户提供种子种苗、生产技术、市场销售等服务，帮助贫困农户发展增收项目，实现增收脱贫。全力支持贫困农民参加农民专业合作经济组织。对吸纳贫困农民较多的农民专业合作经济组织，有关部门和单位要在资金、政策方面予以适当倾斜。通过创新组织机制、分配机制，使农民专业合作经济组织与参与其中的贫困农民建立比较紧密的利益联结关系，加快贫困农民增收脱贫步伐。

（十）创新扶贫工作机制。在落实、完善现有扶贫工作机制基础上，还要大胆探索更多的符合淮安实际的长效扶贫工作机制。要完善股份合作、招标承包、出租经营、利润分成、以奖代补、拍卖转让等扶贫经营机制。要以竞标形式选定市、县（区）扶贫培训定点机构。要逐步引入金融机构发放扶贫小额贷款的竞争机制。要探索村级盘活扩大集体资产和招商引资兴办企业所形成的税收的地方留成部分按一定比例与村分成机制。市对创新扶贫工作机制成绩突出单位予以表彰。

关于确定淮安为“运河之都”的决议

淮安市，由于地处淮河下游，又控扼泗水入淮之河口，自古即在我国之水运交通中占有十分重要的地位。春秋末，鲁哀公九年（前486）吴王夫差修成邗沟，南起扬州市西蜀冈，北达今淮安市淮河南岸之末口；稍后两年又建成沟通济水与泗水间的菏水，最终在战国魏惠王三十一年（前340）建成鸿沟水系，淮安又在沟通江、河、淮、济“四渎”之运河水运中处于枢要转捩地位。隋、唐、宋之通济渠、汴河，元、明、清之大运河，淮安运河水运枢纽地位一直保持，且不断加强。

淮安在运河水运体系中最重要的时期还应属元、明、清三代。三代均建都北京（元称大都），为转运江南粮秣、财赋，兴建起纵贯京师至杭州的南北大运河。大运河从忽必烈至元十三年（1276）开凿至元三十年（1293）建成，纵跨今海河、黄河、淮河、长江、钱塘江五大水系。以后历明、清两代维护，形成沟通我国南北的水运交通大动脉。常年漕运粮食在四、五百万石之间。而这些漕粮当中80%为“南粮”，这些来自江南、浙江、江西、湖广等长江中下游诸省的漕粮，沿江南运河，经淮安转运京师。由此可见淮安在明、清两代关系国本之漕粮运输工作上地位之重要。再加上南来北往官吏、商贾、学子等各色行旅人员过境往返，以及全国最大的内河漕船厂清江督造船厂、规模宏大的漕粮中转仓、淮北盐运司、淮安榷关云集于淮安府城内外，使淮安府城人烟繁炽，商铺林立，成为京杭大运河中段最大的都会，南船北马交汇之九省通衢。

正因为明、清两代淮安在南北漕运中的特殊地位，中央朝廷对淮安的地位也格外看重。明朝设置淮安府，清沿明制。永乐二年（1404），设漕运总兵官，驻节淮安，主持漕运。景泰二年（1451），又设漕运都御史同驻淮安，称文、武二院。万历年间，文、武职掌合并，称漕运总督。清延明制，仍于淮安设置主管漕运的最高长官漕运总督，官秩从一品。“直隶、山东、河南、江南、江西、浙江，湖广等省文武官员经理漕务者，皆属管辖。”同时，清朝廷又设置管理河道治理的最高军政长官河道总督，简称“总河”，顺治元年（1644）始驻山东济宁，康熙十六年（1677）移驻淮安清江浦，在济宁仅设副总河。雍正七年（1729）分河道总督职掌为南河、东河、北河，而驻节清江浦、负责治理黄淮运交会地区的南河总督最扼要而权重。可见明、清时期在管理京杭大运河之漕运与黄河、淮河、运河治理工作中，淮安居于各府州之首位。

驻节淮安督办漕运的漕运总督与修治黄淮运河的河道总督，作为中央朝廷之直派大员，代表中央朝廷主管全国之漕运、黄淮运河道治理事宜，关系国计民生，社稷安危，位高权重。他们的驻节，以及漕船厂、常盈仓的设置，使淮安成为明清时期的全国漕运指挥中心、黄淮运河道治理中心、漕船制造中心、漕粮转输中心。据此，对淮安冠以“运河之都”实为名至实归，恰如其分。

经中国古都学会常务理事会讨论，经专家学者论定，特确认淮安为“中国运河之都”。希望淮安市在中国古都文化研究和古都遗址保护方面，作出更为突出的贡献。

中国古都学会五届六次常务理事会

2008年10月9日

1978—2008年淮安市部分重要文件一览表

附表1

序号	文件名称	文号	发文单位	发文日期
1	关于同意淮阴市设立两个区的批复	苏政复〔1983〕27号	江苏省人民政府	1983.02.19
2	关于设立镇江经济开发区等五个省级开发区的批复	苏发复〔1993〕52号	江苏省人民政府	1993.10.16
3	关于加快全市县（市、区）属以上工业企业及乡镇利用外资工作的意见	淮政发〔1994〕3号	淮阴市人民政府	1994.01.04
4	印发《关于一九九四年产权制度改革工作的意见（试行）》等五个文件的通知	淮发〔1994〕5号	中共淮阴市委淮阴市人民政府	1994.01.25
5	关于鼓励对外经济技术合作的意见	淮政发〔1994〕30号	淮阴市人民政府	1994.01.29
6	关于改革市级机关行政经费管理办法的通知	淮发〔1994〕19号	中共淮阴市委淮阴市人民政府	1994.06.03
7	淮阴市价格管理暂行办法	淮政发〔1994〕152号	淮阴市人民政府	1994.06.10
8	关于灾后农村有关经济政策的调整意见	淮发〔1994〕29号	中共淮阴市委淮阴市人民政府	1994.09.09
9	关于切实加强乡镇财政建设工作的意见	淮发〔1994〕32号	中共淮阴市委淮阴市人民政府	1994.10.14
10	中共淮阴市委　淮阴市人民政府关于《中国教育改革和发展纲要》的实施细则	淮发〔1994〕37号	中共淮阴市委淮阴市人民政府	1994.11.11
11	关于贯彻国务院进一步加强知识产权保护工作决定的实施意见	淮政发〔1994〕307号	淮阴市人民政府	1994.12.29
12	关于对小型国有（集体）企业实行先售后股改制的意见	淮发〔1995〕5号	中共淮阴市委淮阴市人民政府	1995.01.24
13	淮阴市企业破产实施细则（试行）	淮发〔1995〕10号	中共淮阴市委淮阴市人民政府	1995.02.12
14	关于划定淮阴外向型农业综合开发区控制区的通知	淮政发〔1995〕310号	淮阴市人民政府	1995.12.07
15	关于规范发展农村合作基金会的意见	淮发〔1996〕52号	中共淮阴市委淮阴市人民政府	1996.08.12
16	关于进一步搞好国有工业企业的意见	淮发〔1996〕62号	中共淮阴市委淮阴市人民政府	1996.10.30
17	关于在全市开展学习水冲港精神活动的决定	淮发〔1997〕8号	中共淮阴市委淮阴市人民政府	1997.02.20
18	关于做好1997年农业承包合同签订工作切实减轻农民负担的意见	淮发〔1997〕11号	中共淮阴市委淮阴市人民政府	1997.02.21

续附表1

序号	文件名称	文号	发文单位	发文日期
19	关于进一步加强土地管理和耕地保护工作的通知	淮发〔1997〕22号	中共淮阴市委淮阴市人民政府	1997.06
20	中共淮阴市委关于在全市党员干部中开展“学习周恩来争做好公仆”主题教育活动的意见	淮发〔1997〕23号	中共淮阴市委	1997.06.13
21	关于党政机关厉行节约、制止奢侈浪费行为的规定	淮发〔1997〕31号	中共淮阴市委	1997.08.15
22	淮阴市企业改制方案	淮发〔1997〕39号	中共淮阴市委淮阴市人民政府	1997.11.14
23	中共淮阴市委关于推进依法治市工作的决定	淮发〔1997〕44号	中共淮阴市委	1997.12.24
24	中共淮阴市委关于推进依法治市工作的决定	淮发〔1997〕44号	中共淮阴市委员会	1997.12.24
25	关于加快农业产业化进程的实施意见	淮发〔1998〕1号	中共淮阴市委员会淮阴市人民政府	1998.03.10
26	淮阴市农村合作医疗管理办法	淮政发〔1998〕57号	淮阴市人民政府	1998.03.30
27	关于切实做好国有企业下岗职工基本生活保障和再就业工作的通知	淮发〔1998〕30号	中共淮阴市委员会淮阴市人民政府	1998.08.24
28	关于推行乡镇政务公开的意见	淮发〔1998〕34号	中共淮阴市委员会淮阴市人民政府	1998.09.18
29	淮阴市国有企业财务监督实施细则	淮政发〔1998〕160号	淮阴市人民政府	1998.09.21
30	关于进一步加快水利基础设施建设的决定	淮发〔1998〕39号	中共淮阴市委员会淮阴市人民政府	1998.11.13
31	关于1999年加速推进农业产业化经营工作的意见	淮发〔1999〕1号	中共淮阴市委员会淮阴市人民政府	1999.01.05
32	关于乡镇财政三年内扩大规模实现收支自求平衡的工作意见	淮发〔1999〕3号	中共淮阴市委员会淮阴市人民政府	1999.01.05
33	淮阴市加快小城镇和中心村建设的实施办法	淮政发〔1999〕28号	淮阴市人民政府	1999.02.12
34	淮阴市外商投资企业管理办法	淮政发〔1999〕54号	淮阴市人民政府	1999.03.18
35	关于做好1999年减轻农民负担工作的意见	淮发〔1999〕11号	中共淮阴市委淮阴市人民政府	1999.03.19
36	淮阴市计划生育管理办法	淮政发〔1999〕51号	淮阴市人民政府	1999.03.19
37	关于在企业开展“厂务公开、民主管理”的意见	淮发〔1999〕19号	中共淮阴市委员会	1999.06.14
38	关于进一步深化改革，拉动需求，促进经济增长的意见	淮发〔1999〕20号	中共淮阴市委员会淮阴市人民政府	1999.06.23

续附表1

序号	文件名称	文号	发文单位	发文日期
39	关于促进企业发展的若干意见	淮发〔1999〕26号	中共淮阴市委员会 淮阴市人民政府	1999.06.30
40	关于依法管理计划生育工作的意见	淮发〔1999〕28号	中共淮阴市委员会 淮阴市人民政府	1999.10.11
41	关于深化教育改革加快教育发展的意见	淮发〔1999〕35号	中共淮阴市委员会 淮阴市人民政府	1999.11.11
42	关于乡镇“一增三减”工作的实施意见	淮发〔1999〕36号	中共淮阴市委员会 淮阴市人民政府	1999.11.11
43	关于进一步深化全市农业农村改革的实施意见	淮发〔1999〕37号	中共淮阴市委员会 淮阴市人民政府	1999.11.13
44	关于加快开发绿色食品工作的意见	淮政发〔2000〕28号	淮阴市人民政府	2000.01.20
45	关于进一步促进企业技术改造工作的意见	淮发〔2000〕12号	中共淮阴市委淮阴市人民政府	2000.02.18
46	关于切实加强环境与发展综合决策的通知	淮发〔2000〕25号	中共淮阴市委淮阴市人民政府	2000.06.21
47	淮阴市社会保险费征收管理实施办法	淮政发〔2000〕141号	淮阴市人民政府	2000.07.18
48	关于加强城区土地资产管理的若干规定	淮政发〔2000〕147号	淮阴市人民政府	2000.07.31
49	关于深化全市事业单位人事制度改革的意见	淮政发〔2001〕30号	淮安市人民政府	2001.03.07
50	关于开展并村联组工作的意见	淮发〔2001〕29号	中共淮安市委淮安市人民政府	2001.07.04
51	关于开展经济发展软环境集中整治活动的意见	淮发〔2001〕38号	中共淮安市委淮安市人民政府	2001.09.08
52	关于在市区开展城镇特困家庭帮扶工作的意见	淮发〔2001〕43号	中共淮安市委淮安市人民政府	2001.10.12
53	关于集中处理信访问题的工作意见	淮发〔2001〕46号	中共淮安市委淮安市人民政府	2001.10.24
54	关于行政审批制度改革工作的实施意见	淮政发〔2001〕170号	淮安市人民政府	2001.11.21
55	关于加快文化事业发展若干经济政策的意见	淮政发〔2001〕176号	淮安市人民政府	2001.11.30
56	淮安市人民政府关于进一步深化林业产权制度改革的实施意见	淮政发〔2001〕177号	淮安市人民政府	2001.12.03
57	关于加强和改进党政领导干部选拔任用工作的意见	淮发〔2002〕2号	中共淮安市委	2002.01.14
58	关于工业企业资产经营责任制的实施意见	淮发〔2002〕4号	中共淮安市委淮安市人民政府	2002.01.15

续附表1

序号	文件名称	文号	发文单位	发文日期
59	关于“十五”期间农业结构战略性调整工作的指导意见	淮发〔2002〕21号	中共淮安市委淮安市人民政府	2002.02.28
60	关于开展清理村级财务 化解村级债务的实施意见	淮发〔2002〕22号	中共淮安市委淮安市人民政府	2002.02.28
61	关于加强对环境保护工作领导的意见	淮发〔2002〕43号	中共淮安市委淮安市人民政府	2002.04.08
62	关于进一步做好劳务输出工作的若干意见	淮发〔2002〕42号	中共淮安市委淮安市人民政府	2002.04.09
63	关于进一步加强经济发展软环境建设工作意见	淮发〔2002〕41号	中共淮安市委淮安市人民政府	2002.04.10
64	关于建设学习型城市的决定	淮发〔2002〕46号	中共淮安市委	2002.04.24
65	关于进一步建立和完善农村最低生活保障制度的意见	淮发〔2002〕55号	中共淮安市委淮安市人民政府	2002.05.16
66	关于印发《淮安市行政审批服务中心管理办法》的通知	淮发〔2002〕80号	中共淮安市委淮安市人民政府	2002.08.22
67	关于进一步推进经济开发区、外向型农业综合开发区建设若干问题的决定	淮发〔2002〕77号	中共淮安市委淮安市人民政府	2002.09.16
68	关于推进城市社区建设的实施意见	淮发〔2002〕82号	中共淮安市委淮安市人民政府	2002.10.10
69	关于加强民营经济服务机构建设的意见	淮发〔2002〕86号	中共淮安市委淮安市人民政府	2002.10.21
70	市委 市政府关于加快发展服务业的意见	淮发〔2002〕92号	中共淮安市委淮安市人民政府	2002.12.12
71	关于创建“礼仪淮安、诚信淮安、知识淮安”的意见	淮发〔2003〕3号	中共淮安市委淮安市人民政府	2003.01.12
72	关于的深化经济发展软环境建设工作的意见	淮发〔2003〕18号	中共淮安市委淮安市人民政府	2003.03.27
73	关于建立和完善农村基层组织建设四项制度的意见	淮发〔2003〕21号	中共淮安市委	2003.04.09
74	关于实施农村基层组织建设四项工程的意见	淮发〔2003〕22号	中共淮安市委	2003.04.09
75	关于深化事业单位改革的意见	淮发〔2003〕23号	中共淮安市委淮安市人民政府	2003.04.25
76	关于进一步做好有组织成建制劳务输出工作的实施意见	淮发〔2003〕39号	中共淮安市委淮安市人民政府	2003.06.10

续附表1

序号	文件名称	文号	发文单位	发文日期
77	关于在“三个代表”重要思想指引下苦干十四年全面达小康的决定	淮发〔2003〕43号	中共淮安市委	2003.07.26
78	关于加强环境综合整治推进生态环境保护和建设的意见	淮发〔2003〕42号	中共淮安市委淮安市人民政府	2003.07.29
79	关于优化民营经济发展环境的“十不准”规定	淮发〔2003〕47号	中共淮安市委淮安市人民政府	2003.08.25
80	关于改革征地补偿安置办法、建立被征地农民长期基本生活保障的意见（试行）	淮发〔2003〕50号	中共淮安市委淮安市人民政府	2003.09.08
81	关于进一步加强改制单位国有资产管理工作的意见	淮政发〔2003〕187号	淮安市人民政府	2003.12.10
82	关于开展“农村百里文明示范带”创建活动的意见	淮发〔2004〕1号	中共淮安市委淮安市人民政府	2004.01.05
83	关于进一步深入开展创建文明城市活动的意见	淮发〔2004〕2号	中共淮安市委淮安市人民政府	2004.02.12
84	关于促进农民增加收入若干政策的意见	淮发〔2004〕29号	中共淮安市委淮安市人民政府	2004.06.08
85	办关于切实做好进城务工人员加入工会组织和维权工作的意见	淮办发〔2004〕43号	中共淮安市委办淮安市人民政府办	2004.06.09
86	关于进一步加快民营经济发展的意见	淮发〔2004〕30号	中共淮安市委淮安市人民政府	2004.06.12
87	关于加强乡镇财政建设的意见（试行）	淮发〔2004〕31号	中共淮安市委淮安市人民政府	2004.06.23
88	关于进一步做好被征地农民安置工作的意见（试行）	淮发〔2004〕33号	中共淮安市委淮安市人民政府	2004.08.16
89	关于进一步加快中心村和农民新型住宅建设的意见	淮发〔2004〕38号	中共淮安市委淮安市人民政府	2004.09.23
90	关于深入开展“建设平安淮安、创建最安全地区”活动的意见	淮发〔2004〕44号	中共淮安市委淮安市人民政府	2004.10.26
91	关于开展农业保险试点工作的实施意见	淮政发〔2004〕209号	淮安市人民政府	2004.12.10
92	淮安市人民政府机构改革实施意见	淮发〔2004〕53号	淮安市人民政府	2004.12.17
93	关于提高农业综合生产能力促进农民持续增收的若干政策意见	淮发〔2005〕22号	中共淮安市委淮安市人民政府	2005.04.26
94	关于加快发展农民专业合作组织的意见	淮发〔2005〕23号	中共淮安市委淮安市人民政府	2005.04.26

续附表1

序号	文件名称	文号	发文单位	发文日期
95	关于进一步繁荣发展哲学社会科学的意见	淮发〔2005〕31号	中共淮安市委淮安市人民政府	2005.05.09
96	关于加快发展高等教育的意见	淮发〔2005〕34号	中共淮安市委淮安市人民政府	2005.06.29
97	关于进一步加快全市开发区、园区发展的意见	淮发〔2005〕43号	中共淮安市委淮安市人民政府	2005.08.03
98	关于加快推进城乡建设的决定	淮发〔2006〕8号	中共淮安市委	2006.02.16
99	关于进一步做好市区城市房屋拆迁工作的意见	淮政发〔2006〕30号	淮安市人民政府	2006.02.21
100	关于积极推进城乡统筹发展 加快建设社会主义新农村的若干意见	淮发〔2006〕17号	中共淮安市委淮安市人民政府	2006.03.16
101	关于积极推进城乡统筹发展加快建设社会主义新农村的若干意见	淮发〔2006〕17号	中共淮安市委淮安市人民政府	2006.03.16
102	关于进一步加强公共卫生工作的意见	淮发〔2006〕28号	中共淮安市委淮安市人民政府	2006.05.27
103	关于加强市区防治违法建设工作的实施意见	淮发〔2006〕34号	中共淮安市委淮安市人民政府	2006.06.13
104	关于进一步加强农村劳动力培训工作的意见	淮发〔2006〕38号	中共淮安市委淮安市人民政府	2006.06.15
105	关于加强房地产开发项目综合管理的通知	淮政发〔2006〕123号	淮安市人民政府	2006.08.07
106	关于加快文化事业和产业发展若干经济政策的通知	淮政发〔2006〕162号	淮安市人民政府	2006.11.05
107	关于印发淮安市市区集体土地房屋拆迁管理暂行办法的通知	淮政发〔2007〕33号	淮安市人民政府	2007.02.15
108	进一步加强人口和计划生育工作的决定	淮发〔2007〕6号	中共淮安市委淮安市人民政府	2007.03.02
109	关于全面推开农业保险工作的实施意见	淮发〔2007〕19号	中共淮安市委淮安市人民政府	2007.04.21
110	关于大力发展现代农业加快推进社会主义新农村建设的意见	淮发〔2007〕24号	中共淮安市委淮安市人民政府	2007.04.29
111	关于建立服务全民创业和民营企业发展长效机制的意见	淮发〔2007〕41号	中共淮安市委淮安市人民政府	2007.11.27
112	关于加强企业技术机构建设提高企业创新能力的意见	淮政发〔2007〕193号	淮安市人民政府	2007.12.19
113	关于进一步加强节能减排促进可持续发展的实施意见	淮发〔2008〕26号	中共淮安市委淮安市人民政府	2008.10.22

2009—2015年大事记

2009年

1月1日 淮安市出台减轻企业负担规定，对82项涉企收费项目实行取消、暂停或降低收费标准。

1月8—11日 中央扩大内需检查组对淮安市新增中央投资项目进行检查，肯定淮安市贯彻落实中央扩大内需促进经济增长的政策措施。

1月15—17日 淮安市六届人大二次会议召开。会议选举刘永忠为市六届人大常委会主任。

1月20日 淮安市召开中心城市建设动员暨创建国家园林城市表彰大会，提出东扩南连、三城融合、五区联动、全力推进苏北重要中心城市又好又快发展的目标。

1月27—28日 中共中央政治局委员、中央书记处书记、中组部部长李源潮看望慰问淮安市干部群众，考察经济社会发展情况。

2月9日 淮安市举行首届功勋企业家、十大杰出贡献企业家、优秀企业家颁奖典礼。

2月28日 市政府召开取消政府还贷二级公路收费站点工作会议，全市依法批准取消政府还贷二级公路收费站点7处。

3月16日 淮安市召开加快发展10亿元农业主导产业工作座谈会。全市设施园艺业、规模畜牧业、特色水产业三大高效农业产业蓬勃发展。

3月21日 淮安市举行人民防空指挥中心暨市民防应急指挥中心工程落成典礼。

4月21—22日 中共中央政治局常委、中央书记处书记、国家副主席习近平到淮安市调研淮河入海水道大运河立交工程、洪泽湖大堤等，并瞻仰周恩来故居和周恩来纪念馆。

5月8日 淮安市有史以来规模最大的航道整治工程——盐河航道整治工程全面开工建设。至2012年12月31日，工程竣工通航。

5月9日 中国首届荷文化高层论坛在北京举行。中国民间文艺家协会命名金湖县为“中国荷文化之乡”，并宣布在金湖建立“中国荷文化传承基地”。

5月14日 全国粮食清仓查库检查组到淮安，检查中储粮淮安直属库等仓库的储备粮情况。淮安市代表江苏省接受国家抽查，获得高度评价。

5月18日 淮安市“党建手机报”开通，在全国地级市中属首创。

5月25日 淮阴区人民检察院获“全国先进基层检察院”称号。

5月26日至6月26日 淮安市举办首届“中国·淮医”文化节。

6月18日 全国首届住房保障及市场调控高峰论坛在淮安市举行，与会人员实地考察淮安市区两个共有产权经济适用房小区。

6月25日 中共中央政治局委员、国务院副总理张德江瞻仰周恩来纪念馆和周恩来故居。

6月30日 淮安市开展首批“送专家进企业”活动。市安监局重点选送6位化工专家到缺乏安全技术人才的3家高危企业担任安全顾问。

7月29日 淮安软件园挂牌江苏省软件和信息服务产业园。

8月5日 江苏省第一所、全国第100所红军希望小学——周恩来红军小学立项。次年5月

16日，在周恩来纪念馆举行授牌仪式。

8月8日 金湖县举行建县50周年庆祝大会暨第九届中国金湖荷花·美食节开幕式活动。

8月15日 淮安市红十字会向遭受台风“莫拉克”袭击的台湾同胞捐款100万元。

8月28日 洪泽县引进全市首个液晶电视整机项目。

8月30日 环境保护部在全国推广淮安市创建国家环境保护模范城市工作经验。

△ 淮安市在全省率先编制“五线”（道路红线、河道蓝线、绿化绿线、文物保护紫线、基础设施黄线）控制规划。

9月12日至10月30日 淮安市举办首届戏剧节。

9月26日 淮安市举行《京杭大运河》特种邮票首发式。该特种邮票一套6枚，其中1枚是淮安的清江闸图案，国家邮政局将淮安定为7个首发式现场之一。

9月28日 淮安淮阴台湾农民创业园揭牌。

9月30日 淮安涟水机场工程可行性研究报告获国家发改委批复。

11月11日 淮安市行政权力网上公开透明运行和电子监察系统开通。

11月17日 全省查处侵权盗版案件先进表彰大会在淮安市召开。淮阴区公安分局被授予2007—2008年度全国“查处侵权盗版案件有功集体”一等奖。

11月23日 2009年洪泽湖·中国湖泊渔业发展论坛在淮安市开幕。

11月28日 淮安汽车客运北站开工建设。

12月10日 电影《冬日的阳光》在盱眙县首映。影片真实再现淮安市首届十大亲情大使之一——盱眙县第五中学年仅15岁的学生冼梦雪，身患绝症捐献眼角膜，救助两位患者重见光明的辉煌人生。

12月13日 淮安市获人力资源和社会保障部、中华全国总工会、中华全国工商业联合会联合授予的“全国民企招聘周活动优秀城市”称号。

12月20日 淮安市债券发行实现历史性突破，淮安市城市资产经营公司15亿元企业债券获得国家发改委批准发行。

12月22日 民盟淮安市委被民盟中央授予“盟务工作先进集体”称号。

12月28日 江苏省内河搜救分中心洪泽湖基地暨淮安市水上搜救中心竣工揭牌。

2010年

1月7日 淮安市高新技术创新中心入选“2009年度认定的国家高新技术创业服务中心名单”，成为全市首家“国字号”科技企业孵化器。

1月11日 市政府拆迁办被住房和城乡建设部确定为第二批全国住房城乡建设系统创建文明行业示范点。

1月14日 淮安市、盱眙县被评为2007—2008年度全国科技进步县（市）考核先进单位。市委书记刘永忠等7人获“全国县（市）科技进步工作先进个人”称号。

2月11日 淮安市获“国家环境保护模范城市”称号。

2月19日 中央电视台综合频道《新闻联播》节目播报淮安市环卫工人孙美兰除夕夜坚守岗位除积雪的事迹。

2月24日 淮安市在全国首创“15分钟健康服务圈”。

3月7日 国务院发展研究中心宏观经济研究部在北京举办淮安共有产权住房保障模式创新

成果研讨会。

3月22日 淮安淮阴台湾农民创业园获农业部、国台办批准。

3月24日 中国(涟水)·首届中华缘文化节举行。

4月6日 宁淮、淮盐高速公路被中国公路建设行业协会分别表彰为2009年度公路交通优质工程奖一、二等奖。

6月4日 淮安市举行农村老年居民基础养老金首发式。

6月15日 淮安市入选2010年浙商重点推荐投资城市。同年12月1日,淮安浙商(宁波)工业园在淮安经济技术开发区开园。

6月21日 淮安经济开发区境内的跨京沪高速公路大桥、跨新长铁路大桥通车。

7月16日 中国淮阴·东方母爱文化节获"新世纪十年·中国节庆最佳文化传承奖"。

7月17日 淮安市获评全国十佳"城市管理人民满意城市",成为全国十大"和谐管理城市"之后的又一荣誉。

7月22日 上海浦东发展银行淮安分行开业。

8月18日 淮安市天淮公司从德国西马克公司引进世界唯一一条超大口径高等级无缝钢管生产线。

△ 江苏省首个船舶水上加电点在京杭运河淮安水上服务区建成,可同时为8艘船舶充电。

9月1日 淮安市党政代表团在新疆生产建设兵团农七师考察对口支援工作,并为援建前方指挥组揭牌。

9月2日 江苏今世缘酒业股份有限公司获"全国模范职工之家"称号。

9月3日 新亚供销大厦被爆破拆除,是淮安市首次在市区采用定向爆破技术拆除高层建筑。

9月10日 淮安"政(行)风热线"在全国率先实现广播、电视、政府网站同步直播。

9月16日 南京林业大学南方学院淮安校区启用。

9月23日 《淮安市市长质量奖管理办法》出台,淮安市首次设立"市长质量奖"。

9月25日 "中国千年古县文化遗产精品图片展"在北京故宫博物院开展,淮阴区进京参展,并被评为"中国千年古县文化遗产精品图片展优秀奖"。

9月26日 淮安涟水机场首航成功。

9月28日 江苏淮阴软件科技产业园、江苏淮阴服务外包产业园开园,首批10家国内外知名软件企业入驻园区。

10月16日 淮安市举行中国西游记博览馆开馆、荀派艺术馆揭牌和清淮农家乐文化休闲街区开放仪式。

10月18日 国家质检总局正式批准淮安市筹建国家盐化工产品质量监督检验中心(江苏),填补中国东南部地区无国家级盐化工产品质检中心的空白。

10月18—19日 首届中国爱心城市大会在陕西省榆林市召开,淮安市被推举为"首届中国爱心城市"之一。

10月21日 市档案馆晋升为国家二级综合档案馆。

10月23日 淮阴区发展村集体经济做法在中国小康村建设报告会上交流。

10月27日 市金石机械集团有限公司、江苏神舟车业集团有限公司、江苏共创人造草坪有限公司3家企业被省委、省政府表彰为"省优秀民营企业"。

11月7日 淮安市在第四届世界健康城市联盟大会上介绍推进健康城市建设的经验。

11月19日 淮安市淮扬菜美食文化研究会成立。

11月22日 淮安经济开发区被国务院批准为国家级经济技术开发区。

11月23日 江苏省淮安区域性灭火应急救援中心和淮安市综合应急救援支队揭牌成立。

12月2日 淮安地税系统组织收入首次超过百亿元。

12月19日 331、332省道金宝南线工程竣工通车。

12月30日 淮安市举行市民卡首发式。

△ 中国浦东干部学院江苏淮安教学研究基地揭牌。

2011年

1月5日 淮安盐化工科技产业园、洪泽软件园、楚州精密机械科技产业园3家园区被认定为省级科技产业园。

1月8日 市区4家苏果24小时便利店同时开业，为全市首批24小时便利店。

1月12日 全国首个电子信访服务中心在淮安市启用。

1月26日 全市首家村居合一、村村联合的新型社区党委——金湖县黎城社区党委挂牌成立。

2月4日 中共中央政治局委员、中央书记处书记、中组部部长李源潮考察淮安市经济社会发展情况。

2月23日 淮安市获批省级低碳经济试点（地级）城市，为苏北地区唯一。

3月18日 首届淮安放鱼节与首届中国·洪泽湖放鱼节在市区里运河、白马湖和洪泽湖畔同时举行。市政府决定将每年3月18日定为放鱼节。

△ 淮安市举行新四军刘老庄连纪念园主题雕塑落成揭幕典礼。

4月8日 第21届上海白玉兰戏剧表演艺术奖颁奖，江苏省淮海剧团青年演员吴玲获“主角奖”，填补淮安市在白玉兰奖上的空白。

△ 中国漕运博物馆在楚州区开馆。

4月18日 淮安报业传媒集团挂牌成立。

6月14日 江苏省洪泽湖渔文化生态保护实验区命名揭牌。

6月23日 在第七届中国城市品牌大会中国影响力品牌城市公益评选活动中，淮安市获“中国新盐都”称号。

8月6日 在首届中国国际信息节上，淮安获“中国信息化杰出成就奖——城市奖”。

8月9日 在台湾电电公会公布的《2011年中国大陆地区投资环境与风险调查》中，淮安连续四年获评台商投资“值得推荐城市”，排名第一。

8月10日 清浦至金湖一级公路举行通车仪式。

△ 中国（金湖）首届白马湖渔民运动会在金湖县前锋镇白马湖村举行。

8月28—30日 中共淮安市第六次代表大会召开。会议选举产生中共淮安市第六届委员会和纪律检查委员会，刘永忠当选为市委书记，王天琦当选为市纪委书记。

9月2日 《人民日报》《光明日报》《经济日报》等媒体对淮安市开展风险管理工作做法和成效进行宣传推广。

9月15日 在北京召开的国际城市论坛2011年年会上，淮安市因首创“社会稳定风险评估模式”，获年度中国城市管理进步奖。

9月23日 中国人民解放军八一体工大队淮安后备人才基地揭牌，为全国第一个军地合办高

水平训练基地。

10月21日 “精彩淮安·城市1对1”全国电视媒体外宣行动启动。

10月25日 淮安国际摄影馆、中国城市化史馆开馆。同日，淮安国际摄影展、“美食之都淮安清河”全国摄影大展揭幕。

10月26日 由省侨联命名的淮安市首家“江苏省华侨华人文化交流基地”在周恩来童年读书旧址揭牌。

10月31日 淮安市第一所综合性国防双拥教育基地——淮安市国防园、空军蓝天国防教育基地揭牌开放。

11月25日 淮安市国家级非物质文化遗产项目之一的京剧（荀派艺术）传承基地揭牌。

12月6日 淮安市劳动人事仲裁在全国首创“一体化调处”模式。

12月14日 中央电视台综合频道《朝闻天下》节目报道淮安市“特困群体助保工程”和“医疗保险普惠工程”。

12月16日 淮安农村商业银行挂牌营业。

12月18日 淮安市举行首届创业项目大赛。

2012年

2月5日 《淮安·台北——美味·城市》在中央电视台中文国际频道《城市1对1》节目播出。

2月10日 淮安市获批全国第三批再生资源回收体系试点城市。

2月23日 淮安市楚州区更名为淮安市淮安区。

3月6日 淮安市妇女儿童活动中心启用。

3月26日 淮安板闸电动汽车充电站开工建设。

4月10日 淮安市获全国双拥模范城“三连冠”。

4月19日 全国政协调研组对淮安市大运河保护与申遗工作进行跟踪调研。

4月26日 淮安市首家五星级旅游饭店——鼎立国际大酒店揭牌。

5月3日 淮安市启用城管标识。

5月18日 淮安市公安局清河分局长西派出所民警姜贵才被评为全国公安机关爱民模范和全国优秀人民警察。

5月19日 中央直属机关党校淮安教学调研基地在市委党校揭牌。

5月22日 首届“漂母杯”海峡两岸母爱主题散文大赛颁奖典礼在台北举行。

6月21日 阳光淮安·“12345”政府公共服务平台开通。

6月25—28日 政协淮安市第七届委员会第一次会议召开，王维凯任市政协主席。

6月26—29日 淮安市第七届人民代表大会第一次会议召开，刘永忠当选为市人大常委会主任，曲福田被任命为市长。

7月1日 中国人民对外友好协会、中国国际友好城市联合会为淮安市颁发“国际友城战略发展奖”。

7月13—14日 在第七次全国信访工作会议上，淮安市信访局首次获得“全国信访系统先进集体”称号。

7月25日 淮安市作为唯一一个地级市代表，参加国家民航局在武汉举行的贯彻落实国务院《关于促进民航业发展的若干意见》座谈会。

7月30日 淮安市举行江苏省经济发达镇行政管理体制改革试点镇——盱眙县马坝镇揭牌仪式。

8月8日 全国首家大学生村官培训学院——淮安大学生村官培训学院挂牌成立。

9月6日 国家开发银行国银金融租赁公司与淮安开发控股有限公司合作签约14亿元，为国银金融租赁公司在江苏的首单业务。

10月底 淮安市举办淮台基层乡镇对口交流活动，深化两地交流和农业合作。

11月2日 中央台办、国台办主任王毅在全国台协会长座谈会上推介淮安“101%服务”。

11月8日 盐河北京路大桥建成通车。

11月22日 淮安市邮政管理局成立。

11月25日 市月季园向市民免费开放。

11月26日 淮安日报社《只为烈士不再无名》连续报道获第22届中国新闻奖。

12月9日 淮安市被中国农技推广协会授予“中国优质稻米强市”称号。

12月14日 河海大学淮安研究院举行签约揭牌仪式。

12月15日 中国食品药品职业教育联盟在江苏食品职业技术学院成立。

12月23日 市委、市政府举行淮安航空口岸临时开放暨首航香港启动仪式。

2013年

1月6日 淮安市与中国联通江苏省分公司签署共建“智慧淮安”战略合作协议。

1月30日 淮安综合保税区（一期）通过海关总署验收。

2月7日 南京农业大学淮安研究院签约并揭牌。

2月22日 周恩来“五德”教育馆在市委党校揭牌开馆。

2月27日 全市领导干部大会召开，宣布省委决定：姚晓东任中共淮安市委委员、常委、书记。

3月5日 淮安市在周恩来纪念馆举行电视片《丰碑》暨《党建新视点》栏目开播仪式。

3月18日 淮安市举行纪念新四军刘老庄连八十二烈士殉国70周年凭吊活动。同日，电影《刘老庄八十二壮士》举行首映式。

4月17日 淮安市举行“同心助推淮安科学跨越发展行动”启动暨首批“专家工作站”揭牌仪式。

5月14日 淮安光大村镇银行在淮安区开业。

5月18—19日 由水利部水情教育中心（中国水利报社）、中华水文化研究会举办的水与生态文明建设高层研讨会在淮安市举行。

5月27日 淮安市第一人民医院获全国五一劳动奖状。

5月27—28日 “翔宇杯”全国周恩来纪念地讲解员讲解大赛在淮安市举行。

5月28日 淮阴区被中国象棋协会授予“全国象棋之乡”称号。

6月7—9日 市质检所筹建的国家盐化工质检中心（江苏）通过国家质检总局组织的专家组验收。

6月14日 淮安市10家民营企业成立企业科协和专家工作站。

6月17日 电影《我和我们——我在周恩来班的故事》在淮安市开机。

△ 市中医院举行国家三级甲等中医院、南京中医药大学附属医院揭牌仪式。

6月25日　苏州银行淮安分行开业。

8月5日　淮安市通过基本实现水稻生产机械化示范市验收。

8月10日　淮阴口腔医院与江苏省口腔医院签订技术合作协议，成为江苏省口腔医院定点技术指导医院。

9月18日　淮安市首家私人美术馆——山阳美术馆开馆。

9月22日　中国国民党荣誉主席连战率团到淮安市访问。

9月23日　实联化工（江苏）有限公司举行竣工投产庆典。

9月24日　淮安市作家韩开春创作的散文集《虫虫》首获全国优秀儿童文学奖。

10月1日　淮安市公共自行车一期工程建成运营，有公共自行车站点150个，投放车辆3300辆。

10月12日　全国信访工作专题会议在浙江省宁波市召开。淮安市作为全国3个地市级代表参会，市委书记姚晓东作交流发言。

10月21日　第九届环境与发展论坛在北京市举行，淮安市是该论坛指定的唯一发言城市。

10月24日　钢铁研究总院华东分院在淮安市揭牌。

11月21日　在中欧城镇化伙伴关系论坛智慧城市分论坛上，淮安市被正式确定为中欧绿色智慧城市中方15个试点城市之一。

△　二河闸管理所通过国家级水利工程管理单位专家组考核验收。

11月23日　淮安区疾控中心获2013年度全国肿瘤登记工作贡献奖。

11月24日　涟水县淮剧团获“第五届全国服务农民、服务基层文化建设先进集体”称号。

11月25日　市政设施养护处下水道“郭玉凤班”被全国职工职业道德建设指导协调小组授予“第十三届全国职工职业道德建设标兵单位”称号，同时被中华全国总工会授予“全国工人先锋号”称号。

△　淮安市土壤肥料技术指导站完成的高标准粮田地力提升集成技术与推广项目获2011—2013年度农业部全国农牧渔业丰收奖推广成果三等奖。

11月26日　淮安市被评为2013年全国科技进步先进市。

△　在全国2013旅游业融合与创新论坛暨最美中国榜发布会上，淮安市周恩来纪念景区获评最美红色旅游目的地景区。

11月27日　涟水县1.33万公顷优质粳稻标准化示范区和稻（藕）田龙虾养殖标准化示范区通过国家级农业标准化示范区验收。

12月25日　全国首家以周恩来、邓颖超文史资料为特色的文史资料网——淮安文史网开通。

2014年

1月1日　淮安市启动第三次全国经济普查。

1月22日　兰州大学淮安高新技术研究院和淮安科技成果转化基地揭牌。

3月23日　苏北地区首个国家重大科学仪器设备开发专项“超临界流体色谱仪的研制与应用开发”项目在淮安市启动实施。

4月10—11日　中共中央委员、中国社会科学院院长、中国地方志指导小组组长王伟光率队到淮安市调研地方志工作，并瞻仰周恩来纪念馆和故居。

5月9日　淮安市举行盖钧镒院士工作站揭牌仪式。

5月20日　海峡交流基金会原董事长、台湾三三会会长江丙坤率领30多位台商考察淮安市

台资高地建设情况，实地参观实联化工（江苏）有限公司厂区，并出席涟水县台商联谊会揭牌仪式暨德润酒店开业庆典。

△ 全国红色旅游协调工作领导小组办公室、中国旅游出版社联合向周恩来纪念馆授予“红色旅游书屋”匾牌，为苏北地区首家红色旅游书屋。

5月28日 淮安市举行扶持农民创业小额贷款签约合作仪式，首批10名农民创业者共获得100余万元小额贷款扶持。

6月17—19日 洪泽县、盱眙县通过省级生态县考核验收。

6月18日 淮安市首家专门从事科技金融服务的银行机构——江苏银行淮安科技支行揭牌。

7月3日 江苏今世缘酒业股份有限公司首次公开发行A股股票，为全市第一支上市的A股股票。

8月24日 中国国民党副主席洪秀柱一行到淮安市考察。

9月22日 淮安市举行以“扛起监督责任，期待您的支持”为主题的“阳光纪检”点击2亿次特别活动。

9月26日 第十八届省运会在淮安市闭幕。该届省运会由徐州市、淮安市联合举办，是淮安市首次承办的综合性大型体育盛会，淮安市运动员获综合奖牌数居全省第5位。

9月28日 2014中国大运河世界遗产保护与可持续发展研讨会在淮安市召开。次月，中国大运河遗产保护管理论坛在淮安市举行。

10月30日 中国民生银行淮安分行开业。

11月6日 国家测绘地理信息局专家组对淮安市地理信息公共服务平台的公众版——“天地图·淮安”项目进行考评验收。

12月8日 大陆首家台商学院——淮安台商学院在淮阴工学院成立。

12月23日 金湖阳光田园、盱眙县太空屋露营地被认定为省四星级乡村旅游点和省自驾游基地。

12月24日 淮安市被教育部确定为全国义务教育学校管理标准实验区。

12月26日 连淮扬镇高速铁路开工建设。

2015年

1月4日 中国科学院水生生物研究所桂建芳院士工作站在市高科技渔业产业园挂牌成立。

1月6日 淮安涟水机场航空口岸对外开放通过国家验收，迈入国际机场行列。

1月13日 淮安市成为苏北地区首个通过省级生态市考核验收的地级市。

3月5日 淮安市举行首支“践行周恩来精神模范团队”命名暨“文明淮安”志愿服务行动启动仪式。

4月2日 淮安第一家由外国人担任法定代表人的公司——杜卡蕾餐饮企业投资有限公司领取公司营业执照。

4月7日 淮安市被列入第一批省公共体育服务体系示范区名单。

4月8日 清河区富强社区、淮阴区刘老庄乡刘老庄村入选第六批“全国民主法治示范村（社区）”。

4月10日 金湖县“四百工程”（百名书记素质提优、百家机关驻村联建、百件实事强基惠民、百个典型示范引领）强基品牌入选全国“党的群众路线工作法100例”，在全国宣传推广。

4月16日　洪泽县入选第三批国家智慧城市试点，为淮安市唯一一个试点城市。

4月26日　清浦区被公布为全国首批义务教育教师队伍“县管校聘”管理改革示范区。

5月4日　洪泽县、盱眙县被公布为省级农村电子商务示范县。

5月14日　江苏淮河化工有限公司、江苏红光仪表厂有限公司“入选2014年度江苏省科技小巨人企业”。

6月7日　全国政协副主席何厚铧率澳门特别行政区一行近50人到淮安市考察。

6月11日　淮安市开放大学挂牌成立。

6月12日　淮安市连续第六次获“全国无偿献血先进城市”称号。

6月15日　淮安市组织参演的淮海戏《借靴》在江苏、上海、浙江三地国家级非物质文化遗产传统戏剧类展演中，获优秀剧目奖、优秀演员奖。

6月16日　周恩来纪念馆讲解接待科被中华妇女联合会授予全国“巾帼文明岗”称号，为全市首家获该荣誉。

7月3日　市政府与中行淮安分行、广发银行淮安分行签约组建的地方性特色金融机构——淮安文化银行挂牌成立。

7月4日　全球首部西游记题材3D动画片《西游记之大圣归来》在淮安市提前点映。

7月13日　首届海峡两岸青年菁英特训营在淮安市开营。

7月19日　淘宝淮安馆落户金湖县。

7月27日　江苏冲浪软件科技有限公司在上海股权托管交易中心上市。

7月30日　淮安市首获国家水生态文明建设项目补助资金，清浦老城区除涝综合整治工程获得中央2015年度河湖水系连通项目补助资金700万元。

7月31日　国家行政学院第三方评估调研组到淮安市，专题调研盱眙县行政审批制度改革工作。

8月6日　江苏佳一教育科技股份有限公司在“新三板”挂牌上市，成为淮安软件园首家“新三板”挂牌上市企业。

8月7日　洪泽县朱坝街道办事处马棚村30户村民与中国人民财产保险公司签订首批社会治安综合保险保单，为全省首笔社会治安综合保险保单。

8月8日　淮阴区码头镇入选第三批全国特色景观旅游名镇名村示范名单。

9月5日　淮安市交警李春潮当选为2015年8月份“中国好人”。当年7月1日，李春潮执行公务时，面对迎面冲撞而来的车辆，一把将同事推开，自己却被撞倒在地，不幸牺牲，年仅36岁。

9月9日　淮安电子商务现代物流园入选第二批国家电子商务示范基地。

9月16日　淮安市首家村级便民服务站在涟水县黄营乡九堡村揭牌。

9月19日　大陆首个两岸信息家电产业园落户淮安市。

9月22日　洪泽县被列为国家新型城镇化综合试点县。

10月1日　市工商系统启动市场主体“一照一码”登记模式。

10月15日　周恩来故里旅游景区被批准为国家AAAAA级旅游景区，为全市首家。

10月19日　盱眙县桂五镇敬老院院长、民政办主任李银江获第五届全国道德模范提名奖。

10月29日　江苏省首届地理标志商标产品及优质农产品展销会在淮安市开幕。

11月8日　中国致公党淮安市支部委员会召开成立大会。

△　淮安软件园获“全国版权示范园区（基地）”称号，为苏北地区首家。

11月22日　洪泽县被农业部认定为国家农业产业化示范基地。

12月1日 淮安（涟水）空港产业园获批省级特色产业园。

12月20日 淮安市“构建透明餐饮，让饮食安全看得见”项目入选“2015中国十大社会治理创新”项目，成为全国食品药品监管系统首个入选项目。

12月28日 淮安现代有轨电车一期工程开始载客试运营。

△ 中央电视台综合频道《焦点访谈》栏目对淮安市地税系统利用“互联网+”思维、推进大数据治税、推动“国地税合作”的做法进行报道。

编后记

《淮安市志（1978—2008）》的编修工作发轫于2005年8月。江苏省续修地方志工作电视电话会议结束后，淮安市政府迅即召开会议部署《淮安市志》编修工作，向各县（区）政府，市直各部门、各单位提出修志工作“三落实”具体要求。随后，市地方志办公室组织编写修志教材，培训基层修志人员，拟订并印发市志初步篇目。此外，聘请王朝堂、朱崇佐、何振华等几位参加过首轮修志工作的老同志，参与市志编修工作。

2005年11月后，市地方志办公室承担市委、市政府打造“运河之都”城市名片的工作任务，并确定为压倒一切的中心工作。《淮安市志（1978—2008）》编修工作遂暂时放缓。市志办全体人员转变工作重心，全力以赴投入“运河之都”城市名片打造工作。从2005年11月至2008年12月，相继组织点校整理出版“淮安文献丛刻”9卷、编辑出版“运河之都丛书”论著9卷；作为中坚力量，参与组织、召开两届“运河之都——淮安”全国学术研讨会，编辑出版会议学术论文集2部；参与组织、筹办第四届中国大运河文化节及高峰论坛。2008年9月底，淮安市被中国古都学会授予“运河之都”匾牌。“运河之都”城市名片的打造工作圆满完成，淮安市地方志办公室成为全国方志界读志用志、服务经济社会发展的先进典型。

在此期间，由于个人原因，朱崇佐、何振华、王朝堂相继请求解聘。市志编修工作进行重新部署、调整，市志篇目也先后三次进行微调。

随着时间的推移和全市经济社会的发展，经省志办同意，2011年12月，《淮安市志》的下限由2005年年底顺延至2008年年底。2012年7月，市志篇目再次进行微调，记述的主体内容由42卷调整为41卷。

2015年5月，市志总纂工作启动。与首轮修志一样，本轮修志最繁难、最关键的依然是资料的搜集补充：绝大部分市直部门和单位经过三四次搬迁，资料损失严重；机构改革、企业改制和统计口径的多次变化，又为资料的搜集整理设置重重障碍。随着总纂审稿、各卷改稿的全面开展和逐步深化，资料缺口的问题愈发突出，烦恼愈甚。在深入挖掘资料仍不能如愿的窘况下，总纂篇目又几经归并增减，最终将主体记述内容确定为39卷。

《淮安市志1978—2008》完整地记述淮安市改革开放、行政区划多次调整的历程，坚持突出市区，覆盖全市；点面结合，尊重历史；规避与县（区）志的简单重复，努力反映全市各方面的整体面貌。志书以贯通古今、记述改革发展历程与巨大成就的《史略》《1978—2008年大事记》开篇，下设39卷为记述主体，以《专记》《附录》《编后记》殿后。为反映淮安地方特色，设立《淮扬菜之乡》和《大运河遗产》2卷；其他一些特色之处，则在各有关卷、章中加以浓墨重彩的记述。同时，继承地方志重视人文记述的优良传统，适当加大《人物》卷的记述分量，并设立《艺文》卷。

编纂分工情况大致如下：荀德麟负责部分大类分纂、总纂通审定稿、补写11个卷下无题序，并担任《史略》《大运河遗产》《编后记》的撰写，《大事记》前半部分以及《水利》《政协淮安市委员会》《艺文》《人物》卷的责任编辑；周平负责部分大类分纂、总纂协调与总纂通审定稿，《专记》的撰写，并担任《交通运输》《中共淮安市地方组织》《教育》卷及《邮政与信息化建设》卷中邮政

部分的责任编辑；刘功昭负责经济部类大类分纂，《农业 农村》等卷的深度加工，并担任《城市建设》《建筑业 房地产业》《开放开发》《政法》卷的责任编辑；方宏伟负责部分大类初审，全书的版式设计与图照总成，并担任《财税》《综合经济管理》《卫生》《体育》卷的责任编辑；王信波负责后勤保障、全书最后通校，并担任《旅游业》《金融业》《文化》《附录》卷的责任编辑；杜涛负责担任《淮安市人民代表大会》《淮安市人民政府》《民主党派 工商联》《群众团体及组织》卷及《地理》卷政区部分、《邮政与信息化建设》卷信息化建设部分的责任编辑；周永达担任《人力资源与社会保障》《民政》卷及《社会生活》卷前 2 章、《开放开发》卷开发区建设部分、《淮安市人民政府》卷人民来信来访及外事侨务部分的责任编辑；刘志平担任《2009—2015 年大事记》《区县概况》《科学技术》《精神文明建设》卷及《农业 农村》卷部分章节的责任编辑；李想担任《工业》卷与《社会生活》卷宗教部分的责任编辑；陈晓明担任《地理》《国土资源》《人口》卷的责任编辑，省终审会召开后，徐和平受聘对这 3 个部分进行修改完善；毛立发担任《环境保护》《商贸流通 服务业》卷及《农业 农村》卷大部分章节的责任编辑；马国顺担任部分大类的初审、复审，5 卷的审定；罗志负责省终审会后全部稿件的汇集整理工作。市志基本定稿后，由各责任编辑及王娇、王若霜、汪洁、李静华对志稿进行分工校对。

编修《淮安市志 1978—2008》是一项规模宏大的系统工程，是淮安市改革开放以来最全面、最系统的文化实录巨制，是各系统、各部门、各界别通力合作的汗水结晶。它归功于市委、市政府的重视与领导，归功于省志办的指导与帮助，归功于一大批修志工作者的辛勤耕耘、默默奉献。市档案馆、市统计局、市委党史工办等单位在资料提供方面给予帮助尤多。此外，因资料查找殊为不易，本志部分文字、数据来源于网络、报纸等媒介。本志编纂周期较长，供稿单位和个人收录恐有不全，在此表示歉意，并向所有供稿单位和个人表示由衷的感谢！

由于学识所限，加之资料和业务工作的某些欠缺、延误，志书中仍存在不少缺点、错误和遗漏。我们坦诚地欢迎广大读者批评指正。

《淮安市志（1978—2008）》总纂组
2019 年 9 月

《淮安市志（1978—2008）》评审验收领导和专家

篇目评审领导与专家

蔡金良　方亚光　刘　俊　叶正亭　武玉栋　陈　红　朱晓京　马国顺

复审评审专家

茆贵鸣　陆瑞萍　姚　震　刘扣林　张颖颖　徐和平

终审评审领导与专家

漆冠山　蔡金良　陈洪玉　仲　波　李亚雄　陈兴南　花　蕾　葛　红　卢建汶

验收领导与专家

陈　华　刘　俊　缪小咏　黄　静　张　丽　陆瑞萍　姚　震　姜龙才　翁红霞　张颖颖

《淮安市志（1978—2008）》供稿单位及供稿人

供稿单位

市委办
市人大办
市政府办
市政协办
市纪委监委办
市法院
市检察院
淮安军分区
市委组织部
市委宣传部
市委统战部
市委政法委
市委编办
市委台办
市级机关工委
市委老干局
市委党校
市委党史工办
市文明办
市发改委
市教育局
市科技局
市工信局
市民宗局
市公安局
市民政局
市司法局
市财政局
市人社局
市自然资源局
市生态环境局
市住建局
市城管局
市交通局
市水利局
市农业农村局
市商务局
市文广局
市卫健委
市退役军人局
市应急局
市审计局
市外办
市市场监督局
市体育局
市统计局
市信访局
市气象局

市供销社
市烟草局
民革淮安市委
民盟淮安市委
民建淮安市委
民进淮安市委
农工党淮安市委
九三学社淮安市委
市工商业联合会
市总工会
团市委
市妇联
市文联
市科协
市侨联
市残联
市社科联
市关工委
市档案馆
市防震减灾服务中心
周恩来纪念地管理局
淮安日报社
市广播电视台
市铁路办
国家税务总局淮安市税务局
人行淮安市中心支行
淮安银监分局
淮安海关
淮安出入境检验检疫局
市邮政局
清江浦区政府
淮阴区政府
淮安区政府
洪泽区政府
涟水县政府
盱眙县政府
金湖县政府
淮安经济技术开发区管委会
江苏淮安工业园区管委会
江苏淮安经济开发区管委会
江苏洪泽经济开发区管委会
江苏淮阴经济开发区管委会
江苏涟水经济开发区管委会
江苏盱眙经济开发区管委会
江苏金湖经济开发区管委会
淮安市清河新区管委会
清江浦区志办
淮阴区志办
淮安区志办
洪泽区志办
涟水县志办
盱眙县志办
金湖县志办
市供电公司
淮阴卷烟厂
华能电力公司淮阴电厂
淮阴发电有限公司
沙钢集团淮钢特钢有限公司
中石化淮安石油分公司
中石油淮安销售分公司
中国电信淮安分公司
中国移动淮安分公司
中国联通淮安分公司
淮安快鹿牛奶有限公司
淮安市印刷行业协会

供稿人（以姓氏笔画为序）：

丁大勇	丁玉勇	干国宇	万士红	马文林	马继峰	卫爱玲	牛海军	王兆生	王成龙
冯百才	左同明	华　跃	刘　芬	刘一红	刘　超	刘正宝	刘培根	祁凤喜	郑　俊
朱友光	朱爱民	张小娟	庄成锤	朱丹藜	朱广军	朱维明	朱　宁	陈广成	陈前生
陈春泉	陈凤雏	何　悦	李　宇	李剑心	李　毅	李成斌	汪　凯	汪守田	吴　旭
吴顺生	严前生	杨义春	杨建民	杨冬宝	张新民	张建国	范志坚	单　君	周思民
周兴举	周家华	周育雄	周广峰	招吉善	费　洲	封亚洲	洪　健	皇甫月跃	
施爱军	姚顺忠	赵炳荣	高艾珍	晋玉培	唐小青	唐振明	钱光华	钱淮云	钱忠润
秦道忠	徐开军	徐庆农	徐　瑶	徐　慧	徐鹏遥	曹　吉	曹晓雷	黄仲伟	黄河清
康建华	寇建吉	盛万海	章湘杰	程一山	管曙东	蒋洪涛	蒋晓明	蔡大成	潘文生